Le petit MOURRE

Dictionnaire d'Histoire universelle

Couerture (de gauche droite) :
H. Khl et F. Mitterrand. Ph. © Bettman/CORBIS
Drapaux de l'Union européenne. Ph. © Fridmar Damm /ZEFA/CORBIS
Chin place Tienanmen. Ph. © Bettman/CORBIS

Dos couverture :
La fre des aurochs dans la rotonde. Peinture rupestre du magdalénien (vers 15 000 av. J.-C.) in situ, grottde Lascaux (Dordogne, France). Lascaux, BIS/Ph. C. Roux © Archives Larbor
Napoon à la Bataille de Wagram le 6 juillet 1809, Horace Vernet (1789-1863), peinture à l'huile, 1835, Ausée national du château de Versailles (Versailles, France). Napoléon à Wagram, BIS/Ph. Josse © Archivs Larbor
Attaqu des marines, Afghanistan déc. 2001. Ph. © Jim Hollander/REUTERS/MAX PPP

Quatrime de couverture (de gauche à droite) :
Les maines à Iwo Jima, 23 février 1945. Ph. © Joe Rosenthal/AP/SIPA Press

Le petit

MOURRE

Dictionnaire d'Histoire universelle

MICHEL MOURRE

Bordas

La rédaction des textes de mise à jour de cette édition 2004 du *Petit Mourre*, dirigée par Maurice Meuleau, a été assurée par Valérie d'Anglejan, Christine de Bellefonds, Caroline Boyer, Brigitte de la Broise, José Lothe, Florence Maruéjol, Christine Mazet, Carole Poux, Nadia Vargaftig.
La mise à jour des textes concernant la préhistoire a été assurée par Anne-Marie Bacon.

Direction éditoriale :
Gaëlle Mauduit

Édition :
Céline Gonzalez

Couverture :
Sarbacane

Correction :
Michèle Pierret et Didier Pemerle

Fabrication :
Josiane Nicole

ISBN 2-04-732194-8

Avant propos

Le petit Mourre, dictionnaire d'histoire universelle, paraît ici dans sa version poche. Comme ses prédécesseurs, il est le descendant du grand ouvrage que fut l'édition en 8 volumes du *Dictionnaire encyclopédique d'histoire* de Michel Mourre, paru en 1977 et 1986. Cette nouvelle édition préserve, au-delà des indispensables mises à jour, la forte personnalité d'une œuvre conçue pour ceux qui font de l'Histoire leur métier et, plus nombreux encore, ceux qui l'abordent pour le plaisir de savoir, d'imaginer et de tenter de comprendre les hommes qui nous ont précédés.

En plus de 5800 articles, *le petit Mourre* poche aborde l'histoire des Etats, des peuples, des religions, des grands personnages de l'Histoire, des systèmes et des partis politiques, des institutions… Outre la trame événementielle – faits politiques, invasions, guerres, traités-, il analyse le tissu des civilisations passées et présentes.

L'information a été complétée, actualisée, parfois renouvelée, et l'ouvrage mène le lecteur jusqu'aux premières années du XXIe siècle. Cependant, cette nouvelle édition ne se contente pas de mettre à jour les éditions précédentes. Elle reprend la vision globale qu'avait Michel Mourre de l'histoire humaine, et réintroduit un certain nombre de thèmes et d'informations que les éditions précédentes, dans la logique de leur conception, avaient décidé d'écarter.

Ainsi, un certain nombre d'articles de synthèse ou encyclopédiques concernant l'histoire sociale, idéologique, économique, institutionnelle, voire administrative, ont été réintroduits : des articles sur l'esclavage, la révolution industrielle, la protection sociale, le socialisme... autant d'occasions de regrouper des faits, des hommes, des institutions ou des théories pour mieux percevoir un moment de l'Histoire ou une civilisation toute entière; de même, la présentation globale de l'histoire des continents fait l'objet d'articles permettant de remettre l'information historique dans la longue durée, de penser, par exemple, l'histoire de la Chine non plus selon la succession des dynasties, mais selon le rythme séculaire des rapports entre les sédentaires et les nomades des steppes asiatiques. L'histoire des religions a également retrouvé une place importante. Des articles sont consacrés à tous les grands systèmes religieux, de leur naissance jusqu'à l'époque contemporaine, et cela sur tous les continents. En particulier, les trois religions monothéistes, le judaïsme, le christianisme et l'islam ont été traitées de façon homogène, tant à propos de leur formation et de leur histoire que de leurs écrits, de leurs monuments ou du développement de leurs institutions.

Mais un dictionnaire d'Histoire est d'abord un dictionnaire de personnages, et celui-ci ne fait pas exception : rois, papes, empereurs, hommes politiques et guerriers occupent le plus grand nombre des 3500 notices biographiques. Ils ont été rejoints par un certain nombre d'aventuriers, d'hommes de science, de techniciens, d'entrepreneurs, autant de personnages choisis parce qu'ils ont été des acteurs importants ou des personnages emblématiques d'un moment du passé.

Une des caractéristiques de cette édition est, en outre, la place donnée à ce que les savants nous disent, quand ils savent parler à des ignorants, sur les origines de l'homme et le lent cheminement des temps préhistoriques. Cette information est par nature fragile et exposée à de fréquentes révisions. Elle offre ici une synthèse des connaissances que nous avons aujourd'hui à propos des centaines de milliers d'années nécessaires à l'apparition de l'*Homo sapiens*, dont cet ouvrage nous décrit une histoire vieille de quelques dizaines de siècles seulement.

En conclusion de cet avant-propos, laissons la parole à Michel Mourre, qui dans sa préface à la première édition de son *Dictionnaire encyclopédique d'Histoire*, nous définissait l'objectif de son œuvre, que nous avons eu pour principal souci de respecter :
« *L'ouvrage que je publie aujourd'hui voudrait être un manuel toujours facile à compulser, un compagnon permanent pour ceux – nombreux croyons-nous – qui vivent et pensent habituellement dans l'histoire, pour s'y distraire, pour y rêver, pour entrer dans des humanités différentes, mais aussi par un véritable empirisme organisateur, pour y chercher ces exemples, ces leçons, ces formes éternelles de l'humanité à la lumière desquels ils pourront mieux maîtriser les problèmes de notre temps (...)*
A moins d'une véritable démission, l'histoire ne peut être cette idole inaccessible à l'"honnête homme" et enfermée dans un temple desservi par la caste

privilégiée des "spécialistes". Nourrissant, appuyant, nuançant sans cesse ce dictionnaire par les travaux récents des meilleurs historiens français et étrangers (...), j'ai puisé largement dans ce trésor accumulé de la recherche universitaire pour essayer d'en synthétiser les résultats et de les rendre aussi abordables que possible à ce public cultivé qui ne se contente pas de "petite histoire" - bien que celle-ci ait une valeur psychologique irremplaçable -, mais qui n'a pas non plus le loisir suffisant pour recourir habituellement aux travaux fondamentaux de l'érudition contemporaine. »

L'éditeur

Notice d'utilisation

Les articles sont placés dans l'ordre alphabétique, mais aussi parfois dans un ordre chronologique – par exemple pour les dynasties, les membres d'une même famille, ou lorsque la compréhension des faits l'exige (**PANAMÁ, canal de**, avant **PANAMÁ, affaire de**) – et parfois également regroupés par pays (pour les souverains portant un même prénom).

Pour la transcription des noms étrangers de lieux et de personnalités (et en particulier les noms arabes, africains ou asiatiques), l'orthographe francisée la plus usuelle a été employée, mais le nom étranger a été indiqué à la suite du nom français ; pour les noms chinois, la translittération en pinyin suit également l'ancienne orthographe, plus communément admise en français.

Les dates biographiques des personnages et la durée des gouvernements ou des règnes sont distinguées de la façon suivante :

- dans les entrées des articles, il existe une différence de présentation entre les dates de naissance (*) et de mort (†),
- dans le texte des articles, un trait d'union (-) sépare la date de naissance et la date de mort ; ex : Napoléon Ier (1769-1821),
- une barre oblique (/) marque la durée des années de gouvernement ou de règne ; ex : Albert Ier de Belgique (1909/34).

L'abréviation (v.) à l'intérieur d'un article signifie *voir* : placée après un nom, elle renvoie à l'article portant ce nom.

A

AARON. Personnage biblique, frère de Moïse, dont le nom apparaît dans l'Exode ; désigné pour accompagner Moïse dans sa mission, il fut le fondateur du sacerdoce lévitique mais, à la demande des Hébreux, fabriqua le veau d'or. Voir **Bible**.

ABBAS Ier le Grand (* 1571, † Kaswin, 27.I.1628). Chah de Perse (1587/1628). Avec lui la dynastie des Séfévides atteignit son apogée ; il réorganisa complètement l'armée, conquit presque tout l'Afghanistan (1593), repoussa les Ouzbeks au N.-E. (1597), puis, se tournant à l'O. contre les Ottomans, il leur infligea en 1606 une défaite décisive, leur reprit l'Azerbaïdjan, Chirvan, la Géorgie, et reconquit même Bagdad, qui devait rester à la Perse de 1623 à 1638. Allié des Anglais, il arracha Ormuz aux Portugais (1622). Abbas Ier ne fut pas seulement un guerrier : grand administrateur, il construisit des routes, encouragea l'industrie et le commerce ; il fit de sa capitale, Ispahan, l'une des plus belles villes de l'Orient où brilla une célèbre école de miniaturistes et d'enlumineurs. Ardent chiite, Abbas persécuta les sunnites et les Juifs, mais se montrant tolérant à l'égard des chrétiens, il permit l'établissement des carmes à Ispahan (1607), Ormuz (1612) et Chiraz (1623), et des capucins à Ispahan (1628), inaugurant en Perse un renouveau catholique qui devait durer un siècle. Voir **Iran**. La Perse séfévide.

ABBAS Ferhat (* Taher, 1899, † Alger, 24.XII. 1985). Homme politique algérien. Adversaire d'abord modéré du colonialisme français, il fonda l'Union populaire algérienne en 1938, puis publia le *Manifeste du peuple algérien* en 1943, qui revendiquaient tous deux l'amélioration du statut des musulmans d'Algérie. Il évolua ensuite vers des positions plus radicales et rallia le Front de libération nationale en 1956. Il devint président du Gouvernement provisoire de la République algérienne en 1958, puis président de l'Assemblée nationale algérienne, aussitôt après l'indépendance. Hostile à la politique de Ben Bella il fut exclu du FLN en 1963 et se maintint dès lors à l'écart de la vie politique. Voir **Algérie**.

ABBASSIDES. Dynastie de trente-sept califes qui régnèrent à Bagdad de 749 à 1258. Descendants de l'oncle du Prophète, Abbas ibn Abd el-Mouttalib, les premiers Abbassides avaient acquis une grande popularité parmi les croyants par la dignité de leur vie et surent habilement exploiter à leur profit tous les mécontentements suscités par le régime des Omeyyades. Soutenus à la fois par les Persans récemment soumis et par des groupes chiites, servis par un remarquable agent, Abou Mouslim, les Abbassides déclenchèrent la révolte dans la province perse du Khorassan, battirent complètement les troupes omeyyades et renversèrent le dernier représentant de cette dynastie (749). À l'exception d'Abd er-Rahman qui put fuir en Espagne où il fonda une nouvelle dynastie, tous les membres de sa famille furent massacrés. Commencée avec Abou el-Abbas el-Saffah, la dynastie des califes abbassides dura cinq siècles et atteignit son apogée au cours du premier, avec Mansour (754/75), Mahdi (775/85), Haroun el-Rachid (786/809) et Mamoun (813/33).

Les Abbassides, portés au pouvoir par les Persans, pratiquèrent un fécond équilibre entre l'élément arabe et les populations récemment converties à l'islam. « La civilisation abbasside est essentiellement composite » (Henri Massé). Si l'influence persane prédomina dans la vie du califat, la vie intellectuelle put se développer, avec la plus grande liberté, et intégra les cultures persane, syriaque et indienne. À l'époque d'Haroun el-Rachid, Bagdad, capitale intermédiaire entre l'Occident et l'Orient, fut le centre le plus brillant de la civilisation mondiale. Néanmoins, les Abbassides n'ont jamais régné sur l'ensemble du monde musulman puisque, dès 756, l'Espagne s'était ralliée au dernier des Omeyyades fugitifs.

Au Xe s., l'empire était trop vaste, la puissance du calife abbasside était déjà sur son déclin. Tombé sous la tutelle des *émirs en chef (amir el-oumar)*, d'origine persane ou turque, véritables maires du palais, le califat n'avait plus qu'un pouvoir symbolique lorsque Moustasim, dernier calife abasside, fut mis à mort avec la plupart des siens après que le khan mongol

Houlégou eut pris Bagdad en 1258. Cependant, accueillis au Caire par les sultans mamelouks, des survivants fondèrent une autre dynastie de vingt et un califes, au titre et au rôle purement honorifiques, qui se perpétua jusqu'à la conquête de l'Égypte par Sélim Ier en 1517. Voir **Islam**.

ABBAYE. Communauté religieuse chrétienne d'hommes ou de femmes, gouvernée par un abbé ou une abbesse. Lieux de vie religieuse, les abbayes ont eu aussi un rôle important dans la vie économique, intellectuelle et artistique de l'Occident. La plupart d'entre elles appartiennent à la famille bénédictine.

Les premiers moines furent des *anachorètes* vivant en solitaires, à l'exemple de st Antoine le Grand († 356). Bien vite le *cénobitisme*, vie religieuse en commun, prit son essor : en 315, st Pakhôme fonda la première abbaye, Tabennèse, en Haute-Égypte. Elle fut suivie de beaucoup d'autres en Thébaïde, en Basse-Égypte, en Palestine et en Syrie. Pakhôme organisa la vie en communauté sur le principe d'une stricte obéissance au supérieur et les monastères qu'il fonda s'apparentaient à une *villa* romaine, capables de vivre presque entièrement en autarcie. St Basile fonda en 358 une communauté dans son domaine d'Annesie à partir de l'expérience de st Pakhôme, donnant le modèle de la vie monastique qui s'établit dans tout l'empire d'Orient puis jusqu'à nos jours, dans la chétienté gréco-orientale, puis russe.

Ami de st Antoine dont il avait écrit la vie, puis exilé en Occident par les ariens, st Athanase y introduisit le monachisme. Vers 350, st Jérôme constitua à Rome une communauté féminine. En Gaule, st Martin, encouragé par st Hilaire de Poitiers, fonda Ligugé (363), puis Marmoutiers (372). En Afrique du Nord, st Augustin établissait des monastères à Thagaste puis à Hippone. Au début du ve s., en 400, l'abbaye de Lérins fut fondée par st Honorat et, vers 415, Jean Cassien fondait St-Victor de Marseille pour les hommes et St-Sauveur pour les femmes. L'époque franque vit les fondations se multiplier, souvent d'origine royale. Le monachisme s'épanouit aussi en Irlande et, venu sur le continent, st Colomban fut le fondateur de nombreuses abbayes (en particulier Luxeuil) auxquelles il donna une règle austère.

Cependant, le monachisme occidental avait une physionomie peu organisée et il revint à st Benoît de Nursie de le construire. Après une expérience érémitique, il fonda en 529 l'abbaye du Mont-Cassin ; par la synthèse des expériences monastiques antérieures, il élabora une règle, modérée et équilibrée, bâtie sur trois activités du moine : la prière, l'étude et le travail. À la tête de chaque abbaye, indépendante des autres mais en communion spirituelle avec elles, st Benoît mit un abbé, à la fois chef et père spirituel, élu à vie. D'Italie, le monachisme bénédictin passa en Angleterre (fondation de Canterbury en 597, de Westminster en 610). En Gaule, le monastère de Fleury, fondé en 651, accueillit les reliques de st Benoît vers 672 et prit le nom de Saint-Benoît-sur-Loire. La règle bénédictine s'imposa assez vite dans les monastères de règle irlandaise (v. **Colomban**) ; en Germanie, les abbayes joueront un grand rôle dans l'évangélisation des peuples encore païens.

Longtemps les abbayes ont eu, économiquement, l'organisation d'une villa gallo-romaine qui fit d'elles de véritables puissances foncières. À partir du ixe s., elles furent les seuls endroits où se conserva et se transmit le savoir, grâce à leurs écoles, leurs ateliers de copistes et leurs bibliothèques. En outre, elles ont assuré la garde des archives publiques et privées, la rédaction des annales locales, régionales et bientôt nationales. L'art de l'enluminure y prit son essor ainsi que le chant grégorien.

Le grand âge du monachisme bénédictin s'étend de l'époque carolingienne au xiie siècle. Très vite, les richesses des abbayes suscitèrent les convoitises des pouvoirs séculiers qui prétendirent disposer de leurs biens et s'immiscer dans la vie intérieure. Les souverains distribuèrent des abbayes pour s'attacher la fidélité des grands, clercs (évêques) ou seigneurs laïcs. La première réforme fut celle de st Benoît d'Aniane qui, chargé par Louis le Pieux de réformer les abbayes de l'Empire carolingien, tenta d'imposer une uniformité et un esprit de centralisation. Mais la plus grande réforme eut pour origine l'abbaye de Cluny, fondée en 910 par Guillaume le Pieux, duc d'Aquitaine, qui, relevant directement du pape, était indépendante des pouvoirs séculiers ou laïques. Sous la conduite d'abbés remarquables (Odon, Mayeul, Odilon, Hugues, Pierre le Vénérable), Cluny fut un grand foyer religieux et quelque 1 450 communautés en ont dépendu. L'abbé de Cluny devint l'un des personnages les plus puissants de la chrétienté. En raison du primat donné à la liturgie, les clunisiens jouèrent un grand rôle artistique (diffusion de l'art roman), mais leur rayonnement intellectuel fut assez réduit.

Cluny souffrit à son tour des relâchements qui avaient motivé sa fondation. Ils suscitèrent une réaction que st Bernard exprima particulièrement à Cîteaux. La vie cistercienne se distingua de celle de Cluny par un retour à l'abstinence complète, à la pauvreté et au travail manuel. Les abbayes furent construites sur des sites prélablement défrichés. Les cisterciens cultivèrent eux-mêmes leurs terres, sans main-d'œuvre servile, mais ils ont accueilli parmi eux des religieux laïques, les frères convers, voués aux tâches matérielles. Cîteaux eut une expansion européenne plus grande que celle de Cluny : les abbayes nouvelles retrouvèrent une certaine autonomie, mais un chapitre général annuel les gouvernait et elles furent contrôlées par des visites canoniques.

D'autres mouvements de réformes vigoureux se sont manifestés : les abbayes de Grandmont, de la Chartreuse, de Fontevrault, de Prémontré, témoignèrent de la vitalité du mouvement monachiste renouvelé. À partir du XIIIe s., la renaissance urbaine suscita les nouveaux ordres des Franciscains, fondés en 1209 par st François d'Assise, et des Dominicains, fondés en 1215 à Toulouse par st Dominique. Voulant mener leur apostolat dans le monde, ils ne vécurent pas cloîtrés mais furent présents au milieu des fidèles par la prédication, l'enseignement, la direction de conscience. La fin du Moyen Âge fut pour les monastères le début d'une décadence, aggravée par le système de la *commende*, légalisé par le concordat de Bologne et que le concile de Trente ne put abolir, qui permettait à un clerc ou à un séculier de percevoir les revenus attachés à une abbaye. Malgré des tentatives de réforme tendant à revenir à l'observance primitive, le mouvement monastique connut un déclin général, aggravé au XVIIIe s., et qui conduisit la commission des Réguliers, instituée en 1766, à supprimer plus de quatre cents abbayes et couvents. La Révolution porta le coup de grâce en supprimant les ordres religieux à vœux solennels, en relevant les religieux de leurs vœux et en les autorisant à quitter leur couvent (décret du 13 févr. 1790). Les abbayes se vidèrent et furent livrées au pillage. L'invasion de l'Europe par les troupes françaises et les sécularisations qui accompagnèrent la disparition du Saint Empire, étendirent la crise aux dimensions de l'Europe.

Le renouveau vint au XIXe s. : en 1833 dom Guéranger releva l'abbaye de Solesmes, érigée ensuite en abbaye mère de la congrégation bénédictine de France. Le monachisme connut une nouvelle expansion sur tous les continents, en particulier en Amérique. Cependant, la crise des vocations survenue après la Seconde Guerre mondiale a porté une nouvelle atteinte au rayonnement d'un grand nombre d'abbayes qui ont aussi connu des difficultés économiques. Mais on peut observer que les abbayes vouées à la vie contemplative avec ses rigueurs ne sont pas celles qui, actuellement, attirent le moins de postulants. Voir **ÉGLISE CATHOLIQUE.** Les Temps modernes.

ABBEVILLIEN. Nom donné à une industrie de la plus ancienne civilisation du paléolithique inférieur. Ce terme, défini par H. Breuil en 1932, tire son origine des découvertes lithiques réalisées dans les alluvions de la haute terrasse de la Somme près d'Abbeville. Il désigne aujourd'hui un type précis de bifaces (v.) de forme particulière, grossièrement taillés par enlèvements d'éclats épais, pierre contre pierre. On le trouve en Europe aux alentours de 800 000 ans, en Inde ou encore en Afrique. Il est parfois assimilé à l'Acheuléen ancien.

ABD EL-KADER (* près de Mascara, 1807, † Damas, 26.V.1883). Chef de la lutte contre la conquête française de l'Algérie. Émir des tribus de Mascara après la chute du dey d'Alger en 1832, il appela à la guerre sainte contre les Français. Vaincu par Bugeaud au col de Mouzaïa (1840), puis par le duc d'Aumale (1843), il ne fut soumis qu'en 1847 par Lamoricière, puis interné en France jusqu'en 1852. Il se retira en Syrie. Voir **ALGÉRIE.**

ABD EL-KRIM (* Adjdir, Rif, 1882, † Le Caire, 6.II.1963). Homme de guerre marocain. Il mena la lutte contre les Espagnols, puis contre les Français, de 1919 à 1926. Contraint à la reddition, il fut déporté à la Réunion, dont il s'échappa en 1947. Il se réfugia au Caire. Voir **RIF (guerre du).**

ABD EL-MALIK (* vers 646, † Damas, oct. 705). 5e calife omeyyade (685/705). Fils et successeur de Marwan, il dut lutter contre Byzance et contre Abdullah ibn el-Zobéir qui avait été reconnu comme calife en Irak et en Arabie. Souverain absolu et théocratique, Abd el-Malik voulut assurer dans son empire la prééminence des éléments arabes sur les éléments grecs, persans ou syriens. Cette politique suscita des mécontentements ; exploités habilement par les Abbassides, ils provoquèrent la chute des Omeyyades. Voir **OMEYYADES.**

ABD EL-MOUMIN (* 1094, † Salé, 1163). 1er calife almohade (1128/63). Voir **ALMOHADES.**

ABDELWADIDES. Dynastie berbère qui régna sur le royaume de Tlemcen, en Afrique du Nord, de 1235 à 1554. Voir **ALGÉRIE.** De la conquête arabe à la domination turque.

ABD EL-WAHHAB Mohammed ibn (* Ayina, Nejd, 1720, † 1790). Fondateur du groupe puritain musulman des wahhabites. Théologien musulman d'origine bédouine qui reprit la doctrine orthodoxe et rigoriste du hanbalisme (v. **ISLAM.** Les sources de la Loi.) Convaincu qu'il fallait rétablir la foi musulmane originelle, fondée sur le Coran et la *sunna*, il s'opposa fermement aux pratiques superstitieuses et au culte des prophètes. Il trouva refuge en Arabie centrale auprès du cheik Mohammed ibn Séoud qu'il convertit à ses idées. Tous deux s'unirent pour propager le wahhabisme et fondèrent dans le Nejd un État à l'origine de l'actuelle Arabie Saoudite. Voir **WAHHABITES.**

ABD ER-RAHMAN Ier el-DACHIL († Cordoue, 788). Émir de Cordoue (756/88). Il échappa au massacre ordonné par les Abbassides (750) et, réfugié en Espagne, y fonda en 756 l'émirat omeyyade de Cordoue. Voir **ESPAGNE.** L'invasion arabo-berbère.

ABD ER-RAHMAN III NASIR (* vers 890, † Cordoue, 961). Souverain omeyyade d'Espagne (912/61). Il porta à son apogée la puissance omeyyade d'Espagne, infligeant de sanglants revers aux princes chrétiens. Il consomma la rupture de l'Espagne avec Bagdad en se proclamant calife (16 janv. 926) et commandeur des croyants. S'il ne put détruire en Afrique du Nord la puissance fatimide, sa capitale Cordoue connut un âge d'or sous son règne et fut le rendez-vous des savants et des poètes. Voir **CORDOUE (califat de).**

ABD ER-RAHMAN (* vers 1778, † Meknès, 1859). Sultan du Maroc (1822/59). Il soutint Abd el-Kader dans sa révolte contre la France et l'accueillit. Vaincu par Bugeaud à la bataille d'Isly (14 août 1844), il fut contraint de l'expulser. Voir **MAROC.** Le Maroc et l'Occident jusqu'en 1912.

ABD ER-RAHMAN IBN ABDULLAH († près de Poitiers, 7.X.732). Homme de guerre arabe et gouverneur de l'Andalousie. Il passa les Pyrénées, envahit le royaume franc, battit Eudes, duc d'Aquitaine, mais fut arrêté par Charles Martel à la bataille de Poitiers où il périt.

ABDUL-AZIZ (* 9.II.1830, † Constantinople, 4.VI. 1876). 32e sultan ottoman (1861/76). Sous son règne le chaos s'installa en Turquie. Aux difficultés intérieures (désordres et banqueroute), s'ajoutèrent l'insurrection de la Crète, le soulèvement de la Bosnie et de l'Herzégovine (1875), les massacres de chrétiens en Bulgarie. Tant d'impuissance poussa les réformateurs, conduits par Midhat pacha, à obliger le sultan à renvoyer son grand vizir Mahmoud Nedim, puis à abdiquer en faveur de son neveu Mourad (30 mai 1876). Cinq jours plus tard Abdul-Aziz fut trouvé mort, probablement assassiné. Voir **TURQUIE.** La question d'Orient.

ABD UL-AZIZ IBN EL-HASSAN (* Marrakech, 1878, † Tanger, 1943). Sultan du Maroc (1894/1908). Voir **MAROC.** Le Maroc et l'Occident jusqu'en 1912.

ABDUL-HAMID II (* Constantinople, 22.IX.1842, † Constantinople, 10.II.1918). 34e sultan ottoman (1876/1909). Il succéda à son frère Mourad V (31 août 1876) et, sous son règne, le déclin de la Turquie s'accentua. S'il proclama d'abord une Constitution qui établissait une monarchie parlementaire et garantissait la liberté individuelle et celle des cultes, il revint bientôt à un gouvernement despotique confié à ses familiers. La guerre avec la Russie se termina par le traité de San Stefano (v.) (3 mars 1878), par lequel la Turquie perdait toute sa puissance mais l'Angleterre, inquiète de l'expansion russe, parvint à en atténuer la rigueur par le congrès de Berlin.

Dans tout l'Empire turc, le sultan dut faire face à l'agitation des minorités crétoise, grecque, bulgare, macédonienne. Les massacres d'Arméniens (1895/96) soulevèrent l'indignation de l'Europe. En juillet 1908, de jeunes officiers l'obligèrent à remettre en vigueur la Constitution de 1876. En avr. 1909, il fut contraint d'abdiquer. L'avènement de son frère Mehmet V marqua le début de la monarchie constitutionnelle. Voir **TURQUIE.** La fin de l'Empire ottoman (1878/1923).

ABDULLAH IBN HUSSEIN (* La Mecque, 1882, † Jérusalem, 29.VII.1951). Émir de Transjordanie (1921/46) puis roi de Jordanie (1946/51). Voir **JORDANIE.**

ABDULLAH II IBN HUSSEIN (Amman, 30.I.1962). Roi de Jordanie (depuis 1999). Il succéda à son père le roi Hussein qui l'avait désigné comme héritier de la Couronne quelque temps avant de mourir. Après une formation militaire et diplomatique en Grande-Bretagne et aux États-Unis, Abdullah était devenu, en 1997, commandant des Forces spéciales – corps d'élite spécialisé dans le maintien de l'ordre – avec le grade de général.

ABDUL-MEDJID Ier (* Constantinople, 23.IV.1823, † Constantinople, 25.VI.1861). 31e sultan, ottoman (1839/61). Voir **TURQUIE.** La question d'Orient.

ABDUL-MEDJID II (* Istanbul, 30.V.1868, † Paris, 23.VIII.1944). Dernier calife (1922/24). Fils du sultan ottoman Abdul-Aziz, il fut nommé calife après la déchéance de son cousin Mahomet VI (nov. 1922). Le califat ayant été aboli en mars 1924, il prit le chemin de l'exil.

ABDUL RAHMAN (* Alon Star, Kedah, 8.II.1903, † Kuala Lumpur, 1990). Homme politique malais. Premier ministre de la Malaisie indépendante (1957/70). Voir **MALAISIE.**

ABDUL RAZAK Tun Haji (* Pahang, 11.III.1922, † Londres, 14.I.1976). Homme politique malais. Premier ministre à partir de 1970, il mit en place une politique d'apaisement racial et de revalorisation des droits de la communauté malaise. Voir **MALAISIE.** De la Malaisie à la Malaysia.

ABEL. Nom donné au premier australopithèque découvert au nord du Tchad, à 45 km à l'est de Koro Toro, par la mission paléontologique franco-tchadienne menée par Michel Brunet et ses collaborateurs. C'est en 1995 que cette équipe mit au jour la partie antérieure d'une mandibule comprenant une incisive, deux canines et quatre prémolaires. Une prémolaire isolée fut trouvée ultérieurement. Devant l'originalité des caractères de la dentition et du corps mandibulaire, les auteurs ont créé un nouveau nom d'espèce, *Australopithecus bahrelghazali*, d'après l'arabe *bahr el-ghazal*, « rivière aux gazelles ». Cette découverte fut révolutionnaire car c'était la première fois que l'on trouvait un australopithèque à l'est de la vallée du rift. Abel est aussi vieux que Lucy (v.), soit 3,5 millions d'années, un âge estimé à partir de la faune. Voir **HOMME (origines de l').**

ABERDEEN George Hamilton Gordon, 4e comte d' (* Édimbourg, 28.I.1784, † Londres, 14.XII.1860). Homme politique britannique. En 1813, il fit entrer l'Autriche, où il était ambassadeur, dans la 6e coalition contre Napoléon. Ministre des Affaires étrangères dans les cabinets Wellington (1828/30) et Peel (1841/46), il régla les conflits frontaliers entre les États-Unis et le Canada par le traité Webster-Ashburton (1842) et les traités de l'Oregon ; il inaugura une politique de rapprochement entre la France et la Grande-Bretagne. Premier ministre d'un gouvernement de coalition (1852), il démissionna en févr. 1855, en raison de l'impopularité de la guerre de Crimée.

ABETZ Otto (* Schwetzingen, Bade, 26.III.1903, † Langenfeld, 5.V.1958). Diplomate allemand. Pacifiste, acquis à l'idée de réconciliation européenne après la Première Guerre mondiale, il organisa avec Jean Luchaire des congrès de jeunesse franco-allemands. Il se rallia ensuite au régime nazi et s'employa à nouer des contacts avec les milieux intellectuels français. Nommé à Paris avec le titre d'ambassadeur après l'armistice de 1940, il mit en œuvre la collaboration avec Laval et Darlan. Arrêté en 1945, il fut condamné à vingt ans de travaux forcés par un tribunal militaire français.

ABKHAZIE (république autonome d'). État autonome du N.-O. de la Géorgie ; capitale *Soukhoumi*. Intégrée à l'Empire romain et à l'Empire byzantin sous le nom de Colchide, l'Abkhazie se rendit indépendante au VIIIe s., puis fut bientôt englobée dans la Géorgie. Tombée sous la domination turque au XVIe s. et islamisée, elle se plaça en 1810 sous la protection de la Russie, qui l'annexa en 1864.

Intégrée à la Géorgie en 1921, l'Abkhazie obtint en 1930 un statut d'autonomie au sein de cette république. Mais, en raison de l'emprise géorgienne, des troubles favorisés par la perestroïka éclatèrent durant l'été 1989 ; la disparition de l'URSS, qui aboutit à l'indépendance de la Géorgie et à l'annexion de l'Abkhazie, aggrava la situation. L'ancien parlement abkhaze réclama l'indépendance, 200 000 Géorgiens furent expulsés de la région et la guerre civile finit par s'installer. La Géorgie soumit le pays à un blocus. Des observateurs de l'ONU et une force d'interposition, composée principalement de Russes et envoyée par la CEI (v.), ont réduit l'intensité des combats. La Russie a obtenu en 1999 la levée du blocus et le Conseil de l'Europe a décidé de n'admettre la Géorgie en son sein qu'à la condition d'une plus grande autonomie accordée à l'Abkhazie. Voir **GÉORGIE**.

ABOLITIONNISTES. Nom donné aux partisans de l'abolition de l'esclavage, particulièrement aux États-Unis. Posé dès 1787, le problème de l'abolition n'avait pas été résolu par les constituants américains, qui voyaient dans l'esclavage une forme de propriété. Cependant, la traite fut supprimée en 1807, et, sous l'impulsion des quakers et d'ardents précurseurs tels que W. L. Garrison, Wendell Philipps, H. W. Beecher, etc., les tendances abolitionnistes se répandirent largement, dans le N. des États-Unis, dès le premier quart du XIXe s. L'idée de rapatrier les Noirs en Afrique amena dès 1822 la fondation du Liberia (v.). D'autre part, la divergence entre le Nord et le Sud sur la question de l'esclavage aboutit aux solutions temporaires que furent les compromis de 1820 *(compromis du Missouri)*, de 1850 et de 1854. Après la publication du célèbre roman de Mrs Beecher-Stowe, *La Case de l'oncle Tom* (1852), l'abolitionnisme passa au premier rang des problèmes américains, déchaînant des passions qui provoquèrent la guerre de Sécession. L'abolition de l'esclavage dans les territoires colonisés par l'Europe fit aussi l'objet de campagnes d'opinion à la fin du XVIIIe s., sous l'inspiration de l'abbé Grégoire (v.) et des abolitionnistes britanniques. Après des aléas, ces mouvements eurent satisfaction durant la première moitié du XIXe s. Voir **ESCLAVAGE (abolition de l')**.

ABORIGÈNES. Peuple d'Australie. Leur nom vient du latin *ab originis*, et signifie « présents depuis l'origine ». Ils seraient arrivés d'Asie, en différentes vagues, à partir de 50 000 av. J.-C. Divisés en près de 500 clans, dont chacun possédait ses propres coutumes et son dialecte, ils avaient développé un système de croyances animiste particulièrement complexe, dans lequel chaque objet, chaque être, étaient reliés à un esprit. Nomades, ils ne connaissaient pas l'agriculture et vivaient de la chasse, de la pêche et de la cueillette.

À l'arrivée des Européens, à partir de la fin du XVIIIe s., leur nombre était estimé à 300 000. Au début du XXe s., ils étaient 70 000. Les Aborigènes furent en effet décimés par les guerres, les maladies et l'alcool, venus avec le colonisateur. À partir de la seconde moitié du XXe s., leurs droits, alors qu'ils étaient refoulés dans des réserves, commencèrent à être reconnus. En 1967, ils obtinrent la citoyenneté australienne. En 1993, le Parlement vota une loi qui leur reconnaissait des droits fonciers sur leurs terres ancestrales, mais elle fut remplacée par un texte plus restrictif en 1998.

Près de 80% d'entre eux vivent dans les zones urbaines, où ils sont particulièrement touchés par le chômage, l'analphabétisme et l'alcoolisme. Les Jeux de Sydney, en 2000, leur ont donné l'occasion de faire connaître au monde leur situation.

ABOU BAKR EL-SIDDIKH, c'est-à-dire *le Très Fidèle* († Médine, 634). 1er calife (632/34). Issu d'une famille de commerçants aisés de La Mecque et ami de jeunesse de Mahomet, il fut un des premiers à le reconnaître comme prophète. Il mit sa fortune au service de l'islam et donna sa fille Aïcha comme épouse à Mahomet (vers 623). À la mort de celui-ci, il fut désigné comme son successeur, grâce à l'intervention d'Omar. Abou Bakr sut maintenir l'unité de la communauté musulmane et poursuivre l'islamisation, malgré l'apparition de faux prophètes et les tentatives de sécession qui furent réprimées par Khalid ibn el-Walid. Abou Bakr désigna Omar comme son successeur.

ABOU DHABI ou **ABÜ ZHABI.** Émirat sur le golfe Persique, le plus vaste de la Fédération des Émirats arabes unis. Dirigé, au XVIIIe s., par le clan des Bani Yas, l'émirat signa, à partir de 1820, une série de traités avec la Grande-Bretagne qui cherchait à protéger la route des Indes. Dans la seconde moitié du XIXe s., l'influence régionale d'Abou Dhabi déclina au profit des principautés de Sharjah et de Doubaï. En 1971, après le départ des Anglais, Abou Dhabi devint la capitale de la Fédération des Émirats arabes unis. L'exploitation des gisements pétroliers, à partir des années 1960, bouleversa l'économie traditionnellement centrée sur la pêche et les perles, provoquant un accroissement spectaculaire de la population.

ABOUKIR. Village d'Égypte, sur la côte de la Méditerranée, au N.-E. d'Alexandrie, et proche de la baie du même nom. Trois batailles s'y déroulèrent pendant l'expédition d'Égypte. **1re bataille d'Aboukir** : bataille navale livrée à l'improviste par Nelson à la flotte française de l'amiral Brueys, mouillée dans la rade ouverte d'Aboukir. Les Français perdirent treize vaisseaux ou frégates et l'amiral Brueys fut tué à bord de son vaisseau amiral l'*Orient*. La destruction de la flotte coupait à Bonaparte toute voie de retour vers la France (1er août 1798). **2e bataille d'Aboukir** : remportée par Bonaparte, qui rejeta à la mer une armée de 18 000 Turcs débarquée par la flotte anglaise de Sydney Smith (25 juill. 1799). **3e bataille d'Aboukir** : victoire remportée par l'armée anglaise d'Abercromby, débarquée à Aboukir le 8 mars, sur les forces françaises de Menou successeur de Kléber (21 mars 1801).

ABOU SIMBEL. Site historique situé en Haute-Égypte, sur la rive gauche du Nil. Ramsès II (vers 1304/1238) y fit construire deux temples pour lui-même et la reine Néfertiti. Le site devant être inondé à la suite de la construction du haut barrage d'Assouan décidée par Nasser en 1952, une campagne de sauvetage fut organisée sous l'égide de l'Unesco. Démontés, les temples furent reconstruits à un niveau supérieur en 1968. Voir **ÉGYPTE**.

ABSOLUTISME. Le mot est apparu sous la Révolution (1796) pour désigner péjorativement la monarchie absolue telle qu'elle s'est constituée dans les monarchies de l'Europe occidentale au XVIIe s., excepté en Angleterre. En France, elle a trouvé son accomplissement dans le règne de Louis XIV. Mais l'idée était bien antérieure et les premiers théoriciens furent, au cours du XIVe s., les légistes de l'entourage royal. Après la crise dont souffrit le pouvoir pendant les guerres de religion, après le rétablissement que connut le royaume sous Henri IV, des juristes firent entendre leur voix pour chanter les bienfaits de la monarchie absolue. Tel Cardin Le Bret qui écrivit dans son traité *De la souveraineté du Roi* (1632) : « La souveraineté est non plus divisible que le point en géométrie [...] suprême et perpétuelle puissance déférée à un seul qui lui donne le droit de commander absolument. » Cependant, monarchie absolue et droits régaliens ne signifiaient pas despotisme. Les lois fondamentales du royaume en fixaient le cadre ; si elle était de droit divin (Bossuet en fut le chantre), ses pouvoirs étaient limités par les *lois immuables* (lois divines et lois religieuses) ; enfin le pouvoir absolu du roi pouvait trouver en face de lui les « institutions coutumières » des état généraux et des états provinciaux, le Parlement, et tous les corps intermédiaires.

La monarchie absolue à la française fit naître en Europe le *despotisme éclairé*, qui fut un style de gouvernement centralisateur et dirigiste (Catherine II en Russie, Frédéric II de Prusse, Marie-Thérèse et Joseph II en Autriche), conduit par la *raison* et les *Lumières*. Voir **FRANCE**.

ABRAHAM. Patriarche biblique (*Ibrahim* dans le Coran et la tradition musulmane). Il était, selon le livre de la Genèse, fils de Terah et originaire d'Our, en Chaldée. Arraché par une inspiration divine à son pays et à l'idolâtrie pour être conduit à Harran, en haute Mésopotamie, puis vers le pays de Canaan (Palestine), il y mena avec son clan une vie de pasteur semi-nomade. Païen d'origine, il reçut du Très-Haut la promesse de l'Alliance et celle du don de la Terre promise. De sa servante égyptienne Agar il eut un premier fils Ismaël, ancêtre mythique des Arabes, et de sa femme Sarah, longtemps stérile, Isaac, le fils promis. Pour éprouver sa foi, Dieu lui demanda de sacrifier ce fils et Abraham se soumit à cette demande ; satisfait de cette obéissance spirituelle, Dieu substitua un bélier à l'enfant. Abraham est considéré comme le père spirituel de tous les croyants monothéistes, juifs, chrétiens et musulmans. Voir **BIBLE**.

ABYSSINIE. Appellation géographique des hauts plateaux de l'Afrique orientale au S. du lac Tana, longtemps utilisée pour désigner aussi le pays aujourd'hui nommé Éthiopie. Voir **ÉTHIOPIE**.

ACADÉMIE. Nom qui fut donné, dans l'Antiquité, à l'école philosophique fondée à Athènes par Platon, lequel avait coutume de s'entretenir avec ses disciples dans les jardins d'Académos. Ce nom fut adopté par les humanistes d'Italie, où, pendant la Renaissance, se créèrent des sociétés d'érudits appelées *Accademia*. La première fut fondée à Rome vers 1460 par Pomponius Laetus ; puis vint celle des Lincei dont les membres se consacraient aux mathématiques, aux sciences naturelles et à la philosophie ; à Florence furent établies celle de Marsile Ficin et celle des Oricellari. Le modèle italien passa en France et Lazare du Baïf créa, en 1570, l'Académie de musique et de poésie qui devint l'Académie du Palais, protégée par Charles IX et Henri III.

Louis XIII régnant, l'hôtel Rambouillet et celui de Madeleine de Scudéry jouèrent le rôle de véritables académies. Créée en 1634 par Richelieu, l'Académie française naquit ainsi d'un cercle d'écrivains et de beaux esprits qui se réunissaient autour de Valentin Conrart. Sous Louis XIV, les académies témoignèrent de la grandeur et de la gloire du règne que reflétaient les travaux savants et artistiques : fondée en 1663, celle des Inscriptions et Médailles (aujourd'hui des Inscriptions et Belles-Lettres) fut chargée de composer des devises latines et françaises pour les médailles et les monuments ; celle des Sciences, établie en 1666 sur le modèle de la Royal Society anglaise, réunissait les savants français sous la direction du Hollandais Huygens ; les arts dépendaient de l Académie royale d'architecture établie en 1671, de l Académie royale de peinture et de sculpture constituée en 1648 pour que ses membres pussent échapper à la tutelle de la corporation des peintres (appelée académie de St-Luc) et pour enseigner le dessin et la perspective. Elle devint rapidement, sous la houlette de Charles Le Brun, le collège des artistes travaillant pour le roi. Même la musique eut un aspect officiel avec Lully. Rapidement, des villes de province comme Lyon, Caen, Avignon eurent leur réunion de beaux esprits et répandirent les « Lumières ». Montesquieu fit ses débuts à l'académie de Bordeaux en 1716 et celle de Dijon couronna en 1750 le *Discours sur les sciences et les arts* de Rousseau. La création la plus originale du XIXe s. fut, en 1896, celle de l'académie Goncourt qui décerne toujours un prix littéraire chaque année. En Europe, à l'exception de la Royal Society, beaucoup d'académies furent fondées sur les modèles français.

Dès qu'elles furent organisées, les Églises réformées eurent besoin d'établissements d'enseignement supérieur pour former des pasteurs, qu'ils appelèrent *académies*. Théodore de Bèze avait fondé la première à Genève en 1559, suivie de celles de Nîmes, Montpellier, Montauban, Saumur, Sedan, Orthez, Montbéliard. Elles dispensaient un enseignement en latin, avec un premier cycle de deux ans qui permettait d'accéder au grade de maître ès arts, puis un second pour les étudiants en théologie. À partir de 1680, l'autorité royale a supprimé ces académies.

Le mot désignait encore, outre la corporation des peintres (l'académie St-Luc), des établissements de jeux plus ou moins tolérés (cartes et dés). Enfin, une académie était encore une institution où les jeunes gentilshommes, après le collège, apprenaient l'équitation, l'escrime, la danse. Pluvinel fonda la première en France sous le règne de Louis XIII.

ACADIE. Ancienne colonie française du Canada oriental, dont le territoire correspondait approximativement à celui de l'actuelle province canadienne de la Nouvelle-Écosse. Les Français s'y étaient établis en 1604 et avaient fondé en 1605 Port-Royal, qui resta la ville principale. Prétextant que ce pays avait été découvert par John Cabot, l'Angleterre en réclama la possession et des conflits opposèrent vite les colons français et anglais. La reconnaissance des droits de la France sur cette contrée en 1657 n'empêcha pas de nouveaux conflits qui aboutirent à la conquête anglaise en 1710, entérinée par le traité d'Utrecht en 1713. Le refus des 18 000 colons français de prêter serment provoqua en 1755 leur déportation (le « Grand Dérangement ») dans les colonies britanniques d'Amérique du Nord. Certains des survivants furent regroupés en Louisiane et leurs descendants constituent la communauté *cajun*.

ACCORD DE LIBRE-ÉCHANGE NORD-AMÉRICAIN (ALENA). Accord de libre-échange signé en déc. 1992 par les États-Unis, le Canada et le Mexique. Entré en vigueur en janv. 1994, il a pour objectif de réduire et d'éliminer à terme les barrières tarifaires entre les pays membres. Le Mexique entrait aussi dans la zone de libre-échange existant déjà entre les États-Unis et le Canada depuis 1989. L'ALENA a vocation de s'ouvrir à d'autres pays, tel le Chili qui a signé en 1996 un accord avec le Canada.

ACHAB († Ramoth-Galaad, 853 av. J.-C.). 7e roi d'Israël (873/53). Il est mentionné dans la Bible au Ier livre des Rois, et dans les annales du roi d'Assur, Salmanassar III. Époux de Jézabel, fille d'un roi phénicien, il laissa l'idôlatrie s'installer en Israël, ce qui provoqua l'intervention du prophète Élie. Sa fille Athalie épousa Joram, roi de Juda. Voir **Bible**.

ACHANTI. Ancien royaume africain de la région centrale du Ghana. Sous l'impulsion d'Osey Toutou († 1731), les Achantis se réunirent en une confédération au début du XVIIIe dont le centre était à Koumassi. Opoukou Waré († vers 1750) agrandit le royaume achanti qui atteignit la côté du golfe de Guinée au XIXe s et se heurta aux Anglais. Battus en 1828, ces derniers durent soutenir six guerres pour n'obtenir qu'en 1901 la soumission de ces redoutables guerriers. L'Achanti constitue aujourd'hui une région autonome de l'État du Ghana et a gardé comme symbole le trône d'or, descendu du ciel selon la légende et destiné au chef de la confédération.

ACHAZ († 715). 12e roi de Juda (736/15). Fils et successeur de Jotham, il fut idolâtre jusqu'à sacrifier ses propres enfants. Devenu vassal des Assyriens, il suscita la colère d'Isaïe qui lui adressa les oracles fameux sur l'Emmanuel (*Isaïe*, VII-VIII). Son histoire nous est connue par le IIe livre des Rois, dans la Bible.

ACHAÏE. Région grecque du N. du Péloponnèse, le long du golfe de Corinthe, qui doit son nom à la présence du peuple grec des Achéens. Voir **Achéens**.

ACHAÏE (principauté d'). État latin contemporain de l'Empire latin de Constantinople (XIIIe s.) Voir **Morée**.

ACHÉENNE (ligue). Organisation confédérale de plusieurs peuples et cités grecs du N.-O. du Péloponnèse (IIIe-IIe s. av. J.-C.). Voir **Achéens**.

ACHÉENS. Le terme d'*Achéens* désigne, dans les poèmes homériques, tous les Grecs qui ont participé au siège de Troie. Dans la mythologie, il désigne les descendants d'Achaeos, petit-fils du héros Hellèn qui donna son nom à toute la race des Grecs. Les Achéens ont donné leur nom au pays d'Aegialos qui devint l'Achaïe, au N. du Péloponnèse.

Dans l'histoire grecque, les Achéens peuvent être assimilés aux peuples qui, établis en Grèce au IIe millénaire, pratiquaient une langue indo-européenne nouvelle d'où devait sortir le grec. Arrivés en Grèce avant la guerre de Troie (XIIIe s.), les Achéens s'établirent en Thessalie, puis dans la Grèce centrale et le Péloponnèse, repoussant dans les montagnes de l'Arcadie les populations préhelléniques. D'abord peu familiers de la mer, les Achéens restèrent longtemps en Grèce continentale où s'épanouit la civilisation mycénienne (XVIe/XIIIe s.) qui a laissé d'imposantes constructions fortifiées (Acropoles de Tirynthe et de Mycènes). Ayant établi des relations avec les Crétois, les Achéens se firent marins et commercèrent avec l'Égypte, les Hittites, Chypre, etc. Le déclin de la civilisation minoenne permit à Mycènes de rayonner sur la Méditerranée orientale et la Sicile.

À partir du Xe s., des Achéens s'installèrent au N. du Péloponnèse, région qui prit le nom d'*Achaïe*. Au Ve siècle, elle était une fédération de douze petites villes, dont deux, Bura et Hélikê, disparurent en 373 av. J.-C., lors d'un tremblement de terre.

Cette première fédération ne joua sans doute qu'un rôle mineur ; une seconde ligue Achéenne vit le jour vers 280 av. J.-C., avec une politique étrangère et militaire commune, décidée par le Conseil (*syncletos*) et par l'assemblée (*synodos*) de tous les citoyens présidée par dix magistrats. Deux chefs militaires ou stratèges, puis un seul à partir de 225 av. J.-C., commandaient les armées.

Aratos de Sicyone avait affilié sa ville à la ligue Achéenne en 249 ; il prit la tête de la lutte contre Antigone II Gonatas, roi de Macédoine, et s'empara de l'Acrocorinthe en 243, ce qui rallia à la ligue Achéenne les villes de l'Isthme, puis étendit son influence sur une partie de l'Arcadie, s'allia avec la ligue Étolienne (v.) (235) et rallia Argos (229). Cependant, les Athéniens refusèrent de les rejoindre.

Le réveil de l'expansionisme spartiate sous Cléomène III (235/22) vainqueur de la ligue à Mégalopolis en 227 conduisit Aratos à s'allier avec la Macédoine, et Sparte fut écrasée à Sellasie (222). Après une guerre avec les Étoliens, la ligue Achéenne fut dirigée, de 208 à 183, par Philopoemen de Mégalopolis qui finit par rompre avec la Macédoine pour s'allier aux Romains. Elle conquit Sparte mais les Romains lui ordonnèrent d'y renoncer ainsi qu'à Argos et Corinthe. Elle ne put résister militairement à la puissance romaine, et elle fut vaincue en 146 par Metellus. Corinthe prise et rasée, la ligue Achéenne disparut. L'Achaïe devint alors la province romaine qui comprenait toute la Grèce, avec l'Épire et la Thessalie, lesquels en furent détachés sous les Antonins. Voir **GRÈCE**. La Grèce alexandrine et romaine.

ACHÉMÉNIDES. Dynastie royale perse, qui doit son nom à son mythique ancêtre Achéménès. Les Achéménides étaient des princes perses de la tribu des Pasargardes, rois d'Anshan ; depuis le VIIe s. av. J.-C., ils étaient soumis à la suzeraineté des Élamites, puis à celle des Mèdes. Cyrus II (559-30) renversa vers 550 le roi des Mèdes, Astyage, et fonda l'Empire perse. Sous son règne et sous celui de son successeur Cambyse II (530-22), tout l'Orient, l'Asie Mineure, la Babylonie, l'Égypte et la Syrie furent conquis et réunis sous l'autorité d'un seul prince.

L'Empire fut organisé par Darius Ier (522/486) comme une monarchie centralisée, fondée sur la religion zoroastrienne mais assimilant les dieux des nations conquises ; il était divisé en vingt satrapies tout en respectant les institutions et les traditions des pays conquis. Darius et son successeur Xerxès (486/65) ont échoué dans la conquête de la Grèce. Après cet échec, l'Empire connut une histoire mouvementée, due aux révolutions de palais, aux ambitions personnelles des satrapes et aux révoltes des provinces. Alexandre le Grand a mis fin à la dynastie en battant à Arbèles (331) Darius III Codoman, dernier souverain achéménide, assassiné au cours de sa fuite. Voir **IRAN**.

ACHEULÉEN. Nom donné à l'industrie à bifaces du paléolithique inférieur, découverte dans les alluvions de la moyenne terrasse de la Somme à Saint-Acheul, faubourg d'Amiens, par J. Ladrière de 1879 à 1900, et par V. Commont, de 1904 à 1918. H. Breuil en a fait une première classification (Acheuléen I à VI) remplacée plus tard par celle de F. Bordes qui a distingué en Europe occidentale un Acheuléen ancien, moyen et supérieur. C'est une industrie riche en bifaces de forme ovale, amygdaloïde ou en hachereaux. On la trouve en Afrique à partir de 1,7 million d'années (Oldoway, niveau II à *Homo erectus*) et en Europe occidentale et orientale, autour de 700 000 ans. Voir **OUTILS ET ARMES DE LA PRÉHISTOIRE**.

ACIER (pacte d'). Pacte d'assistance militaire germano-italien signé le 21 mai 1939 à Berlin par Ribbentrop et Ciano ; il stipulait que l'Allemagne et l'Italie agiraient conjointement pour défendre leur espace vital et que, si l'une d'elles était engagée dans une guerre, l'autre serait immédiatement à ses côtés dans les hostilités (clause qui ne fut pas respectée par l'Italie en sept. 1939). Une convention réglait la question du Tyrol méridional par le transfert dans le Reich de tous les *Volksdeutsche* de cette région.

AÇOKA. Souverain indien, de la dynastie des Maurya (vers 268/33 av. J.-C.). Petit-fils du fondateur de la dynastie, Chandragouta (v.), il fut couronné vers 268 av. J.-C. Roi du Magadha (Bihar), il étendit sa domination vers l'O. et le S., détruisit le royaume de Kalinga, dans l'Orissa. Le premier, il réalisa l'unité de l'Inde : son empire atteignait vers l'Occident le Gandhara et dépassait au sud la rivière Godavery mais sans englober les royaumes méridionaux. Vers 257, Açoka s'était converti au bouddhisme et il le diffusa avec zèle, envoyant des missionnaires en Birmanie, à Ceylan et même en Occident. Fondant des monastères et des hôpitaux, il veilla à la préservation de la doctrine bouddhiste et réunit vers 253 le IIIe concile de Pataliputra. Envers les autres religions, en particulier pour le brahmanisme, Açoka montra toujours la plus grande tolérance. À sa mort, selon une tradition survenue à Texila, son empire se morcela rapidement.

ACRE. Ville d'Israël, sur la Méditerranée. D'abord phénicienne, elle prit à l'époque hellénistique le nom de *Ptolemaïs*. Elle abrita une communauté chrétienne et fut le siège d'un évêché au IIe s. Après la conquête musulmane de 638, elle fut disputée pendant presque treize siècles. En 1104, Baudoin Ier la reprit et elle appartint aux Latins qui la nommèrent *Saint-Jean-d'Acre* jusqu'en 1187, date à laquelle Saladin s'en rendit maître. Les croisés l'enlevèrent de nouveau en 1191 et la gardèrent un siècle.

Les mamelouks s'en emparèrent en 1291 et ce fut la fin de la résistance latine en Syrie. Conquise par les Turcs en 1517, assiégée en vain par Bonaparte de mars à mai 1799, elle fut prise par Ibrahim Pacha en 1832 et resta égyptienne jusqu'en 1840. Avec l'ensemble de la Syrie, elle est restée turque jusqu'en 1918.

ACROPOLE. Dans les anciennes cités grecques, nom de la citadelle, généralement construite sur un rocher ou une colline dominant la ville. Les acropoles les plus célèbres furent celles de Mycènes, de Tirynthe, d'Argos, de Thèbes (la Cadmée), de Corinthe (Acrocorinthe).

L'Acropole d'Athènes, habitée dès le IIe millénaire, fut ornée au VIe s. par Pisistrate de constructions élevées en l'honneur d'Athéna, mais que les Perses dévastèrent en 480 av. J.-C. Au cours du Ve s., l'Acropole perdit son caractère de forteresse mais resta le centre religieux de la vie athénienne : utilisant les architectes les plus renommés, Callicratès, Ictinos, Mnésiclès, Coroïbos, le gouvernement de Périclès y fit élever des monuments célèbres, entre autres le Parthénon (447/32) et l'entrée des Propylées (commencée en 437). Un peu plus tard – car les travaux furent retardés par la guerre du Péloponnèse – furent construits le temple d'Athéna Nikê (après 421) et l'Erechthéion (terminé en 407). Le temple d'Athéna Nikê (ou de la Victoire aptère), l'un des plus anciens monuments de l'Acropole d'Athènes (le site portait un autel d'Athéna dès le VIe s.), devait être converti par les chrétiens en une église sous le vocable de la Vierge Marie (v. **ATHÈNES**.) Les Turcs, qui s'emparèrent d'Athènes en 1458, firent de cette église une mosquée, installèrent dans l'Érechthéion le harem du pacha et rendirent à l'Acropole son rôle de forteresse. Lors du siège d'Athènes par les Vénitiens, une bombe fit sauter la poudrière installée par les Turcs dans le Parthénon, détruisant toute la partie médiane de l'édifice (26 sept. 1687). En 1801, lord Elgin obtint du sultan l'autorisation d'enlever un grand nombre d'antiquités (les célèbres « marbres d'Elgin »), qui furent achetées en 1816 par le British Museum. Dès qu'Athènes fut libérée des Turcs (mars 1833), commencèrent les travaux de dégagement de l'Acropole ; les fouilles les plus importantes furent celles menées par la Société archéologique grecque de 1885 à 1889.

Depuis 1970, la pollution urbaine a conduit à démonter les éléments de certains monuments pour leur appliquer un traitement spécial, ou à les abriter dans un musée, en les remplaçant par des copies. En 1981, le gouvernement grec a demandé vainement au gouvernement britannique la restitution des « marbres d'Elgin ».

ACTE ADDITIONNEL AUX CONSTITUTIONS DE L'EMPIRE. À son retour de l'île d'Elbe, Napoléon voulut donner une orientation libérale à son pouvoir. Il chargea Benjamin Constant de rédiger une nouvelle Constitution qui s'inspirait de la Charte de Louis XVIII. L'Acte additionnel confiait le pouvoir législatif à deux chambres et la liberté individuelle et celle de la presse étaient proclamées. L'Acte additionnel fut approuvé par un plébiscite le 22 avril 1815 et promulgué le 1er juin. Voir **ÉTAT FRANÇAIS**..

ACTES CONSTITUTIONNELS. Le 10 juillet 1940, l'Assemblée nationale avait voté (569 voix sur 666 votants) un projet de loi constitutionnelle donnant tous les pouvoirs à Pétain pour promulguer, par un ou plusieurs actes, une nouvelle Constitution. Il s'ensuivit une série de six « Actes », du 11 juill. au 1er déc. 1940, qui liquidaient le régime parlementaire de la IIIe République. Voir **ÉTAT FRANÇAIS**..

ACTES DES APÔTRES. Cinquième livre du Nouveau Testament, les Actes des apôtres ont été rédigés entre 60 et 80 par st Luc, à qui on attribue le troisième Évangile ; ils se terminent sur la captivité romaine de Paul, probablement en 61/63. Parvenus jusqu'à nous dans la langue grecque, ils constituent la source la plus riche pour connaître les débuts de l'Église.

ACTION CATHOLIQUE. Définie comme « une participation des laïcs catholiques à l'apostolat hiérarchique », l'Action catholique, qui s'inscrit dans la ligne ouverte par *Rerum novarum* (1891) de Léon XIII, a reçu son essor initial de Pie XI, notamment dans l'encyclique *Quadragesimo anno* (1931). Loin de n'être qu'une action complémentaire de celle du clergé, l'Action catholique entendit être un mouvement spécifique des laïcs qui avaient une mission particulière à exercer. Cependant, elle n'a jamais été un organisme unifié et elle s'est divisée en divers mouvements indépendants, dont les objectifs furent purement religieux ou portaient sur le cadre social, culturel et institutionnel de la vie chrétienne.

ACTION FRANÇAISE. Mouvement politique français fondé en avr. 1898 par Henri Vaugeois et Maurice Pujo. Née des luttes de l'affaire Dreyfus, l'Action française réunit d'abord quelques intellectuels nationalistes, opposés au parlementarisme, mais républicains. Charles Maurras les rejoignit dès janv. 1899 et en juill. fut fondée la revue *L'Action française*. Dans son *Enquête sur la monarchie*, publiée en 1920 par *La Gazette de France*, Maurras développait son hostilité à la République à laquelle il voulait substituer la monarchie traditionnelle, antiparlementaire et décentralisée. À partir du 21 mars 1908, l'*Action française* animée par Maurras, L. Daudet et J. Bainville, devint un quotidien et fut le journal des nationalistes antirépublicains. Foncièrement germanophobe, le journal prépara l'opinion à la revanche contre l'Allemagne, s'opposa au règlement pacifique des problèmes européens et, après 1918, lutta contre la politique de réconciliation franco-allemande voulue par Briand.

L'influence du mouvement qui avait organisé des groupes d'action (les Camelots du roi) fut très grande ; nombre d'adhérents, séduits par la rigueur doctrinale de Maurras et son patriotisme, appartenaient à des professions libérales et au monde étudiant. Un rude coup lui fut porté par l'Église catholique qui, en déc. 1926, mit à l'Index les ouvrages de Maurras et le journal lui-même. Si la condamnation fut levée en 1939, dès 1930 le mouvement avait perdu de son influence, déchiré par des querelles internes nées de sympathies pour les régimes fascistes de Mussolini et de Franco. Voir **Maurras.**

ACTIUM, Aktion, auj. **Akra Nikolaos.** Promontoire rocheux de la Grèce ancienne, en Acarnanie, sur la baie d'Ambracie (auj. golfe d'Arta), surmonté d'un temple d'Apollon qui était le sanctuaire de la ligue Acarnanienne. À la bataille navale d'Actium (2 sept. 31 av. J.-C.), Octave remporta sur Antoine et Cléopâtre une victoire décisive qui hâta la fin de la guerre civile.

ADALBÉRON († Reims, 988). Archevêque de Reims en 969. Partisan de l'empereur Othon III, il fit élire comme roi de France Hugues Capet au lieu du Carolingien Charles de France, duc de Basse-Lorraine, et le sacra à Reims le 3 juill. 987.

ADAMS Gerry (Falls Road, Belfast, 6.X.1948.) Homme politique nord-irlandais. Élevé dans les quartiers catholiques de Belfast, membre de l'IRA, il fut emprisonné de 1971 à 1977. À sa libération, il intégra le Sinn Féin (branche politique de l'organisation clandestine) dont il devint président en nov. 1993. Finalement convaincu de la nécessité d'une solution politique à la question nord-irlandaise, il se rapprocha du nationaliste modéré John Hume, avec qui il proposa un plan de paix, rejeté en 1993 par le gouvernement britannique de John Major. Il fut cependant suivi d'un cessez-le-feu de l'IRA. Sa rencontre avec Tony Blair, en 1997, accéléra les négociations qui devaient aboutir à l'élection d'un Parlement semi-autonome d'Ulster en juin 1998.

ADAMS John (* Quincy, Massachusetts, 19.X.1735, † Quincy, 4.VII.1826). Homme politique américain. Il fut l'un des signataires de la Déclaration d'indépendance (1776). Après un voyage à Amsterdam pour intéresser les capitalistes hollandais à la cause des colonies américaines, il devint le premier ambassadeur des États-Unis à Londres (1783/88). En 1789, sous George Washington, il fut élu vice-président des États-Unis. Réélu à ce poste en 1792, il succéda à Washington comme deuxième président des États-Unis (1797/1801). Voir **États-Unis.**

ADAMS John Quincy (* Quincy, Massachusetts, 11.VII.1767, † Washington, 23.II.1848). Homme politique américain, fils de John Adams. Il fut nommé ambassadeur à Saint-Pétersbourg (1809/14), puis à Londres (1814/17). Choisi comme secrétaire d'État par J. Monroe, il inspira la *doctrine de Monroe* (v.). En 1819, il obtint l'annexion de la Floride cédée par l'Espagne ; en 1824, il fut élu sixième président des États-Unis.

ADÉLIE (terre). Territoire français du continent antarctique découvert en 1840 par Dumont d'Urville, qui lui donna le prénom de sa femme. Paul-Émile Victor y mena plusieurs expéditions scientifiques (1950 et suiv.). Une base permanente fut installée en 1958 pour mener des recherches scientifiques et une piste aérienne fut mise en service en 1993.

ADEN. Ville du Yémen située non loin de l'entrée de la mer Rouge. Voir **Yémen du Sud.**

ADENAUER Konrad (* Cologne, 5.I.1876, † Rhöndorf, 19.IV.1967). Homme politique allemand. Maire de Cologne en 1917, il tint tête au soviet qui tentait de se rendre maître de la ville en nov. 1918 ; il fut destitué par Göring en 1933. Après la guerre, il créa la CDU en 1946 et en devint président. Premier chancelier de la République fédérale de sept. 1949 à oct. 1963, il parvint à faire abroger le statut d'occupation et à établir la souveraineté de l'Allemagne fédérale (accords de Londres et de Paris, 23 oct. 1954). Il fut l'artisan de l'intégration de son pays dans l'Europe occidentale et dans l'OTAN et du rapprochement franco-allemand. Après avoir renoncé à se présenter à la présidence de la République (1959), et conscient du recul électoral de son parti, il se rallia à la désignation de L. Erhard comme candidat à sa succession. Voir **Allemagne.** L'Allemagne d'Adenauer.

ADER Clément (* Muret, 2.IV.1841, † Toulouse, 3.V.1925). Inventeur français qui conçut et construisit un appareil avec lequel il réussit à voler sur une cinquantaine de mètres à 20 m du sol le 9 octobre 1890. Il appela son prototype **avion** pour **a**ppareil **v**olant **i**mitant l'**o**iseau **n**aturel.

ADOUBEMENT. Cérémonie qui marquait l'entrée dans la chevalerie. Très simple et tout militaire, le rituel consistait, au cours du XIe s., en la remise des armes au jeune écuyer par un chevalier. Il coïncidait généralement avec une grande fête de l'Église mais pouvait se faire sur le champ de bataille. Le parrain revêtait le nouveau chevalier du haubert et du heaume, lui ceignait l'épée, lui chaussait les éperons dorés ; il lui donnait ensuite la *colée*, grand coup de paume de la main sur la nuque, qui devint après une *accolade*. Au siècle suivant, la cérémonie s'est compliquée et s'est chargée d'une signification religieuse. Précédé d'un jeûne, d'un bain symbolique et d'une veillée d'armes dans l'église, l'adoubement devint alors une sorte de sacrement administré par l'évêque qui ceignait l'épée (qu'il avait bénie) au nouveau chevalier et lui adressait un sermon sur son devoir. Voir CHEVALERIE.

ADRETS, François de Beaumont, baron des (* château de La Frette, Dauphiné, 1513, † château de La Frette, 2.II.1586). Homme de guerre français. Il fit ses premières armes lors des guerres d'Italie, devint un des gentilshommes ordinaires de François Ier et colonel, puis passa à la Réforme en 1562 à la suite d'une querelle avec les Guise. Lieutenant de Louis Ier de Condé dans le Midi, il enleva aux catholiques Valence, Lyon, Grenoble, Montélimar, Vienne, Orange, se signalant partout par sa cruauté, notamment à la prise du château de Montbrison (1562). Il dut son salut à l'édit de pacification d'Amboise (1563), passa du côté des catholiques et reprit ses exactions. Arrêté sur ordre de Charles IX puis libéré en 1571, il fut chargé de repousser les tentatives du duc de Savoie dans le marquisat de Saluces. La mort de ses deux fils en 1572 le fit se retirer dans son château, où il passa la fin de sa vie, haï des deux partis. Voir RELIGION **(guerres de)**.

ADRIEN II (* Rome, 792, † Rome 14.XII.872). Pape (867/72). Sous son pontificat, le VIIe concile œcuménique de Constantinople qu'il avait convoqué condamna Photius à propos du *filioque*. Il ne put empêcher les Bulgares de se rattacher au siège de Constantinople. Il maintint cependant la Moravie dans l'Église catholique en reconnaissant l'apostolat de st Cyrille et st Méthode et en approuvant leur liturgie slave.

ADRIEN IV, Nicholas Breakspear (* Langley, près de Saint Albans, vers 1100, † Anagni, 1er. IX.1159). Unique pape anglais (1154/59), il fut d'abord légat pontifical en Scandinavie où il réforma et réorganisa les Églises de Suède et de Norvège. Élu pape, il dut lutter contre Arnaud de Brescia dont il triompha grâce à Frédéric Barberousse (1155) avant d'entrer en conflit avec lui. Voir SACERDOCE ET DE L'EMPIRE **(lutte du)**.

ADRIEN VI, Adrian Floriszoon (* Utrecht, 1459, † Rome, 14.IX.1523). Pape (1522/23). Il succéda à Léon X et entreprit, en vain, de réformer la curie romaine, d'arrêter les progrès du protestantisme et d'unir l'Europe dans une croisade.

ÆGOS POTAMOS, c'est-à-dire *fleuve de la Chèvre*, auj. *Indjelimen*. Petite rivière de la Chersonèse de Thrace presqu'île de Gallipoli, qui se jetait dans l'Hellespont à quelques kilomètres au N. de Sestos. C'est à l'embouchure de cette rivière que l'amiral spartiate Lysandre remporta sur les Athéniens la victoire navale décisive qui hâta la fin de la guerre du Péloponnèse (août 405 av. J.-C.).

AETIUS (* Durostorum, auj. Silistrie, Mésie, vers 390, † 21.IX.454). Patrice romain. Avant de devenir l'un des derniers soutiens de l'Empire romain d'Occident, il fut officier. Otage chez les Huns, il y leva une armée pour soutenir l'usurpateur Jean, puis s'imposa à l'impératrice Galla Placidia, mère de Valentinien III, et remplaça son rival Boniface (432). Nommé consul (432) et patrice romain (433), il exerça pendant plus de vingt ans un pouvoir considérable dans l'Empire, qu'il réussit à défendre contre les Barbares, battant successivement les Wisigoths, les Burgondes et les Francs. En 451, lors de l'invasion d'Attila, il sut unir les Gallo-Romains et les Germains établis en Gaule contre les Huns, qu'il écrasa aux champs Catalauniques (sans doute à Moirec, près de Troyes). Mais Valentinien III, jaloux de sa gloire, le fit assassiner (ou le tua de sa propre main).

AFARS ET DES ISSAS (Territoire français des). Nom porté depuis 1967 par la Côte française des Somalis, devenue République de Djibouti en 1977. Voir DJIBOUTI et SOMALIE.

AFFRANCHIS. État d'un homme passé du statut d'esclave à celui d'homme libre. À Athènes comme à Rome, les esclaves pouvaient être *affranchis* par leur maître. À Athènes, l'affranchissement n'exigeait aucune procédure particulière ; la loi prévoyait que l'affranchi verserait une somme d'argent à son ancien maître ; considéré comme métèque (résident étranger), son ancien maître étant son parrain, il n'était pas citoyen, ne pouvait le devenir et restait soumis à des impôts particuliers.

À Rome, un esclave affranchi par un citoyen romain ne devenait pas lui-même citoyen romain ; son fils en acquerrait les droits. La procédure officielle d'affranchissement se faisait devant un magistrat mais elle pouvait aussi se faire officieusement. Les plus cultivés des affranchis ont fourni une part importante du personnel de l'administration impériale.

AFGHANISTAN. État de l'Asie centrale borné au N. par le Turkménistan, l'Ouzbékistan et le Tadjikistan, au N.-E. par le Turkestan chinois (passe de

Wakhan), à l'E. et au S. par le Pakistan, à l'O. par l'Iran ; capitale *Kaboul.*

Sur la route des invasions

Carrefour des mouvements de peuples et de civilisations qui se succédèrent à travers l'Asie, l'Afghanistan a été la voie de passage des peuples indo-européens (Aryens) descendant vers le Pendjab par les cols difficiles de l'Hindou Kouch (IIe millénaire av. J.-C.). Englobé ensuite dans l'Empire perse, il fut conquis par Alexandre, qui y fonda plusieurs villes appelées *Alexandréia* (plus tard Hérat, Kandahar, Ghazui, Aï Khanoum) 250 à 125 environ av. J.-C., l'Afghanistan fit partie du royaume indépendant de Bactriane et devint le centre d'une civilisation gréco-bouddhique, issue de la rencontre d'éléments indiens et helléniques. À partir du IIe s. av. J.-C., le pays fut envahi par les Scythes, nomades indo-européens descendus de la Haute-Asie puis intégré dans le royaume des Kouchans. Ceux-ci atteignirent leur apogée aux deux premiers siècles de notre ère mais se maintinrent en Afghanistan jusqu'au VIe s. Le pays fut alors partagé entre les Perses Sassanides et les Huns Hephtalites et devint le foyer de diffusion du bouddhisme mahayaniste vers la Chine, par les routes caravanières de l'Asie centrale.

Islamisé dans la première moitié du VIIIe s., sous les derniers califes omeyyades, l'Afghanistan fut ensuite occupé par les Turcs Ghaznévides, chassés à leur tour en 1175 par le chef afghan Mohammed de Ghor qui, après avoir occupé le Pendjab, conquit le bassin du Gange et fonda le sultanat de Delhi. L'Afghanistan en fit partie jusqu'en 1526, avant d'être englobé dans l'Empire mogol. La décadence de cet empire fit naître un réveil national afghan et Mir Mahmoud, prince indépendant de Kandahar, réussit à se rendre maître de la Perse (1722/25) ; mais rapidement les Afghans, chassés de Perse, furent annexés à leur tour par l'aventurier persan Nadir Chah (1738) ; à sa mort en 1747, un Afghan de la tribu des Abdalli, Ahmed Chah Durrani, conduisit l'Afghanistan à l'indépendance, fonda la dynastie Durrani et étendit son royaume du Khorassan à la Djamma, et de l'Oxus à la mer d'Oman.

L'époque moderne

Une période troublée suivit la mort d'Ahmed Chah en 1773. Les premières visées expansionnistes russes en cette région, finirent par inquiéter les Anglais qui durent reconnaître l'autorité de Dost Mohammed (traité du 30 mars 1855) après avoir essayé de lui opposer Soudjah chah (première guerre afghane, 1839/42). Les intelligences de Chir Ali, successeur de Dost Mohammed, avec la Russie provoquèrent la deuxième guerre afghane (1878) ; le traité de Gandomak (26 mai 1879) y mit fin et les Britanniques se firent concéder la garde de la passe de Khaïber, l'administration de la région de Pichin (débouché sur Kandahar) et un contrôle sur la politique étrangère afghane. En 1893, la frontière indo-afghane fut fixée sur la ligne Durand et les tribus Pathans englobées dans l'Inde. Par la convention de 1907, la Russie abandonna l'Afghanistan à l'influence de l'Angleterre, qui exerçait sur le pays un demi-protectorat. En 1919, des troubles intérieurs provoquèrent une troisième guerre afghane qui s'acheva par le traité de Rawalpindi (août 1919), par lequel l'émir Amanoullah parvint à faire reconnaître par les Anglais l'indépendance de son pays. Proclamé roi en 1923, Amanoullah entreprit en 1928 de moderniser l'Afghanistan, selon les principes de la Turquie kémalienne. Un soulèvement populaire le contraignit à abdiquer (1929).

Après une période de désordres, le général Nadir Chah s'empara du pouvoir, se fit proclamer roi mais fut assassiné en 1933 ; son fils, Mohammed Zahir Chah (1933/74) préserva la neutralité du pays durant la Seconde Guerre mondiale. Le général Mohammed Daoud Khan, cousin et beau-frère du roi, qui avait dirigé toutes les affaires de 1953 à 1963, fut éliminé du pouvoir par la Constitution de 1964, qui fit de l'Afghanistan une monarchie parlementaire. Le gouvernement de Mohammed Hashim Maiwand-wal (1965/67) modernisa l'économie tout en conduisant une politique étrangère dans un strict non-alignement à l'égard de l'Occident, de l'URSS et de la Chine. Mais plusieurs années de sécheresse compromirent l'essor du pays. Dans un climat de malaise croissant, le général Daoud Khan s'empara du pouvoir en juill. 1973, déposa le roi Mohammed Zahir proclama la république et entendit gouverner seul le pays.

L'intervention soviétique

Le pays étant encore très peu développé, les résultats furent maigres. Le 27 avr. 1978, le président Daoud fut massacré avec sa famille à la suite d'un putsch fomenté par de jeunes officiers qui donnèrent le pouvoir aux chefs du parti démocratique du peuple, créé en 1965, mais interdit en raison de ses liens avec Moscou. Nommé Premier ministre, Nur Mohammed Taraki instaura une république populaire et, soutenu par l'URSS avec qui il signa le 5 déc. 1978 un traité d'amitié et de coopération, annonça un grand programme de réformes.

Cette allégeance à l'URSS était loin de faire l'unanimité du peuple afghan : 200 000 Afghans se réfugièrent au Pakistan tandis que de nombreuses régions échappaient à l'autorité du pouvoir central. Trois mouvements rebelles musulmans appelèrent à l'insurrection ; le 27 mars 1979 Nur Mohammed Taraki dut céder le pouvoir à Hafizullah Amin et se contenter de la présidence de l'État. En octobre 1979, il était assassiné. Son successeur connut le même sort le 27 décembre au cours du coup d'État par lequel Babrak Karmal était installé au pouvoir par l'armée soviétique.

À partir de cette date, malgré l'opposition de l'Occident, celle des pays non-alignés et la condamnation de l'ONU, l'URSS intervint ouvertement dans la vie politique afghane et dut mener une guerre contre la résistance militaire, finalement soutenue par une importante aide occidentale, principalement américaine qui passait par le Pakistan.

L'indépendance ?
En 1986 l'impasse militaire était totale et Gorbatchev chercha une solution politique. Karmal dut démissionner et fut remplacé par Mohammed Najibullah, ancien chef de la police politique. Le 14 avril 1988, les accords de Genève signés entre l'Afghanistan, l'URSS, les États-Unis et le Pakistan prévoyaient le retrait des troupes soviétiques, achevé en févr. 1989. Cependant, malgré cette victoire, le pays se dirigeait vers la guerre civile, alimentée par les conflits personnels et les rivalités des quatre principaux groupes ethniques : Pashtouns, les plus nombreux, soutenus par le Pakistan et les pays arabes, Tadjiks persanophones et sunnites, Hazaras chiites appuyés par l'Iran, et Ouzbeks. Profitant de ces affrontements, un nouveau mouvement apparut, celui des talibans (v.), formé dans les écoles coraniques des camps de réfugiés afghans au Pakistan. Leur but était d'instaurer la loi islamique et de désarmer les factions. Le Pakistan et l'Arabie Saoudite les soutinrent. De 1995 à 2000, ils réussirent à contrôler tout le pays, malgré la résistance de l'Alliance du Nord commandée par Ahmed Shah Massoud, soutenue par l'Iran, la Russie et l'Inde. En 1997, l'Afghanistan devint l'Émirat islamique afghan et les talibans imposèrent la *charia*. Le régime avait refusé l'extradition d'Oussama Ben Laden, ancien organisateur de la lutte contre les Soviétiques, accusé désormais de terrorisme. En mars 2002, après les attentats du 11 septembre 2001 contre les États-Unis, le régime taliban fut renversé par une coalition conduite par les Américains.

AFRIKANERS. Le terme a désigné les Boers des États du Transvaal et d'Orange, intégrés dans l'Union sud-africaine, qui avait été créée le 31 mai 1910, et où ils furent réunis avec les anciennes colonies britanniques de l'Afrique australe. Ils étaient les descendants blancs de huguenots hollandais, français et flamands, venus coloniser la région du cap de Bonne-Espérance au XVIIe s. Les Afrikaners étaient nettement majoritaires dans la population blanche de l'Union ; ils avaient leur langue, l'afrikaans, codifiée en tant que langue écrite vers 1875, apparentée au néerlandais, mâtinée d'emprunts aux langues européennes et aux dialectes bantous, et reconnue comme une des langues officielles de l'Union en 1925. Rebelles à une intégration dans une Union sud-africaine dominée par les Anglais, les Afrikaners se sont retrouvés dans un Parti national ; en 1948, ils s'assurèrent du pouvoir politique et instaurèrent la ségrégation raciale radicale à l'égard des Noirs. Voir **Apartheid**.

AFRIQUE. Continent qui s'étend au sud de l'Europe, de part et d'autre de l'équateur. Le mot s'est d'abord appliqué à l'Afrique du Nord puis, au fur et à mesure des découvertes, à l'ensemble du continent.

La préhistoire
L'histoire de l'homme a très certainement commencé en Afrique orientale et australe où ont été découverts les restes fossiles des hominidés les plus archaïques actuellement connus, les australopithèques ; ils étaient engagés dans un processus d'hominisation mais n'appartiennent pas au genre *Homo*. Le plus ancien, déjà bipède, *Orrorin tugenensis*, découvert en 2000 au Kenya, est vieux de 6 millions d'années. *Ardipithecus ramidus*, daté d'environ 4,4 millions d'années, a été trouvé en Éthiopie en 1995 ; la célèbre Lucy (*Australopithecus afarensis*) découverte dans l'Afar éthiopien en 1970 est datée d'entre 3,7 et 2,8 millions d'années ; enfin Abel et Toumaï (*Australopithecus bahrelghazali*) découverts en 1995 et 2001 au Tchad sont vieux d'environ 3,5 millions d'années. Les premiers représentants d'*Homo habilis* (2 à 1,5 millions d'années) sont apparus en Afrique orientale et australe (sites d'Oldoway, de Melka Kunturé) et ont développé un outillage. *Homo erectus* lui a succédé et allait occuper la plus grande partie du continent africain et conquérir le monde. Il fut l'artisan de la culture acheuléenne et, en Afrique, serait à l'origine d'*Homo sapiens* hominidés archaïques qui auraient migré au Proche-Orient et en Europe, et des Anténéandertaliens qui auraient évolué en Néandertaliens et migré vers le Proche-Orient.

À partir de 9000 av. J.-C. se sont mises en place les économies de production ; pastoralisme nomade et collecte de graminées, les témoins du néolithique ancien (9000/7500) ont été retrouvés, dans l'actuel désert du Sahara. Le néolithique moyen (7500/4500) vit se combiner les élevages de bovins, ovins et caprins avec l'agriculture céréalière : au cours du Ve millénaire, le blé et l'orge étaient cultivés dans le Fayoum (Égypte) et le porc, le bœuf et le mouton domestiqués. Au néolithique récent, presque tout le continent était entré dans un système agricole.

L'Afrique jusqu'à l'islamisation
Vers 4000 av. J.-C., l'aridification croissante du continent africain a poussé les hommes à s'installer dans les régions riches en eau. Dans l'actuel désert du Ténéré, autrefois fertile, l'activité agricole est attestée. Le delta inférieur du fleuve Niger connaît une grande activité agricole depuis le IIe millénaire au moins. Autour de la cuvette du lac Victoria, s'installèrent des pêcheurs sédentaires chez qui la culture et l'élevage ont pénétré plus lentement. L'Afrique méridionale fut occupée surtout par les chasseurs-cueilleurs Khoisans auxquels les peuples de langue bantoue allaient disputer progressivement leurs territoires. À Nagada, localité de Haute-Égypte au N. de Karnak, a été retrouvée une nécropole de 3 000 tombes datant du IVe millénaire. L'Égypte pharaonique s'est constituée à la fin du IVe millénaire et la conquête de la Nubie (pays de Couch) fut un objectif constant des pharaons. Par la Nubie, l'influence de la civilisation égyptienne s'est fait sentir jusqu'à l'intérieur de l'Afrique et, plus tard, aux VIIIe et VIIe s. av. J.-C., la XXVe dynastie, dite

éthiopienne, a régné sur la vallée du Nil de nouveau unifiée politiquement. Cette dynastie a régné plus de mille ans sur la Nubie, dont la capitale fut Nepata puis Méroé. Le royaume disparut entre 320 et 330 sous les coups du royaume d'Aksoum, premier grand État de l'intérieur de l'Afrique, né au Ier s., dont le souverain avait le titre de *roi des rois*. Au IVe s., le royaume de Ghana avait été fondé par les Berbères qui établirent leur domination sur les Soninkés. Le royaume de Kanem est apparu vers le VIIIe s ; sur les deux rives du fleuve Sénégal s'établit au IXe s. le royaume de Tekrour. Sur le haut Niger, les Mandingues ont formé, au Xe ou XIe s., le royaume indépendant du Mali.

Au Ier millénaire, l'Afrique du Nord était occupée par des populations berbères et, sur ses côtes, les Grecs ont fondé des cités en Cyrénaïque au VIIe s. av. J.-C. En 814, des Phéniciens ont fondé Carthage ; après l'avoir détruite (146 av. J.-C.), les Romains ont créé la province d'Africa. Mais l'intérieur de l'Afrique du Nord est resté aux mains des Berbères (éleveurs de dromadaires) contre qui les Romains durent élever un *limes* (ligne fortifiée). Le christianisme y fut introduit à la fin du IIIe s. En 429, les Vandales l'ont conquise tout entière.

Le fer est attesté dès le IIe millénaire av. J.-C. au Ténéré, dès le Ier au Cameroun, au Gabon, au Nigeria, au Rwanda et au Burundi. Par la façade de l'océan Indien sont arrivés le riz, la banane et les plantes asiatiques, ainsi que le zébu.

L'islamisation de l'Afrique

Après la mort de Mahomet, les Arabes ont envahi l'Égypte en 640, la Cyrénaïque en 642 et fondé Kairouan en 670. Maîtres de la Berbérie en 709, ils passèrent en Espagne en 711. Le renversement des Omeyyades par les Abbassides en 750 permit la création de trois royaumes berbères indépendants, correspondant aux trois pays du Maghreb actuel. Puis les Fatimides, maîtres de l'Égypte (972) firent passer l'Afrique du Nord sous l'autorité d'une nouvelle dynastie berbère, celle des Zirides. En 1051/52, le pays fut envahi et totalement dévasté par les Arabes Hilaliens (1051/52). Peu après, la dynastie berbère des Almoravides sut créer un empire réunissant le Maghreb occidental et toute l'Espagne musulmane. Dans la seconde moitié du XIIe s., les Almoravides furent renversés par d'autres Berbères, les Almohades, qui réalisèrent l'unité du Maghreb musulman (1159-1236). Mais les défaites de l'Empire almohade en Espagne en brisèrent l'unité et en renforcèrent l'arabisation (XIIIe s.).

Les Arabes se sont assuré la suprématie en mer Rouge. Des cités-États commerçantes, telle Kiloa, furent fondées sur la côte orientale de l'Afrique par des chefs musulmans venus d'Arabie. L'islam avait pénétré aussi l'intérieur du continent ; en 1076, les Almoravides avaient fait une expédition contre le royaume de Ghana qui fut détruit et ses habitants convertis de force à l'islam. Mais souvent les conversions se firent pacifiquement, par les caravaniers berbères du Sahara. À partir du XIe s., le mouvement prit de l'ampleur et atteignit les royaumes de Kanem, de Tekrour et du Mali. Mais il y eut de farouches résistances à l'islam dues aux principautés chrétiennes de Nubie et d'Éthiopie, et aux États qui voulaient rester païens.

L'Afrique jusqu'à l'arrivée des Européens

Dans la région du fleuve Sénégal et de la boucle du Niger, se sont développés les premiers États organisés. Des ruines du Ghana sortit le royaume de Sosso qui résista à l'islam mais s'effondra en 1235, vaincu par le Mali. Au XIIe s. se sont développés plusieurs royaumes mossis ; au siècle suivant apparut le royaume d'Oubritenga, devenu Ouagadougou. Remarquablement organisés, ces États avaient à leur tête un roi ou *morhonaba* dont le pouvoir d'origine divine s'appuyait sur une féodalité guerrière. Le Mali connut une rapide ascension sous la dynastie Keita et fut un agent puissant de l'islamisation. Fondé au VIIe s. par un chef berbère de Libye qui fuyait l'invasion arabe, le royaume Songhaï s'est étendu de part et d'autre de la grande boucle du Niger, autour de Koukya. Vers 1010, les rois de Koukias s'installèrent à Gao et se convertirent à l'islam. Au début du XVe s., la décadence de l'empire du Mali permit la renaissance du royaume Songhaï qui, en 1492, contrôlait Tombouctou, Djenné, la région des lacs et s'était assuré la possession des mines d'or du Bito.

Autour du Tchad devenu un carrefour commercial, se sont développés les royaumes du Kanem, puis du Bornou et du Baguirmi, tous convertis à l'islam. Entre le Tchad et le Nil, les royaumes chrétiens de Ouadaï, Darfour et Korfolan subsistèrent jusqu'à la fin du XVIe s., date à laquelle ils furent islamisés.

À partir de l'ère chrétienne ont commencé les migrations des peuples bantous dont on ne sait quel fut leur habitat originel, peut-être la région du Tchad, qui ont su tirer de l'usage du fer une supériorité écrasante. Au début du XIVe s., ils ont fondé le royaume du Congo, entouré d'autres États bantous tels ceux des Koubas (ou Bakoubas), des Loubas (ou Baloubas). Dans le centre de l'Afrique, d'autres populations bantoues ont formé le royaume kitwara (dans l'actuelle Tanzanie) et celui du Rwanda. Le plus grand royaume bantou du centre-est de l'Afrique fut celui du Monomotapa (v.), créé au milieu du XVe s. Il semble avoir succédé à une civilisation qui aurait fondé la ville de Zimbabwe. Vers 1500, les Bantous arrivèrent en Afrique du Sud, alors occupée par les Bochimans et les Hottentots.

L'arrivée des Européens et la traite des Noirs

Depuis le VIIIe s., l'Europe n'avait plus de relations avec l'Afrique que par l'intermédiaire des Arabes. Les découvertes maritimes du XVe s. visaient surtout l'Inde qu'on espérait atteindre en contournant l'Afrique, laquelle devenait seulement une escale. Elles furent le fait de Portugais, à l'initiative d'Henri le Navigateur, peut-être précédés par des navigateurs dieppois en Sierra Leone au XIVe s. Elle commencèrent à partir de 1416 et permirent de découvrir Madère en 1420, le cap Bojador en 1434, l'embouchure du Sénégal (vers 1445/46), les îles Bissagos et la Sierra Leone en 1462, l'embouchure du Congo en 1483. En 1488, Barthélemy Diaz doubla le cap de Bonne-Espérance et dix ans plus tard, Vasco de Gama, en route pour les Indes, longea la côte orientale de l'Afrique. En 1500, Diogo Diaz découvrait Madagascar et, à cette date, le contour de l'Afrique était connu des Européens.

Jusqu'à la fin du XVIIIe s., ceux-ci ne songèrent nullement à coloniser l'Afrique. Les Portugais ne s'intéressaient qu'à l'or, à l'ivoire, aux épices ; Espagnols, Français, Anglais et Hollandais se contentèrent d'établir des comptoirs tout autour du continent. Malheureusement, l'arrivée des Européens coïncida avec la découverte de l'Amérique, où le manque de main-d'œuvre allait susciter la traite des esclaves. Un trafic d'esclaves existait déjà pour le compte de Carthage, organisé par le peuple libyen des Garamantes, et développé à partir du VIIe s. par les commerçants arabes. Officialisée en 1518, la traite des Noirs se généralisa aux XVIIe et XVIIIe s. Les Portugais puis les Hollandais en eurent le monopole que leur disputèrent ensuite Anglais et Français. L'*asiento de negros* (contrat d'achat de Noirs) fit la fortune des ports de Liverpool, Nantes et Bordeaux.

La traite s'étendait sur plus de 3 000 km, sur la côte atlantique, entre la Mauritanie et le Congo. Les royaumes du Songhaï, du Bénin puis du Dahomey, de Bornou, des Achantis organisaient les razzias parmi les peuples non musulmans de la forêt guinéenne et vendaient les esclaves aux Européens. La traite eut des conséquences désastreuses pour l'Afrique ; elle devint le seul commerce et empêcha le développement économique. On estime que, du XVIe au XVIIIe s., 12 millions d'esclaves partirent d'Afrique vers les Amériques et un nombre équivalent, sur une période plus longue vers le monde arabe par les ports de l'océan Indien. L'Angleterre fut la première à interdire la traite (1807).

L'exploration et la colonisation

Vers 1800, l'Europe ne connaissait pratiquement de l'Afrique que ses côtes. Les principales explorations eurent pout but trois régions difficilement accessibles : a) le Sahara et le Niger, b) les sources du Nil, c) le bassin du Congo et l'Afrique centrale. Ces explorations étaient inspirées par des motifs scientifiques ou missionnaires. Pour des raisons stratégiques, l'Angleterre avait pris aux Hollandais la colonie du Cap, mais jusqu'en 1885, elle refusa d'acquérir de nouvelles colonies. La France n'avait conquis que l'Algérie et la prise de possession du Sénégal (1854/65) était principalement due à Faidherbe. Mais après le désastre de 1870/71, la France trouva une compensation dans l'expansion coloniale. Elle commença avec l'établissement du protectorat français sur la Tunisie en 1881. Plus généralement, l'Afrique noire passa sous la domination de l'Europe dans les vingt dernières années du XIXe s. de sorte que, en 1914, l'Afrique entière avait été transformée en colonies ou protectorats, à l'exception de deux États : le Liberia et l'Éthiopie.

La France étendit également sa domination sur le Maroc en 1912. Dès 1879, Brazza avait établi, par un traité, les bases de la souveraineté française sur la rive droite du Congo et la colonie fut fondée en 1891 ; en 1900, le Tchad fut conquis et le Niger colonisé ; l'occupation des oasis du Sud algérien (1901) et le contrôle de la Mauritanie achevèrent la colonisation française qui donna naissance à l'Afrique-Occidentale française et à l'Afrique-Équatoriale française. Madagascar avait été annexé en 1895. Sur la mer rouge, Djibouti devint capitale de la Côte française des Somalis (1888).

Les Britanniques donnèrent à leur expansion l'axe Le Caire-Le Cap. L'ouverture du canal de Suez en 1869, nouvelle clé de la route des Indes, les conduisit à intervenir en Égypte dont ils devinrent maîtres en 1882. Ils firent du Soudan un condominium anglo-égyptien (1898) ; auparavant l'Ouganda, l'Afrique-Orientale (Kenya) et Zanzibar avaient été occupés entre 1886 et 1895. Mais l'Afrique-Orientale allemande les empêchait de faire la jonction avec la Rhodésie, le Bechuanaland et l'Afrique du Sud où les Boers ne furent vaincus qu'en 1902. En Afrique occidentale, les Britanniques possédaient la Gambie, la Sierra Leone, la Côte-de-l'Or (Ghana) et le Nigeria.

Les Portugais avaient conquis l'Angola et le Mozambique, mais ces deux colonies ne purent jamais être reliées à travers l'Afrique centrale. Possession de Léopold II, l'État du Congo devint le Congo belge en 1908. L'Allemagne entra en Afrique en 1884 et s'assura la maîtrise du Togo, du Cameroun, du Sud-Ouest africain, puis du Tanganyika. L'Italie s'était établie en Érythrée (1885/90), en Somalie (1887/89), en Libye en 1911/12. Elle tenta de conquérir l'Éthiopie mais fut vaincue en 1896. Mussolini vengea cet échec en 1935/36. Après la Première Guerre mondiale, les Alliés enlevèrent à l'Allemagne ses colonies qui furent réparties entre la France, l'Angleterre et la Belgique, chargées de mandats sous la tutelle de la SDN. L'Égypte obtint son indépendance en 1922, mais resta occupée par les Britanniques.

L'indépendance

L'Afrique entra dans la voie de l'indépendance durant la Seconde Guerre mondiale au cours de laquelle Français et Anglais, qui avaient mobilisé beaucoup d'Africains, durent faire à leurs colonies des concessions politiques (v. **BRAZZAVILLE**, conférence de). Dès 1942, l'Éthiopie avait retrouvé son indépendance ; en 1947, les Britanniques évacuèrent l'Égypte. Après une brève réunion avec l'Égypte, le Soudan devint indépendant en 1956. Les anciennes colonies italiennes de l'Érythrée et de la Libye le devinrent en 1950 et 1951. En revanche, le statut du Togo, du Cameroun et du Sud-Ouest africain ne fut pas modifié. La Constitution française de 1946 créait l'Union française et admettait une représentation africaine au Parlement et la formation d'assemblées territoriales en Afrique.

Le Ghana fut le premier pays qui obtint sa liberté, octroyée par la Grande-Bretagne en mars 1957. Dans les possessions françaises, la loi-cadre Defferre du 23 juin 1956 prévoyait des élections au suffrage universel avec un collège unique et la constitution de conseils de gouvernement formés de ministres africains. Au référendum du 28 sept. 1958, tous les États de l'Afrique française, sauf la Guinée qui vota l'indépendance, choisirent de devenir autonomes au sein de la Communauté française. Mais, dès 1960, l'indépendance de la quasi-totalité des ex-colonies françaises fut acquise peu après l'indépendance du Maroc, de la Tunisie (1956) et enfin de l'Algérie (1962). Devenue Territoire français des Afars et des Issas en 1967, la Côte française des Somalis put acquérir son indépendance en 1976.

Les Britanniques accordèrent l'indépendance au Nigeria en 1960, à l'Ouganda en 1962, au Kenya en 1963, à la Zambie (Rhodésie du Nord) en 1964. Le Congo belge trouva sa souveraineté en 1960, mais fut le théâtre de guerres civiles, et prit le nom de Zaïre. Le Zimbabwe, ancienne Rhodésie, fut proclamé indépendant en 1980.

Les colonies portugaises furent parmi les dernières à trouver leur souveraineté : la Guinée-Bissau en 1974, le Mozambique en 1975, l'Angola en 1976 après une quinzaine d'années de guerres coloniales.

Pour beaucoup d'États, le décollage économique n'a pas suivi l'indépendance. Depuis la fin du XXe s., l'Afrique est frappée par la pandémie de sida ; les guerres civiles ou ethniques ont fait des millions de morts. L'Afrique du Sud, qui a abandonné l'apartheid en 1990, est un des seuls pays où de réels progrès démocratiques et économiques ont vu le jour. (Voir les noms des pays cités.)

AFRIQUE (province romaine d'). Elle fut crée par Rome après la destruction de Carthage en 146 av. J.-C. et fut d'abord limitée au territoire carthaginois, c'est-à-dire le N.-E. de l'actuelle Tunisie. César créa une deuxième province, l'*Africa Nova*, en annexant une grande partie de l'ex-royaume de Numidie. Les deux provinces furent données à Lépide, puis revinrent à Auguste. Très vite, la Maurétanie (v.) fut aussi incorporée à l'Empire.

L'Afrique romaine fut alors partagée en quatre provinces : l'*Afrique proconsulaire* (chef-lieu Carthage), la *Numidie* (chef-lieu Cirta), la *Maurétanie césarienne* et *la Maurétanie tingitane*. Avec son blé, ses olives, ses vignes et son élévage, elle participa à l'approvisionnement de Rome. Elle devint aussi un des plus brillants foyers du christianisme en Occident. L'Afrique romaine s'effondra sous les coups des Vandales (429/39) ; reconquise par Bélisaire en 533, elle fut l'objet d'une difficile conquête par les Arabes à partir de 697.

AFRIQUE DU SUD (république d'). Terme géographique qui peut désigner l'État qui s'est constitué dans la partie la plus méridionale de l'Afrique. Voir **Sud-africaine (République)**.

AFRIQUE-ÉQUATORIALE FRANÇAISE. Ensemble territorial sous l'autorité d'un gouverneur général constitué de 1910 à 1958 par les quatre colonies françaises du *Tchad* au N., de l'*Oubangui-Chari* au centre, du *Congo* et du *Gabon* au S. Ces pays étant entrés en 1958 dans la Communauté française, l'A-ÉF fut dissoute. Voir ces noms et **Colonies**.

AFRIQUE-OCCIDENTALE FRANÇAISE. Ensemble territorial sous l'autorité d'un gouverneur général constitué de 1895 à 1958 par les huit colonies françaises du *Sénégal*, de la *Guinée*, de la *Côte-d'Ivoire*, du *Soudan*, du *Dahomey* (1899), de la *Haute-Volta* (1919), de la *Mauritanie* (1920) et du *Niger* (1922). Ces pays étant entrés en 1958 dans la communauté française, l'A-OF fut dissoute. Voir ces noms et **Colonies**.

AFRIQUE-ORIENTALE ALLEMANDE, en allem. *Deutsch-Ostafrika*. Ancienne colonie allemande de la côte orientale de l'Afrique.

La région qui était sous la suzeraineté du sultan de Mascate-et-Oman, fut acquise à la fin de 1884 par Karl Peters pour la Deutsch-Ostafrikanische Gesellschaft. Elle devint colonie allemande en 1891, après qu'eut été réprimé un soulèvement arabe. La pacification fut difficile mais l'Allemagne réussit le développement du pays et gagna la confiance de la population qui lui témoigna une grande fidélité durant la Première Guerre mondiale. La colonie étant encerclée par les forces supérieures en nombre des Anglais, des Belges et des Portugais, le général von Lettow-Vorbeck, commandant militaire, conduisit une brillante résistance et ne rendit les armes que le 14 nov. 1914 sur ordre du gouvernement allemand. L'ancienne Afrique-Orientale allemande fut placée sous mandat britannique et belge. La partie britannique devint le Tanganyika ; en 1964, il s'unit à Zanzibar pour former la Tanzanie. Voir **Colonies** et **Tanzanie**.

AFRIQUE-ORIENTALE ITALIENNE, *Africa Orientale Italiana*. Nom donné, de 1936 à 1941, au regroupement de l'Éthiopie, de l'Érythrée et de la Somalie italienne. Voir **Colonies**.

AGADIR (incident d'). En 1911, à la suite de l'arrivée de troupes françaises à Fès et à Meknès (avr.), ce qui pouvait apparaître comme une violation des accords d'Algésiras de 1906, le gouvernement allemand décida l'envoi de la canonnière *Panther* à Agadir (1er juill.).

AGA KHAN III Mohammed Chah (* Karachi, 2.XI.1877, † Versoix, Suisse, 11.VII.1957). Chef suprême de la secte des ismaïliens nizarites, petit-fils d'Aga Khan Ier († 1881). Descendant d'Hassan, le grand maître de l'ordre des Assassins, il était vénéré comme le quarante-huitième imam par ses fidèles répandus en Inde, en Asie centrale et en Afrique orientale. Il avait été, en 1906, un des fondateurs de la Ligue musulmane qui entendait protéger les droits politiques des musulmans de l'Inde. Durant la Première Guerre mondiale, il apporta son appui à l'Angleterre, mais lutta en 1919 pour empêcher le démembrement total de la Turquie voulu par les Alliés. En 1924, il revendiqua la succession au califat, vacant depuis la fin des sultans ottomans. Il présida en 1937 la session de la SDN, où il représentait l'Inde. À sa mort, son titre passa à son petit-fils, **Karim Aga Khan IV** (Genève, 13.XII. 1936). Voir **Assassins**.

AGATHOCLE (* Thermae Himerenses, Sicile, 361, † 289 av. J.-C.). Tyran de Syracuse (317/289 av. J.C.). D'abord soldat, il leva des troupes et se mit au service du parti populaire en lutte contre les oligarques. Ces derniers s'allièrent à Carthage mais Agathocle décida de porter la guerre en Afrique et mit le siège devant Carthage (310/07). Elle lui reconnut la possession de la Sicile orientale. Il put écraser alors l'opposition aristocratique et prit le titre de roi (vers 304). Sa mort permit un retour de la puissance punique en Sicile. Voir **Syracuse**.

AGENCE INTERNATIONALE DE L'ÉNERGIE ATOMIQUE (AIEA). Organisme rattaché aux Nations unies ; fondée en juill. 1957, l'Agence a pour mission d'assurer la collaboration internationale dans l'utilisation pacifique de l'énergie atomique. Le traité de non-prolifération nucléaire (TNP) signé le 5 juill. 1968, institua, pour les États ne possédant pas la bombe atomique, un mécanisme de contrôle des installations nucléaires civiles, sous l'égide de l'AIEA. En contrepartie une coopération en matière de technologie civile était instaurée.

AGÉSILAS (* vers 444, † Cyrène, hiver 361/60 av. J.-C.). Roi de Sparte (400/360). Après la guerre du Péloponnèse (v.), il confirma la puissance spartiate en vainquant les Perses (396/94) et en battant à Coronée (394) Athènes, Corinthe, Thèbes et Argos, qui s'étaient liguées contre Sparte. Agésilas trouva alors devant lui le Thébain Épaminondas qui le battit à Leuctres (juill. 371) et encore à Mantinée (362). L'année suivante il périt au retour d'une expédition menée pour secourir l'Égypte contre la Perse. Sa valeur militaire et sa grandeur d'âme ont été narrées par Xénophon dans les *Helléniques* et Cornelius Nepos et Plutarque ont écrit sa vie. Voir **Sparte**. Sparte dans le monde grec.

AGHLABIDES ou **ARHLABIDES.** Dynastie musulmane d'Afrique du Nord fondée en 800. Elle régna jusqu'en 909, sous la suzeraineté nominale des califes abbassides de Bagdad. Voir **Tunisie**.

AGNELLI Giovanni (* Villar Perosa 1866, † Turin, 1945). Industriel italien. Il fonda en 1899 à Turin la société de construction automobile Fiat (*Fabbrica Italiana Automibili Torino*) dont il fut le président de 1920 à sa mort. Son petit-fils **Gianni Agnelli** (Turin, 12.VIII.1921, † 24.I.2003), est devenu président du groupe Fiat en 1966. Son frère Umberto (* 1.XI.1934, † 27.V.2004) lui a succédé. La dynastie Agnelli se trouve à la tête du premier groupe privé italien et dispose de l'influence politique que lui a donnée la puissance industrielle de Fiat. Elle contrôle deux grands quotidiens italiens, *La Stampa*, acquise en 1925, et *Il Corriere della sera* depuis 1984. En 1995, Suzanna Agnelli, sœur de Gianni et membre du parti républicain, fut nommée ministre des Affaires étrangères dans le gouvernement de Lamberto Dini.

AGNÈS SOREL. (* vers 1422, † 9.II.1450). Favorite du roi de France Charles VII. Voir **Sorel Agnès**.

AGORA. Dans la Grèce antique, le terme désignait la place publique qui était le centre de la vie de la cité et l'assemblée des citoyens qui s'y rendaient. L'agora servait de place aussi bien pour les réunions politiques que pour les marchés et les séances de certains tribunaux. Dans beaucoup de cités, à Athènes notamment, l'agora était entourée de portiques et divers bâtiments nécessaires à la vie publique s'y dressaient.

AGRAIRES (lois). Le terme désigne la décision d'instituer une nouvelle répartition des terres dont étaient dépossédés les grands propriétaires, et remédier ainsi à une crise sociale. C'est ce que fit Agathocle (v.) à Syracuse (vers 317). À Rome, Tiberius Gracchus mena une politique semblable ; la deuxième guerre punique avait provoqué l'abandon des campagnes dont la population affluait vers Rome. Bien des petits propriétaires furent contraints de vendre leurs terres, achetées à bas prix par des familles puissantes qui purent constituer de grandes propriétés (*latifundia*) où travaillaient de nombreux esclaves. En 133, Gracchus, tribun de la plèbe (v.), fit voter la *lex Sempronia* afin de reconstituer une classe moyenne de petits propriétaires : aucun citoyen ne pouvait posséder plus de 500 *jugères* (environ 125 ha) et les terres récupérées devaient être distribuées aux citoyens pauvres par lots de 28 *jugères* (environ 7 ha). Se heurtant à des intérêts puissants, Gracchus fut assassiné la même année. Son frère Caius Gracchus lui succéda au tribunat en 123 ; il établit des colonies en Grèce, en Sicile et à Carthage pour donner des terres aux citoyens indigents ; il tenta aussi de reprendre la réforme de son frère en portant à 200 *jugères* (environ 50 ha) la superficie des lots distribués. Lui aussi périt assassiné (121) et la *lex Sempronia* fut abandonnée.

L'idée d'une réforme agraire de grande ampleur, organisée par une loi, a été reprise plus d'une fois. À l'époque contemporaine, elle a été une des étapes de la construction du communisme en Russie. Mais elle se distinguait de celle des Gracques dans la mesure où elle a conduit à la collectivisation des terres après la nationalisation des grands domaines fonciers à partir de 1917.

D'autres réformes agraires ont été entreprises après 1945 dans les pays passés dans la mouvance de l'URSS. En République démocratique allemande, la réforme agraire commencée en 1952 était achevée en 1960, la distribution des terres aux paysans n'ayant été qu'une étape vers la collectivisation. Il en fut de même en Chine communiste où fut organisée à partir de 1950 la plus gigantesque réforme agraire de tous les temps : 47 millions d'hectares furent confisqués et redistribués à 300 millions de paysans, contraints bientôt de se grouper en organisations collectives.

AGRIPPA Marcus Vipsanius (* 63, † 12 av. J.-C.). Général et homme politique romain. Fidèle compagnon de lutte et conseiller d'Octave (futur Auguste), vainqueur aux batailles de Nauloque (36) et d'Actium (31), il déconseilla à Auguste d'établir le principat et lui suggéra vainement de rétablir la république. S'étant montré irrité de la faveur témoignée par l'empereur à son neveu C. Marcellus, il fut éloigné par une mission en Orient, mais, après la mort de Marcellus (23), ce fut à lui que songea Auguste pour assurer sa succession. Rappelé en Italie, il dut divorcer pour épouser Julie, fille d'Auguste et veuve de Marcellus (21). Ses deux premiers fils, Caius et Lucius César, furent adoptés dès leur naissance par leur grand-père Auguste. Mais Agrippa et ses deux enfants moururent avant Auguste, ce qui permit l'ascension de Tibère. Son troisième fils, Agrippa Posthume, fut exécuté au début du règne de Tibère. Sa fille, Agrippine l'Aînée, épousa Germanicus. Protecteur des sciences et des arts, Agrippa fut le grand urbaniste de la Rome d'Auguste, où il fit construire le Panthéon (refait plus tard par Hadrien), plusieurs autres temples, des thermes, des théâtres, des portiques, des aqueducs.

AGRIPPINE l'Aînée (* vers 14 av. J.-C., † île de Pandateria, Campanie, 18.X.33 apr. J.-C.). Fille de Vipsanius Agrippa et petite-fille d'Auguste par sa mère, Julie, elle fut la fidèle épouse de son cousin Germanicus dont elle eut neuf enfants, et qu'elle accompagna en Syrie. Après la mort mystérieuse de son époux, elle rapporta ses cendres à Rome et, accusant Pison de sa mort, demanda justice à Tibère. Pison dut se tuer. Mais Tibère, jaloux de sa popularité, la fit déporter dans l'île de Pandateria, où elle se serait laissée mourir de faim. Elle était la mère de Caligula et d'Agrippine la Jeune, mère de Néron.

AGRIPPINE la Jeune (* Ara Ubiorum, qui prit d'elle le nom de *Colonia Agrippinensis* = Cologne, 16 apr. J.-C., † 59). Fille de Germanicus et d'Agrippine l'Aînée, elle épousa d'abord Domitius Ahenobarbus, dont elle eut Néron. Restée veuve, elle devint la quatrième femme de son oncle l'empereur Claude, son aîné de vingt-six ans. « Consumée, selon Tacite, de toutes les passions d'un pouvoir malfaisant », elle exerça une domination absolue sur le faible empereur, dont la fille Octavie épousa son fils, et dont le fils Britannicus fut écarté du trône au profit de Néron. Celui-ci, devenu empereur, s'impatienta bientôt du caractère autoritaire de sa mère. Après avoir essayé de faire sombrer son navire en mer, il la fit assassiner par un centurion.

AGUESSEAU. Importante dynastie de robe, anoblie en 1594, établie à Paris au début du XVIIe s. Ses deux principaux représentants sont : **Henri d'Aguesseau** (* 1636, † Paris, 1716) qui, après avoir été intendant à Limoges, à Bordeaux et en Languedoc eut une charge de conseiller d'État (sept. 1694), puis fut nommé au Conseil royal des finances. Soupçonné de sympathies jansénistes, il n'eut pas le poste de contrôleur général ni la chancellerie. Louis XIV mort, il fit partie du conseil de Régence ; **Henri-François d'Aguesseau** (* Limoges, 27.XI. 1668, † Paris, 9.II.1751). Fils du précédent, il commença sa carrière au Châtelet puis eut la charge d'avocat général au parlement de Paris en déc. 1691 et celle de procureur général en sept. 1700. Gallican, il s'opposa à la publication de la bulle *Unigenitus.* Il fut chancelier de France du 2 février 1717 au 27 nov. 1750. Il avait été exilé de 1718 à 1720 pour son hostilité à Law, et de 1722 à 1737 en raison de sa mésentente avec le cardinal Dubois. Il a laissé une œuvre législative considérable (ordonnance de 1731 sur les donations, de 1735 sur les testaments, de 1747 sur les substitutions) après avoir consulté tous les parlements. Il a aussi simplifié la procédure (1738). Il fut le type même du grand magistrat cultivé, serviteur de la monarchie.

AHERN Bertie (Dublin, 12.IX.1951). Homme politique irlandais. Élu à 26 ans au Dail (Chambre basse du Parlement irlandais) pour le Fianna Fáil (centre droit), il fut ministre du Travail (1987/91) puis des Finances (1991/94). Lorsque le Parlement issu des élections législatives de juin 1997 l'investit au poste de Premier ministre, il dut constituer une coalition entre son parti, les démocrates progressistes de droite et plusieurs députés indépendants, dont l'unique élu du Sinn Féin. Son mandat fut marqué par une série de scandales affectant le Fianna Fáil et impliquant notamment Charles Haughey. Voir IRLANDE.

AHIDJO Ahmadou (* Garoua, 5.VIII.1924, † Dakar, 30.XI.1989). Homme politique camerounais. Chef de l'État de 1960 à 1982. Voir CAMEROUN.

AHMED CHAH DURRANI (* vers 1722, † Margha, près de Kandahar, 1773). Roi d'Afghanistan (1747/73). Il servit d'abord le conquérant perse Nadir

Chah. L'assassinat de celui-ci lui permit de rallier les tribus afghanes et de se proclamer roi. Il envahit alors la Perse (1751), conquit le Cachemire (1752), puis le Pendjab (1756) et conduisit ses troupes jusqu'à Delhi, prise et pillée deux fois. La grande victoire de Panipat (14 janv. 1761), remportée sur les Marathes (peuple du centre-ouest du Deccan), conforta son royaume qui s'étendait du Khorossan au Tibet et de l Oxus à la mer d'Oman. Il fut le fondateur de l'État afghan. Voir **Afghanistan.** Sur la route des invasions.

AHMED IV el-Mansour ou **le Victorieux** (* Fès, 1549, † Fès, 1603). Sultan du Maroc (1578/1603). Appartenant à la dynastie saadienne, il succéda à son frère d'Abd el-Malik sur le champ de bataille d'Alkazar-Quivir (4 août 1578) qui chassa les Portugais du Maroc. Sous son règne, le pays connut un bel essor économique et noua des relations commerciales et diplomatiques avec la France. Voir **Maroc.** Le Maroc médiéval.

AHMED IBN TOULOUN († 884). Fondateur de la dynastie turque des Toulounides (v.).

AHMOSIS Ier. Roi d'Égypte (vers 1570/46). Dernier pharaon de la XVIIe dynastie et premier de la XVIIIe par laquelle commença le Nouvel Empire. Il repoussa les Hyksos hors d'Égypte et soumit la Nubie. À Thèbes, les grands travaux reprirent et le sanctuaire d'Amon fut restauré. Voir **Égypte.** Le Nouvel Empire.

AHMOSIS II ou **AMASIS.** Roi d'Égypte, l'avant-dernier de la XXVIe dynastie (568/526). Il dut faire face à la menace perse et conclut des alliances avec diverses puissances. Il mourut avant l'invasion de son pays par Cambyse, roi perse successeur de Cyrus. Voir **Égypte.** Le Nouvel Empire.

AHTISAARI Martti (Viipuri, Carélie, 23.VI.1937). Homme politique finlandais. Il fit une carrière de haut fonctionnaire et de diplomate spécialisé dans la coopération internationale. Il fut notamment le représentant spécial du secrétaire général pour l'ex-Yougoslavie en 1993. Candidat social démocrate, il fut élu président de la République en mars 1997. Son programme prévoyait le maintien d'une défense indépendante et la coopération nordique, et était favorable à l'adhésion de la Finlande à l'Union économique et monétaire (UEM).

AIDES. À l'origine, le mot signifiait l'assistance pécuniaire due à un seigneur par ses vassaux et tenanciers, dans certaines circonstances exceptionnelles. Il désigna ensuite tous les impôts royaux puis fut restreint aux seules taxes indirectes pour ne désigner finalement que celles qui portaient sur la fabrication, la circulation et la vente de certaines marchandises, en particulier le vin et les animaux, morts ou vifs. Les aides étaient affermées et une partie de leur produit revenait aux hôpitaux. Elles étaient payées par tous mais il existait des exemptions partielles.

AIEA. Voir **Agence internationale de l'énergie atomique.**

AISTOLF ou **ASTOLPHE** ou **ASTOLFE** († déc. 756). Roi des Lombards (749/56). Il conquit sur les Byzantins la ville et l'exarchat de Ravenne (752). Il menaçait Rome et le pape Étienne II demanda secours à Pépin le Bref. Celui-ci passa en Italie et força Aistolf à rendre ses conquêtes ; cédées au pape, elles furent l'embryon des États pontificaux. Voir **Pontificaux (États).** L'origine des États pontificaux.

AIX-LA-CHAPELLE (congrès d'). Il réunit du 29 sept. au 21 nov. 1818, les quatre puissances victorieuses de Napoléon Ier (Angleterre, Autriche, Prusse, Russie) et la France qui sortait ainsi de son isolement diplomatique. Il fut décidé que les troupes alliées évacueraient le sol français.

AIX-LA-CHAPELLE (traités d'). Du **2 mai 1668**, conclu entre l'Espagne et Louis XIV, sous la pression des Provinces-Unies, de la Suède et de l'Angleterre, il mit fin à la première guerre de Dévolution : Louis XIV rendait la Franche-Comté à l'Espagne mais gardait toutes les places conquises en Flandre depuis 1667, parmi lesquelles Lille, Douai, Armentières. Du **18 oct. 1748**. Il mit fin à la guerre de la Succession d'Autriche (1740/48). Marie-Thérèse d'Autriche obtenait de ses adversaires la reconnaissance de la Pragmatique Sanction de 1713 qui faisait d'elle et de son époux, François Ier, les héritiers de l'Empire. Louis XV reconnaissait en outre les droits de George II, protestant et prince hanovrien, au trône de Grande-Bretagne. À Frédéric II de Prusse, Marie-Thérèse cédait la Silésie et à l'infant don Philippe, gendre de Louis XV, les duchés de Parme et de Plaisance. En dépit des victoires de Maurice de Saxe à Fontenoy et à Lawfeld, Louis XV avait consenti à une paix blanche ; l'alliance de Frédéric II lui apparaissait peu sûre et la supériorité croissante des Anglais sur les mers risquait de coûter à la France ses colonies si la guerre se prolongeait. On lui a reproché beaucoup de s'être retiré de cette guerre sans aucun profit, et c'est du traité d'Aix-la-Chapelle que l'on a dit : « Bête comme la paix. » Voir **France** et **Succession d'Autriche (guerre de la)**.

AKBAR Djalal ed-Din Mohammed (* Oumarkot, Sindh, 14.X.1542, † Agra, 16.X.1605). Empereur mogol de l'Inde (1556/1605). Fils d'Houmayoum et petit-fils de Baber, il n'avait que treize ans à la mort de son père. Celui-ci ne lui léguait qu'un petit royaume, dont Akbar devait faire naître l'Empire mogol de l'Inde. Après avoir triomphé des hindous commandés par Hémou à la bataille de Panipat (nov. 1556), il obtint la reddition de Sikandar Sour (1557), puis inaugura son règne personnel à l'âge de dix-huit ans (1560). S'attaquant alors aux royaumes rajpoutes, champions de l'hindouisme, il les soumit après de longues luttes

(1561/68) et scella sa conquête en épousant en 1562 une princesse rajpoute. Akbar réussit à constituer dans l'Inde du Nord un empire qui s'étendait des bouches du Gange au Gandhara et, vers le S., jusqu'au fleuve Krishna. Il chercha à gagner l'adhésion des hindous, parmi lesquels il choisit nombre de ses ministres, de ses chefs militaires et de ses dignitaires. À partir de 1575, il réunit dans un « hall d'adoration » des docteurs hindous, jaïnistes, parsis, deux pères jésuites et même des oulémas, qu'il força à siéger, en dépit de l'opposition croissante qu'il rencontrait dans les milieux de l'orthodoxie musulmane. En 1582, Akbar décida de fonder une religion nouvelle, le *din-i-ilahi*, ou « religion divine », qui, sur la base d'une théodicée naturelle monothéiste, rassemblait les doctrines morales et les meilleures pratiques des diverses religions. Akbar eut pour successeur son fils favori, **Salim**, qui prit le nom de **Jahangir**.

AKHÉNATON ou **AKHNATON.** Nom pris par le pharaon Aménophis IV (vers 1352/38 av. J.-C.) et qui signifie « Serviteur d'Aton » (une forme du dieu solaire). Voir **AMÉNOPHIS IV**.

AKIHITO (Tôkyô, 23.XII.1933). Empereur du Japon. Fils de l'empereur Hirohito. Il devint empereur, à la mort de son père, le 6 janv. 1989. L'ère correspondant à son règne fut nommée *Heisei*, ère de l'accomplissement de la paix. Personnalité moins controversée que son père, Akihito a permis de moderniser l'institution impériale. Il a été le premier souverain japonais à se rendre en Chine (oct. 1992).

AKKADIENS. Peuple de langue sémitique établi au IIIe millénaire av. J.-C. sur le moyen Euphrate et en basse Mésopotamie ; en contact étroit avec les Sumériens, il leur emprunta l'écriture cunéiforme. Les Akkadiens étaient devenus, sinon majoritaires, du moins très influents lorsque Sargon l'Ancien (vers 2334/2279) renversa l'Empire sumérien de Lougalzagesi et fonda l'empire d'Akkad, qui s'étendit du golfe Persique à la Cappadoce, de l'Élam à la Syrie. Son étendue favorisa de nombreuses rébellions. Après une dernière époque de grandeur sous le règne de Naram-Sin (vers 2254/18 av. J.-C.), il entra dans un déclin que consomma l'invasion des Goutis. Mais la langue akkadienne, la plus ancienne des langues sémitiques, resta prédominante par l'usage de l'assyrien et du babylonien dans tout le Proche-Orient jusque vers 500 av. J.-C. Voir **MÉSOPOTAMIE.** Des origines à la chute de l'Assyrie.

AKSOUM ou **AXOUM (ville et royaume d').** Ville d'Éthiopie, capitale du royaume abyssin d'Aksoum Ier/Xe s. apr. J.-C., qui fut le premier grand État de l'Afrique intérieure. Il atteignit son apogée dans la première moitié du IVe s. apr. J.-C. Vers 340, Aksoum devint le siège du premier évêché éthiopien. À partir de 640, la pénétration de l'islam en Afrique isola Aksoum du monde chrétien et l'empire disparut au Xe s. Voir **ÉTHIOPIE.**

ALABAMA. État du S. des États-Unis. Colonisée en 1702 par des Français la région fut cédée à l'Angleterre (1763) puis partagée en 1783 entre l'Espagne et les États-Unis qui conquirent la partie espagnole en 1813. En 1819, l'Alabama devint le 22e État de l'Union. Il fit sécession en 1861, se rangea avec les confédérés et fut repris et occupé par les nordistes en 1868. Un quart de la population de cet État était d'origine noire et la ségrégation raciale y a longtemps été très forte.

ALACA HÜYÜK. Site archéologique de Turquie, près de Bogazköy, à l'E. d'Ankara. On y a mis au jour 13 tombes royales datant du IIIe millénaire av. J.-C. et témoignant de l'éclat de la civilisation de l'âge de bronze anatolien. Ces vestiges ont été attribués aux Hattis (ou Hattiens), populations pré-hittites installées en Anatolie.

ALAINS. Peuple nomade d'origine iranienne établi d'abord dans le Caucase septentrional et entre l'Oural et le Don. Au cours des IIe et IIIe s. apr. J.-C., les Alains s'étendirent jusqu'au Danube et attaquèrent l'Asie Mineure, d'où ils furent chassés, vers 280, par l'empereur Probus. Très affaiblis, ils furent soumis par les Huns vers 370 ; une partie d'entre eux s'allia avec les Huns et participa à la bataille d'Andrinople avec les Goths contre l'empereur Valens (378) ; d'autres traversèrent la Gaule avec les Suèves et les Vandales et s'installèrent en Lusitanie où ils passèrent en Afrique avec les Vandales (429). Des Alains restés en Gaule luttèrent encore sous Aetius contre Attila aux champs Catalauniques (451).

ALAIS ou **ALÈS (édit d').** Édit accordé par Louis XIII aux protestants (27 juin 1629) après la capitulation d'Alès qui mit fin aux soulèvements du Midi. L'édit de Nantes (1598) était maintenu, sauf en ses clauses politiques : les protestants conservaient leur liberté de culte et l'égalité civile, mais devaient abandonner leurs places de sûreté, leurs forteresses et leurs assemblées politiques. Désormais ils cessaient d'exister en tant que corps particulier dans l'État.

ALAMANS ou **ALÉMANS,** *Alamanni*. Confédération de tribus germaniques, dont les Suèves et les Semnons établies d'abord sur le cours moyen et inférieur de l'Elbe. Apparus sur le Main en 213 de notre ère, les Alamans se heurtèrent d'abord à Caracalla (214), qui ne parvint pas à les vaincre mais prit néanmoins le nom d'*Alemanicus*, puis à Alexandre Sévère et à Maximin. Dès 260, ils s'établissaient dans les champs Décumates, entre le Main et le lac de Constance, se répandant en Alsace (350) puis dans la Suisse orientale.

Repoussés d'Alsace par Julien en 357, battus par Clovis à la bataille de Zülpich (ou Tolbiac) en 496, les Alamans acceptèrent la suzeraineté franque et formèrent le duché d'Alémanie ou de Souabe ; ils furent convertis à partir du VIIe s. par des moines irlandais.

ALAMEIN (El-). Localité d'Égypte, à une centaine de kilomètres à l'O. d'Alexandrie, dernière position avant cette ville. Elle fut le point ultime atteint par l'offensive de Rommel le 30 juin 1942 et la base de départ de l'offensive de la VIIIe armée britannique de Montgomery, déclenchée le 23 oct. 1942.

ALAMO. Ancien fort situé sur la rive orientale du San Antonio, au Texas. Les Mexicains, commandés par Santa Anna, le prirent après une défense héroïque des Texans, le 6 mars 1836. Quelques semaines plus tard, les Texans battirent les Mexicains à San Jacinto, aux cris de : « *Remember the Alamo !* » (« Rappelez-vous Alamo ! »)

ALAOUITES. Nom donné à la dynastie des chérifs marocains du Tafilalet qui prirent le pouvoir au Maroc après la chute de la dynastie saadienne, au XVIIe s., avec Moulay Rachid, qui s'empara de Fès en 1660. Elle règne toujours au Maroc. – Nom donné également aux membres du groupe chiite des Nusayris, en Syrie.

ALARIC Ier (* île de Peuce, à l'embouchure du Danube, vers 370, † *Cosentia* = Cosenza, 410). Roi des Wisigoths (395/410). À partir de 395, il envahit la Grèce jusqu'au Péloponnèse. Stilicon ayant renoncé à intervenir, l'empereur Arcadius dut lui concéder le gouvernorat de l'Illyrie (396). En 401, Alaric envahit l'Italie du Nord, où il fut battu par Stilicon à Pallentia (403). À la mort de ce dernier, il envahit à nouveau l'Italie et parvint à prendre Rome (24 août 410), qu'il soumit au pillage. Voir STILICON et WISIGOTHS.

ALARIC II († Vouillé, près de Poitiers, 507). Roi des Wisigoths (484/507). Fils et successeur d'Euric, il régna sur la plus grande partie de l'Espagne et sur toute la Gaule au S. de la Loire et jusqu'au Rhône ; sa capitale était Toulouse. Grand administrateur, il avait donné à ses sujets gallo-romains le *Code* ou *Bréviaire d'Alaric* (506), en grande partie inspiré du *Code théodosien*. Mais il était arien et Clovis prit prétexte de défendre l'Église pour le battre et le tuer de sa propre main à la bataille de Vouillé. Cette victoire étendit la domination franque jusqu'aux Pyrenées.

ALASKA. État des États-Unis, à l'extrémité nord-ouest du continent américain, borné au N. par l'océan Arctique, à l'E. par le Canada, au S.-E. par l'océan Pacifique, au S.-O. par la mer de Béring. Capitale, depuis nov. 1976, *Willow South*, près d'Anchorage.

Le territoire fut visité pour la première fois en 1741 par une expédition russe que commandait Vitus Béring. En 1783, un comptoir pour le commerce des pelleteries fut créé dans l'île de Kodiak, prélude au contrôle du pays par la Compagnie de l'Amérique russe et, en 1799, Alexandre Baranov fonda la ville de Sitka. Le monopole de la Compagnie de l'Amérique russe expira en 1862 et, par le traité du 30 mars 1867, les États-Unis, sur l'initiative du secrétaire d'État W. H. Steward, achetèrent le territoire de l'Alaska à la Russie pour une somme de 7 200 000 dollars. À la fin du XIXe s., l'Alaska suscita les ruées vers l'or du Yukon (1896), de Nome (1899) ; au début du XXe s., celle de Fairbanks (1902). Les frontières du territoire avec le Canada furent établies définitivement en 1903. Lors de la Seconde Guerre mondiale, l'Alaska, à la suite de l'occupation des îles Aléoutiennes par les Japonais, prit une importance stratégique considérable (construction par les Américains de la route stratégique de l'Alaska, mars/oct. 1942). La guerre froide accrut cette importance mais n'empêcha pas qu'en 1959, l'Alaska devînt le 49e État de l'Union. Voir ÉTATS-UNIS.

ALBANIE, en albanais *Shqipëtia*. État de la péninsule balkanique, borné au N. et à l'E. par la Yougoslavie, au S.-E. par la Grèce, à l'O. par la mer Adriatique ; capitale *Tirana*.

Dans l'Antiquité, le pays formant aujourd'hui l'Albanie, était peuplé par les Illyriens ; il fut soumis successivement aux rois d'Épire et de Macédoine et aux Romains : à l'époque impériale, sa partie N. était comprise dans la province d'Illyrie, sa partie S. dans la province de Macédoine. Rattachée au IVe s. à l'empire d'Orient (prov. d'Épire), l'Albanie fut envahie par les Slaves au VIIe s., et gouvernée par des princes bulgares à partir de 870. Elle repassa au XIe s. sous l'autorité byzantine, avant d'être conquise par la Serbie au XIVe s. En fait, aucune domination étrangère n'était parvenue à s'imposer vraiment aux farouches populations montagnardes de l'Albanie, sans doute héritières des antiques habitants de l'Illyrie. Les Turcs eux-mêmes se heurtèrent à une forte résistance dirigée par Skanderbeg († 1468).

Entre Turcs et Vénitiens

La domination ottomane s'établit en 1479 et une grande partie des Albanais se convertit à l'islam ; c'est parmi eux que les sultans recrutèrent quelques-unes de leurs meilleures troupes. Plusieurs pachas chargés de les gouverner essayèrent d'utiliser leurs dispositions guerrières pour se révolter contre la Porte. La région côtière de l'Albanie resta pendant longtemps sous influence italienne : vers le milieu du XVe s., Venise possédait les villes et territoires de Durazzo (Durrës) et Scutari (Shkodër). Cette *Albanie vénitienne* s'accrut, à la mort de Skanderbeg, de presque toute la principauté de Croïa (Krujë). En 1479, les Vénitiens durent céder aux Turcs Scutari et Croïa, puis, en 1502, Durazzo. Désormais l'Albanie était sous domination ottomane et gouvernée par un pacha.

L'Albanie indépendante

Malgré la révolte d'Ali Pacha de 1807 à 1822, l'Albanie resta sous le joug turc jusqu'en 1912 ; les guerres balkaniques achevèrent de démanteler la Turquie d'Europe tandis que les grandes puissances reconnaissaient l'Albanie comme principauté indépendante. Durant la Première Guerre mondiale, le Nord du pays fut occupé par les Autrichiens, le Sud par les Italiens. Par le traité de Tirana (2 août 1919), l'Italie dut reconnaître l'indépendance de l'Albanie, admise à la SDN en 1920. Ce qui n'arrêta pas les querelles intérieures ; Ahmed Zogou s'empara du pouvoir en 1922, fut élu président de la République en 1925 puis proclamé roi sous le nom de Zog Ier en 1928. Pendant dix ans l'Albanie allait se trouver sous l'influence croissante de l'Italie qui, le vendredi saint 7 avril 1939, l'envahit militairement et la conquit en une semaine. Zog Ier s'enfuit, Victor-Emmanuel III devint roi d'Albanie et le pays reçut des institutions calquées sur celles du régime fasciste. En oct. 1940, elle devint la base de départ de la tentative de conquête de la Grèce par l'Italie. Son échec conduisit l'Allemagne à occuper le pays. La résistance s'y organisa sous la conduite du chef communiste Enver Hoxha (ou Hodja) et, en janv. 1946, fut proclamée la république populaire d'Albanie.

Depuis 1948

Le régime communiste albanais fut fidèle à l'URSS lorsque Tito rompit avec Moscou en 1948. Il s'en éloigna dès les premières dissensions entre Pékin et Moscou ; pour protester contre l'intervention soviétique en Tchécoslovaquie, Tirana se retira officiellement du pacte de Varsovie et du Comecon en sept. 1968 et apparut en Europe comme le gardien intransigeant du dogme communisme et comme le dernier bastion du totalitarisme. Enver Hoxha, secrétaire général du PC albanais depuis 1948, n'hésita pas à rompre avec la Chine en 1978. Les troubles du Kosovo de 1981 détériorèrent les relations avec la Yougoslavie accusée de maltraiter les musulmans.

Ramiz Alia succéda à Hoxha, mort en avr. 1985. Il poursuivit d'abord la ligne politique, puis, à partir de 1990, fut contraint d'ouvrir le régime par de prudentes réformes économiques. Avec le pluralisme des partis se mit en place un processus démocratique. Les premières élections libres de mars 1991 virent la victoire du parti communiste qui dut cependant accepter en juin la constitution d'un gouvernement de coalition. L'aggravation de la situation intérieure (fermeture des ports italiens à l'immigration albanaise, émeutes dues à la faim) obligèrent à de nouvelles élections qui, en mars 1992, conduisirent le parti démocratique au pouvoir et, en avril, Sali Berisha à la présidence de la République.

À partir de janv. 1997, suite à l'escroquerie des sociétés d'épargne dites pyramidales, qui ruinèrent de nombreux Albanais, des troubles éclatèrent dans le sud du pays. La démission de Berisha fut exigée ; il put se maintenir au pouvoir en nommant un gouvernement d'union nationale dirigé par le socialiste Bashkim Fino et en promettant de nouvelles élections. L'anarchie grandissante dans le pays et l'exode vers les côtes italiennes de milliers d'Albanais conduisirent le gouvernement à faire appel aux pays européens qui, forts d'une résolution du Conseil de sécurité de l'ONU, envoyèrent en avr. 1997 une force multinationale sous commandement italien pour faciliter l'assistance humanitaire. Les élections de juin-juillet 1997 ayant donné la majorité absolue au parti socialiste (ex-communiste), Berisha démissionna, remplacé par Rexhep Mejdani. Les troubles ne cessèrent pas pour autant : Berisha rétorqua à l'assassinat de son adjoint par une tentative de coup d'État et son parti refusa de reconnaître la nouvelle Constitution approuvée pourtant par référendum en nov. 1998.

La situation se compliqua encore par la question du Kosovo où les nationalistes albanais subissaient la répression serbe. L'Albanie fut la base arrière de l'Armée de libération du Kosovo (UCK) ; les bombardements de l'OTAN au printemps 1999 contraignirent la Serbie à cesser son intervention au Kosovo où purent revenir la plupart des réfugiés. Mais l'aide internationale ne parvint pas à améliorer le sort des Albanais toujours soumis à l'insécurité et à la corruption. Voir **Skanderbeg** et **Russie**.

ALBE, Fernando Alvárez de Tolède, duc d' (* Piedrahita, Ávila, 29.X.1507, † Lisbonne, 11.XII. 1582). Général et homme politique espagnol. Après s'être illustré en Catalogne et en Navarre contre les Français (1542), il remporta la bataille de Mühlberg (1547) sur l'Électeur de Saxe et brisa la ligue de Smalkalde (v.). Il défendit Naples en 1557 durant la guerre de Philippe II contre le pape. Nommé vice-roi des Pays-Bas en 1567 pour conserver cette région dans l'obédience espagnole et pour extirper l'hérésie calviniste, Albe instaura un régime de terreur. Mais vaincu devant Alkmar en oct. 1573, il perdait peu après une partie de sa flotte à Enkhuizen. Il demanda à revenir en Espagne et, de 1580 à 1582, il soumit le Portugal soulevé contre l'Espagne.

ALBÉRIC Ier († Rome, 925). Marquis de Camerino, il épousa vers 905 la célèbre Marosie, fille de Théophylacte. Il s'établit avec elle au château Saint-Ange et se rendit maître de Rome et d'une partie de l'Italie centrale. Il repoussa les Sarrasins mais, opposé au pape Jean X, il appela contre lui les Hongrois et fut massacré par les Romains.

ALBERONI Giulio (* Fiorenzuola d'Arda, 21.III. 1664, † Plaisance, 16.VI.1752). Cardinal et homme politique espagnol. Devenu Premier ministre du roi d'Espagne Philippe V en 1716, il viola le traité d'Utrecht en envahissant la Sardaigne et la Sicile (1717). Cette politique scella la Quadruple-Alliance contre l'Espagne. Philippe V n'obtint la paix qu'en congédiant son ministre (déc. 1719). Voir **Espagne. Despotisme éclairé et redressement au XVIIIe siècle.**

ALBERT

ALLEMAGNE

ALBERT II (* 10.VIII.1397, † Neszmély 27.X.1439). Empereur germanique (1438/39). Fils d'Albert IV de Habsbourg, duc d'Autriche, il épousa Élisabeth, fille de l'empereur Sigismond. Il succéda à son beau-père en 1437 comme roi de Hongrie et, l'année suivante, comme roi de Bohême et empereur. Il mourut en 1439 au cours d'une expédition contre Mourad II qui avait envahi la Hongrie. Après lui le trône impérial appartint sans interruption aux Habsbourg.

BELGIQUE

ALBERT Ier (* Bruxelles, 8.IV.1875, † Marche-les-Dames, 17.II.1934). Roi des Belges (1909/34). Fils de Philippe, comte de Flandre, et de Marie de Hohenzollern-Sigmaringen, marié en 1900 à Élisabeth de Bavière, dont il eut trois enfants : Léopold (futur Léopold III), Charles et Marie-José (future reine d'Italie), il succéda à son oncle Léopold II, le 23 déc. 1909. Il s'illustra pendant la Première Guerre mondiale en commandant personnellement l'armée belge et en partageant la vie de ses soldats, ce qui lui valut le surnom de *roi-chevalier*. Après la guerre, le traité de Versailles rattacha à la Belgique Eupen et Malmédy et abolit le statut de neutralité de 1831. L'Union économique belgo-luxembourgeoise fut conclue (1921) et la Belgique adhéra au pacte de Locarno (1925). Voir **Belgique**.

ALBERT II (Bruxelles, 6.VI.1934). Roi des Belges. Second fils du roi Léopold III et de la reine Astrid, il épousa, le 2 juill. 1959, la princesse Paola Ruffo di Calabria. Il a succédé à son frère Baudouin, le 9 août 1993.

BRANDEBOURG ET PRUSSE

ALBERT l'Ours (* Ballenstädt, vers 1100, † Stendal, 18.XI.1170). Margrave de Brandebourg (1134/70). Voir **Brandebourg**.

ALBERT de Brandebourg (* 16.V.1490, † Tapiau, 20.III.1568). Premier duc de Prusse (1525/68). Voir **Prusse.** Le duché de Prusse.

GRANDE-BRETAGNE

ALBERT de Saxe-Cobourg-Gotha (* château de Rosenau, 26.VIII.1819, † Windsor, 14.XII.1861). Prince consort. Deuxième fils d'Ernest Ier, duc de Saxe-Cobourg-Gotha, il épousa en 1848 sa cousine, la princesse Victoria, reine de Grande-Bretagne et d'Irlande depuis 1837. Il reçut en 1857 le titre de prince consort. Voir **Grande-Bretagne**.

SUÈDE

ALBERT de Buxhövden et Appeldern (Riga, 17.I.1229). Évêque de Riga. Il appartenait à une famille noble de Brême et, à la tête de 23 vaisseaux, organisa vers 1 200 une croisade en Livonie et y fonda la ville de Riga (1201) dont il devint le premier évêque. Pour protéger la Livonie chrétienne, il institua en 1202 l'ordre des chevaliers Porte-Glaive ou *Schwertbrüder*.

ALBIGEOIS. Mouvement religieux répandu dès la fin du XIe s. dans le midi de la France, surtout en Languedoc, et dont les principaux centres se trouvaient à Albi, Béziers, Carcassonne, Montauban et surtout Toulouse. L'albigéisme, qu'on appelle aussi catharisme (du grec *katharos* = pur, parce que ses adeptes prétendaient à une pureté inaccessible aux autres hommes), n'est que la forme languedocienne d'un vaste courant de gnosticisme manichéen qui se manifesta aux VIIe/IXe s. dans l'empire d'Orient avec les pauliciens, au Xe s. en Bulgarie avec les bogomiles, au Xe s. en Italie, d'où il passa dans la Gaule méridionale.

La doctrine des cathares reposait sur un dualisme affirmant l'existence de deux principes éternels : un principe bon, qui a créé les esprits ; un principe mauvais auteur de la matière. Extrêmement rigoriste, la morale des vrais cathares tendait à la destruction du corps par les jeûnes, la mortification et même par l'abstention de tout aliment (*endura*).

La croisade des albigeois

À la fin du XIIe s., l'hérésie avait tant grandi dans le Languedoc que les prêtres catholiques se trouvaient en maints endroits réduits à la clandestinité. La vie austère des parfaits qui pratiquaient intégralement la morale cathare impressionnait les foules, leur dédain des biens matériels contrastant vivement avec l'opulence de l'Église. Pendant dix ans, Innocent III s'employa à réduire l'albigéisme par des moyens pacifiques. Mais la lutte religieuse contre le catharisme s'est doublée d'un aspect politique : Raymond VI, comte de Toulouse, et ses principaux vassaux favorisaient de plus en plus ouvertement l'hérésie, espérant grâce à elle s'emparer des biens de l'Église. En 1208, le légat pontifical, Pierre de Castelnau, fut assassiné par un officier du comte de Toulouse : Innocent III répondit à ce crime en prêchant une croisade contre Raymond VI. Les croisés se recrutèrent surtout chez les barons du Nord, conduits par un seigneur de l'Île-de-France, Simon de Montfort. La guerre fut menée avec atrocité : au sac de Béziers par les croisés (1209) le comte de Toulouse répondit par le massacre des assiégés de Pujols. La croisade devint une guerre de conquête de l'Occitanie par le roi de France. Le roi Pierre II d'Aragon apporta son appui à Raymond VI, mais fut vaincu et tué à la bataille de Muret (1213). Raymond VI fut dépossédé du comté de Toulouse en faveur de Simon de Montfort, dont le fils, Amaury, transmit ses droits au Capétien Louis VII. Le traité de Paris (1229) consacra l'annexion du Languedoc à la Couronne, tandis que, la même année, le concile de Toulouse renouvelait contre les hérétiques la condamnation portée en 1215 par le IVe concile du Latran. Pourchassé par l'Inquisition, l'albigéisme fut définitivement extirpé après la prise de Montségur (1244).

ALBORNOZ Gil Alvarez Carrillo de (* Cuenca, vers 1310, † Viterbe, 23.VIII.1367). Prélat espagnol. Légat du pape Innocent VI, il rétablit l'autorité papale sur les États pontificaux en 1360. Voir **PONTIFICAUX (États).** Les États pontificaux au Moyen Âge.

ALBRECHT Berthie (* Marseille, 1893, † Fresnes, 1943). Résistante française. Elle organisa après l'armistice de 1940 un réseau de renseignement et collabora avec Henri Fresnay au mouvement de résistance Combat. Plusieurs fois arrêtée puis libérée, elle fut finalement incarcérée à la prison de Fresnes (1943), où elle s'est vraisemblablement suicidée.

ALBRET. Pays de Gascogne, entre Gabaret et le Marsan, auj. dans le département des Landes ; il avait pour capitale Albret et pour villes principales Tartas et Nérac.

ALBRET (duché d'). Seigneurie appartenant à une famille noble du midi de la France dont le premier membre attesté fut Amanieu Ier, sire d'Albret, mort en 1060. Plus tard, par son mariage avec Catherine de Foix en 1484, **Jean II d'Albret** devint roi de Navarre, comte de Béarn et de Foix. Son fils Henri II de Navarre épousa en 1527 Marguerite de Valois. De ce mariage, naquit **Jeanne d'Albret** qui épousa Antoine de Bourbon en faveur de qui la seigneurie d'Albret fut érigée en duché en 1558 par Henri II. Réuni à la Couronne par leur fils Henri IV, le duché fut donné par Louis XIV au duc de Bouillon, en échange de Sedan et de Raucourt.

ALBUQUERQUE Afonso d', dit **le Mars portugais** (* Alhandra, près de Lisbonne, 1453, † Goa, 16.XII. 1515). Navigateur portugais. Fondateur de la puissance coloniale des Portugais dans l'Inde, il s'installa à Cochin (1503), conquit Sokotra et Ormuz et fut nommé vice-roi des Indes en 1509.

Il fit dès 1510 la conquête de Goa qui devint le centre de l'administration et du commerce portugais en Asie, puis soumit le Malabar, Ceylan, les îles de la Sonde et la presqu'île de Malacca. Son mérite fut de comprendre que les routes maritimes du Portugal devaient être appuyées par des positions terrestres solides. Intransigeant sur la discipline militaire, il se montra un chef humain et équitable et acquit une telle popularité parmi les populations asiatiques qu'après sa mort les indigènes se rendaient sur son tombeau pour implorer sa protection contre les excès de ses successeurs. Victime d'intrigues, il se vit remplacé en 1514 par son ennemi personnel, Lopes Soares, comme vice-roi et mourut peu après de chagrin, avant son retour en Europe. Voir **DÉCOUVERTE DU MONDE** et **PORTUGAL.**

ALCALÁ ZAMORA Niceto (* Priego, prov. de Cordoue, 6.VII.1877, † Buenos Aires, 18.II.1949). Homme politique espagnol. Membre des Cortès dès 1905, ministre de la Guerre en 1922, républicain en 1930, il exigea l'abdication d'Alphonse XIII au printemps 1931. Devenu chef du gouvernement provisoire au mois d'avril, il démissionna en octobre pour protester contre les articles anticléricaux de la nouvelle Constitution. Il accepta de devenir le premier président de la République espagnole. Le Front populaire le destitua et il s'exila en Argentine. Voir **ESPAGNE.**

ALCIBIADE (* Athènes, vers 450, † Mélissa, Phrygie, 404 av. J.-C.). Général et homme politique athénien. Élevé par son cousin Périclès, ami de Socrate, il devint chef du parti démocratique et fut, en 415, l'instigateur de la désastreuse expédition de Sicile au cours de laquelle il déserta pour échapper à une accusation de sacrilège et se réfugia à Sparte. Élu stratège par les soldats athéniens basés à Samos en 411, il rétablit la suprématie athénienne en mer Égée et revint à Athènes en triomphateur en 407. Destitué en 406, il dut s'exiler et mourut assassiné. Voir **ATHÈNES.** La guerre du Péloponnèse.

ALCUIN, en latin **Albinus Flaccus** (* York, vers 732, † Tours, 19.V.804). Savant anglo-saxon. Il étudia à l'école abbatiale d'York, où il accéda à la maîtrise en 766. Chargé par l'archevêque d'York d'une mission de confiance auprès du pape, il fut présenté à Charlemagne à Pavie, en mars 781, et dès l'année suivante commença d'enseigner la grammaire et les arts libéraux à la cour. Comptant parmi ses élèves de grands prélats, des conseillers et des parents du souverain, les fils de l'empereur et parfois Charlemagne lui-même, il fut l'un des principaux artisans de la renaissance carolingienne ; il joua aussi un grand rôle religieux en intervenant dans la réforme liturgique et en luttant contre l'hérésie adoptianiste. Membre de l'Académie palatine, où il portait le surnom d'Horace, il entretint des relations épistolaires avec l'empereur. Il se retira vers 796 à Saint-Martin de Tours : il y réunit une importante bibliothèque et fit de son école la première de l'Occident.

ALDRIN Edwin Eugene (Glen Ridge, 20.I.1930). Astronaute américain. Après avoir participé au vol orbital Gemini XII (nov. 1966), il fit partie de la mission Apollon XI et pilota le module lunaire qui se posa sur la Lune le 20 juill. 1969. Après Neil Armstrong, il fut le deuxième homme à marcher sur la Lune. Voir **ARMSTRONG.**

ALEMAN Miguel Valdés (* Sayula, Veracruz, 29.IX.1902, † Mexico, 14.V.1983). Homme politique mexicain. Président de la République de 1946 à 1952, élu comme candidat du parti révolutionnaire institutionnel (PRI).

ALENA. Accord de libre-échange nord-américain (v.).

ALENÇON (comté et duché d'). Le titre de comte d'Alençon fut porté pour la première fois par Roger de Bellême dans la seconde moitié du XIe s. Le dernier représentant de cette lignée vendit le comté à Philippe Auguste en 1220 et Saint Louis le donna à son cinquième fils, Pierre, mort sans postérité en 1284. La terre passa alors à Charles Ier de Valois, frère de Philippe le Bel ; érigée en duché en 1414, elle resta aux descendants de Charles de Valois jusqu'en 1525, puis échut à la sœur de François Ier, Marguerite de Valois. À sa mort (1549), le duché fut réuni à la Couronne. Catherine de Médicis le reçut à titre viager en 1559 et le donna à son fils François, plus tard duc d'Anjou. À la mort de ce prince (1584), le duché fut réuni définitivement à la Couronne, mais le titre fut encore porté par Gaston d'Orléans.

ALEP. Ville de Syrie. Très ancienne, elle était située sur la route des caravanes allant de la Syrie à Babylone, ce qui lui valut d'être prise et reprise Un des centres de l'Empire hittite au IIe millénaire, elle passa sous la domination de l'Assyrie, puis de la Perse et des Séleucides. Conquise ensuite par les Romains, puis annexée à l'Empire byzantin, elle fut détruite par des tremblements de terre avant d'être prise par les Arabes en 638 et de tomber entre les mains des Turcs Seldjoukides. Les croisés l'assiégèrent en vain mais Saladin s'en empara en 1183. Avant d'être turque en 1517, elle avait été ravagée par les Mongols en 1260, 1280, 1400. Les Égyptiens l'occupèrent de 1832 à 1840, mais elle fut rendue au sultan qui la garda jusqu'en 1918. À cette date, les Britanniques en prirent possession ; elle devint ensuite un territoire autonome de 1920 à 1924, puis englobée dans la Syrie sous mandat français. Voir **Croisades**.

ALÈS (édit d'). Paix accordée par Louis XIII aux protestants. Voir **Alais**.

ALÉSIA. Ancienne place forte de la Gaule, située sur le mont Auxois, près d'Alise-Sainte-Reine, en Côte-d'Or.

Le siège de 52 av. J.-C. Après la défaite de sa cavalerie dans la plaine de la Saône, Vercingétorix vint s'enfermer dans la place d'Alésia. Il garda avec lui 80 000 hommes d'élite et se munit de vivres pour trente jours, mais renvoya sa cavalerie, devenue inutile, et chargea ses chefs d'organiser une levée en masse parmi tous les peuples de la Gaule. César entreprit de construire autour de la position une double ligne de fortifications, l'une (d'un périmètre d'une quinzaine de kilomètres) contre les assiégés, l'autre contre les secours gaulois attendus du dehors. Ces travaux, qui furent sans doute le chef-d'œuvre de l'art des sièges dans l'Antiquité, occuperent nuit et jour dix légions et furent achevés en l'espace de cinq semaines.

Quand l'armée de secours, forte de 240 000 fantassins et 8 000 cavaliers parut enfin en vue d'Alésia, les assiégés avaient déjà épuisé leurs vivres ; les femmes, les enfants, les vieillards, chassés de la ville par Vercingétorix, s'étaient vu refuser le passage par César et étaient morts de faim, entre Alésia et les tranchées romaines. L'armée de secours, mal coordonnée, fut repoussée après une journée de combats et, poursuivie par les cavaliers germains, elle se dispersa. Vercingétorix dut se rendre. Huit soldats furent vendus comme esclaves et lui-même envoyé captif à Rome, où il fut exécuté sept ans plus tard, après avoir orné le triomphe de César. La chute d'Alésia entraîna la soumission des Arvernes et des Éduens. Les Romains n'eurent plus à réduire que des soulèvements locaux.

ALESSANDRI RODRÍGUEZ Jorge (* Santiago, 19.V.1896, † Santiago, 31.VIII.1986). Homme politique chilien, fils d'Arturo Alessandri Palma, président du Chili de 1920 à 1924. Indépendant, il fut élu president en 1958, pour un mandat de six ans, grâce au soutien des partis de droite.

ALEXANDRE, en langue grecque, veut dire *protecteur des hommes.*

PAPES

ALEXANDRE III, Rolando Bandinelli (* Sienne, † Civita Castellana, 30.VIII.1181). Pape (1159/81). Professeur de droit canon à Bologne, cardinal en 1150, il s'opposa, après avoir été élu pape, à l'empereur Frédéric Barberousse qui fit élire les antipapes Victor IV, Pascal III et Calixte III. Le schisme devait durer dix-sept ans (1160/77) et se termina par la défaite de l'empereur à Legnano (1176) et la paix de Venise (24 juill. 1177). Pour assurer la liberté de l'Église face aux prétentions impériales, il réunit à Rome le IIIe concile du Latran (1179) qui réforma le mode d'élection du pape auquel il fallait désormais deux tiers des voix. Voir **Pontificaux (États)**.

ALEXANDRE VI, Rodrigo Lançol y Borgia (* Jativa, près de Valence, 1er.I.1431, † Rome, 18.VIII. 1503). Pape (1492/1503). Son oncle et père adoptif, Calixte III (Alphonse de Borgia), lui donna son nom de famille et le fit cardinal dès 1455, à l'âge de vingt-quatre ans. Bien qu'il vécût comme un grand seigneur de la Renaissance avec un amoralisme insouciant, son élection au souverain pontificat, obtenue peut-être à prix d'argent, ne souleva aucune opposition dans l'Église. Devenu pape, Alexandre VI pratiqua le népotisme et pourvut richement sa famille. Son pontificat fut avant tout politique. Au printemps 1495, Alexandre VI pouvait former avec Milan, Venise, l'empereur Maximilien et les Rois Catholiques Ferdinand et Isabelle, la ligue de Venise qui contraignit Charles VIII à regagner la France après la bataille de Fornoue (juill. 1495). Il se rapprocha ensuite de la France, ce qui lui permit de renforcer encore la position de sa famille (conquête de la Romagne par César Borgia) et de mettre à la raison les menées d'une turbulente noblesse romaine, conduite par les Orsini et les Colonna. Comme ses prédécesseurs, il se montra un généreux mécène et fut le protecteur de très nombreux artistes.

ALEXANDRE VII, Fabio Chigi (* Sienne, 13.II. 1599, † Rome, 22.V.1667). Pape (1655/67). Savant et vertueux, il fut nonce en Allemagne de 1639 à 1651 et prit part aux négociations des traités de Westphalie, dont il condamna plusieurs clauses. Cardinal en 1652 et secrétaire d'État, il succéda à Innocent X en 1665. Adversaire du jansénisme (v. **Jansénius**), il publia la constitution *Ad sacram* (1656) affirmant que les cinq propositions condamnées par son prédécesseur se trouvaient réellement chez Jansénius, et il prescrivit la signature du fameux formulaire de 1656. Un conflit violent l'opposa à Louis XIV à la suite de l'insulte faite par la garde corse au duc de Créqui, ambassadeur de France à Rome. Louis XIV occupa le comtat Venaissin et Avignon, et menaça d'envahir les États pontificaux ; Alexandre VII dut signer l'humiliant traité de Pise (1664), licencier la garde corse et élever dans Rome une pyramide avec une inscription relevant l'outrage et mentionnant sa réparation. Ami des arts, il fit construire la colonnade de la place Saint-Pierre, à Rome.

ALEXANDRE VIII, Pietro Ottoboni (* Venise, 22.IV.1610, † Rome, 1.II.1691). Pape (1689/91). Son pontificat commença par la réconciliation avec Louis XIV qui rendit Avignon et le comtat Venaissin (1er nov. 1689). Mais le 4 août 1690, par la bulle *Inter multiplices*, Alexandre VIII n'en condamnait pas moins l'extension de la régale et rejetait les Quatre Articles d'inspiration gallicane de 1682. Il condamna aussi le jansénisme. À l'extérieur, il aida Léopold Ier et les Vénitiens contre les Turcs.

BULGARIE

ALEXANDRE Ier (* Vérone, 5.IV.1857, † Graz, 17. IX.1893). Prince de Bulgarie (1879/86). Voir **Bulgarie.** Les débuts de la nouvelle Bulgarie indépendante.

MACÉDOINE

ALEXANDRE Ier († 462 av. J.-C.). Roi de Macédoine (500/462). Lors de l'invasion de la Grèce par les Perses, il avait été contraint de fournir des contingents à Xerxès. Mais à la bataille de Platées (479), il se rangea aux côtés des Grecs. Voir **Médiques (guerres)**.

ALEXANDRE III le Grand (* Pella, 21.VII.356, † Babylone, 13.VI.323 av. J.-C.). Roi de Macédoine (336/23). Fils de Philippe II, roi de Macédoine, il reçut une éducation remarquable (il eut notamment pour précepteur Aristote) et fut associé très tôt aux responsabilités du pouvoir. En 336, il succéda à son père assassiné, et après avoir obtenu la soumission de la Grèce, il entreprit de réaliser son rêve, la conquête de l'immense Empire perse des Achéménides qui englobait l'ensemble du Moyen-Orient, y compris l'Asie Mineure et l'Égypte.

Au printemps 334, il passa l'Hellespont avec 30 000 fantassins et 5 000 cavaliers, armée peu nombreuse, mais remarquablement organisée et commandée par des généraux de valeur (Antigone, Parménion, Séleucos, Eumène, Ptolémée). Deux victoires, sur les rives du Granique et à Issos (333), lui suffirent pour chasser Darius III d'Asie Mineure. Au printemps 332, il s'empara de la Syrie, de la Phénicie, et en déc. il pénétra en Égypte, où il fonda Alexandrie. Au printemps suivant, il envahit la Mésopotamie, franchit l'Euphrate et le Tigre et, à la bataille d'Arbèles, à l'E. de Ninive, il dispersa la dernière armée perse (oct. 331), que commandait le roi Darius III. Les grandes capitales de l'Orient tombèrent entre ses mains, ainsi que l'or des Perses, et Alexandre prit le titre de roi d'Asie. Les années suivantes le virent au-delà de l'Oxus (l'actuel Amou-Daria) et, après avoir conquis ce qui est maintenant l'Afghanistan, il entra dans le bassin de l'Indus (au début de 326), avec l'intention d'atteindre le Gange. Mais aux bords de l'Hyphase, affluent de l'Indus, ses soldats refusèrent de le suivre et il donna l'ordre du retour (juill. 326).

Revenu à Babylone, il entreprit l'organisation de son empire. Il se présenta en héritier des Achéménides : il avait fait châtier les assassins de Darius III, dont il prit la fille aînée comme troisième femme, il releva le tombeau de Cyrus, s'entoura de seigneurs perses, et adopta les vêtements et certaines coutumes de l'Asie. Alexandre semble avoir conçu son empire comme un État pluriethnique, où les différents peuples, les diverses religions et cultures pouvaient coexister sur un pied d'égalité. En 324, il organisa les noces de Suse, où 10 000 de ses officiers et soldats épousèrent des Asiatiques.

Ces conceptions rencontrèrent des résistances et provoquèrent même des révoltes chez les Macédoniens et les Grecs. Son fils posthume, Alexandre IV Aigos (v.), ne régna jamais. Ses lieutenants, les Diadoques, se partagèrent l'empire.

ALEXANDRE IV Aigos (* 323, † 310 av. J.-C.). Roi de Macédoine (323). Il était le fils posthume d'Alexandre le Grand et de la princesse perse Roxane. Cassandre le fit mettre à mort ainsi que sa mère et Olympias, mère d'Alexandre. Voir **Macédoine.** La Macédoine dans l'Antiquité.

RUSSIE

ALEXANDRE Iaroslavitch Nevski (* Vladimir, 30.V.1220, † Gorodets, 14.XI.1263). Grand-prince de Novgorod et Vladimir (1252/63). Second fils de Iaroslav II de Novgorod, qui avait été forcé d'accepter la suzeraineté mongole en 1238, il reçut son surnom de *Nevski* à la suite de sa grande victoire sur les Suédois à la bataille de la Néva (1240). Deux ans plus tard, en avr. 1242, à la « bataille de la Glace », livrée sur le lac Peïpous, il écrasa les chevaliers Porte-Glaive livoniens et les rejeta hors des terres russes. En 1252, il remplaça comme grand-prince son frère André, destitué pour avoir conspiré contre le grand khan, et gouverna comme vassal des Mongols. Il réussit à faire épargner la ville de Rostov qui s'était soulevée. Canonisé après sa mort par l'Église orthodoxe, il est resté une des figures les plus populaires de l'histoire russe. Sa vie a inspirré un film de S. M. Eisenstein.

ALEXANDRE Ier Pavlovitch (* Saint-Pétersbourg, 23.XII.1777, † Taganrog, 1er.XII.1825). Empereur de Russie (1801/25). Fils de Paul Ier et petit-fils de Catherine II. Allié, contre Napoléon Ier, de la Grande-Bretagne et de l'Autriche (troisième coalition) et vaincu à Austerlitz (1805), puis de la Grande-Bretagne et de la Prusse (quatrième coalition) et de nouveau vaincu à Eylau et à Friedland (1807), il dut signer la paix de Tilsit (v.), la même année, suivie de l'entrevue d'Erfurt. Alexandre adhérait au nouvel ordre établi en Europe. Mais les dommages causés à la Russie par le Blocus continental puis le rapprochement de la France avec l'Autriche décidèrent le tsar à changer de politique. Ses préparatifs hostiles à la France furent devancés par Napoléon en 1812, qui porta le fer en Russie. Après la défaite française, Alexandre devint l'âme de la coalition contre Napoléon, jusqu'à sa chute. Son règne, qui s'était ouvert sur les tentatives réformatrices de son conseiller Speranski, dut finalement plus à l'influence des milieux réactionnaires, après 1810 : renforcement de la censure, rétablissement du vieux droit seigneurial et lutte contre les mouvements libéraux en Russie et en Europe. Gagné aux idées mystiques, Alexandre Ier fut l'inspirateur de la Sainte-Alliance (v.).

ALEXANDRE II Nikolaïevitch (* Moscou, 29.IV. 1818, † Saint-Pétersbourg, 13.III.1881). Empereur de Russie (1855/81). Fils et successeur de Nicolas Ier. Conscient du fait que la défaite russe en Crimée (v.) trouvait ses sources dans les structures archaïques de son empire, Alexandre II engagea de profondes réformes, sociales, judiciaires, administratives et scolaires, dont la plus significative fut l'émancipation des serfs (3 mars 1861). Mais, décrétées autoritairement, incomplètes ou trop brutales, ces réformes provoquèrent une grave crise agraire dont surent profiter les mouvements populistes (ou *narodniki*), anarchistes et nihilistes. Après l'insurrection polonaise de 1863/64 et surtout après une première tentative d'assassinat sur sa personne (4 avr. 1866), Alexandre II revint sur ses intentions libérales et renforça le caractère répressif de son pouvoir. Après 1870, sous l'influence des thèses panslavistes, la politique extérieure se fit interventionniste : guerre victorieuse contre la Turquie (1876/78), terminée par les traités de San Stefano puis le congrès de Berlin (v.). Mais l'agitation révolutionnaire allait redoublant et, après quatre tentatives d'attentat, les terroristes parvenaient à leurs fins : Alexandre II fut blessé mortellement par l'explosion d'une bombe.

ALEXANDRE III Alexandrovitch (* Saint-Pétersbourg, 10.III.1845, † Livadia, 1er.XI.1894). Empereur de Russie (1881/94), second fils d'Alexandre II et de Marie de Hesse. Après l'exécution des régicides coupables de la mort de son père, il renvoya le libéral Loris Melikov et laissa l'inspiration du gouvernement aux absolutistes Pobiedonostsev et D. Tolstoï. Tandis qu'était instituée la redoutable police politique de l'Okhrana (1881), le peuple des campagnes fut placé sous l'autorité des chefs de communes rurales (*zemskié natchalniki*), choisis par le ministre de l'Intérieur parmi la noblesse.

Le régime trouva dans l'antisémitisme un dérivatif à l'agitation révolutionnaire : les Juifs furent pratiquement exclus des universités et de certaines professions telles que celle d'avocat, et le règne d'Alexandre III fut ensanglanté par d'atroces pogroms favorisés par le gouvernement. Dans les pays Baltes, en Finlande, en Pologne, au Caucase se développa une politique de russification systématique. En politique extérieure Alexandre III se rapprocha de la France et poursuivit l'occupation de l'Asie centrale. Sous son règne, la Russie entra dans la phase moderne de son industrialisation.

SERBIE ET YOUGOSLAVIE

ALEXANDRE Ier Obrénovitch (* Belgrade, 14.VIII. 1876, † Belgrade, nuit du 10 au 11.VI.1903). Roi de Serbie (1889/1903). Il devint roi à treize ans, à la suite de l'abdication de son père Milan Ier. En 1893, il se proclama majeur et abolit la Constitution libérale. Il avait épousé une intrigante qui prit une part considérable dans le gouvernement du pays et le rendit impopulaire. Elle fut assassinée avec son mari à la suite d'un complot militaire fomenté par les Karageorgévitch. Voir SERBIE.

ALEXANDRE Ier Karageorgévitch (* Cetinje, 16. XII.1888, † Marseille, 9.X.1934). Roi de Yougoslavie (1921/34). D'abord régent des Serbes, Croates et Slovènes (1918), il régna à partir de 1921 et dut affronter les problèmes d'un royaume où devaient coexister trois nationalités différentes. En janv. 1929, il institua un régime dictatorial, puis, en oct., il changeait le nom de son royaume en celui de Yougoslavie. En privilégiant systématiquement les Serbes, il provoqua chez les Croates le mouvement nationaliste et terroriste des Oustachis. Venu en visite officielle en France, il fut assassiné à Marseille par des terroristes croates en même temps que le ministre français Louis Barthou (oct. 1934). Voir YOUGOSLAVIE.

ALEXANDRE JANNÉE († 76 av. J.-C.). Roi et grand prêtre des Juifs (103/76). Troisième fils du Macchabée Jean Hyrcan, il succéda à son frère Aristobule et fit la guerre aux Séleucides. Chassé par les pharisiens il rentra à Jérusalem après six ans de luttes et se livra à une sanglante répression. Voir MACCHABÉES.

ALEXANDRETTE. Ville et port de Turquie bâtie en l'honneur d'Alexandre le Grand. Le **sandjak d'Alexandrette** qui, avec Alexandrette et Antioche, forme la province turque de Hatay, fut enlevé en 1920 à la Turquie et joint à la Syrie alors placée sous mandat français. En 1937, il devint autonome puis fut rendu à la Turquie en 1939 en contrepartie de sa neutralité dans le conflit contre l'Allemagne.

ALEXANDRIE. Ville d'Égypte fondée en 332/31 av. J.-C. par Alexandre le Grand, à l'emplacement d'un village de pêcheurs nommé *Rhakotis*, sur une bande de terre séparant la mer Méditerranée du lac Maréotis, aujourd'hui Mariout. Son premier architecte, Deinocratès, lui donna la forme d'un parallélogramme long de 5 km environ et d'un pourtour de 20 km. Une enceinte continue enfermait la ville divisée par des rues se coupant à angles droits. Elle possédait deux ports, l'Eunostos à l'O., le Grand Port au N., séparés par la digue de l'Heptastadion qui reliait le continent à l'île de Pharos. Le quartier le plus magnifique, appelé *Basileia* puis *Bruchion*, s'étendait à l'E. du Grand Port et sur la presqu'île de Lochias. On y trouvait les palais des Ptolémées, le Musée, le mausolée d'Alexandre le Grand, le temple de Poséidon et le grand théâtre. Le Sérapéion, ou temple de Sérapis, se trouvait au S.-O. de la cité, près du quartier égyptien qui conservait l'ancien nom de *Rhakotis*. Le Phare, une des sept merveilles du monde, avait emprunté son nom à l'île de Pharos. Il s'est écroulé en 1303 à la suite d'un tremblement de terre. Les fouilles récentes ont permis d'en retrouver et identifier des éléments.

À la mort d'Alexandre le Grand (323), Ptolémée Ier Sôter, fondateur de la dynastie des Lagides, reçut l'Égypte et choisit Alexandrie comme capitale. Il fonda certainement la célèbre Bibliothèque qui, au fil des règnes, posséda 700 000 volumes manuscrits. La Bibliothèque était proche du Musée (v.) qui regroupait les activités d'une université et d'une académie. Le dernier souverain de la dynastie lagide fut Cléopâtre VII qui se suicida avec Antoine en 30 av. J.C. L'Égypte fut déclarée province romaine et Alexandrie devint le siège d'un préfet romain.

Son rôle intellectuel était cependant loin d'être fini. Depuis le IIIe s. av. J.-C., elle ne cessa d'être la ville des astronomes et des mathématiciens : Archimède, Euclide, Hipparque et Claude Ptolémée. La ville des philosophes aussi : Philon d'Alexandrie († vers 40 de notre ère) y ébaucha une synthèse entre la pensée juive et la pensée hellénique. L'école néoplatonicienne y fut fondée au IIIe s. apr. J.-C., dont les représentants les plus éminents furent Plotin, Porphyre et Jamblique. Le christianisme y aurait été introduit par l'évangéliste Marc et, dès le IIe s., les chrétiens y auraient été nombreux. Son évêque Athanase fut, au IVe s., le défenseur de l'orthodoxie contre l'hérésie arienne.

Prise par les Perses en 616, Alexandrie passa sous domination arabe en 642. La fondation du Caire en 969 fut le début de son déclin politique et intellectuel. Mais elle demeura durant tout le Moyen Âge le principal carrefour commercial des pays méditerranéens avec l'Arabie et l'Inde. Les grandes découvertes et l'occupation turque lui furent fatales. À la fin du XVIIIe s. elle ne comptait plus que 6 000 habitants. Sous Méhémet-Ali (v.) elle redevint un des principaux ports du commerce et l'ouverture du canal de Suez lui fut bénéfique. Actuellement, la ville connaît un développement rapide et les travaux d'urbanisation sont l'occasion d'y pratiquer des fouilles archéologiques de sauvetage.

ALEXIS Ier COMNÈNE (* Constantinople, 1048, † Constantinople, 15.VIII.1118). Empereur byzantin (1081/1118). Il était le neveu de l'empereur Isaac Ier Comnène et, après avoir renversé Nicéphore III Botoniate, il rétablit la puissance de l'Empire byzantin en contenant les Normands, en battant les Petchénègues et les Coumans. Il profita des défaites musulmanes lors de la première croisade pour reprendre Nicée et l'Asie Mineure occidentale. Voir CONSTANTINOPLE et CROISADES.

ALEXIS Ier COMNÈNE (* 1182, † 1222). Empereur de Trébizonde (1204/22). Petit-fils d'Andronic Ier Comnène, il fonda, après la prise de Constantinople par les Latins, l'Empire grec de Trébizonde qui continua la civilisation byzantine et dura jusqu'en 1461.

ALEXIS Ier Mikhaïlovitch (* Moscou, 19.III.1629, † 8.II.1676). Empereur de Russie (1645/76). Le règne d'Alexis Ier, fils et successeur de Michel Romanov, marqua l'instauration d'un État absolu et centralisé. Il dut faire face peu après son avènement à une grave crise économique et sociale, mais accorda satisfaction aux propriétaires fonciers par le Code de 1649, qui donnait une forme juridique au système du servage, et aux commerçants par l'abolition des privilèges des étrangers et par le statut douanier de 1653, qui supprimait les barrières douanières locales. En politique extérieure, le règne fut marqué par un accroissement considérable des terres russes : à la suite de deux guerres contre la Pologne (1654/67), Alexis annexa Smolensk et toute l'Ukraine orientale, Kiev comprise (traité d'Androussovo, 20 janv. 1667), mais sa guerre malheureuse contre la Suède (1656/58) ne lui permit pas d'obtenir un accès à la Baltique. En Asie, l'Empire atteignit le Pacifique et la colonisation de la Sibérie connut un grand essor. Dans le domaine intellectuel, Alexis amorça une politique de réformes qui annonçait celle de son fils, Pierre le Grand, mais il se heurta à de vives résistances et ses dernières années furent troublées par le schisme du *Raskol*, et aussi par la révolte cosaque de Stenka Razine (1668/71). Ce règne reste dans l'histoire russe celui qui a provoqué le schisme et relancé en Russie la tradition byzantine.

ALFONSÍN Raúl (Chascomus, province de Buenos Aires, 13.III.1926). Homme politique argentin. Dirigeant de l'aile progressiste de l'Union civique radicale, parti de l'ancien président civil Arturo Umberto Illia écarté en 1966 par les militaires, il fut président de la République de 1983 à 1989. Voir ARGENTINE.

ALFRED le Grand (* Wantage, Berkshire, 849, † 26.X.899). Roi du Wessex puis de toute l'Angleterre (871/99). Voir **Wessex**.

ALGÉRIE. État d'Afrique du Nord, borné au N. par la Méditerranée, à l'E. par la Tunisie et la Libye, au S. par le Niger, le Mali et la Mauritanie, à l'O. par le Maroc ; capitale *Alger*.

L'Algérie antique

Son territoire a été peuplé dès le paléolithique. À Tighennif (anciennement Ternifine), on a découvert en 1954 les restes d'un *Homo erectus* (d'abord appelé *Atlanthropus mauritanicus*) datant d'environ 700 000 ans. Des peuples berbères l'ont habitée avant le début de la période historique. À la fin du IIe millénaire av. J.-C., ces tribus de pasteurs-agriculteurs étaient en relations commerciales intermittentes avec les Phéniciens, puis ils ont subi l'influence de Carthage, qui fonda des comptoirs sur la côte méditerranéenne.

Au IIIe s. av. J.-C., sur le peuple des Massyles établis entre Constantine et l'actuelle frontière tunisienne régnait Massinissa (v.). Avec l'alliance des Romains, il fonda le royaume de Numidie ; après la défaite de Jugurtha (105 av. J.-C.) (v.), il fut donné par Rome au roi de Mauritanie, Bocchus, puis transformé en province romaine par César (46 av. J.-C.). Tout le territoire côtier de l'actuelle Algérie passa finalement sous l'autorité romaine par l'annexion de la Mauritanie (40 apr. J.-C.). Les Romains y fondèrent les colonies de Timgad, Lambèse, Tipasa, Cherchell..., et pratiquèrent une politique d'assimilation qui se heurta aux soulèvements des tribus berbères et qui ne réussit pas à faire disparaître l'originalité de cette culture. Les Vandales, maîtres de l'Algérie de 430 à 533, ne parvinrent pas plus à soumettre les Berbères. Reconquise par Bélisaire (534), l'Algérie resta sous l'autorité nominale de l'empire d'Orient pendant plus d'un siècle ; l'invasion arabe (702/09) devait faire disparaître les derniers vestiges de l'Afrique romaine, mais sans parvenir à effacer l'originalité du monde berbère, même converti à l'islam.

De la conquête arabe à l'établissement de la domination turque (VIIIe/XVIe s.)

L'histoire de l'Algérie a été caractérisée alors par son instabilité. À l'antagonisme entre Arabes et Berbères se sont ajoutées les rivalités entre Berbères. Les royaumes se firent et se défirent rapidement. Le seul facteur d'unité fut l'islam, surtout répandu dans les masses par les confréries. La résistance berbère aux Omeyyades s'exprima dans le kharidjisme (v.). Celui-ci trouva son foyer dans l'O. de l'Algérie, tandis que la partie orientale de l'Algérie passait sous la domination des Aghlabides de Kairouan. Affaiblis par leur lutte contre les Kabyles, ceux-ci s'effondrèrent face au *mahdi* Obéïd Allah, fondateur de la dynastie des Fatimides. Maîtres du Maghreb dès 960, ils se lancèrent à la conquête de l'Égypte (973). Installés au Caire, les Fatimides abandonnèrent le Maghreb aux Zirides, dont l'État se scinda en deux : les Hammadides fondèrent une nouvelle dynastie à Kalaa, au S. de Bougie (1014), et rejetèrent l'obédience fatimide. Les Fatimides du Caire lancèrent alors sur le Maghreb l'invasion des Hilaliens, tribu arabe du Yémen (à partir de 1051), qui devait considérablement accélérer l'arabisation de la région ; l'intérieur du pays fut complètement ravagé et la civilisation berbère se réfugia sur la côte, autour de Bougie, devenue en 1072 la nouvelle capitale des Hammadides et un grand centre commercial. À cette menace venue de l'Égypte s'ajouta, à l'O., l'irruption des Almoravides, dynastie berbère.

Au milieu du XIIe s., les Almoravides furent renversés par les Almohades. Mais l'Empire almohade ne dura pas plus d'un siècle ; à partir de 1248, il commença à se fractionner pour faire place à de nouveaux États, les Mérinides de Fès, les Abdelwadides de Tlemcen, les Hafsides de Tunis. Aux XIIIe et XIVe s., Tlemcen joua un rôle considérable, à la fois économique et religieux. Elle commerçait activement avec l'Occident et se montrait accueillante pour les chrétiens et les Juifs. Cependant, les Abdelwadides au XVe s., n'étaient plus que les vassaux des Mérinides ou des Hafsides, avant de devenir ceux des Espagnols.

La régence d'Alger (1520/1830)

À la faveur de la désagrégation politique du Maghreb, les Espagnols s'étaient installés, entre 1505 et 1512, dans plusieurs ports de la côte algérienne, Mers el-Kébir, Oran, Bougie, et dans l'îlot du Penon, en face d'Alger. Les Algérois appelèrent en 1516 à leur aide les corsaires turcs Aroudj et Khaïr el-Din Barberousse, qui chassèrent les Espagnols. Khaïr el-Din Barberousse se plaça 1520 sous la suzeraineté de la Porte, qui lui envoya un corps de janissaires turcs. C'est sous la domination turque qu'Alger commença à jouer le rôle de capitale d'un pays qui s'étendait, à la fin du XVIe s., entre la Tafna à l'E. et La Calle à l'O.

La régence d'Alger, d'abord gouvernée par des beylerbeys (1520/87), puis par des aghas (XVIIe s.), passa en 1671 à des deys ; en 1711, le dey d'Alger obtint du sultan le titre de pacha et une quasi-indépendance. Les deys gouvernaient en souverains absolus, assistés d'un conseil uniquement composé de hauts fonctionnaires d'origine turque. Cette oligarchie turque, qui ne s'intéressait qu'à la guerre de course en Méditerranée, abandonna le pays à l'anarchie. Les corsaires algériens étaient les plus redoutables des pirates barbaresques ; après de vaines expéditions de représailles sur leurs ports au cours du XVIIe s., la plupart des puissances occidentales furent réduites à assurer la sécurité de leur trafic maritime en payant un tribut aux deys.

À la fin du XVIIIe s., les profits de la guerre de course avaient sérieusement diminué et le régime turc, qui maintenait une discrimination sévère entre l'occupant et l'indigène, se trouva sérieusement menacé par diverses révoltes, comme celle inspirée par la confrérie religieuse Derkaoua (1814) ou celle des Kabyles (1824).

La conquête française (1830/1857)

Après le congrès de Vienne, les grandes puissances décidèrent de mettre un terme à la guerre de course en Méditerranée. Lord Exmouth bombarda Alger en 1816, mais sans résultat. Pendant la Révolution et l'Empire, la France avait entretenu de bonnes relations avec la régence d'Alger : le dey commerçait avec elle et lui vendait du blé. Mais, sous la Restauration, un différend né de créances impayées finit par envenimer les relations et le dey Hussein frappa publiquement d'un coup d'éventail au visage le consul de France, Deval (1827). Le gouvernement de Charles X répliqua en établissant un blocus devant Alger ; n'obtenant pas satisfaction pour l'insulte faite à son agent diplomatique, il se décida, au début de 1830, à une intervention militaire (37 000 hommes), qui faisait diversion au malaise politique intérieur.

Après la victoire de Staouéli, les Français s'emparèrent du fort l'Empereur (4 juill. 1830) et Alger capitula le lendemain. La monarchie de Juillet, embarrassée de cette situation, aurait bien voulu se contenter de l'« occupation restreinte » à quelques ports, mais leur sécurité était menacée par l'anarchie qui régnait dans l'Algérie intérieure depuis la fin de la domination turque. À partir de 1834, deux pouvoirs locaux s'affirmèrent : celui du bey Ahmed dans le Constantinois, celui d'Abd el-Kader en Algérie occidentale.

Bugeaud négocia avec Abd el-Kader le traité de la Tafna (30 mai 1837), dont le seul résultat fut de donner au jeune marabout une sorte de prééminence officielle. Se croyant assurée du côté de l'Oranais, la France s'empara de Constantine (13 oct. 1837). Mais Abd el-Kader profitait de la trêve pour renforcer son autorité en Algérie occidentale : en nov. 1839, invoquant une violation des clauses du traité de la Tafna (le passage des Portes de fer par le maréchal Valée), Abd el-Kader engagea la guerre sainte contre les Français. Bugeaud, nommé gouverneur général de l'Algérie (déc. 1840), fit razzier le bétail et les récoltes et dévaster les oliveraies et les plantations ; en établissant des postes fixes qui permettaient de tenir en main le pays conquis, il réduisit peu à peu le territoire d'Abd el-Kader : la prise de sa *smala* par le duc d'Aumale (16 mai 1843) contraignit le chef de la résistance algérienne à se réfugier au Maroc dont il réussit à entraîner le sultan dans la guerre. Le duc de Joinville bombarda aussitôt Tanger (6 août) et les troupes marocaines furent complètement battues par Bugeaud à l'Isly (14 août 1844). Abandonné par les Marocains, traqué systématiquement, Abd el-Kader lutta encore pendant trois ans avant de se rendre au général Lamoricière (23 déc. 1847).

La pacification se poursuivit par la soumission de l'Aurès (1849), des oasis du Sud (1852/54) et de la Kabylie (1857). Cependant, en Grande Kabylie, à la suite d'une série de mauvaises récoltes et des conséquences psychologiques de la défaite française dans la guerre de 1870, éclata encore en mai 1871 une insurrection qui s'étendit bientôt à tout le Constantinois et à une grande partie de l'Oranais ; ce mouvement de rébellion généralisé – le dernier avant 1954 – fut écrasé au bout d'un an et la France confisqua des étendues considérables de terres, attribuées à des colons, en particulier à des Alsaciens-Lorrains.

Le développement de la colonisation (1830/1924)

Le 22 juill. 1834, une ordonnance royale avait donné à l'ancienne régence d'Alger le nom de *Possessions françaises dans le nord de l'Afrique* et le général Drouet d'Erlon devint le premier gouverneur général de l'Algérie. L'essor de la colonisation eut lieu sous le gouvernement de Bugeaud (1840/47) ; son système de colonies militaires n'eut que de médiocres résultats. Mais avec l'aide de l'armée, qui défrichait et ouvrait des routes, put s'amorcer un vaste mouvement d'immigration : le nombre des colons passa de 25 000 environ en 1840 à 109 000 en 1847 (dont 50 % d'étrangers, Espagnols, Italiens, Maltais).

Par la mise en valeur des terres incultes, l'expropriation des tribus qui prenaient les armes contre la France ou la spoliation pure et simple, 481 000 hectares furent concédés aux colons entre 1830 et 1871, et presque autant entre 1871 et 1880 (du fait des grandes confiscations consécutives à l'insurrection de 1871/72).

Parallèlement à la colonisation officielle par concessions, la colonisation libre progressa à partir des années 1870 : en 1930, sur 2 300 000 ha environ appartenant aux Européens, 1 500 000 environ leur avaient été fournis par la colonisation officielle, le reste provenant d'achats. Pourtant la colonisation agricole ne cessa de décliner à partir de 1900 et, en 1926, plus de 71 % des Européens étaient des citadins.

Administrativement, l'Algérie fut assimilée à la France : toutes les affaires algériennes furent réglées dans les ministères parisiens, seuls les territoires du Sud furent du ressort de l'administration militaire des Bureaux arabes. Le reste de l'Algérie passa sous administration civile et fut réparti en *communes de plein exercice* (comprenant une assez nombreuse population européenne et administrées par un maire élu) et *communes mixtes* (de population presque entièrement musulmane et confiées à des administrateurs civils).

Lors de l'affaire Dreyfus, l'Algérie connut une crise antisémite (les Juifs algériens avaient reçu la nationalité française par le décret Crémieux, 1871), qui prit bientôt une allure d'opposition séparatiste à la métropole : pour la première fois, sous l'impulsion des colons, s'affirmait une volonté d'autonomie « algérienne », à laquelle la loi du 29 déc. 1900 donna satisfaction en conférant à l'Algérie la personnalité civile et un budget spécial.

Les débuts du nationalisme algérien

Le Code de l'indigénat (1881) ne reconnaissait aux musulmans aucun des droits des citoyens français. Ils étaient privés du droit de vote et de l'éligibilité, inégaux devant l'impôt mais astreints au service militaire. Le loyalisme indigène durant la Première Guerre mondiale fut récompensé en 1919 par diverses concessions du gouvernement français : abolition des « impôts arabes » ; octroi du droit de vote et de l'éligibilité à des musulmans anciens combattants, propriétaires, fonctionnaires, etc. Mais ces mesures ne touchèrent que quelques milliers de musulmans et l'opposition des colons freinait toutes les tentatives de réformes. Dans les années 1930 commença à se dessiner l'évolution démographique qui aboutira, en l'espace de vingt ans, au choc violent entre les deux communautés : tandis que la population européenne progressait faiblement (833 000 en 1926, 984 000 en 1954), la population musulmane continuait à connaître une énorme poussée démographique : de 1 500 000 environ en 1830, elle passa à 8 500 000 environ en 1954.

À ce déséquilibre s'est ajouté celui des ressources : l'économie algérienne était entre les mains de puissantes compagnie européennes, mais la masse des chômeurs musulmans ne cessait de croître (on dénombrait un million de chômeurs ruraux en 1954). La disparité des niveaux de vie et le reflux de la colonisation vers les villes ont accentué la ségrégation de fait entre Européens et musulmans. La colonisation française avait brisé les anciens cadres de la société islamique mais, en dépit des efforts de la IIIe République, le taux de scolarisation demeurait extrêmement faible (seulement 6 % des enfants musulmans fréquentaient les écoles en 1929) ; ceci explique que la naissance du nationalisme fut plus lente en Algérie qu'en Tunisie ou au Maroc, où s'était maintenue une solide bourgeoisie musulmane. C'est parmi les travailleurs émigrés temporairement en métropole que Messali Hadj fonda, en 1927, le premier mouvement anticolonialiste, l'Étoile nord-africaine.

De 1930 à la guerre

À partir de 1930, trois grandes tendances apparurent chez les musulmans : l'une, traditionaliste, représentée par Ben Badis et le conseil des Oulémas (fondé en 1931), répandait l'idée d'une patrie algérienne musulmane ; la deuxième, celle du parti populaire algérien (PPA) de Messali Hadj, luttait pour l'indépendance et la révolution sociale ; la troisième, qui trouva sa première expression dans la Fédération des élus musulmans de Bendjelloul et de Ferhat Abbas, réclamait une authentique assimilation et le droit de citoyenneté française.

L'obstruction des colons et la défaite française de 1940 portèrent un coup fatal aux idées d'assimilation. L'occupation de l'Algérie par les Américains (nov. 1942), les rivalités entre Français pétainistes, giraudistes, gaullistes encouragèrent les chefs algériens à franchir une nouvelle étape. L'octroi par de Gaulle de la citoyenneté française à plusieurs dizaines de milliers de musulmans (discours de Constantine, 12 déc. 1943) venait trop tard : en févr. 1943, Ferhat Abbas avait publié le *Manifeste du peuple algérien*, qui rejetait la politique d'assimilation.

Les manifestations de mai 1945 à Sétif et à Guelma tournèrent à l'émeute armée ; face à l'assassinat de plus de cent Européens dans le Constantinois, le gouvernement provisoire du général de Gaulle procéda à des répressions impitoyables (environ 5 000 musulmans y périrent). L'année 1946 vit la fondation de l'Union démocratique du Manifeste algérien (UDMA) par Ferhat Abbas et du Mouvement pour le triomphe des libertés démocratiques (MTLD) par Messali Hadj. Face à l'opposition des colons, la IVe République ne parvint pas à imposer des réformes. Instituée en 1947, l'Assemblée algérienne qui donnait la même représentation à 992 000 Européens et à 7 860 000 musulmans et devait en outre prendre des décisions à la majorité des deux tiers, se trouvait de fait paralysée. Le recours à l'insurrection armée apparut comme la seule issue aux nationalistes. Elle fut décidée par le Comité révolutionnaire d'action et d'unité, formé au printemps 1954, réuni secrètement le 10 oct.

La « guerre d'Algérie »

Elle commença dans la nuit du 30 oct. au 1er nov. 1954, les principaux foyers de la rébellion se trouvant en basse Kabylie et dans les Aurès. Peu après, un ancien chef de l'Organisation secrète (OS) du MTLD, Ben Bella, fonda au Caire le Front de libération nationale (FLN), auquel Messali Hadj refusa de se rallier. Le FLN proclama sa volonté de lutter pour « l'indépendance nationale par la restauration de l'État algérien ».

La « guerre d'Algérie » se réduisit, du côté du FLN, à des opérations de guérilla et à de nombreuses actions terroristes dans les campagnes comme dans les villes. Elles étaient dirigées non seulement contre l'armée et les colons, mais aussi contre des Algériens favorables à la France et contre des « messalistes » qui combattaient à la fois les Français et le FLN dont l'objectif était de séparer définitivement les Algériens de la France. L'armée française, qui avait officiellement pour mission la « pacification » et le « maintien de l'ordre », ne pouvait réaliser cette tâche que par un quadrillage systématique du pays, ce qui réclamait des effectifs très importants. Dès 1955, il fallut rappeler des réservistes, et les effectifs engagés de façon permanente en Algérie finirent par atteindre 400 000 hommes.

L'année 1956 fut celle du voyage à Alger de Guy Mollet, de la mise en œuvre des premiers contacts avec le FLN, et de la capture de Ben Bella. Le congrès de la Soummam (20 août 1956) dota l'Armée de libération nationale (ALN) algérienne d'un état-major unique confié à Belkacem Krim. 1957 vit la « bataille d'Alger » menée par le général Massu contre le terrorisme et la construction de la « ligne Morice » à la frontière algéro-tunisienne.

La France, malgré sa mise en accusation devant l'ONU depuis 1955, continua sa répression systématique du nationalisme algérien, jusqu'à la crise du 13 mai 1958 qui provoqua l'effondrement de la IVe République. En sept. de la même année, le FLN constitua, au Caire, un Gouvernement provisoire de la République algérienne (GPRA), avec lequel le général de Gaulle, premier président de la Ve République française, accepta enfin de négocier, malgré l'opposition de la majorité des Français d'Algérie, soutenus par l'extrême droite. Voir FRANCE. La Ve République.

L'Algérie indépendante

Malgré l'échec des négociations engagées à Melun avec les représentants du GPRA (juin 1960), de Gaulle, par le référendum du 8 janv. 1961, se fit donner un blanc-seing par la métropole pour ramener la paix. Pour arrêter l'évolution vers l'indépendance, plusieurs anciens chefs de l'armée d'Algérie, les généraux Challe, Salan, Jouhaud et Zeller, tentèrent à Alger le putsch des 21/26 avr. 1961 et, après son échec, passèrent dans la clandestinité et regroupèrent dans l'Organisation armée secrète (OAS) les activistes européens.

La guerre d'Algérie se terminait ainsi, sur le sol algérien, en un affrontement entre terrorismes européen et musulman, entre colons, « soldats perdus » et forces de police envoyées de la métropole. C'est dans ce contexte tragique que le gouvernement français signa avec le GPRA les accords d'Évian (18 mars 1962), lesquels, en établissant le cessez-le-feu (19 mars), reconnaissaient la souveraineté de l'État algérien sur les départements de l'Algérie et du Sahara. Ces accords furent ensuite ratifiés en métropole par le référendum du 8 avr. 1962.

Après une période de transition, au cours de laquelle le pouvoir fut exercé par un exécutif provisoire composé d'Algériens et de Français, les Algériens se prononcèrent dans leur quasi-totalité pour l'indépendance lors du référendum du 1er juill. 1962. Le surlendemain, la France reconnut l'indépendance de l'Algérie. Dès la signature des accords d'Évian, dont les garanties sur les personnes et les biens français en Algérie devaient se révéler rapidement illusoires, s'était produit un exode massif des pieds-noirs vers la métropole. Les notables algériens qui s'étaient distingués par leur fidélité à la France et les harkis (forces supplétives de l'armée française) furent victimes de sévices et le plus souvent massacrés. Cependant, le président du GPRA, Ben Khedda, s'installait à Alger dès le 3 juill., mais le vice-président, Ben Bella, que les autorités françaises avaient libéré dès mars 1962, refusa de le suivre.

S'appuyant sur l'Armée de libération nationale (ALN) et sur son chef, le colonel Boumediene, Ben Bella, dès le 3 août 1962, supplanta en fait le GPRA. C'est son bureau politique qui établit les listes uniques qui servirent à l'élection de l'Assemblée constituante. Celle-ci, le 26 sept., désigna Ben Bella comme Premier ministre, et le colonel Boumediene comme ministre de la Défense, puis comme vice-président du Conseil (mai 1963). Ben Bella proclama sa résolution de donner à l'Algérie nouvelle des bases socialistes.

En mars 1963, les domaines agricoles abandonnés par leurs propriétaires européens furent nationalisés sans indemnité et dévolus à d'anciens combattants de l'insurrection, dans le cadre d'un système d'autogestion dont les résultats furent d'ailleurs décevants. La Constitution adoptée par référendum le 8 sept. 1963 consacra le caractère autoritaire du régime et le FLN fut érigé en parti unique ; Ben Bella fut porté le 15 sept. à la présidence de la République.

Cette évolution suscita contre Ben Bella, au sein même du FLN, une forte opposition, représentée notamment par Ferhat Abbas, Mohammed Khider, Aït Ahmed. Après une série de crises, c'est le colonel Boumediene qui renversa Ben Bella. Détenu sans jamais être jugé, Ben Bella n'a bénéficié, par le coup d'État du 19 juin 1965, de sa première mesure d'élargissement qu'au lendemain de la mort de Boumediene (1978).

Président du conseil de la Révolution, chef du gouvernement et ministre de la Défense, Boumediene poursuivit, avec plus de souplesse que son prédécesseur, une politique dont l'objectif essentiel était d'assurer à l'Algérie sa pleine indépendance politique et économique. La base navale de Mers el-Kébir, dont le bail, en vertu des accords d'Évian, expirait en 1977, fut évacuée par les troupes françaises dès le début de 1968.

Dans le domaine économique, la nationalisation des sociétés minières étrangères (mai 1966) fut suivie par celle de nombreuses entreprises industrielles privées, pour la plupart françaises (1968). Les hydrocarbures, qui constituent aujourd'hui le principal ressort de l'économie algérienne, entrèrent progressivement dans le patrimoine de l'État. Créée au début de 1964, la Société nationale Sonatrach contrôla, par les nationalisations de 1968, tout le secteur de la distribution et de la commercialisation des produits pétroliers, des engrais et produits chimiques. En févr. 1971, le gouvernement Boumediene décida la nationalisation des oléoducs, du gaz naturel et de 51 % des avoirs des sociétés pétrolières françaises. En réponse à cette mesure, le gouvernement français mit fin au système des relations privilégiées avec l'Algérie qui avait subsisté depuis les accords d'Évian. Cependant, les compagnies françaises CFP et Elf-Erap parvinrent à conclure directement des accords avec la Sonatrach. Mais l'aide du gouvernement français qui atteignait 833 millions de F en 1963, décrut fortement à partir de 1965/66. En 1968, la France décida de suspendre les achats massifs de vin algérien (principalement en raison de la crise viticole du Midi), et cette mesure prit définitivement effet en 1970.

Le renchérissement considérable des produits pétroliers à partir de 1973 a beaucoup profité aux finances algériennes. Les perspectives ouvertes par le gaz naturel étaient plus encourageantes encore.

Dans le domaine commercial, l'Algerie poursuivit une politique de diversification des échanges, afin de ne pas rester trop étroitement tributaire de l'ancienne puissance colonisatrice : en 1972, 30 % des importations et 23 % des exportations algériennes se faisaient encore avec la France, suivie de près par l'Allemagne fédérale, les États-Unis et l'Italie. Avec leur premier plan quadriennal de développement (1970/73), les dirigeants algériens s'engagèrent dans un ambitieux programme d'industrialisation. Au complexe sidérurgique d'Annaba (Bône), inauguré dès 1969, à l'usine d'ammoniac et d'engrais azotés d'Arzew (1970), devait s'ajouter le grand ensemble de raffineries et de liquéfaction de gaz de Skikda, au N. de Constantine.

L'Algérie de Boumediene fit aussi de grands efforts dans le domaine de l'éducation La coopération des enseignants français y joua un grand rôle ; néanmoins, le gouvernement algérien avait décidé d'instaurer progressivement, à partir du cycle primaire, l'arabisation, qu'il considérait comme l'un de ses objectifs primordiaux.

L'agriculture algérienne n'a pas suivi le rythme de progression de l'industrie ; en dépit d'une vaste « révolution agraire » lancée par Boumediene en 1971, l'Algérie devait encore procéder à de grosses importations de biens alimentaires.

Fort d'une autorité qui n'avait plus été contestée depuis la révolte du colonel Zbiri (1967), et s'appuyant sur le FLN, parti unique, le président Boumediene put faire adopter par référendum (27 juin 1976) une Charte nationale définissant l'Algérie comme une « démocratie socialiste », consacrant le rôle dirigeant du parti et garantissant à l'Islam son statut de religion d'État. La Constitution approuvée par le référendum du 19 nov. 1976 instituait un régime présidentiel.

La présidence de Chadli

Boumediene mourut le 27 déc. 1978 ; le Conseil de la révolution désigna comme candidat du FLN le colonel Benjedid Chadli qui fut élu président de la République le 7 février 1979. Sous son premier mandat commença une timide libéralisation du régime mais les problèmes étaient nombreux : mévente du gaz (première source de revenus), fluctuation des prix du pétrole, bureaucratisation extrême, insuffisance de la production agricole, et cela dans un contexte d'explosion démographique (entre 1962 à 1982 la population avait doublé).

Pourtant les élections de 1982 virent le succès des candidats du FLN et Chadli fut réélu le 12 janvier 1984. Mais, en oct. 1988, des émeutes provoquées par la hausse des prix éclatèrent dans tout le pays. Durement réprimées (500 morts), elles donnèrent l'occasion aux islamistes de montrer leur pouvoir sur le terrain. Après l'élection présidentielle du 23 décembre 1988 où Chadli, candidat unique, ne pouvait manquer d'être réélu, une nouvelle Constitution fut approuvée par référendum en févr. 1989. Le multipartisme était légalisé, ce qui permit au Front islamique du salut (FIS) d'être autorisé en même temps qu'une quarantaine de partis ; les Algériens pouvaient espérer un début de démocratisation que n'amorça pas l'Assemblée où tous les députés appartenaient au FLN et bloquaient les projets de réformes. Habile à tirer parti du mécontentement de la population et des frustrations de la jeunesse, le FIS d'Abassi Madani et d'Ali Benhadj remporta les élections municipales du 12 juin 1990. Un an après, de violents incidents opposèrent à Alger militants du FIS et forces de l'ordre (5 juin 1991) ; l'armée investit la capitale et instaura l'état de siège. Malgré l'arrestation de ses dirigeants, le FIS remporta les élections législatives de déc. 1991 et, devant l'imminence de sa victoire, l'armée suspendit le processus électoral le 12 janvier 1992. Le président Chadli fut démis par le Haut Conseil de sécurité, et un Haut Comité d'État était institué pour gouverner le pays jusqu'en déc. 1993, présidé par Mohammed Boudiaf.

De Boudiaf à Bouteflika

La dissolution du FIS ne fit qu'augmenter la violence dont fut victime Boudiaf, assassiné le 29 juin 1992 et remplacé par Ali Kafi. Le vote d'une loi antiterroriste en févr. accentua encore la violence. Les membres les plus radicaux du FIS formèrent le Groupe islamiste armé (GIA) et les attentats se multiplièrent. On estime qu'entre 1992 et 1995, 60 000 personnes en périrent. Aucune mesure d'apaisement ne put instaurer la paix civile, le général Liamine Zeroual, désigné pour assurer la présidence de l'État par le Haut Conseil de sécurité, ayant refusé la plate-forme présentée à Rome par le FLN, le FES et le FIS en janv. 1995.

La première élection présidentielle pluraliste du 16 novembre 1995, que les islamistes avaient appelé à boycotter, vit la victoire de Zeroual avec 61 % des voix. Mais les attentats et massacres de civils attribués au GIA reprirent à partir de 1997. Les résultats des élections de juin 1997 que remporta le Rassemblement démocratique de Zeroual allié au FLN furent mis en doute par l'opposition qui parla de fraude électorale. De plus, l'armée fut accusée d'avoir joué un rôle dans des massacres attribués au GIA. Des émeutes éclatèrent en Kabylie. Devant cette situation, Zeroual décida d'abréger son mandat. L'élection présidentielle anticipée du printemps 1999 vit la victoire d'Abdelaziz Bouteflika, seul candidat du pouvoir et de l'armée. Des espoirs de paix apparurent : l'Armée islamique du salut (AIS), bras armé du FIS, décida l'arrêt de la lutte armée, un projet de loi fut approuvé en sept. 1999 qui accordait l'amnistie aux membres du FIS non coupables de crimes de sang (loi de Concorde civile). Malgré d'autres mesures d'apaisement (amnistie pour les membres de l'AIS en échange de sa dissolution, limogeage de généraux), l'Algérie est toujours confrontée aux attentats et à la normalisation de ses relations avec la France. Les élections présidentielles de mars 2004 ont bénéficié d'une forte participation et Bouteflika a été réélu avec 84 % des voix.

ALGÉSIRAS. Ville et port d'Espagne qui fut le premier point de débarquement des Arabes en ce pays (711), reconquise par Alphonse XI de Castille en mars 1344. Du 16 janv. au 7 avr. 1906, une conférence internationale s'y tint : contre la position allemande, elle reconnut implicitement les droits particuliers de la France au Maroc.

ALGONQUINS. Famille de tribus indiennes de l'Amérique du Nord qui, au début du XVIIe s., occupait un vaste territoire, de la côte Atlantique (jusqu'à la Virginie au S.) aux montagnes Rocheuses. Parmi les principales tribus se trouvaient les Abenakis, les Delawares, les Mohicans, les Shawnees, peut-être aussi les Pieds-Noirs et les Cheyennes. Les Algonquins de la province de Québec furent des alliés de la France, mais les Iroquois les dispersèrent au XVIIe s.

ALHAMBRA. Forteresse et palais des anciens rois maures de Grenade établie au sommet d'une colline. Le palais ou Alcazar, des XIIIe/XIVe s., est un des chefs-d'œuvre de l'architecture arabe par sa décoration intérieure riche, originale et variée (porte du Jugement, cour des Myrtes, cour des Lions, salle des Ambassadeurs).

ALI PACHA. (* Tebelen, Albanie, vers 1741, † Jannina, 5.XII.1822). Pacha de Jannina (1788/1822). Au service des Turcs, il fut d'abord nommé pacha de Trikalla en Thessalie (1787). L'année suivante il s'empara de Jannina où il se proclama lui-même pacha et où il fit régner un régime de terreur. Il étendit son autorité sur l'Albanie et l'Épire et se rendit indépendant de la Porte à partir de 1807. En 1819, le sultan Mahmoud II décida de mettre un terme à sa rébellion ; Ali Pacha appela les Grecs à la résistance et s'enferma dans sa forteresse de Jannina qui fut assiégée durant deux ans. Il mourut assassiné au cours d'une conférence où il avait été convié.

ALI IBN ABI TALIB (* La Mecque, vers 602, † Koufa, 24.I.661). 4e calife (656/61). Cousin et gendre de Mahomet – il avait épousé sa fille, Fatima –, converti de la première heure à l'islam, il ne sut pas, à la mort du Prophète, s'imposer comme son successeur. Quand il le fit en 656, après l'assassinat d'Othman, la communauté se déchira : il vit se dresser contre lui la veuve de Mahomet, Aïcha, deux musulmans de la première heure, Talha et Zobéïr, ainsi que le clan d'Othman, groupé autour de Maowiya, gouverneur de Syrie. Il vainquit les premiers à la bataille du Chameau (déc. 656), puis se tourna contre Moawiya. À la bataille de Siffin (657), alors qu'il était sur le point de battre définitivement son adversaire, il commit la faute d'accepter un arbitrage. Moawiya vit sa position confortée en Syrie et Ali perdit ses plus énergiques partisans, qui, découragés, formèrent le groupe des *kharidjites* et choisirent parmi eux un nouveau calife. Ali réussit à écraser les kharidjites à la bataille de Nahrawan (juill. 658), mais ne put empêcher leur mouvement de se répandre en Irak et en Perse, et lui-même tomba assassiné par un de ses membres alors qu'il se rendait à la mosquée de Koufa. Dès 659, il avait été déposé par Moawiya, qui s'était fait proclamer calife par les Syriens, fondant ainsi la dynastie omeyyade. Mais, depuis, les *chiites* ne reconnaissent qu'Ali comme successeur de Mahomet, et ses descendants pour imams. Voir ISLAM.

ALI IBN YOUSOUF IBN TACHFIN. Fondateur de la dynastie des Almoravides. Voir YOUSOUF ibn TACHFIN.

ALIA Ramiz (Shkodër, 18.X.1925). Homme politique albanais. Issu d'une famille musulmane pauvre, il rejoignit le parti communiste albanais (PCA) dès 1943 et prit part à la libération du pays. Élu en 1948 au Comité central du parti du travail albanais (PTA) – héritier du PCA –, il fut nommé ministre de l'Éducation et de la Culture en 1955. En 1985, il succéda à Enver Hoxha. Il dut alors accepter le pluripartisme et garda le pouvoir jusqu'aux élections de mars 1992 où il fut battu. Accusé d'abus de pouvoir, de détournement de fonds et de violations des droits de l'homme, il fut condamné à la prison, libéré, puis condamné de nouveau pour « génocide et crimes contre l'humanité ». Les événements insurrectionnels de mars 1997 lui permirent de s'enfuir en Europe occidentale et il fut acquitté. Voir ALBANIE.

ALIÉNOR D'AQUITAINE ou **DE GUYENNE** (* vers 1122, † Fontevrault, 1204). Reine de France puis d'Angleterre. Fille et héritière de Guillaume X, dernier duc d'Aquitaine et de Poitou, elle épousa en 1137, à l'âge de quinze ans, Louis de France (Louis VII), auquel elle apporta en dot le duché de Guyenne, la Gascogne, la Saintonge et le Poitou. Doutant de la vertu de son épouse, Louis VII fit casser son mariage au concile de Beaugency (1152). Six semaines plus tard, Aliénor se remaria avec Henri Plantagenêt, alors comte d'Anjou et duc de Normandie, qui devint roi d'Angleterre en 1154 sous le nom d'Henri II, ce qui fit passer sous la domination anglaise les riches provinces de l'Aquitaine. Rapidement détachée de son nouveau mari, elle s'établit en Aquitaine où elle entretint une cour brillante. Elle encouragea la révolte de ses propres fils contre leur père (1173). Henri II la fit alors interner dans un couvent de Salisbury, dont elle ne sortit qu'à l'avènement de son fils, Richard Cœur de Lion, en 1189. Lorsque celui-ci partit pour la troisième croisade, il la chargea du gouvernement. Après le retour du roi, elle se retira à l'abbaye de Fontevrault où elle mourut.

ALIEV Gaïdar (Nakhitchevan, 10.V.1923). Homme politique azerbaïdjanais. Issu de l'Académie du KGB, il fut premier secrétaire du parti communiste de la république d'Azerbaïdjan (1969/82). Il devint membre du Politburo du PCUS (1982/87) et vice-Premier ministre de l'URSS (1983/87). Écarté par Gorbatchev, il fut appelé au pouvoir à Bakou en 1993, alors que le pays était au bord de la guerre civile, et élu président de l'État azerbaïdjanais (oct. 1993). Sa réélection au premier tour, en 1998, fut entachée d'irrégularités. Voir AZERBAÏDJAN.

ALLEMAGNE, *Deutschland.* Pays de l'Europe centrale, divisé de 1949 à 1990, en deux États, la république fédérale d'Allemagne et la République démocratique allemande ; capitale *Berlin.*

Préhistoire

C'est en Allemagne, dans l'Odenwald (Bade-Wurtemberg), qu'on a découvert un des plus anciens fossiles humains d'Europe, l'homme de Mauer, appelé parfois homme de Heidelberg, qui ne peut être comparé qu'à *Homo erectus* et aux prénéandertaliens ; il aurait vécu il y a près de 700 000 ans.

De nombreux gisements du paléolithique inférieur et moyen y ont été découverts. L'homme de Néandertal, qui a vécu en Europe de la fin de l'interglaciaire de Mindel-Riss (vers – 300000) au milieu de la glaciation de Würm (vers – 50000), a son gisement éponyme en Rhénanie, près de Düsseldorf. Le paléolithique supérieur est également bien représenté en Allemagne du Nord, dans le Jura souabe et la Bavière. Dans la vallée du Rhin (Cologne-Lindenthal) au Wurtemberg (Lauterach et Goldberg) et dans le pays de Bade (culture de Michelsberg), ont été découverts de nombreux témoins du néolithique. De l'époque mégalithique subsistent plusieurs gisements, surtout des dolmens, en Prusse-Occidentale, au Mecklembourg, dans les régions de Magdebourg et de Zwickau (Thuringe), ainsi que dans le Hanovre et la Westphalie du Nord.

L'âge du bronze

L'Allemagne de l'Ouest et du Sud, du Rhin à l'Elbe, du Danube à la Bohême, allait être le principal creuset où se sont rencontrés, affrontés et mêlés les peuples de l'âge du bronze. À la veille de l'épanouissement du travail du métal, on y trouve des traces nombreuses des civilisations marquées par la céramique cordée (v.) et la céramique campaniforme (v.). Au bronze ancien, la civilisation bohémienne d'Unetice a rayonné sur la Basse-Autriche, la Thuringe, la Saxe et la Silésie.

Une vie d'échanges s'est développée, des rives de la Baltique à la Méditerranée, dont témoignent les dépôts de lingots et d'armes de bronze, ainsi que la présence de produits (notamment des coquillages) venus de Méditerranée.

La période du bronze moyen (vers 1500/1100 av. J.-C.) a vu s'épanouir la civilisation des tumulus (*Hügelgräberkultur*). À partir de son foyer d'Allemagne du Sud, elle a débordé vers la Hesse et l'Allemagne du Nord (région de Lüneburg), où elle s'est mêlée à des éléments nordiques, et, au-delà du Rhin, vers l'Alsace et la France du Nord-Est, puis vers la Franche-Comté et la Bourgogne. Divers auteurs voient, dans le peuple des tumulus, des « Proto-Celtes ». Cependant, au bronze final, vers 1200/1000, alors que le Proche-Orient était bouleversé par une série d'invasions, l'Allemagne connaissait elle aussi, d'importants mouvements de peuples. Une transformation profonde se manifesta dans les rites funéraires ; l'incinération s'est substitué à l'inhumation. Au lieu d'élever des tumulus, on a creusé des tombes, où les cendres des morts avaient été recueillies dans des urnes, d'où le nom de Champs d'urnes (*Urnenfelderkultur*) donné à celles des nouveaux arrivants, venus de l'Est.

Celtes et Germains. L'âge du fer

La Haute-Autriche et l'Allemagne du Sud ont été au centre de la première civilisation de l'âge du fer en Europe centrale, celle de Hallstatt, dont on fixe les débuts vers le VIIIe s. avant notre ère. Dans une large mesure, la civilisation hallstattienne a été celtique (v. CELTES). La civilisation de La Tène (v.), qui a succédé à celle de Hallstatt, l'est incontestablement.

Cette suprématie celtique en Allemagne fut ébranlée, au cours du IIIe s. avant notre ère, par l'agitation des peuplades mal connues et auxquelles les Romains ont donné le nom de Germains. (v. GERMANIE et INVASIONS GERMANIQUES.)

De la Germanie aux Carolingiens

Dès le début de la guerre des Gaules, César s'efforça d'établir sur le Rhin une frontière militaire (53 av. J.C.) et fit même deux incursions au-delà du Rhin (55/53). Au temps d'Auguste, les Romains tentèrent la conquête de toute la Germanie jusqu'à l'Elbe, mais la défaite de Varus dans la forêt de Teutoburg (9 apr. J.-C.) les força à limiter les frontières de l'Empire au Danube et au Rhin, jusqu'à la mer. Au cours des migrations qui se succédèrent du IIIe au VIe s. apparurent, avec leurs particularités, divers grands peuples germaniques. Certains, comme les Vandales et les Burgondes, pénétrèrent profondément en Gaule et au-delà, tandis que d'autres s'installaient dans les régions du nord de la Gaule, du Rhin et du Danube : les Francs, les Alamans, les Bavarois, les Frisons, les Saxons.

Les migrations firent naître un nouvel ordre politique romano-germanique à l'intérieur duquel se constitua la puissance mérovingienne. Avec Clovis et ses successeurs, elle s'efforça d'imposer son autorité en Alémanie, en Bavière et en Thuringe. À partir du VIIIe s., les Carolingiens, et surtout Charlemagne, poursuivirent ce mouvement par la soumission des Saxons et des Frisons (v. FRANCS, peuple et Empire). Ces conquêtes s'accompagnèrent d'une évangélisation de l'Allemagne, menée par la prédication des moines bénédictins dont le plus célèbre fut st Boniface, et par l'emploi de la violence. Cependant, toutes les régions à l'E. de l'Elbe, de la Saale et des monts de Bohême se trouvaient désormais occupées par des peuples slaves : la poussée vers l'E., le *Drang nach Osten*, se dessinait donc déjà comme un des futurs impératifs de l'histoire allemande.

L'empire de Charlemagne fut démembré dès 843, au traité de Verdun : Louis le Germanique reçut la *Francia orientalis* s'étendant à l'E. du Rhin, Charles le Chauve prit la *Francia occidentalis* située à l'O. de l'Escaut, de la Meuse, du Rhin et de la Saône, Lothaire se vit attribuer le territoire situé entre ceux de ses frères, de la mer du Nord à l'Italie, territoire partagé à sa mort entre ses deux frères par le traité de Mersen (870). À la mort de Louis le Germanique (876), son royaume fut divisé entre ses trois fils : à Carloman la Bavière, à Louis la Saxe, à Charles le Gros l'Alémanie. Ce dernier put réunifier l'héritage de son père devenu la *Germania*, mais il fut déposé en 887. L'unité carolingienne disparaissait pour toujours. Arnoul de Carinthie, neveu de Charles le Gros, lui succéda comme roi de Germanie puis comme empereur en 896.

Empereurs saxons, franciscains et dynastie des Hohenstaufen

À la mort du fils d'Arnoul, Louis l'Enfant (911), ce ne fut pas un Carolingien qui fut appelé à la dignité royale, mais Conrad duc de Franconie auquel succéda, en 919, Henri l'Oiseleur († 936), qui fonda la dynastie des empereurs saxons. Roi de Germanie, son fils Othon Ier (v.) reçut du pape la couronne impériale (2 févr. 962), confirma le patrimoine de st Pierre et renforça le droit de contrôle sur l'élection du pape donné à Louis le Pieux (824). Le nouvel empire (v. SAINT EMPIRE) se présentait donc comme une renaissance carolingienne, et désormais Othon et ses successeurs allaient être dominés par le souci d'exercer leur tutelle sur la papauté. Othon III (983/1002) qui prétendait être un véritable empereur romain établit même sa capitale à Rome.

Conrad II le Salique, roi de Germanie, empereur germanique (1027/39), fut le fondateur de la dynastie franconienne ou salique. Pour combattre la grande féodalité laïque et le haut clergé, il dut s'allier à la petite noblesse et, comme ses prédécesseurs, exerça son autorité sur les évêques et les abbés qui recevaient de l'empereur non seulement leur fief mais aussi le pouvoir spirituel par la remise de la crosse et de l'anneau (v. INVESTITURES, querelle des). Son fils et successeur Henri III le Noir (1039/56) restaura l'autorité impériale en Allemagne et imposa des papes allemands en Italie. Son fils Henri IV (1056/1106) s'opposa au pape Grégoire VII (1073/85) qui fit condamner par le synode romain de 1075 les prétentions des empereurs sur l'investiture des évêques ; la réponse impériale fut le concile de Worms où les évêques allemands déclarèrent le pape déchu (24 janv. 1076). Grégoire VII répliqua par la déposition d'Henri IV qui dut venir s'humilier à Canossa (vers le 25 janv. 1077). La lutte entre la papauté et l'Empire continua sous Henri V jusqu'au concordat de Worms (23 septembre 1122) par lequel l'empereur, acceptant la liberté des élections canoniques, conservait l'investiture temporelle et un droit de regard sur les élections, mais abandonnait au pape l'investiture spirituelle. Avec lui s'éteignit la dynastie franconienne et Lothaire II de Supplinburg lui succéda.

Conrad III (1138/52), Frédéric Ier Barberousse (1152/90), Henri VI (1190/97), Philippe (1198/1208), Frédéric II (1212/50), Conrad IV (1250/54) appartenaient à la dynastie des Hohenstaufen (v.). Un siècle de conflit commençait avec Rome qui luttait pour la liberté de l'Église et la primauté du pouvoir spirituel. La lutte du Sacerdoce et de l'Empire (v.) s'acheva avec la mort de Conradin en 1268 qui marqua l'effondrement des Hohenstaufen.

La civilisation des villes (1254/1517). Les Habsbourg

Après la mort du dernier Hohenstaufen, Conrad IV (1254), et de son compétiteur, Guillaume de Hollande (1256), l'Empire traversa la crise du Grand Interrègne (1256/73), qui vit, au milieu des élections successives d'empereurs rivaux, l'émancipation des grandes principautés allemandes. Elle se termina par l'élection de Rodolphe de Habsbourg (1273/91), mais le redressement fut très lent. Pour préserver leur indépendance, les princes prenaient soin de n'élire à l'Empire que des candidats sans grande personnalité. Henri VII (1308/13) réussit cependant à ajouter la Bohême à l'Empire (1310). L'élection impériale fut réglée par la Bulle d'or promulguée par Charles IV en 1356 et qui ne faisait plus mention de la consécration pontificale. L'empereur était élu par sept Électeurs : trois princes ecclésiastiques (les archevêques de Mayence, de Cologne et de Trèves) et quatre princes laïques (le roi de Bohême, le comte palatin du Rhin, le duc de Saxe et le margrave de Brandebourg). Ces dispositions devaient rester le fondement légal de l'Empire jusqu'à sa disparition, en 1806.

Se sont alors affirmées de puissantes maisons princières telles que les Wittelsbach de Bavière (depuis 1180), les Ascaniens du Brandebourg (1134/1319), les Wettin, devenus landgraves de Thuringe (fin XIIIe s.) et ducs de Saxe (1423), les Habsbourg (ducs d'Autriche depuis 1282), les Hohenzollern enfin, d'abord burgraves de Nuremberg (1191) puis Électeurs de Brandebourg (1415). D'autre part, l'Allemagne entière faisait preuve d'une vitalité remarquable, tant par la colonisation des terres de l'E. (Poméranie, Brandebourg, Prusse, Silésie) que par l'activité économique de ses villes marchandes. La guerre de Cent Ans et la rivalité franco-anglaise profitèrent beaucoup à son commerce. Les XVe et XVIe s. virent l'essor de Nuremberg, de Cologne, d'Augsbourg (les Fugger), le développement de l'industrie minière en Bohême et en Allemagne du Sud.

Dès 1143, la fondation de Lübeck avait marqué l'apparition de l'Allemagne dans le commerce de la Baltique. Vers 1350, la Hanse (association des villes portuaires marchandes de la mer du Nord et de la Baltique) avait atteint son apogée, étendant son influence de la Flandre à la Norvège et à la Russie. En 1348, Charles IV fondait à Prague la première université allemande. Pourtant, la fin du XIVe s. vit apparaître une grave menace pour les positions germaniques à l'E., avec l'union de la Pologne et de la Lituanie et l'avènement des Jagellons (1386) : battus à Tannenberg (1410), les Teutoniques perdirent la Poméranie et durent accepter la suzeraineté polonaise sur la Prusse-Orientale (1466). Durant tout le XVe s., une aspiration à la réforme de l'Empire s'est développée en Allemagne. Le temps des interrègnes et des doubles élections était fini : à partir d'Albert II (1438/39), les Habsbourg allaient occuper sans interruption le trône impérial. Rapidement ils ont entraîné l'Allemagne dans des conflits internationaux tout différents de la longue lutte du Sacerdoce et de l'Empire : la rivalité franco-allemande notamment, loin d'être une prétendue donnée naturelle de la politique des deux pays, ne sera qu'une conséquence de l'héritage bourguignon de Maximilien Ier (1493/1519).

La France se trouvait ainsi encerclée par les Habsbourg (v.), et un long conflit commençait, qui allait durer près de trois siècles, et dans lequel l'Allemagne se trouva entraînée comme malgré elle, par les intérêts héréditaires de ses empereurs

De la Réforme à l'abdication de Charles Quint (1517/56)

Conscients de la grandeur de leur passé impérial, mais pour l'heure politiquement impuissants, les Allemands se sont livrés avec passion aux discussions religieuses : l'humanisme allemand prit un caractère théologique et exégétique tout à fait particulier, à l'heure même où grandissait un profond mécontentement populaire contre la cour de Rome. En effet, alors que les pays possédant une forte autorité royale centralisée, comme la France, l'Angleterre, l'Espagne, avaient su se préserver, dès le XIVe s., ces prétentions théocratiques de la papauté, l'Allemagne se voyait livrée aux excès de la fiscalité romaine. Aux séances de la diète, les plaintes contre Rome étaient incessantes. Il allait suffire de la maladroite campagne des indulgences (v.) pour que retentît dans une grande partie de l'Allemagne le cri de l'indépendance nationale : « *Los von Rom !* » (« Séparons-nous de Rome ! »).

Le 34 oct. 1517, le moine Augustin Martin Luther, professeur de théologie, affichait à Wittenberg ses quatre-vingt-quinze thèses contre les indulgences, qui eurent aussitôt un immense retentissement en Allemagne. La révolte de Luther déclencha un appel « à la noblesse chrétienne de nation allemande » pour l'exhorter à renverser les autorités ecclésiastiques et à confisquer les biens de l'Église. Conduits par Franz von Sickingen, les nobles pauvres de l'Allemagne du Sud se jetèrent sur les villes et les monastères (1523), tandis que la révolution religieuse dégénérait en révolution sociale avec la guerre des Paysans (1524/25) et le mouvement anabaptiste (v.). Devant le danger, les princes s'unirent pour écraser les paysans, que Luther avait désavoués. Le protestantisme se répandit rapidement, pour des raisons autant sociales que religieuses : les princes y trouvaient l'avantage de séculariser les biens ecclésiastiques, les villes de s'émanciper de leurs évêques.

Mais l'Allemagne devait compter avec un empereur catholique qui était en même temps roi d'Espagne et ne pouvait prendre qu'une position antiprotestante, Charles Quint (v.). Celui-ci s'était engagé en 1519 à respecter les libertés germaniques, mais il espérait bien abattre la Réforme et affirmer sur l'Allemagne son autorité. L'édit de Worms (25 mai 1521) mit Luther au ban de l'Empire, et l'empereur prétendit interdire aux princes allemands de régler à leur guise les affaires religieuses, ce qui provoqua la « protestation » des princes, d'où le nom de *protestants*. À la diète d'Augsbourg (25 juin 1530), les protestants formulèrent leur foi par la *Confession d'Augsbourg*, rejetée par les théologiens catholiques. Les princes luthériens répondirent par la ligue de Smalkalde. Une guerre civile s'ensuivit (1546/47) où l'empereur fut victorieux. Mais Charles Quint ne put en tirer profit et la paix d'Augsbourg (25 sept. 1555) consacrait la division religieuse de l'Allemagne. La liberté de conscience était tempérée par la possibilité laissée aux princes d'imposer leur religion à leurs sujets, en vertu du principe *cujus regio, ejus religio* (« telle la religion du prince, telle celle du pays »).

De la Contre-Réforme aux ravages de la guerre de Trente Ans (1556/1648)

L'abdication de Charles Quint mit fin au rêve de l'Empire multinational : tandis que Philippe II recevait l'Espagne, son frère, Ferdinand Ier (1556/64), prenait le titre d'empereur en ne régnant que sur l'Allemagne.

Dès cette époque, la majorité des Allemands s'étaient ralliés au protestantisme, mais les Habsbourg et les Wittelsbach de Bavière se firent, avec l'aide des jésuites, les champions d'une Contre-Réforme qui ramena au catholicisme la plus grande partie de l'Allemagne méridionale. La Réforme laissait l'Allemagne profondément divisée et le pouvoir impérial très affaibli. Ferdinand Ier et Maximilien II (1564/76), presque entièrement absorbés par la lutte contre les Turcs, se montrèrent fort tolérants, mais, avec Rodolphe II (1576/1612), la Contre-Réforme fut menée énergiquement. Elle trouva un adversaire résolu dans l'Électeur palatin, qui forma en 1608 l'Union évangélique, à laquelle répliqua l'année suivante la Ligue catholique, dirigée par Maximilien de Bavière. À la suite des troubles de Bohême, ce conflit provoqua, en 1618, la terrible guerre de Trente Ans (v. TRENTE ANS, guerre de), au cours de laquelle les armées étrangères, danoise, suédoise, française, livrèrent bataille aux Impériaux au cœur de l'Allemagne, pillée et saignée par la soldatesque. Les traités de Westphalie (1648) consacrèrent la ruine politique de l'Allemagne : les rivages de la Baltique passaient sous la domination suédoise ; la France faisait reculer le germanisme en Lorraine et en Alsace ; l'émiettement politique de l'Allemagne fut porté à son comble par la diplomatie de Mazarin, héritier de Richelieu ; pendant plus d'un siècle, l'Allemagne allait rester le théâtre de l'affrontement entre la France et la maison d'Autriche.

L'avènement de la Prusse (1648/1740)

Du fait des traités de Westphalie, l'autorité de l'empereur, en dehors de ses États héréditaires, était pratiquement réduite à rien ; le nombre des Électeurs avait été porté à huit et leur pouvoir augmenté ; dès 1663, la diète siégeait en permanence à Ratisbonne. L'Allemagne, morcelée en quelque 2 000 enclaves, était passée en fait sous la tutelle déguisée de la France, qui inspirait, en 1658, la fondation de la ligue du Rhin par laquelle les trois Électeurs ecclésiastiques, le duc de Bavière, les princes de Brunswick et de Hesse se plaçaient en quelque sorte sous le protectorat français. Une puissance nouvelle avait pourtant commencé de s'affirmer durant la guerre de Trente Ans : l'État prussien. Depuis 1618, en effet, l'électorat de Brandebourg et le duché de Prusse étaient unis sous un seul prince, Georges-Guillaume Hohenzollern (1618/40). Frédéric-Guillaume (1640/88), dit le Grand Électeur, lui succéda et fut le véritable fondateur de l'État prussien en créant une monarchie absolutiste et en forgeant une armée qui fut rapidement une des premières d'Europe. Son fils Frédéric III (1688/1713) sut se faire reconnaître « roi en Prusse » par l'empereur Léopold Ier et se fit couronner sous le nom de Frédéric Ier le 18 janvier 1701. Son fils, Frédéric-Guillaume Ier (1713/40), dit le Roi-Sergent, poursuivit son œuvre ; comme ses père et grand-père il installa de nouveaux colons pour développer l'agriculture et l'armée fut l'objet de toute son attention.

Tandis que se constituait, au N., la puissance des Hohenzollern, l'Allemagne rhénane était un des enjeux de la politique conquérante de Louis XIV : au nom des « réunions » (v.), la France annexa, à partir de 1679 divers territoires de l'Empire. Ces annexions effectuées en pleine paix suscitèrent une vaste coalition contre la France, la ligue d'Augsbourg (1686) ; Louis XIV envahit le Palatinat et la région rhénane, qui furent systématiquement dévastés (1689) ; mais cette agression dressa contre lui-même les princes protestants, alliés traditionnels de la France. La paix de Ryswick (1697) et les traités d'Utrecht-Rastatt-Baden (1713/14), qui terminèrent la guerre de la Succession d'Espagne, permirent à la France de ne garder définitivement que Strasbourg.

L'empereur, toujours accaparé par la guerre contre les Turcs (le danger ne fut définitivement écarté qu'après les victoires du Prince Eugène à Zenta (1697) et à Belgrade (1717)) intervenait peu en Allemagne. La grande préoccupation de Charles VI (1711/40) fut d'assurer à sa fille unique, Marie-Thérèse, l'héritage des possessions héréditaires des Habsbourg : au prix de lourdes concessions (entre autres, la cession de la Lorraine, 1738), il consacra son règne à faire accepter la Pragmatique Sanction de 1713 aux cours allemandes et étrangères. Mais, Charles VI à peine mort, tout le monde s'empressa de renier ses engagements. À partir du règne de Frédéric II le Grand (1740/86) commença le grand duel entre la Prusse, État homogène, protestant, à la population purement allemande, et l'empire cosmopolite des Habsbourg, catholique. La guerre de la Succession d'Autriche comme celle de Sept Ans s'achevèrent à son avantage. Mais il y avait une contradiction chez ce souverain, profondément prussien, à qui les idées de nation allemande et d'unité allemande furent étrangères. Même si, en 1785, il constitua une Ligue des princes allemands du Nord et du Centre, son but n'était pas d'unifier l'Allemagne mais de substituer la Prusse à l'Empire. Ami de Voltaire, il ne jurait que par la civilisation française et ne porta aucun intérêt au réveil culturel et littéraire germanique exprimé dans le mouvement *Sturm und Drang*.

L'Allemagne de l'*Aufklärung* (1740/86)

L'Allemagne rationaliste du début de l'*Aufklärung*, ne jurait que par Boileau et le classicisme de Versailles. Cependant se préparait la révolution littéraire et spirituelle du *Sturm und Drang* (« Tempête et Élan », vers 1770/85), explosion de passion et de liberté anarchique, mais aussi révolte nationale contre une esthétique d'importation, appel au génie collectif du peuple, aux traditions populaires allemandes et au germanisme primitif. Ce fut alors une période d'apogée intellectuel et artistique : celle de Goethe à Weimar (le « Goethezeit »), celle du romantisme (Schlegel, Jean-Paul, Novalis, Hölderlin, Tieck, Kleist...), celle de la philosophie idéaliste (Fichte, Schelling, Hegel) et celle de Beethoven. Période d'abaissement politique, au cours de laquelle les armées de Napoléon allaient et venaient d'une extrémité à l'autre de l'Allemagne, période qui allait voir la fin du Saint Empire millénaire, l'écrasement de la Prusse frédéricienne en 1806, l'Empereur français enlevant et donnant à son gré les couronnes, entraînant avec lui les contingents germaniques jusqu'en Russie, puis laissant après lui une Allemagne simplifiée sans doute, mais toujours aussi incertaine de son avenir. Ce contraste entre l'intensité de la vie spirituelle et l'impuissance politique, entre l'idée grandiose du germanisme conçue par un Fichte, un Jahn, un Hegel, et l'Allemagne réelle, passée en 1815 de la domination napoléonienne à la tutelle de la Sainte-Alliance, tel fut le fait caractéristique de l'histoire allemande dans la première moitié du XIXe s.

L'Allemagne et la Révolution française

La Révolution française fut d'abord accueillie avec enthousiasme par la majorité des Allemands, qui rêvèrent de liberté et de fraternité, jusqu'au moment où ils s'aperçurent que la Convention reprenait les ambitions bourboniennes de conquête des « frontières naturelles » sur le Rhin. La menace de la France révolutionnaire rapprocha l'Autriche et la Prusse (févr. 1792) et Frédéric-Guillaume II entra dans la première coalition (mars 1793). Mais l'armée prussienne n'était plus celle de la guerre de Sept Ans : la Prusse préféra signer avec la France le traité de Bâle (5 avr. 1795) et, pendant quelques années, elle observa une stricte neutralité, se retirant pratiquement des affaires allemandes, laissant l'Autriche combattre seule contre les Français et accumuler les défaites. À la suite des traités de Campoformio (1797) et de Lunéville (1801), la France annexa toute la rive gauche du Rhin. Elle allait désormais régler à sa guise les affaires allemandes. En vertu des traités, les princes qui avaient été dépossédés sur la rive gauche du Rhin devaient être dédommagés ; après de longues négociations, le recès impérial de févr. 1803 remania complètement la carte de l'Allemagne. Presque toutes les principautés ecclésiastiques ainsi que la plupart des villes libres et des petites seigneuries disparurent pour agrandir la Prusse, la Bavière, le Wurtemberg, le pays de Bade, la Hesse-Darmstadt et le Nassau.

Dans l'immédiat, c'est l'Autriche qui souffrit le plus de ces mesures : les États allemands du Sud (Bavière, Wurtemberg, Bade, Hesse-Darmstadt, Nassau et Berg), devenus les alliés de la France, se déclarèrent indépendants à l'égard de l'Empire et formèrent, sous l'égide de Napoléon, la Confédération du Rhin (12 juill. 1806) ; les Habsbourg renoncèrent au titre d'empereur romain ; l'ancien Empire allemand avait cessé d'exister. Mais à longue échéance, la politique napoléonienne, en inaugurant en Allemagne un mouvement centralisateur, préparait l'unité allemande et, l'Autriche se trouvant désormais exclue, cette unité ne pouvait se faire qu'autour de la Prusse.

De la Sainte-Alliance au *Zollverein* (1815/48)

Les espérances nationales qui étaient nées au cours des « guerres de libération » contre la France napoléonienne, de 1813 à 1815 allaient être profondément déçues par le congrès de Vienne. Les traités de 1815 ramenèrent la France à peu près à ses frontières de 1792, mais lui laissèrent l'Alsace ; la Prusse reçut la Rhénanie et devint ainsi voisine immédiate de la France, mais son territoire était encore partagé en une moitié occidentale et une moitié orientale ; et, surtout, l'Allemagne resta divisée. Les revendications unitaires étaient encore trop floues et trop contradictoires. L'Autriche de Metternich se méfiait de l'unité allemande comme d'une idée révolutionnaire ; pour ne pas indisposer la Prusse, elle renonça au rétablissement du Saint Empire, mais s'accommoda d'une Confédération germanique (8 juin 1815), qui rassemblait, par des liens assez lâches, des États souverains dont les monarques étaient fort jaloux de leur indépendance. Voir Confédération germanique.

L'agitation nationaliste de la jeunesse universitaire (réunion de la Wartburg, 1817) fut réprimée par la Sainte-Alliance (v.), sous l'égide de Metternich (congrès de Carlsbad, 1819). Les monarchies de l'Allemagne du Sud, renforcées par Napoléon Ier qui avait vu en elles un bastion avancé de la France en pays germaniques, ne songeaient qu'au maintien de leur souveraineté et étaient les adversaires-nés de toute unité allemande. Seule la Prusse pouvait assumer l'espérance de l'unité.

Rôle de l'économie

Les hommes d'État prussiens, si conservateurs qu'ils fussent en politique, eurent l'audace de se montrer révolutionnaires en économie : dès 1818, la Prusse avait aboli toutes ses douanes intérieures et unifié tous ses tarifs douaniers. À partir de 1825, sous l'impulsion du ministre des Finances prussien von Motz, le mouvement pour l'unité économique commença à se répandre en Allemagne du Nord, puis dans les régions centrales et, en 1834, toute l'Allemagne, à l'exception du Hanovre, du Brunswick, de l'Oldenburg et des villes hanséatiques, entra dans une union douanière, le *Zollverein*, d'où l'Autriche était exclue et qui constituait une étape décisive vers la prédominance de la Prusse en Allemagne. Le Zollverein fut à l'origine du rapide essor de l'économie allemande : en permettant l'exploitation de nouveaux moyens techniques, en facilitant les communications commerciales (ouverture du premier chemin de fer en 1835), il permit à l'Allemagne de s'émanciper de la tutelle du capitalisme anglais. L'âge du charbon, du fer et de la grande industrie allemande commençait (fondation des usines Krupp en 1810). En un demi-siècle, l'Allemagne, un des derniers pays engagé dans la révolution industrielle, allait pouvoir se mesurer sur les marchés mondiaux avec les autres grandes puissances.

Cette révolution économique provoqua rapidement un changement des mentalités : la génération de 1840 se détourna de l'idéalisme de l'époque précédente ; c'est ce que Henri Heine devait appeler la « fin de la période artistique ». L'esprit des guerres de libération de 1813 reparut dans le nationalisme des années 1840, surtout dirigé contre la France (c'est alors que furent composés *Le Rhin allemand* de Becker, 1840, et le *Deutschland über alles*, 1843). Le mouvement de la Jeune-Allemagne donna naissance à un libéralisme « radical » et démocratique qui commençait à envisager un gouvernement prussien ou allemand fondé sur le suffrage universel. De la pensée de Hegel sortirent une « droite hégélienne », qui voyait dans l'État prussien conservateur l'agent fondamental de l'histoire du monde, et une « gauche hégélienne », représentée par Feuerbach, antichrétienne et bientôt matérialiste et révolutionnaire avec Karl Marx, qui fit ses débuts au journal *Rheinische Zeitung* (fondé en 1842).

De la crise de 1848 à l'unité allemande (1848/71)

À peine Metternich chassé de Vienne, Berlin se souleva (18/19 mars 1848) et Frédéric-Guillaume IV, pour sauver sa couronne, s'empressa de prendre la tête du mouvement populaire. D'autres mouvements révolutionnaires se déroulaient dans le reste de l'Allemagne. Le 18 mai 1848 se réunit à Francfort un Parlement national élu au suffrage universel : dominée par des bourgeois libéraux, cette Assemblée proclama aussitôt son intention de réaliser l'unité allemande. Un gouvernement fédéral provisoire fut constitué et le populaire archiduc Jean de Habsbourg fut nommé vicaire de l'Empire (juin 1848).

Chargé d'élaborer une Constitution, le Parlement de Francfort fut bientôt paralysé par l'opposition entre les partisans d'une Petite Allemagne (sans l'Autriche et sous la direction de la Prusse) et ceux d'une Grande Allemagne (sous la conduite des Habsbourg). Les partisans de la Petite Allemagne l'emportèrent et, au printemps 1849, quand le Parlement de Francfort eut enfin élaboré une Constitution libérale, la couronne impériale fut offerte au roi de Prusse (3 avr. 1849), mais son refus (27 avr. 1849) consomma l'échec du Parlement de Francfort. Dans son désespoir, le libéralisme national recourut à la violence : mais tous les mouvements révolutionnaires de 1849 furent écrasés et le Parlement de Francfort dispersé brutalement (30 mai). Frédéric-Guillaume IV tenta de reprendre pour son seul compte le mouvement vers l'unité, en obtenant la couronne impériale, non plus du peuple, mais du consentement des autres souverains allemands : ce fut l'Union restreinte (26 mai 1849), qui rallia seulement les petits États allemands.

La tension entre Berlin et Vienne grandit durant toute l'année 1850. La guerre ne fut évitée que par la reculade de la Prusse, qui signa l'humiliante convention d'Olmütz (29 nov.) : l'Union restreinte était dissoute et la Confédération de 1815 intégralement rétablie. Ainsi, dans toute l'Allemagne, la victoire de la réaction sur la révolution était totale. Cependant subsistait l'instrument économique de l'unité allemande et de la puissance prussienne, le Zollverein ; en vain l'Autriche essaya-t-elle d'en débaucher les États méridionaux. Renouvelé dès 1853, le Zollverein sortait de cette crise encore renforcé par l'adhésion du Hanovre (1851) et de l'Oldenburg (1852). La Prusse prenait sa revanche d'Olmütz sur le terrain économique : s'appuyant sur le charbon et l'industrie lourde de la Ruhr, les Prussiens allaient entraîner l'ensemble de l'Allemagne dans une transformation économique sans précédent. « Quiconque a vu Berlin il y a dix ans ne le reconnaîtrait pas aujourd'hui, écrivait Marx en 1859. C'était un lieu de parades militaires, gauches et raides, c'est devenu le centre actif de l'industrie allemande des constructions mécaniques. En traversant la Prusse rhénane ou la Westphalie, on évoque le Lancashire et le Yorkshire... »

Cette apparition de l'Allemagne moderne et industrielle devait être le grand fait de l'histoire européenne de la seconde moitié du XIXe s. Le développement industriel provoqua un accroissement rapide du prolétariat allemand (plus de 2 millions d'ouvriers en 1860, dont les deux tiers en Prusse) et, dès cette époque, grâce à une intelligente politique paternaliste, l'Allemagne se porta à l'avant-garde des pays européens dans le domaine de la législation sociale, comme de l'ouverture politique ; en 1863, Lassalle fondait l'Association générale des travailleurs, qui précéda la naissance du parti ouvrier social-démocrate allemand (1869).

L'Allemagne impériale wilhelmienne

Nommé Premier ministre de Prusse par Guillaume Ier en sept. 1862, puis ministre des Affaires étrangères, Bismarck se fit l'artisan de l'unité allemande, que le développement des forces économiques rendait à la fois indispensable et inévitable. Il utilisa l'arme économique d'un nouveau Zollverein dirigé contre les intérêts économiques autrichiens (juin-oct. 1864), s'assura l'amitié du tsar et la neutralité de Napoléon III, conquit le Schleswig-Holstein (v.) et entra en guerre contre l'Autriche qui fut vaincue à Sadowa (3 juill. 1866). Vienne dut accepter la dissolution de la Confédération germanique, la création en Allemagne du Nord d'une nouvelle confédération groupant sous la tutelle de Berlin les vingt-deux États au N. du Main, et l'annexion de plusieurs États alliés de la Prusse (Hanovre, Nassau, Hesse-Kassel, Francfort). Pour la première fois, la Prusse réalisait l'unité de son territoire, de la Pologne à la France. Le 18 janv. 1871, après la guerre franco-prussienne et la défaite française, Bismarck faisait proclamer Guillaume Ier empereur allemand du IIe Reich, dans la galerie des Glaces à Versailles. Le traité de Francfort (10 mai 1871) lui permettait d'annexer l'Alsace et une partie de la Lorraine, dont Metz. Le nouvel Empire était un État fédéral dont les vingt-cinq États souverains gardaient leurs institutions et leurs lois propres, ainsi que leur pouvoir de décision particulier dans de nombreux domaines (enseignement, affaires religieuses, finances, justice, travaux publics...). Mais cet Empire était gouverné par un souverain héréditaire (qui était en même temps roi de Prusse) et par un chancelier d'Empire nommé par l'empereur, chef de l'exécutif et concentrant entre ses mains tout ce qui regardait la diplomatie, la guerre, les postes, les douanes. Par la prospérité économique, par l'attachement nouveau à l'empereur, enfin par la possession commune de l'Alsace-Lorraine devenue terre d'Empire (*Reichsland*), Bismarck escomptait bien un effacement rapide de l'ancienne fidélité aux dynasties particulières.

L'Allemagne, sous le IIe Reich, allait connaître un développement économique inouï qui la préserva de tous troubles révolutionnaires. Cet essor se manifesta d'abord par une très forte augmentation de la population, passée de 41 millions d'habitants en 1871 à

68 millions en 1914 (alors que la population française, dans le même temps, n'augmentait que de 36 à 39,6 millions).

Les progrès de l'industrie allemande furent aussi extraordinaires. En 1913, l'Allemagne avait dépassé la Grande-Bretagne et était devenue le premier État industriel d'Europe ; elle produisait deux fois plus d'acier que l'Angleterre et occupait la première place dans le monde pour les industries chimiques et l'industrie électrotechnique. Cette prospérité et une législation sociale unique au monde amenèrent une évolution dans le mouvement ouvrier allemand : de mieux en mieux organisé, de plus en plus nombreux (avec 4 millions de suffrages, il devint, en 1912, le plus fort parti du Reichstag), le parti social-démocrate était aussi de moins en moins révolutionnaire. Son administration, disciplinée et bureaucratisée, était presque entièrement ralliée au révisionnisme de Bernstein (à partir de 1905) et acceptait le régime social existant en se contentant d'essayer d'en tirer les meilleurs avantages matériels pour les travailleurs.

Rassurés à l'intérieur, forts d'une puissance économique grandissante, les maîtres de l'Allemagne impériale allaient pouvoir se lancer, à partir de 1890, dans une ambitieuse *Weltpolitik* toute différente de celle suivie jusqu'alors par Bismarck. La France vaincue, le chancelier avait axé toute sa conduite sur le maintien de la paix et du *statu quo* européen : arbitre de l'Europe au congrès de Berlin (1878) (v.), il avait tenacement essayé d'élargir à la Russie son alliance avec l'Autriche, puis, devant l'irrémédiable opposition des intérêts russes et autrichiens dans les Balkans, il s'était rabattu, en 1882, sur le système de la Triplice (v. **Triple-Alliance**) (Allemagne, Autriche-Hongrie, Italie), tout aussi fragile, du fait de l'antagonisme entre l'irrédentisme italien et l'Autriche. Toujours prudent, Bismarck avait freiné autant qu'il avait pu les tentatives d'expansion coloniale allemande, pour ne pas éveiller la méfiance de l'Angleterre, et ce furent des initiatives privées (Lüderitz, Nachtigal, Peters) qui donnèrent successivement à l'Allemagne le Sud-Ouest africain et l'Afrique-Orientale allemande (1884/87), le Togo et le Cameroun (1884/90), une partie de la Nouvelle-Guinée et diverses possessions du Pacifique (1883/99).

Tout changea à l'avènement de Guillaume II (1888/1918) : dès mars 1890, Bismarck dut se retirer et le nouvel empereur, impétueux, romantique, quelque peu déséquilibré, jeta l'Allemagne dans une politique mondiale dont de médiocres chanceliers (Caprivi, 1890/94 ; Hohenlohe, 1894/1900 ; Bülow, 1900/09 ; Bethmann-Hollweg, 1909/17) ne furent que les exécutants maladroits. L'Allemagne, qui, selon l'expression de Lénine, était venue s'asseoir à la table capitaliste après que les meilleures places eurent été distribuées, réclamait, par la voix de Bülow, sa « place au soleil ». En 1891 fut fondée la Ligue pangermaniste (*Alldeutscher Verband*), qui groupa rapidement de nombreux industriels, généraux, amiraux, professeurs d'université et intellectuels. Tandis que les idées racistes commençaient dès cette époque à se répandre (fondation de la *Gobineau Vereinigung*, 1894), des théoriciens proclamaient le droit absolu à l'expansion des peuples « porteurs de culture ».

La croissance continue des exportations allemandes obligeait l'Allemagne à avoir enfin une politique navale : « Notre avenir est sur l'eau », proclamait Guillaume II en 1898, et les diverses lois navales obtenues par Tirpitz entre 1898 et 1908 engagèrent le Reich dans une course aux armements maritimes qui effraya justement la Grande-Bretagne et poussa celle-ci à se rapprocher de la France.

Nulle part autant qu'en Allemagne la course aux armements ne fut poussée dans les dix années précédant la Première Guerre mondiale. Isolée à la conférence d'Algésiras (v.) sur le Maroc (1906), l'Allemagne provoqua par le « coup d'Agadir » (v.) une nouvelle crise marocaine en 1911 et, grâce à la volonté pacifique du ministre français Caillaux, elle obtint un dédommagement en Afrique équatoriale.

L'Allemagne dans la Première Guerre mondiale (1914/18)

Les responsabilités de la Première Guerre mondiale apparaissent aujourd'hui, avec le recul du temps, très partagées ; cependant, si la France et surtout la Russie y ont eu leur part, il est incontestable que l'Allemagne, en juillet 1914, a, sinon voulu la guerre, du moins accepté le risque d'un conflit généralisé pour la Serbie.

En se jetant ainsi dans cette tragédie, l'Allemagne impériale allait perdre tout le profit d'un demi-siècle de prospérité, à l'heure même où son expansion économique et commerciale lui permettait d'espérer obtenir pacifiquement la prééminence en Europe. Malgré ses brillants succès de l'été 1914, l'Allemagne ne put emporter la décision militaire ; la violation de la neutralité belge lui aliéna une grande partie des neutres, et provoqua l'entrée en guerre de la Grande-Bretagne. L'état-major se vit aux prises avec la situation imprévue d'une longue guerre à mener à l'Ouest comme à l'Est, avec les ressources d'une économie à la longue vulnérable aux effets du blocus allié. Comme la France, l'Allemagne en guerre connut d'abord l'« Union sacrée » et, à l'exception unique de Liebknecht, les socialistes votèrent les crédits militaires. Mais le gouvernement impérial ne sut pas réaliser la mobilisation psychologique des masses aussi bien que les démocraties occidentales : à partir de 1916, le mécontentement du peuple allemand s'exprima dans de grandes manifestations organisées par des minoritaires sociaux-démocrates qui avaient formé le groupe Spartakus (à Berlin, manifestation pacifiste du 1er mai 1916, grèves d'avr. 1917). Au Reichstag même, le Centre catholique se joignit aux socialistes pour faire adopter la résolution de paix du 19 juill. 1917. Du fait de ces craquements de l'arrière, le haut commandement, qui se trouvait depuis août

1916 entre les mains de Hindenburg et de son adjoint Ludendorff, prit en fait la direction absolue du pays (juill. 1917). Cependant, de nouvelles grèves éclataient à Berlin et dans les grandes villes industrielles allemandes en janv. 1918. Seule l'armée, renforcée sur le front français par les troupes ramenées de Russie, tenait encore solidement.

De la révolution de novembre 1918 à la crise de 1923
Le haut commandement allemand, qui avait bien reconnu dès le mois de sept. 1918 la nécessité de mettre fin à la guerre, se déroba devant ses responsabilités et ne voulut pas porter devant le peuple allemand le poids de la défaite : c'est le gouvernement parlementaire du prince Max de Bade qui demanda l'armistice à Wilson (3 oct.) et ce fut un civil, Erzberger, qui fut chargé de diriger la délégation envoyée aux Alliés. Le 3 nov. , la révolte des marins de la flotte à Kiel précipita les événements : l'insurrection s'étendit rapidement à Lübeck, Hambourg, Brême, Hanovre, Munich ; dans toute l'Allemagne se formèrent, sur le modèle de la révolution russe de 1917, des conseils d'ouvriers et de soldats. Le 9 nov. 1918, face à la révolution, l'empereur abdiqua et le socialiste Scheidemann proclama la république à Berlin. Le 11 nov. 1918, l'armistice était signé à Rethondes, dans le wagon du maréchal Foch.

La révolution de nov. 1918 devait peser lourdement sur l'avenir de l'Allemagne : elle allait permettre notamment aux militaires et aux nationalistes d'accréditer la légende du *Dolchstoss*, du « coup de poignard dans le dos », selon laquelle l'armée allemande, invaincue, n'avait déposé les armes qu'en raison de la trahison de l'intérieur. La révolution avorta à cause de la désunion profonde des forces de gauche : en face des spartakistes qui voulaient instaurer une réplique soviétique, la majorité des sociaux-démocrates (Ebert, Noske) songeaient uniquement à préserver dans la défaite l'existence de l'État allemand unitaire, même au prix d'une alliance avec les forces les plus réactionnaires et avec l'armée. La grève générale déclenchée à Berlin en janv. 1919 fut écrasée par le gouvernement républicain allié à l'armée au cours de la « semaine sanglante » (11/15 janv.), qui vit notamment l'assassinat des deux chefs spartakistes Karl Liebknecht et Rosa Luxemburg. Des corps francs furent formés avec d'anciens officiers et soldats du front, et l'agitation communiste fut progressivement étouffée au cours du printemps 1919 (destruction de la république des conseils en Bavière, 1er/2 mai 1919).

Ainsi la République allemande naissait-elle dans une profonde contradiction, dans l'alliance des chefs sociaux-démocrates avec les militaires d'extrême droite contre la révolution ouvrière : ce fut en quelque sorte le péché originel du régime de Weimar, sur lequel n'allait cesser de peser pendant quinze ans le poids des forces militaristes et nationalistes. Tandis que la conférence de la paix commençait à discuter à Versailles du sort de l'Allemagne (qui n'avait même pas été admise aux débats), une Assemblée nationale se réunit à Weimar et constitua un gouvernement composé de socialistes majoritaires, de démocrates et de membres du centre ; la Constitution de Weimar (août 1919) établissait une république fédérale et parlementaire, mais elle accordait de larges pouvoirs au président de la République, qui disposait, grâce à l'article 48, de la possibilité de suspendre les droits fondamentaux et d'autoriser le chancelier à gouverner à coups de décrets-lois.

Dès sa naissance, le régime de Weimar fut déconsidéré par son acceptation du traité de Versailles (28 juin 1919), véritable *Diktat* élaboré sans que l'Allemagne ait été consultée, « incroyable paix de brigands », dira Lénine, et que le Sénat américain refusa de ratifier. En morcelant le pays (la Prusse-Orientale étant désormais séparée du reste de l'Allemagne par le corridor de Dantzig), en imposant à l'Allemagne la livraison d'une importante partie de sa flotte de commerce, de machines, de matériel ferroviaire, etc., en la plongeant dans la crise économique et en la chargeant d'énormes réparations dont le montant fut fixé par la conférence de Spa (juill. 1920) à 226 milliards de marks-or, le traité de Versailles enlevait toute chance de réussite à la démocratie allemande et livrait le peuple allemand aux séductions des démagogues et des agitateurs nationalistes. Tandis que la dévaluation du mark s'accélérait, que la misère et la faim se répandaient dans le prolétariat ouvrier et agricole, le nouveau régime était menacé par les extrémistes armés des corps francs et *Einwohnerwehren* (« milices ») : le putsch de Kapp-Lüttwitz (mars 1920) échoua devant la résistance ouvrière et la grève générale, mais le gouvernement fit écraser par la Reichswehr les soulèvements communistes dans la Ruhr (avr.). Dans les mois qui suivirent, on assista à une recrudescence des attentats politiques organisés par des associations secrètes d'extrême droite et, dès août 1920, le parti national-socialiste était fondé à Munich. Successivement, le socialiste Haase (1920), le catholique Erzberger (1921), le ministre des Affaires étrangères Rathenau (1922) tombèrent victimes du terrorisme de droite.

« L'année inhumaine »
L'année 1923 est restée dans l'histoire de l'Allemagne « l'année inhumaine » : l'inflation donna le vertige (au début de l'année, le dollar vaut 18 000 marks ; au 1er nov. , il vaut 8 millions de marks) ; les rentiers, les retraités furent complètement ruinés, la misère grandit dans les milieux ouvriers, où la situation sanitaire se dégrada, surtout chez les enfants. Mais pour les gros industriels, l'inflation était « comme une immense escroquerie légale » (G. Badia) qui leur permettait de se libérer d'un seul coup de leurs dettes : dans cette période de misère s'accéléra la concentration industrielle et se constituèrent des fortunes colossales, comme celle de Stinnes. L'intransigeance de Poincaré compliqua encore la tâche de la République allemande. Devant le

retard des paiements des réparations, l'armée française occupait la Ruhr (janv. 1923) : l'Allemagne répondit par la « résistance passive », mais l'Angleterre refusa de continuer à s'aligner sur la France. Appelé à la chancellerie (sept. 1923), Stresemann mit fin à la résistance passive et, utilisant les compétences remarquables de Schacht, amorça la stabilisation monétaire. Une nouvelle monnaie fut créée, le *Rentenmark*, et les capitaux américains, par l'intermédiaire du plan Dawes (sept. 1924), allaient renflouer l'Allemagne.

La fin du régime de Weimar (1924/33)

La tentative de putsch menée par Hitler et Ludendorff à Munich, le 9 nov. 1923, échoua assez lamentablement. Hitler fit une année de prison (durant laquelle il écrivit *Mein Kampf*) et, à sa libération, en déc. 1924, il trouvait une Allemagne déjà profondément changée. Le plan Dawes avait permis le « miracle économique » allemand du premier après-guerre. Les années 1924/28 apparaissent comme des années de redressement et de prospérité et l'agitation hitlérienne ne rencontra alors qu'un faible écho en Allemagne. La consolidation du régime de Weimar se manifestait par l'élection de Hindenburg à la présidence de la République (1925/34) et par l'influence dominante qu'eut Stresemann sur la politique étrangère de 1925 à 1929. Dès 1922, l'Allemagne avait fait sa rentrée diplomatique en signant avec l'URSS le traité de Rapallo, qui effraya beaucoup les anciens Alliés. Le traité de Locarno (16 oct. 1925) parut inaugurer une ère de stabilité et de réconciliation européenne, dont le ministre français Briand se fit l'infatigable prophète. La collaboration de Briand et de Stresemann se heurta à l'aveuglement des nationalistes des deux pays et l'Allemagne ne put obtenir une révision pacifique du traité de Versailles ; dans le domaine des réparations seulement, Stresemann remporta un grand succès avec le plan Young, qui étalait les réparations sur cinquante-neuf annuités, mettait fin aux contrôles alliés et aux sanctions et permettait l'évacuation de la Ruhr par la France (1929).

Mais la crise économique de 1929 allait frapper l'Allemagne avec une particulière brutalité : les financiers américains rapatrièrent leurs capitaux et la chute des exportations entraîna une paralysie de l'économie allemande. Le nombre des chômeurs passa de 2 millions au début de 1929 à 6 millions dans l'hiver 1931/32. Le grand bénéficiaire de cette crise fut Adolf Hitler, qui exploitait tous les mécontentements et axait sa propagande nationaliste sur le refus des réparations, la révision du traité de Versailles, la xénophobie et l'antisémitisme. Profitant de l'impuissance du régime, les hitlériens avaient mis sur pied une formidable organisation paramilitaire, les SA (*Sturm Abteilung*, « Section d'assaut »), qui menaient une guerre larvée contre les formations analogues de gauche. D'autre part, Hitler bénéficia de l'appui de nombreux banquiers et industriels (v. **National-socialisme**). Aux élections de sept. 1930, les députés hitlériens passèrent de 12 à 107. Réélu à la présidence de la République en 1932 (avec 19 300 000 voix contre 13 400 000 à Hitler), Hindenburg renvoya le catholique Brüning, qui avait été impuissant à résoudre la crise, et inaugura une république présidentielle par l'intermédiaire de von Papen, qui constitua un gouvernement conservateur (le « cabinet des barons »), sans majorité au Reichstag (juin 1932). Après dissolution du Parlement, les nouvelles élections (31 juill. 1932) marquèrent un nouveau progrès de Hitler : avec 230 députés, le parti national-socialiste devenait le premier parti du Reichstag. De nouvelles élections en nov. 1932 virent un recul des nazis bien qu'ils aient encore gardé le groupe parlementaire le plus nombreux. Seule la Reichswehr pouvait encore barrer la route du pouvoir à Hitler. Hindenburg y appela le général Schleicher comme chancelier, qui n'eut aucun appui de l'armée. Le 30 janv. 1933, le président se résigna à appeler à la chancellerie Adolf Hitler.

Établissement du régime national-socialiste

Ainsi arrivé au pouvoir légalement, comme chef d'un cabinet de coalition qui ne comptait, à l'origine, en dehors de lui, que deux nationaux-socialistes, Hitler parvint en six mois à poser les cadres essentiels de sa dictature. En janv. 1933, l'immense majorité des Allemands ne se doutait nullement que leur pays entrait dans une révolution nihiliste qui devait se poursuivre jusqu'à ses extrêmes conséquences et frapper d'effroi le monde entier. À vrai dire, presque personne ne prenait vraiment au sérieux les proclamations racistes du Führer, presque personne ne croyait que Hitler réaliserait exactement ce qu'il avait annoncé depuis *Mein Kampf*. Si étonnant que cela puisse paraître aujourd'hui, Hitler rassurait : son image était celle d'un patriote sincère, homme d'ordre qui allait balayer le régime impuissant des partis, le système de Weimar, et rendre à l'Allemagne, à l'intérieur la prospérité par la discipline et le travail, à l'extérieur la dignité perdue. Le nouveau régime s'ouvrit par l'incendie du Reichstag (nuit du 27 au 28 févr. 1933), qui permit d'instaurer un régime d'exception et de voter à Hitler (23 mars) les pleins pouvoirs. Aussitôt la justice, l'Université, l'administration furent épurées. Le camp de concentration de Dachau fut ouvert en ce même mois de mars et la Gestapo (v.) créée en avril. Commencèrent les grands autodafés de livres d'auteurs juifs, marxistes ou pacifistes. Les intellectuels libéraux comme Einstein, les frères Mann, Schönberg, Brecht émigrèrent. Les syndicats furent supprimés et remplacés par le Front du travail (2 mai 1933). En été, les partis politiques furent dissous et le mouvement national-socialiste fut promu parti unique lié à l'État. Les commerçants juifs furent systématiquement boycottés, les premières lois raciales promulguées. Mais le souvenir de la misère et de l'anarchie des années précédentes était si fort que les Allemands ne surent reconnaître la nature de leur nouveau régime, d'autant que Pie XI lui apportait sa caution en signant avec Hitler un concordat (20 juill. 1933).

À l'intérieur, Hitler s'efforçait d'obtenir l'appui des forces traditionnelles et d'abord de l'armée dont il conquit définitivement l'adhésion en mettant fin brutalement à l'agitation des SA. Leurs principaux chefs, dont Röhm, furent mis à mort au cours de la « Nuit des longs couteaux » (30 juin 1934). Servi par la propagande de Goebbels, il procédait à une mobilisation psychologique totale des masses allemandes dans le cadre d'un Reich centralisé (suppression des Constitutions et parlements provinciaux) et tenu en main par l'autorité de *Statthalter* (« gouverneurs ») tout-puissants. Le parti s'infiltrait dans tous les rouages de l'État comme de la vie économique ou intellectuelle ; enfin un vaste système policier fut mis en place à partir de 1936 sous l'autorité de Himmler. Cependant, la dictature hitlérienne n'aurait pu s'imposer par la seule terreur ; c'est par ses réalisations économiques et sociales qu'elle sut gagner un attachement populaire qui se maintint jusqu'à la catastrophe finale.

En janv. 1933, Hitler trouvait un pays dont l'industrie était totalement paralysée et qui avait 6 millions de chômeurs. Tout espoir de redressement reposant sur une augmentation des exportations, Hitler et son ministre de l'Économie Schacht mirent tout l'appareil de pression de la dictature au service d'une politique d'autarcie pour rendre l'Allemagne aussi indépendante que possible de l'étranger ; des facilités de crédit aux entrepreneurs aidèrent à la relance de l'économie ; pour suppléer aux importations, un effort considérable fut fait sur les produits de remplacement, les *ersatz* (caoutchouc, essence synthétiques) ; les deux plans de quatre ans (1933/36 et 1936/39) permirent de réaliser de spectaculaires grands travaux (plus de 3 000 km d'autoroutes en 1939), mais aussi un vaste programme d'armement. Les progrès de l'industrie furent extrêmement rapides (indice 100 en 1932, indice 225 en 1939) ; le chômage était pratiquement résorbé dès 1938.

Mais si l'économie du Reich hitlérien obéissait à une planification ou à un dirigisme sévères, elle ne portait aucune atteinte grave à la propriété privée industrielle ou bancaire ; la constitution de cartels fut facilitée et sous le national-socialisme la concentration capitaliste s'est accélérée. La grève était rigoureusement interdite, mais le régime assurait des compensations aux travailleurs par les congés payés et par l'action des services de la « Force par la joie » (*Kraft durch Freude*), qui organisait les loisirs (voyages collectifs), s'occupait des sports, des services d'instruction populaire... La politique économique d'autarcie avait ainsi réalisé un nouveau « miracle économique » ; son revers, c'était, en isolant l'Allemagne au milieu de l'Europe, de l'orienter inéluctablement vers la guerre. À la mort de Hindenburg (2 août 1934), Hitler devint « Führer et chancelier du Reich ».

La politique étrangère de Hitler

Hitler avait clairement fait savoir ses grands desseins de politique étrangère : en premier lieu, le rassemblement de tous les Allemands et de toutes les minorités germaniques des divers pays d'Europe dans une « Grande Allemagne » ; en second lieu, la conquête de « l'espace vital », laquelle devait être réalisée principalement par la reprise du *Drang nach Osten* (« Poussée vers l'Est ») médiéval, de l'expansion de l'Allemagne vers les riches terres de Pologne et d'Ukraine. La première étape de la réalisation de ce programme fut l'émancipation de l'Allemagne des dernières entraves posées par le traité de Versailles : après l'échec de la conférence du désarmement, l'Allemagne se retira avec éclat de la SDN (oct. 1933). La Sarre lui fut rendue après un plébiscite massif (13 janv. 1935). Tout en donnant des apaisements à son voisin polonais par le pacte de non-agression du 26 janv. 1934 et tout en proclamant qu'il n'avait plus de revendications territoriales envers la France, Hitler, en violation du traité de Versailles, rétablit le service militaire obligatoire, qui devint la base de la nouvelle Wehrmacht (16 mars 1935).

Enhardi par la passivité des chancelleries européennes et mettant à profit la rupture entre l'Italie et les puissances occidentales à la suite de l'affaire d'Éthiopie et des sanctions qu'elle entraîna (oct. 1935), le Führer répliqua au pacte franco-soviétique en faisant réoccuper et remilitariser la Rhénanie (7 mars 1936). Tandis que la France se contentait de protestations verbales, alors que l'Allemagne, à cette époque, n'aurait pas été en mesure de résister militairement à une intervention de l'armée française, Hitler sut exploiter les rancœurs de Mussolini à l'égard des démocraties : en oct. 1936 fut scellé l'axe Berlin-Rome, élargi quelques semaines plus tard au Japon par le pacte antikomintern (25 nov. 1936). Les visites de Mussolini à Berlin (sept. 1937) et de Hitler à Rome (mai 1938) confirmèrent de manière éclatante la solidarité des dictatures qui, au même moment, se manifestait dans la guerre d'Espagne, où furent testées les nouvelles armes allemandes qui apportèrent une aide précieuse à Franco. Le réarmement allemand s'accéléra à partir de 1937.

L'annexion de l'Autriche et le démembrement de la Tchécoslovaquie

La politique de chantage à la guerre menée par Hitler impressionnait visiblement l'Europe, non seulement les petites puissances (dénonciation par la Belgique de son alliance avec la France, oct. 1936), mais aussi la Grande-Bretagne, qui avait déjà signé avec Hitler l'accord naval de juin 1935 et qui, sous la direction de Chamberlain (à partir de juin 1937), allait pratiquer, en dépit de l'opposition de Churchill, une politique d'apaisement à l'égard des dictateurs. Les jeux Olympiques de Berlin (août 1936) avaient été un grand succès de prestige pour le régime national-socialiste. En fin de compte, c'est seulement à l'intérieur même de l'Allemagne que ce régime rencontrait quelque opposition : les chefs militaires s'alarmaient devant la perspective d'une guerre européenne prochaine. À la faveur des affaires Fritsch et Blomberg, où la Gestapo et les SS s'employèrent à discréditer les deux plus grands chefs de la Wehrmacht en exploitant des scandales d'ordre privé, Hitler prit le commandement en chef des forces armées (févr. 1938). Mais à partir de ce moment, un courant de résistance commença à se répandre dans les milieux militaires, notamment autour de l'ancien chef d'état-major général, Beck. Dès juill. 1934, les nationaux-socialistes autrichiens avaient tenté, par un putsch, de réaliser l'*Anschluss*, c'est-à-dire le rattachement de l'Autriche à l'Allemagne (assassinat du chancelier Dollfuss) ; mais à cette époque, Mussolini avait massé ses troupes au col du Brenner et Hitler avait dû reculer. L'axe Berlin-Rome condamna l'Autriche : Hitler provoqua la chute du chancelier Schuschnigg, fit occuper l'Autriche par la Wehrmacht et proclama l'Anschluss (12 mars 1938).

L'étape suivante fut l'annexion du pays des Sudètes, peuplé de plus de 3 millions d'Allemands et intégré à la Tchécoslovaquie en 1919. Après une crise qui se prolongea durant tout l'été 1938 les Occidentaux, à la conférence de Munich (29/30 sept. 1938), accédèrent aux désirs de Hitler et des populations sudètes, qui furent rattachées au Reich. Les accords de Munich furent accueillis avec soulagement par l'immense majorité de l'opinion en Europe ; mais ils furent l'ultime concession que leur désir de paix inspira aux démocraties occidentales. Jusqu'à ce moment, les diverses annexions avaient pu, à la rigueur, se justifier, dans la mesure où elles portaient uniquement sur des populations d'origine germanique qui faisaient retour au sein du « Reich grand-allemand » (*Grossdeutsches Reich*). En revanche, en mars 1939, l'élimination de la Tchécoslovaquie et l'annexion de la Bohême et de la Moravie, en faisant passer sous la domination hitlérienne des populations traditionnellement opposées au germanisme, convainquirent les Occidentaux qu'il était décidément impossible de faire confiance à la parole du Führer.

Au même moment, l'Allemagne connaissait une recrudescence d'antisémitisme : en sept. 1935, les lois raciales de Nuremberg avaient privé les Juifs de leurs droits civiques et interdit les mariages entre aryens et Juifs... À partir de 1938, le gouvernement hitlérien freina l'expatriement des Juifs ; l'assassinat du conseiller d'ambassade allemand à Paris von Rath par le jeune Juif Grynspan servit de pretexte à Goebbels pour déclencher en Allemagne la « Nuit de cristal » (9/10 nov. 1938), au cours de laquelle eurent lieu de véritables pogroms.

Le pacte germano-soviétique

Cependant, Hitler allait bientôt obtenir le plus spectaculaire et le plus inattendu de ses succès diplomatiques : méfiante à l'égard des Occidentaux qui l'avaient exclue de la conférence de Munich et qui cherchaient à détourner vers l'Est les appétits hitlériens, l'URSS commença à se rapprocher secrètement de l'Allemagne dès le printemps 1939.

Or, le 31 mars 1939, Hitler avait ouvert une nouvelle crise en soulevant le problème de Dantzig et du « corridor » polonais. Encouragée par l'Angleterre et par la France, la Pologne rejeta les exigences allemandes. Cependant, le 24 août, le monde apprit avec stupéfaction que Ribbentrop venait de signer au Kremlin un pacte germano-soviétique (dont les clauses secrètes prévoyaient le partage de la Pologne). Délivré du vieux cauchemar prussien de la guerre sur deux fronts, Hitler pouvait désormais faire face aux risques d'une conflagration européenne : à l'aube du 1er sept., les troupes de la Wehrmacht pénétraient en Pologne. Jusqu'au dernier moment, Hitler espéra que les démocraties occidentales, et surtout l'Angleterre, s'inclineraient devant son nouveau coup de force : mais le 3 sept. 1939, à six heures d'intervalle, la Grande-Bretagne et la France déclaraient officiellement la guerre à l'Allemagne. La Seconde Guerre mondiale commençait.

La guerre totale

À partir du printemps 1940 les succès allemands furent foudroyants ; en mai 1941, Hitler était le maître de toute l'Europe continentale et le 22 juin il lançait l'opération « Barberousse » contre l'URSS. Cependant, si la France s'était effondrée en quelques semaines, les attaques de la Luftwaffe n'avaient pas eu raison de l'Angleterre et les troupes allemandes n'avaient pu s'emparer de Moscou ; d'autre part, les États-Unis, que les chefs nazis avaient toujours tenus pour partie négligeable, allaient mettre dès 1941 leur immense arsenal industriel à la disposition du monde libre. Dans tous les pays occupés, le système hitlérien (de plus en plus étroitement contrôlé par les SS à partir de 1941) organisa le pillage des ressources et la déportation des populations transformées en main-d'œuvre au profit de la machine de guerre nazie ; au total, plus de 20 millions de personnes (prisonniers de guerre, travailleurs, déportés politiques) furent amenées dans le Reich. Enfin, aux camps de concentration s'ajoutèrent des camps d'extermination, où les Juifs et les tziganes furent méthodiquement éliminés (environ 6 millions de victimes).

Ces atrocités du régime allaient rejaillir sur tout le peuple allemand, qui fit face à cinq ans de guerre avec un extraordinaire esprit de discipline, de sacrifice et d'héroïsme. Sans que l'industrie de guerre en souffrît beaucoup, les villes allemandes furent systématiquement pilonnées par l'aviation alliée (environ 1 500 000 civils tués). Malgré la pression terrible de la Gestapo, la résistance s'organisa, soit dans ces milieux communisants (groupe de la *Rote Kapelle*), soit dans les milieux conservateurs et militaires : mais le coup d'État manqué organisé par le colonel von Stauffenberg, le 20 juill. 1944, au grand quartier général du Führer n'aboutit qu'à une féroce répression dont furent victimes plusieurs des plus grands chefs militaires (Rommel, Canaris, Witzleben, Stülpnagel...). La dictature du parti et des SS fut désormais totale.

Cependant, devant l'imminence de la défaite, plusieurs dirigeants nazis eux-mêmes (Himmler, Goering) cherchaient à prendre des contacts avec les Alliés. Dans le bunker où il avait dirigé l'ultime résistance dans Berlin encerclé, Hitler se donna la mort le 30 avr. 1945, imité par Goebbels. Il désignait comme successeur l'amiral Dönitz, qui forma à Flensburg, près de la frontière danoise, un gouvernement dont les nationaux-socialistes étaient exclus mais qui ne fut pas reconnu par les Alliés. Déjà les troupes américaines et soviétiques avaient fait leur jonction au cœur de l'Allemagne et, le 8 mai 1945, le Reich capitula.

Vers le partage de l'Allemagne (1945/49)

Vaincue et entièrement occupée par quatre armées étrangères, l'Allemagne était en ruine. Ses implantations industrielles avaient relativement peu souffert des bombardements alliés, mais ses grandes villes étaient détruites, en moyenne, à 40 %. Six millions et demi d'Allemands étaient morts du fait de la guerre, dont environ trois millions de civils (la plupart de ces derniers pendant l'exode provoqué par l'invasion soviétique de 1945 et au cours des transferts de populations allemandes de l'Est, qui se poursuivirent jusqu'en 1946). Conformément aux décisions prises à Yalta (févr. 1945), les Alliés exercèrent eux-mêmes le pouvoir en Allemagne. L'État allemand disparut et fut remplacé par l'administration de quatre zones d'occupation : soviétique, américaine, britannique et française. Enclavé dans la zone soviétique, Berlin fut administré par une *Kommandantura* quadripartite.

Par les accords de Potsdam (août 1945), les Alliés décidèrent le démantèlement des bases de la puissance militaire allemande (démantèlements industriels, confiscations à titre de réparations). Tout en réservant à la conclusion future d'un traité de paix la fixation des frontières définitives de l'Allemagne, les Occidentaux acceptèrent à Potsdam l'annexion *de facto* d'une partie de la Prusse-Orientale à l'URSS, de l'autre partie de la Prusse-Orientale, de la Prusse-Occidentale, de la Poméranie et de la Silésie à la Pologne. L'effondrement du IIIe Reich abolissait ainsi les résultats de quelque 700 ans de *Drang nach Osten :* le monde slave s'établissait désormais, du côté de l'Occident, sur la ligne Oder-Neisse. Les Allemands des territoires annexés à l'URSS et à la Pologne, et toutes les minorités allemandes de l'Est et du Sud-Est européen furent expulsés et transférés vers l'Ouest, dans des conditions tragiques, en 1945/46 ; aux 6 millions d'Allemands qui avaient fui vers l'Ouest au cours des derniers mois de la guerre s'ajoutèrent ainsi 6,5 millions de nouveaux réfugiés. La Prusse fut symboliquement dissoute par les Alliés (févr. 1947) qui entreprirent la dénazification (procès de Nuremberg, nov. 1945/oct. 1946), poursuivie plus tard par des tribunaux allemands.

Anglo-Américains et Soviétiques n'entendaient pas remettre en question l'unité allemande ; seule la France qui n'était pas représentée à la conférence de Potsdam aspirait à son démembrement. Le Conseil de contrôle allié, installé en août 1945, constituait l'organisme suprême des décisions politiques et économiques, mais il fut difficile de s'entendre sur une politique commune, les Français et surtout les Soviétiques prenant dans leurs zones respectives des mesures autonomes. À partir de 1946, le développement de la « guerre froide » empêcha tout accord entre les anciens alliés et, de sept. 1945 à avr. 1947, les conférences des ministres des Affaires étrangères étalèrent au grand jour l'antagonisme croissant entre les Occidentaux et les Soviétiques. La conclusion d'un traité de paix devenait impossible. Face à la politique indépendante de l'URSS, les Américains proposèrent durant l'été la fusion économique des zones occidentales et, bien qu'ils se fussent heurtés quelque temps à l'opposition de la France qui voulait annexer économiquement la Sarre, ils entreprirent de favoriser le redressement économique de l'Allemagne occidentale et de crééer un État. Entre juin 1946 et mai 1947, des élections eurent lieu dans les trois zones occidentales et donnèrent naissance à trois grands partis : celui des chrétiens-démocrates (CDU auquel on rattache le CSU bavarois), successeur du Centre catholique, mais sans être un parti confessionnel, celui des sociaux-démocrates (SPD) et celui des libéraux (FDP).

La République fédérale d'Allemagne

En mars 1948, le Conseil de contrôle allié perdit son existence du fait du départ du représentant soviétique. À la conférence de Londres (juin 1948), la France accepta de réunir à la zone anglo-américaine sa propre zone, moins la Sarre. Il était prévu l'installation d'une Assemblée constituante et d'un gouvernement fédéral allemand, les trois puissances conservant le contrôle de la démilitarisation et de la production du charbon et de l'acier dans la Ruhr. La réforme monétaire fut réalisée le 20 juin et fut le point de départ du renouveau économique ouest-allemand. Les Soviétiques répliquèrent par une réforme monétaire dans leur zone et surtout par le blocus de Berlin (juin 1948/mai 1949). L'Allemagne de l'Ouest commençait à bénéficier du plan Marshall ; sa reconstruction s'élabora sur les bases d'une économie libérale de marché ce qui permit à la production industrielle d'atteindre, dès la fin de 1948, les trois quarts de celle de 1936. Le 1er sept. avait eu lieu, à Bonn, la première réunion du Conseil parlementaire des 65 membres désignés par les États provinciaux (les *Länder*) chargés d'élaborer un texte constitutionnel ; il se donna pour président Conrad Adenauer, chef de la CDU. Ses travaux aboutirent à une « loi fondamentale ». Approuvée par les trois puissances occidentales et ratifiée par tous les *Länder* à l'exception de la Bavière, elle fut votée par l'Assemblée constituante de Bonn. Elle fut promulguée le 23 mai 1949, jour de la naissance officielle de la RFA ou République fédérale d'Allemagne (*Bundesrepublik Deutschland, BDR*). C'était une fédération de dix États, ayant chacun son Parlement et son gouvernement pour gérer les affaires locales et les affaires culturelles. Berlin-Ouest ne fut pas inclus dans la RFA, mais des représentants berlinois purent siéger, sans droit de vote, au Parlement fédéral. Le pouvoir fédéral était organisé autour de deux Chambres, le *Bundestag*, élu au suffrage universel direct, et le *Bundesrat*, représentation des *Länder*. Le président de la République nommait le chancelier qui, élu à la majorité absolue par le *Bundestag*, exerçait la direction réelle des affaires. Le 14 sept. 1949, après l'élection de Theodor Heuss comme président, Konrad Adenauer fut choisi pour être chancelier et le resta quatorze ans.

Par les accords de Petersberg (22 nov. 1949), la RFA entra au Conseil de l'Europe, obtint la responsabilité de ses affaires étrangères (févr. 1951) et l'arrêt définitif des démantèlements industriels et des réparations (mars 1951). Elle devint l'un des membres fondateurs de la Communauté européenne du charbon et de l'acier (1951). Un problème surgit rapidement, celui de réarmement, en riposte à la création d'une « police populaire » en Allemagne de l'Est. Mais, peu soucieux de favoriser la renaissance du militarisme et du nationalisme allemands, Adenauer se rallia au projet d'armée européenne lancé par le gouvernement français. Ce projet ayant été repoussé par le Parlement français, les accords de Londres et de Paris (23 oct. 1954) permirent la renaissance d'une armée ouest-allemande autonome, sous commandement allemand, mais intégrée à l'OTAN. Le 8 mai 1955, la RFA était officiellement membre de l'Alliance atlantique. Quelques mois après, la Sarre refusait par référendum le statut d'autonomie que souhaitait la France et, en 1957, elle fut rattachée politiquement puis économiquement à la RFA qui retrouvait ainsi son intégralité territoriale. En mars 1957 elle faisait partie des États fondateurs du Marché commun et de l'Euratom. L'Allemagne de l'Ouest avait connu un « miracle économique » dont les moteurs avaient été l'aide américaine, l'assainissement monétaire de 1948 qui introduisit une nouvelle monnaie, le *Deutsche Mark* et la dévaluation de 1949 qui donna un coup de fouet aux exportations. S'y ajoutaient une concentration industrielle très poussée, une forte capacité d'investissements et un climat social quasiment pas troublé.

Avec Ludwig Erhard qui succéda à Adenauer d'oct. 1963 à oct. 1966, la CDU conserva le pouvoir ; le nouveau chancelier mena une politique plus « atlantique », mais son autorité fut contestée par le dirigeant de la CSU bavaroise, Franz Josef Strauss. Sous l'influence des libéraux, le chrétien-démocrate Kurt Georg Kiesinger dut former un cabinet de coalition où entraient Strauss, ministre des Finances, et deux ministres SPD, Willy Brandt aux Affaires étrangères et Karl Schiller aux Finances. Avec ce cabinet commença la politique d'ouverture à l'Est prônée par Willy Brandt. Un changement politique majeur survint en sept. 1969 où l'appui des libéraux aux SPD permit à Brandt de devenir le premier chancelier social-démocrate de l'Allemagne fédérale. Dans le cadre de la détente Est-Ouest, il mit sur pied l'*Ostpolitik* qui l'amena à reconnaître l'existence de deux États allemands. Le 12 août 1970, Brandt signa le traité germano-soviétique par lequel il entérinait la cession de la Silésie, de la Poméranie et d'une partie de la Prusse-Orientale à la Pologne dont il légitima la frontière Oder-Neisse. Un « traité fondamental » entre les deux Allemagnes fut signé le 21 décembre 1972 ; il établissait formellement des relations entre les deux États, sur un pied d'égalité, avec échange d'ambassadeurs. Les deux Allemagnes furent admises à l'ONU l'année suivante. Mais Brandt dut démissionner en 1974, un de ses plus proches conseillers ayant été convaincu d'espionnage au profit de l'Allemagne de l'Est. Dirigée par Helmut Schmidt, la coalition socialo-libérale, qui dut lutter contre les actions terroristes de la « Fraction armée rouge », dite « Bande à Baader », dura jusqu'en 1982. Le FDP s'allia alors à la CDU, dont le chef, Helmut Kohl, devint chancelier en oct. de la même année.

L'Allemagne de l'Est

Dans la zone qu'elle occupait, divisée en cinq *Länder*, l'URSS posa rapidement les bases d'un État communiste en entamant une réforme agraire et la nationalisation de l'industrie. Le parti social-démocrate dut fusionner avec le parti communiste ; ainsi naquit le parti socialiste uni d'Allemagne, ou SED (*Sozialistische Einheitspartei Deutschlands*), dont Walter Ulbricht fut le secrétaire général. À partir de 1948, les Soviétiques confièrent des responsabilités économiques et politiques à des Allemands appartenant au SED. Un « congrès du peuple » adopta une Constitution établissant une république centralisée, sur le modèle des démocraties populaires de l'Europe de l'Est. Les *Länder* étaient maintenus mais ils devinrent en 1952 de simples districts. La Chambre du peuple (*Volkskammer*) était souveraine et le gouvernement responsable devant elle ; en réalité, l'exercice du pouvoir appartenait au bureau politique du parti. La République démocratique allemande (RDA, *Deutsche Demokratische Republik*, DDR) fut créée officiellement le 7 octobre 1949. Elle reconnut la ligne Oder-Neisse comme frontière, fut admise dans le Comecon (v.) en oct. 1950 et devint membre fondateur du pacte militaire de Varsovie.

En Allemagne de l'Est, le démarrage économique fut très difficile. Les Soviétiques exigeaient des réparations et démantelaient le pays. La planification de l'économie et la collectivisation des campagnes n'apportèrent pas les résultats escomptés. Fuyant le système communiste, les paysans émigrèrent massivement vers l'Ouest. Chez les ouvriers, le mécontentement provoqué par les normes de production, au caractère impératif, par la pénurie alimentaire et le manque de logements, conduisit aux grèves insurrectionnelles de juin 1953 à Berlin. Les chars soviétiques écrasèrent l'insurrection mais ne purent ralentir le flot d'émigration (près de 3 millions de départs en 1949/61). Pour l'endiguer, la RDA construisit en août 1961, avec l'accord de l'URSS, un mur séparant entièrement Berlin-Est de la partie occidentale de la ville et la RDA de la RFA, ce qui arrêta la fuite vers l'Ouest. Une politique économique moins rigide fut alors mise en place, ce qui permit à la RDA de rattraper son retard et d'exporter, principalement vers les autres pays du Comecon. Mais ce fut aux dépens des biens de consommation. Aussi le niveau de vie des habitants de la RDA était-il, en 1976, toujours très inférieur à celui de l'Allemagne de l'Ouest. Politiquement, aucune libéralisation du régime ne s'était manifestée. Ses dirigeants ne consentirent que sous la pression de l'URSS à l'amélioration de ses relations avec l'Allemagne de l'Ouest. Au pouvoir depuis la création de la RDA, Walter Ulbricht prit sa retraite en 1971 et fut remplacé par Erich Honecker.

L'Allemagne réunifiée

À partir des années 1980, l'opposition au régime communiste commençait à se structurer autour de l'Église protestante et elle prit la forme d'un mouvement pacifiste pour les droits de l'homme et l'environnement. Les événements de Pologne furent âprement suivis et discutés. Les demandes officielles d'émigration s'accrurent, culminant en 1984 avec 41 000 personnes autorisées à partir. La contestation populaire ne cessant de croître, on osa parler de fraude électorale en mai 1989 et, le 11 septembre, un parti d'opposition fut créé, le *Neue Forum*. Les arrestations n'empêchèrent pas les manifestations qui, à partir du 7 octobre, se tinrent régulièrement tous les lundis. Le 18 octobre, Erich Honecker fut suspendu de ses fonctions et remplacé par Egon Krenz. Les événements s'accélérèrent, si bien que le 7 novembre le gouvernement démissionna, suivi le lendemain par le bureau politique du SED. Le 9 novembre 1989, ce fut la chute du Mur de Berlin et l'ouverture de la frontière avec la RFA. La RDA n'y survécut pas.

Deux semaines après la chute du Mur, 250 000 personnes revendiquèrent pour la première fois la réunification des deux États allemands. Le 28 nov., saisissant l'occasion, le chancelier présentait son « Programme en dix points », où il développait l'idée d'une confédération pouvant déboucher sur une nouvelle fédération, à condition que les négociations fussent menées par deux gouvernements démocratiquement élus. Le nouveau gouvernement est-allemand dirigé par Hans Modrow mit en place une Table ronde qui décida l'élaboration d'une nouvelle Constitution, fixa la date des élections libres et la dissolution de la Stasi (police politique du régime). L'idée d'une communauté contractuelle entre les deux États fut approuvée ; le 22 déc., la porte de Brandebourg à Berlin fut ouverte aux personnes et le 24, l'obligation de visa et le change obligatoire furent supprimés. En 1989, 343 000 personnes avaient quitté la RDA pour la RFA. Succès pour Helmut Kohl, les élections du 18 mars 1990 à l'Est virent la victoire de la CDU contre le SPD dont le programme se limitait à une confédération de deux États séparés. Le 21 juin, les Parlements des deux Allemagnes ratifiaient le « traité d'État » entre les deux États qui réglait l'unification sur le plan constitutionnel et qui reconnaissait solennellement la frontière germano-polonaise. Le 1er juill. le *Deutsche Mark* devenait le seul moyen de paiement et la réunification constitutionnelle prit effet le 3 oct. 1990.

La réunification fut entérinée par les quatre vainqueurs de la guerre ; le 12 sept. 1990, l'Allemagne retrouvait sa pleine souveraineté intérieure et extérieure. En juillet, un obstacle de taille avait été levé lorsque Gorbatchev avait accepté, en échange d'une aide économique de 15 milliards de *Deutsche Mark*, que l'Allemagne réunifiée devînt membre de l'OTAN. Helmut Kohl et son parti remportèrent les premières élections législatives du pays unifié en déc. 1990 ainsi que celles de 1994. Mais l'Allemagne connut une série de difficultés économiques dues au coût de la réunification et à la crise économique internationale. S'y ajoutèrent les crises politiques du monde, en particulier en ex-Yougoslavie, où des soldats allemands participèrent aux missions de maintien de la paix. Les élections de 1998 virent la victoire du parti SPD qui, avec l'appui des Verts, obtint la majorité absolue au Bundestag. Gerhard Schröder devint chancelier et son pays adopta l'euro comme monnaie malgré les réticences de nombre d'Allemands ; il parvint à introduire dans le code de la nationalité la notion de droit du sol. Le scandale du financement illégal de la CDU lui permit de remporter, de justesse, les élections de 2002.

ALLENDE GOSSENS Salvador (* Valparaiso, 26. VII.1908, † Santiago, 11.IX.1973). Homme politique chilien. Trois fois candidat malheureux de la gauche aux élections présidentielles à partir de 1952, il mena en 1970 la coalition d'Union populaire, qui comprenait le parti socialiste, le parti radical, le parti communiste et des dissidents démocrates-chrétiens de gauche. Aux élections populaires du 4 sept. 1970, il n'obtint qu'une légère avance sur ses concurrents 36,7 % des voix (contre 35,3 % au candidat de droite, Alessandri) et ne put être élu président de la République que par un vote du Parlement, le 24 oct. suivant. À la tête d'un gouvernement marxiste, il entreprit d'instaurer dans la légalité un régime socialiste au Chili, mais se heurta à l'opposition des partis modérés (restés majoritaires au Parlement) et des classes moyennes, et, à l'extérieur, à la pression financière des États-Unis. Il dut affronter une situation économique bientôt catastrophique et des mouvements sociaux de plus en plus importants. Malgré le succès de l'Union populaire qui le soutenait aux élections de mars 1973, il fut renversé par le coup d'État du général Pinochet le 11 sept. Il se suicida dans le palais présidentiel assiégé. Voir **Chili**.

ALLIANCE. Parmi les principaux traités ayant porté le nom d'*alliance*, citons :

La Triple-Alliance (1668). Formée contre Louis XIV par l'Angleterre, les Provinces-Unies et la Suède (28 janv.), elle fit reculer la France, qu'elle obligea à renoncer à une partie de ses conquêtes au traité d'Aix-la-Chapelle.

La Triple-Alliance (1699). Signée à Copenhague entre Christian V de Danemark, Pierre Ier de Russie et Auguste II de Pologne, contre le roi de Suède Charles XII, elle fut rompue par les victoires de Charles XII sur le Danemark (1700) et sur la Pologne (1706), puis renouvelée en 1709 après la défaite des Suédois à Poltava.

La Triple-Alliance ou **Alliance de La Haye (4 janv. 1717).** Elle fut conclue pour le maintien des traités d'Utrecht entre les Provinces-Unies, George Ier d'Angleterre et le régent Philippe d'Orléans. Dirigée contre l'Espagne et provoquée par les projets ambitieux du ministre espagnol Alberoni, elle s'élargit en 1718 en une **Quadruple-Alliance**, à laquelle prit part l'Autriche. Par ce dernier accord, conclu à Londres le 2 août 1718, l'empereur reconnaissait Philippe V roi d'Espagne, à condition qu'on lui remît la Sicile et que la Sardaigne fût donnée au duc de Savoie ; don Carlos devait recevoir la succession des duchés de Parme et de Plaisance et du grand-duché de Toscane.

La Sainte-Alliance (1815). Nom donné à une organisation de sécurité européenne créée en 1815 par la Russie, l'Autriche et la Prusse. Voir **Sainte-Alliance**.

La Quadruple-Alliance (22 avr. 1834). Elle fut conclue à Londres entre la France, l'Angleterre, la Belgique et l'Espagne, pour garantir l'indépendance de la Belgique et maintenir les droits de la reine Isabelle au trône d'Espagne.

La Quadruple-Alliance (15 juill. 1840). Elle fut conclue entre l'Angleterre, l'Autriche, la Prusse et la Russie, afin d'enlever la Syrie à Méhémet-Ali pour la replacer sous l'autorité de la Porte, contrairement aux vues de la France.

La Triple-Alliance ou **Triplice (20 mai 1882).** Alliance défensive conclue à Vienne entre l'Allemagne, l'Autriche et l'Italie. Elle complétait l'alliance des Trois-Empereurs, qui liait déjà l'Allemagne, l'Autriche et la Russie et constituait la clef de voûte du système de politique européenne bismarckien en laissant la France complètement isolée. Il était spécifié en effet que le traité ne pourrait en aucun cas être dirigé contre l'Angleterre. La fragilité de la Triplice résidait cependant dans l'antagonisme des intérêts entre l'Autriche et l'Italie. Après avoir obtenu plusieurs modifications du traité à son avantage, l'Italie refusa de l'exécuter en 1914 et en porta le coup de grâce par son entrée en guerre aux côtés des Alliés en mai 1915.

ALLIANCE ATLANTIQUE. Voir **Organisation du traité de l'Atlantique Nord**.

ALLIÉS. Nom donné aux puissances liguées contre la France napoléonienne de 1813 à 1815 : Autriche, Grande-Bretagne, Russie, Prusse. Ces pays ont été rejoints par la Suède, puis par la Bavière. Au lendemain de la bataille de Leipzig, toute l'Europe, à l'exception du Danemark et de la Turquie, était ainsi en guerre contre la France.

Le nom a aussi été donné aux pays en guerre contre l'Allemagne, l'Autriche-Hongrie et la Turquie, durant la Première Guerre mondiale : Grande-Bretagne, France, Russie (jusqu'en mars 1918), Serbie, Italie, États-Unis (à partir d'avr. 1917). Durant la Seconde Guerre mondiale, les **Alliés** ont désigné l'Angleterre, le Canada, les États-Unis et l'URSS auxquels se sont joints les pays que l'avancee des troupes libérait du joug allemand.

ALLOBROGES. Peuple celte de la Gaule Transalpine, installés au temps de César, dans la *Provincia* romaine entre le Rhône, l'Isère et le lac de Genève. Les principales places fortes allobroges étaient *Cularo* (Grenoble), *Vienna* (Vienne), *Geneva* (Genève). Mentionnés pour la première fois pendant l'expédition d'Hannibal en Italie (218 av. J.-C.), les Allobroges furent vaincus, de 125 à 121 av. J.-C., par Quintus Fabius Maximus, dit Allobrogicus, mais eurent longtemps des velléités d'indépendance. Écrasés de dettes publiques, ils envoyèrent une députation à Rome en 63 av. J.-C. pour obtenir un allégement ; leurs députés reçurent des offres de Catilina, mais dénoncèrent sa conspiration à Cicéron. Le territoire des Allobroges fut compris, au début de l'Empire, dans la Narbonnaise, puis fit partie de la province Viennoise. Vers 360 de notre ère, il reçut le nom de *Sapaudia* (d'où est venu le nom de *Savoie*).

ALMAGRO Diego de (* vers 1475, † Cuzco, 8.VII. 1538). Conquistador espagnol. Enfant trouvé à Almagro, localité de Tolède, il en prit le nom, servit dans l'armée puis alla chercher fortune dans le Nouveau Monde. Compagnon de Pizarre, il fit avec lui la conquête du Pérou à partir de 1533, participa au meurtre de l'Inca Atahualpa, puis fut nommé, en 1534, gouverneur du Pérou méridional. Depuis cette région, il entreprit l'année suivante la conquête du Chili et parvint jusqu'à la vallée de l'Aconcagua. Rentré au Pérou, il trouva le pays soulevé contre les Espagnols et occupa la ville de Cuzco, qui dépendait de Pizarre (1537). Celui-ci marcha contre lui et le battit à Las Salinas, près de Cuzco (6 avr. 1538). Fait prisonnier, étranglé secrètement dans sa prison, il fut ensuite décapité en public. Son fils naturel, **Diego de**

Almagro el Mozo, c'est-à-dire *le Jeune* (* vers 1520, † Cuzco, sept. 1542), né d'une femme péruvienne, vengea son père en tuant Pizarre (1541). Mais il fut battu par le nouveau gouverneur Vaca de Castro au sanglant engagement de Chupas (16 sept. 1542) et exécuté avec quarante de ses compagnons.

ALMEIDA Francisco de (* Lisbonne, vers 1450, † baie de Saldanha, Afrique du Sud, 1er.III.1510). Amiral portugais. Fils du comte d'Abrantès, il se distingua d'abord contre les Maures, à la prise de Grenade (1492). Nommé en 1505 premier vice-roi portugais des Indes orientales par Manuel Ier, il s'empara durant son voyage des villes de Kiloa, au Mozambique, et de Mombasa. Il affirma la suprématie maritime portugaise dans l'océan Indien, établit des forteresses à Cananor, Cochin, Ceylan et Sumatra, et signa un traité de commerce avec le souverain de Malacca. Son fils, Lourenço de Almeida, entreprit la conquête de Ceylan, visita les Maldives et Madagascar, mais trouva la mort dans un combat naval contre les Égyptiens (1508). En dépit de ses succès, Almeida se vit remplacé par Albuquerque, qu'il refusa d'abord de reconnaître et retint prisonnier à Cochin. Puis, ne songeant qu'à venger la mort de son fils, il détruisit la flotte égyptienne près de Diu (3 févr. 1509).

ALMOHADES. Dynastie maure qui régna sur l'Afrique du Nord et une partie de l'Espagne aux XIIe-XIIIe s. Elle fut portée au pouvoir par un mouvement religieux qui eut pour inspirateur le Berbère Mohammed ibn Toumert († 1128). Elle instaura un retour aux sources essentielles de la foi islamique : la croyance absolue en l'unité divine, d'où le nom d'*al-Muwahhidun*, qui a donné Almohades, et qui signifie « unitariens ». Ayant pris le titre de *mahdi*, Ibn Toumert mena une prédication religieuse et nationale dans les tribus berbères du Haut-Atlas. Après sa mort, son disciple Abd el-Moumin s'empara successivement de Tlemcen, Fès et Marrakech et chassa les Almoravides du Maroc (1147). Puis, tout en étendant son autorité sur l'ensemble de l'Afrique du Nord, il fit la conquête de l'Espagne méridionale, en s'emparant de Cordoue (1148) et de Grenade (1154). Peu avant sa mort, il fit accepter à ses partisans le principe de l'hérédité dynastique et ses descendants se succédèrent jusqu'en 1269. Les Almohades connurent leurs premiers revers en Espagne, où les princes chrétiens leur infligèrent la défaite de Las Navas de Tolosa (17 juill. 1212), défaite qui fut suivie par le démembrement de l'Empire, dont les provinces se proclamèrent indépendantes, laissant place à des dynasties locales : les Hafsides à Tunis en 1236, les Abdelwadides à Tlemcen en 1239, enfin les Mérinides, qui s'emparèrent de Marrakech en 1269.

ALMORAVIDES. Dynastie berbère qui régna en Afrique du Nord et en Espagne aux XIe et XIIe s. Le centre de sa puissance avait été la tribu berbère des Sanhadja-Lamtouna, parents des Touaregs, qui nomadisaient dans le Sahara, entre le S. du Maroc et le Niger. Les Almoravides formèrent d'abord une confrérie de moines guerriers groupés autour d'un érudit et missionnaire de renom, originaire de Kairouan, Abdullah ibn Yacine. Vers 1048, il fonda dans une île du Sénégal une sorte de monastère militaire (en arabe *ribât*), d'où le nom d'*el-morabitum* qui a donné Almoravides, c'est-à-dire « ceux du ribât ». Ibn Yacine se donnait avant tout pour mission la lutte contre le relâchement des mœurs, le retour à la vie selon la stricte orthodoxie définie par le coutumier médinois de rite malékite ; il imposa à ses fidèles une autorité absolue en combinant le prosélytisme et les conquêtes. Dès 1058, les Almoravides s'attaquaient à l'empire africain du Ghana, qui s'effondra sous leurs coups en 1077. Après la mort d'Ibn Yacine, les Almoravides se groupèrent autour de Yousouf ibn Tachfin, vrai fondateur de la dynastie. Il reconquit le Maroc sur les Berbères hérétiques, établit sa capitale à Marrakech, et imposa son autorité à toute l'Afrique du Nord occidentale, jusqu'à Alger (1082). C'est alors que les princes musulmans d'Espagne, qui venaient de perdre Tolède (1085), appelèrent à l'aide les Almoravides. Ceux-ci reprirent victorieusement la guerre contre les chrétiens, battant Alphonse VI de Castille à Zallaka (Sagrajas), en 1086. Ainsi fut constitué l'Empire almoravide, qui, à la mort d'Ibn Tachfin, s'étendait sur toute l'Espagne musulmane et la plus grande partie de l'Afrique du Nord. Par leur intolérance et leur ritualisme rigoriste, les Almoravides portèrent un grave préjudice à la brillante civilisation hispano-mauresque qui avait fleuri au début du XIe s. Ils furent eux-mêmes renversés par une dynastie maure, celle des Almohades (v.).

ALP ARSLAN Mohammed ibn Daoud (* vers 1030, † au Turkestan, nov. 1072). 2e sultan seldjoukide (1064/72). Neveu et successeur de Toghroul Beg, il régna sur toute la Perse, conquit la Géorgie et l'Arménie où il fit prisonnier l'empereur byzantin Romain IV Diogène (bataille de Manzikert, 19 août 1071). Après avoir conquis la Syrie, il franchit l'Oxus pour s'emparer du Turkestan, où il mourut. Son fils Malik Chah poursuivit ses conquêtes.

ALPHONSE

ARAGON

ALPHONSE Ier SANCHEZ le Batailleur (* vers 1073, † 7.IX.1134). Roi d'Aragon et de Navarre (1104/34). Il succéda à son frère Pierre Ier et épousa Urraque d'Aragon, fille et héritière d'Alphonse VI de Castille. Après avoir combattu les Maures durant quatre ans, il s'empara de Saragosse (1118) et y établit sa résidence. Après avoir poussé ses troupes jusqu'à Grenade, il fut vaincu devant Fraga, en Catalogne (26 août 1134) et mourut peu après. Voir ARAGON et ESPAGNE.

ALPHONSE V le Magnanime ou **le Grand** (* vers 1396, † Naples, 27.VI.1458). Roi d'Aragon puis de Sicile (1416/58). Il fut adopté par Jeanne II, reine de Naples, qui en fit son héritier. Chassé de Naples par Louis III d'Anjou, il dut combattre ensuite contre René d'Anjou et y revint en vainqueur (1442). Il y tint une cour brillante et lettrée, s'entoura d'humanistes et protégea Lorenzo Valla. Voir **ARAGON**.

ASTURIES, LEÓN ET CASTILLE

ALPHONSE II le Chaste (* Cangas, vers 759, † Oviedo, 842). Roi des Asturies (791/835). Chassé de son trône en 783, année de son avènement, il le reconquit en 791, combattit les Maures et établit sa capitale à Oviedo. De son règne datent les premiers pèlerinages à Saint-Jacques de Compostelle. Voir **ASTURIES**.

ALPHONSE III le Grand (* vers 838, † Zamora, 20.XII.910). Roi des Asturies (866/910). Il consolida son royaume et l'agrandit du León et d'une partie de la Vieille-Castille. Son fils aîné puis son épouse se révoltèrent contre lui et il dut abdiquer en 910. Le péril maure le fit rappeler. Voir **ASTURIES**.

ALPHONSE VI le Vaillant ou **la Lumière de l'Espagne** (* vers 1042, † Tolède, 30.VI.1109). Roi de León (1065/1109) et de Castille (1072/1109). Fils de Ferdinand Ier le Grand, ayant réuni le León, la Castille et la Galice (1073), il prit le titre d'« empereur de toute l'Espagne ». Il enleva Tolède aux Maures (1085) et tenta d'imposer sa suzeraineté aux petits royaumes musulmans d'Andalousie. Mais ceux-ci appelèrent à leur aide les Almoravides qui lui infligèrent les défaites de Zallaka (1086) et d'Uclès (1108). Voir **ESPAGNE**.

ALPHONSE VII ou **ALPHONSE VIII Raimundez,** dit **le Bon** (* vers 1105, † Fresneda, août 1157). Roi de Castille et de León (1126/57). Petit-fils d'Alphonse VI, fils d'Urraque, reine de Castille, et d'Henri de Bourgogne, il partagea quelque temps la couronne avec sa mère. Il reprit les places de Castille qu'Alphonse Ier d'Aragon, second mari de sa mère, détenait encore. Il repoussa les Maures jusqu'à Cadix (1133), prit comme son père le titre d'empereur (1135) et enleva encore aux Maures Almeria (1147) et Tortosa (1148). Allié aux Almoravides, il battit les Almohades à Jaén (1157). Il avait marié sa fille, Constance, au roi de France Louis VII.

ALPHONSE X le Sage ou **l'Astronome** ou **le Philosophe** (* Burgos, 23.XI.1221, † Séville, 4.IV. 1284). Roi de Castille et de León (1254/84). Fils de Ferdinand III et, par sa mère Béatrice, petits-fils de Philippe de Souabe, roi de Germanie, il fut lui-même élu roi de Germanie en 1257 et s'usa pendant vingt ans à disputer vainement la couronne impériale à Rodolphe de Habsbourg. Sa position en Espagne en fut d'autant affaiblie. Il était cependant parvenu à enlever Cadix aux Maures (1262) et à réunir à la Castille le royaume de Murcie (1266). Après avoir réussi, en 1271, à réprimer la révolte de son fils Philippe, il fut renversé en 1282 par un autre fils, Sanche. Alphonse X doit sa gloire à son œuvre culturelle, qui réunissait les courants chrétien, arabe et juif, de la civilisation espagnole du XIIIe s. Il écrivit *Las Cantigas de Santa Maria*, poésies en l'honneur de la Vierge, et fit traduire en langue vulgaire l'Ancien Testament. Il rassembla à Tolède les meilleurs astronomes et, améliorant les calculs de Ptolémée, fit dresser les célèbres *Tables Alphonsines* (1252). Son œuvre fondamentale resta le code de lois connu sous le nom de *Las Siete Partidas*, remarquable effort d'unification du droit civil et criminel.

ALPHONSE XI le Vengeur (* 1311, † Gibraltar, 26.III.1350). Roi de Castille et de León (1312/50). Fils et successeur de Ferdinand IV, il réprima l'agitation des nobles. Il vainquit les Maures à Tarifa (1340), s'empara d'Algésiras (1344) et mourut de la peste au siège de Gibraltar. Voir **CASTILLE**.

ESPAGNE

ALPHONSE XIII (* Madrid, 17.V. 1886, † Rome, 28.II.1941). Roi d'Espagne (1886/1931). Fils posthume d'Alphonse XII. Son règne commença par la régence de sa mère Marie-Christine. À partir de 1902, il régna personnellement, alors que l'Espagne était encore sous les conséquences des désastres de la guerre hispano-américaine de 1898 et de la perte de ses dernières colonies. Son impuissance devant la crise économique de 1917, l'instabilité du régime parlementaire et les difficultés dans le Rif marocain affaiblirent son autorité. En sept. 1923, il dut accepter la dictature de Primo de Rivera qui se retira en 1930. La victoire des républicains aux élections du 12 avril 1931 conduisit Alphonse XIII à quitter l'Espagne, sans cependant abdiquer. Voir **ESPAGNE**.

PORTUGAL

ALPHONSE Ier HENRIQUES le Conquérant (* vers 1110, † Coïmbre, 6.XII.1185). Comte (1112/43) puis roi (1143/85) de Portugal. Fils d'Henri de Bourgogne, qui fut le premier comte de Portugal, il fut placé d'abord sous la tutelle de sa mère, qu'il écarta en 1128. Vainqueur des Maures à la grande bataille d'Ourique (25 juill. 1139), il fut proclamé roi sur le champ de bataille mais son pouvoir fut contesté par son frère et il ne put affranchir le Portugal de la suzeraineté de la Castille qu'en 1143. Fondateur de la monarchie portugaise, il poursuivit victorieusement la lutte contre les Maures en s'emparant de Lisbonne (1147), de Béja (1162) et d'Évora (1165).

ALPHONSE III (* Coïmbre, vers 1210, † Lisbonne, 16.II.1279). Roi de Portugal (1248/79). Il était le second fils d'Alphonse II et il succéda à son frère Sanche II. Il enleva l'Algarve aux Maures (1249/53). Son divorce et son remariage lui valurent d'être excommunié. Voir **PORTUGAL**.

ALPHONSE IV le Brave (* Lisbonne, vers 1290, † Lisbonne, 23.V. 1357). Roi du Portugal (1325/57). S'il participa à la victoire de Tarifa contre les Maures (1340), il s'opposa à son gendre Alphonse X de Castille, à son frère l'infant Alphonse Sanche, et fit mettre à mort Inès de Castro que son fils Pierre avait secrètement épousée.

ALPHONSE V l'Africain (* Cintra, 15.I.1432, † Cintra, 28.VIII.1481). Roi du Portugal (1438/81). Il régna d'abord sous la tutelle de son oncle Pierre, qu'il tua en 1449. Il porta la guerre en Afrique contre les Maures, auxquels il enleva Tanger (1471). Son mariage avec Jeanne la Beltraneja, fille du roi de Castille et rivale d'Isabelle la Catholique, le poussa à entrer en guerre, sans succès, contre ce royaume. Sous son règne, les découvertes maritimes furent encouragées par son oncle Henri le Navigateur.

ALSACE. Région et ancienne province de France, à l'angle N.-E. du pays, bornée par la Lorraine, la Franche-Comté et les frontières de Suisse et d'Allemagne, formant les départements du Haut-Rhin et du Bas-Rhin. D'abord occupée par les Celtes Médiomatrices, elle fut conquise par César en 58 av. J.-C. ; les Suèves, commandés par Arioviste, qui tentaient de l'envahir, furent rejetés au-delà du Rhin. Comprise par les Romains dans la province de *Germanie première*, elle fut envahie à partir du VIe s. par les Germains et fit partie du duché d'Alémanie, sous suzeraineté franque. À la dissolution de l'Empire carolingien, l'Alsace fut d'abord incluse dans la Lotharingie (843), puis, au traité de Mersen (870), échut à Louis le Germanique : dès lors, ses destinées, jusqu'au XVIIe s., furent liées à celles de l'Allemagne.

Henri l'Oiseleur inclut l'Alsace dans le duché de Souabe et elle devint le centre de la civilisation rhénane. Elle se partagea en un grand nombre de souverainetés laïques ou ecclésiastiques ; au XIIIe s., la maison de Habsbourg s'appropria la Haute-Alsace ; quant aux évêques de Strasbourg, ils placèrent sous leur autorité la Basse-Alsace au XIVe s. Le rôle des villes impériales (Haguenau, Wissembourg, Colmar, Sélestat, Obernai, Rosheim, Mulhouse, Kaysersberg, Munster et Turckheim) fut très important et elles s'unirent en 1354 pour former la *Décapole* d'Alsace. Le XVIe s. fut marqué par la guerre des Paysans menée par T. Müntzer. La révolte fut écrasée par Antoine de Lorraine à la bataille de Saverne (1525). La Réforme pénétra en Alsace, notamment à Strasbourg, dès 1529. Mais la majorité du pays demeura catholique, la contre-Réforme ayant été soutenue par les Habsbourg.

La guerre de Trente Ans y fit de rudes ravages. Par les traités de Münster-Westphalie, la France annexa les landgraviats de Haute et Basse-Alsace, les dix villes de la Décapole (excepté Mulhouse qui garda son indépendance), Brisach, mais non Strasbourg. Toutefois les territoires acquis restaient dans l'immédiateté de l'Empire et les villes continuaient d'envoyer des députés à la diète. La victoire de Turenne à Turckheim (1675) assura définitivement la possession de l'Alsace à la France. Après la paix de Nimègue (1678), Louis XIV annexa Strasbourg en 1681 (v. **RÉUNIONS**, politique des). Le pays reçut alors les institutions essentielles de la monarchie absolue, gouverneur et intendant, mais conserva des privilèges particuliers. L'intégration complète de la province ne fut réalisée que sous la Révolution qui supprima les droits féodaux, créa les deux départements du Haut-Rhin et du Bas-Rhin, et dont les idéaux furent acceptés.

Sur l'intervention du tsar Alexandre Ier, l'Alsace fut laissée à la France en 1815. Dès le mois d'août 1870, elle fut conquise par les troupes prussiennes (capitulation de Strasbourg le 28 sept.), puis annexée par le traité de Francfort (10 mai 1871) ainsi qu'une partie de la Lorraine au nouvel Empire allemand en tant que *Reichsland*, « terre impériale » appartenant à tous les États allemands et placée sous l'autorité directe du chancelier. Les habitants reçurent le droit d'opter pour la nationalité française, mais le pays fut soumis à un régime d'autant plus rigoureux qu'il résistait aux mesures de germanisation et n'envoya au Reichstag que des députés contestataires. Une certaine détente finit cependant par s'installer grâce à des gouverneurs conciliants, en raison aussi de l'essor industriel (perfectionnement du procédé Gilchrist-Thomas de fabrication de l'acier) et de la politique anticléricale de la IIIe République qui détourna de la France les catholiques alsaciens. Les revendications de l'autonomisme alsacien au sein de l'Empire allemand finirent par obtenir gain de cause : la Constitution de 1911 accordait à l'Alsace-Lorraine un parlement provincial à deux chambres, tandis qu'en France l'influence politique et littéraire du nationalisme (notamment les ouvrages de Barrès) entretenait, avec l'idée de revanche, l'impatience de reconquérir les provinces perdues. Le traité de Versailles (28 juin 1919) consacra le retour de l'Alsace-Lorraine à la France.

Elle conserva un statut particulier pour son enseignement confessionnel. Durant la période de l'entre-deux-guerres, un mouvement autonomiste apparut, qui cependant n'eut jamais une grande influence. Dès la défaite française de juin 1940, les Allemands réannexèrent Strasbourg malgré les protestations du gouvernement de Vichy, et y installèrent une administration civile dont le chef fut le gauleiter Robert Wagner. L'usage du français fut interdit et, à partir de 1942, de jeunes Alsaciens furent enrôlés de force, parfois dans les SS, et envoyés sur le front de l'Est ; ce furent les « Malgré-nous » (v.).

La campagne d'Alsace (nov. 1944/févr. 45), menée par la VIIe armée américaine de Patch et la Ire armée française de De Lattre de Tassigny, permit sa libération. La 2e DB de Leclerc prit Strasbourg (23 nov. 1944) mais la résistance allemande fut très dure et Colmar ne fut enlevée que le 7 févr. 1945. L'Alsace est désormais un carrefour européen et le Conseil de l'Europe, en mars 1948, puis le Parlement européen en 1979, ont établi leur siège à Strasbourg.

ALTAMIRA. Grotte d'Espagne (prov. de Santander), près de Santillana del Mar. C'est là qu'eut lieu, en 1879, la première découverte de peintures rupestres paléolithiques. Altamira est en effet la plus riche des grottes ornées des provinces cantabriques. La grotte est une galerie tortueuse ornée au plafond et sur les parois de divers animaux, aurochs, bison, cheval, biche, cerf et bouquetin. Les fresques d'Altamira appartiennent au Magdalénien ancien et moyen (peut-être au-delà de 13 000 ans av. notre ère pour les plus anciennes).

ALVARADO Pedro de (* Badajoz, vers 1485, † près de Guadalajara, Mexique, 1541). Conquistador espagnol. Compagnon de Cortés dans la conquête du Mexique, il gouverna Mexico en l'absence de son chef, massacra au cours d'une fête un grand nombre de nobles aztèques, mais se couvrit de gloire dans la retraite nocturne (*la noche triste*) du 30 juin/1er juill. 1520. À la tête de forces dérisoires, il conquit ensuite le Guatemala et le Salvador (1523) et resta jusqu'à sa mort gouverneur du Guatemala où sa femme, Beatriz de la Cueva, lui succéda. Il fit, par l'ocean Pacifique, une expédition pour conquérir Quito, mais abandonna cette région à Pizarre. Il mourut accidentellement en réprimant une révolte des Indiens Chichimèques.

ALYATTE (* 617, † 561 av. J.-C.). Roi de Lydie (vers 610/561). Il fut le père de Crésus et étendit la domination lydienne sur tous les rivages occidentaux de l'Asie Mineure en conquérant Milet, Smyrne et la Carie. Il conclut avec les Mèdes un accord fixant sur l'Halys la frontière entre les deux royaumes (585) et chassa de l'Asie les derniers Cimmériens.

AMALARIC (* vers 501, † Barcelone, 531). Roi des Wisigoths (507/31). Fils et successeur d'Alaric II vaincu et mort à Vouillé en 507. Sous son règne, les Wisigoths quittèrent la région de Toulouse pour s'installer en Espagne. Excepté la Septimanie (Roussillon et Bas-Languedoc actuels), le nouveau royaume ne garda rien en Gaule. Jusqu'à sa mort, il demeura le protecteur de l'arianisme.

AMALÉCITES. Peuple arabe nomade qui habitait au S.-O. de la Palestine. Selon la Bible, ils passaient pour les descendants d'Ésaü qui avait perdu son droit d'aînesse au profit de son frère Jacob, par son petit-fils Amalec. Ils menèrent des guerres acharnées contre les Israélites : peut-être la descendance d'Ésaü a-t-elle été mise en avant pour justifier cette hostilité. Saül mena contre eux des guerres d'extermination. Devenu roi à son tour, David poursuivit implacablement les descendants de cette tribu qui ne survécut pas à son règne.

AMALGAME. Réunion dans un même corps arme d'unités différentes par leur recrutement. Le plus important fut réalisé sous la Convention par L. Carnot durant l'hiver 1793/94 : deux bataillons de « bleus » (jeunes soldats venant de la levée en masse) furent associés avec un bataillon de soldats de l'ancienne armée pour former une demi-brigade. C'est aussi par un amalgame qu'en 1944/45 des unités de FFI furent intégrées dans la Ire armée française du général de Lattre de Tassigny.

AMANOULLAH Khan (* Paghman, 1er.VI.1892, † Zurich, 25.VI.1960). Roi d'Afghanistan (1919/29). Fils et successeur de l'émir Habiboullah, il fit reconnaître par l'Angleterre l'indépendance afghane (traité de Rawalpindi, 8 août 1919), prit le titre de roi, mais dut abdiquer en janv. 1929.

AMARNA (Tell d'El-). Site d'Égypte, au N. d'Assiout, sur lequel le pharaon Aménophis IV (vers 1379/62) fit construire une nouvelle capitale, Akhetaton (« Horizon d'Aton »), ainsi nommée après qu'il eut décidé d'abandonner Thèbes et le culte d'Amon pour celui d'Aton, dieu solaire. Il avait lui-même changé son nom en Akhenaton (« Serviteur d'Aton »). Construite rapidement (en quatre ans, vers 1375/71), la ville nouvelle fut abandonnée après la mort de son bâtisseur. Le site a été fouillé dès 1891, révélant ainsi divers monuments. Dans l'atelier du sculpteur Thoutmès a été retrouvé le buste de la reine Néfertiti (musée de Berlin) ; d'autre part, un lot de 300 tablettes cunéiformes, rédigées en babylonien, a révélé les relations de l'Égypte pharaonique avec les princes du Proche-Orient.

AMATO Giulano (Turin, 13.V. 1938). Homme politique italien. Docteur en jurisprudence, il adhéra au parti socialiste italien (PSI) en 1958, devint député de Turin en 1983, ministre du Trésor (1987/89) et vice-secrétaire du PSI (1989/92). Lors de son premier passage à la tête du gouvernement (1992/93), il instaura une politique drastique de réduction des dépenses. Son gouvernement tomba quand éclata l'opération *Mani pulite* (« Mains propres »). Après la démission de Massimo D'Alema de son poste de président du conseil en avr. 2000, le président de la République Carlo Azeglio Ciampi le chargea de composer un nouveau cabinet.

AMAURY II ou **AMALRIC II DE LUSIGNAN** († Acre, 1205). Roi de Chypre (1194/1205) et de Jérusalem (1197/1205). Héritier de son frère Guy de Lusignan, lui-même roi de Chypre et de Jérusalem, il se fit donner par l'empereur Henri VI le titre de roi de Jérusalem. Il ne put jamais prendre possession de ses États conquis par Saladin depuis 1187. Après lui, les rois de Chypre ont conservé le titre de roi de Jérusalem.

AMAZONES. Tribu fabuleuse de femmes guerrières qui, selon les Grecs, habitait sur les rives de la mer

Noire et dans les montagnes du Caucase. Elles apparaissent jusque dans des récits relatifs à Alexandre.

AMBIORIX (Ier s. av. J.-C.). Au temps de la conquête romaine, Ambiorix était roi des Éburons, peuple belge établi dans les Ardennes, entre le Rhin et la Meuse. Allié aux Trévires, il se révolta contre l'envahisseur, fut vainqueur des lieutenants de César. Vaincu par César lui-même en 54 av. J.-C., il dut se réfugier dans les Ardennes où il disparut. Les représailles de César furent terribles : il massacra ou vendit les Éburons comme esclaves et appela d'autres peuples à ravager leur pays où s'établirent les Tongres.

AMBOISE (conjuration d', mars 1560). Conspiration tramée par les huguenots pour soustraire le jeune roi François II à l'influence de François de Lorraine, duc de Guise, et de son frère Charles, cardinal de Lorraine. Inspirée par le prince Louis de Condé, elle avait pour chef avoué Georges Barré de La Renaudie, mais les conjurés furent trahis au moment où ils marchaient sur Amboise, où se trouvait la cour. Surpris, La Renaudie se défendit jusqu'à la mort et son cadavre fut pendu sur le pont. La plupart des autres conjurés qui s'étaient rendus furent exécutés (17 mars 1560) ; Condé, gardé à vue, échappa au châtiment en désavouant ses compagnons et fut obligé de tremper son épée dans leur sang.

AMBOISE (édit d'). Promulgué le 19 mars 1563, il mettait fin à la première guerre de religion (1562/63) et accordait aux protestants l'autorisation d'exercer leur culte dans les maisons des nobles professant cette religion, dans l'étendue de leurs domaines s'ils étaient hauts justiciers, et dans une ville par bailliage ou sénéchaussée, à l'exception de Paris.

AMBROISE saint (* Trèves ?, 333/40, † Milan, 4.IV. 397). Père et docteur de l'Église, évêque de Milan, il lutta contre l'arianisme et affirma les droits de l'Église face à la puissance impériale. Il contraignit l'empereur Théodose à une pénitence publique pour le massacre de plusieurs milliers de personnes dans Thessalonique révoltée (390). Il favorisa le monachisme en Italie et son enseignement contribua à convertir st Augustin.

AMÉDÉE FERDINAND (* Turin, 30.V. 1845, † Turin, 18.I.1890). Roi d'Espagne (1870/73). Second fils de Victor-Emmanuel II d'Italie, duc d'Aoste, il fut élu roi d'Espagne par les Cortés le 16 nov. 1870. Son impuissance à faire cesser la lutte des partis et à remédier à la crise financière, la tentative d'assassinat à laquelle il échappa, le poussèrent à abdiquer le 11 févr. 1873 et à rentrer en Italie où il reprit le titre de duc d'Aoste.

AMÉNEMHAT. Nom de plusieurs pharaons d'Égypte. **Aménemhat Ier** (vers 1991/62 av. J.-C.) fonda la XIIe dynastie. Sa réforme de l'administration rendit toute leur puissance aux monarques. Il poursuivit la pénétration égyptienne en Nubie, organisa dans le Delta la résistance aux Bédouins en construisant une série de fortifications appelées le « Mur du prince ». Une conspiration de palais le renversa, mais son fils Sésostris Ier put s'assurer du pouvoir. Son petit-fils **Aménemhat II** (vers 1928/1895 av. J.-C.), 3e pharaon de la XIIe dynatie, succéda à Sésostris Ier. Il développa l'agriculture et rouvrit la route commerciale de la mer Rouge avec le pays de Pount. **Aménemhat III** (vers 1842/1797) s'attacha à développer l'agriculture et l'économie du Fayoum en créant le lac Moeris. Son temple funéraire fut le « Labyrinthe des Grecs ». **Aménemhat IV** (vers 1799/90) fut l'avant-dernier pharaon de la XIIe dynastie.

AMÉNOPHIS ou **AMENHOTEP II.** Pharaon de la XVIIIe dynastie (vers 1450/25 av. J.-C.), fils et successeur de Thoutmosis III. À son avènement, les Syriens se révoltèrent mais furent écrasés après trois ans de campagnes. Aménophis ramena prisonniers en Égypte sept de leurs chefs, qui furent sacrifiés solennellement devant le dieu Amon, et dont les têtes et les mains furent exposées sur les murs du temple de Karnak. Il lutta contre le royaume hourrite du Mitanni puis se rapprocha de cette puissance. Sa tombe de la vallée des Rois, découverte en 1898, est un spécimen classique des hypogées royaux égyptiens.

AMÉNOPHIS ou **AMENHOTEP III.** Pharaon de la XVIIIe dynastie (vers 1417/1379 av. J.-C.). Fils et successeur de Thoutmosis IV ; son architecte et favori, Amenhotep, lui éleva un somptueux palais près de Thèbes et un vaste temple funéraire, duquel subsistent les Colosses de Memnon. De ce règne date également le temple de Louxor. Tout en gardant le culte d'Amon, Aménophis III favorisa la religion du dieu solaire Aton, que son fils devait développer considérablement (v. **Aménophis** ou **Amenhotep IV**).

AMÉNOPHIS ou **AMENHOTEP IV.** Pharaon de la XVIIIe dynastie (vers 1379/62 av. J.-C.). Fils et successeur d'Aménophis III et époux de Néfertiti. Son règne fut marqué par une révolution religieuse considérable. Secouant la tutelle que le puissant clergé d'Amon faisait depuis longtemps peser sur la dynastie, il décida de remplacer la religion d'Amon par celle d'Aton, le disque solaire, qui devint l'objet d'un culte officiel nouveau, où l'on a vu, à tort, un monothéisme. Après avoir d'abord tenté la conciliation avec le clergé de Thèbes, Aménophis IV abandonna cette ville pour fonder une nouvelle capitale à Tell el-Amarna, qu'il baptisa *Akhetaton* (« l'Horizon d'Aton »), et changea son propre nom en celui d'*Akhenaton* (« d'Aton »). Le nouveau culte rencontra une immense opposition de la part du clergé de Thèbes et des grands d'Égypte ; déjà déclinant à la fin du règne, il fut abandonné sous Toutankhamon, successeur d'Aménophis IV, et ce retour en force des fidèles d'Amon accéléra la ruine de la XVIIIe dynastie. Absorbé par les affaires religieuses, Aménophis IV négligea gravement la politique étrangère égyptienne et, sans intervenir, laissa les Hittites écraser le Mitanni, allié de l'Égypte, puis s'installer dans les ports de Phénicie et substituer leur hégémonie à celle des pharaons, en Syrie et en Palestine. Voir **Égypte.** Le Nouvel Empire.

AMERICAN FEDERATION OF LABOR (AFL), en français *Fédération américaine du travail*. Fédération de syndicats ouvriers américains fondée en 1881 par Samuel Gompers et Adolph Strasser. Voir **Syndicats.** Le développement des syndicats dans le monde.

AMERICAN FEDERATION OF LABOR-CONGRESS OF INDUSTRIAL ORGANIZATIONS (AFL-CIO). Principale organisation syndicale des États-Unis, issue de la fusion, en 1955, de l'AFL, dirigée par George Meany, et du CIO, présidé par Walter Reuther. Voir **Syndicats.** Le développement des syndicats dans le monde.

AMÉRIQUES. Le mot *Amérique* vient d'Amerigo, prénom du navigateur Vespucci, et apparaît pour la première fois sur la carte dressée en 1507 par Martin Waldseemüller. Le continent américain s'étend de l'Arctique à la Terre de Feu, en deux grands ensembles : celui du nord qui se termine par le Mexique et celui du sud, tous deux reliés par un isthme percé maintenant par le canal de Panamá.

Le premier peuplement humain de l'Amérique constitue un problème difficile. La thèse de l'origine autochtone a été abandonnée et il est admis que les premiers occupants sont arrivés de Siberie, à l'époque où une poussée glaciaire unissait l'Asie et l'Amérique par une banquise continue et qu'ils étaient des Mongoloïdes. Mais s'il était vérifié que « l'homme de Kennewick » (État de Washington) était d'origine européenne, il faudrait prendre en compte l'hypothèse de plusieurs groupes humains. Les sites archéologiques de Meadowcroft (Pennsylvanie), Monte Verde (Chili), de Topper (Caroline du Sud) et Cactus Hill, permettent de considérer comme très probable l'arrivée des hommes en Amérique il y a 20 000 ans environ ; mais il n'est pas impossible qu'elle ait été antérieure, les techniques les plus poussées d'analyse et de datation donnant des résultats contradictoires.

Des activités de l'homme préhistorique en Amérique du Nord, il reste des témoignages nombreux répartis sur une trentaine de sites archéologiques qui ne remontent pas au-delà de – 15 000 ans av. J.-C. Outre le matériel archéologique provenant du site de Old Crow (Alaska), dont la datation n'est pas établie, les premiers objets susceptibles de témoigner d'activités humaines ont été trouvés dans la grotte de Bluefish au Yukon et peut-être dans celle de Wilson Butte (Idaho). Les gisements de Cape Denbigh et de British Mountain (Alaska), l'exploration de la vallée du Mackenzie et celle de la faille des Rocheuses permettront peut-être de comprendre l'histoire du peuplement de tout le continent américain.

Les préhistoriens ont défini le concept d'une Amérique moyenne ou *Mesoamerica*, qui correspondrait au centre et au sud du Mexique jusqu'au S. du Costa Rica. La présence de l'homme dans cette aire culturelle est repérée sur une centaine de sites archéologiques qui vont des origines à 2500 av. J.-C. Relativement mobile, l'homme mésoaméricain a fabriqué des outils de pierre et d'os, a fondé des communautés pré-villageoises et créé une première agriculture dont la base était constituée par la courge et le maïs. Mais la céramique lui est demeurée longtemps étrangère. Elle n'apparut qu'au IIIe millénaire, après que l'agriculture eut sédentarisé les hommes. En même temps, ils passèrent du village à la ville.

Vers 1200 av. J.-C., apparut dans la région côtière du golfe du Mexique la civilisation olmèque qui employait l'écriture. Elle se perpétua jusqu'au Ve s. avant notre ère. Les Mayas sont apparus vers la fin du IIIe s. de notre ère dans le Yutacán, qui ont connu leur apogée du VIIIe au début du Xe s. On connaît plus de cent sites mayas d'importance variée. La civilisation de Teotihuacán, ville située au N. de Mexico, était contemporaine de celle des Mayas et a atteint sa plus grande ampleur entre 400 et 700 apr. J.-C. Elle fut remplacée au milieu du IXe s. par celle des Toltèques, peuple guerrier venu du N. qui fonda la ville de Tula elle-même ruinée en 1168. La civilisation des Zapotèques subit l'influence olmèque, s'épanouit dans les vallées d'Oaxaca, d'Etla, de Tlacolula et dura jusqu'à l'an mille. Le Yucatán fut envahi à la fin du Xe s. par des populations toltèques qui fondèrent la ville de Chichen-Itza. Enfin, les Aztèques fondèrent leur capitale Mexico-Tenochtitlán en 1325 et ils étendirent leur hégémonie sur la plus grande partie du Mexique. Leur civilisation était en plein essor lorsque les Européens ont fait irruption en 1519.

En Amérique du Sud les recherches ont fait apparaître la présence de l'homme, sans qu'un accord ait pu se faire sur la datation : ainsi en est-il du site brésilien de la *Toca do Boqueirao de Pedra Furada*, où ont été découverts des galets et des éclats autour de foyers. Plus nombreux sont les sites datés entre 12000 et 10000 av. J.-C. Sur le site de Monte Verde (Chili), cité plus haut, ont été retrouvés les restes d'un habitat d'une douzaine de cabanes, des foyers et quelques outils en pierre rudimentaires. À partir de 10000 av. J.-C., l'ensemble du continent, jusqu'à la Terre de Feu et la Patagonie, fut occupé. Ces premiers habitants ont eu des rites funéraires et ils ont créé un répertoire de peintures rupestres. Après avoir vécu d'une économie de chasse et de cueillette, ils ont créé leurs premières cultures vers 6000 av. J.-C. comme l'attestent les vestiges de haricots rouges et de courges de la grotte Guitarreo et à Ayacucho. Le maïs a été présent dès le IVe millénaire.

Les Andes tropicales et centrales ont vu naître et se développer des civilisations précolombiennes très brillantes, de celle de Chavín (Ier millénaire av. J.-C.) à celle de Mochica (Ier millénaire apr. J.-C.). Etablis dans le bassin de Cuzco, les Incas se sont rendus maîtres d'un vaste empire après avoir vaincu les Chancas en 1438. Inca Yupanqui s'empara alors du pouvoir et, sous le nom de Pachacuti, fut le premier souverain inca historique de l'Empire qui unifia les Andes centrales de 1438 à 1532.

La découverte maritime de l'Amérique

Il n'est plus douteux que l'Amérique a été atteinte par des marins scandinaves dès le haut Moyen Âge et Terre-Neuve semble avoir été connue des marins européens. Mais Christophe Colomb, qui cherchait à atteindre les Indes par l'Atlantique, est attaché à la découverte de l'Amérique car il ouvrit ce continent à la conquête européenne. Lors de son premier voyage, il débarqua le 12 octobre 1492 à Guanahani, une des Bahamas, puis découvrit Cuba et Saint-Domingue ; le deuxième voyage (1493/96) le conduisit à aborder d'autres îles des Caraïbes. Le troisième voyage (1498) lui fit aborder le continent, près de l'embouchure de l'Orénoque. En 1502/04, il fit une dernière expédition, sans réaliser, semble-t-il, qu'il avait découvert un continent.

L'exploration du littoral atlantique sud se poursuivit avec Vespucci qui, lors de son premier voyage (1499), longea la côte du Venezuela ; au second, il découvrit la baie de Rio de Janeiro et descendit jusqu'en Patagonie. En 1499/1500, Yanez Pinzon, puis Pedro Cabral descendirent la côte du Brésil ainsi nommé en raison du bois de *brasil*. En 1512, Ponce de León aborda en Floride ; en 1513, Balboa traversait l'isthme de Panamá et découvrait l'océan Pacifique. En 1519, Magellan atteignait la Terre de Feu, franchissait le détroit qui porte son nom et entrait dans le Pacifique.

L'exploration des côtes se poursuivit au N. Jean Cabot, Vénitien, avait touché terre aux environs de l'île de Cap-Breton en 1497 ; en 1500/01, Corte Real découvrait – ou redécouvrait – le Labrador et en 1508/09, Sébastien Cabot, fils de Jean, longeait le littoral du Labrador à la Floride. En 1524, Verrazzano découvrait la baie de New York appelée Nouvelle-Angoulême. L'exploration de la côte atlantique, de l'embouchure du Saint-Laurent jusqu'au détroit de Magellan était terminée en 1527. Jacques Cartier remonta le Saint-Laurent en 1534, parvint au Québec et, au nom du roi de France, prit possession de la région qu'il appela Canada.

La colonisation

Dès 1493, la bulle papale *Inter caetera* partageait le Nouveau Monde entre l'Espagne et le Portugal. Elle reconnaissait à la première la souveraineté sur les territoires situés à l'O. d'un méridien passant à 100 lieues à l'O. des Açores ; ceux qui étaient situés à l'E. de cette ligne revenaient au Portugal. L'année suivante, à la demande des Portugais, le traité de Tordesillas repoussait le méridien à 370 lieues, vers l'O.

Le roi Manuel de Portugal s'intéressa peu au Brésil, mais se réserva le monopole du bois brésil utilisé pour la teinture, dont il donna l'exploitation à Fernando de Noronha. Jean III veilla à en développer l'exploitation, organisant le pays en quinze capitaineries. En 1548, fut créé un gouverneur général qui s'installa à Bahia. D'autres cultures se développèrent, en particulier la canne à sucre qui succéda au bois comme première source de richesse du Brésil. Elle favorisa l'esclavage des Indiens, puis celui des Noirs dont les Portugais avaient le monopole. La concurrence du sucre des Antilles fut à l'origine d'une crise longue à surmonter. Mais, vers 1700, avait été découvert l'or du Minas dont les mines, exploitées par une main-d'œuvre servile, se tarirent à partir de 1770 ; l'économie du Brésil redevint agricole.

La colonisation des Indes espagnoles commença avec le deuxième voyage de Colomb et s'organisa avec l'expédition de Nicolas de Ovando en 1502. Elle avait débuté à Haïti, s'étendit à Porto Rico, à Cuba, à la Jamaïque, puis sur le continent. La conquête fut l'œuvre des *conquistadores* tel Fernand Cortés qui, entré à Mexico en 1519, s'en empara en 1521, et Pizarre et Almagro qui ruinèrent l'Empire inca (1532/36). Au Chili, Valdivia et Hurtado de Mendoza peinèrent à battre les Indiens Araucans (1540/61). La colonisation du Venezuela fut achevée en 1567. Le roi d'Espagne créa en 1503 la *Casa de Contratación* qui, depuis Séville, centralisait et surveillait le commerce. Un Conseil des Indes fut établi en 1511. On divisa les terres conquises en provinces, les *audiencias*, avec des gouvernements dotés de pouvoirs judiciaires et politiques, au nombre de six avant 1550 : Saint-Domingue, Mexico, Lima, Guatemala, Guadalajara, Bogotá, auxquelles s'ajoutèrent celles de Charcas, du Chili, de Manille. Des vice-rois furent installés à Mexico et Lima. La *Casa de Contratación* encouragea particulièrement la recherche des métaux précieux. Les mines d'or et d'argent du Mexique et du Pérou, en particulier celles de Potosí découvertes en 1545 dans la Bolivie d'aujourd'hui, devinrent la base de l'économie coloniale. Parallèlement, le roi distribua des terres, les *encomiendas*, à des Espagnols qui, en même temps, reçurent le droit d'y faire travailler les Indiens qui leur étaient dévolus et qu'ils devaient christianiser. Les abus furent vite dénoncés, surtout par les hommes d'Église, tel Bartolomé de Las Casas. Le besoin de main-d'œuvre accéléra l'importation d'esclaves noirs dès 1517 ; la population indienne des Antilles, celle des Arawaks, disparut totalement.

Les Antilles furent l'objet des raids puis des conquêtes des autres puissances européennes. Dès 1620, les Anglais prenaient pied à Saint-Christophe, à la Barbade, à Sainte-Lucie et à la Jamaïque (1655). En 1634, les Hollandais s'emparaient de Curaçao. En 1635, à leur tour, les Français prenaient la Martinique, la Dominique et la Guadeloupe ; en 1659, ils fondaient leurs premiers établissements dans l'O. de Haïti.

En 1607, en Virginie, John Smith fonda Jamestown, premier établissement durable anglais en Amérique. En 1624, la Virginie devenait la première colonie de la Couronne. En 1620, une autre colonie avait été créée, plus au N., par les passagers du *Mayflower* (v. **PÈLERINS**, pères), au nombre desquels se trouvaient des puritains fuyant les persécutions en Angleterre. De 1630 à 1642, la Compagnie du Massachusetts fit venir de nombreux puritains qui s'établirent dans ce que l'on nomma la Nouvelle-Angleterre. Les colonies de Rhode Island, du Maryland, de Caroline furent bientôt fondées. Les Anglais prirent la Nouvelle-Amsterdam qu'avaient fondée les Hollandais et qui devint New York. Avant l'Indépendance américaine, treize colonies anglaises s'échelonnaient sur la côte E. de l'Atlantique.

Au nom du roi de France, Jacques Cartier avait pris possession du Canada. D'autres installations françaises furent vainement tentées au Brésil (1555) et en Floride (1562). La colonisation du Canada ne commença vraiment que sous le règne d'Henri IV : Champlain fonda Port-Royal en Acadie et Québec en 1607. La pénétration à l'intérieur du continent commença avec la découverte des Grands Lacs par Jean Nicolet (1634), suivie de la descente du Mississippi dont Cavelier de La Salle atteignit l'embouchure et établit les droits de la France sur cette région qu'il appela Louisiane mais dont la colonisation ne commença qu'en 1699, La Nouvelle-Orléans n'étant fondée qu'en 1718. Par le traité de Paris de 1763, la France dut renoncer à toutes ses colonies continentales. Il ne lui restait que Saint-Pierre-et-Miquelon, Saint-Domingue, la Martinique et la Guadeloupe. Redevenue brièvement française, la Louisiane fut vendue aux États-Unis (1803).

L'indépendance des Amériques

Le conflit de l'Angleterre avec ses treize colonies d'Amérique du Nord est né d'intérêts divergents oubliés pendant la guerre avec la France. Bien des différences les empêchaient de constituer un pays uni mais toutes supportaient difficilement la fiscalité et les tarifs douaniers mis en place par la mère patrie. Les taxes sur les mélasses, puis un droit de timbre (1765), puis la taxe sur le thé maintenue malgré les incidents de Boston, poussèrent les colons à refuser tout impôt qu'ils n'avaient pas voté. En 1774, le premier Congrès continental réunissait à Philadelphie des représentants des colonies ; refusant l'autorité du Parlement britannique, elles demandaient le droit de se gouverner. Londres recourant à la force (incidents de Lexington et de Concord en 1775), le Congrès leva une armée et organisa la guerre. Le second Congrès de Philadelphie vota la Déclaration d'indépendance des États-Unis d'Amérique (4 juill. 1776) et nomma George Washington commandant en chef. Les *Insurgents* eurent le renfort de volontaires français et européens ; la capitulation d'une troupe anglaise à Saratoga (oct. 1777) décida la France à signer un traité d'alliance avec les États-Unis, puis à entrer en guerre. L'Angleterre capitula à Yorktown (oct. 1781) et par le traité de Versailles (3 sept. 1783), reconnut l'indépendance des États-Unis.

Ferdinand VII d'Espagne ayant été détrôné en 1808 au profit de Joseph Bonaparte, la France fut indirectement à l'origine de l'indépendance des colonies espagnoles. Comme la majorité des Espagnols, les colons d'Amérique refusèrent de reconnaître le nouveau roi et se rallièrent à leur souverain prisonnier en France. Ainsi le mouvement loyaliste dut établir des autorités de fait qui adoptèrent peu à peu une attitude séparatiste. Après la restauration de Ferdinand VII, les Espagnols triomphèrent de tous les soulèvements, sauf en Argentine qui se proclama indépendante en 1816. Mais forts de l'appui officieux des États-Unis et de l'Angleterre et grâce à l'arrivée d'officiers étrangers, les mouvements indépendantistes triomphèrent sous la conduite de Bolívar qui s'empara de la Colombie, du Venezuela et de l'Équateur, de San Martin qui chassa les Espagnols du Chili et du Pérou. En 1824, Sucre battait la dernière armée espagnole à Ayacucho (Pérou). De 1823 à 1839, le Guatemala, le Salvador, le Honduras, le Nicaragua et le Costa Rica formèrent les Provinces-Unies d'Amérique centrale et reprirent ensuite leur indépendance.

Le Brésil put acquérir son indépendance sans rupture brutale avec le Portugal en 1822 ; il avait accueilli en 1807 la famille royale chassée par l'invasion française et, une fois Jean VI revenu dans son pays, les Brésiliens demandèrent à son fils dom Pedro d'être empereur du Brésil. À partir de 1822, il régna sous le nom de Pierre Ier.

Les puissances de la Sainte-Alliance eurent-elles l'idée d'intervenir en Amérique du Sud pour rétablir la domination espagnole ? Maîtresse des mers, l'Angleterre entendait bien limiter leurs actions au continent européen et, comme les États-Unis, elle voulait profiter des immenses marchés offerts par les anciennes colonies. Ces deux pays contribuèrent à faire échouer les projets fédératifs de Bolívar ; ils furent aidés par les particularismes régionaux, l'incompétence des chefs indépendantistes locaux et les dimensions du continent qui empêchait les communications. En 1830, la Grande Colombie se disloqua et donna naissance à trois États (Colombie, Venezuela, Équateur). En 1839/40, la Fédération des Provinces-Unies de l'Amérique centrale éclata à son tour et quinze États indépendants naquirent de l'empire créé par Pizarre et Cortés. Ainsi, en moins de cinquante ans, tout le continent américain avait cessé d'être une colonie européenne. Pragmatique, la Grande-Bretagne laissa le Canada aller doucement vers l'autonomie : en 1867 fut créée la Confédération du Canada, qui devint le premier « dominion » britannique où entrèrent le Manitoba en 1870, la Colombie-Britannique en 1871, l'île du Prince-Édouard en 1873 et Terre-Neuve en 1949.

Les États-Unis et l'impérialisme américain

L'histoire de l'Amérique au XIXe s. est marquée par la croissance prodigieuse des États-Unis. Elle résista victorieusement à l'Angleterre en 1812/14, acheta la Louisiane à la France en 1803, la Floride à l'Espagne en 1819. Le 2 déc. 1822, le président James Monroe formula la doctrine de la politique étrangère du pays, par laquelle il interdisait toute intervention européenne sur le continent américain et refusait d'intervenir dans les conflits entre nations européennes. Dans ce contexte, les États-Unis annexèrent les provinces septentrionales du Mexique, peuplèrent l'Ouest de 1820 à 1880 et achetèrent l'Alaska aux Russes en 1867.

Ainsi, en 1867, le territoire des États-Unis avait doublé d'étendue et avoisinait celui de l'Europe, Russie comprise. À partir de 1869, le chemin de fer rapprocha les côtes atlantique et pacifique, et l'immigration européenne, d'abord constituée d'Irlandais, d'Anglais, d'Allemands et de Scandinaves, s'accrut après 1890 d'Italiens, de Slaves et de Juifs fuyant la Russie. De 1825 à 1959, la population fut multipliée par quinze, alors que celle de l'Europe ne l'était que par trois. L'essor économique s'accéléra à partir de 1870, favorisé par l'abondance des matières premières, la concentration des capitaux et l'organisation scientifique du travail. En 1914, les États-Unis étaient la première puissance industrielle du monde et, en 1918, la première puissance commerciale et financière. Aussi le « Jeudi noir » de Wall Street (24 oct. 1929) plongea-t-il le monde entier dans la crise économique. Après la crise de la guerre de Sécession (1861/65), les États-Unis redevinrent vigilants sur l'application de la doctrine Monroe. Napoléon III fut contraint de retirer ses troupes du Mexique ; l'Angleterre et le Venezuela durent accepter leur arbitrage dans le conflit à propos des frontières de la Guyane britannique ; la guerre de 1898 avec l'Espagne permit de liquider les vestiges de l'Empire espagnol, d'annexer Porto Rico et les Philippines et d'établir leur protectorat sur Cuba. En 1903 ils obtinrent les concessions nécessaires au percement du canal de Panamá ouvert en 1914. Pourtant, ils pouvaient aussi renoncer à leur politique isolationniste : leur intervention dans la Première Guerre mondiale fut décisive. Mais, après s'être engagés en Europe, ils ne ratifièrent pas le traité de Versailles, et par leur défaut, la réorganisation de l'Europe fut impossible.

Après la crise de 1929/33, Roosevelt sut redonner confiance aux Américains et les persuada d'incarner la démocratie face au totalitarisme de l'Allemagne et du Japon. Après la défaite des puissances de l'Axe, commença leur rivalité avec l'URSS. Grâce au plan Marshall (1947) l'Europe occidentale put se redresser. La création de l'OTAN (1949) intégra le vieux continent dans leur système de défense et celle de l'OTASE (1954), en Asie et dans le Pacifique joua un rôle analogue. Comme Tocqueville l'avait prévu en 1840, les États-Unis se retrouvaient seuls face à la Russie et luttaient pour la domination du monde. La course aux armements nucléaires et celle de la conquête de l'espace illustrèrent cette rivalité. Cependant les deux Super-Grands durent compter rapidement avec la Chine et avec la Communauté économique européenne. La crise des fusées de Cuba (1962) fut une victoire pour le président J. F. Kennedy, mais l'échec de l'intervention au Viêt-nam (chute de Saigon en févr. 1975), et l'affaire des otages de Téhéran (25 avr. 1980) ternirent leur image. La présidence de Reagan restaura, à partir d'idées simples mais appliquées avec détermination, l'image de puissance de son pays. La guerre du Golfe (1991) et l'effondrement de l'URSS corroborèrent l'idée que les États-Unis avait une puissance militaire absolue.

Le revers fut l'affaiblissement de leur puissance financière ; leur part dans le PNB mondial a décru régulièrement : en 1945 il en constituait près de la moitié ; en 1995, il était à moins d'un cinquième et le déficit des finances publiques n'a cessé de se creuser. La constitution de l'ALENA (v.) vise à constituer une zone de libre-échange pour toute l'Amérique du Nord. Mais l'Europe demeure un adversaire autant qu'un partenaire économique et la création de l'Organisation mondiale du commerce (OMC) en 1995, représente un frein à leur expansionnisme.

L'Amérique latine depuis les guerres d'indépendance

Pendant un quart de siècle, l'indépendance des anciennes colonies espagnoles fut suivie de troubles et de *pronunciamientos*. La classe dirigeante des créoles et des métis n'avait aucune expérience politique et demeurait exposée à la violence des militaires. L'immense majorité de la population, illettrée, mais consciente que l'indépendance n'avait en rien changé son sort, n'avait aucun moyen de se faire entendre.

À l'exception du Chili, tous les pays latino-américains subirent la dictature militaire d'un caudillo avant 1850. Jusqu'à nos jours, elle est restée une forme de gouvernement de l'Amérique du Sud, relayée souvent par une dictature civile camouflée en régimes présidentialistes. Si la répression des libertés fut souvent féroce, ces régimes apportèrent parfois le progrès économique et social. Outre l'instabilité politique, l'Amérique latine fut ravagée par des guerres sauvages : guerre du Paraguay, qui y perdit les deux tiers de sa population, contre l'Argentine, l'Uruguay et le Brésil (1865/70), guerre du Pacifique entre le Chili opposé au Pérou et à la Bolivie (1879/84), guerre du Chaco (1932/35) entre la Bolivie et le Paraguay.

Pourtant, à partir de 1850, les pays qui s'ouvrirent à l'immigration européenne connurent un développement économique. Ce fut notamment le cas de l'Argentine dont la population passa de 1,2 à 10,2 millions d'habitants entre 1852 et 1924 et atteignit 23,9 millions en 1969. Le Brésil accueillit 2,5 millions d'immigrants entre 1888 et 1914. De

15 millions d'habitants à la fin de la domination espagnole, l'Amérique du Sud en comptait 63 millions en 1900, et 163 en 1950. En même temps, les capitaux, français et anglais avant 1914, américains du Nord ensuite, se sont portés vers ces pays neufs, favorisant la production de matières premières agricoles et minières au détriment des industries de transformation. L'Amérique latine dépendit donc de l'Europe pour les produits manufacturés et son commerce fut doublement vulnérable. Les conséquences de la crise de 1929 y furent donc immédiates et particulièrement dures. Les changements sont intervenus après 1945 ; l'économie s'étant diversifiée, l'industrie fit des progrès considérables. L'exemple le plus probant a été celui du Mexique avec un essor industriel sans précédent.

Développement et guérilleros

Les progrès économiques ont profité à la population urbaine, et la misère paysanne est devenue un des plus graves problèmes pour l'avenir du continent. Si des réformes agraires ont été réalisées au Pérou, à Cuba, au Chili, d'immenses domaines, les *latifundia*, ont subsisté, en même temps que la petite propriété rurale souffrait de son ignorance et de son sous-équipement.

Les pays latino-américains ont cherché à unifier leur politiques économiques et commerciales dans le cadre de deux organisations : le *Marché commun de l'Amérique centrale*, fondé en 1957 et qui regroupe le Salvador, le Guatemala, le Honduras, le Nicaragua, et le Costa Rica, et l'*Association de libre-échange latino-américaine*, fondée en 1961 qui comprend l'Argentine, le Brésil, le Chili, la Colombie, l'Équateur, le Mexique, le Paraguay, le Pérou et l'Uruguay. Le développement a été aussi favorisé par l'aide américaine soit directe, soit passant par la Banque interaméricaine de développement. En 1961, Kennedy lança l'Agence pour le progrès qui devait améliorer les conditions sociales. Mais les Américains ont trop souvent appuyé des régimes liés aux féodalités, ce qui a contribué à aggraver la corruption. Un sentiment *anti-yankee* s'est développé et ni les progrès du panaméricanisme ni le développement de l'activité de l'Organisation des États américains (OAS), créée en 1948, n'ont pu empêcher la naissance et le développement d'une idéologie marxiste et nationaliste à la fois. Les États-Unis ont renversé le régime d'Arbenz au Guatemala en 1954, aidé à la chute de Perón en 1955, contraint Khrouchtchev à retirer ses fusées de Cuba en 1962 et mis fin à la révolution en république Dominicaine en 1965. La guérilla révolutionnaire n'a pas réussi à s'étendre et l'expérience de Salvador Allende au Chili s'est terminée par l'arrivée au pouvoir du général Pinochet. Mais Castro, maître de Cuba depuis déc. 1959, a résisté à toutes les tentatives de déstabilisation.

La situation politique s'est améliorée nettement dans les années 1985/95. En 1994, tous les régimes du continent s'étaient démocratisés, ce qui contrastait avec la situation dans les Caraïbes, où un pays comme Haïti offre l'exemple d'un total effondrement des structures économiques, sociales et politiques. L'Amérique centrale, menacée d'embrasement généralisé dans les années 1980, a connu des processus de réconciliation nationale, parfois difficile, comme au Nicaragua. Cependant, la reprise économique n'a pas résorbé les inégalités sociales et les mouvements révolutionnaires gardent une certaine audience dans les populations des immenses banlieues anarchiques qui ceinturent les grandes villes. Les guérillas politiques ont, pour la plupart, sombré avec l'effacement de leurs parrains cubain ou est-européens ; celles qui se maintiennent, en Colombie particulièrement, recherchent dans des alliances mafieuses, notamment dans le trafic de la drogue, de nouveaux soutiens.

AMÉRIQUE CENTRALE (Provinces-Unies d'). Fédération qui réunit, de 1823 à 1832, le Salvador, le Honduras, le Nicaragua, le Costa Rica et le Guatemala. Indépendants en 1821, ces pays – à l'exception du Salvador – furent inclus dans le Mexique, mais ils s'en séparèrent en juill. 1823 pour constituer cette fédération. Celle-ci fut bientôt divisée par la prépondérance du Guatemala et par l'opposition entre conservateurs et libéraux anticléricaux. À la suite d'une brève guerre civile, les libéraux s'emparèrent du pouvoir, avec Morazan (1830). Soutenu par l'Église, le métis Rafael Carrera déclencha, en 1837, une nouvelle guerre civile, qui mit fin à la fédération trois ans plus tard.

AMIENS (charte d'). Charte de la CGT, affirmant l'autonomie du syndicalisme français, votée par le congrès syndical d'Amiens (11-13 oct. 1906). Voir SYNDICATS. Le développement des syndicats dans le monde.

AMIENS (paix d', 25 mars 1802). Traité conclu à la suite des préliminaires de Londres (1er oct. 1801) entre la France, l'Angleterre, l'Espagne et la Hollande. L'Angleterre restituait à la France et à ses alliés toutes leurs colonies, excepté Ceylan et la Trinité ; elle rendait Malte aux chevaliers de Saint-Jean. L'Égypte était rendue à la suzeraineté de la Porte. La France gardait ses conquêtes de la Révolution, sauf Rome, Naples et le Portugal. Les îles Ioniennes étaient reconnues indépendantes. Cette paix, bien qu'humiliante, fut accueillie avec enthousiasme par le peuple britannique ; cependant elle ne fut qu'une trêve puisqu'elle fut rompue dès le mois de mai 1803.

AMIN DADA Idi Oumee (* Koboko, 1925, † Djedda, août 2003). Homme politique et militaire ougandais. Il débuta sa carrière dans l'armée britannique fut commandant en chef de l'armée ougandaise en 1966 et prit le pouvoir par un coup d'État le 25 janv. 1971. Il fut un dictateur sanglant jusqu'en 1979, date de l'intervention de la Tanzanie qui s'empara de Kampala le 11 avril. Il se réfugia d'abord en Libye, puis en Arabie Saoudite. Voir OUGANDA.

AMMONITES. Peuple sémite. Plusieurs fois mentionnés dans la Bible, les Ammonites habitaient au-delà du Jourdain, au N.-E. de la mer Morte et avaient pour capitale Rabbath-Ammon, aujourd'hui Amman. Très souvent en guerre contre les Israélites, la chute du royaume d'Israël (721 av. J.-C.) leur permit de s'étendre sur les rives du Jourdain à la fin du VIIIe s. av. J.-C. Ils furent finalement soumis par Judas Macchabée (v.).

AMNESTY INTERNATIONAL. Association humanitaire de caractère privé et s'affirmant dénuée d'orientation politique. Elle a été fondée par l'avocat britannique Peter Benenson. Principal mouvement mondial de défense des droits de l'homme, l'association agit pour la libération de toutes les personnes qui, sans avoir eu recours à la violence, sont incarcérées pour des raisons politiques, religieuses ou raciales. Grâce à son million d'adhérents, à ses nombreuses sections dans le monde, elle peut dresser un état de la violence politique dans chaque pays. Les documents qu'elle publie et son rapport annuel exercent un rôle sur la politique des États en matière de droits de l'homme. Elle a reçu le prix Nobel de la paix en 1977.

AMORRITES. Nom donné à divers groupes de populations de langue sémitique occidentale dans l'Orient ancien. Dans la Bible, le nom d'Amorrites s'applique généralement aux populations soumises par les Hébreux et il est alors synonyme de *Cananéens*. Dans les sources cunéiformes, le pays d'Amourrou désigne généralement la haute Syrie et les Amorrites, aussi appelés Hanéens, apparaissaient divisés en deux grandes familles de tribus, les Bene-Yamina et les Bene-Sim'al ; nomades, à la fois pasteurs et caravaniers, ou sédentaires, les Amorrites étaient néanmoins présents dans tout le bassin mésopotamien, vivant en permanence au contact des populations sédentaires, rurales et urbaines. Ils contribuèrent, vers 2000 av. J.-C., au renversement de la IIIe dynastie d'Our. Ils fondèrent alors une série de puissants royaumes rivaux en basse Mésopotamie (Isin, Larsa, Babylone) et en moyenne et haute Mésopotamie (Assour, Eshnounna, Mari, Yamkhad), avant que Hammourabi, le plus illustre souverain de la Ire dynastie « amorrite » de Babylone, ne parvînt, vers 1755 av. J.-C., à unifier toute la Mésopotamie en un seul empire ; mais celui-ci tomba sous les coups des Hittites dès 1595. Vers 1600 av. J.-C., le terme d'*amorrite* commença alors d'être appliqué géographiquement, dans les sources cunéiformes, aux seules populations locales de Syrie-Phénicie et de Palestine.

AMPHICTYONIES. Assemblées religieuses de la Grèce antique qui réunissaient dans un même rite des cités entre lesquelles purent se créer ainsi des liens politiques et même des alliances militaires. On ne connaît que quelques-unes de ces amphictyonies qu'on pense avoir été très nombreuses : celle de Calaurie, près de Trézène, groupait les bourgades du golfe Saronique et celle de Délos rassemblait autour du sanctuaire d'Apollon les Ioniens insulaires. La plus grande et la plus célèbre était l'*amphictyonie delphique* qui se réunissait deux fois par an. Jusqu'au VIe s. av. J.-C., elle se tenait aux Thermopyles, puis, une fois sur deux, elle avait lieu à Delphes au sanctuaire d'Apollon. Elle rassemblait onze peuples de la Grèce continentale et les Ioniens d'Attique et d'Eubée.

Chaque nation disposait de deux suffrages qu'exprimaient leurs deux députés ou *hiéromnémones*. Ils formaient un conseil chargé d'assurer l'intendance du temple d'Apollon et la préparation des jeux Pythiques ; il devint peu à peu une sorte de tribunal international à qui il revenait de rendre des arbitrages dans les conflits entre cités de l'amphictyonie. Si une cité demeurait rebelle, le conseil était en droit de déclarer contre elle une guerre sacrée. Les jugements rendus se révélèrent souvent maladroits ; ainsi, en appelant Philippe de Macédoine à son secours contre les Phocidiens (356), l'amphictyonie lui fournit l'occasion d'entrer dans le conseil et d'intervenir en maître dans les affaires de la Grèce.

AMSTERDAM (congrès d', août 1904). Congrès de la IIe Internationale socialiste, qui se tint en août 1904 et fut marqué par la victoire des marxistes orthodoxes sur les tendances « révisionnistes ». Y furent condamnées la renonciation à la lutte des classes et la collaboration avec les « partis bourgeois ». À la suite de ce congrès, les socialistes français créèrent le parti socialiste unifié, section française de l'Internationale ouvrière ou SFIO. Voir **INTERNATIONALE (IIe)**.

AMSTERDAM (traité d'). Traité de l'Union européenne amendant le traité de Maastricht et signé entre les quinze pays de l'Union européenne (UE) à Amsterdam, le 2 oct. 1997. La négociation visait avant tout à adapter les institutions européennes à un élargissement de l'UE, mais n'atteignit pas pleinement cet objectif. Le traité a le plus innové dans le domaine institutionnel : renforcement du pouvoir du Parlement européen, augmentation du nombre de domaines dans lesquels le Conseil européen peut statuer à la majorité qualifiée, institution de « coopérations renforcées » entre quelques membres (ce qui a rendu possible la création de l'euro en 1999), précisions sur l'application du principe de subsidiarité (qui définit les rôles respectifs des juridictions nationales et européennes), etc. Sa ratification par les pays de l'UE a relancé le débat sur l'intégration européenne.

AMUNDSEN Roald (* Borge, 16.VII.1872, † disparu dans l'Arctique en juin 1928). Explorateur norvégien. Après avoir entrepris, sur le *Gjoa*, sa première expédition personnelle à la recherche du pôle Nord magnétique (1903/06), au cours de laquelle il découvrit le passage du Nord-Ouest, il fut le premier à atteindre le pôle Sud (14 déc. 1911) et découvrit la montagne de la Reine-Maud. Après deux échecs, il survola le pôle Nord en compagnie de l'Italien Nobile, à bord du dirigeable *Norge* (11 mai 1926). Il disparut en tentant de porter secours à Nobile et à l'équipage du dirigeable *Italia*.

AMYRTÉE. Pharaon (405/399 av. J.-C.). Descendant des rois de la XXVIe dynastie, il fonda la XXVIIIe. L'Égypte était alors sous la domination perse mais Amyrtée qui avait suscité une révolte en 410, lui permit de retrouver son indépendance (405) qui dura jusqu'en 341.

ANABAPTISTES. Mystiques protestants, ainsi nommés en raison d'un point de leur doctrine ; ils réprouvaient le baptême des enfants et, le cas échéant se faisaient rebaptiser adultes. Ce fut l'aboutissement extrême de la doctrine de Luther qui avait supprimé tout intermédiaire extérieur entre l'âme et Dieu. Les anabaptistes rejetaient également l'autorité de la Bible pour n'admettre que la révélation intérieure faite par Dieu à chaque âme. Ils annonçaient le règne prochain de Saint-Esprit et refusaient toute organisation ecclésiastique ou politique.

Le premier groupement d'anabaptistes fut fondé en Saxe, vers 1521, autour de Thomas Müntzer et des « prophètes » de Zwickau ; l'anabaptisme réussit à ébranler un moment Melanchthon mais dut battre en retraite devant l'énergique riposte de Luther (1522). Chassés de Saxe, les anabaptistes portèrent alors leur agitation en pays catholique et leur illuminisme révolutionnaire provoqua l'immense mouvement connu sous le nom de *guerre des Paysans* (v.) dont les chefs furent Thomas Müntzer et le prophète de Waldshut, Balthasar Hübmaier.

L'anabaptisme devait survivre aux Pays-Bas, d'où il se répandit en Allemagne du Nord, principalement à Münster, sous la direction du fugitif hollandais Jan Beukelszoon (Jean de Leyde). Il instaura dans la ville la Jérusalem nouvelle, le « royaume de Sion », sous la forme d'une dictature théocratique et polygamique qui s'accompagna de scènes inouïes de violence et de luxure. Princes protestants et évêques catholiques alliés vinrent mettre le siège devant Münster, qui fut prise le 25 juin 1535. Jean de Leyde fut exécuté et de nombreux anabaptistes soumis aux plus cruelles tortures et massacrés. Du mouvement anabaptiste est née la secte des mennonites. Voir **BAPTISTES**.

ANAGNI (attentat d'). Coup de main contre le pape Boniface VIII organisé par le roi de France Philippe le Bel et exécuté par Guillaume de Nogaret et Sciarra Colonna (7 sept. 1303), à la suite de la menace d'excommunication lancée par le pape contre le roi de France. Dans Agnani, Nogaret signifia au pape (sans le frapper, contrairement à une légende tenace) la volonté de la France de le traduire devant un concile général. Boniface VIII mourut un mois plus tard de l'injure reçue. Voir **PHILIPPE IV LE BEL**.

ANARCHISME. Doctrine politique qui affirme la nécessité d'abolir l'État et de faire de la société une réunion d'hommes libres, raisonnables et moraux, conforme à un ordre naturel et spontané. L'anarchisme remonte à l'écrivain anglais William Godwin et à Prudhon ; ses principaux théoriciens furent les Russes Bakounine, le prince Kropotkine et l'Allemand Max Stirner.

À la fin du XIXe s., l'anarchisme se manifesta par des actions terroristes individuelles de la Russie aux États-Unis (assassinat de Sadi Carnot, de Humbert Ier d'Italie et du président américain McKinley, attentats de Ravachol en France...) ; il exerça une influence considérable sur le mouvement ouvrier, mais ses partisans ne pouvaient souscrire aux idées socialistes ou marxistes. D'où l'exclusion de Bakounine de la Ire Internationale en 1872. Une Internationale anarchiste fut fondée en 1908 à Amsterdam pour assurer la coordination des sections nationales.

C'est en Espagne que l'anarchisme fut puissant jusqu'à dominer une partie du mouvement ouvrier. Il se rallia aux républicains contre Franco, donna quatre ministres au gouvernement, mais se heurta aux communistes qui l'éliminèrent à Barcelone en mai 1937. En Europe, les anarchistes furent à la pointe de l'objection de conscience. En France, ils jouèrent un rôle décisif dans les troubles de mai 1968, le plus en vue étant Daniel Cohn-Bendit.

ANC (African National Congress). Parti politique sud-africain créé en 1912. Voir **SUD-AFRICAINE (République)**.

ANCUS MARCIUS. Quatrième roi légendaire de Rome (environ 640/16 av. J.-C.). Neveu de Numa Pompilius et successeur de Tullus Hostilius, il prit aux Latins plusieurs villes. Rome fut agrandie et il lui donna son premier pont, dit Sublicius, et le grand aqueduc qui prit de lui son nom d'*Aqua Marcia*. Sous son règne fut creusée au flanc du Capitole la prison de Tullianum, et le port d'Ostie fut créé. Voir **ROME**.

ANDALOUSIE. Région de l'Espagne méridionale, bordée au S. par l'Atlantique et la Méditerranée, à l'O. par le Portugal, au N. par la sierra Morena, à l'E. par la province de Murcie ; elle comprend les provinces de Séville, Huelva, Cadix, Cordoue, Jaén, Grenade, Málaga et Almeria.

Pays de civilisation dès l'époque néolithique (civilisation d'Almeria) puis à l'âge du bronze (civilisation d'El-Argar), elle fut abordée par les Phéniciens vers le XIIe s. av. J.-C. Ils donnèrent à cette contrée riche en cuivre et en argent le nom de *Tarsis* (en gr. *Tartessos*) et y fondèrent les comptoirs d'Abdère (Adra), Malaca (Malaga), Kainè (près de Gibraltar), Gadès (Cadix)... Vers 630 av. J.-C., les Grecs parvinrent également dans cette région : le Samien Kolaios ramena de Tartessos une fabuleuse cargaison d'or, et une colonie ionienne fut établie à Mainakè (près de Málaga). Mais cette timide tentative de colonisation grecque fut écrasée au VIe s. par les Carthaginois, qui, succédant aux Phéniciens, établirent leur hégémonie sur le pays et firent, au IIIe s., la conquête de l'intérieur. Conquise par les Romains à la fin de la deuxième guerre punique, vers 209/01, elle forma la province romaine de *Bétique* (du fleuve *Baetis*, auj. le Guadalquivir) ; elle fut le dernier refuge des partisans de Pompée, dont le fils, Cneius, fut battu par César à Munda (45 av. J.-C.).

Au début du Ve s. de notre ère, les Vandales firent la conquête de l'Andalousie et le pays prit d'eux le nom de *Vandalitia*, d'où est venu celui d'*Andalousie*. Cette région, passée aux Wisigoths dès 429, vit en 711 le début de la conquête arabe en Espagne. Fondé en 756, l'émirat de Cordoue connut son apogée sous Abd er-Rahman III Nasir (912/61) et Cordoue devint un prestigieux centre de création artistique et intellectuelle ; mais au début du XIe s., le royaume cordouan s'émietta en plusieurs principautés (Cordoue, Séville, Jaén, Grenade, Tolède, Valence...). Ce démembrement facilita l'œuvre de « reconquête » des rois de Castille qui, à partir de 1236, détruisirent le royaume de Grenade (1492).

L'Andalousie est devenue région autonome le 11 janv. 1982.

ANDERSEN Lars (* Strengnäs, vers 1480, † 1552). Homme politique suédois. Il fut d'abord prêtre puis fut nommé chancelier de Gustave Vasa. Usant de son influence, il introduit la Réforme en Suède et fit déclarer le roi chef de l'Église suédoise par la diète de Västeras (1527). On lui doit la première traduction en langue suédoise du Nouveau Testament.

ANDORRE. Petite principauté sur les confins de la France et de l'Espagne, formée par deux hautes vallées sur le versant sud des Pyrénées, entre Foix et Urgel ; capitale *Andorre-la-Vieille*. La tradition voudrait que les vallées d'Andorre aient été déclarées indépendantes vers 790 par Charlemagne pour les récompenser de leur fidélité dans la guerre contre les Maures. Par l'acte de paréage de 1278, Andorre fut placée sous la suzeraineté commune des évêques d'Urgel et des comtes de Foix dont Henri IV hérita les droits. Ainsi, le président de la République française était jusqu'en 1993 coprince d'Andorre avec l'évêque d'Urgel. Andorre versait à la France et à l'évêque d'Urgel une contribution annuelle. Une première réforme avait été faite en 1982 lorsque les conseillers généraux élirent un syndic général puis un Premier ministre, Oscar Ribas Reig, qui constitua le premier gouvernement.

Sous son impulsion, Andorre fut intégrée dans l'Union douanière de la CEE (1991). En 1993, la Constitution fut modifiée et la suzeraineté des deux coprinces abolie. Andorre acquit ainsi officiellement son indépendance et adhéra à l'ONU la même année.

ANDRASSY Gyula, comte, dit **l'Aîné** (* Kaschau, 3.III.1823, † Bolosca, 18.II.1890). Homme politique austro-hongrois. Élu en 1847 représentant du comitat de Zemplin, il fut condamné à la pendaison pour sa participation à la révolution hongroise en 1848, mais réfugié en Angleterre puis en France, il fut amnistié en 1858. Rentré en Hongrie et élu membre de la diète (1860), il se rapprocha de l'Autriche et fut un des artisans du compromis de 1867 qui réorganisa l'Empire sur la base du dualisme. Président du Conseil hongrois (1867/71), il réalisa l'émancipation politique et civile des Juifs hongrois. Ministre des Affaires étrangères de l'Empire de 1871 à 1879, il observa une politique de neutralité dans les Balkans mais obtint au congrès de Berlin (1878) l'occupation par l'Autriche de la Bosnie et de l'Herzégovine. C'est grâce à lui que fut réalisée l'alliance de l'Autriche-Hongrie et de l'Allemagne (7 oct. 1879).

ANDRÉ Louis Joseph Nicolas (* Nuits-Saint-Georges, 29.III.1838, † Dijon, 18.III.1913). Général français. Appelé par Waldeck-Rousseau en mai 1900 pour être ministre de la Guerre, il conserva ce poste dans le ministère Combes (mai 1902-janv. 1905). Durant l'été 1904, André fut accusé d'avoir organisé dans son ministère un service de renseignements sur les opinions politiques et religieuses des officiers français, d'après des fiches établies sur les indications de loges maçonniques. Lors d'une séance à la Chambre, le ministre fut giflé par le député nationaliste Syveton (4 nov. 1904) et dut démissionner. L'*affaire des Fiches* précipita la chute du ministère Combes.

ANDREOTTI Giulio (Rome, 14.I.1919). Homme politique italien. Journaliste catholique, député à partir de 1946, il siégea dans tous les gouvernements de De Gasperi, comme sous-secrétaire à la présidence du Conseil, à partir de 1947. Membre influent de la Démocratie chrétienne, ministre de l'Intérieur (1954), des Finances (1955), il fit encore partie du troisième cabinet Moro (1966). Président du Conseil de févr. 1972 à juin 1973, puis de 1976 à févr. 1979, il gouverna alors grâce à l'abstention du groupe communiste puis avec lui. Ce fut alors le « compromis historique », qui prit fin en raison de l'adhésion de l'Italie au système monétaire européen. Andreotti est entré en août 1983, comme ministre des Affaires étrangères, dans le gouvernement du socialiste Craxi. De nouveau président du Conseil entre 1989 et 1992, Andreotti fut atteint par l'enquête *Mani pulite* (« Mains propres ») sur la corruption des partis : déféré devant la justice en 1995 pour « association mafieuse », puis accusé d'avoir commandité l'assassinat d'un journaliste, il fut acquitté de ces deux chefs d'inculpation en sept. et en oct. 1999. Le parquet de Palerme a fait appel de ces décisions en juill. 2000 ; en juill. 2003, la justice italienne l'a absous de toutes ces accusations. Voir **DÉMOCRATIE CHRÉTIENNE**.

ANDRONIC Ier COMNÈNE (* vers 1100, † Constantinople, 12.IX.1185). Empereur byzantin (1183/85). Voir **Byzantin (Empire)**. Le fléchissement impérial.

ANDROPOV Youri Vladimirovich (* 1914, Nagoutskaïa, Caucase, † Moscou, 9 févr. 1984). Homme politique soviétique. Sa carrière débuta dans la diplomatie et il était ambassadeur en Hongrie lors du soulèvement de 1956 contre lequel il organisa la riposte de l'armée rouge. Sa rigueur et son efficacité le firent nommer chef des relations avec les pays de l'Est, puis chef du KGB de 1967 à 1982. Sa carrière politique fut également brillante : membre du Comité central du PC de l'URSS en 1961, secrétaire de cet organisme en 1964, membre titulaire du bureau politique en 1973. Le 24 mai 1982, il fut nommé secrétaire du Comité central, devenant le gardien de l'orthodoxie communiste et l'éminence grise du Kremlin. Secrétaire général du PC de l'Union soviétique le 12 nov. 1982, en remplacement de Leonide Brejnev, il mourut après moins de quinze mois de pouvoir.

ANDROUTSOPOULOS Adamatios (île de Psara, 1919). Homme politique grec. En 1973, il fut nommé Premier ministre par le général Gizikis, après le coup d'État de nov. 1973. En 1974, à la fin du régime militaire, il fut reconduit dans ses fonctions, jusqu'en 1981, par le président Caramanlis.

ANGKOR. Capitale de l'Empire khmer du IXe au XVe s., située au N.-O. du Cambodge et s'étendant sur 400 km^2. Une série de monuments admirables fut élevée autour de la ville : petit temple de Banter Srei (ou Içavarapura) construit en 969, le temple-montagne du Baphuon au XIe s., temple d'Angkor Vat au XIIe s. d'inspiration vishnuite, avec ses bas-reliefs inspirés par le *Ramayana* et le *Mahabharata*. En revanche, ce fut le bouddhisme qui imprégna le temple central d'Angkor Thom construit à la fin du XIIe s.

Prise par les Siamois en 1431, Angkor fut définitivement abandonnée par les rois khmers. Redécouverte en 1860 par Mouhot, elle fut explorée à partir de de 1898 par l'École française d'Extrême-Orient. La guerre conduisit à l'abandonner de nouveau en 1970 ; après avoir été saccagée par les Khmers rouges, pillée pour ses trésors, Angkor fut reprise en main par l'École française d'Extrême-Orient en 1990 et le site a été classé au patrimoine mondial de l'Unesco en 1991.

ANGLES. Peuple germanique qui occupait originellement la région appelée encore *Angeln*, entre le Schleswig et Flensburg. Vers la fin du Ve s., ils passèrent dans l'île de Bretagne, à la suite des Jutes et des Saxons, avec qui ils formèrent les trois royaumes de Northumbrie, d'Est-Anglie et de Mercie.

ANGLETERRE. Partie méridionale de la Grande-Bretagne, limitée au N. par l'Écosse et à l'O. par le pays de Galles.

L'homme y serait présent depuis plus de 400 000 ans. Au IIIe millénaire la culture néolithique de Windmill caractérisée par de très grandes sépultures sous tumulus allongés s'étendit jusqu'au cours moyen de la Tamise. On trouve en Angleterre de nombreux monuments mégalithiques dont le plus spectaculaire est celui de Stonehenge (Wiltshire). À l'époque du bronze ancien sont apparus d'autres centres de cultures : dans le S., ce fut la civilisation dite du Wessex, proche de la civilisation armoricaine de la même époque et reliée par des échanges commerciaux à l'Europe centrale et à la Méditerranée. Durant le Ier millénaire av. J.-C., l'Angleterre a connu l'arrivée de nouveaux éléments celtes qui ont introduit la civilisation du fer.

L'invasion anglo-saxonne

Conquise par les Romains sous Claude et constituée en province de *Bretagne*, la grande île du N.-O. de l'Europe fut abandonnée en 411 par les légions, rappelées sur le continent pour faire face aux envahisseurs germaniques. Dès la première moitié du Ve s. commença la conquête de l'île par des tribus, également germaniques, venues à travers la mer du Nord depuis le Jutland, le Schleswig et le Holstein. Jutes, Saxons, et Angles se heurtèrent à une résistance acharnée des Bretons autochtones, dont la légende du roi Arthur a conservé le souvenir. Malgré leur victoire du mont Badon (vers 500), les Bretons furent inexorablement refoulés vers l'ouest de l'île, les uns trouvant refuge dans les régions montagneuses et sauvages du pays de Galles et de la Cornouailles, tandis que d'autres préféraient s'expatrier en Armorique, qui prit d'eux par la suite le nom de *Bretagne*.

La conséquence de ces luttes acharnées fut l'anéantissement total de la civilisation romaine et du christianisme dans le pays qui devait garder le nom de ses conquérants (Angleterre, *England* = terre des Angles). Sept royaumes germaniques se constituèrent, formant l'*Heptarchie* anglo-saxonne, qui dura, avec des variantes, et au milieu de guerres fréquentes, jusqu'à la conquête normande : le Kent (Jutes) ; l'Essex, le Sussex et le Wessex (Saxons) ; la Northumbrie, l'Est-Anglie et la Mercie (Angles). Vers la fin du VIe s., une relative tranquillité s'installa dans l'île et le pape st Grégoire le Grand décida d'envoyer en Angleterre une mission de moines bénédictins (printemps 596) conduits par Augustin ; ayant converti le roi du Kent, Ethelbert (Pentecôte 597), il fonda les évêchés de Canterbury, Londres et Rochester. L'évangélisation des Anglo-Saxons se poursuivit en Northumbrie (627), en Est-Anglie (vers 625/30), au Wessex (634/50), en Mercie (655) et au Sussex.

L'Angleterre des VIIe et VIIIe s., une fois résolu au profit des moines romains le conflit qui les opposait aux moines irlandais, eux-mêmes fidèles à des usages celtiques (synode de Whitby, 664), devint une chrétienté ardente, illustrée par de grands moines savants tels que Bède le Vénérable. Cependant, la lutte reprit entre les royaumes de l'Heptarchie anglo-saxonne : au début du IXe s., le Wessex prit la prépondérance avec le roi Egbert, qui, vers 825, réussit un moment à regrouper sous son autorité tous les royaumes.

L'Angleterre normande

Dès 787 s'était produite la première attaque des Normands. Après une série d'expéditions (pillage de Londres, 836), les Danois réussirent à prendre pied solidement en Est-Anglie, dont ils firent la conquête après la bataille de Thetford (870). Ils se heurtèrent à une vive résistance des États anglo-saxons, et Alfred le Grand (871/899) réussit quelque temps à maintenir l'indépendance. À la fin du Xe s., la conquête danoise avait fait de grands progrès (défaite d'Ethelred II à Maldon, 991) et elle fut achevée sous Canut le Grand (1016/35), qui intégra l'Angleterre à un empire maritime comprenant le Danemark et la Norvège. Après sa mort, l'hégémonie danoise ne tarda pas à s'effondrer et Édouard le Confesseur réussit à rétablir une dynastie saxonne (1042). Dès cette époque, d'étroites relations commencèrent à s'établir entre l'Angleterre et les ducs de Normandie, qui comptaient dans l'île d'ardents partisans. En 1066, Guillaume le Bâtard, duc de Normandie, invoquant ses liens de parenté avec Édouard le Confesseur, débarqua en Angleterre et battit le successeur d'Édouard, Harold, qui fut tué à Hastings (14 oct. 1066).

Établie très rapidement, la domination normande apportait un pouvoir politique comme l'Angleterre n'en avait pas encore connu : le roi, représenté dans chaque comté par des *sheriffs*, s'appuyait sur une féodalité normande rigoureusement hiérarchisée, dont il s'était attaché la fidélité par la concession de fiefs arrachés aux anciens possesseurs saxons ; ses finances étaient strictement gérées (*Domesday Book*, 1086) et sa tutelle s'exerçait également sur l'Église d'Angleterre.

Les Plantagenêts et le duel anglo-français

À la dynastie normande (1066/1154) succéda celle des Plantagenêts (1154/1399). À la suite de son mariage avec Aliénor d'Aquitaine (1152), le fondateur de cette seconde dynastie, Henri II Plantagenêt (1154/89), se trouvait à la tête de territoires considérables comprenant, sur le continent, l'Anjou, le Maine, le Poitou, l'Aquitaine, la Gascogne. Un conflit ne pouvait qu'éclater avec les rois Capétiens à qui le roi d'Angleterre devait hommage, pour ces provinces qui étaient des fiefs de la Couronne. En Angleterre, Henri II entreprit la conquête du pays de Galles et de l'Irlande, qui resta longtemps insoumise, hormis le petit territoire anglais du *Pale* ; affirmant aussi son autorité à l'intérieur, il unifia l'administration et la justice (*Common Law*) et prétendit réduire l'Église en tutelle ; mais il se heurta à la résistance de son ancien chancelier et ami, l'archevêque de Canterbury Thomas Becket, qu'il fit assassiner (1170). Profitant de ces difficultés, la France soutint les fils d'Henri II révoltés contre leur père, déclenchant un conflit qui, incertain sous le règne de Richard Cœur de Lion (1189/99), tourna au désastre pour les Plantagenêts sous le faible et déséquilibré Jean sans Terre (1199/1216). Ayant déclaré la saisie de ses fiefs français, Philippe Auguste s'empara de l'Anjou, du Maine, de la Touraine, de la Normandie (prise du Château-Gaillard, 1204) et d'une partie du Poitou. Malgré son alliance avec le comte de Flandre et l'empereur Othon IV, Jean sans Terre ne put recouvrer ses possessions continentales (victoires françaises de Bouvines et de la Roche-aux-Moines, 1214).

Ces défaites provoquèrent en Angleterre un soulèvement des barons ; ils arrachèrent au roi la Grande Charte (1215), qui marquait un retour aux anciennes prérogatives féodales et fondait le futur régime représentatif britannique, car les barons s'appuyaient sur les communes. L'affaiblissement du pouvoir royal se poursuivit sous le règne d'Henri III (1216/72), qui dut lutter sans cesse contre les barons, conduits par Simon de Montfort : par les « provisions » d'Oxford (1258) et de Winchester (1259) fut institué auprès du roi un parlement féodal permanent, qui s'élargit à la petite noblesse et aux bourgeois dès 1265. La capture du roi par les barons à Lewes (1264) mit le comble à l'abaissement du pouvoir. Il commença cependant à se relever après la mort de Simon de Montfort à la bataille d'Evesham (1265). Édouard Ier (1272/1307) se consacra à l'œuvre d'unification territoriale et acheva la soumission du pays de Galles (traité d'Aberconway, 1277) ; mais ses besoins financiers l'obligèrent à accorder de nouvelles prérogatives au Parlement (1297), au moment même où la monarchie autoritaire s'installait en France avec Philippe le Bel. Son fils, Édouard II (1307/27), tenta en vain la conquête de l'Écosse, et sa défaite à Bannockburn (1314) ouvrit une période de nouveaux troubles au terme de laquelle le roi fut déposé puis assassiné (1327).

Le règne d'Édouard III (1327/77) allait marquer un puissant redressement de l'État anglais et l'affirmation du sentiment national, dans le long conflit avec la France (v. **CENT ANS**, guerre de). Héritier le plus proche du trône de France en ligne féminine, Édouard III se vit exclu, à cause de sa qualité d'étranger, au profit de la branche collatérale des Valois. Les interminables conflits suscités par la possession de l'Aquitaine, pour laquelle le roi d'Angleterre restait vassal des Capétiens sur le continent, furent à l'origine de la guerre de Cent Ans. Ce n'est qu'en 1337 qu'Édouard III fit connaître ses prétentions au trône de France afin de renforcer sa position dans le conflit devenu inévitable. La supériorité de l'armée anglaise (armée nationale de fantassins opposée à l'armée féodale de chevaliers de Philippe VI de Valois) s'affirma nettement au début de ce conflit.

La durée de la guerre entraînait une crise économique et des troubles sociaux. Le successeur d'Édouard III, le faible Richard II (1377/99), dut faire face à une terrible révolte des paysans conduits par

Wat Tyler (1381). La peste noire avait répandu dans le pays un climat d'inquiétude religieuse, générateur d'hérésies comme celle de Wyclif dont les disciples (les lollards) créèrent une grave agitation. La déposition de Richard II, en 1399, porta au pouvoir la maison de Lancastre, qui reprit la lutte contre la France. Sous Henri V (1413/22), l'alliance anglo-bourguignonne sembla sur le point de triompher après la victoire d'Azincourt (1415), Henri V fut reconnu au traité de Troyes (1420) comme héritier au trône de France dont il avait la régence. Sa mort prématurée en 1422 et celle de Charles VI firent que les deux royaumes anglais et français furent réunis sous une même couronne, celle de son fils Henri VI, mais la campagne de Jeanne d'Arc et la résistance du « royaume de Bourges » changèrent l'évolution de la guerre.

La crise de la fin du xve s. et l'époque des Tudors

De toutes les nombreuses conquêtes faites sur le continent, les Anglais ne réussirent à garder que Calais (jusqu'en 1558). Après les défaites à l'extérieur, la guerre civile se déchaîna en Angleterre, suscitée par la rivalité des maisons d'York (qui avait pour emblème une rose blanche) et de Lancastre (rose rouge). Richard, duc d'York, descendant du troisième fils d'Édouard III, contestait les droits des Lancastre au trône d'Angleterre et il se révolta contre Henri VI. Au cours de la guerre des Deux-Roses, Henri VI, détrôné à deux reprises (1455 et 1478), fut définitivement vaincu à la bataille de Tewkesbury (4 mai 1471) et remplacé par Édouard IV, fils de Richard d'York. Mais, après la mort d'Édouard IV (1483), l'assassinat de ses deux neveux par Richard de Gloucester (Richard III) provoqua une nouvelle guerre : Henri Tudor, héritier des Lancastre, battit et tua Richard III à la bataille de Bosworth (22 août 1485). Monté sur le trône sous le nom d'Henri VII, il mit fin à la guerre des Deux-Roses en épousant la fille d'Édouard IV d'York. Son règne, troublé par diverses conspirations, vit cependant le rétablissement progressif de l'autorité monarchique et s'accompagna d'un grand essor économique et maritime.

Son fils, Henri VIII (1509/47), devait restaurer pleinement la puissance de la monarchie anglaise, sans sacrifier pour autant les institutions parlementaires consolidées par les troubles précédents. Le pays de Galles fut définitivement intégré à l'Angleterre par les actes de 1536 et 1543. C'est contre la noblesse et surtout contre l'Église que s'exerça l'absolutisme d'Henri VIII : après avoir défendu la foi catholique contre Luther, il rompit avec Rome pour des raisons politiques profondes (v. ANGLICANISME. Origines) même si son divorce était motivé par le souci d'assurer l'avenir de la dynastie. Il se déclara le chef de l'Église anglicane (Acte de suprématie, 1534), mais sans dépasser l'étape du schisme défini par les Six Articles de 1539 qui, en conservant l'essentiel du dogme, des rites et de l'organisation catholiques, manifestaient une nette hostilité au luthéranisme.

La Réforme proprement dite fut accomplie par son fils Édouard VI (1547/53) et, après une brève période de réaction catholique sous Marie Tudor (1553/58), s'imposa définitivement avec Élisabeth Ire (1558/1603) : au rétablissement de l'Acte de suprématie succéda l'Acte d'uniformité (1559), qui obligeait tous les Anglais à suivre le *Book of Common Prayer* d'Édouard VI, et la religion anglicane trouva son expression dans la confession de foi des Trente-Neuf Articles (1563), à laquelle s'opposa cependant la dissidence calviniste du puritanisme.

Henri VIII avait adopté une habile politique de bascule entre la France et l'Europe. Sa fille Élisabeth sut faire de l'Angleterre la principale rivale de l'Espagne de Philippe II. Les voyages de Drake et de Frobisher dans l'Atlantique et la mer des Caraïbes, de Cavendish dans le Pacifique, les premiers efforts de colonisation en Virginie (1583/87) menaçaient les lignes de communication maritimes vitales pour l'Empire espagnol. La guerre anglo-espagnole fut précipitée par l'appui donné par Élisabeth aux provinces révoltées des Pays-Bas (à partir de 1585) et par l'exécution de Marie Stuart (1587). Philippe II arma contre l'Angleterre une redoutable flotte, l'Invincible Armada, mais cette expédition (mai/oct. 1588) tourna à la confusion de l'Espagne et préluda à l'avènement de l'Empire anglais sur les mers.

À l'intérieur, le despotisme élisabéthain parachevait l'œuvre absolutiste d'Henri VIII. Très populaire, Élisabeth s'efforça de gouverner sans le contrôle du Parlement et mena la lutte contre les nobles. La diffusion du protestantisme en Écosse (à partir de 1560) rapprochait celle-ci de l'Angleterre. En outre, depuis un siècle, Stuarts d'Écosse et Tudors d'Angleterre avaient contracté des liens familiaux par le mariage de Marguerite Tudor, fille aînée d'Henri VII, avec Jacques IV Stuart d'Écosse.

Élisabeth ne s'étant pas mariée et n'ayant pas eu d'enfants, c'est le fils de Marie Stuart, sa victime, qui devint à sa mort l'héritier au trône d'Angleterre : Jacques VI d'Écosse hérita donc en 1603 de la couronne anglaise sous le nom de Jacques Ier, réalisant l'union de l'Écosse et de l'Angleterre, rendue définitive par l'Acte d'union de 1707. Voir l'histoire de l'Angleterre après 1603 à l'article GRANDE-BRETAGNE.

ANGLICANISME. Nom donné à l'ensemble des doctrines, des rites, des institutions particuliers à l'*Église anglicane* (*Church of England*), qui est l'Église d'Etat de l'Angleterre.

Origines

Le schisme anglican eut pour origine immédiate l'initiative d'Henri VIII (1509/47), qui se sépara de Rome parce que le pape Clément VIII refusa, en 1527, de déclarer la nullité de son mariage avec Catherine d'Aragon. En fait, ce schisme avait des racines plus lointaines. Comme la plupart des souverains d'Europe, les rois anglais, au cours du Moyen Âge, avaient tenté à plusieurs reprises de limiter les droits du Saint-Siège sur l'Église de leur pays. Avec moins de violence que l'Empire, l'Angleterre avait connu la querelle des Investitures sous le règne d'Henri Ier (1100/35), et, dans son conflit avec Thomas Becket, Henri II Plantagenêt (1154/89) s'était posé, contre les prétentions du Saint-Siège, en défenseur des vieilles coutumes britanniques. Au XIVe s., au moment où la conscience nationale anglaise s'affirmait dans les luttes de la guerre de Cent Ans, le poids de la fiscalité pontificale avignonnaise, plus lourd encore en Angleterre que dans les autres pays, suscita d'énergiques réactions de la part des souverains britanniques (statut des Provisions, 1351 ; statut *Praemunire*, 1353).

Le Grand Schisme d'Occident altéra la fidélité à Rome ; dans la crise économique de la fin du XIVe s., la richesse des propriétés ecclésiastiques provoquait scandale et colère : Wyclif attaqua le pape, la curie, la hiérarchie, et dans son *De officio regis* (vers 1379), il affirmait que le roi devait être souverain dans l'Église comme dans l'État. Bientôt l'agitation des lollards se déchaîna contre les évêques et les moines. L'absolutisme royal dans le domaine religieux s'installa sous les Tudors dès le début du XVIe s. avec l'appui du haut clergé, représenté par Wolsey, qui administra directement l'Église d'Angleterre sans se soucier de Rome. Le schisme d'Henri VIII n'a pas manqué de trouver dans le pays sympathies et complicités, aussi bien dans la gentry, qui convoitait les biens monastiques, que parmi le peuple, où certaines tendances de mysticisme anarchique étaient restées vivantes depuis Wyclif, chez les légistes, qui souhaitaient la suppression des juridictions ecclésiastiques, et chez les intellectuels enfin, gagnés aux idées humanistes répandues par le « cénacle d'Oxford », avec John Colet, Érasme et Thomas More.

Henri VIII, à qui un pamphlet théologique contre Luther avait valu du pape Léon X le titre de « défenseur de la foi », fut conduit par des raisons politiques à divorcer d'avec Catherine d'Aragon. Wolsey n'ayant pu obtenir l'annulation du mariage en cour de Rome, Henri VIII, soutenu par Thomas Cranmer, archevêque de Canterbury, fit prononcer le divorce par un tribunal anglais (23 mai 1533). Clément VII répondit par une excommunication du roi (23 mars 1534). Dès 1531, d'ailleurs, Henri VIII avait engagé l'Église d'Angleterre dans la voie du schisme en promulguant l'Acte de soumission (15 mai 1532) et l'Acte de suprématie (nov. 1534) : ce dernier accordait au roi et à ses successeurs le titre de « chef unique et suprême de l'Église d'Angleterre » et concentrait entre ses mains tout le pouvoir ecclésiastique. Ces mesures ne rencontrèrent guère de résistance dans le clergé, à quelques exceptions près telles que John Fisher et Thomas More, qui moururent en martyrs (1535). La suppression et la spoliation des monastères furent menées avec une extrême vigueur, de 1536 à 1549. Cependant Henri VIII n'entendait pas aller au-delà du schisme, et les Six Articles de juin 1539 maintenaient intégralement les dogmes catholiques les plus attaqués par la Réforme.

Sous les successeurs d'Henri VIII

La Réforme fut introduite en Angleterre sous le règne du fils d'Henri VIII et de Jane Seymour, Édouard VI (1547/53). Après l'abolition des Six Articles, fut imposé le *Book of Common Prayer* qui réformait profondément le missel, le bréviaire et le rituel, tandis que les Quarante-Deux Articles (1551) définissaient une confession de foi d'inspiration calviniste. Marie Tudor (1553/58) réconcilia l'Église d'Angleterre avec Rome (nov. 1554) mais s'aliéna le peuple anglais par ses persécutions sanglantes. Élisabeth Ire (1558/1603), opposée au catholicisme moins par conviction intime que par son tempérament despotique, rétablit aussitôt après son avènement l'Acte de suprématie (avr. 1559) et, la même année, fit voter par le Parlement l'Acte d'uniformité qui imposait le second *Book of Common Prayer* d'Édouard VI (1552). Enfin, la confession de foi protestante de l'Église anglicane fut redéfinie dans les Trente-Neuf Articles de 1563, qui n'admettaient plus que deux sacrements (le baptême et la cène) et niaient la transsubstantiation et la présence réelle. Dans sa politique religieuse, Élisabeth put s'appuyer sur la noblesse et la bourgeoisie, qui avaient profité des biens ecclésiastiques, mais elle se heurta à la résistance de l'épiscopat, dont tous les membres furent écartés et remplacés.

Mais l'Église d'Angleterre se heurta à l'opposition calviniste des puritains, des presbytériens et du congrégationalisme. Jacques Ier (1603/25) appuya son absolutisme sur l'épiscopalisme anglican et persécuta puritains et catholiques. Le conflit s'aggrava sous Charles Ier (1625/49) : une tentative pour réintroduire dans l'Église anglicane plusieurs éléments « romains » essentiels, et dont l'animateur fut Laud, archevêque de Canterbury, dressa contre le roi puritains et presbytériens écossais et fut une des causes de la révolution de 1642. Supprimée en janv. 1643, l'Église anglicane fut rétablie officiellement après l'avènement de Charles II en 1660 (Acte d'uniformité, 19 mai 1662), mais la tentative de restauration catholique du dernier roi Stuart, Jacques II (1685/88), aboutit à la révolution de 1688. Le nouveau roi, Guillaume III (1689/1702), rétablit la paix entre anglicans et puritains par l'Acte de tolérance de 1689.

L'anglicanisme moderne

Après une assez longue période de latitudinarisme – indifférence aux dogmes, déisme rationaliste – qui fit naître des mouvements piétistes tels que le méthodisme (v.) et les quakers (v.), l'Église d'Angleterre se réveilla, au XIXe s., avec le mouvement d'Oxford, dont les principaux animateurs furent les théologiens Pusey et Keble. Le mouvement d'Oxford amena certains prêtres anglicans à un retour pur et simple au catholicisme romain (Newman, Manning), mais il suscita aussi, dans la *High Church* épiscopalienne, l'aspiration à une plus grande fidélité à la tradition de l'Église universelle.

En 1927, les anglo-catholiques réussirent à faire adopter par l'Assemblée nationale de l'Église anglicane une réforme du *Prayer Book* (livre liturgique officiel) de 1662, réforme portant essentiellement sur l'eucharistie et sur l'institution d'un sacrement réservé perpétuel pour les malades. Violemment attaquée par la tendance protestante, cette réforme, adoptée à deux reprises par la Chambre des lords (en 1927 et en 1928), fut chaque fois rejetée par les Communes, où prédominaient les fidèles de la *Low Church*. Cependant, le nouveau *Prayer Book* devait être introduit dans de nombreux diocèses, et une loi du 1er mai 1966 a autorisé toute modification des formes du culte sans la sanction parlementaire, jusqu'alors obligatoire, pourvu que les modifications aient été approuvées par les « convocations » de Canterbury et d'York et par l'Assemblée nationale de l'Église. C'est encore à l'anglo-catholicisme qu'il faut attribuer le renouveau monastique de l'anglicanisme au XXe s. (monastères de Mirfield, de Nashdom Abbey...). « Établie » par l'État, l'Église d'Angleterre a pour chef en titre le souverain, lequel est couronné par l'archevêque de Canterbury, primat d'Angleterre ; il est en outre président de la Communion anglicane qui réunit les Églises anglicanes d'Irlande, d'Écosse, du pays de Galles, les épiscopaliens américains et les anciennes Églises missionnaires anglicanes du monde entier.

Engagée très tôt dans la voie de l'œcuménisme, l'Église anglicane a précisé les bases de l'union dans le « Quadrilatère de Lambeth » (1888) : les Écritures comme fondement de la foi ; le symbole des Apôtres et le symbole de Nicée comme credo ; le baptême et l'eucharistie comme sacrements ; la succession apostolique. La création d'un Conseil britannique des Églises (1943) a permis, sur un plan pratique, la coordination des efforts avec les dissidents anglo-saxons (presbytériens, méthodistes, wesleyens...). Mais la tentative d'union entre l'Église d'Angleterre et les méthodistes britanniques a échoué en 1969. Le patriarche de Constantinople, en 1922, les patriarches melkite et chypriote orthodoxes, en 1923/25, ont reconnu la validité des ordinations anglicanes. Du côté de l'Église catholique, les tentatives de rapprochement ont été retardées par la déclaration *Apostolicae curae* (1896) de Léon XIII, qui déniait cette validité. Le Dr Ramsey a rendu à Paul VI, les 23/24 mars 1966, la première visite officielle d'un archevêque de Canterbury à un pape depuis la Réforme. D'autres lui ont succédé, tel le Dr Robert Runcie, nouvel archevêque de Canterbury, qui a rencontré le pape Jean-Paul II en 1979. Mais des désaccords subsistaient : en 1989, le synode de l'Église d'Angleterre s'est déclaré favorable à l'ordination des femmes et plus de trente d'entre elles sont devenues prêtres en 1994, provoquant un important mouvement de protestation et quelques ralliements individuels à l'Église catholique.

ANGOLA. État de l'Afrique équatoriale, sur l'océan Atlantique, au S. du Congo ; capitale *Luanda*. Habitée par l'homme dès le paléolithique, cette région fut progressivement occupée entre le Ve s. av. notre ère et l'an mille par des populations bantoues, qui représentent encore aujourd'hui la majorité de la population.

L'Angola doit son nom à la dynastie Ngola, qui régnait au XVIe s. sur le royaume de Ndongo, lié par une certaine vassalité au royaume de Congo. En 1484, le navigateur portugais Diogo Cão découvrit la baie de Luanda. Les Portugais obtinrent bientôt l'autorisation de fonder des comptoirs commerciaux ; ils établirent des échanges mutuellement profitables avec le Congo, dont ils christianisèrent les élites. En 1575, ils fondèrent Saint-Paul-de-Luanda, qui devint leur principal centre commercial et militaire mais ils ne contrôlèrent qu'une bande côtière s'étendant au S. jusqu'à la ville de Benguela, fondée peu après. Conquises en 1641 par les Hollandais, les bases portugaises d'Angola furent reprises en 1648 par les colons portugais du Brésil. Jusqu'au XIXe s., l'Angola fut avant tout un centre de la traite des Noirs à destination du Brésil (environ 15 000 esclaves exportés annuellement aux XVIIe et XVIIIe s.). La traite disparut progressivement à partir des années 1830 et l'esclavage fut officiellement supprimé en 1878, remplacé cependant par un système de corvées obligatoires. Ce ne fut qu'au cours du XIXe s. que les Portugais étendirent leur domination sur l'intérieur, et leurs campagnes militaires se poursuivirent même après 1900. Les richesses naturelles du pays ne furent que très peu exploitées, à l'exception des mines de diamant. L'effort d'éducation n'a pris de l'ampleur qu'à partir de 1950 ; à cette date, l'Angola comptait encore 95 % d'analphabètes.

Déclaré « province portugaise d'outre-mer » en 1955, l'Angola avait vu naître dès 1929 des mouvements nationalistes, mais ceux-ci ne prirent de l'importance qu'à partir des années 1950. Le soulèvement de Luanda (janv. 1961) marqua le début de la lutte armée pour l'indépendance qui obligea les Portugais à expédier en Angola une armée de plus de 60 000 hommes. Mais le nationalisme angolais était profondément divisé en trois mouvements antagonistes : le Mouvement populaire de libération de l'Angola (MPLA), d'Agostinho Neto, fondé en déc. 1956, de tendance socialiste, et bénéficiant de l'appui de la Tanzanie, des États africains révolutionnaires et des pays communistes ; le Front national de libération de l'Angola (FNLA), de Roberto Holden, fondé en 1962 à partir de l'Union des populations de l'Angola (1954), plus favorable à l'Occident, et appuyé par le Zaïre ; enfin, l'Union nationale pour l'indépendance totale de l'Angola (UNITA), de Jonas Savimbi, née en 1966 d'une dissidence du FNLA qui reçut l'appui des États-Unis. À la suite de la révolution portugaise de 1974, le gouvernement de Lisbonne s'efforça de mettre sur pied un gouvernement angolais composé de représentants des trois mouvements, l'Angola devant devenir indépendant en nov. 1975. Mais des heurts sanglants continuèrent à opposer les diverses tendances nationalistes.

Jusqu'en 1988, l'Angola est resté un champ de bataille où les factions angolaises se sont affrontées avec l'aide des puissances étrangères : le MPLA, dirigé par Eduardo Dos Santos depuis le 20 sept. 1979, que soutenait l'URSS par Cubains interposés, et l'UNITA, soutenue par la République sud-africaine. Finalement, cette dernière s'est retirée du conflit en même temps que les troupes cubaines étaient rapatriées ; elle s'engageait à donner son indépendance à la Namibie et l'Angola ne devait plus servir de base aux guérillas de l'ANC (v. **SUD-AFRICAINE, République**). En mai 1995, le MPLA et l'UNITA concluaient les accords de Lusaka, pour un gouvernement d'union nationale. Malgré la présence de casques bleus envoyés par l'ONU, ces accords ne furent pas respectés et l'UNITA de Jonas Savimbi multiplia les violences. À partir d'août 1998, les hostilités reprirent et l'ONU retira ses casques bleus. Cette interminable guerre civile n'a pris fin qu'avec la mort de J. Savimbi en févr. 2002.

ANGOULÊME, Louis Antoine de Bourbon, duc d' (* Versailles, 6.VIII.1775, † Gorizia, Vénétie, 3.VI. 1844). Fils aîné du comte d'Artois (futur Charles X), il fut emmené par son père en émigration dès 1789, et épousa sa cousine Marie-Thérèse, dite Madame Royale, fille de Louis XVI. À la révolution de juill. 1830, il renonça à ses droits au trône en faveur de son neveu, le duc de Bordeaux, et accompagna son père en exil.

En 1823, il commanda l'armée française envoyée en Espagne pour délivrer le roi Ferdinand VII, et enleva la forteresse du Trocadéro, à Cadix.

ANGOULÊME, Marie-Thérèse Charlotte d', duchesse (* Versailles, 19.XII.1778, † Frohsdorf, 19.X.1851). Femme de Louis Antoine de Bourbon. Elle était la seule fille survivante de Louis XVI et de Marie-Antoinette. On l'appelait *Madame Royale*. Emprisonnée avec sa famille au Temple en 1792, elle retrouva la liberté en 1795, ayant été échangée contre des commissaires de la Convention que Dumouriez avait livrés aux Autrichiens. Elle rejoignit dans l'exil son oncle, le comte de Provence (Louis XVIII), et épousa en 1799 son cousin, le duc d'Angoulême, avec lequel elle rentra en France en 1814. Lors des Cent-Jours, elle déploya à Bordeaux, pour la défense de la cause royale, une énergie qui fit dire à Napoléon qu'elle était « le seul homme de la famille » des Bourbons. Peu populaire sous la Restauration, elle reprit la route de l'exil en juill. 1830.

ANJOU. Ancienne province de France, comprise entre le Maine, la Bretagne, le Poitou et la Touraine, et qui a formé le département du Maine-et-Loire et une partie des départements de la Mayenne, de la Sarthe et de l'Indre-et-Loire. Elle avait pour capitale *Angers*. Peuplé au début de notre ère par les Celtes Andécaves, dont le centre principal était *Juliomagus* (Angers), l'Anjou fit partie, sous l'Empire romain, de la Lyonnaise IIIe. Conquis par les Francs, il fut défendu au IXe s. contre les Normands par Robert le Fort et devint en 878 un comté confié à Ingelger, fondateur de la **première dynastie angevine** (870/1203), d'où sortirent les Plantagenêts, qui régnèrent sur l'Angleterre de 1154 à 1485. En effet, Foulques V (1109/31) roi de Jérusalem après la mort de son beau-père, Baudoin II, en 1131 laissa l'Anjou à son fils Geoffroy V, dit Plantagenêt. Celui-ci, ayant en 1127 épousé Mathilde, fille d'Henri Ier d'Angleterre, eut d'elle un fils, le futur Henri II d'Angleterre. Les rois d'Angleterre possédèrent ainsi de 1154 à 1203 le comté d'Anjou, qui relevait de la couronne de France. Mais en 1203, Philippe Auguste confisqua le comté au faible Jean sans Terre et le réunit à la Couronne.

En 1226, Louis VIII, roi de France, laissa par testament l'Anjou ainsi que le Maine à son plus jeune fils, Charles, frère de Saint Louis, qui, sous le nom de Charles Ier d'Anjou, devint en 1246 le chef de la **deuxième maison d'Anjou**. Charles Ier, qui avait également reçu en 1246 la Provence par son mariage avec Béatrice, fille de Raymond Bérenger V, fit avec les Angevins la conquête du royaume de Naples (1266). Au XIVe s., à la suite d'aventures politiques ou d'alliances matrimoniales, les princes de la maison d'Anjou étaient partagés en quatre branches : 1° *branche de Naples et Provence* ; 2° *branche de Hongrie* ; 3° *branche de Tarente* ; 4° *branche de Duras* (Durazzo), qui régna sur Naples de 1382 à 1435. Quant aux comtés d'Anjou et du Maine, Charles II les avait donnés en dot à sa fille Marguerite, qui, en 1290, les apporta à son époux, Charles de Valois.

Son fils, Philippe VI de Valois, roi de France, réunit l'Anjou à la Couronne en 1328, mais Jean II le Bon l'en sépara à nouveau en 1360 et l'érigea en duché pour le donner en apanage à son second fils, Louis, devenu le chef de la **troisième maison d'Anjou** ; elle ne réussit pas à imposer ses droits sur Naples, mais régna sur l'Anjou et le Maine (à partir de 1360), sur la Provence (à partir de 1382) jusqu'en 1481. Le dernier descendant de cette famille, Charles IV d'Anjou (en Provence, Charles III), près de mourir en déc. 1481, institua Louis XI son héritier et l'Anjou fut rattaché définitivement à la couronne de France en 1482. Le titre de duc d'Anjou fut encore porté par plusieurs princes du sang : par François et Henri fils d'Henri II ; par deux fils de Louis XIV, morts jeunes ; par son petit-fils, Philippe, roi d'Espagne sous le nom de Philippe V.

ANJOU François, duc d' (* Saint-Germain-en-Laye, 1554, † Château-Thierry, 10.VI.1584). Quatrième fils d'Henri II et de Catherine de Médicis, il fut d'abord titré d'Alençon. Rongé par l'ambition, il devint le chef des « politiques » favorable à une conciliation avec les protestants, ce qui lui permit, après la cinquième guerre de religion (1574/76) terminée par la *paix de Monsieur*, de recevoir en apanage l'Anjou, la Touraine et le Maine. Il espéra longtemps épouser Élisabeth d'Angleterre ; avec l'accord de Guillaume d'Orange, il se fit reconnaître comme duc de Brabant et comte de Flandre (1582).

ANJOUAN, *Ndzouani*. Une des quatre îles de l'archipel des Comores. Durant l'été 1997, Anjouan voulut se séparer de la république des Comores, indépendante depuis 1975 et être rattachée à la France. Voir **COMORES (îles)**.

ANNAM. Ancien empire indochinois. Voir **VIÊT-NAM**.

ANNAN Kofi (Kumasi, Ghana, 8.IV.1938). Diplomate ghanéen. Après des études au Ghana, aux États-Unis et en Suisse, Kofi Annan a rejoint les services de l'ONU comme fonctionnaire international. Après avoir occupé le poste de secrétaire général adjoint aux opérations de maintien de la paix, il fut nommé, le 17 déc. 1996, secrétaire général de l'ONU. En sept. 1999, il exposa, lors de la 54ᵉ Assemblée générale de l'ONU, le nouveau concept d'« ingérence humanitaire » qui tendait à légitimer les actions au sein d'États souverains.

ANNE

FRANCE

ANNE DE RUSSIE (* 1024, † apr. 1075). Reine de France (1051/60). Fille du grand-prince de Kiev, Iaroslav Iᵉʳ, elle épousa en 1051 Henri Iᵉʳ, roi de France. Elle fut la mère de Philippe Iᵉʳ qui succéda à son père. Veuve, elle se remaria avec Raoul de Crépy ; répudiée, elle retourna vivre en Russie.

ANNE DE FRANCE, dite **la Dame de Beaujeu** (* Genappe, Brabant, 1461, † Chantelle, 14.XI.1522). Fille de Louis XI et de Charlotte de Savoie, sœur aînée de Charles VIII, elle fut mariée à l'âge de douze ans à Pierre II, sire de Beaujeu, duc de Bourbon. Choisie par son père comme régente pendant la minorité de Charles VIII (1483/91), elle gouverna avec fermeté, réunit les états généraux de 1484, vainquit la révolte féodale menée par le duc d'Orléans (futur Louis XII) au cours de la Guerre folle (1485/88). Elle poursuivit l'unification territoriale de la France en préparant le rattachement du duché de Bretagne à la Couronne (mariage de Charles VIII avec la duchesse Anne, 1491).

ANNE DE BRETAGNE (* Nantes, 25.I.1477, † Blois, 9.I.1514). Duchesse de Bretagne (1488/1514) et reine de France (1491/98 et 1499/1514). Fille et héritière de François II, dernier duc de Bretagne, elle fut mariée par procuration en 1490 à l'empereur Maximilien Iᵉʳ, afin de préserver contre la France l'indépendance du duché, mais, assiégée dans Rennes par les Beaujeu, elle fut contrainte d'épouser Charles VIII (6 déc. 1491). Veuve, elle dut se remarier avec Louis XII (8 janv. 1499), auquel elle donna deux filles, Claude de France, la future épouse de François Iᵉʳ, et Renée de France, duchesse de Ferrare. Néanmoins, elle continua jusqu'à sa mort à défendre farouchement l'indépendance bretonne.

ANNE D'AUTRICHE (* Valladolid, 22.IX.1601, † Paris, 20.I.1666). Reine de France. Fille de Philippe III, roi d'Espagne et de Marguerite d'Autriche, elle épousa Louis XIII le 25 déc. 1615. Le mariage fut loin d'être heureux et à la différence de caractère entre les deux époux s'ajouta pendant vingt-deux ans sa stérilité. En outre, c'est peu de dire qu'incapable de comprendre la politique de Richelieu, elle a haï le ministre qui entendait faire de la France un véritable État et une grande puissance. Compromise dans ses relations avec Buckingham, elle alla jusqu'à la trahison lorsque la guerre fut déclarée à l'Espagne en 1635, continuant d'entretenir des relations avec ses parents espagnols et leurs agents. En août 1637, au château de Chantilly, elle fut interrogée comme une criminelle, dut signer des aveux et une promesse de bonne conduite à l'avenir.

Si surprenant que cela paraisse, Anne d'Autriche se trouva enceinte quelques mois après. La naissance de Louis XIV le 5 sept. 1638, donnait enfin un dauphin et les troubles liés à l'absence d'héritier mâle s'éloignaient. La mort de Richelieu, puis celle du roi, la nomination de Mazarin comme Premier ministre transformèrent la reine qui, par amour pour son fils, fit un revirement extraordinaire et donna son accord entier à la poursuite de la politique de Richelieu. Là fut le paradoxe de cette femme qui ne fut ni l'épouse secrète de Mazarin ni sa maîtresse, mais qui, incarnant le pouvoir royal, trouva l'énergie durant la Fronde de tenir tête aux révoltés, puis de poursuivre la guerre jusqu'à la paix des Pyrénées (7 nov. 1659) par laquelle son fils Louis XIV épousait sa nièce Marie-Thérèse. En outre elle appuya l'action de st Vincent de Paul, fit édifier le Val-de-Grâce et protégea les Arts et les Lettres.

GRANDE-BRETAGNE

ANNE BOLEYN (* vers 1507, † Londres, 19.V. 1536). Reine d'Angleterre. Dame d'honneur de Catherine d'Aragon, première épouse d'Henri VIII dont elle devint la maîtresse, puis qu'elle épousa en janv. 1533. Mère de la future Élisabeth Iʳᵉ, elle fut bientôt délaissée par le roi. Accusée d'adultère, elle fut condamnée à mort et décapitée. Jeanne Seymour lui succéda auprès du roi.

ANNE DE CLÈVES (* Düsseldorf, 22.IX.1515, † Chelsea, 16.VII.1557). Reine d'Angleterre. Son mariage avec Henri VIII fut une opération politique : l'alliance de l'Angleterre et des princes protestants allemands. Répudiée six mois plus tard, elle vécut en Angleterre d'une rente royale.

ANNE STUART (* Londres, 6.II.1665, † Londres, 12.VIII.1714). Reine de Grande-Bretagne et d'Irlande (1702/14). Fille de Jacques II et d'Anne Hyde, sa première femme, elle fut, en dépit des convictions catholiques de son père, élevée dans l'anglicanisme auquel elle resta toujours fermement attachée. En 1683, elle épousa le prince Georges de Danemark († 1708), mais aucun de leurs dix-sept enfants n'atteignit l'âge adulte. Appelée au trône le 8 mars 1702, à la mort de son beau-frère Guillaume III, elle gouverna d'abord sous l'influence de Marlborough et de sa femme, soutiens des whigs (v.) et grands ennemis de la France. Son règne fut marqué par les victoires de Marlborough en Flandre, mais, en 1710, la reine lui devint hostile, soutint désormais les tories (v.) et conclut la paix d'Utrecht (1713), qui donnait à l'Angleterre Gibraltar, Terre-Neuve et l'Acadie et faisait d'elle l'arbitre de la politique européenne. Par l'Acte d'union de 1707, Anne avait réalisé la complète union politique de l'Angleterre et de l'Écosse. À sa mort, la couronne passa à l'Électeur de Hanovre, qui régna sous le nom de George Ier. On a publié ses *Letters and Diplomatic Instructions* (1935).

HONGRIE

ANNE JAGELLON (* Prague 1503, † Prague, 1547). Reine de Hongrie et de Bohême (1526/47). Elle épousa en 1526 le futur empereur Ferdinand Ier, à qui elle apporta les couronnes de Bohême et de Hongrie. Voir **Habsbourg**.

RUSSIE

ANNE Ivanovna (* Moscou, 7.II.1693, † Saint-Pétersbourg, 28.X.1740). Impératrice de Russie (1730/40). Voir **Russie**. Les successeurs de Pierre le Grand.

ANSCHLUSS. Mot allemand signifiant « rattachement ». Le terme est employé absolument pour désigner le rattachement de l'Autriche à l'Allemagne. Voir **Allemagne** et **Autriche**.

ANSEA. Association des nations du Sud-Est asiatique (en anglais ASEAN, *Association of Southeast Asian Nations*). Cette organisation économique et politique a été créée en août 1967 par la Fédération de Malaisie, l'Indonésie, les Philippines, Singapour et la Thaïlande, puis étendue à Brunei (1984), au Viêt-nam (1995), au Laos et à la Birmanie en 1997, au Cambodge enfin en 1999. Son siège est à Djakarta (Indonésie).

ANTARCTIQUE. Continent s'étendant autour du pôle Sud. Dès la fin du Moyen Âge existait en Occident la croyance à un continent austral (*Terra australis*), mais c'est seulement avec le second voyage de Cook (1772/75) que commença l'exploration des régions antarctiques. Après avoir franchi le cercle polaire, Cook avait atteint 71° 10' de latitude S. sans rencontrer de terre et l'on douta de l'existence du continent austral. Il fut cependant découvert en 1820 par Bransfield de Smith. Bellingshausen découvrit les îles Alexandre et Pierre Ier (1821). En 1823, l'Anglais Weddell atteignit 74° 15' S. mais sans rencontrer aucune terre nouvelle. Une expédition commandée par l'Anglais John Biscoe découvrit, en 1831 et 1832, les terres d'Enderby (lat. S. 67° 30') et de Graham, ainsi que le prolongement S.-O. de la terre de Palmer. L'expédition française de Dumont d'Urville trouva la terre Adélie (1840). Clark Ross découvrit la terre Victoria et pénétra jusqu'à 78° 4' de latitude S. (1841/43).

Au début du XXe s., il faut mentionner l'expédition anglaise de Scott, au S. de la terre de Victoria, jusqu'à 82° 17' de latitude S. (1903/04), l'expédition allemande de Drygalski, qui découvrit la côte Guillaume-II, l'expédition suédoise de Nordenskjöld (1901/03), l'expédition française de Charcot (1908/10). En 1909, Shackleton parvint jusqu'à 88° 23' de latitude S. Enfin, le 14 déc. 1911, Amundsen (v.) atteignit le pôle Sud, suivi, le 17 janv. 1912, par l'Anglais Scott, qui trouva la mort sur la route du retour. C'est l'Américain Byrd qui, le premier, survola le pôle Sud (29 nov. 1929). L'expédition Fuchs-Hillary accomplit la première traversée du continent antarctique (nov. 1957/mars 1958).

Quatorze pays : Afrique du Sud, Argentine, Australie, Belgique, Chili, États-Unis, France, Grande-Bretagne, Japon, Norvège, Nouvelle-Zélande, Pologne, RFA, URSS, ont signé le 1er déc. 1959, le traité de Washington stipulant la démilitarisation totale des régions antarctiques et gelant les revendications territoriales jusqu'en 1991. À la conférence de Madrid, en 1991, trente et un pays sur les quarante de la conférence de Washington signèrent un accord interdisant l'exploitation minière pendant cinquante ans et prévoyant la création d'un comité pour la protection de l'environnement.

ANTICLÉRICALISME. L'anticléricalisme est une forme d'opposition, voire d'hostilité, à la place prise par la religion et plus particulièrement par le clergé dans la vie publique. Fait marquant de la seconde moitié du XIXe s., il est apparu dès la seconde moitié du XVIIIe s., dans les pays où l'Église, souvent liée à la monarchie en place, bénéficiait d'une situation privilégiée. Certes, durant le Moyen Âge, l'amoralité ou la richesse excessive de certains membres du clergé, notamment des ordres monastiques, avaient soulevé de vives protestations chez les fidèles et avaient contribué aux succès des albigeois et des vaudois, à celui de Wyclif en Angleterre, de Hus en Bohême et enfin, de Luther. Mais, cet anticléricalisme n'avait jamais débouché sur l'athéisme, à la différence de l'anticléricalisme moderne. Celui-ci naquit de la philosophie des Lumières pour laquelle l'idée de liberté fut vite incompatible avec la religion et l'Église, toutes deux dénoncées comme construites sur l'obscurantisme et la volonté de puissance.

L'anticléricalisme s'affirma dès le début de la Révolution française par la confiscation des biens du clergé (2 nov. 1789) et par la Constitution civile du clergé (12 juill. 1790) laquelle, imprégnée de gallicanisme, faisait passer l'Église de France sous la tutelle de l'État. Le pape Pie VI ayant condamné la Constitution civile la majorité des membres de l'Église refusèrent de prêter serment et passèrent dans le camp des ennemis de la Révolution. Le concordat de 1801, une des plus grandes réussites de Bonaparte, fit revenir la paix religieuse. Mais la Restauration de 1815 tenta de rendre à l'Église la place qui avait été la sienne. Ainsi, l'Église catholique apparut aux yeux des révolutionnaires puis des libéraux, enfin des républicains, toujours liée à la monarchie et aux privilèges, et elle fut considérée comme un des obstacles au développement d'une société de libertés. La Revolution de 1830, puis les mouvements révolutionnaires de 1848 en Europe prirent ainsi un caractère nettement anticlérical. Une fois installés au pouvoir, les régimes libéraux mirent en œuvre une politique anticléricale plus ou moins incisive.

Sous le second Empire, l'anticléricalisme eut quelques satisfactions avec la politique de Napoléon III, favorable à l'indépendance et à l'unité italiennes. En même temps la mentalité « laïque » prit corps chez les intellectuels, diffusée par la franc-maçonnerie, par les protestants libéraux, par la Ligue de l'enseignement fondée en 1866 ; elle dressa contre l'Église le culte de la raison, de la toute-puissance de la science et de la liberté de conscience. Après la chute du second Empire et la fin de la Commune de Paris, les catholiques renouvelèrent leur comportement de 1815 en élisant l'assemblée conservatrice et royaliste après la défaite. L'Église apporta son soutien à Mac-Mahon et à « l'ordre moral » qu'il voulait instaurer. La victoire des républicains de 1877 ouvrit une ère d'anticléricalisme qui tendait non pas à soumettre l'Église à l'État mais à l'exclure de toute la vie publique et à lui enlever la formation intellectuelle et morale des enfants. Il se manifesta d'abord par les décrets de Jules Ferry contre les congrégations religieuses non autorisées (1880), par la laïcité de l'enseignement primaire (29 mars 1882). La laïcisation du personnel enseignant (30 oct. 1886), la loi sur les associations (17 juill. 1901), l'interdiction d'enseigner frappant tous les congréganistes (7 juill. 1904), l'abolition du concordat de 1801 et enfin la loi de séparation de l'Église et de l'État (9 déc. 1905) achevèrent cette politique. Aujourd'hui encore, l'anticléricalisme continue de poser la question de l'enseignement libre et des aides qu'il reçoit de l'État.

En **Italie** les idées anticléricales se sont nourries de la volonté de construire l'unité du pays, ce qui ne pouvait se faire que par la disparition des États pontificaux. L'artisan de l'unité italienne, Cavour (1810/61), mit en œuvre une politique délibérément anticléricale (loi Siccardi ou *du Foro* du 25 févr. 1850, lois des couvents de 1855). Puis la papauté dut abandonner Rome où les troupes italiennes entrèrent le 20 sept. 1870. Le pape se considéra comme prisonnier et les relations entre l'Église et l'État italien ne furent normalisées que par les accords du Latran signés entre Mussolini et Pie XI le 11 févr. 1929. Après la Seconde Guerre mondiale, le poids de la Démocratie chrétienne empêcha toute nouvelle flambée d'anticléricalisme en Italie.

En **Allemagne** la lutte contre l'Église catholique s'est manifestée dans le conflit du *Kulturkampf*, qui opposa Bismarck aux catholiques allemands. Le chancelier craignait qu'ils ne remissent en question l'unité de l'Empire allemand qu'il venait de fonder. Le conflit dura de 1871 à 1878. Bismarck tenta d'intimider le clergé par une série de lois prises sans concertation : l'inspection des écoles primaires fut transférée à des personnalités laïques (févr. 1872), les jésuites furent exclus de l'enseignement (juin 1872) et les évêques et les prêtres furent transformés en fonctionnaires. La résistance à ces mesures fut forte et rapidement Bismarck ne sut comment sortir de ce conflit, d'autant que le problème le plus important était à ses yeux la montée du socialisme. L'avènement de Léon XIII en 1878 facilita la conciliation et des relations diplomatiques purent se renouer.

En **Espagne**, de la révolution manquée de 1820/23 jusqu'à la guerre civile de 1936/39, l'anticléricalisme fut un élément constant et prit une forme qui put atteindre la sauvagerie. Durant les guerres carlistes, le clergé avait donné son appui aux forces les plus réactionnaires, ce qui nourrit l'anticléricalisme libéral. La Ire République (1873/75) et la IIe République (1931/39) s'accompagnèrent d'actes de violence d'un anticléricalisme populaire : églises et monastères pillés ou brûlés, prêtres, religieux et religieuses exécutés sommairement. La majorité des catholiques espagnols ne pouvaient que se rallier au régime du général Franco.

Au **Mexique**, l'anticléricalisme vint avec le pouvoir des libéraux ; les premières lois furent prises dès 1873 et aggravées par le régime de Porfirio Diaz (1876/1911). La Constitution de 1917 et la loi Calles de 1926 suspendirent le culte catholique dans tout le pays. De cette date à 1929, une sanglante persécution s'abattit sur l'Église mexicaine.

La **Belgique** ne fut pas épargnée, bien que la participation des catholiques belges à la révolution de 1830 ait conduit à une entente avec les libéraux jusqu'en 1842. L'anticléricalisme trouva alors de quoi se nourrir dans la question scolaire. La loi Nothomb de 1842 avait rendu l'enseignement religieux obligatoire dans les écoles publiques ; le libéral Hubert Frère-Orban riposta par la loi Van Humbeek (10 juill. 1879) qui l'interdisait. Le compromis sur la question scolaire ne vint qu'en 1958.

Différent de l'anticléricalisme libéral, un nouvel anticléricalisme est apparu au XXe s. et a dénonçé dans l'Église une puissance universaliste et internationale échappant au contrôle de l'État considéré comme tout-puissant. En URSS, la révolution et la guerre civile s'accompagnèrent de violentes persécutions contre l'Église orthodoxe et l'anticléricalisme prit la forme de l'athéisme militant. En Allemagne, le régime nazi considérait le christianisme comme la religion des faibles. Après la guerre, dans les pays d'Europe passés sous régime communiste, la persécution fut systématique ; des milliers de prêtres furent arrêtés et déportés et les écoles chrétiennes fermées (à un moindre degré en Pologne). Les mesures de répression furent encore beaucoup plus graves en Chine populaire.

ANTIGONE († 37 av. J.-C.). Roi des Juifs (40/37). Fils d'Aristobule II, il devint roi des Juifs avec l'aide des Parthes, qui avaient détrôné Hyrcan II et Hérode. Ce dernier, s'étant réfugié à Rome, fut proclamé roi de Judée par le Sénat romain (40) ; il mit trois ans à conquérir son royaume avec l'appui des troupes de Marc Antoine et fit mettre à mort Antigone. Celui-ci, parfois appelé *le grand prêtre Mattathias*, fut le dernier souverain de la famille des Macchabées ou Asmonéens.

ANTIGONE III Dôsôn (* vers 263, † 221 av. J.-C.). Roi de Macédoine (229/21). Voir **MACÉDOINE.**

ANTIGONE II Gonatas (* Gonos, Thessalie, vers 320, † 239 av. J.-C.). Roi de Macédoine (276/39). Fils de Démétrios Poliorcète (v.), il fut le fondateur de la dernière dynastie royale de Macédoine. Voir **MACÉDOINE.** La Macédoine dans l'Antiquité.

ANTIGONE Monophtalmos, c'est-à-dire *le Borgne, le Cyclope* (* vers 385/80, † Ipsos, 301 av. J.-C.). Général macédonien. Officier valeureux d'Alexandre le Grand, il fit partie des diadoques qui se partagèrent l'Empire à la mort du conquérant et reçut la Lycie et la Phrygie, dont il était déjà gouverneur. Peu satisfait de la part qui lui échut, il tenta de reconstituer l'Empire à son profit. Il attaqua et fit périr Eumène (321/16) fut vainqueur des diadoques (316), et étendit son autorité sur l'Asie Mineure, la Syrie et la plus grande partie de la Grèce, où il se posa en champion de l'indépendance des cités. Mais son fils Démétrios dut abandonner la Syrie devant Ptolémée (312). Forcé d'accepter un nouveau partage de l'Empire (311), il reprit bientôt la lutte à la fois contre Séleucos en Asie, contre Ptolémée à Chypre et contre Cassandre en Grèce (libération d'Athènes, 307). En 306, il prit le titre de roi d'Asie. Après l'échec de l'expédition de son fils Démétrios devant Rhodes (305), Antigone se vit menacé en Asie même par l'armée de Lysimaque, et finit par être vaincu et tué à la bataille d'Ipsos (301), en Phrygie.

ANTILLES BRITANNIQUES (Fédération des). Fédération constituée le 3 janv. 1958, groupant les colonies et anciennes colonies britanniques des Antilles, c'est-à-dire la Jamaïque (dominion depuis 1962), la Barbade (dominion depuis 1966), les îles du Vent (Dominique, Grenade, Sainte-Lucie, Saint-Vincent-les Grenadines, les îles Sous-le-Vent (Antigua, Montserrat, Saint-Christophe), Trinité et Tobago (dominion depuis 1962). Cette fédération était présidée par un gouverneur général qui représentait la reine d'Angleterre ; le pouvoir législatif était détenu par une Chambre des représentants (élus au suffrage universel) et par un Sénat (dont les membres étaient nommés par le gouverneur). Elle a été dissoute par le gouvernement britannique le 31 mai 1962, et tous ses membres sont devenues autonomes.

ANTIOCHE, *Antakya*. Ville de la Turquie d'Asie, sur l'Oronte, près de la frontière syrienne. Elle fut fondée vers 300 av. J.-C. par Séleucos Nicator, et devint la capitale de l'Empire séleucide. Conquise par les Romains en 64 av. J.-C., jouissant du statut de cité libre, elle fut la troisième ville de l'Empire.

Elle a joué un grand rôle dans l'histoire de l'Église primitive : une communauté de fidèles s'y constitua très tôt et c'est à Antioche que les disciples du Christ reçurent pour la première fois le nom de « chrétiens ». Selon la tradition, st Pierre en aurait été le premier évêque ; au début du IIe s., l'**Église d'Antioche**, dont l'évêque, depuis 69, était st Ignace, possédait déjà une organisation complète. Au IVe s., le siège d'Antioche a été considéré comme le troisième de la chrétienté, après Rome et Alexandrie ; mais Constantinople et Jérusalem devaient la supplanter.

En 538, Antioche fut prise par le Perse Sassanide Chosroès Ier, qui la livra au pillage et déporta une partie de sa population aux environs d'Ecbatane. Relevée peu après par Justinien sous le nom de *Théopolis*, elle fut prise en 638 par les Arabes. Reconquise par les Byzantins sous Nicéphore Phocas en 966, elle tomba aux mains des Turcs Seldjoukides en 1084. Lors de la première croisade, les Latins l'assiégèrent et s'en emparèrent (1098). C'est alors que fut fondée par Bohémond Ier de Tarente la *principauté d'Antioche*, qui, presque anéantie par la victoire de Saladin à Hattin (1187), connut un redressement sous la troisième croisade, mais fut définitivement arrachée aux croisés par les mamelouks en 1268. Passée en 1517 sous la domination des Ottomans, Antioche fut prise en 1832 par Ibrahim Pacha, mais rendue ensuite à la Porte. Placée sous mandat français en 1920, elle fut restituée à la Turquie en 1939.

ANTIOCHOS. Nom porté par treize rois de la dynastie des Séleucides (v.) qui régna en Syrie sur un empire formé par le partage des conquêtes d'Alexandre.

Antiochos Ier était le fils du fondateur de la dynastie, Séleucos Ier Nicator, roi de 305 à 281 av. J.-C. Antiochos XIII fut le dernier souverain séleucide, dépouillé de son royaume par la conquête de Pompée, rival de Jules César (64 av. J.-C.)

ANTIOCHOS III le Grand (* vers 242, † Élimaïs, 187 av. J.-C.). Roi séleucide de Syrie (223-187 av. J.-C.). Fils de Séleucos II Callinicos, frère et successeur de Séleucos III. Il réprima d'abord le soulèvement des satrapes orientaux de son royaume (soumission de la Médie, 221). Il attaqua ensuite l'Égypte pour tenter de reconquérir la Cœlésyrie (ou « Syrie creuse »), c'est-à-dire la Syrie méridionale et la Palestine, mais fut vaincu à Raphia, près de Gaza en 217. Reconstituant son armée, il mena huit ans de campagne dans les provinces orientales et reconquit ou soumit tous les territoires du plateau iranien ainsi que la Bactriane (212-104), et atteignit la vallée de l'Indus.

Dans la cinquième guerre de Syrie (201/195), il vainquit les Ptolémées à Panion (vers 200), et reconquit enfin la Palestine et la Cœlésyrie, puis s'assura la suprématie maritime en Orient en occupant Éphèse (197) et les rives de l'Hellespont (196). Mais il se heurta alors aux Romains, qui venaient de vaincre son allié, Philippe V de Macédoine et reprochaient à Antiochos III d'avoir accueilli Hannibal à sa cour. En 192, il débarqua en Grèce, où il ne fut soutenu que par la ligue Étolienne. Vaincu aux Thermopyles (191), il fut contraint de repasser en Asie, mais Scipion l'écrasa à Magnésie du Sipyle (189) et il dut accepter la paix d'Apamée (188), qui lui enlevait toute l'Asie à l'O. du Taurus et lui imposait une énorme amende qui ruina durablement la dynastie séleucide.

ANTIOCHOS IV Épiphane ou **l'illustre,** ou, par ironie, **Épimane,** c'est-à-dire *l'Insensé* (* vers 215, † en Perse, 163 av. J.-C.). Roi de Syrie (175/163). Voir JUIFS. Du retour de l'Exil à la seconde destruction de Jérusalem. SÉLEUCIDES et MACCHABÉES.

ANTIPAPES. Nom donné à des personnages qui revendiquèrent le titre de souverain pontife mais que la tradition ecclésiastique considère comme irrégulièrement élus et n'a pas reconnus. Il entre souvent quelque arbitraire et quelque anachronisme dans cette qualification d'antipape, soit en raison des élections contestées, très nombreuses dans le haut Moyen Âge, du fait de l'instabilité politique qui régnait à Rome (notamment au Xe s., à l'époque de la famille Théophylacte), ou parce que le Saint-Siège s'est trouvé dans des situations inextricables qui rendaient impossible pour les contemporains de savoir qui était le véritable pape (ce fut le cas lors du Grand Schisme, de 1378 à 1417). Voir SCHISME D'OCCIDENT (le Grand).

ANTIPATER ou **ANTIPATROS** (* vers 397, † 319 av. J.-C.). Général macédonien, au service de Philippe II et d'Alexandre le Grand. Il réprima la révolte des cités grecques à l'annonce de la mort d'Alexandre le Grand (Guerre lamiaque, 322 av. J.-C.) Voir MACÉDOINE. La Macédoine dans l'Antiquité.

ANTIQUITÉ. Nom donné à la première des quatre grandes périodes de l'histoire mondiale. L'Antiquité s'étend de la fin de la préhistoire (environ 3 000 ans avant notre ère) au début du Moyen Âge, dont le commencement est objet de multiples controverses ; les dates conventionnelles les plus usitées sont 395 (mort de Théodose et division définitive de l'Empire romain) et 476 (déposition du dernier empereur romain d'Occident, Romulus Augustule). Cependant, le terme générique d'Antiquité recouvre des civilisations fort différentes ; c'est pourquoi ces dates ne sont pertinentes que pour les civilisations antiques liées au monde méditerranéen, la périodisation Antiquité/Moyen Âge ne s'appliquant pas aux peuples de l'Inde ou de l'Extrême-Orient ni à ceux des autres continents.

ANTISÉMITISME. Attitude d'hostilité envers les Juifs. Le mot est moderne, apparu en Allemagne au XIXe siècle, et correspond à une théorisation politique d'un antijudaïsme plus ancien qui se distingue des autres formes de racisme, dans la mesure où il s'est appuyé sur la différence de religion. Il a pris des formes différentes selon les époques.

L'antijudaïsme ancien

Trois caractéristiques ont distingué les Hébreux des autres peuples de l'Orient : leur monothéisme, leur mobilité et leur sentiment national. Apparue et formulée à partir de l'Exil (VIe s. av. J.-C.), la croyance en un Dieu unique, créateur du monde, était en contradiction avec toutes les autres religions et incompréhensible pour les peuples. Les pratiques rituelles de la circoncision, de l'abstinence de viande de porc et le respect du shabbat séparèrent les Juifs des autres communautés et leur permirent de conserver une identité distincte de celles des peuples au milieu desquels ils vivaient. Au IVe apr. J.-C., les Juifs ont formé des communautés dans la plupart des villes du monde hellénisé et, à partir des Ier s. et IIIe s. av. J.-C., dans une grande partie de l'Empire romain. L'hostilité qu'on leur portait se fondait sur leur refus d'adopter les normes grecques et latines de sociabilité.

Cependant, l'hostilité aux Juifs était loin d'être un sentiment universel chez les dirigeants politiques et, jusqu'au milieu du Ier siècle apr. J.-C., ils bénéficièrent d'un traitement plutôt favorable dans l'Empire romain ; quant aux Grecs, ils les distinguaient des peuples « barbares ».

L'antijudaïsme chrétien

Les premiers chrétiens apparurent d'abord aux yeux de leurs contemporains comme une secte juive parmi d'autres (pharisiens, zélotes, saducéens) ; cependant le concile de Jérusalem (48/49) fit décider de ne pas leur imposer la circoncision ni les pratiques prescrites par la Loi. Chrétiens et Juifs se séparèrent. Pour les Juifs, les chrétiens devinrent des apostats tout en demeurant attachés à la Bible ; pour les chrétiens, les Juifs restaient le peuple élu et leur conversion apparaissait plus importante que celle des païens. Devant cette contradiction, st Augustin forgea la théorie du peuple témoin : les Juifs devaient subsister afin que leurs erreurs pussent prouver la vérité du message du Christ. Au fur et à mesure que l'Empire romain se christianisait, les Juifs furent sujets aux interdictions de prosélytisme (315), d'accès à l'armée (404), de la possession d'esclaves chrétiens (417). Cette mesure exclut les Juifs des circuits économiques d'une société principalement agricole. Mais s'ils étaient considérés comme des citoyens de second ordre, leur religion ne fut jamais interdite.

Il en alla autrement dans l'Espagne wisigothique où les Juifs contraints de se convertir et baptisés de force furent mis au ban de la société. Ils ne pouvaient qu'accueillir favorablement les conquérants arabes à partir de 711. Le méfiance à l'égard de leur singularité devait se traduire par des violences dans l'atmosphère de ferveur des croisades : plusieurs milliers furent massacrés en Allemagne en 1096. Moins pour les protéger que pour les séparer du reste de la cité, des ghettos furent créés, recommandés par le IVe concile du Latran (1215) qui leur imposa aussi de porter un signe distinctif, une rouelle. Ce qui n'empêcha pas les Juifs d'être victimes de pogroms.

C'est alors que se forgèrent la plupart des stéréotypes hostiles aux Juifs : l'avarice, la saleté, la ruse. Paradoxalement, grâce à l'essor des villes, au développement du commerce, au mépris des chrétiens pour les activités bancaires, certaines communautés juives acquirent à cette époque une importance financière, notamment comme prêteurs auprès des souverains. Ainsi, nombre de Juifs chassés des États allemands trouvèrent refuge en Pologne, dont la noblesse leva toutes les restrictions pesant sur leurs activités. En général, violences et persécutions ne cessèrent pas, parfois sous les raisons les plus absurdes. En Occident, ils furent accusés d'être responsables de la Peste noire bien que le pape Clément VI eût fait observer qu'ils en étaient également victimes. À la fin du XVe s., les Juifs espagnols furent convertis de force ou expulsés. Beaucoup se réfugièrent au Maroc et dans l'Empire ottoman. La Réforme qui redécouvrait l'Ancien Testament fut plutôt favorable aux Juifs. En revanche, bien que le concile de Trente se fût prononcé contre l'accusation de peuple déicide, la Réforme catholique entraîna, dans les pays restés catholiques, une aggravation de leur sort. Au XVIIIe s., le mouvement des Lumières et son équivalent juif, la *Haskallah*, contribuèrent à rapprocher Juifs et chrétiens. En France, le règne de Louis XVI leur apporta un certain nombre de droits et, en 1791, ils accédèrent à la pleine citoyenneté.

L'antisémitisme au XIXe siècle

L'antisémitisme est fondamentalement différent de l'antijudaïsme dans la mesure où il fut une doctrine politique qui a stigmatisé les Juifs en les considérant comme des étrangers néfastes pour les nations où ils se sont installés. Un critère de race est apparu et a pris la place de la différence religieuse. L'antisémitisme est né en Allemagne où la conception de la nation portait en germe l'exclusion des Juifs qui, venus du Moyen-Orient et donc sémites, ne pouvaient être de race allemande. Il s'est développé, sous des formes particulières, dans l'Empire des Habsbourg ; la bourgeoisie juive s'étant engagée en faveur des mouvements de 1848, on retira aux Juifs leur droits civiques. En Hongrie de 1881 à 1895, en Bohême en 1899 eurent lieu de violentes campagnes antisémites. Toujours vivace, l'antisémitisme se développa aussi en Russie. De violents pogroms eurent lieu et les Juifs furent interdits de presque toutes les professions. Les Juifs russes commencèrent alors à émigrer en masse aux États-Unis.

La France fut touchée plus tard et l'antisémitisme ne se fit virulent qu'à partir de 1880. Des campagnes d'opinion visèrent d'abord les « capitalistes » juifs à propos de l'affaire de Panamá et du krach de la banque de l'Union générale, attribués aux « intrigues de la finance juive ». Dans ce contexte, Édouard Drumont, journaliste monarchiste, publia son pamphlet *La France juive*, au succès retentissant, puis fonda un journal résolument antisémite, *La Libre Parole*. L'affaire Dreyfus (1894/1906) fut ensuite au cœur de la vie politique française ; elle déchaîna l'antisémitisme et favorisa en retour le développement du sionisme. Le dénouement de l'affaire par la réhabilitation de Dreyfus discrédita le journal de Drumont. Mais un autre journal apparut, *L'Action française*, dont le fondateur, Charles Maurras, devint le théoricien de l'antisémitisme. Pourtant, pendant la Grande Guerre, les passions antisémites s'essoufflèrent, puisque partout les Juifs firent leur devoir de soldats.

Le nazisme et la Shoah

Entre les deux guerres, l'antisémitisme revint en Allemagne, se nourrissant d'abord des thèmes éculés de la finance juive accusée cette fois d'avoir financé la victoire des Alliés. Puis on vit dans les Juifs de dangereux révolutionnaires : Rosa Luxemburg en devint un exemple, de même que Karl Marx. Mais paradoxalement il fut moins virulent dans l'Allemagne vaincue que dans les pays d'Europe centrale et ce fut par la venue au pouvoir de Hitler que l'idéologie nazie, païenne par essence, allait donner à l'antisémitisme une violence inouïe, à tel point que Pie XI comprit bien qu'à travers les attaques contre les Juifs, le christianisme aussi était visé. Publié en 1923, *Mein Kampf* prônait en effet l'extermination des Juifs, mais Hitler ne se référa pas publiquement à ces pages avant 1939. Dès 1933, le régime organisa le boycott des magasins juifs et édicta des mesures antisémites ; une fois l'opposition éliminée, les lois de Nuremberg (1935) reléguèrent les Juifs au rang de sujets du Reich, leur interdirent d'avoir des relations sexuelles avec des aryens et les définirent selon des critères purement raciaux. Le port de l'étoile jaune fut obligatoire ; les hommes durent prendre comme prénom Israël, et les femmes Sarah. En nov. 1938, l'assassinat à Paris d'un attaché de l'ambassade allemande par un jeune Juif polonais fut le prétexte pour déclencher la *Nuit de cristal*, au cours de laquelle 7 500 magasins juifs et 300 synagogues furent saccagés. Une amende d'un milliard de marks fut imposée à la communauté et 30 000 Juifs internés à Buchenwald, Dachau et Sachsenhausen. Ce fut le début de la déportation.

À partir de 1939, les Juifs des pays de l'Est occupés par l'Allemagne furent systématiquement séparés du reste de la population, enfermés dans des guettos puis conduits dans des camps de concentration. L'extermination systématique débuta en URSS en juin 1941, officialisée par le décret de déc. dit *Nuit et Brouillard*. La décision de procéder à la solution finale du « problème Juif » fut prise en janv. 1942, lors de la conférence de Wannsee. Entre 5 et 6 millions de juifs furent exterminés au cours de la Shoah, dont 4,5 millions dans les camps de la mort.

L'antisémitisme eut relativement peu de prise dans l'Italie mussolinienne. En revanche, les gouvernements des pays occupés collaborèrent à l'extermination. Seul le roi du Danemark s'opposa à la déportation des Juifs de son pays. Aux Pays-Bas, la population chercha à protéger les Juifs néerlandais qui cependant ne purent échapper aux persécutions. En France le gouvernement de Vichy instaura un premier statut des Juifs dès déc. 1940 ; puis un commissariat aux questions juives fut créé en mars 1941. La déportation commença en juill. 1942 avec la rafle du Vél' d'Hiv', organisée par la police française à la demande des nazis et avec l'assentiment du pouvoir. En zone Sud, le régime livra en priorité les Juifs étrangers ; cette distinction cessa lorsque la zone fut occupée par les Allemands. Malgré tout, la politique antisémite de Vichy suscita une opposition croissante d'une partie de la population et les trois quarts des Juifs de France survécurent à la guerre, contre moins de 20 % dans l'ensemble de l'Europe occupée.

Antisémitisme et antisionisme

La Shoah fut-elle connue des Alliés et du pape Pie XII, dès sa mise en place en 1942 ? Après la guerre, la découverte de l'ampleur des massacres produisit un tel choc que l'antisémitisme n'eut plus droit de cité dans les pays démocratiques. Il prit alors, avec la création de l'État d'Israël, le visage de l'antisionisme. L'opposition au sionisme et aux Israéliens devint systématique à partir de 1948 dans le monde arabe, puis dans le bloc soviétique et dans la plupart des mouvements d'extrême gauche d'Europe de l'Ouest à partir des années 1970. En 1974, il se trouva à l'ONU une majorité pour voter une résolution assimilant le sionisme au racisme.

ANTITRUSTS (lois). Action législative entamée aux États-Unis par Th. Roosevelt contre les excès des grandes compagnies industrielles. Voir **ÉTATS-UNIS** De la reconstruction à l'expansion.

ANTOINE Marc, Marcus Antonius (* 83, † Alexandrie, I.VIII.30 av. J.-C.). Homme politique romain. Tribun de la plèbe en 50 av. J.-C. et lieutenant principal de César dans la campagne des Gaules, il le soutint lors de sa dictature et devint, après son assassinat en 44 av. J.-C., son héritier politique. Il forma, en 43, le second triumvirat avec Octave et Lépide. Achevant l'élimination brutale des partisans de la République, les triumvirs écrasèrent Brutus et Cassius à Philippes, en Macédoine (nov. 42).

Dans le partage du monde qui s'ensuivit, Antoine obtint la Grèce et l'Asie. Il s'éprit de Cléopâtre et abandonna à l'Égypte, en 34, les plus belles conquêtes d'Asie. Octave (v.) organisa la guerre devenue inévitable et le défit à Actium, en 31. Antoine se donna la mort un an plus tard. Voir **AUGUSTE**.

ANTOINE le Grand saint (* Keman, près de Memphis, vers 250, † mont Kolkoum, près de la mer Rouge, 17.I.356). St Antoine avait vécu en anachorète dans le désert égyptien et accueilli à proximité de sa retraite des disciples qui vivaient selon son enseignement. Ils furent les premiers à vivre la vie cénobitique et, pour cette raison, st Antoine est considéré comme le père du monachisme chrétien. Son ami st Athanase, évêque d'Alexandrie, a écrit sa vie et contribué à répandre l'idéal monastique dans toute la chrétienté.

ANTOINE DE BOURBON (* 22.IV.1518, † Les Andelys, 17.XI.1562). Roi de Navarre (1555/62). Duc de Vendôme, il épousa en 1548 Jeanne d'Albret, héritière du royaume de Navarre, dont il devint le souverain (1555/62). À la mort du roi François II de Valois (1560), il fut nommé lieutenant général du royaume de France, se convertit au catholicisme. Chef de l'armée royale, il dut combattre ses anciens coreligionnaires commandés par Condé et fut blessé mortellement au siège de Rouen. Il fut le père du futur roi Henri IV.

ANTONESCO Ion (* Piteshti, Valachie, 15.VI.1382, † Bucarest, 1er.VI.1946). Maréchal et homme politique roumain. Voir **ROUMANIE**. La Roumanie contemporaine.

ANTONIN le Pieux, Titus Aurelius Fulvius Antoninus Pius (* Lanuvium, 19.IX.86, † Lorium, près de Rome, 7.III.161). Empereur romain (138/61). Ayant fait apprécier ses qualités d'administrateur comme proconsul en Asie, il fut adopté par l'empereur Hadrien en 138 et lui succéda trois mois plus tard. Son règne marqua l'apogée de la *pax romana*. Voir **ROME**. Le Siècle des Antonins.

ANTONINS. Nom donné aux empereurs romains qui se succédèrent de 96 à 192 avec Nerva (96/8), Trajan

(98/117), Hadrien (117/38), Antonin le Pieux (138/61), Marc Aurèle (161/80), Commode (180/92). Seul Marc Aurèle a vu son fils par le sang, Commode, lui succéder. Les Antonins forment pourtant une dynastie parce que tous les empereurs qui ont précédé Marc Aurèle ont adopté leur successeur. Voir **Rome.** Le siècle des Antonins.

ANZUS. Abréviation de *Australia New Zeland and United States*. Nom donné au traité tripartite de sécurité signé à San Francisco le 1er sept. 1951 entre l'Australie, la Nouvelle-Zélande et les États-Unis, organisant une riposte commune contre toute attaque dans la zone du Pacifique. En févr. 1985, la Nouvelle-Zélande, hostile comme l'Australie à la nucléarisation de l'océan Pacifique, quitta l'ANZUS et les États-Unis suspendirent en 1986 les engagements qu'ils avaient pris envers elle.

AOSTE, *Aosta*. Ville d'Italie, au N.-N.-O. de Turin, sur la Doire Baltée, dans le val d'Aoste. Fondée par Auguste en 25 ou 24 av. J.-C. sous le nom d'*Augusta Praetoria* (vestiges romains, dont un arc de triomphe), elle acquit, par sa situation proche du col du Grand-Saint-Bernard, une grande importance commerciale et stratégique. Évêché dès le IVe s., Aoste, à partir du XIe s., appartint à la maison de Savoie. Annexée à la France de 1800 à 1814, elle fut rendue à la Sardaigne. Depuis 1948, la vallée d'Aoste forme une région autonome de la République italienne, appelée Val d'Aoste.

AOUN Michel (Haret-Hraik, village chrétien à majorité maronite, S. de Beyrouth, 1939). Homme politique et général libanais. Amine Gemayel le nomma Premier ministre par intérim en sept. 1988, bien que ce poste fût, selon le pacte de 1943, réservé à un sunnite. Vaincu en 1990 par l'alliance entre le président Elias Hraoui et la Syrie, il se réfugia en France. En oct. 1989, il avait dénoncé l'accord de Taïef qui augmentait la représentation musulmane au Parlement. Voir **Liban**.

AOÛT 1789 (nuit du 4). Séance de l'Assemblée constituante au cours de laquelle furent détruites de fond en comble les bases de la société de l'Ancien Régime : droits féodaux, vénalité des charges, corporations, privilèges. La portée de cet événement fut immense. Il consacra en effet l'écroulement de l'ancien édifice social en mettant fin à une société d'ordres, ce que les réformes de Turgot, Colonne et Brienne n'avaient pu obtenir auparavant. Voir **France.** Les débuts de la Révolution.

AOÛT 1792 (journée du 10). Journée révolutionnaire au cours de laquelle les sections parisiennes, soulevées à l'appel de Manuel et de Danton, envahirent le palais des Tuileries, obligeant Louis XVI à se placer sous la protection de l'Assemblée législative qui dut décréter la suspension du roi et son internement. La Commune insurrectionnelle, qui avait remplacé dans la nuit, à l'Hôtel de Ville, l'ancienne municipalité modérée, fut reconnue comme le pouvoir légal dans la capitale. Aboutissement de la faiblesse de Louis XVI, la journée du 10-Août marqua l'effondrement de la monarchie.

APACHES. Indiens du S.-O. des États-Unis établis au XIXe s. dans différentes parties du Texas, du Nouveau-Mexique et de l'Arizona. Membres de la grande famille des Athabascans, ils menèrent une lutte farouche contre les Espagnols, puis contre les Américains. La tentative de les parquer dans une réserve de l'Arizona aboutit à un massacre en 1871.

APARTHEID. Mot afrikaans désignant la politique de ségrégation raciale mise en place dans la République sud-africaine en mai 1948. La loi qui fondait l'apartheid fut celle du Group Areas Act, votée en 1951, qui permit de regrouper les diverses races dans des quartiers particuliers. La même année, furent créés des bantoustans, conçus sur le modèle des réserves américaines, où étaient regroupées des ethnies bantoues. L'apartheid fut officiellement aboli en juin 1991 par le président De Klerk, mais il fallut attendre avr. 1994 pour connaître les premières élections multiraciales. Voir **ANC** et **Sud-africaine (République).** Les nationalistes au pouvoir.

APEC, *Asia-Pacific Economic Cooperation*. Organisation régionale fondée en 1989 à l'initiative de l'Australie, visant à favoriser la coopération des pays asiatiques et de la zone du Pacifique, en pleine croissance économique. L'APEC comprend l'Australie, Singapour, l'Indonésie, les Philippines, la Malaisie, Brunei et la Thaïlande, ainsi que la Chine, Taiwan, la Corée du Sud, Hongkong, le Japon, le Mexique, le Chili, les États-Unis, le Canada, la Nouvelle-Zélande et la Papouasie-Nouvelle-Guinée. Elle est la principale organisation régionale de l'Asie-Pacifique, même si l'emprise des États-Unis sur cette organisation suscite des réticences. En 1998, la Russie, le Pérou et le Viêtnam y ont fait leur entrée.

APÔTRES. Parmi les premiers disciples du Christ se détachent ceux que les Évangiles ont appelés « les douze » et qu'on appelle aussi les « apôtres » ; choisis par le Christ, ils l'ont suivi depuis son baptême par Jean-Baptiste et ont témoigné de sa résurrection. Leur autorité fut incontestée sur la jeune Église. Ce sont : **Simon Pierre**, vraisemblablement mort martyr à Rome en 64 ; **André**, mort martyr, selon la tradition, à Patras ; **Jacques le Majeur**, décapité à Jérusalem entre 41 et 44 ; **Jean**, identifié avec le « disciple que Jésus aimait », à qui la tradition attribue la rédaction du 4e Évangile, de trois épîtres canoniques et de l'Apocalypse ; **Philippe** ; **Barthélemy**, toujours cité en même temps que Philippe, mort écorché vif selon la tradition ; **Thomas**, qui refusa de croire à la résurrection du Christ tant qu'il ne le vit pas et à qui une tradition ancienne attribue l'évangélisation des Indes ;

Matthieu, à qui est attribuée la rédaction du 1er Évangile ; **Jacques**, dit fils d'Alphée ; **Jude**, appelé aussi Thaddée ; **Simon** dit le Zélote ; **Judas** l'Iscariote qui, après sa trahison, fut remplacé par **Matthias**.

Dans la première communauté chrétienne, le terme a aussi désigné ceux qui allaient faire connaître l'Évangile : en ce sens, Paul et Barnabé furent apôtres.

APPONYI. Famille noble hongroise illustrée par plusieurs diplomates et hommes politiques, en particulier par **Albert, comte Apponyi** (* Vienne, 29. V.1846, † Genève, 7.II.1933). Chef du parti national à la Chambre, il lutta pour le strict maintien du compromis austro-hongrois de 1867, s'opposant aux tendances pluralistes qui s'affirmaient dans l'Empire. Il fut l'auteur d'une loi célèbre qui imposait dans l'enseignement l'assimilation des éléments non hongrois, ce qui accrut l'opposition des nationalités. Chef de la délégation hongroise à la conférence de la paix (1919/20) puis représentant de la Hongrie à la SDN, il défendit avec la plus grande énergie les intérêts de son pays, contre la Roumanie en particulier.

AQUINO Benigno (Simeón) Jr., dit *Ninoy* (* Tarurata, 27.XI.1932, † Manille, 21.VIII.1983). Homme politique philippin. Journaliste et juriste, il fut élu maire de Concepción (N. de Luçon) en 1955, vice-gouverneur en 1959 et sénateur en 1967. Chef de l'opposition il fut arrêté en 1972 et condamné à mort en 1977. Gracié en 1980, il partit aux États-Unis. À son retour d'exil, il périt dans un attentat organisé par des militaires extrémistes en déc. 1983. Ses funérailles furent suivies par plus de 2 millions de personnes.

AQUINO (María) Corazón, née **Cojuanco**, dite *Cory Tita* (tante) (* Manille, 25.I.1933) Femme politique philippine. Après l'assassinat de son mari, Benigno Aquino (1983), elle fut choisie, en déc. 1985, par l'Union démocratique nationale (*Unido*) comme candidate à l'élection présidentielle de févr. 1986 qu'elle remporta. Contestée par le pouvoir, sa victoire fut confirmée par le soutien populaire et elle obligea les Marcos à quitter le pays. Elle rétablit la démocratie représentative, validée par le référendum constitutionnel de févr. 1987. De 1987 à 1989, elle fit échec à sept tentatives de putsch militaire, grâce à l'appui de l'Église catholique, des États-Unis et de la fraction réformiste de l'armée, rassemblée autour de F. del Ramos, qu'elle soutint à l'élection de 1992. Voir PHILIPPINES.

AQUITAINE, *Aquitania*, c'est-à-dire *Pays des eaux*. L'Aquitaine était une des régions de la Gaule celtique et comprenait les peuples situés entre la Garonne et les Pyrénées. Devenue province romaine sous Auguste, le même mot désigna les régions entre la Loire et les Pyrénées.

Au moment de la conquête romaine, les principaux peuples d'Aquitaine étaient les *Tarbelles* (Béarn), les *Ausques* (Armagnac), les *Convenes* (Comminges) et les *Bigerrones* (Bigorre). L'Aquitaine fut conquise en 56 av. J.-C. par P. Licinius Crassus, légat de César, en dépit de la vive résistance de certains petits peuples, notamment les *Vocates* (en Gironde) et les *Tarusates* (dans les Landes), qui firent appel à des peuples d'Espagne. Dans la seconde moitié du IVe s., l'Aquitaine fut partagée en trois provinces : l'*Aquitaine Ire* (chef-lieu *Avaricum*, Bourges) ; l'*Aquitaine IIe* (chef-lieu *Burdigala*, Bordeaux) ; l'*Aquitaine IIIe* ou *Novempopulanie* (chef-lieu *Lugdunum Convenarum*, Saint-Bertrand-de-Comminges, puis *Elusates*, Auch).

Conquise en 419 par les Wisigoths, l'Aquitaine fut annexée par Clovis aux possessions franques, après sa victoire de Vouillé (507). Mais, à l'époque mérovingienne, elle ne cessa pratiquement pas d'être un duché indépendant qui passait à divers parents du souverain. En 768, Pépin le Bref y établit son autorité ; en 781, Charlemagne en fit un royaume dépendant de la Couronne, au profit de son fils Louis le Pieux qui, devenu empereur, le donna à son tour à son fils, Pépin Ier (814/38). L'Aquitaine passa ensuite à divers souverains carolingiens. Disputé au cours du Xe s. entre les maisons de Poitiers, d'Auvergne et de Toulouse, le titre de duc revint finalement à la dynastie poitevine, illustrée principalement par le prince troubadour Guillaume IX.

En 1137, le mariage d'Aliénor, fille du dernier duc Guillaume X, avec le futur roi de France Louis VII, parut présager un prochain retour de l'Aquitaine à la couronne de France. Mais la rupture de cette union et le remariage d'Aliénor avec Henri II Plantagenêt (1152) firent passer l'Aquitaine (ou Guyenne) entre les mains de la dynastie angevine qui régnait sur l'Angleterre. Confisquée à Jean sans Terre par Philippe Auguste en 1204, l'Aquitaine fut restituée aux Anglais par Louis IX en 1259 au traité de Paris. Le roi d'Angleterre était reconnu duc d'Aquitaine, mais, en retour, il devait l'hommage au roi de France pour ce fief. Cette situation de vassalité, insupportable au roi d'Angleterre, est considérée comme l'une des causes de la guerre de Cent Ans. Abandonnée par la France au traité de Brétigny (1360), elle fut érigée en principauté pour le Prince Noir deux ans plus tard ; cependant, un arrêt du Parlement en prononça la confiscation en 1370, et Charles VII, malgré l'hostilité des habitants, acheva la reconquête de l'Aquitaine (victoire de Castillon, 1453), ce qui mit pratiquement un terme à la guerre de Cent Ans et permit son retour à la Couronne.

ARABE (Ligue). Organisation des États arabes fondée au Caire le 22 mars 1945 pour coordonner leur action politique. Voir LIGUE ARABE.

ARABES. Nom donné aux peuples originaires de la péninsule d'Arabie et aujourd'hui, d'une manière générale, aux peuples du Proche-Orient et du Maghreb parlant la langue arabe. D'après la tradition biblique, les Arabes descendraient d'Abraham, ceux du Nord par Ismaël, ceux du Sud par Qahtan. À cette tradition correspond, en fait, la division des Arabes en tribus septentrionales (Nizarites ou Maadites) et en tribus méridionales (Yéménites).

Le terme arabe est apparu au VIIIe s. av. J.-C. dans les annales assyriennes relatant les conquêtes de Tiglatpiléser III en Syrie-Palestine, ce qui confirme l'établissement de ce peuple dans la corne occidentale du Croissant fertile longtemps avant l'essor du royaume des Nabatéens. Les terres propices de l'Arabie du Sud et du Sud-Ouest (« Arabie Heureuse », c'est-à-dire « féconde ») virent fleurir, à partir du Ier millénaire av. J.-C., les « royaumes de l'encens » (Saba, Qataban, Hadramaout et Ma'in, plus tard le royaume des Himyarites). Avant l'islam, ces hommes du désert, organisés en tribus, se consacraient essentiellement à l'élevage, à l'agriculture irriguée en oasis et au trafic caravanier. Leur religion, polythéiste, était caractérisée par l'adoration de pierres sacrées ou « bétyles » ; la Pierre noire de La Mecque était l'objet d'une vénération particulière. Mais des influences juives et chrétiennes s'exercèrent certainement en Arabie antérieurement à Mahomet. Les Arabes possédaient une poésie raffinée et d'une technique savante (recueil des sept *Mo'allakat*).

Prêché par Mahomet au début du VIIe s., l'islam, religion monothéiste, invoquant une révélation divine et annonçant la rétribution des œuvres, déclencha la dernière grande vague de nomadisme arabe. Soudés désormais par une unité spirituelle, menant la guerre sainte, formant une communauté théocratique fondée sur l'enseignement du Coran, les Arabes, sous les quatre premiers califes (632/56), conquirent la Syrie, la Mésopotamie, la Perse, l'Égypte, la Libye. Sous le califat héréditaire des Omeyyades (661/750), ils atteignirent l'Inde, submergèrent l'Asie Mineure, l'Afrique du Nord, l'Espagne, mais furent arrêtés devant Constantinople (717) et à la bataille de Poitiers (732). La phase proprement arabe de l'histoire islamique s'acheva avec la chute des Omeyyades (750). Désormais les courants iraniens, turcs, berbères dominèrent l'islam, mais la langue arabe resta la langue de la religion et de la civilisation communes.

Au Moyen-Orient, l'islam passa, au XIe s., sous l'hégémonie des Turcs Seldjoukides, remplacée progressivement, à partir du XIVe s., par celle des Turcs Ottomans, qui se maintint jusqu'en 1918. Plusieurs dynasties arabes ou arabisées se succédèrent dans les autres pays islamisés : au Maghreb les Almoravides puis les Almohades, en Syrie et en Égypte les Fatimides puis les Ayyoubides, eux-mêmes remplacés par le régime des mamelouks. Seul le Maroc réussit à conserver son indépendance.

Le réveil arabe, commencé au XVIIIe s. sur le plan religieux par la secte wahhabite d'Arabie, prit, au siècle suivant, la forme d'un panislamisme que les sultans ottomans sur leur déclin essayèrent de mobiliser à leur profit. Pendant la Première Guerre mondiale, les Anglais encouragèrent la révolte des chefs arabes (Ibn Séoud, Hussein) contre la domination turque, mais les pays arabes étaient encore trop divisés et ne disposaient pas de ressources suffisantes pour conquérir, dès les années 1920, une authentique indépendance. Aussi les premiers États purement arabes du XXe s. – Arabie Saoudite, Transjordanie, Irak, Syrie – allaient-ils rester pendant plusieurs décennies sous le protectorat politique ou économique des Anglo-Saxons ou des Français. Les États musulmans non arabes entrèrent les premiers dans la voie des réformes radicales, la Turquie avec Moustafa Kémal, l'Iran avec Réza Pahlévi. Même après 1945, c'est l'État le moins « arabe » du Proche-Orient, l'Égypte, qui, avec Nasser, prit la tête de la lutte contre les anciennes puissances coloniales et contre Israël. En dépit de l'opposition de la majorité des pays arabes à l'État d'Israël, ceux-ci sont profondément divisés. Mais l'exploitation du pétrole, depuis la Seconde Guerre mondiale, a accru considérablement leur importance : le Moyen-Orient est devenu le premier producteur mondial et possède plus de la moitié des réserves de pétrole actuellement connues. Voir ARABIE, ARABIE SAOUDITE et ISLAM.

ARABES (Fédération des émirats). État fédéral qui regroupe 7 des 9 émirats de la côtes des Pirates (golfe Persique). Voir ÉMIRATS ARABES UNIS.

ARABE UNIE (République). État constitué par l'union de l'Égypte et de la Syrie (1958/61) Voir RÉPUBLIQUE ARABE UNIE et ÉGYPTE.

ARABI Pacha, dit **Ahmed Arabi el-Misri**, c'est-à-dire *l'Égyptien* (* Harya Ruzna, Basse-Égypte, 1839, † Le Caire, 21.IX.1911). Officier et homme politique égyptien. Chef nationaliste, ministre de la Guerre en févr. 1882, puis commandant en chef après la déposition du khédive, il fut battu par les troupes anglaises en sept. 1882. Voir ÉGYPTE. Des réformes de Méhémet-Ali à l'occupation anglaise.

ARABIE. Péninsule de l'Asie du Sud-Ouest, située entre la mer Rouge et le golfe Persique, baignée au S. par le golfe d'Aden et la mer d'Oman.

L'Arabie avant Mahomet

À l'aube de l'histoire, les franges de cette région, à l'exception des côtes orientales qui virent fleurir le commerce maritime des gens de Dilmoun (IIIe millénaire av. J.-C.), furent peuplées de tribus nomades ; avec leurs troupeaux (chèvres, brebis, chameaux à partir du XIIe s. av. notre ère), elles menaient une existence pénible, à la recherche incessante de pâturages et de puits. Longtemps leur seule manifestation dans l'histoire fut la razzia effectuée dans les régions plus prospères situées à la frange du désert ; d'où l'hypothèse souvent formulée selon laquelle l'Arabie serait la terre d'origine des divers peuples de langue sémitique établis dans le Croissant fertile (vallée de l'Euphrate et du Tigre, zone côtière de la Méditerranée orientale) et qui n'auraient été, à l'origine, que des nomades sédentarisés.

Cependant, au S. et surtout au S.-O. (*Arabie Heureuse*), l'Arabie offrait des terres riches et fertiles et des côtes permettant de fructueux trafics avec l'Abyssinie par la mer Rouge, d'une part, la Perse et l'Inde, d'autre part. C'est là que fleurirent, au Ier millénaire av. J.-C., les royaumes de Saba, Qataban, Hadramaourt et Ma'in. Le royaume des Sabéens absorba peu à peu tous ses voisins mais au début de l'ère chrétienne, il était passé sous le contrôle d'un groupe nouveau, celui des Himyarites, qui achevèrent l'unification de l'Arabie du Sud en subissant fortement l'influence du judaïsme. Occupant les côtes de la mer Rouge, ils se trouvaient à la fois les partenaires et les rivaux des Éthiopiens chrétiens du royaume d'Aksoum : au début du VIe s. de notre ère, prenant prétexte d'une persécution exercée contre les chrétiens, les Aksoumites, encouragés par Byzance, envahirent et conquirent le Yémen himyarite. Avec l'aide de la Perse, les Yéménites parvinrent à expulser les Éthiopiens (vers 575), mais ils ne firent alors que changer de maîtres et l'Arabie méridionale devint une satrapie persane.

Poursuivant une évolution toute differente, l'Arabie du Nord et les régions limitrophes avaient vu la formation de royaumes arabes qui entrèrent en relation avec les Romains, puis la Perse et Byzance : le royaume des Nabatéens, qui avait sa capitale à Petra, annexé à l'Empire romain par Trajan en 106 apr. J.-C. ; le royaume de Palmyre, qui connut à la fois son apogée et sa fin au IIIe s. ; le royaume lakhmide de Hira (non loin de Babylone), qui fleurit aux IVe/Ve s. et s'allia aux Perses Sassanides ; le royaume des Ghassanides (en Phénicie et Palestine), qui se trouvait au contraire sous l'influence byzantine.

De Mahomet au XVIIIe s.

C'est l'islam qui réalisa l'unification de l'Arabie. La première communauté musulmane s'installa à Médine, avec Mahomet en 622. En janv. 630, il s'empara de La Mecque et fit de la Ka'ba, édifice où était disposée la Pierre noire, le sanctuaire de l'islam. À la mort de Mahomet (632), l'islam n'était fermement établi que dans le Hedjaz, avec les villes saintes de La Mecque et Médine, et c'est durant le califat d'Abou Bakr (632/34) que, non sans résistances, le Yémen, Bahreïn, l'Hadramaout, l'Oman furent gagnés à la foi nouvelle. Les tribus bédouines fournirent les soldats de la conquête musulmane. Mais les succès mêmes de la conquête commencent à détourner de l'Arabie les califes. Le premier Omeyyade, Moawiya (661/80), avait transféré la capitale de l'Empire musulman à Damas. Les Abbassides, portés au pouvoir par des Persans (750), allaient réduire considérablement l'influence des Arabes. Pour exprimer son mécontentement, l'Arabie se jetait dans l'agitation du kharidjisme et, au milieu du VIIIe s., un imamat indépendant kharidjite fut fondé à Oman ; en même temps, la rébellion des Alides, brisée à Médine, se propageait dans le Yémen et aboutissait à la fondation de la dynastie zéidite (897).

À partir du Xe s., dans l'Arabie pratiquement isolée du reste du monde musulman se succédèrent alors des puissances passagères comme les Karmates ismaïliens (qui s'emparèrent de La Mecque et ravirent la fameuse Pierre noire en 930). En 1173, Saladin, ayant supplanté les Fatimides d'Égypte, renversa les diverses dynasties locales de l'Arabie et rétablit, sous la domination des Ayyoubides, l'unité de la péninsule pour environ un demi-siècle. À la mort du dernier Ayyoubide du Yémen (1228), le gouverneur de La Mecque, Ali ibn Rasoul, se rendit maître de toute l'Arabie, que ses descendants devaient gouverner pendant plus de deux siècles (1229/1454). C'est sous le règne de Soliman le Magnifique (1520/66) que les Ottomans parvinrent à imposer leur autorité sur le Hedjaz et le Yémen, mais leur domination fut toujours précaire et ne put s'étendre sur l'intérieur du pays. Tandis que le Yémen retrouvait son indépendance dès 1628, le reste de l'Arabie ne tarda pas à retourner aux rivalités tribales.

L'Arabie à l'époque moderne

Dans ce climat de confusion allait croître à partir de 1750 le mouvement wahhabite, appel à un islam épuré et plus rigoureux, dont les Séoudites allaient se faire les champions. Séoud le Grand (1803/14), en faisant du chérif de La Mecque un simple vassal et en s'emparant de Médine (1804), étendit l'Empire wahhabite à toute la péninsule arabe, excepté le Yémen et le sultanat d'Oman. Seule l'intervention du sultan Méhémet-Ali put empêcher les Séoudites de déferler en Syrie et, en 1818, après la prise de Dar'iya, oasis séoudienne de Nedjed, par les troupes égyptiennes, la puissance wahhabite paraissait brisée. Au cours du XIXe s., les Anglais, installés à Aden depuis 1839, imposèrent peu à peu leur influence sur les côtes méridionales et orientales de l'Arabie (dès 1798, ils exerçaient un protectorat de fait sur Mascate-et-Oman). L'avènement, en 1902, d'Abd el-Aziz II ibn Séoud (1902/53) allait être suivi d'une rapide renaissance de l'État séoudite, toujours favorable au wahhabisme. Après avoir reconquis Riyad, la capitale de ses ancêtres (janv. 1902), Ibn Séoud obtint des Turcs l'évacuation de l'Arabie centrale (1904), puis il leur enleva la province du Hasa (1913). Peu à peu, en s'appuyant sur les *ikwan*, sorte de confréries d'agriculteurs-soldats wahhabites qu'il avait mises sur pied à partir de 1912, il se rendit maître de presque toute la péninsule, sans cependant porter ses attaques sur le Yémen ni sur les protectorats britanniques de l'Arabie du Sud. Aidé par les Anglais depuis 1915, Ibn Séoud, dès l'effondrement de l'Empire ottoman (1918), engagea la lutte contre son principal rival, Hussein, roi du Hedjaz. S'étant emparé de La Mecque (automne 1924), puis de Médine (fin 1925), il prit le titre de roi du

Hedjaz et de protecteur des lieux saints (8 janv. 1926), puis, en 1932, de roi d'**Arabie Saoudite**.

Ainsi, la péninsule Arabique compte plusieurs États, outre l'Arabie Saoudite, de loin le plus grand : la république du Yémen, Oman, les sept Émirats arabes unis – Abou Dhabi, Doubaï, Chardja, Foudjeira, Adjman, Om el-Qowain et Ras el-Kheyma. Voir **ARABES**, **ISLAM** et **MAHOMET.**

ARABIE DU SUD. Ensemble formé au S.-O. de la péninsule Arabique par le Yémen du Nord et le Yémen du Sud, réunis en 1989 en un seul État. Voir **YÉMEN.**

ARABIE SAOUDITE. État occupant la plus grande partie de la péninsule Arabique qui s'étend au S.-O. de l'Asie entre la mer Rouge, le golfe Persique et l'océan Indien. Il est formé essentiellement du Hedjaz, du Nedjed et de l'Asir. Après que Abd el-Aziz ibn Séoud eut reconquis, en 1926, l'Empire que son ancêtre Séoud le Grand avait fondé au début du XIXe siècle, on pouvait se demander si la puissance de la ferveur wahhabite, qui avait été le moteur essentiel de la conquête séoudite, était capable maintenant de se consacrer aux œuvres de paix et de participer à l'édification d'un véritable État. L'effort de modernisation dans lequel Ibn Séoud s'était engagé dès 1926 souleva la réprobation de nombreux chefs des *ikwan* (v. **ARABIE.** L'Arabie à l'époque moderne), qui ne voyaient là qu'une trahison de l'idéal traditionaliste pour lequel ils avaient lutté jusqu'alors ; Ibn Séoud brisa impitoyablement les révoltes de 1929, tout en établissant à l'intérieur une monarchie théocratique absolue, il adopta une attitude bienveillance à l'égard des puissances occidentales. De plus, l'exploitation du pétrole provoqua un bouleversement immense de l'État séoudite.

Lié économiquement aux Anglo-Saxons, Ibn Séoud observa durant la Seconde Guerre mondiale une neutralité bienveillante à l'égard des Alliés, mais il attendit 1945 pour déclarer la guerre à l'Allemagne, ce qui permit à son pays de prendre part à la fondation de l'ONU. En 1945, l'Arabie Saoudite adhéra à la Ligue arabe ; elle envoya des combattants dans la première guerre israélo-arabe, mais elle ne s'engagea pas activement dans le mouvement d'unité arabe ; État théocratique, elle considérait avec méfiance la laïcisation en cours dans plusieurs pays du Proche-Orient. À la mort d'Ibn Séoud (nov. 1953), son fils aîné, Séoud IV, lui succéda, mais il se heurta à l'opposition de son frère, l'émir Fayçal, qui, depuis longtemps associé à la direction des affaires par son père, incarnait la tendance conservatrice. Dans leur lutte pour le pouvoir il s'imposa et, le 2 nov. 1964, il déposait Séoud IV et se faisait proclamer roi. Le règne de Fayçal (1964/75) fut marqué par des succès considérables, tant à l'intérieur qu'à l'extérieur : fort des revenus pétroliers sans cesse croissants, il maintint fermement les bases religieuses de son État et imposa une politique de modernisation intensive. Il déclara hors la loi l'esclavage (1962), construisit des écoles, des hôpitaux, des routes. Lors de la guerre israélo-arabe de 1973, il prit l'initiative du boycottage pétrolier à l'égard des États-Unis et des autres pays occidentaux favorables à Israël.

Les lignes générales de cette politique ne furent pas modifiées après l'assassinat du roi Fayçal (25 mars 1975) par un de ses neveux. Le roi Khalid associa au pouvoir le prince Fahd, son demi-frère, et tous deux eurent le souci de pratiquer la pondération dans un monde arabe et islamique de nouveau sujet à de profondes divisions.

En juin 1982, Fahd succédait à Khalid, décédé. Usant de la puissance que lui donnaient ses revenus pétroliers, en particulier au sein de l'OPEP (Organisation des pays exportateurs de pétrole), dont l'Arabie Saoudite était membre depuis la fondation en 1960, le pays joua un rôle international croissant : investissements aux États-Unis, en Europe, nombreux prêts consentis aux pays islamiques, interventions diplomatiques modératrices dans les conflits du Moyen-Orient (le plan Fahd, attribué au nouveau roi d'Arabie, adopté par les pays arabes en sept. 1982, reconnaissait implicitement l'État d'Israël), soutien à l'Irak dans la guerre contre l'Iran. L'Arabie Saoudite a pu en outre opposer, à partir de 1973, une armée (une aviation en particulier) moderne et puissante à toute tentative de subversion dans sa zone d'influence. En 1979, les rebelles de la tribu des Oteiba, qui tentaient un coup de main contre la Grande Mosquée de La Mecque, furent écrasés. Depuis la seconde guerre du Golfe, l'opposition religieuse a gagné en popularité, qu'il s'agît des sunnites radicaux ou, dans le nord du pays, des chiites. Afin d'en limiter la portée, les Séoud renforcèrent les pouvoirs de la police religieuse, la *moutawa*. La société saoudienne est en effet encadrée par les *oulémas*, gardiens du dogme, qui veillent à la conformité religieuse des décisions du roi et au strict respect de la *charia* (la loi religieuse).

Économiquement, le pays s'était modernisé à pas de géant depuis les années 1970 ; mais les structures politiques ont peu changé. Afin de couper court aux revendications modernisatrices de classes moyennes formées à l'occidentale, le roi Fahd a institué, en 1992, un conseil consultatif, le Majlis al-Choura, qui n'a pas limité pour autant le pouvoir discrétionnaire du roi et le rigorisme wahhabite.

Malgré l'armée moderne dont il s'était équipé, le royaume n'a pu s'opposer en 1990 à l'invasion du Koweït par l'Irak et il a accueilli un demi-million de soldats américains pendant la première guerre du Golfe, ce qui aggrava ses difficultés économiques. Pour des raisons de santé, le roi Fahd a laissé le pouvoir au prince héritier Abdallah. Les tensions économiques, la dernière guerre contre l'Irak (2003), la montée de l'islamisme pèsent sur l'avenir du pays.

ARAFAT Yasser (Jérusalem, 17.II.1929). Homme politique palestinien. En 1965, il fonda l'Organisation de libération palestinienne el-Fatah, qui devint la principale composante de l'Organisation de libération de la Palestine (OLP) en 1969. Reconnu comme seul représentant légitime du peuple palestinien par le sommet arabe de Rabat, il fut peu après consacré par sa réception à l'Assemblée générale de l'ONU (oct. et nov. 1974). Malgré le refus constant d'Israël de reconnaître sa représentativité, sa ligne modérée convainquit la majorité des gouvernements occidentaux qu'il incarnait un compromis acceptable, à la condition que l'OLP reconnût l'État d'Israël et renonçât à le combattre par le terrorisme. Sa position provoqua de graves dissensions au sein de l'OLP et il dut, un moment, se réfugier à Tunis en 1983.

Son soutien à Saddam Hussein pendant la première guerre du Golfe (1991) lui fit perdre une part de son crédit et plusieurs États arabes interrompirent leurs financements, à un moment où les extrémistes du Hamas s'enracinaient parmi les Palestiniens des territoires occupés. Il rejoignit alors le processus de paix israëlo-arabe ouvert sans lui à Madrid en 1991. En sept. 1993, il fut l'un des responsables des accords d'Oslo, ensuite ratifiés à Washington, qui rendaient possible une réconciliation jusque-là improbable ; en 1994, conjointement avec Shimon Peres et Itzhak Rabin, Arafat recevait le prix Nobel de la paix.

Pourtant, le processus engagé n'a pas abouti et Arafat s'est montré impuissant devant l'engrenage de la violence. Attentats meurtriers perpétrés par le Hamas sur le territoire israélien, dure répression de l'Intifada (v.) dont souffrent les civils palestiniens, extension des colonies israéliennes sur les territoires qui relèvent de l'Autorité palestinienne : Arafat, devenu président de l'Autorité palestinienne (1996), est impuissant et l'arrestation par sa police de membres du Hamas le déconsidère aux yeux de beaucoup de Palestiniens sans satisfaire les Israéliens. Les négociations qu'il a menées avec Ehoud Barak, à Camp David, en juill. 2000, ont échoué sur le statut de Jérusalem-Est (la ville arabe) sur lequel Arafat ne pouvait céder. Depuis, la reprise du cycle attentats-répressions, le blocus imposé à Arafat au siège de son gouvernement à Ramallah empêchent toute solution. Même vieilli et malade, même taxé d'inefficacité par beaucoup de Palestiniens, Arafat demeurait, au premier semestre 2004, le seul interlocuteur possible pour qu'Israéliens et Palestiniens trouvent une voie vers la paix. Voir **Palestine**. Palestiniens et Israéliens depuis 1948.

ARAGO Dominique François (* Estagel, 26.II.1786, † Paris, 2.X.1853). Physicien astronome et homme politique français. Polytechnicien puis secrétaire du Bureau des longitudes, il partit avec Biot pour l'Espagne achever la mesure du méridien terrestre en 1806 ; il fut arrêté comme espion et emprisonné et ne revint qu'en juill. 1809. Quelques mois plus tard, il fut élu, à vingt-trois ans, membre de l'Académie des sciences, puis professeur à l'École polytechnique. En 1830 il devint directeur du Bureau des longitudes et de l'Observatoire de Paris.

À partir de 1830, il s'engagea en politique ; député des Pyrénées-Orientales, membre du conseil municipal de Paris, il demeura toujours un ardent républicain. En 1848, il fut membre du gouvernement provisoire et signa l'acte d'abolition de l'esclavage. Après le coup d'État de 1851, il abandonna la politique et refusa de prêter serment à Napoléon III.

ARAGON. Région du N.-E. de l'Espagne formant aujourd'hui les provinces de Saragosse, de Huesca et de Teruel. L'Aragon fit partie, à l'époque romaine de la province de Tarraconaise (*Tarraconensis*), passa ensuite sous la domination des Wisigoths (470) et des Maures (714). Politiquement, l'Aragon a pour origine un petit comté chrétien fondé au début du Xe s. autour de la ville de Jaca. Passé par mariage à la Navarre vers 925, il devint un royaume en 1035, à la mort de Sanche III le Grand. À la fin du XIe s., l'Aragon commença son ascension, marquée par des luttes acharnées contre les Maures. Sous Alphonse Ier le Batailleur (1104/34), il annexa Saragosse (1118), puis les États catalans en pleine expansion. Sous la dynastie catalane (1137/1410), l'Aragon, qui continua en Espagne la lutte contre les Maures et participa à la victoire de Las Navas de Tolosa (1212), accéda en même temps au rang de puissance européenne : Alphonse II acquit le Roussillon (1172), Jacques Ier le Conquérant s'empara des Baléares (1229/30) et du royaume de Valence (1238), Pierre III le Grand s'assura la Sicile (1282), Jacques II acquit la Sardaigne (1325).

Au cours du XIVe s., l'Aragon s'est affirmé comme une grande puissance méditerranéenne, s'allia à Venise contre Pise et Gênes, fonda des comptoirs au Levant et, grâce à l'action d'aventuriers catalans et aragonais, arracha à l'Empire byzantin le duché d'Athènes (1311/1456). L'extinction de la dynastie catalane, à la mort de Martin Ier le Vieux (1410) fut suivie de l'élection de Ferdinand Ier, prince de Castille après un interrègne de deux ans. Cette dynastie castillane porta à son apogée la puissance aragonaise sous le règne d'Alphonse V le Magnifique (1416/58), qui enleva après de longues luttes le royaume de Naples aux Angevins (1442).

En 1469, le mariage de Ferdinand II le Catholique avec Isabelle de Castille prépara l'union avec la Castille pour former la première monarchie espagnole. Cette union, remise en question par la mort d'Isabelle (1504), fut consommée en 1516 par l'avènement de Charles Quint, petit-fils et héritier de Ferdinand et d'Isabelle. Mais le début du XVIe s. vit la prépondérance passer décidément à la Castille, qui se lança dans l'aventure coloniale, tandis que s'accentua le déclin commercial de la Méditerranée, principale source de richesse de l'Aragon. Les institutions médiévales de l'Aragon ont été particulièrement remarquables : dès la fin du XIIIe s., elles organisaient un système représentatif aux mécanismes très précis fondés sur des droits coutumiers dont les plus célèbres sont les *Fueros de la union* (1287) et les *Fueros de la justicia* (1348).

L'Aragon est devenu région autonome le 16 nov. 1982.

ARAMBURU Pedro Eugenio (* Rio Cuarto, prov. de Córdoba, 21.V.1903, † Timote, prov. de Buenos Aires, 1er.VI.1970). Général et homme politique argentin. L'un des artisans du coup d'État qui renversa Perón en 1955, il devint président provisoire (1955/58) et rétablit la Constitution de 1953.

ARAMÉENS. Peuple de langue sémitique de Mésopotamie, mentionné dans des sources juives, égyptiennes, hittites et assyriennes. Au moment où les Peuples de la Mer ont ravagé l'Asie occidentale (XIIe s. av. J.-C.), les Araméens, jusque-là nomades, ont constitué diverses principautés indépendantes sur les bords de l'Euphrate et en Syrie. Au Xe s., la plus importante a été celle de Damas, qui mena de vives luttes contre les Hébreux. Au VIIIe s. av. J.-C., les Araméens furent soumis par l'Assyrie, mais leur langue, répandue par les échanges commerciaux, s'imposa peu à peu dans tout l'Orient. À partir de l'Exil, l'araméen supplanta même l'hébreu dans la vie quotidienne, et il était la langue usuelle de la Palestine à l'époque du Christ.

ARATOS (* Sicyone, vers 271, † Égion, 213 av. J.-C.). Homme politique grec. Il fut le chef de la ligue Achéenne. Voir **ACHÉENS**.

ARAUCANS. Peuple indien qui occupait la plus grande partie du territoire actuel du Chili au moment de la conquête espagnole, à laquelle il opposa une résistance acharnée jusqu'en 1773. Au XVIe s., les deux grands chefs de la lutte contre le conquistador Pedro de Valdivia furent Lautaro et Caupolican, lutte qui inspira le poème épique d'Alonzo de Ercilla, *La Araucana* (1569/89). En 1773, les Araucans finirent par signer un traité avec l'Espagne, qui leur reconnut une large autonomie. Ils formèrent une confédération composée de quatre États gouvernés par des chefs héréditaires appelés *toquis*.

En 1861, un aventurier français, l'avocat **Orélie Antoine de Tounens** (* Chouignac, près de Périgueux, vers 1820, † Tourtoirac, 19.IX.1878), s'étant complètement intégré à la vie des Indiens, se fit proclamer roi d'Araucanie sous le nom d'Orélie-Antoine Ier. Ayant organisé une armée de 40 000 hommes, il déclara la guerre au Chili. Fait prisonnier (janv. 1862), interné dans une maison de fous, puis, sur l'intervention du gouvernement français, renvoyé en Europe, il revint chez les Araucans en 1869, reprit la guerre pendant quelques mois, puis dut rentrer définitivement en France. En 1880/81, le Chili soumit militairement les Araucans, dont une partie se réfugia cependant en Argentine.

ARC Jeanne d', sainte (* Domrémy, vers 1412, † Rouen, 30.V.1431). Héroïne française de la guerre de Cent Ans. Canonisée en 1920. Voir **JEANNE D'ARC**.

ARCADIUS Flavius (* en Espagne, 377, † 1er.V.408). Premier empereur d'Orient (395/408). Voir **BYZANTIN (Empire)**.

ARC DE TRIOMPHE. À Rome, c'était à l'origine une porte monumentale en bois, dressée pour accueillir un général victorieux (*imperator*) qui la franchissait le jour où la cité reconnaissait sa victoire. À partir du IIe s. av. J.-C., le monument fut bâti en pierre pour durer et pérenniser le souvenir des campagnes victorieuses. Les arcs de triomphe se multiplièrent surtout au temps du Haut-Empire. Ainsi, à Rome, furent construits l'*arc de Titus* (œuvre de Domitien pour commémorer la victoire de son frère en Palestine), l'*arc de Septime Sévère* (204), l'*arc de Constantin* (IVe) pour commémorer la victoire de l'empereur sur Maxence.

L'arc de triomphe ne pouvait légitimement exister qu'à Rome où généraux et empereurs vainqueurs célébraient leur triomphe. En Gaule et dans les autres régions de l'Empire, furent construits des *arcs honoraires*, pour honorer les empereurs, témoignage de reconnaissance et de loyalisme. Le plus remarquable qui subsiste est celui d'Orange, contruit à l'époque d'Auguste.

La Renaissance et le goût pour l'Antiquité remirent les arcs de triomphe à la mode à partir du XVIe s. Architecture éphémère, ils étaient utilisés pour les entrées royales ; construits pour durer, ils témoignaient de la grandeur d'un prince. Louis XIV fit ainsi ériger à Paris la porte Saint-Denis et la porte Saint-Martin qui commémoraient les victoires sur la Hollande et le passage du Rhin. Napoléon donna à Paris deux arcs de triomphe : l'**arc de triomphe du Carrousel**, œuvre de Percier et Fontaine, construit de 1806 à 1809, et l'**arc de triomphe de l'Étoile**, construit sur les plans de Chalgrin à partir de 1806, terminé en 1836.

ARCHÉLAOS († 399 av. J.-C.). Roi de Macédoine (413/399). Voir **MACÉDOINE**. La Macédoine dans l'Antiquité.

ARCHÉOLOGIE. Au sens étymologique, l'archéologie est « l'étude des choses anciennes » et jusqu'au milieu du XIXe s., on appela les archéologues *antiquaires*. Aujourd'hui, l'archéologie est la science, l'étude, des témoignages matériels que nous a laissés le passé. Elle s'intéresse donc à tous les vestiges visibles et concrets. En l'absence de documents écrits ou devant d'autres indéchiffrés, l'archéologie devient la seule source ; si l'archéologie permet la connaissance historique, celle-ci reste évidemment très incomplète et elle ne peut donc être considérée comme une science indépendante de l'histoire ni prétendre se substituer aux sources d'information écrites. L'idéal est de pouvoir confronter les données archéologiques aux sources écrites.

Histoire de l'archéologie

La curiosité des vestiges du passé a une histoire qui commence dans l'Antiquité : ainsi l'empereur Hadrien fit-il reconstituer dans sa villa de Tibur quelques-uns des plus célèbres monuments du monde antique. Si le Moyen Âge a ignoré l'Antiquité, la Renaissance fut le temps de sa redécouverte ; au début du XVIe s., Rome se transforma en un champ de fouilles dont Raphaël fut l'inspecteur. La *domus aurea* de Néron fut redécouverte, ainsi que l'*Apollon* du Belvédère et le groupe du *Laocoon*. L'archéologie chrétienne prit son essor avec la découverte des catacombes romaines en 1578 et il vaut la peine de noter ce qu'écrivit Baronius : « La cité fut remplie de stupeur quand elle apprit que, dans ses faubourgs, il y avait des villes cachées... quand elle put admirer de ses yeux ce qu'elle avait lu dans st Jérôme et dans Prudence. »

Au XVIIe siècle, l'Antiquité fut plus un modèle qu'un objet de connaissance et l'archéologie devint la passion de quelques amateurs éclairés tel Peiresc ou l'ambassadeur de France à Istanbul, Nointel, qui fit dessiner les sculptures du Parthénon et qui négocia à Athènes l'achat de marbres antiques pour Louis XIV. Au siècle suivant, la découverte d'Herculanum (1709), suivie de fouilles systématiques, puis celle de Pompéi (1748) mirent l'archéologie et les ruines à la mode. Ambassadeur à Istanbul, Caylus visita Éphèse et rechercha les traces de Troie. Les voyageurs anglais visitèrent l'Orient et la Grèce. L'Allemand Winckelmann fit de Rome où il passa douze ans (1755/68) le rendez-vous des amateurs d'archéologie. L'art du temps redécouvrit l'art antique grec et romain et ce fut la vague du néo-classicisme. À partir de l'Italie et de la Grèce, la curiosité pour l'Antiquité s'étendit aux pays du Proche-Orient et, grâce à l'expédition d'Égypte, l'archéologie égyptienne bénéficia du même engouement.

À Rome les fouilles systématiques du Forum commencèrent en 1803, l'Urbs étant sous domination française. Puis toutes les grandes fouilles italiennes furent effectuées sous le contrôle des autorités italiennes, mais les instituts français, allemand, anglais, américain y participèrent largement. Les premières tombes étrusques avaient été découvertes en 1827/28. En Grèce, lord Elgin rassembla entre 1803 et 1812 un grand nombre de sculptures, la plupart enlevées au Panthéon, qu'il expédia en Angleterre. La Grèce ayant retrouvé son indépendance les grands sites antiques furent l'objet de fouilles l'Acropole d'Athènes, Olympie (1875/81), Délos (1877/88), Delphes (1892/1902), Épidaure (1881). L'Allemand Schliemann fouilla le site de Troie (v.) et découvrit les tombes royales de Mycènes. À partir de 1900, A. John Evans fouilla les palais de Cnossos en Crète, révéla au monde la civilisation minoenne avec ses trois systèmes d'écriture dont un seul, appelé le linéaire B, a pu être déchiffré. Enfin, on sait que les archéologies égyptienne et orientale ont pris leur essor au XIXe s. par les découvertes de vestiges qui ont pu être éclairés par des textes.

Les méthodes de l'archéologie

Avant de devenir une science, l'archéologie fut un divertissement de gens de goût, riches de surcroît, pour qui les fouilles n'étaient que l'occasion de trouver et d'acquérir de beaux objets. La chronologie d'occupation d'un site n'était pas une préoccupation majeure, l'archéologue ayant un préjugé en faveur des niveaux reconnus comme « classiques ». Les niveaux supérieurs ou inférieurs étaient détruits. Les préhistoriens et les géologues transmirent aux archéologues la méthode de la stratigraphie, qui permet de mettre au jour les diverses phases d'occupation d'un site, de la plus récente à la plus ancienne, en grattant le sol par petites couches de hauteur régulière. Si l'archéologue est contraint de les détruire au fur et à mesure de l'avancement de son travail, il doit en faire le relevé le plus exact consigné dans le journal de la fouille. La décision de fouiller peut être le fait du hasard ou, plus souvent, par la présence de vestiges repérés grâce à la photographie aérienne. En ville, l'étude de l'occupation des sols et du parcellaire ancien, possible grâce aux archives, est précieuse. Les techniques les plus modernes sont utilisées pour la datation des objets. La diversité des techniques employées (l'archéologie subaquatique remonte au début du XXe s. et a été l'occasion de découvertes extraordinaires) et la complexité d'interprétation des fouilles obligent les archéologues à être de plus en plus spécialisés et à avoir des formations approfondies.

ARCHONTE. Nom des magistrats qui exercèrent le pouvoir à Athènes lorsque la monarchie fut remplacée par l'oligarchie. Au début il n'y eut sans doute qu'un seul archonte, celui qu'on appela plus tard l'archonte *éponyme*, le premier en date ayant été Créon (vers 682/81 av. J.-C.). Avant la fin du VIe s., les archontes, au nombre de neuf plus un secrétaire, constituèrent un collège ; ils se partagèrent les pouvoirs religieux, judiciaire, militaire, législatif qui, au temps de la monarchie, appartenaient au roi. Les archontes étaient choisis parmi les Eupatrides (membres de la classe patricienne) mais des réformes successives (celle de Solon (v.) fut la première) aboutirent au tirage au sort annuel des dix archontes parmi 500 candidats élus appartenant à toutes les classes.

L'archonte le plus important était l'archonte *éponyme*, appelé ainsi parce que son nom était donné à l'année. Il était chargé de l'administration civile. L'archonte *roi* avait la charge de la vie religieuse et jugeait les crimes d'impiété et d'homicide. L'archonte *polémarque* avait été chargé du commandement en chef des troupes. Il lui resta des fonctions religieuses liées à la guerre, notamment l'organisation de cérémonies funéraires en l'honneur des soldats. Il surveillait les litiges relatifs aux métèques et les procès où l'une des parties était un étranger. Les six autres archontes, dits *thesmothètes* ou législateurs, étaient chargés de la promulgation et de l'exécution des lois.

Au fur et à mesure que se développa la démocratie athénienne, l'importance de l'archontat diminua. Il perdit l'administration de l'État et ses fonctions devinrent exclusivement religieuses et judiciaires. L'Aréopage était ainsi constitué entièrement d'archontes sortis de charge. Le système athénien de l'archontat fut imité en d'autres villes et régions de Grèce puis, plus tard, dans les villes hellénistiques de l'Asie Mineure. Voir **Aréopage** et **Athènes.**

ARCTIQUES (régions). L'exploration des régions avoisinant le pôle Nord et l'océan Glacial Arctique commença au XVIe s. par la recherche des passages du Nord-Est et du Nord-Ouest. Voir **Découverte du monde.**

ARCY-SUR-CURE. Ville de l'Yonne, près d'Auxerre, en France. Les grottes des environs ont livré au début du XXe s. des témoins des différentes industries datant du Moustérien, Châtelperronien, Aurignacien, Magdalénien (grotte de l'Ours, du Trilobite et des Fées). Puis A. Leroi-Gourhan (v.) et son équipe ont repris les fouilles à partir de 1946 et découvert de nombreux restes humains, dont une mandibule et un maxillaire dans des niveaux moustériens de la grotte de la Hyène, soit au paléolithique moyen. Mais on y a également trouvé des restes néandertaliens, associés à une industrie du paléolithique supérieur, le Châtelperronien, dans la grotte du Renne.

ARDACHIR Ier, Artaxerxès († apr. 241). Roi de Perse (vers 224/241). Fondateur de la nouvelle dynastie royale des Sassanides après avoir vaincu le dernier roi parthe (arsacide) Artaban IV en 224. Il prit alors de titre de « Roi des rois ». Il renforça l'unité de l'Empire perse par son mariage avec une princesse arsacide. Éliminant successivement ses adversaires, enlevant aux Romains Nisibe et Carrhae et réalisant en dix ans la conquête de l'Arméne, il étendit son empire de l'Euphrate à l'Afghanistan et au Sindh, du Caucase au golfe Persique. Son avènement marqua le début d'une profonde renaissance culturelle perse contre la civilisation cosmopolite et hellénistique de Arsacides. (v. **Parthie**). Le mazdéisme (religion dualiste fondée par Zoroastre) devint religion d'État et scella l'unité du nouvel Empire.

ARDIPITHÈQUE. Nom donné à un des hominidés les plus primitifs trouvé sur le site d'Aramis en Éthiopie en 1994 par T. White, G. Suwa et B. Asfaw. Initialement attribué à l'espèce *Australopithecus ramidus*, ce fossile fut rebaptisé en 1995 *Ardipithecus ramidus*. On en connaît de nombreuses dents isolées, des restes crâniens et des éléments du bras (humérus, radius, cubitus). La position du trou occipital, à la base du crâne, suggère une locomotion bipède. La dentition est proche de celle du chimpanzé. On connaît aujourd'hui deux espèces : *Ardipithecus ramidus* (4,4 millions d'années) et *Ardipithecus kaddaba* (5,2/5,8 millions d'années).

ARÉGONDE ou **ARNÉGONDE** (* vers 520/25, † 565/70). Épouse de Clotaire Ier et belle-fille de Clovis. Sa tombe fut découverte dans la basilique de Saint-Denis et fouillée par Michel Fleury en 1959. Le mobilier et les restes de ses vêtements d'une exceptionnelle richesse permirent de reconstituer pour la première fois et intégralement un habillement complet d'époque mérovingienne. Une bague sigillaire trouvée au pouce de la main gauche permit d'identifier la princesse Arégonde mentionnée par Grégoire de Tours. C'était la première fois depuis la découverte de la tombe de Childéric, à Tournai, en 1653, qu'un grand personnage mérovingien était retrouvé et reconnu.

ARÉOPAGE. Tribunal d'Athènes, organisé par Solon vers la fin du VIe s. et composé des anciens archontes, inamovibles et irresponsables. Il siégeait sur la colline d'Arès et avait à juger les cas d'homicides, de blessures volontaires et d'incendies criminels. Au moment de l'invasion perse, il assuma même tous les pouvoirs. Il avait une composition aristocratique et, malgré sa réputation d'intégrité et d'impartialité, il fut attaqué par les démocrates. En 462, Périclès ne lui laissa que le jugement des crimes religieux et l'administration du patrimoine sacré. L'Aréopage subsista après la conquête romaine. Les Actes des apôtres (XVII, 19) mentionnent la comparution de st Paul devant l'Aréopage et on peut penser que ce fut plutôt devant le conseil.

ARGENSON, Voyer d'. Famille française originaire de Touraine. **René Louis, marquis d'Argenson** (* Paris, 18.X.1694, † Paris, 26.I.1757), fut intendant du Hainaut et du Cambrésis. Nommé ministre des Affaires étrangères de 1744 à 1747, il fut le dernier à conserver une politique antiautrichienne, soutenant que la France devait exercer en Europe un arbitrage général. Son frère, **Marc Pierre, comte d'Argenson** (* Paris, 16.VIII.1696, † Paris, 22.VIII.1764) succéda à son père comme lieutenant de police en 1720. Mais également hostile à Law il démissionna. De 1742 à 1757, il fut un remarquable ministre de la Guerre, qui réorganisa l'armée, unifia les calibres de l'artillerie, fonda l'École militaire en 1751. C'est à lui que fut dédiée l'*Encyclopédie*.

ARGENTINE (république), *Republica Argentina*. État de l'Amérique du Sud, borné au N. par la Bolivie et le Paraguay, à l'E. par le Brésil, l'Uruguay et l'océan Atlantique, à l'O. par le Chili ; capitale *Buenos Aires*.

Après la découverte du Río de la Plata par l'Espagnol Diaz de Solis au printemps 1516, la première tentative de colonisation dans cette région fut menée par Pedro de Mendoza, qui fonda en 1536 la ville de

Puerto de Santa Maria del Buen Aire (Buenos Aires), bientôt abandonnée sous la pression des Indiens. De nouvelles et infructueuses expéditions espagnoles eurent lieu en 1542 et 1575. Juan de Garay, venant d'Asuncion, fonda définitivement Buenos Aires. D'abord compris dans la vice-royauté du Pérou, le territoire forma à partir de 1776 la vice-royauté du Río de la Plata. À partir de 1796, les liens avec l'Espagne se relâchèrent en raison du blocus des côtes hispano-américaines par les Anglais (qui tentèrent vainement à plusieurs reprises de s'emparer de Buenos Aires en 1806 et 1807).

En 1810, une junte révolutionnaire destitua le vice-roi et, à la suite d'une guerre sanglante, les Argentins, sous le commandement de San Martin, proclamèrent leur indépendance (9 juill. 1816). Un conflit aigu éclata bientôt entre les partisans d'un gouvernement unitaire au profit de Buenos Aires et les partisans du fédéralisme : les premiers l'emportèrent d'abord ; ils tentèrent vainement de s'assurer la possession de l'Uruguay, qui resta indépendant ; en 1829, ils furent renversés par le chef des fédéralistes, Rosas, dictateur jusqu'en 1852. Il fit régner un régime de terreur mais jeta aussi les bases durables de l'État argentin. Après la chute de Rosas, le congrès de Santa Fe établit la Constitution du 25 mai 1853, qui faisait de la République argentine un État fédéral.

Dans la période suivante, marquée par les présidences d'Urquiza (1853/60), de Mitre (1862/68), Sarmiento (1868/74) et Roca (1880/86 ; 1898/1904), l'Argentine développa son économie, ses transports et l'instruction publique. La guerre civile de 1880 se termina par la défaite définitive des « unitaires ». La pacification, en 1878/79, sous la présidence de Roca, des territoires du Sud ouvrit largement l'Argentine à l'immigration européenne. Avec un apport considérable de main-d'œuvre italienne et espagnole, et de capitaux britanniques l'Argentine allait connaître un grand essor dans le domaine de l'agriculture et de l'élevage ; le commerce fut stimulé par l'exportation intensive de viande frigorifiée. La longue lutte contre l'influence conservatrice des grands propriétaires aboutit à la prise du pouvoir par le parti radical (1916), dont le principal dirigeant fut le président Hipolito Irigoyen (1916/22 et 1928/30). La crise mondiale de 1929 eut de profondes répercussions en Argentine : Irigoyen fut renversé par un coup d'État militaire qui porta au pouvoir le général Uriburu et l'armée conserva le contrôle du pouvoir de 1930 à 1943.

L'Argentine contemporaine

Un nouveau putsch (juin 1943) ouvrit une période de désordre et de corruption dont profita l'un des artisans du putsch, le jeune colonel et ministre du Travail Juan Perón. S'appuyant sur le prolétariat urbain des *descamisados*, sur les passions nationalistes mais aussi sur le clergé et l'armée, Perón s'imposa à ses collègues qui voulaient l'évincer (soulèvement du 17 oct. 1945) et se fit régulièrement élire président (25 févr. 1946). Instituant une dictature de type mussolinien, avec un régime corporatif, Perón favorisa le prolétariat ouvrier, dont le revenu réel, de 1946 à 1955, augmenta d'environ 47 %, au détriment des classes moyennes et agricoles. La « révolution péroniste », qui bénéficiait de l'appui tacite des socialistes et des communistes, fut marquée par des nationalisations et des rachats de concessions étrangères, qui firent sortir l'Argentine de l'orbite économique britannique. À l'extérieur, Perón, prophète de l'*argentinismo*, affirma son indépendance à l'égard des Occidentaux, accueillit de nombreux réfugiés nazis et noua des relations diplomatiques avec l'URSS. Mais le nationalisme économique péroniste, dressant contre lui les États-Unis, engendra une crise très sensible dès 1950. Abandonné par le clergé, privé d'une partie de sa popularité dans les masses par la mort de sa femme Eva Perón (1952), le dictateur dut faire face à une opposition grandissante dans l'armée et surtout dans la marine.

Perón fut renversé en sept. 1955 par une junte militaire dirigée par les généraux Leonardi et Aramburu. Jusqu'à la mort de Perón (1er juill. 1974) le mouvement péroniste fut présent dans la vie politique de l'Argentine qui fut marquée par des coups d'État militaires. Il en fut ainsi des gouvernements d'Arturo Frondizi, élu en 1958, d'Umberto Illia, élu en 1963, qui furent renversés. L'instabilité politique était la conséquence des difficultés économiques et en particulier de l'inflation que ne parvenaient à résoudre ni les gouvernements issus d'élections ni les militaires. En 1965, Perón tenta de revenir au pouvoir mais échoua. En mars 1973, Hector Campora, candidat péroniste, fut élu président de la République, démissionna quatre mois plus tard et, en sept. 1973, Perón fut élu triomphalement. Sa troisième femme devint vice-président. Il ne sut maîtriser la situation ; à sa mort (1er juill. 1974), son épouse lui succéda mais, face à une anarchie grandissante, elle fut renversée par un coup d'État militaire (24 mars 1976) qui porta à la présidence le général Jorge Videla.

La dictature militaire des généraux Videla, Viola puis Galtieri ne recula devant aucun moyen (enlèvements, tortures, exécutions) pour réduire l'opposition mais elle fut impuissante à résoudre la crise économique. Elle crut se maintenir au pouvoir par une diversion propre à séduire le sentiment national argentin, la reconquête des îles Malvinas (Malouines, *Falkland* pour les Britanniques). La Grande-Bretagne ne céda pas, et l'aventure militaire, qui dura de mai à juin 1982, se solda par une défaite cuisante de l'armée argentine, entraînant la chute du régime militaire. Galtieri fut remplacé par le général Bignone, qui dut organiser, en oct. 1983, des élections générales. Le radical Raúl Alfonsín fut élu contre le candidat péroniste.

Le retour à la démocratie constitutionnelle ne put satisfaire qu'une partie des exigences de la population. Si les principaux militaires furent jugés, il n'y eut pas d'épuration dans l'armée où les éléments factieux restaient nombreux et tentèrent plusieurs coups d'État en avr. 1987, janv. et déc. 1988. En outre, l'économie était totalement ruinée et l'inflation retrouvait des sommets. L'élection présidentielle de 1989 vit la victoire de Carlos Menem, candidat péroniste, mais, à la crise économique, s'ajouta la corruption de l'entourage du gouvernement, qui dut démissionner. Le nouveau ministre de l'Économie imposa des mesures sévères d'inspiration néolibérale. En 1991, une réforme monétaire aboutit à un taux de change fixe entre le peso, nouvelle monnaie argentine, et le dollar. Un programme de privatisation fut mis en route. Si cette politique porta des fruits, le coût social en fut lourd : réductions des dépenses, augmentation du chômage, baisse des salaires réels. Une réforme de la Constitution permit à Carlos Menem de briguer un second mandat présidentiel et d'être élu en mai 1995. Il poursuivit sa politique de rigueur monétaire et de réformes libérales, mais les inégalités se creusèrent. La crise financière mondiale de 1998 et ses répercussions sur le Brésil entraînèrent l'Argentine dans la récession. Bien que le Parlement ait adopté un texte annulant les lois d'amnistie votées en 1987 en faveur des militaires au pouvoir de 1976 à 1983, Menem perdit la présidentielle d'oct. 1999 et fut remplacé par Fernando de la Rua.

ARGOS. Ville de Grèce, dans le N.-E. du Péloponnèse près du golfe de Nauplie. Fondée au IIe millénaire, elle fut, dès l'époque mycénienne, le sanctuaire national de l'Argolide voué au culte d'Héra. Après la chute de Mycènes (1150). Argos étendit son hégémonie sur l'Argolide et même, au VIIe s., à l'époque du légendaire tyran Phéidon, sur une grande partie du Péloponnèse. De nombreuses guerres l'opposèrent à Sparte et l'amenèrent à s'allier à Athènes. Cependant, en raison de la trêve de trente ans signée en 451 avec Sparte, Argos resta neutre pendant la première partie de la guerre du Peloponnèse. De nouveau alliée à Athènes, elle fut battue par les Spartiates à Mantinée (418) et revint à la neutralité. Toujours ennemie de Sparte, elle se joignit aux Thébains que commandait Épaminondas (v.). Prise par Cassandre (317) et par Démétrios Poliorcète (303), alliée à Sparte contre Pyrrhos d'Épire, qui trouva la mort en attaquant Argos (272), elle fit partie de la ligue Achéenne et passa, en 146 av. J.-C., sous la domination romaine, qui lui fut assez profitable. Elle continua à jouer un rôle important dans l'Empire byzantin, mais déclina, au profit de Nauplie, lors de l'installation des Latins en Morée, au XIIIe s. Bayézid Ier la prit en 1397 et réduisit ses 30 000 habitants en esclavage. En 1715, les Turcs la reprirent aux Vénitiens qui s'en étaient emparés en 1686.

ARIANISME. Hérésie chrétienne dont l'initiateur fut le prêtre alexandrin Arius (v.). Celui-ci niait la consubstantialité du Père et du Fils ; le Fils ne pouvait être de nature divine parce que sa position par rapport au Père était celle d'une filiation adoptive et qu'il était lui-même la première des créatures. La condamnation de cette hérésie par le concile œcuménique de Nicée (325) n'empêcha pas sa diffusion dans l'empire d'Orient, où elle bénéficia de la faveur de certains empereurs, et également en Occident, lorsque Constance II devint seul empereur. Après, l'hérésie, se partageant entre plusieurs tendances, s'affaiblit. En 381, Théodose la fit condamner par le concile de Constantinople. Mais l'arianisme s'était répandu chez de nombreux peuples germaniques. En Occident, les Ostrogoths, les Wisigoths, les Vandales et les Burgondes se firent les persécuteurs de l'orthodoxie. Au contraire, les Francs Saliens, restés païens, se convertirent à la foi catholique, et cela valut à leurs chefs l'appui de l'Église. L'arianisme disparut à la fin du VIe s. et survécut pour un siècle encore seulement chez les Lombards.

ARIAS NAVARRO Carlos (* Madrid, 11.XII.1908, † Madrid, 27.XI.1989). Homme politique espagnol. Il fut Premier ministre de 1973 à 1976. Voir **ESPAGNE.**

ARIAS SANCHEZ Oscar (Heredia, 1941). Homme politique du Costa Rica, président de la République de 1986 à 1990. Pour son plan de paix et de démocratisation accepté par les pays voisins, il obtint le prix Nobel de la paix en 1987. Voir **COSTA RICA.**

ARISTIDE Jean-Bertrand, dit *Titid* (* Port-Salut, Haïti, 15.VII.1953). Prêtre et homme politique haïtien. Partisan de la théologie de la libération, il s'opposa au régime de Jean-Claude Duvalier. Élu président de la République en déc. 1990, chassé en 1991 par un putsch militaire, il fut rétabli dans ses fonctions en 1994 par les États-Unis. Réélu président en oct. 2000. Il a été chassé du pouvoir en mars 2004.

ARISTIDE le Juste (* vers 540, † vers 467 av. J.-C.). Homme politique athénien. D'une vieille famille aristocratique, il fut un des stratèges de la bataille de Marathon (490). Archonte en 489, chef des « modérés », il s'opposa à la politique de développement maritime de Thémistocle, qui le fit frapper d'ostracisme (483). Rappelé lors de l'invasion de Xerxès, Aristide, à la veille de la bataille de Salamine (480), seconda Thémistocle puis contribua de façon décisive à la victoire de Platées (479). Avec Cimon, il fut l'organisateur de la ligue de Délos (478/477) ; son équité lui valut le surnom de « Juste ». Il mourut si pauvre que l'État dut pourvoir à ses funérailles et doter ses filles.

ARIUS (* en Libye, vers 256, † vers 336). Prêtre alexandrin, fondateur d'une doctrine hérétique qui niait la consubstantialité du Fils et du Père. Voir **ARIANISME.**

ARLES (royaume d'). Nom du royaume de Bourgogne-Provence (934-1032). Voir **BOURGOGNE (royaumes de)** et **PROVENCE.**

ARMADA (l'Invincible). Nom donné à la flotte de guerre espagnole envoyée par Philippe II contre l'Angleterre en 1588. Forte de 130 vaisseaux armés de 2 431 pièces d'artillerie et chargée de 29 300 soldats, elle partit du Tage le 28 mai 1588, afin d'atteindre les côtes de Flandre, où elle devait encore prendre 30 000 hommes pour envahir l'Angleterre sous le commandement d'Alexandre Farnèse. La mort de son commandant, le marquis de Santa Cruz, laissa la direction à un chef aussi orgueilleux qu'incapable, le duc de Medina Sidonia. Après avoir été éprouvée par de nombreuses tempêtes, l'immense flotte arriva en vue des côtes d'Angleterre, au Lizard, le 29 juill. 1588. Elle se heurta à la flotte britannique, bien inférieure en nombre, mais commandée par des marins remarquables, tels Charles Howard d'Effingham, Francis Drake, John Hawkins, Martin Frobisher. Sans cesse harcelée par l'ennemi, luttant contre la tempête, l'Armada ne put opérer de débarquement et ne trouva son salut que dans la fuite : n'osant revenir par la Manche, Medina Sidonia prit le parti de faire le tour des îles Britanniques et ne put ramener en Espagne que la moitié de sa flotte. Ce désastre marqua la fin de la suprématie maritime espagnole. L'épithète *invincible* semble avoir été appliquée après coup et de façon ironique à l'*Armada* par les ennemis de l'Espagne.

ARMAGNACS. Parti opposé à celui des Bourguignons, sous le règne de Charles VI. Ils tiraient leur nom de Bernard VII, comte d'Armagnac, qui donna en 1410 sa fille au jeune duc Charles d'Orléans, fils du duc Louis Ier d'Orléans que Jean sans Peur avait fait assassiner à Paris en 1407. Les Armagnacs, qui s'identifiaient ainsi au parti d'Orléans, firent pendant dix ans une guerre sauvage à la faction des Bourguignons. Le vieux duc de Berry fut un des principaux chefs du parti, auquel s'étaient aussi ralliés des clercs et des pacifistes déçus comme Jean Gerson. En 1413, à la faveur d'une révolution parisienne, Bernard VII d'Armagnac parvint à chasser les Bourguignons de la capitale, à se faire nommer connétable par la reine Isabeau de Bavière et à assumer tout le pouvoir (1415). Mais après la défaite d'Azincourt, Bernard VII, qui s'était rendu odieux par ses exactions et sa tyrannie, fut abandonné par la reine et massacré avec plusieurs milliers de ses partisans par la population parisienne (1418).

Après l'alliance des Bourguignons avec l'Angleterre (1419) et le traité de Troyes (1420), le parti armagnac fournit les cadres et les structures du « royaume de Bourges » de Charles VII. L'antagonisme des Armagnacs et des Bourguignons s'apaisa après le traité d'Arras (1435), mais, sous le règne de Charles VII, des bandes armées d'Armagnacs commirent dans tout le pays d'horribles dévastations. Pour se débarrasser d'eux, Charles VII les envoya contre l'Alsace et la Lorraine puis il fournit à l'empereur Frédéric III, en guerre contre les Suisses, une armée de 40 000 Armagnacs commandés par le dauphin en personne et que les Suisses taillèrent en pièces lors de la bataille de Saint-Jacques-sous-le-Bois (14 août 1444).

ARMÉE (la Grande). Nom donné à partir de 1805 à l'armée impériale de Napoléon Ier. Le recrutement était fondé sur la conscription (loi Jourdan du 5 sept. 1798) qui appelait sous les drapeaux, pour quatre ans, les jeunes hommes non mariés de vingt à vingt-cinq ans. Chaque année un nombre d'hommes, fixé par sénatus-consulte, était appelé selon les besoins de l'armée en commençant par les plus jeunes. Les besoins de la guerre ne cessèrent d'alourdir la conscription : 60 000 hommes furent levés en 1803, 100 000 en 1805, 1806 et 1807, 276 000 pour 1808 et 1809. Leur nombre s'éleva jusqu'à 340 000 hommes en 1811, 252 000 en 1812 et 857 000 en 1813. En outre, l'empereur demandait aux pays annexés leur contribution en hommes : ce furent les contingents alliés. À la veille de la campagne de Russie, la Grande Armée était constituée pour plus de la moitié d'étrangers. On estime que 2 400 000 hommes furent mobilisés durant le premier Empire.

Napoléon modifia peu l'organisation de l'armée. La création la plus originale fut celle de la *Garde impériale*, corps d'élite fort de 80 000 hommes rigoureusement selectionnés, où le moindre soldat avait le rang de sergent. Le *Bulletin de la Grande Armée*, imprimé dans *Le Moniteur* entre 1805 et 1812, rapportait toutes les opérations militaires et servait la propagande.

ARMÉNIE. État du Sud-Caucase, bordé au N. par la Géorgie, à l'O. par la Turquie, au S. par l'Iran et à l'E. par l'Azerbaïdjan ; capitale *Erevan*.

L'Arménie dans l'Antiquité

Selon la tradition, le premier royaume d'Arménie aurait été fondé par Haik, descendant de Noé. Historiquement, l'actuelle Arménie turque était occupée, à la fin du IIe millénaire av. J.-C., par le royaume d'Ourartou ; après avoir mené de longues luttes contre les Assyriens, il fut submergé par les Scythes vers la fin du VIIe s. Apparurent alors les populations indo-européennes qui devaient donner leur nom à ce pays (en arménien *Haik*). Ces Arméniens, établis dans la région du lac de Van, fondèrent un État soumis aux Mèdes puis aux Perses, qui fut compris ensuite dans l'empire d'Alexandre, puis passa sous la domination nominale des Séleucides. En fait, les satrapes d'Arménie, dès l'époque des Perses Achéménides, s'étaient comportés en souverains pratiquement indépendants.

En 189 av. J.-C., deux généraux d'Antiochos III, Artaxias et Zariadris, fondèrent respectivement les royaumes de Grande et de Petite Arménie. Celle-ci, conquise par les Romains vers 75 av. J.-C., forma la province d'*Armenia minor*, à l'O. du haut Euphrate. Mais la Grande Arménie, dont la capitale était Artaxate, secouant la suzeraineté parthe, connut une brillante période sous le règne de Tigrane le Grand :

il réunit sous son autorité les deux Arménies (vers 90), s'allia avec le roi du Pont Mithridate VI Eupator, imposa sa domination à la haute Mésopotamie (fondation de Tigranocerte sur le haut Tigre) et constitua un Empire arménien, qui s'étendait de l'Oronte à la Caspienne. Ayant donné refuge à son allié Mithridate, il se vit attaqué par les Romains, fut battu à Tigranocerte (oct. 69 av. J.-C.) par Lucullus et dut reconnaître l'autorité romaine (66). Pendant toute la période qui suivit, l'Arménie demeura un enjeu entre les Romains et les Parthes, qui lui imposèrent tour à tour leur domination.

À l'avènement des Sassanides (v.), l'Arménie, dont le roi appartenait à la famille des Arsacides (v. **Parthie**), fit appel à l'aide romaine mais, après des années de lutte, fut finalement vaincue par le Sassanide Ardachir Ier (vers 232). Cependant, en 283, l'Arménie retomba sous l'influence romaine et, à la fin du IIIe s., sous le règne de Tiridate III, le christianisme fut introduit par st Grégoire l'Illuminateur ; c'est la diffusion de la foi nouvelle qui fut à l'origine de l'essor littéraire arménien, avec l'invention d'un alphabet et la traduction de la Bible par Mesrop, au début du Ve s. ; mais l'Arménie refusa d'accepter les décisions du concile de Chalcédoine (concile de Vagharchapat, 491) et constitua dès lors une Église autonome, de tendance monophysite. En 387, l'Arménie avait été partagée entre l'Empire romain et l'Empire perse ; ce dernier reçut la partie orientale qu'il soumit à l'autorité des *marzpan* (gouverneurs des marches).

Entre la Turquie et la Russie

Les Arabes conquirent l'Arménie à partir de 636 ; avec l'accord du calife de Bagdad, un noble d'une vieille famille arménienne prit en 885 le titre de roi sous le nom d'Achod Ier et fonda la dynastie des Bagratides (885/1079). L'Arménie connut alors une période prospère, dont témoignent les ruines grandioses d'Ani leur capitale ; mais ils finirent par s'épuiser dans leurs luttes contre les féodaux locaux et les Seldjoukides. En 1045, les Byzantins s'emparèrent de l'Arménie, ce qui contribua à affaiblir la frontière orientale de l'Empire et à favoriser la conquête de l'Anatolie par les Turcs Seldjoukides. Les ravages de la guerre et l'anarchie provoquèrent l'émigration de nombreux Arméniens, qui trouvèrent refuge, les uns en Crimée et jusqu'en Galicie, les autres en Cilicie, où se constitua, au XIIe s., un État de Petite Arménie qui lutta aux côtés des croisés contre l'islam et fut érigé en royaume vassal du Saint-Siège et de l'Empire (1198/1375). En 1342, ce royaume passa à la maison de Lusignan, mais le dernier roi, Léon VI, fut fait prisonnier par les musulmans en 1375 et vint mourir à Paris. Quant à la Grande Arménie, ravagée par Tamerlan de 1386 à 1394, puis au siècle suivant par les Persans, elle passa, au XVIe s., sous la domination des Ottomans, qui en gardèrent la partie occidentale, tandis que la partie orientale allait à la Perse.

Au début du XIXe s., la Russie, désormais établie dans le Caucase, se posa en protectrice des Arméniens et rencontra beaucoup de sympathies parmi les populations soumises aux Persans ou aux Turcs musulmans. Le tsar acquit au détriment de la Perse la région d'Erevan (1828), mais dut l'année suivante laisser Erzeroum à la Turquie, ce qui provoqua une émigration massive d'Arméniens turcs vers la Russie. Le congrès de Berlin attribua à la Russie les régions de Kars et d'Ardahan (rendues à la Turquie en 1921). Favorables aux tsars chrétiens, les Arméniens de l'Empire ottoman constituaient une minorité suspecte, inassimilable : aux massacres de 1894/96, suivis d'une nouvelle émigration, succédèrent les tueries (on emploie le plus souvent le terme de génocide) de 1915/16. On estime à près de deux millions le nombre d'Arméniens disparus au cours de la Première Guerre mondiale. Le traité de Brest-Litovsk (1918) fit de l'Arménie russe un État indépendant et le traité de Sèvres (1920) prétendit créer une Grande Arménie, réunissant les anciens territoires russes et turcs. Les Alliés se montrèrent cependant incapables d'assurer son indépendance effective. En déc. 1920, la Turquie kémaliste réoccupa les régions de Kars et d'Ardahan, tandis que les bolcheviks proclamaient la république socialiste soviétique d'Arménie ; les frontières des deux Arménies furent fixées par le traité turco-soviétique de 1921. En 1945, l'URSS réclama vainement l'annexion à la république soviétique d'Arménie (créée en 1936) des districts de Kars et d'Ardahan.

Le 8 déc. 1988, un violent tremblement de terre fit plus de 40 000 victimes et suscita un grand mouvement de solidarité internationale. Cette année avait marqué aussi le début d'une guerre avec l'Azerbaïdjan : les Arméniens du Haut-Karabakh, région autonome de cette république où ils représentaient 75% de la population, réclamèrent leur rattachement à la république soviétique d'Arménie. Les affrontements avec la population azérie, musulmane, furent des plus violents et le conflit dégénéra en guerre ouverte entre les deux républiques soviétiques. Après l'éclatement de l'URSS, l'Arménie proclama son indépendance en sept. 1991 tout en maintenant ses liens avec Moscou. Dans les années suivantes, la guerre s'intensifia avec l'Azerbaïdjan ; le président modéré Levon Ter-Petrossian, élu en 1990, démissionna en 1998 et fut remplacé par Robert Kotcharian dont le Premier ministre Vasgen Sarkissian fut assassiné. Malgré ces affrontements, le Conseil de l'Europe a donné en juin 2000 un avis favorable à l'intégration en son sein de l'Arménie et de l'Azerbaïdjan.

ARMINIANISME. Doctrine des partisans d'Arminius (1560/1609) qui niait la prédestination calviniste, résumée dans une célèbre *Remontrance* (1610), d'où le nom de *remontrants* qui leur resta.

ARMINIUS, Hermann (* vers 18 ou 16 av. J.-C., † 21 apr. J.-C.). Chef germain, de la tribu des Chérusques. Fils de Segimar, il servit d'abord, comme son frère Flavius, dans les auxiliaires germains employés par Rome et fut fait citoyen de rang équestre. Revenu dans son pays vers 7 apr. J.-C., il exploita la confiance aveugle que lui témoignait le gouverneur romain P. Quintilius Varus pour former secrètement, contre les Romains, une vaste coalition englobant les Chérusques et diverses tribus germaniques septentrionales. En automne 9, il surprit et anéantit Varus et trois légions romaines entre l'Ems et la Weser, sans doute au Teutoburger Wald (près de la ville actuelle de Detmold). Il lutta ensuite (14/16) contre Germanicus. Il battit ensuite le roi des Marcomans, Marbode, allié des Romains, mais périt peu après, empoisonné par des conspirateurs. Arminius a été vénéré en Allemagne comme un héros national ; auparavant Tacite lui avait donné le titre de libérateur de la Germanie.

ARMORIQUE. Terme employé jusqu'au début du Moyen Âge pour désigner la Bretagne d'aujourd'hui. Voir **Bretagne.**

ARMSTRONG Neil Alden (Wapakoneta, Ohio, 5.VIII.1930). Astronaute américain. Il participa au vol de Gemini VIII (mars 1966) et, commandant l'expédition d'Apollo XI, il fut le premier homme à débarquer sur la Lune, le 20 juill. 1969.Voir **Aldrin.**

ARNAUD de Brescia (* Brescia, vers 1090, † Civita Castellana ou Monte Rotondo, juin 1155). Réformateur politique et religieux italien. Il prit la tête d'un soulèvement romain en 1144, qui chassa le pape Eugène III et instaura une brève « dictature populaire ». L'intervention de l'empereur Frédéric Ier Barberousse mit fin à cet épisode et Arnaud fut exécuté en 1155. Voir **Pontificaux (États).**

ARNAULD. Famille française qui est inséparable de l'histoire du jansénisme et de l'abbaye de Port-Royal. Elle était originaire d'Auvergne et ses membres ont d'abord été protestants. **Antoine Arnauld** (* Paris, 6.VIII.1560, † Paris, 29.XII.1619) se fit catholique, comme son père, à la suite de la Saint-Barthélemy. Royaliste ardent, éloquent, il consacra sa vie à plaider et s'en prit à la Compagnie de Jésus. En 1594, il prononça un célèbre discours : *Plaidoyer pour l'Université contre les jésuites*. En 1602, ce fut un *Mémoire au roi* pour empêcher leur rétablissement en France. De son épouse Catherine Marion, il avait eu vingt enfants ; dix moururent jeunes. **Robert Arnauld d'Andilly** (* Paris 1589, † Paris 1674), fils aîné. Il entreprit une carrière administrative (Conseil des finances, intendance de la maison de Monsieur, intendant d'armée). En 1643 il se retira à Port-Royal et publia des ouvrages de piété, en particulier la traduction des *Confessions* de st Augustin, les *Vies des Pères du désert* et les œuvres de ste Thérèse d'Ávila. Il fut notamment le père d'**Antoine Arnauld**, dit **le Grand Arnauld** (* Paris 1612, † Bruxelles, 8.VIII.1694). Ordonné prêtre en 1641, il se rendit célèbre dès 1643 par la publication de son ouvrage *De la fréquente communion* qui eut un retentissement considérable et fit de lui le chef du parti janséniste. Après la bulle *Ad sacram* d'Alexandre VII qui (après la bulle *Cum occasione*) condamnait cinq propositions tirées de l'*Augustinus* et la signature du formulaire (v. **Jansénius**), Antoine Arnauld imagina la distinction du droit et du fait en déclarant que les propositions étaient condamnables mais ne s'y trouvaient pas. Il fit alors retraite à Port-Royal pendant douze ans, puis rentra en grâce auprès du pape et du roi. En 1680, craignant pour sa liberté, il s'exila en Hollande puis à Bruxelles où il mourut. Il avait été le plus grand théologien du XVIIe s. **Henry Arnauld** (* Paris 30.X. 1597, † Angers, 8.VI. 1692), fut évêque d'Angers de 1650 à 1692. Tout janséniste qu'il était, sa charité fit qu'on le regarda comme un second st Charles Borromée.

Antoine Arnauld et Catherine Marion donnèrent à Port-Royal six religieuses. Parmi elles,

Jacqueline Marie Angélique ARNAULD (* Paris 8.IX.1591, † Paris, 6.VIII. 1661) fut la célèbre **Mère Angélique de Sainte-Madeleine** qui réforma Port-Royal et choisit Saint-Cyran pour confesseur des religieuses ; la plus connue fut **Jeanne Catherine Agnès Arnauld** (* Tours, 31. XII.1593, † Port-Royal-des-Champs, 19.II.1672), en religion **Mère Agnès**, religieuse exemplaire, abbesse de Port-Royal de 1658 à 1661.

ARPAD. Grand-prince des Hongrois (890/907). Il conduisit son peuple de la Russie méridionale vers la Hongrie actuelle, battit les Bulgares, les Khazars, les Valaques et les Moraves et fit plusieurs incursions en Italie. Il fut l'ancêtre de la dynastie des Arpades, qui régnèrent sur la Hongrie avec le titre de duc, puis de roi, jusqu'à la mort d'André III (1301).

ARQUES-LA-BATAILLE. Ville normande, au S.-E de Dieppe. Lieu d'une victoire remportée par Henri IV le 21 sept. 1589 sur le duc de Mayenne, deux mois après l'assassinat d'Henri III. Dans la conquête du pouvoir royal, cette victoire fut la première remportée par Henri IV sur les Ligueurs et elle eut un grand retentissement sur l'opinion publique.

ARRAS. Chef-lieu du département du Pas-de-Calais, ancienne capitale des Celtes Atrébates. Quatre **traités** y furent signés : le **1er**, signé le 4 sept. 1414 entre les Armagnacs et les Bourguignons resta sans lendemain ; le **2e**, signé le 21 sept. 1435, entre Charles VII et Philippe le Bon, duc de Bourgogne, mit fin aux hostilités entre Armagnacs et Bourguignons qui abandonnaient l'alliance anglaise mais recevaient les villes de la Somme et les comtés de Mâcon et d'Auxerre. Le **3e**, signé le 23 déc. 1482 entre Louis XI et Maximilien d'Autriche, arrangeait le mariage du dauphin Charles et de Marguerite d'Autriche qui apportait en dot ses droits sur l'Artois et le comté de Bourgogne. Le **4e** est l'union d'Arras (1759). Voir **Arras**, union d'.

ARRAS (union d', 1579). Confédération formée le 6 janv. 1579 à Arras entre les délégués des provinces catholiques du Hainaut, de l'Artois et de la Flandre wallonne, qui conclurent avec Alexandre Farnèse le traité d'Arras (17 mai 1579) par lequel les provinces wallonnes se soumettaient à l'Espagne. Dès la constitution de l'Union d'Arras, les provinces protestantes du N. ripostèrent en créant l'Union d'Utrecht (23 janv. 1579), qui décida la formation d'une confédération de sept Provinces-Unies (v.).

ARSACE († vers 248 av. J.-C.). Seigneur de Parthie (N.-E. de l'Iran), qui, profitant de l'affaiblissement d'Antiochos II, roi de Syrie, fonda vers 250 av. J.-C. le royaume du futur Empire parthe (v. **Parthie** et **Perse**) et la dynastie des Arsacides, qui régna sur la Perse jusqu'en 224 de notre ère.

ARSINOÉ. Nom de deux princesses égyptiennes. La première (* vers 316, † vers 270 av. J.-C.) était la fille de Ptolémée Ier Sôter. Elle épousa Lysimaque, roi de Thrace puis Ptolémée Kéraunos. En 278, elle se remaria avec son propre frère Ptolémée II Philadelphe qui fonda plusieurs villes à son nom et la divinisa. La seconde († 41 av. J.-C.), fille de Ptolémée XII Aulète, était la sœur cadette de Cléopâtre.

ARTABAN. Nom de plusieurs rois des Parthes. **Artaban Ier** (vers 211/191 av. J.-C.) contraignit Antiochos III de Syrie à le reconnaître comme roi des Parthes et à faire alliance avec lui. **Artaban IV** régna de 216 à 224 apr. J.-C. Deux fois vainqueur des Romains, il fut le dernier souverain de la dynastie des Arsacides.

ARTAGNAN, Charles de Batz-Castelmore, dit **d'** (* Lupiac, 1615, † Maastricht, 1673). Homme de guerre français. Né au château de Castelmore, en Armagnac, il était fils d'une demoiselle de Montesquiou. Cadet dans les gardes, il combattit en Artois, en Flandre (1640/41) puis en Roussillon. Mousquetaire en 1644, il devint agent de Mazarin durant la Fronde. Il servit Louis XIV avec fidélité ; le 5 sept. 1661, il eut le devoir d'arrêter Fouquet puis de le conduire à la forteresse de Pignerol où il conduisit aussi Lauzun en 1671. Il fut pendant la guerre de Hollande au siège de Maastricht. Le point de départ des *Trois Mousquetaires* d'Alexandre Dumas fut les *Mémoires de M. d'Artagnan*, mémoires apocryphes rédigés par Gatien de Courtilz de Sandras qui avait servi dans les mouquetaires sous les ordres de d'Artagnan.

ARTAXERXÈS. Nom de plusieurs souverains de Perse. **Artaxerxès Ier Longue-Main** (465/24 av. J.C.) fut le fils et successeur de Xerxès Ier. Sous son règne commença le déclin des Achéménides ; par la paix de Callias en 449 (l'existence de ce traité a été contestée), il renonça aux villes grecques d'Ionie. Il autorisa les Juifs à rentrer à Jérusalem sous la conduite d'Esdras. Petit-fils du précédent, **Artaxerxès II Mnémon** (404/358) succéda à Darius II. Il vainquit à Counaxa (401) son frère Cyrus le Jeune (v.). Artaxerxès II sut se poser en arbitre entre Athènes et Sparte et leur dicter la *paix du roi* ou d'*Antalcidas* (386) qui lui assurait les villes grecques d'Asie Mineure. Son fils et successeur **Artaxerxès III Ochos** (358/38 av. J.-C.) redressa l'Empire perse en réprimant la révolte des satrapes, reconquit l'Égypte (345/52) et soumit la Phénicie et Chypre. **Artaxerxès IV** († Ectabane, 329 av. J.-C.), satrape de Bactriane, s'empara du roi Darius III en fuite devant Alexandre et le mit à mort (juill. 330). Pris par Alexandre qui se déclara héritier de Darius III, il fut condamné à mort et exécuté.

ARTAXERXÈS († apr. 241). Fondateur de la dynastie des Sassanides. Voir **Ardachir Ier**.

ARTEVELDE Jacob Van (* vers 1287, † Gand, 24.VII.1345). Homme politique flamand. Chef des révoltés de Gand contre le comte de Flandre (1337). Voir **Gand**.

ARTHUR ou **ARTUS** (vers 500). Roi breton (de *Britannia*, « (Grande) Bretagne ») semi-légendaire qui, au début du VIe s., aurait uni contre les envahisseurs anglo-saxons plusieurs tribus celtes de (Grande) Bretagne. Il est devenu ainsi le champion de la résistance celtique et du christianisme. Ses exploits, amplifiés par les bardes gallois, Guillaume de Malmesbury et Geoffroi de Monmouth (XIIe s.), furent rapportés en France où ils inspirèrent le fameux cycle de la Table ronde, d'où Chrétien de Troyes a tiré des romans en vers devenus célèbres.

ARTHUR Ier (* Nantes, 29.III.1187, † Rouen, 3.IV. 1203). Duc de Bretagne (1196/1203). Voir **Bretagne.** La Bretagne au Moyen Âge.

ARTIGAS José Gervasio (* Montevideo ?, 19.VI. 1764, † Ibiray, près d'Asunción, 23.IX.1850). Général uruguayen. Vainqueur des Espagnols en 1811, il forma le premier gouvernement uruguayen (1815/20). Voir **Uruguay.**

ARTOIS. Ancienne province correspondant (moins le Boulonnais) à l'actuel département du Pas-de-Calais, et qui avait pour capitale *Arras*. Habité au début de notre ère par les Celtes Atrébates (d'où son nom), l'Artois fut compris par les Romains dans la Belgique IIe. Conquis par les Francs au Ve s., l'Artois passa aux comtes de Flandre en 863 par le mariage de Judith, fille de Charles le Chauve, avec Baudoin Bras de Fer. Réuni à la Couronne par le mariage d'Isabelle de Hainaut avec Philippe Auguste (1180), il fut érigé en comté par Saint Louis, qui le donna à son frère puîné, Robert (1237). Transmis à Louis de Male (1382), il échut à la maison de Bourgogne par le mariage de la comtesse Marguerite, fille de Louis de Male, avec Philippe le Hardi (1384). Marie de Bourgogne fit passer l'Artois à la maison d'Autriche par son mariage avec

Maximilien (1477). Repris par la France en 1482, rendu à l'Autriche en 1493, il fut reconquis par Louis XIII en 1640 et attribué définitivement à la France par le traité des Pyrénées (1659). Le titre de comte d'Artois fut porté par plusieurs princes du sang ; le dernier fut Charles-Philippe, petit-fils de Louis XV, futur Charles X.

Durant la Première Guerre mondiale, l'Artois fut le théâtre de violentes batailles : **1er/13 oct. 1914**, attaques allemandes dans le cadre de la « course à la mer » ; **mai et juill. 1915**, offensives alliées engagées en partie pour soulager les Russes sur le front oriental (gains infimes de terrain, pertes énormes : 215 000 hommes tués ou disparus, 500 000 blessés graves) ; **sept./oct. 1915**, nouvelle et vaine offensive des Franco-Anglais pour occuper la crête de Vimy ; **avr. 1917**, offensive britannique de part et d'autre d'Arras afin de fixer les forces allemandes, au moment de la vaine et sanglante offensive de Nivelle sur le Chemin des Dames (conquête héroïque de Vimy par les Canadiens).

ARVERNES, *Arverni*. Peuple de la Gaule, qui occupait à peu près l'Auvergne actuelle. Vers le début du IIe s. av. J.-C., les Arvernes étaient un des peuples parmi les plus puissants en Gaule, mais leur chef, Bituit, qui secourut les Allobroges contre les Romains, fut battu par ces derniers en 121 ; la conquête de la Narbonnaise refoula la domination arverne dans les montagnes du Massif central. En 52 av. J.-C., ce fut le chef arverne Vercingétorix qui prit la tête du soulèvement contre César.

ARYENS. Populations indo-européennes qui, à la fin du IIIe millénaire, s'établirent sur le plateau iranien ; à partir de 1500 av. J.-C. elles commencèrent à pénétrer dans le Pendjab et l'Inde du Nord et fondèrent la civilisation védique et se donnèrent le nom d'*Ârya*. Le terme d'*Aryens* est ainsi réservé aux peuples orientaux de la famille indo-européenne, qui ont laissé dans les quatre recueils formant les *Veda* le témoignage de leur civilisation originelle. On date des Aryens l'instauration du système des castes.

Au milieu du XIXe s., la doctrine de l'*aryanisme* affirmant la suprématie des Aryens sur tous les autres groupes humains connus, fut exprimée pour la première fois dans le célèbre ouvrage de Gobineau, *Essai sur l'inégalité des races*, publié en 1853/55. Diffusée en Allemagne par la *Gobineau Vereinigung* de L. Schemann, créée en 1894, et par les ouvrages de Houston Stewart Chamberlain, elle contribua à la formation de l'idéologie raciste du national-socialisme. Voir INDO-EUROPÉENS et INDE.

ASCLÊPIÉION. C'était, dans la Grèce antique, un sanctuaire d'Asclépios, dieu de la Médecine, dont le plus célèbre fut celui de Cos où a officié Hippocrate (Ve s. av. J.-C.). Ces sanctuaires étaient des sortes d'hôpitaux où les malades venaient chercher la guérison par des soins et aussi en interrogeant le dieu par des consultations oraculaires ; la réponse du dieu était souvent reçue dans un songe.

ASEAN. Acronyme désignant, en anglais, l'*Association of Southeast Asian Nations*, Association des Nations du Sud-Est asiatique (ou ANSEA). Voir ANSEA.

ASHANTI. Ancien royaume africain (XVIIIe/XXe s.) de la région centrale du Ghana. Voir GHANA.

ASHIKAGA Takauji (* 1305, † 1358). Homme politique japonais général au service des Hôjô. Envoyé contre l'empereur Daigo II (Go-Daigo), il se rallia à celui-ci, entraînant la chute des Hôjô (1333). Cependant, dès 1335, il se rebella contre le souverain, le chassa de Kyôto et fonda au profit de son clan le shôgunat d'Ashikaga, qui devait gouverner le Japon de 1338 à 1573.

ASIE. L'Asie est une des cinq parties du monde, la plus étendue et la plus massive, mais ne constitue une unité ni au point de vue géographique ni au point de vue historique. Elle n'est séparée de l'Europe que par la chaîne de l'Oural aisément franchissable dans ses parties centrale et méridionale, par les détroits du Bosphore et des Dardanelles et par la mer Égée – de l'Afrique, par la presqu'île du Sinaï et la mer Rouge. Dès la plus haute Antiquité, ce ne furent jamais là des obstacles aux mouvements des peuples, des marchandises, des idées ou des religions.

L'Asie est caractérisée géographiquement par le contraste entre les hauts plateaux désertiques de l'Asie centrale, parcourus par des peuples nomades, et les grandes plaines alluviales : Mésopotamie, plaine indo-gangétique, plaine indochinoise du bas Mékong, grande plaine chinoise du fleuve Jaune. Sur cette Asie agricole et sédentaire, où se sont épanouies les grandes civilisations, a pesé en permanence la menace des nomades. Les trois grands foyers de civilisation en Asie : Mésopotamie et Croissant fertile, Inde et Chine sont restés séparés par des obstacles naturels (plateau iranien, Himalaya) qui, tout en permettant des échanges, ont, jusqu'au XXe s., suffisamment séparé les peuples pour empêcher la naissance et le développement d'une civilisation asiatique commune, unificatrice, comme a pu l'être la civilisation européenne ; les contacts suprarégionaux n'ont été établis, de temps à autre, et de façon toujours précaire, que par les empires de la steppe, tel celui des Mongols, aux XIIIe/XIVe s.

La préhistoire asiatique

L'homme a fait son apparition en Asie plus tardivement qu'en Afrique. En Chine, le sinanthrope de Chou-k'ou-tien, un peu plus récent, connaissait l'usage du feu et pratiquait une industrie de quartz taillé. La plus grande partie de l'Asie paléolithique centrale et orientale est restée fidèle à la tradition des galets taillés ou *choppers* et a ignoré les industries à bifaces.

Au Proche-Orient, le paléolithique inférieur est représenté sur de nombreux sites et notamment au mont Carmel. C'est au Proche-Orient que s'est affirmé le passage d'une économie de chasse et de cueillette à la production d'aliments végétaux, qui annonce le néolithique. Les groupes humains du N. de l'Irak et du Natoufien de Palestine vivaient encore essentiellement de la chasse et de la pêche vers les XIe/X[e] millénaires av. J.-C., mais la présence de meules, de broyeurs et peut-être même de faucilles atteste l'importance croissante prise par la nourriture végétale. Au VIIe millénaire, cette évolution s'accélère. La culture du blé et de l'orge, l'élevage de la chèvre sont, en certains points du moins, un fait acquis. La conséquence la plus clairement sensible du progrès économique est la fixation de l'habitat. La poterie est encore absente (néolithique précéramique) mais l'outillage se diversifie et le polissage de la pierre s'étend ; apparaissent bols, pilons et mortiers, haches et herminettes, bracelets. L'habitat groupé (Jéricho précéramique) et l'apparition de travaux collectifs tels que des fortifications attestent un changement radical de la vie sociale. Aux alentours de – 6 000, la céramique est attestée. Le VIe millénaire est, au Proche-Orient, l'âge d'or des civilisations néolithiques. Après quelques objets en cuivre natif martelé au VIe et au Ve millénaire, les objets en métal fondu sont apparus au IVe millénaire, au moment même où commençait le temps de l'Histoire. Avant 3000, en effet, les plaines de la Mésopotamie ont été progressivement colonisées, à mesure que les cours de l'Euphrate et du Tigre étaient maîtrisés. Une première écriture pictographique a été pratiquée, et le tour de potier (mû à la main) inventé en Iran. Aux nombreux sites archéologiques du Proche-Orient témoignant de l'arrivée d'une nouvelle phase de l'histoire de l'humanité, on peut joindre ceux de la vallée de l'Indus, dont les cultures se sont épanouies au IIIe millénaire, en relation avec celles du Proche-Orient.

Des transformations analogues sont attestées en Chine du Nord, avec un décalage d'un ou deux millénaires sur le Proche-Orient, dans le bassin du Hoang-ho puis dans Shandong (ou Chantoung). Vers le milieu du IIe millénaire a commencé l'âge du bronze chinois, alors qu'en Chine méridionale le néolithique, propagé par des populations venues du N., n'a pas été antérieur au Ier millénaire av. J.-C. Au Japon, l'agriculture et l'élevage ne sont apparus qu'au début de notre ère.

Les empires du Proche-Orient avant l'islam

C'est dans la basse Mésopotamie, dans la plaine alluviale du Tigre et de l'Euphrate, qu'on rencontre, vers 3300 av. J.-C., la première civilisation historique, celle des Sumériens (v.). Au site encore néolithique d'El-Obeïd a succédé, presque sans rupture, celui d'Ourouk, historique par son économie et ses produits (la métallurgie) et le premier emploi d'une écriture cursive, l'écriture cunéiforme. Pendant 1 000 ans, le monde sumérien a été fondé sur la coexistence, et la rivalité par moments, de dizaines de cités-États qui vivaient d'une agriculture irriguée et d'un élevage semi-extensif. Ce monde sédentaire a connu les crises ou les bouleversements provoqués par de nouvelles populations, sorties de la steppe ou descendues de leurs montagnes. Aux XXIVe et XXIIIe s., ce sont ces envahisseurs sémites, les Akkadiens, qui ont détruit le premier royaume sumérien unifié (2350). À leur tour, ils se sont sédentarisés et, assimilant la culture sumérienne, ils ont fondé un empire qui a succombé un siècle plus tard, sous l'invasion des Goutis. Vers 2100 av. J.-C., selon un processus qui allait se renouveler dans l'histoire du Proche-Orient, le monde sumérien a connu une renaissance : la IIIe dynastie d'Our a régné sur des populations variées dont les cultures avaient fusionné. De cette société composite est né l'empire édifié par la première dynastie de Babylone, elle-même issue de nouvelles populations sémites, les Amorrites, à partir de 1900 av. J.-C. Son apogée se situe au XVIIIe s. av. J.-C., sous le règne de Hammourabi.

Au début du IIe millénaire, avaient commencé les invasions des Indo-Européens (v.) qui arrivaient du N. et de l'E. vers l'Asie mineure, la Syrie et la Mésopotamie, tels les Hittites qui se sont installés en Anatolie. D'autres se sont imposés comme des aristocraties guerrières dominant les populations qui les avaient précédés : les Hourrites, par exemple, qui ont fondé le royaume du Mitanni dans la boucle de l'Euphrate, aux XVIIe-XVIe s. av. J.-C. Nouvelles invasions, nouvelles dévastations et, en quelques générations, apparition de nouveaux équilibres politiques et sociaux : à partir de 1200, ce fut l'irruption des Peuples de la Mer, de l'Asie Mineure au delta du Nil. En même temps, de nouveaux peuples sémitiques, les Araméens, harcelaient les sédentaires du Croissant fertile, ébranlant les empires et provoquant l'effacement temporaire de l'Assyrie. Des peuples d'importance politique médiocre ont joué alors un rôle nouveau : les cités phéniciennes, au territoire minuscule, qui ont maîtrisé les routes de la Méditerranée jusqu'à l'Atlantique, et un petit peuple, mélange d'Araméens nomades et de Cananéens sédentaires, a créé la Ligue d'Israël sur le sol de la Palestine.

Au dernier millénaire av. J.-C., une « nation de proie », l'Assyrie, a rassemblé par la violence les peuples du Proche-Orient en un seul empire. Quand il s'est effondré, sous les coups des peuples qu'il avait dominés, Babylone a régné un moment sur tout le Proche-Orient (612/538).

De la chute de Babylone à la conquête arabe, du VIe s. av. J.-C. au VIIe s. av. J.-C., l'histoire du Proche-Orient a été celle des grands empires et de leurs affrontements. Les peuples nomades ont toujours posé des problèmes aux sédentaires : infiltrations des Arabes sortis des steppes de l'Arabie à l'O., attaques des Huns en Asie centrale à l'E. Mais nulle invasion n'a pris les allures d'un séisme, comme cela avait été le cas dans l'Orient du IIe millénaire av. J.-C.

Au VIe s. av. J.-C., l'empire iranien des Achéménides a relayé ceux de l'Assyrie et de Babylone ; Darius Ier le Grand (522/486) l'a porté de l'Égypte au Pendjab, du golfe Persique à l'Asie centrale. Entre 334 et 326, Alexandre le Grand a conquis cet empire tout entier. Après lui, d'autres Grecs ont régné sur les royaumes issus de cet empire morcelé, eux-mêmes menacés, à partir du IIe s. av. J.-C., par la progression de deux nouveaux ennemis : à l'E., les Iraniens dirigés par les dynastie des Parthes Arsacides, à l'O., les Romains qui conquirent les derniers royaumes grecs en 64 et en 30 av. J.-C.

Pendant 600 ans, l'Occident et l'Orient asiatique allaient se combattre dans une guerre frontale interminable, sur l'Euphrate et dans les monts d'Arménie : d'un côté, le monde romain devenu, à partir du Ve s. av. J.-C., le monde byzantin, de l'autre, le monde iranien sous le règne de deux dynasties, celle des Arsacides puis celle des Sassanides à partir de 224 av. J.-C. Ce conflit séculaire a pris fin quand les conquérants de l'islam eurent chassé les Byzantins du Proche-Orient, entre 632 et 646, et détruit l'empire des Sassanides entre 642 et 651.

Toute l'Asie Mineure s'est profondément hellénisée, par un processus commencé bien avant les conquêtes d'Alexandre et poursuivi jusque dans le cours de l'Empire byzantin. Coupés de la Méditerranée à partir du IIe s. av. J.-C., les royaumes hellénisés d'Asie centrale ont pourtant créé un art gréco-bouddhique qui a rayonné pendant plusieurs siècles et même atteint les oasis de la route de la Soie. En sens inverse, le Proche-Orient ancien a apporté une contribution équitable à la formation de la civilisation méditerranéenne, puis européenne dans les domaines de l'économie (naissance du commerce international en Babylonie et en Phénicie ; apparition de la monnaie en Lydie), de la politique (Rome a hérité de l'idée impériale, lentement élaborée par les Babyloniens, les Hittites, les Assyriens, les Perses), de la culture (invention de l'écriture par les Sumériens, de l'alphabet par les Phéniciens ; astronomie et mathématiques babyloniennes), enfin de la religion (rayonnement du judéo-christianisme et des mystères orientaux dans tout le monde romain ; persistance du manichéisme perse dans des hérésies médiévales telles que le catharisme).

L'Inde jusqu'à l'an mille

Après la civilisation de l'Indus (v.), aux IIIe/IIe millénaires, l'histoire indienne ne commence – entre 1500 et 1200 av. J.-C. – qu'avec l'invasion des Aryens (v.). Disposant du cheval, ainsi que des techniques du bronze et du fer, ces Indo-Européens ont conquis d'abord le bassin de l'Indus, puis (vers 1000/800 av. J.-C.) le bassin du Gange, enfin le N. du Deccan, les Dravidiens maintenant leur indépendance dans le S. de la péninsule. Les Aryens apportaient avec eux un système social strictement hiérarchisé : les brahmanes composaient la première caste, les guerriers (ou *kshatrya*) la seconde et les producteurs la troisième ; restait, au bas de l'échelle sociale, la masse obscure des parias. Au contact de nouvelles populations, la religion brahmanique, telle qu'elle se trouvait codifiée dans le texte des *Veda*, a dû intégrer beaucoup d'éléments indigènes ; au relatif effacement des dieux védiques a correspondu l'importance croissante des vieilles divinités telles que Vishnou et Çiva, une synthèse qui préparait le développement historique de l'hindouisme. Parallèlement, à partir du VIe s. av. J.-C., les deux grandes « hérésies » indiennes, le bouddhisme (v.) et le jaïnisme (v.), étaient apparues et commençaient leur expansion.

Dans l'Inde aryenne, l'immensité du territoire et l'absence de danger extérieur ont retardé longtemps la naissance de grands États. C'est seulement avec l'Empire maurya, fondé en 321 av. J.-C. par Chandragoupta, que l'Inde du Nord a été unifiée pour la première fois, de Hérat jusqu'au delta du Gange. L'apogée des Maurya se situe sous le règne d'Acoka (vers 274/32), ardent propagateur du bouddhisme. Puis l'empire s'est effondré vers 184 av. J.-C., laissant la place à des dynasties locales. Pour une dizaine de siècles, l'histoire de l'Inde allait se dérouler au rythme des empires et des grands royaumes, immanquablement disloqués par l'invasion des peuples nomades, peu à peu sédentarisés : royaumes grecs de Bactriane et du Pendjab, abattus par les Scythes (v.) et les Yue-tche (v.) ; royaume indo-scythe des Kouchans, de l'Afghanistan jusqu'au Gange, dont le roi Kanishka (120/143 ?) a protégé l'art gréco-bouddhique et soutenu l'expansion du bouddhisme qui allait conquérir l'Asie orientale et la Chine ; empire des Goupta, de l'Indus jusqu'au Bengale (IVe et Ve s.), âge d'or de la civilisation indienne, marqué par la renaissance du brahmanisme et la première statuaire proprement indienne, qui s'est effondré sous les coups des Huns Hephthalites ; bref empire de Harsha (606/47), guerrier et poète, dont la mort a signifié le rapide émiettement politique de l'Inde et le déclin rapide du bouddhisme indien qui n'allait survivre qu'à Ceylan et dans l'Himalaya.

La Chine et l'Extrême-Orient avant les Mongols

La première dynastie chinoise, celle des Hia est semi-légendaire. La première dynastie chinoise sûrement attestée est celle des Chang (XVIe/XIe s. av. J.-C.) ; ses tombes royales, découvertes à Ngang-yang (Ho-nan), ont livré d'admirables bronzes rituels (le bronze aurait été introduit en Chine vers 1400 avant notre ère). Le morcellement féodal a causé la chute des Chang puis s'est aggravé sous la dynastie des Tcheou (vers 1050/256 av. J.-C.) qui n'ont conservé qu'une autorité nominale. La Chine s'est divisée en une dizaine de principautés féodales qui se sont disputé l'hégémonie pendant plusieurs siècles. C'est pendant cette sombre époque que se définissent les grandes orientations de la pensée chinoise, morales et politiques avec Confucius (v. CONFUCIANISME), mystiques avec Lao-tseu et le taoïsme (v.). La période des « Royaumes combattants » (IVᵉ/IIIᵉ s.) s'est achevée par la victoire du royaume de Ts'in (Chen-si actuel), sorte de Prusse de la Chine antique, sur les autres États féodaux. En 221 av. J.-C., Ts'in Che Houang-ti a fondé l'Empire chinois, qui allait durer pendant plus de deux millénaires. Pour préserver la Chine des nomades de la steppe, les Hiong-nou (v.), il a entrepris la construction de la Grande Muraille. Après les Ts'in, renversés dès 207 av. J.-C., l'unité chinoise a été sauvée par une nouvelle dynastie, celle des Han (202 av./20 apr. J.-C.).

Les Han et les Trois Royaumes

Les Han ont donné au gouvernement impérial ses structures durables. S'appuyant sur une caste de fonctionnaires formée des « lettrés » confucéens, issus pour la plupart de l'aristocratie foncière, ils ont exercé une sorte de despotisme éclairé, l'État dirigeant ou contrôlant les grandes activités économiques du pays, notamment les travaux d'irrigation. À l'extérieur, les Han ont poursuivi tenacement le grand dessein d'établir la « paix chinoise » en Asie centrale, par l'élimination des Hiong-nou. Au Iᵉʳ s. de notre ère, des relations régulières ont été établies entre la Chine et l'Inde du Nord, les Parthes, et même l'Empire romain. Par les oasis de la route de la Soie (v.), le bouddhisme a pénétré en Chine. Les flottes chinoises qui commerçaient avec les ports indiens sont apparues dans le golfe Persique au IIᵉ s.

La déposition des Han (220) fut suivie par la partition de la Chine en trois royaumes (220/64). L'unité fut restaurée par la dynastie des Tsin (264/420), mais, dès le début du IVᵉ s., la Chine, comme l'Europe, est devenue la proie de grandes invasions. Le pouvoir impérial, réfugié à Nankin (318), ne régnait plus que sur la Chine méridionale, tandis que le Nord était disputé par des dynasties turco-mongoles. De 386 à 556, l'hégémonie y appartint à un peuple turc, celui des Tabghatch (ou T'opa), qui se convertirent au bouddhisme et favorisèrent l'épanouissement du plus grand art religieux que la Chine ait connu, l'art Wei. Après eux, la dynastie des Soueï (581/618) a reconstitué l'unité chinoise.

L'époque des T'ang (618/907) a vu l'apogée de l'ancienne Chine : restauration du gouvernement central et de l'administration ; établissement du protectorat chinois sur l'Asie centrale (jusqu'à Tachkent) et en Corée ; rayonnement de la culture chinoise sur le Japon ; floraison littéraire et artistique (sculptures bouddhiques de Long-men ; nouveaux progrès du bouddhisme, qui a retrouvé ses sources (pèlerinage du Chinois Hiuan-tsang) et s'est combiné avec le taoïsme indigène.

La chute des T'ang (907), préparée par le harcèlement des peuples de la steppe et la rébellion des nations vassales, replongea la Chine dans l'anarchie jusqu'à l'avènement des Song (960/1276). Mais la région de Pékin et le Chan-si étaient tombés entre les mains des Khitan (v.) mongols. Au reste de la Chine les Song ont assuré une paix féconde pour la recherche philosophique (néoconfucianisme) et pour les arts (paysagistes Song). Au XIIᵉ s., les Kin, princes toungouses de race mongole, ont détruit le royaume khitan de Pékin ; rapidement sinisés, ils régnèrent sur la Chine du Nord et la Mandchourie, les Song ne conservant que la Chine du Sud. C'est sur une Chine divisée qu'allait fondre la grande invasion mongole.

Vers le début de notre ère s'est constitué l'État japonais, qui, à partir du VIᵉ s., s'est ouvert largement à l'influence du bouddhisme et de la civilisation chinoise. Mais l'effort de centralisation impériale, inspiré de la Chine, s'est heurté, au Japon, à une puissante féodalité guerrière ; en 1192, s'établit le régime du shôgunat (v.), qui s'est maintenu jusqu'au XIXᵉ s., en ne laissant aux empereurs qu'une souveraineté nominale. En Asie du Sud-Est, l'Empire khmer, qui avait établi sa capitale à Angkor, a connu son apogée du IXᵉ au XIIᵉ s. Les Annamites du Viêt-nam du Nord se sont affranchis de la séculaire domination chinoise au Xᵉ s., puis ils ont commencé à refouler les Chams, un peuple malais, fortement indianisé, qui occupaient le Viêt-nam du Sud.

L'islam en Asie

Comme les grandes religions – hindouisme, bouddhisme, judéo-christianisme –, l'islam est né en Asie. Au VIIᵉ s., Mahomet, en prêchant la guerre sainte (*djihad*), a déclenché la dernière grande vague d'invasions sémites en provenance de l'Arabie. L'Empire sassanide s'effondra ; l'Empire byzantin, qui avait prolongé jusqu'à cette époque la présence de l'hellénisme au Proche-Orient, fut désormais confiné à la péninsule d'Anatolie. Les Arabes, encore prédominants dans le monde islamique à l'époque des califes omeyyades (660/750), se partagèrent en deux tendances religieuses opposées, sunnites (orthodoxes) et chiites (v. ISLAM) ; des peuples conquis et convertis de force à l'islam, tels les Persans, se sont ralliés au chiisme, afin d'exprimer leur particularité. Au début du Xᵉ s., la Perse était pratiquement indépendante, tandis que d'autres Iraniens, les émirs Bouyides, devenaient, au nom des califes, les vrais maîtres de l'Irak. Au XIᵉ s., l'hégémonie passa des Iraniens aux Turcs, venus du Turkestan occidental et convertis à l'islam. Avec Mahmoud de Ghazni, les Ghaznévides annexèrent le Pendjab (vers 1001/26) ; brisant une résistance vieille de trois siècles, l'islam entreprenait la conquête de l'Inde. En 751, au Turkestan, les Arabes, par leur victoire du Talas, avaient chassé de Tachkent l'armée chinoise des T'ang.

Maîtres de Bagdad depuis 1055, d'autres Turcs, les Seldjoukides, chassèrent les Byzantins de l'Arménie et de la majeure partie de l'Asie Mineure et constituèrent un empire qui s'étendait du Turkestan à l'Égypte. Contre les Turcs, les chrétiens d'Occident déclenchèrent les croisades (v.). La prise de Jérusalem (1099) fut suivie par la création des États francs de Syrie. Dans la seconde moitié du XIIe s., Saladin, fondateur de la dynastie ayyoubide, déjà maître de l'Égypte et de la Syrie musulmane, refoula les chrétiens (ou Francs) vers les villes du littoral. Au XIIIe s., les Ayyoubides furent renversés par les soldats turcs de leur garde, les mamelouks, qui chassèrent définitivement les Francs (prise de Saint-Jean-d'Acre, 1291) et restèrent maîtres de la Syrie, de la Palestine et de l'Égypte jusqu'à la conquête ottomane (1517). À l'E., Mohammed de Ghor, un prince iranien, envahit l'Inde et fonda le sultanat de Delhi, qui dura de la fin du XIIe siècle à 1516 ; il devait s'étendre sur l'Inde presque entière, de l'Indus au Bengale, du Cachemire au centre du Deccan. L'Indonésie fut elle-même islamisée entre le XIIIe et le XVIe s.

Les invasions mongoles

Aucune des invasions passées n'égala en violence et en ampleur celle des Mongols, qui bouleversa toute l'Asie et une partie de l'Europe au cours du XIIIe s. Peuple de cavaliers et d'archers redoutables, les Mongols, unifiés vers 1206 par Témoudjin, dit Gengis Khan, entreprirent la conquête de la Chine et s'emparèrent de Pékin (1215) ; puis, se retournant vers l'ouest, ils submergèrent, entre 1219 et 1222, les florissantes cités du Turkestan, de l'Iran et de l'Afghanistan et atteignaient la Russie méridionale (1222). Après la mort de Gengis Khan (1227), son successeur, Ögödèi, acheva la conquête de la Chine du Nord (1234) tandis que les Mongols soumettaient la Russie (1237/40) et parvenaient aux abords de Vienne. La mort d'Ögödèi (1241) sauva l'Europe centrale et occidentale de la domination mongole. Elle s'étendit encore par la prise de Bagdad (1258), et Koubilaï Khan acheva la conquête de toute la Chine en mettant fin à l'empire des Song (1276/80).

Cette invasion laissa des dommages irréparables dans l'Asie centrale et le Proche-Orient musulmans. Cependant, les Mongols assimilèrent rapidement les civilisations qu'ils avaient conquises et se montrèrent tolérants pour toutes les religions.

Ils se donnèrent une organisation politique et une administration, mais sans parvenir à l'idée de l'État unitaire.

C'est en Chine que l'évolution des Mongols fut le plus caractéristique. Koubilaï y fonda la dynastie Yuan (1280/1368) et se comporta comme un véritable Fils du Ciel. Il adopta les usages chinois, réorganisa l'État et manifesta une faveur particulière pour le bouddhisme, mais une égale tolérance fut accordée aux religions nationales chinoises, au christianisme nestorien, à l'islam. Sous son règne les relations reprirent entre la Chine et l'Occident : des marchands (Marco Polo séjourna en Chine de 1275 à 1291), mais aussi des missionnaires européens purent visiter librement le pays et même s'y installer. La religion musulmane profita particulièrement des contacts ouverts par la conquête mongole entre des régions jusqu'alors séparées de l'Asie. Cependant, les Mongols demeuraient une minorité étrangère. En 1368, ils furent chassés par une réaction nationale chinoise, qui porta au pouvoir la dynastie des Ming (1368/1644). Quant au Japon, il échappa à l'emprise mongole, et une tentative de débarquement ordonnée par Koubilaï se solda par un désastre, en 1281. Après un essai de restauration du pouvoir impérial, le shôgunat fut rétabli au profit d'une nouvelle maison féodale, celle des Ashikaga, qui gouverna de 1338 à 1573.

Ottomans et Séfévides

Au début du XIVe s., les Turcs passèrent sous l'autorité de la dynastie des Ottomans. Solidement installés en Europe dès 1362 (prise d'Andrinople), bientôt maîtres de la plus grande partie de la péninsule Balkanique, les Ottomans, vers 1400, semblaient sur le point de s'emparer de Constantinople, lorsque survint une nouvelle ruée turco-mongole, conduite par Tamerlan.

Chef turc d'Asie centrale, Tamerlan envahit la Perse et l'Afghanistan, saccagea Delhi (1398), ruina définitivement Bagdad (1401), avant d'infliger un désastre au sultan ottoman Bayézid Ier à Ankara (1402). Mais l'aventure de Tamerlan ne fut qu'une flambée dévastatrice. Les Timourides, descendants de Tamerlan, ne réussirent à se maintenir qu'en Iran oriental et en Afghanistan, jusqu'au début du XVIe s.

La marche en avant des Ottomans reprit sous Mahomet II, qui s'empara de Constantinople en 1453. La disparition de l'Empire byzantin ouvrit toute l'Europe du Sud-Est aux Turcs. Ils achevèrent la conquête des Balkans au cours du XVIe s., et la mer Noire devint un lac turc. L'Europe chrétienne, victorieuse à la bataille navale de Lépante (1571), fut définitivement sauvée de la menace ottomane au cours du XVIIe s. grâce à la résistance des Habsbourg : la paix de Karlowitz (v.) (1699) annonça le déclin de l'Empire turc. Un peuple dominant de race altaïque, une religion arabe, une culture arabo-persane : « La conquête ottomane, a écrit René Grousset, représente la plus grande poussée de l'Asie vers l'Europe. Avec Alexandre, l'Europe avait pénétré jusqu'au pied du Pamir et au seuil du monde gangétique. Avec Soliman le Magnifique, l'Asie s'avance jusqu'aux portes de Vienne. »

En Irak, les Ottomans se heurtèrent à la Perse, régénérée au début du XVIe s. par la dynastie des Séfévides (1501/1736). Enlevée par les Turcs en 1534, Bagdad fut reconquise en 1623 par le plus grand des Séfévides, Abbas Ier, mais revint aux Turcs en 1638. La Perse séfévide, en laquelle l'Occident voyait une alliée contre les Turcs, exerça au XVIIe s. une grande influence sur l'Inde musulmane.

Les Européens et l'Asie méridionale et orientale aux XVIe/XVIIe s.

Jusqu'en 1500, le commerce Asie-Europe fut monopolisé par les musulmans, qui contrôlaient l'océan Indien, le golfe Persique, la mer Rouge, et par les cités maritimes de la Méditerranée (Venise, Gênes, Barcelone). Autant que la découverte de l'Amérique, l'arrivée des vaisseaux portugais en Asie, par le cap de Bonne-Espérance bouleversa les données commerciales ; elle réduisit le rôle des pays du Proche-Orient et des nations méditerranéennes. Après que Vasco de Gama eut abordé pour la première fois dans l'Inde, à Calicut, en 1498, les Portugais installèrent sur les côtes asiatiques une série de comptoirs nécessaires au commerce des épices : en Arabie (Mascate, 1508), sur la côte occidentale de l'Inde (Goa, 1510), sur la côte chinoise (Macao, 1557), et leurs missionnaires (st François Xavier) abordèrent au Japon dès 1549. Cependant, les Espagnols entreprenaient en 1565 la colonisation des Philippines, et, au début du XVIIe s., les Hollandais s'installèrent à Java (1619). Les Anglais (Madras, 1639 ; Bombay, 1661 ; Calcutta, 1690) et les Français (Pondichéry et Chandernagor, 1674) n'entamèrent la conquête de l'intérieur qu'au XVIIIe s. L'arrivée des Européens ne fut pas ressentie par les peuples d'Asie comme un événement d'importance capitale. Dans un climat général inclinant à la tolérance et au syncrétisme, les missionnaires chrétiens furent d'abord bien accueillis. Leur prédication ne rencontra que peu de succès dans les pays de vieille civilisation ; elle fut plus heureuse aux Philippines, où l'on comptait, au XVIIe s., deux millions de fidèles. Les maladresses de certains missionnaires, les rivalités des ordres religieux, les incertitudes du Saint-Siège quant aux meilleures méthodes d'apostolat, les abus commis par les marchands européens, tous ces facteurs contribuèrent peu à peu à un changement d'attitude des Asiatiques. Après la grande persécution de 1637, le Japon se ferma aux missionnaires. L'empereur chinois K'ang-hi promulgua des édits de tolérance en 1692, mais ses successeurs interdirent la prédication du christianisme (1717), puis expulsèrent tous les missionnaires, à l'exception des jésuites servant de conseillers scientifiques auprès du gouvernement (1724).

Jusque vers 1750, l'Asie, indifférente aux Européens, poursuivit en fait sa vie propre. En Inde, le sultanat de Delhi, fut renversé en 1526 (bataille de Panipat) par un descendant de Tamerlan, Baber, dont le petit-fils, Akbar, fonda, en 1556, l'Empire timouride de l'Inde, dit empire des Grands Mogols. Pratiquant, à la suite d'Akbar, une politique de tolérance et de libéralisme qui assura la coexistence des musulmans et des hindous, les Mogols du XVIIe s. régnèrent sur l'Inde septentrionale et centrale. À leur cour fastueuse, prédominait l'influence persane ; fondue avec les traditions indiennes, elle donna naissance à un classicisme architectural, celui du Tadj Mahal d'Agra, du palais impérial de Delhi, des grandes mosquées d'Agra et de Delhi. La tyrannie guerrière et le fanatisme musulman d'Aurengzeb (1658/1707) ruinèrent l'empire. Sa mort fut suivie d'un rapide déclin des Mogols, et l'Inde retourna au morcellement. En Chine, la dynastie des Ming, occupée, au XVIe s., à repousser des tentatives d'invasion japonaise et les assauts des peuples de la steppe, fut renversée en 1644 par des guerriers toungouses, descendus de l'actuelle Mandchourie. La nouvelle dynastie, celle des Mandchous, se sinisa rapidement et régna jusqu'à la fin de l'Empire chinois (1912). Sous les premiers Mandchous, nôtamment K'ang-hi (1669/1722) et son petit-fils K'ien-long (1736/96), la Chine réalisa son programme millénaire d'expansion en Asie centrale en imposant son protectorat à la Mongolie orientale et occidentale, au Tibet et à la Kachgarie. Le traité de Nertchinsk (1689) écarta la menace russe sur la Mandchourie.

Le déclin de l'Asie (XVIIIe/XIXe s.)

Après 1750, les Européens allaient étendre leur hégémonie sur tout le continent en un siècle et demi. Leur réussite s'explique par des raisons diverses : maîtrise de la mer, supériorité de l'armement (surtout dans le domaine de l'artillerie), dissolution interne de l'Empire mogol, sclérose de la Chine des Mandchous, mais le facteur essentiel fut l'avance technique prise par l'Europe entrée dans l'ère industrielle. De la Méditerranée au Pacifique, ce fut un déclin général des empires asiatiques. La Turquie ottomane, « l'homme malade » de l'Europe, était aux prises avec la révolte de l'Égypte de Méhémet-Ali, qui lui enleva momentanément le Hedjaz, la Palestine et la Syrie (1832/40) ; menacée sur les Détroits par la Russie, la Turquie avait besoin de la tutelle anglo-française pour prolonger son agonie. Depuis la fin des Séfévides (1736) et l'éphémère redressement accompli par Nadir Chah (v.) (1736/47), la Perse n'était plus qu'un enjeu de la rivalité russo-britannique qui aboutit au partage de la Perse en zones d'influence (traité de 1907). Après la fin des guerres franco-anglaises du XVIIIe s. (traité de Paris, 1763), l'Angleterre, servie par de grands coloniaux tels que Warren Hastings et Wellesley, entreprit la conquête de l'Inde, achevée vers 1860. Dès 1795, les Anglais avaient en outre enlevé Ceylan aux Hollandais. La révolte des Cipayes (1857/58) fut réduite et, en 1877, Disraeli put faire proclamer la reine Victoria impératrice des Indes. L'annexion de la Birmanie (1886) permit aux Britanniques de couvrir l'Inde orientale et de contrôler la route vers le Yun-nan et la Chine. Tandis que les Hollandais exploitaient économiquement l'Indonésie (v.) par le « système de culture » de Van den Bosch, les Français, dès la fin du XVIIIe s., étaient intervenus dans les affaires vietnamiennes ; entre 1863 et 1895, toute l'Indochine passa sous l'autorité de la France.

La Chine elle-même fut mise sous tutelle. Pratiquement fermée au commerce étranger depuis la fin du XVIIIe s., elle se vit déclarer la guerre (1841/42) par l'Angleterre, qui s'empara de Hongkong, força les Chinois à accepter l'importation de l'opium et obtint l'ouverture de cinq ports, dont Canton, Amoy et Shanghai. Une nouvelle expédition, franco-anglaise

(1860), aboutit à l'occupation de Pékin (incendie du palais d'Été), à l'ouverture de nouveaux ports, à la mise en tutelle des douanes chinoises, et à l'octroi de la liberté totale pour les missionnaires. La révolte des T'ai-p'ing (1850/64) accrut encore la dépendance des Mandchous, qui eurent besoin d'une armée anglo-américaine pour rétablir l'ordre dans leur empire. La Chine devenait l'« homme malade » de l'Asie orientale. La Russie, qui avait entrepris dès le XVIe s. son expansion en Sibérie, annexa les provinces de l'Amour (1858) et de l'Oussouri (1860), fonda Vladivostok sur le Pacifique (1860) et occupa la Mandchourie avec Port-Arthur (1897/98). Enfin, à la suite de la révolte xénophobe des Boxers, soutenus tacitement par l'impératrice Ts'eu-hi, une expédition internationale, commandée par le général allemand von Waldersee, débarqua en Chine et occupa Pékin (août 1900).

Le réveil de l'Asie

L'Asie semblait destinée, comme l'Afrique, à un partage entre les puissances occidentales. Mais l'entrée brutale du Japon sur la scène internationale, à l'aube du XXe s., arrêta cette évolution en surprenant le monde entier. En 1853, les États-Unis, sous la menace de leurs navires de guerre, avaient contraint le Japon à s'ouvrir au commerce américain et européen. Brisant la féodalité shôgunale, qui détenait le pouvoir depuis près de sept siècles, l'empereur Mutsuhito (Meijo Tenno), en 1868, engagea son pays dans une rapide modernisation politique et économique. Le Japon se mit à l'école des techniques occidentales, mais il sut fondre les apports étrangers dans le cadre de ses traditions séculaires. En moins d'un demi-siècle, il devint une grande puissance économique (le volume de son commerce extérieur fut multiplié par 27 entre 1877 et 1913), mais sans rien perdre de ses vertus militaires. Armé à l'européenne, il engagea une première guerre contre la Chine (1894/95) et lui enleva Formose (Taiwan), les îles Pescadores et la presqu'île de Liaotoung en Mandchourie. La Corée devint le théâtre d'une âpre rivalité entre la Russie et le Japon. Alliés à l'Angleterre, qui voulait empêcher la puissance russe de s'affirmer dans le Pacifique (1902), les Japonais attaquèrent par surprise la flotte russe à Port-Arthur (févr. 1904). Contre toutes les prévisions des Européens, la guerre russo-japonaise (1904/05) se termina par la défaite de la Russie, qui dut renoncer à la Mandchourie, céder au Japon la partie méridionale de Sakhaline (Karafuto) et reconnaître le protectorat nippon sur la Corée, que le Japon annexa en 1910.

La victoire d'un peuple asiatique sur l'un des plus grands Empires européens atteignit le prestige de l'Occident tout entier. L'Extrême-Orient sortit de sa léthargie : en 1906, le Congrès panindien réclama l'autonomie interne de l'Inde ; en 1911, la révolution éclata en Chine contre la dynastie des Mandchous, trop lente à se réformer. Mais la République chinoise, proclamée en 1912, fut rapidement confisquée par le dictateur Yuan Che-k'aï, puis sombra dans la guerre civile jusqu'en 1927. Le Japon, qui s'était rangé dès 1914 dans le camp des Alliés, leur présenta en 1915, ses « Vingt et Une Demandes », qui n'équivalaient à rien de moins qu'à une colonisation pure et simple de la Chine. Ces exigences provoquèrent dans la Chine divisée un sursaut patriotique. La grande manifestation étudiante du 4 mai 1919, à Pékin, vit s'affirmer une volonté à la fois nationale et modernisatrice.

L'Empire ottoman, allié de l'Allemagne, s'effondra à la fin de la Première Guerre mondiale et fut démembré par le traité de Sèvres (1920). Les aspirations des Arabes, qui avaient apporté leur concours aux Alliés, ne furent pas satisfaites, car la France et l'Angleterre se partagèrent les dépouilles ottomanes, la Syrie et le Liban devenant des mandats français, l'Irak et la Palestine des mandats britanniques. Seule l'Arabie acquit son indépendance, sous l'hégémonie séoudite, mais ses richesses pétrolières allaient passer sous le contrôle des Américains. Reconstituée sur le territoire de l'Anatolie par le traité de Lausanne (1923), la Turquie fut régénérée par Moustafa Kemal, dit Atatürk, qui fit d'elle une république occidentalisée et laïque. La Perse entreprit également sa modernisation sous la conduite de Réza Pahlévi, à partir de 1921.

Inde, Chine, Japon

Après la Première Guerre mondiale, l'Inde attendait un changement de son statut politique. Gandhi, qui voulait conjuguer la lutte nationale avec une révolution spirituelle, prêcha la résistance non violente des masses, la désobéissance civile, le boycottage des produits britanniques et le témoignage par le jeûne. Embarrassés par ces méthodes, les Anglais accordèrent aux Indiens, en 1935, une Constitution libérale. Deux ans plus tard, la Birmanie fut détachée de l'Inde et obtint une certaine autonomie. Malgré les graves troubles de 1930/31, la France maintint sans réforme son autorité coloniale en Indochine jusqu'à la Seconde Guerre mondiale ; de même les Néerlandais en Indonésie

En Chine, Sun Yat-sen, à la tête du gouvernement républicain de Canton, organisa l'armée du Kouomin-tang, qui, sous la direction de Tchang Kaï-chek, allait vaincre peu à peu les chefs militaires indépendants (« les Seigneurs de la guerre ») et réunifier la Chine. D'abord allié aux communistes chinois, Tchang Kaï-chek rompit avec ces derniers en 1927. Les communistes, sous la conduite de Mao Tsé-toung, fondèrent alors une République soviétique chinoise dans le Kiang-si (1931), puis, délogés par l'offensive des forces nationalistes, ils entreprirent la *Longue Marche* (oct. 1934/oct. 1935) qui devait les conduire dans le Chen-si, en Chine du Nord-Ouest.

Le Japon, où le parti militaire contrôlait le gouvernement depuis 1927, était entré dans une nouvelle phase d'impérialisme. Le commerce japonais souffrait de la crise économique mondiale de 1929 et des mesures protectionnistes prises par les États-Unis.

Tôkyô se tourna vers l'Asie pour conquérir de nouveaux marchés. La Mandchourie fut érigée en un État vassal du Japon, le Mandchoukouo (1932). En 1937, les Japonais attaquèrent la Chine et s'emparèrent des régions les plus riches du pays, avec Pékin, Shanghai et Nankin. Enfin, Roosevelt ayant pris des décisions qui équivalaient à un véritable étranglement économique du Japon, l'aviation et les sous-marins de l'empire du Soleil Levant détruisirent la flotte américaine du Pacifique à Pearl Harbor, sans déclaration de guerre préalable (7 déc. 1941). Puis les armées japonaises parvinrent en quelques mois aux portes de l'Inde et de l'Australie, portant un coup irrémédiable à la domination coloniale de l'Occident en Asie orientale. Après la reconquête du Pacifique par les Américains (1943/45), les bombes atomiques d'Hiroshima et de Nagasaki (6 et 9 août 1945) achevèrent la défaite du Japon qui dut subir l'occupation américaine. MacArthur, sans renverser le pouvoir impérial, imposa une démocratisation des institutions japonaises. Mais l'Asie se refusait désormais au rétablissement de l'hégémonie occidentale. Dès 1946, les États-Unis accordèrent l'indépendance aux Philippines, qu'ils avaient enlevées à l'Espagne en 1898. En 1947, l'Angleterre abandonna les Indes, qui formèrent trois États : l'Union indienne (à prédominance hindoue), le Pakistan (musulman) et Ceylan (aujourd'hui Sri Lanka). Les Néerlandais furent contraints de reconnaître l'indépendance de l'Indonésie (1949). Après une longue guerre conclue par la défaite de Diên Biên Phu, la France se retira d'Indochine (1954). La Malaisie devint à son tour indépendante en 1957.

Les deux événements majeurs de l'histoire asiatique depuis la Seconde Guerre mondiale furent l'instauration du communisme en Chine et le redressement très rapide du Japon. Après 1945, nationalistes et communistes chinois rouvrirent la guerre civile. L'offensive finale des communistes, déclenchée en 1948, contraignit Tchang Kaï-chek à se réfugier à Formose tandis qu'était proclamée, sous la conduite de Mao Tsé-toung, la république populaire de Chine (oct. 1949). La Chine procéda à une réforme agraire radicale et s'orienta dans la voie du collectivisme (création des communes populaires, 1958) ; tout cela ne se fit pas sans bouleversement, dont le plus grave fut la « révolution culturelle » (1966/69). À l'extérieur, la Chine, d'abord alliée de l'URSS, annexa le Tibet (1950) et intervint dans la guerre de Corée (1950/53). La crise ouverte entre Moscou et Pékin à partir de 1962 a conduit les deux pays à rivaliser dans le monde entier au sein du mouvement communiste. Le Japon, redevenu une puissance indépendante par le traité de paix de 1951, a mené, sur une base capitaliste et libérale, un prodigieux redressement économique. En 1968, il a pris le rang de troisième puissance économique du monde capitaliste.

À partir des années 1950, les États-Unis ont assumés seuls la présence de l'Occident en Asie. Leur intervention en Corée, en 1950, arrêta l'invasion communiste, et leur protection a permis à Tchang Kaï-chek de se maintenir à Formose (Taiwan). La partition du Viêt-nam, consécutive aux accords de Genève (1954), amena les Américains, en 1961, à intervenir progressivement au Viêt-nam du Sud, que menaçaient des guérillas communistes appuyées par l'armée nord-vietnamienne.

À partir de 1971, les rapports entre Washington et la Chine communiste commencèrent à se normaliser. À la suite des accords de Paris (janv. 1973), les troupes américaines furent retirées du Viêt-nam. En 1975, l'effondrement des gouvernements du Viêt-nam du Sud, du Cambodge et du Laos fit passer la totalité de la péninsule indochinoise sous des régimes communistes. L'Indochine fut rapidement dominée par les Vietnamiens qui intervinrent au Cambodge pour mettre fin aux massacres commis par les Khmers rouges.

Le tournant des années 1980

L'intervention soviétique en Afghanistan (v.) en 1979 fut la dernière avancée du camp socialiste et l'enlisement de l'armée soviétique contribua à la chute de l'URSS. La guerre d'Afghanistan fut aussi à l'origine du réveil d'un islamisme armé dont le militantisme s'étendit au cours des années 1980. La révolution islamique en Iran (v.) donna au phénomène une portée politique majeure. Le cas de l'Irak en guerre avec l'Iran de 1980 à 1988, écrasé lors de la première guerre du Golfe (1991) a témoigné du bouleversement du Proche-Orient contemporain, région dangereuse par la permanence du conflit israélo-palestinien et le jeu ambigu des monarchies pétrolières arabes.

L'Asie orientale s'est imposée au cours des années quatre-vingt, comme la zone la plus dynamique du monde. Le Japon, devenu deuxième puissance économique de la planète en 1985, a été un modèle pour de nouveaux pays industrialisés : d'abord, la Corée du Sud, Taiwan, Hongkong et Singapour puis, dans les années 1990, les « tigres » : Thaïlande, Malaisie et Indonésie. La Chine a réussi à combiner une formidable croissance économique et le maintien de son régime communiste. L'« économie socialiste de marché » qui y fut mise en place à partir de 1992 a été imitée par le Viêt-nam.

Le sous-continent indien a connu un décollage économique, qui l'apparente à l'Asie orientale, et un réveil du fait religieux comparable à celui de l'Asie occidentale. Les aléas de la démocratie au Pakistan (v.) et les soubresauts de l'Union indienne, travaillée par le nationalisme hindou, ont été contemporains de progrès technologiques majeurs dans les deux pays mais surtout en Inde.

Le tournant du XXe au XXIe siècle a été marqué par une série d'événements lourds de problèmes, voire dramatiques, dans l'espace qui va de la Méditerranée aux frontières de l'Inde : la dislocation de l'Union soviétique, qui a entraîné la naissance de cinq républiques musulmanes, de langue turque ou iranienne, en Asie centrale, partagées entre leurs liens avec la Russie et l'intérêt que leur porte les États-Unis en raison de leur position géostratégique dans le développement futur de l'industrie pétrolière ; l'intervention militaire américaine en Afghanistan, depuis nov. 2001, qui s'efforce d'anéantir une des bases du terrorisme islamiste, responsable de l'attentat du 11 septembre 2001 à New York ; enfin la destruction de l'Irak de Saddam Hussein par les armées américaine et britannique au printemps de 2003, qui pose de façon encore plus aiguë le problème de la déstabilisation d'une vaste région.

ASIENTO DE NEGROS. Cette expression signifie « contrat d'achat de Noirs ». L'Espagne en effet, ne possédait pas d'établissements coloniaux sur les côtes d'Afrique occidentale ; elle accorda à des compagnies étrangères privées le monopole de la traite des Noirs vers l'Amérique latine, en échange d'importantes redevances. L'*asiento* fut accordé successivement à des compagnies privées espagnoles et génoises, puis au Portugal de 1538 à 1640, aux Hollandais de 1640 à 1695, à la Compagnie française de Guinée en 1701 et, à la suite du traité d'Utrecht (1713), à la Compagnie britannique des mers du Sud. Elle devait amener pendant trente ans en Amérique espagnole 4 800 esclaves noirs chaque année, moyennant le versement d'une redevance annuelle de 34 000 livres. Ce marché ne se révéla guère profitable et les Anglais renoncèrent à leurs droits en 1750.

ASKIA. Dynastie de l'Empire songhaï (Soudan nigérien), fondée en 1493 par Mohammed Touré qui a pris le titre royal d'*askia*. Voir **Songhaï**.

ASQUITH Herbert Henry, 1er comte d'Oxford et d'Asquith (* Morely, Yorkshire, 12.IX.1852, † Londres, 15.II.1928). Homme politique anglais. Ministre de l'Intérieur dans les cabinets Gladstone et Rosebery (1892/95), chancelier de l'Échiquier en 1905, il devint le dauphin de Campbell-Bannerman, auquel il succéda comme Premier ministre (1908/16). Son gouvernement dut faire face à l'agitation des suffragettes, aux mouvements antiparlementaires qui se développaient dans le prolétariat ouvrier et surtout aux menaces de guerre civile en Irlande suscitées par le projet de *Home Rule* (1913/14). Durant la Première Guerre mondiale, sa modération naturelle parut un handicap pour l'Angleterre en guerre ; la coalition de Lloyd George et des conservateurs réussit à l'éliminer du pouvoir en déc. 1916.

ASSAD Hafez el- (* Lattaquié 1930, † Damas, 10.VI.2000). Homme politique syrien. De confession alouite, issu d'une famille de petits propriétaires, il fut officier de l'armée de l'air. En 1950 il entra dans la cellule clandestine du parti Baas qui regroupait des militaires. Il fut un des chefs du coup d'État de mars 1963 et réussit à prendre la tête du Baas en 1970 et à devenir en 1971 président de la République. Il mit en place un régime autoritaire, appuyé sur une police puissante et sur la minorité alaouite. En févr. 1982, il élimina l'opposition islamiste par la violence (10 000 morts), puis réussit à faire du Liban, à partir de 1991, un quasi-protectorat syrien, élevant la Syrie au rang de puissance incontournable dans toute négociation sur le Proche-Orient. Son fils **Bachar el-Assad** (Damas 11.IX.1965) lui succéda en juin 2000, cumulant les fonctions de chef du parti Baas, de commandant de l'armée et de président de la République. Voir **Syrie** et **Liban**.

ASSAM. État du N.-E. de l'Union indienne, entre le Bhoutan, la Chine, la Birmanie et le Bangladesh. Occupé depuis une lointaine antiquité par des peuples de langue tibéto-birmane, l'Assam resta longtemps indépendant. Envahi aux XVe/XVIe s. par les Ahoms de Birmanie, il fut annexé en 1662 à l'Empire mogol. Les Birmans tentèrent de nouveau de s'en emparer en 1816, mais les Anglais s'y installèrent en 1826.

L'Assam a conquis l'autonomie dans le cadre de l'Union indienne en 1947. En 1970, une partie de l'Assam fut constituée en État autonome du Meghalaya. À partir de 1980, des mouvements séparatistes se développèrent ; l'un d'entre eux, particulièrement intransigeant, le Front uni de libération de l'Assam (ULFA), se livra à des opérations de guérilla contre des intérêts industriels et à des assassinats politiques, de 1997 à 1999. L'Assam est resté une région rurale dont l'économie est en retard sur celle de l'Inde.

ASSARHADDON. Roi d'Assyrie (680/68 av. J.-C.). Fils aîné de Sennachérib, il prit le pouvoir avec l'appui de l'armée d'Arménie et brisa la révolte familiale qui avait renversé son père. Après avoir repoussé les invasions de Cimmériens au N. et maté des révoltes babyloniennes et phéniciennes, il conquit la Basse-Égypte (675/71). Cette conquête éphémère fut reprise par son fils Assourbanipal (665/63).

ASSAS Nicolas, chevalier d' (* Le Vigan, 1733, † en Westphalie, 16.X.1760). Officier français, capitaine au régiment d'Auvergne. Au cours d'une reconnaissance de nuit, il tomba sur une colonne ennemie qui avançait pour surprendre les troupes françaises. Menacé de mort s'il disait un mot, il les sauva en criant : « À moi, Auvergne, ce sont les ennemis ! » Il fut percé de coups, selon la version des faits que donna Voltaire.

ASSASSINS. Nom donné par les Occidentaux à une secte secrète ismaïlienne dont le pouvoir s'étendit en Perse occidentale, dans le N. de l'Irak et dans les montagnes de la Syrie et du Liban, de la fin du Xe s. au XIIIe s. Elle eut pour fondateur un zoroastrien perse converti à l'islam, Hassan ibn el-Sabbah. Venu au Caire en 1079, il s'attacha au fils du calife fatimide el-Moustansir, Nizar, et le considéra comme l'héritier légitime du califat et de l'imamat. Nizar ayant été écarté par le Premier ministre Afdal, Hassan lui resta fidèle et, groupa autour de lui des partisans, qui prirent le nom de *nizari*. Il s'empara, en 1090, d'Alamout, forteresse dans les montagnes de Perse, près de Kazvin, ainsi que d'autres positions fortes en Perse et en Irak septentrional.

Le nom d'*Assassins* dérive du mot arabe populaire *hashashin*, « fumeurs de hachisch », narcotique dont les membres de la secte se servaient abondamment, à la fois pour anticiper en esprit les joies du paradis et pour surmonter leur peur avant d'accomplir leurs missions extrêmement hardies. Mais ces sectaires portèrent également le nom de *Batiniens* parce qu'ils interprétaient les écritures dans un sens « caché » (*batin)*.

Les textes de la secte ayant disparu, il est aujourd'hui difficile d'avoir une idée exacte de l'enseignement et des pratiques des Assassins, qui ne nous sont connus qu'à travers les récits de leurs adversaires ou de chroniqueurs européens ayant pris part aux croisades.

Vers 1105, les Assassins prirent pied en Syrie, où ils possédaient, vers le milieu du XIIe s., une dizaine de forteresses dont Masyad. Les Assassins de Syrie atteignirent leur apogée sous la direction du grand maître Rachid el-Din el-Sinan, appelé par les croisés « le Vieux de la Montagne », qui négociait d'égal à égal avec Saladin. Mais la secte succomba sous les coups des Mongols, qui s'emparèrent d'Alamout en 1256 ; en Syrie, les Assassins furent éliminés par les mamelouks, qui prirent Masyad en 1272. Ils subsistèrent néanmoins et les descendants du grand maître Hassan sont encore vénérés de nos jours par les ismaïliens nizarites sous le titre d'Aga Khan.

ASSEMBLÉE CONSTITUANTE. Quatre assemblées politiques françaises ont porté ce nom.

L'Assemblée nationale constituante fut l'aboutissement des États généraux de 1789 (v. FRANCE. Les débuts de la Révolution).

L'Assemblée constituante de 1848 fut convoquée par le gouvernement provisoire instauré au terme de l'émeute du 24 février qui proclama la République (v. FRANCE. La IIe République et le second Empire).

L'Assemblée constituante de 1945/46 fut élue le 21 oct. 1945. Elle adopta un projet de Constitution qui fut rejeté par le pays au référendum du 5 mai 1946.

L'Assemblée constituante de 1946 fut élue le 2 juin 1946. Elle établit un projet de Constitution adopté par le pays le 13 oct., qui devint la Constitution de la IVe République (v. FRANCE. De la Libération à la naissance de la IVe République).

ASSEMBLÉE LÉGISLATIVE. Si toutes les assemblées élues ont eu un pouvoir législatif, deux d'entre elles sont connues sous le nom d'**Assemblée législative**.

L'**Assemblée législative de 1791/92** siégea du 1er oct. 1791 au 20 sept. 1792 (v. FRANCE. Les débuts de la Révolution).

L'Assemblée législative de 1849/51 fut élue au suffrage universel en mai 1849 (v. FRANCE. La IIe République et le second Empire).

ASSEMBLÉE NATIONALE. Depuis 1871, la France a connu trois chambres parlementaires qui portent le nom d'**Assemblée nationale.**

L'Assemblée nationale de 1871/75 fut élue au suffrage universel le 8 févr. 1871 à la suite de l'armistice du 28 janv. (v. FRANCE. La IIIe République de 1871 à l'affaire Dreyfus).

L'Assemblée nationale de 1946 à 1958 fut la principale assemblée politique de la IVe République (Voir FRANCE. La IVe République).

L'Assemblée nationale créée par la Constitution de 1958, est dotée de moins de pouvoirs que la précédente (v. FRANCE. La Ve République).

ASSEMBLÉE DU CLERGÉ. Elle réunissait sur convocation du roi et une fois tous les cinq ans les évêques et les représentants des titulaires des bénéfices de chaque diocèse de France. Ces assemblées se tinrent régulièrement de 1586 à la Révolution. Leur premier objet était de voter les subsides réclamés par le roi. L'Assemblée de 1682 adopta les Quatre Articles gallicans que la papauté condamna.

ASSIGNAT. Monnaie de papier créée par la Révolution française. Les États généraux de 1789 avaient été convoqués pour résoudre une grave crise financière et, la banqueroute menaçant les finances du royaume, l'Assemblée constituante décida, le 2 nov. 1789, que les biens du clergé seraient mis « à la disposition de la nation », c'est-à-dire confisqués et tranformés en *biens nationaux*. Essentiellement composés de terres, de forêts, de bâtiments et non de liquidités, ces biens devaient gager des émissions de papier-monnaie (ce furent les assignats) qui permettaient d'anticiper les rentrées financières à venir par la vente progressive des propriétés de l'Église.

Le 21 déc. 1789, la Constituante procéda à une première émission de 400 millions d'assignats portant intérêt à 5%. Dès l'année suivante le système commença à se détériorer : en août 1790, il fut décidé qu'ils ne porteraient plus d'intérêt puis la guerre nécessita de nouvelles émissions. Jusqu'en 1793 les assignats mis en circulation étaient loin d'avoir dépassé la valeur des biens nationaux estimés à 10 milliards de livres mais ils atteignaient 20 milliards au début de l'an IV (fin 1795) et leur valeur ne cessa de se détériorer. Cette inflation permanente provoqua une forte hausse des prix responsable de la misère populaire.

ASSOCIATION EUROPÉENNE DE LIBRE-ÉCHANGE (AELE, en anglais *European Free Trade Association*, *EFTA*). Créée par la convention de Stockholm

(20 nov. 1959), l'AELE réunissait, en 1970, le Royaume-Uni, l'Autriche, le Danemark, l'Islande, la Norvège, le Portugal, la Suède et la Suisse. L'intention profonde de Londres, en créant l'AELE, était d'amener peu à peu l'Europe des Six à accepter une zone de libre-échange. Cette pression étant restée sans résultat, les membres de l'AELE sont progressivement entrés dans la Communauté économique européenne (CEE) dont l'Europe des Six constituait le noyau. En 1992, les deux organisations décidaient de former ensemble un Espace économique européen, zone commune de libre-échange appliquant certaines réglementations communautaires. Conçue comme un projet concurrent de la construction européenne, l'AELE a finalement été absorbée par la dynamique communautaire.

ASSOUAN. Ville d'Égypte sur le Nil, près de la première cataracte. Un barrage avait été construit dès 1902 mais se révéla insuffisant pour les besoins croissants de l'Égypte. La construction d'un nouveau barrage, appelé *haut barrage d'Assouan*, fut décidée en 1952. Les États-Unis et l'Angleterre refusant de financer les travaux, Nasser nationalisa le canal de Suez en 1956 et fit appel aux Soviétiques. Commencés en 1960, les travaux durèrent jusqu'en janv. 1971. La création de ce barrage obligea au démontage des temples d'Abou Simbel et à leur déplacement sur un site plus élevé en 1968.

ASSOUR ou **ASSUR.** Ville de l'Orient ancien, sur la rive droite du Tigre (aujourd'hui *Kal'at Chergat*, en Irak septentrional, au sud de Mossoul). Sa fondation remonte au moins au milieu du IIIe millénaire ; elle fut la capitale religieuse de l'Assyrie et son nom était celui du premier de ses dieux. À partir du IXe s. av. J.-C., elle perdit son rôle de capitale politique au profit de Kalach (Nimrud) puis Ninive. Elle fut prise et pillée par les Mèdes en 614 av. J.-C.

ASSOURBANIPAL. Roi d'Assyrie (668/30 ou 626 av. J.-C.). Fils cadet d'Assarhaddon, il reçut le trône d'Assyrie tandis que son frère aîné Shamash-Shoum-Oukin devait se contenter de Babylone. Grand conquérant, il reprit la conquête de l'Égypte, qui avait échoué sous le règne de son père. Dans une première expédition (666), les Assyriens se rendirent maîtres du Delta et prirent Memphis et Thèbes. Une révolte les ayant chassés peu après, Assourbanipal envoya une nouvelle armée, qui força le pharaon Tanoutamon à s'enfuir en Éthiopie : Thèbes fut reprise, pillée et incendiée (663). Mais, en raison de l'immensité de l'Empire assyrien, Assourbanipal fut contraint de lutter sur toutes les frontières et contre les révoltes intérieures : s'il ne put empêcher l'expulsion des Assyriens d'Égypte par Psammétique Ier (653), il réussit au N.-O. à repousser les Cimmériens alliés au roi du Tabal ; au N., il combattit les Mèdes ; au S.-E, les Élamites et leur roi Teumman, ainsi que les Arabes ; puis il dut faire face au soulèvement de son frère, roi de Babylone, qui trouva la mort dans l'incendie de son palais en 648 (un événement qui donna naissance à l'histoire légendaire de Sardanapale) ; en 640 enfin, après trois campagnes, le vieil ennemi de l'Assyrie, l'Élam, fut écrasé et Suse livrée au pillage. Ce règne marqua l'apogée de l'Assyrie dont l'éclat intellectuel est attesté par les 20 000 tablettes cunéiformes de la bibliothèque de Ninive, conservées aujourd'hui au British Museum.

ASSOUROUBALLIT Ier. Roi d'Assyrie (1366/30) av. J.-C.). Voir **ASSYRIE**.

ASSOUROUBALLIT II. Dernier roi d'Assyrie (611/09 av. J.-C.).

ASSUÉRUS. Nom biblique d'un roi identifié à Xerxès Ier, roi des Mèdes et des Perses (486/65 av. J.-C.), qui est un des personnages du livre biblique d'*Esther*. Elle était elle-même une Juive qui obtint d'Assuérus, épris de sa beauté, un arrêt favorable aux Juifs menacés par l'imminence d'un pogrom. Racine a repris cette action dans sa tragédie, *Esther*.

ASSYRIE. Ancien empire de l'Asie occidentale dont le centre historique se trouvait en Mésopotamie septentrionale, sur les terrasses montagneuses qui descendent des monts Zagros à la rive gauche du Tigre, dans le pays d'Assour. D'abord sujette de Sumer, l'Assyrie profita des invasions élamites et amorrites (XXe s. av. J.-C.) pour se rendre indépendante. À travers une suite de succès et de revers, elle noua des alliances, se tailla un empire commercial autant que politique dans la première moitié du IIe millénaire, au cours de luttes incessantes contre ses voisins (Mari, qu'elle conquit, Eshnounna, Yamkhad), suivant les deux grandes lignes de son expansion, au S. vers la basse Mésopotamie, au N.-O. vers l'Anatolie et la Méditerranée. Le premier Empire assyrien, constitué au XIXe s. par Sargon Ier et Shamshi-Adad Ier, s'effondra vers 1755 sous la conquête d'Hammourabi. L'Assyrie passa alors sous la tutelle de la dynastie amorrite de Babylone, puis sous celle du royaume du Mitanni.

L'effacement du Mitanni sous les coups des Hittites (XIVe s.) permit à nouveau à l'Assyrie de jouer un rôle indépendant. Son nouvel essor, préparé par Assourouballit Ier (1366/30), s'épanouit sous le règne de Salmanassar Ier (vers 1274/45), qui ravit le Mitanni aux Hittites (1269) et porta pour la première fois les frontières de l'Assyrie sur l'Euphrate. Son successeur, Toukoulti-Ninourta Ier (vers 1245/1208), soumit même quelque temps Babylone. Dès cette époque, l'Assyrie a fait son entrée parmi les grandes forces politiques de l'Orient ancien. Sous Tiglatpileser Ier (vers 1115/1077), l'Empire assyrien, en butte aux attaques des Élamites au S., des tribus du Zagros à l'E., des Moushki au N. et surtout des Araméens à l'O., s'étendait encore de la Syrie du Nord au S. de l'Arménie. Mais sa mort fut suivie d'une période de crise et l'Assyrie s'éclipsa jusqu'à la fin du Xe s. La marche en avant reprit alors avec Adadnirâri II

(911/91) et Assournazirpal II (883/59) : ayant forgé une armée des plus modernes comportant des corps de fantassins bien protégés, des cavaliers combattant avec l'arc et la lance, des chars de guerre et de remarquables services du génie équipés de machines (bélier, tour roulante) et bien entraînés à la guerre de siège, l'Assyrie allait bouleverser toutes les réalités guerrières héritées du IIe millénaire. Attaquant par surprise, pillant, n'hésitant pas à massacrer les prisonniers et les populations conquises, déportant des peuples entiers pour briser tout désir de revanche, elle pratiqua la guerre totale et, pour elle, « la terreur devient un moyen de conquête » (J. Pirenne). Salmanassar III (859/24) défit une coalition de rois syriens et palestiniens et imposa son protectorat à Babylone.

Gigantisme et fragilité de l'Empire assyrien

Sous Tiglatpiléser III (745/29), véritable fondateur de l'Empire néoassyrien et premier à intégrer à l'Assyrie les territoires soumis, les derniers rois de Babylone furent détrônés, le royaume de l'Ourartou (Arménie) vaincu, la Syrie définitivement soumise et une partie d'Israël occupée. Sargon II (721/05) détruisit la capitale du royaume d'Israël, Samarie, dont la population fut déportée et remplacée par des Babyloniens, des Arabes et des Hittites ; il repoussa les attaques de l'Égypte, annexa l'Arménie, mais dut lutter pendant plus de dix ans pour écraser la révolte de Babylone (709).

Sous le règne de Sennachérib (705/681), la révolte gronda de nouveau en Phénicie-Palestine et à Babylone (destruction de la ville, 689), tandis que, sur ses frontières méridionales, l'empire d'Assyrie devait faire face à son vieil ennemi, l'Élam ; du N. arrivaient des peuples indo-européens, les Mèdes, les Cimmériens et les Scythes. Le règne d'Assourbanipal (668/26), qui vit la destruction de Thèbes, une nouvelle soumission de Babylone et la conquête de l'Élam apparaît bien comme l'apogée de ce gigantesque empire. Mais les dernières années du règne d'Assourbanipal furent sombres : l'Égypte, perdue dès 653, n'a jamais été reconquise ; la pression mède s'accroissait aux frontières du N. ; Babylone allait reconquérir son indépendance. L'alliance de Nabopolassar, fondateur de l'Empire néobabylonien (625/05), et de Cyaxare, roi des Mèdes, porta le coup fatal à l'Assyrie : après la défaite des Assyriens à Arrapha (615), Assour fut pillée (614), Ninive prise et détruite (612) et le dernier roi d'Assyrie, Assourouballit II, malgré l'alliance tardive de l'Égypte, était définitivement vaincu en 609. Sur les ruines de l'Assyrie s'est alors élevé le dernier des grands empires mésopotamiens, l'Empire néobabylonien ou chaldéen, qui s'effondra devant les Perses en 539.

ASTIER DE LA VIGERIE Emmanuel d' (* Paris, 1900, † Paris, 12.VI.1969). Homme politique et journaliste français. Il fonda, en 1941, le mouvement de résistance Libération-Sud, dont les membres étaient issus des milieux chrétiens, socialistes et communistes, puis, la même année, le journal *Libération*, qu'il dirigea jusqu'à la cessation de sa parution en 1964.

Très tôt rallié au général de Gaulle, membre du Conseil national de la Résistance, il devint successivement, en 1944, commissaire de l'Intérieur au sein du Comité français de libération nationale d'Alger, puis ministre de l'Intérieur du gouvernement provisoire. Monarchiste dans sa jeunesse, puis socialiste, Emmanuel d'Astier de La Vigerie fut un compagnon de route des communistes, avant de devenir gaulliste de gauche.

ASTRID (* Stockholm, 17.XI.1905, † Küssnacht, Suisse, 29.VIII.1935). Reine des Belges. Fille du prince Charles de Suède et nièce du roi Gustave V, elle épousa, le 10 nov. 1926, le futur roi des Belges Léopold III, auquel elle donna trois enfants : la princesse Joséphine-Charlotte (mariée à Jean, grand-duc de Luxembourg) et les futurs rois Baudouin Ier et Albert II. Elle devint vite très populaire, et sa mort, dans un accident d'automobile, fut un deuil national.

ASTURIES, *Asturias*. Région historique du N.-O. de l'Espagne, qui a formé la province d'Oviedo. Elle a donné son nom à une culture mésolithique qui s'étendit du Portugal au Pays basque. Les *Astures* furent les derniers peuples d'Espagne soumis par les Romains à l'époque d'Auguste (vers 22 av. J.-C.). Lors de la conquête de l'Espagne par les Arabes, c'est dans les montagnes des Asturies que se réfugièrent des groupes de Wisigoths. Après la victoire de Covadonga (vers 722), se constitua sous Pélage Ier un royaume des Asturies, d'où devait partir la « Reconquête ». Vers le milieu du VIIIe s., sa capitale fut établie à Oviedo. Contraint à la défensive par des divisions internes, ce royaume se fortifia peu à peu sous les règnes d'Alphonse Ier (739/57), de Fruela Ier (757/68), d'Alphonse II le Chaste (783 et 791/835) qui réussit à s'emparer de Lisbonne (797). Sous Alphonse III le Grand (866/910), le royaume des Asturies atteignit le Duero et s'étendit sur la Galice et le León ; au début du XIe s., il prit le nom de royaume de León, qui fut bientôt réuni au royaume de Castille. À partir de 1388, le titre de prince des Asturies fut donné à l'héritier présomptif du trône de Castille, puis l'Espagne.

Les Asturies sont devenues région autonome le 11 janv. 1982.

ASTYAGE. Dernier roi des Mèdes (vers 585/49 av. J.-C.). Il était le fils et successeur de Cyaxare Ier. Il aurait marié sa fille, Mandane, au Perse Achéménide Cambyse Ier, roi d'Anshan, et fut, selon Hérodote, détrôné par son petit-fils Cyrus II le Grand, qui lui laissa la vie.

ATAHUALPA (* vers 1502, † 29.VIII.1533). Dernier souverain inca (1531/33). Pizarre (v.) le fit traîtreusement emprisonner alors qu'il était venu le visiter. Bien qu'il eût payé une rançon considérable et qu'il eût reçu le baptême, le conquistador donna l'ordre de l'exécuter comme idolâtre. Voir **INCAS (empire des)**.

ATAPUERCA. Région karstique, près de Burgos en Espagne, connue pour ses nombreux gisements préhistoriques. Deux grottes ont particulièrement livré des restes humains très anciens : la grotte de Gran Dolina avec des restes archéologiques et humains (*Homo antecessor*) datés de 800 000 ans et celle de Sima de los Huesos avec de nombreux squelettes humains, représentant 28 individus, datés entre 500 000 et 400 000 ans.

ATATÜRK. Surnom d'un général et homme politique turc (* 19.V.1881, † 10.XI.1938). Voir MOUSTAFA KÉMAL.

ATELIERS NATIONAUX (26 févr.-21 juin 1848). Ateliers de travail, publics, créés par l'Assemblée constituante pour lutter contre le chômage. Voir FRANCE, La IIIe République.

ATHALIE. Reine de Juda (841/35 av. J.-C.). Fille d'Achab, roi d'Israël, et de Jézabel, fille du roi de Sidon, elle épousa le roi de Juda, Joram. En 841, elle s'empara du pouvoir à Jérusalem et fit massacrer toute la descendance royale ; Joas seul fut sauvé et proclamé roi par le chef des prêtres, Joad. Le peuple massacra Athalie. Connue par la Bible (2e livre des Rois et Chroniques), Athalie a inspiré le personnage principal de la tragédie de Racine, *Athalie* (1691).

ATHANASE saint (* Alexandrie ?, vers 295, † Alexandrie, 2.V.373). Père et docteur de l'Église. Partisan du credo de Nicée (325) (v. NICEE, concile de) contre l'arianisme, Athanase devint évêque d'Alexandrie en 328. Par la *Vie de saint Antoine* qu'il avait écrite, il contribua à faire connaître le monachisme en Orient et en Occident.

ATHÈNES. Capitale de la Grèce, en Attique, à environ 7 km du Pirée, qui lui sert de débouché portuaire.

L'élaboration de la démocratie athénienne

Athènes est située au centre d'une petite plaine arrosée par le Céphise et par son affluent l'Ilissos, entourée de montagnes calcaires (Hymette, Pentélique), dans une péninsule assez pauvre. Le site fut habité au plus tard à la fin du néolithique et l'Acropole fut occupée durant toute l'époque du bronze ; à l'époque mycénienne un mur cyclopéen (fin XIIIe s.) entourait l'Acropole, que complétait un mur avancé, le Pélargikon attribué au peuple légendaire des Pélasges. Athènes et l'Attique furent épargnées par les destructions qui ruinèrent la civilisation mycénienne (fin du XIIIe s.) et servirent, selon la tradition, de refuge à des Éoliens chassés de Thessalie et de Béotie, puis à des Ioniens du Péloponnèse. Toute cette population s'affirma ionienne. Elle se divisa politiquement en petites communautés qu'Athènes se subordonna progressivement à partir du Xe s. av. J.-C.

Athènes fut gouvernée d'abord par des rois, mais on ne sait rien de certain sur les dynasties (en partie légendaires) des Théséides, des Mélanthides et des Médontides. Le pouvoir royal s'effaça progressivement au profit de l'aristocratie foncière des Eupatrides ; réduite à une magistrature temporaire, d'abord décennale puis annuelle, la royauté ne conserva guère que des fonctions religieuses à partir de 682 avant notre ère. Athènes connut alors un gouvernement pleinement aristocratique, le pouvoir suprême étant assumé par le collège des archontes qui, une fois sortis de charge, composaient l'Aréopage. Cependant, du fait de l'éveil de l'artisanat et du commerce, les Eupatrides virent se constituer en face d'eux un *dèmos* urbain de plus en plus actif, tandis que beaucoup de paysans, ruinés par les difficultés de l'agriculture, tombaient sous la dépendance des grands propriétaires qui les réduisaient au servage pour dettes. La conspiration de Cylon (632) ainsi que la violence de la réaction conduite par la famille des Alcméonides ont témoigné de l'état de fermentation sociale dans lequel se trouvait Athènes à la fin du VIIe s.

La réforme de Dracon (vers 621) aboutit à la publication d'un droit privé écrit, accessible à tous, identique pour tous, qui se substituait au droit coutumier dont les chefs de *génos* (les familles nobles qui disposaient de grandes propriétés terriennes) pouvaient se faire les interprètes arbitraires. Solon (v.), archonte vers 594, réalisa un ensemble de réformes qui apaisèrent les tensions sociales : le servage pour dettes fut interdit, les débiteurs asservis libérés et les dettes des plus pauvres allégées ou abolies. La modification du système successoral prépara la formation d'une petite propriété terrienne, base de la vie sociale des cités grecques de l'époque classique. Par l'organisation censitaire qui classait les citoyens selon leur fortune, Solon définissait le rôle et les charges de tous les citoyens, dans la vie civile comme militaire, en un temps où le citoyen mobilisé s'équipait à ses frais. L'assemblée de la *boulè*, jusque-là réservée aux membres de l'aristocratie, fut réformée et joua un rôle politique nouveau. Enfin, le nouveau tribunal de l'*héliée*, également ouvert à tous, jugea en appel les décisions des tribunaux encore dominés par l'aristocratie. L'effervescence politique qui suivit ces réformes amena à Athènes l'avènement d'une tyrannie appuyée sur le petit peuple. À partir de 561, Pisistrate prit à trois reprises le pouvoir, qu'il devait laisser à ses deux fils, Hippias et Hipparque ; sans changer la constitution de Solon, Pisistrate réduisit l'hégémonie foncière de l'aristocratie, favorisa la libération des paysans, l'essor de l'économie et du commerce maritime ; il embellit la ville d'Athènes, où il aménagea un espace (*orchestra*) pour les représentations théâtrales et pour les récitations des poèmes d'Homère.

La chute de la tyrannie, en 510, ne s'accompagna pas d'une réaction aristocratique : si Athènes, à l'aube du Ve s., se trouvait socialement et politiquement prête pour une « révolution démocratique », c'est en grande partie grâce à la sagesse de son aristocratie qui sut faire à temps les concessions nécessaires (aussi bien

Pisistrate que Dracon et Solon appartenaient aux Eupatrides).

Les réformes adoptées sous la direction de Clisthène, après 508, achevèrent de faire d'Athènes la cité démocratique exemplaire de l'Antiquité grecque. Il acheva d'abaisser la puissance politique de l'aristocratie au profit du peuple (*démos*, en grec) en brisant les cadres territoriaux et familiaux dans lesquels les grandes familles conservaient encore beaucoup d'autorité. L'Attique, c'est-à-dire le territoire de la cité d'Athènes, fut divisé en 100 petites circonscriptions, les dèmes, eux-mêmes regroupés en dix tribus, mais sans contiguïté géographique ; une même tribu réunissait des dèmes campagnards, urbains ou côtiers, ce qui avait pour conséquence de fragmenter les grandes propriétés de l'aristocratie entre plusieurs circonscriptions et, de ce fait, son autorité sociopolitique. La *boulè* fut constituée par 500 citoyens que l'on tirait au sort chaque année sur des listes établies par les dèmes ; l'assemblée du peuple (*ecclésia*), que composait la réunion de tous les citoyens, détenait l'autorité politique. En 501, la création du collège des 10 stratèges (élus chaque année à raison d'un par tribu) acheva l'ensemble de ces réformes. Responsables de l'organisation militaire, chefs militaires en cas de conflit et maîtres de la diplomatie, ces chefs élus avaient une autorité réelle qui allait bien au-delà de ces fonctions ; Périclès, qui fut le chef de la cité d'Athènes pendant près de quinze ans, n'eut jamais d'autre titre.

Les limites de la démocratie athénienne ont été celles-là mêmes de la cité antique dont l'économie reposait sur le travail d'une masse d'esclaves. Pour une population probable de 400 000 personnes au milieu du ve s. av. J.-C., Athènes n'a jamais compté plus de 50 000 citoyens actifs, les droits civiques demeurant limités aux hommes adultes, Athéniens de naissance et libres. Et le plus grand risque couru par ce régime démocratique a été l'entraînement démagogique des foules qui s'est très tôt manifesté par un usage dévoyé de la procédure d'ostracisme (v.) qu'avait probablement instituée Clisthène.

L'apogée d'Athènes au ve s. av. J.-C.

La prépondérance d'Athènes dans la Grèce du ve s. fut due d'ailleurs beaucoup plus à des raisons militaires et économiques qu'au prestige de son régime politique : si Athènes, avec sa population importante, a été obligée de compenser par l'expansion maritime son manque grave de ressources agricoles, elle occupa, en revanche, sur le plan industriel et commercial, une position de premier plan dans le monde hellénique.

Athènes fut une des premières cités en Grèce à se heurter à la puissance perse. Dès 498, elle intervenait aux côtés des Grecs d'Ionie révoltés. Lors de l'expédition ordonnée par Darius, les Athéniens, commandés par Miltiade, furent vainqueurs à la bataille de Marathon (490). Puis, sous l'impulsion du chef du parti démocratique, Thémistocle, Athènes construisit une flotte qui lui assura en quelques années la suprématie navale. Xerxès put s'emparer d'Athènes (480), mais les navires athéniens constituaient la moitié de la flotte hellénique qui infligea au Grand Roi le désastre naval de Salamine (480), complété l'année suivante par une autre victoire navale à Mycale, face à l'île de Samos (479). La participation décisive d'Athènes aux guerres médiques la conduisit à revendiquer le statut de « sauveur de la Grèce » et de libérateur des cités grecques des îles et de la côte d'Asie Mineure, que les Perses avaient soumises : ainsi, vers 477, fut créée la ligue de Délos, qui rassemblait dans une alliance militaire défensive la plupart d'entre elles ; dans cette confédération, Athènes s'assura tout de suite la prépondérance, exerça le commandement militaire et, de ce fait, disposa des finances communes. Bientôt le Conseil des alliés, qui théoriquement devait assurer la direction de la ligue, n'eut plus qu'une existence symbolique : en 454, le trésor de la ligue était transféré à Athènes, qui se trouva à la tête d'environ 150 cités dont la contribution annuelle servit à la construction et à l'entretien d'une flotte puissante dont Athènes disposait selon les besoins de sa politique. Les satellites tentés de se rebeller contre ce joug furent durement frappés, tels Naxos (470/69), Thasos (465/63) et plus tard Samos (439).

L'impérialisme athénien, qui s'opposait directement à la conception grecque de la liberté de la cité, fut une des grandes causes de la guerre du Péloponnèse et de l'effondrement final d'Athènes à la fin de ce conflit. Mais seul l'afflux de richesses résultant de cet impérialisme permit l'apogée brillant de la démocratie athénienne au temps de Périclès et l'essor monumental de la ville : en fait, celui-ci eut un rôle prépondérant pendant trente-deux ans, de 461 à sa mort, en 429. Mais quand ses fonctions de stratège furent renouvelées d'année en année à partir de 443, il devint « une sorte de Premier ministre permanent » (P. Cloché). En instituant les *misthoi* en 457, c'est-à-dire des indemnités qui permettaient à tous les citoyens, mêmes pauvres, d'exercer des charges publiques, il élargit la participation politique. Mais il ferma le corps des citoyens : la loi de 451/50 décida que nul ne pouvait jouir désormais des droits politiques s'il n'était né de père et de mère athéniens, ce qui eut pour résultat de réduire le nombre des citoyens et surtout d'en empêcher le renouvellement. Après la mort de Périclès, les institutions évoluèrent dans le sens d'un renforcement des pouvoirs de l'*ecclésia* et de l'*héliée*, favorisant la venue au pouvoir de démagogues tels que l'ambitieux Alcibiade ou le belliqueux Cléon.

La guerre du Péloponnèse

Vers 435, Athènes demeurait forte : si son influence avait diminué en Grèce centrale après la conclusion de la paix de trente ans avec Sparte, elle tenait fermement son empire composé des cités « alliées » mais devenues en fait des sujettes. Ses armateurs dominaient les mers, exportant le vin, l'huile, les vases et tous les produits des ateliers de l'Attique. En particulier, ses relations commerciales avec les pays riverains de la mer Noire lui permettaient d'importer les céréales que son agriculture ne pouvait produire en quantité suffisante. Pour garantir ce ravitaillement, elle avait pris le contrôle de la Thrace, des Dardanelles et du Bosphore. C'est l'opposition maritime et commerciale entre Athènes et Corinthe qui provoqua la guerre du Péloponnèse (431/04) devenue inévitable. Athènes entrait dans ce conflit en pouvant compter sur les ressources de son empire, mais non sur l'appui de la majorité des cités grecques du continent. Son ennemie principale, Sparte, en dépit de son régime autoritaire et militariste, paraissait plus soucieuse du respect de l'autonomie des cités, mais menacée par l'impérialisme athénien. Comme le dit Thucydide, « la sympathie générale inclinait du côté des Lacédémoniens, d'autant plus qu'ils proclamaient leur intention de libérer la Grèce ».

Dans la première phase du conflit (431/21), Athènes réussit à maintenir l'essentiel de l'empire. Mais la désastreuse expédition de Sicile (415/13) entreprise à l'instigation d'Alcibiade, la ruina et la décima. À Athènes même, le parti oligarchique, qui rendait la démocratie responsable de tous les malheurs, effectua un coup d'État (gouvernement des Quatre-Cents, 411), mais se vit balayé par l'opposition populaire. Un temps, la situation sembla se redresser, grâce aux victoires d'Alcibiade (Cyzique, 410), mais celui-ci se vit retirer le commandement militaire en 406. La même année, la dernière victoire navale athénienne, aux îles Arginuses, fut suivie de la condamnation à mort des stratèges vainqueurs. Athènes, décapitée, perdit sa dernière flotte à l'Ægos Potamos (405) et dut capituler en avr. 404 après un siège meurtrier. Le Spartiate Lysandre occupa la ville, fit détruire les Longs Murs (les remparts qui englobaient Athènes et Le Pirée), confisqua la flotte et imposa à Athènes le gouvernement oligarchique des Trente Tyrans (404/03), qui établirent un régime de terreur en s'appuyant sur une garnison lacédémonienne. La démocratie fut rétablie par Thrasybule (janv. 403). Athènes, ruinée et moralement bouleversée, se replia sur un traditionalisme étroit : Socrate, accusé d'impiété et de corruption de la jeunesse, fut condamné à mort (399).

Athènes, la Macédoine et Rome

En Grèce, c'est Sparte qui dominait, mais Athènes profita de la guerre de Corinthe (395/86) pour commencer à se relever, grâce à l'or des Perses : Conon rebâtit les Longs Murs et la flotte reprit sa place dans l'Égée. Athènes aida Thèbes à se libérer des Spartiates (379) et elle parvint à recréer une nouvelle Confédération maritime (377) dont les dispositions traduisaient le souci de ne pas tomber dans les erreurs qui avaient été fatales à la ligue de Délos : plus de tribut imposé, plus d'hégémonie athénienne sur les alliés, mais une collaboration sincère et effective entre Athènes et le conseil représentatif des alliés. Une victoire navale sur les Spartiates à Naxos (376) rendit à Athènes l'hégémonie en mer Égée et attira dans sa confédération de nouveaux membres (en tout une soixantaine). Inquiète des progrès de la ligue Béotienne dirigée par Épaminondas, Athènes préféra faire la paix avec Sparte, sur la base du *statu quo* (371), puis s'entendit avec Sparte contre Thèbes (369). Cependant, Athènes était vite revenue à des méthodes autoritaires dans ses relations avec ses alliés de la Confédération maritime : en 357, elle se trouva en face d'une révolte de plusieurs cités « alliées » (dont Chio, Rhodes et Byzance, soutenues par Mausole de Carie), qu'elle ne put maîtriser et qui l'affaiblit durablement.

Ce déclin athénien profita à Philippe II de Macédoine, contre lequel Démosthène essaya de mobiliser ses concitoyens : gênés par le soulèvement de l'Eubée, les Athéniens ne purent apporter un secours efficace aux cités grecques du nord de la mer Égée que prenaient les Macédoniens. Après la chute d'Olynthe, Athènes n'eut plus qu'à signer avec Philippe la paix de Philocrate (346), qui abandonnait aux Macédoniens la Thrace et la Phocide. Cependant, sous l'impulsion de Démosthène, les Athéniens se préparèrent à un affrontement décisif. Ayant formé une ligue comprenant, entre autres, Byzance, l'Eubée, Mégare, Corinthe et l'Achaïe, les Athéniens firent alliance avec Thèbes (339) mais furent écrasés à Chéronée (338) par l'armée macédonienne. Athènes s'inclina mais elle fut traitée généreusement par Philippe. Elle participa cependant au soulèvement de 335, puis, dès la mort d'Alexandre, déclencha contre les Macédoniens la guerre lamiaque (323/22). Vaincue une fois de plus, elle se vit imposer une garnison macédonienne au Pirée, tandis que Démosthène s'empoisonnait.

Après la prise d'Athènes par Cassandre (317), un gouvernement oligarchique s'établit sous l'autorité de Démétrios de Phalère (317/07), mais les Athéniens ne se satisfaisaient pas de la domination macédonienne : rêvant toujours à l'indépendance perdue, ils apportèrent leur appui aux Romains contre la Macédoine, puis, après que la Grèce eut été réduite en province romaine, au roi du Pont, Mithridate, contre les Romains (88 av. J.-C.) ; le seul résultat de cette tentative fut que Sylla vint mettre le siège devant la ville, dont il obtint la reddition par la famine, et Athènes eut ses fortifications rasées (86).

Privée de la possibilité de jouer un rôle politique, Athènes demeura un centre intellectuel extrêmement brillant, artistique, littéraire et philosophique, où venaient se former les jeunes intellectuels romains. À partir du IIIe s. av. J.-C., elle connut un développement monumental extraordinaire grâce à la générosité des rois et des empereurs. Athènes fut prise par les Goths en 267, en 396 par les Alains, et elle perdit peu à peu son rayonnement au profit de Constantinople. Les croisés s'en emparèrent en 1205 lors de la 4e croisade, et elle devint le siège d'un duché latin à partir de

1456. Elle demeura possession de l'Empire ottoman jusqu'à l'indépendance grecque obtenue en 1829.

ATLANTIQUE (batailles de l'). On désigne par ce terme le combat mené par les marines alliées contre les sous-marins allemands, dont l'action visait à empêcher tout trafic de surface à destination de l'Angleterre (et de la France en 1914/1918), au cours des deux guerres mondiales.

L'issue de la bataille fut longtemps incertaine au cours des deux conflits : dans le premier semestre de 1917 comme dans celui de 1943, les Allemands furent proches de la victoire. Dans les deux cas, l'intervention américaine fut décisive : les chantiers navals américains produisirent assez de navires de transport pour compenser les pertes devenues énormes et les moyens militaires de lutte contre les sous-marins allemands furent multipliés.

ATLANTIQUE NORD (pacte de l'). Voir ORGANISATION DU TRAITÉ DE L'ATLANTIQUE NORD.

ATTALE Ier Sôter (* 269, † 197 av. J.-C.). Souverain de Pergame (vers 236/197 av. J.-C.). Petit-fils de Philétairos, fondateur de l'État de Pergame et de la dynastie des Attalides, successeur d'Eumène Ier, il prit le titre de roi après sa victoire sur les Galates (240 ou 236 av. J.-C.). Contre Philippe V de Macédoine, il s'allia avec les Romains. Eumène II lui succéda. Voir PERGAME.

ATTALIDES. Dynastie des souverains de Pergame, fondée par Philétairos en 283 av. J.-C. Sous leur règne, Pergame devint un brillant centre d'hellénisme en Asie Mineure. Voir PERGAME.

ATTILA (* vers 395, † 453). Roi des Huns (vers 434/53). Après s'être débarrassé de son frère Bléda, Attila régna seul à partir de 445 et rassembla sous son autorité toutes les tribus des Huns (446). Surnommé par ses adversaires le *fléau de Dieu*, il envahit à deux reprises (441/43, 447/49) l'empire d'Orient auquel il imposa des tributs considérables. En 448, il envahit les Balkans et pénétra en Grèce jusqu'aux Thermopyles. Incité par le Vandale Genséric à attaquer le royaume wisigoth de Toulouse et appelé à l'aide par la princesse Honoria, sœur de Valentinien III, il fit irruption en Gaule, et s'avança jusqu'à Orléans. Mais le patrice Aetius et le Wisigoth Théodoric Ier l'obligèrent à en lever le siège. Revenant alors vers la Champagne, Attila fut vaincu à la bataille des champs Catalauniques (sans doute à Moirey, près de Troyes, été ou automne 451). Repoussé de Gaule, il répara ses forces et, en 452, surgit en Italie du Nord, dévasta Aquilée, Milan, Padoue, forçant les populations à se réfugier dans les montagnes des Apennins ou dans les lagunes de l'Adriatique. Attila fut arrêté par la diplomatie du pape st Léon le Grand, qui le rencontra à Mantoue et le persuada de s'éloigner, moyennant un tribut. Son empire ne lui survécut guère : décimés par la peste, les Huns se replièrent bientôt vers la Volga.

ATTIQUE. Terme géographique qui désigne le territoire de la cité d'Athènes dans l'Antiquité. Dans la Grèce moderne, nom donné à la région (un « nome ») dont Athènes est le chef-lieu. Voir ATHÈNES.

ATTLEE Clement Richard, 1er comte (* Londres, 3.I.1883, † Londres, 8.X.1967). Homme politique anglais. Il participa, en 1924 et 1930/31, aux deux premiers gouvernements travaillistes et prit la tête du Labour Party en 1935. En mai 1940, Attlee entra comme lord du sceau privé dans le ministère de coalition formé par Churchill, puis devint secrétaire aux Dominions (1942) et lord-président du Conseil (1943). Rentré dans l'opposition en mai 1945, il mena son parti à la victoire aux élections du 5 juill. suivant et devint Premier ministre (1945/51). Son ministère fut marqué par l'octroi de l'indépendance aux Indes et le début de la décolonisation, par le resserrement de l'alliance privilégiée avec les États-Unis, la mise en fabrication de la bombe atomique anglaise, le refus britannique de participer à la CECA et à l'Union européenne ; à l'intérieur, par un vaste programme de nationalisations et de sécurité sociale. Voir GRANDE-BRETAGNE. Les difficultés de l'après-guerre.

AUERSTEDT. Localité d'Allemagne (Saxe). Davout y battit les Prussiens le jour même de la bataille d'Iéna (14 oct. 1806). Voir IÉNA **(bataille d')**.

AUGEREAU Pierre François Charles, duc de Castiglione (* Paris, 21.X.1757, † La Houssaye, 12.VI.1816). Maréchal de France. Racolé à dix-sept ans par des agents recruteurs, il déserta, passa dans les armées prussienne puis napolitaine, revint en France à la Révolution et s'engagea dans l'armée. Il se distingua en Vendée et aux Pyrénées et fut nommé en déc. 1793 général de division. Envoyé en Italie en 1796, il remporta sur les Piémontais la victoire de Millesimo (14 avr. 1796), fit des prodiges de valeur à Lodi et à Castiglione et décida de la victoire d'Arcole. Revenu à Paris, il exécuta pour le Directoire le coup d'État du 18-Fructidor (4 sept. 1797), devint membre du Conseil des Cinq-Cents puis se rallia à Bonaparte, qui le fit maréchal (1804) et duc de Castiglione (1806). Il contribua aux victoires d'Iéna (1806) et d'Eylau (1807), se distingua encore à la bataille de Leipzig (1813), mais perdit foi en Napoléon et capitula à Lyon devant les Alliés en 1814. Il se rallia à Louis XVIII, qui le fit pair de France. Revenu de l'île d'Elbe, Napoléon refusa ses services. À la seconde Restauration, il fut choisi pour être un des juges au procès du maréchal Ney, mais se récusa.

AUGSBOURG (confession d', 25 juin 1530). Confession de la foi luthérienne rédigée principalement par Melanchthon et présentée par celui-ci à l'empereur Charles Quint à la diète d'Augsbourg, le

25 juin 1530. Volontairement modérée, elle exposait les dogmes luthériens, de manière à les rendre acceptables aux catholiques. Ce formulaire, qui portait la signature de sept princes et de deux villes d'Empire, fut rejeté après six semaines d'examen par les théologiens catholiques, parmi lesquels Jean Eck. Luther interdit à Melanchthon toute autre concession. Le rejet de la *Confession d'Augsbourg* provoqua la formation de la ligue protestante de Smalkalde. La *Confession d'Augsbourg*, atténuée par Melanchthon en 1540 (*Confessio variata*) puis rétablie dans son texte original en 1580 (*Confessio invariata*), est restée le principal formulaire de foi des Églises luthériennes.

AUGSBOURG (paix ou recès d', 25 sept. 1555). Paix religieuse entre catholiques et luthériens, signée à Augsbourg par Ferdinand Ier et les Électeurs germaniques. Elle accordait la liberté de conscience aux luthériens, mais imposait aux prélats convertis au protestantisme l'obligation de renoncer à leurs bénéfices. Elle consacrait ainsi la division religieuse de l'Allemagne, laissant aux princes la liberté d'imposer leur religion à leurs sujets, selon le principe *cujus regio, ejus religio*. Elle resta le fondement de la situation religieuse de l'Empire jusqu'aux traités de Westphalie (1648).

AUGSBOURG (guerre de la ligue d'). Guerre qui opposa de 1688 à 1697, quatre ans après la trêve de Ratisbonne (1684), la France à une coalition où se retrouvèrent princes catholiques et protestants, ces derniers choqués par la révocation de l'édit de Nantes (1685) : les Provinces-Unies, le Brandebourg, les princes d'Empire, l'empereur, l'Espagne, la Suède, la Savoie qui souhaitaient tous contraindre Louis XIV à arrêter la politique des *réunions*. Elle débuta en 1688 par la double intervention française en Rhénanie pour occuper Bonn et l'électorat de Cologne d'une part, le Palatinat d'autre part. À la fin du mois de nov., les Français étaient maîtres de la rive gauche du Rhin et, de la majeure partie du Palatinat. L'empereur et l'Empire décidèrent d'envoyer une armée. Au même moment, Guillaume d'Orange débarquait en Angleterre et, en janv., il était reconnu comme souverain légitime. Les opérations militaires commencèrent par la « dévastation » du Palatinat au printemps 1689 et par une opération en Irlande destinée à restaurer Jacques II, opération qui fut un échec. Les armées françaises s'emparèrent de Namur en 1692, de Charleroi en 1693, furent victorieuses à Steinkerque et Neerwinden. Sur mer, Tourville fut vainqueur à Béveziers en 1690 mais vaincu à la bataille de La Hougue (1692). La capitulation de Casal (juill. 1695) appartenant à la Savoie débloqua la situation : Victor-Amédée changea de camp et l'Italie s'ouvrait à l'armée de Catinat. Les difficultés financières des belligérants poussèrent à la paix et Louis XIV ne songea plus qu'à garder Strasbourg et l'Alsace et à empêcher l'empereur de mettre la main sur l'héritage espagnol. Les négociations s'ouvrirent à Ryswick (v.) en mai 1697 et une paix de compromis fut signée le 21 sept. avec l'Espagne et les puissances maritimes, avec l'empereur et l'Empire le 30 octobre. Voir FRANCE. L'impérialisme français sous le règne de Louis XIV.

AUGUSTE Caius Julius Caesar Octavianus Augustus (* 23.IX.63 av. J.-C., † Nola, 19.VIII, 14 apr. J.-C.). Empereur romain (27 av./14 apr. J.-C.). Il était, par sa mère, le petit-neveu de César, qui l'adopta et fit de lui son héritier. César assassiné (44), il obtint des pouvoirs extraordinaires qui le firent maître de Rome. En oct. 43, il forma un triumvirat avec Antoine et Lépide, qui eux aussi se posaient en héritiers de César. Ils éliminèrent l'opposition à Rome par de sanglantes proscriptions (meurtre de Cicéron) et écrasèrent à Philippes, en Macédoine, l'armée anticésarienne que commandaient les assassins de Jules César. Le triumvirat fut confirmé par les accords de Brindes (oct. 40), qui partagèrent le monde romain : à Antoine l'Orient, à Octave l'Occident, Lépide recevant l'Afrique. En outre, Octavie, sœur d'Octave, épousait Antoine. Renouvelé en 37, le triumvirat n'empêcha pas un antagonisme croissant entre Antoine et Octave qui avait confisqué les territoires de Lépide. En face d'Antoine, qui semblait songer à un empire oriental, centré sur l'Égypte, Octave se présentait en défenseur de la tradition républicaine. À la fin de 32, il déclara la guerre, et sa flotte défit à Actium (2 sept. 31) celle d'Antoine et de Cléopâtre. En 40, il entra dans Alexandrie, où ses deux ennemis s'étaient donné la mort, et réunifia le monde romain.

On a appelé *principat* (et non pas Empire) le régime instauré par Octave : *princeps senatus*, il se présentait comme le premier des sénateurs et était censé gouverner en accord avec eux. Dans la réalité, Octave détenait l'*imperium* proconsulaire qui lui assurait le commandement sur les provinces non pacifiées où stationnaient des légions, et il se fit attribuer la puissance tribunitienne qui rendait sa personne inviolable et lui permettait d'annuler une décision d'un autre magistrat. Il exerçait en outre un magistère moral et religieux marqué par le titre d'auguste qu'il porta comme un nom à partir de 27. Le culte d'Auguste se répandit progressivement dans l'Empire. Lorsqu'il mourut, son beau-fils Tibère, qu'il avait adopté, lui succéda (14 apr. J.-C.). Le règne d'Auguste représente une période de stabilisation de l'Empire dans ses frontières, de réorganisation de l'État, à la fois à sa tête, avec le Conseil du prince formé d'amis fidèles tels que Mécène et Agrippa, et dans l'administration de l'énorme capitale et des provinces. Cette période est souvent considérée comme l'âge d'or, classique, de la civilisation romaine. Voir ROME. L'âge des guerres civiles. Auguste et les débuts du principat.

AUGUSTE II ou **FRÉDÉRIC-AUGUSTE Ier le Fort** (* Dresde, 12.V.1670, † Varsovie, 1er.II.1733). Électeur de Saxe sous le nom de Frédéric-Auguste Ier (1694/1733) et roi de Pologne (1694/1733), sous le nom d'Auguste II. Il succéda comme Électeur à son frère Jean-Georges V puis renonça au protestantisme pour se faire élire roi de Pologne à la mort de Jean III Sobieski. Il fit de sa cour une des plus brillantes d'Europe et fonda en 1710, la célèbre manufacture de porcelaine de Meissen. Il fut le père de Maurice de Saxe. **Auguste III** ou **Frédéric-Auguste II** (* Dresde, 17. X.1696, † Dresde, 5.X.1763), Électeur de Saxe et roi de Pologne (1733/63). Fils du précédent, il se convertit au catholicisme en 1712 pour garder le trône de Pologne dont il fut définitivement reconnu roi en 1736 après la guerre de la Succession de Pologne. Il fut chassé à deux reprises par Frédéric le Grand au cours de la guerre de Sept Ans et dut se réfugier à Varsovie jusqu'à la paix.

AUGUSTIN saint, (* 354, † 430). Évêque d'Hippone (396), docteur de l'Église et l'un des quatre grands Pères latins de l'Église. Il a laissé une œuvre théologique et spirituelle immense qui a fait de lui le « Docteur de la Grâce ». En 1528/29, Érasme publia à Bâle, chez Froben, ses œuvres complètes qui furent une des sources de la culture européenne jusqu'à la fin du XVIIe s. L'augustinisme fut en effet la doctrine de référence pour toutes les questions relatives au péché, à la justification et à la grâce. Les protagonistes de toutes les querelles religieuses (luthériens, calvinistes, jansénistes, molinistes) ont prétendu avoir découvert dans son œuvre les éléments pour étayer leur propre pensée. Voir **JANSÉNIUS.**

AUGUSTULE, Romulus Momyllus Augustus, surnommé par dérision **Augustulus**. Dernier empereur d'Occident (475/76), renversé au bout d'un an de règne par Odoacre, chef des Hérules, qui l'exila en Campanie et envoya les insignes impériaux à Constantinople.

AUMALE, Claude Ier de Lorraine, comte d' (* 1496, † 1550). Duc de Guise en 1528, il devint ainsi le chef de la maison de Guise.

AUMALE, Charles de Lorraine, duc d' (* 25.I.1556, † Bruxelles, 1631). Un des chefs de la Ligue, nommé par les Seize gouverneur de Paris (1589). Il força Henri IV à lever le siège de la capitale, puis livra aux Espagnols plusieurs places de la Picardie. Il fut condamné à mort par contumace (1595) et se réfugia dans les Pays-Bas espagnols.

AUNG SAN SUU KYI. Femme politique birmane, prix Nobel de la paix (1991). Voir **SUU KYI AUNG SAN.**

AURÉLIEN, Lucius Domitius Aurelianus (* Sirmium, Illyrie, vers 212, † Cénophrurion, Thrace, 275). Empereur romain (270/75). Issu d'une famille illyrienne très modeste, il entra à l'âge de vingt ans dans l'armée et fit une grande carrière de soldat. À la mort de Claude II, il fut acclamé empereur par l'armée (270). Après avoir refoulé au N.-E. les Vandales, au N. les Alamans, Aurélien entreprit la destruction des deux empires qui s'étaient constitués à Palmyre à l'E., en Gaule à l'O, en faisant sécession de l'Empire romain. Il triompha d'abord de la reine de Palmyre, Zénobie, en 273, puis soumit l'empereur gallo-romain Tetricus, rétablissant ainsi l'unité impériale (274). Pour avoir les mains libres contre l'Empire perse, il se résigna sagement à l'abandon définitif de la Dacie (275) et partait reconquérir la Mésopotamie sur les Perses lorsqu'il périt assassiné près de Byzance, victime d'un complot de son entourage.

Il établit le monothéisme solaire et fit reconnaître officiellement le Soleil comme dieu suprême de l'Empire et l'empereur comme émanation du Soleil et dieu sur terre. Aurélien renforça la centralisation administrative, préparant les réformes de Dioclétien. Il entoura Rome d'un rempart de 19 km de long, partiellement conservé.

AURENGZEB (* Dohad, Gujerat, 2/3.XI.1618, † Ahmednagar, 3.III.1707). Empereur mogol de l'Inde (1658/1707). Troisième fils de Chah Jahan, il parvint au pouvoir en éliminant ses frères et en retenant son père prisonnier jusqu'à sa mort. Son orthodoxie islamique et son absolutisme lui aliénèrent les hindous et son intolérance compromit l'avenir de la dynastie mogole, qui ne lui survécut pas. Voir **INDE. L'Inde des Grands Mogols.**

AURIGNACIEN. Civilisation du paléolithique supérieur reconnue en 1906 par H. Breuil et A. Rutot. Ce terme est issu de la grotte d'Aurignac, près de Saint-Gaudens en Haute-Garonne. Cette culture, délimitée aujourd'hui entre 40 000 et 28 000 ans av. notre ère, s'intercale entre le Moustérien et le Gravettien et, dans les premiers temps, côtoie le Châtelperronien. À la suite des travaux de D. Peyrony à La Ferrassie et à Laugerie-Haute, la définition de l'Aurignacien fut affinée. Il est caractérisé par « des lamelles à fine retouche inverse, par des lames à encoches souvent bilatérales et par la sagaie plate à base fendue ou par la sagaie losangique » (A. Leroi-Gourhan). On peut y ajouter des grattoirs et des burins très divers, de nombreux outils et armes en os, bois de renne et ivoire, des objets de parure et de l'art mobilier. L'Aurignacien se rencontre en Europe occidentale et orientale mais aussi au Proche-Orient. Il témoigne, vers 31 000 ans av. notre ère, avec certaines peintures de la grotte Chauvet, en Ardèche, d'un art figuratif déjà très évolué.

AURIOL Vincent (* Revel, Haute-Garonne, 27.VIII. 1884, † Paris, 1er.I.1966). Homme politique français. Fils d'un boulanger, il milita dès 1905 dans les rangs des étudiants socialistes, mit son talent d'avocat au service des grévistes et fut élu député socialiste de Muret en mai 1914. Réélu en 1918, il suivit son ami Léon Blum après le congrès de Tours (1920) et devint l'expert financier de la SFIO. Président de la commission des Finances à l'époque du Cartel des gauches, ministre des Finances dans le premier ministère Blum de Front populaire (juin 1936/juin 1937), il fit adopter la loi monétaire du 1er oct. 1936 instituant le « franc flottant ». Ministre de la Justice dans le cabinet Chautemps (juin 1937/janv. 1938), puis ministre d'État dans le second cabinet Blum (mars/avr. 1938), il fit partie, le 10 juill. 1940, des quatre-vingts parlementaires qui refusèrent les pleins pouvoirs à Pétain, puis entra dans la Résistance et rejoignit Londres en 1943. Président des deux Assemblées constituantes (1945/46), il fut élu le 16 janv. 1947 premier président de la IVe République. Voir **France.** La VIe République.

AUSCHWITZ, *Oswiecim*. Ville de Pologne, au S.-E. de Katowice. Créé dès 1940, le camp d'Auschwitz devint le plus grand centre d'extermination établi en vue de la *solution finale* mise en œuvre par les nazis. Il groupa, sous la direction de R. Hoess, quatre camps, entre autres Auschwitz II (Birkenau), affecté aux exterminations, et Auschwitz III (Buna-Monowitz), où des déportés sélectionnés travaillaient pour la firme IG Farben. Les premiers internés d'Auschwitz furent des Polonais jugés dangereux pour la sécurité du Reich (1940) ; ils furent suivis par des prisonniers de guerre soviétiques (été 1941), parmi lesquels furent choisies les premières victimes des chambres à gaz (sept. 1941), par des Juifs de Silésie et de Slovaquie (hiver 1941/42), de France, de Belgique et des Pays-Bas (à partir de l'été 1942), par des Tziganes (début 1943), des Juifs de Grèce et des Balkans (printemps 1943), des survivants du ghetto de Varsovie, enfin par des Juifs de Hongrie (printemps 1944). Les exterminations s'arrêtèrent en nov. 1944, mais le camp d'Auschwitz comptait encore plus de 60 000 détenus lorsque son évacuation fut décidée, en janv. 1945, à l'approche des armées soviétiques. Des expériences médicales furent pratiquées à Auschwitz sur les détenus par des médecins SS dirigés par Joseph Mengele.

En 1984, un carmel y fut édifié, et une croix érigée, ce qui souleva des protestations dans la communauté juive internationale. Un accord conclut, en 1987, au déplacement du carmel. Le non-respect des délais convenus provoqua, en 1989, une crise entre la communauté juive internationale et le primat de Pologne.

AUSTERLITZ. Localité de Moravie, sur la Littava. Napoléon y remporta une éclatante victoire sur les armées de l'Autriche et de la Russie, commandées par les empereurs François II et Alexandre Ier en personne, ce qui fit appeler cette bataille la *bataille des Trois Empereurs* (2 déc. 1805). La bataille d'Austerlitz (livrée le jour anniversaire du sacre) eut lieu au S.-E. de Brünn. Voulant couper la route de Vienne à l'armée française, le général russe Buxhövden dégarnit son centre, installé sur le plateau de Pratzen pour attaquer la droite française, commandée par Davout. Napoléon occupa le plateau par une attaque que masquait le brouillard.

Après quatre heures de combat, l'armée austro-russe fut disloquée et sa gauche, qui attaquait Davout fut écrasée par les troupes françaises descendues du plateau de Pratzen. Les Alliés perdirent 37 000 hommes, cinquante drapeaux, à peu près toute leur artillerie (dont le bronze servit à édifier la colonne Vendôme, à Paris), tandis que la victoire coûta à Napoléon 8 000 soldats, dont 1 300 tués. Elle obligea l'Autriche à signer le traité de Presbourg (26 déc. 1805).

AUSTRALIE. L'Australie, la plus grande île du monde, constitue aujourd'hui un dominion membre du Commonwealth britannique et forme lui-même, avec l'île de Tasmanie, le Commonwealth d'Australie (depuis 1901) ; la capitale fédérale est *Canberra*.

Lorsque les Anglais s'y installèrent, à la fin du XVIIIe s., l'Australie était peuplée par des groupes peu denses de chasseurs nomades, qui connaissaient le polissage de la pierre, mais ignoraient le métal, la domestication des animaux et l'agriculture, même la plus rudimentaire. Ces *aborigènes* (v.) étaient divisés en quelque 500 tribus ; on a évalué leur nombre entre 150 000 et 350 000. Les plus anciennes traces de l'homme en Australie remontent à – 50 000/– 60 000 ans (Malakunanja, Nawilabila). De nombreux autres sites datant du paléolithique ont été découverts, certains ayant livré des restes humains (Kow Swamp, Mungo…). Les fonds marins séparant l'Insulinde de la Nouvelle-Guinée n'ont jamais été à sec, même aux périodes de plus bas niveau océanique du quaternaire. Les premiers habitants de l'Australie n'ont pu arriver que par voie de mer.

Découverte du pays

Entrevue par les Portugais dès 1601, l'Australie fut abordée pour la première fois, au golfe de Carpentarie, par le Hollandais W. Janszoon en 1606. Au cours du XVIIe s., les Hollandais visitèrent les côtes de l'O. et du S. ; Abel Tasman découvrit la Tasmanie (1642/43) et le continent australien prit le nom de Nouvelle-Hollande. Mais ce fut après la découverte et l'exploration de la côte E. par Cook (1770) que l'insularité de l'Australie fut définitivement établie. En 1787 fut fondée au S.-E. la première colonie anglaise, qui prit le nom de Nouvelle-Galles du Sud ; elle servit jusqu'en 1840 de lieu de déportation pénitentiaire. L'exploration de l'intérieur du continent commença par le franchissement des montagnes Bleues (1813) et ne s'acheva qu'à la fin des années 1870. La première traversée du S. au N. fut réalisée par J. Mc Douall Stuart en 1862. Parallèlement aux progrès de l'exploration étaient fondées les nouvelles colonies de Queensland (1823), de l'Australie-Occidentale (1829), de Victoria (1835) et de l'Australie-Méridionale (1836). De 1870 à 1872 fut construit le grand télégraphe transcontinental de Port

Augusta à Port Darwin. Le N.-O. de l'Australie, longtemps inexploré, fut reconnu par Forrest en 1879. La colonisation libre, commencée dès la fin du XVIIIe s., resta peu importante jusqu'à la grande ruée vers l'or des années 1850.

De 1850 à nos jours

L'*Australian Colonies Act*, qui fut promulgué en 1850, autorisa les quatre colonies de Nouvelle-Galles du Sud, de Tasmanie, d'Australie-Méridionale et de Victoria (suivies par le Queensland en 1859) à posséder un gouvernement responsable autonome ; les troupes anglaises quittèrent l'Australie en 1870 ; un Conseil fédéral fut établi en 1885, pour mettre en place une politique commune face aux visées françaises, allemandes et américaines dans le Pacifique. Cette évolution fédérative trouva son aboutissement dans la création du Commonwealth d'Australie (1901). Le parti travailliste, qui réussit, dès 1904, à enlever le gouvernement aux partis modérés, dota l'Australie d'une législation sociale très avancée. Durant la Première Guerre mondiale, l'Australie apporta à la Grande-Bretagne son important concours de 400 000 hommes et obtint, en 1921, un mandat sur l'ancienne Nouvelle-Guinée allemande. En 1927, le siège du gouvernement fut transféré de Melbourne à Canberra, fondée en 1913, qui devint la capitale fédérale.

L'Australie déclara la guerre à l'Allemagne dès le 3 sept. 1939, mais elle se trouva, en 1942, gravement menacée par l'offensive des Japonais, qui avaient débarqué en Nouvelle-Guinée et aux Salomon. Cependant, les projets nippons de débarquement en Australie furent réduits à néant par la victoire alliée de la mer de Corail (mai 1942).

Après la guerre, l'Australie fut admise à l'ONU, adhéra à l'OTASE en 1954 et se lia avec les États-Unis et la Nouvelle-Zélande dans un pacte de défense du Pacifique, l'ANZUS (1952). La politique étrangère de l'Australie s'appuya de plus en plus sur les États-Unis et, dès avr. 1965, le gouvernement australien affirmait son intention de participer, au moins symboliquement, aux opérations au Viêt-nam. De 1949 à la fin de 1972, l'Australie fut gouvernée par une coalition du parti libéral (conservateur) et du parti agrarien (Country Party), notamment sous la direction successive de Robert Menzies (1949/66). Les travaillistes accédèrent au pouvoir en 1972. Battus en 1975 par le conservateur Malcolm Fraser, ils revinrent aux affaires avec Bob Hawke en 1983.

Dès la fin des années 1980, la crise économique entama la confiance des Australiens dans le gouvernement de Bob Hawke, qui parvint pourtant trois fois au pouvoir. Son impopularité favorisa la fronde de son ancien ministre des Finances, Paul Keating, qui se fit élire à la tête du parti travailliste en déc. 1991 et accéda ainsi ensuite au poste de Premier ministre.

Contre toute attente, le parti travailliste sortit victorieux des élections de mars 1993, la majorité des électeurs ayant adhéré aux vues de Paul Keating sur l'avenir de l'Australie. Keating mit aussitôt en place un comité chargé de préparer la transition vers le statut de république, prévu pour 2001. Il entreprit aussi de mettre un terme aux dissensions avec les Aborigènes – à qui le droit de vote n'avait été reconnu qu'en 1967 – en faisant adopter par le Parlement, en déc. 1993, un projet de loi leur accordant des droits fonciers importants. Enfin, tout en réaffirmant l'appartenance de l'Australie à la culture occidentale, il désirait prendre davantage en compte l'intégration du pays à la zone Asie-Pacifique. Mais la victoire des conservateurs, menés par John Howard, aux élections législatives de mars 1996 souligna les hésitations des Australiens à souscrire pleinement à cette vision de leur société. Les droits accordés aux Aborigènes en 1993 furent même remis en question. Dans le même contexte, Pauline Hanson, député du Queensland, créa en 1997 un parti nationaliste radical (*One Nation*) qui remporta un quart des voix lors des élections régionales de juin 1998. L'envoi en sept. 1999 au Timor-Oriental d'une force de l'ONU sous commandement australien provoqua une grave crise des relations entre l'Australie et l'Indonésie. La fin de l'année 1999 fut aussi marquée par l'échec du référendum proposant l'abandon de la monarchie constitutionnelle pour la République. Quant aux jeux Olympiques de Sydney, en sept. 2000, ils offrirent aux Arborigènes l'occasion de faire connaître au monde leur situation.

AUSTRALOPITHÈQUES. Nom donné aux hominidés fossiles ayant peuplé l'Afrique au Pliocène et au Pléistocène. On dénombre aujourd'hui huit espèces d'australopithèques : *Australopithecus afarensis* (v. Lucy), *A. africanus* (v. Taung), *A. bahrelghazali* (v. Abel), *A. annamensis* et *A. garhi* réparties en Afrique (Éthiopie, Tchad, Kenya, Tanzanie, Afrique du sud) et datées de 4 à 2,5 millions d'années. Les trois autres espèces, aux caractéristiques bien particulières, sont des formes robustes qui sont parfois rangées dans un genre distinct, *Paranthropus* : il s'agit de *A. boisei*, *A. aethiopicus* et *A. robustus* découverts en Éthiopie, au Kenya et en Afrique du sud et datés entre 2,6 et 1,4 millions d'années. Globalement, les australopithèques ont un cerveau de petit volume, entre 400 et 500 cm^3, proche de celui des chimpanzés ; leurs mâchoires sont très avancées par rapport à la région nasale (on parle de prognathisme) ; leurs dents jugales, prémolaires et molaires, sont relativement grandes ; ils sont bipèdes mais ont gardé une aptitude à grimper aux arbres ; en général, les mâles sont plus grands que les femelles (on parle de dimorphisme sexuel) ; leur stature avoisine 1,20 m. Les trois formes robustes se distinguent un crâne massif dont la structure suggère une mastication puissante (crêtes sur le sommet du crâne et au niveau de la nuque, dents jugales de très grande taille). Ils vivaient en milieu ouvert à proximité des lacs et se nourrissaient de petits animaux, de tubercules ou de carcasses dérobées aux félins. Aucun fossile ne peut être associé avec certitude à une industrie lithique. Voir **HOMME (origines de l').**

AUSTRASIE. Royaume des Francs orientaux, qui, ayant son centre en Lorraine, s'est étendu sur les deux rives du Rhin, de la Champagne à la Thuringe (Franconie), et de la Bavière à l'Escaut ; on oppose l'Austrasie à la Neustrie, qui formait la partie occidentale des possessions franques. Sa capitale était Metz. L'Austrasie naquit du partage du royaume de Clovis entre ses fils (511) ; elle échut à l aîné, Thierry Ier (511/34). Elle fut réunie à la Neustrie par Clotaire Ier en 555, puis de nouveau séparée en 561. L'Austrasie manifesta dès la fin du VIe s. une volonté d'hégémonie qui entraîna de nombreux conflits, tel celui qui opposa la reine d'Austrasie Brunehaut à la reine de Neustrie Frédégonde. De nouveau réunie à la Neustrie, elle se révolta en 679 : son indépendance fut assurée par une dynastie de maires du palais illustrée par Pépin de Herstal et son fils Charles Martel, ancêtres des Carolingiens. Après la défaite des Neustriens à Tertry (687), l'Australie refit autour d'elle l'unité des Francs (752).

AUSTRO-PRUSSIENNE (guerre, juin/août 1866). Elle eut pour origine la volonté de Bismarck de substituer la Prusse à l'Autriche comme puissance dominante en Allemagne. Assuré de la neutralité de la Russie et de la France (entrevue de Biarritz, oct. 1865), Bismarck réussit à obtenir l'alliance de l'Italie (8 avr. 1866) puis provoqua la guerre en envenimant les litiges austro-prussiens sur l'administration des duchés danois conquis en 1865. L'Autriche ayant obtenu la mobilisation de l'armée fédérale (14 juin), la Prusse entra immédiatement en campagne contre la monarchie danubienne soutenue par la Bavière, le Wurtemberg, la Saxe, le Hanovre, la Hesse, Bade et divers petits États allemands. Si l'Autriche réussit à battre les Italiens sur terre (Custozza, 24 juin) et sur mer (Lissa, 20 juill.), la Prusse occupa la Saxe et Francfort, et remporta sur les Autrichiens la victoire décisive de Königgrätz-Sadowa (3 juill. 1866), qui lui ouvrait la route de Vienne. Mais Bismarck, craignant une intervention française, s'empressa de négocier, et les préliminaires de Nikolsburg (26 juill.) furent suivis par la paix de Prague (23 août 1866).

L'Autriche abandonnait la Vénétie à l'Italie par l'entremise de Napoléon III ; elle reconnaissait également la dissolution de la Confédération germanique formée en 1815 et le droit de la Prusse de réorganiser l'Allemagne au N. du Main. Bismarck ne formula à l'égard de l'Autriche aucune revendication territoriale, mais annexa le Hanovre, la Hesse-Kassel, le Nassau et Francfort à la Prusse. Cette guerre fut l'avant-dernière étape dans la marche vers l'unité allemande avant la proclamation de l'Empire en 1871.

AUTODAFÉ. Ce nom signifie *acte de foi* et a été donné aux exécutions solennelles des sentences de l'Inquisition d'Espagne contre les hérétiques. Elles s'apparentaient à des cérémonies qui attiraient une foule passionnée et qui se déroulaient généralement un dimanche, entre la Pentecôte et l'Avent. Revêtus d'habits particuliers, les coupables d'hérésie étaient amenés en procession à travers les rues de la ville. Après un sermon, la sentence de l'Inquisition leur était lue et ils étaient remis au bras séculier, c'est-à-dire à l'autorité civile chargée d'appliquer les peines. Les condamnés à mort qui se repentaient au dernier moment étaient étranglés par le bourreau, les autres étaient brûlés vifs. Le premier autodafé eut lieu en 1481, le dernier se déroula à Séville en 1781.

AUTRICHE, *Österreich*. État de l'Europe centrale ; capitale *Vienne*.

L'Autriche avant les Habsbourg (jusqu'en 1282)

Le territoire actuel de l'Autriche, habité par l'homme dès le paléolithique inférieur, fut, au début du Ier millénaire av. J.-C., le centre de la diffusion du fer en Europe centrale (v. **HALLSTATT**). Occupée par les Romains vers 15 avant notre ère, cette région fut partagée entre les trois provinces de Rhétie, de Norique et de Pannonie ; elle était protégée, le long du Danube, par les grands camps fortifiés de *Camuntun* (Deutsch-Altenburg), *Vindobona* (Vienne), *Lauriacum* (Lorch). Au IIe s. de notre ère, elle subit les incursions des Marcomans et des Quades (168), puis, à partir du Ve s., les invasions des Huns (vers 450), des Ostrogoths (Ve s.), des Lombards et des Avars (VIe s.). À la fin du VIe s., l'Enns constituait la limite entre la Bavière et les principautés slaves qui s'étaient alors établies en Basse-Autriche, en Styrie et en Carinthie. Mais la poussée des Germains vers l'Est se développa victorieusement au cours du VIIIe s. ; en 796, après sa victoire sur les Avars, Charlemagne put créer une marche de l'Est (*Marchia orientalis* ou *Ostmark*) qui fut détruite peu après par les Hongrois, puis rétablie au sein du Saint Empire par la victoire décisive d'Othon le Grand sur les Hongrois au Lechfeld (955).

Le nom d'*Autriche* (*Österreich*) apparaît pour la première fois sur un document de 996. À cette époque, la marche appartenait à la maison de Babenberg, qui prit le titre ducal en 1156 ; elle ne régnait que sur une portion de la Haute-Autriche, tandis que se constituaient, aux Xe/XIe s., les marches de Styrie, de Carinthie et de Carniole, et que toute la partie occidentale de l'Autriche actuelle, avec le Tyrol, appartenait aux ducs de Bavière. En 1192, le duché de Styrie passa dans le domaine des Babenberg. À l'extinction de cette famille (1246), le roi de Bohême Ottokar II mit la main sur l'Autriche et acquit la Carinthie en 1269. Mais Rodolphe de Habsbourg, petit seigneur de la Suisse alémanique devenu empereur en 1273, écrasa Ottokar II au Marchfeld (1278) et fit de l'Autriche, de la Styrie et de la Carinthie sa possession personnelle, qui échut à son fils Albert (1282).

De l'avènement des Habsbourg à la mort de Maximilien Ier (1282/1519)

Jusqu'en 1918, l'histoire de l'Autriche s'est identifiée à celle des Habsbourg. Dès le début du XIVe s., ceux-ci engagèrent la lutte pour l'Empire avec les maisons de Luxembourg et de Wittelsbach, mais, à partir de l'avènement d'Albert II (1438), la monarchie impériale, tout en demeurant en principe élective, ne sortit plus de la maison de Habsbourg, jusqu'à la fin du Saint Empire, en 1806. Au cours des XIVe/XVe s., les Habsbourg, battus par les Suisses révoltés à Morgarten (1315), à Sempach (1386) et à Naefels (1388), perdirent complètement leurs possessions helvétiques. Ils accrurent leur duché d'Autriche de la Carniole (1335), du Tyrol (1363), d'une partie de l'Istrie (1374) et de Trieste (1382) ; plus à l'ouest, les Habsbourg annexèrent le Vorarlberg alémanique (1375/90), le Brisgau (1368) et une partie de l'Alsace (Sundgau). Le duc Frédéric V, devenu l'empereur Frédéric III, érigea le duché d'Autriche en archiduché (1453).

Avec son fils, l'empereur Maximilien Ier (1493/1519), la maison de Habsbourg commença l'habile politique d'alliances matrimoniales qui fut un des grands ressorts de son ascension européenne. Par son mariage avec Marie de Bourgogne, fille de Charles le Téméraire, Maximilien Ier s'assura en effet des Pays-Bas et d'une grande partie de la Bourgogne (1477) ; puis le mariage de son fils Philippe le Beau avec Jeanne la Folle, héritière des Rois Catholiques, réunit les maisons d'Autriche et d'Espagne (1496) ; enfin, par le traité de Vienne (1515), Maximilien Ier négocia le mariage de ses deux petits-enfants avec les héritiers de Ladislas II Jagellon, ce qui fit passer aux Habsbourg les couronnes de Bohême et de Hongrie (1526).

Contre le protestantisme et contre les Turcs (1519/1740)

À son avènement (1519), Charles Quint, fils de Jeanne la Folle, réunissait les héritages des maisons d'Autriche, de Bourgogne, d'Aragon et de Castille, avec d'immenses possessions dans les deux mondes. Mais dès 1521 il abandonna à son frère puîné Ferdinand Ier ses possessions autrichiennes (auxquelles celui-ci joignit par son mariage la Bohême et la Hongrie), tandis que les Pays-Bas et le cercle de Bourgogne allaient à la branche espagnole des Habsbourg. À cette époque, l'État autrichien prit conscience de sa mission unificatrice dans la région danubienne. Militairement, l'Autriche constituait le rempart de l'Occident contre les Turcs, qui assiégèrent Vienne en 1529 ; spirituellement, elle fut, en Europe centrale, le centre de la résistance au protestantisme, puis le foyer de la Réforme catholique (installation des jésuites à Vienne dès 1552).

À la mort de Ferdinand Ier (1564), le domaine des Habsbourg fut partagé entre ses enfants : Maximilien II (1564/76), qui obtint l'Autriche, la Hongrie et la Bohême ; Ferdinand, le Tyrol et quelques possessions voisines ; Charles, la Styrie, la Carinthie, la Carniole et Görtz. La réunion définitive de ces États ne se fit qu'en 1665. Malgré la passivité de Maximilien II, la réforme catholique put se développer dans les possessions des Habsbourg autrichiens, grâce à l'action des jésuites, et l'emporta définitivement sous Ferdinand II (1619/37). C'est l'opposition des princes protestants, toujours soutenus par la France, qui fut à l'origine de la guerre de Trente Ans (1618/48) : la Bohême, vaincue à la bataille de la Montagne Blanche (1620), fut désormais germanisée, mais, à l'origine religieuse, la guerre devint un conflit international du fait de la rivalité de la France et de l'Autriche.

Cette rivalité, apparue à la fin du XVe s., en raison de l'héritage bourguignon, fut entretenue, du côté français par la crainte d'être encerclé par l'alliance des Habsbourg d'Autriche et des Habsbourg d'Espagne, par le désir d'avoir à l'E. une frontière sûre et par le souci de garantir sa sécurité future en maintenant, en aggravant même l'émiettement politique de l'Allemagne. Les traités de Westphalie (1648) aboutirent à l'affaiblissement définitif de la puissance impériale en Allemagne.

Cependant, la monarchie danubienne en sortait elle-même plus unifiée et les Habsbourg, affaiblis en Allemagne, allaient pouvoir regarder vers l'Est : la fin du XVIIe s., sous le règne de Léopold Ier (1657/1705), a vu le dernier assaut des Turcs contre Vienne (1683) puis la contre-offensive victorieuse du Prince Eugène ; la paix de Karlowitz (1699) reconnut la conquête de la Hongrie et de la Transylvanie, et la paix de Passarowitz (1718) assura à l'Autriche une partie de la Serbie et de la Roumanie. Simultanément, l'Autriche prenait part aux guerres de coalition contre Louis XIV : guerre de la ligue d'Augsbourg (1688/97) et guerre de la Succession d'Espagne (1702/14). Les victoires du Prince Eugène contribuèrent, avec celles de Marlborough, à briser les tentatives d'hégémonie française. Même si le trône d'Espagne échappait aux Habsbourg, la paix d'Utrecht (1713) assurait à l'Autriche Milan, Naples, la Sardaigne, ainsi que les Pays-Bas espagnols.

L'Autriche, carrefour de l'Europe (1740/1806)

Le siècle du roi Charles VI (1711/40), de Marie-Thérèse (1740/80) et de Joseph II (1780/90) a constitué l'apogée de la civilisation autrichienne. L'œuvre centralisatrice de Marie-Thérèse fit de l'Empire une communauté organique dont le principal facteur d'unité fut l'allemand. Cette langue acquit, grâce aux Habsbourg, sa dignité de langue de culture universelle, au même titre que le français. Sous le règne de Marie-Thérèse, les liens entre les divers peuples de l'Empire respectèrent les particularismes (compromis hongrois de 1741). L'absolutisme réformateur de Joseph II n'observa pas cette sage mesure : en dépit des réformes sociales réalisées par l'empereur (suppression du servage, 1781 ; établissement de l'égalité fiscale), l'anticléricalisme joséphiste heurta profondément les convictions religieuses des populations occidentales de l'Empire. En outre, l'apriorisme rationaliste qui inspirait la politique impériale provoqua des mouvements tels que la révolution brabançonne de 1789, tandis que la germanisation systématique se heurta à la résistance des Magyars.

En Allemagne, malgré la pragmatique sanction (v.) de 1713, Marie-Thérèse vit ses droits contestés par de nombreux princes : à la suite de la guerre de la Succession d'Autriche (1740/48), l'Autriche perdit la Silésie (paix d'Aix-la-Chapelle, 1748), mais l'inquiétude provoquée par la puissance nouvelle de la Prusse de Frédéric le Grand entraîna un renversement des alliances : la France se réconcilia avec son ennemie traditionnelle, l'Autriche (1756). Ce fut le début de la guerre de Sept Ans (1756/63). Mais le rapprochement avec la Prusse, réalisé en 1791/92 par l'empereur Léopold II, rétablit pour plus d'un demi-siècle l'entente des deux grandes puissances germaniques.

L'Autriche glissait pourtant vers son déclin : les principes du despotisme éclairé, qui furent le legs durable du règne de Joseph II, allaient empêcher la monarchie danubienne de résoudre à temps, et d'une manière libérale, ses problèmes particuliers d'État multinational. La lutte contre la France de la Révolution, dans laquelle les Habsbourg s'engagèrent pour des raisons de solidarité dynastique, amena l'Autriche, après 1815, à devenir le gendarme de l'Ancien Régime au milieu d'une Europe où s'éveillaient le nationalisme et le libéralisme issus des principes de 1789.

Entrée dans la guerre en avr. 1792, l'Autriche avait subit une longue série de défaites. Au traité de Campoformio (1797), elle dut abandonner les Pays-Bas à la France et lui reconnaître une position dominante en Italie. Battue de nouveau par la France à Marengo (1800) et à Hohenlinden (1800), elle dut confirmer son acceptation des clauses de Campoformio au traité de Lunéville (1801). Sa participation à la troisième coalition (1805) fut plus désastreuse encore : après sa défaite à Austerlitz (1805), la paix de Presbourg (26 déc. 1805) lui enlevait la Vénétie, l'Istrie et la Dalmatie (cédées à la France), le Tyrol et le Trentin (cédés à la Bavière, alliée de Napoléon). La naissance de la Confédération du Rhin, création de Napoléon, obligea, l'année suivante, François II à renoncer définitivement au titre d'empereur romain germanique (6 août 1806).

L'Autriche chassée de l'Allemagne et de l'Italie (1806/66)

Durant ces conflits, les populations de l'Empire restèrent loyales aux Habsbourg : la renaissance du sentiment national, animée à Vienne par le baron Hormayr, se manifesta au Tyrol par l'insurrection populaire d'Andreas Hofer (1809). Mais le gouvernement autrichien, étroitement attaché à ses conceptions d'Ancien Régime, laissa passer la chance de prendre la tête de la résistance nationale allemande à Napoléon. Croyant pouvoir battre la France impériale avec ses seules forces, l'Autriche rouvrit les hostilités en 1809, fut encore vaincue à Wagram (5/6 juill. 1809), et dut signer la paix de Vienne (14 oct. 1809), par laquelle elle cédait à Napoléon la Carinthie, la Carniole, Trieste et Fiume, et au grand-duché de Varsovie la Galicie. En outre les Habsbourg durent consentir au mariage de l'archiduchesse Marie-Louise avec Napoléon (1810).

L'Empire fut alors sauvé par l'activité diplomatique de Metternich : celui-ci, après avoir longtemps ménagé la France (en partie par méfiance devant la puissance de la Russie), fit entrer l'Autriche dans la coalition antinapoléonienne en août 1813. Mais, dès ce moment, il veilla à ce que la « guerre de libération » ne s'épanouît pas en un mouvement national allemand. Homme de tradition et ennemi du libéralisme, Metternich voulait avant tout l'équilibre européen.

L'Autriche fut le principal artisan du congrès de Vienne dont le résultat ne fut pas à la mesure des temps nouveaux. L'Autriche se dressait comme l'ennemi vigilant de tout nationalisme en Europe : à l'intérieur comme à l'extérieur, le système de la Sainte-Alliance ne fut pour elle qu'une politique réaliste destinée à contenir le désir des peuples allemands, italiens, slaves, hongrois, dont la liberté eût signifié la dislocation de l'Empire danubien.

Dès 1815, la survie de l'Autriche non réformée réclamait une véritable immobilisation de l'histoire européenne, un maintien farouche du *statu quo* par l'alliance des grandes puissances. Cette politique l'emporta assez longtemps (1815/48) pour épargner aux Habsbourg de faire à temps les réformes nécessaires mais elle aboutit finalement à une catastrophe : la monarchie faillit sombrer dans la crise de 1848. Après la révolution de Vienne et la fuite de Metternich (13/15 mars), l'Autriche dut faire face au soulèvement de l'Italie (18 mars) et de la Hongrie (avr.). Cependant, dès le mois d'octobre, la révolution fut définitivement surmontée à Vienne et l'empereur Ferdinand abdiqua en faveur de son neveu François-Joseph Ier (1848/1916). En Italie, les victoires de Radetzky sur les Piémontais à Custozza (juill. 1848) et à Novare (mars 1849) permirent le rétablissement de la domination autrichienne. En août 1849, le soulèvement hongrois fut écrasé avec l'aide des Russes. En Allemagne, la timidité du roi de Prusse Frédéric-Guillaume IV empêcha le triomphe au Parlement de Francfort des partisans d'une Petite Allemagne centrée sur la Prusse (v. ALLEMAGNE. De la crise de 1848 à l'unité allemande).

Ce redressement amèna alors en Autriche le triomphe de la réaction : un gouvernement centralisé, absolutiste et policier s'installa avec Bach (1852/59), qui cachait mal l'impuissance réelle de la monarchie danubienne. Vaincue en juin 1859 par les Franco-Piémontais à Magenta et à Solferino, elle perdit la Lombardie. Entre deux politiques opposées – la centralisation et le fédéralisme –, François-Joseph hésita, et ne cessa d'hésiter jusqu'à la fin de son règne. Mais la politique de centralisation se heurta à la résistance opiniâtre des Hongrois et des Tchèques et, dès 1865, l'empereur dut s'engager dans la voie qui mena au compromis du 8 févr. 1867, établissant l'Empire sur une base dualiste, qui prit désormais le nom d'**Autriche-Hongrie.**

De graves événements étaient survenus en Allemagne : alliées contre le Danemark dans l'affaire du Schleswig-Holstein en 1864, l'Autriche et la Prusse se heurtèrent bientôt sur l'administration des deux duchés : exploitant habilement les maladresses autrichiennes et s'étant assuré la neutralité de la France et de la Russie, Bismarck lança l'armée prussienne contre l'Autriche, qui fut battue à Sadowa (3 juill. 1866). À la suite des préliminaires de Nikolsburg (26 juill.) et de la paix de Prague (23 août 1866), l'Autriche dut abandonner à la Prusse le droit de réorganiser à sa guise l'Allemagne du Nord, tandis que l'Italie, alliée de la Prusse, recevait la Vénétie grâce à Napoléon III.

Les nationalités contre les Habsbourg (1867/1918)
À l'intérieur de l'Empire affaibli, le « compromis austro-hongrois » de 1867, loin d'éliminer la lutte des nationalistes, l'avait encore accrue. En face d'une administration formaliste et routinière s'amplifiait la révolte des forces centrifuges d'un Empire qui, sur 35 millions d'habitants, comptait 9 millions d'Allemands, 6 millions et demi de Hongrois, 5 millions et demi de Tchèques, des Polonais, des Slovaques, des Roumains, des Serbes, des Slovènes, des Croates, des Italiens... En 1878, l'occupation de la Bosnie-Herzégovine (qui allait être annexée en 1908) ne fit qu'ajouter à la complexité de ce problème. Malgré la politique fédéraliste de Taaffe (1879/93), l'agitation des Tchèques devint particulièrement violente, suscitant chez les Allemands de l'Empire une réaction pangermaniste et raciste, qui trouva son expression dans le parti « national-allemand » de Schönerer (l'un des premiers inspirateurs de Hitler). L'effort pour dépasser la lutte des nationalités par le progrès économique accéléra la croissance du prolétariat (fondation du parti socialiste autrichien, 1888).

Paralysé par ses contradictions internes, l'Empire austro-hongrois s'était placé, en politique extérieure, à la remorque de l'Allemagne (Duplice, 1879, puis Triple-Alliance (v.) par l'entrée de l'Italie dans l'alliance en 1882), mais ce furent les ambitions autrichiennes dans les Balkans (annexion de la Bosnie-Herzégovine, 1908) et la rivalité austro-russe à propos de la Serbie qui précipitèrent l'Allemagne et l'Europe dans la Première Guerre mondiale. L'étincelle de celle-ci fut l'assassinat à Sarajevo, le 28 juin 1914, par un terroriste serbe, de l'archiduc héritier François-Ferdinand, lui-même partisan de la promotion des Slaves du Sud dans un Empire réformé sur une base trialiste. La mort du vieil empereur François-Joseph (22 nov. 1916) fit disparaître le dernier élément, seulement sentimental, qui pouvait encore fédérer l'Empire : alors que le jeune empereur Charles Ier sondait les Alliés sur la possibilité d'une paix de compromis, des conseils nationaux se formaient parmi les Tchèques (dont les chefs, Masaryk et Benès, combattaient au côté des Alliés) et les Yougoslaves.

La défaite militaire provoqua l'effondrement final de l'Empire : le 28 oct. 1918, l'indépendance tchécoslovaque fut proclamée à Prague, tandis que la Galicie demandait son rattachement à la nouvelle Pologne ; le 29, les Slovènes, les Croates et les Serbes firent sécession ; le 11 nov., sans abdiquer formellement, l'empereur Charles renonça au pouvoir en Autriche, et deux jours plus tard en Hongrie. Les députés allemands du Reichsrat se réunirent alors pour proclamer l'*Anschluss*, c'est-à-dire le rattachement de l'Autriche germanique à l'Allemagne sous le nom de République allemande d'Autriche (*Republik Deutsch-österreich)* (12 nov. 1918), mais les Alliés, refusant aux Autrichiens le droit de disposer d'eux-mêmes, pour ne pas renforcer l'Allemagne, créèrent, au traité de Saint-Germain (10 sept. 1919), une Autriche indépendante.

La République autrichienne (depuis 1919)
Réduite à son centre alpestre du XVe s. avec une capitale surpeuplée (30% de la population à elle seule), dépourvue d'arrière-pays et privée de ses débouchés commerciaux danubiens, la nouvelle Autriche ne pouvait construire une économie viable. Paralysée par l'inflation et le chômage, elle fut cependant redressée par l'énergique direction de Mgr Seipel (1922/29), qui obtint pour son pays l'aide de la SDN (1922/26). Elle ne put freiner malgré tout la violence des luttes politiques : le conflit entre les ouvriers socialistes de la capitale et les chrétiens-sociaux, représentant la population des campagnes, aboutit aux troubles sanglants de juill. 1927 et à l'écrasement des socialistes.

Dès lors, les chrétiens-sociaux s'appuyèrent de plus en plus sur les formations réactionnaires des *Heimwehren* ; une réforme de la Constitution renforça l'exécutif (déc. 1929) et prépara la venue au pouvoir de Dollfuss (1932), qui suspendit le régime parlementaire et établit un État autoritaire, corporatif et chrétien. Cependant, l'opposition de la France et de l'Angleterre à toute union économique entre l'Autriche et l'Allemagne (1931) accrut en Autriche le nombre des partisans de l'Anschluss, surtout après la prise du pouvoir par Hitler (janv. 1933). Dollfuss, qui s'était privé de l'appui des socialistes par sa répression des troubles de févr. 1934, fut assassiné le 25 juill. 1934 par des groupes d'assaut de nazis autrichiens. Devant l'opposition de Mussolini, Hitler dut cependant renoncer à l'annexion de l'Autriche. Schuschnigg, le nouveau chancelier autrichien, continua la politique de Dollfuss, mais, en mars 1938, il s'effaça devant la pression de l'Allemagne, qui eut désormais l'appui de l'Italie : Hitler fit à Vienne une entrée triomphale (14 mars), l'Anschluss fut proclamé le 15 et, au plébiscite du 10 avr. 1938, les Autrichiens se prononcèrent à plus de 99 % pour le rattachement au Reich. Dès lors réduite au rang de province allemande sous le nom d'*Ostmark*, l'Autriche fut placée sous l'autorité du gouverneur Seyss-Inquart.

Mais l'indépendance de l'Autriche ayant été proclamée par les trois Grands à la conférence de Téhéran (déc. 1943), la République autrichienne fut restaurée dès avr. 1945 par un gouvernement présidé par le socialiste Karl Renner, élu president de la République (déc. 1945). Le relèvement économique du pays fut facilité par le plan Marshall, et, le 15 mai 1955, l'Autriche signait un traité de paix qui reconnaissait son indépendance et sa neutralité et entraînait le retrait des troupes des Alliés qui avaient partagé le pays en quatre zones d'occupation (oct. 1955).

D'abord gouvernée par une coalition des populistes (conservateurs) et des socialistes pendant vingt ans, l'Autriche dépendit de 1971 à 1983 de la seule autorité des socialistes, en la personne du chancelier Bruno Kreisky. Longtemps présentées comme modèles, les vertus du socialisme autrichien ne résistèrent pas à la crise et à l'essoufflement de l'economie.

Aux élections de 1983, le pays retrouva la coalition socialo-populiste. Le secteur public fut libéralisé et la ligne très anti-impérialiste de la politique étrangère de Kreisky modifiée.

En 1986, Kurt Waldheim, ancien secrétaire général de l'ONU, était élu président de la République, en dépit des accusations sur sa participation à des crimes de guerre pendant l'occupation de la Yougoslavie, en 1943/44. Une « grande coalition » réunissant socialistes et conservateurs assura le gouvernement. La coalition fut reconduite après les élections d'oct. 1990.

En juin 1992, l'élection du conservateur Thomas Klestil à la présidence de la République rendit à l'Autriche son rôle sur la scène internationale. Les négociations sur l'intégration du pays à la Communauté européenne furent accélérées par l'effondrement du bloc soviétique, la neutralité de Vienne, principal obstacle à l'adhésion, ayant perdu toute signification. Un traité d'adhésion, signé en avr. 1994, fut ratifié par 66 % des électeurs en juin et l'Autriche devint membre de l'UE en janv. 1995. La coalition au pouvoir éclata en oct. 1995 et les élections de déc. renforcèrent la position des socialistes, tout en confirmant le poids de l'extrême droite. La chancellerie fédérale resta aux socialistes, Viktor Klima remplaçant Franz Vranitzky à la tête du gouvernement en janv. 1997. Une politique d'austérité générale marqua l'année 1996, qui vit également le début d'une politique de limitation de l'immigration.

L'Autriche assura en 1998 la présidence de l'Union européenne. À l'occasion des élections régionales du printemps 1999, le FPÖ, parti de droite nationaliste et populiste, progressa fortement et Jörg Haider, son président, fut élu gouverneur de Carinthie. Aux législatives d'oct. cette progression se confirma et le FPÖ devint la deuxième force du pays, avec 27 % des voix. Malgré les pressions de l'Union européenne, le nouveau chancelier Wolfgang Schüssel forma en févr. 2000 une coalition avec le FPÖ. L'accès de l'extrême droite au gouvernement provoqua des manifestations de protestation à Vienne et des sanctions de l'Union européenne, sous l'influence de la France et du président J. Chirac : le gel des contacts bilatéraux avec l'Autriche fut notamment décidé. Au bout de sept mois, l'Union européenne leva les sanctions après un rapport de la Cour européenne des droits de l'homme qui n'avait relevé aucune charge contre l'Autriche. En 2003, le FPÖ se retirait de la coalition gouvernementale.

AUTRICHE-HONGRIE. Nom porté par l'empire des Habsbourg de 1867 à son effondrement, en nov. 1918. Voir **Hongrie**. L'Autriche-Hongrie.

AUVERGNE. Ancienne province de France. Peuplée par les Arvernes, dont elle a tiré son nom, elle fit partie, après la conquête romaine, de l'Aquitaine, puis, à partir du IVe s., de l'Aquitaine Ire ; sa capitale fut *Augustonemetum* (actuelle Clermont-Ferrand). L'Auvergne passa sous la domination des Wisigoths en 474, fut conquise par Clovis en 507, attribuée en 511 à Thierry Ier, roi d'Austrasie, puis passa en 630 aux ducs d'Aquitaine. L'Auvergne forma un comté dès l'époque wisigothique et les évêques de Clermont jouèrent un rôle important sur gouvernement. Une dynastie comtale apparut vers 840 avec Gérard († 841) et son frère Guillaume († 846). Leur descendant Guillaume II le Pieux († 918) prit la place du comte de Poitiers comme duc d'Aquitaine. Disputée aux IXe et Xe s. entre les maisons de Poitiers et de Toulouse, l'Auvergne forma à partir de 979 un comté héréditaire, dont les vicomtes se reconnurent vassaux des ducs d'Aquitaine et passèrent avec eux sous la domination anglaise.

En 1155, à la suite d'une querelle dynastique, l'Auvergne se retrouva divisée en deux seigneuries :

Le dauphiné d'Auvergne. Son fondateur, Guillaume VII, prit le titre de *dauphin*, à l'exemple d'un aïeul maternel qui était dauphin (v.) du Viennois ; ses descendants conservèrent ce titre jusqu'en 1428, date à laquelle Jeanne, fille unique du dernier dauphin épousa Louis, comte de Montpensier, apportant ainsi sa seigneurie à cette branche de la maison de Bourbon. Le dauphiné d'Auvergne fut ensuite légué au duc d'Orléans, frère de Louis XIV, par Mlle de Montpensier.

Le comté d'Auvergne, confisqué par Philippe Auguste, fut partagé par Louis IX en deux comtés (1241). L'un, la *terre d'Auvergne* (Riom), passa, sous le règne de Charles VI, à la maison de Bourbon, fut confisqué en 1527, lors de la trahison du connétable de Bourbon, et réuni définitivement à la Couronne en 1531. Le *comté d'Auvergne* proprement dit, légué en

1524 à Catherine de Médicis, fut donné par celle-ci, en 1589, à Charles de Valois, fils naturel de Charles IX, qui se le vit enlever en 1606 par Marguerite de Valois, sœur d'Henri III et fille de Catherine de Médicis. Marguerite, à son tour, le céda à Louis XIII encore dauphin, qui le réunit à la Couronne à son avènement (1610). L'Auvergne fut un des centres de l'agitation de la Fronde, mais la situation rentra dans l'ordre après les Grands Jours d'Auvergne (c'est-à-dire les assises judiciaires exceptionnelles ordonnées par le roi), tenus à Clermont de sept. 1665 à janv. 1666.

AVARICUM. Nom de Bourges, à l'époque gallo-romaine. Considérée comme la plus belle ville de la Gaule, elle était la capitale des Bituriges Cubi. Ils refusèrent de suivre la tactique de la terre brûlée voulue par Vercingétorix et défendirent leur ville héroïquement face aux légions de César. Avaricum fut prise, pillée et brûlée en 52 av. J.-C.

AVARS. Peuple d'Asie centrale, sans doute identique aux Jouan-Jouan. Vers la fin du IVe s. apr. J.-C., les Jouan-Jouan constituaient déjà dans les steppes de la Haute-Asie une puissante confédération nomade. Ils étendirent largement leur domination de l'Irtych à la Corée, s'emparèrent de Tourfan (460), mais furent vaincus par les Turcs T'ou-kiue en 552. Réapparus en Russie vers 560, les Avars – qui seraient, croit-on, une partie des Jouan-Jouan émigrée vers l'O. – détruisirent en Hongrie le royaume des Gépides (567). Au cours du VIIe s., ils multiplièrent leurs raids en direction de Constantinople, de l'Illyrie et de la Bavière. Se heurtant au S.-E. à la résistance des Bulgares, ils furent peu à peu confinés en Pannonie, où Charlemagne les soumit et détruisit leur camp retranché, le Ring (791/96). Ils subirent dans les années suivantes d'autres défaites face aux Moraves et cessèrent d'exister en tant qu'entité politique.

AVIGNON. Ville de France, chef-lieu du département du Vaucluse, sur la rive gauche du Rhône. D'abord comptoir commercial des Massaliotes, puis centre des Celtes Cavares (IVe s. av. J.-C.), Avignon (*Avenio*) devint sous Auguste une colonie romaine et fit partie, après Dioclétien, de la province Viennoise. Avignon fit partie du comté de Forcalquier, puis (1209) du comté de Provence. Lors de la croisade des albigeois, la ville prit parti pour le comte de Toulouse. À la suite des protestations du pape Honorius III, le roi de France Louis VIII, aidé par le comte de Provence Raymond Bérenger V, vint mettre le siège devant Avignon avec une armée de 50 000 hommes. Après une farouche résistance, la cité dut capituler (12 sept. 1226) et fut sévèrement châtiée. Cependant, en 1247, Avignon forma avec Arles et Marseille une ligue défensive contre la maison d'Anjou. Assiégée par les deux frères de Louis IX, Charles Ier d'Anjou et Alphonse de Poitiers, la ville dut faire sa soumission (7 mai 1251) et fut désormais administrée par un viguier représentant les deux comtes, entre lesquels elle resta indivise jusqu'en 1290, date à laquelle la ville entière fut réunie à la Provence. Jeanne de Naples, vendit enfin Avignon au pape Clément VI pour 80 000 florins en juin 1348.

Une période de prospérité inattendue s'était en effet ouverte pour Avignon lorsque le pape Clément V décida, en 1309, d'y établir la papauté. Ses successeurs Jean XXII (1316/34), Benoît XII (1334/42), Clément VI (1342/52), Innocent VI (1352/62), Urbain V (1362/70) y demeurèrent et Grégoire XI (1370/78) fit revenir la papauté à Rome. Ce séjour des papes à Avignon (1309/76), dénoncé par les Italiens comme une nouvelle *captivité de Babylone*, fut un bienfait pour toute la Provence : rois, princes, courtisans, fonctionnaires pontificaux, familles de cardinaux, savants, poètes, artistes affluèrent à Avignon, qui s'agrandit considérablement. L'université créée par Boniface VIII (1303) joua au temps de la papauté le rôle d'école curiale. Pour abriter le Saint-Siège, Benoît XII entreprit la construction du palais des Papes, poursuivie par ses successeurs et achevée à la mort d'Urbain V. Contre Urbain VI, successeur de Grégoire XI, fut élu Clément VII (1378/94). Ainsi naquit le Grand Schisme d'Occident (v.). Clément VII et son successeur Benoît XIII (1394/1423) résidèrent à Avignon. La ville fut ensuite administrée par des légats pontificaux mais resta soumise au Saint-Siège jusqu'à la Révolution. Occupée par Louis XIV en 1663/67 et en 1689/90, par Louis XV en 1768/74, Avignon fut réunie à la France en même temps que le comtat Venaissin par décret de l'Assemblée constituante (14 sept. 1791), confirmé par le traité de Tolentino (19 févr. 1797).

AXE BERLIN-ROME. Nom donné à l'alliance de l'Allemagne hitlérienne et de l'Italie fasciste. D'abord très réservé en face des ambitions de Hitler (concentration de troupes italiennes sur le Brenner après l'assassinat de Dollfuss en juill. 1934 ; accords franco-italiens de Rome, janv. 1935), Mussolini changea d'attitude en 1935, par irritation devant la politique des *sanctions* pratiquée par les démocraties occidentales lors de la guerre d'Abyssinie, et aussi par crainte devant la renaissance de la puissance allemande (remilitarisation de la Rhénanie, mars 1936). À la suite d'une visite de Ciano au Führer furent signés les protocoles d'oct. 1936 et la formule de l'*axe* fut lancée par Mussolini dans un discours à Milan le 1er nov. 1936. L'Italie adhéra ensuite au pacte Antikomintern en nov. 1937, et l'Axe fut renforcé par les visites de Mussolini en Allemagne (automne 1937) et de Hitler en Italie (mai 1938). Puis il se transforma en alliance formelle par le pacte d'Acier (21 mai 1939). Il entraîna l'Italie dans la guerre en juin 1940 et fut élargi dans le pacte tripartí du 27 sept. 1940, par lequel les dictateurs voulaient poser les bases d'une « Europe nouvelle ». Voir **ALLEMAGNE** et **ITALIE**.

AYLWIN AZÓCAR Patricio (Santiago, 1918). Homme politique chilien. Avocat, démocrate-chrétien, Aylwin, surnommé « Don Patricio », devint le porte-parole, en 1988, de la Coordination pour le « non » qui remporta 55% des suffrages lors du plébiscite du 5 oct. 1988 sur le maintien au pouvoir de Pinochet. Élu, au premier tour, avec 55% des voix en déc. 1989 pour un mandat de transition de quatre ans à la presidence de la République, il fit établir la responsabilité directe de la junte de Pinochet dans les disparitions et les exécutions de 1973/74. Le démocrate-chrétien Eduardo Frei lui a succédé.

AYOUB KHAN Mohammed (* Rihana, 14.V.1907, † Islamabad, 20.IV.1974). Homme politique pakistanais. Président de la République (1958/69), il réalisa une importante réforme agraire (1959/60) qui permit l'essor économique du pays.

AYUTHYA (royaume d'). Royaume siamois (1350-1767). Voir **Thaïlande.**

AYYOUBIDES. Dynastie musulmane fondée par Saladin, fils d'Ayyoub, qui, en 1171, prit le pouvoir en Égypte en renversant les Fatimides et se proclama sultan sous la suzeraineté nominale des Abbassides de Bagdad. Par ses conquêtes, Saladin se rendit maître de l'Arabie, puis de la Syrie et de l'Irak (1174), menaçant gravement les États francs, auxquels il enleva Alep (1183) et Jérusalem (1187). À sa mort (1193), il laissait un empire qui s'étendait de la Tripolitaine au Tigre, et des côtes de l'Arabie méridionale à l'Arménie.

Mais cet empire fut partagé entre ses trois fils et son frère pour former les États ayyoubides d'Égypte, d'Alep (avec la Syrie du Nord), de Damas (avec la Syrie méridionale et la Palestine) et de Mésopotamie. Le frère de Saladin, El-Malik el-Adil (1191/1218), ayant renversé ses neveux, rétablit provisoirement l'unité de l'Empire ayyoubide, mais, à sa mort, celui-ci fut de nouveau partagé entre ses fils. La désunion permantente des princes ayyoubides facilita les expéditions des croisés : El-Malik el-Kamil, qui régna en Égypte de 1218 à 1238, dut faire face à la cinquième croisade, puis s'allia en 1229 avec l'empereur Frédéric II contre ses parents de Syrie, en cédant aux Latins Jérusalem, Bethléem et Nazareth. Une dernière tentative de réunification de l'Empire ayyoubide fut faite par son successeur, El-Sâlih Najm ed-Din (1240/49), dont le fils, Touran Chah (1249/50), parvint à capturer le roi de France Louis IX lors de la septième croisade. Cependant, la puissance des Ayyoubides d'Égypte était fondée essentiellement sur leurs mercenaires, les mamelouks, qui se saisirent du pouvoir (1250). Les Ayyoubides se maintinrent jusqu'en 1260 à Alep et à Damas, mais furent alors renversés par les Mongols.

En dépit de leurs querelles incessantes, les Ayyoubides se révélèrent des administrateurs remarquables ; ils encouragèrent l'agriculture, entreprirent de grands travaux pour mettre leurs possessions en valeur, nouèrent d'actives relations commerciales avec les cités marchandes italiennes. Ils furent aussi de grands bâtisseurs. Enfin, dans le domaine religieux, ils affirmèrent la prépondérance du sunnisme sur le chiisme et prirent la succession des Seldjoukides en tant que champions de l'orthodoxie.

AZAÑA Manuel (* Alcalá de Henares, 10.I.1880, † Montauban, 4.XI.1940). Homme politique espagnol. Il fut président du Conseil (1931/33, févr. 1936) puis président de la République (1936/39). Voir **Espagne.** D'Alphonse XIII à la guerre civile.

AZERBAÏDJAN, *Azärbayjan*. État du Sud-Caucase limité au N. par la Fédération de Russie et la Géorgie, à l'E. par la mer Caspienne, au S. par l'Iran et à l'O. par l'Arménie ; capitale *Bakou*. Après avoir fait partie du royaume arménien d'Ourartou, l'Azerbaïdjan fut occupé par les Mèdes vers le VIIIe s. av. J.-C. et forma dans l'Empire perse la satrapie de Médie Atropatène, pratiquement indépendante après Alexandre le Grand. Inclus au Ve s. apr. J.-C. dans l'empire des Sassanides, l'Azerbaïdjan fut conquis par les Arabes au VIIe s. et converti à l'islam. Il passa ensuite sous la domination des Turcs Seldjoukides (XIe/XIIe s.). Conquis par Tamerlan à la fin du XIVe s., il resta ensuite à la Perse jusqu'au début du siècle dernier. Les Russes, qui depuis Pierre le Grand, songeaient à la conquête de ce pays, s'en firent céder la partie septentrionale par le traité de Turkmantchaï (1828).

Au moment de la révolution bolchevique, Bakou était le premier gisement d'extraction pétrolière au monde. Des groupes politiques nationalistes, influencés par le mouvement des Jeunes-Turcs, y réclamaient l'indépendance. L'importance stratégique de ces ressources contraignit l'URSS naissante à ménager le nationalisme des Turcs Azéris et à négocier avec la Turquie de Moustafa Kémal (traité de 1920) une enclave azérie (le Nakhitchevan) dans le territoire de la république soviétique d'Arménie (v.), ainsi que le rattachement du Karabakh arménien à la république soviétique d'Azerbaïdjan.

L'Azerbaïdjan persan, dont la ville principale est *Tabriz*, fut divisé en 1938 entre les IIIe et IVe provinces de l'Iran ; après l'occupation de cette région par les Soviétiques (août 1941), un mouvement séparatiste se développa en nov. 1945, dirigé par le communiste Djafar Pichewari (Sultan-Zadeh), qui tenta de marcher de Tabriz sur Téhéran. L'intervention de l'ONU, permit de résoudre ce conflit par l'évacuation de l'Azerbaïdjan persan par les troupes soviétiques (mai 1946).

Avec l'épuisement du pétrole, la région a perdu son importance stratégique. Mais l'éclatement de l'URSS et la montée des nationalismes arméniens et azéris ont provoqué de graves affrontements. Le Parlement d'Azerbaïdjan a déclaré l'indépendance et l'état d'urgence en août 1991. L'avancée arménienne provoqua la chute d'Aboulfaz Eltchibey et le retour de Gaïdar Aliev, ancien dirigeant communiste, en juin 1993. La démocratie à l'occidentale a peine à s'installer dans ce pays qui connaît une récession économique et doit résoudre le problème du Haut-Karabakh, peuplé en grande partie d'Arméniens, qui lui est rattaché. Voir **Arménie** et **Russie**.

AZINCOURT. Localité de France (Pas-de-Calais), au N.-O. de Saint-Pol. Bataille de la Guerre de Cent Ans (25 oct. 1415) qui, après Crécy et Poitiers, fut une écrasante défaite subie par l'armée française (près de 10 000 tués) face aux fantassins et aux archers anglais d'Henri V. La conséquence en fut la conquête de la Normandie et le traité de Troyes (1420) par lequel Henri V était déclaré héritier du trône de France. Voir **Cent Ans (guerre de)**. De la paix de Brétigny au traité de Troyes.

AZIZ Tarek (Mossoul, 1936). Homme politique irakien. Chrétien, ce diplômé de lettres est un des rares dignitaires du régime de Saddam Hussein à avoir échappé aux purges successives de la nomenklatura. Directeur de l'organe du parti Baas, *Al-Thawra*, il devint ministre de l'Information en 1974, puis ministre des Affaires étrangères à partir de 1983 et vice-Premier ministre à partir de 1993. Après la défaite irakienne du printemps 2003, il fut fait prisonnier par les Américains.

AZNAR LÓPEZ José María (Madrid, 25.II.1953). Homme politique espagnol. Membre de l'Alliance populaire (parti de droite) depuis 1978, il en prit la tête en 1989 et succéda à Manuel Fraga. Après la victoire de sa formation aux législatives de mars 1996, il devint Président du gouvernement ; les législatives de mars 2000 l'ont confirmé à ce poste. En mars 2004, les élections qui ont suivi les attentats de Madrid (11 mars) ont donné la majorité au parti socialiste mené par J. Zapateró. Voir **Espagne**.

AZTÈQUES. Peuple indien qui dominait tout le Mexique central à l'époque de la conquête espagnole.

Les Aztèques, également connus sous le nom de *Tenochcas* ou *Mexicas*, prétendaient être venus de l'Aztlan (la « terre blanche »), sans doute le N.-O. du Mexique. D'après les légendes aztèques, ce peuple arriva dans la région centrale et se mit au service des Toltèques (XIᵉ s. ?). Quand la civilisation toltèque fut anéantie par l'invasion des Chichimèques, au milieu du XIIᵉ s., les Aztèques, errant dans la région qui est aujourd'hui celle de Mexico, connurent pendant plus de deux cents ans (XIIᵉ/XIIIᵉ s.) une existence précaire ; mais durant cette période obscure ils se familiarisèrent avec les techniques agricoles des anciens Toltèques et leurs conceptions religieuses prirent une forme définitive. Vers 1325 ou 1370, les Aztèques établirent leur centre dans une petite île du lac Texcoco, où allaient s'édifier le temple de leur dieu tribal, Huitzilopochtli, puis la capitale de leur empire, Tenochtitlán (l'actuelle Mexico). Au cours du XIVᵉ s., les Aztèques, d'abord au service des Tépanèques d'Azcapotzalco, triomphèrent des Chichimèques de Texcoco et des Toltèques de Culhuacan ; profitant ensuite des divisions internes des Tépanèques, ils les vainquirent à leur tour et, sous leur quatrième roi, Itzcoatl (1427/40), établirent leur hégémonie sur toute la vallée de Mexico. L'expansion aztèque se poursuivit sous le règne de Montézuma Iᵉʳ (1440/69), qui conquit le territoire des États actuels de Guerrero, Puebla, Oaxaca, et atteignit la côte du golfe du Mexique. Sous Ahuitzotl (1486/1502), de nouvelles avancées permirent aux Aztèques de s'établir fermement sur la côte du Pacifique et de pénétrer jusqu'au Guatemala et au Nicaragua. À l'aube du XVIᵉ s., seule la puissance des Incas du Pérou était comparable, en Amérique, à celle des Aztèques.

La civilisation aztèque reposait sur le calendrier établi par les prêtres qui définissaient les cycles cosmiques et temporels. La guerre, fortement ritualisée, visait la conquête de territoires et la capture des prisonniers, sacrifiés aux divinités lors de cérémonies solennelles. L'Empire aztèque comportait quelques éléments démocratiques (organisation en clans ou *calpulli*, qui envoyaient des délégués au conseil suprême), mais il évolua vers un despotisme absolu, dominé par le monarque et appuyé sur un immense appareil bureaucratique. Devenus, au contact des Toltèques, des agriculteurs habiles, les Aztèques déployaient aussi une grande activité commerciale, mais leurs marchands n'étaient souvent que l'avant-garde de leurs armées et les populations conquises étaient exploitées et soumises au tribut. C'est sous le règne du neuvième roi aztèque, Montézuma II (1502/20), que fut achevée l'organisation administrative de l'Empire aztèque.

Ses jours étaient désormais comptés. Débarqué en 1519 au Mexique, près de Veracruz, Cortez trouva dans les habitants de Tlaxcala des alliés naturels contre la domination aztèque. Les Espagnols parvinrent à Tenochtitlán en nov. 1519 et Montézuma II, effrayé par leurs chevaux et leurs armes à feu, leur fit d'abord bon accueil. Mais les Aztèques ne tardèrent pas à se révolter et les Espagnols durent évacuer la capitale (la « nuit triste », 30 juin/1ᵉʳ juill. 1520). Montézuma étant mort, son frère et son neveu, Cuitlahuac et Cuauhtémoc, les derniers rois aztèques, essayèrent d'organiser la résistance. Mais Cortés reprit Tenochtitlán (août 1521) et fit exécuter Cuauhtémoc (1524). Ce fut la fin de l'Empire aztèque.

B

BAADER Andreas (* 1943, † Stannheim, 18.X.1977). Militant allemand d'extrême gauche. Il constitua en 1968, avec Ulrike Meinhof et Gudrun Ensslin, un groupe terroriste dit Fraction Armée rouge et se suicida en prison. Voir **ALLEMAGNE**.

BAAS. Nom donné communément à un parti politique d'origine syrienne, fondé en 1943, dont l'appellation officielle est parti de la renaissance socialiste arabe. Voir **SYRIE** et **IRAK**.

BABANGIDA Ibrahim (Minna, centre-nord du Nigeria, 17.VIII.1941). Général et homme politique nigérian. Membre du Conseil militaire suprême mis en place par le général Mohammed Murtala en 1975, il participa en 1983 au coup d'État militaire du général Mohammed Buhari qui renversa le régime civil de Shehu Shagari. En août 1985, Babangida écarta Buhari par un nouveau coup d'État et gouverna le Nigeria jusqu'en août 1993. Voir **NIGERIA**.

BABER ou **BABOUR Zahir el-Din Mohammed** (* 14.II.1483, † Agra, 26.XII.1530). Fondateur de l'Empire mogol de l'Inde. Descendant direct de Tamerlan et de Gengis Khan, il succéda à son père à l'âge de douze ans dans la petite principauté de Ferghan d'où il fut chassé par l'usurpation de son oncle et la révolte des nobles. Devenu chef de bande, il réussit à s'emparer de Samarkand (1497) mais fut contraint de fuir le Turkestan. Il parvint alors à se rendre maître du royaume de Kaboul (1504). Après diverses expéditions en Afghanistan et dans le Sind (1519/24), il fut appelé en Inde par Daoulat Khan, gouverneur du Pendjab révolté contre le sultan de Delhi, Ibrahim Lodi. Franchissant l'Indus (hiver 1525), il conquit rapidement le Pendjab et remporta sur les troupes du sultan de Delhi la grande victoire de Panipat, où Ibrahim Lodi trouva la mort (21 avr. 1526). Entré quelques jours plus tard à Delhi, il décida, malgré la vive opposition de la population, de se maintenir dans l'Inde, battit la coalition rajpoute commandée par Rana Sanga à Khanoua, près d'Agra (16 mars 1527), conquit ensuite une partie du Rajpoutana et enleva le Bihar à l'héritier d'Ibrahim Lodi (1529).

BABEUF François Noël, dit **Gracchus** (* Saint-Quentin, 23.XI.1760, † Vendôme, 26.V.1797). Homme politique français, auteur d'un système communiste appelé babouvisme. Babeuf avait dénoncé les excès de la répression des Bleus dans l'Ouest. Il fut ensuite l'auteur du *Manifeste des plébéiens* au succès retentissant, où il prônait la propriété collective de la terre. Le *Manifeste des Égaux*, rédigé par Sylvain Maréchal, un des babouvistes, dénonçait la duperie d'une révolution qui ne s'était faite qu'au profit de nouveaux privilégiés et annonçait une nouvelle révolution, qui réaliserait la « Sainte Égalité ». Au printemps 1796, les babouvistes formèrent la « conjuration des Égaux », qui voulait renverser le Directoire et rétablir la Constitution de 1793. Dénoncés et arrêtés en mai 1796, ils furent jugés par une haute cour de justice à Vendôme et deux de leurs chefs, Babeuf et Darthé, furent condamnés à mort et guillotinés. Voir **FRANCE**.

BÂBISME. Religion fondée en Perse au XIXe s. par **Mirza Ali Mohammed,** dit *le Bâb* (* Chiraz, 18.X.1819, †Tabriz, 9.VII.1850). D'abord commerçant, Ali Mohammed entra en relation avec des chiites de la secte des chaïkhis lors d'un pèlerinage à Kerbéla ; très impressionné par leur théorie de l'imam caché, il se proclama en 1844, à la suite d'une extase nocturne, le *Bâb*, c'est-à-dire la « porte » qui ouvrait la connaissance de la vérité divine, titre qu'avaient déjà pris dans le passé des dignitaires ismaïliens, druzes et nusayris. Ce mouvement fut une réaction contre le rigorisme orthodoxe, et un appel à un islam plus libre et égalitaire. Mais les théories mystiques du Bâb, son interprétation allégorique du Coran et surtout ses idées de réforme sociale (notamment en faveur de l'égalité des droits entre les sexes et de la dignité féminine) l'opposèrent au clergé et au gouvernement persans. À la suite de son emprisonnement en 1847, ses partisans se soulevèrent mais furent massacrés ; le Bâb lui-même fut jugé et fusillé en 1850. Cependant sa communauté subsista, dirigée d'abord par Mirza Yahya Nouri, puis par son frère, **Mirza Hussein Ali Nouri,** surnommé **Baha Allah** ou « splendeur de Dieu » (* Téhéran, 1817, † Acre, 29.V.1892). De ce mouvement marginal de l'islam, et particulièrement iranien, Baha Allah, se présentant en 1863 comme le sauveur annoncé par le Bâb, fit une religion nouvelle universelle, à tendances syncrétistes. Elle entendait, au-delà des dogmes et des rites particuliers, unir toutes les religions dans l'amour de Dieu et l'effort pour donner à l'humanité la paix et la justice. Le bâbisme devint bahaïsme et, sous la direction d'Abd el-Baha, fils et successeur de Baha Allah, la doctrine se répandit dans tout le Proche-Orient et dans l'Inde, en Europe et en Amérique. Voir ISLAM.

BABYLONE. Grande cité de l'Asie ancienne, en Mésopotamie, sur l'Euphrate, à l'endroit où ce fleuve se rapproche du Tigre. Située à 110 km au sud de Bagdad (Irak), non loin de la ville moderne de Hillah, elle était au carrefour des routes commerciales du Tigre et de l'Euphrate d'une part, de la Syrie au golfe Persique d'autre part. L'histoire de Babylone est très étroitement liée à celle des nombreux peuples qui se sont succédé en Mésopotamie (v.), du IIIe au Ier millénaire avant notre ère.

Le premier Empire babylonien (XIXe/XVIIe s. av. J.-C.)

Mentionnée dès l'époque de la dynastie d'Our III (XXe s. av. J.-C.), Babylone n'est entrée vraiment dans l'histoire qu'après l'installation en Mésopotamie, au début du IIe millénaire, de peuples de langue sémitique occidentale, et connus sous le nom d'Amorrites. Ce sont eux qui fondèrent, avec Soumou-Aboum, vers 1894, la première dynastie de Babylone qui atteignit l'apogée de sa puissance sous le règne de Hammourabi (vers 1792/1750) qui fut à la fois un législateur et un conquérant. Son empire engloba toute la Mésopotamie, depuis le golfe Persique, avec les pays de Sumer et d'Akkad désormais réunis, la Babylonie, jusqu'aux régions du haut Tigre et du haut Euphrate. Hammourabi mit fin également vers 1760, au royaume de Mari. Après lui, la civilisation babylonienne conserva son rayonnement, mais l'unité de l'Empire se révéla fragile. Dès le règne de son successeur Samsou-Ilouna (vers 1749/1712), les peuples de la région du golfe Persique (« Pays de la Mer ») se rendirent indépendants. Samsouditana (vers 1622/1595) réussit à leur imposer à nouveau l'autorité de Babylone. Vers 1595, il fut surpris par le raid du roi des Hittites, Moursil Ier, qui s'empara de Babylone, emporta les statues du dieu Mardouk et de sa parèdre Sarpanit et mit fin à la dynastie amorrite. Sur les ruines de l'empire de Hammourabi s'installèrent les Kassites, pour plus de quatre siècles.

Période intermédiaire (XVIe/VIIe s. av. J.-C.)

Devenus les maîtres de la Babylonie, les Kassites, peuple encore assez mal connu, dont la langue n'était ni indo-européenne ni sémitique, assimilèrent la civilisation babylonienne et rendirent son prestige à la ville, qui devint, à partir de 1460, la capitale de l'ensemble de la Basse-Mésopotamie nommé Kardouniash. Mais, à partir du XIVe s., Babylone dut faire face à la rivalité de l'Assyrie puis à celle de l'Élam (dans le sud-ouest de l'Iran). Vers 1235, le roi d'Assyrie Toukoulti-Ninourta Ier s'empara de Babylone, emmenant prisonnier le roi Kashtiliash IV ; mais, vers 1218, les Kassites réussirent à se rétablir. L'Élam, vers 1157, renversa définitivement la puissance kassite. Une dynastie locale tenta alors de s'établir à Babylone (règne de Nabuchodonosor Ier, vers 1124/1103), mais la cité fut prise et pillée par l'Assyrien Tiglatpiléser Ier (vers 1100). Après une succession rapide de quatre dynasties (XIe/Xe s.), les Babyloniens furent vaincus par l'Assyrie sous le règne d'Adad-Nirari II (911/891). Pendant près de trois siècles, les Assyriens imposèrent leur tutelle à Babylone, qui ne cessa de se révolter, notamment en 721 (avec l'aide des Élamites, elle se donna, contre Sargon II d'Assyrie, un roi national, à qui la Bible donne le nom de Mérodach-Baladan, qui régna jusqu'en 710) ; en 703, contre Sennachérib, qui la réduisit en 699 ; en 693, de nouveau contre Sennachérib, qui dut la reprendre en 689 et la détruisit ; en 652, lorsque Shamash-Shoum-Oukin, « roi de Babylone », s'insurgea contre son frère Assourbanipal. Cette dernière révolte, qui se termina par le suicide de Shamash-Shoum-Oukin dans son palais incendié, valut à Babylone de subir, une fois de plus, un châtiment extrêmement sévère (648).

Pourtant, Babyloniens et Assyriens n'étaient nullement des peuples étrangers l'un à l'autre. Avec des différences dialectales, ils parlaient la même langue, l'akkadien. Jamais la Babylonie ne cessa, pour l'Assyrie, de représenter un centre intellectuel et religieux incomparable et, parmi le personnel employé par les souverains assyriens, nombreux étaient ceux qui étaient d'origine babylonienne.

L'Empire néobabylonien (626/539 av. J.-C.)

À la mort d'Assourbanipal (626), le gouverneur de Babylone, Nabopolassar, se déclara indépendant et fonda la dynastie chaldéenne. Il battit les Assyriens à Arrapha (615), s'allia aux Mèdes et ruina Ninive (612). L'Assyrie s'effondra complètement en 609. Le nouvel Empire babylonien atteignit son apogée sous Nabuchodonosor II (604/562). Alors qu'il n'était encore que prince héritier, ce souverain vainquit les Égyptiens à Karkémish (605), puis s'empara par deux fois de Jérusalem (597, 586) et ordonna la déportation des Juifs à Babylone (586/539). La puissance de Nabuchodonosor II s'étendit sur toute la Mésopotamie, du golfe Persique à Ninive (le nord de l'ancienne Assyrie était passé sous la domination des Mèdes), sur la Syrie, la Phénicie et la Palestine.

Reconstruite, la ville de Babylone, frappa les contemporains par sa splendeur ; elle était « l'ornement des royaumes, la fière parure des Chaldéens », selon les termes d'Isaïe (XIII, 19). Ce sont les vestiges de cette somptueuse cité décrite dans l'Antiquité par Hérodote qui ont été retrouvés, au début du XXe s., grâce aux fouilles menées de 1899 à 1917 par la Deutsche Orientalische Gesellschaft, sous la direction de l'archéologue R. Koldewey.

La splendeur que laissent deviner ces vestiges impressionnent d'autant plus que l'Empire néobabylonien dura moins d'un siècle. Le déclin de la dynastie chaldéenne fut rapide après la mort de Nabuchodonosor II (562). L'usurpateur Nabonide, qui prit le pouvoir en 556 et effectua de longs séjours en Arabie, laissa en 548 le pouvoir aux mains de son fils Bel-Shar-Usur, le Balthazar de la Bible. Neuf ans plus tard, la conquête perse mettait un terme à l'indépendance babylonienne : en 539, Cyrus s'emparait de toute la Mésopotamie, autorisait les Israélites déportés à revenir en Judée et réduisait Babylone à n'être plus que le chef-lieu de la IVe satrapie de l'empire des Achéménides. S'étant révoltée à la mort de Cambyse (522), Babylone fut soumise par Darius Ier ; une nouvelle révolte, en 486, au début du règne de Xerxès Ier, entraîna le démantèlement de la cité, le pillage du trésor de Mardouk et la déportation d'une partie de ses habitants. Maître de Babylone en 331, Alexandre le Grand songea à en faire la capitale du nouvel Orient ; il affecta 10 000 ouvriers à la restauration du temple de Mardouk (c'est alors que fut rasée, en vue d'une reconstruction, la ziggourat de l'Étéménanki). Mais le conquérant n'eut pas le temps de réaliser ces projets car il mourut à Babylone dès 323. Le declin de la cité était alors inéluctable et ses habitants l'abandonnèrent progressivement après la fondation de Séleucie du Tigre (vers 307 av. J.-C.).

BACHKIRIE (république de) ou **BACHKORTOSTAN.** République autonome au S. de la Russie créée en 1919, augmentée en 1922, de territoires peuplés de Russes et de Tatars ; capitale *Oufa*. Peuplé par des Mongols convertis à l'islam au XIIIe s., le territoire de l'actuelle Bachkirie fit partie de la Horde d'Or et reconnut dès 1552 la suzeraineté du tsar Ivan IV le Terrible. À partir de 1932, la découverte de riches gisements pétroliers (dits du « Second Bakou ») et le développement industriel accentuèrent la russification de la République. Devenus minoritaires sur leur propre territoire, les Bachkirs ont, à la faveur de la perestroïka, exprimé des revendications culturelles puis nationalistes. Sous le nom de Bachkortostan, la République de Bachkirie a été proclamée souveraine (oct. 1990). Voir **RUSSIE**.

BACON Francis, baron Verulam et **vicomte de Saint Albans** (* Londres, 22.I.1561, † Highgate, 9.IV.1626). Homme politique et philosophe anglais. Il accepta en 1601 d'être l'accusateur d'Essex, qui l'avait comblé de bienfaits. Mal recompensé par Élisabeth Ire, il poursuivit son ascension politique sous Jacques Ier et parvint aux postes de garde des Sceaux (1617) et de grand chancelier (1618). Devenu la créature de Buckingham, il fut accusé de malversations et de corruption, et perdit toutes ses fonctions en 1621. Francis Bacon fut en même temps l'un des plus grands esprits de son temps et, par ses célèbres *Essais* (1597) et son *Novum Organum* (1620), le principal initiateur, avec Descartes, de la philosophie moderne.

BACONGO ou **BAKONGO.** Peuple bantou d'Afrique équatoriale, installé sur le cours inférieur du fleuve Congo, qui fonda au XIVe s. un puissant royaume. Les Bacongos entrèrent en relation avec les Portugais à la fin du XVe s. et furent progressivement évangélisés. Leur état se désagrégea face à la puissance de leur voisin, le royaume d'Angola, et aussi en raison de la colonisation. À la fin du XIXe leur territoire était passé sous la domination des Français et des Belges et beaucoup occupèrent des postes subalternes dans l'administration coloniale. À la fin du XXe s., les Bacongos constituaient la principale ethnie du Congo (1 million de personnes, soit 45 % de la population) ; s'ils étaient plus nombreux au Zaïre (6 millions), ils ne représentaient cependant que 16 % de la population, et étaient moins nombreux en Angola (10 % de la population, 1,3 million de personnes). Voir **AFRIQUE**.

BACTRIANE. Contrée de l'ancienne Asie centrale, correspondant à la partie septentrionale de l'Afghanistan actuel ; sa capitale était *Bactres* (auj. *Balkh*). Cette région, premier foyer de la religion zoroastrienne, passa sous la domination des Mèdes et forma une satrapie de l'Empire perse achéménide. Difficilement conquise par Alexandre (329/327), elle passa ensuite sous la souveraineté nominale des Séleucides. Vers 250, le gouverneur grec de ce pays, Diodote, se rendit indépendant et fonda le **royaume grec de Bactriane**, qui devait perpétuer pendant un siècle la civilisation hellénistique en Iran oriental et jouer un important rôle commercial entre la Chine et l'Occident. Sous le règne d'Euthydème, le royaume de Bactriane fut reconnu par Antiochos III (206). Son fils Démétrios (vers 189/166), porta la Bactriane à son apogée. Il soumit la vallée du Gandhara et conquit le Pendjab, où il fonda un nouveau royaume indo-grec pour son lieutenant Ménandre (le Milinda de la tradition bouddhique, vers 166/145). Attaqué à l'O. par Mithridate Ier, roi du Pont, le royaume grec de Bactriane fut détruit vers 130 av. J.-C., par les Sakas (Scythes), nomades indo-européens venus de la Haute-Asie. Cependant, la civilisation de Bactriane s'imposa à ses vainqueurs : sous la dynastie indo-scythe des Kouchans (vers 128 av. J.-C./IIe s. apr. J.-C.), dont le centre politique était à Kaboul et au Pendjab, se développa une fusion culturelle gréco-bouddhique, à laquelle nous devons l'art du Gandhara.

BADE, *Baden*. Ancien État de l'Allemagne du Sud-Ouest, s'allongeant sur la rive droite du Rhin, du Neckar au lac de Constance ; sa capitale était *Karlsruhe*. À l'époque romaine le pays de Bade fit partie des champs Décumates puis, conquis par les Alamans en 282, il fut compris dans le duché d'Alémanie (sous suzeraineté franque depuis le VIe s.). Constitué en comte au Xe s., il a appartenu à la maison de Zähringen et Hermann II, petit-fils de Berthold Ier, prit le titre de margrave à la fin du XIᵉ s. Après la mort de Christophe Iᵉʳ (1527), la maison se partagea en deux lignes : la ligne catholique de Baden-Baden et la ligne protestante de Baden-Durlach. La première, illustrée par le margrave Louis Guillaume, un des vainqueurs des Turcs au siège de Vienne de 1683, s'éteignit en 1707. Tous les États de Bade furent à nouveau réunis par le margrave Charles Frédéric de Baden-Durlach, qui, allié de Napoléon, reçut en 1802 le titre d'Électeur, agrandit ses États d'une partie du Palatinat et du Brisgau (1803/05). Il adhéra à la Confédération du Rhin et fut fait grand-duc en 1806. En 1815, le grand-duché de Bade entra dans la Confédération germanique.

En 1848/49, Bade fut le théâtre de violents troubles révolutionnaires suscités par Hecker et Struve qui voulaient établir une république démocratique : le grand-duc Léopold dut s'enfuir, mais la révolution fut écrasée durant l'été 1849 par l'intervention de l'armée prussienne. Allié à l'Autriche contre la Prusse durant la guerre de 1866, le grand-duché de Bade fut rattaché ensuite à la Confédération de l'Allemagne du Nord. Il entra dans l'Empire allemand, en 1871. Après la révolution de nov. 1918, le pays de Bade se donna une Constitution démocratique (21 mars 1919). En 1933, Hitler y nomma comme gauleiter Robert Wagner, dont l'autorité s'étendit ensuite sur l'Alsace, annexée de 1940 à 1945. Le pays fut occupé par les Français en 1945. En 1952, le Bade, le Wurtemberg et le Hohenzollern furent réunis pour former le Land de Bade-Wurtemberg de la République fédérale d'Allemagne.

BADENI Kasimir, comte. (* Surochow, Galicie, 14.X.1846, † Krasné, 9.VII.1909). Homme politique autrichien. Nommé gouverneur de la Galicie en 1888, puis Premier ministre et ministre de l'Intérieur, il s'efforça de mettre en œuvre une politique libérale pour résoudre le conflit des nationalités. Il fit voter une loi (5 avr. 1897) qui, dans les écoles de Bohême et de Moravie, donnait à la langue tchèque une place équivalente à celle qu'avait l'allemand. L'opposition violente des partis allemands du Reischsrat le contraignit à la démission (nov. 1897).

BADINGUET. Nom d'un ouvrier maçon dont Louis Napoléon Bonaparte emprunta les habits pour s'évader du fort de Ham (Somme), le 25 mai 1846. Sous le second Empire, les adversaires du régime donnèrent ce surnom à celui qui avait tenté de renverser Louis-Philippe, devenu Napoléon III (v.).

BADINTER Robert (Paris, 30.III.1928). Homme politique et avocat français. Ministre de la Justice de 1981 à 1986, il fut l'artisan de l'abolition de la peine de mort (1981), de la suppression des quartiers de haute sécurité (1982) et de l'élargissement des possibilités de poursuites pour crimes contre l'humanité ou racisme (1985). Président du Conseil constitutionnel de 1986 à 1995, il fut élu au Sénat en 1995.

BADOGLIO Pietro (* Grazzano Monferrato, prov. d'Alexandrie, 28.IX.1871, † Grazzano Monferrato, 31.X.1956). Maréchal et homme politique italien. Gouverneur de Libye (1928/33). Commandant des forces italiennes dans la guerre d'Éthiopie (1935/36), il s'empara d'Addis-Abeba (5 mai 1936). Appelé au pouvoir à la chute de Mussolini (1943), il engagea l'Italie auprès des Alliés. Voir **Italie**.

BAFFIN William. (* Londres ?, vers 1584, † Ormuz, 23.I.1622). Navigateur anglais qui, parti comme pilote à la recherche du passage du Nord-Ouest entre l'Atlantique et le Pacifique, franchit en 1616 le détroit de Davis entre l'Amérique et le Groenland, et découvrit la mer et la terre qui portent son nom. L'année suivante, il se rendit dans l'océan Indien pour le compte de la compagnie des Indes ; il mourut lors du siège d'Ormuz.

BAGDAD. Capitale de l'Irak, située sur le Tigre. Construite de 762 à 766 par le calife El-Mansour, elle fut la résidence des Abbassides pendant cinq siècles, jusqu'à ce que le khan mongol Houlègou s'en emparât en 1258 et fît périr le dernier représentant de la dynastie, Moustasim. Bagdad avait connu sa période la plus fastueuse au IXᵉ s., sous Haroun el-Rachid mais fut l'objet d'une âpre rivalité entre ses fils. Elle demeura néanmoins le centre le plus brillant de la civilisation islamique en Orient, et compta 2 millions d'habitants aux Xᵉ et XIᵉ s. En 1233, El-Moustansir y fonda une université rapidement célèbre.

En 1401, Tamerlan ravagea Bagdad qui ensuite fut prise par les Ottomans en 1534. Les Britanniques s'emparèrent de la ville en 1917 et en 1920 elle devint la capitale du nouvel État d'Irak. Durant la deuxième guerre du Golfe (1990/91), Bagdad fut bombardée très durement. Au printemps 2003, elle fut prise, occupée et administrée par les troupes américaines engagées dans la troisième guerre du Golfe qui chassa Saddam Hussein du pouvoir. Voir **Abbassides** et **Irak**.

BAGUIRMI. Ancien royaume africain du Soudan tchadien, situé au N.-E. du Chari. Il était constitué de divers peuples noirs, Massaïs notamment, mêlés à des populations nomades peules et arabes. D'abord vassal du Bornou, le Baguirmi devint, dans la première moitié du XVIᵉ s. un royaume militaire qui vécut du trafic d'esclaves vers le Fezzan et la Méditerranée. Ses souverains se convertirent à l'islam au XVIIᵉ s. Le Baguirmi accepta, dès 1897, le protectorat français. Voir **Afrique**.

BAHAÏSME. Autre nom du bâbisme. Voir **Bâbisme**.

BAHAMAS (îles), autrefois *îles Lucayes*. Archipel d'environ 700 îles et 2 400 récifs situé dans l'océan Atlantique, au S.-E. de la Floride, et au N. de Cuba. Première terre américaine découverte par Christophe Colomb, qui prit pied le 12 oct. 1492 sur l'actuelle Watling Island, les Bahamas furent dépeuplées par les Espagnols. Aux XVIIᵉ et XVIIIᵉ s., disputées entre l'Espagne, la France et l'Angleterre, elles devinrent un repaire de pirates mais furent définitivement attribuées à l'Angleterre en 1783. Des forceurs de blocus s'y établirent durant la guerre de Sécession. Elles furent le centre d'une intense contrebande à l'époque de la prohibition aux États-Unis. En 1964, les îles Bahamas obtinrent l'autonomie interne. Les élections de 1968 furent gagnées par le parti progressiste libéral, principal représentant des gens de couleur qui constituent les quatre cinquièmes de la population des îles. Les Bahamas proclamèrent leur indépendance le 10 juill. 1973 et devinrent membre du Commonwealth.

BAHREÏN (îles). Archipel du golfe Persique, sur la côte nord-est de l'Arabie ; capitale *Manama*. Habitées dès le IIIe millénaire, ces îles, qui répondaient alors au nom de Dilmoun, furent en relations commerciales avec Sumer et les villes de l'Indus, puis devinrent sujettes de l'Assyrie. Des communautés juives, zoroastriennes et nestoriennes s'y établirent aux premiers siècles de notre ère, puis Bahreïn passa à l'islam en même temps que toute l'Arabie (VIIe s.). Les Portugais occupèrent les îles en 1507, puis furent suivis par les Perses (1622), dont la domination fut renversée en 1783 par des tribus venues de l'Arabie continentale. À la suite des traités de 1820, 1890, 1892, 1911 et 1914, Bahreïn passa peu à peu sous protectorat britannique. La découverte du pétrole, en 1932, donna une grande importance à Bahreïn, économiquement contrôlée par une compagnie américaine, la Bahrein Petroleum Co. Longtemps revendiqué par l'Iran, l'archipel, protégé par une petite force militaire britannique, entra dans la Fédération des émirats du golfe Persique (v. **ÉMIRATS**), patronnée par les Anglais (1968). Ce regroupement s'étant révélé un échec, les émirats de Bahreïn et de Qatar ont accédé à l'indépendance en 1971 et ont été admis à l'ONU, tandis que le Royaume-Uni retirait ses troupes de cette région. La majeure partie des ressources financières de l'émirat de Bahreïn provenait alors de la production pétrolière et de ses dérivés.

En mars 1999, Hamad ibn Salman el-Khalifa succéda à son père à la tête de l'émirat. En prévision du tarissement des ressources pétrolières en partie relayées par celles du gaz naturel, il a diversifié l'économie vers des activités de services et le secteur bancaire, et fait construire un circuit pour les compétitions automobiles de formule 1.

BAILLI. Dans la France médiévale, le bailli était un officier royal, investi de fonctions très étendues dans les domaines administratif, judiciaire, financier et militaire. Sa création s'inspira sans doute du *sheriff* anglais, du *Vogt* allemand, et aussi des baillis seigneuriaux qui, au nom des seigneurs, veillaient sur la bonne administration d'un fief. Les baillis royaux sont apparus avant 1150 pour surveiller les prévôts et tenir des assises solennelles où ils recueillaient les plaintes. Détachés de la *Curia regis*, ils sont devenus sédentaires au cours du XIIIe s. et ont été mis à la tête de circonscriptions fixes appelées bailliages dont le nombre n'a pas cessé d'augmenter : 23 vers 1285, 30 vers 1314, 36 sous Philippe VI, 75 vers 1461, une centaine vers 1515. Dans le sud et l'ouest de la France (sauf en Touraine et en Auvergne) le bailli était appelé sénéchal.

Baillis et sénéchaux étaient de véritables fonctionnaires royaux qui recevaient des gages fixes. Ils devaient être nobles, hommes d'épée, et posséder de solides connaissances juridiques. Les bailliages ou sénéchaussées recouvraient le domaine royal mais aussi les grands fiefs vassaux. Bien avant les intendants, ils furent au XIVe/XVe s. de remarquables agents de l'autorité monarchique centralisée. Le renforcement du pouvoir royal augmenta le nombre de ses représentants dont les charges se spécialisèrent. Les baillis se trouvèrent supplantés par le Conseil du bailliage où siégeaient le lieutenant général, les lieutenants locaux, le procureur du roi, l'avocat du roi, etc. Les parlements et les présidiaux leur enlevèrent presque tout leur pouvoir judiciaire, les gouverneurs de province l'autorité militaire, les receveurs généraux puis les intendants, la levée des impôts ; ils perdirent encore de leur importance avec la vénalité des charges. Ils ont subsisté jusqu'à la Révolution, mais ils ne furent plus que des hommes d'épée, représentants du souverain auprès de la noblesse locale.

BAILLIAGE. Le bailliage était à la fois la circonscription soumise à l'autorité d'un bailli (ou d'un sénéchal) et, en France sous l'Ancien régime, il demeura l'unité institutionnelle et territoriale, qui garda à sa tête un bailli, même après que celui-ci eut perdu ses pouvoirs au profit du lieutenant général. Le bailliage était aussi un tribunal qui jugeait en première instance les affaires civiles et criminelles, et en appel des jugements rendus par les tribunaux des prévôtés et juges seigneuraux. En 1552, Henri II transforma une soixantaine de bailliages en présidiaux, tribunaux d'appel à l'égard des bailliages voisins pour les causes de petites importances. En 1788 tous les bailliages furent tranformés en présidiaux et l'on créa au-dessus d'eux 47 grands bailliages qui jugeaient en dernier ressort les causes civiles ne dépassant pas 20 000 livres.

BAILLY Jean Sylvain (* Paris, 15.IX.1736, † Paris, 12.XI.1793). Savant et homme politique français. Astronome réputé, auteur d'une grande *Histoire de l'astronomie* (1775/87), membre de l'Académie des sciences (1763) et de l'Académie française (1784), il fut élu député de Paris pour le tiers état aux États généraux et jouit pendant quelque temps d'une grande popularité. Il présida la fameuse séance du Jeu de paume (20 juin) et fut nommé maire de Paris (16 juill.). La fuite du roi à Varennes ayant provoqué des manifestations, la Garde nationale tira sur la foule rassemblée au Champ-de-Mars pour réclamer la déchéance de Louis XVI (17 juill. 1791). Dès sept., Bailly remit sa démission, effective en nov. et quitta la capitale. Sa déposition au procès de Marie-Antoinette acheva de le perdre ; condamné à mort par le tribunal révolutionnaire, il fut exécuté sur le Champ-de-Mars après avoir subi pendant des heures les injures, les crachats et les coups d'une foule déchaînée. On a publié ses *Mémoires d'un témoin de la Révolution* (1804).

BAKHTIAR Chapour (* Iran, 1916, † Suresnes, 6.VIII.1991). Homme politique iranien. Diplômé de droit après avoir fait toutes ses études en France où, en 1940, il rejoignit la Résistance. Il s'allia, dès son retour en Iran, à Mossadegh qui l'appela au gouvernement. Au sein du Front national, où il passait pour modéré, Bakhtiar mena une action d'opposant, qui lui valut de connaître les geôles du régime. Il n'était que le numéro deux de son parti lorsque Mohammed Réza Pahlévi l'appela pour former, du 6 janv. au 11 févr. 1979, le dernier gouvernement de la monarchie. Désavoué par le Front national, alors que le pouvoir était déjà passé à la rue et vibrait aux appels que lui lançait, depuis son exil, l'ayatollah Khomeyni, Bakhtiar n'eut jamais les moyens ni le temps d'obtenir le soutien des classes moyennes, des militaires modérés, des intellectuels laïcs ni des Américains. Ses appels à l'union nationale avec les khomeynistes restèrent sans effet, face à ceux que lançait l'ayatollah. En févr. 1979, Bakhtiar se réfugia à Paris, où il prit la tête d'une fraction d'exilés favorables au retour d'une monarchie constitutionnelle. Il fut assassiné à Suresnes, en août 1991.

BAKOUNINE Mikhaïl Alexandrovitch (* Prémoukhino, Tver, 18.V.1814, † Berne, 1er.VII.1876). Homme politique et théoricien russe. Très influencé par la pensée de Proudhon, il participa aux mouvements révolutionnaires de 1848, à Paris et à Dresde. Arrêté en 1849 par la police de Saxe, il fut livré à la police tsariste, qui lui arracha une *Confession* que ses adversaires lui ont reprochée. Il réussit à s'évader de Sibérie en 1861, fut condamné à mort en Russie, en Prusse et en Autriche, puis gracié, et reprit sa lutte révolutionnaire. En 1868, Bakounine adhéra à la Ire Internationale et, pendant la guerre franco-allemande, en sept. 1870, tenta de créer, à Lyon, une commune insurrectionnelle. Opposé à toute dictature révolutionnaire, il rompit avec Marx au congrès de l'Internationale à La Haye, en 1872, dont il fut exclu.

Considéré comme la plus grande figure de l'anarchisme, il publia de nombreuses œuvres, dont *L'État et l'Anarchie* (1873). Selon lui, la destruction de l'État devait être l'acte fondateur de la révolution. L'État, oppressif quelle que soit la nature politique du régime, ne doit pas être reconstruit. Il faut lui substituer des associations ouvrières librement fédérées et contrôlant les capitaux productifs.

BAKR Ahmed Hassan el- (* Takrit 1914, † Bagdad 4.IV.1982). Officier et homme politique irakien. Après avoir été enseignant, il rejoignit l'armée en 1938 et soutint la révolution de Rashid Ali en 1941. Il participa à celle de 1958 qui renversa la monarchie. Militant du parti Baas, il soutint le coup d'État d'Abdul Salam Aref, et devint vice-président. Après la chute du régime des frères Aref, Bakr, devenu général, prit le pouvoir en juill. 1968 et procéda à de sanglantes purges. Atteint par la maladie, il dut laisser le pouvoir à son neveu Saddam Hussein et démissionna en juill. 1977. Voir IRAK.

BALAGUER Joaquím (Santiago de los Caballeros, 1er.IX.1907). Homme politique dominicain. Président de la République (1960/62, 1966/78 et 1986/96). Voir DOMINICAINE **(république)**.

BALBAN CHAH. Sultan de Delhi (1266/87). Esclave de naissance, il parvint à devenir chambellan en 1242 et maria sa fille au sultan Mahmoud. À la mort de ce dernier, il prit le pouvoir et fonda une nouvelle dynastie qui dura jusqu'en 1290. Il réprima de nombreuses révoltes dont celle du Bengale, mit fin au brigandage, repoussa les Mongols, et fut le souverain le plus puissant de l'Inde. Sa cour était particulièrement fastueuse et son tombeau qui est conservé constitue un précieux témoignage de l'art indien. Voir INDE.

BALBO Italo (* Ferrare, 6.VI.1896, † Tobrouk, 28.VI.1940). Maréchal et homme politique italien. Rallié très tôt au fascisme, il devint avec De Bono, Bianchi et De Vecchi un des *quadrumvirs*. Instigateur de la marche sur Rome (oct. 1922), il se consacra à la création d'une puissante aviation. Il fut nommé commandant en chef des forces aériennes en 1926, puis ministre de l'Air en 1929. Lui-même aviateur remarquable, il accomplit de grands raids de prestige à travers la Méditerranée (1928), au Brésil (1931), et aux États-Unis (1933). Sa popularité déplut à Mussolini qui l'éloigna en le nommant gouverneur de Libye. Il trouva la mort au début de la Seconde Guerre mondiale, au-dessus de Tobrouk, son avion ayant été abattu par la D.C.A. italienne.

BALBOA Vasco Nuñez de (* Jérez de los Caballeros, Estrémadure, vers 1475, † Acla, Panamá, janv. 1519). Conquistador. Après une jeunesse désordonnée, il s'établit à Saint-Domingue mais dut s'enfuir à cause de ses créanciers, se joignit clandestinement à l'expédition d'Enciso vers le golfe de Darien (1510), puis s'imposa comme commandant en chef. Ayant gagné l'amitié des indigènes et espérant découvrir les pays de l'or, il réalisa la première traversée de l'isthme de Panamá et découvrit l'océan Pacifique (25 sept. 1513). Jaloux de ses succès, le nouveau gouverneur, Pedrarias d'Ávila, dont il avait épousé la fille, le fit décapiter.

BALDWIN Stanley, 1er comte Baldwin de Bewdley (* Bewdley, Worcestershire, 3.VIII.1867, † Stourport, Worcestershire, 14.XII.1947). Homme politique anglais. Chef du parti conservateur (1923/37), il fut aussi Premier ministre (1923, 1924/29 et 1935/37). Voir GRANDE-BRETAGNE.

BÂLE (concile de, 1431/49). Convoqué par Martin V pour mettre en œuvre la réforme de l'Église, en finir avec le schisme des hussites et réunir les Églises latine et grecque, il se réunit le 3 mars 1431, mais fut dissous par le nouveau pape Eugène IV dès le 18 déc. Le concile, qui n'avait réuni que quatorze évêques et abbés, refusa néanmoins de se séparer, continua à siéger avec l'appui de nombreux princes et universités et confirma, en les aggravant, les décrets du concile de Constance sur la supériorité du concile général sur le pape. À la suite de pressions exercées par l'empereur, le pape Eugène IV consentit finalement à reconnaître le concile (bulle *Dudum sacrum*, 15 déc. 1433) qui persista cependant dans son attitude hostile. En 1438, quand Eugène IV voulut transférer l'assemblée à Ferrare, le concile rompit avec lui, déposa Eugène IV comme hérétique et élut l'antipape Félix V (Amédée VIII de Savoie), en 1439. Le concile perdit bientôt tout prestige ; il se transporta à Lausanne en 1448 et, l'année suivante, Félix V abdiqua et se soumit au pape légitime.

BÂLE (traités de).

22 sept. 1499. Signé entre l'empereur Maximilien Ier et les Suisses. Il mit fin à la guerre entre les cantons et la Ligue souabe et consacra, en fait, l'autonomie des cantons définitivement reconnue aux traités de Westphalie (1648).

5 avr. 1795. Signé entre la France et la Prusse qui quittait la première coalition. La Prusse reconnaissait la République française et lui abandonnait ses territoires de la rive gauche du Rhin contre promesse d'indemnités ultérieures.

22 juill. 1795. Signé entre la France et l'Espagne, il rendait à celle-ci la frontière des Pyrénées mais attribuait à la France la partie espagnole de Saint-Domingue. Par ces deux traités la première coalition fut disloquée.

BALFOUR Arthur James, 1er comte de (* Whittingehame, East Lothian, Écosse, 25.VII 1848, † Woking, près de Londres, 19.III.1930) Homme politique britannique. Premier ministre conservateur de 1902 à 1906. Durant la Première Guerre mondiale, il fit partie du gouvernement de coalition d'Asquith comme premier lord de l'Amirauté (1915) puis comme ministre des Affaires étrangères (1916/19) et contribua à obtenir l'entrée en guerre des États-Unis Il publia la célèbre **déclaration Balfour** (2 nov. 1917), annonçant que l'Angleterre favoriserait, après la guerre, « l'établissement en Palestine d'un foyer national juif », à condition qu'il ne soit porté aucune atteinte aux droits des communautés non juives. Voir ISRAËL.

BALKANIQUES (guerres, 1912/13). Ambitionnant depuis longtemps de contrôler les Détroits, la Russie encouragea, par son ministre des Affaires étrangères Isvolski, la Bulgarie et la Serbie à profiter de la guerre italo-turque pour procéder au démembrement final de la Turquie d'Europe. En mars 1912, elles conclurent une entente, à laquelle adhérèrent le Monténégro et la Grèce, et déclenchèrent la **première guerre balkanique** le 18 oct. 1912. Après une série de désastres, la Turquie dut signer le traité de Londres (30 mai 1913), qui l'éliminait presque complètement d'Europe en lui arrachant tous les territoires situés à l'O. de la ligne Enos-Midia ; toutefois, les ambitions russes furent déçues car le contrôle des Détroits était laissé aux Turcs.

La **seconde guerre balkanique** (juin/juill. 1913) fut provoquée par l'incapacité des vainqueurs à s'entendre sur le partage des territoires conquis la création de l'Albanie, suggérée par l'Autriche, mécontentait la Serbie et le Monténégro et les opposait à la Grèce ; la Bulgarie, qui avait le plus contribué à la première guerre balkanique, soupçonnait avec raison la Serbie et la Grèce de préparer une partition de la Macédoine à son détriment. Les Bulgares engagèrent les hostilités contre les Grecs et les Serbes (29 juin 1913) mais, pris à revers par les Roumains et les Turcs, furent rapidement vaincus. Au traité de Bucarest (10 août 1913), les Bulgares perdirent une grande partie des territoires conquis dans la première guerre balkanique : la Macédoine fut partagée entre la Serbie et la Grèce ; ils durent en outre céder la Dobroudja méridionale à la Roumanie et restituer Andrinople aux Turcs. Ces guerres avivèrent le nationalisme serbe ; la Bulgarie, rendue très amère, devait se ranger aux côtés des puissances centrales durant la Première Guerre mondiale.

BALLADUR Édouard (Smyrne, Turquie, 2.V. 1929). Homme politique français. Conseiller technique du Premier ministre Georges Pompidou de 1964 à 1968, qui, président de la République, lui confia, en 1973 et 1974, le secrétariat général de l'Élysée. De 1986 à 1988, il fut ministre des Finances du gouvernement de Jacques Chirac, dont il était un proche conseiller depuis 1981. Élu député RPR de Paris en 1988, nommé Premier ministre après la victoire électorale de la droite en mars 1993, il inaugura la deuxième « cohabitation ». Pour favoriser la reprise de l'économie française, il mena une politique d'allégement des charges sociales pour les entreprises, tenta de réduire le déficit de l'État en privatisant des entreprises publiques, et lança, en juin 1993, un grand emprunt national, baptisé « emprunt Balladur », qui emporta un large succès. Soutenu par les centristes et fort de sa popularité auprès de la droite, il se présenta à l'élection présidentielle de 1995 mais fut devancé au premier tour par Jacques Chirac. Il fut réélu député de Paris lors des élections législatives anticipées de 1997.

BALTES. Groupe de peuples indo-européens comprenant non seulement les Lituaniens et les Lettons, mais aussi les Prussiens qui furent germanisés par l'ordre Teutonique à partir du XIIIe s. Installés en Russie centrale vers le début du IIe millénaire av. J.-C., les Baltes étaient voisins au N.-O. d'un groupe de peuples non indo-européens, les Finno-Ougriens. Jusque vers 500 av. J.-C., l'expansion des Baltes continua en Biélorussie ; ils atteignirent les rives de la Baltique, occupant le territoire qui correspond aujourd'hui à la Lettonie, à la Lituanie, à l'ancienne Prusse-Orientale et à la Poméranie. Mais, dans les siècles précédant immédiatement notre ère, ils furent repoussés de la Poméranie et de la région de la basse Vistule par les Goths et les autres Germains orientaux. Les Baltes de Biélorussie furent peu à peu slavisés à partir du XIIIe s. Restés païens jusqu'au XIIIe s., ceux de la Baltique furent convertis au christianisme par les grands ordres monastiques militaires allemands, chevaliers Teutoniques et chevaliers Porte-Glaive. Mais l'État lituanien qui connut son apogée aux XIVe/XVe s. résista à la poussée germanique et la défaite des Teutoniques à Tannenberg (1410) arrêta l'expansion allemande dans les pays Baltes. La slavisation des pays Baltes commença au début du XVIIIe s. et tous les Baltes passèrent sous l'autorité des tsars après le troisième partage de la Pologne (1795).

Bien que soumis au XIXe s. à une politique de russification, les Baltes conquirent leur indépendance contre les armées bolcheviques en 1918/20 et formèrent les trois États d'Estonie, de Lettonie et de Lituanie, unis en 1934 par un pacte d'entente et de collaboration. En mars 1939, les Allemands reprirent Memel attribuée à la Lituanie, avec un statut d'autonomie, en 1923. Le pacte germano-soviétique fit rentrer les pays Baltes dans la zone d'influence soviétique et, en sept./oct. 1939, l'URSS les obligea à lui céder des bases militaires. Le 14 juin 1940, ils furent occupés par l'Armée rouge, et, le 21 juill. 1940, officiellement annexés à l'Union soviétique. À la suite d'accords soviéto-allemands, les autorités hitlériennes assurèrent le rapatriement des Allemands des régions baltes dans le Reich. Occupés par la Wehrmacht de 1941 à 1944/45, les trois anciens États baltes furent réannexés à l'URSS et formèrent trois républiques socialistes soviétiques ; mais cette annexion ne fut pas officiellement reconnue par les puissances occidentales.

En 1988, les revendications nationales baltes purent s'exprimer à la faveur de la perestroïka. En 1989, les organisations soviétiques baltes obtinrent la reconnaissance de leur langue, de leur drapeau ainsi que leur autonomie économique. En 1990, les trois républiques proclamèrent leur indépendance, confirmée en 1991 par référendum dans chacune d'entre elles. Les autorités soviétiques ne la reconnurent cependant qu'en sept. 1991, après l'échec du putsch contre M. Gorbatchev.

Les pays Baltes participèrent, en 1992, à la fondation du Conseil des États riverains de la Baltique, qui compte dix membres. L'Estonie et la Lituanie furent, en 1993, admises au Conseil de l'Europe, rejointes en févr. 1995 par la Lettonie. En mai 1994, les trois pays devinrent partenaires associés de l'Union de l'Europe occidentale et, en juin 1995, signèrent des accords d'association avec l'Union européenne. Seules républiques issues de l'ex-URSS à ne pas avoir adhéré à la CEI, les trois États baltes ont obtenu le retrait des troupes russes stationnées sur leur territoire, Moscou conservant en location quelques bases en Estonie. Le 1er mai 2004, les États baltes sont entrés dans la Communauté européenne. Voir **ESTONIE**, **LETTONIE** et **LITUANIE**.

BALTIQUE (mer). Mer de l'Europe septentrionale qui borde la Scandinavie, les pays Baltes, l'Allemagne, la Pologne et le Danemark. La Baltique comprend deux grands golfes : au N. celui de Botnie, à l'E. celui de Finlande. Par les détroits du Sund, elle communique avec la mer du Nord. Six mois par an la navigation y est difficile, la moitié nord y étant gelée d'octobre à juin et les ports de la moitié sud souvent obstrués par les glaces. Elle a toujours été un lieu d'échanges intenses qu'ont parcourue les Vikings et, du Moyen Âge au XVIIe s., les navires de la Hanse, association de villes de l'Allemagne du Nord. Aux siècles suivants les rivalités entre Suédois, Prussiens et Russes affaiblirent les échanges commerciaux, mais le sentiment d'appartenir à la même communauté de riverains demeure chez les Scandinaves et les Baltes comme chez les Allemands et les Polonais des régions maritimes.

BAMBARAS. Peuple de l'Afrique occidentale, établi au Soudan, dans la région de Ségou, sur le haut Niger dès le XIe s. Appartenant au groupe des Mandingues, dont ils parlent la langue, les Bambaras, firent partie de l'empire du Mali, puis, alliés aux Foulbé, ils en achevèrent la destruction au XVIIe s. Vers 1650 deux royaumes bambaras furent crées : Kaladian Kouloubali fonda celui de Ségou et libéra des Marocains tout le Soudan occidental, tandis que d'autres Bambaras fondaient, plus à l'O., le royaume de Kaarta. Le **royaume de Ségou** atteignit son apogée sous le règne de Biton Kouloubali (1712/55), qui ayant formé une puissante armée de métier, fit la conquête du Macina, à l'E., et du royaume bambara de Kaarta. À sa mort, l'Empire bambara connut des querelles de succession et le pouvoir passa, en 1766, à un aventurier, Ngolo Diara. Il fonda une nouvelle dynastie et réussit à étendre le royaume de Tombouctou et du moyen Niger au Sénégal. Cependant, vers la fin du XVIIIe s., les souverains durent mener plusieurs guerres afin de maintenir sous leur obédience les Bambaras Massassis du Kaarta. À partir de 1820, les Bambaras, restés païens, se heurtèrent aux Peuls, musulmans du Macina, qui menèrent contre eux la guerre sainte. Dès 1837, un nouveau danger apparut avec El-Hadj Omar. Fait prisonnier par le roi de Ségou, puis libéré, El-Hadj Omar réalisa la conquête du Kaarta dans les années 1850, réconciliant contre lui Peuls et Bambaras. Ces derniers furent vaincus en 1861 : El-Hadj Omar détruisit le royaume de Ségou et en occupa la capitale. Mais les Bambaras, en majorité païens, continuèrent la guérilla jusqu'à l'occupation de Ségou par Archinard (1891) et l'établissement de la colonisation française.

BAN. Dans le monde franc, le droit de ban a été le droit de commandement du souverain exercé dans le domaine administratif et militaire. Le ban du roi devait être obéi sous peine d'une amende ou d'une mise hors la loi qui autorisait n'importe qui à tuer le coupable dont les biens étaient confisqués. Dans le Saint Empire germanique, le *bannum* ou *Acht* était une sentence de mise hors la loi prononcée contre ceux qui avaient échappé à la justice de l'Empire et qui étaient déchus de leurs dignités, droits et privilèges.

Le même mot désignait aussi l'appel aux armes fait par le chef féodal à ses vassaux. De cette acception sont dérivés les mots *bannière* et *banneret*. Le ban s'adressait aux gentilshommes feudataires, séculiers ou ecclésiastiques. Louis XI décida qu'il s'appliquerait aux nobles possesseurs ou non de fiefs et aux roturiers possesseurs de fiefs ; ordinairement le ban ne concernait que les provinces menacées. Le ban et l'arrière-ban ne se différenciaient guère. Au cours du XVIIe s., le ban cessa d'avoir toute utilité militaire.

BANALITÉS. Le nom dérive de *ban*, droit de commandement du souverain, et désigne dans le droit féodal le monopole qui imposait aux justiciables d'un seigneur d'utiliser exclusivement les installations à but économique qu'il mettait à leur disposition, comme moulin, pressoir, four. En revanche il revenait au seigneur de les entretenir et, au besoin, de les restaurer et même d'en créer. Les banalités étaient pour lui une des meilleures sources de revenus, mais il pouvait s'entendre avec les communautés villageoises pour qu'elles les rachetassent. Les banalités furent abolies avec les autres privilèges féodaux le 4 août 1789.

BANDARANAIKE Sirimavo Ratwatte Dias (* Ratnapura, 17.IV.1916, † Kadawata, 10.X.2000). Femme politique cinghalaise. Apres l'assassinat de son mari, Salomon Bandaranaike (1959), Premier ministre de 1957 à 1959, elle lui succéda à la tête du parti de la Liberté Sri Lanka. Victorieuse aux élections de juill. 1960, elle devint la première femme dans le monde à diriger un gouvernement (1960/65) et fut à nouveau Premier ministre de 1970 à 1975.

Après dix-sept ans passés dans l'opposition, Mme S. R. D. Bandaranaike fut nommée chef du gouvernement en nov. 1994 par sa fille, Chandrika Bandaranaike Kumaratunga, grâce à la victoire de son parti, le SLFP, aux élections d'août 1994. Elle démissionna en août 2000.

BANDOUNG ou **BANDOENG (Conférence afro-asiatique de, 18/24 avr. 1955).** Voir TIERS MONDE.

BANGLADESH. État asiatique dont le territoire, riverain du golfe du Bengale, correspond au delta du Gange et du Brahmapoutre et formait, jusqu'en 1971, le Pakistan oriental ; capitale *Dacca*. Cette partie du Bengale incluse dans l'État musulman du Pakistan lors du partage de l'ancienne Inde britannique en 1947 manifesta rapidement son aspiration à une large autonomie régionale.

Aux élections de déc. 1970/janv. 1971, la ligue Awami, conduite par le cheikh Mujibur Rahman, obtint 167 des 169 sièges du Bengale à l'Assemblée nationale pakistanaise, détenant ainsi la majorité absolue (la raison en était que le Pakistan oriental était beaucoup plus peuplé que le Pakistan occidental). Mujibur Rahman proclama l'indépendance du Pakistan oriental sous le nom de *Bangladesh*. Le gouvernement central répondit par la dissolution de la ligue Awami et l'arrestation de Mujibur, et voulut rétablir son autorité au Bengale par la violence (des milliers de civils furent assassinés). Quelque 10 millions de Bengalis (sur une population totale de 70 millions) se réfugièrent alors en Inde. L'Inde prit prétexte du problème des réfugiés pour entrer en guerre contre le Pakistan et envahir le Bengale oriental (3 déc. 1971). Après une brève campagne, les troupes indiennes prirent Dacca (16 déc.) où le pouvoir revint aux autorités du Bangladesh. Le Pakistan avait dû cesser les hostilités et libérer Mujibur Rahman qui devint chef du gouvernement du Bangladesh (janv. 1972).

Le nouvel État, reconnu immédiatement par l'URSS et tous les grands États, à l'exception de la Chine populaire, qui mit son veto à l'entrée du Bangladesh à l'ONU, fut admis dans le Commonwealth dès avr. 1972. Les relations avec le Pakistan furent normalisées en févr. 1974. Mujibur Rahman, en janv. 1975, se fit donner le titre de président et assuma tous les pouvoirs, reléguant la représentation parlementaire à un rôle purement consultatif. Mais le fondateur du Bangladesh devait être renversé et exécuté, le 15 août 1975, par un coup d'État de jeunes officiers.

Les militaires – Zia Rahman, de 1975 à son assassinat en 1981, et Mohammed Ershad, de 1982 à 1990 – établirent un régime autoritaire mais ne surent pas sortir le Bangladesh de son sous-développement, alors que la population, 107 millions en 1988, ne cessait d'augmenter (3 % par an). Les inondations, fléau permanent, détruisirent une grande partie de la récolte de riz en 1987 et prirent une tournure catastrophique en sept. 1988 (30 millions de sans-abri).

Marqué par la militarisation de l'administration et l'islamisation de la société – en 1988, l'islam était devenu religion d'État –, le régime du général Ershad put se maintenir grâce au soutien de l'armée et à l'impuissance d'une opposition divisée. Devant la dégradation de la situation économique et de graves conflits sociaux il dut démissionner le 4 déc. 1990. Après les élections législatives de févr. 1991, la bégum Zia, chef du parti nationaliste du Bangladesh (BNP), créé en 1978 par son mari, Zia Rahman, fut nommée Premier ministre et forma le premier gouvernement démocratique depuis l'indépendance, en 1971.

La politique économique, placée sous les auspices du FMI, provoqua l'augmentation du chômage et l'aggravation des inégalités sociales. En outre, le gouvernement de la bégum Zia subit les attaques virulentes de la fille de Mujibur Rahman, Sheikha Hasina, nouveau leader de l'opposition. Il vit aussi la montée en puissance des islamistes qui menacèrent de mort l'écrivain Taslima Nasreen, contrainte à l'exil en août 1994.

Une situation économique désastreuse et l'impopularité croissante du gouvernement provoquèrent les élections du 12 juin 1996. Le parti islamiste, Jamaat-i-islami, fut battu par la ligue Awami de Sheikha Hasina. Devenue Premier ministre, elle engagea des réformes qui semblaient porter leurs premiers fruits en 1997, l'économie du Bangladesh cessant de se dégrader. Elle parvint également à mettre fin au long conflit qui avait opposé l'État du Bangladesh aux tribus chakma. Des inondations catastrophiques ravagèrent à nouveau le pays, de juill. à sept. 1998, obligeant le gouvernement à augmenter les importations ainsi que les impôts.

BANQUE DE FRANCE. Banque créée le 13 févr. 1800 sous le patronage de Bonaparte, par un groupe de banquiers qui avaient à leur tête Perrégaux. Société anonyme (ses actionnaires étaient des capitalistes privés), elle avait cependant des obligations statuaires imposées par l'État. Bonaparte lui assigna deux grandes tâches : émettre de la monnaie et favoriser le crédit. En avr. 1803, la Banque de France obtint le privilège exclusif d'émettre, pour Paris uniquement, des billets de banque et, en 1848, pour toute la France métropolitaine. Napoléon s'employa très vite à rattacher étroitement la Banque à l'État (loi du 22 avr. 1806) : les régents de la Banque se virent retirer le pouvoir exécutif, confié à un gouverneur et à deux sous-gouverneurs nommés par l'Empereur.

Son statut fut profondément modifié par le gouvernement de Front populaire (loi du 24 juill. 1936) : les quinze régents, représentant les 200 plus gros actionnaires, furent remplacés par vingt conseillers presque tous nommés par les pouvoirs publics. Le gouverneur reçut un droit de contrôle et de veto absolu sur les opérations de la Banque. Après la Libération, la Banque fut nationalisée (2 déc. 1945). Banque de l'État, la Banque de France était aussi une banque ordinaire mais avec des règles particulières et des responsabilités publiques très importantes : devenue « la banque des banques », elle appliquait la politique du crédit décidée avec le ministère des Finances, elle veillait à la bonne santé de la profession bancaire, gérait la compensation des chèques, encaissait les traites, surveillait la gestion financière des entreprises...

Les statuts de la Banque de France furent modernisés par la loi du 3 janv. 1973. Elle acquit, sur le modèle de la Bundesbank allemande, un statut d'autonomie (loi du 4 août 1993, complétée par une convention sur la gestion des réserves de change). Un Conseil de la politique monétaire fut créé qui, outre le gouverneur et les deux sous-gouverneurs, comprenait six membres irrévocables, non renouvelables, nommés pour neuf ans parmi des candidats proposés par les présidents de l'Assemblée nationale, du Sénat et du Conseil économique et social.

À la suite du traité de Maastricht (févr. 1992), complété par la loi du 12 mai 1998, la Banque de France a intégré le Système européen des banques centrales (SEBC), coiffé par la Banque centrale européenne (BCE), avec pour objectif principal le maintien de la stabilité des prix.

BANQUE EUROPÉENNE POUR LA RECONSTRUCTION ET LE DÉVELOPPEMENT (BERD). Banque créée en 1990 pour favoriser la transition des pays de l'Est européen vers l'économie de marché. Siégeant à Londres, elle fut fondée par quarante États (en grande majorité européens mais comprenant aussi les États-Unis et le Japon), ainsi que par la Commission européenne et la Banque européenne d'investissement.

BANQUE INTERNATIONALE POUR LA RECONSTRUCTION ET LE DÉVELOPPEMENT ou **BANQUE MONDIALE (BIRD).** Organisme bancaire dont la création fut décidée par la conférence de Bretton Woods (juill. 1944) et qui commença ses opérations le 27 déc. 1945. Institution spécialisée de l'ONU, elle avait pour mission d'aider à la reconstruction des pays dévastés par la guerre et de participer au développement des États en facilitant l'investissement de capitaux. Après le redressement rapide de l'Europe, la BIRD se spécialisa dans l'aide aux pays en voie de développement en finançant des projets porteurs de croissance économique grâce à des fonds constitués par les contributions des États membres, en proportion des ressources économiques de chacun. Elle conditionna de plus en plus son soutien et son financement à l'existence d'un accord préalable entre le FMI et le pays demandeur. Ce type d'accord se traduisit en général par la mise en œuvre de « Programmes d'ajustement structurel » d'inspiration libérale assortis de mesures d'austérité. Au cours des années 1990, la BIRD se rapprocha des organisations non gouvernementales (ONG) et ajouta à ses exigences économiques la « bonne gouvernance » présentée comme un vecteur de démocratisation. Cependant, sa politique, aux résultats pas toujours heureux, a souvent suscité une vive opposition. Son siège est à Washington et ses membres sont au nombre de 177, mais les cinq pays apportant la plus forte participation (États-Unis, Japon, Allemagne, France, Royaume-Uni) sont membres de droit de son conseil d'administration.

BANTAM. Ville d'Indonésie, à l'extrémité occcidentale de Java, sur la côte nord. Elle fut, à la fin du XVIe s., la capitale d'un puissant royaume marchand, né de la ruine de l'empire du Majahapit vers 1520, dont l'influence s'étendait des deux côtés du détroit de la Sonde. Elle fut le siège du premier établissement à Java de la Compagnie hollandaise des Indes orientales (1596) ; les Anglais tentèrent de s'y installer en 1603 mais durent renoncer. Le royaume de Bantam devint entièrement tributaire des Hollandais et il disparut en 1843. Le port commença de s'obstruer au début du XIXe s. et les activités économiques se replièrent sur Batavia. Voir **INDONÉSIE**.

BANTOU. Terme proposé en 1856 par le linguiste allemand Wilhelm Bleek pour désigner un ensemble de dialectes très apparentés, parlés par presque toutes les populations du centre et du sud de l'Afrique, au S. du 5e parallèle de latitude N. C'est à tort qu'on a donné à ce terme un sens anthropologique, car les populations de langue bantoue appartiennent à des types ethniques très divers. Cependant, leur unité linguistique a fait naître l'hypothèse d'un peuple venu d'Afrique occidentale et peu à peu descendu dans la partie sud-équatoriale du continent africain, et intégrant les populations préexistantes, dont les Bochimans et les Hottentots seraient les derniers survivants. Cette hypothèse a été confirmée par les découvertes de l'archéologie. Le début de l'expansion bantoue ne peut évidemment être fixé avec certitude, mais il est probable qu'il remonte au Ier millénaire de notre ère et s'est poursuivi très lentement jusqu'au XVIIIe s.

Du XIIIe au XVe s. se constituèrent au S. du fleuve Congo, de grands États bantous : le royaume du Congo, les royaumes loubas et loundas. Dès l'an mille, les Bantous s'étaient heurtés, en Somalie méridionale, aux éleveurs hamites, somalis et gallas. Refluant vers le S., ils occupèrent la région centrale s'étendant du lac Victoria au Limpopo. Certains passèrent sous l'hégémonie des Nilotes qui fondèrent, dans la zone interlacustre, les royaumes kitwaras et le royaume du Rwanda. Au S. du Zambèze s'épanouit l'Empire bantou dont le chef reçut le titre de *mweme-moutapa* dont les Portugais firent Monomotapa, alors que d'autres Bantous, tels les Kikouyous et les Kambas, constituaient des sociétés sans État. Vers le XVe s. environ, les Bantous passèrent le Limpopo et occupèrent la riche plaine côtière du Natal et le territoire de l'actuelle République sud-africaine. Les principaux groupes bantous de cette région étaient les Thongas et les Ngonis, auxquels se rattachaient les Zoulous. Ces derniers fondèrent, au début du XIXe s., un État militaire, qui fut difficilement réduit par les Boers, puis par les Anglais.

BANTOUSTANS. Territoires autonomes, peuplés uniquement de Noirs, créés à partir de 1951 par le gouvernement sud-africain dans le cadre de sa politique d'apartheid. Voir **APARTHEID** et **SUD-AFRICAINE (République)**.

BAO-DAI (* Huê, 22.X.1913, † Paris, 31.VII.1997). Empereur d'Annam (1925/45). Fils et successeur de Khai-Dinh. À la suite du coup de force japonais (9 mars 1945), il dénonça le traité franco-annamite de protectorat (11 mars 1945), proclama l'indépendance de l'Annam et réunit sous son autorité la Cochinchine et le Tonkin. Il abdiqua lors de la proclamation de la république du Viêt-nam par Hô Chi Minh (2 sept. 1945) puis participa à son gouvernement comme « conseiller suprême ». En mars 1946, il se retira à Hongkong. Après les accords du 5 juin 1948 et du 8 mars 1949, Bao-Dai tenta de gouverner un État vietnamien « associé » à l'Union française. La dégradation de la situation militaire l'obligea à venir en France. En juill. 1954, il nomma Ngô Dinh Diêm Premier ministre, qui le fit déposer par référendum en oct. 1955.

BAOULÉ. Peuple d'agriculteurs de tradition matrilinéaire installé dans la région centrale de l'actuelle Côte-d'Ivoire. Les Baoulés fondèrent, au XVIIIe s., un royaume lié à celui des Ashantis, dans l'actuel Ghana. Il s'affaiblit au milieu du XIXe s. et son territoire passa sous domination française. En 1908/10, les Baoulés se révoltèrent contre les excès du gouverneur Gabriel Angoulvant, mais la rébellion fut brutalement réprimée. De 1960 à 1993, le président ivoirien, Félix Houphouët-Boigny, lui-même Baoulé, fut accusé de favoriser son ethnie. Dans les années 1990, les Baoulés représentaient 12 % de la population de la Côte-d'Ivoire, soit 1,5 million d'individus.

BAPTISTES. Chrétiens protestants qui soutiennent que le baptême ne doit être administré qu'à des croyants adultes et par immersion. John Smyth (ou Smith), congrégationaliste anglais exilé à Amsterdam y fonda la première communauté de baptistes vers 1609. Le baptisme, un des aspects du renouveau piétiste protestant au XVIIe s., fut introduit à Londres en 1612 ainsi qu'aux colonies d'Amérique par Roger Williams. Celui-ci fonda en 1639, à Providence, une colonie autour de laquelle se développa l'État de Rhode Island. Interprétant radicalement Luther et Zwingli, les baptistes mettent l'accent sur la conversion personnelle, sur l'expérience intérieure, largement émotive, dans laquelle l'homme se reconnaît comme pécheur et reconnaît Dieu comme son sauveur.

Le baptisme a son principal foyer aux États-Unis, qui comptent environ 25 millions d'adeptes, séparés en une vingtaine de groupes ; au XIXe s., le baptisme fit des progrès considérables chez les Noirs du Sud qui organisèrent leurs propres Églises. Après 1945, le baptisme noir se plaça, avec le pasteur Martin Luther King, à l'avant-garde de la lutte contre la ségrégation raciale. Beaucoup de baptistes américains se rattachent d'autre part au fondamentalisme (interprétation strictement littérale de la Bible), tel le prédicateur populaire Billy Graham. Les autres communautés baptistes se trouvent en URSS, en Grande-Bretagne, en Inde, en Birmanie, au Canada, au Brésil. La plupart appartiennent à l'Alliance baptiste mondiale, fondée en 1905.

BARAK, Ehoud Brog, dit **Ehoud** (Mishmar-Hasharon, près de Netanya, 2.II.1942). Homme politique israélien. Entré à 18 ans dans l'armée israélienne, il prit le nom de Barak, « l'éclair » en hébreu. Il s'illustra le 8 mai 1972 à la tête d'une opération de libération d'otages, sur l'aéroport de Tel-Aviv. Soldat le plus décoré de l'armée israélienne, il fut nommé chef d'état-major adjoint par Yitzhak Rabin, alors ministre de la Défense en 1987, puis chef d'état-major général pour trois ans le 1er avr. 1991. Devenu chef du gouvernement, Y. Rabin lui confia le poste de ministre de l'Intérieur. Après son assassinat en nov. 1995, Shimon Pérès nomma E. Barak au ministère des Affaires étrangères. Peres défait aux élections de 1996, E. Barak devint membre de la direction du parti travailliste (juin 1997). Élu à la tête du gouvernement le 17 mai 1999, sur un programme de reprise des négociations de paix, il fut confronté, dès le mois d'oct. 2000, aux nouveaux affrontements entre la population palestinienne et l'armée israélienne. Ne parvenant pas à constituer un gouvernement d'union nationale avec son principal opposant, Ariel Sharon (v.), il provoqua des élections et fut largement battu (37,5 % des suffrages contre 62,5 %) en févr. 2001.

BARANGÉ (loi). Loi scolaire votée par l'Assemblée nationale le 10 sept. 1951. Elle instituait au bénéfice de toutes les familles ayant un enfant scolarisé dans un établissement d'enseignement primaire, public ou privé, une subvention de 1 000 francs (anciens) par enfant et par trimestre de scolarité. La gauche considérait cette loi comme une atteinte au principe de laïcité ; pour cette raison il ne put y avoir, jusqu'en 1957, aucune collaboration gouvernementale entre la S.F.I.O. et le M.R.P. Elle fut remplacée par la loi Debré en 1959. Voir **Debré (loi)** et **Laïcité**.

BARBARES (en grec *barbaroi*). Mot par lequel les Grecs désignaient tous les non-Grecs, et particulièrement les peuples orientaux, dont la langue leur semblait incompréhensible.

BARBARIE. Ce mot est une déformation de *Berbérie*, ou pays des Berbères, et a désigné de la fin du Moyen Âge au début du XIXe s. la partie de l'Afrique septentrionale qui comprenait la Tripolitaine, la Tunisie, l'Algérie et le Maroc. Les **Barbaresques** étaient des corsaires d'Alger, Tunis, Tripoli, très actifs au XVIIe et au XVIIIe s., vivant du pillage maritime et du commerce des esclaves chrétiens dont le rachat était très lucratif. Du fait de leurs rivalités commerciales, les puissances européennes n'ont pas su opposer un front commun aux Barbaresques : qu'ils fussent anglais, français ou hollandais, les bombardements d'Alger n'eurent longtemps que des résultats médiocres. Ce ne fut qu'après le congrès de Vienne que les puissances européennes décidèrent de s'attaquer à la guerre de course en Méditerranée. Voir **Barberousse**.

BARBAROUX Charles (* Marseille, 6.III.1767, † Bordeaux, 25.VI.1794). Homme politique français. Avocat, il dirigea *L'Observateur marseillais*, journal qui répandit les idées de la Révolution. Avec les Marseillais montés à Paris il participa à l'insurrection du 10 août 1792 et fut élu député des Bouches-du-Rhône à la Convention. Mme Roland le poussa à se rallier aux Girondins : il demanda l'appel au peuple dans le procès de Louis XVI, lutta contre Marat et Robespierre. Après la journée du 31 mai 1793, il se retrouva proscrit. Il organisa alors une révolte armée en Normandie mais dut se réfugier à Bordeaux. Découvert, il fut guillotiné. Il a laissé des *Mémoires* que son fils publia en 1822.

BARBERINI. Famille noble italienne, originaire de Toscane, venue s'établir à Rome pour fuir l'hostilité des Médicis. La puissance de cette famille fut assise par le cardinal **Francesco** (1528-1600), dont le neveu **Maffeo** (1568-1644), humaniste et ami des arts, fut élu pape en 1623 sous le nom d'Urbain VIII. Il nomma cardinaux son frère **Antonio** (1624) et ses neveux **Francesco II** (1623) et **Antonio II** (1627). Il confia l'édification du palais Barberini à Maderno et Borromini. Les travaux furent poursuivis par le Bernin qui pilla les ruines antiques de Rome pour les réemployer en matériaux de construction et provoqua la fameuse épigramme de Pasquino : *Quod non fecerunt barbari fecerunt Barberini* (« Ce que les Barbares n'ont pas fait, les Barberini l'ont commis »). Le palais Barberini est un des plus beaux exemples de l'architecture du XVIIe s., où était conservée la bibliothèque Barberina, fondée en 1627.

À la mort d'Urbain VIII auquel succéda Innocent X (de la famille Pamfili), Francesco II et Antonio II durent se réfugier en France et leurs biens furent confisqués. Antonio fut nommé évêque de Poitiers puis archevêque de Reims en 1657.

BARBEROUSSE. Nom donné par les historiens européens à deux célèbres corsaires qui, au début du XVIe s., avaient fondé la Régence d'Alger. **Aroudi Barberousse** (* Mytilène, vers 1474, † près de Tlemcen, 1518) était le fils d'un Sicilien converti à l'islam ; il servit l'Égypte, la Turquie et Tunis et devint la terreur des Espagnols en Méditerranée occidentale. En 1515, appelé par les Algérois, il délogea les Espagnols de l'îlot du Peñon, puis se rendit maître de la ville et entreprit la conquête de l'arrière-pays. Il fut tué au combat. Son frère **Khaïr el-Din Barberousse** (* Mytilène vers 1476, † Istanbul, mai 1546) lui succéda en se déclarant vassal de la Porte ; il reçut du sultan d'Istanbul 2 000 janissaires et 4 000 volontaires et fut nommé *beylerbey* (« seigneur des seigneurs »). Il fit aménager par 30 000 esclaves chrétiens le port d'Alger et, après avoir pris Tunis en 1534, il entreprit une guerre de course et de razzias sur les côtes italiennes. La France de François Ier s'allia avec lui contre Charles Quint (1543/44). Voir **Algérie**.

BARBEROUSSE. Surnom de Frédéric Ier, empereur allemand. Voir FRÉDÉRIC Ier.

BARBEROUSSE (opération). Nom de code de l'attaque militaire lancée par Hitler contre l'URSS le 22 juin 1941. Après le pacte germano-soviétique du 23 août 1939, les relations entre les deux pays s'étaient dégradées. Depuis longtemps Hitler regardait les riches terres de l'Est comme autant de régions où pouvait s'étendre l'Allemagne. En déc. 1940, il décida de préparer une offensive contre l'Union soviétique ; cependant, en raison de l'intervention allemande dans les Balkans contre la Yougoslavie et la Grèce (avr. 1941), l'offensive dut être retardée. Voir GUERRE MONDIALE **1939/45**.

BARBÈS Armand (* Pointe-à-Pitre, Guadeloupe, 1809, † La Haye, 26.VI.1870). Homme politique français. Ayant hérité de son père une confortable fortune, il vint en France en 1830 et fut un des chefs de l'opposition républicaine. Emprisonné à la suite des affaires d'avr. 1834, Barbès fut ensuite condamné à un an de prison après l'attentat de Fieschi, pour fabrication de poudre. Infatigable conspirateur, il prit avec Blanqui et Martin-Bernard la direction de l'insurrection du 12 mai 1839. Condamné à mort, il bénéficia de diverses interventions, dont celle de V. Hugo, et sa peine fut commuée en détention perpétuelle. Libéré par la révolution de 1848, il soutint Ledru-Rollin et, élu député de l'Aube, siégea à l'extrême gauche. Ayant pris part à la journée du 15 mai 1848, il fut arrêté et, de nouveau, condamné à la détention perpétuelle. En 1854, il refusa la grâce de Napoléon III. Extrait de force de sa prison, il s'exila volontairement, refusant toutes les amnisties.

BARBIE Klaus (* Bad Godesberg, 25.X.1913, † Lyon, 25.IX.1991). Membre des Jeunesses nazies (1931) puis des SS (1935), il dirigea la Gestapo de Lyon pendant la Seconde Guerre mondiale. À ce poste, il conduisit, en juin 1943, l'interrogatoire de Jean Moulin, qui mourut des tortures subies. À la Libération, sous le nom de Klaus Altmann, il se réfugia au Pérou et, en 1972, il gagna la Bolivie. Extradé par la Bolivie en févr. 1983, il fut aussitôt écroué à Lyon et inculpé de crimes contre l'humanité commis en 1943 et 1944. Il fut condamné à la réclusion criminelle à perpétuité en juill. 1987 au terme d'un procès considéré comme exemplaire par sa portée historique et symbolique.

BARCIDES. Famile carthaginoise dont le fondateur fut Hamilcar Barca (vers 290/229 ou 228 av. J.-C), général carthaginois, qui, après avoir combattu les Romains en Sicile, conquit l'Espagne pour redonner à l'Espagne un nouveau champ d'expansion. Ses fils Hannibal (vers 247/183 av. J.-C.), Hasdrubal (vers 245/207 av. J.-C.), et Magon († en 203) furent élevés dans le désir de venger les défaites carthaginoises de la première guerre punique. Voir CARTHAGE.

BAR-COCHEBA Simon, c'est-à-dire « Fils de l'étoile » († Béthar, 135). De son vrai nom Bar Koziba, il fut le chef de la seconde révolte juive sous le règne d'Hadrien et souleva la Judée contre les Romains. Il déclara être le Messie et fut parfois reconnu comme tel, malgré l'opposition d'une partie des prêtres. Durant trois ans il mena la guérilla contre les Romains. Retranché dans la forteresse de Béthar, au S.-O. de Jérusalem, il y trouva la mort. En 1960, plusieurs lettres de sa correspondance ont été retrouvées près de la mer Morte.

BARDI. Famille de marchands-banquiers florentins. À partir du milieu du XIIIe s., elle constitua la plus importante puissance marchande et financière d'Italie. Ses succursales étaient présentes dans toutes les grandes places du commerce européen et oriental : Londres, Bruges, Paris, Avignon, Marseille, Barcelone, Majorque, Rhodes, Constantinople, Chypre, Jérusalem.

Au siècle suivant, les Bardi se heurtèrent aux Médicis qui, en 1343, organisèrent le pillage de leur palais. Alliés aux Peruzzi, ils avaient pratiqué une politique imprudente de prêt au souverain anglais Édouard III qui, l'année de leur faillite (1346), leur devait la somme de 1 365 000 florins. Les Bardi ne purent jamais reconstituer leur ancienne puissance mais restèrent une des familles les plus influentes de Florence.

BARDO (traité du). Traité signé entre la France et le bey Mohammed el-Sadok le 12 mai 1881. Il imposait le protectorat français à la Tunisie et fut confimé par le traité de la Marsa en 1883. Voir TUNISIE.

BARENTS ou **BARENTSZ Willem** (* île de Terschelling, milieu du XVIe s., † sur la côte de la Nouvelle-Zemble, 20.VI.1597). Navigateur hollandais. Parti de Hollande en juin 1594 pour trouver le passage du Nord-Est, il atteignit le premier la Nouvelle-Zemble en juill. 1594. Une seconde expédition lui permit de découvrir l'île des Ours et le Spitzberg en 1596. Pris par les glaces durant l'hiver 1596/97, il périt en essayant de regagner au printemps suivant la Laponie. Quelque trois siècles plus tard, en 1871, ses quartiers d'hiver furent localisés et retrouvés par Carlsen. Il a donné son nom à la mer qui s'étend de la côte occidentale de la Russie à la Nouvelle-Zemble.

BARÈRE DE VIEUZAC Bertrand (* Tarbes, 10.IX. 1755, † Paris, 15.I.1841). Homme politique français. Avocat à Toulouse puis conseiller à la sénéchaussée de Bigorre ; député du tiers aux États généraux, il évolua du modérantisme à l'extrémiste ; il devint président de la Convention et dirigea le procès de Louis XVI dont il vota la mort sans appel ni sursis. Membre du Comité de salut public (1793), il fit décréter que « la Terreur était à l'ordre du jour » et n'eut pas son pareil pour colorer d'élégances les motions les plus sanguinaires, ce qui le fit surnommer l'*Anacréon de la guillotine*. Il abandonna Robespierre, contribua à sa chute lors du 9-Thermidor, mais fut condamné à la déportation en mars 1795. Il s'évada, fut élu en 1797 au Conseil des Cinq-Cents, mais invalidé. Amnistié après le 18-Brumaire, stipendié par la police pour écrire des brochures de propagande en faveur de Bonaparte, il vécut oublié sous l'Empire et ne reparut que pendant les Cent-Jours comme membre de la Chambre des représentants. La Restauration l'exila comme régicide. Revenu en France après la révolution de 1830, il fut de nouveau député mais son élection fut annulée pour vice de forme. Il a laissé des *Mémoires*, publiés par Lazare Hippolyte Carnot en 1843.

BARMEN (synode de). Réunion des responsables de toutes les Églises protestantes allemandes (luthériennes et calvinistes) qui, en mai 1934, décidèrent de résister au national-socialisme et adoptèrent une déclaration en six articles inspirée par Karl Barth, laquelle condamnait l'idéologie hitlérienne. Voir **Allemagne.**

BARNAVE Pierre Joseph Marie (* Grenoble, 22.X.1761, † Paris, 29.XI.1793). Homme politique français. Avocat au parlement de Grenoble, député du tiers aux États généraux, il fut, avec Mirabeau, le plus brillant orateur de l'Assemblée constituante. Il fit déclarer inviolable la personne des députés (23 juin 1789), réclama la suppression des ordres religieux et la confiscation des biens du clergé. Il fut le meilleur représentant de la bourgeoisie montante qui souhaitait, dans le cadre d'une monarchie constitutionnelle, l'égalité des droits politiques et une économie libérale. Il ramena Louis XVI à Paris après la fuite de Varennes (21 juin 1791) et travailla désormais à arrêter la Révolution. Ce fut le sens de son discours sur l'inviolabilité royale (15 juill. 1791). L'ouverture de l'armoire de fer en août 1792 dévoila ses relations avec la cour. Aussitôt arrêté, condamné à mort, il fut guillotiné plus d'un an après.

BARON. Après avoir désigné simplement un homme libre, le mot *baron* est devenu un titre nobiliaire dont la signification a varié selon les époques et les pays. En France, au XIIe s., les barons étaient les nobles qui jouissaient de tous les droits féodaux. Au siècle suivant le titre fut réservé aux grands du royaume, qu'ils fussent ducs, comtes ou évêques. Au XIVe s. le titre se dévalorisa et désigna tous les nobles venant après les ducs, comtes et vicomtes ; plus tard et jusqu'au XVIIe s. on n'appela plus barons que les possesseurs d'une terre baronniale. Louis XIV mit fin à cette hiérarchie en créant de nombreux barons par lettres patentes.

Napoléon en accentua le déclin en permettant, par décret du 1er mars 1808, aux premiers personnages de l'État de constituer en faveur de leur fils aîné un majorat auquel fut attaché le droit d'être appelé baron ; le système perdura sous la Restauration et le second Empire.

Dans l'Angleterre médiévale, une distinction apparut, dès 1215, entre deux classes de barons et le titre fut bientôt réservé aux membres de la Chambre des lords. À partir de 1387 les souverains créèrent de nouveaux barons.

BARRAS Paul François Jean Nicolas, comte de (* Fos-Amphoux, Var, 30.VI.1755, † Chaillot, Paris, 29.I.1829). Homme politique français. Il participa à la prise de la Bastille, s'affilia aux Jacobins, fut élu député du Var à la Convention, où il vota la mort de Louis XVI ; nommé commissaire de la Convention dans le Midi (1793), il réprima cruellement les mouvements fédéralistes et royalistes. Barras fut du complot du 9-Thermidor et commanda les troupes qui s'emparèrent de Robespierre à l'Hôtel de Ville ; il s'employa ensuite à limiter les excès de la réaction thermidorienne. Chef de l'armée de l'intérieur, il dispersa l'insurrection royaliste du 13-Vendémiaire (5 oct. 1795) avec l'aide de Bonaparte. Devenu membre du Directoire (nov. 1795) il forma avec Rewbell et La Révellière une espèce de triumvirat qui prit le pouvoir par le coup d'État du 18-Fructidor (4 sept. 1797). Il gouverna dès lors comme un véritable dictateur, mais ses débauches, son luxe tapageur, ses intrigues avec le parti royaliste finirent par le discréditer et il fut renversé par son ancien protégé, Bonaparte, lors du 18-Brumaire (9 nov. 1799). Bien que régicide, il ne fut pas inquiété par la Restauration.

BARRE Raymond (Saint-Denis, île de la Réunion, 12.IV.1924). Homme politique français. Ministre du Commerce extérieur en janv. 1976, il succéda à Jacques Chirac comme Premier ministre en août.

Il le resta jusqu'à la fin du septennat de V. Giscard d'Estaing, en mai 1981. Également ministre de l'Économie et des Finances, il créa ce qui fut appelé le *barrisme*, politique de rigueur libérant les prix industriels, mais encadrant le crédit et contrôlant la progression des revenus. Candidat aux présidentielles de 1988, il fut battu dès le premier tour par F. Mitterrand et J. Chirac, au bénéfice duquel il se désista. Député depuis 1978, il fut maire de Lyon de 1995 à 2001.

BARRÈS Maurice (* Charmes-sur-Moselle, 19.VIII. 1862, † Paris, 4.XII.1923). Écrivain et homme politique français. Député de Nancy de 1889 à 1893, fondateur du journal *La Cocarde* (1894), ardent nationaliste, il défendit l'armée pendant l'affaire Dreyfus et dénonça les compromissions parlementaires. Malgré son amitié avec Maurras, il ne fut jamais inféodé à l'Action française. Il publia de nombreux articles qui furent réunis dans *Scènes et Doctrines du nationalisme* (1902). Élu député de Paris de 1906 jusqu'à sa mort, il prôna durant la Grande Guerre l'Union sacrée.

BARRICADES (journées des).

12 mai 1588. Le duc Henri de Guise, chef des ligueurs, étant venu à Paris à l'appel des Seize, Henri III donna l'ordre à 4 000 Suisses et à 2 000 gardes d'occuper la capitale. À l'appel des Seize, le peuple parisien barra les rues avec des chaînes, des pavés, des tonneaux, des *barriques* et paralysa les Suisses et les gardes. Henri III abandonna le lendemain sa capitale aux ligueurs.

26 août 1648. Durant la Fronde, à la suite de l'arrestation sur ordre d'Anne d'Autriche, des magistrats Broussel, Charton et Blancmesnil, les Parisiens élevèrent des barricades et obtinrent la libération de Broussel (28 août). Voir BROUSSEL et FRONDE.

Semaine des barricades d'Alger (24 janv./1er févr. 1960). Elle fut organisée par les chefs activistes des Français d'Algérie (Ortiz, Susini, Lagaillarde) pour manifester leur opposition à la politique d'autodétermination définie par le président de Gaulle en sept. 1959.

BARRIÈRE (traités de la). Les *Places de la Barrière* furent un système défensif imaginé par les Provinces-Unies pour se prémunir contre une agression française. Un premier traité de la Barrière faisait partie des traités de Ryswick (1697). Il autorisait les Hollandais à établir des garnisons dans les places des Pays-bas qui faisaient face à la frontière française. Deux autres traités signés en 1713 et 1715 ont porté ce nom et obéissaient au même but. Le premier (29 janv. 1713) fut conclu entre la France et la Hollande quelques mois avant le traité d'Utrecht et permettait aux Hollandais de tenir garnison dans les villes de Tournai, Ypres, Menin, Furnes, Warneton, Comines et le fort de Knokke.

Par le second signé le 15 nov. 1715, l'empereur Charles VI, qui régnait désormais sur les Pays-Bas espagnols, confirmait aux Hollandais leurs droits dans les mêmes places fortes. Voir PAYS-BAS.

BARROIS. Connu dès le Ve s. sous le nom de *pagus barrensis*, le pays qui correspondrait à l'actuel département de la Meuse et à une partie de celui des Vosges, devint comté de Bar au Xe s. En 1301, le comte Henri III dut, par le traité de Bruges, reconnaître la suzeraineté du roi pour toutes ses possessions sur la rive gauche de la Meuse : c'était dès lors le *Barrois mouvant* que l'on distingua du *Barrois non mouvant*, qui fut érigé lui-même en duché en 1354 et réuni à la Lorraine en 1431. Au XVIIe s. Louis XIII et Louis XIV invoquèrent la mauvaise volonté des ducs de Lorraine à prêter hommage pour le Barrois mouvant et occupèrent souvent la Lorraine. En 1766, le Barrois fut définitivement réuni à la France avec la Lorraine. Voir LORRAINE.

BARRY, Jeanne Bécu, comtesse du (* Vaucouleurs, Meuse, 19.VIII.1743, † Paris, 8.XII. 1793). Voir DU BARRY.

BART Jean (* Dunkerque, 21.X.1650, † Dunkerque, 27.IV.1702). Marin français. D'une importante famille d'armateurs flamands, fils et petit-fils de capitaines corsaires, il commença à naviguer dès l'âge de douze ans et servit quelque temps dans la flotte de Ruyter contre l'Angleterre (1666/67). Passé au service de la France, il arma un navire en course et prit quatre-vingt-un bâtiments ennemis pendant la guerre de Hollande (1672/78). Capturé ensuite par les Anglais, il réussit à s'enfuir de Plymouth et, en ramant pendant plus de deux jours, à gagner Saint-Malo (1689). De nouveaux exploits lui valurent d'être fait chevalier de Saint-Louis le 1er févr. 1694 et anobli en août de la même année. Il parvint à forcer le blocus anglais devant Dunkerque et fit entrer dans le port une grande flotte chargée de grains ; le 19 juin 1696, il remporta la seconde victoire navale du Texel sur les Hollandais, prit ou brûla plus de quatre-vingts navires marchands. Il fut promu chef d'escadre (1697).

BARTH Heinrich (* Hambourg, 16.II.1821, † Berlin, 25.XI.1865). Explorateur allemand qui fut un des grands découvreurs de l'Afrique au XIXe s. Avec son compatriote Overweg et l'Anglais Richardson, il fut le premier Européen à explorer les régions au S. du lac Tchad et atteignit Tombouctou en sept. 1853 (25 ans après René Caillié) d'où il revint seul. En publiant ses souvenirs de voyage, *Reisen und Entdeckungen in Nord und Zentralafrika* (1855/58), il enrichit considérablement la connaissance du Soudan. Voir AFRIQUE.

BARTHÉLEMY François, marquis de (* Aubagne, Bouches-du-Rhône, 20.X.1747, † 3.IV.1830). Homme politique français. Protégé par Choiseul et entré dans la diplomatie, il servit ensuite la République dont il fut l'ambassadeur en Suisse de 1792 à 1797 tout en négociant les traités de Bâle avec la Prusse et l'Espagne. Élu au Directoire, il en fut exclu par le coup d'État du 18-Fructidor. Déporté en Guyane, il put s'en évader et rentra en France après le 18-Brumaire. Bonaparte le fit sénateur puis comte d'Empire. Rallié à Louis XVIII en 1814, il participa à la rédaction de la Charte et la Restauration le fit ministre d'État et marquis. Ses *Mémoires* ont été publiés en 1914.

BARTHOU Louis (* Oloron-Sainte-Marie, 25.VIII. 1862, † Marseille 9.X.1934). Homme politique français. Avocat, député centre droit des Basses-Pyrénées dès 1889, il représentait parfaitement la bourgeoisie de la IIIe République. Il occupa de nombreux postes ministériels et, en mars 1913, fut nommé par Poincaré président du Conseil. Il fit voter en août la loi instituant le service de trois ans. Il était ministre des Affaires étrangères lorsqu'il trouva la mort à Marseille dans l'attentat commis contre le roi Alexandre de Yougoslavie. Il était membre de l'Académie française.

BAS-EMPIRE. Terme longtemps employé pour désigner l'Empire romain à partir du IIIe s. apr. J.-C., une période que l'on jugeait marquée par un déclin continu voire par une décadence des institutions et des mœurs, par contraste avec le Haut-Empire du Ie et du IIe s. apr. J.-C. Si le terme de Bas-Empire est encore employé par commodité, il est aujourd'hui débarrassé de tout jugement moral.

BASILE, Basiléios, saint, dit **le Grand** (* Césarée de Cappadoce, vers 330, † Césarée de Cappadoce, 1er.I.379). Père de l'Église. Il mena une vie ascétique dans son domaine transformé en monastère et lutta contre l'arianisme. Ses *Grandes Règles* (vers 359/62) et ses *Petites Règles* (vers 365/70) ont influencé le monachisme tant oriental qu'occidental. Il fut ordonné prêtre vers 362 et élu évêque de Césarée en 370.

BASILE Ier le Macédonien (* Andrinople, vers 813, † 886). Empereur byzantin (867/86). D'une famille arménienne établie en Macédoine, il sut, par sa beauté et ses qualités de sportif, devenir le favori de l'empereur Michel III l'Ivrogne. Ayant assassiné le césar Bardas (866) puis l'empereur lui-même (867), il usurpa le trône et fonda la dynastie macédonienne, qui régna jusqu'à la mort de Théodora (1056) et sous laquelle l'Empire byzantin atteignit son apogée. Souverain énergique, Basile Ier rétablit par une sage économie le Trésor public que Michel III avait dilapidé. Le déclin de l'islam étant amorcé par la victoire byzantine de Poson (863), il refoula méthodiquement les Arabes de l'Asie Mineure, puis les attaqua en Occident et rétablit l'autorité byzantine en Italie du Sud (prise de Tarente, 880). À l'intérieur, il publia le *Prochiron* et l'*Épanagogè*, grande œuvre législative que ses successeurs, en particulier Léon VI, menèrent à bien. Dans le domaine religieux, il relégua le patriarche Photius dans un couvent, entra dans la communion romaine (VIIIe concile œcuménique de Constantinople, 869/70). Il rendit ensuite sa confiance à Photius, qui remonta sur le siège patriarcal (878) et fut reconnu par le synode de 879 (VIIIe concile œcuménique des Grecs).

BASILE II (* vers 957, † 15.XII.1025). Empereur byzantin (963/1025). Arrière-arrière-petit-fils de Basile Ier le Macédonien et fils de Romain II, il n'avait que six ans lorsqu'il devint coempereur avec son frère, Constantin VIII (963). Durant sa minorité, l'Empire fut gouverné par son beau-père, Nicéphore Phocas, puis par Jean Tzimiscès. À la mort de celui-ci (976) commença le règne véritable de Basile II, certainement le plus grand souverain de la dynastie macédonienne.

Basile II détruisit le vaste Empire bulgare édifié par le tsar Samuel, du Danube à la Thessalie et à l'Adriatique, grave danger pour Byzance. Menant la lutte avec une sauvagerie qui lui valut le surnom de *Bulgaroctone* (tueur de Bulgares), Basile II qui avait vu son Empire gravement menacé en 986, 989/90 et 1005, remporta sur les Bulgares la victoire décisive de la Stroumitza (29 juill. 1014). Face aux Arabes, il put conserver les conquêtes de Jean Tzimiscès, étendit au N.-E. les frontières de l'Empire par des campagnes en Géorgie, en Arménie et au Caucase. Il réussit à faire passer dans la mouvance spirituelle de Byzance la Russie de Kiev.

BASILIQUE. À Rome, grand édifice couvert terminé à l'une de ses extrémités par une abside où le préteur s'installait pour rendre la justice. Il servait aussi aux réunions publiques et aux activités des marchands, des changeurs et des banquiers. Ce type de bâtiment fut adopté dans les cités des provinces pour sa commodité. La plus ancienne, la basilique Porcia, fut élevée au IIe s. av. J.-C. sur le Forum par Caton le Censeur.

À partir du IVe s., les chrétiens utilisèrent progressivement les basiliques pour célébrer leur culte puis en construisirent de nouvelles. Sous les Mérovingiens et Carolingiens, les églises fondées par les souverains ou leur famille prirent le nom de basilique. Aujourd'hui, le titre de basilique est donné par le pape à certaines églises privilégiées et les quatre basiliques *majeures* sont à Rome : Saint-Jean-de-Latran, Saint-Pierre, Saint-Paul-hors-les-murs, Sainte-Marie-Majeure.

BASILIQUES. Recueil des lois de l'empire d'Orient, commencé sous Basile Ier le Macédonien, achevé sous son fils Léon VI, et publié en soixante livres en 887. Il adaptait et faisait une synthèse de l'œuvre de Justinien.

BASQUES, en basque *Euskaldunak*. Peuple établi sur les deux versants des Pyrénées occidentales, en Espagne dans les provinces de Biscaye, Guipuzcoa, Alava et Navarre, en France dans les pays de Labourd, de Basse-Navarre et de Soule.

L'origine ethnique des Basques, qui parlent une langue non indo-européenne, demeure inconnue, mais il est certain que l'implantation des Basques est antérieure à celle des Ibères. Il n'y a jamais eu d'État basque au cours de l'histoire, mais les dominations successives des Romains, des Wisigoths, des Arabes et des Francs n'altérèrent pas les traits, fortement caractérisés, de ce peuple. Les Vascons, qui vinrent se fixer en Gaule au début du VIIe s. et fondèrent un royaume en Gascogne, étaient des Basques. Durant tout le haut Moyen Âge, les montagnards basques, bien que chrétiens, furent un objet de terreur pour les pèlerins qui franchissaient les Pyrénées : en 778, alors que Charlemagne, après avoir pris Pampelune sur les Arabes, regagnait la Gaule, son arrière-garde fut surprise et taillée en pièces par les Basques au col de Roncevaux (c'est l'origine historique de *La Chanson de Roland*, laquelle a transformé les Basques en Sarrasins). Longtemps après, les Basques continuaient à se livrer au pillage, et leurs méfaits à l'égard des pèlerins obligèrent le IIIe concile du Latran (1179) à les excommunier. Cependant, les Basques d'Espagne avaient formé à partir du VIIIe s., de petites principautés, d'où émergèrent les royaumes des Asturies à l'O., de Navarre à l'E. La Castille étendit peu à peu sa domination sur les Basques par l'annexion du Guipuzcoa (1200), de l'Alava (1332), de la Biscaye (1370), enfin de la plus grande partie de la Navarre (1512) ; à ces provinces basques furent garantis des privilèges particuliers (*fueros*) qui outre certaines exemptions d'impôts, leur conféraient une autonomie de fait sous l'autorité de juntes provinciales. Il en fut de même pour les provinces basques françaises et en 1614, les états de Basse-Navarre refusèrent de députer aux états généraux. En 1789, les délégués basques se retirèrent de l'Assemblée constituante lorsque fut décidée la division de la France en départements.

Le nationalisme basque

Chaque souverain espagnol, à son avènement, jurait de respecter les *fueros* basques (en Biscaye, cette cérémonie avait lieu à l'assemblée de Guernica). Au cours du XIXe s., les Basques espagnols se dressèrent violemment contre la politique centralisatrice des gouvernements de Madrid et soutinrent ardemment le carlisme. Après la première insurrection, les privilèges de la Navarre furent supprimés (1839) et il en fut de même, en 1876, pour les privilèges de l'Alava, du Guipuzcoa et de la Biscaye. À cette époque de nombreux Basques (environ 200 000) émigrèrent en Amérique latine. Après l'avènement de la république (1931), les Basques élaborèrent un statut d'autonomie, s'agitèrent contre Madrid et organisèrent leurs propres élections municipales. La guerre civile de 1936 les divisa : une partie d'entre eux, fidèles au traditionalisme carliste, se rallia à Franco et forma l'essentiel du corps des *requetés*, mais on vit beaucoup de Basques catholiques combattre par volonté d'autonomie, dans les rangs républicains aux côtés de socialistes et de communistes.

Tout en poursuivant une politique foncièrement unitaire et centralisatrice, Franco a accordé aux Basques certaines libertés culturelles (notamment la permission d'écrire et même d'enseigner la langue basque, l'*eskeura*). L'ancien parti nationaliste basque s'était peu à peu usé dans l'émigration, mais, en 1959, apparut l'*Euzkadi Ta Azkatasuna* (« le Pays basque et sa liberté »), ETA, qui réclama l'indépendance complète et recourut au terrorisme pour soutenir ses revendications (assassinat, en 1973, du Premier ministre Carrero Blanco).

Un statut d'autonomie fut accordé aux Provinces basques en 1979. L'ETA se scinda alors en deux organisations distinctes, une aile politique jouant le jeu institutionnel, *Herri Batasuna*, tandis que l'aile militaire maintenait sa stratégie terroriste. En sept. 1984 la France, qui auparavant avait refusé les extraditions vers l'Espagne, changea d'attitude, et le gouvernement de Laurent Fabius livra des membres de l'ETA arrêtés sur son territoire. Par ailleurs, l'État socialiste espagnol utilisa dans l'ombre, de 1983 à 1987, les tueurs des Groupes antiterroristes de libération (GAL) pour exécuter des membres de l'ETA sur le territoire français. La collaboration des polices françaises et espagnoles devint régulière à partir de 1986. Le Pays basque français connaissait alors, depuis 1980, une vague d'attentats dus au groupe indépendantiste *Iparretarak*. En Espagne, de nombreuses arrestations démantelèrent des commandos de l'ETA et portèrent des coups très durs aux terroristes.

En sept. 1998, l'ETA annonça une trêve unilatérale et illimitée. Des négociations en Suisse furent engagées dès nov. avec le gouvernement espagnol d'Aznar ; elles aboutirent à un échec en mai 1999. En nov. l'ETA annonça la reprise de la lutte armée, provoquant de grandes manifestations de protestation dans la population. Les attentats meurtriers s'intensifièrent durant l'été 2000, visant des membres du parti populaire d'Aznar, des forces de l'ordre, de la presse, ou des Basques modérés.

Le gouvernement autonome des Provinces basques d'Espagne était dominé depuis sa création, en 1980, par les modérés du parti nationaliste basque (PNV). Des élections d'oct. 1998 sortit un nouveau gouvernement, entièrement nationaliste, composé d'une coalition PNV-*Eusko Alkartasuna* (EA) qui fut mise en difficulté par la reprise des attentats.

BASSOMPIERRE François de (* Haroué, 12.IV.1579, † Provins 12.X.1646). Maréchal de France. Né Betsein, d'un père lorrain, colonel de reîtres allemands au service de la France, et d'une nièce du maréchal de Brissac, il voyagea en Italie, fut présenté à son retour au roi Henri IV à qui il plut et obtint des lettres de naturalisation. Il changea alors son nom pour celui de Bassompierre, fit ses premières armes à la prise de Montmélian (1601), puis alla combattre les Turcs en Hongrie. La protection de Marie de Médicis lui permit d'être nommé colonel général des Suisses en 1614. En 1619 Louis XIII le fit chevalier du Saint-Esprit puis l'envoya comme ambassadeur extraordinaire en Espagne. Revenu en France, il participa aux campagnes contre les huguenots, s'illustra à la bataille des Sables-d'Olonne et reçut le bâton de maréchal le 29 août 1622. Il partagea alors sa vie entre les ambassades et les campagnes militaires ; mais très lié à Mlle de Guise, princesse de Conti, elle-même intime de Marie de Médicis, il fut soupçonné d'être du complot contre Richelieu qui précéda la journée des Dupes. Embastillé en février 1631 il ne fut libéré qu'en 1643, après la mort de Louis XIII.

BASTIAT Frédéric (* Bayonne, 30.VI.1801, † Rome, 24.XII.1850). Économiste français. D'une famille de commerçants aisés, il se consacra à partir de 1825 à l'étude de l'économie politique, voyagea en Espagne et en Angleterre où il se passionna pour la cause du libre-échange défendue par Richard Cobden. Son premier article parut en 1844 dans le *Journal des économistes*.

Adversaire résolu du protectionnisme et du socialisme, il fut, avec Jean-Baptiste Say, le meilleur représentant de l'école classique en France. Publiciste remarquable, il raillait ses adversaires dans ses séries de *Petits Pamphlets* et *Sophismes économiques*. Le plus piquant fut sa *Pétition des marchands de chandelles* où ceux-ci, s'estimant victimes de la concurrence du soleil, exigeaient du gouvernement des mesures protectionnistes, telle la fermeture obligatoire des fenêtres. Dans *Les Harmonies économiques*, son principal ouvrage publié en 1849, il exprimait toute sa confiance dans le libéralisme. L'association qu'il avait fondée en 1846 prépara les esprits à l'évolution vers le libre-échange qui triompha sous Napoléon III avec l'accord franco-anglais de 1860 à l'élaboration duquel avait participé Cobden.

BASTILLE. Château fort construit à Paris, à la porte Saint-Antoine, de 1369 à 1383. Elle formait une vaste citadelle comprenant huit tours rondes reliées entre elles par des murailles hautes de 24 m et épaisses de 3 m ; elle était entourée de fossés larges de 26 m sur 8 m de profondeur. Pendant la guerre de Cent Ans et jusqu'à la Fronde elle eut un rôle militaire : Mlle de Montpensier y fit tirer le canon sur l'armée royale de Turenne lors du combat du faubourg Saint-Antoine. Elle conserva aussi le trésor royal.

Dès le début du XVIIe s., elle fut prison d'État. Biron y fut exécuté ; Bassompierre, Fouquet, l'homme au masque de fer, la Brinvilliers, la Voisin, Lally-Tollendal, Mahé de La Bourdonnais, le maréchal de Richelieu, Voltaire, le cardinal de Rohan, Latude y furent emprisonnés. La Bastille pouvait contenir jusqu'à soixante-dix prisonniers, logés séparément et, d'une façon générale, bien traités. Au XVIIIe s., il s'agissait surtout de jansénistes, de courtisans compromis dans des intrigues, d'écrivains coupables de délits d'opinion, de fils de famille que leurs parents avaient fait interner par lettre de cachet. Cette forme d'incarcération fit de la Bastille le symbole de l'arbitraire. À la nouvelle du renvoi de Necker (11 juill. 1789), le peuple parisien, armé de piques et de fusils pris aux Invalides, marcha vers la Bastille. Le gouverneur de Launay ne disposant que d'une garnison dérisoire, fit tirer le canon sur les émeutiers, dont une centaine furent tués. La Bastille fut alors prise d'assaut et Launay massacré avec trois officiers (14 juill. 1789) ; la démolition de la forteresse commença dès les jours suivants. Le 14 juillet fut choisi comme fête nationale de la France en 1880.

BATAVE (république). Nom donné aux Pays-Bas hollandais conquis en 1794/95 par les troupes françaises de Pichegru et transformés en une république en mai 1795. Napoléon en fit en 1806 le royaume de Hollande dont son frère Louis fut nommé le souverain jusqu'en 1810.

BATAVES. Peuple germanique que Tacite considérait comme appartenant à la famille des Chattes, établi dans l'*insula Batavorum*, île formée à l'embouchure du Rhin, entre ses deux bras. Alliés et auxiliaires des Romains, ils prirent part aux batailles de la guerre civile entre Pompée et César ; en 69/70, ils se révoltèrent sous la conduite de Civilis et ne furent définitivement soumis que sous Vitellius et Vespasien. Envahis par les Francs à la fin du IIIe s., ils se fondirent avec eux.

BATHILDE sainte († Chelles, 30.I.680). Née en Angleterre et vendue comme esclave à Erchinoald, maire du palais de Neustrie, elle épousa Clovis II en 649 et lui donna trois fils : Clotaire III, Childéric II et Thierry III. Veuve en 657, elle gouverna avec sagesse la Neustrie et la Bourgogne pendant la minorité de Clotaire III. Avant de se retirer à l'abbaye de Chelles qu'elle avait richement dotée, elle avait fondé celle de Corbie. Voir MÉROVINGIENS.

BÁTHORY Élisabeth (* 1560, † Csej, 1614). D'origine hongroise et catholique, elle appartenait à la famille Báthory dont était issu Étienne Ier roi de Pologne (1575/86). Elle en était la nièce et épousa le comte Nadasdy. Elle eut la terrifiante réputation d'avoir attiré dans son château plus de six cents jeunes filles et de les avoir tuées pour se baigner dans leur sang encore chaud. En 1610, plusieurs de ses complices furent brûlés vifs et elle-même fut condamnée à la détention perpétuelle dans la forteresse de Csej.

Peut-être les chefs d'accusations invoqués contre la « comtesse sanglante » ont-ils été inventés pour dissimuler un crime de haute trahison. La comtesse Báthory aurait voulu en effet contribuer à la lutte menée par son cousin Gabriel Báthory contre les Habsbourg. Pour éviter la compromission de la famille, son mari aurait préféré qu'elle fût accusée d'un crime de droit commun, ce qui, en outre, lui permit de s'emparer de ses immenses biens. Voir HONGRIE.

BATISTA Y ZALDÍVAR Fulgencio (* Banes, Cuba, 16.I.1901, † Guadalmina, Espagne, 6.VIII.1973). Homme politique cubain. Président de la République de 1940 à 1944. Revenu au pouvoir par un coup d'État en 1952, il fut renversé par Fidel Castro en 1959. Voir CUBA.

BATOUTA Mohammed ibn Abdullah ibn (* Tanger, 1304, † au Maroc, 1377). Voyageur arabe. Parti du Maroc en 1325 pour accomplir un pèlerinage à La Mecque, il visita l'Irak, la Perse, le Yémen, la côte de l'Afrique orientale, remonta vers Oman et Ormuz, puis, n'ayant pu s'embarquer pour l'Inde, il visita encore le Caucase, la Russie méridionale, Constantinople, repartit vers l'E., traversa le Turkestan et l'Afghanistan, avant d'atteindre l'Indus, en 1333. Il séjourna neuf ans à la cour du sultan de Delhi, qui, en 1342, l'adjoignit à une ambassade partant pour la Chine. Retardé par un naufrage, Ibn Batouta séjourna sur la côte de Malabar, puis à Ceylan (vers 1345) et parvint enfin en Chine, où il visita notamment Canton et Pékin. Revenu au Maroc en nov. 1349, il repartit pour l'Espagne musulmane et Grenade, avant de s'enfoncer dans l'Afrique occidentale, où il parcourut les divers royaumes des régions nigériennes, en particulier le royaume Songhaï. Il rentra définitivement au Maroc vers 1354, dicta ses souvenirs de voyages et occupa pendant le reste de sa vie les fonctions de cadi.

BATTHYÁNI Lajos, comte de Németujvar (* Presbourg, 1806, † Budapest, 6.X.1849). Homme politique hongrois qui, militant du mouvement national, était partisan cependant du maintien de liens avec l'Autriche. Président du Conseil du premier gouvernement hongrois, il fut vite débordé par Kossuth à qui il avait confié le ministère des Finances et donna sa démission en sept. 1848 quand la Hongrie s'opposa directement à l'Autriche. Ses efforts pour ramener la paix furent vains et les Autichiens le fusillèrent néanmoins. Voir **HONGRIE**.

BATTISTI Cesare (* Trente, 4.II.1875, † Trente, 12. VII.1916). Patriote italien. Né Autrichien, il lutta pour son double idéal, patriotique et social, et devint journaliste. Élu en 1911 député de Trente au Parlement autrichien, il y fit retentir la protestation de l'irrédentisme italien. En 1915 il combattit dans l'armée italienne. Fait prisonnier par les Autrichiens, condamné à mort comme traître, il fut pendu. Voir **ITALIE**.

BATU KHAN (* 1204, † Saraï ?, 1255). Petit-fils de Gengis Khan et fils de Djoetchi, il fonda l'État de la Horde d'Or (1242). Voir **HORDE D'OR**.

BAUDOIN ou BAUDOUIN

BELGIQUE

BAUDOUIN Ier (* Bruxelles, 7.IX.1930, † Motril, Espagne, 31.VII.1993). Roi des Belges (1951/93). Fils aîné de Léopold III et d'Astrid, princesse de Suède, il fut emmené en Allemagne avec la famille royale en juin 1944 et libéré par les troupes américaines. Installé avec son père en Suisse, à Pregny, il y acheva ses études. Le 3 août 1950, il fut nommé prince royal avec les pouvoirs royaux peu après le retour à Bruxelles de Léopold III. Il prêta serment devant le Parlement le 12 août et, son père ayant abdiqué, devint roi des Belges le 17 juill. 1951. Il épousa, le 15 déc. 1960, Fabiola de Mora y Aragon.

FLANDRE

BAUDOUIN Ier de Flandre, dit **Bras-de-fer** († abbaye de Saint-Bertin, 878). Comte de Flandre. En 863 il avait enlevé et épousé Judith, fille de Charles le Chauve, son suzerain, qui dut consentir au mariage et lui donna tout le pays s'étendant entre la Canche, l'Escaut et la Manche, avec le titre de comte et de marquis. Il fonda Bruges.

BAUDOUIN V le Pieux ou **de Lille** († Lille, 1er.IX.1067). Comte de Flandre (1036/67). Il épousa Adélaïde de France, fille de Robert le Pieux et fut régent du royaume de France. Sa fille Mathilde épousa Guillaume le Conquérant. Voir **FLANDRE**

BAUDOUIN VI. (†1070). Comte de Flandre et de Hainaut. Voir **BAUDOIN Ier de Hainaut**.

BAUDOUIN VII à la Hache († Roulers, 17.VI.1119). Comte de Flandre (1111/19). Fils de Robert II de Jérusalem et de Clémence de Bourgogne, il fut un vassal fidèle du roi de France Louis VI le Gros qu'il secourut au siège d'Eu où il fut mortellement blessé. Justicier scupuleux, il fit jurer aux seigneurs flamands la « Paix du pays ».

BAUDOUIN IX. Comte de Flandre (1194/1206). Voir **BAUDOIN Ier, empereur latin d'Orient**.

HAINAUT

BAUDOIN Ier († 1070). Comte de Flandre et de Hainaut. Fils et successeur de Baudoin V, comte de Flandre, il épousa en 1051, Richilde, comtesse de Hainaut, et réunit ainsi les deux provinces de 1067 à 1070. Il fonda la ville de Grammont et lui donna, en 1068, une charte célèbre.

BAUDOIN II († en Orient, 1099). Comte de Hainaut (1070/99). Fils et successeur, pour le Hainaut, de Baudoin Ier, il participa à la première croisade. Envoyé avec le comte de Vermandois en ambassade à Constantinople, il disparut mystérieusement. Sa femme, Ida de Louvain, ne voulut jamais croire à sa mort et mena de vaines recherches pour le retrouver.

BAUDOIN III († 1120). Comte de Hainaut (1099/1120). Fils et successeur de Baudoin II, il épousa Yolande de Gueldre en espérant réunir la Flandre au Hainaut. En 1114 il institua la *Paix de Valenciennes*, remarquable code législatif.

BAUDOIN V († Mons, 18.XII.1195). Comte de Hainaut (1171/95) et de Flandre (1191/95). Il succéda à son père Baudoin IV et, ayant épousé Marguerite d'Alsace, il devint comte de Flandre à la mort de Philippe d'Alsace ; en contrepartie Philippe Auguste lui imposa la cession de l'Artois.

JÉRUSALEM

BAUDOIN Ier (* 1058, † El-Arich, 2.IV.1118). Roi de Jérusalem (1100/18). Il participa à la première croisade et s'empara pour son propre compte de la principauté d'Édesse (1098). En 1100 il prit le titre de roi de Jérusalem, succédant à son frère Godefroi. Voir **JÉRUSALEM (royaume latin de)** et **CROISADES**.

BAUDOIN II († 31.VIII.1131). Roi de Jérusalem (1118/31). Cousin de Baudoin Ier, il lui succéda comme comte d'Édesse en 1100, puis comme roi de Jérusalem. Confronté aux attaques musulmanes, il remporta quelques succès devant Antioche, prit Tyr (1124) mais demeura prisonnier des Turcs jusqu'en 1128. Il accueillit alors à Jérusalem les Templiers. Son gendre Foulques V d'Anjou lui succéda. Voir **CROISADES**.

BAUDOIN III (* 1129, † Beyrouth, 10.II.1163). Roi de Jérusalem (1143/63). Fils de Foulques V, né en Terre sainte, il régna d'abord sous la régence de sa mère Mélisande puis fut, selon Grousset, « le modèle même du roi franc du XIIe s. ». Il se fit le défenseur de l'indépendance du royaume musulman de Damas et rechercha l'alliance de l'empereur byzantin Manuel Comnène dont il épousa la nièce Théodora (1158) et dont il dut servir les ambitions. Baudoin III mourut sans postérité, vraisemblablement empoisonné. Voir **JÉRUSALEM (royaume latin de)**.

BAUDOIN IV, le Roi lépreux (* 1160, † 16.III. 1185). Roi de Jérusalem (1174/85). Atteint de la lèpre, il succéda néanmoins à son père Amaury Ier. Il fit preuve d'une grande dignité et ne cessa, malgré son mal, de combattre les musulmans. Vainqueur de Saladin dans la vallée de la Béka (1176) puis à Ramla (1177), il conclut avec lui en 1180 un accord consacrant le *statu quo*. Sa déchéance physique lui fit confier la régence du royaume à son beau-frère Guy de Lusignan en 1183 à qui il associa son neveu Baudoin V. Voir **JÉRUSALEM (royaume latin de)**.

ORIENT (Empire latin d')

BAUDOIN Ier (* Valenciennes, juill. 1171, † en Orient, vers 1206). Comte de Flandre (sous le nom de Baudoin IX, 1194/1206), empereur latin d'Orient (1204/06). Fils aîné de Baudoin V, comte de Hainaut (Baudoin VIII en Flandre), il réunit entre ses mains, en 1195, les comtés de Flandre et de Hainaut et le marquisat de Namur. Il allégea la fiscalité dans ses États, encouragea la littérature et obtint de Philippe Auguste la restitution d'une partie de l'Artois (1199). Parti en 1202 pour la quatrième croisade, il fut élu empereur de Constantinople le 9 mai 1204 et désintéressa son concurrent malheureux, Boniface de Montferrat, en lui donnant le royaume de Thessalonique. Aux Vénitiens il accorda le patriarcat de Constantinople et toute la côte de l'Albanie et de l'Épire. Traitant les pays grecs comme des ennemis conquis, il réserva à des Latins tout le gouvernement et l'administration ; dès 1205, les Grecs d'Andrinople se soulevèrent et firent alliance avec les Bulgares : Baudoin Ier fut vaincu et fait prisonnier à la bataille d'Andrinople (15 avr. 1205). On ne sait pas avec certitude quel fut son sort. Son frère, Henri de Hainaut, devint régent de l'Empire. Une vingtaine d'années plus tard, un prétendu Baudoin vint en Flandres, accusa la comtesse Jeanne de Flandre de parricide et fut pendu.

BAUDOIN II (* 1217, † oct. 1273). Neveu, par sa mère Yolande, de Baudoin Ier, il fut de 1228 à 1261 le dernier empereur latin d'Orient. Monté sur le trône à la mort de son frère aîné Robert de Courtenay, la régence de Jean de Brienne lui fut imposée. Pressé à la fois par les Bulgares et par l'empereur grec de Nicée, il fit en vain deux voyages en Europe pour obtenir des secours. Chassé de Constantinople en 1261 par Michel Paléologue, Baudoin II se réfugia en Italie.

BAUMGARTNER Wilfrid (* Paris, 1902, † Paris, 1er.VI.1978). Financier français. Inspecteur des finances en 1925, il fut directeur du cabinet de Paul Reynaud, puis ministre des Finances en 1930, directeur du Trésor en 1935 et directeur général du Crédit national en 1937. Gouverneur de la Banque de France de 1949 à 1960, conseiller d'Antoine Pinay, il lui succéda comme ministre des Finances dans le gouvernement Debré, de 1960 à 1962. Il finit sa carrière comme président de la société Rhône-Poulenc.

BAUTZEN (bataille de). Ville d'Allemagne, en Saxe, sur la Sprée. Les 20 et 21 mai 1813, Napoléon y battit les Russes et les Prussiens qui demandèrent l'armistice, signé à Pleswitz, en vigueur du 4 juin au 10 août. L'entrée en guerre de l'Autriche retourna la situation. Voir **NAPOLÉON**.

BAUWENS Liévin (* Gand, 1769, † Paris, 1822). Industriel belge. Riche tanneur de Gand, il déroba le secret de la nouvelle machine anglaise à filer le coton, la *mule-jenny*. Il s'installa en Angleterre avec quelques ouvriers, acheta les machines qu'il envoya clandestinement en Belgique, démontées, dans des caisses de sucre et de café. Il échappa de justesse à une arrestation, parvint à s'enfuir et fut condamné à mort par contumace. Dès 1799 il installait à Gand un atelier de tissage mécanique de coton et fit de Gand le grand centre textile de la Belgique. Napoléon l'encouragea et le choisit comme premier maire de Gand. Pourtant Bauwens se ruina et mourut dans la misère.

BAVIÈRE, *Bayern. Land* de la République d'Allemagne, en Allemagne du Sud ; capitale *Munich*. Occupée primitivement par le peuple celte des Vindéliciens, la Bavière fut conquise par les Romains à partir de 15 avr. J.-C. et partagée entre les provinces de Rhétie et de Norique. Au Ve s., la Bavière fut occupée par des peuples celtes et germaniques venus de Bohême qui formèrent la nation des *Baiovarii*. Vers 630, les Francs lui imposèrent leur domination et en 788, elle fut rattachée à l'Empire carolingien. Érigée en royaume par Louis le Pieux en 814, la Bavière échut à Lothaire puis à Louis le Germanique. Après l'extinction des Carolingiens allemands, la Bavière redevint un duché qui passa à la maison de Saxe (947/1004), puis de Franconie (1004/70), puis aux Guelfes. En 952, la Bavière englobait le margraviat de Vérone, l'Istrie, la Carniole, la Carinthie et la marche de l'Est (Autriche), territoires qui lui furent enlevés en 976. Dès 740, l'évangélisation du pays avait été entreprise par st Boniface qui fonda les évêchés de Passau, Ratisbonne, Freising et Salzbourg.

La dynastie des Wittelsbach

En 1180, la Bavière fut donnée aux Wittelsbach qui régnèrent jusqu'en 1918. En 1214 elle s'accrut du Palatinat rhénan ; l'empereur Louis de Bavière (1314/47) augmenta les possessions de sa maison en réunissant le Tyrol, le Brandebourg, la Hollande, la Zélande, le Hainaut. Ses fils se partagèrent tous ses biens ; ils formèrent plusieurs branches qui s'éteignirent rapidement. Ce ne fut qu'en 1503 qu'Albert II put réunir toute la Bavière propre. Le protestantisme y fut énergiquement combattu et, avec l'Autriche, la Bavière fut un des centres de la Réforme catholique en Allemagne.

Jusqu'en 1777, la Bavière resta, en ligne directe, aux mains des Wittelsbach. À cette date la couronne revint à Charles-Théodore, de la branche de Palatinat-Sulzbach, qui ajouta à la Bavière ses possessions personnelles de l'électorat palatin et les duchés de Juliers et de Berg. Durant les guerres de la Révolution et de l'Empire, la Bavière se tint aux côtés de la France ; si elle fournit d'importants contingents, elle devint le premier État de l'Allemagne du Sud et après avoir dû céder ses possessions sur la rive gauche du Rhin en 1801, elle s'accrut de 1803 à 1810, de différentes principautés, du margraviat prussien d'Ansbach-Bayreuth et des pays autrichiens de Salzbourg, du Voralberg et du Tyrol. En 1806 la Bavière fut érigée en royaume.

Mais en 1813 la Bavière rejoignit la coalition anti-napoléonienne ; ce retournement lui permit de conserver la plupart de ses acquisitions (sauf les territoires enlevés à l'Autriche) et, en outre, elle reçut le Palatinat de la rive gauche du Rhin, Würzburg et Aschaffenburg. Le 26 mai 1818, le roi Maximilien Ier donnait une charte constitutionnelle à ses Etats et, sous son successeur Louis Ier, la Bavière fut le plus brillant centre artistique de l'Allemagne. Le souverain dut cependant faire face à un soulèvement (20 mars 1848) et abdiquer en raison de ses prodigalités et de sa liaison avec Lola Montez.

Depuis 1848

Maximilien II Joseph (1848/64) puis Louis II (1864/86) lui succédèrent. Alliés de l'Autriche, ils tentèrent de s'opposer à la Prusse, mais la Bavière fut vaincue en 1866. Par le pacte de Versailles (22 nov. 1870), elle entra dans le nouvel Empire allemand, en conservant cependant son armée, ses services diplomatiques, ses chemins de fer et son service des postes particuliers. Les tendances séparatistes ne cessèrent pas pour autant mais la défaite de 1918 précipita l'effondrement de la monarchie bavaroise. Un gouvernement révolutionnaire chassa le roi Louis III mais fut écrasé les 1er et 2 mai 1919 par les troupes de Berlin. À Munich, dès l'année suivante, Hitler prenait la tête du parti national-socialiste et tenait ses premières réunions. En 1923, il tentait de lancer les forces militaires bavaroises contre Weimar. En oct. 1933, lors de sa prise du pouvoir en Allemagne, Hitler chargeait le général von Epp de s'emparer du pouvoir à Munich. La Bavière avait perdu désormais toute autonomie.

En 1946, la Bavière se donna une nouvelle Constitution et, en 1949, elle devint un État de la République fédérale. Jusqu'en 1988, elle fut gouvernée par la forte personnalité de Franz Joseph Strauss, président de la CSU (*Christlich-Soziale Union*, version bavaroise et conservatrice de la CDU). Voir Allemagne.

BAYAR Célal (* près de Brousse, Anatolie occid., 15.V.1883, † Istanbul, 21.VIII.1986). Homme politique turc, un des premiers campagnons de Moustafa Kémal. Président de la République de 1950 à 1960, il fut renversé par le coup d'État militaire du général Gürsel puis condamné à mort. Après que sa peine eut été commuée, il fut gracié en 1966. Voir Turquie.

BAYARD, Pierre Terrail, seigneur de (* château de Bayard, près de Grenoble, vers 1475, † sur les bords de la Sesia, 30.IV.1524). Homme de guerre français. D'abord page du duc de Savoie, il entra au service de Charles VIII qu'il accompagna en Italie, et il se distingua à Fornoue (1495). En 1499, il contribua à la conquête du Milanais, fut fait prisonnier par Ludovic Sforza, qui lui rendit la liberté, puis déploya sa bravoure contre les Espagnols dans le royaume de Naples et défendit seul contre 200 ennemis le pont du Garigliano (1503). Après avoir réprimé la révolte de Gênes (1507), il décida de la victoire d'Agnadel (1509) et fut blessé au siège de Brescia (1512) ; l'année suivante il combattait en Picardie et, à la défaite de Guinegatte, il fut prisonnier des Anglais pour avoir refusé de fuir avec le reste de l'armée : Henri VIII le rendit sans rançon, après lui avoir offert en vain d'entrer à son service (1513). En 1515, sa contribution à la victoire de Marignan fut décisive, et, en témoignage d'estime, François Ier voulut qu'il l'armât chevalier. Il força Charles Quint à lever le siège de Mézières (1521), et descendit encore, deux ans plus tard, en Italie. Après la défaite de Bonnivet à Romagnano, il couvrit la retraite et fut blessé mortellement en traversant la Sesia. Modèle des vertus de courage, d'honneur militaire, de générosité à l'égard de l'ennemi vaincu, Bayard fut surnommé le *Chevalier sans peur et sans reproche*.

BAYBARS, el-Malik el-Zahir Roukn ed-Din el-Salihi el- (* Kiptchak, Turkestan, 1223, † Damas, 1277). Sultan mamelouk bahrite d'Égypte (1260/77). Chef des mamelouks, il remporta sur les Mongols la grande victoire d'Aïn Djalout (1259). Revenu au Caire, il se fit proclamer sultan (1260). Ayant attaqué les croisés en Syrie, il s'empara successivement de Césarée (févr. 1265), de la forteresse des Templiers à Safed (juill. 1266), de Jaffa (mars 1268), enfin de la puissante forteresse du krak des Chevaliers (8 avr. 1271). Les croisés firent alors appel à l'alliance mongole et barbare et il se résigna à signer avec eux une trêve de dix ans (1272). Il profita de ce répit pour soumettre la secte des Assassins. Baybars fut un des plus grands hommes de son temps, grand administrateur qui assura le relèvement du Moyen-Orient au lendemain des invasions mongoles.

BAYEUX (tapisserie de). Broderie conservée au musée de la Reine-Mathilde à Bayeux et exécutée dans les dernières années du XIe s. Elle montre brodées en laines de couleur sur une bande de toile de lin mesurant 70,34 m. de long et 0,50 m de haut, 72 scènes qui représentent l'histoire de la conquête de l'Angleterre par Guillaume le Conquérant jusqu'à la bataille de Hastings (1066). Le travail en fut attribué à tort à la reine Mathilde, épouse de Guillaume. Il est admis aujourd'hui qu'elle fut commandée par Eudes, évêque de Bayeux, demi-frère de Guillaume. Voir Normandie.

BAYEUX (discours de). Premier discours important prononcé par le général de Gaulle, le 16 juin 1946, après son départ du pouvoir en janv. De Gaulle définissait les grandes lignes de la constitution qu'il jugeait indispensable pour « compenser les effets de notre perpétuelle effervescence » : un exécutif fort, représenté par le chef de l'État élu par un collège englobant le Parlement élargi, qui nommerait le Premier ministre et les autres membres du gouvernement, un Parlement à deux chambres, l'une élue au suffrage universel, la seconde élue par les conseillers généraux et municipaux et comprenant aussi des représentants des organisations économiques, familiales, intellectuelles, afin que fussent entendues « au-dedans même de l'État, la voix des grandes activités du pays ». De Gaulle devait reprendre ces idées dans la Constitution de 1958, dans la réforme constitutionnelle du 28 oct. 1962, et dans le projet de réforme référendaire du 27 avr. 1969.

BAYÉZID Ier, en franç. **BAJAZET,** dit **Yildirim,** « la Foudre » (* 1354, † Akchehir, 9.III.1403). Sultan ottoman (1389/1402). Voir **TURQUIE**.

BAYÉZID II (* vers 1447, † près de Démotika, 26.V. 1512). Sultan ottoman (1481/1512). Voir **TURQUIE**.

BAYIN NAUNG. Roi de Birmanie (1551/81). En donnant à son pays sa plus grande extension, il fut le plus grand conquérant de l'histoire birmane : il brisa la rébellion des Môns, soumit les Chans d'Ava, puis fut vainqueur des royaumes thaïs de Chieng Mai (1556), Ayuthya (1564/69) et Vientiane (1574). Mais, piètre administrateur, il ruina l'agriculture des Môns en levant des troupes et, pour y remédier, déporta des peuples conquis. Cette politique suscita des révoltes paysannes et, dès le règne de Nanda Bayin, son fils et successeur, toutes les provinces thaïes étaient perdues. Voir **BIRMANIE**.

BAZAINE François Achille (* Versailles, 13.II. 1811, † Madrid, 23.IX.1888). Maréchal de France. Sa bravoure au cours de la guerre de Crimée lui valut d'être fait général de division. Au Mexique, de 1862 à 1867, il s'empara de Puebla (1863), remplaça le général Foyer qui commandait le corps expéditionnaire et fut fait maréchal en 1864. À son retour en France, il reçut en 1869 le commandement de la garde impériale et en 1870 celui de l'armée du Rhin. Indécis et inquiet devant ses responsabilités, il se laissa enfermer dans Metz (18 août), sans essayer de faire sa jonction avec l'armée de Châlons qui venait à son secours. Apprenant que Napoléon III était prisonnier à Sedan (4 sept.), il se vit l'arbitre de la situation politique en France, négocia avec l'impératrice et dut finalement se rendre (27 oct. 1870). En 1873, jugé par un conseil de guerre présidé par le duc d'Aumale, il fut condamné à la dégradation militaire et à la peine de mort (10 déc. 1873) mais fut gracié par Mac-Mahon, alors président de la République.

BÉARN. Ancienne province du sud-ouest de la France ; capitale *Pau*. D'abord occupé par les *Beneharni*, dont la place forte était *Lascurris* (Lescar), le Béarn fit partie, sous les Romains, de l'Aquitaine puis de la Novempopulanie. Envahi successivement par les Wisigoths, les Francs, les Vascons, il fut englobé dans l'Empire carolingien. Vers 820, il devint une vicomté héréditaire vassale de l'Aquitaine et, en 1290, fut réuni par mariage au comté de Foix, avec lequel il passa à la maison de Grailly (1381), puis à celle d'Albret (1484). Henri IV, qui tenait le Béarn de sa mère Jeanne d'Albret, le réunit à la Couronne en 1594, mais l'édit de réunion ne fut publié que par Louis XIII, en 1620.

BEATRIX (La Haye, 31.I.1938). Reine des Pays-Bas (depuis le 30 avr. 1980). Fille aînée de la reine Juliana et du prince Bernard de Lippe-Biesterfeld, elle épousa en 1966 le diplomate allemand Claus von Amsberg, qui, naturalisé néerlandais, prit le titre de prince Claus des Pays-Bas. Princesse héritière depuis 1948, elle accéda au trône à l'abdication de sa mère et son fils aîné Willem Alexander (* 1967), devint prince d'Orange (héritier présomptif).

Son rôle de souverain d'une monarchie parlementaire a été défini par la révision constitutionnelle de 1983. Un conseil d'État consultatif l'assiste dans son rôle de chef de l'État.

BEAUFORT. Famille française issue de César de Vendôme (*1594, † 1665), légitimé en 1595, fils d'Henri IV et de Gabrielle d'Estrées faite duchesse de Beaufort en 1597. **François de Bourbon-Vendôme, duc de Beaufort** (* 16.I.1616, † Candie 25.VI.1669) se distingua tout jeune aux sièges de Corbie, d'Hesdin et d'Arras. Compromis dans la conjuration de Cinq-Mars en 1642, il put se réfugier en Angleterre d'où il revint à la mort de Richelieu. Comploteur-né, il fut un des chefs de la Cabale des Importants constituée contre Mazarin (1643). Arrêté il parvint à s'échapper et devint un des chefs les plus populaires de la Fronde, ce qui lui valut le sobriquet de *Roi des Halles*. En 1653, il fit sa soumission au roi. À partir de 1664, il combattit victorieusement sur mer les Barbaresques. En 1669, le roi l'envoya secourir les Vénitiens assiégés depuis huit ans dans Candie par les 60 000 Turcs du grand vizir Achmet Kiuperli. Dans la nuit du 24 au 25 juin 1669, Beaufort tenta une attaque et disparut. Son corps ne fut jamais reconnu. Voir **LOUIS XIII** et **LOUIS XIV**.

BEAUHARNAIS. Famille noble française originaire de l'Orléanais.

Alexandre, vicomte de Beauharnais (* Fort-Royal, Martinique, 28.V.1760, † Paris, 23.VI.1794). Général français. Après avoir participé à la guerre d'Indépendance américaine, il fut député de la noblesse aux États généraux de 1789, se rallia à la Révolution et fut deux fois président de l'Assemblée constituante. Général en 1792, il reçut l'année suivante le commandement de la Ire armée du Rhin mais refusa d'être nommé ministre de la Guerre et donna sa démission lorsque parut le décret excluant les nobles de tout emploi militaire (août 1793). Accusé d'avoir causé, par son inaction, la capitulation de Mayence, il fut condamné à mort et guillotiné. Il avait épousé en 1779 Joséphine Tascher de La Pagerie (v. JOSÉPHINE) qui se remaria avec Bonaparte ; elle lui avait donné deux enfants : Eugène et Hortense.

Eugène de Beauharnais, duc de Leuchtenberg (* Paris, 3.IX.1781, † Munich, 21.II.1824). Fils d'Alexandre et de Joséphine de Beauharnais, il accompagna son beau-père Bonaparte dans les campagnes d'Italie et d'Égypte, fut fait général en 1804, prince d'Empire et vice-roi d'Italie en 1805. Il se montra en Italie un administrateur à la fois énergique et humain, déploya encore ses qualités militaires au cours de la retraite de Russie, décida de la victoire de Lützen puis défendit jusqu'au bout l'Italie contre les Alliés. En 1809, il avait épousé la princesse bavaroise Augusta, fille de Maximilien Ier, et son beau-père lui assura en 1817 le landgraviat de Leuchtenberg et la principauté d'Eichstätt.

Hortense de Beauharnais (* Paris, 10.IV.1783, † Arenenberg, Thurgovie, 5.X.1837). Épouse de Louis Napoléon Bonaparte, roi de Hollande. Voir HORTENSE.

BEAUJEU Anne de (* 1461, †1522). Régente pendant la minorité de Charles VIII. Voir ANNE DE FRANCE.

BEAUJOLAIS. Ancien pays de France, qui fit partie du gouvernement du Lyonnais, formé d'une partie des actuels départements du Rhône et de la Loire. Ses capitales successives furent Beaujeu puis Villefranche. Au Xe s. le Beaujolais, constitué en baronnie, appartenait aux sires de Beaujeu puis il passa aux comtes du Forez. En 1400, il fut légué à Louis de Bourbon dont l'un des descendants, Pierre II de Beaujeu, épousa Anne, fille de Louis XI. Confisqué en 1522 au connétable Charles de Bourbon, puis donné à Louise de Savoie, il fut réuni à la Couronne en 1531. François II l'ayant rendu à Louis de Bourbon duc de Montpensier, le Beaujolais passa à Gaston d'Orléans, puis à sa fille, la Grande Mademoiselle, qui le légua à son cousin Philippe d'Orléans, frère de Louis XIV. Il demeura dans la famille d'Orléans et le dernier comte fut Louis-Charles, frère de Louis-Philippe, l'un et l'autre fils de Philippe Égalité.

BEAUMANOIR Jean, sire de († vers 1366). Partisan de Charles de Blois contre Jean de Montfort dans la guerre de Succession de Bretagne, il fut un des héros du combat des Trente (1351), livré par trente Bretons opposés à trente Anglais. Il fut fait prisonnier en même temps que Du Guesclin à la bataille d'Auray (1364) puis négocia le traité de Guérande.

BEBEL Ferdinand August (* Cologne-Deutz, 22.II.1840, † Passugg, Suisse, 13.VIII.1913). Homme politique allemand. Engagé dès 1861 dans le mouvement ouvrier il s'orienta vers le socialisme. Il quitta alors l'Association générale des travailleurs de Lassalle pour fonder avec Liebknecht, en 1869, à Eisenach, le parti ouvrier social-démocrate d'Allemagne. Député au Parlement de l'Allemagne du Nord en 1867, puis au Reichstag à partir de 1871, il combattit courageusement la politique de Bismarck, refusa avec Liebknecht de voter les crédits de guerre en 1870. Accusé de trahison, il fut condamné à deux ans de forteresse. Après le congrès de Gotha (1875), Bebel resta le chef le plus populaire de la social-démocratie allemande, mais son romantisme révolutionnaire fut peu à peu débordé par le révisionnisme dont Bernstein fut le théoricien.

BECCARIA Cesare Bonesana, marquis de (* Milan, 15.III.1738, † Milan 28.XI.1794). Juriste italien. Très influencé par Montesquieu et les encyclopédistes français, il publia en 1764 son traité *Dei delitti e delle pene* (« Des délits et des peines »), où il dénonçait la dureté et les abus de la justice de son temps, condamnait la torture, recommandait de mesurer la peine selon le délit et non le rang des personnes et aussi de prévenir le crime plutôt que de le réprimer. Cet ouvrage fut traduit en presque toutes les langues européennes et contribua à transformer le droit pénal de l'Europe occidentale : il inspira les réformes judiciaires de Joseph II, l'abolition de la torture en Suède dès 1772, en France en 1780.

BECHUANALAND. Ancien protectorat britannique de l'Afrique australe, situé au N. de la République sud-africaine ; capitale *Mafeking*. Peuplé par des Tchouanas réfugiés à la suite de l'invasion des peuples zoulous au XIXe s., protectorat britannique depuis 1884, le Bechuanaland est devenu, le 30 sept. 1966, la république de Botswana.

BECKET saint Thomas (* 1118, †1170). Prélat anglais. Voir THOMAS BECKET.

BEDFORD, Jean Plantagenêt, duc de (* 20.VI.1389, † Rouen, 14.IX.1435). Homme de guerre anglais. Troisième fils d'Henri IV et frère puîné d'Henri V, fait duc de Bedford par son père en 1415, il devint régent de France à la mort de son frère (1422) et proclama son neveu Henri VI roi de France et d'Angleterre. Il battit plusieurs fois les Français, notamment à Verneuil (1424), mais l'épopée de Jeanne d'Arc (1429) et la défection du duc de Bourgogne (1434) ruinèrent la domination anglaise en France. En 1550, le titre de duc de Bedford passa à la famille Russell.

BEGIN Menahem (* Brest-Litovsk, Pologne, 16.VIII.1913, † Tel-Aviv, 9.III.1992). Homme politique israélien. Ayant fui de Pologne en URSS après l'invasion hitlérienne, il fut emprisonné de 1940 à 1941 pour activités sionistes. Venu en Palestine, il y devint chef de l'Irgoun. Il fonda le parti Hérouth après la proclamation de l'État d'Israël, et devint Premier ministre de 1977 à 1983 prix Nobel de la paix 1978, conjointement avec Sadate, pour avoir signé les accords de Camp David. Voir **Israël**.

BÉGUINES. Femmes pieuses, les béguines vivaient dans des maisons regroupées autour d'une église et menaient, sans prononcer de vœux, une vie semi-religieuse. L'idée remonterait à ste Marie d'Oignies et leur première règle aurait été rédigée par Lambert Begh ou le Bègue, chanoine de Liège († 1177). Le centre de se mouvement se trouvait en Belgique, où l'on compta jusqu'à 94 béguinages, dont 20 dans la seule ville de Liège, le plus important étant celui de Gand et le plus connu actuellement celui de Bruges. Mais il y eut aussi de nombreuses communautés en France, à Cologne, Francfort et Strasbourg.

Des hommes, les *bégards*, suivirent cet exemple, mais sans se donner aucune règle. Beaucoup rejoignirent les dominicains ou les franciscains. Le concile de Vienne (1311) ordonna la dissolution des béguinages masculins et féminins dont bien des membres s'étaient laissé entraîner dans des mouvements mystiques hétérodoxes, tel celui des Frères du Libre Esprit. Mais le pape Jean XXII les autorisa de nouveau en 1321, date où l'Europe comptait environ 200 000 bégards et béguines.

BEHAÏM Martin (* Nuremberg, vers 1459, † Lisbonne, 29.VII.1506). Navigateur et cosmographe allemand. Il participa à l'expédition de Diogo Cam le long de la côte occidentale de l'Afrique (1484/86) et visita les Açores. Il aurait introduit l'usage de l'astrolabe à bord des navires. Revenu vivre à Nuremberg, il y acheva le premier globe terrestre connu.

BÉHAINE Pierre Joseph Georges Pigneau de (* Origny, Thiérache, 2.XI.1741, † Saigon, 9.X.1799). Missionnaire français. Évêque *in partibus* d'Adran en 1770, il arriva en Cochinchine en 1774, s'attacha au général Nguyên Anh, qui menait la révolte contre les Trinh et la dynastie annamite des Lê ; revenu en Europe, il s'entremit pour qu'Anh obtînt l'appui de la France (traité du 28 nov. 1787) et ramena en Cochinchine des troupes qui l'aidèrent à monter sur le trône d'Annam sous le nom de Gia-Long. Le traité fut plus tard invoqué par la France pour justifier l'établissement de son protectorat sur la Cochinchine.

BÉHANZIN (* 1844, † Alger, 1906). Roi du Dahomey (1889/94). Fils et successeur de Glé-Glé, d'abord connu sous le nom de prince Kondo, il s'était toujours opposé aux Européens. À son avènement, il signa cependant un traité avec la France, à laquelle il reconnaissait la possession de Cotonou et de Porto-Novo ; il s'engageait en outre à renoncer à la traite contre une indemnité annuelle. Dès 1891, il reprit la guerre, assiégea Porto-Novo, mais fut chassé d'Abomey par l'action brillante du général Dodds (nov. 1892). Parti vers le N., Béhanzin échappa pendant plus d'un an à toutes les recherches ; enfin pris, il fut déporté à la Martinique puis en Algérie.

BÉHISTOUN. Haute falaise rocheuse de près de 120 m., près de Kermanchah, en Iran. Darius Ier la choisit, en 516 av. J.C., pour y célébrer par des reliefs et des inscriptions, sa victoire sur l'usurpateur Gaumata et son accession au trône.

Rédigées en trois langues (vieux perse, babylonien et élamite) et écrites en caractères cunéiformes, les inscriptions furent copiées, entre 1835 et 1847, par H. C. Rawlinson qui parvint à déchiffrer celle en vieux perse. Son travail permit, quelques années plus tard, à une équipe de savants internationaux de lire le texte en babylonien. Ce fut une étape décisive dans le déchiffrement des écritures cunéiformes.

BÉLA KUN (* 1886, † 1937 ?). Homme politique hongrois. Voir **Kun**.

BÉLARUS. Nom russe de la Biélorussie. Voir **Biélorussie**.

BELAUNDE TERRY Fernando (Lima, 7.X.1912). Homme politique péruvien. Issu d'une famille d'hommes d'État (arrière-grand-père président, grand-père ministre, père Premier ministre), il fonda, en 1956, le parti d'action populaire (centre droit), et fut élu président en 1963. Renversé, en 1968, par un coup d'État militaire, il s'exila aux États-Unis. Revenu au Pérou en 1978, il fut à nouveau élu président, en 1980, pour un mandat de cinq ans mené à terme. Voir **Pérou**.

BELGES. Peuple celto-germanique qui, entre le IVe et le IIe s. av. J.-C., occupa progressivement une vaste région comprise entre le Rhin inférieur, la Marne et la Seine. Strabon, à l'époque d'Auguste, avait noté leur ressemblance avec les Germains dans leurs institutions et leurs mœurs. Ils s'établirent jusqu'à la Picardie et à la Champagne actuelles. Les Belges comprenaient les Ambiens, les Bellovaques, les Suessions, les Rèmes, les Ménapiens, les Morins, les Atrébates, les Viromanduens, les Nerviens, les Aduatuques, les Éburons et les Condruses. Pas plus que les autres Celtes, ils n'avaient d'unité politique, mais, dans les cas graves, leurs délégués se rencontraient en un conseil commun. En 57 av. J.-C., César défit les Nerviens et soumit les Éburons, les Morins et les Ménapiens. Mais Ambiorix, chef des Éburons, prit, en 54, la tête d'une révolte générale, qui entraîna la destruction de son peuple par les Romains.

BELGIQUE. État de l'Europe occidentale, limité au N.-O. par la mer du Nord, au N. par les Pays-Bas, à l'E. par l'Allemagne et le Luxembourg, au S. par la France ; capitale *Bruxelles*.

La Belgique et la formation du peuple belge

Le territoire de l'actuelle Belgique fut habité dès le paléolithique inférieur (Mesvin, Spiennes...) et possède de nombreux sites dont certains ont livré des restes humains néandertaliens, comme Spy et Sclayn. La Belgique conserve de nombreux vestiges mégalithiques (dolmen de Weris, près de Durbuy, au Luxembourg ; menhir de Velaine-sur-Sambre). L'installation des Celtes se fit en deux temps : aux populations qui s'y fixèrent dans la première moitié du Ier millénaire av. J.-C., se joignirent progressivement, entre le IVe et le IIe s. av. J.-C., les populations celto-germaniques auxquelles Jules César a donné le nom de Belges (v.). Les Romains ont employé le mot Belgique pour désigner toute la Gaule septentrionale, de la mer du Nord au Rhin, et, au S., jusqu'à la Marne et la Seine.

Lors de la conquête de la Gaule, ce furent les Belges qui opposèrent à César la plus vive résistance : dès 57 av. J.-C., ils avaient formé une ligue contre Rome, où les Nerviens furent les plus actifs ; sous la conduite de leur chef Boduognat, ils livrèrent à César une grande bataille près de Cambrai, mais furent vaincus (57). César soumit alors leurs alliés, les Aduatuques, qui furent vendus comme esclaves. Mais la lutte reprit en 54, avec le soulèvement des Éburons, dirigés par Ambiorix, qui détruisirent le camp romain d'*Aduatuca* (Tongres) : César réprima sauvagement cette rébellion et convoqua tous les peuples gaulois au pillage du pays des Éburons, lesquels furent exterminés et remplacés par des Germains.

Soumise à Rome, la Belgique fut divisée sous l'Empire en trois provinces : la *Germanie IIe*, au N. (chef-lieu Cologne) ; la *Belgique Ire*, à l'E. (chef-lieu *Civitas Trevirorum*, Trèves), et la *Belgique IIe*, à l'O. (chef-lieu *Civitas Remorum*, Reims). Rome réussit la mise en valeur économique du pays dont témoignent les vestiges du réseau routier, ceux de nombreuses *villae* et le développement des centres urbains. Les deux principales cités ont été *Turnacum* (Tournai) et *Aduatuca* (Tongres). Dès le IVe s. commença l'évangélisation et Tongres posséda un évêque, st Servais. En même temps les Francs Saliens, peuple germanique, s'installèrent dans le nord du pays, en Flandre et dans la partie méridionale des Pays-Bas actuels, d'où ils entreprirent la conquête de la Gaule, à la fin du Ve s.

L'implantation primitive des Francs resta d'abord limitée entre la mer et la route axiale Tongres-Bavai, bordée de *castra* romains, qui marque toujours en Belgique la limite des langues flamande et wallonne. Le Nord, pratiquement abandonné par Rome, se peuplait, en majorité, de Francs germaniques, d'où descendent les Flamands ; au S., au contraire, les Francs furent minoritaires au milieu d'une population nombreuse très romanisée, qui conserva ses particularités et sa langue romane, dont les Wallons sont les héritiers.

Mais ces deux peuples étaient appelés à vivre ensemble ; en effet, toute la Belgique fut englobée dans le royaume franc, dont la première capitale fut Tournai. Au VIe s., elle fit partie de l'Austrasie et le pays de Liège fut le berceau de la maison de Herstal qui allait fonder la dynastie des Carolingiens. Au cours du VIIe s. se développa la christianisation du pays, par l'action de grands missionnaires fondateurs de monastères, tels st Amand, st Remacle, st Trudon. Le traité de Verdun (843) partagea la Belgique entre la Francie occidentale et la Lotharingie, l'Escaut étant la frontière ; à la suite des traités de Mersen (870) et de Verdun-Ribemont (879), la Lotharingie passa au royaume de Germanie, tandis que la Flandre devenait fief français.

La féodalité et les communes en Belgique (Xe/XIVe s.)

Le fait essentiel des Xe/XIIe s. fut l'émiettement féodal et l'émergence de nombreuses petites seigneuries. En 959, le duché de Lotharingie fut partagé en deux : la Haute-Lotharingie ou *Lorraine* et la Basse-Lotharingie ou *Lothier* qui couvrait toute l'actuelle Belgique, jusqu'à l'Escaut. Bientôt se constituèrent les duchés de Brabant, de Limbourg, de Luxembourg, les comtés de Hainaut et de Namur, l'évêché de Liège, la principauté de Stavelot, la seigneurie de Malines, etc., tandis que les grands féodaux de Flandre affirmaient de plus en plus leur indépendance contre le roi de France (bataille de Bouvines, 1214).

L'aventure des croisades, à laquelle les féodaux - flamands, brabançons ou hennuyers avaient pris une très grande part (Godefroi de Bouillon, Robert I, comte de Flandre, Baudoin II, comte de Hainaut...) contribua à la mutation de l'économie et permit l'essor du mouvement communal aux XIIIe/XIVe s. À l'économie féodale, tout agricole, s'ajoutèrent des nouvelles richesses, fondées sur l'industrie textile et le commerce ; elles entraînèrent la promotion d'une bourgeoisie urbaine, qui réclama et obtint le droit de se gouverner (chartes de Huy, 1066 ; de Grammont, 1068 ; de Liège, 1196 ; Joyeuse Entrée de Brabant, 1356). Nulle part, sinon en Italie du Nord, le mouvement communal ne fut plus brillant qu'en Flandre. Dans les révoltes de Bruges (bataille des Éperons d'or, 1302) et de Gand (1337/45), la Flandre réussit à affirmer son destin propre en face de la France. Pendant la guerre de Cent Ans, elle refusa de renoncer à commercer avec l'Angleterre. Ce fut sous la pression de ses alliés flamands que le roi d'Angleterre Édouard III se fit couronner roi de France à Gand en 1340.

Les ducs de Bourgogne (1369/1494)

L'unité entre les pays de Flandre, de Brabant-Limbourg et de Hainaut, fut scellée par les ducs de Bourgogne : à la suite du mariage, en 1369, de Marguerite de Male, comtesse de Flandre, avec Philippe le Hardi, duc de Bourgogne, le comté de Flandre passa en 1384 à la Bourgogne. Philippe le Bon (1419/67) sut se rendre indépendant du roi de France (traité d'Arras, 1435) et réalisa l'unité politique par l'acquisition successive du comté de Namur (1421), du duché de Brabant-Limbourg (1430), des comtés de Hainaut,

Zélande, Hollande et Frise (1428/33), du duché de Luxembourg (1441), enfin de la principauté de Liège, où il imposa comme évêque son neveu (1456). Cette unification ne se fit pas sans heurts et Philippe le Bon dut réprimer des révoltes des communes flamandes, et des Liégeois. Mais sa réussite fut d'avoir créé un véritable État avec deux institutions centrales, le Grand Conseil ambulatoire (1455) et les états généraux (1464).

Le XVe s. fut aussi une grande période de civilisation intellectuelle (fondation de l'université de Louvain, 1425) et artistique. L'effondrement de Charles le Téméraire (1477) provoqua un renouveau d'esprit d'indépendance dans les communes flamandes ; celles-ci imposèrent à sa fille Marie de Bourgogne le *Grand Privilège* qui ne profita en fait qu'aux ambitions de Louis XI. Elle épousa alors Maximilien d'Autriche (18 août 1477), faisant passer ainsi les Pays-Bas sous la domination des Habsbourg.

Les Habsbourg d'Espagne (1494/1714)

Maîtres d'un immense empire, les Habsbourg, à la différence des ducs bourguignons, n'ont gouverné que de loin un pays qu'ils n'ont guère cherché à comprendre. Aux territoires dont il avait hérité, Charles Quint ajouta Tournai (1521), Utrecht et l'Overijssel (1528), Drenthe et Groningue (1536), la Gueldre et Zutphen (1543), formant ainsi le bloc des Dix-Sept Provinces des Pays-Bas, à l'unité renforcée par la création de conseils collatéraux (qui furent de véritables ministères) et de gouvernances groupant plusieurs provinces. L'empereur respecta les libertés locales et laissa chaque province se gouverner elle-même par ses états provinciaux ; mais il châtia sans pitié la révolte de sa ville natale, Gand, en 1540. Son successeur, Philippe II, adopta au contraire une politique résolument absolutiste, qui ne put étouffer la Réforme protestante : l'Union d'Utrecht (1579) consacra la dislocation des Dix-Sept Provinces. Les provinces du Nord, devenues protestantes, formaient une confédération comprenant la Zélande, la Hollande, Utrecht, Gueldre, Overijssel, Frise et Groningue. Les provinces méridionales, correspondant à la Belgique actuelle, restèrent catholiques et prirent le nom de *Pays-Bas espagnols*. Au gouvernement des archiducs Albert et Isabelle (1598/1633) succéda un long siècle douloureux au cours duquel la Belgique devint un champ de bataille pour les grandes puissances européennes, puis le traité de Münster provoqua l'asphyxie économique du pays par la fermeture de l'Escaut (1648) ; le pays fut livré au gouvernement d'Espagnols despotiques et ne connut quelque redressement qu'à la fin du XVIIe s., sous Maximilien-Emmanuel de Bavière. Les guerres s'y sont succédé : Louis XIV enleva aux Pays-Bas espagnols l'Artois, avec Arras (1659), puis la Flandre méridionale, avec Lille (1668), et le Cambrésis, avec Cambrai (1678). La Belgique fut un champ de bataille permanent pour les armées de la guerre de la ligue d'Augsbourg (1688/97) et celles de la guerre de la Succession d'Espagne (1701/14).

Les Habsbourg d'Autriche et l'annexion française (1714/1814)

Les traités d'Utrecht (1713) et de Rastadt (1714) donnèrent les Pays-Bas espagnols à l'Autriche. Le cadre territorial de la future Belgique y était déjà dessiné. Ils comprenaient le duché de Brabant (avec le marquisat d'Anvers), le duché de Limbourg, le duché de Luxembourg, le duché de Gueldre, le comté de Flandre, le comté de Hainaut, le marquisat de Namur, la ville de Malines, Tournai et sa seigneurie, tous possédant des institutions particulières. Si le despotisme éclairé de Marie-Thérèse et de Joseph II permit le relèvement économique de la Belgique, leur politique religieuse et les réformes judiciaires, qui bousculaient tout le système traditionnel, suscitèrent un grand mécontentement. La révolution brabançonne de 1789 força les Autrichiens à évacuer le pays, réunit les états généraux et fit proclamer l'indépendance des *États belgiques unis* (10 janv. 1790), tandis que les Liégeois, enthousiasmés par la Révolution française, se libéraient de l'autorité de leur prince-évêque. Mais la domination autrichienne fut rétablie dès la fin de 1790, après la bataille de Falmagne. En 1792, la France, entrée en guerre contre l'Autriche, occupa le pays après la victoire de Jemmapes (nov. 1792) ; elle en fut chassée par sa défaite à Neerwinden (18 mars 1793), mais la victoire de Jourdan à Fleurus (26 juin 1794) lui permit, dès oct. 1795, de l'annexer et sa possession lui fut reconnue par l'Autriche au traité de Campoformio (1797). Divisé en neuf départements, le pays fut d'abord soumis à un régime d'occupation militaire, de pillage et d'oppression antireligieuse. Mais Napoléon prépara un remarquable redressement économique : construction de canaux et de routes, développement de l'industrie textile (coton et lin à Gand, avec L. Bauwens ; laine à Verviers puis à Liège, avec W. Cockerill), de la métallurgie (quatre-vingt-neuf hauts fourneaux en 1815). L'empereur accomplit également une profonde réforme juridique et la Belgique moderne conserva l'essentiel de son code. Mais la conscription rendit l'Empire français très impopulaire, et c'est avec joie que la majorité des Belges saluèrent la chute de Napoléon en 1814.

La Belgique conquiert son indépendance (1814/65)

Pour dresser une barrière face à l'expansion française, les Alliés, et d'abord l'Angleterre, décidèrent alors de revenir aux Dix-Sept Provinces de Charles Quint en réunissant les provinces belges et hollandaises en un seul État, le royaume de Hollande. Guillaume Ier d'Orange-Nassau en accepta la souveraineté (21 juill. 1814). Cette construction, théoriquement utile à l'équilibre européen, était anachronique et ne tenait compte ni de la séparation religieuse consommée depuis le XVIe s., ni de la formation consécutive de deux véritables peuples différents. L'opposition entre Belges et Hollandais se manifesta à propos de la langue officielle (le néerlandais fut imposé comme langue de l'administration et de la justice entre 1819 et 1822), de la répartition des emplois, de la liberté de la presse, et surtout de la question religieuse. La révolution parisienne de Juillet donna le signal de la révolution belge, qui éclata à Bruxelles le 25 août 1830.

L'armée hollandaise dut se retirer (27 sept.), cependant que se constituait un gouvernement provisoire (25 sept.) qui proclama l'indépendance de la Belgique (4 oct.), libéra le territoire (à l'exception de la forteresse d'Anvers, qui resta aux mains des troupes hollandaises) et fit élire, le 3 nov., un congrès national chargé de donner une Constitution à la Belgique. À la demande du roi de Hollande, l'Angleterre, l'Autriche, la Prusse, la Russie et la France réunirent la conférence de Londres (4 nov. 1830), qui reconnut la séparation de la Belgique et de la Hollande (20 déc. 1830). Le protocole du 20 janv. 1831, proclama la neutralité du nouvel État et établit les « bases de séparation » : la Belgique renonçait à la Flandre Zélandaise, au Limbourg hollandais et au Luxembourg. Le congrès national refusa son accord, vota la Constitution du 7 févr. 1831 et entreprit de choisir un roi capable de faire respecter la Belgique par l'étranger. Sur la proposition de Joseph Lebeau, le congrès national nomma alors roi des Belges par 152 voix sur 169 votants, le prince Léopold de Saxe-Cobourg-Gotha (4 juin 1831) qui obtint de la conférence de Londres le traité des Dix-Huit Articles. Il inaugura son règne le 21 juill. 1831. La reprise des hostilités par la Hollande (campagne des Dix-Jours, août 1831) provoqua une nouvelle intervention de la conférence de Londres, qui imposa à la Belgique le traité des Vingt-Quatre Articles (14 oct. 1831), que la Hollande refusa d'ailleurs de reconnaître. Aidés par la France et l'Angleterre, les Belges s'emparèrent de la forteresse d'Anvers (déc. 1832), mais c'est seulement le 19 avr. 1839 que fut signé à Londres le traité définitif entre la Belgique et la Hollande (v. **Dix-Huit** et **Vingt-Quatre Articles**, traité des).

Le règne de Léopold Ier (1831/65), qui fonda la tradition de la monarchie parlementaire, commença sous le signe de l'union des catholiques et des libéraux (*unionisme*), mais, après le traité de 1839 et la chute du ministère de Theux (1840), commença la lutte des partis. Les élections de 1847 amenèrent une majorité libérale et marquèrent la fin de l'unionisme et l'avènement des gouvernements de majorité.

Le règne de Léopold II (1865/1909)

Sous le règne de Léopold II, la question scolaire et religieuse domina la politique belge, tandis qu'alternaient au pouvoir les libéraux (1857/70 et 1878/84) et les catholiques (1870/78 et 1884/1914). La querelle atteignit son paroxisme sous le « Grand Ministère » libéral de Frère-Orban (1878/84), après le vote de la loi Van Humbeek (10 juill. 1879), qui stipulait que l'enseignement primaire serait laïque et que l'enseignement religieux serait facultatif dans les écoles de l'État ; sous l'impulsion du cardinal Dechamps, les évêques organisèrent la résistance des catholiques, auxquels fut interdit d'envoyer leurs enfants dans les écoles de l'État. Revenus au pouvoir avec Malou (1884), les catholiques retournèrent la situation en votant la loi Jacobs (30 août 1884), qui permettait aux communes de remplacer l'école laïque par une école privée. La question électorale fit naître un autre conflit : la Constitution avait établi un régime censitaire qui restreignait le droit de suffrage aux seuls propriétaires (à peine plus de 50 000 électeurs). Les socialistes réclamaient le suffrage universel et ils organisèrent des grèves imposantes (1891, 1893). La loi Nyssens (1893) instaura le suffrage universel, mais tempéré par le vote plural, qui donnait aux pères de famille, aux propriétaires et aux diplômés une ou deux voix supplémentaires. Enfin, dès les années 1840, la question linguistique avait commencé de se poser. La Constitution, en effet, imposait une seule langue officielle, le français ; si la commission des Griefs flamands, instituée en 1856 par De Decker, n'aboutit à aucun résultat, en 1873 Malou introduisit l'emploi du flamand dans les tribunaux ; en 1886 fut créée une académie flamande, et enfin la loi De Vriendt-Coremans (1898) reconnut le flamand comme langue officielle.

Tandis que ces débats politiques retenaient l'opinion, la Belgique, sous le règne de Léopold II, connaissait un puissant essor économique : favorisé par une économie de libre-échange à partir de 1849, par la fondation de la Banque nationale (1850), par l'abolition des octrois locaux (1860), par le rachat des droits imposés par les Pays-Bas sur le trafic de l'Escaut (1863), le commerce belge se lança à la conquête des marchés mondiaux. La Belgique créa une industrie lourde, son réseau de voies ferrées devint le plus dense du monde et ses capitaux financèrent des usines en Russie, en Chine, en Amérique du Sud. À la veille de 1914, elle était la quatrième puissance commerciale du monde. Cette expansion rapide posait avec acuité le problème social : le parti ouvrier belge avait été fondé dès 1885 et, de 1886 à 1889, se succédèrent des grèves qui tournèrent souvent en émeutes, suivies de brutales répressions. Auguste Beernaert fit voter à partir de 1887 les premières lois sociales, tandis qu'à la suite de l'encyclique *Rerum novarum* (1891) un courant social naissait au sein de certains groupes de catholiques (Henri Carton de Wiart). Enfin, Léopold II fit de la Belgique une puissance coloniale en obtenant la reconnaissance, sous sa souveraineté personnelle, de l'État indépendant du Congo (1885), devenu peu avant la mort du roi, colonie belge (1908) (v. **Congo**).

En Europe, la Belgique devait prendre garde de préserver une indépendance encore fragile. Au lendemain de Sadowa, dans le cadre de la *politique des pourboires* qu'il mena avec Bismarck, Napoléon III envisagea sérieusement, vers 1867, d'annexer la

Belgique ; il voulut acheter le grand-duché de Luxembourg, puis contrôler les chemins de fer du Luxembourg belge. Pour s'y opposer le Parlement dut voter une législation spéciale (févr. 1869). Après la victoire allemande de 1870/71, l'adversaire changea : en 1887, avec l'aide de Beernaert, Léopold II obtint du Parlement, non sans difficultés, la fortification de la Meuse, à Liège et à Namur, et quelques jours avant sa mort, en déc. 1909, il put faire substituer au recrutement par tirage au sort le service militaire personnel.

D'une invasion à l'autre (1914/44)
Le successeur de Léopold fut son neveu, Albert Ier (1909/34). À la veille du conflit mondial, la Belgique achevait son évolution politique : les élections de juin 1912 furent les dernières au suffrage plural. En raison du contexte politique européen, le ministère Broqueville fit voter la loi du 13 avr. 1913, qui instituait le service militaire obligatoire. En dépit du traité de 1831, garantissant la neutralité belge et signé par la Prusse, le commandement allemand fit entrer ses troupes en Belgique à l'aube du 4 août 1914 (v. GUERRE MONDIALE 1914/18).

Quatre années d'occupation laissèrent la Belgique matériellement épuisée (70 000 morts, 30 milliards de francs de dommages, 3 milliards de contribution de guerre). Le traité de Versailles (juin 1919) abolit le statut de neutralité imposé en 1831, donna à la Belgique les territoires d'Eupen et de Malmédy, un mandat africain sur le Rwanda et l'Urundi, enfin l'assurance de réparations qui devaient être payées par l'Allemagne.

Au lendemain de la victoire, le ministère d'union nationale présidé par Léon Delacroix fit élire une Assemblée constituante (16 nov. 1919), qui réforma certains articles de la charte de 1831 et établit le suffrage universel masculin. En 1919, les catholiques perdirent la majorité qu'ils détenaient depuis 1884 ; ils durent gouverner en formant des coalitions avec les libéraux (1921/25), et même avec les socialistes (ministères Poulet-Vandervelde, 1925/26, et Henri Jaspar, 1926/27). La grande tâche de ces années fut la reconstruction économique, mais la Belgique dont l'indice de production industrielle était passé de 101 à 136 dans les années 1925/29, fut frappée durement par la crise économique de 1929. À Albert Ier, mort tragiquement au cours d'une excursion à Marche-les-Dames, succéda son fils, Léopold III (1934/50). Les ministères qui suivirent jusqu'au nouveau conflit mondial, et dont les principales personnalités furent le catholique Van Zeeland et le socialiste P.-H. Spaak, allaient devoir faire face à des problèmes financiers et sociaux, aux progrès du mouvement rexiste de Léon Degrelle, enfin à la perspective d'une seconde invasion. Après la réoccupation de la Rhénanie par Hitler (mars 1936), le roi Léopold III, mesurant l'inertie des démocraties occidentales, annonça que la Belgique revenait à sa politique de neutralité (14 oct. 1936). Cette décision ne préserva pas son pays de l'agression hitlérienne : le 10 mai 1940, la Wehrmacht déferlait sur la Belgique, tandis que les chars de Guderian se frayaient, à travers les Ardennes, un chemin vers la Meuse et Sedan (v. GUERRE MONDIALE 1939/45).

Le roi dut capituler le 28 mai, mais ne signa pas d'armistice. Il fut interné par les Allemands au château de Laeken, tandis que le gouvernement Pierlot se réfugiait à Londres. Un gouvernement général allemand pour la Belgique et le nord de la France fut installé à Bruxelles. Le chef du rexisme, Degrelle, et certains nationalistes flamands se rallièrent à l'« Europe nouvelle » et formèrent des unités de SS, mais, comme en 1914/18, la majorité des Belges montra son refus de l'occupant. La Belgique fut libérée en sept./oct. 1944 par les forces anglo-américaines et canadiennes.

De la crise de la monarchie à Baudouin Ier (depuis 1945)
En raison de l'absence forcée de Léopold III déporté par les Allemands en Suisse en 1944, le Parlement belge, dès le 20 sept. 1944, conféra la régence au prince Charles, frère du roi. Léopold III fut délivré en Autriche par les Américains, le 8 mai 1945, mais il se trouva dans l'impossibilité de rentrer en Belgique, où une partie de l'opinion publique lui reprochait d'avoir signé la capitulation de 1940 et d'être resté en Belgique occupée. À la suite d'un vote du Parlement (19 juill. 1945), la régence se trouva prolongée, pendant cinq ans et divisa profondément le pays : les communistes, les socialistes et les libéraux réclamaient l'effacement de Léopold III, et les catholiques (parti social-chrétien) exigeaient son retour inconditionnel. Un référendum fut organisé (12 mars 1950) qui donna une majorité de 57,68 % en faveur du retour du roi (mais moins de 50 % à Bruxelles et en Wallonie). Pour mettre un terme à cette situation, Léopold III offrit de transmettre provisoirement ses pouvoirs à son fils, Baudouin ; la majorité parlementaire étant toujours hostile à son retour, ce fut après la dissolution de la Chambre et de nouvelles élections (4 juin 1950), où le parti social-chrétien obtint la majorité absolue, que le roi put rentrer à Bruxelles (22 juill.). Les socialistes organisèrent alors des grèves et une grande marche de protestation, ce qui décida Léopold III à transmettre ses pouvoirs à son fils (3 août 1950) qui devint roi des Belges sous le nom de Baudouin Ier, le 17 juill. 1951.

Si la vie politique intérieure était dominée par la question royale, l'économie, bénéficiant de l'aide du plan Marshall, s'était relevée. À l'extérieur, la Belgique s'était engagée dans la construction européenne. L'union économique avec les Pays-Bas et le Luxembourg fut réalisée sous la forme du Benelux (janv. 1948). En avr. 1951, le Benelux intégrait la CECA et, le 25 mars 1957, la Belgique signait le traité de Rome et entrait ainsi dans le Marché commun. La politique étrangère fut fondée sur l'adhésion à l'OTAN (4 avr. 1949). Un compromis, le pacte scolaire de 1958, régla la question de l'enseignement.

Mais le règne de Baudouin Ier allait être troublé par la question du Congo, où la Belgique avait fait de grands efforts de mise en valeur économique, mais elle avait mal préparé les indigènes à prendre eux-mêmes leur destin en main. Aussi, après les graves émeutes de Léopoldville (janv. 1959) et la conférence de la Table ronde de Bruxelles (janv./févr. 1960), c'est avec précipitation que le gouvernement belge accorda son indépendance au Congo (30 juin 1960), ce qui déclencha dans ce pays une véritable guerre civile (v. CONGO).

De la querelle linguistique à l'État fédéral

À partir de 1961, la vie politique belge fut sans cesse troublée par la querelle linguistique ; les Flamands, néerlandophones et majoritaires, avaient proclamé l'exclusion de l'emploi du français sur tout le territoire flamand. Le cœur de cette querelle fut l'université de Louvain, dont l'autonomie parut alors menacée. L'aggravation de la querelle linguistique amena le gouvernement à procéder à de nouvelles élections (31 mars 1968) : les trois grands partis (sociaux-chrétiens, socialistes et libéraux) perdirent des sièges, tandis que les groupements connus pour leurs positions radicales sur le problème linguistique (Volksunie flamande, Front démocratique des francophones, Rassemblement wallon) obtenaient des succès notables. De ce scrutin indécis sortit une nouvelle coalition gouvernementale des sociaux-chrétiens et des socialistes conduite par Gaston Eyskens (juin 1968). Des mesures de régionalisation économique furent décidées. À Louvain fut transférée la section française de l'université en territoire wallon. En déc. 1970, le cabinet Eyskens fit voter par la Chambre, à une forte majorité, une révision de la Constitution : à Bruxelles la capitale, était adjoint un territoire officiellement bilingue.

Les difficultés économiques s'ajoutèrent aux aléas du fédéralisme imaginé pour résoudre la crise linguistique. De 1977 à 1981, on compta trois élections générales et six gouvernements successifs : cabinet Tindemans, député social-chrétien flamand, de juin 1977 à juin 1978 ; cabinet Paul Van den Boyenants d'oct. 1978 à déc. 1978 ; puis 106 jours de tractations menèrent au ministère Wilfried Martens, député social-chrétien flamand, qui gouverna d'avr. 1979 à mars 1981 ; cabinet Mark Eyskens, lui aussi député social-chrétien flamand, d'avr. 1981 à nov. 1981, avec les mêmes ministres ; nouveau ministère Wilfried Martens en déc. 1981, avec Mark Eyskens au ministère de l'Économie. Au moins le problème des institutions avait-il progressé pendant tout ce temps de grande instabilité. Wallons et Flamands s'accordèrent par le pacte d'Egmont (24 mai 1977) sur un plan efficace de régionalisation. À l'été 1980, l'autonomie fut conférée à la Flandre et à la Wallonie. Mais le différend entre les deux communautés dépassait les questions linguistiques ou culturelles ; ainsi les Flamands contestèrent-ils leur participation par l'impôt au sauvetage de la sidérurgie wallonne. Fort des pouvoirs spéciaux accordés par le Parlement et malgré une contestation syndicale assez dure, le gouvernement de Wilfried Martens posa les bases d'une politique d'austérité rigoureuse.

Les élections anticipées d'oct. 1985 reconduisirent le ministère de W. Martens. Aux législatives de déc. 1987, les sociaux-chrétiens reculaient sensiblement au profit des socialistes, mais les clivages linguistiques l'emportaient sur les considérations politiques. S'ensuivit une longue crise, dénouée en mai par la formation d'un nouveau cabinet Martens.

Une réforme de l'État, commencée en 1989, aboutit en 1993 à l'adoption d'une nouvelle Constitution fondée sur le fédéralisme. La région bruxelloise devenait la troisième entité régionale, avec la Flandre et la Wallonie. Les régions ainsi que les communautés linguistiques (flamande, francophone et germanophone) furent dotées de nouveaux pouvoirs, au détriment de l'État central, et d'organes représentatifs, élus au suffrage universel. Plus d'un tiers du budget leur était transféré.

Toutefois, les nationalistes flamands considéraient la fédéralisation comme une simple étape vers l'indépendance et les tensions entre les communautés linguistiques se poursuivirent. Les élections législatives de nov. 1991 enregistrèrent un tassement des partis au pouvoir, au profit des mouvements protestataires, nationalistes du Vlaams Blok en Flandre et écologistes en Wallonie. Après de longues tractations, un gouvernement socialiste et social-chrétien fut constitué en mars 1992 sous la direction du social-chrétien flamand Jean-Luc Dehaene. Le pouvoir dut faire face à la crise économique et au poids de la dette publique (130 % du PIB), l'une des plus importantes d'Europe. Il choisit, malgré les protestations de ses membres socialistes, de mener une politique de réduction des dépenses publiques. Le budget de la défense fut ainsi allégé, notamment par la suppression de la conscription. La récession devait de nouveau envenimer les relations entre Wallons et Flamands. Ceux-ci reprochaient à la Wallonie, plus pauvre, de payer moins d'impôts et de bénéficier de davantage de prestations sociales. Cependant, la mort du roi Baudouin, survenue brusquement en juill. 1993, ressouda un temps le pays autour de la monarchie. Son frère lui succéda sous le nom d'Albert II.

Mais le climat politique redevint rapidement délétère. La multiplication des scandales politico-financiers touchant en particulier les socialistes, conduisit, en mai 1995, à des élections anticipées d'où la coalition sortante, dirigée par J.-L. Dehaene, sortit victorieuse.

La crise morale qui secouait la Belgique depuis les « affaires » s'aggrava à partir de l'été 1996, quand fut mise au jour l'existence de réseaux de pédophilie et de meurtres d'adolescentes, occultés par une partie de la police et de la justice. Profondément choquée par ces scandales, qui motivèrent deux interventions du roi Albert II, la Belgique sut néanmoins dépasser ses clivages linguistiques et politiques à l'occasion de la « marche blanche » de Bruxelles. En oct. 1996, 200 000 à 325 000 personnes défilèrent à l'appel des parents des enfants disparus ou victimes du pédophile Marc Dutroux. De 1996 à 1997, de nombreuses fermetures d'entreprises portèrent un rude coup à l'économie du pays. Elles culminèrent avec l'annonce de la liquidation de l'usine moderne et performante de Renault à Vilvoorde ; les relations avec la France n'en furent pas améliorées. En avr. 1998, l'évasion presque réussie du pédophile Marc Dutroux provoqua un scandale : les ministres de la Justice et de l'Intérieur durent présenter leur démission au roi Albert II. Mais elle accéléra la réforme de la police et de la justice. En mai 1999, on sut que des farines animales servant de nourriture aux élevages avicoles étaient contaminées à la dioxine. Deux ministres durent démissionner et la France décréta un embargo sur tous les produits animaux belges. Celui-ci eut un impact négatif sur l'économie du pays, occultant la principale réussite du gouvernement : l'entrée dans la zone euro en janv. 1999. Aux élections législatives, régionales et européennes de juin 1999 le parti social-chrétien (PSC) de Jean-Luc Dehaene connut une défaite historique. Il démissionna et se retira de la vie politique ; le libéral flamand Guy Verhofstadt accéda au poste de Premier ministre.

BELGRADE (conférence de). Organisée du 1er au 6 sept. 1961 à l'initiative de Tito, Nasser et Nehru, elle réunit les chefs d'État ou de gouvernements de vingt-cinq pays, appartenant pour la plupart au tiers monde. Elle refusa la politique des blocs, prôna la coexistence pacifique et le droit des peuples à l'autodétermination et demanda l'ouverture de négociations entre les États-Unis et l'URSS pour éviter une troisième guerre mondiale.

BELGRADE (traité de). Il fut signé en 1739 à la suite des victoires obtenues par la Turquie contre l'Autriche et la Russie. L'Autriche renonçait à tous les avantages obtenus au traité de Passarowitz (1718) et la Russie s'engageait à n'entretenir aucune flotte de guerre ou de commerce dans la mer Noire.

BÉLISAIRE (* Germania, Illyrie, vers 500, † Constantinople, mars 565). Général byzantin. Après avoir réduit, en 531, la sédition Nika, qui avait sérieusement menacé le trône de Justinien, il détruisit l'État vandale d'Afrique en 533, combattit les Ostrogoths en Italie (535/40) et Chosroès Ier, roi des Perses, en Asie Mineure (542/43). S'il ne put sauver Rome des Goths (546), il repoussa une offensive des Bulgares contre Constantinople en 559. L'empereur Justinien, jaloux de sa gloire, l'accusa de conspiration, puis l'écarta ensuite de tout important commandement militaire au profit de son rival Narsès.

BELIZE. État d'Amérique centrale ; capitale *Belmopan*. Ancienne colonie britannique, dénommée jusqu'en 1973 *Honduras britannique*. Le Belize, bordé par la mer des Caraïbes, est situé entre le Guatemala et le Mexique. Dès le XVIIe s., des colons anglais y avaient établi des exploitations de bois à l'embouchure de la rivière Belize, et leurs droits furent reconnus par l'Espagne au traité de Madrid (1670). Après des conflits avec l'Espagne et le Guatemala, la colonie obtint son autonomie en 1964 mais ne fut proclamée indépendante qu'en 1981. Le Belize est membre du Commonwealth.

Le Royaume-Uni exerça une tutelle sur le Belize jusqu'en 1991, diminua progressivement sa présence militaire, et le Guatemala reconnut, le 5 sept. 1991, son indépendance. Après les élections de juin 1993, Manuel Esquivel succéda à George Price et devint Premier ministre. Il fut remplacé, après les élections générales d'août 1998, par Saïd Musa, d'origine palestinienne, qui s'employa à réformer une fiscalité qui avait fait classer le Belize parmi les « paradis fiscaux ». La fin de l'année 2000 fut marquée par les ravages de l'ouragan Keith et par une reprise des tensions avec le Guatemala.

BELL Alexander Graham (* Édimbourg, 3.III.1847, † Baddeck, Canada, 2.VIII.1922). Physicien américain. Éducateur de sourds-muets comme son père, Alexander Malville, Bell eut l'idée de transmettre la parole à l'aide d'ondes électriques et inventa ainsi le téléphone (1876). L'année suivante il fonda la Bell Telephone Company mais la paternité de l'invention fut contestée et il dut soutenir de nombreux procès. En 1885, il produisit au laboratoire Volta le premier cylindre phonographique sur cire.

BELLEVILLE (programme de, mai 1869). Programme électoral de Gambetta, candidat dans ce quartier, considéré comme la première charte du radicalisme. Il réclamait notamment « l'application la plus radicale du suffrage universel », la liberté individuelle garantie par la loi, les libertés de presse, de réunion, d'association, « la suppression du budget des cultes et la séparation des Églises et de l'État », « l'instruction primaire, laïque, gratuite et obligatoire » et la suppression des armées permanentes. Ce programme fut plus tard reproché à Gambetta lorsqu'il fut devenu le champion de l'« opportunisme ».

BEN ALI Zine el-Abidine (près de Sousse, 3.IX.1936). Homme politique tunisien. Ce militaire de carrière accéda au poste de ministre de l'Intérieur en avr. 1986 et fut nommé Premier ministre en oct. 1987 par le président Habib Bourguiba. Le 7 nov., il destitua pour « incapacité » le père de l'indépendance tunisienne. Constatant la « vacance du pouvoir », il occupa le poste de président avec l'assentiment de la majorité de la classe dirigeante. Bien que partisan de la fermeté, il engagea une politique de réconciliation nationale, essaya d'intégrer les islamistes à la vie politique, et démocratisa le régime en supprimant la présidence à vie et en instaurant le multipartisme. Unique candidat à l'élection présidentielle, il fut réélu en avr. 1989 et en mars 1994 avec 99 % des voix. S'appuyant sur les classes moyennes soucieuses de stabilité, il invoqua la menace fondamentaliste pour justifier une politique sécuritaire et répressive, qui a terni l'image internationale de la Tunisie. La présence de plusieurs candidats à l'élection présidentielle de nov. 1999 ne l'empêcha pas d'être réélu.

BÉNARÈS. Ville de l'Inde sur la rive gauche du Gange qui a vu le commencement de l'apostolat du Bouddha. Vers 525 av. J.-C., en effet, il y prononça un célèbre sermon, dit de Bénarès, première révélation de son message. Par la suite Bénarès devint une des villes saintes de l'hindouisme, considérée par les hindous comme le *Lotus du monde*.

BEN BARKA Mehdi (* Rabbat, 1920 † 1965). Homme politique marocain. Fils de gendarme, professeur de mathématiques, Mehdi Ben Barka fut le chef de la tendance la plus progressiste de l'Istiqlal avant de devenir le chef de l'UNFP (Union nationale des forces populaires). Obligé de s'exiler et condamné à mort par contumace, il apparaissait comme le principal chef de la gauche marocaine. Le 29 oct. 1965, il fut enlevé en plein Paris, place Saint-Germain-des-Prés, par des policiers français et un agent du SDECE (contre-espionnage français), qui travaillaient, semble-t-il, pour le compte du général Oufkir, chef de la police marocaine. Séquestré à Fontenay-le-Vicomte, puis à Ormoy, Ben Barka fut sans doute assassiné dans les jours qui suivirent son enlèvement. Cette affaire, qui mettait en cause les « barbouzes » et les « polices parallèles », provoqua une vive émotion dans l'opinion, d'autant plus que le principal témoin, Figon, mourut dans des circonstances assez mystérieuses quelques semaines plus tard. Le procès des auteurs de l'enlèvement (1966/67) n'a pas fait la lumière sur cette affaire, bien que le principal adjoint d'Oufkir, Ahmed Dlimi, fût venu en France se constituer prisonnier.

BEN BELLA Ahmed (Meghnia, à la frontière marocaine, 1916). Homme politique algérien. Engagé dans l'armée française durant la Seconde Guerre mondiale, il participa à la campagne d'Italie, reçut la médaille militaire et fut démobilisé avec le grade d'adjudant de réserve. Il rejoignit bientôt le MTLD (Mouvement pour le triomphe des libertés démocratiques, de Messali Hadj) et devint, aux côtés d'Aït Ahmed, Boudiaf et Boussouf, l'un des chefs de l'Organisation spéciale (OS) qui préparait l'insurrection armée. Il avait participé à l'attaque de la poste centrale d'Oran (1949), fut arrêté en 1950 et condamné à sept ans de prison. Évadé (mars 1952), il rejoignit Le Caire où il joua un rôle de premier plan dans la délégation extérieure du FLN. Le 22 oct. 1956, alors qu'il se rendait à Tunis en compagnie de Boudiaf, Aït Ahmed et Khider, l'appareil marocain dans lequel il avait pris place fut obligé par les Français d'atterrir à Alger. Fait prisonnier, Ben Bella resta interné en France jusqu'aux accords d'Évian (mars 1962). Président du Conseil révolutionnaire, puis président de la République algérienne (sept. 1963/juin 1965), il fut renversé par un coup d'État, emprisonné sans jugement jusqu'en juill. 1979, assigné à résidence et tenu au secret jusqu'à oct. 1980. Libéré, il gagna la France, puis la Suisse. Lié à l'Arabie Saoudite puis à l'Iran, il se rapprocha de l'islamisme. Son parti, le Mouvement pour la démocratie en Algérie (MDA), ayant été légalisé, Ben Bella rentra en Algérie en sept. 1990. En 1994, à Rome, il participa à l'élaboration d'une « plate-forme » commune avec les partis d'opposition algériens favorables au dialogue avec les islamistes. Après la dissolution du MDA en mars 1997, Ahmed Ben Bella se retira de la vie politique.

BÉNÉDICTINS. Nom donné aux religieux de la famille monastique qui suit la règle de st Benoît de Nursie. En 577, trente ans après la mort de st Benoît, le monastère du Mont-Cassin fut dévasté par les Lombards, et les premiers disciples du patriarche des moines d'Occident durent chercher refuge à Rome. C'est en recueillant leurs traditions orales que le pape st Grégoire le Grand (590/604) put relater dans ses *Dialogues* la vie de st Benoît. Il est probable que la règle bénédictine tenait une grande place dans la vie spirituelle du monastère que le pontife avait établi sur le mont Cœlius à Rome et où il choisit les missionnaires qui, sous la direction d'Augustin de Canterbury, entreprirent en 597 la conversion de l'Angleterre. Ce pays fut ainsi le premier en Europe où se répandit la règle bénédictine. Le synode de Whitby (664) entérina la supériorité des traditions romaines sur les coutumes celtes introduites par les moines d'Irlande. En revanche, sur le continent, du fait de l'extraordinaire élan de l'apostolat irlandais conduit par st Colomban (fondation de Luxeuil, vers 590), la règle bénédictine ne fit d'abord que de lents progrès. À partir du début du VIIe s., les grands monastères colombaniens (Luxeuil, Bobbio) commencèrent à adopter une règle qui mêlait celle de Colomban et celle de Benoît ; cette dernière l'emporta au VIIIe s. Le transfert des reliques de st Benoît à Fleury-sur-Loire (vers 674) contribua à affermir en Gaule l'esprit bénédictin, que les papes protégeaient. Le monachisme bénédictin pénétra en Germanie par les missions de st Boniface (fondation de Fulda, 741), tandis qu'en Italie le Mont-Cassin se relevait à partir de 720.

Rôle social au Moyen Âge

Appelés par leur vocation propre à la contemplation, à l'*opus Dei*, c'est-à-dire à la louange divine, par la liturgie, un aspect essentiel de la vie bénédictine, mais aussi par le travail des mains et de l'esprit, les bénédictins furent amenés par les circonstances historiques du haut Moyen Âge européen à remplir un rôle social considérable. Ce furent d'abord des missionnaires ; après l'évangélisation des peuples barbares en Angleterre et en Germanie occidentale, ils entreprirent celle des Saxons (fondation de Corvey, 822) et des Scandinaves (missions de st Anschaire à partir de 826), des Slaves de Bohême et de Pologne.

Au point de vue économique, st Benoît avait conçu son monastère à la manière d'une villa romaine, éloignée de la ville et capable de se suffire à elle-même, avec ses champs, son moulin, sa boulangerie, ses ateliers... ; à une époque où les relations commerciales étaient quasi inexistantes, le monastère bénédictin constituait ainsi une cellule sociale presque entièrement autonome, le centre de la vie à la fois économique et spirituelle d'une région. Charlemagne vit dans le monachisme bénédictin un instrument d'unification spirituelle de l'Empire, et c'est dans la ligne de cette politique que s'est inscrite la réforme unificatrice de st Benoît d'Aniane, qui aboutit, sous Louis le Pieux, au *Capitulare monasticum* adopté par le synode monastique d'Aix-la-Chapelle (817). Mais la richesse des abbayes suscita la convoitise des laïcs, qui imposèrent souvent aux monastères des abbés de leur choix, tout en s'assurant pour eux-mêmes de fructueux bénéfices.

L'intrusion des laïcs provoqua un recul de la qualité de la vie monastique. Une réforme fut accomplie à Cluny (909) notamment sous les abbatiats d'Odon († 942), Mayeul († 994) et Odilon († 1048) : pour résister aux laïcs, les bénédictins trouvèrent une base juridique inattaquable, l'*immunité*, qui plaçait l'abbaye sous la protection directe du Saint-Siège. D'autre part, Cluny réussit à constituer, à la fin du Xᵉ s., une organisation rattachant par des liens souples mais très solides les divers abbayes et prieurés clunisiens à l'abbaye mère. À son apogée, Cluny contrôla ainsi près de 1 500 maisons monastiques réparties dans toute l'Europe occidentale. L'idéal de pauvreté et de renoncement suscita aux XIᵉ/XIIᵉ s., un retour à la vie semi-érémitique, chez les camaldules de st Romuald et surtout chez les chartreux. Mais c'est à Cîteaux, fondée en 1098, que fut tentée la restauration de l'observance intégrale de la règle de st Benoît (v. CISTERCIENS).

La Réforme protestante porta des coups très durs au monachisme bénédictin, qui disparut complètement d'Angleterre. Mais le XVIIᵉ s. fut marqué en France par deux puissants mouvements de réforme, la congrégation de Saint-Vanne et la congrégation de Saint-Maur. L'effondrement monastique du XVIIIᵉ s. et les persécutions révolutionnaires furent suivis par une brillante renaissance marquée par la fondation des abbayes de Solesmes (1833), de La Pierre-qui-vire (1850), de Maredsous (1872) et par la réforme de Subiaco en Italie (1850).

BENELUX. Union économique conclue entre la Belgique, le Luxembourg et les Pays-Bas. Liés par une union douanière établie le 22 déc. 1921 pour cinquante ans, la Belgique et le Luxembourg signèrent à Londres en sept. 1944 une convention douanière avec les Pays-Bas, qui, confirmée par la conférence de La Haye (avr. 1946), entra en vigueur le 1ᵉʳ janv. 1948 ; elle prévoyait la liberté totale de commerce entre les trois pays et l'uniformisation des tarifs douaniers envers les pays tiers. L'union économique a été complétée par le traité de La Haye (3 févr. 1958). Les trois pays du Benelux adhérèrent ensemble à la CECA en avr. 1951 et à la CEE en 1957.

BENES Edvard (* Kozlany, Bohême, 28.V.1884, † Sezimovo-Usti, 3.IX.1948). Homme politique tchécoslovaque. Passé du côté des Alliés dès 1915, il rejoignit Masaryk et fit reconnaître, en 1918, le Conseil national tchèque comme gouvernement provisoire. Ministre des Affaires étrangères (1919/35), il joua un rôle important dans la SDN, dont il devint président en 1935. La même année, il succéda à Masaryk à la présidence de la République ; il démissionna en oct. 1938, pour protester contre les accords de Munich. Réfugié aux États-Unis pour échapper aux nazis, il devint président du gouvernement tchécoslovaque en exil à Londres en juill. 1941. Il fit reconnaître par les Alliés la nullité des accords de Munich et signa avec Moscou, dès 1944, un accord sur l'administration des territoires libérés. L'assemblée issue des élections de mai 1946 le confirma à la présidence de la République (18 juin 1946) et il constitua un gouvernement présidé par le communiste Gottwald. Après le coup de force communiste de févr. 1948, il ne fut plus qu'un otage et donna sa démission au mois de juin suivant.

BENGALE. Vaste région de l'Asie méridionale s'étendant sur les bassins inférieurs du Gange et du Brahmapoutre, entre l'Himalaya et le golfe du Bengale. L'histoire ancienne du Bengale est pratiquement inconnue : les empires d'Açoka (IIIᵉ s. av. J.-C.) et des Goupta (IVᵉ/VIᵉ s. apr. J.-C.) n'y exercèrent qu'une souveraineté théorique. Conquis en 1203 par un général de Mohammed de Ghor, le Bengale se rendit indépendant des sultans de Delhi vers 1340 et connut, à partir de la fin du XVᵉ s., une dynastie particulièrement brillante, fondée par Hussein Chah, qui embellit la capitale, Gaour, montra une grande tolérance pour les brahmanes et protégea les lettres et les arts : c'est à cette époque que furent traduits en bengali le *Ramayana* et le *Mahabharata*. En 1576, Akbar fit la conquête du Bengale, qui fut englobé dans l'Empire mogol. À partir de 1620, la Compagnie anglaise des Indes orientales fonda des établissements au Bengale : Hugli en 1640, et, en 1686, Fort William, qui devait être à l'origine de Calcutta tandis que les Français s'installaient à Chandernagor (1674) et les Hollandais à Chinsurah. En 1756, Surajah Dowlah, jeune nabab du Bengale, ouvrit les hostilités contre les Anglais et prit Calcutta, dont il massacra la garnison ; mais, l'année suivante, Clive battit le nabab à Plassey (23 juin 1757), assurant ainsi l'autorité britannique sur le Bengale. En 1947, cette région fut partagée entre le Pakistan et l'Union indienne. Voir **BANGLADESH**.

BEN GOURION David (* Plonsk, Pologne, 16.X. 1886, † Tel-Aviv, 1er.XII.1973). Homme politique israélien. Établi en Palestine dès 1906, il fut expulsé par les autorités turques en 1915 et se rendit aux États-Unis, où il réalisa l'union des diverses tendances socialistes sionistes dans le syndicat Histadrouth, créé en 1921, puis dans le Mapaï, dont il devint secrétaire général. Premier président du Conseil de l'État d'Israël de 1948 à 1953, et de nouveau à la tête des affaires de 1955 à 1963. Voir **ISRAËL**.

BÉNIN. Ancien royaume africain de la côte du golfe de Guinée qui s'étendait à l'O. du fleuve Niger, jusqu'aux environs de Lagos (dans l'actuel Nigeria). Il avait pour capitale la ville de Bénin. Fondé vers le XIIe s. par un prince des Yoroubas, le Bénin fut gouverné par des rois, les *obas*, de caractère sacré, et qu'on honorait – encore au siècle dernier – par des sacrifices humains. Les Portugais entrèrent dès 1472 en relation avec ce royaume, qui s'enrichit par le commerce de l'ivoire, de l'huile, des épices, et surtout par la traite des esclaves. Le Bénin conserva son indépendance jusqu'à la fin du XIXe s. Les Anglais lui imposèrent leur protectorat en 1897, mais, jusqu'à nos jours, s'est perpétuée la dynastie des rois du Bénin. Le Benin est resté célèbre par son art, l'un des plus remarquables de l'Afrique noire, qui atteignit son apogée aux XVIe/XVIIe s., avec les plaques sculptées en bronze qui décoraient le palais de l'*oba*, les objets d'ivoire et des têtes en bronze dites « reines mères ». Depuis le 1er déc. 1975, *Bénin* est le nom officiel du *Dahomey*.

BÉNIN (République populaire du). État de l'Afrique occidentale, sur le golfe de Guinée, qui jusqu'en 1975 portait le nom de *Dahomey* ; la capitale est *Porto-Novo* mais la ville principale est Cotonou. Le Bénin a pour origine les principautés adjas qui se constituèrent au XVIe s., entre les Ashantis et les Yoroubas.

Dakodonou, prince d'Abomey, commença vers 1625 une expansion que poursuivit son fils, Ouegbadja (vers 1645/85). Ainsi fut créé, au cours du XVIIe s., le royaume de Dan-Homé, qui, sous le règne d'Agadja (1708/32), s'empara des royaumes d'Allada (1724) et de Ouidah (1727), et établit un quasi-monopole de l'approvisionnement en esclaves des comptoirs établis sur la côte des Esclaves par les Portugais, les Français, les Hollandais et les Anglais. Les Portugais créèrent parallèlement un petit royaume côtier, Porto-Novo, qui se maintint grâce à la traite jusqu'en 1863. Le Dahomey, un moment menacé par les Yoroubas, connut un renouveau sous Ghézo (1818/58), qui reconstitua l'armée, créa le corps des Amazones et libéra le pays de la tutelle des Yoroubas. Bien administré, le pays délaissa le commerce des esclaves et se reconvertit dans les plantations (huile de palme, maïs, tabac). Les Français, qui avaient rouvert plusieurs comptoirs, signèrent un traité de commerce avec le roi Glé-Glé (1858/89), mais les relations avec ce dernier se détériorèrent à la fin de son règne. Sous son fils Béhanzin (1889/94) commencèrent les hostilités ouvertes : l'expédition française du colonel Dodds occupa Abomey (1892) et mit sur le trône le frère de Béhanzin. Celui-ci fit sa reddition en janvier 1894 et fut déporté en Algérie. Devenu une colonie incluse en 1899 dans l'Afrique-Occidentale française, territoire français d'outre-mer en 1946, État membre de la Communauté (déc. 1958), le Dahomey adhéra au Conseil de l'Entente et acquit son indépendance totale le 1er août 1960.

La vie politique du nouvel État allait connaître de nombreux troubles : junte militaire, coups d'État de toutes tendances, jusqu'à ce que Nicéphore Soglo, ancien administrateur de la Banque mondiale devenu Premier ministre puis président (1991), pût rétablir la démocratie. Ses compétences économiques et les réformes engagées conduisirent les États-Unis à annuler la totalité de leur créance et le Club de Paris à alléger la dette de moitié.

Malgré ces aides, la dette extérieure atteignait encore 1,5 milliard de dollars en 1993. La dévaluation du franc CFA provoqua une forte inflation. Aux élections d'avr. 1996, Mathieu Kérékou, chef de l'État de 1972 à 1991, reprit le pouvoir, forma un gouvernement de coalition qui dura jusqu'en 1998. La victoire de l'opposition en mars 1999 n'a pas apporté de solution à la crise profonde dont souffre actuellement le Bénin. Le déficit budgétaire ne cessait d'augmenter et, selon des sources officielles béninoises, la fraude et l'évasion fiscale faisaient perdre au pays 25 % de ses revenus internes.

Sur le plan diplomatique, le Bénin a participé, en janv. 1999, à l'élaboration d'une force interafricaine de maintien de la paix en Guinée-Bissau, équipée par la France.

BENJAMIN DE TULÈDE (* Tuleda, Navarre esp., † 1173). Rabbin. À partir de 1165-1167 et jusqu'en 1173, il effectua un long voyage à travers l'Italie et la Grèce vers la Palestine, la Perse, le Turkestan et revint par l'Égypte et la Sicile. Peut-être connut-il la Chine. Il visita toutes les communautés juives et rédigea en hébreu une relation de tout ce qu'il avait observé, intitulée *Le Livre des voyages*.

BEN LADEN Oussama (Riyad, 1957). Chef du réseau terroriste islamiste Al Qaida. Né dans une richissime famille saoudienne d'origine yéménite, Oussama Ben Laden s'est basé en Afghanistan depuis l'invasion soviétique de 1979 avec l'appui des Américains. Puis, il s'est retourné contre eux et a lancé la « guerre sainte » contre les États-Unis au moyen d'un réseau de cellules terroristes disséminées à travers le monde et regroupées sous le nom d'Al Qaida. C'est à l'organisation de Ben Laden qu'ont été attribués les attentats du 11 sept. 2001 aux États-Unis (New York, Twin Towers ; Washington, Pentagone). De fait, dans une cassette rendue publique le 7 oct. suivant, Ben Laden rendait hommage aux membres du commando terroriste du 11 sept. : « ... Voilà l'Amérique frappée par Allah dans son point le plus vulnérable... » D'autres attentats, antérieurs (Nairobi, Dar es-Salaam), et ultérieurs (Philippines, Bali, Djerba, Madrid) lui ont été également attribués. Au début d'oct. 2001, les Américains ont envahi l'Afghanistan où se situaient les camps d'entraînement des terroristes et où se cachait Ben Laden, qui s'est probablement réfugié au Pakistan.

BENNET James Gordon (* Newmill, Keith, 1er.IX.1795, † New York, 1er.VI.1872). Journaliste américain, d'origine écossaise. Il émigra en 1819 aux États-Unis, fut instituteur, correcteur d'épreuves puis journaliste. Il fonda le *New York Herald* dont le premier numéro sortit le 6 mai 1835. Bennet a créé le journalisme moderne, n'épargnant aucune dépense pour recueillir les informations, avec un réseau de correspondants qui communiquaient par messages télégraphiques. Son fils **James Gordon Bennet** (* New York, 10.V.1841, † Beaulieu, Alpes-Maritimes, 14.V.1918), lui succéda en 1867 ; il fit naître l'édition européenne du journal et fonda l'*Evening Telegram*. En 1870, il finança l'expédition de Stanley pour rechercher Livingstone puis subventionna son voyage au Congo. Pour encourager le yachting, l'automobile et l'aviation, il institua des prix, dont la coupe Gordon-Bennet.

BENOÎT d'Aniane saint (* vers 750, † Inda, Kornelimünster, Rhénanie, 11.II.821). Bénédictin français né dans le Languedoc. Élevé à la cour des Francs et soldat de Charlemagne, il se tourna en 774 vers la vie religieuse. En 780, il fonda l'abbaye d'Aniane qui devint le foyer de la réforme monastique dans la Gaule méridionale. Chargé par Louis le Pieux d'inspecter toutes les abbayes de l'Empire carolingien, il fonda ensuite le monastère d'Inden en 816. Au synode monastique d'Aix-la-Chapelle de 817, il imposa le *Capitulare monasticum* qui instituait pour tout le monachisme occidental un code uniforme, inspiré de la règle de st Benoît de Nursie. Ces dispositions furent utiles pour préserver le monachisme de l'intrusion des laïcs et préparèrent la réforme de Cluny.

BENOÎT de Nursie saint (* Nurcie, auj. Norcia, Ombrie, vers 480, † Mont-Cassin, 21.III.547 ?). Patriarche des moines d'Occident. Il rédigea (à partir de 540) la *Règle* qui servit de base au monachisme occidental. Voir **ABBAYE**, **BÉNÉDICTINS** et **ÉGLISE CATHOLIQUE**.

BENOÎT XII, Jacques Fournier (* Saverdun, pays de Foix ?, † Avignon, 25.IV.1342). Troisième pape d'Avignon (1334/42). Voir **PAPAUTÉ**.

BENOÎT XIV, Prospero Lorenzo Lambertni (* Bologne, 31.III.1675, † Rome, 3.V.1758). Pape (1740/58). Canoniste réputé, archevêque de Bologne en 1731, il fut élu pape le 17 août 1740 comme successeur de Clément XII, après six mois de conclave. Il apparaît avoir été le plus grand pape du XVIIIe s. : savant, pieux, sévère sur les mœurs du clergé, ouvert aux idées scientifiques modernes. Il fonda à Rome des chaires de physique, de chimie et de mathématiques. Il a laissé un traité, devenu classique, sur la canonisation des saints. Il fut fidèle à la tradition et condamna les rites chinois et malabares par les bulles *Ex quo singulari* (1742) et *Omnium sollicitudinum* (1744). Voir **PAPAUTÉ**.

BENOÎT XV, Giacomo Della Chiesa (* Gênes, 21.XI.1854, † Rome 22.I.1922). Pape (1914/22). D'une famille de l'aristocratie génoise, il fit une carrière diplomatique dans le sillage du cardinal Rampolla, qu'il suivit à la nonciature de Madrid (1883/87) puis à la secrétairerie d'État de Léon XIII. Archevêque de Bologne en 1907, cardinal en 1914, il succéda peu après à Pie X, dans une Europe en guerre. Benoît XV consacra ses efforts à la conclusion d'une paix blanche, sans annexions, et les négociations menées à Munich et à Vienne par le cardinal Pacelli (futur Pie XII) aboutirent aux propositions de paix formulées par Benoît XV en juill./août 1917. Elles soulevèrent la fureur des milieux nationalistes, particulièrement dans le camp allié, où le pape fut accusé de sympathies pour les puissances centrales. Le pontificat de Benoît XV fut marqué par le renouveau de l'effort missionnaire (encyclique *Maximum illud*, 1919) et par la promulgation du code de droit canonique (1917).

BEN ZVI Isaac (* Poltava, 6.XII.1884, † Jérusalem, 23.IV.1963). Homme politique israélien. Établi en 1907 en Palestine, il devint le compagnon de luttes de Ben Gourion, participa avec lui à la fondation de l'Histadrouth et du parti socialiste Mapaï. Il fut président de l'État d'Israël de 1952 jusqu'à sa mort. Voir **ISRAËL**.

BÉOTIE, *Boiotia*. Contrée de la Grèce antique, au N.-E. du golfe de Corinthe, bornée au N. par la Locride, à l'O. par la Phocide, au S.-E. par l'Attique, et séparée de l'Eubée, au N.-E., par un étroit chenal. Sa capitale était *Thèbes*. Montagneuse dans sa partie septentrionale (où se trouvait l'Hélicon), la Béotie, dans sa partie méridionale, était une plaine fertile, riche en fruits et en vignes ; ses habitants, excellents cultivateurs passaient auprès des Athéniens pour peu intelligents, bien que la Béotie eût donné naissance à Hésiode, à Pindare et à Plutarque. Elle fut un des centres de la civilisation mycénienne (palais de Thèbes, forteresses de Glâ et d'Orchomène), puis fut habitée à partir de l'époque archaïque (IXe s.) par des Grecs de dialecte éolien ; elle se partagea en petites cités, qui, après de longues querelles stériles, se groupèrent, vers la fin du VIe s. av. J.-C., dans une **ligue Béotienne** dirigée par Thèbes.

Les villes les plus importantes en étaient Platées (jusqu'en 519, date de son alliance avec Athènes), Haliarte, Orchomène, Thespies, Tanagra, Coronée, Chéronée ; sauf Platées, elles avaient un gouvernement oligarchique. La ligue était dirigée par des *béotarques*, dont la magistrature ne durait qu'une année. Durant la seconde guerre médique, la Béotie s'allia aux Perses (479), puis, toujours rivale d'Athènes, elle prit le parti de Sparte durant la guerre du Péloponnèse. Mais après la chute d'Athènes (404), Thèbes regimba contre l'hégémonie spartiate (dès 396), et, grâce à Épaminondas, Thèbes et la Béotie, vainqueurs à Leuctres (371), dominèrent quelque temps la Grèce (371/362). Face au danger macédonien, Béotiens et Athéniens s'allièrent mais furent vaincus par Philippe à Chéronée (338) ; Philippe traita Thèbes plus durement qu'Athènes et, après la révolte de la cité, Alexandre le Grand fit périr un grand nombre de ses habitants et rasa la ville, ne respectant que la citadelle de la Cadmée et la maison de Pindare (335).

BERBÈRES. Groupe de peuples dont on retrouve les traces, à diverses époques, depuis l'Égypte jusqu'à l'Atlantique et du Niger à la Méditerranée. Aussi loin qu'on remonte dans le passé, l'Afrique du Nord fut occupée par des Berbères, connus des historiens grecs et latins sous des noms divers : Garamantes, Numides, Libyens... Apparentés au moins par la langue, ces peuples ont gardé jusqu'à l'époque romaine une civilisation néolithique. Pasteurs, agriculteurs, ils vivaient divisés en tribus ; tout en opposant aux envahisseurs successifs des résistances farouches, les Berbères furent rarement capables de former des États organisés ; ils ont été latinisés, avant d'être islamisés, mais ont préservé leur particularité. Le premier royaume berbère connu fut celui de Massinissa, au IIIᵉ s. av. J.-C., qui aida Scipion l'Africain contre Carthage. Après leur établissement en Afrique, les Romains durent combattre un autre grand chef berbère, Jugurtha, petit-fils de Massinissa. Pendant les guerres civiles, le roi numide Juba Iᵉʳ s'allia avec les pompéiens contre César. Le royaume de son fils, Juba II, fut inclus par Auguste dans la province d'Afrique, mais Berbère romanisé, savant, collectionneur d'objets d'art, il reçut en compensation la Maurétanie. Quand Rome l'annexa (40 apr. J.-C.) pour étendre sa domination à tout le Maghreb, les Berbères se soulevèrent, obligeant les Romains à ne garder que la partie septentrionale du Maroc actuel. La civilisation berbère se perpétua dans les montagnes.

À la conquête arabe, qui commença en 647, les Berbères opposèrent une longue résistance, incarnée par le chef de l'Aurès, Koçaïla, puis par une femme, la Kahina (vers 695). Sans doute les Berbères au cours du VIIIᵉ s., se sont-ils convertis massivement à l'islam, mais leur résistance s'exprima par leur adhésion au kharidjisme, ce qui déclencha, en 740, une nouvelle révolte. Les Arabes parvinrent à rétablir la situation à partir de 761 en laissant le particularisme berbère se manifester dans les royaumes des Idrissides, des Aghlabides et de Tahert. Toutefois, l'entente ne dura pas longtemps entre Arabes et Berbères ; à la fin du IXᵉ s., ceux-ci adhérèrent à une nouvelle doctrine, le chiisme (v. ISLAM), très différente du kharidjisme, mais qui leur permit d'exprimer leur soif d'indépendance. Après le départ des Fatimides pour Le Caire et les ravages de l'invasion hilalienne, les Almoravides, puis les Almohades, deux dynasties berbères revinrent à l'orthodoxie sunnite et envahirent l'Espagne musulmane, donnant un coup d'arrêt provisoire à la reconquête chrétienne. Les Almohades réalisèrent – fait unique dans l'histoire – l'unité du Maghreb, mais, au XIIIᵉ s., l'Empire se fractionna et donna naissance à de nouvelles dynasties berbères, les Mérinides de Fès, les Abdelwadides de Tlemcen, les Hafsides de Tunis.

Dans trois des États d'Afrique du Nord, les berbérophones ont presque disparu : en Libye, en Tunisie, en Mauritanie. Mais ils représentent environ 50 % de la population marocaine et sont concentrés dans le Rif, l'Atlas, le Sous ; en Algérie, ils sont fortement implantés en Kabylie, dans l'Aurès, les cités du Mzab. Les Touaregs (environ un million en 1990) sont des Berbères qui ont émigré dans la zone sahélienne (Sud algérien, Mali, Niger). Au début de la décennie 1990, les berbérophones étaient environ 15 millions dont dix au Maroc et quatre en Algérie.

Depuis que le Maghreb est constitué d'États indépendants qui ont affirmé leur unité, adhéré à la Ligue arabe et mené une politique d'arabisation, les Berbères ont manifesté leur particularisme. Il en fut ainsi en 1976 à l'occasion du projet algérien de Charte nationale qui ignorait l'identité berbère. Depuis 1980, Tizi-Ouzou a été le siège de manifestations violentes. Nombreux sont les berbérophones qui réclament l'introduction de leur langue à l'école. La montée en force de l'islamisme à la fin des années 1980, a montré que les régions berbérophones demeuraient des bastions de résistance en particulier en Algérie par la détermination de la Kabylie.

BÉRÉGOVOY Pierre (* Déville-lès-Rouen, 23.XII 1925, † Nevers, 1ᵉʳ.V.1993). Homme politique français. Ajusteur-fraiseur puis cheminot, il entra au Gaz de France, où il fit carrière. Membre de la CGT-FO et de la SFIO, il fut l'un des fondateurs du parti socialiste unifié (PSU) en 1960. Il rejoignit le nouveau parti socialiste en 1969. Il mena brillamment la campagne présidentielle de François Mitterrand en 1981 et fut nommé secrétaire général de l'Élysée. Maire de Nevers en 1983, ministre des Affaires sociales de 1982 à 1984, puis de l'Économie et des Finances jusqu'en 1986, il retrouva ce poste de 1988 à 1992. Il poursuivit sa lutte contre l'inflation avec une politique du « franc fort », refusant toute dévaluation pour maintenir la parité de la monnaie. En avril 1992, cet autodidacte succéda à Édith Cresson au poste de Premier ministre. Son impuissance devant la croissance persistante du chômage contribua à la victoire de la droite aux législatives de mars 1993. Il se suicida à Nevers, un mois après son départ de Matignon. L'enquête, très médiatisée, sur le prêt, sans intérêts, d'un million de francs que Roger-Patrice Pelat lui aurait accordé en 1986, fut dénoncée par François Mitterrand comme la cause de son acte.

BÉRÉNICE. Nom de plusieurs princesses de la dynastie des Ptolémées. **Bérénice Ire** (vers 340 av. J.-C.) était la demi-sœur de Ptolémée Ier Sôter et devint sa seconde épouse vers 317. **Bérénice II** († vers 221 av. J.-C.), fille de Magas, roi de Cyrène, épousa en 243 Ptolémée III Évergète. En exécution d'un vœu, elle consacra à Aphrodite sa chevelure ; celle-ci ayant disparu du temple, l'astronome Conon affirma qu'elle avait été transformée en astre et appela une constellation *Chevelure de Bérénice*. À la mort de son mari, Bérénice fut exécutée sur ordre de son fils Ptolémée IV Philopator.

BÉRÉNICE (* vers 28, † après 79). Princesse juive, fille d'Hérode Agrippa Ier et sœur d'Hérode Agrippa II. Elle épousa d'abord son oncle Hérode, roi de Chalcis, puis Polémon, le roi de Cilicie, qu'elle quitta pour vivre auprès de son frère. Après le siège de Jérusalem (70), Titus s'éprit violemment d'elle, l'emmena à Rome et, sans l'opposition de l'opinion publique romaine, l'eût épousée. Narrée par Suétone, cette histoire a fourni à Corneille et à Racine le sujet de deux tragédies représentées en 1670.

BEREZINA. Rivière de Biélorussie, affluent du Dniepr. Elle est restée célèbre par le passage désastreux de la Grande Armée lors de la retraite de Russie (26/29 nov. 1812) ; malgré l'héroïsme des pontonniers d'Éblé, 40 000 hommes seulement, sur 70 000, purent atteindre la rive droite de la rivière.

BERGEN-BELSEN. Camp de concentration établi près de Hanovre en oct. 1943 par les autorités nazies.

BERIA Lavrenti Pavlovitch (* Merkheouli, Géorgie, 29.III.1899, † Moscou, 23.XII.1953). Homme politique soviétique. Ingénieur, entré au parti bolchevik en 1917, il s'orienta très tôt vers l'activité policière et devient le chef de la Tchéka en Géorgie et dans toute la région transcaucasienne (1921/31). En août 1938, il fut appelé à Moscou comme adjoint à la direction du NKVD (police politique), dont il devint le chef suprême en 1942. Membre du Politburo (1940), il entra, au début de la guerre germano-russe, au Conseil suprême de la Défense nationale, et cumula les postes de ministre de la Sécurité d'État et de ministre de l'Intérieur. Son système policier imposa l'ordre aux heures graves de 1941/42 et Beria s'assura en outre le contrôle de toute la production industrielle. Promu maréchal de l'Union soviétique en 1945, il resta à la tête de toute la police et, la même année, devint vice-président du Conseil des ministres. Après la mort de Staline (mars 1953), il fit partie, avec Malenkov et Molotov, du triumvirat dirigeant de l'URSS ; mais son énorme puissance inquiétait ses collègues. Arrêté en juill., il fut exécuté après un procès secret. Ses méthodes de terreur furent ensuite dénoncées par les dirigeants soviétiques dans le cadre de la campagne de déstalinisation.

BÉRING (détroit de et **mer de).** La **mer de Béring** a été découverte en 1728 par le Danois Vitus Béring ; elle s'étend au N. des îles Aléoutiennes, sépare l'Asie de l'Amérique, et l'océan Pacifique de l'océan Arctique. Sa partie nord-est, moins profonde, s'est trouvée asséchée à plusieurs reprises et, vraisemblablement au cours de la dernière glaciation, ce passage a permis des migrations humaines d'Asie du Nord vers l'Amérique. Le **détroit de Béring** fait communiquer la mer de Béring avec l'océan Arctique. La mer et le détroit avaient été probablement été explorés dès 1648 par des navires russes.

BÉRING Vitus (* 1681, † 1741). Navigateur danois que Pierre le Grand enrôla dans la marine russe en 1704. Il partit pour sa première expédition en févr. 1725. En 1728 il découvrait la mer et le détroit qui, l'une et l'autre, portent son nom. Une nouvelle expédition le conduisit en 1733 le long de la côte N. de la Sibérie ; en 1741 il atteignit le golfe de l'Alaska. Le mauvais temps le fit hiberner sur une île inhabitée, devenue l'île Béring, où il mourut.

BERLIN. Ancienne capitale de la Prusse et de l'Allemagne, sur la Spree. À la suite des accords de Yalta, les Américains en laissèrent la conquête aux Soviétiques, qui, du 22 avr. au 2 mai 1945, livrèrent des combats acharnés aux dernières troupes de Hitler qui, enfermé dans son bunker de la Chancellerie, se suicida le 30 avr. À Berlin fut signée, le 8 mai 1945, la capitulation du Reich.

Jusqu'en juin 1945, l'ex-capitale fut occupée par les seuls Soviétiques, puis la conférence de Potsdam (juill./août 1945) divisa Berlin en quatre secteurs d'occupation, soviétique, américain, anglais et français, sous l'autorité d'une *Kommandatura* alliée. Le développement de la guerre froide créa bientôt une tension à Berlin : à la suite de la réforme monétaire décidée unilatéralement dans leurs secteurs par les occupants occidentaux, les Soviétiques firent le blocus de Berlin-Ouest (avr. 1948/mai 1949), qui échoua grâce à un pont aérien établi par les Américains qui ravitailla la ville. En 1949, Berlin-Ouest devint un *Land* de la République fédérale d'Allemagne, tandis que Berlin-Est se trouvait englobée dans la République démocratique allemande. Le contraste aigu entre la prospérité économique de Berlin-Ouest et la vie difficile de la population de Berlin-Est déclencha une grande manifestation (16/17 juin 1953) contre le régime communiste ; les Soviétiques y répondirent en établissant l'état de siège (juin/juill. 1953). Devant l'émigration massive d'habitants de Berlin-Est vers les secteurs occidentaux, le régime communiste de Pankow décida (13 août 1961) d'arrêter toute communication entre les deux parties de l'ancienne capitale par un mur infranchissable (v. **Berlin, mur de**). À la suite de la politique d'ouverture à l'Est pratiquée depuis 1969 par le chancelier Brandt, de la signature des traités germano-soviétique et germano-polonais en 1971, les quatre puissances occupantes (États-Unis, Royaume-Uni, France, URSS) réussirent à conclure l'accord du 2 sept. 1971 qui garantissait une relative liberté de circulation.

Cet accord n'a été qu'imparfaitement appliqué par les autorités de la RDA qui ont imposé un visa aux étrangers se rendant à Berlin-Est et, par diverses mesures, ont intégré Berlin-Est dans la RDA. En 1988, un nouvel accord préfigura la reconnaissance mutuelle entre la CEE et le Comecon, effective en juill.

Le mur de Berlin fut ouvert en nov. 1989, en même temps que s'écroulait le gouvernement communiste issu de la Seconde Guerre mondiale. Depuis la réunification, le 3 oct. 1990, la ville de Berlin est de nouveau capitale de l'Allemagne et la souveraineté des anciennes puissances alliées a pris fin. Durant l'été 1999, le gouvernement fédéral et le Parlement s'y sont installés. Voir **Allemagne.** L'Allemagne réunifiée.

BERLIN (conférence de). Cette conférence réunit de nov. 1884 à févr. 1885 les délégués de quatorze nations (Allemagne, Autriche-Hongrie, Belgique, Danemark, Espagne, États-Unis, France, Grande-Bretagne, Italie, Pays-Bas, Portugal, Russie, Suède, Turquie) et fut consacrée aux problèmes de la colonisation en Afrique pour lesquels elle institua un « acte général » signé le 23 février 1885. Il reconnaissait la liberté de navigation sur le Niger et le Congo et formulait le principe que toute puissance européenne établie sur une côte africaine pouvait en revendiquer l'arrière-pays jusqu'à ce qu'elle rencontrât la zone d'influence d'une autre puissance. L'annexion supposait une occupation effective du terrain et une notification immédiate aux autres puissances.

BERLIN (congrès de, 13 juin/13 juill. 1878). Conférence diplomatique qui, du 13 juin au 13 juill. 1878, réunit à la demande de l'Angleterre et de l'Autriche-Hongrie les puissances occidentales, la Russie et la Turquie. Le but était une nouvelle négociation des clauses du traité de San Stefano (3 mars 1878) imposé par la Russie à la Turquie. Bismark souhaitait maintenir l'entente entre ses alliés russe et autrichien, et l'Angleterre voulait arrêter l'expansion russe en Méditerranée. Le traité fut profondément modifié, dans un sens moins favorable aux Slaves : à peine créée, la « Grande Bulgarie », satellite de la Russie, fut divisée en trois parties ; l'une retomba sous domination turque, la seconde (la Roumélie), devint une principauté autonome sous la souveraineté turque, la troisième (la Bulgarie proprement dite) fut indépendante. La Roumanie, la Serbie et le Monténégro furent reconnus indépendants, mais ces deux derniers États étaient séparés par le district turc de Novi Pazar. L'Autriche était autorisée à occuper militairement la Bosnie et l'Herzégovine et à les administrer civilement ainsi que le district de Novi Pazar. C'était le début du démembrement de l'Empire ottoman en Europe, mais la rivalité austro-russe dans les Balkans restait entière.

BERLIN (décret de). Décret signé à Berlin par Napoléon Ier le 21 nov. 1806 qui instituait le Blocus continental (v.) contre l'Angleterre.

BERLIN (mur de). L'exode de la population est-allemande vers Berlin-Ouest et vers la RFA décida le gouvernement de la République démocratique allemande à construire le mur de Berlin le 13 août 1961. Appelé frontière d'État, qualifié par les autorités est-allemandes de « rempart antifasciste », surnommé en Occident « mur de la honte », le mur séparait Berlin-Est de Berlin-Ouest et coupait Berlin-Ouest du territoire de la RDA. À la suite des manifestations de l'automne 1989 organisées par les Églises pour obtenir des réformes, le mur fut ouvert le 9 nov. puis démoli. Le 22 décembre la porte de Brandebourg, symbole de l'unité de Berlin, fut aussi ouverte. Voir **Allemagne.**

BERLIN (pacte tripartite de). Signé le 27 sept. 1940 entre l'Allemagne, l'Italie et le Japon pour une durée de dix ans, il prévoyait l'établissement d'un « ordre nouveau » en Europe et en Asie. Ce pacte fut ensuite signé par la Hongrie (20 nov. 1940), la Roumanie (23 nov.), la Slovaquie (24 nov.), la Bulgarie (1er mars 1941) et la Yougoslavie (25 mars).

BERLUSCONI Silvio (Milan, 29.IX.1936). Entrepreneur et homme politique italien. Président de la Fininvest, troisième groupe privé italien, Berlusconi était devenu, au milieu des années 1980, un des magnats européens de la communication. Il bénéficia longtemps du soutien du parti socialiste italien, puis décida, à la fin de l'année 1993, d'entrer en politique. Il mit sur pied le mouvement *Forza Italia*, pivot d'une coalition de droite au programme néolibéral, et fortement soutenu par les chaînes de télévision du groupe Fininvest. Vainqueur des élections législatives de mars 1994, président du Conseil, il dut démissionner en déc. 1994, quand la Ligue lombarde d'Umberto Bossi quitta la coalition. Les procès liés aux activités de la Fininvest ne l'empêchèrent pas de se présenter aux élections de 1996, où il fut battu par la coalition de l'Olivier (centre gauche). Il conduisit les listes de *Forza Italia* aux législatives de 2001 qu'il remporta. À nouveau Président du conseil, contesté pour ses réformes sociales et fiscales, il est poursuivi par la justice pour corruption.

BERMUDES. Archipel de l'océan Atlantique Nord, au N.-E. des Antilles, découvert vers 1510 par l'Espagnol Juan Bermudez. Les Bermudes restèrent inhabitées jusqu'au début du XVIIe s. En 1609, le marin anglais sir George Somers y fit naufrage et s'y installa. Les Bermudes furent peu après colonisées par les Britanniques à partir de la Virginie. Elles devinrent colonie de la Couronne en 1684. Tout en restant une colonie, les Bermudes jouissent, depuis 1967, d'une large autonomie interne.

BERNADOTTE Jean-Baptiste (* Pau 26.I.1763, † Stockholm, 8.III.1844). Maréchal de France puis roi de Suède sous le nom de Charles XIV (1810/44). Fils d'un avocat, engagé comme simple soldat en 1780, il était sous-officier en 1789, lieutenant en 1791. Fait général par Kléber en 1794, il combattit à Fleurus puis sur le Rhin. En 1797 il conduisit en Italie des renforts pour Bonaparte. À titre de récompense le Directoire le nomma ambassadeur à Vienne. Revenu en France et nommé ministre de la Guerre (3 juill./14 sept. 1799), il refusa de participer au 18-Brumaire. Bonaparte pourtant le ménagea, sans doute parce qu'ayant épousé Désirée Clary, Bernadotte était devenu le beau-frère de Joseph Bonaparte. En 1804 Bernadotte fut fait maréchal de France et prince de Pontecorvo en 1806.

Le 21 août 1810, Bernadotte fut élu prince royal héréditaire de Suède, choisi par Charles XIII qui succédait à Gustave IV déposé en 1809. Napoléon ne s'opposa pas à cette décison. Pourtant, après avoir mesuré les conséquences du Blocus continental pour son nouveau pays, Bernadotte se tourna vers la Russie, rompit avec Napoléon et, en 1813, rejoignit la coalition contre la France. Il battit Oudinot à Grossberen, Ney à Dannewitz et joua un rôle important à Leipzig. Le traité de Kiel lui permit d'annexer la Norvège. Pendant les Cent-Jours il demeura neutre. La mort de Charles XIII lui permit d'être proclamé roi de Suède et de Norvège le 5 février 1818. Il fut un remarquable administrateur, cimenta l'union des Suédois et des Norvégiens tout en laissant à chaque peuple sa Constitution propre, développa l'instruction, l'agriculture et l'industrie, le commerce en ouvrant le canal Göta reliant le lac Wenern à la Baltique.

BERNARD de Clairvaux saint (* château de Fontaines, près de Dijon, 1091, † Clairvaux, 20.VIII.1153). Moine cistercien, fondateur de l'abbaye de Clairvaux (1115), conseiller des princes et des papes, il prêcha la deuxième croisade et joua un rôle essentiel dans le développement de l'ordre cistercien. Voir **CISTERCIENS** et **CROISADES**.

BERNARD VII († Paris, 28.V.1418). Comte d'Armagnac. Chef du parti des Armagnacs, il se rendit maître de Paris de 1413 à 1415. Voir **ARMAGNACS**.

BERNARD de Saxe-Weimar (* Weimar, 16.VIII.1604, † Neuenburg, Bade, 18.VII.1639). Homme de guerre allemand. Prince de la maison de Saxe, fils cadet du duc Jean III, il fut un des principaux chefs militaires du parti protestant et embrassa la carrière des armes dès l'âge de dix-sept ans en combattant dans l'armée de Mansfeld. Il passa ensuite au service des Provinces-Unies et, en 1629, à celui de Gustave-Adolphe dont il sauva probablement l'armée après la bataille indécise de Lützen (1632). Bien que battu par les Impériaux à Nordlingen (6 oct. 1634), il fut chargé par Louis XIII et Richelieu de poursuivre la guerre et signa une série de contrats qui, outre le landgraviat d'Alsace et Haguenau, lui garantissaient le pain et la solde pour ses troupes et une gratification personnelle. Aidé de quelques régiments français commandés par Turenne, il vainquit en 1638 les Impériaux à Rheinfelden et s'empara de Fribourg et Brisach. L'année suivante il mourut de maladie ou empoisonné. Formé lui-même à l'art de la guerre par Maurice de Nassau et Gustave-Adolphe, il fut l'un des grands capitaines du XVIIe s. et Turenne se reconnut toujours comme son disciple. Voir **TRENTE ANS (guerre de)**.

BERNARD Samuel (* Paris, 28.XI.1651, † Paris, 18.I.1739). Financier français. Il était fils de Samuel Bernard peintre de natures mortes et de portraits (1614/87) et appartenait à une famille protestante. D'abord maître mercier de draps d'or, argent et soie, il se tourna vers la finance et abjura le protestantisme. Il acquit une fortune considérable en entrant dans quatorze traités (opérations de finance) entre 1693 et 1699, devint banquier et prêta de fortes sommes à Louis XIV qui lui fit l'insigne honneur d'une visite de Marly.

BERNE, *Bern.* Ville de Suisse, sur l'Aar, chef-lieu du canton de Berne et capitale (ville fédérale) de la Confédération helvétique. Fondée en 1191, elle devint ville impériale en 1218 et affirma rapidement son indépendance en devenant une puissance militaire redoutable. Elle entra en 1353 dans la Confédération. En 1415, quand l'empereur Sigismond mit au ban de l'Empire l'archiduc d'Autriche, elle s'empara d'une partie de l'Argovie, puis s'allia avec Louis XI contre le duc de Bourgogne, Charles le Téméraire, qu'avec l'aide des Confédérés elle vainquit à Grandson (2 mars 1476) et à Morat (22 juin 1476). Ralliée à la Réforme à partir de 1528, Berne se porta au secours des Genevois attaqués par le duc de Savoie et accrut considérablement sa puissance par la conquête du pays de Vaud (1536).

À cette époque, le gouvernement de Berne passa entièrement aux mains du patriciat, qui dut faire face à plusieurs rébellions, en particulier en 1653. La conspiration démocratique de Hentzi (1749) fut réprimée dans le sang. En 1798, l'armée française conquit le Jura et le pays de Vaud et s'empara de la ville de Berne le 5 mars 1798. Berne se vit dépouillée de son trésor, qui servit à financer l'expédition de Bonaparte en Égypte, ainsi que de l'Argovie et du pays de Vaud, qui devinrent des cantons indépendants (1803). En compensation, Berne reçut en 1815 le Jura bernois, peuplé en majorité de catholiques. Berne devint la capitale de la Suisse en vertu de la Constitution de 1848.

Berne (canton). Canton suisse, *Bern*. Le canton, majoritairement germanophone, compte une minorité francophone. Une partie des communes francophones ont choisi, en 1978, de faire sécession et de fonder le nouveau canton du Jura.

BERNIS François Joachim de Pierre de (* Saint-Marcel-d'Ardèche, Ardèche, 22.V.1715, † Rome, 2.XI.1794). Cardinal et homme politique français. Ambassadeur à Venise (1751/55) puis ministre des Affaires étrangères (1756), il engagea la France aux côtés de l'Autriche dans la guerre de Sept Ans. Après les victoires de Frédéric II à Rossbach et à Leuthen (1757), il prit le parti de la paix mais se heurta à la marquise de Pompadour et fut brusquement disgracié (oct. 1758), alors qu'il venait d'être fait cardinal. Archevêque d'Albi (1764), puis ambassadeur à Rome (1768), il contribua à la suppression des jésuites. Adversaire de la Révolution, il fut révoqué de son poste en 1791 mais continua à résider à Rome, où il vécut des libéralités de la cour d'Espagne.

BERNSTEIN Eduard (* Berlin, 6.I.1850, † Berlin, 18.XII.1932). Homme politique allemand. Il participa au mouvement socialiste allemand et dut s'exiler en Suisse en 1878 où il publia le périodique *Sozialdemokrat*. Il se fit le théoricien du révisionnisme, abandonnant les théories marxistes de la lutte des classes de la dictature du prolétariat pour préconiser une recherche de l'amélioration immédiate de la condition ouvrière par l'action syndicale et politique dans le cadre de la démocratie bourgeoise. Député au Reichstag (1902/06, 1912/18, 1920/28), il fut, durant la Première Guerre mondiale, un des fondateurs du parti social-démocrate indépendant (USPD), mais rejoignit en 1919 la majorité. Secrétaire d'État au Trésor après la révolution de nov. 1918.

BERNSTORFF. Famille noble mecklembourgeoise, dont les membres les plus illustres ont été :

Johann Hartwig Ernst, comte Bernstorff (* Hanovre, 13.V.1712, † Hambourg, 18.II.1772). Homme politique danois. Mis par Frédéric V à la tête des Affaires étrangères (1751), il assura la paix au Danemark durant la guerre de Sept Ans. Il sut attirer dans le pays des artistes étrangers, favorisa le commerce, fut un des fondateurs de la marine marchande danoise et accomplit diverses réformes inspirées par le despotisme éclairé. Struensee l'évinça en 1770.

Andreas Peter, comte Bernstorff (* Hanovre, 28.VIII.1735, † Copenhague, 21.VI.1797). Homme politique danois. Neveu du précédent, ministre des Affaires étrangères danois de 1773 à 1780 et de 1784 à sa mort, il mena une politique d'alliance économique et militaire avec la Suède, orienta le Danemark vers le libre-échangisme et contribua à la libération des paysans en 1788.

Johann Heinrich, comte Bernstorff (* Londres, 14.XI.1862, † Genève, 1939). Diplomate allemand. Ambassadeur à Washington (1908/17), il s'efforça, durant la Première Guerre mondiale, d'obtenir de son gouvernement qu'il limitât la guerre sous-marine afin d'éviter l'entrée en guerre des États-Unis. Malgré l'animosité des chefs militaires allemands, il fut nommé ambassadeur à Istanbul (1917/18). Après 1918, il travailla à l'entrée de l'Allemagne à la SDN, la représenta à la Conférence des réparations (1926), puis s'exila à l'arrivée au pouvoir de Hitler.

BERRY. Ancienne province du centre de la France, qui a formé les départements de l'Indre et du Cher ; elle avait pour capitale *Bourges*. Les *Bituriges*, un des peuples les plus importants de la Gaule, l'occupaient, avec *Avaricum* (Bourges) comme principal *oppidum*. En 52 av. J.-C., alliés des Arvernes, les Bituriges refusèrent d'incendier leur ville, dont César extermina la population (40 000 personnes). Il fut à l'époque carolingienne un comté héréditaire indépendant, devenu la vicomté de Bourges qui fut vendue en 1101 par son dernier vicomte, Eudes Arpin partant pour la croisade, à Philippe Ier, roi de France. Le Berry fut rattaché au Domaine royal en 1252. Dès lors, ce fief ne fut détaché de la Couronne que pour servir d'apanage aux princes du sang. Jean le Bon l'érigea en duchépairie en 1360 et le donna à son troisième fils, (v. BERRY, Jean de France, duc de). Il appartint ensuite au futur Charles VII ; à Charles, frère de Louis XI (1461) ; à Jeanne de France, qui épousa Louis XII (1499) ; à Marguerite de Navarre, sœur de François Ier ; à Marguerite de Savoie, sœur d'Henri II ; au duc d'Anjou (futur Henri III), en 1570. Il fut définitivement réuni à la Couronne à la mort de sa veuve, en 1601. Le titre de duc de Berry, devenu purement nominal, fut porté par le futur Louis XVI et par Ferdinand, qui était le fils de Charles X.

BERRY Jean de France, duc de (* Vincennes, 1340, † Paris, 1416). Troisième fils de Jean le Bon et frère de Charles V. À la mort de ce dernier (1380), il fut un des tuteurs de son neveu Charles VI. Gouverneur du Languedoc, il se signala par sa rapacité et ses exactions et fut destitué en 1388. La folie de Charles VI lui permit de retrouver le pouvoir ; il louvoya au mieux de ses intérêts entre les Armagnacs et les Bourguignons, et traita avec les Anglais, auxquels il promit de livrer la Guyenne (1412). Fastueux mécène, il fit notamment composer et illustrer un des plus beaux manuscrits de l'époque, les *Très Riches Heures du duc de Berry* (musée de Chantilly).

BERRY Charles Ferdinand, duc de (* Versailles, 24.I.1778, † Paris, 13.II.1820). Second fils du comte d'Artois (Charles X), il combattit en 1792 dans l'armée de Condé puis émigra en Angleterre, où il épousa

Anna Brown. Son père refusa ce mariage et lui fit épouser, en 1816, la princesse Marie-Caroline de Bourbon-Sicile (v.). Haï des libéraux sous la Restauration, pour être l'un des chefs des ultraroyalistes et l'espoir de la continuité dynastique des Bourbons, il fut assassiné en sortant de l'Opéra par un fanatique isolé, Louvel, dont il demanda la grâce en mourant. Il laissa une fille, mariée en 1845 au duc de Parme, et un fils posthume, qui fut le comte de Chambord. Sa mort et la réaction qui suivit entraînèrent la chute du ministre Decazes.

BERRY Marie Caroline Ferdinande Louise de Bourbon-Sicile, duchesse de (* Naples, 5.XII. 1798, † Brünnsee, Styrie, 16.IV.1870). Femme de Charles Ferdinand, duc de Berry, fille de François Ier, roi des Deux-Siciles. Sept mois après l'assassinat de son mari, elle donna le jour au futur comte de Chambord ; elle avait suivi Charles X à Holyrood en 1830, puis décida de revenir en France pour y organiser un soulèvement légitimiste contre Louis-Philippe et placer son fils sur le trône. Débarquée près de Marseille en avr. 1832, elle trouva peu d'appuis en Provence, gagna la Vendée et fut arrêtée, à la suite d'une trahison, en juin suivant. Enfermée à la citadelle de Blaye, elle avoua qu'elle était mariée secrètement au comte Ettore Carlo Lucchesi-Palli et accoucha d'une fille en mai 1833. Ce scandale, exploité par le gouvernement de Louis-Philippe, jeta la confusion chez les légitimistes et ruina les espoirs politiques de la duchesse, qui resta longtemps brouillée avec Charles X.

BERRYER Pierre Antoine (* Paris, 4.I.1790, † Angerville, Loiret, 29.XI.1868). Avocat français. Catholique et légitimiste, il assura cependant avec son père Pierre Nicolas, et Dupin aîné, la défense de Ney en 1815. Il fit acquitter Cambronne, défendit Lamennais accusé d'ultramontanisme en 1826, Chateaubriand en 1832 et même Louis Napoléon Bonaparte en 1840, après sa tentative de Boulogne. À la Chambre, Berryer joua un rôle important à partir de 1830, où il représenta l'opposition légitimiste. Il ne manqua pas de protester contre le coup d'État du 2 déc. 1851. Il fut élu à l'Académie française en 1852.

BERTHELOT Marcellin Pierre Eugène (* Paris, 25.X.1827, † Paris, 18.III.1907). Chimiste et homme politique français. Professeur à l'École de pharmacie (1859) puis au Collège de France (1865), il réalisa la synthèse artificielle des composés organiques fondamentaux (1860). Il fonda la chimie moderne et la thermochimie. Une amitié le liait à Renan qui s'inspira de ses travaux pour écrire *L'Avenir de la science* en 1849. Républicain convaincu, il fit partie dès sept. 1870 du comité scientifique de défense et mit ses compétences à la fabrication des canons et de la poudre. Sénateur inamovible en 1881, il fut ministre de l'Instruction publique (1886/87) et contribua à l'établissement de la laïcité, puis ministre des Affaires étrangères en 1895/96. Il fut inhumé avec sa femme au Panthéon.

BERTHIER Louis Alexandre, prince de Neuchâtel et **prince de Wagram** (* Versailles, 20.II.1753, † Bamberg, 1er.IV.1815). Maréchal de France. Fils d'un ingénieur géographe de l'armée anobli par Louis XV, officier à dix-sept ans, il prit part à la guerre d'Amérique. Nommé par Louis XVI en 1789 major général de la garde nationale de Versailles, il protégea la famille royale lors des journées des 5 et 6 oct. 1789. Chef d'état-major de l'armée d'Italie en 1796, il s'attacha à Bonaparte, le suivit en Égypte et fut du 18-Brumaire. Ministre de la Guerre (1800/07), promu maréchal en 1804, il devint en 1805 major général de la Grande Armée. Malgré sa liaison avec la belle Giuseppina Visconti, il fut forcé par Napoléon, en 1808, d'épouser la princesse Marie-Élisabeth de Bavière ; il avait reçu en 1806 la principauté de Neuchâtel ; en 1809, il fut nommé prince de Wagram. Napoléon l'appréciait comme un exécutant docile et ponctuel alors que ce fut un remarquable chef d'état-major qui manqua cruellement à Napoléon pendant les Cent-Jours. Aspirant au repos, Berthier se rallia aux Bourbons en 1814 et reçut les titres de pair et de capitaine de la garde royale. Durant les Cent-Jours, il suivit Louis XVIII à Gand puis se réfugia à Bamberg. Il y mourut en tombant d'un balcon, peut-être par suicide ou poussé par des hommes masqués.

BERTIN. Famille de journalistes français.

Louis François, dit **Bertin l'Aîné** (* Paris, 14.XII.1766, † Paris 13.IX.1841) était fils d'un secrétaire de Choiseul ; il acquit en 1799 *Le Journal des débats*, en fit une feuille conservatrice où écrivirent Geoffroy, Chateaubriand, Fiévée, Nodier. Soupçonné d'être royaliste, il fut enfermé au Temple puis déporté à l'île d'Elbe. Revenu à Paris en 1805, il dut donner à son journal le titre de *Journal de l'Empire*, ce qui ne l'empêcha pas d'être confisqué en 1811. Sous la Restauration, le quotidien reprit son premier titre et soutint Louis XVIII. À partir de 1824, il évolua avec Chateaubriand vers le royalisme constitutionnel et, en 1830, se rallia à Louis-Philippe. Ses fils, **Louis-Marie Armand** et **François-Édouard** dirigèrent l'un après l'autre le *Journal des débats* à la mort de leur père.

BERTRAND Henri Gratien, comte (* Châteauroux, Indre, 28.III.1773, † Châteauroux, 31.I.1844). Général français. Compagnon fidèle de Bonaparte depuis la campagne d'Égypte, il se distingua à Austerlitz, Friedland, Wagram ; général de division et comte d'Empire il devint grand maréchal du palais à la mort de Duroc (1813). Après la défaite de Leipzig, il sauva les débris de l'armée. Il suivit Napoléon à l'île d'Elbe et à Sainte-Hélène, où il écrivit sous sa dictée les *Campagnes d'Égypte et de Syrie* (publiées en 1847). Son dévouement admirable décida Louis XVIII à casser en

1821 le jugement de 1816 qui l'avait condamné à mort par contumace et à le réintégrer dans ses grades. Revenu en France à la mort de Napoléon, Bertrand fut nommé commandant de l'École polytechnique après la révolution de 1830, puis devint député de Châteauroux (1831/34). En 1840, il se rendit à Sainte-Hélène avec le prince de Joinville pour ramener en France les restes de l'Empereur.

BERWICK James Stuart Fitzjames, duc de (* Moulins, 21.VIII.1670, † Philippsbourg, 12.VI. 1734). Maréchal de France. Fils naturel de Jacques II et d'Arabella Churchill, sœur de Marlborough, il reçut en France une éducation catholique, fut fait duc de Berwick en 1687 et, après la révolution de 1688, fut de toutes les tentatives menées pour replacer son père sur le trône. Entré ensuite au service de la France, il commanda en 1704 les troupes françaises en Espagne, fut envoyé en 1705 contre les camisards et fait maréchal en 1706. Renvoyé en Espagne, il remporta la victoire d'Almanza (1707), qui établit Philippe V sur le trône, et s'empara de Barcelone (1714). Il reçut en 1733 le commandement de l'armée du Rhin et fut tué au siège de Philippsbourg.

BESSARABIE. Région de l'Europe du Sud-Est comprise entre le Dniestr, le Danube, le Prout et la mer Noire. D'abord peuplée par les Bastarnes, cette région fit partie quelque temps de la Dacie Trajane, puis vit se succéder les invasions des Wisigoths (IIIe/IVe s.), des Huns et des Bulgares (Ve s.), des Avars (VIe s.), des Hongrois (IXe s.), des Petchénègues (XIe/XIIe s.). Vers 1367, elle fut réunie à la Moldavie par la dynastie des Bessarab. La Bessarabie finit par tomber sous la domination ottomane à la fin du XVe s., devint l'enjeu de la rivalité russo-turque. La Russie se la fit céder par le traité de Bucarest (1812), mais le traité de Paris (1856) rattacha la Bessarabie méridionale à la Moldavie. Le congrès de Berlin (1878) rendit cette région à la Russie. Après l'effondrement du tsarisme, la Roumanie annexa toute la Bessarabie (1918), mais dut la rendre à l'URSS en juin 1940, la reconquit avec l'aide des Allemands de 1941 à 1944 et l'abandonna définitivement à l'URSS au traité de 1947. La plus grande partie de la Bessarabie forme aujourd'hui la république de Moldavie ; seule la partie méridionale a été rattachée à l'Ukraine.

BESSARION Johannes ou **Basilius** (* Trébizonde, vers 1400, † Ravenne, 18.XI.1472). Cardinal et humaniste grec. Moine de l'Église d'Orient, archevêque de Nicée en 1437, il se montra un ardent partisan de la réunion avec Rome et œuvra en ce sens au concile de Ferrare-Florence en 1438. Il se fixa à Rome l'année suivante et, nommé cardinal, fut chargé par Eugène IV de missions diplomatiques importantes. En 1455 et 1471, il eût pu être élu pape. Grand humaniste de la Renaissance, il s'employa à faire connaître à l'Occident la pensée de Platon et s'attacha à montrer la parenté entre le christianisme et les idées de Platon. Sa célèbre bibliothèque était riche de manuscrits grecs qu'il légua au sénat de Venise.

BESSEMER sir Henry (* Charlton, Hertfordshire, 19.I.1813, † Londres, 15.III.1898). Ingénieur anglais, autodidacte, qui, en 1856, mit au point le *procédé Bessemer* pour produire de l'acier bon marché, en insufflant de l'air sous pression dans la fonte. Cette méthode bouleversa l'industrie métallurgique et permit, en particulier, de substituer aux rails de fer des rails d'acier. Elle fut perfectionnée en 1878 par le procédé Thomas-Gilchrist, capable de traiter les minerais phosphoreux.

BESSIÈRES Jean-Baptiste, duc d'Istrie (* Prayssac, Lot, 6.VIII.1768, † Rippach, Saxe, 1er.V.1813). Maréchal de France. Fils d'un chirurgien, il commença des études médicales, devint en 1792 membre de la garde de Louis XVI, il se compromit au 10-Août pour défendre la famille royale et entra dans l'armée pour échapper aux recherches. Remarqué par Bonaparte durant la campagne d'Italie en 1796, il participa à l'expédition d'Égypte et contribua au 18-Brumaire. Promu maréchal en 1804, il fit toutes les campagnes de l'Empire à la tête de la cavalerie de la garde impériale, se distingua particulièrement à Austerlitz, Iéna, Friedland, Wagram et fut fait duc d'Istrie en 1808. Au cours de la guerre d'Espagne, qu'il avait déconseillée, il remporta les victoires de Medina del Rioseco, de Burgos et de Somo-Sierra. En 1813, il commandait toute la cavalerie de l'armée dans la campagne de la Saxe, lorsqu'il fut tué par un boulet à la veille de la bataille de Lützen.

BETANCOURT Rómulo (* Guatire, Miranda, 1908, † New York, 28.IX.1981). Homme politique vénézuélien. Chef de la gauche non communiste, il renversa par un coup d'État (oct. 1945) le président Angarita et fut au pouvoir jusqu'en 1948. Il y revint comme président élu en déc. 1958 et dut mener la lutte contre les partisans communistes. Raúl Leoni le remplaça en 1964.

BÉTHENCOURT Jean de (* Grainville-la-Teinturière, pays de Caux, vers 1360, † Grainville, 1425). Navigateur. La guerre de Cent Ans avait ruiné ce gentilhomme normand qui, avec Gadifer de La Salle, prit possession des Canaries en 1402 et s'en fit reconnaître roi par Henri III de Castille. Il revint en France en 1406, laissant son royaume à son neveu Maciot de Béthencourt.

BETHLÉEM, auj. *Bayt Lahm*, en Cisjordanie. À l'époque biblique, elle fut la ville près de laquelle mourut Rachel après avoir enfanté Benjamin. Elle appartint à la tribu de Juda et fut la patrie de David. Le Christ y naquit, conformément à la prophétie de Michée qu'a rapportée l'évangéliste st Matthieu. Vers 330, l'impératrice Hélène y fit construire la basilique de la Nativité, remaniée au VIe s. Bethléem fut conquise par les croisés en 1099 et reprise par les musulmans en 1187.

BETHMANN-HOLLWEG Theobald von (* Hohenfinow, près d'Eberswalde, Brandebourg, 29.XI.1856, † Hohenfinow, 1er.I.1921). Homme politique allemand. *Oberpräsident* du Brandebourg (1899/1903), ministre de l'Intérieur de Prusse (1905/07), secrétaire d'État à l'Intérieur et vice-chancelier (1907/09), il fut appelé à remplacer Bülow au poste de chancelier (juill. 1909). Après avoir cru, en juill. 1914, à la neutralité britannique, il essaya de freiner le cabinet de Vienne, mais se heurta à l'impatience de l'état-major allemand. Après avoir absurdement traité de *chiffon de papier* le protocole de Londres de 1831 qui garantissait la neutralité belge, il se montra hésitant dans la conduite de la guerre, s'opposa à la guerre sous-marine totale, rechercha vainement une paix de compromis avec l'Entente et fut finalement congédié, sous la pression des chefs militaires, Hindenburg et Ludendorff.

BEUST Friedrich Ferdinand, comte von (* Dresde, 13.I.1809, † château d'Altenberg, près de Vienne, 24.X.1886). Homme politique allemand. D'une vieille famille saxonne remontant au XIIIe s., il devint ministre des Affaires étrangères de Saxe en 1849 et Premier ministre en 1858. Il tenta de constituer entre la Prusse et l'Autriche un groupement des petits États allemands, mais la victoire prussienne dans la guerre de 1866 anéantit ces espoirs. Il passa au service de l'Autriche. François-Joseph le nomma ministre des Affaires étrangères autrichien, avec le titre de chancelier (1866/71). Il résolut la question hongroise en négociant avec Deák pour aboutir au compromis de 1867 qui établissait l'Empire sur une base dualiste mais sans faire droit aux revendications des autres nationalités.

BEVAN Aneurin (* Tredegar, Monmouthshire, 15.XI.1897, † Asheridge Farm, Chesham, 6.VII. 1960). Homme politique britannique. Ministre de la Santé et de la Reconstruction en 1945, il procéda à la nationalisation de la médecine britannique par la création d'un Service national de santé. Voir **TRAVAILLISTE (parti)**.

BEVIN Ernest (* Winsford, Somerset, 7.III.1881, † Londres, 14.IV.1951). Homme politique anglais. Président du conseil des Trade Unions (1937), ministre du Travail (1940/45), secrétaire d'État aux Affaires étrangères (1945/51). Voir **SYNDICATS.** En Angleterre.

BEYROUTH. Capitale du Liban et port sur la Méditerranée. Ville phénicienne nommée *Béryte* ou *Bérytos* au milieu du IIe millénaire, elle devint colonie romaine sous le nom de *Colonia Julia Augusta Felix*. Hérode le Grand et ses successeurs la parèrent de beaux monuments et elle concentra l'industrie et le commerce de la soie.

Conquise par les Arabes en 635, Beyrouth fut occupée par les croisés de 1110 à 1291 et fit partie du royaume de Jérusalem. À la fin du XIIIe s., le Liban passa aux mains des mamelouks égyptiens puis, en 1516, le pays entra dans l'Empire ottoman dont l'autorité ne s'exerça vraiment que dans les villes côtières. Le massacre des chrétiens par les Druzes des montagnes et les musulmans de la côte provoqua l'intervention française (août 1860). Beyrouth retrouva alors sa prospérité. L'effondrement de l'Empire ottoman fit naître les États du Levant (Syrie et Liban) placés sous mandat français (1922/46).

À partir de 1956, le conflit entre les Arabes et Israël se répercuta sur le Liban et Beyrouth en particulier. À la demande du président Chamoun, les troupes américaines occupèrent la ville de juill. à oct. 1958. L'aéroport fut bombardé par Israël en déc. 1968. À partir d'avr. 1975, Beyrouth fut ravagée par la guerre civile dans laquelle intervinrent les Syriens puis les Israéliens. En juill. 1978 les Syriens pilonnèrent les quartiers chrétiens de Beyrouth-Est et, en août-sept. 1982, les Israéliens liquidèrent le réduit palestinien. Beyrouth en sortit quasiment détruite. L'installation d'une force multinationale (France, États-Unis, Italie), de sept. 1982 à mars 1984, ne fit pas cesser les hostilités entre les différentes factions et les combats durèrent jusqu'en octobre 1990. Après le retrait de l'armée israélienne du Sud-Liban (mai 2000), l'armée syrienne a également évacué le Liban et libéré Beyrouth (juin 2001). Voir **LIBAN**.

BÈZE Théodore de (* Vézelay, 24.VI.1519, † Genève, 13.X.1605). Réformateur français. Fils du bailli de Vézelay, Bèze étudia à Orléans et à Bourges. À la suite d'une grave maladie, il se convertit au protestantisme en 1548. Fixé à Genève en 1558, il y devint l'adjoint de Calvin et fit des voyages en France pour prêcher la doctrine calviniste. Il convertit Antoine de Bourbon et participa au colloque de Poissy. À la mort de Calvin (1564), il devint le chef de l'Église réformée de Genève mais continua ses voyages et ses prédications, présidant les synodes de La Rochelle (1571) et de Nîmes (1572). Voir **GENÈVE.** L'adoption de la Réforme.

BHOUTAN, *Druk-Yul*. État asiatique situé sur le versant méridional de l'Himalaya, entre le Tibet (Chine) et l'Inde ; capitale *Timphu*. Conquis vers le milieu du XVIe s. par les Tibétains, le Bhoutan devint un État bouddhiste gouverné, jusqu'en 1907, par un chef spirituel, le Dharma Rajah, et un chef temporel, le Deb Rajah. À partir du XVIIIe s., les Britanniques essayèrent vainement d'entrer en relations commerciales avec les Bhoutanais qui se livraient à de fréquentes incursions dans les provinces voisines de l'Assam et du Bengale. En 1865, les Anglais annexèrent le Bhoutan. En 1907, le gouverneur de la province de Tongsa, Ugyen Wangchuk, appuyé par les Britanniques, renversa et se fit élire premier maharajah héréditaire, réunissant pour la première fois les pouvoirs spirituel et temporel. Ses descendants ont régné sur le Bhoutan jusqu'à nos jours. Par le traité de 1910, les Britanniques se sont assuré le contrôle de la politique étrangère du Bhoutan, en échange d'une subvention annuelle et d'un engagement de non-intervention dans la politique intérieure du pays ; ce traité fut renouvelé par l'Inde en 1949, et, lorsque les Chinois, après avoir occupé le Tibet, revendiquèrent la partie orientale du Bhoutan, le président Nehru déclara que toute attaque contre ce pays serait considérée comme une agression à l'égard de l'Inde. En 1975, l'Inde, qui venait d'annexer le Sikkim voisin, confirma ses engagements.

La diversité ethnique du Bhoutan s'avéra source de conflit à partir des années 1980. En 1990, une rébellion armée apparut au sein de la minorité d'origine népalaise dans le sud du pays. Outre la reconnaissance de sa spécificité culturelle et religieuse (les Népalais sont hindous, les Bhoutanais bouddhistes), ce mouvement revendiquait l'instauration du multipartisme. Sa répression entraîna l'exode, à partir de 1992, de 100 000 Bhoutanais d'origine népalaise. Les discussions sur leur sort n'avaient pas encore abouti fin 2000. Par ailleurs, le Bhoutan subit des incursions de rebelles d'Assam, qui y installèrent leurs bases.

BHUTTO Zulfikar Ali (* Larkana, Sind, 1928, † Rawalpindi, 4.IV.1979). Homme politique pakistanais. Président de la République (1971/73), puis Premier ministre (1973/77). Déposé par l'armée, il fut pendu, après un simulacre de procès.

Sa fille **Bénazir Bhutto** (* Karadir, 21.III.1953) fut nommée Premier ministre en déc. 1988, et destituée pour corruption et népotisme en août 1990. Après un retour au pouvoir de 1993 à 1996, elle fut condamnée en 1999 pour corruption et s'exila.

BIAFRA. Région est de la République fédérale du Nigeria. Voir NIGERIA.

BIBLE. La Bible est le recueil des livres considérés par les Juifs et par les chrétiens comme étant d'inspiration divine. Cependant, la Bible juive et la Bible chrétienne n'ont pas exactement le même contenu car : *a)* les chrétiens ajoutèrent aux Écritures juives, formant à leurs yeux l'Ancien Testament, un Nouveau Testament (Évangiles, Actes, Épîtres, Apocalypse) ; *b)* le canon juif rejette comme apocryphes certains livres contenus dans la traduction grecque dite des Septante (IIIe/IIe s. av. J.-C.), à savoir Baruch, Tobie, Judith, la Sagesse de Salomon, l'Ecclésiastique, deux livres des Macchabées et divers fragments. Les protestants ont, en général, adopté la même attitude et n'admettent comme sacrés que les livres de la Bible hébraïque.

Les chrétiens ne connurent d'abord la Bible que dans ses versions grecques et latines. La préservation et la mise au point du texte original de la Bible, en hébreu et en araméen, furent l'œuvre de savants juifs établis principalement en Galilée, les massorètes, qui menèrent cet immense travail depuis le début de notre ère jusqu'au XVe s. À partir de la Bible des Septante, plusieurs traductions latines furent effectuées en Afrique et en Italie dès les IIe/IIIe s. de notre ère. Sur l'ordre du pape Damase, st Jérôme acheva en 405 une nouvelle traduction en latin de l'ensemble de la Bible ; ce fut la *Vulgate*, qui devint la version officielle de l'Église d'Occident. Déclarée seule authentique par le concile de Trente (1546), elle fit l'objet de révisions, l'une en 1592 (Vulgate Clémentine), l'autre à partir de 1908 (publication de la Genèse en 1926). Une nouvelle révision fut ordonnée par Paul VI en 1965 (publication du Livre des Psaumes en 1969).

La Bible fut également traduite assez tôt dans les langues barbares : en germain par Ulfilas (IVe s.), en slavon par st Cyrille et st Méthode (IXe s.). Durant le haut Moyen Âge, la Bible se répandit dans toute l'Europe et devint rapidement le « Livre » par excellence. Les autorités ecclésiastiques ne mirent d'abord aucune entrave à cette diffusion des Écritures dans le peuple comme chez les clercs, mais leur attitude changea au XIIe s., lorsque les hérétiques vaudois, cathares, albigeois invoquèrent l'Évangile pour mettre en accusation l'Église établie. À partir de 1229/30, on vit les synodes de Reims et de Toulouse interdire les traductions en français des Écritures et la lecture de la Bible par les laïcs. Pendant trois cents ans, le rayonnement de la Bible allait être freiné. On ne saurait cependant prétendre que la Bible, avant la Réforme, fût devenue un livre inaccessible. La première Bible en français, dite de Saint Louis, avait connu un très grand succès ; parurent ensuite la Bible de Jean le Bon et celle de Charles V (traduction Raoul de Presles). La première édition complète française fut la Bible de Charles VIII (1487). Dès 1455, Gutenberg donna la première Bible latine imprimée ; onze ans plus tard parut la première Bible allemande imprimée, et, avant Luther, en Allemagne, on ne compte pas moins d'une vingtaine de traductions en langue populaire. La Renaissance, en remettant en honneur les langues anciennes (grec et hébreu), déclencha un renouveau des études bibliques. Le premier des grands traducteurs français de la Bible, au XVIe s., fut le catholique Lefèvre d'Étaples, qui donna, d'après la *Vulgate*, sa traduction du Nouveau Testament (1523), puis de la Bible complète (1530).

La Réforme allait, dans tous les pays où elle triompha, généraliser la lecture de la Bible. La traduction de Luther (1522/34) fut un événement capital dans l'histoire spirituelle et littéraire de l'Allemagne. Parmi les principales autres traductions protestantes de cette époque, en Angleterre, la « version autorisée » ou Bible du Roi Jacques de 1611 ; en France, la traduction d'Olivétan (1535), qui, révisée par Calvin, devint la Bible de Genève (1562) ; la Bible suédoise de 1541 et la Bible danoise de 1550, qui, l'une et l'autre suivaient de très près Luther. Les catholiques répondirent en publiant leurs propres traductions, telle, en France, celle de Lemaistre de Sacy (1667/1702).

Cette large diffusion de la Bible, coïncidant avec l'essor de la philosophie rationaliste, donna naissance à la « critique biblique » inaugurée à la fin du XVIIe s. par l'oratorien Richard Simon.

BIBRACTE. Ancienne ville de Gaule, *oppidum* des Éduens, sur le mont Beuvray, près d'Autun. En 58 av. J.-C., César y arrêta les Helvètes. Sous le règne d'Auguste, la ville fut délaissée et ses habitants fondèrent une ville nouvelle, *Augustodunum*, devenue Autun. Les fouilles menées sur le site de Bibracte ont permis de retrouver enceintes, et les quartiers résidentiels et artisanaux.

BIDAULT Georges (* Moulins, Allier, 5.X.1899, † Cambo-les-Bains, 27.I.1983). Homme politique français. Militant d'Action catholique, dirigeant du parti démocrate-populaire, il rejoignit le mouvement de résistance Combat en 1941. Il demeura président du Conseil national de la Résistance où il succéda à Jean Moulin en sept. 1943, jusqu'à la Libération. En sept. 1944, de Gaulle le nomma ministre des Affaires étrangères. Chef du gouvernement provisoire, il fit adopter la Constitution de la IVe République. En nov. 1944 il avait fondé le Mouvement républicain populaire. À partir de 1946 et jusqu'en 1954, il fut, en alternance avec R. Schuman, ministre des Affaires étrangères. Son rôle fut décisif dans la construction européenne. La défaite de Diên Biên Phu l'écarta du pouvoir. Fervent partisan de l'Algérie française, il s'exila de 1962 à 1968. Rentré en France, il fut un adversaire du gaullisme.

BIÉLORUSSIE, *Respublika Biélarous*. État de l'Europe de l'Est, à l'O. de la Russie et à l'E. de la Pologne ; capitale *Minsk*. Peuplée de Slaves, la Biélorussie fit partie au IXe s., de la Russie kiévienne, puis forma la principauté de Polotsk, intégrée à la Lithanie. Elle fut annexée par la Pologne (Union de Lublin, 1569), puis par la Russie après les deux partages de la Pologne en 1772 et 1792. Occupée par l'Allemagne de 1915 à 1918, la Biélorussie se proclama république soviétique en 1919. La partie occidentale cédée à la Pologne en 1921 fut rendue à l'URSS en 1939. Le lourd tribut payé par les Biélorusses (2,2 millions de morts) à la victoire contre l'Allemagne et sa solidarité avec l'URSS lui valurent de siéger parmi les membres fondateurs de l'ONU. L'ordre soviétique fut remis en cause à la fin des années 1980 après la catastrophe de Tchernobyl et la découverte, près de Minsk, d'un charnier de 30 000 corps, victimes de la terreur stalinienne. En août 1991, l'indépendance de la Biélorussie fut proclamée mais les difficultés du passage au capitalisme et les inquiétudes de la population conduisirent en mai 1995 à mettre en place une intégration économique avec la Russie sous l'autorité du président Alexandre Loukachenko. Ses relations avec les gouvernements occidentaux se dégradèrent lorsque ceux-ci refusèrent de reconnaître la légitimité de sa Chambre des représentants après qu'A. Loukachenko eut fait prolonger par référendum son mandat jusqu'en 2001. Un nouveau traité d'union avec la Russie fut signé en avr. 1997 qui aggrava la crise économique, perturba le commerce extérieur et précipita l'inflation. L'autoritarisme d'A. Loukachenko a altéré ses rapports avec l'Union européenne et une vingtaine de puissances lorsqu'il a confisqué leurs ambassades.

Sa réélection comme président de la République (mars 2001) n'a été reconnue ni par l'opposition biélorusse ni par les observateurs de l'OSCE (Organisation pour la sécurité et la coopération en Europe).

BIEN PUBLIC (ligue du). Coalition féodale qui se forma en mars 1465 contre Louis XI. Celui-ci, en manifestant brutalement sa volonté d'affermir le pouvoir royal, avait suscité les mécontentements les plus divers : les chefs réels en furent les ducs de Bourbon et de Bretagne et Charles le Téméraire, duc de Bourgogne. Enfermé dans Paris qui lui resta fidèle après la bataille indécise de Montlhéry (juill. 1465), Louis XI sut désunir ses ennemis par des concessions qu'il s'employa ensuite à annuler.

BIENS NATIONAUX. La Révolution française a permis un extraordinaire transfert de propriétés qui fut le plus important de notre histoire. La confiscation des biens du clergé et, dans une moindre mesure, de ceux des émigrés, déclarés *biens nationaux* par l'Assemblée constituante, ont fait naître une nouvelle catégorie de propriétaires, celle des acquéreurs de biens nationaux. Par leur vente, l'Assemblée espérait remplir les caisses de l'État mais, pour faire rentrer rapidement l'argent, furent inventés les assignats, gagés sur ces biens.

Les ventes ont été faites aux enchères. Parmi les acquéreurs se trouvaient des spéculateurs, des bourgeois (particulièrement en Île-de-France) et, dans le monde rural, des fermiers et de métayers aisés ainsi que des marchands et artisans des bourgs ruraux.

L'acquisition de biens nationaux, motivée par le désir de posséder de la terre, a été un facteur d'enrichissement et il devenait aussi difficile aux nouveaux propriétaires de renier la Révolution que d'écouter favorablement les idées égalitaires de Babeuf. Napoléon le comprit : en signant le concordat de 1801, le pape acceptait la vente des biens nationaux et lui-même, dans le serment de son sacre, jurait de maintenir « l'irrévocabilité des ventes des biens nationaux ». Quant à Louis XVIII, il reconnut par la Charte de 1814 que toutes les propriétés étaient inviolables, « sans aucune exception de celles qu'on appelle *nationales* ».

BIFACE. Outil de pierre, en forme d'amande, taillé sur les deux faces, d'une longueur de 5 cm à 30 cm. Caractéristique du paléolithique inférieur, il fut particulièrement abondant dans les industries acheuléennes. Il se raréfia au paléolithique moyen et disparut au paléolithique supérieur.

BIHAR. État de l'*Union indienne*, au N.-E. de l'Inde ; capitale *Patna*. Ce pays fut un des foyers primitifs du bouddhisme et, sous le règne d'Açoka, devint la « terre des monastères ». Après avoir été converti à l'islam au XIIIe s. puis conquis par Baber en 1529, le Bihar fit partie de l'Empire mogol et fut occupé par les Anglais en 1765. Il fut un des centres de la révolte des cipayes et joua un rôle important dans le développement du nationalisme indien. Depuis l'indépendance il est resté l'État le plus peuplé et le plus pauvre de l'Inde.

BIKINI. Atoll de l'océan Pacifique (îles Marshall) choisi par les Américains pour expérimenter des armes nucléaires. Le 25 juill. 1946 y fut expérimentée la première explosion atomique sous-marine et, en 1956, la première explosion d'une bombe thermonucléaire lancée d'un avion.

BILDT Carl (Halmstad, 15.XII.1949). Homme politique suédois. Président du Rassemblement des modérés (conservateurs) en 1986, il devint, grâce à son succès aux élections de 1991, Premier ministre à la tête d'une coalition de droite qui pratiqua une politique économique libérale et prépara l'adhésion de la Suède à l'Union européenne acquise après le référendum de nov. 1994. Carl Bildt a été nommé en juin 1995 médiateur de l'Union européenne pour l'ex-Yougoslavie, puis envoyé spécial de l'ONU pour les Balkans en 1998.

BILLAUD-VARENNE Jacques Nicolas (* La Rochelle, 23.IV.1756, † Port-au-Prince, 13.VI.1819). Homme politique français. D'abord oratorien, puis avocat au parlement de Paris, il embrassa avec ardeur les idées révolutionnaires et publia de nombreux pamphlets (*Acéphalocratie*, 1791). Lié avec Danton et Marat, membre de la Commune il fut un des responsables des massacres de sept. 1792. Député de Paris à la Convention, il organisa la Terreur, mena l'accusation contre Custine, le duc d'Orléans, Marie-Antoinette, les dantonistes, puis trahit Robespierre et contribua au 9-Thermidor. Trop impliqué dans la Terreur, il fut condamné à la déportation avec Collot d'Herbois, Barère, Vadier et conduit à Cayenne (avr. 1795). Ayant refusé l'amnistie de Bonaparte, il resta pendant vingt ans en Guyane, en devint le bienfaiteur, puis s'enfuit à Port-au-Prince en apprenant le retour des Bourbons.

BIR HAKEIM. Point d'eau du désert libyen, à environ 60 km au S. de la côte. Des unités des Forces françaises libres (FFL), en particulier deux bataillons de la Légion étrangère, sous le commandement de Kœnig, y résistèrent aux Germano-Italiens du 27 mai au 11 juin 1942 et, forçant le blocus, réussirent à rejoindre les forces britanniques.

BIRMANIE, *Myanmar* (nom officiel depuis 1989). État d'Asie du Sud-Est situé entre le Bangladesh et la Thaïlande ; capitale *Yangon* (*Rangoon*).

Des hommes l'ont habitée dès le paléolithique inférieur. Vers 500 de notre ère, la Birmanie fut soumise à des influences hindouistes et bouddhistes venues de l'Inde. Vers 700, le nord fut conquis par les Nan Tchao du Yunnan qui détruisirent en 832 l'État des Pyus. Vers la même date, les Môns bouddhistes fondèrent dans le sud le royaume de Pégou, et, vers 850, les Birmans créaient le royaume de Pagan. Roi de Pagan, Anoratha (1044/77) unifia la Birmanie et abandonna le bouddhisme mahayaniste (tantrique) pour celui du Petit Véhicule. Pagan devint une ville sainte, « la ville des mille temples » dont le plus célèbre était la pagode de Shwezigon (XIe s.). Le royaume de Pagan fut détruit par les Mongols en 1287.

La Birmanie fut alors divisée : au N., les Chans du groupe Thaï, fondèrent le royaume d'Ava qui reprit les traditions de Pagan mais dut lutter contre les Chans du Nord qui le détruisit en 1527. Au S., les Môns reprirent leur indépendance et fondèrent un royaume dont la capitale fut Martaban, puis Pégou, et qui devint un foyer brillant du bouddhisme hinayaniste, en particulier sous le règne de Dhammaceti (1472/92), qui entretint des relations commerciales avec la Chine, l'Indonésie, l'Arabie, puis le Portugal. Plus au N. s'était affirmée depuis le XVe s. la puissance du royaume birman de Toungoo qui réussit, sous Tabinshwehti (1531/50) à conquérir le royaume môn de Pégou, dont il fit sa capitale, et à reconstituer l'unité birmane. Mais sa puissance s'effondra dans des guerres contre le Siam, tandis que Môns et Birmans s'affrontaient.

En 1740, la révolte des Môns du delta fut réprimée dans le sang ; les troubles permirent la naissance d'une nouvelle dynastie établie par un chef local, Alaungpaya, qui fonda Rangoon en 1755. Au début du XIXe s., la Birmanie devint l'objet des convoitises britanniques. Trois guerres leur permirent de déporter le roi Tibaw et d'annexer le pays qui devint une province de l'empire des Indes en 1886. Sous la direction de moines bouddhistes, les Birmans engagèrent la lutte pour leurs libertés ; en 1923, la Grande-Bretagne dut accorder à des Birmans les ministères de l'Instruction publique, de la Santé, de l'Agriculture, et, en 1937, la Birmanie fut détachée de l'Inde. L'invasion japonaise en févr. 1942 mit fin à leur domination. Accueillis en libérateurs, les Japonais se heurtèrent bientôt aux nationalistes qui, alliés aux socialistes et aux communistes, appuyèrent l'offensive alliée et déclenchèrent une insurrection générale en mars 1945.

Par le traité du 17 oct. 1947, la Grande-Bretagne reconnut l'indépendance de la Birmanie qui, sous le nom d'Union birmane, devint une république le 4 janv. 1948. Dès le mois de mars le gouvernement dut engager la lutte armée contre les deux mouvements communistes de Than Tun et de Thakin Shoe. En janv. 1949, ce fut contre la minorité chrétienne karen. U Nu, chef du gouvernement de 1948 à mars

1962, et bouddhiste fervent, donna à la politique étrangère une orientation nationaliste. Il fut renversé par le coup d'État militaire du général Ne Win qui orienta la Birmanie vers un socialisme national et, à l'extérieur, vers un strict non-alignement. Une nouvelle Constitution fut promulguée après les élections de janv./févr. 1974 où les candidats gouvernementaux obtinrent la quasi-totalité des sièges. La Birmanie devint la République socialiste de l'Union birmane et Ne Win président du Conseil d'État. Il fut en butte à l'hostilité des minorités ethniques. Réélu en 1978, il voulut ouvrir son pays aux investissements occidentaux mais le génocide de la communauté musulmane de l'État d'Arakan et l'exode de dizaine de milliers de Birmans musulmans au Bangladesh lui valut la réprobation internationale. Le 9 nov. 1981, Ne Win céda volontairement le pouvoir au général San Yu bien que son parti eût remporté les élections.

Les manifestations étudiantes de nov. 1987 et de mars 1988 forcèrent Ne Win à laisser la direction du parti au général Sein Lwin qui réprima dans le sang les émeutes mais dut céder le pouvoir rapidement au civil Maung Maung. Le 18 sept. 1988, un groupe de militaires dirigé par le général Saw Maung prit le pouvoir, imposa la loi martiale jusqu'en sept. 1992. Mais les élections législatives de mai 1990 donnèrent la victoire à la Ligue nationale pour la démocratie conduite par Aung San Suu Kyi qui fut assignée à résidence de 1989 à 1995. C'est en 1989 que la Birmanie a adopté la dénomination de Myanmar.

Le général Than Shwe remplaça Saw Maung en avr. 1992 ; partageant le pouvoir avec le lieutenant Khin Nyunt, chef des services secrets, il mena une politique de répression des minorités ethniques, chercha à discréditer l'opposition, eut une attitude ambiguë à l'égard de Khun Sa, premier producteur mondial d'opium. Riche dans les années 1950, la Birmanie a connu une baisse continue de son revenu par habitant et ses dirigeants ont été tentés par l'autarcie. Après avoir condamné la Birmanie pour recours au travail forcé en 1997, l'ONU a publié de nouveaux rapports (1999 et 2000) pour dénoncer les violations des droits de l'homme, accusant l'armée d'avoir recours systématiquement à la violence contre les civils, notamment contre les minorités ethniques.

BIROBIDJAN. Par décret du 28 mars 1928, Staline avait créé un district destiné aux citoyens soviétiques « de nationalité juive », situé en Sibérie extrême-orientale, dont le chef-lieu était Birobidjan. En mai 1934, le district reçut le statut de Région autonome. Il ne fut cependant pas un « foyer national » des Juifs qui y restèrent très minoritaires ; ils ne représentaient en 1989 que 5 % de la population. À la dislocation de l'URSS, le Birobidjan fut la seule région autonome à ne pas revendiquer le statut de république.

BIRON Armand de Gontaut, baron de (* 1524, † Épernay, 26.VII.1592). Maréchal de France. Il se distingua contre les huguenots aux batailles de Dreux, Saint-Denis, Moncontour. Avant d'être fait maréchal (1577), il avait été nommé grand maître de l'artillerie. Un des premiers à reconnaître la légitimité d'Henri IV, il prit part à la bataille d'Arques, au siège de Paris et s'empara d'Évreux. Il mourut au siège d'Épernay. Il avait écrit des *Maximes et instructions sur l'art de la guerre* qui furent publiées en 1611.

Son fils **Charles de Gontaut, duc de Biron** (* 1562, † Paris, 31.VII.1602), après avoir brillamment servi Henri IV, conspira contre lui et entra en relation avec la Savoie et l'Espagne. Son complot ayant été découvert, il fut condamné à mort et décapité dans la cour de la Bastille.

BISMARCK. Famille noble prussienne de l'Altmark, nommée d'après la petite ville de *Bismark*, près de Stendal, connue dès la seconde moitié du XIIIe s.

BISMARCK Otto Eduard Leopold, prince de, duc de Lauenburg (* Schönhausen, 1er.IV.1815, † Friedrichsruh, 30.VII.1898). Homme politique allemand. Né dans une famille de la noblesse poméranienne, il étudia le droit et l'agronomie, fit un bref séjour dans l'armée et mena durant quelques années la vie d'un hobereau. En 1847, avec l'appui du parti chrétien conservateur (luthérien), il se fit élire au Landtag de Prusse, où il se signala comme un défenseur acharné du pouvoir royal face aux revendications libérales. Délégué prussien au Parlement de Francfort (1851/59), il mena l'opposition contre l'Autriche. De 1859 à 1862, il fut ambassadeur à Saint-Pétersbourg. Il venait d'être nommé à Paris lorsque, en 1862, Guillaume Ier le rappela à Berlin.

Premier ministre et ministre des Affaires étrangères, il réussit à gouverner autoritairement contre une majorité libérale et mena à bien la réorganisation de l'armée. Il poursuivit avec ténacité et ruse une politique qui visait à éliminer l'Autriche de l'Allemagne. S'assurant la neutralité de la Russie et de la France et l'alliance italienne, il saisit l'occasion de l'affaire des duchés (v.) danois pour engager la guerre. Après Sadowa, la paix de Prague (août 1866) évinça l'Autriche de l'Allemagne, et la Prusse, agrandie, avec un territoire continu de la Russie à la France, obtint une hégémonie totale sur la Confédération de l'Allemagne du Nord. Restait à parachever l'unité allemande. Bismarck y parvint en dressant habilement les Allemands contre la France, « agresseur séculaire ». Une courte guerre permit de proclamer Guillaume Ier empereur, chef d'un État auquel la France devait céder l'Alsace-Lorraine, qui devint *Reichsland* (1871).

Chancelier d'Empire et Premier ministre de Prusse jusqu'en mars 1890, il engagea la lutte contre l'influence catholique puissante en Rhénanie et en Allemagne du Sud, car il y voyait une menace pour l'unité du Reich. Mais le *Kulturkampf* des années 1870 s'acheva par un demi-échec. De même, la germanisation des Polonais et des Alsaciens-Lorrains obtint peu de succès. À partir de 1878, la menace principale lui parut venir du parti social-démocrate ; pour limiter la propagande socialiste, il établit un système d'assurances ouvrières unique en Europe. Mais cette politique n'arrêta pas la montée du parti socialiste. Du moins permit-elle d'émousser l'esprit révolutionnaire du socialisme allemand.

À l'extérieur, Bismarck se préoccupa essentiellement de préserver le *statu quo* qui assurait l'hégémonie allemande en Europe. Pour lui, le danger venait de la France, dont il craignait l'esprit de revanche, attisé par la perte de l'Alsace-Lorraine. Il fallait donc l'isoler, éviter à tout prix qu'elle ne trouvât un allié à l'Est. Il y parvint brillamment avec son premier « système » qui réunit autour de l'Allemagne l'Autriche-Hongrie et la Russie. Le congrès de Berlin de 1878 fut son triomphe personnel. Mais la rivalité croissante qui opposait Saint-Pétersbourg et Vienne à propos des Balkans obligea Bismarck à choisir l'alliance autrichienne tout en ménageant la Russie. Pour se concilier la Grande-Bretagne, il montra toujours beaucoup de réticences devant l'expansion coloniale. La mort de Guillaume Ier (1888) le priva de l'appui impérial. Il entra vite en conflit avec Guillaume II, qui voulait une *Weltpolitik* qui correspondît mieux à la puissance nouvelle de l'Allemagne que les combinaisons subtiles et prudentes du vieux chancelier. Le 20 mars 1890, Bismarck démissionnait et il achevait sa vie dans une retraite boudeuse et inquiète.

BITHYNIE. Ancien pays de l'Asie Mineure, dans le nord-ouest de l'Anatolie. La Bithynie fit partie de l'Empire perse achéménide tout en conservant une large autonomie. La conquête d'Alexandre la mit en contact avec le monde hellénistique. Le roi Nicomède IV, mort en 74 av. J.-C., légua son royaume aux Romains. La Bithynie devint alors province romaine qui, sous le règne de Dioclétien, appartint au diocèse du Pont. Les Seldjoukides la conquirent au XIe s., les Byzantins la reprirent au siècle suivant et installèrent quelque temps leur capitale à Nicée. Les Ottomans s'en emparèrent à la fin du XIIIe s. et, de 1325 à 1453, firent de Bursa (anciennement Brousse) leur capitale.

BIYA Paul (Sangmelima, 13.II.1933). Homme politique camerounais. Premier ministre en 1975, il accéda à la présidence en 1982, en remplacement d'Ahidjo, démissionnaire. Muselant énergiquement toute opposition, il fut réélu en 1988, 1992 et 1997.

BLACK MUSLIMS, *Musulmans noirs*. Mouvement religieux et politique de Noirs des États-Unis, fondé en 1931, à Detroit, par Walid Farad. Originaire de La Mecque, il se présentait comme le « Juge suprême de l'univers », ultime incarnation d'Allah, venu pour libérer les Noirs des États-Unis et les réunir avec leurs frères d'Afrique afin qu'ils dominent les Blancs. Walid Farad fonda les premiers temples des Black Muslims, ou « Nation de l'islam », à Detroit et à Chicago, mais le mouvement ne prit vraiment de l'ampleur que sous son successeur, **Elijah Muhammad** (* Sandersville, Géorgie, 7.X.1897, † Chicago, 24.II.1975). Chef des Black Muslims à partir de 1934, Elijah Muhammad proclamait la supériorité raciale du Noir sur le Blanc ; pour lui, l'homme noir était « naturellement musulman », et le christianisme n'était rien d'autre qu'un instrument de l'esclavagisme. Rejetant toute idée d'intégration des Noirs dans la communauté américaine, il créa non seulement des mosquées et des écoles, mais des entreprises agricoles et industrielles et des commerces, afin de permettre aux Noirs de se suffire à eux-mêmes. Les Black Muslims progressèrent rapidement durant les années 1950 ; ils rallièrent à eux l'orateur Malcolm X († 1965) et le champion mondial de boxe Cassius Clay, qui prit le nom de Muhammad Ali.

Mais la législation fédérale en faveur de l'égalité et de l'intégration raciales entraîna le déclin du mouvement.

BLACK PANTHERS, *Panthères noires*. Groupe de défense des Noirs américains créé en oct. 1966 par deux étudiants d'Oakland, Bobby Seale et Huey Newton. S'appuyant sur les écrits de Frantz Fanon, Malcolm X ou Mao Tsé-toung, les *Black Panthers* étaient constitués en milices et organisaient des actions sociales en direction des ghettos des grandes villes. Très médiatisé à ses débuts, le mouvement s'essouffla dans les années 1970.

BLACK POWER, *Pouvoir noir*. Mouvement d'affirmation de la « négritude » lancé aux États-Unis en 1966 par Stokely Carmichael. Voir **NOIRS AMÉRICAINS**.

BLAIR Tony (Édimbourg, Écosse, 6.V.1953). Homme politique britannique. Après des études de droit à Oxford, Tony Blair devint avocat et se spécialisa dans le droit du travail. Il entra au parti travailliste (Labour) en 1975 et fut élu député de Sedgefield (Durham) à partir de 1983. Membre du « cabinet fantôme » du Labour de 1988 à 1992, il en devint secrétaire général en 1994. Sous son initiative, le Labour abandonna l'essentiel de son programme traditionnel au profit d'une ligne centriste. Sur ce programme, et grâce à une campagne fortement personnalisée, il gagna les élections législatives de mai 1997, devint Premier ministre et mit fin à dix-huit années de pouvoir conservateur. Il a établi des parlements en Écosse et au pays de Galles et a fait avancer les négociations de paix en Irlande du Nord en rencontrant des membres du Sinn Féin. Il a soutenu par ailleurs l'intervention de l'OTAN dans la crise du Kosovo. Il a été cependant contesté par une partie de sa base pour sa politique économique et sociale, jugée trop libérale. Son soutien à la politique irakienne du président américain G. W. Bush (2003/04) a rencontré une forte opposition.

BLAKE Robert (* Bridgewater, Somersetshire, août 1599, † Plymouth, 7.VIII.1657). Amiral anglais.

Gentilhomme campagnard, il prit, durant la guerre civile, le parti des parlementaires et devint l'ami de Cromwell. Bien qu'il n'eût rien d'un marin, Cromwell lui donna, en 1649, le commandement d'une escadre et Blake remporta une éclatante victoire en détruisant au large des côtes portugaises la flotte du prince Rupert. Durant la guerre de 1652 contre les Provinces-Unies, il réussit à résister à des marins aussi expérimentés que Tromp et Ruyter. Envoyé en Méditerranée (1654/55) il imposa le respect du commerce britannique aux États barbaresques. Il remporta sa dernière victoire contre une flotte espagnole rentrant d'Amérique à Santa Cruz de Ténériffe (avr. 1657) et mourut de maladie alors que son navire était en vue de Plymouth. Cromwell lui fit faire des obsèques nationales.

BLANC Jean Joseph Louis (* Madrid, 28.X.1811, † Cannes, 6.XII.1882). Homme politique, théoricien et historien français. Son *Organisation du travail* (1839) fit connaître ses conceptions socialistes, fortement hostiles à la concurrence et au machinisme. Après son *Histoire de dix ans* (1841), pamphlet historique contre la monarchie de Juillet, suivi de l'*Histoire de la Révolution française* (1847/62), sa popularité lui valut d'entrer dans le gouvernement provisoire de 1848. Exilé en Angleterre, il ne rentra en France qu'après la chute de Napoléon III, mais désapprouva la Commune.

BLANCHARD Jean-Pierre ou **François** (* Les Andelys, Eure, 4.VII.1753, † Paris, 7.III.1809). Aéronaute français. Un an après les frères Montgolfier il entreprit des ascensions en ballon et le 7 janv. 1785 il réussit la traversée de la Manche, de Douvres à Calais en compagnie de l'Américain John Jeffries. La même année, il expérimenta pour la première fois le parachute avec un chien. Son épouse **Sophie Armant** (* La Rochelle, 1778, † Paris 1819) fut également aéronaute.

BLANCHE DE CASTILLE (* Palencia, Vieille-Castille, 1188, † Paris, 26/27.XI.1252). Reine de France. Troisième fille d'Alphonse VIII de Castille et, par sa mère, petite-fille d'Henri II d'Angleterre, elle fut mariée au futur Louis VIII de France à la suite du traité du Goulet, signé entre son oncle maternel Jean sans Terre et Philippe Auguste (22 mai 1200). Conduite en France, elle se révéla vite une courageuse épouse et soutint activement son mari lorsque celui-ci tenta, d'ailleurs vainement, de s'établir en Angleterre (1216). À la mort de Louis VIII (1226), son fils, Louis IX, n'avait que douze ans et elle devint régente du royaume (1226/34).

Blanche de Castille réussit à briser la révolte des barons qui cherchaient à profiter de l'affaiblissement du pouvoir royal en s'appuyant sur le plus puissant d'entre eux, Thibaut IV, comte de Champagne. Dans la guerre contre les albigeois, elle réussit, en 1229, à se faire céder la moitié du comté de Toulouse et à assurer aux Capétiens l'héritage futur du reste du comté en mariant son second fils, Alphonse de Poitiers, à l'héritière de Raymond VII. Très autoritaire, elle avait donné à Louis IX une stricte éducation chrétienne et elle conserva toujours un grand ascendant sur le roi. Lorsqu'il partit pour la septième croisade, elle reprit la régence (1249/52). Elle fut inhumée en l'abbaye de Maubuisson.

BLANQUI Louis Auguste (* Puget-Théniers, Alpes-Maritimes, 1er.II.1805, † Paris, 1er.I.1881). Théoricien et homme politique français. Héritier des idées de Babeuf (v.), Blanqui fut arrêté six mois après l'insurrection du 12 mai 1839, qu'il avait dirigée ; condamné à mort, il eut sa peine commuée en détention à perpétuité. Libéré lors de la révolution de 1848, il joua un rôle important dans les manifestations de mars et avril, et organisa la journée du 15 mai où il tenta un coup de force contre l'Assemblée nationale. De nouveau arrêté, il fut condamné à dix ans de prison.

En 1870, il constitua une petite armée révolutionnaire secrète de quelques milliers d'hommes avec laquelle il tenta, le 31 oct., un coup de main contre l'Hôtel de Ville de Paris, en réponse à la capitulation de Metz. Arrêté sur ordre de Thiers en 1871, il ne put participer à la Commune de Paris. Amnistié en 1879, il consacra les dernières années de sa vie à son journal *Ni Dieu ni maître*.

BLENHEIM (bataille de). Les Anglais ont donné ce nom à deux batailles livrées à *Höchstädt*, localité de Bavière au N.-O. d'Augsbourg, près de *Blenheim*. La première, qui fut une victoire de Villars et de l'Électeur de Bavière, eut lieu le 20 septembre 1703 ; la seconde se déroula le 13 août 1704 et vit la victoire de Marlborough et du Prince Eugène sur les Français et les Bavarois commandés par Tallard et Marsin.

BLÉRIOT Louis (* Cambrai, 1er.VII.1872, † Paris, 3.VIII.1936). Aviateur français. En fabriquant des phares et des accessoires d'automobile, Blériot avait constitué une petite fortune qu'il utilisa pour construire un monoplan. Pilotant son appareil, il réussit la première traversée de la Manche de Calais à Douvres, le 25 juill. 1909. Il poursuivit ses activités de constructeur d'avions durant la Grande Guerre et s'associa avec les fabricants des chasseurs Spad auxquels il apporta des améliorations.

BLOC DES GAUCHES ou **BLOC RÉPUBLICAIN.** Nom donné aux socialistes et aux radicaux regroupés à partir de juin 1899, à la suite de l'affaire Dreyfus. Allié au républicains modérés de l'Alliance démocratique, le Bloc des gauches remporta les élections de 1902 et imposa jusqu'en 1904 une politique de « défense républicaine » qui lutta contre les nationalistes et contre les congrégations. Malgré une nouvelle victoire en mai 1906, le Bloc se disloqua à l'arrivée de Clemenceau au pouvoir, en oct. 1906.

BLOC NATIONAL. Au lendemain de la Première Guerre mondiale, en vue des élections législatives du 16 nov. 1919, les forces du centre et de la droite, effrayées par le danger bolchevik, formèrent une coalition animée par l'Alliance démocratique ; elle rassemblait la Fédération républicaine (centre droit et modérés), l'Action libérale (droite catholique), des nationalistes et des monarchistes ainsi que des radicaux et des socialistes indépendants.

Ce *Bloc national républicain*, opposé aux radicaux-socialistes et aux socialistes (eux-mêmes divisés entre bolcheviks et antibolcheviks), s'était bâti autour du programme fixé par Millerand : maintien de l'Union sacrée, application stricte du traité de Versailles, défense de la propriété. Soutenu par le grand patronat, le Bloc national enleva les 2/3 des sièges, soit 433 députés qui constituèrent la Chambre bleu horizon. Après avoir gouverné la France pendant quatre ans (cabinets Millerand, Georges Leygues, Briand et Poincaré), le Bloc national fut battu par le Cartel des gauches aux élections législatives du 11 mai 1924.

BLOCUS CONTINENTAL. Ensemble des mesures prises par Napoléon Ier pour frapper l'Angleterre économiquement. Le Blocus continental fut, à l'origine, une réplique au blocus maritime pratiqué par le gouvernement britannique. Déjà les Anglais visitaient les bâtiments neutres et confisquaient les marchandises destinées à l'Empire français : par le décret du 16 mai 1806, l'Angleterre déclara en état de blocus les ports situés entre Brest et Hambourg. À cette mesure Napoléon répondit par le décret de Berlin (21 nov. 1806), qui interdisait tout commerce ou correspondance avec les îles Britanniques (« Tout magasin, toute marchandise et toute propriété appartenant à un sujet anglais sont déclarés de bonne prise ; le commerce des marchandises anglaises est défendu, et toute marchandise appartenant à l'Angleterre ou provenant de ses fabriques est déclarée de bonne prise ; aucun bâtiment anglais ou venu des possessions anglaises ne peut être reçu dans les ports de la France ou de ses alliés »). L'Angleterre répliqua en soumettant tout navire neutre venant d'un port français ou allié ou s'y rendant à des droits de douane s'élevant jusqu'à 30 % du montant de la cargaison. Par le décret de Fontainebleau (13 oct. 1807) et les décrets de Milan (23 nov. et 17 déc. 1807), Napoléon aggrava encore le Blocus continental : « Tout bâtiment qui se sera soumis à être visité et imposé par les Anglais est *dénationalisé*, devenu propriété anglaise et déclaré de bonne prise. »

Le Blocus continental eut des conséquences politiques et économiques considérables. Pour le rendre effectif, Napoléon dut annexer successivement à l'Empire français la Hollande (1810), le grand-duché d'Oldenburg et les villes hanséatiques (1810/11) ; en Italie, le royaume d'Étrurie (1807) et les États pontificaux (1807/09) ; il dut intervenir au Portugal (juill./oct. 1807) et en Espagne. Le Blocus continental rencontra une hostilité générale en Europe, et la Russie qui y avait adhéré par les accords secrets de Tilsit (juill. 1807), s'en dégagea en 1811, ce qui provoqua la campagne de Russie. Les objectifs économiques du blocus ne furent pas atteints : sans doute l'Angleterre vit ses importations de céréales descendre de 114 000 t en 1807 à 14 000 t en 1808 ; si elle connut la disette, le chômage et une crise financière qui atteignit son point critique en 1811, elle compensa largement la perte du marché européen en intensifiant son commerce avec les colonies espagnoles d'Amérique (où ses exportations passèrent de 8 500 000 livres en 1805 à 19 800 000 livres en 1809). Toute l'Europe souffrit autant que l'Angleterre des conséquences économiques du blocus qui, particulièrement en Allemagne et en Espagne, fit naître des sentiments anti-français ; en 1809, les exportations de l'Empire français avaient diminué de 27 %. Les ports français s'appauvrirent, la rareté des denrées coloniales entraîna une augmentation considérable des prix (notamment pour le sucre). Pourtant, le blocus eut quelques résultats heureux en favorisant les cultures de remplacement (betterave à sucre, lin...) et en forçant l'industrie continentale à fabriquer elle-même les produits qu'elle recevait autrefois des colonies. Mais Napoléon, dès 1809, dut atténuer la rigueur du blocus en accordant aux commerçants européens, contre certains droits, des licences pour trafiquer avec l'Angleterre (surtout pour les denrées coloniales) ; dès nov. 1811, les mesures de blocus se relâchèrent de part et d'autre.

BLOIS (états généraux de, 1576). Ils furent ouverts par Henri III le 13 déc. 1576, en exécution d'une des clauses du traité de paix dite « de Monsieur » (6 mai 1576) qui avait mit fin à la cinquième guerre de religion. Leur convocation avait été réclamée par les protestants qui, pourtant, n'étaient représentés que par un seul député. L'Assemblée étant tenue par les catholiques qui avaient commencé à former des ligues, Henri III déclara qu'il révoquait la paix et les états généraux réclamèrent le rétablissement de l'unité religieuse, c'est-à-dire la suppression du culte protestant et le bannissement de ses pasteurs. Mais les subsides demandés par Henri III lui furent refusés.

BLOIS (états généraux de, 1588). Les seconds états généraux de Blois s'ouvrirent le 16 oct. 1588 par un discours d'Henri III qui avait dû abandonner Paris aux Guise et entendait bien reprendre le pouvoir. Les protestants furent pratiquement exclus des élections ; les députés favorables au roi et ceux qui étaient guisards s'équilibraient dans la noblesse mais le clergé et le tiers état donnaient la majorité à la Ligue. La question lancinante de la levée et du contrôle de l'utilisation des impôts par les états fut au cœur des débats : le pouvoir du roi était mis en question. Mais c'était là des demandes du tiers état, des députés parisiens en particulier. Henri III a-t-il considéré que les Guise poussaient le tiers état à l'intransigeance ? Il décida l'assassinat d'Henri de Guise, perpétré au matin du 23 déc. Le lendemain, le cardinal de Lorraine, Louis de Guise, son frère, était exécuté. Voir **Henri III**.

BLÜCHER Gebhard Leberecht, prince Blücher von Wahlstatt (* Rostock, 16.XII.1742, † Kriebowitz, Silésie, 12.IX.1819). Feld-maréchal prussien. Il se distingua comme officier de cavalerie dans les campagnes contre la France de 1793/94 et fut promu général (1794). À la tête de l'armée de Silésie, il fit preuve d'un extraordinaire esprit offensif qui lui valut le surnom de général *Vorwärts* (« En avant ! »). Vainqueur sur la Katzbach (26 août 1813) et à Wartenburg (3 oct.), il prit une part décisive à la victoire de Leipzig (16/18 oct.) et il fut promu feld-maréchal. Son apparition sur le champ de bataille de Waterloo (18 juin) décida de la victoire des coalisés.

BLUM Léon (* Paris 9.IX.1872, † Jouy-en-Josas, 30.III.1950). Homme politique français. D'une famille de la bourgeoisie juive parisienne, il entra à l'École normale supérieure, qu'il quitta rapidement pour des études de droit. Auditeur au Conseil d'État en 1895, il fit ses débuts littéraires et publia un premier livre, *Nouvelles Conversations de Goethe avec Eckermann* (1901). L'affaire Dreyfus et l'influence de Lucien Herr, bibliothécaire de la rue d'Ulm, l'amenèrent au parti socialiste, dont il devint un des experts juridiques. Il se tint pourtant à l'écart de la politique active jusqu'en 1914, où il devint chef de cabinet de Marcel Sembat, puis ministre des Travaux publics dans le gouvernement d'Union sacrée (1914/16). En 1919, il rédigea le programme du parti et fut élu député de la Seine.

Au congrès de Tours (1920), Blum fut le principal porte-parole de la minorité hostile à l'adhésion à la IIIe Internationale. Puis, simple secrétaire du groupe parlementaire, il s'affirma comme le chef incontesté de la SFIO, qu'il reconstruisit patiemment. Blum se disait révolutionnaire, mais rejetait le centralisme communiste, et distinguait la conquête de l'exercice du pouvoir. Il eut peu de contacts avec le monde ouvrier et identifiait le socialisme avec le sentiment de la solidarité humaine.

Après la victoire du Front populaire aux élections d'avr./mai 1936, Blum, dirigeant du plus puissant parti de gauche et allié aux radicaux, devint président du Conseil. D'importantes réformes sociales et économiques furent accomplies (v. **Matignon, accords de**). Les difficultés économiques et financières, les réticences des radicaux, les tensions provoquées par la non-intervention en Espagne le conduisirent à démissionner le 24 juin 1937. Son second gouvernement de Front populaire dut se retirer devant l'opposition du Sénat à un impôt sur le capital (mars/avr. 1938).

Le 10 juill. 1940, Blum fut un des quatre-vingts parlementaires qui refusèrent les pleins pouvoirs à Pétain. Vichy l'emprisonna et le traduisit devant la cour suprême de justice de Riom. Sa défense, courageuse et habile, obligea le gouvernement à suspendre le procès. Il fut ensuite livré aux nazis et transféré en Allemagne.

Libéré, il reprit la direction de la SFIO, écrivit dans *Le Populaire* et publia *À l'échelle humaine*, son testament politique (1945). À la fin de 1946, il forma un gouvernement socialiste éphémère (déc. 1946/janv. 1947) qui ordonna une baisse autoritaire des prix de 5 % et fit adopter le plan Monnet. Voir **France**.

BOABDIL, Abou Abdallah Mohammed XI, connu en Occident sous le nom de († au Maroc, 1527). Dernier roi maure de Grenade (1482/92). Voir **Grenade (royaume de)**.

BOCCHUS (IIe/Ier s. av. J.-C.). Roi de Maurétanie (vers 118/91 av. J.-C.). Voir **Maurétanie**.

BODIN Jean (* Les Bauchets, Angers, 1529 ou 1530, † Laon, 1596). Humaniste français. Il étudia le droit à Toulouse et vint à Paris. Conseiller du duc d'Anjou, il échappa de peu au massacre de la Saint-Barthélemy. Après la mort du prince, Bodin reçut la charge de lieutenant général au bailliage de Laon et, en 1589, il livra la ville aux ligueurs. Cependant, en 1593, il rallia Henri IV.

Bodin a laissé une œuvre écrite abondante. Il fut surtout l'auteur des *Six Livres de la République* où il se faisait le théoricien d'un pouvoir royal absolu, tempéré par le respect des lois divines, de la justice et des coutumes. Le roi était assisté des conseils du Parlement et des états, qui votaient les impôts. L'œuvre de Bodin eut un retentissement international et fut traduite en latin et dans toutes les langues de l'Europe occidentale.

BOERS (guerre des, 1899/1902), *Boer War, South African War*. Guerre menée par l'Angleterre contre les États boers du Transvaal et de l'Orange, en Afrique du Sud. En 1881, Gladstone avait dû reconnaître l'indépendance des Boers, l'Angleterre conservant toutefois un droit de regard sur leur politique extérieure. La découverte, en 1886, de très riches gisements aurifères dans la région de Johannesburg accrut les convoitises des Anglais, attira vers le Transvaal des milliers d'immigrants britanniques, que les Boers appelaient *uitlanders* et auxquels ils refusèrent obstinément l'octroi des droits politiques. Les Boers trouvèrent en face d'eux un adversaire redoutable, Cecil Rhodes, Premier ministre de la colonie du Cap qui contrôlait la De Beers Consolidated Mines, société de prospection de diamants et de métaux précieux. Rhodes annexa le Zoulouland (1887), le Bechuanaland et la Rhodésie. Il se heurta à la résistance du nationalisme boer, inspiré par Kruger, président du Transvaal, contre qui il monta le raid de Jameson qui fut un échec (janv. 1896) ; il dut démissionner. Kruger conclut une alliance avec l'État d'Orange. Les négociations avec la Grande-Bretagne ayant échoué, Kruger lui déclara la guerre (12 oct. 1899).

Les Boers ont bénéficié, au début d'une grande supériorité numérique, de leur connaissance parfaite du pays, de leur abondant équipement en armes légères et en artillerie achetées à la France et à l'Allemagne. Commandés par le général Petrus Joubert, ils envahirent le Natal et vinrent mettre le siège devant Mafeking et Kimberley (13/15 oct. 1899). La guerre des Boers fut une des plus difficiles que la Grande-Bretagne ait faite. Sa contre-offensive conduite par Buller fut brisée à la bataille de Colenso (15 déc.). Londres décida alors l'envoi en Afrique du Sud d'un nouveau commandant en chef, Lord Roberts, et le corps expéditionnaire britannique, puissamment renforcé, finit par compter 300 000 hommes. Dès févr. 1900, les Anglais dégagèrent Kimberley et Ladysmith et contraignirent le général boer Cronje à capituler. L'État d'Orange fut envahi, sa capitale, Bloemfontein, occupée (13 mars), et, le 24 mai, il fut annexé aux possessions britanniques. Les Boers furent contraints de lever le siège de Mafeking (18 mai), qu'avait héroïquement défendu Baden-Powell, et l'invasion du Transvaal commença, avec la prise de Johannesburg (31 mai) et de Pretoria (5 juin). En sept. 1900, l'Angleterre pouvait procéder à l'annexion du Transvaal. Kruger s'était réfugié en Europe. Les Boers allaient poursuivre pendant dix-huit mois encore une lutte de guérillas, dont Kitchener, commandant en chef à partir de nov. 1900, ne put triompher qu'en prenant des mesures extrêmes : dévastation des régions insoumises, création de camps de concentration, où furent enfermées quelque 200 000 personnes, dont des femmes et des enfants, où 20 000 internés périrent du fait des mauvaises conditions d'hygiène. Les Boers durent accepter le traité de Vereeniging (31 mai 1902), par lequel ils reconnaissaient la souveraineté britannique ; ils recevaient un gouvernement autonome (mis en place en 1906/07) et une somme de 3 millions de livres pour reconstruire leur pays. En 1910, les anciennes colonies britanniques et les anciens États boers furent regroupés dans l'Union sud-africaine. Voir **SUD-AFRICAINE (République)**.

BOHÊME, *Cesky*. Région historique d'Europe centrale, comprise aujourd'hui dans la République tchèque ; capitale *Prague*. La Bohême tire probablement son nom des Celtes Boïens, chassés de ce territoire par les Marcomans vers 8 avant notre ère. Au début du VIe s., les Marcomans, émigrant vers la Bavière, firent place aux Slaves. Au IXe s., la Bohême fit partie du royaume de Grande-Moravie, détruit par les Hongrois en 907/08. Les ducs de Bohême, de la maison slave des Prémyslides, reconnurent la suzeraineté des rois allemands en 929 et 950 ; mais l'antagonisme entre slavisme et germanisme restait très fort et se manifesta notamment dans les intrigues du clergé allemand contre l'apostolat slave de st Cyrille et st Méthode (v.), qui évangélisèrent la Bohême au Xe s. Les Prémyslides, reconnus ducs du Saint Empire, acquirent la Moravie et la plus grande partie de la Silésie ; en 1198, Ottokar Ier prit le titre de roi. Au cours du XIIIe s., temps d'une forte colonisation allemande en Bohême, le roi Ottokar II (1253/78) s'empara de l'Autriche, de la Styrie, de la Carinthie, de la Carniole, mais ces conquêtes furent éphémères et la dynastie s'éteignit en 1306. La Bohême passa alors au fils de l'empereur Henri VII, Jean de Luxembourg (1310/46), dont la maison donna quatre autres rois à la Bohême (de 1309 à 1437), parmi lesquels les empereurs Charles IV et Wenceslas IV. La Bohême connut alors son apogée culturel, notamment sous Charles IV, qui fonda l'université de Prague (1348). Le dernier roi de la maison de Luxembourg, l'empereur Sigismond (1419/37) eut à lutter contre l'agitation religieuse et nationale des hussites et la Bohême fut dévastée pendant plus de quinze ans par la guerre civile. Elle passa ensuite par mariage à Albert d'Autriche (1437/39), dont le fils, Ladislas Ier, mourut en 1457 sans postérité. Le hussite Georges Podiébrad, simple gentilhomme bohémien, fut alors élu ; il se maintint jusqu'en 1471, malgré l'opposition du Vatican, la trahison de son gendre Mathias Corvin, roi de Hongrie, et la rébellion de ses plus puissants vassaux. Ladislas II et Louis, de la dynastie des Jagellon de Pologne, occupèrent le trône après lui.

En 1526, Ferdinand Ier, frère de Charles Quint, fut élu roi et, avec lui, la Bohême passa à la maison de Habsbourg, qui la conserva jusqu'en 1918. La majorité de la population s'étant convertie à la Réforme, les luttes religieuses reprirent. En 1618, quand l'empereur Matthias abrogea la liberté religieuse garantie en 1609, la diète bohémienne prononça la déchéance du Habsbourg (le futur Ferdinand II) et élut comme roi l'Électeur protestant du Palatinat, Frédéric V, ce qui déclencha la guerre de Trente Ans. La défaite protestante de la Montagne Blanche (1620) marqua la fin de l'indépendance de la Bohême, qui fut dès lors profondément germanisée. Un sentiment national tchèque commença à se manifester au début du XIXe s. et, en 1880, les Tchèques l'emportèrent sur les Allemands au Landtag de Bohême. Ils réclamèrent un statut fédératif à l'Autriche-Hongrie, pour affirmer leur nationalité. Le conflit croissant entre les Tchèques et la monarchie fut une des principales causes de l'affaiblissement de l'empire d'Autriche-Hongrie à la veille de la Première Guerre mondiale. De 1918 à 1992, l'histoire de la Bohême s'est confondue avec celle de la Tchécoslovaquie, puis, à partir de 1993, avec celle de la République tchèque.

BOHÉMOND. Nom porté par divers princes francs qui régnèrent sur Antioche lors des croisades.

Bohémond Ier (* vers 1507, † Canossa, Pouilles, 1111). Héros de la première croisade, il s'empara d'Antioche le 2 juin 1098 qu'il ne put longtemps défendre. Fait prisonnier puis libéré, il confia sa principauté à son neveu Tancrède et vint en Europe chercher des secours. Il obtint la main de Constance, fille du roi de France, et monta une expédition contre Byzance qui fut un échec. Il dut alors, comme prince d'Antioche, se reconnaître vassal de l'empereur Alexis Ier Comnène et ne revint jamais en Orient. Ses descendants (de Bohémond II à Bohémond VI) ne purent empêcher le déclin de la communauté, conquise par les mamelouks en 1268.

BOISSY D'ANGLAS François Antoine, comte de (* Saint-Jean-Chambre, Ardèche, 8.XII.1756, † Paris, 20.X.1826). Homme politique français. D'origine protestante, avocat, élu par Annonay député du tiers état aux États généraux (1789), puis à la Convention. Dans la journée du 1er prairial (20 mai 1795), il présidait la Convention quand le peuple des faubourgs envahit la salle pour forcer l'assemblée à rétablir le régime de la Terreur ; un jeune député, nommé Féraud, ayant été assassiné d'un coup de pistolet, sa tête coupée et mise au bout d'une pique fut présentée à Boissy d'Anglas qui loin de se laisser effrayer, salua respectueusement la tête de son collègue. Il fut l'un des principaux auteurs de la Constitution de l'an III et fut élu par soixante-douze départements au Conseil des Cinq-Cents. Proscrit au 18-Fructidor, il échappa à la déportation par la fuite. Membre du Tribunat après le 18-Brumaire, il devint sénateur et comte sous l'Empire, puis pair de France sous la Restauration.

BOKASSA Jean Bedel (* Bobangui, 21.II.1921, † Bangui, 3.XI.1996). Homme politique centrafricain. Ancien officier de l'armée française, promu colonel lors de l'indépendance de son pays. Chef d'état-major en 1963, il renversa le président David Dacko, le 31 déc. 1965, et se fit désigner comme président de la République à vie en 1972. Il proclama l'Empire centrafricain le 4 déc. 1976 et se fit couronner empereur, le 4 déc. 1977. Déposé le 21 sept. 1979, jugé par contumace à la demande des nouvelles autorités de son pays, il fut condamné à mort en déc. 1980. En févr. 1988, après un nouveau procès, sa peine fut commuée en travaux forcés à perpétuité. En sept. 1993, l'ex-empereur fut libéré. Voir **CENTRAFRICAINE (République)**.

BOLCHEVIKS, en russe *majoritaires*. Nom donné aux membres de l'aile gauche radicale du parti social-démocrate russe. Au IIe congrès de ce parti, qui se tint à Bruxelles puis à Londres du 30 juill. au 30 août 1903, Lénine et ses amis obtinrent une majorité temporaire au comité exécutif du parti. En fait, ces « majoritaires », ces *bolcheviks*, qui s'assurèrent le contrôle du journal l'*Iskra*, ne représentaient parmi les sociaux-démocrates russes qu'une minorité, la tendance alors dominante étant celle des *mencheviks*, qui estimaient nécessaire le passage par une révolution démocratique bourgeoise. En avr./mai 1905, les bolcheviks tinrent leur troisième congrès à Londres, mais les mencheviks refusèrent d'y participer et convoquèrent leur conférence à Genève, sous la présidence de Martov. Les résolutions de ce IIIe congrès permirent de définir la théorie et la tactique bolcheviques, à l'heure même où s'étendait en Russie la première révolution démocratique bourgeoise. Lénine souligna que la bourgeoisie se révélait incapable de prendre la tête du mouvement révolutionnaire ; c'était au prolétariat qu'il appartenait de transformer cette révolution bourgeoise en révolution socialiste ; la condition indispensable de la victoire était l'alliance de la classe ouvrière et de la paysannerie ; la révolution paysanne, dirigée par le prolétariat, devait ouvrir la voie à la lutte de classes contre la bourgeoisie et à une dictature révolutionnaire du prolétariat et de la paysannerie ; la tâche primordiale du parti était d'assurer le passage des grèves politiques de masse à l'insurrection armée. Lénine voulait former un parti de révolutionnaires professionnels, régi par une stricte discipline. Mais l'échec de la révolution de 1905 parut donner tort aux bolcheviks. Les mencheviks acceptèrent de participer à un congrès de réunification du parti (IVe congrès, Stockholm, avr. 1906), mais reprochèrent vivement aux bolcheviks de soutenir des thèses utopistes. Au Ve congrès (Londres, mai 1907), les bolcheviks obtinrent une faible majorité. La lutte entre bolcheviks et mencheviks avait repris plus que jamais.

Malgré leur ligne révolutionnaire, les bolcheviks ne renonçaient pas aux possibilités de l'action légale ; en févr./mars 1906, dans l'espoir d'un renouveau de la vague révolutionnaire, ils avaient boycotté les élections de la première douma mais des députés bolcheviks siégèrent dans les quatre doumas suivantes. Cependant, les mencheviks restaient majoritaires au sein du parti social-démocrate.

La rupture définitive eut lieu en janv. 1912, à la conférence de Prague, où les bolcheviks organisèrent un comité central séparé. En mai 1912 parut le premier numéro de leur quotidien la *Pravda*. Après la révolution de mars 1917, les chefs bolcheviks exilés rentrèrent en Russie et Lénine publia ses célèbres *Thèses d'avril*. Il y affirmait que les soviets des députés ouvriers et soldats constituaient l'embryon de la dictature du prolétariat. Bien que minoritaires au premier congrès des soviets (mai/juin 1917), les bolcheviks s'efforcèrent de mobiliser les masses avec le mot d'ordre : « Tout le pouvoir aux soviets ». Après la crise de juill. 1917, Lénine adopta une nouvelle tactique et mena les bolcheviks à l'insurrection armée : ce fut la révolution d'Octobre, qui leur donna le pouvoir. En mars 1918, au VIIe congrès de Petrograd, le parti prit le nom de parti communiste, mais garda accolée à ce nom l'épithète de bolchevik, et cela jusqu'en 1952.

BOLÍVAR Simón José Antonio (* Caracas, Venezuela, 24.VII.1783, † Santa Marta, Colombie, 17.XII.1830). Général et homme politique sud-américain. Bolívar fit ses études en Europe et, revenu au Venezuela en 1807, rallia la junte qui, en avr. 1810, déclencha l'insurrection contre l'Espagne napoléonienne. Envoyé en Angleterre il laissa le commandement de la lutte à Francisco Miranda. De retour dans son pays, Bolívar servit sous Miranda. Quand celui-ci eut capitulé (1812), Bolívar organisa la guerre et, le 6 août 1813, il entra dans Caracas en *Libertador* et se fit proclamer dictateur. Le Venezuela sombra dans la guerre civile, et Bolívar s'exila jusqu'en 1816. Joignant alors ses forces à celles de Páez, il libéra Bogotá en août 1819. Président et dictateur militaire d'une Grande-Colombie qui fédérait le Venezuela et la Nouvelle-Grenade, il libéra ensuite l'Équateur grâce à la victoire de son lieutenant Sucre à Pichincha (24 mai 1822). Vainqueur à Ayacucho (9 déc. 1824), Sucre libéra le Pérou, où San Martín avait accepté de s'effacer devant Bolívar. Cependant, le congrès de Panamá, en 1826, s'opposa à la volonté de Bolívar de constituer un État fédéral sud-américain. Accusé de dictature par les libéraux, Bolívar dut bientôt abandonner le pouvoir en Colombie même (mai 1830), alors que la guerre avait éclaté entre la Colombie et le Pérou et que le Venezuela avait proclamé son indépendance en 1829. Il mourut quelques mois plus tard ; héros de la guerre d'indépendance, il avait été aussi le premier inspirateur du panaméricanisme. Le Haut-Pérou, baptisé Bolivie en 1825, porte son nom. Voir **AMÉRIQUE**.

BOLIVIE, *Bolivia*. État continental de l'Amérique du Sud, compris entre le Brésil, le Paraguay, l'Argentine, le Chili et le Pérou ; capitale *Sucre*.

Autrefois incluse dans l'empire des Incas, conquise par les Espagnols à partir de 1539, l'actuelle Bolivie fut longtemps, grâce à ses mines d'argent (découverte du Potosí, 1545), l'une des plus riches possessions de l'Empire colonial espagnol.

Le mouvement d'indépendance commença en 1808, mais ne triompha qu'en 1824 par la victoire de Sucre à Ayacucho. L'indépendance fut solennellement proclamée le 6 août 1825 (le pays prit le nom de Bolivie le 11 août). C'est Bolívar qui en établit la Constitution. L'histoire de la Bolivie au XIXe s. fut une succession de coups d'État, de révolutions et de guerres civiles. Le problème des frontières provoqua plusieurs conflits : une tentative bolivienne pour réunir la Bolivie et le Pérou échoua en 1839 ; plus désastreuse encore fut la *guerre du Pacifique*, avec le Chili, auquel la Bolivie dut abandonner la riche province côtière de l'Atacama bolivien (1879/84) ; la question du Chaco provoqua, en 1933/35, une guerre malheureuse avec le Paraguay. Les richesses minérales et pétrolières, dans le S.-E. du pays, constituent la base du commerce international bolivien.

La Bolivie fit sa grande révolution en 1952, avec l'arrivée au pouvoir de Victor Paz Estenssoro et du Mouvement national révolutionnaire (MNR). Le pays entra alors dans une ère de transformations économiques et sociales. Les trois grandes compagnies minières (Patino, Hochschild et Aramayo) furent nationalisées et une réforme agraire inaugurée en 1953. En même temps, Paz Estenssoro réduisait les effectifs de l'armée, établissait le suffrage universel et s'efforçait de développer l'enseignement. Malgré une aide importante des États-Unis (plus d'un milliard de dollars entre 1952 et 1959), les réformes économiques ne donnèrent pas les résultats escomptés : les propriétaires dépossédés firent pression sur le cartel international de l'étain et les exportations d'étain diminuèrent de près de moitié. L'aide américaine mécontenta l'opinion. Paz Estenssoro dut s'appuyer sur l'armée, ce qui causa sa perte. Après douze ans de gouvernement du MNR, le général d'aviation Barrientos s'empara du pouvoir (nov. 1964) et se fit élire à la présidence (août 1966).

Au cours des opérations menées en 1967, les forces de l'ordre tuèrent le chef révolutionnaire Ernesto « Che » Guevara et capturèrent le journaliste français Régis Debray, qui partageait la lutte des guérilleros. De 1969 à 1984, l'armée bolivienne intervint dès lors régulièrement dans la vie politique du pays. Siles Zuazo parvint cependant à se faire élire en oct. 1982, mais, en 1984, dut faire face à une nouvelle tentative de coup d'État. Aux élections de 1985, il fut devancé par l'ancien président Paz Estenssoro, grâce au report des voix de gauche.

Celui-ci, recourant avec l'aide du Fonds monétaire international, aux recettes du libéralisme le plus strict, parvint à faire chuter spectaculairement l'inflation et à attirer les capitaux étrangers et boliviens. Basée sur la stabilité des changes et le rapatriement des narco-dollars (la Bolivie était le premier producteur mondial de cocaïne), la politique économique ne put éviter la récession et la montée du chômage. À la présidentielle de mai 1989, les électeurs ne parvinrent pas à dégager une majorité suffisante pour désigner un successeur à J. Paz Estenssoro. En août, une alliance avec l'ancien dictateur Banzer qui l'avait envoyé en prison permit au candidat de gauche, Paz Zamora, de devenir président (avec 20 % des voix). Cent jours après son accession au pouvoir, il devait décréter l'état de siège pour lutter contre l'agitation sociale.

Le programme de remplacement de la culture du coca par celle du café, dicté par les États-Unis, suscita de nombreuses protestations parmi les 30 % de Boliviens qui survivaient grâce à l'économie du coca. L'élection présidentielle de juin 1993 vit la victoire du centriste Gonzalo Sánchez de Losada et de son colistier, Victor Hugo Cardenas, premier Indien à accéder au poste de vice-président. Cependant la mise en place d'une décentralisation administrative et une réforme de l'éducation provoquèrent l'instauration de l'état d'urgence, entre avr. et oct. 1995. En 1997, l'ancien dictateur Hugo Banzer fut élu démocratiquement président de la République, mais il dut s'allier avec le MIR de Paz Zamora pour être investi par le Parlement. Les producteurs de coca du Chapare s'opposèrent à la destruction de leurs cultures et affrontèrent les forces de l'ordre en avr. 1998. Dans le même temps, l'économie bolivienne enregistra de bons résultats – croissance de 4,7 % et inflation maintenue à 6,5 % en 1998 – qui permirent au pays d'être le premier de la région à bénéficier d'un allégement de sa dette multilatérale. En avr. 2000, une grève générale a obligé le président Banzer à décréter l'état d'urgence. Malade, il s'est retiré en août 2001. Sánchez de Lozada lui a succédé en juin 2002.

BONAPARTE, à l'origine **Buonaparte.** Famille corse d'origine lombarde dont on trouve des représentants à partir du XIIIe s. en diverses régions d'Italie, à Florence, Trévise, Vérone, Padoue et San Miniato. D'une branche établie primitivement à Sarzana, dans la province de Gênes, un membre vint se fixer en Corse au début du XVIe s. ; c'est de cette branche qu'est issu l'empereur Napoléon Ier.

Aux termes des sénatus-consultes des 28 floréal an XII et 5 frimaire an XIII, l'hérédité de la dignité impériale, à défaut de descendance mâle de Napoléon Ier, devait passer dans la famille de son frère Joseph et subsidiairement dans celle de Louis. C'est en vertu de ces dispositions que le prince Louis Napoléon, fils de Louis Bonaparte, revendiqua plus tard le trône impérial, qu'il occupa de 1852 à 1870 sous le nom de Napoléon III.

Charles Marie Bonaparte (* Ajaccio, 29.III.1746, † Montpellier, 24.II.1785). Père de Napoléon Ier, il étudia le droit à Rome et à Pise. Avocat à Ajaccio, il épousa en 1764 Letizia Ramolino. Partisan de Paoli, il lutta contre les Français (1768/69), puis se rallia au gouvernement royal, qui reconnut ses titres de noblesse (1771) et le nomma conseiller royal et assesseur à la juridiction d'Ajaccio (1773).

Maria Letizia Ramolino Bonaparte (* Ajaccio, 24.VIII.1750, † Rome, 2.II.1836). Femme de Charles Marie Bonaparte et mère de Napoléon Ier. D'une vieille famille de Corse, belle et intelligente, elle épousa en 1764 Charles Bonaparte, eut treize enfants (cinq moururent en bas âge) et fut veuve à trente-cinq ans. En 1793, lors de l'occupation de la Corse par les Anglais, elle se réfugia à Marseille, puis, en 1799, s'installa à Paris. Sous l'Empire, elle reçut le titre de *Madame Mère*, mais mena une vie modeste et retirée, s'occupant surtout d'œuvres de bienfaisance. Très pieuse, elle souffrit de l'attitude de Napoléon envers le pape. Après 1815, elle se retira à Rome.

Joseph Bonaparte (* Corte, 7.I.1768, † Florence, 28.VII.1844). Frère aîné de Napoléon Ier. Il se destinait au barreau, mais fut député de la Corse au Conseil des Cinq-Cents (1796), puis ambassadeur à Rome (1797). Il participa au coup d'État du 18-Brumaire. Chargé ensuite de missions diplomatiques, il signa la paix de Lunéville (1801) et celle d'Amiens (1802). Napoléon le fit roi de Naples (1806/08), puis roi d'Espagne (1808/13), mais cet homme sage, bon, simple dans ses manières, n'avait aucune qualité de gouvernement. Après Waterloo, il vécut aux États-Unis jusqu'en 1832, puis revint en Europe, résidant en Angleterre et en Italie.

Napoléon Bonaparte (* 1769, † 1821). Voir NAPOLÉON Ier.

Lucien Bonaparte (* Ajaccio, 21.III.1775, † Viterbe, 29.VI.1840). Deuxième frère de Napoléon et le plus doué de tous, ancien élève du collège d'Autun et de l'école de Brienne. Membre du Conseil des Cinq-Cents (1797), puis président de cette assemblée ; dans cette fonction, il joua un rôle capital dans le coup d'État du 18-Brumaire. Devenu Premier consul, Napoléon le nomma ministre de l'Intérieur (1799), puis ambassadeur à Madrid (1800), où il sut gagner le roi Charles IV à la cause française. Cependant, son opposition au pouvoir autoritaire et son remariage avec la veuve d'un agent de change altérèrent ses relations avec l'Empereur ; ayant refusé les couronnes d'Italie et d'Espagne, il se retira à Rome (1804), auprès du pape Pie VII, puis dans la terre de Canino, près de Viterbe, érigée pour lui en principauté. Voulant éviter tout contact avec Napoléon, il s'embarqua pour les États-Unis (1810), mais fut pris en mer par les Anglais, qui le détinrent jusqu'en 1814.

Lucien eut deux filles de son premier mariage (1795) avec Christine Boyer ; de son second mariage, avec Marie Alexandrine de Bleschamp (* 1778, † 1855), naquirent neuf enfants, parmi lesquels :

Charles Lucien Bonaparte (* Paris, 24.V. 1803, † Paris, 29.VII.1857), prince de Canino ; marié en 1822 à sa cousine Zénaïde, fille de Joseph Bonaparte, il alla rejoindre son beau-père aux États-Unis et s'y consacra à des recherches d'histoire naturelle ; il prit part à l'insurrection romaine de 1848 et vint se fixer à Paris en 1850.

Paul Marie Bonaparte (* Canino, Italie, 19.II.1809, † Spetsaï, Grèce, 7.IX.1827) s'engagea dans la marine britannique pour prendre part à la guerre de l'Indépendance grecque, au cours de laquelle il mourut accidentellement.

Louis Lucien Bonaparte (* Thorngrow, Angleterre, 4.I.1813, † Fano, Italie, 3.XI.1891), député de la Corse puis de la Seine aux assemblées de 1848, sénateur sous le second Empire.

Pierre Napoléon Bonaparte (* Rome, 12.IX.1815, † Versailles, 7.IV.1881). Ardent libéral, il combattit dans les Romagnes en 1831, puis en Colombie, et en Égypte avec Méhémet-Ali. Député d'extrême gauche aux assemblées de 1848, il refusa le coup d'État du 2-Décembre et vécut dans la retraite. Le 10 janv. 1870, provoqué en duel, il tua d'un coup de revolver le journaliste Victor Noir ; acquitté par une haute cour siégeant à Tours, il se retira en Angleterre puis revint mourir obscurément en France.

Élisa Bonaparte (* Ajaccio, 3.I.1777, † Trieste, 6.VIII.1820). Elle était l'aînée des sœurs survivantes de Napoléon Ier. Elle épousa en 1797 un simple capitaine corse, Félix Bacciochi qui fut fait en 1805 prince de Lucques et de Piombino, mais après leur séparation, Napoléon la fit grande-duchesse de Toscane (1809/14). Élisa qui s'était révélée une remarquable administratrice, fut déchue en 1814 ; elle se retira à Bologne, puis en Allemagne.

Louis Bonaparte (* Ajaccio, 2.IX.1778, † Livourne, 25.VII.1846). Troisième frère de Napoléon Ier qu'il suivit dès l'âge de seize ans comme aide de camp à l'armée d'Italie, puis en Égypte. En 1802 il fut marié malgré lui à la fille de Joséphine, Hortense de Beauharnais, dont il finit par se séparer. Napoléon le plaça en 1806 sur le trône de Hollande, où Louis sut se faire aimer de ses sujets ; mais, désapprouvant la politique du Blocus continental, il abdiqua en 1810, vécut dans la retraite sous le nom de comte de Saint-Leu et resta étranger au retour de Napoléon en 1815. Il publia, divers ouvrages dans lesquels il se montre sévère pour l'Empereur. Il fut le père de Napoléon III.

Pauline Bonaparte (* Ajaccio, 20.X.1780, † Florence, 9.VI.1825). Deuxième sœur de Napoléon Ier, fut mariée en 1797 au général Leclerc, qu'elle accompagna dans l'expédition de Saint-Domingue où il mourut en 1802. Elle se remaria avec le prince Camille Borghèse (1803), dont elle ne tarda pas à se séparer et elle vint habiter le château de Neuilly où elle tint une espèce de cour. L'une des plus belles femmes de son temps, elle mena une vie fort légère. Elle fut la préférée de Napoléon, qui la fit duchesse de Guastalla (1806) ; en 1814, elle le rejoignit à l'île d'Elbe et mit à sa disposition ses diamants, qui furent volés à Waterloo dans la voiture de l'Empereur. Dans ses dernières années, elle se rapprocha du prince Borghèse et vécut avec lui à Florence. Canova a laissé d'elle une célèbre statue, sous les traits de l'Aphrodite de Praxitèle.

Caroline Bonaparte (* Ajaccio, 25.III.1782, † Florence, 18.V.1839). La plus jeune des sœurs de Napoléon Ier, fut mariée en 1800 à Murat, devint grande-duchesse de Berg, puis reine de Naples (1808). Douée de grandes qualités, elle favorisa les arts, encouragea les fouilles de Pompéi et créa à Naples de nombreux établissements de bienfaisance. Toute à son ambition et à son désir de conserver le trône, elle poussa Murat à trahir Napoléon. En 1815, elle prit le titre de comtesse de Lipona (anagramme de *Napoli*, Naples) et se retira au château de Baimburg, près de Vienne, et se consacra à l'éducation de ses enfants. Elle revint en Italie après 1830.

Jérôme Bonaparte (* Ajaccio, 15.XI.1784, † château de Villegenis, Seine-et-Marne, 24.VI.1860). Le plus jeune des frères de Napoléon Ier, servit d'abord dans la marine et prit part à l'expédition de Saint-Domingue. En 1803, il épousa Élisabeth Patterson, fille d'un commerçant américain, mais ce mariage fut cassé sous la pression de Napoléon Ier, qui remaria son frère à la princesse Catherine, fille du roi de Wurtemberg (1807). La même année, Jérôme fut placé sur le trône de Westphalie, créé pour lui ; il installa sa résidence à Wilhelmshöhe, près de Cassel, et mena joyeuse vie. Ayant perdu son trône en 1814 et après s'être distingué à Waterloo, il se retira au Wurtemberg près de son beau-père, qui le fit, en 1816, prince de Montfort. Rentré en France en 1848, il travailla à la montée au pouvoir de son neveu, le futur Napoléon III, qui le réintégra dans son titre de prince impérial (1852). Son corps fut déposé aux Invalides, auprès de celui de Napoléon Ier. Auteur de *Mémoires* et d'une *Correspondance* (1863).

Mathilde Letizia Wilhelmine Bonaparte, dite **la princesse Mathilde** (* Trieste, 26.V.1820, † Paris, 2.I.1904). Fille de Jérôme, élevée à Rome et à Florence, épousa en 1841 le prince russe Anatole Demidov de San Donato dont elle se sépara en 1845. Venue à Paris, elle tint, sous le second Empire et après 1870, un salon qui fut un des principaux rendez-vous du monde littéraire et artistique et dont les familiers furent Sainte-Beuve, Renan, Taine, Flaubert, les Goncourt...

Napoléon Joseph Charles Paul Bonaparte, dit **le prince Jérôme** et surnommé **Plon-Plon** (* Trieste, 9.IX.1822, † Rome, 17.III.1891). Frère de Mathilde, devint très jeune l'ami de son cousin Louis Napoléon, futur Napoléon III. Banni de France en 1845 pour ses liens avec les républicains, il revint siéger à l'extrême gauche en 1848 et fut surnommé le *prince de la Montagne*. Il accepta pourtant le coup d'État du 2-Décembre, devint sénateur, commanda une division d'infanterie en Crimée puis fut ministre de l'Algérie et des Colonies (1858) ; il encouragea Napoléon III à réaliser l'unité italienne. À la mort du Prince impérial (1879), le parti bonapartiste ne voulut pas le reconnaître pour chef, notamment à cause de son anticléricalisme, et se rallia en majorité à son fils, **Napoléon Victor Bonaparte,** dit **le prince Victor** (* Meudon, 1862, † Bruxelles, 1926), qui fut ainsi reconnu en 1879 comme prétendant au trône impérial. Expulsé de France en 1886, il alla résider à Bruxelles et épousa en 1910 Clémentine, princesse de Belgique. Son fils, **Louis Napoléon Jérôme Bonaparte** (* Bruxelles, 23.I.1914, † Prangins, Suisse, 3.V.1997) fut jusqu'à sa mort le prétendant bonapartiste. L'aîné de ses fils, le prince **Charles Bonaparte** (1950) lui a succédé comme chef de la maison impériale.

Eugène Louis Napoléon Bonaparte, dit le Prince impérial (* Paris, 16.III.1856, † Ulundi, Zoulouland, 1er.VI.1879). Fils de Napoléon III et prince impérial, il vécut en Angleterre avec ses parents à partir de 1870 et fut élève de l'école militaire de Woolwich (1872/75). Attaché sur sa demande en 1878 à l'état-major de l'armée britannique au Zoulouland, il fut tué l'année suivante au cours d'une reconnaissance.

BONAPARTISME. Courant politique dont l'influence s'exerça en France de 1815 à la fin du XIXe s. Le bonapartisme fut un phénomène composite et ambigu, irréductible à la division classique entre droite et gauche. Sous la Restauration et la monarchie de Juillet, il fut moins une doctrine politique qu'un état d'esprit ayant opté pour l'ordre, refusant le retour de l'Ancien Régime, soucieux de sauver les conquêtes politiques et sociales de la Révolution, enfin fidèle à la gloire militaire. Le journal bonapartiste fut *Le Constitutionnel*. Beaucoup de romantiques ont adhéré à la légende napoléonienne. Le bonapartisme se réclamait, non du système politique autoritaire du premier Empire à son apogée, mais de la tentative constitutionnelle esquissée par Napoléon Ier durant les Cent-Jours et surtout de la légende napoléonienne forgée par l'Empereur lui-même durant son exil à Sainte-Hélène où il voulut apparaître à la postérité comme l'héritier naturel des principes de 1789 et de la Révolution française. Le retour des cendres de Napoléon Ier (1840) acheva de réaliser une quasi-unanimité nationale dans le souvenir de l'Aigle. Cela ne suffisait pas pour constituer une véritable force politique, et les deux tentatives de Louis Napoléon (1836 et 1840) n'eurent aucun écho dans l'opinion.

Le coup d'État du 2 déc. 1851 fut dirigé contre l'opposition de droite autant que contre celle de gauche, et la droite des légitimistes, montra toujours une opposition irréductible au second Empire.

Malgré la défaite de 1870, une trentaine de bonapartistes furent élus à l'Assemblée nationale de 1871. L'axe de leur politique fut le thème de l'appel au peuple. Aux élections de 1876, ils progressèrent aux dépens des royalistes (76 députés) ; après le 16 mai 1877, ils s'allièrent avec les partisans de l'Ordre moral, et élargirent encore leur audience dans le pays, en particulier dans le Sud-Ouest (104 élus). La mort du Prince impérial (1879) entraîna des divisions et le parti bonapartiste n'eut plus un grand rôle électoral (46 députés en 1881, 65 en 1885, 52 en 1889).

Les thèmes essentiels du bonapartisme devaient être repris par le boulangisme et par les républicains plébiscitaires tels que Déroulède.

BONCHAMPS Charles Artus, marquis de (* Juvardeil, Maine-et Loire, 10.V.1760, † Saint-Florent-le-Vieil, Maine-et-Loire, 18.X.1793). Chef vendéen. Il avait fait la guerre d'Indépendance américaine ; revenu en France, il obtint le grade de capitaine de grenadiers ; au printemps 1793, il se mit à la tête des paysans de l'Anjou avec d'Elbée. Il contribua à la prise de Bressuire et de Thouars ; mortellement blessé à Cholet, il fit gracier, avant de rendre l'âme, 5 000 soldats républicains qui allaient être massacrés. Voir **VENDÉE (guerres de)**.

BONGO Omar (Lewai, 28.XII.1935). Né **Albert Bernard**, il changea de nom en 1973 après sa conversion à l'islam. Homme politique gabonais. Chef de l'État depuis 1967. Soutenu par la France, il conserva le pouvoir malgré les nombreuses accusations de fraude électorale portées contre lui par l'opposition. Voir **GABON**.

BONIFACE saint (* dans le Wessex, Angleterre, vers 672, † près de Dokkum, Frise, 5.VI.754). Son nom de baptême était Wynfrith ; moine bénédictin, il fut l'apôtre de la Germanie où le pape Grégoire II l'avait envoyé en lui donnant le surnom de Boniface. Sacré évêque à Rome en 722, il organisa l'Église d'Allemagne en fondant plusieurs monastères, dont Fulda en 741, et des évêchés, dont Mayence en 747. Il conféra l'onction royale à Pépin le Bref. Parti de nouveau évangéliser la Frise, il fut massacré par les païens et ses reliques furent transportées à Fulda. On conserve ses *Lettres*, document capital pour l'histoire des missions.

BONIFACE VIII, Benedetto Caetani (* vers 1235, † Rome, 11.X.1303). Pape (1294/1303), célèbre par son conflit avec Philippe le Bel et l'« attentat d'Anagni » (v.). Voir **ÉGLISE CATHOLIQUE**.

BONIVARD ou **BONNIVARD François** (* Seyssel, Savoie, vers 1495, † Genève, 1570). Patriote suisse, immortalisé par Byron dans *Le Prisonnier de Chillon*. Pour avoir défendu l'indépendance de Genève contre Charles III de Savoie, il fut emprisonné à deux reprises (1519/21 et 1530/36). Libéré de la prison de Chillon par les Bernois, il rédigea des écrits de polémique protestante (*Source de l'idolâtrie et tyrannie papale*) et surtout les célèbres *Chroniques de Genève* (des origines à 1530).

BONOMI Ivanoe (* Mantoue, 18.X.1873, † Rome, 20.IV.1951). Homme politique italien. Directeur de l'organe socialiste *Avanti !* jusqu'en 1912, puis fondateur du mouvement socialiste réformiste, président du Conseil à la tête d'une coalition de gauche (juill. 1921/févr. 1922), il ne put arrêter la montée du fascisme. Président du Comité de libération nationale (1943), il succéda à Badoglio à la tête du gouvernement royal en Italie du Sud (juin 1944/juin 1945).

BORDEAUX (assemblée de). Nom donné à l'Assemblée nationale française issue des élections du 8 févr. 1871. Paris étant aux mains de la Commune, elle se réunit à Bordeaux. Une majorité s'était constituée, favorable à la paix, opposée à la politique de guerre voulue par Gambetta, rassemblant des républicains modérés, des notables légitimistes ou orléanistes. Elle ratifia le 1er mars 1871 les préliminaires du traité de paix et se transporta à Versailles le 20 mars. Voir **COMMUNE DE PARIS (1871)**.

BORDEAUX (pacte de). Accord conclu à l'Assemblée de Bordeaux en févr. 1871 entre Thiers, « chef du pouvoir exécutif de la République française » et la majorité monarchiste par lequel le débat sur la forme définitive des institutions de la France était reporté jusqu'à la réorganisation du pays. Il était entendu que le mot *république*, qui apparaissait dans le titre de Thiers, n'engageait en rien l'avenir.

BORDEN sir Robert Laird (* Grand-Pré, Nouvelle-Écosse, 26.VI.1854, † Ottawa, 10.VI.1937). Homme politique canadien. Chef du parti conservateur. Premier ministre de 1911 à 1920, il présida le cabinet qui décida l'entrée du Canada dans la guerre en 1914 et obtint de la Grande-Bretagne que le Canada figurât comme État indépendant parmi les signataires du traité de Versailles.

BORGHÈSE. Célèbre famille romaine. Originaire de Sienne, elle a donné à l'Église un pape, Paul V, et plusieurs cardinaux. Elle s'est signalée par son goût pour les arts : le *palais Borghèse* construit par Lunghi et de Ponzio de 1590 à 1607, et la *villa Borghèse*, palais d'été bâti de 1613 à 1615, œuvre de Vasanzio, qui renferme une remarquable collections d'œuvres d'art, en témoignent. Un de ses membres, **Camille Borghèse** (* 1775, † 1832), épousa Pauline Bonaparte, sœur de Napoléon, et fut gouverneur du Piémont en 1808.

BORGIA. Famille romaine, originaire de Borja en Espagne (province de Valence), qui compta parmi ses membres deux papes, Calixte III (Alfonso Borgia) et Alexandre VI (Roderigo Borgia), st François Borgia et plusieurs personnages typiques de la Renaissance italienne :

César Borgia (* vers 1476, † Viana, Navarre, 12.V.1507). Il était le plus jeune des fils naturels du futur Alexandre VI et de Vanozza. Il fut nommé évêque de Valence et cardinal à seize ans (1492) par son père. Il trempa probablement dans l'assassinat de son frère Giovanni, duc de Gandia, auquel il succéda comme capitaine général de l'Église et déposa la pourpre pour prendre l'épée. Allié de Louis XII, il reçut le titre de duc de Valentinois (1498) et, avec l'encouragement de son père, devenu pape, il entreprit par les moyens les plus violents de reprendre la Romagne aux feudataires du Saint-Siège ; il fut nommé par Alexandre VI duc de Romagne (1501). Il invita au château de Senigallia ses principaux ennemis et les fit froidement exécuter (31 déc. 1502). La mort d'Alexandre VI (août 1503) cassa sa puissance : le pape Jules II le fit arrêter et le força à livrer toutes ses forteresses. À peine sorti de prison, il fut arrêté par Gonzalve de Cordoue et envoyé au roi d'Espagne, qui avait des griefs contre lui. César réussit à s'échapper et se réfugia auprès de son beau-frère roi de Navarre. Il l'accompagna dans une expédition contre l'Espagne et mourut au cours de la campagne. Grand chef de guerre et habile administrateur, César Borgia laissa parmi les populations une réputation de prince sévère mais juste ; il protégea les arts, fut l'ami du Pinturicchio et de Léonard de Vinci. Il a servi de modèle au *Prince* de Machiavel.

Lucrèce Borgia (* Rome, avr. 1480, † Ferrare, 24.VI.1519). Sœur de César Borgia. Elle souffre encore d'une réputation injustifiée de crimes et de vices, dont Victor Hugo se fit le trop complaisant écho.

Lucrèce apparaît comme un faible et docile instrument des combinaisons politiques de son père et de son frère. Son premier mariage (1492/97), avec Giovanni Sforza, fut annulé par son père afin qu'elle épousât Alphonse d'Aragon, fils d'Alphonse II de Naples (1498). Mais ce deuxième mari fut assassiné en 1500, à l'instigation de son frère César Borgia. Lucrèce fut remariée en 1501 à Alphonse d'Este duc de Ferrare en 1505. Enfin soustraite à l'influence de sa terrible famille, Lucrèce gagna l'estime de tous par sa beauté, sa douceur et sa piété ; elle se fit la protectrice des artistes et fut célébrée par l'Arioste et Bembo.

BORIS Ier († 15.V.903). Khan des Bulgares (852/89). Converti au christianisme, il rattacha les Bulgares à Byzance. Voir **BULGARIE**.

BORIS II (* vers 949, † 979). Tsar de Bulgarie (969/72). Fils du tsar Pierre Ier, il fut élevé à Constantinople et marié à une princesse byzantine. Vaincu et prisonnier du prince de Kiev, Sviatoslav Ier, il fut contraint d'abdiquer par Jean Ier Tzimiscès et la Bulgarie fut annexée à l'empire d'Orient. Voir **BULGARIE**.

BORIS III (* Sofia, 30.I.1894, † Sofia, 28.VIII.1943). Roi de Bulgarie (1918/43). Il adhéra au pacte tripartite et déclara la guerre aux Anglo-Saxons mais non à l'URSS. Voir **BULGARIE**.

BORIS GODOUNOV (* vers 1551, † Moscou, 13.IV.1605). Tsar de Russie (1598/1605). Descendant de nobles tatars qui avaient servi les princes de Moscou dès le XIVe s., il servit d'abord Ivan le Terrible, dont le fils et héritier, le futur Fédor Ier, épousa la sœur de Boris. Sous son règne (1584/98), Boris exerça la régence, affaiblit l'aristocratie, s'assura l'appui de l'Église (institution du patriarcat de Moscou) en 1589 et acquit peu à peu une grande autorité ; il fit probablement assassiner l'héritier du trône, Dimitri Ivanovitch, demi-frère de Fédor Ier (1591). À sa mort en 1598, Boris fut élu tsar par le Zemski Sobor, « l'Assemblée de la terre », à l'unanimité. Souverain autoritaire mais soucieux de la prospérité du pays, il fonda des écoles, pour lesquelles il fit venir des maîtres de France et d'Allemagne pour remédier à la crise sociale, il s'efforça de fixer les paysans à la terre et les priva pendant plusieurs années du droit de changer de maître. Vers la fin de son règne, une famine ravagea la Russie et, en 1604, un aventurier soutenu par la Pologne, le faux Dimitri, prétendant être le frère de Fédor Ier et son successeur légitime, envahit la Russie. La mort soudaine de Boris laissa le trône à son fils, Fédor II, un enfant, tué trois mois plus tard. Le « temps des Troubles » dura jusqu'à l'avènement de Michel Romanov en 1613.

BOR-KOMOROWSKI Tadeusz (* Lwow, Galicie, 1895, † près de Bletchley, Buckinghamshire, 24.VIII.1966). Général polonais. Commandant l'armée secrète polonaise, il déclencha l'insurrection de Varsovie (1er août 1944). Voir **Résistance**.

BORMANN Martin (* Halberstadt, Saxe-Anhalt, 17.VI.1900, † ? Berlin, mai 1945). Homme politique allemand. Agriculteur, il adhéra dès 1925 au mouvement national-socialiste. Reichsleiter (1933) et chef de cabinet de R. Hess, il lui succéda comme chef de la chancellerie du parti (mai 1941). Son influence fut prépondérante à partir de 1943, lorsqu'il vécut continuellement dans l'intimité de Hitler ; il disparut durant la nuit du 1er au 2 mai 1945, et fut condamné à la peine capitale par contumace par le tribunal de Nuremberg. Sa mort semble établie par plusieurs témoignages, mais diverses rumeurs ont fait état de sa présence en Amérique du Sud.

BORNÉO. Île de l'Insulinde, la plus grande de l'archipel malais. Peut-être habitée par *Homo erectus* dès le paléolithique inférieur, l'île étant alors reliée par terre à Java, où a été découvert le pithécanthrope. La présence de l'homme n'y est attestée que depuis 40 000 ans par les découvertes de la grotte de Niah (Sarawak). Dès le ve s., Bornéo eut des relations avec la Chine. Au xiiie s., l'île fut le centre d'un royaume malais puis fit partie de l'empire du Majapahit (v. **Indonésie**). Le Portugais d'Abreu atteignit Bornéo en 1511 et le Vénitien Pigafetta, compagnon de Magellan, la visita en 1521, mais, jusqu'au xixe s., seules les côtes furent vraiment explorées par les Européens. Les Portugais, qui commencèrent à coloniser Bornéo en 1526, en furent chassés au début du xviie s. et l'île fut l'objet d'une longue lutte entre la Compagnie hollandaise des Indes orientales, les Espagnols et les Anglais. Bornéo est divisée aujourd'hui en quatre territoires : le *Kalimantan*, occupant environ les trois quarts de l'île (c'est l'ancienne Bornéo hollandaise occupée par les Japonais de janv. 1942 à 1945, et devenue une des dix provinces de la république d'Indonésie) ; les provinces malaises de *Sarawak* et de *Sabah* ; le sultanat de *Brunei*, sous protectorat britannique jusqu'à son indépendance en 1984.

BORNOU. Région de l'Afrique occidentale, au S.-O. du lac Tchad, comprise aujourd'hui dans le Nigeria. Peuplé de Noirs (Saos) métissés d'Arabes (Sefawas), au viiie s., le Bornou fit d'abord partie du Kanem. À la fin du xve s., après les attaques des Boulalas, le roi du Kanem dut se réfugier au Bornou et fonda un nouvel empire, qui atteignit son apogée sous Idris III Alaoma (vers 1571/1603). Le Bornou étendait alors sa puissance sur Kano, l'Aïr, le Kaouar, le Tibesti, le Baguirmi et l'Ouadaï ; il contrôlait ainsi tout le commerce transitant par le lac Tchad. Le Baguirmi s'était rendu indépendant à la fin du xvie s. Islamisé depuis longtemps, le Bornou résista en 1808 à l'armée peule d'Osman Dan Fodio, mais s'effondra sous les coups de Rabah, en 1893.

BORODINO. Village de Russie à l'O. de Moscou sur les bords de la Moscova. Napoléon y remporta une victoire sanglante sur les Russes de Koutousov qui avait accepté enfin la bataille le 7 sept. 1812. La route de Moscou était ouverte. Ney s'y était distingué et reçut le titre de *prince de la Moscova*.

BOSCOREALE (trésor de). Ensemble de pièces d'argenterie et de bijoux trouvé près Boscoreale (Campanie), dans la citerne d'une villa romaine engloutie par l'éruption du Vésuve en 79 apr. J.-C. 109 objets ont été exhumés dont 106 sont conservés au musée du Louvre, dont le plus grand nombre a été offert par le baron Edmond de Rothschild. Mis à part trois miroirs et deux coupes d'apparat, ces pièces constituent un ensemble exceptionnel de vaisselle de table, travail d'orfèvrerie dont le répertoire décoratif, animal, végétal, mythologique et même historique, est tout à fait classique. Cet ensemble n'a d'égal que le trésor de la maison de Ménandre à Pompéi (musée de Naples), et celui de Hildesheim (musée de Berlin).

BOSNIE-HERZÉGOVINE. État de l'Europe balkanique, issu de l'éclatement de l'ex-Yougoslavie ; capitale *Sarejevo*. Sous les Romains, elle fit partie de la province de Pannonie, fut envahie par les Slaves (viie s.) et passa sous la suzeraineté hongroise mais avec une dynastie nationale : les Kotroman (1254/1463). Elle se rendit indépendante sous Tavrtko Ier (1353/91), qui se fit couronner « roi des Serbes, de Bosnie et de la côte » (1377) après avoir annexé une partie de la Dalmatie et l'Herzégovine. Dès 1386 cependant, les Turcs envahirent la Bosnie qui fut alors incluse dans l'Empire ottoman jusqu'au soulèvement de 1875. La Russie et de la Serbie intervinrent en faveur des populations bosniaques. Le congrès de Berlin, en 1878 (article 25), laissa la Bosnie et l'Herzégovine sous la suzeraineté nominale du sultan, mais les plaça sous l'administration de l'Autriche-Hongrie qui les annexa en 1908. Une guerre avec la Russie et la Serbie fut évitée par la médiation allemande (1909). Le problème bosniaque constitua cependant une des causes de la Première Guerre mondiale par l'assassinat de l'archiduc François-Ferdinand à Sarajevo, le 28 juin 1914. La Bosnie-Herzégovine fut incluse en 1919 dans le royaume des Serbes, des Croates et des Slovènes, et dans le royaume de Croatie de 1941 à 1945 ; elle forma, en 1945, l'une des six républiques de la République populaire fédérative de Yougoslavie. Peuplée de 45 % de musulmans (au sens national que le régime de Tito a donné à ce terme), de 30 % de Serbes et de 17 % de Croates, elle était parmi les républiques les plus pauvres de la Fédération, mais connut, sous le régime de Tito, un développement industriel important.

Après l'adoption du multipartisme en Yougoslavie, en janv. 1990, des élections libres furent organisées en Bosnie-Herzégovine en déc., remportées par les trois partis nationalistes représentant les communautés musulmanes, serbe et croate. Président du parti musulman, en tête aux élections, Alija Izetbegovic fut élu président de la République en déc. 1990. La question de l'indépendance bosniaque fut posée et les tensions entre communautés devinrent manifestes : résolus à rester au sein d'un État yougoslave, les Serbes de Bosnie constituèrent, à partir de sept. 1991, des provinces autonomes. Boycotté par les Serbes, le référendum de mars 1992 sur l'indépendance fut un succès. Mais Radovan Karadzic fit proclamer la république serbe de Bosnie-Herzégovine. Le conflit pour le contrôle du pays s'engagea entre l'armée bosniaque, à majorité musulmane, et les Serbes soutenus par la nouvelle Fédération yougoslave où se retrouvaient la Serbie et le Monténégro. Les forces serbes assiégèrent les principales villes musulmanes, parmi lesquelles Sarajevo, et contrôlèrent dès le mois de mai, les deux tiers du territoire. Les combats s'accompagnaient de la « purification ethnique », qui éliminait ou transférait massivement des populations pour créer des zones de peuplement homogène. Le président Izetbegovic dénonça ces crimes, demanda, à plusieurs reprises, une intervention occidentale et la levée de l'embargo sur les armes, et sollicita le soutien des pays musulmans. Tout en dénonçant les exactions, les Occidentaux limitèrent leur action à une présence humanitaire, soutenue par les forces de l'ONU, et à la diplomatie. En janv. 1993, les médiateurs Cyrus Vance et David Owen proposèrent un partage de la Bosnie en dix cantons sur une base essentiellement ethnique. D'abord approuvé par les représentants des trois parties, ce plan fut rejeté en mai 1993 par le Parlement autoproclamé des Serbes de Bosnie. Cet échec conduisit l'ONU à constituer autour de six villes assiégées à majorité musulmane des « zones de sécurité » pour les protéger des forces serbes.

En mai 1993, les Croates de Bosnie rompirent leur alliance avec les musulmans. Les combats croato-musulmans s'intensifièrent dès lors dans l'ouest du pays et le pouvoir de Sarajevo s'en trouva affaibli. À la fin de l'année 1993, la situation était bloquée, chaque belligérant cherchant à contrôler le plus possible de territoire pour peser sur les négociations internationales qui se poursuivaient en marge du conflit. En févr. 1994, le bombardement meurtrier du marché de Sarajevo conduisit l'OTAN, soutenue par l'ONU, à obliger les Serbes de Bosnie à se retirer à 20 km de la ville. Un cessez-le-feu durable s'installa à Sarajevo, mais les forces serbes reportèrent leurs offensives dans l'est de la Bosnie, notamment sur Tuzla, Srebrenica et Gorazde. Les premières frappes aériennes occidentales contre les positions serbes furent déclenchées. En mai 1994, encouragés par les puissances européennes et les États-Unis, Croates et musulmans de Bosnie formèrent une « fédération croato-musulmane » qui isolait d'autant plus les Serbes de Bosnie que Belgrade, acculée au compromis par l'embargo que subissait la Serbie, décida, en août, de suspendre le soutien qu'elle leur avait prodigué jusque-là.

Durant l'été 1994, les Serbes se maintenaient sur les deux tiers du territoire malgré plusieurs offensives croato-musulmanes. Un « groupe de contact » réunissant France, Allemagne, États-Unis, Grande-Bretagne et Russie élabora un plan de partition de la Bosnie rejeté par les Serbes en août. Pour en finir avec la détermination serbe, qui s'exprima notamment par la prise en otages de plusieurs centaines de casques bleus (fin mai 1995) ainsi que par la réduction des résistances musulmanes à Srebrenica (où des milliers de musulmans furent massacrés) et à Zépa et par le bombardement de Sarajevo, les Occidentaux créèrent une Force de réaction rapide (FRR) qui mena avec l'OTAN une opération de bombardements intensifs des positions serbes en août 1995. Acculés à négocier, les Serbes durent admettre le principe du partage égal de la Bosnie avec les Croates et les musulmans, qui avaient entre-temps conquis tout l'ouest du pays. Sous la médiation de l'Américain Richard Holbrooke, le cessez-le-feu fut signé en oct. et, en nov., s'ouvrit la conférence de Dayton (Ohio). Le partage de la Bosnie entre une fédération croato-musulmane et les Serbes de Bosnie fut décidé sous le contrôle d'un haut représentant civil, Carlos Westendorp, et d'une *implementation Force* (Ifor) composée de troupes américaines, françaises et britanniques déployées début 1996.

La présidence tripartite revint au musulman Alija Izetbegovic, au Croate Krésimir Zubak et au Serbe Mancilo Krajisnik. Ils ne surent pas trouver une position diplomatique commune lors de l'intervention de l'OTAN au Kosovo.

Les tensions se concentrèrent alors au sein de la République serbe dont l'ancien dirigeant, Radovan Karadzic, s'opposa militairement à la présidente Biljana Plasvic que soutenait l'Ifor. Une intervention de S. Milosevic en faveur d'un compromis permit la tenue d'élections anticipées et la formation d'un gouvernement modéré favorable à B. Plasvic. Mais les élections de sept. 1998 installèrent à la présidence l'ultranationaliste Nicola Poplasen, bientôt limogé par C. Westendorp.

Malgré une victoire de l'opposition social-démocrate aux élections municipales d'avr. 2000, les partis nationalistes ont renforcé leurs positions aux élections générales de nov. 2000, au sein des trois communautés et sur l'ensemble du territoire.

BOSON († 11.I.887). Roi de Bourgogne-Provence (879/87). Voir **Provence**.

BOSSI Umberto (Cassano Magnago, Lombardie, 19.X.1941). Homme politique italien. En 1984, il rassembla les ligues autonomistes en une Ligue lombarde qui devint un des principaux partis du nord de l'Italie. Excellent orateur, tribun populiste, il fut élu sénateur en 1987. Il participa, en mai 1994, à la coalition gouvernementale conduite par Silvio Berlusconi, avant de lui retirer son soutien, en déc. 1994. En 1996, ayant institué son propre parlement, nommé un gouvernement du Nord et un comité de libération pour préparer l'autonomie des provinces du Nord, il proclama l'indépendance de la Padanie. En 1997, il adopta une position moins extrémiste – et envisagea une formule de fédéralisme régional.

BOSSUET Jacques Bénigne (* Dijon, 27.IX.1627, † Meaux, 12.IV.1704). Évêque français, le plus grand prédicateur du siècle de Louis XIV. Il prêcha le carême au Louvre dès 1662 et prononça les oraisons funèbres d'Anne d'Autriche (1667), d'Henriette de France, reine d'Angleterre (1669), d'Henriette d'Angleterre (1670), de Michel Le Tellier (1686), du Grand Condé (1687). Évêque de Condom (1669), puis de Meaux (1681), précepteur du Grand Dauphin de 1670 à 1681, il composa pour son élève divers traités, parmi lesquels le *Discours sur l'histoire universelle* (1679) et la *Politique tirée de l'Écriture sainte* où il se faisait le théoricien de l'absolutisme, tempéré par les exigences de la morale chrétienne. Très gallican, il apparut à l'Assemblée du clergé de 1681/82 comme le chef spirituel de l'épiscopat français. Chargé du discours d'ouverture – le *Sermon sur l'unité de l'Église* (9 nov. 1681) –, il joua pendant toute l'assemblée un rôle modérateur, s'efforça de ménager Rome, fit accepter un compromis sur la régale, mais n'en affirma pas moins son gallicanisme. Il rédigea la déclaration des Quatre Articles, qui proclamait les libertés de l'Église gallicane. Les dernières années de sa vie furent remplies par des luttes contre les protestants, contre Fénelon et le quiétisme, contre Richard Simon et la critique biblique naissante, enfin contre le théâtre et l'irréligion du Grand Siècle finissant.

BOTHA Louis (* Greytown, Natal, 27.IX.1862, † Pretoria, 28.VIII.1919). Général et homme politique sud-africain. Commandant en chef des forces de l'État libre du Transvaal (1899/1902), il vainquit les Anglais, mais préconisa ensuite la collaboration avec eux. Premier ministre du Transvaal (1907/10) puis de l'Union sud-africaine (1910/19), il s'empara en 1915 des possessions allemandes du Sud-Ouest africain.

BOTHA Pieter Willem (Paul Roux, État d'Orange, 12.I.1916). Homme politique sud-africain. Premier ministre (1978/84). Président de la République (1984/89). Son refus de témoigner, en 1998, devant la commission « Vérité et réconciliation » lui valut une condamnation en appel. F. W. De Klerk lui succéda à la Présidence. Voir **SUD-AFRICAINE (République)**.

BOTSWANA. République de l'Afrique australe ; capitale *Gaborone*. Elle a été constituée le 30 sept. 1966 par la réunion d'un secteur de la province sud-africaine du Cap et de l'ancien protectorat britannique du Bechuanaland continental. Elle fournit à la République sud-africaine des matières premières et en importe des produits manufacturés par son seul débouché : la ligne de chemin de fer de Pretoria. Elle fut hostile à la politique d'apartheid jusqu'à son abolition.

Le Botswana fait, en Afrique, figure d'exception : c'est, depuis les indépendances, le seul pays qui ait constamment connu un régime véritablement démocratique. Quett Masire succéda, le 13 juill. 1980, à sir Seretse Khama comme président de la République et chef de l'exécutif. Après la démission du président Masire, en mars 1998, le pouvoir fut assuré par le vice-président Festus Mogae, lui-même élu président en oct. 1999.

BOTZARIS ou **BOTSARIS Markos** (* Souli, Grèce, vers 1789, † Karpenisi, 20/21.VIII.1823). Patriote grec. Fils de Kitzos Botzaris assassiné en 1809 par Ali Pacha après avoir dirigé une révolte contre les Turcs, Markos fut un des principaux chefs de l'insurrection de 1820. Il s'illustra lors de la défense de Missolonghi où il fut tué.

BOUCHARD Lucien (Saint-Cœur-de-Marie, Québec, 22.XII.1938). Homme politique québécois. Ancien avocat, ambassadeur du Canada à Paris de 1985 à 1988, il rallia le parti conservateur. Élu député, il devint ministre de l'Environnement en 1989. En 1990, il fonda le Bloc québécois, parti souverainiste. À l'issue des élections générales canadiennes de 1993, le Bloc québécois était devenu l'opposition officielle de la province du Québec et il participa activement à la campagne référendaire d'oct. 1995, qui vit l'échec des souverainistes. Après la démission de Jacques Parizeau, L. Bouchard quitta la direction du Bloc québécois et devint chef du parti québécois puis Premier ministre du Québec en janv. 1996. Il obtint la majorité au Parlement lors des élections générales de nov. 1998. Considérant que ses « efforts pour relancer rapidement la question nationale [étaient] restés vains », il démissionna de ses fonctions de chef du parti québécois et de Premier ministre en janv. 2001.

BOUCHER DE CRÈVECŒUR DE PERTHES Jacques (* Rethel, Ardennes, 10.IX.1788, † Abbeville, 5.VIII.1868). Préhistorien français. Directeur des douanes à Abbeville à partir de 1825, amateur d'antiquités, il découvrit en 1837 dans les alluvions de la Somme des outils de silex taillés au même niveau que des ossements de grands mammifères disparus. Il proclama avoir trouvé des traces de l'homme antédiluvien. Il est l'auteur des *Antiquités celtiques et antédiluviennes* (entre 1847 et 1864).

BOUCICAUT Jacques Aristide (* Bellême, Orne, 14.VII.1810, † Paris, 26.XII.1877). Négociant français. Employé de commerce, il acheta en 1852 le *Bon Marché*, petit magasin de détail, dont il fit, par des méthodes commerciales totalement nouvelles, le plus grand et le plus puissant de Paris. Il consacra une partie de sa fortune à des œuvres philanthropiques, parmi lesquelles l'hôpital Boucicaut (Paris, XVe arr.). Son épouse, née Marguerite Guérin, fut sa collaboratrice et continua son œuvre.

BOUDDHA (le). Nom honorifique, signifiant l'*Éveillé*, l'*Illuminé* (du sanskrit *budh*), du fondateur du bouddhisme, dont les noms les plus usités sont **Gautama**, ou **Siddhartha**, ou **Çakyamuni** (* Kapilavastu, aujourd'hui Roummindei, dans le nord de l'Inde, vers 560 av. J.-C., † Kusinara, aujourd'hui Kasia, district de Govakhpur, 480). Le Bouddha proposait aux hommes de son temps, non une religion nouvelle, mais une réponse au problème de la douleur (*dukka*), identifiée à l'existence elle-même, à l'impermanence de l'être, au flux incessant de toutes choses. Elle trouvait son expression la plus accablante dans la servitude du *karma*, qui fait perdurer tous les actes dans les incarnations successives. Les bouddhistes vénèrent de nombreux *bouddhas* historiques : Çakyamuni aurait lui-même enseigné que six bouddhas l'avaient précédé et que devait venir le bouddha futur, Maitreya, qui répandrait partout la Bonne Loi.

BOUDDHISME. Après la mort du Bouddha, ses disciples se partagèrent en trois grandes écoles ou *véhicules* (*yana*), distincts par les doctrines, les rites comme par les zones géographiques d'influence : *a*) le **Petit Véhicule** (*Hinayana*) est resté le plus fidèle à la lettre du message du Bouddha ; *b*) le **Grand Véhicule** (*Mahayana*) a transformé peu à peu le bouddhisme originel, doctrine essentiellement monastique, en une religion accessible à tous, qui met surtout l'accent sur la compassion universelle, qui possède ses dieux et ses saints (les bouddhas et les bodhisattvas), ses métaphysiques complexes et ses cultes pompeux ; *c*) le **Véhicule de Diamant** (*Vajrayana*), plus tardif (VIIe/VIIIe s.), pénétré d'influences tantriques, visait la réalisation concrète de la Délivrance par des formules et des pratiques magiques ; il a trouvé son centre historique au Tibet.

Le bouddhisme en Inde et dans l'Asie du Sud-Est

Les IVe et Ve s. de notre ère virent l'apogée du bouddhisme en Inde. Mais à partir du VIIe s., se développa une puissante contre-réforme brahmanique, sous la forme des religions populaires (notamment çivaite), qui réussit à l'éliminer presque complètement (XIIe s.). C'est l'île de Ceylan qui devint le grand centre de diffusion du Petit Véhicule en Asie du Sud-Est. Le bouddhisme pénétra en Birmanie (Ve/VIe s.) ; en Thaïlande (XIVe s.) ; au Cambodge, où il se substitua, au XVe s., au çivaïsme khmer ; au Viêt-nam et en Corée au IVe s. ; à Java dès le IIe s. et à Sumatra aux VIIe/IXe s. (mais, dans ces pays d'Indonésie, il fut refoulé par l'islam à partir du XIIe s.).

Le bouddhisme en Chine

La nouvelle religion ne commença à s'y répandre largement qu'aux Ve/VIe s., puis sous les T'ang (620/907). Face aux deux grandes traditions nationales du confucianisme et du taoïsme, le bouddhisme développa particulièrement en Chine ses tendances syncrétistes naturelles. La vie spirituelle du bouddhisme chinois est exprimée dans des « écoles » ; l'école du Pays pur (Ching-t'u-tsong), fondée au IVe s., est celle de l'*amidaïsme*, foi dans le bouddha compatissant et sauveur Amitabha ; l'école de la Méditation (Tch'an) ou école de la Spiritualité (Hin-tsong), fondée au début du VIe s. par le missionnaire indien Bodhidharma, était avant tout une recherche de la concentration spirituelle (son équivalent japonais est le zen). La révolte nationale de 1368 marqua le début d'un déclin qui se poursuivit inéluctablement sous les Ming (1368/1644) et sous les Mandchous (à partir de 1644). Au XXe s., le bouddhisme chinois a donné des signes de renaissance, ayant beaucoup moins souffert du régime communiste que le confucianisme.

Le bouddhisme au Japon

Au VIe s., le bouddhisme fut adopté au Japon où il se montra encore plus syncrétique qu'en Chine. Il fit entrer dans son panthéon les vieilles divinités du Shintô national et s'adapta profondément au caractère particulier du peuple japonais : le nihilisme originel du Bouddha fit place, dans l'enseignement des écoles nippones, à une piété active envers la famille et l'État, et à une exaltation de la personnalité virile.

Les sectes bouddhiques les plus importantes datent de la période de Kamakura (1192/1603). Comme en Chine, les sectes amidaïstes – celle du Jodoshu (1175) et du Jodo-Shin-shu (1250) – apportèrent à leurs millions de fidèles une consolation immédiate par la foi optimiste en Amitabha (en japonais, Amida). Plus typiquement japonaises apparaissent la secte du zen, qui date de 1191 et s'est efforcée de créer un type d'homme stoïque et héroïque qui constitua l'idéal des guerriers samouraïs, et la secte de Nichiren (1233), qui fut une réaction nationaliste contre le syncrétisme bouddhique. Le Japon est devenu au XXe s. le véritable centre du bouddhisme mondial.

BOUGAINVILLE (île). La plus grande île de l'archipel des Salomon. Découverte par Louis Antoine de Bougainville en 1768, elle fut colonie allemande de 1899 à 1914, puis confiée à la tutelle de l'Australie après la Première Guerre mondiale. De 1942 à 1945 elle fut occupée par les Japonais. Lors de l'accession de la Papouasie-Nouvelle-Guinée à l'indépendance, en 1975, Bougainville proclama également la sienne, mais l'adoption par le gouvernement papou d'une Constitution de type fédéraliste mit fin à cette sécession. Cependant l'exploitation intensive du cuivre et de l'or, ressources majeures de la nation, provoqua d'immenses dégâts tant écologiques que sociaux. Aussi un mouvement indépendantiste, l'Armée révolutionnaire de Bougainville (ARB), proclama-t-il la sécession de l'île en 1989. Malgré une succession de plans de paix et de cessez-le-feu, le conflit a duré jusqu'en 1998, faisant des milliers de victimes. En mars 2000, les deux parties se mirent d'accord pour organiser un référendum sur l'indépendance de Bougainville.

BOUGAINVILLE Louis Antoine, comte de (* Paris, 11.XI.1729, † Paris, 31.VIII.1811). Navigateur français. Parti en 1756 au Canada, il se distingua comme aide de camp de Montcalm, puis entra dans la marine après le traité de Paris (1763). Sa tentative de colonisation des îles Malouines (Falkland), resta sans lendemain (1764). Sur l'ordre du roi, il fut le premier Français à réaliser un tour du monde. Parti en déc. 1766 sur la frégate la *Boudeuse*, il passa le détroit de Magellan, visita Tahiti, déjà découverte par le capitaine Wallis et qu'il nomma la Nouvelle-Cythère, puis il aborda aux Samoa, aux Nouvelles-Hébrides, avant de découvrir les îles Salomon (la plus grande porte son nom) et d'arriver aux Moluques. En mars 1769, il était à Saint-Malo. Il raconta son expédition dans son *Voyage autour du monde* (1771). Chef d'escadre durant la guerre d'Indépendance américaine, il fut battu par l'amiral Hood à la Martinique (12 avr. 1782) et passa en cour martiale. Membre de l'Institut en 1796, il fut fait par Napoléon sénateur et comte d'Empire.

BOUILLÉ, François Claude Amour, marquis de (* château de Cluzel, Auvergne, 19.XI.1739, † Londres, 14.XI.1800). Général français. Gouverneur des îles du Vent durant la guerre d'Amérique, il fut vainqueur des Anglais aux Antilles (1778), maintint l'ordre en Lorraine au début de la Révolution et mata le soulèvement des troupes à Nancy (1790), puis fut choisi par Louis XVI pour organiser le départ secret de la famille royale arrêtée à Varennes (1791). Passé à Coblence, il fit de vaines démarches auprès des différentes cours pour obtenir la libération du roi et se retira en Angleterre, où il publia des *Mémoires sur la Révolution française* (1797).

BOUILLON (duché de). Fief aux confins des actuelles frontières de la France, du Luxembourg et de la Belgique, érigé en duché par l'empereur Henri IV au profit de Godefroi de Bouillon (1093) qui le vendit à l'évêque de Liège (1095) afin de se procurer l'argent dont il avait besoin pour partir à la croisade. Les évêques de Liège le gardèrent jusqu'en 1482. La maison de La Marck s'en empara et le conserva de 1483 à 1521, en fut dépossédée par Charles Quint, le reprit en 1548 et le transmit par mariage (1591) aux seigneurs de La Tour d'Auvergne, vicomtes de Turenne. Les Français occupèrent Bouillon de 1552 à 1559, reprirent cette place en 1676, y établirent, après la paix de Nimègue, une sorte de protectorat et l'annexèrent de 1793 à 1814. À cette date, Bouillon fit partie du royaume des Pays-Bas et, depuis 1831, de la Belgique.

BOUILLON Godefroi de (* Baisy, près de Genappe, 1061, † Jérusalem, 18.VII.1100). Duc de Basse-Lorraine et de Lothier (1082/95), avoué du Saint-Sépulcre (1099/1100). Voir GODEFROI DE BOUILLON.

BOUILLON Henri de La Tour d'Auvergne, vicomte de Turenne, duc de (* château de Joze, 15.X.1555, † Sedan 25.III.1623). Maréchal de France. Calviniste, il s'attacha au roi de Navarre, se distingua à Coutras (1587) et fut fait maréchal par Henri IV (1592). Compromis dans la conspiration de Biron, il obtint le pardon du roi. Il avait acquis le duché de Bouillon en épousant Charlotte de La Marck son héritière (1591). De son second mariage, avec Élisabeth de Nassau, fille de Guillaume, prince d'Orange, naquirent Frédéric Maurice, duc de Bouillon, et Turenne. Il avait fondé à Sedan une université protestante.

BOUKHARA. Ville d'Ouzbékistan. Elle a été très tôt un centre commercial et culturel important sur la route des échanges entre la Chine et le Proche-Orient. Prise par les Arabes au VIIIe s., elle devint le principal foyer du rayonnement de l'islam en Asie centrale. Les Turcs prirent la ville en 999 et la conservèrent jusqu'au XIIe s. mais en furent alors chassés par les Kara-Kitai nomades. De la fin du XIIe s. jusqu'à 1920, Boukhara resta sous l'autorité directe d'émirs musulmans. En 1220, la ville fut mise à sac et brûlée par Gengis Khan. Au XIVe s., elle fit partie de l'empire de Tamerlan. La cité déclina, lorsque le commerce maritime entre l'Europe et l'Asie remplaça la traditionnelle route des caravanes. Au XVIe s., les émirs durent accepter l'autorité despotique des princes ouzbeks, mais ils conservèrent leur influence spirituelle. Boukhara devint, au XIXe s., l'enjeu de la rivalité anglo-russe en Asie centrale. Les troupes russes s'emparèrent de la ville en 1868 et forcèrent l'émir à signer un traité par lequel il se plaçait sous le protectorat du tsar. Lors de la révolution de 1917, Boukhara, ainsi que d'autres villes et régions de l'Asie centrale, essaya de se libérer de la domination russe, mais en 1920 la cité fut brutalement soumise par les communistes, qui déposèrent le dernier émir. Deux ans plus tard, Enver Pacha essaya d'inclure Boukhara dans un grand Empire pantouranien qui aurait rassemblé la Turquie, l'Iran et l'Afghanistan, mais il fut tué en combattant l'Armée rouge (1922). Placée sous l'autorité de Tachkent, la ville est majoritairement peuplée de Tadjiks, persophones, qui revendiquent périodiquement une plus grande autonomie.

BOUKHARINE Nikolaï Ivanovitch (* Moscou, 9.X.1888, † Moscou, 14.III.1938). Homme politique soviétique. Benjamin de la « vieille garde » bolchevique, Boukharine était considéré par Lénine lui-même comme « le plus grand théoricien du parti ». Membre du Comité central dès août 1917 et rédacteur à la *Pravda*, il entra en 1919 au comité exécutif du Komintern. Il soutint Staline contre Trotski, mais s'opposa à lui après le XVe congrès (déc. 1927), lorsque la collectivisation de l'agriculture fut une priorité. Accusé de « déviationnisme de droite » et de soutien aux koulaks, il fut privé de la plupart de ses fonctions dès la fin de 1929. Quelques années plus tard, il crut être rentré en grâce : rédacteur en chef des *Izvestia* (1934) il prit une grande part à l'élaboration de la Constitution de 1936. Arrêté au début de 1937, il fut condamné à mort et exécuté, avec dix-sept autres accusés, pour « activités fractionnelles droitières-trotskistes ». Il fut réhabilité en 1988.

BOULANGER Georges (* Rennes, 29.IV.1837, † Ixelles, près de Bruxelles, 30.IX.1891). Général et homme politique français. Il se distingua dans les colonies puis durant la guerre de 1870/71 et devint ministre de la Guerre en janv. 1886. Les républicains l'en écartèrent rapidement, craignant sa popularité auprès du « syndicat des mécontents » pour lesquels il incarnait l'esprit de revanche contre les Allemands et les valeurs fondatrices de la République ; appelé **boulangisme**, ce phénomène populiste héritait de la tradition bonapartiste toujours vivace. En 1888, il entama une campagne électorale nationale, au travers d'élections partielles qui le firent député de quatre départements, puis député de Paris en janv. 1889. Mais il recula devant l'hypothèse d'un coup d'État auquel le poussaient ses partisans. Il s'enfuit en Belgique, où il se suicida. Voir FRANCE.

BOULÈ. Nom donné dans la Grèce antique au conseil ou sénat d'une cité, l'assemblée du peuple étant l'*ecclesia*. Le terme de *boulè* s'appliquait au conseil d'une cité démocratique, tandis que dans les régimes aristocratiques, comme à Sparte, il s'appelait *gerousia*. À Athènes la *boulè* comprenait, après la réforme de Clisthène, 500 citoyens, à raison de cinquante par tribu, tirés au sort chaque année. Elle préparait les projets de loi que discutait l'*ecclesia*, exerçait le pouvoir exécutif en déléguant ses pouvoirs à une commission de cinquante membres, les *prytanes*, lesquels élisaient chaque jour un président, l'*épistate*, et ne siégeaient eux-mêmes qu'un dixième de l'année avant d'être renouvelés. Chaque année, le conseil sortant rendait des comptes à l'*ecclesia*. Les membres de la *boulè* devaient être âgés de trente ans au moins, leurs mœurs irréprochables, et ils ne pouvaient exercer plus de deux mandats. Les séances ordinaires se tenaient au *bouleuterion*, situé au sud de l'agora et les extraordinaires au Pirée, dans l'*éleusinion*, ou encore à l'Acropole.

BOULGANINE Nikolaï Alexéïévitch (* Nijni-Novgorod, 11.VI.1895, † Moscou, 24.II.1975). Homme politique et maréchal soviétique. Il fut successivement directeur d'une fabrique de machines électriques à Moscou, Premier ministre de la république fédérée de Russie (1937), président de la Banque d'État (1938/41). Durant la guerre, il eut le titre de commandant d'armée et fut chargé de surveiller l'état d'esprit politique des soldats. Commissaire adjoint à la Défense nationale (1944/46), il fut ministre des Forces armées et promu maréchal en 1947. Après la mort de Staline (mars 1953), il devint vice-président du Conseil chargé de la Défense nationale, puis président du Conseil, en remplacement de Malenkov (févr. 1955/mars 1958). Dénoncé en déc. 1958, par Khrouchtchev, comme membre d'un groupe « antiparti », il fut écarté dès lors de toute responsabilité.

BOUMEDIENE, Mohammed Boukharouba, dit **Houari** (* près d'El-Milia, Constantinois, 1925, † Alger, 27.XII.1978). Colonel et homme politique algérien. Rallié dès 1945 au nationalisme algérien, il milita d'abord dans le parti du peuple algérien (PPA) de Messali Hadj. En 1954, lorsque se déclencha l'insurrection algérienne, il fut volontaire auprès de la délégation du FLN au Caire pour combattre dans les maquis. Il fut nommé commandant de la wilaya V (Oranais en 1956), puis commandant en chef de l'Ouest algérien (1958), enfin chef d'état-major général de l'Armée nationale de libération (1960). Il appuya Ben Bella, qui, devenu chef du gouvernement, le nomma ministre de la Défense (sept. 1962), puis vice-président du Conseil révolutionnaire (mai 1963). En désaccord avec la politique autogestionnaire de Ben Bella, il le renversa dans la nuit du 18 au 19 juin 1965. Chef de l'Algérie, il déjoua les manœuvres de ses divers opposants, nationalisa les compagnies pétrolières, mit en œuvre une politique d'arabisation et engagea le pays dans un programme d'industrialisation massive. Ayant fait adopter par référendum une Constitution en 1976, il fut élu président de la République.

BOURASSA Robert (* Montréal, 14.VII.1933, † 2.X.1996). Homme politique canadien. Président du parti libéral et Premier ministre du Québec (1970/76, et 1985/94). Voir QUÉBEC.

BOURBON. Famille française, dont les membres ont régné sur la France, l'Espagne, Naples et le duché de Parme. Elle tire son nom du château et de la seigneurie de Bourbon-l'Archambault (Allier) et du Bourbonnais, qui constitua son premier domaine. Le premier membre de la famille connu est **Aymar**, seigneur de Souvigny et Bourbon, vassal du comte d'Auvergne qui fonda en 915 l'abbaye de Souvigny. En 1272, Béatrix, héritière de Bourbon, épousa un prince capétien, Robert de Clermont, sixième fils de Louis IX.

De ce mariage naquit **Louis**, premier **duc de Bourbon** (1327), qui mourut en 1341 en laissant deux fils : Pierre, sire de Bourbon, et Jacques, comte de la Marche, qui fondèrent deux branches :

A) *Branche aînée.* **Pierre I**[er] (* 1311, † 1356). Fils aîné de Louis Ier, il fut tué à la bataille de Poitiers ; sa fille, Jeanne, épousa Charles V. **Louis II**, dit **le Bon** (* 1337, † 1410), ami de Du Guesclin, combattit contre les Anglais ; il fut un des régents de France à la mort de Charles V. **Jean I**[er] (* 1381, † 1434) fait prisonnier à Azincourt, mourut à Londres après dix-neuf ans de captivité. **Jean II** (* 1426, † 1488) anima la ligue du Bien public (v.) contre Louis XI. **Pierre II** (* 1439, † 1503), frère du précédent, sire de Beaujeu, épousa Anne, fille de Louis XI ; il fut chargé de la régence avec sa femme après la mort du roi. Leur unique enfant, **Suzanne de Bourbon**, épousa, en 1505 son cousin **Charles**, comte de Montpensier, qui resta célèbre sous le nom de Connétable de Bourbon (voir **BOURBON CHARLES III**). Il mourut en 1527, sans enfants, et avec lui s'éteignit la branche aînée.

B) *Branche cadette.* **Jacques, comte de la Marche** (* vers 1314, † 1362), troisième fils de Louis Ier, connétable, tué en combattant les Grandes Compagnies. **Jean Ier** (* vers 1337, † 1393) devint comte de Vendôme par mariage. **Jean II** (* 1429, † 1478) devint par mariage seigneur de La Roche-sur-Yon (appelée sous la Restauration Bourbon-Vendée). **Charles** (* 1489, † 1537) fut fait **duc de Vendôme** par François Ier et devint chef de toute la maison de Bourbon par la mort sans héritier du Connétable de Bourbon (1527).

Cette branche de **Marche-Vendôme** accéda au trône de Navarre en 1555 avec **Antoine de Bourbon**, époux de Jeanne d'Albret et père d'Henri de Navarre, qui devint roi de France, sous le nom d'Henri IV, en 1589, à la mort d'Henri III. Cette branche donna sept rois à la France : Henri IV, Louis XIII, Louis XIV, Louis XV, Louis XVI, Louis XVIII et Charles X, et s'éteignit à la mort du comte de Chambord, en 1883. Elle avait donné naissance à de nombreuses autres branches :

a) branche de **Condé** avec les rameaux de **Conti** et de **Soissons** ;

b) branche d'**Orléans** ;

c) branche des **Bourbons-Espagne**, en espagnol *Borbon.* Issue de Philippe, duc d'Anjou, petit-fils de Louis XIV, roi d'Espagne en 1701, elle régna sur l'Espagne de 1701 à 1808 et de 1874 à 1931, avec Philippe V, Louis Ier, Ferdinand VI, Charles III, Charles IV, Ferdinand VII, Isabelle II, Alphonse XII et Alphonse XIII. Le roi Juan Carlos d'Espagne, qui a accédé au trône en 1975 en est issu.

De cette branche des Bourbons-Espagne sortirent les rameaux des :

Bourbons-Parme : fondés par l'infant Philippe, quatrième fils de Philippe V d'Espagne, ils régnèrent sur Parme de 1748 à 1802 et de 1847 à 1859, sur l'Étrurie de 1801 à 1807, sur Lucques de 1815 à 1847.

Bourbons-Sicile ou **Bourbons de Naples** : issus de Ferdinand, troisième fils de Charles III d'Espagne, ils régnèrent sur les royaumes de Naples et des Deux-Siciles de 1759 à 1860.

Bourbons-Bragance : issus du quatrième fils de Charles III d'Espagne.

Bourbons-Cadix-Séville : issus de François de Paule, le dernier enfant de Charles IV d'Espagne.

À la maison de Bourbon se rattachent trois branches bâtardes : la branche de *Vendôme*, issue de César de Bourbon, aîné des enfants naturels d'Henri IV et de Gabrielle d'Estrées ; la branche du *Maine*, issue de Louis Auguste de Bourbon, aîné des fils naturels de Louis XIV et de Mme de Montespan ; la branche de *Penthièvre*, issue de Louis-Alexandre, comte de Toulouse et duc de Penthièvre, frère cadet du précédent.

CHARLES III, 8e duc de Bourbon, dit **le Connétable de Bourbon,** (* Montpensier, 17.II. 1490, † Rome, 6.V.1527). Fils de Gilbert, comte de Montpensier, et de Claire de Gonzague, il épousa en 1505 sa cousine Suzanne, fille de Pierre II, duc de Bourbon. Il se signala par un courage remarquable, surtout aux batailles d'Agnadel et de Marignan ; il reçut de François Ier, à vingt-six ans, l'épée de connétable et fut nommé vice-roi du Milanais. Injustement dépouillé de ses biens par la reine mère, Louise de Savoie, il passa au service de Charles Quint (1523) et contribua grandement à la défaite française à Pavie (1525). Ayant recruté des lansquenets, il chercha à se créer une principauté en Italie du Nord ; il tomba au combat alors qu'il conduisait ses troupes au sac de Rome.

Charles de Bourbon (* La Ferté-sous-Jouarre, Seine-et-Marne, 22.XII.1523, † Fontenay-le-Comte, 9.V.1590). Cardinal français, quatrième fils de Charles de Bourbon, duc de Vendôme, frère puîné d'Antoine de Bourbon. Évêque de Rouen, il reçut des ligueurs le titre de roi, sous le nom de Charles X, en 1588, du vivant même d'Henri III. Ce dernier s'assura de sa personne et le fit retenir en prison ; Charles de Bourbon finit par renoncer à la royauté et reconnut la légitimité de son neveu Henri IV.

Louis Henri de Bourbon-Condé, duc de Bourbon (* Versailles, 18.VIII.1692, † Chantilly, 27.I.1740). Septième prince de Condé. Nommé chef du Conseil de régence durant la minorité de Louis XV, il devint Premier ministre à la mort du duc d'Orléans (1723). Artisan du mariage du roi avec Marie Leszczynska (1725), il se rendit impopulaire par sa politique financière (impôts supplémentaires, taxes à la production, réduction des salaires). Louis XV, par une décision personnelle, le renvoya et l'exila à Chantilly (1726). On le nommait *Monsieur le Duc.* Il fut le père de Louis Joseph de Bourbon, appelé *prince de Condé.* Voir **CONDÉ**.

BOURBON (île). Nom de l'île de la Réunion, jusqu'en 1793. Voir **RÉUNION (île de la)**.

BOURGEOISIE. Étymologiquement le mot *bourgeois* désigne les habitants d'une ville fortifiée (en allemand, *Burg*, forteresse). Mais à partir du XIe s., la circulation des hommes et des biens permit une renaissance des villes où résidèrent et travaillèrent des bourgeois, mot qui s'opposaient seulement aux habitants de la campagne restés attachés à la terre. Ayant le pouvoir économique, les habitants des villes, artisans et marchands, ont désiré diriger leur cité et s'émanciper des tutelles féodales ou ecclésiales. Ainsi est né le mouvement communal qui, en France, reçut l'appui des rois et permit aux villes de recevoir des chartes qui leur en laissaient la gestion.

La bourgeoisie ne fut pas seulement artisanale ou commerciale. À la fin du XIIIe s. est apparue et s'est développée une bourgeoisie de légistes maîtrisant le droit et sa pratique, parmi lesquels le roi pouvait recruter des serviteurs de la monarchie. Le service juridique ou administratif de l'État devint un moyen de s'élever dans la hiérarchie sociale ; certaines charges, comme celle de secrétaire du roi, anoblissaient. Les bourgeois enrichis par la magistrature ou le commerce, quelquefois achetaient, ont acheté des terres et, dès le XVIIe s., l'ancienne noblesse avait cessé d'être au premier rang des propriétaires fonciers : environ la moitié des terres étaient aux mains de bourgeois qui se montrèrent bien souvent des maîtres bien plus âpres et durs que les nobles. En même temps, le mot bourgeois s'est chargé de réalités juridiques et il a été réservé à une minorité de citadins. Il n'a donc plus suffit d'habiter une ville pour être déclaré bourgeois : à Strasbourg, on devenait bourgeois en étant fils d'un bourgeois ou en épousant sa fille ; à Paris, un an et un jour de résidence était nécessaire. À la condition de bourgeois ont été attachés des privilèges dont celui, très fréquent, de ne pas payer la taille, et aussi des obligations comme celle de faire partie de la garde bourgeoise. Au XVIIIe s., la bourgeoisie en est arrivée à se différencier selon plusieurs niveaux ; la haute bourgeoisie de la finance, du négoce, du grand commerce vivait sur le même pied que les nobles qui ne dédaignaient pas en épouser les filles ; venait ensuite la bourgeoisie des rentiers, des officiers, des professions libérales, des marchands aisés, puis celle des boutiques, du petit négoce.

Cependant, la bourgeoisie de ce temps constatait que la société française restait fermée, que sa puissance économique n'avait pas de portée politique et que les accès vers le pouvoir étaient bloqués. Il revint à la Révolution française d'assurer sa victoire politique ; par l'acquisition de biens nationaux, par la stabilisation des acquis de la Révolution due à l'Empire, la bourgeoisie devenait gardienne et bénéficiaire de l'ordre établi. L'aboutissement en fut le règne de Louis-Philippe qui a pu être appelé « le règne de la bourgeoisie ». Après la peur de 1848, la bourgeoisie orléaniste se rapprocha des légitimistes pour former le parti de l'ordre. À cette date étaient constituées des dynasties bourgeoises qui, installées au pouvoir avec les Orléans, conservèrent leur influence sous le second Empire et exercèrent un rôle décisif au début de la IIIe République.

BOURGES. Dans la capitale du Berry, *Avaricum* à l'époque gauloise, siège d'un évêché dès le IIIe s., furent prises des décisions religieuses et politiques d'une grande importance. Des conciles s'y tinrent, notamment en 1031, 1225 et 1528. Après la mort de Charles VI, Bourges fut le siège de la royauté française de 1422 à 1437 et Charles VII fut appelé le *roi de Bourges* ; c'est à Bourges qu'il publia le 7 juill. 1438 une pragmatique sanction qui limitait l'intervention romaine dans la vie temporelle de l'Église. Louis XI y fonda une université où enseigna Cujas et qui fut supprimée à la Révolution.

BOURGÈS-MAUNOURY Maurice (* Luisant, Eure-et-Loir, 19.VIII.1914, † Paris, 10.II.1993). Homme politique français. Militant de la Résistance, député (radical-socialiste) en 1946, plusieurs fois secrétaire d'État et ministre sous la IVe République ; président du Conseil (juin/sept. 1957), puis ministre de l'Intérieur (jusqu'en avr. 1958).

BOURGOGNE (hôtel de). Théâtre bâti à Paris, rue Mauconseil, vers 1545, à l'emplacement de l'hôtel de Bourgogne. La salle fut louée à une troupe qui jouait alors à l'hôpital de la Trinité, et qui loua la salle à une autre troupe désignée sous le nom d'Acteurs de l'hôtel de Bourgogne. En 1588, ces comédiens obtinrent un privilège censé les protéger de la concurrence des *Gelosi*, acteurs italiens venus de Venise. En 1639, la troupe reçut le titre de *Troupe du roi* et elle fut jusqu'en 1680 la première scène parisienne pour la tragédie. À cette date, une lettre de cachet ordonna la réunion des acteurs de l'hôtel de Bourgogne avec ceux de la rue Guénégaud (troupe de Molière et théâtre du Marais), ce qui donna naissance à la Comédie-Française. Aux Italiens fut accordé l'hôtel de Bourgogne.

BOURGOGNE (royaumes de). Plusieurs États du haut Moyen Âge ont été connus sous le nom de royaume de Bourgogne. Le premier fut le **royaume des Burgondes**, annexé par les Francs en 534.

Le **deuxième royaume de Bourgogne**, mérovingien, fut créé en 561 par Gontran, fils de Clotaire Ier ; il comprenait les anciennes possessions burgondes et les diocèse d'Arles, Sens, Orléans et Chartres ; il fut réuni à l'Austrasie par Charles Martel.

Le troisième royaume de Bourgogne, appelé **royaume de Bourgogne Cisjurane**, fut créé en 879, à la réunion de Mantaille, pour Boson, beau-frère de Charles le Chauve. Cet État ne comprenait qu'une très petite partie de la Bourgogne actuelle, mais englobait la Bresse, le Bugey, le Dauphiné, la Provence et la partie du Languedoc entre le Rhône et la Loire.

Le quatrième royaume de Bourgogne fut fondé en 888, en **Bourgogne Transjurane**, par Rodolphe, comte d'Auxerre, dont le fils, Rodolphe II, acheta en 934 l'ancien royaume de Boson. Les deux royaumes de Bourgogne réunis formèrent le **royaume de Bourgogne-Provence** ou **royaume d'Arles**. Il passa à l'empereur Conrad II en 1032 et resta jusqu'au XIVe s. dans la mouvance germanique.

BOURGOGNE (duché de). Créé à la fin du IXe s., le duché couvrait presque toute la Bourgogne actuelle, et, dès 956, il fut gouverné par une maison robertienne (capétienne). Après l'extinction de cette première maison de Bourgogne (1361), le duché fut donné en apanage à Philippe le Hardi, quatrième fils du roi Jean le Bon (1364). Sous les Valois (1364/1477), le duché de Bourgogne devint, au XVe s., le plus puissant et le plus prospère État de l'Europe occidentale. Philippe le Hardi (1364/1404) et Jean sans Peur (1404/19) cherchèrent à jouer le premier rôle en France, durant les crises du règne de Charles VI ; Philippe le Bon (1419/67) fit la même politique et s'allia ouvertement avec les Anglais ; mais, son indépendance ayant été reconnue par Charles VII (traité d'Arras, 1435), il se détourna des affaires françaises pour se consacrer entièrement à l'État bourguignon dont les territoires s'échelonnaient de la mer du Nord à la Suisse. Par une habile politique matrimoniale, par des héritages, par des confiscations, rarement par la guerre, les ducs de Bourgogne avaient acquis successivement la Flandre, l'Artois et la Franche-Comté (1384), le comté de Namur (1421), le Brabant et le Limbourg (1430), le Hainaut, la Zélande, la Hollande et la Frise (1428/33) et le duché du Luxembourg (1431)...

« Grand-duc d'Occident », Philippe le Bon travailla à l'unification de ses États tout en respectant les coutumes locales : institution de l'ordre de la Toison d'or (1429), création (1455) d'un Grand Conseil ambulatoire présidé par le chancelier (le plus célèbre fut Nicolas Rolin), réunion d'états généraux (1464). La cour de Dijon devint le rendez-vous européen des poètes (école des rhétoriqueurs), des artistes (Claus Sluter, Rogier Van der Weyden), des musiciens (polyphonistes « franco-flamands » tels que Binchois, Dufay, Ockeghem). Seule la Champagne et la Lorraine séparaient encore les deux parties de l'État bourguignon.

Le grand dessein de Charles le Téméraire (1467/77) fut de réunir ses possessions de Flandre à celles de Bourgogne et de Franche-Comté, afin de créer entre la France et l'Empire une nouvelle Lotharingie, qu'il projetait d'étendre jusqu'à la Méditerranée. Trop ambitieux, il coalisa contre lui Louis XI, les Suisses et le duc de Lorraine René II. À sa mort (1477), l'État bourguignon fut démantelé : la Bourgogne propre revint à la France, tandis que la Franche-Comté ainsi que les provinces belges et néerlandaises allaient aux Habsbourg par le mariage de l'héritière du Téméraire, Marie, avec Maximilien Ier. Ce fut l'origine de la rivalité qui devait opposer la France et la maison d'Autriche.

BOURGUIBA Habib ibn Ali (* Monastir, 3.VIII. 1903, † 6.IV.2000). Homme politique tunisien. Jeune, il devint un militant du Destour et fonda un journal nationaliste (1930). Arrêté à plusieurs reprises par les Français, interné de 1934 à 1936 et de 1938 à 1942, il fut libéré par les Allemands, se rendit en Italie fasciste puis rentra clandestinement en Tunisie. Ses conceptions laïques provoquèrent, en 1943, une scission entre le Vieux Destour, traditionaliste et essentiellement religieux, et le Néo-Destour, qui voulait une Tunisie indépendante et modernisée. Condamné par les autorités gaullistes, il resta en résidence surveillée jusqu'en 1946. Arrêté et assigné à résidence de 1952 à 1954, il devint l'interlocuteur du gouvernement Mendès France et participa aux négociations qui aboutirent à l'indépendance de la Tunisie (1956). Président du Conseil (1956), il fit déposer le bey (1957) et devint président de la République.

Nommé « président à vie » en 1975, il tenta d'imposer à son peuple une orientation, qualifiée de « moderniste », qui rencontra une opposition croissante, sociale et religieuse. Il fut déposé, en nov. 1987, par son Premier ministre Z. Ben Ali. Voir **TUNISIE**.

BOURGUIGNONS (les). Durant la guerre de Cent Ans, partisans de Jean sans Peur, duc de Bourgogne, opposés aux Armagnacs, partisans du duc d'Orléans. La lutte acharnée entre les deux factions durant la folie de Charles VI, eut pour cause la rivalité des deux princes du sang, membres du Conseil de régence. Jean sans Peur ayant fait assassiner Louis duc d'Orléans, frère du roi (1407), Bernard d'Armagnac, qui avait marié sa fille au fils aîné du duc, voulut le venger et entraîna avec lui le dauphin, futur Charles VII. Bourguignons et Armagnacs se disputèrent Paris, où les Cabochiens, insurgés favorables au duc de Bourgogne, entretenaient un état d'insurrection. Les deux partis rivalisèrent d'atrocités. Maîtres de Paris, les Armagnacs en furent chassés en 1418 par les Bourguignons, qui se livrèrent à de terribles représailles. Jean sans Peur intriguant entre les révolutionnaires de Paris, les Anglais et le dauphin, s'inquiétait des succès du roi d'Angleterre Henri V (désastre armagnac d'Azincourt, 1415) et tenta de se rapprocher du dauphin, mais il fut assassiné à Montereau par un ancien gentilhomme du duc d'Orléans (1419). Ce meurtre scella l'alliance des Bourguignons et des Anglais (traité de Troyes, mai 1420). Jeanne d'Arc, capturée par les Bourguignons devant Compiègne (1431), fut livrée aux Anglais. Mais Philippe le Bon, finit par se détacher des Anglais et conclut avec Charles VII la paix d'Arras (1435), où il obtint d'importantes concessions, qui mit un terme à la guerre civile.

BOURMONT Louis de, comte de Ghaisnes (* château de Bourmont, Maine-et-Loire-2.IX.1773, † château de Bourmont, 27.X.1846). Maréchal de France. En 1789 il était officier aux gardes françaises et émigra ; revenu combattre avec les Vendéens, il s'empara du Mans (1795). Il ne rendit les armes qu'en 1800, offrit ses services au Premier consul mais compromis dans l'attentat de la Machine infernale (3 nivôse an IV), il fut arrêté et incarcéré à Besançon. Il s'évada, passa en Russie, rentra en grâce en 1808, et se signala par sa conduite héroïque dans la campagne de France. Fidèle à Napoléon durant les Cent-Jours, il l'abandonna trois jours avant Waterloo pour se rendre auprès de Louis XVIII qui, en 1823, lui donna le commandement d'un corps d'armée envoyé en Espagne. Ministre de la Guerre dans le gouvernement de Polignac en 1829, il fut le chef de l'expédition d'Alger dont il s'empara le 5 juill. 1830. Cela lui valut le bâton de maréchal mais la révolution de 1830 mit fin à sa carrière.

BOUSQUET René (* Montauban, 11.V.1909, † Paris, 8.VI.1993). Préfet de la Marne sous le gouvernement de Vichy (sept. 1940), il accepta de Pierre Laval le poste de secrétaire général de l'Intérieur chargé de la police (1942).

À ce poste, il mena une politique d'étroite collaboration avec l'occupant allemand et joua un rôle déterminant dans la rafle du Vél' d'Hiv' (juil. 1942), au cours de laquelle la police française interpella plus de 12 000 Juifs. Jugé par la Haute Cour de justice en 1949 et condamné à cinq ans de dégradation nationale, il fut cependant aussitôt disculpé pour services rendus à la Résistance. Tombé en disgrâce en 1943, René Bousquet, avait été arrêté par la Gestapo en juin 1944. Il mena dès lors une longue et fructueuse carrière dans l'administration privée. Devant les preuves réunies contre lui par Serge Klarsfeld, il fut inculpé de crime contre l'humanité en 1991. L'instruction de son dossier était terminée lorsqu'il fut assassiné par un déséquilibré.

BOUTEFLIKA Abdelaziz (Oujda, Maroc, 2.III. 1937). Homme politique algérien. Membre du bureau politique du Front de libération nationale (FLN) depuis 1964, il fut le ministre des Affaires étrangères de Boumediene et resta à ce poste jusqu'en 1979. Pressenti alors pour lui succéder, il fut écarte par l'armée. Seul candidat à la présidence de la République en 1999 – ses adversaires, dénonçant les conditions du scrutin, s'étaient retirés –, il fut élu au premier tour, avec 73,8 % des voix. Affirmant son souci de concorde nationale, il amnistia les membres de l'AIS (branche armée du Front islamique du salut) en janv. 2000. Sa politique ne mit pas fin aux attentats et aux affrontements, qui continuèrent d'ensanglanter le pays. En avr. 2004, il a été réélu avec 84 % des suffrages, alors que des candidats d'opposition avaient pu faire campagne.

BOUTEVILLE François, comte de Montmorency (* 1600, † Paris, 23.VI.1627). Gentilhomme français et célèbre duelliste. À vingt-quatre ans, il affichait déjà dix-neuf duels. Réfugié à Bruxelles après avoir tué le comte de Thorigny, il fut condamné à mort par contumace. À la demande de l'infante des Pays-Bas, Louis XIII avait consenti à l'exempter des recherches ordinaires, à condition qu'il ne parût point à Paris ni à la Cour. Bouteville eut alors l'audace de se battre contre le marquis de Beuvron, place Royale, le 12 mai 1627. Bouteville prit la fuite et fut arrêté. Sa grâce refusée, il fut décapité. Il était le père du futur maréchal de Luxembourg.

BOUTROS-GHALI Boutros (Le Caire, 14.XI. 1922). Homme politique et diplomate égyptien. Ministre des Affaires étrangères du président Sadate à partir de 1977, il participa à l'élaboration du traité de paix israélo-égyptien de 1979. En 1991, à nouveau à la tête de la diplomatie égyptienne, il réussit à entraîner plusieurs pays arabes dans la guerre du Golfe contre l'Irak. En 1992, il fut élu secrétaire général des Nations unies : pour la première fois, elles confiaient cette fonction à un ressortissant du continent africain. Ne bénéficiant pas de l'appui des États-Unis, Boutros Boutros-Ghali ne fut pas réélu en 1996. Il fut élu secrétaire général de l'Organisation internationale de la francophonie en nov. 1997.

BOUVINES. Village de France (Nord), au S.-E. de Lille et à l'O. de Tournai. Philippe Auguste, dont l'armée était renforcée de contingents des milices communales y remporta une victoire décisive sur l'empereur Othon IV de Brunswick, Ferdinand (ou Ferrand), comte de Flandre, et Renaud, comte de Boulogne (27 juill. 1214).

BOUYIDES ou **BOUIDES** ou **BUWAYHIDES.** Dynastie persane chiite qui exerça le pouvoir à Bagdad de 945 à 1055 en réduisant les califes abbassides à une fonction nominale. Elle ne put résister à l'invasion des Turcs Seldjoukides.

BOXERS. Nom donné par les Européens aux membres de la société secrète chinoise des *K'iuan fei* ou des *Poings*. Fondée vers 1770, elle fut, à la fin du XIXe s., sous l'impératrice Ts'eu-hi, à la pointe du combat contre l'influence occidentale en Chine. En juin 1900, au signal donné par l'impératrice et par son homme de confiance, le prince Touan, les Boxers encadrèrent la foule de Pékin, qui se rua sur les missions catholiques et les légations des grandes puissances ; des prêtres furent massacrés, le ministre d'Allemagne assassiné et les autres diplomates assiégés dans le quartier des Légations. Les puissances envoyèrent un corps expéditionnaire international composé de Français, d'Anglais, d'Allemands, d'Italiens, d'Autrichiens, de Russes, d'Américains et de Japonais, commandés par le maréchal allemand von Waldersee. Après avoir pris T'ien-tsin (14 juill. 1900), les troupes alliées entraient à Pékin, délivraient les légations et mettaient en fuite l'impératrice Ts'eu-hi et sa cour. Par le traité du 17 sept. 1901, le gouvernement chinois s'engagea à payer aux puissances, comme réparations, une indemnité de 450 millions de taels (environ 1 600 millions de francs-or) ; pour préserver leurs diplomates, elles maintinrent désormais des troupes dans la capitale chinoise.

BRABANÇONNE (révolution). Soulèvement des Belges contre la politique centralisatrice autrichienne (1789/90). Voir **Révolution brabançonne**.

BRABANT. Région historique située entre la Meuse et l'Escaut, partagée aujourd'hui entre la Belgique et les Pays-Bas. Avant la conquête romaine, le Brabant était occupé par les Nerviens ; il fut conquis par les Francs au Ve s., entra dans le royaume d'Austrasie puis dans celui de Lothaire. En 1288, Jean Ier le Victorieux réunit le Limbourg au Brabant. En 1355, Jeanne, fille de Jean III de Brabant, en hérita ; elle épousa Wenceslas de Luxembourg qui, en 1356, dut reconnaître une certaine autonomie à ses sujets. Antoine, fils du duc de Bourgogne Philippe le Hardi, en hérita ; il mourut sans descendance et le Brabant passa à son neveu Philippe le Bon, puis aux Habsbourg.

La partie nord échut en 1609 aux Provinces-Unies. Les deux parties furent réunies en 1815 dans le royaume des Pays-Bas, puis séparée de nouveau au moment de l'indépendance de la Belgique : la province hollandaise du Brabant septentrional avait pour chef-lieu Bois-le-Duc, la province belge du Brabant, Bruxelles. La querelle linguistique ne l'épargna pas et le Brabant belge a été divisé en deux provinces par la réunion constitutionnelle de 1993 : le Brabant wallon et le Brabant flamand.

BRAHMANISME. Courant religieuse au sein de l'hindouisme. Le terme de brahmanisme désigne la pensée et la pratique de l'hindouisme les plus proches des *Veda* ; on peut le définir comme le courant orthodoxe et conservateur de cette religion. Par son attention aux aspects les plus anciens de l'hindouisme, le brahmanisme reste fidèle à l'organisation de la société hindoue selon le système des castes. Voir **Hindouisme**.

BRANDEBOURG, *Brandenburg*. Ancien État, puis province de l'Empire germanique, s'étendant de la Havel et de l'Elbe à l'O. jusqu'au-delà de l'Oder à l'E. Ce pays, occupé jusqu'au IIe s. par les Germains Semnons, fut ensuite envahi par le peuple slave des Wendes. Sa conquête et son évangélisation par les princes germaniques furent menées de pair, à partir du Xe s., depuis les marches créées face aux Slaves tout le long de l'Elbe. Au XIIe s., Albert de Ballenstedt, dit Albert l'Ours, entreprit une pénétration systématique des territoires transelbiens à partir de l'Altmark, qui venait de lui être inféodée par l'empereur. Ayant conquis la Prignitz et la région de la Havel (1136/57), il prit le titre de margrave de Brandebourg et reçut en héritage les terres du prince wende Pribislaw. Les descendants d'Albert, les Ascaniens, ne cessèrent d'étendre leur domaine vers l'E., jusqu'à l'E. de l'Oder où fut créée la Nouvelle Marche (1250).

Sur ces terres rudes naquit peu à peu une nouvelle Allemagne, de type colonial et militaire. À l'extinction de la dynastie ascanienne, le Brandebourg passa à la maison de Bavière (1323) puis à celle de Luxembourg (1373), dont le dernier margrave fut l'empereur Sigismond ; celui-ci fit de Frédéric de Hohenzollern, burgrave de Nuremberg, un margrave de Brandebourg (acte de Constance, 30 avr. 1415), avec la dignité d'Électeur (1417). Pendant cinq siècles, jusqu'en nov. 1918, le Brandebourg allait rester à la maison de Hohenzollern. La Réforme y fut introduite sous l'Électeur Joachim II, en 1539. Sous Jean Sigismond, converti en 1613 au calvinisme, furent réunis en 1614 Ravensberg (sur la Weser), le comté de Mark (sur la Ruhr) et le duché de Clèves, premiers jalons pour une extension future en Rhénanie ; et surtout, par son mariage en 1618 avec la fille d'Albert, duc de Prusse, le même Électeur réunit au Brandebourg la Prusse (dite orientale) et prit le titre de duc de Prusse.

En 1701, l'électorat de Brandebourg devint le royaume de Prusse. Amputé depuis 1945 des territoires à l'E. de l'Oder (annexés par la Pologne), le Brandebourg forma, de 1949 à 1990, trois districts de la RDA. En 1990, le Land de Brandebourg fut reconstitué.

BRANDT, Karl Herbert Frahm, dit **Willy** (* Lübeck, 18.XII.1913, † Unkel, 8.X.1992). Homme politique ouest-allemand. Opposant au nazisme, il émigra en Norvège en 1933 et ne revint en Allemagne qu'en 1945, comme correspondant de la presse norvégienne au procès de Nuremberg. Bourgmestre de Berlin-Ouest en 1957, ministre des Affaires étrangères dans le gouvernement de « grande coalition » de Kiesinger, en 1966, il fut élu chancelier en 1969 et réélu en 1972. Le prix Nobel de la paix, en 1971, récompensa sa politique d'ouverture vers la RDA. Il dut démissionner en 1974, un de ses proches conseillers ayant été convaincu d'espionnage au profit de l'Allemagne de l'Est. Il fut président de l'Internationale socialiste de 1976 à 1992.

BRATIANU, Ion, dit **Ionel** (* Florica, 20.VIII.1864, † Bucarest, 24.XI.1927). Fils aîné de Ion Bratianu, chef des libéraux, il fit ses études en France à l'École polytechnique, prit en Roumanie la tête du parti libéral et fut cinq fois président du Conseil à partir de 1909. Adversaire de la politique germanophile des conservateurs, il fit entrer son pays dans le camps des Alliés lors de la Première Guerre mondiale. De nouveau au pouvoir de 1922 à 1926, il procéda à une réforme constitutionnelle, soutint à l'extérieur le système de la Petite-Entente et s'efforça d'écarter du trône le futur roi Carol II.

BRAUN Wernher von (* Wirsitz, 23.III.1912, † Alexandria, Virginie, 17.VI.1977). Ingénieur américain, d'origine allemande. L'un des premiers techniciens des fusées à combustible et comburant liquide. Dès 1932, il travailla à la station expérimentale de Kummersdorf, attira l'attention de Hitler qui, en 1936, le nomma directeur du centre expérimental de Pennemünde ; ayant mis au point les V2, il préparait, à la fin de la guerre, des fusées intercontinentales qui devaient permettre d'atteindre les États-Unis. Il se rendit aux troupes américaines et partit dès août 1945 pour les États-Unis où il travailla désormais. Après avoir supervisé, dans le désert du Nouveau-Mexique, les lancements de V2 pris à l'Allemagne, il fut nommé, en 1950, directeur du Centre des fusées de l'armée à Huntsville (Alabama) et, en 1955, reçut la nationalité américaine. En 1960, il passa à la NASA et fut le grand responsable de l'effort spatial américain ; il mit au point notamment les fusées *Jupiter, Explorer*, et la première fusée *Saturne*, puis dirigea le programme *Apollo* et fut ainsi le principal artisan de la conquête de la Lune.

BRAZZA Pierre Paul François Camille Savorgnan de (* Castel Gandolfo, près de Rome, 26.I.1852, † Dakar, 14.IX.1905). Explorateur français. D'origine italienne, il fit ses études à Paris et fut naturalisé français en 1874, changeant alors son nom de Brazza Savorgnani pour celui de Savorgnan de Brazza. Devenu officier de marine, il explora, à partir des côtes du Gabon, le bassin de l'Ogooué (1875/78). Au cours d'une seconde expédition (1879/82), il remonta de nouveau l'Ogooué, fonda Franceville et atteignit le Congo au Stanley Pool, où fut fondée plus tard Brazzaville. Par des traités signés avec les chefs indigènes, il plaça sous le protectorat de la France les territoires qu'il avait explorés. De 1886 à 1897, il fut commissaire général au Congo.

BRAZZAVILLE (conférence de, 30 janv. 1944). Conférence où de Gaulle réunit les représentants de tous les territoires de l'Empire français. Elle proposa une large représentation des colonies dans la future Assemblée constituante, la création d'assemblées locales, l'accès des indigènes à tous les emplois, le maintien des institutions traditionnelles. La tendance dominante alla à l'assimilation et rejeta formellement l'indépendance des colonies.

BREDA (compromis de). Démarche faite le 5 avril 1566 auprès de Marguerite de Parme, demi-sœur de Philippe II et gouvernante des dix-sept provinces des Pays-Bas, par plus de deux mille seigneurs et bourgeois calvinistes, afin d'obtenir l'abolition de l'Inquisition et la liberté de culte.

BREDA (déclaration de). Proclamation faite le 4 avril 1660 par le roi d'Angleterre Charles II durant son exil à Breda ; il accordait une large amnistie, donnait satisfaction aux parlementaires, créant les conditions de la restauration de la monarchie.

BREDA (traité de). Signé le 31 juill. 1667 entre les Provinces-Unies, l'Angleterre, la France et le Danemark, il accordait aux navires hollandais la liberté de commerce dans les ports anglais mais permettait à l'Angleterre de conserver la colonie de La Nouvelle-Amsterdam (future New York). La France récupérait l'Acadie, prise par les Anglais en 1654.

BREGUET. Famille d'horlogers et de mécaniciens français établie en Suisse. **Abraham Louis** (* Neuchâtel, 10.I.1747, † Paris, 17.IX.1823) s'installa à Paris en 1762 ; il perfectionna les mouvements d'horlogerie et fabriqua des chronomètres et des pendules astronomiques de la plus grande précision. Son petit-fils **Louis** (* Paris, 1804, † Paris 1883) fut chargé d'établir le premier télégraphe électrique sur la ligne de chemin de fer Paris-Rouen, puis inventa le télégraphe mobile et le télégraphe à cadran. Avec Masson il mis au point, en 1841, la première bobine d'induction. **Louis** (* Paris, 2.I.1880, † Saint-Germain-en-Laye, 4.V.1955) fut un des premiers pilotes français. En 1911, il fonda la société de constructions aéronautiques Breguet-Aviation et, durant la Première guerre mondiale, il construisit le bombardier Breguet XIV ; le conflit achevé, il lança la construction du Breguet XIX qui permit les grands raids intercontinentaux. Après 1950, il mit au point le Breguet Deux-Ponts, avion de transport civil ou militaire. En 1967 la société passa sous le contrôle de la société Dassault, avec laquelle elle fusionna en 1971.

BREJNEV Leonide Ilitch (* Dnieprodzerjinsk, Ukraine, 19.XII.1906, † Moscou, 10.XI.1982). Homme politique soviétique. Commissaire politique dans l'Armee rouge durant la Seconde Guerre mondiale, premier secrétaire au Kazakhstan (1954), membre du présidium du Comité central du parti communiste (1956), il remplaça, en mai 1960, Vorochilov comme président du présidium du Conseil suprême. Il fut ainsi le chef d'État nominal de l'URSS. En 1964, il contribua au renversement de Khrouchtchev et lui succéda comme premier secrétaire du parti communiste (14 oct. 1964). Malgré sa santé fragile, il resta dix-huit ans au pouvoir, son autorité ayant été renforcée le 16 juin 1977, lorsqu'il fut élu à la présidence du présidium du Soviet suprême. Né des craintes provoquées dans le parti par les velléités réformatrices de N. Khrouchtchev, le pouvoir de Brejnev gela les rapports de force au sein de l'Union soviétique, au profit de l'armée, de la police politique et des cadres toujours staliniens. L'intervention soviétique en Tchécoslovaquie, en 1968, eut pour suite logique une répression sévère de toute opposition politique en URSS et la direction collégiale du pays changea la « coexistence pacifique », inaugurée par Khrouchtchev, en un surarmement qui provoqua la crise des euromissiles (v.) des années 1980. L'intervention en Afghanistan, en 1979, procéda du même aveuglement. Voir RUSSIE.

BRENNUS (IVe s. av. J.-C.). Chef de guerre celte. Vainqueur des Romains sur l'Allia, il prit Rome qu'il pilla et incendia en 386 av. J.-C. Il avait jeté son épée dans le plateau de la balance servant à peser l'or qui payait le départ des Romains en prononçant la parole fameuse : *Vae victis* (« Malheur aux vaincus »).

BRENNUS (IIIᵉ s. av. J.-C.). Chef de guerre celte. Il envahit vers 280 la Macédoine, saccagea la Thessalie et la Grèce. Repoussé devant Delphes et blessé, il se donna la mort au début de 278.

BRÉSIL. Selon l'appellation officielle : République fédérative du Brésil, *República federativa do Brasil.* Capitale *Brasilia.*

C'est le plus vaste des États de l'Amérique du Sud. Peut-être la côte atlantique brésilienne fut-elle visitée par des navigateurs occidentaux à la fin du XVᵉ s., dont l'Espagnol Yáñez Pinzón, mais la découverte officielle du Brésil revient à Pedro Alvares Cabral en 1500. Les Portugais commencèrent peu après la colonisation de la région côtière et fondèrent São Vicente en 1532. Le vice-roi fut installé à Bahia. Il y eut quelques tentatives éphémères d'installer des protestants français en 1555/67, et les Hollandais cherchèrent à y prendre pied en 1624/25, 1630/44. La traite des Noirs fournit la main-d'œuvre des plantations de canne à sucre, tandis que des aventuriers portugais, les *bandeirantes*, pénétraient l'intérieur jusqu'aux Andes. Au XVIIIᵉ s., les grandes mines du Minas Gerais, du Mato Grosso et du Goias furent exploitées.

L'invasion de l'Espagne et du Portugal par les armées napoléonniennes en 1807 força le roi de Portugal Jean VI à s'enfuir. Il se fixa à Río de Janeiro, qui devint la capitale de l'Empire portugais. Rentré au Portugal en 1821, il confia la régence à son fils aîné qui, prenant la tête du mouvement national, proclama l'indépendance (7 sept. 1822) et fut choisi empereur constitutionnel sous le nom de Pedro Iᵉʳ. En 1825, le Portugal reconnut l'indépendance du Brésil. Fils de Pedro Iᵉʳ, Pedro II régna de 1831 à 1889. Le Brésil s'affirma comme une grande nation, malgré des guerres sanglantes contre l'Argentine (1851/52) et le Paraguay (1865/70).

Le Brésil moderne

À partir de 1860, le centre et le sud du pays furent peuplés par l'immigration européenne. Malgré l'opposition des grands propriétaires terriens, il fut mit fin à l'esclavage en 1888 ; le régime impérial fut aboli et le Brésil devint une république fédérale (Constitution du 22 févr. 1891), où le fonctionnement institutionnel fut rendu difficile par l'analphabétisme et par l'hégémonie des États de São Paulo et de Minas Gerais. Le Brésil souffrit de la crise mondiale de 1929 et, en oct. 1930, les conflits sociaux mirent un terme au régime constitutionnel.

Getulio Vargas fut président de la République de 1930 à 1945 ; face à l'agitation fasciste et à la subversion communiste, il établit un régime dictatorial (1937) et entreprit l'industrialisation de la région de l'est, autour de Río de Janeiro et de São Paulo, créant le complexe métallurgique de Volta Redonda. En 1942, le Brésil rejoignit les Alliés contre les Allemands. Après une seconde présidence décevante (1951/54), Getulio Vargas se suicida ; ses successeurs furent Kubitschek (1956/61), Quadros (1961) et Goulart (1961/64). En 1964, les militaires prirent le pouvoir ; sous le maréchal Castelo Branco, les capitaux nord-américains revinrent et la croissance put reprendre. En mars 1967, le maréchal Costa e Silva lui succéda, puis le général Medici en oct. 1969. Les militaires engagèrent le pays dans une grande politique d'industrialisation, appelée « miracle brésilien » : grâce à l'encadrement étatique du système bancaire, l'inflation chuta et, dans le secteur privé, la concurrence fut encouragée. Le Brésil devint la huitième puissance industrielle de l'Occident. La crise pétrolière mit fin à cette expansion.

Successeur de Medici, le général Geisel prépara le retour à un État de droit. Après le général Joao Baptista Figueiredo, président à partir d'oct. 1978, les civils reprirent le pouvoir en janv. 1985, et Tancredo Neves fut élu président de la République. Il décéda après trois mois de pouvoir et José Sarney le remplaça. Une nouvelle Constitution fut promulguée, plus démocratique. Mais les structures de la propriété foncière, source du déséquilibre politique et d'inégalités sociales demeurèrent intactes. L'élection présidentielle de 1989 vit la victoire du centriste Fernando Collor, opposé à Luis Inacio da Silva, dit « Lula », dirigeant du parti des travailleurs. Il lança un plan de stabilisation économique draconien, maîtrisa l'inflation, mais dut bloquer les salaires et les prix. Le gouvernement dut démissionner en raison de scandales et Collor lui-même, accusé de trafic d'influence et de corruption, fut suspendu de ses fonctions en sept. 1992. Il fut remplacé par le vice-président Itamar Franco. Il créa une nouvelle monnaie, le real, indexé sur le dollar pour remplacer le cruzeiro. Son ministre de l'Économie, Fernando Henrique Cardoso, remporta l'élection présidentielle d'oct. 1994 et il fut réélu en 1998. La politique de libéralisation économique qu'il conduisit fut ralentie par les conflits sociaux et la réforme des structures qu'il avait promise (redistribution des terres, réforme de la fiscalité, décentralisation) se heurta à la conjonction d'intérêts disparates. La crise financière de 1998 toucha le Brésil de plein fouet ; les capitaux fuirent et les attaques contre le real entraînèrent une chute des réserves de change. Le real dut être dévalué. Une autre crise atteignit la monnaie en août 2000. Ces à-coups de l'économie et de la monnaie ont détérioré le fonctionnement du Mercosur (v.) devenu effectif depuis 1995. L'élection présidentielle de 2002 a été gagné par Luis Inacio da Silva qui anonçait, en janv. 2003 son programme « Faim zéro ».

BREST-LITOVSK (traité de, 3 mars 1918). Traité qui mit fin à la guerre entre les puissances centrales (Allemagne, Autriche-Hongrie et Turquie) et la Russie des soviets. Voir RUSSIE. L'établissement du pouvoir soviétique.

BRETAGNE. Région historique et ancienne province de la France du Nord-Ouest, correspondant aux actuels départements du Finistère, des Côtes-d'Armor, de l'Ille et-Vilaine, du Morbihan et de la Loire-Atlantique.

L'Armorique jusqu'à l'arrivée des Bretons

Le pays fut sans doute peu peuplé jusqu'au néolithique. À partir de la première moitié du Ve millénaire, et jusque dans la première moitié du IIe millénaire avant notre ère, de nombreux monuments mégalithiques furent érigés par les hommes : menhirs, alignements, dolmens, allées couvertes, notamment à Carnac et à Locmariaquer. La culture des tumulus armoricains, vers 1500 av. J.-C., avec ses sépultures individuelles sous tumulus, semble apparentée à la culture du Wessex (en Grande-Bretagne). Dès cette époque, l'Armorique était en relation avec les pays méditerranéens. La métallurgie du bronze restait florissante en Bretagne au début du Ier millénaire ; les haches à douille « armoricaines » (on en a retrouvé près de 40 000) étaient exportées en Angleterre, en Belgique, en Allemagne ; l'usage du fer fut plus tardif que dans le reste de la France.

C'est à partir du VIe s. avant notre ère que les dernières populations celtiques sont arrivées dans la péninsule. Au moment de la conquête romaine, cinq peuples occupaient l'Armorique : les *Redons*, dans la région de Rennes ; les *Coriosolites*, dans la région de Saint-Brieuc ; les *Osismes*, sur le littoral finistérien ; les *Vénètes*, dans le Morbihan ; les *Namnètes*, autour de Nantes. Les Vénètes, en 56 av. J.-C., opposèrent la plus énergique résistance à César. Ils participèrent encore à la grande révolte gauloise de 52.

Comprise dans la Celtique, puis, à partir du IVe s., dans la Lyonnaise IIIe, qui avait pour capitale Tours, l'Armorique fut sans doute la moins romanisée des régions de la Gaule. La langue celtique n'aurait jamais cessé d'y être parlée. Le christianisme y pénétra au milieu du IIIe s. Peu touchée par les grandes invasions germaniques, sinon par des raids de pirates saxons, l'Armorique connut, à partir de 470 environ et jusqu'au VIIe s., l'arrivée de Celtes de la *Britannia* (la Grande-Bretagne) refoulés par les envahisseurs germaniques, Angles et Saxons. L'Armorique prit bientôt elle-même le nom de *Britannia*, Bretagne, qu'on trouve déjà au VIe s. chez Grégoire de Tours. Ces immigrants, qui venaient surtout de Cornouailles, renforcèrent l'emploi de la langue celtique gaëlique.

La Bretagne au Moyen Âge

Durant le haut Moyen Âge, les Bretons durent mener des luttes continuelles pour défendre leur indépendance, d'abord contre les Francs (VIIIe/Xe s.), puis contre les Normands (IXe/Xe s.). La domination carolingienne se heurta à des révoltes périodiques, malgré la constitution d'une marche de Bretagne et la victoire remportée sur les chefs bretons par le comte Wido, en 799. Vers 826, l'empereur Louis le Pieux crut pouvoir s'appuyer sur Nominoé, qu'il reconnut comme duc de Bretagne. Mais celui-ci se révolta et battit l'armée de Charles le Chauve près de Redon, en 845. Héros de l'indépendance bretonne, Nominoé mourut en 851. Son fils, Erispoé (851/57), traita avec Charles le Chauve et prit le titre royal. Ses successeurs, divisés par la rivalité des comtes de Rennes et de Vannes, se trouvèrent aux prises avec les Normands, qui envahirent tout le pays, par terre et par mer, en 919. Alain II Barbe-Torte (937/52) libéra l'Armorique par sa victoire de Trans, près de Cancale (939), et fut élu « duc des Bretons ». À cette époque, s'établit une division linguistique définitive : la langue celtique avait reculé, et la ligne Suscinio-Plouha constitua désormais la limite entre le pays bretonnant, à l'O., et le pays « gallo », où prédominait un parler roman.

L'unité bretonne ne put se reconstituer au cours du Xe s., l'autorité se partageant entre les comtes de Rennes et les comtes de Nantes. Si la Bretagne était entrée dans la mouvance capétienne, elle était menacée par ses voisins immédiats, les Foulques d'Anjou et les ducs de Normandie. Devenus rois d'Angleterre en 1154, les Plantagenêts qui possédaient la Normandie et l'Anjou entreprirent de s'installer en Bretagne. En épousant Constance, fille de Conan IV et héritière de Bretagne, Geoffroi II, fils d'Henri II Plantagenêt, devint duc de Bretagne (1170/86). Son fils posthume Arthur (1187/1203) fut assassiné par Jean sans Terre. Sa demi-sœur Alix, épousa Pierre de Dreux, arrière-petit-fils de Louis VI le Gros et une dynastie d'origine capétienne régna sur la Bretagne pendant plus d'un siècle. La Bretagne fut érigée en duché-pairie (1297). Jean III étant mort sans enfants en 1341, les droits de son successeur, Jeanne de Penthièvre, mariée à Charles de Blois, neveu du roi de France, furent contestés par Jean de Montfort, son demi-frère. De là vint la guerre de la Succession de Bretagne (1341/64) où la France soutint Charles de Blois, et l'Angleterre Jean de Montfort. La défaite de Charles de Blois à Auray (29 sept. 1364) et le traité de Guérande (12 avr. 1365) assurèrent la couronne ducale à la maison de Montfort. Sous les règnes de Jean V (1399/1442) et de François II (1458/88), le duché de Bretagne connut son apogée. À partir de 1352, les états de Bretagne votèrent les impôts et collaborèrent avec le gouvernement ducal qui ne rendait qu'un hommage théorique au roi de France. L'économie bretonne se releva, la pêche devenant une des principales activités, et la flotte bretonne l'une des plus actives. Importée par les Normands, l'industrie textile se développa à Rennes, Fougères, Dinan, Guingamp.

Le duc François II se joignit en 1465 à la ligue du Bien public (v.), soutint les entreprises de Charles le Téméraire puis chercha à s'allier aux Anglais. Battu par Charles VIII à Saint-Aubin-du-Cormier (28 juill. 1488), il dut signer le traité du Verger (19 août 1488) par lequel il s'engageait à ne pas marier ses filles sans le consentement du roi de France. La duchesse Anne n'avait que onze ans lorsqu'elle lui succéda. Ses tuteurs offrirent sa main à Maximilien de Habsbourg ; l'armée royale vint assiéger Rennes et Anne dut épouser Charles VIII (6 déc. 1491). Le duché de Bretagne n'était pas pour autant réuni à la Couronne ; veuve en avr. 1498, elle se remaria dès janv. 1499 à Louis XII. Leur fille Claude fut mariée en 1514 au futur François Ier qui, avec l'accord des états bretons et par les édits des 13 août et 3 sept. 1532, réunit la Bretagne à la France. Elle conservait ses états, son parlement et tous ses droits et privilèges traditionnels.

La Bretagne dans la France

La Bretagne fut, de toutes les provinces françaises, celle où la monarchie respecta le mieux les privilèges et particularismes locaux. En retour, ses marins s'affirmèrent bientôt comme les premiers de France, tant dans les expéditions maritimes (Jacques Cartier au Canada) que dans les guerres contre les Anglais (Duguay-Trouin, La Bourdonnais, La Motte-Picquet, plus tard Surcouf). Mais l'esprit d'indépendance breton restait aussi très vif : il se manifesta par le ralliement de la majorité de la province à la Ligue, conduite par le duc de Mercœur (1588/98) ; par la révolte du papier timbré, qui, provoquée par la création de nouveaux impôts, dégénéra en jacquerie et fut durement réprimée (1675/76) ; par la résistance très efficace des états de Bretagne aux intendants royaux durant tout le règne de Louis XV et par la lutte du parlement contre le duc d'Aiguillon.

D'abord favorable à la Révolution, la Bretagne, comme les autres provinces françaises, perdit ses libertés particulières par le vote de la nuit du 4 août 1789 ; elle fut divisée en cinq départements. La Constitution civile du clergé et la conscription en firent bientôt un des centres de la résistance royaliste et fédéraliste. Elle devint la terre de la chouannerie et fut soumise à des répressions impitoyables (noyades de Nantes, 1793/94). Une expédition des émigrés fut anéantie à Quiberon (juill. 1795), et Cadoudal, qui poursuivait l'opposition terroriste contre le Premier consul, fut exécuté en 1804.

Au XIXe s., la Bretagne resta à l'écart des grandes mutations économiques du capitalisme. Son industrie textile, encore très florissante à la fin du XVIIIe s., avait été ruinée par la Révolution et le Blocus continental ; la grande pêche vers l'Islande et Terre-Neuve qui prit son essor dès les années 1820, subit une concurrence étrangère de plus en plus forte qui amena, vers 1935, sa disparition presque complète. Les ressources fournies par la pêche et l'agriculture étaient d'ailleurs insuffisantes pour absorber la forte pression démographique d'un pays resté profondément catholique. Dès la fin du second Empire, l'émigration bretonne, jusqu'alors limitée aux départements avoisinants, connut une accélération inquiétante, notamment vers Paris.

Le régionalisme breton, dont les premières manifestations remontent aux environs de 1830, prit un caractère politique dès les premières années du XXe s. Au lendemain de 1918, un parti autonomiste breton apparut, qui se réorganisa en 1932 sous le nom de parti national breton. D'autres groupes militaient pour l'enseignement du breton dans les écoles. La collaboration avec les Allemands d'un certain nombre d'autonomistes, de 1940 à 1944, entraîna un recul général du mouvement régionaliste en Bretagne où, d'ailleurs, la Résistance avait été très active.

L'autonomisme, à partir de 1966, connut une brutale résurgence avec le Front de libération de la Bretagne (FLB) puis, à partir de 1998, l'Armée révolutionnaire bretonne (ARB), liée à l'ETA basque, fut responsable de plusieurs attentats, notamment contre des administrations.

BRETAGNE, *Britannia*. Nom ancien de l'Angleterre avant les invasions anglo-saxonnes des Ve/VIe s. Durant la protohistoire, l'île fut peuplée par l'arrivée de Celtes continentaux dont les mouvements s'étalèrent sur plusieurs siècles. En 55 et 54 av. J.-C., J. César y mena deux raids à partir de la Gaule ; en 54, il vainquit le roi Cassivellaunos. Il semble que la Bretagne ait été au cœur de la religion druidique. À partir de 43 de notre ère, Claude commença la conquête de la Bretagne qui ne fut achevée qu'en 84 par Agricola ; pour préserver la nouvelle province romaine des incursions des peuples du Nord, furent construits les murs d'Hadrien (122) et d'Antonin (142). La présence romaine provoqua la naissance d'une civilisation en partie urbaine, avec des centres tels que *Londinium* (Londres) et *Eburacum* (York). Le christianisme s'est introduit en Bretagne à partir du IIIe s., et c'est de Bretagne qu'il devait gagner l'Irlande au Ve s. La menace permanente des invasions sur le continent contraignit les Romains à l'évacuation de la Bretagne (vers 410) : un ultime appel à Rome, en 446, resta sans écho. La Bretagne ne put résister aux invasions des Angles, des Saxons et des Jutes, qui effacèrent presque complètement les traces de la civilisation romaine en refoulant les Bretons romanisés et christianisés vers les terres montagneuses du N. et de l'O. ; certains émigrèrent vers l'Armorique, aux VIe et VIIe s., et donnèrent leur nom à cette nouvelle patrie.

BRÉTIGNY (traité de, 8 mai 1360). Il fut signé entre les Anglais et le roi Jean II le Bon ; prisonnier des Anglais, il devait payer pour sa rançon 3 millions d'écus d'or et abandonner tous ses droits sur l'Aquitaine, le Ponthieu et Calais. Voir **JEAN II** le Bon.

BRETTON WOODS (conférence de, 1er/22 juill. 1944). Conférence financière internationale qui réunit à Bretton Woods (New Hampshire, États-Unis) les représentants de 44 États en lutte contre l'Axe. L'objet de cette conférence était de poser les bases d'un système monétaire unique pour l'ensemble du monde et de prévoir pour les pays dévastés par la guerre une aide à long terme. Les accords de Bretton Woods ont institué un Fonds monétaire international et une Banque internationale pour la reconstruction et le développement.

BREUIL Henri (* Mortain, Manche, 28.II.1877, † L'Isle-Adam, 14.VIII.1961). Préhistorien français. Prêtre, professeur au Collège de France de 1929 à 1947. Spécialiste de l'art paléolithique, il a fait de très nombreux relevés de peintures pariétales ; il est l'auteur de *L'Afrique préhistorique* en 1933 et de *400 Siècles d'art pariétal* en 1952.

BRIAN BORU ou **BRIAN BOROIMHE** (* Thomond, vers 962, † près de Clontarf, 23.IV.1014). Roi d'Irlande (1002/14). Voir **IRLANDE**.

BRIAND Aristide (* Nantes, 28.III.1862, † Paris, 7.III.1932). Homme politique français. Secrétaire général, en 1901, du parti socialiste français. Il le quitta en 1905 après être devenu député de la Loire (1902). Il fut vingt-deux fois ministre (dont quinze fois aux Affaires étrangères, pratiquement sans interruption de 1925 à 1932) et dix fois président du Conseil, notamment en 1909, où il succéda à Clemenceau, et pendant la période cruciale d'oct. 1915 à mars 1917. Défenseur de la Société des Nations, il se fit l'apôtre du désarmement et de la réconciliation franco-allemande (le pacte Briand-Kellogg de 1928 déclara la guerre hors la loi). Prix Nobel de la paix en 1926 (avec Stresemann). Voir **FRANCE**.

BRIARE (canal de). Canal qui relie la Loire à la Seine. C'est le plus ancien des canaux français à écluses à double porte, commencé sous Henri IV en 1604 et achevé à la fin du règne de Louis XIII en 1642.

BRIÇONNET Guillaume (* Paris, vers 1470, † Paris, 24.I.1534). Abbé de Saint-Germain-des-Prés en 1507, évêque de Meaux en 1516 et ambassadeur à Rome. Disciple et ami de Lefèvre d'Étaples, il réunit auprès de lui un groupe d'humanistes religieux, connu sous le nom de *Cénacle de Meaux*, où on parlait librement de la réforme nécessaire de l'Église et d'un retour à l'Évangile. Briçonnet, qui s'opposa toujours au luthéranisme, fut en relation avec Marguerite d'Angoulême, sœur de François Ier.

BRIENNE Jean de (* vers 1144, † Constantinople, mars 1237). Roi de Jérusalem et empereur. D'abord destiné à l'Église, il choisit la carrière des armes et s'illustra dans la conquête du royaume de Naples. Il épousa Marie, fille de Conrad de Montferrat, héritière de Jérusalem (1209). Couronné roi de Jérusalem en 1210, il se mit à la tête de la cinquième croisade pour reprendre son royaume, que lui avait enlevé son gendre, l'empereur Frédéric II. En 1229, les barons l'appelèrent à Constantinople après la mort de Robert de Courtenay. D'abord simple tuteur du jeune Baudoin II, il fut reconnu empereur dès 1231, repoussa les attaques des Grecs et des Bulgares et mourut à plus de quatre-vingts ans en tentant de défendre l'Empire latin.

BRIGADES INTERNATIONALES. Unités de volontaires étrangers, en majorité communistes, qui combattirent avec les forces républicaines durant la guerre civile espagnole de 1936/39. Les premières furent constituées à la fin d'oct. 1936 et engagées pour la première fois le 7 nov. 1936 dans la défense de Madrid, à la Casa de Campo. Elles furent engagées ensuite à Málaga, Guadalajara, Brunete, Teruel. Leurs effectifs, (pas plus de 40 000 hommes), comprenaient des antifascistes allemands (bataillon Thaelmann), italiens (bataillon Garibaldi), français, etc. Parmi leurs cadres et leurs combattants se trouvaient des hommes qui jouèrent ensuite un grand rôle dans le communisme international : les Français Billoux, Marty, Rol-Tanguy, Tillon ; l'Allemand Walter Ulbricht ; le Bulgare Dimitrov ; les Hongrois Laszlo Rajk et Ernö Gerö ; le Yougoslave Josip Broz, qui devait devenir Tito ; les Italiens Luigi Longo et Togliatti... Les Brigades internationales furent retirées du front le 23 sept. 1938.

BRIGADES ROUGES. Nom d'un groupe terroriste d'extrême gauche apparu en Italie en 1970. Voir **ITALIE**.

BRINVILLIERS, Marie-Madeleine Dreux d'Aubray, marquise de (* Paris, 1630, † 17.VII.1676). Empoisonneuse. Fille du lieutenant civil Dreux d'Aubray, elle épousa en 1651 le marquis de Brinvilliers, mestre de camp. Elle devint la maîtresse d'un officier de cavalerie, Gaudin de Sainte-Croix, que son père fit embastiller et qui, en prison, fut initié à l'art des poisons par un Italien, Exili. Libéré, Sainte-Croix initia la Brinvilliers. Les deux complices usèrent alors d'une « poudre de succession » pour empoisonner le père de la marquise (1666), ses deux fils (1670), et sa fille, et s'approprier leurs biens. La mort de Sainte-Croix en 1672 permit de découvrir la preuve des crimes commis. La Brinvilliers put s'enfuir aux Pays-Bas ; condamnée à mort par contumace (1673), elle fut retrouvée en 1676 à Liège et fut exécutée. Cette affaire constituait en quelque sorte la préface de celle des Poisons qui éclata trois ans après.

BRISSON Barnab (* Fontenay-le-Comte, vers 1531, † Paris, 15.XI.1591). Juriste et parlementaire. Il fut président à mortier au parlement puis premier président sous la Ligue. Il était en effet resté à Paris mais son engagement semble avoir été très modéré. Le prétexte de son arrestation le 15 nov. 1591 fut l'affaire Bigard : ligueur, cet homme avait été accusé de trahison par les Seize, mais Brisson l'avait fait remettre en liberté. Accusé à son tour de trahison, Brisson fut pendu sur-le-champ dans la chambre du conseil du Petit-Châtelet en même temps que Claude Larcher, conseiller à la Grand-Chambre et Tardif, conseiller au Châtelet.

BRISSOT Jean-Pierre, dit **Brissot de Warville** (* Chartres, 15.I.1754, † 31.X.1793). Homme politique français. Lié au duc d'Orléans, quelque temps embastillé pour ses idées révolutionnaires, il voyagea en Angleterre et en Amérique. Revenu en France en

1789, il fonda *Le Patriote français* et fut membre de l'Assemblée législative puis de la Convention. Après la fuite de Varennes, il rédigea au Champ-de-Mars la pétition demandant la déchéance du roi. Il fit déclarer la guerre à l'Autriche (1792), à l'Angleterre et à la Hollande (1793). En politique intérieure, il devint le chef d'un parti dit des *brissotins*, qui combattit les excès de la Montagne. Accusé par Robespierre de fédéralisme, proscrit avec les Girondins le 31 mai 1793, il prit la fuite, fut arrêté et périt sur l'échafaud.

BRITANNICUS Tiberius Claudius Caesar (* 41, † 55). Fils de l'empereur Claude et de Messaline, il dut son surnom à la conquête de l'Angleterre par son père. Les intrigues d'Agrippine la Jeune l'écartèrent de la succession au profit de Néron qui le fit empoisonner au cours d'un repas. De cet épisode, Racine a fait une tragédie, *Britannicus*, représentée en 1669.

BROGLIE Albert, duc de (* Paris, 13.VI.1821, † Paris, 19.I.1901). Secrétaire d'ambassade à Madrid et à Rome, il quitta la diplomatie à la révolution de 1848 et se tint à l'écart durant le second Empire. Il se consacra à des études d'histoire religieuse (*L'Église et l'Empire romain au IVᵉ s.*, 1856/66), qui lui valurent d'entrer à l'Académie française (1862). Élu député orléaniste de l'Eure en 1871, nommé ambassadeur à Londres (1871/72), il lutta contre Thiers lorsque celui-ci affirma ses sympathies républicaines. Chef du gouvernement de l'« ordre moral » (25 mai 1873/16 mai 1874), il tenta de préserver les chances d'une restauration en faisant voter le septennat (20 nov. 1873) ; mais l'échec de la fusion des monarchistes et le refus du comte de Chambord de monter sur le trône aux conditions des orléanistes entraînèrent sa chute, provoquée par la coalition de la gauche et de l'extrême droite. Son second gouvernement de l'ordre moral (17 mai/19 nov. 1877) fut renversé par la victoire électorale des républicains. Sénateur jusqu'en 1885, il se retira ensuite complètement de la politique.

BRONZE (âge du). Période protohistorique, dite chalcolithique, qui succéda au néolithique et précéda l'âge du fer. On comprend généralement sous ce terme non seulement l'âge du bronze proprement dit, mais encore toute la période où le cuivre est exploité par les premiers métallurgistes. Le progrès décisif fut la découverte de l'alliage du cuivre et de l'étain, par lequel on obtenait un métal plus résistant, le bronze. Le métal a servi d'abord à fabriquer des armes, les outils ordinaires demeurant en pierre, en silex ou en obsidienne. Peu à peu, les processus d'extraction et de traitement des minerais se perfectionnèrent et le métal fut employé également pour l'outillage. Le besoin de se procurer les précieux minerais a eu des conséquences considérables pour les rapports humains : l'apparition de relations commerciales sur de longues distances, et on a émis l'hypothèse que l'extension des civilisations mégalithiques sur les côtes de l'Europe occidentale a été notamment provoquée par la recherche du minerai d'étain.

Les dates de l'âge du bronze

L'âge du bronze commence à des époques très différentes selon les régions. Il s'est diffusé en Europe centrale et occidentale avec un retard de 1 000 à 1 500 ans sur le Proche-Orient et le monde égéen où le bronze est apparu à la fin du IVᵉ millénaire. Plusieurs civilisations de l'Orient méditerranéen ont reçu, de la part des historiens, une datation relative établie en fonction des phases de l'emploi du bronze sur leurs territoires. La civilisation crétoise, dite aussi minoenne, est ainsi divisée en trois étapes : celle du bronze ancien (IIIᵉ millénaire), celle du bronze moyen, dite aussi des « premiers palais » (2100/1700), celle du bronze récent, dite des « seconds palais » (1700/1200). Avec des dates légèrement décalées, il en va de même de la civilisation cycladique et de celle de la Grèce continentale, dite helladique.

Le bronze en Europe continentale

Le bronze ancien de l'Europe, à partir de 1800 av. J.-C., s'est développé à partir des foyers de métallurgie du cuivre de Bohême et d'Espagne. Sa caractéristique est la présence généralisée du poignard triangulaire fait de bronze, et retrouvé dans des sépultures individuelles. Plusieurs cultures homogènes sont alors apparues : celle d'Unetice, en Bohême, qui a gagné l'Europe centrale, a été la plus étendue ; à la même époque on compte celle du Wessex, en Grande-Bretagne, celle d'El Argar, en Espagne, qui a rayonné sur le S.-E. de la péninsule Ibérique, etc.

Le bronze moyen européen, à partir de 1500 av. J.-C., a encore suscité de nombreux foyers en Europe centrale, de la Hongrie à la Champagne, où il a accompagné la diffusion des sépultures sous tumulus. À cette époque a commencé l'âge du bronze dans les régions nordiques (Norvège et Suède méridionales, Danemark, Allemagne du N.-O.). Dans les îles Britanniques, s'est maintenue la culture du Wessex. L'Espagne n'a pas eu de civilisation caractéristique du bronze moyen. En Italie du Nord, c'est le moment du développement de la civilisation des terramares qui va se répandre dans toute la péninsule.

Le bronze final, à partir de 1200 av. J.-C., a été l'époque de mouvements de migrations, venus de l'Europe centrale vers l'Occident ou vers les Balkans et les pays méditerranéens. Certaines de ces populations ont répandu l'usage des sépultures à incinération, notamment de l'Allemagne du Sud vers la France de l'Est, créant une nouvelle culture dite des Champs d'urnes (les poteries où étaient déposées les cendres des défunts).

L'emploi du bronze s'est maintenu tardivement, même quand tous les peuples ont connu les techniques de fabrication du fer. Plus abondant que l'or est l'argent, il restait un métal noble que l'on a conservé pour la vaisselle d'apparat, les objets cultuels et la statuaire. En outre, grâce à sa température de fusion bien inférieure à celle du fer, on pouvait en fabriquer rapidement des quantités relativement importantes : aussi l'armement des guerriers est-il longtemps resté en bronze. En Europe, par exemple, ce fut le cas des hoplites grecs aussi bien que des soldats celtes des âges de Hallstatt et de la Tène, c'est-à-dire, précisément, les âges du fer de l'Europe continentale.

Le bronze en Asie et en Afrique

Partie des centres métallurgiques de l'Anatolie, du Caucase et de la vallée de l'Indus (à la fin du IIIe millénaire pour ces derniers), la civilisation du bronze a atteint la Chine dans la seconde moitié du IIe millénaire, à l'époque de la dynastie Chang. De Chine, la métallurgie du bronze a atteint l'Asie du Sud-Est à partir du milieu du Ier millénaire av. J.-C. et, vers le N.-E., la Corée et le Japon où s'est développée la culture chalcolithique de « type Yayoi » (Yayoi Shiki Bunka), du IIIe s. av. J.-C. au IIIe s. apr. J.-C.

L'Afrique intérieure a adopté la métallurgie du bronze, connue par la vallée du Nil et les routes transsahariennes. Mais beaucoup de régions d'Afrique centrale et méridionale sont passées directement de l'âge néolithique à l'âge du fer quand elles ont été tardivement pénétrées par les négociants arabes et européens.

BROQUEVILLE Charles, comte de (* Postel, près de Mol, 4.XII.1860, † Bruxelles, 5.IX.1940). Homme politique belge. Député catholique de Tornhout depuis 1892, il fut Premier ministre de juin 1911 à mai 1918. Ministre de l'Intérieur dans le gouvernement Delacroix (1918/19), il fit accepter aux catholiques la suppression du vote plural. Sénateur de Namur (1919), il fut ministre de la Guerre de 1926 à 1930 et de nouveau président d'un ministère catholico-libéral (1932/34)

BROSSOLETTE Pierre (* Paris, 15.VI.1902, † Paris, 22.III.1943). Homme politique français. Ancien élève de l'École normale supérieure, militant du parti socialiste, il fut journaliste au *Populaire* et chroniqueur de politique étrangère à la radio d'État (1936/39). Entré dans la Résistance, il partit pour Londres en sept. 1942, accomplit plusieurs missions en France ; arrêté, il se jeta par la fenêtre de l'immeuble de la police allemande pour ne pas parler sous la torture.

BROUAGE. De Henri IV à Mazarin, cet ancien port de mer aujourd'hui envasé fut l'un des plus importants du royaume. Il était situé au milieu de salines et les bateaux venaient y charger le sel. En outre, la plupart des armements à destination du Canada y furent faits. Richelieu s'en établit gouverneur et y fit élever des remparts. Colbert renonça à en faire un grand port militaire et, en 1666, commença les travaux d'aménagement de Rochefort. Voir **RICHELIEU**.

BROUSSEL ou **DE BROUSSEL Pierre** (* 1575/76, † sept. 1654). Conseiller au parlement de Paris, Broussel fut une des figures les plus populaires de la France parlementaire. Il s'était opposé aux mesures fiscales décidées par Mazarin et son arrestation le 26 août 1648 avait soulevé le peuple qui construisit des barricades. Le ministre et la régente furent contraints de le relâcher. Élu le 6 juill. 1652 prévôt des marchands, il dut démissionner en sept. Il fut exilé le 21 oct. le jour même du retour du roi à Paris. Voir **FRONDE**.

BROUSSILOV Alexeï Alexeïevitch (* Tiflis, 19.VIII.1853, † Moscou, 17.III.1926). Général russe. Il dirigea, durant l'été 1916, au S.-E. du front oriental, l'offensive dite « de Broussilov », qui permit aux Russes de pénétrer profondément en Bucovine. Après la chute du régime tsariste, devenu commandant en chef, il lança la dernière offensive des Russes en Galicie puis participa à la guerre russo-polonaise de 1920. Il termina sa carrière militaire comme inspecteur de la cavalerie de l'Armée rouge.

BRUCE. Famille écossaise, descendant du guerrier normand Robert de Bruce ou de Bruis († vers 1094). Voir **ÉCOSSE**.

BRUGES, *Brugge*. Ville de Belgique, en Flandre, dont l'importance s'affirma dès la fin du Xe s. lorsqu'elle reçut des comtes de Flandre ses premières libertés municipales et le droit d'élire un bourgmestre. Bien gouvernée, elle devint le principal port de Flandre et son industrie textile fut florissante. En 1302, Bruges donna le signal de la rébellion contre le roi de France Philippe IV le Bel en massacrant tous les Français présents dans la ville. Après la défaite de Courtrai (1302), Philippe le Bel fit la paix avec la ville dont le commerce connut un nouvel essor. Toute l'Europe commerçante eut en effet des comptoirs à Bruges et, en 1349, elle était affiliée à la hanse de Londres. Ses ressources étaient l'industrie du tissage des laines, du drap, des dentelles, des tapisseries et la taille des diamants. Elle avait contracté des alliances avec l'empereur, avec Gênes, la Russie, Nuremberg, Venise. Sa prospérité se manifesta dans des magnifiques édifices gothiques, civils et religieux. À la fin du XIVe s., elle était une des villes les plus riches d'Europe et bientôt s'y développait une école de peinture.

L'ensablement du Zwin et la concurrence d'Anvers furent cause, à partir du XVIe s. de la décadence de la ville. Elle ne joua plus désormais qu'un rôle secondaire, malgré le creusement de canaux.

BRUMAIRE AN VIII (coup d'État des 18/19, 9/10 nov. 1799). Coup d'État par lequel Bonaparte renversa le Directoire. Voir **FRANCE.** Le Directoire.

BRUNDTLAND Gro Harlem (Oslo, 20.X.1939). Femme politique norvégienne. Vice-présidente du parti travailliste en 1975, elle fut ministre de l'Environnement puis, en 1981, Premier ministre et chef de son parti. Elle dirigea un gouvernement minoritaire de 1986 à 1989 puis fut à nouveau Premier ministre à partir de 1990. Partisan résolue de l'Union européenne, elle ne fut pas suivie lors du référendum de 1994 qui a rejeté l'entrée dans l'Europe comme en 1972. Lassée par le pouvoir, elle démissionna de son poste le 23 oct. 1996. Elle fut élue à la tête de l'Organisation mondiale de la santé (OMS) en janv. 1998.

BRUNE Guillaume Marie Anne (* Brive, 16.III. 1763, † Avignon, 2.VIII.1815). Maréchal de France. Fils d'un avocat de Brive, il se lia avec Danton et commença sa carrière militaire en 1793 contre les Vendéens puis commit de nombreux excès à Bordeaux. Général de brigade, il s'illustra à Arcole (1796), fonda la République helvétique (1798) et, en 1799, chassa les Anglo-Russes de la Hollande par la victoire de Bergen et la capitulation d'Alkmaar. Envoyé de nouveau en Vendée (1800), puis en Italie, il força le passage du Mincio (15 déc. 1800). Napoléon le fit maréchal à son avènement (1804). Commandant des rives de la Baltique (1807), il prit Stralsund et Rügen mais fut ensuite en disgrâce jusqu'en 1814. Il se rallia aux Bourbons, puis il offrit ses services à Napoléon durant les Cent-Jours et fut chargé d'un commandement dans le midi de la France. Peu après Waterloo, il fut assassiné par des royalistes méridionaux.

BRUNEHAUT (* en Espagne, 543 ?, † Renève, près de Dijon, automne 613). Reine d'Austrasie. Fille du roi wisigoth Athanagilde, elle fut mariée en 567 à Sigebert Ier d'Austrasie. Quand Frédégonde, reine de Neustrie, eut fait assassiner Sigebert, à Vitry-sur-Scarpe (575), Brunehaut gouverna l'Austrasie durant la minorité de son fils Childebert II et de son petit-fils, Théodebert II. Chassée d'Austrasie, elle se réfugia en Bourgogne, auprès d'un autre de ses petits-fils, Thierry II, sur lequel elle exerça une grande influence.

À la mort de Frédégonde (597), Brunehaut elle-même cultivée, voulut restaurer dans le monde franc les arts et les institutions de l'Empire romain. Elle se heurta aux ambitions de l'aristocratie franque, qui se rallia autour de Clotaire II, fils de Frédégonde, roi de Neustrie depuis 584. Celui-ci s'empara de Brunehaut et la fit périr en l'attachant à la queue d'un cheval fougueux.

BRUNEI DARUSSALAM, « Porte de la paix » en malais. Petit État d'Asie du Sud-Est, enclavé au N.-O. du Sarawak ; capitale *Bandar*. Sultanat islamisé à partir de 1341, Brunei connut son apogée au XVIe s. en contrôlant Bornéo et les Philippines. Accosté par l'expédition de Magellan en 1521, il tomba ensuite sous l'influence de la Compagnie britannique des Indes. Il devint protectorat britannique en 1888. Le 1er janv. 1984, selon l'accord du 7 janv. 1979 avec le Royaume-Uni, le sultanat, qui bénéficiait de l'autonomie interne depuis 1959, accéda à l'indépendance.

Au pouvoir depuis 1968, le sultan Haji Hassanal Bolkiah Mu'izzadin Waddaulah est, avec plus de 30 milliards de dollars, un des hommes les plus riches au monde. L'exploitation du gaz naturel découvert en 1929 bénéficia cependant à l'ensemble de la population, qui jouissait, en 2001, d'un revenu annuel moyen de 22 000 dollars par habitant. Les partis furent interdits en 1988 et le modèle politique (*Melayu Islam Beraja*) visait à encourager les valeurs islamiques. À partir de 1994, le gouvernement lança une politique de diversification économique afin de préparer le pays au tarissement de ses ressources naturelles. Déjà membre de l'ANSEA depuis 1984, Brunei devint, en oct. 1995, membre de la Banque mondiale et du FMI. Au printemps 2000, un procès touchant la famille du sultan mit en lumière le gaspillage financier auquel elle se livrait.

BRÜNING Heinrich (* Münster, 26.XI.1885, † Norwich, Vermont, 31.III.1970). Homme politique allemand. Chancelier de 1930 à 1932. Voir ALLEMAGNE.

BRUNO saint (* Cologne, vers 1030, † La Torre, Calabre, 6.X.1101). Fondateur de l'ordre des Chartreux. Chanoine dans sa ville natale, il vint à Reims pour enseigner et y fut nommé chancelier en 1057. Ne souhaitant pas être nommé évêque, il se retira à l'abbaye de Solesmes où saint Robert l'encouragea à la vie d'ermite. En 1084, avec six compagnons dont Hugues, évêque de Grenoble, il s'installa au désert de Chartreuse où s'éleva un monastère dont les moines vivaient isolés dans des cabanes individuelles. Le couvent de la Grande Chartreuse fut la première fondation de l'ordre des Chartreux.

BRUNSWICK, *Braunschweig*. Ancien État de l'Allemagne centrale. Le duché de Brunswick fut constitué, à l'origine, par les possessions conservées en Allemagne centrale par Henri le Lion, de la maison des Guelfes, lorsqu'il eut perdu les duchés de Saxe et de Bavière (1180). Après la défaite définitive des Guelfes, leur héritier, Othon l'Enfant, fit hommage des domaines qui lui restaient à l'empereur Frédéric II qui lui donna le titre de duc de Brunswick (1235). Par la suite, la maison de Brunswick se scinda en de nombreuses branches : Lüneburg (1252), Grubenhagen (1279), Göttingen (1279), Wolfenbüttel, Kalenberg, Danneberg. Le duché de Brunswick fut annexé en 1807 par Napoléon au royaume de Westphalie. Recrée en 1813, il entra en 1871 dans l'Empire allemand, devint un État de la république de Weimar en 1918, mais perdit toute autonomie dans le IIIe Reich. Il fait aujourd'hui partie du Land de Basse-Saxe.

BRUNSWICK Charles Guillaume Ferdinand, duc de (* Wolfenbüttel, 9.X.1735, † Ottensen, 10.XI. 1806). Neveu de Frédéric le Grand, longtemps nommé « le Prince héréditaire ». Il fut général au service de la Prusse, se distingua durant la guerre de Sept Ans (1756/63) et commanda en chef les armées austro-prussiennes lors de la guerre contre la Révolution française (1792/94). Après avoir publié un manifeste menaçant, le 25 juill. 1792 (v. BRUNSWICK, manifeste de), il entra en Champagne avec une forte armée mais n'osa livrer une bataille décisive, traita avec Dumouriez après la canonnade de Valmy. Il reprit pourtant le commandement de l'armée prussienne en 1806, fut battu à Auerstaedt (14 oct.) où il reçut un coup de feu qui lui fit perdre les deux yeux ; il mourut durant la retraite.

BRUNSWICK (manifeste de). Manifeste publié le 25 juill. 1792 par le duc Charles Guillaume de Brunswick, commandant en chef des armées prussiennes et autrichiennes coalisées contre la France révolutionnaire. Ce manifeste provocant, rédigé par un émigré, le marquis de Limon, affirmait que l'empereur et le roi de Prusse n'étaient entrés en guerre « que pour faire cesser l'anarchie dans l'intérieur de la France, arrêter les attaques portées au trône et à l'autel, rendre au roi sa liberté et le mettre en état d'exercer son autorité légitime ». Il annonçait que tous les gardes nationaux pris les armes à la main seraient traités comme des rebelles au roi, que les habitants qui oseraient se défendre seraient mis à mort et leurs maisons brûlées... Le manifeste déclarait enfin que « s'il était fait le moindre outrage à la famille royale et s'il n'était pas pourvu immédiatement à sa sûreté, Leurs Majestés impériales et royales livreraient Paris à une exécution militaire et à une subversion totale » Connu à Paris le 1er août, le manifeste eut un résultat inverse de celui qui était recherché : la foule, exaspérée, déclencha l'insurrection du 10 août 1792, qui mit fin à la royauté.

BRUTUS Marcus Junius (* 85, † 42 av. J.-C.). Homme politique romain. D'origine plébéienne, il participa du côté des pompéiens à la bataille de Pharsale (48), mais César, qui avait été l'amant de sa mère, lui pardonna, le combla de faveurs après sa victoire et le nomma préteur en Gaule Cisalpine (46), puis préteur urbain (44), Brutus devint néanmoins l'un des chefs du complot contre César et fut l'un des assassins du dictateur. Poursuivi par Octave et Antoine, il s'enfuit en Macédoine ; vaincu à Philippes (42), il se suicida.

BRUXELLES (conférence de). Elle fut ouverte en 1889, à l'initiative du roi Léopold II, et aboutit à l'acte du 2 juill. 1890, qui définissait les droits des Africains et décidait une répression effective de la traite des Noirs.

BRUXELLES (traité de). Il fut signé le 17 mars 1948 et instituait, pour cinquante ans, une alliance défensive entre la France, la Grande-Bretagne et les Pays du Benelux. Les organismes créés par ce traité furent absorbés en 1950/51 par l'OTAN. L'Union de l'Europe occidentale (UEO) fut une extension du traité de Bruxelles auquel s'associaient désormais l'Italie et l'Allemagne occidentale.

BUCAREST (traités de). Le traité du **28 mai 1812** fut signé entre la Turquie et la Russie, cette dernière puissance obtenant la cession de la Bessarabie et d'une partie de la Moldavie. Celui du **3 mars 1886** mit fin à la guerre entre la Serbie et la Bulgarie. Le traité du **10 août 1913** mit fin à la Seconde Guerre balkanique : vaincue, la Bulgarie cédait une grande partie de la Macédoine à la Grèce et à la Serbie, et la Dobroudja méridionale à la Roumanie. La Grèce recevait aussi la côte égéenne, de Salonique à Kavalla. Le traité du **7 mai 1918** fut signé entre les Empires centraux et la Roumanie après qu'elle eut été conquise par les armées germano-autrichiennes. La Roumanie restituait la Dobroudja à la Bulgarie mais la Bessarabie, soustraite à l'Ukraine, lui était incorporée. Pétrole, chemins de fer et commerce extérieur passaient sous contrôle germano-autrichien. Ce traité fut annulé par la victoire alliée de 1918. Voir **BALKANIQUES (guerres, 1912/13)**.

BUCHANAN James (* Stony Batter, Pennsylvanie, 22.IV.1791, † Wheatland, Pennsylvanie, 1er.VI.1868). Homme politique américain. Représentant puis sénateur de la Pennsylvanie, il fut ambassadeur à Saint-Pétersbourg (1831/33) et signa un traité de commerce avec la Russie. Secrétaire d'État (1845/49), ambassadeur à Londres (1853/56), il fut élu, en 1856, quinzième président (démocrate) des États-Unis. profondément attaché à la paix, il s'efforça de maintenir l'équilibre entre les États esclavagistes et antiesclavagistes, mais sa modération facilita la sécession des États du Sud.

BUCHENWALD. Forêt d'Allemagne centrale, au N.-O. de Weimar, en Thuringe ; site d'un des plus importants camps de concentration hitlériens. Il fut construit de juill. 1937 à 1939, avec de la main-d'œuvre pénitentiaire. Au printemps 1938, il ne comptait encore que 2 900 détenus. Camp de travail, il vit sa population croître considérablement pendant la guerre : 7 900 détenus en janv. 1942, 82 400 en mars 1945, dont 30 000 seulement restaient dans le camp fixe, le reste étant distribué dans plus de soixante-dix camps extérieurs (*kommandos*) pour fournir de la main-d'œuvre aux industries les plus diverses. Le nombre total de morts dans le camp de Buchenwald peut être évalué à 55 000. Le commandant du camp, Koch, convaincu de multiples sévices, fut condamné à mort par un tribunal SS et fusillé quelques jours avant la libération du camp par les Américains, le 11 avr. 1945. Les déportés avaient commencé la lutte contre leurs gardiens.

BUCKINGHAM George Villiers, 1er duc de (* château de Brooksby, Leicestershire, 20.VIII.1592, † Portsmouth, 23.VIII.1628). Homme politique anglais. D'une famille d'origine normande, arrivé à la cour en 1614, il remplaça Robert Carr comme favori de Jacques Ier, qui, tombé complètement sous son influence, l'éleva en moins de deux ans aux plus hautes dignités. Il s'enrichit de la manière la plus scandaleuse, en établissant des taxes injustes et en vendant des privilèges... Envoyé en Espagne (1623) pour négocier le mariage du prince de Galles (futur Charles Ier) avec l'infante, il fit échouer le projet par son insolence et décida le roi à déclarer la guerre à l'Espagne. Favori de Charles Ier, il le poussa à s'opposer au Parlement et à entrer en conflit avec la France ; après avoir échoué à secourir La Rochelle et à prendre l'île de Ré (1627), il préparait une nouvelle expédition lorsqu'il fut assassiné par un fanatique puritain, J. Felton.

BUGEAUD Thomas Robert, marquis de la Piconnerie, duc d'Isly (* Limoges, 15.X.1784, † Paris, 10.VI.1849). Maréchal de France. Envoyé avec un corps expéditionnaire en Algérie en 1836, il battit Abd el-Kader à la Sikkah (6 juill. 1836), puis signa avec lui le traité de la Tafna (30 mai 1837), qui était une reconnaissance officielle de l'émir par la France. Gouverneur de l'Algérie (févr. 1841/sept. 1847), il se révéla un remarquable entraîneur d'hommes, mena les opérations d'une manière impitoyable, pratiquant des razzias et des dévastations systématiques dans les régions insoumises. Il remporta sur les Marocains, alliés d'Abd el-Kader, la victoire de l'Isly (14 août 1844). À Paris, il avait réprimé durement l'insurrection de 1834 (massacre de la rue Transnonain). En 1848, chef de l'armée de Paris, il ne put arrêter la révolution parisienne.

BULGARES. Peuple non indo-européen, appartenant soit au groupe des peuples finno-ougriens, soit au groupe des peuples turco-mongols. Cavaliers redoutables, vivant principalement de la guerre et du pillage, gouvernés par des khans et par une aristocratie de boyards, les Bulgares apparaissent pour la première fois au Ve s. de notre ère, dans le sillage des Huns. D'abord établis sur les bords de la mer Noire et de la mer d'Azov, ils se partagèrent en deux grands groupes :

Les **Bulgares occidentaux**, établis dès la fin du Ve s. sur le bas Danube, opérèrent rapidement des raids dans la province byzantine de Mésie, et, à plusieurs reprises, menacèrent Constantinople (540, 558/59, 626). En 679, sous la conduite de leur khan Asparuh, ils franchirent définitivement le Danube et s'installèrent dans une région déjà occupée par des tribus slaves, dans lesquelles ils se fondirent rapidement. Ils furent à l'origine de la Bulgarie actuelle.

Les **Bulgares orientaux** édifièrent, du XIe au XIIIe s., sur le cours moyen de la Volga et dans la région formée par le confluent de la Volga et de la Kama, un puissant royaume dont la vie économique était fondée sur la chasse, la pêche ainsi que sur le commerce fluvial. Ce royaume bulgare passa sous la domination des Mongols en 1236.

BULGARIE. État de l'Europe orientale, dans la péninsule des Balkans ; capitale *Sofia*.

Les Empires bulgares du Moyen Âge

Le territoire actuel de la Bulgarie, occupé par les Thraces vers 1300 av. J.-C., fit partie du royaume de Macédoine, puis forma les provinces romaines de Thrace et de Mésie. Apparus au Ve s. sur le bas Danube, les Bulgares s'établirent définitivement au sud du fleuve sous la conduite de leur khan Asparuh en 679 et se mêlèrent aux tribus slaves déjà installées et aux Thraces romanisés. Ils adoptèrent un langage slave et le pays fut dominé par une aristocratie militaire essentiellement bulgare. Tout en subissant au N. et au N.-O. les invasions successives des Magyars, des Petchenègues, des Coumans et des Russes, la Bulgarie devint rapidement une rivale dangereuse pour les empereurs de Constantinople ; les VIIIe et IXe s. virent se succéder de nombreuses campagnes menées par les Bulgares contre les Byzantins ; en 812, le khan Krum, après avoir occupé Serdica (auj. Sofia) en 809, assiégea Constantinople qui ne fut sauvée que par sa mort subite. Le premier Empire bulgare fut fondé par Siméon Ier le Grand (893/927) ; son père Boris (852/889) s'était converti au christianisme et avait rattaché la jeune Église bulgare à Byzance. Sous Siméon, la « Grande-Bulgarie » englobait la Serbie, l'Albanie, et la Macédoine ; il assiégea plusieurs fois Constantinople et prit le titre de « tsar et autocrate de tous les Bulgares et les Grecs », à un moment où il avait imposé un tribut à l'empereur Léon VI. Preslav, sa capitale, devint un centre artistique et intellectuel. À la mort de Siméon, l'Empire se disloqua rapidement et la victoire de l'empereur byzantin Basile II, dit le Bulgaroctone (le « tueur de Bulgares »), sur le tsar Samuel en 1014, fit passer la Bulgarie sous sa domination. Un second Empire bulgare fut créé par Jean III Asen II ; il appartenait à la dynastie des Asénides, fondée par les frères Jean et Pierre Asen, boyards de Tirnovo qui restaurèrent l'indépendance bulgare avec l'aide des Coumans en 1186. Le nouvel empire comprenait, outre l'actuelle Bulgarie, la Thrace, la Macédoine, l'Épire et l'Albanie. Essentiellement féodal et agricole, cet Empire connut une urbanisation et l'apparation d'une classe de marchands qui commerçaient avec les Génois et les Vénitiens. La fin des Asénides ouvrit une nouvelle période de faiblesse du pouvoir central et de dislocation territoriale. Les Bulgares devinrent tributaires de la Serbie d'Étienne Douchan en 1331 puis les Turcs occupèrent progressivement tout le pays. En 1371, le dernier tsar bulgare dut se reconnaître vassal du sultan et les défaites de Kosovo en 1389 et de Nicopolis en 1396 (où des croisés venus d'Occident étaient présents) marquèrent la fin des États chrétiens des Balkans. La Bulgarie allait rester sous le joug ottoman pendant cinq siècles (1396/1878).

La domination ottomane et la renaissance nationale

Devenue la province turque de Roumélie, la Bulgarie connut l'autorité d'un gouverneur général ou *beglerbeg* (*beylerbey*), et dut subir une lourde fiscalité ainsi que la réquisition de jeunes enfants enrôlés dans le corps des janissaires. Elle put cependant garder sa langue et sa religion ; la culture se réfugia dans les monastères (Rila, Batchkovo, Poganovo...) et dans les couvents-écoles de Hilendar et de Zographos, au mont Athos. Par son *Histoire slavo-bulgare* (1762), le moine Païssi de Hilendar contribua au réveil du sentiment national ; après des tentatives avortées faute d'organisation, la grande révolte bulgare éclata en mai 1876 dans la région de Plovdiv ; si elle fut un échec, son ampleur et la cruauté de la répression turque attirèrent l'attention de toute l'Europe.

Les débuts de la nouvelle Bulgarie indépendante (1878/1918)

La Russie prit prétexte des massacres et déclara la guerre à la Turquie. La défaite turque aboutit au traité de San Stefano (mars 1878) qui démembrait la Turquie européenne (et donnait à la Russie la mainmise sur les Détroits) et créait la Grande-Bulgarie. Face aux protestations de l'Angleterre, la Russie dut accepter, au congrès de Berlin, de diviser la Grande-Bulgarie en trois parties : la Bulgarie septentrionale, entre le mont Balkan et le Danube, principauté vassale de la Turquie, la Roumélie orientale, au sud du Balkan, administrée par un gouverneur chrétien nommé par le sultan, et la Macédoine restée turque. L'Assemblée nationale bulgare désigna comme prince Alexandre de Battenberg, qui prit le nom de d'Alexandre Ier (1879/86) et annexa la Roumélie orientale. Il fut renversé par le parti russophile et le prince Ferdinand de Saxe-Gotha (1887/94) fut élu par l'Assemblée nationale et resta pendant des années le protégé de Vienne. En 1908, il prit le titre de tsar et la Bulgarie fut pour la première fois indépendante. Allié des Grecs, des Monténégrins et des Serbes, il lança la première Guerre balkanique contre la Turquie. Vainqueurs mais incapables de s'entendre pour se partager la Macédoine, les Alliés se désunirent et la Bulgarie trouva contre elle les Grecs, les Serbes, les Roumains et les Turcs. Défaite, elle perdit presque toutes ses conquêtes. Pendant la Première Guerre mondiale, la Bulgarie se rangea du côté des puissances centrales. Vaincue, elle dut céder à la Roumanie la Dobroudja méridionale et, à la Grèce, la côte de Thrace (traité de Neuilly, 1919).

La Bulgarie contemporaine

Ferdinand abdiqua en oct. 1918 ; son fils Boris III lui succéda (1918/43). Populaire en raison de son hostilité à la guerre, le Premier ministre Stamboliski entreprit des réformes sociales radicales. Il fut renversé par un coup d'État nationaliste en 1925 après une dizaine d'années d'agitation, de menées communistes et d'attentats, Boris III finit par imposer, en 1935, une dictature royale. En même temps il s'entendait avec les puissances de l'Axe ; appuyé par l'Allemagne, il obtint la restitution de la Dobroudja méridionale et au printemps 1941, il autorisa les troupes allemandes à stationner sur son sol. Il déclara la guerre aux Anglo-Saxons mais resta neutre dans le conflit germano-russe. En sept. 1944, l'Armée rouge occupa la Bulgarie qui dut entrer en guerre contre l'Allemagne.

Après une sanglante épuration, la république fut proclamée en sept. 1946. Ancien secrétaire général du Komintern, devenu chef du gouvernement, Georges Dimitrov (* 1882, † 1949) élimina les opposants par des procès politiques. La Constitution de 1947 fit de la Bulgarie une démocratie populaire qui devint membre du pacte de Varsovie et aligna sa politique sur celle de Moscou.

En mai 1971, une nouvelle Constitution, fut approuvée par référendum. En juill., Todor Jivkov, chef du parti depuis 1954 fut nommé chef de l'État ; Stanko Todorov devint Premier ministre ; les résultats du plan quinquennal (1976/81) n'ayant pas atteint les objectifs prévus, Todorov fut remplacé par Gricha Filipov. Après avoir tenté une timide perestroïka à la bulgare, Jivkov dut démissionner en nov. 1989 ; avec l'accord de Moscou, il fut remplacé par Petar Mladenov. Mais le parti dut faire de nombreuses concessions et ne put empêcher, après la démission de Mladenov, l'installation à la présidence de Jelio Jelev, ancien dissident, ni sa réélection en 1992. La victoire de l'Union des forces démocratiques à l'élection présidentielle de nov. 1996, puis aux législatives de d'avr. 1997, faisait entrer la Bulgarie dans une ère de libération politique. Au printemps 1999, elle soutint l'intervention occidentale au Kosovo et l'année suivante elle entamait les négociations pour adhérer à l'Union européenne. En juill. 2001, l'ex-roi Siméon II, revenu d'exil, a accepté le poste de Premier ministre.

BULLE D'OR. *Bulla aurea, Goldene Bull.* Nom donné au Moyen Âge à diverses chartes ou Constitutions scellées d'une bulle d'or et accordées par les souverains du Saint Empire. La plus célèbre fut la Constitution latine de trente et un chapitres promulguée par l'empereur Charles IV aux diètes de Nuremberg (10 janv. 1356) et de Metz (25 déc. 1356) qui posait les règles de l'élection impériale. Elle excluait toute intervention du pape et confiait la régence, pendant les vacances du trône au duc de Saxe et au comte palatin. Elle reconnaissait solennellement le droit des princes à nommer l'empereur et ainsi maintenait, le Saint Empire comme une fédération de principautés. Au même moment les monarchies française et anglaise allaient, au contraire, vers l'unité. Les Électeurs, au nombre de sept, étaient les archevêques de Trèves, de Mayence et de Cologne et le roi de Bohême, le comte palatin du Rhin, le duc de Saxe, le margrave de Brandebourg. Voir ÉLECTEURS DU SAINT EMPIRE.

BULLE PONTIFICALE. La bulle est la forme la plus solennelle que peuvent prendre les lettres des papes. Elle se distingue du *bref*, simple lettre pontificale, et tire son nom de la *bulla* ou boule de plomb qui lui est attachée et fait office de sceau. Sur l'une de ses faces sont représentés st Pierre et st Paul, sur l'autre le portrait du souverain pontife régnant. Les bulles traitent d'un très grand nombre de sujets, mais les principales sont les *bulles d'excommunication* et les *bulles doctrinales*.

BÜLOW Bernhard, prince von (* Klein-Flottbeck, près d'Altona, 3.V.1849, † Rome, 28.X.1929). Homme politique et diplomate allemand. Ambassadeur à Rome en 1893, il fut nommé secrétaire d'État aux Affaires étrangères en 1897, puis remplaça Hohenlohe comme chancelier d'Empire (oct. 1900/juill. 1909). Jouissant de la confiance de Guillaume II, il se révéla médiocre dans sa politique étrangère, où il subit l'influence de Holstein ; par ses élans d'agressivité, notamment au Maroc, il contribua à précipiter l'isolement de l'Allemagne et l'alliance de la France avec la Grande-Bretagne et la Russie. Chargé d'une mission extraordinaire en Italie en 1914/15, il n'obtint pas plus de succès et ne put empêcher l'Italie de se ranger aux côtés des Alliés.

BUND. Union sociale-démocrate juive fondée en Russie occidentale en 1897. Après avoir participé à l'organisation du parti social-démocrate, au congrès de Minsk (1898), le Bund se prononça contre les bolcheviks au congrès de Londres (1903) et fut éliminé par la révolution d'oct. 1917. Il se reconstitua après 1918 dans la Pologne indépendante.

BUREAU INTERNATIONAL DU TRAVAIL (BIT). Voir **ORGANISATION INTERNATIONALE DU TRAVAIL (OIT)**.

BUREN Martin Van. Président des États-Unis (1837/41). Voir **VAN BUREN MARTIN**.

BURGONDES. Peuple germanique, établi à l'origine sur les rives de la Baltique et dans l'île de Bornholm (*Burgundarholm*), puis entre la moyenne Vistule et l'Oder. Les Burgondes ont émigré à partir du IIIe s. vers le Main, constitué, au début du Ve s. et un royaume sur la rive gauche du Rhin, avec Worms pour capitale. Il fut détruit en 436 par les Huns, et le roi burgonde Gondicaire périt avec la plupart de ses guerriers (c'est le fondement historique de la légende des Nibelungen). Le reste des Burgondes, avec l'aide d'Aetius et sous la conduite de Gondioc, s'établit en 443 dans la haute vallée du Rhône. Sous Gondebaud (vers 480/516), son fils, les Burgondes rompirent le *foedus* avec Rome.

Vers la fin du Ve s., ils s'étendaient de la Durance au S. jusqu'aux abords de la Champagne au N., et des Cévennes à la Suisse. Gondebaud publia leur premier code de lois, connu sous le nom de *loi Gombette*. Craignant les Goths, les Burgondes eurent toujours le souci de ne pas rejeter l'alliance avec les empereurs d'Orient. Ariens, ils furent convertis au catholicisme sous le règne de Sigismond (516/23). Le royaume burgonde fut annexé à l'Empire franc par les successeurs de Clovis après la défaite et la mort de Gondemar II (534).

BURKE Edmund (* Dublin, 1er.I.1729, † Beaconsfield, 9.VII.1797). Philosophe et homme politique anglais. Il fut élu au Parlement en 1765 et devint un des principaux chefs des whigs. Sa vie politique fut occupée par cinq « grandes, justes et honorables causes » : la défense de la Chambre des communes contre les empiétements abusifs de George III, l'émancipation des colonies d'Amérique, la défense des droits et des intérêts de l'Irlande catholique, la lutte contre les abus de la Révolution et surtout la lutte contre la Révolution française jusqu'au Directoire, ce qui le fit rompre avec les whigs en 1791. En 1790, il avait publié ses *Reflections on the revolution in France* qui connurent un succès considérable et qui rapidement furent traduites en français et en allemand. Pour Burke, la doctrine des droits de l'homme, même si elle était « métaphysiquement vraie » souffrait du défaut majeur d'être radicalement impraticable. Il leur opposait les droits acquis par les Anglais au cours de leur histoire, les réformes et les changements devant toujours s'appliquer au caractère de chaque nation et aux circonstances particulières. Burke sut prédire que le mouvement révolutionnaire aboutirait à une dictature militaire. Sa conception « organique » des institutions eut une grande influence sur les traditionalistes français J. de Maistre et L. de Bonald.

BURKINA FASO. État de l'Afrique occidentale, borné au N.-O. par le Mali, au N.-E. par le Niger, au S. par le Bénin, le Togo, le Ghana et la Côte-d'Ivoire, appelé Haute-Volta jusqu'en 1984 ; capitale *Ouagadougou*. La région fut le centre des royaumes Mossis établis au XVe s. et qui, malgré de nombreuses fusions et divisions, se maintinrent jusqu'à la conquête française (1896). Elle devint la colonie française de Haute-Volta créée en 1919 avec une partie de la colonie du Haut-Sénégal-Niger, elle-même créée en 1904. Supprimée en 1932, elle fut reconstituée en 1947. République autonome à l'intérieur de la Communauté (11 déc. 1958), elle rompit avec elle en juin 1960 et devint complètement indépendante le 5 août 1960.

À la différence des autres pays de l'Afrique noire, la République voltaïque maintint quelque temps le pluralisme des partis. Au pouvoir depuis 1960, le président Maurice Yaméogo fut renversé par un coup d'État militaire, le 3 janv. 1966, dirigé par le colonel Lamizana ; une nouvelle Constitution inaugura, en févr. 1971, un partage du pouvoir entre Lamizana, devenu général et président de la République, et le Premier ministre, Ouédraogo, chef de l'Union démocratique voltaïque. Celui-ci ayant été désavoué par son propre parti alors que le pays souffrait gravement de la sécheresse dans le Sahel, le général Lamizana et l'armée reprirent la totalité des pouvoirs le 8 févr. 1974. Tous les partis politiques furent supprimés et remplacés, en nov. 1975, par le Mouvement pour le renouveau national. Un nouveau coup d'État renversa Lamizana en 1980 et son successeur, le colonel Saye Zerbo, fut éliminé à son tour en 1982. En août 1983, le capitaine Thomas Sankara prenait les commandes de l'État au nom du Conseil national de la révolution, organisation d'obédience marxiste, comprenant des militaires et des civils. Sankara fut assassiné par son second, le capitaine Blaise Compaoré, en oct. 1987, et sous couvert de maintenir les principes révolutionnaires, les autres chefs de la « révolution » de 1983 furent éliminés physiquement à l'occasion de deux nouvelles tentatives de coup d'État en 1989. Une nouvelle Constitution instaurant le multipartisme fut adoptée par référendum, en juill. 1991, tandis que des accords furent négociés avec le FMI et la Banque mondiale. Entrée au gouvernement en juill. 1991, l'opposition, soutenue par de nombreux manifestants, boycotta l'élection présidentielle. Candidat unique, Blaise Compaoré fut élu président, le 1er déc. 1991. L'opposition, victime de nombreux attentats, se présenta affaiblie aux élections législatives, et n'obtint que 13 des 107 sièges. Aux élections législatives de mai 1997 elle connut un nouvel échec, le parti gouvernemental Convention pour la démocratie et le progrès (CDP) remportant 101 sièges sur 110.

Malgré la création d'une commission électorale nationale indépendante (CENI), l'élection présidentielle de nov. 1998, qui réélut Blaise Compaoré à la tête du pays, fut contestée par l'opposition. La mort suspecte du journaliste Norbert Zongo, en déc. 1998, provoqua de grandes manifestations et les partis d'opposition réclamèrent une enquête. Le rapport d'une commission indépendante conclut en mai 1999 à la responsabilité de la garde présidentielle. Sur le plan diplomatique, le Burkina Faso a pris, en 1998, la présidence de l'OUA dont il accueillait le 34e sommet.

BURUNDI. État de l'Afrique orientale, borné par le Zaïre, le Rwanda et la Tanzanie ; capitale *Bujumbura*. Le royaume du Burundi apparaît au XVe s. ; il se maintint jusqu'à l'installation d'un protectorat allemand (1903). Après avoir fait partie du Ruanda-Urundi sous mandat belge, le Burundi devint un royaume indépendant le 1er juill. 1962. Au cours d'un voyage en Europe, le *mwami* (roi) Mwambutsa IV fut renversé par son fils, prince héritier, qui prit le nom de Ntaré V (8 juill. 1966) ; il fut à son tour renversé, le 29 nov. 1966, par son Premier ministre, Michel Micombero, qui proclama la république. En 1976, l'armée portait au pouvoir le colonel Bagaza et le destitua en 1987 au profit du major Buyoya, un Tutsi qui tenta de mettre fin au népotisme et à la corruption. Mais l'histoire du pays est restée dominée par l'hostilité entre les Tutsis (15 % de la population), qui détiennent tous les pouvoirs, militaire, politique et économique, et la paysannerie hutue qui compose le reste de la population de l'État. De terribles massacres eurent lieu en 1965, 1969, 1972/73, et en 1988.

La politique de démocratisation et de transfert du pouvoir aux Hutus, menée par Pierre Buyoya, permit l'élection, en juill. 1993, d'un président hutu, Melchior Ndadaye, tandis qu'un Premier ministre tutsi, Sylvie Kinigi, était nommé. Cependant, la réconciliation entre les deux populations fut arrêtée avec l'assassinat de Ndadaye, le 21 oct. 1993, au cours d'un putsch avorté d'officiers tutsis. La mort de son successeur, Cyprien Ntaryanira, le 6 avr. 1994, abattu dans un avion avec son homologue rwandais, ralluma la colère des Hutus et les massacres furent attisés par les extrémistes hutus et la déstabilisation du Rwanda voisin à l'été 1994.

Cette situation de guerre civile interethnique, qui a fait plus de 150 000 morts depuis 1993, a conduit l'armée à intervenir en réinstallant au pouvoir, en juill. 1996, le major tutsi Pierre Buyoya, déjà président de 1987 à 1993, qui nomma Premier ministre le Hutu Pascal-Firmin Ndimira. En sept. de la même année, le Parlement fut rétabli et les partis politiques à nouveau autorisés.

Après deux ans de tractations, grâce notamment à la médiation de N. Mandela, treize des dix-neuf parties impliquées dans le conflit du Burundi signèrent en Tanzanie, fin août 2000, un accord de paix visant à mettre fin à sept ans de guerre civile. L'absence des organisations de guérilla hutues et le refus des factions de s'engager sur un cessez-le-feu rendaient cependant cet accord fragile.

BUSH George (Milton, 12.VI.1924). Homme politique américain. Directeur de la CIA de 1976 à 1980, puis vice-président de Reagan de 1981 à 1988, il fut élu à la présidence des États-Unis en nov. 1988. Sa principale tâche fut d'adapter son pays à la nouvelle donne internationale (chute du communisme et fin de la guerre froide). Son attitude ferme durant la seconde guerre du Golfe donna aux Américains l'image d'un président capable de gérer les crises et lui valut une forte popularité. Cependant, le crédit qu'il avait acquis fut de courte durée du fait des difficultés économiques du pays. Lors de l'élection présidentielle de 1992, il fut battu par le candidat démocrate Bill Clinton.

BUSH George Walker (New Haven, Connecticut, 6.VII.1946). Homme politique américain. Fils de George Bush, il suivit une formation de pilote de chasse et fréquenta Yale et Harvard. Il travailla dans les compagnies pétrolières et dirigea la très populaire équipe de base-ball des Texas Rangers ; il s'en servit comme tremplin pour être élu gouverneur du Texas en 1994. Candidat républicain à l'élection présidentielle de 2000, il fut investi président en janv. 2001, à la suite de la décision de la Cour suprême des États-Unis d'interrompre le recomptage des bulletins de l'État de Floride. Il avait cependant réuni moins de voix, sur l'ensemble du pays, que son adversaire Al Gore, l'élection présidentielle américaine se déroulant au suffrage universel indirect. La présidence de G. Bush a été profondément marquée par l'attentat du 11 sept. 2001 et ses milliers de victimes. G. Bush a engagé la guerre contre le terrorisme d'Al Qaida par une intervention armée en Afghanistan, dès l'automne 2001. Puis il a décidé l'invasion de l'Irak par l'armée américaine, appuyée par des contingents britanniques, pour renverser Saddam Hussein, accusé, à tort semble-t-il, de stocker des armes de destruction massive. Après une victoire rapidement acquise (mars-mai 2003), G. Bush restait menacé par les risques d'enlisement de l'armée américaine dans ce conflit.

Sur le plan intérieur, G. Bush a relancé l'économie américaine par un endettement massif des finances publiques ; l'essor de la production n'a jusqu'à présent entraîné qu'une faible réduction du nombre de chômeurs.

BUSSY D'AMBOISE Louis de Clermont (* Mogneville, vers 1549, † château de Coutancière, près de Saumur, 19.VIII.1579). Homme de guerre français. Il fut l'un des plus acharnés lors de la Saint-Barthélemy, assassinant même son parent Antoine de Clermont, avec qui il était en procès. Partisan du duc d'Anjou, il fut nommé gouverneur du château d'Angers, puis son premier gentilhomme. Il fut assassiné par Charles de Chambres, comte de Montsoreau, dont il avait séduit la femme Françoise de Maridort. C'est là le sujet du roman de *La Dame de Montsoreau*, d'Alexandre Dumas qui a donné au héros toutes les qualités de bravoure et d'honneur.

BYBLOS. Ville ancienne de Phénicie, située à 35 km au N. de Beyrouth. *Byblos* est son nom grec ; elle était appelée *Goubla* dans les textes cunéiformes et *Gebal* ans les textes bibliques. Elle fut fouillée systématiquement à partir de 1921 par Pierre Montet puis par Maurice Dunand.

Au néolithique ancien (5000/4600) le site fut occupé par une communauté vivant de l'agriculture dont les habitations avaient un sol de plâtre. À la période suivante du chalcolithique (seconde moitié du IVe millénaire), les habitants, toujours agriculteurs, possédaient des parures en or et en argent et des poignards en cuivre.

Au début du IIIe millénaire, Byblos devint un centre urbain qui entretint avec l'Égypte des rapports réguliers, religieux et commerciaux. Depuis la IVe dynastie, les pharaons ont adressé des offrandes à la Dame de Byblos. De son côté, Byblos exportait le bois du Liban et du cuivre de Chypre et du Caucase. La ville fut détruite, sans doute par une invasion amorrite, à la fin du IIIe millénaire ; reconstruite, elle fut soumise pendant trois cents ans environ à des princes amorrites qui rétablirent les contacts avec l'Égypte.

Au Nouvel Empire, Ahmosis de Thèbes étendit son hégémonie sur la côte phénicienne, et sur Byblos en particulier qui reprit ses fructueux échanges avec l'Égypte. Nombres d'objets et de thèmes décoratifs venus du monde égyptien attestent la continuité de ses rapports. La vague d'invasion des Peuples de la Mer interrompit les échanges de Byblos avec l'Égypte. Dès lors l'histoire de la ville s'est confondue avec celle de la Phénicie. Au IXe s. elle tomba sous la domination assyrienne, puis perse. La conquête d'Alexandre fit entrer Byblos dans le monde hellénistique. Par ses relations avec l'Égypte, Byblos a joué un grand rôle dans la diffusion du papyrus et, à partir de son nom, les Grecs ont formé les mots *biblion* (papier et livre) et *biblios* (livre), nom et adjectif qui se rapportent au *livre*.

BYZANCE. Colonie grecque, fondée sans doute par des Mégariens en 659/58 av. J.-C., à l'entrée du Bosphore, sur un territoire occupé par des tribus thraces. Elle fut indépendante jusqu'à la fin du VIe s. En 490, Darius la ravagea, puis Cimon la fit entrer dans l'alliance d'Athènes jusqu'en 412. Devenue un enjeu entre Athènes et Sparte, elle redevint indépendante en 358. Les Athéniens l'aidèrent à résister à Philippe de Macédoine de 341 à 339. Elle sut conserver son indépendance sous les Macédoniens et les Romains à qui elle avait rendu de grands services durant la guerre contre Mithridate. Elle fut ensuite absorbée dans l'Empire romain avec le reste de la Thrace. Dans les guerres civiles de la fin du IIe s. apr. J.-C., elle fut assiégée trois ans par Septime Sévère qui la fit piller et raser en 196. Caracalla la releva et Constantin lui rendit sa splendeur en la choisissant comme nouvelle capitale de l'Empire en 330 sous le nom de Constantinople.

BYZANTIN (Empire). Nom donné à la partie orientale de l'Empire romain qui, après le partage de l'Empire, à la mort de Théodose (395) et l'effondrement de l'Empire d'Occident (476), subsista pendant presque un millénaire jusqu'à la prise de sa capitale, Constantinople (Byzance), par les Ottomans en 1453. Les Romains des provinces orientales ne ressentirent pas la coupure provoquée en Occident par les grandes invasions germaniques du Ve s. L'idée d'un Empire universel survécut longtemps à Byzance, et les empereurs tentèrent à plusieurs reprises, en particulier sous Justinien, de rétablir l'ancienne puissance romaine ; ils ne devinrent que peu à peu des souverains orientaux.

Le partage de l'Empire romain remonte initialement aux réformes de Dioclétien (285) : pour mieux assurer la défense des frontières contre les Barbares, Dioclétien s'associa comme empereur (*auguste*) Maximien, auquel il confia la défense de l'Occident, cependant que lui-même gardait l'Orient. Constantin (325/37) rétablit l'unité de l'Empire, mais sa décision d'installer une nouvelle capitale à Constantinople (330) marquait la prédominance déjà reconnue économiquement à l'Orient grec sur l'Occident latin. Durant tout le IVe s., c'est à l'est que la vie spirituelle du christianisme fut la plus intense (grandes controverses théologiques, essor du monachisme).

De la mort de Théodose Ier à la dynastie d'Héraclius (395/717)

La division de l'ancien monde romain en 395 (Honorius régnant sur l'Occident et Arcadius sur l'Orient), n'avait en fait rien de révolutionnaire ; c'était un retour à la situation antérieure au règne de Constantin. L'idée de l'unité subsistait à la fois chez les gouvernants et dans la conscience des peuples. En Orient, si la langue de culture était le grec, le latin restait la langue officielle. Le code Théodosien, publié en 438, attestait encore l'unité de l'Empire, et il fut appliqué en Orient au nom de Théodose II, comme en Occident, au nom de Valentinien III.

L'Empire d'Orient s'étendait sur la péninsule balkanique, l'Asie Mineure, la Syrie, la Palestine, la Mésopotamie du Nord et l'Égypte. Son cadre administratif, demeuré romain, comportait deux préfectures du prétoire (Illyrie et Orient), sept diocèses et soixante-quatre provinces. Cet État était un des plus puissants de l'univers civilisé.

L'Empire d'Occident fut submergé par les invasions germaniques. L'Empire d'Orient réussit à échapper aux invasions. Le paiement d'un tribut épargna à la Thrace et à la Macédoine les ravages d'Attila (448). Les règnes d'Arcadius (395/408) et de Théodose II (408/50) furent troublés surtout par des querelles religieuses : arianisme (v.), nestorianisme (v.), monophysisme (v.). Cette dernière hérésie trouva une grande audience en Égypte et en Syrie. Pour éviter une sécession des provinces orientales, les empereurs, en particulier Zénon (474/91), furent amenés à intervenir dans les débats théologiques, pour des raisons d'abord politiques. Zénon imposa la modération à l'égard des monophysites, ce qui provoqua, à la fin du Ve s., un premier conflit avec le pape. Le développement différent du christianisme en Orient et en Occident a contribué puissamment séparer les deux anciennes parties de l'Empire : Theodose Ier avait proclamé le christianisme religion d'État, et l'Orient, dès le Ve s., évoluait vers une forme originale de rapports entre le pouvoir impérial et l'Église.

En 476, le chef hérule Odoacre déposa le dernier empereur romain d'Occident, Romulus Augustule, et renvoya les insignes impériaux à l'empereur Zénon. Ainsi les chefs barbares d'Occident reconnaissaient, en droit, la suprématie impériale. Mais alors que Théodoric esquissait en Occident une première synthèse de la civilisation germanique et de la civilisation latine, l'empereur était incapable d'apporter à l'Italie et au pape une protection efficace. L'Empire d'Orient devait faire face à ses propres périls : sous Anastase Ier (491/518) eurent lieu les premières incursions slaves dans les régions danubiennes, et la guerre reprit contre la Perse sassanide.

Pourtant, les souverains byzantins ne se résignaient pas. Nourri de culture classique, exalté par les grands souvenirs du passé romain, Justinien Ier (527/65) développa une politique de reconquête finalement néfaste pour rétablir l'Empire dans son intégrité. Disposant de bons généraux tels que Bélisaire et Narsès, il détruisit en Afrique le royaume vandale (534) et, au prix de guerres longues et coûteuses, le royaume ostrogoth (552) ; une partie de l'Afrique du Nord et l'Italie redevinrent des provinces impériales, et formèrent les exarchats de Carthage et de Ravenne. Les Byzantins devaient se maintenir en Italie du Sud jusqu'au XIe s., mais la plus grande partie de l'Espagne, la Gaule tout entière et la couverture septentrionale de l'Italie, maintenant aux mains d'un nouveau peuple germanique, les Lombards, pouvaient servir de bases pour de nouvelles invasions. Pour restaurer la *Romania* de l'intérieur, Justinien réalisa une œuvre législative considérable : le code Justinien (529), somme du droit romain, attestait la fidélité de Byzance à ses origines et devait devenir une des bases du droit européen. Empereur chrétien, Justin en s'attribuait aussi la mission d'imposer partout l'orthodoxie ; il établit définitivement l'autorité de l'empereur sur l'Église byzantine et, sous l'influence de l'impératrice Théodora, fit longtemps preuve de modération à l'égard de l'hérésie monophysite. Ainsi s'amorçait une évolution qui allait conduire à la rupture religieuse entre Byzance et Rome. Mais l'œuvre de Justinien a laissé le témoignage des admirables monuments de Constantinople (Sainte-Sophie) et de Ravenne (Saint-Vital).

Dès le règne de Justin II (565/78), la plus grande partie de l'Italie dut être abandonnée aux Lombards. Mais la rançon la plus lourde de la politique de Justinien fut la montée des périls en Orient. Au début du VIIe s., Byzance fut menacée à la fois par les Avars, descendus de la frontière du Danube, et par les Perses, qui déferlaient en Syrie et en Asie Mineure, cependant que des tribus slaves de plus en plus nombreuses s'installaient dans les Balkans et jusqu'en Grèce. Vers 610, l'existence même de l'Empire semblait menacée lorsqu'un homme de guerre de génie, Héraclius, se rendit maître de l'Empire qu'il devait sauver (610/41). Héraclius concentra tous ses efforts vers l'Orient, donnant à sa lutte le caractère d'une guerre sainte : entre 622 et 629, il chassa les Sassanides de Syrie et de Palestine, et, en mars 630, il fit son entrée solennelle à Jérusalem recouvrée, où il rapportait la Sainte Croix, que les Perses avaient enlevée seize ans plus tôt.

Le danger perse éliminé, apparut le péril de la conquête arabe. Entre 632 et 646, l'islam submergea la Syrie, la Mésopotamie, l'Arménie et l'Égypte. Le règne d'Héraclius s'acheva dans la débâcle. Sous ses successeurs, les Héraclides, qui devaient régner jusqu'en 717, l'Empire parut plus d'une fois sur le point de succomber. Les Arabes vinrent mettre le siège devant Constantinople (674/77), qui ne fut sauvée que par l'emploi du feu grégeois : une victoire qui a eu autant d'importance pour l'histoire européenne que la victoire de Charles Martel à Poitiers (732). Le rêve de Justinien était définitivement abandonné ; Byzance se tournait désormais vers l'est, et, pendant plus de sept cents ans, elle allait défendre l'Europe contre les assauts de l'Asie ; l'Empire proprement *byzantin* était né. Cette orientation nouvelle fut consacrée par de profondes réformes administratives. Aux cadres antiques, fondés sur la séparation des pouvoirs civils et militaires, se substitua le régime des *thèmes*, districts où tous les pouvoirs étaient concentrés entre les mains du *stratège*, et où les soldats furent installés dans des domaines héréditaires et inaliénables. C'est également à cette époque que le latin cessa d'être la langue administrative de l'Empire et que le titre d'*imperator* fit place à celui de *basileus*.

Les dynasties isaurienne et amorienne, l'iconoclasme (717/867)

Les descendants d'Héraclius perdirent le pouvoir à la suite de violents conflits intérieurs. En l'espace de vingt et un ans, de 695 à 716, six empereurs furent successivement détrônés, alors que les Bulgares menaçaient de plus en plus Constantinople et que les Arabes reprenaient leur offensive. L'ordre fut restauré par un général de l'armée d'Anatolie, Léon, originaire de Syrie, qui se fit couronner empereur à Sainte-Sophie et fonda la dynastie isaurienne. Léon III (717/41) joua un rôle de sauveur comparable à celui d'Héraclius un siècle auparavant. En 717/18, il repoussa devant Constantinople une puissante offensive des Arabes, auxquels il reprit ensuite la partie occidentale de l'Asie Mineure ; devant le péril arabe, Léon III bénéficia momentanément de l'alliance des Bulgares. La réorganisation de l'Empire, inaugurée par les descendants d'Héraclius, allait se poursuivre sous la dynastie isaurienne, avec Constantin V Copronyme (741/75), Léon IV (775/80) et l'impératrice Irène (780/802).

Sous le règne de Léon III, en 726, s'ouvrit une grande querelle politico-religieuse qui allait agiter pendant plus d'un siècle l'Empire byzantin : l'iconoclasme. Ce fut une réaction du pouvoir impérial contre la puissance croissante des moines, grands bénéficiaires de l'anarchie qui accompagna le déclin des Héraclides. Les moines exploitant la superstition populaire avec les représentations matérielles du Christ, de la Vierge et des saints (les icônes), les empereurs, pour lutter contre une idolâtrie naissante et restituer au christianisme sa pureté, crurent porter un coup décisif au monachisme en interdisant le culte des images et en opérant de vastes destructions d'icônes et de toutes formes de représentations. Après une persécution particulièrement violente une accalmie se produisit sous Irène, qui entrevoyait les dangers auxquels cette crise exposait l'unité intérieure de l'Empire. Mais l'iconoclasme reprit sous Léon V l'Arménien (813/20), la persécution contre les moines redoubla sous Michel le Bègue (820/29) et sous Théophile (829/42). La lutte ne prit fin qu'en 843, avec le concile de Nicée, qui rétablit le culte des images. L'iconoclasme fut nettement condamné en Occident et cette crise constitua une nouvelle étape vers la séparation entre Constantinople et Rome.

Au début du IXe s., le principal effort de l'islam se portait sur les côtes de la Méditerranée et les frontières orientales de l'Empire ne furent pas sérieusement menacées. Mais, en Méditerranée, les musulmans pillaient les îles grecques et les ports du continent et s'emparaient de la Crète et de la Sicile. Du côté des Balkans grandissait le danger des Bulgares, brièvement alliés de Byzance contre les Arabes. Constantin V vit lucidement la nécessité d'écraser l'État bulgare, mais il ne put y parvenir, malgré sa victoire d'Anchialos (762). Nicéphore Ier périt dans une nouvelle guerre contre les Bulgares (811).

Ces hostilités n'empêchaient pas la civilisation byzantine de rayonner sur les Slaves : la conversion des Bulgares au christianisme fut obtenue peu après 860, mais la religion commune n'atténua pas les antagonismes politiques. Constantinople voyait poindre un nouveau péril : celui des Russes, ou plutôt des Varègues, ces chefs guerriers scandinaves qui furent les fondateurs de la Russie kiévienne. De l'ancien prestige des empereurs orientaux en Occident il ne restait plus rien : le couronnement impérial de Charlemagne par le pape (800) fut une humiliation pour Byzance, qui continuait à rêver à l'Empire universel. Il y avait désormais un nouvel Empire d'Occident, et le *basileus* ne pouvait rien contre cette réalité, même s'il se refusa à le reconnaître juridiquement. Le gouvernement impérial byzantin connaissait d'ailleurs une grave instabilité. Irène, qui avait pris le pouvoir à la mort de son mari Léon IV, en 780, détrôna son fils Constantin VI, devenu majeur, et lui fit crever les yeux (797). Elle régna cinq ans encore, comme un véritable « empereur ». Elle fut renversée en 802 par le coup d'État de Nicéphore Ier. Celui-ci fut tué par les Bulgares (811) ; d'autres coups d'État chassèrent ses successeurs, Michel Ier, en 813, Léon V l'Arménien, en 820. Michel II le Bègue (820/29) fonda alors une dynastie éphémère, dite *amorienne* ou *phrygienne*, qui se poursuivit avec son fils, Théophile (829/42), et son petit-fils, Michel III l'Ivrogne (842/67). Le pouvoir fut exercé en fait par deux généraux : d'abord le césar Bardas, puis Basile le Macédonien, qui, après s'être fait adopter par Michel, élimina son bienfaiteur et prit sa place (867).

La dynastie macédonienne et l'apogée de l'Empire byzantin (867/1057)

Pendant plus d'un siècle et demi, de 867 à 1025, Byzance fut gouvernée par une suite d'empereurs qui se montrèrent aussi bons administrateurs que soldats. La dynastie macédonienne (qui était d'ailleurs arménienne, car Basile Ier appartenait à une famille arménienne établie en Macédoine) montra un souci de légitimité nouveau dans l'Empire d'Orient : le successeur de Basile Ier, Léon VI, épousa successivement quatre femmes pour avoir un héritier. En d'autres cas, la légitimité fut assurée par les mariages successifs des impératrices : Théophano, veuve de Romain II, épousa en secondes noces le général Nicéphore Phocas ; Théodora, fille de Constantin VII Porphyrogénète, se maria avec Jean Tzimiscès ; l'impératrice Zoé fut l'épouse de trois empereurs, Romain IV Argyre, Michel le Paphlagonien et Constantin Monomaque.

Forte de cette continuité, la dynastie macédonienne devait être également favorisée par le déclin du califat abbasside. L'Empire byzantin obtint ainsi de grands succès contre les Arabes. Basile Ier le Macédonien (867/86) fut assez libre de ses mouvements pour intervenir en Italie et reprendre la Calabre et Tarente (880). Les Arabes restèrent néanmoins maîtres de la Sicile, et leur puissance sur mer se manifesta par le sac de Thessalonique (904). Mais, en Orient, les campagnes de Romain Ier Lécapène (919/44), de Nicéphore Phocas (963/69) et de Jean Ier Tzimiscès (969/76) permirent la reconquête de la Mésopotamie, de l'Arménie, de la Cilicie et de la Syrie. Un rapprochement momentané des Empires chrétiens d'Orient et d'Occident se produisit : Nicéphore Phocas rechercha l'alliance de l'empereur germanique Othon Ier le Grand ; à la suite de l'ambassade de Liutprand à Constantinople (968), la princesse byzantine Théophano fut mariée à Othon II.

Devenue chrétienne, la Bulgarie avait acquis une force d'expansion messianique qui la rendait plus dangereuse encore que la Bulgarie païenne. Au début du Xe s., on put même craindre que Constantinople ne devînt la capitale d'un Empire bulgare. L'affrontement décisif eut lieu sous Basile II (976/1025), qui devait recevoir le surnom significatif de Bulgaroctone (« le Tueur de Bulgares »). L'armée bulgare subit un désastre irréparable sur les bords de la Stroumitza, en juill. 1014. Basile II renvoya au tsar Samuel, qui en mourut de saisissement, 15 000 de ses soldats prisonniers, avec les yeux crevés. Le rêve de la Grande-Bulgarie s'effondra, et les Bulgares furent réunis à l'Empire byzantin, qui leur accorda d'ailleurs une large autonomie. Les relations avec les Russes, d'abord hostiles (expéditions des princes de Kiev contre Constantinople en 907, 941, 945), se firent bientôt amicales ; le baptême du prince de Kiev, Vladimir, en 988, marqua l'entrée de la Russie dans la sphère spirituelle de Byzance. La rupture, que l'on ne savait pas encore définitive, entre les Églises d'Orient et d'Occident (1054) apporta un surcroît de prestige au patriarcat de Constantinople, qui était désormais le phare unique vers lequel se tournaient tous les chrétiens orientaux. Puissance militaire victorieuse, l'Empire byzantin, au début du XIe s., formait un État bien administré, pourvu d'un imposant appareil législatif que Léon VI avait encore complété et modernisé en publiant le recueil de ses *Basiliques* ou lois impériales. Constantinople, première place commerciale de la Méditerranée, jouissait d'une grande prospérité économique.

Des facteurs de faiblesse apparaissaient pourtant. L'armée byzantine était, essentiellement, une armée de métier dont le moral n'était pas soutenu, comme en Occident, par l'ardeur de l'esprit chevaleresque ; à partir du Xe s., les empereurs durent avoir recours à d'importantes troupes de mercenaires, russes surtout. Le problème social était plus préoccupant encore. Les chroniqueurs byzantins de l'époque mentionnent souvent un antagonisme entre les « puissants » et les « pauvres ». Ce mal, qui remontait au VIe s., était la conséquence de l'attitude de l'aristocratie pour se constituer en féodalité terrienne, comme cela s'était passé en Europe occidentale, après le déclin de l'Empire carolingien. Cette profonde transformation provoqua, au IXe s., une jacquerie, conduite par Thomas le Slave. Deux cents ans plus tard, elle menaça le pouvoir impérial lui-même, quand Basile II faillit être renversé par la révolte de deux grands seigneurs terriens d'Asie Mineure, Bardas Phocas et Bardas Skléros. Avec le secours des Russes, Basile parvint à écraser cette révolte, mais, en dépit des confiscations, la féodalité s'enracina. Après la mort de Basile II (1025), la décadence de la dynastie macédonienne fut rapide. Les Bulgares se révoltèrent (1040), les Serbes entamèrent leur lutte contre la suzeraineté byzantine, les Normands prenaient pied en Italie méridionale et les Turcs Seldjoukides faisaient leur apparition aux frontières orientales. Le coup d'État d'Isaac Comnène mit fin à la dynastie (1057).

Le fléchissement impérial : les Comnènes et les Anges (1057/1204)

Isaac Ier Comnène, qui appartenait à une famille de l'aristocratie militaire, ne put se maintenir au pouvoir que deux ans et abdiqua dès 1059. Pendant vingt ans (1059/81), une lutte acharnée pour le pouvoir se déroula entre la cour et les militaires. Huit empereurs se succédèrent au cours de cette période, et le parti de la cour, représenté par la dynastie des Doukas, l'emporta généralement. Son gouvernement fut désastreux. On négligea la défense au moment même où se multipliaient les dangers : dans les Balkans, les Petchenègues menaçaient la ligne du Danube, les Bulgares étaient agités par l'hérésie bogomile et les principautés serbes s'agitaient ; à l'E., les Turcs Seldjoukides se substituaient au califat, et, en 1071, leur victoire de Manzikert leur livra la plus grande partie de l'Asie Mineure ; en Italie, les Byzantins étaient chassés par les Normands (1071), qui, peu après, s'attaquaient à l'Épire.

L'Empire byzantin fut sauvé par un nouveau Comnène, neveu d'Isaac, Alexis Ier (1081/1118) : l'aristocratie militaire et provinciale l'emporta sur la bureaucratie de cour. Bien que le Trésor fût vide et les forces militaires insuffisantes, Alexis, par les armes ou par la diplomatie, fit face à tous ses adversaires. Sur la base du maintien du *statu quo*, il traita avec le sultan seldjoukide de Roum ; il obligea les Normands à lâcher prise dans les Balkans ; il remporta sur les Petchenègues, au Liburnion, une des plus belles victoires de l'histoire byzantine (avr. 1091). Libéré du côté de l'Occident, Alexis entreprit une reconquête de l'Asie Mineure sur les Seldjoukides, lorsqu'un événement vint bouleverser toutes les données de la politique byzantine : l'arrivée de la première croisade (1097). Ne pouvant interdire le passage aux croisés, Alexis Comnène s'efforça de les diriger le plus vite possible vers l'Asie, non sans avoir obtenu de la plupart d'entre eux un hommage de vassalité lui permettant d'affirmer sa suzeraineté sur leurs conquêtes. Les premiers contacts des Latins et des Byzantins furent mauvais : éblouis par les splendeurs de Constantinople, les croisés se retinrent à grand-peine de livrer la ville au pillage. Quant aux Comnènes, ils se désintéressèrent presque entièrement de la lutte contre les infidèles et profitèrent de la présence des croisés en Asie pour rétablir fermement l'autorité byzantine dans les Balkans.

Jean II (1118/43) élimina définitivement les Petchenègues, fit rentrer les Serbes sous sa suzeraineté et battit les Hongrois ; en Asie, son principal souci fut d'imposer son autorité à la principauté normande d'Antioche, et ses opérations militaires furent dirigées moins contre les Turcs que contre les chrétiens arméniens ; réfugiés en Cilicie, ils y avaient créé un État indépendant de Petite Arménie qui fut annexé à l'Empire en 1137. Les Byzantins étaient hostiles au pape comme aux Latins, et la politique accommodante de Manuel Ier (1143/80) provoqua le massacre des Vénitiens et des commerçants latins de l'Empire en 1182. Elle eut des suites encore plus graves en Orient : en 1176, le sultan seldjoukide Kilidj Arslan II infligea aux armées byzantines une terrible défaite à Myrioképhalon, en Phrygie. Tout espoir de recouvrer les provinces perdues d'Asie Mineure devait dès lors être abandonné.

La dynastie des Comnènes s'acheva dans le sang. Le fils de Manuel, Alexis II, fut détrôné par son cousin, Andronic Comnène (1183/85). Réformateur hardi mais aussi tyran sanguinaire, il voulut défendre les paysans et abattre la grande propriété foncière. Mais l'aristocratie s'insurgea, Andronic fut massacré, et, de 1185 à 1204, la famille des Anges, parente des Comnènes, régna à Constantinople. Cette période de vingt années fut en fait une guerre civile continuelle, où les Serbes s'émancipèrent et un second Empire bulgare se constitua, avec Jean Ier Asen et Jean II Asen Kaloyan.

Au début du XIIIe s., l'Empire byzantin était en voie de décomposition. Les Vénitiens, craignant pour leurs activités commerciales les réactions xénophobes de la plèbe byzantine, en arrivèrent à concevoir l'idée d'une conquête de l'Empire déclinant. Ils détournèrent vers Constantinople les chefs de la quatrième croisade préparée contre l'Égypte. Ils invoquaient l'usurpation d'Alexis III Ange, qui avait détrôné et aveuglé leur allié Isaac Ier Ange (v. **Croisades**). En juin 1203, la flotte vénitienne arriva devant Constantinople ; la ville fut prise d'assaut par les croisés (17 juill. 1203), Alexis III détrôné et remplacé par Isaac Ange et son fils Alexis IV. Aux yeux des Grecs, ces souverains n'étaient que des fantoches aux ordres des Latins détestés. Une révolte éclata, Isaac et Alexis furent renversés. Les croisés s'emparèrent alors, pour la seconde fois, de Constantinople (12 avr. 1204) et la mirent à sac (v. **Constantinople, empire latin de**). Se constituèrent alors des principautés franques vassales données à des chefs de la croisade : le royaume de Thessalonique, avec Boniface de Montferrat ; le duché d'Athènes, avec le Français Othon de La Roche ; la principauté de Morée ou d'Achaïe, avec Guillaume de Champlitte et Geoffroi de Villehardouin. Toutefois, en Asie et dans les Balkans subsistaient trois États grecs indépendants : le despotat d'Épire, sur les rives de l'Adriatique ; l'Empire de Trébizonde, au S.-E. de la mer Noire ; enfin, l'Empire de Nicée (v.), qui s'étendait de la mer Noire à la mer Égée et encerclait l'Empire latin de Constantinople. En 1258, l'Empire de Nicée passa sous la ferme autorité du régent Michel Paléologue, qui reconquit sans grandes difficultés Constantinople (juill. 1261), se fit couronner empereur à Sainte-Sophie sous le nom de Michel VIII et fonda la dernière dynastie byzantine, celle des Paléologues.

La fin de l'Empire byzantin (1261/1453)

L'État grec restauré n'était plus que l'ombre de celui de la dynastie macédonienne et même des Comnènes. Les Latins ne laissaient derrière eux que des ruines. L'empire de Michel VIII était réduit au N.-O. de l'Asie Mineure, à la Thrace, à une partie de la Macédoine, à l'Épire et à quelques places du Péloponnèse. À l'E. subsistait l'Empire grec indépendant de Trébizonde. En Grèce, le duché d'Athènes allait passer des mains des Français à celles de mercenaires catalans. La prospérité économique de Byzance était ruinée pour toujours et tous les Paléologues devaient se débattre dans de terribles difficultés financières. En face du péril turc, la seule issue était dans un rapprochement avec l'Occident : c'est le parti qu'adoptèrent Michel VIII au XIIIe s., Manuel II à la fin du XIVe s., Jean VIII au XVe s., mais leurs tentatives se heurtèrent chaque fois à l'hostilité furieuse du clergé et du peuple byzantins. Le grand souci de Michel VIII (1261/82) avait été d'empêcher tout retour offensif des Latins. Il favorisa Gênes pour faire pièce à Venise, et, contre l'aventureux Charles d'Anjou, frère de Saint Louis, il chercha l'alliance du Saint-Siège (avec une réunion éphémère des Églises au concile de Lyon, 1274) et celle de Pierre d'Aragon. Mais ses successeurs furent des hommes de moindre valeur, et ils se trouvèrent aux prises avec un double péril : tandis que, dans les Balkans, la Serbie d'Étienne Douchan, entre 1331 et 1355, grandissait démesurément jusqu'à la taille d'un Empire slavo-grec englobant la Macédoine, la Thessalie, l'Épire et l'Albanie, une nouvelle tribu turque, celle des Ottomans, commençait sa marche en avant en Asie Mineure.

En 1326, les Ottomans installaient leur capitale à Brousse, non loin de Constantinople, puis ils s'emparèrent de Nicée (vers 1330/31), passèrent en Europe (1353), s'assurèrent les Détroits par la prise de Gallipoli (1357), transportèrent leur capitale à Andrinople (1365) et détruisirent rapidement l'État serbe (bataille de Kosovo, 1389). Devant ces progrès, l'Europe commença à s'émouvoir, mais une armée de croisés, levée à l'instigation du roi de Hongrie, fut écrasée à Nicopolis par Bayézid Ier (1396). L'empereur Manuel II (1391/1425) entreprit alors une tournée pathétique des capitales occidentales, mais sans obtenir beaucoup de résultats. L'Empire byzantin était très éprouvé et ne put même pas tirer parti de la défaite imprévue infligée par Tamerlan à Bayézid Ier (bataille d'Ankara, 1402). En 1422, le sultan Mourad II paraissait sous les murs de Constantinople. En 1430, les Turcs s'emparèrent de Thessalonique. De l'Empire grec, il ne restait plus que Constantinople, quelques îles de la mer Égée et le despotat de Mistra dans le Péloponnèse, qui était traditionnellement l'apanage du second fils de l'empereur régnant à Constantinople et où fleurissait une brillante renaissance artistique et intellectuelle. Dans cette détresse, Jean VIII (1425/48) entreprit une nouvelle tournée en Europe : au concile de Florence (1439), en présence de l'empereur, l'union fut de nouveau solennellement proclamée entre l'Église de Rome et l'Église orientale. Cet acte souleva aussitôt la fureur du clergé et du peuple byzantins et ne valut au malheureux Jean VIII qu'un faible secours de l'Occident : une petite armée de croisés, commandés par le Hongrois Jean Hunyade, se fit battre par Mourad II à Varna (1444). Byzance, abandonnée à son sort, était désormais perdue. Le dernier empereur de la dynastie des Paléologues, Constantin XI, trouva une mort héroïque en défendant sa capitale, que le sultan Mehmet II enleva, à l'aube du 29 mai 1453. Le despotat de Mistra succomba à son tour en 1460, et l'Empire de Trébizonde en 1461.

C

CABINDA. Petit territoire de la côte occidentale de l'Afrique, au N. de l'embouchure du Congo, enclavé entre les deux Congos. Voir ANGOLA.

CABINET NOIR. Nom donné en France, sous Louis XV, au service chargé d'intercepter et d'examiner, pour raison de sécurité ou d'État, les correspondances privées. Aussi ancienne que la poste, cette pratique s'était développée sous Richelieu et Mazarin, et Louvois, surintendant des postes à partir de 1668, en fit un instrument politique. Louis XVI déclara en 1775 que la correspondance privée était inviolable et ne pouvait être utilisée en justice ; la Révolution et l'Empire exploitèrent couramment les renseignements obtenus par la violation des correspondances.

CABOCHIENS. Sous le règne de Charles VI, faction populaire du parti bourguignon, ainsi nommée d'après son chef, Simon Caboche, écorcheur de bêtes. Répandant la terreur dans Paris, ils prirent la Bastille en 1413, mirent à mort le prévôt de Paris, forcèrent le dauphin à arborer comme eux le chaperon blanc, insigne de leur mouvement. L'*Ordonnance cabochienne* de mai 1413, qui contenait de sages réformes administratives et judiciaires, était, en réalité, l'œuvre des conseillers bourguignons du roi. Las des violences, les Parisiens appelèrent les Armagnacs et les cabochiens furent exterminés (1414).

CABOT John, Giovanni Caboto, dit (* Gênes, vers 1450, † en Angleterre, vers 1499). Navigateur italien établi en Angleterre avec sa famille vers 1484. Commissionné par Henri VII d'Angleterre, il aborda, le 24 juin 1497, sur le continent américain, probablement à l'île du Cap-Breton.

CABOT Sébastien (* Venise ?, vers 1476, † Londres, 1557). Navigateur italien, fils de John Cabot, participa probablement à l'expédition de 1497. Entré en 1518 au service de l'Espagne, il devint membre du Conseil des Indes et *piloto mayor* de Charles Quint. En 1525/28, à la tête d'une expédition espagnole, il chercha un passage méridional vers les Indes mais ne put qu'explorer le Río de la Plata. Revenu en Angleterre, il dirigea une expédition en vue d'atteindre la Chine par le passage du Nord-Est, à travers l'océan Arctique. Il n'y parvint pas, mais l'expédition contribua au développement du commerce anglais avec le port russe d'Arkhangelsk.

CABRAL Pedro Álvares (* Belmonte, vers 1467/68, † Santarém ?, vers 1520/25). Navigateur portugais. À la tête d'une expédition vers les Indes qui quitta Lisbonne en mars 1500, il fut entraîné si loin vers le sud-ouest qu'il atteignit, le 22 avr. 1500, la côte du Brésil (découverte avant lui par Vicente Yañez Pinzón) ; il y séjourna une dizaine de jours, et en prit possession au nom du Portugal, puis il parvint aux Indes, à Calicut, et rentra à Lisbonne en juill. 1502.

CACHEMIRE. Région contestée entre la République indienne et le Pakistan. Jusqu'au XIVe s. royaume indépendant, le Cachemire tomba en 1381 sous la domination de princes indiens. Conquis par Akbar (1586) puis par les Afghans (1739) il devint musulman. En 1819, le chef des sikhs, Ranjit Singh, s'empara du pays et le laissa à un de ses fonctionnaires, Gulab Singh, un hindou, qui fonda une dynastie de maharajas et accepta la suzeraineté britannique (1846). Dès l'indépendance (1947), la guerre éclata entre l'Inde, qui soutenait la dynastie hindoue, et le Pakistan favorable aux aspirations de la majorité musulmane.

Un premier cessez-le-feu fut imposé par l'ONU en janv. 1949 : l'Inde occupa les deux tiers du pays les plus prospères et le Pakistan établit son protectorat sur l'O. En 1957, l'Inde annexa *de facto* les territoires qu'elle occupait. En août 1965, la guerre reprit ; elle s'arrêta après l'entrevue de Tachkent, sous l'égide de l'URSS (janv. 1966), sans que le problème du Cachemire fût résolu.

Le Cachemire septentrional, intégré au Pakistan, constitue pour le gouvernement d'Islamabad, l'« Azad Cachemire » (Cachemire libre). Le Cachemire sous administration indienne forme, dans l'Union indienne, l'État de Jammu-et-Cachemire. Sa population, composite, est formée de bouddhistes tibétains au N.-E., d'hindous dans le Jammu, de musulmans dans la vallée de l'Indus.

Les élections de 1977 donnèrent le pouvoir à Cheik Mohammed. Emprisonné plusieurs fois par les autorités de Delhi, il fut la principale figure politique du Cachemire jusqu'à sa mort, en 1982. Son fils, Farouk Abdullah, lui succéda et chercha l'alliance avec le Congrès. En 1990, le Cachemire a été placé sous administration directe de Delhi et demeure la principale source de conflit entre l'Inde et le Pakistan. De plus, en 1962, la Chine a occupé une portion de l'est du Cachemire dans le Ladakh. Les affrontements entre militants séparatistes et forces gouvernementales indiennes ont détruit en mai 1995, une ville de 30 000 habitants et le lieu saint qu'elle abritait. Au sein des séparatistes cachemiris s'opposent les indépendantistes (JKLF) et les partisans d'un rattachement au Pakistan (Hezl-ul-Mujahidin). Des élections, en sept. 1996, permirent le retour au pouvoir de Farouk Abdullah, mais l'essoufflement relatif des mouvements séparatistes n'a pas suffit à pacifier cette région. Les luttes se sont intensifiées en 1997 et 1998. Malgré une rencontre au sommet des Premiers ministres indien et pakistanais en févr. 1999, l'Inde a durci son attitude à l'égard des séparatistes. Les tensions ont culminé avec le détournement d'un avion civil indien par des rebelles cachemiris, qui obtinrent la libération de dirigeants séparatistes en échange des otages en déc. 1999. Dans le même temps, la population du Cachemire protestait par des grèves et des émeutes contre la pression militaire de l'État indien. Après le coup d'État du général pakistanais Moucharraf (12 oct. 1999), l'Inde afficha, à partir de nov., une volonté d'apaisement, notamment par l'annonce d'un cessez-le-feu pour le ramadan. Elle s'est heurtée à l'intransigeance des séparatistes, à la méfiance des responsables politiques locaux du Cachemire et aux hésitations du Pakistan. Voir INDE et PAKISTAN.

CACHET (lettre de). Avant la Révolution, elle s'opposait aux « lettres patentes » et tirait son nom du sceau royal apposé sur la bandelette de papier qui la fermait. Contresignée par un secrétaire d'État et signée par le souverain, elle renfermait ses ordres particuliers intéressant une personne privée. Les lettres de cachet sont restées célèbres parce qu'elles ont souvent ordonné l'incarcération d'un individu dans une prison d'État (en général la Bastille ou Vincennes) et qu'elles ont été regardées comme le symbole de l'absolutisme. En réalité, elles témoignaient de la justice « retenue » du roi qui lui permettait de prendre en conscience des décisions dans l'intérêt de l'État, et offrait à tout Français la possibilité de s'adresser directement à son souverain pour demander justice. Bien des lettres de cachet furent ainsi délivrées à la demande de particuliers, dans l'intérêt de leurs familles.

CACHIN Marcel (* Paimpol, Côtes-du-Nord, 20.IX.1869, † Choisy-le-Roi, 12.II.1958). Homme politique français. Il participa au congrès socialiste d'Amsterdam en 1904 et fut l'un des fondateurs de la SFIO en 1905. Député de Paris en 1914, il se rallia, avec la majorité des socialistes français, à l'« Union sacrée » et à la politique de guerre. En avr./mai 1917, il fit un premier voyage en Russie pour convaincre le gouvernement révolutionnaire de poursuivre la guerre. Devenu directeur du journal *L'Humanité* (1918/58), il accomplit en févr. 1920, avec L.O. Frossard, secrétaire général de la SFIO, une nouvelle mission en Russie afin de trouver un accord avec la IIIe Internationale (communiste). Il se rallia alors au bolchevisme et accepta les Vingt et Une Conditions posées par le Komintern pour l'adhésion des partis socialistes à la IIIe Internationale. Au congrès de Tours, il fut l'un des artisans de la scission d'où naquit le parti communiste français dont il devait rester jusqu'à sa mort l'un des dirigeants. En 1935, il fut le premier sénateur communiste, puis fut député de la Seine de 1946 à sa mort.

CADASTRE. Le cadastre est l'état des biens fonciers d'un pays, où sont consignés le nom des propriétaires, la superficie des parcelles et le produit qu'elles rapportent. Il sert donc à la perception d'un impôt foncier. On en a trouvé trace en Mésopotamie et en Égypte. Au début de notre ère, l'empereur Auguste fit exécuter un cadastre général de l'Empire romain.

En Angleterre, Guillaume le Conquérant fit établir en 1086 le *Domesday Book*, recensement détaillé des terres et des biens, destiné à asseoir les taxes. En France, les seigneurs firent établir des *terriers* (appelés *polyptiques* quand le propriétaire était ecclésiastique) qui, sous forme de registres, dénombraient et désignaient les biens fonciers qui dépendaient de leur seigneurie. Par la loi du 15 sept. 1807, Napoléon Ier fit commencer les opérations en vue d'établir le cadastre général de la France, qui furent terminées vers 1840.

CADOUDAL Georges (* Kerléano, près d'Auray, Morbihan, 1er.I.1771, † Paris, 25.VI.1804). Contre-révolutionnaire français. Fils d'un meunier, il participa dès 1793 aux luttes de la Vendée contre la République. Ayant dû dissoudre ses troupes en 1796, il tenta un nouveau soulèvement en 1799 ; réfugié à Londres (1800), le comte d'Artois le nomma lieutenant général. Revenu clandestinement en France en 1803, il s'entremit avec Pichegru et forma contre le Premier consul un complot découvert en févr. 1804. Cadoudal fut condamné à mort et exécuté et sa famille fut anoblie par Louis XVIII. Voir FRANCE.

CAETANO Marcello (* Lisbonne, 17.VIII.1906, † Rio de Janeiro, 1980). Homme politique portugais. Conseiller de Salazar, il prit part à l'élaboration de la Constitution de 1933. Premier ministre de 1968 à 1974. Voir PORTUGAL.

CAFÉ FILHO João (* Natal, Rio Grande do Norte, 3.II.1899, † Rio de Janeiro, 20.II.1970). Homme politique brésilien. Compagnon de Vargas, il participa au coup d'État de nov. 1930. En 1950, il revint au pouvoir avec Vargas, comme vice-président de la République, puis lui succéda (août 1954/nov. 1955).

CAGOULE. Surnom donné par l'Action française au mouvement d'extrême droite **Organisation (ou Comité) secret d'action révolutionnaire** qui, créé par des Camelots du roi déçus de l'immobilisme de Maurras, développa ses activités en France de 1936 à 1940. Son chef, qui avait su trouver les fonds pour acheter des armes, fut Eugène Deloncle, arrêté en novembre 1937, après l'assassinat des frères Carlo et Nello Rosselli, militants antifascistes italiens (11 juin 1937), et l'attentat contre l'immeuble de la confédération du patronat français en sept. 1937. La guerre empêcha le procès. Sous le régime de Vichy, des cagoulards collaborèrent, d'autres furent résistants. Deloncle qui avait fondé le Mouvement social révolutionnaire fut assassiné le 7 janv. 1944 par des agents allemands venus l'arrêter. Après la Libération, le procès de la Cagoule s'ouvrit devant les assises de la Seine en oct. 1948.

CAHIERS DE DOLÉANCES. C'étaient, depuis le XIVe s., les cahiers où les assemblées chargées d'élire les députés aux états généraux exposaient leurs vœux. Ils étaient rédigés par ordre au niveau des paroisses ; puis chacun des trois ordres établissait un cahier pour chaque bailliage ; les cahiers de tous les bailliages étaient alors réunis afin d'en constituer douze pour chacun des ordres ; chaque ordre rédigeait ensuite un seul cahier qui était présenté au roi à l'assemblée des états.

Les cahiers de doléance, de 1789 ont moins décrit l'état de la France que ses aspirations et ses vœux, souvent spontanés. Beaucoup d'entre eux ont été rédigés à partir de brochures politiques comme celle de Sieyès, ou d'après des modèles fabriqués par des officines de propagande comme celle du duc d'Orléans. Établis dans un climat de crise économique et financière, ils ont manifesté un loyalisme monarchique, le désir de réforme de l'État et de la fin de l'arbitraire. Rien n'y annonçait le déroulement de la Révolution française.

CAILLAUX Joseph Marie Auguste (* Le Mans, 30.III.1863, † Mamers, Sarthe, 21.XI.1944). Homme politique français. Député radical de la Sarthe en 1898, ministre des Finances de Waldeck-Rousseau (1899), puis de Clemenceau (1906), il établit, en 1907, un projet d'impôt sur le revenu repoussé par le Sénat. Président du Conseil en juin 1911, il démissionna dès janv. 1912 en raison des attaques des nationalistes contre les accords passés avec l'Allemagne sur le Congo français. De nouveau ministre des Finances en déc. 1913 (cabinet Doumergue), il démissionna en mars 1914 après que son épouse eut assassiné le journaliste G. Calmette, qui menait une violente campagne contre lui dans *Le Figaro* (Mme Caillaux fut acquittée par la cour d'assises).

Ses interventions pour la paix avec l'Allemagne durant la guerre lui valurent, en 1920, d'être condamné pour trahison, puis amnistié. Il fut encore ministre des Finances dans le cabinet Painlevé, en 1925. Président de la commission des Finances de l'Assemblée, il joua un rôle déterminant dans la chute du cabinet Blum en 1937.

CAILLIÉ René Auguste (* Mauzé, Vienne, 19.XI.1799, † La Baderre, 17.IV.1838). Explorateur français. Il fit un premier voyage au Sénégal en 1816 en qualité de domestique, un deuxième en 1818 et un troisième en 1824, étant bien décidé à atteindre la cité interdite de Tombouctou. Sans argent, sans appuis, il apprit l'arabe, suivit la formation des néophytes de l'islam et, en avr. 1827, quitta Freetown avec une caravane de marchands mandingues. Il franchit le haut Niger à Kouroussa (19 avr. 1827), fut immobilisé pendant cinq mois par une maladie et arriva à Tombouctou (20 avr. 1828). Il n'était pas le premier Européen à atteindre cette ville où avait été assassiné, en 1826, l'Anglais Gordon Laing. Avec une caravane, il traversa ensuite le Sahara et parvint au Maroc (août 1828). Revenu en France, il reçut un prix de la Société de géographie et publia son *Journal d'un voyage à Tombouctou* (1830).

CAÏMANS (îles), *Cayman Islands*. Archipel britannique des Grandes Antilles composé de trois îles découvertes en 1503 par Christophe Colomb. Cédées à la Grande-Bretagne avec la Jamaïque, par l'Espagne, en 1670, le tourisme et les activités offshore sont leurs principales ressources.

CAIRE (conférences du). Pendant la Seconde Guerre mondiale plusieurs conférences entre les Alliés se tinrent dans la capitale égyptienne. Celle du **22 au 26 nov. 1943** réunit Roosevelt, Staline et Tchang Kaï-chek qui élaborèrent le plan des opérations pour vaincre le Japon.

La conférence afro-asiatique de **déc. 1957** fit suite à la conférence Bandoung de 1955 et réunit les représentants de cinquante-deux pays du tiers monde. Elle vota l'admission de la Chine à l'ONU, la réunification de la Corée, exigea des élections libres au Viêt-nam et soutint le rattachement de la Nouvelle-Guinée à l'Indonésie.

CALAS (affaire). Affaire judiciaire (1761/65), dont les développements religieux, philosophique et politiques contribuèrent à jeter le discrédit sur la justice de l'Ancien Régime. Jean Calas, négociant protestant de Toulouse, qui avait tenté, en 1761, de déguiser en crime le suicide de son fils (les suicidés connaissaient alors un sort infamant), fut condamné à mort et exécuté sur la roue, dans un climat de haine antiprotestante, après avoir été accusé par la rumeur populaire d'avoir assassiné son fils pour l'empêcher de se convertir au catholicisme. Voltaire, par son *Essai sur la tolérance*

(1763), obtint la révision du procès, en 1765, et la réhabilitation de Calas et de sa famille.

CALIFES. À la mort de Mahomet le titre de calife revint aux successeurs reconnus de Mahomet, chefs temporels et spirituels de l'islam. Le premier calife fut Abou Bakr, beau-père de Mahomet. Il mourut en 634 ; lui succédèrent Omar (633/44), Othman (644/56) et Ali (656/61), appelés « califes orthodoxes ». À la mort d'Ali et après l'abdication de son fils Hassan, l'islam se divisa. Moawiya Ier s'empara du califat et fonda la dynastie des Omeyyades qui régna à Damas mais que ne reconnurent pas les chiites, fidèles d'Ali. En 750, ces derniers aidèrent à renverser les Omeyyades et à installer la dynastie des Abbassides qui régna à Bagdad jusqu'en 1258. Cependant, un Omeyyade, Abd er-Rahman avait pu fonder en Espagne un califat rival, dit califat de Cordoue (756/1031) tandis qu'un autre califat était fondé en Égypte par les Fatimides (907/1171). Quand les Mongols prirent Bagdad, les Abbassides se réfugièrent en Égypte, y maintinrent le principe du califat jusqu'au moment où l'Ottoman Sélim Ier ayant conquis le pays prit le titre pour lui et ses successeurs (1517). En 1924, Moustafa Kémal fit abolir le titre que s'adjugea pendant quelque temps le roi Hussein d'Arabie jusqu'à son renversement par Ibn Séoud. Depuis le titre n'est plus porté.

CALIFORNIE. État du sud-ouest des États-Unis sur la côte du Pacifique ; capitale *Sacramento*. Découverte en 1542 par l'Espagnol Juan R. Cabrillo, connue grâce aux voyages de Francis Drake (1579) et de Sebastian Vizcaino (1602), la Californie fut colonisée par l'Espagne en 1769, grâce à l'action des missionnaires jésuites et franciscains. Annexée en 1822 par le Mexique, tout juste indépendant de l'Espagne, elle fut cédée aux États-Unis par le traité de Guadalupe Hidalgo (1848) et devint le trente et unième État de l'Union en 1850. Son premier développement fut lié à la découverte de l'or et à l'ouverture du premier chemin de fer transcontinental (1869), qui attirèrent une multitude d'émigrants venus du monde entier. La Californie est devenue, à elle seule, au XXe s., une puissance économique mondiale et l'expression du rêve américain.

CALIGULA Caius Caesar Germanicus (* Antium, 31.VIII.12 apr. J.-C., † Rome, 24.I.41). Troisième empereur romain (37/41). Fils de Germanicus et d'Agrippine, il passa son enfance dans les camps militaires de Germanie où il reçut son surnom de Caligula (bottillon, de *caliga*, botte de soldat). Adopté par son grand-oncle Tibère, il lui succéda en l'an 37, à l'âge de vingt-cinq ans. Après d'heureux débuts, son comportement changea brusquement, sans doute en raison d'une maladie. Il voulut être adoré comme un dieu, se fit décerner des triomphes pour des victoires imaginaires, donna le titre de consul à un cheval qu'il aimait, entretint des relations incestueuses avec ses sœurs et fit exécuter des notables pour s'emparer de leurs richesses, n'épargnant même pas ses proches parents. Cependant, ses extravagances ne nous sont connues que par des historiens hostiles à l'Empire, et Caligula s'était aliéné le parti sénatorial par son absolutisme. Après avoir échappé à plusieurs complots, Caligula fut assassiné par des officiers de la garde prétorienne. En 39/40, il avait mené une campagne sans résultat en Germanie et en (Grande-) Bretagne.

CALIXTE II, Guy de Bourgogne († Rome, 13.XII. 1124). Pape (1119/24). Fils de Guillaume le Grand, comte de Bourgogne, archevêque de Vienne, en Dauphiné, il fut élu à Cluny le 2 févr. 1119. Entré dans Rome en 1120, il assiégea dans Sutri l'antipape Grégoire VIII (Burdin), le prit et l'enferma dans un monastère. Défenseur courageux du droit souverain de l'Église, il mit fin à la querelle des Investitures par le concordat de Worms (pacte *calixtin*) du 23 sept. 1122, confirmé par le Ier concile général du Latran.

CALLAGHAN James Leonard (Portsmouth, 27.III. 1912). Homme politique anglais. Militant syndicaliste. Élu député travailliste aux Communes dès 1945, il entra en 1947 dans le cabinet Attlee, puis, de 1964 à 1970, fit partie des gouvernements Wilson, comme chancelier de l'Échiquier et ministre de l'Intérieur. Président du parti travailliste en 1973/74, il fut ministre des Affaires étrangères dans le nouveau cabinet Wilson en mars 1974. Favorable à l'entrée de la Grande-Bretagne dans le Marché commun, il mena avec succès les nouvelles négociations sur l'adhésion britannique à la Communauté européenne. En mars 1976, après la démission de Harold Wilson, il devint Premier ministre et chef du parti travailliste.

Son impuissance face au pouvoir syndical et à des grèves sans précédent fut jugée sévèrement par l'opinion. Les conservateurs déposèrent une motion de censure votée le 28 mars 1979 à une voix de majorité. Margaret Thatcher, leader des conservateurs, le remplaça. Il quitta également la présidence de son parti en oct. 1980.

CALLES Plutarco Elias (* Guaymas, Sonora, 25.IX. 1877, † Mexico, 19.X.1945). Général et homme politique mexicain. Président de 1924 à 1928, il consolida les résultats de la révolution de 1910, pratiqua des réformes agraires, réorganisa l'armée et l'instruction publique et engagea en 1925/26 et à partir de 1932, une lutte violente contre l'Église. Il garda son influence politique jusqu'en 1934. Devenu conservateur, il s'opposa par la suite aux réformes de Lazaro Cardenas et s'exila en Californie jusqu'en 1941.

CALONNE Charles Alexandre de (* Douai, 20.I. 1734, † Paris, 30.X.1802). Ministre français. Ancien intendant à Metz et à Lille, où il s'était révélé un excellent administrateur, il devint contrôleur général des Finances en nov. 1783. Devant la crise des finances publiques, son plan consistait à beaucoup emprunter pour stimuler l'économie, restaurer le crédit et obtenir les délais nécessaires pour une profonde réforme. Les affaires furent effectivement relancées et Calonne signa avec l'Angleterre le traité de commerce de 1786. Mais le déficit des dépenses publiques persistait et il proposa un plan de réformes hardies : remplacement des vingtièmes par un impôt foncier, la « subvention territoriale », frappant tous les propriétaires ; suppression des douanes intérieures et liberté du commerce des grains ; création d'assemblées consultatives, provinciales et municipales (1786). Pressentant l'opposition irréductible des parlementaires, il demanda la convocation de l'Assemblée des notables (févr. 1787), mais celle-ci, composée surtout de privilégiés, refusa les réformes. Abandonné et congédié par Louis XVI, Calonne dut s'exiler : il ne revint en France que sous le Consulat.

CALVIN Jean, Caulvin ou **Cauvin** (* Noyon, Somme, 10.VII.1509, † Genève, 27.V.1564). Réformateur français. Après des études humanistes à Paris, Orléans, Bourges puis de nouveau à Paris, il adopta publiquement les thèses luthériennes en nov. 1533. Il dut quitter Paris pour se réfugier à Bâle où il publia en latin son *Institutio religionis christianae* (1536), texte fondateur du calvinisme. En juill. de la même année, il se fixa à Genève, appelé par Guillaume Farel. Il en fut banni en 1538 par les « libertins » partisans de la tolérance et opposés à la discipline morale et religieuse qu'il voulait imposer. Il fut rappelé en 1541 et entreprit de faire de Genève une ville exemplaire, centre de la Réforme.

CALVO SOTELO José (* La Corogne, 1893, † Madrid, 13.VII.1936). Homme politique espagnol. Ministre des Finances durant la dictature de Primo de Rivera (1926/30), il devint, sous le régime republicain, un des chefs du parti monarchiste. Menacé aux Cortés par les communistes, en particulier par la Pasionaria, il fut assassiné quelques jours avant le déclenchement de la guerre civile. Voir **Espagne.** D'Alphonse XII à la guerre civile.

CAMBACÉRÈS Jean-Jacques Régis de, duc de Parme (* Montpellier, 18.X.1753, † Paris, 8.III. 1824). Juriste et homme politique français. Secrétaire rédacteur des cahiers de la noblesse pour les États généraux, député de l'Hérault à la Convention en sept. 1792. Après le 9-Thermidor, Cambacérès devint président de l'Assemblée, puis du Comité de salut public et se signala surtout par sa modération, aussi bien à l'égard des robespierristes que des anciens Girondins ou des prêtres. Membre du Conseil des Cinq-Cents, ministre de la Justice (1799), il fut choisi par Bonaparte comme deuxième consul en déc. 1799. Chargé d'organiser les pouvoirs judiciaires, il fut le principal rédacteur du Code civil. Sous l'Empire, il fut fait archichancelier, prince et duc de Parme. Ministre de la Justice pendant les Cent-Jours, il fut exilé à la Restauration. Il revint en France lorsque Louis XVIII lui eut restitué ses droits civils et politiques, en mai 1818, mais ne joua plus aucun rôle politique.

CAMBODGE. État d'Asie du Sud-Est, situé au S.-O. de la péninsule indochinoise ; capitale *Phnom Penh*. Après avoir appartenu au royaume hindouisé du Fou-Nan (Ier/VIe s. apr. J.-C.), le Cambodge devint, à la fin du VIe s., le centre de la civilisation khmère (v. **Khmers**) qui devait fleurir jusqu'au XIVe s. À partir de 1350, la lutte s'intensifia entre Khmers et Siamois qui s'emparèrent de l'antique capitale d'Angkor. L'histoire du Cambodge connut alors un long déclin jusqu'au XIXe s., le pays se trouvant menacé à l'O. par les Siamois, à l'E. par l'Annam. Le roi du Cambodge fit ainsi appel à la France (1854), qui établit son protectorat par un traité signé à Oudong (juill. 1863). De 1887 à la Seconde Guerre mondiale, le Cambodge fit partie de l'Indochine française. En 1907, la France obtint du Siam la restitution au Cambodge de Battambang, d'Angkor et des provinces occidentales, qui furent reperdues à la suite de la guerre franco-thaïlandaise de 1940/41 (traité de Tôkyô, 9 mai 1941) et finalement restituées en 1947. Le Cambodge fut reconnu comme État associé de l'Union française en 1949 et complètement indépendant le 9 nov. 1953 ; tout en conservant de bonnes relations avec la France, il rompit ses liens avec l'Union française en sept. 1955.

Monarchie constitutionnelle depuis 1947, le Cambodge avait pour roi, depuis 1941, Norodom Sihanouk ; afin de retrouver sa liberté d'action politique, il abdiqua au profit de son père en 1955 et fonda le parti Sangkum (Communauté socialiste populaire) ; qui obtint la quasi-unanimité des suffrages. À la mort de son père en 1960, Norodom Sihanouk, demeuré chef de l'État, mena une politique neutraliste justifiée par l'aggravation de la guerre au Viêt-nam. Il avait cependant de mauvaises relations avec la Thaïlande, alliée des États-Unis et, soucieux de l'indépendance de son pays, regardait favorablement la Chine et le Viet-cong.

En 1967/68, il dut faire face à l'insurrection des communistes khmers, ou *Khmers rouges*, qui l'obligea (14 août 1969) à mettre à la tête du gouvernement le général Lon Nol, anticommuniste et partisan de la politique américaine. En mars 1970, Lon Nol renversait Sihanouk qui effectuait en voyage officiel et qui ne put que trouver refuge en Chine et faire cause commune avec les communistes dans le Gouvernement royal d'union national (GRUNC) où les Khmers rouges détenaient les postes clés. Au Cambodge, aidés par le Viêt-cong, les Khmers rouges lancèrent une offensive qui ne fut stoppée que par l'intervention des troupes américaines (avr./juin 1970). Malgré des bombardements intensifs, elle ne put empêcher la prise de Phnom Penh le 17 janv. 1975.

En 1976 naquit officiellement l'État du Kampuchea démocratique, présidé par N. Sihanouk, puis par Khieu Sampan. Pol Pot, chef des Khmers rouges, devint Premier ministre et mit en place un régime de privations et de massacres (on estime le nombre des victimes à plus de trois millions pour un pays de plus de 8 millions d'habitants en 1974) qui ruina le pays et son économie. Ce fut un génocide tel que le régime communiste de Hanoi intervint militairement et installa à Phnom Penh un gouvernement d'opposition. La communauté internationale ne reconnut pas la République populaire du Kampuchea, nouveau nom du Cambodge, mais légitima, en sept. 1981, le gouvernement de coalition formé par Sihanouk et incluant les Khmers rouges qui avaient repris la lutte armée, aidés par Pékin.

En déc. 1987, des négociations s'ouvrirent entre Sihanouk et Hun Sen, ancien khmer rouge allié au Viêt-nam ; poursuivies en Indonésie, au Japon, puis à Paris, elle aboutirent, lors de la seconde conférence de Paris, à un accord signé le 23 oct. 1991, qui mit fin à plus de vingt ans de guerre civile et prévoyait une force internationale de 22 000 hommes, le retour de 400 000 réfugiés de Thaïlande, la reconnaissance de l'intégralité du Cambodge et une aide internationale. Sihanouk, élu à la tête du Conseil national suprême, rentra à Phnom Penh en nov. 1991. Des élections libres furent organisées, boycottées par les Khmers rouges qui multiplièrent les attentats. En sept. 1993, la monarchie était rétablie au profit de Sihanouk, couronné en oct., le prince Norodom Ranariddh devenait Premier ministre et Hun Sen deuxième Premier ministre.

Les Khmers rouges ne cessèrent pas leur guérilla mais une fraction dissidente dirigée par Ieng Sary, acceptait, en 1996, de reconnaître le gouvernement de Phnom Penh et d'intégrer ses forces dans l'armée nationale. Arrêté en juin 1997, et condamné à la prison à vie par un tribunal populaire, Pol Pot devait mourir en avr. 1998. En juill. 1997 Hun Sen, par un coup de force, évinça du pouvoir Norodom Ranariddh, le forçant à l'exil. La communauté internationale suspendit aussitôt son aide et, après les élections de 1998, Hun Sen forma un gouvernement de coalition qui permit de commencer une politique de redressement national. Le procès des Khmers rouges fut organisé en 2001 mais le gouvernement n'obtint pas l'appui de l'ONU qui estimait que l'indépendance du tribunal n'était pas assurée.

CAMBON Joseph (* Montpellier, 10.VI.1756, † Bruxelles, 15.II.1820). Homme politique français. D'origine protestante, ce commerçant fut élu député de l'Hérault à la Législative et s'affirma tout de suite un fougueux républicain puis siégea à la Convention et vota la mort de Louis XVI. Il présida plusieurs fois la Convention et fit partie du Comité de salut public dès avr. 1793. Président du Comité des finances (1793/95), il fut un véritable ministre des Finances et institua le grand-livre de la dette publique (24 août 1793). Accusé le 8-Thermidor par Robespierre, il contribua à sa chute, mais brouillé bientôt avec Tallien et ses amis, il fut impliqué dans la conspiration du 1er Prairial. Rentré à Montpellier, il se retira de la vie politique jusqu'aux Cent-Jours, où il fut membre de la Chambre des représentants. Banni par la Restauration comme régicide, il finit ses jours exilé à Bruxelles.

CAMBRAI (ligue de, 10 déc. 1508). Inspirée par le pape Jules II, elle réunissait contre Venise le pape, l'empereur Maximilien Ier, le roi de France Louis XII, le roi d'Aragon Ferdinand le Catholique, les ducs de Ferrare et de Mantoue. Venise vaincue, la ligue se dissocia. Voir VENISE.

CAMBRAI (paix, ou **paix des Dames, 5 août 1529).** Signée entre Louise de Savoie, au nom de son fils, François Ier, et Marguerite d'Autriche, au nom de son neveu, Charles Quint. Elle mit fin à la seconde guerre entre la France et la maison d'Autriche. Charles Quint renonçait à la Bourgogne (que lui avait attribuée le traité de Madrid en 1526), mais François Ier renonçait à l'Italie et à tous ses droits de suzeraineté sur la Flandre et l'Artois. Il payait 2 millions d'écus d'or pour la rançon de ses fils laissés en otages à Charles Quint depuis 1526, et il épousait Éléonore de Habsbourg, sœur de Charles Quint. La guerre reprit en 1536.

CAMBRONNE Pierre Jacques Étienne, baron de (* Saint-Sébastien, Loire-Atlantique, 26.XII.1770, † Nantes, 29.I.1842). Général français. Enrôlé en 1792, il fit brillamment les campagnes de la Révolution et de l'Empire et fut nommé général de brigade en 1813 après le combat de Hanau. Major de la garde impériale (1814), il accompagna Napoléon à l'île d'Elbe et revint avec lui en 1815. Commandant d'un bataillon de la vieille garde à la bataille de Waterloo, il opposa aux Anglais une résistance inébranlable et refusa de se rendre par un mot sans équivoque qui le rendit célèbre mais la fameuse phrase qu'on lui prête : *La garde meurt mais ne se rend pas*, n'est pas authentique. Laissé pour mort sur le champ de bataille, il fut pris par les Anglais. Traduit en 1816 devant un conseil de guerre français, acquitté à l'unanimité, il reprit du service sous les Bourbons et fut commandant de la place de Lille (1820/24) avant de prendre sa retraite à Nantes.

CAMBYSE II († 522 av. J.-C.). Roi de Perse. Il succéda à son père Cyrus le Grand en 530 et acheva la conquête de l'Égypte en six mois. L'expédition qu'il lança contre l'Éthiopie fut un désastre. La personnalité de ce roi, peut-être épileptique, est mal connue et les Anciens ont fait de lui un souverain cruel qui aurait donné l'ordre d'assassiner son frère Bardya. Il mourut accidentellement alors qu'un usurpateur, le mage Gaumâta, se faisait passer pour Bardya. Darius Ier lui succéda.

CAMELOTS DU ROI. Organisation politique fondée en nov. 1908 par Maxime Real del Sarte et Lucien Lacour, pour vendre à la criée le journal l'*Action française* (une licence de *camelot* délivrée par la préfecture de Police était nécessaire). Le mouvement compta surtout des étudiants, admirateurs de Charles Maurras, et créa un climat d'agitation contre les républicains. En févr. 1934, ils eurent un rôle important dans les émeutes.

CAMEROUN. État de l'Afrique équatoriale, s'étendant du golfe de Guinée jusqu'au lac Tchad ; capitale *Yaoundé*. Habité par des populations très diverses (plus de deux cents groupes ethniques), le Cameroun fut atteint à la fin du XVe s. par le navigateur portugais Fernando Póo. À partir du XVIIe s., les populations côtières, notamment celles qui peuplaient les royaumes d'Akwa et de Bell (Doualas), se livrèrent au commerce de l'ivoire et des esclaves avec des marchands européens, sans toutefois tolérer la pénétration des Blancs à l'intérieur du pays. À partir de 1827, des missionnaires britanniques s'y étant installés, l'Angleterre considéra ce pays comme appartenant à sa zone d'influence jusqu'à ce qu'un marchand allemand, Woerman, l'ouvrît à l'expansion allemande en 1868. L'Allemagne établit son protectorat par un traité signé en juill. 1884 par son commissaire impérial, Gustav Natchtigal, avec le roi de Bell. En 1902, le lac Tchad était atteint, les Bamilékés avaient accepté un protectorat mais les royaumes islamisés du nord, comme celui du Mandara, poursuivirent leur résistance. En 1911, en vertu d'un accord franco-allemand, la colonie allemande s'accrut jusqu'à l'Oubangui et au Congo de territoires enlevés à l'Afrique-Équatoriale française.

Pendant la Grande Guerre, le Cameroun fut conquis par les forces franco-britanniques, puis divisé par la SDN en deux mandats (1922), l'un français, l'autre britannique. Le Cameroun français occupait la plus grande partie de l'actuelle république du Cameroun, le Cameroun britannique consistait en deux bandes le long de la frontière orientale du Nigeria. Dès août 1940, le Cameroun rallia la France libre ; il fut doté en 1942, d'un Conseil consultatif économique et financier et, en 1946, il devint « territoire associé » de l'Union française.

En 1948, Um Nyobé fonda l'Union des populations camerounaises (UPC), interdite à la suite des émeutes de Douala en mai 1955. Les élections à l'Assemblée territoriale eurent lieu pour la première fois au suffrage universel en déc. 1956 ; après avoir formé en mai 1957 le premier gouvernement autonome, M'Bida fut vite remplacé (févr. 1958) par Ahmadou Ahidjo qui resta au pouvoir jusqu'en 1982.

Le Cameroun est devenu indépendant le 1er janv. 1960 ; en 1961, il s'agrandit de la partie méridionale du Cameroun britannique ; république fédérale pendant onze ans, le Cameroun devint par référendum une République unitaire en 1972 ou fut pourtant préservé le bilinguisme franco-anglais. Ahidjo parvint à écraser les rebelles de l'UPC dont le dernier chef, Ernest Ouandié, capturé par les forces gouvernementales en août 1970, fut fusillé publiquement le 15 janv. 1971. Dès sept. 1966, le parti gouvernemental avait absorbé les autres mouvements politiques et était devenu parti unique : l'UNC, l'Union nationale camerounaise.

En nov. 1982, Paul Biya succédait au président Ahidjo et créa en 1985 un nouveau parti unique, le Rassemblement démocratique du peuple camerounais (RDPC). En 1990, l'interdiction d'un parti d'opposition déclencha des manifestations et le président Biya dut légaliser le multipartisme en refusant toutefois de convoquer une conférence nationale avec la présence de tous les partis ; les élections législatives de 1992 furent boycottées par l'opposition mais Biya fut réélu président avec 40 % des voix, à l'issue d'un scrutin contesté. En mai 1997, le RPDC avec 109 sièges sur 181, remporta les élections législatives. Puis Paul Biya fut réélu président, l'opposition ayant boycotté le scrutin.

Grâce à l'exploitation de gisements pétroliers, le Cameroun a bénéficié depuis 1980 d'une situation économique relativement stable, même si, face au déficit des finances publiques, le FMI a dû instituer un plan d'ajustement. En 1999, le Cameroun a rejoint la Commission du golfe de Guinée qui, réunissant les États de la région, tente de résoudre pacifiquement les conflits.

CAMISARDS. Nom donné aux protestants des Cévennes et du Bas-Languedoc, insurgés de 1702 à 1705 ; ce nom paraît dérivé du mot *camisade*, attaque nocturne au cours de laquelle les soldats portaient sur leur armure une chemise blanche pour se reconnaître. Née des dragonnades, de la révocation de l'édit de Nantes (1685) et de la pression incessante des autorités publiques et religieuses pour extirper toute pratique protestante, l'insurrection des camisards fut un mouvement populaire et paysan, qui ne rassembla jamais plus de 3 à 4 000 combattants assurés du soutien des populations de ces régions. Les chefs furent eux-mêmes des hommes du peuple : un fils de boulanger comme Jean Cavalier ; un berger comme Pierre Laporte, dit *Rolland* ; des cardeurs comme Abraham Mazel et Jacques Couderc ; d'anciens soldats comme Maurel, dit *Catinat*, Jouany et Ravenel. L'insurrection commença par l'assassinat, le 24 juin 1702, au pont de Montvert, de l'abbé du Chayla, inspecteur des missions. La répression fut d'abord confiée, en 1703, au maréchal de Montrevel ; il employa les méthodes les plus rigoureuses (incendies de villages, et massacres de villageois). Les camisards finirent par immobiliser une armée de 10 000 hommes, alors que la France était engagée dans la guerre de la Succession d'Espagne. Le maréchal de Villars, nommé en mars 1704 pour réduire cette révolte, n'en vint à bout que par la négociation. Cavalier fit sa soumission à Nîmes (mai 1704) ;

d'autres chefs, comme Rolland et Ravenel, furent tués ou exécutés. Un renouveau d'agitation, inspiré en 1709/10 par le prophète Mazel, fut rapidement étouffé.

CAMP DAVID (accords de). Conventions diplomatiques signées à Washington par le président des États-Unis, Jimmy Carter, le chef de l'État égyptien, Anouar el-Sadate, et le Premier ministre d'Israël, Menahem Begin, à la suite des pourparlers tenus du 5 au 17 sept. 1978 à Camp David. Cet accord entraîna la restitution du Sinaï à l'Égypte, achevée en 1982, et la liberté de passage des navires israéliens par le canal de Suez. Il fut suivi d'un traité de paix entre Israël et l'Égypte, signé à Washington le 26 mars 1979. Connu sous le nom de Camp David II, ce traité était accompagné d'un projet de statut d'autonomie d'une durée expérimentale de cinq ans pour les Palestiniens de Gaza et de Cisjordanie qui resta lettre morte mais dont le principe fut repris à partir de 1991 dans le cadre du processus de paix israélo-arabe. La paix signée par l'Égypte avec Israël entraîna sa mise au ban du monde arabe mais valut le prix Nobel de la paix à ses signataires, le raïs A. Sadate (qui avait être assassiné le 6 oct. 1981) et le Premier ministre israélien M. Begin (assassiné le 5 nov. 1995). Voir **Égypte** et **Israël**.

CAMPANIE. Habitée à l'origine par les Osques, cette région d'Italie subit l'influence étrusque avant que fussent installées de nombreuses colonies grecques à Cumes, Néapolis, Paestum, etc., et qu'elle fût conquise par les Samnites à la fin du Ve. La principale ville, Capoue, avait été fondée au VIe s. Après sa conquête par les Samnites, la Campanie devint romaine, Capoue s'étant alliée avec Rome en 338 av. J.-C. La via Appia, la première qui fut créée, la relia à Rome en 312. Pendant la deuxième guerre punique, les villes de Campanie furent fidèles à Rome, excepté Capoue qui s'allia avec Hannibal ; reprise par Rome en 211, elle subit de sévères représailles.

Après la guerre sociale (91/88), la Campanie retrouva sa prospérité, due à sa fertilité. Elle fut envahie par les Goths, prise par les Byzantins et constitua, à l'époque lombarde, les duchés de Bénévent, de Naples, de Gaète et d'Amalfi. Les Normands la conquirent au XIe s. et elle partagea dès lors les destinées du royaume de Sicile puis fit partie du royaume de Naples. Elle eut sa place dans le royaume d'Italie en 1861.

CAMPANIFORME. Nom donné à une culture préhistorique qui apparut en Europe à la fin du néolithique, vers 2500 av. J.-C., et caractérisée par un type de céramique, le gobelet en forme de cloche, de couleur rouge, brun ou jaune, décoré avant cuisson par des bandes horizontales séparées. La diffusion de cette civilisation fut considérable en Europe, puisqu'elle se répandit dans la péninsule Ibérique, en France, en Italie, en Sicile, dans la vallée du Rhin, en Allemagne, en Bohême-Moravie, dans les îles Britanniques, où elle persista plus longtemps que sur le continent ; on la trouve également au Maroc. Son origine est encore très mal expliquée et l'on hésite sur les conséquences de son extension sur les techniques agricoles et la diffusion de la première métallurgie.

CAMPBELL-BANNERMAN sir Henry (* Glasgow, 7.IX.1836, † Londres, 22.IV.1908). Homme politique britannique. Député libéral depuis 1868, il fut ministre de la Guerre sous Gladstone en 1886 et 1892/95. Leader des libéraux aux Communes à partir de 1898, il orienta ses amis dans un sens progressiste et s'opposa vivement à la guerre contre les Boers. Nommé Premier ministre en déc. 1905, il fit voter le *Trade Disputes Act* (21 déc. 1906), qui soustrayait l'action syndicale à toute poursuite judiciaire : à l'extérieur, il prépara l'indépendance sud-africaine Malade, il démissionna le 5 avr. 1908 et mourut deux semaines plus tard.

CAMPOFORMIO (traité de). À Passeriano, dans les environs de Campoformio, ville de Vénétie, au S.-O. d'Udine, Bonaparte et Cobenzl signèrent, le 17 oct. 1797, un traité de paix entre la France et l'Autriche. Celle-ci abandonnait les Pays-Bas ainsi que les pays d'Empire jusqu'au Rhin, et reconnaissait la République Cisalpine ; la France lui accordait en échange la rive gauche de l'Adige, avec Venise, l'Istrie et la Dalmatie. Les instruments de ce traité, qui mettait fin à la guerre d'Italie, furent remis solennellement au Directoire par Bonaparte le 10 déc. 1797.

CAMPS DE CONCENTRATION. Voir **Concentration (camps de)**.

CANAAN (pays de). Dénomination ancienne de la Palestine qui, selon la Bible, viendrait du fils de Cham, Canaan, ancêtre éponyme des Cananéens, premiers occupants historiques des terres qui s'étendent du Liban à la mer, depuis la Syrie jusqu'à la Palestine. Dans le contexte biblique, l'expression pays de Canaan équivaut à la Terre promise vers laquelle ont marché les Hébreux sortis d'Égypte sous la direction de Moïse.

CANADA. État de l'Amérique du Nord, membre du Commonwealth ; capitale *Ottawa*.

Comme le reste de l'Amérique du Nord, le territoire actuel du Canada fut habité, il y a quelque 30 000 ans, par des populations venues d'Asie par le détroit de Béring. Le premier Européen qui atteignit le Canada, plus précisément Terre-Neuve, fut sans doute un marin scandinave, Leiv Eriksson, vers l'an mille de notre ère. Cependant, le premier fait certain de l'histoire canadienne reste le débarquement effectué en 1497 au Labrador, à Terre-Neuve ou dans l'île du Cap-Breton, par John Cabot, navigateur italien au service de l'Angleterre.

La Nouvelle-France (1534/1763)

Dès le début du XVIe s., les bancs de Terre-Neuve étaient visités par des marins anglais, français, espagnols et portugais. En 1524, le Florentin Giovanni da

Verrazzano, mandaté par François Ier, donna à cette terre le nom de « Nouvelle-France ». Dix ans plus tard, en 1534, Jacques Cartier entrait dans le golfe du Saint-Laurent, qu'il explora au cours de ses voyages ultérieurs (1535/36, 1541) ; il remonta jusqu'aux sites actuels de Québec et de Montréal ; une première tentative de colonisation, menée par Roberval, n'eut pas de succès.

La présence française au Canada s'ouvrit par la fondation de Port-Royal par de Monts, en 1604, et celle de Québec par S. Champlain, en 1608. Dès 1611, des jésuites puis, en 1615, des récollets débarquaient pour évangéliser les Indiens, en particulier les Hurons. En 1634, Jean Nicolet atteignait Sault-Sainte-Marie sur le lac Supérieur, et Paul de Maisonneuve fondait en 1642 Ville-Marie (Montréal). Pour attirer des immigrants, Richelieu fonda la Compagnie de la Nouvelle-France ou des Cent-Associés à qui fut donné le pays avec le monopole du commerce des fourrures, mais qui devait amener au Canada de 200 à 300 colons par an. Les résultats ne furent guère encourageants : les Anglais occupèrent Québec de 1629 à 1632 et les Iroquois détruisirent la confédération huronne alliée de la France en 1648/50. En 1660, il y avait seulement 2 300 colons.

L'échec de cette première tentative conduisit Colbert à faire revenir la Nouvelle-France dans le domaine royal en 1663. Le Canada (les rives du Saint-Laurent jusqu'en amont de Montréal), fut administré par un gouverneur, Frontenac (1672/82, 1689/98), un intendant (Jean-Baptiste Talon, 1665/68, 1670/72), un évêque (François de Montmorency-Laval) et un conseil souverain. Les Français s'aventurèrent vers l'intérieur du continent : Marquette et Jolliet arrivèrent au Mississippi (1673) qu'ils descendirent jusqu'à son confluent avec l'Arkansas et Cavalier de la Salle atteignit l'embouchure du fleuve. À la différence de ce que faisaient les Anglais dans leurs colonies, les ambitions des Français étaient commerciales, mercantiles ou évangélisatrices mais non coloniales. Ils se désintéressaient de l'agriculture pour ne rechercher que les bénéfices du commerce des fourrures. Ils étaient 10 000 en 1680, 16 000 vers 1700 et vivaient sous la menace des Anglais, quinze fois supérieurs en nombre. L'Angleterre fondant ses droits sur l'antériorité de la découverte de John Cabot, avait pendant trois ans occupé Québec, puis l'Acadie de 1654 à 1667, et la Compagnie de la baie d'Hudson rivalisait avec les trappeurs français. Ce fut la première phase de la lutte franco-anglaise à laquelle le traité d'Utrecht (1713) mit fin : la France dut céder les territoires de la baie d'Hudson, Terre-Neuve et l'Acadie.

De 1713 à 1743, une longue période de paix permit à la Nouvelle-France de s'étendre jusqu'au centre du continent nord-américain. La Verendrye (vers 1730/38) fut l'artisan de cette expansion. L'entrée du Saint-Laurent fut protégée par la forteresse de Louisbourg dans l'île du Cap-Breton. Mais l'opinion métropolitaine se désintéressait de la colonie, l'immigration avait pratiquement cessé et, en 1754, la population ne dépassait pas 55 000 âmes, alors que les colonies anglaises en comptait plus d'un million et demi.

Le destin du Canada français fut scellé par deux guerres qui ont correspondu, en Europe, à la guerre de la Succession d'Autriche et à la guerre de Sept Ans. Au cours de la première (1741/48), les Anglais prirent Louisbourg en 1745 mais le traité d'Aix-la-Chapelle rétablit le *statu quo* dans la colonie. Le second conflit s'ouvrit en 1755, soit plus d'un an avant le début des hostilités en Europe, à propos de la région de l'Ohio, route la plus directe entre la Louisiane et le Canada, où Français et Anglais s'affrontaient. En juin, sans déclaration de guerre, l'escadre anglaise de l'amiral Boscawen, captura plusieurs bateaux français à l'entrée du Saint-Laurent. Commandés par Montcalm, les Français étaient en infériorité numérique et durent engager des auxiliaires indiens dont les atrocités furent vite connues. Manœuvrier remarquable, Montcalm fut presque toujours vainqueur de 1756 à 1758, mais les Anglais ayant reçu des renforts purent s'emparer de Louisbourg, de Fort-Frontenac et de Fort-Duquesne. En sept. 1759, Québec devait se rendre après la défaite des plaines d'Abraham et, le 8 sept. 1760, le dernier gouverneur général français, le marquis de Vaudreuil, capitulait dans Montréal. L'article IV du traité de Paris (10 févr. 1763) obligeait la France à céder à l'Angleterre l'Acadie, le Canada, Terre-Neuve, le Cap-Breton, et toute la rive gauche du Mississippi. C'en était fini de la Nouvelle-France.

Le Canada anglais (1763/1867)

Envers les Français du Québec, les Anglais adoptèrent une politique intelligente et libérale ; l'Acte de Québec (1774) remit les lois civiles françaises en vigueur tandis que le droit criminel anglais était adopté. Les catholiques furent dispensés du serment anticatholique et purent accéder à tous les emplois civils. Le Canada fut ainsi loyal à la couronne anglaise pendant la guerre d'Indépendance américaine et accueillit, après le traité de Versailles (1783), 40 000 loyalistes.

L'Acte constitutionnel de 1791 institua un gouvernement représentatif et partagea le pays en deux provinces, le Haut-Canada (Ontario) presque entièrement anglais, et le Bas-Canada (Québec) presque entièrement français, séparés par la rivière Ottawa. L'exploration du pays se poursuivit et atteignit l'océan Arctique en 1789, le Pacifique en 1793. À partir de 1820 apparurent dans les provinces les prémices d'un éveil politique qui lutta pour l'établissement d'un gouvernement représentatif et responsable et, en 1837/38, des rébellions éclatèrent, notamment celle de Papineau dans le Bas-Canada. Pragamatiques, les Anglais accordèrent en 1840 l'Acte d'union qui unifiait sous un seul gouvernement le pays et qui fut une étape vers un gouvernement responsable, établi en

1848. L'Amérique du Nord devenant un modèle, le fédéralisme parut alors la forme de gouvernement la plus apte pour le Canada. Le 1er juill. 1867, la Confédération canadienne fut créée par l'entrée en vigueur de l'Acte de l'Amérique du Nord britannique du 24 mai 1867. Elle groupait les quatre provinces du Québec, de l'Ontario, du Nouveau-Brunswick, de la Nouvelle-Écosse, auxquelles s'ajoutèrent le Manitoba en 1870, la Colombie britannique en 1871, l'île du Prince-Édouard (1873), le Saskatchewan et l'Alberta en 1905 et Terre-Neuve en 1949. Le Canada devint un « Dominion » et le pouvoir fut réparti entre le gouvernement fédéral et les provinces. Au Québec fut garanti le maintien de toutes ses particularités, française et catholique.

Le Dominion canadien

L'Acte du 24 mai 1867 n'avait pas ôté au Canada son caractère colonial qui ne fut totalement aboli qu'en 1931 par le statut de Westminster. Entre-temps, l'idée d'indépendance avait fait son chemin, malgré les conservateurs partisans du maintien des liens avec la Grande-Gretagne, au pouvoir jusqu'en 1896. La croissance économique fut considérable, entraînée par la construction du chemin de fer transcontinental, le Canadian Pacific Railway, qui permit en même temps une immigration continue vers l'Ouest. La culture du blé prit un essor prodigieux. En 1907, Wilfrid Laurier, Premier ministre libéral et francophone, défenseur de l'autonomie canadienne, obtint que le Canada pût négocier en toute souveraineté ses accords commerciaux. Il fut cependant aux côtés des Britanniques dans la guerre des Boers.

Robert L. Borden, Premier ministre libéral (1911/20), engagea résolument son pays dans le camp des Alliés dès le début de la Première Guerre mondiale. En 1916, les troupes canadiennes combattirent sous commandement canadien et la conscription fut adoptée, ce qui fit naître une scission dans le parti libéral. Le conflit terminé, le Canada connut une crise économique dont les épreuves accentuèrent le désir d'une souveraineté complète. Parce qu'il n'avait pas été consulté auparavant, il refusa de signer les traités de Lausanne et de Locarno et obtint une représentation diplomatique séparée en 1927. La crise mondiale ramena au pouvoir les conservateurs de 1930 à 1935 mais les libéraux le conquirent de nouveau en 1935 pour le garder jusqu'en 1957. Le Canada entra dans la Seconde Guerre mondiale en pays pleinement indépendant, huit jours après l'Angleterre, et sa contribution fut considérable. L'après-guerre fut une période de plein essor pour le Canada par une immigration soutenue par les découvertes de ressources minérales, par l'afflux des investissements venus des États-Unis et les progrès des industries de transformation.

Le problème constitutionnel

De 1968 à 1984, la vie politique du Canada fut marquée par Pierre Elliot Trudeau, libéral, qui, faute de maîtriser la crise économique que traversait le pays, dut démissionner. En 1982, il avait rapatrié et fait modifier l'Acte de l'Amérique du Nord britannique, déposé à Westminster depuis 1967, qui fondait l'autonomie des provinces canadiennes. Arrivé au pouvoir, le conservateur B. Mulroney signa avec R. Reagan un accord de libre-échange qui favorisait les investissements nord-américains au Canada en échange d'un approvisionnement garanti en énergie et matières premières pour les États-Unis. La création de l'ALÉNA, en 1992, permit au Mexique d'y participer.

B. Mulroney perdit les élections sans avoir pu faire aboutir les négociations constitutionnelles visant à accroître le pouvoir des provinces et relatives au statut du Québec. Son ministre de la Défense, Kim Campbell, devint Premier ministre, sans pouvoir rétablir la popularité des conservateurs. Les élections d'oct. 1993 furent gagnées par le libéral Jean Chrétien, Québécois, qui devint Premier ministre. Entrèrent au Parlement fédéral deux formations « régionalistes » : le *Reform Party*, porté par le ressentiment à l'égard de l'Ontario et du Québec, et le Bloc québécois, conduit par Lucien Bouchard. La prise du pouvoir par le Bloc relança la question de l'indépendance du Québec. En oct. 1995, Jacques Parizeau, Premier ministre québécois, organisa un référendum sur l'avenir de la province ; le non à la souveraineté l'emporta et Parizeau démissionna. Il fut remplacé par Lucien Bouchard, fervent partisan de l'autonomie, mais qui démissionna en janv. 2001.

En avr. 1997, un nouveau territoire, le Nunavut (pays des Inuits) a été créé dans le Grand Nord canadien, doté d'une assemblée élue au suffrage universel et d'un gouvernement. Aux élections de nov. 2000, Jean Chrétien remporta une troisième victoire tandis que le Bloc québécois reculait.

CANALEJAS Y MÉNDEZ José (* El Ferrol, 31.VII.1854, † Madrid, 12.XI.1912). Homme politique espagnol. Chef de l'aile gauche du parti libéral, plusieurs fois ministre à partir de 1888, il devint président du Conseil en févr. 1910. Il prit des mesures anticléricales mais dut faire face aux grèves et à l'agitation militaire. Il fut assassiné par un anarchiste.

CANANÉENS. Peuple sémitique de l'Orient ancien. Les Cananéens se sont établis sur les territoires qui vont du nord de la Syrie aux collines de la Palestine, et de la côte méditerranéenne à la steppe syrienne, une fois franchies les hauteurs de l'Anti-Liban. Leur installation remonte au IIIe millénaire av. J.-C., à la même époque que celle des Akkadiens dans les plaines de Mésopotamie. Au début du IIe millénaire, une nouvelle vague de migrants, celle des Amorrites, s'est également partagée entre les territoires proches de la Méditerranée et la Mésopotamie. On arrête l'histoire des Cananéens à la fin du Ier millénaire av. J.-C., quand leur territoire subit deux agressions aux conséquences définitives : au S., les survivants des Peuples de la Mer (v.), les Philistins, s'établissent sur la côte de la Palestine (dont le nom signifie « pays des Philistins »), tandis que, venus des steppes de l'actuelle Jordanie, les Hébreux s'installent progressivement dans les collines et les plaines de la Judée et de la Samarie. Au N., la pression des Araméens nomades et celle des Hittites font disparaître les principautés cananéennes. Elles ne subsistent plus que sur la plaine côtière (qui correspond à celle de l'actuel Liban) que les Anciens vont désormais désigner du nom de Phénicie.

Le monde cananéen s'est organisé en de multiples petites cités fortifiées que dirigeaient des princes. Hatsor, Lakish, Megiddo, Sichem, les noms de quelques-unes de ces cités de Palestine nous sont connus par le texte de la Bible. Autour d'une forteresse de quelques hectares, où résidaient le prince et sa maisonnée, se groupaient les cabanes des artisans et des paysans qui cultivaient les champs, les vergers, les vignes et les oliveraies alentour. Ces petites agglomérations étaient éloignées les unes des autres pour que ces pâtures ou des friches séparent leurs territoires. C'est là que passaient les nomades, mi-éleveurs, mi-agriculteurs, main-d'œuvre bon marché pour les sédentaires, mais à l'occasion, prompte à voler ou même à agresser pour piller davantage. Sur la côte, des cités plus grandes se sont développées, comme Byblos (v.), avant-poste de l'Égypte, ou encore Ougarit (v.), la ville la plus septentrionale, port cosmopolite où confluaient marins égyptiens et crétois, et marchands caravaniers venus de Mésopotamie ou du pays hittite. Vers l'intérieur, quelques cités ont grandi jusqu à la taille de petits royaumes, comme Harran, Qatna ou Karkemish ; un moment, Ougarit elle-même a englobé une centaine de bourgs et de villages qui lui ont donné un territoire exceptionnel de 6 000 km².

D'Ougarit, précisément, sont venus les textes les plus nombreux, dont certains écrits selon un système alphabétique de trente signes. Traités, contrats, correspondance nous informent de la vie des Cananéens du nord entre le XVe et le XIIe s. av. J.-C. Non moins précieux, les textes mythologiques nous renseignent, mieux que ne pouvait le faire la Bible, sur les dieux et les croyances des Cananéens. Sous l'autorité du dieu El, son fils Baal, le « Chevaucheur de nuées », sa sœur Anat, future Astarté, féconde et guerrière, Dagan, dieu du blé..., des personnalités divines qui donnaient la vie et renouvelaient les forces du monde, attendaient des hommes prières et offrandes, des sacrifices sanglants dont les plus singuliers ont été ceux de jeunes enfants nouveau-nés.

À la cour des princes, le groupe des scribes a tenu un rang social élevé. Sur eux reposaient l'administration, l'entretien des bibliothèques et la multiplication des textes profanes et religieux. À leur contact, comme tous les nomades que les Cananéens ont progressivement éduqués, les Hébreux ont appris l'usage d'une langue littéraire, différente, par sa rigueur et sa richesse, de leur idiome araméen ; ils ont appris des techniques d'écriture et de composition, et ce fut la surprise des premiers traducteurs des textes ougaritiques que de pouvoir établir autant de comparaisons et de parallèles entre les textes cananéens du IIe millénaire et ceux de la Bible.

CANARIS Wilhelm (* Aplerbeck, près de Dortmund, 1er.I.1887, † Flossenbürg, 9.IV.1945). Amiral allemand. Au début de 1935, il fut nommé chef de l'Abwehr (service de renseignements) au commandement supérieur allemand. Durant la Seconde Guerre mondiale, Canaris aurait noué des intelligences avec les Alliés ; il est certain qu'il s'est opposé à Himmler qui voulait diriger tous les services de sécurité et d'espionnage du Reich. Limogé en mai 1944 et nommé chef d'état-major de la section de la guerre économique, Canaris fut impliqué dans le complot du 20 juill. 1944, bien que la Gestapo elle-même ait douté de la véritable nature de ses activités. Condamné à mort, il fut pendu au camp de concentration de Flossenbürg.

CANNES. Ancienne ville d'Italie, en Apulie, sur la rive droite et près de l'embouchure de l'Aufidus. Durant la seconde guerre punique, Hannibal y remporta, le 2 août 216 av. J.-C., une victoire écrasante sur les Romains commandés par Lucius Aemilius Paulus et Caius Terentius Varro. Ils perdirent plus de 55 000 hommes sur les 80 000 engagés.

CANNES (conférence de). Elle réunit du 6 au 13 janvier 1922 les Alliés de la Première Guerre mondiale pour examiner la question des réparations dues par l'Allemagne qui, en pleine inflation, s'était déclarée dans l'impossibilité de payer. L'échec de cette conférence, dû au refus de Millerand, président de la République, de consentir à tout moratoire, provoqua la démission du gouvernement présidé par Aristide Briand (12 janv.), qui fut remplacé par Raymond Poincaré.

CANNING George (* Londres, 11.IV 1770, † Chiswick, 8.VIII.1827). Homme politique anglais. Après avoir fait partie du dernier cabinet Pitt (1804/06) il fut ministre des Affaires étrangères sous Portland (1807/09), soutint la résistance espagnole à Napoléon Ier et porta la responsabilité du bombardement de Copenhague. Il se retira des affaires en 1809, à la suite d'un duel avec son collègue Castlereagh. Après le suicide de ce dernier en 1822, il lui succéda comme ministre des Affaires étrangères (1822/27). Lors du congrès de Vérone, il s'opposa résolument à la Sainte-Alliance et condamna l'intervention en Espagne ; il affirma encore l'indépendance de l'Angleterre en reconnaissant les nouvelles républiques d'Amérique latine insurgées contre les Espagnols. Premier ministre à partir de 1827, il prit ses distances à l'égard des tories, fit entrer des whigs dans son cabinet, appuya le courant en faveur de l'émancipation des catholiques d'Irlande et prépara l'indépendance de la Grèce.

CANO Juan Sebastián del (* Guetaria, près de Saint-Sébastien, vers 1460, † août 1526). Navigateur espagnol, il fit partie de l'escadre de Magellan, dont il prit le commandement à la mort de ce dernier (1521). Il reconnut les îles d'Amboine, de Solor et de Timor (1522), doubla, avec beaucoup de peine, le cap de Bonne-Espérance et revint en Espagne en 1522, avec la gloire d'avoir fait le premier tour du monde. Il mourut au cours d'une expédition dans les Moluques.

CANOSSA. Ancien château d'Italie du Nord, au S.-O. de Reggio d'Émilie. Il appartenait, au XIe s., à la comtesse Mathilde de Toscane ; dans la cour de ce château l'empereur Henri IV, tête nue et pieds nus, attendit pendant trois jours (25/28 janv. 1077) avant que le pape Grégoire VII consentît à l'accepter en sa présence et à le relever de son excommunication. Voir **Grégoire VII**, **Henri IV** et **Investitures (querelle des)**.

CÁNOVAS DEL CASTILLO Antonio (* Malaga, 8.II.1828, † Santa Agueda, Guipuzcoa, 8.VIII.1897). Homme politique espagnol. Écrivain et journaliste, auteur d'études historiques sur le XVIIe s. espagnol, il entra aux Cortés dès 1854, fit partie de divers cabinets libéraux entre 1864 et 1868 et travailla à l'abolition de l'esclavage dans les colonies espagnoles. Grand artisan de l'avènement au trône d'Alphonse XII (déc. 1874), il devint Premier ministre (1876/81). Gouvernant d'abord par décrets, il abolit presque toutes les réformes de la république, mais conserva le suffrage universel ; il fit adopter la Constitution de 1876, qui rendait impossibles de véritables élections libres et assurait le pouvoir des conservateurs (dirigés par Cánovas) et des libéraux (dirigés par Sagasta). Avec toute son habileté, Cánovas discrédita la monarchie en l'associant à un système politique malhonnête. Président du Conseil pour la cinquième fois en 1895, il refusa d'abord toute concession à Cuba mais, les États-Unis menaçant d'intervenir, il proposa une loi accordant une large autonomie. Il fut assassiné peu de temps après par l'anarchiste italien Angiolillo.

CANUT II le Grand, Canut Ier en Angleterre (* vers 995, † Shaftesbury, 12.XI.1035). Roi de Danemark (1018/35), d'Angleterre (1017/35) et de Norvège (1030/35). À la mort de son père Sven Ier, Canut fut choisi comme roi d'Angleterre, tandis que son frère aîné, Harald, devenait roi de Danemark (1014). Devant la résistance d'Éthelred II, il dut fuir et rentrer dans sa patrie, après avoir fait couper le nez, les oreilles et les mains de tous les otages anglais en sa possession. Il débarqua de nouveau en Angleterre en 1015, et avait presque conquis tout le pays lorsqu'il se trouva en face du fils d'Éthelred, Edmond II Ironside. Il dut signer un traité qui assurait à Edmond le sud de l'Angleterre ; Edmond étant mort mystérieusement, (nov. 1016), Canut resta seul maître du pays et fut reconnu roi dans toute l'Angleterre (1017). Ses méthodes de gouvernement, jusqu'alors violentes et cruelles, changèrent complètement ; il gouverna en s'appuyant sur des Anglo-Saxons et en respectant leurs coutumes. Marié avec Emma, la veuve de son ennemi Éthelred, il protégea l'Église, fit un pèlerinage à Rome (1026/27) et appuya l'empereur Conrad II en lutte contre les Slaves. La mort de son frère Harald (1018) lui avait donné la couronne de Danemark, à laquelle il joignit en 1030 celle de Norvège, conquise sur Olav II le Saint.

CANUTS (révolte des). Insurrection des ouvriers de l'industrie de la soie à Lyon, en 1831. Sa cause principale fut la baisse constante des salaires, provoquée par la concurrence étrangère croissante : un canut, qui gagnait de 4 à 6 francs par jour sous l'Empire, recevait entre 18 et 25 sous en 1831 pour 15 heures de travail. Réunie par le préfet, une commission de patrons et d'ouvriers fixa un salaire minimal, que certains patrons refusèrent d'appliquer. Les canuts se rassemblèrent alors à la Croix-Rousse, le 21 nov. 1831, et leur insurrection armée les rendit maîtres de la ville (22 nov.). Le gouvernement Casimir Perier les traita en rebelles et désavoua l'initiative du préfet. L'ordre fut rétabli le 5 déc. par le maréchal Soult, et Lyon fut occupée sans combat par 20 000 hommes. Les canuts n'obtinrent aucune satisfaction de leurs revendications.

CAO BANG. Poste militaire de l'ancien Tonkin, proche de la frontière chinoise. De plus en plus menacé par le Viêt-minh, qui recevait l'aide militaire de la Chine devenue communiste, son évacuation fut décidée. La colonne française qui se repliait sur le Delta et celle qui montait la dégager furent encerclées sur la route coloniale n° 4 et anéanties par le Viêt-minh le 8 oct. 1950. Après ce désastre, le général de Lattre fut nommé commandant supérieur des troupes en Indochine (6 déc.).

CAP (colonie du). Contrée de l'Afrique méridionale que termine le cap de Bonne-Espérance. La colonie du Cap, fondée en 1652 par le Hollandais Van Ribeeck, vit sa population s'accroître, aux XVIIe/XVIIIe s., par l'arrivée de protestants français et allemands, qui formèrent avec les Hollandais la souche des Boers. L'annexion de la colonie par les anglais, en 1806, et l'apport d'éléments britanniques nouveaux à partir de 1820 créèrent une tension croissante. L'abolition de l'esclavage en 1833/34 bouleversa l'exploitation des terres des fermiers boers qui décident finalement de s'installer plus au nord, dans le Natal, l'Orange et le Transvaal : ce fut le Grand Trek (v.). La colonie devint en 1910 une province de la nouvelle Union sud-africaine. Voir **Sud-africaine (République)**.

CAPET. Surnom d'Hugues, duc de France (956/87) fondateur des Capétiens, troisième dynastie des rois de France. Ce surnom vient sans doute du fait qu'il possédait la cape de Saint-Martin de Tours. Par dérision, le nom de **Capet** fut donné à Louis XVI, condamné à mort sous le nom de Louis Capet.

CAPÉTIENS. Troisième dynastie des rois de France, qui tire son nom d'Hugues Capet, élu roi en 987. Quinze Capétiens directs régnèrent sur la France de 987 à 1328 : Hugues Capet (987/96), Robert II le Pieux (996/1031), Henri Ier (1031/60), Philippe Ier (1060/1108), Louis VI (1108/37), Louis VII (1137/80), Philippe II Auguste (1180/1223), Louis VIII (1223/26), Louis IX ou saint Louis (1226/70), Philippe III le Hardi (1270/85), Philippe IV le Bel (1285/1314), Louis X le Hutin (1314/16), Jean Ier (1316), Philippe V le Long (1316/22), Charles IV le Bel (1322/28) (v. ces noms).

CAPITATION. Sous l'empereur Dioclétien, la capitation était un impôt foncier, levé selon une unité de surface cadastrale, elle-même établie selon la valeur des cultures et le nombre des paysans qui la cultivaient. C'était aussi la surface nécessaire à l'entretien d'une famille. Au IVe s., un impôt sur les personnes, *capitatio plebeia* ou *humana*, lui fut ajouté.

En France, la capitation fut créée par le contrôleur général Louis de Pontchartrain et imposée par la déclaration royale du 18 janv. 1695. C'était un impôt par tête qui taxait le rang social et prenait en compte la fortune ; les nobles y étaient soumis mais non le clergé. Les sujets du roi étaient répartis en vingt-deux classes ; dans la première se trouvaient le Dauphin, les princes du sang et aussi des roturiers tels les fermiers généraux. Supprimée en 1698, la capitation fut rétablie en 1701.

CAPITOLE. Colline du centre de Rome, qui s'élève à l'O. du Forum républicain. C'était le centre historique et religieux de la cité, point d'aboutissement des cortèges triomphaux des généraux vainqueurs. Au S. de la colline s'élevait le temple de Jupiter Capitolin ; au N., la citadelle (*arx*) et le temple de Junon Moneta ; dans la partie E., le *tabularium*, où étaient déposées les archives de l'État. Autour du temple de Junon, on gardait des oies sacrées consacrées à la déesse. Ce sont elles, par leurs cris, qui avertirent les défenseurs du Capitole d'une attaque nocturne des Gaulois en 386 av. J.-C. On attribua ce miracle à la déesse qui reçut l'épithète de *Moneta*, « qui avertit ». De ce terme est venu celui de *monnaie*, car le premier atelier de frappe des pièces de bronze et d'argent fut installé dans le temple de la déesse. Au S.-E., non loin du Tibre, se trouvait la roche Tarpéienne, d'où l'on précipitait certains condamnés à mort.

CAPITULAIRES. Actes législatifs des souverains carolingiens, divisés en petits chapitres (*capitularia*), d'où leur nom ; ils constituent la principale source pour l'étude des institutions impériales aux VIIIe/IXe s.

CAPITULATIONS. Conventions réglant autrefois le statut des étrangers dans l'Empire ottoman. Les premières capitulations auraient été concédées à la France par Soliman le Magnifique en 1536 ; toujours renouvelées, elles restèrent en vigueur jusqu'au début du XXe s. Elles accordaient la permission de voyager et de faire du commerce, l'exonération d'impôts (droits de douane exceptés), la liberté de religion et l'inviolabilité du domicile ; en outre, les Français, même en matière pénale, ne pouvaient être jugés que par leurs consuls. Plus tard, des traités analogues furent conclus entre la Turquie et l'Angleterre (1580), la Hollande (1609) et même l'Autriche (1615). À partir du XIXe s., les nationalistes turcs dénoncèrent le régime des capitulations comme une atteinte à la souveraineté de leur pays. La révolution des Jeunes-Turcs les abolit dès 1908 et le sultan les dénonça unilatéralement le 9 sept. 1914. Remises en vigueur par le traité de Sèvres (1920) mais non reconnues par Moustafa Kémal, les capitulations furent abolies définitivement par le traité de Lausanne (1923).

CAPO D'ISTRIA Giovanni Antonio, comte (* Corfou, 11.II.1776, † Nauplie, 9.X.1831). Homme politique grec. Ministre de l'Intérieur et des Affaires étrangères des îles Ioniennes (1802/07), commandant en chef contre Ali Pacha, il entra en 1809 au service de la Russie. Il participa au congrès de Vienne, où il défendit la cause des Grecs, fut ministre des Affaires étrangères de Russie de 1816 à 1822. Il démissionna lorsque la Russie se prononça contre l'indépendance grecque. C'est à celle-ci qu'il consacra désormais tous ses efforts et il fut élu président de la nation grecque en avril 1827 ; cependant, son tempérament aristocratique et sa russophilie le rendirent bientôt impopulaire. Il fut assassiné pour des raisons privées, à l'instigation de la famille Mavromikhalis.

CAPORETTO (bataille de, oct. 1917). Voir ITALIE.

CAPPADOCE. Dans l'Antiquité, région centrale de l'Asie Mineure, entourée par le Pont, l'Arménie, la Cilicie et la Galatie. Habitée au moins dès le IVe millénaire, elle vit s'installer des colonies de marchands assyriens, puis devint le centre de l'Empire hittite (v. HITTITES) au début du IIe millénaire. Après avoir été au VIe s. une satrapie de l'Empire perse, elle entra dans le monde hellénistique après sa conquête par Perdiccas (322) et connut une période d'instabilité sous les diadoques. À partir de 225 av. J.-C., elle fut gouvernée par la dynastie iranienne des Ariarathes. Occupée par Mithridate en 96, elle fit appel à Rome, qui imposa son protectorat. Après la mort du roi Archélaos, dernier des Ariarathes, la Cappadoce devint une province romaine (17 de notre ère). Elle joua un rôle important dans la diffusion du christianisme en Asie Mineure et donna à l'Église les « Pères cappadociens » du IVe s. Placée à la frontière orientale de l'Empire byzantin après la conquête arabe (VIIIe s.), la Cappadoce fut, jusqu'à l'installation des Turcs, un centre important du monachisme orthodoxe, comme en témoignent encore de nombreuses églises troglodytiques ornées de magnifiques peintures murales.

CAPRIVI Leo, comte von (* Charlottenburg, 24.II. 1831, † Skyren, près de Crossen-sur-l'Oder, 6.II.1899). Général et homme politique allemand. Appelé en mars 1890 à succéder à Bismarck au poste de chancelier, Caprivi dut accepter l'héritage écrasant du « chancelier de fer » et fut en même temps le représentant du « nouveau cours » que Guillaume II entendait donner à la politique étrangère allemande. Il favorisa l'expansion commerciale allemande par une série de traités de commerce (notamment avec la Russie, 1894), mais l'abaissement des tarifs douaniers provoqua un grave mécontentement. Il préféra se retirer, le 28 oct. 1894 ; il avait fait voter, l'année précédente, une loi militaire qui augmenta les effectifs de l'armée allemande.

CAPTIVITÉ DE BABYLONE. Nom donné à la déportation des Israélites vers la Babylonie après les deux sièges de Jérusalem par Nabuchodonosor en 597 et en 587 av. J.-C. Ces épisodes sont racontés dans II Rois et dans Jérémie. En 539, Cyrus conquit Babylone et l'édit de 538 autorisa les Israélites à rentrer dans leur pays. Le retour d'un certain nombre d'exilés se fit sur plusieurs générations.

CAPUCINS. À la fin du XIVe s. survint une scission de l'ordre des Franciscain entre observantins, soucieux que fût suivie scrupuleusement la règle, et conventuels qui s'en éloignaient. Matteo de Bascio, observantin, voulut retrouver la rigueur et la simplicité de la règle franciscaine et fonda l'ordre des Capucins en 1525. L'austérité et l'ardeur apostolique des capucins leur valurent la confiance du peuple chrétien et ils eurent un rôle très important dans la réforme catholique. Leur nombre grandit rapidement : de 6 000 en 1587, ils étaient 17 000 en 1625.

CAP-VERT (îles du). Archipel de l'océan Atlantique, à l'O. de Dakar ; capitale *Praia*. Découvertes en 1456 par le navigateur vénitien Cadamosto, au service du Portugal, ces îles restèrent colonie portugaise jusqu'au XXe s. et jouèrent un rôle important dans la traite des Noirs. À la suite de la révolution portugaise de 1974, l'archipel devint indépendant le 14 juill. 1975.

Le Cap-Vert envisagea une union avec la Guinée-Bissau, mais le coup d'État du 14 nov. 1980, qui élimina du pouvoir en Guinée-Bissau les métis d'origine capverdienne, refroidit les relations entre les deux États. Le PAIGC, parti de l'indépendance de la Guinée-Bissau et du Cap-Vert fut remplacé par le parti africain pour l'indépendance du Cap-Vert (PAICV). Avec 93 % des suffrages exprimés aux élections de déc. 1980, son secrétaire général, Aristides Pereira, fut élu chef de l'État en févr. 1981.

1990 fut l'année du multipartisme et, l'année suivante, les premières élections législatives et présidentielle pluralistes furent remportées par le Mouvement pour la démocratie, et par son chef, Antonio Mascarenhas Monteiro, qui, seul candidat à sa succession, fut réélu en févr. 1996. Il convertit le pays au libéralisme économique et le rapprocha du Portugal en le faisant entrer, en 1996, dans la Communauté des pays de langue portugaise (CPLP). Il signa en 1998, un accord liant la monnaie cap-verdienne à l'escudo portugais. Cependant, malgré les réformes économiques, la moitié des Cap-Verdiens vivent toujours au-dessous du seuil de pauvreté.

CARACALLA, Marcus Aurelius Antoninus Bassianus (* Lyon, 4.IV.186, † près d'Édesse, 8.IV.217). Empereur romain (211/17), fils de Septime Sévère. Son règne fut marqué par l'**édit de Caracalla** (212) – dit aussi Constitution antonine –, qui accorda la citoyenneté romaine à tous les hommes libres du monde romain. L'intégration des provinciaux marqua l'aboutissement de la politique de romanisation. Voir ROME.

CARAÏTES ou **CARAÏMES.** Membres d'un courant religieux juif qui rejette la tradition talmudique et n'admet que l'Écriture. Cette secte fut fondée au VIIIe s. apr. J.-C. par Anan ben Dawid, élu contre-exilarque par un conclave secret tenu à Babylone en 767. La doctrine de la secte, qui prolongeait certaines tendances saducéennes mais laissait chacun libre d'interpréter l'Écriture, fut précisée par Benjamin de Néhavend (IXe s.) et par Daniel ben Moshé (Xe s.). Établis d'abord en Palestine et en Syrie, les Caraïtes souffrirent beaucoup de la conquête de Jérusalem par les croisés (1099) et se répandirent alors en Égypte, dans l'Empire d'Orient, dans les pays islamisés puis dans les pays slaves.

CARAMANLIS Constantin (* Proti, près de Serrai, Macédoine, 1907, † Athènes, 23.IV.1998). Homme politique grec. Président du Conseil (1955/63), puis exilé à Paris lors du « régime des colonels » (1967/74). Appelé comme Premier ministre en 1974, il prépara le retour à la démocratie et fut nommé président de la République de 1980 à 1985 et de 1990 à 1995.

CARBONARI, c'est-à-dire *charbonniers*. Membres d'une société secrète qui se forma en Italie, d'abord au royaume de Naples, contre la domination napoléonienne (1807/10), puis dans les États pontificaux. Voir ITALIE.

CÁRDENAS Lázaro (* Jiquilpan de Juarez, Michoacán, 21.V.1895, † Mexico, 19.X.1970). Général et homme politique mexicain. Il participa en 1913 à la lutte contre le gouvernement de Huerta, puis commença dans les troupes d'Obregon une carrière militaire qui le mena au grade de général (1928). Gouverneur de l'État de Michoacán (1928/32), il devint président du comité exécutif du parti national révolutionnaire (1930), ministre de l'Intérieur (1931), de la Guerre et de la Marine (1933) et fut président de la République de 1934 à 1940. Il appliqua son programme de distribution des terres aux paysans et de nationalisation des entreprises étrangères, notamment les industries pétrolières (1938). Mais de nouveaux conflits opposèrent l'État mexicain et l'Église catholique. Cárdenas fut ensuite ministre de la Défense nationale (1942/45), puis commandant en chef de l'armée mexicaine. Bien qu'il ait accueilli Trotski en 1937, il reçut le prix Staline de la paix (1955).

CARDOSO Fernando Henrique (Rio de Janeiro, 18.VI.1931). Homme politique brésilien. Sociologue renommé, exilé au Chili et en France à la suite du coup d'État militaire brésilien de 1964, entré tardivement en politique, il participa à la fondation du parti social-démocrate brésilien (PSDB) en 1979. Élu au Sénat en 1982 et 1989, ministre des Affaires étrangères puis des Finances pendant la présidence d'Itamar Franco (1992/94), il maîtrisa l'inflation et rétablit les finances du pays, qu'il dota, en juill. 1994, d'une nouvelle monnaie indexée sur le dollar, le real. Il fut élu président de la République en oct. 1994. Un amendement constitutionnel voté par le Sénat autorisa tous les élus brésiliens à briguer un second mandat et il fut reconduit dans ses fonctions en oct. 1998.

CARÉLIE. République de la Fédération de Russie comprise entre le golfe de Finlande et la mer Blanche. Alors que la Carélie orientale se trouvait dès le XIIIe s. dans la dépendance de Novgorod, la Carélie occidentale fut conquise en 1293 par les Suédois. La Russie, maîtresse des rives du lac Ladoga et de l'isthme de Carélie dès la paix de Nystad (1721), n'annexa le reste de la Carélie qu'en 1809. Après 1918, la Carélie occidentale fut incluse dans la Finlande indépendante, tandis que la Carélie russe constituait, en 1923, une république autonome de l'URSS, dans la république de Russie. Après les deux guerres russo-finlandaises de 1940 et 1941/44, les deux Carélies furent réunies par l'URSS en une seule république, qui proclama sa souveraineté (août 1990), accédant au statut de république constitutionnelle de la Fédération de Russie.

CARLISME. Mouvement politique espagnol qui a son origine dans la crise dynastique ouverte chez les Bourbons d'Espagne par la décision de Ferdinand VII, en 1830, d'abroger la loi salique afin d'assurer le trône à sa fille, Isabelle II. Le frère de Ferdinand VII, don Carlos, qui aurait dû lui succéder, refusa de reconnaître cette décision, et, à la mort de Ferdinand (1833), il contesta les droits de sa nièce et se fit proclamer roi par ses partisans, sous le nom de Charles V.

L'agitation carliste a rempli toute l'histoire espagnole au XIXe s. Insurgés au nom de la légitimité dynastique, les carlistes exploitèrent le fanatisme catholique et l'aspiration des populations basques, navarraises et catalanes à une autonomie menacée par la politique centralisatrice des libéraux de Madrid.

Le carlisme provoqua deux guerres civiles. La *première guerre carliste* (1834/39) sévit surtout dans le Pays basque, en Navarre, en Aragon et en Catalogne. Commandés par le colonel Zumalacarregui, les carlistes pratiquèrent surtout la tactique de la guérilla. Épuisés, ils signèrent la convention de Vergara (31 août 1839), qui leur accordait une large amnistie. La *seconde guerre carliste* (1873/76) commença à la faveur des troubles qui aboutirent à la proclamation de la Ire République espagnole. Les carlistes, beaucoup moins soutenus par le clergé qu'ils ne l'avaient été dans le premier conflit, furent également battus.

Pourtant, le mouvement carliste ne disparut pas. Appelé « Communauté traditionaliste », il donna naissance, en 1918, au parti traditionaliste de Vazquez de Mella. Les carlistes combattaient la monarchie constitutionnelle des Bourbons et rêvaient à une monarchie théocratique, ressuscitant les structures de l'Espagne médiévale. Le bastion du mouvement restait la Navarre. Après la chute d'Alphonse XIII (1931), les carlistes luttèrent contre la politique laïque et anticléricale de la République. Dès 1932, ils commencèrent à acheter des armes et à s'entraîner pour la guerre civile dans les montagnes de Navarre. Leur chef pour la région, le comte de Rodezno, s'allia avec les généraux Mola et Sanjurjo, mais ne put obtenir d'eux une allégeance aux idéaux carlistes. En 1936, les carlistes prirent part au soulèvement nationaliste ; sous le nom de *Requetes*, ils comptèrent parmi les troupes d'élite de Franco, mais, en avr. 1937, celui-ci obligea la Communauté traditionaliste à rejoindre la Phalange dans le Mouvement national. La désignation par Franco du petit-fils d'Alphonse XIII, Juan Carlos de Bourbon, comme futur roi d'Espagne, fit renaître une opposition carliste, toujours favorable à de larges autonomies régionales.

CARLOMAN (* vers 715, † Vienne, Drôme, 17.VIII.754). Fils aîné de Charles Martel, frère de Pépin le Bref, il reçut en 741 l'Austrasie, la Souabe et la Thuringe, qu'il gouverna en souverain mais sans prendre le titre de roi. Allié à Pépin, il combattit les Aquitains, les Alamans, les Bavarois et les Saxons tout en soutenant énergiquement la réforme religieuse entreprise par st Boniface (synode de 742 et synode de Lestinnes, 743). En 747, laissant Pépin seul maître, il renonça au monde et se fit moine, d'abord à Soracte, puis au Mont-Cassin. En 754, envoyé comme négociateur par le roi des Lombards Aistolf, il se vit consigner par Pépin dans un monastère de Vienne, où il mourut peu après.

CARLOMAN (* 751, † Samoussy, Aisne, 4.XII.771). Fils de Pépin le Bref et frère cadet de Charlemagne, il devint roi des Francs avec ce dernier à la mort de leur père (768) et reçut la partie orientale du royaume de Pépin. À sa mort, Charlemagne recueillit tout l'héritage, tandis que la veuve de Carloman, Gerberge, se réfugiait avec ses enfants auprès de son père Didier, roi des Lombards. Didier vaincu, Charlemagne fit enfermer les enfants de Carloman dans un monastère.

CARLOS don, prince des Asturies (* Valladolid, 8.VII.1545, † Madrid, 24.VII.1568). Il était le fils de Philippe II, roi d'Espagne, qui le jugea inapte à régner. Le projet de son mariage avec Élisabeth de France, fille d'Henri II, fut brutalement cassé par son propre père qui épousa lui-même Élisabeth en 1560. En 1565, Philippe II s'étant opposé à son union avec l'archiduchesse Anne, fille de l'empereur Maximilien, don Carlos prit des contacts avec les chefs de la rébellion des Pays-Bas. Son confesseur le trahit et il fut emprisonné en janv. 1568. La destinée mystérieuse de cet homme sans doute médiocre, qu'on a fait amant de sa belle-mère, a inspiré la tragédie de Schiller et l'opéra de Verdi.

CARLOS Maria José Isidoro de Bourbon, don (* Madrid, 29.III.1788, † Trieste, 10.III.1855). Prince espagnol. Frère de Ferdinand VII. Voir CARLISME.

CARLSSON Ingvar (Boraas, 9.XI.1934). Homme politique suédois. Député en 1964, ministre de l'Éducation, du Logement puis de l'Environnement, il succéda en 1986 au Premier ministre assassiné Olof Palme, devenant aussi président du parti social-démocrate. Battu aux élections de 1991, il redevint Premier ministre en sept. 1994, deux mois avant l'adhésion par référendum de la Suède à l'UE pour laquelle il avait déposé la candidature de son pays en 1991. Carlsson prit sa retraite en mars 1996 et fut remplacé par Goeren Persson, ministre des Finances.

CARMÉLITES. Ordre fondé en 1452 par le bienheureux Jean Soreth, général des Carmes. Ste Thérèse d'Ávila (1515/82) y entra en 1533 et fonda en 1562 le monastère de Saint-Joseph d'Ávila pour le réformer. En butte à l'hostilité du Carmel mitigé (non réformé), son ordre ne fut reconnu qu'en 1593 par Clément VIII. Il fut introduit en France par Mme Acarie qui fit venir à Paris six carmélites espagnoles pour y fonder le couvent de l'Incarnation. Le succès du Carmel fut retentissant et eut des conséquences spirituelles considérables. Les **Carmélites de Compiègne** étaient seize religieuses exécutées à Paris pendant la Terreur, le 17 juill. 1794. Leur martyre a inspiré le roman de Gertrud von Lefort à partir duquel G. Bernanos écrivit le texte du film *Dialogues des Carmélites*.

CARMES. L'ordre de Notre-Dame-du-Mont-Carmel fut fondé vers 1156, en Palestine, par st Berthold et reçut en 1209 sa règle de st Albert, patriarche de Jérusalem. Ordre mendiant, il connut comme les franciscains (v.) une scission entre les *observantins* et les *conventuels* ou *mitigés*. St Jean de la Croix entendit revenir à l'austérité primitive et fonda en 1568 les *Carmes déchaussés* qui s'affranchirent de toute dépendance envers l'ancien ordre en 1593.

Désaffecté en 1790, leur couvent de la rue de Vaugirard, à Paris, était devenu une prison où commencèrent, le 2 sept. 1792, les massacres de Septembre (v.).

CARMONA Antonio Oscar de Fragoso (* Lisbonne, 24.XI.1869, † Lumiar, 18.IV.1951). Général et homme politique portugais. Président de la République (1928/51). Voir PORTUGAL.

CARNAC. Ville de Bretagne, près d'Auray, qui conserve le plus important ensemble mégalithique de menhirs, tombes et tumuli. Les menhirs forment trois groupes d'alignements à Ménec, Kernario et Kerlescan. Le plus important des tumuli est celui du mont Saint-Michel, haut de 11 m., long de 217 m et large de 59 m. Les alignements de Carnac appartiennent à la fin du néolithique et au début de l'âge du bronze (V^e/IIe millénaire av. J.-C.).

CARNEGIE Andrew (* Dunfermline, Écosse, 25.XI.1835, † Lenox, Massachussetts, 11.VIII.1919). Industriel américain. Jeune émigré à Pittsburg en 1847, il fut télégraphiste dans une compagnie de chemin de fer. Ses capacités reconnues, il prit la direction du chemin de fer de Pennsylvanie et y introduisit les premiers wagons-lits. Après la guerre de Sécession, il créa un empire industriel autour du fer et de l'acier. En 1900 il se trouvait à la tête de la Carnegie Steel Company of New Jersey, qu'il vendit l'année suivante à J. P. Morgan. Carnegie mit alors son immense fortune au service d'œuvres de bienfaisance et de fondations artistiques et scientifiques.

CARNOT Lazare Nicolas Marguerite (* Nolay, Côte-d'Or, 13.V.1753, † Magdebourg, 2.VIII.1823). Homme politique français. Capitaine du génie (1783), il se rallia à la Révolution. Député du Pas-de-Calais à la Législative et à la Convention, membre du Comité de salut public en 1793, il organisa une véritable armée nationale et dirigea les opérations militaires et mérita le surnom d'« organisateur de la victoire ». Membre du Directoire, il s'opposa à Barras et se réfugia en Allemagne lors du coup d'État du 18-Fructidor. Rappelé par Bonaparte, il refusa de servir le Consulat puis l'Empire. En 1814, il défendit Anvers contre les Alliés et, en 1815, il accepta le ministère de l'Intérieur pendant les Cent-Jours. Banni en 1816, il s'exila. Ses restes ne furent rapatriés qu'en 1889 et déposés au Panthéon.

CARNOT François Marie Sadi (* Limoges, 11.VIII.1837, † Lyon, 25.VI.1894). Petit-fils de Lazare Carnot, homme politique français, député de la Côte-d'Or en 1871, ministre des Finances en 1885, il succéda à Jules Grévy à la présidence de la République en 1887. Il fut assassiné par l'anarchiste Caserio.

CARNUTES. Peuple de la Gaule celtique qui occupait le plateau alors boisé situé entre la Seine et la Loire. Il avait pour places fortes principales les *oppida* de *Cenabum* (Orléans) et d'*Autricum* (Chartres). César rapporte que dans les forêts du pays des Carnutes se réunissait l'assemblée des druides. Les Carnutes donnèrent le signal du grand soulèvement gaulois de

52 av. J.-C. en massacrant tous les Romains établis à *Cenabum*. À l'époque impériale, les Carnutes reçurent le statut de municipe.

CAROLINE. Région de l'Amérique du N., bordant l'océan Atlantique, située entre la Virginie au N. et la Georgie au S. Elle forme deux des États-Unis d'Amérique, la **Caroline du Nord** (*North Carolina*) ; capitale *Raleigh*, et la **Caroline du Sud** (*South Carolina*) ; capitale *Columbia*. La Caroline, longtemps connue sous le nom d'Albemarle, découverte en 1512 par l'Espagnol Ponce de León, fut concédée en 1584 par la reine Élisabeth Ire à sir Walter Raleigh, qui tenta sans succès d'y fonder des établissements. En 1564, le Français Jean de Ribault, envoyé par Charles IX, était arrivé en Caroline du Sud, à laquelle il avait donné le nom de *Caroline* en l'honneur de son roi ; dès l'année suivante, la colonie qu'il avait fondée fut détruite par les Espagnols. En 1663, Charles II d'Angleterre concéda le territoire situé entre le 31e et le 36e parallèle à Lord Clarendon et à sept compagnons, qui y fondèrent des établissements privés dont le gouvernement anglais obtint la propriété en 1728. Ralliées au mouvement d'indépendance, les deux Carolines conquirent leur liberté à la bataille d'Eutaw Springs (6 sept. 1781) et figurèrent ainsi l'une et l'autre parmi les treize colonies libres fondatrices des États-Unis. Durant la guerre de Sécession, elles se rallièrent toutes deux à la Confédération sudiste : la Caroline du Sud fut le premier État à faire sécession de l'Union (20 déc. 1860). Sherman dévasta le pays en 1865.

CAROLINES (îles). Archipel de l'océan Pacifique, le plus grand de la Micronésie, au N. de l'équateur. Il comprend environ 300 petites îles. Ces îles furent en relations commerciales avec la Chine dès le VIIe s. Découvertes en 1527 par les Portugais et nommées alors Sequeira, annexées en 1686 par les Espagnols et rebaptisées en l'honneur du roi Charles II, elles restèrent jusqu'au XIXe s. sous la souveraineté nominale de l'Espagne, qui n'y porta aucun intérêt. En 1885, l'équipage du navire *Iltis* hissa le drapeau allemand sur l'île de Yap, provoquant un différend germano-espagnol qui fut réglé, en 1899, par la vente à l'Allemagne, au prix de 17 millions de marks, des Carolines, des Mariannes et des îles Palau. Placées sous mandat japonais après 1918, les Carolines – et notamment l'atoll de Truk – furent transformées en bases navales, d'où la marine nippone lança ses attaques contre les Salomon et Guadalcanal durant la Seconde Guerre mondiale. En août 1944, les Américains s'emparèrent de Palau. La plupart des Carolines forment encore aujourd'hui un territoire sous tutelle de l'ONU, administré par les États-Unis.

À partir du 31 oct. 1980, les Carolines à l'E. de l'archipel de Yap ont formé les États fédérés semi-indépendants de Micronésie. En 1990, ils obtinrent leur indépendance totale, mais restaient liés par un pacte aux États-Unis qui assurent leur défense. L'archipel de Palau approuva, par le référendum du 9 nov. 1993, un contrat de libre association avec les États-Unis, mis en place en 1994.

CAROLINGIENS. Famille qui régna sur l'Europe occidentale (à l'exception de la péninsule Ibérique, des îles Britanniques et de l'Italie méridionale), du milieu du VIIIe au début du Xe s.

Histoire de la dynastie

La dynastie carolingienne avait pour fondateur deux chefs de l'aristocratie austrasienne : st Arnoul, évêque de Metz, et Pépin de Landen, maire du palais d'Austrasie. Anségisel († 679), fils de st Arnoul, épousa Begga, fille de Pépin de Landen ; de ce mariage sortit la famille des Carolingiens, ainsi appelés du fait de leurs deux plus illustres représentants, Charles Martel et Charlemagne. Géographiquement, le berceau de cette famille fut la région entre Meuse et Rhin, un des centres principaux de l'activité politique et économique de l'Occident au Moyen Âge.

L'ascension des Carolingiens commença avec Pépin de Herstal, fils d'Anségisel et de Begga, qui se posa en restaurateur du royaume mérovingien. Maire du palais d'Austrasie, il battit les Neustriens à Tertry (687) et devint ainsi le maître de tous les territoires francs. Son fils, Charles Martel (714/41), fut, non sans combats, reconnu maire du palais aussi bien en Neustrie qu'en Austrasie. Sa victoire sur des troupes de l'émir Abd er-Rahman, à Poitiers (732), lui conféra une autorité désormais incontestée. Dès son règne, les Carolingiens nouèrent une alliance durable avec le Saint-Siège, qui avait besoin d'eux pour résister à la pression lombarde. Fils et successeur de Charles Martel, Pépin le Bref (741/68) renversa Childéric, dernier Mérovingien, en 751 et légitima ce coup d'État en se faisant proclamer roi à Soissons puis sacrer par le pape Étienne II (754). Son successeur Charlemagne (768/814) se fit sacrer empereur à Rome en 800 et porta la dynastie carolingienne à son apogée.

Cependant, l'Empire qu'il avait fondé se démembra rapidement en raison de la tradition germanique du partage successoral entre les différents fils. Dès 817, son fils et successeur, Louis le Pieux (814/40), régla le problème de sa succession en donnant le royaume d'Aquitaine à Pépin, celui de Bavière à Louis, Lothaire étant associé à l'Empire. La naissance d'un quatrième fils, Charles, remit l'*ordinatio imperii* en question et provoqua la révolte des aînés contre leur père, puis, après la mort de Pépin (838) et de Louis le Pieux (840), une guerre civile entre tous les fils. Lothaire Ier, empereur (840/55), fut battu par ses frères, Louis le Germanique et Charles le Chauve, à Fontenay-en-Puisaye (841). Les trois frères s'entendirent enfin pour partager l'Empire, au traité de Verdun (843) : Louis le Germanique eut toute la partie de l'Empire s'étendant à l'E. du Rhin ; Charles le Chauve ceux situés à l'O. de l'Escaut, de la Meuse, du Rhin et de la Saône (*Francia occidentalis*) ; à

Lothaire revint, avec la dignité impériale, une longue bande de territoire allant de la mer du Nord à l'Italie entre les possessions de ses frères. À la mort de Lothaire (855), ses États furent partagés entre ses trois fils : Louis II, qui eut le titre impérial et l'Italie ; Charles, qui devint roi de Provence ; Lothaire II, qui régna sur les pays entre la Meuse et le Rhin appelés Lotharingie ; à sa mort (869), elle fut partagée par le traité de Mersen (870) entre Charles le Chauve et Louis le Germanique : à partir de ce moment, *Francia occidentalis* et *Francia orientalis* furent des États séparés. Désormais, les Carolingiens étaient représentés essentiellement par deux branches : l'orientale, issue de Louis le Germanique, et l'occidentale, issue de Charles le Chauve.

En *Francia orientalis*, l'héritage de Louis le Germanique fut d'abord partagé entre ses trois fils, Carloman, roi de Bavière, Louis, roi de Saxe, et Charles le Gros. Celui-ci reçut le titre impérial (881), réunifia l'héritage de son père et réunit pour la dernière fois, l'ancien empire de Charlemagne puisqu'il fut également choisi comme roi de *Francia occidentalis* en 884. Souverain faible, il fut déposé en 887 par les grands de Germanie, à la diète de Tibur. L'unité carolingienne disparut cette fois pour toujours. Son neveu, Arnoul de Carinthie, lui succéda comme roi de Germanie (887/99) et comme empereur (896/99), mais, après la mort de son fils, Louis l'Enfant (899/911), Conrad Ier, duc de Franconie, fut élu roi, et, en 919, Henri Ier l'Oiseleur fonda une dynastie nouvelle, la dynastie saxonne.

En *Francia occidentalis*, Charles le Chauve (843/77) eut pour successeur son fils Louis II le Bègue (877/79), dont l'héritage fut partagé entre ses deux fils, Louis III (879/82) et Carloman (879/84). À la mort de ce dernier, Charles le Gros, empereur et roi de Germanie, fut élu roi de *Francia occidentalis* (884/87), mais sa passivité en face des invasions normandes montrait bien l'impuissance des Carolingiens. Dans le siècle qui suivit, les Carolingiens furent contestés par la famille des Robertiens (qu'on appela plus tard les Capétiens). Eudes fut élu roi de France (888/98), comme Robert Ier (922/23) et Raoul de Bourgogne (923/36). Les derniers Carolingiens de *Francia occidentalis* furent : Charles III le Simple (893/23), Louis IV d'Outre-Mer (936/54), Lothaire (954/86), Louis V (986/87). À la mort de ce dernier, l'élection d'Hugues, comte de Paris et duc de France, inaugura l'âge des Capétiens.

La monarchie carolingienne

Les Carolingiens poursuivirent la conquête franque et fondèrent un Empire européen qui, dans sa plus grande extension, sous Charlemagne, s'étendit de l'Èbre, au-delà des Pyrénées, à l'Elbe, en Allemagne du Nord, de la marche de Bretagne au Danube, et de la Frise à Rome. À la différence du royaume mérovingien, il n'était pas fait d'un peuple dominateur et de peuples soumis ; pour la première fois depuis la fin de l'Empire romain, l'Europe occidentale constituait un ensemble régi par des institutions tendant à s'uniformiser (création de comtés ou *pagi*, missions de contrôle des envoyés de l'empereur, les *missi dominici*...) qui permirent non seulement la coexistence, mais une première synthèse entre l'héritage de la romanité et l'apport germanique.

La royauté carolingienne fut marquée par une innovation capitale : le recours au sacre, venu de la Bible, déjà connu des Wisigoths et des Anglo-Saxons mais ignoré des Mérovingiens. Pépin le Bref, qui avait reçu dès 752 l'onction des mains de st Boniface, se fit sacrer de nouveau, par le pape Étienne II, en 754. Dès ce moment, les Carolingiens, alliés du Saint-Siège contre les Lombards, remplaçaient l'empereur byzantin défaillant dans le rôle de protecteur de l'Église, et le passage à l'empire, réalisé par le sacre de Charlemagne à Rome, le jour de Noël de l'an 800, ne fit que consacrer une situation de fait. L'empereur carolingien se considéra à la fois comme le successeur légitime des empereurs romains et comme le délégué personnel de Dieu sur la terre. La royauté devint une fonction religieuse. En fait, l'équilibre entre le pape et l'empereur resta toujours précaire. Sous Pépin le Bref et surtout sous Charlemagne, ce fut le pape qui obéit au monarque, lequel s'immisçait systématiquement dans les affaires intérieures de l'Église. Avec Louis le Pieux, la situation se renversa ; le pape s'émancipa de la tutelle temporelle et intervint de plus en plus dans la vie de l'Empire, jusqu'à désigner l'empereur, comme le fit Jean VIII pour Charles le Chauve (875), puis pour Charles le Gros (881). Les querelles successorales, nombreuses après Louis le Pieux, livraient l'Empire à l'arbitrage du Saint-Siège. Trop marqués encore par les traditions germaniques, les Carolingiens n'ont pas su tirer toutes les conséquences du caractère sacré que leur conférait l'onction chrétienne. Morcellements et partages continuèrent à la mort des souverains (et parfois même de leur vivant : ainsi Charlemagne et Carloman se partagèrent le trône entre 768 et 771 et Louis le Pieux dut s'associer ses fils, en 817 et 838. Plus graves encore furent les partages de 843 (Verdun) et de 870 (Mersen), qui portèrent des coups irréparables à l'unité de l'Empire et consommèrent la séparation entre la France et l'Allemagne. Le principe de succession héréditaire était également fragile : tous les Carolingiens furent élus, comme Pépin le Bref l'avait été après le coup d'État de 751. L'élection s'accordait bien avec l'idée religieuse attachée à la royauté carolingienne. « La royauté est non un droit mais une fonction, théoriquement confiée par le peuple et l'Église à celui qui paraît le plus digne » (J. Ellul). Il y avait ainsi un compromis entre l'hérédité et l'élection. Les premiers Carolingiens étaient assez puissants pour forcer la main des grands en faisant ratifier de leur vivant le choix qu'ils avaient fait de leur héritier. Mais quand la dynastie s'affaiblit, l'élection redevint libre, et l'hérédité, qui avait assuré la force originelle des Carolingiens – depuis Pépin de Herstal –, fut écartée en 888, 922, 923 et enfin 987, avec l'élection d'Hugues Capet, au profit des descendants de Robert le Fort, les futurs Capétiens.

CARRANZA Venustiano (* Cuatro Ciénegas, Coahuila, 29.XII.1859, † Tlaxcalaltongo, Puebla, 20/21.V.1920). Homme politique mexicain. Propriétaire terrien, adversaire de Porfirio Díaz, il se joignit à la révolution de Madero (1910/11) et devint gouverneur de l'État de Coahuila. Après l'assassinat de Madero, il se déclara contre Huerta, fonda l'armée « constitutionnaliste », fut rejoint par des hommes tels que Calles, Obregón, Pancho Villa, et força Huerta à la fuite (juill. 1914). Malgré l'opposition de Pancho Villa et de Zapata, il fut nommé président provisoire par la majorité des Mexicains (1915) ; mais il dut s'incliner devant les tendances socialisantes, représentées par Obregón. Élu constitutionnellement président de la République le 1er mai 1917, il nationalisa le pétrole mais se heurta de nouveau aux progressistes et fut renversé et assassiné par les hommes de Herrera.

CARRERO Blanco Luis (* Santoña, 4.III.1903, † Madrid, 20.XII.1973). Amiral et homme politique espagnol. Surpris à Madrid par la guerre civile de 1936, il réussit, en franchissant clandestinement les lignes républicaines, à rejoindre les forces nationalistes. Collaborateur intime de Franco à partir de 1941, ce monarchiste contribua, durant la Seconde Guerre mondiale, à mettre en échec les éléments phalangistes favorables à l'Axe. Ministre à partir de 1957, vice-président du Conseil de 1967 à 1973, chef du gouvernement à partir de juin 1973, il mourut assassiné par des autonomistes basques. Sa mort enleva au général Franco l'espoir de voir se perpétuer après lui le régime franquiste.

CARRHAE ou **CARRHES.** Ancienne ville de la Mésopotamie septentrionale (auj. *Harran* en Turquie) où l'armée romaine, commandée par Crassus, « triumvir » avec César et Pompée, fut écrasée en mai 53 av. J.-C. par le général parthe Suréna. Crassus lui-même fut mis à mort. Cette défaite arrêta pour longtemps la progression romaine en Orient.

CARRIER Jean-Baptiste (* Yolet, Cantal, 16.III.1756, † Paris, 16.XII.1794). Révolutionnaire français. Conseiller au bailliage d'Aurillac, membre de la Convention (1792), il fut envoyé en mission dans l'Ouest, pour réprimer la guerre civile (1793). Après la défaite des vendéens à Savenay, il organisa les noyades de Nantes (oct. 1793/févr. 1794) : il fit construire des bateaux à soupape qui noyaient cent personnes à la fois et inventa les « mariages républicains », qui consistaient à ligoter ensemble un homme et une femme, qu'on précipitait dans la Loire ; on évalue ses victimes à plusieurs milliers. Arrêté après la chute de Robespierre, bien qu'il ait fait partie de la conspiration thermidorienne, il fut condamné à mort par le Tribunal révolutionnaire et exécuté.

CARTEL DES GAUCHES. Coalition des partis de gauche (radicaux et radicaux-socialistes, républicains socialistes, socialistes SFIO) formée en France, lors des élections législatives du 11 mai 1924. Voir **France**.

CARTER James Earl, dit **Jimmy** (Plains, Géorgie, 1er.X.1924). Homme politique américain. Sénateur (1962), puis gouverneur démocrate de Géorgie (1970), il devint le trente-neuvième président des États-Unis en battant Gerald Ford, président sortant. Son mandat fut marqué par l'aggravation de la crise de l'économie américaine. En politique extérieure, malgré le rapprochement entre Israël et l'Égypte, dont il fut l'artisan (accords de Camp David en 1978, v.), il ne sut pas restaurer le prestige international de son pays. L'affaire des otages de Téhéran (v. **Iran**) lui fut fatale et permit l'élection de R. Reagan, son adversaire républicain, à la présidentielle de 1980. Jimmy Carter fit son retour sur la scène politique à la fin des années 1980, à la tête d'une organisation humanitaire, le Centre d'action sociale et politique. Il joua aussi un rôle de médiateur dans plusieurs crises internationales, notamment en Afrique, en Amérique latine et dans les Balkans.

CARTHAGE. Ville de l'Afrique ancienne, sur le golfe de Tunis.

Avant les guerres puniques

Dès les Xe/IXe s., des navigateurs phéniciens avaient atteint le détroit de Gibraltar et, selon la tradition, Carthage fut fondée en 814 av. J.-C. par la reine de Tyr, Élissa, qui se serait enfuie après l'assassinat de son mari ; mais il est établi qu'un comptoir phénicien, situé près des ports de Salammbo, existait auparavant, le nom même de Carthage, *Qart Hadasht*, signifiant la « nouvelle ville ». La fondation de la ville était la conséquence d'un mouvement d'expansion phénicienne en Méditerranée occidentale qui avait permis de fonder en Tunisie la ville d'Utique et, en Andalousie la ville de Gadès (Cadix) vers 1100 av. J.-C.

Indépendante politiquement de Tyr, Carthage lui était liée par un tribut offert à l'occasion de la fête du dieu tyrien Melqart. Elle se développa lentement et ne joua un rôle dans la politique internationale qu'à partir du VIe s., profitant de l'effacement momentané de Tyr et regroupant autour d'elle ses colonies de la Méditerranée occidentale. En 654, elle avait fondé une colonie à Ibiza, île des Baléares, et avait conquis en Afrique un territoire aux dépens des Berbères et des Numides et le mit en valeur. Elle exporta vers tous les pays de la Méditerranée le fer, le plomb, l'argent de l'Andalousie, l'étain de la Cornouailles, l'or, l'ivoire et les esclaves de l'Afrique, et des biens de son territoire comme l'huile, le vin, les céréales. Par le commerce international, Carthage devint une grande puissance.

Un gouvernement oligarchique était à la tête de Carthage où quelques familles riches ou aristocratiques, telle celle des Magonides, occupaient les principales charges de l'État, notamment celles des deux suffètes que nommait le sénat. D'autre familles, concurrentes, réussirent à s'imposer en s'appuyant sur la masse du peuple, telle celle des Barcides, d'où devaient sortir Hamilcar, Hasdrubal et Hannibal. Les Carthaginois se dotèrent d'une armée de mercenaires levés dans les populations numides ou libyennes et dont le commandement était assuré par des généraux élus à partir du IIIe s. Dans ses pratiques religieuses, Carthage est restée fidèle aux dieux phéniciens et a continué à pratiquer, comme les Cananéens, les sacrifices d'enfants nouveau-nés.

À partir du VIe s., Carthaginois et Grecs s'affrontèrent en Méditerranée ; en 545, les Phocéens furent battus à Alalia (Corse) ; sous l'impulsion des Magonides, l'expansion de Carthage se poursuivit, notamment en Sicile ; arrêtée par sa défaite à Himère (480), elle reprit son expansion à la fin du Ve s. et s'empara d'Agrigente, en 406, et de Messine, en 397. S'étant heurtés au tyran de Syracuse Denys l'Ancien, les Carthaginois durent accepter que le fleuve Halykos fût la frontière entre leur territoire et celui des Grecs. Mais la guerre reprit et, en 310, Agathocle, tyran de Syracuse, alla assiéger Carthage.

Les guerres puniques et la fin de Carthage (264/146 av. J.-C.)

Vers 270, les Romains achevèrent la conquête de l'Italie du Sud et l'enjeu originel de la longue lutte entre Rome et Carthage fut le contrôle du détroit de Messine avant qu'il ne s'agît bientôt de l'hégémonie en Méditerranée occidentale. La première guerre punique (du latin *Poenus*, « carthaginois », 264/241 av. J.-C.) permit aux Romains de s'emparer de la Sicile, des îles Lipari, et de recevoir une indemnité de 3 200 talents. Vingt-trois ans séparèrent la première de la seconde guerre punique ; les Carthaginois durent faire face à une révolte de leurs mercenaires et les Romains en profitèrent pour annexer la Sardaigne et la Corse. Carthage répliqua en conquérant l'Espagne à partir de 237 et la deuxième guerre punique (218/201 av. J.-C.) débuta par le coup de main d'Hannibal, fils d'Hamilcar, sur le port espagnol de Sagonte. Elle fut marquée par l'audacieuse campagne d'Hannibal qui franchit avec son armée les Pyrénées et les Alpes afin de déboucher en Italie, puis par ses victoires du Tessin, de la Trébie, de Trasimène, et enfin de Cannes (216). Mais Hannibal s'arrêta à Capoue et n'osa pas attaquer la ville de Rome. À partir de 209, les Romains reprirent l'initiative ; la conquête de l'Espagne permit à Scipion de passer en Afrique où il s'allia avec le roi numide Masinissa. En 202, Scipion triompha à Zama et Carthage dut accepter des conditions très dures : perte de l'Espagne, de ses éléphants de guerre, de la flotte (sauf dix navires), engagement de ne pas entreprendre de guerre sans l'autorisation romaine et paiement d'une indemnité de 10 000 talents.

Élu suffète en 195, Hannibal essaya de rendre à Carthage sa puissance en la démocratisant ; il dut s'exiler mais le redressement agricole et commercial fut si rapide que Caton l'Ancien, ambassadeur à Carthage, en vint à craindre pour Rome et appela à la guerre. Le prétexte de la troisième guerre punique (149/146 av. J.-C.) fut un conflit avec Masinissa. Scipion Émilien assiégea Carthage pendant trois ans avant de la prendre. La ville fut pillée, brûlée, rasée et son territoire partagé entre la Numidie et la nouvelle province d'Afrique.

Carthage romaine et chrétienne

César releva la ville sous le nom de *Colonia Julia Carthago* et Auguste poursuivit son œuvre. Carthage devint alors la ville la plus importante de l'Afrique romaine ; les empereurs Hadrien, Antonin le Pieux, Commode, l'embellirent et elle connut une grande prospérité. Dès le IIe s., Carthage devint un foyer du christianisme ; son Église eut pour chef st Cyprien ; elle fut illustrée par Tertullien et dans ses écoles se forma st Augustin. Prise par les Vandales en 439, reconquise par Bélisaire en 533, Carthage fut byzantine pendant deux siècles avant que Hassan ibn Noman la conquît en 698 et la détruisît.

CARTIER Jacques (* Saint-Malo, 1491, † Saint-Malo, 1er.IX.1557). Navigateur français. Chargé par François Ier de découvrir le passage du Nord-Ouest vers les Indes, il partit de Saint-Malo le 20 avr. 1534 avec deux navires, atteignit Terre-Neuve (10 mai), puis, suivant la côte du Nouveau-Brunswick, il entra dans la baie des Chaleurs. Le 24 juill. 1534, il aborda la terre canadienne à Gaspé puis revint à Saint-Malo (5 sept.). Reparti avec trois navires le 19 mai 1535, il arriva le 9 août à l'entrée du Saint-Laurent, auquel il donna son nom, et, le 2 oct., il atteignait le village indien de Hochelaga, près duquel fut bâtie plus tard Montréal. Il apprit des Indiens le nom de *Canada*, qui voulait en fait dire « village ». Cartier passa l'hiver 1535/36 près de l'actuelle Québec, puis, il revint à Saint-Malo en juill. 1536. Il avait pris possession au nom de François Ier des terres qu'il avait découvertes ; le roi nomma lieutenant général au Canada le sieur de Roberval et lui confia une troisième expédition à laquelle se joignit Cartier (printemps 1541).

CARTIER sir Georges Étienne (* Saint-Antoine-sur-Richelieu, Québec, 6.IX.1814, † Londres, 20.V.1873). Homme politique canadien. Avocat, il s'exila quelque temps aux États-Unis après les troubles de 1837. Député en 1848 et chef des Canadiens francophones à l'Assemblée législative, il fut, avec John Macdonald, le Premier ministre d'un cabinet libéral-conservateur (1857/62). Il mit sur pied une audacieuse politique ferroviaire (achèvement du Grand Trunk Railway, décision de construire le Canadian

Pacific) et contribua à la fondation de la Confédération canadienne.

CARTON DE WIART, comte Henri (* Bruxelles, 31.I.1869, † Bruxelles, 9.V.1951). Homme politique belge. Avocat, député catholique dès 1896, il fut un des membres les plus actifs de la Jeune Droite, qui, en se ralliant aux idées sociales des encycliques de Léon XIII, voulait redonner vigueur au parti catholique belge. Ministre de la Justice dans le cabinet Broqueville (1911/18), il fit voter une loi sur la protection de l'enfance, la première en Europe. Président d'un gouvernement d'union nationale (nov. 1920/déc. 1921), il étendit le droit de grève et la liberté d'association, institua la journée de 8 heures et la semaine de 48 heures, et donna le droit de vote aux femmes dans les assemblées communales. Il représenta la Belgique à la SDN (1934/40).

CARTOUCHE Louis-Dominique (* Paris, 1693, † Paris, 27.XI.1721). Bandit célèbre. Fils d'un tonnelier, il commença des études au collège Louis-le-Grand (avec le jeune Voltaire pour condisciple), en fut chassé, servit quelque temps dans l'armée, puis se mit à la tête d'une bande qui commit des vols et des assassinats dans la capitale et les environs. Après avoir échappé pendant près de dix ans aux recherches de la police, il fut enfin arrêté et roué vif en place de Grève.

CARTULAIRE. Registre manuscrit du Moyen Âge où les grands propriétaires civils (seigneurs, villes, corporations) ou ecclésiastiques (évêchés, abbayes, chapitres) faisaient recopier les chartes qui établissaient leurs droits et titres de propriété ainsi que leurs privilèges. Les actes étaient classés non point chronologiquement mais souvent topographiquement. Les plus anciens cartulaires remontent à l'époque carolingienne mais les plus nombreux datent des XIIIe et XIVe s.

CASABLANCA (conférence de, 14/24 janv. 1943). Churchill et Roosevelt y prirent d'importantes décisions concernant l'invasion prochaine du territoire italien, l'intensification des bombardements sur l'Allemagne et l'exigence d'une capitulation sans condition de l'Allemagne, de l'Italie et du Japon ; pendant cette conférence, les deux grands chefs alliés essayèrent, mais sans succès, de réconcilier Giraud et de Gaulle.

CASIMIR saint (* 3.X.1458, † Vilna, 4.III.1484). Fils de Casimir IV, roi de Pologne, il est devenu le patron de la Pologne et de la Lituanie, après une fervente vie d'ascète.

CASIMIR III le Grand (* Kowal, Cujavie, 1310, † 5.XI.1370). Roi de Pologne (1333/70). Fils et successeur de Ladislas Ier Lokietek, couronné en 1333, il régla pacifiquement ses différends avec la Bohême par les traités de 1335 et 1346, conquit la Galicie (avec Lwow, 1349) et la Volhynie avec Vladimir (1366). Mais son rôle pacifique fut au moins aussi important encore : par le statut de Wislica (1347), il posa les fondements du droit polonais ; il créa l'université de Cracovie (1364) et développa cette ville en y appelant des colons allemands. Il fut le vrai fondateur de l'État polonais.

CASIMIR IV (* 29.XI.1427, † 7.VI.1492). Roi de Pologne (1447/92). Voir **POLOGNE**.

CASIMIR-PERIER Jean (* Paris, 8.XI.1847, † Paris 11.III.1907). Homme politique français. Fils d'un ministre de Thiers et petit-fils du président du Conseil de Louis-Philippe (v. **PERIER**), président de la Chambre en 1893, président du Conseil et ministre des Affaires étrangères (2 déc. 1893/22 mai 1894), il fit voter, pour réprimer les menées anarchistes, une série de lois relatives à la liberté individuelle et aux délits de presse, que l'opposition socialiste qualifia de *lois scélérates*. Élu président de la République le 27 juin 1894, il démissionna le 14 janv. 1895 – après le véritable réquisitoire prononcé contre lui par Jaurès au procès Gérault-Ricard (5 nov. 1894) – et se retira de la vie politique. Son bref passage à la tête de l'État fut marqué par l'arrestation et la condamnation de Dreyfus.

CASQUES BLEUS. Nom donné à la force militaire de l'ONU créée en 1956 et envoyée dans des zones où la paix est menacée. En raison du désaccord entre les grandes puissances après la Seconde Guerre mondiale, la force permanente de l'ONU prévue par la Charte des Nations unies ne put jamais être constituée et l'Organisation internationale ne dispose ainsi que de forces temporaires, composées de contingents fournis par certains de ses membres. Voir **ORGANISATION DES NATIONS UNIES**.

CASSANDRE (* vers 358, † 297 av. J.-C.). Roi de Macédoine (305/297). Voir **MACÉDOINE**. La Macédoine dans l'Antiquité.

CASSIN René (* Bayonne, 5.X.1887, † Paris, 20.II.1976). Juriste français. Professeur de droit international, membre de la délégation française à la SDN (1924), il fut un des premiers à rejoindre la France libre (1940) et joua un rôle important dans le Comité de Londres, puis dans le Comité français de libération nationale. Membre puis président de la Commission des droits de l'homme des Nations unies (1946), il fut à l'origine de la Déclaration universelle des droits de l'homme, votée par l'Assemblée générale de l'ONU en déc. 1948. Il prit aussi une part importante à la fondation de l'UNESCO. Membre du Conseil constitutionnel de la Ve République, il fut nommé, en 1965, président de la Cour européenne des droits de l'homme. René Cassin reçut en 1968 le prix Nobel de la paix.

CASSINO. Ville d'Italie (Frosinone), où st Benoît fonda un monastère en 529 ; il y rédigea la règle bénédictine. Plusieurs fois reconstruit, il devint un centre de culture chrétienne célèbre par sa bibliothèque. Inclus dans les lignes allemandes pendant l'hiver 1943/44, mais non occupé par les troupes, il fut anéanti par le bombardement allié du 15 févr. 1944. Les Allemands firent alors de ses ruines un centre de résistance que les troupes britanniques et polonaises enlevèrent en mai 1944.

CASSIUS LONGINUS Caius († Philippes, Macédoine, 42 av. J.-C.). Général romain. Il sauva les débris de l'armée romaine après le désastre de Crassus à Carrhae. Pendant la guerre civile, il se rangea d'abord du côté de Pompée ; fait prisonnier par César après le désastre de Pharsale, il bénéficia de l'habituelle générosité de son vainqueur, qui le fit nommer préteur en 44 et lui promit le gouvernement de la Syrie. Il se rangea néanmoins dans la conspiration contre le dictateur et se trouva parmi les assassins de César, aux ides de mars 44. Obligé de fuir, il rejoignit Brutus, en Macédoine, après avoir mis l'Asie Mineure au pillage. Commandant l'aile gauche de l'armée à la bataille de Philippes, il fut mis en déroute par Antoine et, le soir même, il ordonna à son affranchi Pindarus de le tuer.

CASTELO BRANCO Humberto (* Mecejana, Ceara, 20.IX.1900, † près de Fortaleza, 18.VII.1967). Maréchal et homme politique brésilien. Chef d'état-major, puis président de la République (1964/67). Voir **BRÉSIL**.

CASTES. Par la volonté divine selon la tradition brahmanique, la société indienne s'est trouvée divisée socialement et religieusement en castes. Elles sont inconnues des plus anciens hymnes védiques et sont mentionnées dans un livre du *Rigveda* écrit vers 1500 av. J.-C. Les castes indiennes n'ont pas été fondées sur la richesse ou les privilèges politiques. Leur origine vient sans doute des mesures discriminatoires prises par les Aryens, minoritaires au milieu des populations conquises, pour conserver leur pureté religieuse et raciale et, à l'origine, elles exprimaient les différents degrés de participation des individus au sacré. Quatre grandes castes ont été établies : celle des brahmanes ou prêtres, celle des guerriers ou *kshatriya*, celles des *vaiçya*, agriculteurs ou commerçants, et celle des *çudra* réduits aux occupations serviles. Les trois premières formaient le groupe aryen, la dernière rassemblait les indigènes, soumis aux Aryens mais exclus du culte brahmanique.

Les castes sont toujours présentes de nos jours en Inde. Les sikhs les ont abolies ; Gandhi a lutté contre la ségrégation qu'elles engendraient. Officiellement, la distinction entre les différentes castes a été supprimée sous Nehru, mais, encore aujourd'hui, la caste est restée un cadre déterminant du fait de la croyance en la réincarnation qui ne permet pas de sortir de sa condition. Mais, par la richesse et la réussite sociale, il n'est plus impossible de s'élever socialement.

CASTIGLIONE. Ville d'Italie, en Lombardie, au S.-E. de Brescia. Les Français la prirent en 1702 et Bonaparte y remporta une victoire sur les Autrichiens, commandés par Wurmser, le 5 août 1796 ; Augereau, qui avait enfoncé le centre ennemi, reçut le titre de duc de Castiglione.

CASTILLE, *Castilla*. Plateau central de l'Espagne, ancien royaume traditionnellement divisé en *Vieille-Castille*, au N., avec les villes de Burgos, de Valladolid et de Ségovie, et en *Nouvelle-Castille*, au S., avec Madrid, Tolède et Cuenca. La Vieille-Castille, qui fit d'abord partie du royaume de León, devint indépendante au Xe s. Elle était alors hérissée de *castella*, construits par les seigneurs chrétiens pour se défendre contre les incursions des Maures. Profitant de leurs dissensions, Sanche III soumit la Vieille-Castille à la Navarre (1029) et l'érigea en royaume, sous le nom de Castille, pour son fils Ferdinand Ier (1035).

Dès le XIe s., les rois de Castille, Alphonse VI, Alphonse VII et Alphonse VIII menèrent énergiquement la Reconquête et enlevèrent aux Maures les territoires qui allaient former la Nouvelle-Castille. La prise de Tolède (1085) et la grande victoire de Las Navas de Tolosa (1212) furent suivies de la conquête de Cordoue (1236), Séville (1248) et Cadix (1262). L'union définitive entre la Castille et le León fut réalisée en 1230, par Ferdinand III. Mais la Castille du XIVe s. fut déchirée par la guerre fratricide entre Pierre le Cruel et Henri de Trastamare. Le mariage d'Isabelle Ire de Castille avec Ferdinand II d'Aragon (Ferdinand V de Castille) réalisa l'union personnelle entre les deux royaumes (1479). La conquête du royaume de Grenade chassa définitivement les Maures d'Espagne (1492) et soumit de fait toute l'Espagne à une autorité unique.

Deux régions de Castille ont reçu un statut d'autonomie : la Manche, le 16 août 1982, et le León, le 25 févr. 1983. Voir **ESPAGNE**.

CASTILLON. Ville de France (Gironde), où les armées de Charles VII remportèrent le 17 juillet 1453 sur les Anglais une victoire décisive qui les chassa de Guyenne et mit fin à la guerre de Cent Ans. Le chef anglais John Talbot et son fils y trouvèrent la mort.

CASTLEREAGH, Robert Stewart, 2e marquis de Londonderry et vicomte (* Dublin, 18.VI.1769, † Londres, 12.VIII.1822). Homme politique britannique. Secrétaire à la Guerre sous Pitt (juill. 1805/janv. 1806) et sous Portland (avr. 1807/sept. 1809), puis secrétaire aux Affaires étrangères (1812/22), Castlereagh fut l'âme de la coalition européenne contre Napoléon. Au traité de Paris (1814), il obtint la restauration des Bourbons et la constitution des Pays-Bas en un royaume indépendant. Son rôle fut capital au congrès de Vienne : il s'opposa aux ambitions de la Russie, qui lui apparaissait désormais comme la puissance la plus dangereuse du continent, et il signa contre elle un accord secret avec Talleyrand et Metternich (janv. 1815). En Allemagne, Castlereagh s'employa à limiter les progrès de la Prusse. Dans les affaires intérieures britanniques, il se comporta en tory convaincu. On le rendit responsable de la politique répressive poursuivie après 1815.

CASTRO Fidel (Mayari, Oriente, 13.VIII.1926). Homme politique et dictateur cubain. Après une première tentative d'insurrection contre le régime de Batista, en 1953, Castro fut arrêté, puis gracié (1954), et se réfugia au Mexique. Il reprit la guérilla de 1956 à 1959, dans la sierra Maestra, et parvint à chasser Batista. Devenu Premier ministre en févr. 1959, il se heurta, en raison de sa politique de nationalisation et de réforme agraire, à l'hostilité grandissante des États-Unis, qui décrétèrent le blocus économique de l'île. La crise de Cuba (v.) (1961/63), sanctionnée par l'échec d'une tentative d'installation de bases militaires soviétiques, consacra cependant la pérennité du régime castriste et ouvrit toute l'Amérique latine à la propagande antiaméricaine et à la révolution par l'action des guérilleros. Devenu le champion de la lutte anti-impérialiste, F. Castro put renforcer son pouvoir personnel sur Cuba bientôt enserré dans un régime policier, tout en réalisant de profondes réformes, avec l'aide économique de l'URSS et des pays de l'Est. Cependant, l'exécution du général Ochoa et de trois autres officiers supérieurs, en juill. 1989, témoignait des dissensions internes au régime, tandis que la chute du bloc soviétique le privait d'un soutien économique indispensable. Castro résista pourtant aux pressions des dirigeants latino-américains et espagnols, qui, dans les années 1990, redoublèrent leurs conseils de libéralisation du régime. Si l'asphyxie économique du pays a contraint Fidel Castro à admettre une faible libéralisation de l'économie et à écorner les acquis sociaux de la révolution, le régime politique, condamné par le Commissariat aux droits de l'homme de l'ONU en avr. 1999, est resté totalitaire.

CATACOMBES. Cimetières souterrains qui ont utilisé les anciennes carrières d'un certain nombre de villes italiennes. Les plus étendues sont celles de Rome où l'on a imaginé que les chrétiens persécutés s'y réfugiaient pour pratiquer leur religion. Ces galeries étaient connues des autorités et ne pouvaient servir de lieu pour des réunions secrètes. Les chrétiens y ont enseveli leurs morts et, notamment, les corps des premiers martyrs ; ils se retrouvaient ensuite auprès de ces sépultures pour y célébrer leur culte.

CATALAUNIQUES (bataille des champs). Bataille où l'armée d'Attila fut vaincue (été ou automne 451) par Aetius allié aux Wisigoths, aux Burgondes et aux Francs. On ne sait où se trouvaient exactement ces champs Catalauniques mentionnés par Jordanès (sans doute à Moirey, près de Troyes).

ÇATAL-HÜYÜK. Site néolithique de Turquie. Sur le plateau anatolien, Çatal-Hüyük est un des meilleurs témoins de la sédentarisation des populations de la fin du néolithique. De 6500 à 5700, une agglomération de 13 hectares a abrité de nombreux habitants qui vivaient d'une activité agricole et de l'élevage des moutons et des chèvres. Les maisons en briques crues, souvent pourvues d'un étage, aux murs ornés de peintures ou de reliefs qui figuraient des têtes de bovidés, étaient couvertes par des terrasses sur lesquelles circulaient les habitants, en l'absence de tracés de ruelles.

CATALOGNE, esp. *Cataluña*, cat. *Catalunya*. Région du nord-est de l'Espagne, comprenant les quatre provinces actuelles de Gérone, Barcelone, Lerida et Tarragone. Les côtes catalanes furent visitées par les marins grecs, qui y fondèrent l'important comptoir d'*Emporion*. Conquise au IIIe s. par les Carthaginois (le nom de Barcelone garde le souvenir de la grande famille punique des Barca), elle passa aux mains des Romains vers 210 av. J.-C., fit partie de l'*Hispania Citerior*, puis de l'*Hispania Tarraconensis*. Au début du Ve s. de notre ère, elle fut occupée par les Wisigoths, qui lui laissèrent leur nom (*Gothalonia*). Les Arabes s'en emparèrent vers 720, mais Charlemagne prit Gérone (785), puis Barcelone (801), et fit de la Catalogne une marche de l'Empire franc.

La décadence des Carolingiens permit aux maîtres des différents comtés catalans (Barcelone, Urgel, Cerdagne, Besalù, Vic...) de se rendre indépendants (fin Xe s.). Ils résistèrent avec acharnement à la poussée des Maures. Maître de toute la région du bas Èbre, Raymond Bérenger III (1096/1131) épousa, en 1112, Douce, héritière de Provence, qui, l'année suivante, fit remise de ses droits à son mari. Les comtes catalans de la maison de Barcelone régnèrent donc sur la Provence de 1113 à 1245. Raymond Bérenger IV (1131/62) réunit la Catalogne et l'Aragon par son mariage avec Pétronille d'Aragon (1137). Aux XIIIe et XIVe s., la Catalogne devint la première puissance de la Méditerranée occidentale ; elle étendit sa domination sur les Baléares (1229/30), le royaume de Valence (1238), la Sicile (1282) et la Sardaigne (1321). Les Catalans, qui conservaient dans le royaume d'Aragon leur personnalité propre, sont intervenus dans tout le Bassin méditerranéen, fondant des comptoirs au Levant et, aux XIVe/XVe s., enlevant à l'Empire byzantin le duché d'Athènes. Cependant, la Provence, à la suite d'un mariage, passa en 1246 à la maison d'Anjou. Un siècle et demi d'union entre les deux pays n'en laissa pas moins des traces profondes : à l'apogée de la civilisation d'oc, la Catalogne et la Provence unies avaient connu le même épanouissement littéraire et spirituel ; le comte de Barcelone, Pierre II (1196/1213), avait combattu aux côtés des albigeois et des gens du Midi contre les barons pillards du Nord.

En 1410, la mort de Martin Ier le Vieux fut suivie de l'élection de Ferdinand Ier, comte de Castille. La Catalogne se souleva mais fut soumise en 1472. Dans l'Espagne unifiée du XVIe s., qui se détournait de la Méditerranée pour se lancer dans les grandes aventures coloniales, la Catalogne ne fut plus qu'une province déchue, mais restée farouchement attachée à ses traditions particulières. À la fin du XVIIe s. et durant la guerre de la Succession d'Espagne, elle accueillit volontiers les troupes françaises, mais la politique centralisatrice des Bourbons de Madrid lui enleva ses derniers privilèges (1714).

Cependant, le « catalanisme » survécut comme l'attesta la renaissance littéraire des années 1835/60, avec des poètes tels que Verdaguer, et des historiens tels que Bofarull, Mila Fontanals et Balaguer. Le catalanisme, après s'être exprimé en des sympathies carlistes, devint un des problèmes majeurs de la politique espagnole à la fin du XIXe s. Une volonté d'autonomie politique s'affirma et le parti catalan, la Lliga regionalista, remporta une grande victoire électorale en 1901. Mais ce mouvement fut compromis par le soutien qu'il apporta à la politique de Primo de Rivera, et c'est un nouveau mouvement catalan de gauche, l'Esquerra republicana, conduit par Maciá, qui, après une victoire aux élections municipales d'avr. 1931, proclama la « République catalane » (14 avr. 1931). En 1932, les Cortés durent accorder à la Catalogne un statut d'autonomie. Durant la guerre civile, le gouvernement catalan lutta énergiquement contre le franquisme et tenta de réaliser une révolution régionaliste. La Catalogne fut soumise par les armées républicaines, puis Barcelone fut prise par les nationalistes le 26 janv. 1939. Le gouvernement de Franco freina l'autonomisme catalan, mais la Catalogne et surtout Barcelone sont restés de vifs foyers d'opposition à la politique centralisatrice madrilène.

Le retour de la démocratie a favorisé ces aspirations. Un référendum a adopté en 1979 le statut régional de *Generalidad*. Au cours des années 1980, la Catalogne s'est affirmée sur la scène européenne sous le gouvernement de Jordi Pujol ainsi que l'a exprimé le choix de Barcelone comme site des jeux Olympiques de 1992.

CATEAU-CAMBRÉSIS ou **LE CATEAU.** Ville de France (Nord), au S.-E. de Cambrai. Le 3 avr. 1559, après la bataille de Saint-Quentin, Henri II, roi de France, et Philippe II, roi d'Espagne, y signèrent un traité qui mettait fin aux guerres d'Italie. Il laissait à la France les conquêtes d'Henri II – notamment les Trois-Évêchés : Metz, Toul et Verdun –, mais il lui enlevait la Savoie et les principales places du Piémont, le Charolais, le Bugey et la Bresse.

Le duc de Savoie épousait Marguerite, sœur d'Henri II, et Philippe II, veuf de Marie Tudor, épousait Élisabeth de Valois, fille d'Henri II et de Catherine de Médicis. Un autre traité, signé la veille avec l'Angleterre, donnait à la France Calais contre le paiement sous huit ans de 500 000 écus.

CATHARES. Secte religieuse surtout répandue dans le midi de la France (XIIe et XIIIe s.). Voir ALBIGEOIS.

CATHELINEAU Jacques (* Le Pin-en-Mauges, Maine-et-Loire, 5.I.1759, † Saint-Florent, 14.VII. 1793). Chef vendéen. Il était tisserand lorsque, en 1793, une révolte éclata à Saint-Florent parmi les jeunes Vendéens appelés à tirer au sort. Cathelineau, quoique exempt de service militaire en tant qu'homme marié, se mit à la tête des insurgés, battit les républicains (10 mars 1793), s'empara de Cholet, de Thouars, puis de Saumur, et devint (12 juin 1793) « commandant en chef de l'armée catholique et royale ». Il ne craignit pas de s'attaquer à Nantes, mais fut repoussé et reçut, au cours des combats, une blessure dont il devait mourir.

CATHERINE

ANGLETERRE

CATHERINE DE VALOIS (* Paris, 27.X.1401, † abbaye de Bermondsey, 3.I.1437). Reine d'Angleterre. Fille de Charles VI et d'Isabeau de Bavière, elle fut mariée en juin 1420 à Henri V d'Angleterre, en exécution d'une clause du traité de Troyes ; ainsi le roi anglais était-il assuré de l'héritage de la couronne de France (mais il mourut avant Charles VI). Mère du futur Henri VI, elle devint veuve en 1422. Peu après, elle épousa secrètement Owen Tudor, gentilhomme gallois, que le duc de Gloucester devait faire assassiner quelques années plus tard. De ce second mariage sortit la future dynastie des Tudors.

CATHERINE D'ARAGON (* Alcala de Henares, 16.XII.1485, † Kimbolton Castle, 7.I.1536). Reine d'Angleterre. Elle était la fille de Ferdinand d'Aragon et d'Isabelle de Castille et fut mariée le 14 nov. 1501 au prince de Galles, Arthur, fils aîné d'Henri VII d'Angleterre. Veuve sans que le mariage ait été consommé, elle se maria en juin 1509 avec Henri, frère de son premier époux, et roi sous le nom d'Henri VIII. Entre 1510 et 1518, elle eut cinq enfants dont un seul survécut, Marie. En 1527, Henri VIII demanda au pape la dissolution de son mariage pour épouser Anne Boleyn. Malgré l'opposition de Rome, l'archevêque de Canterbury annula le mariage et Catherine fut répudiée le 23 mai 1533. Elle dut se retirer au château de Kimbolton.

FRANCE

CATHERINE DE MÉDICIS (* Florence, 13.IV.1519, † Blois, 5.I.1589). Reine de France. Fille de Laurent II de Médicis, duc d'Urbino, et de Madeleine de La Tour d'Auvergne, elle fut mariée en 1533 au duc d'Orléans, roi de France en 1547 sous le nom d'Henri II. Son mari vivant, elle fut complètement éclipsée par la favorite, Diane de Poitiers, mais, après la mort de son époux

(1559) et celle de son fils aîné, François II (1560), elle devint régente du royaume pour son deuxième fils, Charles IX, qu'elle domina, même lorsqu'il fut devenu majeur. Gouvernant « à l'italienne », mais soucieuse de l'intérêt de l'État et de la monarchie, elle pensa à raffermir le trône en excitant les uns contre les autres les Guises catholiques contre les princes protestants de la maison de Bourbon. Dès 1560, elle prit pour chancelier le sage Michel de L'Hospital. Dépourvue elle-même de tout fanatisme religieux, elle favorisa le colloque de Poissy pour rapprocher catholiques et protestants (1561), accorda aux huguenots l'édit de tolérance de janv. 1562 et la paix d'Amboise (1563). Quand la guerre reprit, en 1567, elle se trouva malgré elle dans le camp des catholiques, mais entendait maintenir le trône au-dessus des factions. En 1570, elle traita avec les protestants (paix de Saint-Germain), prépara le mariage d'Henri de Bourbon (futur Henri IV) et de Marguerite de Valois, mais s'inquiéta de l'influence prise par Coligny sur Charles IX. Elle laissa faire plutôt qu'elle n'inspira la Saint-Barthélemy (24 août 1572). Son influence diminua considérablement sous le règne d'Henri III.

RUSSIE

CATHERINE Ire (* en Livonie, 1684, † Saint-Pétersbourg, 17.V.1727). Impératrice de Russie (1725/27). Paysanne d'origine polonaise emmenée en captivité en Russie après la prise de Marienburg (1702), elle devint la maîtresse du prince Menchikov, puis du tsar Pierre le Grand, qui l'épousa en secret en 1707. Elle eut un rôle déterminant dans l'orientation de la guerre contre les Turcs en 1711. Couronnée impératrice en 1724, elle succéda l'année suivante à Pierre le Grand, dont elle continua l'œuvre de réformes tout en laissant cependant beaucoup d'influence à son favori Menchikov.

CATHERINE II la Grande (* Stettin, 2.V.1729, † Saint-Pétersbourg, 17.XI.1796). Impératrice de Russie (1762/96). Princesse allemande (fille de Christian Auguste d'Anhalt-Zerbst) choisie par l'impératrice Élisabeth, fille de Pierre le Grand, comme épouse de son neveu et héritier, le grand-duc Pierre. Elle voulut être une vraie Russe, apprit la langue, l'histoire, les coutumes de ses futurs sujets. Son mari, monté sur le trône sous le nom de Pierre III, exaspérait les Russes par sa germanophilie. Catherine regroupa autour d'elle les mécontents du parti russe à l'armée et à la cour. En juill. 1762, les frères Orlov, ses amants, soulevèrent la garde, obligeant Pierre à abdiquer ; Catherine annonça qu'elle prenait le pouvoir « pour la défense de la foi orthodoxe et la gloire de la Russie ». Pierre mourut, assassiné sans doute par les Orlov.

Son règne de trente-cinq ans fut une des grandes périodes de l'histoire russe. Catherine se posait volontiers en libérale ; elle était en relation avec les philosophes des Lumières, notamment Diderot. À l'instar de Frédéric le Grand et de Joseph II, elle voulut régner en « despote éclairé ». Elle ouvrit des écoles, créa la première institution de jeunes filles de la Russie, protégea les sciences, appela dans son empire des artistes étrangers. Elle-même fut une femme de lettres. Elle convoqua en 1775 une grande commission de codification du droit composée de représentants des diverses couches de la population libre. Mais rien n'en sortit. L'occidentalisation de la Russie n'était qu'une apparence. Dans la réalité, Catherine ne fit qu'aggraver l'oppression de la paysannerie au profit de la noblesse, renforça et étendit le servage. Elle consolida également la puissance de l'État russe, aux dépens de la Pologne et de l'Empire turc. En s'éteignant, la « Grande Catherine » laissait une Russie certes plus forte, mais plus despotique que jamais. Voir RUSSIE. Le despotisme éclairé de Catherine II.

CATHOLIQUE (Église). Voir ÉGLISE CATHOLIQUE.

CATILINA Lucius Sergius (* vers 108, † Pistoria, auj. Pistoia, janv. 62 av. J.-C.). Homme politique romain. Propréteur en Afrique, en 67 av. J.-C., il échoua deux fois au consulat (63 et 62). Il monta un complot rendu célèbre par l'action de Cicéron, consul en exercice, qui prononça contre Catilina quatre harangues connues comme les « Catilinaires » (63 av. J.-C.). Le personnage de Catilina est resté relativement mystérieux, car il n'est connu qu'à travers les discours de Cicéron et le récit de Salluste, deux auteurs appartenant au parti de l'oligarchie.

CATINAT Nicolas (* Paris, 1er.IX.1637, † Saint-Gratien, près de Montmorency, 25.II.1712). Maréchal de France. Issu d'une famille de robe, il quitta le barreau pour l'armée, se forma sous Turenne, s'illustra devant Lille (1667), Maastricht (1673), Philippsburg (1678), devint maréchal de camp en 1680, puis lieutenant général en 1688. Commandant en chef en Italie de 1690 à 1696, il s'empara de Nice, vainquit le duc de Savoie à Staffarde (18 août 1690), à La Marsaille (4 oct. 1693) et le contraignit à la paix. Fait maréchal de France (mars 1693), il commanda de nouveau en Italie, puis en Allemagne, mais le manque d'argent et de subsistances paralysa ses efforts. Remercié en 1702, il se retira philosophiquement dans sa campagne, loin de la cour. Chef habile, un peu présomptueux, Catinat fut un excellent stratège et montra dans la guerre une rare humanité.

CATON, dit **l'Ancien** ou **le Censeur, Marcus Porcius Cato** (* Tusculum, 234, † 149 av. J.-C.). Homme politique romain. Censeur en 184, il remplit ses fonctions avec une sévérité qui resta proverbiale ; il défendit les vertus traditionnelles de Rome, combattit l'influence hellénique, représentée par les Scipions, fit exclure sept nobles du Sénat, mit en échec les publicains et inspira des lois somptuaires dirigées surtout contre le luxe des femmes. Envoyé en mission diplomatique en Afrique (vers 153), il fut impressionné par la renaissance rapide de Carthage. Pour alerter les Romains il ne prononça plus un seul discours au Sénat sans le terminer par la formule : « *Delenda Carthago* » (Il faut détruire Carthage).

CATON d'Utique, Marcus Porcius Cato (* 95, † Utique, Afrique du Nord, févr. 46 av. J.-C.). Homme politique romain, arrière-petit-fils de Caton l'Ancien. Il combattit contre Spartacus, devint tribun militaire en Macédoine, puis questeur. Il fut un des principaux chefs de l'oligarchie sénatoriale dans les temps troublés qui précédèrent la fin de la République romaine. Il se dressa contre Catilina, puis contre Pompée, mais dut s'allier avec lui contre César. Pendant la guerre civile, il rassembla les débris de l'armée républicaine après la défaite de Pharsale et se rendit en Afrique. Laissant le commandement en chef à Q. Metellus Scipion, il prit la direction des services de l'intendance. Après la défaite de Thapsus (févr. 46), il refusa de survivre à la République et se suicida après avoir médité une dernière fois le *Phédon* de Platon. Caton d'Utique devint aussi l'image idéale du pur républicain stoïcien.

CATROUX Georges (* Limoges, 29.I.1877, † Paris, 21.XII.1969). Général français. Gouverneur de l'Indochine en 1940, il se rallia à de Gaulle et fut haut-commissaire au Levant en 1941, gouverneur général de l'Algérie (1943/44) et ambassadeur de France à Moscou de 1945 à 1948. Pendant la crise marocaine, il sut négocier le retour à Rabat du sultan Mohammed V et Guy Mollet le nomma ministre de l'Algérie en févr. 1956, mais le releva de ce poste après un début d'émeute contre le président du Conseil lors d'un voyage qu'il fit à Alger.

CAUCHON Pierre (* près de Reims, vers 1371, † Rouen, 18.XII.1442). Prélat français. Évêque de Beauvais en 1420, rallié aux Bourguignons et aux Anglais, il devint le conseiller du duc de Bedford et se fit l'accusateur de Jeanne d'Arc, qui avait été prise dans les limites de son diocèse ; il présida la cour qui la condamna à mort. Il devint évêque de Lisieux en 1432 et prit part au concile de Bâle (1435).

CAULAINCOURT Armand Augustin Louis de, duc de Vicence (* Caulaincourt, Aisne, 9.XII.1773, † Paris, 19.II.1827). Homme politique français. Fils d'un général de l'armée royale, il fut requis par la conscription en 1795, servit sous Hoche et Bernadotte et fit ses débuts dans la diplomatie sous la protection de Talleyrand, ami de son père. Napoléon le nomma grand écuyer à son avènement, puis général de division (1805) et duc de Vicence (1808). Ambassadeur à Saint-Pétersbourg de 1807 à 1812, il fit tous ses efforts pour empêcher une rupture entre la France et la Russie. Ministre des Affaires étrangères en 1813, il continua à travailler pour une paix de compromis, notamment au congrès de Châtillon (mars 1814), où il défendit les intérêts du fils de Napoléon.

CAVAIGNAC Louis Eugène (* Paris, 15.X.1802, † château d'Ourne, Sarthe, 28.X.1857). Général et homme politique français. Nommé gouverneur de l'Algérie en 1848, puis ministre de la Guerre, il réprima avec énergie l'insurrection des 23/26 juin 1848, fut nommé chef du pouvoir exécutif et prit des mesures draconiennes pour maintenir l'ordre. Il se porta candidat à la présidence de la République contre le prince Louis Napoléon Bonaparte, mais n'obtint qu'un cinquième des suffrages. Député de Paris en 1852, il refusa de prêter serment à Napoléon III.

CAVALIER Jean (* Ribaute, Gard, 28.XI.1681, † Londres, 17.V.1740). Le plus connu des chefs camisards. À partir de 1702, il prit la tête des combattants protestants et, en déc., il se faisait remarquer en mettant en déroute, près d'Alès, sept cents soldats avec seulement une soixantaine de camisards. En 1704, il fut vainqueur d'un régiment de marine. L'arrivée de Villars changea la situation : il battit Cavalier et lui offrit de négocier. Contre une pension de 1 200 livres et un brevet de colonel, Cavalier déposa les armes mais fut désavoué par ses compagnons. Il entra au service de la Savoie, puis de l'Angleterre qui le fit général et gouverneur de Jersey en 1738.

CAVOUR Camillo Benso, comte de (* Turin, 10.VIII.1810, † Turin, 6.VI.1861). Homme politique italien. Issu de la noblesse piémontaise mais né d'une mère genevoise, Cavour fut d'abord officier du génie, mais démissionna dès 1831, ses idées libérales l'ayant fait mal noter. Il se consacra alors à la mise en valeur de ses terres, se passionnant pour l'agronomie, la création des chemins de fer, et la vie économique en général. De nombreux voyages en France et en Grande-Bretagne lui permirent d'élargir sa culture. En 1847, il fonda un journal, *Il Risorgimento*, dans lequel il fit campagne pour un régime constitutionnel, et, en 1848, il fut élu député.

Il entra au gouvernement piémontais en oct. 1850, puis, en nov. 1852, il devint Premier ministre d'un cabinet qui reposait sur l'alliance des modérés de centre droit, dont il était le chef, et de centre gauche (le comte Rattazzi) ; il domina la politique italienne jusqu'à sa mort. Cavour tira la leçon des échecs de 1848/49 : l'Italie ne pouvait se libérer par elle-même, de la domination autrichienne, il lui fallait un allié que seule l'évolution de la politique européenne pourrait lui offrir. En attendant cette opportunité, Cavour entreprit une vigoureuse politique de réformes économiques, financières, militaires, qui allaient faire du Piémont le pôle de ralliement de tous les libéraux italiens. L'alliance française, scellée en janv. 1859 (traité de Turin), ne donna pas tous les résultats escomptés, mais elle permit d'annexer la Lombardie, et de chasser les Autrichiens de Toscane, Romagne, Parme et Modène. Un second accord avec Napoléon III assura l'annexion de ces quatre territoires, moyennant la cession de la Savoie et de Nice.

Ensuite, utilisant Garibaldi avec une habileté consommée, Cavour réussit à réunir au Piémont toute l'Italie centrale (hormis Rome) et méridionale, et, en mars 1861, le premier Parlement italien proclama Victor-Emmanuel II roi d'Italie.

Cavour mourut peu après, épuisé par le surmenage. Ne restaient à réunir à l'Italie que la Vénétie, toujours aux mains des Autrichiens, et Rome, défendue par les Français. Voir **ITALIE**.

CDU (CHRISTLICH-DEMOKRATISCHE UNION). Voir **DÉMOCRATIE-CHRÉTIENNE**. Allemagne.

CEAUSESCU Nicolae (* Scornicesti, 26.I.1918, † Tîrgoviste, près de Bucarest, 25.XII.1989). Homme politique roumain. Secrétaire général du parti communiste en 1965, chef de l'État en 1967 et président de la République en 1974, N. Ceausescu incarna longtemps, pour les Occidentaux, un communisme acceptable capable de s'opposer aux directives de Moscou, comme lors de la crise tchécoslovaque, en 1968, où la Roumanie refusa d'envoyer ses chars à Prague. Pourtant, le régime était une dictature népotique. À partir de 1977, la crise économique se fit durement sentir : le pouvoir de Ceausescu fut contesté puis il fut lâché par l'armée et le Comité central. Le 22 déc. 1989, il était arrêté ; le 25, il était fusillé avec son épouse après un procès bâclé. Voir **ROUMANIE**.

CECIL William, baron Burghley (* Bourne, Lincolnshire, 18.IX.1520, † Londres, 4.VIII.1598). Homme politique anglais. Ministre, à partir de 1558, et principal conseiller d'Élisabeth Ire, il joua un rôle primordial dans l'affermissement de l'Église anglicane et dans la chute et l'exécution de Marie Stuart.

CECIL Robert, 1er comte de Salisbury (* Londres, 1er.I.1563, † Marlborough, Wiltshire, 24.V.1612). Homme politique anglais, fils de William, à qui il succéda comme principal conseiller d'Élisabeth Ire. En 1603, Jacques Ier dont il avait assuré l'avènement le prit comme Premier ministre, le combla d'honneurs, le fit comte (1605) et lord-trésorier (1608).

CEI. Voir **COMMUNAUTÉ DES ÉTATS INDÉPENDANTS**.

CELLAMARE, Antonio del Giudice, duc de Giovenazzo, prince de (* Naples, 1657, † Séville, 16.V.1733). Diplomate espagnol. Ambassadeur d'Espagne à la cour de France (1715), instrument de la politique d'Alberoni, il fomenta avec le duc et la duchesse du Maine un complot contre le régent Philippe d'Orléans, afin de transférer la régence de France au roi d'Espagne, Philippe V. La conspiration fut découverte le 8 déc. 1718 : l'ambassadeur put s'enfuir sous un déguisement, mais nombre de ses complices français furent arrêtés : le duc et la duchesse du Maine, le prince de Conti, le duc de Richelieu, le cardinal de Polignac... Relâchés peu après, ils reparurent à la cour mais certains de leurs complices furent exécutés. Quant à Cellamare, il fut nommé capitaine général de la Vieille-Castille.

CELTES. Le mot « Celtes » désigne un ensemble de peuples de l'Europe continentale ancienne, que l'on identifie par leurs parlers, les langues celtiques, qui constituent elles-mêmes un rameau des langues indo-européennes.

Le problème des sources

Les Celtes ont quasiment ignoré l'usage de l'écriture ; ils ne l'ont employée que rarement en recourant aux alphabets de leurs voisins grecs, ibères et romains. Toute leur littérature épique et religieuse s'est transmise oralement, et ce sont les Celtes du pays de Galles et de l'Irlande, devenus chrétiens, qui l'ont mise tardivement par écrit à partir du VIIe s. apr. J.-C.

Les premiers, les Grecs ont parlé des *Keltoï*, que les Latins ont désigné du nom de *Galli*. Mais les informations qu'ils nous ont laissées sur les Celtes sont lacunaires et généralement partiales. L'extraordinaire développement des résultats de l'archéologie contemporaine a renouvelé totalement notre connaissance du monde celtique.

L'apparition des Celtes

On a longtemps pensé que le peuplement celte de l'Europe s'était fait à partir d'un noyau constitué en Allemagne du Sud et en Bohême, au IIe mill. av. J.-C. ; par vagues successives, les Celtes auraient ensuite conquis l'Europe centrale et occidentale. Ce schéma « invasioniste » est aujourd'hui abandonné ; on estime, en effet, que les Celtes, issus des grandes plaines de l'Europe de l'Est, ont abordé l'Europe centrale et occidentale dès le IVe mill. av. J.-C. Repérables à leurs parlers, notamment par les noms de lieux et de personnes, ils ont constitué un peuplement disséminé sur d'énormes espaces, complété par l'arrivée continuelle de petits groupes humains. Au Ier mill. av. J.-C., ils ont ainsi contribué à répandre la métallurgie du fer en Europe.

La première civilisation celtique de l'époque historique est celle de Hallstatt. Du VIIIe au Ve s. av. J.-C., elle s'est étendue du cours supérieur du Danube à la Bourgogne ; cette époque fut marquée par l'existence de principautés guerrières aux riches sépultures sous tumulus ; celle de la « Dame » de Vix, en Côte-d'Or, en porte témoignage. À partir de 475 av. J.-C. s'est affirmée la civilisation de La Tène qui allait durer jusqu'à la conquête romaine. L'accroissement de la population, les progrès techniques, l'épanouissement des formes artistiques en partie inspirées du monde gréco-étrusque ont fait de l'époque laténienne l'apogée du monde celtique.

Le temps des conquêtes

À la fin du Ve s. av. J.-C., de la Gaule centrale et de l'Allemagne du Sud, des peuples celtes sont partis vers l'Italie du Nord où d'autres Celtes étaient installés depuis plusieurs siècles. Ils ont occupé la plaine du Pô jusqu'à l'Apennin, et certains lancèrent un raid sur Rome qu'ils ont pillée et détruite vers 390 av. J.-C.

D'autres, partis d'Allemagne, de Bohême et du Plateau suisse ont occupé, en trois ou quatre générations, les plaines d'Europe centrale jusqu'aux Carpates. En 280 av. J.-C., une armée traversa les Balkans pour envahir la Grèce où ils pillèrent le sanctuaire de Delphes en 279. Une partie des survivants de cette « grande expédition » passa le Bosphore et s'installa en Anatolie où ils ont fondé l'État fédéral des Galates.

Dans l'immense territoire gagné par les Celtes, chaque peuple conservait son autonomie et sa capacité de mouvement. Les Volques, par exemple, qui ont pillé Delphes, ont émigré d'Europe centrale jusqu'au Languedoc. D'autres migrants venus d'Allemagne et du bassin du Danube ont occupé le Bassin parisien. De tous ces peuples belliqueux qui cherchaient la gloire dans les expéditions et les razzias, et qui considéraient la mort au combat comme la voie de l'immortalité, sont partis sans cesse des contingents de mercenaires vers les armées grecques ou carthaginoises.

Face à Rome

Au IIe et au Ier s. av. J.-C., le monde celtique a connu une remarquable prospérité et son organisation sociale et politique s'est modernisée ; c'est pourtant le moment où il a cédé à l'irrésistible conquête romaine. Ce fut le temps des *oppida*, des villes fortifiées à l'enceinte souvent démesurée pour une population de quelques milliers d'habitants. Lieu d'échanges et de productions artisanales, résidence des aristocrates aux vastes demeures, centre religieux et politique, l'*oppidum*, fut aussi un centre administratif et politique pour les campagnes d'alentour. Cette époque a connu le dernier éclat de la civilisation matérielle celtique : la qualité et l'abondance de sa production agricole ont permis d'entretenir une population nombreuse (peut-être dix millions d'habitants pour la Gaule Celtique), et potiers et métallurgistes celtes ont livré des objets d'une très haute qualité.

La Gaule que décrit César dans ses *Commentaires* appartenait à ce monde nouveau : le pouvoir exercé depuis l'*oppidum* était aux mains des familles nobles qu'entouraient des guerriers liés à leurs chefs par un engagement personnel. Les druides aux fonctions multiples, prêtres, juristes, bardes et devins, sont sortis de cette même aristocratie, confirmant la toute-puissance de la noblesse sur la société hiérarchisée des peuples celtes.

Maîtresse de la péninsule italienne, victorieuse de Carthage à la fin du IIIe s. av. J.-C., Rome allait conquérir progressivement les territoires celtiques : l'Italie du Nord (191), le sud de la Gaule qui forma la *Provincia*, du Languedoc aux Alpes et de la Méditerranée au site de Lyon (121), la Gaule Celtique des Pyrénées au Rhin, conquise par J. César de 58 à 51, toutes les terres celtiques au sud du Danube (16 av. J.-C.) et enfin au Ier s. apr. J.-C., la plus grande partie de la (Grande-) Bretagne. À l'est du Rhin et jusqu'en Bohême, les peuples celtes vaincus se sont fondus dans les peuples germaniques.

Seul l'Extrême-Occident constitua un conservatoire des derniers peuples celtes indépendants, dans le pays de Galles, la Cornouailles, l'Écosse, l'Irlande et l'Armorique (la Bretagne française d'aujourd'hui). Les parlers celtiques s'y sont maintenus ainsi que les traditions religieuses et littéraires, transmises oralement, jusqu'à la conversion de ces terres au christianisme, à partir du Ve s. apr. J.-C. Une partie de ces traditions ont été alors préservées grâce à leur rédaction dans les *scriptoria* des monastères au cours des siècles suivants.

CELTIBÈRES. Peuple établi depuis le début du Ier millénaire av. J.-C. dans le centre de l'Espagne (provinces actuelles de Soria et, en partie, de Guadalajara et de Teruel). Les Celtibères étaient issus de la rencontre de peuples celtiques qui avaient franchi les Pyrénées, et de la population ibérique, pré-indo-européenne, installés sur le tiers nord-est de la péninsule Ibérique : les Arevaci, les Belli, les Titti, les Lusones. Malgré leurs qualités guerrières, les Celtibères furent soumis par les Romains entre 195 et 133 av. J.-C. (prise et destruction de l'oppidum de Numance après un long siège, en 133 av. J.-C.).

CELTIQUE (Gaule). Au début de *Guerre des Gaules*, César a présenté la Gaule divisée en trois parties, la Gaule Belgique, l'Aquitaine et la Gaule Celtique ou *chevelue*. Cette dernière était comprise entre la Garonne, le Rhône, le Rhin inférieur, la Marne et la Seine. Sous Auguste, la Gaule Celtique devint la province de Lyonnaise.

CENS. Chez les Romains, le cens désignait les listes de recensement des citoyens et de leur fortune dressées tous les cinq ans par les soins des consuls puis par les censeurs, institué, selon la tradition, par Servius Tullius en 577 av. J.-C. Le cens servait au recrutement de l'armée et à l'établissement de l'impôt.

Au Moyen Âge, le cens devint un impôt dû au seigneur par le tenancier d'une portion du domaine seigneurial.

Enfin, le cens a désigné le montant de l'impôt ou du revenu à partir duquel on pouvait être électeur ou éligible. On parle ainsi de **suffrage censitaire**, en usage dans tous les pays européens au XIXe s. quand furent instituées des Assemblées composées de représentants élus. Ce fut le cas en France au début de la Révolution (mais la Constitution de 1793 abolit le cens électoral) puis sous l'Empire, la Restauration et la monarchie de Juillet. Ainsi, à la fin du règne de Louis-Philippe, il n'y avait que 240 000 électeurs en France. La révolution de 1848 inscrivit le suffrage universel dans la Constitution du 12 nov. 1848.

CENT ANS (guerre de). Conflit qui opposa la France et l'Angleterre de 1337 à 1453, mais entrecoupé de nombreuses trêves.

L'origine du conflit

De 1154 à 1259, les nombreuses guerres qui ont opposé les Capétiens de France aux Plantagenêts d'Angleterre ont pu être appelées « la première guerre de Cent Ans » (v. LOUIS VII, PHILIPPE II AUGUSTE, et HENRI II D'ANGLETERRE). Le traité de Paris, conclu en 1259, entre le roi de France Louis IX et le roi d'Angleterre Henri III, reconnaissait aux souverains anglais la possession du duché de Guyenne, avec Bordeaux pour capitale, à la condition de prêter pour ces terres un hommage lige au roi de France : une situation vite insupportable pour des monarques puissants qui, l'un comme l'autre, voulaient constituer des royaumes territorialement unifiés. À ce *casus belli* permanent s'ajouta la possibilité, pour le roi d'Angleterre Édouard III (1327/77), de perturber la succession au trône de France.

Petit-fils de Philippe le Bel et descendant de saint Louis par sa mère, Isabelle de France, Édouard III n'avait pourtant élevé aucune protestation à l'avènement au trône de Philippe VI de Valois (1328). Il lui avait prêté hommage simple (1329) et hommage lige (1331) pour le duché de Guyenne. Cependant, lorsque Philippe VI, à la suite d'une tension franco-britannique à propos des Flandres et de l'Écosse, eut procédé à la saisie du fief de Guyenne (mai 1337), le roi d'Angleterre fit connaître ses prétentions au trône de France. À trois reprises, la masculinité de la succession monarchique en France venait d'être affirmée : en 1316, à la mort de Jean Ier le Posthume ; en 1322, à la mort de Philippe V le Long ; en 1328, à la mort de Charles IV le Bel, tous deux morts sans descendants mâles. En 1328, Philippe VI fut reconnu roi par les pairs et les barons aux dépens de la fille de Charles IV. Contre Édouard III, les juristes français firent valoir qu'une femme ne pouvait transmettre les droits qu'elle n'avait pas, ressuscitant pour l'occasion la loi dite « salique » (qui aurait été celle des Francs Saliens). Au traité de Brétigny (1360), Édouard III renonça d'ailleurs aisément à sa prétention au trône de France, l'hommage aquitain étant supprimé en contrepartie. Et, au traité de Troyes (1420), ce ne fut pas comme successeur d'Édouard III mais comme mari de Catherine de Valois et gendre du roi de France Charles VI qu'Henri V vit reconnaître ses droits au trône de France.

Les premiers désastres français (1337/60)

La question successorale fut le terrain privilégié de l'affrontement théorique des juristes et des idéologues des deux camps, l'essentiel demeurant qu'Édouard III entendait demeurer maître de ses possessions continentales. Par ailleurs, les deux monarchies s'affrontaient aussi sur deux terrains concrets : les possessions des Plantagenêts en France et la Flandre. Vassal du roi de France et prince français avant tout, le comte de Flandre, Louis de Nevers, adopta dès 1337 une attitude antianglaise, à laquelle Édouard III riposta en mettant l'embargo sur les exportations de laine anglaise en Flandre. Atteints par la crise économique qui s'ensuivit immédiatement, les marchands drapiers flamands se soulevèrent contre leur comte, sous la conduite d'Artevelde. Pour maintenir la fiction de la vassalité, Artevelde poussa Édouard III à se proclamer roi de France, et les Flamands devinrent les alliés de l'Angleterre (1340).

La guerre commença par la destruction de la flotte française en Flandre, dans le port de l'Écluse (24 juin 1340). Sur terre également, l'avantage devait appartenir à l'Angleterre : son armée nationale, comprenant notamment un corps d'archers armés de l'arc long (*long bow*), était plus mobile et plus efficace que l'armée française, composée essentiellement d'une cavalerie lourdement cuirassée, levée selon le cadre des institutions féodales. Débarqué dans le Cotentin en juill. 1346, Édouard III remonta vers la Picardie, pour faire sa jonction avec les Flamands. Philippe VI de Valois, qui disposait de troupes deux fois supérieures en nombre, fut écrasé à Crécy (26 août 1346). Après un an de siège, les Anglais purent s'emparer du port de Calais (août 1347), s'assurant ainsi pour toute la durée de la guerre la maîtrise de la Manche. Vainqueurs également des alliés de la France – David II Bruce d'Écosse et Charles de Blois, prétendant au duché de Bretagne –, les Anglais consentirent à une trêve (1347), que l'épidémie de la peste noire fit prolonger jusqu'en 1355.

Alors que le nouveau roi de France, Jean II le Bon, se trouvait aux prises avec Charles le Mauvais, roi de Navarre, l'Angleterre prit l'initiative de nouvelles hostilités. Le Prince Noir, fils d'Édouard III, débarqua en sept. 1355 à Bordeaux, ravagea le Languedoc, puis remonta vers la Loire au terme de la plus connue et de la plus dévastatrice des chevauchées. Près de Poitiers (19 sept. 1356), il infligea un nouveau désastre à la chevalerie française et fit prisonnier Jean le Bon, qui fut emmené en Angleterre. Cette défaite fut suivie d'une très grave crise politique et sociale. Le dauphin (futur Charles V) dut faire face à l'opposition des états généraux, qui refusaient tout subside et, sous l'impulsion du prévôt des marchands parisiens, Étienne Marcel (v.), imposèrent un plan de réformes (Grande Ordonnance de 1357). Tandis que les paysans, ruinés par les bandes armées, se révoltaient en Beauvaisis, en Champagne et en Picardie (v. JACQUERIE) (mai 1358), Étienne Marcel, maître de Paris, tentait, par l'émeute du 22 févr. 1358, d'intimider le dauphin. Celui-ci réussit cependant à s'enfuir et bloqua la capitale. Étienne Marcel, qui songeait à appeler les Anglais à son aide, fut massacré par les Parisiens (31 juill. 1358). Rentré dans Paris, le dauphin put restaurer son autorité, en s'appuyant sur le sentiment de fidélité dynastique. Une nouvelle expédition d'Édouard III, en 1359, n'obtint aucun résultat. Les deux adversaires, également épuisés, signèrent l'accord de Brétigny (8 mai 1360), confirmé par les traités de Calais. Le sud-ouest de la France passait au roi d'Angleterre en toute souveraineté, ainsi que Calais. Jean le Bon, pour sa liberté, devait verser une rançon de 3 millions d'écus d'or. N'ayant pu s'en acquitter, il revint se constituer prisonnier en Angleterre, où il mourut en 1364. En échange, Édouard renonçait à ses prétentions sur la couronne de France.

De la paix de Brétigny au traité de Troyes (1360/1420)

Charles V réforma l'administration et rétablit les finances en améliorant la fiscalité ; il fut servi par Du Guesclin, qui élimina Charles le Mauvais, roi de Navarre, qui intriguait pour arriver au trône (bataille de Cocherel, 16 mai 1364) et débarrassa le pays des Grandes Compagnies en les emmenant en Espagne. L'armée fut réorganisée et placée sous le commandement d'officiers nommés par le roi. On développa l'artillerie, qui avait fait sa première apparition à Crécy. En continuant à se comporter en suzerain de la Guyenne, Charles V provoqua la reprise de la guerre, en 1369. Nommé connétable, Du Guesclin écrasa une armée anglaise à Pontvallain, près du Mans (déc. 1370). Le Rouergue, le Quercy, le Poitou, la Saintonge furent réoccupés. Une flotte castillane, alliée de la France, battit les Anglais au large de La Rochelle (1372). En 1380, l'Angleterre, qui venait de perdre successivement le Prince Noir et le père de celui-ci, Édouard III, ne possédait plus en France que la Guyenne et Calais.

La guerre s'interrompit pratiquement pendant trente-cinq ans, les deux belligérants étant en proie à des troubles intérieurs. En Angleterre (v. ANGLETERRE. Les Plantagenêts et le duel franco-anglais), ce furent la révolte de Wat Tyler (1381), l'agitation provoquée par les doctrines de Wyclif et par les lollards, les luttes de Richard II contre les barons, etc. En France, ce furent la minorité de Charles VI marquée par la révolte des maillotins (1382) et par l'insurrection des villes flamandes (bataille de Rozebeke, 1382), puis le début de la folie du roi (1392) et la rivalité de ses proches, Louis d'Orléans et Jean sans Peur, duc de Bourgogne. Après l'assassinat du duc d'Orléans (nov. 1407), la France se trouva livrée à une guerre civile entre Armagnacs (v.) et Bourguignons (v.). Le jeune roi d'Angleterre Henri V (1413/22), prince plein d'ambition et grand chef de guerre, mit à profit les difficultés du royaume de France. Il débarqua près de l'estuaire de la Seine en août 1415. À Azincourt, en Picardie, il fit subir à la noblesse française une défaite irréparable (25 oct. 1415). La reprise de la guerre civile en France aboutit au meurtre du duc de Bourgogne, Jean sans Peur (sept. 1419). Ce meurtre eut pour résultat de jeter les Bourguignons dans l'alliance anglaise. Soumis à l'influence des Bourguignons et de son épouse, Isabeau de Bavière, Charles VI, par le traité de Troyes (21 mai 1420), n'hésita pas à renier et à déshériter son fils, le dauphin Charles (futur Charles VII), à prendre pour gendre Henri V d'Angleterre et à le reconnaître comme régent du royaume et héritier au trône.

Le redressement français et la fin de la guerre (1420/53)

À la suite des décès consécutifs d'Henri V et de Charles VI (1422), Henri VI, encore enfant, fut couronné roi de France et d'Angleterre, sous la régence de son oncle, le duc de Bedford. Réduit à se retirer derrière la Loire, Charles VII avait contre lui Paris, l'Université, le parlement et les régions soumises au duc de Bourgogne. Il n'était plus que le « roi de Bourges ». Mais l'alliance anglo-bourguignonne était fragile – nombre de Bourguignons ayant refusé de reconnaître le traité de Troyes –, et les souffrances de la guerre provoquaient dans le peuple une réaction d'hostilité envers les Anglais. Jeanne d'Arc fut le symbole de ce légitimisme populaire. Venue de Lorraine, elle délivra Orléans assiégée (8 mai 1429), et, obéissant à une intuition où se conjuguaient le mysticisme et le réalisme politique, elle déjoua tous les obstacles pour faire sacrer Charles VII à Reims (juill. 1429). Ce fut le tournant décisif de la guerre, car la légitimité du roi ne pouvait plus désormais être contestée. La mort de Jeanne d'Arc (30 mai 1431) n'empêcha pas le retournement des esprits en faveur de Charles VII. La paix d'Arras (20 sept. 1435) réconcilia les Bourguignons avec le roi et mit un terme aux guerres civiles. L'armée royale conduite par le connétable Arthur de Richemont entra dans Paris en 1436. La trêve conclue avec les Anglais en 1444 laissa à ces derniers le Bordelais, le Maine, la plus grande partie de la Normandie et Calais ; elle fut confirmée par le mariage (1445) d'Henri VI d'Angleterre avec Marguerite d'Anjou, nièce du roi de France. Charles VII profita de la paix pour constituer le noyau d'une armée permanente par la création des compagnies d'ordonnance (1445) et des francs archers (1448). Il put ainsi rompre la trêve, reconquit la Normandie et sa capitale, Rouen (20 nov. 1449), vainquit une armée anglaise envoyée en renfort à Formigny (15 avr. 1450), tandis qu'en Guyenne, après la prise de Bergerac (1450), Bordeaux et Bayonne tombaient aux mains des Français (1451). L'année suivante, les Anglais, commandés par Talbot, firent un retour offensif et furent accueillis avec enthousiasme par les Bordelais, mais ils furent battus à Castillon (17 juill. 1453), et, quelques semaines plus tard, Bordeaux fut annexée, cette fois définitivement, à la France. Les Anglais avaient perdu toutes leurs possessions en France, à l'exception de Calais, qu'ils détinrent jusqu'en 1558. Aucun traité ne mit fin à la guerre et, jusqu'en 1801, les rois d'Angleterre portèrent officiellement le titre de roi de France.

La guerre de Cent Ans fut une étape décisive dans la formation nationale de la France et de l'Angleterre. Elle fit prévaloir la différence des peuples sur la communauté de culture et de mentalité qui, jusqu'alors, avaient rapproché, dans les liens complexes de la vassalité, les dirigeants des deux pays.

CENT-ASSOCIÉS (compagnie des). Compagnie fondée par Richelieu en 1627 pour le développement du Canada. Voir **CANADA**.

CENT-JOURS (les). Nom donné à la dernière période du règne de Napoléon Ier, entre le 20 mars 1815, date de l'arrivée de l'Empereur aux Tuileries, et le 28 juin, date de la seconde restauration des Bourbons. Voir **FRANCE**.

CENTRAFRICAINE (République). État de l'Afrique centrale, sans accès à la mer, borné au N. par le Tchad, à l'E. par le Soudan, au S. par les deux Congos, à l'O. par le Cameroun ; capitale *Bangui*. C'est la descente du Congo par Stanley, en 1877, qui ouvrit la voie à l'exploration de cette région par les Européens. Dès 1889, les Français fondèrent le poste de Bangui, sur la rive droite de l'Oubangui. La région fut annexée par la France, en 1894, mais la présence française ne fut définitivement établie qu'après le passage, en 1897, de la mission Marchand, en route vers le Nil. Après l'incident de Fachoda, l'accord franco-anglais de mars 1899 laissa à la France tout le bassin de l'Oubangui.

Devenu colonie en 1905, l'Oubangui-Chari fut rattaché à l'Afrique-Équatoriale française créée en 1910, puis abandonné à l'exploitation de compagnies commerciales, dont les excès furent dénoncés par André Gide dans son *Voyage au Congo* (1927) et les autorités réprimèrent plusieurs rébellions. Après la Seconde Guerre mondiale, le mouvement nationaliste se développa sous la direction de Barthélemy Boganda. En 1958, l'Oubangui-Chari devint une république autonome au sein de la Communauté, puis obtint son indépendance complète (13 août 1960) et signa des accords de coopération avec la France. Boganda dirigea le pays jusqu'en 1959 ; il eut pour successeur son neveu David Dacko, premier président de la République, qui institua en 1961 un régime fondé sur un parti unique, le Mouvement d'évolution sociale de l'Afrique noire. Dacko devait être renversé lors du coup d'État militaire du 1er janv. 1966, par son cousin, le colonel Jean Bedel Bokassa, qui suspendit le Parlement et les garanties constitutionnelles.

Président à vie en 1972, Bokassa se fit couronner empereur, en 1976, d'un éphémère « Empire centrafricain ». Avec l'aide de l'armée française D. Dacko le renversa en 1976. En sept. 1981, l'armée imposait le général Kolingba. La présence de l'armée française ne fut pas remise en question et les bases qu'elle utilisait en Centrafrique lui permirent de soutenir efficacement le gouvernement d'Hissène Habré, au Tchad (v.).

Le référendum constitutionnel de 1986 restaura la république, fit de Kolingba son président pour six ans et consacra parti unique le Rassemblement démocratique centrafricain, vainqueur des législatives de sept. 1987. En nov. 1992, fut organisée une élection présidentielle pluraliste suivie d'une nouvelle élection qui vit la victoire, le 22 août 1993, d'Ange Patassé (réélu en oct. 1999), ancien Premier ministre de Bokassa. En 1996, des mutineries éclatèrent dans l'armée qui furent réduites par l'intervention des troupes françaises stationnées dans le pays. Une force d'interposition, la Mission interafricaine de surveillance des accords de Bangui (MISAB), fut déployée mais ne put empêcher, dès juin 1997, de nouveaux troubles responsables d'une centaine de morts à Bangui.

CENTRALES (puissances) ou **EMPIRES CENTRAUX.** Nom donné dans la Première Guerre mondiale à la coalition de l'Allemagne, de l'Autriche-Hongrie, de la Bulgarie et de la Turquie.

CENTRE ALLEMAND, *Zentrum*. Parti catholique allemand qui joua un rôle très important dans l'Empire wilhelmien et la république de Weimar et dont les députés siégeaient dans les travées centrales du Reichstag. Il fut fondé en 1871 par Ludwig Windthorst dans une perspective essentiellement confessionnelle pour défendre les droits des catholiques au sein du nouvel Empire protestant. Le Centre qui fut le premier en date des partis de masse de l'Allemagne impériale, résista énergiquement à la politique du *Kulturkampf* mais, après 1880, il apporta son soutien à Bismarck contre les socialistes. De 1894 à 1906, le Centre s'aligna sur les conservateurs pour soutenir Hohenlohe et Bülow et obtint ainsi d'importants avantages pour les catholiques ; pourtant Bülow rompit avec lui en oct. 1906 et l'influence du Centre déclina face à la montée des partis nationalistes et de la social-démocratie.

Le 6 juill. 1917, le chef du Centre, Matthias Erzberger, prit l'initiative de déposer au Reichstag une motion réclamant une paix de compromis, sans annexion. Le Centre joua un rôle important dans la république de Weimar, où il gouverna généralement en coalition avec les sociaux-démocrates ; Erzberger fut assassiné en 1921 par des nationalistes, les chanceliers Brüning (1930) et von Papen (1932) furent des hommes du Centre. À l'instigation de von Papen, le Centre apporta son soutien à Hitler après les élections du 5 mars 1933 ; il aida à l'exclusion des députés communistes et au vote des pleins pouvoirs, ce qui n'empêcha pas Hitler de le dissoudre, ainsi que les autres partis démocratiques allemands, en juill. 1933. En République fédérale d'Allemagne, depuis 1949, la CDU a renoué avec la tradition du Centre ; toutefois, elle s'en sépare en ce qu'elle n'est pas un parti confessionnel.

CEPRANO. C'est dans le bassin de Ceprano, dans la ville de Campo Grande, province de Frosinone, en Italie, que fut découvert en 1994 le crâne d'un des plus anciens hommes fossiles d'Europe, daté de 700 000 ans. Attribué en 2003 à une nouvelle espèce,

Homo cepranensis, il serait le premier représentant en Europe d'une population d'origine africaine.

CÉSAR, Caius Julius Caesar (* Rome, 12.VII. 100 ?, † Rome 15.III.44 av. J.-C.). Général et homme politique romain. Issu d'une des plus illustres familles patriciennes de Rome, mais neveu par alliance de Marius, César entra dans la carrière des honneurs avec le soutien du parti populaire. Préteur en 62, puis propréteur en Espagne, où il se montra un excellent administrateur, il se posa en médiateur entre Pompée et Crassus, et forma avec eux le premier triumvirat (60). Consul en 59, il obtint, à sa sortie de charge, le proconsulat des Gaules Cisalpine et Transalpine et de l'Illyricum, pour cinq ans, puis pour cinq nouvelles années à partir de 54. La conquête de la Gaule, terminée en 51, lui valut un grand prestige, servi par une propagande habile (dont les thèmes se retrouvent dans l'ouvrage qu'il écrivit, les *Commentaires de la guerre des Gaules*), des richesses immenses et une armée fidèle et aguerrie. Il put alors engager la lutte contre Pompée, dernier espoir de l'oligarchie sénatoriale. Le 11 janv. 49, il franchit avec ses troupes le Rubicon, frontière nord de l'Italie romaine. Il mena la guerre civile en Italie, en Espagne, écrasa Pompée à Pharsale en Thessalie (juin 48), passa en Égypte, où Pompée avait été assassiné. Il mit sur le trône Cléopâtre VII, dont il devint l'amant, battit en Asie Mineure Pharnace, fils de Mithridate, et enfin défit les derniers pompéiens en Afrique à Thapsus, en 46, et en Espagne, à Munda, en 45.

À partir de 48, le Sénat conféra à J. César des pouvoirs sans cesse accrus, le consulat et la dictature à vie et le titre perpétuel d'*imperator*. Ce pouvoir écrasant et la circulation de rumeurs selon lesquelles il voulait être couronné roi précipitèrent le complot mené par Brutus et Cassius. Il fut assassiné le jour des ides de mars 44. Par testament, il avait fait de son petit-neveu Octave son héritier et son fils adoptif, et celui-ci reprit et acheva son œuvre mais en prenant soin de toujours préserver la façade républicaine des institutions nouvelles.

CÉSAR. Le nom de *César*, pris par Octave comme fils adoptif de Jules César, devint un titre que portèrent tous les empereurs romains, même ceux qui étaient étrangers à la famille julio-claudienne. Il était aussi attribué aux héritiers présomptifs de l'Empire, usage qui devint une règle à partir de Dioclétien (v.) avec le système tétrachique (les deux empereurs prenaient le titre d'*auguste* et leurs successeurs celui de *césar*).

CÉVENNES (guerre des, 1702/05). Insurrection populaire et paysanne des protestants des Cévennes et du Bas - Languedoc de 1702 à 1705. Voir Camisards.

CEYLAN. Ancien nom du Sri Lanka jusqu'en 1972. Voir SRI LANKA.

CHABAKA. Roi d'Égypte, de la XXVe dynastie ou dynastie nubienne (716/702 av. J.-C.). Voir NUBIE.

CHABAN-DELMAS Jacques (* Paris, 7.III.1915, † 10.XI.2000). Homme politique français. Inspecteur des finances, général dans la Résistance. Député de la Gironde depuis 1946 et maire de Bordeaux de 1947 à 1995, il fit partie du RPF et présida le groupe parlementaire des républicains sociaux. Malgré ses sentiments gaullistes, il fut plusieurs fois ministre de la IVe République. Un membre de son cabinet, Delbecque, joua un rôle important dans le coup du 13-Mai à Alger. Président de l'Assemblée nationale de 1958 à 1969, Chaban-Delmas eut un rôle discret mais important durant tout le début de la Ve République. Après le départ du général de Gaulle, le président Pompidou lui confia la charge de Premier ministre (juin 1969/juill. 1972). Il fut président de l'Assemblée nationale de mars 1978 à juin 1981 et de mars 1986 à juin 1988.

CHACO ou **GRAN CHACO.** Plaine centrale de l'Amérique du Sud, partagée politiquement entre le Paraguay, la Bolivie et l'Argentine. La **guerre du Chaco** (1932/35), qui opposa la Bolivie et le Paraguay, trouva sa conclusion dans le traité du 21 juill. 1938, qui attribua au Paraguay la plus grande partie des territoires contestés au nord du Chaco et à la Bolivie un corridor vers la rivière Paraguay.

CHADLI Bendjedid, dit **Chadli** (Bouteldja, 14.IV.1929). Chef militaire et homme d'État algérien. Il prit part dès 1954 à l'insurrection algérienne et participa au coup d'État qui évinça Ben Bella (1965). Secrétaire général du Front de libération nationale (FLN) après la mort de Boumediene (1978), il fut élu président de la République en févr. 1979, et réélu en janv. 1984 et déc. 1988. Mais le 11 janv. 1992, à la suite de violents affrontements entre les islamistes et les forces de l'ordre provoqués par l'interruption du processus électoral par l'armée, le président Chadli fut contraint de démissionner.

CHAH JAHAN (* Lahore, 5.I.1592, † Agra, 22.I.1666). Empereur mogol de l'Inde (1628/58). Fils de Jahangir, auquel il succéda, après s'être révolté contre lui, en 1627. Hanté par la crainte de voir contester son pouvoir, il commença par faire assassiner tous ses rivaux possibles. Il rêvait de recréer l'empire de Tamerlan et de Gengis Khan et se lança sans grand succès dans une guerre contre les Persans (1647/53). Rompant avec la politique religieuse tolérante d'Akbar, il protégea systématiquement les musulmans au détriment des hindous. Amoureux du faste, grand bâtisseur, il fit construire sur la tombe de son épouse préférée le célèbre Taj Mahal d'Agra (1632/54). Il fit aussi bâtir le palais impérial de Delhi (1638) et les grandes mosquées d'Agra et de Delhi (1644, 1648). Ses dernières années furent troublées par les guerres de ses fils, qui se disputaient déjà sa succession. L'un d'eux, Aurengzeb, le destitua en 1658.

CHALAIS, Henri de Talleyrand, comte de (* 1599, † Nantes, 19.VIII.1626). Gentilhomme français qui complota contre Richelieu à l'instigation de la duchesse de Chevreuse dont il était amoureux. Le cardinal lui fit grâce. Mais Chalais, poussé par Mme de Chevreuse, trahit Richelieu et monta un nouveau complot contre lui. Gaston d'Orléans l'ayant lui-même accusé, Chalais fut condamné à mort et décapité.

CHALCÉDOINE. Ancienne ville de Bythinie, sur le Bosphore, en face de Byzance. En 451 s'y réunit le **concile de Chalcédoine**, quatrième concile œcuménique, convoqué par l'empereur Marcien pour mettre fin à l'hérésie monophysite. Le monophysisme fut condamné et les Pères s'accordèrent sur l'union hypostatique du Père et du Fils. Le pape Léon le Grand refusa d'accepter le 28e canon qui reconnaissait la prééminence du siège épiscopal de Constantinople.

CHALCOLITHIQUE, de *khalkos*, cuivre, bronze, et *lithos*, pierre. Nom donné à la phase de transition entre le néolithique et l'âge du bronze ; elle se caractérise par la persistance d'industries lithiques associées à la métallurgie du cuivre et à l'apparition de celle du bronze.

CHALIER Marie-Joseph (* Beaulard, 1747, † Lyon, 16.VII.1793). Homme politique français. D'abord négociant à Lyon, il y embrassa les idées revolutionnaires, prit Marat comme modèle et créa un club et un tribunal révolutionnaire. Après la victoire de l'insurrection fédéraliste, il fut condamné à mort et guillotiné.

CHALOUKYA. Nom de deux dynasties de l'Inde ancienne. La puissance des Chaloukya fut fondée au VIe s. apr. J.-C. par Poulakesin Ier, originaire de la région de Bijapour, monté sur le trône en 543. Ses descendants régnèrent sur le Deccan jusqu'en 757. La dynastie atteignit son apogée avec Poulakesin II (609/42) et résista à l'invasion des Pallava. Mais en 757, Kirtivarman II fut renversé par les Rachtrakouta. Ceux-ci furent détrônés par la seconde dynastie des Chaloukya, qui régna, de 973 à 1190 environ, à Kalyani, près de Bombay. D'autre part, des « Chaloukya orientaux » avaient régné à Vengi, dans l'Andhra Pradesh, de 611 à 1078.

CHAMBERLAIN Joseph (* Londres, 8.VII.1836, † Londres, 2.VII.1914). Homme politique anglais. Chef des libéraux « unionistes », secrétaire d'État aux Colonies (1895/1903), il incarna l'impérialisme britannique et fut le champion du protectionnisme. Voir GRANDE-BRETAGNE.

CHAMBERLAIN sir Austen (* Birmingham, 16.X.1863, † Londres, 16.III.1937). Fils aîné de Joseph Chamberlain, membre des Communes à partir de 1892, fut l'un des chefs du parti conservateur. Chancelier de l'Échiquier (1903/05), secrétaire d'État pour les Indes (1915/17), de nouveau chancelier de l'Échiquier (1919/21), il fut ministre des Affaires étrangères dans le cabinet Baldwin de 1924 à 1929. À ce titre, il prit une part importante à l'élaboration du traité de Locarno (1925). Prix Nobel de la paix (1925).

CHAMBERLAIN Arthur Neville (* Birmingham, 18.III.1869, † Heckfield, 9.XI.1940). Second fils de Joseph Chamberlain et frère d'Austen Chamberlain, chancelier de l'Échiquier en 1923/24 et de 1931 à 1937. Il fut alors le principal artisan du redressement financier britannique. Succédant à Baldwin, il devint en 1937 Premier ministre et premier lord de la Trésorerie. Lors de la crise des Sudètes, il adopta une attitude de conciliation, alla conférer avec Hitler à Berchtesgaden (15 sept. 1938), puis à Godesberg (22/24 sept. 1938), et signa les accords de Munich (29 sept. 1938). Manifestant sa volonté de s'opposer à toute nouvelle agression, il signa des pactes d'assistance avec la Pologne, la Grèce, la Roumanie, engagea des négociations avec l'URSS et rétablit la conscription. Malgré l'ultimatum lancé à Berlin dès l'attaque contre la Pologne (1er sept. 1939), Chamberlain hésita avant de jeter l'Angleterre dans une nouvelle guerre mondiale ce qui lui valut l'animosité des travaillistes. La défaite alliée en Norvège, au printemps 1940, discrédita son ministère. Le 10 mai 1940, il cédait la direction des affaires à Winston Churchill.

CHAMBORD Henri, comte de (* Paris, 29.IX.1820, † Frohsdorf, Autriche, 24.VIII.1883). Prince français. Fils posthume du duc de Berry et petit-fils de Charles X ; duc de Bordeaux à sa naissance, il porta le titre de comte de Chambord, du château qui lui avait été offert par les royalistes à son baptême. À la suite de la révolution de 1830, de l'abdication de Charles X et de la renonciation du duc d'Angoulême, il devint l'héritier légitime au trône de France. En 1875, il refusa de renoncer au drapeau blanc et fit échouer le processus de restauration monarchique. Voir ORLÉANISTES.

CHAMBRE INTROUVABLE. Sobriquet donné à la Chambre des députés élue le 14 août 1815, qui se signala par son ultra-royalisme, son cléricalisme et ses efforts pour rétablir l'Ancien Régime. Louis XVIII se vit obligé de la dissoudre le 5 oct. 1816.

CHAMBRES CIVIQUES. Tribunaux d'exception créés par une ordonnance du 28 oct. 1944. Ils étaient composés d'un magistrat et de quatre jurés tirés au sort sur des listes établies par des organismes de la Résistance. Ils devaient juger les « collaborationnistes » ayant eu une « activité antinationale caractérisée ». Reconnus coupables, ils étaient frappés d'indignité nationale, sans qu'il fût possible de faire appel. Les chambres civiques prononcèrent plus de 40 000 condamnations.

CHAMILLART Michel de (* Paris, 10.I.1652, † Paris, 14.IV.1721). Homme politique français. Conseiller au parlement de Paris puis maître des requêtes, il fut intendant de la généralité de Rouen en 1689. Protégé par Mme de Maintenon, il reçut le contrôle général des finances en 1699 puis le ministère de la Guerre en 1701. La situation financière l'obligea à user d'expédients pour trouver l'argent nécessaire à la guerre. Malgré l'amitié qu'il avait pour son ministre et partenaire au billard, Louis XIV dut se séparer de lui en 1709.

CHAMOUN Camille (* Deir el-Kamar, 3.IV.1900, † Beyrouth, 7.VIII.1987). Homme politique libanais. Avocat, de religion chrétienne maronite, il fut président de la République de 1952 à 1958. Voir **Liban**.

CHAMPA. Ancien royaume d'Indochine, dont la population fut gagnée par l'hindouisme au IIIe s. apr. J.-C. Il s'étendait sur la côte sud-est de l'actuel Viêt-nam et avait pour noyau la région de Huê. Voir **Viêt-nam**.

CHAMPAGNE. Ancienne province de la France du Nord-Est, qui correspondait approximativement aux actuels départements de l'Aube, de la Marne, de la Haute-Marne, des Ardennes et de l'Yonne.

Gouvernée à l'époque mérovingienne par des ducs, elle appartint, de 923 à 1019, à des comtes de la maison de Vermandois, puis passa à Eudes II, comte Blois. La Champagne, un des fiefs les plus puissants de la France médiévale, fut souvent une menace pour les premiers Capétiens. De Thibaut, fils d'Eudes II, sortirent deux branches de la maison de Champagne : la branche aînée à qui revint le fief, s'éteignit en 1125 ; la cadette, celle des comtes de Blois, Chartres et Brie, en hérita en 1125. En 1152, elle se divisa à son tour en deux lignes, celle de Blois et celle de Champagne qui commença avec Henri Ier. Son fils aîné, Henri II, fut roi de Chypre, puis de Jérusalem († 1197). Aux XIIe et XIIIe s., la remarquable organisation des six foires annuelles dans des villes différentes donna à la Champagne une position économique importante entre la Flandre et l'Italie. Jeanne Ire apporta la Champagne et la Navarre en dot à son époux Philippe le Bel (1284). Dès lors la Champagne ne fut plus séparée de la couronne de France et la réunion officielle fut prononcée en 1361.

Batailles de Champagne (1914/18). Durant la Première Guerre mondiale, la Champagne fut dévastée par plusieurs grandes batailles : du 20 déc. 1914 au 20 mars 1915, des attaques françaises ne donnèrent que de faibles résultats ; en automne 1915 (22 sept./3 nov.), dans la région de Tahure, les lignes allemandes furent au contraire pénétrées sur plusieurs kilomètres mais au prix de pertes sanglantes. Aussi ce front demeura-t-il très calme en 1916/17. En juill. 1918, la dernière offensive allemande fut arrêtée en Champagne par l'habile manœuvre défensive de Gouraud sous les ordres de Pétain ; la contre-offensive française débuta le 26 sept. 1918.

CHAMPLAIN Samuel de (* Brouage, vers 1567/70, † Québec, 25.XII.1635). Navigateur et colonisateur français. Parti de Honfleur le 15 mars 1603, il explora le golfe du Saint-Laurent et remonta le fleuve jusqu'à la hauteur de Montréal. De retour en 1604 avec de Monts, il explora les côtes du Maine et de la Nouvelle-Angleterre. Rentré en France en 1607, il repartit l'année suivante et fonda la ville de Québec (3 juill. 1608). Allié des Algonquins et des Hurons, il lutta contre les Iroquois. En juill. 1609, il découvrit le lac qui porte son nom. En 1613, il repartit comme gouverneur au nom du vice-roi de la Nouvelle-France, Henri de condé. Croyant parvenir à la « mer du Nord » (la baie d'Hudson), il remonta l'Ottawa en 1613 et, en 1615, découvrit le lac Huron et le lac Ontario et fut blessé dans une bataille contre les Iroquois. Il consacra le reste de sa vie à la mise en valeur de la colonie de Québec. Attaqué par les Anglais, il leur abandonna Québec (19 juill. 1629), mais la colonie fut restituée à la France par le traité de Saint-Germain-en-Laye (1632). Prisonnier en Angleterre, Champlain revint au Canada en 1633.

CHAMPOLLION Jean-François, dit **Champollion le Jeune** (* Figeac, 23.XII.1790, † Paris, 4.III.1832). Égyptologue français. En 1821/22, il fut le premier à déchiffrer les hiéroglyphes à l'aide de la triple inscription en caractères grecs, démotiques et hiéroglyphiques de la pierre de Rosette. Il consigna les résultats de ses recherches dans sa *Lettre à M. Dacier relative à l'alphabet des hiéroglyphes phonétiques* (sept. 1822). Il publia ensuite un *Précis du système hiéroglyphique* (1824). Après une mission de 1824 à 1826 consacrée au collections égyptologiques d'Italie, il fut nommé conservateur du département égyptien du Louvre (1826), puis se rendit en Égypte, à la tête d'une mission scientifique de 1828 à 1830. À son retour, la chaire d'Antiquité égyptienne du Collège de France (1831) fut créée, mais il ne put y donner que quelques leçons.

CHAMP-DE-MARS (fusillade du). Le 17 juillet 1791, sur ordre de La Fayette, la Garde nationale ouvrit le feu et fit une cinquantaine de victimes parmi la foule parisienne qui manifestait au Champ-de-Mars pour demander la déchéance de Louis XVI après la fuite à Varennes. Elle était rassemblée pour signer une pétition rédigée au club des Cordeliers par Brissot et Choderlos de Laclos. Mais la découverte de deux hommes cachés sous l'autel de la Patrie, qui furent lynchés, déclencha une émeute.

CHAMPS D'URNES. Terme utilisé pour désigner les rites funéraires apparus en Europe au bronze final, caractérisés par l'usage d'urnes contenant les cendres d'un mort, enfouies dans la terre et regroupées en nécropoles, parfois sous des tumuli (fin du IIe millénaire av. J.-C.). On considère actuellement que la diffusion de ces rites funéraires n'a pas été la conséquence de mouvements de population, mais il est encore impossible de déterminer exactement son foyer d'origine. De l'Allemagne du Sud, ces rites se répandirent dans la vallée du Rhin et le Palatinat, en Hollande, en Belgique, en France (surtout dans l'Est et dans le Midi), en Catalogne, et, vers le sud, en Carniole, en Carinthie, en Styrie. La culture de Villanova, en Italie, lui est apparentée.

CHANCELADE. Localité située près de Périgueux, où fut découvert en 1888 le squelette d'un homme dans une sépulture du magdalénien (v.). Ce squelette se présentait les genoux repliés jusqu'au menton, la main gauche placée sous la tête, avec les os recouverts d'ocre. Il est considéré aujourd'hui comme un homme de Cro-Magnon (v.), mais aux caractères particuliers : une capacité crânienne volumineuse (1 710 cm^3) et une petite stature (1,60 m).

CHANCELIER. En Occident, c'est autour du chancelier que s'est organisée l'administration d'un État ou celle de sa justice. À **Rome**, la chancellerie fut mise en place par l'empereur Claude et était constituée de quatre « directions » : l'une (*ab epistulis*) était celle de la correspondance administrative, une autre (*a libellis*) répondait aux requêtes adressées à l'empereur, une troisième (*a cognitionibus*) instruisait les procès jugés par le tribunal de l'empereur, la dernière (*a studiis*) préparait les dossiers. Hadrien créa celle des dossiers politiques (*a memoria*) et Dioclétien celle des finances dirigée par un *vicarius a consiliis sacris*.

Dans la **monarchie franque** et l'**Empire carolingien**, le chancelier était toujours un ecclésiastique. À l'origine, il était chargé du service religieux auprès du souverain ; mais étant un des rares lettrés, il devint en quelque sorte son secrétaire général, chargé de rédiger les actes émanant de son autorité et d'y apposer le sceau. Son pouvoir s'accrut au fil des ans et, au XIIIᵉ s., la charge faillit être supprimée. Au siècle suivant elle fut confiée à un laïc. Peu à peu le *chancelier de France* devint inamovible (le *garde des Sceaux* ne l'était pas), sa charge symbolisant la continuité de l'État et de la justice. Elle fut supprimée en 1790.

Pour Cambacérès, Napoléon créa le titre d'archichancelier responsable de l'état civil de sa maison. La Restauration rétablit le chancelier de France qui présida la Chambre des Pairs mais la garde des Sceaux fut confiée au ministère de la Justice. En 1848, le titre de chancelier de France disparut. Cependant, l'ordre de la Légion d'honneur et celui de la Libération sont dirigés par un chancelier.

Dans le **Saint Empire**, les fonctions d'archichancelier (*Erzkanzler*) furent dévolues à partir du Xᵉ s. à l'archevêque de Mayence ; la charge disparut en 1806 avec la création de la Confédération du Rhin par Napoléon. En **Prusse**, le ministre de la Justice porta le titre de chancelier de 1747 à 1807. Après la victoire prussienne de Sadowa (1866) la Confédération de l'Allemagne du Nord fut créée et Bismarck en devint chancelier, c'est-à-dire chef du gouvernement fédéral. En 1871, son titre fut celui de chancelier d'Empire, nommé par l'empereur mais non responsable devant le Parlement. Sous le régime de Weimar, le président de la République nomma et put renvoyer le chancelier qui devenait responsable devant le Reichstag. À partir du 1ᵉʳ août 1934, Hitler cumula les fonctions de chancelier et de chef de l'État. L'**Allemagne** est toujours gouvernée par un chancelier fédéral, désigné par le président de la République et investi à la majorité absolue du Bundestag.

Dans l'**Empire austro-hongrois**, le Premier ministre a porté dès le XVIIIᵉ s. le titre de chancelier et l'Autriche moderne l'a conservé.

La charge de chancelier apparut en **Grande-Bretagne** au début du Xᵉ s., sous le règne d'Édouard le Confesseur. Durant le Moyen Âge nombreux furent les chanceliers à jouer un rôle de premier plan : Thomas Becket, Hubert Walter, Robert Burnell, Thomas Wolsey. De nos jours, le grand lord chancelier (*Lord high chancellor*), s'il préside la Chambre des lords, est membre du cabinet comme ministre de la Justice ; le chancelier de Lancastre, ministre sans portefeuille, administre les possessions de la Couronne et contrôle les tribunaux du duché. Enfin, le titre de chancelier de l'Échiquier est celui du ministre des Finances.

CHANDOS John († Mortemer, près de Poitiers, 1ᵉʳ.I.1370). Homme de guerre anglais, l'un des plus habiles capitaines de la guerre de Cent Ans. Nommé par Édouard III lieutenant général des provinces conquises en France, il négocia la paix de Brétigny. Il fit prisonnier Du Guesclin à la bataille d'Auray (1364) et à celle de Navarette en Espagne (1367), mais demanda lui-même sa libération. Lorsque Édouard III érigea l'Aquitaine en principauté en faveur de son fils, le prince de Galles, Chandos devint son connétable. Il fut mortellement blessé au combat de Lussac. Les Français, en particulier Du Guesclin, l'eurent en grande estime.

CHANDRAGOUPTA, en grec *Sandracottos*. Homme de guerre et souverain indien (vers 321/297 av. J.-C., selon certains historiens, vers 313/289 av. J.-C.). Il élimina les gouverneurs et les garnisons macédoniennes qu'avait laissés Alexandre le Grand dans la région de l'Indus, puis il marcha sur Patalipoutra (Patna), capitale du Magadha, et renversa le dernier roi de la dynastie Nanda. Fondateur de l'Empire maurya, Chandragoupta régna pendant vingt-quatre ans et, sous son autorité, toute l'Inde du Nord fut unifiée, de Hérat au delta du Gange. Il eut pour conseiller Chanakya, identifié traditionnellement avec Kautylia, à qui on attribue l'*Arthaçastra*, principal traité politique de l'Inde. Séleucos Nicator, vers 305, préféra traiter avec Chandragoupta, auquel il abandonna les satrapies de Kandahar, de Ka-boul, de Hérat et du Bélouchistan, en échange de 500 éléphants qui furent mis en ligne à la bataille d'Ipsos en Asie Mineure (301). Chandragoupta épousa une fille de Séleucos et reçut à Patalipoutra son ambassadeur grec, Mégasthénès, qui devait laisser une excellente description de l'Inde antique.

L'empire des Maurya continua de grandir après lui et atteignit son apogée sous le règne de son petit-fils Açoka. Voir **Inde**. De l'occupation aryenne aux Maurya.

CHANDRAGOUPTA II Vikramaditya, c'est-à-dire *Soleil de puissance*. Souverain indien (vers 375/414). Troisième souverain de la dynastie des Goupta, il fut l'un des plus prestigieux monarques de l'histoire indienne. Fils et successeur de Samoudragoupta, il serait monté sur le trône après avoir assassiné son frère, Ramagoupta, dont il épousa la veuve. Il poursuivit la politique d'expansion de son père et, entre 388 et 401, il conquit le Malwa, le Gujerat et le Sourachtra. Son règne vit fleurir une renaissance de l'hindouisme et une riche littérature de cour, en sanskrit. C'est au temps de Chandragoupta II que le pèlerin bouddhiste chinois Fahien visita l'Inde (vers 400/411), dont il devait laisser une description. Voir **Inde**.

CHANG-YIN. Nom de la deuxième dynastie royale chinoise, qui succéda aux Hia et régna, de 1765 à 1122 av. J.-C. (ou de 1588 à 1050 selon la chronologie courte). Voir **Chine**.

CHANOINES. Dans les premiers temps de l'Église, les chanoines étaient les ecclésiastiques qui travaillaient près de leur évêque. En de nombreux diocèses ils menaient avec lui une vie commune et quasiment monastique. Dans son diosèce d'Hippone, st Augustin avait ainsi organisé la vie de son clergé et institué une règle dite « règle de st Augustin » qui allait connaître un grand succès.

Présente dans le monde, la vie canoniale se différencia de la vie monastique. Rapidement on distingua les *chanoines séculiers*, prêtres appartenant à une cathédrale ou à une collégiale, mais vivant à part, et les *chanoines réguliers*, apparus à la fin du XIe s. et encouragés par la papauté afin de réformer le clergé séculier. La première congrégation de chanoines réguliers fut fondée en 1098 en Artois ; celle des Prémontrés, fut fondée par st Norbert vers 1120. Tous suivaient la règle de st Augustin et ils furent les précurseurs des ordres mendiants.

CHANS. Groupe thaï établi en Haute-Birmanie au XIIIe s. Voir **Thaïs**.

CHARCOT Jean-Baptiste (* Neuilly-sur-Seine, 15.VII.1867, † en mer, 16.IX.1936). Médecin et explorateur français, fils du célèbre neuro-pathologiste Jean Charcot, il entreprit deux grands voyages (1903/05 et 1908/10) dans les régions antarctiques du sud de l'Amérique. Il compléta la carte des terres australes et découvrit l'île qui porte son nom. Il périt au cours de sa dernière expédition sur les côtes du Groenland, son navire, le *Pourquoi-Pas ?*, construit spécialement pour l'exploration polaire s'étant brisé sur des récifs au S.-O. de l'Islande.

CHARETTE DE LA CONTRIE François Athanase, baron de (* Couffé, Loire-Atlantique, 17.IV.1763, † Nantes, 29.III.1796). Chef vendéen. D'abord lieutenant de vaisseau, il fut choisi comme chef, en mars 1793, par les paysans du canton de Machecoul, participa dès mars 1793, au soulèvement de la Vendée et aux sièges de Nantes et de Luçon. En désaccord avec d'autres chefs royalistes, il quitta brusquement l'armée, poursuivit seul le combat et réussit à s'emparer du camp républicain de Saint-Christophe, près de Challans (1794). En févr. 1795, il traita avec la Convention mais reprit les armes pour soutenir l'expédition de Quiberon. Capturé par Hoche, il fut aussitôt fusillé.

CHARIF MIAN Nawaz (Lahore, 25.XII.1949). Homme politique pakistanais. Grand industriel, il débuta sa carrière politique au gouvernement de la province du Pendjab. Héritier du général Zia à la tête de la Ligue musulmane, il succéda en 1990 à Bénazir Bhutto au poste de Premier ministre. Mais les violentes campagnes menées par l'opposition et le conflit qui l'opposa au président Ghulam Isak Khan l'amenèrent à démissionner en 1993. Les élections du 3 févr. 1997 marquèrent son retour au pouvoir avec une confortable majorité au Parlement. Il opta pour une politique de libéralisation économique et de rapprochement avec l'Inde. Renversé par un coup d'État militaire en oct. 1999, il fut condamné à la prison à vie pour corruption en avr. 2000, mais fut autorisé à partir en exil en Arabie Saoudite.

CHARLEMAGNE ou **CHARLES Ier le Grand,** en latin **Carolus Magnus,** en allemand **Karl der Grosse** (* 2.IV.742, † Aix-la-Chapelle, 28.I.814). Roi des Francs (768/814) et empereur d'Occident (800/14). Fils aîné de Pépin le Bref, il hérita de la totalité du royaume franc à la mort de son frère Carloman (771). Renouant l'alliance des Francs et du Saint-Siège, il intervint contre les Lombards qui attaquaient Rome, détrôna Didier (774) et prit le titre de roi des Lombards. Le renouvellement de la « donation de Pépin » lui assura définitivement l'appui de l'Église. Il lui fallut cependant plusieurs années pour imposer son autorité en Italie, où les duchés lombards méridionaux de Spolète et de Bénévent conservèrent une indépendance de fait. Dès le début de son règne, Charlemagne avait mesuré la menace des Saxons païens sur le royaume. À partir de 772 et jusqu'en 804 des campagnes militaires dévastatrices permirent de conquérir la Saxe et la Frise, et de constituer des *marches* au nord et à l'est, au-delà des territoires annexés. Le prestige de Charlemagne s'accrut lorsque le pape Léon III, le jour de Noël 800, le couronna empereur, faisant de lui le chef du pouvoir temporel dans l'intérêt de la chrétienté.

Charlemagne, s'il veilla diligemment sur les monastères, s'il se fit le défenseur de la chrétienté, n'en poursuivit pas moins la mise en tutelle de l'Église pratiquée par ses prédécesseurs Charles Martel et Pépin. Le christianisme était pour lui avant tout un élément d'ordre et de stabilité. Dans le vaste Empire qu'il conquit entre 781 et 805, au nord et à l'est (Bavière, Saxe, Frise et Pannonie) et au sud (Catalogne et Navarre) entre 778 et 811, l'anarchie restait encore très grande, malgré un puissant effort d'organisation administrative (division en comtés ; assemblées annuelles des dignitaires laïcs et ecclésiastiques au palais impérial ; envoi dans les provinces de *missi dominici*, chargés d'enquêtes et d'inspections ; publication des capitulaires...). Aux frontières, il créa des marches, organisées militairement pour résister aux envahisseurs.

Cet Empire aurait été partagé entre ses trois fils, si Louis le Pieux n'avait pas été le seul à lui survivre. Voir CAROLINGIENS.

CHARLEROI (bataille de, 21/23 août 1914). Elle fut le principal épisode des batailles livrées par l'armée française pour tenter d'empêcher la réalisation du plan Schlieffen par les Allemands qui avaient envahi la Belgique. Dès le 14 août 1914, Lanrezac, commandant de la Ve armée sur la Meuse, avait vainement tenté d'alerter Joffre sur l'ampleur du mouvement de débordement de la droite allemande, au nord de la Meuse et de la Sambre. L'action, commencée le 21 août, assura aux Allemands une tête de pont sur la rive sud de la Sambre, au soir du 22. Le 23, les Français se trouvèrent pris en tenaille entre les Ire (Kluck) et IIe (Bülow) armées allemandes venant de Charleroi et la IIIe armée (Hausen) venant de Dinant. Dans la nuit du 23 au 24, Lanrezac ordonna la retraite vers Maubeuge, sauvant de l'encerclement les forces britanniques. L'opinion le rendit injustement responsable de la défaite de Charleroi, laquelle serait beaucoup plus imputable à Joffre, qui avait trop longtemps minimisé la menace de la droite allemande.

CHARLES

SAINT

CHARLES BORROMÉE saint (* Arona, près du lac Majeur, 2.X.1538, † Milan, 3.XI.1584). Une des grandes figures de la réforme catholique. Il s'était distingué en travaillant activement aux dernières sessions du concile de Trente. Nommé archevêque de Milan l'année suivante, il montra un souci de perfection chrétienne et de charité, notamment lors de la peste qui frappa la ville en 1576 ; il créa les conseils épiscopaux, visita ses paroisses, institua des séminaires. Il dirigea également la rédaction du *Cathéchisme romain* et ses *Instructions aux confesseurs* furent adoptées par nombre de prêtres. Il devint un modèle pour les évêques du XVIIe s. et sa rigueur inspira celle des jansénistes. Il fut canonisé en 1610.

ALLEMAGNE

CHARLES Ier le Grand. Roi des Francs (768/814) et empereur d'Occident (800/14). Voir CHARLEMAGNE.

CHARLES II le Chauve. Empereur d'Occident (875/77). Voir CHARLES II le chauve, France.

CHARLES III le Gros (* 839, † Reichenau, 13.I.888). Empereur d'Occident (881/87). Arrière-petit-fils de Charlemagne, troisième fils de Louis le Germanique, roi d'Alémanie en 865, il hérita de l'Italie et de l'Allemagne à la mort de ses frères et fut couronné empereur en 881. Roi de Francie occidentale en 884, à la mort de Carloman, il reconstitua l'Empire carolingien, mais sa faiblesse devant les invasions normandes (885/86) et son incompétence en Allemagne le firent déposer par la diète de Tribur (nov. 887).

CHARLES IV DE LUXEMBOURG (* Prague, 14.V.1316, † Prague, 29.XI.1378). Empereur germanique (1346/78). Fils de Jean de Luxembourg, roi de Bohême, petit-fils de l'empereur Henri VII, c'est avec l'appui du pape qu'il fut proclamé roi de Bohême et roi des Romains (1346) contre l'empereur Louis IV de Bavière. À la mort de ce dernier, il fut couronné empereur à Rome (1355). Sous la dépendance de la papauté, il renonça à la politique impériale traditionnelle en Italie et ne s'occupa guère que de renforcer la puissance de sa maison en Bohême, par l'annexion de la Lusace et de la Silésie. Il promulgua la fameuse Bulle d'or de 1356, qui réglementait l'élection impériale. Prince cultivé, ami de Pétrarque, il fit de sa cour un foyer d'humanisme et fonda l'université allemande de Prague (1348).

CHARLES V, dit **CHARLES QUINT** (* Gand, 25.II.1500, † monastère San Jeronimo de Yuste, Estrémadure, 21.IX.1558). Roi d'Espagne sous le nom de **Charles Ier** (1516/56) et empereur germanique (1519/56). Fils de l'archiduc Philippe le Beau et de Jeanne la Folle, il était par son père le petit-fils de l'empereur Maximilien Ier de Habsbourg, par sa mère le petit-fils des Rois Catholiques, Ferdinand d'Aragon et Isabelle de Castille.

À la mort de son père (1506), Charles devint souverain des Pays-Bas, mais, comme il n'avait que six ans, la régence fut exercée par sa tante, Marguerite d'Autriche. À l'âge de quinze ans, il fut émancipé devant les états généraux (5 janv. 1515). Un an plus tard, le 23 janv. 1516, son grand-père maternel, Ferdinand d'Aragon, mourut, et la succession du trône d'Espagne fut ouverte. D'après le testament de Ferdinand, Charles n'aurait dû gouverner l'Aragon et la Castille que nominalement, comme représentant de sa mère, Jeanne, dont la raison avait sombré à la mort de son mari. Dans le dessein secret de déshériter son petit-fils, Ferdinand, peu avant de mourir, avait même contracté un second mariage. Mais ses adversaires assurèrent le trône à Charles, qui, le 14 mai 1516, fut proclamé à Bruxelles, sous le nom de Charles Ier, roi des Espagnes et des Deux-Siciles et souverain des Amériques. En 1517, il partit pour l'Espagne, emmenant avec lui un grand nombre de nobles belges et flamands, que les Espagnols reçurent fort mal. Charles eut beaucoup de mal à imposer son autorité : les nobles et les villes, en Castille surtout, trouvaient dans le changement de souverain et dans l'avènement de la dynastie étrangère des Habsbourg une occasion de se rebeller contre la politique centralisatrice qui avait été suivie par les Rois Catholiques. Charles savait à peine le castillan et on lui reprochait son entourage flamand. En 1520/21, des révoltes armées (révolte des *comuneros*) éclatèrent en Castille et en Aragon ; Charles avait déjà quitté l'Espagne, mais la subversion fut énergiquement réprimée par Adrien d'Utrecht, qu'il avait laissé comme régent, et, dès 1522, la péninsule Ibérique pouvait être considérée comme soumise. Elle allait contribuer largement, par ses soldats et par ses richesses, à l'effort de guerre de son souverain.

La lutte contre la France

L'élection impériale de 1519, à la suite de la mort de Maximilien Ier, allait ouvrir, entre la France et les Habsbourg, une lutte qui n'eut pas seulement des enjeux matériels (l'héritage bourguignon), mais qui opposait aussi deux conceptions de la politique : la vieille idée impériale des Hohenstaufen, dont Charles se fit l'héritier, et l'idée moderne de l'État national, dont la France était le champion. Maximilien avait multiplié les efforts pour assurer la succession de l'Empire à son petit-fils. À sa mort, un rival imprévu se présenta en la personne de François Ier, qui poussa sa candidature à grand renfort d'intrigues et d'argent. Ce fut néanmoins Charles qui fut choisi par les Électeurs germaniques (28 juin 1519), grâce à l'appui des Fugger (v.), et il prit le nom de Charles V. Cette élection faisait apparemment peser une lourde menace sur la France. À la fois souverain des Pays-Bas, roi d'Espagne et empereur germanique, Charles Quint allait régner sur un empire « où le soleil ne se couchait pas » ; il était maître de la péninsule Ibérique et des possessions espagnoles d'outre-mer, de la Sardaigne, de la Sicile, de Naples, des Pays-Bas, de la Flandre, de l'Artois, de l'Alsace, de la Franche-Comté, de l'Autriche et des possessions allemandes des Habsbourg.

Les cinq guerres menées par Charles Quint contre François Ier et Henri II (1521/26, 1527/29, 1527/29, 1536/38, 1542/44, 1552/56) constituèrent les premiers chapitres d'une lutte entre la France et la maison d'Autriche qui ne devait prendre fin qu'au milieu du XVIIIe s.

Champion du catholicisme

Si la lutte contre la France aboutit à un échec relatif, malgré l'énorme supériorité initiale du Habsbourg, c'est que Charles Quint, à partir de 1530, avait dû constamment lutter sur plusieurs fronts, menacé sur ses arrières, en Allemagne par les princes protestants, en Hongrie, en Autriche et en Méditerranée par les Ottomans. Les entreprises espagnoles sur les côtes d'Afrique avaient poussé les Barbaresques, dès 1518, à se reconnaître vassaux des Turcs. Charles Quint réussit à s'emparer de Tunis (1535), mais une expédition contre Alger aboutit à un désastre (1541). Pendant ce temps, Soliman II avançait dans la vallée du Danube : après leur victoire de Mohács (1526), les Turcs submergèrent la plaine hongroise et parvinrent sous les murs de Vienne (1529). Repoussés, ils restèrent menaçants et, en 1536, Soliman scella son alliance avec François Ier par le traité des capitulations.

Défenseur de l'Europe contre les Turcs, Charles Quint était aussi le champion du catholicisme en Allemagne. Il ne put intervenir qu'en 1529, après la paix de Cambrai et l'échec des Turcs devant Vienne. La seconde diète de Spire (1529) prétendit interdire aux princes allemands le droit de régler eux-mêmes les questions religieuses ; les princes luthériens répliquèrent par une « protestation » (v. PROTESTANTISME. La naissance du mouvement luthérien), puis, lorsque Charles Quint ordonna la stricte application de l'édit de Worms, ils formèrent la ligue de Smalkalde (1530), qui s'allia bientôt avec François Ier. Mesurant l'ampleur du danger, Charles Quint essaya longtemps d'amener ses adversaires à composer pacifiquement. Mais après la paix de Crépy commença une guerre civile allemande (1546/47), marquée par la victoire de l'empereur sur les protestants à Mühlberg (24 avr. 1547). Cependant, l'intervention française en Lorraine et une nouvelle invasion turque en Hongrie empêchèrent Charles Quint d'exploiter son avantage : en 1552, il dut autoriser son frère Ferdinand à signer la trêve de Passau, suivie par la paix d'Augsbourg (1555), qui consacrait la division religieuse de l'Allemagne et laissait les princes libres d'imposer leur religion à leurs sujets. C'est finalement aux Pays-Bas que Charles Quint connut le moins de déboires. Néanmoins, en 1539, il eut à vaincre la révolte de Gand, qui avait fait appel à l'aide de François Ier, et dont les privilèges furent abolis.

Charles Quint abdiqua son autorité sur les Pays-Bas (25 oct. 1555), puis sur ses possessions espagnoles (16 janv. 1556), en faveur de son fils, Philippe II ; le 12 sept. 1556, il transmit le titre impérial à son frère, Ferdinand Ier. Il se retira alors en Espagne, dans une demeure contiguë au monastère de Yuste.

CHARLES VI (* Vienne, 1er.X.1685, † Vienne, 20.X.1740). Empereur germanique (1711/40), second fils de Léopold Ier. Dans la guerre de la Succession d'Espagne, il fut opposé comme roi d'Espagne (1703) à Philippe V, petit-fils de Louis XIV, mais ne put prendre possession de sa couronne. Devenu empereur à la mort de son frère Joseph Ier (1711), il renonça à ses prétentions sur l'Espagne par le traité de Rastadt (1714) et obtint en compensation la cession de Naples, du Milanais, de Mantoue, de la Sardaigne (échangée contre la Sicile en 1718) et des Pays-Bas. Son règne fut marqué par la Quadruple-Alliance de 1718/19, avec la France, l'Angleterre et la Hollande, visant à mettre en échec la politique d'Alberoni. Dans la guerre de 1716/18 contre les Turcs, l'Autriche, grâce aux victoires du Prince Eugène, conquit le Banat, le nord de la Bosnie, la Serbie avec Belgrade et une partie de la Valachie, mais elle reperdit une grande partie de ces territoires dans la guerre malheureuse de 1736/39. Sans héritier mâle, Charles VI fut surtout préoccupé d'assurer à ses filles la succession de ses États autrichiens ; dès 1713, il édicta en ce sens une pragmatique sanction, qu'il réussit, après beaucoup d'efforts, à faire garantir par l'Europe entière (cependant, dès l'avènement de sa fille, Marie-Thérèse, allait s'ouvrir la guerre de la Succession d'Autriche). En 1733, il favorisa l'élection du roi de Saxe Frédéric-Auguste II comme roi de Pologne contre Stanislas, soutenu par la France ; en dédommagement, il fut dans l'obligation, par les traités de Vienne (1738), d'abandonner la Lorraine à Stanislas et Naples aux Bourbons d'Espagne.

CHARLES VII ALBERT DE WITTELSBACH (* Bruxelles, 6.VIII.1697, † Munich, 20.I 1745). Empereur germanique (1742/45). Prince Électeur de Bavière (1726/45). Voir **BAVIÈRE**.

ANGLETERRE

CHARLES Ier (* Dunfermline, Écosse, 19.XI.1600, † Londres, 30.I.1649). Roi de Grande-Bretagne et d'Irlande (1625/49). Fils et successeur de Jacques Ier Stuart, ses tendances absolutistes et la confiance qu'il manifesta à Buckingham, responsable d'expéditions malheureuses contre l'Espagne et la France, lui aliénèrent le Parlement. Après 1629, il imposa un gouvernement personnel (que les Anglais nomment « tyrannie de onze ans »), aidé de ses ministres, Laud et Strafford. En 1637, on chercha à imposer à l'Écosse une nouvelle liturgie, fondée sur le *Book of Common Prayer* anglais, ce qui provoqua la révolte de la cathédrale à Édimbourg (1637), l'union de l'opposition presbytérienne dans le Covenant (1638) et les deux « guerres épiscopales » (1638/39, 1640/41).

Charles Ier se vit forcé, pour obtenir des subsides, de convoquer un nouveau Parlement, mais l'assemblée redoubla de critiques contre la politique royale et fut renvoyée au bout de trois semaines. À ce Court Parlement (avr./mai 1640) succéda, en nov. 1640, le Long Parlement, qui siégea jusqu en 1648. Se trouvant financièrement aux abois, Charles Ier entra dans la voie des concessions : il laissa exécuter son ministre Strafford (mai 1641), accepta le *Triennal Bill* (févr. 1641), qui lui imposait de convoquer le Parlement au moins une fois tous les trois ans. Ayant tenté de ressaisir le pouvoir par un coup d'État, il déclencha la guerre civile. Vaincu à Marston Moor (2 juill. 1643) et à Naseby (14 juin 1645) par Cromwell, il se réfugia en Écosse, mais fut livré (janv. 1647), condamné et exécuté.

CHARLES II (* Londres, 29.V.1630, † Londres 6.II.1685). Roi de Grande-Bretagne et d'Irlande (1660/85). Fils de Charles Ier, réfugié en France en 1646, il fut proclamé roi en Écosse après la mort de son père ; ayant accepté le Covenant, il fut couronné à Scone en 1651 ; mais ses troupes furent complètement battues par Cromwell à Worcester (3 sept. 1651). Obligé de se retirer de nouveau sur le continent, il vécut dans une relative pauvreté, publia la déclaration conciliante de Bréda (14 avr. 1660) et, avec l'aide du général Monk, fut restauré sur le trône le 29 mai 1660. Catholique et absolutiste de tempérament, il sut toutefois ménager les convictions de son peuple et évita une rupture définitive avec le Parlement ; il ne se déclara pas officiellement pour l'Église catholique, dont il reçut cependant les derniers sacrements à son lit de mort. Par l'Acte d'uniformité (1662), il avait rétabli l'Église anglicane.

En politique étrangère, Charles II mit l'Angleterre à la remorque de la France et mena contre la Hollande les guerres de 1665/67 et de 1672/74. L'opposition parlementaire le força cependant à approuver le *Test Act* de 1673 et à conclure la paix (1674).

CHARLES, prince de Galles (Buckingham Palace, Londres, 14.XI.1948). Fils de la reine Élisabeth II et du duc d'Édimbourg. Héritier au trône, il a été solennellement investi comme prince de Galles à Caernarvon Castle, le 1er juillet 1969.

Il a épousé le 29 juill. 1981 Diana Frances Spencer, dont il a eu deux fils, William, le 21 juin 1982, et Harry, le 22 sept. 1984. Soucieux de participer plus activement à la vie du royaume, le prince Charles prit publiquement position, dans les années 1980, sur divers sujets de société. Séparé de son épouse en déc. 1992, il divorça en août 1996, avec l'autorisation de la reine.

AUTRICHE

CHARLES D'AUTRICHE l'archiduc (* Florence, 5.IX.1771, † Vienne, 30.IV.1847). Feld-maréchal autrichien. Troisième fils de l'empereur Léopold II et frère de François II, il commanda en 1796 les troupes impériales sur le Rhin, obligea Jourdan et Moreau à repasser le Rhin, prit Kehl en 1797 mais fut battu par Masséna à Zurich (4 juin 1799). Ministre de la Guerre (1806/09), il n'eut pas assez de temps pour mener à bien sa réorganisation de l'armée autrichienne, qu'il avait entreprise au lendemain d'Austerlitz, et perdit la bataille décisive de Wagram, où il fut blessé (juill. 1809). Tombé alors en disgrâce, détesté de la cour à cause de ses idées libérales, il ne prit pas part aux campagnes de 1813/15.

CHARLES Ier (* Persenbeug, Basse-Autriche, 17. VIII.1887, † Funchal, Madère, 1er.IV.1922). Empereur d'Autriche et, sous le nom de **Charles IV**, roi de Hongrie (1916/18). Voir **AUTRICHE**.

BADE

CHARLES FRÉDÉRIC (* Karlsruhe, 22.XI.1728, † Karlsruhe, 10.VI.1811). Margrave (1738/1806) puis grand-duc de Bade (1806/11), il régna plus de soixante-dix ans et gouverna son petit État selon les principes du despotisme éclairé et ceux des physiocrates pour l'agriculture. En 1783, il abolit le servage et devint un modèle de libéralisme pour l'Europe entière. Il eut de bonnes relations avec Bonaparte. Ses États s'en trouvèrent agrandis et il obtint la dignité électorale et le titre de grand-duc.

BELGIQUE

CHARLES DE BELGIQUE, comte de Flandre (* Bruxelles, 10.X.1903, † Bruxelles, 1er.VI.1983). Régent de Belgique (1944/51). Second fils du roi Albert Ier, frère de Léopold III. Durant la Seconde Guerre mondiale, il prit une part active à la résistance contre les Allemands et, à la libération de la Belgique, fut élu régent du royaume par le Parlement (20 sept. 1944), Léopold III ayant été interné en Allemagne. En févr. 1945, après la démission du gouvernement Pierlot, il désigna pour lui succéder le socialiste Van Acker, hostile au retour au pouvoir de Léopold III. Le régent Charles abandonna le pouvoir quand la question royale fut réglée par l'avènement de son neveu, Baudouin Ier (1951).

BOURGOGNE

CHARLES le Téméraire (* Dijon, 10.XI.1433, † près de Nancy, 5.I.1477). Duc de Bourgogne (1467/77). Fils et successeur de Philippe le Bon. Alors qu'il n'était encore que comte de Charolais, il fut un des chefs de la ligue du Bien public (v.). Devenu duc de Bourgogne, il écrasa l'insurrection liégeoise (1467/68) aux côtés du roi de France Louis XI, dont il déjoua les manœuvres à l'entrevue de Péronne (v.) (oct. 1468). Durant tout son règne, il entreprit d'agrandir ses États aux dépens de ses voisins, notamment du Saint Empire où il nourrissait de grandes ambitions (annexion de la Gueldre en 1473, tentative de conquête de la Lorraine en 1475), mais trouva sur sa route les armées de Louis XI ou de ses alliés contre l'expansion bourguignonne. Ainsi les Suisses l'emportèrent à Grandson puis à Morat en 1476. Charles mourut peu après devant Nancy, qu'il tentait de ravir au duc de Lorraine. Voir **Bourgogne (duché de)**.

BRETAGNE

CHARLES DE BLOIS ou **DE CHÂTILLON** (* vers 1319, † Auray, 29.IX.1364). Neveu, par sa mère, de Philippe VI de Valois, il épousa, en 1337, la nièce de Jean III, duc de Bretagne, auquel il tenta de succéder (1341), en s'opposant à son parent Jean de Montfort, qui finit par l'emporter à la bataille d'Auray (1364). Voir **Bretagne**.

ESPAGNE

CHARLES Ier ou **CHARLES QUINT.** Empereur germanique (1519/56). Voir **Charles V**.

CHARLES II (* Madrid, 6.XI.1661, † Madrid, 1er.XI.1700). Roi d'Espagne (1665/1700), fils et successeur de Philippe IV. Ayant commis l'imprudence d'entrer dans la coalition contre Louis XIV, il se vit enlever la Franche-Comté et de nombreuses places des Flandres (traité de Nimègue, 1678).

Marié deux fois, mais resté sans enfants, il fut le dernier des Habsbourg d'Espagne et, par testament, choisit comme héritier Philippe de France, duc d'Anjou et petit-fils de Louis XIV. Ce testament, contesté par l'Autriche, provoqua la guerre de la Succession d'Espagne.

CHARLES III (* Madrid, 20.I.1716, † Madrid, 14.XII.1788). Roi d'Espagne (1759/88). Fils de Philippe V et d'Élisabeth Farnèse, il régna d'abord sur Parme (1730), sur la Toscane (1731) et sur le royaume de Naples (1735), qu'il laissa à son fils Ferdinand lorsqu'il devint roi d'Espagne (1759). Il pratiqua en Italie un despotisme éclairé, avec l'appui du ministre Tanucci. Lié par le *pacte de Famille* bourbonien (août 1761), il engagea l'Espagne aux côtés de la France pendant la guerre de Sept Ans et la guerre de l'Indépendance américaine, se vit enlever Minorque et la Floride par les Anglais (et reçut la Louisiane de la France à titre de compensation), mais les recouvra en 1783. Dans son gouvernement intérieur, comparable aux régimes de despotisme éclairé de l'Europe centrale, il se montra favorable aux philosophes, donna un grand élan aux réformes administratives et économiques et expulsa les jésuites (1767).

CHARLES IV (* Portici, 12.XI.1748, † Rome, 19.I.1819). Roi d'Espagne (1788/1808). Fils et successeur de Charles III, il se laissa dominer par sa femme, la reine Marie-Louise de Parme, et par le favori de celle-ci, Godoy. Contraint de terminer rapidement la guerre contre la France (1793/95), il fit de l'Espagne un satellite de celle-ci et fut entraîné par son alliance avec Napoléon dans une guerre désastreuse contre l'Angleterre ; celle-ci remporta la victoire de Trafalgar (1805) et mit la main sur les plus belles colonies espagnoles. Il abdiqua en faveur de son fils Ferdinand VII après le soulèvement d'Aranjuez (19 mars 1808). Lors de l'entrevue de Bayonne (mai 1808), les Bourbons d'Espagne furent déposés par Napoléon, qui nomma son frère, Joseph Bonaparte, roi d'Espagne. Charles IV résida ensuite à Compiègne et à Marseille (jusqu'en 1811), puis en Italie.

FRANCE

CHARLES MARTEL (* vers 688, † Quierzy-sur-Oise, 22.X.741). Fondateur de la dynastie carolingienne. Bâtard de Pépin de Herstal, il s'assura le pouvoir en Austrasie à la mort de celui-ci (714) au détriment des petits-fils légitimes de son père, devint duc d'Austrasie, battit définitivement les Neustriens en 724 et se trouva désormais maître de tout le royaume franc, en tant que maire du palais. Secondé par son frère Childebrand, il déploya son énergie pour imposer son autorité dans l'État mérovingien, vainquit les Saxons, les Frisons et soumit la Thuringe et la Bavière. Surtout, par sa victoire de Poitiers (oct. 732), il arrêta la progression musulmane en Europe et apparut aux yeux du monde chrétien comme le champion de la Croix. Exploitant sa victoire, il soumit l'Aquitaine et la Provence (campagnes de 737 et 739 dans la vallée du Rhône). À l'égard de l'Église, Charles Martel mena une politique de laïcisation des biens ecclésiastiques, mais ne cessa de maintenir sa collaboration avec Rome, notamment en soutenant les missions de st Boniface en Germanie, posant les bases de cette étroite alliance avec le Saint-Siège que devaient encore développer ses successeurs, Pépin le Bref, son fils, et Charlemagne, son petit-fils.

CHARLES Ier le Grand. Roi des Francs (768/814) et empereur d'Occident (800/14). Voir **CHARLEMAGNE**.

CHARLES II le Chauve (* Francfort-sur-le-Main, 13.VI.823, † Avrieux, Savoie, 6.X.877). Roi de France occidentale (843/77) et empereur d'Occident (875/77). Le plus jeune des fils de Louis le Pieux, duc de Souabe en 829, il fut le favori de son père au détriment de ses aînés, ce qui fut la cause des troubles qui agitèrent la fin du règne de Louis. Il s'allia à Louis le Germanique pour combattre Lothaire, leur frère aîné, et tous deux remportèrent, le 25 juin 841, la bataille de Fontenoy-en-Puisaye, près d'Auxerre. Après avoir raffermi leur union par les fameux serments de Strasbourg (14 févr. 842), Charles et Louis, par le traité de Verdun (843), contraignirent Lothaire à partager l'Empire carolingien : Charles obtint tous les pays situés à l'ouest de l'Escaut, de la Meuse, de la Saône et du Rhône. Par la suite, il y réunit, soit par conquête, soit par héritage, plusieurs autres États, notamment la Provence et la Lotharingie, mais il dut partager celle-ci avec Louis le Germanique (traité de Mersen en 870), ce qui porta la frontière de ses États sur la Moselle et fit de la France et de l'Allemagne des États voisins.

En 875, il se rendit en Italie pour se faire couronner empereur par le pape Jean VIII, mais se vit forcé de revenir en France pour lutter contre ses neveux, fils de Louis le Germanique, qu'il avait dépouillés après la mort de leur père, et fut battu à Andernach (8 oct. 876). Il dut faire des concessions aux grands : le capitulaire de Quierzy-sur-Oise (877) renforça l'hérédité de fait des fonctions comtales.

CHARLES le Gros. Régent de France sous Charles le Simple. Voir **CHARLES III empereur germanique.**,

CHARLES III le Simple (* 17.IX.879, † Péronne, 7.X.929). Roi de France (893/929). Carolingien, fils posthume de Louis le Bègue et petit-fils de Charles le Chauve. Après la mort de ses frères Louis III et Carloman, il cristallisa l'opposition au robertien Eudes, qui avait été élu roi après la déposition de Charles le Gros (887). Charles le Simple fut couronné le 28 janv. 893 par l'archevêque de Reims, Foulques. La rivalité entre le carolingien et le robertien fut apaisée en 897 par un accord : Eudes, en mourant, laissait le pouvoir à Charles (janv. 898). Charles sut mettre un terme aux dévastations des pirates du Nord en implantant les Normands à l'embouchure de la Seine, par le traité de Saint-Clair-sur-Epte (911), qui concédait le pays de Caux en fief héréditaire à Rollon et créait la Normandie. Mais, en Lorraine, son action se heurta à la résistance des grands, qui réussirent à le détrôner dès 922 ; devenu le prisonnier d'Herbert de Vermandois, Charles mourut captif à Péronne. Sa chute marque le déclin définitif des Carolingiens.

CHARLES DE VALOIS (* printemps 1270, † Le Perray, près de Rambouillet, 16.XII.1325). Troisième fils de Philippe III le Hardi, comte de Valois (1284) et d'Alençon (1293), comte d'Anjou, sous le nom de **Charles III**. Voir **ANJOU (maison d')** et **VALOIS (maison de)**.

CHARLES IV le Bel (* 1294, † Vincennes, 1er.II.1328). Roi de France (1322/28). Troisième fils de Philippe le Bel, successeur de son frère Philippe V le Long, il s'appliqua à la réorganisation des finances et de la justice. Son règne fut marqué par une aggravation de la tension avec les Plantagenêts, annonciatrice de la guerre de Cent Ans. Mort en ne laissant que des filles, il fut le dernier des Capétiens directs : la couronne passa à Philippe VI, de la branche des Valois, qui se vit contesté par Édouard III d'Angleterre.

CHARLES V le Sage (* Vincennes, 21.I.1338, † Beauté-sur-Marne, 16.IX.1380). Roi de France (1364/80). Fils aîné de Jean II le Bon et de Bonne de Luxembourg, il fut le premier héritier au trône de France à porter le titre de dauphin (1349). Devenu régent du royaume après que Jean II eut été fait prisonnier par les Anglais à la bataille de Poitiers (1356), à laquelle lui-même participa, il dut faire face, en 1358, à la révolte parisienne, dirigée par Étienne Marcel, et à la jacquerie. Couronné après la mort de son père, il reprit aux Anglais, par une guerre de guérilla et de coups de main, menée notamment par Du Guesclin, la plupart des territoires perdus (v. **CENT ANS, guerre de**).

Tout en déployant cette activité militaire, Charles V a veillé sur la convalescence du royaume ; il a renforcé l'autorité royale et rétabli la monnaie. Le règne de Charles V a correspondu à une période d'accélération de la construction de l'État moderne, inspirée par les intellectuels du préhumanisme parisien comme Nicole Oresme (traité *De moneta*). Prince cultivé, il fonda la Bibliothèque royale et reconstruisit le Louvre. À la fin de sa vie, il contribua à l'ouverture du Grand Schisme en reconnaissant, contre Urbain VI, l'antipape Clément VII (Robert de Genève). Par un acte de piété, il crut devoir abolir les tailles (impôts directs) sur son lit de mort, créant une situation difficile pour son successeur. Marié en 1350 à sa cousine Jeanne de Bourbon, Charles V eut pour successeur son fils, Charles VI.

CHARLES VI le Fol (* Paris, 3.XII.1368, † Paris, 21.X.1422). Roi de France (1380/1422). Roi à douze ans (1380), après la mort de son père Charles V, sa minorité fut troublée par des désordres sociaux (révolte des *Maillotins* à Paris, de la *Harelle* à Rouen, des *Tuchins* en Auvergne et dans le Vivarais, 1382) et par l'insurrection des villes de Flandre. De 1388 à 1392, le roi gouverna en s'appuyant sur les anciens conseillers de son père, les *Marmousets*, partisans d'un renforcement et d'une modernisation de l'État. Cette expérience très novatrice fut interrompue par la première crise de folie du souverain, en 1392, qui marqua le retour au pouvoir des oncles du souverain. Les manifestations de sa démence encouragèrent les luttes des partis, Armagnacs (v.) et Bourguignons (v.) qui se disputèrent la France. Henri V d'Angleterre en profita pour reprendre la guerre et écrasa la noblesse française à Azincourt le 25 oct. 1415. Il conquit la Normandie (1419) et conclut, avec la complicité de Philippe le Bon, duc de Bourgnogne, et d'Isabeau de Bavière, la propre femme de Charles VI, le traité de Troyes (21 mai 1420) qui faisait du roi d'Angleterre Henri V l'héritier du trône de France par son mariage avec Catherine, fille de Charles VI, au détriment du dauphin Charles, le futur Charles VII (v.). Voir **France**.

CHARLES VII le Bien Servi (* Paris, 22.II.1403, † Mehun-sur-Yèvre, 22.VII.1461). Roi de France (1422/61). Cinquième fils de Charles VI et d'Isabeau de Bavière, il devint dauphin en 1417, après la mort de tous ses frères aînés. En mai 1418, il dut fuir Paris occupé par les Bourguignons et se réfugia à Bourges. L'inconduite de la reine Isabeau de Bavière accréditait les bruits selon lesquels le dauphin était un bâtard, et Isabeau elle-même conclut le traité de Troyes (21 mai 1420), qui déshéritait Charles au profit du roi d'Angleterre Henri V, lequel prenait le titre d'« héritier de France ». Henri V mourut peu après (1422), mais le duc de Bedford devint régent du royaume et tuteur de son neveu mineur, Henri VI, fils d'Henri V, qui fut couronné roi des deux royaumes.

En févr. 1429, Charles reçut Jeanne d'Arc à Chinon, qui le reconnut solennellement comme le vrai roi ; après avoir forcé les Anglais à lever le siège d'Orléans (mai 1429), elle mena Charles VII à Reims pour y être sacré (17 juill. 1429). L'Orléanais, le Vendômois, la Champagne, la Brie, le Valois, le Beauvaisis repassèrent sous l'autorité du roi, qui, par le sacre, disposait désormais d'une légitimité incontestable. Après avoir contracté une alliance avec l'empereur Sigismond (1434), il réussit à détacher les Bourguignons de l'Angleterre en accordant à Philippe le Bon d'importantes concessions au traité d'Arras (21 sept. 1435). En 1436, le connétable de Richemont reprit Paris, où Charles fit à son tour une rentrée triomphale (12 nov. 1437), (v. **Cent Ans, guerre de**).

Toute la fin du règne de Charles VII fut une « ère de renaissance » dont l'activité de Jacques Cœur fut le symbole. Charles VII, qui avait brisé l'agitation nobiliaire de la Praguerie (v.), à laquelle avait participé son propre fils, le futur Louis XI, sut également affirmer l'autorité royale en face de l'Église : la pragmatique sanction de Bourges (7 juill. 1438) limita l'autorité pontificale sur les évêques français et permit au roi d'intervenir dans les nominations des prélats.

CHARLES VIII (* Amboise, 30.VI.1470, † Amboise, 8.IV.1498). Roi de France (1483/98). Petit-fils de Charles VII, fils et successeur de Louis XI, monté sur le trône à treize ans, l'âme enflammée par les romans de chevalerie, il régna d'abord sous la régence de sa sœur, Anne de Beaujeu ; celle-ci arrangea son mariage (1491) avec Anne, héritière de Bretagne, ce qui prépara la réunion de cette province à la France. Jeune et aventureux, rêvant d'expéditions lointaines et de croisade contre les Turcs, il voulut faire valoir les droits que les derniers princes de la maison d'Anjou avaient légués à sa famille, et entreprit, en 1494, les guerres d'Italie. Après une chevauchée rapide, il se rendit maître du royaume de Naples (févr. 1495), mais se heurta bientôt à une ligue formée par Ferdinand d'Aragon, le pape Alexandre VI, Milan et Venise. Abandonnant ses conquêtes napolitaines, il parvint seulement à s'ouvrir la route du retour en remportant la victoire de Fornoue (6 juill. 1495). Mort d'un accident banal (il heurta du front une porte basse de son château d'Amboise), Charles VIII ne laissait pas d'enfant survivant et eut pour successeur son cousin, le duc d'Orléans, qui régna sous le nom de Louis XII.

CHARLES IX (* Saint-Germain-en-Laye, 27.VI. 1550, † Vincennes, 30.V.1574). Roi de France (1560/74). Deuxième fils d'Henri II et de Catherine de Médicis, il succéda à son frère François II, à l'âge de dix ans. Il régna d'abord sous la régence de sa mère, Catherine de Médicis, qui garda toujours une grande influence sur lui. C'est avec elle qu'il entreprit le tour de son royaume pendant deux années (mars 1564/mai 1566). Il chercha la conciliation avec les protestants par la paix de Saint-Germain (1570) et par le mariage de Marguerite, sa sœur, avec Henri de Navarre, futur Henri IV ; mais, incapable de résister aux haines populaires accumulées contre les huguenots, il laissa s'accomplir le massacre de la Saint-Barthélemy (24 août 1572). Il mourut quelques mois plus tard, en ne laissant qu'un bâtard, Charles de Valois, duc d'Angoulême, fils de Marie Touchet. Son frère, Henri III, lui succéda.

CHARLES X (* Versailles, 9.X.1757, † Gorizia, Vénétie, 6.XI.1836). Roi de France (1824/30). Petit-fils de Louis XV, il était le frère cadet de Louis XVI et de

Louis XVIII. Dès la prise de la Bastille en 1789, alors qu'il n'était encore que comte d'Artois, il donna le signal de l'émigration (v. **Émigrés**) et parcourut les cours d'Europe à la recherche de soutiens à la cause royale. Rentré en France en 1814, il devint chef des ultras pendant le règne de Louis XVIII (1814/24). Devenu roi à la mort de ce dernier, il fut le dernier roi de France qui se fit sacrer à Reims. Les mesures réactionnaires du gouvernement Villèle lui aliénèrent l'opinion publique. Le ministère Martignac (juill. 1828/août 1829) échoua dans sa tentative de réconcilier la monarchie avec la bourgeoisie libérale. Le pouvoir fut confié à Polignac dont la politique ultra provoqua la révolution de Juillet (1830). Son abdication, en août, en faveur de son petit-fils le duc de Bordeaux (v. **Chambord, comte de**), resta sans effet. Son règne fut marqué par l'intervention française en faveur de l'affranchissement de la Grèce du joug ottoman et par la prise d'Alger (6 juill. 1830).

HONGRIE

CHARLES Ier ou **CHARLES-ROBERT** (* 1288, † Visegrad, 16.VII.1342). Roi de Hongrie (1309/42). Il appartenait à la maison d'Anjou et était le petit-fils de Charles II de Naples. Arrière-petit-fils, par sa grand-mère, d'Étienne V de Hongrie, il réclama la couronne à l'extinction de la dynastie nationale des Arpades. Il fut élu roi en 1309 et couronné en 1310. Fondateur de la branche hongroise de la maison d'Anjou, il abaissa la puissance des magnats, réorganisa l'armée, accrut les privilèges des villes et rapprocha la Pologne et la Hongrie en assurant à son fils, Louis Ier le Grand, la succession de Pologne.

LORRAINE

CHARLES Ier (* 953, † Orléans, vers 992). Duc de Basse-Lorraine (977/991). Carolingien, second fils de Louis IV d'Outremer et frère de Lothaire, il reçut, en 977, de l'empereur Othon II le duché de Basse-Lorraine (Brabant), sur lequel il avait des droits par sa mère. Exclu de la succession au trône de France par Hugues Capet en 987, il chercha à faire valoir ses droits par la force, mais fut pris à Laon (991) et mourut en prison.

CHARLES IV (ou **III**) (* Nancy, 5.IV.1604, † Allenbach, près de Trèves, 20.IX.1675). Duc de Lorraine (1625/75). Voir **Lorraine**.

CHARLES V LÉOPOLD (* Vienne, 5.IV.1643, † Wels, Autriche, 18.IV.1690). Duc de Lorraine (1675/90) à la mort de son oncle Charles IV, il ne put jamais prendre possession de son duché occupé par les Français depuis 1670. Beau-frère de l'empereur Léopold Ier, il s'était mis dès 1664 au service de l'Autriche, toujours menacée par les Turcs. En 1683, il débloqua Vienne, prit Buda en 1686, et le 12 août 1687 il remporta la grande victoire de Mohács. Voir **Lorraine**.

NAPLES et SICILE

CHARLES Ier D'ANJOU (* mars 1227, † Foggia, 7.I.1285). Comte d'Anjou et du Maine (1232/85), comte de Provence (1246/85), roi de Naples et de Sicile (1266/85). Dixième fils de Louis VIII et de Blanche de Castille, frère cadet de Louis IX (saint Louis), il fut marié en 1246 à Béatrice, fille et héritière de Raymond Bérenger V, comte de Provence. De retour des croisades, où il accompagna Louis IX et où il fut fait prisonnier (1248/50), il mit fin à l'indépendance des villes provençales (1251/58) et chercha à étendre son domaine au-delà des Alpes. En 1266, le pape Clement IV l'investit du royaume de Naples et de Sicile qu'il dut disputer à Conradin de Hohenstaufen. Après une deuxième croisade aux côtés de Louis IX (1270), il acheta le titre de roi de Jérusalem (1277). Mais l'oppression française provoqua la révolte des Vêpres siciliennes (1282), (v. **Naples, royaume de**). Charles d'Anjou mourut en combattant Pierre III d'Aragon, qui l'avait chassé de Sicile. Charles Ier avait fondé en Provence la première dynastie angevine (1246/1382) et ouvert en Italie la longue rivalité entre la maison d'Anjou et la maison d'Aragon, qui devait se poursuivre jusqu'à l'expulsion définitive des Angevins d'Italie (1442).

NAVARRE

CHARLES II le Mauvais (* 1332, † 1er.I.1387). Roi de Navarre (1349/87). Fils de Philippe d'Évreux et descendant, par sa mère, Jeanne de Flandre, de Philippe le Bel, il devint roi de Navarre en 1349, et épousa en 1353 une fille de Jean II le Bon. Ayant des droits sur la couronne de France en cas d'extinction de la branche des Valois, il ne cessa de fomenter des troubles dans l'espoir d'arriver au trône. Emprisonné par son beau-père en 1356, il s'évada en nov. 1357 et souleva Paris, de concert avec Étienne Marcel, contre le dauphin, futur Charles V. Il mêla toujours ses ambitions personnelles à l'objectif de réforme du royaume, auquel étaient attachés la bourgeoisie parisienne et le « parti navarrais ». Ses troupes vaincues par Du Guesclin à Cocherel (16 mai 1364), il dut signer avec le roi le traité de Vernon (1366). Se tournant alors vers l'Espagne, il eut de longs démêlés avec Pierre le Cruel et Henri de Trastamare qui se disputaient la Castille. Trahissant tous les partis, il se fit tant d'ennemis qu'il ne put se tirer d'affaire qu'en abandonnant ses possessions de Normandie (1378) ; il vendit néanmoins la place de Cherbourg à l'Angleterre. Charles le Mauvais passa ses dernières années enfin en paix, ne s'occupant plus que de l'administration de la Navarre.

PALATINAT

CHARLES-LOUIS (* 22.12.1617, † 28.VIII.1680). Électeur palatin (1648/80), de la famille des Wittelsbach. La paix de Westphalie lui restitua le Palatinat rhénan et créa, en sa faveur, un huitième électorat. Le 21 nov. 1671, sa fille Charlotte Élisabeth (1652/1722), dite Madame Palatine, épousa Philippe d'Orléans, frère de Louis XIV. Mais le prince ayant pris parti contre la France lors de la guerre de Hollande, le Palatinat fut ravagé par Turenne en 1674 pour empêcher les Impériaux d'envahir la Basse-Alsace. Ce fut le premier ravage du Palatinat. Voir **Trente ans (guerre de)** et **Palatinat**.

ROUMANIE

CHARLES ou **CAROL II** (* Sinaia, 15.X.1893, † Estoril, Portugal, 4.IV.1953). Roi de Roumanie (1930/40). Voir **Roumanie**.

SAVOIE et SARDAIGNE

CHARLES-EMMANUEL Ier le Grand (* Rivoli, 12.I.1562, † Savigliano, 26.VII.1630). Duc de Savoie (1580/1630). Voir **Savoie**.

CHARLES-ALBERT (* Turin, 2.X.1798, † Porto, Portugal, 28.VII.1849). Roi de Sardaigne (1831/49). Il appartenait à la branche latérale de Savoie-Carignan ; élevé en France, réputé libéral, il devint l'espoir des carbonari et de tous les patriotes italiens. Régent du royaume lors de l'insurrection de mars 1821, il proclama aussitôt une Constitution jugée libérale, inspirée de celle votée par les Cortés espagnols de 1812, mais dut se retirer (21 mars 1821) devant l'intervention de l'Autriche. Après des années de disgrâce, il fut appelé au trône en 1831, lorsque la branche aînée de la maison de Savoie s'éteignit avec Charles-Félix. Il procéda à d'importantes réformes, réorganisa la justice et l'armée, mais en montrant des tendances de plus en plus conservatrices, qui le firent considérer comme un traître par les révolutionnaires. En 1848, entraîné par le mouvement général de l'Italie, il promulgua le Statut constitutionnel du 4 mars, et, après l'insurrection de Milan, il déclara la guerre à l'Autriche (22 mars). Vaincu par Radetzsky à Custozza (24 juill. 1848), il dut accepter l'armistice de Salasco ; mais les soulèvements républicains qui s'ensuivirent l'amenèrent, en mars 1849, à reprendre les hostilités. Ce fut pour subir la cuisante défaite de Novare (23 mars) ; il abdiqua le soir même en faveur de son fils Victor-Emmanuel II. Depuis longtemps malade, il mourut quatre mois plus tard, en exil.

SUÈDE

CHARLES X GUSTAVE (* Nyköping, 8.XI.1622, † Gothenburg, 13.II.1660). Roi de Suède (1654/60). Voir **Suède**.

CHARLES XI (* Stockholm, 24.XI.1655, † Stockholm, 5.IV.1697). Roi de Suède (1660/97). Voir **Suède**.

CHARLES XII (* Stockholm, 17.VI.1682, † Fredrikshald, 11.XII.1718). Roi de Suède (1697/1718). Fils et successeur de Charles XI, il n'avait que quinze ans à son avènement, mais se révéla tout jeune comme un grand capitaine au cours de la seconde guerre du Nord (1700/21) (v.). Après sa défaite devant les armées russes à Poltava (8 juill. 1709), il se réfugia en Turquie. Charles XII y resta inactif et quasi prisonnier pendant cinq ans, tandis que l'Empire suédois s'effondrait à la suite de l'occupation par les Russes de la Carélie, de l'Ingrie, de l'Estonie, de la Livonie, du rétablissement d'Auguste II en Pologne et de l'annexion par les Danois des duchés de Brême et de Verden. Enfin rentré dans son pays (1714), Charles XII tenta d'enlever la Norvège aux Danois, mais il fut tué au siège de Frederikshald. Trois ans après sa mort, le traité de Nystad (1721) sanctionna la ruine de l'hégémonie suédoise en mer Baltique.

CHARLES XIV JEAN, Jean-Baptiste Bernadotte (* Pau, 26.I.1763, † Stockholm, 8.III.1844). Maréchal de France, puis roi de Suède (1818/44). Voir **Bernadotte, Jean**.

CHARLES XV (* Stockholm, 3.V.1826, † Malmö, 18.IX.1872). Roi de Suède (1859/72). Voir **Suède**.

CHARLOTTE-ÉLISABETH DE BAVIÈRE, dite **Madame Palatine** (* Heidelberg, 27.V.1652, † Saint-Cloud, 8.XII.1722). Fille de Charles-Louis, électeur palatin du Rhin, elle épousa le 21 nov. 1671, Philippe d'Orléans, frère de Louis XIV, qui la délaissa. Contre son gré, elle avait dû se convertir à la religion catholique. Contrainte de vivre au milieu de la cour de Versailles où elle s'ennuyait de l'Allemagne et où elle apprit les deux ravages du Palatinat, elle écrivit quelque 9 000 lettres, précieuse source d'information sur la France de la fin du XVIIe s., à sa parentèle allemande et européenne, souvent ennemie de Louis XIV. Elle fut la mère de Philippe d'Orléans, futur Régent.

CHARTE (la Grande), *Magna Carta*. Important document de l'histoire constitutionnelle de l'Angleterre, que les barons révoltés arrachèrent au roi Jean sans Terre, le 15 juin 1215, dans la lande de Runnymead, près de Windsor. Elle ne constituait pas en elle-même un acte révolutionnaire et avait surtout pour but de faire disparaître les abus dont le roi Jean s'était rendu coupable et de ranimer les garanties accordées par les chartes d'Henri Ier (1100), d'Étienne (1136) et d'Henri II (1154). Comportant, dans sa version primitive de 1215, soixante-trois clauses, elle proclamait la liberté de l'Église, en particulier la liberté des élections épiscopales ; les barons recevaient l'assurance que le roi n'exigerait plus d'eux que les droits fixés par les anciennes coutumes ; en outre, le souverain ne pouvait plus lever d'impôts extraordinaires sans le consentement du Grand Conseil du royaume, qui existait déjà et était composé des prélats et des barons.

La partie la plus novatrice de la Grande Charte était l'article 39, où l'on a vu le lointain fondement de la Pétition des droits de 1628 et de l'*habeas corpus* de 1679 : « Aucun homme libre ne sera arrêté, emprisonné ou privé de ses biens, ou mis hors la loi ou exilé, ou lésé de quelque façon que ce soit. Nous (le roi) n'irons pas à l'encontre de cet homme libre, nous n'enverrons personne contre lui, sauf en vertu d'un jugement légal de ses pairs, conformément à la loi du pays. » L'article 61 de la Charte accordait de plus aux barons, dans le cas où le roi ne tiendrait pas ses promesses, un véritable droit à l'insurrection. Vingt-cinq barons élus étaient chargés de surveiller l'application de la charte et de signaler les abus au roi ; si celui-ci ne les corrigeait pas dans un délai de quarante jours, les barons, « avec le commun du pays tout entier », pourraient l'y contraindre en saisissant les châteaux, les terres, les possessions royales « et par tous les autres moyens possibles ». Cependant, Jean sans Terre, dès le début de 1216, obtint du pape l'annulation de la Grande Charte ; les barons prononcèrent alors sa déposition et offrirent le trône au fils de Philippe Auguste, le futur Louis VIII de France, qui débarqua en Angleterre. Après la mort de Jean sans Terre (oct. 1216), la Charte fut remaniée (1217), et, dans son état définitif, fut confirmée par Henri III (1225). Elle allait rester le symbole des libertés britanniques.

CHARTE COMMUNALE. Elle est apparue au XIIe s. en Europe occidentale et consistait en un acte solennel par lequel le roi ou un seigneur octroyait à certains habitants d'une ville liés par un serment, un statut particulier et des privilèges plus ou moins étendus, confirmés et souvent agrandis à chaque changement de seigneur. D'une façon générale, la charte précisait les privilèges accordés aux bourgeois de la ville, réglait l'accès à la bourgeoisie et fixait les conditions d'exercice du pouvoir municipal. En Europe, les deux terres d'élection du mouvement communal furent la Flandre et l'Italie. On peut distinguer trois types de chartes.

La **charte de simple franchise** laissait au seigneur sa juridiction sur la ville où il était représenté par un agent, généralement un prévôt, quelquefois assisté dans ses fonctions par des bourgeois qui participaient ainsi à l'administration municipale. En revanche, les bourgeois jouissaient de la liberté civile, les serfs étaient affranchis et de nombreuses coutumes seigneuriales étaient limitées et mêmes abolies. Le seigneur gardait le droit de justice dont l'exercice était précisé. Ce type de charte, qui maintenait aux seigneurs beaucoup de leurs droits, avait leur préférence. Il a existé dans toute la France mais eut beaucoup de succès dans le domaine royal, dans la région parisienne, dans le Centre, (la charte de Lorris, en Gâtinais, octroyée, par Louis VI en 1155, fut reprise par plus de quatre-vingts villes) l'Ouest et le Sud-Ouest, régions où, au XIIe s., l'économie était peu développée.

La **charte de commune jurée** accordait aux villes une véritable autonomie. La commune possédait alors une personnalité juridique distincte et était administrée par un corps municipal d'échevins ou de jurés ayant à sa tête un « maieur ». Les seigneurs ne purent octroyer ces chartes qu'avec le consentement de leur propre suzerain. Les communes jurées furent rares dans le domaine royal ; elles se sont imposées dans le Nord de la France, en contact avec la Flandre.

En Languedoc et en Provence apparurent des **villes de consulat** qui gagnèrent leurs libertés sans difficulté, et furent administrées collégialement par des *consuls* ou *capitouls*, élus en général pour un an et représentant les divers éléments de la population. À partir du XVIe s., les consuls des marchands formèrent des juridictions compétentes en matière de commerce. Voir COMMUNE.

CHARTE CONSTITUTIONNELLE. « Octroyée » aux Français par Louis XVIII le 4 juin 1814, elle rompait avec la monarchie absolue et instituait une monarchie constitutionnelle qui dura jusqu'en 1848. Si elle affirmait que l'autorité demeurait dans la personne du roi qui exerçait seul le pouvoir exécutif, elle n'en consacrait pas moins les conquêtes politiques de la Révolution. La représentation nationale était assurée par deux Chambres : la Chambre des pairs, dont les membres était nommés par le roi à vie ou à titre héréditaire, et la Chambre des députés élue pour cinq ans. Les deux chambres votaient les lois mais la loi de finances devait d'abord être votée par les députés. Le roi pouvait dissoudre la Chambre des députés mais il devait en convoquer une autre dans un délai de trois mois.

S'appuyant sur l'article 14 de la Charte, Charles X prit quatre ordonnances qui précipitèrent sa chute en 1830. Louis-Philippe maintint la Charte en la modifiant et il devint « roi des Français ».

CHARTE DE L'ATLANTIQUE. Signée le 14 août 1941 à bord du *Potomac*, dans l'océan Atlantique, entre Churchill et Roosevelt, elle définissait les principes de base de la paix future : renonciation à tout agrandissement territorial, droit des peuples à choisir leur forme de gouvernement, libre accès de tous les États aux matières premières, liberté des mers, condamnation du recours à la force. La Charte de l'Atlantique, approuvée par les États alliés, devait inspirer la Charte des Nations unies.

CHARTE DES NATIONS UNIES. Charte signée le 26 juin 1945, au terme de la conférence de San Francisco, par les délégués des cinquante États qui avaient pris part à cette conférence. Cette Charte, qui remplaça l'ancien pacte de la SDN et servit de base à l'Organisation des Nations unies, se donnait pour objet essentiel de « maintenir la paix et la sécurité internationales ». Elle posait en principes : l'égalité de tous les membres des Nations unies ; le règlement de leurs conflits par des moyens pacifiques ; l'engagement de ne pas recourir à la force ; le devoir d'assistance de chaque membre pour toute action entreprise par l'Organisation conformément à la Charte ; la non-intervention de l'Organisation des Nations unies dans les affaires intérieures des États membres. La Charte définissait en outre les principaux rouages et le mécanisme de l'Organisation des Nations unies.

CHARTISME, *Chartism*. Nom du premier mouvement politique ouvrier qui se développa en Angleterre dans les années 1830. Voir **GRANDE-BRETAGNE**. L'Angleterre victorienne.

CHATEAUBRIAND François René, chevalier et plus tard **vicomte de** (* Saint-Malo, 4.IX.1768, † Paris, 4.VII.1848). Écrivain et homme politique français. Principal initiateur du romantisme en France, il contribua, par son *Génie du christianisme* (1802) et son épopée, *Les Martyrs* (1809), au renouveau religieux qui suivit la Révolution. Après avoir fait partie de l'armée de Condé (1792), il revint en France en 1799 et fut nommé par le Premier consul secrétaire d'ambassade à Rome (1803), puis ministre de France dans le Valais (1804). Rejeté dans l'opposition par l'exécution du duc d'Enghien (mars 1804), il ne rentra dans la vie publique qu'à la première Restauration, qu'il facilita par son pamphlet *De Buonaparte et des Bourbons* (mars 1814). Ministre de l'Intérieur dans le gouvernement de Louis XVIII exilé à Gand pendant les Cent-Jours, nommé pair de France lors de la seconde Restauration, il protesta contre la dissolution de la Chambre introuvable et mécontenta Louis XVIII en publiant *La Monarchie selon la Charte* (nov. 1816). L'assassinat du duc de Berry lui inspira son *Mémoire touchant la vie et la mort du duc de Berry* (1820) et le ramena vers le pouvoir, en même temps que les ultras. Ambassadeur à Berlin (1820/22) puis à Londres (1822), il représenta la France au congrès de Vérone et obtint que l'intervention de la Sainte-Alliance en Espagne fût confiée à la France. Ministre des Affaires étrangères (déc. 1822/juin 1824), il ne tarda pas à indisposer le roi, tomba en disgrâce et, à partir de 1824, passa à l'opposition libérale. À la chute de Villèle, il fut nommé ambassadeur à Rome (1828/29), mais donna sa démission lorsque Charles X revint à la politique la plus conservatrice en appelant aux affaires Polignac. Champion de la légitimité après la révolution de Juillet 1830, il démissionna de la Chambre des pairs, attaqua Louis-Philippe dans *De la Restauration et de la monarchie élective* (1831) et, s'étant mis au service de la duchesse de Berry, se vit accusé de complot contre l'État (juin 1832), puis arrêté et traduit en cour d'assises pour son *Mémoire sur la captivité de la duchesse de Berry* (1833). Après avoir encore accompli pour la duchesse une mission auprès de Charles X à Prague, il se tint en dehors de la politique, tout en développant longuement ses idées dans ses *Mémoires d'outre-tombe* (1848).

CHÂTEAUBRIANT (fusillés de). Épisode de la répression exercée contre la Résistance française (oct. 1941). Dès juin 1941, le parti communiste français s'engagea dans les attentats individuels contre les troupes allemandes que de Gaulle avait condamnés. Les conséquences en furent importantes. Après le meurtre du commandant allemand de la place de Nantes en oct. 1941 par un militant communiste, les Allemands décidèrent une exécution massive d'otages et soumirent au ministre de l'Intérieur de Vichy, Pucheu, une liste comprenant surtout des anciens combattants. Pucheu ayant protesté, une seconde liste composée uniquement de militants communistes choisis parmi ceux internés au camp de Choisel, fut établie. Vingt-sept furent fusillés à Châteaubriant (Loire-Atlantique) le 22 oct. Parmi eux figuraient Guy Môquet, Charles Michel et Jean-Pierre Timbaud. Le lendemain soixante et onze autres otages furent exécutés au Mont-Valérien, à Nantes et près de Bordeaux.

CHÂTEAU-THIERRY (bataille de, 1918). Lancée le 27 mai 1918, la dernière grande offensive allemande perça le front allié au Chemin des Dames et, après une progression de 60 km, atteignit dès le 30 mai la Marne à Château-Thierry. D'importants renforts (vingt-sept divisions, dont deux américaines) ayant été envoyés en hâte dans ce secteur par Pétain, les Allemands durent renoncer à poursuivre leur offensive (3 juin) ; mais ils avaient créé, entre Compiègne et Reims, une large poche dans le front allié, dite poche de Château-Thierry. C'est sur le front ouest de cette poche que Foch et Pétain lancèrent, le 10 juill. 1918, la contre-offensive décisive, menée par les Xe (Mangin) et VIe (Degoutte) armées françaises. En deux semaines, la poche était réduite (seconde bataille de la Marne), et, dès le 8 août, le haut commandement allemand admettait la nécessité de devoir mettre fin rapidement à la guerre.

CHÂTELPERRONIEN. Industrie du paléolithique supérieur, datée entre 36 000 et 30 000 ans. Elle fut définie en 1906 par H. Breuil (v.) et doit son nom à la grotte des Fées à Châtelperron dans l'Allier. Partiellement contemporaine de l'aurignacien (v.), cette culture, à tradition moustérienne, serait l'œuvre des Néandertaliens.

CHATT EL-ARAB. Confluent du Tigre et de l'Euphrate, au S. de l'Irak. Il s'étend sur 200 km en créant une vaste étendue marécageuse avant de rejoindre le golfe Persique. La dénonciation par Bagdad de l'accord d'Alger qui, en 1975, consacrait le partage de ses eaux entre l'Irak et l'Iran, fut le prétexte, le 22 sept. 1980, du déclenchement de la guerre de l'Irak contre l'Iran. Le traité de paix signé en août 1990 par les deux belligérants entérinait les dispositions de l'accord d'Alger concernant le Chatt El-Arab.

CHAUTEMPS Camille (* Paris, 1er.II.1885, † Washington, 1er.VII.1963). Homme politique français. Député radical-socialiste de l'Indre-et-Loire (1919/28), puis député (1929/34) et sénateur (1934/40) du Loir-et-Cher, il fut ministre de l'Intérieur dans le premier cabinet Herriot (1924), ministre de la Justice sous Painlevé (1925) et de nouveau ministre de l'Intérieur dans les cabinets Briand et Herriot (1925/26). Il fut président du Conseil pour la première fois en févr. 1930. Ministre de l'Intérieur en 1932/33, il forma en nov. 1933 un second cabinet, qui eut à faire face à l'affaire Stavisky ; il dut démissionner trois mois plus tard. Après la victoire du Front populaire, il fut ministre d'État dans le premier cabinet Blum (1936/37) et remplaça Léon Blum à la tête du gouvernement (juin 1937/mars 1938). Grâce aux mesures prises par son ministre Georges Bonnet, il obtint un certain redressement financier, essaya de continuer la politique du Front populaire, mais se heurta bientôt à l'opposition des communistes et des socialistes, qui réclamaient l'application intégrale du programme commun. Vice-président du Conseil dans le cabinet Daladier et dans le cabinet Reynaud (1938/40), il conserva jusqu'à la guerre une grande influence politique. Favorable à l'armistice en juin 1940, il fit partie du premier gouvernement Pétain, démissionna dès juill. 1940 et fut chargé d'une mission aux États-Unis, où il demeura pendant tout le reste de la guerre.

CHAUVEAU-LAGARDE Claude François (* Chartres, 21.I.1756, † Paris, 28.II.1841). Avocat français qui se distingua par son courage durant la Terreur en défendant Brissot, Charlotte Corday, Marie-Antoinette et la princesse Élisabeth, sœur de Louis XVI. Il fut arrêté mais le 9-Thermidor le sauva de la guillotine.

CHAUVET (grotte) ou **Grotte de la Combe-d'Arc.** Site archéologique situé dans la vallée de l'Ardèche. Cette grotte fut découverte en 1994 par Jean-Marie Chauvet. C'est un site aurignacien (v.) remarquable par ses dimensions, par la richesse et le nombre de ses peintures, environ 300 : rhinocéros, rennes, meute de lionnes poursuivant des bisons, mais aussi hyènes, panthères et ours, animaux rarement représentés. De même, le hibou gravé au silex est le seul connu en art pariétal. La grotte était, selon toute vraisemblance, un lieu sacré. Ces peintures sont les plus anciennes au monde connues actuellement (datation au C14 entre 33 400 et 32 410 ans).

CHAVEZ Hugo (Sabaneta, sud-ouest de Caracas, 28.VII.1954). Homme politique vénézuélien. Ce militaire de carrière fonda, en 1982, le Mouvement révolutionnaire bolivarien 200 (MBR-200), devenu le Mouvement Ve République (MVR). Il prit la tête, le 4 févr. 1992, d'une tentative de coup d'État contre le président social-démocrate Carlos Andrés Pérez et fut emprisonné pendant deux ans. Élu président de la République le 6 déc. 1998, il donna au pays une constitution qui renforçait les pouvoirs présidentiels tout en limitant ceux du Parlement, réduit à une seule chambre. Il obtint de l'OPEP, en mars 1999, une diminution de la production de pétrole, qui aboutit à une flambée des prix. Réélu au mois de juill. 2000, il se fit conférer par l'Assemblée nationale le pouvoir de gouverner par décret.

CHAVÍN. Nom donné à la plus ancienne civilisation des Andes (Amérique du Sud), dont le centre paraît avoir été Chavín de Huantar, au Pérou, à l'E. de la Cordillère blanche. Elle se développa au Ier millénaire avant notre ère, à partir de 800/700, et a laissé à Chavín de Huantar un édifice imposant, le « Castillo » constitué d'un ensemble de terrasses en plusieurs étages réunies par des rampes et des escaliers ; il s'agissait probablement d'un temple. L'art décoratif de Chavín se distingue par un motif de félin très stylisé. Cette civilisation agricole rayonna des hautes terres du Nord vers la côte.

CHÉHAB Fouad (* Ghazir, près de Beyrouth, 1903, † Jounieh, près de Beyrouth, 25.IV.1973). Général et homme politique libanais. Chrétien maronite, commandant en chef de l'armée libanaise (1946), il fut élu président de la République en juill. 1958, pour mettre fin à la guerre civile qui opposait les partisans du président du Conseil, Sami Solh, et l'opposition nassérienne. Tout en montrant une grande modération, il rapprocha le Liban des autres pays arabes, déjoua, en 1961, un coup d'État de droite et, après avoir refusé une révision constitutionnelle qui eût permis sa réélection, s'effaça, en 1964, devant le président Hélou.

CHE HOUANG-TI, Shi Huangdi, c'est-à-dire *Premier Auguste Seigneur* (* 259, † 210 av. J.-C.). Empereur chinois (221/210 av. J.-C.). Prince de Ts'in à partir de 247, il acheva de détruire les derniers Royaumes combattants, et, en 221, il mit fin à trois siècles d'anarchie en faisant sous son autorité de fer l'unité de la Chine. Che Houang-ti fut le vrai fondateur de l'Empire chinois. Voir **CHINE**.

CHEMIN DES DAMES. Route longue de 30 km, sur une crête séparant les vallées de l'Ailette et de l'Aisne, en Champagne, au S. de Laon. Il doit son nom aux filles de Louis XV, *Mesdames*, qui l'empruntaient pour se rendre chez leur amie, la duchesse de Narbonne, au château de la Bove. Durant la Première Guerre mondiale après la première bataille de la Marne, le Chemin des Dames resta entre les mains des Allemands, qui en firent une puissante position fortifiée. L'offensive qu'y lança Nivelle le 16 avr. 1917 se solda par un échec total ; les pertes terribles, la démoralisation des troupes provoquèrent de graves mutineries. Le 27 mai 1918, c'est du Chemin des Dames que, pour leur ultime offensive, les Allemands enfoncèrent le front allié ; le soir même, ils franchissaient l'Aisne, et le 30 mai ils atteignaient Château-Thierry. Le Chemin des Dames ne fut reconquis qu'à la fin d'oct. 1918.

CHÉOPS, Khoufou. Roi d'Égypte, deuxième pharaon de la IVe dynastie (vers 2605/2580 av. J.-C.) fils et successeur de Snéfrou. Il fit construire la première et la plus haute des pyramides de Gizèh.

CHÉPHREN, Khaefrê. Roi d'Égypte, de la IVe dynastie (vers 2570/2550 av. J.-C.). Frère ou fils de Chéops, il régna, semble-t-il, après l'usurpation de Didoufri (ou Djedefrê). Il fit construire à Gizèh, au S.-O. de la pyramide de Chéops, la pyramide qui porte son nom.

CHEROKEES. Importante tribu indienne des États-Unis, établie originellement dans le Tennessee et les deux Carolines. Les Cherokees se montrèrent favorables aux Anglais durant la guerre d'Indépendance américaine. En 1796, Washington les choisit comme la nation témoin de l'effort entrepris par le gouvernement américain en faveur des Indiens. La nation Cherokee reçut une Constitution démocratique, avec un chef élu et des assemblées représentatives ; vers 1820, ils adoptèrent un alphabet syllabique, et, en 1828, parut le premier journal Cherokee. Mais, par le traité de New Echota (déc. 1835), les Cherokees furent déportés, dans des conditions dramatiques, dans une région de l'Oklahoma (1838/39).

CHÉRONÉE, *Khairônéia*. Ancienne ville de la Béotie, sur les confins de la Phocide ; patrie de Plutarque. Deux batailles s'y sont déroulées : le 2 août ou le 1er sept. 338 av. J.-C., Philippe II de Macédoine fut vainqueur d'Athènes, Thèbes et leurs alliés qui passèrent sous la domination macédonienne ; en 86 av. J.-C., Sylla vainquit Archélaos, général de Mithridate.

CHEVALERIE. Institution socio-militaire du haut Moyen Âge européen. La chevalerie est née de la profonde révolution militaire des VIIe/Xe s., par laquelle la cavalerie fut substituée aux fantassins comme force principale des armées germaniques. La remise des armes (v. **ADOUBEMENT**) revêtit très tôt le sens d'un engagement moral : bravoure, fidélité au suzerain, loyauté dans le combat, telles furent toujours les obligations du chevalier auxquelles s'ajoutèrent celles de protéger l'Église et les clercs, de défendre la chrétienté, de combattre les infidèles. Cet engagement s'accompagna d'une promotion sociale du métier des armes, qui progressivement caractérisa l'aristocratie. L'Église vit dans cette institution un moyen de discipliner et de christianiser la féodalité. Les XIIe et XIIIe s. connurent l'apogée de la chevalerie.

CHEVARDNADZE Édouard George (Mamati, Géorgie, 25.I.1928). Homme politique géorgien. Premier secrétaire du parti communiste géorgien pendant treize ans (1972/85), il fut appelé en juill. 1985, par Gorbatchev au poste de ministre des Affaires étrangères de l'Union. Dans le cadre de la perestroïka il travailla au retrait militaire soviétique d'Afghanistan et développa la coopération avec les Américains et les Européens pour le désarmement et pour le règlement des conflits régionaux. Opposé au démantèlement de l'Union soviétique, il fut nommé président du Conseil d'État de la république indépendante de Géorgie et élu à la tête de l'État le 11 oct. 1992. Une nouvelle Constitution instituant l'élection au suffrage universel du président de la Géorgie fut adoptée en août 1995 ; Édouard Chevardnadze fut élu à cette charge, avec 74 % des suffrages, le 5 nov. 1995, puis réélu en avr. 2000.

CHEVÈNEMENT Jean-Pierre (Belfort, 9.III. 1939). Homme politique français. Ce fils d'instituteur adhéra à la SFIO en 1964. Il a été député du Territoire de Belfort depuis 1973 et maire de Belfort de 1983 à 1996. Plusieurs fois ministre, il n'hésitait pas à démissionner si la politique gouvernementale lui semblait peu conforme aux intérêt de la France. En désaccord avec le parti socialiste sur l'Europe, il le quitta après avoir fondé le Mouvement des citoyens en août 1992. En août 2000, en désaccord avec Lionel Jospin sur le dossier corse, il démissionna du gouvernement et retrouva son siège de député en oct. 2000.

CHEVREUSE, Marie de Rohan-Montbazon, duchesse de (* déc. 1600, † Gagny, 12.VIII.1679). Fille d'Hercule de Rohan, duc de Montbazon, elle épousa en 1617 Charles d'Albert, duc de Luynes, puis, en 1622, Claude de Lorraine, duc de Chevreuse. Sa vie fut remplie d'aventures galantes et d'intrigues. Elle chercha à compromettre Anne d'Autriche, son amie intime, avec Buckingham (1625), fit échouer le projet de Louis XIII, qui voulait marier son frère, Gaston d'Orléans, à Mlle de Montpensier, monta toute une Conspiration contre Richelieu et y jeta son jeune amant, Chalais, qui fut décapité.

Exilée de la cour, elle se réfugia en Lorraine, où elle devint la maîtresse du duc Charles IV ; elle poussa celui-ci à se joindre à l'Angleterre contre la France. Richelieu, la jugeant moins dangereuse encore à Paris qu'à l'étranger, la rappela, mais elle fut de nouveau exilée en 1632 et 1637. Elle ne revint en France qu'à la mort de Louis XIII, pour se lancer aussitôt dans la cabale des Importants, puis dans la Fronde. Elle se réconcilia avec Mazarin en 1652, et, en 1657, elle se remaria secrètement avec le marquis de Laigues.

CHEYENNES. Indiens de l'Amérique du Nord installés au XVIIe s. dans le centre de l'actuel Minnesota ; à la fin du XVIIIe s., poussés par les Sioux, ils émigrèrent à l'O. du Missouri, dans le Dakota du Sud et le Wyoming. Dans les années 1860/70, les Cheyennes menèrent contre les Blancs de longues guerres marquées par le massacre de Sandy Creek (1864).

CHIAPAS. État du sud du Mexique à qui il fut rattaché en 1821 ; capitale *Tuxtla Gutierrez*. Sa population est constituée pour un tiers d'Indiens mayas, essentiellement ruraux. Avec 30 % d'analphabètes, le Chiapas est l'État mexicain où les salaires sont les plus bas et les services sociaux et de santé les plus précaires. L'ouverture économique et la politique néolibérale du gouvernement de Carlos Salinas ont eu des conséquences désastreuses pour le Chiapas, ce qui poussa la population à se soulever le 1er janv. 1994, à l'appel de l'EZLN, l'armée de libération zapatiste. Circonscrite par l'armée mexicaine en févr. 1995, la révolte du Chiapas se poursuit sur le terrain politique : en août 1995, les zapatistes organisèrent un référendum toléré par les autorités ; un Front zapatiste de libération nationale (FZLN) fut créé en janv. 1996. En févr., un accord était signé avec le gouvernement sur les droits culturels des Indiens, accompagné d'une certaine autonomie. Mais cet accord ne fut pas appliqué. Les violences des groupes paramilitaires hostiles aux communes autonomes créées par le FZLN se multiplièrent (massacre de 45 Indiens désarmés le 22 déc. 1997, 14 000 personnes déplacées, expulsion d'étrangers solidaires de l'EZLN). Le FZLN répliqua, en mars 1999, par un référendum populaire (2 500 000 participants) pour légitimer l'autonomie des communes. Cet état de guerre larvée semblait s'apaiser avec l'élection de V. Fox en juill. 2000, et des poursuites judiciaires et policières furent lancées contre les auteurs des meurtres d'Indiens. Voir **MEXIQUE**.

CHIBCHAS. Ancien peuple de l'Amérique du Sud. Installés dans l'actuelle région de Bogotá, ils organisèrent politiquement leur communauté en partageant le pouvoir entre deux souverains héréditaires. Vivant d'une économie essentiellement rurale, ils furent de remarquables orfèvres. Leur culture disparut du fait de la conquête espagnole (1536/38).

CHIITES ou **SHIITES,** du mot arabe *shî'a*, parti. Adeptes d'un courant de l'islam qui ne reconnaît qu'Ali ibn-abi-Talib pour légitime successeur de Mahomet et que les descendants d'Ali pour imams c'est-à-dire chefs spirituels de la communauté. Le nom péjoratif de *chiites* (partisans, factieux) leur a été donné par les orthodoxes ou *sunnites*. Voir **ISLAM**.

CHILDEBERT Ier (* vers 495, † Paris, 23.XII.558). Troisième fils de Clovis, il reçut le royaume de Paris. Il annexa Chartres et Orléans (524), puis attaqua et battit près de Narbonne en 531 le roi des Wisigoths Amalric qui était demeuré arien. Il démembra ensuite le royaume de Bourgogne qu'il partagea avec Clotaire (534). Il mourut sans descendance mâle et son frère Clotaire put réunifier le royaume de leur père.

CHILDÉRIC Ier (* vers 436, † Tournai, vers 481). Roi des Francs Saliens (457/81), fils de Mérovée, il fut le père de Clovis. Allié des Romains, il avait combattu les Saxons et les Wisigoths. Sa tombe fut découverte le 27 mai 1653 à Tournai ; son contenu (armes, monnaies, abeilles en or et autres objets précieux) fut remis au gouverneur des Pays-Bas, puis à l'empereur Léopold qui en fit présent à Louis XIV en 1665. Déposé dans la Bibliothèque du roi, il fut détruit pendant la Révolution.

CHILI, *Chile*. État de l'Amérique du Sud, dont le territoire s'étend le long de l'océan Pacifique ; capitale *Santiago*.

Venus du Pérou, les Espagnols, commandés par Diego de Almagro, pénétrèrent sur le territoire actuel du Chili dès 1536, mais ils ne purent s'y maintenir contre les Indiens Araucans. Au cours d'une nouvelle expédition, Valdivia fonda la ville de Santiago (févr. 1551), mais il trouva la mort en 1553, dans les guerres contre les Araucans ; la conquête fut poursuivie par Garcia Hurtado de Mendoza, dont les troupes atteignirent le détroit de Magellan. La résistance des Araucans ne fut définitivement brisée qu'au XIXe siècle. Province de la vice-royauté du Pérou, puis capitainerie générale (1778), le Chili, colonie essentiellement agricole, vit se développer une importante population métisse. Dès 1810 éclata le premier mouvement d'indépendance, mais la désunion entre les insurgés permit aux Espagnols de reprendre le contrôle du pays, après leur victoire de Rancagua (1er/2 oct. 1814).

« La Prusse de l'Amérique du Sud »

Venue d'Argentine en franchissant les Andes l'armée de San Martín établit définitivement l'indépendance du Chili (12 févr. 1818) et, par la victoire de Maipu (5 avr. 1818), écarta toute menace d'une reconquête espagnole. Nommé « directeur suprême » (1818/23), O'Higgins posa les bases de l'État chilien. Une période de troubles provoqués par l'opposition des libéraux, fédéralistes et des conservateurs partisans d'un exécutif fort dans un État centralisé, s'acheva par la victoire de ces derniers à la bataille de Lircay (avr. 1830). Ils allaient conserver le pouvoir sans interruption pendant plus de trente ans et firent du Chili un État centralisé (Constitution de 1833), un pays d'ordre et de progrès, qu'on surnomma « la Prusse de l'Amérique du Sud ». Il affirma sa supériorité militaire sur les Péruviens et les Boliviens à la bataille de Yungay (1839). La présidence de Joaquin Pérez (1861/71) inaugura un régime plus démocratique. Un nouveau conflit avec la Bolivie et le Pérou, la guerre du Pacifique (1879/84), se termina à l'avantage du Chili, qui reçut toute la région côtière bolivienne d'Antofagosta et la province péruvienne de Tarapacá, riche en nitrates.

La guerre civile de 1891, marquée par la victoire des partisans du Congrès sur le président Balmaceda, fut suivie d'une longue période où le parti libéral assuma le fonctionnement régulier du régime parlementaire. Élu en 1920 et représentant les classes moyennes, Arturo Alessandri fut chassé en 1924, rappelé en janv. 1925, promulga une nouvelle Constitution, et fut renversé en oct. par son ministre de la Guerre, Carlos Ibañez. Sous sa dictature (1925/31), l'État intervint, très audacieusement pour l'époque, dans la vie économique en créant, avec des capitalistes nationaux et étrangers, un monopole du nitrate, la COSACH. Depuis le XIXe s., le Chili avait connu un grand essor industriel et commercial, mais son économie restait fragile, parce qu'elle demeurait tributaire des exportations de cuivre et des fluctuations des cours mondiaux. La crise mondiale de 1929 eut au Chili des effets désastreux : la chute des exportations fit baisser de moitié la production de cuivre entre 1927 et 1931 et les deux tiers des travailleurs des mines se trouvèrent sans emploi. Après la chute d'Ibañez (juill. 1931), Arturo Alessandri revint à la présidence (1932/38), soutenu par les forces politiques du centre et de la droite, mais la lenteur du redressement économique favorisa la formation, en 1936, d'un Front populaire rassemblant les radicaux, les socialistes et les communistes.

Parvenu au pouvoir en 1938 avec une faible majorité de 4 000 voix, le Front populaire le conserva jusqu'en 1952. Le président Pedro Aguirre Cerda (1938/42) inaugura une sorte de « New Deal » chilien et fit un gros effort dans le domaine de l'instruction publique, de la sécurité sociale et de la santé ; l'activité industrielle fut encouragée par un organisme d'État chargé de diriger les investissements publics vers les branches prioritaires. Sous la présidence de Juan Antonio Rios (1942/46), le Chili, resté neutre durant la Première Guerre mondiale, rompit ses relations diplomatiques avec l'Axe (janv. 1943) et entra tardivement en guerre aux côtés des Alliés, en févr. 1945. Après les élections de 1946, le nouveau président, González Videla (1946/52), s'appuya d'abord sur la gauche du Front populaire et fit même entrer au gouvernement trois ministres communistes, fait sans précédent en Amérique latine. Mais les pressions économiques des États-Unis, la dépendance du Chili à l'égard des capitaux nord-américains et la recrudescence de l'agitation sociale amenèrent la rupture entre le président et l'extrême gauche (le parti communiste chilien fut interdit de 1948 à 1958).

Après un retour au pouvoir de Carlos Ibañez (1952/58), ce fut le candidat de la droite, l'homme d'affaires Jorge Alessandri (fils de l'ancien président des années 1920), qui fut président de 1958 à 1964. Jouissant de la confiance des États-Unis, il remédia au malaise économique par un plan d'austérité, qui pesa lourdement sur les classes les plus défavorisées et suscita de profonds mécontentements. Le démocrate-chrétien Eduardo Frei Montalva (1964/70) mit en œuvre un vaste programme de réformes économiques et sociales, en prenant garde de ne pas décourager les investissements nord-américains. Par la négociation il imposa, en 1969, une participation chilienne majoritaire dans l'exploitation du cuivre. Il inaugura également une réforme agraire. Mais ces réformes lourdes pour le budget de l'État, étaient jugées trop lentes et insuffisantes par l'aile gauche de la démocratie chrétienne, qui, se joignit aux socialistes et aux communistes pour soutenir la candidature de Salvador Allende à l'élection présidentielle de 1970. Arrivé en tête à ce scrutin, mais avec 36 % des voix et 40 000 voix seulement d'avance sur le candidat de la droite, Alessandri, Allende fut élu président par un vote du Parlement.

C'est par une révolution légaliste qu'Allende essaya de faire du Chili un État socialiste. Il forma un gouvernement d'« union populaire », avec les communistes, les socialistes, les radicaux et les chrétiens d'extrême gauche ; mais, accusé de réformisme par la gauche révolutionnaire (MIR), il ne pouvait compter sur l'appui du Parlement, où l'opposition détenait la majorité dans les deux Chambres. La nationalisation du cuivre (juill. 1971), l'accélération de la réforme agraire, le passage sous le contrôle de l'État des grandes banques, du papier, du textile, des houillères, de l'industrie sidérurgique..., furent les principales réformes du gouvernement Allende. Mais certaines de ces mesures portaient préjudice aux intérêts de sociétés nord-américaines ; les États-Unis, méfiants envers un gouvernement favorable à Fidel Castro, coupèrent les crédits dès 1971 et organisèrent une sorte de blocus financier autour du Chili.

Dès juill. 1971, Allende avait perdu le soutien parlementaire de la démocratie chrétienne. Contraint d'instaurer le rationnement, Allende dut faire face à l'agitation multiforme des ménagères qui protestaient contre la pénurie, des commerçants, des transporteurs routiers, des conducteurs de transports en commun... Pour consolider son gouvernement, il dut y faire entrer des militaires (nov. 1972). Mais aux élections législatives de mars 1973, malgré quelques progrès de l'Union populaire, l'opposition conserva la majorité dans les deux Chambres du Parlement, avec 54,70 % des suffrages.

Seize ans de dictature

Le gouvernement d'union populaire fut renversé le 11 sept. 1973 ; une junte militaire, commandée par le général Pinochet, s'empara du pouvoir par un putsch au cours duquel Allende se tua dans le palais présidentiel. Proclamant sa résolution d'extirper complètement le marxisme du Chili, la junte militaire procéda à une sanglante répression : des milliers de personnes furent exécutées sommairement, d'autres internées sans jugement par milliers. Le Parlement fut dissous, et tous les partis politiques y compris ceux de l'opposition au régime Allende durent cesser leurs activités. En juill. 1974, le général Pinochet prit le titre de « chef suprême de la nation ».

En 1981, il fit adopter une nouvelle Constitution qui l'autorisait à rester au pouvoir jusqu'en 1989, et bien au-delà en cas de plébiscite favorable.

Le retour à la démocratie

Pinochet, face aux pressions des États-Unis, puis du pape lors de sa visite au Chili en avr. 1987, prit des mesures assurant la régularité du plébiscite d'oct. 1988 sur son maintien au pouvoir : autorisation des partis politiques en févr. 1987, retour des derniers exilés politiques et levée de l'état de siège. Le 5 oct. 1988, les

Chiliens votèrent à 55 % contre le maintien au pouvoir de Pinochet.

Le général resta à son poste jusqu'à l'élection présidentielle de déc. 1989. Le démocrate-chrétien Patricio Aylwin fut élu au premier tour, avec 55 % des voix, pour un mandat de transition de quatre ans. Les démocrates-chrétiens remportèrent également les élections législatives qui eurent lieu le même jour. Mais Pinochet conserva les pouvoirs que lui octroyait la Constitution de 1980 : maintien à la tête de l'armée de terre jusqu'en 1997 et possibilité de nommer un quart des sénateurs. Amender cette Constitution nécessitait une majorité des deux tiers, que les démocrates n'avaient pas atteinte aux élections.

Le démocrate-chrétien Eduardo Frei (fils d'Eduardo Frei Montalva) fut élu à la présidence de la République, le 11 déc. 1993, avec 58 % des voix sur un programme de lutte contre la pauvreté. Le nouveau gouvernement maintenant l'orientation économique libérale de ses prédécesseurs, parvint à renforcer les exportations qui, en 1993, atteignirent un tiers du PIB. Par son accord de 1996 avec le Canada, le Chili est devenu partenaire de l'ALENA.

L'arrestation à Londres du général Pinochet, en 1998 faisait suite à une demande d'extradition déposée par deux juges espagnols. Elle relança la tension politique dans le pays. La justice anglaise, après avoir autorisé l'extradition de Pinochet vers l'Espagne, le laissa rentrer au Chili, pour « raisons de santé », en mars 2000. La cour d'appel de Santiago prononça la levée de son immunité parlementaire comme sénateur à vie, sentence confirmée par la Cour suprême, en août 2000. Par ailleurs, le socialiste Ricardo Lagos, vainqueur des élections de déc. 1999, avait remplacé E. Frei à la présidence de la République en mars 2000. En déc. 2000, Pinochet fut assigné à résidence et mis en accusation et, en janv. 2001, rencontra un juge d'instruction.

CHILPÉRIC Ier (* 539, † forêt de Chelles, sept ou oct. 584). Il était le plus jeune des fils de Clotaire Ier. Poussé par Frédégonde sa maîtresse, il fit assassiner son épouse Galswinthe en 567 ; Brunehaut, sœur de Galswinthe et épouse de son frère Sigebert Ier, roi d'Austrasie, voulut la venger. Vaincu, Chilpéric fut sauvé par le meurtre de Sigebert (575) mais il périt assassiné au cours d'une partie de chasse.

CHIMÚS. Ancien peuple de l'Amérique du Sud établi avant la domination des Incas sur la côte septentrionale du Pérou. Culturellement, ils prirent la succession des Mochicas (v.). Leur royaume, apparu vers 1200 de notre ère, avait pour capitale Chanchán, au nord de Moche, importante métropole de plan géométrique, qui possédait des temples pyramidaux, de nombreux jardins. Les Chimús ne connaissaient pas l'écriture. Vers 1465/70, ils furent vaincus par les Incas, qui les incorporèrent à leur empire.

CHINE. État de l'Asie orientale ; capitale *Pékin*.

Des origines à la fin des Tcheou (IIIe s. av. J.-C.)

L'homme est apparu en Chine plus tard qu'en Afrique comme l'attesteraient les vestiges trouvés à Longgupo et datés de 1,9 million d'années. Le sinanthrope (v.) de Chou-k'ou-tien (anciennement Chou-kou-tien) et celui de Gongwang vivaient il y a 500 000 ans, mais d'autres restes d'*Homo erectus*, plus anciens, qui remontent à 800 000 ans ont été découverts à Lantian. Le paléolithique inférieur est représenté par les industries de la vallée de la Fen, qui se situent, chronologiquement, entre le choukouténien et la « culture de l'Ordos » ; celle-ci atteste l'expansion des techniques moustériennes jusqu'en Asie orientale. On n'a pu encore distinguer une phase mésolithique chinoise. Le néolithique fit son apparition à la fin du VIe millénaire, sur le cours moyen du fleuve Jaune, avec la culture de Yang-chao (Yangshao), dont la poterie peinte présente de curieuses analogies avec les céramiques d'Asie centrale et d'Ukraine. Cette civilisation néolithique s'étendit à toute la Chine du Nord-Est, et, au début du IIe millénaire, florissait dans le Chang-tong la culture de Long-chan (Longshan). La culture de Yang-chao se propagea jusqu'au Gansu, à l'O. et celle de Long-chan jusque dans le Zhejiang, au S.

À cette époque remonte la première dynastie semi-légendaire des rois chinois, celle des Hia (XXIe/XVIe s. av. J.-C.). Il est à peu près certain que les Protochinois furent des autochtones dont le berceau se situe dans les plateaux de lœss et dans la grande plaine du bassin moyen et inférieur du fleuve Jaune. Ils ne se différencièrent des peuples voisins, leurs frères de race restés nomades sur les steppes du Chan-si (Shanxi) et du Chen-si (Shaanxi), qu'en adoptant une vie sédentaire, vouée à l'agriculture. Dès la fin du IIIe millénaire, les travaux des champs tenaient une place essentielle dans l'économie protohistorique chinoise, comme l'atteste l'importance accordée par les légendes à des héros tels que Chennong, le premier défricheur, Héou-tsi, « le Prince Millet », et Yu le Grand, fondateur de la dynastie des Hia, auquel on attribue de grands travaux d'assèchement et des constructions de digues et de canaux. Cette civilisation agricole allait peu à peu unifier le monde chinois, en s'étendant à toute la Chine du Nord (IIe millénaire), puis à la Chine du Sud (Ier millénaire avant notre ère), et en assimilant progressivement les nomades de l'Asie intérieure qui, au cours des siècles, n'allaient cesser de se ruer vers les riches terres du Nord-Est. La dynastie des Chang la première attestée historiquement, a laissé le témoignage d'admirables œuvres de bronze (XVIe/XIe s. av. J.-C.). À cette époque, les Chinois avaient domestiqué le cheval, le bœuf, le chien, le mouton, la chèvre et le porc. Ils utilisaient un système d'écriture pictographique relativement évolué, avaient mis au point des méthodes divinatoires complexes et effectué leurs premières observations systématiques d'astronomie. Vers 1050 avant notre ère, les Chang furent renversés par une maison vassale, celle des Tcheou (Zhou), qui, installés sur les plateaux du Chen-si, face aux Barbares de la steppe, disposaient de guerriers éprouvés. Ces Tcheou devaient régner pendant plus de huit cents ans, mais, dès le VIIIe s. av. J.-C., ils n'exerçaient plus qu'une autorité d'ordre religieux sur des États féodaux en voie d'émancipation. Bientôt se constituèrent quelques puissants royaumes qui se disputaient l'hégémonie dans des guerres incessantes. Ces conflits ont entraîné des bouleversements politiques et sociaux : les valeurs morales et religieuses de la Chine archaïque étaient mises en question ; dans le chaos, des idées nouvelles sont apparues des sectes et des écoles rivales sont nées. Dans ce climat d'inquiétude et de fermentation intellectuelle les grandes orientations de la pensée chinoise furent définies, aux VIe et Ve s. avant notre ère, par Confucius, dans le domaine moral et politique, et par Lao-tseu, fondateur du taoïsme, dans l'ordre de la philosophie mystique.

Au cours de la période des Royaumes combattants (IVe/IIIe s.), « l'ancienne guerre de chevalerie fit place à une guerre d'aventuriers sans pitié ni loyauté, puis à des guerres de masse où toute la population d'un pays était lancée contre des populations voisines » (R. Grousset). La dynastie des Tcheou, qui n'était plus représentée que par des rois fainéants, perdit toute autorité, et, à partir de 335 av. J.-C., les chefs des diverses principautés commencèrent à prendre le titre de roi. Le plus redoutable de ces « Royaumes combattants » était le royaume des Qin ou Ts'in véritable Prusse de la Chine antique, qui s'était constitué dans le Chen-si, sur les marches de l'Ouest, dans la proximité dangereuse des Barbares, en cette région même qui avait été autrefois le berceau des Tcheou. Entre 230 et 221 av. J.-C., le roi de cet État autoritaire et centralisé détruisit successivement toutes les autres principautés féodales réunifia toute la Chine et fonda l'Empire chinois en prenant le titre de (Ts'in) Che Houang-ti (Shi Huangdi) (« Premier Auguste Seigneur »).

Des débuts de l'Empire à la fin des Han

Che Houang-ti (Ts'in), surnommé « le César chinois », gouverna en suivant les principes des Légistes qui préconisaient une sorte de despotisme éclairé réglé par la loi écrite. Avec l'aide de son ministre Li Sseu (Li Si), il fit de la Chine un État unitaire, à l'exemple de la principauté de Ts'in ; il brisa le pouvoir des féodaux en divisant le pays en préfectures administrées par des fonctionnaires ; il unifia les lois, les règlements, la langue, les mesures de longueur et de poids, la dimension des essieux de chars, la largeur des routes ; introduisit un type unique de monnaie sur tous les territoires contrôlés ; procéda à de massifs transferts de populations ; et, pour étouffer l'opposition des lettrés confucéens qui représentaient le courant traditionaliste, il ordonna (213) la destruction des livres, en particulier les « Classiques » du confucianisme. Pour préserver la Chine des incursions des nomades, il entreprit en 214, avec le concours d'une immense main-d'œuvre constituée par des travailleurs forcés, l'édification de la première Grande Muraille sur quelque 6 000 km.

À la mort de Che Houang-ti (210 av. J.-C.), l'œuvre de réorganisation, accomplie trop rapidement et trop brutalement, révéla sa fragilité, et la Chine fut près de retomber dans l'anarchie, mais l'aventurier Lieou Pang (Liu Bang) s'empara du pouvoir (206) et fonda la grande dynastie des Han, qui régna, avec une brève interruption, jusqu'en 220 de notre ère, soit plus de quatre siècles. L'époque des Han correspond ainsi dans le temps à l'apogée de la puissance romaine en Occident. Après des débuts difficiles, menacés à l'intérieur par la féodalité reconstituée à l'intérieur, et, à l'extérieur, par les Barbares Hiong-nou (Xiongnu), les Han parvinrent à donner une forme institutionnelle durable à leur pouvoir en y ralliant les lettrés confucéens. Ceux-ci donnèrent à la dynastie une sorte de légitimité religieuse, et, dès cette époque, le confucianisme devint la doctrine officielle, l'armature idéologique de l'État chinois : l'empereur Wou-ti (Wu Di) (140/87 av. J.-C.) décida que tous les candidats à des fonctions administratives devraient désormais passer un examen sur au moins un des cinq Classiques de Confucius. Les Han renouaient d'une manière plus mesurée, avec l'esprit du despotisme éclairé introduit par Che Houang-ti : ainsi l'État dirigeait ou contrôlait les grandes activités économiques, en particulier les travaux d'irrigation.

À l'extérieur, du milieu du IIe s. av. J.-C. à la fin du Ier siècle de notre ère, la dynastie s'employa avec succès à siniser l'Empire, en effectuant de gigantesques transferts de populations. Dès 111 av. J.-C., l'empereur affirmait son autorité dans les provinces du Sud, à Canton, et le Tonkin était envahi ; peu après, la Corée passait sous le protectorat chinois (108). Face aux Barbares de la steppe, la Chine établissait la « paix chinoise » en Asie centrale. Les campagnes militaires de l'empereur Wou-ti (Wou-ti) et de son deuxième successeur, Siuan-ti (Xuan Di) (73/49 av. J.-C.), puis du général Pan Tch'ao (Ban Chao), à la fin du Ier s. de notre ère, portèrent les armées chinoises jusqu'au Turkestan : ainsi fut ouverte la route de la Soie, et des relations commerciales s'établirent entre la Chine, l'Inde et le monde romain, tandis que des missionnaires venus d'Inde du Nord introduisaient le bouddhisme en Chine (fin du Ier s. de notre ère). Malgré ces succès, les Han donnèrent très tôt des signes de déclin. Les guerres continuelles épuisaient le Trésor et obligeaient les empereurs à recourir à des expédients. Un usurpateur, Wang Mang, se maintint au pouvoir quelques années (9/23 apr. J.-C.) et tenta une curieuse expérience collectiviste. Après la jacquerie des Sourcils rouges, les Han furent restaurés (25), sans toutefois parvenir à mettre fin à la corruption de la cour et aux ambitions grandissantes des Lettrés. La révolte paysanne des Turbans jaunes en 184, des usurpations militaires et le retour des attaques des Hiong-nou sur les frontières hâtèrent la chute de la dynastie, qui sombra au milieu de l'anarchie militaire, en 220 de notre ère.

De la fin des Han à la grandeur des T'ang

Les quatre siècles qui suivirent la déposition du dernier souverain Han par Ts'ao Ts'ao (Cao Cao) furent pour la Chine une période de morcellement, de guerres civiles et d'invasions étrangères. L'Empire se divisa (220/65) entre les Trois Royaumes : le royaume Wei, en Chine du Nord, dirigé par les descendants de Ts'ao Ts'ao, le royaume Wou (Wu) en Chine du Sud où régnait la famille Souen (Sun) et dans le Sseu-tch'ouan (Sichuan), à l'ouest, le royaume de Chou (Shu), fondé par Liou Pei (Liu Bei), considéré comme le continuateur légitime de la dynastie des Han. C'est le royaume Wei qui l'emporta et qui, avec la dynastie Tsin, rétablit l'unité nominale de la Chine (265/420). Mais le pays était plongé dans une horrible misère et la moitié de la population avait péri dans les guerres entre les Trois Royaumes. Au nord, les Chinois durent laisser le pouvoir à des dynasties d'origine barbare tandis qu'au sud ils s'imposèrent à de très importantes ethnies en voie de sinisation depuis les Han.

Les Hiong-nou, installés dès l'époque des Trois Royaumes dans la grande boucle du fleuve Jaune, s'emparèrent en 311 de la capitale des Tsin et leur chef, Lieou Ts'ong (Liu Cong), se proclama empereur et ravagea le pays jusqu'au Yang-tseu (Yangzi). Réfugiés en Chine du Sud, à Nankin, les Tsin y maintinrent un Empire national chinois qui devait subsister (sous d'autres dynasties à partir de 420) jusqu'en 589. Balayée au cours du IVe s. par des hordes turco-mongoles (Hiong-nou, Sien-pei), la Chine du Nord passa tout entière, au début du Ve s., sous la domination d'un peuple sans doute turcophone, les Tabghatch (en chinois T'opa), qui, avec Tao Wou-ti, avaient fondé la dynastie Wei (386/534). Rapidement sinisés, converti au bouddhisme après 450, les rois Wei attachèrent leur nom à la plus grande sculpture religieuse de la Chine, celle des grottes bouddhiques de Yun-kang (Yungang), dans le nord du Chan-si, et de Long-men, près de Lo-yang (Luoyang), au Ho-nan (fin V^e/début VIe s.). Au sud, la dynastie Tsin fut renversée en 420 par un soldat de fortune, Lieou Yu (Liu yu), qui redonna à l'Empire quelque vitalité ; ses descendants qui régnèrent jusqu'en 479, eurent pour successeurs trois nouvelles dynasties méridionales, celle des Ts'i (Qi) (479/502), celle des Leang (Liang) (502/57) et celle des Tch'en (Chen) (557/89). Durant cette époque, le bouddhisme connut une puissante expansion et le confucianisme un certain recul. La Chine vit ses propres moines bouddhistes entreprendre des pèlerinages vers les Indes ; les plus célèbres de ces pèlerins furent Fa-hien (Faxian) (fin IVe/début du Ve s.) et Hiuan-tsang ou Siuan-tsang (Xuan Zang) (VIIe s.). Après la rupture qui avait suivi la chute des Han et l'abandon de la route de la Soie, les relations étaient rétablies entre la Chine et les contrées occidentales.

La dynastie Soueï (Sui) (581/618), qui avait succédé, dans le nord, aux héritiers des T'opa, eut pour fondateur Yang Kien (Wen-ti), qui réussit, en 589, à soumettre le Sud et à reconstituer l'unité de la Chine, tout en repoussant les Turcs sur les frontières du Nord-Ouest. Le second empereur Soueï, Yang-ti (Yang Di) (605/18), essaya de renouer avec la politique ambitieuse des Han vers l'Asie centrale ; il réussit à contrôler les oasis du Tarim et rétablit les relations commerciales avec la Perse et l'Inde. Moins heureux du côté de la Corée, il lassa son peuple par une fiscalité excessive et fut emporté par une révolte qui marqua le terme de sa dynastie (618).

Les Soueï avaient eu le mérite de mettre fin à des siècles de morcellement et de préparer le puissant redressement de la Chine à l'époque des T'ang (Tang) (618/907), l'une des plus grandes dynasties de l'histoire chinoise. Elle fut fondée par Li Che-min (Li Shimin), qui plaça d'abord son père sur le trône et qui lui succéda sous le nom de T'ai-tsong (Tai Zong) (626/49). Les T'ang rétablirent l'hégémonie chinoise sur l'Asie centrale jusqu'au Turkestan, conquirent l'ancien khanat des Turcs orientaux (c'est-à-dire l'actuelle Mongolie) et exercèrent un ascendant puissant sur tous leurs voisins, Annamites, Coréens et Japonais. Le gouvernement et l'administration furent énergiquement restaurés. Le confucianisme redevint doctrine d'État, mais le bouddhisme continua de prospérer (jusqu'à l'édit de proscription de 845) et de nouvelles religions (nestorianisme, manichéisme, islam) pénétrèrent en Chine qui les toléra mais firent peu d'adeptes. L'époque des T'ang fut encore marquée par des progrès scientifiques en astronomie, par l'apparition de l'imprimerie (première édition des Classiques confucéens, 923/53) et par une admirable floraison des lettres et des arts.

C'est sous le règne de Hiuan-tsong (Xuan Zong) (712/56) que la culture T'ang atteignit son apogée, mais ses dernières années furent troublées par la révolte d'un général d'origine sogdienne et turque, Ngan Lou Chan (Am Lu Shan), qui provoqua de profondes transformations dans la société chinoise ainsi que dans les rapports de force entre les Chinois et leurs voisins : les Tibétains s'émancipèrent, la Corée fit sécession et Hiuan-tsong s'enfuit puis abdiqua (755/56). La dynastie faillit tomber dans la guerre civile qui suivit et ne dut son salut qu'à l'intervention des Ouïgours, qui, descendus de Mongolie, chassèrent les rebelles de Lo-yang. La guerre, les pillages, les destructions de cultures firent tomber le chiffre de la population de 52 millions d'habitants en 754 à 30 millions en 839 : une crise démographique qui s'accompagna d'une crise économique et sociale sans précédent. Privés de l'appui des Ouïgours, dont l'empire fut détruit en 840 par les Kirghizes, les derniers souverains T'ang résistèrent de plus en plus faiblement aux révoltes populaires. La jacquerie de Houang Tch'ao (Huang Chao) dévasta, en 880/81, les capitales impériales de Lo-yang et de Tch'ang-ngan (Chang'an). La petite propriété paysanne, qui avait fait la solidité de l'Empire, disparut sous le poids écrasant des impôts, des corvées et du service militaire. Endettés, les ruraux vendirent leurs terres aux grands propriétaires et comme en Europe à la même époque, une féodalité héréditaire s'installa ; le pouvoir impérial était à la merci d'un audacieux chef de brigands comme Chou Wen (Zhou Wen), qui, en juin 907, déposa le dernier souverain T'ang, un enfant de treize ans qu'il fit exécuter peu après.

L'époque des Song (x^e^/xiiie s.)

La Chine retomba dans le chaos : ce fut la période des Cinq Dynasties et des Dix États (907/59). En 936, la région de Pékin et le Chan-si passèrent aux Khitan mongols. À l'O., le Kan-sou (Gansu) et l'Ordos furent occupés, vers l'an mille, par les Tangouts (ou Si-hia), d'origine tibétaine. Un grand guerrier, T'ai-tsou (Taizu) (960/76), rétabli un Empire national chinois en fondant une nouvelle grande dynastie, celle des Song (960/1276). Mais ni lui ni ses successeurs, T'ai-tsong (Taizong) (976/97) et Tchen-tsong (Chen Zong) (997/1022), ne parvinrent toutefois à restaurer dans son intégralité l'empire des T'ang, et, après de vaines luttes, les Song durent consentir à traiter avec les Khitan de Pékin (1004) et se contenter de régner au sud du fleuve Jaune.

La paix qu'ils assurèrent à la Chine méridionale fut profitable au commerce extérieur (relations maritimes avec le Japon, l'Inde, l'Arabie, l'Égypte). Elle favorisa l'artisanat, les nouvelles inventions (compas, poudre à canon), la recherche philosophique (néoconfucianisme de Tchou Hi) et les arts (paysagistes Song). La Chine des Song influença les Khitan mongols qui y perdirent leurs vertus guerrières. En 1122/23, le royaume khitan de Pékin, qui avait victorieusement repoussé, aux xe/xie s., toutes les attaques des Song, s'effondra sous les coups des Kin ou Djurtchèt, de race toungouse, qui enlevèrent rapidement aux Song le reste de la Chine du Nord, franchirent le Yang-tseu et approchèrent de Canton. À la paix de 1141, ils se contentèrent des provinces du Nord et de la Mandchourie (leur capitale était à Pékin), les Song conservant la Chine du Sud, cependant qu'à l'O. subsistait le royaume des Si-hia. C'est donc une Chine divisée en trois États qui allait subir, au xiiie s., l'assaut des Mongols.

Des Mongols aux Ming (xiiie/xviie s.)

Maître de la Mongolie dès 1206, Gengis Khan commença la conquête de la Chine en imposant sa suzeraineté au royaume des Si-hia (1209) ; puis il se tourna contre les Kin, qui lui opposèrent une farouche résistance. Tournant la Grande Muraille par le Tarim, les Mongols, après de grandes difficultés, réussirent à s'emparer de Pékin qu'ils dévastèrent (mai 1215). Les Kin se retirèrent au Ho-nan où les Mongols les écrasèrent en 1234. Après la prise de Pékin, Gengis Khan dédaigna la Chine et se tourna vers l'ouest, et, pendant une trentaine d'années, les Mongols se contentèrent d'opérations de pillage limitées contre l'Empire chinois des Song. Mongka (1251/59), troisième successeur de Gengis Khan, entreprit la conquête systématique de l'empire des Song, continuée après lui par son frère Koubilaï (1260/94), qui fonda la dynastie mongole Yuan (1260/1368), s'empara, en 1276, de Hang-tcheou (Hangzhou), la capitale des Song, et, en 1278, de Canton.

Pour la première fois, un étranger se trouvait maître de toute la Chine, mais Koubilaï, très attiré par la civilisation chinoise, eut à cœur de se comporter en souverain national. Il mit les Mongols à l'école des Chinois. Pour symboliser sa volonté de siniser son empire, il établit sa capitale à Pékin, qu'il fit reconstruire afin d'effacer les ravages de Gengis Khan. Il adopta tous les usages chinois, réorganisa l'État, remit en service les canaux et les routes, encouragea les études ; tout en respectant les traditions nationales et en se montrant tolérant envers les autres religions, il accorda une faveur particulière au bouddhisme. À la cour mongole, la littérature chinoise connut une certaine renaissance. Son règne vit la reprise les relations entre la Chine et l'Occident ; des marchands (comme Marco Polo, qui séjourna en Chine de 1275 à 1291) et des missionnaires européens (comme Jean de Montcorvin et Oderic de Pordenone) purent visiter librement l'Empire et s'y installer. Cependant, les Mongols demeuraient, aux yeux des Chinois, une minorité étrangère. Une révolte nationale, partie des provinces du Sud – les dernières conquises par les Mongols –, eut pour chef un simple fils de paysan, Tchou Yuan-tchang (Zhu Yuangzhang), qui s'empara de Nankin (1356), de Canton (1367) et enfin de Pékin (1368). Dès 1371, les Mongols étaient complètement chassés de Chine. Empereur sous le nom de Hong-wou (Hongwu), Tchou Yuan-tchang fonda la dynastie des Ming (1368/1644) qui atteignit son apogée sous le règne de Yong-lo (1403/24). Elle gouverna avec énergie et fit régner la prospérité, mais une politique étrangère pacifiste et l'influence prédominante des Lettrés confucéens engendrèrent un immobilisme dangereux, à l'heure où les Européens arrivaient (les Portugais à Macao, 1557) et où les missionnaires catholiques, à la suite du père Matteo Ricci (arrivé en Chine en 1582), osaient adapter le christianisme à la culture chinoise. L'arrivée des premiers Occidentaux eut peu de retentissement en Chine, plus préoccupée par les incursions des Japonais sur ses côtes et par l'agitation persistante des Mongols derrière la Grande Muraille. Enfermés dans Pékin, où ils laissaient gouverner les eunuques du palais, les Ming succombèrent sous les coups des Mandchous, guerriers toungouses venus de Sibérie et infiltrés en Mandchourie dès la fin du xvie s. Repoussés devant Pékin en 1627, grâce à l'artillerie fabriquée par les jésuites, les Mandchous s'emparèrent de la capitale en 1644, proclamèrent la déchéance des Ming et, en 1651, toute la Chine était conquise.

Les Mandchous de 1644 à 1900

La nouvelle dynastie mandchoue, celle du Qing (1644/1912) se sinisa rapidement et prit les mesures nécessaires pour atténuer le ressentiment des Chinois. L'empereur K'ang-hi (Kangxi) (1662/1722) et son petit-fils, K'ien-long (Qianlong) (1736/95), comptent parmi les plus grands despotes éclairés de l'histoire de la Chine : la Chine réalisa son programme millénaire d'expansion en Asie centrale, imposa son protectorat à la Mongolie, au Tibet et à la Kachgarie ; la Corée fut réduite en vassalité. Le traité de Nertchinsk (1689) écarta pour près de deux siècles la menace russe sur la Mandchourie. La nouvelle dynastie fut d'abord favorable aux missionnaires chrétiens – notamment aux jésuites, qui remplissaient des fonctions de conseillers techniques à la cour en astronomie, cartographie et artillerie. Mais l'incompréhension manifestée par Rome dans l'affaire des Rites chinois – c'est-à-dire l'adaptation du catholicisme aux traditions nationales chinoises – amena les empereurs à interdire la prédication chrétienne (1717), puis à expulser la plupart des missionnaires (1724).

La Chine se ferma alors sur elle-même encore plus que sous les Ming. Elle provoquait les puissances occidentales en aggravant la législation contre le christianisme (1805), mais surtout maintenait des restrictions draconiennes à l'encontre du commerce étranger, qui n'était toléré qu'à Canton, sous la surveillance d'un groupe de marchands chinois (*Cohong*), dont les abus étaient flagrants. Les Anglais, qui avaient développé en Inde la culture du pavot et avaient introduit en Chine, vers la fin du XVIIIe s., l'usage de l'opium, souffraient particulièrement de la prohibition par le gouvernement chinois, depuis 1800, de l'importation de cette drogue. À partir des années 1830/40, les commerçants européens firent pression sur leurs gouvernements pour qu'ils obtinssent la liberté du trafic étranger en Chine. En 1839, le vice-roi Lin Tseusiu (Lin Zexu) confisqua et fit détruire à Canton une importante cargaison d'opium. Les Anglais répliquèrent en faisant le blocus de Canton et en déclenchant la « guerre de l'Opium » (1841/42). Par le traité de Nankin (29 août 1842), la Chine se vit obligée d'ouvrir au commerce britannique cinq de ses ports (parmi lesquels Canton et Shanghai) et de céder aux Anglais l'îlot de Hongkong (occupé dès 1841). Des avantages analogues furent accordés en 1844 aux États-Unis et à la France, par le traité de Whampoa (24 oct. 1844) laquelle obtint en outre la tolérance de la religion chrétienne et de l'apostolat des missionnaires.

La révolte des T'ai-p'ing (Taiping) (1850/64) qui mêlaient mysticisme et aspirations collectivistes, révéla la crise profonde de l'État mandchou ; pendant plus de dix ans, la Chine méridionale échappa à l'autorité du gouvernement de Pékin. Celui-ci devait en même temps faire face à de nouvelles exigences des puissances européennes, qui justifiaient leurs interventions en invoquant la sécurité de leurs marchands et de leurs missionnaires. Deux interventions franco-anglaises (1858, 1859/60) aboutirent, après la victoire de Pali-k'iao (Baliqiao), le 21 sept. 1860, à l'occupation de Pékin (13 oct. 1860) et à l'incendie du palais d'Été, en représailles des tortures infligées à des Européens. Par les traités de T'ien-tsin (Tianjin) (26/27 juin 1858) et les conventions de Pékin (24/25 oct. 1860), les Français et les Anglais obtinrent l'ouverture de nouveaux ports, l'installation de missions chrétiennes à l'intérieur de l'Empire, la création de légations à Pékin, des privilèges de juridiction pour leurs ressortissants et de substantielles indemnités de guerre. La Russie avait profité de ces événements pour s'assurer des avantages plus considérables encore : annexion de la rive septentrionale de l'Amour (traité d'Aigoun, 1858) et, en 1860, du territoire situé entre l'Oussouri et le Pacifique, où fut fondé Vladivostok. Désormais intéressés au maintien du gouvernement mandchou, les Occidentaux l'aidèrent à écraser la révolte des T'ai-p'ing.

La Chine allait désormais subir la pénétration européenne sous des formes multiples : établissement de « concessions » dans les villes ouvertes et privilèges d'exterritorialité pour les étrangers ; franchises accordées aux marchandises occidentales ; contrôle européen sur le système des douanes (dirigé, de 1863 à 1908, par l'Anglais Robert Hart) et colonisation économique. La Chine ne pouvait plus cependant demeurer dans son isolement, car son plus proche voisin, le Japon, devenait une puissance moderne, avide d'expansion et redoutable.

La première guerre sino-japonaise (1894/95), terminée par le traité de Shimonoseki (17 avr. 1895), coûta aux Chinois la Corée, Formose, les îles Pescadores et la péninsule du Liao-toung (Liaodong) ; ses effets psychologiques furent encore plus désastreux car elle fit la preuve que l'Empire mandchou était devenu « l'homme malade » de l'Asie orientale. L'heure de son dépècement semblait venue. Les Russes entreprirent la construction, à travers la Mandchourie, d'un chemin de fer destiné à relier le Transsibérien à Vladivostok (1895) et s'établirent à Port-Arthur (1898) ; les Allemands s'emparèrent de Tsing-tao (Qingdao) et de Kiao-tcheou (Qiaozhou) (1897) ; la France se fit céder Kouang-tcheou (Guangzhou) et l'Angleterre Wei-hai-wei (Weihaiwei) (1898).

Sous le coup de ces humiliations, le groupe réformateur dirigé par K'ang Yeouwei (Kang Youwei) et Lean K'itchao (Liang Qichao) parvint au pouvoir, en juin 1898 ; il voulait réorganiser l'administration chinoise, équiper l'armée à l'européenne, ouvrir des écoles et des universités modernes, adopter les techniques européennes pour permettre à la Chine de se libérer de l'Europe. L'Empire mandchou semblait prêt à s'engager dans une révolution comparable à celle de l'ère Meiji au Japon. Mais l'impératrice Ts'eu-hi (Cixi), qui exerça pendant près d'un demi-siècle (de 1861 à 1908) une influence prépondérante à la cour de Pékin, arrêta net ce mouvement réformiste et favorisa les sociétés secrètes, traditionalistes et xénophobes. Encouragés, les Boxers, en juin 1900, assassinèrent l'ambassadeur allemand à Pékin et assiégèrent les légations occidentales. Celles-ci ne furent dégagées que par l'intervention rapide d'un corps expéditionnaire international, commandé par le feld-maréchal allemand von Waldersee, qui entra à Pékin en août 1900.

Les débuts de la République

La dynastie mandchoue se trouvait à la merci des grandes puissances, qui lui imposèrent un humiliant traité (7 sept. 1901) : le gouvernement s'engageait à leur verser dans un délai de trente-neuf ans, l'énorme indemnité de 450 millions de taëls (environ 1,7 milliard de francs-or). La guerre russo-japonaise de 1904/05 – dont l'enjeu était la province chinoise de Mandchourie – et l'annexion par les Japonais, en 1910, de la Corée, séculaire protectorat chinois, illustrèrent davantage le déclin de la Chine. L'impératrice Ts'eu-hi elle-même, aussitôt après la crise des Boxers, se rallia à la politique réformatrice. En dépit de l'opposition persistante du clan mandchou rétrograde, elle appela auprès d'elle l'énergique ministre Yuan Che-k'ai (Yun Shikai) qui réorganisa l'armée à l'européenne, supprima les traditionnels examens de fonctionnaires (1906) et ouvrit plus de 30 000 écoles d'État entre 1901 et 1910, et, par l'édit du 27 août 1908, la Chine s'orienta vers un régime de monarchie constitutionnelle.

Mais l'impératrice Ts'eu-hi et l'empereur Kouang-siu (Guang Xu) étant morts à quelques jours d'intervalle (nov. 1908), le trône passa à un enfant de trois ans, P'ou-yi (Pu Yi). La régence fut exercée par son père, le prince Tch'ouen (Chun), tout acquis au parti traditionaliste, et dont un des premiers actes fut de renvoyer Yuan Che-k'ai. La réforme impériale condamnée, l'initiative passait aux révolutionnaires du Sud, à la fois nationalistes et démocrates, qui se groupaient dans le Kouo-min-tang, fondé en 1900 par Sun Yat-sen. Alors qu'à Pékin le régent multipliait les manœuvres dilatoires la révolution éclata à Wou-tch'ang, dans le Ho-pei (10 oct. 1911). La cour impériale, affolée, rappela Yuan Che-k'ai, qui constitua un gouvernement de réformateurs, mais le mouvement révolutionnaire s'étendait rapidement à quatorze des dix-huit provinces chinoises, qui réclamaient une république.

Le 30 déc. 1911, une Assemblée nationale, réunie à Nankin, proclamait Sun Yat-sen président de la République. Comprenant la vanité de tout recours à la force, Yuan Che-k'ai, préféra devancer les républicains du Sud et contraignit à l'abdication l'empereur enfant P'ou-yi (12 févr. 1912) et, trois jours plus tard, institua le régime républicain à Pékin. Par souci d'union nationale, Sun Yat-sen s'effaça, et, dès mars 1912, Yuan Che-k'ai était reconnu comme président de la nouvelle République dans tout le pays.

Yuan Che-k'ai ne songeait qu'à confisquer la révolution à son profit. Ayant réussi à redresser temporairement la situation financière grâce à un emprunt de 25 millions de livres sterling à un consortium occidental, il se sentit assez fort pour éliminer les députés du Kouo-min-tang (4 nov. 1913), dissoudre le Parlement, qui fut remplacé par une commission nommée (janv. 1914), et pour supprimer les assemblées provinciales (mars 1914).

Dès août 1914, les Japonais avaient violé la neutralité chinoise et occupé la région du Chang-toung. En janv. 1915, le gouvernement de Tôkyô présenta à Yuan Che-k'ai ses « Vingt et Une Demandes », qui n'étaient rien qu'une colonisation économique de la Chine. Pékin dut céder partiellement à l'ultimatum japonais, mais celui-ci eut pour résultat de susciter dans tout le pays, surtout dans le Sud, un puissant mouvement patriotique qui allait avoir des conséquences durables. Entrée en guerre aux côtés des Alliés en août 1917, la Chine espéra obtenir de la conférence de la paix, en 1919, la fin des avantages qu'elle avait dû consentir. Mais la France et l'Angleterre, qui proclamaient contre l'Allemagne et l'Autriche-Hongrie le droit des peuples à disposer d'eux-mêmes, ne songeaient nullement à rendre à la Chine son indépendance économique. Aussi les délégués chinois refusèrent-ils de signer le traité de Versailles. Cet acte symbolique avait été précédé par une démonstration populaire de portée beaucoup plus grande : le « mouvement du 4-Mai » (rappel de la grande manifestation patriotique des étudiants de Pékin, le 4 mai 1919), au caractère antijaponais et antioccidental, il affirmait la volonté à la fois nationale et moderniste d'une Chine nouvelle, intérieurement régénérée et capable de faire respecter sa dignité par toute puissance étrangère.

Le radicalisme révolutionnaire commença à conquérir la jeunesse intellectuelle. Dès le printemps 1918 avait été fondée à l'université de Pékin une société pour l'étude du marxisme, avec Chang Kouo-tao, Li Ta-chao et son bibliothécaire, Mao Tsé-toung (Mao Zedong). Le 1er juill. 1921, le parti communiste chinois était organisé dans la concession française de Shanghai.

La révolution nationale du Kouo-min-tang

La situation de la Chine, au début des années 1920, pouvait paraître catastrophique. Entre le Sud et le Nord, la cassure, intervenue peu après la mort de Yuan Che-k'ai, dès 1917, était irrémédiable. Au gouvernement révolutionnaire de Sun Yat-sen, qui siégeait à Canton et exerçait son autorité sur les provinces méridionales, s'opposait le gouvernement de Pékin, tombé sous la coupe des seigneurs militaires du Nord, parmi lesquels Tchang Tso-lin (Zhang Zuolin), gouverneur de la Mandchourie, et Wou P'ei-fou, un général très populaire. Alliés pour s'emparer de Pékin (juil. 1920), Wou et Tchang ne tardèrent pas à s'opposer. Battu en 1922, Tchang Tso-lin dut se retirer dans son fief mandchourien.

Tandis que l'anarchie militaire s'étendait ainsi dans le Nord, Sun Yat-sen entreprenait de forger l'armée du Kouo-min-tang, qui devait reconstituer peu à peu l'unité de la Chine. Fidèles au mouvement du 4-Mai, les révolutionnaires de Canton se réclamaient d'un programme nationaliste qui comportait avant tout l'abolition des « traités inégaux », c'est-à-dire des traités impliquant des obligations incompatibles avec la pleine souveraineté de la Chine sur le territoire national. La Chine était encore un des pays les moins évolués économiquement du monde. Les trois quarts de la population vivaient de l'agriculture, mais à peine un quart des surfaces cultivables étaient exploitées avec un matériel insuffisant et rudimentaire ; couramment, la même charrue devait servir à cinq ou six familles. La plupart des paysans chinois surtout dans le Sud, étaient des fermiers, et les fermages représentaient couramment de 40 à 60 % de la récolte, obligeant le paysan chinois à s'endetter à un taux usuraire (jusqu'à 10 et 12 % par mois). L'industrie était concentrée dans la Mandchourie, où le capitalisme japonais se taillait la part du lion, et dans le cité de Shanghai, une création occidentale. Les immenses ressources minérales de la Chine restaient à peu près inexploitées. L'artisanat prédominait. Les étrangers contrôlaient les fabriques, les banques, les chemins de fer et dirigeaient les douanes.

Les revendications nationales de Sun Yat-sen ne pouvaient avoir la sympathie des Occidentaux. À la conférence de Washington (1921/22), les États-Unis et les Européens se préoccupèrent surtout de faire reculer l'impérialisme japonais, dont l'Amérique commençait à s'inquiéter. L'Union soviétique, au contraire, comprit très tôt l'avantage qu'elle pouvait trouver en affichant un désintéressement complet à l'égard de la Chine. Au IIe congrès de l'Internationale communiste (été 1920) à Moscou fut décidée la collaboration des communistes à la lutte pour la libération nationale des peuples colonisés. Persuadé que le marxisme était inapplicable en Chine, Sun Yat-sen était prêt cependant à accepter l'aide militaire soviétique et à collaborer avec le parti communiste chinois. Celui-ci qui n'était encore qu'un petit groupe de quelques centaines d'intellectuels, décidait, en janv. 1924, de coopérer avec le Kouo-min-tang. Le régime de Sun Yat-sen bénéficiait déjà de l'aide d'une mission militaire soviétique dirigée par Mikhaïl Borodine et recevait de l'argent, des armes et des munitions. Des instructeurs soviétiques et allemands formaient les cadets de l'école militaire de Whampoa. Le plus brillant des jeunes chefs de guerre du Kouo-min-tang, Tchang Kaï-chek, avait fait, en automne 1923, un séjour à Moscou.

À la mort de Sun Yat-sen (mars 1925), le gouvernement national de Canton passa sous la présidence de Wang Tsing-wei (Wang Jingwei). En juill. 1926, Tchang Kaï-chek déclencha la marche des armées nationalistes vers le Nord ; il s'empara successivement de Han-k'éou (Hankou) (sept. 1926), Shanghai (20 mars 1927), Nankin (24 mars) et installa le gouvernement national dans cette dernière ville. Au cours de cette campagne, les communistes collaborèrent étroitement avec le Kouo-min-tang tout en instaurant dans les régions occupées, des pouvoirs révolutionnaires. Leur dynamisme inquiétait les dirigeants modérés du Kouo-min-tang. Prévenant un coup de force des Rouges, Tchang Kaï-chek écrasa l'organisation communiste à Shanghai (12 avr. 1927), puis à Wou-Han (Wuhan) (11 nov.). La mission soviétique de Borodine quitta la Chine, abandonnant les communistes chinois à leur sort. Réduits à la clandestinité, ceux-ci déclenchèrent vainement le soulèvement ouvrier de Canton (déc. 1927). Le Kouo-min-tang rompit alors toute relation avec l'URSS. En avr. 1928, Tchang lança l'ultime offensive contre les « seigneurs de la guerre » du Nord. Tchang Tsolin dut abandonner Pékin, où les troupes du Kouo-min-tang firent leur entrée (4 juin. 1928). La Chine était réunifiée et le long cycle des guerres civiles semblait avoir pris fin.

Chef de l'État dès 1928, Tchang Kaï-chek entreprit une œuvre de reconstruction qui s'efforçait de concilier les exigences de la modernisation avec la fidélité aux traditions nationales. Mais le gouvernement nationaliste ne put résoudre la question sociale, encore aggravée par la crise mondiale qui atteignait également la Chine.

La lutte contre les communistes et la guerre sino-japonaise

À l'extérieur, Tchang Kaï-chek releva le prestige de la Chine en intensifiant sa participation à la SDN et en obtenant de certaines puissances, à l'expiration des anciens « traités inégaux », de nouveaux accords, qui prévoyaient l'abolition de l'exterritorialité et des autres privilèges incompatibles avec la souveraineté nationale. En 1939, seuls la France, la Grande-Bretagne le Japon et les États-Unis jouissaient encore du privilège de l'exterritorialité. Mais le gouvernement national se devait faire face aux ambitions japonaises. À la suite d'incidents près de Moukden, le long du chemin de fer sud-mandchourien, en territoire chinois, les Japonais commencèrent, en sept. 1931, l'occupation militaire de la Mandchourie, qu'ils transformèrent, en févr. 1932, en un État satellite du Mandchoukouo, sous la souveraineté nominale du dernier empereur mandchou, P'ou-yi. Au même moment, sans déclaration de guerre, les Japonais attaquaient les garnisons chinoises de Shanghai.

À cette agression, la SDN fit preuve de son impuissance. Tchang Kaï-chek répondit assez passivement. Depuis 1930, il se préoccupait de réduire la subversion communiste qui avait son centre dans la province du Kiang-si (Jiangxi). Après l'échec du soulèvement ouvrier de Canton, le communisme chinois, sous la conduite de Mao Tsé-toung, avait cessé de voir dans le prolétariat des villes l'aile marchante de la révolution et s'était tourné vers les paysans. Il avait réussi à constituer une armée disparate, composée de paysans misérables et de soldats déserteurs du Kouo-min-tang, mais peu à peu organisée par des chefs de valeur tels que Chou En-lai (Zhou Enlai) et Chou-teh (Zhu De). Dans les régions qu'ils contrôlaient, les communistes procédaient à une réforme agraire radicale, qui leur valait l'appui de la population. En nov. 1931, une République soviétique chinoise fut proclamée au Kiang-si, sous la présidence de Mao Tsé-toung. Bientôt, les communistes s'infiltrèrent dans les provinces voisines du Fou-kien, du Hou-nan, du Houpei. À partir de déc. 1930, Tchang Kaï-chek mena six campagnes pour réduire le bastion communiste du Kiang-si. En oct. 1934, pour échapper à la destruction, l'armée communiste entreprit la *Longue Marche* qui, en un an, au terme de 12 000 km, dans des conditions extrêmement pénibles, la conduisit dans le Chen-si, en Chine du Nord. Cependant, sous la pression de l'URSS, inquiète des progrès nippons, le gouvernement communiste chinois lança, dès l'été 1935, un appel à l'union contre l'agression japonaise. Ce thème trouva une résonance profonde chez tous les patriotes qui reprochaient à Tchang Kaï-chek son apathie face à l'ennemi extérieur. En déc. 1936, Tchang Kaï-chek dut cesser la guerre civile. Le péril extérieur rapprochait, en apparence, le Kouo-min-tang et les communistes.

Les Japonais remportèrent, au début, d'éclatants succès : ils s'emparèrent de Pékin (28 juill. 1937), de T'ien-tsin (Tianjin) (29 juill.), occupèrent rapidement la Chine du Nord, Shanghai (8 nov.), atteignirent la basse vallée du Yang-tseu et entrèrent dans Nankin (13 déc. 1937) où ils massacrèrent 100 000 civils. L'année suivante, ils établirent d'importantes têtes de pont en Chine du Sud (prise de Canton, 21 oct. 1938), cependant que leurs troupes continuaient à progresser le long du Yang-tseu, s'emparaient de Han-k'eou (Hankou) (25 oct. 1938) et obligeaient Tchang Kaïchek et le gouvernement nationaliste à se réfugier sur les confins occidentaux de la Chine classique, à Tchong-k'ing (Chongqing), dans le Sseu-tch'ouan. Dès mars 1938, les Japonais avaient installé à Nankin un gouvernement chinois des régions occupées, présidé par Wang Tsing-wei (Wang Yingwei), ancien successeur de Sun Yat-sen, devenu le rival de Tchang Kaï-chek.

Nationalistes et communistes, officiellement alliés contre l'envahisseur, ne cessèrent de rivaliser pour imposer leur influence. Alors que le régime de Tchang Kaï-chek s'affaiblissait dans les intrigues et la corruption et ne parvenait pas à obtenir une véritable mobilisation morale des masses, les communistes organisaient, malgré le manque de moyens matériels, de puissantes et efficaces guérillas dans le nord et le nord-est de la Chine. Dans les zones libérées, l'Armée rouge vivait de plain-pied avec les paysans que des distributions gratuites de terres gagnaient aisément au communisme. Le mouvement de Mao Tsé-toung, en identifiant nationalisme et révolution agraire, s'assurait désormais l'appui de larges couches populaires.

L'établissement de la République populaire

En août 1945, lors de la défaite japonaise, les troupes nationalistes se trouvaient toujours confinées dans les régions du sud-ouest, loin des côtes et des régions industrielles, alors que les communistes tenaient déjà solidement de vastes territoires en Chine du Nord et en Mandchourie. L'armée américaine, au moment de la capitulation du Japon, organisa un pont aérien et maritime qui permit aux nationalistes de gagner la course au désarmement des forces japonaises de Chine du Nord et de s'emparer des grandes villes. En même temps, Tchang Kaï-chek obtenait un traité d'amitié et d'alliance de l'URSS ; en échange, il reconnaissait l'indépendance de la Mongolie-Extérieure et accordait aux Soviétiques d'importantes positions stratégiques en Mandchourie et à Port-Arthur (14 août 1945). Mao Tsé-toung, isolé, était contraint par Staline à se réconcilier avec Tchang (28 août 1945).

Mais pendant que les nationalistes prenaient le contrôle des principaux centres et des voies de communication du Nord et de l'Est, les communistes conservaient leur installation dans les campagnes et maintenaient l'organisation de guérillas qu'ils avaient mises sur pied contre les Japonais. Les négociations entre Mao et Tchang ne firent que souligner la divergence des points de vue. La guerre civile éclata au printemps 1946. Après les succès nationalistes de l'année 1947 (prise de Yenan, la capitale communiste, 19 mars), la situation se renversa en 1948, car le désordre, la corruption, l'incurie minaient le camp nationaliste, abandonné d'ailleurs par les Américains, qui consacraient désormais tous leurs efforts à l'Europe. Maîtres de la Mandchourie à la fin de 1948, les communistes s'emparaient de T'ien-tsin et de Pékin dès janv. 1949 et déferlaient aussitôt vers le Sud, alors que le Kouo-min-tang se disloquait. Successivement, Nankin (24 avr. 1949), Canton (15 oct.), Tchong-k'ing (8 déc.) tombèrent aux mains des Rouges, lesquels, à la fin de l'année 1949, contrôlaient toute la Chine continentale. Tchang Kaï-chek et le gouvernement nationaliste s'étaient réfugiés à Formose (Taiwan). Voir l'histoire de la Chine nationaliste depuis 1949 à Taiwan.

Le 1er oct. 1949 avait été proclamée la République populaire de Chine, avec Mao Tsé-toung comme président et Chou En-lai comme chef du gouvernement. Le régime rallia à lui des dirigeants non communistes et reçut la caution de la veuve de Sun Yat-sen. La moitié seulement des membres du premier gouvernement de la République populaire étaient des communistes, mais le parti, déjà fort de 6 à 7 millions de membres, contrôlait tous les postes clés et s'insérait dans toute la vie de la population grâce à ses organisations militaires et syndicales, ses mouvements de jeunes, de femmes... Tous les moyens d'information, tout l'enseignement et l'économie passèrent sous la tutelle étroite de l'État. Des millions de « contre-révolutionnaires » furent arrêtés : beaucoup furent exécutés après les jugements sommaires des « tribunaux du peuple », où chacun pouvait venir lancer contre les accusés une dénonciation fatale les autres furent envoyés dans des camps de rééducation politique tel le dernier souverain mandchou, P'ou-yi, qui, « rééduqué », finit sa vie comme jardinier. Sans que l'héritage de la culture traditionnelle fût radicalement répudié, le culte de Confucius fut aboli. La constitution du 20 sept. 1954 définissait la Chine comme « un État démocratique populaire conduit par la classe ouvrière et fondé sur l'alliance des ouvriers et des paysans ».

En même temps que cette mobilisation politique et idéologique, le gouvernement communiste mettait en œuvre un changement radical de l'économie. La réforme agraire chinoise, inaugurée par la loi du 28 juin 1950, fut la plus gigantesque de l'histoire. Lors de l'établissement de la République populaire, les propriétaires fonciers (dans la terminologie communiste, ceux qui possédaient la terre sans la cultiver eux-mêmes) représentaient 4 % de la population et détenaient environ la moitié de toutes les terres cultivables, qu'ils louaient à un taux de fermage très élevé ; 70 % des paysans ne possédaient que 20 % des terres ; en outre, sur une superficie totale d'environ 950 millions d'hectares, à peine 100 millions d'hectares étaient cultivés. La première étape de la réforme agraire fut terminée en 1953 : sur 100 millions d'hectares, 47 millions furent purement et simplement confisqués et distribués à 300 millions de paysans répartis en 70 millions de familles, soit une moyenne de 15,7 ares par tête ou 67 ares par famille. De 1950 à 1953, les confiscations portèrent en outre sur près de 3 millions d'animaux de trait, 39 millions d'outils agricoles, 38 millions de pièces d'habitation et plus de 5 millions de tonnes de céréales, légumineuses .. Mais l'ambition du régime n'était nullement de donner aux paysans la propriété individuelle des terres confisquées.

Dès 1950, l'orientation vers le collectivisme avait été nettement marquée. Elle se manifesta d'abord sous la forme d'un mouvement d'« entraide » qui devait amener les petits propriétaires à se regrouper volontairement pour les grands travaux : récoltes, semailles... Dans les premières années, cette entraide fit réellement appel au volontariat : à la fin de 1950, elle ne recueillait encore l'adhésion que de 10 % de la population rurale (43 % dès 1953) Mais déjà la voie était ouverte à des formes d'« entraide permanente » et comportant l'organisation collective du travail, avec maintien de la propriété individuelle. En 1953 commença l'étape de la collectivisation proprement dite : généralisation des équipes d'entraide et développement des coopératives de producteurs agricoles, qui constituaient une transition vers les fermes collectives, sans propriété privée. En mai 1956, 91,2 % des paysans étaient groupés en coopératives, dont 62 % en coopératives socialistes de « type supérieur ». La collectivisation de l'industrie fut menée parallèlement. Le secteur privé disparut progressivement, au profit du secteur d'État.

En 1957, les entreprises privées ne représentaient déjà plus que 0,01 % de la production industrielle, et le commerce privé 3 % du commerce intérieur.

Dans une première période, qui correspond au premier plan quinquennal (1953/57), la Chine populaire, imitant les méthodes de l'Union soviétique, donna une priorité absolue à l'industrie lourde et aux biens de production. Il en fut de même, mais à un degré moindre, dans le deuxième plan quinquennal (1958/62) dont la réalisation fut compromise par l'arrêt, en 1960, de l'assistance soviétique.

Le processus de collectivisation avait suscité de nombreuses tensions, et, en 1956, Mao Tsé-toung dut lancer la *campagne des Cent-Fleurs* qui provoqua une vague de critiques d'une telle ampleur que le gouvernement s'alarma. Dès févr./juin 1957, il porta un coup d'arrêt à cette campagne et proclama que les transformations socialistes de l'économie, la dictature démocratique du peuple, le centralisme démocratique, la direction du parti communiste ne pouvaient en aucun cas faire l'objet de critiques. Ce raidissement, immédiatement suivi d'une répression qui frappa les intellectuels, les fonctionnaires, les cadres de l'industrie, annonçait le *Grand Bond en avant* de 1958.

En août 1958 commençait une nouvelle expérience, celle des « communes populaires » (v.). Dès nov. 1958, 740 000 coopératives avaient fusionné en 26 000 communes populaires rassemblant plus de 120 millions de foyers, soit la quasi-totalité de la paysannerie. Mais, dès ce moment aussi, des résistances se faisaient jour. L'austérité faisait baisser la productivité individuelle ; les distributions gratuites engendraient le gaspillage ; l'autarcie communale était souvent impraticable, comme la juxtaposition des activités agricoles et des activités industrielles ; l'acier produit par les petits hauts fourneaux de village était médiocre, voire inutilisable ; le transfert vers les campagnes d'une partie de la population des villes, notamment des fonctionnaires, désorganisait l'administration urbaine.

En août 1959, le Comité central dut constater l'échec partiel des communes populaires ; il prévit une baisse de la production, atténua les contraintes de la vie collective, rendit aux paysans un petit domaine et leur outillage personnels, rétablit le travail aux pièces, les primes et les suppléments.

La révolution culturelle et ses suites

Le début des années 1960 fut marqué par un certain apaisement dans le rythme de la marche vers le communisme. Cependant, à la suite de l'échec du

Grand Bond en avant, Mao Tsé-toung devait faire face à une opposition grandissante au sein même de la direction du parti communiste. En 1959, il avait abandonné la présidence de la République, où il avait été remplacé par Liou Chao-chi (Liu Shaoqi) qui rassemblait des fonctionnaires et des technocrates soucieux d'efficacité et résolus à ne pas retomber dans les erreurs économiques qu'un excès de rigueur idéologique avait provoquées dans les années 1958/59. Entre ce groupe et celui de Mao Tsé-toung, qui donnait la priorité à l'idéologie et à la politique sur l'économique, la tension se développa sourdement jusqu'à la réunion du Comité central de sept. 1965. Les éléments modérés, qui s'appuyaient sur l'organisation du parti à Pékin, mirent en échec Mao Tsé-toung. Celui-ci, considérant que le régime évoluait vers le « révisionnisme », dut engager la lutte contre l'appareil du parti, en s'appuyant sur deux forces, l'armée avec son chef, Lin Piao (Lin Biao), et la jeunesse.

Dès avr. 1966, le *Journal de l'armée populaire de libération* lança un appel à une révolution culturelle et reçut l'appui du Premier ministre, Chou En-lai. Pour renverser l'appareil « révisionniste » du parti, Mao Tsé-toung déclencha une véritable insurrection de la jeunesse sous la forme du mouvement des gardes rouges apparus le 18 août 1966, lors d'une grande manifestation à Pékin. Né à l'université de Pékin, le mouvement des gardes rouges mobilisa rapidement, dans la plupart des provinces, toute la population scolaire. Ce fut un événement unique dans l'histoire mondiale que cette soudaine libération, au nom de la pureté révolutionnaire, de tous les appétits de renouveau, de contestation, d'agressivité et de violence de toute une jeunesse. Les gardes rouges reçurent, au début, une totale liberté d'action et de mouvement, qui ne respecta rien, sinon les organes de la production industrielle. Pendant quelques mois, la Chine parut chavirer sous un ouragan de frénésie juvénile. Mais, à travers excès et désordres, les gardes rouges menaient un effort de renouvellement et de rectification idéologiques. Déversés par trains entiers dans toutes les parties de la Chine, ils provoquaient, par leurs campagnes d'affiches et de journaux muraux, une multitude d'échanges de vues et de discussions pour restaurer et entretenir l'orthodoxie communiste au sein de toutes les couches de la population. Ce faisant, ils répandaient un culte idolâtrique de Mao, qui trouvait son symbole dans le « Petit Livre rouge », recueil de *Citations du président Mao Tsé-toung*.

Il devint urgent de freiner les violences des gardes rouges, et, en févr. 1967, avec l'appui de Chou En-lai, l'armée prit le contrôle de la capitale. À l'automne 1968, avec l'installation des comités révolutionnaires dans toute la Chine, la révolution culturelle toucha à son terme : les maoïstes avaient triomphé de l'appareil du parti. L'élimination officielle de Liou Chaochi (oct. 1968), qui mourut peu après en prison, consacra l'établissement d'un ordre nouveau. Au IXe congrès du parti (avr. 1969), les militaires tinrent une place de premier plan (71 des 176 membres du présidium) et le maréchal Lin Piao fut désigné comme le successeur de Mao Tsé-toung.

L'armée tenait tout le pays par les comités révolutionnaires. Mais une nouvelle lutte de tendances commença aussitôt : alors que Lin Piao essayait de prolonger l'hégémonie de l'armée, promue comme remplaçante provisoire du parti et gardienne de la pureté révolutionnaire, les hommes de gouvernement, avec Chou En-lai, travaillaient à un retour rapide à la légalité socialiste et voulaient reconstituer le parti, afin de rendre au pays la stabilité indispensable à une relance de l'économie. Ce nouveau conflit interne s'alimentait aussi d'oppositions sur la conduite de la politique étrangère ; Lin Piao s'en tenait à une diplomatie tout entière au service de la révolution mondiale, alors que Chou En-lai et la majorité des autres dirigeants, conscients de la menace militaire croissante de l'URSS aux frontières du nord-ouest, envisageaient déjà une normalisation des rapports sino-américains, souhaitée d'ailleurs par Washington. L'invitation lancée par Mao Tsé-toung à Nixon de se rendre à Pékin (déc. 1970) consomma la mise en minorité de Lin Piao et marqua le triomphe des thèses soutenues par Chou En-lai. Hostile à ce rapprochement avec les États-Unis, Lin Piao tenta de fuir vers l'Union soviétique et trouva mystérieusement la mort dans un accident d'avion en Mongolie (sept. 1971).

De nombreuses personnalités de la « vieille garde », éliminées par la révolution culturelle, furent réhabilitées et réinstallées dans d'importantes fonctions ; l'influence des militaires fut progressivement réduite par la reconstitution des organisations du parti (jeunesse, femmes, syndicats) et par la réorganisation du haut commandement, en déc. 1973. Les problèmes posés par la succession prochaine de Mao Tsé-toung et par la maladie du Premier ministre Chou En-lai furent en partie résolus par les décisions du Congrès national du peuple (janv. 1975) : le Congrès supprima la présidence de la République et créa un collège de douze vice-Premiers ministres autour de Chou En-lai, toujours Premier ministre. Parmi eux se détachait Teng Hsiao-ping (Deng Xioping), naguère victime de la révolution culturelle, qui cumulait désormais la vice-présidence du parti et celle du gouvernement. Cependant, après la mort de Chou En-lai (janv. 1976), le ministre de la Sécurité, Hua Kuo-feng (Hua Guofeng), fut nommé chef par intérim du gouvernement chinois, alors qu'une violente campagne de presse et d'affiches se développait contre Teng Hsiao-ping, sans qu'il fût nommément désigné.

La politique étrangère de la Chine jusqu'à sa reconnaissance

Reconnue dès 1950 par l'URSS et les pays du bloc communiste, la Chine populaire signa le pacte sino-soviétique le 14 févr. 1950. L'URSS abandonnait tous ses droits sur les chemins de fer de la Mandchourie et de l'Est chinois et restituait à la Chine les bases de Port-Arthur et de Dairen.

Dès 1950, les Chinois occupèrent le Tibet, qui devint région autonome ; neuf ans plus tard, une rébellion des Tibétains fut écrasée avec rudesse et le dalaï-lama dut se réfugier en Inde (v. **Tibet**). La Chine se trouvait ainsi sur les frontières de l'Inde, ce qui allait provoquer quelques heurts sino-indiens en 1962 et 1965. Un grand effort de colonisation chinoise fut entrepris dans les régions de la périphérie occidentale, au Tibet, au Sin-kiang et en Mongolie-Intérieure. Proposant son expérience en exemple aux pays en voie de développement, la Chine nouvelle voulut apparaître comme un foyer révolutionnaire qui rayonnerait sur le tiers monde, aussi bien dans les jeunes États africains et à Cuba que dans les marches chinoise traditionnelles telles que la Corée (v. **Corée, guerre de**), le Viêt-nam, la Malaisie, l'Indonésie. Chou En-lai joua un rôle important à la conférence de Bandoung (avr. 1955), de même qu'il avait contribué au règlement entre la France et le Viêt-minh, à la conférence de Genève. À partir de 1960, le radicalisme révolutionnaire de la diplomatie chinoise rencontra des échecs, en Indonésie et en Afrique notamment, et, fait plus grave encore, il provoqua un conflit idéologique entre Moscou et Pékin.

Après la mort de Staline (1953), les Chinois manifestèrent une méfiance croissante devant l'atténuation de la guerre froide et les premiers signes de rapprochement entre l'Union soviétique et les États-Unis. Pékin n'accepta pas le réquisitoire lancé par Khrouchtchev contre Staline au XXe congrès du PC soviétique (1956), et, dès 1958, la Chine, se posant en gardienne de l'orthodoxie révolutionnaire, formula ses premières attaques contre le « révisionnisme » des dirigeants soviétiques. En juill. 1960, l'URSS, qui n'avait apporté aucun soutien à la Chine populaire dans son conflit frontalier avec l'Inde, décida de rappeler ses techniciens et experts en mission en Chine, ce qui aggrava considérablement les difficultés internes du régime maoïste alors engagé dans l'expérience des communes populaires. Les Soviétiques supprimèrent également leur aide financière, dénoncèrent contrats et projets de coopération ; les dirigeants chinois furent alors contraints de réviser la priorité donnée jusqu'alors à l'industrie lourde. En 1963, la querelle Pékin-Moscou s'étala au grand jour, et, après l'échec d'une tentative de réconciliation qui suivit, en 1964/65, la chute de Khrouchtchev, le conflit ne cessa plus de s'aggraver sur deux terrains : rivalité entre Chinois et Soviétiques au sein du mouvement communiste mondial ; face-à-face menaçant des deux armées aux confins de la Mandchourie, de la Mongolie et de la Sibérie (incidents de frontière sur l'Oussouri et dans le Sin-kiang, en 1969).

Cette situation, de même qu'elle poussait l'Union soviétique à rechercher une détente en Europe, devait amener les dirigeants chinois à assurer leurs arrières par un règlement général avec les États-Unis, à l'heure même où ceux-ci, instruits par l'expérience vietnamienne, aspiraient à un désengagement en Asie. La visite du président Nixon à Pékin (févr. 1972) montra que Mao Tsé-toung et Chou En-lai considéraient désormais la menace soviétique comme majeure. Dans cet esprit, la Chine s'opposa, comme la France, à tous les accords sur la limitation des armes nucléaires, pour éviter la suprématie des « super-Grands » ; elle poursuivit le développement de sa force de dissuasion nucléaire qui, dès 1972, disposait de fusées d'une portée de 2 500/3 000 km. La Chine populaire, reconnue diplomatiquement par la France dès 1964, fut enfin admise à l'ONU et comme membre permanent du Conseil de sécurité le 25 oct. 1971, ce qui entraîna l'exclusion de la Chine de Taiwan.

La Chine depuis 1976 : démaoïsation et modernisation

La mort de Mao Tsé-toung, le 9 sept. 1976, provoqua de grands changements qui n'apparurent que lentement. Hua Kuo-feng, devenu président du parti (oct.), engagea la lutte contre la tendance dite « de gauche », dont les quatre principaux dirigeants, Chiang Ching (Jiang Qing), veuve de Mao, et les trois théoriciens du « groupe de Shanghai » furent arrêtés sous l'accusation de complot. La veuve de Mao fut condamnée à mort en 1981, puis graciée. Après l'élimination de cette *bande des quatre*, Hua Kuo-feng dut s'effacer devant Teng Hsiao-ping, qui rendit la priorité aux questions économiques en lançant la campagne des quatre modernisations : industrie, agriculture, défense nationale, sciences et techniques.

Pour faire face à ses considérables besoins et moderniser son économie, la Chine décida de s'ouvrir davantage sur l'Occident et de renouer avec le capitalisme afin de profiter des techniques et des capitaux étrangers. Quatre structures furent créées à la fin des années 1970 et au début des années 1980 : sociétés mixtes, zones franches, centres d'exportation et zones économiques spéciales (ZES). Au début de 1979, Teng se rendit même aux États-Unis, où il signa des accords de coopération technique et scientifique.

L'armée chinoise, le 17 févr. 1979, attaqua le Viêt-nam qui avait lui-même envahi le Cambodge, allié de la Chine, et il fallut que Hanoi annonçât, le 5 mars, la mobilisation générale pour que Pékin consentît à retirer ses troupes. En même temps, les effets de la révolution culturelle étaient effacés : 3 millions de cadres du parti communiste furent réhabilités, 470 000 réintégrés. Ce processus de démaoïsation n'évita pas les conflits de personnes, qui se résolurent au profit de l'équipe de Teng Hsiao-ping : deux de ses disciples, Hu Yaobang et Zao Ziyang (Zhao Ziyang) prirent, l'un la tête du parti, l'autre la tête du gouvernement.

Le XIIe congrès du PCC, en sept. 1982, engagea un vaste mouvement de « rectification » pour éliminer du PCC les partisans de la révolution culturelle. La politique d'ouverture fut approuvée par le parti, mais dans le strict respect des « quatre principes fondamentaux » du régime : « la voie socialiste, la dictature du prolétariat, la direction du PCC et le marxisme-léninisme-pensée Mao Tsé-toung ». En déc., une nouvelle constitution fut votée, qui visait à renforcer la légitimité de l'État face au parti, comme en témoigne la création du poste honorifique de président de la République – occupé par Li Xiannian en 1983, Yang Shangkun en 1988 et Jiang Zemin en 1993. Le personnel dirigeant fut rajeuni et ses compétences techniques relevées. Ainsi, en sept. 1985, la moitié des membres du bureau politique et 20 % des membres du Comité central furent mis à la retraite. En réalité, il s'est agi le plus souvent d'une transmission du pouvoir s'exerçant prioritairement de père en fils. La conséquence de ces pratiques fut un exercice du pouvoir non institutionnalisé, assuré par un noyau de gérontocrates ne disposant d'aucune position officielle.

En 1983, la répression de la criminalité fut menée par les conservateurs et provoqua plus de 10 000 exécutions. En réalité, cette campagne dénonçait très souvent les contacts (avec l'Occident capitaliste notamment) et prit l'allure d'une coalition de conservateurs opposés à Teng Hsiao-ping et à son programme de réformes. Après cette violente secousse politique, les réformes s'accélèrent de 1984 à 1986. Mais les conservateurs, menés notamment par Chen Yun et Peng Zhen furent capables de bloquer le camp de la réforme. Durant l'hiver 1986/87, les tensions sociales se multiplièrent et conduisirent à des manifestations étudiantes qui entraînèrent la démission de Hu Yaobang (le 16 janv.), remplacé au poste de secrétaire général du PCC par Zao Ziyang. Celui-ci parvint, lors du XIIIe congrès du PCC (oct. 1987), à sauver le programme de réformes. Mais, en nov. 1987, l'accession du conservateur Li Peng à la tête du gouvernement, donna un coup d'arrêt à l'élan des réformes. Dès lors, la tension entre partisans de la structure communiste du pouvoir et défenseurs de la modernisation politique du régime fut très vive. Ce blocage idéologique aboutit aux événements de mai/juin 1989, où le mécontentement de la population urbaine, qui subissait depuis un an le plan d'austérité économique, trouva un écho dans la colère étudiante. Celle-ci fut déclenchée par la mort, le 15 avril, dans des circonstances controversées, de Hu Yaobang, symbole, pour les étudiants, du mandarin intègre et réformateur. La visite, un mois plus tard, de Mikhaïl Gorbatchev fut perçue par les opposants comme un soutien à leur contestation autant sociale que politique. Après avoir longuement hésité sur la réponse à apporter au mouvement, Teng Hsiao-ping, craignant de mettre en péril le programme de modernisation, décida l'établissement de la loi martiale, proclamée le 24 mai par Li Peng. L'armée intervint dans la nuit du 3 au 4 juin, faisant à Pékin au moins 1 000 morts et des dizaines de milliers de blessés. S'ensuivit dans tout le pays une violente répression marquée par la délation et des exécutions sommaires. Le « printemps de Pékin », en fait étendu à toute la Chine urbaine, avait finalement souffert de son isolement du monde rural, de la faiblesse de son programme et de son manque de références historiques.

Jusqu'à l'automne 1990, la politique chinoise hésita entre les positions conservatrices extrêmes et la recherche d'une juste formule entre communisme et capitalisme. Teng Hsiao-ping décida la relance des réformes et, lors d'un voyage dans le sud de la Chine en janv. 1992, prôna la mise en place d'une « économie socialiste de marché ». L'expression, entérinée lors du XIVe congrès du PCC (oct. 1992), fut inscrite dans le préambule de la Constitution en mars 1993. Dès lors, le pays offrit l'image étonnante d'un « socialisme capitaliste » apportant une croissance aussi exceptionnelle que préoccupante, mais inégalée dans le reste du monde : 13 % entre 1993 et 1994. La Chine devenait une puissance économique de premier plan, en voie de devenir une superpuissance de rang mondial. Politiquement, l'année 1994 fut celle du recentrage des réformes, assuré par une équipe dirigeante composée de Li Peng (Premier ministre), Jiang Zemin (chef du PCC), Qiao Shi (président du Comité permanent de l'Assemblée nationale) et Zhu Rongji (vice-Premier ministre chargé de l'économie). Le décès, en avr. 1995, du chef des conservateurs, Chen Yun, porta un coup décisif à son camp, au moment même où se jouait la succession de Teng Hsiao-ping.

À la veille du XVe congrès du PCC d'oct. 1997, il apparaissait que le système économique de la Chine s'était métamorphosé : le PIB progressait en moyenne de 9 % par an depuis 1979, l'inflation était pratiquement maîtrisée et la production industrielle était assurée aux deux tiers par un secteur privé en plein essor. Cependant, la société restait divisée par de multiples fractures : disparités de niveau de vie entre la façade maritime et l'intérieur du pays (selon la Banque mondiale, près de 100 millions de personnes vivaient en 1996 en dessous du seuil de pauvreté), disparité des revenus entre les villes et les campagnes (de l'ordre de 1 à 3), et une montée du chômage poussant des millions de migrants (« la population flottante ») à chercher un emploi en ville. Enfin, la période de transition politique amorcée par la mort de Teng Hsiao-ping en févr. 1997 laissait les réformes politiques en suspens, alors que le sort des dissidents (Gao Yu, Wei Jingsheng, Wang Dan...) était toujours gravement menacé.

La Chine, une puissance retrouvée

La politique extérieure de la Chine était entrée au début des années 1970 dans une phase nouvelle, sans pour autant s'écarter de la tradition. La présentation par Teng Hsiao-ping à l'ONU (avr. 1974) d'une « théorie des trois mondes » confirma cette attitude de changement dans la continuité. Selon ce schéma, un premier monde, formé de l'URSS et des États-Unis, représentait le camp des oppresseurs. À l'opposé, celui des opprimés, composé des pays socialistes et/ou sous-développés, formait le troisième monde. Le deuxième monde rassemblait le groupe des pays développés, jugés à la fois exploiteurs et exploités. Cette théorisation simpliste constitua en réalité une grille de lecture de la politique extérieure chinoise jusqu'à la fin du maoïsme.

La décennie 1979/1989 vit la liquidation de la révolution culturelle, et fut marquée par le rapprochement diplomatique avec les États-Unis, la détente avec l'URSS, un rôle croissant joué en Asie et une obsession de l'unité nationale.

Une politique de réconciliation fut menée à la fois avec Moscou et Washington. Fondée sur le souci de limiter la puissance de l'URSS en Asie et sur la volonté d'engager des échanges commerciaux, cette nouvelle entente établissait la fin des ventes d'armes américaines à Taiwan (communiqué d'août 1982). D'autre part, l'atténuation des querelles idéologiques avec l'URSS permettait d'instaurer un processus de normalisation que l'invasion par l'URSS de l'Afghanistan ou la guerre sino-vietnamienne ne parvinrent pas à remettre en cause (signature d'accords commerciaux en 1983 et 1984). Le déblocage final s'effectua avec l'arrivée au pouvoir de M. Gorbatchev (mars 1985) ; le départ des troupes soviétiques de Mongolie, d'Afghanistan (févr. 1989), et la diminution des contingents militaires de part et d'autre de la frontière provoquèrent cette normalisation.

En Asie, la Chine entra dans une logique de puissance régionale. Dès 1978, les diplomates chinois et japonais signèrent un traité de paix qui mettait en place une coopération commerciale assurant à Pékin le financement d'une grande part de sa reconstruction économique. Cependant, si les capitaux et la technologie japonaise furent bienvenus en Chine, Pékin fit constamment monter les enchères en jouant sur la dette morale qu'aurait contractée le Japon envers la Chine durant la Seconde Guerre mondiale. Il reste que, depuis le milieu des années 1980, les rapports économiques et diplomatiques les plus réguliers et les plus solides de la Chine en Asie ont été ceux qu'elle a entretenus avec le Japon.

Ce fut avec la péninsule indochinoise que Pékin connut les plus grandes difficultés. Ainsi, en 1979, la Chine, opposée dès 1975 à la réunification du Viêtnam et qui soutenait les Khmers rouges, décida d'user de représailles à l'encontre des Vietnamiens qui venaient d'installer au Cambodge un gouvernement à leur solde. L'échec du projet chinois conduisit à un blocage total des relations sino-vietnamiennes, qui ne furent normalisées qu'en 1991. De même la Chine rétablit ses relations avec ses voisins, notamment l'Inde (1981) et la Mongolie (1986).

En réalité, les rapports de la Chine avec sa périphérie ont été constamment gênés par la question du nationalisme chinois. Celle-ci se posa à trois niveaux : les sites stratégiques aux confins du pays (v. TIBET et SINKIANG), le retour à la Chine de territoires qui en avaient été séparés par l'histoire coloniale, (Hongkong, Macao) ou par la guerre civile (Taiwan), et les litiges territoriaux avec des États voisins, sur les îles Spratly et Paracel, en particulier.

La volonté du régime chinois de reprendre Hongkong et Macao s'inscrivit dans un double projet de reconstituer le domaine impérial et de contrôler les Chinois établis hors de la RPC (les *Huaqiao* ou Chinois d'outre-mer). En vertu d'un accord conclu avec Londres en 1984, le 1er juill. 1997, la Chine récupéra Hongkong (v.), qui devint une région administrative spéciale. Macao, suivant le traité sino-portugais de 1987, subit le même sort en 1999. Pékin continuait par ailleurs à affirmer sa volonté d'établir sa souveraineté sur Taiwan, allant jusqu'à organiser des manœuvres militaires d'intimidation à l'occasion de l'élection présidentielle taiwanaise de mars 1996.

Après la répression des manifestations de 1989, une crise grave mais brève éclata entre la Chine et la communauté internationale. Dès 1992, la diplomatie chinoise menée par Qian Qichen, parvint à briser sa « quarantaine diplomatique » et à établir de nouveaux contacts avec des pays aussi différents que l'Arabie Saoudite, Israël, la Corée du Sud et six pays membres de l'ANSEA (Association des Nations du Sud-Est asiatique). Ainsi, à la fin des années 1990, la Chine, s'appuyant sur l'ANSEA, jouait la carte d'une intégration régionale, afin d'imposer, après les signes d'un désengagement américain dans la région, une position prépondérante.

L'après Teng Hsiao-ping

La mort de Teng Hsiao-ping, le 19 févr. 1997, n'ébranla pas le pouvoir du chef de l'État Jiang Zemin. Le grand mouvement anticriminalité, visant particulièrement les trafiquants de drogue, lancé pour cent jours en avr. 1996, devint permanent, et le rythme des exécutions fut comparable à celui de 1983/84. La réforme des entreprises publiques se ralentit mais, au début de 1997, dix millions d'ouvriers se trouvaient sans travail, sans être officiellement au chômage. Dans les campagnes, de nombreux paysans furent de nouveau payés en reconnaissances de dettes, ce qui provoqua plusieurs révoltes, parfois sanglantes. De plus, se posait le problème du reclassement des cent quarante millions de paysans en surnombre. Malgré l'intransigeance du gouvernement sur les territoires dont il réclamait la restitution (Taiwan, Hongkong, Macao îles de la mer de Chine), l'époque fut à la détente et les relations avec les États-Unis s'améliorèrent en particulier avec la visite du vice-président Al Gore en janv. 1997. Pourtant, les négociations pour l'entrée de la Chine dans l'OMC butèrent sur la question du non-respect des droits économiques. En mars 1998, Zhu Rongji fut confirmé au poste de Premier ministre et Li Peng à celui de président du comité permanent de l'Assemblée. Lors du XVe congrès fut annoncée la transformation des entreprises publiques en sociétés par actions. Zhu Rongji y liait son avenir politique, mais la crise asiatique révéla le mauvais état de l'économie chinoise et, au début de l'année 1998, il montra son inquiétude devant l'ampleur des mauvaises créances des banques. Sur le plan diplomatique, quelques concessions de façade sur la démocratisation du régime permirent aux Américains de cacher les objectifs très économiques du voyage de Bill Clinton, fin juin 1998.

Pendant l'été 1998, le pays subit des inondations qui firent 14 millions de sans-abri. En mars 1999, dans le cadre de la nouvelle politique d'ouverture économique, l'Assemblée adopta une révision de la Constitution qui hissait le secteur privé au rang de « composante importante » et qui faisait de la Chine un État de droit. Le bombardement accidentel par l'OTAN de l'ambassade de Chine à Belgrade, en mai suivant, refroidit considérablement les rapports avec l'Occident. Le retour, sans heurts, de Macao dans le giron chinois en déc. 1999 fut accompagné de menaces et de démonstrations militaires envers Taiwan, qui allait connaître en juin 2000, des échéances électorales importantes. Cependant, le souci du développement économique l'emporta et, dès nov. 1999, un accord sino-américain envisageait l'intégration de la Chine dans l'OMC, après treize ans de négociations. Alors que les tensions avec Taiwan se maintenaient, les relations avec la Corée s'améliorèrent à cause du rôle important que joua Pékin dans le rapprochement entre les deux Corées. En mai 2000, la Chine signa un accord commercial avec l'Union européenne, ce qui constituait un pas de plus vers l'adhésion à l'OMC. En même temps que cette ouverture économique, des campagnes de « rectification idéologique » étaient toujours organisées pour protéger le pays tant du libéralisme « bourgeois » que des dérives religieuses à la suite des arrestations menées contre la secte Falungong en 1999.

CHIOGGIA (guerre de, 1378/81). Nom donné à la troisième guerre qui opposa Venise et Gênes. Alliés au roi de Hongrie et à Francesco de Carrara, seigneur de Padoue, les Génois envoyèrent dans l'Adriatique une flotte importante, commandée par Pietro Doria, et ils s'emparèrent de Chioggia sur la lagune de Venise. Mais les Vénitiens réussirent à y bloquer la flotte génoise dont les marins affamés, durent capituler (24 juin 1380). La guerre se termina l'année suivante par le traité de Turin.

CHIRAC Jacques (Paris, 29.XI.1932). Homme politique français. Député gaulliste de la Corrèze, puis secrétaire d'État à l'Emploi, il négocia avec les syndicats durant la crise de 1968. Après avoir occupé divers postes ministériels, dont celui de l'Agriculture (1972/74), il devint Premier ministre du président Giscard d'Estaing en mai 1974 et s'imposa comme chef du mouvement gaulliste. En désaccord politique avec Giscard, il démissionna en août 1976. Élu maire de Paris, en 1977, à la tête du RPR nouvellement formé, il fut candidat de ce mouvement à la présidentielle de 1981, mais ne put participer au second tour qui vit la victoire du candidat de gauche, F. Mitterrand, sur V. Giscard d'Estaing. Après la victoire de la droite aux législatives de mars 1986, il inaugura la première « cohabitation » entre droite et gauche à la tête de l'État et devint Premier ministre. Candidat à la présidentielle de mai 1988, il fut devancé au second tour par F. Mitterrand. Il fut réélu maire de Paris en 1983 et en 1989.

En mars 1993, après la victoire de la droite aux législatives, il ne souhaita pas renouveler l'expérience de la cohabitation et laissa Édouard Balladur s'installer à Matignon. Abandonné par ses anciens soutiens au profit du Premier ministre, que tous les sondages donnaient déjà vainqueur de l'élection présidentielle, il mena une longue campagne de terrain. Dénonçant la « pensée unique » et le conformisme, il tenta de s'imposer comme le candidat du changement, soucieux de résorber la « fracture sociale » grandissante dans le pays. Au premier tour de l'élection présidentielle d'avr. 1995, avec 20 % des voix, il élimina Édouard Balladur, devenu son rival. Au second tour, il emporta l'élection en battant le candidat socialiste Lionel Jospin avec 52,8 % des suffrages. Il choisit comme Premier ministre Alain Juppé et prit une voie socio-économique moyenne. La politique étrangère montra les premiers changements. En reprenant les essais nucléaires dans le Pacifique il provoqua un vaste mouvement de protestation international mais son attitude de fermeté dans le conflit bosniaque fut saluée par de nombreux pays. En France, sa cote de popularité chuta rapidement, alors qu'en déc. 1995, la France était paralysée par un mouvement de grèves dans le secteur public. Il supprima le service national et affirma la présence de la France par la diplomatie, tant en Asie qu'au Proche-Orient. En dépit des sondages favorables à la majorité, Jacques Chirac décida, en avr. 1997, de dissoudre l'Assemblée nationale qui lui était pourtant acquise. Contre toute attente, les électeurs élirent une majorité de gauche qui limita sa liberté d'action pendant cinq années de cohabitation avec le Premier ministre Lionel Jospin. En juin 2000, Jacques Chirac se rallia au projet de révision de la Constitution visant à réduire la durée du mandat présidentiel à cinq ans. Le quinquennat fut approuvé par référendum, le 24 sept. 2000, à plus de 70 % des suffrages, malgré un niveau d'abstention sans précédent. J. Chirac fut réélu président en avr. 2002.

CHOISEUL Étienne François, duc de (* en Lorraine, 28.VI.1719, † Paris, 8.V.1785). Homme politique français. Fils de François Joseph de Choiseul-Stainville, chambellan du duc de Lorraine, il fut secrétaire d'État aux Affaires étrangères (1758/61), à la Guerre (1761/70) et à la Marine (1761/66) ; il renforça l'alliance autrichienne, œuvra au pacte de Famille (v.)

(1761), réorganisa profondément l'armée et la marine et acheta la Corse aux Génois (1768). Gallican convaincu, ami des Encyclopédistes, il fit expulser les jésuites (1764). Attaqué par le parti dévot et accusé de ruiner les finances par sa politique d'armement, Choiseul fut disgracié en déc. 1770.

CHOLA. Dynastie tamoule du sud de l'Inde, qui eut pour berceau la vallée de la Cauvery (région de Tiruchirapalli et de Thanjavur = Tanjore), dans l'actuel État de Tamil Nadu. Elle ne joua un rôle important qu'à partir du IXᵉ s. Sous les règnes de Vijayalaya (vers 850/70) et d'Aditya Iᵉʳ (870/vers 906), les Chola vainquirent les Pallava et les Pandya. Rajaraja Iᵉʳ (985/1014) s'assura l'hégémonie sur le Deccan, annexa les îles Laquedives et Maldives et entreprit la conquête de Ceylan, que devait achever son fils, Rajendracola Déva Iᵉʳ. Ce dernier envahit le Bengale et atteignit le Gange. Dans la seconde moitié du XIᵉ s., les Chola entrèrent en lutte contre les Chaloukya. La dynastie déclina au XIIᵉ s. et disparut en 1279.

CHOLTITZ Dietrich von (* château de Wiese, Silésie, 9.IX.1894, † Baden-Baden, 4/5.XI.1966). Général allemand commandant du Grand-Paris en août 1944. Il signa la reddition des troupes allemandes le 25 août devant le général Leclerc. L'ordre de détruire Paris donné par Hitler et qu'il aurait refusé d'exécuter a-t-il été inventé par Choltitz lui-même ?

CHOSROÈS Iᵉʳ le Grand, Khosrô, surnommé également **Anouchirvan,** *À l'âme immortelle.* Roi sassanide de Perse (531/579). Fils et successeur de Kavadh Iᵉʳ, il imposa son autorité en faisant assassiner ses frères et leur descendance mâle. Célébré comme un souverain bon et juste, il acheva de détruire l'hérésie mazdakite (qui voulait réformer le manichéisme), restitua à leurs anciens propriétaires les biens pillés, les femmes enlevées et allégea les impôts. Il se montra tolérant envers les chrétiens. Bien qu'il eût signé avec Justinien une paix perpétuelle (533), il mena, sans résultats notables, une longue guerre contre les Byzantins (540/62). Sur les frontières orientales, il détruisit le royaume hephthalite (554) et annexa la Bactriane, mais se trouva ainsi aux prises avec les Turcs, qui allaient se révéler des adversaires dangereux pour l'Empire sassanide. En Arabie, il répondit à l'appel des Yéménites et les aida à chasser les Éthiopiens de leur pays. La guerre ayant repris avec Byzance, Chosroès remporta des victoires en Mésopotamie, en Syrie et en Cappadoce, mais mourut avant d'avoir pu conclure les négociations de paix. Chosroès réorganisa l'administration en divisant son empire en quatre grandes satrapies ; il régularisa l'impôt foncier et stimula l'agriculture en aménageant des systèmes d'irrigation.

CHOSROÈS II Parviz, c'est-à-dire *le Victorieux.* Roi sassanide de Perse (590/628). Voir **IRAN.** L'empire des Sassanides.

CHOUANNERIE. Insurrection paysanne antirévolutionnaire de l'Ouest de la France, qui doit son nom au sobriquet de son chef, Jean Chouan. Elle se déclencha au printemps 1793 dans le Maine et gagna l'Anjou, la Bretagne, la Basse-Normandie et une partie de la Touraine. Parallèle à l'insurrection de la Vendée, elle en resta toujours distincte et pratiqua une guerre de partisans. Voir **VENDÉE (guerres de).**

CHOUCHKEVITCH Stanislavovitch (Minsk, 15.XII.1934). Homme politique biélorusse. Il rallia, en 1991, le groupe des « Communistes pour la démocratie ». Élu à la présidence du Parlement, il devint chef de l'État lors de la proclamation de l'indépendance de la Biélorussie (août 1991). Partisan de la CEI, il fut réticent à l'égard des projets d'intégration monétaire et militaire avancés par Moscou. Cette attitude, ainsi que l'échec de sa politique économique, provoquèrent sa destitution par le Parlement en janv. 1994.

CHOU EN-LAI, Zhou Enlai en pinyin (* Shoa-Xing, Tchekiang, 1898, † Pékin, 8.I.1976). Homme politique chinois. Membre du bureau politique du parti communiste dès 1927, il y développa des conceptions stratégiques très différentes de celles de Mao Tsé-toung, privilégiant l'action du prolétariat ouvrier. Cependant, il se rallia à Mao quand celui-ci prit la tête du parti en janv. 1935 et imposa sa stratégie de préparer la Révolution par la mobilisation des masses paysannes. Premier ministre et ministre des Affaires étrangères après la victoire communiste en 1949, il abandonna la responsabilité officielle de la politique extérieure, en 1958, à son protégé Chen Yi. Épargné par la révolution culturelle, il fut un pragmatique plus qu'un idéologue et favorisa le retour de Teng Hsiao-ping au premier plan. Son fils adoptif, Li Peng, est Premier ministre depuis 1987.

CHOU-TEH, *Zhu De* en pinyin (* Niloung, Sseutch'ouan, 18.XII.1886, † Pékin, 6.VII.1976). Maréchal et homme politique chinois. Rallié à Sun Yat-sen en 1922, il rejoignit Mao Tsé-toung en 1928 et, mettant au service de celui-ci une formation militaire achevée en Europe, il devint commandant en chef de l'armée populaire. Il fut vice-président de la République de 1954 à 1959. .

CHRÉTIEN Jean (Shawinigan, Québec, 11.I.1934). Homme politique canadien. Élu député en 1963, il occupa plusieurs postes ministériels (notamment les Finances et les Affaires étrangères) dans les gouvernements de Pierre Elliott Trudeau, dont il fut un des plus fidèles collaborateurs. Porté à la tête du parti libéral en 1990, il devint Premier ministre du Canada en nov. 1993, mettant ainsi fin à neuf années de gouvernement conservateur, et fut reconduit à la suite des législatives qu'il provoqua en juin 1997. Il remporta une troisième victoire lors des élections générales de nov. 2000.

CHRISTIAN Ier (* 21.V.1426, † Copenhague, 21.V. 1481). Roi de Danemark (1448/81), de Norvège (1450/81) et de Suède (1457/71). Voir **Danemark**.

CHRISTIAN II (* Nyborg, 1er.VII.1481, † Kalundborg, 25.I.1559). Roi de Danemark et de Norvège (1513/23), et de Suède (1520/23). Voir **Danemark**.

CHRISTIAN III (* Gottorp, 12.VIII.1503, † Koldinghus, 1er.I.1559). Roi de Danemark et de Norvège (1534/59). Voir **Danemark**.

CHRISTIAN IV (* Frederiksborg, 12.IV.1577, † Copenhague, 28.II.1648). Roi de Danemark et de Norvège (1588/1648). Voir **Danemark**.

CHRISTIAN VII (* Copenhague, 29.I.1749, † Rendsburg, 13.III.1808). Roi de Danemark et de Norvège (1766/1808). Voir **Danemark**.

CHRISTIAN VIII (* Copenhague, 18.IX.1786, † Copenhague, 20.I.1848). Roi de Danemark (1839/48). Neveu de Christian VII, il essaya vainement, en 1814, de s'opposer à la décision des Alliés qui enlevait la Norvège au Danemark pour être réuni à la Suède. Appelé au trône à la mort de son cousin Frédéric VI (1839), il gouverna d'une manière absolue au Danemark, mais accorda une Constitution à l'Islande et s'efforça de raffermir les liens du Danemark avec le Schleswig-Holstein. Il eut pour successeur Frédéric VII.

CHRISTIAN IX (* Gottorp, 8.IV.1818, † Copenhague, 29.I.1906). Roi de Danemark (1863/1906). De la branche collatérale de Glücksburg, il fut désigné en 1852 par la conférence de Londres comme successeur de Frédéric VII, mort sans enfants. Sous son règne, le Danemark perdit le Schleswig-Holstein, au cours de la guerre des Duchés (v.) (1864). Très conservateur, Christian IX, aidé de son ministre Estrup, s'efforça longtemps de tenir la gauche éloignée du pouvoir ; il ne céda qu'en 1901 devant la majorité parlementaire. À la fin de sa vie, Christian IX put être surnommé « le Beau-père de l'Europe » : il avait en effet marié son fils aîné à la fille de Charles XV de Suède, une de ses filles à Édouard VII d'Angleterre, une autre à Alexandre III de Russie, tandis qu'un autre de ses fils était devenu roi de Grèce en 1863. Il eut pour successeur Frédéric VIII.

CHRISTIAN X (* Charlottenlund, 26.IX.1870, † Amalienborg, 20.IV.1947). Roi de Danemark (1912/47). Fils et successeur de Frédéric VIII, son règne fut marqué par l'adoption de la Constitution instituant un véritable régime parlementaire et accordant le droit de vote aux femmes (1915). En 1920, le Schleswig septentrional fit retour au Danemark. Du 9 avr. 1940 à mai 1945, le pays fut occupé par l'armée allemande. En 1944, l'Islande était devenue indépendante.

CHRISTIANISME. Voir **Église catholique**, **Église orthodoxe**, **Églises orientales**, **Protestantisme**, **Anglicanisme** et **Méthodisme**.

CHRISTIANISME (origines du). L'Église primitive groupée autour des Apôtres se recruta d'abord parmi les Juifs mais se heurta à la résistance de la plupart d'entre eux, qui ne pouvaient admettre que la religion d'Israël dût se transformer en une religion de salut universel. Paul fut le premier à porter résolument la foi nouvelle aux gentils (les « non-Juifs »), durant ses trois grands voyages missionnaires à travers l'Asie Mineure et l'Europe (44/58).

La rupture avec le particularisme juif fut consacrée à l'assemblée de Jérusalem (48), et la destruction du temple de Jérusalem par les Romains (70) permit au christianisme de s'émanciper complètement de ses origines, tout en conservant les traditions de l'Ancien Testament, considérées comme préparant la venue de Jésus-Christ rédempteur de tous les hommes. La religion nouvelle se fonda sur un nouveau corpus de textes finalement formé par les quatre *Évangiles*, les *Actes des Apôtres* et les *Épîtres*, dont celles de Paul furent les plus nombreuses et les plus importantes. Cet ensemble qui est pour les chrétiens le Nouveau Testament ne fut pas fixé définitivement avant le cours du IIe s. apr. J.-C. Mais l'Église, libérée du particularisme d'Israël, se heurta à l'hostilité du monde païen. À la suite de l'incendie de Rome (64), Néron fit supplicier de nombreux chrétiens, parmi lesquels la tradition fait figurer Paul et Pierre ; le martyre de ces deux apôtres devait fonder la revendication de la prééminence de Rome sur le monde chrétien.

Les persécutions ne furent longtemps ni générales ni continues. Les autorités impériales ont longuement hésité sur la position à prendre ; en 112, l'empereur Trajan, sollicité par Pline, gouverneur de Bithynie, répondit que les chrétiens qui se reconnaissaient comme tels devaient être punis ; mais il n'ordonna pas de les poursuivre et ne se référa à aucune loi ou cas de jurisprudence qui pourrait guider les fonctionnaires impériaux. Il est certain que la plus grande partie de la population était hostile aux chrétiens, accusés de crimes imaginaires. Dans un monde tolérant à l'égard de toutes les croyances, pourvu qu'il n'y eût aucune atteinte à l'ordre public, les chrétiens se singularisaient par leur refus de tout rapprochement entre leur Dieu et les dieux païens. Cet exclusivisme inhabituel se traduisait par leur absence de participation aux cultes de la cité, et notamment au culte impérial. Leur attitude était une offense à l'ordre public et un danger pour la cohésion morale de la société romaine. Cette méfiance, voire la haine qu'on leur portait, a obligé les autorités romaines à sévir pour satisfaire une sorte de demande populaire du maintien de l'ordre dans la cité. Même s'il a pu se produire des situations tragiques par l'excès de cruauté et le nombre élevé de victimes (ce fut le cas, par exemple, pour les 48 martyrs de Lyon, exécutés en 177 dans des conditions affreuses), il a fallu attendre le IIIe s. apr. J.-C. pour que commencent des persécutions systématiques. Ainsi celles qu'ordonnèrent les empereurs Dèce (249/51) et Valérien (253/60) et, plus largement encore, celle qui fut exercée dans tout l'Empire par les empereurs Dioclétien et Maximien après la publication des édits de 303 et 304. Sporadiquement, inégalement selon les provinces, cette dernière vague de persécutions dura une quinzaine d'années ; mais nos sources semblent indiquer que la haine populaire contre les chrétiens s'était largement dissipée depuis deux siècles et que les autorités cédèrent à une sorte de lassitude devant l'inefficacité de cette répression.

Pendant toutes ces années, l'Église s'organisa. Le culte fut pratiqué d'abord chez des particuliers, ou dans des lieux tels que les catacombes, utilisées comme cimetières où l'on ensevelissait les corps des martyrs, et nullement comme des refuges qu'auraient ignorés la police et la population païenne. Toute communauté chrétienne était dirigée par le groupe des presbytres (les « anciens ») et par des diacres. Peu à peu, chaque cité se trouva sous la responsabilité d'un *episcopos* (« surveillant »), ou évêque. Il nous est difficile d'apprécier les progrès et les modalités des conversions au christianisme. Elles se sont réalisées dans tous les milieux sociaux, des simples esclaves aux grands dignitaires et plutôt en milieu urbain ou péri-urbain. La résistance (ou la passivité) des milieux ruraux se révèle dans l'emploi du mot païen pour désigner ceux qui s'en tenaient aux dieux et aux cultes traditionnels : il vient du latin *paganus* qui signifie « paysan ».

L'empereur Constantin (306/37) ouvrit une nouvelle ère dans l'histoire du christianisme : par l'« édit de Milan » (début 313), il accordait « à chacun d'adorer à sa manière la divinité qui se trouve dans le ciel ». Cela revenait à accorder à tous, chrétiens compris, une totale liberté de croyance et de culte ; mais la faveur accordée aux chrétiens apparaissait dans le fait que l'État leur restituait les biens qui leur avaient été confisqués. Bien qu'il ne se soit fait baptiser lui-même qu'à la veille de sa mort, Constantin travaillait ainsi à préparer l'unité religieuse de l'Empire par le christianisme ; il garda le titre de *pontifex maximus*, mais s'abstint de plus en plus de paraître aux cérémonies du culte païen et orienta le droit pénal et le droit civil pour satisfaire aux exigences morales des chrétiens (suppression du supplice de la croix ; protection de la famille, des enfants, des esclaves ; lois renforcées contre l'adultère). La construction de nombreuses basiliques chrétiennes réservées au culte, la mise au jour du Saint-Sépulcre par l'impératrice Hélène, mère de l'empereur, la fondation d une nouvelle capitale, Constantinople (330), consacrée au Dieu des martyrs, furent autant de signes de la bienveillance que le pouvoir témoignait au christianisme. Plus encore, Constantin voulut être un véritable « évêque du dehors » : c'est ainsi qu'il intervint personnellement dans les polémiques doctrinales ouvertes par l'arianisme : cette hérésie, qui niait la divinité de Jésus-Christ, fut condamnée au concile de Nicée (325), premier concile œcuménique convoqué par l'empereur lui-même, où fut adoptée une formule résumant la doctrine chrétienne, le symbole de Nicée. Constantin donnait en cette occasion l'exemple d'une intrusion du pouvoir impérial dans les affaires purement religieuses. La liberté accordée à l'Église se transformait en une tutelle de moins en moins tolérable lorsque les successeurs de Constantin, Constant et Valens, se firent les protecteurs de l'hérésie ; il fallut attendre l'empereur Théodose pour voir porter le coup décisif à l'arianisme, après plus d'un demi-siècle de controverses passionnées, au concile de Constantinople (381).

Pendant longtemps encore, l'Église devait être troublée par des conflits doctrinaux que s'efforcèrent de résoudre des conciles, à Éphèse (431) et à Chalcédoine (451) par exemple. L'Église approfondit ainsi sa doctrine et constitua peu à peu son dogme. Les IVe et Ve s. furent l'âge d'or des Pères de l'Église en Occident comme en Orient : Athanase († 373), Hilaire de Poitiers († 367), Ambroise († 397), Jérôme († 419), Augustin († 430), le groupe des Pères cappadociens (Basile, † 379, son frère Grégoire de Nysse, † 394, et son ami Grégoire de Nazianze, † 390), le grand orateur Jean Chrysostome († 407)... Après une éphémère tentative de restauration du paganisme sous le règne de Julien l'Apostat (361/63), l'Empire devint définitivement chrétien sous le règne de Théodose Ier (379/95), qui, par ses lois de 381/92, interdit les cultes païens, ferma les temples et fit du christianisme la religion officielle de l'État. L'humiliation de l'empereur devant Ambroise, évêque de Milan, après le massacre des habitants de Thessalonique (390), confirma que l'empereur était désormais dans l'Église, et non plus au-dessus d'elle.

Mais l'Église, soudain grossie par un afflux de conversions souvent opportunistes, n'offrait plus la même ferveur ni la même pureté que l'Église de l'âge des persécutions : le recours des âmes fortes, avides de perfection, devint alors l'érémitisme, dont st Antoine (le Grand) († 356) fut le précurseur. Les solitudes d'Égypte, de Palestine, de Syrie se peuplèrent de milliers d'ascètes, imitateurs de ce dernier. À la vie anachorétique succéda la vie cénobitique ou monastique, en communautés placées sous l'autorité d'un abbé, dont les premiers organisateurs furent Pakhôme († vers 348) et Basile. De l'Orient, le monachisme fut bientôt implanté en Occident par Jérôme, Augustin et Martin de Tours ; ce dernier fonda à Ligugé le premier monastère de Gaule (360).

CHRISTINE (* Stockholm, 8.XII.1626, † Rome, 19. IV.1689). Reine de Suède (1632/54). Dernière princesse de la maison de Vasa, elle était la fille de Gustave-

Adolphe et de Marie de Brandebourg. Elle n'avait que six ans lorsqu'elle succéda à son père. Durant sa minorité, le gouvernement fut exercé par un conseil de régence dont le chef était le grand chancelier Oxenstierna. Quand elle prit la direction des affaires en 1644 comme « roi » de Suède, ses manières très libres, son goût du luxe et des fêtes choquèrent l'opinion publique. Elle fit de la Suède la principale puissance du nord de l'Europe, aux traités de Westphalie (1648), mais lassée de l'incompréhension de son peuple, elle abdiqua, en 1654, en faveur de son cousin Charles X Gustave et quitta son pays. Convertie au catholicisme, elle parcourut l'Europe, et créa à Rome, où elle se fixa, une académie protégeant peintres, littérateurs et musiciens.

CHRISTOPHE Henri (* île de la Grenade, 6.X.1767, † 8.X.1820). Roi d'Haïti (1811/20). Esclave noir, il participa à la révolte de 1790, fut nommé général de brigade par Toussaint Louverture et défendit en 1802 Cap-Haïti contre l'expédition française du général Leclerc ; de concert avec Pétion, il fit assassiner Dessalines et fut proclamé président d'Haïti en 1807. En 1811, malgré l'opposition de Pétion, il se fit proclamer roi et gouverna avec fermeté. Copiant les mœurs européennes, il créa une noblesse, des institutions féodales et un « code Henri », à l'imitation du code Napoléon. Mais en 1820, une insurrection éclata parmi ses sujets, et, se voyant abandonné de tous, il se donna la mort.

CHUN DOO-HWAN (Hapchon, 23.I.1931). Homme politique sud-coréen, président de la République de 1980 à 1987. En déc. 1995, il fut condamné à la peine de mort pour sa participation au coup d'État de 1979, son implication dans le massacre de Kwangju et pour corruption. Fin 1996, la sanction fut commuée en peine d'emprisonnement à vie. Il fut amnistié et finalement libéré en déc. 1997.

CHURCHILL sir Winston Leonard Spencer (* Blenheim Palace, Woodstock, 30.XI.1874, † Londres, 24.I.1965). Homme politique anglais. Descendant d'une des plus illustres lignées anglaises, les Marlborough, et fils d'un dirigeant du parti conservateur, Winston Churchill servit comme officier de cavalerie en Inde et au Soudan. Entre ses périodes de service, il fut correspondant de guerre à Cuba, puis en Afrique du Sud pendant la guerre des Boers.

Élu député conservateur en 1900, il se distingua par ses positions non conformistes et, passé au parti libéral, il occupa des postes ministériels de plus en plus importants. En oct. 1911, il devint premier lord de l'Amirauté. L'échec de l'expédition des Dardanelles, dont il avait soutenu le projet, l'amena à quitter le gouvernement en nov. 1915. Réélu aux Communes, il fit partie du gouvernement de coalition de Lloyd George, où il préconisa une ligne dure contre le bolchevisme, mais ses désaccords avec les libéraux lui firent quitter le gouvernement en 1922.

Réélu en 1924, cette fois comme député conservateur, il devint le chancelier de l'Échiquier du cabinet Stanley Badwin (1924/29) et décida le retour de la livre à l'étalon-or, mesure désastreuse pour l'économie britannique, qui contribua à déclencher la crise sociale de 1926. La défaite des conservateurs en 1929 l'écarta du pouvoir, et il se consacra à l'écriture.

Longtemps bienveillant à l'égard de Mussolini, il prit rapidement conscience de la menace que représentait Hitler pour la Grande-Bretagne et préconisa, en revanche, la fermeté face au nazisme. En 1938, dès l'ouverture de la crise tchèque, il plaida en vain pour une action commune de la Grande-Bretagne, de la France et de l'URSS, et il condamna les accords de Munich. Cette position, approuvée d'abord par quelques députés conservateurs et une minorité de l'opinion, rallia de plus en plus de soutien, et N. Chamberlain dut nommer Churchill premier lord de l'Amirauté au lendemain de la déclaration de guerre. Le 10 mai 1940, Chamberlain, dont la politique d'apaisement était un échec patent, s'effaça et Churchill prit la tête d'un gouvernement de coalition décidé à mener la guerre jusqu'à la victoire. Après le désastre français de juin 1940, il se soucia avant tout d'éviter que la flotte française ne tombât aux mains des Allemands ; d'où son projet d'union politique franco-britannique, puis la décision d'attaquer les navires français à Mers el-Kébir. Durant la bataille d'Angleterre et le blitz, il galvanisa la résistance de la Grande-Bretagne, seule contre l'Axe. Secondé par A. Eden, il réussit à nouer des relations de plus en plus cordiales avec le président Roosevelt et, à la différence de ce dernier, il sut reconnaître le rôle du général de Gaulle. Tout en acceptant pleinement l'alliance avec l'URSS, à partir de l'été 1941, il chercha, sans grand succès, à limiter les avancées soviétiques en Europe méditerranéenne et orientale.

Il ne participa qu'aux premières négociations de Potsdam, car les élections de juill. 1945 le renvoyèrent dans l'opposition. Redevenu Premier ministre en oct. 1951, il céda le pouvoir à Anthony Eden (avr. 1955), et consacra les dernières années de sa vie à la peinture et à la littérature. Son œuvre littéraire lui valut le prix Nobel en 1953.

CHYPRE. Île de la Méditerranée orientale ; capitale *Nicosie*. Habitée au moins dès la fin du VIIIe millénaire (site de Kalavassos-Tenta), Chypre se développa à partir du VIe millénaire (établissement de Khirokitia en particulier) et vit apparaître la céramique à la fin de ce même millénaire (site néolithique de Troulli). Les habitants vivaient alors dans de gros villages de maisons rondes à toit plat dont les bases étaient construites en pierres sèches et les murs enduits. Au cours des millénaires suivants, cette civilisation se développa ; elle ignorait encore le métal, mais innovait dans le domaine de la céramique et de la petite sculpture (idoles cruciformes).

L'exploitation du cuivre commença à Ambélikou, vers – 2300/ – 2000, et Chypre allait jouer un rôle très actif dans les relations commerciales de l'âge du bronze, au IIe millénaire av. J.-C., avec la Crète, le monde mycénien, l'Anatolie et la Syrie. Atteinte par les invasions des « Peuples de la Mer », elle fut partiellement colonisée par des Achéens aux XIIe/XIe s. et les Phéniciens y créèrent quelques comptoirs. Elle reprit son essor commercial vers le IXe s. et fut en relation avec la Grèce, Rhodes, la Phénicie et l'Égypte.

Soumise aux Assyriens (vers 709/669 av. J.-C.), puis à l'Égypte (vers 560/525), Chypre dut entrer ensuite dans l'Empire perse ; en 480 av. J.-C., elle fournit un contingent important de vaisseaux à la flotte de Xerxès qui combattit à Salamine, mais les rois achéménides lui laissèrent toujours une grande autonomie. À la fin du Ve s. avant notre ère, ses villes grecques (Salamine, Paphos, Soli) et phéniciennes (Kition, Amathous, Lapéthos) connaissaient une grande prospérité, mais Grecs et Phéniciens restaient rivaux, et s'alliaient indifféremment, selon les circonstances, les uns aux Athéniens, les autres aux Perses, dans les grands conflits qui agitèrent la Méditerranée orientale aux Ve et IVe s. Le roi Évagoras (410/374) se révolta contre la Perse avec l'aide de l'Athénien Conon, mais il finit assassiné. Englobée en 332 dans l'empire d'Alexandre, Chypre fut disputée, à l'époque hellénistique, entre les Antigonides et les Ptolémées, jusqu'au moment où Caton le Jeune s'en empara et en fit une province romaine (58 av. J.-C.).

Après le partage de l'Empire romain (391), Chypre appartint à l'Empire byzantin jusqu'en 1191. À cette époque, son gouverneur, Isaac Comnène, était pratiquement indépendant de l'administration de Constantinople. Richard Cœur de Lion la conquit et la donna à un seigneur français, ancien roi de Jérusalem, Guy de Lusignan, qui fonda le royaume de Chypre (1192) ; ses descendants possédèrent l'île pendant plusieurs siècles. Catherine Cornaro, Vénitienne, veuve de Jacques III et héritière des Lusignan, vendit Chypre à Venise en 1489, mais les Turcs s'en emparèrent en 1570. Sous la domination turque, l'île végéta. Par un accord du 4 juin 1878, Chypre fut placée sous l'administration britannique ; elle reçut le statut de colonie de la Couronne en 1925.

Dans les années 1930, un mouvement se développa dans la population grecque en faveur de l'*énosis*, c'est-à-dire du rattachement de l'île à la Grèce. Archevêque grec orthodoxe à partir de 1950, Mgr Makarios III prit la tête de cette lutte, et le colonel grec Grivas, chef de l'EOKA (Organisation nationale de combat chypriote), déclencha la guérilla contre les forces britanniques. L'accord du 19 févr. 1959 accorda à l'île une indépendance qui fut garantie conjointement par l'Angleterre, la Grèce et la Turquie.

Devenu président le 16 août 1960, Makarios III ne put empêcher les affrontements armés entre Grecs et Turcs ; en 1964, à la suite d'un bombardement de l'aviation turque, l'ONU dut intervenir et des Casques bleus furent désormais stationnés dans l'île pour prévenir les heurts entre les deux communautés.

La majorité des Chypriotes grecs restait fidèle à l'idée de l'*énosis*, mais Makarios, tout en partageant leurs sentiments, écartait cette solution parce qu'elle ne pouvait qu'aboutir à un partage de l'île. L'orientation prosoviétique de la politique étrangère de Makarios troublait ses relations avec le gouvernement des colonels grecs. Revenu clandestinement à Chypre en 1971, Grivas déclenchait une campagne d'attentats terroristes en faveur du rattachement à la Grèce. Le 15 juill. 1974, la Garde nationale, encouragée par le gouvernement des colonels grecs, fit un coup d'État qui obligea Makarios à prendre la fuite, mais qui provoqua une riposte immédiate de la Turquie. Elle débarqua des troupes dans l'île (20 juill. 1974) et, en moins d'un mois, s'assura le contrôle de toute la partie nord (40 % de l'île), où demeurèrent 150 000 Chypriotes turcs, tandis que 200 000 Chypriotes grecs durent chercher refuge dans la partie sud de l'île.

La partie nord, déclarée autonome, en 1974, au sein de l'État turc, fut proclamée indépendante en 1983 sous le nom de *Kibris*. Mais l'ONU ne la reconnut pas et maintint les Casques bleus sur la ligne de démarcation. Au sud, Spyros Kyprianou succéda à Makarios, décédé le 3 août 1977, et reprit les négociations pour rétablir l'unité de l'île. Dès son accession au pouvoir, le nouveau président Georges Vassiliou, élu en 1988 avec les voix communistes, rencontra lui aussi Rauf Denktash, le dirigeant du Nord. Tandis que le Nord s'enfonçait dans un marasme grandissant, malgré l'annexion de la plus grande partie des richesses de l'île et une forte colonisation turque, le Sud connaissait un remarquable essor économique, en partie grâce au report des activités financières de Beyrouth, détruit par la guerre civile libanaise.

En 1995, l'ONU a proposé au président chypriote grec, Glafkos Cleridès, victorieux aux élections de févr. 1993 et réélu en 1998, ainsi qu'à celui de la « République turque de Chypre Nord », Rauf Denktash, diverses mesures susceptibles de ramener la confiance. Mais les deux parties, installées dans le *statu quo*, ont éludé. Les forces d'interposition de l'ONU ont été maintenues sur une zone tampon équivalant à 3 % du territoire. En 1997, Chypre fut retenue comme candidat potentiel à l'Union européenne. Le rejet par les Chypriotes grecs de tout processus de réunification, par le référendum d'avr. 2004, a eu pour effet l'entrée de la seule partie grecque de l'île dans l'Union européenne le 1er mai 2004.

CIA. Sigle de **Central Intelligence Agency**, Agence centrale de renseignements. Service de renseignements des États-Unis, créé en 1947. Fixé par le *National Security Act* de 1947, le but essentiel de la CIA était de coordonner les activités de renseignements des divers services ministériels et de conseiller le président des États-Unis dans tous les domaines concernant la sécurité nationale. Organe de l'exécutif, la CIA est immédiatement placée sous la direction du Conseil national de sécurité (*National Security Council*), qui comprend le président des États-Unis, le vice-président, le secrétaire d'État et le secrétaire à la Défense. L'Acte de 1947 a précisé que la CIA n'exercerait aucune activité policière ou judiciaire à l'intérieur des États-Unis.

Sous la direction d'Allen W. Dulles, qui avait dirigé les services de renseignements américains en Suisse durant la Seconde Guerre mondiale, la CIA prit un grand développement entre 1953 et 1961. Ses activités, tournées, en principe, uniquement vers l'étranger (au contraire du FBI, qui a une mission de sécurité interne), prirent des formes multiples : recherche de renseignements militaires, espionnage et contre-espionnage, par tous les moyens, classiques ou modernes (photographies par satellites ou avions espions) ; recherche de renseignements politiques ou économiques, afin de permettre à la politique américaine de prévoir l'évolution des problèmes locaux dans le monde entier ; enfin, tâches de « maintien de la paix », c'est-à-dire, en fait, de soutien de la politique étrangère américaine pour contrer le communisme dans le monde entier. Ce dernier aspect de la mission de la CIA a suscité de vives critiques, la CIA n'ayant pas hésité à intervenir dans la politique intérieure d'États indépendants.

CIAMPI Carlo Azeglio (Livourne, 9.XII.1920). Homme politique italien. Après une carrière de quarante-sept ans à la Banque d'Italie, dont quatorze comme gouverneur (1946/93), Ciampi forma le premier gouvernement dit « de techniciens », en avr. 1993, quand l'opération « Mains propres » décapitait la classe politique italienne. Ministre du Trésor, du Bilan et de la Programmation au sein du gouvernement dirigé par Romano Prodi (1996/98), il fit entrer l'Italie dans la zone euro (v.). Il sut rassembler les voix de gauche et de centre droit qui permirent son élection à la présidence de la République le 13 mai 1999.

CIANO Galeazzo, comte de Cortellazzo (* Livourne, 18.III.1903, † Vérone, 11.I.1944). Homme politique italien. Gendre de Mussolini et ministre des Affaires étrangères (1936/43), il désavoua le dictateur et vota sa destitution en 1943. Réfugié en Allemagne, il fut livré aux fascistes italiens (oct. 1943), condamné à mort et exécuté. Voir ITALIE.

CICÉRON, Marcus Tullius Cicero (* Arpinum, Latium, 106, † Caieta, Latium, 7.XII.43 av. J.-C.). Orateur et homme politique romain. Avocat, il s'exila pour échapper au ressentiment de Sylla, dont il avait fait débouter un partisan, et ne rentra à Rome qu'à la mort du dictateur (77 av. J.-C.) pour entamer une carrière sénatoriale ; en 76, il fut questeur en Sicile. Les Siciliens firent appel à lui un an plus tard contre un propréteur pillard, Verrès, qu'il contraignit à l'exil. Partisan de Pompée, il étouffa, en tant que consul, la conjuration de Catilina (63). Mais hostile au premier triumvirat de Pompée, César et Crassus, il s'exila de nouveau en 58, fut rappelé en 57 et se rapprocha de César, auquel il se rallia après Pharsale (48). Après la mort de César, il attaqua violemment Antoine dans ses célèbres *Philippiques*, et tenta de lui opposer le jeune Octave, dont il espérait se servir pour rétablir l'ancien régime. Mais Octave, ayant formé avec Antoine et Lépide le second triumvirat, le sacrifia à la vindicte d'Antoine. Cicéron fut proscrit, puis assassiné.

On ne peut limiter le rôle de Cicéron au Ier s. av. J.-C. à une carrière politique finalement vouée à l'échec. Orateur aux dons éclatants, grand écrivain et philosophe, son œuvre témoigne de la grandeur intellectuelle du monde romain à la fin du régime républicain.

CICR. Organisme qui coordonne l'action des sociétés nationales de la Croix-Rouge établies, dans les États. Voir COMITÉ INTERNATIONAL DE LA CROIX-ROUGE et CROIX-ROUGE.

CID, Rodrigo Diaz de Vivar, dit **le** (* Vivar, près de Burgos, vers 1043, † Valence, 10.VII.1099). Combattant chrétien d'Espagne, mentionné pour la première fois en 1064. Le surnom sous lequel il est resté célèbre rappelle ses victoires sur les Maures : il vient en effet de l'arabe *szidi*, seigneur. Il guerroya aussi fréquemment pour le compte des royaumes de *taifas* musulmans. Voir ESPAGNE.

CILLER Tansu (Istanbul, 1946). Femme politique turque. En 1990, elle rejoignit le Parti de la juste voie, dirigé par le Premier ministre Suleyman Demirel. Après l'élection de Demirel à la présidence, elle lui succéda à la tête du Parti de la juste voie et au poste de Premier ministre, le 25 juin 1993. Tout en ménageant la hiérarchie militaire ainsi que les caciques de son parti, Tansu Ciller tenta de mettre en place des réformes pour « européaniser » la Turquie. Cependant, son parti n'obtint que la troisième place aux élections législatives de déc. 1995, et Tansu Ciller dut partager le pouvoir avec son rival Mesut Yilmaz, leader du Parti de la mère patrie. En juin 1996, elle devint vice-Premier ministre et ministre des Affaires étrangères dans la coalition dirigée par le parti islamiste Réfah de Necmettin Erbakan, jusqu'à la démission de ce dernier en juin 1997. Elle fut réélue à la tête du Parti de la juste voie en nov. 1999.

CIMBRES, *Cimbri*. Peuple celto-germanique installé entre le cours inférieur de l'Elbe et la mer Baltique. Chassés de cette région, vers 120 av. J.-C., par un débordement de la Baltique, les Cimbres émigrèrent vers le S., à la recherche d'un nouvel établissement, entraînant avec eux les Teutons et les Ambrons. En 113, près de Noreia, en Norique, les Cimbres battirent les Romains, qu'ils terrifièrent ; ils errèrent quelques années en Gaule où ils anéantirent une armée romaine à Orange (104), puis cherchèrent de nouveau à pénétrer en

Italie, mais furent écrasés par Marius à Verceil (101 av. J.-C.).

CIMMÉRIENS. Peuple ancien établi, vers la fin du IIe millénaire avant notre ère, dans les pays situés au N. du Caucase et de la mer Noire, ainsi qu'en Roumanie et en Hongrie orientale. Les Cimmériens étaient des Indo-Européens (ou, du moins, soumis à une classe dirigeante indo-européenne). On leur attribue les nombreux vestiges de la civilisation des kourganes, des tumulus funéraires recouvrant des tombes collectives (vers 1200/900 av. J.-C.) découverts entre le Kouban et le bas Danube. À une date inconnue, les Cimmériens furent chassés de l'actuelle Ukraine par les Scythes. À travers le Caucase, ils gagnèrent l'Asie Mineure. Vers 714 av. J.-C., ils attaquèrent l'Ourartou (Arménie), et, pendant près d'un siècle, ils nomadisèrent en se livrant au pillage. Repoussés par les rois d'Assyrie, ils conquirent la Phrygie (vers 676 ?), vainquirent Gygès et enlevèrent Sardes, capitale de la Lydie (652), avant d'être repoussés par les Lydiens et les Grecs (vers 637), et enfin chassés de Sinope (vers 630). Après cette date, ils disparaissent de l'histoire.

CIMON (* vers 505 ?, † Citium, 450 av. J.-C.). Homme politique et général athénien. Fils de Miltiade, il se distingua à Salamine (480), fut nommé stratège de la ligue de Délos, contribua à l'ostracisme de Thémistocle et devint la personnalité la plus en vue de la politique athénienne. Il enleva aux Perses la plus grande partie du littoral de l'Asie Mineure et leur infligea la défaite de l'Eurymédon (468). Il orienta l'expansion athénienne vers les Détroits et le nord de l'Égée, mais la révolte de Thasos (465/463), qu'il réprima sévèrement, le conduisit à durcir l'impérialisme athénien. Cependant qu'il commandait une armée de secours envoyée à Sparte pour réprimer une révolte des hilotes et de la Messénie, Éphialte à Athènes, chef du parti démocratique antilacédémonien, le fit ostraciser en 461. Cimon revint à Athènes dix ans plus tard, négocia une trêve avec Sparte et mena une campagne victorieuse à Chypre contre les Perses. Sous son impulsion, Athènes commença la reconstruction du Parthénon et acheva les remparts (les Longs Murs) qui l'unissait au Pirée.

CINCINNATUS Lucius Quinctius (Ve s. av. J.-C.). Héros de la République romaine. Consul, dictateur en 458 et 439, il personnifie l'ancien Romain à la fois paysan, soldat et homme d'État. D'après une tradition légendaire, des sénateurs l'auraient enlevé à sa charrue en 458 av. J.-C., pour lui conférer la dictature et le charger de délivrer l'armée romaine encerclée par les Èques et les Volsques ; vainqueur, il abdiqua au bout de seize jours et reprit ses travaux rustiques, refusant toute récompense.

CINNA Lucius Cornelius († Ancône, 84 av. J.-C.). Homme politique romain. L'un des chefs du parti populaire, partisan de Marius, il profita de ses fonctions de consul (87/84) pour le faire rappeler d'exil. Maître de Rome en 87, il entreprit une sanglante épuration des partisans de Sylla, qui menait alors la guerre contre Mithridate. Après la mort de Marius, il maintint sa tyrannie sur Rome, mais fut assassiné par ses soldats, quand il voulut les mener contre Sylla.

CINQ DYNASTIES (époque des). Période de l'histoire chinoise qui, de 907 à 960 de notre ère, succéda à la chute des T'ang. Cinq dynasties essayèrent successivement d'y rétablir le pouvoir impérial. Cette période prit fin à l'avènement de la dynastie des Song. Voir CHINE. L'époque des Song.

CINQ-MARS, Henri Coiffier de Ruzé d'Effiat, marquis de (* 1620, † Lyon, 12.IX.1642). Gentilhomme français. Second fils du maréchal d'Effiat, favori de Louis XIII, grand écuyer de France, il conspira contre son ancien protecteur Richelieu, qui s'opposait à ses projets ambitieux, en particulier à son mariage avec la princesse Marie de Gonzague ; entraînant Gaston d'Orléans, frère du roi, il contribua au traité que ce dernier signa avec l'Espagne contre la France (mars 1642). Après la découverte du complot, il fut condamné à mort et décapité avec son complice, de Thou. Vigny fit de lui le héros de son roman *Cinq-Mars* (1826).

CINQUECENTO. Nom donné en Italie à la civilisation artistique du XVIe s.

CIPAYES. Soldats recrutés en Inde dès le début de la pénétration européenne par les compagnies rivales ; ils constituèrent ensuite, dans l'armée britannique des Indes, de véritables régiments, encadrés par des officiers métropolitains ; leur nombre atteignait 190 000 en 1857. Soumis par leurs chefs à une propagande chrétienne assez maladroite, ils furent encouragés à la rébellion, dans le Bengale, par de nombreux princes indiens qui craignaient, vers 1857, de se voir confisquer leurs terres. La **révolte des cipayes** prit pour prétexte la distribution aux soldats de cartouches enduites de graisse de vache et de porc que les soldats devaient déchirer avec les dents pour les décapsuler – acte révoltant pour un hindou comme pour un musulman ; la révolte commença à Meerut le 24 avr. 1857, se développa dans toute l'Inde centrale et du Nord, fut marquée par la prise de Delhi (11 mai 1857), d'Allahabad (6 juin 1857), et par le massacre des Européens à Cawnpore. Toutefois, les cipayes de l'armée de Bombay restèrent fidèles. En mars 1858, les Anglais avaient complètement rétabli leur domination sur l'Inde ; aidés par la mésentente entre les révoltés et leur incapacité à formuler des objectifs clairs.

CISALPINE (Gaule), *Gallia Cisalpina*. Nom donné par les Romains aux régions occupées par les Gaulois en deçà des Alpes (c'est-à-dire l'Italie septentrionale). Voir GAULE.

CISALPINE (République), *Repúbblica Cisalpina.* République formée le 29 juin 1797 par Bonaparte ; elle réunissait les Républiques Transpadane et Cispadane formées en 1796, et comprenait l'ancienne Lombardie autrichienne avec Mantoue, les provinces vénitiennes de Bergame, de Brescia-et-Crémone, de Vérone et de Rovigo, le duché de Modène, les principautés de Massa et de Carrara, les trois légations de Bologne, de Ferrare et de la Romagne, et une partie du pays des Grisons. Sa capitale était Milan. Reconnue par l'Autriche aux traités de Campoformio et de Lunéville, elle prit, le 25 janv. 1802, le nom de *République italienne*, avec Bonaparte pour président et Melzi pour vice-président. Elle se transforma le 17 mars 1805 en *royaume d'Italie*, avec Napoléon comme roi et Eugène de Beauharnais comme vice-roi. Cet État, qui s'agrandit encore de Venise et du Tyrol italien, subsista jusqu'en 1814.

CISJORDANIE. Région à l'O. du Jourdain, non incluse dans le territoire de l'État d'Israël et annexée par le royaume hachémite de Transjordanie en 1948. Elle fut occupée et administrée à partir de 1967 sous le nom de « Judée-Samarie » par Israël, qui y installa de nombreux colons. Les affrontements entre l'armée israélienne et la population palestinienne des territoires occupés, grossie après 1948 de nombreux réfugiés, ne cessèrent jamais mais ils prirent, à partir de déc. 1987, un caractère quasi quotidien, sous la forme de l'Intifada. En 1988, après la rupture des liens administratifs entre la Jordanie et la Cisjordanie, le Conseil national palestinien proclama à Alger la création d'un État palestinien indépendant. Après l'arrivée au pouvoir en Israël de Y. Rabin, en juin 1992, des négociations de paix israélo-palestiniennes aboutirent à l'établissement, pour cinq ans, d'une autorité palestinienne autonome à Gaza et à Jéricho. L'accord de Taba de sept. 1995 confirma la poursuite du retrait israélien. Le processus de paix israélo-arabe entraîna un retrait progressif de l'armée israélienne de la ville de Jéricho en 1994 et de celles de Tulkarem, Ramallah, Djénine, Bethléem, Kalkilya, Naplouse, ainsi qu'un retrait partiel d'Hébron en 1995. Certaines zones rurales devaient par la suite également passer sous autorité palestinienne. En mars 1996, l'Autorité palestinienne dirigée par Yasser Arafat, confirmé dans son pouvoir par les élections de janv. 1996, rebaptisa la région « district nord », le terme Cisjordanie étant considéré comme trop lié à la période jordanienne. La victoire du Likoud en mai 1996 entraîna une reprise de la colonisation juive dans les environs de Jérusalem et porta un coup sérieux au processus de paix. La pression américaine permit cependant la signature de l'accord de Wye River Plantation, fin 1998, qui ouvrait un passage entre la Cisjordanie et Gaza, mais les installations de colons se poursuivirent (dix-huit en 1999), provoquant une vague de manifestations palestiniennes. En sept. 1999, le nouveau Premier ministre, Ehoud Barak, mit en application des dispositions de Wye River Plantation prévoyant le redéploiement de Tsahal en Cisjordanie et annonça en oct. le démantèlement de douze colonies. En mars 2000 commença le retrait de l'armée israélienne de Cisjordanie. L'échec des pourparlers de l'été 2000 et la visite d'Ariel Sharon sur l'esplanade des mosquées de Jérusalem provoquèrent à l'automne 2000 une flambée de violences, considérée comme une seconde Intifada, qui aboutit au blocus des territoires sous contrôle palestinien. Voir **ISRAËL** et **PALESTINE**.

CISPADANE (République), *Repúbblica Cispadana.* République organisée par Bonaparte en déc. 1796, après la victoire de Lodi ; elle comprenait Modène, Reggio, Ferrare, Bologne et était séparée de la République Transpadane par le Pô (en lat. *Padus*). Englobée en juin 1797 dans la République Cisalpine.

CISTERCIENS. Membres d'un ordre monastique fondé à Cîteaux (*Cistercium*), près de Dijon, en 1098, par Robert, abbé bénédictin de Molesme, qui, avec une vingtaine de compagnons, voulait revenir à une observance plus stricte de la règle. La vie communautaire, moins centralisée qu'à Cluny, était réglée par la *Charte de Charité*.

Les cisterciens jouèrent un rôle important dans la vie de l'Église médiévale. Cîteaux soutint activement la réforme ecclésiastique inaugurée par les papes du XIe s. Nombre de cisterciens devinrent évêques, cardinaux (l'un d'eux ceignit la tiare, sous le nom d'Eugène III), conseillers ou diplomates au service du Saint-Siège. St Bernard prêcha la deuxième croisade, et ce furent encore des cisterciens qui organisèrent les ordres militaires de la Reconquête ibérique : ordres de Calatrava, d'Alcantara et d'Aviz. Cette influence grandissante éveilla des jalousies, d'autant plus que Cîteaux se posait volontiers en redresseur de torts : de 1120 à 1146, une querelle opposa cisterciens et clunisiens, les premiers défendant l'ascétisme chrétien dans toute sa rigueur, les seconds – par la voix de Pierre le Vénérable – faisant valoir les droits d'un humanisme tout aussi authentiquement chrétien.

Dans le domaine économique, les cisterciens contribuèrent au grand effort de défrichement qui animait l'Europe du XIIe s. Leur règle interdisant aux Cisterciens de recevoir des rentes, ils mettaient en valeur avec l'aide de frères convers répartis en granges, les terres en friche qui leur étaient données.

CLARISSES. Ordre fondé par Claire Offreduccio (1193/1253) ; adhérant à l'idéal de pauvreté évangélique de st François d'Assise, elle fonda, le 18 mars 1212, l'*ordre des Pauvres Dames* ou *Clarisses*, sur le modèle des Frères mineurs. Avec les premières sœurs, elle s'établit au couvent de Saint-Damien, près d'Assise.

CLARK Mark Wayne (* Madison Barracks, New York, 1er.IV.1896, † Charleston, Caroline du Sud,

17.IV.1984). Général américain. Commandant du 2e corps d'armée américain en automne 1942, il se rendit en sous-marin en Algérie pour y préparer avec des Français le débarquement allié. À la tête de la Ve armée américaine en janv. 1943, il débarqua à Salerne (9 sept. 1943) et prit Naples et Rome. Commandant des forces d'occupation américaines en Autriche (1945), il fut ensuite placé à la tête des forces des Nations unies en Corée (1952/53).

CLARKE Henri Jacques Guillaume, duc de Feltre (* Landrecies, Nord, 17.X.1765, † Neuwiller, Bas-Rhin, 28.X.1818). Maréchal de France, d'origine irlandaise. Chef d'état-major de l'armée du Rhin (1793), il fut bientôt suspendu comme suspect. Sous le Consulat, il participa en 1800 aux négociations de Lunéville, devint ambassadeur en Toscane (1801), gouverneur de Vienne (1805) et ministre de la Guerre de 1807 à 1814. Pour avoir repoussé le débarquement anglais à Walcheren (1809), il fut fait duc de Feltre. Rallié aux Bourbons en 1814, ministre de la Guerre sous Louis XVIII en 1815, il fut nommé maréchal en 1816 et prit sa retraite en 1817. Clarke fut surtout un remarquable administrateur.

CLAUDE Ier, Tiberius Claudius Drusus Nero Germanicus (* Lyon, 1er.VIII.10 av. J.-C., † Rome, 13.X.54 apr. J.-C.). Empereur romain (41/54). Fils de Drusus, frère de Germanicus, il avait consacré sa vie à l'étude et à des travaux historiques sur les Étrusques et les Carthaginois, lorsque, déjà quinquagénaire, il fut poussé au pouvoir par les prétoriens après le meurtre de son neveu, Caligula, alors qu'il se cachait, dans la crainte d'être lui-même mis à mort (janv. 41). Il restaura la collaboration de l'empereur et du Sénat, rétablit les anciens cultes et célébra les jeux Séculaires (47) ; il expulsa de Rome les astrologues et les Juifs. Ses affranchis, Polybe, Narcisse, Callistus, Pallas, reçurent la direction des principaux secrétariats, amorce de la formation d'une administration impériale aux services spécialisés. Claude chercha à étendre le droit de cité romaine en faveur des provinciaux ; il demanda l'accès au Sénat pour des notables de la Gaule chevelue et l'obtint pour les Éduens (48). Son règne vit la conquête de la (Grande-) Bretagne (43/47), l'annexion définitive de la Maurétanie (42), de la Lycie et de la Pamphilie (43), de la Judée (44) et de la Thrace (46). Marié quatre fois, Claude fut bafoué par sa troisième femme, Messaline, qu'il fit exécuter (48). Il épousa ensuite sa propre nièce, Agrippine la Jeune ; celle-ci, après lui avoir fait adopter son propre fils Néron, au détriment de Britannicus, fils de Claude et de Messaline, empoisonna son mari.

CLAUDE II le Gothique, Marcus Aurelius Claudius Gothicus (* en Dalmatie ou en Illyrie, vers 214, † Sirmium, Pannonie, début 270). Empereur romain (268/70). Successeur de Gallien, il fut un juste et bon administrateur, repoussa les Alamans, battit les Goths à Naissus (Nish, en Serbie, 269), mais mourut de la peste durant sa campagne sur le Danube, après deux ans de règne. Il doit à ses victoires son surnom de *Gothicus*.

CLAUDE DE FRANCE (* Romorantin, 1499, † Blois, 1524). Reine de France. Fille de Louis XII, roi de France, et d'Anne de Bretagne, d'abord fiancée au futur Charles Quint, elle épousa en 1514 le futur roi François Ier, auquel elle apporta en dot le duché de Bretagne et des droits sur le duché de Milan ; ce mariage assurait la réunion définitive de la Bretagne à la France. Laide et boiteuse, elle fut délaissée par son mari, mais aimée à cause de ses vertus et de sa piété par le peuple, qui la surnomma *la Bonne Reine*.

CLAUDIUS, *gens* **Claudia.** Grande famille romaine, venue, vers 504 av. J.-C., du pays sabin et admise dans le patriciat ; elle a donné de nombreux hommes politiques. Cette *gens* comprenait des branches patriciennes – la plus célèbre portait le *cognomen* de Pulcher – et des branches plébéiennes. Voir **MARCELLUS**.

Appius Claudius Caecus ou l'Aveugle (IVe/IIIe s. av. J.-C.). Censeur de 312 à 308, défenseur des droits politiques des plébéiens. Il fit construire le premier aqueduc (312) et la *via Appia* de Rome à Capoue, inaugurée en 310.

CLAUSEWITZ Karl von (* Burg, près de Magdebourg, 1er.VI.1780, † Breslau, 16.XI.1831). Général et théoricien militaire prussien. Prisonnier à Iéna (1806), il œuvra à la réorganisation de l'armée prussienne et mit ses talents au service de la Russie en 1812, puis revint en Prusse après la chute de Napoléon. Il réunit ses cours à l'école de guerre de Berlin et différentes études militaires dans son célèbre ouvrage *De la guerre*, qui l'a placé au premier rang des théoriciens militaires, comme concepteur de la violence de la guerre toujours soumise au pouvoir politique, principe dont s'inspirèrent les états-majors allemands, soviétiques et chinois.

CLEMENCEAU Georges (* Mouilleron-en-Pareds, Vendée, 28.IX.1841, † Paris, 24.XI.1929). Homme politique français. Maire du XVIIIe arrondissement de Paris en sept. 1870, il tenta de s'interposer entre la Commune et le gouvernement de Versailles. Député de Paris en 1876, il devint chef des radicaux et contribua à la chute des ministères Gambetta (1882) et Ferry (1885), et s'opposa au général Boulanger (1888), qu'il avait imprudemment parrainé. Battu aux élections de 1893 après le scandale de Panamá (v.), il revint au premier plan à l'occasion de l'affaire Dreyfus, son journal L'*Aurore* ayant publié le célèbre « J'accuse » de Zola. Président du Conseil de 1906 à 1909, sa politique autoritaire lui fit perdre le soutien des socialistes. Appelé par Poincaré à la tête du gouvernement (nov. 1917/ janv. 1920), en raison de son patriotisme intransigeant, il institua une véritable dictature de salut public. En mars 1918, il obtint l'unification du commandement allié entre les mains de Foch. Surnommé le « Tigre », puis le « Père la Victoire », il fut pour une large part responsable des erreurs du traité de Versailles. Il fut ensuite candidat à la présidence de la République, mais les Chambres lui préférèrent Deschanel à une très large majorité. Voir **France**.

CLÉMENT V, Bertrand de Got (* Villandraud, Gironde, 1264, † Roquemaure, Gard, 20.IV.1314). Pape (1305/14). Voir **Avignon** et **Templiers**.

CLÉMENT VI, Pierre Roger (* château de Maumont, près de Limoges, 1291, † Avignon, 6.XII.1352). Pape (1342/52). Voir **Avignon**.

CLÉMENT VII, Robert de Genève (* 1342, † 1394). Antipape (1378/94). Archevêque de Cambrai (1368) et cardinal (1371), il fut élu en sept. 1378 par treize cardinaux opposés à Urbain VI. Il s'installa à Avignon et fut reconnu par la France et par ses alliés, la Castille, le Portugal, l'Écosse, tandis que l'Angleterre, le Saint Empire et la Flandre donnaient leur appui à Urbain VI. Ce fut le début du Grand Schisme d'Occident, qui devait durer de 1378 à 1417.

CLÉMENT VII, Giulio de Medici (* Florence, 26.V.1478, † Rome, 25.IX.1534). Pape (1523/34). Cousin de Léon X, archevêque de Florence (1513), élu pape le 18 nov. 1523. Il forma avec François Ier, les princes d'Italie et le roi d'Angleterre la Sainte Ligue, unie contre Charles Quint. Celui-ci fit prendre Rome par ses troupes qui la mirent à sac (mai 1527) et le pape demeura prisonnier pendant sept mois au château Saint-Ange. Clément VII se rapprocha ensuite de l'empereur, qu'il couronna à Bologne, en 1530 ; en récompense, Charles Quint l'aida à rétablir sa famille à Florence. Clément VII refusa de reconnaître le divorce d'Henri VIII d'Angleterre, ce qui amena le schisme anglican.

CLÉOPÂTRE VII (* Alexandrie, 68, † Alexandrie, 30 av. J.-C.). Reine d'Égypte (51/30 av. J.-C.). Fille de Ptolémée XII Aulète, elle épousa, selon la coutume des Lagides, son propre frère, Ptolémée XIII, avec lequel elle régna à partir de 51. Chassée du trône peu après par Pothin, conseiller de son mari, elle fut rétablie en 48 par César, dont elle devint la maîtresse. Ptolémée XIII disparu au cours de la lutte contre les Romains, elle se remaria en 47 avec son frère cadet, Ptolémée XIV, pour respecter le principe de la corégence ; en fait, elle exerça seule la réalité du pouvoir et gardait l'ambition de rétablir, avec l'aide des Romains, la suprématie de l'Égypte des Lagides en Méditerranée orientale. Elle eut de César un fils, Césarion (ou Ptolémée XV). Après la mort du dictateur, elle rencontra, en 41, Antoine, qu'elle séduisit et entraîna dans le projet d'un grand empire oriental. Octave les battit tous deux à Actium (31 av. J.-C.). Cléopâtre revint à Alexandrie et, après le suicide d'Antoine, se donna la mort. Avec cette princesse, dont la légende romanesque s'est emparée mais qui fut, avant tout, une femme politique ambitieuse et habile, finirent la dynastie des Lagides et l'indépendance de l'Égypte.

CLERGÉ chrétien. Le clergé chrétien est composé de clercs, fidèles qui ont choisi l'état ecclésiastique et ont reçu le sacrement de l'ordre, les autres fidèles étant des laïcs (du grec *laos*, peuple). Le clerc dépend canoniquement d'un diocèse ou d'une congrégation.

Ayant chargé seulement les douze apôtres de faire connaître la Bonne Nouvelle du salut, le Christ n'avait établi aucune organisation. Dans l'Église de Jérusalem, les Douze ont occupé une place particulière et ont constitué un collège d'anciens (en grec *presbuteroi*) à la tête duquel ils ont placé un responsable appelé ensuite évêque (en grec *épiscopos*, « surveillant ») et auquel ils ont transmis les pouvoirs qu'ils avaient reçus du Christ. Les communautés créées par les apôtres adoptèrent cette hiérachie. Les évêques sont ainsi devenus les successeurs des apôtres. Des diacres (en grec *diakonoi*, « serviteurs ») furent également institués. Peu à peu, l'évêque devint le chef permanent d'une communauté, mais les persécutions ont retardé la mise en place d'une organisation commune.

Ce ne fut plus le cas à partir du règne de Constantin et le clergé put être organisé et constituer une catégorie particulière dans la société romaine. L'évêque fut élu par le peuple et établi à vie ; il reçut de l'État des pouvoirs juridictionnels et même politiques. Il disposait de nombreux auxiliaires dont les principaux étaient l'*archidiacre* qui commandait à tous les diacres du diocèse, et l'*archiprêtre* qui remplaçait l'évêque absent dans ses fonctions sacerdotales. Tous les évêques reconnaissaient l'autorité de l'évêque de Rome, successeur de st Pierre, dont la suprématie sur les patriarches de Constantinople, d'Alexandrie et d'Antioche avait été reconnue en 381 par le concile de Constantinople. L'évangélisation progressa dans les campagnes où les églises se multiplièrent. Aux prêtres qui en étaient chargés, le célibat ne fut pas imposé. À l'époque mérovingienne furent instituées les paroisses dont un curé eut la charge et qui, de simples circonscriptions religieuses telles qu'elles avaient été crées, devinrent aussi des circonscriptions administratives.

Après les invasions, la plupart des autorités civiles ayant disparu, le clergé étendit considérablement ses pouvoirs. En Gaule où il n'avait pas été pour rien dans la victoire de Clovis, l'Église et l'État s'interpénétrèrent progressivement à tel point que de nombreux seigneurs laïcs prétendirent s'immiscer dans les nominations aux cures, aux abbayes, aux sièges épiscopaux. La réforme de Grégoire VII (pape de 1073 à 1085), inspirée de celle de Cluny, permit d'affirmer l'indépendance de l'Église face au pouvoir séculier, indépendance qui demeura le principal enjeu de la longue querelle des Investitures et que termina en 1222 le concordat de Worms avec la victoire de la papauté. L'Église retrouvait ainsi et la liberté de son recrutement et le contrôle de la hiérarchie. Mais l'imbrication du spirituel et du temporel allait encore susciter bien des problèmes.

Le clergé prit alors dans la société une place prédominante ; il avait ses propres tribunaux, était exempt d'impôts et du service de guerre. Si ses biens étaient considérables, il assumait, outre ses fonctions spirituelles, les charges d'assistance publique, de secours aux pauvres et aux malades, et avait le monopole de l'enseignement. L'évêque ne fut plus élu par le peuple mais par le chapitre cathédral, ce qui n'empêcha pas, au cours du Moyen Âge, un renouvellement constant des élites ecclésiastiques.

À partir du XIVe s., les États voulurent restreindre l'autorité et les privilèges du clergé. En France, les légistes de Philippe le Bel, des laïcs, commencèrent une longue guerre contre les juridictions ecclésiastiques et la pragmatique sanction de Bourges (1438) puis le concordat de Bologne (1516) donnèrent au roi le contrôle des élections épiscopales. Luther n'admettant pas que le clergé dirigeât l'Église, la Réforme protestante prit ensuite un caractère anticlérical. Pourtant, les excès des anabaptistes le poussèrent à maintenir les évêques, tout en laissant aux princes l'organisation des Églises locales. Il en fut de même en Angleterre. En revanche, Calvin mit à bas l'organisation traditionnelle du clergé et, invoquant l'exemple de l'Église primitive, laissa à chaque communauté le soin de s'organiser librement sous l'autorité limitée de conseils ou consistoires composés de pasteurs et de laïcs élus, presbytres des Temps modernes.

Le concile de Trente (1545/63) réforma le clergé catholique en astreignant les évêques à résider dans leur diocèse qu'ils durent visiter au moins tous les deux ans. Des séminaires furent créés pour former des prêtres ; mais le régime de la commende (v.) ne fut ni modifié ni aboli. Des hommes d'Église exceptionnels (Baronius, Charles Borromée, Bérulle, Vincent de Paul) permirent par leur action et leur exemple le succès de la réforme catholique au XVIIe s.

Jusqu'en 1789, le clergé français constitua le premier des trois ordres de la nation, le plus riche et le mieux organisé. Avec un revenu estimé entre 100 et 300 millions de livres par an, il possédait le cinquième du territoire national. Mais le train de vie d'un prélat n'avait rien de commun avec celui d'un curé et, entre les curés, les différences étaient grandes. 47 évêques, 12 chanoines, et 208 curés représentèrent le clergé aux états généraux et ces derniers rejoignirent le tiers état en votant la sécularisation des biens ecclésiastiques déclarés bien nationaux le 2 nov. 1789. Le concordat de 1801 apporta la paix religieuse en France et fit du clergé catholique et protestant ainsi que des rabbins, des fonctionnaires. La loi de séparation de l'Église et de l'État votée en 1905 libéra le clergé de la tutelle étatique. Dès ce moment, les évêques ont été choisis par le pape qui consulte le gouvernement français sans être tenu par son avis. Les évêchés de Strasbourg et de Metz étant demeurés sous le régime concordataire lors du retour de la Moselle et de l'Alsace à la France en 1918 et 1944, la nomination des évêques relève du gouvernement français et elle est à ce titre publiée au *Journal officiel*.

CLEVELAND (Stephen) Grover (* Caldwell, New Jersey, 18.III.1837, † Princeton, New Jersey, 24.VI.1908). Homme politique américain. Avocat, maire de Buffalo (1881/82), gouverneur de l'État de New York (1883/85), il mena une lutte énergique contre la corruption dans l'administration et fut élu président des États-Unis avec le soutien des démocrates (1885/89). À la Maison-Blanche, il poursuivit sa politique réformiste et indépendante ; son action pour l'abaissement des tarifs douaniers et la protection qu'il accorda à des fonctionnaires républicains lui firent perdre un grand nombre de ses partisans, et il fut battu par Harrison en 1889. Redevenu président (1893/97), il s'opposa aux démocrates radicaux, particulièrement sur les problèmes monétaires ; au printemps 1894, il engagea les troupes fédérales pour briser la grande grève des employés des chemins de fer à Pullman (Chicago). Il refusa de se représenter en 1897 et devint en 1899 professeur de science politique à l'université de Princeton.

CLINTON William Jefferson, dit **Bill** (Hope, Arkansas, 19.VIII.1946). Homme politique américain. Issu d'un milieu modeste, Bill Clinton accomplit un brillant parcours universitaire. En 1975, il épousa Hillary Rodham, avocate, elle-même diplômée de Yale, qui joua un rôle important de soutien et de conseil tout au long de sa carrière politique. Celle-ci débuta en 1978, année où Bill Clinton fut élu gouverneur démocrate de l'Arkansas. Battu en 1980, il reconquit son poste dès 1982.

Bill Clinton annonça son intention de se présenter à l'élection présidentielle le 3 oct. 1991 ; à cette date, les chances du parti démocrate de remporter le scrutin semblaient faibles du fait de la popularité du président sortant, George Bush. Clinton fit campagne en direction de la classe moyenne américaine, appauvrie par l'ère républicaine et qui reprochait à Bush de négliger les affaires intérieures. Il fut finalement élu président des États-Unis le 3 nov. 1992, avec 43 % des suffrages contre 38 % pour George Bush et 19 % pour Ross Perot, candidat populiste indépendant. Premier président issu du *baby-boom*, Clinton symbolisait les aspirations d'une nouvelle génération, porteuse des idéaux des années 1960. Cependant, Bill Clinton, qui dut affronter une majorité républicaine au Congrès, ne put faire aboutir ses projets sociaux, notamment une ambitieuse réforme du système de santé. De plus, des révélations sur son passé (accusations de harcèlement sexuel, ambiguïtés sur les déclarations de revenus du couple Clinton à la fin des années 1970) nuisirent à son image. Malgré des sondages défavorables à l'époque, Bill Clinton annonça le 30 déc. 1994 son intention de se porter candidat à l'élection présidentielle de 1996, à l'issue de laquelle il fut brillamment réélu pour un nouveau mandat. Freiné dans sa politique intérieure par la majorité républicaine du Congrès, il consacra l'essentiel de son second mandat à la politique étrangère : relance du processus de paix au Proche-Orient, promotion d'un nouveau partenariat avec l'Afrique, reprise – à partir de l'opération « Renard du désert » de déc. 1998 – d'hostilités ouvertes avec l'Irak, déclenchement des opérations militaires contre la Serbie en mars 1999. Par ailleurs, il signa en 1996 le traité d'interdiction (v.) complète des essais nucléaires (TICEN), que le Sénat refusa de ratifier.

Mais le second mandat de Bill Clinton fut aussi marqué par la procédure de destitution qui, en 1998 et 1999, frappa le président, accusé de faux témoignage à propos de sa liaison avec la jeune stagiaire de la Maison-Blanche, Monica Lewinsky. Deuxième président de l'histoire des États-Unis, après Nixon, à subir une telle procédure, il fut finalement maintenu dans ses fonctions par le Congrès qui ne suivit pas le procureur indépendant Kenneth Starr. Il fut remplacé à la présidence, en janv. 2001, par George W. Bush.

CLISSON Olivier de (* en Bretagne, 1336, † château de Josselin, Morbihan, 23.IV.1407). Homme de guerre franco-breton. Fils d'Olivier III de Clisson, que Philippe VI avait fait exécuter pour intelligences avec l'Angleterre, il servit d'abord du côté anglais, puis passa, en 1370, au service de la France et devint le frère d'armes de Du Guesclin, auquel il succéda comme connétable (1380). Il contribua notamment à la victoire de West-Rozebeke sur les Flamands (1382). Très influent au début du règne de Charles VI, il fut disgracié après la démence du roi (1392) et se retira en Bretagne. Homme de guerre d'une particulière cruauté, il avait été surnommé « le Boucher ».

CLISTHÈNE (seconde moitié du VIe s. av. J.-C.). Homme politique athénien. Fils de Mégaclès, chef de la famille noble des Alcméonides. Il renversa le tyran Hippias (510 av. J.-C.) et rendit ainsi possible le retour des Alcméonides, qui avaient été exilés par les Pisistratides. S'étant mis à la tête du parti démocratique, il fut d'abord vaincu (508) par la faction oligarchique que menait Isagoras et que soutenait Cléomène, roi de Sparte. Revenu peu après au pouvoir grâce à un soulèvement populaire, il accomplit une transformation profonde de la vie politique et sociale d'Athènes. Ses réformes permirent la naissance de la démocratie athénienne. Il sapa les assises du pouvoir de l'aristocratie en abandonnant les cadres sociaux traditionnels. Clisthène créa une nouvelle unité, seulement territoriale, le dème ; cent dèmes furent regroupés en 30 trittyes, elles-mêmes regroupées en 10 tribus ; chaque tribu réunissait les dèmes côtiers, ruraux ou urbains. Toute l'organisation politique fut désormais conçue dans ces nouvelles unités, qui ne tenaient plus compte de l'appartenance aux grandes familles (les *génè*, plur. de *génos*) ou aux tribus traditionnelles, gérées par l'aristocratie. Il fit de la *boulè*, tirée au sort à raison de cinquante membres par tribu, le principal organe politique. Il aurait également institué l'ostracisme.

CLIVE Robert, baron Clive de Plassey (* Styche, Irlande, 29.IX.1725, † Londres, 22.XI.1774). Général anglais. Fondateur de la puissance britannique en Inde, il entra en 1743 au service de la Compagnie des Indes, s'empara d'Arcot (1750), de Calcutta (1755), chassa les Français des ports du Gange et remporta sur Surajah Dowlah une victoire décisive à Plassey (23 juin 1757). Il força tous les chefs du Bengale, du Bihar et de l'Orissa à reconnaître la domination anglaise. Créé baron (1762) et chevalier du Bain (1764), Clive quitta l'Inde en 1767 et, malgré tous ses services, se vit en 1773 accusé de concussion. La Chambre des communes le déclara innocent, mais, affecté de cette accusation, il se donna la mort.

CLODOMIR (* vers 495, † Vézeronce, Isère, 25.VI.524). Deuxième fils de Clovis et de Clotilde, il reçut le royaume d'Orléans en 511. Allié à ses frères Childebert, Thierry et Clotaire, il fut vainqueur des Burgondes dont il captura et tua le roi Sigismond, mais fut vaincu et tué par son frère Gondemar.

CLOOTS, Jean-Baptiste du Val-de-Grâce, baron de Clootz, dit **Anarcharsis** (* Gnadenthal, près de Clèves, 24.VI.1755, † Paris 24.III.1794). Homme politique français. D'origine prussienne, il adopta les idées révolutionnaires et voulut réformer tous les peuples sur le modèle de la démocratie grecque ; il prit le titre d'*Orateur du genre humain*. Extrémiste, partisan actif de la déchristianisation, il s'opposa à Robespierre qui le fit guillotiner avec les hébertistes.

CLOTAIRE Ier (* vers 497, † Compiègne, 561). Roi de Neustrie (511/61). Voir MÉROVINGIENS.

CLOTAIRE II (* 584, † Paris, 4.I.629). Roi de Neustrie (584/29). Voir NEUSTRIE.

CLOTILDE sainte (* vers 475, † Tours, 3.VI.548). Reine des Francs. Princesse burgonde catholique, élevée à la mort de son père, Chilpéric, par son oncle Gundobad, mariée en 493 à Clovis, roi des Francs, elle contribua beaucoup à la conversion de son mari. Après la mort de celui-ci, elle vécut des heures tragiques, vit son fils Clodomir tué par les Bourguignons et ses deux autres fils, Clotaire et Childebert, se concerter pour assassiner les enfants de Clodomir. Elle se retira près du tombeau de st Martin de Tours et vécut dans la piété.

CLOVIS Ier (* vers 466, † Paris, 27.XI.511). Roi des Francs (481/511). Successeur de son père Childéric Ier à l'âge de quinze ans, il reçut en héritage un petit royaume resserré entre la mer au nord, l'Escaut à l'est, les diocèses de Thérouane et de Boulogne à l'ouest et le diocèse de Cambrai au sud, mais il ne tarda pas à l'étendre en imposant son pouvoir, par la diplomatie ou par la force, aux chefs saliens et ripuaires. En 486, il défit Syagrius, dernier représentant de l'autorité romaine en Gaule, établit sa capitale à Soissons et occupa toute la Gaule jusqu'à la Loire. Il repoussa les Alamans à la bataille dite de Tolbiac (496, ou plus probablement 498 ou 499). La conversion de Clovis à la foi catholique, sous l'influence de sa femme Clotilde et de Rémi de Reims, et son baptême à Reims avec plusieurs milliers de ses guerriers (495 ?) lui valurent le soutien des catholiques et du puissant épiscopat gallo-romain, alors que les autres rois barbares étaient acquis à l'hérésie arienne. Inquiets de ses ambitions, les souverains ariens, avec l'appui de Théodoric, formèrent une ligue contre Clovis, mais celui-ci imposa un tribut aux Burgondes (500), puis vainquit et tua le roi wisigoth Alaric II à Vouillé (507) et conquit toute l'Aquitaine. Voir **Mérovingiens**.

CLUBS RÉVOLUTIONNAIRES. Dans l'effervescence des idées qui annonça la Révolution, on vit s'ouvrir des clubs politiques tels que le *club des Américains* (1785) ou la *Société des amis des Noirs* (1788).

L'Assemblée constituante ayant établi une complète liberté de réunion et d'expression, les clubs, qui précédèrent les partis politiques, devinrent, en 1789/90, le rendez-vous des parlementaires et de l'élite de la bourgeoisie révolutionnaire. Les plus influents furent le *club des Jacobins* ou *Société des amis de la Constitution*, le *club des Cordeliers* ou *Société des amis des droits de l'homme et du citoyen*, le *club des Feuillants*, fondé un peu plus tard par la dissidence modérée des Jacobins.

La révolution de 1848 provoqua une nouvelle floraison des clubs ; en quelques semaines s'ouvrirent quelque 450 clubs, de toutes tendances : *club lycée des Prolétaires, club des Travailleurs libres, club de la Sorbonne, club du Peuple, club de la Révolution* (Barbès), *Société républicaine centrale* (Blanqui), *Société fraternelle centrale* (Cabet), *club de la rue de Montesquieu* (Raspail), etc. La plupart fermèrent après les journées de Juin 1848.

CLUNY (abbaye de). Célèbre abbaye bénédictine, fondée en 909, qui s'élevait dans la vallée de la Grosne, au N.-O. de Mâcon. Voir **Abbayes** et **Église catholique**. L'Église médiévale.

CNOSSOS. Ancienne ville de Crète et capitale, selon Homère, du roi Minos, et centre le plus brillant de la civilisation minoenne comme l'ont établi les fouilles de l'archéologue anglais Arthur Evans à partir de 1899. Plusieurs palais se sont succédé sur le site de Cnossos pendant le IIe millénaire av. J.-C., aux âges du bronze moyen et récent ; un ensemble urbain entourait ces palais dont le dernier disparut au XVe s. av. J.-C.

CNR. Voir **Conseil national de la Résistance**.

CNUCED. Conférence des Nations unies sur le commerce et le développement. La CNUCED, créée en 1964, est un organe permanent de l'Assemblée générale des Nations unies dont l'objectif est de favoriser le commerce international afin d'accélérer le développement économique. Elle s'adresse en particulier aux pays en voie de développement qui jugent que le GATT (v.) reflète trop exclusivement les positions des pays industrialisés. La CNUCED regroupait, fin 2000, 190 membres et siégeait à Genève.

COALITION (guerres de). Nom donné aux guerres menées de 1792 à 1815 par les puissances européennes coalisées contre la France de la Révolution et de l'Empire :

Première coalition. Préparée par la déclaration de Pillnitz (27 août 1791), elle se forma en mai 1792 entre l'Autriche et la Prusse, quelques semaines après la déclaration de guerre lancée par l'Assemblée législative à l'empereur (20 avr. 1792). Elle rallia ensuite l'Angleterre et la Hollande, auxquelles la Convention déclara la guerre le 1er févr. 1793, puis l'Espagne (7 mars 1793), le Portugal, les Deux-Siciles, la Sardaigne et les États pontificaux. La guerre de la première coalition, marquée d'abord par les victoires françaises de Valmy (20 sept. 1792) et de Jemmapes (6 nov. 1792), puis par une série de revers des armées de la Révolution (avr./sept. 1793), tourna à l'avantage de la France à la suite des réformes militaires de Carnot (v.) et des divisions entre les coalisés, la Prusse, notamment, se souciant plus du partage de la Pologne que de la lutte contre la France. L'invasion étrangère définitivement repoussée par les victoires de Houchard à Hondschoote (8 sept. 1793) et de Jourdan à Wattignies (15/16 oct. 1793), les armées de la convention conquirent la Belgique et la Hollande après une nouvelle victoire de Jourdan à Fleurus (26 juin 1794). La coalition ne tarda pas à se dissoudre : la Prusse s'en retira en signant le traité de Bâle (5 avr. 1795), puis la Hollande, par le traité de La Haye (16 mai 1795), puis l'Espagne, par le second traité de Bâle (22 juill. 1795).

L'Autriche, qui restait l'ennemi principal de la France sur le continent, fut chassée de Lombardie et de Vénétie par la campagne d'Italie de Bonaparte (avr. 1796/févr. 1797) et, après les préliminaires de Leoben (18 avr. 1797), signa le traité de Campoformio (v.) (18 oct. 1797). L'Angleterre poursuivait désormais seule la lutte contre la France. Cette guerre avait valu à la France la possession de la Belgique, avec la frontière du Rhin, ainsi que la Savoie et le comté de Nice. La plus grande partie de l'Italie du Nord passait également dans l'orbite de la France, qui y créa des États satellites, la République Ligurienne et la République Cisalpine, l'Autriche, en compensation, s'agrandissant de la Vénétie.

Deuxième coalition. Formée à l'instigation de l'Angleterre de sept. 1798 à mars 1799, elle comprenait, outre l'Angleterre, la Russie, la Turquie, l'Autriche, le royaume de Naples, quelques princes allemands et la Suède. Elle commença par des revers français – l'Italie fut perdue, à la suite de l'invasion de Souvarov (août 1799) –, mais la victoire de Masséna à Zurich (25/26 sept. 1799) sur les Austro-Russes et la capitulation du corps expéditionnaire anglo-russe à Alkmaar, en Hollande (18 oct. 1799), marquèrent un redressement avant même que Bonaparte fût rentré d'Égypte. Ayant fait passer à ses troupes le col du Grand-Saint-Bernard (mai 1800), Bonaparte occupa la Lombardie et remporta en Piémont la victoire de Marengo (14 juin 1800) ; quelques mois plus tard, en Allemagne, Moreau portait aux Autrichiens le coup décisif par sa victoire de Hohenlinden (3 déc. 1800). Par le traité de Lunéville (9 févr. 1801), l'Autriche reconnut toute la rive gauche du Rhin à la France et lui abandonna la quasi-totalité de l'Italie, à l'exception de Venise. Le roi de Naples se retira à son tour de la coalition (paix de Florence, 18 mars 1801). La Russie, inquiète de l'hégémonie maritime et commerciale de l'Angleterre, termina les hostilités par le traité de Paris (8 oct. 1801).

L'Angleterre elle-même, épuisée par une lutte sans résultats, dut signer le traité d'Amiens (v.) (25 mars 1802), par lequel elle restituait à la France toutes ses colonies (mais se gardait de reconnaître les conquêtes françaises sur le continent).

Troisième coalition. La paix avec l'Angleterre fut rompue pratiquement dès mai 1803. Les interventions de Bonaparte en Allemagne – recès impérial de 1803 –, en Suisse – Acte de médiation de 1803 – et en Italie – création du royaume d'Italie en mai 1805 – ne pouvaient laisser les grandes puissances indifférentes. La troisième coalition, constituée en juill./août 1805, groupa l'Angleterre, la Russie, l'Autriche, Naples et la Suède. Renonçant à ses projets d'invasion de l'Angleterre, que la défaite navale de Trafalgar (21 oct. 1805) rendit définitivement impossible, Napoléon marcha vers l'Allemagne du Sud, contraignit l'armée autrichienne de Mack à capituler dans Ulm (20 oct. 1805), puis marcha sur Vienne (occupée sans résistance le 15 nov.) et remporta sur les Austro-Russes la victoire décisive d'Austerlitz (2 déc. 1805). La Prusse, qui allait se joindre aux coalisés, se hâta de signer le traité de Schönbrunn (15 déc. 1805).

L'Autriche se vit imposer le traité de Presbourg (26 déc. 1805), qui la rejetait complètement hors d'Allemagne et hors d'Italie et permit à Napoléon de réorganiser le monde germanique par la création de la Confédération du Rhin (v.). Mais l'Angleterre et la Russie poursuivaient la guerre.

Quatrième coalition. Elle fut formée en oct. 1806 par l'Angleterre, la Russie et la Prusse, cette dernière ne pouvant accepter la réorganisation de l'Allemagne par Napoléon. La guerre qui suivit se déroula en deux phases : la campagne de Saxe, avec les victoires françaises d'Iéna et d'Auerstaedt (14 oct. 1806), s'acheva par l'entrée des Français à Berlin (27 oct. 1806) ; la campagne de Pologne, où les Russes résistèrent à Eylau (8 févr. 1807), mais subirent une défaite décisive à Friedland (14 juin 1807).

La guerre se termina sur le continent par le traité de Tilsit (8 juill. 1807), qui démembrait la Prusse et, par des accords secrets, posait les bases d'une alliance entre Napoléon et le tsar Alexandre.

Cinquième coalition. L'Angleterre, qui restait seule en guerre après Tilsit, profita des premiers échecs français durant la guerre d'Espagne pour amener l'Autriche à rouvrir le conflit sur le continent (avr. 1809). Cette coalition anglo-autrichienne fut rapidement disloquée par les victoires napoléoniennes qui marquèrent la campagne de 1809 : Eckmühl (22 avr.) et Wagram (5/6 juill.)

La paix de Vienne (14 oct. 1809) enleva des territoires considérables à l'Autriche, qui, peu après, consentit au mariage de l'archiduchesse Marie-Louise avec Napoléon.

Sixième coalition. Elle fut conclue, en févr./mars 1813, après l'issue désastreuse de la campagne de Russie, entre les Russes et les Prussiens, auxquels se joignirent la Suède, l'Autriche (août 1813), les souverains allemands et toujours l'Angleterre. Malgré ses premières victoires de Lützen (2 mai 1813), de Bautzen (20/21 mai) et de Dresde (26-27 août), Napoléon, qui avait à faire face à des forces deux fois supérieures aux siennes, fut battu à la bataille de Leipzig (16/18 oct.) et dut évacuer l'Allemagne. Dès janv. 1814 commença la campagne de France, au cours de laquelle, par une série de victoires, l'Empereur fit la preuve éclatante de son génie militaire toujours intact, sans parvenir toutefois à contenir le flot des envahisseurs. Après la capitulation de Paris (30 mars 1814), Napoléon signa son abdication à Fontainebleau (6 avr.) et partit pour l'île d'Elbe. La France, par le traité de Paris (30 mai 1814), était ramenée à ses frontières de 1792.

Septième coalition. Dès l'annonce du retour de l'île d'Elbe, elle réunit les mêmes puissances que la précédente et remporta sur Napoléon la victoire définitive de Waterloo (18 juin 1815).

COBBETT William (* Farnham, Surrey, 9.III.1763, † Guildford, 18.VI.1835). Homme politique et journaliste anglais. Il fit ses débuts de publiciste aux États-Unis, en attaquant la Révolution française et ses partisans américains. Rentré à Londres en 1802, il évolua vers le radicalisme dès 1806 et s'indigna de la misère qu'engendraient les guerres contre Napoléon. Malgré un séjour en prison (1810/12) et un nouvel exil en Amérique (1817/19), ses prises de position en faveur des travailleurs lui donnèrent une audience grandissante et contribuèrent à la réforme électorale de 1832.

COBDEN Richard (* Dunford Farm, près de Midhurst, Sussex, 3.VI.1804, † Londres 2.IV.1865). Économiste anglais. Avec un groupe d'industriels et d'économistes de Manchester, il se voua entièrement à la cause du libre-échange contre la vieille Angleterre des grands propriétaires terriens. Dès 1840, Cobden fut le principal animateur de l'*Anti-Corn Laws League* (Ligue contre les lois sur les blés), et il organisa une campagne qui devait aboutir, six ans plus tard, à l'abolition des lois protectionnistes par le ministère Peel.

Membre des Communes (1841/57), Cobden resta le champion du libre-échangisme. Adversaire de la guerre de Crimée et de la politique impérialiste de Palmerston, il prêcha le désarmement et le règlement des conflits internationaux par l'arbitrage. Il négocia avec Napoléon III le traité de commerce franco-anglais de 1860, qui constitua la première victoire du libre-échangisme en France.

COCHINCHINE. Région méridionale de l'Indochine, bornée au N. par le Cambodge, au N.-E. par l'Annam. La Cochinchine, qui correspond aux plaines du bas Mékong, est une des premières régions du monde pour la production de riz. Elle fut conquise par la dynastie annamite des Nguyên, qui régnait à Huê, à la fin du XVIIe s. et au début du XVIIIe (occupation de Saigon, jusqu'alors au Cambodge, en 1698). Après que la révolte des pirates Tayson eut renversé à Huê la monarchie des Nguyên (1770/86), un héritier de cette dynastie, Nguyên Anh, se réfugia en Cochinchine, y établit son autorité (1789) et, avec l'aide d'un missionnaire français, Mgr Pigneau de Béhaine, reprit aux rebelles l'Annam et le Tonkin (1801/02), reconstituant l'empire des Nguyên. Cependant, le despotisme des souverains de Huê et la corruption de l'administration provoquèrent des mouvements d'agitation en Cochinchine, notamment la révolte de Lê Van Khoi (1833). Les missionnaires français, qui souffraient des persécutions des empereurs annamites firent appel à leur gouvernement : Saignon fut occupé dès 1859 par l'amiral Rigault de Genouilly, et le reste de la Cochinchine de 1862 à 1867. Devenue une colonie française, la Cochinchine fut réoccupée par les troupes de Leclerc dès sept. 1945. Au cours des premières négociations avec la France, Hô Chi Minh et le Viêt-minh mirent comme condition essentielle d'un accord l'union de la Cochinchine et du Viêt-nam ; la constitution d'une Cochinchine autonome, favorisée par Thierry d'Argenlieu, fut une des principales causes de la rupture qui aboutit, en 1946, à la première guerre d'Indochine. Intégrée en 1949 avec l'Annam et le Tonkin dans l'État vietnamien de Bao-Dai, la Cochinchine fait partie depuis 1954 de la république du Viêt-nam.

COCHONS (baie des), *Bahia de Cochinos.* Baie de la côte méridionale de l'île de Cuba, à l'O. de la ville de Cienfuegos. Le 16 avr. 1961, 1 600 exilés cubains anticastristes, qui avaient été entraînés militairement en Floride, en Louisiane et au Guatemala, y tentèrent un débarquement. Cette opération, menée avec l'accord du président Kennedy et sous la protection de la marine américaine, aboutit à un échec et contribua à envenimer les rapports entre Cuba et les États-Unis.

CODE CIVIL. Code de lois institué par Napoléon Ier pour unifier le droit civil en France. Trois projets avaient vu le jour entre 1793 et 1797. Un décret du 24 thermidor an VIII (11 août 1800) créa une commission réunissant deux juristes du Nord (Tronchet et Bigot de Préameneu) et deux du Midi (Maleville et Portalis), chargée de remettre un projet. Prêt en quatre mois, il fut soumis au Tribunal de cassation, aux tribunaux d'appel, puis discuté au Conseil d'État (le Premier consul étant présent), au Sénat et au Tribunat. De mars à mai 1803 et de janv. à mars 1804, trente-six lois furent promulguées. Puis la loi du 30 ventôse an XII (21 mars 1804) les réunit toutes en un seul texte qui, appelé *Code civil des Français* (*Code Napoléon* en 1807) comprenait 2 281 articles.

Le Code faisait la synthèse du droit romain et du droit coutumier ; il prenait en compte la législation de l'Ancien Régime et les principes de la Révolution. Il consacrait l'égalité civile et politique devant la loi, l'abolition des privilèges, la fin du régime féodal et le partage égal des successions. Il faisait de la propriété un droit absolu et sacré. Il fut complété par le Code de procédure civile, le Code de commerce, le Code d'instruction criminelle et le Code pénal.

Le Code civil se répandit en Europe avec les conquêtes napoléoniennes où il fit connaître les principes de 1789. Partout il laissa une forte empreinte. Au XIXe s., il inspira les codes hollandais, roumain et italien, portugais et espagnol. En France il subit des amendements importants à partir de 1880, notamment en matière de divorce, de droits des enfants naturels et d'égalité des hommes et des femmes.

CŒUR Jacques (* Bourges, vers 1395, † Chio, 25.XI.1456). Homme d'affaires français. Grâce à la fortune réalisée dans le commerce avec le Levant, il devint le banquier de Charles VII, qui le nomma argentier du roi en 1439. Ministre des Finances de fait, il assainit la situation monétaire, contribuant au financement de la reconquête du royaume. Une cabale le fit accuser à tort d'avoir empoisonné Agnès Sorel, mais c'est pour malversations qu'il fut emprisonné en 1451, condamné à trois ans de prison, à une énorme amende et à la confiscation de ses biens. Parvenu à s'évader, il se réfugia auprès du pape Calixte III avant de mourir en Orient.

COEXISTENCE PACIFIQUE. Formule lancée par Khrouchtchev au XXe congrès du parti communiste de l'Union soviétique, le 14 févr. 1956, pour définir l'orientation de la politique étrangère de l'URSS à l'égard des États capitalistes.

COHN-BENDIT Daniel (Montauban, 4.IV.1945). Militant et homme politique allemand. Fils de Juifs allemands ayant fui le nazisme, étudiant en sociologie à la faculté de Nanterre en 1968, il fut l'un des animateurs du Mouvement du 22 mars qui lança la contestation en milieu étudiant. Il devint l'un des leaders les plus médiatisés de mai 1968 (aux côtés d'Alain Geismar du SNESUP et d'Alain Sauvageot de l'UNEF). Interdit de territoire pendant dix ans, il s'installa en RFA, où il poursuivit son activité militante. Participant au mouvement des Verts allemands, élu adjoint au maire de Francfort en 1989, puis député européen en 1994, il fit son retour sur la scène politique française en 1997, quand il mena la liste verte pour les élections européennes de juin 1999, celle-ci obtenant près de 10 % des suffrages. Il exerce depuis son mandat de député européen.

COLBERT Jean-Baptiste (* Reims, 29.VIII.1619, † Paris, 6.IX.1683). Homme politique français. Fils d'un marchand drapier de Reims, il débuta comme simple commis dans les bureaux de la Guerre. Puis il devint l'homme de confiance de Mazarin, gérant l'immense fortune du cardinal, sans négliger la sienne. Mazarin, avant de mourir, recommanda à Louis XIV ses qualités de travailleur acharné et méthodique et son dévouement à l'État. Intendant des Finances, il s'appliqua avec patience et perfidie à ruiner auprès du roi le crédit de Fouquet. Ce dernier abattu, il cumula progressivement les fonctions de surintendant des Bâtiments et Manufactures, de contrôleur général des Finances (1665), du secrétaire d'État à la Maison du roi et à la Marine. Ces charges lui donnaient la haute main sur toute la vie économique du pays ; elles lui permirent aussi de construire une grande fortune et de placer ses proches dans des positions de pouvoir ou de prestige. Il devint le chef d'un clan, rival de celui de Le Tellier et de son fils Louvois. Serviteur dévoué, Colbert mit son énergie et ses pouvoirs à accroître la puissance du roi. Il réforma les Finances, en organisant le budget, qui pour un temps fut en équilibre, et en faisant la chasse aux exemptions indues. Il renforça l'autorité des intendants dans les provinces. Il entreprit d'unifier le système juridique français par une série de grandes ordonnances. Colbert surtout a donné son nom à la forme française du mercantilisme (v.). Se proposant d'accumuler les métaux précieux dans le pays, il s'efforça de réduire les importations en taxant lourdement les produits anglais et hollandais, et d'accroître les exportations en encourageant les manufactures et les compagnies de commerce privilégiées.

La vie intellectuelle et artistique n'échappa pas à son action. Il regroupa savants et artistes dans des académies, et il fut le grand dispensateur du mécénat royal.

COLIGNY Gaspard de Châtillon, sire de (* Châtillon-sur-Loing, Loiret, 16.II.1519, † Paris, 24.VIII.1572). Amiral de France et homme politique français. Fils du maréchal Gaspard de Coligny, il fut élevé dans la religion catholique et jouit d'abord d'une grande faveur à la cour : nommé en 1547, par Henri II, colonel général de l'infanterie, amiral de France en 1552, il devint en 1555 gouverneur de la Picardie. Il contribua notamment à la victoire de Renty et défendit Saint-Quentin contre les Espagnols (1557). Il se rallia à la Réforme (vers 1558) et fut, avec Condé, le principal chef militaire des huguenots. Il obtint la paix avantageuse de Saint-Germain (août 1570). Revenu à la cour en oct. 1571, il fut traité avec les plus grands honneurs, et, au scandale des catholiques, il devint le conseiller le plus écouté de Charles IX. Pour réconcilier les Français, il commença, de concert avec le roi, à dresser les plans d'une guerre nationale contre les Espagnols, dans les Flandres. Mais Coligny manqua de mesure, et le mariage d'Henri de Navarre avec Marguerite de Valois irrita profondément l'opinion. Le 22 août 1572, alors qu'il sortait du Louvre, Coligny fut blessé d'un coup d'arquebuse tiré par le catholique Maureval et, deux jours plus tard, il fut l'une des premières victimes de la Saint-Barthélemy. Son cadavre fut jeté par la fenêtre, puis pendu au gibet de Montfaucon, et un arrêt du parlement (abrogé en 1599) déclara Coligny coupable de haute trahison.

COLLABORATION. Nom donné à la politique d'entente et de rapprochement avec l'Allemagne nationale-socialiste qui fut poursuivie de 1940 à 1945 par divers gouvernements et mouvements politiques de l'Europe occupée.

La collaboration en France

Formulée officiellement par le maréchal Pétain dans son message du 11 oct. 1940, la collaboration, n'était, pour les dirigeants de l'État français, qu'une manœuvre politique imposée par les circonstances. À partir de févr. 1941, l'amiral Darlan dut consentir à ce qu'elle fût renforcée ; en avr. 1942, P. Laval qui lui succéda la mit en œuvre. Elle devint une volonté d'engagement total, à la fois politique, idéologique et bientôt militaire, dans l'« Europe nouvelle » dirigée par l'Allemagne hitlérienne. Parmi les chefs de la collaboration parisienne, quatre groupes peuvent être distingués : *a*) d'anciens partisans des idées de Briand, depuis toujours acquis au rapprochement avec l'Allemagne, comme J. Luchaire, G. Suarez, F. de Brinon, Drieu la Rochelle ; *b*) des hommes de gauche, attirés par la formule de socialisme autoritaire du national-socialisme, comme M. Déat ; *c*) des intellectuels d'extrême droite, souvent anciens militants de l'Action française proches du fascisme, comme R. Brasillach, L. Rebatet, P.A. Cousteau ; *d*) des chefs politiques ambitionnant personnellement le pouvoir, comme J. Doriot, M. Bucard, E. Deloncle. Les principaux journaux politiques de la collaboration furent : *Aujourd'hui* (G. Suarez),

Les Nouveaux Temps (J. Luchaire), *Le Cri du peuple* (Doriot), *L'Œuvre* (Déat), les hebdomadaires *Je suis partout* (Brasillach, Rebatet) et *La Gerbe* (A. de Châteaubriant). Les journaux de grande information paraissant sous le contrôle de l'occupant, diffusaient les thèmes de la propagande allemande : *Paris-Soir, Le Matin, Le Petit Parisien*. La collaboration se manifesta également dans plusieurs mouvements : le Rassemblement national populaire (RNP) de Marcel Déat, le parti populaire français (PPF) de Jacques Doriot, le Mouvement social révolutionnaire (MSR) d'Eugène Deloncle... Dès le début de la guerre germano-soviétique fut décidée (juill. 1941) la création d'une Légion des volontaires français contre le bolchevisme (LVF), qui combattit sur le front de l'Est et reçut un message d'encouragement de Pétain.

À partir de 1943 se constituèrent également des unités françaises de Waffen SS, qui participèrent aux derniers combats de Berlin, en mai 1945. L'activité de la Résistance s'intensifiant sur le territoire même de la France, la Milice française fut créée (janv. 1943), sous le commandement de Joseph Darnand ; en liaison avec les troupes allemandes, elle participa, en particulier dans le Vercors, à la répression des maquis, tandis que certains policiers français collaboraient avec la Gestapo et le Sicherheits-Dienst (SD). Avec le retour de Pierre Laval, la politique de collaboration d'État se radicalisa : sous la pression allemande et des milieux collaborationnistes, et lui-même convaincu de la victoire nazie, il fit entrer dans son gouvernement des partisans déclarés du national-socialisme, comme Bonnard, Brinon, Darnand, Déat. En août 1944, la plupart des chefs politiques et des journalistes de la collaboration se réfugièrent en Allemagne et formèrent à Sigmaringen une Commission gouvernementale française. Arrêtés lors de l'effondrement allemand, au printemps 1945, ils furent jugés et souvent exécutés.

Dans les autres pays

La collaboration fut un phénomène commun à la plupart des pays occupés par l'Allemagne hitlérienne.

En **Belgique**, les Allemands reçurent le double appui d'une partie du mouvement flamingant, le *Vlaamsch National Verbond* (VNV) de Staf de Clerq, et du rexisme wallon de Léon Degrelle, lequel rêvait à une reconstitution de l'État bourguignon du XVe s. au sein de l'« Europe nouvelle ». La presse collaborationniste belge fut illustrée principalement par Paul Colin et par le journal *Cassandre*. Des unités SS flamandes et wallones combattirent sur le front de l'Est, avec Degrelle. À la fin de la guerre, celui-ci réussit à se réfugier en Espagne ; il fut condamné à mort par contumace.

Aux **Pays-Bas** existait dès avant la guerre un mouvement ouvertement national-socialiste, le NSB de l'ingénieur Anton Mussert, qui, aux élections provinciales de 1935, avait rassemblé jusqu'à 8 % des électeurs. Après 1940, sous l'autorité du commissaire du Reich, Seyss-Inquart, les hommes du NSB furent placés aux postes clés de l'administration sous contrôle allemand. En juill. 1941, tous les anciens partis politiques furent supprimés, et, en déc. 1941, le NSB fut reconnu comme parti unique. Le 13 déc. 1942, Mussert devint « Führer » du peuple néerlandais, et le NSB fut associé à l'administration du pays. La division SS néerlandaise Westland combattit, elle aussi, sur le front de l'Est. Mussert devait être exécuté après la Libération.

En **Norvège**, l'ancien officier et ministre de la Défense Vidkun Quisling, qui avait fondé, dans les années 1930, un rassemblement fasciste, le *Nasjonal Samling*, se rendit à Berlin durant l'hiver 1939/40 et aida les Allemands à préparer l'invasion de son pays. Le commissaire allemand Terboven fit du Nasjonal Samling le parti unique norvégien, et, en févr. 1942, Quisling devint président du Conseil. La division SS Norge combattit sur le front de Russie. Quisling devait être exécuté après la Libération.

Les conditions particulières dans lesquelles s'était effectuée, en avr. 1940, l'occupation du **Danemark** amenèrent les Allemands à respecter d'abord le fonctionnement de la monarchie constitutionnelle et parlementaire dans ce pays. En nov. 1940, le parti nazi danois, dirigé par Frits Clausen, tenta vainement un coup d'État, et, même après que la Wehrmacht eut pris directement le contrôle du pays, en août 1943, il n'accéda jamais au gouvernement. Mais ses militants constituèrent les rangs de l'unité SS Nordland ou participèrent avec les Allemands à la lutte contre la Résistance.

Après l'effondrement de la Yougoslavie, au printemps 1941, la **Croatie** (v.) fut proclamée indépendante sous la direction d'un gouvernement collaborationniste dirigé par Ante Pavelic, chef des oustachis.

En **Hongrie**, le régime de l'amiral Horthy, allié militairement à l'Allemagne contre la Russie dès juin 1941, réussit pendant trois ans à conserver son indépendance dans les affaires intérieures. En mars 1944, Horthy fut contraint d'accepter un gouvernement collaborationniste, dirigé par Döme Sztojay, mais, après l'arrestation de Horthy et sa déportation en Allemagne (oct. 1944), c'est le chef fasciste Ferenc Szálasi, chef des Croix fléchées, qui prit le pouvoir ; il gouverna en étroite union avec les Allemands jusqu'à ce que le pays fût submergé par l'avance de l'Armée rouge, en févr. 1945.

En **URSS**, les Allemands, considérant que les terres de l'Est occupées étaient vouées à une pure et simple colonisation germanique, n'essayèrent pas de constituer des gouvernements collaborationnistes locaux. Ils reçurent cependant l'appui de nationalistes baltes et ukrainiens, de populations telles que les Kalmouks, les Tatars de Crimée, les Tcherkesses (tous punis ensuite de la déportation), et même de Soviétiques prisonniers de guerre, qui s'enrôlèrent dans l'« armée de libération russe » du général Vlassov.

COLLÈGE DE FRANCE. La fondation, en 1517, du collège des Trois Langues à Louvain donna à Guillaume Budé l'idée d'un établissement semblable à Paris. Il parvint à intéresser François Ier à la création de trois chaires de *lecteurs* royaux pour le grec, l'hébreu et le latin et le *Collège royal* fut fondé en 1530. Six maîtres étaient nommés (trois pour l'hébreu, deux pour le grec, un pour les mathématiques). La Sorbonne porta plainte contre l'insuffisance théologique des lecteurs ; passant outre, François Ier rendit le nouvel établissement tout à fait indépendant de l'Université et de nouvelles chaires furent créées.

L'établissement devint *Collège national* sous la Révolution, *Collège impérial* sous Napoléon et prit son nom actuel sous la Restauration.

COLLIER (affaire du). Célèbre affaire d'escroquerie qui remua profondément l'opinion dans les dernières années de l'Ancien Régime et qui, par l'importance des personnalités mises en cause, contribua à jeter un discrédit supplémentaire sur la cour et sur la monarchie. L'affaire fut montée par une aventurière, la comtesse de La Motte aidée par l'aventurier Cagliostro. Sachant que le cardinal de Rohan, prince-évêque de Strasbourg et grand aumônier de France, désolé de ses mauvaises relations avec la cour, était prêt à tous les sacrifices pour se réconcilier avec Marie-Antoinette, la comtesse de La Motte lui fit croire qu'il pourrait conquérir les bonnes grâces de la reine en lui offrant un collier de diamants de 1 600 000 livres qui était en la possession des joailliers Boehmer et Bassange. Ce collier avait déjà été proposé vainement à Louis XV pour la comtesse Du Barry, et à Louis XVI pour la reine. Poussé par Cagliostro, le cardinal accepta l'affaire. On lui présenta de fausses lettres de Marie-Antoinette et on lui ménagea, dans un bosquet de Versailles, une entrevue nocturne avec une fille de chambre qu'il prit pour la reine. Le cardinal acheta le collier à crédit et le remit à un prétendu officier de la reine, qui n'était qu'un amant de la comtesse de La Motte. Celle-ci défit le collier et le vendit en détail à Londres. Mais le cardinal n'ayant pu faire face à une échéance, les joailliers s'adressèrent directement à la reine, et tout se découvrit. Au lieu de conserver le secret sur cette affaire, Louis XVI fit arrêter sur-le-champ le cardinal de Rohan et ses « complices » (août 1785). Le baron de Breteuil, ennemi personnel de Rohan, voulut que celui-ci eût un procès éclatant, devant le Parlement. L'instruction et le procès eurent en effet un énorme retentissement, mais qui se retourna contre la cour et les souverains. Rohan, qui, dans toute cette affaire, n'avait d'ailleurs été que dupe, prit figure de martyr. Marie-Antoinette, qui était complètement innocente, fut salie dans sa vie privée et dénoncée une fois de plus pour son luxe dispendieux. Le jugement, rendu le 31 mai 1786, relaxa le cardinal de Rohan (que Louis XVI priva cependant de toutes ses charges et exila à l'abbaye de La Chaise-Dieu) ; Cagliostro fut banni du royaume ; la comtesse de La Motte fut condamnée à être flagellée, marquée et enfermée pour la vie à la Salpêtrière.

COLLOR DE MELLO Fernando (Rio de Janeiro, 12.VIII.1949). Homme politique brésilien. Député (1982), puis gouverneur de l'État d'Alagoas (1987), il fut élu président, en déc. 1989, grâce aux votes des couches défavorisées de la population, mais ne parvint pas à redresser la situation économique. Suspendu de ses fonctions pour corruption et trafic d'influence, il démissionna, en déc. 1992, et fut condamné à huit ans de privation de ses droits civiques. En déc. 1994, la Cour suprême du Brésil l'acquitta des charges de corruption sans lever la privation de ses droits civiques.

COLLOT D'HERBOIS Jean-Marie (* Paris, 19.VI.1749, † en Guyane, 8.I.1796). Homme politique français. D'abord comédien ambulant et auteur de pièces de théâtre, il s'enthousiasma pour la Révolution, publia l'*Almanach du Père Gérard*, qui le fit connaître, et devint un redoutable orateur de clubs. Il fut un des responsables de la journée du 10-Août et des massacres de sept. 1792. Député à la Convention, membre du Comité de salut public (1793), il réprima avec une énergie sauvage l'insurrection de Lyon (fin 1793). Adversaire de Robespierre au 9-Thermidor dont il contribua à étouffer la voix comme président de séance, il fut accusé à son tour et déporté en Guyane.

COLMAR. Ville de France, chef-lieu du Haut-Rhin, annexée par l'Allemagne de 1871 à 1918 et de 1940 à 1944. La **poche de Colmar** a désigné les positions allemandes constituées à la fin de 1944 dans le front allié et solidement accrochées aux Vosges. Elle fut réduite par l'offensive conjointe de la VIIe armée américaine et de la Ire armée française du 20 janv. au 7 févr. 1945.

COLOGNE, *Köln.* Ville d'Allemagne (Rhénanie-Westphalie), sur la rive gauche du Rhin. Camp romain fondé en 38 av. J.-C. près d'un établissement des Ubiens, elle prit son essor en 50 de notre ère, lorsque l'empereur Claude, à la demande de son épouse Agrippine, qui était native de la ville, lui donna le statut de colonie romaine, sous le nom de *Colonia Claudia Ara Agrippinensis*. Capitale de la province de Germanie inférieure, elle devint un centre commercial actif et vit se développer au milieu du IIe s. une grande industrie de la verrerie. Évêché mentionné en 313, Cologne fut submergée par les Francs au début du Ve s. et devint la capitale des Francs Ripuaires. En 785, l'évêché fut élevé par Charlemagne au rang d'archevêché. Sous l'épiscopat de Bruno Ier (953/65), frère de l'empereur Othon le Grand, Cologne fut déclarée ville libre et impériale (957), sous l'autorité de ses évêques, qui devinrent Électeurs en 1357. Au combat de Worringen (1288), la ville conquit sa liberté sur le pouvoir des évêques ; jusqu'au XVe s., elle allait jouer un rôle considérable dans la ligue hanséatique et faire un commerce actif avec les pays du Nord.

La ville de Cologne ne faisait pas partie de l'électorat, dont la capitale se trouvait à Bonn. En 1388 fut fondée l'université de Cologne (supprimée en 1797, rétablie en 1919). L'archevêque Hermann von Wied tenta vers 1540 d'introduire la Réforme à Cologne, mais sans succès ; une nouvelle tentative, faite par l'archevêque Gebard Truchsess von Waldburg, qui avait adhéré au protestantisme, fut également brisée par la résistance des puissances catholiques au terme de la *guerre de Cologne* (1582/84). A partir de cette époque et jusqu'en 1761, l'électorat de Cologne resta dans la famille bavaroise des Wittelsbach. Cologne fut prise par les Français en 1794 ; de 1801 à 1814, elle constitua un chef-lieu d'arrondissement du département français de la Roer. La ville et l'ensemble de l'ancien électorat furent attribués à la Prusse en 1815.

COLOMB Christophe, Cristobal Colón (* Gênes ou Savone ?, vers 1446/51, † Valladolid, 21.V.1506). Célèbre navigateur, découvreur du Nouveau Monde. Ses origines demeurent mystérieuses ; fils d'un tisserand établi dans l'État de Gênes, il n'était peut-être pas italien, car il écrivit toujours en espagnol, même dans ses notes personnelles et sa correspondance avec ses frères ou avec des Italiens. On a émis l'hypothèse qu'il appartenait à une famille juive espagnole émigrée en Italie.

Installé au Portugal en 1476, dont il ne put convaincre le roi qu'il était possible d'atteindre les Indes par l'Atlantique, il se rendit en Espagne et obtint l'accord d'Isabelle la Catholique, après des années de démarches et d'attente, en 1492. Un premier voyage lui permit, le 12 oct. 1492, de découvrir les Bahamas, puis Cuba et Saint-Domingue ; un deuxième voyage (1493), à la tête d'une flotte de dix-sept navires, provoqua les premiers combats entre Espagnols et indigènes des nouvelles îles découvertes (Guadeloupe, Porto Rico, Jamaïque) parmi lesquels il fit 500 prisonniers qu'il expédia en Espagne ; lors de son troisième voyage (1498), il aperçut la côte du continent mais ne prit pas garde à cette découverte, préoccupé qu'il était par l'insurrection de Saint-Domingue. Les souverains espagnols lui refusèrent le titre de gouverneur et Colomb ne se soumit que par force à l'autorité de Bobadilla, qui le renvoya à Cadix (1500). Une quatrième expédition (1502/04) lui permit d'explorer les côtes de l'Amérique centrale. Voir **Découverte du monde**.

COLOMBAN saint (* Irlande, vers 540, † Bobbio, 23.XI.615). Moine et missionnaire irlandais de l'Europe païenne. Il fonda vers 590 à Luxeuil une abbaye qui devint un foyer de renouveau monastique en Gaule. Il évangélisa la France du Nord, la Belgique et la Suisse. Accueilli en Italie par Agilulf, roi des Lombards, il fonda une nouvelle abbaye à Buggio où il mourut. La règle monastique qu'il avait établie fut peu à peu remplacée par la règle bénédictine.

COLOMBIE, *Republica de Colombia.* État de l'Amérique du Sud, le seul baigné à la fois par l'océan Atlantique et l'océan Pacifique ; capitale *Bogotá*. Le territoire actuel de la Colombie était peuplé il y a au moins 11 000 ans (El Abra, Tibito) et des vestiges mégalithiques ont été découverts en 1941 par Paul Rivet. À l'arrivée des Espagnols, le principal foyer de civilisation était celui des Chibchas, dans les hauts plateaux orientaux. La côte atlantique fut explorée pour la première fois en 1499 par Hojeda et Vespucci. Dès 1510, la colonisation espagnole commença dans l'isthme de Panamá, et, après 1525, furent fondés, en Colombie même, les premiers établissements de Santa Marta et de Cartagena. De 1536 à 1539, Jiménez de Quesada soumit les royaumes chibchas de la région de Bogotá et fonda, le 6 août 1538, la *Cité de Nouvelle-Grenade* (d'après le nom de sa ville natale). Cette contrée devint la vice-royauté de Nouvelle-Grenade, qui englobait, outre la plus grande partie de la Colombie actuelle, le Venezuela et l'Équateur. Elle n'intéressait guère les Espagnols que pour ses richesses aurifères. C'est en 1810 que commença le soulèvement de la population créole ; il se heurta à une violente réaction des Espagnols et l'indépendance ne fut définitivement acquise que neuf ans plus tard, par la victoire de Bolívar à Boyacá (7 août 1819). Au congrès d'Angostura (déc. 1819) fut fondée la république de Grande-Colombie qui englobait le Venezuela, l'Équateur et le Panamá. Cette union ne devait pas survivre à Bolívar, et, en 1830, le Venezuela et l'Équateur se constituèrent en États séparés.

Durant tout le XIXe s., la vie politique colombienne fut troublée par de sanglantes guerres civiles entre conservateurs (centralistes) et libéraux (fédéralistes). Ce furent d'abord les libéraux qui l'emportèrent et leur principal chef, Tomás Cipriano de Mosquera, imposa en 1863 la Constitution fédérale des États-Unis de Colombie. Mais, en 1886, les conservateurs, avec Rafael Nuñez, revinrent au pouvoir (ils devaient y rester jusqu'en 1930). Une nouvelle Constitution centraliste fut adoptée dès 1886 et la république fédérale devint une république unitaire (v. **Panamá**). À la suite de la crise économique de 1929, les libéraux revinrent au pouvoir, et ils s'y maintinrent jusqu'en 1946.

Une guerre civile opposant libéraux et conservateurs, entre 1948 et 1953, fit entre 200 et 300 000 morts ; elle spolia nombre de petits propriétaires et permit la constitution d'immenses fortunes foncières (72 % du sol cultivable pour 6 % de la population). En 1953, l'armée dirigée par le général Rojas Pinilla mit fin au massacre. Les principes d'une alternance entre les deux partis furent définis, et le pouvoir fut rendu aux civils en 1958. En 1961 naquirent l'Armée de libération nationale (ALN), guérilla procastriste, puis, en 1965, les Forces armées révolutionnaires colombiennes (FARC), proches des communistes, et, en 1974, le Mouvement du 19 avril (M19), plus radical encore. Les propriétaires fonciers utilisèrent des milices privées, au caractère quasi institutionnel et le clientélisme fut érigé en mode de gouvernement par les deux partis qui s'échangeaient le pouvoir. Ajoutant à cette anarchie, ou s'y mêlant, les trafiquants de drogue contrôlaient la région de Medellin, centre du trafic de la marijuana et de la cocaïne ; ses recettes atteignirent le double de celles du café dont la Colombie était le deuxième pays exportateur mondial.

Le président Belisario Betancour (conservateur), élu en 1982, tenta de ramener la paix en levant un état de siège vieux de trente-quatre ans et proposa l'amnistie aux guérilleros qui déposeraient les armes. Cette tentative d'apaisement suscita l'opposition des militaires d'extrême droite, considérant toute négociation comme une victoire communiste. L'échec du président Betancour fut sanctionné par le massacre, en nov. 1985, d'un commando du M19 et de ses otages. Le nouveau président, libéral, élu en 1986, Virgilio Barco, n'avait plus aucun pouvoir ; les exécutions politiques de civils se comptaient par centaines. En 1987, les guérillas se regroupèrent dans une « coordination Simón Bolívar ».

Cependant, en 1987, avec la première extradition vers les États-Unis d'un dirigeant du cartel de Medellin, Carlos Ledher, les milieux de la drogue, sentant leur impunité menacée, entrèrent en guerre ouverte contre le régime et devinrent les principaux acteurs de la violence : meurtres de trois candidats à la présidence (Luis Carlos Galan, libéral, Bernardo Jaramillo Ossa, Union patriotique, et Carlos Pizarro, M19), ainsi que de nombreux magistrats et journalistes. Un nouveau candidat, le libéral César Gaviria, fut élu à la présidence de la République le 27 mai 1990 avec 47 % des voix. Il fit entrer dans son gouvernement Antonio Navarro, numéro 2 du M19, mouvement d'opposition réintégré en 1990 à la vie politique légale, poursuivant ainsi le processus de réconciliation nationale engagé avec la guérilla. Cependant, les négociations avec la coordination nationale de la guérilla Simón Bolívar n'aboutirent pas. La politique d'ouverture et de dialogue prônée par le président Gaviria n'arrêta pas la violence, attisée par des alliances entre cartels et guérillas. L'état d'urgence fut rétabli en nov. 1992, les effectifs de l'armée et des groupes paramilitaires progouvernementaux renforcés.

Les investissements étrangers, attirés par une croissance économique continue depuis plus de cinquante ans, par des mesures de libéralisation et par la découverte de nouveaux gisements de pétrole, ont été multipliés par dix entre 1990 et 1993. Cependant, l'inflation annuelle restait, en 1993, aux alentours de 20 % et les inégalités sociales ne s'estompaient pas, 45 % des Colombiens vivant encore au-dessous du seuil de pauvreté. Le libéral Ernesto Samper, élu président, à une courte majorité, le 19 juin 1994, entendait donner la priorité à la politique sociale. En juin 1996, le Congrès colombien l'innocenta des charges de corruption qui pesaient sur lui. En mars 1998, le parti libéral sortit vainqueur des élections et, au mois de juin, Andrés Pastrana fut élu président de la République, succédant ainsi à Samper. Il engagea immédiatement des négociations avec la guérilla des Forces armées révolutionnaires colombiennes (FARC). Ces pourparlers aboutirent à la démilitarisation, en juill., d'une région du pays dont l'administration fut confiée à la FARC, sans pour autant mettre fin à tous les combats entre l'armée, les groupes paramilitaires et la guérilla. En août 1999, la politique économique d'A. Pastrana provoqua une grève générale qui fut très suivie. En sept., il annonça un plan de relance de la paix et de l'économie – prévoyant des réformes et des privatisations – soutenu par le FMI, qui promit 6 milliards de dollars, auxquels vinrent s'ajouter, en août 2000, des subsides américains destinés à la lutte antistupéfiants. Des négociations avec la guérilla de l'Armée de libération nationale (ELN) aboutirent, en mai 2000, à la création d'une seconde zone démilitarisée confiée à l'ELN, mais l'Union européenne refusa de cautionner le plan de paix du président. En 2002, A. Pastrana a déclaré la fin du processus de paix ; les FARC ont riposté par l'enlèvement d'Ingrid Betancourt, candidate à l'élection présidentielle du mois de mai. Alvato Uribe a été élu président au premier tour.

COLONIES. Territoires généralement non-européens conquis et politiquement soumis à la tutelle d'États européens. À la suite des grandes découvertes maritimes de la fin du XVe s. (v. **DÉCOUVERTE DU MONDE**), la colonisation allait devenir, pour plus de quatre siècles, un élément fondamental de la politique et de l'économie européennes. Les deux découvertes essentielles furent celle de l'Amérique par Christophe Colomb (1492) et celle de la route maritime des Indes par Vasco de Gama (1498). Dans l'expansion européenne outremer, les préoccupations matérielles semblent n'avoir joué, au début, qu'un rôle secondaire. Sans doute l'Europe souffrait-elle d'une pénurie de métaux précieux (or et argent), d'autant plus sensible que les charges des États ne cessaient de s'accroître depuis le déclin du système féodal ; sans doute aussi la prise de Constantinople par les Turcs (1453) annonçait-elle la fermeture prochaine de l'ancienne route des épices, mais la crise en ce secteur ne commença à se faire sentir qu'*après* les découvertes maritimes, lorsque l'Égypte et l'entrée de la mer Rouge furent tombées aux mains des Ottomans (1517).

Beaucoup plus importants furent la curiosité scientifique (influence du *Livre des merveilles* de Marco Polo, progrès de la géographie et de la cartographie, travaux de l'équipe d'Henri le Navigateur), l'esprit d'aventure de nombreux nobles espagnols que la fin de la « Reconquête » laissait sans emploi, la soif de puissance et de prestige des grands monarques, enfin le désir de poursuivre l'entreprise missionnaire en Afrique et en Asie et auprès de peuples inconnus. On ne saurait sous-estimer le rôle considérable du prosélytisme religieux lors de la première colonisation des premières années du XVIe s.

Les premières puissances coloniales de l'Europe des Temps modernes furent le Portugal et l'Espagne. Mais le partage du monde entre les deux seules nations ibériques ne devait pas durer longtemps. Les Français et les Anglais dès le XVIe s., les Hollandais au début du XVIIe s. entrèrent à leur tour dans la compétition, et c'est ainsi que l'ère des âpres rivalités coloniales commença :

a) Les **Portugais,** maîtres dès 1500 de la plupart des îles de l'Atlantique puis du Brésil, voulurent aussi dominer seuls les routes maritimes de l'océan Indien. (v. PORTUGAL. La dynastie d'Aviz et les conquêtes maritimes) ;

b) Les **Espagnols**, jusqu'à la mort de Christophe Colomb (1506), avaient limité leur colonisation aux Antilles (Saint-Domingue, Cuba, Porto Rico, Jamaïque). En 1509, ils commencèrent leur installation durable sur le continent, dans la région de Panamá (v. ESPAGNE. L'Espagne, grande puissance européenne et mondiale) ;

c) Les **Français** se tournèrent vers l'Amérique du Nord dès 1524, lorsque François Ier patronna l'expédition de Verrazzano. Les voyages de Cartier (1534/41) furent marqués par une première tentative, infructueuse, de colonisation du Canada. Durant la seconde moitié du XVIe s., des groupes de protestants français tentèrent de s'établir sur le continent américain ; mais la colonie de Villegagnon, sur la baie de Rio de Janeiro (1555), fut détruite par les Portugais ; celle de Jean Ribaut et René de Laudonnière, en Caroline, fut massacrée par les Espagnols (1564). Au début du XVIIe s., un nouvel effort de colonisation s'affirma à l'embouchure du Saint-Laurent, où Québec fut fondé par Champlain (1608). Des colons étaient arrivés en Guyane dès 1604. Dans les Antilles, les Français occupèrent Saint-Christophe (1625), la Guadeloupe, la Dominique et la Martinique (1635) et la partie occidentale de Saint-Domingue (1659/97). Avant la fin du XVIIe s., la domination française en Amérique du Nord s'étendait sur toute la région des Grands Lacs et sur la vallée du Mississippi (v. CANADA) ; en 1699, Pierre d'Iberville fonda la colonie de la Louisiane. La France s'installa également en Afrique, à Saint-Louis du Sénégal (1659) ; en 1642 fut fondé l'établissement de Fort-Dauphin, à Madagascar, sur la route des Indes ; la création des comptoirs de Pondichéry (1674) et de Chandernagor (1686) marqua les débuts de l'Inde française.

d) Les **Hollandais** constituèrent leur empire asiatique au début du XVIIe s., aux dépens des Portugais, qu'ils expulsèrent de Java (fondation de Batavia, 1619), de Ceylan (1640), de Malacca (1641), des Moluques et des Célèbes. Maîtres de l'Indonésie, ils assurèrent la sécurité de leur route vers les Indes en prenant possession de l'escale persane de Bender Abbas (1623) et en fondant, à la pointe méridionale de l'Afrique, la colonie du Cap (1652). En Amérique, ils firent leur apparition en 1614 à l'embouchure de l'Hudson, où ils devaient fonder la Nouvelle-Hollande, qui eut pour capitale La Nouvelle-Amsterdam (New York). À partir de 1624, ils colonisèrent aussi la côte nord-est du Brésil, mais, en 1654, ils en étaient chassés par les Portugais, et, dix ans plus tard, la Nouvelle-Hollande passait aux Anglais. Les Hollandais ne gardèrent finalement en Amérique que Surinam et, aux Antilles, Curaçao et quelques îles enlevées aux Espagnols.

Il y eut également des tentatives de colonisation **suédoise** dans le Delaware (1638/55) et l'établissement **brandebourgeois** de Gross Friedrichsburg, dans le golfe de Guinée (fondé en 1681, vendu aux Hollandais en 1717) ;

e) Malgré la découverte de Terre-Neuve, dès 1497, par John Cabot, marin d'origine italienne au service d'Henri VII, les **Anglais** ne commencèrent à s'intéresser à l'expansion coloniale que sous le règne d'Élisabeth Ire (v. GRANDE-BRETAGNE. Le Royaume-Uni, puissance mondiale).

À la fin du XVIIe s., **l'Angleterre**, grâce à sa suprématie navale, s'affirma de plus en plus comme la première puissance coloniale. Au traité d'Utrecht (1713), la France dut lui abandonner Terre-Neuve et l'Acadie (Nouvelle-Écosse, Nouveau-Brunswick), ainsi que le commerce des fourrures dans les territoires de la baie d'Hudson. Le renouveau colonial français en Amérique du Nord et la grande politique indienne de Dupleix furent brisés, au terme de la guerre de Sept Ans, par le traité de Paris (1763) : l'Angleterre pouvait désormais étendre sa mainmise sur les Indes, où la France ne gardait que cinq comptoirs. Elle annexait le Canada, et les Français, qui abandonnaient en outre la Louisiane aux Espagnols, ne conservaient en Amérique que Saint-Pierre-et-Miquelon, Haïti, la Guadeloupe et la Martinique.

Caractéristiques essentielles des systèmes coloniaux (XVIe/XVIIIe s.)

Certains « empires » ne furent qu'un réseau d'entrepôts et de comptoirs protégés par des fortins. En Inde, en Insulinde, en Chine, ni les Portugais ni les Hollandais ne pouvaient entreprendre une conquête territoriale de l'intérieur du pays. Contre Almeida, le premier vice-roi portugais des Indes, qui estimait suffisante la maîtrise de la mer, Albuquerque avait fait approuver par Lisbonne sa politique d'installation territoriale, mais celle-ci resta limitée à des points d'appui côtiers. Après avoir chassé les Portugais, les Hollandais adoptèrent la même attitude. Obéissant à des préoccupations exclusivement commerciales, ils n'essayèrent pas de créer en Indonésie des colonies de peuplement, de mettre les îles en valeur ni de faire rayonner leur civilisation.

En Amérique, au contraire, se créèrent rapidement de vastes colonies de peuplement. Les Espagnols et les Portugais favorisèrent l'immigration en provenance de la métropole, à l'exclusion très stricte des étrangers, des hérétiques, des Juifs et des Maures. La colonisation espagnole fut essentiellement œuvre de Castillans, et les Aragonais n'y prirent presque aucune part. Dès les années 1570/80, on comptait en Amérique environ 160 000 Espagnols et 25 000 Portugais. Les unions entre Blancs et Indiens donnèrent rapidement naissance à une nombreuse population de *métis*, auxquels les transports d'esclaves africains ajoutèrent des *mulâtres* (nés de Blancs et de Noirs) et des *zambos* (sang-mêlé de Noirs et d'Indiens). Les Blancs nés dans la colonie étaient appelés *créoles*. La population blanche augmenta moins par l'immigration européenne, qui était assez faible (environ un millier d'immigrants par an, en moyenne, aux XVIe et XVIIe s.) que par une forte croissance démographique due aux conditions de vie très favorables de l'élite créole. Vers la fin de la période coloniale, au début du XIXe s., la population de l'Amérique espagnole se répartissait ainsi : 3,2 millions de Blancs, 5,3 millions de métis, 7,5 millions d'Indiens, 800 000 Noirs. Le Brésil comptait, à la même époque, 800 000 Blancs, 600 000 métis, 260 000 Indiens, 1 900 000 Noirs.

La **population indienne** avait terriblement souffert dès les lendemains de la conquête, en dépit des recommandations données dès 1503 par les Rois Catholiques. Abasourdis par l'effondrement brutal de leurs traditions culturelles, soumis à l'exploitation de colons érigés en féodaux à la tête d'*encomiendas*, les Indiens furent décimés par les corvées excessives, par le travail forcé dans les mines, et plus encore par les nouvelles maladies qu'apportaient les Européens. Dans les Antilles, la population indigène des Arawaks disparut totalement. Dans le Mexique central, au cours du quart de siècle qui suivit la conquête, la population indienne tomba de 25 millions à 6 300 000 en 1548 ; cinquante ans plus tard, elle dépassait à peine un million. Ce n'est guère avant le XVIIe s. que l'on comprit vraiment que « sans Indiens, les Indes n'existent pas » et que les Indiens bénéficièrent enfin d'une législation effectivement protectrice : pause au milieu de la journée de travail, repos dominical, deux jours par semaine pour cultiver leurs propres terres, interdiction de soumettre les femmes à des travaux masculins... Aussi bien s'était-on aperçu que la main-d'œuvre indienne était de qualité médiocre, inapte au travail de force, comme celui de la mine. Dès 1518, on avait imaginé de remplacer les indigènes par des Noirs amenés d'Afrique. La mise en valeur des colonies allait entraîner l'organisation de la traite, la déportation en Amérique, du XVIe s. au début du XIXe s., de quelque 12 millions d'esclaves africains, qui furent employés dans les plantations ou les mines du Brésil, de l'Empire espagnol, des Antilles françaises, des colonies britanniques de Virginie, de Caroline et de Géorgie.

Alors que le Canada français souffrit en permanence du sous-peuplement européen (moins de 2 000 colons en 1660, 16 000 en 1700, 34 000 en 1730), les Anglais surent créer en Amérique du Nord de véritables colonies de peuplement, où une forte croissance démographique locale renforçait encore la puissance du mouvement d'immigration : quelque 250 000 colons dès le début du XVIIIe s., plus de 1 600 000 en 1763. Cette supériorité numérique fut une des principales causes de la victoire anglaise dans les guerres coloniales du XVIIIe s.

Le système des compagnies à charte

Le système hispano-portugais de l'administration directe se révélant très coûteux (car, aux meilleurs moments, l'Amérique ne fournit jamais plus qu'un quart environ des ressources totales de la couronne espagnole), Anglais, Hollandais, Français recoururent plus volontiers à la formule des **compagnies à charte** qui, moyennant l'octroi de grands privilèges commerciaux, parfois d'un monopole absolu, assuraient, à l'aide de fonds privés, l'établissement, le peuplement et la mise en valeur d'une colonie. Telles furent la Compagnie anglaise des Indes orientales (1600), la Compagnie hollandaise des Indes orientales (1602), la Compagnie hollandaise des Indes occidentales (1621), et, pour la France, la Compagnie des Cent-Associés (1627), la Compagnie française des Indes orientales (1664), la Compagnie française des Indes occidentales (1664), la Compagnie française des Indes (1719). La plus florissante de toutes fut, au XVIIe s., la Compagnie hollandaise des Indes orientales. Au siècle suivant, la Compagnie anglaise des Indes orientales, réorganisée en 1709, s'engagea dans la conquête territoriale de tout le subcontinent indien, qu'elle devait gouverner jusqu'à la révolte des Cipayes (1858).

En France, les compagnies coloniales se heurtèrent à d'invariables difficultés : scepticisme des milieux financiers et de l'opinion publique, capitaux et fonds de roulement insuffisants. Louis XIV dut décider en 1663 l'incorporation du Canada ou Nouvelle-France au domaine royal. Sous ce nouveau statut, la Nouvelle-France fut aussi étroitement contrôlée par la métropole que l'étaient les colonies espagnoles. Le contraste était frappant avec les colonies anglaises d'Amérique du Nord, qui, sous la présidence d'un gouverneur venu d'Angleterre et représentant le roi, administraient elles-mêmes la plus grande partie de leurs affaires. Peuplées en grande partie par des dissidents religieux, ces colonies furent l'école de la future démocratie américaine. Non seulement les gouverneurs avaient pour conseillers des Américains, mais chaque colonie possédait une assemblée représentative, élue au suffrage censitaire, qui proposait les lois, votait les impôts, exerçant le même rôle dans la colonie que le Parlement en Angleterre.

La politique économique et commerciale

La politique économique et commerciale dans toutes les colonies obéit aux règles du mercantilisme. Espagnols et Portugais, Anglais, Français et Hollandais étaient fermement convaincus que les colonies étaient faites pour enrichir la métropole. Elles restaient donc pour chaque nation un domaine réservé, d'où l'étranger, qui ne pouvait être qu'un concurrent, un rival, devait être écarté par les moyens les plus rigoureux. Cette doctrine trouvera son expression dans le système de l'*exclusif*, appelé encore *pacte colonial*. L'économie coloniale devait être absolument complémentaire de celle de la métropole : d'une part, la colonie ne vendait et n'achetait qu'à la métropole (et, presque toujours, le trafic était réservé aux navires nationaux, parfois même à ceux de tel ou tel port national) ; d'autre part, la colonie ne fournissait que les produits alimentaires et les matières premières qui manquaient à la métropole et se voyait interdire la production de tous les objets fabriqués que pouvait lui fournir la métropole.

Si les Portugais étaient partis vers l'Inde en quête d'épices, c'est la convoitise de l'or et des métaux précieux qui avait poussé les conquistadores, à la recherche du légendaire El Dorado. Au début, il fallut se contenter des bijoux troqués avec les Indiens, des trésors saisis chez les Aztèques, obtenus en rançon de l'Inca ou pillés à Cuzco. C'est seulement en 1545/46 que furent découverts les gisements d'argent de Zacatecas, au Mexique, du Potosí au Pérou, puis, au XVIIIe s., les mines d'or et de diamants du Brésil. Mais, outre des métaux précieux (qui ne se trouvaient que dans les possessions hispano-portugaises), l'Europe attendait des colonies les produits tropicaux (sucre, tabac, indigo, coton, rhum) ou septentrionaux (fourrures du Canada et des territoires de la baie d'Hudson). À partir du XVIIe s., les grandes plantations de canne à sucre et de tabac, exploitées grâce à la main-d'œuvre des esclaves noirs, devint la base économique des colonies d'Amérique.

En butte à l'opposition doctrinale des physiocrates, le système de l'exclusif vacillait dans tous les empires coloniaux à la fin du XVIIIe s. Pour l'Espagne, il n'était plus qu'une orgueilleuse façade qui couvrait depuis longtemps une réalité lamentable : dès 1690, on constate en effet que les Hollandais, les Anglais, les Italiens, les Français s'étaient emparés de la plus grande partie du commerce national grâce à des prête-noms espagnols. Au traité d'Utrecht (1713), l'Angleterre avait obtenu le contrat de l'*asiento*, c'est-à-dire l'exclusivité de la traite destinée aux colonies espagnoles, ainsi que le droit d'envoyer chaque année dans un des ports de l'Amérique espagnole un « vaisseau de permission » chargé de marchandises. Le monopole portugais avait été également brisé au profit des Anglais par le traité Methuen (1703), qui ouvrit le Brésil aux produits manufacturés britanniques. Mais l'exclusif anglais était lui-même menacé par le développement industriel de ses colonies américaines du Centre et du Nord. Néanmoins, le vieux système subsistait officiellement partout, et il suscitait chez les colons un mécontentement croissant qui n'allait pas peu contribuer à la révolte des colonies britanniques et espagnoles contre leurs métropoles.

Déclin des anciens empires et nouvelle expansion coloniale (1763/1870)

Au traité de Paris de 1763, l'opinion publique française, qui ne s'était jamais beaucoup intéressée à l'expansion coloniale, accepta sans grande émotion la perte de l'Inde et du Canada. Les théories des économistes en faveur de la liberté du commerce et le mythe du « bon sauvage » répandu par les philosophes militaient contre l'ancien système colonial fondé sur l'*exclusif* et sur l'esclavage. La Louisiane, rétrocédée par l'Espagne en 1800, mais jugée indéfendable contre les attaques anglaises, fut finalement vendue aux États-Unis en 1803 pour une somme de 80 millions de francs. Au traité de Paris de 1814, l'Angleterre rendit à la France ses colonies occupées pendant les guerres napoléoniennes, à l'exception de Tobago, de Sainte-Lucie et de l'île de France (Maurice). De son premier empire colonial, la France ne conservait donc que la Guyane, les îles américaines de Saint-Pierre-et-Miquelon, de la Guadeloupe et de la Martinique, les comptoirs africains d'Arguin et de Saint-Louis du Sénégal, et, dans l'océan Indien, l'île de la Réunion et les cinq comptoirs de l'Inde.

Victorieuse de la France, l'Angleterre n'avait pu empêcher ses anciennes colonies d'Amérique du Nord de conquérir leur indépendance (1776/83) (v. **ÉTATS-UNIS**), mais elle gardait la maîtrise absolue des mers, et sa lutte très dure contre Napoléon lui avait fait sentir à quel point elle était tributaire de ses positions coloniales et commerciales dans les autres continents (v. **GRANDE-BRETAGNE.** L'impérialisme britannique).

Après les traités de Paris de 1815, la France, contrainte à la prudence sur le continent européen, pouvait trouver dans l'expansion outre-mer un exutoire pour satisfaire ses rêves de gloire et d'aventure. La Restauration fut marquée par des explorations hardies (René Caillié à Tombouctou, 1828) et par une réorganisation de la marine qui permit d'entreprendre l'expédition d'Alger (juin 1830). La conquête de l'Algérie (1830/47) ne fut cependant pas la conséquence d'une politique coloniale à vues lointaines (v. **ALGÉRIE**). La période de la monarchie de Juillet fut marquée également par l'installation de quelques comptoirs sur le golfe de Guinée, par l'établissement de la France à Mayotte et à Nossi-Bé, dans l'océan Indien, et à Tahiti. L'abolition de l'esclavage, décidée dès 1845, fut réalisée par la IIe République en 1848.

Napoléon III poursuivit avec énergie la politique d'expansion outre-mer, pour maintenir le prestige français, pour propager le christianisme (dans le souci de donner satisfaction à l'opinion catholique) et pour assurer à l'industrie métropolitaine des approvisionnements en matières premières et des débouchés pour les produits. Plus décisive encore que celle de l'empereur fut l'action des ministres de la Marine chargés des colonies, en particulier de Chasseloup-Laubat (ministre en 1851 et de 1860 à 1867). Mais beaucoup de réalisations coloniales n'auraient pas vu le jour sans l'initiative d'officiers et d'administrateurs qui surent dépasser le cadre de leur mission initiale, comme le fit notamment Faidherbe au Sénégal. En Afrique occidentale, Faidherbe mena de 1854 à 1865 la conquête du Sénégal ; il posa les bases de l'administration indirecte en concluant des accords avec les chefs indigènes ; il marqua son intérêt pour les cultures autochtones et pour l'islam, mais il créa aussi des écoles françaises et mit sur pied les premières troupes noires ; Dakar fut fondée en 1857. En Extrême-Orient, où la France, dès le règne de Louis XVI, avait manifesté une présence active en Annam (v. **VIÊT-NAM**), la protection des missions catholiques fournit le prétexte de l'intervention de 1858 qui amena l'occupation de Tourane et de Saigon (1859) et la cession d'une partie (1862) puis de la totalité (1867) de la Cochinchine. Dans le même temps, le roi du Cambodge, inquiet des ambitions siamoises, reconnaissait le protectorat de la France (1863). L'achat d'Obock (1862) inaugura la colonisation de la côte des Somalis. Dans l'océan Pacifique, la Nouvelle-Calédonie avait été annexée dès 1853.

La grande époque de l'impérialisme colonial (1870/1919)

Le dernier quart du XIXe s. et les premières années du XXe s. virent l'achèvement du partage de la Terre entre les grandes puissances du monde occidental (principalement l'Angleterre, la France, l'Allemagne, la Russie et les États-Unis). Le Japon fut le seul peuple d'origine non européenne à participer à ce mouvement, d'une puissance irrésistible, que fut l'impérialisme colonial propre aux pays industriellement les plus avancés.

Mais d'autres facteurs ont également contribué au développement de l'impérialisme colonial :

a) Le nationalisme. La conquête de terres nouvelles, la colonisation était, pour un pays, le moyen d'affirmer son prestige de grande nation, sans mettre en péril la paix européenne. De plus, la colonisation répondait à des exigences stratégiques, au développement considérable de toutes les marines de guerre, qui ne pouvaient se passer de bases et de centres de ravitaillement ;

b) La surpopulation métropolitaine. Entre 1800 et 1914, la population européenne passa de 180 millions à près de 430, et cependant, durant la même période, l'Europe envoie outre-mer quelque 55 millions d'émigrants. Le mouvement affecta particulièrement les pays à forte croissance démographique, comme l'Angleterre et l'Allemagne, et ceux, comme l'Italie, où le développement industriel était encore trop faible pour fournir assez de travail à la main-d'œuvre nationale. Dès la fin du XIXe s., les Allemands se sentaient à l'étroit dans leur patrie ; mais ils émigrèrent plus volontiers en Amérique du Nord, au Brésil et en Argentine que dans leurs colonies africaines. L'Italie, au contraire, envisagea essentiellement son expansion coloniale sous l'angle du peuplement. En France, pays à faible natalité, cette préoccupation ne joua presque aucun rôle, sauf en Algérie, qui accueillit après la défaite de 1871 de nombreux réfugiés des départements d'Alsace-Lorraine ;

c) L'idéal humanitaire. Teinté d'évangélisme protestant en Angleterre, le colonialisme fut en France une des grandes idées laïques, une vocation à apporter partout dans le monde les lumières de la raison, les bienfaits de l'enseignement, de l'hygiène et de la science.

L'impérialisme colonial, après avoir atteint son apogée à la conférence de Berlin (1884/85), qui entérina par avance le partage de l'Afrique entre les puissances européennes, devait s'atténuer après 1900, les territoires vacants devenant plus rares. Il prit d'ailleurs des formes plus ou moins caractérisées : colonisation avec administration directe (la France en Algérie) ou indirecte (l'Angleterre dans les États princiers de l'Inde) ; protectorat (la France en Tunisie et au Maroc ; l'Angleterre en Arabie méridionale et en Malaisie) ; tutelle économique et financière (ce fut le cas de l'Empire ottoman, de l'Empire chinois, des États de la zone des Caraïbes).

L'Empire colonial français

Son édification, jusque vers 1890, a été le fait d'initiatives individuelles d'hommes politiques (Gambetta, Jules Ferry), de commerçants, de missionnaires, d'officiers de marine ou de l'armée de terre. L'opinion publique, obsédée par l'idée de la revanche, ne s'intéressait guère aux expéditions lointaines. Dans les milieux politiques, la colonisation fut combattue par ceux qui lui reprochaient de condamner le pays à la passivité sur le continent européen et de rendre impossible une alliance avec l'Angleterre (Clemenceau). Cependant, parvenus au pouvoir, les radicaux reprirent à leur compte la politique coloniale. Mais celle-ci fut alors dénoncée par Jaurès et les socialistes, qui y voyaient une forme d'exploitation et s'inquiétaient de la possibilité d'un affrontement avec l'Allemagne, notamment au Maroc.

À partir de 1890, un courant « coloniste » marqua des progrès dans l'opinion, qui s'enfiévra lors de la crise franco-anglaise de Fachoda (1898/99) et commença à apprécier l'arrivée sur les marchés des produits coloniaux vendus à bas prix. Dans les années 1930, à la suite de l'Exposition coloniale, la France métropolitaine se tourna de plus en plus vers l'« Empire », dont la puissance humaine et économique semblait capable de rétablir l'équilibre des forces dangereusement menacé par la renaissance de l'Allemagne. En 1940, c'est en s'appuyant sur les ressources de l'Empire que de Gaulle pouvait affirmer que la France, même si son territoire métropolitain était presque entièrement envahi par la Wehrmacht, n'avait cependant perdu « qu'une bataille » et qu'elle était encore capable, grâce à ses possessions africaines et asiatiques, de contribuer à l'effort de guerre allié et de prendre part à la victoire finale.

L'Empire colonial français créé par la IIIe République fut essentiellement africain. Après l'établissement du protectorat sur la Tunisie (1881), l'expansion au Maghreb visa le Sahara algérien (massacre de la mission Flatters, 1881 ; mission Foureau-Lamy, 1900 ; organisation de la région des Oasis en quatre Territoires du Sud, 1902). En 1902, la France prit pied au Maroc, fit reconnaître sa position privilégiée dans ce pays à la conférence d'Algésiras (1906) et, en 1912, imposa son protectorat au sultan. Gagnant l'alliance des seigneurs féodaux, Lyautey mena jusqu'après la Première Guerre mondiale la pacification du Maroc.

En Afrique noire, Brazza avait posé les bases de la colonie du Congo entre 1875 et 1880. À partir du Sénégal, la conquête du Soudan occidental fut entreprise en direction du Niger vers 1880. Archinard détruisit l'empire d'Ahmadou (1888/93) et Tombouctou fut occupé en 1893. La colonisation progressait aussi le long des côtes guinéennes et en Côte-d'Ivoire. La défaite de Béhanzin (1894) permit l annexion du Dahomey. Après la capture de Samory (1898), la jonction fut réalisée entre les postes du Niger et les colonies guinéennes. Le gouvernement général de l'Afrique-Occidentale française, dont les origines remontent à 1895, s'accrut de la Haute-Volta puis de la Mauritanie, mais cette dernière colonie ne fut que très lentement et toujours imparfaitement pacifiée. Annexé après la défaite de Rabah (1900), le Tchad fut groupé avec le Congo, le Gabon et l'Oubangui-Chari dans un gouvernement général de l'Afrique-Équatoriale française (1910). Progressant dans le sens Ouest-Est, la colonisation française tenta d'englober également la région du haut Nil, mais, sur les ordres de Paris, qui voulait éviter une guerre avec l'Angleterre, la mission Marchand dut se retirer de Fachoda, où elle avait été rejointe par Kitchener (1899). La fondation du port de Djibouti (1888) donna à la France une position solide au débouché de la mer Rouge et du commerce éthiopien. Dans l'océan Indien, la grande île de Madagascar fut soumise et annexée par Gallieni en 1896.

En dehors de l'Afrique, la France porta surtout son effort sur l'Indochine. Francis Garnier s'empara de Hanoi dès 1873 ; l'Annam accepta le protectorat français (1883), mais le Tonkin ne put être annexé qu'après une guerre contre la Chine (1883/85). Le Laos fut occupé au cours des années suivantes. En 1887 fut constituée une Union indochinoise qui devint, en 1897, le Gouvernement général de l'Indochine. Dans l'océan Pacifique, les îles de la Société (1880) et l'archipel des Tuamotu (1881) vinrent s'ajouter à la Nouvelle-Calédonie ; en outre, un condominium franco-britannique sur les Nouvelles-Hébrides fut institué en 1906. Après la Première Guerre mondiale, la France reçut en mandat de la SDN d'anciennes colonies allemandes (Cameroun et Togo dans sa plus grande partie) ainsi que les pays du Levant (Syrie, Liban) qui avaient fait partie de l'Empire ottoman.

L'administration de ces territoires offrait une grande diversité. Les *vieilles colonies* (Antilles, Guyane, Réunion), dont les habitants étaient tous citoyens français, avaient des députés au Parlement français. L'Algérie, découpée en départements, avait également des représentants au Parlement, mais ils n'étaient élus que par les citoyens français (les Juifs avaient obtenu ce statut dès 1870, mais non les Arabes). Dans les colonies acquises au XIXe s., les autochtones n'avaient pas de droits politiques ; le régime de l'administration directe tendait à prévaloir même dans les pays de protectorat, comme l'Annam et la Tunisie. En 1894 avait été créé un ministère des Colonies, mais l'Algérie, considérée comme territoire français métropolitain, dépendait du ministère de l'Intérieur, et la Tunisie et le Maroc du ministère des Affaires étrangères. Économiquement, les colonies restaient encore, à la veille de la Seconde Guerre mondiale, étroitement dépendantes de la métropole, qui leur demandait des matières premières pour ses industries ou des produits alimentaires qui lui manquaient et leur vendait en retour ses produits fabriqués. Essentiellement complémentaire, l'agriculture coloniale restait très peu diversifiée. L'effort systématique d'équipement industriel ne commença qu'après 1945. Cependant, le trafic entre la métropole et les colonies ne cessait de s'accroître, passant de 13 % du commerce extérieur total français en 1913 à 28 % en 1938.

Allemagne, Italie, Russie, puissances coloniales

L'**Allemagne** n'entra que tardivement dans la compétition coloniale, et du fait d'initiatives privées, alors que Bismarck redoutait les entreprises outre-mer, estimant que l'Allemagne n'avait pas une flotte suffisante pour protéger ses colonies ni une bureaucratie assez souple pour les administrer. En 1882, cependant, avait été créée une Ligue coloniale. En 1883, un négociant de Brême, Lüderitz, jeta les bases du Sud-Ouest africain allemand et, l'année suivante, Karl Peters achetait, pour le compte de la Deutsch Ostafrikanische Gesellschaft, les premiers territoires de l'Afrique-Orientale allemande. La même année, Nachtigal établissait le protectorat allemand sur le Cameroun et le Togo. Dans le Pacifique, l'acquisition de la terre de l'Empereur-Guillaume, en Nouvelle-Guinée (1884), fut suivie par une installation aux îles Marshall (1885) et par l'achat aux Espagnols des îles Carolines et Mariannes (1899). En 1897, les Allemands avaient en outre occupé le port chinois de Kiao-tcheou (Tsing-tao), où l'Empire mandchou leur accorda un bail de quatre-vingt-dix-neuf ans. Mais la valeur économique de toutes ces possessions était médiocre. Les initiatives spectaculaires de Guillaume II au Maroc (visite à Tanger, 1905 ; envoi de la canonnière *Panther* à Agadir, 1911) n'aboutirent finalement qu'à l'abandon du Maroc à la France contre la cession à l'Allemagne d'une partie du Congo français. Au traité de Versailles (1919), l'Allemagne perdit toutes ses colonies. Hitler se désintéressa du problème colonial, considérant que l'Est européen et l'URSS constituaient le véritable espace d'une expansion du germanisme.

L'**Italie** accueillit avec un vif mécontentement l'établissement du protectorat français sur la Tunisie (1881), pays dans lequel étaient déjà installés quelque 20 000 colons italiens. Partisan de l'entente avec les Empires centraux (Triplice) et, par conséquent, opposé aux menées de l'irrédentisme, Crispi, malgré l'échec subi à Dogali (1887), crut pouvoir profiter des difficultés intérieures de l'Éthiopie pour imposer le protectorat italien à ce pays (traité d'Ucciali, 1889). Deux colonies italiennes furent constituées en Afrique orientale, l'une, l'Érythrée, sur les bords de la mer Rouge, l'autre, la Somalie italienne, riveraine de l'océan Indien. Mais la tentative de pénétration en Éthiopie aboutit au désastre d'Adoua (1896), qui entraîna la chute de Crispi. Par le traité d'Addis-Abeba (26 oct. 1896), l'Italie renonça à toute politique d'expansion coloniale en Abyssinie. Elle se retourna alors vers la Méditerranée et, par les accords secrets de 1900 et 1902, obtint de la France que la Libye, alors sous la domination turque, lui fût reconnue comme zone d'influence. La guerre italo-turque (1911/12) permit l'annexion de la Libye et du Dodécanèse, mais il fallut encore vingt ans de luttes pour briser la résistance opiniâtre des Sénoussis de Libye. Sous le régime fasciste, les Italiens réalisèrent la conquête de l'Éthiopie (1935/36), en dépit de l'hostilité de la France et de l'Angleterre, qui demandèrent à la SDN de voter des sanctions. L'Éthiopie fut réunie avec l'Érythrée et la Somalie dans l'Afrique-Orientale italienne. Celle-ci fut conquise par les Franco-Britanniques en 1941, et la Libye, après avoir été le théâtre de nombreuses batailles où s'illustra l'Afrikakorps de Rommel, fut perdue à son tour en 1943. Par le traité de Paris de 1947, l'Italie renonça à toutes ses colonies, mais elle fut chargée, jusqu'en 1950, d'administrer au nom de l'ONU la Somalie, promise à l'indépendance (effective en 1960).

La **Russie**, qui avait entrepris à la fin du XVIe s. la colonisation de la Sibérie, parvint au Pacifique par l'annexion de la province de l'Amour et de la province maritime (1858/60) et fonda le port de Vladivostok. Simultanément, elle menait la conquête du Turkestan et de l'Asie centrale (1853/85), ce qui suscita une âpre rivalité anglo-russe en Afghanistan. Les Russes avaient vendu l'Alaska aux États-Unis en 1867, mais ils acquirent l'île de Sakhaline (1875). Durant les dernières années du XIXe s., l'impérialisme russe exerça une formidable pression en Extrême-Orient : occupation de Port-Arthur (1898) et de la Mandchourie (1900), mais cet élan fut brisé par les Japonais durant la guerre de 1904/05, à l'issue de laquelle la Russie dut abandonner la Mandchourie, le Liao-toung et le sud de Sakhaline.

Le **Japon** enleva Formose à la Chine (1895), annexa la Corée (1905/10) et, en 1919, obtint les anciennes possessions allemandes de Tsing-tao, des Carolines, des îles Marshall et des Mariannes.

Les **Espagnols** perdirent les derniers vestiges de leur premier empire colonial dans la guerre hispano-américaine de 1898 : Cuba devint indépendant ; Porto Rico, les Philippines et Guam furent cédés aux États-Unis ; les Carolines et les Mariannes vendues à l'Allemagne. Cependant, depuis le milieu du XIXe s., l'Espagne avait entrepris un nouvel effort colonial en direction du Maroc, où elle possédait, depuis les XVe/XVIe s., les présides de Melilla et de Ceuta. Après avoir obtenu la cession par le sultan du territoire d'Ifni (1860), elle commença en 1884 l'occupation du littoral saharien du Rio de Oro. En 1912, elle fit reconnaître par la France ses deux zones d'influence, au Rio de Oro et dans le Rif (Nord marocain). Cette dernière région resta longtemps en état d'insurrection (défaite espagnole d'Anoual, 1921) et ne fut pacifiée qu'à la suite d'une coopération militaire avec les troupes françaises, en 1926 (v. **RIF, guerre du**). En 1936, le Maroc espagnol servit de base au soulèvement anti-républicain.

Les **Portugais**, à la suite des explorations de Serpa Pinto (1877/79), tentèrent de constituer un vaste empire en Afrique australe en joignant leurs colonies de l'Angola et du Mozambique, mais ils durent renoncer à ce projet devant un ultimatum de l'Angleterre (janv. 1890).

L'Empire colonial **britannique** est traité aux articles COMMONWEALTH et GRANDE-BRETAGNE. L'impérialisme britannique.

La fin des empires coloniaux et la décolonisation

La Seconde Guerre mondiale vit l'effondrement français de 1940 et les victoires initiales du Japon qui, en 1941/42, occupa toutes les possessions britanniques, américaines, néerlandaises et françaises en Asie orientale et porta un coup décisif au prestige des puissances colonisatrices. Comme durant le premier conflit mondial, Français et Anglais durent faire largement appel, de 1939 à 1945, à leurs troupes de couleur, mais des mouvements nationalistes s'affirmaient maintenant en Inde, en Indochine, en Indonésie, en Algérie. Le réveil des nations asiatiques et arabes était d'ailleurs un fait déjà ancien. La période de l'entre-deux-guerres avait été marquée par une série d'événements annonciateurs : les campagnes de Gandhi en Inde britannique ; la fondation du parti national indonésien par Soukarno dans les Indes néerlandaises (1927) ; les troubles en Indochine française (1930/31) ; le triomphe électoral du Wafd en Égypte (1924) et l'évacuation de ce pays par les troupes britanniques (1936) ; la création du premier mouvement anticolonialiste algérien par Messali Hadj (1927)... Enfin, dès 1920, l'influence du communisme commença à se répandre dans de nombreuses colonies.

La « décolonisation » fut un des problèmes majeurs de l'après-guerre. En Indochine française, dès l'évacuation japonaise, le Viêt-minh proclamait l'indépendance du Viêt-nam ; Soukarno fit de même pour l'Indonésie ; le 8 mai 1945, à Sétif, les fêtes de la Victoire dégénérèrent en émeutes nationalistes algériennes, suivies par une répression sévère. En 1946, les États-Unis reconnaissaient l'indépendance des Philippines, mais, dans les vieilles nations coloniales, la soudaineté et la brutalité des révoltes locales surprirent aussi bien l'opinion publique que les gouvernements. Ceux-ci n'envisageaient encore, comme le général de Gaulle à Brazzaville (janv. 1944), que la création d'assemblées locales et une politique plus ou moins large d'assimilation des indigènes.

Grâce aux structures du Commonwealth, l'Angleterre parvient à liquider sans conflits très graves l'ancien système colonial. Dès 1947, l'Empire des Indes disparut pour donner naissance à deux États nouveaux, l'Inde et le Pakistan, qui firent leur entrée dans le Commonwealth. Un an plus tard, Ceylan accéda également à l'indépendance avec le statut de dominion. La Birmanie, en revanche, choisit la sécession complète en 1948. Au Kenya, les Anglais durent faire face à la révolte des Mau-Mau, mais l'Afrique britannique entra à son tour dans la voie de la décolonisation à partir de 1956/57 (indépendance du Soudan anglo-égyptien et du Ghana). Une tentative de regroupement multiracial dans le cadre d'une Fédération de l'Afrique centrale (1953/63) dut être finalement abandonnée. Dans la décennie 1960/70, la quasi-totalité des anciennes possessions britanniques accédèrent à l'indépendance mais, pour la plupart, demeurèrent au sein du Commonwealth (v.).

La Constitution française de 1946, tout en acceptant le principe de l'autonomie administrative et en garantissant l'accès des autochtones à tous les emplois, restait d'inspiration colonisatrice car elle proclamait la volonté de la France de « *conduire* les peuples dont elle (avait) pris la charge » et qui étaient désormais rassemblés dans l'Union française. Incapable d'imposer les décisions décolonisatrices aux colons et aux groupes de pression métropolitains qui les soutenaient et de donner à ses soldats les moyens de vaincre, la IVe République s'enlisa dans les longues guerres d'Indochine (1946/54) et d'Algérie (1954/62), exerça une répression sanglante à Madagascar (1947) et, en 1956, n'accorda l'indépendance à la Tunisie et au Maroc qu'après des années d'agitation et de terrorisme. La loi-cadre Defferre (juin 1956) accorda aux territoires d'Afrique noire une plus grande autonomie administrative, supprima le système du double collège et instaura le suffrage universel pour les élections aux assemblées territoriales. Mais en Algérie, assimilée à un territoire métropolitain, la présence d'un million de colons hostiles à toute évolution rendait la crise pratiquement insoluble.

La IVe République étant morte de son incapacité à régler le problème colonial (crise du 13 mai 1958), le général de Gaulle s'engagea résolument vers l'indépendance des colonies d'Afrique noire, qu'il essaya de regrouper dans la Communauté française (v.). Celle-ci n'eut qu'une existence éphémère et, dès 1960, tous les nouveaux États avaient accédé à une pleine souveraineté, tout en maintenant une étroite coopération économique, financière et culturelle avec la métropole. L'Algérie (v.) devint à son tour indépendante, à la suite des accords d'Évian (1962). Subsistent aujourd'hui de l'Empire français plusieurs territoires regroupés en départements et territoires d'outre-mer (DOM-TOM) (v.).

La plupart des empires coloniaux de moindre importance se sont également disloqués depuis 1945. Après quatre ans de combats, les Pays-Bas durent reconnaître la souveraineté de l'Indonésie (1949) et du Surinam (1975), mais ils conservèrent les Antilles néerlandaises (Curaçao, Aruba, Bonaire). La Belgique accorda son indépendance au Congo en 1960 (devenu, en 1971, le Zaïre). L'Espagne a rétrocédé au Maroc l'enclave d'Ifni ; en 1976, l'ancien Sahara espagnol fut partagé entre le Maroc et la Mauritanie, avant que le Maroc ne s'emparât de l'ensemble de ce territoire à la suite du retrait mauritanien d'août 1979 ; l'Espagne conserve les présides de Melilla et de Ceuta ainsi que les Canaries, qui font partie intégrante du territoire métropolitain ; l'ancienne Guinée espagnole (Rio Muni et Fernando Poo) est devenue indépendante en 1968 sous le nom de Guinée équatoriale. Seul le Portugal défendit avec acharnement ses colonies, en y consacrant une part très importante de son budget ; mais Goa lui fut enlevé par l'Inde en 1961 ; en Angola, au Mozambique, en Guinée, des combats se poursuivirent jusqu'à la révolution portugaise d'avr. 1974 ; comme la IVe République en France, le régime fondé par Salazar périt de l'échec de sa politique coloniale ; la junte militaire maîtresse du pouvoir à Lisbonne accorda l'indépendance à toutes les colonies portugaises en 1974/75.

COMANCHES. Tribu indienne de l'Amérique du Nord, d'abord établie sur les rives de la Yellowstone, mais qui fut repoussée, au XVIIIe s., par d'autres Indiens, vers le Texas. Nomades guerriers, redoutables adversaires des Blancs, les Comanches ne furent définitivement soumis qu'en 1875 ; ils sont aujourd'hui installés dans une réserve de l'Oklahoma.

COMBE-D'ARC (grotte de la). Site archéologique. Voir **CHAUVET (grotte)**.

COMBES Émile (* Roquecourbe, Tarn, 6.IX.1835, † Pons, Charente-Maritime, 25.V.1921). Homme politique français. Engagé dans la politique, il devint un des chefs du radicalisme, fut président du Sénat (1894/95), ministre de l'Instruction publique (1895/96) et succéda à Waldeck-Rousseau comme président du Conseil de mai 1902 à janv. 1905. Toute sa politique se résuma dans un anticléricalisme intransigeant : dépassant les intentions de Waldeck-Rousseau, il appliqua sans nuance la loi sur les congrégations du 17 juill. 1901, supprima en quelques jours plus de 2 500 écoles religieuses et fit voter la loi du 7 juill. 1904 interdisant l'enseignement à tous les congréganistes. Cette politique entraîna la rupture du gouvernement républicain avec le Saint-Siège et orienta Combes vers la séparation de l'Église et de l'État (v. **Séparation**). Obligé de démissionner à la suite du scandale de l'« affaire des Fiches » provoqué par les agissements de son ministre de la Guerre, le général André, Combes avait du moins fondé d'une manière durable le principe de la laïcité de l'État républicain en France.

COMECON. Nom sous lequel est connu en Occident (d'après la traduction anglaise : *Council for Mutual Economic Assistance*) le **Conseil d'aide économique mutuelle**, organisation économique constituée le 25 janv. 1949 par l'URSS, la Bulgarie, la Hongrie, la Pologne, la Roumanie, la Tchécoslovaquie, auxquelles se joignirent, en févr. 1950, l'Albanie (qui s'en retira en 1961) ; en sept. 1950, la République démocratique allemande ; en juin 1962, la Mongolie ; en juill. 1972, Cuba ; en 1978, le Viêt-nam. La Yougoslavie, admise en qualité d'observateur en 1955, devint un État associé au Comecon en 1964. La Chine, la Corée du Nord et le Viêt-nam du Nord, également admis comme observateurs en 1956, cessèrent dans les années 1960, à la suite du conflit idéologique soviéto-chinois, de participer aux réunions. Le Comecon fut conçu, à son origine, comme une réplique communiste à l'OECE occidentale, mais elle ne réussit jamais à susciter à l'Est un véritable esprit communautaire ; tous ses mécanismes essentiels continuèrent d'être contrôlés par Moscou.

Le 28 juin 1991, les représentants des neuf pays membres prononcèrent la dissolution de l'alliance et des organismes qui lui étaient affiliés.

COMITÉ DE SALUT PUBLIC. Principal organe du gouvernement révolutionnaire créé par la Convention le 6 avr. 1793. Le Comité de salut public fut d'abord composé de neuf membres, puis de quatorze, puis, à partir de sept. 1793, de douze membres. Il était renouvelé chaque mois en totalité, mais ses membres, choisis par la Convention, étaient reconductibles. Dans le premier comité prédominait la tendance montagnarde modérée de Danton, mais celui-ci en fut éliminé le 10 juill. 1793. Robespierre y entra le 27 juill., puis Carnot et Prieur (de la Côte-d'Or) (14 août), puis Billaud-Varenne et Collot d'Herbois (6 sept.). De sept. 1793 à juill. 1794, les mêmes conventionnels, à l'exception d'un seul (Hérault de Séchelles, guillotiné avec Danton en avr. 1794), furent constamment réélus. Ce fut la période de la plus grande puissance du Comité de salut public, qui exerça sur le pays un gouvernement dictatorial. Voir **France.** La Convention.

COMITÉ DE SÛRETÉ GÉNÉRALE. Organisme créé par la Convention le 2 oct. 1792. Il succédait au Comité des recherches de l'Assemblée constituante et au Comité de surveillance de la Législative ; il avait dans ses attributions « tout ce qui est relatif aux personnes et à la police générale et intérieure ». Il était composé de douze membres élus chaque mois par la Convention et rééligibles, parmi lesquels Vadier, Amar, Le Bas et le peintre David. Véritable « ministère de la Terreur », ce comité recherchait les suspects, contrôlait les arrestations, envoyait les inculpés devant le Tribunal révolutionnaire et surveillait en fait l'ensemble du personnel politique. Au printemps 1794, la majorité de ses membres s'affirma hostile à Robespierre et travailla dès lors à sa chute. Le Comité de sûreté générale subsista jusqu'à la fin de la convention, en oct. 1795.

COMITÉ DES FORGES. Important cartel créé en 1864 par les maîtres de forges français. Après avoir joué sous la IIIe République un rôle occulte très important, dans les domaines économique et politique, surtout entre 1918 et 1939, il fut supprimé par le gouvernement de Vichy en 1940.

COMITÉ FRANÇAIS DE LIBÉRATION NATIONALE (CFLN). Créé le 3 juin 1943 à Alger, il réalisait la fusion des gouvernements français d'Alger (Giraud) et de Londres (de Gaulle). Il fut d'abord placé sous la double présidence des généraux de Gaulle et Giraud, mais ce dernier fut peu à peu évincé par de Gaulle et démissionna (oct. 1943). De Gaulle, assumant désormais la direction politique, annonça la future épuration (exécution de Pucheu ministre de l'intérieur de Vichy, le 20 mars 1944). Afin de faire de son gouvernement une alternative représentative et démocratique, il y incorpora des personnalités parlementaires (dont deux communistes, nov. 1943) et créa à Alger une Assemblée consultative provisoire. Par l'intermédiaire du Conseil national de la Résistance, il s'efforça d'imposer l'autorité du CFLN à toute la Résistance intérieure en France. Le 3 juin 1944, le CFLN prit le nom de Gouvernement provisoire de la République française.

COMITÉ INTERNATIONAL DE LA CROIX-ROUGE (CICR). Institution humanitaire, le CICR a pour mission de protéger la vie et la dignité des victimes de conflits armés et de leur porter assistance. Créé en 1863 par les Genevois Henri Dunant (v.) et Guillaume-Henri Dufour (v.), son premier président, le CICR est une société privée mandatée par les États qui ont signé aux Conventions de Genève (v.) comme « gardien du droit international humanitaire » ; il joue un rôle essentiel dans la codification de ce droit. Le CICR est à l'origine du Mouvement international de la Croix-Rouge (v.) et du Croissant-Rouge. C'est l'Assemblée du CICR qui prononce la reconnaissance des Sociétés nationales, régie par des conditions strictes. Basé à Genève, le CICR est exclusivement compose de citoyens suisses (tout comme la majorité de ses délégués) mais indépendant du gouvernement. D'autres organisations s'occupent aussi d'assistance humanitaire, cependant le rôle du CICR en matière de protection des victimes de la guerre (en y incluant la visite des prisonniers de guerre) est unique.

COMITÉS DE SURVEILLANCE ou **COMITÉS RÉVOLUTIONNAIRES.** Organismes créés par la Convention en mars 1793 afin de surveiller, dans chaque commune, les étrangers et de délivrer des certificats de civisme, de dresser la liste des suspects, de les interroger et de procéder à leur arrestation. Au nombre de plus de 20 000 dans toute la France, ils furent les indispensables instruments de la Terreur. Ils furent supprimés après le 9-Thermidor.

COMMENDE. Dépôt d'un bien ecclésiastique (abbaye, prieuré, etc.) à un clerc ou à un séculier, qui percevait les revenus de ce bénéfice mais confiait le pouvoir spirituel à un délégué. À l'origine, la procédure de la commende servait, pour une période transitoire, à régler les problèmes que soulevait la gestion d'un bien d'Église. Mais elle s'institutionnalisa, surtout dans la gestion des biens monastiques. L'Église, comme les souverains, se servirent de la commende pour rémunérer diverses personnalités. Le concile de Trente lui-même n'osa pas la supprimer, bien qu'elle fût la principale cause de la décadence de la vie monastique : elle enrichissait des intrus (souvent des séculiers) au détriment des abbayes et livraient celles-ci à des abbés *commendataires* qui favorisaient l'introduction de l'esprit mondain dans les cloîtres. Dans la France de 1789, sur 1 150 abbayes d'hommes, il y en avait 850 en commende.

COMMISSION EUROPÉENNE. C'est l'une des principales institutions de l'Union européenne ; elle siège à Bruxelles et est composée de commissaires et d'un président, choisis pour cinq ans. Chaque État membre nomme un ou, pour les pays de plus de 30 millions d'habitants, deux commissaires. La Commission doit obtenir l'investiture du Parlement européen et dispose d'un pouvoir étendu en matière de législation européenne, le pouvoir de décision appartenant au Conseil de l'Union européenne, encore nommé Conseil des ministres. Son rôle s'est renforcé au fur et à mesure de la construction de l'Europe et elle est de plus en plus considérée comme son « gouvernement ». Voir **EUROPÉENNES (institutions)**. Le Marché commun.

COMMODE, Lucius Aelius Aurelius Commodus (* Lanuvium, 31.VIII.161, † Rome, 31.XII.192). Empereur romain (180/92). Fils de Marc Aurèle, il fut associé à l'Empire par son père en 176, après la révolte d'Avidius Cassius en Orient. Cette décision mécontenta les sénateurs, qui eussent souhaité que Marc Aurèle choisît son successeur dans leurs rangs. Son père mort (mars 180), Commode se hâta de conclure la paix sur le Danube et son règne ne fut pas troublé par d'autres guerres. Ses relations avec le Sénat s'envenimèrent encore lorsqu'on le vit choisir pour ministres un Bithynien et un Phrygien. Dans l'aristocratie, de nombreux complots se formèrent contre l'empereur, qui y répondit par des exécutions. En Gaule et en Espagne se déclencha la *guerre des déserteurs*. Les historiens, qui se sont fait l'écho des haines sénatoriales, ont chargé Commode de tous les vices ; il aurait mis à mort une de ses sœurs, Lucilla, et sa femme, Crispina ; d'une taille et d'une force extraordinaires, il aurait aimé s'habiller en Hercule et se produire au cirque comme gladiateur. Victime d'une conspiration de palais, il fut empoisonné par sa maîtresse, Marcia ; mais il réussit à rejeter le poison et Marcia le fit alors étrangler.

COMMONWEALTH OF NATIONS. Ensemble des États librement unis, avec leurs dépendances, dans une commune allégeance à la couronne britannique. Au début du XIXe s., l'Angleterre n'avait pas encore tire les leçons de la révolte de ses colonies d'Amérique, devenues indépendantes en 1783 sous le nom d'États-Unis d'Amérique, et son empire colonial restait soumis à l'ancien système de l'exclusif, qui privait les colonies de toute liberté de commerce et d'industrie, l'entreprise coloniale étant toujours considérée comme une source complémentaire de revenus pour la métropole. Dans les années 1820 se dessina une évolution vers une politique coloniale entièrement nouvelle. Dans le domaine économique, sous l'influence des idées d'Adam Smith et du libéralisme, toutes les restrictions commerciales et industrielles dont souffraient les colonies britanniques furent abolies progressivement entre 1824 et 1849. Le Canada, à la suite de la rébellion de 1837 et de la mission de Lord Durham (1838/39), obtint en 1848 d'être gouverné par un ministère parlementaire choisi par le gouverneur dans la majorité du Parlement canadien. Cette réforme fut confirmée par l'acte de 1867, qui donna naissance au dominion du Canada. Ce nouveau système de gouvernement responsable allait s'étendre progressivement à toutes les colonies anglaises de peuplement européen, l'Australie et la Nouvelle-Zélande, puis l'Afrique du Sud. Pour dissuader ses colons de devenir totalement indépendants, comme l'avaient fait les États-Unis, le Royaume-Uni leur offrait la possibilité, tout en restant unis avec la Couronne, de mettre en place des régimes démocratiques et parlementaires leur donnant la responsabilité réelle de leurs affaires.

Ainsi naquit l'idée d'une fédération groupant des peuples librement unis par une communauté de langue, de civilisation et d'intérêts économiques. À partir de 1887, date du premier jubilé de la reine Victoria, se réunirent des conférences coloniales (1887, 1897, 1902, 1907, 1911), qui prirent, en 1907, le nom de conférences impériales. Mais les efforts de coordination se heurtèrent longtemps aux tendances autonomistes des dominions.

De 1914 à 1918, en dépit de quelques résistances en Afrique du Sud et chez les Canadiens français, tous les dominions montrèrent une fidélité héroïque à l'Angleterre. À cette époque n'existaient encore que cinq dominions : le Canada (1867), l'Australie (1901), la Nouvelle-Zélande (1907), l'Union sud-africaine (1910) et Terre-Neuve (1917). Ces pays signèrent séparément les traités de paix de 1919/20, comme des puissances souveraines, et ils entrèrent à la SDN. C'est dans le traité anglo-irlandais de 1921, qui reconnaissait l'existence d'un nouveau dominion, l'État libre d'Irlande, que le terme de Commonwealth fut employé pour la première fois dans un document officiel. Le statut de Westminster (1931) supprima toutes les restrictions qui limitaient encore le pouvoir législatif des dominions (jusqu'alors, les lois anglaises étaient automatiquement applicables dans les dominions).

COMMUNAUTÉ DES ÉTATS INDÉPENDANTS (CEI). Association politique et économique regroupant d'anciennes républiques soviétiques, créée le 8 déc. 1991 après la dissolution de l'URSS. Elle ne réunissait alors que trois pays, la Russie, l'Ukraine et la Biélorussie, qui furent rejoints dès le 21 déc., par le Turkménistan, l'Ouzbékistan, le Tadjikistan, la Kirghizie et le Kazakhstan. 1992 un accord signé à Alma-Ata institutionnalisa la CEI. D'autres anciennes républiques sont entrées dans la Communauté : la Moldavie en déc. 1992, l'Azerbaïdjan en sept. 1993, la Géorgie en oct. Le 9 oct. 1992 un autre accord maintenait le rouble comme monnaie et une union économique était créée en sept. 1993. Seuls les pays Baltes sont restés en dehors. La CEI est apparue de plus en plus comme un instrument de la politique de la Russie qui a pu exercer un contrôle général sur ses voisins et, en particulier, sur les armes nucléaires encore déposées sur le territoire des anciennes républiques soviétiques.

COMMUNAUTÉ ÉCONOMIQUE DE L'AFRIQUE DE L'OUEST (CEAO). Organisation fondée en 1973 et succédant à l'Union douanière des États d'Afrique de l'Ouest (UDEAO). Siégeant à Ouagadougou (Burkina Faso), elle regroupe d'anciennes colonies françaises d'Afrique occidentale : Bénin, Burkina Faso, Côte-d'Ivoire, Mali, Mauritanie, Niger, Sénégal. La Guinée et le Togo sont membres observateurs. Elle a pour objet de développer la coopération et les échanges en vue d'une intégration économique. Le pendant monétaire de la CEAO, l'UMAO, gère la politique monétaire et la Banque centrale des États d'Afrique de l'Ouest est chargée de l'émission de monnaie dans la zone du franc CFA, lié au franc français.

COMMUNAUTÉ ÉCONOMIQUE DES ÉTATS D'AFRIQUE DE L'OUEST (CEDEAO). Organisation fondée en 1975 regroupant seize pays d'Afrique occidentale : les États de la CEAO et ses associés (Togo, Guinée), tous francophones, des États anglophones (Gambie, Ghana, Liberia, Nigeria, Sierra Leone) et lusophones (Cap-Vert et Guinée-Bissau). Elle a pour objet de « promouvoir la coopération et le développement dans tous les domaines de l'activité économique » et de créer à terme une union douanière entre ses pays membres. Sans être parvenue, depuis sa création, à réaliser l'intégration économique de sa zone, la CEDEAO est dominée politiquement et économiquement par le Nigeria.

COMMUNAUTÉ ÉCONOMIQUE EUROPÉENNE (CEE). Voir **Européennes (institutions)**.

COMMUNAUTÉ EUROPÉENNE (CE). Organisation européenne, héritière de la Communauté économique européenne (CEE). En nov. 1993, conformément au traité de Maastricht, la CEE s'est transformée en Communauté européenne. Voir **Européennes (institutions)**.

COMMUNAUTÉ EUROPÉENNE DE DÉFENSE (CED). Voir **Européennes (institutions)**.

COMMUNAUTÉ EUROPÉENNE DE L'ÉNERGIE ATOMIQUE (CEEA). Voir **Européennes (institutions)**.

COMMUNAUTÉ EUROPÉENNE DU CHARBON ET DE L'ACIER (CECA). Voir **Européennes (institutions)**.

COMMUNAUTÉ FRANÇAISE. Ensemble créé par le titre XII de la Constitution française de 1958. Il devait comprendre la France, ses départements et territoires d'outre-mer, ainsi que ses anciennes colonies. Ces dernières accédaient à l'autonomie au sein de la Communauté, avec la garantie d'une aide de la France, en répondant positivement au référendum du 28 sept. 1958 (ce que toutes firent, à l'exception de la Guinée, qui choisit son indépendance immédiate et n'appartint jamais à la Communauté). Voir **Colonies.** La fin des empires coloniaux et la décolonisation.

COMMUNE. Au Moyen Âge, une commune était une ville à qui avait été reconnue une personnalité juridique ce qui lui conférait une autonomie plus ou moins grande. Avec la fin du monde romain, les villes avaient été intégrées dans le système féodal et leurs habitants étaient soumis à des seigneurs laïcs ou ecclésiastiques.

Le mouvement communal fut une conséquence du réveil économique des villes apparu au Xe s. La commune naquit du désir de défendre les intérêts communs des habitants qui exerçaient un métier ou une activité marchande, associés en une *communio* qui était aussi une *conjuratio* car ils étaient liés par un serment. Ceux qui en faisaient partie ont constitué une première bourgeoisie qui en excluait les nobles, les clercs, les officiers seigneuriaux et parfois les non-propriétaires, c'est-à-dire les plus pauvres.

Fortes de leur unité et de la prospérité apportée par leur travail, les *communiones* obtinrent de leurs seigneurs des privilèges plus ou moins étendus et un statut particulier, octroyés souvent au prix fort. Des révoltes ou émeutes ont pu être nécessaires pour obtenir des libertés communales, surtout lorsque le seigneur était un ecclésiastique : ce fut le cas à Cambrai en 1076 ou à Laon en 1111. Mais d'autres comprirent l'intérêt de favoriser sur leur domaine l'éclosion d'une commune, gage de prospérité. Une charte communale écrite, de simple franchise ou de commune jurée, précisait la nature des libertés conquises. Généralement, la constitution d'une commune s'est traduite par une réelle autonomie politique et administrative ; les symboles en ont été le beffroi (équivalent au donjon du château seigneurial), la milice bourgeoise en armes, la frappe d'une monnaie, l'existence de tribunaux... Le gouvernement communal était assuré par un maire, assisté d'un collège d'échevins, élus en principe par l'assemblée communale, mais, dans les faits, le plus souvent cooptés.

En France, le mouvement communal connut une croissance puis déclina à partir du XVIe s. du fait des troubles intérieurs suscités par le petit peuple contre l'oligarchie bourgeoise et la pression du pouvoir royal. En un premier temps, la monarchie capétienne avait plutôt encouragé le mouvement communal contre l'autorité des seigneurs ; désormais les rois de France allaient se consacrer à l'instauration d'un pouvoir monarchique unificateur. Les deux autres principaux pays où l'institution communale s'est imposée, furent la Flandre et l'Italie. Prospères par leur travail et le commerce, les villes flamandes demandèrent à leurs comtes des libertés et des franchises qu'ils leur accordèrent contre de l'argent. Elles purent choisir leurs échevins, et exercer des pouvoirs retirés aux baillis seigneuriaux. Comme en France, les libertés étaient consignées dans des chartes. Les principales communes flamandes furent Bruges, Gand, Douai, Lille, Ypres, qui devinrent des puissances indépendantes. Mais une classe de patriciens apparut qui s'enrichit, confisqua les pouvoirs et s'opposa aux artisans qui n'eurent d'autre choix que de faire appel au comte. Ainsi éclata en 1302 la révolte de Bruges ; pour conserver leur pouvoir, les patriciens firent appel au roi de France Philippe le Bel qui fut battu à Courtrai le 11 juill. 1302. Avec l'avènement de la maison de Bourgogne les communes déclinèrent et leur dernier sursaut fut la révolte de Gand contre Charles Quint en 1539.

Les communes italiennes durent leur essor incomparable à l'activité du commerce méditerranéen et, pendant les croisades, au rôle des ports italiens dont beaucoup établirent des comptoirs sur les côtes du Levant. Florence, Pise, Milan, Côme tirèrent parti de ces activités pour développer leurs productions artisanales. Les longues années de lutte contre le pape et l'empereur, la volonté de la noblesse de s'affranchir de la tutelle des évêques, furent autant d'occasions pour assurer l'essor communal. Les luttes entre le pape et l'empereur furent aussi une des causes de l'essor des communes ; d'autre part, les nobles ne répugnèrent pas à s'allier avec les commerçants et les artisans contre les évêques. En 1084, des *consuls* étaient en place à Pise, en 1097 à Milan, en 1093 à Arezzo, en 1123 à Bologne, en 1125 à Sienne, à Florence en 1138. Ils étaient assistés d'une assemblée restreinte de sénateurs ou de sages, représentant les nobles, les propriétaires terriens, les riches marchands, et d'une autre assemblée comprenant tous les citoyens, l'*arengo*. Très vite ces républiques urbaines connurent les luttes sociales et les revendications des *ciompi* (travailleurs pauvres). Pour faire respecter la paix civile, les communes nommèrent un personnage au-dessus des factions, le *podesta*, personnage qui allait représenter la ville et dominer la vie communale pendant la première moitié du XIIIe s. Outre les luttes internes, le drame des communes italiennes fut leur rivalité permanente : Venise et Gênes ont lutté âprement pour l'hégémonie maritime, Florence et Milan pour le commerce avec l'Europe centrale. Aucune alliance durable, aucune unité ne put s'installer entre les communes italiennes.

En Allemagne, le mouvement communal se développa à partir de la fin du XIe s., contre les princes ecclésiastiques. Il en fut ainsi à Worms (1073), Mayence (1077), Spire (1101, 1111), Cologne (1074, 1106, 1112), qui se soulevèrent contre leurs évêques. Le mouvement reçut l'aide de seigneurs laïques et l'expansion économique se trouva confortée par la création de communes. Mais les souverains allemands ne surent pas contenir le mouvement communal qui, après la mort de Frédéric II de Hohenstaufen, en 1250, aggrava le démembrement de l'Empire. L'empereur étant faible politiquement, les communes qui se plaçaient sous son autorité ne désiraient en réalité aucun maître. Elles étaient de véritables républiques souveraines dont les magistrats portaient le nom de consuls. Pour leur sécurité elles ont constitué des ligues comme la Ligue rhénane qui, en 1254, groupa plus de 70 villes, ou encore celle de la Hanse qui devint une véritable puissance européenne. Au XIVe s., leur déclin politique s'amorça, face au pouvoir des princes qui les vainquirent en deux batailles et la plupart furent absorbées dans les territoires princiers. Les communes anglaises qui prirent le nom de *boroughs* n'apparurent qu'au XIIIe s. Elles acquirent une autonomie comparable aux communes du continent, en profitant de la crise monarchique qui marqua le règne de Jean sans Terre. Dès 1265, elles envoyèrent des députés au Parlement. Au XVIe s., les boroughs perdirent leurs privilèges mais devinrent des circonscriptions électorales et, à la fin du XVIIe, les quatre cinquièmes de la

Chambre des communes étaient élus par quelque deux cents boroughs.

À l'époque de la Reconquête, les communautés rurales qui, en Espagne, s'installèrent sur les territoires repris aux musulmans obtinrent facilement du pouvoir royal des privilèges ou *fueros*. Il fut impossible ensuite aux féodaux de revenir en arrière. Dans le royaume d'Aragon, Barcelone, Tarragone, Valence se constituèrent en républiques maritimes qui rivalisèrent avec celles d'Italie. Dès les XIIe/XIIIe s., toutes les communes espagnoles étaient représentées aux Cortés.

COMMUNE DE PARIS (1789/95). Administration révolutionnaire établie à Paris à la suite de l'émeute du 14 juill. 1789. Elle se substitua à l'administration régulière du Bureau de ville et tint comme lui ses séances à l'Hôtel de Ville. Le 16 juill. 1789, elle désigna comme maire Bailly. Devenu un organisme régulier en vertu de la loi du 21 mai 1790, elle se divisa en 48 sections. Elle avait à sa tête le maire et 16 administrateurs assistés d'un conseil municipal de 32 membres et d'un conseil général de 96 membres, que présidaient le procureur-syndic de la Commune et deux substituts. Après le remplacement de Bailly par Pétion (nov. 1791), la Commune eut pour maires successifs Chambon, Pache et enfin Fleuriot-Lescot, qui conserva son poste jusqu'au 9-Thermidor. Chaumette devint procureur, avec Hébert et Réal pour substituts. Transformée en *Commune insurrectionnelle* depuis le 10 août 1792, la Commune de Paris était passée entièrement aux mains des Jacobins. Elle se posa comme le représentant, non pas seulement de la capitale, mais de la France tout entière, où elle envoyait des commissaires qui créaient, à côté des municipalités, des comités de surveillance. La Commune fit peser sur la Convention tout le poids de la dictature populaire : elle organisa les massacres de sept. 1792, imposa la proscription des Girondins (mai 1793), la loi du Maximum, l'institution de la Terreur et la fermeture des églises. À partir de sept. 1793, le Comité de salut public réussit à la reprendre en main et Hébert fut exécuté en mars 1794. Au 9-Thermidor, la Commune restait toute dévouée à Robespierre, mais la Convention mit ses membres hors la loi, et 93 d'entre eux furent guillotinés. Un décret du 24 août 1794 supprima les 48 sections, remplacées par 12 comités d'arrondissement ; puis la Constitution de l'an III substitua à la Commune douze municipalités distinctes pour empêcher que la centralisation du pouvoir ne permît de nouveau une dictature populaire parisienne.

COMMUNE DE PARIS (1871). Gouvernement insurrectionnel qui exerça l'autorité à Paris pendant soixante-douze jours, du 18 mars au 28 mai 1871.

Les origines de la Commune

Dernière révolution du XIXe s. et, pour les marxistes, première tentative d'une dictature du prolétariat, la Commune a eu des causes lointaines et des causes immédiates. Elle fut l'aboutissement d'une tradition révolutionnaire : le développement économique qui marqua le second Empire s'accompagna de la croissance numérique de la classe ouvrière. Les grèves se multiplièrent dans les dernières années du règne de Napoléon III, et les nouveaux chefs socialistes, Varlin, Malon, utilisèrent la loi de 1868 sur la liberté de réunion pour mener dans toutes les grandes villes, et surtout dans la capitale, une active propagande. À côté de ces socialistes internationalistes, les blanquistes attendaient le moment favorable à une insurrection et à la prise du pouvoir par une minorité agissante qui entraînerait ensuite le peuple dans la révolution.

Les origines immédiates de la Commune doivent être cherchées dans les épreuves et les déceptions que connurent les Parisiens au cours du terrible hiver 1870/71. Investie par les Prussiens dès le 18 sept. 1870, la capitale avait répondu avec héroïsme aux déclarations intransigeantes du gouvernement de la Défense nationale, résolu à ne céder « ni un pouce de notre territoire ni une pierre de nos forteresses ». Dès lors, avec les souffrances du siège, le manque de ravitaillement et de combustible, l'arrêt du travail (la plupart des hommes n'avaient pour vivre que leur solde de gardes nationaux, 1,50 F par jour), avec le bombardement de la ville par les Prussiens (à partir de janv. 1871) et l'échec des différentes sorties, une véritable psychose de trahison se répandit dans la population, qui réclamait des actions militaires vigoureuses et, dès oct. 1870, l'élection d'une Commune. Le 31 oct., à la nouvelle de la capitulation de Metz et de la perte du fort du Bourget, certains bataillons de gardes nationaux avaient déjà tenté de renverser le gouvernement provisoire. Après la signature de l'armistice (28 janv.), l'élection (8 févr.) d'une Assemblée nationale fortement conservatrice et favorable à la paix acheva d'isoler les Parisiens du reste de la France. L'exaspération de la capitale atteignit son comble lorsque, le 1er mars, les Prussiens défilèrent symboliquement dans les quartiers Ouest de Paris.

Naissance, constitution et œuvre

Dès le premiers jours de mars 1871, l'opposition fut manifeste entre l'Assemblée nationale, qui siégeait encore à Bordeaux, et les Parisiens, armés au sein de la garde nationale, dont les effectifs atteignaient près de 200 000 hommes. Tandis que la garde se mobilisait, passait sous le contrôle d'un Comité central élu (3 mars), puis, le 15 mars, se constituait en Fédération républicaine, la majorité royaliste et « rurale » de l'Assemblée multipliait les mesures vexatoires à l'égard de la population de la capitale (3/10 mars) : suppression de la solde de la garde nationale ; suspension du moratoire des effets de commerce et des loyers ; transfert de l'Assemblée, non à Paris, mais à Versailles. Le 18 mars, Thiers, chef du gouvernement provisoire, décida de désarmer la garde nationale, qui disposait, à

Montmartre et à Belleville, de plus de 200 canons mis à l'abri avant l'entrée des Prussiens dans la capitale. Mais les soldats chargés de cette opération furent entourés par les gardes nationaux et par la foule, avec laquelle la troupe commença à fraterniser ; en quelques heures, l'insurrection se propagea dans tout le centre et l'est de Paris ; les généraux Lecomte et Clément Thomas furent tués. Refusant toute négociation, Thiers décida d'évacuer la capitale, abandonnée dès lors aux insurgés.

Resté maître de Paris, le Comité central de la garde nationale prépara l'élection d'un Conseil communal. Celle-ci eut lieu le 26 mars, avec 229 167 votants sur un total de 485 569 électeurs, soit plus de 50 % d'abstention (mais on peut estimer qu'une centaine de milliers de Parisiens avaient déjà fui la capitale depuis la journée du 18). Ce Conseil fut mis en place à l'Hôtel de Ville, le 28 mars, sous le nom de Commune de Paris, et le Comité central lui transmit aussitôt ses pouvoirs. Assemblée municipale, la Commune se considérait de plus comme le gouvernement du pays, et elle constitua aussitôt neuf commissions (Finances, Armée, Justice, etc.), dont la liaison était assurée par une Commission exécutive.

Le Conseil de la Commune devait, théoriquement, réunir 90 membres, mais cet effectif ne fut jamais atteint. Les quelque 70 membres restants étaient très divers par leurs origines sociales comme par leurs tendances politiques. Ils comprenaient 25 ouvriers, soit plus d'un tiers du Conseil. Du fait de ces multiples tendances, la Commune n'eut jamais de doctrine politique précise. La plupart de ses membres restaient attachés à une conception romantique de la révolution. Obsédés par les souvenirs de 1793, certains d'entre eux pensaient que la Commune devait exercer sur la France entière une dictature révolutionnaire ; d'autres, fidèles aux idées de Proudhon, appelaient les communes provinciales à s'associer à Paris en une libre fédération.

La Commune de Paris s'appuyait sur une minorité révolutionnaire qui mobilisait tout au plus 60 000 personnes, où l'élément ouvrier et artisan prédominait à 80 % ; la garde nationale fédérée, qui formait l'armée de la Commune, ne comporta jamais plus de 30 000 combattants, bien qu'elle comptât officiellement quelque 200 000 hommes. L'immense majorité de la population parisienne resta donc en dehors de la Commune, et cela en dépit de l'intense activité de propagande déployée par une multitude de clubs et de journaux.

Absorbée dès le début du mois d'avril par les opérations militaires contre les versaillais, la Commune n'accomplit que des réformes limitées. Certaines mesures furent symboliques, telles l'adoption du drapeau rouge (28 mars) et du calendrier révolutionnaire, la démolition de la colonne Vendôme (16 mai) et de la maison de Thiers. Politiquement, elle décida la séparation de l'Église et de l'État, la laïcisation des écoles religieuses, l'école gratuite et obligatoire, la gratuité de la justice, l'élection des juges et des hauts fonctionnaires, la suppression de l'armée permanente (remplacée par le peuple en armes), la suppression de toute distinction entre enfants légitimes et enfants naturels, comme entre femmes mariées et concubines. Parmi les mesures économiques et sociales, citons : la prorogation des échéances, la remise des loyers, la réquisition des ateliers abandonnés, la réorganisation du Mont-de-Piété, la création de boucheries municipales, la suppression du système des amendes patronales, la suppression du travail de nuit dans les boulangeries, l'interdiction de tout cumul de traitements. Les femmes jouèrent un grand rôle dans cette période révolutionnaire (Louise Michel, Andrée Léo, Nathalie Lemel, Paule Minck, Élisabeth Dmitrieff, Anna Jaclard...). Mais, en beaucoup d'autres domaines, la Commune montra d'étranges timidités ; elle maintint inchangée la durée de la journée de travail, et ne prit même pas le contrôle de la Banque de France.

L'écrasement de la Commune

La Commune resta incomprise de la grande majorité des Français. Pour les provinciaux, elle évoquait surtout les mauvais souvenirs de la dictature parisienne de 1793/94. Sans doute, en mars/avr. 1871, des mouvements communalistes éclatèrent-ils, mais ils furent rapidement écrasés. La plus puissante de ces insurrections de province fut celle de Marseille (23 mars/4 avr.). Le 19 avr. 1871, la Commune lança une *Déclaration au peuple français* qui s'inspirait des idées fédéralistes de la minorité et demandait « l'autonomie absolue de la Commune étendue à toutes les localités de la France dont l'association doit assurer l'unité française ». Mais cette proclamation ne rencontra guère d'écho, pas plus que l'Appel aux travailleurs des campagnes du 28 avril. Le gouvernement de Thiers dénonçait l'insurrection parisienne comme celle de la plus vile canaille et rassemblait son armée. L'arrestation des otages (5 avr.), parmi lesquels se trouvait Mgr Darboy, archevêque de Paris, suscita une indignation générale. Tous les grands écrivains français de l'époque se montrèrent hostiles à la Commune, y compris ceux mêmes qui montraient le plus de sympathie pour les idées républicaines et sociales, tels Victor Hugo, George Sand, Émile Zola ou Anatole France.

Les combats contre les troupes régulières de Versailles commencèrent le 2 avr., à Courbevoie. Alors que la Commune ne réussit à mobiliser que de 20 à 30 000 combattants, Thiers, qui avait obtenu de Bismarck la libération anticipée de 60 000 prisonniers, disposa d'une armée de 130 000 hommes, commandés par Mac-Mahon. Le 3 avr., la Commune tenta une marche sur Versailles en trois colonnes, par Rueil, Meudon et Châtillon : ce fut un échec complet. Tandis que la direction militaire passait successivement à Cluseret (4 avr.), à Rossel (1er mai), enfin, le 10 mai, à Delescluze, tandis que la création d'un Comité de salut public (1er mai) creusait le fossé entre majorité et minorité au Conseil de la Commune, les versaillais resserraient leur pression au S.-O. de la capitale, s'emparaient des forts de Vanves (9 mai) et d'Issy (14 mai) et, le dimanche 21 mai, pénétraient dans Paris par les portes du Point-du-Jour et de Saint-Cloud. Pendant toute une semaine (21/28 mai), la « semaine sanglante », l'armée refoula les forces de la Commune vers l'est de la capitale. Le 24, elle s'emparait de l'Hôtel de Ville et du Panthéon. Le 25, elle était maître de toute la rive gauche, et Delescluze trouvait la mort sur la barricade de la place du Châ-teau-d'Eau. Le 26, le quartier de la Bastille était occupé par l'armée, et l'ultime résistance des communards se concentrait dans une partie du XXe arrondissement (Belleville) et dans un quadrilatère du XIe. La lutte fut menée avec un acharnement extrême et s'accompagna de part et d'autre d'atrocités. Aux fusillades des versaillais, les communards répondirent par les massacres des otages et l'incendie volontaire de plusieurs monuments tels que le palais des Tuileries et l'Hôtel-de-ville, ainsi que de plusieurs quartiers du centre. Les ultimes combats eurent lieu le 28 mai, au Père-Lachaise ; la dernière barricade, rue Ramponneau, tomba vers 14 heures.

La répression fut impitoyable. Au cours des combats, les versaillais avaient multiplié les exécutions sommaires, et l'on estime généralement à 20 000 le nombre des communards qui trouvèrent la mort au cours de la « semaine sanglante ». Le gouvernement procéda à plus de 38 000 arrestations. Les lois d'amnistie de 1879 et 1880 permirent aux survivants, déportés ou exilés, de rentrer en France, et tous les prisonniers furent libérés. Mais la répression avait décapité pour longtemps le mouvement révolutionnaire français.

COMMUNES POPULAIRES. En Chine populaire, unités de base à la fois agricoles, industrielles, culturelles, militaires, regroupant, en général, de 4 à 5 000 familles – mais certaines près de 10 000 –, dans le cadre d'une réorganisation collectiviste que fut le « Grand Bond en avant ». L'expérience des communes populaires, qui se substituèrent aux coopératives de production, commença en août 1958 mais leurs défauts apparurent dès 1959. La politique des quatre modernisations, mise en place par Teng Hsiao-ping dès la fin des années 1970, visant notamment la libéralisation des forces agricoles, assura le démantèlement de ce système. Voir CHINE. L'établissement de la République populaire.

COMMUNISME. Système politique organisant la vie économique et sociale d'un pays dont la collectivité s'approprie les moyens de production. Passé le temps des théoriciens utopistes, pour qui *communisme* était synonyme de *socialisme*, l'histoire du communisme au sens moderne a commencé avec la publication, en 1848, du *Manifeste du parti communiste* de Karl Marx et Friedrich Engels. Contre les idées de Proudhon notamment, la pensée de Marx se voulait scientifique et non utopique. Le ressort de la pensée communiste selon Marx était le matérialisme historique qui expliquait l'évolution des idées et des institutions par celle des moyens de production et d'échange. Il appartenait au prolétariat ouvrier de prendre, par la lutte des classes, le contrôle de la production industrielle au profit de la collectivité. La disparition de la propriété privée, par essence bourgeoise, était nécessaire pour entraîner l'abandon des autres aliénations et parvenir à la fin du capitalisme.

L'influence de la doctrine marxiste, développée par les quatre tomes du *Capital* dont le premier parut en 1867, fut immense sur le mouvement ouvrier, même si elle était peu explicite sur les délais nécessaires pour que l'humanité passât au communisme, sur les moyens (bien que Marx fît allusion à la dictature du prolétariat, dès 1852), et sur la stratégie du parti politique chargé de guider le prolétariat. Ce fut dans la Russie tsariste, peu industrialisée, que s'épanouit le marxisme révolutionnaire, qui sous Lénine, devint le bolchevisme. Lénine préconisa la formation d'un parti centraliste et discipliné où intellectuels et hommes d'action s'alliaient pour préparer minutieusement la révolution et conduire les masses populaires ; il affirma la nécessité d'une alliance entre la classe ouvrière et la classe paysanne ; il reconnut un rôle important aux nations colonisées et, surtout, il développa l'idée de la dictature du prolétariat, organisée et exercée par le parti communiste.

Albanie. Fondé dans la clandestinité le 8 nov. 1941, le parti communiste albanais joua un rôle dirigeant dans la résistance contre les Italiens. Au congrès de Berat (20 oct. 1944), son chef, Enver Hodja, forma un gouvernement provisoire, qui proclama la République populaire en janv. 1946. Le parti tint son premier congrès en nov. 1948 et prit le nom de « parti du travail d'Albanie ». Ardemment stalinien, il fut l'un des plus fervents dans la lutte contre le titisme yougoslave. Son opposition à Khrouchtchev s'affirma en nov. 1960, lorsque Enver Hodja, après avoir défendu les thèses chinoises, quitta spectaculairement la conférence communiste de Moscou, mais le PC albanais rompit en 1978 avec le PC chinois, qu'il accusait de vouloir imposer une alliance militaire avec la Roumanie et la Yougoslavie aux seules fins de favoriser une stratégie chinoise antisoviétique. Arrivé en tête aux premières élections démocratiques du pays (1990), le PC albanais, devenu en 1991 parti socialiste, fut évincé du pouvoir par le scrutin de 1992. Il remporta les élections législatives de juin/juill. 1997 et le socialiste Rexhep Mejdani devint président de la République.

Allemagne. Le parti communiste allemand eut pour précurseur le groupe Spartakus, qui, dès janv. 1916, en opposition avec la majorité du parti social-démocrate, avait lancé une campagne contre la guerre et le nationalisme et pour la solidarité internationale des travailleurs. En avr. 1917, les spartakistes se rallièrent au nouveau parti socialiste indépendant (USPD) qui se divisa après la révolution de nov. 1918, la majorité acceptant de collaborer avec l'équipe gouvernementale d'Ebert, alors que les spartakistes réclamaient tout le pouvoir pour des conseils d'ouvriers et de soldats, et des réformes économiques radicales. Ne pouvant imposer leurs vues dans l'USPD, les spartakistes convoquèrent un congrès à Berlin (29 déc. 1918/1er janv. 1919), d'où sortit le parti communiste d'Allemagne (Ligue spartakiste) (*Kommunistische Partei Deutschlands, Spartakusbund*) ; il avait pour chefs Karl Liebknecht et Rosa Luxemburg, pour organe le journal *Die rote Fahne (Le Drapeau rouge)*. Moins de deux semaines après sa fondation, le parti subit une sévère défaite : l'insurrection qu'il avait déclenchée à Berlin fut écrasée par le ministre social-démocrate Noske et par les corps francs ; Karl Liebknecht et Rosa Luxemburg furent tués par des officiers de la cavalerie de la garde (15 janv. 1919). Des soulèvements communistes locaux se succédèrent jusqu'en 1923, mais ils furent tous réprimés. Réduit à 40 000 membres après l'expulsion de ses « gauchistes » au congrès de Heidelberg (oct. 1919), le parti doubla le chiffre de ses membres en moins d'un an, et, après la réunion avec l'USPD au congrès de Berlin (4/7 déc. 1920), il devint un parti de masse, rassemblant plus de 300 000 membres. Cependant, une tendance dans la direction du parti surestimait les capacités d'action révolutionnaire du communisme allemand : d'où les insurrections d'Allemagne centrale, en mars 1921, qui aboutirent à un désastre. « Bolchevisé » sous la direction d'Ernst Thälmann, à partir de 1925, le parti connut un redressement rapide ; sa représentation au Reichstag, qui était de 2 députés en 1920, de 62 en 1924, passa à 77 députés en 1930, à 89 en 1932, et, lors de l'élection présidentielle de 1932, Thälmann, candidat communiste, obtint près de 5 millions de voix (13,2 %). Mais les communistes allemands se refusèrent à certaines actions communes avec les sociaux-démocrates pour adopter une attitude de rigoureux isolement, qui correspondait au modèle stalinien. Cette politique aboutit à sous-estimer le danger représenté par Hitler et à empêcher la constitution de tout front commun de la gauche allemande.

Après son arrivée au pouvoir, Hitler prit prétexte de l'incendie du Reichstag (27 févr. 1933) pour arrêter les principaux dirigeants communistes (parmi lesquels Thälmann) ; cependant, aux élections du 5 mars 1933, les communistes obtinrent encore 4,8 millions de suffrages (12,3 %) et 81 députés (mais leur mandat fut annulé). Dans le même mois, le parti était dissous et des milliers de communistes internés dans des camps de concentration ; d'autres se réfugiaient à l'étranger, et environ 5 000 Allemands devaient combattre durant la guerre d'Espagne dans les Brigades internationales. Thälmann mourut au camp de Buchenwald en août 1944. Durant la guerre se constituèrent des groupes de résistance communistes dont le plus important fut celui de l'Orchestre rouge (*Rote Kapelle*), anéanti par la Gestapo durant l'été 1942. En avr. 1945, lors de la défaite de l'Allemagne, Walter Ulbricht, qui s'était réfugié à Moscou, vint reconstituer le parti communiste en zone d'occupation soviétique, où communistes et sociaux-démocrates décidèrent leur fusion dans le parti socialiste unifié d'Allemagne, *Sozialistische Einheitspartei Deutschlands* ou SED (21/22 avr. 1946). Ce nouveau parti obtint 47,5 % des voix aux élections est-allemandes d'oct. 1946. Il contrôla le pouvoir dès la fondation de la République démocratique allemande, en 1949. En Allemagne de l'Ouest, au contraire, les communistes n'eurent qu'une audience très limitée dans la population : leur parti obtint 5,7 % aux élections fédérales de 1949 et 2,2 % en 1953. La Cour constitutionnelle de Karlsruhe prononça l'interdiction du parti en août 1956 ; autorisé à se reconstituer en oct. 1968, il ne représenta, jusqu'en 1990, qu'une force négligeable dans la vie politique de l'Allemagne fédérale. Après l'unification de l'Allemagne, le parti communiste est-allemand se transforma en parti du socialisme démocratique (*Partei des Demokratischen Sozialismus* ou PDS). Puissant dans l'ancienne Allemagne de l'Est (23 % des suffrages aux européennes de juin 1999), il améliora régulièrement ses résultats dans l'Allemagne unifiée, obtenant 5,1 % et 35 sièges aux législatives de sept. 1998, et 5,6 % aux européennes, en 1999, après une campagne contre les frappes de l'OTAN en Yougoslavie.

Chine. Fondé le 1er juill. 1921 dans la concession française de Shanghai, le PC chinois forma, de 1923 à 1927, un front uni avec le Kouo-min-tang, tout en conservant son organisation propre, qu'il développa avec l'aide de conseillers soviétiques. Il comptait, à l'origine, 57 membres et eut pour premier secrétaire général (de 1921 à 1927) un intellectuel, Tch'en Tou-sieou. Mao Tsé-toung, d'abord secrétaire du parti pour le Ho-nan (oct. 1921), devint membre du Comité central exécutif au IIIe congrès du parti (Shanghai, 1923). Après la rupture entre les communistes et Tchang Kaï-chek (avr./juill. 1927), l'échec de la révolte ouvrière de Canton (déc. 1927) confirma les thèses de Mao Tsé-toung, qui voyait dans les masses paysannes la force principale de la révolution chinoise. En 1929, Mao Tsé-toung et Chou-Teh réussirent à établir l'autorité communiste au Kiang-si (Chine du Sud-Ouest), où fut proclamée en nov. 1931 une République soviétique chinoise, dont le gouvernement était présidé par Mao.

C'est au cours de la Longue Marche (1934/35) que Mao Tsé-toung prit officiellement la direction du PC chinois (13 janv. 1935). Dès août 1936, le Comité central du parti offrit au Kouo-min-tang d'organiser en commun la résistance nationale contre les Japonais.

Cette alliance entre communistes et nationalistes dura de 1937 à 1945, mais les communistes prirent soin de conserver et d'étendre leur installation régionale ; à la fin de la guerre, ils disposaient d'une armée régulière, l'Armée populaire de libération (APL), de plus de 900 000 hommes, à laquelle s'ajoutaient 2 millions de miliciens. La campagne de rectification des années 1942/43 consolida l'autorité de Mao sur le parti. En oct. 1949, après trois ans de guerre civile, la République populaire fut proclamée. Dès lors, l'histoire du parti communiste allait se confondre avec celle de la Chine.

Espagne. Dans ce pays où l'anarcho-syndicalisme a longtemps rassemblé les forces de l'extrême gauche, le parti communiste, fondé en 1921, ne jouait encore aucun rôle à l'avènement de la République (1931) et ne comptait pas plus de 3 000 membres. Son journal, *Mundo obrero*, n'avait qu'une faible influence en face de la presse anarchiste et socialiste. En outre, il devait compter avec la rivalité d'un groupe trotskiste qui, en févr. 1936, fonda le parti ouvrier d'unification marxiste ou POUM. Son rôle ne cessa pourtant de grandir après la victoire du Front populaire (févr. 1936) et le début de la guerre civile. Appelé dans le gouvernement de coalition par Largo Caballero, en sept. 1936, le parti communiste espagnol fut le premier à être associé au pouvoir en Europe occidentale. Étroitement lié à Moscou, il appela d'une part à la plus large union contre le franquisme, s'opposa à la collectivisation des terres, défendit les petites et moyennes entreprises, mais, d'autre part, il se livra, en 1937, à une impitoyable épuration à l'égard des membres du POUM. Cette attitude divisa les forces républicaines, et les communistes, isolés, furent exclus du pouvoir à Madrid par le général Miaja, en mars 1939. Dans la clandestinité, le PC espagnol reprit ses mots d'ordre de l'union populaire la plus étendue contre Franco. Mais le parti devait être affaibli, en 1964, par la création d'un parti communiste rival, de tendance maoïste, et par le départ de dirigeants importants tels que les intellectuels Fernando Claudin et Jorge Semprun, ainsi que Ewique Lister, l'ancien général de la guerre civile (revenu dans le parti en 1986). En juill. 1974, il adhéra à la junte démocratique rassemblant des antifranquistes de toutes tendances, y compris des monarchistes tels que Calvo Serer. Après la mort de Franco, le parti communiste, bien implanté dans les commissions ouvrières, accentua son évolution vers une ligne indépendante, proche de celle du PC italien.

Légalisé au printemps 1977, il adhéra au pacte de La Moncloa, conclu en oct. entre le gouvernement et l'ensemble des forces politiques. L'abandon, en avr. 1978, de toute référence au léninisme suscita au sein du parti une contestation « stalinienne » dirigée par Dolores Ibarruri. En 1981, Santiago Carrillo, secrétaire général, parvenait néanmoins à assurer son autorité sur les militants, mais, en oct. 1982, le parti enregistra un échec si sévère aux élections législatives, passant de 10,81 % (en 1979) à un peu moins de 4 %, qu'il démissionna. Il fut remplacé par Gerardo Iglesias, partisan d'une politique d'ouverture, auquel succéda Julio Anguita en févr. 1987. En 1986, G. Iglesias fonda, autour du PCE, la coalition *Izquierda unida* (gauche unie, IU). Elle ne réussit pas à enrayer l'érosion de son électorat : de 10,5 % des voix en 1996, elle passa à 5,5 % en mars 2000, alors que Francisco Frutos avait remplacé G. Iglesias à sa tête.

États-Unis. Deux partis communistes rivaux furent fondés aux États-Unis en août/sept. 1919. Sur l'inspiration de Moscou fut créé en déc. 1921 le parti des travailleurs d'Amérique, rebaptisé parti communiste des États-Unis en 1929. Sous la direction d'Earl Browder (de 1930 à 1945), il fit d'appréciables progrès à l'époque de Roosevelt et surtout lorsque l'URSS, en 1941, devint l'alliée des États-Unis. Ses effectifs passèrent de 7 500 en 1930 à 80 000 en 1944.

Au temps de la guerre froide, la plupart de ses dirigeants furent condamnés pour conspiration en vue de renverser le gouvernement (1949) ; dans les années 1950, les communistes américains furent frappés de nombreuses restrictions légales (interdiction d'enseigner, de voyager à l'étranger, de diriger des syndicats...). Le parti ne comptait plus qu'une dizaine de milliers de membres dans les années 1990.

Europe de l'Est. Le parti communiste de l'Union soviétique est issu du parti social-démocrate fondé au congrès de Minsk en mars 1898. À la suite du congrès de Bruxelles-Londres (juill./août 1903), ce parti se divisa en deux tendances, celle des bolcheviks (v.), conduits par Lénine, et celle des mencheviks (v.). À son VIIe congrès (6/8 mars 1918), le parti ouvrier social-démocrate bolchevik de Russie décida de changer son nom en celui de parti communiste (bolchevik) de Russie. En 1924, il devint le parti communiste (bolchevik) de l'Union soviétique, et, en 1952, il abandonna l'épithète de « bolchevik ».

Le 13 mars 1990, l'article 6 de la Constitution de 1977 portant sur le rôle de « force dirigeante de la société » reconnu au parti fut abrogé. En proie à de multiples dissensions, le PCUS était moribond lorsque le président de la Fédération de Russie, Boris Eltsine, émit un décret « suspendant » ses activités le 6 nov. 1991. De nouvelles formations communistes sont apparues depuis, notamment le Front du salut national (nationaliste) et le parti populaire de la Russie libre, animé par Alexandre Routskoï. Aux élections législatives de déc. 1995, le parti communiste de la Fédération de Russie a obtenu 22 % des suffrages, ce qui lui permit d'occuper près de la moitié des sièges de la douma. En juill. 1996, le candidat communiste Guennadi Ziouganov était battu à l'élection présidentielle par Boris Eltsine (v. **INTERNATIONALE Ire, IIe, IIIe** et **IVe** et **RUSSIE.** La révolution d'Octobre).

Après la victoire soviétique sur l'Allemagne à la fin de la Seconde Guerre mondiale, les gouvernements d'Europe de l'Est furent dominés par des partis communistes nationaux, qui généralisèrent le système du parti unique, au point que leur histoire se confond avec celle des pays concernés jusqu'en 1989, année des premiers grands bouleversements. Depuis cette date, les partis communistes d'Europe centrale et orientale ont changé de nom, adoptant le plus souvent le vocable de « socialiste ». Voir **RÉPUBLIQUE DÉMOCRATIQUE ALLEMANDE**, **BULGARIE**, **HONGRIE**, **POLOGNE**, **ROUMANIE** et **TCHÉCOSLOVAQUIE**.

France. Le parti communiste français naquit le 29 déc. 1920 au congrès socialiste SFIO de Tours, où la majorité se prononça pour l'adhésion à la IIIe Internationale (Komintern) et constitua la SFIC (Section française de l'Internationale communiste) ; la minorité fit scission et continua la SFIO (v. **SOCIALISME**). Le parti communiste garda le contrôle de l'ancien organe de Jaurès, *L'Humanité*. La scission de l'ancien parti socialiste entraîna celle de la Confédération générale du travail, et, en 1922, les communistes créèrent une nouvelle centrale syndicale, la CGTU (U pour « unitaire »). Après L.-O. Frossard (1920/23) et Albert Treint (1923/24), le secrétariat général passa à Pierre Sémard (1924/29), qui entreprit la « bolchevisation » du parti. Après une brève période de secrétariat collectif, avec Barbé, Célor, Frachon et Thorez (1929/30), Maurice Thorez devint secrétaire général en oct. 1930 ; il devait conserver ce poste jusqu'en mai 1964.

Jusqu'en 1932, la SFIC voulut être un parti révolutionnaire, prêt à recourir à tous les moyens, légaux ou illégaux, pour renverser le pouvoir de la bourgeoisie. Violemment antimilitariste et internationaliste, il fit campagne pour l'annulation du traité de Versailles, contre l'occupation de la Ruhr (1923) et contre la guerre du Rif (1925). Ses positions extrêmes qui l'isolaient au sein de la gauche firent rapidement diminuer ses effectifs, qui tombèrent de 131 000 adhérents en 1921 à 52 000 en 1923. Mais le parti attirait des intellectuels (adhésion des surréalistes, avec Aragon, en 1927) et comptait de nombreux sympathisants chez les instituteurs.

Les principaux chefs du parti furent poursuivis et momentanément arrêtés (1929). La chute des effectifs se poursuivant, le parti n'avait plus que 29 000 adhérents en 1931. Le nombre de ses députés tomba de 26 en 1924 à 12 en 1928 et à 11 en 1932 avec 8,4 % des suffrages. Cette période fut également marquée par de nombreux départs ou exclusions (L.-O. Frossard en 1923, Boris Souvarine en 1924, Barbé et Célor en 1931, Doriot en 1934).

Thorez fut le grand artisan du redressement du parti qu'il aligna rigoureusement sur la ligne définie par Moscou et qui se distingua entre tous par sa fidélité à Staline. Suivant les directives du Komintern, il amorça, dès la fin de 1932, un rapprochement avec les socialistes, mais cette nouvelle politique ne se concrétisa qu'après l'émeute du 6-Février et la réaction des forces de gauche qu'elle provoqua. Après de laborieuses négociations, le PC et la SFIO signèrent un pacte d'unité d'action (27 juill. 1934), et, au mois d'oct. suivant, Thorez lança l'idée d'un Front populaire, élargi aux radicaux. La conclusion par Laval du pacte franco-soviétique (1935) contribua à réintégrer les communistes dans la vie politique française, qui, désormais, se firent les champions de la défense nationale et de l'union des forces démocratiques contre la menace hitlérienne. En avr. 1936, Thorez inaugurait la politique de la « main tendue » aux catholiques.

La victoire du Front populaire (avr./mai 1936) vit une spectaculaire remontée du parti communiste, qui obtint 72 sièges et 15,3 % des suffrages. Lorsque Léon Blum forma son ministère, les communistes adoptèrent une politique de soutien sans participation. Maurice Thorez contribua à mettre fin aux grands mouvements de grève, qui risquaient de paralyser le pays, mais le parti attaqua vivement l'attitude de non-intervention adoptée par Blum lors de la guerre civile d'Espagne. Cependant, au nom de la lutte contre le fascisme, les communistes continuèrent à soutenir les gouvernements successifs du Front populaire, jusqu'à la rupture provoquée par Daladier et les radicaux (5 déc. 1938). Le parti communiste français approuva le pacte germano-soviétique du 23 août 1939, ce qui permit au gouvernement Daladier de dissoudre ses organisations (sept. 1939) ; plusieurs de ses dirigeants furent arrêtés, tandis que Maurice Thorez désertait (oct. 1939) pour rejoindre l'URSS. Au début de l'occupation allemande, le parti communiste eut une attitude pour le moins ambiguë, qui désorienta la plupart des militants, et certains de ses dirigeants essayèrent même de faire reparaître à Paris *L'Humanité*. Cependant, Gabriel Péri, l'un des membres du Comité central, fut arrêté dès mai 1941 pour diffusion de journaux clandestins (il devait être fusillé par les Allemands en déc.) et, après l'attaque allemande contre l'URSS (22 juin 1941), les cadres et les militants communistes se mirent à l'avant-garde de la Résistance intérieure.

Ils créèrent les Francs-Tireurs et Partisans et s'efforcèrent d'étendre leur influence politique dans la Résistance par des groupements tels que le Front national. En 1943, les représentants du parti communiste entrèrent dans le Conseil national de la Résistance, et, en avr. 1944, le général de Gaulle appela deux communistes, François Billoux et Fernand Grenier, à siéger dans le Comité français de libération nationale à Alger.

Le rôle important qu'il avait joué dans la Résistance valut au parti, après la Libération, une large audience dans le pays. Au lieu de profiter du chaos pour s'emparer du pouvoir, les communistes apportèrent leur concours à de Gaulle en poussant à l'effort de guerre et à la production. Amnistié par de Gaulle (31 oct. 1944), Maurice Thorez rentra de Moscou et approuva la dissolution des milices patriotiques, qui constituaient une force armée, en majorité communiste. Aux élections d'oct. 1945, le parti, fort de son prestige de « parti des fusillés », recueillit plus de 5 millions de suffrages (26 % des voix) et devint le « premier parti de France » ; il atteignait son plus fort pourcentage (28,6 %) aux élections de nov. 1956 et, jusqu'à la fin de la IVe République, ne devait jamais descendre au-dessous de 25 % des voix. Le général de Gaulle, qui avait des communistes dans son gouvernement depuis la Libération, nomma Thorez ministre d'État (nov. 1945), mais se refusa toujours à confier à un communiste un ministère clé (Affaires étrangères, Intérieur, Justice ou Défense nationale). Après le départ du général de Gaulle (janv. 1946), les communistes continuèrent à gouverner avec les socialistes et le MRP, mais le début de la guerre froide, la pression des Américains, la mise en place du plan Marshall, le refus des députés communistes de voter les crédits militaires pour l'Indochine amenèrent le président du Conseil socialiste P. Ramadier à exclure les ministres communistes de son gouvernement (5 mai 1947).

La guerre froide et l'impression profonde laissée par le « coup de Prague » (févr. 1948) et par l'élimination brutale des opposants dans les démocraties populaires devaient rejeter les communistes dans une sorte de ghetto politique. Leur vote en faveur de l'investiture de Mendès France, en juin 1954, n'eut d'autre résultat que de le compromettre aux yeux d'une large partie de l'opinion publique. Mais le parti conservait son implantation électorale ; il contrôlait la CGT et des organisations comme les Partisans de la paix, qui rassemblaient ses « compagnons de route ». À la Libération, de nombreux intellectuels, universitaires, artistes s'étaient tournés vers lui, mais beaucoup s'en éloignèrent après la tragédie de Budapest (1956). Avec l'instauration de la Ve République, les élections de nov. 1958 virent un recul important du PCF, qui ne recueillit que 18,9 % des voix.

La déstalinisation fut lente, malgré les révélations du rapport Khrouchtchev (févr. 1956), dénonçant les crimes de Staline et le culte de la personnalité. Le PCF ne revint jamais sur le principe léniniste du « centralisme démocratique », interdisant l'existence de fractions luttant, au-delà des décisions majoritaires, pour le triomphe de leurs idées, mais le concept de « dictature du prolétariat » fut abandonné en 1976. Ce monolithisme eut pour conséquence le départ ou l'exclusion de nombreux opposants internes. La direction communiste ne connut donc, après la mort de M. Thorez, que trois secrétaires généraux : Waldeck Rochet de 1964 à 1970, Georges Marchais de 1970 à 1994 et Robert Hue.

Les communistes luttèrent vigoureusement contre la guerre coloniale en Algérie et s'opposèrent à la prise du pouvoir par de Gaulle en 1958 ; ils soutinrent contre celui-ci la candidature de F. Mitterrand en 1965. Ils prirent part aux événements de 1968, mais s'employèrent surtout à faire aboutir les revendications syndicales, niant tout caractère révolutionnaire à la situation. Le parti condamna l'intervention en Tchécoslovaquie en août 1968 et se rapprocha de la gauche socialiste ; il obtint du parti de Mitterrand de s'engager sur un Programme commun (1972) qui préparait les législatives de l'année suivante. En 1974 et 1981, le PCF soutint encore Mitterrand, au second tour de la présidentielle, contre Giscard d'Estaing, mais, dès les législatives de 1978, la gauche aurait pu l'emporter si elle ne s'était divisée à propos du Programme commun. La victoire socialiste de juin 1981, consécutive à l'élection de F. Mitterrand, permit au PCF de revenir au pouvoir après plus de trente ans d'opposition, avec quatre ministres dans le gouvernement de Pierre Mauroy. Mais, refusant de cautionner l'inflexion politique du nouveau gouvernement Fabius en 1984, il retourna dans l'opposition. Ayant encore appelé à voter Mitterrand au second tour de la présidentielle de 1988, il refusa d'entrer dans la majorité parlementaire après les législatives qui suivirent.

La chute du mur de Berlin (nov. 1989) et l'effondrement du bloc communiste ruinèrent les valeurs et l'idéologie défendues par le PCF. Alors qu'aux municipales et aux européennes de 1989 le PC enregistrait un nouveau recul, plusieurs dirigeants cherchèrent à rénover les structures du parti de l'intérieur. Ces initiatives, contrairement aux précédentes, ne provoquèrent pas d'exclusion de membres du parti. En 1994, après vingt-quatre années de domination sur le PCF, G. Marchais cédait le poste de secrétaire général à Robert Hue. Après s'être présenté à l'élection présidentielle de 1995, ce dernier anima la campagne communiste lors des élections législatives anticipées de mai-juin 1997 et maintint son parti à un score de 10 % des suffrages. En juin 1997, des ministres communistes entrèrent dans le gouvernement de Lionel Jospin. En janv. 2003, Marie-George Buffet est devenue secrétaire nationale du parti.

Grande-Bretagne. Bien que fondé dès 1920, le parti communiste anglais, qui se heurtait aux puissants courants du socialisme fabien et du Labour Party, n'exerça jamais d'influence. Deux députés communistes furent élus en 1945, mais le parti perdit toute représentation parlementaire dès 1950.

Italie. Fondé après la scission intervenue dans le parti socialiste au congrès de Livourne (janv. 1921), le parti communiste italien posséda les meilleurs théoriciens du mouvement en Europe occidentale (Togliatti, Gramsci). Il obtint 16 sièges aux élections de mai 1921 et 19 aux élections d'avr. 1924. Son quotidien, *L'Unità*, fut fondé en févr. 1924. Mais le parti et ses journaux furent supprimés dès 1925 par Mussolini et les militants entrèrent dans la clandestinité ou prirent le chemin de l'émigration. (Gramsci devait mourir en prison.) À partir de 1943, les communistes italiens jouèrent un rôle important dans le mouvement des partisans, et, en avr. 1945, ils prirent l'initiative de l'exécution sommaire de Mussolini. Secrétaire général du PCI, Palmiro Togliatti, formé à Moscou durant son exil, fit de son parti un puissant mouvement de masse, mais pourvu aussi d'une force intellectuelle supérieure à celle des autres partis communistes occidentaux. Comme leurs camarades français, les communistes italiens n'essayèrent pas, à la fin de la guerre, de se saisir du pouvoir par la force et jouèrent le jeu démocratique et parlementaire. En mars 1944, Togliatti, qui venait de rentrer de Moscou, accepta la participation des communistes au gouvernement royal de Badoglio ; soucieux de gagner des adhérents parmi les catholiques, le parti ne fit pas non plus d'objection à la consécration des accords du Latran par la nouvelle Constitution. Éliminés du gouvernement De Gasperi en mai 1947, les communistes maintinrent l'unité d'action avec le PSI de Nenni (ce pacte fut rompu par les socialistes en 1959). Le parti vit le nombre de ses adhérents passer de 15 000 en 1943 à plus de 2 millions et demi en 1947, cependant que le pourcentage de ses suffrages s'élevait de 19 % en 1946 à 22,6 % en 1953 et à plus de 25 % en 1963. Dès le début de la déstalinisation, Togliatti se fit l'avocat du polycentrisme. Assez peu favorable à Khrouchtchev, le PC italien se rangea cependant du côté des Soviétiques dans le conflit Moscou-Pékin, mais refusa toute excommunication solennelle des Chinois. Avec plus de netteté que le PC français, il réprouva, en 1968, l'intervention des forces du pacte de Varsovie en Tchécoslovaquie.

Sous la direction de Berlinguer à partir de 1972, le PCI a accentué son indépendance à l'égard de Moscou et des autres partis communistes européens. Prêt à accommoder les principes marxistes à la réalité italienne, il a préconisé un « compromis historique » qui lui aurait permis de participer aux responsabilités gouvernementales aux côtés des démocrates-chrétiens. S'inspirant de l'enseignement de Gramsci, il s'est efforcé de pénétrer dans les milieux les plus divers de la société, en particulier chez les intellectuels, les artistes et les journalistes. Cette politique lui valut, aux élections régionales et municipales de juin 1975, de dépasser pour la première fois le seuil des 30 % des voix. Aux élections générales de 1976, il atteignait 34,4 % des voix, soit un bond de plus de 7 % par rapport aux élections de 1972.

Ainsi le PCI obtint-il de G. Andreotti d'importantes concessions, notamment de participer à l'élaboration du programme gouvernemental. Puis l'affaire Moro lui permit, le 16 mars 1978, d'entrer officiellement au sein de la majorité parlementaire. Mais l'Italie sembla s'orienter vers le centrisme. Des reculs répétés du PCI amenèrent Enrico Berlinguer, en 1981 et en 1982, à souligner ses divergences avec l'URSS, notamment en ce qui concernait l'Afghanistan et la Pologne, sans pour autant renier les liens avec le PC soviétique. Le PCI en tira un surcroît de popularité (33,5 % des voix aux élections européennes de 1984) et devint le premier parti d'Italie. Alessandro Natta a succédé à E. Berlinguer, décédé le 11 juin 1984. Aux législatives de 1987, le PCI n'obtenait plus que 28,3 % des voix et ce recul électoral précipita l'évolution sociale-démocrate du parti. Achille Occhetto remplaça A. Natta en 1988. Face au repli sectaire des autres partis communistes européens, et voulant rompre son isolement, le nouveau secrétaire général fit de son parti un prosélyte de l'intégration européenne et de l'union politique de l'Europe sous l'autorité d'un gouvernement supranational. Les bouleversements à l'Est, consécutifs à la chute du mur de Berlin, provoquèrent un vif débat au sein du PCI qui décida sa transformation en parti démocratique de la gauche (PDS) au congrès de Rimini en févr. 1991. Une minorité refusa cependant le changement et fonda *Rifondazione communista*. Les résultats électoraux de cette formation politique restèrent inférieurs à 10 % des suffrages lors des différentes consultations électorales tenues de 1992 à 1996. Elle joua cependant un rôle clé : elle participa à plusieurs coalitions de gauche et le retrait de son soutien à Romano Prodi en sept. 1998 provoqua la chute de son gouvernement. Les élections européennes de juin 1999 témoignèrent de l'érosion de sa base électorale (4,3 % contre 6,1 % en 1994). En 2000, il a pris le nom de Démocrates de gauche, au sein de la coalition de centre gauche.

Japon. Fondé dans l'illégalité en juill. 1922, le parti communiste japonais (*Nihon Kyosanto*) connut longtemps une existence précaire et persécutée. A partir de 1928, la répression policière l'obligea à cesser toute activité organisée jusqu'à la fin de la Seconde Guerre mondiale. Reconstitué en déc. 1945, il adopta d'abord une ligne nationale-communiste, qui lui valut un certain succès aux élections de 1949 (9,8 % des voix) mais fut condamnée par le Kominform en 1950. Dès 1951, les communistes japonais s'alignèrent sur les positions des communistes chinois. Le PCJ rompit avec Moscou en 1964, mais également avec Pékin en 1966, et dénonça désormais le « révisionnisme de droite » et le « dogmatisme de gauche », affirmant sa volonté d'indépendance en face de toute tentative d'hégémonie au sein du communisme mondial. En 1976, le PCJ, sous l'égide de Kenji Myamoto, renonça à la notion de dictature du prolétariat. S'il put, dans les années 1970, conquérir plusieurs grandes villes en s'alliant au parti socialiste japonais, ses résultats ne dépassèrent jamais 12 % des voix. En recul au milieu des années 1990, le PCJ connut un regain de succès aux élections de 1996 et de 1999, bénéficiant de la recrudescence des votes contestataires.

Viêt-nam. Membre du parti communiste français à sa fondation en 1920, formé à Moscou de 1923 à 1925, Hô Chi Minh organisa en 1929 les premières cellules du parti communiste indochinois (*Dong Duong Cong San Dang*). Réduits à la clandestinité, les communistes vietnamiens confondirent leur cause avec celle du nationalisme et Hô Chi Minh créa, en 1941, la Ligue révolutionnaire pour l'indépendance du Viêt-nam, bientôt connue sous le nom de *Viêt-minh*. En sept. 1945, Hô Chi Minh proclama la République démocratique du Viêt-nam, et, en nov. 1945, dans la ligne de sa tactique d'union nationale, il décida la dissolution du parti communiste. Durant la guerre d'Indochine, celui-ci fut reconstitué en févr. 1951 sous le nom de parti des travailleurs vietnamiens (*Dang Lao Dong Viet Nam*), qui devint le parti unique du Nord-Viêt-nam après les accords de Genève (1954). Hô Chi Minh en assuma la présidence et fut remplacé par Lê Duan à partir de 1960, auquel succéda Nguyên Van Linh en 1986. Au Sud-Viêt-nam, les communistes s'assurèrent rapidement un rôle prépondérant dans le Front national de libération du Sud-Viêt-nam, ou FNL, fondé en déc. 1960 ; en janv. 1962, ils fondèrent un authentique parti communiste sud-vietnamien, le parti populaire révolutionnaire, dont le premier secrétaire général fut Vo Chi Chong. Depuis la réunification du Viêt-nam en 1973, le PC a le statut de parti unique.

Yougoslavie. Fondé en 1919 par un congrès rassemblant tous les partis socialistes de la nouvelle fédération des Serbes, Croates et Slovènes, le PC yougoslave fit de rapides progrès à Belgrade et à Zagreb. En 1920, il obtenait 58 des 419 sièges à l'Assemblée constituante, mais le gouvernement prit prétexte de l'assassinat du ministre de l'Intérieur, Draskovitch, pour prononcer l'interdiction du parti (juill. 1921). C'est avec l'expérience d'un combat clandestin de vingt années que le parti, qui avait pour secrétaire général Josip Broz (Tito) depuis 1937, engagea, dès avr. 1941, la lutte contre l'occupation germano-italienne. L'identification du parti avec la résistance nationale permit à Tito, dès 1948, d'affirmer l'autonomie du communisme yougoslave en face de Moscou. Le parti communiste yougoslave fut écrasé aux premières élections libres du pays, en 1991, et, sauf en Serbie, il fut battu par des partis nationalistes locaux. Lors des élections législatives fédérales de nov. 1996, le parti socialiste serbe (ex-communiste), le parti démocratique des socialistes monténégrin (ex-communiste également), ainsi que leurs alliés, remportèrent 84 sièges sur 138. Le parti socialiste serbe, dirigé par Slobodan Milosevic, ayant opté pour un populisme nationaliste, se maintint au pouvoir jusqu'à l'élection présidentielle yougoslave de sept. 2000, où il fut battu malgré ses tentatives d'annulation du scrutin. De son côté, le parti démocratique des socialistes monténégrins, sous la direction de Milo Djukanovic (président du Monténégro depuis 1997), prit ses distances avec S. Milosevic dès le conflit du Kosovo, en 1999, ce qui lui valut les faveurs des puissances occidentales.

COMMYNES, Philippe van den Clyte, seigneur de (* Commynes, Nord, 1445, † château d'Argenton, 17.X.1509). Diplomate et chroniqueur français. Filleul du duc de Bourgogne Philippe le Bon, il devint familier de sa cour et obtint la charge de chambellan de son fils, Charles le Téméraire. À l'entrevue de Péronne (oct. 1468) il s'interposa entre son prince et Louis XI qu'il sauva de sa colère. En août 1472, il entra au service du roi de France qui le fit sénéchal du Poitou et le prit comme conseiller politique. À la mort de Charles le Téméraire, Commynes fut chargé de prendre possession de la Bourgogne et de réunir la Flandre à la France.

Disgracié après la mort de Louis XI, il revint en faveur auprès de Charles VIII. Puis, retiré dans sa terre d'Argenton, il y rédigea ses *Mémoires*, source capitale pour l'histoire des règnes de Louis XI et de Charles VIII.

COMNÈNE. Célèbre famille byzantine qui donna plusieurs empereurs. Elle régna à Constantinople de 1057 à 1059 (Isaac Ier) et de 1081 à 1185 (Alexis Ier, Jean II, Manuel Ier, Alexis II, Andronic Ier). Ce dernier fut détrôné par Isaac Ange et sa famille écartée à jamais du trône impérial byzantin. Après la prise de Constantinople par les Latins, en 1204, deux petits-fils d'Andronic Ier, David et Alexis, fondèrent l'Empire grec de Trébizonde, qui fut gouverné par les Comnènes jusqu'à la prise de Trébizonde par Mehmet II (1461). D'autre part, des Comnènes alliés à la famille des Anges gouvernèrent le despotat d'Épire.

COMORES (îles). Archipel de l'océan Indien, dans la partie nord du canal de Mozambique, entre Madagascar et la Tanzanie ; il se compose de quatre îles : la Grande Comore – avec la capitale, *Moroni* –, Anjouan, Mohéli et Mayotte. Peuplées par des Arabes et des Malais, les îles Comores, qui formaient dès le XIe s. un sultanat musulman, furent visitées au XVIe s. par les Européens, notamment par l'Anglais James Lancaster en 1591. En 1843, la France occupa Mayotte, qui devait servir de base à la conquête de Madagascar ; les autres îles furent annexées entre 1886 et 1898. Rattachées administrativement à Madagascar en 1912, les Comores devinrent un territoire français d'outre-mer en 1947 et demandèrent à conserver ce statut lors du référendum de 1958. L'archipel obtint en 1961 une complète autonomie interne. Les partisans de l'indépendance obtinrent la majorité – sauf à Mayotte – aux élections de 1972, et le référendum du 22 déc. 1974 donna plus de 95 % de oui en faveur de l'indépendance – sauf à Mayotte, dont les habitants désiraient rester français. Le 6 juill. 1975, la Chambre des députés des Comores proclama unilatéralement l'indépendance. L'île de Mayotte (v.) se séparait du reste de l'archipel.

Le président Ali Soilih fit condamner la France à l'ONU sur la question de Mayotte (oct. 1976). Il instaura un régime marxiste-léniniste « à la chinoise », mais ses réformes désordonnées n'aboutirent qu'à aggraver le chômage et à entraîner la pénurie, tandis que la garde présidentielle se livrait à des excès. Les partisans de la coopération avec la France, avec l'aide de quelques mercenaires, donnèrent le pouvoir à Ahmed Abdallah, qui devint le premier président de la République fédérale islamique fondée par la Constitution du 1er oct. 1978.

En nov. 1989, Ahmed Abdallah fut assassiné par un membre de sa garde présidentielle, dirigée par le mercenaire français Bob Denard. Après le départ des mercenaires, organisé par la France et l'Afrique du Sud, Abdallah fut remplacé par Mohamed Djohar. Le début des années 1990 fut marqué par une forte instabilité politique et la contestation du nouveau président, notamment lors des élections législatives de déc. 1993, dont le second tour fut boycotté par l'opposition. À la tête d'un petit groupe de mercenaires, Bob Denard renversa le président Djohar en oct. 1995, puis se rendit au petit corps expéditionnaire envoyé par la France. Djohar, remplacé par son Premier ministre, fut retenu à la Réunion, officiellement pour raisons de santé. En mars 1996, Mohamed Taki accédait à la présidence de la République.

En août 1997, l'île d'Anjouan, bientôt suivie par celle de Mohéli, fit sécession et demanda son rattachement à la France. Confronté à ces revendications, le gouvernement comorien fit appel à la médiation de l'OUA et proposa de réformer profondément les structures politiques du pays. Le colonel Assoumani Azali, porté au pouvoir par un coup d'État (avr. 1999) ne fut pas reconnu par la communauté internationale. Il obtint pourtant des sécessionnistes d'Anjouan, en août 2000, la signature d'un accord de paix préalable à l'ouverture de négociations sur l'avenir de l'archipel.

COMPAGNIES (Grandes). Bandes de mercenaires, recrutées durant la guerre de Cent Ans, sous les règnes de Jean le Bon et de Charles V. Composées de redoutables aventuriers, elles furent licenciées lors de la paix de Brétigny (1360), et, sans moyens d'existence, elles se mirent à piller les campagnes et à rançonner les villes. Pour s'en débarrasser, Charles V songea d'abord à les envoyer en Hongrie, sous le prétexte d'une croisade. Mais les routiers refusèrent de partir si loin. Charles V les dirigea alors vers l'Espagne et chargea Du Guesclin de les conduire au service d'Henri de Trastamare où ils demeurèrent. Sous différentes appellations, ce phénomène de soldats en rupture d'engagements demeura un fléau endémique tout au long de la guerre de Cent Ans.

COMPAGNIES DE COMMERCE ET DE NAVIGATION. Sociétés à parts ou par actions créées dans divers pays européens à partir du XVe s. pour le développement du commerce maritime lointain, pour la découverte et la colonisation de terres nouvelles. Ce n'étaient, à l'origine, que des associations temporaires de commerçants limitées à une seule expédition. Plus tard, elles devinrent permanentes. Certains pays, comme l'Espagne et le Portugal, firent du commerce lointain et de la colonisation un véritable monopole d'État. Les Hollandais et les Anglais, au contraire, préférèrent laisser le champ libre aux compagnies privées, mais celles-ci, en compensation des risques qu'elles prenaient, obtenaient une charte comportant, sur une région déterminée du globe, un certain nombre de droits et de privilèges qui pouvaient aller jusqu'à un véritable monopole. En France, le commerce lointain et la colonisation souffrirent de la désaffection d'une large partie du public, qui continuait à juger plus sûrs les investissements en métropole. Au Canada, par exemple, devant l'échec de plusieurs compagnies, la Couronne dut prendre elle-même en charge la colonisation.

Au début du XVe s. se constitua en Angleterre la Compagnie des Merchant Adventurers, qui se consacrait au commerce avec les Pays-Bas et l'Allemagne du Nord. En 1555 fut créée la Compagnie de Moscovie, qui établit les premières relations commerciales entre l'Angleterre et la Russie. Suivirent la Compagnie d'Espagne (1577), la Compagnie de la Baltique (1579), la première compagnie britannique pour le trafic africain (1585)... En 1600 naquit la Compagnie anglaise des Indes orientales, qui devait poser les fondements de l'Inde britannique, laquelle resta administrée par cette compagnie jusqu'en 1858 (v. **Inde**). En Amérique, en dehors de la Compagnie de la baie d'Hudson (1670), à destination purement commerciale, les compagnies à charte constituées par les Anglais eurent toutes un but colonial : la Compagnie de Londres (1606) fonda les premiers établissements durables en Virginie ainsi que la Compagnie de Plymouth. Au Massachusetts, cette dernière fit place, en 1629, à la Compagnie de la baie du Massachusetts, dotée d'une charte royale. La colonisation des Bermudes fut entreprise par la Compagnie des îles de sir George Somers (1612).

Parmi les autres compagnies européennes les plus importantes de l'âge mercantiliste, il faut citer : aux Pays-Bas, la Compagnie hollandaise des Indes orientales et la Compagnie hollandaise des Indes occidentales ; en Suède, la Nouvelle Compagnie du Sud (1633) et la Nouvelle Compagnie de Suède (1637), qui créèrent en Amérique du Nord la colonie de la Nouvelle-Suède, annexée par les Anglais en 1655 ; dans les Pays-Bas autrichiens, la Compagnie d'Ostende, fondée en 1722 par l'empereur Charles VI pour rivaliser dans les Indes orientales avec les Hollandais et les Britanniques, mais dissoute dès 1731. En France, les premières compagnies de commerce, fondées au début du XVIIe s., sous les règnes d'Henri IV et de Louis XIII, n'obtinrent que des résultats médiocres et furent toutes éphémères : Compagnie d'Afrique (1600), Société pour trafiquer avec les Indes orientales (1601), Compagnie des îles d'Amérique (1625), Compagnie des Cent-Associés (v.) (1627), pour la colonisation du Canada... Seul l'État, sous l'impulsion de Colbert, fut capable de mettre sur pied de puissantes compagnies françaises, aptes à rivaliser avec les compagnies britanniques et hollandaises. Ces compagnies à monopole et privilège, où les actionnaires n'avaient aucune part dans la direction des affaires et devaient se contenter de percevoir des dividendes, souffrirent toujours d'une insuffisance de capitaux et de fonds de roulement. Sur le modèle de la Compagnie française des Indes orientales (1664) furent créées successivement : la Compagnie des Indes occidentales (1664) dissoute dès 1684 ; la Compagnie du Nord (1669), qui tenta de supplanter les commerçants hollandais dans la Baltique, mais dut être dissoute en 1684 ; la Compagnie du Levant (1670) ; la Compagnie de la Chine (1698) ; la Compagnie de Guinée (1701). Au XVIIIe s., Law fonda en 1717 la Compagnie d'Occident, qui devait exploiter la Louisiane et le commerce du Canada ; en 1719, elle devint la Compagnie française des Indes.

Du fait des conceptions économiques libérales, les dernières compagnies à monopole disparurent au XIXe s. Mais les Anglais continuèrent à créer des compagnies coloniales, sans privilèges commerciaux, qui jouèrent un grand rôle dans l'édification de l'Empire britannique : Compagnies anglaises de l'Afrique du Sud et de l'Afrique occidentale, du Niger, de Bornéo-Septentrional. Ce furent également des compagnies privées qui posèrent les bases de l'Empire colonial allemand du Sud-Ouest africain, en Afrique orientale et en Nouvelle-Guinée.

COMPAORÉ Blaise (Burkina Faso, 1951). Homme politique burkinabé. Second de Thomas Sankara, il participa à ses côtés au coup d'État de 1983. Le 15 oct. 1987, il renversa Sankara, qui fut tué, et lui succéda au pouvoir. Candidat unique à l'élection présidentielle de déc. 1991, il fut élu avec plus de 86 % des suffrages. Il fut réélu en 1998 avec plus de 87 % des voix, à l'issue d'un scrutin boycotté par l'opposition.

COMPROMIS DE 1867. Nom donné à l'accord (*Ausgleich*) conclu le 8 févr. 1867 entre Beust, alors ministre des Affaires étrangères d'Autriche, et les représentants hongrois Deak et Andrassy. Il avait pour but de mettre fin à l'opposition hongroise qui troublait l'empire des Habsbourg depuis l'insurrection de 1848/49. François-Joseph reconnaissait l'autonomie de la Hongrie, désormais considérée effectivement comme un royaume indépendant uni au reste de l'Empire par une union personnelle, l'empereur acceptant de se faire couronner « roi apostolique » à Budapest. François-Joseph exerçait le pouvoir exécutif en Hongrie, assisté d'un ministère hongrois responsable devant la Diète hongroise ; la Hongrie obtenait la gestion complète de ses propres affaires. Pour gérer les « intérêts communs » à la Hongrie et aux autres terres des Habsbourg, un « ministère d'Empire » commun pour les Affaires étrangères, la Guerre et les Finances (celles-ci limitées aux dépenses nécessaires à la défense commune) était créé. Il n'y avait ni Premier ministre ni cabinet communs. Des « délégations » de la Diète hongroise et du Parlement de Vienne devaient se réunir deux fois par an, alternativement à Vienne et à Budapest, mais en siégeant séparément, pour contrôler les actes des ministères d'Empire et voter leur budget. Sur cette base du « dualisme » était constituée une nouvelle monarchie, l'Autriche-Hongrie. Le compromis de 1867 n'apaisa nullement les conflits de nationalités qui agitaient l'empire des Habsbourg : il abandonnait les Croates, les Slovaques et les Roumains à la domination hongroise, cependant que les Tchèques, les Slovènes et les Polonais restaient sous la coupe de Vienne.

COMTAT VENAISSIN. Petit pays du midi de la France, qui avait pour chef-lieu Carpentras et tirait son nom de la ville de *Venasque*, qui en fut longtemps la capitale. Possession des comtes de Toulouse comme terre d'Empire depuis 1125, il leur fut enlevé par un arbitrage pontifical lors de la croisade des albigeois (1226), mais fut rendu ensuite à Raymond VII. La fille de celui-ci ayant épousé un frère de Louis IX, le comtat Venaissin passa à la France (1271), mais Philippe III le Hardi le céda au pape Grégoire X. Depuis lors, le comtat Venaissin, toujours terre d'Empire comme le reste de la Provence, appartint au Saint-Siège ; sa capitale fut transférée de Pernes à Carpentras en 1320 ; pendant le séjour des papes à Avignon, le Comtat fut gouverné par un recteur, puis par le légat, qui résidait à Avignon (cette ville ne fit jamais partie du Comtat). Au mois de juin 1790, les habitants du comtat demandèrent leur rattachement à la France ; cette réunion fut prononcée par le décret du 13 sept. 1791 et reconnue par le pape au traité de Tolentino (9 févr. 1797).

COMTE. Titre nobiliaire (en latin *comes*, compagnon) dont l'origine remonte au règne de l'empereur Constantin. Dans les provinces, le *comes civitatis* exerçait le commandement militaire d'un district. Après la conquête barbare, un *grafio* (en allemand *Graf*, comte) prit ce titre et cumula les pouvoirs civil et militaire comme représentant du roi qui le nommait pour une période généralement courte.

À l'époque mérovingienne le comte du palais (*comes palatii*) instruisait les affaires venant au tribunal du roi. Mais Charlemagne reprit pour administrer l'Empire l'institution du *comes civitatis* et, à la fin du IXe s., il y eut jusqu'à trois cents comtes. Non rétribués, ils avaient reçu de l'empereur en bénéfice une terre ou une abbaye. Les comtes, choisis parmi les membres de la vieille aristocratie franque, obtinrent la possession héréditaire de leur titre et de leur terre, en 877. En 1564, une ordonnance de Charles IX établit qu'en l'absence d'héritiers mâles, un comté devait retourner à la Couronne.

CONCENTRATION (camps de). Sites d'internement et de travail forcé pour des opposants politiques mis en place par des États. Ainsi firent les Espagnols à Cuba en 1896 et les Anglais durant la guerre des Boers en 1901/02. Le premier État qui établit un système concentrationnaire durable fut l'URSS, dès 1920. On estime qu'entre 1930 et 1953, près de quinze millions de personnes sont passées par les camps du **goulag** (acronyme d'« administration centrale des camps »), révélés par Alexandre Soljenitsyne, auteur de *L'Archipel du goulag*, publié en Occident en 1973/74. Avant la mort de Staline, le goulag enfermait près de 2,5 millions de personnes, main-d'œuvre abondante pour creuser des canaux, construire le second Transsibérien, travailler dans les mines de nickel de Norilsk, de charbon du Kouzbass ou d'or de la Kolyma. La mort de Staline permit de détruire un système lourd à gérer, secoué par des révoltes, mais des camps existaient encore dans les années 1970 pour des condamnés de droit commun, des croyants irréductibles et des membres de minorités nationales et d'opposants au régime.

Dans l'Allemagne nazie, des camps de concentration furent ouverts, dès févr. 1933, pour interner des opposants politiques. Le système concentrationnaire prit forme lorsque Himmler devint le chef de la police allemande en 1936. En janv. 1937 existaient les camps de Dachau et de Sachsenhausen ; furent ouverts ensuite les camps de Buchenwald (juill. 1937), de Mauthausen (1938), de Neuengamme, de Ravensbrück (pour les femmes), de Flossenburg. Le 10 avr. 1939, la population des camps s'élevait à 280 000 individus. De 1940 à 1942 les camps de Lublin, d'Auschwitz, de Theresienstadt, de Dora, du Struthof (en Alsace), de Bois-le-Duc (Pays-Bas) furent ouverts et, en 1943, celui de Bergen-Belsen. Environ huit millions de personnes souffrirent de l'univers concentrationnaire nazi dont l'administration dépendait de la SS (Schutzstaffel). Elle s'appliquait à mélanger les détenus de toutes sortes (opposants politiques, résistants, homosexuels, trafiquants de marché noir, etc.). Les détenus ont constitué une main-d'œuvre très bon marché pour ces entreprises industrielles. La mortalité y dépassait couramment les 50 %.

Certains camps nazis avaient une fonction particulière ; au nombre de six, ils étaient des camps d'extermination par gazage, mis en place à partir des derniers mois de 1941 : Chelmno, Belzec, Sobibor, Treblinka étaient uniquement des camps de la mort, Majdanek et Auschwitz-Birkenau, étant à la fois camp de travail et camps de la mort. Au début de 1941, la « solution finale » pour les Juifs fut leur extermination ; de toute l'Europe occupée, des Juifs furent conduits dans les camps de la mort et, au cours des derniers mois de 1942, Himmler décida de faire d'Auschwitz le grand centre de gazage : 2,7 millions de Juifs furent ainsi exterminés, dont 1 million à Auschwitz, et 300 000 moururent dans des camps de concentration. Les Tziganes furent également victimes de la persécution nazie et on estime à 500 000 le nombre de ceux qui périrent dans les camps.

CONCILE. Assemblée d'évêques convoquée pour régler les affaires de l'Église intéressant la foi, la discipline ou les mœurs. L'Église distingue les conciles *généraux* ou *œcuméniques* qui rassemblent en principe les évêques du monde entier, et les conciles *particuliers*. Ceux-ci sont *pléniers* s'ils réunissent les évêques d'une conférence épiscopale (en général ceux d'une nation), et *provinciaux* s'ils sont convoqués par un évêque métropolitain.

Après le premier concile à Jérusalem en 49, l'Église catholique considère comme œcuméniques vingt et un conciles de Nicée I en 325 à Vatican II, en 1962/65.

L'Église orthodoxe ne reconnaît que les huits premiers conciles, antérieurs à la séparation des Églises d'Orient et d'Occident à partir de 1054. Elle a réuni ses propres conciles, de 1285 à 1672, soit six au total.

Par analogie avec les assemblées chrétiennes, on appelle *conciles bouddhiques* les réunions monastiques qui, après la mort du Bouddha Çakyamuni, élaborèrent le canon de sa doctrine. Voir **ÉGLISE CATHOLIQUE**, **ÉGLISE ORTHODOXE** et **BOUDDHISME**.

CONCINI Concino, dit **le maréchal d'Ancre** (* Florence, vers 1575, † Paris, 24.IV.1617). Homme politique italo-français. Fils d'un secrétaire du grand-duc de Toscane, il vint en France en 1600 avec Marie de Médicis, épouse d'Henri IV, dont il obtint la protection grâce à l'appui de sa femme, Leonora Galigaï, femme de chambre et favorite de la reine. Après la mort d'Henri IV, il acheta le marquisat d'Ancre, fut nommé gouverneur de la Normandie et fait maréchal de France, sans avoir jamais servi sous les armes. En 1611, il remplaça Sully à la tête des affaires politiques et exerça, grâce à un réseau d'espions, un pouvoir tyrannique. Sa fortune si rapide et son comportement méprisant excitèrent la jalousie des grands seigneurs, et, poussé par eux, le jeune roi Louis XIII ordonna l'assassinat de l'étranger, qui fut tué par Vitry, capitaine des gardes dans la cour du Louvre. Sa femme, condamnée à mort comme sorcière, fut décapitée puis brûlée et leur fils déclaré par le parlement « ignoble et incapable de tenir aucun état dans le royaume ».

CONCORDAT. Traité conclu entre le Saint-Siège et le gouvernement d'un pays pour fixer les droits respectifs de l'Église et de l'État. Dans le passé, les concordats furent souvent de véritables traités de paix mettant fin à des crises violentes provoquées par la rivalité du pouvoir temporel et du pouvoir spirituel. Les premiers concordats furent conclus au XIIe s., après la querelle des Investitures (v.) ; ainsi furent signés le concordat avec Henri Ier d'Angleterre (1101) et le célèbre concordat de Worms, avec l'empereur allemand Henri V (1122).

Le concordat de Bologne (1516), passé entre Léon X et François Ier, régla les rapports du Saint-Siège et de la monarchie française jusqu'à la Révolution. Il annulait la pragmatique sanction de Bourges et déterminait la part du roi et celle du pape dans la collation des bénéfices ecclésiastiques. Pour la nomination aux archevêchés, évêchés, abbayes..., il supprimait l'élection : pour chaque poste, le roi présentait son candidat, que le pape était libre de ne pas accepter ; en cas de refus pontifical, un nouveau candidat devait être présenté dans les trois mois ; passé ce délai, le pape procéderait librement à la nomination. S'il sauvegardait les prérogatives pontificales, le concordat de 1516 accordait en revanche au roi un contrôle indirect sur la plupart des bénéfices ecclésiastiques. Il suscita néanmoins une vive opposition des gallicans, du parlement – qui ne l'enregistra qu'en mars 1518 – et de l'université de Paris. Ce concordat fut aboli unilatéralement par l'Assemblée constituante, qui adopta, en juill. 1790, la Constitution civile du clergé.

Le concordat de 1801, entre Bonaparte, Premier consul, et le pape Pie VII, mit fin à l'anarchie qui régnait depuis la Révolution dans l'Église de France, partagée entre prêtres constitutionnels et prêtres insermentés. Voir ÉGLISE CATHOLIQUE.

Les concordats contemporains. Au lendemain de la Première Guerre mondiale, dans une Europe dont la carte venait d'être bouleversée par les traités de paix, les États nouveaux ou modifiés cherchèrent à s'entendre directement avec le Saint-Siège pour l'organisation de leurs Églises nationales. Pie XI répondit à cette attente par une politique systématique de concordats. Durant les dix-sept années de son pontificat, quinze concordats furent signés avec des pays de traditions religieuses et de régimes politiques très divers : Lettonie (1922), Lituanie (1927), Roumanie (1927), Tchécoslovaquie (1928), accords du Latran avec l'Italie mussolinienne (1929), Autriche (1933), Allemagne (1933), Yougoslavie (1935), Équateur (1937)... Préparé sous Pie XI, le concordat avec le Portugal ne fut signé qu'en 1940. Par la suite furent encore conclus des concordats avec l'Espagne franquiste (1953) et avec la république Dominicaine (1954).

Tous ces accords reflétaient un double souci du Saint-Siège : obtenir des assurances contre tout empiétement de l'État laïque (Rome se montrait très ferme sur son droit exclusif à la nomination des évêques et sur la liberté de communication avec les Églises nationales) ; essayer de faire inscrire dans la législation des États certaines exigences catholiques fondamentales (ainsi sur l'enseignement religieux, le mariage, le divorce...) Sur le premier point, Pie XI obtint généralement satisfaction ; sur le second, des résultats ne furent acquis qu'auprès de nations possédant de vieilles traditions catholiques, comme l'Italie, l'Espagne et l'Autriche.

Plusieurs de ces concordats n'eurent qu'une durée éphémère : en Lettonie et en Lituanie, ils furent abolis de fait en 1940, lors de l'annexion de ces pays à l'Union soviétique ; la Pologne dénonça son concordat en 1945, et la Roumanie le sien en 1949 ; quant au concordat yougoslave de 1935, il ne fut même pas ratifié, l'Église orthodoxe ayant excommunié ses auteurs. En Allemagne, le concordat de 1933, à peine signé, fut violé par Hitler, qui supprima les mouvements d'Action catholique et de jeunesse chrétienne, et s'efforça d'éliminer tout enseignement religieux. Après 1949, la plupart des *Länder* de la République fédérale d'Allemagne reconnurent et remirent en vigueur le concordat de 1933, qui avait eu pour principal artisan le cardinal Pacelli, futur Pie XII.

L'évolution de la politique du Saint-Siège à la suite du concile Vatican II se manifesta dans la révision du concordat espagnol, décidée en 1976, après la mort de Franco ; l'Église renonçait au privilège en vertu duquel les ecclésiastiques ne pouvaient être incarcérés et jugés qu'avec l'autorisation des autorités religieuses ; en revanche, l'État espagnol renonçait à son droit de conomination des évêques. C'est dans le même esprit que le 18 févr. 1984 les accords du Latran ont été remplacés en Italie par un nouveau concordat. Le catholicisme n'est plus la seule religion de l'État italien, et l'État renonce à tout contrôle politique ou administratif sur l'Église.

CONDÉ. Branche de la maison de Bourbon.

Louis Ier, prince de Condé (* Vendôme, 7.V.1530, † Jarnac, 13.III.1569). Il adhéra au calvinisme et fut le rival des Guises. Condamné à mort comme l'un des instigateurs de la conjuration d'Amboise, il fut sauvé par la mort de François II (1560). Chef huguenot des guerres de Religion, il perdit la bataille de Dreux (1562), reprit les armes en 1567 mais fut vaincu à Jarnac (1569) ; blessé, il fut assassiné par Montesquiou, capitaine des gardes du duc d'Anjou.

Louis II de Bourbon, 4e prince de Condé, dit **le Grand Condé** (* Paris, 8.IX.1621, † Fontainebleau, 11.XII.1686). Il porta d'abord le nom de duc d'Enghien. Ses victoires de Rocroi (19 mai 1643, il avait alors vingt-deux ans) et de Nordlingen (3 août 1645) établirent ses qualités d'homme de guerre ; celle de Lens (20 août 1648) hâta la conclusion des traités de Westphalie. Chef de la Fronde des princes (v. FRONDE), il passa du côté des Espagnols (1653), qu'il avait si brillamment combattus et avec lesquels il remporta la bataille de Valenciennes (1656) sur les Français. Louis XIV lui pardonna cependant cette trahison lors de la paix des Pyrénées (1659). En 1668, le roi lui accorda un autre commandement. Il fut de nouveau vainqueur en Franche-Comté, en Hollande (1672-1674) et en Alsace (1675) où il succéda à Turenne.

Louis Henri Joseph de Bourbon, 8e prince de Condé (* Paris, 9.VIII.1736, † Paris, 3.V.1818). Il forma en 1792, avec les émigrés, l'« armée de Condé ». Voir **Émigrés**.

CONDORCET Marie Jean Antoine Caritat, marquis de (* Ribemont, Aisne, 17.IX.1743, † Bourg-la-Reine, Hauts-de-Seine, 6.IV.1794). Savant, philosophe et homme politique français. Grand mathématicien, nommé par Turgot inspecteur général des monnaies (1774), il participa au mouvement philosophique. Monarchiste constitutionnel, puis républicain, député de Paris à la Législative, puis député de l'Aisne à la Convention, il se lia avec les Girondins et dut se cacher après leur proscription (juin 1793). Après avoir écrit dans la clandestinité son *Esquisse des progrès de l'esprit humain* (publiée en 1795), où il célébrait la marche de l'humanité vers la liberté, les Lumières et le bonheur, il fut arrêté par les agents de la Terreur et s'empoisonna dans sa cellule.

CONFÉDÉRATION DE L'ALLEMAGNE DU NORD, *Norddeutscher Bund.* Confédération des vingt-deux États allemands au N. du Main créée sous l'égide de la Prusse, après sa victoire sur l'Autriche à Sadowa et après l'abolition de la Confédération germanique. Ses bases furent posées dès le 18 août 1866, et sa Constitution (17 avr. 1867) entra en vigueur le 1er juill. 1867. Elle mettait sur pied un solide État fédéral, sous l'autorité d'un président héréditaire, le roi de Prusse, assisté d'un chancelier fédéral ; l'armée fédérale était organisée sur le modèle prussien et placée sous le commandement direct du président ; mais chaque État membre gardait son gouvernement particulier, ses institutions et sa législation traditionnelles. Cette confédération devait servir de modèle pour la constitution de l'Empire allemand en 1871. Bismarck, qui en avait été l'artisan, sut tisser, par la réforme du Zollverein (juill. 1867 v.), des liens économiques étroits entre la Confédération et les trois États de l'Allemagne du Sud (Bavière, Bade et Wurtemberg).

CONFÉDÉRATION DU RHIN, *Rheinischer Bund.* Constituée à la suite des victoires de Napoléon en Allemagne par un traité que signèrent à Paris, le 12 juill. 1806, les représentants de seize princes allemands, parmi lesquels les rois de Bavière et de Wurtemberg, les grands-ducs de Berg et de Clèves, l'archevêque de Mayence, les souverains de Bade, de Hesse-Darmstadt, de Nassau. Cette confédération, consacrait la fin du Saint Empire. Napoléon, qui détenait le commandement de l'armée confédérée en était le « Protecteur ». La Confédération s'engageait à fournir à Napoléon une armée de 63 000 hommes. Elle s'élargit après l'effondrement de la Prusse, notamment par l'entrée du roi de Saxe, des princes d'Allemagne centrale et septentrionale et du roi Jérôme de Westphalie et compta trente-six États. Cette construction devait se désagréger en 1813, après les défaites de Napoléon, mais elle avait marqué une étape importante vers l'unité de l'Allemagne, dont elle simplifia profondément la carte politique.

CONFÉDÉRATION FRANÇAISE DE L'ENCADREMENT-CONFÉDÉRATION GÉNÉRALE DES CADRES (CFE-CGC). Organisation syndicale créée en 1944, sous le nom de Confédération générale des cadres, lors de la fusion de trois syndicats de cadres apparus sous le Front populaire. Voir **Syndicats**.

CONFÉDÉRATION FRANÇAISE DÉMOCRATIQUE DU TRAVAIL (CFDT). Centrale syndicale française qui, au congrès de Paris (6/7 nov. 1964), s'est détachée de la Confédération française des travailleurs chrétiens (CFTC). Voir **Syndicats**.

CONFÉDÉRATION FRANÇAISE DES TRAVAILLEURS CHRÉTIENS (CFTC). Centrale syndicale française fondée en nov. 1919, la CFTC rassembla les divers éléments du syndicalisme chrétien qui s'étaient affirmés en France depuis la fin du XIXe s. Elle a survécu à la scission de la CFDT. Voir **Syndicats**.

CONFÉDÉRATION GÉNÉRALE DU TRAVAIL (CGT). Centrale syndicale française fondée en 1895 au congrès de Limoges, par l'union de la Fédération des Bourses du travail et de la Fédération des syndicats. Voir **Syndicats**.

CONFÉDÉRATION GÉNÉRALE DU TRAVAIL-FORCE OUVRIÈRE (CGT-FO). Centrale syndicale française fondée en avr. 1948 par les cégétistes non communistes qui avaient suivi Léon Jouhaux lors de sa démission de la CGT le 19 déc. 1947. Voir **Syndicats**.

CONFÉDÉRATION GERMANIQUE, *Deutscher Bund.* Confédération formée le 8 juin 1815 par trente-neuf États allemands (principautés souveraines et villes libres). Elle avait pour objet « le maintien de la sécurité extérieure et intérieure de l'Allemagne, de l'indépendance et de l'inviolabilité des États confédérés ». Elle déçut les espérances du nationalisme allemand qui s'était affirmé dans les « guerres de libération » contre Napoléon, car elle constituait, comme l'avait voulu Metternich, non pas une union du peuple allemand, mais une association de souverains indépendants. Certains de ces souverains étaient même des étrangers : le roi d'Angleterre faisait partie de la Confédération comme roi de Hanovre ; le roi de Danemark, comme duc du Holstein, du Schleswig et du Lauenburg ; le roi des Pays-Bas, comme grand-duc du Luxembourg. En revanche, de toutes les possessions de l'empereur d'Autriche et du roi de Prusse, seules étaient incluses dans la Confédération germanique celles qui avaient jadis fait partie du Saint Empire, dissous en 1806, ce qui excluait la plus grande partie de l'empire des Habsbourg et du royaume de Prusse.

La Diète confédérale, siégeant à Francfort, n'était qu'un congrès d'ambassadeurs des États membres, sans pouvoirs pour imposer une politique commune. La Constitution confédérale ne pouvait être révisée que par un vote unanime de la Diète. La présidence exercée par l'empereur d'Autriche n'était guère plus qu'honorifique. L'armée fédérale – 300 000 hommes – n'avait ni instruction ni organisation communes permanentes. La tentative menée en 1848/49 par le Parlement de Francfort pour transformer la confédération germanique en un État fédéral national aboutit à un échec. À partir de 1850, elle fut le théâtre de l'antagonisme croissant entre l'Autriche et la Prusse. Au début de la guerre austro-prussienne de 1866, l'Autriche obtint la mobilisation de l'armée fédérale contre la Prusse (14 juin 1866). Les troupes fédérales furent bousculées par l'armée prussienne, qui remporta sur les Autrichiens la victoire décisive de Sadowa. Bismarck jeta sans tarder les bases d'une nouvelle Confédération de l'Allemagne du Nord, fortement unie autour de la Prusse, et, par la paix de Vienne (23 août 1866), l'Autriche dut reconnaître la dissolution de la Confédération germanique.

CONFÉDÉRATION HELVÉTIQUE. Voir SUISSE.

CONFÉDÉRATION INTERNATIONALE DES SYNDICATS CHRÉTIENS (CISC). Organisation fondée au congrès de La Haye (15/18 juin 1919) par la réunion de syndicats chrétiens appartenant à quatorze pays européens. Voir SYNDICATS.

CONFÉDÉRATION INTERNATIONALE DES SYNDICATS LIBRES (CISL). Organisation fondée au congrès de Londres (28 nov./7 déc. 1949) par les représentants de cinquante-neuf centrales syndicales nationales qui avaient rompu en janv. 1949 avec la Fédération syndicale mondiale (FSM). Voir SYNDICATS.

CONFÉDÉRATION MONDIALE DU TRAVAIL (CMT). Ancienne CISC. Voir SYNDICATS.

CONFÉDÉRATION NATIONALE DU TRAVAIL (CNT). Voir SYNDICATS Espagne.

CONFÉDÉRATIONS ATHÉNIENNES. Nom donné à deux ligues composées de villes grecques réunies et commandées par Athènes au Vᵉ et au IVᵉ s. avant notre ère.

La première Confédération athénienne ou **ligue de Délos** fut organisée en 477/476 av. J.-C. par Aristide. Voir ATHÈNES. L'apogée d'Athènes. La guerre du Péloponnèse.

La seconde Confédération athénienne fut créée par le décret d'Aristotélès (378/377 av. J.-C.). Voir ATHÈNES. Athènes, la Macédoine et Rome.

CONFEDERAZIONE GENERALE ITALIANA DEL LAVORO (CGIL). Voir SYNDICATS.

CONFÉDÉRÉS D'AMÉRIQUE (États). Après l'élection de Lincoln à la présidence des États-Unis, la Caroline du Sud en déc. 1860, puis, en mars 1861, la Géorgie, la Louisiane, le Mississippi, la Floride, l'Alabama, Texas, firent sécession de l'Union. En avril, ils furent rejoints par l'Arkansas, la Caroline du Nord, la Virginie (sauf ses comtés occidentaux), et le Tennessee. Tous se regroupèrent en une Confédération dont la capitale fut provisoirement Montgomery puis Richmond, sous la présidence de Jefferson Davis. Elle dura jusqu'à la reddition du général Lee au général Grant à Appomattox le 9 avr. 1865.

CONFÉRENCE SUR LA SÉCURITÉ ET LA COOPÉRATION EN EUROPE (CSCE). Voir ORGANISATION POUR LA SÉCURITÉ ET LA COOPÉRATION EN EUROPE (OSCE).

CONFUCIANISME. L'un des grands systèmes moraux et religieux de la Chine, fondé par **Confucius**, nom latinisé de **K'ong fou-tseu**, *Kongfuzi* en pinyin (* vers 551, † vers 479 av. J.-C.). Fonctionnaire, puis professeur de sagesse morale et politique, Confucius compila et épura les enseignements des Anciens, vaste travail d'où sortirent les cinq *Classiques*, véritable Bible de la civilisation chinoise. Il se pourrait que seul le *Tch'ouen ts'ieou* ait été rédigé – et pour une partie seulement – par Confucius lui-même. Les autres enseignements personnels du sage nous ont été conservés par ses disciples, avec plus ou moins d'exactitude, dans les « Quatre Livres » (le *Louen yu*, le *Tchong yong*, le *Ta hio* et le *Möng-tseu*). Confucius fut un esprit essentiellement conservateur, profondément attaché à la tradition, et qui, dans une Chine en désarroi, déchirée par les rivalités des principautés féodales (v. CHINE. Des origines à la fin des Tcheou), ne voyait de salut moral et politique que dans le retour aux coutumes ancestrales. Indifférent aux problèmes vraiment religieux et métaphysiques, tourné vers l'action pratique, il conçut toute la vie chinoise sur la base d'une morale patriarcale de clan, tempérée par les vertus d'amitié et d'équité.

Les deux principaux disciples de Confucius furent, au IVᵉ s. avant notre ère, Möng-tseu (appelé souvent Mencius par les Occidentaux) et Siun-tseu. Le pessimisme de ce dernier n'eut qu'une influence temporaire. Möng-tseu devait, au contraire, donner le ton pour des siècles à l'orthodoxie confucéenne. Il s'efforça d'imposer la primauté de la classe des Lettrés. Ce premier élan du confucianisme fut brisé par le fondateur de l'Empire chinois, Ts'in Che Houang-ti, qui, conseillé par les légistes, ordonna, en 213 av. J.-C., la destruction des livres confucéens qui furent reconstitués au Iᵉʳ s. avant notre ère. La dynastie des Han favorisa le confucianisme, dont la doctrine, foncièrement conservatrice, apparut dès lors comme un précieux appui pour le pouvoir impérial. Dès le IIᵉ s. avant notre ère s'affirma cette suprématie des Lettrés confucéens qui devait rester, jusque dans les Temps modernes, un des traits caractéristiques de la vie chinoise. Le confucianisme, humanisme politique à l'usage de l'élite, n'empêcha pas la diffusion du taoïsme et surtout du bouddhisme, qui allait pénétrer la société chinoise. C'est seulement au VIIe s., sous les T'ang, que le confucianisme connut une renaissance. En face du bouddhisme, les confucéens hésitaient entre le refus de tout compromis et la tentation d'intégrer à leur tradition des éléments d'origine bouddhique et indienne. C'est cette dernière tendance qui l'emporta, à partir du XIIe s., dans le « néoconfucianisme », dont le meilleur représentant fut Tchou-hi († 1200).

En marge des développements philosophiques s'élabora très tôt un culte de Confucius. Dès 59 de notre ère, les Han prescrivirent qu'il devait recevoir chaque année des offrandes dans toutes les écoles chinoises. En 442, un empereur, d'ailleurs taoïste, fit élever près de la tombe du sage un temple dédié à sa mémoire. En 505, un autre empereur, bouddhiste celui-ci, consacra à Confucius un temple dans la capitale. Il s'agissait, en fait, d'un culte civique, sans véritable signification religieuse. À la fin du siècle dernier, un groupe de lettrés progressistes et ouverts aux idées occidentales, dont l'animateur était K'ang Yeou-wei, rêva de faire du confucianisme la base d'une modernisation de la Chine. Dans les années 1910, au contraire, Hou Che et les jeunes intellectuels de la « Renaissance chinoise » dénoncèrent comme anachronique « le vieux magasin d'antiquités confucéen ». Tchang Kaï-chek estima cependant que la Chine nouvelle ne pouvait rompre avec une tradition millénaire, et il associa étroitement le confucianisme à son mouvement de la Vie nouvelle, lancé en 1934. Le communisme maoïste s'est efforcé d'effacer de la mentalité chinoise l'empreinte d'une doctrine à laquelle il reproche surtout d'engendrer le fatalisme et la passivité. En 1974, fut lancée une grande campagne contre le féodalisme de Confucius.

Cependant, dès la mort de Mao en 1976 et la destitution de la « bande des quatre », l'attitude du pouvoir chinois envers le confucianisme se fit plus nuancée. Au fur et à mesure que la Chine populaire s'engageait, sous l'égide de Teng Hsiao-ping dans la voie du « socialisme de marché », une place plus importante a été ménagée par les autorités communistes aux valeurs confucéennes qui les considèrent comme une part irremplaçable de l'identité du pays. De plus, les principes économiques véhiculés par le confucianisme (notamment l'épargne et le cadre familial de la vie économique) représentent, pour les dirigeants de la Chine, un soutien moral aux réformes économiques adoptées à partir des années 1980.

En Chine nationaliste (Taiwan), le confucianisme est demeuré, depuis la fondation, en 1950, de la république de Chine, la philosophie officielle du régime. Et, à Singapour, les valeurs confucéennes sont une référence constante pour les dirigeants de la cité-État.

Enfin, le confucianisme conserve tout son poids philosophique et religieux dans les communautés chinoises établies hors du pays, principalement en Asie du Sud-Est, en Amérique du Nord et en Europe occidentale.

CONGO. État de l'Afrique équatoriale formé par l'ancienne colonie française du Moyen-Congo ; capitale *Brazzaville*. Accostée par les Portugais en 1482, l'embouchure du Congo resta longtemps sous leur influence. Le royaume du Kongo, qui contrôlait l'ensemble de la région, se christianisa et le portugais devint la langue de la cour. Au XVIIIe s., des commerçants français, principalement des trafiquants d'esclaves et d'ivoire, commencèrent à visiter les côtes avoisinant l'embouchure du Congo. Mais l'exploration systématique de la région congolaise par la France fut inaugurée seulement en 1875, par Savorgnan de Brazza, qui remonta le cours de l'Ogooué. Les initiatives de Léopold II de Belgique, qui venait d'engager Stanley, poussèrent la France à s'assurer rapidement des droits à l'occupation des terres congolaises. En sept. 1879, Brazza passa un traité avec Makoko, roi des Tékés, et les bases de la souveraineté française sur la rive droite du Congo étaient déjà établies lorsque Brazza rencontra Stanley au Stanley Pool, en déc. 1882. Un poste avait été fondé à Ntamo, qui devait devenir Brazzaville. Le traité de 1887 fixa les frontières des possessions françaises et de l'État libre du Congo, et, en 1891, fut fondée la colonie du Congo français. Lors de la création de l'Afrique-Équatoriale française (1910), les régions explorées par Brazza furent divisées en deux territoires, le Gabon à l'ouest, le Moyen-Congo à l'est. À la suite de la crise marocaine, la France, pour avoir les mains libres au Maroc, céda à l'Allemagne, par le traité du 4 nov. 1911, une partie du Congo (la vallée de la Sangha jusqu'au fleuve Congo), qui devait être réannexée en 1919. Le Congo, qui s'était rallié à de Gaulle dès 1940, devint en 1946 un territoire français d'outre-mer, représenté à l'Assemblée nationale.

À la suite du référendum de 1958, le Congo devint une république au sein de la Communauté française. Il connut dès sa naissance des troubles sanglants qui opposaient les Kongos Balalis, partisans de l'abbé Fulbert Youlou, et les Tékés Mbochis, qui soutenaient le parti populaire congolais de Jacques Opangault. Les partisans de Fulbert Youlou obtinrent la majorité aux élections de juin 1959 et le Congo proclama son indépendance complète le 15 août 1960. Élu président, l'abbé Fulbert Youlou fut renversé par un coup d'État en août 1963. Le Congo adopta une ligne « socialiste » sous la conduite d'Alphonse Massemba-Debat (1963/68). Après sa démission forcée, (sept. 1968), le pouvoir passa à des militaires et le capitaine Ngouabi devint chef de l'État. En 1970, le Congo devint République populaire, l'économie fut étatisée et les sociétés étrangères quittèrent progressivement le pays. En 1977, Ngouabi fut renversé par le général Yhombi-Opango, qui s'effaça deux ans plus tard devant l'homme fort du parti congolais du travail, le colonel Denis Sassou-Nguesso. Celui-ci, sans remettre en question les dogmes marxistes, sut se rapprocher de la France.

En 1991, une conférence nationale opta pour le multipartisme et l'abandon du marxisme. En 1992, Pascal Lissouba réunit une coalition qui remporta les législatives et il fut lui-même élu à la présidentielle qui suivit. Les nouvelles élections législatives de juin 1993, favorables au président, furent vivement contestées par l'opposition. La violence embrasa alors le pays, et l'organisation d'un troisième tour, en nov. 1993, dans les circonscriptions contestées, n'enraya pas les violences ni la multiplication de milices partisanes encadrées par des militaires.

En juin 1997, des troubles meurtriers éclatèrent à Brazzaville, entre les soldats du président Pascal Lissouba et les miliciens de l'ancien président Denis Sassou-Nguesso. L'armée française intervint afin d'évacuer les ressortissants étrangers. Après des combats intermittents, la victoire revint en oct. 1997 aux miliciens « Cobra » de D. Sassou-Nguesso qui s'autoproclama président de la République, sur les milices « Cocoye » et « Ninja », proches de l'ancien président Pascal Lissouba. Des centaines de milliers de réfugiés se trouvaient alors coupés de tout approvisionnement. Un cessez-le-feu, signé en sept. 1999 avec la médiation du président gabonais Omar Bongo, permit le retour d'une partie d'entre eux, mais la restauration de la paix s'annonçait difficile. En oct. 2002, D. Sassou-Ngesso a été élu président de la République.

CONGO (République démocratique du), ex-Zaïre, ex-Congo-Kinshasa, ex-Congo-Léopoldville. État de l'Afrique équatoriale qui englobe la plus grande partie du bassin du Congo ; capitale *Kinshasa* (ex-*Léopoldville*). Peuplé de plus de 250 ethnies, l'actuel Congo a connu des États forts sur les franges de son territoire, le centre étant couvert de forêts tropicales peu propices au développement de fortes structures politiques. À l'ouest, autour de l'embouchure du fleuve Congo, le royaume du Kongo se développa à partir du XIVe s. et prospéra surtout grâce à la traite avec les Portugais, avant de décliner au XVIIIe s. Des royaumes concurrents se développèrent alors comme le Kouba (dans le Kasaï) et le Lunda (au sud-ouest du pays), tandis que le Kongo dura jusqu'à la colonisation. À l'est, les royaumes des Grands Lacs, qui se créèrent au XVe s., se livrèrent des luttes fréquentes avant que le Rwanda et le Bouganda émergent comme les plus puissants d'entre eux. Au nord, le principal État fut celui des guerriers zandés ; créé au XVIIIe s., il domina la traite transsoudanaise.

Le Congo de Léopold II

C'est vers 1875, après les expéditions de Livingstone et les premiers voyages de Stanley, que l'Europe commença à s'intéresser au cœur de l'Afrique centrale. En 1876, le roi des Belges, Léopold II, convoqua à Bruxelles une Conférence géographique internationale (12/14 sept.) ; elle aboutit à la fondation d'une Association internationale africaine (AIA) destinée à étudier le centre de l'Afrique et à envisager les moyens d'y faire disparaître la traite des Noirs à laquelle continuaient de se livrer des marchands arabes. Sous le couvert de principes scientifiques et humanitaires, Léopold II envisageait de s'assurer la propriété du Congo. L'année suivante, Stanley, disparu depuis deux ans, acheva la traversée du continent africain d'est en ouest, en longeant le fleuve Congo. L'Angleterre ne désirant pas coloniser les régions qu'il venait de découvrir, il accepta les offres de Léopold II et, en 1879, il repartit au Congo avec un groupe de Belges, mandaté par le Comité belge d'études du haut Congo. Au cours de cette expédition (1879/82), Stanley constata avec dépit que Pierre Savorgnan de Brazza, à la tête d'une expédition française, l'avait devancé sur le bas Congo et s'était installé à l'emplacement de l'actuelle Brazzaville. Il installa sa station sur la rive opposée, à Léopoldville, et signa des traités avec les chefs locaux. Après cette expédition, Léopold II fonda, en 1882, l'Association internationale du Congo et Stanley repartit pour l'Afrique, où il conclut quelque 400 nouveaux traités. Malgré les revendications du Portugal sur l'embouchure du Congo, la conférence internationale de Berlin, dans son acte du 26 févr. 1885, reconnut Léopold II comme souverain, à titre personnel – et non comme roi des Belges –, d'un État indépendant du Congo. Le Parlement belge réagit sans enthousiasme et il fut établi que le roi devrait supporter tous les frais de la conquête et de la colonisation sur sa fortune personnelle. La pacification du territoire, qui demanda une dizaine d'années, fut menée par des officiers belges. Furent successivement annexés les territoires de l'Oubangui et du Bomu (1887/89), de l'Uélé (1890), du Katanga (1891/92) et du Kivu (1894). Le roi convoqua en 1889 la Conférence internationale antiesclavagiste de Bruxelles, et, jusqu'en 1894, les Belges, commandés par Dhanis, menèrent une lutte impitoyable contre les sultans arabes trafiquants d'esclaves. Parallèlement se poursuivait la mise en valeur économique du Congo (construction de la voie ferrée Matadi-Léopoldville, 1891/98). Les dépenses dépassèrent rapidement les ressources personnelles de Léopold II, qui, dès 1886, dut solliciter des emprunts auprès du Parlement belge. En 1895, lors d'un nouvel emprunt de 6 millions de francs belges, Léopold II accorda à la Belgique la faculté d'annexer le Congo en 1901. Du fait de l'opposition à l'entreprise coloniale dans l'opinion publique, c'est seulement en mars 1908 que le Parlement accepta le transfert du Congo à la Belgique.

Le Congo belge

Le caoutchouc avait été, au début de la colonisation, la principale richesse du pays. Il fut supplanté par les produits miniers, cuivre et diamants. L'Union minière du Haut-Katanga, créée en 1906, commença en 1911 l'extraction du cuivre et, en 1928, fournissait 7 % de la production mondiale ; à cette date, le Congo belge était aussi le deuxième producteur de diamants du monde, derrière l'Union sud-africaine. En 1914/18, les troupes du Congo belge participèrent à l'invasion de l'Afrique-Orientale allemande, et la Belgique, aux traités de paix, reçut un mandat sur le Ruanda-Urundi. Durant la Seconde Guerre mondiale, la colonie, sous l'autorité du gouvernement belge réfugié à Londres, connut un rapide essor industriel qui précipita l'urbanisation de la population autochtone ; celle-ci obtint en 1946 le droit de constituer des syndicats et le droit de grève. La période de l'après-guerre fut marquée par un effort économique accru (plan décennal de 1949) et par un nouvel afflux de population blanche (34 000 Européens en 1944, 113 000 en 1958). L'éveil politique des Noirs se manifesta en 1956 avec la publication du Manifeste de conscience africaine et du Manifeste de l'Abako. À la suite de l'indépendance des anciennes colonies françaises au sein de la Communauté (1958), de graves émeutes se produisirent à Léopoldville le 4 janv. 1959. Le 13 janv. 1959, le gouvernement belge annonçait sa détermination de conduire le Congo vers l'indépendance. De nombreux partis politiques se constituèrent : Mouvement national congolais de Lumumba, Abako de Kasavubu, Union congolaise... Après deux « conférences de la Table ronde » (janv. et mars 1960), l'indépendance de la république du Congo fut officiellement proclamée par le roi Baudoin Ier à Léopoldville, le 30 juin 1960.

Aussitôt après cette indépendance précipitamment accordée, l'ancien Congo belge, sans élite politique indigène, sombra dans le chaos. Les élections du printemps 1960 avaient placé au premier plan le Mouvement national congolais (MNC) de Patrice Lumumba, qui voulait un État unitaire, mais de puissantes tendances autonomistes s'affirmaient, avant même l'indépendance, dans la riche province minière du Katanga, chez les Bakongos, les Baloubas du Kasaï et les Bangalas. Par une mesure de compromis, le pouvoir fut partagé entre Lumumba, chef du gouvernement, et Joseph Kasavubu, principal chef des Bakongos, président de la République. Mais en quelques jours, la confusion se répandit : les soldats congolais se révoltèrent contre leurs officiers blancs et s'en prirent à la population européenne ; Moïse Tshombé proclama la sécession du Katanga (11 juill. 1960) et la Belgique envoya des parachutistes pour protéger l'évacuation de ses ressortissants.

Lumumba, qui dénonçait dans la sécession katangaise l'action de la Belgique et de la compagnie de l'Union minière (qui assurait l'exploitation exclusive des gisements minéraux), menaça de faire appel à l'URSS si des troupes onusiennes ne remplaçaient pas les troupes belges. Les premiers Casques bleus débarquèrent le 16 juill., mais, imitant le Katanga, la province du Kasaï fit aussi sécession (8 août). Alors que, le 5 sept., Lumumba et Kasavubu se déposèrent mutuellement, aggravant la confusion qui régnait dans le pays, le colonel Mobutu s'empara de la capitale (19 sept.) et neutralisa tous les hommes politiques. Il renoua bientôt avec le président Kasavubu qui constitua un gouvernement de transition avec J. Ileo. Arrêté sur ordre de Mobutu en déc. 1960, Lumumba fut transféré au Katanga, où il fut abattu au cours d'une prétendue tentative d'évasion (févr. 1961).

Le Congo semblait imploser. Gizenga, qui se proclamait l'héritier de Lumumba, était maître de Stanleyville ; au centre du pays, le chef de la rébellion Kasaï, Albert Kalondji, se retranchait dans le Sud-Kasaï et Tshombé se considérait comme le chef de l'État indépendant du Katanga, où il était soutenu par l'Union minière et par des mercenaires européens. En août 1961, Kasavubu constitua pourtant sous la direction d'un ancien syndicaliste, Cyrille Adoula, un gouvernement d'union nationale où étaient représentés tous les partis et toutes les provinces – à l'exception du Katanga, où Tshombé, en dépit de ses promesses, persistait dans la sécession. Après un an et demi de négociations inutiles (au cours desquelles le secrétaire général de l'ONU, Dag Hammarskjöld, trouva la mort dans un accident d'avion, le 18 sept. 1961), Adoula obtint l'élimination de la sécession katangaise par les Casques bleus de l'ONU (déc. 1962, janv. 1963). Mais, peu après, Pierre Mulele, ancien ministre de Lumumba, déclenchait une rébellion armée au Kwilu, cependant qu'un Comité lumumbiste de libération nationale s'installait à Brazzaville. Durant l'année 1964, au moment où les dernières forces de l'ONU quittaient le Congo, le gouvernement Adoula dut faire face à des désordres croissants, alors que l'économie du pays restait paralysée. Dans cette extrémité, Kasavubu se résigna à faire appel à son ancien adversaire, Tshombé, qui prit la direction des affaires (juill. 1964), mais ne put empêcher la création, dès le mois suivant, à Stanleyville, d'une république populaire présidée par le lumumbiste Gbenye. Les Européens habitant la ville ayant été pris comme otages, des parachutistes belges vinrent les libérer (nov. 1964). À la suite d'élections législatives, Kasavubu procéda au renvoi de Tshombé (23 oct. 1965), mais, un mois plus tard, il était lui-même renversé par le colonel Mobutu, qui, avec l'appui de l'armée, devint chef de l'État (25 nov. 1965).

Le Zaïre et Mobutu

Maître du pouvoir, Mobutu établit un régime présidentiel autoritaire et se consacra à la remise en ordre du pays et à la relance de l'économie. Il intimida les oppositions intérieures par des exécutions exemplaires, fit condamner à mort par contumace Moïse Tshombé (mars 1967) et força les derniers mercenaires à quitter le Congo (nov. 1967). Pour mettre fin aux luttes tribales, il regroupa les vingt et une provinces congolaises en huit provinces nouvelles et s'efforça de ressusciter le passé africain : en juill. 1966, les noms des grandes villes furent africanisés, comme le furent, par la suite, tous les prénoms des citoyens congolais, cependant que la musique et l'art africains étaient mis à l'honneur. En 1972, le pays prit officiellement le nom de Zaïre, qui servait, au XVIe s., à désigner le fleuve Congo. La « congolisation » de l'économie fut marquée essentiellement par la nationalisation de l'Union minière (janv. 1967). Cependant, faute de techniciens, le Zaïre dut accepter une solution de compromis et accorder à une filiale de la Société générale de Belgique le pouvoir d'exploiter les concessions du Katanga et de commercialiser le cuivre.

Le président Mobutu, seul candidat à la présidence de la République (réélu en 1978 et en 1984), sut mettre en échec ses adversaires les plus résolus (le Shaba (v.) se souleva en 1977, 1978 et 1984), mais sut aussi rallier au régime certains opposants et réprima durement les autres. Au plan international, il parvint à négocier l'énorme dette extérieure contre divers avantages stratégiques ou diplomatiques nécessaires à la politique occidentale en Afrique.

Malgré ses immenses richesses, le Zaïre était un des pays les plus déshérités du continent. Les causes de ce désastre économique se trouvaient dans la corruption, l'impéritie et le clientélisme de l'État et des « élites ». La contrebande était devenue une institution. En mars 1989, les conditions d'un allégement de la dette du Zaïre envers l'ancienne métropole belge provoquait une grave tension avec Bruxelles.

La crise économique et financière et la force du mouvement d'opposition démocratique obligèrent le général Mobutu, désormais privé du soutien de ses alliés occidentaux, à accepter, en avr. 1990, l'abandon du système de parti unique et, un an plus tard, l'ouverture d'une conférence nationale. Alors que celle-ci élut, en août 1992, Tshisekedi au poste de Premier ministre, le président Mobutu nomma un « conclave politique » qui, excluant l'opposition, désigna un gouvernement concurrent dirigé par un allié de Mobutu, Faustin Birindwa (mars 1993) : dès lors, deux exécutifs coexistèrent. L'affrontement au sein du pouvoir central et la dépréciation galopante de la monnaie provoquèrent émeutes et pillages, causant notamment la mort de l'ambassadeur de France Philippe Bernard en janv. 1993. Les tensions ethniques et les velléités d'indépendance du Shaba et du Kivu réapparurent. La menace d'un éclatement du pays poussa les deux parties à s'accorder sur la nomination d'un organe de transition et d'un nouveau gouvernement, dirigé par l'ancien fonctionnaire international Joseph Kengo wa Dondo (avr. 1994). À l'été 1994, la crise rwandaise obligea Paris à renouer avec Mobutu, les soldats de l'opération Turquoise ayant besoin de bases arrière au Zaïre. À partir de la fin de 1994, la présence de plus d'un million de réfugiés rwandais, installés dans des camps à Bukavu et à Goma, provoqua des troubles dans l'est du pays, où sévissaient des bandes de pillards.

La République démocratique du Congo
En oct. 1996, la rébellion de l'Alliance des forces démocratiques pour la libération du Congo (AFDL), dirigée par Laurent-Désiré Kabila et soutenue par les États-Unis, le Rwanda et l'Ouganda, commençait dans l'est du pays. Ne rencontrant que peu de résistance, la rébellion progressa très rapidement, contrôlant six des onze provinces du pays dès avr. 1997. Après s'être emparé de Kinshasa en mai 1997, et tandis que le maréchal Mobutu partait pour l'exil, Laurent-Désiré Kabila se proclama chef de l'État, rebaptisa le Zaïre République démocratique du Congo (RDC) ; il suspendit les activités des partis politiques, interdit sans succès, toute manifestation sur la voie publique et promit des élections législatives et présidentielle pour 1999, après l'adoption d'une nouvelle Constitution.

En 1998, les Tutsis, qui avaient porté L.-D. Kabila au pouvoir, se rebellèrent contre lui. De nouveau soutenus militairement par le Rwanda et l'Ouganda, ils s'emparèrent d'une partie du territoire de la RDC qui reçut le soutien du Zimbabwe et de l'Angola, dont les troupes firent reculer la rébellion. La guerre civile se perpétua malgré l'accord de cessez-le-feu signé à Lusaka en juill. 1999, qui prévoyait des négociations multipartites, le désarmement et l'intervention d'une force d'interposition conjointe de l'OUA et de l'ONU. Malgré la poursuite des affrontements et des massacres, ces accords restèrent le point de repère des différentes parties. En mars 2000 arrivèrent les premiers observateurs de l'ONU et de l'OUA. En août, L.-D. Kabila autorisait le déploiement d'une force de l'ONU sur le territoire, mais il se retirait du processus de paix de Lusaka. Les activités des partis politiques furent autorisées à partir de janv. 2000. On nota quelques signes timides, mais sans lendemain, de démocratisation.

En janv. 2001, L.-D. Kabila fut assassiné par l'un de ses gardes du corps. Il fut aussitôt remplacé à la tête de l'État par son fils Joseph Kabila, mais l'incertitude demeurait, tant sur les causes de la mort du président congolais que sur l'avenir du pays et de la région des Grands Lacs. Les accords conclus à l'été 2002 pour le retrait des troupes ougandaises et rwandaises n'ont été appliqués qu'avec retard en 2003.

CONGO (royaume du). Voir **KONGO (royaume du)**.

CONGRÈS (parti du), *Indian National Congress*. Mouvement politique indien créé en 1885. Voir **INDE**.

CONGRESS OF INDUSTRIAL ORGANIZATIONS (CIO). Fédération de syndicats américains issue d'une scission intervenue dans l'American Federation of Labor en 1935. Voir **SYNDICATS** États-Unis.

CONRAD II le Salique (* vers 990, † Utrecht, 4.VI.1039). Empereur germanique (1027/39). Voir **SAINT EMPIRE ROMAIN GERMANIQUE**.

CONRAD III (* 1093 ou 1094, † Bamberg, 15.II.1152). Empereur germanique (1138/52). Voir **Hohenstaufen.**

CONRAD IV (* Andria, Apulie, 26.IV.1228, † Lavello, 21.V.1254). Empereur germanique (1250/54), roi de Sicile (1251/54). Second fils de l'empereur Frédéric II et d'Isabelle de Brienne, duc de Souabe et, par sa mère, héritier du royaume de Jérusalem, élu roi de Germanie en 1237, à l'âge de neuf ans, il régna d'abord sous la régence de l'archevêque Siegfried III de Mayence. Il dut faire face en Allemagne à un parti opposé aux Hohenstaufen. Le pape Innocent IV refusa son élection à l'Empire en 1250, lui opposa Guillaume de Hollande et fit prêcher une croisade contre lui. Chassé d'Allemagne en 1251, Conrad passa en Italie pour se faire reconnaître roi de Sicile, prit Naples, Capoue, Aquino, mais mourut au milieu de ses conquêtes. Il eut pour fils Conradin

CONRADIN (* Wolfstein, pres de Landshut, 25.III.1252, † Naples, 29.X.1268). Fils de Conrad IV et neveu de Manfred, dernier descendant de la famille des Hohenstaufen, il perdit son père à l'âge de deux ans et fut élevé à la cour de Bavière. À la mort de Manfred (févr. 1266), il fut appelé par les gibelins italiens pour disputer la péninsule à Charles d'Anjou, que le pape avait investi comme roi de Sicile. Il entra triomphalement dans Rome mais fut vaincu par Charles d'Anjou à Tagliacozzo (23 août 1268) ; livré à son ennemi par trahison, il fut exécuté après un simulacre de jugement. Avec lui finit la dynastie des Hohenstaufen.

CONSEIL CONSTITUTIONNEL. Conseil créé en France par la Constitution de 1958, en remplacement du Comité constitutionnel de la IVe République. Composé de membres de droit (les anciens présidents de la République) et de neuf membres nommés pour neuf ans par tiers par le président de la République, le président de l'Assemblée nationale et le président du Sénat, ce conseil veille à la régularité des opérations électorales, et se prononce souverainement sur la conformité à la Constitution des lois (organiques et ordinaires) et des règlements des assemblées parlementaires.

CONSEIL D'ÉTAT. Organe consultatif et juridictionnel créé en France par la Constitution de l'an VIII (1799), œuvre de Bonaparte, Premier consul. Héritier du Conseil du roi de l'Ancien Régime, il était chargé, à l'origine, sous la direction du pouvoir exécutif, d'un triple rôle de législation, d'administration et de contentieux. Entre 1800 et 1811, il accomplit une tâche considérable en élaborant le Code civil et les autres codes qui constituèrent la base legislative de la France moderne. Son rôle de conseiller dans les affaires politiques fut restreint dès 1802, alors que ses compétences administratives et juridictionnelles se confirmaient et s'élargissaient. Maintenu par la Restauration (sans toutefois être mentionné par la Charte de 1814), il se vit conférer un rôle étendu par la Constitution de la IIe République (1848), qui le plaçait à la tête de l'administration et, en confiant le choix de ses membres à l'Assemblée nationale, faisait de lui un intermédiaire entre le pouvoir exécutif et le pouvoir législatif. Mais le second Empire ramena le Conseil d'État au rôle d'auxiliaire de l'exécutif, qu'il a gardé depuis lors.

Ses fonctions, importantes sous la IIIe République, se sont encore accrues depuis 1946. Aujourd'hui, le Conseil d'État est obligatoirement consulté sur tous les projets de lois que le gouvernement présente aux Assemblées ; il donne aussi son avis sur tous les projets de règlement d'administration publique, sur toute question juridique que lui soumet le gouvernement, sur les applications pratiques de la Constitution. Juridiction administrative suprême, il statue en dernier ressort dans les affaires électorales, fiscales... ; il peut annuler des mesures illégales prises par des ministres ; il est le seul juge d'appel des jugements prononcés par les tribunaux administratifs.

CONSEIL DE COOPÉRATION DE L'ATLANTIQUE NORD (COCONA ou CCNA). Structure permanente créée en 1991 à l'initiative de l'OTAN et visant à établir entre cette organisation et les anciens membres du pacte de Varsovie une coopération dans divers domaines civils et militaires. Il fut remplacé en 1997 par une organisation plus vaste, le *Conseil de partenariat euro-atlantique* (CPEA), qui permettait le dialogue entre les dix-neuf membres de l'OTAN et vingt-sept partenaires issus de l'éclatement du bloc soviétique, dont la Russie.

CONSEIL DE COOPÉRATION DU GOLFE (CCG). Organisation fondée à Riyad en 1981, et regroupant l'Arabie Saoudite, Bahreïn, les Émirats arabes unis, le Koweït, Oman et le Qatar. Son objectif est d'assurer d'abord la sécurité de ses membres contre les menaces extérieures, la coopération économique envisagee demeurant nettement secondaire. Créé en réaction à la révolution iranienne, le CCG est largement dominé par les positions de l'Arabie Saoudite, en dépit d'un système de présidence tournante entre les pays membres. L'incapacité du CCG à prévenir la seconde guerre du Golfe a mis en évidence les limites de son poids politique dans la région.

CONSEIL DE L'EUROPE. Encore nommé Conseil de l'Union européenne, il est l'héritier du Conseil des ministres apparu en 1957, avec la création de la Communauté économique européenne (CEE) ou Marché commun. Voir **Européennes (institutions)**.

CONSEIL DES ANCIENS. L'une des deux chambres du Corps législatif en France (avec le Conseil des Cinq-Cents) (v.), créées par la Constitution de l'an III (23 sept. 1795), et qui partageaient le pouvoir avec le Directoire. Ce Conseil était composé de 250 membres, élus au suffrage censitaire à deux degrés et renouvelés par tiers tous les ans ; ils devaient avoir quarante ans accomplis, être mariés ou veufs, et domiciliés depuis quinze ans sur le territoire de la République. L'initiative des lois appartenait au Conseil des Cinq-Cents, et le Conseil des Anciens pouvait seulement approuver ou rejeter les propositions des Cinq-Cents. Il avait le droit de changer la résidence du Corps législatif (à la veille du 18-Brumaire, il décida que les Conseils se transporteraient à Saint-Cloud, ce qui facilita le coup d'État de Bonaparte). Le Conseil des Anciens fut supprimé après le 18-Brumaire, ainsi que le Conseil des Cinq-Cents.

CONSEIL DES CINQ-CENTS. Assemblée créée par la Constitution de l'an III (23 sept. 1795) et qui formait, avec le Conseil des Anciens (v.), le Corps législatif, sous le Directoire. Composée de 500 membres, élus pour trois ans (au suffrage censitaire à deux degrés), qui devaient être âgés de plus de trente ans et domiciliés depuis dix ans sur le territoire de la République, cette assemblée proposait les lois. Le Conseil des Cinq-Cents siégeait dans la salle du Manège (auj. rue de Rivoli). Au cours de la journée du 18 fructidor an V (1796), les directeurs expulsèrent quarante-deux de ses membres, accusés de menées contre-révolutionnaires. Le 18 brumaire an VIII (1799), le Conseil des Cinq-Cents, transféré à Saint-Cloud sous prétexte de sécurité, fut dissous par Bonaparte, en même temps que le Conseil des Anciens.

CONSEIL DU ROI. Le Conseil était l'organe de gouvernement où le roi instruit, informé de la conduite à tenir dans les affaires du royaume, déclarait sa volonté et sa décision. Il était l'émanation de la vénérable *curia regis* d'où étaient sortis également le Parlement et la Chambre des comptes. Le Conseil du roi a existé dès le XIIIe s. ; il comprenait outre les princes du sang, les grands officiers, des évêques puis des légistes et, après leur création, des maîtres des requêtes, appelés à donner leur avis. Il se divisa dans la seconde moitié du XVe en deux branches, l'une demeurant le Conseil du roi, l'autre devenant le *Grand Conseil* qui fut une cour souveraine de justice.

À l'intérieur du Conseil, des départements spécialisés apparurent ; Henri III en organisa la composition, la compétence et le travail par les règlements de 1582 et 1585. Henri IV en fit son principal instrument de gouvernement. Le *Conseil secret* ou *étroit* ou encore *des affaires*, traitait des questions politiques de première importance ; le *Conseil d'État et des finances* s'occupait, outre des finances, des affaires générales. Le *Conseil des parties* était chargé du contentieux judiciaire et administratif. Les décisions prises « par le roi en son Conseil », étaient des arrêts.

Au XVIIe s., le rôle du Conseil s'accrut et Louis XIV lui donna la forme qui ne changea plus. Le roi présidait lui-même le *Conseil d'en haut*, où n'était admis que les ministres d'État, qu'il désignait en personne (dix-sept de 1661 à 1715), le *Conseil des dépêches* qui traitait des affaires des provinces, le *Conseil royal des finances* dont l'importance s'infléchit au cours des années et qui fut chargé d'une partie du contentieux administratif, et le *Conseil de conscience* dont l'objet principal était la dévolution des bénéfices. Par délégation royale, le chancelier présidait le *Conseil d'État privé* ou *Conseil des parties*, composé de conseillers d'État et des maîtres des requêtes, chargés d'exercer notamment la justice retenue du roi, et le *Conseil d'État et des finances* ou *Conseil ordinaire des finances* qui disparut entre 1680 et 1690, et dont les compétences furent assurées par le Conseil d'État privé. Voir **CURIA REGIS**.

CONSEIL NATIONAL DE LA RÉSISTANCE (CNR). Organisme qui groupa, à partir de 1943, les mouvements de résistance, d'abord dispersés et isolés, sur le territoire de la France métropolitaine. Le CNR comprenait des représentants des principaux mouvements de résistance, des partis politiques et des deux grandes centrales syndicales (CGT et CFTC). Le CNR, qui tint sa première réunion le 27 mai 1943, fut d'abord présidé par Jean Moulin, puis, après son arrestation par Georges Bidault. C'est par l'intermédiaire du CNR que de Gaulle et le gouvernement d'Alger préparèrent l'instauration d'un gouvernement dès la libération de la France métropolitaine. Dans son programme du 15 mars 1944, le CNR réclamait une sévère épuration et prévoyait de profondes réformes de structures pour l'établissement d'une « véritable démocratie économique » par la nationalisation des sources d'énergie, des produits du sous-sol, des compagnies d'assurances et des grandes banques. Ce programme fut partiellement appliqué en 1945/46. Voir **RÉSISTANCE**. La Résistance à partir du printemps 1943.

CONSEIL NATIONAL DU PATRONAT FRANÇAIS (CNPF). Voir **MOUVEMENT DES ENTREPRISES DE FRANCE (MEDEF)**.

CONSEILS OUVRIERS. L'idée des conseils ouvriers, conçus comme l'organisation autonome du prolétariat en lutte, joua un rôle essentiel, tout particulièrement en Allemagne, dans les mouvements révolutionnaires européens des années 1918/20. Elle trouve son origine immédiate dans les soviets russes, apparus dès la révolution manquée de 1905, mais elle pouvait se réclamer d'une vieille tradition socialiste remontant à Proudhon et à Marx, qui avait proclamé que « l'émancipation des travailleurs sera l'œuvre des travailleurs eux-mêmes », ainsi qu'à la Commune parisienne de 1871.

En nov. 1918, les conseils d'ouvriers et de soldats (*Arbeiter-und Soldatenräte*) furent à l'avant-garde de la révolution allemande. Des conseils de marins et d'ouvriers se rendirent maîtres de Kiel le 4 nov. 1918. Dans les jours suivants, des conseils similaires, formés de matelots ou de soldats et d'ouvriers, se constituèrent dans la plupart des ports et des grandes villes du

Reich. Dominés soit par les socialistes majoritaires, soit par les socialistes de gauche ou indépendants, les conseils se posaient comme les seuls représentants du pouvoir populaire ; dès le 10 nov. 1918, les conseils ouvriers de Berlin, où prédominaient les socialistes majoritaires, se donnèrent un Comité exécutif qui délégua aussitôt ses pouvoirs au Conseil des commissaires du peuple constitué sous la direction du socialiste majoritaire Ebert. Or, ce dernier était résolu à sauver l'unité du Reich, à préserver les structures fondamentales de l'État et de l'économie. Pour empêcher le développement de l'anarchie, il accepta, dès les premiers jours de la révolution, l'appui des militaires. Dès lors, le Conseil des commissaires du peuple s'efforça de limiter les pouvoirs des conseils, que les spartakistes voulaient étendre. Le congrès des conseils qui se réunit à Berlin du 16 au 21 déc. 1918 fut dominé par les socialistes majoritaires qui prêtèrent la main à Ebert. Le parti communiste allemand, qui se constitua à la fin de déc. 1918, adopta les vues de Rosa Luxemburg, fondées sur la croyance en la spontanéité révolutionnaire des masses et sur l'hostilité à la conception léniniste d'un parti centralisé. Cette attitude favorisa les entreprises du gouvernement social-démocrate ; avec l'aide des corps francs, le socialiste Noske, commissaire aux Affaires militaires, écrasa dans le sang les conseils de Berlin (janv. et mars 1919), de Magdebourg (avr. 1919) et de Leipzig (mai 1919)...

Dans la Bavière séparatiste, au contraire, le gouvernement révolutionnaire de Kurt Eisner s'appuya sincèrement sur les conseils d'ouvriers et de soldats. Après l'assassinat d'Eisner par un officier (févr. 1919), les conseils de Munich supprimèrent la presse bourgeoise, armèrent le prolétariat, ordonnèrent des prises d'otages et, à l'exemple de Béla Kun en Hongrie, proclamèrent une « république des Conseils » (*Räterepublik*), le 7 avr. 1919. Cette République bavaroise des Conseils fut écrasée par les corps francs de von Epp et d'Ehrhardt les 1er/3 mai 1919. Cependant, durant toute l'année 1919, de nouveaux conseils ouvriers ou « organisations d'usines » apparurent dans toutes les régions d'Allemagne.

Cette tendance gauchiste du communisme allemand, particulièrement forte à Berlin, dans le Nord, le Nord-Ouest et la Saxe, fut dénoncée par Lénine dans *La Maladie infantile du communisme* et fut exclue du PC allemand en févr. 1920. Elle forma alors l'Union générale ouvrière d'Allemagne (AAUD) (févr. 1920), puis le parti ouvrier communiste d'Allemagne (KAPD) (avr. 1920), qui perdit dès 1922/23 toute influence sur les masses.

CONSERVATEUR (parti), *British Conservative Party*. Parti politique britannique qui a pris la suite du torysme (v. WHIG et TORY) du XVIIIe s. et du début du XIXe s. Le parti conservateur naquit de la nécessité d'adapter le vieux torysme à la situation nouvelle créée par la réforme électorale de 1832, qui avait élargi le corps électoral britannique. Les principes du nouveau parti furent proclamés par Peel dans le manifeste de Tamworth (1834) : les conservateurs prenaient acte de la réforme et se proposaient de travailler au progrès économique et social. Le parti conservateur anglais, qui voulait gagner à lui les classes moyennes, fut, dès ses origines, beaucoup moins réactionnaire que les « conservateurs » du continent. La question du libre-échange divisa très vite le parti : tandis que Peel, au pouvoir depuis 1841, évoluait vers le libéralisme économique et se montrait partisan de la suppression des droits sur les blés, la majorité du parti, qui s'appuyait sur les gentilshommes campagnards, ne pouvait qu'être favorable au maintien des tarifs protectionnistes. L'abolition des *cornlaws* (1846) provoqua ainsi une scission chez les conservateurs, qui restèrent pratiquement exclus du pouvoir jusqu'en 1874.

Disraeli, qui avait mené l'opposition contre Peel, réorganisa le parti sur un programme progressiste qui comportait le maintien des institutions traditionnelles et la défense de l'Empire, mais aussi « l'amélioration de la condition populaire ». Disraeli voulait travailler à l'avènement d'une « démocratie tory » ; il soutint la réforme électorale de 1867 et son ministère (1874/80) fut marqué par l'adoption de nombreuses mesures sociales. Battus aux élections de 1880, les conservateurs bénéficièrent de la scission provoquée chez les libéraux par le problème du Home Rule irlandais (1886). Alliés aux libéraux « unionistes », partisans du maintien de tous les liens de l'Irlande avec l'Angleterre, les conservateurs, sous la direction de Salisbury, puis de Balfour, furent au pouvoir de 1885 à 1892 et de 1895 à 1905. Durant cette période, le parti conservateur s'identifia avec la politique étrangère impérialiste de la fin de l'ère victorienne (guerre des Boers). Mais ses exigences en matière de politique sociale lui coûtèrent une longue éclipse (1906/22).

Revenus au pouvoir aux élections de 1922, les conservateurs gouvernèrent l'Angleterre jusqu'en 1945 (sauf deux brefs intermèdes travaillistes en 1923/24 et 1929/31). Les leaders du parti furent successivement Bonar Law (1922/23), Stanley Baldwin (1923/37), Neville Chamberlain (1937/40) et Winston Churchill (1940/45). Le primat donné par Churchill à la politique impériale allait provoquer en 1945, en dépit de la victoire sur l'Allemagne, une grave défaite électorale. Dans l'opposition (1945/51), le parti, tout en luttant contre la politique d'étatisation travailliste, mit l'accent sur un programme social (chartes de l'industrie, 1947, de l'agriculture, 1948) et reprit la direction du gouvernement (1951/64) avec W. Churchill (1951/55), A. Eden (1955/57), H. Macmillan (1957/63) et A. Douglas Home (1963/64). Les travaillistes l'emportèrent aux élections d'oct. 1964 puis les conservateurs revinrent au pouvoir avec Edward Heath (juin 1970/mars 1974). De nouveau dans l'opposition, le parti passa en févr. 1975 sous la direction d'une femme énergique, Margaret Thatcher, qui remporta les élections de mai 1979 et devint Premier ministre. Sous sa direction, le parti conservateur, victorieux successivement aux élections législatives de juin 1983 – où il fit son meilleur score depuis 1945 – et à celles d'avr. 1987, conforta son assise électorale. Cependant, de plus en plus isolée au sein du parti, Margaret Thatcher dut démissionner en nov. 1990. Son successeur, le chancelier de l'Échiquier John Major, se présenta comme un homme de compromis. Il remporta une victoire inespérée aux élections d'avr. 1992, mais ne put empêcher la défaite aux élections suivantes. Divisé en son sein par la montée du courant « euro-sceptique », le parti conservateur vit, au début des années 1990, son image ternie par une série de scandales touchant des personnalités de haut rang. En juin 1997, John Major cédait la direction du parti à William Hague à qui succéda Iain Duncan Smith en sept. 2001.

Au Canada, le parti conservateur se constitua en 1854 par l'union des conservateurs modérés et des réformateurs modérés, qui désiraient le maintien des liens étroits avec la couronne britannique. Son premier grand chef fut John A. Macdonald. Le parti conservateur, enraciné dans les régions anglophones, resta prédominant dans la politique fédérale jusqu'au lendemain de la Première Guerre mondiale. En 1942, il absorba le parti progressiste et prit le nom de « parti conservateur progressiste ». En sept. 1984, avec 211 députés élus sur 282, il mit fin à vingt ans de suprématie libérale et demeura au pouvoir durant neuf années avec Brian Mulroney (sept. 1984/juin 1993) et Kim Campbell (juin à oct. 1993). Il perdit les élections législatives d'oct. 1993, cédant le pouvoir au parti libéral. Aux élections de juin 1997 et de nov. 2000, les conservateurs connurent de nouvelles défaites.

En Allemagne, le terme de « conservateur » (*konservativ*) désigne une tendance que l'on qualifierait en France de traditionaliste. Dans l'Allemagne impériale, le parti conservateur allemand (*Deutschkonservative Partei*), fondé en 1876, exprimait les positions des grands propriétaires nobles des régions de l'Est, qui, tout en sachant gré à Bismarck d'avoir établi la suprématie de la Prusse en Allemagne, lui reprochaient l'institution du suffrage universel et craignaient que la Prusse ne perdît son identité dans le nouvel Empire. Ce parti prédomina à partir de 1879 à la Chambre des représentants de Prusse. Après sa rupture avec les nationaux-libéraux, Bismarck dut rechercher, en 1881, l'appui des conservateurs, favorables à des mesures protectionnistes. Jusqu'à la Première Guerre mondiale, le gouvernement de Guillaume II reposa sur la coalition des conservateurs et du parti du Centre contre les socialistes. Le parti conservateur disparut en 1918, et, sous la république de Weimar, les forces conservatrices furent représentées par le parti national allemand et par le parti démocratique allemand (parti allemand d'État à partir de 1930). Un brillant renouveau intellectuel du conservatisme se manifesta, au cours des années 1920, dans les œuvres de Moeller van den Bruck, de Carl Schmitt et d'Ernst Jünger. La « révolution conservative » ne réussit pas à soulever les masses et fut débordée par l'hitlérisme, mais son idéologie contribua à inspirer la résistance militaire à Hitler. Après une longue éclipse, la pensée conservatrice allemande connaît depuis 1970 un certain renouveau.

En Norvège, le parti *Höyre* (droite) a été fondé en 1884. En alternance avec le parti travailliste, il a participé à des gouvernements de coalition conservatrice ou « bourgeoise » avec des partis minoritaires de droite, dirigés par les Premiers ministres conservateurs Kaare Willoch (1981/86) et Jan Peder Syse (1989/90). Les conservateurs norvégiens furent mis en échec par le parti travailliste lors des élections législatives de 1993. Ils firent ensuite partie de la coalition gouvernementale de Kjell Magne Bondevik (parti chrétien populaire), Premier ministre de 1997 à 2000.

En Suède, le Rassemblement des modérés, MS, a été créé en 1902, à partir de l'Organisation nationale de la droite. Constamment minoritaires de 1932 à 1976, les conservateurs et leurs alliés du parti du centre, les libéraux et les chrétiens-démocrates, ont pu former, à partir de 1976, des gouvernements dirigés par les Premiers ministres conservateurs Thorbjörn Fälldin (1976/78 et 1979/82) et Carl Bildt (1991/94), en alternance avec les travaillistes. Médiateur de l'Union européenne pour l'ex-Yougoslavie de 1995 à 1997, Carl Bildt a retrouvé la direction du Rassemblement des modérés à l'issue de cette mission, puis Bo Lundgren lui a succédé.

En Finlande, le parti de coalition nationale, KOK, a été fondé en 1918. Obtenant en moyenne 20 % des suffrages, les conservateurs ont participé au pouvoir, dans le cadre de coalitions assez instables, tant avec les sociaux-démocrates (gouvernement du conservateur Harri Holkeri de 1987 à 1991) qu'avec le centre et les libéraux (1991/95). Depuis 1995, le parti conservateur finlandais participe à une coalition dirigée par le parti social-démocrate.

CONSTANCE (concile de). De 1414 à 1418 se tint le concile de Constance convoqué pour mettre un terme au Grand Schisme d'Occident, réformer l'Église et combattre les hérétiques (notamment Jan Hus). Le concile aboutit à l'élection du pape Martin V. Voir **SCHISME D'OCCIDENT (le Grand)**.

CONSTANCE Ier Chlore, Flavius Valerius-Constantius Chlorus, c'est-à-dire *pâle* († Eburacum, auj. York, été 306). Empereur romain (305/06). Petit-neveu, par sa mère Claudia, de l'empereur Claude II le Gothique, adopté en 293 par Maximien, lui-même auguste pour l'Occident, puis élevé au rang de césar, il eut à gouverner les Gaules, l'Espagne et la

(Grande-) Bretagne, triompha en 296 de la révolte bretonne de Carausius et mena en 298 et 305 plusieurs campagnes victorieuses contre les Francs et les Alamans. Il devint auguste pour l'Occident en 305 en même temps que Galère pour l'Orient. Lors de la persécution contre les chrétiens (v. **Dioclétien**), il appliqua les décrets, mais avec une grande modération. De sa première femme, Hélène, il eut pour fils le futur empereur Constantin, qu'il nomma césar en mourant ; de son second mariage avec Theodora, belle-fille de Maximien, naquit Jules Constance, père de Julien l'Apostat.

CONSTANT Ier, Flavius Julius Constans (* vers 323, † Elena, Septimanie, 350). Empereur romain (337/350). Quatrième ou cinquième fils de Constantin le Grand, il reçut en partage l'Italie, l'Afrique, l'Illyrie et la Macédoine. Vainqueur de son frère Constantin II à Aquilée (340), il devint maître de tout l'Occident mais fut vaincu et tué par l'usurpateur Magnence.

CONSTANT II Pogonat (* 630, † Syracuse, 15.IX.668). Empereur byzantin (641/668). Petit-fils d'Héraclius, placé sur le trône à l'âge de douze ans, à la chute d'Héracléonas, il combattit les Arabes et les Germains et lutta contre les Lombards en Italie. Par souci de pacification religieuse, il interdit les discussions sur les problèmes christologiques, mais le pape Martin Ier l'accusa de protéger l'hérésie monothélite (v.). Constant II le fit arrêter et déporter (653). Il ne put empêcher les Arabes de s'emparer d'Alexandrie (643) et de l'Arménie (653). Cette menace le décida, en 663, à transporter sa capitale à Rome. Il rêvait de restaurer l'Empire d'Occident mais fut assassiné.

CONSTANT DE REBECQUE Benjamin (* Lausanne, 25.X.1767, † Paris, 8.XII.1830). Écrivain et homme politique français. Auteur d'un des chefs-d'œuvre de la littérature romanesque, *Adolphe* (1816), ce descendant d'émigrés huguenots commença sa carrière politique sous le Directoire, fut nommé membre du Tribunat (1799/1802), mais suivit bientôt son amie, Mme de Staël, dans l'opposition à Napoléon Ier et s'exila. Ardent libéral, il applaudit en 1814 à la chute du tyran et à la restauration des Bourbons. Durant les Cent-Jours, par un retournement qui lui fut beaucoup reproché, il se rallia à Napoléon Ier et essaya de poser les bases d'un Empire constitutionnel en élaborant l'*Acte additionnel aux Constitutions de l'Empire*. Après la dissolution de la Chambre introuvable, il rentra dans la vie politique et devint un des chefs du parti libéral, dont il défendit les idées comme député à partir de 1819. Monarchiste constitutionnel, il voulut être le « maître d'école de la liberté » et contribua à faire connaître en France le système anglo-saxon de la responsabilité ministérielle. Signataire de l'Adresse des 221 en mars 1830, il fut nommé par la monarchie de Juillet membre du Conseil d'État.

CONSTANTIN Ier le Grand, Flavius Valerius Constantinus (* Naissus, auj. Nish, 17.II.280/288 ?, † Ancyrona, près de Nicomédie, 22.V.337). Empereur romain (306/337). Fils de Constance Chlore et d'Hélène, l'armée le proclama auguste pour l'Occident à la mort de son père (306). Il s'appuya sur la Gaule dans la lutte qui opposait de nombreux prétendants à l'Empire. En 312, il envahit l'Italie, battit son rival Maxence au Pont Milvius (28 oct. 312) et partagea le monde romain avec Licinius, qui régnait en Orient. Tous deux décidèrent une politique de tolérance religieuse qui fut favorable aux chrétiens (« édit de Milan » de 313) (v.) et Constantin lui-même favorisa le christianisme auquel il se convertit sur son lit de mort. Vainqueur de Licinius à la bataille d'Andrinople (3 juill. 323), il rétablit l'unité impériale et poussa à l'extrême les tendances centralisatrices et dirigistes qui avaient inspiré les réformes de Dioclétien. Il gouverna avec un conseil étroit d'hommes de confiance. Il aggrava le maintien de chacun dans sa condition sociale, l'hérédité des fonctions et la hiérarchie des groupes sociaux. Dès 324, il prit les premières mesures contre le paganisme ; en 325, il convoqua et présida le premier concile œcuménique, celui de Nicée qui condamna l'arianisme ; l'Église dut accepter l'intervention de l'État dans ses affaires. En 330, Constantin transporta la capitale impériale sur le site de Byzance où il avait fait construire une ville nouvelle qui prit le nom de Constantinople. À sa mort, l'Empire fut partagé entre ses trois fils survivants, Constantin II, Constance II et Constant Ier (l'aîné, Crispus, avait été exécuté en 326).

CONSTANTIN II le Jeune (* Arles, 316, † Aquilée, 340). Empereur romain (337/40). Fils aîné de Constantin Ier le Grand et de l'impératrice Fausta. À la mort de son père, en 337, il reçut les Gaules, l'Espagne et la (Grande-) Bretagne ; entré en lutte avec son frère Constant Ier (v.) pour la possession de la Macédoine et de la Thrace, il pénétra avec une armée en Italie, mais fut vaincu et tué.

CONSTANTIN V Copronyme (* 718, † en campagne dans les Balkans, 14.IX.775). Empereur byzantin. Il fut le champion de l'iconoclasme (741/775). Voir **Byzantin (Empire)**.

CONSTANTIN VII Porphyrogénète (* 905, † 9.XI.959). Empereur byzantin (912/59). Fils et successeur de Léon VI, placé sur le trône sous la tutelle de son oncle puis d'un conseil de régence, il n'avait aucun goût pour la politique et laissa gouverner d'abord sa mère, puis, à partir de 919, son beau-père, l'énergique Romain Ier Lécapène, qui fut associé au trône (920). Romain Ier, après plus de vingt ans de gouvernement, fut déposé par ses propres fils ; Constantin les châtia et se résigna à reprendre le pouvoir (945), mais il semble n'avoir joué qu'un rôle politique effacé. Grand lettré, il composa notamment une *Vie de Basile Ier*, son grand-père, un *Traité de l'administration de* *l'Empire* et le fameux *Livre des cérémonies* sur les coutumes et le cérémonial de l'Église et de la cour byzantines.

CONSTANTIN IX Monomaque ou **le Gladiateur** (* vers 980, † 30.XI.1055). Empereur byzantin (1042/55). Il s'assura le trône en 1042, en devenant le troisième époux de l'impératrice Zoé. Son règne vit le triomphe de l'aristocratie civile de cour aux dépens de la noblesse militaire, ce qui affaiblit l'Empire face aux Turcs. Grand bâtisseur (la *Néa Moni* de Chio), protecteur des sciences, il ne parvint pas à empêcher la rupture entre le patriarche Michel Cérulaire et la papauté (1054).

CONSTANTIN XI Dragasès (* févr. 1403, † Constantinople, 29.V.1453). Dernier empereur byzantin (1449/53). Voir **BYZANTIN (Empire)**.

CONSTANTINESCU Emil (Tighina, Bessarabie, 19.II.1939). Homme politique roumain. Professeur de géologie, il fut nommé recteur de l'université de Bucarest en 1992. Alors inconnu des milieux politiques, il fut le candidat de la Convention démocratique de Roumanie (CDR) à l'élection présidentielle. Largement battu en sept. 1992 par Ion Iliescu, il fut élu en nov. 1996 à la tête de l'État roumain, mettant ainsi fin à la période néocommuniste de l'après-Ceaucescu. La Roumanie connaissant un mieux économique, il déposa une demande d'adhésion du pays à l'Union européenne en févr. 1999. Il renonça à se présenter à sa propre succession et fut remplacé à l'automne 2000 par Ion Iliescu, à l'issue d'élections particulièrement défavorables aux chrétiens-démocrates qui l'avaient soutenu.

CONSTANTINOPLE, *Konstantinoupolis*. Nom d'Istanbul à l'époque où cette ville était la capitale de l'Empire byzantin (v. **BYZANTIN, Empire**) de 330 à 1453.

Empire latin de Constantinople. Fondé en mai 1204, après la prise de Constantinople par les chefs de la quatrième croisade, il eut pour premier souverain Baudouin de Flandre (1204/06), mais les Vénitiens, qui avaient été les inspirateurs de l'attaque contre l'Empire d'Orient, y tinrent une place. L'Empire latin de Constantinople ne recouvrait d'ailleurs pas tous les territoires de l'Empire grec. Venise avait obtenu les îles Ioniennes, la plupart des îles de la mer Égée, la Crète, de nombreuses places dans la Grèce continentale, la Thrace et l'Hellespont. Pour dédommager son principal concurrent, Boniface de Montferrat, Baudouin dut créer en sa faveur le royaume de Thessalonique ; un duché d'Athènes et une principauté d'Achaïe (ou de Morée) furent également constitués. D'autre part, les Grecs se maintinrent dans diverses régions de l'ancien empire : le despotat d'Épire, avec Michel Doukas ; l'Empire grec de Trébizonde, avec Alexis Comnène ; l'Empire de Nicée, avec Théodore Lascaris. Construction politique imposée à une population slavo-grecque qui eut peu de rapports avec les Latins, l'Empire latin de Constantinople dut lutter à l'extérieur contre la coalition des Grecs et des Bulgares, à l'intérieur contre l'intolérance de la politique pontificale, qui voulait faire fermer les églises grecques, ce qui eût entraîné un soulèvement général. Très vite, l'Empire latin se limita à la seule ville de constantinople et sa proche banlieue. Après Baudouin de Flandre, les empereurs latins de Constantinople furent Henri de Hainaut (1206/16), Pierre de Courtenay (1216/17), Robert de Courtenay (1221/28), Jean de Brienne (1229/37) et Baudouin II (1237/61). constantinople fut reprise par Michel VIII Paléologue (25 juill. 1261) qui rétablit l'Empire byzantin. Venise conserva cependant la plupart des îles grecques, Athènes resta aux descendants d'Othon de la Roche avant de passer aux Catalans et l'Achaïe fut conservée par la famille Villehardouin.

Patriarcat de Constantinople. L'un des cinq anciens patriarcats de l'Église, le patriarcat de constantinople porte le titre de *patriarcat œcuménique* et jouit d'un primat d'honneur sur les autres patriarcats de l'orthodoxie. Voir **ÉGLISE ORTHODOXE**.

CONSTITUANTE (assemblée nationale, 1789/91). Voir **FRANCE**.

CONSTITUTION CIVILE DU CLERGÉ. Votée par l'Assemblée constituante le 12 juill. 1790, cette constitution, inspirée par un esprit à la fois gallican et démocratique, prétendait établir l'indépendance totale de l'Église de France à l'égard du Saint-Siège sauf en matière doctrinale. La France était divisée en quatre-vingt-trois diocèses (un par département) ; curés et évêques devenaient des salariés de la nation ; enfin, le principe de l'élection remplaçait les anciennes nominations, le curé étant élu par l'assemblée électorale du district, l'évêque par celle du département. Les évêques, qui n'étaient plus institués par le pape, lui notifiaient seulement leur élection et étaient consacrés par le métropolitain. L'attitude de Pie VI fut d'abord indécise et Louis XVI, malgré ses scrupules, signa la constitution civile du clergé le 24 août 1790. Devant les protestations de la plupart des prélats français, l'Assemblée constituante décida (27 nov. 1790) que tous les évêques et curés en exercice devraient, dans les huit jours, prêter serment à la Constitution civile, sous peine d'être destitués ; 4 seulement des 130 évêques diocésains et une minorité du bas clergé acceptèrent de prêter serment, ce qui divisa le clergé de France en prêtres « jureurs » et prêtres « réfractaires ». La Constitution civile fut formellement condamnée par Pie VI, dans le bref *Caritas* du 13 avr. 1791. Elle devait être abrogée par le concordat de 1801.

CONSULAT. Magistrature romaine, du rang le plus élevé, créée au VIe-Ve s. av. J.-C. À Rome, les consuls étaient les premiers magistrats de la République. Après la chute de la royauté (509 av. J.-C.), le roi fut d'abord remplacé par deux préteurs (*praetores*), nommés par le peuple et confirmés par le Sénat. Au Ve s., ces magistrats étaient appelés *judices* dans leur fonction judiciaire et *praetores* dans leur fonction militaire, puis *consules*, c'est-à-dire « collègues ». Le consulat ne fut définitivement organisé qu'après les lois liciniennes (367 av. J.-C.), qui décidèrent qu'un des deux consuls serait obligatoirement plébéien (v. ROME. La politique intérieure jusqu'aux guerres puniques).

Comme presque toutes les magistratures romaines, celle des consuls était collégiale, chacun des deux consuls exerçait la totalité des pouvoirs indépendamment de l'autre (en général, les deux consuls exerçaient leurs attributions à tour de rôle, un mois chacun) ; en cas de désaccord, chacun d'eux pouvait exercer le droit d'*intercessio*, lui permettant de casser une décision prise par son collègue. Les consuls n'étaient élus que pour un an, et, à partir de la fin du IVe s., on ne put réitérer le consulat qu'après un délai de dix ans.

Les consuls exerçaient une magistrature à *imperium*, c'est-à-dire qu'ils détenaient (comme les préteurs) une autorité supérieure à celle des magistrats ordinaires, dans les domaines civil et militaire. Ils avaient, en fait, tous les pouvoirs détenus autrefois par le roi, y compris celui d'exercer les fonctions religieuses liées à l'exercice de leurs pouvoirs : prières, sacrifices et procédures divinatoires avant toute action importante, telle que la décision d'engager une bataille. Ils convoquaient et présidaient le Sénat, présentaient les projets de lois ; ils convoquaient les comices curiates et centuriates ; chefs militaires, ils levaient et commandaient l'armée en campagne. Élus par les comices centuriates, ils entraient en charge au mois de mars début de l'année civile, à laquelle ils donnaient leur nom (éponymie). Leurs insignes étaient la chaise curule, une baguette d'ivoire et douze licteurs qui portaient devant eux des faisceaux de baguettes liées autour du manche d'une hache. L'âge minimal pour accéder au consulat était de trente-sept ans avant les Gracques (v.), de quarante-trois ans par la suite. À mesure que la conquête romaine a entraîné la formation de provinces, leur gouvernement a été confié à des magistrats à *imperium*, sortis de charge : consuls devenus proconsuls, préteurs devenus propréteurs, avec des capacités civiles et militaires sur leur province.

Sous l'Empire, le consulat continua d'être une charge enviée, mais tout honorifique et donnée pratiquement par l'empereur qui, seul, détenait l'*imperium* ; il y eut de nombreux consuls suffects, c'est-à-dire des consuls substitués aux premiers qui avaient été désignés pour trois mois, deux mois et quelquefois quinze jours ; en ce cas, les deux premiers seuls donnaient leur nom à l'année. Lors de la division de l'Empire (395), l'Occident et l'Orient eurent chacun un consul. Les *consuls désignés* étaient les citoyens élus pour être consuls l'année suivante. On appelait *consulaires* ceux qui avaient été consuls et qui étaient, de droit, sénateurs. En 541, l'empereur byzantin Justinien supprima pratiquement le consulat, en cessant de nommer des consuls ; mais il ne fut légalement aboli que sous Léon VI, en 886.

CONSULAT. Régime établi en France après le coup d'État des 18-19 brumaire an VIII (9-10 nov. 1799), par lequel Bonaparte avait renversé le Directoire. Voir FRANCE.

CONTEMPORAINE (époque). Nom donné à l'une des quatre grandes divisions de l'histoire universelle qui s'étend de 1789 (Révolution française) à nos jours.

CONTI François Louis de Bourbon, prince de (* Paris, 30.IV.1664, † Paris, 21.II.1709). Il combattit à partir de 1690 aux Pays-Bas, se distingua aux batailles de Steinkerque, Fleurus, Neerwinden. À la mort de Jean Sobieski, il fut élu roi de Pologne (1697) ; mais le trône fut occupé par Auguste II de Saxe. Il fut nommé gouverneur du Languedoc, puis, en 1709, peu avant sa mort, commandant en chef en Flandre.

CONTRE-RÉFORME. Voir RÉFORME CATHOLIQUE.

CONTRÔLEUR GÉNÉRAL DES FINANCES. L'office fut créé en 1554 et ses titulaires n'eurent longtemps que des fonctions restreintes. Avec le règne de Louis XIV et l'arrestation de Fouquet, surintendant des Finances, le contrôleur général des Finances devint un personnage de rang ministériel. Colbert exerça cette fonction avec une stature et un dynamisme exceptionnels ; en charge à la fois des Bâtiments du roi, de l'agriculture, du commerce et de l'industrie, il fut le ministre le plus important de la monarchie et siégea aux principaux conseils. La fonction de contrôleur général des Finances demeura jusqu'à la veille de la Révolution. Son dernier titulaire fut Necker, même si, protestant et Suisse, il eut le titre officiel de directeur général des Finances.

CONVENTION NATIONALE. Assemblée constituante qui gouverna la France du 24 sept. 1792 au 26 oct. 1795. Voir FRANCE.

CONVENTIONS DE GENÈVE. Voir GENÈVE.

COOK James (* Marton-in-Cleveland, Yorkshire, 27.X.1728, † Hawaii, 14.II.1779). Navigateur anglais. Sur l'ordre du gouvernement britannique, Cook devait exécuter trois voyages d'exploration autour du monde. Il entreprit son premier voyage (1768/71) afin d'observer à Tahiti le passage de Vénus devant le Soleil. Parti de Plymouth le 25 août 1768 sur l'*Endeavour*, Cook doubla le cap Horn et entra dans le Pacifique, séjourna à Tahiti (avr./juill. 1769), découvrit l'archipel des îles de la Société, réalisa la première circumnavigation de la Nouvelle-Zélande (oct. 1769), et revint en Angleterre en juill. 1771. Son deuxième voyage (1772/75) eut pour objet de résoudre le problème du continent austral qui tourmentait depuis longtemps les géographes. Parti le 13 juill. 1772 avec deux navires, le *Resolution* et l'*Adventure*, il fit trois croisières antarctiques (hivers 1772/73, 1773/74 et janv./févr. 1775) ; il franchit pour la première fois le cercle polaire antarctique, s'avança jusqu'à 71° 10' de lat. S. et acquit la certitude de l'inexistence d'un grand continent austral. Au cours de ce même voyage, il aborda en Nouvelle-Zélande, découvrit les îles Sandwich, visita la Nouvelle-Calédonie, et rentra en Angleterre en juill. 1775. En juill. 1776, il partit pour son troisième voyage, avec le *Resolution* et le *Discovery*, il découvrit les îles Hawaii (18 janv. 1778), puis longea le continent américain et tenta, à travers les glaces du détroit de Béring, de découvrir le passage du Nord-Ouest. Après avoir atteint 70° 44' de lat. N., il dut redescendre vers le sud et fit relâche à Hawaii, où il fut tué par les indigènes.

COOLIDGE Calvin (* Plymouth, Vermont, 4.VII. 1872, † Northampton, Massachusetts, 5.I.1933). Homme politique américain. Membre du parti républicain, gouverneur du Massachusetts (1919/20), il passa au premier plan de la scène politique américaine lorsqu'il décida d'employer la milice contre les policiers grévistes de Boston, en 1919. Élu vice-président des États-Unis en 1921, il succéda au président Harding, mort en cours de mandat (1923). Président des États-Unis (1923/28), sa simplicité et son intégrité lui valurent une grande popularité. Dans un climat d'expansion et de prospérité, il pratiqua une politique de laisser-faire économique qui devait conduire le pays à la crise de 1929.

COPTES. Chrétiens originaires d'Égypte. Voir **Églises orientales monophysites. Église copte d'Égypte**.

CORAN. Livre de la révélation dictée par Allah à Mahomet, par l'intermédiaire de l'archange Gabriel. Le mot signifie en arabe « la récitation », Mahomet étant le récitant de la parole que Dieu lui confie. Il est sacré pour les musulmans et constitue la source de la religion islamique. À la mort du prophète (632), aucun recueil des textes coraniques n'avait été établi ; ils furent réunis vers 633 à l'initiative d'Abou-Bakr et d'Omar qui en confièrent le soin à Zaïd Ben Tsabit. D'autres recensions opérées par différents compagnons de Mahomet, firent apparaître des divergences. Le trouble des fidèles suscita, vers 650, à l'initiative du calife Othman, la parution d'un texte officiel, qui fit naître, à son tour, des controverses, en particulier de la part des chiites. Dans sa version actuelle, le Coran se compose de 6 226 versets, répartis en 114 chapitres ou *sourates*. Voir **Islam**.

CORDAY Charlotte (* Saint-Saturnin-des-Ligneries, près de Sées, Orne, 27.VII.1768, † Paris, 17.VII.1793). Jeune femme française. De la famille noble des Corday d'Armont, cette lectrice fervente de Rousseau, qui admirait les héros de Plutarque et de Corneille, dont elle était l'arrière-petite-nièce, sympathisa d'abord avec les idées révolutionnaires, mais fut indignée par les crimes de la Terreur. Sous l'influence de Girondins réfugiés en Normandie, en particulier de Barbaroux, elle vint à Paris en 1793 avec le projet de tuer Marat ; elle prétendit lui faire d'importantes révélations et le poignarda dans son bain (13 juill. 1793). Arrêtée aussitôt, elle fut exécutée quatre jours plus tard.

CORDÉ. Nom donné à une culture du chalcolithique récent d'Europe orientale et centrale. Elle a pour caractéristiques une poterie décorée par l'impression de cordelettes sur l'argile fraîche, des « haches de bataille » à profil asymétrique et des sépultures individuelles sous tumulus ronds, qui marquent une rupture avec les ensevelissements collectifs des civilisations mégalithiques. La culture à céramique cordée s'est étendue de la Russie centrale à l'est de la France actuelle et de la Scandinavie à la Suisse.

CORDELIERS. Nom donné en France, avant la Révolution, aux Frères mineurs, à cause de la ceinture de corde qui serre leur robe. Voir **Franciscains**.

Club des Cordeliers ou **Société des Amis des droits de l'homme et du citoyen.** Club révolutionnaire fondé à Paris en mai 1790 et qui tint ses premières réunions dans un ancien couvent de cordeliers (auj. musée Dupuytren, rue de l'École-de-Médecine). Animé par Danton, Marat, Camille Desmoulins, Fabre d'Églantine, il joua un rôle comparable à celui du club des Jacobins, son rival. Après la fuite de Louis XVI à Varennes, c'est lui qui organisa la manifestation du Champ-de-Mars (17 juill. 1791). À la fin de 1792, les Cordeliers furent contrôlés par Hébert, Chaumette et leurs amis, qui imposèrent la dictature de la Commune et entrèrent en conflit avec la Convention. Après l'élimination des hébertistes (mars-avr. 1794), ce qui restait du club fusionna avec les Jacobins.

CORDOUE (califat de). En 756, Abd er-Rahman, petit-fils du dernier calife omeyyade de Damas, et seul rescapé du massacre de sa famille ordonné par les Abbassides, réussit à gagner Al-Andalus, l'Espagne musulmane. Il se rendit maître de Cordoue, où il fonda un émirat indépendant. Il édifia un État centralisé, réduisit les résistances de la noblesse arabe au cours de guerres sans merci et se montra très tolérant à l'égard des chrétiens et des Juifs. L'émirat de Cordoue s'étendit bientôt à toute l'Espagne musulmane, mais fut troublé par de nombreuses révoltes locales. Il atteignit son apogée sous Abd er-Rahman III (912/61), qui, consomma la rupture d'Al-Andalus avec Bagdad en prenant le titre de calife (929). El-Hakam II (961/76) attira à Cordoue des savants et des lettrés venus de tout le monde islamique ; il fonda plus de vingt écoles et une bibliothèque de 400 000 volumes. Cordoue devint le centre d'une civilisation originale, marquée par la rencontre des trois cultures et des trois religions, musulmane, juive et chrétienne. Elle joua un rôle essentiel dans la transmission à l'Europe de la culture antique et dans les rapports spirituels de l'Orient et du monde chrétien : deux Cordouans, le musulman Averroès et le Juif Maïmonide, ont eu un rôle dans le développement de la philosophie européenne au Moyen Âge. La dynastie omeyyade de Cordoue commença à décliner sous Hicham II el-Mouayyad (976/1009), qui dut laisser le pouvoir à son maire du palais, Mohammed ibn-abi-Amir el-Mansour, appelé par les Occidentaux Almanzor (981/1002) ; ce dernier remporta des succès éclatants mais éphémères contre les princes chrétiens en s'emparant de Barcelone (985), de Coimbra (987) et de Saint-Jacques-de-Compostelle (997), mais il avait porté un coup fatal à la dynastie. Déchiré par des guerres civiles opposant mercenaires berbères et slavons, Arabes, indigènes convertis et chrétiens mozarabes, le califat de Cordoue sombra après le règne d'Hicham III (1027/31) et s'émietta en de multiples principautés indépendantes, les *taifas*.

CORÉE, *Chosôn*, c'est-à-dire *Pays du matin calme* ou encore *du matin clair et frais*. Péninsule de l'Asie orientale, au S. de la Mandchourie, entre la mer Jaune et la mer du Japon. La Corée conserve des vestiges néolithiques datant du IIIe ou même du IVe millénaire, ainsi que des vestiges mégalithiques. Elle est passée du néolithique à l'âge du bronze dans le courant du Ier millénaire av. J.-C. Elle a connu très tôt l'influence chinoise. En 108 avant notre ère, elle fut envahie par l'empereur Wou-ti, de la dynastie des Han, qui fonda, dans l'ouest et le centre du pays, quatre préfectures chinoises, dont le centre politique était Lolang (près de l'actuel Pyongyang). Mais, entre le Ier et le début du IVe s. de notre ère, se constituèrent les trois royaumes coréens indépendants de Kokuryo, au nord, de Paikche, au sud-ouest, et de Silla, au sud-est. À partir du IVe s., les trois royaumes adoptèrent la culture bouddhique. La Corée connut encore plusieurs invasions chinoises, en particulier à l'époque des T'ang, entre 645 et 670.

Fondée en 918 en Corée centrale, la dynastie de Koryo soumit le royaume de Silla devenu hégémonique et réunifia la Corée (935/36). Elle établit sa capitale à Songdo (l'actuel Kaesong), repoussa avec succès les Khitan (début du XIe s.), et passa, à partir de 1231, sous la tutelle des Mongols. Les Mongols furent chassés en 1364 par un jeune chef de guerre qui rétablit l'indépendance et l'unité coréenne et fonda, en 1392, la dynastie des Li (ou Yi), qui devait régner jusqu'en 1910. Le bouddhisme, qui avait été tout-puissant sous la dynastie Koryo, perdit sa prééminence et la Corée adopta le système d'administration confucéen.

Convoitée par les Japonais dès le XVIe s. (invasion repoussée de Hideyoshi, 1592/98), la Corée devint, à partir de 1637, un État vassal des empereurs chinois de la dynastie mandchoue. Elle tenta de se fermer complètement aux étrangers. À partir de la fin du XVIIIe s., le christianisme, introduit par des Chinois convertis fit progrès rapides. Le déclenchement d'une persécution contre les chrétiens (1865) provoqua l'expédition française de l'amiral Roze (1866), qui n'eut pas plus de succès qu'une tentative américaine pour ouvrir le pays au commerce occidental (1871). Ce furent les Japonais qui obtinrent le premier traité de commerce (26 févr. 1876) et qui, dès lors, s'employèrent à affirmer leur présence dans le pays en soutenant le parti réformiste, alors que la Chine appuyait les conservateurs. Après la guerre sino-japonaise de 1894/95, les Japonais, par le traité de Shimonoseki (17 avr. 1895), obligèrent la Chine à reconnaître l'indépendance de la Corée, mais celle-ci, dès l'année suivante (accord Lobanov-Yagamata, 9 juin 1896), passa sous une sorte de condominium russo-nippon. La Corée fut un des enjeux de la guerre russo-japonaise de 1904. Au traité de Portsmouth, le Japon fit reconnaître la prééminence de ses intérêts en Corée. Dès 1907, il prit le contrôle de l'administration du pays et, le 22 août 1910, procéda à son annexion pure et simple.

La période de la domination japonaise (1910/45) fut marquée par l'industrialisation et l'essor économique du pays ; mais les élites coréennes, exclues de tous les postes dirigeants, constituèrent en 1919 un mouvement de résistance nationale et créèrent un gouvernement provisoire en exil, d'abord à Shanghai, puis à Washington, sous la présidence du Dr Syngman Rhee. À la conférence du Caire (1943), les Alliés décidèrent la restauration de l'indépendance coréenne. Après la défaite du Japon, la Corée fut partagée en deux zones d'occupation, soviétique au nord, américaine au sud, délimitées par le 38e parallèle. Les négociations américano-soviétiques sur la réunification du pays n'aboutirent pas, car les Soviétiques refusaient que les élections dans leur zone fussent contrôlées par une commission des Nations unies. L'été 1948 vit ainsi la création de deux États coréens antagonistes : au sud, la **république de Corée**, présidée par Syngman Rhee ; au nord, la **République démocratique populaire de Corée**, présidée par le communiste Kim Il-sung. Après l'évacuation simultanée des troupes soviétiques et américaines (1948/49), la Corée du Nord tenta de réunifier le pays par les armes et, le 25 juin 1950, déclencha la guerre de Corée (v. CORÉE, guerre de), marquée par l'intervention des États-Unis et des forces internationales de l'ONU, d'une part, des Chinois, d'autre part. Ce conflit, qui ruina le pays, se termina par l'armistice de Panmunjon (27 juill. 1953), qui rétablit la division de la Corée en deux États séparés par la ligne du cessez-le-feu.

CORÉE DU NORD, *Chosôn*. État d'Asie situé au N. de la péninsule coréenne ; capitale *Pyongyang*. Lors de l'indépendance, l'ancienne zone d'occupation du Nord fut évacuée en déc. 1948 par les troupes soviétiques, qui y laissèrent un important matériel militaire. Déjà secrétaire général du parti communiste de Corée en 1945, Kim Il-sung devint secrétaire général du parti du travail en 1946. Soutenu par l'URSS et la Chine, il engagea les hostilités contre le Sud en juin 1950 (v. CORÉE, guerre de). À l'origine des idéologies autarciques et volontaristes *Juch'e* et *Tcheullima Undong*, Kim Il-sung procéda à la collectivisation totale de l'économie. Élu président en 1972, il céda au culte de la personnalité et favorisa l'ascension de son fils dans la hiérarchie de l'armée et du parti. Après la rupture de 1958 entre l'URSS et la République populaire de Chine, il essaya de maintenir une politique d'équilibre entre ses deux puissants voisins. En janv. 1984, il proposa des négociations entre les États-Unis et les deux Corées pour la paix et la réunification. Ces négociations n'aboutirent qu'avec l'arrivée au pouvoir en Corée du Sud de Roh Tae-woo ; un traité de réconciliation fut conclu qui permit l'admission simultanée des deux pays à l'ONU en sept. 1990.

Maintenant un contrôle sans partage sur son pays, Kim s'opposa à toute libéralisation jusqu'au début des années 1990. À la suite de l'effondrement de l'URSS, le bilan économique du régime s'aggrava et provoqua des émeutes sporadiques de populations affamées. Le décès de Kim Il-sung, en juill. 1994, donna lieu à de grandioses funérailles orchestrées par son fils Kim Jong-Il, qui le remplaça à la tête du parti du travail de Corée en 1997, s'emparant ainsi du pouvoir effectif. Le pays continua à souffrir de la famine – dans des proportions difficiles à évaluer – à cause de conditions climatiques difficiles mais aussi d'une planification inefficace. En mai 1999, la Corée du Nord reconnaissait 220 000 morts, tandis que des ONG évaluaient leur nombre de 1 à 3 millions et que le Programme alimentaire mondial (PAM) évoquait une amélioration de la situation. Sur le plan diplomatique, le pays oscilla entre menaces et négociations. Le possible développement de l'arme nucléaire, le survol du Japon par un missile intercontinental en août 1998, la véritable bataille navale qui opposa en juin 1999 des navires des deux Corées apparurent comme des moyens de pression dans les négociations avec les États-Unis et la Corée du Sud qui se déroulaient depuis 1993, portant tour à tour sur une aide alimentaire ou sur le gel du programme nucléaire militaire.

L'été 2000 sembla marquer un changement de politique. En juin eut lieu la première rencontre entre les présidents des deux Corées ; elle aboutit à un texte assez vague qui abordait pourtant l'idée d'une réunification. Au mois d'août, il y eut des retrouvailles de familles séparées depuis la guerre de Corée et le processus de réconciliation s'accéléra avec le projet de créer une ligne de chemin de fer qui relierait les deux pays.

CORÉE DU SUD, *Hanguk* (pays Han). État d'Asie situé au S. de la péninsule coréenne ; capitale *Séoul*. Issue de la zone d'occupation américaine en Corée, au S. du 38e parallèle (sept. 1945), la Corée du Sud devint indépendante le 15 août 1948, à la suite de l'élection en févr. d'une Assemblée séparée, qui fit de Syngman Rhee le premier président du pays. Il s'opposa à l'armistice de Panmunjon (v. CORÉE, guerre de) et dirigea le pays en s'appuyant sur l'armée. En avr. 1960, à la suite d'émeutes étudiantes contestant la régularité de sa réélection, entachée de nombreuses fraudes, il démissionna et fut remplacé par le président Yun Po-Sung, qui ne parvint pas à asseoir la démocratie. Renversé par un coup d'État militaire en mai 1961, le gouvernement céda la place à une junte, dirigée, à partir de juill., par le général Park Chung-hee. Il fit approuver un régime présidentiel en déc. 1962, se fit élire président en oct. 1963, et le parti démocratique républicain sur lequel il s'appuyait gagna les élections de nov. Il répéta ces deux succès en 1967, et traqua les opposants jusqu'en France et en Allemagne fédérale. Il fut de nouveau président après une modification de la Constitution, le 27 avr. 1971. Pour juguler les voix divergentes, Park Chung-hee proclama la loi martiale devant l'Assemblée et interdit les partis le 17 oct. 1972. Une nouvelle Constitution lui donna des pouvoirs dictatoriaux qu'un référendum approuva massivement. Il n'en multiplia pas moins les arrestations et les procès, se fit de nouveau élire en 1978, mais il fut assassiné le 26 oct. 1979 par le chef des services secrets. Le Premier ministre Choe Kyu-ha devint président de la République.

Malgré l'abrogation de la loi d'urgence, ce dernier ne put mettre en place un régime démocratique et fut renversé par le général Chon Tu-hwan, qui imposa la loi martiale en mai 1980 à la suite d'émeutes étudiantes et populaires, sévèrement réprimées par l'armée : on compta plusieurs centaines de morts à Kwangju (S.-O. du pays). Il se fit, en août 1980, élire président par un collège électoral désigné. Une nouvelle Constitution, approuvée par référendum le 22 oct. 1980, donna au régime les apparences d'une démocratie. Chon Tu-hwan, réélu le 25 févr. 1981, s'appuya sur l'armée pour instaurer un nouvel ordre moral et rassurer les investisseurs étrangers.

Le nouveau régime est parvenu à de bons résultats sur le plan économique et a lutté contre l'inflation, l'irresponsabilité civile et la corruption, mais avec des résultats inégaux ; des scandales financiers éclatèrent en juin 1982 jusque dans l'entourage de Chon Tuhwan qui dut aussi affronter les Églises chrétiennes, porte-parole de la résistance à la répression.

Ayant levé la loi martiale en janv. 1981, Chon Tuhwan se fit élire pour sept ans. Il accepta la tenue d'élections réellement libres en févr. 1985. Celles-ci donnèrent 35 % des voix (mais plus de 55 % des sièges) à sa coalition, formée autour du parti Justice et Démocratie (DJP). Il réprima d'importantes manifestations en 1984 et 1986 (plus de 15 000 personnes étaient encore en « détention de protection » en 1988), mais céda, en 1987, face à une vague de grèves en faveur de revalorisations salariales et de la reconnaissance des syndicats. Son successeur, l'ancien militaire Roh Tae-woo fut élu en déc. 1987 sur la base d'un programme démocratique. Confirmant ce virage politique, Roh Tae-woo fit adopter en févr. 1988 une Constitution démocratique et réforma en profondeur l'administration : il limogea en 1991 son ministre de l'Intérieur à la suite d'une bavure policière lors de nouvelles manifestations. Commencée avec les jeux Olympiques de 1988, sa présidence fut marquée par une ouverture internationale sans précédent ; un traité de réconciliation avec la Corée du Nord permit notamment l'admission conjointe des deux pays à l'ONU en sept. 1990. En même temps, l'économie du pays prenait son essor : douzième puissance économique mondiale, ce « dragon » de l'économie asiatique a connu un taux de croissance annuelle proche de 10 % entre 1962 et 1990. Cinquième producteur automobile et textile, la Corée a demandé en 1995 à rejoindre l'OCDE. Ce développement qualifié de « miracle économique » a permis de compenser la grande pauvreté du pays en ressources naturelles par une excellente qualification de la main-d'œuvre. En 1990, l'opposant Kim Young-sam forma avec la majorité, le parti démocrate libéral (DLP), qui détenait les deux tiers des sièges au Parlement. Il put ainsi remporter l'élection présidentielle de déc. 1992 face à son grand rival Kim Dae-jung et face au président de Hyundai, Chung Ju-young. Fin stratège politique, Kim a changé quatre fois de Premier ministre entre 1993 et 1995, tentant de restreindre à la fois les pouvoirs de l'armée et la puissance politique des grandes sociétés. Cette politique de lutte contre la corruption a conduit à l'inculpation, en déc. 1995 des anciens présidents Roh Tae-woo et Chon Tu-hwan – condamnés, en 1996, l'un à vingt ans de prison, l'autre à la peine de mort –, ainsi que des responsables des principaux groupes industriels. L'année 1996/97 a été une période difficile pour le pays, marquée par des grèves et des manifestations très violentes : la crise sociale se solda par le retrait du président Kim Young-sam et l'élection du démocrate Kim Dae-jung en déc. 1997.

Celui-ci dut affronter la crise financière qui frappait toute l'Asie du Sud-Est depuis l'été 1997. Un plan de sauvetage financier d'une ampleur exceptionnelle fut accordé à la Corée du Sud par le FMI. L'état de l'économie sud-coréenne n'en resta pas moins préoccupant, le chômage, notamment, augmentant fortement.

Les menaces nord-coréennes – tentatives d'infiltrations en sept. 1996, tensions nucléaires – cessèrent momentanément, du fait des besoins de Pyong-yang en aide alimentaire, et firent place à des négociations, sous l'égide des États-Unis, en vue d'une paix permanente. L'importante mutation économique provoquée par la crise de 1997, qui avait abouti au démantèlement des grands conglomérats d'État tels Daewoo et Samsung, porta ses fruits avec un retour à la croissance dès 1999. En avr. 2000, le Grand Parti national d'opposition triompha aux législatives, inaugurant une ère de cohabitation avec le président Kim Dae-jung. Les rapports avec la Corée du Nord furent à nouveau très tendus en 1999, et une véritable bataille navale opposa les deux pays en juin. Ces rapports connurent une brusque embellie à partir de juin 2000 avec, pour la première fois, une rencontre des présidents des deux Corées. Celle-ci aboutit à un texte qui, sans être explicite sur les moyens, envisageait une réunification. Le mois d'août 2000 vit les retrouvailles de familles qui avaient été séparées depuis la guerre de Corée. Le même mois, le projet de rétablir une ligne de chemin de fer entre les deux pays fut lancé.

CORÉE (guerre de). Conflit qui opposa les deux Corées de 1950 à 1953. Elle fut provoquée par l'invasion de la Corée du Sud par les troupes nord-coréennes, à l'aube du 25 juin 1950. Réuni d'urgence, le Conseil de sécurité de l'ONU (d'où l'URSS était volontairement absente depuis le mois de janv. précédent) demanda l'assistance des Nations unies en faveur de la Corée du Sud. Le président Truman répondit à cet appel et décida l'intervention des forces américaines (27 juin). Divers contingents internationaux furent ensuite envoyés en Corée. Placé au commandement des forces des Nations unies, le général MacArthur réussit à préserver de l'invasion nordiste la tête de pont de Pusan (au S.-E. de la presqu'île de Corée) et, le 15 sept., déclencha une contre-offensive qui mena les forces de l'ONU jusqu'à la frontière mandchoue le 26 oct. La Corée du Nord se trouvait dans une situation militaire désespérée, mais la Chine populaire décida d'intervenir par l'envoi de « volontaires ». Une puissante offensive chinoise, déclenchée le 26 nov. 1950, obligea les forces internationales à évacuer Séoul et à se replier de près de 100 km au S. du 38e parallèle. Le front fut stabilisé au début janv. 1951 et, peu à peu, les forces de l'ONU rejetèrent les communistes au N. du 38e parallèle. La Chine fut condamnée comme agresseur par l'ONU en févr. 1951. Pour éviter une nouvelle offensive communiste, MacArthur réclamait une action aérienne contre les bases chinoises en Mandchourie et l'emploi éventuel de l'arme atomique. Truman refusa et remplaça MacArthur par Ridgway (11 avr. 1951). Engagées dès juill. 1951 à Kaesong, poursuivies à Panmunjon, les négociations de paix traînèrent pendant deux ans. Après la mort de Staline, les communistes abandonnèrent leur intransigeance et l'armistice fut signé à Panmunjon, le 27 juill. 1953. La ligne du cessez-le-feu, située dans sa plus grande partie, sensiblement au N. du 38e parallèle, est devenue la frontière *de facto* des deux Corées car aucun traité de paix n'a suivi jusqu'à présent l'armistice.

La guerre de Corée fut extrêmement meurtrière : 38 500 hommes des Nations unies (Américains compris) y trouvèrent la mort, ainsi que 70 000

Coréens du Sud, environ 2 millions de Coréens du Nord et de Chinois et plus 3 millions de civils tués par les bombardements, les épidémies... Dès le début, ce conflit avait pris une signification internationale et fit craindre le déclenchement d'une troisième guerre mondiale. L'Union soviétique, certainement informée des préparatifs de l'attaque nord-coréenne, n'envisageait sans doute à ce moment qu'une guerre localisée et se garda d'intervenir dès lors que s'affirma la résolution des États-Unis. Pour la première fois, les deux Grands montraient nettement leur volonté d'éviter un face-à-face irrémédiable. Le gouvernement américain, en décidant la destitution de MacArthur (avr. 1951), refusa de même le risque d'un conflit généralisé avec la Chine.

CORINTHE, *Korinthos*. Ville de Grèce, sur le golfe et l'isthme du même nom, à l'entrée du Péloponnèse. Le site antique est à 6 km au S.-O. de la ville actuelle.

Cité modeste sous l'autorité des rois de Mycènes, elle devint au VIIIe s., sous le gouvernement de la famille des Bacchiades, un des plus actifs foyers de la civilisation grecque archaïque. Défendue par la forteresse de l'Acrocorinthe, elle dut à sa situation entre deux mers (le golfe Saronique et le golfe de Corinthe) de devenir un centre commercial et un point stratégique de première importance. Elle participa au mouvement de colonisation vers l'ouest en fondant Syracuse et Corcyre (auj. *Corfou*), mais eut de fréquents démêlés avec cette dernière : en 664, leurs flottes se livrèrent la première bataille navale connue de l'histoire grecque. Après le renversement des Bacchiades (657), l'expansion corinthienne se poursuivit sous une dynastie de tyrans fondée par Cypsélos, en particulier sous Périandre (627/585) : établissement de nouvelles colonies (Potidée) ; construction du *diolcos*, chemin de halage pour les navires à travers l'isthme ; relations diplomatiques avec les Milésiens, les Lydiens et les Égyptiens ; diffusion de la monnaie et des produits corinthiens dans toute la Méditerranée.

Vers 600 avant notre ère, Corinthe atteignit l'apogée de sa puissance, mais, en 582, les Cypsélides furent renversés et la cité fut gouvernée par une oligarchie de marchands. Éprouvés durement par la concurrence navale et commerciale d'Athènes, les Corinthiens furent les alliés de Sparte durant la guerre du Péloponnèse. Cependant, ils s'opposèrent à l'hégémonie de Sparte au cours de la « guerre de Corinthe » (395/386). En 338, Corinthe fut occupée par Philippe de Macédoine, qui y fonda la ligue de tous les États grecs contre la Perse. Membre de la ligue Achéenne, elle en prit bientôt la tête, mais succomba devant les Romains : en 146 av. J.-C., le consul Mummius la prit et la détruisit. En 46 av. J.-C., J. César y installa une colonie romaine. Corinthe se releva rapidement et redevint une cité prospère en même temps qu'une ville de plaisirs. Capitale de la province romaine d'Achaïe, elle eut très tôt une communauté chrétienne. St Paul y prêcha à trois reprises.

Guerre de Corinthe. Guerre qui, de 395 à 386 av. J.-C., opposa aux Spartiates les cités d'Athènes, de Corinthe, d'Argos et de Thèbes, soutenues par la Perse. Succédant à la guerre du Péloponnèse, elle fut provoquée par l'exaspération des cités grecques soumises à la domination de Sparte, qui, dès 400, était entrée en conflit avec les Perses. Sur terre, les coalisés furent battus par les Spartiates à Némée et à Coronée (394). Sur mer, l'Athénien Conon, devenu le chef de la flotte perse, écrasa la flotte spartiate à Cnide (394), puis, rentré à Athènes, il releva les Longs Murs, qui avaient été abattus à la paix de 404. Mais les Perses, inquiets du redressement trop rapide d'Athènes et de l'appui qu'elle apportait aux Chypriotes révoltés, préférèrent conclure avec Sparte la paix du Roi ou paix d'Antalcidas (386), qui proclamait le principe de l'autonomie de toutes les cités et faisait revenir les villes grecques d'Asie sous la domination du roi de Perse.

CORIOLAN, Cnejus Marcius Coriolanus (début du Ve s. av. J.-C.). Général romain dont la carrière paraît en partie légendaire. Il battit les Volsques à plusieurs reprises, leur prit Corioles, au S.-E. de Rome (493 av. J.-C.), et reçut pour cette raison le nom de *Coriolan*. Condamné à l'exil par les plébéiens en 491, il passa chez les Volsques, alors en guerre avec Rome. Il se mit à leur tête pour assiéger Rome même et n'abandonna son projet que sur les prières de sa mère et de sa femme.

CORN-LAWS. En Angleterre, lois sur le blé qui, en imposant aux importations un prix minimal, protégeaient la production céréalière britannique. Cette législation protectionniste, qui remontait à la fin du XVIIe s., fut encore aggravée en 1815 puis supprimée en 1849. Voir **Grande-Bretagne**.

CORNWALLIS Charles Mann, lord Brome, marquis (* Londres, 31.XII.1738, † Ghazipour, Bénarès, 5.X.1805). Général anglais. Après avoir pris part à la guerre de Sept Ans, il se distingua durant la guerre d'Amérique aux combats de Germantown et de Redbank (1777), prit Charleston (1780), mais dut capituler à Yorktown (19 oct. 1781). Il fut ensuite nommé gouverneur du Bengale (1786/93) et lutta avec succès contre Tippou Sahib. Vice-roi d'Irlande (1798/1801), il termina sa carrière comme gouverneur général de l'Inde (1801/05).

CORPORATION. Organisme qui regroupait tous les membres d'une même profession. Dans l'Antiquité, le monde grec a connu les Thiases, corporations regroupées autour du culte d'une divinité. Le monde romain a connu les Collèges, également placés sous le patronage de quelque divinité et dont le rôle était celui de sociétés d'entraide, notamment pour assurer la sépulture de ses membres. Le système corporatif est apparu dans la société européenne du haut Moyen Age : en

France, par exemple, pour s'entraider et se défendre, les gens d'un même métier s'organisèrent en « corps » ou communauté, juridiquement reconnue par les pouvoirs, et hiérarchisée en *maîtres*, *compagnons* et *apprentis*. Deux sortes de communautés ont existé, celles des métiers *jurés* et celles des métiers *réglés*. Les premières appelées *jurandes* ont été les seules associations reconnues et réglementées par le pouvoir royal – il en fut ainsi à Paris – et les secondes ont été réglées par des municipalités ou des autorités locales – Lyon en fut un exemple. Mais quatre métiers étaient partout jurés : les orfèvres, les apothicaires, les imprimeurs et les serruriers. Quelques métiers cependant étaient *libres*, parce qu'on les exerçait sans contrainte communautaire.

Les statuts des corporations, toujours dirigées collégialement par des maîtres, réglaient en détail l'exercice des métiers et finirent par les enfermer dans des réglements tatillons : nombreux furent les procès entre tailleurs et fripiers, entre savetiers et cordonniers. Au Moyen Âge l'accès à la maîtrise restait largement ouvert aux compagnons, puis elle se ferma et devint héréditaire. Le pouvoir royal contribua au déclin des corporations en vendant des offices de jurés ou de maîtrises. En Angleterre elles disparurent spontanément au XVIIIe s. du fait de la première révolution industrielle ; en France, les physiocrates prouvèrent qu'elles entravaient l'activité économique et Turgot, par l'édit de févr. 1776, les supprima. Mais son renvoi empêcha l'application de l'édit. Légèrement réformé, le système perdura jusqu'à la Révolution qui les supprima par la loi Le Chapelier de 1791.

CORPS LÉGISLATIF. Nom donné à plusieurs assemblées politiques françaises :

Sous le **Consulat et le premier Empire**. Créé par la Constitution de l'an VIII (1800), le Corps législatif comprenait 300 membres choisis par le Sénat, parmi les citoyens de plus de trente ans, sur la liste nationale des notabilités ; ses membres, nommés pour cinq ans, étaient renouvelés par cinquième chaque année. Le Corps législatif, qui siégeait au Palais-Bourbon, était une « assemblée de muets » : il acceptait ou rejetait, sans pouvoir les discuter lui-même, les projets de lois sur lesquels le Tribunat avait formulé son avis. La Constitution de l'an X (1802) restreignit encore ses pouvoirs : il put désormais être dissous par le Sénat et n'eut plus à donner son approbation aux traités de paix et d'alliance. La Constitution de l'an XII (1804) donna au Sénat un droit de veto sur les lois votées par le Corps législatif, mais celui-ci reçut un droit strictement limité de discuter les projets. Cette assemblée fut supprimée en 1814.

Sous le **second Empire**. Créé par la Constitution du 14 janv. 1852, le Corps législatif, élu au suffrage universel, discutait et votait les projets de loi qui lui étaient soumis par le gouvernement, mais il ne pouvait les amender et il votait le budget par ministère et non plus par chapitre ; il n'avait ni le droit d'interpellation ni le droit d'adresse. Son président était désigné par l'empereur, qui convoquait, ajournait ou pouvait dissoudre le Corps législatif. Les élections de 1852 et de 1857 assurèrent au régime impérial une majorité écrasante dans cette assemblée ; cinq députés républicains y siégèrent à partir de 1857 et y firent entendre leur voix avec force. Dès lors, le Corps législatif joua un rôle effectif et le régime, dans son évolution libérale, lui accorda des droits importants : droit d'adresse (24 nov. 1860) ; droit de publier le compte rendu intégral de ses débats dans *Le Moniteur* (1861) ; droit d'interpellation (31 janv. 1867) ; droit d'élire son président et son bureau ; droit d'initiative des lois concurremment avec l'empereur (6 sept. 1869). Cette assemblée disparut avec le régime impérial, le 4 sept. 1870.

CORSE. Île française de la Méditerranée occidentale, chef-lieu *Ajaccio*. Au IIIe millénaire av. J.-C., sa population ibère et celto-ligure a développé une civilisation mégalithique. Colonisée par les Phocéens, qui y fondèrent Alalia vers 560 av. J.-C., elle passa sous la domination carthaginoise (IVe s.), puis aux Romains, qui mirent près d'un siècle (259/163) à imposer leur autorité aux indigènes. Déçus par la rudesse du pays et par les soulèvements continuels de la population, les Romains firent de l'île un lieu de bannissement. conquise par les Vandales, puis par Bélisaire (533) et par les Sarrasins (713), la Corse passa au XIe s. sous la souveraineté des papes, qui la cédèrent à Pise en 1098. Elle fut contestée aux Pisans par les Génois qui s'emparèrent de l'île après la victoire de la Meloria (1284). Du XIVe au XVIIIe s., Gênes ne cessa d'affronter révoltes et soulèvements que favorisèrent diverses puissances rivales, comme l'Aragon et la France. De nouvelles révoltes corses éclatèrent encore en 1729, en 1731, en 1736 – avec le baron de Neuhof –, enfin, en 1755, avec Pasquale Paoli, qui, en quelques mois, se rendit maître de tout l'intérieur de l'île. Confinés dans les villes côtières, les Génois abandonnèrent l'île ; par la convention de Compiègne (1764) et le traité de Versailles (1768), ils vendirent à la France leurs droits sur l'île. La prise de possession effective ne se fit pas sans résistance des Corses, mais les troupes de Paoli furent définitivement vaincues à Pontenuovo (9 mai 1769).

La Corse réunie à la France fut administrée avec libéralisme par Marbeuf (1768/86). Au début de la Révolution, en 1790, Paoli revint en Corse et fut nommé gouverneur et commandant de la garde nationale. En difficulté avec les Jacobins puis avec la Convention elle-même, il appela les Anglais, qui débarquèrent dans l'île de févr. 1794 jusqu'au mois d'août 1796. La Corse, qui avait formé un département en 1791, puis deux (le Golo et le Liamone) en 1793, n'en fit plus qu'un en 1811. Île natale de Napoléon Ier, elle devait rester longtemps un bastion du parti bonapartiste. Occupée par les Italiens (nov. 1942), puis par les Allemands, la Corse, où la Résistance regroupa 10 000 hommes et provoqua le soulèvement d'Ajaccio et de Bastia, fut reconquise par des troupes françaises débarquées d'Afrique du Nord (12 sept./4 oct. 1943) ; ce fut le premier territoire libéré de la France métropolitaine. La pauvreté de leur pays et son sous-équipement rural et industriel ont conduit les Corses à émigrer dès le XIXe siècle vers les départements méridionaux du continent et à occuper des emplois administratifs dans la France d'outre-mer, puis en métropole.

Mais le nationalisme corse restait vivace et s'était manifesté, dès 1926, avec la création d'un parti corse autonomiste (PCA). Les premiers attentats, en 1965, suivirent de peu l'attribution à des rapatriés d'Algérie de nouvelles terres agricoles gagnées sur la plaine orientale à la faveur de l'éradication du paludisme. En 1975, l'occupation d'une cave vinicole d'Aléria, où deux gendarmes furent tués, attira l'attention sur les revendications des nationalistes, qui, au-delà de la reconnaissance de leur identité culturelle, exigeaient de contrôler les moyens et les produits du développement économique. L'année 1976 vit naître le Front nationaliste de libération de la Corse (FLNC), indépendantiste, et 1977 celle de l'Union du peuple corse (UPC), autonomiste. La gauche, au pouvoir en 1981, choisit la régionalisation et amnistia les auteurs des attentats qui s'étaient multipliés.

L'île devint communauté territoriale de plein droit avec un président de l'Assemblée responsable de l'exécutif régional et un préfet devenu commissaire régional. Élue au suffrage universel direct et à la représentation proportionnelle à l'automne 1982, l'Assemblée de Corse (22 sièges à la gauche et 26 à l'opposition) était difficilement gouvernable à cause des « petites listes » de « non-alignés » (6 sièges) s'ajoutant aux autonomistes de l'Union du peuple corse (7 sièges). Le retrait des autonomistes de l'Assemblée empêcha la formation d'une majorité. En avr. 1984, son président en demanda la dissolution. De nouvelles élections donnèrent une courte majorité à l'opposition de droite. Les attentats contre les symboles de l'État se poursuivirent dans l'île, mais aussi sur le continent. En 1991, le Parlement français vota un nouveau statut de la Corse, étendant les prérogatives de l'Assemblée régionale. Confronté à une nouvelle vague de violences, le Premier ministre Alain Juppé annonça, en juill. 1996, la création dans l'île d'une zone franche. Celle-ci ne changea rien à une situation explosive qui culmina, en févr. 1998, avec l'assassinat du préfet de l'île, Claude Érignac. Sous l'impulsion du ministre de l'Intérieur J.-P. Chevènement, le nouveau préfet, Bernard Bonnet, pratiqua une politique répressive, tandis qu'une commission d'enquête parlementaire sur la gestion de l'argent public et le fonctionnement des administrations dressait un bilan sévère de la situation. Cette politique fut abandonnée et le Premier ministre Lionel Jospin entama des pourparlers avec l'Assemblée territoriale élue en mars 1999, où la droite dominait encore malgré la progression des nationalistes de Corsica Nazione. L'accord-cadre sur la Corse, présenté comme une nouvelle étape de la décentralisation, prévoyait d'abord un large transfert de pouvoirs puis la mise en place d'une collectivité unique à la place des deux départements existants ; il fut approuvé en juill. 2000 par l'Assemblée de Corse, ce qui provoqua la démission du ministre de l'Intérieur J.-P. Chevènement. Les violences continuèrent cependant, en particulier au sein des mouvements nationalistes. Après diverses modifications, l'accord est appliqué depuis l'année 2002.

CORTÈS, Hernan Cortez, en franç. **Fernand** (* Medellin, Estrémadure, 1485, † Castilleja de la Cuesta, près de Séville, 2.XII.1547). Homme de guerre espagnol, conquérant du Mexique. Il débarqua sur les côtes mexicaines, le 19 févr. 1519, à la tête d'une troupe de 600 hommes dont le commandement lui avait été confié par Diego Velázquez, gouverneur de Saint-Domingue. L'empereur aztèque Montezuma le reçut comme un descendant du dieu Quetzalcoatl. En 1520, Montezuma fut tué lors d'une insurrection contre la tutelle des conquérants espagnols et Cortès dut évacuer Tenochtitlán (l'actuelle Mexico) au cours de la « Nuit triste » (30 juin-1er juill. 1520). Un an après sa victoire décisive d'Otumba (5 juill. 1520), Cortès reprenait Tenochtitlán et mettait fin à l'Empire aztèque, dont la capitale fut rasée. Il fut nommé par Charles Quint gouverneur et capitaine général de la Nouvelle-Espagne (oct. 1522). En 1524, il fit exécuter le dernier souverain aztèque, Cuauhtémoc. Dénoncé par ses nombreux ennemis, il dut venir se justifier en Espagne, en 1528. Revenu au Mexique en 1530, il entreprit une nouvelle expédition et découvrit, en mai 1536, le golfe de Californie.

COSAQUES. Paysans soldats qui habitaient diverses régions de l'ancien Empire russe et qui jouirent jusqu'à 1918 d'une certaine autonomie en échange du service militaire. Les Cosaques (du turc *kazak*, « rebelle », « homme libre ») furent formés à l'origine par des paysans fugitifs venus de l'Asie centrale sous domination turque (XVe s.) ; un autre groupe apparut au XVIe s. en Ukraine occidentale, composé de paysans petits-russiens, de religion orthodoxe, qui fuyaient la dureté de la condition paysanne dans l'État polono-lituanien, ainsi que de paysans et de marginaux grand-russiens qui fuyaient le servage et la loi du tsar.

Ce second groupe, établi sur les rives du Dniepr inférieur, prit le nom de **Cosaques Zaporogues** (« Cosaques d'au-delà des rapides » du fleuve). Sous la domination nominale des rois de Pologne, ils étaient, en fait, complètement indépendants, mais défendaient les frontières méridionales de la Pologne contre les Tatars. Au XVIIe s., la politique des rois de Pologne, persécuteurs des orthodoxes, provoqua plusieurs révoltes des Cosaques Zaporogues. La plus grave se produisit en 1648, sous la conduite de l'hetman Bogdan Chmielnicki, qui s'allia aux Tatars de Crimée contre les Polonais. En 1654, les Zaporogues firent reconnaître leur indépendance avec l'appui des Russes, mais ils tombèrent sous la coupe du tsar, auquel la Pologne dut céder la rive gauche du Dniepr (traité d'Androussovo en 1667). Lors de l'expédition de Charles XII, l'hetman Mazeppa s'allia avec le roi de Suède contre Pierre le Grand et tenta de détacher l'Ukraine de la Russie, mais son entreprise échoua. Après l'insurrection de Pougatchev (un Cosaque du Don), la Sietch des Cosaques Zaporogues, une puissante forteresse située dans une île du Dniepr, fut détruite (1775) et les dernières libertés cosaques furent abolies.

Les **Cosaques du Don,** établis sur le cours inférieur de ce fleuve, avaient reconnu la suzeraineté de Moscou dès le règne d'Ivan le Terrible, mais ils formaient, comme les Zaporogues, une république indépendante. Ils aidèrent les Russes dans la conquête de l'Oural, des rives de la Caspienne et de la Sibérie. Ils se révoltèrent avec Stenka Razine (1669/71) et avec Pougatchev (1773/74), et, après ce dernier soulèvement, perdirent leur autonomie. Cependant, au cours du XIXe s., le tsarisme sut se les attacher en leur accordant la propriété des terres en échange du service militaire. Ils servaient dans des régiments exclusivement composés de Cosaques.

Au début du XXe s., il y avait environ 5 millions de Cosaques en Russie. Les groupes les plus importants étaient les Cosaques du Don (1 500 000), les Cosaques du Kouban, Zaporogues transférés à la fin du XVIIIe s., et les Cosaques de l'Oural. On trouvait également des *voiska* de Cosaques au Caucase, en Transbaïkalie, à Omsk, à Irkoutsk, à Astrakhan, à Vladivostok. Le régime soviétique ayant supprimé le statut des Cosaques en juin 1918, la plupart d'entre eux combattirent avec les Blancs durant la guerre civile, sous le commandement du général Krasnov, qui se réfugia ensuite en Allemagne ; 30 000 autres Cosaques émigrèrent. Mais des Cosaques se distinguèrent aussi dans les rangs des bolcheviks, en particulier dans la cavalerie de Boudienny, au cours de la guerre polono-soviétique (1920). Sous le régime soviétique, les Cosaques furent intégrés dans les nouvelles circonscriptions administratives. Pendant la Seconde Guerre mondiale se formèrent des unités cosaques qui combattirent du côté allemand, sous le commandement d'un colonel allemand, devenu ataman (ou hetman), von Pannwitz. Capturés par les Britanniques à la fin de la guerre, 170 000 Cosaques, hommes, femmes et enfants, qui avaient suivi la retraite de la Wehrmacht, furent livrés aux Soviétiques à la fin de mai 1945. Pannwitz, le général Krasnov et d'autres chefs cosaques de la guerre civile de 1918/20 furent pendus à Moscou en janv. 1947.

COSGRAVE William Thomas (* Dublin, 6.VI. 1880, † Dublin, 16.XI.1965). Homme politique irlandais. Membre du Sinn Féin, il prit part à la révolte de Pâques 1916. Membre du gouvernement républicain (1919), il fut, avec Griffith et Collins, le chef des nationalistes modérés qui acceptèrent le traité de Londres de 1921. Président du Conseil exécutif de l'État libre d'Irlande de 1922 à 1932, il travailla à la réorganisation économique de l'Irlande mais se rendit impopulaire par une fiscalité excessive et par son attitude conciliante à l'égard de l'Angleterre.

COSQUER (grotte). Site archéologique sous-marin situé au large de Marseille (cap Morgiou). Cette grotte fut découverte en 1985 par Henri Cosquer, et explorée en 1991. Elle est composée de plusieurs salles ornées de multiples peintures. Le site a connu deux époques d'occupation distinctes. La plus récente, qui remonte à 16 500 ans, est caractérisée par des représentations d'animaux : bisons, chevaux, bouquetins, chamois, cerfs, biches, un cerf mégacéros et, fait unique, des animaux marins (phoques, pingouins, un poisson). L'autre, plus ancienne, datée à 25 000 ans, n'a laissé que des traces de mains dessinées au contour ou au pochoir et des tracés digitaux.

COSSIGA Francesco (Sassari, Sardaigne, 26.VII. 1928). Homme politique italien. Élu député démocrate-chrétien en 1958, ministre de l'Intérieur de 1976 à 1978, puis président du Conseil, entre août 1979 et sept. 1980, il fut élu à la présidence de la République en 1985. Au début des années 1990, il critiqua la « partitocratie » italienne, ce qui lui valut de nombreuses critiques. Il démissionna le 25 avr. 1992 et fonda l'Union démocratique pour la République (UDR), dans l'idée de recréer un grand pôle centriste. Son insuccès aux législatives de 1996 (six sièges) ne l'empêcha pas de jouer un rôle d'arbitre lors de la constitution du gouvernement D'Alema, en 1998.

COSTA RICA. République d'Amérique centrale, entre la mer des Caraïbes et l'océan Pacifique ; capitale *San José*. Découverte par Colomb en 1502, la région occupée aujourd'hui par l'État de Costa Rica n'avait qu'une population indienne clairsemée et fut facilement conquise par les Espagnols venus de Panamá (vers 1520). Le Costa Rica fit d'abord partie de la capitainerie générale du Guatemala, puis, après l'émancipation des colonies espagnoles, de l'Empire mexicain d'Iturbide (1821/23) et des Provinces unies de l'Amérique centrale (1823/38). Devenu indépendant en 1839, le Costa Rica devait jouir d'une stabilité politique exceptionnelle dans les États hispano-américains. Le café, introduit au XIXe s., devint la principale culture à partir de 1874, puis la firme américaine United Fruit installa de grandes plantations de bananiers sur la côte de la mer des Caraïbes, puis sur la côte du Pacifique.

Ayant pris le pouvoir en 1948, au terme d'une guerre civile, le nouveau président José Figueres Ferrer décréta l'abolition de l'armée (qui n'existe toujours pas au Costa Rica). Il tenta d'affranchir son pays de la tutelle des États-Unis et prépara l'alternance démocratique entre coalitions réformatrice et conservatrice qui s'est imposée depuis. Après les présidences de J. Ferrer, Obuder Quiros et L. Alberto Monge, Oscar Arias Sánchez fut élu en 1986. Inquiet de la situation instable des pays d'Amérique centrale ravagés par les guerres civiles, O. Arias mit au point un plan de paix et de démocratisation, qui porte son nom, adopté par les pays voisins, notamment le Nicaragua, où des pourparlers furent ouverts entre sandinistes et « contras ». Cette initiative lui valut le prix Nobel de la paix en 1987.

Le dirigeant de l'opposition, Rafael Calderón, remporta l'élection présidentielle de févr. 1990. Il mit en place, sous l'impulsion du FMI, un sévère programme de redressement qui suscita, dès 1991, une forte agitation sociale. La population fut, en outre, victime du tremblement de terre du 22 avr. 1991 et de pluies torrentielles qui s'abattirent sur le pays. Le social-démocrate José María Figueres élu président, le 6 févr. 1994, à une faible majorité, dut prendre des mesures autoritaires pour lutter contre la violence et les difficultés économiques croissantes qui le rendirent impopulaire. Les élections générales de févr. 1998 aboutirent à la victoire de Miguel Angel Rodríguez, du parti de l'unité sociale-chrétienne (PUSC). Soucieux de renouer avec la tradition démocratique du pays, M. A. Rodríguez organisa un forum de concertation nationale, avant de lancer un plan de sauvetage économique et social pour lutter contre le chômage et l'insécurité. En juin 2000, il résolut les tensions frontalières qui opposaient le pays au Nicaragua depuis 1998.

COSTELLO John Aloysius (* Dublin, 20.VI.1891, † Dublin, 5.I.1976). Homme politique irlandais. Successeur de Cosgrave à la tête du parti Fine Gael (1944), il devint Premier ministre (1948/51) et rompit les derniers liens de son pays avec l'Angleterre, en proclamant la république d'Irlande (1948) ; de nouveau chef du gouvernement de 1954 à 1957.

CÔTE-D'IVOIRE. État de l'Afrique occidentale, sur le golfe de Guinée ; capitale *Yamoussoukro*. Les premiers royaumes connus datent du XIVe s. ; le plus puissant d'entre eux fut le Bouna. Vers 1600, les Malinkés fondèrent la cité du Boron. Au XVIIIe s. se formèrent plusieurs royaumes akans, Baoulés au centre et Agai au sud, tandis qu'au nord les Dioulas créaient l'empire Kong. Au cours du XIXe s., le commerce de l'huile de palme remplaça progressivement la traite comme principale ressource de ces États. La Côte-d'Ivoire fut abordée par les Portugais au XVIe s. ; des comptoirs commerciaux français s'y établirent au siècle suivant ; en 1842 furent fondés les établissements d'Assinie et de Grand-Bassam, mais c'est seulement à partir de 1884 que la pénétration militaire et administrative française se développa à l'intérieur du pays qui avait été exploré par Binger (1887/89 et 1892). La colonie de la Côte-d'Ivoire, constituée en 1893, fut pacifiée après la capture de Samory (1898) (v.), et englobée dans le gouvernement général de l'Afrique-Occidentale française en 1899. Elle connut un développement économique rapide. La Haute-Volta en fut détachée en 1932 et constitua une colonie séparée. L'essor économique s'accéléra après la Seconde Guerre mondiale avec l'aménagement du port d'Abidjan et le prolongement de la voie ferrée Abidjan-Niger jusqu'à Ouagadougou (1955). La Côte-d'Ivoire était le plus prospère des territoires de l'A-OF mais sa richesse dépendait essentiellement, comme aujourd'hui encore, de l'agriculture et de la forêt.

Territoire de l'Union française (1946), elle vit se développer, à partir de 1946, le Rassemblement démocratique africain, dirigé par Houphouët-Boigny (v.). Ce dernier conduisit la Côte-d'Ivoire à l'autonomie au sein de la Communauté française (déc. 1958), puis à l'indépendance (7 août 1960). Mais il préserva une étroite coopération économique avec la France et avec le Marché commun. République présidentielle avec un parti unique, le parti démocratique de la Côte-d'Ivoire (PDCI), le pays témoigna d'une stabilité politique rare. Grâce à un afflux d'investissements privés, la Côte-d'Ivoire connut un « miracle économique » exemplaire pour l'Afrique francophone.

De 1960 à 1972, le produit intérieur fit plus que tripler et le produit par tête était le plus élevé de tous les pays africains, à l'exception de celui de la République sud-africaine. La production de cacao et de café, dont la Côte-d'Ivoire devint le premier et le troisième producteur mondial, y contribua beaucoup. De 1976 à 1978, on put croire à une production pétrolière très importante, ce qui provoqua un endettement considérable. La chute brutale des cours mondiaux frappant les produits d'exportation en 1980 priva l'État d'une partie de ses ressources. La Caisse de stabilisation, organisme public qui, chargée des transactions sur le café et le cacao, avait longtemps garanti la paix sociale en assurant aux paysans des prix minimaux, aggrava la situation en encourageant la hausse de la production jusqu'en 1987. Puis, de juill. 1987 à janv. 1989, la Côte-d'Ivoire, refusa de vendre sa production, pour empêcher la chute des cours de sa principale source de devises. Le pire fut évité par les prêts du gouvernement français.

En 1990, le Premier ministre d'Alassane Ouattara, haut fonctionnaire international partisan de réformes libérales, permit d'espérer un retour de la croissance, mais les difficultés persistèrent (la dette extérieure atteignit 19 milliards de dollars), malgré une légère reprise liée à la dévaluation du franc CFA en 1994. De 1986 à 1992, des manifestations organisées par le Front populaire ivoirien, premier parti d'opposition, aboutirent à la reconnaissance du multipartisme en 1990. La mort du président Houphouët-Boigny, le

7 déc. 1993, attisa la lutte engagée pour sa succession. Conformément à la Constitution, Henri Konan Bédié, président de l'Assemblée nationale, acheva le mandat présidentiel en cours, dans l'attente de l'élection d'oct. 1995. Celle-ci, boycottée par les principaux partis d'opposition, fut remportée avec 96 % des suffrages par Henri Konan Bédié.

La Côte-d'Ivoire demeurait un pays relativement riche dont l'économie restait marquée par les effets de la dévaluation du franc CFA en 1994, qui dopait les exportations. Une révision de la Constitution, en juin 1996, accrut les pouvoirs du président.

Les tensions de l'année 1999 – climat de répression et conjoncture économique difficile, aggravée par une nouvelle chute des cours du café et du cacao – aboutirent à la destitution et à la fuite en France du président Henri Konan Bédié renversé par le général Robert Gueï, le 24 déc. La junte militaire mit en place un Comité national de salut public (CNSP) qui forma, en janv. 2000, un gouvernement de transition. Celui-ci comporta d'abord des membres des partis les plus importants mais, à l'occasion d'un remaniement en avr. 2000, les ministres du Rassemblement des républicains (RDR), dirigé par Alassane Ouattara, principal opposant au général Gueï, en furent exclus. La nouvelle Constitution, élaborée et approuvée par référendum en juill. 2000, fondait l'éligibilité sur le critère incertain d'« ivoiritude », ce qui permit d'écarter A. Ouattara à cause de ses origines burkinabaises. Les élections prévues originellement pour sept. 2000 furent reportées à oct., ce qui laissa le temps au général Gueï d'évincer tous ses autres concurrents, excepté le socialiste d'origine chrétienne Laurent Gbagbo, qui l'emporta. Le général Gueï refusa de céder le pouvoir mais il dut fuir le pays, tandis que A. Ouattara réclamait en vain de nouvelles élections. Le 27 oct. 2000, le président Gbagbo nomma un gouvernement d'ouverture, mais de violents affrontements entre ses partisans et ceux de A. Ouattara causèrent plusieurs dizaines de morts. Les élections législatives tenues en déc. 2000 furent boycottées par les partisans de A. Ouattara, toujours inéligible, et, dans le nord du pays, essentiellement musulman, ils bloquèrent le processus électoral et rendirent nécessaire un nouveau vote. Les violences politiques, avec leur arrière-plan ethnique et religieux, n'empêchèrent pas le Parlement, sans élu RDR, de se rassembler pour la première fois fin janv. 2000, consacrant la faille qui séparait le nord du sud du pays. En sept. 2002, la France a déclenché l'opération « Licorne » pour séparer les rebelles (qui progressaient du nord vers le sud) des régions tenues par L. Gbagbo. En janv. 2003, à Marcoussis (Essonne), elle a tenté de réconcilier les parties en présence ; l'ONU s'est engagée à envoyer un contingent d'intervention. Mais les accords de Marcoussis n'ont pas été respectés et de violentes manifestations antifrançaises ont éclaté.

COTY René (* Le Havre, 20.III.1882, † Le Havre, 22.XI.1962). Homme politique français. Avocat, député (1923/35) puis sénateur (1935/40) de la Seine-Inférieure, sous-secrétaire d'État à l'Intérieur (1931). Il vota les pouvoirs au maréchal Pétain en juill. 1940. Membre du Conseil de la République, dans le groupe des indépendants, à partir de 1948, ministre de la Reconstruction (1947/48), il fut élu président de la République et succéda à Vincent Auriol le 23 déc. 1953. Sa présidence fut marquée par la fin de la guerre d'Indochine et par le développement de la crise algérienne. À la suite du putsch d'Alger (13 mai 1958), il appela au pouvoir le général de Gaulle, qui mit fin à la IVe République.

COUBERTIN Pierre, baron de (* Paris, 1.I.1862, † Genève, 2.IX.1937). Créateur des jeux Olympiques modernes. Après avoir milité pour la pratique du sport dans les établissements d'enseignement secondaire, il lança en 1888 l'idée de jeux Olympiques internationaux, imités de ceux de la Grèce antique et qui se dérouleraient tous les quatre ans. Les premiers de l'époque moderne se tinrent à Athènes en 1896. Coubertin en assura la direction jusqu'en 1925.

COUMANS ou **COMANS.** Peuple nomade de race turque, peut-être apparenté aux Ouïgours connu encore sous les noms de *Kiptchaks* et de *Polovtsy*. Venu des confins chinois, il a fait son apparition en Sibérie occidentale au IXe s. et fut mentionné pour la première fois dans les chroniques russes (sous le nom de *Polovtsy*) en 1055. Les Coumans s'installèrent en Russie méridionale et ils remportèrent une victoire sur les forces de Kiev en 1068, sur les rives de l'Alta. Eux-mêmes vaincus par Vladimir Monomaque en 1103, mais non écrasés, ils prirent Kiev en 1203 et la mirent à sac. Au sud, d'abord alliés aux Petchenègues, ils attaquèrent Andrinople en 1078, puis se rangèrent aux côtés des Byzantins, qu'ils aidèrent à se débarrasser des Petchenègues (1091). Ils s'allièrent ensuite aux Bulgares contre l'Empire latin de Constantinople et participèrent à la victoire d'Andrinople sur les croisés (1205). Puis ils lancèrent des raids vers la Hongrie qui appela l'ordre Teutonique à son secours en Transylvanie. Ils avaient chez les Latins la réputation d'un peuple fort sauvage et st Dominique a rêvé d'aller les évangéliser. Au début des invasions mongoles (1223), les Coumans de Russie méridionale combattirent tantôt aux côtés des Mongols, tantôt aux côtés des Slaves. Mais en 1237, ils furent sévèrement battus par les Mongols, qui donnèrent aux territoires conquis le nom de *Khanat de Kiptchak*. Quarante mille Coumans survivants trouvèrent refuge en Hongrie orientale, dans la région appelée *Coumanie*, où certains groupes de leur peuple avaient été convertis au christianisme dès 1227.

COUR. Ensemble des personnes qui entourent un prince ou un souverain. À l'origine, elle était composée de sa parenté et de ses familiers, des grands officiers et des dignitaires, qui tous résidaient ordinairement auprès de lui. Cette institution s'est retrouvée dans tous les empires et toutes les monarchies. L'Égypte ancienne, par exemple, a connu une cour nombreuse autour du pharaon, dont les membres étaient dits « amis du roi ». De même, la cour des rois perses achéménides ou sassanides comptait plusieurs milliers de personnes. Au sortir de la crise du monde romain au IIIe s. apr. J.-C., Dioclétien, pour restaurer la majesté impériale, organisa autour de la personne de l'empereur un fastueux cérémonial imité de la cour des Sassanides et qui dura jusqu'à la chute de Byzance. L'empereur byzantin fut en effet l'objet d'un véritable culte réglé par une étiquette minutieuse où abondaient des rites quasi liturgiques : silence absolu obligatoire, prosternement et même adoration, acclamations. Dans sa vie privée, l'empereur n'en vivait pas moins assez simplement.

Les cours de la Renaissance

Les ducs de Bourgogne et les princes italiens du XVe s. recréèrent une vie de cour brillante. Son cadre fut celui de fastueux palais : ceux des Médicis à Florence, des papes à Rome, et les palais des Gonzague à Mantoue. Des fêtes éclatantes y furent données comme le « banquet du faisan » offert à Lille en 1454 par Philippe le Bon. Les souverains français, anglais, espagnols, offrirent au monde le spectacle de leur cour où étaient attirés, protégés et encouragés, artistes et écrivains et où se succédaient ballets, concerts et opéras. Les cours imposèrent le beau langage, la galanterie, le raffinement des manières tout en manifestant la puissance des rois et l'éclat de leur règne où les femmes jouèrent un grand rôle.

Longtemps la cour royale n'eut pas de résidence fixe et allait de ville en ville, de château en château, suivant le roi et les gens de la « maison du roi ». L'étiquette ne pouvait y être rigide et une familiarité subsista entre le roi et les courtisans sous Henri IV et sous Louis XIII.

La cour de Versailles

Tout changea avec Louis XIV ; sa mère Anne d'Autriche et son épouse Marie-Thérèse firent adopter par la cour une étiquette de plus en plus rigide d'origine espagnole. Elle devint le théâtre où se déroulait la vie publique du roi, monarque absolu. Le phénomène s'accentua encore lorsque la cour s'installa à Versailles en 1682 ; elle apparut au monde dans toute la solennité de son cérémonial, ordonné autour de la personne du roi, toujours en représentation. Si elle attira flatteurs, ambitieux et intrigants, elle offrait aux nobles la possibilité d'être près de Louis XIV, le plus grand souverain de l'univers, et d'en être distingués. Avec ses fêtes, ses concerts, ses réprésentations d'opéras ou de théâtre, ses feux d'artifice, elle était le centre d'une vie mondaine, artistique et littéraire de premier plan.

Avec les derniers Bourbons, la cour devint deux fois plus nombreuse que sous Louis XIV : la maison civile du roi comptait près de 4 000 personnes, sa maison militaire de 9 000 à 10 000. Son entretien annuel se montait à 50 millions de livres, le dixième du budget de l'État et, à la veille de la Révolution elle était accusée de séparer le roi de ses sujets. La cour d'Ancien Régime mourut les 5 et 6 octobre 1789 lorsque Louis XVI dut venir à Paris et vivre dans le palais des Tuileries. Devenu empereur, Napoléon voulut lui aussi avoir sa cour, divisée en « maisons » et en « services ». Ceux des courtisans qui avaient connu la « douceur de vivre » de Versailles, ne manquèrent pas de se moquer discrètement du caractère pesant de la vie de cour aux Tuileries et de la lourdeur de son étiquette.

COUR DE JUSTICE EUROPÉENNE. Cour de justice de l'Union européenne, siège à Luxembourg.

La Cour de justice, créée en 1957 par le traité de Rome, est composée de treize juges et de six avocats généraux, nommés pour six ans d'un commun accord entre les États membres. Afin de réduire les délais de jugement, elle est assistée, depuis 1988, d'un tribunal de première instance.

La Cour peut être saisie par les États membres et par les institutions communautaires, mais aussi par les particuliers à propos de décisions qui les concernent directement. La Cour est chargée d'interpréter, dans leur application, les traités fondateurs des institutions européennes ainsi que la législation communautaire. Elle s'est ainsi affirmée comme l'une des principales sources d'un droit communautaire spécifique, supérieur aux législations nationales. Le traité d'Amsterdam (entré en vigueur en mai 1999) a élargi ses compétences, notamment en matière de liberté et de sécurité des personnes. Voir COUR EUROPÉENNE DES DROITS DE L'HOMME.

COUR DES COMPTES. En France, cour chargée de juger les comptes des comptables publics, de contrôler l'exécution des lois de finances, de s'assurer du bon emploi des crédits, fonds et valeurs gérés par les services de l'État. Créée par Napoléon Ier (loi du 16 sept. 1807 et décret du 28 sept. 1807), elle a pris la suite des Chambres des comptes de l'Ancien Régime. Elle est composée de 210 magistrats inamovibles, comprenant des auditeurs, des conseillers référendaires et, au sommet, un premier président et un procureur général. La Cour contrôle la gestion, mais elle n'a pas juridiction sur l'ordonnancement, c'est-à-dire qu'elle n'a pas la possibilité de juger les grandes options de l'État. Son contrôle s'exprime par des référés et des lettres du procureur général adressés aux divers ministères intéressés, et surtout par le rapport public annuel dans lequel la Cour présente aux pouvoirs publics ses principales observations.

COUR EUROPÉENNE DES DROITS DE L'HOMME (CEDH). Siégeant à Strasbourg, elle reçoit les requêtes de tout État, mais aussi de tout citoyen qui estime que ses droits ne sont pas respectés dans son pays d'origine. Ses décisions sont supérieures à l'autorité de la loi des États.

COUR INTERNATIONALE DE JUSTICE. Principale juridiction des Nations unies, mise en place en avr. 1946, conformément à l'article 92 de la Charte des Nations unies. Ses quinze membres, élus sans égard à leur nationalité par l'Assemblée générale de l'ONU et le Conseil de sécurité votant séparément, sont désignés pour neuf ans et renouvelables par tiers tous les trois ans. Ce tribunal a son siège à La Haye, où il a pris la suite de la **Cour permanente de justice internationale** créée en 1920.

COUR PÉNALE INTERNATIONALE (CPI). Institution permanente fondée sur un traité (le « Statut de Rome » adopté en 1998, entré en vigueur le 1er juillet 2002) et compétente pour poursuivre les personnes accusées de génocide, de crimes contre l'humanité ou de crimes de guerre. La CPI est établie à La Haye, comme la Cour internationale de justice (v.) qui ne peut juger que des États. La CPI a des attributions plus larges que les tribunaux pénaux internationaux (v.) créés pour le Ruanda et l'ex-Yougoslavie. Ses 18 juges et son procureur sont élus par les États parties qui se réunissent annuellement afin de définir les orientations générales de l'administration de la Cour.

Concrétisant des recommandations de l'Assemblée générale des Nations Unies remontant aux années 1948/53, la CPI a été instituée pour mettre fin à l'impunité dont ont bénéficié au XXe s. les crimes les plus graves et pour avoir un effet dissuasif. La CPI agit comme juridiction de dernier recours quand les États n'ont pas les moyens ou la volonté de mener des enquêtes ou d'engager des poursuites. Elle peut prononcer des peines et exiger des mesures de réparation.

La création de la CPI marque un progrès décisif mais non une révolution dans la mise en œuvre du droit international. Les juridictions nationales conservent leurs prérogatives et leur responsabilité première. Le Conseil de Sécurité de l'ONU a, en outre, la possibilité de suspendre une action de la CPI si l'intérêt de la paix ou de la sécurité internationale l'exige. Les États-Unis d'Amérique s'opposent à la CPI et cherchent à obtenir une immunité pour leurs ressortissants, par des accords bilatéraux. La France, la Suisse et le Canada figurent parmi les principaux défenseurs de cette institution.

COUR SUPRÊME DES ÉTATS-UNIS, *Supreme Court of the United States*. Nom de la plus haute juridiction des États-Unis, créée par l'article 3 de la Constitution de 1787. Cette cour est composée de juges inamovibles, nommés par le président des États-Unis, avec l'accord du Sénat. Le nombre de ses membres a varié six, puis sept en 1807, neuf en 1837, dix en 1863, ils sont neuf depuis 1869. La Cour est chargée de juger les litiges entre les États, les procès dans lesquels soit le gouvernement fédéral, soit un État de l'Union est partie, enfin tous les cas de droit soulevés par l'application de la Constitution et des lois fédérales ; elle vérifie également la constitutionnalité des actes du Congrès ou des Assemblées des États. Ainsi, c'est la Cour suprême qui a suspendu, en déc. 2000, le recomptage des bulletins de vote dans l'État de Floride, accordant de ce fait la présidence à George W. Bush. Tout citoyen, s'il se considère lésé dans ses droits reconnus par la Constitution, peut en appeler à la Cour suprême.

COURBET Amédée Anatole (* Abbeville, 26.VI. 1827, † Makung, îles Pescadores, 11.VI.1885). Amiral français. Gouverneur de la Nouvelle-Calédonie (1880/82), puis commandant de l'escadre d'Indochine (1883), il imposa à l'Annam le traité de Huê (août 1883) ; chef des armées de terre et de mer, il contribua à la conquête du Tonkin par la prise de Sontay et par l'anéantissement de la flotte chinoise à Fou-tcheou (août 1884). Il mourut de maladie à bord de son vaisseau, le *Bayard*.

COURLANDE, allemand *Kurland*, letton *Kurzeme*. Région historique de la Lettonie, entre la mer Baltique et la Daugava (Dvina). D'abord peuplée par les Koures, elle fut conquise de 1243 à 1247 par les chevaliers Teutoniques. En 1561, après la sécularisation de l'ordre, la Courlande devint un duché vassal de la Pologne, héréditaire dans la maison de Gotthard Kettler, dernier maître de l'ordre livonien. À l'extinction de cette maison (1737), la veuve du dernier duc, devenue l'impératrice Anne de Russie, donna le duché à Biron, son favori. Le fils de celui-ci laissa la Courlande à la Russie (1795). Voir LETTONIE.

COURTRAI. Ville de Belgique, sur la Lys. La **bataille de Courtrai** ou des **Éperons d'or** (11 juill. 1302) vit la défaite de la chevalerie française, commandée par Robert d'Artois devant les milices des villes flamandes soulevées contre le gouverneur français Jacques de Châtillon. Au soir de la bataille, les Flamands ramassèrent plus de 4 000 éperons dorés qui décorèrent la voûte de l'église Notre-Dame de Courtrai jusqu'en 1382.

COUSIN-MONTAUBAN Charles Guillaume Marie comte de Palikao (* Paris, 24.VI.1796, † Versailles, 8.I.1878). Général français. Il se distingua en Algérie, notamment lors de la capture d'Abd el-Kader (1847). Lors de l'expédition franco-anglaise en Chine en 1859/60, il prit Pékin après le combat de Palikao et laissa ses troupes piller le palais d'Été. Après les premières défaites françaises de l'été 1870, il remplaça Émile Ollivier à la présidence du Conseil, le 9 août 1870, et forma un gouvernement composé de bonapartistes autoritaires. La révolution du 4-Septembre l'obligea à se réfugier quelque temps en Belgique. À son retour en France, il se retira complètement de la vie politique.

COUTHON Georges (* Orcet, près de Clermont-Ferrand, 22.XII.1755, † Paris, 28.VII.1794). Homme politique français. Avocat à Clermont, puis président du tribunal de cette ville (1790), il fut élu en 1791 à la Législative, où il devint le porte-parole des Jacobins. Paralysé des jambes, il devait être porté à la tribune, mais cette infirmité ajoutait à sa popularité. Ami de Robespierre et de Saint-Just, député à la Convention, il fut un des Montagnards les plus violents. Il contribua à la chute des Girondins (juin 1793), devint membre du Comité de salut public (10 juill.) et dirigea le siège de Lyon insurgée contre la Convention (août). Il fut le principal instigateur de la loi du 22-Prairial (10 juin 1794) (v.), qui inaugura la Grande Terreur. Il fut entraîné dans la chute de Robespierre et guillotiné avec celui-ci.

COUVE DE MURVILLE Maurice (* Reims, 24.I.1907, † Paris, 24.XII.1999). Diplomate et homme politique français. D'origine protestante, inspecteur des Finances (1930) et directeur des finances extérieures (1940), il gagna Alger en 1943, se rallia au général de Gaulle et devint commissaire aux Finances dans le Comité français de libération nationale. Directeur général des affaires politiques aux Affaires étrangères (1945/50), il fut ensuite ambassadeur au Caire (1950/54), à Washington (1955/56) et à Bonn (1956/58). À son retour au pouvoir, le général de Gaulle lui confia, dès juin 1958, le ministère des Affaires étrangères, où il mena pendant dix ans une politique conforme aux grandes options gaullistes sur l'Europe, l'indépendance à l'égard des États-Unis et le rapprochement avec les pays de l'Est. Nommé Premier ministre en juill. 1968, après la grande crise de mai, il dut faire face à de grandes difficultés financières et économiques et ne put empêcher de Gaulle de s'engager dans le référendum constitutionnel d'avr. 1969, dont le résultat négatif entraîna le départ du général et, peu après, celui de Couve de Murville lui-même (juin 1969). Il fut élu député de Paris en 1973, 1978 et 1981, puis sénateur de Paris de 1986 à 1995.

CPI. Institution judiciaire internationale, compétente en matière de génocide, de crimes contre l'humanité ou de crimes de guerre. Voir COUR PÉNALE INTERNATIONALE.

CRASSUS Marcus Licinius (* vers 115, † près de Carrhae, en Asie Mineure, mai 53 av. J.-C.). Homme politique et général romain. Partisan de Sylla, il constitua son immense fortune aux dépens des victimes des proscriptions ; préteur en 71, il écrasa la révolte de Spartacus. Consul avec Pompée en 70, il s'entendit avec lui pour abolir la Constitution de Sylla et pour diminuer les pouvoirs du Sénat. Il se rendit populaire par ses largesses au peuple et subventionna de nombreux hommes politiques, notamment César. Avec ce dernier et Pompée, il forma en 60 le premier triumvirat et obtint de César, consul en 59, une révision favorable du contrat des publicains en Asie. Il appuya ensuite Clodius contre Pompée, fut consul avec Pompée pour la seconde fois en 55 et, à sa sortie de charge, se fit nommer pour cinq ans gouverneur de Syrie. Avide de gloire militaire, il conduisit avec beaucoup d'imprudence une campagne contre les Parthes et, après avoir remporté quelques succès, fut écrasé à Carrhae, par Suréna. Il fut tué traîtreusement, alors qu'il négociait sa reddition.

CRAXI Bettino (* Milan, 24.II.1934, † Hammamet, Tunisie, 19.I.2000). Homme politique italien. Secrétaire général du parti socialiste italien depuis 1976, il fut Premier ministre d'août 1983 à avr. 1987. À partir de 1992, il fut une des principales cibles de l'enquête « Mains propres » qui révéla au grand jour l'ampleur de la corruption des partis politiques italiens. Mis en cause dans plusieurs affaires de corruption, il s'exila en Tunisie afin d'échapper aux poursuites.

CRÉCY (bataille de, 1346). Première grande bataille de la guerre de Cent Ans, livrée entre Anglais et Français, le 26 août 1346. Débarqué dans le Cotentin, à Saint-Vaast-la-Hougue, Édouard III d'Angleterre, après avoir ravagé la Normandie, traversa la Seine à Poissy (16 août) et, refusant le combat réussit à franchir l'estuaire de la Somme à marée basse, au gué de la Blanche Tache (24 août). Assuré de pouvoir éventuellement faire retraite vers la Flandre, son alliée, le roi anglais choisit, pour y attendre les Français, une position défensive au flanc d'un petit vallon, près de Crécy-en-Ponthieu. Il ordonna sans hâte son armée en trois « batailles » et confia la droite à son fils, le jeune Prince Noir. L'armée anglaise comptait environ 14 000 hommes, une dizaine de milliers d'archers et 4 000 chevaliers, qui devaient également combattre à pied. L'armée française de Philippe VI de Valois, qui arriva à la fin de l'après-midi du 26, était beaucoup plus nombreuse, mais épuisée par deux semaines de vaine poursuite. De plus, les chevaliers français engagèrent le combat sans s'accorder de repos. Les arbalétriers génois reçurent l'ordre de tirer, mais ils faiblirent bientôt, sous le tir rapide et précis des archers anglais. Alors qu'ils reculaient, ils vinrent se heurter à la charge des chevaliers français qui s'ébranlaient. Sous les flèches des Anglais, le combat mal engagé tourna bientôt en une mêlée désordonnée ; les chevaux affolés tombaient sur les Génois, les bousculaient, refusaient d'avancer, et les chevaliers anglais s'avançaient déjà, à pied, pour frapper les Français désarçonnés et encombrés par leurs lourdes armures. Le carnage se prolongea jusque dans la nuit ; Philippe VI réussit à quitter le champ de bataille, où l'on trouva, le lendemain, les corps de plus de 1 500 chevaliers et écuyers français ; Jean de Luxembourg, roi de Bohême, était parmi les morts. Les Anglais n'avaient eu que des pertes insignifiantes, et vinrent mettre le siège devant Calais (4 sept.). Après Courtrai (1302), Crécy démontrait la possibilité pour des fantassins bien employés de vaincre la cohue d'une lourde cavalerie féodale. L'emploi par les Anglais des premiers canons (des bombardes) a pu créer un effet de surprise et ajouter au désordre.

CREEKS. Confédération d'Indiens d'Amérique du Nord, établie au XVIIIe s. en Géorgie et en Alabama. Elle rassemblait principalement des Muskogees et des Natchez. Vaincus par Jackson (1813/14), les Creeks furent déportés vers 1830 dans la région de l'Oklahoma, où ils formèrent jusqu'en 1907 une sorte de république autonome.

CRÉMIEUX Isaac Adolphe (* Nîmes 30.IV.1796, † Paris, 10.II.1880). Homme politique français. Avocat à Nîmes puis à Paris, député de Chinon (1842/51), il joua un rôle important après la révolution de 1848. Ministre de la Justice dans le gouvernement provisoire, il soutint la candidature de Louis Napoléon Bonaparte à la présidence de la République, mais s'opposa au coup d'État du 2-Décembre et fut quelque temps incarcéré. Député de Paris (1869), il reprit le portefeuille de la Justice dans le gouvernement de la Défense nationale (1870) ; dans ce poste, il inspira le *décret* dit *Crémieux* (24 oct. 1870), qui, donna la citoyenneté française aux Juifs d'Algérie. Les musulmans le ressentirent comme une mesure discriminatoire. Il fut député d'Alger à l'Assemblée nationale (1871/75), puis sénateur à vie.

CRÉOLES. Nom (de l'espagnol *criollo*) donné depuis le XVIe s. aux Blancs nés dans les colonies européennes de l'Amérique latine ou dans les autres « vieilles colonies » telles que l'île de France ou l'île Bourbon... À la fin du XVIIIe s., on comptait dans l'Empire colonial espagnol environ 3 millions de créoles. Détenteurs de la puissance économique et conscients de leur particularisme d'Américains, ils ne supportaient plus de n'être pas associés aux décisions politiques, réservées aux seuls Espagnols, aux *peninsulares*. Des révoltes de créoles avaient déjà eu lieu au Paraguay (1721), au Pérou (1740) et au Mexique (1742) ; elles annonçaient les mouvements d'indépendance qui devaient renverser l'autorité espagnole au début du XIXe s. et qui furent essentiellement l'œuvre des créoles.

CRÉPY-EN-LAONNOIS (paix de, 15/16 sept. 1544). Signée par François Ier et Charles Quint. La France renonçait à ses prétentions sur le Milanais, Naples, l'Aragon, la Flandre, l'Artois ; Charles Quint renonçait au duché de Bourgogne et à ses dépendances. De plus, Charles, duc d'Orléans, deuxième fils de François Ier, devait épouser une fille de Charles Quint ou de Ferdinand Ier, et recevoir en dot la Franche-Comté ou le duché de Milan.

CRESCENTII, Crescenzi. Famille romaine qui exerça aux Xe/XIe s. une grande influence sur les élections pontificales.

Crescentius († vers 984). Patrice des Romains. Il assassina le comte Rodfred, qui avait mené une révolte de l'aristocratie romaine contre le pape Jean XIII et contre la politique impériale. Par la suite, il lutta à son tour contre l'empereur, fit arrêter et étrangler Benoît VI (974), nomma à sa place l'antipape Boniface VII, mais dut se soumettre à l'empereur Othon II, qui l'enferma dans un couvent.

Johannes Crescentius Nomentanus († 998). Fils de Crescentius, reconnu comme patrice romain en 989. Hostile à l'Empire, il accusa Grégoire V d'être l'homme du parti allemand et fit nommer à sa place l'antipape Jean XVI, en profitant de ce que l'empereur Othon III était engagé dans une guerre contre les Slaves. L'empereur, accouru à Rome, s'empara du château Saint-Ange et Crescentius fut décapité sur les créneaux, devant le peuple.

Johannes Crescentius († 1012). Fils du précédent, patrice en 1002. Il engagea la lutte contre la famille romaine rivale de Tusculum. L'opposition entre les deux maisons provoqua de nombreux troubles dans les élections pontificales du XIe s., notamment à la mort de Serge IV (1012).

CRESSON Édith (Boulogne-sur-Seine, 27.I.1934). Femme politique française. Premier ministre français de mai 1991 à avr. 1992. En 1965, elle rencontra François Mitterrand, qui fit d'elle, dans les années 1970, l'une des pièces maîtresses de la stratégie électorale du PS. La victoire socialiste de 1981 la fit ministre de l'Agriculture. Elle y tenta des réformes courageuses, mais se heurta aux préventions des milieux agricoles les plus conservateurs à l'encontre de ce ministre femme et socialiste. Elle fut ensuite ministre au Commerce extérieur, à l'Industrie, puis aux Affaires européennes. En 1990, elle présenta sa démission au Premier ministre, Michel Rocard, qui refusait de lui laisser constituer, sur le modèle du MITI japonais, un puissant ministère de l'Exportation. Un an plus tard, Michel Rocard fut contraint à la démission et Édith Cresson fut la première femme en France à devenir Premier ministre. Bénéficiant d'abord d'un fort courant de sympathie, elle conçut sa fonction à l'image d'une direction d'entreprise ; sa popularité s'effrita et son autorité fut mise en cause. Onze mois plus tard, Édith Cresson dut céder la place à son ministre de l'Économie, Pierre Bérégovoy. Elle reprit alors dans le secteur privé sa carrière de conseiller à l'exportation et se consacra à ses mandats de maire de Châtellerault (1983/97) et de député européen (1979/95). En 1995, Édith Cresson fut nommée commissaire européen, chargée notamment de la recherche, du développement, de l'éducation et de la formation. C'est à ce titre qu'elle fut mise en cause, en 1999, dans une polémique portant sur la gestion financière de la Commission européenne, qui se solda par la démission collective des commissaires européens en mars 1999.

CRÉSUS (VIe s. av. J.-C.). Dernier roi de Lydie (de 561 environ à 546). Fils d'Alyatte, de la dynastie des

Mermnades, il conquit la Pamphylie, la Mysie et la Phrygie jusqu'à l'Halys. Il était célèbre par ses richesses, et sa cour, à Sardes, était le rendez-vous des philosophes et des poètes. Il organisa le système monétaire lydien sur la base d'un bimétallisme or et argent. La pièce courante était le statère. Le rapport or/argent fut fixé, après quelques hésitations, à 13,33/1 ; il s'imposa jusqu'au ve s. à tout le monde grec. Solon étant venu lui rendre visite, Crésus lui montra avec orgueil ses palais et ses trésors, mais s'attira cet avertissement du sage Athénien : « N'appelons personne heureux avant sa mort. » Allié aux Assyriens contre Cyrus, Crésus fut battu, assiégé dans sa ville de Sardes, et il perdit son trône (546). Promis à mourir brûlé vif, il se serait écrié devant son bûcher, selon Hérodote : « Ô Solon, Solon ! » Cyrus lui fit demander l'explication de cette parole et, frappé à son tour par l'instabilité des choses humaines, lui fit grâce et le garda amicalement auprès de lui.

CRÈTE, *Kriti, Krêtê*. Île grecque de la Méditerranée orientale, au S. de la mer Égée. Peuplée dès les VIIe/VIe millénaires, sans doute par des immigrants venus d'Asie Mineure, elle accéda rapidement à la civilisation néolithique. Vers le milieu du IIIe millénaire commença à s'affirmer une civilisation crétoise originale, dite *minoenne* du nom du légendaire roi *Minos*, dont on ne sait s'il a désigné un homme, une dynastie ou une fonction. Le passé crétois ne commença à se dévoiler qu'à partir des fouilles faites à Cnossos par l'Anglais Arthur Evans vers 1900. Cependant, la civilisation minoenne reste encore très mystérieuse. Des trois systèmes d'écriture qu'elle utilisa depuis le début du IIe millénaire – « hiéroglyphique », linéaire A, linéaire B –, ce dernier seulement, en usage à partir du xve s. av. J.-C. au plus tôt, a été déchiffré en 1952/53. Les textes en linéaire B étaient du grec archaïque, la langue des fonctionnaires mycéniens (ou mycénisés) qui ont administré la Crète du xve au XIIIe s., mais le linéaire A et le « hiéroglyphique » gardent encore leur secret car nous ignorons la (ou les) langue(s) égéenne(s) qu'ils servaient à noter. Les hypothèses sur la civilisation minoenne reposent donc encore sur l'archéologie. Depuis Evans, on divise le minoen en trois grandes périodes : minoen ancien (vers 3300/2100 av. J.-C.) ; minoen moyen (vers 2300 et 2100/vers 1600) ; minoen récent (vers 1600/1050).

Les trois grandes périodes

Le minoen ancien, représenté surtout dans la partie orientale de l'île, a vu un premier épanouissement des villages et des ports (Mochlos, Vasiliki, Myrtos), mais ignorait encore les grands palais (d'où son nom d'époque « prépalatiale »). Le cuivre était couramment employé, le bronze n'apparaissant que vers la fin de la période ; les Crétois connaissaient déjà la double hache, arme et symbole religieux. La Crète entretenait surtout des relations avec les Cyclades et la Grèce continentale.

Le minoen moyen a vu l'édification des premiers palais (phase « protopalatiale ») à Cnossos, à Phaistos et à Mallia. L'île était sans doute encore divisée en principautés qui se consacraient à l'expansion agricole, maritime et commerciale en direction des Cyclades, de Rhodes, de Chypre, de l'Orient et de l'Égypte où les Crétois étaient connus sous le nom de *Keftiou* ; la métallurgie (cuivre et bronze) a continué à se développer ; la céramique, l'orfèvrerie, la glyptique ont atteint une finesse inégalée jusqu'alors. Vers 1700, les « premiers palais » ont été incendiés, mais la Crète semble s'être relevée rapidement.

Au minoen récent, la construction des « nouveaux palais » (phase « néopalatiale ») a manifesté les progrès considérables de l'architecture. Cnossos a étendu peut-être son hégémonie sur toute l'île et s'est trouvée à la tête d'un empire maritime, une thalassocratie qui a dominé les Cyclades ; c'est alors que s'intensifièrent les contacts avec la Grèce continentale, sans que l'on sache si les rapports commerciaux se sont accompagnés d'une forme quelconque de tutelle politique, comme pourrait le suggérer la légende de Thésée et du Minotaure. Les Crétois importaient du cuivre, de l'étain, des métaux précieux, exportaient peut-être les produits de leur agriculture – avant tout, l'huile et le vin –, ainsi que des armes, des bijoux, des poteries.

Vers 1450 avant notre ère, la Crète connut une nouvelle catastrophe. On a invoqué les conséquences de l'éruption du volcan de Théra ; ou bien l'on explique la destruction simultanée de tous les palais et des villes par des actions guerrières, du fait d'une invasion de guerriers mycéniens. Seul le palais de Cnossos fut restauré et réoccupé, dominant la majeure partie de l'île, avant d'être lui-même définitivement détruit (vers 1375 ou 1200 av. J.-C.). Les Mycéniens ont alors succédé aux Crétois sur les routes commerciales qui reliaient l'Égée à l'Orient et à l'Italie et à la Sicile.

À l'époque classique, la Crète ne joua plus qu'un rôle effacé dans l'histoire grecque. Elle ne prit part ni aux guerres médiques ni à la guerre du Péloponnèse. Elle était divisée en une quinzaine de cités-États dont les deux plus importantes, Cnossos et Gortyne, se livraient des guerres continuelles. Devenue un repaire de pirates, elle fut soumise par Metellus Creticus (68/67) et, en 27 av. J.-C., forma une province avec la Cyrénaïque. Les Arabes l'occupèrent de 823 à 961 et lui donnèrent le nom de Candie (de *kandah*, retranchement), d'après la ville du même nom. Reprise en 961 par Nicéphore Phocas, elle passa, après la prise de Constantinople par les croisés (1204), à Boniface de Montferrat, puis aux Génois et, en 1210, aux Vénitiens, qui en furent chassés par les Turcs, après une guerre de vingt-cinq ans, en 1669.

La Crète se souleva lors de la guerre d'indépendance grecque, mais elle fut soumise par un corps égyptien (1824) et le sultan dut la céder au pacha d'Égypte qui la restitua aux Turcs en 1841. Le soulèvement de 1866 fut durement réprimé par les Turcs ; cependant, deux ans plus tard, le sultan accorda une relative autonomie à l'île. Une nouvelle insurrection crétoise, en 1896/97, déclencha la guerre entre la Turquie et la Grèce ; malgré la défaite des Grecs, les Turcs furent contraints par les grandes puissances d'évacuer l'île (1898) qui devint indépendante. Son rattachement à la Grèce, proclamé en 1908, devint effectif en 1913. En 1935 eut lieu en Crète un soulèvement antimonarchiste des partisans de Vénizélos, mais il fut réprimé après quelques combats. Durant la Seconde Guerre mondiale, les troupes britanniques, chassées de Grèce par la Wehrmacht, essayèrent de conserver la Crète (avr. 1941) ; mais l'île fut prise par une audacieuse opération aéroportée allemande (19/31 mai 1941). Les Allemands se maintinrent en Crète jusqu'en 1944, mais durent constamment lutter contre une active résistance des habitants de l'île.

CRILLON Louis des Balbes de Berton de (* Murs, Vaucluse, 1541, † Avignon, 2.XII.1615). Il est l'un des plus grands capitaines du XVIe s., surnommé « le brave Crillon » ou « le brave des braves ». Il s'illustra sous les règnes successifs de cinq rois, d'Henri II à Henri IV ; il combattit à Lépante sous les ordres de don Juan d'Autriche (1571), accompagna en Pologne le duc d'Anjou (futur Henri III) et le défendit plus tard contre la Ligue mais refusa de participer à l'assassinat d'Henri de Guise.

CRIMÉE, *Krim*. Péninsule de la côte septentrionale de la mer Noire, en Ukraine. Envahie par les Mongols, puis par les Tatars, qui y fondèrent au XVe s. un khanat indépendant, puis soumis par les Ottomans en 1475, elle fut finalement annexée par les Russes en 1783. Intégrée à la république socialiste soviétique de Russie à l'issue de la guerre civile qui suivit la révolution de 1917, la Crimée fut rattachée à l'Ukraine en 1954. Le 1er déc. 1991, les habitants de la Crimée se prononcèrent à 54 % pour l'indépendance de l'Ukraine, bien que 67 % d'entre eux fussent russes. Cette modification du statut de l'Ukraine conduisit les députés nationalistes russes à réclamer, à Moscou comme en Crimée, le rattachement de la péninsule à la Russie. Cette revendication se développa sur fond de querelle entre Moscou et Kiev, qui se disputaient le contrôle de la flotte de la mer Noire, dont la principale base se trouve justement en Crimée, à Sébastopol. L'octroi, en 1992, d'une large autonomie à la Crimee, qui devint alors une république autonome au sein de l'Ukraine, et la signature, par les présidents russe Boris Eltsine et ukrainien Léonid Kravtchouk, d'accords sur le partage de la flotte permirent d'aboutir à un compromis. L'élection, en juill. 1994, à la présidence de l'Ukraine, de Léonid Koutchma, favorisa le rapprochement avec Moscou. Parallèlement, la Russie reconnut officiellement en 1995 l'appartenance de la Crimée à l'Ukraine.

CRIMÉE (guerre de). Ce conflit opposa de 1853 à 1856 la Russie d'une part, la Turquie, la France, l'Angleterre et le royaume de Piémont, d'autre part. Il prenait place dans le cadre général de la question d'Orient posée aux grands États européens à partir du XVIIIe s. par le déclin de l'Empire ottoman. La Russie voulait atteindre les Détroits et procéder sans tarder au démembrement de la Turquie ; l'Angleterre était résolue à barrer aux Russes la route de la Méditerranée ; Napoléon III voulait défendre les intérêts catholiques et français en Orient et, par une alliance avec l'Angleterre, briser la situation européenne défavorable à la France depuis le Congrès de Vienne de 1815.

La crise commença en 1851 par une rivalité franco-russe à propos des Lieux saints, où l'expansion catholique, depuis 1840, affaiblissait la position des orthodoxes. Ceux-ci étaient soutenus par la Russie, alors que Louis Napoléon se posait en champion des religieux latins, pour lesquels il obtint des concessions importantes du sultan, en févr. et déc. 1852. Le tsar Nicolas Ier, mécontent de cet échec, proposa alors officieusement à l'Angleterre un plan de démembrement de l'Empire ottoman (janv. 1853). Devant la réserve de Londres, qui voyait dans le maintien de l'intégrité de la Turquie une sauvegarde contre l'expansion russe, le tsar envoya à Istanbul Menchikov, avec mission officielle de régler la question des Lieux saints au mieux des intérêts orthodoxes, en fait, pour obtenir du sultan un véritable protectorat russe sur les chrétiens orthodoxes de l'Empire ottoman (févr./mars 1853). Sur les conseils de l'ambassadeur britannique Stratford de Redcliffe, la Porte rejeta les demandes du tsar, lequel ordonna alors aux troupes russes d'occuper les principautés moldo-valaques (juill. 1853). Malgré l'attitude hésitante des grandes puissances, la Turquie déclara la guerre à la Russie (4 oct. 1853). Après la destruction à Sinope de la flotte turque de la mer Noire (30 nov.), qui causa une vive émotion à Londres et à Paris, les flottes française et britannique reçurent l'ordre d'entrer dans la mer Noire (3 janv. 1854) et, le 28 mars, la France et l'Angleterre à leur tour déclaraient la guerre à la Russie. L'Autriche resta neutre, sous la pression des États allemands, mais obligea les Russes à évacuer les principautés moldo-valaques (août 1854). En janv. 1855, le royaume de Piémont se joignit aux Franco-Britanniques.

La guerre eut pour théâtre principal la presqu'île de Crimée. Débarqués à Eupatoria (14 sept. 1854), les Français, commandés par Saint-Arnaud, et les Anglais, sous les ordres de Lord Raglan, avaient pour objectif la puissante forteresse de Sébastopol. Après la victoire de l'Alma (20 sept. 1854), un siège meurtrier commença car Sébastopol était défendue par un brillant officier du génie, Todleben, et le choléra ravagea les deux camps. Deux tentatives russes pour briser l'encerclement furent repoussées à Balaklava (25 oct. 1854, charge de la Brigade légère) et à Inkerman (5 nov.), mais ce fut seulement après de longs mois d'une guerre de tranchées et des assauts infructueux que la prise de la tour Malakov par Mac-Mahon (8 sept. 1855) obligea les Russes à évacuer Sébastopol, après avoir sabordé les navires et fait sauter tous les bastions (11 sept. 1855). Le tsar Alexandre II, qui avait succédé à Nicolas Ier accepta de traiter, d'autant que l'Autriche et la Suède menaçaient de se joindre aux Alliés (janv. 1856). Le traité de Paris (30 mars 1856) prévoyait : la neutralisation de la mer Noire, désormais interdite à toute navire de guerre ; la liberté de navigation sur le Danube ; l'autonomie des principautés de Moldavie, de Valachie et de Serbie. L'indépendance et l'intégrité territoriale de l'Empire ottoman étaient réaffirmées et placées sous la garantie des puissances signataires. La France en tirait un profit diplomatique considérable et rétablissait moralement sa position de grande puissance.

CRIPPS sir Stafford (* Londres 24.IV.1889, † Zurich, 21.IV.1952). Homme politique anglais. Il appartint au gouvernement travailliste de Ramsay MacDonald en 1930/31. Il fit campagne pour la formation d'une sorte de front populaire avec les communistes, et fut exclu du Labour Party de 1939 à 1945. Durant la guerre, Churchill l'utilisa pour ses relations avec la gauche britannique et l'Union soviétique : après l'avoir envoyé en 1940 comme ambassadeur à Moscou, il le nomma lord du Sceau privé et *leader* (porte-parole du gouvernement) à la Chambre des communes (1942). Chargé ensuite d'une mission d'enquête en Inde, Cripps ne parvint pas à organiser la création d'un gouvernement autonome après les hostilités. Après 1945, ministre des Affaires économiques et chancelier de l'Échiquier (1947/50) dans le gouvernement travailliste d'Attlee, il exerça une véritable dictature économique et se fit le champion d'une politique d'« austérité » anti-inflationniste.

CRISE DE 1929. Cette crise fut la plus grave de celles que connut l'économie capitaliste moderne. Elle se déchaîna d'une manière tout à fait inattendue, au milieu de l'euphorie qu'avait suscitée la rapidité de la reconstruction après la Première Guerre mondiale. Dix ans après 1918, la production mondiale et le commerce international atteignaient des chiffres encore inégalés. Sauf en URSS, toute l'économie de l'après-guerre se développait sur la base du libéralisme économique (retour général à l'étalon-or), qui avait fait la prospérité de l'Europe au XIXe s. L'ampleur des progrès techniques et le succès des méthodes de rationalisation contribuaient encore à augmenter la confiance. Mais, au États-Unis, un formidable mouvement de spéculation boursière s'est développé, avec un recours excessif au crédit.

Les premiers signes de malaise apparurent à Wall Street dès le 18 oct. 1929 et, le 24 oct., le « Jeudi noir », ce fut le déferlement de la panique. Près de 13 millions de titres furent jetés sur le marché, pour atteindre 16 millions le mardi suivant. Les valeurs baissèrent de 30 % en oct., de 50 % en nov. En juill. 1932, l'indice de la production industrielle américaine (100 en 1929) était tombé à 48,7 ; le drame de l'agriculture se manifestait spectaculairement par l'effondrement du cours du coton (1929 17,65 cents ; 1933 : 6 cents) et du blé (1920 : 98 cents ; 1933 : 40 cents) ; la crise bancaire atteignit son sommet au début de 1933, lorsque toutes les banques fermèrent après la proclamation d'un moratoire général. Des États-Unis, la crise s'était étendue rapidement à l'Amérique latine (1929/30), à l'Autriche (faillite de la Credit Anstalt, 11 mai 1931), à l'Allemagne (d'où les capitaux américains avaient été brusquement rapatriés), à la Grande-Bretagne et au Commonwealth, enfin, plus tardivement mais plus durablement, à la France (1932).

Dans tous les pays, les manifestations de la crise furent à peu près semblables : *a)* baisse de la production (en 1932, la production industrielle mondiale était inférieure de 36 % à celle de 1929 ; cet écart atteignait près de 50 % aux États-Unis et en Allemagne) ; *b)* baisse des prix (entre 1929 et 1932, l'indice des prix de gros tomba de 100 à 68 aux États-Unis, à 70 en Allemagne, à 67 en Angleterre, à 68 en France) ; *c)* effondrement des valeurs boursières (de 1929 à 1932, les cours passèrent en moyenne de 100 à 25 aux États-Unis, à 40 en Allemagne, à 60 en Angleterre, à 47 en France, à 37 en Belgique) ; *d)* multiplication des faillites (en France, la Banque nationale de crédit, la Compagnie générale transatlantique, Citroën) ; *e)* multiplication des chômeurs, dont le nombre atteignait, à la fin de 1932, 12 millions aux États-Unis, 6 millions en Allemagne, près de 3 millions en Angleterre. Pour tenter de maintenir les prix, on détruisait les produits agricoles au moment même où des millions d'hommes connaissaient la faim avec la misère.

Cependant, les grands États commençaient à prendre des mesures pour sortir du chaos. Elles se traduisirent partout par un abandon plus ou moins radical du libéralisme économique et par un renforcement de l'intervention de l'État dans la répartition, les prix, la production. Le 20 sept. 1931, l'Angleterre décida la dévaluation de la livre sterling et l'abandon de l'étalon-or ; puis elle renonça au libre-échange (nov. 1931), et la conférence impériale économique d'Ottawa (juill./août 1932) établit des tarifs préférentiels entre la Grande-Bretagne et les États du Commonwealth. Suivant l'exemple anglais, les États-Unis de Roosevelt dévaluèrent le dollar (avr. 1933), et le gouvernement, pour lutter contre le chômage et favoriser la reprise des affaires, inaugura le New Deal, qui consacrait l'intervention de l'État dans un pays qui avait été jusqu'alors la forteresse du libéralisme. En France, où le gouvernement se refusait à dévaluer le franc Poincaré (malgré les conseils de certains experts comme Paul Reynaud), les dévaluations anglaise et américaine accentuèrent la disparité des prix français avec les prix étrangers. Alors que la reprise se dessinait dans la plupart des pays à la fin de 1933, la crise française ne cessa de s'aggraver en 1934/35 et l'expérience déflationniste du cabinet Laval aboutit à un échec. La victoire électorale du Front populaire (mai 1936) devait marquer le ralliement français à l'évolution dirigiste qui entraînait désormais tous les États. Le franc fut dévalué (oct. 1936), mais la France allait, en fait, continuer à subir la crise jusqu'à la guerre de 1939. Les conséquences en avaient été encore plus graves en Allemagne, où des millions de chômeurs et de petits bourgeois ruinés portèrent Hitler au pouvoir (janv. 1933) ; le régime national-socialiste adopta une politique rigoureusement dirigiste et autarcique et mit en œuvre un grand programme de travaux publics (autoroutes) et d'armements, qui résorba rapidement le chômage. Des mesures analogues furent prises par l'Italie fasciste. À la fin des années 1930, la crise n'était pas définitivement surmontée : la confiance des années 1920 était perdue ; des barrières s'étaient élevées entre les États, favorisant le retour de sentiments nationalistes parfois exacerbés.

CRISPI Francesco (* Ribera, près d'Agrigente, Sicile, 4.X.1819, † Naples, 12.VIII.1901). Homme politique italien. Il participa à la révolte de la Sicile contre les Bourbons en 1848/49, devint le proche collaborateur de Mazzini, joua un rôle de premier plan dans l'expédition des Mille (v.) et devint ministre de l'Intérieur de la Sicile libérée. Rallié à la maison de Savoie en 1864, il devint ministre de l'Intérieur de Depretis de déc. à mars 1877, puis en 1887. Président du Conseil (1887/91 et 1893/96), il pratiqua une politique anticléricale mais dut faire face au mouvement paysan des *fasci* en Sicile et à des menées anarchistes, qu'il réprima vigoureusement. Il renforça les liens avec l'Allemagne et l'Autriche et adopta une attitude provocatrice à l'égard de la France. En Afrique orientale, malgré la défaite italienne de Dogali (26 janv. 1887), il obtint du négus la reconnaissance de la colonie italienne d'Érythrée mais, en interprétant le traité d'Uccialli (1889) pour étendre le protectorat italien à l'Abyssinie, il provoqua une guerre qui aboutit au désastre italien d'Adoua (1er mars 1896). Crispi dut aussitôt démissionner et abandonna complètement la vie publique.

CRISTAL (nuit de). Nom donné à la nuit des 9/10 nov. 1938, au cours de laquelle les militants hitlériens, avec la complicité des autorités du Reich, se livrèrent dans toute l'Allemagne à un vaste pogrom, en riposte à l'assassinat de von Rath, conseiller à l'ambassade d'Allemagne à Paris, par un jeune Juif, Grynszpan.

CROATIE, *Hrvatska*. État de l'Europe centrale, né en 1991 de l'éclatement de la Yougoslavie ; capitale *Zagreb*. Elle comprend la Croatie propre, la Slavonie, la Dalmatie et une partie de l'Istrie. D'abord habité par les Illyriens et des peuples celtiques (Taurisques et Scordisques), le territoire actuel de la Croatie fut conquis par les Romains en 35 av. notre ère et fit partie de la province de Pannonie. Englobée dans l'empire de Théodoric (493) puis dans celui de Justinien (535), cette région fut envahie au VIIe s. par des Slaves venus d'Ukraine, les Croates, qui, au IXe s., furent convertis au christianisme. D'abord soumis aux Francs (806) et aux Byzantins (877), les Croates fondèrent un duché (vers 880), puis un royaume indépendant (925). Les Xe/XIe s. marquent une période de grandeur pour la Croatie, en lutte avec Venise, et dont les souverains portèrent, à partir de 1059, le titre de roi de Dalmatie. Mais la dynastie nationale s'étant éteinte, le roi Ladislas Ier de Hongrie s'empara du pays. De 1091 à 1918 – si l'on excepte les périodes d'occupation turque (1526/1699), française (1809/13) et la courte période d'annexion à l'Autriche (1849/68) –, la Croatie resta en union personnelle avec la Hongrie, en gardant son gouvernement local autonome. Cependant, le nationalisme croate commença à s'affirmer en 1848 : sous la direction du ban Josip Jelacic, les Croates refusèrent de se rallier à la sécession hongroise (sept. 1848) et engagèrent une lutte ouverte contre les révolutionnaires hongrois – pour le seul profit du gouvernement autrichien.

Lors de la création de l'État austro-hongrois (compromis de 1867), les Croates furent inclus contre leur gré dans la partie hongroise de l'Empire ; en 1868, ils obtinrent des Magyars le *nagodba*, qui reconnaissait leur autonomie dans les domaines de la police intérieure, de la justice, de l'instruction publique et de l'agriculture. Durant la Première Guerre mondiale, avec des dirigeants politiques Croates, Ante Trumbic, passa dans le camp des Alliés et signa avec les Serbes la déclaration de Corfou (20 juill. 1917), qui préparait un futur État rassemblant tous les Slaves du Sud. Entrés en déc. 1918 dans le royaume des Serbes, Croates et Slovènes (Yougoslavie), les Croates virent bientôt les dirigeants serbes de Belgrade négliger leurs aspirations à l'autonomie. L'opposition nationaliste croate s'organisa légalement dans le parti paysan de Radic (ce dernier devait être assassiné en 1928) et, clandestinement, dans le mouvement des Oustachis, qui recourut à l'action terroriste (assassinat du roi Alexandre Ier à Marseille, 1934).

Durant la Seconde Guerre mondiale, dès le début de la conquête de la Yougoslavie par les troupes de l'Axe, l'indépendance de la Croatie fut proclamée à Zagreb (10 avr. 1941). Le royaume de Croatie, qui comprenait, outre la Croatie, la Slavonie et une partie de la Dalmatie, eut pour souverain titulaire le prince italien Aymon de Savoie-Aoste, mais fut dirigé en fait par le *poglavnik* Ante Pavelic, ancien chef des Oustachis, qui établit un régime autoritaire ; il collabora étroitement avec les Allemands et mena une politique sanguinaire à l'égard des Serbes. Après 1945, dans la Yougoslavie de Tito (lui-même un Croate), la

Croatie, en vertu de la Constitution de 1946, devint une république autonome au sein de la fédération yougoslave.

En 1990, l'exemple slovène poussa les communistes croates à modifier les institutions de la république et à organiser des élections libres à l'issue desquelles le Parlement élut président de la République Franjo Tudjman, leader de l'Union démocratique croate (HDZ). Ce parti nationaliste qui affichait une volonté d'indépendance inquiéta les minorités serbes de Krajina et de Slavonie. Le référendum du 19 mai 1991 aboutit à la proclamation unilatérale de la souveraineté et de l'indépendance croates. L'intervention de l'armée fédérale yougoslave en Krajina et en Slavonie, à laquelle s'ajouta l'action de milices serbes, engendra un conflit serbo-croate. La prise de Vukovar par les Serbes (nov. 1991) et les massacres qui l'accompagnèrent, puis les bombardements systématiques de Dubrovnik émurent l'opinion internationale.

En janv. 1992, un cessez-le-feu fut imposé par la Force de protection de l'ONU (FORPRONU), que suivit la reconnaissance de la Croatie par une communauté internationale sensible à la pression allemande au sein de la CEE.

Les combats se poursuivirent cependant sporadiquement, en Krajina notamment, où s'autoproclamait une république serbe souveraine et indépendante, puis en Bosnie, où Zagreb soutint la République croate autoproclamée de Bosnie avant de se rallier, en 1994, au projet de « confédération croato-bosniaque » proposé par les Occidentaux. De mai à août 1995, l'armée croate mena une opération de reconquête dans l'ouest de la Slavonie et de la Bosnie, pendant que l'OTAN et l'IFOR bombardaient les positions serbes.

En oct. 1995, le HDZ l'emporta aux élections législatives et, en juin 1997, Franjo Tudjman fut réélu président. La Slavonie orientale, dernier territoire resté sous contrôle conjoint des Croates et des Serbes, fut réintégrée dans la Croatie au début de 1998, conformément aux accords de Dayton, cependant que l'instauration de la TVA et une série de privatisations provoquaient d'importantes manifestations. Au printemps 1999, la Croatie ouvrit son espace aérien aux vols de l'opération Force alliée, lors de l'intervention de l'OTAN au Kosovo, ce qui lui valut l'arrêt de l'embargo américain sur les armes. La mort de F. Tudjman en déc. 1999 ouvrit une nouvelle période politique. Le HDZ fut battu aux élections législatives de janv. 2000 par une coalition des partis d'opposition et Stipe Mesic, seul Croate à témoigner devant le Tribunal pénal international, fut élu président en févr. Voir **Bosnie**.

CROISADES. Nom donné aux expéditions qui furent entreprises aux XIe, XIIe et XIIIe s. par les chrétiens d'Occident, appelés Francs ou Latins, afin de reconquérir la ville de Jérusalem et les Lieux saints, passés sous la domination islamique au VIIe s.

Les causes des croisades

Maîtres de Jérusalem depuis 636, les musulmans avaient respecté la ville – qui était pour eux également une ville sainte – et avaient laissé se poursuivre les pèlerinages chrétiens, dont l'origine remontait à l'époque de Constantin le Grand. On a invoqué l'interruption de ces pèlerinages par les Turcs Seldjoukides, qui conquirent Jérusalem en 1078, comme la cause principale des croisades ; mais les pèlerinages, devenus plus périlleux du fait des guerres entre Seldjoukides et Byzantins, continuèrent jusqu'à la fin du XIe s. Deux ans après la défaite byzantine de Manzikert (1071), l'empereur byzantin Michel VII avait demandé au pape Grégoire VII l'envoi de secours occidentaux pour son armée ; son successeur, Alexis Ier Comnène, lança le même appel à Urbain II lors du concile de Plaisance (1095). Il est possible que le Saint-Siège ait conçu les croisades dans un esprit de solidarité avec les « chrétiens séparés » contre les infidèles. Mais des raisons plus profondes poussaient l'Europe chrétienne vers une grande aventure en Orient. Le XIe s. avait été, en tous domaines, celui du réveil de l'Occident : fin des invasions, conversion des Normands et des Hongrois, essor démographique, renouveau des villes et du commerce international en Méditerranée, réforme « grégorienne » dans l'Église et expansion monastique de Cluny. L'Europe chrétienne se sentait désormais assez forte pour reprendre à l'islam les terres qu'il avait conquises depuis le VIIIe s. autour de la Méditerranée. En Espagne, avec le déclin du califat de Cordoue, la Reconquête avait commencé vers 1030, dans un esprit qui annonçait celui de la croisade. En 1085, Alphonse VI de Castille reprenait Tolède aux Maures, mais les Almoravides, venus du Maghreb, remportaient sur les chrétiens la victoire de Zallaca (1086). À l'appel d'Urbain II, Français et Espagnols avaient combattu côte à côte pour contenir la nouvelle poussée de l'islam. Dans ce contexte, les demandes d'aide de Byzance ne pouvaient qu'accréditer en Occident l'idée d'un islam ne formant qu'un bloc qui enserrait de partout la chrétienté. Porter la guerre en Orient, c'était délivrer la Terre sainte du joug des infidèles et atteindre le monde musulman tout entier.

Les croisades permirent à l'Europe de prendre conscience de sa spécificité, représentée alors par l'idée chrétienne. Même si la passion de la guerre pour la guerre, l'esprit d'aventure, l'appât du gain, le mirage des richesses de l'Orient jouèrent un rôle important dans l'engagement des croisés, surtout dans le monde seigneurial où la poussée démographique avait multiplié le nombre des fils cadets dépourvus de domaines, le mobile fondamental n'en fut pas moins une foi sans bornes, qui acceptait inconditionnellement le service de Dieu, avec tous les périls et les aléas qu'il pouvait comporter. La croisade s'inscrivait aussi dans le mouvement de la Paix de Dieu qui visait à limiter et réglementer les activités belliqueuses : il s'agissait de diriger vers une cause perçue comme juste les ardeurs guerrières de la chrétienté et de les satisfaire en terre étrangère, dans une guerre sainte où l'on était assuré de faire son salut. Au concile de Clermont, en Auvergne, le 27 nov. 1095, Urbain II, pape français et moine clunisien, bouleversa la foule en évoquant les souffrances des pèlerins et des chrétiens d'Orient, en décrivant les atrocités plus ou moins imaginaires commises par les musulmans et en présentant l'expédition projetée en Terre sainte comme un moyen de faire pénitence, par lequel « chevalerie et peuple pourront faire le salut par la rémission de leurs fautes ». Cette déclaration fut accueillie avec enthousiasme : au cri de « Dieu le veut ! », la plupart des assistants jurèrent aussitôt de partir et se firent coudre une croix sur leurs vêtements – d'où le nom de *croisés* qui leur fut donné.

Histoire des croisades

On compte habituellement huit grandes croisades :

Première croisade (1096/99). À l'appel d'Urbain II, de nombreux prédicateurs, dont le plus fameux fut Pierre l'Ermite, parcoururent villes et campagnes, en suscitant une immense ferveur, dans le peuple comme dans la noblesse. La croisade populaire, formée d'une masse de pèlerins mal armés, sans discipline, et conduits par des chefs de guerre improvisés, Pierre l'Ermite et le chevalier Gautier Sans Avoir, partit la première et traversa l'Europe centrale, en se livrant à toutes sortes de désordres, de pillages et de massacres de Juifs. Environ 12 000 d'entre eux réussirent à passer en Asie Mineure pour s'y faire massacrer par les Turcs (oct. 1096).

La croisade des barons se divisa en quatre groupes : les Français du Nord, les Lorrains et les Allemands prirent la route de Hongrie, sous le commandement de Godefroi de Bouillon et de son frère, Baudouin ; les Normands et les Français du Centre se groupèrent derrière Hugues, comte de Vermandois, frère du roi de France Philippe Ier, et Robert Courteheuse, duc de Normandie ; les Français du Midi, conduits par Raymond de Saint-Gilles, comte de Toulouse, et par le légat pontifical, Adhémar de Monteil, gagnèrent Constantinople par l'Illyrie ; enfin, les Normands de Sicile, qui avaient pour chefs Bohémond de Tarente et son neveu Tancrède, passèrent par Durazzo, l'Épire et la Macédoine. L'ensemble des barons pouvait atteindre environ 30 000 combattants. Après s'être rassemblés à Constantinople (mai 1097), les croisés, entrant en Asie, s'emparèrent de Nicée, capitale des Seldjoukides, qu'ils remirent aux Byzantins ; ils écrasèrent une armée musulmane à Dorylée (1er juill. 1097) et, après un long siège, réussirent à s'emparer d'Antioche. Des rivalités et des divisions étaient apparues entre les chefs des croisés ; en 1097, Baudouin avait quitté le gros de l'armée pour aller conquérir Édesse. La découverte de la relique de la Sainte-Lance raffermit l'ardeur des croisés que gagnait le découragement. Après un mois de siège, elle entra, le 15 juill. 1099, dans Jérusalem. La ville fut mise à sac et la plus grande partie de sa population massacrée. Loin de transférer leurs conquêtes aux Byzantins, les croisés les organisèrent politiquement selon le système féodal de l'Europe occidentale. Un royaume latin de Jérusalem fut créé, sous l'autorité de Godefroi de Bouillon ; par humilité, celui-ci refusa le titre de roi et ne voulut être que l'« avoué du Saint-Sépulcre ». À sa mort (1100), Godefroi eut pour successeur son frère, Baudouin, comte d'Édesse, vrai fondateur du royaume de Jérusalem. En même temps naissaient d'autres États latins : le comté d'Édesse ; la principauté d'Antioche et le comté de Tripoli. Des ordres de moines soldats, les hospitaliers (1113) et les templiers (1118), formèrent l'armée permanente qui défendit les conquêtes des croisés. On construisit de puissantes forteresses, tel le krak des Chevaliers. Des relations commerciales régulières s'établirent entre le Levant et les ports italiens (Gênes, Pise, un peu plus tard Venise). Mais la défense de la Terre sainte exigeait toujours de l'Occident des hommes nouveaux et de nouvelles ressources. Dès la mort de Baudouin II (1131), d'âpres rivalités d'intérêts particuliers déchiraient les Francs, alors que les atabegs de Mossoul réalisaient l'unification de la Syrie musulmane.

Deuxième croisade (1147/49). À la nouvelle de la reconquête d'Édesse par Zenghi, atabeg de Mossoul (1144), le pape Eugène III chargea st Bernard de Clairvaux de prêcher une nouvelle croisade à l'assemblée de Vézelay (Pâques 1146). Cette expédition eut pour chefs l'empereur Conrad III et le roi de France Louis VII. L'échec de la croisade doit être attribué à la mésentente des deux souverains. Dès 1148, Conrad III rentra en Allemagne ; Louis VII regagna la France l'année suivante.

Troisième croisade (1189/92). Elle fut entreprise à la suite des conquêtes de Saladin, qui, maître de l'Égypte et de la Syrie, venait d'écraser les Latins à Hattin et de s'emparer de Jérusalem (2 oct. 1187) – où il montra à l'égard des vaincus une générosité qui contrastait avec le comportement des barons chrétiens en 1099. L'empereur Frédéric Barberousse répondit le premier à l'appel du pape (diète de Mayence, mars 1188) et fut imité, non sans mauvaise grâce, par Philippe Auguste et Richard Cœur de Lion. Barberousse, parvenu le premier en Asie Mineure, y trouva la mort en se baignant dans le Cydnos (1190). Philippe Auguste et Richard, qui avaient pris la route maritime s'emparèrent de Saint-Jean-d'Acre (1191). Mais le souverain français, qui songeait avant tout à profiter des circonstances pour remporter de nouveaux avantages sur le Plantagenêt, abandonna bientôt la croisade. Resté seul en Orient, Richard Cœur de Lion y accomplit des exploits chevaleresques, mais il dut renoncer à reprendre Jérusalem (janv. 1192), et il conclut avec Saladin une trêve de trois ans. Le seul résultat positif de la croisade fut l'autorisation accordée aux chrétiens de se rendre en pèlerinage dans la Ville sainte, laquelle demeurait entre les mains des Turcs.

Quatrième croisade (1202/04). Inspirée par l'énergique pape Innocent III et prêchée par Foulques de Neuilly, ce fut, à la différence des expéditions précédentes, une croisade de simples chevaliers. Elle eut pour chefs Boniface de Montferrat, Baudouin de Flandre et Geoffroi de Villehardouin (ce dernier devait être l'historien de la croisade). La croisade avait pour objectif l'Égypte, devenue le centre de la puissance musulmane. Mais elle ne pouvait être atteinte que par la mer. Les croisés firent appel aux Vénitiens, qui exigèrent pour le transport – outre la promesse de la moitié du butin – 85 000 marcs d'or ; faute de réunir la somme demandée, les croisés acceptèrent de nouvelles conditions des Vénitiens, qui les utilisèrent pour régler leur querelle avec la ville chrétienne dalmate de Zara (1202) et avec le souverain de Constantinople. Innocent III excommunia les Vénitiens mais ne put empêcher la croisade de se détourner de la Terre sainte pour conquérir l'Empire d'Orient. Sous prétexte de rétablir sur le trône byzantin Alexis et Isaac Ange, les croisés s'emparèrent une première fois de Constantinople (17 juill. 1203), puis, l'empereur Alexis IV ne tenant pas ses promesses (aide financière, union entre les Églises de Rome et de Constantinople), ils la conquirent une seconde fois (12 avr. 1204) et la pillèrent pendant trois jours. Elle devint la capitale d'un Empire latin d'Orient. Voir **CONSTANTINOPLE (Empire latin de)**.

Cinquième croisade (1217/21). Après la « Croisade des enfants » (1212), extraordinaire expédition de jeunes Allemands et de jeunes Français qui rêvaient de reconquérir Jérusalem et disparurent en grand nombre, les uns morts d'épuisement ou de faim sur les routes, les autres noyés dans des naufrages ou vendus comme esclaves en Égypte, la cinquième croisade fut encore une initiative d'Innocent III qui fut reprise par son successeur, Honorius III. L'expédition fut commandée par un seigneur français, Jean de Brienne, devenu par mariage roi titulaire de Jérusalem, et par Léopold VI, duc d'Autriche. Dirigée contre l'Égypte, elle n'obtint d'autre résultat que la conquête éphémère (1219/21) de Damiette.

Sixième croisade (1228/29). Elle fut conduite par l'empereur Frédéric II de Hohenstaufen, qui était alors excommunié et ne partit pour l'Orient que contraint par le pape. Ce prince humaniste, intéressé par le dialogue des religions et attiré par l'islam, préféra traiter avec les musulmans plutôt que de les combattre. Sa diplomatie aboutit à un traité conclu en 1229 avec Malik el-Kamil, neveu de Saladin : les Turcs restituaient Bethléem, Nazareth, Sidon et même Jérusalem, où Frédéric II se fit couronner roi. Mais la Ville sainte devait retomber, cette fois définitivement, aux mains des musulmans en 1244.

Septième croisade (1248/54). Provoquée par la perte de Jérusalem et la défaite des Latins à Gaza (1245), elle fut dirigée contre l'Égypte. Ce fut la première des croisades de saint Louis. Parti d'Aigues-Mortes en 1248, le roi s'empara de Damiette (juin 1249), marcha sur Le Caire, repoussa les mamelouks puis les Turcs à Mansourah (8 févr. 1250), mais la peste ravagea son armée et il fut fait prisonnier alors qu'il couvrait la retraite (6 avr. 1250). Il ne put se libérer qu'en restituant Damiette et en payant une énorme rançon. Il resta ensuite jusqu'en 1254 en Palestine, où il fortifia les villes franques.

Huitième croisade (1270). Seconde croisade de saint Louis, elle avait pour objectif d'obtenir la conversion de l'émir de Tunis. Elle se termina par un désastre ; l'armée, à peine débarquée, fut décimée par une épidémie et le roi lui-même y mourut (25 août 1270).

Résultats des croisades
Abandonnés à eux-mêmes, les derniers établissements francs de Syrie ne devaient pas survivre longtemps. La prise de Saint-Jean-d'Acre par les mamelouks (1291) marqua la fin de toute domination chrétienne au Levant. Les croisades se sont donc soldées par un échec complet. Elles n'ont pas réussi à établir en Syrie des États latins durables, et elles ont porté un coup fatal à l'Empire byzantin, qui ne se releva jamais complètement des destructions de 1204. Dans le monde islamique, qui avait montré jusqu'alors une grande tolérance à l'égard des chrétiens, l'agression des Occidentaux réveilla l'idée de guerre sainte (*djihad*), dont les sultans ottomans se firent bientôt les champions. Les croisades ont pourtant multiplié les relations commerciales avec le Levant et elles ont fait la prospérité des grands ports italiens tels que Venise et Gênes. En attirant en Orient, pendant plusieurs générations, les jeunes chevaliers issus des familles seigneuriales, les croisades ont directement contribué à l'évolution des sociétés de l'Europe occidentale. Les plus aventureux et les plus turbulents de ses guerriers ont cherché d'autres théâtres pour leurs exploits, soulageant d'autant leurs pays d'origine. Les dépenses qu'entraînaient de telles expéditions ont pu affaiblir nombre de seigneuries qui ont dû vendre des terres et s'endetter pour équiper et entretenir un ou plusieurs croisés.

CROIX-DE-FEU. Organisation d'anciens combattants français, fondée en 1927 et dont le président fut, à partir de 1930, le lieutenant-colonel de La Rocque. Recrutée uniquement parmi les titulaires de la croix de guerre et parmi ceux qui avaient obtenu leurs galons (leurs « briques », d'où leur nom de *Briscards*) en première ligne, les Croix-de-Feu devinrent une ligue nationaliste et antiparlementaire ; ils étaient présents à la journée du 6 févr. 1934. Après la dissolution des ligues ordonnée par le gouvernement de Léon Blum en juin 1936, ses anciens adhérents se regroupèrent autour du colonel de La Rocque dans le parti social français (PSF).

CROIX-ROUGE. Organisation humanitaire créée en 1863 pour venir en aide aux blessés de guerre et qui a peu à peu étendu ses activités à toutes les formes de la souffrance, suivant des principes fondamentaux (humanité, impartialité, neutralité, indépendance, volontariat, unité et universalité). Témoin de la bataille de Solferino (1859), le Genevois Henri Dunant (v.) fut frappé de l'état d'abandon dans lequel étaient laissés les blessés. Il proposa de créer des sociétés qui, sans distinguer entre les armées en présence, se consacreraient au soin des blessés. Avec le général Dufour (v.) et d'autres personnalités suisses, il fonda en 1863 un comité qui fut l'embryon de l'actuel (CICR) (v.). Une conférence internationale réunissant les délégués de quatorze pays se tint à Genève les 25/29 oct. 1863 et jeta les bases de la Croix-Rouge. L'année suivante, à l'issue d'une conférence diplomatique convoquée par le gouvernement suisse, fut signée la première convention de Genève protégeant les blessés de guerre (24 août 1864), complétée et développée en 1899, 1906 et 1929 jusqu'à donner les actuelles conventions de Genève (v.) de 1949 avec leurs Protocoles additionnels de 1977. Dès 1864, des sociétés nationales de la Croix-Rouge furent créées en France, en Belgique, en Italie et en Espagne notamment ; on en compte aujourd'hui près de deux cents dans le monde. Leurs efforts sont coordonnés par le CICR et par la Ligue des sociétés de la Croix-Rouge (auj. Fédération internationale des Sociétés de la Croix-Rouge, et du Croissant-Rouge, pour les pays musulmans), fondée en 1919. Basée comme le CICR à Genève, la Fédération soutient les activités humanitaires des sociétés nationales ; ensemble, ils forment le « Mouvement internationale de la Croix-Rouge et du Croissant-Rouge ». Tous les 4 ans se tiennent les conférences internationales de la Croix-Rouge, où siègent ensemble des représentants des États parties aux conventions de Genève et les délégués des Sociétés nationales et les autres composantes du Mouvement. L'emblème qui a donné son nom à la Croix-Rouge fut adopté en 1864 sous forme de drapeau et de brassard ; le croissant rouge fut admis à partir de 1919. « Par hommage pour la Suisse, le signe héraldique de la croix rouge sur fond blanc, formé par interversion des couleurs fédérales est maintenu comme emblème et signe distinctif », comme le précisent les conventions de 1906, 1929 puis 1949, et est devenu l'un des symboles modernes les plus universels.

CRO-MAGNON (homme de). Type d'homme préhistorique défini d'après les vestiges de cinq squelettes découverts en 1868, lors de la construction de la ligne de chemin de fer Périgueux-Agen, dans l'abri-sous-roche de Cro-Magnon (commune des Eyzies-de-Tayac, en Dordogne). Parmi les cinq à huit squelettes très fragmentaires, le mieux conservé était celui d'un homme assez âgé, dit « le Vieillard » ; les autres appartenaient à deux hommes adultes une femme, et un fœtus. Leur âge est estimé à environ 30 000 ans. Par la suite, de nombreux individus furent découverts en Dordogne, les hommes de Chancelade (v.) et de l'Abri-Pataud, en Italie, les hommes de Grimaldi (v.) etc. ; les anthropologues furent en mesure de définir une « race de Cro-Magnon », terme aujourd'hui désuet. Les hommes de Cro-Magnon appartiennent à notre espèce *Homo sapiens*, et sont aussi appelés les « hommes modernes ». Ils venaient de l'est, d'Afrique puis du Proche-Orient, et ont remplacé en Europe les hommes de Néandertal (v.), ou *Homo neanderthalensis*, probablement vers 40 000 ans avant notre ère. Leur capacité crânienne est comparable à la nôtre (de 1550 à 1750 cm^3) ; leur crâne présente une voûte crânienne élevée ; les arcades sourcilières sont peu saillantes ; le menton est robuste et bien marqué : ils sont de grande taille (1,60 m à 1,80 m) avec une musculature puissante.

Les hommes de Cro-Magnon ont vécu au paléolithique supérieur. Ils ont été les artisans des industries de l'aurignacien (v.), du gravettien (v.), du solutréen (v.) et du magdalénien (v.). Ils ont perfectionné les industries lithiques et introduit peu à peu des matières autres que la pierre telles que l'os, le bois de renne et l'ivoire pour la confection d'outils et d'armes (v.) très variés. Ils ont inventé un art pariétal d'une très grande richesse, dont les premières manifestations sont visibles dans la grotte Chauvet (v.).

CROMPTON Samuel (* Firwood, Lancashire, 3.XII.1753, † Bolton, 26.VI.1827). Tisserand anglais qui mit au point, entre 1774 et 1779, la *mule-jenny* une des inventions capitales de la première révolution industrielle qui, permettant de fabriquer tous les fils, même les plus fins, transforma l'industrie textile.

CROMWELL Oliver (* Huntingdlon, 25.IV.1599, † Londres, 3.IX.1658). Homme politique anglais. Député de Cambridge au Court et au Long Parlement de 1640, puritain indigné par la tolérance royale à l'égard des catholiques, il leva un régiment, les *Côtes de fer*, avec lequel il participa à la guerre civile (batailles de Marston Moor et de Newburry, 1644). Chargé par le Parlement de la réorganisation de l'armée, il écrasa les troupes royalistes à Naseby (14 juin 1645), puis à Preston (août 1948) et obtint la reddition de l'armada écossaise en oct. Principal responsable de la condamnation et de l'exécution du roi Charles Ier (1649), il exerça une dictature militaire de fait dans la nouvelle République. Ayant soumis l'Irlande (1650) et l'Écosse (1650/51), il prit le titre de « lord-protecteur » en déc. 1953, et gouverna avec l'appui de l'armée, faisant régner un moralisme oppressant. Voir GRANDE-BRETAGNE. Les premiers Stuarts. La dictature de Cromwell.

CROMWELL Richard (* Huntingdon, 4.X.1626, † Cheshunt, 12.VII.1712). Fils de Oliver Cromwell. Il lui succéda comme lord-protecteur en sept. 1658, mais, débordé par la rivalité entre l'armée et le Parlement, il abandonna ses fonctions en mai 1659.

CROQUANTS (révoltes des). Révoltes paysannes qui se produisirent en France à la fin du XVIe s. et au début du XVIIe s. : dans le Limousin et le Périgord (1594) ; à Rouen, à Poitiers et dans le Quercy (1624) ; à Lyon et à Montpellier (1625) ; à Amiens et à Laval (1628) ; dans le Périgord et le Quercy (1637) ; en Normandie (1640)... Ces révoltes n'ont pas eu le caractère de luttes de classes ; les paysans ne s'attaquaient pas aux seigneurs, mais aux agents de l'État centralisateur, à la fiscalité excessive, aux abus des militaires logés chez l'habitant. Le renforcement de l'État durant la seconde moitié du XVIIe s. empêcha le renouvellement de telles révoltes.

CUBA. Île de l'Atlantique, la plus vaste des Grandes Antilles, au S. de la Floride ; capitale *La Havane*. Peuplée avant l'arrivée des Européens par les Indiens Taïnos du groupe des Arawaks, Cuba fut découverte par Christophe Colomb dès son premier voyage, le 27 oct. 1492. Sa colonisation ne commença qu'à partir de 1511, avec Diego Velázquez. C'est de cette île que Cortez entreprit la conquête du Mexique (1519) et Hernando de Soto l'exploration de la Floride. Anéantie par le travail forcé et les épidémies, la population taïno fut remplacée à partir de 1526 par une main-d'œuvre noire fournie par la traite. L'économie agricole se développa, avec le tabac, les plantes tinctoriales puis la canne à sucre ; le café ne fut cultivé qu'au XIXe s. Le principal rôle de Cuba, dans l'Empire espagnol, était de servir d'étape et de lieu de rassemblement aux navires de commerce qui venaient des divers pays du continent et s'acheminaient en convoi vers l'Espagne.

Cuba obtint la liberté commerciale en 1818 mais resta une colonie espagnole, alors que le reste de l'Amérique latine accédait à l'indépendance. Plusieurs rébellions marquèrent le XIXe s., surtout après que l'île, en 1837, eut été privée de sa représentation aux Cortés. Les impôts excessifs, la dureté du régime militaire, l'exclusion des Cubains des fonctions gouvernementales provoquèrent en 1868 un soulèvement populaire et la proclamation d'une république insurrectionnelle. La guérilla se poursuivit pendant dix ans, mais l'Espagne parvint à rétablir son autorité en accordant à l'île un régime d'autonomie (1897). Cependant, les États-Unis étaient résolus à faire entrer Cuba dans leur zone d'influence : au terme de la guerre hispano-américaine de 1898, l'Espagne dut abandonner définitivement Cuba, qui devint un État indépendant en 1901.

Les Américains s'assurèrent un protectorat sur l'île par l'amendement Platt (1901), qui leur conférait un droit d'occupation militaire en cas de troubles – droit dont ils usèrent en 1906/09 et en 1912. L'économie cubaine devint entièrement dépendante des États-Unis. La vie politique fut marquée par des dictatures comme celles de Gerardo Machado (1925/33) et de Fulgencio Batista (1933/59). Ce dernier s'empara personnellement du pouvoir en 1952. La corruption et l'arbitraire se développant, Batista fut rapidement contraint de recourir à l'état de siège. La rébellion armée contre son régime commença le 26 juill. 1953, lorsque Fidel Castro et ses premiers compagnons tentèrent de s'emparer de la caserne de Moncada, à Santiago. Arrêté, mais amnistié et libéré l'année suivante, Castro se réfugia au Mexique. En déc. 1956, il débarqua clandestinement dans la province de l'Oriente, et organisa des maquis qui s'étendirent peu à peu dans l'île entière.

Le 1er janv. 1959, Batista dut s'enfuir de La Havane, laissant la place à un régime révolutionnaire dont Fidel Castro, bien qu'il n'ait pas pris la présidence de la République, fut, dès le début, l'inspirateur incontesté. Après une élimination radicale des partisans de Batista et des autres opposants, Castro regroupa les divers mouvements qui avaient participé à la lutte contre Batista dans un parti unique, d'abord le parti uni de la révolution socialiste (PURS) puis le parti communiste de Cuba (PCC). Le pays, essentiellement agricole, souffrait depuis longtemps des inconvénients de la monoculture de la canne à sucre ; près de 55 % des plantations appartenaient à des propriétaires ne résidant pas sur leurs terres et 40 % environ étaient aux mains des Nord-Américains et 90 % des exportations cubaines et étaient destinées aux États-Unis, qui exerçaient ainsi leur tutelle sur le pays.

Les relations entre La Havane et Washington se détériorèrent rapidement après la réforme agraire de juin 1959, qui interdisait les propriétés de plus de 40,5 ha, la nationalisation des raffineries de sucre (août 1959) et celle des raffineries de pétrole (oct. 1959). À la fin de 1960, la valeur des biens nord-américains confisqués par le nouveau régime cubain s'élevait à environ un milliard de dollars. Les États-Unis rompirent les relations diplomatiques avec Cuba et donnèrent asile et assistance aux réfugiés cubains anticastristes (plus de 200 000 dès 1961). Soumise au blocus économique des États-Unis (1961), menacée par les tentatives des émigrés soutenus par Washington (échec du débarquement dans la baie des Cochons, 16 avr. 1961) (v.), exclue de l'Organisation des États américains (conférence de Punta del Este, janv. 1962), Cuba chercha appui auprès de l'Union soviétique, qui devint le principal acheteur de sucre cubain. Mais, devant la vive réaction du président Kennedy, les Soviétiques durent renoncer à installer des fusées offensives dans l'île (oct. 1962) (v. **CUBA, crise de, oct. 1962**).

Le régime de Fidel Castro

Sous la direction de Castro, Cuba évolua rapidement vers un régime de dictature socialiste, caractérisé par la toute-puissance d'un chef charismatique, par le règne d'un parti unique, par l'extension de la bureaucratie et le rôle croissant de l'appareil policier. Des progrès remarquables furent réalisés dans les domaines de la santé publique, de la sécurité sociale et de l'éducation nationale. L'économie cubaine, en revanche, n'allait pas cesser de connaître de graves difficultés, dues à la rupture des relations économiques avec les États-Unis, à la fuite de nombreux cadres intellectuels et techniques, et aussi aux ambitions présomptueuses de Fidel Castro. Au lieu de donner la priorité à la diversification de l'agriculture, il imita l'exemple de la révolution soviétique en s'engageant dans une industrialisation que l'île, isolée, n'avait guère les moyens de mener à bien. Reconnaissant ce premier échec, il proclama la primauté de l'agriculture, en particulier de la canne à sucre.

Dans sa politique extérieure, Castro rêva longtemps d'être le propagateur de la révolution en Amérique latine, mais, après la mort de Che Guevara (1967), la dépendance économique croissante de Cuba à l'égard de l'URSS l'obligea à se conformer à la ligne soviétique, hostile à une révolution violente et déterminée à un rapprochement avec les États-Unis. En 1968, Castro approuva l'intervention soviétique en Tchécoslovaquie, et, en juill. 1972, Cuba fut admise comme membre à part entière du Comecon (v.). À partir de 1973, Castro améliora ses rapports avec les États latino-américains et avec les États-Unis, qui commencèrent à relâcher leur blocus. Castro ne faisait cependant aucune concession pour se rapprocher d'eux, et, en 1975, il envoyait un corps expéditionnaire cubain en Angola (v.) pour assurer, conjointement avec l'Union soviétique, la victoire du MPLA. L'intérêt de Cuba pour l'Afrique n'a fait que se renforcer comme l'ont confirmé les visites successives de Fidel Castro en Libye, en Éthiopie, en Angola, en Tanzanie et au Mozambique, en 1977. En dépit de ses dénégations, le corps expéditionnaire cubain a servi de relais à l'Union soviétique, notamment en Angola et en Éthiopie. Mais l'entretien de l'importante force militaire cubaine coûtait cher en dépit de l'aide soviétique, d'autant que l'économie cubaine connaissait une crise grave. Cuba, qui tirait 70 % de ses recettes de l'exportation du sucre, fut durement frappé par la chute du cours mondial. Les perturbations météorologiques du début de 1983 ont été catastrophiques. Malgré le rationnement alimentaire, il a fallu réduire encore ou supprimer les prestations sociales et augmenter les prix.

Cuba s'est montrée réticente à la perestroïka mise en place en URSS par M. Gorbatchev. Sous la pression soviétique, elle dut mettre un terme, en 1989, à son intervention en Angola. L'île a été économiquement traumatisée par l'éclatement du bloc soviétique avec lequel, en 1989, elle réalisait 84 % de ses échanges et qui lui apportait une aide correspondant à 50 % de son PNB. La pénurie de pétrole et de pièces détachées a entraîné une chute des récoltes de sucre. Les conditions de vie des Cubains se sont détériorées de façon inquiétante, le marché noir fournissant les produits nécessaires à la subsistance. Le gouvernement cubain, sans remettre en cause la direction politique par le parti unique, a entrepris des réformes : légalisation de la détention et de l'utilisation des dollars, exercice privé de certains petits métiers du commerce et de l'artisanat, instauration d'un impôt sur le revenu, création d'entreprises mixtes avec des investisseurs étrangers, notamment dans le tourisme. Cependant l'image internationale de Cuba s'est trouvée ternie par le régime policier renforcé depuis les années 1990. En juin 1989, l'exécution du général Ochoa, héros de la guerre en Angola, et de trois de ses compagnons, sous l'inculpation peu vraisemblable du trafic de drogue, a soulevé une grande émotion. Et la répression contre les opposants, notamment les intellectuels et les journalistes s'est maintenue. Cherchant à faire pression sur Washington, les autorités cubaines ont permis en août 1994, un exode maritime de milliers de Cubains vers les États-Unis, qui conclurent en sept. de la même année un accord avec Cuba par lequel ils s'engageaient à accueillir 20 000 Cubains par an.

Amorçant une timide reprise à partir de 1995 notamment grâce au tourisme, l'économie cubaine est restée entravée par l'embargo américain qu'a renforcé la loi Helms-Burton, promulguée en mars 1996 par le président Clinton et frappant de sanctions tout pays commerçant avec Cuba. La visite du pape, en janv. 1998, a manifesté la volonté du pouvoir castriste de dissiper son isolement internationale mais le Commissariat aux droits de l'homme de l'ONU a condamné le régime cubain, en avr. 1999. L'essor du tourisme a eu pour effet d'augmenter la prostitution et la criminalité, celles-ci entraînant à leur tour un renforcement de la répression. Un allégement des sanctions économiques a été voté par le Sénat américain en avr. 2000. En déc. 2001, des navires américains ont, pour la première fois depuis 1962, débarqué des vivres. Mais la répression contre les dissidents s'est durcie et, au début de 2004, la violence des propos de Castro a provoqué la rupture des liens diplomatiques de Cuba avec le Mexique.

CUBA (crise de, oct. 1962). Crise dans les relations américano-soviétiques survenue à la suite de la découverte, par un avion de reconnaissance américain, le 14 oct. 1962, de l'installation dans l'île de Cuba, par l'URSS, de rampes de lancement de fusées offensives à portée moyenne dirigées contre les États-Unis. Révélant ce fait le 22 oct., le président Kennedy décida la mise en « quarantaine » de Cuba, bloqua les navires à destination de l'île et ordonna des préparatifs pour un débarquement dans l'île. Dès le 25, Khrouchtchev amorça une reculade, et, le 28, il accepta de retirer ses fusées, sous le contrôle de l'ONU, contre un engagement américain de ne pas envahir Cuba et de retirer les missiles disposés en Turquie.

CULTUELLES (associations). La loi du 9 déc. 1905 qui avait institué la séparation de l'Église et de l'État, prévoyait que des associations fussent créées pour assurer matériellement l'exercice du culte. Elles devaient être composés en majorité de laïcs et les bâtiments et les biens ecclésiastiques devaient leur être attribués. Protestants et israélites constituèrent ces associations cultuelles tandis que les catholiques s'y refusèrent, le pape ayant rejeté la loi de séparation par l'encyclique *Vehementer* (11 févr. 1906) et interdit la formation d'associations par la bulle *Gravissimo* (10 août 1906). Le statut des biens ecclésiastiques ne fut fixé qu'en 1924 lorsque Pie XI autorisa les *associations diocésaines* qui existent toujours.

CUNO Wilhelm (* Suhl, Thuringe, 2.VII.1876, † Aumühle, près de Hambourg, 3.I.1933). Homme politique allemand. Adversaire du traité de Versailles, il succéda en nov. 1922 au chancelier Wirth à la tête d'un gouvernement conservateur et organisa la « résistance passive » contre les Français qui occupèrent la Ruhr en janv. 1923.

CURIA REGIS. En français, *Cour du roi.* Expression qui désignait le groupe des personnes que le roi consultait dans les affaires importantes. Composée de grands vassaux laïcs ou ecclésiastiques, la *Curia regis* n'avait pas de compétences définies. Elle n'était que consultative, les décisions appartenant au roi seul. À partir des XIIIe et XIVe s., la complexité croissante des affaires rendit nécessaire une organisation permanente du gouvernement. Au sein de l'*Hôtel du roi* on dissocia le service domestique du roi et l'administration de l'État ; pour les besoins de cette dernière sont apparus le Conseil du roi (v.), le parlement (v.) et la Chambre des comptes. Voir **Cour des comptes**.

CURZON (ligne). En déc. 1919, à la conférence des ambassadeurs alliés, Lord Curzon, secrétaire au Foreign Office, proposa comme frontière orientale du nouvel État polonais une ligne passant par Suwalki, Grodno, Brest-Litovsk, le cours moyen du Bug, et à l'E. de Przemysl. À la suite des succès polonais dans la guerre contre les Soviétiques (août 1920), la frontière fut reportée de 150 à 200 km plus à l'E. Mais la frontière qui a été imposée par l'URSS à la Pologne en 1945 suit approximativement la ligne Curzon.

CURZON OF KEDLESTON, George Nathaniel, 1er marquis (* Kedleston, Derbyshire, 11.I.1859, † Londres, 20.III.1925). Homme politique anglais. Député conservateur aux Communes (1886), vice-roi des Indes de 1899 à 1905, il lutta contre la pénétration russe en Asie centrale et étendit l'influence britannique au Tibet (1903/04). Membre des cabinets de guerre d'Asquith et de Lloyd George, ministre des Affaires étrangères (1919/24), il proposa en déc. 1919, comme frontière orientale de la Pologne, la « ligne Curzon » (v.). Il essaya vainement d'empêcher l'invasion de la Turquie par les Grecs et fut le principal artisan du traité de Lausanne (1923). Vivement opposé à Poincaré, il condamna l'occupation de la Ruhr par la France et contribua à l'élaboration du plan Dawes pour le redressement financier et économique de l'Allemagne.

CUSTER George Armstrong (* New Rumley, Ohio, 1839, † Little Bighorn, 25.VI.1876). Général américain. Il révéla sa valeur dans le camp nordiste durant la guerre de Sécession ; ses opérations contre les Sioux furent beaucoup plus contestées. Il tomba avec 200 hommes au combat de Little Bighorn contre les Indiens.

CUSTINE Adam Philippe, comte de (* Metz, 4.II.1740, † Paris, 27.VIII.1793). Général français. Il se distingua durant la guerre de Sept Ans et la guerre de l'Indépendance américaine (notamment à Yorktown). Député de la noblesse lorraine aux États généraux, il se rallia à la Révolution. Commandant de l'armée du Rhin (1792/93), il s'empara de Spire, Mayence et Francfort ; mais, battu par les Prussiens près d'Hochheim (1793) et accusé d'avoir mal défendu Mayence, il fut rappelé à Paris, condamné à mort et exécuté.

CUZA Alexandre-Jean Ier (* Husi, Moldavie, 20.III.1820, † Heidelberg, 15.V.1873). Premier prince de Roumanie (1859/66). Après avoir fait ses études à Paris et en Italie, ce descendant d'une vieille famille moldave siégea au divan de Bucarest en 1858 et fut élu successivement prince de Moldavie et prince de Valachie en janv./févr. 1859. La Turquie le reconnut comme souverain des Principautés danubiennes en 1861. Il entreprit l'expropriation des monastères, le partage des terres et l'abolition du servage, mais une coalition des possédants le força à abdiquer (févr. 1866).

CYCLADES. Archipel grec de la mer Égée, qui comprend une vingtaine d'îles formant une sorte de cercle (d'où leur nom de *Cyclades*), autour de l'île de Syros. Les îles les plus intéressantes au point de vue historique sont celles de Délos, de Tinos, de Naxos, de Paros, de Mélos et de Théra-Santorin. Vers le milieu du IIIe millénaire, les Cyclades furent un des premiers foyers de la civilisation égéenne grâce à leurs richesses minérales (obsidienne de Mélos, marbre et minerai cuprifère de Paros et de Naxos, émeri de Naxos...) et surtout grâce à leur position géographique entre l'Asie Mineure (Troie), la Grèce continentale et la Crète. Comme pour la préhistoire de la Crète et de la Grèce centrale (v. **Mycénienne, civilisation**), on distingue pour les Cyclades trois périodes : cycladiques ancien (vers 3300/2000 av. J.-C.), moyen (vers 2000/1550) et récent (vers 1550/1050).

C'est au cours de la première période que la civilisation des Cyclades manifesta le plus vivement son originalité. En cette aube de l'âge du métal, le cuivre et le bronze étaient encore très rares ; c'est dans l'outillage lithique et surtout dans la céramique et la statuaire que s'affirma la créativité des populations égéennes : vases taillés dans la pierre ; idoles féminines dites cycladiques, d'une simplicité et d'une stylisation singulières ; statuettes de musiciens, de harpistes, de joueurs de lyre et de flûte. À la fin du IIIe millénaire, les marins des Cyclades devaient jouer un rôle capital dans le commerce égéen, où se répandit notamment l'outillage en obsidienne de Mélos et une abondante céramique décorée du thème de la spirale. Mais le principal rôle de la civilisation cycladique fut de diffuser l'usage du métal et ses premières techniques en Crète et dans le Péloponnèse. Au IIe millénaire, les Cyclades subirent à leur tour l'influence des autres civilisations égéennes : celle de la Crète, d'abord, puis celle de Mycènes. À l'époque classique de la Grèce, la plupart des Cyclades firent partie de la Confédération athénienne, qui avait pour siège Délos.

CYNOSCÉPHALES, c'est-à-dire *Têtes de chien*. Nom de deux hauteurs de Thessalie, à l'E. de Pharsale, où furent livrées deux batailles importantes de l'Antiquité grecque : *a)* victoire du général thébain Pélopidas sur Alexandre, tyran de Phères (364 av. J.-C.) ; *b)* victoire du général romain Flamininus sur Philippe V de Macédoine (juin 197 av. J.-C.). Philippe V dut prendre la fuite, après avoir perdu la moitié de son armée. L'année suivante, Flamininus proclamait à Corinthe la liberté des Grecs, délivrés de la domination macédonienne.

CYRANKIEWICZ Josef (* Tarnow, 23.IV.1911, † Varsovie, 20.I.1989). Homme politique polonais. Ancien étudiant de l'université de Cracovie, militant socialiste, il participa dès 1940 à la résistance contre les Allemands dans la région de Cracovie et fut déporté de 1941 à 1945 au camp de concentration de Mauthausen. Secrétaire général du parti socialiste polonais de 1945 à 1948, il fut l'artisan de la fusion du parti socialiste avec le parti communiste et devint secrétaire du Comité central du parti des travailleurs polonais unifié en 1948. Président du Conseil (1947/52, 1954/70) il fut enfin président du Conseil d'État (1970/72).

CYRÉNAÏQUE. Partie orientale de la Libye ; principale ville : *Benghazi*. Dans l'Antiquité, elle fut colonisée par les Grecs à partir du VIIe s. av. J.-C. ; à ses cinq plus importantes cités, qui formaient une pentapole (« groupe de cinq cités » : Cyrène, Apollonia, Barca Teuchira-Arsinoé et Euhespérides-Bérénice (Benghazi), s'ajoutèrent plus tard Ptolémaïs et Darnis. La Cyrénaïque passa sous l'autorité des Ptolémées d'Égypte, mais réussit toujours, après la brève sécession de Magas (vers 275/250 av. J.-C.), à conserver une relative autonomie ; devenue romaine (96 av. J.-C.), elle fut réunie à la Crète en une seule province (27 av. J.-C.). Au début du IIe s. de notre ère, elle fut troublée par la révolte de son importante colonie juive. Conquise en 642 par les Arabes, qui lui donnèrent le nom de la ville de Barca, elle passa au XVIe s. sous la suzeraineté turque mais ne fut officiellement annexée à l'Empire ottoman qu'en 1835. Cédée à l'Italie à la suite de la guerre italo-turque de 1912, elle fut remarquablement mise en valeur à partir de 1925 par 50 000 colons italiens. Dévastée par les batailles du désert entre Britanniques et forces de l'Axe (1940/42), la Cyrénaïque fut annexée en 1951 à la Libye indépendante.

CYRILLE (* Thessalonique, vers 827, † Rome, 14.II.869) et son frère **MÉTHODE** (* Thessalonique, vers 825, † Hradish, 6.IV.885) saints. Prêtres grecs qui évangélisèrent les Slaves. Voir **SLAVES**. La conversion des Slaves.

CYRUS II le Grand (vers 559/530 av. J.-C.). Fondateur de l'Empire perse. Petit-fils de Cyrus Ier, fils de Cambyse Ier, il ne régnait, à son avènement, que sur une petite principauté de l'Iran méridional, vassale du roi des Mèdes, Astyage. Avec l'aide de Nabonide, roi de Babylone, Cyrus se révolta vers 553 contre Astyage. En 550, il l'emporta et s'empara d'Ecbatane. Après avoir réalisé l'union des Mèdes et des Perses, il commença, en 548, la conquête de l'Orient, achevée en moins de vingt ans par une série de campagnes foudroyantes. Attaqué par Crésus, roi de Lydie, Cyrus lança ses chameliers contre la cavalerie lydienne, qui fut vaincue dans la plaine de l'Hermos ; il prit Sardes (546), détrôna Crésus et annexa la Lydie. Vers l'est, il étendit sa domination jusqu'à l'Indus et l'Iaxarte. Ses généraux occupèrent toute l'Asie Mineure, où la Cilicie, la Lycie, la Carie, la Phrygie firent leur soumission, de même que les villes grecques d'Ionie. En 539, les Perses entraient dans Babylone, mettant fin à l'Empire néobabylonien. C'était un bouleversement politique sans précédent dans toute l'Asie occidentale, réunie pour la première fois sous un maître unique. Grand conquérant, Cyrus sut se montrer habile : tout en rendant la liberté aux Juifs déportés à Babylone, qui purent revenir, par petits groupes, en Palestine, il montra le plus grand respect pour les traditions religieuses babyloniennes. Cependant, il dut lutter encore pour préserver ses frontières du Nord-Est contre les peuples nomades de la Haute-Asie. Il fut tué au cours d'une campagne contre les Massagètes. Son tombeau fut édifié à Pasargades. Son successeur fut Cambyse II.

CYRUS le Jeune (* vers 424, † Counaxa, Babylonie, 401 av. J.-C.). Fils cadet de Darius II, qui lui attribua, en 407, les satrapies de Lydie, de Phrygie et de Cappadoce. Lorsque son frère aîné monta sur le trône, sous le nom d'Artaxerxès II (404), Cyrus, qui aspirait au trône, soutenu par sa mère, la reine Parysatis, et peut-être une partie de la cour, se révolta et engagea des mercenaires grecs, conduits par Cléarque (401). Il fut vainqueur à la bataille de Counaxa mais périt dans le combat. L'aventure de Cyrus le Jeune, restée célèbre par la retraite des Dix Mille, fut relatée par Xénophon dans *L'Anabase*.

CZARTORYSKI. Famille princière polonaise, originaire de Lituanie, installée à partir de 1490 en Volhynie. Convertie à la religion catholique romaine au début du XVIIe s., elle eut dès lors une grande influence sur la vie politique polonaise. Au XVIIIe s., avec Michel Fryderik Czartoryski (* 1696, † 1775), les Czartoryski furent à la tête d'un parti réformateur qui demandait la libération des paysans et le renforcement de l'autorité royale. Constance Czartoryski épousa le comte Poniatowski et eut pour fils Stanislas-Auguste, dernier roi de Pologne, de 1764 à 1795.

D

DACHAU. Ville de Bavière. En mars 1933, Himmler (v.), alors chef de la police en Bavière, y fonda le premier camp de concentration SS du IIIe Reich. D'abord destiné à des Allemands antinazis, Dachau reçut pendant la Seconde Guerre mondiale des déportés appartenant aux diverses nations de l'Europe occupée. Malgré la destruction des archives, on estime entre 80 000 et 200 000 le nombre de prisonniers qui y furent détenus entre 1933 et 1945, et à plus de 30 000 le nombre des morts. Les survivants furent libérés par l'armée américaine le 24 avr. 1945.

DACIE. Région au N. du Danube correspondant à la Roumanie actuelle ; ce pays habité par les Daces, un peuple indo-européen, a été conquis par l'empereur Trajan (101/107 apr. J.-C.). La Dacie devint une province romaine, dont Rome exploita les mines d'or. Voir ROUMANIE. Les origines de la nation roumaine.

DAGHESTAN. République de la Fédération de Russie située dans le Nord-Caucase ; capitale *Makhatchkala*. Le Daghestan, qui rassemble une trentaine de nationalités différentes, fut cédé à la Russie par la Perse en 1813, mais resta troublé par de nombreuses révoltes locales jusqu'en 1877. La république autonome, créée en 1921, obtint, en mai 1991 le statut de république. La diversité ethnique du Daghestan pourrait, à terme, menacer sa stabilité. Ainsi, les Lezghiens du sud de la république réclament, notamment, l'union avec l'Azerbaïdjan. Depuis 1994, les guerres de la Tchétchénie voisine posent de nombreux problèmes : afflux de réfugiés, crise économique et, depuis 1999, combats sur le propre sol de la république.

DAGOBERT Ier (* vers 604, † Saint-Denis, 639). Roi des Francs (628/39). Fils aîné de Clotaire II qui le fit roi d'Austrasie (622). À la mort de son père, il se fit reconnaître roi de Neustrie mais dut abandonner l'Aquitaine à son frère cadet Caribert ; à la mort de celui-ci (631), il réannexa immédiatement les provinces abandonnées, reconstituant ainsi l'unité du royaume franc, dont il établit la capitale à Paris. Il fut le dernier Mérovingien à exercer personnellement le pouvoir, entouré de conseillers de qualité (les futurs st Ouen et st Éloi). Sa politique extérieure connut des succès : traité d'amitié avec l'empereur byzantin Héraclius (629), soumission des Gascons révoltés (637), suzeraineté imposée au chef breton Judicaël (638), mais il fut moins heureux contre les Slaves et dut, pour les contenir, faire des concessions aux Saxons. Il dut aussi, sous la pression de l'aristocratie, reconnaître l'indépendance de l'Austrasie (634) et placer à sa tête son fils aîné, Sigebert. Avant de mourir, il assura à son cadet, Clovis II, la Neustrie et la Bourgogne. Ainsi fut consommé le partage entre Francs occidentaux et Francs orientaux.

DAGUERRE Louis Jacques Mandé (* Cormeilles-en-Parisis, Val-d'Oise, 18.X.1787, † Brie-sur-Marne, 10.VIII.1851). Inventeur français. En 1838, il mit au point le *daguerréotype*, ancêtre de la photographie : l'appareil fixait les images sur une plaque de cuivre argenté, soumise à des vapeurs d'iode puis, après une longue pause , à des vapeurs de mercure. Présentée à l'Académie des sciences par Arago, l'invention valut à Daguerre une rente d'État. Le système, devenu propriété de l'État, resta en usage jusque dans les années 1860.

DAHOMEY. Ancien royaume africain de la côte du golfe de Guinée, baptisé Bénin, du nom de sa capitale, le 1er déc. 1975. Voir BÉNIN.

DAIGO II ou **GO-DAIGO.** Empereur du Japon (1319/38). Voir JAPON. Le Japon féodal.

DAIMYÔ. Grands barons féodaux de l'époque d'Edo (1603/1867) Voir JAPON. Le Japon féodal.

DALADIER Édouard (* Carpentras, 18.VI.1884, † Paris, 10.X.1970). Homme politique français. Député radical-socialiste du Vaucluse (1919/40, 1946/58). Ministre de la Guerre (1932/34), puis de la Défense nationale (1936/40), président du Conseil (1933 et 1934), il contribua à la création du Front populaire et succéda à Léon Blum en avr. 1938 ; signataire des accords de Munich en sept., il décida l'entrée en guerre de la France contre l'Allemagne (3 sept. 1939). Démissionnaire le 20 mars 1940, arrêté par les autorités de Vichy en sept., déporté en mars 1943, il ne fut libéré qu'en avr. 1945. Constamment réélu député sous la IVe République, il n'exerça plus de fonctions ministérielles.

DALAÏ-LAMA. Chef du bouddhisme tibétain depuis Gedungruppa († 1474). Voir TIBET.

D'ALEMA Massimo (Rome, 20.IV.1949). Homme politique italien. Issu du parti communiste italien, il participa à sa transformation en parti démocratique de la gauche (PDS). Il fut l'un des artisans de la coalition de l'Olivier, qui remporta les élections de 1996 autour de Romano Prodi, qu'il remplaça à la présidence du Conseil en 1998. Réélu en 1999, il démissionna de son poste en 2000, après une défaite de sa coalition aux élections régionales. Voir ITALIE. La vie politique après 1945.

DALHOUSIE James Andrew Broun Ramsay, 1er marquis de (* Dalhousie Castle, près d'Édimbourg, 22.IV.1812, † Dalhousie Castle, 19.XII.1860). Homme politique anglais. Favorable à la politique libre-échangiste de Peel, il entra dans son cabinet en déc. 1845, puis fut nommé gouverneur général des Indes (1848/56), après qu'il eut obtenu la garantie de sa totale indépendance. Surnommé « le Grand Proconsul », il étendit et consolida la présence britannique dans la péninsule indienne, par des conquêtes successives : le Pendjab (défaite des sikhs, 1849), la province de Pegu et son port, Rangoon (deuxième guerre birmane, 1852/53), ainsi que de nombreux États princiers sans héritier mâle, proclamant le droit pour l'Angleterre de les administrer : Satara (1848), Jaitpur et Sambalpur (1849), Baghat (1850), Udaipur (1852), Jhansi (1853) et Nagpur (1856). Il annexa enfin l'Oudh en 1856, sous prétexte de redresser la mauvaise gestion indigène. Il entreprit parallèlement une vaste politique d'unification administrative et de grands travaux : routes, canaux, chemins de fer (première ligne en 1853), installation de câbles télégraphiques (Calcutta-Agra, 1854).

DAMAS, *Dimachq*. Capitale de la Syrie. Déjà mentionnée dans la *Genèse*, elle fut conquise au XVIe s. av. J.-C. par les Égyptiens, puis par David. Elle devint la capitale d'un puissant État araméen indépendant, souvent en guerre contre les Israélites à partir du IXe s. Elle passa ensuite successivement sous domination assyrienne (732 av. J.-C.), perse, macédonienne (332) et fut ensuite intégrée à l'empire des Séleucides. Elle fut conquise par Pompée en 64 av. J.-C. Incluse dans l'empire d'Orient, la ville fut prise par les musulmans en 635 de notre ère et devint la capitale du califat omeyyade (661/750) : la Grande Mosquée des Omeyyades (705) fut un des premiers chefs-d'œuvre de l'architecture musulmane. Célèbre pour ses productions de tissus (les « damas ») et d'armes à l'acier « damasquiné », Damas fut un enjeu permanent des croisades. Vainement assiégée par les Francs en 1148, elle passa en 1154 à Nour ed-Din puis à son successeur Saladin. En 1260, elle fut conquise par les Mongols et mise à sac en 1401 par Tamerlan. En 1516, Sélim Ier l'incorpora à l'Empire ottoman. Conquise par les Anglais en 1918, elle devint la capitale du mandat exercé par les Français, qui réprimèrent violemment une révolte druze en 1925/26. En 1946, elle devint la capitale de l'État indépendant de Syrie (v.).

DAMASKINOS Dimitrios Papandreou (* Dorvitsa, près de Lépante, 3.III.1891, † Athènes, 20.V.1949). Prélat et homme politique grec. Archevêque d'Athènes et primat de Grèce (1938), il résista à l'occupation allemande et exerça la régence après la libération de la Grèce, jusqu'au retour du roi Georges II (31 déc. 1944/1er sept. 1946).

DAMES (paix des). Signée le 5 août 1529, elle mit fin à la seconde guerre entre la France et la maison d'Autriche. Voir **CAMBRAI (paix de).**

DANDOLO Enrico (* Venise, vers 1107, † Constantinople, 14.VI.1205). Élu doge de Venise à l'âge de quatre-vingt-cinq ans, il fut l'un des chefs de la quatrième croisade, qu'il détourna vers Constantinople (v. CROISADES). Après la prise de la ville, il obtint pour Venise une série de bases navales, la plupart des îles de l'archipel grec et le privilège de tout le commerce avec l'Orient, et rapporta à Venise de nombreux chefs-d'œuvre artistiques enlevés à Byzance. Son tombeau, qui se trouvait à Sainte-Sophie, fut détruit par les Turcs en 1453.

DANEMARK, *Danmark*. État de l'Europe septentrionale, composé de la péninsule du Jutland (Jylland) et de diverses îles de la Baltique, dont celles de Sjaelland, Fyn, Lolland, Falster, de Langeland et de Bornholm ; capitale *Copenhague (København) sur l'île Sjaeland.*

Les origines de l'État danois (jusqu'au XIe s.)

Les plus anciens vestiges préhistoriques du Danemark ont été retrouvés à Bromme, dans l'île de Sjaelland, où, vers 10000 avant notre ère, existait un campement de chasseurs de rennes, dont l'industrie lithique est proche du hambourgien d'Allemagne du Nord. Aux cultures mésolithiques succéda l'âge du bronze, qui commença au Danemark vers 1800 av. J.-C. Les tombes du Jutland, notamment celle de Storhöj, à Egtved, découverte en 1921, ont apporté de précieux renseignements sur le costume à cette époque ; de beaux objets d'art, tel le chariot solaire de Trundholm (île de Sjaelland), attestent le raffinement de cette civilisation du bronze qui se prolongea sans bouleversements jusqu'à la seconde moitié du Ier millénaire avant notre ère. Le Danemark est riche également en monuments mégalithiques (3 500 dans la seule île de Sjaelland), qui datent de la période néolithique (vers 4000 av. J.-C.).

Au début de l'ère chrétienne, le Danemark était occupé par divers peuples germaniques, les Cimbres, les Jutes et les Angles. Les Vikings, descendus de

Scandinavie, commencèrent à s'installer dans le pays vers 500 apr. J.-C. et chassèrent les Angles et les Jutes (v.). Les Danois prirent une grande part aux expéditions des Vikings en Europe occidentale et en Russie (v. **Normands**). C'est seulement vers la fin du VIIIe s. que les clans danois commencèrent à former un royaume qui s'étendait également sur le sud-ouest de la Suède et sur le Schleswig. L'expansion des Francs vers la Baltique fut arrêtée par le roi Gudfred ou Göttrik († 810). Son successeur, Hemming signa avec l'Empire carolingien le traité de 811, qui fixait sur l'Eider la frontière méridionale du Danemark protégée par la ligne fortifiée du Danevirke ou Dannewerk. La conversion des Danois au christianisme fut confirmée avec le baptême de Harald à la Dent bleue, vers 960.

Le royaume de Danemark était devenu une puissance redoutable de l'Europe septentrionale. Déjà Harald († vers 985) était intervenu en Norvège ; son fils, Sven Ier à la Barbe fourchue, entreprit la conquête de l'Angleterre en 1013, achevée par Canut le Grand (v.), son fils (1016). Reconnu roi au Danemark (1018), il soumit la Norvège (1028) et s'assura ainsi la maîtrise complète de la mer du Nord. Mais l'Empire danois ne survécut guère à la mort de Canut en 1035. Dès 1042, l'Angleterre se libéra des Danois, qui perdirent également la Norvège. En revanche, la cession du Schleswig par l'empereur Conrad II (1035) ne fut pas remise en cause, jusqu'en 1864.

Des conquêtes des Valdemar à l'Union de Kalmar (1157/1397)

Après un retour au morcellement politique, le renouveau de la puissance danoise commença avec Valdemar Ier le Grand (1157/82), qui établit une monarchie héréditaire consacrée par l'Église. Sous son règne et sous ses successeurs, Canut VI (1182/1202) et Valdemar II (1202/41), se constitua un nouvel empire danois, orienté cette fois vers la Baltique. Le Danemark conquit successivement l'île de Rügen (1168), le Mecklembourg (1184/88), le Holstein, la Poméranie, le Lauenburg et enfin l'Estonie (1219). En 1214, Valdemar II avait obtenu de Frédéric II de Hohenstaufen l'abandon des terres d'Empire situées entre l'Elbe et l'Eider. Mais les conquêtes d'Allemagne du Nord furent perdues après la défaite de Bornhöved (1227) contre un vassal allemand. Le Danemark ne conserva provisoirement de son éphémère Empire balte que Rügen, perdue en 1325, et l'Estonie, abandonnée en 1346 à l'ordre Teutonique. Cet échec extérieur provoqua une crise de la monarchie, qui cessa d'être héréditaire et, à partir de 1250, dut compter avec une assemblée nobiliaire, dont les pouvoirs furent officiellement reconnus par la charte de 1282. Le redressement n'eut lieu que sous Valdemar IV (1340/75) ; mais celui-ci ne réussit pas à briser l'hégémonie commerciale de la Hanse germanique (paix de Stralsund, 1370).

La mort de Valdemar ouvrit une nouvelle crise de succession, mais sa fille, la régente Marguerite, exerça énergiquement le pouvoir au nom de son propre fils, Olaf. Celui-ci mourut en 1387, mais Marguerite, veuve d'Haakon VI de Norvège, se fit proclamer reine de Danemark et de Norvège (1387), s'imposa en Suède (1389), et assura la succession au trône dans les trois États à son petit-neveu, Éric de Poméranie : ce fut l'Union de Kalmar (1397), qui réunissait désormais en un seul État le Danemark, la Suède et la Norvège.

Les luttes avec la Suède (XVe/XVIIe s.)

L'union du Danemark et de la Norvège devait durer jusqu'en 1814, mais il n'en fut pas de même avec la Suède. La politique antiallemande des rois de Danemark heurtait les intérêts commerciaux suédois, fondés sur les relations avec la Hanse. En 1448 à l'extinction de la maison de Valdemar et à l'avènement de la maison d'Oldenburg, avec Christian Ier (1448/81), la Suède fit sécession de l'Union. Jean (1481/1513) et Christian II (1513/23) tentèrent vainement d'anéantir l'indépendance suédoise : les cruautés de Christian II (« bain de sang » de Stockholm, 1520) n'eurent d'autre résultat que de provoquer une révolte nationale, conduite par Gustave Vasa, et la Suède fut définitivement perdue en 1523. Frédéric Ier (1523/33) et Christian III (1533/59), se rallièrent ouvertement à la Réforme luthérienne. (v. **Protestantisme.** La Réforme dans l'Europe du Nord.)

Depuis la rupture de l'Union de Kalmar, l'hostilité régnait à l'état endémique entre le Danemark et la Suède. La guerre de 1563/70 se termina par la paix blanche de Stettin, mais, sous le long règne de Christian IV (1588/1648), le Danemark connut de sérieux revers. Après une première période d'hostilités (1611/13) et une intervention malheureuse dans la guerre de Trente Ans aux côtés des protestants allemands (1625/29), Christian IV fit un effort désespéré pour empêcher la Suède de devenir la première puissance du Nord. Une nouvelle guerre (1643/45) vit l'invasion du Jutland par les Suédois et s'acheva par la paix de Brömsebro (1645) : le Danemark fut contraint d'abandonner les provinces norvégiennes de Jämtland et de Härjedalen, ainsi que les îles de Gotland et d'Ösel et le libre passage dans le Sund.

Frédéric III (1648/70) crut pouvoir prendre sa revanche à la faveur de la guerre entreprise par Charles X de Suède contre la Pologne. Mais les Danois subirent encore de graves défaites ; au cours d'un terrible hiver, l'armée suédoise franchit les Belt, bloqués par les glaces, et vint mettre le siège devant Copenhague. Par les traités de Roskilde (1658) et de Copenhague (1660), le Danemark dut céder la Scanie et le Halland, abandonnant la suprématie dans la Baltique à la Suède. Mais ces défaites n'affaiblirent pas la monarchie. Le XVIIe s. fut le siècle de l'absolutisme royal (Constitution du 14 nov. 1665), système qui avait l'appui total de la bourgeoisie et du clergé luthérien. Cependant, le Danemark ne se résignait pas à son effacement devant la Suède. Lors de la grande guerre du Nord (1700/21), Frédéric IV (1699/1730) forma une coalition avec le tsar Pierre le Grand et Auguste II de Pologne, dans l'espoir d'abattre le jeune Charles XII et de récupérer la Scanie. Il suffit de quelques semaines à Charles XII pour obliger le Danemark à capituler (paix de Traventhal, 8 août 1700) ; mais, après la mort du roi de Suède (1718), le Danemark réussit à obtenir une partie des péages du Sund.

Le « despotisme éclairé » du XVIIIe s.

La monarchie absolue réalisa une série de réformes administratives, financières et sociales, au détriment de la noblesse, déjà affaiblie par la Constitution de 1665. La bourgeoisie danoise et des aristocrates allemands en furent les acteurs et les bénéficiaires. Parmi eux, Struensee, profitant de la faiblesse de Christian VII (1766/1808), réalisa les réformes les plus hardies avec l'abolition du servage et des corporations (1788), la liberté de la presse et la tolérance religieuse. Le commerce international profita à la bourgeoisie, grâce à l'acquisition de comptoirs aux Antilles et à la création, en 1736, d'une banque destinée à soutenir les affaires en Amérique et en Asie.

Des guerres napoléoniennes à l'affaire des Duchés (1800/64)

En déc. 1800, l'entrée du Danemark dans la ligue des Neutres consomma la rupture avec l'Angleterre, dont la flotte attaqua Copenhague et détruisit la plus grande partie de la flotte danoise (1801) ; en sept. 1807, les Anglais bombardèrent par surprise Copenhague. Devenu l'allié de Napoléon, le Danemark dut signer en 1814 la paix de Kiel, qui lui enleva la Norvège (celle-ci fut réunie à la Suède), mais il reçut la Poméranie suédoise, qu'il échangea avec la Prusse contre le duché de Lauenburg. Le congrès de Vienne accorda en outre au roi de Danemark la possession personnelle du Schleswig et du Holstein (le roi entra ainsi dans la Confédération germanique) (v. **Schleswig-Holstein**.)

Ces territoires durent être cédés à l'Autriche et à la Prusse par le traité de Vienne (30 oct. 1864), après la défaite danoise dans la guerre des Duchés. Le Schleswig septentrional devait revenir au Danemark, après plébiscite, en 1920.

La démocratie danoise depuis le XIXe s.

Après 1815, l'absolutisme royal entra en crise. L'agitation consécutive aux révolutions européennes de 1848 contraignit Frédéric VII à accorder une Constitution libérale (5 juin 1849), révisée dans un sens conservateur en 1866. Dès lors commença un long conflit entre les deux chambres du Parlement danois : le *Folketing*, élu au suffrage universel, où la prédominance des libéraux ne cessait de s'affirmer, *et le Landsting*, élu au suffrage restreint, où prédominaient les conservateurs. Malgré l'opposition du *Folketing*, le conservateur Estrup, avec l'appui de Christian IX, réussit à se maintenir au pouvoir pendant vingt ans (1875/94). C'est seulement après la défaite écrasante des conservateurs, en 1901, que le roi s'inclina devant le régime parlementaire et appela au pouvoir les partis de gauche. Mais il fallut encore des années de lutte pour obtenir la Constitution du 5 juin 1915, qui étendait le suffrage universel aux élections des deux chambres, et donnait le droit de vote aux femmes.

Dans la période de l'entre-deux-guerres, le Danemark, qui était resté neutre de 1914 à 1918, fut dirigé presque constamment par les sociaux-démocrates, avec Thorvald Stauning, Premier ministre de 1924 à 1926 et de 1929 à 1942. Occupé sans combats par les Allemands le 9 avr. 1940, le Danemark reçut d'abord de Hitler un régime de faveur et conserva son roi, ses institutions parlementaires et son Premier ministre social-démocrate. La situation changea après le déclenchement de la guerre contre l'URSS (juin 1941). Les Allemands obligèrent le gouvernement danois à signer le pacte Antikomintern (automne 1941). Des mouvements de résistance se constituèrent et le chef des conservateurs, Christmas Möller, passa en Angleterre. Des élections libres eurent lieu encore en mars 1943, mais l'activité croissante de la Résistance décida le commissaire allemand Best à supprimer les libertés politiques (août 1943) et à placer le roi sous surveillance dans son palais. Les forces allemandes au Danemark capitulèrent le 4 mai 1945 et le pays fut occupé par les Britanniques, cependant que les Soviétiques s'installaient dans l'île de Bornholm.

L'Islande, rattachée en 1830 à la couronne danoise, avait obtenu en 1918 un statut d'autonomie. Elle proclama son indépendance totale en 1944. Après la guerre, le Danemark entra dans l'Alliance atlantique (1949) ; ayant pour principal partenaire commercial l'Angleterre, il adhéra à l'Association européenne de libre-échange (1959) ; l'agriculture danoise, longtemps pauvre, sut accomplir au XXe s. un important effort de modernisation, et, en 1970, elle assurait encore les trois quarts des exportations du pays. Elle a souffert des barrières du Marché commun, qui gênèrent ses exportations vers l'Allemagne fédérale. En oct. 1972, le peuple danois ratifia par un référendum l'entrée du pays dans la Communauté économique européenne, en même temps que l'Angleterre.

De la fin de la Seconde Guerre mondiale à 1968, les sociaux-démocrates dirigèrent le pays sans interruption, puis alternèrent avec les conservateurs libéraux. En juin 1992, un premier référendum rejeta l'adhésion au traité de Maastricht. Poul Schlüter, Premier ministre conservateur depuis 1982, démissionna en janv. 1993 et fut remplacé par un social-démocrate, Poul Rasmussen, à la tête d'une coalition de centre gauche. Artisan d'un « compromis national », celui-ci négocia une adaptation du traité qu'il réussit à faire accepter, par 56,8 % des voix le 18 mai 1993. À l'issue des élections législatives de mars 1998, les sociaux-démocrates se maintinrent de peu au pouvoir. Les Danois ratifièrent à 55,1 % par référendum le traité d'Amsterdam (v.), en mai 1998, tout en continuant à bénéficier d'un régime spécial. En sept. 2000, un référendum portant sur l'adhésion à l'euro, exclue des précédents traités, aboutit à la victoire du non (53,1 %). Cette défaite déstabilisa le Premier ministre P. Rasmussen et le parti social-démocrate, en même temps qu'elle servit de tremplin à une formation d'extrême droite, le parti du peuple danois (DFP), dirigé par Pia Kjaersgaard. En janv. 2001, le *Folketing* ratifia le traité de Nice.

D'ANNUNZIO Gabriele (Pescara, 12.III.1863, Gardone, lac de Garde, 1er.III.1938). Écrivain et homme politique italien. Chantre de l'héroïsme, adepte d'une esthétique de la violence, proche dans un premier temps d'un cosmopolitisme « décadent », il se rallia au nationalisme en 1908/10. Engagé volontaire en 1915, il occupa en 1919, avec les *arditi*, le port de Fiume. Bien que son emphase nationaliste eût préparé le terrain aux fascistes, il fut progressivement écarté par ceux-ci, et se retira dans sa villa du Vittoriale. Voir **FASCISME.**

DANTON Georges Jacques (* Arcis-sur-Aube, Champagne, 26.X.1759, † Paris, 5.IV.1794). Homme politique français. Avocat au Conseil du roi (1787), député du tiers aux États généraux, il fut l'un des fondateurs du club des Cordeliers. Menacé d'arrestation, il dut se réfugier quelque temps en Grande-Bretagne (1791). Procureur adjoint de la Commune de Paris, il devint ministre de la Justice dans le Conseil exécutif en 1792 et agit en véritable chef de gouvernement contre l'invasion prussienne. Il fut accusé – mais s'en défendit – d'avoir été l'instigateur des massacres de Septembre. Député de Paris à la convention (sept. 1792), il fut attaqué par les Girondins qui le dénonçaient, non sans raisons, comme un ministre concussionnaire ; cette hostilité le rejeta vers les Montagnards, dont il était loin de partager l'extrémisme. Président de fait du Comité de salut public en avr. 1793, il en fut évincé en juill. À la tête du groupe des « Indulgents », il s'opposa à la Terreur jacobine. Celle-ci eut raison de lui et de ses amis (Desmoulins, Fabre d'Églantine, Hérault de Séchelles), arrêtés dans la nuit du 29 au 30 mars 1794, condamnés à mort et guillotinés le 5 avr., à la suite d'un procès houleux.

DANTZIG. Ville de Pologne, aujourd'hui Gdansk, sur la Baltique, à l'embouchure de la Vistule. Voir **GDANSK.**

DARDANELLES (expédition des, 1915/16). Expédition menée par les Alliés, en vue de forcer les détroits (v.) des Dardanelles et du Bosphore, contrôlés par les Allemands et les Ottomans. Le déblocage des Détroits devait permettre l'acheminement d'armes et de munitions à l'armée russe sous-équipée. À l'instigation du premier Lord de l'Amirauté, Winston Churchill, l'expédition, préparée dans la précipitation, sans moyens suffisants, commença le 18 mars 1915. Mais la flotte anglo-française ne put forcer les Dardanelles. Les Alliés finirent par débarquer sur la presqu'île de Gallipoli le 25 avril 1915, mais ne parvinrent jamais à pénétrer au-delà de 5 km dans les terres, du fait de la résistance turque menée par Mustapha Kémal et un état-major allemand. L'évacuation fut décidée et réalisée par étapes, de décembre 1915 à janvier 1916. L'expédition, qui mit hors de combat 213 000 Britanniques et 27 000 Français, entraîna la démission de Churchill et contribua à la chute du cabinet Asquith (déc. 1915).

DARFOUR. Province la plus occidentale de la république du Soudan ; capitale *El-Fâcher*. Voie de passage traditionnelle entre le lac Tchad et le Nil, la région était parcourue par des caravanes égyptiennes dès la fin du IIIe millénaire av. J.-C. Christianisé du Xe au XIIIe s., le Darfour passa ensuite à l'islam. Gouverné à partir du XVIIe s. par des sultans indépendants, le Darfour lutta à la fois contre le Ouadaï et contre les mamelouks d'Égypte ; en 1799, le sultan Abd er-Rahman el-Rachid entra en relations avec Bonaparte, qui lui demanda 2 000 soldats pour son armée. Le Darfour fut conquis en 1874, au nom de l'Égypte, par le puissant marchand d'esclaves Zobéir, passa ensuite sous la domination du Mahdi et, après la défaite de celui-ci, fut placé sous l'administration anglo-égyptienne du Soudan (1899).

DARIUS Ier le Grand. Roi de Perse (522/486 av. J.-C.). Fils du satrape de Parthie, il appartenait à une branche collatérale de la famille royale des Achéménides. Après s'être imposé par la force à la mort de Cambyse (522), Darius étendit la domination perse en Asie (expédition dans la vallée de l'Indus et exploration du golfe Persique) et en Europe (annexion de la Thrace, protectorat sur la Macédoine). Entre 499 et 494, il dut étouffer le soulèvement des cités grecques d'Ionie, aidées par Athènes. Décidé à porter la guerre en Grèce même, il envoya une expédition en mer Égée, qui fut repoussée par les Athéniens à Marathon en 490. Darius Ier fut le véritable organisateur de l'Empire perse, divisé en vingt satrapies, dont les responsables (les satrapes) disposaient des pouvoirs civils et militaires. Mais ils étaient surveillés par des inspecteurs royaux. Il eut Xerxès Ier comme successeur. Voir **IRAN.** L'empire de Darius.

DARIUS II Ochos ou **Nothos,** c'est-à-dire *le Bâtard* († 404 av. J.-C.). Roi de Perse (423/404). Fils naturel d'Artaxerxès Ier, il monta sur le trône après avoir éliminé Sogdien, l'assassin de Xerxès II (423). Il chercha à profiter de la guerre du Péloponnèse et du désastre de l'expédition athénienne en Sicile pour reprendre pied dans les affaires égéennes. En 412, par le traité de Milet, Sparte abandonna aux Perses toutes les villes d'Ionie, en échange de quoi l'or du Grand Roi servit désormais à entretenir la flotte lacédémonienne. Mais Darius II dut faire face à des troubles dans certaines provinces (Égypte, 410 ; Médie, 407).

DARIUS III Codoman (* vers 380, † en Bactriane, juill. 330 av. J.-C). Dernier roi achéménide de Perse (vers 336/30). D'une branche collatérale de la famille des Achéménides, soutenu par de larges fractions de la cour, de l'aristocratie et de l'armée, il prit le pouvoir avec l'aide de l'eunuque Bagóas, qui avait assassiné ses deux prédécesseurs. Il se débarrassa rapidement de Bagoas, mais vit ses États envahis par Alexandre, qui battit les armées perses au Granique (334) et à Issos (333). Darius III perdit en deux ans presque tout son empire ; de nouveau vaincu à Arbèles (331), il dut fuir à travers les montagnes, vers la Médie, mais fut assassiné par le satrape Bessos. Alexandre le fit ensevelir avec les honneurs royaux dans la nécropole de Pasargades, affirmant ainsi qu'il se considérait comme le légitime successeur des Achéménides, et il épousa la fille de Darius III, Statira.

DARLAN François (* Nérac, Lot-et-Garonne, 7.VIII.1881, † Alger, 24.XII.1942). Amiral et homme politique français. Amiral de la flotte en 1939, ministre de la Marine en juin 1940, il se rallia au maréchal Pétain. Nommé au début de 1941, après l'éviction de Laval et le départ de Flandin, vice-président du conseil, ministre des Affaires étrangères et de l'Intérieur, il s'engagea dans la politique de collaboration, conféra avec Hitler à Berchtesgaden (mai 1941) et mit à la disposition des Allemands les aérodromes français en Syrie et en Afrique, ce qui équivalait à une déclaration de cobelligérance contre l'Angleterre, mais le général Weygand fit rejeter ces accords par le gouvernement de Vichy. Après le retour de Laval au pouvoir (18 avr. 1942), Darlan, toujours commandant en chef des forces de terre, de mer et de l'air, se trouva fortuitement à Alger lors du débarquement allié en Afrique du Nord (8 nov. 1942). Désavoué officiellement par Pétain, mais secrètement encouragé, il prit la direction du gouvernement avec l'accord des Américains mais mourut assassiné par le jeune étudiant royaliste Bonnier de La Chapelle, qui devait être exécuté aussitôt après.

DARNAND Joseph (* Coligny, Ain, 1897, † fort de Châtillon, Seine, 10.X.1945). Homme politique français d'extrême droite. Il créa en 1943 la Milice française. Voir COLLABORATION.

DATATION (méthodes de). Procédés par lesquels sont datés un événement, un minéral, un niveau géologique, un objet archéologique ou encore un fossile animal ou végétal. Pour les périodes préhistoriques, les chercheurs utilisent différentes méthodes radiométriques (basées sur la radioactivité naturelle) ou chimiques, chacune ayant une période et un domaine spécifique. Par exemple, le carbone 14 permet de dater bois, ossements et coquillages jusqu'à 50 000 ans avant notre ère ; l'uranium-thorium donne l'âge de la formation d'un minéral jusqu'à 500 000 ans. Pour des périodes plus reculées, jusqu'à 2 millions d'années, les chercheurs disposent du potassium-argon ou des traces de fission. Le paléomagnétisme cale dans le temps un niveau géologique en fonction des variations du champ magnétique terrestre. La thermoluminescence est utilisée pour la céramique et les outils chauffés. À côté de ces méthodes qui déterminent un âge précis, l'étude de la faune fossile et de son évolution fournit une datation comprise dans une fourchette plus large.

DATO E IRADIER Eduardo (* La Corogne, 12.VIII. 1856, † Madrid, 8.III.1921). Homme politique espagnol. Chef du parti conservateur, il occupa trois fois les fonctions de Premier ministre entre 1913 et 1921 et maintint l'Espagne dans la neutralité au cours de la Première Guerre mondiale. Il fut assassiné par des anarchistes.

DAUMESNIL Pierre (* Périgueux, 1777, † Vincennes, 1832). Général français. Il servit d'abord comme simple soldat dans les campagnes d'Italie et d'Égypte, fut nommé major de la garde en 1809 et eut une jambe emportée par un boulet à Wagram, ce qui lui valut d'être surnommé *la Jambe de bois*. En 1812, Napoléon le nomma gouverneur du château de Vincennes, qu'il défendit en 1814 contre les Alliés, auxquels il déclara : « Je vous rendrai la place quand vous m'aurez rendu ma jambe. » Mis à la retraite par Louis XVIII, il reprit en 1830 le gouvernement du château de Vincennes ; il sauva les ministres de Charles X qui y étaient incarcérés et auxquels la foule parisienne voulait faire un mauvais parti.

DAUNOU Pierre Claude François (* Boulogne-sur-Mer, 18.VIII.1761, † Paris, 20.VI.1840). Homme politique et érudit français. Il prêta serment à la Constitution civile du clergé et devint vicaire métropolitain de Paris. Député à la Convention, il s'opposa courageusement à la condamnation à mort de Louis XVI, protesta contre la proscription des girondins et fut incarcéré d'oct. 1793 au 9-Thermidor. L'un des principaux auteurs de la Constitution de l'an III (1795), membre du Conseil des Cinq-Cents puis du Tribunat, dont il se fit exclure à cause de son indépendance politique, il fut nommé conservateur des Archives (1804/15) et soutint Napoléon contre Pie VII dans son *Essai historique sur la puissance temporelle des papes* (1810). Député (1819/23 et 1828/34), il retrouva la direction des Archives sous la monarchie de Juillet et fut nommé pair de France (1839).

DAUPHIN. Le prénom *Dauphin* fut porté comme second prénom par Guigues IV Dauphin, comte d'Albon et du Viennois de 1133 à 1142, et par ses successeurs des maisons d'Albon, de Bourgogne et de La Tour du Pin. Ce prénom, assez peu courant, finit par devenir le titre particulier des comtes du Viennois, dont les territoires prirent le nom de Dauphiné. Après la cession du Dauphiné au futur Charles V de France (1349), le titre de dauphin fut donné à l'héritier présomptif de la couronne de France, jusqu'au duc d'Angoulême, fils de Charles X, sans que le dauphin eût pour autant la souveraineté réelle du Dauphiné. Louis de France, fils de Louis XIV, né en 1661, mort en 1711, porta le titre de *Grand Dauphin* ; son fils, Louis, né en 1682, mort en 1712, porta celui de *Second Dauphin*.

DAUPHINÉ. Ancienne province du sud-est de la France, dont le territoire a formé les départements de l'Isère, des Hautes-Alpes et de la Drôme ; capitale *Grenoble*. Peuplée par les Allobroges au N., les Voconces au S., cette région fut en majeure partie intégrée par les Romains à la province de la Narbonnaise. Après les invasions du Vᵉ s., elle fit partie du royaume des Burgondes, puis des deuxième et troisième royaumes de Bourgogne (v. **Bourgogne**), du royaume d'Arles, et devint terre d'Empire. Le Dauphiné historique eut pour noyau la partie méridionale du comté de Viennois qui, vers 1029/30, fut inféodée à Guigues Iᵉʳ, comte d'Albon, lequel annexa en outre le Briançonnais (vers 1040) et le Graisivaudan (vers 1050). Son arrière-petit-fils, Guigues IV Dauphin (1133/42), fut le premier à porter ce second prénom (v. **Dauphin**). Dernier descendant direct de la maison d'Albon, Guigues V eut pour successeur son beau-fils, qui fonda la dynastie bourguignonne du Dauphiné (1162/1281). Il ajouta à ses possessions l'Embrunais et le Gapençais (1202), auxquels Guignes VII ajouta le Faucigny (1241). Jean Iᵉʳ eut pour successeur son beau-frère, Humbert Iᵉʳ, qui fonda la troisième dynastie des Dauphins du Viennois, celle de La Tour du Pin (1281-1349). Humbert II (1333/49) développa les institutions du comté et créa le Conseil delphinal (1336). À bout de ressources, il se résigna, par le traité de Romans (30 mars 1349), à vendre ses États au futur Charles V de France, pour la somme de 200 000 florins.

Le Dauphiné ne fut pas annexé à la France mais devint l'apanage de l'héritier présomptif au trône de France, qui porta le titre de dauphin. Le vieux conflit entre les Dauphins et la Savoie fut réglé par le traité de Paris (5 janv. 1355), par lequel le dauphin Charles abandonnait le Faucigny contre diverses enclaves savoyardes dans le Dauphiné, qui s'agrandit encore du Valentinois et du Diois (1419, 1426) et de Montélimar (1447). Touché au XIVᵉ s. par le mouvement vaudois, le Dauphiné vit se répandre, à partir de 1523, les doctrines de Calvin. Les guerres de Religion y furent particulièrement acharnées, car les protestants avaient à leur tête des chefs énergiques tels que le baron des Adrets et Lesdiguières ; ce dernier, devenu gouverneur du Dauphiné (1591/1626), fit beaucoup pour ramener l'ordre et la paix religieuse. Au XVIIIᵉ s., le Dauphiné connut un vif essor économique et la bourgeoisie locale se plaça, dès 1787, à l'avant-garde de la Révolution : journée des Tuiles (7 juin 1788), assemblée de Vizille (21 juill. 1788) (v.).

DAVID. Roi d'Israël (vers 1010/971-70 av. J.-C.). Fils de Jessé de Bethléem, selon la tradition biblique, il n'était que berger lorsque le prophète Samuel le désigna pour succéder au roi Saül, qui avait démérité, et lui donna l'onction royale. Venu à la cour de Saül, il distrayait le roi de sa mélancolie en jouant de la harpe. Il se lia d'amitié avec son fils, Jonathan, et épousa sa fille, Michol. Au cours d'une guerre d'Israël contre les Philistins, il releva le défi de Goliath, qu'il tua avec sa fronde. Son renom devint tel que Saül, le soupçonnant de vouloir lui ravir le trône, tenta, à plusieurs reprises, de le tuer. Chassé de la cour, poursuivi inlassablement, il entra en dissidence et mena une vie errante ; après être passé quelque temps au service des Philistins, il reparut en Juda et fut proclamé roi après la mort de Saül et de son fils Jonathan, tués à la bataille de Gelboe contre les Philistins. Il se fit élire dans le Sud, à Hébron, mais ce n'est qu'au bout de sept ans qu'il devint maître de tout le royaume d'Israël. Il conquit Jérusalem et en fit la capitale des douze tribus et le symbole de leur union. À l'extérieur, il battit les Moabites, les Ammonites et les Édomites ; à l'intérieur, il fonda l'institution monarchique et créa une armée permanente ; mais sa politique fiscale suscita les mécontentements ; il fit transporter l'Arche d'alliance au tabernacle qu'il avait fait construire à Jérusalem, régla le culte et la liturgie, et a peut-être composé de nombreux psaumes. Le problème de sa succession provoqua intrigues et complots et il dut réprimer la rébellion de son fils, Absalon. Avant de mourir, il fit sacrer roi Salomon, l'enfant qu'il avait eu de Bethsabée. C'est sous son règne que les Hébreux, qui n'étaient jusqu'alors qu'une confédération de tribus (nommée Israël), commencèrent à former un royaume unifié. Selon la tradition néotestamentaire, David est le fondateur de la famille d'où Jésus est issue.

DAVID Jacques Louis (* Paris, 30.VIII.1748, † Bruxelles, 29.XII.1825). Peintre et homme politique français. Partisan enthousiaste de la Révolution, il mit son art au service des idées nouvelles, reçut de l'Assemblée constituante la commande d'un *Serment du Jeu de paume* (1791), puis, en 1793 et 1794, il célébra les « martyrs » de la Révolution avec ses tableaux *Les Derniers Moments de Le Peletier, La Mort de Marat* et *Joseph Bara*. Député de Paris à la Convention, il siégea avec les Montagnards, vota la mort de Louis XVI, fit partie du Comité de sûreté générale, présida quelque temps l'Assemblée et fut l'ordonnateur des grandes fêtes révolutionnaires et notamment celle de l'Être suprême. Ami de Robespierre, il fut emprisonné après le 9-Thermidor ; bientôt libéré, il revint siéger à la Convention, mais fut de nouveau arrêté après l'insurrection de Prairial (mai 1795). Définitivement mis hors de cause en août 1795, devenu membre de l'Institut, il resta quelques années en retrait. Rallié à Bonaparte, il devint le peintre officiel du Premier consul et de l'Empereur. À la Restauration, David tomba sous le coup de la loi bannissant les régicides.

DAVIDOVITCH Ljubomir (* Vlasko Polje, Serbie, 24.XII.1863, † Belgrade, 19.II.1940). Homme politique yougoslave. Chef du parti démocrate, président du

Conseil en 1919/20 et 1924, il s'opposa résolument à la dictature royale instaurée par le roi Alexandre en 1929.

DAVIS Jefferson (* Todd-County, Kentucky, 3.VI. 1808, † La Nouvelle-Orléans, 6.XII.1889). Homme politique américain. Ancien officier sorti de West Point, devenu un riche planteur de coton du Mississippi, dont il fut représentant (1845/46) puis sénateur (1847/51, 1857/61), il exerça les fonctions de secrétaire à la Guerre sous la présidence de Franklin Pierce, de 1853 à 1857. Défenseur du droit des États et de l'esclavage, il se résigna à la sécession du Sud, en janv. 1861. Élu président de la Confédération sudiste le 22 févr. 1861, il fut contraint par les circonstances d'imposer un gouvernement centralisateur qui réduisit les droits des États, que le Sud entendait cependant défendre. Fait prisonnier par les nordistes en mai 1865, il fut incarcéré jusqu'en 1867 à Fort Monroe, puis relâché, et ne passa jamais en jugement.

DAVOUT Louis Nicolas, duc d'Auerstaedt prince d'Eckmühl (* Annoux, Yonne, 10.V.1770, † Paris, 1er.VI.1823). Maréchal de France. Noble rallié à la Révolution, il fut élu commandant du 2e bataillon des volontaires de l'Yonne en 1792. Général à vingt-trois ans, il participa aux campagnes de Belgique (1793) et du Rhin (1795/97), à l'expédition d'Égypte (1798/99) et commanda la cavalerie en Italie (1800). Maréchal en 1804, il fut parmi les artisans de la victoire d'Austerlitz (1805), remporta la bataille décisive d'Auerstaedt (1806), contribua aux victoires d'Eckmühl et de Wagram (1809) et participa brillamment à la campagne de Russie (1813). Ministre de la Guerre pendant les Cent-Jours, il fut tenu à l'écart par Louis XVIII jusqu'en 1819, date où il fut rétabli dans ses dignités.

DAWES (plan). Élaboré par le banquier et homme d'État américain **Charles G. Dawes**, ce plan, adopté par le Reichstag en 1924, était destiné à apporter une solution au problème des réparations posé par le traité de Versailles (v.) et à tirer l'Allemagne du chaos de l'inflation. Il préconisait l'évacuation de la Ruhr (occupée par les Français depuis janv. 1923), une réduction du paiement des réparations, et offrait à l'Allemagne un prêt de 800 millions de marks-or à 8 %. Le plan Dawes, appliqué de 1924 à 1930, permit la stabilisation du mark et inaugura un afflux de capitaux américains en Allemagne.

DAYAN Moshê (* Degania, Palestine, 20.V.1915, † Ramat Gan, 16.X.1981). Général et homme politique israélien, il dirigea l'offensive contre l'Égypte dans le Sinaï (1956) (v. **Suez**), fut ministre de l'Agriculture (1959/64), puis ministre de la Défense (1967/74). Il réalisa l'avancée impressionnante des troupes israéliennes vers les rives du canal de Suez (1967) (v. **Israélo-arabes**, guerres). Mais les échecs initiaux de la guerre du Kippour, en 1973, lui furent imputés, et il dut démissionner. M. Dayan fut ministre des Affaires étrangères sous M. Begin, mais démissionna après les accords de Camp David (1978) dans lesquels son rôle fut déterminant.

DEAKIN Alfred (* Melbourne, 3.VIII.1856, † Melbourne, 7.X.1919). Homme politique australien. Un des principaux artisans de la fédération australienne (1901), il occupa le poste de Premier ministre à trois reprises entre 1903 et 1910.

DÉAT Marcel (* Guérigny, Nièvre, 7.III.1894, † San Vito, près de Turin, 5.I.1955). Homme politique français. Professeur de philosophie, spécialiste de sociologie, il adhéra au parti socialiste et devint député SFIO en 1926. Avec Marquet et Renaudel, il prit la tête d'une tendance réformiste qui se sépara de la SFIO en 1933, après le congrès de la Mutualité, et fonda le parti socialiste de France. Ministre de l'Air en 1936, dans le cabinet Sarraut, il se montra partisan d'une politique de compromis avec l'Allemagne et publia en août 1939, dans *L'Œuvre*, un retentissant article intitulé : « Faut-il mourir pour Dantzig ? ». Reconnu comme le chef des pacifistes de gauche, il maintint son attitude après la déclaration de guerre de 1939 et prit en juill. 1940 la direction politique de *L'Œuvre*, dont il fit un des principaux journaux de la collaboration. En févr. 1941, il fonda le Rassemblement national populaire (RNP) et se rallia complètement à l'idéologie nationale-socialiste. En mars 1944, il entra dans le gouvernement Laval comme secrétaire d'État au Travail et à la Solidarité nationale, se réfugia en Allemagne lors de la Libération et fit partie de la commission gouvernementale de Sigmaringen. Lors de l'effondrement allemand, il réussit à passer en Italie, fut recueilli dans un couvent et passa la fin de sa vie en exil, sous un nom d'emprunt. Il a laissé un important journal politique, qui demeure inédit.

DEBRÉ Michel (Paris, 15.I.1912, † Montlouis-sur-Loire, 2.VIII.1996.). Homme politique français. Attaché de cabinet de Paul Reynaud en 1938, il participa à la Résistance. Rallié au parti gaulliste dès sa fondation, il joua un grand rôle dans le retour au pouvoir du général de Gaulle, en 1958. Garde des Sceaux du premier gouvernement de la Ve République, dont la constitution lui doit beaucoup, puis Premier ministre (1959/62), il prépara l'indépendance de l'Algérie, qu'il avait jusqu'alors violemment combattue. Ministre des Affaires étrangères (1968/69), puis des Armées jusqu'en 1973, il développa la force de dissuasion nucléaire française. Candidat à l'élection présidentielle de 1981, il obtint moins de 2 % des suffrages.

DÉCABRISTES ou **DÉCEMBRISTES**. Nom donné à un groupe d'officiers qui, en déc. 1825, tentèrent de renverser le régime autocratique en Russie. Les idées libérales s'étant diffusées au sein de l'armée dès le XVIIIe s., des sociétés secrètes d'officiers s'étaient constituées sous Alexandre Ier. Elles aspiraient à des réformes radicales : abolition du servage, introduction d'un gouvernement représentatif, autonomie régionale, voire, chez les plus radicaux, comme le colonel Pavel Pestel, proclamation d'une république. À la mort d'Alexandre Ier (1er déc. 1825), les conspirateurs, menés par Pestel, Mouraviev-Apostol et Ryleïev, profitèrent de la confusion née de la renonciation secrète de Constantin et des hésitations de son cadet Nicolas. Le 26 déc. 1825, alors que les troupes de Saint-Pétersbourg étaient appelées à prêter serment à Nicolas, les conjurés en soulevèrent une partie aux cris de : « Constantin et une Constitution ! » Mais la tentative ne trouva pas de soutien populaire et fut aisément brisée, de même que les mouvements insurrectionnels qui troublèrent, quelques jours plus tard, le sud de la Russie. Cinq des principaux chefs – parmi lesquels Pestel, Mouraviev-Apostol et Ryleïev– furent pendus, et une centaine de conjurés furent déportés en Sibérie. Avec les décabristes commençait l'histoire révolutionnaire de la Russie.

DÉCALOGUE. Nom des dix commandements donnés par Dieu à Moïse sur le mont Sinaï selon le livre de l'*Exode* (XX, 1-17), dans un contexte que les historiens fixent, approximativement, au XIIe siècle av. J.-C. Pour la recherche contemporaine, la rédaction du Décalogue est à situer, au plus tôt, entre le VIIIe et le VIIe s. av. J.-C.

DECAZES Élie, duc (* Saint-Martin-de-Laye, près de Libourne, 28.IX.1780, † Decazeville, 24.X.1860). Homme politique français. Préfet de police, puis ministre de la Police en 1815, il persuada Louis XVIII de dissoudre la Chambre introuvable (5 sept. 1816) et d'abolir la plupart des lois d'exception, de promulguer la loi électorale de févr. 1817, qui favorisait la bourgeoisie libérale des villes. Ministre de l'Intérieur en déc. 1818, il prit officiellement la direction du gouvernement en nov. 1819 ; il dut démissionner en févr. 1820, après l'assassinat du duc de Berry, chef de file des ultras, qui tenaient la politique modérée de Decazes pour responsable de ce meurtre. En 1825, Decazes fonda, avec sa fortune personnelle, le puissant ensemble industriel de Decazeville, dans l'Aveyron. Voir FRANCE. La Restauration.

DÈCE, Cneius Messius Quintus Trajanus Decius (* Budalia, Pannonie, vers 200, † en Thrace, juin 251). Empereur romain (249/51). Gouverneur de la Mésie pour Philippe l'Arabe, il se révolta contre celui-ci, fut proclamé empereur par les soldats (249) et mit à mort Philippe. Conscient de la grave crise que traversait l'Empire en proie à « l'anarchie militaire » et menacé par les Barbares, il voulut refaire l'unité romaine autour de la religion traditionnelle. En janv. 250, il déclencha la première persécution générale contre les chrétiens. L'État prit des mesures pour favoriser les apostasies qui furent extrêmement nombreuses, et la persécution de Dèce, bien que courte (250/51), laissa des traces profondes. Dèce fut tué en Thrace au cours d'une guerre contre les Goths.

DÉCEMBRE 1851 (coup d'État du 2). Coup de force du président de la seconde République Louis-Napoléon Bonaparte, destiné à éliminer l'opposition parlementaire et à rendre possible la restauration de l'Empire. Élu triomphalement le 10 décembre 1848, Louis-Napoléon Bonaparte avait juré solennellement, lors de sa prise de fonctions, de « rester fidèle à la République démocratique, une et indivisible ». D'abord allié à une Assemblée conservatrice et monarchiste (élections de mai 1849), le président s'employa à éliminer l'opposition de gauche, menée par Ledru-Rollin (juin 1849), puis à renforcer sa popularité auprès des catholiques, grâce à l'expédition française de Rome (juin-juill. 1849), destinée à rétablir à Rome le pape Pie IX, réfugié à Gaète depuis la fin de 1848.

Le **conflit avec l'Assemblée.** Profitant des divisions entre légitimistes et orléanistes, Louis-Napoléon forma un gouvernement de fidèles (Rouher, Fould, Parieu) et laissa à l'Assemblée la responsabilité de décisions impopulaires (loi électorale du 31 mai 1850 qui aboutit à diminuer le corps électoral d'un tiers, loi restreignant la liberté de la presse du 16 juill. 1850), lui-même se présentant à l'opinion publique comme le défenseur du suffrage universel. Du 8 août au 12 nov. 1850, il effectua une tournée triomphale dans les départements. Il demandait à l'Assemblée une révision constitutionnelle lui permettant de se représenter à la présidence en 1852. Celle-ci provoqua la démission des ministres en janv. 1851 et refusa en juill. la révision demandée. À partir de l'été 1851, le coup d'État se prépara, sous l'influence de Morny, demi-frère du président, et de Persigny. Des hommes sûrs furent placés aux postes clés : Magnan à la Garde nationale, Saint-Arnaud à la Guerre, Maupas à la Préfecture de police. Le 4 novembre, afin de jeter le discrédit sur l'Assemblée, le président proposa une abrogation de la loi du 31 mai 1850 : l'Assemblée refusa. Assuré du soutien de l'armée et des milieux d'affaires, qui réclamaient l'ordre, mais aussi de la passivité des faubourgs, qui ne défendraient pas une République qui les avait massacrés en juin 1848, Louis-Napoléon passa à l'attaque.

Le coup d'État. Réalisé dans la nuit du 1er au 2 déc. 1851, date anniversaire du sacre de Napoléon Ier et de la victoire d'Austerlitz, le coup d'État suivit un plan bien préparé : Morny s'empara du ministère de l'Intérieur, le colonel d'Espinasse occupa le Palais-Bourbon, tandis que les opposants furent préventivement arrêtés : les généraux Cavaignac, Changarnier, Lamoricière, des députés, dont Thiers. Au matin du 2 déc., les Parisiens, puis les Français pouvaient lire sur les murs une proclamation annonçant le rétablissement du suffrage universel et la dissolution de l'Assemblée, et convoquant le peuple pour un plébiscite.

L'étouffement de la résistance légale (arrestation de 220 députés réunis dans la mairie du Xe arrondissement) et armée (fusillade sur les boulevards le 2 déc., mort de Baudin sur une barricade, le 3) fut facilitée par l'apathie des ouvriers parisiens. En province, la résistance fut plus active, obligeant le nouveau pouvoir à déclarer trente-deux départements en état de siège. La répression fut rigoureuse : 30 000 arrestations, 10 000 déportations en Algérie ou en Guyane, prononcées par des commissions mixtes, expulsion de 80 représentants, parmi lesquels Hugo, Thiers, Changarnier. Par le plébiscite des 21/22 déc. 1851, la France approuva le coup d'État à une écrasante majorité (7 439 216 oui, 646 737 non). Une Constitution, déjà impériale, fut ensuite approuvée en janvier 1852, ouvrant la voie à l'Empire, officiellement proclamé le 2 déc. 1852.

DÉCLARATION D'INDÉPENDANCE AMÉRICAINE. Acte adopté le 4 juill. 1776 par les délégués des treize colonies anglaises d'Amérique qui proclamaient leur volonté de se séparer de la Grande-Bretagne et de se constituer en États-Unis d'Amérique. Presque entièrement rédigée par Thomas Jefferson, cette déclaration ne se contentait pas de rappeler les griefs des colonies contre l'Angleterre ; pour la première fois au monde une nation affirmait « que tous les hommes ont été créés égaux, qu'ils sont pourvus par le Créateur de certains droits inaliénables [...] ; que, pour la défense de ces droits, ont été institués parmi les hommes des gouvernements qui tirent leur juste autorité du consentement des gouvernés ; que, lorsque n'importe quelle forme de gouvernement trahit cette mission, le droit du peuple est de le changer ou de l'abolir et d'instituer un nouveau gouvernement ». La Déclaration d'indépendance allait constituer le fond de la philosophie politique du peuple américain jusqu'à nos jours. Elle devint l'inspiratrice des mouvements d'indépendance en Amérique latine, mais elle exerça aussi une grande influence sur les révolutionnaires français de 1789. Elle est commémorée chaque année aux États-Unis par la fête de l'Independance Day (4 juill.).

DÉCLARATION DES DROITS DE L'HOMME ET DU CITOYEN. Déclaration adoptée par l'Assemblée nationale constituante le 26 août 1789 et qui servit de préface à la Constitution de 1791. Composée d'un préambule et de dix-sept articles, elle fut inspirée par la Déclaration d'indépendance américaine de 1776, mais elle est surtout le résumé de toute la philosophie politique française du XVIIIe s. On y retrouve l'idée des droits naturels chère aux Encyclopédistes, la théorie de la volonté générale, qui vient de Rousseau, l'idée de la séparation des pouvoirs, qui est de Montesquieu, le souci voltairien de la défense de l'individu contre l'arbitraire judiciaire et policier.

La Déclaration affirmait dans son préambule « les droits naturels, inaliénables et sacrés de l'homme ». Elle énonçait ensuite que « les hommes naissent et demeurent libres et égaux en droits » (art. 1), que les droits naturels et imprescriptibles de l'homme sont « la liberté, la propriété, la sûreté et la résistance à l'oppression » (art. 2), que « le principe de toute souveraineté réside essentiellement dans la nation » (art. 3), que « la liberté consiste à pouvoir faire tout ce qui ne nuit pas à autrui » (art. 4), que « la loi est l'expression de la volonté générale » (art. 6), que « nul homme ne peut être accusé, ni détenu que dans les cas déterminés par la loi, et selon les formes qu'elle a prescrites » (art. 7), que tout homme est « présumé innocent jusqu'à ce qu'il ait été déclaré coupable » (art. 9), que « nul ne doit être inquiété pour ses opinions, même religieuses », pourvu que leur manifestation ne trouble pas l'ordre public (art. 10), que « tout citoyen peut... parler, écrire, imprimer librement, sauf à répondre de l'abus de cette liberté dans les cas déterminés par la loi » (art. 11), que la garantie des droits et la séparation des pouvoirs doivent être déterminés (art. 16), que « la propriété étant un droit inviolable et sacré, nul ne peut en être privé, si ce n'est quand la nécessité publique, légalement constatée, l'exige évidemment, et sous la condition d'une juste et préalable indemnité » (art. 17).

Cette Déclaration, qui ne faisait aucune référence au Dieu chrétien, au roi ni à la tradition monarchique, constituait en quelque sorte, selon le mot d'Aulard, l'« acte de décès » de l'Ancien Régime.

La Déclaration de 1793. Préface à la Constitution de l'an I, elle mit l'accent sur l'égalité et sur les droits du citoyen : droit à l'assistance (art. 21), droit à l'instruction (art. 22) et droit à l'insurrection, « quand le gouvernement viole les droits du peuple » (art. 35). Elle interdisait également l'esclavage. Elle fut approuvée par 1 801 918 voix contre 11 610, mais avec plus de 5 millions d'abstentions. Puis elle fut enfermée dans un coffret de cèdre « jusqu'à la fin de la guerre », une guerre qui allait durer plus longtemps que la République.

La Déclaration de 1795. Introduction à la Constitution de l'an III (celle du Directoire), beaucoup plus proche de celle de 1789 que celle de 1793, elle ne mentionnait plus les droits au travail, à l'assistance et à l'insurrection. De plus, elle était accompagnée d'une *Déclaration des devoirs*, qui mettait notamment l'accent sur le maintien de la propriété.

DÉCLARATION UNIVERSELLE DES DROITS DE L'HOMME. Acte adopté en déc. 1948 par l'Assemblée générale des Nations unies réunie à Paris. Cette déclaration, en trente articles, fut principalement l'œuvre du juriste français René Cassin ; sorte de manifeste, elle forme le volet central d'une Charte des droits de l'homme, dont les autres volets sont deux pactes généraux d'application destinés à être juridiquement obligatoires : l'un relatif aux droits civils et politiques de l'homme, l'autre à ses droits économiques, sociaux et culturels. Ces pactes, adoptés par l'ONU en 1966, sont entrés en vigueur en 1976. La création d'une Cour mondiale des droits de l'homme, proposée par l'Australie, s'est heurtée jusqu'ici à une opposition quasi générale des États. Cependant, en Europe, une convention dite de sauvegarde des droits de l'homme, appliquant la Déclaration universelle de 1948, a été adoptée à Rome le 4 nov. 1950 et fonctionne entre tous les États l'ayant ratifiée (la France s'en est abstenue). Voir aussi **Helsinki (conférence d')**.

DÉCOLONISATION. Voir **Colonies**. La fin des empires coloniaux.

DÉCOUVERTE DU MONDE. Les voyages de découverte et d'exploration menés dans un esprit scientifique, ne datent que du XVIIIe s. Jusqu'à cette époque, les voyages à objectif lointain répondaient à des nécessités commerciales, guerrières et religieuses, ou à la recherche de terres nouvelles pour permettre l'installation de populations émigrées. Dès le milieu du IIe millénaire, sous le règne d'Hatchepsout, les Égyptiens envoyèrent des expéditions lointaines au-delà de la mer Rouge, vers le légendaire pays de Pount pour acquérir des produits exotiques venus des profondeurs du continent africain. À partir de 700 environ av. J.-C., les Égyptiens remontèrent souvent jusqu'au Nil bleu ; peut-être même atteignirent-ils le confluent que forme le Bahr el-Ghazal avec le Nil blanc.

Des Crétois aux croisades

Les premiers explorateurs maritimes en Méditerranée furent les Crétois ; leur empire commercial s'étendit à l'Égée et à toute la Méditerranée orientale, avec des incursions jusqu'en Sicile et en mer Thyrrhénienne. Après les Crétois, les Phéniciens poursuivirent l'exploration de la Méditerranée ; ils précédèrent les Grecs en Sicile, fondèrent des comptoirs sur les côtes du Maghreb et s'établirent à Gadès, en Espagne. Peut-être des marins phéniciens, sur l'ordre du pharaon Néchao II, auraient-ils réussi, vers 600 av. J.-C., la circumnavigation de l'Afrique. Les Carthaginois étendirent leur prospection commerciale le long des côtes occidentales de l'Afrique : au début du Ve s. avant notre ère, Hannon, au cours d'un périple célèbre, aurait atteint le golfe de Guinée.

Les Grecs, établis sur les côtes de la Sicile et de l'Italie méridionale, gagnèrent également les rivages méditerranéens de la Gaule et de l'Espagne. Ils entretinrent très tôt un commerce actif avec les pays de la mer Noire, mais, à l'ouest, ils hésitèrent à s'aventurer au-delà des colonnes d'Hercule (détroit de Gibraltar). Au IVe s. cependant, un Grec de Marseille, Pythéas, parvint jusque dans les mers du Nord, atteignit l'Angleterre et aborda à Thulé, ce nom désignant les Shetland ou l'Islande. Au cours d'un second voyage, il aurait pénétré jusque dans la mer Baltique. Du côté de l'Orient, les conquêtes d'Alexandre amenèrent les Grecs jusqu'à l'Afghanistan, au Turkestan et à l'Indus. Au retour de l'expédition, Néarque longea les côtes du golfe Persique et de la péninsule arabique. Mégasthènes, ambassadeur de Séleucos Nicator, apporta des témoignages précieux sur les mœurs de l'Inde (vers 302). Alors que tous les voyages antérieurs avaient été inspirés essentiellement par la poursuite des richesses, les Grecs furent les premiers à manifester un souci de découverte scientifique. Hérodote (Ve s. av. J.-C.) se livra ainsi à une vaste « enquête » (c'est le titre exact de ses *Histoires*) sur la géographie, l'histoire, les coutumes des peuples orientaux. Les Grecs furent aussi les créateurs de la cartographie ; la première carte est attribuée à Anaximandre (VIe s. av. J.-C.). Hipparque et Marin de Tyr auraient inventé les cartes planes avec méridiens parallèles. Ératosthène (IIIe s. av. J.-C.) mesura avec une assez grande précision la circonférence de la Terre.

Les guerres de conquête amenèrent les Romains à explorer systématiquement tous les pays riverains de la Méditerranée, de la Gaule, des régions rhénanes, du sud de l'Angleterre et des Balkans. À l'époque impériale, les marins grecs fréquentaient régulièrement les côtes de l'Arabie, le golfe Persique, le Malabar ; ils atteignirent Ceylan et connurent l'existence de la presqu'île de Malacca en même temps qu'ils se familiarisaient avec le phénomène des moussons. Des relations commerciales s'établirent entre l'Empire romain et la Chine des Han. En Afrique, les navigateurs de l'époque romaine atteignirent peut-être Zanzibar, sur la côte orientale. L'exploration terrestre du continent africain fit quelques progrès. Néron envoya une petite troupe à la recherche des sources du Nil, mais l'expédition ne put dépasser les premiers marécages du Bahr el-Ghazal. En 19 av. J.-C., Cornelius Balbus occupa la capitale des Garamantes, Djerma (Libye). En 42 de notre ère, Suetonius Paulinus traversa l'Atlas et le Sahara marocain. Les Romains trafiquaient avec le Soudan ; ils connaissaient l'existence du Niger. L'époque romaine est illustrée par des grands géographes, tels que Strabon, Pline l'Ancien et surtout Ptolémée (IIe s. de notre ère), dont l'œuvre résume toute la science de l'Antiquité en ce domaine. De la cartographie romaine subsiste notamment la Table de Peutinger, du nom d'un érudit allemand du XVIe s, qui publia la copie médiévale d'une carte romaine du IIIe ou du IVe s. apr. J.-C.

Les grandes religions chrétienne et musulmane contribuèrent indirectement à donner une nouvelle impulsion aux découvertes. Le désir d'apostolat poussa les missionnaires vers des terres inconnues. Au Ve s., l'Irlande, restée en dehors du monde romain, entra dans la communauté chrétienne. À partir du VIIe s. commença l'évangélisation de l'Europe du Nord. Les grands découvreurs du haut Moyen Âge furent les Scandinaves. Les Vikings s'établirent aux Féroé, aux Orcades, aux Hébrides. Ils atteignirent l'Islande vers 860, doublèrent le cap Nord et pénétrèrent dans la mer Blanche vers 870. Éric le Rouge, vers

982, découvrit le Groenland et, vers l'an mille, son fils, Leiv Ericson, aborda une terre qu'il nomma Vinland. Il s'agissait probablement des côtes américaines. Sous le nom de Varègues, les Vikings parcoururent les plaines de la Russie et inaugurèrent les itinéraires qui allaient de la Baltique à la mer Noire.

Les Arabes rayonnèrent, après la conquête islamique, aussi bien vers l'Asie continentale et l'Indonésie que vers l'Afrique. Ils conservèrent, mieux que les Occidentaux, l'héritage scientifique de l'Antiquité et furent les meilleurs géographes du Moyen Âge. Les commerçants arabes visitaient les ports de l'Inde, les îles de la Sonde, les côtes de la Chine du Sud ; leurs caravanes parcouraient aussi bien les steppes de l'Asie centrale que le désert du Sahara. Les ouvrages des grands géographes tels que Masoudi (Xᵉ s.), Idrisi (XIIᵉ s.), Ibn Batouta (XIVᵉ s.) ont apporté, sur l'Asie et sur l'Afrique intérieure, des renseignements inaccessibles aux Européens.

Cependant, les croisades éveillèrent en Occident un intérêt passionné pour le monde oriental. Apprenant que les Mongols venaient de fonder un immense empire englobant l'Asie centrale et la Chine, les croisés espérèrent obtenir leur alliance contre les musulmans de Syrie et d'Égypte. Au cours du XIIIᵉ s., le pape et le roi de France envoyèrent ainsi vers le grand khan des missionnaires diplomates : en 1245/46, Plan Carpin visita la cour mongole, près du lac Baïkal, après avoir traversé la Russie kiévienne. Sur l'ordre de Saint Louis, Guillaume de Rubrouck fit le même voyage de 1252 à 1256. Ces contacts ne donnèrent aucun résultat politique, mais ouvrirent la voie à des missions commerciales dont la plus célèbre fut celle de Marco Polo, qui séjourna en Chine de 1275 à 1295. La tolérance des souverains mongols permit à des missionnaires catholiques de s'établir à Cambaluc (Pékin) et dans d'autres villes chinoises ; l'un de ces religieux, l'Italien Odoric de Pordenone (début du XIVᵉ s.), visita au cours de son voyage l'Inde, l'archipel malais, la Chine méridionale, fut le premier Européen à pénétrer à Lhassa, la ville sainte du Tibet, et revint par Kaboul et la Perse.

Les « grandes découvertes » de la Renaissance

À partir de la fin du XVᵉ s., en une trentaine d'années, de 1492 à 1522, le monde connu des Européens allait s'élargir brusquement grâce à la découverte successive de l'Amérique, de la route des Indes et de l'océan Pacifique. L'Europe, après la crise du XIVᵉ s., connaissait une vive reprise économique accompagnée d'une croissance démographique et d'un renouveau de l'esprit d'entreprise. Les épices utilisées dans la cuisine et la pharmacopée, et les produits de luxe de l'Orient, étoffes de soie et de coton, perles et pierres précieuses tenaient alors une place très importante dans le commerce international. Les Vénitiens s'étaient assuré au Levant le monopole du trafic des marchandises rares de l'Orient mais, à la fin du XVᵉ s., le commerce avec les pays arabes devenait de plus en plus difficile parce que les Turcs, maîtres de Constantinople (1453) et de tout le Proche-Orient, dominaient les routes commerciales et exigeaient qu'une partie des marchandises fût payée en or et en argent, alors que les mines européennes ne suffisaient plus aux besoins sans cesse croissants d'une économie en expansion.

Le but principal des expéditions maritimes du XVᵉ s. a donc été d'ouvrir une route nouvelle pour obtenir à bas prix les produits de l'Orient et trouver aux Indes des mines de métaux précieux à exploiter. D'autres causes ont également joué : l'idée de prendre à revers le monde musulman en recherchant l'alliance d'un roi chrétien légendaire, le Prêtre Jean d'Abyssinie ; le désir d'évangéliser des idolâtres et des païens (v. **Missions**) ; enfin, la curiosité scientifique, caractéristique de l'époque de la Renaissance.

Puisque les routes traditionnelles de la Méditerranée orientale étaient fermées par la conquête ottomane, c'est vers l'Océan que l'Europe devait se tourner. Les Portugais et les Espagnols jouèrent un rôle de pionniers dans les découvertes. Sous l'impulsion d'Henri le Navigateur, les Portugais s'étaient engagés dès 1450 dans l'exploration des côtes de l'Afrique occidentale. Ils redécouvrirent Madère et les Açores et, vers 1460, commencèrent à se procurer l'or du Soudan sur les rives de la Guinée. En 1471, ils dépassaient l'équateur et pénétraient dans l'hémisphère Sud. Ils atteignaient ensuite le Congo, avec Diogo Cam (1485) et, deux ans plus tard, la pointe méridionale de l'Afrique, avec Bartholomeu Dias. En 1497, Vasco de Gama doublait le cap de Bonne-Espérance, abordait au Natal et, le 20 mars 1498, parvenait à Calicut sur la côte ouest de l'Inde. La route des Indes était ouverte.

Pendant que les Portugais contournaient l'Afrique, les Espagnols cherchaient la route de l'Inde à travers l'océan Atlantique. D'après la théorie ptoléméenne de la sphéricité de la Terre, remise en honneur au XVᵉ s., un navigateur partant de l'Europe et avançant toujours vers l'ouest devait nécessairement atteindre l'Asie orientale. C'est sur la base de cette hypothèse que Christophe Colomb, Génois au service des Rois Catholiques, entreprit les voyages qui lui permirent de découvrir successivement les îles Bahamas (12 oct. 1492), Cuba, Haïti et enfin, à son troisième voyage (1498), le continent américain lui-même, dans la région qui fut baptisée Colombie. Mais Colomb ne sut jamais qu'il avait découvert un nouveau continent. En 1500, le Portugais Cabral, dévié de sa route par un courant alors qu'il se dirigeait vers l'Inde, aborda au Brésil. En 1513, Balboa, après avoir traversé les forêts de l'isthme de Panamá, aperçut une mer inconnue, qui était l'océan Pacifique. C'est Magellan qui, en nov. 1520, devait découvrir, en franchissant le détroit qui porte son nom, le passage par mer de l'Atlantique au Pacifique ; il traversa tout cet océan, découvrit en Océanie les îles Mariannes et, en mars 1521, aborda aux Philippines, où il devait être tué par les indigènes ; mais l'un de ses cinq navires réussit à regagner l'Espagne, après avoir traversé l'océan Indien et doublé le cap de Bonne-Espérance (1522). Le premier tour du monde était ainsi accompli.

Voyages maritimes du XVIe au XIXe s.
Alors que Portugais et Espagnols se détournaient des voyages de découvertes pour se consacrer entièrement au commerce lointain et à la colonisation, les autres puissances maritimes de l'Europe, France, Angleterre, Pays-Bas, entreprenaient en hâte d'autres explorations afin de ne pas laisser les Ibériques se partager le monde avec la bénédiction du Saint-Siège (Traité de Tordesillas, 1494 (v.)). Les Français se dirigèrent vers l'Amérique du Nord. En 1534/35, Jacques Cartier pénétra dans le golfe du Saint-Laurent et remonta le fleuve jusqu'à l'endroit où devait s'élever plus tard la ville de Montréal. Sous Henri IV, Champlain commença l'exploration du Canada, fonda la colonie de la Nouvelle-France et la ville de Québec (1603). En partant du Canada, les missionnaires et les trappeurs français découvrirent ensuite le Mississippi, dont le cours fut exploré par Marquette et Jolliet (1673), puis par Cavelier de La Salle, qui atteignit l'embouchure du fleuve et fonda la colonie de la Louisiane (1683).

Les Anglais, qui avaient commandité dès 1497 l'expédition de l'Italien Cabot sur les côtes de Terre-Neuve et du Labrador, tentèrent d'enlever aux Portugais le monopole du commerce avec les Indes en cherchant dans la zone polaire un passage direct entre l'Atlantique et le Pacifique, soit par le Nord-Est, au N. de l'Europe et de la Sibérie, soit par le Nord-Ouest, au N. de l'Amérique. L'exploration de la première voie commença en 1533 avec Richard Chancellor, qui ne put s'aventurer au-delà de la mer Blanche mais atteignit le port d'Arkhangelsk et ouvrit ainsi les relations maritimes entre l'Angleterre et la Moscovie. La seconde voie suscita des tentatives plus nombreuses : celle de Frobisher, qui ne dépassa pas le nord de la presqu'île du Labrador (1576/78), celle de John Davis, qui découvrit en 1585 le détroit de Davis, entre l'Amérique et le Groenland, et s'avança jusqu'à 72° de latitude N. ; celle de Hudson, qui périt abandonné par son équipage après avoir reconnu la baie qui porte son nom (1610/11) ; celle de Baffin et Bylot (1616), qui parvinrent dans la baie de Baffin, au N. du détroit de Davis, sans se douter qu'ils se trouvaient à l'entrée du passage recherché.

Les Hollandais explorèrent de leur côté le passage du Nord-Est, avec Barents, qui découvrit le Spitzberg (1576) et la Nouvelle-Zemble (1577). Vers le sud, avec Cornelius Schouten, ils furent les premiers à contourner la Terre de Feu, au S. du détroit de Magellan, et donnèrent son nom au cap Horn (1616). D'autres Hollandais contribuèrent à l'exploration du Pacifique, alors que leur pays entreprenait avec succès de supplanter les Portugais en Indonésie. Willem Jansz fut sans doute, en 1606, le premier Européen à apercevoir les côtes de l'Australie. Abel Tasman fit de 1642 à 1644 la circumnavigation de l'Australie, découvrit l'île qui prit plus tard en son honneur le nom de Tasmanie, ainsi que la Nouvelle-Zélande.

Grâce aux progrès accomplis par l'astronomie, par la cartographie et par les techniques de navigation, le XVIIIe s. allait être marqué par de grands voyages de portée scientifique. Vitus Béring, Danois au service de la Russie, reconnut les côtes de la Sibérie orientale et découvrit le détroit qui porte son nom (1728), puis les îles Aléoutiennes et l'Alaska (1741). La croyance en l'existence d'un vaste continent austral attira les navigateurs vers le Pacifique Sud. Le voyage de Bougainville (1766/69) fit connaître Tahiti, les îles Samoa, les Nouvelles-Hébrides et les îles Salomon. Plus retentissants encore furent les trois voyages (1768/71, 1772/75, 1776/79) de l'Anglais James Cook ; celui-ci établit l'insularité de la Nouvelle-Zélande, reconnut la côte orientale de l'Australie, détruisit la légende du continent austral, découvrit la Nouvelle-Calédonie et les îles Sandwich (Hawaii), et traversa tout le Pacifique jusqu'au détroit de Béring. À la veille de la Révolution, une nouvelle expédition française, commandée par La Pérouse, explora les côtes de la Chine, du Japon et de la Mandchourie (1785/88). Comme Béring et Cook, La Pérouse connut une fin tragique, et les restes de son expédition ne furent retrouvés qu'en 1837. Les voyages de Vancouver sur la côte nord-ouest de l'Amérique du Nord (1791/94) firent faire de grands progrès à l'hydrographie. Dans le domaine des explorations terrestres, on retiendra surtout l'entreprise de Mackenzie, qui fut le premier Européen à traverser toute l'Amérique du Nord, jusqu'au Pacifique (1793), un exploit renouvelé, de 1804 à 1806, par les Américains W. Clark et M. Lewis, du haut Missouri au Pacifique.

C'est à la découverte de l'Afrique que se consacrèrent la plupart des explorateurs du XIXe s. avec des préoccupations très diverses : curiosité scientifique, évangélisation, lutte contre l'esclavage, conquête, colonisation. Les voyages les plus importants furent ceux de René Caillié (1826/27), de Barth et Overweg (1850/54), de Rohlfs (1862/78), de Nachtigal (1869/74), de Foucauld (1883/84), dans les régions sahariennes, dans le désert de Libye et au Darfour ; les expéditions de Mungo Park (1793/1805) et Clapperton (1822/28) au Niger et en Guinée ; les voyages de Livingstone, qui, entre 1840 et 1873, traversa l'Afrique australe, reconnut le cours entier du Zambèze, explora la région des Grands Lacs, découvrit le lac Nyassa et participa à la découverte de la source du Congo ; le voyage de Stanley, qui retrouva Livingstone en nov. 1871, puis réalisa la première traversée de l'Afrique d'est en ouest (1874/77), et celui du Portugais Serpa Pinto, qui traversa à son tour l'Afrique australe, mais d'ouest en est (1877/79). Le problème des sources du Nil, qui avait excité la curiosité dès la plus haute antiquité, fut résolu à la suite des voyages des Anglais Burton, Speke et Grant (entre 1858 et 1863), et de l'Allemand Schweinfurth (1868/71).

En Asie comme en Afrique, les voyages d'exploration préludèrent généralement à la colonisation politique et économique par les puissances européennes. L'expansionnisme russe fit faire des progrès rapides à la connaissance géographique de la Sibérie et de l'Asie centrale. La Sibérie, dont la prospection par les Russes avait commencé à la fin du XVIe s. (v. **Sibérie**), fut traversée dans toute sa longueur, de l'embouchure de l'Ob au Kamtchatka, par Erman (1828/29). Entre 1871 et 1884, un officier russe, Prjévalski, parcourut la Mongolie orientale et méridionale, le désert de Gobi, le Turkestan oriental, la Dzoungarie, le Tibet central, mais c'est en vain qu'il essaya de pénétrer à Lhassa, la ville sainte du lamaïsme, qui s'était fermée aux étrangers après la visite de deux missionnaires français, Huc et Gabet (1843/46). Un autre missionnaire, le Père David, parcourut la Mongolie du Nord (1868/70). De 1880 à 1893, le Français Pierre-Gabriel Bonvalot, accompagné dans son dernier voyage par le prince Henri d'Orléans, explora le Turkestan, la Perse, l'Afghanistan et, parti du Pamir, parvint au Tonkin, après avoir traversé le Tibet. La Chine du Nord et du Centre avait été minutieusement visitée par l'Allemand Richthofen (1860/72). La conquête française en Indochine fut préparée par le voyage de Mouhot (1858) et par la mission de Doudart de Lagrée et de Francis Garnier, qui remontèrent le Mékong en 1866/68 ; après eux, Dupuis parcourut la région du fleuve Rouge (1872), et la mission Pavie (1892/95) renouvela complètement la connaissance du Tonkin et du Yun-nan.

Les difficiles explorations polaires

Les explorations polaires furent les dernières, les plus difficiles de toutes, et celles qui revêtirent le caractère le plus strictement scientifique et désintéressé. Avec des moyens nouveaux, les navigateurs du XIXe s. reprirent la recherche d'une voie directe de l'Atlantique au Pacifique. Après de multiples tentatives, marquées de nombreux drames, le passage du Nord-Est fut découvert, en 1878/79, par Nordenskjöld ; le passage du Nord-Ouest, qui était l'objectif de l'expédition de sir John Franklin (1845/48), fut trouvé dès 1850 par McClure, qui le parcourut d'ouest en est, en bateau et en traîneau, mais c'est seulement en 1903/06 que la traversée entièrement maritime fut réalisée par Amundsen. Ces expéditions furent décevantes, car elles révélèrent que les deux passages étaient impraticables à la navigation commerciale. L'exploration du pôle Nord et de l'Arctique fut préparée par la découverte de la terre François-Joseph (1874), par la première traversée du Groenland (Nansen et Sverdrup, 1888), par l'expédition de Nansen, qui, en 1895, atteignit 86° 14′, par la tentative aérienne du Suédois Andrée en 1897, mort dans une île de la mer de Barents après la chute de son ballon, par l'expédition italienne du duc des Abruzzes, qui atteignit 86° 34′ en 1900. On admet généralement que le pôle Nord fut conquis, le 6 avr. 1909, par Peary, mais cet exploit demeure contesté par certains spécialistes, de même que celui du futur amiral Byrd, qui aurait été le premier aviateur à survoler le pôle Nord, le 9 mai 1926, peu avant le dirigeable *Norge* d'Amundsen et Nobile. La région de l'Antarctique – approchée en 1774 par Cook – fut, au XIXe s., l'objectif des expéditions de Dumont d'Urville (1837/40, découverte de la terre Louis-Philippe et de la terre Adélie) ; de J. C. Ross (1841/43, découverte de la mer de Ross, de la terre Victoria, de la Grande Barrière ; avance extrême : 78° 9′) ; de Gerlache (1897/99). Dans les premières années du XXe s., les missions scientifiques se succédèrent : l'expédition britannique de R. F. Scott et Shackleton (1902/04), qui escalada la Grande Barrière et atteignit 82° 17′ ; les expéditions de Charcot avec deux navires, le *Français* (1903/05) et le *Pourquoi pas ?* (1908/10) ; la seconde expédition de Shackleton (1907/09), qui parvint jusqu'à 88° 23′. Le pôle Sud fut enfin atteint, en déc. 1911, par le Norvégien Amundsen ; Scott y parvint à son tour, en janv. 1912, mais l'explorateur anglais devait mourir, avec ses compagnons, sur la route du retour. En 1957, l'Union soviétique inaugura, avec le lancement réussi de Spoutnik I, premier satellite artificiel, l'ère des expéditions dans l'espace, qui allait affiner notre connaissance géographique. La mesure des distances intercontinentales, à 10 cm près, permit de localiser précisément des îles, comme Tahiti, dont l'emplacement en 1950 n'était connu qu'à plusieurs kilomètres près.

DÉFENESTRATION DE PRAGUE. Acte de violence commis à Prague le 23 mai 1618 par des nobles bohémiens contre les gouverneurs impériaux Slawata et Martinic, et leur secrétaire Fabricius. L'empereur Matthias ayant violé les libertés religieuses de la Bohême, les protestants mécontents, sous la conduite du comte de Thurn, se présentèrent en armes au château du Hradschin, à Prague, résidence des gouverneurs impériaux et les précipitèrent par les fenêtres ; mais tous trois échappèrent à la mort. Cet attentat fut le signal de la guerre de Trente Ans (v.).

DÉFENSE NATIONALE (gouvernement de la). Nom du gouvernement provisoire français formé à Paris, le 4 sept. 1870, après la proclamation de la déchéance du second Empire ; il dirigea la France jusqu'à la réunion de l'Assemblée nationale à Bordeaux, le 13 févr. 1871. Présidé par le général Trochu, il était composé de républicains modérés et radicaux, les socialistes étant exclus. Parmi ses membres, on comptait Jules Favre (Affaires étrangères), Gambetta (Intérieur), général Le Flô (Guerre) et Crémieux (Justice). Refusant toute cession territoriale (manifeste aux puissances du 6 sept.), le gouvernement de la Défense nationale se résolut à la poursuite et à l'intensification de la guerre. Voir **Franco-allemande (guerre, 1870/71)**.

DEFFERRE Gaston (* Marsillargues, Hérault, 14.IX. 1910, † Marseille, 7.V.1986). Homme politique français, maire de Marseille (1944/45 et 1953/86). Voir **COLONIES.** La décolonisation.

DE GASPERI Alcide (* Pieve Tesino, Trentin, 3.IV. 1881, † Sella di Valsugana, Trentin, 19.VIII. 1954). Homme politique italien. Né dans une province encore autrichienne, il fut député au Reichsrat (1911). Italien en 1918, il fut l'un des fondateurs du parti populaire italien qui devait donner naissance au parti démocrate-chrétien. Emprisonné par le régime fasciste (1926/30), il fut relâché sur intervention de Pie XI et recueilli au Vatican. Ministre des Affaires étrangères (1944/45), il devint président du Conseil de déc. 1945 à juill. 1953. Voir **ITALIE.** La vie politique après 1945 et **DÉMOCRATIE CHRÉTIENNE.** L'exercice du pouvoir. Les partis démocrates-chrétiens en Europe.

DE GAULLE Charles. (*Lille, 22.XI.1890, † Colombey-les-Deux-Églises, 9.XI.1970). Général et homme politique français. Voir **GAULLE** Charles de.

DEGRELLE Léon (* Bouillon, Luxembourg belge, 15.VI.1906, † Málaga, 31.III.1994). Homme politique belge. Fondateur du rexisme, collaborateur, il créa la légion *Wallonie* (1941). Voir **COLLABORATION** et **BELGIQUE.** D'une invasion à l'autre (1914/44).

DEHAENE Jean-Luc (Montpellier, Hérault, 7.VIII. 1940). Homme politique belge. Membre du parti social-chrétien flamand, il participa aux gouvernements successifs de Wilfried Martens (1981/91) et dirigea, en 1991, un gouvernement de coalition avec les sociaux-chrétiens francophones et les socialistes, reconduit en 1995. L'échec de son parti aux élections législatives, régionales et européennes de juin 1999 entraîna son retrait de la vie politique.

DE KLERK Frederik Willem (Johannesburg, 18.III. 1936). Avocat et homme politique sud-africain. Élu député du parti national en 1961, il entra dans le gouvernement de Pieter Willem Botha en 1978. Il s'appuya sur l'aile libérale de son parti pour en prendre la direction et devenir président de la République (1989/94). En dépit de son parcours politique de conservateur, il décida alors de sortir son pays de l'impasse par des réformes d'inspiration progressiste. Obtenant des garanties politiques et économiques pour la communauté blanche, il négocia avec l'African National Congress, qu'il légalisa, et abolit l'apartheid en 1991. Prix Nobel de la paix en 1993 avec Nelson Mandela (v.), il devint deuxième vice-président après les élections d'avr. 1994. Après l'annonce de la rupture de la coalition gouvernementale en mai 1996, Frederik De Klerk quitta son poste pour entrer dans l'opposition et se retira de la vie politique en 1998.

DELAWARE. État de la côte est des États-Unis, capitale *Dover*. Les Hollandais s'y établirent en 1631. La région, depuis le cap Henlopen jusqu'à Christiana Creek, fut colonisée à partir de 1637 par les Suédois et reçut le nom de *Nouvelle-Suède*. Les Hollandais s'en emparèrent en 1655, mais durent céder la place aux Anglais dès 1664 ; le roi Charles II attribua la région au duc d'York, qui la donna en 1682 à William Penn. Le Delaware, qui doit son nom actuel au baron De la Warr (* 1577, † 1618), premier gouverneur de la Virginie, devint une colonie particulière en 1704/10 et fut l'une des treize colonies qui proclamèrent leur indépendance en 1776. Il prit une part active à la guerre contre les Anglais et c'est sur son territoire que fut livrée la bataille de Brandywine (1777). Il fut le premier État à ratifier la Constitution américaine. Durant la guerre de Sécession, il resta fidèle à l'Union.

DELCASSÉ Théophile (* Pamiers, Ariège, 1er.III. 1852, † Nice, 22.II.1923). Homme politique français. Député radical de l'Ariège en 1889, ministre des Colonies (1894/95), puis ministre des Affaires étrangères (1898/1905), il travailla à rompre l'isolement diplomatique de la France. Malgré l'incident de Fachoda (nov. 1898) et la vague anglophobe qui s'ensuivit, il réussit à établir l'Entente cordiale avec la Grande-Bretagne (avr. 1904). Ministre de la Marine (1911/13), il revint aux Affaires étrangères (août 1914/oct. 1915) et acheva de détacher l'Italie de son ancien allié austro-allemand.

DELESCLUZE Louis Charles (* Dreux, 20.X.1809, † Paris, 25.V.1871). Homme politique français. Lancé dès 1830 dans l'agitation républicaine, contraint sous la monarchie de Juillet de se réfugier en Belgique (1836/40), il fut nommé par le gouvernement provisoire de 1848 commissaire pour le département du Nord. Battu aux élections à l'Assemblée constituante, il fonda l'association de la Solidarité républicaine. Ses articles contre la répression qui suivit les journées de Juin lui valurent plusieurs condamnations et il dut s'exiler en Angleterre (1849). Rentré clandestinement en France dès 1853, il fut bientôt arrêté et déporté à Cayenne jusqu'en 1859. À son retour, il fonda le journal *Le Réveil*, qui, en dépit des poursuites judiciaires, devint une des grandes feuilles de l'opposition d'extrême gauche au second Empire. Élu par les Parisiens député à l'Assemblée nationale en 1871, il s'éleva contre l'armistice et demanda la mise en accusation des hommes du gouvernement de la Défense nationale. Il prit une part décisive dans la Commune, dont il devint le ministre de la Guerre, et fut tué sur la barricade du Château-d'Eau en combattant les versaillais.

DELESTRAINT Eugène (* Biache-Saint-Waast, 12. III.1879, † Dachau, 23.IV.1945). Général français. Général de division en 1940, il fut le premier chef de l'Armée secrète en zone Sud (fin 1942), puis reçut le commandement de cette organisation pour la France entière. Arrêté à Paris en juin 1943 comme Jean Moulin à Caluire, il mourut à Dachau.

DELHI (sultanat de). Principal État musulman de l'Inde du Nord-Ouest, depuis le début du XIIIe s. jusqu'au début du XVIe s. Il a son origine dans les conquêtes du prince afghan Mohammed de Ghor (v.) qui, vainqueur des princes hindous à la seconde bataille de Tarain (1192), devint le maître de Delhi. Il confia Delhi à son lieutenant Qoutb ed-din Aibak, un ancien esclave turc, qui, en 1206, se rendit indépendant de fait et fonda la première dynastie des sultans de Delhi (1206/66). Sous Iltoutmich (1211/36), le sultanat de Delhi s'étendit sur tout le Pendjab (1217/28), sur le Bengale (1225), le Sindh (1228) et Gwalior (1232) ; Iltoutmich reçut du calife abbasside de Bagdad le titre de sultan de l'Inde (1229). Mais les musulmans étaient trop peu nombreux pour exercer directement le pouvoir, et les sultans de Delhi durent faire une large place, dans l'administration et dans les responsabilités économiques, à des hindous, qui bénéficiaient d'une assez large tolérance religieuse. La mort d'Iltoutmich fut suivie par une période de troubles. Le pouvoir passa à une nouvelle dynastie de Turcs afghanisés, les Khalji (1290/1320), qui, tout en repoussant de nombreuses attaques mongoles, étendirent encore le territoire du sultanat jusqu'au Deccan (1306/13). Mais la politique étatiste de la dynastie entraîna une crise économique et sa chute rapide au profit des Toughlak (1320/1413). Ceux-ci remportèrent de nouvelles victoires contre les Mongols, qui demeuraient une menace persistante pour le sultanat, et ils tentèrent de remédier à la crise intérieure par des expédients financiers. Mohammed Toughlak (1325/51) se fit haïr par ses méthodes tyranniques et cruelles, et ne sut pas conserver le Deccan, perdu en 1347.

Durant la seconde moitié du XIVe s., le sultanat de Delhi entra en décadence, en dépit du bon gouvernement de Firouz Toughlak (1351/88), qui renonça sagement au Deccan et se consacra à restaurer l'administration. En nov. 1398 s'abattit sur la région de Delhi l'invasion de Tamerlan ; le conquérant massacra en une seule journée (12 déc. 1398) 100 000 prisonniers hindous sous les murs de Delhi et s'empara cinq jours plus tard de la ville, qu'il livra à la destruction. Le sultanat, réduit désormais à la vallée de la Juman, passa à la dynastie des Sayyid (1414/51), puis à la dynastie des Lodi (1451/1526). Ces derniers, aidés par les Afghans, accomplirent un redressement réduit à néant par l'invasion de Baber, qui, vainqueur à la bataille de Panipat (21 avr. 1526), entra trois jours plus tard à Delhi et détruisit le sultanat.

DELORS Jacques (Paris, 20.VII.1925). Homme politique français et européen. Après une carrière à la Banque de France (1945/69), et au Commissariat général au Plan (1962/69), il entra au cabinet du Premier ministre J. Chaban-Delmas (1969/72) comme conseiller pour les affaires sociales et culturelles. Il fut ministre de l'Économie et des Finances dans les trois gouvernements de P. Mauroy. Après la démission du troisième gouvernement Mauroy en juill. 1984, il fut nommé président de la Commission européenne de Bruxelles. Il sut donner un nouvel élan à la construction européenne : en avr. 1988, il publia le « rapport Delors », qui décrivait les étapes nécessaires vers une monnaie unique et servit de modèle au traité de Maastricht. Son Livre blanc de déc. 1993 préconisait une relance européenne de type keynésien, fondée sur un grand emprunt de 120 milliards d'ECU (European Currency Unit) destiné à financer de grands travaux en Europe, mais il resta largement inappliqué. Malgré les critiques, notamment britanniques, adressées à ses convictions fédéralistes, son action a contribué à renforcer l'autorité de la Commission. Il refusa, en déc. 1994, de se porter candidat des socialistes à l'élection présidentielle de mai 1995. Jacques Delors quitta la présidence de la Commission européenne en 1995, au terme de son second mandat. Par la suite, il a exercé des responsabilités au sein de l'OCDE et de l'UNESCO.

DÉLOS. Île grecque de la mer Égée, au cœur de l'archipel des Cyclades. Minuscule et aride, et n'offrant aux marins qu'un mouillage médiocre, elle fut dès la plus haute antiquité un lieu éminemment sacré, voué au culte d'Apollon. Respectée par les Perses lors de la première guerre médique (490 av. J.-C.), Délos passa au Ve s. sous la domination d'Athènes, qui y établit le siège de sa confédération. À l'époque hellénistique, son importance devint surtout commerciale. Carrefour des routes maritimes entre la Grèce et l'Asie, entre les rivages de l'Égée et l'Égypte, Délos était un entrepôt, une place bancaire et une place de commerce, avec une ville d'affaires qui se développa rapidement au sud du sanctuaire. Rendue par les Romains à Athènes en 166, l'activité de son port franc attira les marchands d'Italie, d'Asie, d'Afrique, aussi bien que les Grecs. Mais l'île devait être ruinée irrémédiablement par les pillages de Mithridate (88) et des pirates (69 av. J.-C.).

Ligue de Délos. Nom de la première confédération athénienne, organisée en 478/77 av. J.-C. par Aristide. Voir ATHÈNES. L'apogée d'Athènes au Ve s. av. J.-C.

DELPHES, *Delphoi, Delphi*. Cité et sanctuaire de la Grèce ancienne, en Phocide, au N. du golfe de Corinthe, sur les pentes sud-ouest du Parnasse. Elle dut sa renommée à l'oracle d'Apollon et aux jeux Pythiques, qui y étaient célébrés tous les quatre ans, au milieu de chaque olympiade. Politiquement, Delphes fut d'abord sous la domination de Kirrha, mais les prêtres d'Apollon se libérèrent, avec l'aide d'une coalition de toutes les cités grecques, au cours de la première guerre sacrée (vers 595/86). Alors fut créée l'amphictyonie, conseil des douze principaux peuples de la Grèce continentale, qui plaça le sanctuaire sous sa sauvegarde. En 582 furent réorganisés les jeux Pythiques, à l'origine jeux funèbres en l'honneur du serpent Python qu'avait tué Apollon pour rester maître du sanctuaire, mais qui comportèrent bientôt, en plus de leur programme essentiellement musical, un ensemble de concours sportifs.

L'oracle était rendu par la pythie, une femme dont les paroles confuses étaient traduites par les prêtres en vers ambigus, à peu près inintelligibles pour le consultant, qui, pour les interpréter, devait recourir à des exégètes professionnels. Dans les premiers temps, on n'interrogeait la pythie qu'à de rares intervalles – guère plus d'une fois par an. Plus tard, la consultation devint mensuelle, sauf au cours des trois mois d'hiver, durant lesquels Apollon était censé quitter Delphes. La clientèle s'étant étendue à l'ensemble du monde grec, Delphes eut deux pythies ordinaires et une pythie supplémentaire. L'oracle de Delphes était consulté non seulement par des particuliers, mais aussi par des hommes politiques ou des souverains. On voit ainsi (dans Hérodote, *Histoires*, 1, 51 *sq.*) Crésus, roi de Lydie, envoyer une ambassade à la pythie pour savoir s'il devait faire la guerre aux Perses. La pythie et les prêtres de Delphes jouèrent donc, du VIIIe au IVe s. avant notre ère, un rôle politique très important dans les affaires de la Grèce ; ils favorisèrent le mouvement de colonisation, mais se montrèrent prudents lors de l'invasion perse, hésitèrent entre Athènes et Sparte durant la guerre du Péloponnèse (avec un penchant pour les Lacédémoniens) ; au IVe s., leurs sympathies ouvertes pour Philippe de Macédoine firent dire à Démosthène : « La pythie philippise. »

À plusieurs reprises, les Phocidiens, dont le territoire entourait celui de Delphes, tentèrent de s'emparer du sanctuaire et de ses terres, provoquant les deuxième (448/47) et troisième (356/46) guerres sacrées. À la faveur de cette dernière, Philippe de Macédoine entra au conseil amphictyonique (346) ; il put ainsi intervenir légalement en Grèce centrale et obliger Thèbes et Athènes à livrer la bataille de Chéronée où elles furent vaincues (338). Attaquée en 279 par les Celtes, Delphes passa ensuite sous la protection des Étoliens, avant d'en être « libérée » en 191 par les Romains. Cependant, dès le Ier siècle avant notre ère, l'oracle avait perdu presque tout crédit. Sylla et Néron pillèrent le sanctuaire.

DELYANNIS Théodoros (* Tripolis, Péloponnèse, 19.V.1824, † Athènes, 13.VI.1905). Homme politique grec. Ministre de la Guerre, président du Conseil en 1885/86, partisan ardent d'une politique d'expansion hellénique, il réclama l'annexion de la Thessalie et crut en trouver le prétexte en 1885, lors de la réunion de la Bulgarie et de la Roumélie orientale ; mais le blocus de la Grèce par les grandes puissances le contraignit à démissionner. De nouveau président du Conseil en 1890/92, puis en 1895/97, il intervint en faveur des Crétois révoltés et déclencha la guerre contre les Turcs, mais dut se retirer après la défaite grecque en Thessalie. Il revint encore à la tête des affaires à deux reprises, entre 1902 et 1904.

DÉMÉTRIOS Ier Poliorcète, c'est-à-dire *preneur de villes* (* vers 336, † Apamée, sur l'Oronte, 283 av. J.-C.). Roi de Macédoine (294/88). Il s'empara d'Athènes en 307 sous le prétexte d'y assurer la liberté, et en chassa Démétrios de Phalère. Il enleva à Cassandre toute l'Attique, la Béotie et une partie du Péloponnèse, à Ptolémée Chypre, Tyr et Sidon. Mais il fut battu en 301 à la bataille d'Ipsos, en Phrygie, où son père Antigone perdit la vie. Cependant, il réussit, à la mort de Cassandre (297), à s'emparer de la Macédoine, dont il prit le titre de roi en 294. Détrôné par Pyrrhos en 288, il envahit l'Asie Mineure, où régnait Séleucos Ier, mais celui-ci le fit prisonnier (286) et le retint jusqu'à sa mort. Il devait son surnom à sa capacité particulière dans l'art des sièges.

DÉMÉTRIOS Ier Sôter, c'est-à-dire *sauveur.* Roi de Syrie (162/50 av. J.-C.). Fils de Séleucos IV Philopator. Envoyé tout jeune comme otage à Rome, il s'échappa après la mort de son père, chassa l'usurpateur Antiochos V Eupater, et se fit reconnaître roi (162). Il fit la guerre aux Juifs, lutta contre les Macchabées (v.), mais fut détrôné et mis à mort par Alexandre Balas, soutenu par le roi d'Égypte, Ptolémée Philométor. Son surnom de *Sôter* lui avait été donné par les Babyloniens, qu'il avait délivrés des tyrans Timarque et Héraclide.

DEMIREL Suleyman (prov. d'Isparta, 1924). Homme politique turc. Chef du parti de la Justice (1964), qui succéda au parti démocrate de Menderes, il fut Premier ministre de 1965 à 1971. Renversé par l'armée, il revint au pouvoir en 1975 à la tête d'une coalition de droite. Démis par l'Assemblée nationale en déc. 1978, il retrouva de nouveau le pouvoir en nov. 1979 jusqu'au coup d'État de sept. 1980. Après sept ans d'une retraite politique forcée, il refonda, sous le nom de parti de la Juste Voie (DYP), le parti de la Justice, dissous en 1980, et devint alors le principal adversaire politique de Turgut Özal, son ancien ministre, chef du gouvernement de 1983 à 1989. En 1991, il s'allia aux sociaux-démocrates pour former son septième gouvernement. Il fut élu président de la République le 16 mai 1993, après le décès de Turgut Özal, et fut remplacé par Ahmet Necdet Sezer en mai 2000.

DÉMOCRATE (parti), *Democratic Party.* Nom de l'un des deux grands partis politiques des États-Unis. Issu des débats constitutionnels de 1787, le parti démocrate, qui porta jusque vers 1828 le nom de *parti républicain démocrate,* fut fondé vers 1792 par Jefferson. Contre Hamilton et les fédéralistes, il réclamait une « interprétation étroite » de la Constitution, de manière à assurer aux États la plus large souveraineté possible ; il mettait l'accent sur la liberté individuelle et sur le contrôle du gouvernement par le peuple. Parvenu au pouvoir avec l'élection de Jefferson

(1800), ce parti gouverna presque constamment jusqu'à la guerre de Sécession. En dépit de ses options libérales, il fut d'abord entre les mains de représentants de l'aristocratie, avec Madison et Monroe. L'élection de Jackson (1828) manifesta la force de la poussée démocratique et produisit une sorte de révolution au sein du mouvement, qui prit à cette époque le nom de *parti démocrate*. Le parti fit des progrès importants dans le Sud, mais se divisa bientôt à propos de l'esclavage. À la convention démocrate de Charleston (avr./mai 1860), le parti ne put s'entendre sur la désignation d'un candidat et la plupart des sudistes se retirèrent. Du fait de leurs divisions, les démocrates furent battus par Abraham Lincoln, candidat du jeune parti républicain. La guerre de Sécession allait consommer la ruine du parti démocrate. Après la période de la « Reconstruction », le mouvement commença sa renaissance dans le Sud, qui devait rester un de ses bastions jusqu'à nos jours. Il fut de nouveau au pouvoir avec Cleveland (1884/88, 1892/96), mais le parti républicain gardait une influence prédominante dans le pays. Les démocrates étaient affaiblis par le caractère hétéroclite de leur recrutement – fermiers du Sud et de l'Ouest et population ouvrière des grandes villes industrielles. Cependant, lors des élections de 1912, Woodrow Wilson réussit à présenter un programme qui mêlait à l'idéalisme originel du mouvement l'idée nouvelle de l'intervention de l'État pour assurer l'égalité des chances dans la vie économique. Bénéficiant de la scission intervenue chez les républicains entre Theodore Roosevelt et Taft, les démocrates emportèrent la présidence (1913/21). Lorsque la crise économique de 1929 eut mis fin à l'euphorie de l'après-guerre, ce fut vers les démocrates, conduits par Franklin D. Roosevelt, que se tournèrent les Américains aux élections de 1932. Le parti allait rester pendant vingt ans au pouvoir (1933/53), avec Roosevelt (1933/45) et Truman (1945/53). Vaincus aux élections de 1952 par le prestige du général Eisenhower, candidat républicain, les démocrates retrouvèrent le pouvoir, de 1960 à 1968, avec Kennedy et L. B. Johnson. En 1972, la gauche du parti, favorable à une paix quasi inconditionnelle au Viêt-nam, porta comme candidat à la présidence McGovern, largement battu par Nixon, qui bénéficia d'un grand nombre de suffrages traditionnellement démocrates ; cependant, le parti démocrate conservait ses positions majoritaires au Congrès.

Si la victoire de Jimmy Carter à la présidentielle de 1976 dut beaucoup à l'affaiblissement du camp républicain depuis le Watergate (v.), son échec en 1980, devant le républicain Reagan, eut pour cause première le sentiment de médiocrité et d'impuissance laissé par Carter : incapable de contenir la révolution iranienne, suivie de l'invasion soviétique en Afghanistan, l'Amérique sortait humiliée de l'affaire des otages de Téhéran (v. **Iran.** Des années 1960 à la révolution khomeiniste). Aux élections de 1984, R. Reagan triompha de l'ancien vice-président de J. Carter, Walter Mondale, coupé d'un électorat démocrate en voie de paupérisation, comme l'exprimait la percée, lors des primaires, du candidat noir et radical Jessie Jackson. Ce dernier acquit encore plus de poids auprès des laissés-pour-compte du libéralisme à la présidentielle de 1988. Cependant, Michael Dukakis, candidat blanc, lui fut préféré pour postuler à la présidence, mais ne parvint pas à imposer son profil de gestionnaire face au candidat républicain G. Bush, ancien vice-président de Reagan.

Pourtant, les démocrates dominaient le Congrès depuis 1940 et leur succès au Sénat en 1986 créait un contre-pouvoir capable de paralyser la politique de Bush.

En 1989, le parti démocrate se donnait, pour la première fois dans l'histoire des grands partis, un dirigeant noir, Ronald Brown. Après douze ans d'absence, les démocrates accédèrent de nouveau à la magistrature suprême, avec la victoire de Bill Clinton en nov. 1992. Ce succès était cependant limité par le faible score de leur candidat : 43 % des suffrages contre 38 au républicain George Bush et 19 au candidat indépendant Ross Perot. De plus, la popularité du nouveau président s'éroda très rapidement. Aux élections législatives de nov. 1994, le parti démocrate enregistra une défaite sévère et perdit le contrôle des deux chambres du Congrès. Malgré cet échec, Bill Clinton retrouva la faveur de l'opinion publique, et fut réélu en nov. 1996 avec 50 % des suffrages. Cependant, le parti démocrate ne put regagner le contrôle ni du Sénat ni de la Chambre des représentants.

Arrivé au coude à coude avec le parti républicain lors de la présidentielle de nov. 2000, il ne dut la défaite de son candidat, le vice-président Albert Gore, face à George W. Bush, qu'à quelques milliers de voix manquantes et à la décision des juges de la Cour suprême d'interrompre le recomptage des voix dans l'État de Floride. Le parti démocrate resta minoritaire à la Chambre des représentants, mais obtint, tout comme le parti républicain, la moitié exacte des cent sièges du Sénat, ainsi dépourvu de majorité. En mai 2001, à la faveur d'une démission républicaine, le parti démocrate y redevint provisoirement majoritaire, jusqu'au 5 novembre 2002 : les républicains remportèrent une victoire exceptionnelle aux élections de mi-mandat, retrouvant la majorité dans les deux chambres.

DÉMOCRATIE. Régime politique dans lequel le peuple détient la souveraineté, soit directement, soit par l'intermédiaire de représentants.

La **démocratie antique** a concerné principalement les cités grecques de la période classique (Ve s. av. J.-C.), en particulier Athènes (v.). La démocratie y fut progressivement instaurée à partir de la fin du VIe s. par les réformes de Clisthène (v.), Éphialte, et Périclès (v.). Elle reposait sur quelques principes fondamentaux : l'*isonomie*, égalité de tous devant la loi ;

l'*isotimie*, accès de tous aux honneurs et aux charges publics ; l'*isêgorie*, droit de tous à la parole devant l'assemblée du peuple (*ecclésia*, v.), qui rassemblait en théorie tous les citoyens. L'*ecclésia* déterminait la politique de la cité, décidait de la guerre, du budget, jugeait les crimes d'État, élisait stratèges et trésoriers. Périclès fit accorder à tous les citoyens une indemnité parlementaire pour encourager leur participation. Cette démocratie directe n'était possible que sous certaines conditions : *a)* l'esclavage (v.), qui devait libérer les citoyens des tâches domestiques, les étrangers domiciliés (les métèques) et les femmes étant exclus de la vie politique. Périclès édicta des lois pour limiter encore le corps civil : sur environ 400 000 habitants, l'Attique comptait 40 000 citoyens, dont 5 à 6 000 assistaient aux assemblées ; *b)* l'exploitation d'un empire colonial, composé de cités où Athènes avait imposé la constitution d'un gouvernement démocratique, qui finançait indemnités, monuments, fêtes et guerres. Pendant tout le Ve s., le régime fonctionna grâce aux « alliés » d'Athènes (v. **DÉLOS**, ligue de) ; au IVe s., du fait de la perte de son empire, Athènes maintint difficilement ses institutions.

La démocratie dans les pays anglo-saxons. La démocratie jacobine

La démocratie moderne s'élabora au XVIIIe s. dans les pays anglo-saxons. En Grande-Bretagne, la fonction de Premier ministre naquit dans les années 1720/40 : il partageait avec le roi le pouvoir exécutif et tenait sa légitimité de la majorité de la Chambre des communes. En 1757, une nouvelle étape fut franchie lorsque George II confia le ministère à William Pitt, et qu'en 1782, George III dut appeler aux affaires un membre de l'opposition. Ainsi, le pouvoir exécutif passa des mains du roi à un « cabinet » de ministres choisis dans la majorité. Parlementaire à la fin du XVIIIe s., le régime anglais devint démocratique au XIXe s. : les réformes électorales de 1832, 1867 et 1884 étendirent le droit de vote aux couches populaires, puis le suffrage universel masculin fut acquis en 1918, élargi aux femmes en 1928. En 1911 et 1948, les pouvoirs de la Chambre des lords furent largement réduits.

Les colonies anglaises d'Amérique firent participer les colons au gouvernement local. Après l'indépendance, la pratique démocratique se développa rapidement, prenant la forme de la Constitution de 1787, qui fonde par écrit les institutions américaines, par opposition aux coutumes, aux lois et aux pratiques de jurisprudence anglaises.

En France, la Constitution de 1791 s'inspira du modèle anglo-saxon avec la séparation des pouvoirs, la garantie des libertés individuelles, et des partis politiques acceptant le jeu de l'alternance. Mais la démocratie jacobine de 1793/94 prit un caractère totalitaire au nom de la « volonté générale » illimitée. Le Comité de salut public instaura la Terreur au nom de la Patrie en danger, abolissant toute garantie judiciaire. La première expérience démocratique française n'aboutit donc pas à un régime parlementaire, et renforça l'État unitaire et centralisateur.

Les démocraties modernes

La démocratie parlementaire, dans l'Europe occidentale du XIXe s., fut une tentative de synthèse entre les idées de 1789 et les institutions anglo-saxonnes. En France, la bourgeoisie tenta d'en limiter les effets par le suffrage censitaire appliqué dès 1791, qui fonctionna également pendant la Restauration et la monarchie de Juillet, jusqu'à l'institution du suffrage universel masculin (1848). Sous la IIIe République, la France connut l'apogée de la démocratie parlementaire. Mais plusieurs facteurs empêchèrent ce système de fonctionner au XIXe, puis au XXe s. : la diversité voire l'émiettement des partis qui entravaient les majorités stables, et la permanence d'une frange de l'opinion hostile au régime parlementaire (extrême droite légitimiste, bonapartiste puis fasciste, extrême gauche socialiste puis communiste, catholiques ultramontains). Après 1945, la démocratie parlementaire fut restaurée en France (IVe République) et en Italie. En Allemagne fédérale, le système d'alternance politique réussit progressivement à s'installer.

La démocratie plébiscitaire se fonde sur un lien direct entre le peuple et le chef, sans intermédiaire. Ce système fut souvent détourné, et n'est pas sans analogie avec certaines formes de dictature : Napoléon Bonaparte jalonna de plébiscites sa marche vers l'Empire, puis ne consulta plus le peuple, jusqu'aux Cent-Jours. Son neveu, Louis-Napoléon, élu président de la République en 1848, inaugura le second Empire par un coup d'État (2 déc. 1851), puis de fréquents plébiscites garantirent la forme démocratique d'un régime autoritaire, dont l'élément parlementaire ne s'accrut que dans ses dernières années. En France, les institutions de la Ve République (1958) ont permis, avec de nombreuses précautions, les consultations de type plébiscitaire.

La démocratie communiste s'appuie sur l'analyse de Karl Marx, pour qui la vraie démocratie est sociale, fondée sur l'égalité économique, qui ne peut être assurée que par le contrôle du prolétariat sur les moyens de production, et qui ne peut exercer le pouvoir que par la révolution. Dans l'Europe occidentale de la fin du XIXe s., les marxistes s'efforcèrent de réaliser des réformes par la voie parlementaire. En Russie, où le faible prolétariat ne disposait d'aucune représentation, Lénine affirma que les « révolutionnaires professionnels » du parti bolchevik devaient préparer les conditions de la démocratie sociale en instaurant la « dictature du prolétariat ». Ce système signifiait la liberté de parole pour les seuls membres du parti communiste : la Constitution soviétique de 1936, qui affirma tous les principes de la démocratie et de la liberté individuelle, ne s'appliquait qu'aux membres du parti. Il en fut de même dans les démocraties populaires d'après 1945, en Europe de l'Est, en Chine et à Cuba principalement.

Les démocraties du tiers monde qui suivirent la décolonisation connurent de brèves expériences parlementaires, puis les États recoururent au parti unique, aux gouvernements autoritaires, souvent soutenus par les anciennes métropoles et utilisés par les deux blocs de la guerre froide. Des systèmes démocratiques ne purent émerger, entravés par des conditions de sous-développement, d'illettrisme et de guerres civiles. De rares États, comme l'Inde, sont parvenus à un système démocratique. Au milieu des années 1990, l'effondrement du bloc soviétique, l'introduction du multipartisme en Europe de l'Est, les revendications démocratiques dans de nombreux pays ont instauré une nouvelle période. À l'égard du tiers monde, l'Union européenne a conditionné son aide économique à la mise en place d'institutions démocratiques, et le Gabon, le Zaïre, le Bénin, la Côte-d'Ivoire ont convoqué des « Conférences nationales » afin de jeter les bases d'un système pluraliste. Mais l'absence de tradition démocratique, les difficultés économiques et la peur du vide politique entraînèrent des crises politiques profondes au Rwanda (1994), en Algérie (depuis 1992) et en Côte-d'Ivoire (2002).

DÉMOCRATIE CHRÉTIENNE. La démocratie chrétienne a eu pour précurseurs des catholiques sociaux de la première moitié du XIXe s., tels, en France, Lamennais, Lacordaire, Buchez, Ozanam et l'équipe de *L'Ère nouvelle*, apparue pendant la révolution de 1848. Elle répondait historiquement à un double besoin : rompre l'alliance traditionnelle du trône et de l'autel, et donner à l'Évangile toute sa dimension humaine, faire jaillir de l'esprit de fraternité du christianisme l'inspiration d'une politique capable de remédier aux problèmes sociaux posés par le capitalisme et par la condition ouvrière.

Avant la Première Guerre mondiale

Dans les dernières années du XIXe s., les jeunes du parti catholique belge comme ceux de l'Œuvre des Congrès en Italie commencèrent à se proclamer démocrates. En France apparut le groupe actif des « abbés démocrates », journalistes, orateurs de réunions publiques, députés, très éloignés de l'image traditionnelle que les masses catholiques se faisaient du prêtre. Les principaux d'entre eux étaient l'abbé Trochu, fondateur du quotidien breton *Ouest-Éclair* (1899), l'abbé Dabry, fondateur de *La Vie catholique*, l'abbé Boeglin, du *Journal de Roubaix*, l'abbé Naudet, directeur du *Monde*, et l'abbé Lemire, député d'Hazebrouck. En 1896 se fonda même un parti démocratique chrétien, qui recueillit de nombreuses adhésions dans le clergé.

Léon XIII jugea nécessaire de publier son encyclique *Graves de communi* (18 janv. 1901). « L'expression *démocratie chrétienne*, disait le pape, ne doit pas être entendue dans un sens politique. [...] Il ne faut l'employer [...] qu'en ne lui attachant aucune autre signification que celle d'une bienfaisante action chrétienne à l'égard du peuple. » Cette définition revenait à ramener la démocratie chrétienne au catholicisme social. Léon XIII tirait les conséquences de l'échec de la politique du « ralliement » (v.) et des campagnes anticléricales, qui, se poursuivant en France comme en Italie, semblaient rendre plus que jamais impossible une réconciliation de l'Église avec les régimes politiques modernes. Ce retour à une action purement chrétienne devait s'accentuer sous Pie X, qui éprouvait une méfiance instinctive pour tout engagement des catholiques dans la politique.

Le Saint-Siège craignait que le principe de la démocratie ne fût transposé dans l'Église, dont il mettrait en question les structures hiérarchiques. En Italie, le chef de la tendance démocrate-chrétienne de l'Œuvre des Congrès, don Romolo Murri, faisait déjà campagne pour une promotion authentique du laïcat et une réforme de l'Église. La démocratie chrétienne semblait ainsi tendre la main au modernisme. Sans hésiter, Pie X prononça dès 1905 la dissolution de l'Œuvre des Congrès, condamna les journaux démocrates-chrétiens français (1908), et publia, le 25 août 1910, sa lettre sur le Sillon (v.). Le mouvement de la démocratie chrétienne allait être ainsi arrêté pour une dizaine d'années.

La période de l'entre-deux-guerres, la naissance des partis

Au lendemain des traités de 1919/20, les vieux empires chrétiens des Habsbourg et des Romanov furent remplacés par de nouveaux États démocratiques et laïcs, avec lesquels le Saint-Siège s'engagea dans une politique de concordats. En France, le régime républicain avait survécu à l'épreuve de la guerre, et en était même sorti renforcé. Sous Pie XI, l'Église a donc pratiqué une attitude de dégagement politique, en laissant aux chrétiens le droit de militer personnellement sous leur propre responsabilité, en toute indépendance à l'égard de la hiérarchie. Le mouvement pour la démocratie chrétienne est ainsi reparti sur de nouvelles bases. En Italie, où le Vatican avait relâché les consignes d'abstention politique imposées aux catholiques, depuis l'occupation de Rome (1870), don Sturzo fonda, en 1919, le parti populaire italien, qui obtint d'emblée cent sièges au Parlement. En Allemagne, le vieux parti catholique du Centre fut un des pivots de la république de Weimar. En Belgique, la tendance démocrate-chrétienne, représentée par Carton de Wiart, l'emporta dans le parti catholique et imposa des lois sociales sur la grève, la durée de travail, le droit de vote féminin... D'autres mouvements d'inspiration analogue se fondèrent en Pologne, en Lituanie, tandis qu'en France, en 1924, des éléments venus du Sillon, des Semaines sociales, de la CFTC, ont donné naissance au parti démocrate-populaire, dirigé par Champetier de Ribes. Tous ces groupes tendaient à coordonner leur action dans un « Secrétariat international des partis démocrates et chrétiens ». Le grand thème de la démocratie chrétienne, c'était, dès cette époque, la réconciliation européenne, à laquelle travailla avec Briand le chancelier catholique allemand Brüning, soutenu en France par les journaux du groupe de Francisque Gay. Cependant, la période de l'entre-deux-guerres fut un nouvel échec pour la démocratie chrétienne. Nulle part son idéal ne mordit profondément sur les masses catholiques, qui allèrent vers le fascisme en Italie, vers la droite conservatrice ou nationaliste en France, et restèrent profondément divisées en Allemagne (l'un des principaux responsables de l'accession de Hitler au pouvoir fut un catholique du Centre, von Papen). Mussolini interdit le parti de don Sturzo, et le Centre allemand se saborda lui-même en 1933, à l'avènement du IIIe Reich.

En France, on ne peut toutefois réduire l'impact réel de la démocratie chrétienne à la représentation parlementaire du parti démocrate-populaire ni au rayonnement restreint de ses périodiques, *Le Petit Démocrate*, puis *L'Aube*. La condamnation de l'Action française par Pie XI (1926) a provoqué un mouvement qui a profondément transformé l'orientation politique du catholicisme français. Avec le Père Merklen, *La Croix* défendit dans les années 1930 les thèses de la démocratie chrétienne. Lors de la guerre d'Espagne comme en face de la montée de l'hitlérisme, beaucoup d'intellectuels catholiques français, qui se retrouvaient à l'hebdomadaire *Sept*, se rangèrent dans le camp de la démocratie. L'influence de Maritain s'est exercée en profondeur : dans son livre *Humanisme intégral* (1936), il reconnaissait les valeurs de liberté issues de la Révolution française mais en les intégrant à une conception personnaliste et communautaire qui impliquait la liquidation du capitalisme libéral.

L'exercice du pouvoir

Au lendemain de la Seconde Guerre mondiale, la démocratie chrétienne connut une éclatante fortune en Europe occidentale. Ses dirigeants, tels Georges Bidault en France, Alcide De Gasperi en Italie, s'étaient montrés des résistants farouches à l'hitlérisme et au fascisme. Dès 1944 se fondèrent en Italie *Democrazia cristiana* et en France le Mouvement républicain populaire (MRP). En 1946, la *Christlich-Demokratische Union* (CDU) voyait le jour à son tour en Allemagne. La démocratie chrétienne a assumé presque sans interruption la direction du pouvoir en Italie depuis la fin de 1945 ; en Allemagne, depuis la création de la République fédérale, en 1949, les sociaux-démocrates ne l'en ont écartée que de 1969 à 1982, et de nouveau à partir de 1998. En France, le MRP fut le parti central de la IVe République, et, avec Georges Bidault et Robert Schuman, il donna une orientation décisive à la politique étrangère du pays. C'est sur ce terrain, en effet, que l'action de la démocratie chrétienne après la Seconde Guerre mondiale a été la plus marquante : encouragée par Pie XII, elle a posé les bases de l'unité économique et politique de l'Europe. Le lancement du plan Schuman (1952) de mise en commun des ressources de charbon et d'acier fut la première étape de cette entreprise qui réalisait les rêves caressés dans le premier après-guerre par un Briand et un Brüning. Les adversaires de cette politique ont pu dénoncer « l'Europe vaticane », mais le grand mérite de la démocratie chrétienne fut d'avoir désamorcé les nationalismes européens, d'avoir orienté tous les hommes de ce continent vers une conscience commune. Cette construction de l'Europe occidentale fut sans doute facilitée par le climat de la guerre froide et par la peur du communisme soviétique, jusqu'à la mort de Staline. La démocratie chrétienne adopta une position résolument anticommuniste, qui n'a pas été sans conséquences sur ses orientations sociales. Des raisons de politique intérieure autant que de politique étrangère la contraignaient d'ailleurs à cette attitude : le succès qu'elle connut aussitôt après la guerre ne s'explique en effet que par l'effacement temporaire de la droite traditionnelle. En 1945, la démocratie chrétienne apparut à une grande partie de son électorat comme un rempart en face du communisme et du socialisme, bien que le programme social du MRP ou de la DC italienne fût alors assez avancé, et fît place résolument à l'intervention économique de l'État, à la planification et aux nationalisations. Cette situation ambiguë explique la prudence de la politique sociale des démocrates-chrétiens depuis la dernière guerre, et l'accent mis exclusivement dans les années 1950 sur la lutte contre le communisme, la construction de l'Europe, la solidarité atlantique ou la défense de l'enseignement libre.

Les partis démocrates-chrétiens en Europe

En France, le Mouvement républicain populaire (MRP), héritier du parti démocrate-populaire d'avant guerre, fut fondé en nov. 1944. Il comptait parmi ses dirigeants de vieux militants de la démocratie chrétienne, tels que Francisque Gay et Marc Sangnier, et de jeunes hommes issus de la Résistance, tels que Maurice Schumann, « porte-parole de la France combattante » à la radio de Londres, et Georges Bidault (v.), président du Conseil national de la Résistance. L'ambition du MRP était de constituer une troisième force entre les partis marxistes et le conservatisme. Ses chefs alliaient l'attachement à la démocratie politique à des idées économiques et sociales avancées : ils étaient favorables à un certain dirigisme économique pour pallier les excès du capitalisme, à la nationalisation des entreprises d'intérêt public, à un rôle accru des syndicats, à des réformes familiales et sociales. Mais, dès les élections de 1945/46, s'accusa un décalage entre la direction du parti et son électorat, avant tout composé de catholiques modérés qui, avant guerre, votaient pour des partis de droite. Lorsque le général de Gaulle forma le RPF (1947), le MRP se vit abandonné par nombre de ses électeurs. Après avoir été, avec les socialistes et les communistes, l'un des trois piliers du tripartisme (janv. 1946/mai 1947), le MRP réussit pourtant à se maintenir presque constamment au pouvoir jusqu'à la fin de la IVe République, en gouvernant tantôt avec les socialistes, tantôt avec les modérés.

Les données parlementaires empêchèrent le MRP de réaliser l'ensemble de son programme. Sa défense de l'école libre gênait ses relations avec la gauche et le rejetait vers la droite. Il exerça la direction du gouvernement avec Georges Bidault (juin/nov. 1946 et oct. 1949/juin 1950), Robert Schuman (nov. 1947/juill. 1948) et Pierre Pflimlin (mai 1958) ; il détint en outre presque sans interruption le ministère des Affaires étrangères (avec Georges Bidault et Robert Schuman) de 1944 à 1954. En accord avec les gouvernements démocrates-chrétiens d'Allemagne (Adenauer) et d'Italie (De Gasperi), il fut le principal artisan du rapprochement franco-allemand et de la création d'une Europe unie. Cependant la guerre d'Algérie et le retour du général de Gaulle au pouvoir divisèrent le mouvement, dont la majorité se rallia à la politique qui aboutit à l'indépendance algérienne, tandis que G. Bidault se faisait le défenseur des thèses de l'Algérie française et devenait un inspirateur de l'OAS. Les ministres MRP quittèrent le cabinet Pompidou en mai 1962 pour protester contre les propos du général de Gaulle relatifs à l'intégration européenne, mais le Mouvement ne fut pas suivi par son électorat dans son opposition à l'élection du président de la République au suffrage universel (nov. 1962). Un des jeunes dirigeants du Mouvement, Jean Lecanuet, fit campagne à l'élection présidentielle de 1965. La même année, il fonda le Centre démocrate, qui prit la suite du MRP (celui-ci, sans prononcer sa dissolution, annonça la suspension de son activité en févr. 1968). Le Centre démocrate se transforma en 1976 en Centre des démocrates-sociaux (CDS), membre fondateur de l'UDF en 1978. Le CDS fut dirigé successivement par Jean Lecanuet (1976/82), Pierre Méhaignerie (1982/94) puis François Bayrou (depuis 1994). En nov. 1995, le CDS changea de nom et devint Force démocrate, qui fusionna en 1996 avec le parti social-démocrate, lui aussi membre de l'UDF, pour finalement se dissoudre dans la « nouvelle UDF » de F. Bayrou en 1998.

En Allemagne fut fondée en 1946, dans les diverses zones d'occupation alliées, la *Christlich-Demokratische Union* (CDU) ou Union chrétienne-démocrate. Ce parti prenait la suite de l'ancien Centre catholique, mais groupait à la fois des protestants et des catholiques. Aux élections provinciales de 1946/47, la CDU obtint 133 sièges sur 520 en zone soviétique et 459 sièges sur 1 070 dans les zones occidentales. Son programme social, qui prétendait d'abord « dépasser le marxisme et le capitalisme », revint rapidement vers le libéralisme économique, sous l'influence d'Adenauer, qui s'affirma, dès 1947/48, comme le principal dirigeant du parti à l'Ouest (à l'Est subsista une CDU ralliée au régime communiste). Après la constitution de la République fédérale, la CDU devint le premier parti de l'Allemagne de l'Ouest. C'est en Rhénanie-Westphalie, en Bavière (où elle constitue l'Union chrétienne-sociale, CSU) et en Bade-Wurtemberg qu'elle a régulièrement détenu ses positions les plus fortes. Formant une coalition gouvernementale avec le parti libéral (FDP), elle rejeta les sociaux-démocrates dans l'opposition dès 1949 et gouverna sans interruption pendant vingt ans avec Adenauer (1949/63), Ludwig Erhard (1963/66) et Kiesinger (1966/69).

En difficulté avec ses partenaires libéraux, elle dut, en déc. 1966, accepter de former une « grande coalition » avec socialistes et libéraux, puis, abandonnée par ces derniers, elle se trouva rejetée dans l'opposition en oct. 1969. Elle ne revint au pouvoir qu'en 1983, avec Helmut Kohl. Après la réunification, la CDU ouest-allemande absorba, fin 1990, son homologue est-allemande, longtemps inféodée au parti communiste, et le parti est-allemand du Renouveau démocratique (*Demokratischer Aufbruch*), né en 1989. Malgré les difficultés engendrées par l'unification, la coalition CDU-FDP a été reconduite lors des élections législatives d'oct. 1994.

En oct. 1996, H. Kohl fut élu pour la treizième fois président de la CDU. Battu par le SPD en 1998, H. Kohl dut abandonner le poste de chancelier, puis la direction de la CDU quand éclata le scandale des financements occultes du parti, fin 1999. Angela Merkel le remplaça à la tête du parti. Les élections de septembre 2002 ont maintenu la CDU-CSU, menée par Edmund Stoiber, dans l'opposition, en dépit de quelques réussites locales (avril 2002 en Saxe-Anhalt, triomphe en Bavière, septembre 2003).

En Belgique, les démocrates-chrétiens ont accédé au pouvoir dès le XIXe s., après l'union entre le parti libéral et le parti catholique, à l'époque du royaume des Pays-Bas (v. BELGIQUE. La Belgique conquiert son indépendance). Ils formèrent en 1828 l'Union pour le redressement des griefs, préparant la révolution de 1830 et l'indépendance de la Belgique. Demeurés unis jusqu'en 1840, les deux tendances se divisèrent sur les rapports entre société civile et Église catholique, en particulier sur les questions scolaires, et ce malgré les efforts d'union menés par De Broukère et De Decker. On doit aux catholiques belges les premières lois sociales (1887/89), l'institution du suffrage universel tempéré par le vote plural (1893) et la représentation proportionnelle (1899). Sous l'influence de l'enseignement social de Léon XIII, le courant démocrate-chrétien de la Jeune Droite, mené par Carton de Wiart, devint l'aile active du parti catholique belge, et constitua à partir de 1918 des coalitions gouvernementales, tantôt avec les socialistes, tantôt avec les libéraux. Les années 1930 furent difficiles pour le parti, érodé par la montée du rexisme d'une part et celle du nationalisme flamand d'autre part.

Devenu le parti social-chrétien en 1945, celui-ci resta à l'écart des affaires de 1945 à 1949, et obtint sa plus grande victoire électorale en 1950, avec 47,7 % des voix et 108 sièges à la Chambre. Pendant quatre ans (1950/54), la Belgique fut gouvernée par des cabinets sociaux-chrétiens homogènes. À partir de 1958, les sociaux-chrétiens reprirent leur collaboration ministérielle avec les socialistes ou, plus rarement, avec les libéraux. Leurs chefs de file (Léo Tindemans, Mark Eyskens, Wilfrid Martens) ont formé des gouvernements de coalition. En 1987, les sociaux-chrétiens ont perdu la première place au Parlement au profit des socialistes. Ils ont continué cependant à dominer la coalition gouvernementale, Wilfrid Martens puis Jean-Luc Dehaene occupant le poste de Premier ministre. Après les élections anticipées de mai 1995, les sociaux-chrétiens ont retrouvé leur place prépondérante au sein du gouvernement, jusqu'aux élections générales de 1999, année de la défaite historique du PSC. Joëlle Milquet remplaça J.-L. Dehaene la même année à la tête du parti, qui changea de nom en 2002, devenant le Centre démocrate humaniste (CDH).

En Italie, la *Democrazia cristiana* (DC) a constamment dirigé le gouvernement de déc. 1945 jusqu'à sa dissolution en janv. 1994. Continuatrice du parti populaire italien de don Sturzo, la DC sortit de la clandestinité à la chute du fascisme, en 1943, sous la conduite d'Alcide De Gasperi. Ce dernier, après avoir siégé dans les gouvernements du Comité de libération nationale, forma en déc. 1945 un gouvernement de coalition avec les socialistes et les communistes. Aux élections du 2 juin 1946, la DC obtint 35,1 % des voix et s'affirma comme le premier parti italien.

Après la rupture, en 1947, de la coalition issue de la Résistance, elle gouverna d'abord en association avec les sociaux-démocrates, les républicains et les libéraux, dans une orientation centriste. Elle atteignit son apogée aux élections de 1948, où elle réunit presque la moitié des suffrages (48,5 %). Mais la mort de De Gasperi (1954) laissa apparaître dans le parti des courants rivaux, allant d'un net conservatisme à des sympathies socialisantes. Le congrès de Naples (janv. 1962) se prononça en faveur d'une « ouverture à gauche », qu'Aldo Moro réalisa en déc. 1963 en faisant entrer des socialistes dans son cabinet. La *Democrazia cristiana* fut un des partis les plus puissants et les mieux organisés d'Europe. Elle a dû cependant abandonner la direction du gouvernement aux républicains de juin 1981 à déc. 1982, puis aux socialistes de 1983 à 1987. Ciriaco De Mita, son secrétaire général de 1982 à 1989 (auquel A. Forlani succéda), fut chef du gouvernement d'avr. 1988 à juil. 1989. Il fut remplacé à la tête du gouvernement italien par G. Andreotti. Figure historique de la DC, Andreotti fut le dernier chef de gouvernement démocrate-chrétien.

Déclenchée en févr. 1992, l'opération judiciaire « Mains propres », une enquête sur les liens entre les partis politiques, les industries et la Mafia, a largement contribué à discréditer le système italien de « partitocratie », dont la DC était le pivot. Andreotti lui-même a ainsi été accusé, en 1993, de collusion avec la Mafia et de complicité d'assassinat. Aux législatives d'avr. 1992, les démocrates-chrétiens réunissaient cependant encore 29,7 % des voix et, bien que contraints de céder la présidence du Conseil à leurs alliés socialistes, continuaient à dominer le gouvernement. Des voix parmi les plus respectées du parti s'élevaient toutefois pour exiger des changements en profondeur : le président de la République, Francesco Cossiga, démissionna avec fracas en avr. 1992 et, en oct., le député Mario Segni, réclamant l'abandon du système proportionnel qui avait permis à la DC d'être le pivot de toutes les combinaisons politiques établies depuis 1945, créait le Mouvement pour la réforme. Courant 1993, une série d'élections municipales vit la défaite de la DC, qui perdit presque tous ses fiefs traditionnels. En janv. 1994, elle éclata en quatre mouvements : les chrétiens-sociaux, qui se rapprochèrent de la gauche ; le centre chrétien-démocrate, qui rejoignit le nouveau pôle de droite dirigé par Silvio Berlusconi ; le mouvement de Segni, rebaptisé Pacte ; le reste du parti, qui se transforma en parti populaire italien, du nom de l'ancêtre de la Démocratie chrétienne italienne. Aux législatives de 1994, les héritiers de la DC subirent une cuisante défaite, en dépit du regroupement, au sein d'une « coalition centriste », du parti populaire et du Pacte Segni. Aux élections législatives de 1996, les partis issus de la DC qui avaient rejoint le centre ou la droite furent de nouveau battus. En février 2002, une partie de la DC s'est fondue dans l'Union démocrate-chrétienne et du centre (UDC).

Aux Pays-Bas, la vie politique a été marquée par l'importance des partis chrétiens, protestants et catholiques, qui ont longtemps reflété, aux côtés des libéraux, à la fois les clivages religieux et un fort consensus social. L'affaiblissement des solidarités confessionnelles a permis l'apparition, en 1973, d'un regroupement de trois partis, catholique (KVP) et protestants (CHU et ARP), qui mena à la création en 1980 de l'Appel chrétien-démocrate, le CDA. Sous la direction de R. Lubbers, la coalition a dominé la vie politique de 1982 à 1994.

DÉMOCRATIE LIBÉRALE. Dénomination du parti républicain français à partir de juin 1997. Voir **Républicain (parti, en France)**.

DÉMOSTHÈNE (* Athènes, 384, † île de Calaurie, Argolide, 322 av. J.-C.). Orateur et homme politique athénien. Toute sa vie fut consacrée à la défense de l'indépendance de la cité, d'abord menacée par l'ambition de Philippe de Macédoine, contre lequel il prononça les *Philippiques* (351, 344 et 341 av. J.-C.) et les *Olynthiennes* (349/48). Accusé de concussion, Démosthène dut s'exiler (324). Rentré à Athènes en

323, après la mort d'Alexandre, maître de la Grèce depuis sa victoire sur Thèbes en 335, Démosthène contribua au soulèvement (322) contre Antipater, régent de Macédoine ; la révolte vaincue, Démosthène s'empoisonna pour échapper aux soldats de son ennemi. Voir **Athènes.** La Macédoine et Rome.

DENG XIAOPING (*1904, † 19.II.1997). Homme politique chinois. Voir **Teng Hsiao-ping.**

DE NICOLA Enrico (* Naples, 9.XI.1877, † Torre del Greco, près de Naples, 1er.X.1959). Homme politique italien. Avocat, député dès 1908, président de la Chambre des députés (1920/23), il se retira de la vie politique durant toute la période du fascisme. Élu chef provisoire de l'État par l'Assemblée constituante de 1946, il fut successivement président de la République (janv./mai 1948), président du Sénat (1951/52), et président de la Cour constitutionnelle (1956/57).

DENIKINE Anton Ivanovitch (* près de Varsovie, 16.XII.1872, † Ann Arbor, Michigan, 8.VIII.1947). Général russe. Commandant d'une division durant la Première Guerre mondiale, chef d'état-major de Kornilov, il prit, en oct. 1918, la tête d'une armée blanche d'environ 150 000 hommes. Appuyée par les Alliés, elle reconquit sur les bolcheviks toute l'Ukraine et la Russie centrale, s'empara durant l'été 1919 de Kharkov, Kiev, Voronej, Orel, parvint jusqu'aux environs de Toula et menaça Moscou. Mais, paralysé par les rivalités entre ses officiers et abandonné par une partie de ses troupes, Denikine transmit son commandement à Wrangel (avr. 1920) et se retira successivement en Angleterre, en France, puis, après 1945, aux États-Unis.

DENIS, Diniz (* Lisbonne, 9.X.1261, † 7.I.1325). Roi de Portugal (1279/1325). Il succéda à son père, Alphonse III. En 1291, il fonda l'université de Lisbonne (transférée par la suite à Coïmbra). Pour défendre les droits des infants de Lara, il fit la guerre avec succès à la Castille et à l'Aragon. En 1310, il prit la défense des templiers et, après la destruction de l'ordre, en recueillit les survivants, avec lesquels il fonda l'ordre du Christ. Marié à sainte Élisabeth de Portugal, il eut pour successeur son fils, Alphonse IV.

DENYS l'Ancien (* Syracuse, 431, † Syracuse, 367 av. J.-C.). Tyran de Syracuse. Au cours de la guerre contre Carthage, il se fit nommer stratège *autocrator* (avec les pleins pouvoirs) par l'Assemblée du peuple, et instaura une tyrannie appuyée sur sa garde personnelle (405). Sa politique eut une composante démagogique : il affranchit, par exemple, de nombreux esclaves pour en faire une nouvelle classe (les néopolites). Il disposait d'une armée de mercenaires considérable, bien payée et dévouée. Il conquit toute la Sicile (403/392) et poursuivit son expansion en Italie continentale, où il fit alliance avec la plupart des villes grecques. Il fut l'allié de Sparte, puis d'Athènes. En 388/87, il reçut les conseils de Platon en matière de gouvernement, mais leur collaboration échoua. À sa mort, il laissait un véritable empire maritime qui contrôlait une grande partie de la Méditerranée occidentale.

DÉPORTATION. La pratique de la déportation remonte à l'Antiquité. Les rois d'Assyrie l'ont employée pour briser l'identité des peuples qu'ils avaient vaincus. Ainsi Sargon II déporta les classes dirigeantes de Samarie (722 av. J.-C.), et Nabuchodonosor II ordonna deux grandes déportation des Juifs à Babylone (597 et 586 av. J.-C.). À Rome, la déportation n'apparut dans le droit pénal que sous l'Empire. Mais les Romains ne pratiquèrent que très peu les déportations de populations entières (pour des raisons de sécurité, César obligea des Germains à s'installer sur la rive gauche du Rhin, pendant la conquête des Gaules).

Avec l'expansion coloniale moderne, les nations européennes firent entrer la déportation dans leur système pénal : Portugais vers leurs postes d'Afrique, Espagnols vers les mines d'Amérique (XVe s.). Au XVIIIe s., les tribunaux anglais condamnaient à la déportation dans les colonies d'Amérique, puis d'Australie. En France, on déportait parfois les prostituées en Amérique. Sous le Directoire, la déportation devint une peine politique : modérés et Jacobins (vers la Guyane), opposants au coup d'État du 2 déc. 1851 (Guyane et Algérie), communards en 1871 (Nouméa), le capitaine Dreyfus (v.) en 1894 (île du Diable, en Guyane). Les Anglais, qui avaient déporté Napoléon Ier à Sainte-Hélène, supprimèrent cette peine en 1858. En Russie, la pratique de la déportation vers la Sibérie, afin d'en accélérer la mise en valeur, remonte à Pierre le Grand, pratique perpétuée jusqu'à la fin du régime tsariste puis sous le régime communiste, appliquée aux prisonniers politiques comme aux prisonniers de droit commun.

Pendant la Seconde Guerre mondiale, les déportations connurent une ampleur sans précédent : en 1939/40, ce furent l'expulsion des Polonais et des Juifs des territoires de la Pologne annexés par les Allemands et le transfert des populations baltes en territoire polonais, décidé de concert par l'Allemagne hitlérienne et l'URSS. À partir de 1942, dans tous les territoires européens occupés par les nazis, il s'agit de vastes déportations punitives, visant les « ennemis » du régime hitlérien : Juifs et autres populations « inférieures », opposants politiques, résistants enfermés dans des camps de concentration. On peut considérer comme une déportation la réquisition de millions de travailleurs requis pour le travail obligatoire en Allemagne, et, après 1945, les expulsions massives de populations allemandes par l'URSS, la Pologne et la Tchécoslovaquie. L'URSS a procédé à la déportation de populations d'Ukraine et des régions caucasiennes accusées de collaboration avec l'ennemi. Voir **Shoah.**

DEPRETIS Agostino (* Mezzana Corti, près de Pavie, 31.I.1813, † Stradella, 29.VII.1887). Homme politique italien. D'abord républicain et mazzinien, il fut élu de l'extrême gauche au Parlement de Turin en 1848, puis se rapprocha de la maison de Savoie. « Prodictateur » en Sicile sous Garibaldi en 1860, il travailla à annexion de l'île par les Piémontais et Garibaldi le contraignit à se retirer. Il fut président du Conseil de l'Italie unifiée à trois reprises (1876/78, 1878/79 et 1881/87). Grâce à un système d'alliance avec la droite libérale qui porta le nom de « transformisme », il se maintint au pouvoir à force de corruption et d'intrigues. Il réalisa cependant d'importantes réformes judiciaires et scolaires, et fit passer le corps électoral de 500 000 à 3 millions d'électeurs. Il fut l'un des artisans de la Triple Alliance (v.) et orienta l'Italie vers l'expansion coloniale en Éthiopie. Voir ITALIE. La monarchie parlementaire (1870/1915).

DE QUAY Jan Eduard (* Bois-le-Duc, 1901, † 1985). Homme politique néerlandais. Professeur d'université, il anima la Résistance de 1940 à 1945. Membre du parti catholique, il fut, de 1959 à 1963, le Premier ministre d'un gouvernement issu de la coalition de trois partis confessionnels et du parti libéral.

DERBY Edward George Geoffrey Smith Stanley, 14e comte de (* Knowsley, près de Prescot, 29.III.1799, † Knowsley, 23.X.1869). Homme politique anglais. Membre des Communes (1820), premier secrétaire pour l'Irlande (1830/33), il devint secrétaire aux Colonies (1833/34) et obtint l'abolition de l'esclavage (1833). Adversaire du libre-échangisme, il se détacha des whigs pour se rapprocher des conservateurs et, de 1841 à 1845, fut secrétaire aux Colonies dans le ministère Peel, mais lorsque ce dernier se décida à rapporter les *corn-laws*, Derby rompit avec lui et dirigea l'opposition protectionniste avec Disraeli. Chef du parti conservateur de 1846 à 1868, Derby fut trois fois Premier ministre de 1852 à 1868. Il accomplit des réformes importantes : l'octroi de tous les droits politiques aux Juifs (23 juill. 1858), le transfert de l'Inde sous l'autorité de la Couronne (2 août 1858) et la réforme parlementaire d'août 1867, qui doubla le nombre des électeurs.

DÉROULÈDE Paul (* Paris, 2.IX.1846, † Nice, 30.I.1914). Poète et homme politique français. Héroïque combattant volontaire durant la guerre de 1870/71, il se fit le poète de la « revanche » dans ses *Chants du soldat* (1872/75) et fonda la Ligue des patriotes (1882). Il apporta son soutien à Boulanger et, lors de l'affaire Dreyfus, prit position contre le capitaine condamné. Il tenta vainement, lors des obsèques de Félix Faure, d'entraîner le général Roget dans un coup d'État contre le régime parlementaire (23 févr. 1899). Condamné par la Haute Cour à dix ans de bannissement, gracié en 1905, il consacra la fin de sa vie à préparer les esprits à la guerre contre l'Allemagne.

DESAI Morarji (* Bhadeli, Gujerat, 29.II.1896, † Bombay, Maharashtra, 10.IV.1995). Homme politique indien. Il participa aux mouvements de désobéissance civile de Gandhi et occupa, après l'indépendance, diverses fonctions au gouvernement central. À la tête d'une coalition des partis d'opposition, le Janata, il remporta les élections de 1977 et devint Premier ministre jusqu'en 1979. Il fut le seul Indien à recevoir la plus haute distinction pour un civil, en 1991, à la fois du gouvernement indien et du gouvernement pakistanais, pour sa contribution à l'amélioration des relations entre les deux pays durant son mandat.

DESAIX DE VEYGOUX Louis Charles Antoine (* Saint-Hilaire-d'Ayat, près de Riom, Puy-de-Dôme, 17.VIII.1768, † Marengo, 14.VI.1800). Général français. D'une famille noble, il se rallia à la Révolution. Il se distingua dans l'armée du Rhin à Biberach et à Kehl (1796/97), après avoir été promu général de division à vingt-six ans. En 1798, il accompagna Bonaparte en Égypte et fit la conquête de la Haute-Égypte ; son attitude pleine d'humanité pour les populations le fit surnommer *le Sultan juste*. Rentré en France en 1800, il reçut le commandement de deux divisions à l'armée d'Italie, transforma la bataille de Marengo, qui était presque perdue, en une victoire, mais y laissa la vie.

DESCHANEL Paul (* Bruxelles, 13.II.1856, † Paris, 28.IV.1922). Homme politique français. Fils d'un proscrit du 2-Décembre, auteur de nombreux ouvrages sur les questions sociales, membre de l'Académie française en 1899, député à partir de 1885, président de la Chambre (1898/1902), c'est sur son nom que se fit l'accord des adversaires de Clemenceau à l'élection du président de la République, le 18 janv. 1920. À peine installé à l'Élysée, il donna des signes de dépression mentale qui l'obligèrent à remettre sa démission le 21 sept. 1920. Millerand lui succéda.

DESMOULINS Camille (* Guise, Aisne, 2.III 1760, † Paris, 5.IV.1794). Homme politique français. Fils d'un lieutenant général au bailliage de Guise, condisciple de Danton et de Robespierre à Louis-le-Grand, il était avocat à Paris lorsque éclata la Révolution. Tempérament ardent et juvénile, plein de charme et de fantaisie, il adopta avec enthousiasme les idées nouvelles. Le 12 juill. 1789, au lendemain du renvoi de Necker, il harangua la foule au Palais-Royal, lui donna pour signe de ralliement une feuille verte, et l'entraîna vers la Bastille. Bon orateur, meilleur journaliste encore, il rédigea dans un style vigoureux une feuille pamphlétaire intitulée : *Les Révolutions de France et de Brabant* (nov. 1789-juill. 1791). Membre du club des Cordeliers, il combattit avec Robespierre la politique de guerre de Brissot. Liant son destin à celui de Danton, il devint, au lendemain du 10-Août, secrétaire général du ministère de la Justice et eut sa part de responsabilité dans les massacres de Septembre. Député de Paris à la Convention, il contribua à la chute des Girondins par son *Histoire des Brissotins*. Comme Danton, il évolua ensuite vers le modérantisme, et, pour combattre la Terreur, il publia, vers la fin de 1793, plusieurs numéros d'un nouveau journal, *Le Vieux Cordelier*. Il fut jugé avec Danton, condamné comme lui sans avoir pu présenter sa défense et monta sur l'échafaud. Sa femme, Lucile Desmoulins, accusée d'avoir voulu le délivrer, fut exécutée huit jours plus tard. Ses *Œuvres* ont été publiées en 1874.

DESPOTISME ÉCLAIRÉ. Système de gouvernement autoritaire par lequel certains monarques européens du XVIIIe s., influencés par les théories philosophiques de l'époque, réformèrent leurs États dans un sens centralisateur et dirigiste considéré comme l'expression des « Lumières ». Le premier théoricien du despotisme éclairé est incontestablement Platon, pour qui la cité juste est celle où les sages gouvernent avec le pouvoir de forcer les hommes à se conduire selon la raison ; il tenta d'appliquer ses théories à Syracuse, auprès du tyran Denys (v.). Le despotisme éclairé du XVIIIe s. s'insère dans un contexte politique particulier : les révolutions politiques et religieuses des XVIe/XVIIe s. (troubles de la Ligue et de la Fronde, en France ; révolutions d'Angleterre) de même que les progrès du rationalisme avaient fortement ébranlé l'idéal de la monarchie de droit divin. Les défenseurs de l'absolutisme monarchique se trouvèrent donc entraînés à mettre l'accent sur son utilité pratique. En France, les théoriciens du despotisme éclairé furent, avec Voltaire, le groupe des physiocrates, et notamment Turgot. Convaincus que l'économie obéit à des lois sur lesquelles l'homme n'a pas de prise, les physiocrates s'en remettaient à l'autorité unique de l'État pour faire respecter l'« ordre naturel » révélé par la raison. Leur conception s'opposait radicalement à celle de Montesquieu, soucieux au contraire d'établir, en face du pouvoir, un système de contrepoids et de « contreforces ». Pour Turgot, le roi est « le centre commun » de son peuple, « le législateur absolu », « l'homme de bien » indispensable ; insensible aux résistances des intérêts particuliers, il peut seul faire le bonheur universel en obéissant aux conseils de la raison.

Si la France fut la patrie idéologique du despotisme éclairé, c'est à l'étranger que celui-ci a trouvé des commencements de réalisation, avec Frédéric II en Prusse (1740/86), Catherine II en Russie (1762/96), Marie-Thérèse (1740/80) et Joseph II (1780/90) en Autriche, Charles III (1759/88) en Espagne, au Danemark, avec les ministres Struensee et Bernstorff, au Portugal, avec Pombal, Premier ministre du faible Joseph Ier (1750/77).

DESSALINES Jean-Jacques (* La Grande-Rivière, Haïti, vers 1748, † Port-au-Prince, 17.X.1806). Premier empereur d'Haïti sous le nom de Jacques Ier (1804/06). Voir HAÏTI.

DÉTENTE. Voir GUERRE FROIDE ET DÉTENTE.

DÉTROITS (convention des, 15 juillet 1841). Signée à Londres, confirmée lors des traités de Paris (1856) et de Berlin (1878), cette convention annulait le traité d'Unkiar Skelessi (1833) entre la Russie et la Turquie, qui fermait les détroits du Bosphore et des Dardanelles à tout navire de guerre d'une puissance non riveraine de la mer Noire. La convention de 1841 interdit, en temps de paix, la circulation à tout navire de guerre non turc, et resta en vigueur jusqu'à la Première Guerre mondiale. Voir TURQUIE. La question d'Orient.

DEUTSCHE GEWERKSCHAFTSBUND (DGB). Syndicat allemand de tendance sociale-démocrate. Voir SYNDICATS. Allemagne.

DEUX-ROSES (guerre des), *Wars of the Roses*. Guerre civile qui déchira l'Angleterre de 1455 à 1485, du fait de la rivalité de deux familles descendant l'une et l'autre d'Édouard III, la maison d'York et la maison de Lancastre, qui avaient pour emblèmes, la première une rose blanche, la seconde une rose rouge. L'expression semble dater du début du XIXe s. Les Lancastre occupaient le trône depuis la déposition de Richard II (1399), auquel succédèrent Henri IV (1399/1413), Henri V (1413/22) et Henri VI (1422/61). L'incapacité de ce dernier suscita une opposition menée par Richard, duc d'York. Celui-ci vainquit Somerset, le favori du roi, à la bataille de Saint-Albans (1455), et, à Northampton (10 juill. 1460), Henri VI fut fait prisonnier par les yorkistes ; il dut accepter que Richard d'York fût son successeur. Mais la reine Marguerite d'Anjou s'insurgea contre cette combinaison qui ôtait la couronne à son fils. Son armée vainquit et tua Richard d'York à Wakefield (30 déc. 1460), mais les yorkistes trouvèrent un nouveau chef dans le comte de Warwick, qui soutint le fils du duc d'York et le fit proclamer roi sous le nom d'Édouard IV (1461). Cependant, Warwick trahit bientôt Édouard, et, s'alliant avec Marguerite d'Anjou, il rétablit Henri VI sur le trône (1470). Dès l'année suivante, l'armée yorkiste prit sa revanche à la bataille de Barnet, où Warwick trouva la mort (14 avr. 1471), puis elle écrasa les dernières forces de Marguerite d'Anjou à Tewkesbury (4 mai 1471). Édouard IV redevint roi et Henri VI mourut à la Tour de Londres, sans doute assassiné. Victorieuse, la maison d'York fut déconsidérée par les excès de Richard III (1483/85). Un descendant des Lancastre, Henri Tudor, qui s'était réfugié en Bretagne, débarqua en Angleterre et remporta sur Richard III, qui périt au combat, la victoire de Bosworth (22 août 1485). Proclamé roi sous le nom d'Henri VII, le fondateur de la dynastie des Tudors réconcilia les partisans de Lancastre et ceux d'York en épousant la fille d'Édouard IV, Élisabeth d'York.

Ce conflit a eu des conséquences inattendues sur la société anglaise, par la mort de nombreux vassaux et clients des deux familles, que décimèrent les combats et les exécutions. En affaiblissant considérablement la noblesse, il a renforcé le pouvoir royal, qui s'épanouit sous Henri VIII, Élisabeth Ire et les Stuarts.

DEUX-SICILES (royaume des). Désignation officielle du royaume formé par Naples et la Sicile à partir de 1816. Voir NAPLES et SICILE.

DE VALERA Eamon (* New York, 14.X.1882, † Dublin, 29.VIII.1975). Homme politique irlandais. Chef nationaliste, emprisonné de 1916 à 1919, il refusa le traité de 1921 qui n'accordait à sa patrie que le statut de dominion et déclencha la guerre civile. Le Fianna Fáil, qu'il créa en 1926, l'emporta aux élections de 1932 et De Valera devint président du Conseil (1932/48 et 1951/59), puis président de la République (1959/73). Voir IRLANDE. De la réforme à l'indépendance et L'Irlande indépendante.

DÉVOLUTION (guerre de). Guerre que Louis XIV mena en 1667/68 contre l'Espagne. Pour justifier les prétentions qu'il formulait sur une partie des Pays-Bas espagnols, Louis XIV invoquait le « droit de dévolution » en usage dans certaines provinces belges, qui voulait que les immeubles apportés en mariage par l'un des époux devinssent la propriété des enfants du premier lit, lorsque le père ou la mère contractaient un second mariage. Or, son épouse Marie-Thérèse était fille du premier lit du roi d'Espagne Philippe IV, tandis que le successeur de celui-ci, Charles II, était né du second lit. Cette guerre vit la conquête de la Flandre par Turenne et de la Franche-Comté par Condé ; mais la conclusion d'une Triple-Alliance entre la Hollande, l'Angleterre et la Suède amena Louis XIV à traiter rapidement à la paix d'Aix-la-Chapelle (2 mai 1668) : il rendit la Franche-Comté mais obtint divers territoires dans le Hainaut et en Flandre (notamment Lille).

DHIMMI. Terme signifiant « protégé » en arabe. Dans les pays d'islam, après la conquête, la *dhimma* assurait aux minorités juives et chrétiennes la protection du pouvoir, la possibilité de posséder des biens et d'avoir une gestion autonome, moyennant le paiement d'un impôt, la *djizia*. Les dhimmis étaient soumis à des interdits, comme posséder un esclave musulman ou épouser une musulmane. Ils purent vivre paisiblement, à quelques exceptions près, telle la persécution menée par le calife al-Hakim (996-1009).

DIA Mamadou (Khombole, Sénégal, 1910). Homme politique sénégalais. Sénateur (1948/55), puis député du Sénégal (1956/59), il devint président du Conseil du gouvernement du Sénégal (mai 1957), puis président du gouvernement de la République sénégalaise (nov. 1958). Longtemps collaborateur et ami de Léopold Sédar Senghor, il entra en conflit avec lui et fut arrêté en 1962 sous l'inculpation de tentative de coup d'État. Il fut condamné en mai 1963 à la prison perpétuelle. Libéré (1974) puis amnistié (1976), il prit la tête d'un parti d'opposition.

DIANE DE FRANCE (* Paris, 1538, † Paris, 3.II.1619). Fille naturelle du dauphin (futur Henri II) et d'une Piémontaise, Filippa Duc, ou de Diane de Poitiers. Elle fut légitimée, faite duchesse d'Angoulême et épousa en 1553 Horace Farnèse, puis, en 1557, François de Montmorency, fils du connétable, qu elle sauva à la Saint-Barthélemy. Très influente, elle négocia, après le meurtre d'Henri de Guise (1588), la réconciliation de son demi-frère Henri III avec Henri de Navarre.

DIANE DE POITIERS, duchesse de Valentinois (* 3.IX.1499, † château d'Anet, 22.IX.1566). Fille aînée de Jean de Poitiers, mariée en 1515 à Louis de Brézé, grand sénéchal de Normandie, restée veuve à trente-deux ans, elle devint vers 1536 la maîtresse du duc d'Orléans, fils de François Ier et futur Henri II (qui avait dix-neuf ans de moins qu'elle). Diane fut d'abord la rivale de la duchesse d'Étampes, maîtresse de François Ier, ce qui occasionna plusieurs scènes scandaleuses. Henri devenu roi, Diane fit exiler la duchesse d'Étampes et devint toute-puissante : Catherine de Médicis, épouse d'Henri II, dut elle-même s'effacer devant l'ascendant de la favorite, qui devint duchesse de Valentinois et s'entoura d'une cour brillante. Elle poussa le roi à une répression énergique contre les protestants. C'est pour elle que fut construit, par Philibert Delorme, le beau château d'Anet, où elle se retira après la mort d'Henri II (1559).

DIASPORA. « Dispersion » en grec, le terme renvoie au phénomène qui caractérise le peuple juif dès l'Antiquité. Cette dispersion était soit le résultat d'une déportation forcée, commencée avec la prise de Samarie par les Assyriens (722 av. J.-C.) et prolongée par les déportations babyloniennes (597 et 586 av. J.-C.), soit la conséquence de guerres et de conquêtes, comme à l'époque hellénistique puis romaine, où l'aire de dispersion s'étendit de la Mésopotamie à l'ensemble du bassin méditerranéen, puis à l'ensemble des provinces romaines. Au Moyen Âge, une grande vague d'antisémitisme chrétien obligea les Juifs à quitter certains territoires, comme l'Angleterre (expulsion dès 1290), la France (1394), l'Espagne (1492), le Portugal (1496), en direction de l'Europe de l'Est, du monde musulman, plus tolérant en matière religieuse, et des Provinces-Unies nouvellement indépendantes (1581). Ainsi naquirent les communautés dites sépharade (du bassin méditerranéen) et ashkénaze (d'Europe centrale et de l'Est).

La renaissance de l'antisémitisme au XIXe s. provoqua les premiers projets sionistes de retour en Palestine (v. SIONISME), et les pogroms russes (1880/1920) incitèrent à de nouveaux départs, notamment vers les pays d'Amérique. Le mouvement s'accentua avec les persécutions nazies et la politique d'extermination des

Juifs d'Europe. Depuis 1945, la Diaspora a changé de configuration : les communautés maghrébines ont presque disparu, alors que six aires concentrent 90 % de la population juive : États-Unis, pays de l'ex-URSS, Israël, France, Grande-Bretagne et Argentine.

Le terme a été étendu à d'autres peuples, dont la dispersion ne connut ni la même ampleur ni la même durée : diaspora chinoise, diaspora grecque, diaspora arménienne...

DIAZ, Bartolomeu Dias de Novais, dit en français **Barthélemy** (* vers 1450, † au large du cap de Bonne-Espérance, 29.V.1500). Navigateur portugais. Parti de Lisbonne en août 1487, il fut le premier Européen à doubler la pointe méridionale de l'Afrique, sans d'ailleurs s'en rendre compte immédiatement (début 1488). Le mécontentement de son équipage l'ayant obligé à faire demi-tour, il repassa devant le cap de Bonne-Espérance qu'il nomma « cap des Tempêtes ». Rentré à Lisbonne en déc. 1488, et d'abord reçu avec enthousiasme, Diaz se vit bientôt préférer Vasco de Gama ; il prit part, sous les ordres de celui-ci, à l'expédition de 1497, mais fut renvoyé au Portugal après avoir atteint les îles du Cap-Vert. Trois ans plus tard, il se joignit à l'expédition de Cabral, atteignit le Brésil en avr. 1500, mais disparut dans une tempête, à proximité du cap de Bonne-Espérance.

DIAZ Porfirio (* Oaxaca, 15.IX.1830, † Paris, 2.VII. 1915). Homme politique mexicain. Général de Juárez dans la lutte contre l'empereur Maximilien et les Français, il fut président de la République de 1876 à 1880 et de 1884 à 1911. Voir MEXIQUE. De l'indépendance à la chute de Porfirio Diaz.

DIAZ Armando (* Naples, 5.XII.1861, † Rome, 29.II.1928). Maréchal italien. Durant la Première Guerre mondiale, après le désastre de Caporetto (1917), il remplaça Cadorna comme chef d'état-major général et exerça le commandement en chef ; il arrêta l'offensive autrichienne sur la Piave et remporta en oct. 1918 la victoire de Vittorio Veneto, qui acheva la défaite de l'Autriche. Après l'armistice, il fut nommé duc de la Victoire (1921) et devint ministre de la Guerre du régime fasciste (1922/24).

DIDIER, Desiderius († Corbie, après 774). Dernier roi des Lombards (757/74). Il s'empara du trône après la mort d'Aistolf, puis s'attaqua au pape Étienne II que vint secourir Pépin le Bref. Pour nouer une alliance franco-lombarde, il donna en 770 sa fille Desiderata à Charlemagne, mais dès l'année suivante celui-ci brisa l'alliance, répudia la fille de Didier et envahit les États lombards à l'appel du pape Adrien Ier. Assiégé dans Pavie (773/774), Didier fut pris et relégué au monastère de Corbie, où il mourut.

DIEFENBAKER John George (* Normandy, Ontario, 17.IX.1895, † Ottawa, 1979). Homme politique canadien. Avocat, membre du Parlement en 1940, il fut élu président du parti conservateur en déc. 1956 et devint Premier ministre du Canada de juin 1957 à avr. 1963. Dans le domaine de la politique étrangère, il s'efforça de maintenir fermement l'indépendance du Canada à l'égard des États-Unis.

DIEM Ngô Dinh (* Quang Binh, près de Huê, 1901, † Saigon, 1er.XI.1963). Homme politique vietnamien. Président de la République du Viêt-nam du Sud (1955/63). Voir VIÊT-NAM. La partition du Viêt-nam et La Seconde guerre du Viêt-nam et la réunification.

DIÊN BIÊN PHU (bataille de). Situé dans le pays thaï, à 300 km à l'O. de Hanoi, Diên Biên Phu fut occupé en nov. 1953, durant la première guerre d'Indochine, par plusieurs milliers de parachutistes français. Le site, en forme de cuvette, avait été choisi parce qu'il semblait rendre impossible l'utilisation par le Viêt-minh de pièces d'artillerie, qui, pensait-on, seraient immédiatement repérées sur les pentes entourant Diên Biên Phu. Les Français estimaient d'autre part que l'isolement de Diên Biên Phu interdirait l'approvisionnement d'une armée assiégeante, alors que ce problème serait résolu pour les défenseurs par un pont aérien.

Mais le Viêt-minh réussit à encercler le camp retranché avec cinq divisions (35 000 hommes) équipées d'artillerie lourde ; mobilisant quelque 75 000 coolies, le général Giap avait construit ou remis en état 300 km de routes, de Diên Biên Phu à la frontière chinoise. Le premier assaut contre le camp français fut donné le 13 mars 1954 ; aux forces du Viêt-minh, la garnison française opposait 10 800 hommes. Après une résistance héroïque, Diên Biên Phu fut submergé par des forces quatre fois supérieures en nombre (7 mai 1954). Le colonel de Castries, qui commandait les troupes françaises, fut fait prisonnier. La chute de Diên Biên Phu, qui n'était nullement un désastre du point de vue militaire, eut un effet traumatisant sur l'opinion française et précipita la fin de la première guerre d'Indochine.

DÎME. Impôt ecclésiastique correspondant en théorie à un dixième des revenus. La dîme est déjà mentionnée dans l'Ancien Testament. Dans l'Europe chrétienne, la dîme apparaît au VIe s. Rendue obligatoire par les Carolingiens, elle devint une coutume générale, la *decima pars*. En France, les dîmes furent supprimées par la Convention.

DIMITRI IV Ivanovitch Donskoï (* 1350, † 1389). Fils d'Ivan II, régna à Moscou de 1362 à 1389, après s'être fait céder la couronne par Dimitri III. Après avoir assuré sa protection contre la Lituanie et les pillards de Novgorod, il soumit les princes de Tver et de Riazan, fortifia Moscou (1367) et construisit le Kremlin. Il s'efforça de secouer le joug des Tatars, qu'il battit à Pereiaslav (1378) et à Koulikovo, sur le Don (d'où son surnom de Donskoï), le 8 sept. 1380. Mais il fut battu deux ans plus tard par les Lituaniens alliés au khan tatar Tokhtamich, vit sa capitale prise et pillée et fut forcé de payer tribut.

DIMITRI V (* 1583, † 1591). Fils puîné d'Ivan le Terrible. Sa mort précoce et mystérieuse provoqua une série de *faux Dimitri*, prétendants au trône, apparus entre 1603 et 1611. Voir **RUSSIE.** Le « temps des Troubles » et l'avènement des Romanov (1584/1613).

DIMITROV Georges (* Kovatchevski, Bulgarie, 18.VI.1882, † Moscou, 2.VII.1949.). Homme politique bulgare. Ancien ouvrier typographe, militant du parti social-démocrate dès 1902, il devint député en 1913. Son opposition à la guerre lui valut d'être incarcéré de 1915 à 1917. Il organisa ensuite le parti communiste bulgare et rencontra Lénine en 1920. Condamné à mort par contumace en Bulgarie après l'insurrection ouvrière de 1923, il passa plus de vingt ans en exil et fut l'un des principaux agents du communisme international. Comme il se trouvait en Allemagne en 1933, il fut impliqué par le gouvernement hitlérien dans l'incendie du Reichstag. Au procès de Leipzig, il fit face à Goering et fut acquitté. En 1934, le IIIe Reich le laissa même regagner l'URSS, où il occupa la charge de secrétaire général du comité exécutif du Komintern de 1935 à 1943. Il fut l'instigateur du tournant décisif par lequel le Komintern se rallia, au nom de l'antifascisme, à la tactique des « fronts populaires ». Après avoir siégé au Soviet suprême de l'URSS, il rentra en Bulgarie avec l'Armée rouge, en 1945, et fut président du Conseil de 1946 à sa mort.

DIOCLÉTIEN, Caius Aurelius Valerianus Dioclетianus (* près de Salone, Dalmatie 245, † Salone, vers 313). Empereur romain (284/305). D'humble naissance, il s'éleva peu à peu dans la hiérarchie militaire et servit avec distinction sous Probus et Aurélien. Après le meurtre de Numérien (sept. 284), il fut proclamé empereur par l'armée d'Orient à Chalcédoine. En 285, il s'associa Maximien Hercule, se réserva pour lui-même l'Orient et donna l'Occident à Maximien. D'un esprit logique et organisateur, Dioclétien se donna pour mission de réformer l'Empire en établissant une monarchie absolue centrée sur l'empereur, considéré comme une personne sacrée et quasi divine. En accord avec Maximien ils s'adjoignirent en 293 deux autres empereurs, ce qui institua la « tétrarchie », c'est-à-dire un « gouvernement à quatre », avec deux augustes : Dioclétien (pour l'Orient), Maximien (pour l'Italie et l'Afrique), et deux césars : Constance (pour la Bretagne, la Gaule et l'Espagne), Galère (pour l'Illyrie et les régions danubiennes). Dioclétien se réservait en outre la suprématie sur l'ensemble. Cette répartition de l'autorité permit à l'Empire de remporter sur toutes les frontières de brillants succès. À l'intérieur, Dioclétien procéda à d'importantes réformes administratives, fiscales et économiques, en particulier la réforme de l'administration provinciale par l'institution des diocèses, et le célèbre édit du maximum, qui fixait une limite supérieure aux prix et aux salaires (301). Pendant longtemps, les chrétiens jouirent de la paix sous son règne. Mais, en 303, Dioclétien déclencha contre l'Église une violente persécution qui devait durer dix ans. Malade, il abdiqua à Nicomédie le 1er mai 305 ainsi que Maximien Hercule, et passa les dernières années de sa vie dans son palais de Split sur la côte dalmate.

DIOUF Abdou (Louga, 7.IX.1935). Homme politique sénégalais. Premier ministre de 1970 à 1981, et président de la République jusqu'en mars 2000, date de la victoire de l'opposant Abdoulaye Wade. Voir **SÉNÉGAL**.

DIRECTOIRE. Nom du pouvoir exécutif qui régit la France du 26 oct. 1795 (séparation de la Convention) au 10 nov. 1799 (coup d'État des 18/19-Brumaire). Les cinq premiers directeurs furent Barras, Rewbell, ou Reubell, La Révellière-Lépeaux, Letourneur et Carnot. Voir **FRANCE.** Le Directoire (oct. 1795/nov. 1799)

DIRIGISME. Système dans lequel l'État décide des grandes orientations économiques. Trois exemples peuvent être tirés de l'Antiquité : l'Égypte des pharaons, l'Égypte des Ptolémées et l'Empire romain à partir de la fin du IIIe s.

Dans sa conception moderne, le dirigisme est né après la crise de 1929 (v.), lorsque la plupart des États industriels modernes abandonnèrent plus ou moins le libéralisme. Dans les pays démocratiques d'Europe et d'Amérique du Nord, les gouvernements pratiquèrent un interventionnisme empirique. Cela a surtout consisté à ranimer les économies en crise par des mesures plus ou moins bien coordonnées, mesures contre la surproduction, contre le chômage (grands travaux, réduction de la journée de travail), contre l'inflation. Le *New Deal* de F. D. Roosevelt marqua l'entrée d'un dirigisme rationnel au cœur du monde capitaliste. Pour autant, l'expérience américaine du dirigisme fut très limitée, comparée à celles, contemporaines, de l'Allemagne nazie, de l'Italie fasciste et de la Russie soviétique, où la planification apparut dès 1930.

DISRAELI Benjamin, 1er comte de Beaconsfield (* Londres, 21.XII.1804, † Londres, 19.IV.1881). Homme politique anglais. Élu aux Communes en 1837, il provoqua la chute de Peel (1846) par une scission au sein des tories (1846), dont il devint le chef en 1848. Chancelier de l'Échiquier de lord Derby, puis Premier ministre (1867/68), il fit adopter une réforme élargissant considérablement le corps électoral, ce dont profita son parti. Partisan d'une monarchie traditionaliste qui protégerait les classes populaires, il s'opposa sans cesse au libéral Gladstone. De nouveau Premier ministre de 1874 à 1880, il mena une politique extérieure impérialiste (annexion des îles Fidji en 1874, guerre contre les Afghans et les Zoulous de 1876 à 1879, acquisition de Chypre en 1878), et fit proclamer la reine Victoria « impératrice des Indes » en 1876.

Voir GRANDE-BRETAGNE. L'Angleterre victorienne et L'impérialisme britannique.

DIX-HUIT ARTICLES (traité des). Traité élaboré en 1831 par la conférence de Londres à la suite de la proclamation de l'indépendance belge, et après l'élection au trône de Léopold Ier. Plus favorable pour la Belgique que le protocole du 20 janv. 1831 sur la question du Limbourg et du Luxembourg, il assurait en outre la liberté de la navigation sur l'Escaut. Approuvé par le Congrès national belge le 9 juill. 1831, ce traité ne put être appliqué du fait de la rupture de la trêve par les Hollandais, le 2 août suivant. Après la « campagne des Dix-Jours », la conférence de Londres imposa à la Belgique le traité des Vingt-Quatre Articles (v.).

DIX-HUIT JUIN (appel du). Appel à la résistance française lancé par le général de Gaulle le 18 juin 1940 depuis Londres. Voir **JUIN 1940 (appel du 18)**.

DIX-MILLE (retraite des). Retraite célèbre que fit à travers l'Asie Mineure, sous la conduite de Cléarque, puis, conjointement avec d'autres généraux, de Xénophon, un corps de 10 000 (exactement 13 000) mercenaires grecs qui avaient combattu pour le compte de Cyrus le Jeune à Cunaxa (401 av. J.-C.). Après la défaite et la mort de Cyrus, Cléarque, qui commandait les Grecs, traita avec les Perses, qui s'engagèrent à lui fournir des vivres. Mais trois jours après s'être mis en marche, il fut traîtreusement mis à mort au cours d'une conférence avec le satrape Tissapherne. Xénophon s'improvisa alors général et releva le moral des Grecs désemparés. Au prix de terribles difficultés, il les conduisit à travers les montagnes d'Arménie jusqu'à Chrysopolis, sur la côte orientale du Bosphore, après avoir parcouru environ 3 000 kilomètres en sept mois. Xénophon lui-même a raconté cette aventure dans *L'Anabase*.

DJAGHATAI (khanat de). Territoire mongol, au S. du lac Balkach, attribué à Djaghataï, fils de Gengis Khan, lors du partage de son empire. Voir **MONGOLS**.

DJÉMAL ed-Din el-AFGHANI (* Asadabad, 1838, † Istanbul, 9.III.1897). Philosophe et homme politique persan. D'abord conseiller de l'émir d'Afghanistan Dost Mohammed, il dut s'exiler à la mort, en 1863, de son protecteur. Il vécut en Égypte, où il enseigna à l'université El-Azhar, au Caire, et contribua au mouvement nationaliste. Contraint à nouveau à l'exil par les Anglais, il se rendit à Paris et, avec Mohammed Abdouh, publia la revue *Al-Ourwa al-Wouska*, qui dénonçait la politique arabe de l'Angleterre. Il fut ensuite conseiller du chah de Perse (1886) et, à partir de 1892, du sultan turc Abdul-Hamid. Auteur d'articles politiques sous le pseudonyme de *El-Sayyid el-Husseini*, il fut le premier artisan du réveil spirituel de l'islam moderne ; en politique, il rêvait à une union de tout l'islam sous la conduite d'un califat rénové et il indiqua des voies révolutionnaires aux jeunes générations arabes en prêchant la lutte non seulement contre la domination étrangère, mais contre les régimes avilis des despotes musulmans. Son œuvre devait être poursuivie et élargie par l'Égyptien Mohammed Abdouh.

DJÉMAL Pacha, Ahmed (* Mytilène, 1873, † Tiflis, 1922). Général et homme politique turc. À moitié grec, il fut avec Enver et Talaat un des chefs du parti jeune-turc et travailla à réaliser contre la Russie l'idéal pantouranien en rapprochant la Turquie de l'Allemagne. Pendant la Première Guerre mondiale, il commanda en chef en Syrie, dirigea l'expédition manquée contre le canal de Suez et combattit violemment les nationalistes arabes de Damas. De 1919 à 1922, il dirigea à la tête d'une mission turque la réorganisation militaire de l'Afghanistan. Il périt assassiné, soit par des Arméniens, soit par des bolcheviks.

DJÉSER ou **DJOSER.** Roi d'Égypte, deuxième (ou troisième ?) pharaon de la IIIe dynastie (XXVIIe siècle). Il est resté célèbre pour la pyramide à degrés et les constructions funéraires qu'il fit élever par son ministre et architecte Imhotep, à Sakkara, dans la région de la future Memphis. Voir ÉGYPTE. L'Ancien Empire.

DJIBOUTI (république de). État de la Corne de l'Afrique ; capitale *Djibouti*. Côte française des Somalis (v. SOMALIE) à partir de 1896, territoire d'outre-mer français en 1946, revendiqué simultanément par ses voisins, Éthiopie et Somalie, tandis que s'opposaient à l'intérieur du pays deux ethnies : les *Afars*, dont le territoire s'étend sur les régions voisines d'Éthiopie et d'Érythrée, et les *Issas*, de langue somalie. Après le référendum du 19 mars 1967 favorable au maintien dans la République française, le territoire prit le nom de Territoire français des Afars et des Issas. Après un second référendum, l'indépendance fut proclamée le 27 juin. Hassan Gouled Aptidon, Issa modéré, devint président de la nouvelle République et fut réélu en 1981, 1987 et 1993.

La république de Djibouti est au cœur d'une zone stratégique ; terre d'accueil au cours des années 1970/80 des réfugiés du conflit somalo-éthiopien, marquée par la présence militaire de la France, qui y a conservé sa base la plus importante hors d'Europe, elle fut impliquée dans des enjeux auxquels elle n'était pas préparée et dut préserver une cohésion nationale rendue difficile par l'antagonisme traditionnel opposant les Afars et les Issas. Le pays put, à l'époque, faire figure de havre de paix dans une Corne de l'Afrique en pleine turbulence. Le fragile équilibre ethnique du pays fut cependant mis à mal, à la fin des années 1980, par la décision du pouvoir, dominé par les Issas, de procéder à la naturalisation d'une partie des réfugiés issas venus de Somalie. Les tensions entre les communautés, ainsi exacerbées, conduisirent en déc. 1991 une fraction radicale des Afars, regroupés dans un Front de restauration de l'unité et de la démocratie (FRUD), à prendre les armes avec l'appui des Afars éthiopiens et érythréens. Si l'accord de paix signé le 26 déc. 1994 sous les auspices de Paris entre une fraction du FRUD et le régime du président Hassan Gouled Aptidon mit fin à la guerre, il n'a pas permis à Djibouti d'acquérir une réelle stabilité politique. Face à une opposition bridée et malmenée, Hassan Gouled Aptidon remporta les élections parlementaires du 19 déc. 1997. La diminution des effectifs des troupes françaises fut néfaste à l'économie djiboutienne. En avr. 1999, le neveu du président, Ismaël Guelleh, fut élu sans surprise pour le remplacer. Les rebelles afars partisans d'Ahmed Dini (FRUD) signèrent un accord avec le gouvernement en févr. 2000.

DJIHAD ou **JIHAD.** Signifiant « combat dans la voie de Dieu » en arabe, traduit par « guerre sainte », le djihad se pratique à l'échelle individuelle et relève du comportement moral. C'est aussi un comportement collectif et défensif, où chaque musulman doit se sacrifier pour la communauté des croyants, l'*Umma*. L'appel au djihad joua un rôle important dans les mouvements d'inspiration mahdiste (v. **Mahdi**). Une « djihad islamique » se constitua en formation politique à Gaza à la fin des années 1980.

DJURTCHÈT. Peuple toungouse, originaire de la Mandchourie. Il fonda en Chine du Nord la dynastie des Kin. Attaqués dès 1211 par les Mongols de Gengis Khan, les Djurtchèt furent vaincus en 1233. Les Mandchous, un groupe ethnique proche du leur, devinrent les maîtres de l'Empire chinois au XVIIe s. Voir **Mandchourie.**

DMOWSKI Roman (* Varsovie, 9 VIII.1864, † Drozdowo, près de Lomza, 2.I.1939). Homme politique polonais. En 1917, il fonda à Paris le Comité national polonais. Avec Ignace Paderewski, il représenta la Pologne à la conférence de la paix en 1919. Ministre des Affaires étrangères en 1923, il entra dans l'opposition après le coup d'État de Pilsudski, en 1926.

DOBI Istvan (* Szöny, 31.XII.1898, † Budapest, 24.XI.1968). Homme politique hongrois. Chef du parti des petits propriétaires (1947), il devint président d'un gouvernement où tous les postes clés étaient détenus par les communistes et leurs sympathisants (1948/52). Il fut président de la République de 1952 à 1967.

DOLLAR. Unité monétaire des États-Unis. De l'allemand *thaler*, le dollar désignait le peso espagnol qui circulait dans les possessions anglaises d'Amérique. Après l'indépendance, le dollar devint l'unité monétaire nationale, convertible en or et en argent. Le bimétallisme fut abandonné en 1873, au profit de l'or. La crise de 1929 obligea le président Roosevelt à dévaluer le dollar de 40 % en 1934 : l'once d'or passa à 35 dollars, rapport inchangé jusqu'en 1971. L'hégémonie du dollar dans le commerce mondial fut consacrée par le système de Bretton Woods (v.) mis en place en 1944 : la monnaie américaine devint le pivot des échanges internationaux. À partir des années 1960, le déficit commercial des États-Unis mit le pays dans une situation difficile, ses réserves d'or ne pouvant plus couvrir les créances auprès des banques européennes, ce qui instaura un climat de méfiance. Face à ces craintes, le président R. Nixon décida en août 1971 de suspendre la convertibilité fixe et décida deux dévaluations successives (déc. 1971 et févr. 1973). Le déficit américain devint excédent, et le dollar connut une remontée, qui se prolongea sous R. Reagan. En 1985, les États-Unis et leurs partenaires se mirent d'accord sur un contrôle du dollar qui connaissait un cours trop élevé. Il baissa dès lors progressivement, tendance aggravée par le creusement du déficit budgétaire américain, la bonne santé de l'économie asiatique et la naissance de l'euro. Pour autant, même contesté, le dollar n'a pas perdu sa position de monnaie mondiale.

DOLLFUSS Engelbert (* Kirnberg an der Mark, Basse-Autriche, 4.X.1892, † Vienne, 25.VII.1934). Homme politique autrichien. Fervent catholique, militant du parti social-chrétien de Mgr Seipel, il succéda à Buresch comme chancelier fédéral (20 mai 1932), mais ne disposait au Parlement que d'une seule voix de majorité. Dès le mois de mars 1933, il prit prétexte d'une question de forme pour suspendre le régime parlementaire, et, en mai suivant, il fonda le Front patriotique (*Vaterländische Front*), auquel il assignait la mission de remplacer peu à peu les partis politiques. S'appuyant à l'extérieur sur l'Italie de Mussolini, à l'intérieur sur les *Heimwehren* antimarxistes, il engagea la lutte à la fois contre les nationaux-socialistes, qui réclamaient l'Anschluss (v.), et contre les socialistes. Le 12 févr. 1934, Dollfuss brisa dans le sang la résistance des milices ouvrières socialistes de Vienne et de la banlieue rouge, puis, le 1er mai 1934, il promulgua une nouvelle Constitution qui s'inspirait à la fois du fascisme italien et des encycliques pontificales, et faisait de l'Autriche un État corporatif chrétien. Le 25 juill. 1934, des SS autrichiens réussirent à pénétrer dans la chancellerie et assassinèrent Dollfuss. Les nationaux-socialistes ne réussirent pas toutefois à s'emparer du pouvoir.

DOLMEN. Monument mégalithique (v.) fait de blocs de pierre dressés recouverts d'une table.

DOMBROWSKI ou **DABROWSKI Jan Henryk** (* Pierzchowiec, près de Cracovie, 29.VIII.1755, † Winnagura, Posnanie, 6.VI.1818). Général polonais. Il combattit de 1791 à 1794, sous Kosciuszko, pour défendre l'indépendance de la Pologne, se réfugia en France (1796), et prit part aux campagnes d'Italie, de 1797 à 1801. Revenu en Pologne après Iéna (1806), il forma une légion polonaise de 30 000 hommes qui rendit de brillants services à la France, notamment à Friedland et à la Berezina. Couvrant la retraite de la Grande Armée, il ramena les débris de sa légion polonaise en deçà du Rhin. En 1815, il fut chargé par le tsar Alexandre de réorganiser l'armée polonaise, fut nommé général de cavalerie et sénateur palatin du nouveau royaume de Pologne.

DOMINICAINS ou **FRÈRES PRÊCHEURS** (*Ordo fratrum praedicatorum*). Ordre religieux catholique fondé à Toulouse en 1215 par st Dominique selon la règle canoniale de st Augustin. En 1216/17, les frères prêcheurs reçurent d'Honorius III une exemption de fait (car le concile du Latran, en 1215, avait interdit toute fondation d'ordre nouveau) et l'organisation définitive de l'ordre fut mise au point aux chapitres de Pologne (1220/21). Créés au milieu des luttes contre l'hérésie cathare, les dominicains furent avant tout destinés à répandre le message chrétien par la prédication et l'enseignement. Les frères avaient reçu une licence générale de prédication dans toute la chrétienté, indépendamment du pouvoir ordinaire des évêques. L'ordre des Frères prêcheurs, comme celui des Franciscains, était un ordre mendiant, pratiquant la pauvreté évangélique. Leur vie fut donc intermédiaire entre celle des moines et celle des chanoines réguliers : à la différence des observances bénédictines de l'époque précédente, leurs constitutions (1228) ne mentionnaient pas l'obligation du travail manuel, réduisaient au minimum la durée de l'office du chœur et subordonnaient tout aux nécessités de l'apostolat. Le système éducatif interne à l'ordre (chaque couvent devant avoir un *studium* élémentaire, complété par des *studia generalia* communs à une province de l'ordre) était complété par les universités, alors en plein développement.

L'ordre se répandit rapidement dans toute l'Europe. Il s'établit en 1218 à Paris, où les dominicains furent connus sous le nom de *jacobins*, car leur couvent se trouvait rue Saint-Jacques : dès 1229 un dominicain occupait une chaire de théologie à l'université de Paris. Leur rôle a été capital dans le développement de la scolastique à partir du XIIIe s. : deux dominicains, Albert le Grand et Thomas d'Aquin, acclimatèrent l'aristotélisme dans la philosophie chrétienne, et le thomisme devint la doctrine officielle de l'ordre. La vie intellectuelle dominicaine s'exprima également chez les mystiques rhénans du XIVe s., Eckhart, Tauler, Suso. Gardiens vigilants de l'orthodoxie catholique, les dominicains fournirent la plupart des cadres de l'Inquisition. Au XVe siècle, l'ordre connut une crise, mais il joua un grand rôle dans la Réforme catholique, avec des hommes tels que Pie V et Cajetan. Cependant, des rivalités parfois fort vives opposèrent les dominicains aux jésuites, en particulier lors des discussions sur la grâce.

Supprimés en France avec les autres ordres religieux en 1790, ils furent rétablis par Lacordaire en 1841.

DOMINICAINE (république), *República Dominicana*. État des Antilles, situé dans la partie orientale de l'île d'Haïti ; capitale *Santo Domingo de Guzman*. Colonie espagnole dès 1493, le territoire de l'actuelle république fut cédé à la France par le traité de Bâle (1795), puis restitué en 1814 à l'Espagne, qui dut l'abandonner définitivement en 1821, à la suite d'une insurrection locale. Il fut réuni alors à l'État d'Haïti, mais l'opposition de la population d'origine hispanique amena une nouvelle révolution (févr. 1844), à la suite de laquelle fut fondée la république Dominicaine (du nom de la capitale, Saint-Domingue) (27 févr. 1844). Mais le nouvel État dut faire face aux attaques répétées des Haïtiens. Sans consulter la population, le général Santana fit appel aux Espagnols, qui reprirent possession du pays (mars 1861), mais durent se retirer en 1865. À la suite de la banqueroute de 1905, les États-Unis prirent le contrôle des finances nationales (1907) et le pays fut même occupé par les troupes nord-américaines de 1916 à 1924. Sous la dictature de Rafael Trujillo (1930/61), la république Dominicaine connut un grand essor économique, mais fut livrée à l'arbitraire et aux exactions. Après l'assassinat de Trujillo (30 mai 1961), les premières élections libres qu'ait connues la République (déc. 1962) amenèrent au pouvoir le libéral de gauche Juan Bosch, mais celuici fut renversé par l'armée en sept. 1963 et le pays passa sous le gouvernement d'une junte militaire. En avr. 1965, une partie de l'armée, appuyée par des groupes de gauche, réclama le retour de Bosch ; l'ordre fut rétabli par le débarquement de troupes nord-américaines.

Joaquím Balaguer, ancien collaborateur de Trujillo, président en juill. 1966, fut réélu en 1970 et en 1974. Antonio Guzman (1978/82), Jorge Blanco (1982/86), tous deux du parti révolutionnaire dominicain (PRD, social-démocrate) lui succédèrent. En 1986, Joaquím Balaguer revint au pouvoir mais il n'agit pas contre la corruption ni contre les inégalités sociales. En mai 1994, sa réélection, grâce à de nombreuses fraudes, provoqua la contestation de l'opposition et de la communauté internationale. Cédant aux pressions, il réduisit son mandat de quatre à deux ans. L'élection présidentielle de juin 1996 fut remportée par un jeune avocat de centre droit, Leonel Fernández. En mai 1998, les élections législatives furent gagnées par le PRD dont un membre, Hipólito Mejía, fut élu président en mai 2000.

DOMINION. État politiquement indépendant au sein de l'Empire britannique (v. COMMONWEALTH). L'emploi du mot *dominion,* qui impliquait une subordination, fut abandonné après 1947.

DOMINIQUE (la), *Dominica*. Île des Petites Antilles, du groupe des îles du Vent ; capitale *Roseau.* Découverte par Christophe Colomb le dimanche *(dominica)* 3 nov. 1493, elle fut occupée par les Espagnols jusqu'en 1625, puis longtemps disputée entre les Français et les Anglais, qui s'assurèrent définitivement l'île en 1805.

La Dominique, semi-autonome à partir de 1960, accéda à la pleine indépendance le 3 nov. 1978, demeura membre du Commonwealth et fut le 151e État membre de l'ONU. De régime parlementaire bicaméral, elle eut d'abord un gouvernement travailliste, mais celui-ci ne put faire face à la grave crise économique provoquée par les dévastations du cyclone David d'août 1979. Les élections législatives de 1980 donnèrent le pouvoir aux conservateurs, dont le leader, Mary Eugenia Charles, devint Premier ministre (réélue en 1987 et en 1990). En juin 1995, Edison James lui succéda. Les élections législatives de janv. 2000 firent accéder au poste de Premier ministre un ancien militant du Black Power canadien, Rosie Douglas, qui mourut d'une crise cardiaque en oct. de la même année. Il fut remplacé par Pierre Charles, un de ses proches collaborateurs.

DOMITIEN Titus Flavius Domitianus (* Rome, 24.X.51, † Rome, 18.IX.96). Empereur romain (81/96). Second fils de Vespasien, il succéda à son frère Titus en 81. Grand bâtisseur, il embellit Rome de plusieurs édifices et rétablit la bibliothèque d'Auguste, qui avait brûlé. Il orienta le régime impérial vers l'absolutisme et accentua le caractère sacré du « prince ». La noblesse sénatoriale, brutalement écartée du pouvoir, se jeta dans l'opposition active et fomenta de nombreux complots contre l'empereur. En 88, le légat de Germanie supérieure, Antonius Saturnius, se souleva, avec la complicité d'un grand nombre de sénateurs. À ces menaces, Domitien répondit par des mesures de répression qui aboutirent à un véritable régime de terreur. Les intellectuels, complices de l'opposition aristocratique, furent proscrits (Épictète et Dion Chrysostome…). Une nouvelle conspiration se forma contre l'empereur ; l'impératrice, Domitia Longina, y participa et c'est un de ses affranchis Étienne, qui assassina l'empereur dans son propre palais.

Domitien avait voulu renouveler l Empire en accélérant la romanisation des provinces : il associa au gouvernement et fit entrer au Sénat de nombreux Espagnols, Gaulois, Africains et autres provinciaux. Il développa le culte impérial et inaugura la seconde persécution contre les chrétiens. À l'extérieur, l'empereur vainquit par deux fois les Chattes en Germanie (83 et 89), commença la construction du *limes*, repoussa une invasion des Daces (85), mais dut ensuite composer avec ces derniers.

DOM-TOM. Acronyme servant à désigner les départements et les territoires d'outre-mer de la République française.

Les départements d'outre-mer (DOM), ainsi nommés depuis 1946, et qui comprennent aujourd'hui la Guadeloupe, la Guyane, la Martinique, la Réunion (v. ces noms), ont été élevés au rang de régions monodépartementales d'outre-mer par la loi du 31 déc. 1982. Au référendum du 7 déc. 2003, la Guadeloupe et la Martinique ont préféré garder ce statut, en rejetant la possibilité de fondre le Conseil général et le Conseil régional en une collectivité territoriale unique.

Les territoires d'outre-mer (TOM) sont aujourd'hui : la Polynésie française, les Terres australes et antarctiques françaises, Wallis-et-Futuna (v. ces noms).

Saint-Pierre-et-Miquelon (v.), TOM à partir de 1946, puis DOM à partir de 1976, est, depuis 1985, une collectivité territoriale (ainsi que Mayotte (v.), depuis 1976). La Nouvelle-Calédonie (v.) bénéficie d'un statut original issu des accords de Nouméa de 1988, qui prévoient des transferts progressifs de compétences de l'État français vers cet ancien TOM.

DONGOLA (royaume de, VIe/XIVe s.). Royaume chrétien de Haute-Égypte formé vers le milieu du VIe s., et détruit par les mamelouks d'Égypte au XIVe s. Voir **SOUDAN (république du)**.

DÖNITZ Karl (* Berlin, 16.IX.1891, † Schleswig-Holstein, 1980). Amiral allemand. Il fut un des artisans de la reconstitution de la flotte sous-marine allemande à partir de 1934. Dès le début de la Seconde Guerre mondiale, il remporta d'importants succès qui lui valurent sa promotion de vice-amiral en sept. 1940. Hitler fit appel à lui pour remplacer Raeder, en janv. 1943, comme chef de la Kriegsmarine, avec le titre de grand amiral. Fidèle jusqu'au bout au Führer, quoique sans attaches directes avec le mouvement national-socialiste, il fut désigné par Hitler pour prendre sa succession le 30 avr. 1945. Il forma un gouvernement qui dut signer la capitulation sans condition de l'Allemagne et qui fut dissous par les Alliés le 22 mai. Traduit devant le tribunal de Nuremberg, Dönitz fut condamné en 1946 à dix ans de prison.

DORIA. Ancienne famille patricienne de Gênes, qui joua à partir du XIIe s. un rôle de première importance dans la vie politique, commerciale et culturelle de la cité.

Le plus célèbre représentant de cette famille fut **Andrea Doria** (* Oneglia, 30.XI.1468, † Gênes, 25.XI.1560), l'un des plus grands généraux et amiraux de son temps. Voir **GÊNES**.

DORIENS. Une des branches du peuple grec, caractérisée par l'usage du dialecte dorien qui s'est individualisé progressivement au cours de la période dite des âges obscurs (XIe/IXe s.). À l'époque historique, on leur reconnaissait aussi une organisation sociale et politique propre, comme la division en trois tribus (Hylléens, Dymanes et Pamphyles) ou l'existence, dans certaines régions, de groupes sociaux réduits à un état de dépendance spécifique (comme les hilotes et les périèques à Sparte).

L'historien Thucydide est à l'origine du thème des invasions doriennes au XIIe et au XIe s. av. J. C., qu'il associe à celui du retour des Héraclides. Au vrai, cette vision des choses servait avant tout à expliquer par l'irréductible opposition entre Doriens et Ioniens l'antagonisme entre Sparte et Athènes.

L'historiographie contemporaine n'en a pas moins repris cette tradition : au XIXe siècle, elle alimenta les controverses entre savants français et allemands ; elle a servi d'explication commode à la destruction des sites mycéniens et aux transformations subies par le monde grec au cours des âges obscurs.

DORIOT Jacques (* Bresles, Oise, 26.IX.1898, † sur une route d'Allemagne du Sud, 22.II.1945). Homme politique français. Ancien ouvrier métallurgiste de Saint-Denis, militant communiste dès 1920, secrétaire général des Jeunesses communistes (1923), il fut l'un des principaux animateurs des campagnes communistes contre l'occupation de la Ruhr et la guerre du Rif. Il se trouvait en prison lorsqu'il fut élu député de la Seine en 1924. Maire de Saint-Denis depuis 1931, il se sépara du parti communiste en 1934, fut réélu député de Saint-Denis en 1936 et fonda la même année le parti populaire français (PPF), d'inspiration fasciste. À l'automne de 1940, Doriot se rallia à la politique de collaboration avec les Allemands. Voir COLLABORATION.

DORMOY Marx (* Montluçon, 1er.VIII.1888, † Montélimar, 26.VII.1941). Homme politique français. Militant socialiste, maire de Montluçon (1926), député puis sénateur de l'Allier, il fut ministre de l'Intérieur du Front populaire, dans le troisième ministère Chautemps et le second ministère Blum (1937/38). À ce poste, il lutta contre l'agitation terroriste de la Cagoule, qui, sous l'Occupation, organisa son assassinat à Montélimar, où le gouvernement de Vichy l'avait placé en résidence surveillée.

DOST MOHAMMED khan (* 1789, † Hérat, juin 1863). Émir d'Afghanistan (1835/39 et 1842/63). Voir AFGHANISTAN. L'époque moderne.

DOUAUMONT (fort de). Remarquable observatoire par sa position (N.-E.), le plus moderne des forts de Verdun (v.), il fut un des principaux enjeux de la grande bataille de la Première Guerre mondiale. Pris par les Allemands le 25 février 1916, il ne fut définitivement récupéré par la division Mangin que le 24 octobre 1916.

DOUBAÏ ou **DUBAÏ,** *Dubbay*. Émirat sur le golfe Persique, le plus peuplé de la Fédération des Émirats arabes unis. Objet de convoitise de la part de ses voisins, la principauté signa une série de traités avec les Britanniques à partir de 1820. Après le départ de ces derniers en 1971, elle joua un rôle essentiel dans la création de la Fédération des Émirats arabes unis.

Grâce à l'exploitation pétrolière à partir de 1966, Doubaï a connu un développement spectaculaire de son économie et est devenu le siège de la plupart des banques des Émirats arabes unis. Voir ÉMIRATS ARABE UNIS.

DOUGLAS-HOME sir Alexander Frederick, dit **Alec** (* 2.VII.1903, † Coldstream, Écosse, 9.X.1995). Homme politique britannique. Descendant d'une vieille famille écossaise, ancien élève d'Eton et d'Oxford, député conservateur en 1931, il fut secrétaire parlementaire de Chamberlain de 1937 à 1939 et contribua à la conclusion des accords de Munich (1938). Quatorzième comte de Home, il entra à la Chambre des lords en 1951. Après avoir occupé divers postes dans les cabinets conservateurs de 1951 à 1960, il fut chargé des Affaires étrangères dans le cabinet Macmillan (1960/63). Il se fit l'avocat d'une politique de fermeté face à l'URSS, mais signa en 1963 le traité de Moscou interdisant les expériences nucléaires dans l'atmosphère. Successeur de Macmillan comme Premier ministre (oct. 1963), il renonça alors à la pairie et se fit élire à la Chambre des communes. Il refit l'unité du parti conservateur, mais ne put empêcher les travaillistes de battre – de justesse – les conservateurs aux élections de 1964. Tirant la conclusion de cet échec, il céda la direction du parti conservateur à Edward Heath (1965). Rappelé au Foreign Office (1970/74), Douglas-Home fit admettre la Grande-Bretagne dans la Communauté économique européenne.

DOUMA. Nom des assemblées représentatives réunies en Russie au début du XXe s., dans le cadre d'une libéralisation du régime tsariste. Par un manifeste impérial du 30 oct. 1905, inspiré par le comte Witte, le tsar décida d'accorder à ses sujets « les fondements immuables de la liberté civile ».

La **première douma** se réunit au palais de Tauride le 10 mai 1906. Cette douma prétendit élaborer une nouvelle législation agraire, mais fut dissoute dès le début de juill. 1906. La **deuxième douma** (mars/juin 1907) fut également renvoyée. Stolypine élabora alors une nouvelle loi électorale qui diminuait de moitié le nombre des électeurs ouvriers et paysans : ainsi fut élue la **troisième douma** (1907/12), où la droite et les modérés étaient majoritaires. C'est sous cette douma que fut réalisée la réforme agraire de Stolypine et Krivochéine, destinée à faciliter l'accession à la propriété paysanne. Le retour du gouvernement à une politique réactionnaire, après l'assassinat de Stolypine (sept. 1911), entraîna sa dissolution.

Une **quatrième douma** (libérale et nationale) fut réunie en 1912, et, dès le début de la guerre mondiale, elle essaya d'obtenir des réformes du gouvernement tsariste. En févr. 1917, elle prit contact avec le soviet des ouvriers et soldats et réclama l'abdication de Nicolas II ; mais elle dut s'effacer devant les soviets.

Après la disparition du régime soviétique, une nouvelle douma fut instituée à partir de déc. 1993 par la Constitution que proposa le président de la Fédération de Russie, Boris Eltsine. Le nouveau Parlement, nommé Assemblée fédérale, est composé d'une chambre basse, la douma d'État, et d'une chambre haute, le Conseil de la Fédération. Comptant

449 députés, la douma est dotée des pouvoirs législatif et budgétaire mais peut être dissoute par le président.

DOUMER Paul (* Aurillac, 22.III.1857, † Paris, 6.V.1932). Homme politique français. Avocat, journaliste, député radical, ministre des Finances (1895/96), gouverneur de l'Indochine (1897/1902), estimé de tous pour son patriotisme intransigeant, il fut élu président de la République contre Briand, le 13 mai 1931. Un an plus tard, Doumer était assassiné par le révolutionnaire russe Gorgoulov, alors qu'il inaugurait la vente annuelle de l'Association des écrivains anciens combattants.

DOUMERGUE Gaston (* Aigues-Vives, Gard, 1er.VIII.1863, † Aigues-Vives, 18.VI.1937). Homme politique français. Fils d'un vigneron, il fut avocat à Nîmes, puis magistrat en Indochine et en Algérie. Élu député radical de Nîmes en 1893, ministre des Colonies dans le cabinet Combes (1902/05), puis ministre du Commerce (1906), de l'Instruction publique (cabinet Clemenceau, 1906/09), du Commerce (cabinet Briand, 1909/10), président du Conseil et ministre des Affaires étrangères (1913/14), de nouveau ministre des Colonies (1914/17) ; républicain et patriote, bien vu à droite comme au centre gauche, il fut élu président de la République après la démission de Millerand, le 13 juin 1924. Retiré de la vie politique à la fin de son septennat (1931), il fut rappelé comme un sauveur pour prendre la direction d'un ministère d'union nationale, au lendemain des émeutes du 6 févr. 1934. Décidé à obtenir un renforcement du pouvoir exécutif par une réforme de la Constitution, Doumergue se heurta à l'opposition de ses anciens amis radicaux et, le 8 nov. 1934, fut contraint de démissionner.

DOUZE TABLES (loi des). Premier recueil juridique écrit, rédigé par les décemvirs en 451 et 449 av. J.-C. et ainsi nommé parce qu'il fut gravé sur douze tables d'airain. Voir **Rome.** La politique intérieure jusqu'aux guerres puniques.

DRACON (VIIe s. av. J.-C.). Législateur athénien. Il fit adopter, vers 621 av. J.-C., une série de lois écrites qui se substituèrent au droit coutumier, transmis oralement, qui favorisait l'aristocratie. On attribue traditionnellement à ces lois une extrême sévérité. Voir **Athènes.** L'élaboration de la démocratie athénienne.

DRAGONNADES. Nom donné aux violences exercées par des troupes françaises, sur l'ordre de Louvois, contre les protestants. À partir de 1681, des soldats, qui appartenaient souvent aux régiments de dragons, furent logés chez les protestants avec licence de se comporter comme en pays conquis, de saccager les maisons, de se livrer à toutes sortes de sévices et de vexations, jusqu'au moment où leurs hôtes se décidaient à abjurer. L'intendant Marillac obtint ainsi, en quelques semaines, 37 000 conversions dans le Poitou. Ces nouvelles encourageantes contribuèrent à décider Louis XIV à la révocation de l'édit de Nantes (1685).

DRAKE sir Francis (* Tavistock, Devonshire, 1545, † Puerto Bello, près de Colon, Panamá, 5.I.1596). Navigateur anglais. Capitaine de vaisseau à l'âge de vingt-deux ans, il mena d'abord la guerre contre les Espagnols dans la mer des Antilles ; de 1577 à 1581, il effectua, avec l'appui de la reine Élisabeth, le second voyage autour du monde, franchit le détroit de Magellan, ravagea les territoires espagnols des côtes occidentales de l'Amérique, prit possession de la Californie, qu'il nomma la Nouvelle-Albion, et revint en Europe par les Indes orientales et le cap de Bonne-Espérance. En 1585, il s'empara de plusieurs places et d'immenses richesses à Saint-Domingue et à Carthagène et, sur la route du retour, incendia la flotte espagnole dans le port de Cadix (1587). La reine le nomma alors vice-amiral. En 1588, il envoya par le fond vingt-trois vaisseaux de l'Invincible Armada. En 1595, il remporta de nouveaux succès en Amérique espagnole mais échoua dans l'attaque de Panamá et en mourut, dit-on, de chagrin.

DRAP D'OR (camp du). Camp que François Ier fit dresser en Flandre, entre Guînes et Ardres, pour y recevoir, dans un faste impressionnant, le roi d'Angleterre Henri VIII (juin 1520) ; mais ce dernier ne se laissa pas entraîner dans une alliance durable contre Charles Quint.

DRAVIDIENS. Nom donné aux peuples occupant les régions centrales et méridionales de l'Inde. Ils sont liés par une communauté linguistique, mais nullement ethnique. Les principaux groupes dravidiens sont les Tamouls, les Telugus, les Malayalis. Au XXe s., depuis l'indépendance de l'Inde (1947), s'est développée une sorte de nationalisme dravidien. Le Dravida Munetra Kazagham a défendu un programme dont les deux points principaux sont l'expulsion des Aryens hors des provinces du sud de l'Inde et la constitution d'un État dravidien indépendant, le Dravida Nader. Ce groupe extrémiste s'est livré à de violentes attaques contre le brahmanisme. Voir **Tamouls.**

DREES Willem (* Amsterdam, 5.VII.1886, † La Haye, 14.V.1988). Homme politique néerlandais. Député socialiste en 1933, il milita dans la Résistance et présida le « Comité patriotique » qui prépara les mesures à prendre à la Libération. Fondateur du parti du travail (1946), il s'allia avec le parti catholique et fut Premier ministre de 1948 à 1958.

DREUX-BRÉZÉ. Famille française, issue au XIVe s. de Pierre, neuvième comte de Dreux.

À cette famille appartenait **Henri-Évrard, marquis de Dreux-Brézé** (* 1762, † 1829), grand maître des cérémonies sous Louis XVI. À ce titre, il dut pourvoir aux préparatifs des États généraux de 1789.

Le 20 juin 1789, chargé par le roi de notifier à l'Assemblée nationale l'ordre d'évacuer la salle des séances, il fut accueilli par une violente apostrophe de Mirabeau : « Nous sommes ici par le vœu de la nation ; la force matérielle seule pourrait nous faire désemparer. » (Réplique généralement formulée ainsi : « …nous n'en sortirons que par la force des baïonnettes. ») Émigré après le 10 août 1792, il rentra en France sur l'ordre du comte de Provence en 1801 et reprit, en 1815, ses fonctions de grand maître des cérémonies.

DREYFUS (affaire). Crise politique et morale qui ébranla profondément la société et les institutions françaises de la fin du XIXe s. (1894/1906).

Une affaire d'espionnage

Dans le contexte de revanche qui suivit la défaite de 1870/71 contre l'Allemagne, c'est une affaire d'espionnage qui fut à l'origine du scandale politique. En septembre 1894, au service de contre-espionnage de l'armée, la « section de statistique », la découverte dans une corbeille d'un document appelé plus tard le « bordereau » signala au directeur de la section, le colonel Sandherr, qu'un membre du service était en contact avec l'attaché militaire allemand en poste à Paris. Très vite, les soupçons se portèrent sur le capitaine Dreyfus, jeune officier d'artillerie en stage à l'état-major, arrêté le 15 octobre, sur la base d'une expertise en écriture discutable. La machine militaire fut enclenchée par le chef d'état-major, de Boisdeffre, le ministre de la Guerre, le général Mercier, mais aussi le président du Conseil, Charles Dupuy, pour faire condamner rapidement et efficacement le capitaine, dont le principal tort semblait être son appartenance à la communauté juive alsacienne, qui avait choisi la France en 1871. Le procès à huis clos s'ouvrit le 19 décembre 1894 et s'acheva le 22 par une condamnation, malgré les dénégations constantes de l'accusé et des preuves de culpabilité limitées. Depuis le 31 octobre, *La Libre parole* d'Édouard Drumont (v.), journal notoirement antisémite, s'était saisie de l'affaire et réclamait le châtiment du traître. En outre, le commandant Henry, membre de la section de statistique, fit un témoignage accablant, et le ministre de la Guerre, en toute illégalité, communiqua au président du tribunal un « dossier secret », auquel la défense n'eut pas accès, composé de pièces compilées par Sandherr et Henry, dont au moins deux étaient totalement créées. Dreyfus fut déclaré coupable à l'unanimité, condamné à la déportation à vie, et subit, le 5 janvier 1895, la pénible cérémonie de dégradation militaire, avant d'embarquer pour l'île du Diable. Mais la famille de l'accusé ne désarma pas : sa femme Lucie, et surtout son frère Matthieu se démenèrent immédiatement, écrivant à toutes les personnalités, jusqu'au président de la République, Félix Faure, et au pape, en faveur d'une révision du procès. Ils furent très peu écoutés, y compris par la communauté juive de France, qui aspirait à la tranquillité.

De l'affaire à l'Affaire

À la fin de l'année 1896, quelques imprimés cependant finirent par attirer l'attention sur la faiblesse des preuves, tandis que le journaliste et publiciste juif Bernard Lazare diffusait une brochure très argumentée sur l'innocence de Dreyfus. Le 16 novembre, Mathieu Dreyfus publia dans *Le Figaro* une lettre où il affirmait la culpabilité de l'officier Esterhazy, aventurier criblé de dettes, qui ne cachait pas sa haine du régime républicain, mais protégé au sein de l'armée. La presse antisémite se mobilisa en faveur d'Esterhazy, dont la culpabilité avait déjà été révélée par le nouveau chef de la section de statistique, le colonel Picquart, dès l'été 1895. Sur la base d'un document, le « petit bleu », il avait fait part de ses doutes à sa hiérarchie, qui lui intima le silence et, par précaution, l'affecta en Tunisie. Il fallut l'intervention publique et provocatrice d'Émile Zola pour sortir définitivement l'affaire de l'ombre, et en faire une véritable affaire d'État ; le 4 décembre 1897, le président du Conseil Méline, soutenant l'armée et défendant la chose jugée, n'avait-il pas déclaré à la Chambre des députés : « Il n'y a pas d'affaire Dreyfus » ? Le 13 janvier 1898, deux jours après l'acquittement d'Esterhazy par le Conseil de guerre, l'auteur des *Rougon-Macquart* publia dans le journal de Georges Clemenceau, *L'Aurore*, une « Lettre au président de la République », coiffée du titre foudroyant : « J'accuse ». Dès lors, cette publicité obligea le pouvoir à intenter un procès à Zola, qui fut condamné pour diffamation envers le général Mercier, tandis que Picquart était exclu de l'armée pour faux témoignage. La classe politique fut très longue à se diviser : en juillet 1898, lorsque le nouveau ministre de la Guerre, Cavaignac, cita devant la Chambre les « preuves » secrètes qui accablèrent Dreyfus lors de son procès, l'affichage de son discours fut voté à la quasi-unanimité, socialistes compris (Jaurès n'avait pas été élu en mai 1898). Même les aveux et le suicide du colonel Henry, en août 1898, ne parvinrent pas à ébranler les convictions des plus ardents défenseurs de l'armée.

Dreyfusards et antidreyfusards

L'opinion et la presse se mobilisèrent avec fougue, parfois violence, pour ou contre le capitaine. Les antidreyfusards défendirent ardemment la chose jugée, au nom de l'honneur de l'armée, pilier de l'État et du régime. Le nationalisme qui soustendait ce raisonnement n'écartait pas les accents antisémites de nombreux journaux, comme *La Libre parole*, mais aussi *La Croix, L'Intransigeant* de Rochefort, voire les dérapages fréquents des articles de *La Dépêche du Midi*. Les dreyfusards défendirent Dreyfus au nom des droits de l'homme, de la vérité et de la justice. Ainsi fut fondée en juin 1894 la Ligue des droits de l'homme. La presse dreyfusarde fut longue à émerger, d'abord dans les rangs socialistes, comme *Le Parti ouvrier* de Jean Allemane dès janvier 1895, puis *Le Figaro* (pour peu de temps), *L'Aurore*. Ce n'est qu'en juin 1898 que *La Petite République socialiste* de Jaurès publia une série d'articles réunis dans le volume *Les Preuves*, qui mobilisa considérablement la presse en faveur de Dreyfus. Outre la presse, le monde de la pensée et de la science fut divisé par l'Affaire. La figure de l'intellectuel, née avec l'intervention de Zola, fit son entrée dans la vie politique française. Elle fut annoncée par la mobilisation, dès l'automne 1897, d'élèves de l'École normale supérieure (Charles Péguy, le bibliothécaire Lucien Herr). Après « J'accuse », les premières pétitions circulèrent chez les écrivains (Mirbeau), les universitaires (Monod, Duclaux), les artistes et les étudiants. Les intellectuels se mobilisèrent pour la première fois. Ils se divisèrent aussi, entre la Ligue des droits de l'homme et la Ligue de la patrie française (fondée le 4 juin 1898).

La réhabilitation

La crise politique engendrée par l'Affaire, avec une tentative de coup d'État menée par Paul Déroulède en février 1899, permit une évolution en faveur de la révision du procès : Émile Loubet succeda à Félix Faure à la présidence de la République, et surtout le gouvernement de coalition des gauches, mené par Waldeck-Rousseau succéda aux gouvernements centristes, soucieux d'ordre. En août 1899, s'ouvrit à Rennes le procès en révision du capitaine Dreyfus, qui fut à nouveau condamné à dix ans de détention, mais avec les « circonstances atténuantes », verdict aussi injuste qu'absurde. La réhabilitation se fit progressivement : gracié par le président le 19 septembre 1899, Dreyfus ne fut réhabilité que le 12 juillet 1906, réintégrant l'armée le lendemain. L'armée ne reconnut son innocence qu'en 1995.

L'Affaire fut l'expression paroxystique d'une crise qui remontait à la fin des années 1880, et qui révéla un malaise institutionnel profond, ainsi que, dans certains milieux, notamment l'armée, un antisémitisme fort. Mais la vie démocratique put reprendre normalement, enrichie par l'émergence de la figure de l'intellectuel et de ses responsabilités. L'Affaire inspira également au correspondant à Paris d'un journal viennois, Theodor Herzl, son livre *L'État juif, essai d'une solution moderne au problème juif* (1896), acte fondateur du sionisme contemporain.

DROIT DE VOTE. L'histoire du droit de vote dans les démocraties occidentales coïncide avec l'obtention progressive du suffrage universel.

Vers le suffrage universel

La pratique du vote exista dans les démocraties antiques, à Athènes et à Rome, mais ne concernait que les seuls citoyens, minoritaires dans la cité. Les périodes médiévale et moderne ne virent pas la pratique du vote s'étendre au-delà des élites nobiliaires, ecclésiastiques et urbaines (v. DÉMOCRATIE), et le suffrage ne devint vraiment universel qu'au début du XXe s. Au cours du XIXe siècle prévalut l'idée, déjà ancrée chez les théoriciens du parlementarisme anglais au XVIIIe s. et chez les constituants de 1791, que le pouvoir politique devait rester le monopole de la classe bourgeoise, qui seule possédait l'instruction et les compétences du fait de son aisance matérielle. On institua des régimes censitaires qui restreignaient le droit de suffrage aux citoyens possédant un minimum de fortune. Le principe du suffrage universel fut établi pour la première fois en France pour l'élection de la Convention (août/sept. 1792), qui ne mobilisa que 10 % des électeurs, ce qui parut donner raison aux partisans du suffrage censitaire. C'est Napoléon Ier qui, en prétendant tenir son pouvoir de l'appel au peuple, contribua à répandre l'idée du suffrage universel. Il l'utilisa pour légitimer ses coups d'État (18-Brumaine, Cent-Jours) et l'institution de l'Empire. Cette pratique fut reconduite un demi-siècle plus tard dans le même esprit par Napoléon III.

La Restauration, en instituant un suffrage censitaire, se priva de l'appui des masses rurales et favorisa la confiscation du pouvoir par la bourgeoisie libérale hostile aux Bourbons. L'attachement obstiné de la monarchie de Juillet au suffrage censitaire fut une des causes de la révolution de 1848. La IIe République établit définitivement en France le suffrage universel masculin, mais les Françaises n'obtinrent le droit de vote qu'en 1944. Les élections françaises de 1848-49 montrèrent que dans un pays où la population paysanne était encore largement majoritaire, le suffrage universel favorisait les conservateurs. Ce fait fut confirmé en 1871, lorsque le suffrage universel porta au pouvoir une majorité monarchiste. Après la France, le premier pays à adopter le suffrage universel masculin fut la Suisse (Constitution de 1848). En Allemagne, la loi électorale du 12 avr. 1849 votée au Parlement de Francfort établit le suffrage universel, mais l'œuvre constitutionnelle du Parlement de Francfort ne put aboutir. En 1867, Bismarck établit le suffrage universel masculin pour les élections au Reichstag de la confédération de l'Allemagne du Nord, mesure élargie à tout l'Empire allemand en 1871 (le suffrage universel féminin fut introduit en Allemagne par la Constitution de Weimar, en 1919). En Italie, le droit de suffrage, étendu à la plus grande partie de la population mâle par les réformes de Giolitti en 1912, devint vraiment universel pour les élections de 1919 (féminin en 1948). Les pays scandinaves furent parmi les premiers en Europe à s'engager dans la voie du suffrage universel : au Danemark, il avait été établi dès 1866 pour la Chambre basse (*Folketing*), et, en 1915, le suffrage universel, masculin et féminin, fut établi pour les deux Chambres. La Grande-Bretagne, qui avait inauguré le système représentatif, adopta tardivement le suffrage universel : pour les hommes en 1918 (les dernières restrictions furent abolies en 1948), pour les femmes en 1928. Aux États-Unis, le suffrage universel masculin fut établi dans tous les États dès le XIXe s. ; le suffrage universel féminin fut introduit en 1920 ; mais, dans les États du Sud, diverses restrictions empêchèrent la majorité des Noirs de se faire inscrire sur les listes électorales jusqu'au Civil Rights Act de 1965. Dans la Russie impériale, les doumas (v.) furent élues par un système électoral à plusieurs degrés ; le suffrage universel fut introduit en 1917. Au Japon, tous les hommes purent voter à partir de 1925, toutes les femmes à partir de 1947. Plus qu'un droit, le vote fut parfois un devoir, obligatoire en Belgique (1893), en Australie (1924), puis au Luxembourg, en Turquie, au Brésil... Au sein de l'Union européenne, le traité de Maastricht (1992) lança le débat sur le droit de vote des étrangers, en autorisant, sous certaines conditions, les ressortissants des pays membres à participer aux élections municipales et européennes.

Les différents scrutins

Deux grands types de scrutin ont été pratiqués depuis l'établissement du suffrage universel : le scrutin majoritaire et la représentation proportionnelle.

Avec le scrutin majoritaire, dans une circonscription donnée, le ou les candidats qui ont obtenu la majorité, même de justesse, sont élus et la minorité n'est donc pas représentée. Le scrutin majoritaire a toujours été en usage en Grande-Bretagne et aux États-Unis et, en France, sous la IIe, la IIIe et la Ve République. C'est généralement un *scrutin uninominal* : chaque circonscription n'élit qu'un député. Dans le cas contraire, il s'agit d'un *scrutin de liste*, où chaque circonscription, assez largement découpée, doit choisir simultanément plusieurs représentants groupés sur une liste. La Grande-Bretagne et les États-Unis ont toujours pratiqué le scrutin uninominal, ainsi que la France depuis 1958. Enfin, ce scrutin peut être *à un tour* ou *à deux tours* : dans le premier cas (Grande-Bretagne, États-Unis, France ponctuellement), le candidat ou la liste de candidats le mieux placé est élu. Dans le scrutin à deux tours (France le plus souvent), un candidat n'est élu au premier tour que s'il obtient la majorité absolue (plus de 50 % des voix) ; sinon, il y a *ballottage*, et l'on procède à un second tour, où la majorité simple désigne l'élu.

La représentation proportionnelle assure la représentation de toutes les tendances de l'opinion en répartissant les sièges en nombre proportionnel à celui des voix obtenues. Ce type de scrutin a été adopté par de nombreuses démocraties européennes. La plupart des nouvelles démocraties d'Europe centrale optèrent également, au début des années 1990, pour un système proportionnel. En France, il fut en usage pour les élections de 1945 à 1956 et en 1986.

Des **systèmes mixtes** ont également été expérimentés. Dans la République fédérale d'Allemagne, depuis 1949, la moitié des membres du Bundestag est élue au scrutin majoritaire, l'autre moitié à la représentation proportionnelle. En Italie, le scrutin proportionnel, en vigueur depuis le début de la Ire République, a été remplacé en 1994 par un système mixte, à l'instar de la Hongrie depuis 1990.

Pour l'élection du Parlement européen, au suffrage universel depuis 1979, le scrutin proportionnel fut adopté dans tous les pays à l'exception du Royaume-Uni.

De longues controverses opposent depuis près d'un siècle les partisans de l'un et de l'autre des grands systèmes électoraux. En Angleterre, le premier champion de la représentation proportionnelle fut John Stuart Mill ; le parti travailliste, dans ses débuts, fit campagne pour ce mode de scrutin, mais n'en parla plus après sa victoire électorale de 1923 ; c'est le parti libéral, devenu très minoritaire, qui se fit désormais le champion de la proportionnelle. En Allemagne, la proportionnelle fut appliquée sous le régime de Weimar (1919/33) et rendue responsable de l'instabilité gouvernementale qui facilita la montée au pouvoir de Hitler.

En France, le « scrutin d'arrondissement », prédominant sous la IIIe République, était alors défendu par les radicaux, car il favorisait leurs représentants. Il subsista jusqu'à la fin de la IIIe République, mais le désastre de 1940 jeta sur lui, en 1945, un profond discrédit. On lui reprochait d'être injuste, de donner lieu à toutes sortes d'intrigues, de frustrer les minorités de toute représentation, mais aussi d'être susceptible de favoriser les communistes, qui présenteraient dans chaque circonscription un seul candidat en face de leurs adversaires divisés. Le général de Gaulle, par l'ordonnance du 17 août 1945, adopta donc la représentation proportionnelle. Il repoussa cependant la proportionnelle intégrale, qui aurait obligé le pays à choisir entre des listes qui auraient compris chacune six cents noms au moins. Mais sous la IVe République, la proportionnelle, mathématiquement juste, séparait le député de l'électeur, qui votait désormais moins pour un homme que pour un programme, un parti ; elle favorisait surtout l'instabilité gouvernementale parce que, en donnant une photographie exacte de toutes les tendances politiques du pays, elle empêchait la formation d'une majorité compacte. À l'Assemblée nationale, la proportionnelle conférait un rôle exagéré à des groupuscules charnières qui pouvaient, avec quelques députés, décider de la formation et de la chute des gouvernements. Aussi, dès 1954, des hommes comme Pierre Mendès France réclamèrent-ils le retour au scrutin majoritaire de même que le général de Gaulle en 1958.

Le scrutin majoritaire uninominal à deux tours a beaucoup contribué à la stabilité de la Ve République. Ce mode de scrutin a pour inévitable conséquence d'écraser le tiers parti et de favoriser une « bipolarisation » de la vie politique. On lui a également reproché une injustice dans le découpage des circonscriptions électorales. En France, le gouvernement de gauche issu des élections de 1981 a remis en avant la représentation proportionnelle. L'application d'un système mixte proportionnel-majoritaire aux communes de plus de 3 500 habitants et le régime proportionnel appliqué à Paris, Lyon et Marseille ont assoupli le monolithisme et la bipolarité. Les élections législatives de 1986 eurent lieu à la proportionnelle et permirent au Front national d'accéder à la représentation. La majorité RPR-UDF rétablit le scrutin majoritaire dès 1986.

DROIT ROMAIN. Le droit romain tient une place particulière dans l'histoire juridique, depuis l'Antiquité jusqu'à nos jours. En effet, les Romains furent les premiers à émanciper le droit de la religion et créèrent une pensée juridique autonome. Après l'établissement de la République (509 av. J.-C.), les plébéiens réclamèrent une codification du droit, qui aboutit à l'élaboration de la loi des Douze Tables (451/49 av. J.-C.). Puis le corpus juridique romain s'agrandit de nombreuses lois, votées par les assemblées civiles. La période « classique » (Ier s. av./IIIe s. apr. J.-C.) produisit peu de nouvelles lois, mais les édits de magistrats, notamment de préteurs urbains, prirent le relais. Ce droit prétorien corrigea les aspects trop formalistes ou anciens des lois, puis il cessa d'évoluer à la fin de la République. Il fut codifié par le juriste Julien, sous Hadrien (IIe s. apr. J.-C.). Les jurisconsultes furent, à partir la seconde moitié du IIe s av. J.-C., une autre source de droit : par leurs actes, leurs ouvrages, leurs enseignements, ils adaptèrent le droit aux nécessités de la vie économique et sociale. Les trois plus célèbres jurisconsultes, Papinien, Ulpien et Paul, vécurent entre la fin du IIe et le début du IIIe s. apr. J.-C.

Sous Constantin (306-37), l'empereur devint le seul législateur. Les constitutions impériales étaient la seule source de droit à côté du *jus*, le droit classique, et firent l'objet d'une codification, le *Code théodosien*, promulgué en 438 par Théodose II en Orient et par Valentinien III en Occident. Après les invasions barbares, le droit romain se dégrada en Occident, cédant aux coutumes locales. En Orient, Justinien fit accomplir la codification de tous les droits romains (528-34) dans le *Code justinien*, le *Digeste* et les *Institutes*. Cette œuvre demeura la base du droit byzantin. Ce n'est qu'au début du XIIe s. que le droit de Justinien apparut en Occident. Cette renaissance partit de Bologne, puis l'enseignement du droit romain fut instauré à l'université de Montpellier vers 1160 et se répandit rapidement dans toute l'Europe chrétienne, par le réseau des universités. C'est encore au droit romain que se rattachent, pour une large part, le Code civil français de 1804, le code civil allemand de 1900 et tous les codes modernes qui en sont sortis.

À l'origine, le droit romain ne s'appliquait qu'aux citoyens romains. Vers 240 av. J.-C., une charge spéciale de magistrat fut créée afin de régler les différends entre Romains et non-Romains : le préteur pérégrin. Le droit privé romain se caractérise par la *patria potestas*, qui donne au *pater familias*, toute sa vie durant, une totale autorité sur sa progéniture et son épouse. Le droit de propriété est également affirmé avec force, ainsi que le droit successoral et le droit des contrats.

DROITS DE L'HOMME (COMMISSION DES). Créée en 1946 par le Conseil économique et social des Nations Unies, la Commission des droits de l'homme s'est réunie pour la première fois en 1947 afin d'élaborer la Déclaration universelle des droits de l'homme (v.) adoptée le 10 déc. 1948. Cette Commission, composée de 53 États membres et basée à Genève, s'est ensuite attelée à l'élaboration de normes fondées sur la Déclaration : en 1966, l'Assemblée générale adopta deux Pactes (droits économiques, sociaux et culturels ; droits civils et politiques) constituant avec la Déclaration de 1948 la « Charte internationale des droits de l'homme ». En 1967, la Commission fut autorisée à traiter de cas de violations des droits de l'homme ; elle mit au point des mécanismes et procédures thématiques ou par pays (rapporteurs spéciaux, groupes de travail ; Sous-Commission de la promotion et de la protection des droits de l'homme) pour assurer la mise en œuvre de normes dont l'élaboration se poursuit (droits de l'enfant, peuples autochtones, prévention de la torture). Le poids politique de la Commission, qui siège ordinairement six semaines par année (mars et avr.) au Palais des Nations à Genève s'accroît : chefs d'État et de gouvernement et ONG s'y rendent en nombre. Le Haut-Commissariat des Nations unies aux droits de l'homme (émanation du Secrétariat de l'ONU) appuie la Commission et fournit une assistance concrète en matière de promotion des droits de l'homme sur le terrain.

DROITS DE L'HOMME (Ligue des). La ligue pour la défense des droits de l'homme et du citoyen, dite Ligue de droits de l'homme (LDH), est née entre févr. et juin 1898, dans le contexte de l'affaire Dreyfus. Conçue pendant le procès intenté à Zola après « J'accuse », elle a d'emblée regroupé des militants fort divers : hommes politiques républicains et modérés – de Trarieux à Vialet, de Reinach à Guyot –, et intellectuels – Ducaux, Basch, Herr, Seignobos. Son attitude militante a été affirmée dès l'origine : combattre la raison d'État en toutes circonstances, mais d'abord faire éclater l'innocence du capitaine Dreyfus, faire reconnaître par l'opinion et la justice les forfaitures dont des officiers français se sont rendus coupables.

Un siècle plus tard, il s'agit toujours pour la Ligue de « défendre les principes énoncés dans la Déclaration des droits de l'homme de 1789 », notamment « ceux de liberté, d'égalité et de justice ». Après la Seconde Guerre mondiale a été ajoutée une référence à la Déclaration universelle de 1948, qui intégrait les droits culturels et sociaux, ainsi que l'égalité des droits pour les femmes. Les moyens d'action auxquels la Ligue a recours ne se sont pas non plus substantiellement modifiés : appel à la conscience des citoyens, intervention auprès des pouvoirs publics, pétitions, publications, réunions, manifestations.

DROITS DE L'HOMME ET DU CITOYEN (Déclaration des). Voir DÉCLARATION.

DROITS FÉODAUX ou **SEIGNEURIAUX.** Droits médiévaux que les seigneurs exerçaient encore sur leurs terres à la fin de l'Ancien Régime, de manière souvent symbolique. Parmi les plus répandus, on compte le droit de justice sur les tenanciers, le monopole de la chasse, le droit de percevoir des redevances en nature (champart) ou en argent (cens), les banalités (v.). La Nuit du 4 août 1789 (v. AOÛT **1789,** nuit du 4) supprima ces droits, à l'exception du champart et du cens, abolis en 1793.

DROUET Jean-Baptiste (* Sainte-Menehould, Marne, 8.I.1763, † Mâcon, 11.IV.1824). Homme politique français. D'abord dragon puis maître de poste à Sainte-Menehould, il reconnut Louis XVI le 21 juin 1791, lorsque le roi, fuyant Paris, passa dans sa ville ; arrivé à Varennes avant la berline royale, il alerta les autorités et fit arrêter le souverain et sa famille.

Devenu membre de la Convention, Drouet s'y montra un Jacobin exalté, fut envoyé comme commissaire à l'armée du Nord, mais tomba entre les mains des Autrichiens (1793) et passa deux ans de dure captivité au Spielberg. Relâché par échange en 1795, devenu membre du Conseil des Cinq-Cents, il prit part à la conspiration des Égaux. Emprisonné à l'Abbaye, il réussit à s'évader, passa en Suisse, vécut aux îles Canaries et visita l'Inde. Il rentra en France à l'avènement de l'Empire et, de 1799 à 1814, fut sous-préfet de Sainte-Menehould. Banni par les Bourbons, il rentra à la faveur d'une amnistie et vécut dès lors à Mâcon sous un nom d'emprunt.

DROUOT Louis Antoine, comte (* Nancy, 11.I.1774, † Nancy, 24.III.1847). Général français. Fils d'un boulanger, sorti de l'École d'application d'artillerie de Metz, il fit les campagnes de la et fut nommé en 1808 colonel-major de l'artillerie à pied de la garde impériale. Général en 1813, il accompagna Napoléon à l'île d'Elbe, dont il fut nommé gouverneur ; il revint avec l'Empereur en mars 1815, se conduisit admirablement à Waterloo. Traduit en 1816 devant un conseil de guerre, acquitté, il vécut dès lors dans la retraite.

DRUIDES. Caste sacerdotale des Celtes de Gaule, de Bretagne et d'Irlande. Voir GAULE. La civilisation gauloise.

DRUMONT Édouard (* Paris, 3.V.1844, † Paris, 5.II.1917). Écrivain et homme politique français. D'une famille de paysans et d'artisans, il fut d'abord employé de préfecture puis entra dans le journalisme et collabora à *La Liberté* d'Émile de Girardin. Il écrivit des ouvrages d'histoire (*Mon vieux Paris*, 1879). Polémiste passionné et batailleur, attaché à la tradition chrétienne et monarchiste de la France, il engagea la lutte contre les puissances d'argent et c'est d'abord contre les familles de financiers israélites qu'il lança son pamphlet *La France juive, essai d'histoire contemporaine* (1886). Cet ouvrage, qui eut un profond retentissement, donna une forte impulsion à l'antisémitisme, rendit Drumont célèbre et lui valut de nombreux duels, notamment avec Arthur Meyer, directeur du *Gaulois*. Après avoir stigmatisé la dissolution de la société bourgeoise dans *La Fin d'un monde* (1888), Drumont fonda, en 1892, *La Libre Parole*, quotidien antisémite, et contribua à la révélation des scandales de l'affaire de Panamá. Il milita dans le camp nationaliste durant l'affaire Dreyfus et fut élu député d'Alger (1898/1902). Son influence déclina ensuite et il semble qu'à la fin de sa vie il avait perdu la foi dans son combat. Son antisémitisme était essentiellement d'inspiration catholique et sociale, mais on y trouve déjà des éléments nettement racistes.

DRUSUS Claudius Nero (* 38 av. J.-C., † 9 av. J.-C.). Fils de Livie, beau-fils d'Auguste et frère puîné de Tibère. Entre 12 et 9 avant notre ère, il mena des campagnes victorieuses contre les Germains, fit creuser la *Fossa Drusiana*, canal du Rhin au Zuyderzee, et reçut le premier le nom de Germanicus. Il mourut d'une chute de cheval. Il fut le père du célèbre Germanicus et de l'empereur Claude.

DRUZES ou **DRUSES.** Population arabophone musulmane d'environ 500 000 individus établis au Liban et dans le sud de la Syrie, en Israël et en Jordanie. À l'origine, ils formaient une secte religieuse issue du mouvement chiite ismaïlien (v. ISLAM. Les différents groupes islamiques). Elle fut fondée à l'époque du calife fatimide Hakim (* 986, † 1021) par deux missionnaires ismaïliens, Mohammed ibn Ismail el-Darazi (*duruz* est le pluriel de *darazi*) et Hamza ibn-Ali ibn-Ahmed. Les Druzes admettent que Dieu se manifeste périodiquement sous une forme humaine (*makam*). Sa dernière et principale incarnation s'est produite dans la personne du calife Hakim, qui avait voulu imposer à ses sujets sunnites la foi des ismaïliens. La secte, originaire d'Égypte, fut tout de suite en butte aux persécutions des musulmans orthodoxes sunnites et se réfugia en Syrie en 1017 (début de l'ère druze). Les Druzes eurent ensuite leur principal centre dans les montagnes de l'Hauran, appelées à cause d'eux djebel Druze. Unis par une puissante cohésion spirituelle et sociale, mais divisés par des luttes de clans, ils ne furent soumis par les sultans ottomans qu'au XVIIe s., après qu'un de leurs plus grands chefs, l'émir Fakhr ed-Din, qui s'était emparé de Beyrouth et de Sidon et menaçait Damas, eut été exécuté par les Turcs en 1635. Au XIXe s., la tension croissante entre Druzes et maronites (v.) aboutit au massacre de ces derniers (1860). Sous le protectorat français (1920/45), les Druzes continuèrent à lutter farouchement pour leur liberté (guerre de 1925/26) et les chefs de leurs grandes familles féodales telles que les Arslan, jouèrent un rôle de premier plan dans la préparation de l'indépendance du Liban. Le pacte national de 1943 leur assura une représentation de 6 sièges à la Chambre des députés. Voir **LIBAN**.

DU BARRY, Jeanne Bécu, comtesse (* Vaucouleurs, Meuse, 19.VIII.1743, † Paris, 8.XII 1793). Fille naturelle d'un commis aux barrières, modiste à Paris, puis pensionnaire d'une maison de prostitution, elle fut présentée à Louis XV en 1768 par le comte Jean Du Barry, dont elle avait été la maîtresse et qui spéculait sur ses charmes. Le roi, presque sexagénaire, tomba amoureux d'elle, lui fit épouser, pour lui donner un rang à la cour, Guillaume Du Barry, frère du comte Jean, et lui accorda un immense crédit. La Du Barry devint l'instrument de toutes les intrigues de la cour. Elle contribua à la disgrâce de Choiseul, à la faveur du duc d'Aiguillon et du chancelier Maupeou, ainsi qu'à l'exil des parlements (1771), captivant Louis XV par sa beauté et sa gaieté. Le roi fit bâtir pour elle le pavillon de Louveciennes, près de Marly. Après la mort de Louis XV (1774), elle se retira de la cour et vécut ignorée jusqu'à la Révolution. En 1792, elle alla en Angleterre pour mettre ses diamants en sûreté et fit courir le bruit qu'on les lui avait volés. Arrêtée à son retour, accusée d'intrigues royalistes, elle fut condamnée à mort et monta sur l'échafaud en 1793.

DUBCEK Alexander (* Uhrovec, Slovaquie, 27.XI. 1921, † Prague, 7.XI.1992). Homme politique tchécoslovaque. Secrétaire (1960) et premier secrétaire (1963) du parti communiste slovaque, membre du bureau politique du parti tchécoslovaque, il succéda à Novotny (v.) comme premier secrétaire de ce parti, en janv. 1968. Tout en maintenant la position prépondérante du parti, il préconisa un « socialisme à visage humain » et laissa se développer le mouvement de libéralisation du « printemps de Prague » ; à l'extérieur, tout en restant fidèle à Moscou, il essaya d'assurer une plus grande indépendance à son pays, notamment dans le domaine des échanges économiques. Il ne put empêcher l'invasion de la Tchécoslovaquie par les troupes du pacte de Varsovie (août 1968). Arrêté et emmené en URSS, il fut, sur l'intervention du président Svoboda, libéré et maintenu pendant quelque temps à son poste de premier secrétaire. Il ne fut démis de cette fonction que le 17 avr. 1969. En nov. 1989, lors de la « révolution de velours », il participa aux négociations avec le pouvoir. Sa popularité et son prestige le firent élire à la présidence du Parlement fédéral en déc. 1989. Victime d'un accident d'automobile en sept. 1992, il mourut peu après.

DUBOIS Eugène (* Eysden, 28.I.1859, † Haelen, 16.XII.1940). Médecin et anatomiste hollandais, découvreur en 1891 des restes du pithécanthrope de Java. Il entreprit ce voyage vers l'Indonesie en 1887, car il croyait en la théorie de E. Haeckel, qui situait l'origine de l'espèce humaine en Asie. Cette quête du « chaînon manquant » entre l'homme et le singe le conduisit à Trinil (Java), où il mit au jour un fémur et une calotte crânienne. Les pithécanthropes (v.) sont aujourd'hui considérés comme des *Homo erectus* archaïques.

DUBOIS Guillaume (* Brive-la-Gaillarde, 6.IX. 1656, † Versailles, 10.VIII.1723). Cardinal et homme politique français. Fils d'apothicaire, il fit ses études au collège de Saint-Michel à Paris, tout en remplissant auprès du principal les fonctions de domestique ; précepteur dans diverses maisons, il se vit chargé de l'éducation du duc de Chartres, le futur Régent. Il sut se concilier la faveur de Louis XIV en déterminant son élève à épouser une fille légitimée du roi, Mlle de Blois (1692). Le duc, devenu régent en 1715, appela Dubois au Conseil d'État et le chargea des plus importantes missions. En 1717, Dubois se plaça au rang des grands diplomates en concluant à La Haye, de concert avec lord Stanhope, la Triple-Alliance entre l'Angleterre, la Hollande et la France, contre l'Espagne (janv. 1717). À son retour à Paris, il fut nommé ministre des Affaires étrangères et fit échouer la conspiration de Cellamare (v.) (1718). Alors qu'il n'était encore que tonsuré, se fit donner l'archevêché de Cambrai (1720), obtint le chapeau de cardinal (1721) et devint Premier ministre (1722). Il entra à l'Académie française et, peu de temps après, l'assemblée du clergé le choisit pour président.

DUCHÉS (guerre des). Conflit qui opposa, en 1864, la Prusse et l'Autriche au roi de Danemark pour la possession des duchés de Schleswig, de Holstein et de Lauenburg. Ce conflit de nationalités, entre Allemands et « Danois de l'Eider » se doublait d'une question successorale. Le 1er févr. 1864, les troupes austro-prussiennes envahirent le Schleswig et engagèrent les hostilités contre le Danemark.

Pour la première fois, la nouvelle armée prussienne, forgée par Roon et Moltke, entrait en action. Bousculés sur le Dannevirke, les Danois durent rapidement évacuer tout le Schleswig, mais résistèrent sur les lignes fortifiées de Düppel, qui ne furent enlevées par les Allemands que le 18 avr. Durant les semaines suivantes, les forces austro-prussiennes poursuivirent l'invasion du Jutland et entreprirent la conquête des îles danoises. Le 9 mai, Christian IX dut demander la paix, qui fut signée à Vienne (30 oct. 1864) : les trois duchés furent remis en indivision à la Prusse et à l'Autriche, en attendant que fût décidé leur sort définitif. La convention de Gastein (14 août 1865) attribua le Lauenburg à la Prusse et maintint la souveraineté indivise des deux puissances sur les deux autres duchés, l'administration du Holstein étant confiée à l'Autriche, celle du Schleswig à la Prusse. Mais Bismarck se servit de la question des duchés pour éliminer l'Autriche des affaires allemandes. Après s'être assuré de la neutralité de Napoléon III (entrevue de

Biarritz, oct. 1865) et de l'alliance italienne (avr. 1866), il fit entrer les troupes prussiennes dans le Holstein et déclencha ainsi, en juin 1866, la guerre austro-prussienne. Voir SCHLESWIG-HOLSTEIN.

DUCLOS Jacques (* Louey, Hautes-Pyrénées, 2.X.1896, † Paris, 25.IV.1975). Homme politique français. Fils d'un artisan charpentier, apprenti pâtissier, Jacques Duclos suivit à Paris les cours de l'Université populaire. Ancien combattant de Verdun, il vint au communisme par le pacifisme, dès 1921, et passa par l'école centrale du parti, à Bobigny. Vainqueur de Paul Reynaud lors d'une élection partielle, il fut élu député de Paris en 1926, battit Blum aux élections de 1928, mais fut battu à son tour par Marcel Déat en 1932. Aux élections du Front populaire, il redevint député de la Seine (1936/40, puis 1946/58), et, pendant toute l'Occupation, il dirigea l'appareil clandestin du parti communiste. Ayant montré une indéfectible fidélité stalinienne, aussi bien lors du pacte germano-soviétique de 1939 que lors de la rupture avec Tito, il freina le cours de la déstalinisation à partir de 1956. Second de Maurice Thorez, membre et secrétaire du bureau politique du parti communiste (1931/64), sénateur à partir de 1959, il fut le candidat communiste à l'élection présidentielle de juin 1969 et, en obtenant au premier tour 21,27 % des voix, il réussit à regagner les électeurs perdus par son parti aux législatives de juin 1968.

DUCOS Roger, comte (* Dax, Landes, 1754, † Ulm, 16.III.1816). Homme politique français. Avocat, il fut élu par le département des Landes député à la Convention (1792) et fit partie du club des Jacobins. Sous le Directoire, il passa au Conseil des Anciens, qu'il présidait à la séance du 18 fructidor an V (4 sept. 1797). Nommé membre du Directoire en juin 1799, il suivit fidèlement Sieyès et collabora avec celui-ci au coup d'État du 18-Brumaire, à la suite duquel il fut nommé troisième consul provisoire. Sénateur et comte sous l'Empire, il fut banni comme régicide au retour des Bourbons et mourut en exil.

DUDLEY John (* 1502, † Londres, 22.VIII.1553). Homme politique anglais. Fait grand amiral d'Angleterre par Henri VIII, il devint comte de Warwick et duc de Northumberland, puis grand maréchal d'Angleterre sous Édouard VI. Il fit désigner Jeanne Grey, sa belle-fille, héritière du trône. Il fut exécuté après la réaction loyaliste qui porta Marie Tudor au trône d'Angleterre.

Son fils **Robert Dudley, comte de Leicester** (* 1532 ou 1533, † 4.IX.1588), fut gouverneur général des Pays-Bas (1586/87). Voir PAYS-BAS.

DUFAURE Armand Jules (* Saujon, Charente-Maritime, 4.XII.1798, † Rueil, 27.VI.1881). Homme politique français. Avocat à Bordeaux, député libéral en 1834, ministre des Travaux publics dans le ministère Soult (1839/40), il s'opposa à la Campagne des banquets qui marqua la fin du règne de Louis-Philippe, mais se rallia à la République en 1848 et fut appelé au ministère de l'Intérieur par Cavaignac. Il abandonna la politique après le coup d'État du 2 Décembre. Ami de Thiers, il contribua à la fondation de la IIIe République, dont il fut président du Conseil en 1876 et 1877/79.

DUFOUR Guillaume Henri (* Constance, 15.IX. 1787, † Contamines, Genève, 14.VII.1875). Général suisse. Après avoir participé aux campagnes napoléoniennes, il entra en 1817 au service de la Confédération et fonda en 1819 l'école militaire de Thoune, où il dirigea l'instruction jusqu'en 1830. Chef d'état-major général en 1831, il présida à l'établissement de la carte topographique de Suisse, dite « carte Dufour » (1842-64). Au début de la guerre du Sonderbund, en 1847, il fut nommé général commandant en chef de l'armée fédérale. Il mena la campagne avec rapidité et humanité, et, en un mois, mit fin à la guerre par la prise de Fribourg (14 nov.) et de Lucerne (24 nov. 1847). Il présida, en 1863, la conférence de Genève, où fut fondé le Comité International de La Croix-Rouge (v.).

DUGUAY-TROUIN René (* Saint-Malo, 10.VI. 1673, † Paris, 27.IX.1736). Corsaire et marin français. Fils d'un riche armateur, il fut présenté à vingt-trois ans à Louis XIV comme un espoir de la marine française. Passé en 1697 de la marine marchande à la marine royale, il remporta de grands succès pendant la guerre de la Succession d'Espagne au large des côtes anglaises et portugaises ; en 1707, il réussit à s'emparer d'une flotte de transport de soixante-quatre navires escortée par six gros vaisseaux de guerre. En 1711, il gagna en onze jours la place de Rio de Janeiro, dont les fortifications étaient réputées imprenables. Nommé chef d'escadre en 1715 et lieutenant général en 1728, il reçut de Louis XV, en 1731, le commandement d'une escadre destinée à protéger le commerce français, menacé par les Barbaresques, et infligea de dures défaites aux pirates de Tunis.

DU GUESCLIN Bertrand (* château de La Motte-Broons, près de Dinan, vers 1320, † Châteauneuf-de-Randon, Gévaudan, 13.VII.1380). Connétable de France. Issu de la petite noblesse bretonne, il rallia le parti de Charles de Blois au cours de la guerre de la Succession de Bretagne et passa ensuite au service du roi de France, Charles V, qui le chargea de délivrer le royaume des Grandes Compagnies. Il entraîna celles-ci en Espagne pour combattre Pierre le Cruel. Vaincu à Navarette (1367), il triompha finalement à Montiel (1369). Après s'être employé à chasser de France les armées anglaises, il mourut en assiégeant Châteauneuf-de-Randon. Voir CENT ANS **(guerre de).** De la paix de Brétigny au traité de Troyes.

DULLES John Foster (* Washington, 25.II.1888, † Washington, 24.V.1959.). Homme politique américain. Petit-fils de diplomate, fils de pasteur, avocat spécialiste de droit international, il devint au lendemain de la Seconde Guerre mondiale la principale autorité en matière de politique étrangère dans le parti républicain. Après avoir représenté les États-Unis à l'ONU (1945/48) et négocié le traité de paix avec le Japon (1951), il fut choisi comme secrétaire d'État par le président Eisenhower en nov. 1952. Animé par un idéal à la fois patriotique et religieux, il se fit le champion d'une politique de refoulement du communisme international, fondée sur un système de sécurité collective entre les États-Unis et leurs alliés. Déjà miné par la maladie, il dut démissionner en avr. 1959 et mourut un mois plus tard.

Son frère, **Allen Welsh Dulles** (* Watertown, New York, 7.IV.1893, † Washington, 29.I.1969). Directeur de la CIA de 1953 à 1961. Voir **CIA**.

DUMONT D'URVILLE César (* Condé-sur-Noireau, 23.V.1790, † 8.V.1842.). Amiral français. Naviguant en mer Égée, il joua un rôle dans l'acquisition de la Vénus de Milo au cours d'une expédition scientifique en Méditerranée orientale (1819) ; puis il accompagna de 1822 à 1825 le capitaine Duperrey dans son voyage autour du monde. Ayant reçu en 1826 le commandement des corvettes l'*Astrolabe* et la *Zélée*, il explora, au cours d'un voyage de trois ans, les côtes de l'Australie, de la Tasmanie, de la Nouvelle-Zélande, des îles Fidji, de la Nouvelle-Calédonie, et reconnut dans l'île de Vanikoro les lieux où avait péri La Pérouse. Sous le titre de *Voyages de l'Astrolabe*, il fit paraître les résultats de son voyage et les précieux matériaux géographiques et botaniques qu'il avait recueillis (22 vol., 1830 et suiv.). De 1837 à 1840, il fit un nouveau voyage dans les régions australes et antarctiques et découvrit notamment la terre Louis-Philippe, l'île Joinville et la terre Adélie. Il préparait la publication de son *Voyage au pôle Sud et dans l'Océanie* lorsqu'il périt avec toute sa famille dans le premier accident du chemin de fer sur la ligne Paris-Versailles.

DUMOURIEZ Charles François (* Cambrai, 25.I. 1739, † Turville Park, près de Londres, 14.III.1823.). Général français. Rallié à la Révolution, il fut nommé, avec l'appui des Girondins, ministre des Affaires étrangères (15 mars 1792) et provoqua la guerre avec l'Autriche. Nommé commandant de l'armée du Nord, il remporta les victoires de Valmy et de Jemmapes et conquit toute la Belgique (1792). Avec une armée qui manquait de tout, il continua néanmoins son avance en Hollande, mais subit à Neerwinden (18 mars 1793) un demi-échec qui fournit l'occasion des premières attaques lancées contre lui. Son désaccord avec la politique brutale suivie en Belgique occupée contribua à altérer ses rapports avec les chefs de la Révolution. Menacé d'être rappelé à Paris et traduit en jugement, il songea à la possibilité de remplacer l'anarchie jacobine par une monarchie constitutionnelle et fit des ouvertures au prince de Cobourg ; la convention, informée de ces tractations, envoya vers lui des commissaires, qu'il fit arrêter et livra aux Autrichiens. Mais l'abandon de ses soldats l'empêcha de marcher sur Paris. Dumouriez fut alors contraint de se réfugier dans le camp autrichien (5 avr. 1793). À partir de cette époque, il mena une vie errante, sans jouer désormais aucun rôle important.

DUNANT Henri (* Genève, 8.V.1828, † Heiden, canton d'Appenzell, 30.X.1910.). Philanthrope suisse. Bouleversé par le spectacle des souffrances des blessés à la bataille de Solferino (24 juill. 1859), il provoqua à la conférence de Genève (1864) l'adoption de la Convention sur les blessés de guerre (v. **Croix-Rouge**). D'abord célébré par les souverains et par les peuples, Dunant tomba rapidement dans l'oubli et la misère, et justice ne lui fut rendue qu'avec l'attribution d'un prix Nobel de la paix (1901).

DUNOIS Jean, comte de Longueville et Dunois, dit **le Bâtard d'Orléans** (* Paris, vers 1403, † château de l'Hay, 24.XI.1468.). Homme de guerre français. Fils naturel de Louis, duc d'Orléans, et de Mariette d'Enghien. Se distinguant tout jeune par sa vaillance, il battit les Anglais sous les murs de Montargis en 1427, puis participa à la défense d'Orléans et contribua puissamment à la victoire de Patay (1429). Par les prises de Chartres (1432), de Paris (1436), de Dieppe (1443), et par le nettoyage de la Normandie et de la Guyenne (1448/53), il contribua plus qu'aucun autre à la libération définitive du royaume. Il reçut en récompense le titre de grand chambellan avec les honneurs de prince légitime. Après la mort de Charles VII, il se brouilla avec Louis XI et entra dans la ligue du Bien public (1465) mais revint ensuite en grâce.

DUPANLOUP Félix (* Saint-Félix, Savoie, 3.I.1802, † château de Lacombe, près de Grenoble, 11.X.1878.). Prélat français. Évêque d'Orléans à partir de 1849, il fut un des principaux artisans de la loi Falloux de 1850. Sous le second Empire, il fut le porte-parole du courant libéral et gallican qui s'opposait au traditionalisme ultramontain de Mgr Pie. Lorsque Pie IX publia le *Syllabus*, en 1864, Dupanloup s'employa habilement à atténuer le fâcheux effet provoqué en France par ce document pontifical, en distinguant la thèse immuable de l'Église et l'hypothèse, concession imposée par les faits. Membre de l'Assemblée nationale de 1871, il fit voter la loi sur la liberté de l'enseignement supérieur (1875) ; il devint sénateur inamovible en 1876. Membre de l'Académie française dès 1854, il s'en retira en 1871 pour protester contre l'élection de Littré.

DUPLEIX Joseph François (* Landrecies, Nord, 1er.I.1697, † Paris, 10.XI.1763.). Administrateur colonial français. Agent de la Compagnie des Indes orientales, directeur général des comptoirs français en Inde à partir de 1742, Dupleix étendit le territoire en s'appuyant sur les autorités locales et lutta contre l'influence anglaise. Il établit dans l'Inde méridionale et centrale un véritable protectorat, s'entourant, à Hyderabad, d'une cour fastueuse. Louis XV le rappela en 1754, en raison de désaccords persistants avec la Compagnie des Indes orientales et dans l'espoir que ce rapatriement faciliterait les négociations de paix avec la Grande-Bretagne.

DUPONT DE L'EURE, Jacques Charles Dupont, dit (* Le Neubourg, Eure, 27.II.1767, † Rouge-Perriers, Eure, 3.III.1855). Homme politique français. Ancien avocat au parlement de Normandie, membre du Conseil des Cinq-Cents (1797), il fut président de la cour de Rouen sous l'Empire, mais fut destitué de ces fonctions en 1818 en raison de son rôle dans l'opposition libérale. Nommé ministre de la Justice en 1830, il revint bientôt à l'opposition ; à la révolution de 1848, il fut appelé par acclamation à la présidence du gouvernement provisoire, mais, déjà très affaibli par l'âge, il ne put jouer aucun rôle.

DUPONT DE NEMOURS Pierre Samuel (* Paris, 14.XII.1739, † Eleutherian Mills, Delaware, États-Unis, 6.VIII.1817.). Économiste français. Disciple et ami de Quesnay, il composa avec lui son traité *Physiocratie* (1768) et se lia avec Turgot, dont il fut le collaborateur au ministère des Finances. Rappelé aux affaires par Vergennes, il fut un des rédacteurs du traité de 1783 qui reconnaissait l'indépendance américaine. Député de Nemours aux États généraux, président de l'Assemblée constituante en 1790, il combattit la création des assignats, resta fidèle au roi et dut se cacher durant la Terreur. Après avoir fait partie du Conseil des Anciens, il émigra aux États-Unis de 1797 à 1802. Nommé secrétaire du gouvernement provisoire en 1814, il regagna définitivement l'Amérique après le retour de l'Empereur en 1815.

DUPRAT Antoine (* Issoire, en Auvergne, 17.I. 1463, † Nantouillet, Seine-et-Marne, 9.VII. 1535.). Cardinal et homme d'État français. D'abord avocat, puis premier président au parlement de Paris (1507), il s'attacha à la comtesse d'Angoulême, Louise de Savoie, qui lui confia l'éducation de son fils, futur François Ier. À l'avènement de celui-ci, Duprat fut nommé chancelier (1515). Ayant suivi le roi en Italie, il négocia avec Léon X le concordat de 1516, qui suscita une résistance obstinée des magistrats français. Duprat réussit cependant à le faire enregistrer par le parlement. Pour faire face aux énormes dépenses provoquées par la candidature de François Ier à l'Empire, puis par les guerres contre Charles Quint, Duprat recourut à des expédients financiers, comme la vente d'offices judiciaires et la création de rentes sur l'Hôtel de Ville (premier exemple d'un impôt déguisé sous le nom d'emprunt). Durant la captivité du roi (1525), Duprat gouverna la France avec la régente Louise de Savoie, résista à une opposition quasi générale et dirigea les négociations qui amenèrent la délivrance du roi. Veuf depuis plusieurs années, Duprat avait embrassé l'état ecclésiastique ; il devint archevêque de Sens (1525) et cardinal (1527). Il inspira à François Ier d'énergiques mesures de répression contre le protestantisme.

DUPUY Charles Alexandre (* Le Puy, 5.XI.1851, † Île-sur-Têt, Pyrénées-Orientales, 23.VII.1923). Homme politique français. Professeur de philosophie, député de la Haute-Loire en 1885, ce républicain modéré fut à trois reprises président du Conseil entre 1893 et 1899 ; il appela dans son équipe ministérielle plusieurs jeunes hommes politiques promis à un brillant avenir (Poincaré, Hanotaux, Delcassé, Barthou). Président de la Chambre en 1893/94, il se signala par son sang-froid, lors de l'attentat de l'anarchiste Vaillant, qui lança une bombe sur les bancs des députés, en prononçant cette simple phrase : « La séance continue » (9 déc. 1893). Sénateur de 1900 à 1923.

DUQUESNE Abraham (* Dieppe, 1610, † Paris, 2.II.1688). Marin français. Formé par son père, il reçut à dix-sept ans le commandement d'un vaisseau, se signala dans la guerre contre les Espagnols (1637/43), puis, pendant les troubles de la minorité de Louis XIV, alla se mettre au service de la Suède. Comme vice-amiral suédois, il battit complètement la flotte danoise au combat de Göteborg (1643). Rappelé en France en 1647, il arma une flotte à ses frais et remporta de nouvelles victoires sur les Espagnols et les Anglais. Cependant, ses origines roturières et sa foi protestante le maintinrent longtemps à l'écart, et c'est seulement en 1673 qu'il put donner toute sa mesure en luttant dans la Manche contre Ruyter et Tromp. Il retrouva ensuite Ruyter en Méditerranée et le battit au large d'Augusta, en avr. 1676. Chargé de purger la Méditerranée des pirates, il battit à Chio la flotte de Tripoli (1681), bombarda Alger (1682 et 1683) et força le dey à restituer tous les esclaves chrétiens. Malgré ses victoires, Duquesne ne fut pas élevé à la dignité d'amiral, en raison de sa foi protestante, mais le roi le fit marquis.

DURHAM, John George Lambton, 1er comte de (* Londres, 12.IV.1792, † Cowes, 28.II.1840). Homme politique anglais. Promoteur de la réforme électorale de 1832, il fut nommé ambassadeur à Saint-Pétersbourg (1835/37), puis, à partir de 1838, gouverneur du Canada avec des pouvoirs dictatoriaux, à la suite de la rébellion de 1837. Il soumit au Parlement britannique, en janv. 1839, le fameux **rapport Durham**, qui devait marquer un tournant dans le gouvernement des colonies anglaises. Il y préconisait l'union du Haut-Canada et du Bas-Canada (francophone), ainsi que l'établissement au Canada, et dans les autres colonies, d'un gouvernement représentatif et responsable. Ce rapport fut à l'origine de l'Acte d'union du Canada, voté par le Parlement anglais en juill. 1840, et des autres réformes qui aboutirent à la naissance, en 1867, de la Confédération canadienne.

DUROC Michel, duc de Frioul (* Pont-à-Mousson, 25.X.1772, † Markersdorf, près de Görlitz, 22.V. 1813). Grand maréchal du palais de Napoléon Ier. Il participa aux campagnes d'Italie et d'Égypte comme aide de camp de Bonaparte, qui le chargea ensuite de délicates négociations auprès des cours étrangères. Grand maréchal du palais en 1805, il se distingua à Austerlitz, à Aspern et à Wagram et fut tué d'un boulet de canon après la bataille de Bautzen. Napoléon avait pour lui une profonde amitié et, en 1815, songea à vivre désormais sous le nom de colonel Duroc.

DURUY Victor (* Paris 1811, † Paris 1894). Homme politique français. Fils d'artisans parisiens, professeur d'histoire, il fut appelé par Napoléon III en 1863 au ministère de l'Instruction publique. On lui doit des réformes importantes dans le primaire, dont il étendit la gratuité, et une instruction postscolaire pour les ouvriers. Il favorisa l'enseignement des sciences positives, fonda l'École pratique des hautes études et tenta, malgré l'hostilité de l'Église, de developper l'enseignement secondaire des jeunes filles.

DUVALIER François (* Port-au-Prince, 14.IV.1907, † Port-au-Prince, 21.IV.1971). Homme politique haïtien. Élu président de la République en 1957, il se proclama en 1964 président à vie. Voir HAÏTI. L'État d'Haïti.

DUVIEUSART Jean (* Fresnelez-Gosselies, Hainaut, 10.IV.1900, † 1977). Homme politique belge. Membre du parti chrétien-social, il fut, de 1947 à 1950, ministre des Affaires économiques dans les cabinets Spaak et Eyskens. Il présida en 1950 le gouvernement qui prépara le retour de Léopold III, puis redevint ministre des Affaires économiques dans le cabinet Van Houtte (1952/54). Il a été l'un des artisans de la création du Benelux.

DZOUNGARIE. Région historique de l'Asie centrale, elle constitue aujourd'hui la partie septentrionale du Sin-Kiang. Presque entièrement désertique, la Dzoungarie, qui fut, au haut Moyen Âge, la voie de passage traditionnelle des tribus turques en marche vers l'Occident, doit son nom aux *Dzoungares*, horde de Mongols occidentaux, qui y fondèrent au début du XVIIIe s. un royaume indépendant qui fut annexé à l'Empire chinois en 1758.

E

EANES DOS SANTOS RAMALHO Antonio (Alcains, 25.I.1935). Général et homme politique portugais. Après avoir participé au coup d'État d'avr. 1974, il épura l'armée et fut élu président de la République (1976/86). Voir **Portugal**.

EBERT Friedrich (* Heidelberg, 4.II.1871, † Berlin, 28.II.1925). Homme politique allemand. Syndicaliste et journaliste à Brême, secrétaire du parti social-démocrate en 1905, président du parti en 1913. Pendant les troubles qui suivirent la défaite de 1918, il fut la principale personnalité du Conseil des commissaires du peuple, et s'employa à éliminer du pouvoir les révolutionnaires extrémistes. Pour cela, il fit alliance avec le grand état-major. Élu premier président de la République par l'Assemblée nationale réunie à Weimar (11 févr. 1919), il resta en fonctions jusqu'à sa mort. Sa présidence fut marquée par la signature du traité de Versailles, l'écrasement des dernières tentatives révolutionnaires, la crise économique de 1923 et la stabilisation inaugurée par le plan Dawes (1924). Il eut pour successeur le maréchal Hindenburg.

ÉBOUÉ Félix (* Cayenne, Guyane, 26.XII.1884, † Le Caire, 17.V.1944). Homme politique français. D'origine guyanaise, ancien élève de l'École coloniale, il occupa divers postes de l'administration coloniale en Afrique noire et aux Antilles. Gouverneur du Tchad en 1938, il rallia ce territoire au général de Gaulle dès août 1940, et fut nommé par le comité de Londres gouverneur général de l'Afrique-Équatoriale française. Principal artisan d'une nouvelle politique africaine fondée sur une association progressive dans l'égalité entre la métropole et les Africains, il fut l'un des principaux instigateurs de la conférence de Brazzaville (v.).

ÉBROÏN († 681). Maire du palais en Neustrie (vers 659/81). Voir **Neustrie**.

ECCLESIA. Assemblée du peuple des cités grecques. C'est à Athènes qu'elle joua le rôle politique le plus déterminant, exerçant un gouvernement de démocratie directe (v. **Démocratie**). Réunie sur la colline de la Pnyx, elle regroupait l'ensemble des citoyens, dont les plus pauvres touchèrent des indemnités (*misthoi*) pour pouvoir assister aux débats à partir de la fin du Ve s. av. J.-C. Le terme fut repris dans la Bible (v.) pour désigner la communauté juive, puis les premiers Pères l'appliquèrent à l'Église chrétienne.

ECEVIT Bülent (Istanbul, 28.V.1925). Homme politique turc. Il prit la direction du Parti républicain du peuple (CHP, social-démocrate) en 1972. Premier ministre de janv. à nov. 1974, il fut à l'origine d'une intervention militaire à Chypre contre les nationalistes chypriotes grecs. De nouveau à la tête du gouvernement en 1978/79, il fut emprisonné après le coup d'État de 1980. En 1987, il prit la tête de la Gauche démocratique (DSP). Premier ministre d'un gouvernement d'alliance avec l'extrême droite en janv. 1999, il obtint plusieurs succès décisifs dans la lutte contre la rébellion kurde (arrestation du chef rebelle kurde Abdullah Öcalan). En mars 2003, il céda son siège à l'islamiste Recep Tayyip Erdogan.

ÉCHELLES. Du XVIe au XIXe s., nom donné aux comptoirs établis par les nations chrétiennes dans des ports et des villes de l'Empire ottoman ou des territoires dépendant de lui. Ce terme doit son origine aux *échelles* accrochées aux môles de ces ports et au bas desquelles les vaisseaux venaient décharger passagers et marchandises. Voir **Capitulations**.

ECHEVERRIA Luis (Mexico, 17.I.1922). Homme politique mexicain. Membre du parti révolutionnaire institutionnel (PRI), il fut président du Mexique de 1970 à 1976.

ÉCLUSE (bataille de l', 24 juin 1340). Bataille navale franco-anglaise, livrée au début de la guerre de Cent Ans où la flotte du roi de France fut écrasée. Voir **Cent Ans (guerre de)**. Les premiers désastres français (1337/60).

ÉCOLOGISTES. Partisans d'un mouvement politique qui prône le respect des équilibres naturels et condamne la surexploitation de la nature par l'homme. Les premiers mouvements environnementalistes virent le jour dans les années 1960. La fondation, en

1968, du Club de Rome, qui œuvra pour une limitation de la croissance économique, s'inscrivit dans un mouvement de sauvegarde des éléments naturels. La lutte contre l'énergie nucléaire apparut, des années 1975 à 1980, comme le fer de lance des mouvements écologistes. Les écologistes se présentèrent aux élections nationales et locales dès le début des années 1970 et remportèrent leurs premiers succès dans les pays qui, comme l'Allemagne, permettaient aux petites formations politiques d'être représentées au Parlement. Dans les pays anglo-saxons, les écologistes, écartés par le scrutin majoritaire, se concentrèrent sur leur activité de groupe de pression. Dans les années 1980, les écologistes disposaient de parlementaires dans la plupart des pays d'Europe occidentale, en particulier en Europe du Nord, ainsi qu'au Parlement européen. Au milieu des années 1980, les partis politiques traditionnels intégrèrent des thèmes environnementalistes dans leur programme, enrayant ainsi la progression des partis écologistes.

En Allemagne fédérale, les écologistes se réunirent dans le parti des *Grünen*, les Verts. Le parti émergea en 1979, remportant des succès locaux, régionaux puis fédéraux : 27 députés au Bundestag en 1983, 44 en 1987. Mais leurs divisions sur une participation gouvernementale leur firent perdre leurs sièges en 1990. Joschka Fischer définit alors une ligne axée sur la conquête du pouvoir, plus pragmatique, qui permit leur retour en 1994 (49 sièges). En 1998, l'alliance avec le SPD mené par Gerhard Schröder leur offrit l'accès au gouvernement, et malgré des revers en 1999, leur succès aux élections de 2002 les renforça.

En France, l'écologie fit son entrée en politique lors des élections présidentielles de 1974, avec la candidature de René Dumont. Le score des partis écologistes resta faible, malgré la fusion de divers mouvements dans le parti des Verts, en 1984. Puis les 10 % furent frôlés lors des élections municipales de 1989, dépassés lors des Européennes de la même année (liste menée par A. Waechter). Brice Lalonde, ministre de l'Environnement en 1988, fonda en 1990 Génération écologie. Les deux partis totalisèrent 14 % des suffrages lors des régionales de 1992, qui virent Marie-Christine Blandin (Verts) accéder à la présidence de la région Nord-Pas-de-Calais. Mais leurs divisions les empêchèrent d'accéder à l'Assemblée nationale en 1993. Lors des élections présidentielles de 1995, Dominique Voynet obtint 3,3 % des suffrages. Aux élections législatives de 1997, les Verts obtinrent, grâce à la coalition avec le parti socialiste, huit élus au Parlement et D. Voynet devint ministre de l'Environnement. Après le succès des élections municipales de 2001 (11,8 %), Noël Mamère dépassa les 5 % de suffrages aux élections présidentielles de 2002. Mais le parti entra en crise après le départ de D. Voynet du secrétariat national, en septembre 2002. Elle eut pour successeur Gilles Lemaire.

En Belgique, les écologistes francophones ont fondé, en 1980, le parti Écolo. En 1982, les écologistes néerlandophones constituaient le parti *Agalev* (Vivre autrement). Les écologistes, représentés au Parlement depuis 1981, constituent une force croissante sur la scène politique belge représentant environ 10 % de l'électorat

ÉCORCHEURS. Bandes armées qui désolèrent la France sous le règne de Charles VI et de Charles VII. Ils firent des ravages surtout dans le Hainaut, en 1437, lors de la révolte contre le duc de Bourgogne. On parvint à les enrôler au service du roi de France. Un grand nombre périt à la bataille de Saint-Jacques, contre les Suisses (1444). Le rétablissement de l'ordre après la fin de la guerre contre les Anglais entraîna leur disparition.

ÉCOSSE, *Scotland.* Partie septentrionale de la Grande-Bretagne, séparée de l'Angleterre par la Tweed et la Liddell, les monts Cheviot et le Solway Firth.

Habitée par l'homme depuis le IIIe millénaire au moins, la plus grande partie de l'Écosse échappa à la domination des Romains. Ceux-ci n'étendirent leur conquête que dans le sud du pays, jusqu'au mur d'Hadrien, construit en 122 de notre ère, qui allait de la Tyne au golfe de Solway. Cependant, vingt ans plus tard, sous Antonin, un nouveau mur fut construit plus au nord, et, en 207, Septime Sévère fit édifier un troisième mur, plus septentrional encore, qui s'étendait du Forth à la Clyde. Dans les premiers siècles de notre ère, les tribus écossaises étaient dirigées par une aristocratie venue du continent à une date récente, et qui connaissait l'usage du fer. Aux Pictes, peuple celte mentionné par les historiens romains, s'ajoutèrent, au VIe s., des Angles, un peuple germanique venu d'Angleterre, et des Scots, débarqués d'Irlande, qui laissèrent leur nom au pays. Des moines irlandais, en particulier st Columba, établi à Iona vers 563/65, entreprirent l'évangélisation du pays. Menacés par les Scandinaves, qui occupèrent, aux VIIIe/IXe s., les Orcades et les Shetlands, Pictes et Scots, longtemps adversaires, se réunirent en un seul royaume (843 ou 844), mais les incursions des pirates du Nord continuèrent jusqu'au XIIe s. Le royaume écossais fut consolidé par le successeur de Macbeth, Malcolm III Canmore (1058/93), et par David Ier (1124/53). Beaucoup de Saxons d'Angleterre, fuyant la domination normande, se retirèrent à cette époque en Écosse. Au XIIIe s., Alexandre II et Alexandre III éliminèrent définitivement les Scandinaves.

Long différend avec l'Angleterre

L'Écosse entretint d'abord de bonnes relations avec l'Angleterre normande. Mais lorsque la première dynastie royale écossaise s'éteignit, à la mort d'Alexandre III (1286), le roi anglais Édouard Ier tenta d'imposer son autorité aux Écossais. Ceux-ci se rallièrent à un roi national, Robert Ier Bruce (1306/29), qui écarta momentanément la menace anglaise par sa victoire de Bannockburn (1314) et inaugura la longue alliance avec la France. Les marches d'Écosse et d'Angleterre furent ravagées par ce conflit endémique tout au long du XIVe s. Cependant, les Écossais se déchiraient en luttes intestines et la couronne était disputée entre quelques grandes familles, les Bruce, les Baliol et les Stuarts.

En 1371, la dynastie des Bruce fut remplacée par celle des Stuarts, mais le pouvoir royal restait faible en face d'une puissante aristocratie et des chefs de clans celtes des Highlands. Jacques Ier essaya de soumettre les barons, qui le firent assassiner (1437), et ce meurtre plongea l'Écosse dans un siècle de guerres civiles. Jacques IV, en épousant Marguerite, fille d'Henri VII, roi d'Angleterre, acquit à sa maison des droits sur le trône anglais (v. **STUART**), mais les Anglais, après la guerre des Deux-Roses, étaient revenus à leurs visées sur l'Écosse, et ils infligèrent à Jacques IV, qui trouva la mort au combat, le désastre de Flodden (1513). Jacques V (1513/42) resserra l'alliance avec la France en épousant successivement Madeleine, fille de François Ier, et Marie de Guise. C'est sous son règne que le protestantisme s'introduisit en Écosse : il fut établi sous la forme de l'Église presbytérienne par John Knox. Lorsque Marie Stuart, fille de Jacques V et veuve du roi de France François II, revint en Écosse (1560), le catholicisme avait pratiquement disparu des Basses-Terres. La lutte de la reine contre les protestants se termina par sa fuite en Angleterre (1568), où, après une longue détention, sa cousine Élisabeth Ire la fit exécuter (1587). Mais son fils lui succéda en Écosse sous le nom de Jacques VI et, après la mort d'Élisabeth, devint également, par droit d'hérédité, roi d'Angleterre sous le nom de Jacques Ier (1603).

L'Écosse et l'Angleterre furent ainsi réunies par une union personnelle, mais l'Écosse conservait son indépendance et ses lois propres. La tentative de Charles Ier pour imposer en Écosse le systeme épiscopalien anglican provoqua la rébellion des presbytériens écossais, unis par le National Covenant (1638) : ce fut le premier épisode de la guerre civile qui devait être fatale à Charles Ier. Cependant, la condamnation à mort et l'exécution de Charles Ier provoquèrent en Écosse un soulèvement royaliste, qui fut énergiquement réprimé par Cromwell (1649/51). Après la déposition du souverain Stuart Jacques II (1688), les Highlands écossais allaient rester longtemps encore le centre d'une agitation des partisans irréductibles des Stuarts, dits jacobites, qui se soulevèrent encore en 1745/46 en faveur du prétendant Charles-Édouard contre la dynastie de Hanovre. Cependant, la reine Anne, par l'Acte d'union (1707), avait fondu les deux royaumes en une seule monarchie.

Jamais totalement éteint, le nationalisme écossais connut une renaissance dans le contexte social difficile des années 1930. En févr. 1934 naquit le parti national écossais (NSP) qui reprit un nouveau souffle dans les années 1960, avec l'exploitation du pétrole en mer du Nord qui ouvrait de nouvelles perspectives économiques à l'Écosse. Un succès électoral en 1974 poussa Londres à organiser un référendum sur la *devolution* (décentralisation), qui échoua faute d'une participation suffisante. En 1997, les Écossais approuvèrent par référendum la création d'un Parlement semi-autonome dans leur province. Les élections de mai 1999, malgré une percée des nationalistes, écartèrent l'idée de séparatisme et les élections de 2003 donnèrent la victoire aux travaillistes.

ÉCRITURE. Source de connaissance, l'écriture est le signe de l'entrée de l'humanité dans l'Histoire.

Les premières écritures

L'écriture cunéiforme (du latin *cuneus*, clou, à cause de la forme du signe de base) apparut en Basse-Mésopotamie, dans la puissante cité d'Uruk, vers 3300 av. J.-C., pour un usage économique (inventaires notamment) et religieux. L'écriture hiéroglyphique, qui naquit en Égypte vers 3200 av. J.-C., avait la même fonction, mais servait aussi à l'affirmation de l'autorité royale des premiers souverains. Écriture monumentale par excellence, elle fut visible sur les temples, les obélisques, les stèles, les statues, etc. Les deux écritures présentaient des systèmes complexes, à la fois composés d'idéogrammes (un signe représente un objet, et par association un concept) et de phonogrammes (un signe représente un ou plusieurs sons). À partir de 2000, le cunéiforme se répandit dans le Proche-Orient, passant de 1 000 signes à environ 600, gravés sur des tablettes d'argile. Dès 1850, le champ d'application de l'écriture s'élargit à la littérature, au domaine religieux et divinatoire, aux lettres et aux contrats. L'écriture cunéiforme se diffusa au-delà de l'aire sumérienne où elle avait pris naissance, vers l'est (Elam) et l'ouest (en Syrie et en Anatolie notamment), exportant en même temps les deux langues qu'elle transcrivait, le sumérien et l'akkadien, ce dernier devenant la langue diplomatique du Proche-Orient. Mais la plasticité du système permit aussi la transcription des langues locales (élamite, hourrite, hittite).

Environ mille ans après le cunéiforme et les hiéroglyphes, 3 systèmes d'écriture apparurent dans le monde égéen, le « hiéroglyphique crétois » (XVIIIe/XVIIe s. av. J.-C.), le « linéaire A » (dès le XVIIe, puis de 1625 à 1450) et son prolongement dans le « linéaire B » (époque mycénienne, de 1450 à 1200). Systèmes syllabiques d'environ 100 signes, ces écritures ne furent redécouvertes qu'au XXe s. Au contraire, les hiéroglyphes égyptiens ne furent jamais « perdus », mais leur signification disparut dès 500 apr. J.-C.

En Chine, les premiers signes d'écriture connus ont été employés dans les procédés divinatoires, au IIe millénaire av. J.-C. En 221 av. J.-C., le premier empereur, Che Houang-Ti (*Qin Shiuangdi*), unifia l'écriture, privilégiant deux formes, la petite écriture pour les textes officiels et la grande écriture des scribes et des documents privés. Sous les Han (206 av. J.-C./220 apr. J.-C.), l'écriture cursive fit son apparition, et les premiers traités de calligraphie furent publiés. C'est au milieu du IVe s. de notre ère que la calligraphie devint le premier des arts, grâce à Wang Xizhi (306-61) et son fils, Wang Xianzhi, dont les œuvres furent rassemblées au VIIe s.

Vers l'alphabet

L'alphabet naquit d'une décomposition de la syllabe en consonnes et voyelles, qui permit d'arriver à un nombre restreint de signes : les lettres (20 à 50). Ce processus se déroula au cours du IIe millénaire av. J.-C. : certaines tentatives partirent de l'écriture égyptienne sous sa forme cursive (le hiératique), comme dans les inscriptions sinaïtiques (1500), mais ce sont les alphabets dérivés du cunéiforme, créés à Ugarit (1400), qui furent les plus lisibles. Vers 1100 av. J.-C. triompha l'alphabet phénicien, composé de 22 consonnes, peut-être inventé à Byblos. Cet alphabet connut une grande diffusion en Syrie, s'adaptant aux nombreuses langues de la région (phénicien, sud-arabique, nord-arabique, hébreu ancien, moabite, araméen), et suivant les courants de colonisation phénicien (Chypre, Carthage, Malte, Sardaigne, VIIIe/VIIe s.), puis carthaginois (Afrique, Espagne, Sicile, VIIe/VIe s.).

Dérivé du phénicien au IXe s. par les scribes du royaume de Damas, l'alphabet araméen fut diffusé en Asie, et s'imposa progressivement aux autres langues sémitiques. Ainsi naquit l'hébreu dit carré, utilisé par les Juifs de retour d'exil au IIIe s. L'alphabet arabe descend également de l'araméen, *via* le nabatéen. L'alphabet grec est attesté dès le VIIIe s. av. J.-C. : il s'agit en fait du premier alphabet complet, composé de consonnes *et* de voyelles. Au XIIIe s. de notre ère, il donna naissance à l'alphabet cyrillique. L'alphabet latin fut adapté de l'alphabet étrusque qui avait lui-même emprunté son écriture aux Grecs de l'Italie du Sud (VIIIe-VIIe s. av. J.-C.). Après la chute de l'empire d'Occident (476 apr. J.-C.), les peuples germaniques adaptèrent l'alphabet latin à leurs langues. L'alphabet latin fut diffusé aux autres continents, jusqu'au XXe s., comme l'attestent son emploi pour noter la langue vietnamienne, l'abandon de l'alphabet arabe pour décrire la langue turque (une réforme décidée en 1928 par Atatürk) et le recul général des écritures traditionnelles en Afrique subsaharienne.

Les déchiffrements

Le déchiffrement des hiéroglyphes égyptiens fut possible après la découverte en 1799, dans le delta du Nil, d'un bloc de basalte, la pierre de Rosette, portant un texte gravé dans trois écritures : le grec, le démotique (écriture pharaonique cursive), et des hiéroglyphes. Il s'agissait d'un décret de Ptolémée V Épiphane, de 196 av. J.-C. Après l'échec de Thomas Young, Jean-François Champollion (1790/1832) (v.) établit une liste de correspondances entre les trois textes. Aidé de sa connaissance du copte, comprenant que le système était à la fois composé d'idéogrammes et de phonogrammes, il réussit en moins de 10 ans à écrire une grammaire égyptienne. Le dictionnaire qu'il avait entrepris resta inachevé à sa mort, mais depuis, notre connaissance des hiéroglyphes est complète.

Découvertes au XIXe s. par l'archéologue Arthur Evans (1851-1941), les écritures égéennes ne furent que partiellement déchiffrées, faute de sources suffisantes. Seul le linéaire B, le plus ancien dialecte grec connu, a été déchiffré dans sa totalité en 1952 par M. Ventris et J. Chadwick. Du linéaire A, on ne connaît le sens que de 10 à 40 signes sur environ 67 recensés. Les 1 500 hiéroglyphes crétois demeurent totalement mystérieux.

EDEN Anthony, comte d'Avon (* Windlestone, Durham, 12.VI.1897, † Alvediston, Wiltshire, 14.I. 1977). Homme politique anglais. Ministre des Affaires étrangères de déc. 1935 à févr. 1938, Eden fut, aux côtés de Churchill, l'un des principaux adversaires de la politique « munichoise » de Chamberlain. Ministre de la Guerre (mai 1940), puis ministre des Affaires étrangères (1940/45) du cabinet de Churchill, il contribua à lier étroitement l'Angleterre aux États-Unis. Il revint au pouvoir après la victoire conservatrice de 1951 comme ministre des Affaires étrangères (1951/55). Premier ministre en avr. 1955, il engagea la Grande-Bretagne dans l'expédition de Suez (v.) qui fut un grave échec diplomatique. En janv. 1957, il abandonna les affaires en invoquant des raisons de santé.

ÉDESSE, *Edessa.* Ancienne ville de Mésopotamie, aujourd'hui *Urfa* dans le S.-E. de la Turquie. Colonie macédonienne fondée en 303 av. J.-C., elle occupait le site de l'antique cité d'*Orra*, ville natale d'Abraham d'après la tradition musulmane. Incluse dans le royaume des Séleucides, elle fut moins une cité hellénistique qu'un centre de culture syriaque, qui continua à briller aux époques romaine, byzantine et musulmane. Capitale du royaume d'Osroène (136 av. J.-C./216 apr. J.-C.), elle devint, dès 150 environ, le centre de la chrétienté syriaque ; vers la fin du IIe s., un roi d'Osroène – peut-être Abgar VIII – se convertit au christianisme. Annexée en 216 par les Romains, Édesse tomba à plusieurs reprises aux mains des Parthes, et l'empereur Valérien fut fait prisonnier alors qu'il essayait de la délivrer (260). Les Arabes s'en emparèrent en 641. conquise en 1098, lors de la première croisade, par Baudouin de Flandre, frère de Godefroi de Bouillon, elle devint le chef-lieu d'un comté chrétien qui passa en 1118 de la maison de Flandre aux Courtenay. Ce *comté d'Édesse*, premier État latin fondé en Orient par les croisés, fut repris par les musulmans en 1144. Édesse passa aux Ottomans en 1637.

EDISON, Thomas Alva (* Milan, Ohio, 11.II.1847, † West Orange, New Jersey, 18.X.1931). Ingénieur américain. Autodidacte précoce, télégraphiste à 15 ans, il inventa des techniques qui améliorèrent les transmissions télégraphiques. Enrichi par ses brevets, il put se consacrer à ses recherches, dont les principaux résultats (1878/1910) furent le microphone à charbon, le phonographe, la lampe électrique à incandescence, le kinétoscope. En 1884, il découvrit l'*effet Edison*, point de départ de l'invention du tube cathodique.

EDMOND II Ironside, c'est-à-dire *Côtes de Fer* (* vers 981, † 30.XI.1016). Roi d'Angleterre (1016). Surnommé Côtes de Fer en raison de sa force et de sa bravoure. Fils d'Éthelred II et demi-frère d'Édouard le Confesseur, il fut choisi comme roi par les habitants de Londres à la mort de son père (avr. 1016), alors que le roi danois Canut le Grand lui était opposé comme compétiteur à Southampton. Il infligea plusieurs graves défaites à Canut, mais fut lui-même vaincu à Ashington (Essex) et dut consentir à partager l'Angleterre avec Canut, auquel il céda la Mercie et la Northumbrie ; il fut d'autre part convenu qu'à la mort d'un des deux rois le survivant hériterait de ses États.

ÉDOMITES ou **IDUMÉENS.** Peuple arabe donné dans la Bible comme descendant d'Ésaü. Avant l'arrivée des Hébreux en Canaan, les Édomites avaient constitué un royaume uni qui s'étendait de la mer Morte au golfe d'Akaba. Au nord, ils avaient pour voisins les Moabites. Comme ces derniers, ils refusèrent aux Hébreux le passage vers la Terre promise, mais ne purent l'empêcher. De longues luttes opposèrent Hébreux et Édomites pour l'accès à la mer Rouge. Soumis par David et Salomon, les Édomites reconquirent leur indépendance sous le règne de Joram de Juda (848/41 av. J.-C.), mais, en 793, ils furent vaincus par Amasias. La conquête du pays d'Édom par les Hébreux fut achevée sous le règne d'Osias, mais, dès 730 environ, les Édomites avaient repris à Achaz la région d'Eilat. Alliés à Nabuchodonosor, ils l'aidèrent à s'emparer de Jérusalem (587 av. J.-C.) et s'installèrent dans le sud du royaume de Juda, où ils finirent par se convertir à la religion israélite (Hérode le Grand était lui-même édomite). Dès le IVe s. avant notre ère, le territoire primitif des Édomites était passé sous la domination des Nabatéens.

ÉDOUARD le Confesseur saint (* vers 1002, † Westminster, 5.I.1066). Roi d'Angleterre (1042/66). Fils d'Éthelred II, il était, par sa mère, le petit-fils du duc Richard Ier de Normandie. Envoyé dans cette province dès son enfance et élevé à la manière normande, il fut proclamé roi en 1042, à la mort de son demi-frère Hardeknud, grâce à la protection du comte Godwin, dont il épousa la fille en 1045. Son règne fut troublé par l'antagonisme croissant entre l'entourage normand d'Édouard et la noblesse saxonne, conduite par Godwin. Édouard fut dépassé par ce grave conflit. Sa succession posa problème de son vivant, deux prétendants se disputant le trône : Guillaume de Normandie et Harold III de Norvège. Édouard crut apaiser la querelle en choisissant un autre Harold, le fils de Godwin Après sa mort, la crise fut résolue par la conquête normande de l'Angleterre. Édouard doit son surnom à sa piété fervente ; il fit construire la grande abbaye de Saint-Pierre, à Westminster.

ÉDOUARD Ier Plantagenêt (* Westminster, 17.VI.1239, † Burgh, près de Carlisle, 7.VII.1307). Roi d'Angleterre (1272/1307). Fils du faible Henri III, il prit une part décisive, comme héritier au trône, dans la « guerre des Barons » et, par sa victoire d'Evesham (1265), restaura fermement l'autorité royale. Édouard Ier ordonna l'expulsion générale des Juifs (12 juill. 1290). Il soumit le pays de Galles (1277/83) et réunit un instant l'Écosse à l'Angleterre. Mais Édouard ayant été obligé de passer sur le continent pour arrêter les progrès de Philippe le Bel en Flandre, une nouvelle révolte de l'Écosse, sous le commandement de Wallace, le força à conclure une trêve avec la France. En 1298, il remporta sur les Écossais la victoire de Falkirk. À la suite d'un nouveau soulèvement de l'Écosse, en 1300, Édouard ravagea le pays et se fit livrer le chef de la révolte, Wallace, qu'il mit à mort (1305). Manquant d'argent, Édouard Ier dut composer avec les barons : le « Parlement modèle » (1295) régularisa le système parlementaire britannique ; tout impôt devait être consenti par les contribuables, tout accusé devait être jugé par ses pairs. En 1297, Édouard accorda la « confirmation des chartes », document d'une importance presque comparable à celle de la Grande Charte.

ÉDOUARD II (* Carnarvon, 25.IV.1284, † Berkeley, 21.IX.1327). Roi d'Angleterre (1307/27). Fils et successeur d'Édouard Ier Plantagenêt, époux d'Isabelle, fille de Philippe IV le Bel, il se laissa dominer par ses favoris, Gaveston puis les Despensers, à partir de 1322. Après les défaites de Bannockburn (1314) et de Blackmor (1321), il consentit à la perte de l'Écosse et reconnut Robert Bruce comme roi d'Écosse. Sa femme, Isabelle, refusa de revenir de France pour le rejoindre et, avec son amant Roger de Mortimer et grâce à l'alliance du propre frère du roi, Edmond, envahit l'Angleterre (1326) ; elle fit exécuter les Despensers et força Édouard à abdiquer. Jeté en prison, maltraité, Édouard fut finalement mis à mort par deux bourreaux envoyés par sa femme Isabelle. Édouard II avait été le premier des héritiers présomptifs de la couronne d'Angleterre à porter le titre de prince de Galles.

ÉDOUARD III (* Windsor, 13.XI.1312, † Richmond, 21.VI.1377). Roi d'Angleterre (1327/77). Fils et successeur d'Édouard II, il régna d'abord sous la tutelle de sa mère et de Mortimer, avant d'inaugurer son règne personnel en vengeant son père (exécution de Mortimer, 1330). Il déclencha avec la France le début de la guerre de Cent Ans (1337) et se proclama roi de France (v. ANGLETERRE. Les Plantagenêts et le duel anglo-français).

Menant brillamment les opérations en compagnie de son fils, le Prince Noir, il détruisit la flotte française à l'Écluse (1340), remporta la victoire de Crécy (26 août 1346) et s'empara de Calais (1347). La victoire décisive du Prince Noir à Poitiers (19 sept. 1356) aboutit au traité de Brétigny (1360). Édouard obtint le Poitou, la Saintonge, l'Angoumois, le Limousin, le Périgord, l'Agenais, le Quercy, le Rouergue et la Gascogne, mais renonçait à ses prétentions au trône de France. Les victoires de Charles V et de Du Guesclin lui firent perdre toutes ses conquêtes, et, à sa mort, les Anglais ne possédaient plus en France que Calais et la Guyenne. Son règne vit un puissant redressement de l'État et du sentiment national et l'emploi de l'anglais s'imposa dans la rédaction des actes publics.

ÉDOUARD IV (* Rouen, 28.IV.1442, † Westminster, 9.IV.1483). Roi d'Angleterre (1461/83). Fils de Richard, duc d'York, chef du parti de la Rose blanche (v. **Deux-Roses**, guerre des). La seconde partie de son règne, qui suit sa victoire sur Henri VI de Lancastre est actuellement réévaluée par les historiens, qui y voient une période de stabilité avant les derniers affrontements de la guerre des Deux-Roses.

ÉDOUARD V (* Westminster, 2.XI.1470, † Londres, 6.VII.1483). Roi d'Angleterre (1483). Âgé d'à peine douze ans à la mort de son père Édouard IV, il fut placé, ainsi que son jeune frère Richard, duc d'York, sous la tutelle de leur oncle Richard, duc de Gloucester. Celui-ci les fit déclarer illégitimes, les enferma à la Tour de Londres où ils furent assassinés. Il usurpa ainsi le trône, sous le nom de Richard III.

ÉDOUARD VI (* Hampton Court, 12.X.1537, † Greenwich, 6.VII.1553). Roi d'Angleterre (1547/53). Fils d'Henri VIII et de Jane Seymour, il fut proclamé roi en 1547 sous la tutelle d'un conseil de régence dominé par son oncle maternel, Edward Seymour, duc de Somerset. Celui-ci atténua l'absolutisme légué par Henri VIII. En 1550, Somerset fut renversé par John Dudley, duc de Northumberland, qui s'empara du pouvoir et persuada le jeune roi de laisser la couronne à Jane Grey. À la mort d'Édouard VI s'engagea une lutte pour le trône, terminée par la victoire de Marie Tudor. Le règne d'Édouard VI fut marqué par les progrès du protestantisme en Angleterre, et par la publication du premier *Prayer Book* (1549) et des Quarante-Deux Articles (1551), premières bases de l'anglicanisme, définitivement organisé sous le règne d'Élisabeth Ire.

ÉDOUARD VII (* Londres, 9.XI.1841, † Londres, 7.V.1910). Roi de Grande-Bretagne et d'Irlande (1901/10). Fils aîné de la reine Victoria et du prince consort Albert de Saxe-Cobourg. Longtemps confiné par la longévité de sa mère dans des fonctions purement représentatives, il fut surtout connu comme un prince sportif, élégant et galant, et comme une figure familière de la vie de plaisirs du Paris de la Belle Époque. Devenu roi à l'âge de soixante ans, il influença profondément la politique étrangère anglaise par sa francophilie et sa mésentente avec son neveu, l'empereur Guillaume II. Il fut un des artisans de l'Entente cordiale, scellée par les accords de 1904.

ÉDOUARD VIII (* Londres, 23.VI.1894, † Neuilly-sur-Seine, 28.V.1972). Roi de Grande-Bretagne et d'Irlande (1936). Petit-fils d'Édouard VII, très populaire comme prince de Galles, il servit au front durant la Première Guerre mondiale et fit ensuite de nombreuses tournées à travers l'Empire britannique. En janv. 1936, il succéda à son père, George V. L'annonce de son mariage avec une Américaine divorcée, Mrs Wallis Warfield Simpson provoqua une crise entre le souverain et le gouvernement conservateur. Contraint d'abdiquer en faveur de son frère George VI (11 déc. 1936), il prit le titre de duc de Windsor et se maria en 1937 avec Mrs Simpson. Peu après son mariage, il fit un voyage en Allemagne, où il se laissa accueillir chaleureusement par les dignitaires hitlériens ; en 1940, ceux-ci envisagèrent, dans le cas d'une occupation de l'Angleterre par la Wehrmacht, de déposer George VI et de le remplacer par le duc de Windsor. Éloigné par Churchill comme gouverneur des Bahamas (1940/45), le duc s'établit ensuite en France, où il fit paraître ses Mémoires (1951).

ÉDOUARD, prince de Galles, dit **le Prince Noir** à cause de la couleur de son armure (* Woodstock, 15.VI. 1330, † Westminster, 8.VI.1376). Fils d'Édouard III et de Philippine de Hainaut, il se distingua tout jeune à Crécy (1346) et remporta la victoire de Poitiers sur Jean le Bon, qu'il fit prisonnier (1356). Désormais gouverneur à vie de l'Aquitaine (1363), il s'installa à Bordeaux, où il mena une brillante vie de cour. En 1367, il alla combattre en faveur de Pierre Ier le Cruel contre Du Guesclin et remporta la victoire de Nájera, en Navarre. Sa mauvaise santé le contraignit à renoncer à sa principauté dès 1372. En Angleterre, il dut lutter contre son frère Jean de Gand, qui, à la faveur de la vieillesse d'Édouard III, était devenu le détenteur réel du pouvoir. Le Prince Noir mourut avant son père, mais un de ses fils devint roi sous le nom de Richard II.

ÉDUENS, *Aedui*. Peuple celte de Gaule, le plus puissant avec les Arvernes, répandu dans une partie du Nivernais et de la Bourgogne. Leurs principaux centres urbains étaient *Bibracte* (Mont Beuvray), *Cabilonnum* (Chalon-sur-Saône), *Matisco* (Mâcon) et *Nivernum* (Nevers). Les Romains firent alliance avec eux et le Sénat les proclama « alliés » du peuple romain. Rome profita de la rivalité qui opposait les Éduens et les Arvernes pour intervenir dans les affaires gauloises (57 av. J.-C.). Cependant, les Éduens se rallièrent au soulèvement de Vercingétorix (52 av. J.-C.). Après la conquête complète de la Gaule, leur pays fut compris dans la Lyonnaise. Claude leur accorda le droit de cité en 48 de notre ère.

EDWIN ou **EADWIN** saint (* vers 585, † Heathfield, Yorkshire, 12.X.632). Roi de Northumbrie (616/32). Voir **NORTHUMBRIE**.

ÉGAUX (conspiration des). Nom donné à la conspiration communiste de Babeuf. Voir **BABEUF**.

EGBERT le Grand († 839). Roi du Wessex (802/39). Après avoir séjourné à la cour de Charlemagne, il monta en 802 sur le trône du Wessex. Il soumit les Gallois (815), la Mercie, l'Est-Anglie, le Kent, la Northumbrie (829) et fut ainsi le premier souverain à régner sur toute l'Angleterre. À la fin d'un règne paisible il dut faire face aux envahisseurs danois ; battu par eux en 835, il prit sa revanche en 837 en écrasant les Danois alliés aux Gallois révoltés à la bataille de Hingston Down, près de Plymouth.

ÉGÉENNE (civilisation). Nom donné à la civilisation de l'âge du bronze qui s'est épanouie dans les pays riverains de la mer Égée entre 3300 et 1100 environ av. J.-C. Voir **HELLADIQUE** et **MYCÉNIENNE (civilisation)**.

ÉGLISE (naissance architecturale). Le christianisme est resté longtemps clandestin si bien que les plus anciens lieux de culte découverts (à Doura-Europos, en Syrie, vers 230) correspondent à de simples pièces, sans caractère spécifique, aménagées dans des demeures privées. Au début du IVe siècle, Constantin Ier (v.) fit édifier de nombreux édifices cultuels, qui adoptèrent une structure architecturale commune dans le monde romain, celle de la basilique. Une salle rectangulaire, où prennent place les fidèles, couverte d'une charpente de bois, divisée en plusieurs nefs par des rangées de colonnes, parfois prolongée par un transept, se termine par une abside saillante où trône la *cathedra* de l'évêque précédée de l'autel, pour la préparation du repas eucharistique ; de chaque côté du siège épiscopal, un banc, qui épouse la forme circulaire du fond de l'abside, est destiné aux prêtres, ou « presbytres ». Ce modèle architectural a ensuite connu de nombreuses adaptations (déambulatoire autour du chœur, absides secondaires, crypte sous l'édifice, voûtes de pierre...) et variations régionales, sans jamais être remis en cause.

ÉGLISE CATHOLIQUE ROMAINE. L'émergence d'un christianisme spécifiquement occidental, centré sur Rome, appelé à devenir l'Église catholique romaine, remonte à l'époque des invasions germaniques des Ve/VIIe s. après J.-C. qui frappèrent l'Empire romain d'Occident. Le christianisme (v. **CHRISTIANISME, origines du**) s'était d'abord développé dans l'ensemble de l'Empire romain, où l'édit de Milan (v.), en 313, lui donna une liberté d'action définitivement acquise. Alors commença l'époque des grands conflits doctrinaux, particulièrement vifs en Orient.

L'Église des Temps barbares (V[e]/VIIe s.)
En 410, Rome fut prise par le Goth Alaric ; en 476, Odoacre, chef des Hérules, porta le dernier coup à l'empire d'Occident en déposant le dernier empereur. En face de cet effondrement, l'Église restait seule capable de guider les peuples ; dès lors, en plus de sa mission spirituelle, elle se vit contrainte par les circonstances d'assumer également un rôle temporel : beaucoup d'évêques devinrent « défenseurs de la cité » (v. **ÉVÊQUES**). Loin d'ailleurs de se contenir dans une attitude défensive, l'Église entreprit la conversion des Barbares restés païens ou convertis à l'arianisme (v.), qui, par l'action d'Ulfila, s'était répandu chez les Germains dès le milieu du IVe s. Le baptême du roi franc Clovis (vers 496 ?), premier chef germain à embrasser la foi catholique, eut une importance capitale ; bénéficiant désormais de l'appui du clergé, Clovis devint le champion du catholicisme contre le christianisme hérétique pratiqué par les Burgondes, les Ostrogoths, les Vandales et les Wisigoths. Ces derniers, refoulés en Espagne par Clovis, abandonnèrent finalement l'arianisme en 586.

Le pouvoir de la papauté romaine
En Italie, les Ve/VIe s. virent un renforcement de l'autorité pontificale.

Le pape est le chef suprême de l'Église catholique romaine. Pour les catholiques, son pouvoir est d'institution divine, le pape étant le vicaire de Jésus-Christ sur la terre, le successeur de st Pierre, premier évêque de Rome, et héritier des prérogatives accordées à Pierre par le Christ (*Matth.* XVI, 17-19 ; *Jean*, XXI, 15-18 ; *Luc*, XXII, 32).

Le titre de *pape* (du grec *papas* = père) fut donné, à l'origine, à tous les évêques ; en Occident, il fut réservé peu à peu, à partir du Ve s., à l'évêque de Rome. La suite des papes remonte sans interruption jusqu'à Pierre, qui, selon la tradition constante de l'Église, s'installa à Rome et y subit le martyre au temps de l'empereur Néron. Comme successeurs du chef des apôtres et évêques de la capitale de l'Empire, les évêques de Rome jouirent dès le Ier s. d'un prestige particulier dont la première manifestation connue est l'intervention, vers 96, du pape st Clément dans les affaires de l'Église de Corinthe. Au IIe s., divers témoignages sur la prééminence du siège romain sont fournis par st Ignace d'Antioche, Hégésippe, st Irénée. Au siècle suivant, Cyprien, évêque de Carthage, appelle l'Église romaine « l'Église principale, d'où sort l'unité du sacerdoce » (*Epist.*, 59) ; pourtant il parle au pape Corneille comme à un confrère. C'est au cours des grandes luttes doctrinales du IVe et du Ve s. que la primauté romaine commença à se dégager : le prestige du siège de Rome grandit, grâce à l'attitude des papes, champions de l'orthodoxie, face à un Orient divisé par les hérésies. Le concile de Sardique (347) reconnut au pape une juridiction d'appel sur la sentence portée contre un évêque par le synode de sa province ; le pape Sirice (384/99), en publiant la première décrétale (385), proclama que la loi de l'Église romaine était valable partout ; le concile de Chalcédoine (451) déclara que « Pierre a parlé par la bouche du pape », mais il justifia les privilèges exceptionnels de l'Église romaine par l'importance politique de Rome, fondant ainsi un droit analogue, pour les évêques de Constantinople, de s'élever au-dessus des patriarches orientaux (canon 28, qui fut contesté par les légats romains).

Dans l'effondrement de l'empire d'Occident, le pape resta en Europe occidentale la seule puissance encore debout en face des Barbares, à l'image de st Léon Ier le Grand (440/61) à l'égard d'Attila et de Genséric, qui annonçait ainsi le grand tournant historique qui s'accomplit sous le pontificat de Grégoire Ier le Grand (590/604). L'Église se fit alors l'éducatrice des Barbares et c'est par elle que s'accomplit le legs du monde antique au nouvel Occident germanique. Les représentants de la culture de transition du haut Moyen Âge furent pour la plupart de grands évêques tels que Sidoine Apollinaire, Césaire d'Arles, Venance Fortunat, Grégoire de Tours, des moines tels que Cassiodore et Bède « le Vénérable », des administrateurs chrétiens tels que Boèce. C'est dans les écoles épiscopales ou dans les grands monastères de Lérins, de Saint-Victor de Marseille, de Marmoutiers, de Luxeuil que put se maintenir et se transmettre l'héritage de la culture antique. L'Église s'est efforcée d'introduire la morale évangélique dans une société livrée à la violence : les évêques, devenus de grands propriétaires, jouissant d'exemptions de toutes sortes, exerçaient une influence considérable dans les cités ; ils inspiraient la crainte par leur pouvoir d'excommunication ; ils prenaient part au gouvernement, jouaient souvent le rôle de conseillers des rois, et ainsi, bien que l'Église apparût plus libre, au VIIe s., que dans l'Empire romain, se produisait une profonde interpénétration du spirituel et du temporel, qui resta jusqu'au XIVe s. la marque caractéristique de la chrétienté médiévale.

L'Église médiévale (VIIe/XIIIe s.)

La papauté prit ainsi en charge le destin spirituel de l'Occident, mais en même temps elle se détourna du christianisme oriental : les rapports entre les papes et les empereurs byzantins se tendirent au cours du VIIe s. (déportation par Constant II du pape Martin Ier, 653) et entrèrent dans une phase critique avec la querelle de l'iconoclasme (v. BYZANTIN, empire). Les dynasties isaurienne et amorienne. L'iconoclasme). Menacé en Italie par les Lombards, le pape Grégoire III, qui avait rompu avec Byzance à propos des images en 732, appella les Francs à son aide ; sous Étienne II (752/57), Pépin le Bref passa les Alpes, mit en déroute les Lombards et donna au pape une partie des territoires conquis (755), qui allaient devenir le noyau des États pontificaux (v.). L'alliance entre la papauté et les Francs trouva son épanouissement dans le couronnement impérial de Charlemagne par Léon III (Noël 800), même si l'empereur entendait affirmer sa supériorité sur le pontife. Cette restauration de l'empire d'Occident, avec la consécration de l'Église, faisait de Charlemagne le protecteur suprême de la papauté.

Charlemagne intervint dans la vie intérieure de l'Église, exerçant une sorte de magistrature suprême, à la fois politique et religieuse, utilisant aussi l'Église comme force unificatrice de l'Empire. Cette action eut aussi des conséquences heureuses pour l'Église : la hiérarchie fut épurée et réorganisée, mais l'ancienne pratique de l'élection des évêques fut remplacée par la nomination royale ; on tenta de mieux respecter les lois canoniques, notamment en matière de morale des laïcs et des clercs ; Charlemagne imposa une réforme liturgique visant à unifier les pratiques sur la base du rituel romain.

L'élan missionnaire de l'Église continuait à se déployer en Europe centrale et septentrionale : à la fin du VIIe s. les Anglo-Saxons étaient presque tous convertis, et les usages romains avaient triomphé du particularisme celte au synode de Whitby (664). La conversion de la Germanie, ébauchée par des moines irlandais, fut réalisée au VIIIe s. par st Willibrord, et surtout par st Boniface ; Charlemagne l'acheva par la sauvage conquête de la Saxe et une politique de conversions forcées, terminée en 804. L'évangélisation du Danemark, entreprise par Anschaire, ne fut complète qu'à la fin du Xe s. ; celle de la Suède et de la Norvège, au début du XIe s. En Europe centrale, les deux frères Cyrille et Méthode († 855) implantèrent la foi en Moravie et réussirent à faire accepter par Rome l'emploi de la langue slave dans la liturgie ; la foi gagna ensuite la Hongrie et la Pologne (fin Xe s.). Mais, au cœur de l'Occident, la rapide dislocation de l'Empire carolingien et l'établissement du régime féodal ouvrirent pour la papauté une période critique. Restée sans protection, Rome fut livrée aux factions ; pendant les soixante premières années du Xe s., la puissante maison de Théophylacte, comte de Tusculum, opprima le Saint-Siège, sur lequel elle plaçait ses lamentables créatures, un Serge III (904/11), un Jean XI (931/35), un Jean XII (955/64). Partout la féodalité se manifesta sous la forme d'une ingérence séculière dans la vie de l'Église : de nombreux seigneurs détenaient la patrimonialité des églises et des abbayes, dont ils s'assuraient les bénéfices et où ils nommaient des hommes à eux ; de hauts suzerains, des rois, des empereurs confiaient des pouvoirs temporels à des évêques et à des abbés et s'adjugeaient le droit d'investir ceux-ci par la crosse et l'anneau (investiture laïque), ce qui les rendait maîtres de l'Église. À tous les étages du clergé sévissaient la simonie (trafic des choses saintes, notamment des charges et dignités ecclésiastiques) et le nicolaïsme (mariage des prêtres).

Pourtant, dès la fin du Xe s. apparurent des signes de réforme : après Sylvestre II – l'ancien moine Gerbert d'Aurillac, le premier pape français –, Léon IX

(1048/54) et Nicolas II (1059/61) rétablirent le prestige de la papauté. Les papes réformateurs trouvèrent d'ardents auxiliaires parmi les moines de Cluny : la grande abbaye bourguignonne, fondée en 909, jouissait du privilège de l'exemption, c'est-à-dire qu'elle ne dépendait que du Saint-Siège. Dirigée par une succession d'abbés remarquables (Odon, Mayeul, Odilon, Hugues), elle finit par avoir autorité sur 2 000 monastères et prieurés, qui constituèrent à travers toute l'Europe un vaste empire monastique. L'Église réagit bientôt sur la féodalité : elle lutta contre les guerres privées continuelles en imposant la paix de Dieu puis la trêve de Dieu ; pour frapper les infractions, elle exerça des sanctions redoutées (excommunication, interdit) ; elle favorisa et christianisa les usages de la chevalerie. Alors l'évangélisation continua à s'étendre vers l'Est (fondation de l'évêché de Magdebourg, 968 ; de l'évêché de Prague, 973).

Le resserrement des liens entre les papes et les empereurs germaniques consomma en outre la rupture avec Byzance : la séparation définitive intervint en 1054 avec l'excommunication de Michel Cérulaire, patriarche de Constantinople. Sous Léon IX (1049/54), qui, bien que désigné par Conrad II en vertu du *Privilegium Othonis*, ne voulut être pape qu'après que son élection eut été ratifiée par le clergé et le peuple romains, la papauté affirma sa volonté d'échapper au péril de la sécularisation ; Nicolas II (1059/61) retira les élections papales aux ingérences séculières en les remettant entre les mains des cardinaux (1059). Enfin, Grégoire VII (1073/85) inaugura la « Réforme grégorienne », qui se développa durant tout le XIIe s., parallèlement à la querelle des Investitures (v.). Après l'humiliation de l'empereur à Canossa (1077), le concordat de Worms (1122) desserra l'emprise des laïcs sur l'Église en affirmant la théorie de la double investiture, laïque, d'une part, et spirituelle, d'autre part, symbolisée par la remise, réservée à l'Église, de la crosse et de l'anneau épiscopal au nouvel évêque. Les 27 articles du *Dictatus papae* de Grégoire VII affirmèrent pour la première fois le droit du pape à déposer l'empereur, et, désormais, les théologiens du Saint-Siège, en contradiction complète avec l'ancienne conception romaine de l'État, élaborèrent une doctrine de la « théocratie pontificale » qui ne fut jamais définie comme un dogme mais inspira directement l'action du grand pape du XIIIe s., Innocent III (1198/1216), et celle d'Innocent IV (1243/54).

Dans leur lutte contre les Hohenstaufen (1155/1254) (v. SACERDOCE ET DE L'EMPIRE, lutte du), les papes ne cherchèrent plus seulement à défendre la liberté de l'Église contre les ambitions impériales : à la théorie des empereurs, qui se considéraient comme des souverains universels et comme les plus hauts représentants de la volonté de Dieu sur la terre, la papauté opposa sa théorie des « deux glaives » en prétendant concentrer souverainement entre ses mains les deux puissances, spirituelle et temporelle. Entre cette conception et celle des légistes séculiers de Bologne ou de Paris, l'antagonisme était irréductible : la papauté put abattre les Hohenstaufen, mais son triomphe fut bref, car, dès la fin du XIIIe s., elle vit se dresser en face d'elle des princes non plus animés par le sentiment d'une mission européenne et chrétienne comme l'avaient été les empereurs germaniques, mais inspirés avant tout par des intérêts nationaux : les rois de France. Cet empire du monde auquel visait la « théocratie pontificale », la papauté des XIIe/XIIIe s. l'exerça effectivement, mais par les moyens de l'esprit : elle avait imposé sa confirmation aux évêques et exigeait d'eux le serment d'obédience ; ses légats allaient dans les diverses Églises d'Europe pour faire respecter directement ses décrets ; les monastères, comme Cluny, se plaçaient par l'exemption sous sa protection directe ; le pape jouait dans les conflits séculiers un rôle d'arbitre suprême ; pour des raisons morales – en cas de crime ou de divorce, par exemple –, il n'hésitait pas à frapper des souverains d'excommunication (Philippe Ier et Philippe Auguste en France ; Henri II, en Angleterre ; Henri IV et Frédéric II, en Allemagne) ; face à la menace de l'islam, il prenait l'initiative de la guerre sainte et détournait de l'Europe la violence féodale pour la lancer dans l'aventure des croisades (prédication de la première croisade par Urbain II, 1095) (v. CROISADES).

L'influence croissante de Rome devait provoquer un développement considérable de l'administration pontificale ; il fallait aussi satisfaire à d'énormes besoins d'argent, et ainsi fut créé un système de fiscalité romaine, qui s'étendit sur l'Europe entière, et dont le poids ne devait cesser de s'alourdir dans les siècles suivants. L'Église devint une puissance d'argent, au moment où les hérésies vaudoise et cathare se réclamaient de la pauvreté évangélique. Par ailleurs, alors que l'élan des croisades s'éteignait, que les nationalismes français et anglais s'affirmaient avec les Capétiens et les Plantagenêts, la lutte contre les empereurs englua la papauté dans les querelles italiennes. Dès la fin du XIIIe s., des critiques de plus en plus nombreuses s'élevèrent contre le pape : face à Boniface VIII (1294/1303), qui, sans se rendre compte du changement des esprits, voulut pousser jusqu'à ses dernières conséquences la théocratie pontificale, Philippe le Bel exploita avec maîtrise le mécontentement suscité par la fiscalité romaine et par la richesse de l'Église (affaire des Templiers).

Du XIVe s. à la Révolution française

Le transfert de la papauté à Avignon (1309) porta un coup sévère au prestige du Saint-Siège : malgré l'action énergique de certains papes tels que Jean XXII, Benoît XII, Innocent VI, Urbain V, les chefs de l'Église apparaissaient désormais sous la tutelle des rois de France, l'équilibre fut rompu dans la chrétienté, le rêve universaliste de la papauté médiévale s'effondra. Les théologiens impériaux, comme Guillaume d'Occam et Marsile de Padoue, mirent ouvertement en question le pouvoir pontifical ; le luxe de la cour d'Avignon fit ressentir encore plus cruellement les abus de la fiscalité romaine. Tout prépara le naufrage du Grand Schisme (1378/1417), au cours duquel on vit deux et même trois papes se disputer la tiare, s'excommuniant mutuellement, se constituant chacun un collège de cardinaux et une administration autonome. Cette crise fut aggravée par le contexte de la guerre de Cent Ans, chaque camp se ralliant à un pape différent. Au milieu de cette détresse apparurent les hérésies de Wyclif et de Hus, qui rejetaient radicalement le pouvoir pontifical, mais aussi, au sein même de l'Église, un courant antipapiste qui s'exprima dans la théorie conciliaire, affirmant la suprématie du concile général sur le pape (conciles de Constance, 1414/18, et de Bâle, 1431/43). La papauté sortit enfin du schisme grâce à l'élection de Martin V (1417). Si elle maintint l'unité de la foi, elle manqua l'occasion d'entreprendre à temps la grande œuvre exigée par l'époque : la réforme intérieure de l'Église « dans ses membres et dans son chef ». Politique tournée essentiellement vers l'Italie, fiscalité sans cesse accrue, népotisme, autant de signes, chez la plupart des papes du XVe s., d'un affaiblissement du sens spirituel de leur mission, plus net encore dans l'accueil fait par la cour de Rome aux idées et aux mœurs les plus païennes de la Renaissance : encore contrôlé sous Nicolas V (1447/55), l'humanisme profane sembla tout envahir sous Alexandre VI, Jules II et Léon X. Sourde aux avertissements de Savonarole, la papauté prit la tête de la Renaissance, mais non de la réforme, et la Réforme (v. **PROTESTANTISME**) se fit contre elle.

Le mouvement de Luther et de Calvin rompit définitivement l'unité de la chrétienté européenne (à partir de 1517) : Rome réagit d'abord mollement, mais la réforme catholique s'amorça avec Paul III (1534/49), qui convoqua le concile de Trente (1545). La principale conséquence de la Réforme au sein de l'Église romaine fut un resserrement autour du pape : fondation de l'ordre des Jésuites, du Saint-Office, de l'Index, des autres congrégations romaines ; le gouvernement de l'Église fut encore centralisé, plus autoritaire, et ce courant d'« ultramontanisme » se développa durant tout le XVIIe et le XVIIIe s., malgré les résistances nationales du gallicanisme et du joséphisme. Ce mouvement s'accompagna d'une italianisation de la curie et de la fonction papale elle-même (à partir de 1523 tous les papes furent italiens jusqu'à l'élection de Jean-Paul II, archevêque de Cracovie). Rome centralisa l'effort missionnaire et Grégoire XV organisa en 1622 la congrégation romaine de la Propagande de la Foi. Le déclin de l'influence politique de la papauté n'en fut pas moins net : les chefs de l'Église ne purent jouer aucun rôle dans les grandes guerres européennes de l'époque classique ; leur protestation contre les traités de Westphalie (1648) resta sans écho ; au XVIIIe s., Clément XII condamna la franc-maçonnerie (1738), mais Clément XIV sacrifia aux idées nouvelles en supprimant la Compagnie de Jésus (1773).

L'Église et la crise révolutionnaire (1789/1815)

Le clergé fut une des premières victimes de la Révolution française. Dès le 2 nov. 1789, l'Assemblée constituante décida la confiscation des biens ecclésiastiques, ensuite déclarés biens nationaux (avr. 1790). Fidèle à l'esprit qui avait présidé, sous la monarchie absolue, à la lutte contre les jésuites et les ordres religieux, l'Assemblée prononça ensuite l'interdiction des vœux monastiques (13 févr. 1790), puis vota, le 12 juill. 1790, une Constitution civile du clergé, qui s'inscrivait dans la droite ligne du vieux gallicanisme royal et tendait, non pas à séparer l'Église de l'État, mais à absorber l'Église dans l'État en faisant du clergé un salarié de la nation ; la Constitution civile reflétait également l'esprit démocratique nouveau et substituait aux anciennes nominations par le roi le principe de l'élection par le peuple de ses évêques et de ses curés. L'Assemblée imposa un serment de fidélité à la Constitution civile (27 nov. 1790) : quatre évêques seulement le prêtèrent, mais le bas clergé se partagea et pour environ 45 % prêta serment. L'Église française était au bord d'un schisme et Pie VI se décida alors à condamner la Constitution (brefs *Aliquantulum* du 10 mars 1791 et *Caritas* du 13 avr. 1791). L'Assemblée répliqua en organisant, avec les prêtres « assermentés », une Église constitutionnelle dont l'âme fut l'abbé Grégoire, puis en prenant des mesures de plus en plus graves contre les prêtres « réfractaires » (v.), qui furent traqués, emprisonnés, déportés ou guillotinés. Des centaines de prêtres insermentés furent assassinés lors des massacres de sept. 1792. Le soulèvement de la Vendée (printemps 1793) contribua à orienter la Convention vers une politique ouvertement antichrétienne.

Réduit à la clandestinité, ayant laissé sur la guillotine des centaines de prêtres, de religieuses, de laïcs qui avaient donné asile à des réfractaires, le catholicisme français survécut à la Terreur. La résistance vendéenne força le gouvernement à prendre des mesures d'apaisement : tandis qu'elle signait avec les Vendéens divers traités de pacification (févr./mai 1795), la Convention décida d'établir la liberté de tous les cultes (20 févr. 1795) et, trois mois plus tard, accorda la restitution provisoire des églises non aliénées. Mais une nouvelle vague de persécutions eut lieu durant la guerre contre les États pontificaux (1797/99) : de nombreux prêtres furent déportés à Cayenne ou internés dans les bagnes de l'île de Ré et de Rochefort.

En Europe, la confiscation des biens ecclésiastiques s'étendit dans les régions conquises de la Belgique et de la rive gauche du Rhin (en Allemagne, elle fut confirmée par le recez impérial de 1803) ; spolié des États de l'Église en 1798, Pie VI fut déporté en

France et mourut en exil à Valence (août 1799). Mais Bonaparte, maître de la France depuis le 18-Brumaire (nov. 1799), se rendit compte que le christianisme, qui avait résisté à l'épreuve, pouvait être un puissant facteur d'équilibre social et contribuer à son œuvre de redressement de l'autorité. Personnellement indifférent à la religion, c'est dans un dessein politique qu'il engagea avec le nouveau pape, Pie VII (1800/23), les négociations qui aboutirent au concordat de 1801. Cet accord reconnaissait la religion catholique comme « celle de la majorité des Français », il confiait au gouvernement la nomination des évêques, ensuite institués par le pape, et garantissait aux évêques et aux curés un traitement de l'État ; en revanche, l'Église s'engageait à ne troubler en aucune manière les acquéreurs d'anciens biens ecclésiastiques. Bonaparte régla unilatéralement l'application du concordat par les « Articles organiques » de 1802, qui soumirent l'Église impériale au contrôle tracassier de l'État et qui ne furent jamais acceptés par le Saint-Siège. Sous cet aspect, le concordat constituait l'aboutissement du vieux gallicanisme de la monarchie française. La lutte de Napoléon Ier et de Pie VII (provoquée par les affaires du mariage de Jérôme Bonaparte et du divorce impérial) connut la même violence que celle de Philippe le Bel et de Boniface VIII. Les États pontificaux furent de nouveau occupés et annexés à l'Empire français (1809), le pape fut déporté à Savone puis à Fontainebleau (1809/14). Mais, pas plus que la Révolution, l'Empereur ne parvint à constituer une Église nationale à sa dévotion.

À d'autres égards, le concordat de 1801 marquait pourtant le début d'une époque nouvelle dans l'Église. En imposant la démission de tous les évêques survivants de l'Ancien Régime, il permit au Saint-Siège de constituer lui-même une hiérarchie toute nouvelle. Le vieil épiscopat gallican français sortait brisé de la Révolution, et, au milieu des ruines, seul émergeait le pouvoir pontifical. Les épreuves que Napoléon fit subir au pape rehaussèrent encore son prestige ; en 1814, Pie VII rentra triomphalement à Rome avec l'auréole d'un martyr. La Révolution, sans le vouloir, avait révélé l'intensité que gardait encore la foi catholique dans toute l'Europe occidentale ; elle avait rompu l'imbrication du spirituel et du temporel, libéré l'Église de ses anciennes entraves et préparé l'affirmation des doctrines « ultramontaines » qui allaient dominer tout le XIXe s.

L'accord de 1801 ouvrit en Europe l'« ère des concordats » (concordats bavarois et napolitain de 1817 ; concordat russe de 1818 ; concordat suisse de 1821 ; nombreux concordats allemands à partir de 1815). Mais ces traités, signés entre le pouvoir spirituel et des puissances temporelles laïcisées, parfois non catholiques, étaient tout différents des concordats des siècles passés, du type de celui de 1516 entre Léon X et François Ier. Autrefois, le Roi Très Chrétien ou l'Empereur romain germanique pouvaient se parer d'une sorte de prestige spirituel ; désormais, l'État se situait, sinon comme un oppresseur ou un adversaire, du moins comme un étranger, comme une puissance d'un autre ordre. Sans doute pouvait-il encore exercer sur l'Église des pressions extérieures (cela se vit en Allemagne lors du *Kulturkampf*, en France au cours des luttes anticléricales de la IIIe République) ; mais il ne pouvait plus menacer l'unité intérieure de l'Église et faire pression sur les consciences. Tout ce que l'Église, à la suite de la Révolution, avait perdu au temporel, elle devait ainsi le regagner peu à peu dans l'ordre spirituel.

Les Temps modernes

Cependant, le Saint-Siège eut beaucoup de difficultés à renoncer complètement à des conceptions sacrales héritées du Moyen Âge. Sa situation se trouvait compliquée par le fait que le pape, souverain temporel en Italie, se trouvait directement en conflit avec le mouvement libéral et le jeune élan des nationalités. D'où les condamnations répétées de la démocratie et du régime moderne formulées par Grégoire XVI (encycliques contre Lamennais, 1832 et 1834) et par Pie IX (encyclique *Quanta cura* et *Syllabus*, 1864). Mais la perte des États pontificaux (1870), en laissant le pape isolé dans le Vatican, rendit à la papauté sa vocation spirituelle, avec l'autorité accrue que lui donnait la proclamation de l'infaillibilité pontificale par le concile du Vatican (1870). Le pontificat de Léon XIII (1878/1903) fut marqué par une politique d'ouvertures diplomatiques (fin du *Kulturkampf* en Allemagne ; encyclique du « Ralliement » en France, 1892). Mais Pie X (1903/14) dut faire face en France à une violente poussée d'anticléricalisme (séparation de l'Église et de l'État, 1905) et au péril doctrinal du modernisme (encyclique *Pascendi*, 1907). Malgré les efforts de Benoît XV (1914/22), la papauté ne put exercer aucune action efficace pour mettre un terme à la Première Guerre mondiale. Pie XI (1922/39) réussit à régler avec Mussolini les rapports de la papauté et de l'État italien (accords du Latran, 1929), signa un concordat avec Hitler (1933), mais dut bientôt réagir contre la montée des totalitarismes et condamna le communisme (encyclique *Divini Redemptoris*, 1937) et le racisme païen du IIIe Reich (encyclique *Mit brennender Sorge*, 1937). Son successeur, Pie XII (1939/58), se trouva aux prises, peu après son avènement, avec les misères d'une nouvelle guerre mondiale (l'ambiguïté de son attitude face aux belligérants lui fut beaucoup reprochée), puis avec la coupure du monde en deux blocs antagonistes, tandis que s'étendaient les progrès de la déchristianisation, violente en Chine communiste et dans les démocraties populaires, plus cachée mais aussi profonde dans les sociétés de l'Occident. Son pontificat se caractérisa par un effort de resserrement et de défense contre les erreurs modernes (encyclique *Humani generis*, 1950) et d'orientation des fidèles vers la vie intérieure.

Mais l'époque exigeait de l'Église un profond examen de ses positions traditionnelles dans le monde d'après guerre : cette œuvre d'*aggiornamento*, de « mise à jour », fut entreprise par Jean XXIII (1958/63), qui s'efforça de rouvrir le dialogue entre tous les chrétiens séparés, d'assurer une participation plus active des laïcs à la vie de l'Église, et qui provoqua la réunion du IIe concile du Vatican (1962/65), dont l'application appartint ensuite à Paul VI. Celui-ci a manifesté spectaculairement la présence mondiale de la papauté par ses voyages à Bombay, en Terre sainte, en Turquie, par sa visite à l'ONU ; par ses interventions en faveur de la paix au Viêt-nam, de l'égalité raciale, du développement des peuples du tiers monde (encyclique *Populorum progressio*, 1967) ; par ses rencontres œcuméniques avec Athénagoras, patriarche de Constantinople, et le Dr Ramsey, primat de l'Église anglicane.

Après Vatican II, le rôle traditionnel de la papauté fut contesté dans certains milieux catholiques. Des théologiens soulignaient que, si le pape est la tête de l'Église, la tête ne saurait être séparée du corps ; ils réclamaient donc une collaboration plus étroite entre le pape, l'épiscopat universel et les fidèles. À ces vœux répondirent la création du Synode épiscopal et l'internationalisation de la curie. Avec le cardinal Suenens, beaucoup souhaitaient aussi que fût révisé le mode d'élection du pape, afin que les évêques du monde entier fussent associés au choix du futur chef de l'Église ; mais Paul VI, considérant sans doute qu'une telle réforme risquait de transformer le conclave en une sorte de parlement, décida, en nov. 1975, que les papes, comme par le passé, seraient élus uniquement par les cardinaux, assistants directs du souverain pontife et membres de l'Église de Rome. Certains actes de Paul VI, notamment sur le célibat sacerdotal ou sur la régulation des naissances (encyclique *Humanae vitae*, 1968), donnèrent lieu dans l'Église à une contestation.

La remise en cause de certains fondements de la foi, les innovations liturgiques, la politisation croissante d'une partie du clergé attirée vers le marxisme, le dépassement systématique des positions de Vatican II par tout un courant qui aspirait à un bouleversement radical des structures de l'Église suscitèrent des réactions intégristes, qui se sont cristallisées particulièrement sur la défense de la messe en latin selon le rite de st Pie V. Ainsi, dès l'été 1976, l'un des chefs de ce courant, Mgr Lefebvre, ancien archevêque de Dakar, s'opposa ouvertement au pape Paul VI ; son séminaire d'Écône en Suisse devint le foyer d'une opposition aux décrets de Vatican II ; il fut excommunié en 1988.

Jean-Paul II, élu en 1978, opéra une certaine reprise en main de l'Église ; après vingt années de travaux, le nouveau Code de droit canonique fut publié le 27 nov. 1983 ; les orientations de Vatican II furent confirmées, mais sans dépassements. Ainsi les démarches œcuméniques, qui avaient fait de grands progrès sous Paul VI, ont été poursuivies. Par de très nombreux voyages dans le monde entier, le pape s'est efforcé de démontrer la présence vigilante du message chrétien. Dans les pays d'Amérique latine, où l'engagement politique et social de certains prêtres était allé le plus loin, avec la « théologie de la libération », l'autorité romaine rappela les principes de non-ingérence de l'Église dans le domaine politique. En sept. 1984, la congrégation pour la Doctrine de la foi publia une *Instruction sur quelques aspects de la théologie de la libération* qui critiquait de « graves divisions idéologiques ».

À l'intérieur même de l'Église, cette reprise en main fut, à diverses reprises, qualifiée d'autoritarisme et de moralisme, notamment par certains théologiens jésuites et dominicains. Le projet pastoral de Jean-Paul II pouvait en effet, par certains de ses aspects, être perçu comme moraliste et autoritariste : rappel de la doctrine traditionnelle de l'Église pour la morale sexuelle, exposée notamment dans l'encyclique *Veritatis splendor* de 1993, contrôle exercé sur la nomination des évêques, parfois contre le vœu des Églises locales, choix de personnalités peu suspectes de progressisme pour occuper certains postes clés de l'Église. À cette impression de raidissement s'oppose pourtant la demande solennelle de pardon pour les crimes commis par les catholiques au cours de l'histoire, énoncée par Jean-Paul II à Saint-Pierre de Rome, à l'occasion de l'année jubilaire 2000. Les Journées mondiales de la Jeunesse (notamment à Paris en 1997) ont été l'occasion de réunir des centaines de milliers de participants autour du pape.

L'Église catholique sort profondément bouleversée et transformée du XXe siècle. Débarrassée de ses prétentions territoriales en Italie, elle s'est réconciliée avec le modèle politique issu de la Révolution française et des nationalismes démocratiques du XIXe siècle. Elle se trouve cependant confrontée au progrès de la déchristianisation de l'Europe, dont l'histoire s'était confondue avec la sienne depuis l'avènement de Constantin. Concurrencée en Afrique et en Asie par un islam vigoureux, elle sait déjà que son avenir se joue en dehors des terres traditionnelles de son implantation : moins d'un tiers des catholiques vivent aujourd'hui sur le Vieux Continent, alors que le Nouveau Monde à lui seul, évangélisé depuis cinq siècles seulement, abrite plus de la moitié des chrétiens fidèles à l'autorité de Rome, malgré les progrès des mouvements évangéliques. Voir **Pontificaux (États)** et **Vatican**.

ÉGLISE ORTHODOXE. Nom donné à l'ensemble des Églises héritières du siège patriarcal de Constantinople, qui se sépara de Rome en 1054. Considérée longtemps comme « schismatique » par les catholiques romains, l'Église orthodoxe se considère elle-même comme la vraie gardienne des traditions apostoliques, en continuité directe avec l'Église primitive.

Genèse de la rupture (IVe/XIe s.)

Le schisme de 1054 fut l'aboutissement d'une séparation politique et culturelle graduelle entre l'Occident et l'Orient à partir du IVe s. Différentes depuis toujours par la langue, les deux parties de l'Empire romain, commencèrent à diverger politiquement et spirituellement après la fondation, par Constantin le Grand, d'une nouvelle capitale, Constantinople (330). Ce changement de résidence impériale laissait à la papauté, restée à Rome, son autonomie ; au contraire, les empereurs chrétiens, dès le IVe s., lors des luttes doctrinales suscitées par l'arianisme (v.), manifestaient une tendance à dominer l'Église comme l'État, tendance qui devait se faire sentir plus fortement en Orient, où résidait l'empereur.

Devenue capitale politique, Constantinople ne tarda pas à revendiquer aussi une sorte de primauté religieuse. À partir de 476, après la chute de l'Empire d'Occident, il n'y eut plus d'empereur qu'en Orient et les prétentions des évêques de Constantinople s'en trouvèrent accrues. Sous le pontificat romain de Grégoire le Grand (590/604), ils prirent même le titre de « patriarche œcuménique », ce qui provoqua de vives protestations du pape. Les deux mondes se comprenaient de moins en moins dans le domaine de la culture : les Orientaux n'apprenaient plus le latin, ni les Occidentaux le grec. En Orient survivait l'idée de la monarchie universelle qui, sous Justinien (527/65), a inspiré la reconquête byzantine de l'Afrique et de l'Italie. En Occident s'élaborait peu à peu une nouvelle civilisation romano-germanique, mais au milieu d'un chaos politique d'où le prestige de la papauté, seule institution ancienne encore debout, sortait grandi. Elle tourna le dos à Byzance, où les empereurs se comportaient de plus en plus en chefs effectifs de l'Église. Face aux nouvelles hérésies orientales, les souverains byzantins obéissaient souvent à des considérations bien plus politiques que religieuses : pour apaiser la turbulence des monophysites (v. ÉGLISES ORIENTALES MONOPHYSITES) de Syrie et d'Égypte, qui menaçaient de faire sécession hors de l'Empire, Héraclius (610/41) crut habile de soutenir une sorte d'hérésie moyenne, formule de compromis, le monothélisme.

La querelle de l'iconoclasme (v.) accentua l'opposition entre Rome et Constantinople. Alors qu'en Orient les adversaires des images étaient soutenus par des empereurs tels que Léon l'Isaurien et Constantin Copronyme, l'iconoclasme ne connut aucun succès en Occident.

Pendant la crise du monothélisme, l'empereur Constant II avait fait arrêter le pape Martin Ier, qui fut déporté en Chersonèse, où il mourut (655). Une nouvelle crise aiguë éclata avec le schisme de Photius (863/67) : l'empereur Michel III l'Ivrogne ayant déposé le patriarche de Constantinople Ignace pour donner le siège patriarcal à Photius, Ignace fit appel au pape Nicolas Ier, qui excommunia Photius (863). Celui-ci répliqua en rassemblant dans une encyclique tous les griefs accumulés depuis longtemps par les théologiens byzantins contre les « innovations » romaines : jeûne du samedi, permission du laitage pendant la première semaine du carême, célibat sacerdotal et surtout l'insertion du mot *filioque* (v.) (formule dogmatique qui ne figure pas dans le texte élaboré aux conciles de Nicée (325) et de Constantinople (381) ; elle exprime que le Saint-Esprit procède du Père *et du Fils*) dans le *Credo*. L'Église byzantine se posait ainsi en gardienne de l'« orthodoxie » et en juge des croyances et des usages de l'Église romaine. Photius alla plus loin : en 867, il réunit un concile à Constantinople et fit prononcer la déposition du pape Nicolas. Il devait être renversé peu après par une révolution de palais, et la rupture formelle fut évitée, mais les divergences entre l'Église d'Orient et l'Église romaine s'étaient encore accentuées.

Le schisme définitif ne se consomma que sous le patriarche Michel Cérulaire (1043/58). Ce prélat inspira à Léon, métropolitain d'Ochrida, en Bulgarie, un véritable réquisitoire contre l'Église latine : il critiquait l'usage eucharistique des azymes (les Grecs niaient au pain azyme toute possibilité de devenir les espèces eucharistiques), l'observance du sabbat (jeûne du samedi pendant le carême), l'autorisation de manger la chair saignante d'animaux suffoqués, le fait de ne pas chanter *alleluia* pendant la période quadragésimale, etc. Ces polémiques ne pouvaient que provoquer des débats sans fin où les adversaires devaient rapidement s'aigrir. Le pape Léon IX se fit représenter à Constantinople par un légat fort peu diplomate, le cardinal Humbert. Ce dernier s'impatienta, rompit les pourparlers ; le 14 juill. 1054, il déposa sur l'autel de Sainte-Sophie une bulle d'excommunication contre Michel Cérulaire et reprit le chemin de Rome. Malgré l'empereur Constantin Monomaque, sincère partisan de l'unité, Cérulaire refusa de se soumettre, convoqua un concile des chefs de l'Église d'Orient, qui excommunièrent les légats pontificaux. La rupture, en préparation depuis des siècles, fut définitive.

L'Église byzantine

La rupture de 1054, un des événements capitaux de l'histoire du christianisme et de la civilisation européenne, passa à peu près inaperçue en Occident où la séparation semblait consommée depuis longtemps. Les croisades – et particulièrement la quatrième, qui vit le sac de Constantinople (1204) et la destruction temporaire de l'empire d'Orient par les Latins – avivèrent encore l'hostilité entre les deux communions chrétiennes. Quand les empereurs byzantins Michel VIII Paléologue, en 1274, au concile de Lyon, et Jean VIII Paléologue, en 1439, au concile de Florence, tentèrent, pour des raisons politiques, de restaurer l'union des Églises d'Orient et d'Occident, ils se heurtèrent à la résistance farouche du peuple et du clergé byzantins. Inversement, la chrétienté occidentale, en dépit des efforts de Bessarion, ne fit aucun effort sérieux pour empêcher Constantinople de tomber aux mains des Turcs (1453).

Isolée de l'Occident, l'Église byzantine resserra encore ses liens avec le pouvoir impérial, qui défendait la loi du Christ contre l'islam conquérant. Le césaropapisme fut un des traits fondamentaux de l'orthodoxie orientale, qui légua cette tradition à la Russie tsariste. Revêtu d'un prestige sacré, entouré d'un cérémonial tout religieux, l'empereur byzantin était considéré comme l'élu de Dieu, et, au-dessus du patriarche de Constantinople, c'était lui qui concentrait entre ses mains l'autorité spirituelle et temporelle. À la différence de ce qui se passa en Occident, où les papes, en luttant contre l'empereur germanique ou le roi de France, surent défendre les institutions ecclésiastiques qui préservaient la liberté du pouvoir spirituel, l'État oriental usurpa presque entièrement l'autorité administrative de l'Église.

Détachée de la politique, qu'elle abandonna définitivement aux empereurs, l'Église d'Orient sut cependant pénétrer d'un profond esprit religieux les moindres actes de la vie byzantine. L'intensité de sa spiritualité, la primauté qu'elle donna toujours à la contemplation ne l'empêchèrent pas de connaître aussi ses grandes heures apostoliques. Elle a converti (et civilisé) l'Europe orientale tout entière, du Caucase aux Carpates et au cercle polaire. La poussée décisive se fit aux IXe et Xe s. : tandis que la Géorgie (convertie au Ve s. par ste Nina), revivifiée par son contrat avec Constantinople, évangélisait les pays du Caucase, st Cyrille et st Méthode traduisirent pour les Moraves, et leurs disciples pour les Bulgares, la Bible et la liturgie, donnant aux Slaves une langue écrite, le slavon, qui constitue aujourd'hui encore leur langue liturgique. Les Bulgares furent baptisés au IXe s., les Serbes et les Roumains aux IXe et Xe s., les Russes de la principauté de Kiev à la fin du Xe s.

Mais la prise de Constantinople par les Ottomans (1453) affaiblit terriblement l'autorité du patriarche œcuménique, désormais passé sous la tutelle des Turcs (v. CONSTANTINOPLE, patriarcat de). En 1589, la Russie obtint son autonomie ecclésiastique, et l'autorité de Moscou, la « troisième Rome », se substitua peu à peu à celle de Constantinople. Les soulèvements serbes et la guerre d'Indépendance grecque marquèrent le début de la libération des chrétiens d'Orient, après plus de trois siècles de domination turque. Mais les luttes de nationalités ne furent pas sans influencer la vie religieuse, et le patriarcat de Constantinople dut reconnaître comme « autocéphales », c'est-à-dire autonomes, les Églises serbe, grecque, roumaine et bulgare.

Le patriarche de Constantinople n'exerce qu'une sorte de primauté morale, et sa juridiction directe est très limitée. L'orthodoxie grecque est constituée essentiellement par les Églises autocéphales de Grèce et de Chypre. En 1054, en même temps que Constantinople, les patriarcats orientaux d'Antioche, de Jérusalem et d'Alexandrie ont rompu avec Rome. Mais, à cette époque, ils étaient déjà tombés sous la domination musulmane ; ils n'avaient plus, d'ailleurs, depuis le VIe s., qu'une existence fantomatique, car la majorité des Syriens et des Égyptiens avaient adhéré au monophysisme (v. ce mot et ÉGLISES ORIENTALES MONOPHYSITES). Les chrétiens de Syrie et d'Égypte qui restèrent fidèles à la foi définie par le concile de Chalcédome (451) reçurent de leurs adversaires le sobriquet de « melkites » (hommes de l'Empereur). Les melkites orthodoxes forment aujourd'hui les trois petits patriarcats d'Alexandrie, de Jérusalem et d'Antioche.

Les Églises autocéphales

L'Église autocéphale de Serbie, ou **patriarcat serbe**, dont les origines remontent à la fin du IXe s., fut rendue indépendante de Constantinople par Étienne IX Douchan, en 1346. Le patriarcat ayant été supprimé par le gouvernement ottoman en 1766, l'Église serbe repassa sous la tutelle directe de Constantinople ; mais elle redevint autocéphale en 1879, et le patriarcat fut reconstitué en 1920, avec son siège à Belgrade.

En 1950, l'Église orthodoxe de Macédoine se rendit indépendante du patriarcat serbe.

L'Église orthodoxe de Roumanie ou **patriarcat national roumain** a pour lointaine origine l'Église latine qui avait été établie en Dacie dès le IVe s. Vers le IXe s., sous l'influence bulgare, les Roumains commencèrent à adopter les usages byzantins. Les influences grecques s'affirmèrent encore sous la domination turque, aux XVIIIe et XIXe s. Lorsque le royaume roumain commença à se former, les orthodoxes roumains revendiquèrent leur autonomie à l'égard de Constantinople. À partir de 1862, le roumain remplaça le grec dans la liturgie. Après une longue résistance, le patriarche de Constantinople finit par accorder le statut d'Église autocéphale à l'Église roumaine, et un saint-synode fut constitué (1885). Au lendemain de la Première Guerre mondiale, l'Église orthodoxe roumaine, avec plus de 7 millions de fidèles, était la deuxième en importance, après l'Église russe ; elle exerçait une très grande influence et le primat de Bucarest prit en 1925 le titre de patriarche. En 1948, elle absorba de force l'Église uniate liée à Rome. Grâce à l'impulsion que lui donna le patriarche Justinien, elle réussit à conserver une remarquable vitalité sous le régime communiste.

L'Église orthodoxe bulgare ou **patriarcat national bulgare** remonte au IXe s. Le roi Boris Ier, s'étant converti au christianisme, entreprit de fonder une Église indépendante. Après quelques années d'hésitation entre Rome et Constantinople, il se rallia finalement à l'Église d'Orient (870), et la Bulgarie fut évangélisée par des disciples de st Cyrille et de st Méthode. Reconnu en 927 par Constantinople, le patriarcat bulgare fut ramené au rang d'un archevêché après les victoires de l'empereur byzantin Basile II le

Bulgaroctone au début du XIe s. À la fin du XIIe s., l'État bulgare, libéré de la tutelle byzantine, se tourna vers Rome, et le tsar Kaloyan demanda à Innocent III d'être reçu dans l'Église romaine. Sa demande fut chaleureusement accueillie et le pape envoya un légat pour couronner en grande pompe le monarque (1204), mais les heurts entre les Bulgares et les chefs du nouvel Empire latin de Constantinople empêchèrent ces projets d'union d'aller plus loin. Rétabli en 1235 avec l'accord de Byzance, le patriarcat disparut de nouveau après la conquête turque (1393) et, pendant près de cinq siècles, les chrétiens orthodoxes de Bulgarie furent administrés par Constantinople. À la fin du XVIIIe s., la lutte pour l'indépendance religieuse devint la première forme du réveil national bulgare. Pour arrêter les conflits incessants entre Grecs et Bulgares, le sultan accorda en 1870 la création d'un exarchat bulgare, que le patriarche de Constantinople déclara aussitôt schismatique. Cet exarchat devait être reconnu en 1945.

La conversion de la Russie

L'Église orthodoxe russe est la fille la plus prestigieuse du christianisme byzantin. Vers 865 aurait déjà existé à Kiev une petite communauté chrétienne de rite grec, mais la conversion de la Russie ne commença vraiment qu'avec le baptême de Vladimir, grand-prince de Kiev (vers 988). Dès son origine, l'Église russe fut subordonnée au patriarche de Constantinople, aux côtés duquel elle se rangea sans difficulté lors du schisme de 1054. Au XIe s., l'apostolat chrétien connut un bel essor grâce au renfort apporté par des clercs bulgares qui fuyaient la domination byzantine. Dès cette époque, le monachisme était devenu l'âme du christianisme russe. Un événement essentiel de l'histoire de la Russie fut l'alliance, scellée au début du XIVe s., entre l'Église russe et les princes de Moscou. En 1328, le siège du métropolite fut transféré à Moscou et, à mesure que Constantinople déclinait sous la pression des Turcs, Moscou s'affirma comme le centre vivant du christianisme oriental. L'Église russe protesta énergiquement contre l'union éphémère réalisée avec Rome au concile de Florence (1439), et le métropolite Isidore, qui avait adhéré à cette union, fut désavoué et déposé par Vassili l'Aveugle.

Après la chute de Constantinople (1453), Moscou eut conscience d'être désormais le rempart de l'orthodoxie, la « troisième Rome ». Au XVIe s., les théologiens russes commencèrent à élaborer la théorie du pouvoir divin du tsar, héritier du *basileus* byzantin, et, en 1589, avec l'accord forcé du patriarche de Constantinople, fut érigé le patriarcat de Moscou, qui eut pour premier titulaire le patriarche Job (1589/1605). Dès ce moment, la Russie se posa en protectrice de tous les Slaves orthodoxes. En 1837, le tsar lui-même prit officiellement le titre de chef de l'Église orthodoxe de Russie, et la politique panslaviste du tsarisme au XIXe s. orienta vers la Russie les Églises orthodoxes des Balkans, encore soumises à la domination ottomane dont le patriarche de Constantinople se faisait le plus souvent l'instrument.

Divisé au XVIIe s. par le schisme des vieux-croyants (v. RASKOLNIKI), le christianisme russe joua un rôle essentiel dans le renouveau spirituel de l'orthodoxie au XIXe s.

Les persécutions bolcheviques et communistes

Après l'effondrement du tsarisme (févr. 1917) fut convoqué le concile de Moscou (août 1917/sept. 1918), le premier concile de l'Église russe depuis le XVIIe s. Il rendit son indépendance à l'Église en rétablissant le patriarcat (17 nov. 1917). Mais l'Église russe, compromise par ses liens séculaires avec l'autocratie tsariste, allait subir, dès 1918, une persécution d'une violence et d'une ampleur sans précédent dans l'histoire du christianisme. Radicalement séparée de l'État (décret du Conseil des commissaires du peuple, 23 janv. 1918), elle perdit le droit d'enseigner et vit tous ses biens confisqués ; le monachisme fut rapidement liquidé, les derniers séminaires et académies théologiques fermèrent en 1924. Le patriarche Tikhone, élu au début de 1918, condamna l'orientation antireligieuse du bolchevisme, tout en essayant de maintenir l'Église à l'écart de la guerre civile. Les milieux ecclésiastiques se divisèrent : les partisans d'une collaboration avec le régime soviétique formèrent diverses Églises « rénovées », dont l'existence fut éphémère ; à l'opposé se constitua dans l'émigration une Église orthodoxe violemment anticommuniste. La persécution s'abattit sur le clergé. En automne 1922, le patriarche Tikhone fut placé en résidence surveillée ; en juin 1923, soit qu'il ait cédé à des pressions, soit qu'il ait reconnu l'inutilité de la résistance au communisme, désormais bien établi, le patriarche publia une déclaration dans laquelle il dénonçait les agissements des orthodoxes de l'émigration et affirmait qu'il n'était « plus l'ennemi du pouvoir soviétique ». Le gouvernement ralentit quelque peu la persécution, tout en continuant à favoriser le mouvement athéiste.

À la mort de Tikhone (1925), il fut impossible de procéder à l'élection d'un nouveau patriarche, et les candidats successifs furent arrêtés. C'est seulement en 1927 qu'un accord fut obtenu par le métropolite Serge, qui faisait fonction de patriarche. Reprenant les principes posés par Tikhone dans sa lettre de 1923 et dans son « testament » (que certains considèrent comme un faux), le métropolite Serge adopta une attitude de loyalisme à l'égard du pouvoir soviétique ; il alla même jusqu'à mettre en valeur certaines convergences entre la doctrine communiste et le christianisme. Au prix de ces concessions, il s'efforçait de préserver l'essentiel, l'existence même de l'Église et la permanence du culte. Beaucoup d'évêques et de fidèles refusèrent de le suivre, et, dans la clandestinité, se constitua une « Véritable Église orthodoxe » qui, malgré les persécutions sanglantes qu'elle subit vers 1937/38, subsista jusqu'à nos jours. La politique de Mgr Serge n'obtint d'ailleurs aucun résultat immédiat.

Depuis 1945

La guerre contre l'Allemagne (1941/45) marqua un tournant décisif dans les rapports entre l'État soviétique et l'Église orthodoxe. Le jour même de l'agression hitlérienne, le métropolite Serge proclama son loyalisme et lança un appel patriotique aux fidèles. L'Église rassembla une contribution volontaire de 300 millions de roubles pour la défense nationale et offrit à l'État l'équipement en chars de la colonne « Dimitri Donskoï ». Staline, soucieux de réaliser l'union sacrée à l'intérieur et de rassurer ses nouveaux alliés anglo-saxons, modifia brusquement l'attitude des pouvoirs officiels à l'égard de la religion. La ligue des Sans-Dieu fut dissoute en 1941 et, en sept. 1943, fut autorisée l'élection au patriarcat de Mgr Serge. Un Conseil pour les affaires de l'Église orthodoxe fut créé parmi les organes du gouvernement, et la *Revue du patriarcat de Moscou* inaugura sa publication.

Après la mort du patriarche Serge, le métropolite de Leningrad, Alexis, lui succéda dans des conditions normales (févr. 1945) ; il en fut de même pour son successeur, le patriarche Pimène, en 1971.

L'orthodoxie et l'œcuménisme

Dès 1920, le patriarche œcuménique de Constantinople participa aux travaux préparatoires qui devaient aboutir, en 1948, à la création du Conseil œcuménique des Églises. Le patriarcat et l'Église autocéphale de Grèce en firent partie dès 1948 ; le patriarcat de Moscou y entra à son tour en 1961, en même temps que les Églises orthodoxes bulgare, roumaine et polonaise ; en 1964, ce fut le tour de l'Église orthodoxe serbe. En revanche, les relations de l'orthodoxie avec Rome restèrent très hostiles jusqu'aux environs de 1960, d'autant plus qu'au lendemain de la Seconde Guerre mondiale les victoires de l'Armée rouge avaient permis aux diverses Églises orthodoxes d'absorber de force les catholiques « uniates » (v. ÉGLISES ORIENTALES CATHOLIQUES) d'Ukraine, de Roumanie, de Ruthénie et de Tchécoslovaquie. Une nouvelle période s'ouvrit avec l'invitation lancée par Jean XXIII aux Églises orthodoxes pour qu'elles envoient des observateurs au concile du Vatican II. Dès la première session du concile, en oct. 1962, le patriarcat de Moscou envoya des observateurs à Rome. Le 5 janv. 1964, lors du pèlerinage de Paul VI en Terre sainte, eut lieu la rencontre historique entre le pape et le patriarche de Constantinople, Athénagoras Ier. En nov. 1965, à la clôture du concile, Rome et Constantinople levèrent simultanément les anathèmes lancés lors de la rupture de 1054. Depuis lors ont été créés de nombreux groupes de travail mixtes entre catholiques et orthodoxes.

L'après-communisme

La chute des régimes communistes et la dislocation de l'URSS et de la Yougoslavie ont remis à l'ordre du jour une véritable « question orthodoxe ». D'une part, l'orthodoxie fut moins associée à l'émancipation démocratique que les autres confessions chrétiennes ; elle donna parfois l'image de la soumission, voire de la collaboration, avec les appareils d'État communistes. D'autre part, l'effondrement du communisme a provoqué un incontestable réveil de l'identité orthodoxe. Dès 1988, les célébrations du millénaire de la christianisation de la Russie avaient rappelé l'importance de l'Église dans une société en quête de repères. La revendication de l'orthodoxie comme critère constitutif de l'identité des Serbes en guerre contre les autres communautés de l'ancienne Yougoslavie en fut une illustration tragique, tandis qu'en Grèce, pays où l'appartenance religieuse figure toujours sur la carte d'identité, les sympathies manifestées envers la cause serbe marquèrent la permanence d'une frontière religieuse et culturelle en Europe.

Mais les autorités orthodoxes surent aussi exercer des fonctions médiatrices lors de conflits entre factions politiques dans la Russie postcommuniste, sans basculer pour autant, comme ce fut le cas en Serbie, du côté des forces les plus nationalistes et les plus antioccidentales. Enfin, malgré les réticences de l'Église d'Ukraine à la « diplomatie vaticane » de Jean-Paul II qui encourage les uniates à retrouver leurs droits et leurs biens, le dialogue œcuménique n'a pas été rompu entre les deux chrétientés.

ÉGLISES ORIENTALES CATHOLIQUES. Nom donné aux Églises d'Orient qui, tout en étant unies à Rome, conservent leurs « rites », c'est-à-dire non seulement leur liturgie particulière, mais aussi leur patrimoine spirituel, leurs traditions théologiques et leur discipline ecclésiastique propre. Voir UNIATES.

ÉGLISES ORIENTALES MONOPHYSITES. Églises qui, n'ayant pas accepté, parce qu'elles se rattachaient au monophysisme, les décisions du concile de Chalcédoine (451), sont aujourd'hui séparées aussi bien de Rome et du catholicisme que de Constantinople et de l'orthodoxie. Elles rassemblent environ 20 millions de chrétiens. Ce sont : l'Église syrienne orthodoxe ou « jacobite » (patriarcat d'Antioche) ; l'Église arménienne orthodoxe ou « grégorienne » ; l'Église orthodoxe nationale d'Éthiopie (patriarcat d'Addis-Abeba) ; l'Église syrienne orthodoxe de Mar Thomas (Malabar, Inde). Réaction contre la doctrine de Nestorius, le monophysisme affirmait qu'il n'y a, dans le Christ, qu'une nature, la nature divine. Cette conception théologique fut condamnée par le concile de Chalcédoine (451), à la suite duquel les Églises d'Égypte, d'Éthiopie, de Syrie et d'Arménie se séparèrent du reste de l'Église. Il semble cependant que Sévère, patriarche d'Antioche, et même Dioscore, patriarche d'Alexandrie, aient été opposés aux décisions du concile plus pour des questions de formulation que par de véritables divergences dogmatiques. Des raisons politiques, telles que l'opposition à l'empereur, contribuèrent également beaucoup à détacher les anciens patriarcats orientaux du reste de la chrétienté. Quant à l'Église éthiopienne, qui venait à peine d'être fondée, elle se trouva tout naturellement entraînée par son Église mère, l'Église d'Égypte.

L'Église jacobite

L'Église monophysite syrienne occidentale est aussi appelée Église jacobite, à cause de Jacques Baradée (500 env./578), qui organisa les Églises monophysites et laissa à sa mort les deux patriarcats d'Antioche et d'Alexandrie, mais aussi 27 évêques et 10 000 prêtres. Par extension, l'Église d'Égypte est parfois appelée jacobite, mais elle refusa ce terme. En 1662, une partie des chrétiens de Syrie se sont rattachés à Rome, entrant sous la dépendance du patriarcat catholique d'Antioche, tandis que le patriarcat orthodoxe d'Antioche recevait sous son autorité l'Église syrienne orthodoxe du Malabar.

L'Église arménienne

L'Église arménienne remonte à Grégoire l'Illuminateur, qui vint prêcher le christianisme en Arménie à la fin du IIIe s. et convertit le roi Tiridate III et tout son peuple. Autonome à partir de 374, l'Église arménienne reçut ses bases intellectuelles et administratives d'Isaac le Grand et de Mesrob, au Ve s. Elle se tint à l'écart des querelles du monophysisme, ne participa pas au concile de Chalcédoine de 451, mais, quarante ans plus tard, pour des motifs en partie politiques, elle se sépara du reste de l'Église au concile de Vagharchapat (491) et passa au monophysisme. L'histoire de l'Église arménienne fut celle d'une longue persécution, depuis les sévices des Perses et des Arabes jusqu'aux massacres perpétrés par les Turcs en 1915. À la suite des croisades se constitua au XIe s. en Cilicie un royaume de Petite Arménie ; cet État, jusqu'à sa disparition en 1375, fut soumis à des influences religieuses romaines qui ont laissé des traces. Le catholicos d'Arménie fut invité par Grégoire X au concile de Lyon (1247) et les Arméniens furent encore représentés à la première phase du concile de Florence (1438/39), mais ces premières tentatives de réunion n'eurent pas de suites durables. Le premier grand ralliement à Rome eut lieu avec Abraham Ardzivian en 1740 ; les Arméniens uniates dépendent du patriarcat catholique de Cilicie. Les Arméniens séparés ont aujourd'hui deux patriarches : le catholicos d'Echmiadzin, près d'Érevan, qui est théoriquement le chef suprême de tous les Arméniens, et dont la juridiction s'étend sur les Arméniens de l'ex-URSS, d'Amérique, d'Europe occidentale, de Roumanie, de l'Irak, de l'Iran, de l'Inde, de l'Indonésie ; le catholicos de Cis, en Cilicie, dont la juridiction s'étend sur la Syrie, le Liban et Chypre ; le patriarche d'Istanbul, dont la juridiction s'étend sur les Arméniens de Turquie, et le patriarche de Jérusalem, dont la juridiction s'étend sur une partie de la Syrie, la Jordanie, Israël, l'Égypte, la Grèce, dépendent tous deux du catholicos d'Echmiadzin.

L'Église copte d'Égypte

L'Église copte d'Égypte est l'héritière de l'ancienne Église de st Athanase et des pères du Désert. Au milieu du Ve s., Dioscore, le patriarche d'Alexandrie, était l'un des chefs les plus ardents du parti monophysite, et il fut condamné et déposé par le concile de Chalcédoine (451). Mais les moines d'Égypte se solidarisèrent avec leur patriarche, et, à la fin du Ve s., le monophysisme était solidement implanté en Égypte. Le succès de la doctrine monophysite dans cette région fut facilité par l'antagonisme politique entre les Coptes, descendants de l'ancienne population égyptienne, et les Grecs, qui adhéraient aux décrets de Chalcédoine. Le monachisme, qui fut l'âme de l'Église copte, continua à fleurir sous la domination arabe, qui, comme ailleurs, se montra fort tolérante. La seule grave persécution eut lieu sous le calife Hakim (996/1021). Cependant, le nombre des fidèles de l'Église copte n'a cessé de décliner. L'Église copte est gouvernée par un patriarche élu par les douze évêques coptes. Plusieurs églises ont été brûlées dans les années 1970/80; à partir de 1990, les persécutions subies par les coptes ont été dues à la radicalisation des courants islamistes. Des émeutes, en janv. 2000, provoquèrent ainsi la mort de 21 coptes, peu avant la visite de Jean-Paul II en Égypte.

L'Église nationale d'Éthiopie

L'Église nationale d'Éthiopie fut fondée vers 330/40 par le Syrien st Frumence, que le patriarche d'Alexandrie, st Athanase, désigna comme premier évêque (*abouna*). Elle devait rester étroitement liée, jusqu'à l'époque contemporaine, au siège d'Alexandrie, avec lequel elle passa au monophysisme et se sépara de l'Église universelle après le concile de Chalcédoine. Vers la fin du Ve s. arrivèrent de Syrie les « Neuf Saints » (chalcédoniens ou monophysites, on ne sait), qui fondèrent la vie monastique dans le royaume d'Aksoum. Le monachisme ne devait plus cesser de jouer un rôle très important en Éthiopie et il a conservé jusqu'à nos jours les traditions de rigoureux ascétisme des pères du Désert. À l'époque où l'indépendance nationale fut menacée par les invasions musulmanes, les monastères furent des bastions de la foi. Isolée du reste du monde chrétien par l'islam à partir du VIIe s., l'Église éthiopienne a conservé des caractères très originaux. La langue liturgique est restée le guèze, l'antique langue du royaume d'Aksoum. D'autre part, du fait des profondes influences juives qui s'exercèrent en Éthiopie vers le Xe s. de notre ère, les chrétiens éthiopiens observent encore de nos jours un certain nombre d'usages mosaïques : la circoncision, le respect du sabbat à l'égal du dimanche, l'abstinence de la viande de porc et de la viande d'animaux non saignés, etc. L'aménagement des églises rappelle celui du Temple de Jérusalem.

Aux XIIIe/XIVe s., de nombreuses tentatives furent faites par le Saint-Siège pour établir l'unité avec l'Église éthiopienne. Une mission de dominicains, envoyée en Éthiopie, connut d'abord quelque succès mais se heurta ensuite à la résistance farouche de l'empereur et des moines. Pourtant, des envoyés de l'Église éthiopienne prirent part, en 1441/42, à la deuxième phase du concile de Florence. Mais ils furent désavoués par l'empereur Zara Jacob (XVe s.), qui travailla énergiquement à la réforme de l'Église d'Éthiopie. Au début du XVIIe s., le jésuite espagnol Pedro Paez réussit à convertir au catholicisme l'empereur Susényos, qui proscrivit les doctrines monophysites (1614) et accepta l'envoi par Rome d'un patriarche catholique ; mais cela souleva une résistance nationale si puissante que l'empereur dut abdiquer (1632), et l'Église éthiopienne revint à ses conceptions traditionnelles.

Pendant plus de quinze siècles, elle a subi la tutelle étroite de l'Église d'Alexandrie, la seule avec laquelle elle pouvait, du fait de l'environnement islamique, entretenir des rapports réguliers. L'unique évêque éthiopien était toujours choisi par le patriarche d'Alexandrie parmi les moines égyptiens du couvent de Saint-Antoine, près de la mer Rouge. C'est seulement en 1929 qu'Alexandrie consentit à ce que l'*abouna* égyptien eût des suffragants éthiopiens. À la faveur de l'occupation italienne, en 1936, une hiérarchie entièrement éthiopienne fut installée, mais, lors du retour à l'indépendance, en 1941, on l'accusa d'avoir collaboré avec les Italiens, et l'*abouna* égyptien retrouva son autorité traditionnelle sur l'Église d'Éthiopie. Cependant, l'idée d'une hiérarchie nationale est restée vivante : en 1949, Alexandrie admit que l'*abouna* serait désormais éthiopien et, en 1959, l'Église éthiopienne devint un patriarcat indépendant.

À l'heure actuelle, le monophysisme des Églises orientales est à peu près imperceptible. On en trouve quelques traces dans les traditions théologiques, mais il n'exerce aucune influence sur la vie spirituelle. Ces Églises, qui avaient vécu pendant des siècles repliées sur elles-mêmes et parfois soumises à la domination musulmane (copte, syrienne, arménienne), semblent entrées dans la voie d'un renouveau. Sur l'initiative de l'empereur d'Éthiopie Haïlé Sélassié, leurs chefs se sont réunis pour la première fois depuis quinze siècles à la conférence d'Addis-Abeba (janv. 1965). Plusieurs contacts de caractère œcuménique ont été établis avec les Églises orthodoxes byzantines et même, en 1967, avec l'Église catholique romaine. Très durement frappée par la révolution qui, en 1975, a mis fin au régime impérial, l'Église éthiopienne s'est relevée peu à peu. Après les épreuves que lui imposa le régime marxiste-léniniste du colonel Mengistu, l'Église nationale d'Éthiopie profite du retour temporaire de la paix dans le pays pour mener à bien une œuvre de reconstruction multiforme : restauration des lieux de culte, mise en place de nouvelles structures de décision, réorganisation de la communauté des fidèles.

EGMONT ou **EGMOND.** Ancienne et illustre famille des Pays-Bas, dont les chefs étaient avoués de l'abbaye bénédictine d'Egmont, village de la Hollande-Septentrionale, au N.-O. d'Alkmaar. Connue dès la fin du XIe s., la seigneurie d'Egmont fut érigée en comté en 1486. À la branche cadette de cette famille appartenait **Lamoral Egmont, 4e comte d'Egmont** (* château de la Hamaide, Hainaut, 18.XI.1522, † Bruxelles, 5.VI.1568). Brillant général des armées de Philippe II, il contribua beaucoup aux victoires espagnoles de Saint-Quentin (1557) et de Gravelines (1558), et fut nommé en 1559 gouverneur du Brabant et de l'Artois, membre du Conseil d'État et commandant des troupes espagnoles dans les Pays-Bas. Au Conseil, il mena l'opposition contre l'évêque d'Arras Granvelle et fut l'un des artisans du départ de ce dernier. Bien que catholique, il manifesta son esprit de tolérance avec courage, s'associa au compromis des Nobles de 1565 et donna son appui à Guillaume de Nassau (v. PAYS-BAS. Des ducs de Bourgogne aux Hasbourg d'Espagne, 1384/1579). Arrêté traîtreusement par le duc d'Albe en même temps que le comte de Hoorn (sept. 1567), il fut traduit devant le Conseil des troubles et fut décapité sur la grand-place de Bruxelles. Cette exécution, qui eut lieu malgré l'intervention de l'empereur Maximilien lui-même, fut suivie d'un soulèvement général des Pays-Bas.

ÉGYPTE. En ancien égyptien *Kemi*, en grec *Aiguptos*, en arabe *Misr*. État de l'Afrique du Nord-Est ; capitale *Le Caire*.

La préhistoire

Au cours du paléolithique, qui correspond assez exactement à celui de l'Europe, l'Égypte connut des phases humides alternant avec des phases arides, la période la plus humide coïncidant avec l'acheuléen. Le Nil rétrécit progressivement en laissant derrière lui des terrasses où l'on a mis au jour des faciès successifs d'industries de la pierre taillée : acheuléen, paléolithique moyen et surtout paléolithique supérieur. L'assèchement saharien poussa les populations environnantes vers la vallée. Ce fut alors que se forma le peuple égyptien qui parlait une langue se rattachant à la famille chamito-sémitique.

Vers 6000 av. J.-C., la domestication d'espèces animales – chèvres, moutons et porcs – et de céréales – blé et orge –, fut introduite à partir du Proche-Orient, à travers le Sinaï, dans la région du Delta. L'Afrique saharienne joua aussi probablement un rôle dans l'introduction de certaines espèces comme le bœuf et dans l'acquisition des techniques de la céramique. L'agriculture ne fut longtemps qu'un complément aux ressources tirées de la chasse, de la pêche et de la cueillette. Au Ve millénaire se développèrent les cultures néolithiques du Fayoum, d'El-Tarif, d'El-Omari et de Mérimdé-Beni-Salameh, caractérisées par leurs poteries et leur industrie lithique. Parallèlement, en Haute-Égypte, au sud d'Assiout, s'épanouit l'importante culture de Badari (4500-3900) qui correspond au chalcolithique avec l'apparition du cuivre. Au carrefour des influences les plus diverses, Badari se situe à l'origine de bien des traits de la civilisation égyptienne ; ainsi Badari qui enterrait ses morts en position repliée et enveloppés dans une natte marqua le point de départ de l'évolution des croyances funéraires égyptiennes. L'équipement et les parures de ses morts témoignent de l'existence, dès cette époque, d'une hiérarchisation sociale qui ne fit que s'accentuer à l'époque suivante.

Au IVe millénaire, l'Égypte entra dans la période prédynastique, dite aussi de Nagada (v.), divisée en trois phases. À la moitié du IVe millénaire, la culture de Nagada I, héritière de celle de Badari, céda la place à celle de Nagada II qui opéra l'unification culturelle du pays. L'unification politique de la Haute-Égypte ou vallée du Nil, au S., et de la Basse-Égypte ou Delta, au N., fut préparée, dans les époques de Nagada II et Nagada III (3500/3100), par les grands centres de pouvoir, Nagada, This, Abydos et Hiérakonpolis qui s'imposèrent en Haute-Égypte. Leur rois, regroupés par les historiens dans la dynastie 0, ouvrirent la voie à Ménès/Narmer qui, vers 3100, rassembla l'Égypte sous sa seule autorité et fonda la royauté pharaonique (v. MÉNÈS).

Une longue histoire

Pendant près de trois mille ans, la civilisation pharaonique rayonna sur la vallée du Nil. Elle engendra quelque 500 rois dont certains n'eurent qu'une existence éphémère alors que d'autres, comme Thoutmosis III ou Ramsès II, se distinguèrent par des règnes longs et brillants. Les historiens ont repris le classement par dynasties établi par Manéthon (v.) au IIIe s. av. J.-C., en se fondant sur les listes conservées dans les archives des temples égyptiens, et ils les ont regroupées par grandes périodes d'unité monarchique et de prospérité et par périodes intermédiaires de troubles, de rivalités intérieures ou de domination étrangère.

Il fallut attendre l'aube du XIXe s. pour que l'histoire et la civilisation de l'Égypte pharaonique fussent tirés de longs siècles d'oubli. L'Expédition d'Égypte (1798/1801), organisée par Bonaparte, rassembla une extraordinaire documentation et elle incita les savants à s'atteler au déchiffrement des hiéroglyphes avec d'autant plus d'ardeur qu'elle leur fournit avec la pierre de Rosette un document bilingue, égyptien (rédigé en écriture hiéroglyphique et démotique) et grec. Ce fut à Jean-François Champollion qu'il revint, en 1822, de lever le voile sur le secret des hiéroglyphes.

L'époque thinite (3100/2680) et l'Ancien Empire (2675/2200)

L'époque thinite rassemble la première (3100/2900) et la deuxième dynasties (2900/2675), originaires de la ville de This, en Haute-Égypte, qui déplacèrent le centre du pouvoir vers la région de Memphis, ville fondée par Ménès d'après la tradition. Les rois thinites continuèrent cependant à se faire inhumer dans la nécropole d'Abydos, proche de This, tandis que les dignitaires inauguraient la nécropole de Sakkara, sur le plateau surplombant Memphis. Dès l'époque thinite furent posés certains des fondements de l'État pharaonique dont le roi-dieu était la pierre angulaire. Intermédiaire entre les dieux et les hommes, prêtre suprême, chef du gouvernement et de la justice, commandant en chef de l'armée, propriétaire de l'ensemble des terres ainsi que des mines et des carrières situées pour la plupart dans le désert oriental et au Sinaï, et détenteur du monopole du commerce avec l'étranger, le souverain était tout cela. L'État s'appuyait déjà sur une administration efficace.

Djéser (2675/2656) fonda la IIIe dynastie (2675/2625) et inaugura l'Ancien Empire ou temps des Pyramides (v.). Avec son architecte Imhotep, il érigea, à Sakkarah, la première pyramide (à degrés), au centre d'un immense complexe funéraire, réalisant la première construction de pierre à grande échelle en Égypte. Il marqua ainsi la rupture entre rois et dignitaires dans le domaine de l'architecture funéraire. Maître d'un État centralisé et contrôlé par une administration fortement hiérarchisée, Djéser draina les ressources de son pays pour ériger un monument funéraire digne du roi-dieu, héritier d'Horus, dernier représentant de la dynastie divine qui aurait régné avant les pharaons. À la même époque, les divinités étaient le plus souvent honorées dans des temples de briques crues qui n'ont guère laissé de traces.

Les successeurs de Djéser firent évoluer la pyramide qui acquit d'abord des faces lisses sous Snéfrou, le fondateur de la IVe dynastie (2625/2510), à Dahchour et Meïdoum, avant de parvenir à la forme géométrique parfaite à Gizèh sous son fils Khéops et ses descendants Khéphren et Mykérinos. Pour approvisionner les chantiers en matières premières et fournir aux sculpteurs les pierres variées dans lesquelles tailler les statues pour le culte royal, les souverains organisèrent des expéditions au Sinaï, dans le désert oriental et en Basse-Nubie et ils importèrent du cèdre du Liban.

Sous la Ve dynastie (2510/2350) intervinrent d'importants changements. Les rois cessèrent de recruter les hauts fonctionnaires, siégeant au gouvernement et au sommet de l'administration, parmi leurs proches parents pour ouvrir ces charges aux particuliers. Les gouverneurs de province qui régentaient leur circonscription à partir de la cour commencèrent à s'installer dans leur province où ils ne tardèrent pas à constituer de véritables dynasties. Le culte du dieu solaire Rê/Atoum fut propulsé au premier plan par le clergé d'Héliopolis. Les rois qui n'obéissaient jusque-là à aucune instance supérieure se virent subordonner au dieu Rê dont ils devinrent les fils. À la fin de la Ve dynastie apparurent à l'intérieur des pyramides les *Textes des Pyramides*, recueils de formules rassemblant des traditions orales et de très anciens rituels funéraires. Consacrés à la renaissance et à la survie du roi dans l'au-delà, ils influencèrent l'ensemble de la littérature funéraire. Dans ces textes, pour renaître, le roi s'assimilait à la fois à Rê et à Osiris, le dieu des morts, privilège qui lui était exclusivement réservé. Les dignitaires se contentaient de vivre dans l'au-delà auprès de leur roi et d'avoir table ouverte à ses côtés.

Sous la VIe dynastie (2350/2200), à la faveur du règne très long de Pépi II (2279/2119), les nomarques affirmèrent leur indépendance. L'Ancien Empire céda bientôt la place à la Première Période Intermédiaire (2200/2050) qui vit les nomarques se déchirer, les famines, causées par des séries de mauvaises crues du Nil conjuguées à une incapacité à prévenir les disettes, se multiplier. L'organisation sociale fut bouleversée, les tombes pillées et le privilège royal de la renaissance osirienne usurpé. À la fin de la période, deux grandes forces restèrent en présence : les rois d'Hérakléopolis de la Xe dynastie (qui disparut en 2025) et les princes de Thèbes formant le début de la XIe dynastie (2119/2046). Après des affrontements sanglants, les Thébains l'emportèrent sur leurs rivaux et réunifièrent le pays.

Le Moyen Empire (2046/1710) et la Deuxième Période Intermédiaire (1710/1550)

Montouhotep II (v. 2046-1995) de la XIe dynastie (2046-1976) acheva la réunification en associant les Hiérakonpolitains, héritiers des traditions de l'Ancien Empire, à la restauration du pays.

Ses successeurs de la XIIe dynastie (1976-1793) déployèrent une énergie incomparable et rendirent à l'Égypte son rayonnement. À l'intérieur, ils étendirent les terres cultivables en mettant en valeur l'oasis du Fayoum. Ils déplacèrent le centre du pouvoir de Thèbes vers l'orée du Fayoum, au sud de Memphis, et y firent construire leurs pyramides. Mais ils ne négligèrent pas pour autant Amon de Thèbes, élu comme dieu dynastique, à qui ils dédièrent le temple de Karnak promis à un avenir éblouissant. À la tête d'un État à la prospérité retrouvée, ils encouragèrent l'épanouissement de la littérature qui connut son âge d'or. Les arts ne furent pas en reste comme l'attestent la sculpture délicate et raffinée ou encore l'orfèvrerie qui atteignit un niveau jamais égalé. Sous Sésostris III (1872-1853), l'institution des nomarques fut définitivement supprimée et remplacée par des fonctionnaires afin d'écarter définitivement la menace que ces potentats locaux faisaient toujours peser sur la royauté.

À l'extérieur, les souverains de la XIIe dynastie étendirent leur contrôle sur l'ensemble de la Basse-Nubie, entre Éléphantine et la 2e cataracte du Nil. Pour protéger ce territoire et les mines de Nubie des convoitises du royaume voisin de Kerma, ils aménagèrent un puissant réseau de quatorze forteresses verrouillant le Nil à hauteur de la 2e cataracte. Au Proche-Orient, ils maintinrent les relations commerciales avec Byblos et favorisèrent les échanges avec les îles de la Méditerranée orientale. Les souverains de la XIIe dynastie accueillirent des Asiatiques, enrôlés dans l'armée ou recrutés comme artisans, dans l'ouest du Delta où ils fondèrent des colonies, notamment celle d'Avaris, qui prospérèrent sous la XIIIe dynastie. Également d'origine thébaine, cette dynastie, qui vit se succéder les rois à un rythme anormalement rapide, ne cessa de s'affaiblir. Le Moyen Empire, qui prit fin avant la XIIIe dynastie elle-même, fut suivi par la Deuxième Période Intermédiaire (1710-1550) marquée par la domination des Hyksos. Installés à Avaris, où la colonie d'Asiatiques leur avaient ouvert la voie, les Hyksos, d'origine cananéenne et amorrite et de langue sémitique, étendirent leur pouvoir sur une grande partie de l'Égypte, réduisant même Thèbes au rang de vassale. À cette époque, les échanges avec le Proche-Orient et la Méditerranée orientale s'intensifièrent. Finalement, la réaction vint à nouveau des princes thébains qui entamèrent une guerre de libération qui aboutit à la prise d'Avaris et à l'expulsion des Hyksos sous Ahmosis, le fondateur de la XVIIIe dynastie et le premier pharaon du Nouvel Empire, le temps des conquérants.

Le Nouvel Empire (1550/1070)

Les conquêtes d'Ahmosis en Palestine, où il pourchassa les Hyksos, puis en Nubie, furent à l'origine de l'Empire égyptien. L'œuvre de ce roi fut poursuivie par Thoutmosis Ier et surtout par Thoutmosis III (1479-1425) qui, pendant une vingtaine d'années, multiplia les campagnes militaires et se rendit maître d'un territoire s'étendant de la 4e cataracte en Haute-Nubie à la Syrie au nord, région qu'il disputa à l'empire du Mitanni. Guerrier de génie, Thoutmosis III fut aussi un fin politique, un grand bâtisseur et un lettré. Il légua à ses successeurs de la XVIIIe dynastie mais aussi des XIXe et XXe dynasties un empire solide. Grâce aux tributs en nature (matières premières, troupeaux, esclaves, etc.) versés par les peuples conquis, l'Égypte connue une prospérité sans précédent. Une partie de ses revenus fut destinée aux temples et surtout à celui d'Amon hissé au rang de dieu d'Empire. Son sanctuaire de Karnak, à Thèbes devenue la capitale religieuse, concentra d'immenses richesses et vit son clergé acquérir une puissance croissante. Les souverains du début de la XVIIIe dynastie inaugurèrent une nouvelle nécropole sur la rive gauche de Thèbes, la vallée des Rois, où furent creusées les tombes de presque tous les souverains du Nouvel Empire.

Profitant de ces richesses, la cour et les dignitaires adoptèrent un mode de vie des plus raffinés. Les artistes et les artisans produisirent des œuvres et des objets d'une rare subtilité, tout particulièrement sous le règne d'Aménophis III (1388-1351). Son fils et successeur Aménophis IV (1351-1334) rompit avec les croyances religieuses traditionnelles en adoptant comme divinité suprême et bientôt comme dieu unique, Aton, le disque solaire. Aménophis IV, qui changea son nom en Akhénaton, « Celui qui est utile à Aton », poussa l'idéologie concernant la divinité du roi jusqu'à ses extrêmes limites en se concevant lui-même comme la forme terrestre d'Aton, dieu qu'il cantonnait dans le ciel. Peu séduits par un dieu sourd et muet, auquel ils ne s'adressaient que par l'intermédiaire du roi, les Égyptiens balayèrent rapidement la religion atonienne après le décès d'Akhénaton. Ce furent Ay et Horemheb, deux grands dignitaires qui se chargèrent de rétablir la religion traditionnelle sous le règne du successeur d'Akhénaton, le jeune Toutankhamon. Ay puis Horemheb finirent par lui succéder. Horemheb (1319-1292) mena une œuvre importante de restauration avant de laisser le trône au général et vizir Ramsès (1292-1290) qui fonda la XIXe dynastie (1292-1186).

Son fils Séthi Ier (1290-1279) et son petit-fils Ramsès II (1279-1213) s'employèrent à regagner, en luttant contre l'Empire hittite, le terrain perdu en Syrie sous Akhénaton. En 1279, Ramsès II livra contre le roi Mouwatalli la célèbre bataille de Kadesh où il frôla le désastre. L'affrontement, qui eut le mérite de montrer que les deux Empires étaient de force égale, déboucha sur un traité de paix et d'assistance mutuelle qui assura une longue période de calme à la région et qui fut scellé par le mariage de Ramsès II avec une princesse hittite. Ramsès II, à la tête d'un pays riche et en paix, établi dans sa capitale de Pi-Ramsès au nord-est du Delta, profita de son long règne pour couvrir son pays et la Nubie de monuments grandioses dont les plus spectaculaires restent les temples d'Abou Simbel.

Merenptah (v.) honora le traité signé par son père Ramsès II et secourut les Hittites en proie à la famine en leur livrant du blé. Il dut lutter contre les Libyens, repousser des pirates chassés des côtes d'Asie Mineure par la disette et défendre ses possessions en Palestine. La XIXe dynastie s'acheva dans la confusion provoquée par des querelles de succession. Sethnakht (1186-1183) ramena l'ordre et fonda la XXe dynastie (1186-1070). Sous le règne de son fils Ramsès III (1183-1152), l'Égypte pharaonique connut sa dernière période de grandeur. Le roi repoussa l'invasion des Peuples de la Mer, qui avaient déferlé sur les côtes de Syrie et de Palestine, après avoir provoqué la chute de l'Empire hittite en Asie Mineure et le long des côtes de Cyrénaïque. L'ordre rétabli, il se consacra à l'administration du pays et à la construction de temples. Peu avant sa mort, il échappa à une conspiration du harem. La XXe dynastie s'enfonça ensuite dans une crise économique très sévère, liée à la perte des colonies égyptiennes, et ne put endiguer le pillage des tombes royales et de leurs trésors.

Le Ier millénaire av. J.-C.

Après la XXe dynastie s'ouvrit la Troisième Période Intermédiaire (1070-664) qui donne la tonalité à l'ensemble du millénaire caractérisé par une succession de dominations et d'invasions étrangères, entrecoupée de quelques périodes d'indépendance.

Alors que les rois-prêtres de Thèbes prenaient le contrôle de la ville et de sa région, la XXIe dynastie (1070-946) s'installait à Tanis, construite avec les monuments démontés à Pi-Ramsès située à une vingtaine de kilomètres. Les Libyens, établis dans le Delta par Ramsès III, s'emparèrent ensuite du pouvoir et fondèrent les XXIIe (946-735) et XXIIIe (756-714) dynasties. Ils ne purent empêcher la dislocation de l'Égypte en principautés et en dynasties parallèles et l'invasion du pays par les Kouchites du Soudan qui composèrent la XXVe dynastie (746-664). Ces derniers intervinrent au Proche-Orient où ils se heurtèrent à la puissance assyrienne. Les Assyriens les chassèrent du trône et donnèrent la couronne d'Égypte à Psammétique Ier (664-10), prince de Saïs, dans le Delta, qui fonda la XXVIe (664-525) avec laquelle débute la Basse Époque (664-332).

Sous la XXVIe dynastie, l'Égypte bénéficia d'une véritable renaissance, tout à fait remarquable sur le plan artistique. Les Saïtes furent vaincus par les Perses qui conquirent l'Égypte en 525. Les Égyptiens secouèrent le joug perse et retrouvèrent leur indépendance pour une brève période sous les XXVIIIe (404-399), XXIXe (399-380) et XXXe (380-342) dynasties. Les Perses ne reprirent le pays en 342 que pour le céder en 332 à Alexandre le Grand.

L'Égypte hellénistique, romaine et chrétienne

En 305 av. J.-C., Ptolémée, fils de Lagos, l'un des généraux d'Alexandre qui s'était emparé de l'Égypte après la mort du conquérant, fonda la dynastie ptolémaïque qui régna sur le pays jusqu'à la chute de Cléopâtre VII en 30 av. J.-C. Il choisit pour capitale Alexandrie, fondée en 331 par Alexandre, qu'il dota de monuments grandioses tel le Phare, et dont il fit un foyer culturel très actif en créant le Musée et la Bibliothèque. Ptolémée Ier fut à l'origine de l'Empire lagide qui atteignit son apogée sous Ptolémée III Évergète Ier (246/221 av. J.-C.) avant d'entamer un lent déclin. Cléopâtre VII voulut reconstituer la puissance lagide avec l'aide de César puis de Marc Antoine, mais son rêve se brisa à la bataille d'Actium (31 av. J.-C.). L'année suivante, lorsque le Romain Octave débarqua à Alexandrie recueillir les fruits de sa victoire, la reine se suicida. L'Égypte, ravalée au rang de colonie, devint le grenier à blé de Rome. En 395 apr. J.-C., après le partage de l'Empire romain, elle fit partie de l'Empire byzantin.

Dès le début du IIIe s. de notre ère, le christianisme s'était largement répandu en Égypte. Alors qu'aux IIIe s. et IVe s. l'Église d'Alexandrie, représentée notamment par Clément d'Alexandrie, Origène et st Athanase, pourfendeur de l'arianisme, jouait un rôle capital dans l'élaboration de la philosophie et du dogme chrétiens, l'érémitisme et le monachisme prenaient naissance en Égypte, sous l'impulsion de st Antoine et de st Pakhôme. Ce fut plus par opposition à Constantinople que pour des raisons doctrinales, que le patriarche d'Alexandrie Dioscore adhéra à l'hérésie monophysite, entraînant avec lui toute la chrétienté égyptienne. Voir ÉGLISES ORIENTALES MONOPHYSITES.

Les dynasties musulmanes

Après le partage de l'Empire romain (395), l'Égypte fit partie de l'Empire byzantin jusqu'à la conquête musulmane (prise d'Alexandrie en 642) qui fut assez bien accueillie par une population écrasée d'impôts et soumise à un étroit contrôle religieux de la part de Constantinople. Soumise alors aux califes omeyyades puis abbassides, l'Égypte retrouva une brève indépendance sous la dynastie des Toulounides (v.) (879/905), puis fut de nouveau soumise par les califes de Bagdad, (935). La faiblesse des émirs permit l'occupation de l'Égypte par les Fatimides (v.) en 969. En 1171, Saladin renversa les Fatimides et fonda la dynastie des Ayyoubides (v.), qui conquit un vaste empire s'étendant sur l'Égypte, la Syrie, l'Irak et l'Arabie.

Après l'échec des tentatives des croisés contre l'Égypte (1213), Saint Louis débarqua à Damiette (juin 1249), mais fut vaincu et fait prisonnier à Mansourah (févr. 1250). Trois mois plus tard, le dernier sultan ayyoubide fut tué et le pouvoir passa aux mains d'un corps d'élite initialement chargé de la défense des sultans, les mamelouks (v.), qui devaient se maintenir pendant plus de deux siècles jusqu'à la conquête ottomane par le sultan Sélim Ier en 1517. Réduite en province ottomane, elle fut gouvernée par un pacha nommé annuellement par Constantinople. À la faveur de l'incurie turque s'établit en Égypte un régime faible et corrompu, et l'économie déclina rapidement. Des révoltes périodiques de mamelouks entretenaient l'anarchie. Au XVIIIe s., l'Égypte devint l'enjeu des convoitises européennes. Les Français, à la faveur du régime des capitulations (v.) appliqué dans tout l'Empire ottoman, avaient pratiquement monopolisé le commerce extérieur du pays, mais les Anglais commençaient à comprendre l'importance stratégique de l'Égypte, clé de la route des Indes. L'expédition de Bonaparte en Égypte (1798/1801) (v. ÉGYPTE, campagne d') s'inscrivit dans le cadre d'une conception déjà mondiale de la guerre. Après le départ des Français, l'Égypte retourna au désordre, mais, en 1805, un soldat albanais, Méhémet-Ali, réussit à s'emparer du pouvoir. Sous sa ferme autorité, l'Égypte allait bientôt connaître un étonnant redressement.

Des réformes de Méhémet-Ali à l'occupation anglaise (1805/82)

Après avoir repoussé un débarquement anglais (printemps 1807), Méhémet-Ali mit un terme aux rébellions endémiques des mamelouks, qu'il fit massacrer en masse, après les avoir rassemblés dans la citadelle du Caire (1er mars 1811). Avec l'aide de conseillers militaires français (Sèves, Vaissière), il organisa une armée moderne et créa une marine de guerre. À la requête de la Porte, il enleva aux wahhabites les villes saintes de l'Arabie (1811/15) et acquit ainsi un prestige immense dans le monde musulman. Il fit ensuite la conquête du Soudan (1820/22) et installa un gouverneur égyptien dans la ville de Khartoum, qu'il venait de fonder. Sa puissance était désormais telle que le sultan fit appel à lui pour soumettre les Grecs (1824). La flotte égyptienne transporta en Morée une armée commandée par le fils de Méhémet-Ali, Ibrahim Pacha. Mais elle fut détruite à Navarin (20 oct. 1827) par la flotte franco-anglo-russe. Malgré sa défaite, Méhémet-Ali prétendit se faire payer ses services en exigeant du sultan la cession de la Syrie. Le sultan Mahmoud ayant refusé, les troupes égyptiennes, commandées par Ibrahim, firent la conquête de la Syrie (1831/32), bousculèrent les Ottomans à Konya (21 déc. 1832) et pénétrèrent en Anatolie. Dès 1833, sous prétexte de défendre la Turquie, une escadre russe s'installait à Constantinople, ce que l'Angleterre ne pouvait tolérer. Les pressions exercées sur Méhémet-Ali le forcèrent à signer le traité de Kutayeh (14 mai 1833), qui lui assurait au moins la Syrie. Cependant, l'Égypte continuait de renforcer sa position sur les côtes de la mer Rouge et devenait ainsi une menace pour l'Angleterre sur la route des Indes. Londres poussa le sultan à reconquérir la Syrie, mais les Ottomans subirent un nouveau désastre à Nizib (24 juin 1839). Pour la seconde fois, les puissances européennes s'interposèrent ; la France seule continuait à soutenir Méhémet-Ali, et la tension franco-anglaise fut si vive qu'on frôla la guerre. La flotte anglaise força Méhémet-Ali à abandonner la Syrie (nov. 1840) et à restituer toutes ses conquêtes ; en revanche, la Porte dut reconnaître à Méhémet-Ali la possession héréditaire de l'Égypte et du Soudan (1841).

En 1849, Méhémet-Ali laissait à ses héritiers une Égypte complètement transformée. La modernisation du pays se poursuivit sous Abbas Ier (1848/54), Mohammed Saïd (1854/63) et Ismaïl (1863/79). Les Anglais construisirent la voie ferrée Alexandrie-Le Caire-Suez, Ferdinand de Lesseps obtint en 1856 la concession du canal de Suez (inauguré en 1869) et les premières années du règne d'Ismaïl virent un essor considérable des exportations de coton. En 1867, Ismaïl obtint de la Porte le titre honorifique de khédive.

Mais l'effort de modernisation et la politique expansionniste poursuivie par Ismaïl en mer Rouge et au Soudan provoquèrent, après 1870, une crise financière qui tourna bientôt à la banqueroute. En 1875, Ismaïl dut vendre ses actions du canal de Suez à l'Angleterre. L'année suivante, les finances égyptiennes durent être placées sous contrôle franco-britannique. Désormais, la tutelle étrangère allait s'appesantir sur l'Égypte. Comme Ismaïl essayait de résister, la France et l'Angleterre obtinrent sa destitution par le sultan (juin 1879) et il fut remplacé par son fils, Tewfik. C'est de cette époque que date l'apparition du nationalisme égyptien moderne, qui trouva sa première expression dans la révolte d'Arabi Pacha (1882). Le khédive fut d'abord contraint de céder au mouvement national et de prendre Arabi pour ministre. Mais des massacres de chrétiens (juin 1882) fournirent à l'Angleterre le prétexte d'intervenir et, après la défaite des troupes d'Arabi à Tell el-Kébir (13 sept. 1882), l'Égypte fut occupée par les troupes britanniques, qui devaient s'y maintenir jusqu'en 1936 (à Suez jusqu'en 1955).

Du régime de tutelle à la révolution de 1952

Tout en continuant à faire partie nominalement de l'Empire ottoman, l'Égypte passa en fait sous le protectorat de l'Angleterre. Sans autre rôle officiel que celui de « conseiller », le consul général anglais devint le véritable inspirateur de la politique et de l'économie égyptiennes. Pendant plus de vingt ans (1883/1907), ce rôle fut tenu par lord Cromer. L'armée avait été reconstituée sous direction britannique et la plupart de ses officiers supérieurs étaient anglais ; par le traité de Constantinople (1888), la garde du canal de Suez fut confiée à l'armée égyptienne, c'est-à-dire à l'Angleterre ; le régime de condominium financier franco-britannique fut aboli en 1883 et, après l'incident de Fachoda (1898), la France, par l'accord du 8 avr. 1904, reconnut la suprématie britannique en Égypte. Cependant, au docile Tewfik Pacha avait succédé le khédive Abbas II Hilmi (1892/1914) qui manifesta des velléités d'indépendance. En janv. 1893, il révoqua Moustafa Fahmi Pacha, qu'il jugeait trop anglophile, pour le remplacer par Fakhri Pacha. En 1895, l'Angleterre imposa le retour de Fahmi Pacha. Pourtant, le mouvement nationaliste réapparut à cette époque, sous l'impulsion d'un avocat, Moustafa Kamil. À l'académie musulmane d'El-Azhar, depuis 1899, le mufti d'Égypte, Mohammed Abdouh, prenait l'initiative d'un mouvement de réformes inspiré par la double idée d'un retour à l'islam primitif et d'une ouverture vers la science moderne. Le khédive Abbas II Hilmi, connu pour ses sentiments antianglais, fut déposé en oct. 1914 et l'Angleterre profita du déclenchement des hostilités avec la Turquie pour établir officiellement son protectorat sur l'Égypte (18 déc. 1914).

Cependant, le nationalisme égyptien était entré depuis quelques années dans une phase nouvelle. Son chef était maintenant le fils d'un fellah aisé de Basse-Égypte, disciple de Mohammed Abdouh, formé à l'université de Paris. Saad Zaghloul Pacha invoqua en 1918 les principes de Wilson pour réclamer à l'Angleterre l'indépendance de l'Égypte ; il fut mis à la tête d'une délégation (*Wafd*) qui se proposait d'aller discuter à Londres et à Paris le statut de l'Égypte. L'Angleterre se refusa à engager des pourparlers et fit même arrêter Zaghloul. Mais à la suite du rapport de la mission Milner (1920), le cabinet de Londres se résigna à reconnaître l'indépendance de l'Égypte (1922), tout en se réservant la charge de la Défense, des Affaires étrangères et le droit d'entretenir des troupes, notamment au Soudan, pièce maîtresse de la stratégie militaire et commerciale britannique. Hussein Kamil avait succédé à son neveu Abbas II Hilmi en 1914 ; son frère, Ahmed Fouad (1917/36), devint roi sous le nom de Fouad Ier. Une Constitution fut adoptée (avr. 1923) et les élections de janv. 1924 virent le triomphe de Zaghloul et de ses amis, groupés dans le Wafd, véritable parti politique qui devait exercer une influence prépondérante dans la politique égyptienne pendant près de trente ans. À ses origines, le Wafd fut un authentique mouvement populaire, qui se donnait pour mission, en politique étrangère, de libérer complètement l'Égypte de la domination britannique, en politique intérieure d'assurer la garde de la Constitution. Mais en face du Wafd, la politique égyptienne avait un autre pôle, le palais royal. Ni Fouad Ier (1922/36) ni son fils et successeur Farouk (1936/52) n'entendaient jouer le jeu constitutionnel et, par la corruption, ils s'efforcèrent de gagner peu à peu les dirigeants du Wafd. La lutte entre le palais et le Wafd domina la politique égyptienne, et les Anglais surent exploiter cet antagonisme. Après la mort de Zaghloul (1927), le Wafd passa sous la direction de Nahas Pacha. Celui-ci fit échouer la tentative de gouvernement personnel de Fouad Ier en 1933/35. En 1936, il obtint l'évacuation de l'Égypte par les troupes britanniques (la zone de Suez exceptée). Dans les années suivantes, le Wafd commença à relâcher son intransigeance nationaliste. Une scission intervenue dans le parti en 1939 – celle des saadistes – permit pendant quelques années au roi Farouk de tenir le Wafd éloigné du pouvoir. Au début de la Seconde Guerre mondiale, le Premier ministre, Ali Maher Pacha, tout en appliquant l'accord militaire anglo-égyptien de 1936, déclara la nonbelligérance de l'Égypte. L'Angleterre s'accommoda d'abord de cette situation mais, en févr. 1942, lors de la grande offensive de Rommel en Libye, l'ambassadeur britannique, s'appuyant sur une démonstration militaire, lança un véritable ultimatum à Farouk, qui, menacé de déposition, dut rappeler au pouvoir le chef du Wafd, Nahas Pacha. Celui-ci montra jusqu'à la fin des hostilités un esprit de totale collaboration avec les Alliés.

Après 1945, le Wafd connut de nombreuses défections et les divers groupes politiques rivaux se mirent à faire une surenchère de nationalisme. L'Égypte commença par demander au gouvernement anglais la révision des traités relatifs au Soudan et au canal de Suez ; mais la défaite des forces égyptiennes par les Israéliens, en 1949, mit en évidence la faiblesse profonde du régime. Revenu au pouvoir en janv. 1950, Nahas Pacha dénonça en oct. 1951 les accords anglo-égyptiens de 1936 et il engagea la « bataille du canal », cependant que Farouk prenait le titre de « roi d'Égypte et du Soudan ». En agissant ainsi par démagogie, le Wafd déclenchait des forces révolutionnaires qu'il n'était plus capable de contrôler. Il se trouvait menacé non seulement sur sa droite, par le groupe puritain des Frères musulmans, mais aussi par les plus jeunes et les meilleurs chefs de l'armée, qui, à la suite des échecs de 1948, aspiraient à une politique énergique de réformes. Dans la clandestinité s'était constitué un comité d'« officiers libres », dont le chef était le colonel Gamal Abd el-Nasser. C'est ce groupe qui organisa le coup d'État militaire de la nuit du 22/23 juill. 1952 : le roi Farouk abdiqua, et le général Néguib, qui n'appartenait pas au cercle des « officiers libres », fut, en raison de sa popularité, choisi comme président du Conseil.

L'Égypte nassérienne (1952/70)

La Constitution monarchique ayant été abolie (déc. 1952) et les partis politiques supprimés (janv. 1953), le régime militaire proclama la république (18 juin 1953) dont le général Néguib devint le premier président. En fait, dès la chute de Farouk, le pouvoir réel étant entre les mains du groupe d'officiers conduits par Nasser, lequel représentait les tendances populaires et socialistes de la révolution. Après l'échec d'une première tentative pour éliminer Néguib (févr. 1954), Nasser écarta définitivement ce dernier et le remplaça dans toutes ses fonctions (14 nov. 1954). Il prit le titre de président de la République lorsque l'adoption de la Constitution de juin 1956 eut établi un pouvoir présidentiel autoritaire. Une répression rigoureuse se développa dès 1953 contre les adversaires les plus dangereux du gouvernement, les communistes, d'une part, qui peuplèrent les prisons, et, d'autre part, l'organisation islamiste des Frères musulmans, dont plusieurs chefs furent exécutés à la suite d'un attentat manqué contre Nasser (oct. 1954).

La première tâche de Nasser fut d'entreprendre une profonde transformation économique et sociale du pays, où, en 1952, à la chute de la monarchie, les deux tiers des terres cultivables appartenaient à 6 % des propriétaires. Une première réforme agraire, encore assez modérée, fut décidée en sept. 1952 ; beaucoup plus radicale, celle de juill. 1961 limita la propriété foncière aux environs de 60 ha. L'arrivée au pouvoir de Nasser eut rapidement des conséquences dans la politique internationale. L'Égypte repoussa le pacte de Bagdad, alliance militaire animée par la Grande-Bretagne et, en avr. 1955, Nasser se fit le champion du « non-alignement » à la conférence de Bandoung ; en collaboration étroite avec Tito et Nehru, il poursuivit avec persévérance cette politique, marquée par la conférence du Caire (1964). En juin 1956, Nasser remporta un premier succès décisif avec l'évacuation du dernier soldat britannique occupant encore la zone du canal de Suez. L'aggravation rapide des rapports égypto-israéliens amena Nasser à rechercher auprès des pays communistes les armes que lui refusaient les nations occidentales. Au cours des années 1955/56, les relations commerciales entre l'Égypte et le monde communiste prirent une importance croissante, jusqu'à représenter plus du tiers des échanges égyptiens. Nasser devint ainsi le principal adversaire des milieux occidentaux anticommunistes et pro-israéliens ; le gouvernement français lui reprochait en outre, non sans raisons, d'apporter un appui total à l'insurrection algérienne.

L'irrigation et l'électrification constituant des conditions majeures du développement économique de l'Égypte, Nasser décida la construction du haut barrage d'Assouan et rechercha un prêt aux États-Unis. Ceux-ci, après s'être montrés favorables, revinrent brusquement sur leur attitude. À cette mesure, Nasser répliqua en annonçant la nationalisation du canal de Suez (26 juill. 1956) qui provoqua l'intervention militaire israélo-franco-britannique (v. SUEZ).

De cette grave crise, le prestige de Nasser sortit renforcé dans tout le monde arabe qui, oubliant les défaites de l'armée égyptienne, vit désormais en lui l'homme qui avait fait reculer les anciennes puissances coloniales. Le 21 févr. 1958, Nasser put faire ratifier par référendum, à une écrasante majorité, l'union de l'Égypte et de la Syrie sous le nom de République arabe unie (RAU), à laquelle se joignit le Yémen dès le mois suivant. Nasser devint le premier président de la RAU (v.).

Tout en acceptant l'aide militaire soviétique pour réparer les pertes de la guerre de 1956, tout en obtenant de Moscou le financement de la construction du haut barrage d'Assouan, tout en développant ses échanges commerciaux avec les pays de l'Est, Nasser, fidèle à son « neutralisme positif », veilla à ne pas se laisser entraîner dans le camp soviétique. À l'intérieur, il poursuivit la répression des activités communistes. À l'extérieur, il régla dès 1958/59 son contentieux avec l'Angleterre et la France et renforça ses liens économiques avec l'Allemagne fédérale et les États-Unis. Une nouvelle étape dans le socialisme nassérien s'ouvrit en mai 1962 par la publication d'une Charte nationale, qui prévoyait notamment l'extension du contrôle de l'État sur les finances et l'industrie. Le nouvel État égyptien était fondé sur le parti unique, l'Union socialiste arabe, et sur des conseils populaires, formés pour moitié de travailleurs agricoles.

Cependant, le panarabisme de Nasser connaissait de nouveaux déboires : après l'avortement d'un nouveau projet de fédération entre la RAU, la Syrie et l'Irak (avr./août 1963), l'intervention militaire égyptienne en faveur de l'insurrection républicaine yéménite n'eut d'autre résultat que de détériorer les rapports entre Nasser et l'Arabie Saoudite, qui soutenait le roi du Yémen. Face à Israël, Nasser fit adopter par la conférence arabe du Caire, en janv. 1964, le principe du détournement des eaux du Jourdain, puis, quelques mois plus tard, lors d'un deuxième sommet arabe, la création d'un commandement unifié des armées arabes. Toutefois, faute de moyens militaires suffisants et faute de pouvoir réduire les réticences jordaniennes et saoudites, Nasser avait peu de moyens d'action.

Nasser, sentant son prestige décliner, ranima la tension contre Israël (1966). Après avoir obtenu le retrait des forces de l'ONU qui, depuis 1956, maintenaient le calme aux frontières du Sinaï, il décida contre Israël le blocus du golfe d'Akaba (23 mai 1967), opéra un rapprochement spectaculaire avec Hussein de Jordanie et multiplia les provocations qui fournirent aux Israéliens l'occasion de déclencher, à l'aube du 5 juin, la guerre dite des Six Jours (v. ISRAÉLO-ARABES, guerres). Après avoir accepté le cessez-le-feu, Nasser annonça puis reprit sa démission ; il procéda à une épuration dont fut victime son principal adjoint militaire, le maréchal Amer, qui se suicida dans sa prison. À la conférence de Khartoum (août/sept. 1967), l'Égypte obtint une aide financière importante des États arabes. De plus en plus dépendant de l'Union soviétique en raison de sa défaite, Nasser, tout en proclamant la « guerre d'usure » contre Israël (juill. 1969), adopta une attitude relativement modérée sur le terrain diplomatique. En juill. 1970, il acceptait une longue période de cessez-le-feu avec l'État hébreu (plan Rogers).

L'Égypte de Sadate à Moubarak

Après la mort de Nasser, en sept. 1970, Anouar el-Sadate, vice-président, lui succéda. Il se rapprocha de l'Arabie Saoudite et dégagea l'Égypte de l'influence soviétique, sans renoncer pour autant aux fournitures d'armes des pays de l'Est. En 1973, avec une armée réorganisée, Sadate reprit les hostilités contre Israël (v. ISRAÉLO-ARABES, guerres) et remporta un succès relatif avec le retrait israélien de Suez et la réouverture du canal en 1975 (v. SUEZ). Mais l'Égypte connaissait une grave crise économique et, pour alléger ses dépenses militaires du poids de l'effort de guerre, s'orienta bientôt vers la paix.

Après une visite historique en Israël en 1977, Sadate signa en 1979 les accords de Camp David (v.). L'Égypte bénéficia dès lors d'une aide américaine importante mais fut mise au ban des nations arabes. Le 6 août 1981, Sadate était assassiné par un fanatique.

Hosni Moubarak, qui succéda à Sadate, ne revint pas sur la politique pacifique de son prédécesseur. Après avoir modifié la Constitution, il se fit réélire pour six ans en 1987, lors d'élections générales qui consacrèrent l'influence croissante des islamistes.

À partir de 1990, les mouvements islamistes clandestins passèrent à l'offensive et multiplièrent les attentats, notamment à l'encontre des touristes occidentaux (le 17 sept. 1997, attentat de Deir al-Bahari, 62 morts) afin de priver le régime de sa principale source de devises. Les autorités répliquèrent par un durcissement politique, des arrestations massives et l'instauration de l'état d'urgence. Lors d'un violent séisme qui se produisit au Caire en nov. 1992, détruisant surtout les quartiers les plus défavorisés, les islamistes firent preuve de grandes capacités de mobilisation et d'organisation et mirent en lumière les carences du pouvoir en la matière. L'agitation islamiste se poursuivit jusqu'à provoquer des affrontements avec la communauté copte en 1993. Le régime réprima sévèrement la contestation et multiplia les exécutions sans que la situation s'améliorât. La prise de position de l'Égypte aux côtés de la coalition durant la seconde guerre du Golfe (1990/91)ainsi que l'envoi de troupes en Arabie Saoudite en 1990 lui permirent de bénéficier l'année suivante d'une annulation de 30 % de sa dette extérieure et de mettre en place un nouveau plan d'ajustement structurel pour lutter contre une crise économique accentuée par la chute du tourisme. Forte de l'expérience de la négociation avec Israël acquise à Camp David et de l'appui américain, l'Égypte joua dans le processus de paix un rôle de médiateur entre les deux parties, israélienne et palestinienne. De nombreuses rencontres eurent lieu au Caire et à Ta àba. En politique intérieure, les élections législatives de nov.-déc. 1995 se soldèrent par un net recul de l'opposition, laquelle obtint sa plus faible représentation parlementaire en vingt ans. En 1996, Kamal al-Ganzuri remplaça Atef Sidqi au poste de Premier ministre, que ce dernier occupait depuis 1987.

La lutte contre les islamistes prit un nouveau visage en avr. 1999, lorsque 427 extrémistes musulmans du Djihad furent condamnés à des peines allant de cinq ans de prison à la mort, alors que 1 000 autres, membres de la Djaama Islamiya, étaient libérés. L'économie fut marquée comme ailleurs par des privatisations (télécommunications et chemin de fer), sous la pression du FMI. En sept. 1999, le renouvellement du mandat de H. Moubarak fut accepté par référendum, par 93,9 % des suffrages. Le président H. Moubarak, à peine réélu, procéda à un remaniement ministériel qui fit accéder Atef Ebeid au poste de Premier ministre. Une loi sur les organisations non gouvernementales (ONG), qui les plaçait directement sous la tutelle de l'État, fut l'enjeu d'un débat considérable, jusqu'à ce qu'elle fût annulée par la Haute Cour constitutionnelle en mai 2000. En nov. 2000, après une percée relative des islamistes aux élections législatives (17 candidats du parti interdit des Frères musulmans, qui étaient présents sans étiquette, y furent élus), l'Égypte réagit à l'escalade de la violence entre les Palestiniens et l'armée israélienne en rappelant son ambassadeur en Israël, ce qu'elle n'avait pas fait depuis 1982. À l'intérieur, pour répondre à la menace islamiste, le régime opéra un durcissement, notamment sur le plan moral, comme l'illustre la condamnation à de la prison de 23 « homosexuels » en janv. 2001, tout en continuant de lutter contre les mouvements islamistes. En septembre 2002, la Haute Cour militaire condamnait 51 membres des Frères musulmans à de lourdes peines de prison.

ÉGYPTE (campagne d'). Entreprise après la paix de Campoformio (17 oct. 1797), qui avait consacré la défaite des adversaires de la France en Europe, cette expédition avait pour objet d'atteindre la puissance de l'Angleterre en Méditerranée orientale et aux Indes. Le prétexte de l'intervention fut donné par les récriminations des négociants français établis à Alexandrie, à Rosette et au Caire contre les mesures de restriction prises à l'encontre du commerce étranger. Embarquée à Toulon (19 mai 1798), une armée de 32 000 hommes s'empara de Malte (11 juin), débarqua près d'Alexandrie et s'empara de la ville (2 juill.). Bonaparte manifesta le plus grand respect pour les coutumes orientales et musulmanes et se présenta comme le libérateur de l'Égypte opprimée par la féodalité militaire des mamelouks. Ceux-ci furent écrasés à la bataille des Pyramides (21 juill.). Bonaparte entra au Caire (23 juill.) et y établit son quartier général. Cependant, la destruction de la flotte française à Aboukir par l'amiral anglais Nelson (1er août) coupait à Bonaparte la voie du retour en France et encourageait les Turcs à entrer dans la guerre contre lui. Après avoir durement réprimé le soulèvement du Caire (22/24 oct.), Bonaparte résolut de prévenir l'attaque des Turcs, qui se rassemblaient en Syrie : traversant le désert, il battit les Turcs à El-Arich (14 févr. 1799), s'empara de Gaza (25 févr.) et de Jaffa (6 mars). Le 19 mars, il mettait le siège devant Saint-Jean-d'Acre, mais, en dépit de sa victoire sur l'armée turque au Mont-Thabor (16 avr.), il ne put réussir à prendre la ville et dut ordonner la retraite (20 mai) d'une armée éprouvée par la peste. Il revint en Égypte pour repousser une tentative de débarquement turc (seconde bataille d'Aboukir, 25 juill. 1799). Puis, apprenant les difficultés du Directoire et voyant la France mûre pour un coup d'État, Bonaparte quitta secrètement l'Égypte, laissant le commandement à Kléber (25 août). Celui-ci, se considérant comme sacrifié, ouvrit avec les Turcs les conférences d'El-Arich et signa une convention d'évacuation (24 janv. 1800), qui fut rompue sur l'intervention des Anglais. Battant les Turcs à Héliopolis (18 mars), Kléber reprit Le Caire et entreprit la réorganisation du pays, mais il fut assassiné, le 14 juin 1800. Son successeur, le général Menou, subit une suite de revers et conclut avec les Anglais un accord qui permit l'évacuation des débris de l'armée (sept. 1801). La campagne d'Égypte eut d'importantes conséquences politiques en France, où elle donna à Bonaparte un surcroît de prestige et une auréole de merveilleux, en Europe, où elle détermina la Turquie et la Russie à se joindre aux Anglais dans la deuxième coalition, en Égypte même, où elle fut l'étincelle du mouvement de régénération dirigé dès 1806 par Méhémet-Ali. Dans le domaine scientifique, elle marqua le début de l'égyptologie moderne grâce à l'importante équipe de savants amenée par Bonaparte.

EICHMANN Adolf (* Solingen, 19.III.1906, † Jérusalem, 31.V.1962). Policier allemand. Représentant de commerce, entré en 1932 dans les SS autrichiens, membre du SD (*Sicherheitsdienst*, service de la sûreté) à partir de 1934, il se spécialisa dans la lutte contre les Juifs ; il créa en 1938, à Vienne et à Prague, une Centrale pour l'émigration juive, destinée en fait à dépouiller de leurs biens les victimes de la police raciale du IIIe Reich. En 1940, Heydrich lui confia la section IV B 4 a de l'Office central de sécurité du Reich (*Reichssicherheitshauptamt*), qui fut chargée en 1941 de la « solution finale du problème juif », c'est-à-dire de l'extermination des Juifs européens. Arrêté en 1945 par les Alliés, Eichmann réussit à s'échapper et à se réfugier en Argentine. Découvert en 1960 par des agents secrets israéliens, il fut enlevé et amené en Israël pour passer en jugement. Condamné à mort à l'issue d'un long procès (avr./déc. 1961) qui se déroula à Jérusalem, il fut exécuté par pendaison.

EINAUDI Luigi (* Carru, Piémont, 24.III.1874, † Rome, 30.X.1961). Homme politique italien. Professeur d'économie politique. De tendances libérales, il fut élu sénateur en 1919 et conserva son poste sous le régime fasciste ; cependant, il dut interrompre, en 1935, la publication de sa revue *La Riforma sociale*. Réfugié en Suisse de 1943 à 1945, il siégea ensuite à la Consulta provisoire, puis à l'Assemblée constituante, et devint l'un des chefs du parti libéral. Le 8 mai 1948, il fut élu premier président de la République italienne (1948/55).

Son fils, **Giulio Einaudi** (Turin, 1912), fonda en 1933 la maison turinoise Einaudi, principale maison d'édition de la gauche italienne de l'après-guerre.

EISENHOWER Dwight David (* Denison, Texas, 14.X.1890, † Washington, 28.III.1969). Général et homme politique américain. Chef d'état-major de MacArthur (1933/35), membre de l'état-major général à Washington en 1941, il dirigea le débarquement américain en Afrique du Nord (nov. 1942), la conquête de la Tunisie, les débarquements en Sicile et en Italie (1943). De Londres, il assuma, comme commandant en chef des forces alliées en Europe, la responsabilité du débarquement en Normandie (juin 1944) puis de toutes les opérations qui aboutirent à la capitulation de l'Allemagne (7 mai 1945). Chef d'état-major de l'armée américaine (1945), puis commandant suprême des forces de l'OTAN (1950), il fut élu président (républicain) des États-Unis en 1952 et réélu en 1956. Ses deux mandats furent marqués par la lutte contre le communisme dans le monde. Voir **ÉTATS-UNIS**. De l'après-guerre à la guerre du Viêt-nam.

ELAGABAL ou **HÉLIOGABALE, Varius Avitus,** dit **Marcus Aurelius Antoninus Elagabalus** (* Émèse, 204, † Rome, 11.III.222). Empereur romain (218/22). Grand prêtre héréditaire du Baal d'Émèse, cousin de Caracalla, il fut présenté comme fils illégitime de Caracalla aux légions de Syrie, qui l'acclamèrent (218). Il gouverna sous la tutelle de sa grand-mère Julia Maesa, essaya d'imposer à l'Empire le culte de Baal et distribua les plus hautes charges de l'État à des favoris incompétents. Assassiné par les prétoriens, il eut pour successeur son fils adoptif, Alexandre Sévère.

ÉLAM. Nom ancien d'une région du S.-O. de l'Iran, située à l'E. du Tigre inférieur, et qui correspond approximativement à l'actuelle province iranienne du Khouzistan. L'Élam avait pour capitale Suse. Centre d'une culture protohistorique remontant au Ve millénaire, l'Élam fut de tout temps en étroite relation avec la Mésopotamie. Déjà soumise par la première dynastie d'Akkad (XXIIIe s. av. J.-C.), cette région, après l'invasion des Goutis, fut conquise par Our-nammou, fondateur de la IIIe dynastie d'Our (vers 2100). Mais les Élamites s'emparèrent d'Our (vers 2004) et établirent une monarchie dont la titulature était empruntée à la tradition sumérienne. Après une période troublée où l'Élam fut tantôt indépendant, tantôt dominé par les royaumes mésopotamiens (Larsa, puis Babylone), l'Élam connut une brillante renaissance au XIIIe s. av. J.-C., jusqu'à sa conquête vers 1120 par Nabuchodonosor Ier. Cette domination se prolongea jusqu'à l'apparition, au VIIIe s., d'un royaume néoélamite, qui fut détruit par Assourbanipal en 640 ; Suse fut pillée et livrée aux flammes. À partir du VIe s., l'Élam fit partie de l'Empire perse, et les Achéménides établirent une de leurs capitales à Suse.

ELBÉE Maurice Gigot d' (* Dresde, 1752, † Noirmoutier, 1794). Général vendéen. Lieutenant de cavalerie avant la Révolution, émigré puis rentré en France, il se mit en 1793 à la tête des paysans de Beaupréau et devint généralissime de l'armée vendéenne à la mort de Cathelineau. Il battit les républicains à Coron et à Beaulieu, mais fut vaincu à Luçon, blessé à Cholet et fait prisonnier dans l'île de Noirmoutier, où il fut fusillé.

ÉLECTEURS DU SAINT EMPIRE, *Kurfürsten*. Princes d'Allemagne auxquels appartenait le droit d'élire l'empereur. Après l'extinction de la dynastie carolingienne en Allemagne (XIe s.), l'Empire devint électif et le resta en théorie jusqu'à sa disparition, en 1806 ; cependant, à partir de 1438, à une seule exception près (François-Étienne de Lorraine, élu en 1745), tous les empereurs sortirent de la maison de Habsbourg. Le nombre des Électeurs, d'abord illimité, fut, vers le XIIIe s., réduit à sept : les archevêques de Mayence, de Trèves et de Cologne ; le roi de Bohême ; le comte palatin du Rhin ; le duc de Saxe ; le margrave de Brandebourg. La *Bulle d'or*, donnée par Charles IV en 1356, fixa les modalités de l'élection impériale et confirma ces sept Électeurs. Le Palatinat fut privé en 1623 du droit d'élection au profit de la Bavière mais retrouva ses droits au traité de Westphalie en 1648, ce qui créa un huitième Électeur. En 1692, un neuvième électorat fut créé pour le Hanovre. En 1803, à la suite des conquêtes françaises en terre rhénane, Cologne et Trèves perdirent l'électorat, le vote de Mayence fut transféré à Ratisbonne, et quatre nouveaux Électeurs furent créés : Salzbourg, le Wurtemberg, Bade et la Hesse-Kassel (en 1805, Salzbourg fut remplacé par Wurzbourg). Les Électeurs disparurent avec le Saint Empire romain germanique en 1806.

ÉLÉONORE DE HABSBOURG (* Louvain, 1498, † Talavera, 1558). Reine de France, fille de Philippe le Beau, archiduc d'Autriche, roi de Castille, et de Jeanne la Folle, sœur aînée de Charles Quint. Elle épousa en 1519 Manuel Ier le Grand, roi de Portugal, et devint veuve dès 1521. Par une clause des traités de Madrid (1526) et de Cambrai (1529), elle fut remariée en 1530 au roi de France François Ier, scellant ainsi la réconciliation momentanée entre la France et l'Autriche. Vivant en retrait de la cour de France, elle ne donna pas d'enfants à François Ier. Redevenue veuve en 1547, elle se retira dans les Pays-Bas, puis en Espagne.

ÉLIE (1re moitié du IXe s. av. J.-C.). Prophète juif. Opposé au roi Achab (874-3/53) qui avait introduit le culte de Baal chez les Hébreux, il vainquit les prêtres de Baal sur le mont Carmel, puis se retira et vécut en ermite dans le désert de Sinaï. Le récit de son enlèvement sur un char de feu et de ses miracles, son retour annoncé par les prophètes comme apparition du Messie, ont fait de lui un personnage vénéré de la tradition judéo-chrétienne, associé à Jésus par les exégètes.

ÉLISABETH

ANGLETERRE

ÉLISABETH Ire (* palais de Greenwich, 7.IX.1533, † Richmond, 24.III.1603). Reine d'Angleterre (1558/1603). Fille d'Henri VIII et d'Anne Boleyn, elle accéda au trône après les règnes d'Édouard VI et de Marie Tudor. La grande idée de son règne fut de réaffirmer l'autorité royale en face des factions. Elle s'entoura d'un Conseil privé dont le membre le plus influent fut William Cecil. Dans le domaine religieux, elle se fit reconnaître comme le « régulateur suprême de l'Église » nationale, et imposa une voie moyenne entre le protestantisme calviniste et le catholicisme (v. ANGLICANISME. Sous les successeurs d'Henri VIII). La détention et l'exécution de Marie Stuart doivent être interprétées comme des actes politiques et non comme une preuve d'intolérance religieuse.

Sa politique extérieure s'inspira avant tout des intérêts nationaux de l'Angleterre. C'est pour des raisons politiques et économiques qu'elle soutint les Pays-Bas révoltés contre l'Espagne. La destruction en 1588 de l'Invincible Armada présagea la suprématie navale anglaise.

Le règne d'Élisabeth Ire provoqua une transformation rapide de l'économie du pays. Le travail de la laine se développa. L'agriculture se transforma avec les progrès de la concentration des terres (les *enclosures*) qui entraîna l'éviction des tenanciers et le développement d'une misère rurale à laquelle Élisabeth chercha à faire face par un système d'assistance publique (les *Poor Laws*). Le grand commerce maritime prit un réel essor, avec la création de compagnies privilégiées, notamment celle des Indes orientales.

L'époque élisabéthaine fut l'une des plus brillantes de la civilisation anglaise, et par-dessus tout l'âge d'or du théâtre, avec Shakespeare et Marlowe.

Élisabeth Ier ne s'était pas mariée, et la dynastie des Tudors s'éteignit avec elle. Elle reconnut comme son successeur Jacques d'Écosse, fils de Marie Stuart, qui régna sous le nom de Jacques Ier.

ÉLISABETH II (Londres, 21.IV.1926). Reine d'Angleterre depuis 1952. Fille de George VI et de la reine mère Élisabeth, mariée en 1947 à Philip Mountbatten, depuis duc d'Édimbourg, elle a quatre enfants, dont les déboires matrimoniaux à la fin des années 1980, affectèrent l'image de la famille royale. C'est dans ce contexte que la reine accepta, en 1993, de payer l'impôt sur le revenu et s'est engagée sur une modernisation de l'institution monarchique.

AUTRICHE

ÉLISABETH DE WITTELSBACH, dite **Sissi** (* Munich, 24.XII. 1837, † Genève, 10.IX.1898). Impératrice d'Autriche-Hongrie. De la famille royale de Bavière, elle inspira une vive passion à l'empereur François-Joseph, qui l'épousa en avr. 1854. Comme beaucoup de membres de sa famille, Élisabeth souffrait de troubles psychiques, et les tragédies successives qui frappèrent ses proches (notamment le suicide de son fils Rodolphe, 1889, et la mort de sa sœur, la duchesse d'Alençon, 1897) accentuèrent son goût de la solitude. L'impératrice vivait séparée de son mari, tantôt dans son château de Gödöllö, près de Budapest, tantôt dans le palais qu'elle s'était fait construire à Corfou, l'*Achilléion*. Elle voyageait aussi beaucoup à travers l'Europe et c'est au cours d'un séjour à Genève qu'elle fut assassinée par l'anarchiste italien Luccheni.

BELGIQUE

ÉLISABETH (* Possenhofen, 25.VII.1876, † Bruxelles, 23.XI.1965). Reine des Belges. Fille de Charles-Théodore, duc de Bavière, elle épousa en 1900 le futur Albert Ier, roi des Belges. De ce mariage naquirent trois enfants : le futur roi Léopold III, le prince Charles et la princesse Marie-José, qui allait devenir princesse de Piémont et reine d'Italie. Son courage et sa charité durant la Première Guerre mondiale la rendirent très populaire : elle fut l'animatrice de l'organisation des hôpitaux belges du front et servit elle-même comme infirmière à l'hôpital de l'Océan à La Panne.

RUSSIE

ÉLISABETH PETROVNA (* Kolomenskoïe, près de Moscou, 29.XII.1709, † Saint-Pétersbourg, 5.I.1762). Impératrice de Russie (1741/62). Fille de Pierre le Grand et de Catherine Ire, elle fut appelée au trône à la suite d'une révolution militaire qui renversa le jeune tsar Ivan ; elle ne prit aucune mesure sanglante contre les partisans de ce dernier, ce qui lui valut le surnom de *Clémente*. Elle termina victorieusement, en 1743, la guerre contre les Suédois, qui durent lui céder la Finlande (traité d'Abo). Pendant la guerre de Sept Ans, elle prit le parti de l'Autriche contre Frédéric II, que les troupes russes battirent à Künersdorf (1759) ; mais la mort d'Élisabeth disloqua la coalition et sauva le roi de Prusse. Elle fonda l'université de Moscou (1755) et l'Académie des beaux-arts de Saint-Pétersbourg (1758). Elle laissa le trône à son neveu Pierre III le 5 janv. 1762.

ELISÉE (IXe av. J.-C.). Prophète juif. Disciple et successeur d'Élie, il reçut le manteau sacré, l'esprit prophétique et le don des miracles. Comme son maître, il combattit le paganisme renaissant sous Achab et ses successeurs.

ELTSINE Boris (Boutka, Oural, 1er.II.1931). Homme politique russe. Ses succès de responsable économique local lui ouvrirent la carrière de cadre du régime soviétique, et il devint premier secrétaire du parti pour la région de Sverdlosk en 1976. En avr. 1985, il prit à Moscou la tête du département de la Construction. En déc. 1985, il fut nommé à la direction du comité moscovite du parti, ce qui lui ouvrit l'accès au Politburo. Son action pour introduire dans la capitale les premières mesures de la perestroïka fonda sa popularité. Mais sa volonté de radicaliser les réformes le conduisit à se heurter au Comité central : il démissionna du Politburo et fut démis de ses fonctions en oct. 1987. Élu au congrès des députés du peuple à Moscou en 1989, il créa le groupe interrégional des députés, embryon d'une véritable opposition et devint, en mai 1990, président du Parlement de Russie. Le 12 juin 1991, 56 % des électeurs russes le portèrent dès le premier tour à la présidence de la république de Russie. Sa ferme opposition, en août 1991, au putsch fomenté par les communistes conservateurs lui permit d'accroître sa popularité au détriment des survivants du pouvoir central soviétique. À la fin de l'année, il poussa résolument à la disparition de l'URSS, prenant la tête de la Russie devenue l'État le plus important de la CEI (v. RUSSIE. De la perestroïka à l'éclatement de l'URSS). Il consolida son pouvoir personnel par un référendum (avr. 1993) et par une réforme constitutionnelle (déc. 1993). Il s'engagea alors dans une réforme économique radicale, qui l'opposa violemment à la Douma dès sept. 1993. Les 3 et 4 oct., à l'instigation d'Alexandre Routskoï, ancien vice-Premier ministre, et de Rouslan Rasboulatov, président du Soviet suprême de Russie, cette opposition tourna à l'insurrection armée. Mais le bâtiment du Parlement, occupé par les insurgés, fut rapidement repris par les troupes gouvernementales. Son mauvais état de santé, aggravé par des excès de boisson, le rendit toutefois très dépendant de son entourage. Cette dépendance sembla particulièrement flagrante en déc. 1994, quand Boris Eltsine ordonna l'envoi de troupes russes en Tchétchénie.

L'enlisement du conflit, l'état de précarité économique d'une partie croissante de la population, la hausse de la criminalité, la corruption du pouvoir et l'impunité des mafias provoquèrent un effondrement de la popularité du chef de l'État russe. Cependant, notamment grâce à une amélioration de la situation en Tchétchénie, Boris Eltsine remporta au second tour l'élection présidentielle de juin-juill. 1996 ; mais son activité politique resta freinée par son état de santé. Menacé d'une procédure de destitution en 1998, B. Eltsine lança, en sept. 1999, une seconde guerre de Tchétchénie qui rétablit quelque peu le prestige du gouvernement ébranlé par son immobilisme face aux bombardements de l'OTAN sur la Yougoslavie, slave et orthodoxe. Fin déc. 1999, B. Eltsine démissionna de la présidence, confiant l'intérim à son Premier ministre, Vladimir Poutine, confirmé peu après à la tête de l'État par les électeurs.

ÉMIGRÉS. Nom donné spécialement pendant la Révolution aux Français qui quittèrent leur pays pour aller chercher refuge à l'étranger, en Angleterre, en Sardaigne, en Hollande, en Russie, mais surtout dans les principautés rhénanes. L'émigration se composa surtout de nobles et de prêtres réfractaires (v.). Les premiers émigrés partirent au lendemain même de la prise de la Bastille, parmi eux se trouvaient les princes de la famille royale : le comte de Provence (futur Louis XVIII), le comte d'Artois (futur Charles X), le prince de Condé, le duc et la duchesse de Polignac, les maréchaux de Broglie et de Castries... Les émigrés établirent leur quartier général à Coblence, s'efforcèrent d'obtenir des cours européennes une intervention contre la Révolution et organisèrent un corps d'armée, sous les ordres du prince de Condé, qui prit part aux côtés des alliés aux campagnes de 1792/94. La Révolution prit des mesures rigoureuses contre les émigrés : elle décida la confiscation et la vente de leurs biens (2 sept. 1792), l'exécution de tout émigré pris les armes à la main (9 oct. 1792), le bannissement à perpétuité des émigrés et la peine de mort pour ceux qui repasseraient la frontière (23 oct. 1792). Une nouvelle loi, plus complète, fut publiée le 28 mars 1793. On dressa et on imprima une liste générale des émigrés qui comprenait plus de 30 000 personnes : il était défendu, sous peine de mort, de leur faire passer des secours et même de correspondre avec eux

En juill. 1795, les émigrés tentèrent une expédition sur le sol français, à Quiberon, qui se termina par un désastre. L'armée de Condé dut se dissoudre à la conclusion de la paix de Lunéville (1801). Mais, à cette date, de nombreux émigrés étaient déjà rentrés en France, bien que les anciennes lois répressives de la Convention eussent été renouvelées dans toute leur rigueur après le 18-Fructidor. Après la bataille de Marengo et la paix d'Amiens, Bonaparte, attaché à la réconciliation de tous les Français, accorda l'amnistie aux émigrés par le sénatus-consulte du 6 floréal an X. Les derniers émigrés ne revinrent en France qu'avec la Restauration. En 1814, les biens des émigrés non vendus leurs furent rendus, et en 1825 fut votée la loi dite du « Milliard des émigrés » (en réalité une somme d'un montant inférieur), représentant les indemnités qui leur furent alors versées.

EMIN Pacha, Mehmed, Eduard Schnitzer, dit (* Oppeln, 28.III.1840, † Muomena, Afrique centrale, 23 ou 24.X.1892). Explorateur allemand. D'une famille juive, il se convertit au protestantisme, puis, installé comme médecin en Turquie, se fit musulman. Venu en Égypte en 1875, il voyagea en 1877 dans l'Ounjoro et l'Ouganda, fut nommé en 1878 gouverneur pour l'Égypte du Soudan méridional, où il fit cesser le trafic des esclaves. Coupé du reste du monde par la révolte du Mahdi en 1883, il entreprit des explorations dans le centre de l'Afrique et atteignit pour la première fois le lac Albert en 1888. Rentré au service de l'Allemagne en 1890, il fut un des créateurs de l'Afrique-Orientale allemande. Il mourut assassiné par des trafiquants d'esclaves au cours d'une de ses expéditions.

ÉMIRATS ARABES UNIS. État fédéral réunissant sept des neuf émirats de la côte des Pirates, sur le golfe Persique, à l'E. de la péninsule Arabique : émirats d'Abou Dhabi, de Dubaï, de Chardja, de Foudjeira, d'Adjman, d'Om-el-Qowain et de Ras el-Kheyma ; capitale *Abou Dhabi*. Jusqu'en 1971, ils constituaient ensemble le *Trucial Oman* ou les *Trucial States* (c'est-à-dire la « Trêve d'Oman », les « États de la Trêve »), nom qui leur avait été donné en souvenir des traités par lesquels les Anglais, en 1820 et en 1835, avaient obtenu que les chefs de cette région missent fin à leurs activités séculaires de piraterie. En aucun endroit du monde la révolution du pétrole ne devait provoquer une croissance aussi rapide. Dès 1937, l'Irak Petroleum avait acheté six concessions dans cette région, mais la prospection ne fut entreprise que dans les années 1950, et le pétrole ne commença à jaillir à Abou Dhabi qu'en 1962, à Dubaï qu'en 1969.

En 1971, après le départ définitif des Britanniques naquit la Fédération des Émirats arabes unis, composée de six puis sept émirats (Ras el-Kheyma, 1972), dont seuls Abou Dhabi, Dubaï et Chardja possédaient du pétrole. Le cheikh d'Abou Dhabi en fut élu président et l'État adhéra à la Ligue arabe. Malgré l'accroissement rapide de la population et le recul de la demande mondiale d'hydrocarbures dans les années 1980, les Émirats disposaient d'un des plus hauts revenus mondiaux par habitant. Cette fortune pétrolière, qui provoqua un afflux d'immigrés arabes, iraniens et indo-pakistanais, se traduisit par une modernisation accélérée des villes et la construction de cinq aéroports internationaux, ainsi que par des dépenses militaires considérables auprès des Occidentaux. En 1991 la crédibilité financière des Émirats subit le contrecoup d'un scandale financier qui atteignit Cheikh Zayed, émir d'Abou Dhabi. Ce scandale, ainsi que la participation financière au front anti-irakien et la diminution des cours pétroliers entraînèrent un important déficit budgétaire. En 2000, la flambée des cours du pétrole permit la signature d'un contrat de plusieurs milliards de dollars avec les États-Unis pour l'achat d'avions de guerre. Malgré ces bonnes relations avec les Américains, les Émirats arabes réclamaient la levée des sanctions pesant sur leur ancien ennemi, l'Irak, contre l'avis de leurs alliés saoudiens. Les attentats islamistes du 11 septembre 2001 aux États-Unis ont mis en lumière le rôle des Émirats dans le financement du terrorisme international *via* leur système bancaire. Une loi contre le blanchiment d'argent remédia à cette mise en cause.

EMMANUEL-PHILIBERT, dit **Tête de fer** (* Chambéry, 8.VII.1528, † Chambéry, 30.VIII.1580). Duc de Savoie (1553/80). Voir **SAVOIE (maison de)**.

EMPIRE (premier). Régime sous lequel vécut la France du 18 mai 1804 au 11 avr. 1814 et du 20 mars au 22 juin 1815 (les Cent-Jours). Voir **FRANCE.** L'époque napoléonienne. La Restauration.

EMPIRE (second). Régime sous lequel vécut la France du 2 déc. 1852 au 4 sept. 1870. Voir **FRANCE.** La IIe République et le second Empire.

EMPIRE BYZANTIN. Nom donné par les historiens à l'empire romain oriental. Voir **BYZANTIN (Empire)**.

EMPIRE D'OCCIDENT. Empire issu du partage de l'Empire romain, à la mort de Théodose (395). Voir **OCCIDENT (empire d')**.

EMPIRE D'ORIENT. Nommé aussi Empire byzantin, il correspond à l'Empire romain oriental issu de l'effondrement de l'Empire d'occident (476). Voir **BYZANTIN (Empire)**.

EMPIRE LATIN DE CONSTANTINOPLE. Empire fondé en 1204, après la prise de Constantinople, par les chefs de la quatrième croisade. Voir **CONSTANTINOPLE (empire latin de)**.

EMPIRE ROMAIN. Voir **ROME.**

EMPIRE ROMAIN GERMANIQUE (Saint). Empire d'Europe centrale fondé en 962 par Othon Ier le Grand et dissous en 1806. Voir **SAINT EMPIRE ROMAIN GERMANIQUE.**

EMS (dépêche d', 1870). Rapport d'une entrevue entre l'ambassadeur de France Benedetti et le roi Guillaume Ier, à Ems. Le différend (franco-prussien) portait sur la candidature d'un membre de la famille des Hohenzollern (à laquelle appartenait le roi de Prusse) au trône d'Espagne. Benedetti ayant demandé au roi l'assurance qu'aucun Hohenzollern ne deviendrait roi d'Espagne, il se vit poliment refuser sa requête. Le récit qu'en fit le chancelier Bismarck le 13 juill. 1870, abrégé et diffusé dans la presse, provoqua la fureur de l'opinion publique française et la déclaration de guerre de la France.

ENCYCLIQUES. Étymologiquement « Lettre circulaire ». Le terme désignait à l'origine les lettres pastorales des évêques. Au début du XIXe s., on le réserva aux lettres apostoliques adressées par le pape soit à l'Église, soit aux catholiques d'une nation ou d'un continent en particulier. Contrairement au dogme, l'encyclique (désignée par les premiers mots de son texte) s'inscrit toujours dans des circonstances historiques particulières, et peut être l'objet de corrections et de compléments. La première encyclique pontificale, *Epistola encyclica et commonitoria ad omnes episcopos*, de Benoît XIV (1740), rappelait aux évêques les devoirs de leur charge. Par la suite, les papes des XIXe et XXe siècles y eurent souvent recours, pour des objectifs divers. Sur le plan politique, les encycliques servirent à condamner certains courants : en 1832, Grégoire XVI publia *Mirari vos*, contre la doctrine chrétienne libérale de l'abbé Lamennais ; en 1864, Pie IX dressa dans le *Syllabus* la liste des « erreurs modernes » (rationalisme, naturalisme, socialisme, communisme) ; en 1937, le racisme hitlérien puis le communisme athée furent dénoncés par Pie XI dans *Mit Brennender Sorge* et *Divini redemptoris*. Les encycliques servirent aussi à éclairer la position de l'Église sur les questions sociales : *Rerum novarum* de Léon XIII en 1884, *Mater et magistra* de Jean XXIII en 1961, *Sollicitudo rei socialis* de Jean-Paul II en 1987. D'autres textes portent sur le fonctionnement de l'Église, comme l'enseignement (*Aeterni Patris* de Léon XIII en 1879, *Divino afflante spiritu* de Pie XII en 1943), les missions (*Rerum Ecclesiae* de Pie XI, 1926), les questions théologiques (*Mystici corporis Christi*, de Pie XII, 1934, *Redemptoris Mater*, par Jean-Paul II, 1987). En 1968, l'encyclique *Humanae vitae* de Paul VI, sur la régulation des naissances, provoqua un vaste débat et incita certains théologiens à poser la question de l'autorité des encycliques.

ENCYCLOPÉDISTES. Ensemble des collaborateurs de l'*Encyclopédie* de Diderot, qui fut au XVIIIe la principale expression du rationalisme philosophique. Les principaux participants en furent Montesquieu, Voltaire et Marmontel pour la littérature, Condillac pour la philosophie, Buffon et Daubenton pour les sciences naturelles, d'Holbach pour la chimie, d'Alembert pour les sciences, La Condamine, Turgot et Quesnay pour l'économie. Si la qualité des articles est variable et discutée, l'*Encyclopédie* demeure le premier ouvrage de vulgarisation scientifique, adressé à un large public, bourgeois et populaire. Politiquement conservateur, le texte est très hardi en matière de religion, les attaques se glissant dans des articles courts, mais aux entrées suggestives : *Préjugé, Superstition, Fanatisme.* En juillet 1751, le premier volume parut, préfacé du *Discours préliminaire* de d'Alembert. Le dernier tome

(XVII) parut en 1765, complété ensuite de nombreuses planches. Entre-temps, de nombreuses défections (Rousseau, d'Alembert, Duclos, Marmontel) furent enregistrées et la publication fut souvent contrariée, par les attaques des jésuites dès 1751, deux interdictions (1752 et 1759), et la condamnation du pape Clément XIII en 1759.

ÉNERGIE. Jusqu'au XVIIIe s., les ressources en énergie ont été très limitées, entravant ainsi tout développement économique à grande échelle. De la préhistoire au XVIIIe s., la première source d'énergie fut la force de l'homme et celle des animaux domestiques. Ainsi, dans les sociétés esclavagistes, la présence d'une main-d'œuvre abondante et bon marché ralentit le développement des techniques de production. Les **Égyptiens** surent utiliser la force du vent pour la propulsion des bateaux (première représentation d'une voile, vers – 3000). Les **mécaniciens grecs et romains** inventèrent de nombreuses machines destinées à tirer parti de l'énergie de l'eau (moulins à eau dès les IIe/Ie s. av. J.-C.) ou de l'élasticité des gaz (siphon), et découvrirent même la puissance de la vapeur d'eau. Mais les structures économiques et sociales esclavagistes de ces sociétés empêchèrent le développement de ces ressources, en favorisant l'exploitation systématique de la force humaine. Connaissant le moulin à eau, les Romains lui préférèrent en permanence le moulin à bras actionné par les esclaves. Avec le perfectionnement de l'attelage (Xe s.), le **Moyen Âge** recourut davantage à la force animale : collier d'épaule, attelage en file de plusieurs chevaux. À partir des Xe/XIe s, l'énergie hydraulique prit une importance croissante, avec la diffusion des moulins à eau, puis à la fin de la période, des moulins à vent.

Avec l'invention de la **machine à vapeur**, fruit de recherches techniques tout au long des XVIIe et XVIIIe s., un tournant décisif fut pris. Le premier âge de la Révolution industrielle (XVIIIe/XIXe s.) fut celui de la vapeur et du **charbon de terre** (qui succédait au bois), qui allaient révolutionner le secteur des transports (chemin de fer et navigation à la vapeur). À la fin du XIXe s., un second âge de l'industrie s'ouvrit avec la découverte de nouvelles ressources : **gaz** d'éclairage industriel et surtout **électricité** (premières centrales hydrauliques à la fin du XIXe s.) et **pétrole** (premier moteur à explosion, 1862). Le XXe s. a vu décliner le charbon au profit du pétrole, puis, après la Seconde Guerre mondiale, du gaz naturel et de l'énergie **nucléaire**.

La question de l'énergie est devenue au XXe s. un enjeu essentiel des relations internationales, notamment la question de la **dépendance** à l'égard des sources énergétiques, qui handicape de nombreux pays industrialisés d'Europe, ainsi que le Japon. L'angoisse de la pénurie d'énergie s'est développée dans les années 1960, et s'est considérablement accentuée avec l'embargo arabe sur le pétrole à partir de 1973. Cette situation a conduit à rechercher de nouvelles sources d'énergie, moins polluantes et accessibles à tous. Cependant, la production mondiale d'énergie reste encore largement assurée par le pétrole (36,4 %), suivi du charbon (29,3 %), du gaz (24,3 %), du nucléaire (7 %), de l'hydroélectricité, contre 3 % seulement pour les énergies renouvelables.

ENGELS Friedrich (* Barmen, Rhénanie, 28.XI.1820, † Londres, 5.VIII.1895). Économiste et théoricien politique allemand. Fils d'un riche industriel, rallié au communisme, il n'en continua pas moins de mener une activité de patron, qui lui permit d'aider matériellement Karl Marx, devenu son ami en 1844. Marx et Engels écrivirent plusieurs ouvrages en collaboration, dont le *Manifeste du parti communiste* (1848) ; Engels mit au point et publia, après la mort de Marx, les derniers volumes du *Capital*. Il participa à la révolution allemande de 1848 et devint secrétaire de l'Internationale en 1870. Plusieurs ouvrages publiés sous sa seule signature s'efforcèrent de définir le caractère scientifique du socialisme. Les régimes communistes ont constamment associé son nom à celui de Marx.

ENGHIEN, Louis Antoine Henri de Bourbon, duc d' (* Chantilly, 2.VIII.1772, † Vincennes, 21.III.1804). Prince français. Fils unique du dernier prince de Condé, il émigra et servit avec bravoure comme cavalier dans l'armée commandée par son grand-père, le prince de Condé (v. ÉMIGRÉS). Après le licenciement de cette armée (1801), il se retira dans le grand-duché de Bade, en pays neutre. Bonaparte, le soupçonnant de comploter contre lui et voulant intimider l'agitation royaliste, le fit enlever, au mépris du droit international, et conduire à Vincennes. Jugé précipitamment par un conseil de guerre, condamné à mort, le duc d'Enghien fut fusillé dans la nuit même de son arrivée. Cette exécution scandalisa toute l'Europe.

ENRAGÉS. Nom donné en 1792/93 à un groupe de révolutionnaires qui, poussant jusqu'au bout les principes de la Révolution, réclamaient que l'égalité politique et civile fût complétée par l'égalité sociale, préconisaient la taxation et la réquisition des denrées, une nouvelle distribution des fortunes et même une expropriation générale au profit de l'État. Les principaux chefs de cette faction furent des curés constitutionnels, notamment Jacques Roux, membre du Conseil général de la Commune, qui fit de sa section des Gravilliers et des sections voisines du Temple et de l'Observatoire des foyers de propagande socialiste. Les Enragés qui constituaient en quelque sorte la gauche de la Montagne, exercèrent sur celle-ci une forte pression démagogique. À partir de juin 1793, la rupture fut consommée avec les Montagnards qui obtinrent l'arrestation des principaux chefs, J. Roux, Théophile Leclerc, Claire Lacombe, Varlet, en septembre de la même année. Hébert, puis Babeuf reprirent une partie de leur programme.

ENSENADA, Zenón de Somodevilla, marquis de la (* Alesanco, près de Logroño, 2.VI.1702, † Medina del Campo, 2.XII.1781). Homme politique espagnol. Dans les années 1730/40, il fut le grand rénovateur de la marine espagnole, et devint Premier ministre de Philippe V et de Ferdinand VI (1743/54). Par une sage administration, il redressa les finances, réforma le système douanier, simplifia la fiscalité et donna un nouvel essor au commerce et à l'économie coloniale. Mais des cabales de cour finirent par le renverser.

ENTENTE CORDIALE. Expression employée pour la première fois par Guizot pour caractériser l'amélioration des rapports entre la France et l'Angleterre obtenue sous son gouvernement. Napoléon III essaya de poursuivre cette politique et obtint l'alliance de l'Angleterre dans la guerre de Crimée (1854/56), mais les rivalités coloniales des deux pays empêchèrent longtemps tout accord durable. En automne 1898 encore, l'affaire de Fachoda faillit être l'étincelle d'un conflit armé. La croissance dangereuse de la puissance navale allemande incitait cependant les Anglais à se rapprocher de la France, comme le souhaitaient le ministre français des Affaires étrangères, Delcassé, l'ambassadeur français à Londres, Paul Cambon, et le nouveau roi Édouard VII, monté sur le trône en 1901. Le voyage d'Édouard VII à Paris (mai 1903) contribua à atténuer l'anglophobie de l'opinion publique française.

Les négociations aboutirent à l'accord du 8 avr. 1904, qui réglait tous les différends franco-anglais dans les divers points du monde, en particulier en Afrique, où, en échange d'une renonciation française à l'Égypte, l'Angleterre reconnaissait à la France un futur protectorat marocain. Sans constituer une véritable alliance, l'Entente cordiale se raffermit encore lors de la conférence d'Algésiras (janv./avr. 1906), où la Grande-Bretagne appuya le point de vue français contre les prétentions allemandes.

Mais les réticences de Londres à s'engager fermement furent interprétées en 1914 comme un signe de neutralité par Berlin, qui déclara la guerre à la France.

ENTRECASTEAUX, Joseph Antoine de Bruni, chevalier d' (* Aix-en-Provence, 1737, † près de l'île de Java, en mer, 20.VII.1793). Amiral français. Fils d'un président du parlement de Provence, il fit ses premières armes dans la marine sous le bailli de Suffren, son parent, fut commandant des forces navales en Inde (1785) et gouverneur de l'île de France (1787). En 1791, il partit à la recherche de La Pérouse dans l'océan Pacifique ; il n'obtint aucun indice concernant le navigateur, mais améliora considérablement la connaissance de cette partie du monde en explorant les côtes de la Nouvelle-Calédonie, de l'île de Bougainville, de la Nouvelle-Hollande et de la Tasmanie.

ENTREMONT. Plateau situé à 3 km au N. d'Aix-en-Provence. À la suite de découvertes fortuites faites à partir de 1817 et des fouilles menées systématiquement par Fernand Benoît après la Seconde Guerre mondiale, on y a découvert les vestiges de la principale forteresse (*oppidum*) de la confédération celto-ligure des Salyens. Avant la conquête romaine, ils occupaient un vaste territoire au S. de la Durance et à l'E. du Rhône et menacèrent longtemps les Grecs de Marseille. La première ville fortifiée sur le site d'Entremont s'est développée à partir de 180 av. J.-C. : l'oppidum est passé rapidement d'un petit bourg, lui-même protégé par des premiers remparts, à une agglomération qui présentait l'aspect d'une véritable ville, avec ses rues dallées, ses habitations groupées en îlots rectangulaires, ses dispositifs pour l'écoulement des eaux et pour l'hygiène et ses bâtiments collectifs.

En 123 av. J.-C., les Salyens furent vaincus par le consul Sextus Calvinius, qui détruisit l'oppidum d'Entremont et fonda *Aquae Sextiae*, la future Aix-en-Provence.

Entremont est célèbre pour la découverte de sculptures de personnages masculins (guerriers), le plus souvent en position assise, et de figures humaines qui représentent probablement des têtes coupées.

ENVER Pacha (* Istanbul, 23.XI.1881, † Douchanbé, Turkestan russe, 4.VIII.1922). Général et homme politique turc. Avec Talaat Pacha et Djémal Pacha, il devint le principal chef du mouvement des Jeunes-Turcs et dirigea les coups d'État de 1908/09 qui forcèrent le sultan Abdul-Hamid II à remettre en vigueur la Constitution de 1876 puis à abdiquer (avr. 1909). Attaché militaire à Berlin en 1909, il participa à la guerre turco-italienne de 1911/12 en Tripolitaine, se distingua dans la seconde guerre balkanique (1913) en reprenant la ville d'Andrinople et devint ministre de la Guerre en 1914. Germanophile, il fit bombarder par la flotte ottomane les ports d'Odessa et de Sébastopol, mettant le cabinet turc devant le fait accompli et contraignant ainsi la Turquie à entrer dans la guerre mondiale aux côtés de l'Allemagne.

Ministre de la Guerre et chef d'État-major, il réorganisa l'armée ottomane et s'entoura d'officiers allemands. Vainqueur aux Dardanelles (v.), il échoua sur le front Est, dans le Caucase. La chute du régime ottoman l'obligea à gagner Berlin, tandis qu'à Constantinople, il était jugé par contumace et condamné à mort (juill. 1919). Entré en contact avec les bolcheviks, il fut envoyé en 1921 au Turkestan, où il prit la tête des révoltés musulmans contre l'avancée communiste. Il y fut tué lors d'un combat contre un détachement de l'Armée rouge.

ÉOLIENS, *Aioleis*. Nom donné à une des branches du peuple grec, caractérisée par l'usage du dialecte éolien. Voir GRÈCE. La Grèce des temps obscurs (XIe/IXe s.)

ÉON, Charles de Beaumont, chevalier d' (* Tonnerre, 5.X.1728, † Londres, 21.V.1810). Agent secret français. Fils d'un avocat au parlement de Bourgogne, avocat lui-même, il profita de son physique pour revêtir des habits féminins et se faire passer pour une femme. Chargé par Louis XV d'une mission secrète en Russie auprès de l'impératrice Élisabeth, il se présenta à celle-ci comme lectrice, contribuant à un rapprochement entre la France et la Russie. Reprenant ensuite des habits masculins, il combattit brillamment, pendant la guerre de Sept Ans, comme capitaine de dragons, puis fut nommé secrétaire d'ambassade à Londres. Rentré en France en 1777, il reçut de Louis XVI l'ordre de ne plus quitter les habits féminins. Après sa mort, en Angleterre, où il était retourné vivre en 1783, plusieurs médecins constatèrent qu'il était bien du sexe masculin.

ÉPAMINONDAS (* Thèbes, vers 420, † Mantinée, 362 av. J.-C.). Général et homme politique thébain. En 379, il aida Pélopidas à chasser les Lacédémoniens qui s'étaient emparés quatre ans plus tôt de la Cadmée, citadelle de Thèbes. Réorganisant complètement l'armée thébaine, il battit à nouveau l'armée spartiate à Leuctres (juill. 371), et cette défaite porta un coup décisif à la puissance de Sparte. Épaminondas envahit la Laconie, enleva la Messénie à la puissance de Sparte (370), puis mena dans le Péloponnèse une deuxième (368) et une troisième (367) campagne victorieuse, permettant à Pélopidas de faire reconnaître Thèbes par la Perse comme la première puissance grecque (367). Au début de l'été 362, portant de nouveau la guerre dans le Péloponnèse, il battit encore les Spartiates à Mantinée, mais fut blessé mortellement dans le combat. Sa mort arrêta l'expansion de Thèbes, qui dut accepter une paix blanche avec Sparte.

ÉPERNON, Jean-Louis de Nogaret de La Valette, duc d' (* château de Caumont, mai 1554, † château de Loches, 13.I.1642). Homme politique français. Il fut l'un des mignons d'Henri III. Il servit son souverain avec une fidélité totale, à l'armée comme lors de négociations secrètes. Le roi le fit duc et pair (1581), amiral de France (1587), gouverneur de Metz, Toul et Verdun, de la Provence, de la Normandie, de l'Anjou, du Poitou, de la Saintonge. Il fut un des derniers à reconnaître Henri IV et, malgré la bienveillance du Béarnais, lui montra durant tout le règne une hostilité presque ouverte. Il se trouvait auprès d'Henri IV lorsque celui-ci fut assassiné par Ravaillac, et il s'empressa de faire donner la régence à Marie de Médicis. Il chercha à disputer les affaires à Concini, mais fut définitivement écarté par Richelieu, qui le fit dépouiller de ses gouvernements et ne lui donna la Guyenne que pour l'éloigner.

ÉPHÈSE (concile d', 431). Troisième concile œcuménique, qui se tint à Éphèse du 22 juin à la fin d'oct. 431, sur l'ordre de l'empereur Théodose II, pour résoudre la crise nestorienne. Voir NESTORIANISME.

ÉPIRE, *Êpeiros*. Contrée montagneuse de la Grèce du Nord-Ouest, qui s'étend le long de la mer Ionienne, du golfe d'Arta (dans l'Antiquité, golfe d'Ambracie) à l'Albanie. Habitée dès l'époque paléolithique, l'Épire demeura toujours un peu en marge du monde grec durant l'Antiquité. À Dodone, elle possédait le plus ancien oracle de la Grèce, l'oracle de Zeus, déjà fréquenté à l'époque d'Homère. Au début de l'âge classique, elle était divisée en trois peuples, les Thesprotes, les Chaoniens et les Molosses. Ces derniers s'assurèrent la suprématie ; ils entreprirent, aux Vᵉ/IVᵉ s. avant notre ère, l'hellénisation de l'Épire et la constitution d'un État fédéral. Philippe de Macédoine épousa la fille du roi des Molosses, Olympias, qui fut la mère d'Alexandre le Grand. Le frère d'Olympias, Alexandre le Molosse († vers 331 av. J.-C)., porta la guerre en Italie du Sud et conclut un traité avec Rome. L'Épire antique atteignit son apogée au début du IIIᵉ s. av. J.-C., sous le règne de Pyrrhos, l'adversaire de Rome. La ligue Épirote qui se constitua ensuite fut divisée par la guerre entre les Romains et la Macédoine et la région composa avec l'Illyrie et la Macédoine une seule province romaine (148 av. J.-C.). À partir de 285 apr. J.-C., l'Épire fut rattachée à l'empire d'Orient, où, en raison de son éloignement de Constantinople, elle jouit longtemps d'une grande autonomie. Après la prise de Constantinople par les croisés (1204), un prince byzantin, **Michel Iᵉʳ Ange Comnène**, fonda le despotat d'Épire, qui comprenait non seulement l'Épire proprement dite, mais aussi presque toute l'Albanie actuelle. Cet État grec, qui connut son apogée sous Théodose Iᵉʳ, couronné empereur en 1230, repassa rapidement sous suzeraineté byzantine puis se démembra après l'assassinat de Thomas Ange Comnène (1318). Au début du XVᵉ s., Manuel II Paléologue reconnut Charles II Tocco, comte de Céphalonie, comme despote d'Épire, mais, en 1430/31, l'Épire fut conquise par les Ottomans, qui en furent pendant plus de quatre siècles maîtres. Dès 1881, une petite partie de l'Épire méridionale fut attribuée à la Grèce, qui s'empara de sa capitale, Janina, en mars 1913. La partie septentrionale de l'Épire revint à l'Albanie, indépendante depuis 1912. À l'automne 1940, les troupes italiennes tentèrent vainement de faire la conquête de l'Épire, qui fut submergée par l'invasion des troupes allemandes en avr. 1941.

ÉPURATION. Nom donné en France, en 1944, à la répression des actes de collaboration avec l'Allemagne pendant l'Occupation (1940/44). Réclamée par le programme du Conseil national de la Résistance, elle fut codifiée par des ordonnances du Gouvernement provisoire du général de Gaulle, qui créèrent les structures aptes à juger les actes postérieurs au 18 juin 1940 : des cours de justice dans les chefs-lieux, une Haute Cour de justice pour les actes de collaboration en qualité de chef d'État, chef du gouvernement, ministres, secrétaires d'État, commissaires généraux et hauts-commissaires, des chambres civiques pour les Français soupçonnés d'« activité antinationale ». Des *comités d'épuration* implantés dans les administrations et les entreprises proposaient des sanctions aux chambres civiques. Fin 1944, 100 000 individus étaient en prison, dont certains hauts personnages (généraux, diplomates, hauts fonctionnaires, académiciens, artistes, etc.). Cette période reste très controversée, l'accusation de collaboration recouvrant des réalités très diverses et les jurys étant composés de membres de la Résistance, dont l'impartialité a pu être discutée. D'autant que l'épuration ne se limita pas à ces tribunaux et que beaucoup d'exécutions sommaires (au moins plusieurs milliers) furent commises au moment de la Libération.

2 071 condamnations à mort furent prononcées, un tiers furent appliquées, ainsi que 37 000 autres peines privatives de liberté. Les chambres civiles prononcèrent 48 273 condamnations à l'indignité nationale. Écrivains et journalistes furent beaucoup plus durement frappés que des industriels qui s'étaient pourtant enrichis par leur collaboration économique. On compte parmi les intellectuels condamnés à mort : Georges Suarez, Robert Brasillach, Henri Béraud (gracié), Lucien Rebatet (gracié). Le maréchal Pétain fut condamné à mort par la Haute Cour le 15 août 1945, mais la peine ne fut pas appliquée ; Pierre Laval fut quant à lui exécuté (15.X.1945). Sous la IVe République, après le départ du Général de Gaulle, de nombreuses mesures de grâces individuelles ou d'amnisties furent adoptées.

On trouve le même type de procédures d'épuration dans les autres pays libérés : en Italie, de nombreux fascistes furent exécutés sommairement dans les derniers mois de la guerre. En Allemagne, les Alliés imposèrent une « dénazification » des administrations et des entreprises, poursuivie ensuite par les tribunaux de RFA et de RDA, indépendamment des condamnations prononcées par les tribunaux alliés pour « crimes de guerre ».

ÉQUATEUR, *Republica del Ecuador*. État du N.-O. de l'Amérique du Sud, sur la côte de l'océan Pacifique ; capitale *Quito*. L'ancien royaume indien des Karas, établis dans cette région montagneuse des Andes, fut incorporé vers la fin du XVe s. à l'Empire inca. Lors de la colonisation espagnole, Pizarre envoya dans cette région, en 1533, Benalcazar, qui en prit possession au nom du roi d'Espagne. À l'époque coloniale, ces régions, qui formaient la présidence de Quito, n'eurent jamais une grande importance. Affranchies de la domination espagnole par la victoire de Sucre à Pichincha (1822), elles furent d'abord englobées dans la Grande-Colombie, fondée par Bolívar. À la dissolution de cet État, l'Équateur devint une république indépendante (1830). L'histoire équatorienne fut agitée par de nombreux coups d'État et révolutions. Des disputes de frontières opposèrent également longtemps l'Équateur à ses voisins, sans beaucoup de résultats. La Charte de Quito (1848) recommanda une union douanière ainsi qu'une coopération politique et économique entre la Colombie, le Venezuela et l'Équateur. Les tentatives des catholiques conservateurs qui, avec García Moreno, président de 1861 à 1865 et de 1869 à 1875, essayèrent de faire de l'Équateur un État quasi théocratique, suscitèrent la réaction des radicaux anticléricaux ; ceux-ci, au début du XXe s., orientèrent la politique équatorienne dans une direction libérale et progressiste. Sous les présidences d'Eloy Alfaro (1897/1901, 1906/11) et de Leonidas Plaza (1901/05, 1912/16), l'Église, séparée de l'État, perdit le monopole de l'enseignement et, en 1908, se vit confisquer une grande partie de ses propriétés ; l'état civil fut laïcisé, le divorce autorisé, les libertés de culte, de pensée et de presse proclamées. À l'extérieur, l'Équateur dut consentir à d'importantes cessions de son territoire amazonien au Brésil (1904), à la Colombie (1916) et au Pérou (1942) ; la superficie nationale fut ainsi réduite à moins du tiers de ce qu'elle était au XIXe s.

À partir des années 1930, la personnalité dominante de la vie politique fut José Maria Velasco Ibarra, cinq fois président de la République (1934/35, 1944/47, 1952/56, 1960/61, 1968/72) et quatre fois renversé par des coups d'État militaires. En 1976, un nouveau coup d'État militaire mit fin au mandat de Rodríguez Lara, président depuis 1972, qui avait tenté de s'opposer aux exigences des compagnies pétrolières. Depuis 1979, le pouvoir est revenu aux civils, avec l'élection du populiste Jaime Roldos, qui périt deux ans plus tard dans un accident d'avion (dont les circonstances sont restées mystérieuses) et fut remplacé par le vice-président Osvaldo Hurtado.

Leon Febres Cordera, candidat de la coalition conservatrice, fut élu en 1984. Sa politique économique ultralibérale étendit l'emprise de sa propre famille sur de nombreux secteurs de l'économie, en association éventuellement avec des entreprises internationales. La dette extérieure s'accrut. Il fut battu en août 1988 par Rodrigo Borja, le candidat social-démocrate de la Gauche démocratique (affiliée à l'Internationale socialiste).

Les questions de la dette extérieure et de l'exploitation privée ou publique du pétrole paralysèrent le pays à partir de 1990. Borja lança un programme économique modéré, fondé sur la nationalisation de l'industrie du pétrole, mais l'austérité budgétaire menée parallèlement par le gouvernement le rendit vite impopulaire. En 1992, le nouveau président Sixto Duran, de centre-droit, renoua avec le libéralisme et annonça des privatisations, notamment dans l'industrie pétrolière. Le projet provoqua le mécontentement des Indiens d'Amazonie, qui occupaient les terrains où se trouvait la plupart des gisements. Les autres Indiens du pays, qui représentaient 70 % des Équatoriens les plus pauvres, s'unirent au mouvement. En janv./févr. 1995, Duran tenta vainement de faire diversion par une guerre frontalière avec le Pérou. En 1998, le démocrate-chrétien Jamil Mahuad succéda à la présidence au populiste Abdalá Bucaram, destitué l'année précédente par le Congrès pour « incapacité physique et mentale ». 1999 fut une année noire pour l'économie équatorienne, écrasée par la dette ; la monnaie nationale, le sucre, perdit 200 % de sa valeur par rapport au dollar. La faillite fut déclarée en oct. 1999 et le 9 janv. 2000, l'abandon du sucre au profit du dollar fut décrété, véritable catastrophe pour les plus pauvres. Le 21 janv. 2000, des milliers d'Indiens membres de la Confédération des nationalités indigènes d'Équateur envahirent le Parlement et destituèrent Mahuad. Mais ils furent abandonnés par l'armée, qui apporta son soutien au vice-président Gustavo Noboa, investi par le Congrès le 26 janv. En 2001, le pays renoua avec une certaine stabilité politique et économique. Le 24 novembre 2002, le candidat progressiste Lucio Gutiérrez, qui avait participé à l'insurrection de janvier 2000, remporta l'élection présidentielle.

ÉRASME, en latin **Desiderius Erasmus Roterodammensis** ou **Roterodamus,** originellement **Gerhard Gerhards** (* Rotterdam, 28.X 1466/69, † Bâle, 12.VII.1536). Humaniste hollandais, ordonné prêtre en 1492, il vint compléter ses études à Paris en 1495 puis commença à voyager à travers l'Europe cultivée, séjournant successivement en Angleterre (1499/1500, 1504/06, 1509/16), où il se lia avec les humanistes John Colet, Thomas More, John Fisher et Latimer et avec le roi Henri VIII ; en Italie (1505/09), où il obtint le grade de docteur à Bologne et fut bien accueilli par Jules II et par le futur Léon X ; à Paris, où il refusa les offres de François Ier, qui voulait le placer à la tête du Collège de France ; en Flandre (1515/21), où Charles Quint lui donna le titre de conseiller avec une pension de 200 florins. En 1521, il vint se fixer à Bâle auprès de son ami l'imprimeur Froben, pour surveiller l'impression de ses œuvres complètes (traductions, commentaires, essais, poèmes…). À partir de 1522, il s'opposa à Luther sur des questions théologiques, et le ton monta entre les anciens amis, divisant l'Europe, notamment germanique, déjà très agitée par les querelles politiques et religieuses. Lorsque l'introduction de la Réforme à Bâle, en 1529, parut menacer la paix religieuse et que lui-même subit de fortes pressions de la part des réformés, Érasme se réfugia à Fribourg-en-Brisgau, mais revint en 1535 à Bâle, où il passa les derniers mois de sa vie. Érasme fut le maître incontesté des humanistes chrétiens du début du XVIe s. Écrivain d'une érudition immense, il eut pour principal souci de réformer le christianisme de l'intérieur, par un retour aux sources scripturaires, en l'allégeant du poids des superstitions et de la confusion livresque de la scolastique.

ERBAKAN Necmettin (Sinope, 29.X.1926). Homme politique turc. Nommé le 7 juin 1996 au poste de Premier ministre, membre du Parti de la prospérité (RP) ou Réfah, il fut le premier islamiste à former un gouvernement depuis la fondation de la République laïque en 1923. Sous la pression des militaires et alors que sa majorité parlementaire se délitait, N. Erbakan démissionna le 18 juin 1997, au profit du conservateur Mesut Yilmaz. En 1998, tandis que son parti était interdit, N. Erbakan se vit frappé d'une interdiction d'exercer un mandat électif pendant cinq ans, pour avoir essayé de subvertir la Constitution laïque ; cette sanction fut levée en août 1999. Au mois de mars 2000, il fut condamné à un an de prison pour un discours « incitant à la haine », prononcé des années auparavant. Il fut amnistié la même année.

ERFURT (congrès d', 27 sept./14 oct. 1808). Conférence qui réunit Napoléon Ier, le tsar Alexandre Ier et les souverains d'Allemagne (à l'exception de l'empereur d'Autriche et du roi de Prusse). Par la convention secrète du 12 oct., Napoléon fit d'importantes concessions au tsar, lui reconnaissant la possession de la Finlande et des provinces roumaines de Moldavie et de Valachie et s'engageant à ne pas agrandir le grand-duché de Varsovie ; en échange, Alexandre laissait à Napoléon les mains libres en Espagne et promettait, si l'Autriche entrait en guerre contre la France, de faire cause commune avec celle-ci. En fait, l'entrevue d'Erfurt fut un échec diplomatique pour Napoléon, qui avait été trahi par Talleyrand ; ce dernier, négociant secrètement, s'était employé, au cours d'un entretien avec Alexandre, à préserver l'Autriche, qui lui semblait indispensable au maintien d'un équilibre européen.

ERFURT (programme d', 1891). Programme élaboré par le parti social-démocrate allemand au congrès d'Erfurt, après l'échec des lois d'exception par lesquelles Bismarck avait tenté d'arrêter les progrès du mouvement socialiste en Allemagne. Rédigé par Karl Kautsky sous les conseils de Friedrich Engels, accepté après amendement par la direction (Bebel, Liebknecht), le programme d'Erfurt revenait à un marxisme strict, et provoqua la colère des parlementaires du parti, qui se désolidarisèrent du texte. Voir SOCIALISME. Le socialisme allemand des origines à nos jours.

ERHARD Ludwig (* Fürth, près de Nuremberg, 4.II.1897, † Bonn, 5.V.1977). Homme politique allemand. Fils d'un petit commerçant, il fit ses études d'économie politique et travailla à partir de 1928 à l'Institut de recherche industrielle de Nuremberg, dont il devint président. Adversaire de l'hitlérisme, il se tint à l'écart de la politique jusqu'à la fin du IIIe Reich. Député chrétien-démocrate au Bundestag, il devint, en 1949, ministre de l'Économie dans le cabinet Adenauer. Avec l'aide des États-Unis, il pratiqua une politique libérale qui remit rapidement en route l'économie germanique. Il fut le principal artisan du « miracle économique » allemand de l'après-guerre et devint, avec Adenauer, l'homme le plus populaire de la République fédérale. Malgré les manœuvres d'Adenauer, il succéda à ce dernier au poste de chancelier en oct. 1963. Il fonda sa politique sur le maintien d'une étroite alliance avec les États-Unis et sur la poursuite de l'intégration européenne, mais, à la suite du retrait des ministres libéraux et d'élections difficiles dans les Länder, il dut abandonner le pouvoir (30 nov. 1966) et fut remplacé par Kiesinger, qui dut former un cabinet de « grande coalition » avec les sociaux-démocrates et les chrétiens-démocrates.

ÉRIC le Rouge (* Jaeren, vers 940, † vers 1010). Chef norvégien, contraint de s'enfuir en Islande à la suite d'un meurtre commis par son père, il découvrit vers 981 le Groenland et en commença la colonisation, aidé par son fils, Leiv Ericsson, qui y introduisit le christianisme, malgré l'opposition résolue d'Éric. En l'an mille, il atteignit une terre qu'il nomma Vinland, vraisemblablement l'Amérique du Nord.

ÉRIC IX Jedvardsson, le Saint († Upsal, 18.V. 1160). Roi de Suède (1150/60). Défenseur de l'Église, il introduisit le christianisme dans la Suède septentrionale et entreprit une croisade contre les Finnois païens. Attaqué par le prince danois Magnus Henriksson, il fut tué près d'Upsal.

ÉRIC XIII de Poméranie (* vers 1382, † Rügenwalde, 16.VI.1459). Roi de Norvège (1389/1442). Prince de la maison ducale de Poméranie, il fut, à la demande de sa grand-tante, la reine Marguerite de Danemark, élu roi de Norvège (1389), puis roi de Suède et de Danemark (1396), et couronné solennellement roi des trois pays à la diète de Kalmar (1397) : ce fut « l'Union de Kalmar ». Après la mort de Marguerite (1412), il détint seul le pouvoir, mais échoua dans ses luttes contre les villes hanséatiques et contre le Holstein. En Suède, ses sujets se révoltèrent, et il fut déposé en Suède et au Danemark en 1439, puis en Norvège en 1442. Il avait enlevé Copenhague à l'évêque de Roskilde (1416) et donné ainsi sa capitale au Danemark.

ÉRIC XIV (* Stockholm, 13.XII.1533, † Örbyhus, 26.II.1577). Roi de Suède (1560/68). Fils de Gustave Vasa, prince cultivé, strict protestant et partisan de l'absolutisme, il occupa l'Estonie (1561). Il lutta contre la coalition du Danemark, de la Pologne et de Lübeck durant sept années (1563/70) et remporta plusieurs succès. Mais son mariage avec sa maîtresse, la paysanne Karin Mansdötter, l'impopularité de son favori Joeran Pehrsson et les meurtres qu'il ordonna jusque dans sa famille favorisèrent la révolte de ses frères, Jean et Charles. Il dut, en 1568, laisser la couronne au premier, qui le fit jeter en prison et mettre à mort.

ERIKSEN Erik (* 1903, † Esbjerg, 7.X.1972). Homme politique danois. Député en 1935, ministre de l'Agriculture de 1945 à 1947, chef du parti libéral agrarien, il fut Premier ministre, à la tête d'une coalition libérale-conservatrice, de 1950 à 1953 ; son œuvre essentielle fut la réforme constitutionnelle qui, en 1953, abolit la Chambre haute du Parlement danois (le *Landsting*) et ouvrit la succession du trône aux femmes.

ERLANDER Tage (* dans le Värmland, 13.VI.1901, † Stockholm, 21.VI.1985). Homme politique suédois. Député social-démocrate à partir de 1933, il fut secrétaire aux Affaires sociales, puis ministre de l'Éducation nationale (1945) avant de prendre, en 1946, la direction du gouvernement suédois, qu'il conserva sans interruption jusqu'en oct. 1969.

ERSHAD Hossein Mohammed (Rangpur, 1er.II.1930). Général et homme politique du Bangladesh, président de la République en 1983. Renversé en 1990, Ershad dut répondre de ses actes pendant sa présidence, jugé pour trafics et détournements de fonds. Élu au Parlement en 1996, il profita de son immunité jusqu'en 2000, date à laquelle il dut retourner en prison.

ÉRYTHRÉE. Du grec *eruthros*, « rouge ». État de l'Afrique orientale, riverain de la mer Rouge, compris entre l'Éthiopie, le Soudan et Djibouti ; capitale *Asmara*. Après avoir fait partie du royaume d'Aksoum, l'Érythrée devint une province de l'Éthiopie, mais les Ottomans occupèrent en 1557 le port de Massaouah, où ils devaient se maintenir pendant trois siècles. En 1842, l'Égypte, nominalement vassale de la Porte, prit le contrôle de l'Érythrée. En 1869, la compagnie italienne Rubattino acheta la baie d'Assab ; au cours des années suivantes, elle acquit divers points sur la mer Rouge ; l'ensemble fut revendu en 1882 à l'État italien. À partir de 1885, l'Italie entreprit de constituer une véritable colonie en Érythrée. Des troupes italiennes expulsèrent les Égyptiens de Massaouah et commencèrent, non sans difficultés (massacre de Dogali, 1887), l'occupation de l'intérieur. Par le traité d'Uccialli (2 mai 1889), l'Éthiopie reconnut solennellement la colonie italienne d'Érythrée. Mais les Italiens tentèrent en outre d'imposer leur protectorat à l'Éthiopie ; vaincus à Adoua (1er mars 1896), ils durent renoncer à ce projet (traité d'Addis-Abeba, oct. 1896), lequel fut repris par Mussolini en 1935. L'Érythrée servit de base à la conquête italienne de l'Éthiopie (1935/36). Sous la tutelle de l'Italie, l'Érythrée connut dans les années trente un essor économique et culturel qui développa sa personnalité indépendamment de l'Éthiopie. De nov. 1940 à mai 1941, les possessions italiennes d'Afrique orientale furent conquises par l'armée britannique ; et l'Érythrée demeura sous administration anglaise de 1941 à 1952. Satisfaisant l'ambition éthiopienne d'obtenir un accès à la mer Rouge, l'ONU décida en 1950 que l'Érythrée constituerait « une entité autonome fédérée à l'Éthiopie ». Le pays se dota alors d'un gouvernement et d'un Parlement, mais la pression éthiopienne s'accentua à partir de 1956, et, en nov. 1962, Addis-Abeba proclama l'annexion *de jure* de l'Érythrée à l'Éthiopie. Contre la domination éthiopienne se dressa le Front de libération de l'Érythrée (FLE). Soutenu par le Soudan d'abord, puis la Libye, la Syrie et l'Irak, il mena à partir de 1965 la guérilla contre les forces éthiopiennes. En 1970, l'état d'urgence fut décrété.

La lutte se poursuivit après la chute d'Haïlé Sélassié et l'établissement d'un régime militaire en Éthiopie (1974). Le gouvernement éthiopien, soutenu et aidé par l'URSS et Cuba à partir de 1977, lança de grandes offensives contre la résistance erythréenne, en particulier, fin 1981, l'opération « Étoile rouge ». Mais le Front populaire de libération de l'Érythrée (FPLE) put se maintenir dans la région du Nord. Les conséquences de la guerre et de la sécheresse se conjuguèrent, à la fin de 1984 et au début de 1985, pour provoquer une famine meurtrière, malgré l'aide internationale. Après 1985, le FPLE enregistra des succès importants contre l'armée éthiopienne, concrétisés par la prise de Massaouah, en janv. 1990, puis d'Asmara, en mai 1991. Ces victoires contribuèrent à la chute du régime de Mengistu en mai 1991 et les rebelles éthiopiens qui s'emparèrent du pouvoir acceptèrent la sécession de l'Érythree dès juill. 1991. En avr. 1993, le pays se prononça par référendum à 99,8 % pour l'indépendance, officiellement reconnue par l'Éthiopie en mai. On estime à plus de 100 000 le nombre de victimes érythréennes de la guerre (1965/93). Issayas Afeworki, secrétaire général du FPLE, devint président et Premier ministre d'un gouvernement provisoire. En févr. 1994, le FPLE se fondit dans un Front populaire pour la démocratie et la justice, promettant pour une date indéfinie l'instauration du multipartisme. En déc. 1995, un conflit armé opposa l'Érythrée au Yémen pour la possession des trois îles Hanish. Sa victoire n'empêcha pas une cour permanente d'arbitrage d'attribuer, en nov. 1998, la Grande Hanish au Yémen. L'Érythrée s'opposa aussi au Soudan qui l'accusait de soutenir des mouvements de guérilla contre Khartoum et un conflit frontalier avec l'Éthiopie, en mai 1998, dégénéra à nouveau en guerre ouverte.

Si les années 1999/2000 virent la signature d'un accord de paix avec le Soudan, elles furent surtout marquées par une aggravation de la guerre avec l'Éthiopie, qui, ajoutée à la sécheresse, mit les deux pays au bord de la famine. Les efforts de l'OUA et de l'ONU aboutirent enfin, en juin 2000, à un accord de cessez-le-feu, qui prévoyait le déploiement d'un contingent de casques bleus, dont les premiers éléments débarquèrent en sept. Le 12 déc., la signature d'un accord de paix à Alger permit leur retrait partiel (févr. 2001), et constitua une commission neutre destinée à délimiter la frontière érythro-éthiopienne. Le 13 avril 2002, la Cour de justice de La Haye fit le partage officiel des territoires contestés.

ERZBERGER Matthias (* Buttenhausen, Wurtemberg, 20.IX.1875, † près de Griesbach, Bade, 26.VIII.1921). Homme politique allemand. Député au Reichstag en 1903, il appartint à l'aile gauche du Centre catholique. Durant la Première Guerre mondiale, à partir de 1916, il se fit l'avocat d'une paix sans annexion. Il obtint du Reichstag le vote de la résolution de paix du 19 juill. 1917. Chef de la délégation allemande à Rethondes, il accepta les conditions d'armistice dictées par Foch (11 nov. 1918). Ministre des finances du cabinet Bauer, il lutta contre l'influence de Brockdorff-Rantzau pour faire accepter par l'Allemagne les clauses du traité de Versailles (juin 1919). Poursuivi par la haine des nationalistes allemands, il dut démissionner en janvier 1920, puis, après l'échec d'un premier attentat, fut assassiné par deux membres des corps francs.

ESCHINE, Aiskhinès (* Athènes, vers 390, † Rhodes, 314 av. J.-C.). Orateur athénien. D'une famille modeste, il exerça divers métiers, fut secrétaire de la Boulè (v.) et acteur puis, vers 350, se maria avec une femme plus riche que lui. Il fit ses débuts d'orateur à plus de quarante ans, en 348, pour la défense d'Olynthe ; il prononça alors un discours contre Philippe de Macédoine. Envoyé en ambassade à Mégalopolis pour tenter de mettre sur pied une alliance panhellénique contre la Macédoine, il échoua et se montra dès lors partisan d'une politique de concessions. Envoyé en ambassade auprès de Philippe pour négocier la paix dite de Philocratès (346), il fut accusé par Démosthène de s'être laissé corrompre par le Macédonien, mais réussit à obtenir son acquittement (343) par ses discours *Contre Timarque* et *Sur l'ambassade*. Vers 337, il mit en accusation Ctésiphon, qui avait proposé de décerner une couronne d'or à Démosthène, et attaqua personnellement celui-ci dans son discours *Contre Ctésiphon*. Retardé, le procès ne put être jugé qu'en 330 : Eschine, n'ayant pas obtenu la cinquième partie des suffrages, dut s'exiler et se retira à Éphèse, puis à Rhodes, où il devint professeur de rhétorique. Eschine fut un des plus grands orateurs grecs, presque l'égal de Démosthène, qui le redoutait.

ESCLAVAGE. Des civilisations rurales de Mésopotamie au XIXe s., voire à nos jours, l'esclavage a constitué une des principales formes d'organisation du travail et a induit de fortes migrations, en particulier dans le bassin méditerranéen, durant l'Antiquité et au Moyen Âge, et dans l'Atlantique et l'océan Indien, à partir de l'Afrique noire, après les grandes découvertes et l'instauration de l'économie de plantation en Amérique.

L'esclavage antique et médiéval

L'esclavage antique a connu diverses formes au Proche-Orient, en Anatolie et dans le monde crétomycénien (XVIIe/XIIe s. av. J.-C.), l'esclavage pouvait concerner tout individu, sans distinction d'origine, comme ce fut aussi le cas à Athènes, jusqu'à la réforme de Solon (v.) (vers 594 av. J.-C.) et à Rome, jusqu'à la *Lex Poetilia* (326 av. J.-C.), où tout citoyen pouvait se retrouver esclave pour dettes. Puis les besoins en main-d'œuvre furent remplis par les conquêtes militaires et la piraterie, instaurant ce que Moses Finley appelle l'« esclave-cheptel », étranger prisonnier de guerre, victime de la piraterie, propriété absolue de son maître. L'esclavage athénien a trouvé sa justification dans les institutions démocratiques de la cité, qui exigeaient la présence des citoyens aux assemblées. En réalité, les citoyens modestes devaient consacrer la plus grande partie de leur temps au travail, et il était souvent difficile de distinguer les non-libres de certains citoyens, d'autant que la condition servile elle-même était très hétérogène : esclaves domestiques, bagnards des mines et des chantiers publics, esclaves-artisans, qui versaient une rente à leur maître. Seuls les droits politiques distinguaient certains esclaves des citoyens les plus modestes.

À Rome et en Italie, la condition servile fut globalement la même qu'à Athènes à partir du IIIe s. av. J.-C., si l'on excepte la condition de l'affranchi, instituée au IVe s. En Grèce, celui-ci était assimilé à un étranger domicilié, à Rome il devenait un citoyen de plein droit à partir de la seconde génération. Au IIe s., les conquêtes entraînèrent une augmentation considérable de la masse servile en Italie, qui atteignit son maximum entre le Ier s. av. et le Ier s. apr. J.-C. Cette masse était absorbée par les *latifundiae*, ces immenses domaines de cultures spéculatives (céréales, vignes, oliviers…) qui employaient des centaines voire des milliers d'esclaves. Ces esclaves ruraux furent, avec les gladiateurs, à l'origine des grandes révoltes serviles, comme celle de Spartacus en 73 av. J.-C. La condition servile présentait des statuts et des modes de vie très divers, en fonction du statut du maître, sénateur ou artisan, empereur ou simple citoyen. À cette diversité s'ajoutait la complexité du monde des affranchis, dont certains remplirent des fonctions politiques de premier ordre (Narcisse et Pallas sous Néron, Cléandre sous Commode).

Au **Moyen Âge**, l'esclavage se prolongea : jusqu'aux environs de l'an mille, les chrétiens approvisionnèrent les musulmans en esclaves « slaves », par l'intermédiaire de négociants juifs, arméniens et vénitiens. Puis la conversion au christianisme des peuples d'Europe centrale et orientale mit un terme à ce commerce. Dans le monde musulman, le commerce d'esclaves s'organisa entre les régions subsahariennes d'Afrique et le centre du pouvoir à Bagdad, *via* les ports d'Afrique du Nord (Ceuta) et sur les côtes orientales de l'Afrique, en direction de l'Arabie et de la mer Rouge.

L'esclavage colonial et la traite des Noirs

Avec les grandes découvertes, les Européens organisèrent la *traite des Noirs*, déportation massive de travailleurs africains vers les plantations d'Amérique. En prenant la défense des Indiens, Bartolomé de Las Casas favorisa paradoxalement ce commerce en demandant que les colons espagnols fussent autorisés à employer des esclaves noirs (1517). Charles Quint autorisa la création du système de l'*asiento*, contrat passé entre la Couronne espagnole et un particulier ou une compagnie, par lequel l'État concédait certains privilèges économiques, notamment le monopole de la traite. Ce marché fut tenu par les Portugais au XVIe s., par les Hollandais au XVIIe s., malgré la concurrence française (fondation en 1664 de la Compagnie des Indes occidentales par Colbert), puis par les Anglais au XVIIIe s. Dans les colonies anglaises, les premiers esclaves noirs arrivèrent en Virginie dans les années 1610. À la fin du XVIIIe s., on transportait vers le continent américain et les Antilles 70 000 à 80 000 Noirs chaque année.

La condition des esclaves noirs en Amérique et aux Antilles différait peu de celle des esclaves de l'Antiquité. Le *Code noir* français (1685) considérait l'esclave comme un « meuble », et ne faisait qu'entériner des pratiques cruelles, comme les mutilations et la mort en cas de fuite répétée. Ce texte constitua cependant la première protection légale des esclaves, accordant une existence à la famille de l'esclave, dont les membres ne pouvaient être vendus séparément.

Les étapes de l'abolition

Une réaction abolitionniste se développa au XVIIIe s. (1788, fondation à Paris de la Société des amis des Noirs). Malgré la Déclaration des droits de l'homme (1789), l'esclavage fut maintenu dans les colonies françaises. L'insurrection de Saint-Domingue (1791) entraîna en 1793 l'abolition de l'esclavage par la Convention dans cette colonie, puis en 1794 dans toutes les colonies françaises. Mais, en 1802, Bonaparte rétablit l'esclavage. En 1807, sous la pression des quakers menés par William Wilberforce (v.), l'Angleterre interdit la traite, puis abolit l'esclavage en 1833. En France, Victor Schoelcher (v.) obtint l'abolition de l'esclavage, un des premiers actes de la IIe République (mars 1848). La décision fut ensuite prise aux Pays-Bas (1863), au Portugal (1878) et dans toutes les nations coloniales. En Amérique latine, l'émancipation des esclaves remonte aux lendemains des indépendances (Argentine 1813, Colombie 1821, Mexique 1829), plus tardivement au Brésil (1888). Les conditions de l'abolition aux États-Unis furent particulières, à cause de la guerre de Sécession (1861/65) (v.), qui opposa l'Union du Nord, abolitionniste, aux onze États de la Confédération du Sud, pour lesquels l'esclavage était la base de la production des plantations pour le tabac et surtout le coton. En avril 1865, quatre millions d'esclaves furent affranchis, sans empêcher la ségrégation raciale, jusqu'aux années 1960.

L'esclavage depuis l'abolition

Après l'abolition, le travail forcé prolongea une forme d'esclavage dans les colonies d'Afrique, en particulier portugaises, françaises et belges. Depuis la fin du XIXe s., la lutte contre l'esclavage s'est menée sur la scène internationale, lors des conférences de Berlin (1885), Bruxelles (1890), par les conventions de Saint-Germain-en-Laye (1919) et de Genève (1926), enfin par la Déclaration universelle des droits de l'homme (1948). Mais ce n'est qu'en 1976 que l'esclavage pour dettes en Inde fut interdit, et la Mauritanie n'abolit l'esclavage des Harratins qu'en 1980. Un différend oppose depuis 1990 les pays africains et les anciennes métropoles sur le montant d'éventuelles réparations financières. Le nombre de Noirs déportés vers l'Amérique a peut-être atteint 10 à 12 millions de personnes. Des nombres équivalents peuvent être admis pour les déportations vers le monde musulman, par les pistes sahariennes et l'océan Indien. En septembre 2001, la conférence de Durban a qualifié l'esclavage de crime contre l'humanité.

ESHKOL Levi (* Oratovo, près de Kiev, 25.X.1895, † Jérusalem, 26.II.1969). Homme politique israélien. Venu en Palestine en 1914, il travailla d'abord comme ouvrier agricole. Lié à Ben Gourion depuis 1918, il devint un militant du parti socialiste (futur Mapaï) et l'un des fondateurs de la centrale syndicale Histadrout. Après la naissance d'Israël (1948), il resta un des plus proches collaborateurs de Ben Gourion, qui lui confia un poste important au ministère de la Défense (1948), avant de le nommer ministre de l'Agriculture (1951), puis des Finances (1952/63). En 1963, il succéda à Ben Gourion, avec lequel il dut rompre complètement en 1965. Premier ministre de 1963 à sa mort, il réalisa l'union des divers groupes socialistes dans un seul parti. C'est lui qui exerça les responsabilités suprêmes lors de la guerre des Six Jours, en 1967. Il eut pour successeur Golda Meïr.

ESPACE ÉCONOMIQUE EUROPÉEN (EEE). Organisation économique européenne. Le renforcement de l'intégration économique des pays de la CEE et la volonté de créer un large marché commun ont conduit la CEE et l'Association européenne de libre-échange (AELE) (v.) à créer, en 1992, un espace économique commun. L'EEE regroupe l'ensemble des États membres de l'UE et de l'AELE, à l'exception de la Suisse, qui, par référendum, a refusé d'adhérer en 1992. Toutefois, compte tenu de l'admission de l'Autriche, de la Suède et de la Finlande à l'UE, l'EEE fut réduit en 1995 à une fonction de lien entre la Norvège (dont la population avait repoussé l'adhésion à l'UE) et l'Europe communautaire. En 1999, près de 80 % des règlements communautaires s'appliquaient déjà à l'EEE et cette proportion devait aller croissant. Voir **Européennes (institutions)**.

ESPAGNE, *España*. État de l'Europe occidentale, occupant la plus grande partie de la péninsule Ibérique ; capitale *Madrid*.

La préhistoire ibérique

L'Espagne est une des régions les plus riches de l'Europe en vestiges préhistoriques. C'est au nord, dans la province de Burgos, que l'on a découvert le gisement renfermant le plus grand nombre de restes humains fossiles au monde : le site d'Atapuerca a livré à ce jour plus de 1 500 restes humains prénéandertaliens, certains provenant de couches archéologiques datées de 800 000 ans. Il y a quelque 300 000 ans, les chasseurs de Torralba, près de Soria (Vieille-Castille), chassaient l'éléphant. Différentes industries du paléolithique inférieur sont représentées dans la région de Madrid, dans la vallée du Tage et sur le littoral portugais de l'Estrémadure. Près de Gibraltar, on a retrouvé les restes d'un Néandertalien qui vivait au début de la glaciation de Würm (vers – 75 000). Du paléolithique moyen et supérieur, on connaît de nombreux gisements près de Santander, dans les Asturies, en Biscaye et près de Valence. Le solutréen espagnol (vers – 15 000/– 10 000) se révèle d'une richesse particulière dans le Nord (Asturies, Biscaye) et à la grotte du Parpallo, près de Valence. C'est l'époque où la péninsule Ibérique vit s'épanouir l'art pariétal dans les grottes du Parpallo, d'Altamira et du mont Castillo (près de Santander). Le mésolithique est représenté par les amas de coquillages de Muge, au Portugal.

Au IIIe millénaire, le néolithique « campaniforme » trouve ses centres dans la vallée du Guadalquivir, en Andalousie, et sur la côte méditerranéenne, dans la région d'Almeria, où Los Millares voit bientôt les premiers essais de métallurgie. C'est dans cette même région d'Almeria que, vers 1500 av. J.-C., se développa la civilisation d'El Argar, l'un des grands foyers du bronze ancien en Europe. Les périodes ultérieures du bronze ibérique offrent moins d'originalité, car la péninsule subit les influences des civilisations atlantiques. Enfin, dans la plus grande partie de la péninsule (sauf dans le Centre et l'Est) s'élèvent de nombreux monuments mégalithiques.

C'est à l'âge du bronze qu'apparurent les premiers habitants historiquement connus de l'Espagne, les Ibères, qui n'étaient pas des Indo-Européens, dont l'origine exacte demeure incertaine. À la fin du IIe millénaire avant notre ère, l'Andalousie, la contrée la plus riche de la péninsule, était habitée par un autre peuple dont le pays ou la capitale s'appelait Tartessos. Vers l'an 1000 av. J.-C., peut-être avant, ces Tartessiens entrèrent en relations commerciales avec les Phéniciens. Des populations de langue celtique étaient, d'autre part, installés dans l'Espagne centrale et du Nord-Ouest.

L'Espagne dans l'Antiquité

Les Méditerranéens venus d'Orient établirent des comptoirs sur les côtes méridionales de l'Espagne. Les Phéniciens s'installèrent à Ebusos (Ibiza), à Malaca (Málaga), à Gadir (Cadix). Vers 630 environ, les Grecs à leur tour atteignirent Tartessos. Plus tard, les Phocéens de Marseille fondèrent la colonie d'Emporion

(Ampurias) ; d'autres colons helléniques s'établirent au sud de Valence, à Héméroskopéion et à Artémision. La péninsule Ibérique subit également le contrecoup des migrations de l'Europe centrale : à partir de la Gaule se produisit une nouvelle infiltration celtique, et la fusion entre Celtes et Ibères donna naissance aux Celtibères, qui constituèrent le fonds commun de la population espagnole.

Dès le Ve s., les Carthaginois, successeurs des Phéniciens, avaient étendu leur hégémonie sur les côtes espagnoles, et les contacts entre la péninsule Ibérique et le monde grec furent pratiquement rompus. Après la première guerre punique (241 av. J.-C.), les Carthaginois, pour compenser la perte de la Sicile, entreprirent de se créer un empire continental en Espagne, dont Carthagène (Carthago Nova) fut la capitale. En 219, l'attaque d'Hannibal contre Sagonte (Murviedro), ville protégée par Rome, provoqua la deuxième guerre punique. Les Romains envoyèrent une armée en Espagne en 218. Scipion, de 210 à 206, chassa les Carthaginois de l'Ibérie (prise de Carthagène, 209), mais la conquête romaine se heurta à une vigoureuse résistance des Celtibères, qui, déjà, recouraient à la « guérilla » : les opérations proprement militaires ne furent terminées que par la prise de Numance (133 av. J.-C.).

Les régions littorales méditerranéennes furent rapidement romanisées, l'influence romaine s'étendit même aux bassins de l'Èbre et du Guadalquivir, mais les montagnes du Nord-Ouest résistèrent jusqu'au temps d'Auguste. En 197 av. J.-C. avaient été constituées dans la péninsule deux provinces romaines : l'*Hispania citerior*, à l'O., et l'*Hispania ulterior*, à l'E. Cette dernière fut divisée, en 27 av. J.-C., en deux nouvelles provinces : la *Lusitanie* et la *Bétique*. Puis, en 2 av. J.-C., l'*Hispania citerior* prit le nom de *Tarraconensis*. L'Espagne ne fut totalement pacifiée qu'à la fin de la République : après avoir connu la révolte de Sertorius (80/77 av. J.-C.), elle fut le dernier refuge des pompéiens, définitivement battus à Munda (Rondilla) en 45. César, après cette victoire, se livra à une sanglante répression en Bétique. La soumission du Nord-Ouest, au cours des guerres cantabriques (26/24 av. J.-C.), fut encore très dure. Au début de notre ère, l'Espagne était enfin conquise par les Romains, mais, sauf dans les régions de la côte méditerranéenne, la romanisation resta assez superficielle. Sous la paix impériale, l'Espagne connut cependant une de ses plus belles périodes : l'économie était fondée sur la production d'huile, de fruits et de céréales et sur les mines d'or, de plomb, d'argent, qui constituèrent une source de gros revenus pour le Trésor romain ; les ports de Cadix, Tarragone, Carthagène pratiquaient un commerce très actif. Enfin, l'Espagne a donné à la Rome impériale les poètes, orateurs et philosophes Martial, Lucain, Quintilien, Sénèque et les empereurs Trajan et Hadrien. Les débuts de l'évangélisation restent obscurs, mais il semble bien que st Paul soit allé en Espagne, où le christianisme était en tout cas solidement implanté à la fin du IIe s.

L'Espagne subit les invasions germaniques au début du Ve s. : après les Vandales, qui s'installèrent en Bétique, les Alains, qui furent rejetés en Lusitanie, et les Suèves, qui fondèrent un royaume en Galice, les Wisigoths pénétrèrent à leur tour en Espagne en 415, comme fédérés de l'Empire. Mais le centre de leur royaume resta pendant longtemps encore l'Aquitaine, et ce n'est qu'après avoir été rejetés de la Gaule par Clovis qu'ils transportèrent leur capitale à Tolède (554). L'assimilation entre les conquérants germaniques et la population ibérique fut longtemps retardée par des Wisigoths. Ce conflit fut résolu par la conversion du roi Récarède, et le christianisme catholique fut déclaré religion d'État au IIIe concile de Tolède (589). La chrétienté wisigothique s'épanouit au VIIe s. et l'Église assura la continuité de la civilisation latine en Espagne. À l'aube du VIIIe s., la fusion entre Wisigoths, Romains et Ibères était complète et le latin était resté la langue de culture. Mais le déclin du commerce méditerranéen laissait l'Espagne isolée, en proie à une grave crise économique et sociale.

L'invasion arabo-berbère et le début de la Reconquête (711/1270)

Quand le Berbère Tarik, émir de Tanger pour les califes omeyyades, franchit en 711 le détroit de Gibraltar et entreprit la conquête de l'Espagne, il ne rencontra qu'une faible résistance. Il fallut à peine trois ans aux musulmans pour se rendre maîtres de la plus grande partie de la péninsule (prise de Saragosse, 714), à l'exception de la Galice et des régions montagneuses du Nord. Vers 722, un descendant des rois wisigoths, Pélage, remporta sur les Maures la victoire de Covadonga (près d'Oviedo). Les Asturies, la Cantabrie, la Galice restèrent ainsi solidement tenues par les chrétiens, cependant que Charlemagne, après l'attaque de son arrière-garde par les Basques à Roncevaux (778), édifiait, au début du IXe s., la marche d'Espagne (cols des Pyrénées, Navarre et Catalogne), qui devint le point d'appui des chrétiens d'Espagne. La domination musulmane ne fut vraiment effective qu'au sud d'une ligne Coïmbre-Tolède-Guadalajara-Saragosse. Mais elle devait, selon les régions, durer de trois à huit siècles et laisser une marque indélébile dans la civilisation espagnole. Les conquérants musulmans, peu nombreux, montrèrent beaucoup de tolérance à l'égard des chrétiens des régions occupées, les *Mozarabes*, et des Juifs. Il n'y eut jamais de politique de conversion forcée, conformément à la tradition musulmane, qui prône le respect des « peuples du Livre ».

C'est en 756, six ans après le renversement des Omeyyades par les Abbassides à Bagdad, qu'un prince omeyyade rescapé du massacre de sa famille, Abd er-Rahman, a fondé l'émirat de Cordoue, érigé en califat sous Abd er-Rahman III en 929 (v. **CORDOUE, califat de**). Au début du XIe s., le califat de Cordoue commença à laisser la place à de petits royaumes maures, nommés « royaumes de *taifas* ». Cette situation devait beaucoup faciliter les progrès de la « Reconquête » (*Reconquista*) chrétienne. Celle-ci constitua pendant des siècles la croisade permanente de l'Espagne.

Au IXe s., alors qu'au N.-E. se formaient, à partir de la marche carolingienne d'Espagne, le comté de Catalogne (ou de Barcelone) et le royaume de Navarre, le petit royaume chrétien des Asturies progressait, atteignait le Duero et prenait bientôt le nom de royaume de León. Autour de Burgos, vers le milieu du Xe s., un comte dissident du León fondait le royaume de Castille ; vers 1035, à la suite d'une sécession dans le royaume de Navarre, se constituait le petit royaume pyrénéen d'Aragon. Les rivalités entre le León et la Castille furent exploitées par les califes de Cordoue. Ordoño III de León (951/56) dut reconnaître la suzeraineté du califat, et la tentative de Bermude II (984/99) pour reconquérir son indépendance aboutit à un désastre : le calife de Cordoue, El-Mansour, ravagea la ville de León (988). Malgré les efforts d'Alphonse V (999/1027), le León ne parvint pas à se relever durablement. En 1034, il fut conquis par Sanche III le Grand, roi de Navarre. L'hégémonie navarraise passa bientôt à la Castille, qui connut ses premières heures de gloire sous le règne d'Alphonse VI (1065/1109). C'est à cette époque que commença vraiment la Reconquête. S'appuyant sur les moines de Cluny et le pape Grégoire VII, appelant à lui des chevaliers bourguignons, Alphonse VI conquit tout le pays entre le Duero et le Tage, s'empara de Tolède (1085) et obligea les royaumes *taïfas* à lui payer tribut.

Ces victoires provoquèrent un profond ébranlement dans l'Espagne musulmane. Les émirs appelèrent à leur secours les Almoravides du Maghreb (1086), qui passèrent aussitôt dans la peninsule, battirent Alphonse VI à Zallaqa (23 oct. 1086) et retournèrent la situation politique en rétablissant sous leur autorité l'unité de l'islam ibérique. La résistance chrétienne s'incarna alors dans la figure légendaire du Cid Campeador, qui réussit à s'emparer de Valence (1094). Le Cid avait pourtant, comme nombre d'aventuriers chrétiens, mit son épée au service des royaumes de *taifas*. Le XIIe s. vit le renouveau de la Reconquête, sous la direction de l'Aragon cette fois : Alphonse Ier le Batailleur (1104/34), installé à Saragosse en 1118, s'empara des places maures au sud de l'Èbre et, dans un raid audacieux (1125/26), pénétra jusqu'au cœur du royaume andalou. En 1137, le mariage de l'héritière du royaume d'Aragon, Pétronille, au comte de Barcelone, Raimond Bérenger IV, permit la formation d'une confédération catalano-aragonaise très puissante. Les Almoravides furent remplacés par de nouveaux réformateurs musulmans, les Almohades, qui s'assurèrent le contrôle de l'Espagne musulmane en 1145. Devant cette menace nouvelle, les chrétiens, vaincus à Alarcos (1195), formèrent une union générale. Sous l'impulsion d'Innocent III se prépara une véritable croisade, qui groupa des volontaires venus de toute la chrétienté, sous le commandement des rois Sanche VII de Navarre, Pierre II d'Aragon et Alphonse VIII de Castille. Grâce à cette union, les chrétiens remportèrent, le 16 juill. 1212, la victoire de Las Navas de Tolosa, qui est resté l'événement décisif de la Reconquête. La puissance almohade fut frappée à mort. Pendant que Jacques Ier d'Aragon reprenait les Baléares (1229/35) et Valence (1238), Ferdinand III de Castille enlevait Cordoue (1236) et Séville (1248).

Vers 1270, il ne restait plus aux musulmans d'Espagne que le petit royaume de Grenade, qui ne fut repris par les Rois Catholiques qu'en 1492. De la Reconquête devaient sortir plusieurs traits durables de la société espagnole : une haute noblesse, fière, forgée moralement par une guerre incessante et farouchement éprise d'indépendance ; une petite noblesse, particulièrement nombreuse, toute guerrière elle aussi, sans fortune et vouée pour des siècles à la carrière militaire ; un clergé militant, dans lequel a survécu jusqu'à nos jours l'idée de croisade ; enfin, des communautés paysannes ou urbaines, édifiées en pays conquis et dotées, dès leur origine, d'importantes franchises, de *fueros*, qu'elles protégèrent jalousement contre les empiétements ultérieurs du pouvoir royal en se groupant dans des fraternités, des *hermandades*, sources d'un tenace particularisme.

Du morcellement à l'unité politique (1270-1479)

La Reconquête avait fait l'unité spirituelle de l'Espagne dans un catholicisme ardent, non son unité politique. Au milieu du XIIe s. s'était formé, à l'ouest de la péninsule Ibérique, le royaume du Portugal ; après l'union de l'Aragon et de la Catalogne (1137) et celle du León et de la Castille (1230), les XIVe et XVe s. furent dominés par la dualité Castille-Aragon. Alors que la Castille continuait seule la lutte contre les Maures, l'Aragon, au début du XIIIe s., se trouva orienté par Barcelone vers une grande politique méditerranéenne. Jacques Ier d'Aragon (1213/76) fonda l'empire maritime aragonais par la conquête des Baléares et de Valence. Pierre III (1276/85) intervint en Italie contre Charles d'Anjou après les Vêpres siciliennes (1282), et la longue lutte entre les maisons d'Anjou et d'Aragon se termina par la victoire de cette dernière, lorsque Al-phonse V s'assura définitivement le royaume de Naples, en 1442 (v. **Aragon**).

L'unification des Espagnes fut préparée par l'avènement sur le trône d'Aragon, après l'extinction de la dynastie catalane, d'une dynastie castillane (1412), puis par le mariage de Ferdinand, héritier d'Aragon, avec l'héritière de Castille, Isabelle. L'année 1479 vit simultanément la reconnaissance d'Isabelle comme reine de Castille et l'avènement en Aragon de son époux, Ferdinand II.

L'Espagne, grande puissance européenne et mondiale (1479/1598)

C'est la Castille, malgré le rôle mineur qu'elle avait joué depuis deux siècles, qui imprima sa marque propre à la nouvelle Espagne et reprit à son compte les ambitions maritimes de l'Aragon, mais en les tournant vers un champ beaucoup plus vaste : la conquête de l'Amérique et des Indes orientales. Les découvertes maritimes de la fin du XVe s. allaient reléguer au second plan l'Aragon, dont toute l'économie était orientée vers la Méditerranée. Mais la première œuvre d'Isabelle et de Ferdinand fut l'achèvement de l'unité dans la péninsule même, par la conquête de Grenade (janv. 1492), qui leur valut le titre de « Rois Catholiques », et par l'annexion de la Navarre (1515). L'influence personnelle de Ferdinand se fit sentir en Castille par un renforcement du pouvoir royal en face de la noblesse, du clergé et des Cortés, ces assemblées qui regroupaient la noblesse et les élites urbaines. Les deux royaumes unis gardaient d'ailleurs leurs institutions propres, comme les avaient gardées les États qu'ils avaient englobés. Malgré l'effort continu de centralisation poursuivi plus tard par Charles Quint, Philippe II et leurs successeurs, de vives oppositions subsistèrent à l'égard de la domination castillane, et les provinces continuèrent à défendre énergiquement leurs *fueros* (privilèges). Après la mort de la reine Isabelle (1504), le vieux Ferdinand d'Aragon ne conserva la régence qu'à cause de la maladie mentale de sa fille, Jeanne la Folle, héritière légitime de Castille. Les Rois Catholiques avaient poursuivi systématiquement l'unité du pays, en particulier dans le domaine religieux. L'Inquisition d'Espagne avait été établie, avec l'accord de Sixte IV, en 1478/80. En 1492, les Juifs furent sommés de choisir entre la conversion et l'expulsion (160 000 environ d'entre eux préférèrent l'exil). Ceux qui restèrent, appelés marranes, subirent, au nom de l'idéologie de la pureté du sang, diverses discriminations. En 1502, on chassa également une grande partie des Maures de Grenade, tandis que les autres, les *morisques*, convertis plus ou moins de force, devaient, après des révoltes, être victimes à leur tour de plusieurs mesures de coercition, avant d'être tous expulsés entre 1609 et 1611.

À la mort de Ferdinand (1516), son petit-fils, Charles de Habsbourg, devint roi en Espagne sous le nom de Charles Ier : possesseur de Naples, de la Sicile, de la Sardaigne, des Pays-Bas, élu en 1519 empereur germanique sous le nom de Charles Quint, il devenait le plus puissant souverain d'Europe. Il régnait aussi sur un empire colonial « où le soleil ne se couchait jamais ». Après les voyages de Christophe Colomb (1492), l'Espagne, grâce aux conquistadores (Diego Velázquez, Cortés, Narváez, de Soto, Pizarre), avait pris possession de Cuba, de la plupart des Antilles, du Mexique, de la Floride, de l'Amérique centrale et de toute l'Amérique du Sud, à l'exception du Brésil. L'État espagnol fut le premier à s'engager dans la colonisation proprement dite, politiquement (en réservant aux Espagnols d'Europe toutes les fonctions administratives) et économiquement (en organisant un monopole d'État qui réservait à la seule Espagne tout le bénéfice du commerce colonial).

Au point de vue économique, les premiers colonisateurs se préoccupèrent avant tout de trouver et d'extraire les métaux précieux, qui affluèrent vers la métropole : ce fut l'origine du *bullionisme*, forme espagnole du mercantilisme. Cette politique provoqua d'abord une hausse des prix et une stimulation des affaires, mais engendra ensuite une paralysie de l'industrie espagnole, à l'exception de l'industrie de luxe, et une inflation qui devait se révéler catastrophique à partir de XVIIe s.

L'avènement des Habsbourg marqua en Espagne les débuts de l'absolutisme royal. Charles Quint, prince étranger, de formation bourguignonne, ne réussir à s'imposer qu'avec de grandes difficultés. La centralisation allait être poussée à l'extrême par son fils Philippe II (1556/98). Le poids de l'État se fit sentir dans toute la vie de la nation par l'intermédiaire d'une importante bureaucratie. Les Cortés furent très amoindris ; l'Aragon perdit ses libertés traditionnelles après une révolte (1592). Le roi gouverna directement à l'aide de la chambre de Castille ou Conseil de la chambre du roi (*consejo de la real camera*) et confia tous les postes clés de l'État à ses conseillers particuliers. L'autocratisme castillan devint le modèle de l'absolutisme monarchique en Europe. Son symbole particulier, en Espagne, fut l'unité de foi : le protestantisme fut étouffé en germe par l'Inquisition, qui persécuta aussi les morisques, dont la révolte fut impitoyablement écrasée (1566/70). Avec l'Autriche, l'Espagne fut le foyer de la Réforme catholique. Philippe II s'engagea ainsi dans de ruineuses entreprises extérieures, qui marquèrent le début de la décadence espagnole.

Les guerres d'Italie inaugurèrent la rivalité franco-espagnole, car les héritiers des rois d'Aragon entendaient bien défendre leurs droits sur Naples. Avec l'avènement de Charles Quint, cet antagonisme se doubla de l'ancienne rivalité franco-bourguignonne. Cependant, la lutte entre la France et les Habsbourg, dans la première moitié du XVIe s., n'intéressa qu'indirectement l'Espagne et eut pour théâtres l'Allemagne et l'Italie. Plus importante pour les intérêts espagnols était la rivalité maritime avec le Portugal ; grâce à la médiation du Saint-Siège, elle avait trouvé une solution au traité de Tordesillas (1494), qui partageait le monde entre les Espagnols et les Portugais, les uns à l'O., les autres à l'E. d'une ligne de démarcation située à 370 lieues à l'O. des îles du Cap-Vert. Aussi, par l'annexion du Portugal (1580), Philippe II put croire qu'il assurait l'hégémonie absolue de l'Espagne sur les territoires d'outre-mer.

Mais de nouvelles puissances maritimes se levaient dans le nord de l'Europe, les Pays-Bas et l'Angleterre. Plaque tournante entre l'Allemagne, l'Angleterre et la France, les Pays-Bas constituaient une position essentielle pour la stratégie politico-religieuse de Philippe II. Alors que Charles Quint avait poursuivi avec sagesse la politique unificatrice des grands-ducs bourguignons (constitution du cercle des Dix-Sept Provinces des Pays-Bas, 1548), son fils, en voulant imposer dans cette région la même politique centralisatrice et absolutiste qu'en Espagne, poussa les Pays-Bas à la révolte. À la pétition des Gueux (1566), en faveur d'une politique de tolérance, l'Espagne répondit par la sanglante répression exercée par le duc d'Albe (1567) ; elle provoqua le soulèvement des sept provinces septentrionales, qui, par l'Union d'Utrecht (1579), se rendirent indépendantes de fait. Dans leur longue lutte contre l'Espagne, ces Provinces-Unies furent soutenues par l'Angleterre protestante d'Élisabeth Ire. L'intérêt aussi bien que la passion religieuse poussèrent Philippe II à faire un effort colossal pour abattre la puissance britannique ; mais l'Invincible Armada qu'il mit sur pied, ébranlée par la tempête, fut mise en déroute dans la Manche par les marins anglais (1588), qui saccagèrent Cadix quelques années plus tard.

L'Espagne ne fut guère plus heureuse en intervenant dans les affaires françaises, au cours des guerres de Religion : les prétentions de Philippe II au trône de France n'eurent d'autre résultat que d'accélérer la réconciliation des Français, et l'Espagne dut abandonner toutes ses conquêtes au traité de Vervins (1598). Du moins la victoire maritime sur les Turcs, à Lépante (1571) avait-elle confirmé l'hégémonie espagnole en Méditerranée. Le bilan du règne de Philippe II restait négatif : poursuivant dans la politique européenne un idéal de croisade hérité de la Reconquête mais déjà périmé, l'Espagne, à peine parvenue au faîte de sa grandeur, commençait à donner des signes d'épuisement ; ses énormes revenus coloniaux fondaient dans des opérations de prestige ; l'économie métropolitaine se sclérosait ; la noblesse dégénérait dans le luxe de la vie de cour.

Les Habsbourg espagnols au XVIIe s. (1598/1700)

Le successeur de Philippe II, son fils Philippe III (1598/1621), régna sur ce qui était encore le plus grand empire de la terre. Durant toute la première moitié du XVIIe s., l'Espagne continua à faire grande figure sur la scène européenne : malgré la banqueroute menaçante et la paralysie économique, elle possédait une armée considérée jusqu'à Rocroi (1643) comme la première de l'Europe ; Madrid restait le modèle de toutes les autres cours d'Europe ; les modes, la littérature, l'art espagnols rayonnaient à l'extérieur. Ce fut le « Siècle d'or » (vers 1555/1665), qui vit la construction du palais de l'Escurial (1563-1583), la création de l'œuvre du Gréco puis de Vélasquez et qui culmina avec la publication de *Don Quichotte* à partir de 1605, par Cervantès.

Mais le grand ministre de Philippe III, le duc de Lerma, en arrivant au pouvoir, avait trouvé le trésor à peu près vide. Sagement, il renonça à la politique de prestige poursuivie vainement depuis plus d'un demi-siècle, conclut la paix avec l'Angleterre (1604) et la trêve de Douze Ans avec les Provinces-Unies (1609). À l'intérieur, il commit l'erreur d'expulser les derniers morisques (1609/11), ce qui contribua à affaiblir encore l'industrie nationale. L'arrivée au pouvoir de Lerma rompait avec la tradition de politique personnelle instaurée par Philippe II. Le choix de favoris, les *validos*, comme ministres se poursuivit sous Philippe IV (1621/65), avec le comte-duc d'Olivares, qui devait se maintenir au pouvoir pendant plus de vingt ans (1621/43). Son ambition patriotique démesurée eut de graves conséquences pour le pays. Pour rendre à son pays sa puissance passée, il voulut mettre fin brutalement aux libertés espagnoles et tout réduire à un ordre castillan uniforme, ce qui provoqua des révoltes sanglantes, au moment même où l'Espagne se trouvait engagée dans la guerre de Trente Ans. Après de premiers succès brillants (prise de Bréda par Spinola, 1625), les Espagnols subirent une série de revers : exaspérés par l'autocratisme d'Olivares, les Catalans se révoltèrent et se tournèrent vers la France (1640). Au même moment, la révolution de Lisbonne rétablissait l'indépendance du Portugal. La victoire de Condé à Rocroi (mai 1643) porta un coup terrible au prestige militaire de l'Espagne, qui s'obstina cependant dans la guerre contre la France pendant plus de dix ans après les traités de Westphalie (1648). En 1659, elle se résigna à signer la paix des Pyrénées, qui lui fit perdre le Roussillon, la Cerdagne et l'Artois. Elle renonçait, en fait, au profit de la France, à ses rêves d'hégémonie en Europe.

Sans doute, jusqu'à la fin du XVIIIe s., l'Espagne continua d'être considérée comme une des grandes puissances européennes et mondiales ; elle conserva à peu près intact son empire colonial américain (en renonçant partiellement à son monopole et en accordant aux Français le droit de commerce en Amérique, 1700) ; mais sa détresse financière chronique et sa stagnation économique lui enlevèrent la possibilité de toute grande initiative sur la scène diplomatique. Elle parut toucher le fond de l'infortune sous le règne de Charles II (1665/1700), monarque infirme et débile. Aux traités d'Aix-la-Chapelle (1668) et de Nimègue (1678), la France de Louis XIV arracha encore à la puissance espagnole le reste de l'Artois et de la Flandre et la Franche-Comté. La corruption, l'intrigue, le brigandage rongeaient l'État. La noblesse, tournée uniquement vers l'armée ou l'Église, s'assoupissait dans ses immenses domaines et dédaignait l'industrie. Celle-ci ne se relevait pas de l'expulsion des morisques, du dépeuplement croissant de la péninsule, qui atteignait les éléments les plus actifs, appelés par la vie coloniale. La succession de Charles II, qui n'avait pas d'héritier direct, ouvrit la compétition entre les Bourbons de France et les Habsbourg d'Autriche, qui, les uns et les autres, pouvaient faire valoir des droits au trône. Après avoir songé un instant à un partage de l'empire, Charles II, dans son dernier testament, institua comme légataire universel le prince français Philippe d'Anjou, petit-fils de Louis XIV et de Marie-Thérèse d'Espagne (oct. 1700).

Despotisme éclairé et redressement au XVIIIe s.

Charles II étant mort le 1er nov. 1700, Louis XIV, non sans hésitations, accepta la couronne espagnole pour son petit-fils. Mais l'Autriche, invoquant le traité de partage signé quelques mois plus tôt à Londres par les grandes puissances (y compris la France), opposa la candidature de Charles de Habsbourg, qui était par sa mère l'arrière-petit-fils de Philippe III. Ce fut le début de la guerre de la Succession d'Espagne. Elle se termina par les traités d'Utrecht (1713) et de Rastadt (1714). L'Espagne revenait aux Bourbons, avec Philippe d'Anjou, devenu roi sous le nom de Philippe V. Mais les possessions espagnoles étaient réduites à la péninsule Ibérique et aux colonies d'Amérique : Milan, Naples, la Sardaigne et les Pays-Bas étaient donnés aux Habsbourg autrichiens ; la Sicile à la Savoie (qui l'échangea ensuite contre la Sardaigne) ; Gibraltar à l'Angleterre, qui, par l'*asiento*, se faisait en outre concéder le monopole de la traite dans les colonies espagnoles. Ces traités marquèrent un tournant de l'histoire espagnole : l'Espagne se trouvait ramenée à elle-même, après avoir été trop longtemps absorbée par le souci de ses possessions éparpillées à travers l'Europe.

Sous le règne de Philippe V (1700/46), la profonde incompétence politique des hautes classes espagnoles permit à des Français et à des Italiens de contrôler le gouvernement. La célèbre princesse des Ursins exerça une influence prédominante. La politique de l'Italien Alberoni, qui brava l'Europe en attaquant la Sardaigne et la Sicile (1717), aboutit à un échec. La France et l'Angleterre forcèrent Philippe V à renoncer définitivement à toute revendication sur les possessions italiennes des Habsbourg. L'avènement des Bourbons fut marqué par une nouvelle affirmation du pouvoir central et par un renforcement de l'autorité de la métropole sur les colonies, où eurent lieu quelques révoltes de créoles. Sous Ferdinand VI (1746/59) et Charles III (1759/88), l'Espagne connut de grands hommes d'État tels que Patiño, Ensenada, Aranda, Florida Blanca. L'administration, les finances, la fiscalité connurent une profonde réorganisation. Le despotisme éclairé engagea la lutte contre le pouvoir excessif de l'Église : l'Inquisition dut desserrer son étreinte sur la vie espagnole, les jésuites furent expulsés en 1767, l'éducation fut sécularisée. L'agriculture fut encouragée par des défrichements, des distributions de terres, des installations de colons dans des régions désertes comme la Sierra Morena. Un décret appela les nobles à se consacrer à des activités productives. Le monopole commercial d'État fut aboli (1778). La marine, reconstituée par Ensenada, permit à l'Espagne de participer assez brillamment à la guerre de Sept Ans (1756/63) aux côtés de la France contre l'Angleterre, puis à la nouvelle guerre franco-anglaise, lors de l'indépendance des États-Unis. Le traité de Paris (1763) coûta à l'Espagne la Floride mais lui valut la Louisiane, et, au traité de Versailles (1783), les Espagnols recouvrèrent la Floride et Minorque. Mais ce redressement fut annihilé par la médiocrité de Charles IV (1788/1808), qui se laissa dominer par sa femme, la rétrograde Marie-Louise de Parme, et par le favori de celle-ci, Godoy. Entré en guerre contre la Révolution française, il dut signer le traité de Bâle (1795) et devint dès lors un instrument de la France, qui se fit rendre la Louisiane (1801) et entraîna l'Espagne dans un nouveau conflit avec l'Angleterre, dont le résultat fut la destruction de la flotte espagnole à Trafalgar (1805). Abandonnées désormais à elles-mêmes, les colonies d'Amérique n'allaient pas tarder à conquérir leur indépendance.

De la guerre de l'indépendance aux crises du XIXe s. (1808/98)

Les mauvais résultats de l'alliance française et l'ingérence croissante de Napoléon Ier dans les affaires espagnoles firent naître une opposition nationale qui crut trouver son chef dans le prince héritier Ferdinand. Napoléon profita de ces dissensions pour déposer les Bourbons (traité de Bayonne, 5 mai 1808) et placer sur le trône espagnol son propre frère, Joseph Bonaparte. Mais trois jours plus tôt (le « Dos de Mayo », 2 mai 1808), le peuple madrilène s'était soulevé contre l'occupation française. Le 3 mai, une féroce répression s'ensuivait : des journées dont Goya devait laisser les images tragiques. Ce fut le début de la « guerre de l'indépendance », guerre acharnée qui mobilisa toutes les forces populaires encadrées par un clergé fanatisé.

Soutenue par l'Angleterre, l'Espagne opposa à Napoléon une farouche guérilla. Le 22 juill. 1808, à Bailén, une armée napoléonienne capitulait, pour la première fois, et la répercussion psychologique de cet événement fut immense dans toute l'Europe. Accouru en Espagne, Napoléon redressa la situation par sa victoire de Somosierra et rétablit son frère à Madrid (déc. 1808). Après une résistance héroïque, Saragosse fut prise en févr. 1809, puis Gérone, puis Séville (févr. 1810). Mais la junte nationale se réfugia à Cadix, d'où elle continua à animer la résistance jusqu'à la libération finale de l'Espagne en 1814, à la suite des campagnes de Wellington. L'interminable guerre d'Espagne marqua un tournant dans l'histoire politique du pays. Composée d'intellectuels et de bourgeois libéraux, la junte de Cadix adopta la Constitution du 18 mars 1812, inspirée de la Constitution française de 1791. Après trois siècles d'existence, la royauté absolue était abolie. Mais dès sa restauration, Ferdinand VII (1814/33), violant les promesses qu'il avait faites avant de rentrer en Espagne, s'empressa d'abolir la Constitution de 1812, restaura l'absolutisme, les privilèges de la noblesse et du clergé, l'Inquisition même, et, se laissant dominer par sa « camarilla », se mit à persécuter vigoureusement les libéraux.

Cette politique provoqua en 1820 l'insurrection dirigée par Riego, qui força Ferdinand à rétablir la Constitution de 1812. En 1822, au congrès de Vérone, sur les instances de Chateaubriand, les puissances de la Sainte-Alliance décidèrent d'intervenir en Espagne. L'armée française écrasa le mouvement libéral espagnol (prise du Trocadero, devant Cadix, 31 août 1823). Ferdinand VII, restauré dans tous ses pouvoirs, inaugura « l'ignominieuse décennie » (1823/33), longue terreur blanche au cours de laquelle le libéralisme espagnol fut décapité. En 1824, l'Espagne perdit ses dernières colonies d'Amérique, dont le mouvement de libération avait commencé en 1809 ; à Cuba seulement la domination espagnole, malgré de nombreuses révoltes, parvint à se maintenir jusqu'à la fin du XIXe s. Une lutte politique violente, jalonnée de pronunciamientos et de guerres civiles, opposa partisans des libertés constitutionnelles et traditionalistes, et la situation se compliqua encore lorsque les tendances les plus absolutistes purent se cristalliser dans l'opposition « carliste » (v. **CARLISME**).

Marie-Christine (v), qui exerça la régence pour sa fille Isabelle de 1833 à 1843, fut contrainte par le danger carliste de s'appuyer sur les libéraux. En 1839, quand les carlistes furent vaincus, elle crut pouvoir revenir à l'absolutisme, mais le général Espartero la força à s'exiler (1840/43). Le règne d'Isabelle II (1843/68) se déroula dans l'instabilité politique, au milieu des intrigues de favoris et des scandales financiers, incapables d'établir une véritable monarchie parlementaire, ce qui fit naître un parti républicain (1854) et provoqua une résurgence bientôt agressive des régionalismes catalan et basque. Les généraux, tel Narvaéz, jouèrent un rôle prédominant, chacun tentant d'imposer une Constitution. En sept. 1868, une insurrection d'officiers libéraux dirigés par Serrano et Prim força la reine à s'exiler. Les Cortés votèrent la Constitution de 1869, à la fois libérale et monarchique, mais il restait à trouver un nouveau souverain. Après l'abandon de la candidature du prince Léopold de Hohenzollern-Sigmaringen, Amédée d'Aoste accepta la couronne (1871/73), puis abdiqua, et la première République fut proclamée (févr. 1873). L'Espagne se trouva alors au bord de l'émiettement politique. L'établissement d'une dictature militaire (janv. 1874) prépara la restauration des Bourbons avec le fils d'Isabelle, Alphonse XII (1874/85).

La Constitution de 1876 permit aux deux grands partis nationaux, conservateur et libéral, d'occuper alternativement le pouvoir. Pendant une vingtaine d'années, le grand homme politique espagnol fut Cánovas del Castillo, qui sut établir une paix relative à l'intérieur. Alphonse XII étant mort prematurément en 1885, son fils posthume, Alphonse XIII (1886/1931), lui succéda sous la régence de sa mère, Cánovas conservant une influence politique prédominante, avec le libéral Sagasta. Après les violents troubles de l'époque précédente, l'Espagne s'abandonnait de nouveau à des illusions, mais le réveil fut brutal Cuba et les Philippines se révoltèrent et la répression fut inefficace. En 1898, l'entrée en guerre des États-Unis, à l'occasion de la crise cubaine, révéla la faiblesse profonde de l'Espagne. La flotte espagnole fut détruite en quelques combats par les Américains et les dernières colonies d'Amérique et d'Asie, Cuba, Porto Rico et les Philippines furent perdues.

Ce désastre provoqua un ébranlement de la conscience espagnole. À la suite d'Angel Ganivet, les chefs de file de la « génération de 1898 » (Unamuno, Ortega y Gasset, Azorín) appelèrent leurs compatriotes à une réforme intellectuelle et morale, que les uns concevaient dans le retour à l'« hispanité » séculaire, les autres, au contraire, dans une « européanisation » de l'Espagne. Considérable, en effet, était le retard pris par l'Espagne au cours du XIXe siècle, dans le domaine de l'industrialisation et de l'équipement technique ; aussi grave était la crise agraire, puisque 40 % de la fortune foncière appartenaient à 1 % des propriétaires. Malgré le faible développement industriel, le mouvement ouvrier prit de l'ampleur, surtout en Catalogne, à partir des années 1880 ; d'inspiration surtout anarchiste, il se manifesta avec violence par des grèves révolutionnaires, des incendies d'églises, de couvents.

D'Alphonse XIII à la guerre civile (1902/36)

Alphonse XIII fut déclaré majeur à l'âge de seize ans, en 1902. Les premières années de son règne personnel furent marquées, à l'extérieur, par les accords franco-espagnols sur le Maroc (l'Espagne établit son protectorat sur la bande côtière septentrionale du Maroc), à l'intérieur par la recrudescence du régionalisme catalan et de l'anarchisme (« semaine tragique » de Barcelone, juill. 1909, et exécution de l'anarchiste anticlérical Francisco Ferrer, oct. 1909). L'Espagne, en ces premières années du XXe s., souffrait de la profonde inadaptation de ses structures sociales traditionnelles aux nouvelles conditions créées par le développement de l'industrie grâce à d'importantes ressources minières, à une main-d'œuvre abondante, et à l'apport de capitaux et de techniciens étrangers. Ce début d'industrialisation provoqua la naissance d'un prolétariat ouvrier séduit depuis les années 1880 par l'anarcho-syndicalisme dont se réclamait la Confédération nationale des travailleurs (CNT) créée en 1910. Dans les campagnes – en particulier dans le Sud – subsistaient de vastes *latifundia*, sur lesquels les travailleurs agricoles menaient une vie misérable. L'armée et surtout l'Église, véritable puissance économique qui s'efforçait de soustraire à l'impôt ses entreprises industrielles et commerciales, constituaient de redoutables groupes de pression. Les deux principaux partis politiques s'étaient peu à peu usés dans l'alternance au pouvoir et, surtout les libéraux, étaient divisés par des tendances hostiles.

Après les troubles de 1909, Alphonse XIII fit appel aux libéraux, qui gouvernèrent de 1910 à 1913, avec José Canalejas. Celui-ci s'efforça de briser la puissance cléricale par la loi de déc. 1910, qui soumettait à l'impôt les entreprises religieuses, restreignait l'implantation de nouvelles congrégations, accordait la liberté de culte aux non-catholiques. Après l'assassinat de Canalejas par un anarchiste (12 nov. 1912), les conservateurs revinrent au pouvoir. Durant la Première Guerre mondiale, l'Espagne proclama sa neutralité, mais l'opinion se divisa profondément en *germanofilos* (armée, clergé, conservateurs) et en *aliadofilos* (libéraux, socialistes).

À l'intérieur, la confusion politique, les grèves, les attentats, la répression policière se poursuivirent pendant plusieurs années. Au Maroc, les forces d'Abd el-Krim infligèrent au corps expéditionnaire espagnol le désastre d'Anoual (21 juill. 1921). Devant le malaise croissant, le général Miguel Primo de Rivera, capitaine général de Catalogne, prit le pouvoir dans sa province et Alphonse XIII fut contraint de l'appeler à la tête du gouvernement (13 sept. 1923). Primo de Rivera prononça la dissolution des Cortés, établit la censure, remplaça le gouvernement par un directoire militaire. Auréolé par le succès de son audacieux débarquement dans la baie d'Alhucemas et sa victoire sur Abd el-Krim (sept. 1925), Primo de Rivera mit un terme à la dictature militaire et établit, à la fin de 1925, un gouvernement civil. Il essaya de regrouper toutes les forces politiques dans une *Union patriotica* (1926) et constitua en sept. 1927 une Assemblée nationale, simple instrument de sa politique. L'État finança de grands travaux publics et accomplit une œuvre impressionnante d'irrigation et d'électrification par la Confederación del Ebro ; la grève fut interdite ; mais la dictature négligea presque complètement le problème agraire, pourtant essentiel, et laissa intact le régime de grande propriété. La crise économique de 1929 accrut le mécontentement contre Primo de Rivera, qui, peu après la démission de son ministre des Finances Calvo Sotelo, préféra se retirer (janv. 1930) et mourut peu après en exil à Paris.

Cependant que la peseta s'effondrait, les antimonarchistes de toutes tendances et les autonomistes catalans signèrent le « pacte de Saint-Sébastien » (17 août 1930). Les élections municipales du 12 avr. 1931 virent un triomphe éclatant de la gauche ; Alphonse XIII préféra quitter l'Espagne, sans signer d'abdication (14 avr. 1931). La naissance de la seconde République espagnole s'accompagna de sanglantes manifestations d'anticléricalisme populaire (mai 1931). Les élections législatives de juin 1931 ayant donné une nouvelle victoire à la gauche, les Cortés prirent sans tarder diverses mesures anticléricales. Ce fut l'occasion de la première coupure au sein des républicains : le modéré Alcalá Zamora abandonna la direction du gouvernement. Le socialiste Manuel Azaña le remplaça (oct. 1931), mais deux mois plus tard, Alcalá Zamora fut élu président de la République catalane et les Cortés durent accepter le statut d'autonomie de cette région. La Constitution de déc. 1931 proclama l'Espagne « république démocratique des travailleurs de toutes les classes » ; elle institua un parlementarisme absolu, avec une chambre unique et le suffrage universel étendu aux femmes et aux soldats ; les titres de noblesse furent abolis, le divorce autorisé. La loi agraire du 15 sept. 1932 permit l'expropriation des grands *latifundios* du Centre et du Sud.

Le coup d'État militaire du général Sanjurjo à Séville fut réprimé, en août 1932. Mais l'opposition de droite s'organisait, d'abord avec Gil Robles, dans la Confédération des droites autonomes, puis avec des mouvements inspirés du fascisme, les Juntes d'offensive nationale-syndicaliste (JONS) et la Phalange, fondée en 1933 par José Antonio Primo de Rivera, fils du dictateur. La conjonction des oppositions entraîna la chute d'Azaña (automne 1933). Pendant plus de deux ans, ce furent les centristes qui dominèrent la République, la plupart du temps avec Lerroux, et qui s'employèrent à freiner toutes les réformes décidées précédemment par la gauche. Ils brisèrent aussi bien l'autonomie catalane que la révolte ouvrière des Asturies (oct. 1934).

Mais les élections du 18 févr. 1936 donnèrent sa revanche à la gauche, unie désormais dans un *Frente Popular*. L'Espagne connut immédiatement une nouvelle vague de violences : confiscations sommaires de terres par les bandes de paysans ; pillages ; incendies d'églises, de séminaires, de monastères, de journaux d'opposition ; grèves générales et partielles... Ces troubles contribuèrent à rallier l'opinion modérée, bourgeoise et catholique aux adversaires les plus résolus du régime, militaires et jeunes fascistes. L'assassinat du monarchiste Calvo Sotelo par des officiers de police (13 juill. 1936) fut l'étincelle qui déclencha le *pronunciamiento*.

La guerre civile (juill. 1936/mars 1939)

Le 18 juill. 1936, les troupes du Maroc, commandées par Franco, débarquèrent dans la péninsule, tandis que toutes les garnisons se soulevaient. Séville, Cordoue, Grenade, Cadix, ainsi que la Galice, la plus grande partie des Asturies et du León, la Navarre, la Vieille-Castille se rallièrent à la rébellion nationaliste. Celle-ci échoua à Madrid et à Barcelone. À la suite de la mort accidentelle du général Sanjurjo, le général Franco prit la tête du mouvement, qui rassemblait à peu près tous les cadres des forces armées (sauf l'aviation) et les forces politiques nationalistes, catholiques et traditionalistes. Le gouvernement républicain disposait essentiellement des forces de police et des masses de volontaires des régions industrielles, mais il souffrit beaucoup de l'absence des cadres et de l'indiscipline des « milices ouvrières », très imprégnées d'anarchisme.

Les deux camps reçurent une aide étrangère et l'Espagne se transforma en champ de bataille européen. L'URSS fournit aux républicains des techniciens, du matériel de guerre, ainsi qu'une aide financière importante ; des volontaires étrangers constituèrent les Brigades internationales Mais les espoirs que le gouvernement républicain avait placés dans la France du Front populaire et dans la Grande-Bretagne furent déçus. Dans la crainte d'une guerre générale, Londres et Paris adoptèrent une politique de « non-intervention ». Elle ne fut pas respectée par l'Allemagne et l'Italie, qui, dès le début, apportèrent leur soutien aux nationalistes : l'Allemagne principalement sous une forme aérienne (Légion Condor), l'Italie par l'envoi de quelque 70 000 volontaires fascistes. Au point de vue militaire, la guerre fut le banc d'essai des armes et des techniques nouvelles (surtout dans le domaine de l'aviation) utilisées dans la Seconde Guerre mondiale.

Alors que les nationalistes réussissaient, le 19 avr. 1937, à faire l'union de leurs divers groupes politiques dans un parti unique, la « Phalange espagnole traditionaliste et les juntes d'offensive nationale-syndicaliste », alors que Franco, reconnu diplomatiquement par l'Allemagne et l'Italie dès nov. 1936, cumulait, à partir d'août 1937, avec ses fonctions de généralissime celles de chef de l'État, les luttes politiques restèrent très vives parmi les republicains. Présidé par Largo Caballero, le gouvernement légal s'était réfugié à Valence en nov. 1936, confiant la défense de Madrid au général Miaja. Les communistes s'imposèrent, grâce à leur discipline, dans la politique républicaine au cours de la guerre civile. L'échec du soulèvement anarcho-syndicaliste de Barcelone (mai 1937) permit au communisant Negrin López de former un gouvernement qui s'installa à Barcelone (sept. 1937) et poursuivit l'élimination des opposants au communisme, notamment des trotskistes du POUM (*Partido obrero de unificacion marxista*).

Au point de vue militaire, les nationalistes, par la prise de Badajoz (14 août 1936), firent la jonction de leurs forces du Nord et du Sud, et, en sept. 1936, ils lancèrent sur Madrid une offensive qui fut retardée par la nécessité de délivrer les défenseurs de l'Alcazar de Tolède (27 sept.). Ce retard permit l'arrivée des Brigades internationales, qui, en nov. 1936 réussirent à briser l'assaut général des franquistes. La résistance de Madrid devait se prolonger encore pendant vingt-huit mois. Cependant, à la fin de 1936, Franco tenait déjà plus de la moitié de l'Espagne, avec toute la frontière hispano-portugaise, essentielle à son ravitaillement. Au cours de l'année 1937, les nationalistes liquidèrent le front Nord en s'emparant de la ceinture fortifiée de Bilbao (19 juin), Santander (25 août) et Gijón (21 oct.). Au sud, après s'être emparés de Málaga (8 févr.), les nationalistes tentèrent de couper en deux la zone gouvernementale en faisant mouvement de Teruel vers Valence. Mais les Brigades internationales infligèrent un grave échec aux Italiens à Guadalajara (mars 1937). La fin de l'année vit un renforcement de l'effort des républicains, qui s'emparèrent de Teruel (9 janv. 1938) ; ce succès éphémère (la ville fut reprise par les nationalistes dès le 22 févr.) ne fit que retarder la grande offensive projetée par Franco. Au printemps 1938, après la prise de Lerida, les franquistes atteignirent la Méditerranée (15 avr.), coupant ainsi la Catalogne de Valence. L'ultime offensive commença le 23 déc. 1938, soutenue par de puissantes forces aériennes et motorisées. Le front de Catalogne fut rapidement enfoncé, et, le 26 janv. 1939, Barcelone fut prise. Pendant que quelque 400 000 réfugiés passaient la frontière française, Negrin, qui tentait de continuer la résistance, fut renversé par une junte qui s'était formée à Madrid avec le général Miaja (5 mars 1939). Après avoir brisé en plusieurs jours de combats l'opposition des communistes, la junte se prépara à négocier la reddition de Madrid, qui fut occupée sans résistance, le 28 mars, par les troupes de Franco. C'était la fin de la guerre civile, qui avait fait environ 400 000 morts.

L'Espagne de Franco

Après sa victoire, Franco fit de l'Espagne un État autoritaire et corporatif, dont le totalitarisme n'était nuancé que par l'influence considérable de l'Église. Franco reconnut le catholicisme comme religion d'État, rétablit le budget du culte, établit des aumôneries dans les écoles, les syndicats, l'armée... La Charte du travail du 9 mars 1938 avait établi le syndicat « vertical » unique. Profitant de l'apathie consécutive aux misères de la guerre, le régime jugula aisément toute opposition : les anciens républicains furent emprisonnés en masse (il y avait environ 500 000 détenus en 1940) et les exécutions capitales devaient se poursuivre pendant de nombreuses années (en oct. 1940, Lluis Companys, l'ancien président de la Catalogne, remis à Franco par les autorités françaises de Vichy, fut fusillé ; le chef communiste Grimau fut exécuté en 1964). Les années 1939/42 virent l'hégémonie absolue de la Phalange, dont le président était le beau-frère de Franco, Serrano Suñer.

Ministre des Affaires étrangères de 1940 à 1942, Serrano Suñer orienta l'Espagne vers la solidarité avec l'Axe. En mars 1939, Franco avait adhéré au pacte antikomintern, mais, au début de la Seconde Guerre mondiale (sept. 1939), il proclama la neutralité espagnole ; puis, après la défaite de la France, il passa de la neutralité à la « non-belligérance » (13 juin 1940) et profita des circonstances pour abolir le statut international de Tanger et occuper la ville (24 nov. 1940). Cependant, au cours de ses entrevues avec Hitler (Hendaye, 23 oct. 1940) et avec Mussolini (Bordighera, 12 févr. 1941), Franco déploya une habileté consommée pour se dérober à tout engagement irréversible aux côtés des puissances de l'Axe. Après le début de la guerre germano-soviétique, il envoya sur le front de l'Est les volontaires de la Division Azul, mais son entrevue de Séville avec Salazar (févr. 1942) fut une réaffirmation de la neutralité ibérique et rassura les Anglais. À l'été 1942, Franco commença à douter de la victoire allemande, et le débarquement allié en Afrique du Nord (nov. 1942) ne fit qu'accélérer le revirement espagnol. Serrano Suñer fut remplacé aux Affaires étrangères par Jordana (sept. 1942), la Division Azul fut retirée de Russie l'année suivante, et, pour gagner les bonnes grâces des Anglo-Saxons, Franco assouplit son régime (création de Cortés consultatives en mars 1942 ; proclamation du *fuero de los Españoles* définissant les droits fondamentaux des Espagnols le 19 juill. 1945).

Au lendemain de la victoire alliée, l'Espagne franquiste se trouva cependant mise au ban par le monde démocratique. Elle fut expressément condamnée par la conférence de Potsdam (juill. 1945) et par l'ONU (déc. 1945). Elle dut s'incliner devant les Quatre Grands, qui lui envoyèrent un ultimatum exigeant l'évacuation de Tanger. Mais cette pression extérieure n'eut d'autre résultat que de blesser le sentiment national des Espagnols, qui se groupèrent plus étroitement derrière le « caudillo ». Celui-ci, le 1er avr. 1947, pour consolider le régime, promulgua la loi de Succession, qui définissait l'Espagne, « État catholique, social et représentatif », comme une monarchie dont Franco était en quelque sorte le régent à vie. Les rapports étaient cependant assez mauvais entre le caudillo et le prétendant, don Juan, qui avait publiquement exigé la démission de Franco en mars 1945 ; en avr. 1954, un accord entre Franco et don Juan aboutit à la désignation du prince don Juan Carlos, fils de don Juan, comme successeur de Franco, à la mort de ce dernier.

Le développement de la guerre froide fut l'occasion d'améliorer la situation internationale de l'Espagne franquiste. Les États-Unis, qui avaient d'abord exclu l'Espagne du bénéfice du plan Marshall, lui ouvrirent, en août 1950, un crédit de 62,5 millions de dollars. Devant l'échec de sa mise en quarantaine, l'ONU décida la reprise des relations diplomatiques avec Madrid (4 nov. 1950), et l'Espagne fut admise successivement à la FAO (nov. 1950), à l'UNESCO (1952) et enfin aux Nations unies (14 déc. 1955). Dès sept. 1953 avaient été signés les premiers accords militaires entre Franco et les États-Unis ; ceux-ci disposèrent désormais de bases militaires en Espagne. Enfin, l'Espagne retrouva aussi sa place dans les institutions économiques internationales : après son admission au FMI (1958), à l'OECE (1959), au GATT (1963), elle obtint également des accords préférentiels avec le Marché commun.

À partir du plan de stabilisation de 1960, le gouvernement s'engagea résolument dans la transformation économique du pays, d'abord par l'incitation au tourisme, mais aussi par un développement de la production industrielle, qui sextupla entre 1945 et 1968. À l'abri de fortes barrières protectionnistes, l'Espagne favorisa l'installation sur son territoire de grandes firmes étrangères fabriquant dans le pays même. Pays encore sous-développé à la fin des années 1950, l'Espagne du début des années 1970 se classait immédiatement derrière le Japon pour son taux de croissance industrielle (11 %).

Malgré une assez nette évolution, le régime franquiste conservait des bases foncièrement autoritaires. Face au déclin de la Phalange, le franquisme chercha de plus en plus l'appui de l'Église catholique, à laquelle il avait déjà accordé des avantages considérables : rétablissement de l'éducation religieuse et du budget du culte, abolition du divorce, restauration des jésuites... En août 1953 fut conclu un concordat particulièrement avantageux pour le Vatican. Les années 1960 furent marquées par la montée d'un groupe de technocrates liés à la puissante organisation religieuse de l'Opus Dei. Secrétaire technique à la Présidence dès 1956, commissaire au Plan en 1962, López Rodó fut le principal auteur du plan de Développement. D'autres membres de l'Opus Dei, tels que Rubio et Ullastre, avaient été appelés dans le gouvernement dès 1957. À partir de 1962, un cabinet de généraux et de technocrates annonça une politique de « libéralisation », qui se traduisit par l'assouplissement du contrôle de la presse, par une plus grande liberté dans les débats politiques et par une tolérance croissante à l'égard des « Commissions ouvrières » qui s'étaient créées spontanément pour pallier la carence des syndicats officiels. La réforme constitutionnelle de nov. 1966 établit le principe d'une séparation des pouvoirs entre le chef de l'État (régent ou roi) et le chef du gouvernement ; les Cortés furent élargies et une centaine de leurs membres fut désormais élue au suffrage de tous les chefs de famille et des femmes mariées ; le principe de la liberté religieuse fut proclamé, le catholicisme restant religion d'État. En juill. 1969, les Cortés approuvèrent la désignation de don Juan Carlos comme successeur futur de Franco. Le remaniement ministériel d'oct. 1969 accrut encore la part des technocrates de l'Opus Dei, au détriment de la Phalange. Le nouveau responsable des Affaires étrangères, López Bravo, travailla activement à l'entrée de l'Espagne dans le Marché commun et inaugura un rapprochement avec les États communistes ; en sept. 1972 fut signé le premier accord commercial hispano-soviétique depuis la guerre civile.

Mais, à partir de 1967, la situation intérieure fut de plus en plus troublée par des mouvements de grève, par des manifestations d'étudiants, par des attentats d'autonomistes basques. L'Opus Dei se vit de plus en plus critiquée par la droite franquiste. En déc. 1973, l'assassinat de l'amiral et ministre Carrero Blanco par les autonomistes basques fut suivi de la désignation comme chef du gouvernement d'un ami personnel de

Franco, Carlos Arias Navarro, alors que le départ de López Rodó consacrait l'éviction de l'Opus Dei, accusée par beaucoup d'être devenue un véritable État dans l'État.

L'âge et l'état de santé du général Franco, contraint de céder provisoirement les fonctions de chef de l'État au prince Juan Carlos (juill./sept. 1974), obligeaient à poser au grand jour le problème de la succession. Dans l'opposition de gauche, ces regroupements s'opéraient entre socialistes et démocrates-chrétiens (« Plate-forme démocratique » de Madrid, août 1974), et, plus largement, entre communistes et personnalités du centre et de la droite (création d'une junte démocratique en exil, juill. 1974).

L'Espagne démocratique

À la mort de Franco, en nov. 1975, Juan Carlos Ier fut couronné roi d'Espagne. Le nouveau roi, désireux de sortir l'Espagne de ses archaïsmes, organisa la transition vers la démocratie. Arias Navarro démissionna et Juan Carlos désigna Adolfo Suárez pour lui succéder. Les partis furent bientôt réautorisés, le tribunal d'exception supprimé. Les premières élections législatives après quarante ans de régime franquiste, en juin 1977, donnèrent la majorité à l'Union du Centre du Premier ministre. Une tentative de coup de force militaire, en nov. 1978, dont le but était d'empêcher la promulgation de la nouvelle Constitution, échoua rapidement. En 1979, Pays basque, Catalogne et Galice étaient les premières provinces à bénéficier d'un statut d'autonomie administrative, généralisé en 1983. L'Espagne, qui se réveillait d'un long engourdissement, trouva bientôt le changement trop timide et A. Suárez démissionna en janv. 1981. Aux élections législatives d'oct. 1982, le parti socialiste ouvrier espagnol (PSOE) l'emporta. Son jeune dirigeant, Felipe González, dont l'orientation socialiste resta très modérée, fut reconduit en 1986. En janv. de la même année, l'Espagne était entrée officiellement dans la CEE.

Cependant, le climat social se dégradait peu à peu et les élections régionales de juin 1987 marquèrent un recul socialiste. En déc. 1988, la centrale syndicale socialiste UGT (Union générale des travailleurs) appelait, pour la première fois depuis 1934, à une grève générale nationale. En 1989, malgré un essoufflement certain, les socialistes remportèrent 40 % des voix aux élections européennes. Felipe González en profita pour susciter en oct. 1989, huit mois avant l'échéance, des élections législatives qui permirent au PSOE de conserver, de justesse, la majorité absolue. Cependant, les socialistes perdirent la mairie de Madrid en 1989, puis celle de Séville, autre fief socialiste, en 1991. La crise économique atteignit, au début des années 1990, l'Espagne, qui avait connu de 1986 à 1990 le plus fort taux de croissance de la CEE. Les investissements étrangers stagnèrent et le chômage toucha en 1990 plus de 16 % de la population active. Pourtant, l'Espagne tout entière se mobilisa pour préparer l'Exposition universelle de Séville (avr./oct. 1992) et les jeux Olympiques d'été de Barcelone. L'Espagne acquit, au début des années 1990, un poids diplomatique croissant et devint l'un des piliers de la construction européenne. Les festivités du cinquième centenaire de la découverte de l'Amérique furent d'ailleurs mises à profit pour affirmer l'ancrage de l'Espagne dans les valeurs démocratiques de l'Europe, notamment par l'abolition symbolique du décret d'expulsion des Juifs datant de 1492. L'Exposition universelle de Séville fut l'occasion de grands travaux d'infrastructure permettant de désenclaver le Sud. Les jeux Olympiques de Barcelone consacrèrent le rôle moteur de la Catalogne dans l'économie espagnole et le dynamisme de son président, Jordi Pujol. Madrid, désignée pour un an comme capitale culturelle européenne, fut également à l'honneur en 1992.

Mais à l'heure des bilans, en 1993, l'euphorie céda la place à la dépression. La peseta, entrée dans le SME en juin 1989, fut dévaluée, fin 1992, à plusieurs reprises. Le déficit public se creusa et atteignit 4,4 % du PIB. Le gouvernement ne sut pas enrayer l'inexorable progression du chômage, qui frappait, en 1993, 22 % de la population active. En outre, des scandales de plus en plus fréquents commencèrent à éclabousser le gouvernement. En 1991, le vice-président du gouvernement, Alfonso Guerra, dut démissionner. L'affaire Filesa, liée au financement occulte du PSOE, discrédita, aux yeux des Espagnols, l'ensemble des socialistes. Felipe González joua son va-tout, en anticipant la date des élections législatives. Malgré la progression du parti populaire, dirigé par José María Aznar (34,8 % des suffrages) le PSOE remporta pour la quatrième fois consécutive les élections législatives. Néanmoins, les socialistes perdaient la majorité absolue et Felipe González dut rechercher de nouvelles alliances du côté des autonomistes basques et catalans. De nouveaux scandales éclatèrent au printemps 1994, poussant plusieurs ministres socialistes à la démission. Les élections européennes de juin 1994, en plaçant en tête le parti populaire, confirmèrent le rejet du PSOE par les Espagnols. En déc. 1994 éclata un nouveau scandale impliquant le parti socialiste, dont certains membres furent soupçonnés de liens étroits avec les Groupes antiterroristes de libération, organisés pour contrer l'ETA. La reprise d'attentats de l'ETA, la multiplication des scandales et la persistance d'un taux élevé de chômage conduisirent les socialistes à l'échec, lors des élections régionales et municipales, en mai 1995.

En mars 1996, les élections législatives virent la victoire du parti populaire, qui ne parvint pas à obtenir une majorité absolue. José María Aznar dut négocier une alliance avec les nationalistes catalans, élargie aux nationalistes basques modérés du PNV et à la coalition canarienne, et accompagnée de la signature d'un pacte renforçant encore les pouvoirs des régions autonomes.

Par ailleurs, l'Espagne restait la cible du terrorisme de l'organisation séparatiste basque (ETA) qui, en juill. 1997, enleva et assassina un jeune conseiller municipal de la ville d'Ermua, au Pays basque. Le 14 juill. 1997, 5 millions de personnes défilèrent dans les principales villes pour protester contre ce crime. Finalement, en sept. 1998, l'ETA annonça une trêve « unilatérale et illimitée » qui permit au gouvernement Aznar d'ouvrir des négociations directes avec l'organisation clandestine dès le mois de déc., laissant ainsi espérer le règlement de cette question pendante depuis la fin du régime franquiste. Cette trêve assura au gouvernement un prestige politique inespéré.

En mai 1998, le Conseil européen confirma l'entrée de l'Espagne dans la zone euro, ce qui mettait fin à son retard dans la participation à la construction européenne. Les pourparlers avec l'ETA en Suisse ne donnèrent pas de résultats, malgré des gestes conciliants du gouvernement ; l'ETA annonça pour le début déc. 1999 la reprise de la lutte armée, provoquant d'importantes manifestations de protestation de la société civile. Fort de bons résultats économiques, malgré un taux de chômage encore élevé, le parti populaire de José María Aznar remporta les législatives de mars 2000, ce qui entraîna la démission de Joaquin Almunia, chef du parti socialiste (PSOE). Le début de l'année avait été marqué par de nombreuses violences : attentats de l'ETA, auxquels répondirent de massives manifestations (un million de personnes dans les rues de Madrid, le 23 janv.), et violences antimarocaines en Andalousie, à la suite d'un fait divers (5/7 févr., 50 blessés). En février 2001, l'arrestation en France d'un des chefs de l'ETA provoqua en réponse, le même jour, un attentat à Saint-Sébastien (2 morts). En août 2002, la coalition indépendantiste basque Batasuna était interdite pour trois ans, dans un climat lourd d'attentats et de manifestations. En 2003, malgré les tensions politiques provoquées par le naufrage du pétrolier *Prestige* près des côtes de Galice (19 nov. 2002), le parti populaire, à qui l'on reprocha sa mauvaise gestion de la crise, remporta les élections municipales et régionales. Le 11 mars 2004, cinq jours avant les élections législatives, une série d'attentats simultanés dans trois gares de l'agglomération madrilène 191 morts ; début avril, les membres du « Groupe islamique combattant marocain » responsable de ces attentats se suicidèrent en faisant exploser l'immeuble dans lequel ils étaient regroupés.

Les élections législatives du 14 mars sanctionnèrent la politique de José María Aznar qui avait engagé l'Espagne en Irak aux côtés des États-Unis et de la Grande-Bretagne, et donnèrent la majorité au PSOE dirigé par José Luis Rodríguez Zapatero.

ESPARTERO Baldomero, duc de la Victoire (* Granatula, prov. de Ciudad Real, 1793, † Logroño, 8.I.1879). Général et homme politique espagnol. Fils d'un charron, il fut d'abord séminariste puis soldat engagé contre les Français en 1808. Fidèle à la reine Isabelle II, il vainquit l'insurrection carliste en 1838 et fut créé duc de la Victoire. Nommé régent en 1841, il gouverna dictatorialement durant deux ans mais dut faire face à des troubles continuels et fut forcé de s'exiler. Il revint au pouvoir de 1854 à 1856.

ESSAD Pacha (* Tirana, vers 1863, † Paris, 13.VI. 1920). Général et homme politique albanais. Après avoir fait partie du mouvement des Jeunes-Turcs, il lutta pour l'indépendance albanaise (1912). Appelé au pouvoir en 1914 par le prince Guillaume de Wied, il expulsa celui-ci et, jusqu'à sa défaite face aux Autrichiens en 1916, exerça la dictature.

ESSÉNIENS. Secte ascétique juive, mentionnée à partir du Ier s. de notre ère, et mieux connue depuis 1947, après la découverte des manuscrits de la mer Morte et l'exploration des grottes et des ruines de Qumran. Les esséniens, dont l'origine semble remonter au milieu du IIe s. av. J.-C., étaient des Juifs pieux (des *hassidim*) qui rompirent avec le Temple et dont une partie au moins se réfugièrent dans les solitudes de la mer Morte pour se consacrer à l'étude et à la pratique ardente de la Loi. La secte a joui d'un grand prestige et, vers le début de l'ère chrétienne, elle a compté quelque 4 000 membres. À une date incertaine, un conflit éclata entre les esséniens et le sacerdoce officiel ; le chef de la secte fut exécuté et les esséniens se réfugièrent en Syrie. Ils revinrent à Qumran après l'occupation de la Palestine par les Romains (63 av. J.-C.) et s'y maintinrent jusqu'à la destruction définitive de leurs établissements par les soldats romains, lors de la révolte juive de 66/70 apr. J.-C.

La spiritualité essénienne a été révélée par plusieurs livres trouvés dans les manuscrits de la mer Morte : le *Manuel de discipline*, ou règle de la communauté, les *Psaumes de la nouvelle alliance*, la *Guerre des fils de la lumière et des fils des ténèbres*. Voir MANUSCRITS DE LA MER MORTE.

ESSEX. Royaume saxon de l'Angleterre, fondé au VIe s., avec *Lunden* (Londres) pour capitale. Son roi, Saeberth, se convertit au christianisme en 604, mais l'Essex ne fut définitivement converti qu'après 650. L'Essex fut soumis par le Wessex (v.) en 825, puis passa sous la domination danoise (878/917). Voir HEPTARCHIE.

ESSEX, Robert Devereux, 2e comte d' (* Netherwood, Herefordshire, 10.XI.1567, † Londres, 25.II. 1601). Homme politique anglais. Favori de la reine Élisabeth Ire. Ne parvenant pas à triompher de la révolte de l'Irlande, il fut soupçonné de pactiser avec les rebelles (1598). Élisabeth, que le mariage secret d'Essex avait profondément blessée, le dépouilla de toutes ses dignités et le bannit de sa cour. Pour se venger, Essex se mit à conspirer avec Jacques VI d'Écosse. Arrêté et condamné à mort, il fut exécuté après que la reine eut longtemps hésité entre la clémence et la justice.

EST-ANGLIE, *East Anglia.* Royaume angle de l'Angleterre qui s'étendait sur les comtés actuels de Norfolk et de Suffolk. Il fut fondé par les Angles au milieu du VIe s. et le roi Sigebert y introduisit le christianisme. Très puissant vers 580, il fut ensuite soumis à la Mercie (v.) au Wessex (v.) puis subit l'invasion danoise, formant alors un royaume danois sous l'autorité de Guthrum (878). Après une longue lutte, Édouard, fils et successeur d'Alfred le Grand, roi du Wessex, força l'Est-Anglie à reconnaître sa souveraineté. Le pays devint alors un des quatre grands comtés de l'Angleterre. Voir **HEPTARCHIE**.

ESTE. Ville d'Italie, en Vénétie (prov. de Padoue). Elle fut le berceau de la famille d'Este, qui régna sur Ferrare de 1240 à 1597 et sur Modène de 1288 à 1797.

ESTIENNE D'ORVES Honoré d' (* Verrières-le-Buisson, 5.VI.1901, † mont Valérien, 29.VIII.1941). Officier français. Lieutenant de vaisseau en 1940, il se rallia au général de Gaulle. Venu d'Angleterre en France en déc. 1940 pour espionner les arsenaux et les navires allemands, il fut trahi par un de ses agents et condamné à mort par un tribunal militaire allemand qui, dans sa sentence, rendit hommage à sa fermeté de caractère. Il fut fusillé au mont Valérien.

ESTONIE, *Eesti.* État du N.-E. de l'Europe ; capitale *Tallin (Reval).* Les Estes (Eastlased), finnoougriens, furent soumis au début du XIIIe s. par les Allemands, puis par les Danois, qui fondèrent Tallin (1219) : c'est alors que le christianisme fut introduit dans cette région par l'évêque Albert Ier de Riga. L'Estonie passa entièrement dans la zone d'influence allemande après son rachat aux Danois par les chevaliers Teutoniques (1346). Tandis que les villes estoniennes faisaient un actif commerce avec la Hanse, les barons germaniques constituèrent de vastes domaines terriens. L'Estonie passa en 1561 à la Suède, qui y apporta le luthéranisme ; elle fut conquise en 1710 par la Russie et cédée par la Suède au traité de Nystad (1721). L'élément germanique des barons baltes restait cependant la principale force du pays et souffrit moins que la population estonienne, surtout paysanne, de la politique de russification systématique menée à la fin du XIXe s. sous Alexandre III. Occupée par les Allemands en févr. 1918, l'Estonie devint un Etat indépendant (nov. 1918), reconnu par la Russie soviétique au traité de Tartu (2 févr. 1920). La réforme agraire d'oct. 1919 affaiblit les barons baltes et profita à la paysannerie pauvre. Entre les deux guerres mondiales, l'Estonie fut continuellement soumise à une active propagande soviétique ; en mars 1934, une dictature fut instaurée par le président Konstantin Päts. En sept. 1939, l'Estonie dut consentir à la cession de bases militaires et navales à l'URSS. Celle-ci occupa entièrement le pays en juin 1940 et l'Estonie devint, dès le 1er août 1940, une république socialiste soviétique, intégrée à l'URSS. Elle fut conquise en août 1941 par la Wehrmacht. En oct. 1939, Hitler avait résolu le problème séculaire de la minorité allemande en décidant, lors du Pacte germano-soviétique de 1939, son rapatriement dans le Reich.

Occupée par l'armée soviétique à compter de 1944, l'Estonie redevint une république socialiste fédérative de l'URSS. À la fin des années 1980, l'ouverture amorcée par Mikhaïl Gorbatchev encouragea les mouvements nationalistes. En 1989, l'estonien fut reconnu langue officielle. Sortis victorieux des élections de mars 1990, les nationalistes organisèrent, en mars 1991, un référendum sur l'indépendance, approuvée à plus de 75 % des voix mais reconnue par l'URSS seulement en sept. En juin 1992, une Constitution démocratique fut adoptée. Le pouvoir fut cependant, dès 1992, confronté aux manifestations de l'importante minorité russophone, privée de la nationalité estonienne et du droit de vote. Le souci de ne pas heurter Moscou contraignit Tallin à accorder des garanties aux Russes d'Estonie. Membre du Conseil de l'Europe en mai 1993, l'Estonie chercha, dans les années 1990, à se rapprocher de l'UE. En 1996, le président Meri fut réélu. Les élections législatives de mars 1999 virent la victoire du centre droit et la création d'un gouvernement de coalition dirigé par Mart Laar. La nouvelle assemblée approuva le projet du gouvernement visant à accélérer l'entrée dans l'UE et dans l'OTAN. En sept. 2001, l'ex-communiste Arnold Rüütel fut élu président. Depuis le 1er mai 2004, l'Estonie fait partie de l'Union européenne. Voir **BALTES (pays)**.

ESTRÉES Gabrielle d' (* en Picardie ou en Touraine, 1573, † Paris, 10.IV.1599). Maîtresse d'Henri IV. Elle était la fille d'Antoine d'Estrées, grand maître de l'artillerie, gouverneur de l'Île-de-France. Henri IV s'éprit d'elle et la fit marquise de Montceaux (1595) et duchesse de Beaufort (1597). Il la maria pour la forme à Nicolas Damerval de Liancourt, puis fit annuler cette union et songeait aux moyens d'épouser Gabrielle, lorsque celle-ci mourut brusquement ; on soupçonna qu'elle avait été empoisonnée. Elle laissait au roi trois enfants légitimés, dont César, chef de la maison de Vendôme.

ETA. Sigle d'*Euskadi Ta Azkatasuna* (« Le Pays basque et sa liberté »), organisation nationaliste basque. Voir **BASQUES**.

ÉTAT FRANÇAIS. Régime sous lequel vécut la France du 10 juill. 1940 au mois d'août 1944. Né de l'effondrement de la IIIe République dans la défaite de 1940, ce régime fut fondé par un vote du Parlement (Chambre du Front populaire élue en 1936 et Sénat) à Vichy. Par 569 voix contre 80 et 17 abstentions, ce vote donna « tous pouvoirs au gouvernement de la République, sous l'autorité et la signature du maréchal Pétain, à l'effet de promulguer par un ou plusieurs actes une nouvelle Constitution de l'État français ».

À la suite de ce vote, six actes constitutionnels furent promulgués avant la fin de 1940 ; ils supprimaient la présidence de la République, donnaient au maréchal Pétain, « chef de l'État français », tous les pouvoirs – sauf celui de déclarer la guerre sans l'assentiment des Assemblées législatives –, ajournaient jusqu'à nouvel ordre le Sénat et la Chambre des députés, désignaient Pierre Laval comme successeur de Pétain, instituaient une Cour suprême de justice et autorisaient le Maréchal à prononcer la déchéance des parlementaires.

En 1941, les actes constitutionnels 7 à 10 étendirent peu à peu à tous les fonctionnaires civils et militaires l'obligation de prêter serment au chef de l'État. Après le retour de Laval à la tête du gouvernement (avr. 1942), Pétain, par l'acte constitutionnel n° 11, dut pratiquement abandonner tous ses pouvoirs à Laval. La politique de l'État français se caractérisa sur le plan intérieur par la mise en œuvre de la révolution nationale et sur le plan extérieur par la politique de collaboration avec l'Allemagne. Voir FRANCE. La défaite de 1940 et la fin de la IIIe République. Le gouvernement de Vichy et la collaboration.

ÉTATS GÉNÉRAUX. Dans la monarchie française, nom donné aux assemblées générales des corps représentant le royaume, organisés à la fois en ordres et en pays. Parfois, le roi ne consultait que des ecclésiastiques et des nobles, parfois, comme Saint Louis en 1263, des bourgeois des villes. Les états généraux français ne tenaient donc leur source que de l'initiative royale et n'eurent aucune périodicité régulière.

On dénombre vingt-huit consultations des états généraux depuis ceux de 1302, convoqués par Philippe le Bel, jusqu'à ceux de 1614, convoqués par Marie de Médicis. Ils ne furent plus réunis avant 1789, à la veille de la chute de l'Ancien Régime. Les plus importants furent ceux d'oct. 1356 et de févr. 1357 : ils imposèrent un sévère contrôle du pouvoir en échange d'impôts exceptionnels demandés par le dauphin Charles (futur Charles V), qui finalement les renvoya, puis ceux de 1484, qui concédèrent la régence à Anne de France, après la mort de Louis XI.

États de 1789. Leur convocation fut réclamée au printemps 1787 par La Fayette à l'Assemblée des notables. Au mois de juill. suivant, le parlement, repoussant la « subvention territoriale » qui aurait frappé les privilégiés comme tous les autres propriétaires, déclara que seule la nation réunie dans ses états généraux pouvait consentir un impôt perpétuel. Cet appel aux états cristallisa dès lors les vœux de tous les opposants. La crise financière et politique du royaume s'aggravant rapidement, Brienne fit convoquer en août 1788 les états généraux pour le 1er mai 1789. Sur la proposition de Necker, le 27 déc. 1788, Louis XVI accorda au tiers état autant de députés qu'aux deux autres ordres réunis, mais on laissa aux états le soin de décider eux-mêmes s'ils voteraient par ordre, selon la tradition, ou par tête. Les lettres royales du 24 janv. 1789 fixèrent les modalités de l'élection : tous les nobles furent électeurs et élurent directement leurs députés au chef-lieu du bailliage ; pour le clergé, tous les curés furent électeurs, au même titre que les évêques, mais il n'y eut qu'une voix par monastère. Pour le tiers état, les élections furent beaucoup plus complexes : dans les campagnes, les électeurs de chaque paroisse se réunirent en assemblée primaire pour désigner des délégués à l'assemblée du tiers au chef-lieu de bailliage ; ces délégués, s'adjoignant aux délégués des villes élus dans le cadre des différentes corporations, élisaient alors les députés du tiers. Partout, les électeurs de chaque ordre, conformément à une tradition aussi ancienne que les états généraux, rédigèrent des « cahiers de doléances ». Les élections durèrent de févr. à mai 1789 : marquées par de nombreuses abstentions, elles permirent la désignation de plus de 1 100 députés, dont environ 600 représentants du tiers état. Réunis dans la salle des Menus-Plaisirs, à Versailles, le 5 mai 1789, les états généraux se divisèrent aussitôt sur la question du vote par ordre ou par tête. Le tiers état, refusant le vote par ordre et ayant attiré à lui une vingtaine de curés, se proclama, le 17 juin, Assemblée nationale. Voir FRANCE. La fin de l'Ancien Régime (1774/89). Les débuts de la Révolution et la chute de la monarchie (mai 1789/sept. 1792).

ÉTATS-UNIS D'AMÉRIQUE, *United States of America, USA*. État fédéral de l'Amérique du Nord ; capitale *Washington*.

L'époque coloniale (jusqu'en 1776)

Au début du XVIIe s., trois nations européennes, l'Espagne, la France et l'Angleterre, entreprirent la colonisation de l'Amérique du Nord. Ce furent les Espagnols qui, à Saint Augustine (Floride), en 1565, fondèrent le premier établissement permanent des Blancs sur le territoire actuel des États-Unis. L'autorité espagnole s'étendit sur la Floride, le Texas, la Californie et une grande partie de l'Ouest américain. Les Français s'installèrent au Canada (fondation de Québec par Champlain, 1608) et, au cours des XVIIe/XVIIIe s., progressèrent vers la région des Grands Lacs, puis descendirent la vallée du Mississippi (voyages de Cavelier de La Salle, 1669/82) et fondèrent la colonie de la Louisiane (début du XVIIIe s.). Cependant, les régions de la côte atlantique, futur noyau politique et culturel des États-Unis, n'attiraient guère les premiers voyageurs européens : le climat y était âpre, les côtes généralement peu hospitalières et ces pays étaient dépourvus des deux richesses qui fascinaient les explorateurs de l'époque, les métaux précieux et les épices.

La colonisation anglaise, qui commença par la fondation de Jamestown, en Virginie, en 1607, ne fut pas inspirée par des motifs mercantiles. Ce fut une colonisation de peuplement, menée par des minorités politiques et religieuses britanniques qui, à la suite des troubles que connut l'histoire anglaise au XVIIe s., préféraient s'expatrier plutôt que de renoncer à leur foi (tels les dissidents et les puritains) ou, comme les jacobites (v.), de se soumettre à des souverains qu'ils considéraient comme des usurpateurs. Les Pères Pèlerins arrivèrent en 1620 sur le *Mayflower* dans la baie de Plymouth et fondèrent la colonie du Massachusetts. L'émigration puritaine se poursuivit régulièrement jusqu'en 1642 (environ 20 000 personnes) et constitua les autres colonies du groupe septentrional de la Nouvelle-Angleterre : le New Hampshire (1629), Rhode Island (1644) et le Connecticut (1662). Ces colonies consacrèrent longtemps le caractère religieux, souvent théocratique et intolérant (procès des sorcières de Salem, Massachusetts, 1692), que leur avaient imprimé leurs fondateurs. La vie spirituelle y était austère, la vie culturelle développée (fondation de l'université Harvard, 1636), mais s'accommodait fort bien d'une intense activité économique où commençait à poindre l'esprit capitaliste (v. **Puritains**). Chez ces non-conformistes religieux, unis par une même foi, s'instituèrent très tôt des pratiques démocratiques. L'Angleterre accorda à ses colonies un statut de large autonomie ; elles avaient leur propre gouvernement, leurs assemblées et leur budget. La première Constitution avait été rédigée en Virginie dès 1609.

Pourtant, les colonies méridionales, Virginie (1607), Maryland (1632), les deux Carolines (1663) et Géorgie (1732), offraient un profil spirituel, politique et social tout autre que les colonies du Nord. Essentiellement agricole, le Sud était fondé sur la grande plantation, qui réclamait une main-d'œuvre importante. Dès 1620, les premières importations d'esclaves d'Afrique commencèrent à Jamestown et elles se poursuivirent durant tout le XVIIe s., à une cadence d'environ 1 500 arrivées par an. Sur la base de l'esclavagisme se constitua une société aristocratique de propriétaires terriens qui menaient une vie très proche de celle des gentilshommes campagnards de la vieille Europe.

Entre ces deux groupes complètement étrangers l'un à l'autre se formèrent les colonies du centre. Après la fondation de la Compagnie hollandaise des Indes occidentales (1621), des Hollandais s'étaient établis au débouché de l'Hudson, dans l'île de Manhattan, et Peter Minuit fonda en 1625 La Nouvelle-Amsterdam (New York) ; en 1655 les Hollandais s'emparèrent de la petite colonie suédoise du Delaware. Mais, en 1664, toutes les possessions hollandaises d'Amérique du Nord furent conquises par l'Angleterre. Aux colonies de New York, du New Jersey, du Delaware (1664) s'ajouta en 1681 la Pennsylvanie, fondée par des quakers sous la direction de William Penn (v.).

Entre toutes ces colonies américaines n'existait guère que le lien d'une commune dépendance à l'égard de la couronne britannique. La lutte contre les ennemis communs, l'Indien et le Français, contribua à faire naître chez les colons le sentiment d'une unité de destin. Il fallut un siècle avant que ce sentiment ne parvînt à triompher des disparités économiques, sociales et religieuses. En 1754, les treize colonies avaient rejeté un projet de confédération présenté par Benjamin Franklin. Mais après la disparition de l'empire colonial français d'Amérique du Nord (1763), les colonies aspirèrent à une plus grande indépendance vis-à-vis de la métropole, au moment où celle-ci leur imposait une contribution à l'amortissement des dettes de la guerre de Sept Ans. Les colons américains refusaient d'accepter les votes du Parlement de Londres, où ils n'avaient pas de représentants. Leur opposition se cristallisa d'abord sur le principe : « Pas d'impôts sans représentation. » Londres dut retirer la « loi du Timbre » de 1765, qui frappait les actes publics et les journaux, mais ne voulut pas renoncer à la politique de l'exclusif colonial (v. **Pacte colonial**) et chercha à imposer les lois Townshend (mai 1767), qui taxaient lourdement les importations, en particulier le thé.

Cette obstination de la métropole provoqua des réactions violentes. Après le « massacre de Boston » (5 mars 1770), les habitants du grand port de la Nouvelle-Angleterre détruisirent les cargaisons de thé des navires de la Compagnie des Indes (*Boston Tea Party*, 16 déc. 1773). Le gouvernement anglais répliqua par des lois répressives qui ruinaient le commerce de Boston et effaçaient les libertés du Massachusetts (1774). Mais la répression ne réussit qu'à renforcer l'unité des colonies américaines : en automne 1774, à l'instigation de Franklin, elles se réunirent à Philadelphie en un premier Congrès continental. La fusillade de Lexington (avr. 1775) précipita l'ouverture des hostilités : le 17 juin 1775, à Bunker Hill, près de Boston, une première bataille rangée opposait Anglais et Américains. La guerre d'Indépendance commençait. Le deuxième Congrès continental confia à George Washington le commandement de l'armée, et les treize colonies insurgées (Massachusetts, New Hampshire, Connecticut, Rhode Island, New York, New Jersey, Pennsylvanie, Delaware, Maryland, Virginie, Caroline du Sud, Caroline du Nord et Géorgie) adoptèrent la Déclaration d'indépendance (4 juill. 1776) et les Articles de confédération (15 nov. 1777).

La naissance d'une nation (1776/89)

Malgré l'atmosphère d'enthousiasme qui entoura ces événements, l'unanimité était loin de régner parmi les colons : des « loyalistes », parmi lesquels le propre fils de Benjamin Franklin, restèrent fidèles à la couronne britannique et combattirent aux côtés des Anglais, puis se réfugièrent au Canada ; beaucoup d'Américains choisirent la neutralité. Dans le domaine militaire, l'armée de volontaires hâtivement formée sous les ordres de Washington était très inférieure aux mercenaires, surtout allemands, dont disposaient les Anglais. Washington dut abandonner New York (1776) et Philadelphie (sept. 1777) ; la victoire américaine de

Saratoga (17 oct. 1777) ne suffit pas à redresser la situation. Mais l'insurrection des colons américains avait fait naître des espoirs de revanche chez tous les adversaires européens de l'Angleterre. La France, qui désirait effacer les désastres de la guerre de Sept Ans, décida en janv. 1778 d'intervenir et réussit à entraîner à sa suite l'Espagne (1779) et les Pays-Bas (1780). Déjà deux officiers européens, le Français La Fayette et le Prussien von Steuben, avaient entrepris la réorganisation de l'armée des colons. La Fayette prit la tête de l'armée française envoyée en Amérique. La capitulation de Cornwallis à Yorktown (19 oct. 1781) décida de la victoire américaine et le traité de Versailles (3 sept. 1783) reconnut l'indépendance des États-Unis en leur conférant la souveraineté sur les territoires compris entre l'Atlantique et le Mississippi, et entre les Grands Lacs au N. et les possessions espagnoles au S.

La nouvelle nation se trouvait dans une situation critique : le gouvernement confédéral institué par les Articles de 1777 n'avait aucun moyen d'exercer une véritable autorité ; la monnaie se dépréciait ; des mutineries éclataient dans l'armée. La nécessité d'établir un gouvernement central provoqua la réunion à Philadelphie, le 25 mai 1787, d'une Convention constitutionnelle, présidée par Washington, qui élabora la nouvelle Constitution des États-Unis (17 sept. 1787). Ce document assez bref, résultat d'une série de compromis, se révéla un cadre admirablement souple. Complétée peu à peu par vingt-cinq amendements mais non modifiée dans son essence, la Constitution de 1787 n'a pas cessé, jusqu'à nos jours, de régler le fonctionnement des institutions américaines. Elle conciliait la nécessité d'un renforcement du pouvoir central et le souci d'indépendance des treize États en créant, au-dessus des États, un pouvoir fédéral, souverain dans les domaines de la politique extérieure, de la défense, du commerce extérieur et des relations entre les États. Tout ce qui n'était pas expressément délégué au gouvernement fédéral restait de la compétence exclusive des États ; pour empêcher toute domination des grands États sur les petits États, le principe fut adopté d'une représentation égale au Sénat (avec deux sièges pour chaque État, quelle que fût sa population) et d'une représentation proportionnelle à la Chambre des représentants ; les pouvoirs exécutif, législatif et judiciaire furent séparés de manière qu'ils pussent se contrôler les uns les autres. La Constitution fut ardemment défendue devant l'opinion par Alexander Hamilton, John Jay et James Madison dans les *Federalist Papers*. En 1788, elle avait été ratifiée par onze États, mais la Caroline du Nord n'y adhéra qu'en nov. 1789 et le Rhode Island qu'en mai 1790. Cependant, elle était entrée en application dès 1788, et George Washington fut élu premier président des États-Unis (1789/97).

Crises et progrès au XIXe s. (1789/1865)

Dès l'époque de la présidence de Washington apparurent deux partis politiques : les *fédéralistes*, qui avaient pour chef Alexander Hamilton, voulaient appliquer la Constitution dans le sens d'un renforcement du pouvoir central ; ils représentaient les industriels et les grands commerçants du Nord ; maîtres du pouvoir sous la présidence de John Adams (1797/1801), ils introduisirent une législation répressive (*Alien and Sedition Acts* de 1798) et furent sur le point de lancer les États-Unis dans une guerre contre la France révolutionnaire. L'autre parti, celui des disciples de Jefferson, fut bientôt connu sous le nom de parti républicain *démocrate* (puis, en 1828, avec l'élection de Jackson à la présidence, de parti démocrate) ; il se recruta d'abord parmi des petits propriétaires aisés, idéalistes, adeptes des doctrines de Rousseau, qui redoutaient toute ingérence excessive du pouvoir central et qui exigeaient l'application stricte de la Constitution et le respect du droit des États. Arrivés au pouvoir avec Jefferson (1801/09), les démocrates durent compter avec la Cour suprême, bastion fédéraliste, qui imposa le principe de l'autorité fédérale dans les conflits entre États. La présidence de Jefferson fut comme une seconde fondation de la démocratie américaine, inaugurant une longue période de paix intérieure (l'« Ère des bons sentiments ») qui se poursuivit pendant les présidences de Madison (1809/17) et de Monroe (v., 1817/25), qui énonça la doctrine fondamentale de la politique extérieure des États-Unis, qui excluait toute intervention européenne sur le continent américain.

Pendant que les nouvelles institutions s'enracinaient, la jeune nation, réduite en 1783 à la bande côtière atlantique, étendait rapidement son territoire. La colonisation de l'Ouest débuta avec la création de nouveaux États : Vermont (1791), Kentucky (1792), Tennessee (1796), Ohio (1803). En 1803, la France, qui était à la veille d'une nouvelle guerre avec l'Angleterre, vendit à Jefferson, pour 15 millions de dollars, l'immense Louisiane, dont le territoire fit doubler d'un seul coup celui de l'Union. Malgré Jefferson, auteur de l'*Embargo Act* de 1807, les États-Unis se trouvèrent entraînés dans la lutte entre Napoléon et l'Angleterre. Madison, voulant faire respecter les droits commerciaux des neutres, provoqua la guerre anglo-américaine de 1812/14, qui se termina sans résultats par le traité de Gand (1814). L'accord de 1818 fixa la frontière des États-Unis et du Canada sur le 49e parallèle. Ayant échoué dans leur tentative d'annexer le Canada méridional, les Américains, qui s'étaient fait céder la Floride par l'Espagne (1819), se tournèrent avec une ardeur nouvelle vers la conquête de l'Ouest, encadrée depuis 1787 par l'ordonnance du Nord-Ouest, qui considérait comme propriété fédérale tous les territoires situés à l'Ouest du Mississippi. En 1804, Jefferson avait envoyé une expédition, dirigée par Meriwether Lewis et William Clark, qui remonta les affluents occidentaux du Mississippi, atteignit la Columbia dans l'Oregon et ouvrit une voie vers la côte du Pacifique. Après une longue contestation avec l'Angleterre, les États-Unis se firent confirmer la possession de l'Oregon par le traité du 15 juin 1846 : l'Union s'étendait désormais de l'Atlantique au Pacifique. La progression se poursuivait simultanément dans le Sud-Ouest. Fondée en 1835/36, la république du Texas fut annexée en 1845 par le président James K. Polk, ce qui entraîna une guerre avec le Mexique (1846/48), qui se termina par le traité de Guadalupe Hidalgo (2 févr. 1848) : amputé des deux cinquièmes de son territoire, le Mexique cédait aux États-Unis le Texas, la Californie et les vastes étendues qui devaient former l'Utah, le Nevada, l'Arizona, le Nouveau-Mexique. En 1853, la convention de Gadsden fixa de façon définitive la frontière américano-mexicaine.

En un peu plus d'un demi-siècle, les États-Unis avaient plus que triplé leur superficie et le nombre des États était passé de 13 en 1789 à 31 en 1848 ; la population ne cessait de s'accroître par l'immigration européenne. En 1860, on comptait aux États-Unis plus de 4 millions de personnes d'origine étrangère, les plus nombreux étant les Irlandais (38 %), les Allemands (31 %), les Anglais (10 %) et les Français (2,66 %). Dans cette période, la conquête de l'Ouest s'accompagna d'un refoulement général des Indiens à l'ouest du Mississippi (1826). Ce n'est qu'après la guerre de Sécession que se produisirent la destruction des populations indigènes et la concentration des survivants dans des réserves. L'administration cadastra et découpa les terres en parcelles de forme régulière et de superficie égale qui furent vendues au prix de 1,25 dollar l'acre (environ 40 ares), conformément à la loi agraire de 1820. L'acquisition des terres bénéficia de grandes facilités de crédit. L'Ouest devint pour les Américains un mirage fascinant (v. FAR WEST), une terre originale, très différente du modèle européen des anciennes colonies.

L'Ouest avait déjà fait son apparition dans la vie politique américaine, provoquant la poussée démocratique qui s'était manifestée en 1828 par l'émergence d'une nouvelle génération de démocrates, beaucoup plus radicaux que les jeffersoniens. Jackson inaugura le *spoils system*, le « système des dépouilles », en vertu duquel le parti majoritaire s'appropriait tous les postes administratifs. La victoire de Jackson donna une nouvelle audace au Sud, bastion traditionnel du parti démocrate et particulièrement attaché aux droits des États. John C. Calhoun, le chef des démocrates du Sud, se fit le théoricien de la « nullification », c'est-à-dire le droit de chaque État de tenir pour nulles les dispositions fédérales qui compromettraient son existence. La rupture avec le pouvoir fédéral fut évitée grâce à un compromis proposé par Henry Clay. Mais cet épisode manifestait la tension croissante entre le Sud et le reste de l'Union.

Depuis l'invention, par Eli Whitney, de la machine à égrener (1793) le coton avait supplanté toutes les autres cultures dans le Sud, renforçant l'économie esclavagiste (v. NOIRS AMÉRICAINS). L'abolitionnisme était devenu dans le Nord un important mouvement d'opinion, qui contribua en 1854, à la formation du nouveau parti républicain. L'affaire Dred Scott (1857), dans laquelle la Cour suprême parut donner raison aux esclavagistes, exaspéra le Nord. Le parti démocrate, qui s'appuyait traditionnellement sur le Sud, se scinda en deux, ce qui assura, en 1860, l'élection à la présidence du candidat républicain Abraham Lincoln. Dès lors, le Sud ne vit plus d'issue que dans la sécession. Réunis en févr. 1861 à Montgomery, capitale de l'Alabama, les délégués de sept États du Sud (Caroline du Sud, Géorgie, Floride, Alabama, Mississippi, Louisiane, Texas) décidèrent la formation d'une nouvelle Confédération et élurent comme président Jefferson Davis (v.). Au mois d'avr. suivant, quatre autres États (Virginie, Tennessee, Arkansas et Caroline du Nord) se joignirent à la sécession. Le Kentucky, le Maryland et le Missouri, bien qu'États esclavagistes, restèrent dans l'Union. Le 12 avr. 1861, la guerre de Sécession (v. SÉCESSION, guerre de) commençait. Elle dura quatre ans et se termina par la victoire des nordistes. Lincoln, qui avait proclamé l'abolition de l'esclavage dès le 22 sept. 1862, fut assassiné quelques jours après la victoire finale des forces de l'Union, le 14 avr. 1865.

De la « Reconstruction » à l'expansion (1865/1921)

Le successeur de Lincoln, Andrew Johnson (1865/69) fut accusé par son propre parti de faiblesse à l'égard du Sud. Les républicains avaient en effet décidé de mettre le Sud, vaincu et ravagé par la guerre, en coupe réglée : c'est ce qu'on appela paradoxalement la « Reconstruction ». Une loi ayant permis l'épuration de toutes les élites politiques du Sud, des aventuriers nordistes, les *carpet-baggers*, et des sudistes ralliés aux vainqueurs, les *scalawags*, firent assaut de démagogie auprès des Noirs illettrés qui venaient d'obtenir le droit de vote et s'emparèrent des gouvernements. Le pillage et la corruption atteignirent leur comble sous la présidence de Grant (1869/77), le général victorieux de la guerre de Sécession, qui se révéla un homme politique des plus médiocres. Mais ces excès provoquèrent une réaction et, aux élections de 1874, les républicains perdirent la majorité au Congrès. Les sévices des carpet-baggers laissèrent de profondes amertumes dans le Sud, resté hostile au parti républicain jusqu'aux années 1970. Des sociétés secrètes sudistes, telles que le Ku Klux Klan (v.), se formèrent ; après le départ des troupes d'occupation, quand les sudistes reprirent le contrôle de leurs propres États, ils s'employèrent à tourner les lois sur l'égalité raciale et établirent une ségrégation des Noirs (v.) qui resta, jusqu'aux années 1960, l'un des problèmes les plus difficiles des États-Unis.

Alors que le Sud voyait son économie ruinée pour longtemps par l'abolition du travail servile, dans le Nord, au contraire, la guerre de Sécession avait donné une impulsion extraordinaire à l'industrie. L'un des faits dominants de la période qui suivit la guerre civile fut l'importance de la poussée démographique. Cet accroissement de la population résulta en grande partie, jusqu'à la Première Guerre mondiale, de l'afflux des immigrants, dont le nombre atteignit plus de 1 million dans la seule année 1905. Au cours de cette période, la proportion des immigrants italiens et slaves ne cessa d'augmenter, ajoutant à la diversité de la société américaine.

L'achèvement du premier chemin de fer transcontinental (1869) ouvrit la dernière étape de la conquête de l'Ouest ; en 1889, le dernier des anciens territoires indiens, en Oklahoma, fut ouvert à la colonisation. Malgré quelques crises économiques rapidement surmontées, les États-Unis, à l'abri de la barrière douanière établie en 1890 par le tarif McKinley devinrent, en vingt ans, la première puissance industrielle du monde. La brève crise économique de 1893/94 s'accompagna d'une grève sanglante des ouvriers des chemins de fer de Chicago (1894). Cependant, l'agitation la plus grave vint des agriculteurs. Mécontents des barrières protectionnistes qui permettaient aux industriels de maintenir des prix très élevés, endettés et se sentant menacés par le capitalisme bancaire, les *farmers* de l'Ouest exprimèrent violemment leur révolte contre l'Est industriel dans le mouvement *Granger*, qui se répandit rapidement après la crise de 1873, puis dans le parti populiste qui, de 1891 à 1896, sans parvenir à un résultat décisif, vint bousculer le système des deux partis.

Les républicains, liés aux industriels et aux banquiers de l'Est, furent presque constamment au pouvoir jusqu'en 1913, à l'exception des deux présidences de Cleveland (1885/89 et 1893/97). Pendant longtemps, les États-Unis restèrent volontairement étrangers à la politique internationale, ne se manifestant – par exemple en 1867, lors de la guerre du Mexique – que pour empêcher toute intrusion européenne dans les affaires du continent américain. En 1867, les États-Unis achetèrent l'Alaska à la Russie, pour 7 millions de dollars, s'assurant ainsi une position stratégique qui se révéla capitale par la suite, lors de la guerre contre le Japon et pendant la « guerre froide ». C'est sous la présidence de McKinley (1897/1901) que les États-Unis firent brusquement leur entrée dans le rang des grandes puissances mondiales en remportant à la surprise de beaucoup d'observateurs européens, une rapide victoire sur l'Espagne dans la guerre de 1898. Ils annexèrent les débris de l'Empire colonial espagnol, Porto Rico et les Philippines, et établirent leur protectorat sur Cuba. Le passage à l'impérialisme se précisa encore sous la présidence de Theodore Roosevelt (1901/09). Ce dernier soutint la révolution de Panamá contre la Colombie (1901) et adopta dans la mer des Caraïbes la politique du « gros bâton » (intervention à Saint-Domingue, 1905). Les États-Unis se proposèrent comme puissance médiatrice dans la guerre russo-japonaise (1905), participèrent à la conférence d'Algésiras sur le Maroc (1906) et à la conférence de la paix qui se tint à La Haye en 1907. À l'intérieur, la présidence de Roosevelt marqua également un réveil politique. Rompant avec le conservatisme passif de ses prédécesseurs, et étendant l'action du pouvoir fédéral pour remédier aux excès du libéralisme, Roosevelt s'appuya sur le Sherman Anti-Trust Act de 1890, engagea la lutte contre les trusts (Morgan) et prépara par son action le Clayton Act de 1914. Cette politique suscita un vaste mouvement de réforme dans toute la nation américaine, mais elle divisa le parti républicain : l'opposition entre Taft et Roosevelt aux élections de 1912 permit la victoire du démocrate Wilson (1913/21).

Wilson poursuivit l'action antitrust de Roosevelt, abaissa les barrières protectionnistes, établit un impôt fédéral sur le revenu, limita à huit heures la journée de travail des ouvriers, combattit la spéculation financière par le Federal Reserve Act ; politiquement, il introduisit l'élection des sénateurs au suffrage universel (1913) et le vote des femmes (19e amendement, 1920). Dès le début de la Première Guerre mondiale, Wilson, en accord avec l'immense majorité des Américains, tint son pays en dehors du conflit. En nov. 1916, il fut réélu sur un programme de paix. Mais la menace que le déclenchement de la guerre sous-marine à outrance par les Allemands faisait peser sur le commerce, puis la révélation des intrigues allemandes en Amérique centrale entraînèrent un revirement de l'opinion. Le 6 avr. 1917, les États-Unis déclarèrent la guerre à l'Allemagne, apportant aux Alliés épuisés un renfort psychologique et matériel considérable. Les troupes américaines, sous le commandement de Pershing, jouèrent un rôle parfois décisif dans les combats de 1918. Wilson se fit le héraut de la « guerre du droit », et, dans sa déclaration en quatorze points (8 janv. 1918), il posa les bases d'une paix généreuse, fondée sur la libre détermination des peuples et sur la limitation des armements. Malgré la participation de Wilson à la conférence de la paix, le traité de Versailles ne s'inspira guère de cet idéalisme, et les États-Unis, déçus, refusèrent de ratifier le traité (nov. 1919) et d'entrer à la Société des Nations. Ce retour à l'isolationnisme, qui marquait l'échec de la politique de Wilson en politique internationale, devait peser d'un poids très lourd sur le destin du monde.

De l'isolationnisme aux responsabilités mondiales (1921/45)

Avec Harding (1920/23), Coolidge (1923/28) et Hoover (1928/32), les républicains gouvernèrent à nouveau les États-Unis dans les années d'après-guerre, qui furent celles d'un extraordinaire essor économique, suivi d'une crise brutale et dramatique dont les conséquences se firent cruellement sentir dans le monde entier. Les États-Unis, qui étaient déjà, avant la guerre, la première puissance industrielle du monde, devinrent alors également la première puissance commerciale et financière. Encore débiteurs de l'Europe en 1913 les États-Unis étaient devenus après la guerre le premier créancier du monde. Paradoxalement, cette puissance, sous les administrations républicaines successives, s'accompagnait d'un raidissement, d'un repli sur soi, qui se manifestait aussi bien dans le renforcement du protectionnisme douanier, dans la xénophobie (limitation de l'immigration, 1924 ; activités du Ku Klux Klan ; exécution de Sacco et Vanzetti, 1927...) que dans la prohibition. C'est dans un climat d'optimisme incroyable que la crise économique survint brusquement sous la forme du « jeudi noir » de Wall Street (24 oct. 1929). L'administration Hoover, s'obstinant à être celle de la prospérité, fut incapable de faire face à ce désastre qui paralysa l'économie du pays et créa en deux ans 7 millions de chômeurs (v. **Crise de 1929**).

Les élections de 1932 virent la victoire écrasante du démocrate Franklin D. Roosevelt, appelé à rester à la tête de son pays pendant plus de dix ans (1933/45). Le New Deal (v.) surmonta la crise par de nombreuses interventions du pouvoir fédéral, qui transformèrent profondément la société américaine, jusqu'alors opposée à tout interventionnisme économique. Des fonds fédéraux furent distribués aux autorités locales à des fins d'assistance et de travaux publics pour faire baisser le chômage. La dévaluation du dollar permit une légère inflation, qui réduisit la dette du pays. Si une nouvelle crise fut évitée en 1937/38 le pays ne retrouva la prospérité qu'avec la Seconde Guerre mondiale. Jusqu'en 1938, les tâches intérieures du redressement économique et la persistance d'un puissant courant isolationniste dans l'opinion réduisirent considérablement la marge de manœuvre de Roosevelt en politique étrangère. Bien qu'il eût dénoncé la menace que représentaient les régimes totalitaires (discours de Chicago, 5 oct. 1937), le président ne put obtenir qu'en oct. 1939 le vote par le Sénat de la loi *cash and carry*, qui permettait de fournir des armes américaines aux deux puissances démocratiques, la France et la Grande-Bretagne. Lors de l'effondrement français de juin 1940, il ne put répondre à l'appel de Paul Reynaud ; mais il fit adopter par le Congrès un programme de réarmement et la conscription de tous les hommes entre vingt et un et trente-cinq ans. Élu pour la troisième fois en nov. 1940, Roosevelt obtint la loi prêt-bail (11 mars 1941), qui fit de l'Amérique l'arsenal de tous les ennemis de l'Axe. Après avoir établi avec Churchill la Charte de l'Atlantique (août 1941), il fit bénéficier l'URSS de la loi prêt-bail, mais il fallut l'agression japonaise contre Pearl Harbor (7 déc. 1941) pour jeter le peuple américain dans la guerre contre le Japon (8 déc.), et répondre à la déclaration de guerre de l'Allemagne et de l'Italie (11 déc.).

Avec une extraordinaire rapidité, l'industrie américaine, sous la direction du *War Production Board* institué en janv. 1942, opéra sa conversion vers les fabrications de guerre. Grâce à cet effort, les États-Unis compensèrent leur impréparation initiale et arrêtèrent l'extension des Japonais dans le Pacifique à partir de la mi-1942. (v. **Guerre mondiale 1939/45. Débuts du redressement allié, 1942/44**).

Aux conférences de Téhéran (nov./déc. 1943) et de Yalta (févr. 1945), Roosevelt, contre l'avis de Churchill, accorda à l'URSS un large champ d'expansion en Europe orientale. Son successeur, Truman (1945/53), prit la décision capitale de mettre fin à la guerre contre le Japon en lançant la bombe atomique sur Hiroshima (6 août 1945) et sur Nagasaki (9 août).

De l'après-guerre à la guerre du Viêt-nam

Pour des raisons en partie électorales (victoire républicaine lors du renouvellement du Congrès en nov. 1946), l'administration Truman (vice-président de Roosevelt, il lui avait succédé automatiquement à sa mort, le 12 avril 1945) démobilisa et rapatria en quelques mois près de 9 millions d'hommes. Cependant, la rapide dégradation des rapports avec l'URSS amena les États-Unis à réviser rapidement leur attitude. Leur participation active à l'ONU montrait leur volonté d'assumer leurs responsabilités mondiales. À l'égard de l'Allemagne, forts des leçons de 1918, ils abandonnèrent le plan Morgenthau, qui prétendait anéantir l'industrie allemande et, dès juin 1947, le général Marshall, secrétaire d'État, offrit aux nations européennes, victorieuses et vaincues, un plan d'aide économique (le plan Marshall) (v.) financé par les États-Unis. La guerre froide (v.) ne permit pas aux États-Unis de se contenter d'un effort économique. Après le coup de force communiste de Prague (févr. 1948), ils accélérèrent leur politique allemande et s'orientèrent, avec la Grande-Bretagne et la France, vers la reconstitution d'un État allemand à l'Ouest. Les Soviétiques ripostèrent en organisant le blocus de Berlin-Ouest (juin 1948), opération que les Américains mirent en échec en établissant un pont aérien (v. **Berlin**). Les États-Unis, qui semblaient encore, en 1945/46, donner la primauté à l'Extrême-Orient, abandonnèrent Tchang Kaï-chek à partir de l'été 1947 et consacrèrent leurs principaux efforts à l'Europe. Assumant désormais pleinement la responsabilité suprême de la défense de l'Occident, ils prirent l'initiative de la création du pacte de l'Atlantique Nord (4 avr. 1949), fondement de l'OTAN (v. **Organisation du traité de l'Atlantique Nord**), dont le général Eisenhower fut le premier commandant en chef.

L'invasion de la Corée du Sud par la Corée du Nord communiste (25 juin 1950) entraîna une riposte immédiate des États-Unis, qui, sous mandat onusien, réussirent, non sans difficultés, à imposer en Corée le retour au *statu quo* territorial (v. **Corée, guerre de**). Dès cette époque, en dépit d'une propagande qui reprenait le thème, déjà utilisé contre Hitler, de « croisade de la liberté », les États-Unis ne remettaient pas en question le principe d'un partage du monde avec les Soviétiques. Mais la seule politique du *containment* devait entraîner les Américains à étendre sans cesse leur engagement militaire dans le monde entier, à créer des bases aéronavales sur tous les continents, à entretenir des flottes en Méditerranée et dans le Pacifique, à maintenir des troupes importantes en Europe occidentale et au Japon, à assigner à leurs bombardiers atomiques une mission de garde permanente dans les airs, à faire face aux obligations multiples du rôle de « gendarmes de la liberté ». Leurs adversaires de la Seconde Guerre mondiale, le Japon (avec qui le traité de paix de San Francisco fut signé en sept. 1951), l'Allemagne (qui entra dans l'OTAN en 1954), devinrent leurs meilleurs alliés. Ils inspirèrent, en plus de l'OTAN, un pacte analogue en Asie, l'OTASE (v. **Organisation du traité pour la défense de l'Asie du Sud-Est**) et se lièrent à l'Australie et à la Nouvelle-Zélande par le traité de l'ANZUS (v.). Hanté par la menace soviétique, le gouvernement de Washington, surtout à l'époque où Foster Dulles fut secrétaire d'État (1952/59), en vint bientôt à considérer comme des ennemis potentiels tous les États qui n'étaient pas ouvertement ses alliés.

Les relations avec l'URSS commencèrent à s'améliorer après la mort de Staline (1953), mais les progrès de la détente furent d'abord très lents. Les États-Unis marquèrent leurs réserves à l'égard des accords de Genève sur l'Indochine (1954) et, sans tarder, apportèrent une aide financière puis militaire au régime anticommuniste du Sud-Viêt-nam. Cependant, en se gardant d'intervenir lors de l'insurrection de Budapest (1956), les États-Unis marquaient leur souci de ne pas provoquer l'URSS ; au même moment, ils se retrouvaient aux côtés des Soviétiques pour faire cesser l'agression israélo-franco-britannique contre l'Égypte de Nasser (v.). La politique de détente s'accentua au début des années 1960. Après la visite de Khrouchtchev aux États-Unis (sept. 1959), la conférence de Paris, prévue pour mai 1960, échoua à la suite de la découverte par les Soviétiques de la présence au-dessus de leur territoire des « avions-espions » américains U-2. Cependant, le président Kennedy imposa à Khrouchtchev, en oct. 1962, le retrait des fusées offensives soviétiques qui, depuis l'avènement de Fidel Castro, avaient été installées à Cuba (v. **Cuba, crise de, oct. 1962**).

Pour empêcher l'extension du communisme dans l'Asie du Sud-Est, Kennedy envoya au Viêt-nam du Sud des unités militaires à partir de 1961 qui, d'abord composées de « techniciens », ne cessèrent de se renforcer. Ce fut le début de la longue guerre du Viêt-nam (v.), qui eut pour les États-Unis des conséquences déplorables : dépenses génératrices d'inflation, atteintes au prestige militaire de l'Amérique, crise morale et politique dans la jeunesse américaine. Embarrassé par ce conflit interminable, le gouvernement de Washington perdit quelque peu de sa liberté d'action sur les autres théâtres de la politique mondiale. Les liens se relâchèrent entre les États-Unis et une Europe occidentale qui devenait un concurrent économique redoutable et que le général de Gaulle appelait à une politique d'indépendance à l'égard des deux blocs.

Avec l'entrée en scène de Henry Kissinger, envoyé spécial puis secrétaire d'État (à partir d'août 1973) des présidents Nixon et Ford, la diplomatie américaine entra dans une phase particulièrement active et obtint des succès importants. Par un tournant diplomatique capital, les États-Unis renforcèrent leur position en face de l'URSS, en amorçant en 1971 avec la Chine populaire un rapprochement qui reçut sa consécration lors du voyage de Nixon à Pékin (févr. 1972). Cependant, après le départ des troupes américaines du Viêt-nam (1973), les régimes anticommunistes établis à Saigon et à Phnom Penh ne purent résister à la poussée des forces révolutionnaires. Leur brutal effondrement, au printemps 1975, marqua l'échec définitif de la longue guerre que les États-Unis avaient poursuivie en Indochine, déjà scellée par les accords de Paris (27 janv. 1973) qui avaient prévu le départ des troupes américaines.

Les États-Unis compensaient leurs déboires en Indochine en marquant des points contre l'URSS au Proche-Orient. Alors qu'en 1970 cette partie du monde semblait sur le point de tomber entièrement sous l'emprise soviétique, un rapprochement entre les États-Unis et l'Égypte s'esquissait au début de 1973 ; jouant un rôle de premier plan lors de la guerre du Kippour d'oct. 1973 (v. **Israélo-arabes, guerres**), la diplomatie américaine réussit à convaincre de sa bonne volonté le président égyptien Sadate et imposa à Israël le retrait de ses forces d'occupation au Sinaï (janv. 1974). La levée de l'embargo pétrolier des pays arabes (mars 1974), le rétablissement des relations diplomatiques avec la Syrie et l'accueil triomphal de Nixon au Caire (juin 1974) montraient que les États-Unis, en quelques mois, avaient reconquis dans cette partie du monde un prestige qu'une attitude jusqu'alors trop exclusivement pro-israélienne leur avait fait perdre aux yeux des Arabes.

À l'intérieur, la guerre froide marqua profondément la vie politique américaine en suscitant des réflexes de défense voisins de l'intolérance, tel le « maccarthysme » du début des années 1950. De hauts fonctionnaires, des universitaires, des savants atomistes, suspects de sympathies communistes plus ou moins anciennes, furent victimes de la « chasse aux sorcières » ; des procès d'espionnage comme celui des époux Rosenberg (1951) provoquèrent des réactions passionnées qui révélaient l'angoisse de l'opinion américaine. Hollywood fut particulièrement visé par la Commission des activités antiaméricaines, qui imposa aux patrons des studios des « listes noires » de scénaristes, réalisateurs et acteurs « interdits », qui favorisa la délation et qui força certains artistes à l'exil. Malgré une puissance économique et militaire telle qu'aucune autre nation n'en avait possédé dans l'Histoire, l'Amérique de l'après-guerre eut peur, et c'est pourquoi, en nov. 1952, elle porta au pouvoir, avec une majorité triomphale, son plus grand chef militaire, le général Eisenhower. L'administration Eisenhower (1953/61) fut marquée par une prospérité générale sans précédent, par l'apaisement de la « chasse aux sorcières », par le début de la déségrégation raciale et les vives résistances qui s'y opposèrent dans le Sud. Réélu en nov. 1956, Eisenhower, au cours de son second mandat, dut faire face à la récession des années 1957/58, suivie par une grande grève des travailleurs de l'acier (juill./oct. 1959). Aux élections de nov. 1960, le démocrate J. F. Kennedy l'emporta d'extrême justesse devant le républicain Nixon. D'origine irlandaise, Kennedy (1961/63) fut le premier catholique à entrer à la Maison-Blanche et le plus jeune président des États-Unis. Entouré d'une équipe d'intellectuels qui évoquait le *brain trust* du New Deal, Kennedy appela les États-Unis à atteindre leur « nouvelle frontière » dans les domaines de l'éducation, de la législation sociale et de l'aide aux pays sous-développés ; il créa le Corps de la paix et lança un grand programme d'aide à l'Amérique latine, l'Alliance pour le Progrès. Mais les résultats de cette politique furent limités par le Congres majoritairement républicain qui refusa au président presque tous les moyens financiers nécessaires.

L'ère du doute

Après l'assassinat de J. F. Kennedy (22 nov. 1963), son vice-président, Lyndon B. Johnson, lui succéda immédiatement à la Maison-Blanche, et, en nov. 1964, il remporta aisément la nouvelle élection présidentielle sur le républicain d'extrême droite, Barry M. Goldwater. Le climat de l'administration Johnson (1964/69) fut empoisonné par les conséquences intérieures de la guerre du Viêt-nam, qui rencontra une opposition croissante de la part des étudiants et des universitaires. L'Amérique connut aussi, à partir de 1965, une fièvre de violences raciales, provoquées par les résistances à la déségrégation légale mais aussi par la misère régnant dans les « ghettos noirs » des grandes villes industrielles du Nord. Dans ce contexte politique se développa une vaste crise morale, un doute généralisé sur les valeurs et les traditions de la démocratie américaine ; avant les pays d'Europe, les États-Unis connurent les phénomènes de la « contre-culture » hippie, de la drogue, d'une criminalité qui rendit dangereuse la vie dans les grandes villes. La montée de la violence atteignit son paroxysme au cours de l'année 1968, marquée par l'assassinat du pasteur Martin Luther King et de Robert Kennedy, frère de l'ancien président et espoir du parti démocrate.

La prospérité même des États-Unis semblait menacée. Au lendemain de la Seconde Guerre mondiale, le pays avait pris la tête du renouveau du système capitaliste, dans le cadre du système monétaire mondial instauré à Bretton Woods (1944) (v.) de 1951 à 1966. Le produit national brut avait triplé entre 1929 et 1965, de même que les dépenses de consommations personnelles. Par le plan Marshall, les États-Unis avaient en outre donné la première impulsion au relèvement économique de l'Europe occidentale, et leur suprématie militaire leur avait permis d'obtenir de leurs partenaires européens des concessions monétaires ou commerciales. Au cours des années 1960, les firmes multinationales américaines conquirent des positions clés en Europe. Cependant, la rapidité de la croissance européenne et japonaise entraîna un déclin relatif mais régulier de l'économie américaine après 1950. La compétitivité de l'Europe et du Japon, le déficit croissant de la balance des paiements américaine à partir de 1955, le poids financier de plus en plus lourd de la guerre du Viêt-nam provoquèrent à partir de 1965 une crise de confiance dans le dollar.

Le républicain Nixon fut élu président en nov. 1968, avec une étroite majorité de 43,4 % des voix contre 42,7 % au démocrate Humphrey ; un candidat indépendant, George Wallace, soutenu par les « petits Blancs » racistes, recueillit d'autre part 13,5 % des voix. La présidence de Nixon (1968/72, 1972/74) fut marquée, comme on l'a vu plus haut, par de nombreux résultats positifs à l'extérieur, auxquels il convient d'ajouter les premiers accords sur la limitation des armements stratégiques (Salt I, 1972) (v.). Aidé de son secrétaire d'État Henri Kissinger (v.), il mena une politique active en Amérique latine, n'hésitant par à soutenir, par l'intermédiaire de la CIA, des coups d'État militaires sanglants (Chili, sept. 1973). En politique intérieure, le bilan de son premier mandat ne fut pas entièrement négatif : Nixon prit des mesures énergiques pour lutter contre la criminalité et la drogue ; les violences raciales s'apaisèrent ; le calme revint dans les universités. Dans le domaine économique, Nixon n'hésita pas à recourir à des traitements de choc ; en août 1971, il lança une « nouvelle politique économique » (*New Economic Policy, NEP*) comportant la suspension de la convertibilité fixe du dollar avec l'or, le blocage des prix et des salaires, une réduction des dépenses budgétaires, une diminution de 10 % de l'aide à l'étranger. La crise de l'énergie, consécutive à la guerre du Kippour et à l'embargo pétrolier (1973), atteignit les États-Unis beaucoup moins que l'Europe, contribuant même à consolider le dollar et, partant, la position dirigeante de l'Amérique dans l'économie occidentale.

Nixon, réélu triomphalement en nov. 1972, avec 61 % des voix, ne parvint pas à endiguer l'inflation, et, en 1974, l'ensemble des Américains subit profondément les effets de la plus grave récession depuis la Seconde Guerre mondiale. Cependant, la chute de Nixon ne fut pas provoquée par les difficultés économiques, mais par un scandale politique qui ébranlait les bases mêmes de la démocratie américaine et le sacro-saint principe de la séparation des pouvoirs : le scandale dit du Watergate, du nom du quartier général du parti démocrate, cambriolé pendant la campagne électorale de 1972. Au nom de sa lutte pour « la loi et l'ordre », l'administration Nixon avait étendu les pouvoirs de la police, autorisé l'utilisation intensive des écoutes téléphoniques et, surtout, affirmé d'une manière particulièrement agressive l'autorité du pouvoir exécutif en face du Congrès. Les relations du président et de ses collaborateurs avec la presse étaient particulièrement mauvaises, et c'est la presse, devenue la principale force d'opposition, qui fit éclater le scandale. Le retentissement de cette affaire empoisonna bientôt tout le climat politique américain. Après une résistance désespérée, Nixon, menacé par la procédure d'*impeachment* (destitution), se résigna finalement à démissionner et fut remplacé immédiatement par le vice-président, Gerald Ford (9 août 1974). Le discrédit porté sur le parti républicain provoqua un retour en force des démocrates, couronné par l'élection à la présidence de leur candidat, Jimmy Carter (nov. 1976).

Sous la présidence de Jimmy Carter, la montée du chômage et la chute du dollar laissèrent l'Amérique inquiète de sa puissance ; le succès diplomatique remporté avec les accords de Camp David (v.), en 1978, qui semblaient annoncer un retour de la paix au Proche-Orient parut bien mince face aux grands défis comme l'installation des euromissiles (v.) soviétiques et la révolution iranienne (où le personnel de l'ambassade américaine à Téhéran fut pris en otage, 1979), suivie de l'invasion de l'Afghanistan. Cette impression de faiblesse laissée par J. Carter lui fut fatale à la présidentielle de 1980, face au républicain Ronald Reagan, adepte du libéralisme, qui se faisait fort de restaurer la puissance américaine.

L'ère libérale

L'ère Reagan démontra que le durcissement de la politique extérieure américaine n'était pas contradictoire avec la paix. L'intense effort de défense militaire, qui fit monter les enchères au-delà du rapport des forces nucléaires avec l'*Initiative de défense stratégique* (IDS) et étendit au domaine spatial les conflits de demain, contribua, quelques années plus tard, en 1987, aux premiers accords de désarmement nucléaire jamais signés entre les deux Grands (traité de Washington). Plus immédiatement, toute menace communiste en Amérique latine fut brutalement contrée : coup de force à la Grenade en 1983, intervention déguisée au Nicaragua et soutien aux régimes les plus contestables de la région. Au-delà du périmètre américain, toutefois, la politique extérieure resta très mesurée. Marine ou bombardiers américains exercèrent, certes, des représailles contre la Libye, mais sans risque d'escalade, compte tenu de l'isolement du régime de Kadhafi. Dans les conflits graves, en revanche, au Liban et dans le conflit israélo-palestinien notamment, la prudence resta de règle ; dans la guerre Iran/Irak, les États-Unis s'en tinrent à la protection militaire des bâtiments commerciaux de leurs alliés ; contre les attaques iraniennes en Afghanistan, l'intervention de Washington se limita toujours au cadre strict du soutien logistique. Après l'arrivée au pouvoir à Moscou de M. Gorbatchev, les deux Grands trouvèrent, dans leurs propres difficultés à continuer une course aux armements, de bonnes raisons pour entamer un processus de détente qui se généralisa en 1988 et permit de faire évoluer favorablement plusieurs conflits qui semblaient sans issue : première guerre du Golfe, Angola et Namibie.

Au plan intérieur, le libéralisme économique de Reagan, incomplètement mis en œuvre en raison de l'opposition démocrate au Congrès, bouleversa profondément le visage des États-Unis : hausse vertigineuse du dollar, suivie d'une chute en pente douce à partir de 1986, doublement de la croissance de la productivité industrielle, baisse de l'inflation, réduction du chômage, réduction des impôts intéressant surtout les plus riches, relance de l'investissement productif, malgré un krach financier en 1987 ; mais aussi baisse sensible du niveau général des salaires, perte de la couverture sociale pour les plus pauvres, dont le nombre augmentait (ainsi que les conséquences de la misère : criminalité, violence urbaine, antagonismes raciaux, usage de la drogue), précarité des emplois créés, concentration de la propriété en particulier dans le domaine agricole, surconsommation payée à crédit alors que la faillite frappait un nombre croissant de caisses d'épargne ; enfin, et surtout, contrairement aux promesses électorales, l'État avait encore augmenté ses dépenses, notamment militaires, et donnait le spectacle de la gabegie et de la corruption. Les États-Unis étaient devenus en quelques années le premier emprunteur mondial. La dette extérieure atteignait 400 milliards de dollars. Malgré ces résultats contradictoires, le bilan du libéralisme reaganien, qui avait apporté la paix et une certaine prospérité, semblait positif à la majorité des électeurs, qui accordèrent leurs suffrages au candidat républicain George Bush (nov. 1988), vice-président de Reagan sous ses deux mandats.

L'entrée en fonctions du nouveau président intervint dans un contexte international incertain, caractérisé notamment par la fin de la guerre froide et l'apparition d'une nouvelle donne au Moyen-Orient. Bush soutint la politique de changement mise en œuvre en URSS et rencontra à de nombreuses reprises Mikhaïl Gorbatchev, notamment lors des sommets de Malte (déc. 1989), Washington (mai 1990) et Moscou (juill. 1991), à l'occasion duquel furent signés les premiers accords de désarmement START (v.). Sur le continent américain, les États-Unis lancèrent plusieurs initiatives dans les domaines du commerce et de la lutte contre le trafic de drogue : intervention militaire au Panamá en déc. 1989, afin de protéger les intérêts américains et de traduire en justice le général et trafiquant de drogue Manuel Noriega, coopération militaire avec certains États d'Amérique latine dans la lutte contre les narcotrafiquants et conclusion, en août 1992, du traité de libre-échange nord-américain, qui associait les États-Unis, le Canada et le Mexique. La principale crise internationale qui marqua le mandat de Bush fut la seconde guerre du Golfe (1990/91) (v. **Golfe, seconde guerre du**), consécutive à l'invasion du Koweït par l'Irak de Saddam Hussein.

George Bush retira un immense crédit de sa gestion du conflit, mais cette popularité fut de courte durée, les Américains reprochant à leur président de négliger les affaires intérieures du pays. La reprise économique ne fut réellement perceptible qu'à partir du premier semestre de l'année 1992, mais le chômage atteignait encore 7 % de la population active et le déficit budgétaire ne cessait de croître (290 milliards de dollars en 1992), contraignant Bush à revenir sur sa promesse électorale de ne pas relever les impôts. La misère et les tensions sociales s'aggravèrent et le malaise des laissés-pour-compte du rêve américain, notamment les minorités ethniques, fut révélé par les émeutes qui secouèrent le ghetto noir de Los Angeles, South Central, en avr. 1992 à la suite de l'acquittement de quatre policiers blancs qui avaient violemment molesté un jeune automobiliste noir. Les émeutes, qui firent plus de cinquante morts, renforcèrent le sentiment d'une majorité d'Américains que leur pays devait en priorité s'atteler à résoudre ses propres problèmes et jouèrent un rôle dans la défaite de Bush, lors de l'élection présidentielle de nov. 1992, face au candidat démocrate, le jeune gouverneur de l'Arkansas, Bill Clinton.

La présidence Clinton

Le nouveau président bénéficiait d'une situation économique en voie d'amélioration, caractérisée par une croissance perçue comme durable, une inflation contenue et une décrue du chômage. Clinton recentra son action sur les problèmes intérieurs du pays, mais il ne put mener à bien l'intégralité de ses projets de réforme. Il eut en effet à faire face à une forte opposition du Congrès, dominé par les républicains, dont la composante la plus conservatrice et la plus traditionaliste prenait un poids croissant dans l'électorat, comme le montrèrent les élections législatives de nov. 1994. Ainsi échouèrent la tentative de réforme du système de santé, élaborée par l'épouse du président, Hillary Clinton, pour réduire les fortes inégalités en la matière, et le projet de limitation des ventes d'armes à feu qui, échappant à tout contrôle sérieux, contribuaient à l'aggravation d'un climat de violence ressenti par l'ensemble de la société. De nombreux scandales atteignirent le couple présidentiel (accusations de harcèlement sexuel à l'encontre de Bill Clinton lancées par une ex-fonctionnaire de l'Arkansas, ambiguïtés sur les déclarations de revenus du couple à la fin des années 1970 et surtout accusations d'abus de pouvoir dans le cadre du financement d'un projet fonciers qui fit faillite) et, abondamment relayés par la presse, contribuèrent à faire chuter la popularité de Clinton.

Dans le domaine de la politique étrangère, le président dut composer avec un Congrès et une opinion publique de plus en plus isolationnistes. Parmi les succès diplomatiques de Bill Clinton figuraient la signature, le 13 sept. 1993, à Washington, d'une déclaration de principes entre Israël et l'OLP ouvrant la voie aux négociations sur l'autonomie de Gaza et de la Cisjordanie, ainsi que le rétablissement dans ses fonctions du président haïtien, Jean-Bertrand Aristide, après le débarquement de soldats américains en sept. 1994. L'activité diplomatique de l'administration Clinton était cependant critiquée tant par l'opposition que par les alliés occidentaux des États-Unis, notamment dans la crise bosniaque, à propos de laquelle l'opinion américaine montrait une hostilité constante à toute intervention. En nov. 1995, les États-Unis réussirent cependant à imposer aux belligérants un plan de paix, garanti par l'envoi de près de 10 000 soldats américains (accords de Dayton). L'année 1995 fut marquée par un affrontement entre le président et le Congrès à propos du budget fédéral, aboutissant, en nov., à une mise en cessation de paiements de l'État. Malgré une succession de compromis, les finances publiques restaient en 1996 dans une situation critique. C'est dans cette perspective qu'intervint, en avr. 1996, un accord entre le président Clinton et le Congrès portant sur l'élimination à terme du déficit budgétaire. Cette importante mesure préluda à la réélection de Bill Clinton, face au républicain Bob Dole, aux élections de nov. 1996, le Congrès restant néanmoins dominé par les républicains. Ce second mandat fut secoué en 1999 par l'affaire « Monica Lewinsky », ancienne stagiaire de la Maison-Blanche avec laquelle le président aurait eu des relations intimes, ce qu'il nia sous serment. L'affaire déboucha sur une procédure de destitution au terme de laquelle, malgré l'acharnement du procureur indépendant Kenneth Starr, le président fut maintenu dans ses fonctions par le Congrès.

La politique extérieure de cette seconde présidence fut dominée par l'ambition de mener à terme les principales opérations diplomatiques au Proche-Orient, en Bosnie, en Chine et en Russie, et par un retour en force sur la scène africaine. L'influence américaine sur le Premier ministre israélien Benjamin Netanyahou, pour faire avancer les négociations avec les Palestiniens, n'eut que peu d'effet. Cela n'empêcha pas le leadership militaire américain de se réaffirmer à la fin de l'année 1998, notamment quand reprirent les hostilités contre un Irak empêchant le contrôle de son désarmement par l'ONU (plusieurs gouvernements émettant de vaines réserves sur l'opportunité de l'opération d'intervention aérienne anglo-américaine dite « renard du désert ») et plus encore lors des bombardements sur la Serbie en mars 1998, aux côtés de douze autres pays de l'OTAN.

Les États-Unis connurent encore, en 1997 et 1998, une croissance forte et non inflationniste, permettant une décrue du chômage et le premier excédent budgétaire depuis trente ans. La fin du mandat de Bill Clinton a vu, sur le plan diplomatique, la rétrocession du canal de Panamá, le 31 déc. 1999. Se concentrant sur le théâtre asiatique, Washington parvint à un accord commercial avec la Chine, en nov. 1999, malgré les tensions provoquées par des accusations d'espionnage, et atténua ses sanctions envers la Corée du Nord. Cuba bénéficia aussi d'une réduction de son embargo. La crise du bœuf aux hormones avec l'Union européenne aboutit en nov. 1999 à des mesures de rétorsion qui surtaxaient certains produits européens. Le projet américain de *National Missile Defense* (NMD) provoqua des protestations russes. Cependant, la Douma approuva, en avr. 2000, le traité russo-américain Start II, vieux de sept ans. Fin 2000 et début 2001, le président Clinton consacra les derniers jours de son mandat à tenter de relancer le processus de paix en Palestine, alors que les affrontements y devenaient une véritable guerre.

La présidence de George W. Bush

L'année politique 2000 fut dominée par la campagne présidentielle, qui opposait le candidat démocrate Al Gore, vice-président, au républicain George W. Bush, gouverneur du Texas et fils de l'ancien président. Les élections du 7 nov. mirent au jour les dysfonctionnements du système électoral américain, puisqu'il fallut attendre deux mois pour connaître le nom du nouveau président. C'est à la décision de la Cour suprême des États-Unis d'interrompre le recomptage des bulletins de l'État de Floride (où l'écart entre les candidats portait sur quelques centaines, voire, selon les modalités de comptage, sur quelques dizaines de voix) que George W. Bush dut d'être porté à la tête de la première puissance mondiale, réunissant moins de voix cependant que son adversaire sur l'ensemble du pays. Le nouveau président pouvait compter sur une Chambre des représentants à majorité républicaine, tandis que les deux grands partis américains se partageaient exactement les cent sièges du Sénat, ainsi dépourvu de majorité jusqu'en mai 2001, lorsqu'une démission donna une très courte majorité aux démocrates.

L'année 2001 fut marquée par les attaques terroristes du 11 septembre : des avions civils détournés furent lancés sur les tours du World Trade Center à New York et sur le ministère de la défense à Washington, tandis qu'un quatrième avion s'écrasait près de Pittsburgh. Le bilan fut de plus de 3 000 morts. Ces attentats inaugurèrent une politique militaire qui visa d'abord le régime taliban d'Afghanistan, accusé d'accueillir le Saoudien Oussama Ben Laden, dirigeant du réseau terroriste islamiste Al Qaida. Débutée en octobre 2001, l'attaque militaire aboutit à la chute du régime taliban. Fort de cette victoire, le gouvernement Bush décidait ensuite de s'attaquer au régime de Saddam Hussein en Irak, accusé de favoriser le terrorisme international, et, sans preuve réelle, de détenir des armes interdites depuis la seconde guerre du Golfe. Face à une vive opposition des opinions étrangères et de nombreux gouvernements, les États-Unis entreprirent l'attaque de l'Irak sans l'aval de l'ONU (la résolution 1441 du 2 novembre 2002 accordait à l'Irak une « dernière chance »), mais avec l'aide britannique : les opérations militaires durèrent du 20 mars au début du mois de mai 2003, aboutissant à la chute du régime de Hussein et à l'occupation du pays, rendue difficile par l'hostilité croissante des Irakiens.

À l'intérieur, les républicains remportèrent en 2002 une victoire de mi-mandat exceptionnelle, renforçant la position de Bush, qui avait déjà profité de sa popularité pour faire passer en octobre 2001 le *Patriot Act*, qui étendait les pouvoirs de la police et limitait les libertés individuelles. L'économie en 2002 fut incertaine, soutenue par la consommation à crédit des ménages, et marquée par de graves scandales financiers (affaire Enron). À partir de 2003, le pays a connu cependant une croissance exceptionnelle, qui a permis de limiter le chômage et le déficit budgétaire creusé par les opérations militaires.

ÉTHIOPIE, *Ityopya*. État de l'Afrique orientale ; capitale *Addis-Abeba*.

Le terme grec d'*Aithiopes*, « Faces brûlées », apparaît pour la première fois chez Homère, dans l'*Odyssée*. Le territoire de l'Éthiopie actuelle est l'un des plus anciennement habités par l'homme (v. **Homme, origines de l'**) ; des hominidés ont été découverts dans des couches géologiques remontant à plus de 3 millions d'années.

Le royaume d'Aksoum (Ier/Xe s. apr. J.-C.)

La première forme historique d'État éthiopien fut le royaume d'Aksoum (ou Axoum), du nom de sa capitale, au N. de l'Éthiopie actuelle, dans la province du Tigré. Le royaume se forma vraisemblablement à la suite d'une importante émigration en provenance d'Arabie du Sud, au cours des derniers siècles avant notre ère, mais des influences juives et hellénistiques datent également de cette période. Le guèze, langue liturgique éthiopienne, ainsi que les autres langues parlées aujourd'hui sur le plateau éthiopien sont d'origine sémitique. Le titre de « roi des rois » (*negusa nagast*), porté dès les premiers siècles de notre ère par les souverains d'Aksoum, suggère que ces derniers régnaient sur des populations assez diverses. Les traditions originelles de la monarchie éthiopienne sont liées étroitement au judaïsme : d'après la légende nationale, la dynastie royale d'Aksoum descendait en effet de la reine de Saba, qui aurait donné le jour à un enfant du roi Salomon, Ménélik (Xe s. av. J.-C.).

Grâce au grand port d'Adoulis (près de l'actuelle Massaouah), les Aksoumites ont joué un rôle important dans le commerce de la mer Rouge et ont été très tôt en relation avec l'Empire romain et le christianisme. Sous le règne d'Ézana (vers 325/50), l'Éthiopie fut évangélisée par un marchand syrien, Frumence, qui, vers 345 (?) vint à Alexandrie se faire consacrer évêque d'Éthiopie par st Athanase ; l'Église éthiopienne resta intimement liée à celle d'Alexandrie, avec laquelle elle adhéra au monophysisme, qu'elle professe toujours (v. ÉGLISES ORIENTALES MONOPHYSITES).

Au début du VIe s., Aksoum conservait d'intenses relations avec l'empire d'Orient. Ses rois se considéraient comme les protecteurs des chrétiens de l'Arabie méridionale, et les persécutions exercées au Yémen fournirent au roi d'Aksoum, Kaleb, le prétexte d'une intervention (vers 525). Mais les Éthiopiens en furent chassés cinquante ans plus tard par les Perses. Ce fut le début du déclin du royaume d'Aksoum, que les conquêtes arabes, au VIIe s., isolèrent des régions méditerranéennes. Bientôt, les Arabes s'assurèrent la suprématie dans la mer Rouge et ravagèrent Adoulis.

L'Éthiopie du XIe au XIXe siècle

Ce fut dans la province de Lasta, au S. d'Aksoum, que commença, vers le XIIe s., la renaissance de l'État éthiopien. Elle fut l'œuvre de la dynastie Zagoué, qui prétendait, elle aussi, descendre du roi Salomon et dont le plus grand souverain fut Lalibela (première moitié du XIIe s.). Ce dernier se fit construire une capitale sainte, Roha, dont il voulut faire une Jérusalem éthiopienne. Mais en 1270, les Zagoue furent renversés par un descendant présumé de la dynastie des Salomonides d'Aksoum, Yékouno Amlak. Aux XIVe et XVe s., la nouvelle dynastie entreprit une vigoureuse contre-offensive contre l'islam, qui n'avait cessé de faire des progrès sur les côtes. Les négus se firent les champions du christianisme, base de l'unité nationale. Ils s'appuyèrent sur le monachisme, renouvelé par un des plus grands saints éthiopiens, Téklé Haimanot († - vers 1312). Les négus accordèrent à l'Église la propriété d'un tiers des biens de l'État et de nombreux privilèges. Jusqu'au règne de David Ier (1382/1411), les Éthiopiens furent constamment vainqueurs de leurs ennemis musulmans et réussirent à protéger efficacement les chrétiens coptes d'Égypte. Yetchak ou Isaac (1414/29) porta la puissance éthiopienne jusqu'à Zeila, sur le golfe d'Aden (à l'E. de Djibouti), et il s'efforça de nouer des relations avec des chrétiens d'Occident : en 1427, une ambassade éthiopienne fut envoyée en Aragon.

Le règne de Zara Jacob (1434/68), brillant sur le plan diplomatique, fut marqué par la lutte contre le paganisme et le judaïsme. Savant théologien et moraliste, Zara Jacob montra un zèle fanatique pour la réforme de l'Église ; il alla jusqu'à faire exécuter pour idolâtrie ses propres fils. Il resserra les liens avec l'Occident : une délégation éthiopienne participa en 1442 au concile de Florence, mais l'union avec Rome fut éphémère. Cependant, à la fin du XVe s., les négus éthiopiens connurent leurs premiers revers face à l'islam. Cette époque fut en effet marquée par l'ascension de Harrar, centre culturel et économique musulman, capitale du royaume d'Adal, qui, en 1527, passa sous le contrôle du conquérant Ahmed ben Ibrahim, dit Mohammed Granye (« le Gaucher »). Le négus Lebna Dengel refusa les offres d'alliance que lui firent les Portugais. Avec une armée équipée et entraînée par des Turcs, Mohammed Granye se jeta sur l'Éthiopie chrétienne qui fut complètement ravagée. Le négus fit alors appel aux Portugais. Débarqués à Massaouah en févr. 1541, les Portugais finirent par triompher de Mohammed Granye (févr. 1543) et permirent au négus Claudius (1540/59) de rentrer en possession de son empire, totalement ruiné.

Cette crise à peine terminée, l'Empire fut menacé par un terrible péril, l'invasion des Gallas nomades, peuple hamitique venu de la région du lac Rodolphe. Au début du XVIIe s., les Gallas occupaient toute la partie méridionale de l'Empire, où ils finirent par s'intégrer peu à peu. L'Éthiopie se rapprocha alors du catholicisme, mais une réaction nationale se traduisit par un mouvement de xénophobie. Les deux siècles qui suivirent furent marqués par le déclin continu de l'autorité impériale, qui ne parvenait plus à s'imposer aux *ras* (gouverneurs de provinces), indépendants de fait.

L'Éthiopie moderne (de 1850 à la colonisation italienne)

L'Empire connut un renouveau politique au milieu du XIXe s. Après avoir vaincu de puissants féodaux, le ras Kassa se fit couronner empereur à Aksoum, en 1855, sous le nom de Théodore II. Il entreprit la réorganisation de l'État, mais il s'en prit aux étrangers : le consul et plusieurs résidents britanniques ayant été emprisonnés, l'Angleterre envoya des unités de l'armée des Indes, et Théodore, encerclé dans sa forteresse de Magdala, se suicida (avr. 1868). Le ras du Tigré prit le pouvoir sous le nom de Jean IV (1872/89). Il remporta des succès contre les Égyptiens (1876), mais trouva la mort, à Métemna, en essayant d'arrêter l'invasion des mahdistes (v. MAHDI) (mars 1889). Au même moment s'affirmait la puissance nouvelle du ras du Choa, Ménélik, qui descendait de la dynastie des Salomonides. Établi à Addis-Abeba, qu'il venait de fonder, Ménélik s'empara sans difficulté du trône à la mort de Jean IV. Son règne (1889/1907) consolida le nouvel État éthiopien.

Pour parvenir au pouvoir, Ménélik avait profité de l'appui des Italiens, qui, installés depuis 1869 dans la baie d'Assab, s'étaient emparés de Massaouah en 1885 et espéraient faire un vassal du nouveau souverain. Ménélik s'empara du fort italien de Makale (21 janv. 1896), puis infligea aux Italiens un désastre à Adoua (1er mars 1896). Le gouvernement italien renonça à ses tentatives d'expansion et signa le traité d'Addis-Abeba (26 oct. 1896), qui reconnaissait l'indépendance de l'Éthiopie. Ménélik passa le reste de son règne à agrandir son royaume en soumettant le pays des Gallas, le Harrar et l'Ogaden ; il fit reconnaître ses nouvelles frontières par les grandes puissances européennes et entreprit, avec la collaboration de la France, la modernisation de l'Éthiopie (chemin de fer franco-éthiopien Djibouti-Addis-Abeba). Le petit-fils de Ménélik, Lidj Yassou (1913/16), ayant montré des sympathies musulmanes, fut excommunié et remplacé par sa tante Zaouditou. Mais la régence fut confiée au ras Tafari, qui s'assura bientôt le pouvoir, se fit proclamer négus à la suite d'un coup d'État (1928) et, à la mort de Zaouditou, fut couronné empereur sous le nom d'Haïlé Sélassié Ier (1930). Tout en se posant en homme de progrès, il gouverna d'une manière autoritaire, et la Constitution libérale qu'il octroya en 1931 ne fut jamais appliquée.

En 1923, l'Éthiopie devint membre de la SDN, soutenue par l'Italie, qui signa en 1928 un traité d'amitié et de coopération italo-éthiopien. Mais le 3 oct. 1935, Mussolini ouvrit les hostilités sans déclaration de guerre, et les troupes italiennes occupèrent Addis-Abeba le 5 mai 1936 ; quatre jours plus tard, alors que le négus se réfugiait en Europe, était proclamé l'empire italien d'Éthiopie, avec pour souverain Victor-Emmanuel III. La reconquête de l'Éthiopie fut menée par les troupes britanniques (dans ses rangs combattaient les premiers éléments de la France libre) de nov. 1940 au printemps 1941. Le 5 mai 1941, Haïlé Sélassié rentrait dans sa capitale.

L'empire d'Éthiopie de 1947 à 1975

En 1950, l'ONU décida que l'ancienne colonie italienne de l'Érythrée constituerait une unité autonome fédérée à l'Éthiopie, laquelle obtenait ainsi un accès à la mer Rouge ; cette fédération devint effective en 1952, mais, en 1960, l'Éthiopie annexa purement et simplement l'Érythrée, suscitant ainsi la résistance armée du Front populaire de libération de l'Érythrée (FPLE), soutenu par le Soudan et divers pays arabes. D'autres difficultés opposaient l'Éthiopie à la république de Somalie, qui revendiquait la province éthiopienne méridionale de l'Ogaden.

En dépit de la Constitution de 1955, le régime d'Haïlé Sélassié ne connut qu'une libéralisation très limitée ; l'empereur restait un monarque de droit divin, possédant tous les pouvoirs. L'Église éthiopienne conservait un monopole cultuel absolu, au vif mécontentement des minorités musulmanes. Le pays comptait encore 95 % d'analphabètes au début des années 1970. La police détenait des pouvoirs arbitraires, la presse était étroitement surveillée, l'esclavage, quoique officiellement supprimé depuis 1942, subsistait dans certaines régions.

Toutefois, l'empereur jouait un rôle important dans les affaires africaines, et, en 1963, c'est à son initiative qu'était fondée l'Organisation de l'unité africaine (OUA), dont le siège fut fixé à Addis-Abeba. Cependant, la révolte en Érythrée, le mécontentement des officiers subalternes mal payés, l'incapacité du gouvernement à porter secours aux victimes de la terrible famine qui affecta les populations du Centre et du Nord-Ouest en 1973 constituaient autant de signes de la fragilité du régime. Un « Comité de coordination des forces armées », déclencha une mutinerie en févr. 1974. Haïlé Sélassié fut déposé et arrêté (12 sept. 1974). Les rivalités au sein de la junte militaire se traduisirent, en nov., par des dizaines d'exécutions. Le pouvoir passa alors à des militaires qui engagèrent l'Éthiopie dans la voie du socialisme révolutionnaire. Toutes les terres furent nationalisées, et l'ensemble des étudiants furent mobilisés pour un Service national du travail. La monarchie fut formellement abolie le 21 mars 1975 et le roi Haïlé Sélassié fut tué dans son lieu de détention en août 1975.

La République éthiopienne

Le lieutenant-colonel Haïlé Mariam Mengistu, instigateur d'un coup d'État le 3 févr. 1977, devint président du Conseil militaire gouvernemental provisoire. Radicalisant l'orientation marxiste-léniniste du pouvoir, il mena une sanglante épuration de tous les opposants potentiels du pays et la lutte armée contre les rebelles en Érythrée et au Tigré. La rupture avec les États-Unis coïncida avec un renfort des conseillers techniques cubains, un appui du Yémen du Sud et une aide soviétique. À la suite d'incidents frontaliers, une guerre s'engagea en 1977 avec la Somalie à propos du territoire de l'Ogaden. En août 1980, celle-ci redoubla de violence et Mogadiscio saisit l'OUA, qui tenta, sans succès, de jouer les médiateurs. La guerre de l'Ogaden se révéla tragique pour des milliers de Somalis piégés entre les combattants. En oct. et en nov. 1980, la supériorité militaire de l'Éthiopie, qu'aidaient des soldats cubains et des techniciens soviétiques, épuisa les guérilleros du Front de libération de la Somalie occidentale qui cessa le combat. Le conflit ne fut réglé qu'en avr. 1988. Engagé depuis 1960, le conflit avec l'Érythrée avait suscité de coûteuses campagnes. Une vaste opération politico-militaire, appelée « Étoile rouge », fut déclenchée en 1981/82. Si Asmara, la capitale, put être reconquise, le Nord resta aux mains des rebelles. Affectée par une sécheresse désastreuse (entraînant la mort de plus de 200 000 personnes en 1984 et 1985), entretenant une armée disproportionnée avec ses ressources, l'Éthiopie devint l'un des cinq pays les plus pauvres du monde.

En 1984, Mengistu créait le parti (unique) des travailleurs éthiopiens, dont il fut le secrétaire général. En 1987, s'appuyant sur une nouvelle Constitution, H. M. Mengistu devint président d'une République démocratique et populaire d'Éthiopie. Mais les réformes économiques radicales du régime, impliquant des déplacements massifs de populations, se révélèrent désastreuses et firent d'innombrables victimes. Confronté à la coalition des rébellions qui avaient éclaté en plusieurs points du pays au cours des années 1980 et à l'arrêt du soutien militaire soviéto-cubain, le régime Mengistu s'effondra en mai 1991 avec l'entrée dans Addis-Abeba des rebelles tigréens. Un gouvernement provisoire jugula l'agitation à Addis-Abeba et accepta le principe de l'indépendance de l'Érythrée en juill. 1991, officiellement reconnue en mai 1993. Le pays fut transformé en une fédération de neuf régions, chacune ayant théoriquement le droit de faire sécession. Les élections législatives de mai 1995 virent la victoire sans partage du Front démocratique révolutionnaire du peuple éthiopien (493 sièges sur 547) et le nouveau Parlement élut le président de la République, Negaso Gidada et le Premier ministre, Mélès Zenawi. En 1997, après trois ans de répit, et malgré une amélioration de la gestion agricole, l'Éthiopie fut encore touchée par la famine.

L'année suivante fut marquée par une nouvelle guerre contre l'Érythrée, à la suite d'un conflit frontalier et de nombreux contentieux portant sur l'accès à la mer Rouge. Malgré les nombreuses tentatives de médiation, le conflit se poursuivit en 1999 et en 2000, avec un coût humain très élevé dû aux combats sanglants et aux déportations organisées par les deux belligérants. À la veille des élections générales, qui virent un véritable plébiscite du pouvoir, Addis-Abeba lança en mai 2000 une offensive qui bouscula l'armée érythréenne et permit de conquérir une grande partie du pays. Les efforts permanents de l'OUA et de l'ONU aboutirent enfin à un accord de cessez-le-feu signé à Alger le 18 juin 2000, qui prévoyait le déploiement d'un important contingent de casques bleus, dont les premiers éléments débarquèrent en sept.

En février 2001, les troupes éthiopiennes commencèrent à évacuer les territoires occupés en Érythrée, et le 13 avril 2002, la Cour de justice de La Haye partagea les territoires contestés entre les deux pays. À l'intérieur du pays l'agitation sociale se poursuivait, nourrie par des manifestations étudiantes sévèrement réprimées (60 morts en avril 2001, 30 à 60 morts en mai 2002), tandis que la famine continuait de sévir dans certaines régions.

ÉTIENNE

ÉTIENNE II († Rome, 26.IV.757). Pape (752/57). Voir **Pontificaux (États)**.

ANGLETERRE

ÉTIENNE DE BLOIS (* vers 1097, † oct. 1154). Roi d'Angleterre (1135/54). Petit-fils par sa mère de Guillaume le Conquérant, fils d'Étienne, comte de Blois, il usurpa à la mort de son oncle Henri Ier (1135), le trône de Mathilde, légitime héritière. Son règne ne fut qu'une longue suite de guerres civiles contre le parti angevin rallié autour de Mathilde, épouse en secondes noces de l'Angevin Geoffroy Plantagenêt. À la mort de son fils unique, Étienne obtint un compromis en reconnaissant pour héritier (1153) le fils de Mathilde, futur Henri II.

HONGRIE

ÉTIENNE Ier saint (* Esztergom, vers 969, † Buda, 1038). Premier roi de Hongrie (1001/38). Fils de Géza, duc des Magyars, il fut baptisé en 985 en même temps que son père, auquel il succéda en 997. Il s'employa à la christianisation de la Hongrie en appelant des missionnaires étrangers et en modelant son gouvernement sur l'exemple franc. Bien que son œuvre ait été en partie détruite par ses successeurs, Étienne Ier est le fondateur de l'État hongrois et des traditions chrétiennes de la Hongrie. Il fut canonisé en 1083 avec son fils st Émeric. Voir **Hongrie**. La Hongrie médiévale.

POLOGNE

ÉTIENNE Ier BÁTHORY (* 1533, † Grodno, 1586). Roi de Pologne (1575/86). Voir **Pologne**.

SERBIE

ÉTIENNE IX DOUCHAN (* vers 1308, † Diavoli 20.XII.1355). Roi puis empereur des Serbes (1331/55). Voir **Serbie**.

ÉTOLIE, *Aitolia*. Région montagneuse à l'O. de la Grèce continentale, au N. du golfe de Corinthe. Les Étoliens, organisés en tribus (*ethnè*), restèrent longtemps en marge de l'histoire grecque. À l'époque de la guerre du Péloponnèse, l'Étolie formait un État fédéral ; elle prit parti pour Sparte et repoussa les Athéniens (426 av. J.-C.). Après la mort d'Alexandre, les Étoliens firent la guerre avec succès à Cratère et à Antipater (323/22). Puis, alliés à Antigone Gonatas, ils tentèrent de dominer la Grèce orientale et centrale, et formèrent la **ligue Étolienne**, dans laquelle entrèrent l'Acarnanie, l'Élide et la Messénie. Il s'ensuivit une guerre entre la ligue Étolienne et la ligue Achéenne, dite *guerre des deux ligues* (220/17 av. J.-C.), où l'avantage resta aux Achéens, soutenus par Philippe V de Macédoine. Les Étoliens s'allièrent alors à Rome ; après avoir brillamment secondé les Romains dans les deux premières guerres de Macédoine, mécontents de la perte de la Thessalie, ils appelèrent en Grèce Antiochos III de Syrie (192). Vaincus en 189 par Fulvius Nobilior, ils reconnurent la domination romaine, tout en conservant leurs lois propres. L'Étolie fit ensuite partie de l'empire d'Orient (despotat d'Épire). Les Turcs l'occupèrent en 1432 mais en furent chassés quelque temps par Skanderbeg, qui, en mourant, laissa l'Étolie aux Vénitiens ; ceux-ci durent l'abandonner aux Turcs. Ce n'est que lors de l'insurrection de 1821 que l'Étolie recouvra son indépendance, revenant en 1829 au royaume de Grèce.

ÉTRURIE (royaume d'). Après le traité de Lunéville (1801), Bonaparte érigea l'ancien grand-duché de Toscane, enlevé aux Habsbourg, en royaume d'Étrurie. Voir **Toscane**.

ÉTRUSQUES. Peuple établi depuis le IXe s. av. J.-C. en Toscane. Les Latins appelaient les Étrusques *Tusci* ou *Etrusci* et les Grecs leur donnaient le nom de *Tyrrhenoi*. Eux-mêmes se désignaient comme *Rasenc*. Bien que les Étrusques aient créé en Italie la plus brillante civilisation avant celle de Rome, ils restent encore entourés de beaucoup de mystère. La langue étrusque, qui s'écrivait avec l'alphabet grec, n'a pas encore été déchiffrée ; on sait seulement qu'elle n'a de rapports avec aucune autre langue connue, si ce n'est peut-être le lydien et les langues méditerranéennes d'Asie Mineure antérieures aux invasions indo-européennes. Selon l'opinion d'Hérodote, généralement suivie dans l'Antiquité, les Étrusques seraient venus de Lydie en Italie vers le XIIIe s. av. J.-C., opinion qui ne serait pas incompatible avec une hypothèse annexe qui rattache les Étrusques aux Peuples de la Mer, qui ravagèrent les civilisations de la Méditerranée orientale et l'Égypte à la même époque ; parmi ces peuples, des documents égyptiens mentionnent les *Turshu*, dont on peut rapprocher le nom de celui de *Tyrrhenoi*, donné aux Étrusques par les Grecs. Cette identification reste discutée. L'hypothèse de l'arrivée d'une population d'Asie Mineure (aux VIIIe/VIIe s. av. J.-C.) est aujourd'hui la moins controversée, sans qu'il s'agît d'une migration massive de la Toscane antique. Les arrivants ont pu s'imposer aux populations indigènes à qui ils auraient transmis les éléments d'une civilisation originale, fortement marquée par l'Orient, notamment dans le domaine religieux.

Ce furent sans doute les riches gisements métallifères de la Toscane qui attirèrent les Étrusques. Leur civilisation, urbaine dès l'origine, s'étendit rapidement à la région limitée par le Tibre, l'Apennin et l'Arno. Les principales villes de l'Étrurie propre étaient *Velathri* (Volterra), *Fæsulae* (Fiesole), *Arretium* (Arezzo), *Cortona, Perusia* (Pérouse), *Chiusi, Tutere* (Todi), *Velsu* (Orvieto), *Veii* (Véies), *Tarquinia, Vulci, Tuscana*... Ces villes, gouvernées par des rois et des magistrats choisis dans la caste aristocratique des *lucumons*, jouissaient d'une grande indépendance, faisaient la guerre ou contractaient des alliances à leur gré. Cependant, douze d'entre elles formaient une confédération. Remarquables métallurgistes du bronze et du fer, commerçants hardis, pirates à l'occasion, les Étrusques furent les concurrents des Grecs et des Carthaginois ; sur terre, leur trafic commercial s'est étendu de la Campanie aux Alpes et jusqu'en Europe centrale, où les contacts entre Étrusques et Celtes de la civilisation de La Tène sont bien attestés (v. **Celtes**).

À la fin du VIIe s. av. J.-C., les Étrusques se rendirent maîtres du Latium ; ils furent les véritables fondateurs de la ville de Rome dont le nom étrusque, *Rumon*, signifie « la Ville du fleuve », et qui fut gouvernée par des rois étrusques de 616 à 509 av. J.-C. (dates traditionnelles). Au N., la puissance étrusque s'étendit au VIe s. dans la vallée du Pô par la fondation de *Felsina* (Bologne), de Mantoue, de Plaisance, et le long de l'Adriatique, où apparurent les fondations étrusques de Pesaro, Rimini, Ravenne et le port de Spina. À partir du Latium, les Étrusques pénétrèrent en Campanie où ils fondèrent Capoue, Nuceria, Pompéi. Ils se heurtèrent aux Grecs dont ils furent d'abord vainqueurs : par leur victoire d'Alalia (535), ils chassèrent les Phocéens de Corse. Mais les Grecs mirent un terme à leur expansion en les repoussant devant Cumes (524). Puis, leur recul s'amorça. Chassés de Rome en 509 selon la tradition, ils virent leur flotte anéantie par les Grecs de Syracuse et de Cumes (474). Les guerres entre cités étrusques n'ont pas cessé, à un moment où une double pression s'amorçait, à partir du IVe s. Venus du Nord, de nouvelles populations celtiques prirent possession de la plaine du Pô ; du Sud, Rome, maîtresse de tout le Latium, s'étendait vers l'Italie centrale, une conquête commencée par la prise de Véies (vers 395) et achevée au début du IIIe s. par la prise du sanctuaire fédéral étrusque de Volsinies (265).

La civilisation étrusque a laissé des traces profondes en Italie. L'art étrusque a gardé une forte originalité par ses qualités de spontanéité passionnée et de réalisme souvent violent. Parmi les vestiges de l'architecture étrusque, les plus spectaculaires sont les tombes de Caere, Tarquinia, Chiusi, Vulci. La religion étrusque a profondément modelé la religion romaine ; elle lui a légué son formalisme savant, les techniques de la divination, le corpus des livres sacrés et une architecture originale, le temple édifié sur un haut podium.

EUDES (* vers 860, † La Fère, 1er.I.1898). Comte de Paris et de Troyes, puis roi de France (888/98). Fils aîné de Robert le Fort, ancêtre de Hugues Capet confirmé à la mort de son père dans le titre de *dux Francorum* par le roi Charles le Gros, il se distingua par sa défense de Paris contre les Normands (885/87). Après la déposition de Charles le Gros (887), il fut désigné comme roi par les grands vassaux (888). Mais quelques années plus tard, il dut lutter contre le Carolingien Charles le Simple et finit par traiter avec lui, lui abandonnant tout le pays entre le Rhin et la Seine, cependant qu'il se réservait Paris et la France occidentale ; il reconnut Charles pour successeur.

EUGÈNE, Eugène de Savoie-Carignan, dit **le Prince** (* Paris, 18.X.1663, † Vienne, 21.IV.1736). Feld-maréchal et homme politique autrichien. Fils d'Eugène Maurice, duc de Savoie-Carignan, et d'Olympe Mancini, nièce de Mazarin. Tenu à l'écart par Louis XIV, il se mit au service de l'empereur d'Autriche. Brillant homme de guerre, il infligea de nombreuses défaites aux armées françaises pendant la guerre de la Succession d'Espagne (1701/14). En 1717, il reprit Belgrade aux Turcs, qui demandèrent la paix (traité de Pasarowitz, 1718) ; il favorisa ensuite la colonisation des terres reconquises.

EUGÉNIE, Eugénia María de Montijo de Guzmán, comtesse de Teba (* Grenade, 5.V.1826, † Madrid, 11.VII.1920). Impératrice des Français. Fille du comte de Montijo et Teba, elle épousa Napoléon III en 1853. D'une grande beauté, elle fut le centre des fêtes des Tuileries et de Compiègne. Après la naissance du prince impérial en 1856, elle se préoccupa de l'avenir de la dynastie et commença à jouer un rôle politique, défendant les intérêts catholiques contre la politique italienne de l'empereur, puis poussant Napoléon III à la guerre contre la Prusse. Elle fut nommée régente en 1870. Après la chute de l'Empire, elle se retira en Angleterre, où Napoléon III, après sa libération, la rejoignit.

EUMÈNE II († Pergame, vers 159 av. J.-C.). Roi de Pergame (vers 197/59 av. J.-C.). Voir PERGAME.

EURIC (* vers 420, † 480). Roi des Wisigoths (466/80). Voir WISIGOTHS.

EURO (zone). Ensemble économique constitué par les onze pays de l'Union européenne ayant adopté l'euro comme monnaie commune le 1er janv. 1999. À Dublin, en 1996, un pacte de stabilité et de croissance fut adopté, imposant des contraintes budgétaires – issues des critères de convergence du traité de Maastricht (1992) – aux pays candidats à l'adoption de la future monnaie européenne. En 1998, onze pays furent retenus pour appartenir à la zone euro : la Grande-Bretagne, le Danemark et la Suède décidèrent de ne pas y participer, tandis que la Grèce, trop éloignée des conditions requises, s'en voyait refuser l'accès. Monnaie scripturale de janv. 1999 à janv. 2002, l'euro s'exprimait à parité fixe avec les monnaies nationales encore en circulation, soit, dans le cas du franc, un euro pour 6,55957 francs. Puis en janv. 2002, l'euro devint, avec une période de transition, la seule monnaie de circulation de la zone. En 2003, la zone euro était destinée à s'élargir aux pays candidats à l'Union européenne.

EUROMISSILES (crise des). Crise diplomatique entre les deux blocs, à la fin de la guerre froide, qui porta sur l'installation, en Europe, de fusées de moyenne portée. Leur installation à partir de nov. 1983 fut le résultat d'une bataille de six ans. C'est en 1977, en pleine période de détente, que Moscou décida le remplacement des SS 4 d'une portée de 1 900 km et des SS 5 mis en place dans les années 1950, par des missiles SS 20, d'une portée de 4 000 à 5 000 km, pouvant atteindre toute l'Europe, l'Afrique jusqu'au nord du Sahara, le Proche-Orient et la plupart des États d'Asie. Pour rééquilibrer les forces en présence, l'OTAN prit, le 12 déc. 1979, une double décision : d'une part, le déploiement de 108 fusées Pershing II en RFA, et de 464 missiles de croisière dans cinq pays d'Europe occidentale ; d'autre part, la recherche d'une négociation avec Moscou. En nov. 1984, 108 Pershing II et 464 missiles de croisière étaient opposés en Europe occidentale aux 378 SS 20 de l'Europe de l'Est, où les Soviétiques déployaient alors des SS 21, 22 et 23. Cette crise s'acheva heureusement en déc. 1987, avec la signature du premier traité de désarmement nucléaire entre les États-Unis et l'URSS, après avoir soulevé en Europe occidentale, notamment en RFA, un puissant mouvement pacifiste.

EUROPE. Partie occidentale du vaste continent eurasiatique, de superficie réduite (11 millions de km², 7 % des terres émergées), l'Europe apparaît comme une péninsule de l'Asie, dont elle n'est séparée que par des limites arbitrairement fixées (celles qui furent officiellement acceptées par le gouvernement soviétique vers 1960 incluent l'Oural dans l'Europe, mais placent le Caucase en Asie). Quoi qu'il en soit, la particularité de l'Europe demeure dans son histoire et sa civilisation, d'autant que l'expansion des Européens dans le monde entier à partir du XVIe s. a fait prédominer les langues et la civilisation européennes dans de nombreuses autres parties du monde, en Amérique du Nord et du Sud, en Sibérie, en Afrique du Sud, ainsi qu'en Australie.

L'Europe préhistorique

Durant le quaternaire, quatre glaciations (v.) au moins se sont succédé en Europe, séparées par des périodes de réchauffement dites « interglaciaires ». Le recul définitif des glaciers européens ne s'est produit qu'à une date relativement récente et ne s'est achevé qu'après – 10000 av. J.-C.

Pour l'histoire du peuplement de l'Europe, se reporter aux articles suivants : HOMME **(origines de l')**, PALÉOLITHIQUE et PRÉHISTOIRE.

Du néolithique aux civilisations du métal

La révolution du néolithique s'est amorcée à partir du Xe millénaire au Proche-Orient, et c'est de là qu'elle devait gagner progressivement l'ensemble de l'Europe. Sur le néolithique européen, consulter l'article général NÉOLITHIQUE.

Au début du IIe millénaire, alors que le reste de l'Europe est encore dans le néolithique, l'âge du bronze (v.) a commencé depuis plus de cinq cents ans dans les îles de la mer Egée et en Crète, et il gagne la Grèce continentale (v. CRÈTE, GRÈCE et HELLADIQUE). La civilisation crétoise dite minoenne atteint alors sa pleine maturité. En Europe centrale et occidentale, l'âge du bronze commence vers – 1800. Les principaux centres du bronze ancien sont la Bohême, l'Allemagne, avec la première culture des tumuli princiers de Saxe-Thuringe et l'Espagne. Le bronze se répand également le long des routes fluviales ou maritimes : dans la vallée du Rhône, en Armorique et en Angleterre avec la civilisation du Wessex (v. GRANDE-BRETAGNE. Préhistoire des îles Britanniques). La Scandinavie n'entre dans l'âge du bronze qu'après – 1500. Le bronze moyen (– 1500/– 1100) est avant tout l'âge de la civilisation des tumulus, qui a son foyer en Allemagne du Sud, cependant qu'en Italie la civilisation des Terramares (v. ITALIE. Des origines à la fin de l'Empire romain) est en plein développement. La fin du bronze moyen, vers – 1300/– 1200, est marquée en Europe centrale par la civilisation des Champs d'urnes (v.), qui se répand à travers l'Allemagne, de la vallée du Danube à l'Italie septentrionale et centrale, et dans la France de l'Est et du Midi. Définie par l'usage de sépultures à incinération, elle est peut-être le témoin de déplacements de populations indo-européennes.

Entre – 1800 et – 1500, en Grèce continentale, l'arrivée de populations pratiquant une langue indo-européenne, le grec, a abouti, au contact du monde crétois, à l'établissement de la civilisation mycénienne (v.). Sa disparition après 1100, est contemporaine de la présence d'une population grecque parlant un nouveau dialecte, le dorien, en même temps que se répand la civilisation du fer (v.) en Grèce, en Italie et en Europe centrale – culture de Hallstatt (v.).

Dans la première moitié du Ier millénaire avant notre ère, de nouvelles populations celtiques, venues de l'Europe centrale, s'établirent en Allemagne du Sud, en France et dans les îles Britanniques, ainsi qu'en Espagne et en Italie du Nord. La civilisation celtique atteint son apogée dans la période dite de La Tène (v.), à partir de 500 environ av. J.-C. À cette date, la Grèce, première civilisation historique de l'Europe, entre dans son âge classique, tandis que la République vient d'être instituée à Rome. Les Germains (v. GERMANIE), dont le foyer primitif se situe dans le sud de la Scandinavie, au Danemark et au Schleswig, commencent leur expansion en Allemagne, où ils occupent déjà les régions maritimes situées entre l'embouchure de la Weser et celle de l'Oder. Les premiers peuples slaves (v.) apparaissent au N.-E. des Carpates, entre la Vistule et le Dniepr, mais les Slaves ne feront leur entrée dans l'histoire européenne que bien plus tard, après les invasions germaniques, vers 600 de notre ère. Enfin l'Ukraine et la Russie méridionale sont devenues le domaine de redoutables cavaliers indo-européens, les Scythes (v.).

De l'Empire romain à Charlemagne

Dès la préhistoire, des relations commerciales s'étaient établies entre les régions méditerranéennes et les pays riverains de l'Atlantique, de la mer du Nord et de la Baltique notamment pour le commerce de l'ambre. Mais les Grecs et même les Romains n'eurent toujours qu'une connaissance très imprécise des peuples de l'Europe centrale et septentrionale, qui n'étaient à leurs yeux que des « Barbares » (v.), c'est-à-dire des étrangers inassimilables. L'histoire antique, celle de la Grèce (v.) et de Rome (v.), n'a pas été à proprement parler une histoire « européenne » : centrée sur le bassin de la Méditerranée, elle a laissé à l'écart la plus grande partie du continent tout en établissant avec les peuples barbares des relations économiques essentielles, pour se fournir en bois, métaux, esclaves, etc. En rattachant la Gaule et l'île de « Bretagne » à cette civilisation méditerranéenne, les Romains ont fait de la France et de l'Angleterre, à l'égal de l'Italie ou de l'Espagne, des héritières naturelles de la tradition antique.

Dès les IIe/IIIe s. de notre ère, le centre de gravité économique puis politique de l'Empire romain tendit à se déplacer de l'Occident vers l'Orient ; en 330, la capitale impériale fut transférée de Rome à Constantinople. Le partage de l'Empire (395) accéléra ce déclin de l'Occident qui, au Ve s., fut submergé par les invasions germaniques (v.), alors que l'empire d'Orient devait encore subsister pendant un millénaire. Disparu en 476, l'empire d'Occident a fait place à des royaumes barbares (Francs, Wisigoths, Ostrogoths, Burgondes), dirigés par des peuples que rien d'essentiel ne distinguait des autres Germains (Frisons, Saxons, Alamans, Thuringiens, Lombards, etc.) demeurés en dehors des anciennes limites de l'Empire. Alors que l'expansion romaine avait abouti à couper le continent en deux, sur la ligne Rhin-Danube, l'Europe septentrionale, l'Europe atlantique et l'Europe méditerranéenne se trouvaient donc pour la première fois sous une même domination germanique.

Les royaumes barbares, pour la plupart, se sont ouverts à la culture romaine ; sur les provinces impériales qu'ils occupaient, ils ont maintenu ou restauré à leur profit les institutions romaines. Sous Théodoric le Grand (493/526), la civilisation antique devait connaître son dernier éclat en Italie. Par ailleurs, l'empereur qui régnait à Byzance continuait à se considérer comme le seul maître légitime de tous les anciens territoires romains. Au VIe s., Justinien entreprit la « reconquête » de l'Occident et les Byzantins réussirent à se maintenir dans le sud de l'Italie pendant quelque cinq cents ans.

L'Église romaine entreprit la conversion des Barbares. Alors que la plupart des peuples germaniques avaient été contaminés par l'hérésie arienne, la conversion de Clovis au catholicisme (496 ?) fut un événement capital, qui scellait l'alliance du Saint-Siège et des Francs. Des missionnaires bénédictins évangélisèrent les Anglo-Saxons (st Augustin au VIIe s.) et les Germains (st Boniface au VIIIe s.) ; mais, en se tournant vers les Barbares, l'Église de Rome devenait de plus en plus étrangère aux Églises orientales, et, dès cette époque, se développait le processus qui devait aboutir à la division du monde chrétien.

L'unité méditerranéenne, que les invasions germaniques avaient laissée subsister, fut définitivement rompue aux VIIe/VIIIe s. à la suite de deux événements : l'installation des Slaves dans les Balkans (milieu du VIIe s.), et l'extension des conquêtes de l'islam le long des rivages africains de la Méditerranée, jusqu'à l'Espagne, envahie à partir de 711. C'est alors que l'Occident, par la fermeture des vieilles routes terrestres et maritimes, se trouva séparé de l'Orient et coupé de la tradition antique. L'arrêt de l'invasion arabe par Charles Martel à Poitiers (732) empêcha l'islamisation de l'Europe, mais ne changea pas une donnée désormais fondamentale : l'unité de la Méditerranée était rompue. Et pendant un millénaire, jusqu'au début du XVIIe s., la menace de l'islam devait rester une des composantes du destin de l'Europe.

Privée de l'aide de Byzance, la papauté fit alliance avec la nouvelle dynastie franque des Carolingiens (751). La fondation de l'empire de Charlemagne (800) marqua l'aube d'une nouvelle civilisation, au point de rencontre de l'Europe atlantique et de l'Europe centrale.

Cette Europe carolingienne constituée en rupture avec l'Orient byzantin, ne pouvait perpétuer les traditions politiques romaines. Disputé entre les fils de Louis le Pieux, lui-même héritier de Charlemagne, l'Empire carolingien a été partagé aux traités de Verdun (843) et de Mersen (870), ce dernier établissant la première distinction nette entre la France et l'Allemagne. La faiblesse du pouvoir impérial en face des nouvelles invasions (Normands, Sarrasins, Slaves, Hongrois) a favorisé l'émancipation des pouvoirs locaux. Dès la fin du IXe s., l'évolution générale de l'Occident se caractérise par l'effacement de l'idée de l'État et par l'organisation progressive de la féodalité (v.), un système dont les fondements socio-économiques remontent sans doute au Bas-Empire, mais dont l'esprit s'enracine dans la notion celto-germanique du lien d'homme à homme.

Ascension de l'Europe médiévale

Tandis que se disloque l'œuvre de Charlemagne, l'Europe du IXe s. est menacée de toutes parts : les Vikings ou Normands (v.), Germains venus de Scandinavie, ravagent l'Angleterre et la France. Entre la Volga et le Dniepr, ils fondent le royaume varègue, embryon de l'État russe, mais celui-ci, slavisé et converti au christianisme byzantin dès le Xe s., reste à l'écart de l'Europe. À l'est, l'invasion des Hongrois parvient en Allemagne du Sud, et aux vallées du Rhin et de la Saône.

Au tournant de l'an mille, l'Europe a surmonté l'épreuve. Le mouvement monastique de Cluny (910) a suscité un renouveau spirituel. Les Normands ont été stabilisés dans la région de la basse Seine (911) et se sont convertis au christianisme. En France s'est établie la monarchie capétienne (987), dont l'autorité est encore faible face aux grands féodaux. C'est en Germanie que renaît l'idée imperiale : Henri Ier l'Oiseleur, duc de Saxe, refoule les Slaves à l'E. de l'Elbe ; son fils, Othon le Grand, arrête définitivement (bataille du Lechfeld, 955) l'invasion des Hongrois, qui se convertissent sous le règne de st Étienne (997/1038). Au S., les Sarrasins sont chassés des côtes méditerranéennes, et les petits princes chrétiens du N. de la péninsule Ibérique entreprennent la « Reconquête ». L'Europe occidentale trouve un nouvel équilibre avec la fondation, par Othon le Grand, en 962, du Saint Empire romain germanique, qui ne devait disparaître qu'en 1806. À partir du XIe s., l'Europe connaît un vigoureux renouveau. Sa population augmente. D'importantes améliorations techniques (assolement triennal, perfectionnement de l'attelage, diffusion des moulins à eau, découverte de la fonte, etc.) favorisent l'agriculture et l'industrie artisanale. La reprise des échanges commerciaux (foires de Champagne) provoque une renaissance de la civilisation urbaine, et, à côté de la propriété foncière s'édifie une richesse mobilière ; l'économie monétaire réapparaît et les villes, en se constituant en « communes », font reculer la féodalité.

La chrétienté européenne se développe à nouveau. La création de l'ordre cistercien (1098) manifeste une volonté de retour à l'idéal monastique originel. Entre 960 et 1100 environ s'accomplit la conversion au catholicisme de la Scandinavie, de la Bohême, de la Moravie, de la Pologne, de la Hongrie, cependant qu'en Europe orientale l'Église byzantine poursuit l'évangélisation des Slaves. Au cours des Xe/XIe s., le monde chrétien a doublé. Le nouvel équilibre matériel et moral s'est manifesté dans la floraison de l'art roman, dans l'effort de l'Église pour limiter les guerres privées (paix de Dieu, trêve de Dieu) et pour spiritualiser la fonction guerrière par l'institution de la chevalerie (v.). Les croisades (v.) (1096/1291) ont été, à l'origine, une entreprise de foi militante dont le bilan est toujours objet de controverse, même si les États latins fondés en Terre sainte se sont maintenus pendant deux siècles.

Du XIe au XIIIe s., les deux pouvoirs les plus prestigieux de l'Europe, le Saint Empire et la papauté, se sont disputé la domination universelle au cours de la querelle des Investitures (v.) (1074/1122) et de la lutte du Sacerdoce et de l'Empire (v.) (1157/1250). La puissance impériale s'est heurtée à de grands papes tels que Grégoire VII et Innocent III, mais surtout à la puissance nouvelle des villes italiennes, qui firent reconnaître leur autonomie (paix de Constance, 1183).

Victorieuse des empereurs, la papauté a vu cependant son rêve théocratique se briser devant l'essor des monarchies nationales. Alors que les empereurs germaniques se trouvaient contraints, en Allemagne même, de faire des concessions aux grands féodaux et aux villes, l'Angleterre et la France étaient conduites par des royautés puissantes et centralisatrices, résolues à créer aux dépens de la féodalité un État unitaire. En Angleterre, la monarchie anglo-normande, fondée par Guillaume le Conquérant en 1066, dut reculer devant l'opposition des barons et des villes, qui arrachèrent à Jean sans Terre la Grande Charte (v.) de 1215. En France, en revanche, le pouvoir royal, s'appuyant souvent sur les communes contre les féodaux, fit des progrès décisifs sous les règnes de Philippe Auguste (1180/1233), de Saint Louis (1226/70) et de Philippe le Bel (1285/1314). Les Capétiens ont fondé leur pouvoir sur le sacre, qui faisait d'eux les lieutenants de Dieu sur terre, et sur le travail des légistes qui ont trouvé dans le droit romain les justifications juridiques de leur pouvoir. Dans sa lutte, la papauté fut politiquement vaincue et, de 1309 à 1376, elle se transporta de Rome à Avignon.

Le XIIIe s. vit l'apogée de la civilisation médiévale européenne avec la floraison de l'art gothique, les grandes synthèses de la pensée scolastique (Thomas d'Aquin, Bonaventure, Duns Scot), l'essor de la littérature profane et notamment de la littérature chevaleresque, et la création des universités. À l'apparition de nouvelles hérésies (le catharisme) et de sectes (les vaudois), l'Église a répondu par la répression (création de l'Inquisition), mais aussi en répondant aux nouveaux besoins intellectuels et spirituels par la création des ordres mendiants (dominicains et franciscains).

L'expansion territoriale de la chrétienté d'Occident se poursuivit au XIIIe s. Après la victoire de Las Navas de Tolosa (1212), la « Reconquête » espagnole a fait des progrès rapides, et, dès 1250, l'islam ne conservait plus que le petit royaume méridional de Grenade. Dans l'Est européen, s'est développée depuis le XIIe s., une importante migration allemande dans les territoires entre Elbe et Oder, et même au-delà de l'Oder ; enfin l'ordre Teutonique entreprenait la colonisation de la Prusse et des pays Baltes qu'a limitée en 1242, la victoire d'Alexandre Nevski sur les chevaliers allemands. Les principautés russes, après avoir connu pendant deux cents ans un brillant essor, furent de leur côté submergées, à partir du XIIIe s., par l'invasion mongole de Gengis Khan et de ses successeurs. En Orient, l'Empire byzantin ne se remit jamais de la prise et du pillage de Constantinople par les croisés (1204) ; la création d'un Empire latin d'Orient devait être éphémère. Serbes et Bulgares, et, à plus longue échéance, les Turcs Ottomans devaient tirer profit du déclin de Byzance.

La crise des XIVe/XVe siècles

À partir de 1300, l'Occident entre dans une longue période de dépression économique dont les causes, à la fois monétaires, démographiques, climatiques et politiques, sont encore mal élucidées. Toutefois, cette dépression n'est pas générale ; elle affecte surtout la France, ravagée par la guerre de Cent Ans (disparition des foires de Champagne), mais l'Europe des XIVe/XVe s. présente plusieurs zones de dynamisme économique et de prospérité : l'Allemagne du Nord, où s'affirme la puissance de la Hanse (v.) ; l'Allemagne du Sud et la Bohême, où se développe l'industrie minière ; l'État bourguignon, qui s'étend du Jura à la mer du Nord, et dont les souverains, vers le milieu du XVe s., méritent pleinement leur titre de « grands-ducs d'Occident » ; enfin l'Italie des villes et des États princiers, qui tient la première place en Europe pour le commerce et la banque et, dans l'épanouissement artistique du Quattrocento, devient le foyer de l'humanisme et de la Renaissance. L'Europe est cependant éprouvée par une terrible épidémie, la peste noire de 1348/49, qui fait disparaître presque un tiers de la population du continent.

Face au monde musulman, auquel l'hégémonie des Turcs Ottomans donne une vigueur nouvelle, l'Europe se trouve de nouveau sur la défensive. L'Empire byzantin est affaibli par la poussée des Bulgares et des Serbes, tandis que Vénitiens et Génois lui enlèvent ses positions maritimes dans l'Égée et la mer Noire. Les Ottomans prennent pied sur le continent européen, écrasent les Serbes à la bataille de Kosovo (1389), et, à la fin du XIVe s., submergent la Bulgarie, la Thrace, la Macédoine, et réduisent les Serbes en vassalité. Mehmet II s'empare enfin de Constantinople en 1453 : c'est la fin du millénaire empire d'Orient, prolongement de l'Empire romain. L'Europe centrale vit désormais sous la menace de l'invasion turque, qui ne sera définitivement écartée qu'au début du XVIIIe s.

Les trois grands pouvoirs autour desquels s'était organisée la civilisation médiévale sont en crise. La *société féodale* est ébranlée par la puissance croissante des villes, les progrès de la centralisation monarchique et la révolution de l'art militaire : l'infanterie anglaise a vaincu la chevalerie française à Crécy (1346), à Azincourt (1415) et les premiers canons sont apparus. Le *Saint Empire*, ébranlé par le Grand Interrègne (1256/73), est rongé par le morcellement politique et par l'autonomie croissante des princes ; son caractère électif est confirmé par la Bulle d'or de Charles IV (1356) ; à l'extérieur, il est affaibli par la croissance de l'État polonais, qui s'est uni à la Lituanie en 1386, par l'indépendance de la Confédération suisse (1389), par la sécession des Pays-Bas, qui entrent dans l'Empire bourguignon de Philippe le Bon. Dans les régions baltiques, l'ordre Teutonique, vaincu par les Polonais à Tannenberg (1410) doit céder la Prusse-Occidentale et reconnaître la suzeraineté polonaise. Cependant, le XVe s. voit grandir la puissance de deux maisons princières : celle des Habsbourg d'Autriche, qui vont occuper le trône impérial sans interruption à partir de 1438, et celle des Hohenzollern, souverains du Brandebourg et Électeurs d'Empire à partir de 1415.

L'*Église romaine* a subi une baisse de son prestige après son exil à Avignon (1309/78) et le Grand Schisme d'Occident (v.) (1378/1417). Dans son sein, se développent les théories conciliaires (qui veulent soumettre le pape au concile général) et gallicanes (qui tendent à la création de véritables Églises nationales). L'esprit de l'humanisme et de la Renaissance s'installe à la tête même de l'Église, et la cour romaine devient la plus fastueuse des cours princières italiennes. De la guerre de Cent Ans (1337/1453) a failli naître une vaste entité franco-britannique gouvernée par les Plantagenêts ; mais l'affirmation du sentiment national français (Jeanne d'Arc) a fait échouer cette possibilité, et, de ce long conflit, la monarchie capétienne est sortie finalement renforcée. Avec Louis XI (1461/83), elle a triomphé des derniers grands féodaux et brisé la puissance de la Bourgogne. L'Angleterre, déchirée par la guerre des Deux-Roses, s'est redressée à partir de l'avènement des Tudors (1485). Un troisième État unitaire, l'Espagne, s'est affirmé à la suite du mariage des souverains de Castille et d'Aragon (1479) ; les Rois Catholiques ont achevé la Reconquête en s'emparant du royaume de Grenade (1492). En 1480, la principauté de Moscou, après une longue lutte contre les Mongols, s'est émancipée définitivement de la suzeraineté de la Horde d'Or et, sous Ivan III (1462/1505), a commencé le « rassemblement des terres russes » tandis que l'Église russe affirmait sa prétention à devenir la « troisième Rome ».

La Renaissance, la Réforme

La reprise économique de l'Europe, très vigoureuse dès la seconde moitié du XVe s., ne fut pas une conséquence mais, au contraire, l'une des causes des grandes découvertes. Le but premier des voyages maritimes de la fin du XVe et du début du XVIe s. a été d'ouvrir vers les « Indes » une nouvelle route océane capable de remplacer les routes traditionnelles des steppes asiatiques et de la mer Rouge, désormais bloquées par les Turcs.

En 1492, Christophe Colomb découvrit l'Amérique. En 1498, Vasco de Gama parvint en Inde après avoir doublé le cap de Bonne-Espérance. Entre 1520 et 1535, une poignée de conquistadores espagnols détruisit les grands Empires aztèque et inca de l'Amérique précolombienne. Cette expansion foudroyante fut rendue possible par le perfectionnement des techniques de navigation et par la supériorité des armes à feu européennes. En Asie, au contraire, les Européens se sont contentés d'établir des comptoirs commerciaux, et il leur a fallu encore plus de deux siècles pour fonder une véritable domination coloniale et reconnaître la résistance des civilisations asiatiques à la pénétration du christianisme.

L'Espagne et le Portugal, les deux premières puissances coloniales de l'histoire, se sont partagé le monde par le traité de Tordesillas (1494), et le commerce international s'est déplacé de la Méditerranée vers l'Atlantique. La mise en valeur des colonies a entraîné l'exploitation du travail des Indiens puis la traite des Noirs. Grâce aux mines d'or et d'argent des Amériques, l'économie européenne s'est trouvée vivifiée par l'afflux de métaux précieux, qui a déclenché une hausse des prix régulière et entraîné les pays d'Europe dans une politique mercantiliste.

Parti d'Italie, l'épanouissement de la Renaissance s'est étendu peu à peu à toute l'Europe occidentale. À la civilisation latine universelle du Moyen Âge succédèrent des cultures nationales s'exprimant dans des langues vulgaires et dans des styles artistiques différenciés. L'humanisme, d'abord littéraire, religieux et philosophique, a éveillé l'esprit scientifique (Copernic, Galilée, etc.). Le monde occidental s'est tourné vers la connaissance et l'épanouissement de l'individu par la culture et la liberté de ses choix. L'Europe allait prendre une avance décisive sur les autres civilisations, restées plus étroitement dépendantes d'impératifs et d'interdits de caractère religieux.

Préparée par l'humanisme, la Réforme fut, dans son principe, une protestation de la foi chrétienne contre l'incapacité de l'Église à proposer une voie nouvelle vers le Salut. Face à la papauté de la Renaissance, Luther et Calvin ont proclamé l'absolue transcendance de Dieu, la prédestination au salut et la primauté de la foi sur les œuvres. Le protestantisme a favorisé l'individualisme en fondant la religion sur les rapports directs entre Dieu et le croyant ; il a été aussi un facteur d'ordre en acceptant que les Églises nationales fussent sous l'autorité des princes temporels.

L'Europe s'est trouvée coupée en deux blocs par la Réforme. Une grande partie de l'Allemagne et de la Hongrie, les pays scandinaves, les Pays-Bas, l'Angleterre et l'Écosse ont échappé désormais à l'autorité romaine. La division religieuse de l'Allemagne fut consacrée par la paix d'Augsbourg (1555). En France, après de cruelles guerres de Religion (1562/98), le catholicisme finit par l'emporter et le protestantisme ne fut que toléré (édit de Nantes, 1598). Beaucoup de princes rompirent avec Rome pour des raisons politiques et économiques (sécularisation des biens ecclésiastiques) ; ce fut le cas d'Henri VIII d'Angleterre, qui, hostile au protestantisme, fonda une religion nationale, l'anglicanisme (1534). La Réforme, en Bohême et aux Pays-Bas, fut étroitement associée à des revendications d'indépendance nationale ; le calvinisme, en suscitant un nouvel ascétisme laïque, fondé sur l'esprit de travail et d'économie, a contribué à la genèse de l'esprit capitaliste.

Une inévitable Contre-Réforme ou Réforme catholique s'est développée, marquée par la naissance de nouveaux ordres voués à l'apostolat (les jésuites, 1537), par la réorganisation du gouvernement central de l'Église romaine et l'œuvre dogmatique du concile de Trente (1545/63).

Des grands conflits internationaux du XVIe s., le plus important et le plus long opposa, de 1521 à 1559, deux puissances catholiques, la France des Valois (François Ier, Henri II) et la maison de Habsbourg (Charles Quint, Philippe II). Pour résister aux Habsbourg, les rois de France n'hésitèrent pas à s'allier avec les princes protestants allemands et même avec les Turcs. La lutte se termina par l'établissement d'un nouvel équilibre européen : la France abandonnait ses rêves de domination sur l'Italie, mais les Habsbourg renonçaient à un empire universel : leurs possessions d'Espagne (avec son immense empire colonial) et d'Europe centrale restaient définitivement séparées. Champion de la Contre-Réforme et de la prépondérance espagnole, Philippe II connut deux graves échecs : contre l'Angleterre d'Élisabeth Ire, il subit le désastre de l'Invincible Armada, (1588) ; contre la révolte des protestants des Pays-Bas, il ne put empêcher l'indépendance des Provinces-Unies (1579/1609).

À la fin du XVIe s., l'Espagne n'en restait pas moins la première puissance de l'Europe ; dans les lettres et les arts, elle entrait dans son « Siècle d'or » ; mais l'absolutisme politico-religieux de Philippe II endormait ses forces vives, et l'afflux des richesses d'Amérique ne fut pas utilisé pour développer son économie. En Angleterre, malgré les prérogatives désormais bien établies du Parlement, le pouvoir monarchique s'était considérablement renforcé sous Henri VIII et sa fille, Élisabeth Ire ; l'essor maritime britannique était amorcé et la première colonie anglaise d'Amérique, la Virginie, était fondée en 1584. En France, le pouvoir monarchique avait fait de grands progrès sous François Ier. À partir du règne d'Henri IV, il s'orienta résolument vers l'absolutisme. L'Italie, affaiblie économiquement au profit des pays atlantiques, morcelée politiquement et soumise en partie à la domination de l'Espagne, était devenue un champ de bataille pour les grandes puissances européennes. En Allemagne, le pouvoir impérial était fortement amoindri par les divisions religieuses. La victoire navale de Lépante (1571) laissait intacte la puissance continentale des Turcs qui s'avancèrent jusque sous les murs de Vienne. L'Autriche des Habsbourg, alliée à Venise et à la Pologne, assumait la défense de l'Europe contre la menace ottomane, alors que la France amorçait son extension vers le Rhin, dans de vieilles terres impériales. À l'E. de l'Europe, le royaume de Pologne-Lituanie s'affaiblissait à cause du système de la monarchie élective. La puissance russe grandissait, au contraire, sous le règne d'Ivan IV le Terrible (1533/84), dont les conquêtes atteignirent la Caspienne et l'Oural, et entamaient déjà la Sibérie.

Le XVIIe siècle

La guerre de Trente Ans (1618/48) fut, dans ses origines, une suite des guerres de Religion du XVIe s. : les Tchèques et les princes protestants allemands s'opposaient à la politique de Contre-Réforme catholique menée par les Habsbourg. Les succès impériaux dans la première partie de la guerre provoquèrent l'intervention de puissances protestantes, le Danemark (1625), puis, en 1630, la Suède, qui s'affirma sous Gustave-Adolphe comme une grande puissance militaire. Après sa mort (1632), la France dut entrer directement dans le conflit, d'abord contre l'Espagne (1635), puis contre l'empereur Ferdinand III (1638). La victoire de Condé à Rocroi (1643) mit fin à la réputation d'invincibilité de l'infanterie espagnole. Les traités de Westphalie (1648) et des Pyrénées (1659) changèrent profondément le rapport des forces en Europe. La Suède et le Brandebourg (uni à la Prusse dès 1618) étaient reconnus comme des puissances. L'Empire était définitivement affaibli. L'Allemagne, dévastée et dépeuplée par la guerre, émiettée politiquement, partagée en trois confessions officielles (catholicisme, luthéranisme, calvinisme), se trouvait réduite à l'impuissance. La France, pour la première fois, portait sa frontière sur le Rhin, et prenait à l'Espagne l'Artois et le Roussillon. C'était la fin de la prépondérance espagnole et le début d'une tentative d'hégémonie française en Europe.

La France devait sa puissance à l'abondance de ses ressources naturelles, à son poids démographique (1 Européen sur 4 était français) et à l'efficacité de son système monarchique. Mais c'étaient des pays protestants – Angleterre et Provinces-Unies – qui se trouvaient à l'avant-garde du dynamisme économique, et qui, dès 1600, avaient arraché aux Espagnols et aux Portugais le monopole du grand commerce maritime. Vers 1650, la Hollande était devenue la plus grande puissance marchande et financière. Mais elle subissait déjà la rivalité redoutable de l'Angleterre. L'Acte de navigation (v.) de 1651 et la guerre anglo-hollandaise de 1652/54 portèrent un coup d'arrêt définitif à l'expansion des Provinces-Unies et ouvrirent l'ère de la prépondérance britannique sur les océans.

Les Provinces-Unies mises à part, la tendance à l'absolutisme s'affirmait dans toutes les grandes monarchies. Il triompha en France, où Louis XIV porta la royauté à son plus haut degré de puissance en domestiquant la noblesse et en s'appuyant sur la classe bourgeoise montante. En Angleterre, la résistance du Parlement et des « dissidents » religieux mit en échec l'absolutisme des Stuarts : la première révolution anglaise (1642/60) fut marquée par un événement sans précédent, l'exécution d'un souverain de droit divin (Charles Ier, 1649), et par l'instauration de la première dictature des Temps modernes, celle de Cromwell ; la seconde révolution anglaise (1688) fit triompher la religion protestante et institua une monarchie parlementaire.

Le XVIIe s. a été une époque de malaise économique, marquée par la raréfaction du numéraire, l'instabilité des prix, l'accroissement de la pression fiscale, à un moment où les aléas climatiques ont multiplié les disettes, voire les famines. Obéissant aux principes du mercantilisme, les grands États ont suivi des politiques rigidement protectionnistes, imposant à leurs colonies les contraintes de l'« exclusif » et se livrant de véritables « guerres d'argent » (conflit anglo-hollandais de 1652/54 ; conflit franco-hollandais de 1672/78).

La politique hégémonique de Louis XIV permit de nouvelles annexions, la Flandre, Strasbourg et la Franche-Comté, mais elle dressa contre la France de vastes coalitions qui groupaient l'Europe presque tout entière. La dévastation du Palatinat (1689) fit perdre à Louis XIV ses alliés allemands. L'Angleterre, gouvernée par Guillaume III d'Orange (1688/1702), se fit le champion de l'équilibre européen, menacé par les prétentions françaises. Au terme de la guerre de la Succession d'Espagne (traité d'Utrecht, 1713), la France parvint à conserver les acquisitions du règne, et la dynastie des Bourbons resta établie sur le trône espagnol. Mais la tentative d'hégémonie française était brisée, la prépondérance navale et commerciale de l'Angleterre confirmée avec éclat.

La Pologne, où le pouvoir royal était paralysé par les prérogatives exorbitantes de la diète aristocratique, continuait de s'affaiblir. Un moment maîtresse de la Baltique, la Suède fut arrêtée par deux nouvelles puissances : la Prusse des Hohenzollern et la Russie de Pierre le Grand. En 1701, les Hohenzollern, princes électeurs du Brandebourg, obtinrent la dignité royale, ce qui les plaçait au-dessus de tout autre prince allemand. En Russie, Pierre le Grand (1689/1725) imposa à son peuple une occidentalisation qui resta assez superficielle mais lui permit, par ses victoires sur les Turcs et sur Charles XII de Suède, de « percer des fenêtres » sur la mer Noire (prise d'Azov, 1696) et sur la Baltique (fondation de Saint-Pétersbourg, 1703 ; annexion des pays Baltes et de la Carélie au traité de Nystad, 1721). La Russie s'affirmait comme la première puissance du Nord et faisait son entrée dans la grande politique européenne. La fin du XVIIe s. vit le recul des Turcs devant les Habsbourg. Ils durent lever le siège de Vienne (1683), puis, soumis à un assaut général des pays chrétiens d'Europe centrale et orientale, ils abandonnèrent aux Habsbourg toute la Hongrie et divers territoires à la Pologne et à la Russie (traité de Karlowitz, 1699).

Le XVIIIe siècle

Les guerres, pourtant nombreuses du XVIIIe s., n'apportèrent pas de grands bouleversements, mais accentuèrent les tendances apparues à la fin de la période précédente. L'Angleterre, devenue la « Grande-Bretagne » à la suite de son union définitive avec l'Écosse (1707), ne prit qu'une part réduite aux campagnes continentales, mais l'emporta définitivement sur la France dans la rivalité maritime et coloniale qui les opposait, notamment par la conquête des possessions françaises du Canada et de l'Inde (traité de Paris, 1763). L'indépendance des États-Unis (1776) sanctionna les erreurs de la politique anglaise dans ses colonies d'Amérique, mais prépara l'expansion de la culture anglo-saxonne dans le monde entier, à l'heure où la France apparaissait encore comme le foyer de la civilisation européenne.

Au centre du continent, la Prusse de Frédéric II (1740/86), pourvue de l'armée la mieux entraînée de l'Europe, annexa la Silésie et survécut à la formidable coalition austro-franco-russe, devenant la première puissance d'Allemagne. Incapable de réformer son système politique, la Pologne était rayée de la carte à la suite de trois partages successifs (1772, 1793, 1795) auxquels procédaient de concert la Prusse, l'Autriche et la Russie. L'Empire russe, désormais engagé définitivement dans les affaires européennes, faisait reculer les Turcs et apportait un espoir de libération aux peuples slaves et orthodoxes des Balkans. À l'O., la Russie atteignait le Bug et le Niemen. En Asie, la colonisation de la Sibérie la faisait entrer en contact avec la Chine et avec les peuples de l'Asie centrale.

Malgré les guerres, l'ensemble de l'Europe a connu une hausse sensible du niveau de vie. Dans les classes dirigeantes, la vie sociale atteignit alors un degré de raffinement qui a fait du XVIIIe s. le « temps de la douceur de vivre ». L'amélioration de la productivité agricole, la diffusion de cultures nouvelles (maïs et pommes de terre), la constitution de stocks alimentaires par les services publics ont délivré les classes populaires de la hantise des famines. L'espérance de vie a augmenté et la population de l'Europe (Russie comprise) est passée d'environ 100 millions d'habitants en 1650 à 140 millions en 1750 et à près de 200 millions en 1800. Si la vie sociale et intellectuelle a brillé d'un éclat incomparable en France, dont la langue était pratiquée par toute la haute société européenne, c'est surtout en Angleterre que se sont manifestés à partir de 1760, les premiers signes de la grande mutation technique, économique et sociale à laquelle on a donné le nom de « révolution industrielle ».

L'Angleterre prenait ainsi sur les nations du continent une avance qu'elle devait conserver jusqu'à la fin du XIXe s. Son aristocratie et sa bourgeoisie, associées dans les mêmes entreprises commerciales et industrielles, l'étaient aussi, grâce aux progrès du régime parlementaire, dans la conduite des affaires politiques. Dans le reste de l'Europe, au contraire, subsistait intacte l'organisation sociale hiérarchique par « ordres » héritée de l'âge féodal. Comme l'Angleterre, la France connaissait une montée de la bourgeoisie, mais la richesse bourgeoise s'investissait dans la propriété foncière et les achats d'offices (v.), sources de prestige social, plutôt que dans l'industrie et le commerce. Cette bourgeoisie contestait l'ordre traditionnel qui consacrait les privilèges et les pouvoirs de l'Église et de l'aristocratie, elle-même privée de sa fonction sociale par l'absolutisme monarchique. Les développements impressionnants des sciences et des techniques ont suscité une confiance absolue dans la raison et une croyance au progrès illimité. La philosophie bourgeoise prétendait refondre l'ordre social sur une base rationnelle, afin d'éliminer les entraves politiques et économiques qui se dressaient encore sur la route de son ascension.

Dans la seconde moitié du XVIIIe s., plusieurs souverains d'Europe s'inspirèrent des idées des « philosophes » pour appliquer dans leurs États des programmes de réformes : unification administrative, abaissement du pouvoir clérical, fonctionnarisation de la noblesse, instruction populaire, tolérance religieuse, réorganisation de la justice, suppression de la torture, etc. Ce fut l'ère du « despotisme éclairé » (Frédéric II en Prusse, Catherine II en Russie, Joseph II en Autriche, Charles III et Tanucci en Espagne, Pombal au Portugal, etc.). En France, l'opposition aveugle aux réformes des parlementaires et des classes privilégiées rendit inévitable la chute brutale de l'Ancien Régime.

L'âge des révolutions (1789/1848)

La Révolution française détruisit l'ordre féodal, proclama la souveraineté du peuple, donna satisfaction aux aspirations politiques de la bourgeoisie, mais, faute de travailler à l'égalité sociale, elle a semé le germe de révolutions ultérieures. Les principes de 1789 prirent rapidement la forme d'une mystique démocratique qui aboutit, à l'intérieur, au régime de la Terreur, et, à l'extérieur, à une guerre générale contre les souverains d'Europe. Avec la levée en masse de 1793 s'ouvrit l'ère moderne de la « guerre totale » qui a jeté les uns contre les autres des peuples entiers. Inspirée, à l'origine, par l'idée messianique de la libération des peuples, la guerre menée par les révolutionnaires se transforma rapidement en guerre de conquête hégémonique. Les peuples européens qui avaient accueilli avec faveur l'évangile de la liberté se virent bientôt soumis à l'occupation française avec ses pillages et ses prélèvements.

Après l'anarchie et la banqueroute du Directoire, la Révolution aboutit, avec Napoléon Bonaparte, à l'institution d'un régime plus autoritaire et plus centralisé que ne l'avait jamais été la monarchie absolue. Premier consul (1799) puis empereur (1804), Napoléon institutionnalisa les transformations révolutionnaires dans son œuvre administrative et juridique (Code civil), mais, prisonnier de l'héritage des guerres de la Révolution, il ne parvint jamais à obtenir une paix durable avec les puissances européennes. Après une série de campagnes victorieuses, qui donnèrent aux armées françaises une gloire incomparable, Napoléon fut définitivement éliminé à Waterloo (1815), vaincu non seulement par les vieilles monarchies mais par le soulèvement des peuples (en Espagne, en Allemagne).

Sauvée du démembrement par les divisions des Alliés, saignée par vingt-trois années de guerres, réduite à ses frontières de 1789, tenue en suspicion par l'Europe entière, divisée par les passions politiques, souffrant d'un retard croissant sur l'Angleterre en matière de développement industriel, la France devait encore connaître un grand éclat dans les lettres et les arts, mais elle avait cessé pour toujours d'être la première puissance en Europe.

Cependant, la Révolution et l'Empire avaient répandu le ferment des idées nouvelles. Napoléon avait poursuivi deux desseins contradictoires : d'une part, unifier l'Europe sous la conduite de la France ; d'autre part, regrouper chacun des grands peuples du continent sur la base du principe des nationalités. Il avait créé un royaume d'Italie, ressuscité la Pologne et préparé l'unification de l'Allemagne en ramenant celle-ci de trois cent soixante États en 1792 à une quarantaine.

Les aspirations libérales et nationales se manifestèrent dans toute l'Europe après 1815 et rendirent précaire la restauration de l'équilibre européen menée par le congrès de Vienne (1815). Sans tenir compte du changement des esprits provoqué par la grande crise révolutionnaire, les régimes victorieux de la France prétendirent reconstruire l'Europe sur le principe dynastique et se répartirent les dépouilles de l'Europe napoléonienne sans tenir compte des aspirations des peuples : la Pologne disparut, l'Italie du Nord fut donnée aux Habsbourg, et l'Allemagne, où le sentiment national s'était éveillé, fut réunie dans une Confédération germanique soumise aux Habsbourg.

Ce système issu du congrès de Vienne (1815) eut du moins le mérite d'éviter, pendant près de quarante ans (jusqu'à la guerre de Crimée), tout conflit armé entre grandes puissances européennes. Mais il ne put se maintenir que par une répression permanente des aspirations nationales et libérales, cependant que l'Angleterre se consacrait à son développement industriel et à la constitution de son empire colonial.

Le déclin de l'Empire ottoman, devenu « l'homme malade de l'Europe », ouvrit la « question d'Orient », dominée par le conflit entre les visées russes sur Constantinople et la volonté de l'Angleterre de préserver la route des Indes en Méditerranée. En 1829/30, la Grèce conquit son indépendance avec l'aide de l'Angleterre, de la France et de la Russie. Mais la revendication de la Russie de jouer le rôle de protecteur naturel des peuples slaves et orthodoxes des Balkans attisa une dangereuse rivalité austro-russe dans cette région.

La révolution française de 1848 déclencha une série de révolutions libérales et nationales dans toute l'Europe. Après le triomphe momentané à Vienne, à Berlin et en Italie (mars/juin 1848) du « Printemps des peuples », ces mouvements furent écrasés et la défaite de la révolution provoqua une rupture entre les courants libéraux et les courants nationalistes. La lutte pour l'unité nationale fut reprise, avec des moyens plus réalistes, par le Piémont en Italie et par la Prusse en Allemagne, cependant que Napoléon III se faisait le champion de la politique des nationalités. Entre 1850 et 1871, la physionomie de l'Europe fut profondément bouleversée par l'émergence de deux nouvelles grandes puissances : le royaume d'Italie (1861) et l'Empire allemand après la défaite de la France (1871). L'Autriche, exclue des affaires allemandes par la politique de Bismarck et par la victoire prussienne de Sadowa (1866), se vit contrainte en 1867 d'accorder l'égalité aux Hongrois dans le cadre d'un empire dualiste dit d'Autriche-Hongrie, mais elle continua à subir la poussée centrifuge de ses diverses minorités tchèque, polonaise, croate, italienne. La Russie, empire autocratique, affaibli par les défaites de la guerre de Crimée (1854-1856), souffrait de ses structures sociales archaïques (le servage ne fut aboli qu'en 1861) et du retard de son économie.

L'essor du capitalisme industriel et les impérialismes européens

Au cours du XIXe s., toute l'Europe occidentale, à l'exception de certaines régions méridionales (Portugal, Espagne, Italie du Sud), entra progressivement dans la civilisation industrielle. Jusque vers 1875, l'Angleterre conserva et même accentua l'avance qu'elle avait prise dans le dernier tiers du siècle précédent. La phase du « démarrage » industriel ne commença que vers 1830 en France et en Belgique, vers 1850 en Allemagne, vers 1868 en Suède, et pas avant 1890 en Russie. L'expansion industrielle s'accompagna du progrès du machinisme et de la révolution des transports (chemins de fer, navigation à vapeur). Entre 1850 et 1870, la longueur des voies ferrées européennes passa de 24 000 à 105 000 km. Le tonnage de la marine à vapeur européenne passa de 186 000 t en 1850 à 1 5 million de t en 1870 et à 7,8 millions de t en 1890. L'essor industriel européen entraîna une division internationale du travail : l'Europe achetait au reste du monde des ma-tières premières et des produits alimentaires, et fournissait produits manufacturés et capitaux. L'Angleterre était devenue « l'atelier du monde » : en 1870, elle possédait 31,8 % de la capacité industrielle mondiale, contre 23,5 % aux États-Unis, 13,2 % à l'Allemagne et 10,3 % à la France. L'expansion démographique de l'Europe accompagna son expansion économique : entre 1800 et 1900, la population de l'Europe occidentale (avec les pays scandinaves) passa de 112 millions à près de 220 millions de personnes ; la population européenne doubla presque entre 1850 et 1914, alors que la population du reste du monde ne s'accroissait que de 50 % environ. L'Europe exportait dans le monde entier non seulement ses produits industriels, mais ses hommes : le nombre annuel des départs d'émigrants (vers les États-Unis, le Canada, le Brésil, l'Argentine, l'Australie, etc.) était déjà de 250 000 environ vers 1875 ; il tripla après 1890.

Jusque vers 1880 environ, cette expansion de l'Europe se fit sur la base du capitalisme libéral, fondé sur l'initiative individuelle et la libre concurrence. Ce régime se révéla extraordinairement favorable au dynamisme de toute la vie économique. Comme devait le reconnaître Marx dans son *Manifeste du parti communiste* (1848), la bourgeoisie réussit alors « à créer des forces productives plus nombreuses et plus colossales que ne l'avait fait l'ensemble des générations passées ». Mais le capitalisme libéral engendra aussi la concentration de la richesse entre les mains d'une minorité et la naissance d'un prolétariat industriel au sort trop souvent misérable. La prise de conscience de ces maux de l'ère industrielle engendra le socialisme, qui, d'abord empreint de mysticisme sentimental et religieux (socialisme utopique des années 1830/50), revendiqua un caractère « scientifique » lorsque Marx prétendit démontrer que le capitalisme était inéluctablement condamné par la logique même de ses forces internes. En dépit de l'attitude répressive de la bourgeoisie, le développement du mouvement ouvrier aboutit à la création de la Ire Internationale (1864) et, à partir de 1880, à l'essor rapide des syndicats et des partis socialistes.

Après les défaites de l'Autriche (1866) et de la France (1871), la nouvelle Allemagne unitaire forgée par la Prusse s'affirma comme la première puissance du continent, alors que l'Angleterre victorienne, forte de sa prédominance industrielle et de son immense empire colonial, conservait son « splendide isolement ». Bismarck s'efforça de maintenir un équilibre européen favorable à la prééminence allemande. Bien que le congrès de Berlin (1878) eût manifesté l'antagonisme désormais irréductible des intérêts autrichiens et russes dans les Balkans, il réussit à compléter son alliance avec l'Autriche et l'Italie (Triplice, 1882) par une alliance secrète avec la Russie (1887). Mais après l'avènement de Guillaume II (1888) et la chute de Bismarck (1890), l'Allemagne impériale s'engagea dans une politique aventureuse qui inquiéta l'Angleterre et permit à la diplomatie française de réaliser l'alliance franco-russe (1891/94) et l'Entente cordiale (1904), alors que Berlin n'avait comme alliée sûre que l'Autriche-Hongrie, rongée par la question des nationalités.

Le dernier quart du XIXe s. fut marqué par le déclin relatif de l'Angleterre, qui, tout en restant la première nation commerçante du monde, se vit supplantée par la production industrielle des États-Unis, et talonnée puis, en certains domaines, dépassée par l'Allemagne. Emportée par son dynamisme, celle-ci passa de 40 millions d'habitants en 1870 à 63 millions en 1913 ; entre 1890 et 1914, elle tripla sa production de houille et de fer, s'assura le premier rang mondial pour les industries chimiques et électriques et accrut son commerce extérieur deux fois et demie plus vite que celui de l'Angleterre.

De 1870 à 1914, l'Europe entra dans une ère nouvelle de rivalités : rivalités économiques avec le retour du protectionnisme après 1880, rivalités impérialistes par les politiques militaires et coloniales. L'Europe, entre la guerre franco-allemande de 1870/71 et la Première Guerre mondiale, connut pourtant une longue période de paix, en dépit des progrès et de l'accroissement des armements. Tournés vers l'expansion coloniale, les Européens, dans le dernier quart du XIXe s., se sont partagé l'Afrique. Vers 1900, l'Asie tout entière semblait sur le point de connaître le même sort, mais la guerre russo-japonaise (1904/05) porta un coup brutal à l'entreprise hégémonique de l'homme blanc : le Japon infligea à l'Empire des tsars la première défaite décisive qu'une puissance européenne eût subie depuis le début de l'ère coloniale.

La Première Guerre mondiale et la paix manquée

La Première Guerre mondiale (1914/18), qui, en fait, se déroula essentiellement sur le territoire européen, ébranla de façon irréparable la prééminence de l'Europe. Celle-ci sortit du conflit épuisée par une saignée sans précédent (8 à 10 millions de morts), par les dépenses de guerre, par les destructions et les dettes extérieures, en proie à des troubles révolutionnaires et à une profonde crise morale. C'est l'intervention dans les affaires européennes d'une puissance extérieure, les États-Unis, qui avait décidé de l'issue de la guerre et en partie dicté les conditions de la paix. La révolution de 1917 avait paru anéantir l'effort d'occidentalisation mené depuis Pierre le Grand, et fait de Moscou le pôle d'un immense mouvement de subversion du monde capitaliste. Les luttes fratricides des Européens et l'engagement massif sur le front de troupes coloniales autochtones altérèrent le prestige de l'homme blanc aux yeux des peuples d'Afrique et d'Asie.

Les traités de 1919/20, loin de poser les bases d'une paix européenne durable, furent dictés par les vainqueurs aux vaincus et divisèrent les Alliés eux-mêmes, l'Angleterre s'inquiétant de l'intransigeance de la France et l'Italie n'obtenant pas la réalisation de toutes les promesses qui lui avaient été faites lors de son entrée en guerre, en 1915. L'Allemagne conservait son unité, mais elle était humiliée, tenue à l'écart de la Société des Nations, abandonnée à la misère et à l'inflation monétaire, astreinte au paiement de réparations exorbitantes. Au nom du droit des peuples à disposer d'eux-mêmes, l'Autriche-Hongrie fut démembrée et l'Europe centrale et orientale morcelée, sans que pour autant fussent satisfaites les aspirations de toutes les nationalités (les Hongrois de Transylvanie se trouvant soumis aux Roumains, les Slovaques et les Allemands des Sudètes aux Tchèques, les Croates aux Serbes, etc.). La multiplication des petits États rendait beaucoup plus difficile un nouvel équilibre européen. Ni les États-Unis, dont le Sénat ne ratifia pas le traité de Versailles, ni l'Angleterre, qui s'opposait aux visées françaises sur la rive gauche du Rhin, n'apportèrent une garantie effective à la sécurité de la nouvelle Europe.

La période de reconstruction de l'entre-deux-guerres s'acheva par la crise économique de 1929. Tous les pays d'Europe furent affectés par la crise, à l'exception de l'URSS, qui, sous la direction de Staline, avait entrepris la « construction du socialisme dans un seul pays » et devenait une puissance industrielle de premier rang par la mise en œuvre d'une série de plans quinquennaux (à partir de 1928). Chaque pays européen se replia sur lui-même, ce qui donna une vigueur nouvelle aux nationalismes, qui d'ailleurs n'avaient jamais désarmé depuis 1918 : la politique de réconciliation franco-allemande et d'union européenne menée par Briand et Stresemann à partir de 1925 ne survécut pas à la crise.

L'avènement de Mussolini et du fascisme en Italie (1922) inaugura l'« ère des dictatures » : des pouvoirs autoritaires s'établirent successivement en Espagne (Primo de Rivera, 1923), en Turquie (Moustafa Kémal, 1923), au Portugal (Salazar, 1926), en Yougoslavie (1929), en Allemagne (Hitler, 1933), en Autriche (Dollfuss, 1933), en Bulgarie (1934), dans les pays Baltes (1934-36), en Grèce (Metaxás, 1936), en Roumanie (1939) et de nouveau en Espagne (Franco, 1939).

En dépit de leurs divergences idéologiques, les régimes soviétique, fasciste et national-socialiste réalisèrent l'identification du peuple et de l'État par des méthodes semblables : culte de la personnalité du chef, parti unique, organisation étatique des mouvements de jeunesse et des syndicats, suppression des libertés considérées comme fondamentales par la tradition démocratique libérale, développement sans précédent de la propagande d'État et de la police politique. Le stalinisme et l'hitlérisme inaugurèrent le système concentrationnaire, dans lequel disparurent des millions d'hommes pour des raisons politiques ou raciales. Ces régimes s'assurèrent pourtant une large adhésion populaire en débarrassant les individus du fardeau de la responsabilité individuelle, en assurant aux travailleurs le pain, l'emploi et la sécurité sociale, enfin en donnant à l'effort national des objectifs grandioses : la libération mondiale du prolétariat, pour le communisme ; la restauration de l'antique grandeur romaine, pour le fascisme italien ; l'édification du Reich millénaire de race aryenne, pour le national-socialisme.

Les années 1930/39 virent le début d'une ère nouvelle de la politique européenne, où les oppositions idéologiques commencèrent à supplanter les anciennes oppositions nationales. Alors que les partis communistes des divers pays s'alignaient sur la politique de Moscou, on vit s'ébaucher une sorte d'internationale fasciste ou conservatrice rapprochant par-dessus les frontières des forces d'extrême droite qui s'étaient distinguées jusqu'alors par l'intransigeance de leur nationalisme. Les intellectuels de droite applaudissaient les conquêtes de Mussolini en Éthiopie (1935/36), se rendaient au congrès de Nuremberg et assistaient sans déplaisir aux progrès de l'antisémitisme nazi. La guerre civile d'Espagne (1936/39) partagea l'opinion publique de tous les pays en deux camps, fasciste et antifasciste.

Face à l'expansion de l'Allemagne hitlérienne (réarmement allemand, 1935 ; remilitarisation de la Rhénanie, 1936 ; annexion de l'Autriche et du pays des Sudètes, 1938 ; annexion de Memel et liquidation de l'État tchécoslovaque, 1939), la faillite des démocraties occidentales fut totale. Cette attitude amena l'URSS, qui faisait des avances aux Occidentaux depuis 1934, à effectuer un brusque retournement diplomatique et à signer le pacte germano-soviétique (22 août 1939), qui permit à Hitler de déclencher l'invasion de la Pologne (1er sept. 1939).

L'Europe depuis 1945

La Seconde Guerre mondiale (v.), marquée par l'éphémère domination du Reich hitlérien sur la quasi-totalité du continent, brisa l'Europe moralement et matériellement. Les camps de concentration et d'extermination, les bombardements systématiques des populations civiles, la disparition de six millions de Juifs, les déportations et transplantations de peuples entiers au mépris de tous les principes du droit des gens ont laissé dans la mentalité des Européens un profond traumatisme. Symbole de l'effacement de l'Europe : son destin avait été décidé souverainement par les deux Grands, États-Unis et URSS, à la conférence de Yalta (févr. 1945).

Les troupes soviétiques occupant désormais toute l'Europe orientale et centrale et campant à 100 km du Rhin, l'Allemagne éliminée comme État, la France et l'Italie ruinées, l'Angleterre en proie à d'énormes difficultés économiques, l'Europe occidentale était incapable d'entreprendre seule son redressement et ne pouvait espérer de salut que de l'aide des États-Unis. En 1947, l'adhésion de l'Europe occidentale au plan Marshall (v.), que refusèrent l'URSS et ses satellites, amena l'inévitable coupure de l'Europe. Dans les pays soumis à leur tutelle (Pologne, Tchécoslovaquie, Hongrie, Roumanie, Bulgarie, Yougoslavie, Albanie, Allemagne orientale), les Soviétiques établirent des régimes de « démocratie populaire », dirigés par les partis communistes locaux. À l'Ouest, la reconstruction commença sur les bases d'un capitalisme libéral, tempéré de dirigisme planificateur, et de la démocratie parlementaire ; les communistes furent exclus des gouvernements dont ils faisaient partie depuis la Libération. S'engageant dans la « guerre froide » (v.), les États-Unis et l'URSS ne purent s'entendre sur les termes d'un traité de paix avec l'Allemagne. En 1949 naissaient deux États allemands, la République fédérale d'Allemagne (RFA), à l'Ouest ; la République démocratique allemande (RDA), à l'Est. La coupure entre les deux blocs, manifeste dès 1948 (blocus de Berlin), devint éclatante après la construction du Mur entre l'Allemagne de l'Est et l'Allemagne de l'Ouest (1961). La crainte de l'expansion communiste et la dépendance à l'égard de l'aide économique américaine amenèrent les Européens de l'Ouest à nouer avec les États-Unis une alliance militaire, le pacte atlantique (1949), auquel répliqua, à l'Est, en 1955, la création du pacte de Varsovie.

L'Europe occidentale prenait conscience de la nécessité d'éviter tout retour aux nationalismes et aux protectionnismes de l'avant-guerre : l'idée de l'unification économique de l'Europe, lancée dès 1950 par le plan Schuman, prit corps avec la création de la Communauté européenne du charbon et de l'acier (1951) puis du Marché commun (ou Communauté économique européenne, la CEE) et de l'Euratom (1958) (v. **Européennes**, institutions) réunissant la France, l'Allemagne, l'Italie et les pays du Benelux. En même temps, dans les années 1940 et 1950, le rôle mondial de l'Europe était condamné par le démembrement progressif, et parfois violent, des anciens empires coloniaux (v. **Colonies**).

La grande surprise de la décennie 1950/60 fut le relèvement économique extrêmement rapide de l'Europe occidentale, où la production industrielle et le niveau de vie rattrapèrent et dépassèrent largement les niveaux de l'avant-guerre. Alors que les « démocraties populaires » de l'Est construisaient le socialisme dans l'austérité, l'Europe occidentale entrait dès avant 1960 dans l'ère de la « société de consommation » et s'efforçait de résoudre ses inégalités sociales par la recherche de la croissance. À l'Est, les pays du Comecon (organisme fondé en 1949) progressaient également, mais surtout dans le domaine des biens de production.

Mais la division du continent en deux blocs subsistait, malgré la politique de « détente » (v. **Guerre froide et détente**) et le développement des relations économiques entre l'Est et l'Ouest. Sans doute l'hégémonie des deux Grands sur l'Europe apparaissait-elle plus fragile en 1970 que vingt ans auparavant. À l'Est, les Soviétiques avaient dû faire face à de nombreuses crises : rupture entre Tito et Staline (1948), insurrection ouvrière de Berlin-Est (1953), insurrection de Budapest (1956), « printemps de Prague » (1968). À l'Ouest, les conceptions de l'« atlantisme » s'étaient heurtées aux résistances du général de Gaulle, et la France, tout en restant dans le pacte atlantique, avait quitté le commandement intégré de l'OTAN en 1966. À l'Est, le système communiste devait affronter les problèmes posés par la déstalinisation, par le développement progressif de la société de consommation et par la contestation croissante des intellectuels. À l'Ouest, le capitalisme libéral, au plus fort de sa réussite économique, engendrait une crise morale de la jeunesse aboutissant à l'explosion de 1968.

La crise économique qui a commencé à se généraliser dans le monde à partir de 1973 a provoqué chômage et désordre financier en Europe occidentale. De nouveaux motifs de tension internationale sont ensuite apparus, en Pologne, en Afghanistan et au Proche-Orient. L'installation des euromissiles (v.) accrut encore la tension entre les deux blocs. Toutefois un rapprochement américano-soviétique, fondé sur d'interminables négociations de désarmement amorcées en 1969, tempéra la crise.

Conséquence de la perestroïka (la « refonte ») à Moscou, le mur de Berlin (v.) s'effondrait le 9 nov. 1989, entraînant dans sa chute les régimes communistes d'Europe de l'Est. L'unification de l'Allemagne (v.), dès lors possible, fut scellée en oct. 1990. À l'euphorie qui avait accompagné ces événements, succéda cependant une période d'incertitudes. La crise économique en Europe occidentale s'aggrava à compter de 1990. Face à cette dégradation, la CEE, qui groupait alors douze pays, renforça, par le traité de Maastricht (v.) en 1992, son intégration avant d'accueillir de nouveaux membres.

À l'Est, le passage à l'économie de marché, apportant chômage et inflation, constitua un choc pour les populations. Les nationalismes, étouffés par 40 ans de dictature communiste, ont resurgi avec violence. Les guerres en Moldavie (v.), au Caucase et en Yougoslavie (v.) furent les premiers conflits sur le continent depuis 1945. Les États d'Europe occidentale se montrèrent aussi impuissants que les institutions européennes à arrêter le conflit des nationalités qui ensanglanta l'ex-Yougoslavie après son éclatement et ce furent les États-Unis qui réussirent à y imposer la paix en 1995.

Au milieu des années 1990, l'UE, forte de 15 membres, comptait à ses portes une dizaine de pays candidats. La mise en service d'une monnaie unique européenne, l'euro, à compter du 1er janvier 2002, est un symbole fort du progrès vers une intégration politique du continent européen. Les dix candidats ont été intégrés dans l'Union européenne le 1er mai 2004.

EUROPÉENNES (institutions). Ensemble des instances, des traités et des règles qui organisent l'Union européenne. Les épreuves communes des occupations, les ruines causées par les bombardements et les combats, la menace de l'Empire stalinien en Europe orientale, la dépendance absolue à l'égard des crédits américains, tous ces éléments contribuèrent, au lendemain de la guerre de 1939/45, à rapprocher les pays de l'Europe occidentale. Avant même la fin des hostilités, la Belgique, le Luxembourg et les Pays-Bas avaient posé les bases d'une union douanière (sept. 1944), qui, sous le nom de **Benelux**, devint effective le 1er janv. 1948. Ce fut des États-Unis que vint l'impulsion décisive au processus de la construction européenne. Dès les premiers signes de la guerre froide, Washington favorisa l'union des pays de l'Europe occidentale, à la fois pour ne pas donner prise aux ambitions soviétiques et pour reconstituer les marchés nécessaires aux exportations américaines. À la proposition du plan Marshall répondit la création (16 avr. 1948) de l'**Organisation européenne de coopération économique (OECE)**, qui comprenait, à l'origine, l'Autriche, la Belgique, le Danemark, la France, la Grande-Bretagne, la Grèce, l'Irlande, l'Islande, l'Italie, le Luxembourg, la Norvège, les Pays-Bas, le Portugal, la Suède, la Suisse et la Turquie ; l'Allemagne fédérale en 1955 ; l'Espagne en 1959. L'OECE ne visait pas encore à la création d'une entité économique européenne ; sa mission était d'assurer la répartition de l'aide Marshall, mais aussi de travailler à la libéralisation des échanges européens. L'OECE fut complétée en sept. 1950 par l'**Union européenne des paiements (UEP)**, destinée à faciliter les échanges entre les pays de l'OECE. En sept. 1961, l'OECE fit place à l'**Organisation de coopération et de développement économiques (OCDE)**, qui intégra les États-Unis, le Canada et (à partir de 1964) le Japon ; le but de l'OCDE était de « promouvoir des politiques visant à contribuer à une saine expansion économique dans les pays membres, ainsi que non membres, en voie de développement ».

Sur le plan militaire – outre l'Alliance atlantique, concrétisée dans l'OTAN (v. ORGANISATION DU TRAITÉ DE L'ATLANTIQUE NORD) –, la coopération européenne commença avec la signature du **traité de Bruxelles** (17 mars 1948), qui liait pour cinquante ans, « contre toute agression », la Belgique, la France, la Grande-Bretagne, le Luxembourg et les Pays-Bas.

L'idée d'une union politique de l'Europe prit corps également en 1948 avec la réunion à La Haye (7/10 mai 1948) d'un Congrès pour une Europe unie, qui réunit 800 délégués de dix-neuf pays et où Winston Churchill joua un rôle de premier plan. Les travaux de ce Congrès aboutirent à la création du **Conseil de l'Europe** (5 mai 1949), dont le siège fut fixé à Strasbourg. Sa mission était de réaliser une union de plus en plus étroite entre les pays européens, dans les domaines politique, culturel, économique et social. Le Conseil comprenait un Comité des ministres des Affaires étrangères des pays membres, une Assemblée consultative (composée de membres désignés par les Parlements nationaux) et un Secrétariat général permanent. Ce Conseil de l'Europe n'était nullement une autorité politique supranationale, les États participants gardant leur pleine souveraineté. Il choisit le drapeau européen (une couronne d'étoiles sur fond bleu) et fit de l'*Hymne à la joie* de Beethoven l'hymne européen. Composé, à l'origine, de dix membres (Belgique, Danemark, France, Grande-Bretagne, Irlande, Italie, Luxembourg, Norvège, Pays-Bas, Suède), il s'accrut par la suite de la Grèce et de la Turquie (1949), de l'Islande (1950), de l'Allemagne fédérale (1951), de l'Autriche (1956), de Chypre (1961), de la Suisse (1963), de Malte (1965), du Portugal (1976), de l'Espagne (1977), du Lichtenstein (1978), de la Finlande (1989). Le Conseil de l'Europe fut chargé d'élaborer une Convention européenne des droits de l'homme (1950), dont l'application était contrôlée par la Commission (1954) et la Cour (1959) européennes des droits de l'homme.

Le passage d'une simple coopération économique européenne à une véritable communauté supranationale résulta d'une initiative du ministre des Affaires étrangères français, Robert Schuman, qui, le 9 mai 1950, lança le plan, élaboré par Jean Monnet, d'une **Communauté européenne du charbon et de l'acier (CECA)**. Il s'agissait de « placer l'ensemble de la production franco-allemande de charbon et d'acier sous une Haute Autorité commune, dans une organisation ouverte à la participation des autres pays de l'Europe ». Faite à tous les pays européens, l'offre de Robert Schuman fut immédiatement acceptée par l'Allemagne fédérale, la Belgique, l'Italie, le Luxembourg et les Pays-Bas ; ainsi furent dessinés avec la France les contours de l'« Europe des Six » ou « Petite Europe ». La Grande-Bretagne, parce que son industrie avait moins souffert de la guerre que celles du continent, parce qu'elle voulait préserver ses liens privilégiés avec le Commonwealth et avec les États-Unis, enfin parce qu'elle n'acceptait pas d'aliéner une part de sa souveraineté nationale, refusa le plan Schuman. Cependant, par le traité de Paris (18 avr. 1951), la CECA fut instituée. Son innovation essentielle était la mise en place d'une Haute Autorité européenne commune, supranationale, indépendante des gouvernements, jouissant de pouvoirs étendus qui lui étaient transférés par les États membres et capable, par conséquent, d'imposer à tous ses décisions. Cette Haute Autorité, installée à Luxembourg à partir d'août 1952, était assistée d'un Comité consultatif (représentants des producteurs, des travailleurs et des consommateurs) et contrôlée politiquement par une Assemblée parlementaire européenne siégeant à Strasbourg, et juridiquement par une Cour de justice.

À partir d'une idée lancée dès oct 1950 par le président du Conseil français René Pleven, le traité de Paris (27 mai 1952) posa les bases d'une **Communauté européenne de défense (CED)**, qui transposait dans le domaine militaire les principes fondamentaux et l'organisation de la CECA. Cette CED avait l'avantage de permettre le réarmement allemand tout en évitant la résurrection d'une armée allemande autonome. Elle créait une armée européenne intégrée, sous des commandements supranationaux, avec un budget commun et des institutions supranationales (Assemblée élue, Conseil) ; toute agression contre l'un des États membres de la CED entraînait automatiquement l'engagement de l'armée européenne. La CED devait comprendre les Six de la CECA, la Grande-Bretagne se liant à celle-ci par des accords annexes. Alors que les cinq partenaires de la France ratifièrent rapidement le traité de Paris, l'opinion française se divisa profondément sur le projet, combattu surtout par les communistes et les gaullistes. Après deux ans de querelle, le traité fut finalement rejeté sans débat par l'Assemblée nationale française (30 août 1954).

À la suite des accords de Londres et de Paris (23 oct. 1954), l'ancienne organisation du traité de Bruxelles (v. plus haut) fut élargie en une **Union de l'Europe occidentale (UEO)**, alliance militaire conclue pour une durée de cinquante ans entre les Six de la CECA et la Grande-Bretagne, les uns et les autres faisant par ailleurs partie de l'Alliance atlantique. L'UEO demeura la seule organisation européenne compétente en matière de défense.

Le Marché commun

La construction économique de l'Europe recommença à marquer des progrès à partir de la conférence de Messine (1er/2 juin 1955), où les Six s'orientèrent vers l'objectif d'une véritable fusion de leurs économies nationales. À la suite des travaux d'un comité d'experts présidé par P. H. Spaak furent signés, le 25 mars 1957, les traités de Rome créant une **Communauté économique européenne (CEE)** ou **Marché commun**, et une **Communauté européenne de l'énergie atomique (CEEA)** ou **Euratom**.

Le *Marché commun* avait pour objectif d'abolir progressivement les frontières économiques entre les États membres (les Six de la CECA) et de créer un marché européen unique, où circuleraient librement les marchandises, les capitaux et les hommes. Cette tâche devait être réalisée selon un calendrier précis : la « phase transitoire », dont le terme était prévu pour 1970, serait consacrée essentiellement à la suppression des droits de douane entre les pays membres et à la mise en place d'un tarif extérieur commun. À partir de 1970 devait commencer la seconde phase du Marché commun, celle de l'union économique proprement dite, par l'élimination des barrières juridiques, fiscales, administratives subsistant encore chez les Six.

L'*Euratom* avait pour but de créer les conditions techniques et industrielles d'une utilisation pacifique de l'énergie atomique et de permettre à l'Europe de devenir une puissance industrielle nucléaire.

Comme la CECA, le Marché commun était une organisation supranationale ; cependant ce n'était plus une Haute Autorité indépendante, mais un *Conseil des ministres* (devenu Conseil de l'Union européenne, ou encore Conseil de l'Europe, v. ce dernier mot), représentant les États membres, qui détenait la quasi-totalité des pouvoirs exécutif et législatif ; ses membres, un par pays, disposaient chacun d'un nombre de voix proportionnel à l'importance du pays (l'Allemagne, la France et l'Italie se trouvant ainsi avantagées). Les décisions des ministres étaient prises sur propositions de la *Commission européenne*, où chaque grand pays était représenté par deux membres, les petits pays par un seul ; cette Commission devait être indépendante des directives des gouvernements. Elle était responsable devant l'*Assemblée parlementaire européenne* (le « Parlement européen »), composée d'élus choisis au sein des Parlements nationaux. L'appareil institutionnel du Marché commun était complété par une *Cour de justice*, surveillant l'exécution des traités, et par un *Comité économique et social*, organe consultatif composé de représentants des syndicats patronaux et ouvriers.

La réalisation de l'union douanière au sein du Marché commun fut beaucoup plus rapide que ne l'avaient prévu les traités de Rome : les droits de douane entre pays de la Communauté furent définitivement supprimés le 1er juill. 1968, soit dix-huit mois avant le terme fixé par le traité de Rome. En même temps, les droits de douane envers les pays tiers étaient unifiés à un taux moyen de 10 à 15 %. L'union douanière permit un essor impressionnant des échanges des Six : entre 1957 et 1970, leurs exportations furent multipliées par 3,2 et leurs importations par 3,4, alors que, dans le même temps, les exportations américaines n'étaient multipliées que par 1,9 et les importations par 2,4. Durant la même période, les échanges des Six entre eux avaient plus que quintuplé.

La deuxième phase prévue commença, sur les exigences de la France, par une politique agricole commune, qui rencontra de nombreuses difficultés : les premiers accords furent acquis dès janv. 1962, mais une grave crise, provoquée par la France, paralysa le Marché commun agricole de juin 1965 à janv. 1966. L'objectif essentiel de la politique agricole commune était de donner une préférence aux denrées venues du Marché commun sur les produits concurrents venus de l'extérieur ; cet objectif fut atteint, pour l'essentiel, à la fin de 1968. Mais l'application de cette politique provoqua de nombreuses tensions entre l'Allemagne fédérale et la France, la première, gros importateur de produits agricoles extérieurs à la Communauté, se trouvant obligée de contribuer au prorata de ses achats aux dépenses de la politique agricole commune, dont la France était la principale bénéficiaire.

Dans le domaine industriel, le Marché commun accéléra puissamment la tendance à la concentration (en particulier en France) et il permit aux Six, dans les années 1960, d'atteindre un taux de croissance sans doute inférieur à celui du Japon, mais bien supérieur à celui des États-Unis et de la Grande-Bretagne. Sur le plan social, des progrès importants furent réalisés sur la libre circulation des travailleurs, sur leurs garanties de sécurité sociale, de retraites, d'allocations familiales, mais les trop grandes disparités de développement subsistant entre les Six empêchèrent l'égalisation des salaires.

Sur le plan politique, l'union de l'Europe à partir du Marché commun fut paralysée durant les années 1960 par l'opposition radicale entre les thèses d'indépendance vis-à-vis des États-Unis du général de Gaulle, et les thèses « atlantistes » des partenaires de la France.

Les élargissements successifs

Les divergences politiques entre la France du général de Gaulle et les cinq autres membres furent aggravées par la question de l'adhésion de la Grande-Bretagne au Marché commun. Les Anglais, qui s'étaient tenus à l'écart de la CECA, observèrent la même réserve lors de la fondation du Marché commun, pour les mêmes raisons qu'en 1951. La Grande-Bretagne avait pris l'initiative de la fondation d'une **Association européenne de libre-échange** (v.), l'**AELE** ; cette organisation, créée par la Convention de Stockholm (20 nov. 1959), réunissait la Grande-Bretagne, l'Autriche, le Danemark, la Norvège, le Portugal, la Suède et la Suisse, auxquels se joignirent par la suite le Groenland, le Lichtenstein, l'Islande ; la Finlande, membre associé, adhéra en 1986. L'intention profonde de l'Angleterre, en créant l'AELE, était d'amener peu à peu les Six à accepter une zone élargie de libre-échange. Cette pression étant restée sans résultat, l'Angleterre modifia sa politique et, le 10 août 1961, posa officiellement sa candidature à l'admission dans le Marché commun. La demande anglaise fut chaleureusement accueillie par les partenaires de la France, mais le général de Gaulle voyait dans la Grande-Bretagne un cheval de Troie des États-Unis et il finit par mettre expressément son veto à l'admission des Anglais (janv. 1963 et mai 1967).

Conduite par Georges Pompidou, la France accepta enfin le principe de l'entrée de l'Angleterre dans le Marché commun (« sommet » de La Haye, déc. 1969). Après un vote décisif du Parlement britannique (28 oct. 1971), l'Europe des Six devenait, le 1er janv. 1973, l'Europe des Neuf, à la suite de l'entrée de la Grande-Bretagne, du Danemark et de l'Irlande dans la Communauté économique européenne (initialement prévue, l'entrée de la Norvège fut rendue impossible par le résultat négatif d'un référendum). L'Europe des Neuf constitua, à partir d'avr. 1973, une vaste zone de libre-échange avec six pays jusqu'alors membres de l'AELE : l'Autriche, la Finlande, l'Islande, le Portugal, la Suède, la Suisse (avec le Lichtenstein) ; les droits de douane entre ces pays et les Neuf avaient complètement disparu en 1977. Puis le traité de Lomé (20 févr. 1975) ouvrait à quarante-six pays du tiers monde, pour la plupart africains, l'association avec la Communauté économique européenne. Le « sommet de Paris » (oct. 1972), première grande réunion des Neuf, fut marqué par des décisions capitales, en particulier celle « de réaliser de façon irréversible l'union économique et monétaire » avant la fin de 1980.

Ces résolutions ambitieuses furent gravement mises en question du fait de la hausse des prix du pétrole à la fin de 1973, et des répercussions de la crise mondiale. En face de la crise de l'énergie, les Neuf se révélèrent incapables d'adopter une politique commune ; chacun poursuivit sa propre voie. La hausse des prix pétroliers provoqua dans tous les pays de la CEE (à l'exception de l'Allemagne fédérale) de graves déficits dans les balances des paiements. Deux pays étaient particulièrement touchés par la crise : la Grande-Bretagne, où le gouvernement travailliste demanda à renégocier les termes de l'adhésion britannique à la CEE, et l'Italie.

Cependant, une nouvelle étape commençait dans la construction de l'Europe politique, avec la décision, prise par la plupart des États de la Communauté dès la fin de 1975, d'élire un Parlement au suffrage universel. Les élections, en juin 1979, concernèrent 185 millions d'électeurs, le taux de participation variant considérablement d'un pays à l'autre (91 % en Belgique, 30 % au Royaume-Uni). Une majorité de centre droit se dégagea des scrutins, qui permit à la Française Simone Veil d'être élue première présidente de l'Assemblée.

En mars 1979, les États de la CEE, à l'exception de la Grande-Bretagne, instituaient un Système monétaire européen (SME) afin de limiter les marges de fluctuation entre leurs monnaies, ainsi qu'une monnaie commune, l'ECU, limitée aux échanges bancaires. Cependant, la CEE traversa plusieurs crises au début des années 1980 : la Grande-Bretagne de Margaret Thatcher, qui s'opposait à ses partenaires sur le financement des institutions européennes et sur la Politique agricole commune (PAC), obtint, à plusieurs reprises, un allégement de sa contribution au budget communautaire.

En 1981, la CEE accueillait en son sein la Grèce et, en 1986, l'Espagne et le Portugal. En 1985 fut signé l'accord de Schengen, qui supprimait les contrôles aux frontières de quelques États. En 1986, les États membres s'engageaient, par l'Acte unique européen, à adopter avant le 1er janv. 1993 une série de mesures afin d'harmoniser les législations nationales et de mettre en place un marché unique. La chute du mur de Berlin, en 1989, modifia les données de la construction européenne. La seule organisation commune à la quasi-totalité du continent, l'Organisation pour la sécurité et la coopération en Europe ou OSCE (v.) était renforcée en 1990, tandis que la CEE intégrait, du fait de l'unification allemande, l'ex-Allemagne de l'Est.

Face à ces nouveaux défis, la construction communautaire fut relancée. L'élaboration d'une union politique et monétaire devait achever le grand marché unique. Le traité de Maastricht (v.), conclu entre les États membres en févr. 1992, créait une organisation politique, l'Union européenne (UE), et accélérait la marche vers l'Union économique et monétaire. L'objectif affiché était de faire de l'ECU (devenu l'« euro » en janv. 1999) la monnaie unique de l'organisation au plus tard en 1999. Parallèlement, en 1992, la CEE concluait avec l'AELE un accord créant un vaste espace de libre-échange, l'**Espace économique européen (EEE)** (v.), prélude à la demande d'adhésion communautaire des pays de l'AELE, à l'exception de la Suisse et de l'Islande. L'adhésion, en 1995, de la Suède, de l'Autriche et de la Finlande, ainsi que les candidatures, entre 1994 et 1996, d'une dizaine de pays, relança le débat sur la structuration des institutions européennes, débat renforcé par la perspective de la mise en place de la monnaie unique. Et cela alors que s'ouvrait, en mars 1996, un cycle de négociations connu sous le nom de Conférence intergouvernementale (CIG), qui aboutit au traité d'Amsterdam (v.) signé par les quinze pays de l'UE en oct. 1997 et entré en vigueur le 1er mai 1999. Le traité modifia les institutions en augmentant, notamment, le nombre de domaines dans lesquels le Conseil de l'Europe (v.) pouvait statuer à la majorité qualifiée. Il planifia également l'évolution de la politique étrangère et de sécurité commune (PESC) et permit par ailleurs, pour onze des pays de l'Union, de fixer l'année d'adoption de la monnaie unique européenne à 2002, après une période transitoire (v. **Euro, zone**). Suivant les propositions franco-britanniques, les Quinze s'engagèrent, à Bruxelles en nov. 2000, sur la création d'une « force de réaction rapide européenne » de 60 000 hommes, qui devait être opérationnelle en 2003, au plus tard, et constituer le pilier européen de l'OTAN. Mais la crise irakienne (2002/03) divisa profondément les Européens, et suspendit leurs projets militaires.

Nouvelle étape vers l'élargissement, des discussions avec les pays candidats (ex-pays du bloc communiste, Pologne, Hongrie, République tchèque, Slovénie, Slovaquie, pays Baltes, Malte et Chypre) s'étaient engagées en 1997. Lors du sommet de Nice (déc. 2000), de difficiles négociations aboutirent à l'extension des domaines où s'appliquerait la majorité qualifiée, et à la fixation du nombre de voix qu'aurait chaque pays au sein du Conseil. Nice prévoyait aussi l'ouverture d'une assemblée destinée à réformer les institutions européennes : le 28 février 2002 s'ouvrit la Convention sur l'avenir de l'Europe, dirigée par l'ancien président français Valéry Giscard d'Estaing. Le projet constitutionnel adopté le 13 mai 2003 fut voté le 20 par les 25 chefs d'État et de gouvernement concernés, mais échoua finalement à Bruxelles en déc. 2003. Quoi qu'il en soit, les dix pays candidats ont été intégrés dans l'Union européenne le 1er mai 2004.

ÉVANGÉLISTES. Le terme désigne les quatre disciples de Jésus qui rapportèrent dans la seconde moitié du Ier s. de notre ère la vie et l'enseignement de leur maître, *euaggelion* signifiant en grec « bonne nouvelle », celle du salut de l'humanité. Les Évangiles de Matthieu, Marc et Luc sont dits *synoptiques* (on peut en faire une lecture parallèle), à cause de leur grande similitude. L'origine et la date de rédaction des textes sont encore très discutées, mais quelques points recueillent l'assentiment des spécialistes. On admet généralement que le premier Évangile fut celui de Marc, ensuite utilisé par Matthieu et Luc, qui complétèrent le récit par d'autres sources, aujourd'hui perdues. L'**Évangile de Marc**, Juif d'origine, correspondrait à la prédication de Pierre à Rome et semble avoir été rédigé vers 70. L'**Évangile de Matthieu** est également l'œuvre d'un Juif converti, sans doute rédigé vers 80, comme l'**Évangile de Luc**, qui s'adresserait à des chrétiens venus du paganisme. Bien postérieur, l'**Évangile de Jean**, proche de la pensée grecque, semble avoir été rédigé vers 90/100, voire plus tard pour le prologue, à Éphèse ou à Antioche. Mais les apôtres Jean et Matthieu ne sont probablement pas les auteurs des textes qui portent leurs noms, du moins tels qu'ils nous sont parvenus.

Outre ces quatre textes canoniques, il existe des Évangiles dits *apocryphes*, relevant de la littérature biblique, mais non reconnus par les canons de l'Église. Ils ajoutent au récit christique des détails et des miracles nouveaux : Évangiles des Hébreux (IIe s. apr. J.-C.), de Thomas (vers 140), de Barnabé (Ier s.), Protévangile de Jacques (IIe s., enfance de Jésus).

ÉVÊQUE. Dignitaire de l'Église catholique en charge d'un diocèse. La fonction est longtemps restée souple. Au Ier s. apr. J.-C., des Églises de Smyrne, d'Éphèse et de Rome se dotèrent d'un chef unique. La base épiscopale de l'autorité s'est ensuite maintenue dans le catholicisme, mais aussi l'orthodoxie, l'anglicanisme et le luthéranisme. Au début du IIe s., Ignace d'Antioche précisa la fonction épiscopale. Chaque communauté chrétienne, y compris les paroisses rurales, avait un évêque, jusqu'au concile de Sardique (343/44), qui en limita le nombre. L'évêque était élu par le clergé et les fidèles, sa nomination ratifiée par les évêques et le métropolitain de la province, puis il recevait la consécration des mains de trois évêques. Les grands débats doctrinaux des

IVe/Ve s. opposèrent des évêques garants de l'orthodoxie (Athanase, Jean Chrysostome) au pouvoir impérial. L'attachement personnel des fidèles à leur évêque a pu provoquer des séparations irrémédiables : l'Église d'Alexandrie passa ainsi au monophysisme après la destitution du patriarche Dioscore (451).

L'épiscopat catholique se renforça avec les Grandes Invasions : les évêques dirigèrent leur communauté, endossant des fonctions sociales, politiques et économiques ; le recrutement se faisait dans les familles aristocratiques, avec le risque d'élire des hommes puissants, mais dépourvus de formation religieuse. Cette période a produit de grandes figures d'évêques, conseillers très écoutés des rois : Hilaire et Césaire d'Arles, Loup de Troyes, Eucher de Lyon, Éloi de Noyon, Ouen de Rouen, Léger d'Autun. Le lien entre épiscopat et autorité royale fut encore renforcé sous les Carolingiens : les empereurs utilisaient l'institution épiscopale pour mettre l'Église en tutelle. Cette situation fut à l'origine de la querelle des Investitures (v.), qui s'acheva à l'avantage du pape. La papauté reprit en main la nomination des évêques à partir du XIIe s., la réservant aux chapitres cathédraux, par décision du concile du Latran (1215), et annulant les élections qui ne lui convenaient pas.

En France, la pragmatique sanction de Bourges (1438) réserva au roi le droit de « recommander » un candidat à l'épiscopat. Le concordat de 1516 régla la question jusqu'en 1789 : dans les six mois de vacance, le roi présentait au pape un candidat, puis avait trois mois pour en proposer un autre en cas de refus. Dans les faits, le roi bénéficiait de ces dispositions en s'assurant par voie diplomatique l'investiture pontificale. Une fois investi, le nouvel évêque prêtait serment au roi. Le souverain se créa ainsi un épiscopat dévoué et empreint de gallicanisme. Au XVIIIe s., certains évêques, issus des grandes familles aristocratiques, prirent l'habitude de ne plus résider dans leur diocèse, mais à la Cour, s'éloignant de leur clergé et de leurs fidèles. La Constitution civile du clergé (1790) institua l'élection des prêtres par l'assemblée électorale ordinaire du département, puis le concordat de 1801 réserva au gouvernement la nomination des nouveaux évêques, comme en 1516. La loi de séparation de 1905 rendit au pape le droit de nommer directement les évêques, système qui s'applique dans presque tout le monde contemporain, ce qui a renforcé l'autorité du Saint-Siège sur l'Église. Le pouvoir de l'évêque avait été fortement diminué lors du concile de Vatican I (1870) ; Vatican II (1962/65) a remis l'accent sur la charge et la mission épiscopales.

ÉVIAN (accords d', 18 mars 1962). Accords entre les représentants du gouvernement français et ceux du Front de libération nationale (FLN) algérien, qui mirent fin à la guerre d'Algérie (1954/62). Aboutissement de difficiles négociations jalonnées par les entretiens de Melun (juin 1960), d'Évian (mai-juin 1961) et de Lugrin (juill. 1961), ces accords comportaient trois points principaux : la France reconnaissait l'indépendance algérienne liée au cessez-le-feu ; elle ne réclamait pas de statut particulier définitif pour les Français d'Algérie ; elle admettait l'intégration du Sahara à l'Algérie. Les Algériens furent consultés par référendum le 1er juill. 1962, non pas sur les trois options prévues par le général de Gaulle dans son discours de sept. 1959 (sécession complète, francisation ou association), mais sur une seule question : pour ou contre l'indépendance. Le « oui » l'emporta par six millions de voix contre 16 534 de « non ». Sans doute obtenait-il de nombreuses garanties sur la sécurité des personnes et des biens des Français d'Algérie, sur la présence des troupes françaises en Algérie pendant plusieurs années, sur la coopération économique, financière, culturelle et technique... Mais la plupart de ces garanties se révélèrent rapidement sans valeur, d'autant plus que le redoublement de violence de l'OAS acheva de séparer les communautés française et musulmane en Algérie.

EVREN Kenan (Turquie, 1918). Militaire et homme politique turc. Il fit carrière dans l'armée et accéda au poste de chef d'État-major de l'armée de terre en 1977. À la suite du coup d'État de sept. 1980, il fut nommé à la tête du gouvernement militaire, le Conseil national de sécurité. Homme fort du pays, il se maintint au pouvoir comme président de la République après la réforme constitutionnelle de 1982. À ce poste, il se montra favorable à la libéralisation du régime. Au terme de son mandat, en oct. 1989, il fut remplacé par son Premier ministre Turgut Özal.

EXCLUSIF. Pacte commercial qui régissait les liens entre colonies et métropoles (XVIIe/XVIIIe s.). Voir **PACTE COLONIAL.**

EXELMANS Isidore, comte (* Bar-le-Duc, 13.XI. 1775, † Sèvres, 22.VII.1852). Maréchal de France. Engagé volontaire en 1791 et devenu un brillant officier de cavalerie, il fut l'aide de camp de Murat à partir de 1801. Il contribua à la victoire d'Eylau (1807), fut pris en Espagne et conduit en Angleterre, mais s'évada en 1811, se distingua à la Moskowa et, après Waterloo, surprit et détruisit une division prussienne près de Versailles (2 juill. 1815). Exilé par les Bourbons, il ne rentra en France qu'en 1823, prit part à la révolution de 1830, fut fait pair par Louis-Philippe et maréchal de France par Louis-Napoléon Bonaparte en 1851.

EXODE. Sortie des Juifs d'Égypte, sous la conduite de Moïse. Une hypothèse vraisemblable place la persécution d'Israël sous le règne de Ramsès II, et l'Exode sous celui de Merneptah (1236/23). Du règne de ce dernier date une stèle commémorative, qui mentionne, pour la première fois, le nom d'Israël parmi les peuples vaincus. L'ensemble de ces événements, qui culmine avec le passage de la mer Rouge, est réuni dans le texte du livre de l'*Exode*, le deuxième du Pentateuque.

EXODE. Nom donné à la fuite des populations civiles françaises et belges devant l'avancée des troupes allemandes, de mai à juin 1940. On estime à 10 millions le nombre des personnes déplacées.

EXODUS. En juill. 1947, le bateau *Exodus*, qui tentait d'amener clandestinement en Palestine 4 300 immigrants juifs, fut arraisonné par des navires britanniques, et, après une escale en France, ses passagers – des « personnes déplacées » d'Europe centrale et orientale – furent renvoyés en Allemagne. Cette affaire provoqua une grande émotion dans le monde entier et attira de nouvelles sympathies à la cause d'un État juif indépendant en Palestine.

EYLAU (bataille d', 8 févr. 1807). Bataille livrée par Napoléon Ier à l'armée russe de Bennigsen au cours de la guerre contre la quatrième coalition (v. **COALITION, guerres de**). Elle se déroula au milieu d'une aveuglante tempête de neige. Le corps d'Augereau se trouva encerclé et n'échappa à la destruction que grâce à l'arrivée massive de la cavalerie de Murat, qui, au prix de très lourdes pertes, réussit à percer à deux reprises les lignes ennemies ; finalement débordés sur leur gauche par Davout et sur leur droite par Ney, les Russes se replièrent en bon ordre sur Königsberg. Cette bataille, qui avait fait quelque 40 000 victimes, restait donc indécise. Le 14 juin 1807, à Friedland, les Français s'assurèrent une victoire définitive.

EYSKENS Gaston (* Lierre, Anvers, 1er.IV.1905, † Louvain, 3.I.1988). Homme politique belge. Député catholique en 1931, il fut lié étroitement au syndicalisme chrétien. Il fut le plus jeune Premier ministre de Belgique (août 1949/mars 1950). Sous son deuxième gouvernement (juin 1958/mars 1961), il eut à faire face aux conséquences économiques de la crise congolaise. De retour aux affaires (juin 1968/janv. 1973), il consacra ses efforts au règlement de la querelle linguistique. Voir **BELGIQUE. De la crise de la monarchie à Baudouin Ier (depuis 1945). De la querelle linguistique à l'État fédéral.**

ÉZÉCHIAS († vers 689 av. J.-C.). Roi de Juda (vers 718/689). Petit-fils d'Osias et fils d'Achaz, influencé par le mouvement issu d'Isaïe et de Michée, il répudia l'idolâtrie à laquelle avait adhéré son père et rétablit le culte mosaïque dans le Temple. Prévoyant la menace assyrienne, il s'y prépara en fortifiant Jérusalem. En 701, il dut payer un tribut au Assyriens. Guéri d'un ulcère par le prophète Isaïe, il fut l'auteur d'un célèbre cantique d'action de grâces (Isaïe, XXXVIII, 9-20).

ÉZÉCHIEL (* vers 628, † vers 570 av. J.-C.). Prophète juif. On ignore s'il fit partie du premier (597) ou du second convoi de déportation vers Babylone (586). Avant l'exil, il annonçait déjà le jugement divin contre le royaume de Juda et incitait à la pénitence. Son enseignement et sa prédication ont préparé l'avènement du judaïsme dit post-exiléen. Les exégètes considèrent généralement qu'il fut l'auteur, du moins en partie, du livre de l'Ancien Testament qui porte son nom. Sa personnalité telle qu'elle y apparaît en fait un prophète d'Israël particulier, dont on retient autant le message que le comportement mystérieux tel que le rapporte le texte biblique : transes, périodes de mutisme et de paralysie, épisode où il avale un manuscrit pour symboliser son appropriation du message prophétique.

F

FABIAN SOCIETY. Organisation socialiste anglaise fondée en 1884. Répudiant le marxisme et la théorie de la lutte des classes pour un socialisme réformiste et progressif, pénétré d'idéal moral et suivant les méthodes, de temporisation de Fabius Cunctator (v.), la Fabian Society comptait parmi ses membres des écrivains, des économistes, des artistes comme G. B. Shaw, H. G. Wells, Sidney et Beatrice Webb. Elle contribua à la fondation du parti travailliste en 1906.

FABIUS, Quintus Maximus Verrucosus Fabius, dit **Cunctator,** c'est-à-dire **le Temporisateur** (* Rome, vers 275, † Rome, 203 av. J.-C.). Homme politique romain. Cinq fois consul, entre 233 et 209, nommé dictateur en 217 après le désastre de Trasimène, il se signala durant la deuxième guerre punique en harcelant Hannibal en de petites escarmouches, sans jamais livrer une véritable bataille. Après avoir ainsi fatigué et épuisé l'armée carthaginoise, il réussit presque à la réduire à la capitulation près de Casilinum. Les Romains qui jugeaient humiliante cette tactique trop prudente, le forcèrent à partager son commandement avec Minutius Rufus, son maître de la cavalerie ; le désastre de Cannes (216) montra la justesse des vues de Fabius Cunctator. En 209, celui-ci reprit la ville de Tarente qu'il châtia pour s'être ralliée aux Carthaginois. Avant de mourir, il s'opposa en vain au projet formé par Scipion de porter la guerre en Afrique.

FABIUS Laurent (Paris, 20.VIII.1946). Homme politique français. Député socialiste depuis 1978, il a été secrétaire d'État au budget en 1981 puis ministre de l'Industrie et de la Recherche en 1983. Premier ministre de François Mitterrand de 1984 à 1986, il fut confronté à une aggravation du chômage et de la crise sociale ainsi qu'au scandale du *Rainbow Warrior*. Président de l'Assemblée nationale de 1988 à 1992, il fut élu député au Parlement européen en 1989. Il occupa le poste de premier secrétaire du PS en 1992/93. À la suite de la victoire de la gauche aux élections législatives de mai-juin 1997, Laurent Fabius fut pour la seconde fois porté à la présidence de l'Assemblée nationale. Mis en cause devant la justice, dans l'affaire du sang contaminé par le virus du sida, en tant que Premier ministre à l'époque des faits, il sera relaxé par la Haute Cour de justice en 1999. En mars 2000, appelé à participer au deuxième gouvernement Jospin au poste de ministre de l'Économie, des Finances et de l'Industrie, il abandonna la présidence de l'Assemblée et présenta, en août 2000, le volet fiscal de la loi de finances de 2001 qui prévoyait des baisses d'impôt.

FABRE D'ÉGLANTINE, Philippe Nazaire François, dit (* Carcassonne, 28.XII.1755, † Paris, 5.IV. 1794). Écrivain et homme politique français. Il remporta pour prix aux jeux Floraux une églantine d'argent, d'où son surnom. Auteur de pièces de théâtre, dont la meilleure est *Le Philinte de Molière ou la Suite du Misanthrope* (1790), il adopta les idées révolutionnaires, devint membre de la Commune, secrétaire de Danton et député à la Convention. Il participa à l'élaboration du calendrier républicain et de la loi du maximum général. Accusé de corruption, il fut condamné et exécuté en même temps que Danton et Camille Desmoulins.

FACHODA (incident de). Crise provoquée en 1898 par la rivalité coloniale de la France et de l'Angleterre dans la région du haut Nil. Tandis que les Anglais voulaient réaliser à leur profit la liaison du Cap au Caire, les Français progressaient d'ouest en est, selon un axe Dakar-Djibouti. Partie du Congo français en 1896, une mission française, commandée par le capitaine Marchand, occupa le poste soudanais de Fachoda, sur le haut Nil, le 10 juill. 1898, quelques semaines avant que le maréchal anglais Kitchener y parvînt à son tour. Londres exigeant le rappel de Marchand, la guerre parut inévitable, tant l'opinion française était alors excitée contre l'Angleterre. La France avait la possibilité de profiter des difficultés britanniques au Transvaal et d'un début de rapprochement franco-allemand, esquissé par Hanotaux. Mais Delcassé, successeur d'Hanotaux aux Affaires étrangères, préféra s'incliner devant l'ultimatum anglais et fit envoyer à Marchand un ordre d'évacuation (nov. 1898). Malgré la colère des nationalistes français, l'accord franco-britannique de mars 1899 consacra le renoncement de la France à la région du Nil. Cependant, la prudence de Delcassé avait ouvert les voies à l'Entente cordiale.

FACTA Luigi (* Pignerol, Piémont, 16.IX.1861, † Rome, 5.XI.1930). Homme politique italien. Ministre des Finances (1911/14) puis ministre de la Justice (1919), il forma en févr. 1922, après une longue crise ministérielle, un cabinet de transition. Dépassé par la montée du fascisme et par l'agitation communiste, il se décida enfin, lors de la « marche sur Rome », à faire proclamer l'état de siège (28 oct. 1922) mais le roi refusa de signer le décret. Facta n'eut plus qu'à s'effacer devant Mussolini qui le fit sénateur en 1924.

FAHD ibn ABD el-AZIZ (Riyad, 1922). Roi d'Arabie Saoudite depuis 1982. Il déploya une activité diplomatique modératrice dans les conflits du Moyen-Orient : le plan Fahd (1982) reconnaissait implicitement l'État d'Israël. Durant la guerre du Golfe (1990/91) il mit toutes les forces de son royaume au service de la coalition internationale, contre l'Irak. Frappé d'une embolie en 1995, il abandonna une partie du pouvoir au prince héritier Abdallah. Voir **Arabie Saoudite**.

FA-HIEN (dans le Chan-si, IVe/Ve s.). Moine bouddhiste chinois. Il fut, avec Hiuan-tsang, le plus célèbre des pèlerins bouddhistes chinois en Inde. Il accomplit, de 399 à 414, un long voyage en Inde et à Ceylan. Il en rapporta de nombreux livres, qu'il traduisit en chinois, et rédigea lui-même une relation, le *Fo-kouo-ki*, qui constitue un précieux document sur l'histoire de l'Inde ancienne.

FAIDHERBE Louis Léon César (* Lille, 3.VI.1818, † Paris, 28.IX.1889). Général français. Il servit plusieurs années en Algérie, puis fut envoyé en 1852 au Sénégal, dont il fut gouverneur de 1854 à 1861 et de 1863 à 1865. Il mena une œuvre militaire, économique et humaine qui posa les bases de la future Afrique-Occidentale française. Repoussant les attaques d'El-Hadj Omar (1857), il ouvrit l'expansion vers l'intérieur par des expéditions en Mauritanie, en Guinée et jusqu'à Ségou, sur le Niger. La mise en valeur économique du pays fut marquée par la création de la Banque du Sénégal (1855), du port de Dakar (1862), de plantations de coton, d'indigo, de pépinières, par l'essor des cultures d'arachides, etc. En nov. 1870, il fut nommé par Gambetta commandant de l'armée du Nord ; il remporta quelques succès (Bapaume, janv. 1871), mais fut vaincu à Saint-Quentin (18 janv.). Député à l'Assemblée nationale (1871), il siégea à gauche, avec les républicains, mais démissionna au bout de quelques mois. Il a laissé de nombreux travaux de géographie et d'ethnographie africaines (*L'Avenir du Sahara et du Soudan*, 1863 ; *Épigraphie phénicienne*, 1873 ; *Le Sénégal*, 1889).

FAINÉANTS (rois). Nom donné aux derniers rois mérovingiens qui abandonnèrent aux maires du palais l'exercice du pouvoir : Thierry III, Clovis III, Childebert III, Dagobert III, Chilpéric II, Thierry IV et Childéric III qui fut détrôné par Pépin le Bref.

FAIRFAX OF CAMERON, Thomas Fairfax, 3e baron (* Denton, Yorkshire, 17.I.1612, † Nunappleton, 12.XI.1671). Général anglais. De famille presbytérienne, il commandait avec son père l'armée parlementaire qui battit les troupes de Charles Ier à Marston Moor (1644). Successeur du comte d'Essex comme commandant en chef avec Cromwell, il remporta la victoire décisive de Naseby (14 juin 1645) mais s'opposa à la condamnation à mort du roi et à la dictature de Cromwell. Il seconda ensuite Monk pour la restauration de Charles II (1660).

FAKHR al-DIN (* 1572, † Constantinople, 1635). Émir druze (1585/1633). Voir **Druzes**.

FALKENHAYN Erich von (* Burg Belchau, près de Graudenz, 11.XI.1861, † château de Lindstedt, près de Potsdam, 8.IV.1922). Général allemand. Ministre de la Guerre de Prusse en 1913. Après l'échec de la bataille de Verdun qu'il engagea (1916), il démissionna et fut remplacé par Hindenburg. Il dirigea alors l'armée austro-allemande qui envahit la Roumanie (1916) puis commanda en Palestine (1917/18). Voir **Guerre mondiale 1914/18**.

FALKLAND ou **MALOUINES (îles).** Archipel de l'Atlantique Sud, situé à environ 450 km à l'E. du détroit de Magellan. On ne sait qui les aperçut pour la première fois de l'Espagnol Esteban Gomez en 1519 ou de l'Anglais John Davis en 1592. Occupées (1764) par des marins français de Saint-Malo aux ordres de Bougainville, elles reçurent le nom de *Malouines*. Elles furent occupées ensuite par des Espagnols et des Anglais (1767) puis par une colonie de la République argentine (1828). Néanmoins, les Anglais, après avoir expulsé les Argentins, annexèrent dès 1833 l'archipel auquel ils donnèrent le nom de *Falkland*, en l'honneur d'un premier lord de l'Amirauté. Les îles Falkland constituent depuis 1892 une colonie de la Couronne. Mais elles ont continué d'être revendiquées par l'Argentine qui a saisi l'ONU de cette question en 1964. L'irritation des Argentins s'est accrue en 1975, à la suite de la découverte de gisements pétrolifères au large de l'archipel.

Bataille des îles Falkland. Le 8 déc. 1914, l'escadre allemande du vice-amiral von Spee fut détruite aux îles Falkland par une importante force navale anglaise sous le commandement de l'amiral Sturdee.

Guerre des Malouines. Le 2 avr. 1982, les troupes argentines débarquèrent à Port-Stanley, la capitale, puis occupèrent tout l'archipel. Ce coup de force fut condamné par l'ONU, qui demanda l'ouverture de négociations. L'Argentine refusa d'obtempérer et attaqua les positions adverses à partir du 1er mai. Les opérations se déroulèrent sur mer et dans les airs jusqu'au 20 mai ; la reconquête de l'archipel par les Britanniques fut opérée en soixante-quatorze jours, du 21 mai au 14 juin. Cette guerre avait coûté la vie à 250 Britanniques et à un millier d'Argentins. La défaite argentine provoqua tout d'abord la démission du général Galtieri et, à moyen terme, l'effacement de la junte qui dirigeait le pays depuis 1976. En revanche, cette victoire britannique renforça la politique de Margaret Thatcher.

FÄLLDIN Thorbjorn (Högsjo, 2.IV.1926). Homme politique suédois. Président du parti du centre de 1971 à 1985, il dirigea en 1972 une coalition des conservateurs, libéraux et centristes, formant le premier gouvernement « bourgeois » après quarante-quatre ans de régime social-démocrate. Premier ministre de 1976 à 1978, puis de 1979 à 1982, il vit sa coalition éclater sur les questions d'énergie nucléaire et de réforme fiscale.

FALLIÈRES Armand (* Mézin, Lot-et-Garonne, 6.XI.1841, † Mézin, 22.VI.1931). Homme politique français. Député du Lot-et-Garonne en 1876, il siégea avec la gauche républicaine. Président du Conseil en janv./févr. 1883, il occupa de nombreux postes ministériels (de 1882 à 1892) et présida le Sénat à partir de 1899. En févr. 1906, il devint président de la République (élu comme candidat des gauches), mais il ne chercha jamais à exercer une grande influence politique. Il fut remplacé par Poincaré en 1913.

FALLOUX Alfred Frédéric, comte de (* Angers, 7.V.1811, † Angers, 6.I.1886). Homme politique français. Louis Napoléon le fit ministre de l'Instruction publique (déc. 1848/oct. 1849). Dans ce poste, il élabora la **loi Falloux**, qui, votée le 15 mars 1850, autorisait l'enseignement confessionnel et congréganiste au niveau des écoles primaires et secondaires. Elle fut plusieurs fois modifiée : affirmation de la laïcité de l'enseignement primaire public (1882, 1886) ; interdiction de l'enseignement congréganiste (1901, 1902, 1904) ; réforme du financement des écoles privées par des aides publiques (1994).

FAMILLE (pacte de). Traité signé entre la France et l'Espagne pendant la guerre de Sept Ans, le 15 août 1761, à l'instigation de Choiseul (le souverain bourbon des Deux-Siciles refusa d'y adhérer). Ce traité ne permit pas à la France de réparer ses échecs militaires et lui coûta la Louisiane, qu'elle dut céder à l'Espagne, en compensation de la perte de la Floride, annexée par l'Angleterre. Ce pacte fut invoqué par l'Espagne, solidaire de Louis XVI, pour déclarer la guerre à la République française (1793) ; et par Louis XVIII pour intervenir en Espagne, en faveur de Ferdinand VII (1823).

FAMINE (pacte de). Nom donné, vers 1765, par les libellistes à un prétendu accord entre le roi Louis XV et les financiers qui s'étaient assuré le monopole des grains et faisaient monter les prix en période de pénurie.

FANFANI Amintore (* Pieve Santo Stefano, Arezzo, 6.II.1908, † Rome, 20.XI.1999). Homme politique italien. Secrétaire général de la démocratie chrétienne (1954/1959), plusieurs fois ministre, il devint président du Conseil (1958/59, 1960/63) et inaugura alors les coalitions de centre gauche. Ministre des Affaires étrangères (1965/68), président du Sénat (1968/73) et sénateur à vie en 1972, il s'opposa à l'ouverture du gouvernement aux communistes. Redevenu président du Conseil (1982/83), il fut obligé de démissionner après la défection des socialistes. Président du Sénat, il fut choisi comme président d'un gouvernement de transition avant les élections législatives de 1987. Il fut ensuite ministre de l'Intérieur (1987/88) puis ministre du Budget (1988/89).

FAO (Food and Agriculture Organization). Organisation pour l'alimentation et l'agriculture. Agence spécialisée des Nations unies, fondée le 16 octobre 1945 à Québec. Elle a pour but d'élever le niveau de nutrition des populations, d'améliorer la production et la répartition des produits agricoles et alimentaires, d'améliorer la condition rurale, en fournissant une aide technique aux pays en développement ou en assurant des envois exceptionnels de vivres en périodes de disette. Son siège est à Rome. Selon la FAO, 840 millions de personnes souffrent de faim chronique, dans le monde, au début du XXIe siècle.

FAREL Guillaume (* Gap, Hautes-Alpes, 1489, † Neuchâtel, Suisse, 13.IX.1565). Réformateur français. Il introduisit en 1532 la Réforme à Genève, avec Calvin qu'il y avait fait venir, et à Neuchâtel où il se retira. Voir GENÈVE.

FARINES (guerres des, 1775). Nom donné aux troubles provoqués en mai 1775 à Paris, à Versailles et dans quelques villes de province par des bandes qui étaient vraisemblablement à la solde des accapareurs et des spéculateurs lésés par l'édit de Turgot établissant la liberté du commerce des grains (13 sept. 1774).

FARMAN Henri (* Paris, 26.V.1874, † Paris, 18.VII.1958) et **Maurice** (* Paris, 21.III.1877, †Paris, 23.II.1964). Aviateurs et constructeurs d'avions français. Le 13 janv. 1908, à Issy-les-Moulineaux, Henri Farman fut le premier à réaliser un circuit aérien fermé d'un kilomètre. Il fut aussi, en mars 1908, le premier passager d'un avion qui était conduit par L. Delagrange. Maurice créa en 1910 un type d'avion biplan qui équipa de nombreuses escadrilles françaises durant la Première Guerre mondiale. Associés, les deux frères fondèrent en 1919 une entreprise de constructions aéronautiques qui produisit de nombreux appareils commerciaux et militaires.

FARNÈSE. Famille princière italienne, connue dès le début du XIIe s., et originaire du château de Farneto, près d'Orvieto. Après avoir produit plusieurs célèbres *condottieri*, elle parvint au sommet de sa puissance vers le milieu du XVIe s., grâce au pape Paul III (Alexandre Farnèse), et elle régna de 1545 à 1731 sur les duchés de Parme et Plaisance.

Alexandre Farnèse (* Rome, 27.VIII.1545, † abbaye de Saint-Vaast, près d'Arras, 2/3.XII.1592). Duc de 1586 à 1592, fut un des plus grands hommes de guerre du XVIe s. Gouverneur des Pays-Bas (1578). Voir PAYS-BAS. Des ducs de Bourgogne aux Habsbourg d'Espagne.

FAROUK Ier (* Le Caire, 11.II.1920, † Rome, 18.III. 1965). Roi d'Égypte (1936/52). Voir ÉGYPTE. Des régimes de tutelle à la révolution de 1952.

FARRAGUT David Glasgow (* Campbells, Tennessee, 5.VII.1801, † Portsmouth, New Hampshire, 14.VIII.1870). Amiral américain. La prise de La Nouvelle-Orléans (25 avr. 1862) et sa victoire décisive dans la baie de Mobile (5 août 1864) en firent un des héros nordistes les plus célèbres de la guerre de Sécession. Le grade d'amiral fut créé en 1866 pour le récompenser.

FAR WEST, *Extrême Ouest*. Nom donné, vers le milieu du XIXe s., aux régions les plus occidentales des États-Unis : la Californie et l'Oregon, admis comme États de l'Union respectivement en 1850 et en 1859. Entre ces deux États et le Mississippi s'étendait l'immense territoire des Grandes Plaines et des montagnes Rocheuses qui, vers 1850, constituaient le domaine des tribus indiennes nomades qui vivaient essentiellement de la chasse au bison. Pour coloniser la Californie et l'Oregon, les émigrants blancs devaient traverser en convois ces régions dangereuses, ce qui provoqua, pendant trois décennies, l'hostilité des tribus indiennes : guerre sporadique contre les Blancs, marquée surtout par des attaques de convois, mais aussi massacre de Custer et de ses compagnons par les Sioux sur les bords de la Little Bighorn en 1876.

La première pénétration importante des Blancs fut celle des mormons qui, en 1847, vinrent fonder leur royaume de Dieu dans l'Utah. À partir de 1860, l'attirance des mines d'or et d'argent des Rocheuses provoqua un nouveau flux d'immigration. Dès 1862 fut décidée la construction d'un chemin de fer transcontinental reliant Omaha, sur le Missouri, à Sacramento, près de San Francisco. Cette ligne, longue de 2 700 km, fut achevée en 1869.

C'est alors que commença l'âge des cow-boys, gardiens de troupeaux à cheval qui, à travers les espaces des Grandes Plaines, acheminaient les bêtes à cornes vers les terminus ferroviaires d'où elles étaient emmenées jusqu'aux marchés du Nord. Mais leur activité connut une chute assez rapide à partir de 1880 : l'achèvement des chemins de fer transcontinentaux (le Northern Pacific, le Southern Pacific et le Santa Fe, construits entre 1877 et 1883) permettait désormais aux marchands du Nord de venir s'approvisionner sur place. À partir de 1877, le Far West se peupla aussi d'agriculteurs sédentaires qui introduisirent le régime de la propriété fermée. Dès 1890, la substitution de l'élevage sédentaire à l'élevage nomade était pratiquement accomplie ; elle mettait fin à l'époque héroïque du Far West et consommait la ruine des tribus indiennes (Dawes Act de 1887, loi fédérale créant les réserves indiennes).

FASCISME. Mouvement politique italien fondé en 1919 par Benito Mussolini et dont la doctrine fut la base de l'État italien de 1922 à 1945.

Des origines à la prise du pouvoir (1919/22)

Le fascisme se voulut l'héritier des grandes passions qui avaient soulevé l'Italie du XIXe s. Après la proclamation du royaume d'Italie (1861) et l'achèvement de l'unité (occupation de Rome, 1870), la tâche qui restait à accomplir était de créer une véritable conscience nationale dans un peuple qui, depuis des siècles, avait été divisé en de multiples États. C'est seulement en juin 1912 que fut institué un suffrage universel.

À la veille de la Première Guerre mondiale, l'Italie restait encore une nation sous-développée. L'irrédentisme et l'impérialisme colonial (en Éthiopie en 1896, en Libye en 1911) devinrent des dérivatifs aux difficultés économiques. En 1914, l'opinion italienne se partagea sur la question de l'entrée en guerre mais fut unanime pour penser que l'Italie devait obtenir le retour des provinces encore « irrédentes », c'est-à-dire le Trentin, l'Istrie, Trieste et même la Dalmatie, vieille terre d'influence vénitienne. Pour obtenir l'entrée en guerre de l'Italie, les Alliés, par le traité secret de Londres (26 avr. 1915), lui garantirent non seulement tous les territoires mentionnés ci-dessus, mais encore la reconnaissance de ses droits sur l'Albanie, des compensations africaines et une zone d'influence en Asie Mineure. À la conférence de la paix de 1919, en partie à cause de l'opposition de Wilson, ces promesses ne furent pas tenues. Le sentiment national italien en fut profondément ulcéré. À la tête de ses *arditi*, D'Annunzio s'empara de Fiume (sept. 1919) ; il y établit un État autoritaire et corporatif, ainsi que tout un rituel qu'on devait retrouver dans le fascisme.

Le futur chef de ce mouvement, Mussolini, ancien directeur du quotidien socialiste *Avanti !*, avait rompu avec ses amis en 1914 à la suite de ses prises de position passionnées en faveur de l'entrée en guerre immédiate de son pays aux côtés des Alliés. Mussolini fonda le 23 mars 1919, à Milan, les *Fasci italiani di combattimento* (« Faisceaux italiens de combat »), dont le nom rappelait les « Faisceaux d'action révolutionnaire » des militants interventionnistes de 1914 et le « Faisceau parlementaire de défense nationale » formé en 1917 au lendemain du désastre de Caporetto.

Le premier programme du mouvement fasciste réunissait les deux grands thèmes du nationalisme et du socialisme le plus radical : d'une part, il réclamait l'annexion des régions alpestres, du littoral adriatique, de Fiume, de la Dalmatie (tout en s'opposant à la politique coloniale) et, d'autre part, il proposait la création d'une Assemblée constituante, l'établissement de la République, l'abolition du Sénat, des titres nobiliaires, du service militaire obligatoire, le recensement et l'« expropriation partielle » des richesses, l'attribution des terres aux paysans, la gestion des entreprises par les syndicats. Mais Mussolini ne se sentit jamais vraiment lié par ce programme et, dès ses débuts, le fascisme fut moins une doctrine qu'une action en vue de la conquête et de l'organisation du pouvoir.

Le fascisme qui groupait environ 17 000 membres à la fin de 1919, ne devait parvenir au pouvoir qu'à la faveur des troubles sociaux de plus en plus violents qui agitèrent l'Italie à partir de 1920. La peur du bolchevisme amena alors les industriels et les grands propriétaires de l'Italie du Nord à soutenir le fascisme qui, avec ses groupes d'action de *squadristi*, apparaissait comme la seule force capable de s'opposer à l'extrême gauche. Avec son art de profiter des circonstances, Mussolini lança alors ses « Chemises noires » à la conquête des municipalités socialistes, des sièges de syndicats, des Bourses du travail. Les fascistes se faisaient briseurs de grèves, intimidaient leurs adversaires par leur combativité dans la rue, les humiliaient et leurs effectifs ne cessaient de se grossir d'anciens combattants nostalgiques, d'étudiants désorientés, de chômeurs... Aux élections de mai 1921 qui marquèrent un recul des partis de gauche, les fascistes obtinrent 35 députés (dont Mussolini, élu à Milan). Déjà, dans la vallée du Pô, en Émilie, en Toscane, se développait un fascisme agraire, soutenu par les petits propriétaires. Au congrès de Rome (nov. 1921), Mussolini transforma les *Fasci di combattimento* en une organisation plus vaste, le *Partito nazionale fascista* (PNF).

Le parti avait déjà plus de 300 000 membres à la fin de 1921 et 720 000 membres au printemps 1922. En octobre suivant, Mussolini, sur les instances de Balbo, décida de faire converger un certain nombre de Chemises noires de province (environ 40 000) vers la capitale : ce fut la *marche sur Rome*, démonstration qui aurait pu être aisément jugulée avec l'intervention de l'armée. Mais Victor-Emmanuel III, conscient de l'immense lassitude de l'Italie, refusa de signer le décret établissant l'état de siège et prit ainsi la responsabilité d'appeler au pouvoir Mussolini (30 oct. 1922). Pendant plus de vingt ans, l'histoire du fascisme allait se confondre avec celle de l'Italie.

L'État fasciste et le parti unique

C'est en déc. 1925, après la crise provoquée par l'assassinat du député socialiste Matteotti, que Mussolini établit définitivement la dictature fasciste, résumée dans cette formule : « Tout dans l'État, rien hors de l'État, rien contre l'État. » Le fascisme allait soumettre toute la vie italienne à l'influence d'un pouvoir totalitaire qui fut concentré entre les mains de Mussolini, *Duce* (chef) du fascisme et *Capo di governo* (chef du gouvernement), lui permettant de légiférer par décrets-lois, sans contrôle parlementaire. Les lois « fascistissimes » de l'automne 1926 ordonnèrent la dissolution de tous les anciens partis politiques, la déchéance du mandat parlementaire des députés de l'opposition, le recensement des citoyens suspects, la création d'une police secrète (l'OVRA) et d'un tribunal spécial de défense de l'État dont les membres devaient être choisis par Mussolini.

Après la loi électorale du 17 mai 1928, les élections devinrent une simple formalité. (L'opposition parlementaire passa de 44,5 % des voix en 1924 à 1,57 % en 1929.) Le Parlement perdit toute sa signification. À côté du Duce ne subsistaient que deux institutions (qui devaient, en 1943, se conjuguer pour assurer sa perte) : le roi, qui conservait une grande popularité et une influence réelle sur les chefs de l'armée, et le Grand Conseil fasciste, formé de militants de la première heure ou de personnalités nommées par le Duce. Une bureaucratie pléthorique et le parti étaient présents partout. Pour des raisons de prestige, Mussolini avait choisi de faire du PNF un parti de masse (3 millions d'inscrits en 1933), ce qui favorisa les adhésions intéressées et finit par faire perdre au mouvement à peu près toute efficacité.

La liberté syndicale ayant pratiquement disparu dès 1925, la loi des corporations (3 avr. 1926) et la *Carta del lavoro* (21 avr. 1927) firent de l'Italie un État corporatif. Mais seul l'État avait le pouvoir de décision. Ce passage au corporatisme marqua une rupture avec la politique libérale poursuivie au cours des premières années fascistes. Le système voulait mettre fin à la lutte des classes par des contrats collectifs discutés, dans chaque branche de l'activité économique, entre employeurs et syndicats fascistes, fixant les normes de travail et de salaire (la grève avait été déclarée illégale). Parallèlement, l'Italie fut dotée d'une législation sociale qui lui manquait : assurances maladie, accidents du travail, invalidité, vieillesse.

Évoluant vers un régime d'autarcie qui se renforça à partir de 1935, à la suite de la politique des « sanctions » appliquées à l'Italie dans l'affaire d'Éthiopie, le fascisme sut mobiliser les travailleurs par des « batailles » économiques spectaculaires : la bataille du blé (*battaglia del grano*) de 1925 à 1931, la bataille de la bonification des terres (*battaglia della bonifica integrale*), engagée à partir de 1928 pour l'assainissement des zones marécageuses (notamment les marais Pontins). Le chômage fut résorbé par une politique de grands travaux : l'Italie fasciste fut la première nation d'Europe à posséder des autoroutes, Rome fut l'objet d'un grand plan d'urbanisme (construction de la Cité universitaire, d'habitations à bon marché – les *case popolari* –, déblaiement du forum de Trajan, etc.). Le fascisme essayait de compenser la perte des libertés individuelles par l'exaltation forcenée de la fierté nationale et de préparer le pays au grand dessein du fascisme : la nouvelle guerre, régénératrice des énergies italiennes, qui devait aboutir à la restauration de l'Empire romain. Dès 1935, l'Institut des changes prit le contrôle général des importations ; en 1936, le contrôle général des prix fut institué sur tous les produits ; un plan fut établi pour libérer complètement l'Italie de sa dépendance économique à l'égard de l'étranger.

L'économie italienne avait cessé d'être une économie d'échanges et de prix, elle avait déjà pris l'aspect d'une économie de guerre.

Influence internationale du fascisme

La politique étrangère de l'Italie mussolinienne est examinée à l'article ITALIE. Il faut seulement noter ici quelle influence l'Axe germano-italien devait exercer à l'intérieur même du fascisme. Né dans un pays latin et catholique, le fascisme, malgré les déclarations fracassantes de Mussolini, ne revêtit jamais complètement le caractère nihiliste et totalitaire du national-socialisme hitlérien. Si l'OVRA italienne manifestait les bassesses de toutes les polices politiques du monde, elle ne fit jamais régner une terreur comparable à celle de la Gestapo et de la Guépéou. Le fascisme jeta l'Italie dans une guerre désastreuse mais, à l'intérieur, ce fut une dictature peu sanglante, malgré les assassinats de Matteotti et des frères Rosselli ; le régime se contentait de reléguer ses ennemis politiques au *confino*, dans les îles Lipari ou ailleurs. Sous l'influence allemande, le fascisme prit, après 1938, plusieurs mesures antisémites mais, en partie sous la pression de l'Église, ces mesures ne furent appliquées qu'au coup par coup. Au cours de la Seconde Guerre mondiale, les autorités italiennes protégèrent par exemple, à plusieurs reprises, les Juifs contre les nazis, en particulier dans le midi de la France.

Cette relative humanité de la dictature fasciste, s'ajoutant à la remise en ordre de l'État et aux réalisations économiques du régime, valut longtemps à Mussolini des sympathies dans les milieux occidentaux. Jusqu'en 1935, Winston Churchill manifesta à plusieurs reprises sa chaleureuse admiration pour le Duce et pour son régime. Le système corporatif italien pouvait, à l'époque, sembler un remède efficace contre la lutte des classes ; Salazar au Portugal, Dollfuss en Autriche s'en inspirèrent. Dans tous les pays d'Europe, le fascisme commença à séduire une partie de la jeunesse.

En 1925 s'était formé en France un mouvement politique directement inspiré du fascisme italien, le Faisceau de Georges Valois. Il n'eut qu'un succès éphémère mais c'est bien dans le climat du fascisme que se produisit l'émeute du 6 févr. 1934 et la multiplication des « ligues » qui agitèrent la politique française au cours des années 1930 (Jeunesses patriotes, Croix-de-Feu, Francisme, Solidarité nationale). Lassés d'attendre le coup de force promis depuis trente ans par leur vieux maître Charles Maurras, les intellectuels de la jeune génération d'Action française, Brasillach, Rebatet, P.A. Cousteau, Jeantet, commencèrent à proclamer ouvertement leur sympathie pour le fascisme et trouvèrent des tribunes dans des journaux virulents tels que *Je suis partout*. À l'Académie française même, certains intellectuels, comme Louis Bertrand et Abel Bonnard, penchaient vers le fascisme, dont Drieu la Rochelle, rallié à Doriot en 1936, fut sans doute le principal théoricien en France.

En Roumanie, l'idéologie fasciste était représentée par la Garde de fer de Codreanu, en Hongrie par les Croix fléchées de Szalassy, en Espagne par la Phalange de José Antonio Primo de Rivera, en Angleterre même par le mouvement d'Oswald Mosley, en Belgique par le rexisme de Léon Degrelle. Plus que le national-socialisme, inséparable de ses conceptions racistes et de l'idée de la suprématie de la race germanique, le fascisme pouvait épouser les diverses traditions nationales des pays latins. La victoire franquiste dans la guerre civile espagnole (1936/39) augmenta encore son prestige, mais déjà Mussolini n'était plus que le second d'Adolf Hitler, et, dès les premiers mois de la guerre, lorsque la campagne de Grèce eut révélé la profonde impréparation matérielle et morale de l'armée italienne, il cessa même d'être un « brillant second ». Dès lors, c'est vers l'imitation du national-socialisme que se tournèrent les divers mouvements « fascistes » de l'Europe occupée.

Depuis la dernière guerre mondiale, le « néofascisme », sauf en Italie, s'est nourri plus volontiers des nostalgies de l'hitlérisme que des souvenirs du régime mussolinien. En Italie, le premier réveil d'un certain esprit « fasciste » se manifesta lors des élections de 1946 dans le Front de l'Uomo Qualunque (c'est-à-dire « l'Homme quelconque ») de G. Giannini. Plus nettement néofasciste fut le Mouvement social italien (*Movimento sociale italiano*, MSI), fondé en déc. 1946 par A. Michelini, G. Almirante et P. Romualdi. Se réclamant de certaines conceptions de la République sociale de Salo (v.), fondée par Mussolini en 1944, le MSI proposait de dépasser à la fois le capitalisme et le socialisme dans la formule corporatiste. À plusieurs reprises, il apporta son soutien parlementaire à des gouvernements démocrates-chrétiens, mais il revint à une opposition systématique contre les gouvernements de « centre gauche » inaugurés par Fanfani. Le MSI passa en 1969 sous la direction d'Almirante. En 1994, la transformation du MSI en *Allianza Nationale* lui permit de déclarer l'ouverture d'une ère postfasciste, de recueillir près de 15 % des voix et d'entrer dans le gouvernement de Silvio Berlusconi.

En dehors de l'Italie, le mot « fascisme », tombé dans le langage de la polémique politique, a perdu toute signification précise. Cependant, les années 1980 virent resurgir des thèmes chers à l'extrême droite. Le rejet des populations immigrées offrait aux héritiers du fascisme un terrain de propagande politique efficace. Tous les pays d'Europe semblaient durablement touchés par ce phénomène : la France, avec les succès électoraux du Front national ; l'Italie, avec ceux du MSI (héritier direct du fascisme de Mussolini) et de la Ligue lombarde d'Umberto Bossi ; la Suisse, avec ceux de Christophe Blocher ; une sorte de limite symbolique ayant été franchie en Autriche, quand le parti libéral (FPÖ) de Jörg Haider entra au gouvernement en févr. 2000.

FASTES. Dans la Rome ancienne, les jours fastes (de *fari*, parler) étaient ceux où il était permis de prendre la parole en public, de traiter des affaires civiles, de passer des contrats, par opposition aux jours néfastes, où ces actes étaient interdits.

Par extension, on appelait également *fastes* les livres qui contenaient la liste des jours fastes, et le terme fut aussi appliqué aux listes donnant, année par année, les noms des magistrats et les principaux événements politiques. Les *fastes pontificaux* étaient un calendrier établi par les pontifes. Comme ces fastes étaient établis secrètement, les pontifes tenaient dans leur dépendance magistrats et plaideurs. Cet abus prit fin lorsque Cn. Flavius, secrétaire du pontife Appius Claudius Caecus, fit une copie des tables pontificales et la publia dans le Forum. Les fastes pontificaux revêtirent alors la forme des almanachs modernes. Les *fastes consulaires* étaient des tables où l'on inscrivait, par ordre chronologique, les noms des consuls et des dictateurs, les guerres, les victoires, les traités de paix, les lois et autres événements mémorables. Des fragments de ces tables, en marbre, furent retrouvés au Forum en 1547 et transportés au Capitole (d'où leur nom de *fastes capitolins*).

FATAH (al-). Mouvement de libération de la Palestine fondé par Yasser Arafat en 1959. Le Fatah commença ses actions à caractère terroriste contre Israël en 1965 et adhéra en 1968 à l'OLP (v.) dont il devint le bras armé et la plus importante composante. Chassé de Jordanie (v.) en septembre 1970 (*Septembre noir*), il s'établit au Liban qu'il quitta en 1982 à la suite de l'intervention d'Israël contre ce pays. Il se dispersa alors en Tunisie, en Algérie, en Irak et au Yémen. Le siège de l'organisation se trouve actuellement à Tunis.

FATIMIDES. Dynastie chiite de treize califes qui régna sur l'Afrique du Nord (909/1048) et sur l'Égypte (969/1171). Elle fut fondée par Obéïd Allah qui, prétendant descendre du Prophète par sa fille Fatima (d'où son nom), se réfugia de Syrie en Tunisie où il se présenta, au début du Xe s., comme le *mahdi*, c'est-à-dire l'héritier, du septième et dernier imam visible, Ismaïl, disparu vers 765. Grâce à l'action de son missionnaire, Abou Abdallah, il conquit rapidement une grande popularité parmi les Berbères Kotama. En 909, Obéïd Allah s'empara de Rakkada, la capitale aghlabide, renversa la dynastie des Aghlabides et se fit reconnaître comme imam ou calife. Sous le règne d'Obéïd Allah (909/34) et de ses deux premiers successeurs, El-Kaim (934/46) et El-Mansour (946/53), la domination des Fatimides s'étendit à la Tripolitaine et à tout le Maghreb. Le chiisme des Fatimides, qui tentait de s'imposer par des méthodes violentes, provoqua la révolte des kharidjites, dont le chef Abou Yazid, après quelques succès, fut vaincu et mis à mort en 946. Le calife Al-Mansour transféra alors sa capitale à Kairouan.

Cependant, le chiisme fatimide ne réussit jamais à s'implanter vraiment en Afrique du Nord. Le quatrième calife fatimide, El-Moezz (953/75), réalisa la conquête de l'Égypte (969) et établit sa capitale au Caire (972), laissant l'Afrique du Nord sous le gouvernement des Zirides. La puissance fatimide atteignit alors son apogée et développa une civilisation brillante. Mais très vite le déclin des Fatimides s'amorça et leur territoire s'émietta. En établissant sa résidence en Égypte, la dynastie perdit peu à peu le contact avec le Maghreb où fut fondé en 1014 le royaume hammadide de Bougie et où les Zirides de Tunisie rejetèrent définitivement la suzeraineté fatimide en 1048. Sous le long règne du calife El-Moustansir (1036/94), la situation économique de l'Égypte se dégrada gravement à la suite de plusieurs famines. L'avènement du calife El-Moustali (1094/1101) provoqua un schisme des ismaïliens orientaux, au sein desquels se constitua la secte des Assassins. Au XIIe s., le pouvoir passa complètement entre les mains des vizirs et la monarchie, affaiblie par les intrigues de palais et les révoltes de la milice, se révéla incapable d'empêcher la pénétration des croisés en Syrie. Cette décadence provoqua un renouveau sunnite, qui se cristallisa autour d'un chef militaire prestigieux, Saladin, fondateur de la dynastie des Ayyoubides. En sept. 1171, Saladin renversa le dernier calife fatimide, El-Adid (1160/71) et rétablit l'Égypte sous l'autorité, toute nominale, des califes de Bagdad.

FAURE Félix (* Paris, 30.I.1841, † Paris, 16.II.1899). Homme politique français. Riche négociant en cuirs du Havre, élu député républicain modéré de Seine-Inférieure en 1881, il occupa divers postes ministériels (notamment comme ministre des Colonies dans le deuxième cabinet Ferry, 1883/85). Il fut élu président de la République le 17 janv. 1895, grâce à la coalition des monarchistes et des modérés contre les républicains et les socialistes. Son septennat fut marqué par le renforcement de l'alliance franco-russe (visite de Nicolas II à Paris, 1896 ; de Félix Faure à Kronstadt, août 1897), la poursuite de l'expansion coloniale (conquête de Madagascar ; affaire de Fachoda) et par le début de l'affaire Dreyfus dans laquelle le président appuya les adversaires de la révision du procès. Félix Faure mourut subitement à l'Élysée, dans des circonstances qui défrayèrent la chronique galante parisienne.

FAURE Edgar (* Béziers, 18.VIII.1908, † Paris, 30.III.1988). Homme politique français. Avocat, délégué des juristes français au procès de Nuremberg

(1945/46), député radical-socialiste du Jura en 1946, il participa à nombre de gouvernements de la IVe République et fut deux fois président du Conseil (janv./févr. 1952 et févr. 1955/janv. 1956). Il accorda l'autonomie interne à la Tunisie (1955) et prépara le rétablissement des relations diplomatiques avec la Chine populaire. Rallié au général de Gaulle en 1958, il fut notamment ministre de l'Éducation nationale (juill. 1968/juin 1969) et président de l'Assemblée nationale (1973/78). On lui doit des ouvrages politiques et historiques ainsi que des *Mémoires*.

FAVRE Jules (* Lyon, 21.III.1809, † Versailles, 19.I.1880). Homme politique français. Avocat, député républicain de Paris (1848/51), il fut un actif opposant au second Empire et plaida pour Orsini. Il fut un des cinq républicains élus par le département de la Seine au Corps législatif en 1857, lutta contre l'expédition du Mexique et se prononça contre la guerre en 1870. Après avoir pris une part décisive à la journée du 4 sept. 1870, il devint ministre des Affaires étrangères dans le gouvernement de la Défense nationale. Il refusa de céder aux exigences de Bismarck lors de l'entrevue de Ferrières (19/20 sept. 1870) mais fut contraint de consentir à la capitulation de Paris et à l'armistice (28 janv. 1871). Il conserva quelque temps le portefeuille des Affaires étrangères dans le gouvernement Thiers, prit parti contre la Commune, négocia la paix de Francfort en mai 1871 mais démissionna trois mois plus tard. Membre de l'Académie française (1867).

FAYÇAL Ier (* At Ta'if, Arabie, 20.V.1885, † Berne, 8.IX.1933). Roi de Syrie (mars/juill. 1920), roi d'Irak (1921/33). Voir IRAK. Du mandat anglais au coup d'État de 1958 et SYRIE. De la grande Syrie au mandat français.

FAYÇAL II (* Bagdad, 1935, † Bagdad, 14.VII.1958). Roi d'Irak (1939/58). Fils et successeur de Ghazi Ier, il régna jusqu'en 1953 sous la régence d'Abdul Illah. Il devint chef de la Fédération arabe d'Irak-Jordanie (1958) mais fut assassiné quelques mois plus tard lors d'un putsch militaire qui aboutit à la proclamation de la république. Voir IRAK.

FAYÇAL ibn ABD al-AZIZ (* 1905, † Riyad, 25.III.1975). Roi d'Arabie Saoudite (1964/75). Voir ARABIE SAOUDITE.

FAYOLLE Émile (* Le Puy, 14.V.1852, † Paris, 27.VIII.1928). Maréchal de France. Il reçut en 1916 le commandement de la VIe armée qui joua un rôle important dans la bataille de la Somme. Envoyé en Italie en 1917, il contribua à redresser la situation après Caporetto. Lors de la dernière grande offensive allemande du printemps 1918, il fut mis à la tête du groupe d'armées de réserve qui décida de la seconde bataille de la Marne par sa contre-attaque à Villers-Cotterêts. Il commanda ensuite les troupes d'occupation dans le Palatinat, fut président de la Commission de contrôle alliée jusqu'en 1920. Il fut fait maréchal de France en 1921.

FAYOUM (le). Vaste dépression de Haute-Égypte, située à l'O. de la vallée du Nil. Son fond est occupé par le lac Qarun qui, alimenté par un bras du Nil, le Bahr Youssouf, se trouve à 45 m au-dessous du niveau de la mer. C'est le reste de l'antique lac Moeris des Grecs (le *Merour* des anciens Égyptiens). Le Fayoum antique était une zone marécageuse, riche en gibier et en étangs poissonneux, peuplée aussi de crocodiles (le chef-lieu de la province reçut, à l'époque des Ptolémées, le nom de *Crocodilopolis*). Habité par l'homme dès le paléolithique, le Fayoum vit les débuts de la civilisation néolithique en Égypte (V[e] millénaire). Au Moyen Empire, la XIIe dynastie (XXe/XVIIIe s. av. J.-C.) mit systématiquement en valeur le Fayoum. Aménemhat III s'y fit construire un vaste temple funéraire, le « Labyrinthe » des Grecs. Les célèbres portraits coptes du Fayoum (Ier au IVe s.) représentent les visages très expressifs des défunts que l'on a retrouvés fixés sur leurs momies.

FAZY James (* Genève, 12.V.1794, † Petit-Saconnex, près de Genève, 6.XI.1878). Homme politique et publiciste suisse. Après avoir lutté en France contre le régime de Charles X, il fut, dans sa *Revue de Genève*, l'infatigable adversaire du Conseil conservateur de Genève dont il provoqua le renversement en 1846. Devenu avec ses amis radicaux maître du Conseil de Genève, il réalisa d'importantes réformes sociales (fondation de la caisse hypothécaire, de l'hôpital cantonal...) mais dut abandonner le pouvoir en 1861.

FBI. Sigle de **Federal Bureau of Investigation**. Service du département de la Justice des États-Unis chargé de la Sûreté fédérale. Créé en 1908 par Th. Roosevelt sous le nom de *Bureau of Investigation*, il fut dirigé par John Edgar Hoover de 1924 à 1972. Hoover fit de cet organisme un corps de police d'élite dont les membres furent soumis à la plus stricte discipline. Le FBI joua un rôle essentiel dans la répression du banditisme au temps de la prohibition et de la grande crise des années 1930, puis dans la chasse aux espions nazis.

Après la Seconde Guerre mondiale, il élargit son champ d'action à la lutte contre l'espionnage (notamment des agents communistes) et contre le terrorisme. Voir CIA.

FÉDÉRALISTES (insurrections, 1793). Pendant la Révolution française, nom donné aux insurrections par lesquelles s'exprima le mécontentement des provinces devant la centralisation révolutionnaire et la dictature exercée par la capitale. Le refus des méthodes terroristes, la crainte des bouleversements sociaux, l'attachement à la religion catholique, contribuèrent également à la crise fédéraliste qui, en certains endroits, fut exploitée par des éléments ouvertement contre-révolutionnaires. Dès le printemps 1793, les Montagnards accusèrent les Girondins, représentants de la bourgeoisie provinciale, de sympathiser avec le fédéralisme et de préparer le démembrement de la République. Après la proscription des Girondins (2 juin 1793), la crise devint une révolte caractérisée. Des administrations locales se constituèrent en gouvernements indépendants et nouèrent des ententes. La révolte affecta surtout l'Ouest (Caen), le Sud-Ouest (Bordeaux) et le Sud-Est. Les insurgés de Normandie essayèrent de marcher sur Paris mais furent arrêtés par les troupes de la convention à Vernon (13 juill.) ; le mouvement de l'Ouest fut ainsi rapidement étouffé mais il avait inspiré Charlotte Corday qui vint à Paris assassiner Marat.

À Lyon et dans le Midi, le fédéralisme, pénétré d'éléments royalistes, fut redoutable. Lyon soutint un siège de deux mois (août/oct. 1793) contre les forces de la Convention et la ville subit une répression impitoyable. Marseille s'insurgea également mais fut soumise dès le 25 août. Toulon reçut les secours des Anglais et ne fut prise qu'en déc. 1793, après un siège qui mit pour la première fois en valeur le jeune Bonaparte. Au moment le plus critique, une soixantaine de départements se trouvaient plus ou moins en état d'insurrection. La Convention triompha de cette crise en envoyant dans les départements des représentants en mission munis de pouvoirs dictatoriaux et en plaçant à la tête des administrations locales des *agents nationaux*, sous le contrôle de comités révolutionnaires. L'œuvre décentralisatrice des constituants de 1791 fut ainsi ruinée.

FÉDÉRATION (fête de la, 14 juill. 1790). Fête célébrée au Champ-de-Mars, à Paris, le 14 juill. 1790, pour le premier anniversaire de la prise de la Bastille. Dès le début de la Révolution, des rencontres de fraternisation avaient eu lieu spontanément de ville à ville, puis de province à province. Ce mouvement populaire aboutit à la fête de la Fédération nationale à Paris. Elle rassembla 14 000 gardes nationaux de tous les départements qui assistèrent à une messe que l'evêque Talleyrand, entouré de 300 prêtres ceints de l'écharpe tricolore, célébra sur l'autel de la Patrie. Louis XVI, présent à cette fête, prêta serment à la Constitution. Une autre fête de la Fédération eut lieu, également au Champ-de-Mars, le 14 juill. 1792, mais dans un climat tout différent, celui des divisions et des haines qui préludaient à la journée du 10-Août. En 1815, pendant les Cent-Jours, on tenta de renouveler les anciennes fédérations, en Bretagne et à Paris, mais sans aucun résultat.

FÉDÉRATION DE LA GAUCHE DÉMOCRATE ET SOCIALISTE (FGDS). Voir **Socialistes (partis)**. François Mitterrand et le nouveau parti socialiste.

FÉDÉRATION DE L'ÉDUCATION NATIONALE (FEN). Fédération syndicale française regroupant des syndicats de salariés de l'enseignement public. Créée en 1928, la FEN fit partie de la CGT jusqu'en 1948 avant de choisir l'autonomie. La partie la plus à gauche fit scission en 1993 afin de créer la Fédération syndicale unitaire (FSU). En déc. 2000, réunie en congrès, la FEN décida de changer son nom en UNSA-éducation, renforçant son intégration au sein de l'Union nationale des syndicats autonomes.

FÉDÉRÉS. Dans l'histoire romaine, terme désignant toutes les cités liées à Rome par un traité *(fœdus)*. Dès 493 av. J.-C., Rome avait organisé une confédération latine, qui se doubla d'une confédération italienne à mesure de la conquête romaine de la péninsule. Ces confédérations laissaient en principe subsister l'autonomie des cités qui gardaient leur administration, leurs magistrats et leurs monnaies. Ce système fut étendu au-delà de l'Italie à des cités grecques quand Rome conquit les futures provinces orientales de son empire, et cette organisation subsista à l'époque impériale. Le monde romain, à son apogée, demeura « une fédération de cités groupées autour de la plus puissante d'entre elles, Rome » (F. Lot). À partir du IVe s. de notre ère, des tribus barbares entières devinrent des fédérés ; installées en certaines régions de l'Empire, elles furent chargées d'en assumer la défense. Cette pratique contribua beaucoup à la germanisation de l'Empire romain.

FÉDÉRÉS. Nom adopté par les gardes nationaux parisiens, pendant l'insurrection de la Commune (v.), après que les diverses unités de la Garde nationale eurent décidé de se fédérer, sous la direction d'un Comité central (3 mars 1871). La Commune de Paris, dans la conception de ses chefs, devait être la matrice d'une grande « fédération » des communes de France.

Pendant la guerre civile, les fédérés groupaient théoriquement 197 332 officiers et gardes mais le nombre des combattants ne dépassa pas, en fait, 30 000 hommes. Le 27 mai 1871, des fédérés capturés par les versaillais furent fusillés au cimetière du Père-Lachaise, contre le mur qui porte depuis lors le nom de « mur des Fédérés » et où se déroule, depuis 1880, une commémoration annuelle.

FÉDOR III Alexéïevitch (* 9.VI.1661, † 7.V.1682). Tsar de Russie (1676/82). Fils et successeur d'Alexis Ier, prince lettré, il protégea les sciences et les écoles, agrandit et embellit Moscou et fit brûler tous les titres de noblesse afin que les distinctions fussent désormais réservées au mérite.

FÉMINISTES (mouvements). L'idée du féminisme – la consécration *juridique* de l'égalité des femmes et des hommes – ne commença à se répandre qu'à l'époque de la Révolution française. Toutefois, l'œuvre des assemblées révolutionnaires en faveur de la promotion juridique de la femme resta limitée : le privilège de masculinité fut rayé du droit successoral ; la femme obtint la même initiative que l'homme dans le divorce mais la Convention maintint l'incapacité de la femme mariée pour l'administration des biens communs. Le

Code civil napoléonien fut, quant à lui, inspiré par un esprit nettement antiféministe.

Le mouvement pour l'émancipation féminine prit un essor nouveau avec le romantisme. Il s'exprima notamment dans les romans de Mme de Staël et de George Sand et dans les doctrines des saint-simoniens et des fouriéristes. Dès l'époque de la monarchie de Juillet, après l'*Appel à la femme*, lancé en 1832 par les saint-simoniens, parurent les premières revues féministes : *La Femme libre* (1832), le *Journal des femmes* (1833), *Le Conseiller des femmes* (1833), etc. La grande apôtre française du féminisme fut alors Flora Tristan qui a condensé sa doctrine dans *L'Émancipation de la femme* (1835).

En France cependant, et dans les pays d'Europe en général, la lutte pour les droits des femmes se heurtait à une puissante résistance de l'opinion publique. L'instruction féminine élémentaire, ébauchée par la loi Guizot de 1833, ne reçut un commencement d'organisation à l'échelle nationale qu'à la fin du second Empire et ce n'est qu'en 1925 que fut réalisée enfin l'égalité entre l'enseignement secondaire masculin et féminin.

Les États-Unis furent à l'avant-garde dans l'émancipation féminine. Dès les années 1820, des femmes accédèrent au barreau dans certains États. Dès 1849, le territoire du Wyoming donna le droit de vote aux femmes.

Dans la seconde moitié du XIXe s., l'accès des femmes à l'enseignement supérieur fit également des progrès – encore très lents – en Europe. Il fallut attendre 1909 pour voir les hautes écoles médicales britanniques s'ouvrir aux jeunes filles ; le Queen's College, destiné à former des professeurs féminins, fut créé à Londres en 1848 mais les jeunes filles ne purent passer des diplômes à l'université de Londres qu'en 1878 et à Oxford et à Cambridge, seulement après 1920. En France, les progrès furent plus lents encore : première femme bachelière en 1861, première femme docteur en médecine en 1868, première femme inscrite au barreau en 1900. Marie Curie, qui fut la première femme à recevoir un prix Nobel (1903) et qui fut appelée en 1906 à enseigner la physique générale à la Sorbonne, restait en son temps un cas exceptionnel.

Les conquêtes du XXe s.

La lutte des femmes pour l'égalité des droits politiques, commencée dans les années 1840, n'obtint que peu de résultats au cours du XIXe siècle. Cependant, à partir de 1890, plusieurs États de l'ouest des États-Unis accordèrent le droit de vote aux femmes. Le vote féminin aux élections générales fut introduit en Nouvelle-Zélande dès 1893, en Australie en 1902, en Finlande en 1906, en Norvège en 1913. En Angleterre, la revendication des femmes prit une forme violente dans les premières années du XXe s., avec l'agitation des suffragettes ; celles-ci obtinrent partiellement gain de cause en 1918 mais les femmes anglaises ne conquirent la pleine égalité électorale qu'en 1928. Les Russes avaient obtenu le droit de vote dès la révolution de 1917 ; les Allemandes dès 1918 ; les citoyennes des États-Unis dès 1920, grâce au 19e amendement à la Constitution. En France, les partis de gauche, favorables en principe à l'émancipation féminine, firent longtemps obstruction à l'octroi du droit de vote aux femmes, craignant, en effet, que celles-ci n'apportent leurs suffrages aux formations politiques conservatrices (phénomène qui devait en effet se confirmer par la suite) ; c'est seulement en 1944 que les femmes françaises obtinrent le droit de vote, par une décision du général de Gaulle mais, dès 1936, des femmes avaient siégé dans le gouvernement du Front populaire.

À la fin des années 1960 apparurent presque simultanément dans tous les pays occidentaux des mouvements féministes qui, au-delà de revendications comme la libéralisation de l'avortement, s'opposaient à une société dominée par les hommes. Aux États-Unis naquit en 1966 le National Organisation of Women, constitué en groupe de pression, qui fut cependant dépassé en 1968 par le Women's Lib, plus radical. En France, le Mouvement de libération des femmes (MLF), né en 1970, mena plusieurs actions, notamment en faveur de la liberté sexuelle et du droit à l'avortement.

La conquête de l'égalité juridique a été plus lente que celle de l'égalité politique. En France, le principe de l'incapacité de la femme, formulé dans le Code civil de 1804, est resté pratiquement intact jusqu'au début de ce siècle. En 1897, on permit aux femmes de paraître comme témoins dans les actes de l'état civil et dans les actes notariés. En 1907, la femme obtint le droit de plaider sans autorisation maritale relativement à son salaire, ainsi que le droit d'administrer et d'aliéner les biens provenant d'une profession séparée ; en outre, elle fut appelée à la tutelle des enfants naturels et, en 1917, à la tutelle de tous les enfants. La loi du 18 février 1938 marqua un tournant décisif en proclamant le principe de la capacité de la femme mariée. Une nouvelle étape fut franchie, sous le gouvernement de Vichy, par la loi du 22 sept. 1942 : il fut désormais interdit au mari de disposer par donation des biens de la communauté sans le consentement de sa femme ; celle-ci pouvait désormais ester en justice sans autorisation maritale et accomplir seule tous les actes juridiques relatifs aux biens dont elle avait l'administration. En 1965, une nouvelle loi accorda à la femme le droit d'exercer librement toute profession séparée, sans le consentement de son mari et sans que celui-ci puisse y faire opposition. Des mesures ultérieures ont achevé de faire sortir complètement la femme française de la dépendance de son mari.

Les femmes demeurent cependant vulnérables dans le monde du travail. Bien qu'elles constituent 30 à 40 % de la main-d'œuvre des pays développés (mais seulement 10 % dans les pays en développement), elles accèdent rarement à des postes de responsabilité. Aussi le féminisme s'est-il orienté vers la remise en cause des éléments culturels fondant une prééminence des hommes dans les sociétés contemporaines. Particulièrement vif aux États-Unis, ce mouvement s'est traduit sur le plan universitaire par le développement des « *gender studies* », sciences humaines revues du point de vue des femmes. Certaines féministes ont conduit, non sans excès, une véritable « guerre des sexes » sociale et politique, se traduisant par des tentatives de révision du langage (l'éradication de mots sans féminin, par exemple), la lutte contre le harcèlement sexuel, la codification des rapports amoureux.

En France, le féminisme s'est fait moins radical dans les années 1980. Les mouvements féministes ont continué toutefois à réclamer l'égalité des femmes et des hommes dans divers domaines, comme celui des revenus, où elle n'était pas réalisée, même dans les pays les plus avancés en la matière. En France, deux lois inspirées par ces courants de pensée furent adoptées, en nov. 1992, sur le harcèlement sexuel dans les lieux de travail et, en janv. 2000, sur la parité hommes/femmes pour les candidatures aux élections.

FEN. Voir FÉDÉRATION DE L'ÉDUCATION NATIONALE.

FÉNELON François de Salignac de la Mothe (* château de Fénelon, Quercy, 6.VIII.1651, † Cambrai, 7.I.1715). Prélat français. Archevêque de Cambrai (1695), écrivain, critique et auteur spirituel, engagé dans une célèbre controverse avec Bossuet à propos du quiétisme (v.), Fénelon a également cultivé des ambitions politiques, dans l'attente de l'avènement du duc de Bourgogne dont il avait été le précepteur de 1689 à 1695. Ami de Saint-Simon et comme lui, adversaire de l'absolutisme, il souhaitait rétablir l'aristocratie dans toutes ses prérogatives mais soulignait d'autre part l'importance des devoirs du roi et des grands envers le peuple.

Fénelon exposa dans son *Télémaque* (1699), dans sa *Lettre à Louis XIV* (vers 1694), dans son *Examen de conscience d'un roi* et dans ses *Tables de Chaulnes* (1711), des vues politiques qui annoncent parfois celles des philosophes du XVIIIe s.

FENIAN (mouvement). Société secrète révolutionnaire irlandaise, fondée vers 1858 pour obtenir par la force l'indépendance de l'Irlande. De nos jours, l'esprit fenian a trouvé une vigueur nouvelle dans le mouvement du Sinn Féin (v.), fondé par un ancien fenian.

FÉODALITÉ. La féodalité fut le régime social et politique de l'Europe occidentale du IXe au XIIIe s. ; ses vestiges ont subsisté en France jusqu'à la Révolution de 1789 et dans d'autres pays d'Europe, par exemple l'Allemagne, jusqu'au XIXe s. Elle se développa à la disparition du grand commerce maritime qui avait été la base de l'économie méditerranéenne antique et à la prédominance absolue de la propriété terrienne. Le commerce maritime ne survécut qu'en deux points de l'Europe : en Frise, qui resta en relation avec les côtes nordiques jusqu'au moment où les invasions normandes mirent fin à cette activité (seconde moitié du IXe s.) ; à Venise, jusqu'aux XIe/XIIe s.

Depuis l'époque gallo-romaine, la terre était divisée en de grands domaines qui couvraient des milliers d'hectares et que leurs propriétaires ne pouvaient évidemment cultiver eux-mêmes. Dès lors se posait le problème du travail agricole : l'esclavage tombant en désuétude sous l'influence morale du christianisme et la rareté de la monnaie ne permettant pas le salariat agricole, les propriétaires furent amenés à répartir leurs terres entre des colons qui les cultivaient contre des redevances ou des corvées, devenues peu à peu perpétuelles et héréditaires. Pour les services publics, il en allait comme pour le travail agricole. Charles Martel, au début du VIIIe s., donna l'exemple en distribuant à ses guerriers des « bénéfices », c'est-à-dire encore des terres, seule richesse de l'époque. En principe, ce bénéfice était précaire ; mais comme le roi avait intérêt à s'assurer la fidélité continue de ses guerriers, le bénéfice, par une évolution naturelle, devint héréditaire, et le capitulaire de Quierzy-sur-Oise (877) ne fit que consacrer un état de fait acquis peu à peu au cours du IXe s.

Cependant, la féodalité ne résulte pas seulement d'une dissolution de la propriété, mais aussi d'une dissolution de l'État au sens romain du terme. La vassalité, c'est-à-dire les liens de dépendance d'homme à homme, a des origines à la fois romaines et germaniques. Dans la royauté mérovingienne, qui avait repris les traditions étatiques romaines, la vassalité n'a existé qu'autour du roi : c'était la *trustis*, formée par les antrustions, qui prêtaient au roi un serment spécial et lui servaient de garde prétorienne.

Le vassal et l'État

On peut donc dire que le vassal, ce personnage essentiel de la féodalité, constitue une véritable nouveauté qui fait son apparition au VIIIe s. lorsque les luttes entre les maires du palais amènent ceux-ci à grouper derrière eux des factions d'aristocrates. Attaché au roi par un serment à caractère personnel, le vassal va s'attacher à lui-même d'autres hommes (le capitulaire de Mersen, 847, généralisera l'institution en obligeant tout homme libre à se lier ainsi au roi ou à l'un de ses fidèles). Dès l'époque carolingienne, le dévouement personnel commence à se substituer à l'idée de l'État. Le roi paie ses vassaux en leur donnant la jouissance d'une part de ses domaines, le vassal du roi fait de même avec ses propres vassaux, d'où une multiplication des fiefs. Le pouvoir royal lui-même encourage ce mouvement, car la vassalité simplifie sa tâche : il n'a qu'à diriger ses vassaux, qui, à leur tour, dirigeront les leurs.

La généralisation de ce système diminue cependant la cohésion de l'État : le vassal se comportera de plus en plus comme un propriétaire de fait. La confiscation du bénéfice, prévue si le vassal ne remplit pas ses obligations, devient vite une épreuve de force. En face de ses vassaux, le roi ne peut pas compter sur ses fonctionnaires, car la fonction publique elle-même se féodalise. Les comtes carolingiens s'approprient leur office qui devient héréditaire (877), des dynasties de ducs et de comtes se constituent (la plus dangereuse étant celle des Robertiens ou Capétiens qui finit par renverser la royauté carolingienne). Aux prises avec cette usurpation, le roi est obligé d'avoir recours à un expédient désespéré, l'immunité, par laquelle il accorde à un vassal l'avantage d'être soustrait à l'action des fonctionnaires royaux et d'être désormais responsable uniquement devant lui. Cependant, cette institution aggrave encore la désintégration de l'État car l'immuniste vit désormais complètement indépendant, sans autre contrôle que celui d'un souverain souvent lointain et fléchissant.

Au Xe s., l'évolution de la féodalité arrive à son complet développement. La pyramide féodale comporte à son sommet le roi qui n'est plus que le seigneur des seigneurs et qui voit s'interposer entre lui et son peuple tout un réseau extrêmement complexe de dépendances personnelles et de droits particuliers sur lesquels il n'a que peu de pouvoir. Chaque vassal est pratiquement maître dans le cadre de son fief. Par l'extension de la pratique de l'immunité, il a accaparé les anciens droits régaliens, faisant des règlements de police, contrôlant les voies et les ponts, surveillant les marchés, rendant même la justice. Ainsi l'État s'est littéralement pulvérisé en une multitude de petits États, de seigneuries, dont le château symbolise l'indépendance.

Mais le mouvement de la féodalité n'eût pas été aussi puissant s'il n'avait été la source de réels bienfaits. Les invasions normandes (de 840 à 911) et les invasions hongroises (au Xe s.) jouèrent ici un rôle décisif. Dans la carence du pouvoir royal, qui n'avait plus les ressources suffisantes pour assurer la défense du pays, c'est localement que dut s'organiser la résistance, autour du seigneur et de son « château ». L'insécurité générale poussa les derniers hommes libres à entrer à leur tour dans le réseau de la vassalité, les petits propriétaires à vendre leur terre aux grands pour la recevoir ensuite, à titre de fief, avec aide et protection. C'est l'immense besoin de protection, éprouvé par tous dans le haut Moyen Âge, qui fut l'âme de la féodalité. Protection recherchée ou imposée par le seigneur, les relations féodo-vassaliques constituèrent le mode de régulation des tensions d'une société sans État. Du haut en bas de la société s'établirent des liens réciproques d'assistance et de fidélité ; ces liens furent confirmés par des rites spectaculaires : l'hommage (avec l'*immixtio manuum* et le baiser de paix sur la bouche, l'*osculum*) ; le serment de foi ; l'investiture, par laquelle le suzerain, après avoir reçu le serment de son vassal, lui remettait un objet, symbole du fief.

Dans les zones méditerranéennes restées imprégnées de droit romain, les contrats féodaux furent parfois scellés par des actes écrits (les *convenentiae* catalanes ou occitanes, par exemple). Dans certaines régions, il subsista des terres sans seigneurs et des paysans libres : on parle d'alleux et d'alleutiers. En Allemagne, la féodalité se répandit moins rapidement qu'en France, mais elle devait être plus durable. Ruiné par sa lutte contre le Saint-Siège, le pouvoir impérial ne put empêcher la création de grandes puissances féodales laïques et ecclésiastiques qui devaient entretenir la division de l'Allemagne jusqu'au XIXe s. Il faut signaler en Allemagne la distinction entre les principautés « immédiates », qui relevaient directement de l'empereur, et les principautés « médiates », dont le souverain dépendait d'un autre prince. L'Italie se féodalisa en même temps que la France mais, en raison des débouchés méditerranéens, la renaissance commerciale se manifesta dès le XIe s. et toute la physionomie politique et économique de l'Italie fut transformée par l'essor du mouvement des communes. Le même phénomène est intervenu en Flandre mais au XIIIe s. En Angleterre, la féodalité ne fut introduite que par la conquête normande (1066) et le *Domesday Book* (1086) fixa l'armature féodale du pays. Toutefois, la monarchie anglaise, aux XIe/XIIe s., conserva un prestige beaucoup plus grand que les monarchies du continent, parce que la pyramide féodale était réellement contrôlée par le roi suzerain et qu'aucune seigneurie ne fut assez importante pour mettre en échec les rois normands. Ceux-ci possédèrent toujours une milice nationale alors que les autres rois suzerains ne pouvaient guère compter que sur l'armée féodale.

FER (âge du). Nom donné à la période de l'histoire (fin du IIe/Ier millénaire avant notre ère) qui, généralement consécutive à l'âge du bronze, fut caractérisée par la diffusion du fer comme métal courant. Le fer était connu cependant depuis une époque beaucoup plus reculée. On a trouvé en Égypte des perles de fer datant de l'époque prédynastique (vers 3500 av. J.-C.) ; d'autres fragments d'objets en fer, du IIIe millénaire, notamment un poignard, à Tell Asmar, ont été découverts en Mésopotamie. Mais il s'agissait de fer météorique, alors que la découverte des procédés de fusion du minerai ne paraît pas antérieure au IIe millénaire. Les premiers fers fondus trouvés en Anatolie, en Syrie, en Mésopotamie datent de – 1800/– 1500. L'Anatolie et les régions voisines du Caucase et de la mer Caspienne semblent avoir été, dans la seconde moitié du IIe millénaire avant notre ère, les premiers centres de la métallurgie du fer. À partir du centre anatolien, le fer se répandit, grâce aux mouvements de population à la fin du IIe millénaire, au Proche-Orient, en Égypte et dans le monde égéen. Par la voie maritime probablement, il atteignit l'Italie avant la fin du IIe millénaire. Les premiers propagateurs de la civilisation du fer dans la péninsule furent les Ombriens, les Villanoviens et les Étrusques.

En Europe centrale et occidentale, l'âge du fer ne commence que vers 900 avant notre ère. On le divise en deux grandes phases : premier et second âge du fer, anciennement époque de Hallstatt et époque de La Tène. Dans la première moitié du Ier millénaire, le fer, par la voie du Caucase, fut également connu des Scythes et des Cimmériens. À l'origine, le fer fut considéré comme un métal précieux et – en raison de son origine météorique – quasi magique et même impur. Cependant, comme les gisements de minerai étaient nombreux et largement distribués, le fer, dès que les techniques de fusion furent maîtrisées, supplanta le bronze dont les constituants, cuivre et étain, étaient relativement rares. Les armes de fer contribuèrent à la supériorité militaire des Hittites et des Peuples de la Mer. En Asie, la diffusion du fer fut plus tardive : elle se situe, en Inde, vers 500 av. J.-C., en Chine, dans le dernier demi-millénaire avant notre ère, au Japon, à partir du IIe s. av. J.-C. (mais les armes de fer japonaises ne commencent à se multiplier qu'à partir du IIe s. de notre ère). Une partie de l'Afrique, continent particulièrement riche en fer, n'a pas connu, comme l'Europe, les étapes intermédiaires du cuivre et du bronze. La métallurgie du fer s'y est répandue dans les derniers siècles avant notre ère, à partir de la Nubie.

FERDINAND

ALLEMAGNE

FERDINAND Ier (* Alcalá de Henares, Castille, 10.III. 1503, † Vienne, 25.VII.1564). Empereur germanique (1556/64). Second fils de Philippe le Beau, archiduc d'Autriche, frère puîné de Charles Quint, il reçut en 1521/22 les provinces autrichiennes des Habsbourg, devint roi de Bohême et de Hongrie à la mort de son beau-frère Louis (1526) et fut élu roi des Romains en 1531. En Hongrie, il mena des combats malheureux contre les Turcs, qui assiégèrent Vienne en 1529. Il succéda comme empereur à Charles Quint après l'abdication de ce dernier en 1556, mais le pape Paul IV refusa de le reconnaître comme chef de l'Empire. Ferdinand passa outre et, depuis lors, les empereurs germaniques cessèrent de demander la confirmation du pape. Tout en soutenant la réforme catholique et les jésuites, Ferdinand, qui fut signataire de la paix d'Augsbourg (1555), s'employa à réconcilier les protestants et les catholiques.

FERDINAND II (* Graz, 9.VII.1578, † Vienne, 15.II. 1637). Empereur germanique (1619/37). Petit-fils de Ferdinand Ier, il fut élevé par les jésuites et travailla d'abord à répandre la Réforme catholique en Styrie, en Carinthie et en Carniole. Successeur de son cousin Matthias comme roi de Bohême en 1617, roi de Hongrie en 1618 et empereur en 1619, aussi fermement attaché à l'absolutisme qu'à l'unité catholique, il se trouva aux prises avec la révolte des protestants tchèques (défenestration de Prague, mai 1618), qui déclencha la guerre de Trente Ans. Déchu par l'Électeur palatin Frédéric que les protestants avaient élu roi, il écrasa son adversaire à la Montagne Blanche (1620). Le roi de Danemark Christian IV qui lui succéda comme champion de la cause protestante, subit la défaite de Lutter (1626) et dut signer la paix de Lübeck (1629). La même année, Ferdinand II rendit l'*édit de Restitution* (6 mars 1629), qui privait les réformés de tous les droits qui leur avaient été précédemment concédés. Cette mesure provoqua de nouveaux troubles et les armées de Ferdinand furent battues par Gustave-Adolphe de Suède à Leipzig (1631) et à Lützen (1632). Mais la mort de ce dernier permit à l'empereur de rétablir la situation (victoire de Nördlingen en 1634). Ferdinand II fut servi par d'excellents généraux, Maximilien de Bavière, Tilly et Wallenstein.

FERDINAND III (* Graz, 13.VII.1608, † Vienne, 2.IV.1657). Empereur germanique (1637/57). Fils et successeur de Ferdinand II, couronné roi de Bohême en 1625 et de Hongrie en 1627, il commanda avec Gallas l'armée impériale qui battit les Suédois à Nördlingen (1634). Ayant succédé à son père en 1637, il dut continuer la guerre de Trente Ans contre la Suède et la France et signer la paix de Westphalie (1648) qui consacrait la division religieuse de l'Allemagne, son émiettement politique et l'affaiblissement irréparable du pouvoir impérial.

ARAGON

FERDINAND Ier le Juste (* vers 1380, † Igualada, Catalogne, 2.IV.1416). Roi d'Aragon et de Sicile (1412/16). Fils de Jean Ier de Castille et, par sa mère, petit-fils de Pierre IV d'Aragon, il remporta un brillant succès en enlevant aux Maures de Grenade la forteresse d'Antequera (1410). Malgré une forte opposition catalane, il s'assura, avec l'appui de st Vincent Ferrier, le trône d'Aragon par le compromis de Caspe (1412). Une fois élu, il retira le soutien de l'Aragon à l'antipape Benoît XIII et hâta ainsi la fin du Grand Schisme. Son règne marqua le début de la dynastie castillane d'Aragon qui prépara l'union de la Castille et de l'Aragon, sous Ferdinand II.

FERDINAND II le Catholique (* Sos, Aragon, 10.III.1452, † Madrigalejo, Estrémadure, 23.I.1516). Roi d'Aragon et de Sicile (1479/1516), roi de Castille (1474/1504) (sous le nom de **Ferdinand V**), roi de Naples (1504/16) (sous le nom de **Ferdinand III**). Petit-fils de Ferdinand Ier le Juste et fils de Jean II d'Aragon, il fut marié en oct. 1469 à l'infante Isabelle de Castille et ce mariage réalisa l'union personnelle des deux royaumes. Cette union de la Castille et de l'Aragon préluda à l'unification de la péninsule Ibérique. La prise de Grenade, en 1492, chassa d'Espagne le dernier royaume musulman. La même année, Ferdinand II procéda à l'expulsion des Juifs d'Espagne. Il acquit le Roussillon et la Cerdagne puis s'empara de la Navarre en 1512. Il soumit la noblesse et, avec l'aide de l'Inquisition (établie en 1480), œuvra à l'unification religieuse. Le couple royal reçut du Saint-Siège le titre de Rois Catholiques. À la suite des victoires de Gonzalve de Cordoue, Ferdinand devint roi de Naples en 1504. À la mort d'Isabelle, en 1504, sa fille, l'infante Jeanne, dite Jeanne la Folle, hérita théoriquement des domaines castillans. L'époux de Jeanne, l'archiduc Philippe le Beau, fils de Maximilien Ier, refusa de reconnaître le testament d'Isabelle, qui donnait à Ferdinand la régence de Castille. Mais la mort inopinée de Philippe le Beau, en 1506, et la démence de Jeanne la Folle permirent à Ferdinand de reprendre le pouvoir en Castille et d'y renforcer l'absolutisme. Son petit-fils Charles de Habsbourg lui succéda sous le nom de Charles V (Quint).

BULGARIE

FERDINAND Ier de Saxe-Cobourg (* Vienne, 26.II. 1861, † Cobourg, 10.IX.1948). Prince (1887/1908) puis tsar de Bulgarie (1907/18). Voir BULGARIE. Les débuts de la nouvelle Bulgarie, 1878/1918.

CASTILLE et LEÓN

FERDINAND Ier le Grand (* vers 1016, † León, 27.XII.1065). Roi de Castille (1035/65). Fils de Sanche III le Grand, roi de Navarre, et de Munie Elvire de Castille, reconnu roi de Castille en 1035, il joignit à ce pays le León en 1037 et remporta des succès retentissants contre les Maures. Il fut le précurseur des grands rois de la monarchie castillane.

FERDINAND III le Saint (* vers 1200, † Séville, 30.V.1252). Roi de Castille (1217/52) et de León (1230/52). Fils d'Alphonse IX, roi de León, et de Bérengère, reine de Castille. Il réunit définitivement le León et la Castille en 1230, chassa les Maures de Cordoue (1236), de Jaén (1246) et de Séville (1248) et fonda l'université de Salamanque. Canonisé par Clément X en 1671.

ESPAGNE

FERDINAND VI le Sage (* Madrid, 23.IX.1713, † Villaviciosa de Odon, 10.VIII.1759). Roi d'Espagne (1746/59). Fils de Philippe V et de Marie-Louise de Savoie, c'était un homme discret et tranquille qui laissa gouverner sa femme, Barbara de Bragance. Il maintint l'Espagne en dehors des conflits européens et veilla à ne se laisser entraîner ni par une alliance française ni par une alliance anglaise. À l'intérieur, son ministre Ensenada mena une politique de réformes.

FERDINAND VII (* San Ildefonso, 13.X.1784, † Madrid, 29.IX.1833). Roi d'Espagne (1808 et 1814/33). Fils de Charles IV et de Marie-Louise de Parme, il s'opposa à Godoy, le tout-puissant favori de sa mère. Le soulèvement d'Aranjuez (mars 1808), força Charles IV à abdiquer en faveur de son fils (19 mars 1808). Après l'occupation de Madrid par les troupes de Murat, Ferdinand fut contraint par Napoléon de se rendre avec son père aux conférences de Bayonne et dut renoncer à ses droits au trône (10 mai 1808). Interné au château de Valençay jusqu'en 1814, il se déclara prêt à respecter la Constitution libérale de 1812. Mais revenu à Madrid, il abolit cette Constitution (mai 1814), restaura l'absolutisme et persécuta les libéraux ; il ne put empêcher l'effondrement de l'Empire espagnol d'Amérique. La révolte de Riego (janv. 1820) le força à rétablir la Constitution de 1812 (10 mars 1820) et à accepter un ministère libéral. Grâce à l'expédition française du duc d'Angoulême, il put rétablir le pouvoir absolu (oct. 1823). En 1830, sa quatrième femme, Marie-Christine, ayant eu une fille, il décida d'abolir la loi salique afin d'assurer le trône à sa fille, Isabelle, au détriment de son propre frère, don Carlos. Cette décision fut à l'origine des guerres carlistes qui devaient ensanglanter l'Espagne au XIXe s.

FLANDRE

FERDINAND, dit **FERRAND DE PORTUGAL** (* 1186, † Douai, 27.VII.1233). Comte de Flandre et de Hainaut (1211/33). Voir FLANDRE. La lutte pour l'indépendance contre la Flandre (XIIe/XIVe s.).

NAPLES, SICILE et DEUX-SICILES

FERDINAND Ier ou **FERRANTE** (* Valence, 1423, † 25.I.1494). Roi de Naples (1458/94). Fils naturel d'Alphonse V d'Aragon, il fut légitimé et hérita du royaume de Naples. Il triompha de René d'Anjou et chassa les Turcs d'Otrante (1481). Il fit de la cour napolitaine un foyer de la Renaissance italienne et introduisit l'imprimerie dans ses États dès 1474.

FERDINAND II, dit **FERRANDINO** (* Naples, 26.VI.1467, † Naples, 7.X.1496). Roi de Naples (1495/96). Petit-fils de Ferdinand Ier et fils d'Alphonse II, il lutta contre Charles VIII de France et il dut peu après abandonner sa capitale aux Français pour se réfugier à Messine. Cependant, Charles VIII ayant été contraint de battre en retraite, Ferrandino put se rétablir à Naples dès juill. 1495.

FERDINAND IV (* Naples, 12.I.1751, † Naples, 4.I.1825). Roi de Naples (1759/1816), puis roi des Deux-Siciles, sous le nom de **Ferdinand Ier** (1816/25). Il monta sur le trône de Naples en 1759 lorsque son père devint roi d'Espagne sous le nom de Charles III. Il laissa gouverner sa femme, Marie-Caroline d'Autriche et l'Anglais sir John Acton qui, devenu Premier ministre en 1785, détourna le royaume de Naples du « pacte de Famille » bourbonien pour l'aligner sur la politique britannique. Malgré l'agitation des révolutionnaires napolitains, il entra dans la coalition contre la France en 1798. À deux reprises, il dut se réfugier en Sicile, laissant se dérouler à Naples une sanglante épuration. Il resta en Sicile jusqu'en 1815 sous la protection des Anglais qui lui imposèrent une relative libéralisation de son régime absolutiste. Rentré à Naples, il fit fusiller Murat qui avait tenté de reprendre le pouvoir, abolit les réformes et prit le titre de « roi des Deux-Siciles » (déc. 1816). L'agitation libérale aboutit à l'insurrection du général Pepe (juill. 1820) et Ferdinand fut contraint d'accepter une Constitution. Mais au congrès de Laibach, il obtint l'appui de la Sainte-Alliance ; l'occupation de ses États par l'armée autrichienne lui permit de restaurer l'absolutisme (1821).

FERDINAND II (* Palerme, 12.I.1810, † Caserte, 22.V.1859). Roi des Deux-Siciles (1830/59). Petit-fils de Ferdinand IV, fils et successeur de François Ier, il donna d'abord quelques espoirs aux libéraux, puis revint à un absolutisme féroce. Obligé d'accorder une Constitution après la révolution de Palerme (janv. 1848), il reprit rapidement le contrôle du pouvoir et fit bombarder Messine, ce qui lui valut le surnom de *Re Bomba*.

PORTUGAL

FERDINAND Ier (* Lisbonne, 31.X.1345, † Lisbonne, 22.X.1383). Roi de Portugal (1367/83). Voir PORTUGAL. Des origines à la fin du XIVe s.

ROUMANIE

FERDINAND Ier (* Sigmaringen, 24.VIII.1865, † Sinaïa, 20.VII.1927). Roi de Roumanie (1914/27). Voir ROUMANIE. Jusqu'à la Première Guerre mondiale.

TOSCANE

FERDINAND III (* Florence, 6.V.1769, † Florence, 18.VI.1824). Grand-duc de Toscane (1790/1801 et 1814/24). Il monta sur le trône lorsque son père devint empereur sous le nom de Léopold II. Entré sous la pression des Anglais et des Russes dans la deuxième coalition, il fit la paix avec la France en 1795, mais fut néanmoins dépouillé de ses États au traité de Lunéville (1801). Réfugié en Autriche, il fut fait prince-Électeur de Salzbourg (1803/05), puis grand-duc de Würzburg (1805/14). Restauré en Toscane après la chute de Napoléon Ier, il se distingua par sa politique libérale, donna un nouvel essor à la vie économique et se montra un protecteur éclairé des lettres et des arts.

FERME. Système fiscal dans lequel l'État ne procède pas lui-même au recouvrement des impôts mais délègue ce soin à des capitalistes qui, moyennant une somme forfaitaire, obtiennent le droit de percevoir les revenus publics pour une durée fixée. La ferme offrait à l'État l'avantage de réduire les effectifs de l'administration financière et de lui assurer des rentrées d'argent plus rapides et parfois même anticipées ; mais elle abandonnait les contribuables aux pressions des fermiers d'autant plus intraitables qu'ils étaient pressés de rentrer dans leurs débours et qu'ils réalisaient un bénéfice substantiel.

Ce système fut pratiqué dès l'Antiquité. À Athènes, dix magistrats, les *polètes*, affermaient par adjudication chaque source de recette ; les adjudicataires devaient payer chaque dixième d'année leur redevance. Ces banquiers, qui pouvaient être des *métèques* (v.), formèrent de puissantes sociétés et mirent sur pied une administration fiscale parapublique. L'affermage des impôts se développa dans les monarchies hellénistiques et à Rome. Les publicains, qui se recrutaient dans la classe équestre, furent les véritables fondateurs du capitalisme romain. Leurs sociétés mirent souvent les provinces en coupe réglée, mais César leur imposa un contrôle sévère, et les empereurs, à partir d'Auguste, créèrent une administration fiscale. Au IVe s. de notre ère, le système de la ferme avait presque totalement disparu dans l'Empire romain.

En France, il devait reparaître dès les débuts de la monarchie et subsister jusqu'à la Révolution, du moins pour les impôts indirects (car les impôts directs furent toujours perçus en régie). Longtemps, le roi n'eut que des fermiers particuliers, mais, à la fin du XVIe s., commença un mouvement de concentration qui s'accentua sous Colbert (création des « provinces des cinq grosses fermes », 1664/67). Sous Louis XIV, les fermiers ou traitants tiraient déjà des bénéfices considérables des commissions qu'ils prélevaient sur les contribuables (environ un quart des sommes perçues). La Compagnie des fermiers généraux fut créée en 1691 ; Law, en 1719, racheta le bail aux frères Pâris pour 52 millions ; il fit confier à la Compagnie l'ensemble de l'administration fiscale et porta ainsi son produit à 90 millions. Après la ruine de Law, la **ferme générale des Droits du roi** fut définitivement établie en 1726. La ferme était adjugée par le contrôleur des Finances, pour une durée de six ans, à un financier unique, qui n'était qu'un prête-nom, cautionné par les autres fermiers généraux. Leur nombre était ordinairement de quarante (soixante de 1756 à 1780) ; depuis 1673, ils étaient installés à Paris à l'hôtel Séguier, rue du Bouloi. Les fermiers généraux représentaient la haute finance de l'Ancien Régime. Il s'agissait pour eux de faire rendre le maximum à l'impôt ; pour cela, la ferme générale avait monté dans les provinces une administration remarquable, qui servit de modèle lors de la création de l'administration des Contributions indirectes, sous le Consulat. La ferme, qui était surveillée par les intendants et par les cours souveraines, se comportait en général correctement avec le public. Elle n'en était pas moins détestée et, en 1789, sa suppression est demandée dans tous les cahiers des états généraux. La Constituante supprima les fermiers généraux le 2 déc. 1790. En 1793, les anciens fermiers généraux furent emprisonnés et virent leurs biens séquestrés ; presque tous, traduits devant le Tribunal révolutionnaire, périrent sur la guillotine, entre autres le grand savant Lavoisier. Voir IMPÔT et FINANCES.

FERMES (provinces des cinq grosses). Dans l'Ancienne France, nom donné aux provinces qui avaient accepté le système fiscal, proposé par Colbert en 1664/67, qui simplifiait et uniformisait les traites (v. PÉAGE) en cinq grosses fermes : les droits de haut passage, de domaine forain et d'imposition foraine, la traite domaniale (établie en 1577) ; les droits d'entrée sur les drogueries et épices, établis progressivement depuis Charles VIII ; les droits à l'importation (créés en 1581) ; les charges locales. Ces provinces, concentrées au centre du royaume, étaient : l'Île-de-France, la Normandie, la Picardie, la Champagne, la Bourgogne, l'Orléanais, le Nivernais, le Bourbonnais, le Berry, la Touraine, l'Anjou, le Maine, le Poitou et l'Aunis.

FERRÉ ou **FERRET**, dit **le Grand** (Rivecourt, en Picardie, vers 1330). Paysan, d'une force prodigieuse, il participa d'abord à la Jacquerie, puis servit Charles V et s'illustra à la défense du château de Longueil, au cours de laquelle, armé de sa seule hache, il aurait abattu plus de quatre-vingts Anglais.

FERRY Jules François Camille (* Saint-Dié, Vosges, 5.IV.1832, † Paris, 17.III.1893). Homme politique français. Député républicain en 1869, il fut membre du gouvernement de la Défense nationale (1870). Maire de Paris assiégé, il réprima les tentatives insurrectionnelles de l'extrême gauche. Ministre de l'Instruction publique (1879/81), il fut en même temps président du Conseil de sept. 1880 à nov. 1881. De nouveau ministre de l'Instruction publique (1882) et président du Conseil (1883/85), il fit adopter les principales mesures de réforme de l'enseignement public : laïcité, gratuité, caractère obligatoire de l'enseignement primaire, extension de l'enseignement secondaire d'État aux jeunes filles. Il consacra la liberté de réunion et de presse. Avec lui commence aussi la grande politique coloniale française (Tunisie, Annam, Tonkin, Madagascar). Voir **France. La IIIe République de 1871 à l'affaire Dreyfus**.

FERSEN Hans Axel, comte de (* Stockholm, 4.IX.1755, † Stockholm, 20.VI.1810). Officier de dragons de la garde suédoise. Il servit comme colonel dans l'armée française et se distingua comme aide de camp de Rochambeau durant la guerre d'Indépendance américaine. Familier de la cour de Versailles, il éprouva une vive passion pour la reine Marie-Antoinette à laquelle il inspira aussi un tendre sentiment. Durant la Révolution, il prépara la fuite de Varennes et, déguisé en cocher, conduisit jusqu'à Bondy la berline où avaient pris place Louis XVI et les siens (1791). Puis il rentra en Suède, où il fut fait feld-maréchal. Charles XIII le nomma chancelier de l'université d'Upsal. Mais la rumeur populaire l'accusa d'avoir empoisonné le prince royal Christian Auguste, duc d'Augustenborg, et il fut lapidé par le peuple au cours des funérailles de ce dernier.

FESCH Joseph (* Ajaccio, 3.I.1763, † Rome 13.V. 1839). Cardinal français. Oncle maternel de Napoléon Ier, archidiacre à Ajaccio en 1793, il renonça à la prêtrise et fut nommé commissaire des guerres dans l'armée d'Italie (1795/96). Ayant repris la soutane en 1800, il devint archevêque de Lyon (1802) et cardinal (1803). Ambassadeur à la cour de Rome (1804/06), il obtint que le pape vînt couronner Napoléon Ier et fut fait en 1805 grand aumônier de l'Empire, comte et sénateur. Mais en désaccord avec l'attitude de Napoléon Ier à l'égard de Pie VII, il fut complètement disgracié ; il se retira à Rome en 1814. Sa correspondance avec Napoléon Ier a été publiée en 1855.

FEU. L'utilisation du feu remonte probablement aux alentours de 1,5 millions d'années comme le suggéreraient les traces de cuisson trouvées dans des sites anciens, tels Chesowanja au Kenya. Cependant, les premières traces incontestables de sa maîtrise remontent seulement à 450 000 ans et proviennent des sites de Chou-k'ou-tien en Chine, de Terra Amata à Nice, de Verstesszöllös en Hongrie ou encore de Menez Dregan en Bretagne. Les gestes ayant disparu, seules subsistent les traces matérielles de la combustion, si bien que l'on ignore comment l'homme a réussi à faire du feu. Sans doute découvert par hasard (feux de brousse, éruptions volcaniques), l'usage du feu se révéla crucial pour l'évolution de l'espèce humaine et marque une coupure nette entre celle-ci et le monde animal. À l'époque préhistorique, le feu représente une source de chaleur et de lumière et une protection contre les fauves. Il permet la cuisson des aliments, qui, elle-même, suppose une prise des repas en commun, élément fondamental des débuts de la vie en société. La production du feu nécessita également une réorganisation des activités du groupe : acquisition du combustible, partage des tâches… Au paléolithique, le feu est utilisé comme source d'énergie pour l'amélioraion des matières premières par traitement thermique : silex chauffé, os et ivoire, préparation des colorants pour la peinture. Il faut attendre le néolithique (v.) et l'âge du bronze (v.) pour que le feu devienne source de transformations radicales de la matière. Ainsi naissent les « arts du feu » (poterie, métaux, verre), industries qui sont à la base de nos sociétés.

FEUILLANTS (club des). Société formée des éléments modérés du club des Jacobins qui étaient hostiles à la déchéance du roi, après la fuite à Varennes (1791). Elle tint ses premières séances au Palais-Royal et prit le nom de « Feuillants » quand elle vint s'établir dans l'ancien couvent des Feuillants, près des Tuileries. Ses principaux membres furent La Fayette, Bailly, Duport, les frères Lameth, Sieyès, Barnave. Ils souhaitaient le maintien de la Constitution de 1791 et de la royauté, et inspirèrent la droite de l'Assemblée législative. Leur influence disparut rapidement après le 10 août 1792.

FÉVRIER 1934 (journées des 6 et 12). À la suite du scandale Stavisky et de la mort mystérieuse de l'escroc (9 janv.), une violente campagne de presse contre le régime républicain fut déclenchée par les journaux d'extrême droite, en particulier *L'Action française* de Charles Maurras. Dès le 10 janv., une première manifestation des Camelots du roi eut lieu devant le Palais-

Bourbon. Le nouveau gouvernement, présidé par Daladier, décida, le 3 févr., de remplacer le préfet de police Chiappe, suspect de sympathies pour les ligues de droite, par Bonnefoy-Sibour. Les dirigeants des ligues et les associations d'anciens combattants appelèrent à manifester le 6 févr. 1934, jour où Daladier devait faire devant la Chambre sa déclaration ministérielle. Débordée, la police tira sur la foule, place de la Concorde, faisant une vingtaine de morts et une centaine de blessés. La manifestation du 6 févr. 1934 n'avait pas été une véritable tentative de coup de force et ses organisateurs étaient profondément divisés. Ce fut une manifestation exaspérée de colère antiparlementaire, mais le gouvernement et la gauche dénoncèrent le signe d'une grave menace fasciste pesant désormais sur la République. En réaction se réalisa une première union des syndicats et des partis de gauche, qui organisèrent un imposant cortège au cours de Vincennes le 12 févr. Ce fut la première étape vers la constitution du Front populaire. Daladier avait démissionné dès le 7 févr. et fut remplacé par Doumergue.

FFI. Nom de l'ensemble des forces de la Résistance française intérieure unifiée en 1944. Voir **Forces françaises de l'intérieur.**

FFL. Voir **Forces françaises libres.**

FGDS (FÉDÉRATION DE LA GAUCHE DÉMOCRATE ET SOCIALISTE). Voir **Socialistes (partis).** François Mitterrand et le nouveau parti socialiste.

FIANNA FÁIL. Parti politique irlandais fondé en mai 1926 par Eamon De Valera. Voir **Irlande.** L'Irlande indépendante.

FICHES (affaire des). Scandale politique français qui, dénoncé en oct. 1904, contribua à la démission du ministère Combes. Le général André, ministre de la Guerre dans le cabinet Combes, avait organisé à son ministère un service de renseignements sur les opinions politiques et religieuses des officiers afin d'en tenir compte pour leur avancement ; ces « fiches » lui étaient fournies par les organisations maçonniques du Grand Orient de France. Révélé à la tribune de la Chambre, ce système fut dénoncé par Millerand. Giflé par le député nationaliste Syveton, le général André dut donner sa démission (15 nov. 1904) ; mais Syveton, poursuivi pour son geste devant la cour d'assises, mourut dans des circonstances mystérieuses, la veille même de sa comparution et de son acquittement certain (8 déc. 1904). Le ministère Combes fut contraint de donner sa démission (19 janv. 1905).

FIDJI (îles). État et archipel de l'océan Pacifique Sud ; capitale *Suva*. Découvert par Tasman en 1643, visité par Cook en 1773 et 1777, par Dumont d'Urville en 1827 et 1838, évangélisé à partir de 1835 par des missionnaires wesleyens et catholiques, qui y combattirent le cannibalisme, l'archipel Fidji devint colonie de la Couronne britannique le 10 oct. 1874. Sa population, composée à l'origine de Mélanésiens et de Polynésiens, s'accrut à la fin du XIXe s. avec l'arrivée de travailleurs venus de l'Inde pour cultiver la canne à sucre. Le 10 oct. 1970, les Fidji devinrent un État indépendant, membre du Commonwealth britannique. Les Fidjiens d'origine indienne (50 % de la population) contrôlaient alors la quasi-totalité de l'appareil économique.

En oct. 1987, le colonel Rabuka, devenu depuis général, soutenu par les chefs coutumiers autochtones, prit le pouvoir et proclama la république, brisant les liens avec le Commonwealth. Après les élections de 1992, le général Rabuka devint Premier ministre. Il fut reconduit en 1994, et, en juin 1995, il mit en place une commission chargée de réviser la Constitution de 1990, afin de mettre un terme aux discriminations qui frappaient les Fidjiens d'origine indienne. Cette réforme aboutit en mai 1997 : elle imposait un quota de députés d'origine fidjienne et indienne au Parlement. Les Fidji redevinrent alors membres du Commonwealth. Mai 1999 vit la victoire aux législatives du parti travailliste qui porta au poste de Premier ministre Mahendra Chandhry, d'origine indienne. Celui-ci fut renversé par un coup d'État un an plus tard, les rebelles imposant un nouveau gouvernement, dirigé par le président Ratu Josefa Iloilo, chargé de rétablir la suprématie des Fidjiens de souche dans la vie politique.

FIEF. « Tenure concédée par le seigneur à son vassal à charge de services nobles précisés par la concession ou la coutume des lieux » (F. Olivier-Martin). Le terme de *fief* ne s'appliquait pas seulement à une terre, mais à tout bien ou droit productif de revenus : il y avait même des fiefs de cuisine, d'écurie, etc. Le fief devint la base juridique de toute la société féodale. Le vassal n'était pas propriétaire du fief et pouvait le perdre s'il n'accomplissait pas ses obligations envers le seigneur : devoir de loyauté, service militaire, service de cour, devoir de conseil, devoir d'aide (v. **Vassal**). Mais dans ces limites, le vassal avait la pleine jouissance du fief, qui devint rapidement héréditaire.

FIESCHI Giuseppe (* Murato, Corse, 13.XII.1790, † Paris, 19.II.1836). Conspirateur français. Condamné pour vol et escroquerie en Corse, il vint à Paris où il travailla quelque temps comme indicateur de police. Il se laissa convaincre par des amis républicains d'organiser un attentat contre Louis-Philippe. Il dressa une machine infernale dans une maison du boulevard du Temple, à Paris, et, le 28 juill. 1835, il la fit éclater alors que le roi et sa suite se rendaient à Bastille pour la commémoration de la révolution de juillet 1830. L'attentat fit dix-huit morts, parmi lesquels le maréchal Mortier. Le roi et les princes de la famille royale ne furent pas atteints. Fieschi et ses complices, le droguiste Pépin et le sellier Morey, furent condamnés à être décapités.

FIGUEIREDO Joao Baptista da Oliveira (* Río de Janeiro, 15.I.1918, † 24.V.1997). Militaire et homme politique brésilien. Élu président en oct. 1978, il accentua la libéralisation du régime et négocia le départ des militaires en 1985.

FILIOQUE, latin, *et du Fils*. Formule exprimant la double procession du Saint-Esprit, du Père et aussi du Fils, ajoutée par l'Église catholique romaine au « symbole » (formule abrégée de la foi) de Nicée (325) et de Constantinople (381). La doctrine exprimée par le *filioque* apparaît chez des Pères grecs et latins des IVe/Ve s., tout comme des formules de compromis (procession du Père *par* le Fils), mais ce fut seulement en 589 que le IIIe concile de Tolède proposa l'addition du *filioque* au symbole de la foi. Charlemagne se fit le champion du *filioque*. Non sans arrièrepensées politiques, il força la main du pape Léon III en faisant reconnaître officiellement l'usage liturgique du *filioque* par le concile d'Aix-la-Chapelle (809). Léon III répondit en approuvant la doctrine mais en repoussant la formule et, comme Charlemagne passait outre, le pape protesta en faisant suspendre à Saint-Pierre deux écus d'argent qui portaient, l'un en grec et l'autre en latin, le texte du symbole de Nicée, sans le *filioque*. En dépit de l'attitude réservée du pape, le patriarche de Constantinople, Photius, se déchaîna contre le *filioque* à partir de 867. Ce n'est qu'en 1012, alors que la rupture avec l'Orient apparaissait désormais inévitable, que le pape Benoît VIII, donna sa sanction à l'introduction du *filioque* dans le *Credo* romain. Dans plusieurs documents récents (1995 ; 1997), l'Église catholique cherche à relativiser et à aplanir un différend plus politique que dogmatique.

FILLMORE Millard (* Summerhill, New York, 7.II.1800, † Buffalo, 8.III.1874). Homme politique américain, treizième président des États-Unis (1850/53). Élu, comme candidat whig, vice-président de Zachary Taylor en 1849, il devint président, l'année suivante, à la mort de ce dernier. Adversaire de l'esclavage, il essaya vainement de concilier les États du Nord et ceux du Sud.

FINANCES. Dans tous les États, l'administration des finances publiques s'est constituée assez tardivement. À l'origine, que ce soit dans l'Égypte pharaonique, dans les cités de la Grèce antique ou dans la monarchie française, l'impôt (v.) n'existe pas et l'administration financière est purement domaniale. C'est avec la multiplication des prélèvements légaux, en nature d'abord, puis en argent, que les services des finances commencèrent à se spécialiser.

Dans l'Antiquité

Athènes n'eut une véritable organisation financière qu'à partir du Ve s. av. J.-C., lorsque les grands travaux et la guerre du Péloponnèse provoquèrent un accroissement rapide des dépenses de l'État, jusqu'alors minimes. Cette administration eut toujours une efficacité médiocre : le peuple, souverain en matière fiscale comme en tout autre domaine, regimbait devant la création d'impôts et la majorité démocrate s'efforçait de faire peser toute la charge fiscale sur les seuls riches. La plupart des impôts étaient perçus par le procédé de la ferme (v.). La boulè (v.) faisait vérifier l'ensemble des comptes par un contrôleur, l'*antigrapheus*, qui fut remplacé au IVe s. par le collège des logistes.

Au Ve s., la source principale des revenus de la cité était le tribut payé par les membres de la Confédération athénienne (v.). Mais la guerre contre Sparte obligea à recourir à des contributions extraordinaires, dites *eisphora*. En plus des impôts, l'État athénien percevait les revenus des domaines publics (salines, mines, locations de maisons et de terres, droit au pâturage), auxquels s'ajoutaient les frais de justice, les cautions, amendes, confiscations et les dons volontaires des citoyens, qui étaient assez fréquents. Par ailleurs, la démocratie a imposé aux citoyens les plus riches certaines dépenses qui eussent normalement dû incomber à l'État ; ces *liturgies* (v.) consistaient surtout dans l'équipement et le commandement de navires de guerre et dans les dépenses pour les représentations dramatiques, les jeux et les repas publics.

Dès la fin du Ve s., les Athéniens furent amenés à centraliser de plus en plus l'administration financière. La réforme de 378/377 av. J.-C. imposa un recensement général des revenus mobiliers et fonciers. Les citoyens furent répartis en une centaine de groupes ou *symmories*, de telle sorte que chaque symmorie représentât un capital imposable de même valeur et fût taxée au même chiffre d'impôt. À partir de 362, les trois cents citoyens les plus riches furent obligés d'avancer au Trésor la totalité de l'impôt qu'il fallait percevoir, à charge pour eux de recouvrer ensuite les sommes dues par les autres contribuables. La cité trouvait là un double avantage : elle encaissait immédiatement le produit intégral de l'impôt ; elle évitait les frais et les difficultés de la perception.

À Rome, sous la république, le Sénat avait la haute main sur les finances. Il autorisait les dépenses par un sénatus-consulte. Les questeurs urbains, qui avaient la garde du trésor, l'*aerarium Saturni*, dans le temple de Saturne, n'étaient que les agents d'exécution du Sénat. La plupart des impôts étaient perçus par les publicains, selon le système de la ferme (v.). Les comptes étaient tenus soigneusement, mais aucune balance des dépenses et des recettes ne fut jamais établie. César puis Auguste soumirent à un contrôle plus rigoureux l'administration financière, notamment dans les provinces. À l'époque impériale, la perception directe par l'État se substitua peu à peu à la perception par les publicains.

À côté de l'*aerarium Saturni* qui, toujours administré par le Sénat, était alimenté par les revenus des provinces sénatoriales, fut créé un second organisme financier, le Trésor impérial (*fiscus Caesaris*).

D'abord alimenté par les revenus des provinces impériales, il ne cessa de s'enfler, aux dépens de l'*aerarium* sénatorial. Le *fiscus* servait à l'entretien de l'empereur et de ses employés, de l'armée, de la marine, des postes. Il était concentré entre les mains d'une sorte de ministre des Finances, le *a rationibus*, qui devint, au IIe s., un des premiers personnages de l'Empire. En théorie, le *fiscus* était distinct de la fortune privée de l'empereur mais, en fait, les empereurs prirent l'habitude de puiser dans le Trésor pour leurs dépenses personnelles. Dioclétien puis Constantin dotèrent l'Empire d'un système fiscal cohérent en créant la *jugatio*, impôt sur la propriété foncière, et la *capitatio*, taxe sur le travail rural. Mais, dès le milieu du IVe s., le poids de cette fiscalité apparaît écrasant ; il finit par susciter un découragement général qui provoqua une baisse de la production et contribua à la ruine de l'Empire.

L'administration financière en France sous la monarchie

L'administration financière romaine s'effondra en Occident à la suite des Grandes Invasions. Les finances publiques disparurent en même temps que la notion même de l'État. Les rois mérovingiens ont tiré leurs ressources de l'exploitation de leurs propres domaines qu'ils ont accrus par la conquête et par l'usurpation des biens d'Église. Dans le haut Moyen Âge, les ressources du roi comme celles des seigneurs ont gardé un caractère patrimonial et domanial.

Les Capétiens n'eurent longtemps à leur disposition que des prévôts (v.) et baillis (v.), qui centralisaient dans leur ressort les produits du domaine et soumettaient annuellement leur gestion aux comptables de la *Curia regis* (v.). Le XIVe s. fut marqué par des changements importants dans l'administration financière. En 1320, fut créée la Chambre des comptes (v. COUR DES COMPTES), cour souveraine distincte du Conseil et du parlement ; conseillère du roi en toutes matières financières, elle avait aussi la haute direction du domaine et vérifiait les comptes de tous les agents inférieurs. Puis apparut la distinction entre les *finances ordinaires*, constituées par les revenus du domaine royal, et les *finances extraordinaires*, alimentées par l'impôt, les unes et les autres gérées par des administrations financières distinctes. Les dépenses militaires provoquées par la guerre de Cent Ans furent l'occasion pour la monarchie française d'instituer l'impôt permanent (v. IMPÔT).

L'unification de l'administration financière ne fut réalisée qu'en 1551. L'administration centrale fut reconstituée par la création, auprès du roi, d'un corps d'*intendants des finances* (v.) ; à la fin du XVIe s., l'un d'entre eux prit le titre de *surintendant des Finances*. Véritable ministre des Finances, il dirigeait toute l'administration financière. Son rôle grandit considérablement dans la première moitié du XVIIe s., au point d'inquiéter le pouvoir royal. En disgraciant Fouquet (1661), Louis XIV supprima la charge de surintendant et remplaça ce dernier par un Conseil royal des finances où le *contrôleur général des Finances* – Colbert fut le premier en 1665 – jouait le rôle essentiel.

À partir du XVIe s., les dépenses publiques ne cessèrent de croître, du fait de l'importance prise par la vie de cour et par la maison du roi, du développement des services administratifs et de l'armée permanente, des travaux publics, de l'aide de l'État à l'agriculture, à l'industrie, au commerce. Les finances furent toujours la grande faiblesse de la monarchie française ; elles causèrent finalement sa chute car, vers la fin du XVIIIe s., la France offrait la situation paradoxale d'un État pauvre dans un pays riche. Cette maladie chronique tenait sans doute aux imperfections dans le calcul des recettes prévisibles, aux lacunes et aux irrégularités du système fiscal, mais aussi à la confusion entre les dépenses du roi et celles de l'État. Le roi se réservait l'ordonnancement des dépenses et ne s'imposait aucune rigueur dans le respect des prévisions. La disposition suprême des finances appartenant au souverain, il était impossible d'établir un véritable budget au sens propre du terme, bien que, chaque année, le contrôleur général remît au roi un *compte rendu* ou *état au vrai*, qui présentait le bilan de l'année écoulée et l'*état de prévoyance*, comportant les dépenses et les recettes prévues pour l'année à venir. Installées dans le déficit, les finances royales, surtout en temps de guerre, ont dû recourir en permanence à l'emprunt (v.) et à toutes sortes d'expédients : création d'offices vénaux, diminution arbitraire des ventes, suspension des traitements des officiers, etc.

Depuis le XIXe siècle

Après la Révolution, Napoléon Ier entreprit de reconstruire l'administration financière. En 1799 furent créées les directions centrales et départementales des contributions directes, complétées par l'institution des percepteurs (1803) ; en 1800, la direction générale du Trésor ; en 1801, l'inspection du Trésor (qui prit, en 1816, le nom d'inspection générale des Finances) ; en 1807, la Cour des comptes (v.). Mais c'est la Restauration qui posa le cadre dans lequel allait enfin pouvoir être établi en France un véritable budget. La Charte de 1814 prévoyait (art. 48) qu'aucun impôt ne pouvait être établi ni perçu s'il n'avait été consenti par les deux Chambres ; elle donnait à la Chambre des députés, directement élue par les contribuables, la priorité dans l'examen des lois de finances (art. 47). Le droit de contrôle parlementaire sur les finances nationales s'étendit dès lors rapidement : sur les dépenses de chaque ministère (1827), sur les dépenses des services publics à l'intérieur de chaque ministère (1827), sur les sujets exécutés (1835). Enfin, le décret sur la comptabilité publique du 31 mai 1862 réglementa pour près d'un siècle les institutions budgétaires françaises. Le budget, qui comprend dans un document unique la totalité des recettes et des dépenses, doit être voté par le pouvoir législatif, qui donne au gouvernement l'autorisation, pour un an (sauf de très rares exceptions, pendant les deux guerres mondiales), d'exécuter le budget. L'initiative parlementaire en matière budgétaire a été réduite sous la Ve République, car la Constitution de 1958 stipule que « les propositions et amendements formulés par les membres du Parlement ne sont pas recevables lorsque leur adoption aurait pour conséquence soit une diminution des ressources publiques, soit la création ou l'aggravation d'une charge publique ».

L'intervention croissante de l'État dans les domaines économique et social, au cours du XXe s., a considérablement élargi le rôle du ministère des Finances. Peu à peu, les Finances furent amenées à jouer un rôle de supervision et de coordination des diverses administrations orientées vers les activités économiques. Cette évolution s'est achevée, dans les années 1946/48, par la création d'un ministère des Finances et des Affaires économiques. Aussi bien, dans les diverses formations ministérielles élaborées depuis le début de la crise économique en 1973, budget, économie et finances ont été à plusieurs reprises réunis sous la direction d'un seul titulaire (secondé par des secrétaires d'État) pour mieux affronter les difficultés de la conjoncture. Dans le cadre des institutions européennes, le traité de Maastricht prévoit que le déficit budgétaire des États membres de l'Union européenne ne peut annuellement dépasser 3 % du produit national brut de chaque pays.

FINE GAEL ou **parti de l'Irlande unie.** Parti politique irlandais fondé en 1933 par les adversaires de De Valera et du Fianna Fáil. Voir IRLANDE. L'Irlande contemporaine.

FINLANDE, *Suomi*. État de l'Europe septentrionale ; capitale *Helsinki*. Habitée par l'homme depuis au moins cinq mille ans, la Finlande, au IIe millénaire avant notre ère, connut une occupation momentanée de peuples agriculteurs venus de Scandinavie, d'Europe centrale et de Russie. Elle était à peu près inhabitée, sauf par des Lapons nomades assez clairsemés, lorsque, vers la fin du Ier s. de notre ère, les Finnois, peuple finno-ougrien venu d'une zone s'étendant de la Moscovie à la Baltique, commencèrent à s'installer dans le pays. Leur occupation s'étendit progressivement pendant le Ier millénaire apr. J.-C.

Sous la domination suédoise et russe

À partir de 1155, le pays fut soumis par les Suédois qui y introduisirent le christianisme et durent soutenir pendant un siècle de dures luttes avec les Russes de Novgorod qui avaient également des visées sur cette région. Des immigrants suédois s'établirent dans les régions côtières. Traitée par les Suédois sur un pied d'égalité, la Finlande fut érigée en duché (1284), puis en grand-duché (1581). La Réforme s'y développa à partir de 1525. Gustave Ier Vasa, roi de Suède, travailla à la mise en valeur du pays, confisqua les propriétés ecclésiastiques et fonda Helsinki (1550). Sous Gustave II Adolphe, la Finlande fut plus étroitement unie à la Suède et la culture suédoise fit de rapides progrès parmi les classes les plus élevées de la nation. Au début du XVIIe s. commença la grande compétition entre Suédois et Russes pour l'hégémonie dans la Baltique. D'abord victorieux, les Suédois, à la paix de Stolbovo (1617), purent repousser complètement les Russes de la Baltique et agrandir la Finlande par l'annexion de la Carélie orientale. Les Russes furent, en revanche, victorieux dans la Grande Guerre du Nord (1700/21) et, par le traité de Nystad (1721), les Suédois durent leur céder tout le sud-est de la Carélie (rives du lac Ladoga) avec la région de Vyborg ; de nouveaux territoires furent perdus à la paix de Turku (1743). Tandis que les Finlandais commençaient à perdre confiance dans la Suède, les souverains russes, dès cette époque, envisageaient de faire de la Finlande un État vassal de leur empire.

En févr. 1808, les armées russes envahirent la Finlande que la Suède, par le traité d'Hamina ou Fredrikshamn (17 sept. 1809), dut abandonner au tsar. À la diète de Porvoo (mars 1809), Alexandre avait déjà pris le titre de grand-duc de Finlande mais il s'était engagé à respecter les institutions traditionnelles du pays. La fin de la domination suédoise provoqua un réveil culturel finlandais (publication par Lönnrot de la grande épopée populaire, le *Kalevala*, 1835) mais, durant tout le XIXe s., les *fennomanes*, partisans de la culture finnoise, allaient devoir combattre la résistance des *suédomanes*. Les successeurs d'Alexandre Ier respectèrent longtemps les promesses faites aux Finlandais. Alexandre II leur accorda le droit de battre monnaie (1860) et de conserver une armée nationale (1878). Nicolas II inaugura cependant en 1899 une brutale politique de russification qui se heurta à la résistance de toutes les forces politiques, notamment du parti social-démocrate, fondé en 1903. La guerre russo-japonaise et la révolution de 1905 obligèrent le tsar à reculer et à rétablir les libertés finlandaises. Le 20 juill. 1906, le grand-duché de Finlande se vit même doter d'un régime extrêmement démocratique, comportant l'élection d'une Chambre au suffrage universel masculin et féminin. Les Finlandaises furent ainsi les premières femmes en Europe à avoir le droit de vote et c'est du tsar qu'elles l'obtinrent. Mais, dès mars 1910, Nicolas II revenait sur cette réforme et transférait tout le pouvoir législatif à la Douma russe. On continua néanmoins à procéder à des élections, et, en juill. 1916, les sociaux-démocrates obtinrent la majorité absolue à la Chambre finlandaise.

La Finlande indépendante

Durant la Première Guerre mondiale, alors que des officiers de métier tels que Mannerheim servaient dans l'armée impériale russe, un corps de volontaires finlandais se constitua dans l'armée allemande pour combattre les Russes. Après la révolution de févr. 1917, le gouvernement provisoire russe reconnut l'autonomie interne de la Finlande (20 mars 1917) mais, le 18 juill., sur l'initiative de la majorité sociale-démocrate, le Parlement finlandais décida d'assumer tous les pouvoirs, en laissant seulement au gouvernement russe les pouvoirs militaires et la politique étrangère. Le socialiste russe Kerenski ayant répliqué en ordonnant la dissolution du Parlement de Finlande, les sociaux-démocrates finlandais perdirent la confiance du pays. À la suite de la révolution bolchevique, les Finlandais proclamèrent leur indépendance complète (6 déc. 1917) qui fut reconnue par le gouvernement soviétique, la France et l'Allemagne. Cependant, les bolcheviks finlandais s'apprêtaient à prendre le pouvoir, soutenus par les soldats russes qui stationnaient toujours dans le pays. Le gouvernement, réfugié à Vaasa, sur la côte du golfe de Botnie, confia le commandement à Mannerheim. La Finlande connut alors la guerre civile (janv./mai 1918). Avec l'appui du corps expéditionnaire allemand du général von der Goltz, Mannerheim et ses gardes blancs reprirent Helsinki (13 avr.) et chassèrent définitivement les gardes rouges par leur victoire de Vyborg (30 avr.). Le prince Frédéric Charles de Hesse fut choisi comme roi (8 oct.) mais la défaite allemande le contraignit à s'effacer. Mannerheim devint alors régent (déc. 1918) et la Constitution du 17 juill. 1919 établit la république. Au traité de Tartu (14 oct. 1920), le gouvernement soviétique reconnut l'indépendance de la Finlande à laquelle la SDN attribua la souveraineté sur les îles Aaland (juin 1921).

Durant les années 1920/40, la Finlande connut une grande instabilité et eut le plus souvent des gouvernements de minorité. À l'agitation communiste succéda celle du mouvement agrarien de droite Lapua, puis celle du Mouvement patriotique populaire, de tendance fasciste. Plusieurs réformes agraires morcellèrent le latifundium et permirent à 90 % des fermiers de devenir des petits propriétaires. En politique étrangère, la Finlande se cantonna dans la neutralité, en essayant, à partir de 1935, de constituer un bloc des États baltes et scandinaves. Elle réaffirma sa neutralité au début de la Seconde Guerre mondiale mais, dès oct. 1939, l'URSS commença à faire pression sur elle pour obtenir la cession de bases stratégiques. Le gouvernement d'Helsinki ayant refusé de céder à ces exigences, les forces soviétiques bombardèrent et envahirent le pays sans déclaration de guerre (30 nov. 1939) mais elles se heurtèrent à une résistance imprévue. La guerre finno-soviétique se termina par le traité de Moscou (12 mars 1940), qui enlevait à la Finlande le sud-est de la Carélie, une partie de la Laponie et la base de Hanko, sur le golfe de Finlande. Espérant reconquérir ces territoires, les Finlandais se joignirent, dès le 25 juin 1941, à l'attaque allemande contre l'URSS, mais la contre-offensive soviétique l'obligea à demander l'armistice (19 sept. 1944). Grâce à l'appui des puissances occidentales, Mannerheim et Paasikivi (chef du gouvernement, 1944/46, puis président de la République, 1946/56) réussirent à sauvegarder l'indépendance nationale. Au traité de Paris (10 févr. 1947), la Finlande dut abandonner aux Soviétiques, en plus des territoires perdus en 1940, le port septentrional de Petsamo, sur la mer de Barents ; elle conserva Hanko, mais céda à bail la péninsule de Porkkala, près d'Helsinki (restituée par les Soviétiques en 1955). Contrainte de payer à l'URSS une lourde dette de guerre de 300 millions de dollars, la Finlande dut aussi résoudre le difficile problème de la réintégration de 400 000 Caréliens qui avaient fui les Soviétiques.

De 1948 à 1992, un « traité d'assistance, d'amitié et de coopération » a lié la Finlande à l'URSS. S'il a sauvegardé l'indépendance finlandaise, il a contraint le pays à donner constamment à Moscou des gages de bonne volonté, lui imposant une stricte neutralité, limitant ses forces armées et suscitant des liens particuliers dans le domaine économique. Pendant toute la période de la guerre froide, la Finlande a connu une grande stabilité politique. Le maintien de bonnes relations avec l'URSS, sans rupture avec l'Occident, a constamment guidé l'action des présidents Paasikivi de 1947 à 1956, Kekkonen de 1956 à 1981 et Koïvisto de 1982 à 1994. Le mot « finlandisation », refusé d'ailleurs par les Finlandais, a désigné ce neutralisme obligé. Ce fut en Finlande, pays neutre exemplaire, que fut signé en 1975 l'acte d'Helsinki (v.), fondement de la détente entre les deux blocs.

Dans le domaine économique, la Finlande s'est associée dès 1961 à l'Association européenne de libre-échange, puis a signé, en 1973, un accord avec la CEE. Largement dépendante de l'URSS, son premier client industriel et son fournisseur de pétrole, elle a dû aussi conclure un accord avec le Comecon (v.).

La continuité de la politique extérieure de la Finlande a eu pour corollaire la stabilité de sa politique intérieure. Pour faire taire ses propres divisions, le parti communiste quitta le gouvernement à la fin de 1982. Les élections de 1987 et de 1991 ont porté au pouvoir des coalitions conservatrices. Les Premiers ministres Harri Holkeri et Esho Aho trouvèrent une situation très difficile, marquée par la crise mondiale mais aggravée par l'effondrement de l'URSS, qui offrait des débouchés économiques essentiels. De 1991 à 1993, le produit industriel baissa de 13 %. La dette publique atteignit 72 milliards de dollars et le chômage 18 % de la population active. Dans ce contexte, le chef du parti social-démocrate, Paavo Lipponen, gagna les élections législatives de mars 1995. Le 16 oct. 1994, un référendum décidait par 57 % des suffrages de l'adhésion de la Finlande à l'Union européenne à compter du 1er janv. 1995. Les premières élections européennes, qui virent la victoire des centristes et des eurosceptiques, eurent lieu en oct. 1996. En réponse à la crise des années 1990, une politique d'austérité draconienne permit à la Finlande de s'enorgueillir de résultats flatteurs dès 1995. L'économie du pays fut en outre entraînée par le succès de Nokia, premier fabricant de téléphones portables du monde.

Les législatives de mars 1999 reconduisirent la coalition au pouvoir, ainsi que le Premier ministre P. Lipponen. La Finlande occupa pour la première fois la présidence de l'UE lors du second semestre 1999, à la satisfaction de l'ensemble des membres de l'Union. La présidentielle de janv. 2000 vit l'élection de la première femme présidente de la République en Finlande, Tarja Halonen.

FISCHER Joschka (Gerabronn, Bade-Wurtemberg, 12 avril 1948). Homme politique allemand. Député des Verts au Bundestag de 1983 à 1985, il est vice-chancelier et ministre des Affaires étrangères depuis octobre 1998. Européen convaincu, il est partisan d'une intégration toujours plus étroite de l'Allemagne au sein de l'Union européenne.

FISHER OF KILVERSTONE, John Arbuthnot, Ier baron (* Ramboda, Ceylan, 25.I.1841, † Londres, 10.VII.1920). Amiral anglais. Premier lord de l'Amirauté (1904/10, 1914/15), il accomplit une grande œuvre de réorganisation et de modernisation de la marine britannique face à la menace allemande. Il fut à l'origine de la construction du *Dreadnought* (1906), le premier cuirassé moderne. Rappelé en activité au début de la Première Guerre mondiale, il prit les initiatives énergiques qui aboutirent à la victoire anglaise des Falkland (v.) sur l'escadre de von Spee. Désapprouvant l'expédition des Dardanelles, il se heurta à Churchill et, en mai 1915, donna sa démission.

FIUME. Ville maritime de Croatie. Voir **RIJEKA**.

FLAMINES. Prêtres romains, ainsi nommés de *flare*, souffler (sur le feu sacré). Ils se divisaient en deux classes : les *flamines majores*, au nombre de trois qui servaient la Triade capitoline, avec le *flamine dial* ou de Jupiter, le *flamine martial* ou de Mars, le *flamine quirinal* ou de Quirinus, et les *flamines minores*, au nombre de douze. Le plus important était le flamine dial, grand pontife de Jupiter, qui avait droit à la chaise curule, à la robe de pourpre et se faisait précéder d'un licteur. Il ne pouvait entreprendre aucun travail, ni aller à cheval, ni porter sur lui aucun nœud, ni passer une seule nuit hors de Rome ; il lui était défendu de toucher des fèves ou de la farine levée ; il ne pouvait pas divorcer et, si sa femme venait à mourir, il perdait sa dignité.

FLAMININUS Titus Quinctius (IIe s. av. J.-C.). Général romain. Consul en 198 av. J.-C., il mit fin à la deuxième guerre de Macédoine par sa victoire sur le roi Philippe V à Cynoscéphales (197) et proclama la liberté des villes grecques aux jeux Isthmiques de 196. Il fut envoyé en 183 à la cour du roi Prusias de Bithynie et le décida à livrer aux Romains Hannibal, qui préféra s'empoisonner.

FLANDIN Pierre-Étienne (* Paris, 12.IV.1889, † Saint-Jean-Cap-Ferrat, 13.VI.1958). Homme politique français. Fils d'un ancien résident général en Tunisie, avocat à la cour de Paris, député de l'Yonne (1914/40), il siégea au centre droit et devint l'un des chefs les plus écoutés de l'Alliance démocratique. Il fut président du Conseil de nov. 1934 à mai 1935 (rapprochement avec l'Italie ; accord franco-soviétique du 2 mai 1935). Ministre des Affaires étrangères dans le cabinet Sarraut, il eut à faire face à la dénonciation du traité de Locarno et à la remilitarisation de la Rhénanie par l'Allemagne (1936). Ardent défenseur des accords de Munich (1938), il envoya des télégrammes de félicitation aux quatre signataires de ces accords, y compris Hitler, ce qui lui fut beaucoup reproché. À Vichy, en juill. 1940, il lutta d'abord pour le maintien de la Constitution de 1875, puis se rallia au texte qui donnait les pouvoirs constitutionnels au maréchal Pétain. Nommé ministre des Affaires étrangères après le renvoi de Laval (13 déc. 1940), il manifesta une attitude antiallemande et fut contraint de donner sa démission en févr. 1941. Il fut alors remplacé par l'amiral Darlan. Traduit en juill. 1946 devant la Haute Cour de justice, il fut acquitté.

FLANDRE, *Vlaams Gewest*. Région historique du nord-ouest de l'Europe, s'étendant le long de la mer du Nord, entre les bouches de l'Escaut et l'Artois. Elle forme une partie de la province néerlandaise de Zélande, les provinces belges de Flandre-Orientale et de Flandre-Occidentale, ainsi qu'une partie du département français du Nord.

Les origines du comté de Flandre (jusqu'au XIe s.)

Cette région basse, très marécageuse, dont le nom, apparu vers le VIIIe s., signifierait « terre inondée ». Elle était occupée, au Ier s. av. J.-C., par deux peuples celtes, les Ménapiens à l'E., les Morins à l'O., qui furent soumis par César et englobés dans la Belgique. À partir du IVe s. de notre ère, le pays fut occupé par les Francs Saliens, dont la langue est à l'origine du flamand actuel. À l'époque mérovingienne, la Flandre fit partie de la Neustrie. Elle fut évangélisée au VIIe s. par st Amand, st Bertin et st Vaast. Dès l'époque romaine, la région des bouches de l'Escaut avait connu un important trafic maritime avec la (Grande-) Bretagne, puis avec la Germanie, par les bouches de l'Elbe et de la Weser. Cette activité souffrit des invasions du Ve s. mais ne fut pas arrêtée. À l'époque carolingienne, alors que le grand commerce avait déjà à peu près disparu dans tout le reste de l'Europe, il continua à fleurir en Flandre, mais les invasions normandes y mirent fin dans la seconde moitié du IXe s. Après avoir fait partie de la Lotharingie (traité de Verdun, 843), la Flandre passa définitivement dans la zone de la Francie occidentale par le traité de Mersen (870). C'est en 862 qu'apparaît pour la première fois le comté de Flandre constitué par Charles le Chauve en faveur de son gendre, Baudouin Ier Bras de Fer (862/79). Au début du

XIe s., sous Baudouin IV le Barbu (988/1035) et Baudouin V de Lille (1035/67), le comté de Flandre commença à s'étendre vers l'est, sur les terres impériales des bouches de l'Escaut. Baudouin V réussit à tenir en respect l'empereur Henri III et, en 1056, se fit concéder la Zélande, le pays des Quatre-Métiers et la région d'Alost, qui formèrent la *Flandre impériale*. Les comtes de Flandre furent ainsi vassaux à la fois du roi de France et de l'empereur germanique. Une première union personnelle de la Flandre et du Hainaut fut réalisée en 1051, par le mariage du futur Baudouin VI avec Richilde, comtesse de Hainaut ; mais, à sa mort (1070), l'héritage de son fils, Arnould III, fut contesté par son oncle, Robert le Frison, qui, après avoir battu et tué Arnould à Cassel (1071), devint comte de Flandre (1071/93). Son fils, Robert II (1093/1111), fut un des chefs de la première croisade.

La lutte pour l'indépendance contre la France (XIIe/XIVe s.)

Dans les premières années du XIIe s. deux facteurs nouveaux intervinrent dans l'histoire flamande : d'une part, l'ingérence française, d'autre part, le réveil du commerce maritime, qui, par les importations de laines anglaises et espagnoles, allait permettre l'essor de la grande industrie drapière flamande, dont les principaux centres ont été Ypres, Gand, Bruges, Arras, Douai. L'assassinat de Charles le Bon (1127) mit fin à la première dynastie comtale. Le roi de France Louis VI chercha alors à imposer son candidat, Guillaume Cliton, de la famille des ducs de Normandie, mais, il se heurta à une vive résistance des Flamands et ce fut un cousin de Charles le Bon, Thierry d'Alsace, qui prit la couronne comtale (1128/68).

La Flandre jouait maintenant un rôle international ; son territoire, qui s'étendait à l'E. sur la Flandre impériale, comprenait, à l'O., Lille, Douai et Arras ; sa puissance maritime lui permit de participer aux deuxième et troisième croisades, et d'intervenir à plusieurs reprises contre les Maures, en Espagne et au Portugal. Lorsque Philippe d'Alsace mourut sans enfants (1191), le roi de France Philippe Auguste essaya vainement de confisquer le comté, qui passa au beau-frère du dernier comte, Baudouin V de Hainaut (Baudouin VIII en Flandre, 1191/94), lequel réunit ainsi la Flandre et le Hainaut. Son fils et successeur, Baudouin IX (1194/1205), joua un grand rôle dans la quatrième croisade et devint empereur de Constantinople. Comme il ne laissait que deux filles, Philippe Auguste profita des difficultés dynastiques pour affaiblir la puissance flamande : il maria Jeanne de Constantinople (1205/44) à un étranger, Ferdinand ou Ferrand de Portugal, en espérant trouver en celui-ci un vassal docile de la France. Mais Ferdinand se fit le champion des intérêts flamands, s'allia avec Jean sans Terre et l'empereur Othon IV, et attaqua Philippe Auguste qui le battit et le fit prisonnier à Bouvines (1214). Toutefois, le roi de France n'osa confisquer le comté de Flandre, comme le lui eût permis le droit féodal. À la mort de Jeanne de Constantinople, la Flandre passa donc à sa sœur, Marguerite de Constantinople (1244/80) dont les mariages successifs avec Bouchard d'Avesnes puis Guillaume de Dampierre provoquèrent une guerre sanglante entre les d'Avesnes et les Dampierre. Ce fut Saint Louis qui imposa sa médiation ; par le « dit à Péronne » (1256), il fut décidé que la Flandre resterait aux Dampierre et le Hainaut aux d'Avesnes.

Cependant, les riches villes flamandes commençaient à être agitées par des désordres sociaux ; le parti populaire des artisans et des chefs des métiers voulait secouer la domination patricienne. Le fils de Marguerite, le comte Guy de Dampierre (1278/1305) qui était en même temps comte de Namur, se montrait un vassal dangereux pour Philippe le Bel. À l'intérieur, il s'appuyait sur le parti populaire des *klauwaerts*, ce qui assura par voie de conséquence, au roi de France la sympathie des oligarchies patriciennes flamandes qu'on appela les *gens du lis*, les *leliaerts*. Comptant sur l'appui de l'Angleterre, Guy de Dampierre se révolta en 1297 contre Philippe le Bel, mais il se vit abandonné par ses alliés, et les Français firent la conquête de la Flandre qui fut rattachée à la Couronne (1301). Contre une domination détestée et qui, de plus, lésait gravement leurs intérêts économiques liés à ceux de l'Angleterre, les Flamands se révoltèrent : après les « matines de Bruges » (18 mai 1302), les milices flamandes mirent en déroute la chevalerie française à la bataille de Courtrai (11 juill. 1302). La paix d'Athis-sur-Orge (1305) rendit ses comtes à la Flandre mais permit à Philippe le Bel d'annexer toute la Flandre wallonne, avec Lille, Douai, Béthune et Orchies. Bruges se révolta en 1328 contre le pouvoir comtal mais fut écrasée avec l'aide des Français et durement châtiée. La guerre de Cent Ans allait poser des problèmes aigus à l'économie flamande : la Flandre était vassale du roi de France, mais son économie vivait du travail des laines anglaises. En restant fidèle à son suzerain Philippe VI de Valois, le comte Louis de Nevers (1322/46) prenait une décision qui risquait de paralyser l'activité flamande : ce fut la cause de la révolte de Gand (déc. 1337), (v. GAND).

Des ducs de Bourgogne au XVIIIe s.

À la mort de Louis de Male, la Flandre passa à sa fille, Marguerite et à son mari, Philippe le Hardi, duc de Bourgogne, qui rétablit la paix intérieure par le traité de Tournai (1385). C'est la maison de Bourgogne, et particulièrement Philippe le Bon (1419/67), qui devait tirer profit des richesses flamandes tout au long du XVe s. En 1477, à la mort de Charles le Téméraire, le comté de Flandre échut à sa fille, Marie de Bourgogne, à laquelle les communes flamandes, dirigées par Gand, arrachèrent le « grand privilège de pardeçà », qui supprimait les conseils établis par les ducs de Bourgogne (11 févr. 1477). Malgré une certaine décadence économique, la Flandre connut encore une période de richesse culturelle symbolisée par sa très grande école de peinture. Le mariage de Marie de Bourgogne et de l'archiduc Maximilien, célébré à Gand en août 1477, fit passer la Flandre dans l'orbite des Habsbourg, ce qui fut une des causes du conflit de cette maison avec la France. Le traité de Madrid (1526) brisa les derniers liens de vassalité qui subsistaient entre la Flandre et la France.

Incorporée par Charles Quint aux Dix-Sept Provinces qui formèrent le cercle de Bourgogne (1549), la Flandre resta catholique et espagnole. Mais les conquêtes françaises réduisirent considérablement son territoire sous le règne de Louis XIV. La France annexa successivement Gravelines (traité des Pyrénées, 1659), tout l'Artois et la Flandre gallicante, avec Lille et Douai (traité d'Aix-la-Chapelle, 1668), Cambrai (traité de Nimègue, 1678). Le traité d'Utrecht (1713) fit passer l'ancienne Flandre espagnole à l'Autriche. Conquise par les armées de la Révolution en 1794, la Flandre fut annexée à la France jusqu'en 1814 et forma les départements de la Lys (chef-lieu *Bruges*) et de l'Escaut (chef-lieu *Gand*). La politique napoléonienne du Blocus continental favorisa le renouveau de l'industrie drapière. Donnée en 1814 au royaume des Pays-Bas, la Flandre resta à la Belgique en 1830.

La Flandre contemporaine

À la francisation systématique qui avait marqué la période d'annexion à la France, sous la Révolution et l'Empire, succéda, lors de l'intégration au royaume de Hollande, une réaction qui, de 1819 à 1822, fit du néerlandais la langue exclusive de l'administration et de la justice dans les provinces flamandes. Or, jusqu'au début du XXe s., la bourgeoisie flamande parlait presque exclusivement le français. C'est pourquoi, lors de l'indépendance de la Belgique, les constituants libéraux de 1831 imposèrent le français comme langue officielle dans tout le royaume. À partir de 1840 se développa une campagne pour le bilinguisme officiel, qui prit toute son ampleur sous le règne de Léopold II (1865/1909). Les catholiques se firent les défenseurs des revendications flamandes et la loi De Vriendt-Coremans de 1898 rendit au flamand son rang de langue officielle, à égalité avec le français. Beaucoup de Flamands se contentaient encore d'affirmer leur particularisme dans le domaine culturel et littéraire (fondation, en 1893, de la revue *Van nu en straks* par August Vermeylen ; œuvres de Vermeylen, de Streuvels, de K. Van de Woestijne) mais, dès les premières années du XXe s., apparurent également des revendications politiques en faveur d'une large autonomie des provinces flamandes.

Durant l'occupation de 1914/18, des « frontistes » collaborèrent avec les Allemands. Aux élections de 1919, les nationalistes flamands entrèrent pour la première fois à la Chambre ; leur action, animée d'abord par le professeur Daels, s'amplifia rapidement, et, au cours des années 1930, se constituèrent deux groupements principaux : le *Vlaams national verbond* (VNV) de Staf Declercq et le *Verdinaso*, de tendance nationale-socialiste, dont le chef, Joris Van Severen, fut abattu par les Français durant la retraite de 1940. Sur le plan linguistique, la flamandisation de l'université de Gand fut acquise dès 1930, et, en 1935, fut adopté l'unilinguisme (rédaction de tous les actes officiels en flamand dans les régions flamandes). Durant l'occupation allemande de 1940/44, beaucoup de nationalistes flamands collaborèrent avec le Reich.

Après la dernière guerre, la Flandre, qui connaissait une croissance démographique beaucoup plus rapide que la Wallonie et qui devenait la principale région économique du pays, s'insurgea devant les inégalités de fait dont elle restait victime. En janv. 1989, un statut véritablement fédéral était adopté qui transférait d'importantes compétences aux régions et communautés linguistiques nouvellement créées, satisfaisant une revendication essentielle des Flamands. La région et la communauté flamandes virent leurs pouvoirs accrus avec la réforme constitutionnelle de 1993. Considérée par les nationalistes comme une simple étape vers l'indépendance, la fédéralisation n'entama pas la poussée des revendications séparatistes. Le bon score du Vlaams Blok, parti ultranationaliste, aux élections législatives de 1991 et de 1995, confirmait cette tendance. Voir **BELGIQUE.** De la querelle linguistique à l'État fédéral.

FLATTERS Paul (* Laval, 16.IX.1832, † Bir el-Garama, Sahara, 16.II.1881). Officier et explorateur français. Il dirigea, en 1880/81, deux expéditions destinées à établir le tracé d'un chemin de fer transsaharien ; au cours de sa seconde expédition, il fut tué avec la plupart de ses compagnons par les Touareg.

FLAVIENS. Dynastie d'empereurs romains, fondée en 69 par Vespasien (69/79), qui avait pour nom Titus *Flavius* Vespasianus ; après lui, elle fut représentée par ses deux fils, Titus (79/81) et Domitien (81/96). L'assassinat de Domitien mit fin à la dynastie. Construit sous les règnes de Vespasien et Titus et achevé sous Domitien, le Colisée fut appelé « amphithéâtre Flavius ».

FLEURUS (bataille de, 26 juin 1794). À la tête de l'armée de Sambre-et-Meuse, Jourdan, avec ses lieutenants Kléber et Marceau, réussit le passage de la Sambre près de Charleroi et s'empara de cette ville, au terme d'un siège d'une semaine. Ignorant la chute de Charleroi, le prince de Cobourg, avec 70 000 Austro-Hollandais, attaqua l'armée française, forte de 80 000 hommes, rangée en demi-cercle sur les hauteurs de Fleurus. Jourdan disposait en outre d'un ballon captif utilisé comme observatoire, premier usage de l'aérostation à des fins militaires. Après une bataille acharnée, au cours de laquelle Kléber se distingua, Cobourg, qui avait perdu de 4 à 5 000 hommes, ordonna la retraite sur Bruxelles. Cette victoire ouvrit la Belgique et la Rhénanie aux armées de la Révolution. Voir **COALITION** (guerres de).

FLEURY André Hercule de (* Lodève, Hérault, 22.VI.1653, † Issy, Hauts-de-Seine, 29 I.1743). Cardinal et homme politique français. Arrivé au pouvoir à l'âge de soixante-treize ans, il allait exercer pendant dix-sept ans, jusqu'à sa mort, une autorité absolue auprès du jeune Louis XV. Son ministère marqua pour la France un retour à la stabilité. Fleury rétablit les finances par des économies sévères. Grâce à lui, la monnaie fut stabilisée jusqu'à la Révolution. La hausse des prix et l'équilibre du budget (1739) favorisèrent l'essor économique. L'industrie fut encouragée ainsi que le commerce (notamment avec les Antilles). Fleury détruisit le jansénisme officiel en obligeant les parlements à enregistrer comme loi d'Église et d'État la bulle *Unigenitus* (1732), mais il s'ensuivit une longue crise entre le ministre et les cours souveraines. Dans la guerre de la Succession de Pologne, il fut obligé de soutenir Stanislas Leszczynski, beau-père de Louis XV, mais ne cessa de rechercher une solution de compromis : par le traité de Vienne (1738), il amena l'Autriche à céder à Stanislas, en compensation du royaume de Pologne, les duchés de Lorraine et de Bar, et fit stipuler que ces duchés, à la mort de Stanislas, reviendraient à la France.

FLIBUSTIER, *filibuster*. Nom donné, aux États-Unis, au sénateur qui retarde l'adoption d'un projet de loi en prononçant un discours interminable. Jusqu'en 1828, le président du Sénat américain disposait d'un pouvoir quasi discrétionnaire pour arrêter un discours ou une cascade d'amendements. Son autorité fut ensuite limitée et, en 1872, il fut même décidé que le président ne pourrait en aucun cas empêcher un sénateur de formuler toutes les remarques qu'il jugerait pertinentes sur une question débattue. Dès lors, des sénateurs qui n'avaient d'autre moyen de s'opposer au vote de la majorité de leurs collègues se mirent à discourir, des journées entières ; parfois même, à court d'arguments, ils n'hésitaient pas à lire la Bible devant l'assemblée. Le débat sur la ratification du traité de Versailles fut ainsi bloqué pendant cinquante-cinq jours en 1919 ; celui sur la loi des droits civils pendant soixante-quinze jours en 1964.

FLN (Front de Libération nationale). Mouvement nationaliste algérien fondé en nov. 1954. Voir **ALGÉRIE.** La « guerre d'Algérie ».

FLOQUET Charles Thomas (* Saint-Jean-Pied-de-Port, 2.X.1828, † Paris, 18.I.1896). Homme politique français. Député républicain de Paris (1871), compagnon de Gambetta, président du conseil municipal de Paris (1876) et président de la Chambre (1885/93), il devint président du Conseil en pleine crise boulangiste (1888/89). Il lança à l'ambitieux général une apostrophe retentissante (« À votre âge, général Boulanger, Napoléon était mort ! ») ; au cours du duel qui suivit (13 juill. 1888), Boulanger fut blessé par ce civil sexagénaire. Floquet fut, peu après, impliqué dans le scandale de Panamá. Il siégea encore comme sénateur de la Seine (1894/96).

FLORÉAL AN VI (coup d'État du 22, 11 mai 1798). Nom donné aux mesures arbitraires par lesquelles le Directoire qui avait brisé l'opposition royaliste au 18-Fructidor, empêcha la victoire électorale de l'opposition jacobine. Exploitant le climat de menaces et de violences suscité par les Jacobins, le Directoire favorisa des scissions dans la plupart des assemblées électorales, de telle sorte que la majorité (généralement jacobine) élût ses candidats, et la minorité les siens. Le gouvernement annula alors les élections des majorités et approuva celle des minorités. Quarante-cinq députés gouvernementaux furent ainsi déclarés élus, quoique ayant eu moins de voix que leurs concurrents.

FLORENCE, *Firenze*. Ville d'Italie, capitale historique de la Toscane, sur l'Arno. À la faveur des luttes qui opposèrent en Toscane le pape et l'empereur après la mort de la comtesse Mathilde (1115), la commune de Florence s'affirma à la fois contre les seigneurs féodaux du voisinage (les Alberti, les Guidi...) et contre les autres villes toscanes : Prato fut prise en 1107 et Fiesole détruite en 1125. Dès 1138, le régime du consulat avait été établi dans la ville. La tentative de Frédéric Barberousse pour rétablir le régime féodal en Toscane fut brisée par la victoire des Florentins sur le vicaire impérial à Colle di Val d'Elsa (1173) et Florence, en 1197, prit la tête d'une ligue toscane contre la tutelle impériale.

Les luttes intestines du Moyen Âge

Au XIIIe s., les querelles des grandes familles florentines se confondirent avec les luttes entre guelfes et gibelins (v. ces noms). Après la mort de Frédéric II (1250), les guelfes florentins réussirent à renverser la domination gibeline et établirent, à côté du *podestà*, un *capitano del popolo*. Les gibelins revinrent momentanément au pouvoir après leur victoire de Montaperti (4 sept. 1260) mais ils furent définitivement chassés en 1266, avec l'aide de Charles d'Anjou.

Florence devint dès lors la forteresse des guelfes en Italie. Le gouvernement de la ville passa entre les mains des guildes de marchands et les « ordonnances de justice » de 1293 exclurent les membres de la noblesse des fonctions politiques.

À peine les gibelins chassés, les guelfes, dès 1300, se divisèrent eux-mêmes en deux partis, les Blancs et les Noirs. Aux guelfes ultras (les Noirs) s'opposait le groupe modéré des Blancs qui souhaitait un compromis entre guelfes et gibelins. En nov. 1301, les Noirs expulsèrent les chefs des Blancs (parmi lesquels le poète Dante). Les exilés mirent tous leurs espoirs dans l'empereur Henri VII de Luxembourg qui descendit en Italie en 1311 et c'est dans cet esprit que

Dante composa son *De monarchia* ; mais l'empereur dut renoncer à assiéger Florence et mourut peu après (1313). Florence était définitivement délivrée de la menace impériale mais, pour faire face à Pise et à Lucques (qui venait de se donner à Castruccio Castracani), les Florentins durent faire appel au fils du roi de Naples Robert d'Anjou, Charles de Calabre (1326), qui exerça pendant quelques années un gouvernement dictatorial. Après la mort de Castruccio Castracani, les Florentins purent s'emparer de Pistoia (1331), de Cortona (1332), d'Arezzo (1337) mais, comme Lucques restait dangereuse, Florence fut de nouveau obligée de confier le pouvoir absolu à un étranger, Gautier de Brienne, duc d'Athènes (1342/43). Celui-ci se rendit odieux et fut chassé par les nobles qui voulurent profiter de l'occasion pour faire abolir l'incapacité légale dont ils étaient frappés depuis 1293. Les marchands s'insurgèrent et rétablirent une seigneurie, composée des représentants des vingt et une guildes.

Cependant, au cours de la seconde moitié du XIVe s., l'attitude réactionnaire de l'oligarchie marchande suscita l'opposition de nouvelles couches sociales issues de l'artisanat, le *popolo minuto* par opposition au *popolo grasso* au pouvoir, menées par des affairistes ambitieux comme les Alberti ou les Médicis. La révolte des *ciompi*, artisans pauvres de la laine et de la teinturerie, le 31 juill. 1378, amena ces forces populaires au pouvoir, avec Michele di Lando comme gonfalonier. Dès 1382, l'oligarchie fut rétablie, avec deux familles dominantes, les Albizzi et les Alberti, qui allaient être supplantées au XVe s. par les Médicis. Malgré ces luttes intérieures, la République continuait d'étendre sa domination sur la Toscane : en 1364, elle avait imposé sa tutelle économique à Pise qui fut conquise en 1406. En 1421, elle fit l'acquisition de Livourne, jusqu'alors possession génoise, ce qui lui donna une voie d'accès à la mer et provoqua la création de nouveaux magistrats, les *consoli del mare*.

Rôle économique de Florence

Les sociétés commerciales florentines se distinguèrent des autres entreprises analogues de l'Italie à la fois par leur envergure incomparable et par leur durée. Les banquiers florentins furent les créanciers des rois de Sicile, de France et d'Angleterre. Certains souverains, tel Philippe le Bel, les chargèrent de la perception de certains impôts dans leurs propres États ; toutes ces banques avaient une organisation déjà très « moderne », usaient des lettres de change, des traites, des chèques, des lettres de crédit. Elles étaient aussi des compagnies d'assurances et prenaient les risques des convois de marchandises qui allaient de Flandre en Italie. Naturellement, elles luttaient entre elles et, dans les années 1340, toute l'économie florentine fut profondément affectée par la faillite de deux des plus importantes sociétés, celles des Peruzzi et des Bardi.

La Florence des Médicis

C'est encore la banque qui fut l'assise de la puissance des Médicis, dont l'arrivée au pouvoir, en 1434, allait ouvrir une nouvelle ère. D'abord gonfalonier, Cosme de Médicis (1434/64) réussit à instituer une sorte de principat héréditaire, qu'il transmit à son fils, Piero (1464/69), puis à son petit-fils, Laurent le Magnifique (1469/92). Sans doute ce principat ne fut-il pas accepté sans résistance par les familles rivales : l'épisode le plus célèbre de cette lutte fut la conjuration des Pazzi (1478). Les Médicis eurent aussi à faire face à une opposition populaire : elle se cristallisa autour du moine mystique Savonarole, qui réussit à établir une république théocratique (1494/98), avant d'être brûlé sur la place publique. La République passa ensuite aux mains des commerçants et Machiavel y occupa d'importantes fonctions. Les Médicis, avec l'appui de l'armée espagnole, se rétablirent en 1512 à Florence, qu'ils devaient gouverner (avec le titre de grands-ducs de Toscane, à partir de 1569) jusqu'en 1737. La Florence des Médicis connut un éclat artistique qui surpassa encore la floraison du XIIIe s. et du XIVe s. avec des artistes comme Brunelleschi, Uccello, Boticelli, Raphaël, Michel-Ange et Léonard de Vinci.

Florence, dont l'histoire, depuis la fin du XVIe s., se confond avec celle de la Toscane, fut occupée par les Français en 1799 ; elle devint la capitale du royaume d'Étrurie (1801), puis le chef-lieu du département français de l'Arno (1807). Élisa, que son frère Napoléon Ier avait faite grande-duchesse de Toscane (1809), tint à Florence une cour brillante, mais elle dut se retirer en 1814 et le grand-duc Ferdinand III fut restauré. Une révolution pacifique (27 avr. 1859) renversa la dynastie de Habsbourg-Lorraine qui régnait depuis 1737. À la suite du plébiscite de mars 1860, Florence entra dans le nouveau royaume d'Italie dont elle fut la capitale de 1865 à 1871.

FLORIDA BLANCA, don José Moñino, comte de (* Murcie, 21.X.1728, † Séville, 28.XII.1808). Homme politique espagnol. Ambassadeur à Rome (1772), il s'efforça d'obtenir du pape la suppression de l'ordre des jésuites. Premier ministre de Charles III à partir de 1777, il gouverna selon les principes du despotisme éclairé mais ne sut pas associer l'opinion publique à ses réformes. Une guerre malheureuse contre l'Angleterre (1779/83) entraîna sa disgrâce. Il fut cependant président de la Junte centrale, lors du soulèvement de la péninsule contre Napoléon (1808).

FLORIDE, *Florida*. État du sud-est des États-Unis ; capitale *Tallahassee*. Découverte par Juan Ponce de León le dimanche des Rameaux (*Pascua florida*) 1513, elle fut explorée par Narvaez (1528) et Hernando de Soto (1539). Des émigrés français huguenots, tels que Ribault et Laudonnière, y fondèrent des établissements qui furent détruits en 1565 par Menendez de Avilés, lequel fonda Saint Augustine, la plus ancienne ville des États-Unis (1565). L'Espagne céda la

Floride en 1763 à l'Angleterre, la recouvra en 1783 et la vendit enfin aux États-Unis en 1819. Érigée en territoire en 1822, la Floride fut le théâtre de violentes guerres contre les Indiens Séminoles (1835/42). En 1845, elle devint le vingt-septième État de l'Union, se joignit en 1861 à la Confédération sudiste, mais souffrit peu de la guerre de Sécession.

FLORIN. Monnaie d'or, frappée pour la première fois à Florence en 1252. Le florin connut une grande diffusion dans toute l'Europe et, jusqu'à la fin du XVe s., il resta l'instrument des échanges internationaux. Le florin fut émis en France (sous Philippe le Bel et sous Jean le Bon), en Angleterre (sous Édouard III, à partir de 1344), en Hollande et en Allemagne. Le florin de Florence portait d'un côté le lis – emblème de la cité – et de l'autre l'effigie de st Jean-Baptiste.

En Grande-Bretagne, le florin était jusqu'à la réforme monétaire de 1971 la pièce de deux shillings. Le florin (ou gulden) était, jusqu'au 1er janv. 2001, l'unité monétaire des Pays-Bas.

FLOURENS Gustave (* Paris, 4.VIII.1838, † Chatou, 3.IV.1871). Homme politique français Ardent républicain, il alla combattre aux côtés des Crétois révoltés contre les Turcs (1866). Rentré en France, il prit part à la journée du 4 sept. 1870 qui abolit le second Empire, protesta contre les conditions d'armistice (*Paris livré*, 1871) et devint un des chefs de la Commune. Général de la XXe légion, il venait d'être fait prisonnier par les versaillais lorsqu'il fut abattu d'un coup de sabre par le lieutenant de gendarmerie Desmarets.

FN. Voir FRONT NATIONAL.

FNI (traité). Abréviation de **Forces nucléaires de portée intermédiaire**. Traité signé le 8 déc. 1986 entre l'URSS et les États-Unis par lequel les deux puissances décidèrent de supprimer les fusées nucléaires de moyenne portée (SS-20 et Pershing) installées en Europe. Avec les accords SALT (v.), le traité FNI s'inscrivait dans le cadre de la non-prolifération nucléaire (v.) ; il fut suivi par les accords START (v.).

FNL. Voir FRONT NATIONAL DE LIBÉRATION DU VIÊT-NAM.

FNSEA, Fédération nationale des syndicats d'exploitants agricoles. Groupement français d'organisations agricoles. Créée en 1946, la FNSEA, au sein de laquelle les grandes et moyennes entreprises ont un poids prépondérant, est devenue un interlocuteur privilégié des pouvoirs publics en matière de politique agricole. Voir SYNDICATS.

FO. Voir FORCE OUVRIÈRE.

FOCH Ferdinand (* Tarbes, 2.X.1851, † Paris, 20.III.1929). Maréchal de France. Général en 1914, il reçut de Joffre, en août, le commandement de la IXe armée et contribua de façon décisive à la victoire de la Marne. Il arrêta les Allemands sur l'Yser (automne 1914), puis dirigea les offensives de l'Artois en 1915 et la bataille de la Somme en 1916. En 1917, Foch succéda à Pétain comme chef d'état-major général et conseiller militaire du gouvernement. À ce titre, il intervint en Italie après le désastre de Caporetto et prépara la constitution du Conseil suprême franco-anglo-italien (conférence de Rapallo, 6/7 nov. 1917) chargé d'unifier la conduite de la guerre sur le front occidental. Il fut désigné généralissime des troupes alliées, le 16 mars 1918 et déclencha l'offensive générale victorieuse d'août 1918. Il a écrit ses *Mémoires de guerre* (1931). Voir **GUERRE MONDIALE 1914/18**.

FOIX (comté de). Ancien comté du midi de la France dont le territoire, compris entre le Languedoc, le Roussillon et le comté de Comminges, était approximativement celui de l'actuel département de l'Ariège. Cette région, habitée à l'époque de la conquête romaine par les Volsques Tectosages, appartenait, au début du XIe s., aux comtes de Carcassonne. Elle fut érigée en comté vers 1050 en faveur de Roger-Bernard Ier, comte de Carcassonne. Raymond Roger, comte de Foix de 1188 à 1223, accompagna Philippe Auguste en Terre sainte (1190/91) et se signala à la prise d'Acre. S'étant déclaré en faveur des albigeois, il fut pendant quelque temps dépouillé de ses États. La maison de Foix se releva sous Roger-Bernard II (1223/41), qui fut deux fois excommunié en raison de ses sympathies pour l'hérésie albigeoise et apporta une aide active à Raymond VII de Toulouse. Roger-Bernard III acquit le Béarn par mariage (1290). La dynastie atteignit son apogée avec Gaston III Febus (v. GASTON III DE FOIX), vicomte de Béarn et comte de Foix, qui fut un des seigneurs les plus fastueux du XIVe s. À la fin du XVe s., l'histoire du comté de Foix se confondit avec celle de la Navarre.

FONDS MONÉTAIRE INTERNATIONAL (FMI). Organisme fondé en 1944 en vertu des accords de Bretton Woods. Le FMI a pour mission d'assurer une coopération monétaire internationale et un ajustement ordonné des taux de change. À cette fin, il peut soutenir les monnaies défaillantes, accorder des prêts aux États et les autoriser à dévaluer... Ses ressources sont constituées par des réserves en or et un panier de devises qui lui sont fournies par les États membres, proportionnellement à leur richesse. L'Union soviétique, qui avait signé les accords de Bretton Woods, décida finalement de ne pas les ratifier ; mais plusieurs pays communistes y ont par la suite adhéré : la Chine en 1980, la Pologne et la Hongrie en 1981.

Le FMI a joué un rôle important lors des crises financières qui ont ébranlé le système monétaire international depuis la dernière guerre : la crise de Suez (1956/57), la dévaluation de la livre (1967), les crises pétrolières et celles liées au dollar. En sept. 1967, lors de la conférence annuelle du Fonds monétaire international, à Río de Janeiro, il fut décidé de suppléer à la pénurie d'or par la création de « droits de tirage spéciaux » sur le Fonds.

Dans les années 1970, les pays aidés par le FMI dénoncèrent la rigueur des politiques d'ajustement exigées par l'organisation. Au début des années 1980, le FMI renforça son influence en subordonnant son aide à l'adoption, par les pays bénéficiaires, d'un programme, souvent très critiqué, d'ajustement structurel (PAS). À partir de 1996, il développa une politique de réduction de la dette des pays les plus pauvres tout en poursuivant ses activités traditionnelles (crise de l'Argentine 2002/03).

FONSECA Manuel Deodoro da (* Alagoas, auj. Maréchal Deodoro, 5.VIII.1827, † Río de Janeiro, 23.VIII.1892). Général et homme politique brésilien. Il prit la tête du soulèvement qui chassa l'empereur Pierre II et devint président du gouvernement provisoire (nov. 1889). Élu en févr. 1891 premier président de la République, il gouverna dictatorialement et dut se retirer dès août 1892.

FONTAINEBLEAU. Ville de France (Seine-et-Marne). Résidence royale depuis le XIIe s.

Abdication et adieux de Fontainebleau. Ayant appris, le 31 mars 1814, la capitulation de Paris, Napoléon Ier se replia à Fontainebleau où il voulait regrouper ce qui lui restait de troupes. Mais il dut constater que ses maréchaux, en particulier Ney et Berthier, refusaient de continuer la lutte et, le 4 avr., il signa à Fontainebleau une première abdication en faveur de son fils, le roi de Rome. Privé de tout moyen d'action après la défection de Marmont, l'Empereur se vit imposer par les Alliés une abdication inconditionnelle (6 avr. 1814). Par la convention de Fontainebleau (11 avr.), les Alliés lui conservèrent le titre impérial et lui accordèrent la souveraineté de l'île d'Elbe et une pension annuelle de 2 millions.

Conférence de Fontainebleau (6 juill./14 sept. 1946). Conférence franco-vietnamienne sur le statut futur de l'Indochine ; la délégation vietnamienne était dirigée par Hô Chi Minh et Pham Van Dong, la délégation française par Marius Moutet, ministre socialiste de la France d'outre-mer. Les pourparlers n'aboutirent à aucun résultat : les Vietnamiens soupçonnaient la France de vouloir revenir sur l'accord Sainteny-Hô Chi Minh du 6 mars 1946, qui reconnaissait la république du Viêt-nam comme un État libre faisant partie de l'Union française, tandis que les Français pressentaient que leurs interlocuteurs voulaient aller jusqu'à l'indépendance totale. Trois mois après la fin de cette conférence, la guerre d'Indochine commençait.

FONTENOY. Village de Belgique (Hainaut), au S.-E. de Tournai. Durant la guerre de la Succession d'Autriche, les Français, commandés par le maréchal de Saxe, et en présence de Louis XV, y battirent les Anglo-Hanovriens, appuyés par des contingents autrichiens et hollandais, et commandés par le duc de Cumberland (11 mai 1745). L'enjeu de cette bataille était la place de Tournai, assiégée par les Français. Les forces en présence étaient sensiblement égales (50 000 hommes dans chaque camp). La phase décisive de la bataille fut l'attaque frontale menée par l'infanterie anglaise. Selon Voltaire (*Le Siècle de Louis XV*, chap. XV), les officiers anglais saluèrent les Français et le capitaine Charles Hay cria : « Messieurs des gardes françaises, tirez ! », à quoi le comte d'Auteroche, lieutenant, répliqua : « Messieurs, nous ne tirons jamais les premiers : tirez vous-mêmes ! » Contrairement à la légende, il ne s'agissait pas là d'un trait de courtoisie, mais d'une application du règlement d'infanterie qui interdisait à une troupe de tirer la première à courte distance, pour ne pas se trouver désarmée (la recharge étant lente et complexe). L'attaque anglaise, menée par 20 000 hommes, rompit les deux premières lignes françaises, mais la situation, qui semblait perdue pour les Français, fut redressée par l'action conjuguée de l'artillerie et les charges de toute la cavalerie de la maison du roi. Les Anglais se retirèrent, laissant 9 000 morts sur le champ de bataille ; les Français avaient perdu de leur côté 6 000 hommes. Cette victoire fit tomber aux mains des Français Tournai, Gand, Bruges, Ostende...

FORCE OUVRIÈRE (FO). Centrale syndicale française fondée en avr. 1948 par les cégétistes non communistes qui avaient suivi Léon Jouhaux lors de sa démission de la CGT le 19 déc. 1947. Voir SYNDICATS.

FORCES FRANÇAISES DE L'INTÉRIEUR (FFI). Nom donné en févr. 1944 à l'ensemble des forces de la Résistance française intérieure, unifiées par l'action du Comité français de libération nationale. Les FFI groupaient l'Armée secrète (AS), les groupes francs et les maquis, l'Organisation de résistance de l'armée (ORA), les Francs-Tireurs et Partisans français (FTPF). Elles furent placées, ainsi que les services secrets alliés opérant en France, sous l'autorité du général Koenig, nommé en mars 1944. Malgré leur armement insuffisant, les FFI apportèrent une aide précieuse aux forces alliées débarquées en Normandie en juin 1944 et hâtèrent le repli de la Wehrmacht, notamment en Bretagne, dans le sud-ouest et le centre de la France. Par la suite, environ 140 000 membres des FFI furent intégrés dans la 1re armée française commandée par le général de Lattre de Tassigny. Voir RÉSISTANCE. La Résistance à partir du printemps 1943.

FORCES FRANÇAISES LIBRES (FFL). Nom donné aux unités formées de volontaires recrutés par le général de Gaulle, à la suite de son accord avec Churchill (7 août 1940). Les FFL se composèrent à l'origine, de troupes évacuées de Norvège vers l'Angleterre, auxquelles s'adjoignirent dès l'été 1940 les troupes levées dans les colonies françaises passées sous le contrôle gaulliste. Les FFL, dont les principaux chefs furent

Leclerc, Koenig, de Larminat, Brosset..., combattirent notamment dans le Fezzan, en Érythrée, en Éthiopie, en Syrie et en Libye. Après la campagne de Tunisie, elles constituèrent le noyau de la 2e division blindée (2e DB) et de la 1re division française libre (1re DFL). Elles comprenaient également des unités navales (qui furent organisées par l'amiral Muselier) et aériennes (groupes *Alsace, Bretagne, Lorraine* et *Normandie-Niémen*, ce dernier engagé sur le théâtre d'opérations soviétique). Voir **RÉSISTANCE**. La Résistance française. La France libre.

FORD Henry (* près de Dearborn, Michigan, 30.VII. 1863, † Dearborn, 7.IV.1947). Industriel américain. Fils d'un fermier irlandais émigré aux États-Unis, il cessa ses études dès l'âge de quinze ans, fut apprenti horloger, monteur dans une usine de machines agricoles et ingénieur électricien. En 1892/93, il construisit lui-même sa première automobile et, avec un capital de 100 000 dollars seulement, il fonda en juin 1903 la Ford Motor Company et vendit sa première voiture dès le mois suivant. Il produisit huit modèles (A, B, C, F, K, N, R, S), avant de mettre au point, en 1908, son célèbre modèle T, que les usines Ford devaient construire jusqu'en 1927. Ces voitures ne se distinguaient pas de leurs concurrentes par des qualités techniques particulières. L'originalité de Ford fut ailleurs : alors que l'automobile était encore considérée comme un objet de luxe, il voulut en faire un objet de nécessité pour tous et mettre « l'Amérique sur des roues ». Il fut, au milieu de l'incompréhension de ses confrères, le pionnier de la production en série, qui permettait de fabriquer des automobiles standardisées à bon marché. De 1908 à 1927, ses usines sortirent ainsi plus de 15 millions d'automobiles modèle T, et les bénéfices de la Ford Motor Co. atteignaient 700 millions de dollars en 1927.

Ford appliqua dans ses entreprises une politique sociale hardie pour l'époque : champion de la doctrine des hauts salaires, il voulait faire des ouvriers des consommateurs capables d'absorber une part croissante de la production industrielle. En 1914, alors que l'ouvrier américain gagnait en moyenne 11 dollars par semaine, il payait les siens au moins 5 dollars par jour ; il leur assurait en outre une participation aux bénéfices et de larges possibilités d'achat grâce à un système de crédit à long terme. En revanche, il contrôlait la vie morale de ses employés et se montrait résolument opposé à toute organisation syndicale.

Ses idées révolutionnaires exercèrent leur influence en Europe à partir de 1918 et encouragèrent les producteurs européens de voitures, comme Renault, Citroën, Fiat, Singer, Austin, Morris. Après avoir associé à la direction son fils, **Edsel Bryant Ford** (* 1893, † 1943), il laissa ses entreprises à son petits-fils, **Henry Ford II** (* 1917, † Detroit, 29.IX. 1987). La Ford Motor Company est restée une affaire familiale. Deuxième constructeur d'automobiles du monde (après la General Motors), elle a des usines aux États-Unis, au Canada, en Grande-Bretagne, en Allemagne.

FORD Gerald (Leslie King, Omaha, 14.VII.1913). Homme politique américain. Chef du groupe républicain à la Chambre des représentants (1965/73), il fut désigné vice-président par Nixon en 1973 et lui succéda (1974/76) à la présidence des États-Unis.

FORUM. Dans les cités romaines, le *forum* était la place publique, analogue à l'*agora* grecque. À l'origine il servait de marché, mais il devint bientôt le centre de toute la vie judiciaire et politique. À Rome même, à l'époque républicaine, c'est là que siégeait le Sénat, que les assemblées du peuple tenaient leurs réunions (sur le *comitium*, place dallée de marbre), que les orateurs discouraient du haut de la tribune aux harangues (les Rostres). C'est encore au Forum qu'étaient jugés les grands procès politiques : on voyait paraître quelque accusé célèbre, un Verrès, un Clodius, un Milon, revêtu d'habits de deuil ainsi que sa famille et ses clients, poussant devant lui ses enfants pour émouvoir les juges. De nombreuses boutiques abritaient banquiers et changeurs, bijoutiers, parfumeurs, libraires, bouchers et poissonniers.

Le Forum Romanum est situé sur un ancien marais entre le Palatin et le Capitole (v.). Il est traversé par la via Sacra qu'empruntaient les cortèges triomphaux en passant devant l'édifice, encore en usage, des archives d'État (*Tabularium*). Les « basiliques » du Forum étaient des bâtiments publics aux usages multiples (tribunal, commerces, promenade) : l'ancienne *basilique Porcia* construite par Caton (brûlée en 52 av. J.-C.), la grande *basilique Aemilia* (IIe s. av. J.-C.) et la *basilique Julia* construite par César. Centre religieux, le Forum abritait plusieurs temples (dont celui de Vesta avec le feu sacré et celui de Castor où l'on conservait les étalons des poids et mesures), des arbres et lieux sacrés (le *Lapis niger*, la « Pierre noire », marquant la tombe de Romulus) ainsi que les résidences officielles du Grand Pontife et des Vestales. Le Forum était orné de monuments symboliques tel le Miliaire d'or, départ des voies romaines ou commémoratifs (trophées de guerre) et l'on y exposait les corps des suppliciés sur l'escalier des Gémonies. Des combats de gladiateurs furent un temps donnés sur le Forum. Jules César créa en 51 av. J.-C. un nouveau Forum (*Forum Julien*) et plusieurs empereurs l'imitèrent. Sous l'Empire, l'ancien Forum, sans vie politique, resta un lieu de promenade et de célébrations religieuses. Il reçut un ultime monument en 608 ap. J.-C., la colonne érigée en honneur de l'empereur byzantin Phocas.

Les forums impériaux qui se trouvent tous au N. du Forum romanum, sont : le *forum* d'*Auguste*, qui incluait le temple de Mars Vengeur et les statues de tous les généraux célèbres ; le *forum de Vespasien* ou *forum de la Paix*, édifié en 71/75, après les victoires de

Judée, et comprenant notamment le temple de la Paix (avec les dépouilles de Jérusalem) ; le *forum de Nerva*, au S.-E. de celui d'Auguste, avec l'arc de Janus Quadrifrons et le temple de Minerve ; le *forum de Trajan*, le plus vaste et le plus somptueux de tous, dont le plan fut tracé par Apollodore de Damas, et qui comprenait l'arc de triomphe et la statue équestre de Trajan, un marché (qui comportait 150 magasins répartis sur cinq étages), la basilique Ulpia, la colonne Trajane, deux bibliothèques, latine et grecque, enfin le temple de Trajan (édifié par Hadrien). Rome possédait encore d'autres forums, à destination purement commerciale : le *forum boarium*, marché aux bestiaux, entre le Palatin et le Tibre ; le *forum holitorium*, marché aux légumes, près du théâtre de Marcellus, etc.

Le nom de *forum* (marché) apparaît dans de nombreux noms de villes romaines, par exemple *Forum Julii* (Fréjus), *Forum Livii* (Forli), etc.

FOUAD Ier (* Gizèh, 26.III.1868, † Le Caire, 28.IV. 1936). Sultan (1917/22), puis roi (1922/36) d'Égypte. Voir ÉGYPTE. Du régime de tutelle à la révolution de 1952.

FOUCHÉ Joseph, duc d'Otrante (* La Martinière, près de Paimbœuf, Loire-Atlantique, 29.V.1759, † Trieste, 26.XII.1820). Homme politique français. Député jacobin à la Convention en 1792, il se signala par son zèle déchristianisateur. En 1793, il prit part à la sanglante répression de l'insurrection lyonnaise. Après le complot de Thermidor, auquel il participa, il devint ministre de la Police du Directoire et fut reconduit sous le Consulat et l'Empire. Intrigant et sans scrupule, il contribua, après Waterloo, au retour de Louis XVIII, qui le maintint quelque temps à la Police. Il ne put toutefois échapper à la loi de 1816 sur les régicides et dut s'exiler, richissime, à Trieste.

FOULQUES III Nerra ou **le Noir** (* 972, † Metz, 1040). Comte d'Anjou (987/1040). Batailleur et brutal, il fit la guerre aux Bretons et tua Conan Ier à la bataille de Conquereuil (992). Vaincu par Eudes II, comte de Blois, il ne se maintint qu'avec le secours du roi Robert. En 1025, il ravagea la ville de Saumur, conquise sur Odon de Champagne. Il termina sa vie dans la pénitence et, pour expier ses fautes, fonda de nombreux monastères, visita les Lieux saints et se fit traîner sur une claie dans Jérusalem en criant : « Seigneur, ayez pitié du traître et parjure Foulques ! »

FOULQUES V (* 1095, † près de Ptolémaïs, Palestine, 1143). Comte d'Anjou (1109/31) et roi de Jérusalem (1131/43). Voir ANJOU.

FOU-NAN. Ancien État hindouisé d'Indochine (Ier/VIe s.), auquel correspondraient, de nos jours, le Kampuchéa (Cambodge) et la partie sud du Viêt-nam. Il avait sa capitale à Vyadhapura (à l'E. de Phnom Penh) et joua un rôle important d'intermédiaire commercial entre la Chine et l'Inde. Après avoir atteint son apogée à la fin du Ve s. et au début du VIe s., le Fou-Nan succomba sous les coups des Khmers au VIIe s.

FOUNDJI. Ancien royaume africain, fondé au XVIe s. Voir SOUDAN.

FOUQUET ou **FOUCQUET Nicolas** (* Paris, 27.I.1615, † citadelle de Pignerol ?, 23.III.1680 ?). Homme politique français. Administrateur de la fortune de Mazarin, il fut procureur général au parlement de Paris en 1650 et surintendant général des Finances en 1653. Malgré la situation financière catastrophique du royaume, il réussit à regagner la confiance des créanciers et à faire face aux dépenses de l'État. Par toutes sortes d'irrégularités, il accumula une fortune personnelle considérable qui lui permit de renforcer les défenses de sa forteresse de Belle-Isle, en Bretagne et de faire bâtir le château de Vaux où il s'entoura d'un groupe d'écrivains et d'artistes. Dénoncé à Louis XIV, auquel il faisait ombrage, par Colbert qui convoitait sa place, il fut arrêté en 1661, condamné au bannissement, puis à la prison à vie et enfermé à la citadelle de Pignerol.

FOUQUIER-TINVILLE Antoine Quentin (* Hérouel, Aisne, 10.VI.1746, † Paris, 7.V.1795). Magistrat et homme politique français. Il se rallia avec ardeur à la Révolution et s'assura l'appui de Danton et de Robespierre qui le firent nommer, en mars 1793, accusateur public près le Tribunal révolutionnaire. Il mit au service du Comité de salut public une rigueur implacable, aussi bien contre la reine et les Girondins que contre son parent Camille Desmoulins et ses anciens protecteurs Danton et Robespierre. Au 9-Thermidor, il se retourna contre Robespierre mais, trop compromis par le rôle qu'il avait joué sous la Terreur, il fut abandonné rapidement par les thermidoriens. Au cours d'un procès qui dura quarante et un jours, il se présenta comme un simple instrument du Comité. Il fut condamné à mort et guillotiné.

FOURIER Charles (* Besançon, 7.IV.1772, † Paris 10.X.1837). Philosophe et économiste français. Les ouvrages de Fourier, notamment *Théorie des quatre mouvements et des destinées générales* (1808), *Traité de l'association domestique agricole* (1882), décrivant l'organisation sociale et économique du Phalanstère, cité utopique où les passions humaines trouveraient leur équilibre harmonieux dans la coopération (rejet de la concurrence libérale, mais aussi du socialisme), lui gagnèrent quelques disciples qui tentèrent de mettre en application le fouriérisme.

Victor Considérant, qui joua un rôle dans la révolution de 1848, se fit le propagandiste des idées du maître dans sa *Doctrine sociale* (1834/44). Des tentatives de création de phalanstères eurent lieu en France, avec le Familistère de Guise (poêles Godin, 1859), et surtout aux États-Unis. Mais les deux communautés fouriéristes américaines les plus connues, celle de Brookfarm, près de Boston (1840), et celle de la Phalange du Nord (1843), à Red Bank, New Jersey, ruinèrent leurs promoteurs.

Au fouriérisme, l'on peut rattacher plusieurs innovations sociales telles que les jardins d'enfants, les grands ensembles urbains et les maisons de la culture.

FOX Charles James (* Londres, 24.I.1749, † Chiswick, près de Londres, 13.IX 1806). Homme politique anglais. Fils de lord Holland, élu député en 1768, avant même d'avoir atteint l'âge légal de vingt ans, il s'initia aux affaires comme secrétaire d'État sous George II. Chargé du portefeuille des Affaires étrangères dans le ministère Shelburne, il reconnut l'indépendance des États-Unis et conclut la paix avec la France (1783). Il s'opposa aux malversations de la Compagnie des Indes mais dut abandonner devant l'hostilité de la Chambre des lords. Favorable à la Révolution française, il fut l'infatigable adversaire de Pitt et se fit le défenseur d'une politique de non-intervention, ce qui le brouilla avec Burke et la plupart de ses amis. Retiré de la vie publique de 1797 à 1801, il redevint secrétaire d'État aux Affaires étrangères à la mort de Pitt (1806), prépara la loi abolissant la traite des Noirs et rechercha la paix avec Napoléon Ier. Il mourut quelques mois après son retour au pouvoir.

FOX QUESADA Vicente (Mexico, 2.VII.1942). Homme d'affaires et homme politique mexicain. Il fut directeur de Coca-Cola pour le Mexique et l'Amérique centrale de 1975 à 1979. Il entra en politique en 1988 et fut élu député du Parti d'action nationale (PAN), le plus vieux parti mexicain d'opposition. Il devint gouverneur de l'État de Guanajuato en 1995. Après une campagne médiatique et démagogique – il promit de faire croître l'économie de 7 % par an et de régler le problème du Chiapas « en quinze minutes » –, il fut élu président du Mexique le 2 juill. 2000, mettant fin à soixante et onze ans de domination du Parti révolutionnaire institutionnel (PRI).

FRACHON Benoît (* Chambon-Feugerolles, Loire, 13.V.1892, † Paris, 4.VIII.1975). Syndicaliste français. Il milita tout jeune à la CGT et fut, en 1920, l'un des premiers adhérents du parti communiste. Conseiller municipal (1922) et membre du Comité central du PC (1926), secrétaire de la CGTU (procommuniste) en 1933, il travailla à la réunification syndicale de 1936 et devint l'un des secrétaires de la CGT réunifiée (1936/39). Pendant l'Occupation, il dirigea, avec Jacques Duclos, l'action clandestine du parti communiste. Secrétaire général de la CGT à partir de 1944, tout en continuant à jouer un rôle important dans le parti, il céda son poste en 1967 à Georges Séguy et reçut le titre honorifique de président de la CGT. Il participa encore, en 1968, à la négociation des accords de Grenelle.

FRANC. Sous l'Ancien Régime, l'unité monétaire en France était la livre tournois mais il ne s'agissait que d'une simple unité de compte qui n'existait pas sous forme de pièce frappée. Le franc fut d'abord une pièce d'or fin, de la valeur d'une livre, frappée en 1360 pour payer la rançon du roi Jean II le Bon (v.). En 1575, sous Henri III, fut frappé un franc d'argent mais, à partir de Louis XIII, le franc ne fut plus à son tour qu'une monnaie de compte.

Du franc germinal au franc Poincaré

Dès le 1er août 1793, pour symboliser les changements politiques intervenus avec la Révolution, la Convention fit du franc l'unité monétaire légale. Il reçut sa définition par la loi du 7 germinal an XI (28 mars 1803) ; il était identifié à une pièce de monnaie réelle formée de 5 g d'argent au titre de 9/10 (9 volumes de métal pur sur 10). Cette loi instaurait le bimétallisme complet qui allait durer jusqu'en 1864. Le rapport légal entre l'argent et l'or était de 15 1/2 à 1. L'exploitation des nouvelles mines d'or de Californie et d'Australie, dans les années 1850, augmenta considérablement la production de l'or qui devint une « mauvaise monnaie », tandis que la monnaie d'argent tendait à se raréfier. À l'imitation de la Suisse et de l'Italie, la France, par une loi de 1864, abaissa le titre des pièces d'argent inférieures à 5 francs pour faire baisser leur valeur. En 1865, une convention monétaire donna naissance à l'Union monétaire latine entre la France, l'Italie, la Belgique et la Suisse, auxquelles se joignit peu après la Grèce. En s'alignant sur la loi française de 1864, l'Union adopta le bimétallisme incomplet et limita la frappe des monnaies d'argent.

Durant tout le XIXe s., le franc montra une stabilité remarquable. Il fut alors le principal instrument des accords financiers internationaux mais sa position ne devait pas survivre à la Première Guerre mondiale. La loi du 5 août 1914 établit le cours forcé des billets de banque (qui, dès lors, n'étaient plus convertibles en métal) : il en résulta une profonde dépréciation du franc. Le dollar, qui était à 5,18 francs durant la guerre, valait 11 francs en juillet 1919 et 47 francs en juillet 1926. Cette crise monétaire avait pour cause les énormes dépenses de guerre, les réparations dans les régions dévastées, le déficit de la balance commerciale et les émissions massives d'emprunts publics. Après avoir réalisé une stabilisation de fait durant l'été 1926, Poincaré procéda à la stabilisation légale du franc par la loi du 25 juin 1928. Cette loi établissait en France l'étalon-or. Avec un poids d'or de 65,5 milligrammes à 9/10, le nouveau franc, le *franc Poincaré*, n'avait plus que le cinquième du poids d'or du franc germinal de 1803 (322,5 milligrammes à 9/10). Le cours forcé des billets de banque fut supprimé. Cette réforme, qui mettait fin à la crise monétaire de l'après-guerre, entraîna la rupture de l'Union monétaire latine (janv. 1927).

De 1928 à nos jours

La solidité du franc Poincaré créa en France un climat de confiance assez dangereux alors que la livre et le dollar, du fait de la crise ouverte en 1929, subissaient une dévaluation en 1931 (pour la livre) et en 1933 (pour le dollar). La France se refusant à toute dévaluation pour des raisons de fierté nationale et par fidélité aux théories de Poincaré, les prix français devinrent beaucoup plus élevés que les prix mondiaux, pour le plus grand dommage des exportations françaises. Faute d'avoir réalisé à temps une dévaluation, la France allait subir la crise à partir de 1934, au moment où les autres pays commençaient à en sortir. L'expérience déflationniste de Pierre Laval, en 1935, mécontenta l'opinion sans redresser la situation économique et fut une des causes de la victoire du Front populaire en 1936. Vincent Auriol, ministre des Finances de Léon Blum, décida une dévaluation du franc (loi du 1er octobre 1936). Puis le décret-loi du 30 juin 1937 supprima le lien qui, depuis 1803, avait rattaché le franc, par une parité fixe, d'abord à l'argent, puis à l'or, ce qui entraînait pratiquement le rétablissement du cours forcé des billets : ce fut le *franc flottant*. Le dollar, qui était à 15,13 francs en 1935, valait 43,83 francs en 1939. Le 23 février 1940, le franc subit une nouvelle dévaluation *(franc Reynaud)* et sa teneur en or fin fut fixée à 21 milligrammes.

L'Occupation provoqua une nouvelle dépréciation du franc, qui, toutefois, ne fut pas constatée par la loi. À la Libération, la monnaie française était considérablement surévaluée et les difficultés d'exportation s'en trouvaient aggravées. Au lendemain de la guerre, après la dévaluation du « franc Pleven » le 29 déc. 1945, l'histoire de la IVe République fut jalonnée par une série de dévaluations de 1948 à 1957.

Dès son arrivée au pouvoir, le général de Gaulle considéra l'assainissement financier et le redressement du franc comme les conditions essentielles de la politique d'indépendance nationale qu'il entendait mener. Le plan Pinay-Rueff (27/31 décembre 1958) comportait une assez forte dévaluation (17,55 %), mais l'effet psychologique toujours fâcheux d'une telle mesure était atténué par la création, au 1er janvier 1960, d'un franc lourd ou « nouveau franc » (NF) valant 100 francs anciens et, par conséquent, à peu près égal au franc suisse et au mark allemand (1 NF = 180 mg d'or fin, le dollar à 4,93 NF, la livre à 13,82 NF).

Conjointement à la dévaluation, les mesures audacieuses du plan Pinay-Rueff (retour à la convertibilité, libération des échanges avec les pays de l'OECE, équilibre budgétaire) et le démarrage du Marché commun favorisèrent les exportations françaises. Le relèvement financier fut rapide dans les premières années de la Ve République. Les réserves en or et en devises passèrent de 377 millions de dollars au 1er janvier 1959 à près de 2 milliards de dollars à la fin de la même année. Pour le général de Gaulle, la solidité retrouvée du franc constituait une arme politique.

À partir de 1965, le gouvernement français engagea une lutte ouverte contre l'hégémonie mondiale du dollar, en réclamant le retour à l'étalon-or ; une grande partie des réserves françaises furent converties de dollars en or, ce qui contribua à aggraver la crise de confiance dans le dollar. Mais la crise de mai 1968 devait porter un coup d'arrêt brutal aux ambitions gaulliennes. Pour relancer l'économie après plusieurs semaines de grève et pour affronter les conséquences des accords de Grenelle, le gouvernement dut pratiquer une large politique de crédits qui, souvent, contribua à la fuite des capitaux vers l'étranger, alors que l'attente d'une réévaluation du Deutsche Mark favorisait les mouvements contre le franc. Le général de Gaulle refusa cependant la dévaluation et décida des mesures d'austérité (nov. 1968), mais les réserves de la France continuèrent à diminuer, tombant de 34 milliards de francs lourds (F) au début de mai 1968 à 6 milliards à peine en août 1969.

Après la retraite du général de Gaulle, une dévaluation de 12,5 % (8 août 1969) était inévitable ; cette mesure, suivie par la réévaluation du Deutsche Mark et accompagnée de sévères restrictions de crédit, permit un redressement de la monnaie nationale. En mars 1972, la France signa les accords de Bruxelles instituant une solidarité des monnaies européennes en face du dollar (le « serpent monétaire »). Mais, à la suite du flottement de la livre et de la lire, et de la hausse brutale du prix de l'énergie, il fallut, le 19 janvier 1974, décider le flottement du franc ; le franc cessait d'avoir une parité fixe et la Banque de France, en cas de spéculation, n'était plus obligée de recourir à ses réserves pour soutenir le franc.

Avec le gouvernement de Raymond Barre (25 août 1976 au 13 mai 1981), la stabilité du franc fut assurée, mais au détriment des exportations, désavantagées par une monnaie surévaluée. La création du SME (le Système monétaire européen) en 1979 réduisit les possibilités de fluctuation du franc. La banque centrale avait désormais le choix entre un ferme soutien de la monnaie ou de fortes dévaluations. Les gouvernements de la gauche issus des élections de juin 1981 durent lutter contre une érosion monétaire permanente que manifesta un constant recul du franc par rapport au mark.

En 1988, la défense du franc, couplée à la lutte contre l'inflation, devint l'axe prioritaire de la politique économique du pays et le taux de change avec le mark ne varia pratiquement pas jusqu'en 1993. De très fortes pressions sur le marché monétaire contraignirent les pays de la Communauté européenne à relâcher les mécanismes du SME mais, malgré un léger décrochage en 1993, le franc resta assez stable par rapport au mark aussi bien en 1994 qu'en 1995.

Depuis le 1er janvier 2001, le franc français a disparu définitivement, comme monnaie nationale, au profit de l'euro avec une parité de 6,55957 francs pour un euro.

Le Burundi, les Comores, Djibouti, la Guinée-Conakry, le Congo-Kinshasa, Madagascar et le

Rwanda émettent également une monnaie appelée franc.

FRANC BELGE. Monnaie de la Belgique depuis 1832. Sa parité fut définie par un poids d'or jusqu'en 1971. Le franc belge a fait partie du Système monétaire européen à partir de 1979. Depuis le 1er janvier 2001, il a disparu au profit de l'euro.

FRANC CFA. Monnaie des États africains de la « Zone franc », soit la plupart des anciennes colonies françaises d'Afrique subsaharienne (le Bénin, le Burkina Faso, le Cameroun, le Congo-Brazzaville, la Côte-d'Ivoire, le Gabon, le Mali, le Niger, la République centrafricaine, le Sénégal, le Tchad, le Togo) ainsi que la Guinée équatoriale et la Guinée-Bissau. Le sigle CFA se référait à l'origine aux colonies françaises d'Afrique et désormais à la « Communauté financière en Afrique ».

FRANC COLONIES FRANÇAISES DU PACIFIQUE ou **FRANC CFP.** Monnaie créée en 1945, émise en Nouvelle-Calédonie et en Polynésie française.

FRANC LUXEMBOURGEOIS. Monnaie du Luxembourg depuis l'indépendance du pays (1867). Son cours était égal à celui du franc belge depuis l'institution de l'Union économique belgo-luxembourgeoise, en 1921. Depuis le 1er janvier 2001, le franc luxembourgeois a disparu au profit de l'euro.

FRANC SUISSE. Monnaie de la Suisse depuis 1799. Lié à l'or depuis sa création, le franc suisse constitue une valeur refuge sur les marchés internationaux.

FRANCE. État de l'Europe occidentale ; capitale *Paris.*

La préhistoire

La France est un des pays où l'évolution humaine est connue avec le plus de continuité. Les vestiges humains les plus anciens retrouvés en France sont ceux de la Caune de l'Arago, à Tautavel, ainsi que la mandibule de Montmaurin, qui sont des prénéandertaliens vieux de 300 000 à 400 000 ans. Mais une dent découverte à Vergranne dans le Doubs pourrait être encore plus ancienne. Cependant, les industries mises au jour dans la vallée de la Somme et surtout dans la grotte du Vallonet (Alpes-Maritimes) sont bien antérieures à ces fossiles (celles du Vallonet se situent vers 900 000 ans). Les industries du paléolithique inférieur sont assez variées. L'acheuléen (v.) regroupe des industries riches en bifaces. Étendu sur une très longue période (vers – 400 000/– 85 000 ans), il est bien connu par de riches gisements stratifiés du nord de la France et, dans sa phase finale, le micoquien, par le gisement éponyme de La Micoque (Dordogne).

Au paléolithique moyen (vers – 200 000/– 35 000 ans), la France était peuplée par les néandertaliens (v.) qui ont laissé des restes nombreux dans le sud-ouest de la France, en Dordogne (Le Moustier, La Ferrassie), en Corrèze (La Chapelle-aux-Saints), dans les Pyrénées, en Charente (La Quina), mais aussi dans le nord-est (Arcy-sur-Cure). Toutes les industries du paléolithique moyen se rattachent au groupe du moustérien (v.). Les néandertaliens enterraient leurs morts, comme en témoignent les sépultures découvertes dans de nombreux gisements (La Chapelle-aux-Saints, La Ferrassie, Le Regourdou...).

Au paléolithique supérieur (vers – 35 000/– 8 000 ans), les néandertaliens, complètement disparus, sont remplacés par les *Homo sapiens sapiens* (hommes de Cro-Magnon). Le paléolithique supérieur est marqué par la multiplication des outils en os et par la finesse des outils de pierre (« feuilles de laurier » solutréennes). On distingue en France cinq phases qui sont le châtelperronien à Arcy-sur-Cure et à Saint-Césaire), l'aurignacien, le gravettien (ou périgordien), le solutréen et le magdalénien. C'est encore dans le sud-ouest que l'on a découvert le plus grand nombre de gisements, en particulier dans la région de la Dordogne (Combe-Capelle, abri Cellier, La Ferrassie, Laugerie-Haute, La Madeleine), dans l'Ariège (Mas-d'Azil), le long des Pyrénées (Isturitz), mais aussi dans le sud-est et, au magdalénien, dans la frange méridionale du Bassin parisien. L'art pariétal, qui apparaît dès 35 000 ans (grotte Chauvet), est particulièrement bien représenté au solutréen récent (bas-reliefs de Bourdeilles, en Dordogne ; du Roc-de-Sers, en Charente) et au magdalénien avec les figures de Lascaux, de Font-de-Gaume, des Combarelles, de Rouffignac.

Les hommes du paléolithique supérieur tiraient essentiellement leur subsistance de la chasse – surtout celle du renne, qui resta le principal gibier entre – 30 000 et – 10 000 ans. La plupart des sites d'habitat étaient des abris-sous-roche. La fin de la période glaciaire (vers – 10 000 ans) et l'établissement progressif des conditions climatiques actuelles entraînèrent la diversification des moyens de subsistance. Les hommes s'installèrent près des cours d'eau, sur les rivages des lacs et des marais, et on vit apparaître les traces d'activités de pêche, de ramassage de coquillages et d'escargots. Les industries du mésolithique (vers – 8 000/– 6 000 ans), caractérisées par la présence d'outils de taille très fine ou microlithes, sont divisées en France en azilien, sauveterrien et tardenoisien. La néolithisation apparaît en France vers le Ve millénaire sous l'influence de courants venus de la vallée du Danube et de la Méditerranée. L'industrie cardiale, le couronnien de Provence, le chasséen de Bourgogne, de Franche-Comté et du Bassin parisien sont d'origine méditerranéenne, alors que le rubané d'Alsace, le poinçonné (dont les traces se retrouvent jusqu'en Armorique), le michelsberg de l'est de la France relèvent d'influences danubiennes. Le néolithique est marqué notamment par les premiers défrichements et par un fort essor démographique.

La civilisation du métal fait ses débuts en France au début du IIIe millénaire. Les premiers objets de cuivre (haches, objets de parure) précèdent la céramique campaniforme et proviennent, dans certaines régions, d'industries locales, notamment dans le Midi. La diffusion du bronze, à partir de l'Europe centrale, atteint d'abord l'est de la France, le Jura, la vallée du Rhône, mais aussi, par la voie maritime de la mer du Nord et de la Manche, l'Armorique ; avant – 1 400 ans, elle voit s'épanouir une civilisation du bronze qui a sans doute une origine commune avec celle du Wessex en Angleterre. Depuis le IVe millénaire, la civilisation mégalithique s'était répandue, de la Bretagne au Bassin parisien et au S.-O. du Massif central ; un total de 7 000 monuments, menhirs, dolmens et allées couvertes ont été dénombrés. Enfin, la civilisation du fer s'est largement répandue à l'époque de Hallstadt (à partir du VIIIe s. av. J.-C.) puis à l'époque de La Tène (à partir du milieu du Ve s. av. J.-C.).

De la conquête romaine à l'avènement de Charlemagne

Le territoire de la France au Ier millénaire av. J.-C. était déjà occupé par une population de langue et de culture indo-européennes, celle des Celtes, dont la densité devait augmenter, entre le VIe et le IIe s. av. J.-C., avec l'arrivée d'autres peuples celtiques originaires d'Europe centrale. Les Celtes se sont mêlés ou ont coexisté avec des populations antérieures, comme les Ligures dans le sud et le sud-est, les Ibères et les Aquitains, de la basse vallée du Rhône à l'Atlantique. Jusqu'à la conquête romaine, il n'a pas existé de séparation nette entre peuples celtes et peuples germaniques de part et d'autre du Rhin. Ce sont les conquêtes de Jules César, puis l'échec des campagnes menées au-delà du Rhin par les légions de l'empereur Auguste qui ont fait du fleuve la limite du territoire de la Gaule (v.), le nom employé par les Romains pour désigner les territoires des Celtes, du Rhin au Pyrénées et à la Méditerranée.

À partir du IIIe s. apr. J.-C., les invasions de peuples germaniques dans la Gaule romaine se sont multipliées. Les armées romaines les ont refoulées, quand c'était possible, et cantonnées dans les régions rhénanes où beaucoup ont reçu le statut de fédérés : ces Germains recevaient des terres et se sédentarisaient, en même temps qu'ils servaient d'auxiliaires à l'armée romaine pour maintenir à distance les peuples germaniques d'au-delà du Rhin. En 406, ce dispositif s'est effondré ; des peuples entiers ont franchi le Rhin gelé et se sont répandus sur le sol de la Gaule et au-delà. Les Suèves, les Vandales et les Alains passèrent jusqu'en Espagne. En 418, les Wisigoths, jouissant du statut de fédérés, fondèrent un royaume en Aquitaine ; en 443, les Burgondes furent établis par Aetius en Savoie, d'où ils pénétrèrent, sans rencontrer de résistance, dans les vallées de la Saône et du Rhône. Dans le nord de la Gaule, le peuple des Francs (v.) s'installa de la Meuse à la mer du Nord. Après une période de désordres, de violences et de pillages, ce qui subsistait des cadres politiques et administratifs gallo-romains réussit à mobiliser les contingents de ces différents peuples germaniques pour constituer une armée qui arrêta les Huns aux champs Catalauniques, en 451.

Après la chute de l'empire d'Occident (476) se constituèrent en Gaule, comme en Espagne et en Italie, des royaumes barbares où les souverains germaniques gouvernaient aussi bien les Gallo-Romains que leurs propres guerriers. Le royaume wisigoth s'étendait sur toute la Gaule au S. de la Loire et à l'O. du Rhône ; le royaume burgonde, le long de la Saône et du Rhône, de Besançon environ jusqu'à la Durance. Pendant ce temps, des Bretons chassés de la (Grande-) Bretagne par l'invasion anglo-saxonne s'installaient en Armorique. Le dernier représentant du pouvoir romain en Gaule, Syagrius, ne régnait plus que sur un petit État compris entre la Loire et la Seine. Mais les régions du Nord avaient vu les progrès d'un autre groupe de peuples germaniques, les Francs, installés entre la Meuse et l'Escaut depuis 358. Leur intervention en Gaule, dans les vingt dernières années du Ve s., devait être décisive. Clovis (481/511), après avoir battu successivement Syagrius, les Alamans et les Wisigoths, se rendit maître de toute la Gaule, à l'exception de la Septimanie (Languedoc et Roussillon) et du royaume burgonde (que ses fils devaient conquérir en 534). Les Francs n'étaient pas plus nombreux que les Wisigoths ou les Burgondes – à peine quelques dizaines de milliers de guerriers – et, comme tous les peuples germaniques, ils étaient minoritaires dans la population gallo-romaine. Mais l'État franc, dont le noyau, au N. et à l'E., s'étendait sur des régions frontières peu romanisées, devait beaucoup mieux maintenir ses caractères germaniques que les autres États barbares. D'autre part, la conversion de Clovis, avec ses guerriers, à la foi catholique (et non au christianisme arien pratiqué par les autres peuples germaniques), lui acquit le soutien capital des évêques gallo-romains et de la majorité de la population (v. **FRANCS**, peuple et Empire, **MÉROVINGIENS** et **CAROLINGIENS**).

Charlemagne et l'Empire carolingien

Succédant à celle des Mérovingiens, l'époque carolingienne est celle de la rupture (au moins d'un grave recul) des relations commerciales et culturelles en Méditerranée du fait de la conquête musulmane. Ainsi s'expliqueraient la raréfaction de la monnaie et la prédominance de la richesse foncière et de l'économie domaniale. Au cours de leur ascension (VIIIe s.), les Carolingiens n'ont eu d'autre moyen de s'attacher leurs officiers qu'en leur distribuant des terres, d'abord sous forme de *bénéfices* viagers, qui devinrent rapidement héréditaires. Comme Clovis, les Carolingiens ont tiré parti de l'appui de l'Église. Aux prises avec la menace lombarde et abandonné par Byzance, le pape se tourna vers le fils de Charles Martel, Pépin le Bref, légitimant la déposition du dernier Mérovingien et l'accession au trône de Pépin (752). En échange, ce dernier descendit par deux fois en Italie pour réduire les Lombards (754, 756) et assura au Saint-

Siège la possession de l'exarchat de Ravenne et du duché de Rome (« donation de Pépin » et création de l'État pontifical en 756). Cette alliance du trône et de l'autel resta le fondement de la puissance de Charlemagne (768/814) qui voulait, en nouveau roi David, créer une monarchie chrétienne. De nouveau appelé par le pape, Charles détruisit le royaume lombard (774). Il reprit à l'égard de la Germanie la politique conquérante des premiers Mérovingiens ; après de longues guerres, les Saxons furent soumis et convertis de force (772/804). Les Avars furent anéantis dans la plaine danubienne. Malgré plusieurs échecs, Charles réussit encore à créer, entre les Pyrénées et l'Èbre, face à l'islam, une marche d'Espagne (795/811). Sacré empereur à Rome par le pape Léon III (Noël 800), Charlemagne apparaissait comme le maître de l'Occident. Sa domination s'étendait de l'Èbre à l'Elbe, de la mer du Nord à l'Adriatique. L'empereur fut reconnu par le calife de Bagdad, Haroun el-Rachid, et par l'empereur byzantin (812). Son œuvre législative (publication des capitulaires), juridique (création des *plaids*, rédaction du droit public) et financière (assainissement monétaire ; institution de la dîme) est considérable ; une renaissance intellectuelle (Alcuin, Paul Diacre, abbaye de Saint-Gall) vint illustrer le règne. Pourtant, dès le début du IXe s. se précisent les traits fondamentaux de la féodalité (constitution de puissantes seigneuries rurales, hérédité des bénéfices, appropriation des fonctions publiques, laïcisation de l'Église). L'institution spectaculaire des *missi dominici* ou inspecteurs impériaux ne gêna pas longtemps les comtes (les agents royaux de haut rang, disposant localement des pouvoirs civils et militaires) qui, de plus en plus, administraient pour leur compte et non plus pour le souverain. Avec le capitulaire de Quierzy-sur-Oise (877), le principe de l'hérédité des charges comtales était acquis. La rupture définitive avec l'économie antique et l'instauration d'une économie domaniale rendaient impossible une renaissance durable de l'Empire romain.

Le traité de Verdun (843) partagea l'Empire carolingien entre les petits-fils de Charlemagne : Charles II le Chauve (843/77) obtint la Francie occidentale, limitée à l'E. par la Meuse, la Saône et le Rhône ; Lothaire eut la Francie médiane, de la Hollande à l'Italie centrale ; Louis le Germanique, la Francie orientale, entre le Rhin et l'Elbe. Les premiers traits d'identité nationale commencèrent à apparaître : tandis que les sujets de Charles le Chauve parlaient le roman, dérivé du latin, ceux de Louis le Germanique s'exprimaient en tudesque et leur pays cessa bientôt d'être la *Francie orientale* pour devenir la *Germanie*.

L'équilibre que le traité de Verdun avait essayé d'établir autour de la Lotharingie ne dura guère. Après la disparition de la Lotharingie au traité de Mersen (870), le traité de Ribemont (880) fixa, légèrement à l'O. de la Meuse et sur l'Escaut, la frontière qui devait rester celle de la France et de l'Allemagne durant tout le Moyen Âge. Chez les Carolingiens occidentaux ou français, la dislocation féodale fut beaucoup plus rapide qu'en Germanie. Charles le Chauve vit d'abord lui échapper la Bretagne et l'Aquitaine. À la fin de son règne, son autorité ne s'exerçait plus au-delà de la Loire. L'Empire carolingien fut réunifié pour la dernière fois sous Charles III le Gros, de 884 à 887, mais la faiblesse de l'empereur provoqua sa déposition. Depuis 840, la France était soumise aux raids des Normands. Après s'être établis aux embouchures de la Seine et de la Loire, ils multiplièrent les expéditions le long des fleuves et, notamment, assiégèrent Paris (885/86) que le souverain carolingien fut incapable de secourir. Cette carence fut compensée par l'action des seigneurs locaux : en Ile-de-France, par exemple, la lutte contre les Normands porta au premier rang la famille de Robert le Fort, dont le fils, Eudes, comte de Paris, devait être élu roi par les grands, bien qu'il ne fût pas un Carolingien (888/98). Dès la fin du IXe s. s'esquissait un changement de dynastie. Sans doute les nobles, jugeant Eudes trop énergique, lui donnèrent-ils comme successeur un Carolingien, Charles III le Simple (898/923). Tout le sombre Xe s. allait être occupé par la rivalité des Robertiens (ancêtres des Capétiens) et des Carolingiens : les descendants d'Eudes et ceux de Charlemagne alternèrent sur un trône branlant. À Charles le Simple s'opposèrent puis succédèrent des Robertiens, Robert Ier (922/23) et Raoul de Bourgogne (923/36), suivis par les Carolingiens Louis IV d'Outremer (936/54), Lothaire (954/86) et Louis V (986/87). Malgré leur valeur réelle, Louis IV et Lothaire ne parvinrent pas à secouer la tutelle du tout-puissant descendant de Robert le Fort, Hugues le Grand, dont le fils, Hugues Capet, élu roi en 987, grâce aux intrigues de l'archevêque de Reims, Adalbéron, allait inaugurer la dynastie des Capétiens.

Les premiers Capétiens (987/1180)

Le royaume d'Hugues Capet (987/96) correspondait approximativement à la Francie occidentale attribuée à Charles le Chauve au traité de Verdun. Dans ce royaume, le premier Capétien n'était pas un souverain mais un suzerain. Son domaine propre ne débordait guère l'Île-de-France avec un palais à Paris, quelques villes héritées des Carolingiens (Attigny, Compiègne, Verberie...) et quelques villes du patrimoine robertien (Orléans, Dreux, Étampes, Poissy, Senlis, Montreuil-sur-Mer). Même dans cet étroit domaine, il devait compter avec des vassaux directs turbulents qui hérissaient leurs terres de châteaux redoutables, tels les seigneurs du Puiset, de Montlhéry, de Marles... Le reste du royaume était divisé en de nombreuses seigneuries dont les principales étaient : le comté de Flandre, le duché de Normandie (concédé par Charles le Simple au chef normand Rollon, par le traité de Saint-Clair-sur-Epte, en 911) ; le duché de Bretagne, pratiquement indépendant ; les comtés de Champagne, de Blois et d'Anjou, qui enserraient le domaine capétien ; le duché de Bourgogne, gouverné par une branche de la famille capétienne à partir du XIe s. ; enfin, au S. de la Loire, à peu près complètement séparés de la France septentrionale, les duchés d'Aquitaine et de Gascogne et les comtés de Toulouse et de Barcelone. Sur ces féodaux, souvent plus riches et plus puissants que lui, le roi capétien avait l'ascendant d'un suzerain sur des vassaux qui lui avaient prêté hommage. Plus important encore, le roi avait reçu le sacre qui donnait à sa personne une autorité exceptionnelle, venue de Dieu lui-même.

Hugues Capet, en inaugurant la coutume de faire sacrer de son vivant son fils aîné, une pratique qui fut reprise par ses successeurs, dota la monarchie française d'une légitimité et d'une continuité que n'eurent jamais les empereurs germaniques du Moyen Âge.

Après Hugues Capet, les premiers Capétiens : Robert II le Pieux (996/1031), Henri Ier (1031/60), Philippe Ier (1060/1108), à peu près impuissants devant l'indiscipline de leurs féodaux, ne jouèrent aucun rôle dans les grands événements politiques de leur temps (conquête de l'Angleterre, querelle des Investitures, première croisade). Le « réveil de la royauté » ne s'amorça qu'avec Louis VI le Gros (1108/37). S'appuyant sur l'Église et assumant cette fonction essentielle de justicier qui fut celle des rois de France au Moyen Âge, il réussit à consolider et à accroître le pouvoir royal. Son fils, Louis VII (1137/80), eut la chance d'être assisté d'un remarquable conseiller, Suger, abbé de Saint-Denis ; c'est sous ce règne que parurent les premières ordonnances capétiennes. Louis VII fut assez fort pour participer à la deuxième croisade. Son mariage avec Aliénor d'Aquitaine pouvait créer des liens nouveaux entre la monarchie et le midi de la France ; mais le roi la répudia (1152). Aliénor se remaria presque aussitôt avec Henri Plantagenêt, comte d'Anjou, qui devint roi d'Angleterre deux ans plus tard, lui apportant la suzeraineté sur tout le sud-ouest de la France.

L'apogée de la monarchie médiévale (1180/1328)

Fils et successeur de Louis VII, Philippe II Auguste (1180/1223) allait mener la lutte contre les Plantagenêts dont l'empire franco-anglais menaçait la France. Il soutint les fils d'Henri II d'Angleterre, révoltés contre leur père, notamment Richard Cœur de Lion avec qui il partit pour la troisième croisade. Mais, brouillé avec ce dernier, il se hâta de revenir en France (1191), laissant le roi anglais aux prises avec les infidèles puis prisonnier en Autriche et commença à mettre la main sur les possessions continentales des Plantagenêts. Servi par les erreurs du successeur de Richard, Jean sans Terre, le roi français put confisquer la Normandie, le Maine, l'Anjou, le Poitou et la Touraine. Par son mariage, Philippe Auguste ajouta encore au domaine royal divers territoires dans le Nord du royaume, notamment l'Artois, le Boulonnais, une partie du Vermandois et le Valois. Ses ambitions étaient plus vastes encore et il voulut réduire l'indépendance des comtes de Flandre. L'alliance du comte de Flandre, du roi d'Angleterre et de l'empereur Othon IV fut brisée à Bouvines (27 juill. 1214). Autant par son administration que par ses conquêtes, Philippe devait accélérer le développement de l'État monarchique : contre ses grands vassaux, la monarchie se fit l'alliée du mouvement communal (v. COMMUNE) né du renouveau commercial et économique ; la politique royale de centralisation, appuyée sur la bourgeoisie et la petite noblesse, se manifesta par la création des premiers fonctionnaires royaux, les baillis (ou sénéchaux), au moment même où la Grande Charte (1215), limitait les pouvoirs de la monarchie anglaise, qui avait été, jusqu'alors, la plus puissante de l'Europe occidentale.

Cette politique de centralisation, qui avait soulevé la Flandre, donna un caractère politique marqué à la croisade des albigeois (v.), de 1209 à 1229. Provençaux, Languedociens et Toulousains ne combattirent pas seulement pour défendre leur foi, mais aussi pour maintenir leur vieille indépendance et la civilisation d'Occitanie, alors plus raffinée que celle de la France du Nord. Préparant la confiscation des terres de son vassal, le comte de Toulouse, Philippe Auguste laissa saccager le Midi par Simon de Montfort et le traité de Paris (1229) assura aux Capétiens l'héritage du comté de Toulouse. Ainsi le règne de Philippe Auguste met en lumière les traits particuliers de la formation de l'unité française : œuvre essentiellement royale, scellée progressivement, en dépit de longues résistances, par une politique de centralisation monarchique assez ferme pour déposséder peu à peu des responsabilités politiques la grande noblesse locale, assez souple aussi pour maintenir une diversité de coutumes, de franchises et de privilèges où les particularismes régionaux et communaux pouvaient trouver quelque compensation.

Après Louis VIII (1223/26) qui consolida l'œuvre de son père, la monarchie médiévale française atteignit un fort rayonnement international. Louis IX (1226/70) s'employa à liquider le conflit franco-anglais et, par le traité de Paris de 1259, restitua à Henri III Plantagenêt toutes les conquêtes dont la légitimité lui semblait douteuse, le Limousin, le Périgord et la Guyenne. Le roi de France se fit un tel renom d'équité que, de toutes parts en Europe, on lui demanda d'arbitrer les conflits : c'est lui qui rétablit la paix entre les héritiers du comté de Flandre (1256) ou entre le roi et les barons d'Angleterre (« mise d'Amiens », 1264).

À cette France universaliste devait succéder, après le règne de consolidation de Philippe III le Hardi (1270/85), l'État de Philippe le Bel (1285/1314), dominé par des légistes (Pierre Flotte, Nogaret, Marigny) inspirés du droit romain et précurseurs du pouvoir absolu du roi en son royaume. La décadence du Saint Empire (Grand Interrègne, 1256/73) laissait l'idée médiévale d'universalisme politique frappée à mort. L'échec de la formule impériale d'un État multinational fondé sur des bases à la fois religieuses et politiques faisait place à une conception de l'État qui n'acceptait déjà aucune ingérence. Entre le pape Boniface VIII, attaché aux prétentions théocratiques d'Innocent III, et Philippe le Bel, le conflit ne pouvait manquer d'éclater. En ce début du XIVe s., la France apparut comme le champion de la politique « moderne », fondée sur la séparation du temporel et du spirituel. Désireux de manifester l'unité du royaume autour de lui, Philippe le Bel convoqua pour la première fois les états généraux (1302). Après l'attentat d'Anagni (sept. 1303) auquel Boniface VIII ne survécut pas, Philippe le Bel obtint l'élection d'un pape français, Clément V, qui vint s'installer à Avignon, sous surveillance française (1309). La notion d'hégémonie française se substituait à celle de l'empire chrétien. Non content d'accroître le domaine royal de la Champagne, de Lyon, et de devenir roi de Navarre, Philippe le Bel tenta de confisquer la Flandre. Battu par les milices flamandes à Courtrai (1302), il prit sa revanche à Mons-en-Pévèle (1304) et put du moins annexer presque toute la Flandre wallonne avec Lille, Douai et Béthune.

La guerre de Cent Ans et le relèvement français (1328/1483)

Les trois fils de Philippe le Bel montèrent successivement sur le trône : Louis X le Hutin (1314/16), Philippe V le Long (1316/22) et Charles IV le Bel (1322/28). Chacun ne laissa que des filles (Jean Ier le Posthume, fils de Louis X, ne vécut que quelques jours) : c'est alors que fut adoptée la coutume, confirmée par les états généraux, d'écarter les femmes du trône. En 1328, à la mort de Charles IV, s'éteignit la branche des Capétiens directs. Le roi d'Angleterre Édouard III, petit-fils de Philippe le Bel par sa mère, pouvait prétendre au trône mais le sentiment national était déjà assez fort pour qu'Édouard fût écarté, en sa qualité d'étranger, par les seigneurs français qui appuyèrent l'avènement d'un cousin des derniers rois, Philippe VI de Valois (1328/50). La France et l'Angleterre étaient alors rivales dans les Flandres. Le roi d'Angleterre, en un temps où s'affirmaient les monarchies nationales, ne pouvait enfin supporter sa position de vassal à l'égard du roi de France pour ses possessions de Guyenne.

De ce long conflit (v. **Cent Ans, guerre de**) qui épuisa le pays sur le plan matériel mais contribua à faire éclore le sentiment d'une unité nationale, le pouvoir royal sortit finalement renforcé. Le développement de l'État moderne se fit en France, contrairement à ce qui se produisit en Angleterre, sur le mode d'une centralisation toujours accrue. La guerre avait précipité le déclin de l'ancienne noblesse féodale. La libération de la France avait été essentiellement l'œuvre du roi Charles VII (1422/61), d'une fille du peuple comme Jeanne d'Arc et d'un bourgeois comme Jacques Cœur, le « grand argentier » de Charles VII. La tentative de réaction nobiliaire connue sous le nom de Praguerie avait complètement échoué (1440) et, bien que Charles VII, jusqu'à la fin de son règne, ait été en butte aux révoltes du dauphin (futur Louis XI), il put doter la monarchie d'un embryon d'armée permanente (les compagnies d'ordonnance, 1445) et d'une fiscalité assurant des revenus réguliers (taille, aides, gabelle). À l'égard de l'Église, accentuant encore la politique menée jadis par Philippe le Bel, Charles VII posa les fondements durables du gallicanisme par la pragmatique sanction de Bourges (v.), en 1438, qui limitait les pouvoirs de la papauté dans le royaume.

Devenu roi, Louis XI (1461/83) tourna le dos à sa jeunesse orageuse : pour briser la coalition des grands féodaux (guerre de la ligue du Bien public, 1464/65), il s'appuya plus que jamais sur la bourgeoisie des villes qui vit ses franchises étendues. Le domaine royal continua de s'accroître (annexion de l'Anjou, du Maine, de la Provence) et le pouvoir royal poursuivit son évolution vers l'absolutisme. Mais à l'E. et au N., le puissant duché bourguignon, l'État le plus brillant de l'Europe du XVe s., menaçait la royauté française (v. **Bourgogne**). Au cours de sa lutte contre Charles le Téméraire, Louis XI commit beaucoup d'erreurs (la découverte de ses intrigues secrètes avec les Liégeois rebelles devait lui valoir d'être retenu prisonnier à Péronne (v.), en 1468), mais il réussit à se tirer de tous les mauvais pas par une diplomatie pleine de ruse et grâce à l'aide des Suisses, qui écrasèrent le Téméraire à Grandson et à Morat (1476). Du riche héritage bourguignon, Louis XI ne recueillit toutefois que le duché de Bourgogne et la Picardie (traité d'Arras, 1482), le reste passant aux Habsbourg par le mariage de la fille du Téméraire avec le futur empereur Maximilien Ier. La disparition de l'État bourguignon fut un événement lourd de conséquences : à la lutte du roi contre le vassal trop puissant et trop brillant succéda l'antagonisme de la France et des Habsbourg qui, pendant plus de deux siècles, jeta l'Europe dans une série de guerres. La seule opposition importante se trouvait encore dans le duché de Bretagne, devenu indépendant depuis la victoire de Jean IV à Auray en 1364. Charles VIII (1483-1498) allait réduire militairement l'indépendance bretonne (bataille de Saint-Aubin-du-Cormier, 1488) avant de contraindre la duchesse Anne à l'épouser (1491) ; elle épousa ensuite son successeur, Louis XII.

La France et l'Europe de Charles VIII à Henri II (1483/1559)

Cette période s'ouvre avec les guerres d'Italie, dernier épisode du Moyen Âge et s'achève avec la première phase de la rivalité de la maison de France et de la maison d'Autriche. C'était une preuve frappante de la rapidité du relèvement français que le royaume, à peine sorti des dévastations de la guerre de Cent Ans, pût se lancer dans une entreprise telle que la conquête de l'Italie. Il est vrai que les expéditions de Charles VIII (1483/98) et de Louis XII (1498/1515) occupèrent surtout la noblesse, sans charger le peuple, qui ne s'intéressait guère à ce conflit lointain.

Charles VIII décida de faire valoir les droits que son père, Louis XI, avait hérités de la maison d'Anjou sur le royaume de Naples. Pour se rendre les mains libres, il restitua le Roussillon à Ferdinand le Catholique et la Franche-Comté et l'Artois (acquis par Louis XI en 1482) aux Habsbourg. Accueilli triomphalement à Rome (déc. 1494) puis à Naples (févr. 1495), Charles VIII se heurta à une vaste coalition groupant Venise, le pape Alexandre VI, l'empereur, Milan et Ferdinand le Catholique. Le roi put tout juste revenir en France, grâce à la *furia francese* qui décida de la victoire de Fornoue (juill. 1495). À son tour, Louis XII voulut conquérir non seulement Naples mais le Milanais, auquel il prétendait comme héritier de Valentine Visconti. Malgré les exploits de Gaston de Foix (Ravenne, 1512) et de Bayard, les Français, après des alternances de défaites et de victoires, furent complètement chassés d'Italie par la Sainte Ligue (v.) qu'animait le pape Jules II (1512). La France paya fort cher sa participation aux guerres d'Italie : elle fut envahie au N. par les Anglais, à l'E. par les Suisses, au S. par les Espagnols, mais Louis XII put enfin conclure la paix (1514).

Son successeur, François Ier (1515/47), ne songea d'abord qu'à venger les échecs militaires précédents et remporta, sur les Suisses, la grande victoire de Marignan (sept. 1515) qui valut à la France, outre la possession du Milanais, l'alliance des Suisses qui signèrent une « paix perpétuelle ». Mais la guerre d'Italie changea de caractère en 1519, avec l'élection impériale de Charles Quint qui, maître de l'Espagne, d'une grande partie de l'Italie, des possessions des Habsbourg, de l'Allemagne et des Flandres, faisait peser sur la France une menace d'encerclement. En face de l'énorme puissance impériale, François Ier résista avec la dernière énergie. La lutte commença par une série de revers : n'ayant pu obtenir l'alliance d'Henri VIII d'Angleterre (entrevue du Camp du Drap d'or, 1520), la France perdit le Milanais, et François Ier fut vaincu et fait prisonnier à Pavie (24 févr. 1525). Emmené captif en Espagne, il dut signer le traité de Madrid (1526) par lequel il renonçait à l'Italie et cédait la Bourgogne (comme l'espérait le roi, les états de Bourgogne refusèrent de reconnaître le traité). Appuyé par les décisions du lit de justice de 1527, François, à peine libéré, répudia ses engagements et reprit la guerre. Profitant des difficultés de Charles Quint, le Roi Très Chrétien n'hésita pas à s'allier avec les princes protestants allemands (1531) et même avec le sultan turc Soliman le Magnifique (1535). La guerre, poursuivie sous Henri II (1547/59), s'acheva au traité du Cateau-Cambrésis (1559) : la France renonça à l'Italie, perdit ses conquêtes en Savoie et en Piémont, mais garda les Trois-Évêchés (occupés en 1552) et Calais (repris aux Anglais en 1558). La politique extérieure française s'orientait vers le renforcement et l'élargissement de la frontière du Nord-Est : c'était une évolution importante par rapport à l'époque où Charles VIII abandonnait l'Artois et la Franche-Comté aux Habsbourg.

À travers ces guerres, l'absolutisme monarchique continua à se renforcer. Par l'annexion de la Bretagne (préparée à partir du mariage de Charles VIII avec la duchesse Anne), le rattachement de l'Angoumois (1515), la confiscation des terres du connétable de Bourbon (Bourbonnais, Marche, Auvergne, Forez, Beaujolais, Dombes, 1523/27), le domaine royal coïncida presque entièrement avec le territoire français. La vie fastueuse qu'il organisa à la cour aida François Ier à conquérir les bonnes grâces de la haute noblesse. Les états généraux, qui avaient manifesté quelque indépendance pendant la minorité de Charles VIII (1483), ne furent plus convoqués pendant près de cinquante ans. Le roi gouverna désormais selon son « bon plaisir » (la formule apparaît sous François Ier), développa l'appareil gouvernemental et subdivisa le Conseil en sections spécialisées (Grand Conseil, Conseil privé, Conseil des affaires). Il créa des ministres ou secrétaires d'État (sous Henri II), surveilla les provinces par l'intermédiaire de commissaires, les ancêtres des intendants, imposa le français comme langue administrative (ordonnance de Villers-Cotterêts, 1539), accentuant son emprise sur le clergé (concordat de 1516). Le développement de la vénalité des offices (v.), qui devinrent héréditaires sous Henri IV, permit la création d'une élite bourgeoise longtemps dévouée à la monarchie, et pourvue de responsabilités administratives. L'influence de la Renaissance italienne et des idées de l'Antiquité contribua encore à affermir en France l'absolutisme.

Les guerres de Religion et la pacification sous Henri IV (1559/1610)

Les doctrines luthériennes commencèrent à pénétrer en France dès les années 1520. Les idées de réforme bénéficièrent d'abord de la tolérance de François Ier et de l'active bienveillance de sa sœur, Marguerite d'Angoulême, mais l'attitude du pouvoir changea après l'affaire des Placards (v.) (1534). En dépit d'une répression sévère, le protestantisme progressa non seulement dans les classes moyennes mais dans la noblesse que la vie de cour appauvrissait et qui était séduite par la perspective de sécularisations analogues à celles qu'avaient réalisées les princes allemands. Le protestantisme devint un véritable parti à l'intérieur de l'État avec ses entrées à la cour, ses cadres politiques et militaires. Aux Coligny et aux Condé, ralliés à la Réforme, s'opposèrent les Guise, chefs des catholiques. Le roi fut partagé entre les factions qui n'hésitèrent pas à faire appel à l'étranger. Après l'échec du colloque de Poissy (1561), le massacre de Wassy (v.) (1562) fut le point de départ de luttes d'une extrême cruauté dont le massacre de la Saint-Barthélemy (v.) (24 août 1572) fut le pire exemple. Avec de brèves pauses, huit guerres de Religion allaient plonger la France dans plus de trente ans de guerres civiles (1562/98). Elles eurent pour effet de désorganiser le royaume : les provinces retournèrent à leur vie propre, catholiques ou protestantes selon les grands seigneurs qui y dominaient ; les campagnes vécurent sous la terreur exercée par des hobereaux ou des bandes de soldats ; les villes furent abandonnées à elles-mêmes ; les doctrines les plus subversives furent soutenues par les théoriciens protestants ou ligueurs (v. **Ligue, Sainte Ligue ou Sainte Union**). Le roi de France, Henri III, fut assassiné par un moine fanatique (1589). Pour maintenir la France dans le catholicisme et empêcher l'accession au trône d'un prince protestant, la Ligue fit appel à Philippe II d'Espagne qui envisagea de disposer de la couronne des Capétiens et aux troupes espagnoles d'Alexandre Farnèse qui campèrent à Paris et à Rouen (1590/91).

Cependant, un parti modéré s'était formé celui des « politiques », qui plaçait l'ordre dans l'État au-dessus des conflits religieux. Ses idées furent définies par Jean Bodin dans *La République* (1576) : une monarchie absolue mais non arbitraire, respectueuse des coutumes, des privilèges provinciaux, de la loi morale et religieuse. Ce parti trouva l'homme qu'il lui fallait dans l'héritier légitime mais protestant, Henri de Navarre. Ce dernier eut la sagesse de comprendre que la France n'accepterait jamais un prince réformé : il abjura en 1593 et rallia ainsi à lui une grande partie du peuple ; mais il lui fallut obtenir l'obéissance de ses anciens fidèles protestants et la soumission des chefs de la Ligue (le dernier, le duc de Mercœur, qui avait soulevé la Bretagne, ne s'inclina qu'en 1598). La paix religieuse fut rétablie par l'edit de Nantes (13 avr. 1598). C'était la première fois en Europe occidentale qu'un État réglait ses problèmes religieux par un régime authentique de tolérance et non par la décision de princes imposant leur propre religion à leurs sujets, comme en Allemagne.

Pour imposer cet acte, qui mécontenta les extrémistes des deux camps, Henri IV dut rétablit énergiquement l'autorité royale. Il réprima l'agitation de la noblesse (complot de Biron, 1602 ; révolte du duc de Bouillon, 1605/06) et, comme ses prédécesseurs, s'appuya sur les élites urbaines dont l'importance s'accrut par la légalisation de l'hérédité des offices (institution de la « paulette », v.) (1604). Mais les états généraux ne furent pas convoqués et c'est dans l'ombre d'une autorité populaire mais absolue que Sully put remettre en ordre les finances et donner un nouvel essor à l'agriculture et au commerce. Cependant, au moment de l'assassinat d'Henri IV par Ravaillac (1610), les blessures laissées par les troubles du XVIe s. étaient loin d'être complètement refermées : l'idée de tolérance religieuse n'était pas entrée dans les mœurs : les catholiques rêvaient de rétablir l'unité et les protestants retranchés dans leurs places formaient un État dans l'État ; la grande noblesse avait retrouvé le goût de l'indépendance ; la vénalité des offices, qui avait le mérite d'assurer l'indépendance des magistrats, allait engendrer une certaine désorganisation dans l'administration.

De la minorité de Louis XIII à la Fronde (1610/61)

Le fils d'Henri IV, Louis XIII (1610/43), n'avait que neuf ans, à la mort de son père. La régence de Marie de Médicis fut une époque de troubles. Les états généraux, convoqués en 1614, étalèrent les conflits d'intérêts particuliers entre les trois ordres (ils ne devaient plus être réunis jusqu'en 1789). Le trésor amassé par les économies de Sully fut dissipé ; le remplacement du favori de la reine, Concini, par le favori du roi, Luynes, n'améliora en rien la situation. Le redressement fut l'œuvre de Richelieu, entré au Conseil en 1624. Richelieu châtia durement la noblesse turbulente (exécutions de Montmorency, de Cinq-Mars) rétablit partout le sens de l'autorité (édits contre les duels) et désarma les protestants (siège et prise de La Rochelle, 1627/28), tout en confirmant le régime de la tolérance religieuse (édit d'Alès ou Alais, 1629).

Richelieu engagea le royaume dans la guerre de Trente Ans (v.), longue, coûteuse, sanglante, mais qui abaissa définitivement l'Espagne et fit de la France la première puissance de l'Europe (traités de Westphalie, 1648).

Mais les factions allaient se réveiller pendant la minorité de Louis XIV. Malgré son habileté, Mazarin ne put empêcher la Fronde (v.) (1648/53) : à l'opposition des grands se joignit un temps celle de la bourgeoisie parlementaire (qui rentra dans l'obéissance dès 1649). Cette agitation fit la preuve de l'incapacité politique de la haute noblesse et des gens de robe. Le peuple, que la fiscalité écrasante due à la guerre avait jeté dans des révoltes paysannes sous le règne de Louis XIII (Croquants du Limousin, 1637 ; Va-Nu-Pieds de Normandie, 1639) ne suivit pas longtemps les frondeurs et la crise déboucha sur la restauration de l'autorité royale et, bientôt, sur l'instauration de l'absolutisme.

Toute la première moitié du XVIIe s. avait été marquée en France par le renouveau catholique (François de Sales, Bérulle, Vincent-de-Paul, Ollier...), par les débuts de Port-Royal (réformé en 1609) et par un mouvement littéraire d'une vie intense, où se mêlaient de nouveaux talents (le *Cid*, de Corneille, en 1636), cependant que Malherbe, Vaugelas et l'Académie française (fondée en 1634/35) préparaient l'élaboration de la doctrine classique et que Descartes posait les fondements du rationalisme moderne (*Discours de la méthode*, 1637). Tournée essentiellement vers le continent, État le plus peuplé d'Europe (environ 20 millions d'habitants), la France n'avait pris qu'une faible part aux grandes découvertes maritimes du XVIe s. et au premier mouvement colonial. Les expéditions de Jacques Cartier au Canada (1534) n'avaient pas été suivies par une fondation durable ; Henri IV soutint Champlain, qui fonda Québec, sur le Saint-Laurent (1608) ; Richelieu encouragea l'essor colonial par la fondation de compagnies de commerce. Mais ces efforts, comme ceux de Colbert plus tard, se heurtèrent à l'indifférence de l'opinion, au goût sédentaire des Français, peu enclins à s'expatrier, et surtout à la préférence de la bourgeoisie qui allait aux achats de terres et d'offices plutôt qu'au grand négoce international.

L'impérialisme français sous le règne de Louis XIV (1661/1715)

Louis XIV (1643/1715) qui commença son règne personnel à la mort de Mazarin (1661), fit de la royauté française le type accompli de la monarchie absolue. Son règne apparaît comme le point culminant de l'effort séculaire de la dynastie capétienne, bien qu'il comporte des éléments (telle l'étiquette de cour) empruntés à l'Espagne. Il réalisa le vieux rêve des légistes – un roi absolument maître dans son royaume – et les idées des théoriciens monarchistes qui s'étaient succédé dans la première moitié du XVIIe s. De la cour, il fit un « instrument de règne » en enfermant la noblesse dans la prison dorée de Versailles où elle devint oisive et n'eut plus de recours que dans les faveurs royales.

Louis XIV avait mis fin au régime du ministériat institué par Richelieu ; il ne laissa aux grands dignitaires que leurs titres et s'entoura de grands commis compétents d'origine bourgeoise qui s'appuyaient sur des réseaux de solidarité familiale : Colbert, Le Tellier, Louvois. Le roi concentra entre ses mains tous les pouvoirs, les tâches du gouvernement central étant réparties entre le Conseil du roi, le chancelier de France, le contrôleur général des Finances (Colbert de 1665 à 1683) et les quatre secrétaires d'État (Affaires étrangères, Guerre, Marine, Maison du roi). Les états généraux ne furent pas convoqués de tout le règne. Les parlements, privés de leur titre de « cours souveraines », furent réduits au silence dès 1673 et contraints d'enregistrer sans discussion les ordonnances royales, quitte à présenter plus tard d'« humbles remontrances ». La police fut réorganisée et concentrée sous l'autorité d'un lieutenant général de police (1667). La centralisation administrative étendit son filet sur tout le pays, les états provinciaux furent, les uns supprimés, les autres dépouillés de toute compétence politique ; les gouverneurs se virent supplantés par des fonctionnaires dévoués au pouvoir : les intendants de justice, de police et des finances. Le domaine réservé par excellence fut la politique étrangère qui commanda tout le reste, annula les efforts de redressement financier accomplis par Colbert et orienta l'économie française vers un mercantilisme impitoyable, lui-même générateur de guerres, mais qui contribua parfois artificiellement à l'essor de l'industrie nationale (création de manufactures) et du grand commerce (Compagnies des Indes orientales, 1664 ; des Indes occidentales, 1664 ; du Nord, 1669 ; du Levant, 1670...).

L'absolutisme n'épargna pas l'Église : la déclaration des Quatre Articles de 1682 donna sa charte officielle au gallicanisme ; on dressa de nouveau contre le pape la vieille théorie de la suprématie conciliaire ; les insolences voulues de l'ambassadeur de France à Rome permirent l'occupation d'Avignon (1689/90), et seules les difficultés de la guerre de la ligue d'Augsbourg obligèrent finalement le Roi-Soleil à se rétracter (1693). C'est dans le même effort vers le resserrement et l'unité de toutes les forces de la nation que Louis XIV, après la campagne des dragonnades, décida la révocation de l'édit de Nantes (1685), désastreuse à la fois à l'extérieur, car elle dressa les protestants européens contre la France, jusqu'alors leur alliée, et à l'intérieur, car elle provoqua l'exil de quelque 300 000 réformés dont le départ affaiblit l'économie française. À cette date, Louis XIV se trouvait déjà dans de grandes difficultés diplomatiques et militaires. L'autocratie conquérante du Grand Roi commençait à rendre la France insupportable à l'Europe.

Dès 1667, sous prétexte de faire valoir les droits de son épouse, l'infante Marie-Thérèse, sur les Pays-Bas espagnols, en vertu de la coutume de dévolution (v.), Louis XIV avait envahi les Flandres sans déclaration de guerre. L'intervention de l'Angleterre et celle de la Hollande l'obligèrent à se contenter d'une partie de ses conquêtes (traité d'Aix-la-Chapelle, 1668), mais il décida de se venger des Hollandais, qu'il menaça d'abord économiquement (réglementation tarifaire de Colbert, 1667), avant de les attaquer par les armes. Cette guerre de Hollande (1672/76) provoqua un sursaut national non seulement en Hollande mais en Angleterre, où Charles II fut contraint d'abandonner l'alliance française (1674). Cependant les exploits de Turenne et de Duquesne, les victoires françaises en Franche-Comté et en Flandre (1676) permirent à Louis XIV d'obtenir la Franche-Comté et la régularisation de la frontière du Nord (paix de Nimègue, 1678). L'agression française contre la Hollande avait fait naître dans le corps germanique une inquiétude que devait accroître la politique des réunions à laquelle Louis XIV se livra dès 1680 : en pleine paix, des « Chambres de réunion » prononcèrent en effet l'annexion de Montbéliard, Courtrai, Sarrebrück, Sarrelouis, Deux-Ponts, et les troupes françaises occupèrent Strasbourg (1681). Obligés de ratifier ces spoliations à la trêve de Ratisbonne (1684), la plupart des États allemands devinrent franchement hostiles après la révocation de l'édit de Nantes.

À la formation de la ligue d'Augsbourg (1686), Louis XIV répondit par la dévastation du Palatinat (1689) qui ruina la position de protectrice des « libertés germaniques » que la France s'était acquise, contre l'empereur, lors des traités de Westphalie. La guerre de la ligue d'Augsbourg (1688/97) – que les Allemands appellent significativement « guerre du Palatinat » – vit se former contre la France une coalition rassemblant la plupart des États européens, conduits par Guillaume d'Orange qui venait d'accéder au trône d'Angleterre (1688). Isolée, la France sut tenir tête, mais au prix d'un effort financier épuisant. À la paix de Ryswick (1697), Louis XIV ne garda des territoires occupés depuis le traité de Nimègue que

Strasbourg, Longwy et Sarrelouis et il dut accepter, à sa frontière septentrionale, une humiliante barrière de places hollandaises. Le Roi-Soleil vieillissant montra dès lors quelque modération. Cependant, à la mort de Charles II d'Espagne (1700), la France, menacée d'une reconstitution de l'empire de Charles Quint, entra de nouveau en guerre pour soutenir les droits au trône espagnol de Philippe d'Anjou, petit-fils de Louis XIV.

La guerre de la Succession d'Espagne (1701/14) reconstitua contre la France, alliée cette fois à l'Espagne, la coalition de la guerre précédente (Grande Alliance de La Haye, 1701). Les coalisés furent longtemps victorieux et la fin du règne de Louis XIV fut très dure : le rigoureux hiver de 1709 provoqua une famine ; les protestants prirent les armes dans les Cévennes ; la fiscalité écrasante, les expédients de toutes sortes ne parvenaient plus à combler les besoins financiers ; l'édifice de l'absolutisme craquait et les Français aspiraient à un nouveau règne. Après avoir vu plusieurs de ses avances rejetées, Louis XIV obtint enfin la paix lorsque l'Angleterre, redoutant l'union des couronnes d'Autriche et d'Espagne, se retira pratiquement de la coalition et que l'ultime victoire de Donain (1712) sauva le royaume de l'invasion. Les traités d'Utrecht et de Rastadt (1713 et 1714) consacrèrent la présence d'un Bourbon à Madrid et laissèrent le territoire français intact ; mais c'en était fait de la tentative d'hégémonie française et l'Angleterre était désormais l'arbitre de l'équilibre international.

L'« Europe française » au siècle des Lumières (1715/74)

La France éprouvait un besoin impérieux de changement. La Régence (1715/23) fut une réaction contre l'austérité qui s'était établie à Versailles sous l'influence de Mme de Maintenon. Le Régent, Philippe d'Orléans s'assura le pouvoir en faisant casser le testament de Louis XIV, avec la complicité du parlement. Le successeur du Roi-Soleil, son arrière-petit-fils, Louis XV (1715/74), n'avait encore que cinq ans. On fit d'abord l'essai d'un gouvernement de l'aristocratie (la Polisynodie), mais ce fut un échec. L'Écossais John Law, comme remède à la crise économique, proposa alors la création de papier-monnaie et d'un système de crédit. L'expérience de Law (1716/20) permit de résorber une partie importante de la dette publique mais, à la suite d'imprudences dans l'émission des billets, elle s'acheva par un scandale financier. Cet échec pèsera lourdement sur l'évolution de la vie financière en France pour les générations suivantes.

À la majorité de Louis XV (1723), le ministère du cardinal de Fleury (1726/43) rétablit les finances et stabilisa la monnaie par des économies sévères. Le commerce et l'industrie progressèrent, les colonies (surtout les Antilles) commencèrent à prendre une place importante dans l'économie française, Fleury mort, Louis XV voulut gouverner lui-même. Par nonchalance, il se lassa vite, abandonnant le pouvoir aux factions rivales, à l'influence de ses compagnons de plaisir et de ses favorites même (la Pompadour, la Du Barry). Le prestige du pouvoir royal en fut atteint. Quand la guerre de la Succession d'Autriche obligea à des impôts nouveaux (impôt du vingtième sur tous les revenus, 1749), les privilégiés, le clergé surtout, voyant la faiblesse du gouvernement, passèrent à la résistance ouverte. D'abord soutenu par le roi, l'auteur de la réforme fiscale, Machault d'Arnouville, dut se retirer au bout de quelques années.

L'opinion publique était agitée par les querelles religieuses suscitée par le jansénisme, qui n'avaient pas cessé depuis la bulle *Unigenitus* de 1713. Cette opposition janséniste se confondait souvent avec l'opposition parlementaire. Le rôle des parlements était ambigu : à l'égard de l'opinion publique, ils se posaient en champions du bien commun contre le despotisme, alors qu'en fait ils se faisaient le rempart des privilégiés contre les réformes royales. Pendant trop longtemps, Louis XV ne prit pas cette fronde au sérieux ; il laissa les parlementaires jansénistes tirer vengeance des jésuites (suppression de la Compagnie, 1764). Changeant d'attitude en 1770, il confia le gouvernement au « triumvirat » Maupeou, Terray et d'Aiguillon : les parlementaires furent brisés et exilés, le roi nomma des juges qui n'étaient plus propriétaires de leur charge, l'impôt fut simplifié, le vingtième rétabli. Louis XV mourut avant que ces mesures eussent produit leur plein effet, mais il laissait un pays dont l'administration centrale et régionale s'était renforcée, dont les villes avaient été embellies par de grands travaux publics, où l'agriculture commençait sa modernisation, notamment grâce à la construction d'un excellent réseau routier, où le commerce extérieur était en pleine extension et qui connaissait une croissance démographique constante.

Jusqu'en 1740, la France persévéra dans une politique pacifique, fondée d'abord sur l'alliance anglaise (Triple-Alliance de La Haye, 1717), puis sur l'alliance espagnole. Entré contre son gré dans la guerre de Succession de Pologne (1733/38) par le mariage de Louis XV avec Marie Leszczynska (1725), Fleury s'efforça d'en limiter l'extension et la durée : le traité de Vienne (1738) assura à la France la promesse de la Lorraine, attribuée au beau-père de Louis XV, le roi Stanislas. Louis XV et Fleury se laissèrent cependant entraîner dans la guerre de la Succession d'Autriche (1740/48), terminée, après les victoires françaises en Belgique (Fontenoy, 1745) et aux Pays-Bas, par la paix blanche d'Aix-la-Chapelle (1748) : la France, acceptant de restituer toutes ses conquêtes, avait « travaillé pour le roi de Prusse », lequel annexait la Silésie. La partie décisive était désormais la lutte franco-anglaise, avant tout maritime et coloniale. Elle justifiait le renversement des alliances de 1756 : la France se réconcilia avec la maison d'Autriche pour faire face à la nouvelle entente anglo-prussienne. Mais, au cours de la guerre de Sept Ans (1756/63), la France engagea l'essentiel de son effort en Europe, tandis que l'Angleterre s'emparait du Canada (1760) et de l'Inde (1761). Le traité de Paris (1763) marqua la fin du premier empire colonial français. L'alliance autrichienne restait impopulaire et toutes les sympathies de la société éclairée allaient à la Prusse frédéricienne qui avait battu l'armée française à Rossbach (1757) et à l'Angleterre. L'opposition à la monarchie s'en trouva renforcée.

Les idées de tolérance, de liberté politique, de fraternité, venues d'Angleterre et de l'Europe protestante, étaient reprises par les philosophes des Lumières dont la pensée, exprimée par l'*Encyclopédie* (1751/72), était diffusée jusqu'en Prusse et en Russie. D'un même mouvement, la France se faisait européenne et l'Europe se faisait française. Le français, langue diplomatique, était la langue officielle de nombreuses cours, la langue préférée de Frédéric II et de Catherine II et de tous les milieux cultivés en Europe.

La fin de l'Ancien Régime (1774/89)

Ce fut précisément cet état très développé de la société française qui amena une révolution qui eût paru inconcevable quinze ans seulement plus tôt. Dans aucun autre des grands États européens il n'existait une bourgeoisie aussi policée et cultivée, aussi consciente de sa valeur, que dans la France du temps de Louis XVI. La révolution de 1789 n'a pas été, dans son essence, une révolution sociale, mais une révolution politique. La révolution sociale s'était déjà amorcée dans le cours du XVIIIe s. Dans cette France essentiellement rurale, 30 % seulement des terres appartenaient encore aux deux ordres privilégiés, le clergé et la noblesse. L'immense majorité des paysans était libre (en 1779, le servage fut définitivement aboli sur le domaine royal). Dans l'ensemble, la condition des gens des campagnes (même si celle des journaliers et des ouvriers agricoles restait précaire) s'était considérablement améliorée depuis le siècle précédent. Beaucoup plus impressionnants encore étaient les progrès de la bourgeoisie. Depuis la mort de Louis XIV, le commerce extérieur avait plus que quadruplé ; la flotte marchande était passée de 1 657 navires en 1730 à 2 341 navires en 1788. Armateurs et négociants avaient acquis d'énormes fortunes, souvent fondées sur la traite des Noirs, et l'intensité du mouvement d'argent se manifestait à la Bourse de Paris (1724), avec un marché à terme, une cote, de l'agiotage. À partir de 1776 exista aussi une banque centrale, la Caisse d'escompte, au capital de 100 millions, qui négociait les effets de commerce et émettait des billets remboursables à vue. Necker pouvait affirmer que la France détenait la moitié du numéraire existant en Europe. L'industrie se transformait, sous l'influence des techniques anglaises ; l'introduction des machines à filer et à tisser, vers 1760, permit la création de grandes manufactures comme celle d'Oberkampf, à Jouy. Changements aussi dans l'industrie métallurgique : Le Creusot fut fondé en 1782. De véritables dynasties bourgeoises sont alors apparues (Dietrich, de Wendel, Perier...).

Le grand problème de la France résidait dans le retard des institutions par rapport aux réalités économiques. L'idée d'une égalité civile fondée sur les droits naturels, accréditée par les philosophes, ne pouvait que séduire une bourgeoisie active et en pleine ascension. Les rapports entre les classes sociales s'aigrissaient : la noblesse méprisait les bourgeois anoblis mais les gens de commerce s'indignaient au spectacle de cette noblesse de cour, oisive, endettée et d'une avidité extraordinaire. La monarchie avait commis de graves erreurs psychologiques en distinguant la noblesse antérieure au XVe s. et la noblesse plus récente (ordonnance des Carrosses, 1760) ou en réservant aux nobles d'extraction les places d'élèves officiers dans l'armée (règlement de 1781). Au sein même des ordres privilégiés, de sourds antagonismes opposaient les petits hobereaux de province, sans fortune, à la noblesse de cour ; le bas clergé, réduit à la portion congrue, et le haut clergé, fastueux et souvent indigne. Toutes les idées de l'époque contribuaient à ébranler les institutions traditionnelles et à discréditer l'autorité royale.

Ce furent les difficultés financières qui précipitèrent la crise : le Trésor public souffrait des nombreuses guerres (guerre de l'Indépendance américaine, 1778/83, qui fit échouer les réformes de Turgot), des dépenses de la cour et surtout du paiement des rentes et de l'amortissement des emprunts. Pour imposer les réformes nécessaires, il eût fallu que l'État fût libre et fort. Mais Louis XVI, dès son avènement, croyant se concilier la confiance de ses sujets, rappela les parlements exilés sous le règne précédent, qui se joignirent aussitôt au refus des privilégiés à toutes les réformes envisagées. Turgot, disciple des physiocrates, voulut assouplir les cadres économiques de la nation (libre circulation des grains, suppression des corporations en 1774 et 1776) et remplacer la corvée royale par une imposition juste, taxant même les privilégiés. Il se heurta à une forte opposition et fut sacrifié par Louis XVI (mai 1776). La guerre d'indépendance américaine, à laquelle Turgot s'était opposé, ayant encore augmenté les dettes de l'État, Necker émit des emprunts coûteux et indigna la noblesse de cour en rendant public le chiffre des pensions. Il fut renvoyé à son tour (1781). La royauté se montrait décidément impuissante devant l'opposition des parlementaires et des privilégiés. L'appel de Calonne à l'assemblée des Notables (1787) fut un nouvel échec. Louis XVI décida alors de briser les parlements (réforme de Lamoignon, mai 1788), ce qui aggrava les mécontentements. L'État était au bord de la banqueroute (en 1789, les recettes s'élevèrent à 504 millions, les dépenses à près de 629 millions). Le roi dut céder : il convoqua les états généraux, rappela Necker, renvoya Lamoignon. Malgré l'opposition parlementaire, le principe du doublement des députés du tiers état, qui seraient aussi nombreux que ceux des deux ordres privilégiés réunis, fut admis. Tout l'hiver 1788/89 fut consacré à la préparation des états généraux, qui fut aussi loyale que possible, et, le 5 mai 1789, les états s'ouvrirent à Versailles.

Les débuts de la Révolution et la chute de la monarchie (mai 1789/sept. 1792)

La majorité de l'assemblée – tiers état unanime, bas clergé et un certain nombre de nobles libéraux – était décidée à mettre fin, non pas à la monarchie, mais à l'Ancien Régime. Mais le gouvernement n'avait pas décidé si le vote aurait lieu par ordre (selon la tradition) ou par tête, ce que réclamaient les partisans des réformes, qui se savaient majoritaires. Le conflit se prolongeant, le tiers se déclara Assemblée nationale (17 juin) et, par le serment du Jeu de paume (20 juin), s'engagea à ne pas se séparer sans donner une Constitution à la France. Louis XVI, après un semblant de résistance, céda et, sur son ordre, la noblesse et le clergé se joignirent à l'Assemblée nationale constituante (9 juill.). C'était une révolution, dont il restait à tirer les conséquences par une série de réformes. Le peuple parisien, qui souffrait du chômage et de la cherté de la vie, à la suite d'une mauvaise récolte, la fit rebondir.

Dès le début de la Révolution, Paris prit l'initiative et il allait la conserver pendant les cinq années les plus agitées de l'histoire de France. La prise de la Bastille (14 juill.) parut symboliser la chute de l'Ancien Régime et provoqua des transports d'enthousiasme dans toute l'Europe. La bourgeoisie parisienne improvisa une garde nationale et une municipalité. Dans toute la France, en ce mois de juill. 1789, se répandit une étrange agitation, entretenue par les sociétés de pensée révolutionnaires : ce fut la Grande Peur. Les paysans s'armaient pour repousser des brigands imaginaires, puis s'attaquaient aux intendants, aux percepteurs, aux fonctionnaires royaux, brûlaient les archives des châteaux pour faire disparaître les témoins de l'ordre féodal. L'Assemblée, inquiète, abolit les droits féodaux et les privilèges (4 août), puis vota la Déclaration des droits de l'homme (26 août), inspirée de la Déclaration des droits américaine de 1776. Ce texte, qui devait avoir un retentissement universel, n'était pourtant qu'une manifestation théorique, une profession de principe, sans effet juridique.

Louis XVI songeait à quitter Versailles et de nouvelles troupes furent réunies non loin de la cour. Déjà inquiet des difficultés de ravitaillement et craignant un coup de force, plusieurs milliers de Parisiens, parmi lesquels de nombreuses femmes, marchèrent sur Versailles et ramenèrent le roi et sa famille dans la capitale ; l'Assemblée suivit. Ce furent les journées des 5 et 6 Octobre. Paris allait désormais peser de tout son poids sur le cours des événements, avec ses journalistes, ses orateurs, ses clubs (Société des Amis de la Constitution ou Jacobins, Société des Amis des droits de l'homme et du citoyen ou Cordeliers...) et ses démagogues. En quelques mois, l'Assemblée prit une série de mesures qui bouleversèrent le visage traditionnel de la France : les biens du clergé furent confisqués (2 nov. 1789) et servirent de garantie aux assignats (17 déc.) ; le pays fut divisé en 83 départements ; les vœux monastiques, les droits féodaux, les titres de noblesse furent supprimés ; la Constitution civile du clergé, que Louis XVI se résigna à accepter en août 1790, marqua le triomphe du gallicanisme instituant l'élection des évêques et des curés par le peuple et imposant un serment civique aux ecclésiastiques ; le principe de l'élection des fonctionnaires de l'administration locale et des juges fut décidé ; la justice fut déclarée gratuite, le jury institué au tribunal criminel et la torture abolie. Enfin, la Constitution de 1791, tout en conservant la monarchie héréditaire instituait la séparation des pouvoirs chère à Montesquieu : le roi ne conservait plus que le pouvoir exécutif, les lois et les impôts seraient votés par une assemblée législative élue par les citoyens ; toutefois le roi pouvait suspendre pendant un certain temps l'application d'une loi votée par l'Assemblée par son droit de veto suspensif. Toutes ces réformes furent accueillies avec enthousiasme par la majorité du pays et la fête de la Fédération (14 juill. 1790) fut une grande manifestation d'unité nationale. Pourtant l'Assemblée ne cachait pas son orientation essentiellement bourgeoise et sa défiance à l'égard des classes populaires : la loi Le Chapelier (1791) abolit les corporations et les règlements de métier, au nom de la liberté de l'industrie et du commerce ; mais elle interdit aux travailleurs toute association professionnelle et la grève resta un délit puni de prison.

Ce ne fut pas cependant le problème social, mais le problème religieux qui fit renaître les troubles. Condamnée par le pape en mars 1791, la Constitution civile du clergé fut refusée par presque tous les évêques et par la majorité des prêtres. En face du petit clergé constitutionnel, vite méprisé, les prêtres « réfractaires » refusèrent le serment exigé d'eux par l'État ; une grande partie des Français, surtout dans l'Ouest, commença à se détacher de la Révolution. Déjà de nombreux aristocrates avaient émigré, parmi lesquels le comte d'Artois (futur Charles X). Louis XVI avait dû sanctionner la Constitution civile mais il réprouvait profondément la politique religieuse de l'Assemblée. Pour échapper au peuple de Paris, il s'enfuit secrètement (20 juin 1791), en se proposant de rejoindre les troupes en garnison aux frontières de l'Est. Arrêté à Varennes, ramené à Paris, le roi perdit désormais la confiance de la nation. On vit apparaître au grand jour des républicains ; le club des Cordeliers qui réclamait la déchéance du roi, organisa une manifestation populaire qui finit dans le sang (fusillade du Champ-de-Mars, 17 juill. 1791). La Constituante se contenta de suspendre Louis XVI de ses fonctions

– qu'elle lui rendit d'ailleurs, avant de se séparer (30 sept. 1791).

L'Assemblée législative (oct. 1791/sept. 1792) était composée d'hommes nouveaux (car la Constituante, avec un désintéressement exceptionnel dans les corps parlementaires, avait décidé qu'aucun de ses membres ne pourrait être réélu). Ils se groupèrent en tendances : à droite, les Feuillants, au centre les Indépendants, à gauche, les Jacobins, que dominaient les orateurs girondins, Vergniaud, Brissot, Roland. Hors de l'assemblée, ne cessait de croître le rôle des clubs qui étendaient leurs ramifications en province, notamment les Jacobins où le rôle de Robespierre était incontesté. C'est là surtout que les « patriotes » parisiens trouvaient leurs foyers d'agitation ; ils bénéficiaient aussi de l'appui de la Commune de Paris, qui venait de passer sous le contrôle de deux Jacobins, Pétion et Danton. Dès nov. 1791, les décrets pris par la Législative contre les émigrés et les prêtres réfractaires mirent l'Assemblée en conflit avec le roi. Louis XVI et les partisans de la monarchie n'attendaient plus de salut que d'une intervention des souverains étrangers que préoccupait l'agitation révolutionnaire de la France, et particulièrement l'arrestation de Louis XVI à Varennes. De leur côté, les Girondins poussaient à la guerre afin de trouver un dérivatif aux difficultés intérieures et d'obliger Louis XVI à prendre nettement parti, mais aussi par idéalisme, pour libérer tous les peuples par une croisade universelle.

Sous la pression des Girondins, Louis XVI déclara la guerre au « roi de Bohême et de Hongrie » (20 avr. 1792). La Prusse se joignit aussitôt à l'empereur et la guerre commença de façon désastreuse pour l'armée française, complètement désorganisée (v. **Coalition, guerres de**). Tandis que l'Assemblée proclamait la patrie en danger (10 juill.), l'armée prussienne pénétrait en Champagne et son chef le duc de Brunswick (v.) publia un « Manifeste » qui compromit Louis XVI, électrisa l'opinion et attisa le patriotisme. Une armée de volontaires fut levée. Sous la menace de l'ennemi, les conflits politiques intérieurs dégénérèrent en guerre civile : Louis XVI, qui avait renvoyé son ministère girondin et qui avait fait front à la manifestation du 20 juin aux Tuileries, se trouva complètement abandonné lorsque les sections parisiennes, soulevées par la voix de Danton, renforcées par les gardes nationaux marseillais, se jetèrent, le 10 août 1792, à l'assaut des Tuileries, dont la garde suisse fut massacrée après un long combat. Le roi, qui apparaissait désormais comme un allié de l'étranger, n'eut d'autre recours que de se placer sous la protection de l'Assemblée. Cédant à l'émeute, celle-ci suspendit le roi de ses fonctions. Il fut enfermé au Temple ainsi que la famille royale. Une Convention nationale, chargée de réviser la Constitution, fut convoquée. Mais les nouvelles militaires continuaient d'être mauvaises (capitulation de Longwy, 23 août ; de Verdun, 2 sept.) et un vent de défaitisme et de panique commençait à souffler. Les chefs de la Commune de Paris, avec la complicité de Marat, organisèrent alors le massacre systématique des suspects qui s'entassaient dans les prisons parisiennes (2/7 sept. 1792). Quelques jours plus tard, à Valmy, l'armée prussienne de Brunswick se repliait devant l'armée révolutionnaire commandée par Dumouriez et Kellermann (20 sept. 1792).

La Convention. De la Terreur à la réaction thermidorienne (sept. 1792/oct. 1795)

Dès sa première réunion (21 sept. 1792), la nouvelle assemblée, la Convention, déclara la royauté abolie et proclama la République. Louis XVI, dont la correspondance secrète avec les souverains étrangers avait été découverte aux Tuileries, fut mis en accusation et son jugement commença devant l'assemblée en déc. 1792. Son procès fut l'occasion du premier conflit entre Girondins et Montagnards. Les Girondins étaient, pour la plupart, des députés de province, qui voulaient maintenir le régime d'autonomie locale créé en 1789 et qui résistaient à la dictature parisienne. Les Montagnards (Robespierre, Danton, Saint-Just, Marat), qui siégeaient sur les bancs les plus élevés de l'assemblée, à la « Montagne », pensaient au contraire que la Révolution avait constamment avancé grâce aux agitateurs parisiens ; ils s'appuyaient sur la Commune, voulaient soumettre toute la France au gouvernement de Paris et accusaient leurs adversaires de « fédéralisme ». Appartenant, comme les Girondins, à la bourgeoisie, ils essayaient de gouverner en exploitant contre leurs adversaires la menace permanente de l'émeute, la pression de ces manifestations populaires qui venaient, à l'assemblée même, influencer le vote des hésitants, des timorés, des modérés qui formaient le Marais ; le club des Jacobins, qui avait acquis une puissante influence à Paris et dans les villes de province, leur fournissait une organisation efficace. Certains Girondins, tel Vergniaud, essayèrent de sauver le roi en proposant un référendum sur le sort du monarque. Mais la Convention condamna à mort Louis XVI, qui fut guillotiné (21 janv. 1793).

Pendant quelques mois, les Girondins furent favorisés par le succès des armées révolutionnaires qui occupèrent Nice et la Savoie (sept. 1792), la rive gauche du Rhin (oct. 1792), puis la Belgique après la victoire de Dumouriez à Jemmapes (nov. 1792). Mais l'exécution de Louis XVI renforça et élargit la première coalition : l'Angleterre (qui ne pouvait tolérer la présence de la France aux bouches de l'Escaut), l'Espagne, la Hollande, se joignirent à l'Autriche et à la Prusse (févr. 1793). La défaite de Neerwinden (mars 1793) fit perdre les conquêtes de l'année précédente. Dumouriez passa à l'ennemi. La France subit une série d'échecs et fut envahie par toutes ses frontières. La décision de la Convention de procéder à une levée de 300 000 hommes contribua au soulèvement de la Vendée (mars 1793).

Sous la menace extérieure, la révolution resserra son emprise sur le pays. Les Girondins, compromis par la trahison de Dumouriez, ne purent empêcher la création du Tribunal révolutionnaire (28 mars) et du Comité de salut public (6 avr.). Les journées des 31 Mai (v.) et 2 Juin (v.) marquèrent l'élimination politique des Girondins et l'avènement de la Convention montagnarde. La Constitution de l'an I (juin 1793), qui posait en principe la souveraineté du peuple, fut suspendue « jusqu'à la paix ». Cependant que des insurrections fédéralistes, d'origine girondine ou même royaliste, se développaient en province, le gouvernement passait entre les mains du Comité de salut public ; l'envoi aux armées et dans les départements de représentants en mission rendit présente partout la dictature révolutionnaire ; les soulèvements de Lyon et de Toulon furent écrasés (oct./déc. 1793). Après l'assassinat de Marat (13 juill. 1793) fut votée la loi des suspects (v.), le 17 sept. 1793, loi qui ouvrit le règne de la Terreur. Le Tribunal révolutionnaire envoya à l'échafaud la reine Marie-Antoinette (16 oct.), les députés girondins (31 oct.), le duc d'Orléans, Mme Roland, Bailly (l'ancien maire de Paris), Mme Du Barry, Madame Élisabeth (sœur de Louis XVI)... Il devait condamner à mort plus de 2 600 personnes à Paris, en majorité des bourgeois et des gens du peuple. La Terreur (v.) s'étendit aussi en province (fusillade de Lyon, noyades de Nantes... ; en tout de 35 000 à 40 000 victimes). Les prisons étaient remplies de suspects, la guillotine se dressait en permanence sur les places. La crise financière s'aggravait : la Révolution avait supprimé les impôts indirects, si impopulaires sous l'Ancien Régime, mais les nouveaux impôts directs, collectés par des fonctionnaires inexpérimentés, rentraient mal. La chute des assignats, qui étaient maintenant employés comme un simple papier-monnaie, contraignit la Convention à en décréter le cours forcé. Dans la capitale affamée, les Enragés (v.) réclamaient des mesures de violence contre les spéculateurs, et la loi du maximum (sept. 1793) établit le blocage des prix et des salaires.

À travers ces difficultés, la Convention parvenait cependant à tendre toutes les forces de la nation vers la victoire : la France étant toujours le pays le plus peuplé de l'Europe, la levée en masse (août 1793) permit de constituer des armées bien supérieures en nombre aux armées de métier de la coalition ; par l'amalgame, on rapprocha systématiquement, dans le cadre de la « demi-brigade », des unités formées d'anciens et de nouveaux soldats. Carnot fut l'organisateur de cette armée conduite par de jeunes chefs. La Révolution française, en instaurant la mobilisation générale, à la fois matérielle et psychologique, du pays, ouvrait en Europe l'ère des grandes guerres nationales. Dès la fin de 1793, les frontières étaient dégagées (victoire de Jourdan à Wattignies, oct. ; reprise de Toulon aux Anglais par Dugommier et Bonaparte, déc.).

À l'intérieur, la Terreur ne se relâchait pas : Robespierre, qui avait conquis une influence prépondérante dans le Comité de salut public avec l'appui de Saint-Just et de Couthon, se fit le champion d'une démocratie intégrale, vertueuse, rigide, quasi mystique. Il élimina successivement la faction extrémiste des hébertistes (24 mars 1794), puis celle des dantonistes ou indulgents (5 avr.) ; allant jusqu'au bout de sa logique totalitaire, il tenta même d'instituer, en remplacement du christianisme, une religion essentiellement politique et nationale, le culte de l'Être suprême (mai/juin 1794). Après la terrible loi du 22 prairial (v.) (10 juin 1794), l'opinion, lassée, attendait la fin d'une terreur que le danger de l'invasion ne pouvait plus justifier après la victoire de Jourdan à Fleurus (26 juin 1794). Renversé le 9 thermidor an II (v.) (27 juill. 1794) par la coalition de ceux qui craignaient d'être ses nouvelles victimes, Robespierre fut exécuté le lendemain avec Couthon, Saint-Just et des dizaines de ses partisans.

Les auteurs de ce coup d'État n'étaient que des « terroristes repentis », mais la pression de l'opinion publique imposa une réaction violente : la dictature du Comité de salut public fut abolie, le Tribunal révolutionnaire supprimé, le club des Jacobins fermé et la loi du maximum disparut. Les « thermidoriens » (Barras, Tallien, Fouché) cherchèrent des compromis avec l'Église, avec les vendéens, mais ils se heurtèrent à la double opposition des Jacobins et des royalistes (débarquement des émigrés à Quiberon, juill. 1795). Contre les uns et les autres, la Convention trouva son seul recours dans l'armée : c'est elle qui écrasa les émeutes parisiennes, provoquées par la disette et la misère, du 12 germinal et du 1er prairial an III (1er avr. et 20 mai 1795), et le général Bonaparte mitrailla les royalistes insurgés au 13 vendémiaire (5 oct. 1795). Depuis plus d'une année, les victoires militaires se succédaient : après Fleurus (juin 1794), la Belgique fut reconquise en quelques semaines, puis les Pays-Bas occupés, ainsi que la Rhénanie. La Prusse, la Hollande, l'Espagne se retirèrent de la coalition (traités de Bâle, 1795). La France annexa la rive gauche du Rhin et les Pays-Bas devinrent une république satellite de la République française. Venue pour apporter la liberté aux peuples, la Révolution avait, suivant ses détracteurs, déjà renoué avec la politique monarchique de conquête des « frontières naturelles ».

Le Directoire (oct. 1795/nov. 1799)

En votant la Constitution de l'an III (août 1795) qui instaura le régime du Directoire, les thermidoriens eurent pour premier souci d'assurer leur survivance, à la fois contre les Jacobins et contre les royalistes. Ils décidèrent que les nouveaux Conseils (Anciens et Cinq-Cents) seraient formés pour les deux tiers de membres de la Convention sortante. L'inflation, le contraste entre la misère populaire et la fortune insolente des parvenus provoquèrent la première apparition de théories assimilables au communisme. Elles furent élaborées par Gracchus Babeuf qui forma la « conspiration des Égaux » pour tenter de renverser le Directoire (1796).

Résolus à se maintenir à tout prix au pouvoir, les membres du Directoire firent, de nouveau, appel à l'armée pour juguler d'abord les royalistes (coup d'État du 18 fructidor an V, 4 sept. 1797), puis les Jacobins (coup d'État du 22 floréal an VI, 11 mai 1798). La situation financière et la poursuite de la guerre empêchaient d'établir un véritable régime constitutionnel. La population était lasse et se désintéressait de la politique. La campagne d'Italie (1796/97) avait porté au premier plan Bonaparte qui força l'Autriche à signer la paix de Campoformio (oct. 1797). Les militaires, désormais, dictaient la politique étrangère de la France. Les années 1789/99 virent la création de nouveaux États satellites : républiques Helvétique, Ligurienne, Cisalpine, Romaine, Parthénopéenne. Les ambitions françaises ne connaissaient plus de bornes et Bonaparte mena son armée en Égypte afin de frapper la puissance coloniale britannique sur la route des Indes (1798/99). Pour résister à cette expansion se forma en Europe une deuxième coalition (Angleterre, Autriche, Naples, Russie, Turquie) ; les armées du Directoire furent vaincues et la France menacée d'invasion (été 1799). À la nouvelle des défaites militaires, Bonaparte laissa son armée en Égypte et rentra précipitamment en France (oct. 1799). Le Directoire, aux prises avec la faillite et le mécontentement général, était à la merci d'un coup de force. Par crainte d'une restauration monarchique, les anciens révolutionnaires étaient prêts à se donner à n'importe quel maître qui leur garantirait les positions acquises. Appuyé par Sieyès, aidé par son frère Lucien, qui présidait les Cinq-Cents, Bonaparte dispersa les membres des Conseils, força les directeurs à donner leur démission et s'empara du pouvoir : ce fut le coup d'État des 18/19 brumaire an VIII (9/10 nov. 1799). La Révolution s'achevait par une dictature militaire.

L'époque napoléonienne (1799/1814)

En 1799, les Français aspiraient à un régime qui rétablirait l'ordre et la paix. Bonaparte espérait gagner une paix durable à coups de nouvelles victoires : après la victoire de Marengo (14 juin 1800) et surtout celle de Hohenlinden remportée par Moreau (3 déc.), l'Autriche signa le traité de Lunéville (1801). Restait l'Angleterre : contre elle, Bonaparte essaya de mener une politique d'expansion maritime, se rapprocha de la Russie en lui faisant espérer un démembrement de l'Empire ottoman, voulut même reconstituer un empire colonial. Mais la capitulation de l'armée française d'Égypte et la révolte des Noirs de Saint-Domingue (1802) obligèrent Bonaparte à renoncer. En 1803, il vendit la Louisiane aux États-Unis et abandonna Saint-Domingue. L'Angleterre ne se trouvait pas moins isolée en Europe ; le parti de la paix provoqua la chute de Pitt, qui avait été l'âme de la deuxième coalition (mars 1801), et le traité d'Amiens (27 mars 1802) mit fin à dix ans de guerre et consolida la position de Bonaparte à l'intérieur.

La Constitution de l'an VIII avait fondé le Consulat, en rassemblant pratiquement tous les pouvoirs entre les mains du Premier consul. Bonaparte institua un gouvernement et une administration centralisés ; les administrateurs élus de l'époque révolutionnaire furent remplacés par des fonctionnaires nommés par le pouvoir ; la justice fut fonctionnarisée ; la division en départements maintenue, mais, à la tête de chaque département fut nommé un préfet, représentant du gouvernement central. Bonaparte plaça l'État audessus des partis. Il choisit ses collaborateurs sans tenir compte de leur passé politique, travailla au ralliement des vendéens et des émigrés (amnistie générale, avr. 1802), mais frappa impitoyablement les opposants irréductibles (déportation de Jacobins après l'attentat de la « machine infernale » dont ils n'étaient pas responsables, déc. 1800). À titre d'exemple, le duc d'Enghien fut enlevé en terre étrangère, jugé sommairement et exécuté, en mars 1804. Le concordat de 1801 (v.) fut le principal instrument de la paix intérieure. La crise financière fut surmontée et la confiance des milieux d'affaires reconquise avec la fondation de la Banque de France (févr. 1800) et la création du franc germinal (avr. 1803). Le Code civil ou Code Napoléon (1804) consacra les conquêtes de la révolution bourgeoise (égalité devant la loi, garantie de la propriété individuelle). Aussi durable devait être l'œuvre scolaire napoléonienne, avec la création des lycées (1802). En quelques années, sous l'impulsion d'un homme d'État âgé de trente ans à peine, furent créées la plupart des institutions selon lesquelles la France devait vivre jusqu'à nos jours.

Préparant la restauration de l'absolutisme, Bonaparte se fit nommer consul à vie (2 août 1802), puis restaura l'Empire (juill. 1804). Le sacre de l'empereur Napoléon par le pape, à Notre-Dame (2 déc. 1804), parut fonder une légitimité nouvelle. Napoléon mettait ainsi un point final à la Révolution et décourageait, avec l'appui du Saint-Siège, toute tentative de restauration bourbonienne. Entouré d'une cour qui voulait rivaliser avec celle de l'Ancien Régime, il créa une nouvelle noblesse. La France était soumise à un régime autoritaire, avec une presse surveillée et la police de Fouché omniprésente ; mais la paix était revenue, ainsi que la prospérité économique.

La tragédie de Napoléon fut d'être entraîné dans une guerre permanente qui faisait partie de l'héritage de la Révolution.

L'Angleterre ne pouvait tolérer la présence de la France en Belgique ni l'hégémonie française sur un continent désormais fermé au commerce britannique. Dès le mois de mai 1803, la paix d'Amiens fut rompue et les hostilités n'allaient plus cesser pendant onze ans (v. **Napoléon Ier** et **Coalition, guerres de**). Vainqueur de l'Europe, Napoléon voulut ruiner l'Angleterre par le système de Blocus continental (1807/8), mais pour que ce blocus fût efficace, il fallait dominer toute l'Europe, d'où l'occupation des États pontificaux, la guerre d'Espagne, la campagne de Russie.

Napoléon voulut faire l'Europe, mais ses idées sur l'organisation du continent étaient contradictoires. Cette Europe devait d'abord servir les intérêts et la gloire de la France, en même temps que ceux de sa dynastie. Ainsi disposa-t-il de Naples, de la Hollande, des duchés italiens, de l'Espagne en faveur de ses frères, de ses sœurs, de Murat. Cette Europe satellite de la « Grande Nation » française, étendue sur 130 départements en 1810, il la voulut transformée par des lois venues de l'héritage révolutionnaire.

Le résultat de cette idéologie fut de susciter et fortifier partout, et surtout en Espagne et en Allemagne, le sentiment national contre la France. En détruisant l'appareil du Saint Empire germanique (1806), Napoléon prépara les voies à une Allemagne économiquement et politiquement unifiée. Pendant des siècles, la force essentielle de la France avait été de constituer le *seul* grand État national du continent européen, en face des Habsbourg autrichiens ou espagnols, qui régnaient sur des peuples divers, aux intérêts souvent opposés, disséminés en Flandre, en Allemagne, en Italie. Cet atout majeur, la France, au terme de l'aventure napoléonienne, l'avait perdu pour toujours. Les idées que Napoléon avait lancées allaient renverser de fond en comble le vieil équilibre européen : les colonies espagnoles d'Amérique se libérèrent au nom des principes de 1789, et l'Espagne cessa de jouer un rôle de grande puissance, laissant l'Angleterre maîtresse absolue des mers. L'essor des nationalismes rendit explosive la situation en l'Italie, en l'Europe centrale et dans les Balkans, prépara l'effondrement de l'empire d'Autriche et de l'Empire ottoman et orienta les peuples germaniques vers une Prusse régénérée par les réformes entreprises à partir de 1806.

La Restauration (1814/30)

Napoléon vaincu et parti pour l'île d'Elbe, les Alliés restaurèrent les Bourbons parce qu'ils n'avaient pas d'autre solution. La Restauration se fit avec le concours du personnel impérial qui ne songeait qu'à conserver ses places, et sans résistance de la part d'une population lasse de la guerre et de la conscription. Louis XVIII signa le premier traité de Paris (30 mai 1814) qui ramenait la France à ses frontières de 1792, et il octroya aux Français une Charte constitutionnelle (4 juin). Loin de restaurer l'Ancien Régime, les Bourbons apportaient en fait leur consécration à l'œuvre révolutionnaire et impériale : l'égalité devant la loi, les libertés individuelles, de culte, de travail, de commerce, étaient maintenues, de même que le Code civil, l'administration centralisée (départements, préfets, juges fonctionnarisés). On conservait aussi le grand livre de la dette publique (créé par la Convention), la monnaie nouvelle (le franc), le concordat, la Légion d'honneur, l'Université. Les biens confisqués aux émigrés et au clergé, et vendus comme biens nationaux, ne furent pas restitués. La Charte limitait expressément les pouvoirs du roi à l'exécutif ; s'inspirant du système anglais, elle instituait un Conseil des ministres nommé par le roi, une Chambre des pairs, nommés à vie par le roi, une Chambre des députés, élue par les gros contribuables et chargée de voter les lois et le budget. Compromis entre l'Ancien Régime et le nouveau, la Charte faisait la part belle à ce dernier. De l'Ancien Régime n'était rétabli que le décorum : pour marquer la continuité avec la monarchie, Louis XVIII data la Charte de la dix-neuvième année de son règne et remplaça le drapeau tricolore par le drapeau blanc. Aux émigrés revenus en France furent données les charges de cour ressuscitées avec les anciens titres et l'ancien cérémonial. Ces mots, ces symboles déjà désuets suffirent pour inquiéter l'opinion : la bourgeoisie craignait de voir remise en question la possession des biens nationaux ; les officiers de l'armée impériale, réduits à la demi-solde, s'irritaient de leur oisiveté ; le drapeau blanc était à peu près unanimement détesté.

Napoléon profita de ce mécontentement pour revenir de l'île d'Elbe : débarqué à Golfe-Juan le 1er mars 1815, il vit aussitôt se rallier à lui l'armée et les petites gens. Cependant que les Bourbons se réfugiaient en Belgique, l'empereur se présentait comme l'héritier de la Révolution (Acte additionnel aux Constitutions de l'Empire, 22 avr. 1815). L'aventure des Cent-Jours s'acheva militairement par le désastre de Waterloo (18 juin 1815), mais elle laissa des traces durables dans la vie politique française. C'est elle qui réalisa la conjonction du bonapartisme et du libéralisme, sur laquelle devaient se briser, au XIXe s., tous les essais français de monarchie constitutionnelle.

Quand Louis XVIII remonta sur le trône (juill. 1815), la France était divisée en deux camps hostiles : les ultras et les libéraux. La Terreur blanche qui sévit en 1815 dans les régions du Midi fut cependant sans commune mesure avec la terreur révolutionnaire ; la Terreur légale condamna à l'exil de nombreux responsables des époques révolutionnaire et impériale ; à l'encontre des militaires, plusieurs condamnation à mort furent prononcées (celle de Ney demeurant la plus connue). La Charte de 1814 fut légèrement modifiée et le pouvoir royal renforcé. Louis XVIII en profita pour renvoyer la Chambre « introuvable » (élue en août 1814, dominée par une majorité d'ultraroyalistes) et de nouvelles élections (1816) permirent de gouverner avec des ministres modérés tels que Richelieu et Decazes. Les finances furent redressées par le baron Louis et ses successeurs ; la loi Gouvion Saint-Cyr (1818) réorganisa l'armée. La Restauration fut, pour la France, l'apprentissage du régime parlementaire. Ses bases étaient sans doute encore restreintes : le cens, très élevé, réduisait le nombre des électeurs à environ 90 000 propriétaires fonciers, commerçants et industriels ; les ministres n'étaient responsables que devant le roi. C'étaient eux cependant, et non le roi, qui exerçaient le pouvoir, et Louis XVIII, s'inspirant de l'exemple anglais, prit l'habitude de choisir ses ministres au sein des assemblées. Les constitutionnels, ou modérés, qui siégeaient au centre, étaient les seuls satisfaits de la Charte. À droite, les ultras, qui se réclamaient des idées traditionalistes de Bonald et de Maistre, et mettaient leurs espoirs dans le comte d'Artois (futur Charles X), demandaient qu'on restituât leurs biens aux émigrés et qu'on abrogeât le concordat. À gauche, les libéraux avaient pour chefs des financiers (Laffitte, Casimir Perier), d'anciens acteurs de la Révolution (La Fayette), des militaires attachés au drapeau tricolore (général Foy) et des intellectuels voltairiens (B. Constant, P.-L. Courier). La diffusion des idées politiques fut facilitée par le régime libéral de la presse (loi de 1819) mais les journaux, soumis à un cautionnement élevé, n'atteignaient pas les classes populaires.

À l'extérieur, la France n'était pas en état de pratiquer une politique active : les Cent-Jours avaient coûté à la France la Sarre et la Savoie, diverses places de la frontière du Nord-Est et une indemnité de guerre de 700 millions de francs (second traité de Paris, nov. 1815). Du moins, la Restauration empêcha-t-elle le démembrement de la France, que certaines puissances réclamaient ; elle obtint rapidement l'évacuation des troupes étrangères et l'entrée de la France dans la Sainte-Alliance (v.) (congrès d'Aix-la-Chapelle, 1818). La France fut chargée de mener l'expédition d'Espagne, entreprise en 1823 pour remettre sur son trône le despote Ferdinand VII. L'intervention en Grèce (1827) affirma la solidarité française avec le concert européen et le dernier acte international du règne de Charles X fut le début de la conquête d'Alger (5 juill. 1830).

L'assassinat du duc de Berry (1820) provoqua la chute de Decazes et l'arrivée au pouvoir des ultras, avec Villèle. Dès lors, le régime suivit une évolution fatale qui s'accentua sous le règne de Charles X (1824/30) : le cléricalisme se renforça, étendit son contrôle sur l'Université, sur les fonctionnaires et sur l'armée (influence de la Congrégation) ; on institua la loi du double vote (1820) qui permettait aux électeurs les plus riches de voter deux fois ; des manifestations comme le sacre de Charles X à Reims et la loi du sacrilège (1825) ulcérèrent la bourgeoisie voltairienne ; l'indemnité d'un milliard versée aux émigrés (1825) inquiéta les possesseurs de biens nationaux, qu'elle aurait dû rassurer, puisqu'elle entérinait les transferts de biens accomplis sous la Révolution ; la « loi de justice et d'amour », déposée en 1827 pour supprimer la liberté de la presse, échoua devant la puissance de l'opposition libérale et Villèle dut démissionner (janv. 1828). Charles X le remplaça par l'ultra Polignac, et, à ce défi, répliqua la victoire des libéraux aux élections de 1830. Par quatre ordonnances (26 juill. 1830), le roi tenta de modifier le régime constitutionnel et de restreindre la liberté de la presse. Alerté par les journaux de l'opposition, le peuple parisien se souleva, et les « Trois Glorieuses » (27/29 juill.) entraînèrent la chute des Bourbons et l'avènement de Louis-Philippe d'Orléans, candidat de la bourgeoisie libérale conduite par Thiers.

La monarchie de Juillet (1830/48)

La révolution de 1830 vit le triomphe de la bourgeoisie. Rien de fondamental ne fut changé dans les institutions politiques. On se contenta de réviser sur quelques points la Charte : Louis-Philippe, qui bénéficiait d'une réputation de libéralisme comme fils du conventionnel et régicide Philippe Égalité, prit le titre de « roi des Français » ; le drapeau tricolore fut rétabli ; le catholicisme cessa d'être religion d'État ; l'abaissement du cens électoral porta le nombre des électeurs à plus de 200 000 ; la garde nationale fut réorganisée, ses effectifs accrus, et elle fut presque exclusivement constituée d'enfants de la bourgeoisie. L'opposition légitimiste était plus hautaine que redoutable. Beaucoup plus menaçante était l'opposition républicaine, qui reprochait au roi d'avoir confisqué la révolution. Elle recherchait l'appui des milieux populaires urbains, réduits à un sort misérable par le premier essor du capitalisme industriel. Sous la monarchie de Juillet, le prix de la journée de travail variait entre 2 et 3 francs pour quinze heures en moyenne ; le travail des femmes et des enfants était à peine payé.

Le gouvernement fit écraser, par l'armée ou par la garde nationale, la révolte des canuts lyonnais (nov. 1831), l'émeute républicaine du cloître Saint-Merry (juin 1832) et celle de la rue Transnonain (1834). Le pouvoir renforçant ses moyens répressifs (lois de sept. 1835 contre la presse, les associations, les rassemblements), l'opposition républicaine, qui prit alors le nom de « radicale », s'exprima dans les sociétés secrètes. Le roi lui-même fut l'objet d'attentats (Fieschi, 1835).

À l'extérieur, la monarchie de Juillet fut amenée à poursuivre la conquête de l'Algérie, mais elle se cantonna, en Europe et en Orient, dans une politique de paix qui indigna la jeunesse romantique, impatiente d'effacer les traités de 1815. La politique ambitieuse de Thiers se heurta en 1840 à la volonté de Louis-Philippe qui évita de justesse une guerre avec l'Angleterre sur la question d'Orient (convention de Londres sur les Détroits, juill. 1841). Le ministère Guizot (1840/48), malgré l'anglophobie persistante de l'opinion, esquissa une première « entente cordiale » (entrevue d'Eu entre la reine Victoria et Louis-Philippe, 1843).

Guizot s'attacha surtout à développer la prospérité économique (« Enrichissez-vous par le travail et par l'épargne ») : l'isolement des campagnes diminua (loi de 1836 sur la construction des chemins vicinaux) ; en juin 1842 fut votée la loi sur les chemins de fer et près de 2 000 km de voies étaient aménagées en 1848 ; les industries textiles firent un bond en avant, surtout celle du coton, dans le Nord, en Alsace (Mulhouse), à Rouen, à Saint-Étienne ; l'extraction de la houille passa de 2 millions de tonnes en 1815 à 7 millions en 1848. Malgré ces progrès, la France restait très en retard sur l'Angleterre qui avait pris la tête de la révolution industrielle, et son rythme de croissance était plus faible que celui de l'Allemagne. L'opposition républicaine se manifesta contre le régime électoral dont le cens trop élevé privait du droit de vote la petite bourgeoisie. Pour demander la « réforme », commença en 1847 une campagne de banquets (les autres manifestations publiques étaient interdites), mais Guizot s'obstina dans le refus de toute réforme. À Paris, une manifestation fut l'occasion de nouveaux troubles et Louis-Philippe renvoya Guizot. Mais la troupe tira, et il y eut des morts. Paris s'insurgea et se hérissa de barricades. Louis-Philippe, surpris, abdiqua en faveur de son petit-fils, mais les émeutiers avaient déjà envahi la Chambre et la République fut proclamée (24 févr. 1848).

La IIe République et le second Empire (1848/70)

Malgré son effacement international depuis 1815, la France révolutionnaire conservait son prestige en Europe et la révolution de févr. 1848 déclencha une série de mouvements analogues en Allemagne, en Autriche, en Italie (v. **Révolutions de 1848/49**). Aucun régime ne fut inspiré par des idéaux humanitaires et démocratiques aussi sincères que ceux de la IIe République à son début. Romantisme, socialisme, christianisme évangélique s'y mêlaient en effet pour susciter un enthousiasme comparable à l'élan de 1789. Si brève qu'elle ait été, la révolution de 1848 reste un tournant de l'histoire de la France, car elle marquait, pour la première fois, l'entrée du monde ouvrier sur la scène politique.

Sans doute, la plupart des grandes figures de cette révolution, comme Lamartine et Arago, étaient des bourgeois, mais ils voulurent faire la révolution pour le peuple : ils établirent le suffrage universel, la liberté de la presse, la liberté de réunion, ils ouvrirent la garde nationale aux ouvriers, décrétèrent l'abolition de la peine de mort en matière politique et celle de l'esclavage dans les colonies. Le gouvernement provisoire tenta de résoudre le problème du chômage par la création des Ateliers nationaux (26 févr. 1848). Mais la bourgeoisie qui restait la seule force politique vraiment cohérente du pays, l'emporta aux élections d'avr. 1848. L'Assemblée constituante comprenait une majorité de républicains modérés qui voulaient bien une république démocratique mais non une république sociale. Entre l'Assemblée et la classe ouvrière, le conflit ne tarda pas à éclater : quand l'Assemblée voulut supprimer les Ateliers nationaux, les ouvriers parisiens se soulevèrent mais ils furent écrasés par le général Cavaignac. Ces sanglantes journées de Juin (23/26 juin 1848) furent suivies de plus de 4 000 déportations en Algérie et décapitèrent l'aile socialiste du parti républicain.

L'Assemblée, tout en consacrant le principe de la souveraineté du peuple dans la Constitution de 1848, confia l'exécutif à un président de la République élu au suffrage universel pour quatre ans. L'inquiétude laissée par les émeutes de juin et les difficultés financières facilitèrent l'élection, à une écrasante majorité, de Louis-Napoléon Bonaparte, neveu de Napoléon Ier (10 déc. 1848). La réaction antirévolutionnaire se précisa lors de l'élection de l'Assemblée législative (mai 1849), qui vit le triomphe du parti de l'Ordre, réunissant les conservateurs (monarchistes et catholiques). Le prince-président laissa habilement l'Assemblée conservatrice se déconsidérer par des mesures cléricales ou restrictives des droits populaires (loi Falloux sur l'enseignement, 15 mars 1850 ; loi électorale du 31 mai ; loi sur la presse, 16 juill). De son côté, Louis-Napoléon s'adressait directement au peuple par-dessus l'Assemblée, multipliait les tournées en province, exaltait les souvenirs glorieux attachés au nom de Bonaparte, se posait devant les ouvriers en défenseur du suffrage universel, devant les paysans et la bourgeoisie en garant de la propriété. N'ayant pu obtenir de l'Assemblée une réforme constitutionnelle qui lui aurait permis de se représenter à l'élection présidentielle, il prépara un coup d'État qu'il accomplit le 2 déc. 1851, dans l'indifférence du monde ouvrier. Les chefs de la bourgeoisie républicaine opposèrent une résistance courageuse et désespérée. Mais la crainte de la révolution sociale rallia à Louis-Napoléon la majorité de la nation : le coup d'État fut massivement approuvé par le plébiscite du 21 déc. 1851 et, à la suite d'un nouveau plébiscite, l'Empire fut proclamé (2 déc. 1852).

Régime de pouvoir personnel, soutenu par la bourgeoisie orléaniste ralliée et par le clergé, le second Empire s'efforça de dépolitiser le pays, qu'il tenait par ses préfets et par des maires nommés, par la mise sous tutelle de la presse et de l'Université (suppression des agrégations d'histoire et de philosophie), par la pression électorale (candidature officielle), par la surveillance policière et par une magistrature aux ordres du pouvoir. Pour faire oublier la perte des libertés, l'Empire voulut donner à la France la gloire militaire et la prospérité économique. La guerre de Crimée (1854/56) se termina par le congrès de Paris, où la France parut avoir reconquis le rang de première puissance en Europe. Napoléon III, héritier de la « politique des nationalités » inaugurée par son oncle, se fit, après l'attentat d'Orsini (1858), le champion de l'indépendance italienne : les deux victoires de Magenta et de Solferino (juin 1859), donnèrent la Lombardie au Piémont. En 1860, le développement irrésistible de l'unité italienne fut l'occasion de donner à la France Nice et la Savoie (traité de Turin, 1860). L'empereur envoya des expéditions en Syrie et en Chine, pour protéger les intérêts spirituels et matériels français ; en Algérie, dont la monarchie de Juillet avait achevé la conquête, il tenta sans succès d'imposer aux colons une politique libérale en faveur des musulmans ; l'expansion coloniale fut marquée par l'acquisition de la Nouvelle-Calédonie, par la colonisation du Sénégal, la conquête de la Cochinchine, l'établissement du protectorat français sur le Cambodge, l'installation de la France à Obock, sur la mer Rouge. L'ouverture du canal de Suez (1869), initiative française, contribua également à rehausser le prestige de l'Empire.

Le second Empire fut une époque de grand essor économique. C'est alors que furent fondés les principaux établissements de crédit français. Le réseau des chemins de fer passa de 2 000 à 18 000 km de 1848 à 1870 ; les ports furent améliorés et de grandes compagnies de navigation virent le jour. D'abord dirigiste, la politique économique du régime s'orienta vers le libéralisme pour aboutir au traité de commerce franco-anglais de janv. 1860. L'industrie fit des progrès considérables, surtout dans le domaine de la sidérurgie (un million de tonnes d'acier en 1869 contre 300 000 en 1850). La réalisation la plus spectaculaire du régime fut sans doute la transformation de Paris, menée sous la direction d'Haussmann de 1853 à 1869. Au milieu de cette expansion, la condition ouvrière restait précaire (douze heures de travail par jour dans l'industrie, payées environ 5 francs) ; la législation contre la grève était strictement appliquée ; une loi de 1854 rétablit le « livret ouvrier », créé par le Consulat (et qui ne devait disparaître qu'en 1890).

La campagne d'Italie et le traité de commerce libre-échangiste avec l'Angleterre entraînèrent le passage de l'Empire autoritaire à l'Empire libéral : Napoléon III, qui avait perdu l'appui des catholiques en raison de sa politique italienne, dangereuse pour le pape, et celui d'une partie des industriels, menacés par la concurrence étrangère, tenta de s'appuyer sur la petite bourgeoisie. Le Corps législatif vit élargir ses pouvoirs (droit d'adresse, 1861), le libéral Victor Duruy devint ministre de l'Instruction publique (1863), le droit de grève fut accordé aux ouvriers (1864). La libéralisation de l'Empire, confirmée par l'établissement d'un régime proche du système parlementaire (avr. 1870), fut approuvée par plébiscite. Pourtant, militairement, la France était faible.

Depuis quelques années, les mécomptes en politique extérieure se succédaient : à l'expédition désastreuse du Mexique (1861/67) s'ajoutèrent les incertitudes de la politique italienne, les maladresses de la diplomatie des « pourboires », par lesquels Napoléon III essaya de vendre à Bismarck sa neutralité au moment de la crise austro-prusienne et de ses conséquences (1866). La guerre, souhaitée par Bismarck qui voulait sceller l'unité de l'Allemagne par une grande lutte nationale, fut déclarée par la France avec une folle insouciance (v. **FRANCO-ALLEMANDE, guerre, 1870/71**). Les défaites militaires se succédèrent rapidement et la capitulation de Sedan (2 sept. 1870) provoqua la révolution du 4 sept. 1870 ainsi que la proclamation de la IIIe République.

La IIIe République de 1871 à l'affaire Dreyfus

Les chefs de l'opposition républicaine (Jules Favre, Jules Simon, Jules Ferry, Gambetta) formèrent un gouvernement de Défense nationale dont la présidence fut confiée au général Trochu. Paris fut assiégé le 19 sept. mais les républicains, exaltés par les souvenirs de la levée en masse de 1793, voulurent poursuivre la résistance à outrance. Gambetta prit la tête de la délégation de Tours qui organisa la résistance en province. Malgré leur héroïsme, les armées improvisées furent finalement battues, Paris dut capituler le 28 janv. 1871 et, le même jour, fut signé l'armistice franco-prussien. Une Assemblée nationale, élue au suffrage universel (y compris dans les territoires occupés par les armées allemandes), se réunit à Bordeaux (févr.) ; elle comportait une majorité de ruraux monarchistes, favorables à la paix. Désigné comme chef du pouvoir exécutif, Thiers, qui avait fait preuve d'une grande clairvoyance en essayant, l'année précédente, d'empêcher la guerre, fit ratifier les préliminaires de la paix qui fut signée à Francfort (10 mai 1871) : la France perdait l'Alsace-Lorraine et se voyait imposer le paiement d'une indemnité de guerre de 5 milliards de francs, somme considérable pour l'époque.

Thiers dut faire face à la Commune (18 mars/28 mai 1871), insurrection parisienne provoquée par l'humiliation de la défaite, la misère du siège et les décisions de l'Assemblée de Bordeaux qui venait d'ordonner le paiement des loyers et des dettes. La Commune (v.) fut sauvagement réprimée par les troupes versaillaises (environ 20 000 morts, plus de 30 000 arrestations, plus de 7 000 déportations) ; le mouvement ouvrier en France se trouva décapité pour une vingtaine d'années. Mais la violence de la répression rendit confiance aux possédants : le redressement financier s'accomplit avec une rapidité qui étonna Bismarck. L'emprunt pour trouver l'argent nécessaire au paiement des 5 milliards dus à l'Allemagne fut couvert près de dix fois et, dès sept. 1873, les dernières troupes d'occupation évacuèrent le pays.

Entre Thiers, chef du pouvoir exécutif, qui jugeait qu'une « république conservatrice » était le seul régime durable en France, et la majorité de l'Assemblée qui rêvait à une restauration monarchique, l'entente devint difficile. Thiers donna sa démission (24 mai 1873) et fut remplacé par le maréchal de Mac-Mahon, connu pour ses sentiments royalistes. La chance de la République résida dans la désunion des monarchistes et la loyauté de Mac-Mahon : les orléanistes et les légitimistes s'étaient réconciliés derrière le comte de Chambord, mais, comme celui-ci restait fidèle au drapeau blanc, inacceptable pour la majorité des Français, la tentative de restauration de la monarchie échoua. Pour préserver l'avenir, l'Assemblée vota la loi du septennat (20 nov. 1873) et le duc de

Broglie, chef du gouvernement, se fit le champion de l'« Ordre moral » en menant une politique cléricale et conservatrice. En dépit des monarchistes, la République s'instaurait peu à peu comme un état de fait. Il fallait donner à la France une nouvelle Constitution et, par surprise, l'amendement Wallon, voté à une voix de majorité, introduisit dans la loi le principe de la République (30 janv. 1875) en réglant le problème de l'élection du « président de la République ». La Constitution de 1875, œuvre d'une Assemblée contrainte d'établir un régime qu'elle redoutait, devait se révéler la plus durable de toutes celles que la France a adoptées depuis 1791. Les élections de 1876 ayant apporté la victoire aux républicains, Mac-Mahon essaya de résister, renvoya Jules Simon (« coup d'État » du 16 mai 1877) et prononça la dissolution de la Chambre. Mais les nouvelles élections (oct. 1877) consacrèrent la victoire républicaine : Mac-Mahon se soumit et finalement démissionna (janv. 1879).

Après l'élection de Jules Grévy à la présidence de la République (1879/87), les républicains, maîtres du pouvoir, s'unirent dans l'anticléricalisme. L'Église catholique paya cher ses compromissions avec l'« Ordre moral ». Les républicains ne voulaient pas seulement enlever l'enseignement aux congrégations : imbus d'une morale sans Dieu mais fort rigide, d'un idéal maçonnique et d'une sorte de mystique scientiste, ils firent de l'école nouvelle, laïque, gratuite et obligatoire, l'assise même de leur régime (1880/82). Cette période, dite de la « République opportuniste », fut marquée particulièrement par l'influence des « dynasties bourgeoises », d'hommes politiques liés aux milieux des affaires (Rouvier, Freycinet, Jules Ferry), qui poussèrent à des dépenses d'équipement et à une politique coloniale active. Ces mêmes hommes surent donner à la France le régime le plus libre qu'elle ait jamais connu : dès 1879/80, l'amnistie fut votée pour les condamnés de la Commune ; le second ministère Ferry (1883/85) abolit les sénateurs inamovibles, institua l'élection des conseillers municipaux au suffrage universel, consacra la liberté de la presse, le droit de réunion, le droit de grève et d'association, fit voter la loi sur le divorce.

Après la guerre de 1870/71, la République observa en Europe une « attitude de recueillement » et, bien qu'elle eût établi, en 1872, le service militaire obligatoire, elle s'efforça de détourner vers l'expansion coloniale les sentiments d'une opinion qui aspirait à la « revanche » sur l'Allemagne. Elle n'y réussit qu'à demi. Quelques difficultés dans la conquête du Tonkin provoquèrent, en mars 1885, la chute de J. Ferry. La colonisation de l'Afrique équatoriale, commencée pacifiquement par Brazza dès 1872, continua jusqu'en 1910 ; la conquête de l'Afrique occidentale fut entreprise en 1879 ; l'Annam et le Tonkin devinrent des protectorats en 1882/85, Madagascar une colonie en 1896... En 1914, les colonies françaises englobaient 10 millions de kilomètres carrés et près de 50 millions d'habitants.

Néanmoins, l'opinion métropolitaine gardait les yeux fixés sur la « ligne bleue des Vosges ». L'idée de la « revanche » devint « la reine de France ». Ce nationalisme associé à un antiparlementarisme que la révélation d'un trafic de décorations (1887) était venue justifier, provoqua la crise boulangiste (1886/89) (v. **Boulanger**). Le scandale de Panamá (v.) (1889/93) suscita une réaction analogue qui trouva une nouvelle occasion de s'affirmer lors de l'affaire Dreyfus (1894/99). La défense de l'armée, instrument de la revanche future, dégénéra en antisémitisme et en xénophobie. L'affaire de Fachoda (1898) provoqua une explosion de haine contre l'Angleterre et il fallut toute l'énergie de Delcassé (et le charme personnel d'Édouard VII) pour remonter peu à peu ce courant et parvenir à l'Entente cordiale. Et pourtant, la France nationaliste, malgré l'action de Barrès et de Maurras, restait minoritaire dans le pays. Les dernières années du XIXe s. virent les progrès du mouvement socialiste (qui allait réaliser son unité, après le congrès d'Amsterdam, en 1905) et le développement parallèle du syndicalisme (fondation de la CGT à Limoges, 1895).

De la victoire du Bloc des gauches à la Grande Guerre

Au cours de la lutte pour la révision du procès Dreyfus (« J'accuse » de Zola, 1898) se produisit un puissant renouveau de la mystique républicaine. La constitution du Bloc des gauches conduisit à la formation des cabinets Waldeck-Rousseau (1899/1902) et Combes (1902/05). La majorité des catholiques, qui ne pardonnait pas au régime les lois laïques de J. Ferry, s'était retrouvée dans le camp antirépublicain pendant l'affaire Dreyfus. Une fois de plus, c'est dans l'anticléricalisme que les républicains firent leur unité. Après la promulgation de la loi sur les congrégations (1901) qui fut appliquée par Combes beaucoup plus radicalement que ne l'avait souhaité Waldeck-Rousseau et qui se traduisit par leur expulsion quasi générale, la France rompit les relations avec le Saint-Siège (juill. 1904) et proclama la séparation des Églises et de l'État (9 déc. 1905). Cette loi fut condamnée par Pie X mais elle devait permettre à l'Église de France, libérée des entraves du concordat de 1801, de connaître un rapide renouveau.

L'anticléricalisme ne suffisait cependant pas à conduire une politique. Dès 1906, on assista à l'effritement du Bloc des gauches, les radicaux restant seuls au pouvoir, avec Clemenceau (1906/09). Désormais la question sociale prit le pas sur la question religieuse : malgré la fixation, par la loi Millerand, de la durée de la journée de travail à dix heures (1900), malgré les dehors trompeurs de la Belle Époque, la condition de l'ouvrier français restait beaucoup plus précaire que celle des ouvriers allemands et anglais, qui bénéficiaient déjà d'un important système de protection sociale. Des troubles graves eurent lieu de

1907 à 1910. La répression énergique menée par Clemenceau acheva de disloquer l'union de la gauche et, jusqu'à la guerre, le régime connut une grande instabilité ministérielle.

La IIIe République avait adopté à partir de 1890 une politique étrangère très active. L'alliance franco-russe si redoutée par Bismarck fut acquise en 1892. Delcassé, bravant l'hostilité de l'opinion publique, réalisa l'Entente cordiale avec l'Angleterre (1904). L'Allemagne se trouva isolée internationalement lors de la première crise marocaine, à la conférence d'Algésiras (1906). L'occupation de Fès par les troupes françaises (mai 1911) provoqua une vive riposte germanique (envoi de la canonnière *Panther* à Agadir, juill. 1911), mais la diplomatie personnelle de Caillaux, qui souhaitait un règlement pacifique général en Europe, permit d'éviter l'aggravation de la crise tout en assurant à la France une liberté d'action au Maroc (accord franco-allemand de nov. 1911). Le nationalisme, qui s'était quelque peu assoupi au lendemain de l'affaire Dreyfus, connaissait cependant un renouveau de vigueur (fondation de *L'Action française* quotidienne, 1908). Depuis la crise bosniaque de 1908/09, l'Europe entière glissait dans la course aux armements. À l'opposé, la voix de Jaurès s'élevait contre la guerre et alertait l'opinion. À la loi de 1913, instituant le service militaire de trois ans, répondaient les élections de mai 1914, avec le succès de la gauche pacifiste. Toutefois, le président de la République, Poincaré (élu en janv. 1913), Lorrain hanté par l'idée de la revanche, menait habilement une politique personnelle de fermeté en face de la menace allemande.

Possédant une monnaie forte et un vaste empire colonial, la France avait réalisé sous la IIIe République de grands progrès économiques : la production de houille avait triplé depuis 1870, celle de fonte quadruplé et celle d'acier décuplé. Toutefois, ces progrès laissaient la France assez loin derrière le rival allemand. L'industrie mécanique était médiocre (sauf l'industrie automobile, qui était alors la première de l'Europe) et les industries chimiques et électriques ne soutenaient pas la comparaison avec celles d'outre-Rhin. Au point de vue démographique, la France, qui avait été longtemps la nation la plus peuplée d'Europe, n'avait vu sa population augmenter, en l'espace de quarante ans, que de 36 à 39 millions d'habitants, tandis que l'Allemagne, durant la même période, passait de 41 à 67 millions d'habitants. La guerre, quel que fût le vainqueur, ne pouvait qu'être désastreuse pour la France.

La guerre de 1914/18 et la paix manquée

La Première Guerre mondiale (v. **GUERRE MONDIALE 1914/18**) fit en France 1 300 000 morts ; les dépenses de guerre s'élevèrent à environ 150 milliards de francs-or ; la dette publique atteignit 219 milliards de francs. Toute la France du nord et du nord-est fut dévastée (1,9 million d'hectares de terres incultes en 1919 ; 893 732 bâtiments détruits ou endommagés ; 2 400 km de voies ferrées et 1 566 km de canaux détruits). L'ébranlement moral fut peut-être plus grave encore. La France sentit qu'elle n'avait pu gagner la guerre qu'avec l'alliance anglaise et l'intervention des États-Unis. La France n'était pas en mesure de dicter seule la paix : la conférence de Paris (1919) fit apparaître de graves divergences entre les Alliés, et le traité de Versailles, signé le 28 juin 1919, laissa en France presque autant de rancœurs qu'en Allemagne. La France ne put obtenir l'annexion de la Rhénanie, réclamée par les milieux militaires ; elle dut se contenter d'une garantie anglo-américaine en cas de nouveau conflit avec l'Allemagne. Comme le Sénat américain refusa de ratifier le traité de Versailles, la garantie américaine fut aussitôt perdue et le Royaume-Uni retira la sienne. Les « réparations » imposées à l'Allemagne par la conférence de Spa (1920) ne furent pas payées régulièrement et, après divers allégements (plan Dawes, 1925 ; plan Young, 1929), cessèrent complètement en 1932. Les difficultés de la vie quotidienne, le maintien d'un modèle de société encore structuré par la guerre, provoquèrent dès la fin des hostilités un grave malaise social. L'année 1919 fut marquée par de très nombreuses grèves (en particulier, les grèves du 1er mai 1919 et les grèves des cheminots). Clemenceau accorda la journée de huit heures, mais la propagande bolchevique faisait des progrès dans la classe ouvrière et parmi les soldats (mutinerie des marins de la mer Noire, 1919). Après le congrès de Tours (1920) fut créé le parti communiste français (SFIO) ; cette scission dans le mouvement socialiste se répercuta dans l'organisation syndicale, les communistes fondant une CGTU, rivale de la CGT.

La peur du bolchevisme contribua à la victoire du Bloc national (conservateurs et nationalistes) aux élections de nov. 1919. La France, endormie par le slogan : « L'Allemagne paiera », s'abandonna quelques années à l'illusion des réparations, présentées comme une panacée à la crise économique et financière. Relativement isolé, Aristide Briand, l'« Apôtre de la paix », rêvait de fonder une solidarité européenne sur la réconciliation franco-allemande et sur l'arbitrage de la Société des Nations. Mais la démission de Paul Deschanel qui donnait des signes d'aliénation mentale, avait porté à la présidence de la République le chef de la majorité du Bloc national, Alexandre Millerand (sept. 1920/juin 1924), qui entendait renforcer les pouvoirs présidentiels et mener depuis l'Élysée une politique personnelle. En janv. 1922, quand Briand, à la conférence de Cannes, voulut faire des concessions à l'Allemagne, Millerand le força à se retirer et le remplaça à la présidence du Conseil par Poincaré (janv. 1922/juin 1924) que la gauche avait surnommé « Poincarélaguerre » en évoquant les responsabilités qu'on lui attribuait dans le déclenchement du conflit de 1914.

Champion du nationalisme français, Poincaré résolut de faire payer l'Allemagne : l'Allemagne tardant dans le règlement des réparations, il fit occuper la Ruhr par les troupes françaises (janv. 1923), mais se heurta à la « résistance passive » des Allemands et se brouilla avec l'Angleterre. Cette politique aventureuse et les velléités autoritaires de Millerand provoquèrent la formation du Cartel des gauches (socialistes, radicaux-socialistes, gauche radicale), qui l'emporta sur le Bloc national aux élections du 11 mai 1924. Millerand dut se démettre et fut remplacé à l'Élysée par Doumergue. Le retour au pouvoir de la gauche entraîna un changement de la politique extérieure française : ministre des Affaires étrangères, presque sans interruption d'avr. 1925 à janv. 1932, Briand signa les accords de Locarno (1925), qui garantissaient la frontière française de l'Est ; l'entrevue Briand-Stresemann à Thoiry (sept. 1926) et le pacte Briand-Kellogg de solennelle renonciation à la guerre (1928) furent des gestes spectaculaires qui firent naître de grands espoirs, mais déchaînèrent la colère des nationalistes allemands et français. Aussi bien, toutes les tentatives de réorganisation pacifique de l'Europe, au lendemain de la Première Guerre mondiale, furent viciées par le fait que la Société des Nations n'avait pas été dotée d'un pouvoir de sanction efficace. Le rapprochement franco-allemand n'allait pas survivre à la crise de 1929 qui, en plongeant l'Allemagne dans de nouvelles difficultés économiques, après les drames qu'avait causés l'inflation en 1923, permit la montée de Hitler au pouvoir.

Malgré l'ampleur de ses ruines, la France s'était redressée rapidement à partir de 1920. La production de fonte, qui était tombée de 9 millions de tonnes en 1913 à 2,4 millions en 1919, remontait à 8,5 millions de tonnes en 1925. Il en fut de même pour l'acier : 7 223 000 tonnes en 1913, 2 186 000 tonnes en 1919, 7 446 000 tonnes en 1925. Les industries électriques connurent alors un développement rapide qui eut des conséquences heureuses sur le long terme. Le problème le plus grave était celui de la main-d'œuvre, lié à la déficience démographique française : de 1919 à 1931, il fallut faire appel à plus d'un million et demi de travailleurs étrangers. Par ailleurs, la France de 1925 était le seul pays d'Europe qui n'avait pas résolu la crise monétaire de l'immédiat après-guerre. L'hostilité du grand capital entraîna l'échec du Cartel des gauches et Herriot dut donner sa démission (avr. 1925). Une nouvelle tentative d'Herriot, en juill. 1926, se brisa contre « le mur d'argent ». Poincaré revint alors au pouvoir, à la tête de deux cabinets successifs d'« union nationale » (juill. 1926/juill. 1929) : abandonnant les Affaires étrangères à Briand, Poincaré se consacra au problème du franc (v.), qu'il réussit à stabiliser en juin 1928. Grâce à un équilibre monétaire retrouvé, la France ne subit pas immédiatement les conséquences de la crise mondiale de 1929. Mais l'obstination des gouvernements de l'époque à refuser toute nouvelle dévaluation du franc (alors que la livre et le dollar avaient été dévalués, respectivement en 1931 et 1933) eut des conséquences malheureuses : la crise ne commença à se faire sentir en France qu'en 1932, mais elle se prolongea jusqu'à la guerre de 1939.

Du Front populaire à la Seconde Guerre mondiale
Cette période fut marquée par une grande instabilité ministérielle. Dans le contexte de la crise, le scandale Stavisky, en janv. 1934, déchaîna les passions. Un antiparlementarisme virulent se répandit à nouveau dans l'opinion. La France, qui s'était crue victorieuse en 1918, s'apercevait qu'elle était en proie aux mêmes maux que l'Allemagne vaincue ; l'affaire des dettes non réglées à l'Amérique avait provoqué une vague de xénophobie qui montrait la rancœur du peuple français ; les organisations d'anciens combattants et les ligues (Action française, Croix-de-Feu, Jeunesses patriotes...) menaient une campagne violente contre le régime. L'émeute du 6 févr. 1934 montra que la République était désormais menacée. Tandis que se formait, sous la présidence de Gaston Doumergue, un nouveau ministère d'« union nationale », les forces de gauche s'unirent lors de la manifestation de Vincennes le 12 févr. 1934. Après de difficiles négociations, un pacte d'unité d'action socialo-communiste fut signé, en juill. 1934, et le ralliement ultérieur des radicaux permit la fondation du Front populaire dont la première manifestation fut le défilé du 14 juill. 1935. Désormais, l'antifascisme se substituait à l'anticléricalisme comme ciment de l'unité de la gauche.

L'arrivée au pouvoir de Hitler contribuait à ce changement des données politiques, à l'intérieur comme à l'extérieur. Face au rapide relèvement de l'Allemagne, la France essaya d'isoler et d'encercler Hitler en Europe. À cette fin, Laval s'efforça d'améliorer les rapports avec Mussolini (accords de Rome, janv. 1935) et signa un traité d'assistance mutuelle franco-soviétique (2 mai 1935). Mais l'affaire d'Éthiopie et le ralliement de la France à la politique des sanctions ruinèrent définitivement l'alliance franco-italienne en jetant Mussolini dans les bras de Hitler.

Les élections des 26 avr. et 3 mai 1936 donnèrent la victoire au Front populaire qui obtenait 378 sièges contre 220. Les communistes s'étant prononcés pour un soutien sans participation, le chef du parti socialiste, Léon Blum, forma un gouvernement composé de socialistes et de radicaux. Le gouvernement Blum (juin 1936/juin 1937) réalisa d'importantes réformes sociales et économiques, mais face à l'hostilité des milieux d'affaires et à la dégradation de la situation économique, Léon Blum fut contraint d'annoncer une « pause » sociale dès févr. 1937 (v. **FRONT POPULAIRE**). La politique de non-intervention dans la guerre civile espagnole provoqua une mésentente croissante entre socialistes et communistes. En juin 1937, Blum dut laisser la direction du gouvernement à Chautemps, un radical. L'échec d'une nouvelle tentative gouvernementale de Blum (mars/avr. 1938) mit fin au Front populaire. Les répercussions de la guerre civile d'Espagne firent grandir les tensions politiques en France : à la décision du gouvernement de dissoudre les ligues (juin 1936), les éléments les plus actifs de l'extrême droite répondirent en créant une organisation terroriste secrète, la Cagoule.

Devant l'avancée de Hitler, la France et son alliée britannique semblaient paralysées. La France n'avait pas réagi à la remilitarisation de la Rhénanie (mars 1936). L'occupation de l'Autriche par les troupes allemandes et la proclamation de l'Anschluss (15 mars 1938) trouvèrent une France sans gouvernement. De plus en plus, la politique étrangère française était à la remorque de Londres : l'Angleterre imposa, le 30 sept. 1938, les accords de Munich qui sacrifiaient la Tchécoslovaquie. Les accords de Munich avaient fait perdre à la France la confiance des petits pays balkaniques et surtout celle de l'URSS qui, soucieuse avant tout de sa propre sécurité, signa avec Hitler le pacte germano-soviétique du 23 août 1939. Daladier, qui était à la tête du gouvernement depuis le 9 avr. 1938, prit aussitôt des mesures contre les communistes français. Le 1er sept. 1939, les troupes allemandes pénétraient en Pologne ; le 3 sept., quelques heures après le Royaume-Uni, la France déclarait à son tour la guerre à l'Allemagne.

La défaite de 1940 et la fin de la IIIe République

Se fondant sur l'expérience de 1914/18 et sur le sentiment de sécurité que lui donnait la ligne Maginot, le haut commandement français de 1939 ne croyait pas à la possibilité d'une guerre de mouvement, à laquelle se préparait au contraire l'Allemagne, sous l'impulsion personnelle de Hitler. La France, qui manquait d'une aviation moderne et d'une véritable arme blindée autonome, assista passivement à l'écrasement de son alliée, la Pologne, à laquelle elle avait pourtant donné des garanties d'assistance. La « drôle de guerre » (hiver 1939/40) puis l'échec des Alliés en Norvège eurent des effets néfastes sur le moral français. Le 10 mai 1940, les Allemands attaquèrent la Hollande et la Belgique puis leurs divisions blindées percèrent le front français dans les Ardennes. En cinq semaines, la France allait connaître la plus grande défaite militaire de toute son histoire (v. **Guerre mondiale 1939/45** et **France, campagne de, 1940**). La Wehrmacht, au moment de l'armistice (22 juin), occupait plus de la moitié du territoire national, jusqu'à la frontière espagnole.

Paul Reynaud, chef du gouvernement depuis le mois de mars 1940, se disait prêt à poursuivre la lutte dans les colonies, où il voulait transférer le gouvernement français en cas de capitulation. La proposition faite par Churchill d'une union indissoluble entre la France et le Royaume-Uni ayant été repoussée, Reynaud se retira (16 juin 1940) et fut remplacé par Pétain, qui demanda aussitôt l'armistice (v. **Rethondes**), signé le 22 juin. Le gouvernement français conservait l'autorité administrative sur l'ensemble du pays (l'Alsace-Lorraine exceptée, qui fut immédiatement réannexée au Reich), mais toute la partie nord et ouest de la France restait occupée par l'armée allemande et 2 millions de prisonniers de guerre français furent acheminés vers l'Allemagne.

Dans la population française, qu'un immense exode avait dispersée sur les routes au milieu des débris de l'armée, la défaite provoqua une exaspération contre le gouvernement rendu responsable de l'impréparation militaire. Le prestige immense du « vainqueur de Verdun » et une active campagne de Pierre Laval – qui avait été un des rares parlementaires à s'opposer à la guerre, en sept. 1939 – amenèrent les Chambres, réunies à Vichy en Assemblée nationale (10 juill. 1940), à voter au maréchal Pétain une délégation des pouvoirs constitutionnels. Le Maréchal abrogea la Constitution de 1875, renvoya *sine die* le Parlement, prit le titre de chef de l'État français et établit un régime autoritaire en affirmant sa volonté de mener une « Révolution nationale ». La IIIe République n'avait pas été renversée : elle s'était suicidée, et le Parlement directement issu des élections du Front populaire avait accordé les pouvoirs extraordinaires au Maréchal par 569 voix pour, 80 contre et 18 abstentions.

Le gouvernement de Vichy et la collaboration

La France prit officiellement le nom d'« État français »x (v.), mais la période 1940/44 reste connue comme celle du « régime de Vichy », ville où le chef de l'État et le gouvernement s'établirent dès juill. 1940. D'inspiration à la fois maurrassienne et catholique, avec quelques éléments technocratiques, le régime de Vichy se modela moins sur le national-socialisme ou sur le fascisme que sur le système paternaliste de Dollfuss ou de Salazar. Il reçut d'emblée l'appui de la quasi-totalité de l'épiscopat français. À bien des égards, il apparut comme une revanche des « notables ». La devise : « Liberté, Égalité, Fraternité », fut remplacée par celle de : « Travail, Famille, Patrie ». Généraux et amiraux jouèrent, surtout au début, un rôle considérable dans le gouvernement. L'État français, qui rêvait, comme Renan après 1871, à une « réforme intellectuelle et morale », inaugura une réaction contre la laïcité et contre le divorce, renforça la législation contre l'avortement et l'alcoolisme, interdit la franc-maçonnerie, épura le corps des fonctionnaires et créa un commissariat aux Affaires juives (mars 1941). Il soumit l'industrie et le commerce au contrôle de Comités d'organisation (16 août 1940), créa la Corporation paysanne (2 déc. 1940), mais supprima les syndicats ouvriers et patronaux et, par la Charte du travail, tenta de jeter en France les bases d'un système corporatif. Sur le plan social, il mena une politique active de soutien familial et institua la retraite des vieux travailleurs. Il s'appuya sur les anciens combattants (création de la Légion des combattants, 29 août 1940) et entreprit d'encadrer la jeunesse (création des Chantiers de jeunesse, 30 juill. 1940).

Beaucoup de ces réformes rencontrèrent une approbation certaine dans le pays. Dans les mois qui suivirent immédiatement l'armistice, Pétain fut porté par une immense popularité ; celle-ci commença à décroître lorsque le gouvernement de Vichy s'engagea dans la voie de la « collaboration » et que les exigences allemandes commencèrent à s'affirmer. Le régime accentua assez rapidement son caractère autoritaire. Il interna plusieurs dirigeants politiques et syndicaux de la IIIe République et prépara le procès de Riom, où devaient être jugés Blum, Daladier, Reynaud, Gamelin..., comme responsables de la défaite. En juin 1941, un statut spécial fut imposé aux Juifs, dont les biens furent « aryanisés » ; les Juifs d'origine étrangère furent internés. En août 1941, militaires, magistrats et fonctionnaires furent tenus de prêter serment au maréchal Pétain. La Milice, dirigée par Darnand, fut créée le 30 janv. 1943.

En juin 1940, Pétain avait réussi à préserver les colonies françaises de l'occupation germano-italienne et à conserver la totalité de la flotte qui fut cependant désarmée. Mais l'Angleterre craignait de voir la puissante flotte de guerre française tomber entre les mains de l'Axe. N'ayant pu obtenir le ralliement des amiraux français, la flotte anglaise attaqua les navires français à Mers el-Kébir (3 juill. 1940) et neutralisèrent d'autres unités françaises dans le port d'Alexandrie. Ces événements, exploités en France par ceux qui préconisaient déjà une collaboration avec l'Allemagne, entraînèrent la rupture entre Vichy et Londres. En revanche, les États-Unis maintinrent leur ambassadeur à Vichy jusqu'en 1942. L'Union soviétique, alors liée à Hitler par le pacte de 1939, reconnut de même le gouvernement du maréchal Pétain jusqu'en juin 1941.

L'entrevue Hitler-Pétain à Montoire (24 oct. 1940) engagea la France dans la politique de collaboration. Dès l'armistice de 1940, il avait fallu livrer à Hitler des réfugiés politiques allemands qui avaient trouvé asile en France après 1933. Mais rapidement, le régime de Vichy anticipa les demandes allemandes, en particulier en ce qui concerne les mesures antisémites. À partir de juin 1941, lorsque la résistance communiste commença à se livrer à des attentats contre les troupes d'occupation, les autorités de Vichy, soumises par les Allemands au chantage d'exécution d'otages pris indistinctement, se firent elles-mêmes les agents de la répression. Ainsi furent créés des Sections spéciales, tribunaux d'exception composés de magistrats français, qui, privant les accusés de garanties judiciaires essentielles, purent infliger à des militants communistes coupables de simples délits des condamnations capitales.

Vichy perdit progressivement toute emprise sur les colonies. Dès l'été 1940, l'Afrique-Équatoriale française passa dans le camp allié ; en juin/juill. 1941, les troupes britanniques et gaullistes firent la conquête de la Syrie ; en mai 1942, les Anglais occupèrent Madagascar ; enfin, en nov. 1942, le débarquement anglo-américain en Afrique du Nord consomma l'effondrement de l'autorité de Vichy sur l'Empire. Les Allemands occupèrent le sud de la France (11 nov.) et s'assurèrent des bases en Tunisie. La flotte de Toulon, plutôt que de tomber entre les mains ennemies, préféra se saborder (27 nov.).

À côté d'une immense majorité d'« attentistes », qui ne songeaient qu'à survivre au milieu des difficultés de la vie quotidienne, se dressèrent les deux minorités farouchement opposées : la collaboration et la Résistance. Les « collaborationnistes » eurent pour chefs soit des hommes déjà ralliés au fascisme avant 1939 (Bucard, Deloncle, Brasillach), soit d'anciens briandistes partisans depuis toujours d'un rapprochement avec l'Allemagne (Luchaire, de Brinon), soit encore des hommes venus de la gauche qui cherchaient dans l'hitlérisme une forme de socialisme (Doriot, Déat). Tout en rivalisant entre eux, ils aspiraient à voir la France entrer pleinement dans l'« Europe nouvelle » et prendre part, les armes à la main, au combat du IIIe Reich (création de la Ligue des volontaires français contre le bolchevisme en juill. 1941, puis de la Waffen SS française, en 1942). Maîtres de la presse parisienne et de Radio-Paris, les collaborationnistes de Paris faisaient parfois preuve d'un certain dédain à l'égard de Vichy mais ils pouvaient, pour les besoins de leur propagande, se réclamer du maréchal Pétain. Ils l'emportèrent à Vichy même, au printemps 1944, lorsque Déat entra dans le gouvernement Laval (v.).

De Gaulle et la Résistance

Sous-secrétaire d'État à la Guerre dans le cabinet Reynaud, le général de Gaulle avait quitté la France pour Londres, le 17 juin 1940. Il appela les Français à refuser la défaite et à se joindre à lui pour continuer, aux côtés de l'Angleterre, la lutte contre l'Allemagne. Les appels du 18 juin et des jours suivants ne furent guère entendus dans la France métropolitaine. Cependant, un petit groupe – essentiellement militaire, à l'origine – se forma autour du Général que Churchill, dès le 28 juin 1940, reconnut comme le « chef des Français libres ». Durant l'été 1940, les Nouvelles-Hébrides, la Polynésie, les Établissements français de l'Inde, la Nouvelle-Calédonie, le Moyen-Congo, le Cameroun, le Tchad se rallièrent à la « France libre ». Mais le coup de main tenté par de Gaulle contre Dakar se solda par un échec (sept. 1940). La colonne Leclerc, remontant du Tchad, fit la conquête du Fezzan italien en 1940/41 ; des unités gaullistes combattirent avec les Anglais en Érythrée et en Éthiopie, en Syrie (juin 1941) et en Libye (Bir Hakeim, mai 1942).

Dans la France occupée, la Résistance ne se manifesta d'abord que par l'action d'individus isolés et de petits groupes de renseignements qui transmettaient leurs informations à Londres. Ces groupes comptaient parmi eux des officiers, tel le commandant d'Estienne d'Orves, qui fut exécuté par les Allemands en 1941.

En zone Sud, au contraire, la Résistance fut politique dès ses débuts ; elle groupait surtout des hommes de gauche, hostiles au régime de Vichy. Les trois mouvements les plus importants furent Combat, Franc-Tireur, Libération, qui devaient se fédérer, en avr. 1943, dans les Mouvements unis de Résistance (MUR). Les communistes, qui, depuis le pacte germano-soviétique de 1939, dénonçaient la « guerre impérialiste », cherchèrent en 1940 à obtenir des Allemands l'autorisation de faire reparaître L'*Humanité* à Paris. Ils n'entrèrent dans la Résistance qu'en juin 1941, après l'attaque allemande contre l'URSS, mais leur rôle devint rapidement très important avec la formation des FTP (Francs-Tireurs et Partisans). Aux assassinats de soldats allemands répondirent les exécutions d'otages, creusant un fossé de plus en plus profond entre la population française et les troupes d'occupation. L'action des différents réseaux de résistance fut progressivement coordonnée – bien qu'imparfaitement – par le Conseil national de la Résistance (CNR) (v. **Résistance**). De Gaulle parvint à s'imposer comme le chef des Français libres aux yeux des Alliés.

Malgré les réserves des Américains sur la sincérité des déclarations démocratiques du général de Gaulle, celui-ci était résolu à rétablir le régime républicain et à donner la parole au pays libéré sans pour autant ressusciter la IIIe République. Il envisageait un système débarrassé des défauts du parlementarisme et pourvu d'un exécutif fort. En revanche, il était prêt à satisfaire les aspirations de la gauche résistante par la réforme des structures économiques (nationalisations), réclamées en mars 1944 dans le programme du Conseil national de la Résistance. Pendant ce temps, l'armée française d'Algérie, forgée par Weygand au lendemain de l'armistice de 1940, participait avec gloire à la campagne d'Italie (1943/44). La division Leclerc, débarquée en Normandie, prenait part à la campagne de France, et le commandement américain lui laissait l'honneur d'entrer la première dans Paris (25 août 1944), où la Résistance intérieure avait déjà déclenché l'insurrection. Cinq jours plus tôt, le maréchal Pétain avait été emmené par les Allemands outre-Rhin, au château de Sigmaringen.

De la Libération à la naissance de la IVe République (août 1944/déc. 1946)

De Gaulle établit immédiatement le gouvernement provisoire dans la capitale. Il trouvait un pays dans le chaos et qui semblait au bord d'une révolution. L'économie était complètement paralysée ; la guerre se poursuivait aux frontières de l'Est et dans plusieurs départements de l'Ouest et du Sud-Ouest. Sous prétexte d'épuration, avaient eu lieu des milliers d'exécutions sommaires (de 10 000 à 100 000 suivant les sources) ; de nombreuses régions, en particulier dans le Midi, échappaient à peu près complètement au pouvoir central et se trouvaient sous la coupe d'autorités improvisées, le plus souvent d'obédience communiste. Le général de Gaulle marqua ses distances à l'égard de la Résistance intérieure, ou du moins des prétentions politiques de certains de ses chefs, dès son arrivée à Paris, le 25 août 1944. En l'espace de quelques semaines, utilisant le prestige et l'immense popularité qui l'entouraient, il imposa son autorité dans le pays et substitua des pouvoirs légaux aux pouvoirs de fait qui avaient surgi à la Libération. Les communistes se laissèrent désarmer (dissolution des Milices patriotiques, 28 oct. 1944), en échange d'une amnistie accordée à Maurice Thorez (condamné pour désertion en nov. 1939), et sans doute conformément à la politique générale de Moscou et aux accords passés entre Staline et les Anglo-Saxons concernant le partage des zones d'influence en Europe.

En même temps, de Gaulle se hâtait d'augmenter la participation française à l'effort de guerre des Alliés. La division Leclerc s'empara de Strasbourg (nov. 1944). La Ire armée (de Lattre de Tassigny) qui, débarquée en Provence le 15 août 1944, avait progressé vers le N. jusqu'au seuil de l'Alsace, se grossit de plus de 130 000 FFI amalgamés au cours de l'hiver 1944/45 avec les troupes régulières. Elle allait achever la libération de l'Alsace (réduction de la poche de Colmar, janv./févr. 1945), puis franchir le Rhin et pénétrer dans le pays de Bade et le Wurtemberg jusqu'au lac de Constance. C'est ainsi que la France put être présente à l'acte définitif de la capitulation du Reich, signée à Berlin le 8 mai 1945. Cette satisfaction morale ne pouvait faire oublier l'effacement réel de la puissance française. De Gaulle ne fut invité par les Grands ni à la conférence de Yalta (févr. 1945) ni à celle de Potsdam (juill./août 1945). Pour la première fois de son histoire, la France se trouvait exclue de la réorganisation de l'Europe. 600 000 personnes, civiles et militaires avaient été tuées ; le déficit des naissances était de 2 millions d'enfants.

Les déchirements de l'Occupation trouvèrent leur prolongement dans l'épuration légale. Le pays était économiquement et financièrement ruiné. L'Occupation avait coûté environ 1 500 milliards de francs et le franc (v.), à la fin de 1945, fut abaissé à un trente-neuvième du franc de 1914. Le potentiel industriel était réduit de moitié par rapport à celui de 1939. Trois millions d'immeubles étaient détruits ou endommagés. Des ports comme Calais, Dunkerque, Boulogne, Le Havre, Brest, Saint-Nazaire étaient inutilisables ; 9 900 ponts devaient être reconstruits ; le parc de locomotives avait diminué de plus de moitié, celui des wagons des deux tiers ; la flotte commerciale était réduite à un tiers de celle de 1939 ; le réseau routier se trouvait dans un état lamentable. Aucune prévision sérieuse ne pouvait être faite sur la fin du rationnement.

Le général de Gaulle devait rester à la présidence du gouvernement provisoire jusqu'en janv. 1946. En application du programme économique du Conseil national de la Résistance, il décida la nationalisation des houillères du Nord et du Pas-de-Calais (déc. 1944), des usines Renault (janv. 1945), des sources d'énergie (févr. 1945), de la société Gnome et Rhône (auj. SNECMA, mai 1945), des transports aériens (juin 1945), de la Banque de France et des quatre principales banques de dépôt et de crédit (déc. 1945) ; le système de sécurité sociale fut complètement réorganisé (oct. 1945). En revanche, dans le domaine financier, de Gaulle s'opposa aux mesures rigoureuses (échange des billets avec prélèvement et blocage des comptes) préconisées par Mendès France, lequel démissionna de son poste de ministre de l'Économie nationale (avr. 1945).

Tout retour à la IIIe République étant exclu aussi bien par le général de Gaulle que par les forces politiques issues de la Résistance, le pays approuva par référendum la convocation d'une Assemblée constituante, qui fut élue à la représentation proportionnelle (21 oct. 1945). Ces élections donnerent la majorité absolue aux partis de gauche (communistes et socialistes) mais virent l'apparition d'un troisième grand parti, inspiré par la démocratie chrétienne, le Mouvement républicain populaire (MRP) Dans le climat d'unanimité de la Résistance qui survivait, l'Assemblée confirma le général de Gaulle dans ses fonctions de chef du gouvernement provisoire (13 nov. 1945). De Gaulle constitua un cabinet fondé sur le « tripartisme » (communistes-socialistes-MRP) ; les communistes reçurent d'importants ministères économiques et sociaux. Cependant, les rapports devinrent très vite difficiles entre de Gaulle et les partis, qui reprochaient déjà au Général sa « politique de grandeur » et prétendaient le tenir à l'écart de l'élaboration de la nouvelle Constitution. Refusant de se plier à des compromis, de Gaulle démissionna (20 janv. 1946).

La combinaison tripartite continua sous la présidence du socialiste Félix Gouin. La majorité socialo-communiste imposa un projet de Constitution établissant un régime d'assemblée unique et souveraine, mais ce projet, susceptible d'amener en France un régime comparable à ce qu'allaient être les « démocraties populaires », fut rejeté par le pays (5 mai 1946). Dans la deuxième Assemblée constituante, élue le 5 juin, la gauche n'eut plus la majorité absolue. Malgré les adjurations du général de Gaulle, qui avait défini ses conceptions dans le discours de Bayeux (16 juin 1946), cette Assemblée élabora une nouvelle Constitution, qui maintenait le régime d'assemblée, mais à deux Chambres, avec un président de la République aux pouvoirs très restreints. Ce projet fut adopté lors du référendum du 13 oct. 1946, mais par 36 % seulement des électeurs inscrits. Le 16 janv. 1947, Vincent Auriol devint le premier président de la IVe République.

La IVe République (1946/58)

Jusqu'en mai 1947, la France resta gouvernée par le « tripartisme » (sauf pendant le bref ministère socialiste homogène de Léon Blum, déc. 1946/janv. 1947). Les communistes élargirent encore leur rôle gouvernemental en janv. 1947, en obtenant, dans le cabinet Ramadier, le portefeuille de la Défense nationale. Cependant, les prodromes de la guerre froide – échec de la conférence de Moscou, avr. 1947 – allaient mettre fin au tripartisme et entraîner, comme dans tous les autres pays d'Europe occidentale, l'exclusion des communistes du gouvernement. C'est le président du Conseil socialiste, Ramadier, qui procéda à cette opération (4 mai 1947). Les communistes ripostèrent en organisant dans toute la France de puissantes grèves qui devaient se poursuivre jusqu'à la fin de 1947. Cette agitation sociale qui, en dehors de son inspiration politique, s'expliquait par les graves difficultés économiques que traversait le pays, fut énergiquement réprimée par le ministre socialiste de l'Intérieur, Jules Moch. Elle eut pour conséquence la scission du mouvement syndical et l'apparition de Force ouvrière (v. SYNDICATS). Mais le régime était également menacé sur sa droite par le Rassemblement du peuple français (RPF), que le général de Gaulle avait fondé en avr. 1947. Le RPF remporta un grand succès aux élections municipales d'oct. 1947.

Entre ces deux oppositions se succédèrent, jusqu'en 1951, des gouvernements de « troisième force » formés par une coalition des socialistes, du MRP, des radicaux et de quelques modérés. Aux élections législatives du 7 juin 1951, un système d'apparentements entre les partis gouvernementaux mit en échec les communistes et le RPF, mais la « troisième force » éclata néanmoins. De 1951 à 1956, l'Assemblée se trouva ainsi sans majorité véritable. Elle n'eut que des majorités de circonstance : une majorité « scolaire », favorable aux subventions à l'école libre (RPF, modérés, MRP, quelques radicaux) ; une majorité « sociale » (communistes, socialistes, MRP, RPF) ; une majorité « européenne » (socialistes, MRP, une partie des radicaux et des modérés).

La convergence fréquente des oppositions communiste et gaulliste contribua à aggraver l'instabilité ministérielle, qui fut la tare essentielle du régime. De janv. 1947 à mai 1958, la IVe République ne compta pas moins de dix-huit gouvernements.

En dépit de ses déficiences politiques, la IVe République réussit à accomplir une œuvre capitale dans le domaine économique. C'est à partir des années 1950 que la France, dont le retard sur les grandes puissances industrielles n'avait cessé de s'accentuer depuis le début du XXe s., se transforma en une société industrielle avancée. Sans doute cet essor fut-il possible grâce au plan Marshall dont la France devait être une des principales bénéficiaires en Europe. Sans doute aussi la croissance économique s'effectua-t-elle dans un climat d'inflation et dans une dépendance financière croissante du pays à l'égard des États-Unis, ce qui interdisait à la IVe République toute politique étrangère vraiment nationale. Un des signes de l'amélioration du niveau de vie, du retour à la confiance, fut la poussée démographique inattendue que connut la France après la Libération, le « baby boom » (plus de 800 000 naissances par an à la fin de la IVe République, avec un taux de natalité supérieur à celui de l'Allemagne et de l'Italie).

Le redressement économique français s'inséra dans le cadre de la construction de l'Europe, dont l'un des principaux artisans fut une des personnalités majeures du régime, Robert Schuman. Renonçant aux rancunes qui avaient gâché la paix de 1919, les gouvernements français s'engagèrent avec continuité dans la voie de la réconciliation avec l'Allemagne, condition de la naissance d'une Europe unie. S'inspirant des idées de Jean Monnet, Robert Schuman fut le promoteur du traité instituant la Communauté européenne du charbon et de l'acier (v. **Européennes, institutions**) (18 avr. 1951), embryon du Marché commun. Cette politique européenne se heurta à l'opposition systématique des communistes, mais également à celle des gaullistes, qui refusaient, non pas le principe de la construction européenne, mais l'« Europe supranationale », laquelle impliquerait l'abandon de la souveraineté française, notamment dans le domaine militaire. C'est pourquoi le projet d'une Communauté européenne de défense (CED), lancé par René Pleven en oct. 1950, provoqua une ardente controverse qui dura plusieurs années et fut finalement rejeté, sans débat parlementaire, le 30 août 1954. La France, membre de l'Alliance atlantique (v. **Organisation du traité de l'Atlantique Nord**) depuis la création de celle-ci (avr. 1949), dut alors accepter la renaissance d'une armée allemande et l'entrée de la République fédérale d'Allemagne à l'OTAN (oct. 1954). L'organisation de l'Europe économique fit un pas décisif avec la signature des traités de Rome (août 1957), qui créèrent le Marché commun et l'Euratom (v. **Européennes, institutions**).

Mais la IVe République ne sut pas régler le problème colonial et ce fut la cause de sa chute.

À partir de 1946, la vie politique française fut dominée d'abord par la guerre d'Indochine (v. **Viêt-nam**), puis par la guerre d'Algérie. Après la chute de Diên Biên Phu (mai 1954), l'Assemblée confia la direction du gouvernement à Mendès France (juin 1954/févr. 1955) qui signa les accords de Genève (20 juill. 1954) et prépara l'indépendance de la Tunisie. Mais l'insurrection nationale algérienne commença le 1er nov. 1954. Comme l'Algérie, avec ses départements, constituait une partie intégrante du territoire français, les hommes politiques et, au premier rang d'entre eux, des hommes de gauche tels que Mendès France et Mitterrand, furent d'abord unanimes à proclamer qu'aucune autre solution n'était concevable que le rétablissement de l'ordre républicain dans l'unité nationale. Les élections de janv. 1956 manifestèrent une certaine poussée vers la gauche, avec un succès relatif du Front républicain, un effacement politique du gaullisme en tant que force politique organisée, enfin l'apparition d'un mouvement extrémiste, nationaliste et antiparlementaire, le poujadisme.

Le nouveau gouvernement, présidé par le socialiste Guy Mollet (janv. 1956/mai 1957) resta fidèle à la conception de l'« Algérie française » et obtint du Parlement presque unanime (y compris les communistes, les poujadistes restant seuls dans l'opposition) des pouvoirs spéciaux en Algérie (avr. 1956). Comme le renforcement continuel de l'armée d'Afrique du Nord ne parvenait pas à étouffer la rébellion, Guy Mollet crut porter à celle-ci un coup décisif en s'en prenant au colonel Nasser, devenu l'inspirateur du panarabisme : ainsi fut montée, avec les Anglais et les Israéliens, à la suite de la nationalisation du canal de Suez, l'expédition de Suez (nov. 1956), que le front commun des États-Unis et de l'URSS fit échouer. Cependant, en Algérie même, Paris contrôlait de plus en plus difficilement les chefs militaires qui prirent l'initiative, en oct. 1956, d'arraisonner l'avion marocain transportant Ben Bella et d'autres chefs du FLN et, en févr. 1958, de bombarder le village tunisien de Sakiet qui servait de base aux fellaghas. L'armée qui, sous le commandement du général Massu, avait détruit au cours de l'année 1957 l'organisation terroriste à Alger, se sentait mal défendue par le gouvernement. Les partisans de l'« Algérie française », notamment Michel Debré, lançaient ouvertement des appels à un sursaut national qui balaierait le « régime d'abandon ».

L'acceptation par le gouvernement Gaillard des « bons offices » anglo-américains, à la suite de l'affaire de Sakiet (17 févr. 1958), parut ouvrir la voie à une internationalisation du conflit et à une solution imposée à la France par les puissances étrangères. Divers complots commencèrent à se nouer dans les milieux d'extrême droite, tandis que les gaullistes, par une campagne d'opinion aussi bien que par des contacts secrets avec les militaires d'Algérie, préparaient le retour au pouvoir du général de Gaulle. Celui-ci, qui s'était tenu depuis plusieurs années dans une retraite silencieuse, n'avait pas cessé de croire qu'il serait le « recours » du pays dans une crise grave. Ses convictions personnelles sur l'affaire algérienne restaient assez mystérieuses, mais ses partisans les plus actifs, tels Debré et Soustelle, ne doutaient pas que le Général ne fût fermement résolu à maintenir l'Algérie française. Le mouvement du 13 mai 1958 à Alger fut aussitôt canalisé politiquement par les gaullistes, tandis que le gouvernement Pflimlin, impuissant devant la rébellion militaire, se contentait de sauver la face en investissant officiellement le général Salan des pouvoirs que celui-ci venait de s'arroger. Dès le 15 mai, Salan fit applaudir à Alger le nom du général de Gaulle, lequel annonça immédiatement qu'il se tenait « prêt à assumer les pouvoirs de la République ». Craignant de voir la métropole elle-même tomber aux mains des militaires d'Alger, des hommes comme Antoine Pinay et Guy Mollet se tournèrent à leur tour vers de Gaulle. Le gouvernement Pflimlin, qui n'arrivait plus à se faire obéir ni de son armée, ni de sa police, ni de ses préfets, s'effondra. Le 28 mai, le président Coty décida de faire appel « au plus illustre des Français ». La IVe République allait survivre légalement jusqu'au 8 janv. 1959, mais en fait, dès ce moment, un régime nouveau commençait.

La Ve République. Le premier septennat (1958/65)
Le général de Gaulle constitua un gouvernement d'union nationale, où Pflimlin, Pinay, Mollet voisinaient avec des gaullistes comme Debré et Malraux. Après lui avoir accordé l'investiture, le 1er juin 1958, par 329 voix contre 224 (les communistes, 49 socialistes, Mendès France, Mitterrand, 18 radicaux, 6 progressistes...), des pouvoirs spéciaux en Algérie et les pleins pouvoirs pour six mois, l'Assemblée se dissolut *sine die*. Le projet de nouvelle Constitution s'inspira des idées que de Gaulle n'avait cessé de proclamer depuis son discours de Bayeux, en 1946 : l'exécutif a la primauté ; le chef de l'État n'est pas élu par le Parlement, mais par un collège plus vaste – réaction contre les abus du régime parlementaire et limitation des pouvoirs de l'Assemblée. L'article 16 permettait au chef de l'État d'assumer les pleins pouvoirs en cas de crise grave. Cependant, le nouveau régime restait à mi-chemin du régime présidentiel et du régime parlementaire, car le Premier ministre et le gouvernement, nommés par le président de la République, étaient responsables devant l'Assemblée nationale. Les anciennes colonies (sauf l'Algérie, considérée comme partie intégrante du territoire national) se voyaient offrir un choix entre l'indépendance complète et l'autonomie au sein de la Communauté française.

Ce projet constitutionnel fut approuvé par référendum le 28 sept. 1958, à une majorité de 79,2 %. Tous les pays d'outre-mer décidèrent d'entrer dans la Communauté, sauf la Guinée, qui choisit l'indépendance immédiate. Les élections législatives des 23/30 nov. 1958 furent marquées par l'entrée en force d'un nouveau mouvement gaulliste, l'Union pour la nouvelle république (UNR), qui obtint plus de 26 % des voix et près de 200 sièges dans la nouvelle Assemblée.

Élu président de la République par le collège des « grands électeurs » le 21 déc. 1958 de Gaulle prit ses nouvelles fonctions le 8 janv. 1959 et nomma comme Premier ministre Michel Debré. Mais c'est l'opinion du chef de l'État qui allait être determinante dans toutes les grandes options de la politique intérieure et plus encore de la politique extérieure. Si la décolonisation de l'Afrique noire s'accomplit sans difficulté (les divers États de la Communauté accédèrent à l'indépendance avant la fin de 1960, en maintenant, pour la plupart, des relations étroites avec la France), la crise algérienne ne put être résolue qu'au prix de plus de trois années supplémentaires de guerre. Le lancement du plan de Constantine (oct. 1958) semblait indiquer l'intention de la France de rester en Algérie. Mais la reconnaissance du droit des Algériens à l'autodétermination (16 sept. 1959) rompait en revanche avec le principe de l'« Algérie française ».

Cette évolution, déconcertante pour les Français d'Algérie, pour les généraux qui avaient réclamé le retour de Gaulle au pouvoir, pour nombre de gaullistes eux-mêmes (Soustelle notamment), allait provoquer la « semaine des barricades » d'Alger (janv. 1960). Mais de Gaulle était désormais convaincu que toute solution en Algérie passait par la négociation directe avec le FLN. Il fit approuver par la métropole sa politique d'autodétermination (référendum du 8 janv. 1961), mais le putsch des généraux d'Alger (avr. 1961) consomma la division de l'armée. Malgré l'engagement de l'OAS dans le terrorisme, l'indépendance de l'Algérie fut reconnue par le gouvernement français aux accords d'Évian (18 mars 1962). La guerre d'Algérie était ainsi terminée au grand désespoir des « soldats perdus » et des « pieds-noirs » qui, au nombre de plus d'un million, refluèrent vers la métropole.

Le général de Gaulle nomma au poste de Premier ministre, à la place de Michel Debré, un non-politique, son conseiller, Georges Pompidou (14 avr. 1962). Après avoir échappé de justesse à l'attentat monté contre lui par l'OAS au Petit-Clamart (22 août 1962), il attaqua de front tous ses adversaires en proposant l'élection du président de la République au suffrage universel. Le vote d'une motion de censure contre le gouvernement Pompidou lui donna l'occasion de dissoudre l'Assemblée nationale (10 oct. 1962). Cette partie décisive se termina par deux victoires, l'une, au référendum constitutionnel du 28 oct. 1962 (62,25 % de oui pour l'élection du président de la République au suffrage universel), l'autre, aux élections législatives des 18 et 25 nov. 1962, qui permirent aux gaullistes (UNR et indépendants giscardiens) de s'assurer la majorité absolue dans la nouvelle Assemblée.

Aux yeux du Général, l'assainissement financier était, avec la réforme des institutions, la condition indispensable de la politique d'indépendance nationale : dévaluation, création d'un franc lourd, retour à la convertibilité, libération des changes avec les pays de l'OECE, abaissement des droits de douane. Bénéficiant de l'effort réalisé sous la IVe République, l'économie française entra hardiment dans la compétition européenne, et son essor commença dès 1960 à se répercuter sur le niveau de la consommation et la vie quotidienne des Français.

Parallèlement, la poursuite de l'indépendance militaire fut marquée, dès 1959, par un dégagement progressif à l'égard de l'OTAN et par la création d'une force nucléaire de dissuasion (explosion de la première bombe atomique française, 13 févr. 1960). La France, grâce au crédit moral que lui donnaient la rapide décolonisation de l'Afrique noire et la fin de la guerre d'Algérie, s'affirma en champion des pays non engagés. Elle apporta une aide financière, économique, technique et culturelle aux jeunes nations africaines. En janvier 1964, elle reconnut la Chine populaire. En sept./oct. 1964, le général de Gaulle accomplit un voyage triomphal en Amérique du Sud. Il signa avec Adenauer le traité franco-allemand du 22 janv. 1963 qui scellait la réconciliation définitive de la France et de l'Allemagne. La grande ambition gaullienne était de constituer une Europe rassemblée autour de la France. Mais l'Élysée ne parvint jamais à entraîner les autres membres de l'Europe des Six, sécurisés par le « parapluie atomique » américain, sceptiques sur l'efficacité de la force de dissuasion française, méfiants à l'égard des arrièrepensées hégémoniques du Général, irrités par ses manifestations brutales telles que le veto mis à l'entrée de la Grande-Bretagne dans le Marché commun (14 janv. 1963) et la crise provoquée dans les organisations de Bruxelles à propos de l'« Europe verte » (30 juin/1er juill. 1965).

Alors que le chef de l'État était absorbé par sa politique étrangère, de nouveaux périls se dessinaient à l'intérieur. La mutation industrielle que connaissait le pays, entraînant une hausse globale du produit national brut et du niveau de vie, s'accompagnait d'épreuves parfois dramatiques pour certaines catégories de la population. L'année 1963, qui commença par une grande grève des mineurs du Nord et de l'Est (mars/avr.), vit s'étendre le malaise économique et social. De dangereuses tendances inflationnistes obligèrent le ministre des Finances, V. Giscard d'Estaing, à imposer (12 sept. 1963) un « plan de stabilisation » d'une orthodoxie rigoureuse. La hausse des prix fut enrayée, mais le plan donna inévitablement un coup de frein à la production et provoqua un ralentissement de l'expansion.

C'est dans cette atmosphère lourde que s'ouvrit la campagne pour l'élection présidentielle de 1965. Après des années d'information officielle, elle permit à l'opposition de s'exprimer à la télévision, ce qui provoqua un véritable choc psychologique dans le pays. La candidature de Jean Lecanuet, représentant de l'opposition « européenne », contribua, au premier tour (5 déc. 1965), à mettre le général de Gaulle en ballottage (43,71 % des voix). Au second tour (19 déc.), toutes les voix de l'opposition, de l'extrême gauche à l'extrême droite, se reportèrent sur François Mitterrand qui se présentait comme le candidat de la gauche et qui recueillit 45,49 % des voix, de Gaulle étant élu avec 54,51 %.

Le second mandat du général de Gaulle (1965/69)

Sorti de cette passe dangereuse, de Gaulle, loin de consentir à des compromis, accéléra la mise en œuvre de sa politique comme s'il voulait créer des situations irréversibles. La campagne contre l'hégémonie du dollar, le discours de Phnom Penh (1er sept. 1966) contre l'intervention américaine au Viêt-nam, le retrait complet du commandement intégré de l'OTAN (1967), la proclamation retentissante en faveur de l'indépendance du Québec (juill. 1967, v. **Québec**), le nouveau veto mis à l'entrée de la Grande-Bretagne dans le Marché commun (1967), furent autant de signes de l'hostilité croissante du chef de l'État à l'égard du monde anglo-saxon. Simultanément, à partir de 1966, de Gaulle s'engagea dans une politique de détente avec l'URSS qui eut pour résultat d'accroître les difficultés entre le gouvernement français et ses partenaires de l'Europe des Six. La condamnation d'Israël et l'appui donné aux pays arabes après la guerre des Six Jours (1967) (v. **Israélo-arabes, guerres**) s'inscrivaient dans la ligne de solidarité avec le tiers monde que de Gaulle n'avait cessé de suivre depuis 1958. Mais ces options politiques se heurtaient à l'incompréhension d'un nombre croissant de Français.

Aux élections législatives de mars 1967, les gaullistes rassemblés sous l'étiquette de « Ve République », n'obtinrent que d'extrême justesse la majorité absolue à l'Assemblée nationale, alors que le parti communiste et la gauche non communiste rassemblée par Mitterrand dans la Fédération de la gauche démocratique et socialiste (FGDS) faisaient d'importants progrès. Après dix ans d'autorité et de stabilité gouvernementale, la France s'ennuyait, elle éprouvait un besoin de dialogue que la personnalisation croissante du pouvoir empêchait de s'exprimer dans les formes normales d'un régime parlementaire.

Dans le monde entier se développait un mouvement de contestation étudiante dont le régime gaulliste pouvait se croire préservé en raison de tous les encouragements qu'il donnait aux manifestations antiaméricaines. Dans aucun pays cependant, la révolte étudiante, commencée en mars 1968 à la faculté de Nanterre, ne devait prendre une ampleur aussi grande qu'en France et provoquer une crise aussi grave de l'État. Elle s'accompagna d'un mouvement social qui s'étendit rapidement, paralysant toute l'économie et qui, dès le 20 mai 1968, englobait près de 10 millions de grévistes. Un besoin de renouvellement, de liberté, de dialogue, de démocratie directe submergeait un État qui s'était cru hors d'atteinte et qui, en quelques jours, parut se désagréger (v. **Mai 1968, crise de**).

Le régime fut sauvé par l'incapacité des chefs politiques de l'opposition à prendre la conduite d'un mouvement qui avait été spontané à son origine. Le Premier ministre, Georges Pompidou, accepta le 27 mai les accords de Grenelle ; en faisant droit aux revendications matérielles des syndicats, elles consommaient l'isolement des étudiants. Le 29 mai, de Gaulle quitta brusquement l'Élysée et rencontra en secret les chefs militaires français en Allemagne. Le 30, à son retour à Paris, il annonça, dans une déclaration brève et énergique, qu'il avait décidé de rester au pouvoir et de procéder à de nouvelles élections législatives après la dissolution immédiate de l'Assemblée nationale. Aux élections des 23 et 30 juin 1968, les gaullistes enlevèrent 358 des 485 sièges de la nouvelle Assemblée, l'UDR (ex-UNR) s'assurant à elle seule la majorité absolue.

Grand artisan de ce triomphe électoral, Georges Pompidou fut presque aussitôt écarté par le chef de l'État qui nomma au poste de Premier ministre l'ancien ministre des Affaires étrangères, Couve de Murville. En annonçant au début de 1969 un prochain référendum portant non seulement sur la régionalisation, mais sur une réforme du Sénat, il dressa contre lui, outre ses opposants de toujours, tout ce qu'un vieux pays comporte de « notables ». Pour la première fois depuis 1958, le pays, consulté le 27 avr. 1969, répondit « non » par 53,17 % des suffrages exprimés. Le général de Gaulle, qui avait prévenu les Français qu'il lierait son sort aux résultats du référendum, fit savoir aussitôt qu'il cessait ses fonctions (27 avr.). Il se retira à Colombey-les-Deux-Églises et ne se livra plus à aucune intervention politique jusqu'à sa mort (9 nov. 1970).

La présidence de Georges Pompidou (juin 1969/mars 1974)

En juin 1969, Pompidou fut élu président, avec 58 % des suffrages exprimés (mais 37 % seulement des inscrits, du fait de l'abstention communiste). La Ve République continuait ainsi sans de Gaulle, ses institutions étaient sauvegardées, le personnel gouvernemental restait inchangé, en dépit du ralliement d'une partie des centristes (R. Pleven, J. Duhamel) à la nouvelle majorité présidentielle.

Alors que le général de Gaulle avait donné la primauté absolue à la politique étrangère, Pompidou pité des Français par une industrialisation intensive du pays. Le gouvernement de Chaban-Delmas (juin 1969/juill. 1972) inaugura une politique sociale ambitieuse et, en sept. 1969, réunissait une très large majorité sur son programme d'une « nouvelle société », moins étatique.

Les grandes options de la politique étrangère gaullienne ne furent pas modifiées fondamentalement, mais Pompidou adopta une attitude plus souple que son prédécesseur, en particulier dans les affaires européennes ; il admit l'entrée du Royaume-Uni dans le Marché commun, resserra les liens monétaires de la France et des Six en acceptant de faire entrer la France dans le « serpent monétaire » (système d'atténuation de la variation des taux de change). Les relations se détendirent avec les États-Unis.

La prééminence du président de la République sur le Premier ministre, quoique affirmée avec moins d'ostentation qu'au temps du général de Gaulle, ne fut nullement remise en cause. Elle tendit plutôt à s'accentuer : Chaban-Delmas, ayant engagé la responsabilité de son gouvernement devant l'Assemblée nationale malgré le désaccord du président de la République (17 mai 1972), fut brusquement remplacé par Pierre Messmer (5 juill. 1972).

Depuis 1969, la croissance de l'économie française avait dépassé 5,8 % en moyenne par an, ce qui plaçait la France au premier rang de tous les pays occidentaux. Dans la même période, le revenu national par tête des Français, qui était, en 1961, inférieur de 10 % à celui des Anglais, le dépassait de 25 % en 1972. Mais la rapidité de la mutation industrielle entraînait des bouleversements sociaux. La concentration démographique vers les villes s'accélérait. Le nombre des étudiants avait décuplé depuis 1950, mais on enregistrait déjà un chômage des jeunes important pour l'époque. Les inégalités de salaires restaient les plus fortes de l'Europe occidentale. L'opposition de gauche, après sa défaite de 1968, s'était ressaisie avec la création du nouveau parti socialiste (congrès d'Issy-les-Moulineaux, 13 juill. 1969), l'arrivée de François Mitterrand à sa tête (congrès d'Épinay, 11/13 juin 1971), enfin avec les négociations entre socialistes et communistes qui aboutissaient, le 27 juin 1972, à la signature d'un programme commun de gouvernement de la gauche, lequel se proposait comme objectif ultime le renversement par étapes du régime capitaliste.

La majorité, mise en difficulté au premier tour des élections législatives (4 mars 1973), était reconduite au second tour (11 mars), mais avec une perte importante de sièges (276 au lieu de 372). L'Union de la gauche améliorait fortement ses positions et le parti socialiste égalait le parti communiste. Dans le même temps, la hausse considérable du prix du pétrole donnait rapidement un coup de frein à l'expansion de plusieurs branches industrielles (automobile, aéronautique, textile), compromettant dangereusement la balance commerciale et accélérant à la fois le chômage et l'inflation. Fidèle à sa politique de croissance et de plein-emploi, Pompidou refusa aussi longtemps qu'il put de sacrifier l'expansion à la lutte contre l'inflation ; celle-ci atteignait un taux annuel de 13 % durant les trois premiers mois de 1974, et Paris, qui s'était fait longtemps le champion des parités fixes, devait quitter le « serpent monétaire » européen et décider le flottement du franc en janv. 1974. La mort de Georges Pompidou provoqua une brutale surprise (2 avr. 1974).

La présidence de Valéry Giscard d'Estaing

Valéry Giscard d'Estaing fut élu de justesse, le 19 mai 1974, avec 50,70 % des voix contre 49,30 % à François Mitterrand (l'écart entre les deux candidats n'atteignant pas 400 000 voix). Dans l'immédiat, cette élection eut pour résultats politiques une crise au sein de l'UDR (échec de Chaban-Delmas au premier tour ; dissensions entre J. Chirac et les « barons » gaullistes) et l'intégration des anciens centristes d'opposition (Lecanuet, Durafour, J.-J. Servan-Schreiber) dans la nouvelle majorité présidentielle.

Jacques Chirac, qui avait travaillé activement au succès électoral de Giscard d'Estaing, fut nommé Premier ministre (30 mai 1974). Face à la crise économique, le gouvernement, avec J.-P. Fourcade comme ministre des Finances et de l'Économie, décida d'un assouplissement du crédit qui relança la consommation et provoqua une nouvelle poussée inflationniste. J. Chirac, sceptique sur la possibilité de diviser l'opposition, souhaitait que la majorité adoptât une attitude résolument combative à l'égard de la gauche et, en juin 1976, il proposa au chef de l'État de lutter énergiquement contre l'inflation par une série d'ordonnances, suivies d'une dissolution de l'Assemblée nationale et d'élections anticipées. Sur le refus de ce dernier, il donna sa démission dès le 12 juill. et la rendit publique le 26 août 1976. Pour la première fois depuis le début de la Ve République, un conflit éclatait au grand jour entre le président de la République et le Premier ministre. Giscard d'Estaing remplaça Chirac par un professeur d'économie politique, Raymond Barre. La crise de l'été 1976 se traduisait par une présidentialisation accrue du régime et par un déplacement du centre de gravité de la majorité : les gaullistes perdaient la direction du gouvernement, qu'ils avaient détenue sans interruption depuis dix-huit ans.

Le risque d'une fissure dans la majorité se précisa lorsque J. Chirac substitua à l'UDR une nouvelle formation : le Rassemblement pour la République (RPR), tandis que les formations giscardiennes se regroupaient au sein de l'Union pour la démocratie française (UDF). Aux élections législatives de 1978, la majorité de droite remporta 290 sièges sur 491, l'Union de la gauche s'étant défaite. Les élections européennes, marquées par un recul du RPR au profit de l'UDF, confirmèrent cette tendance. Au premier tour de la présidentielle de 1981, V. Giscard d'Estaing dut affronter non seulement les candidats de gauche, mais Jacques Chirac, qui remporta 17,99 % des voix. Au second tour, il ne put mobiliser pleinement à son profit l'électorat de la classe moyenne tandis que la gauche tirait bénéfice de son union.

Les présidences de François Mitterrand

F. Mitterrand fut élu Président le 10 mai 1981 en obtenant 51,75 % des suffrages. Après une dissolution de l'Assemblée, les élections législatives des 14 et 21 juin 1981 révélèrent une forte baisse du parti communiste (44 sièges au lieu de 86) et le recul des deux formations de droite, RPR 88 sièges au lieu de 155, UDF 63 au lieu de 119, tandis que le parti socialiste triomphait, avec une large majorité absolue (285 sièges au lieu de 117). Après la conclusion d'un accord politique de gouvernement entre le PS et le PC, Pierre Mauroy composa un gouvernement auquel participèrent quatre communistes. Le gouvernement de Pierre Mauroy mit en place le programme de la gauche : loi sur la régionalisation devant aboutir à confier une bonne partie du pouvoir exécutif aux présidents des assemblées départementales et régionales, abolition de la peine de mort, nationalisations de douze grands groupes industriels et nationalisation quasi complète du secteur bancaire.

Ces mesures, qui avaient été développées dans le programme commun adopté le 22 juin 1972 par le parti socialiste et le parti communiste, intervenaient cependant dans un contexte économique très défavorable. La nationalisation du secteur bancaire ne suffit ni à rénover le tissu industriel français ni à assurer la stabilité du franc. Les emprunts nationaux se multiplièrent. Le franc fut dévalué trois fois en dix-huit mois. Par ailleurs, le premier statut régional voté, celui de la Corse, ne réussit pas mieux que les précédentes formules à apaiser l'île et à accélérer son développement.

Le nouveau gouvernement de Pierre Mauroy, formé le 22 mars 1983, ne pouvait éviter de se mettre au diapason d'une conjoncture internationale vouée, depuis 1981, à la rigueur. Le mal dont souffrait la France était antérieur à 1981, mais il s'était aggravé depuis. De plus, l'économie française souffrait de maladies industrielles spécifiques qu'il convenait de traiter. C'est à cette tâche que s'attelèrent Jacques Delors, ministre de l'Économie et Laurent Fabius, ministre de l'Industrie. Cette œuvre de sauvetage fut entreprise dans un contexte politique perturbé, non seulement à droite, mais aussi à gauche, le parti communiste n'acceptant pas le prix social des conversions industrielles. L'opposition remporta nettement les élections municipales de mars 1983, triomphant notamment à Paris et dans la région parisienne.

Au moins la rigueur mise en œuvre par Jacques Delors obtenait-elle quelque résultat. Le blocage des prix de 1982 et les mesures déflationnistes de 1983 limitèrent la hausse des prix. Malgré une baisse du niveau de vie, le monde ouvrier et, dans son ensemble, le monde des salariés continuèrent à soutenir tacitement la politique gouvernementale. Contribuèrent à cette stabilité, la semaine de 39 heures, la retraite à 60 ans, la cinquième semaine de congés payés et l'extension des droits des salariés dans les entreprises. Quoique la fiscalité se fût accrue, les porteurs d'actions pouvaient, de leur côté, se satisfaire de la hausse de la Bourse, qui atteignait 56 % en 1983.

En politique extérieure, F. Mitterrand se montra fidèle aux impératifs de la sécurité européenne, non seulement dans la guerre des Malouines, mais aussi lorsqu'il fallut approuver le nouveau dispositif des euromissiles de l'OTAN, ce qui contribua à révéler la faiblesse du courant pacifiste en France. Dans le nouveau climat de guerre froide, déclenché dès 1979 par l'intervention soviétique en Afghanistan, puis par la mise au pas de la Pologne, la France s'efforça de garder sa « force tranquille ». Ferme en ce qui concerne l'approvisionnement de l'Occident en gaz sibérien, le gouvernement français partagea les responsabilités des États-Unis au Liban et assura seul la stabilisation de la situation militaire et politique au Tchad. Il aida par ailleurs l'Irak dans sa guerre contre l'Iran.

La baisse de popularité de la gauche se confirma avec les diverses élections, municipales partielles, cantonales (mars 1982), européennes (juin 1984). Aussi F. Mitterrand procéda-t-il, en juill. 1984, à un profond remaniement ministériel. Laurent Fabius fut nommé Premier ministre et Pierre Bérégovoy placé aux Finances, en remplacement de J. Delors. Le parti communiste dont le soutien s'était fait de plus en plus critique, refusa de cautionner cette nouvelle orientation qui visait à attirer les voix du centre. Aucun ministre communiste ne participa à la nouvelle équipe ministérielle et le PC manifesta même une nette opposition au gouvernement Fabius.

Malgré une amélioration des principaux indicateurs économiques, l'opposition de droite, en dépit du rétablissement d'un scrutin proportionnel qu'elle s'empressera d'abolir, emporta les législatives de 1986. Pour la première fois depuis le début de la Vᵉ République, trente-cinq députés d'extrême droite (Front national), à la faveur du nouveau mode de scrutin, entraient dans l'hémicycle.

F. Mitterrand inaugura la « cohabitation » entre un président de la République élu par la gauche et un Premier ministre de droite, Jacques Chirac, qu'il appela à former le gouvernement en tant que chef du premier parti de la nouvelle majorité législative. Le gouvernement Chirac entreprit d'appliquer les thèses libérales de son programme et de privatiser là où la gauche avait nationalisé. Le nombre d'actionnaires passa, en France, de un à 6 millions. Mais alors que la Bourse de Paris battait, depuis la législature précédente, des records historiques, le krach boursier d'oct. 1987 vint interrompre les opérations de privatisation.

À l'échéance présidentielle de 1988, la droite se divisa de nouveau et sa politique (en particulier celle concernant l'enseignement avec le projet Devaquet en 1986) lui fit perdre les élections. F. Mitterrand, l'emporta une nouvelle fois (54 % des suffrages). Il parachevait ainsi une victoire sur certains « archaïsmes » de droite (un gaullisme sans de Gaulle) comme de gauche (marginalisation du parti communiste) et pouvait envisager le recentrage de la société française. La dissolution de l'Assemblée, aussitôt décrétée, ne permit pas au parti socialiste, malgré le rétablissement du scrutin majoritaire, de retrouver une majorité absolue (le Front national, lui, ne conservait qu'un député) et l'ouverture vers les centristes fut peu fructueuse (quatre d'entre eux seulement entrèrent au gouvernement).

Le premier acte de Michel Rocard, nouveau Premier ministre, fut de désamorcer une situation explosive en Nouvelle-Calédonie. Mais l'année 1988 s'acheva dans un climat social tendu. Les élections cantonales, municipales et européennes qui se déroulèrent entre oct. 1988 et juin 1989 furent surtout marquées par les progrès des écologistes et du Front national. Le gouvernement Rocard ne réussit pas à appliquer l'ensemble de ses projets de réforme. Il réussit cependant à mettre en place, à l'automne 1990, la Contribution sociale généralisée (CSG), destinée à financer les graves déficits des comptes sociaux. Le gouvernement instaura également le Revenu minimum d'insertion (RMI), prestation minimale permettant à des exclus de plus en plus nombreux de survivre.

À l'étranger, l'engagement de la France aux côtés des alliés dans la seconde guerre du Golfe fut d'abord l'œuvre du président de la République. Ce choix entraîna la démission du ministre de la Défense, Jean-Pierre Chevènement, opposé à une opération contre l'Irak. En mai 1991, les conflits internes au parti socialiste qui avaient éclaté au grand jour lors du congrès de Rennes en mars 1990, et l'alourdissement du contentieux personnel entre F. Mitterrand et M. Rocard, amenèrent ce dernier à démissionner. Édith Cresson le remplaça, première femme chef d'un gouvernement français. Fidèle de longue date de F. Mitterrand, elle fit d'emblée du secteur industriel et de l'exportation sa priorité. À partir de l'automne 1991, les « affaires » touchant le PS s'accumulèrent : fausses factures, délits d'initiés, affaire dite du « sang contaminé ». La déroute de la gauche aux élections régionales et cantonales de mars 1992 fut le détonateur de la chute du gouvernement Cresson.

En avr. 1992, Pierre Bérégovoy, à un an seulement des législatives, accéda au poste de Premier ministre dans un environnement difficile. C'est dans ce contexte qu'intervint, en sept. 1992, le référendum portant sur la ratification du traité de Maastricht. Cette consultation divisa profondément l'opinion ainsi que la plupart des familles politiques, à un point tel que ce clivage parut, à l'époque, plus important que le traditionnel affrontement droite/gauche. Le oui l'emporta finalement avec 51 % voix. Parallèlement, les affaires politico-financières achevèrent de discréditer le PS et atteignirent P. Bérégovoy lui-même.

Les élections législatives de mars 1993 apportèrent un triomphe inégalé à la droite, qui emporta 485 sièges sur 577, tandis que le PS perdait les 4/5 de ses sièges. La nomination d'Édouard Balladur au poste de Premier ministre marqua le début de la deuxième cohabitation. Mais si l'image rassurante et consensuelle du Premier ministre lui valut une forte popularité, elle trouvait aussi son pendant négatif dans l'attitude très prudente de son gouvernement face aux situations de crise : plusieurs projets gouvernementaux furent ainsi précipitamment retirés pour cause de fronde sociale, comme le Contrat d'insertion professionnelle (CIP), destiné à l'emploi des jeunes. S'attachant surtout à juguler l'immigration (lois Pasqua de 1993), le gouvernement se révéla incapable de résorber la fracture sociale d'une France marquée, par-delà les 3 millions de chômeurs, par l'existence d'« exclus », estimés à 5 millions.

Les présidences de Jacques Chirac

La campagne électorale pour l'élection présidentielle de mai 1995 mit au jour les dissensions de la droite. E. Balladur, qui avait accédé au poste de Premier ministre afin de permettre à Jacques Chirac de préparer sereinement l'échéance, sans subir, comme en 1988, les effets négatifs d'une cohabitation, décida, au vu des sondages qui lui accordaient une forte popularité, de se porter à son tour candidat. À gauche, Lionel Jospin, malgré une campagne habilement menée, ne parvint pas à répondre pleinement aux espérances qu'avait suscitées, au sein de l'électorat de gauche, l'éventualité de la candidature de J. Delors. J. Chirac l'emporta avec 52,7 % des suffrages. Il nomma Premier ministre le ministre des Affaires étrangères du gouvernement Balladur, Alain Juppé.

Alors qu'il avait été élu sur un programme électoral à contenu essentiellement social, J. Chirac s'attela d'abord aux questions internationales en adoptant une attitude forte et nouvelle sur la guerre dans l'ex-Yougoslavie. En France même, le nouveau gouvernement rencontra dès l'été 1995 une assez forte opposition, tant à propos de la reprise des essais nucléaires, décidée par le président de la République, que de l'ensemble de ses orientations économiques. A. Juppé, déstabilisé par une campagne de presse, fut taxé d'immobilisme et sa cote de popularité chuta à moins d'un quart d'opinions favorables dès l'automne 1995. À la tête d'un nouveau gouvernement resserré et comptant une plus forte proportion de politiciens chevronnés, il s'attaqua à une réforme en profondeur de la Sécurité sociale et de la fiscalité. Affichant des objectifs de rigueur budgétaire assez éloignés du discours social du candidat Chirac, il se heurta à une forte contestation sociale. Dès nov. 1995, des grèves et des manifestations du secteur public des transports ou de l'éducation paralysèrent le pays. Le gouvernement obtint l'arrêt des grèves en garantissant aux fonctionnaires le maintien des avantages liés à leur statut. La réforme de l'assurance maladie fut engagée à un rythme plus lent que prévu, seul un nouvel impôt, le Remboursement de la dette sociale (RDS), étant immédiatement appliqué. Malgré diverses incitations fiscales à la consommation (en faveur du logement, de l'automobile ou de l'utilisation de l'épargne), la croissance tardait à démarrer.

Alors que le décès de François Mitterrand, le 8 janv. 1996, semblait marquer la fin d'une époque, le président Chirac annonça pour 2001 la suppression du service militaire et la professionnalisation de l'armée, tandis que la France réintégrait le comité militaire de l'OTAN.

Tout au long de l'année 1996, la question de l'immigration fut au centre de diverses polémiques ; l'expulsion « musclée » des sans-papiers qui avaient occupé l'église parisienne Saint-Bernard et le projet de loi sur le séjour des étrangers déposé par le ministre de l'Intérieur Jean-Louis Debré suscitèrent de vives réactions dans la société civile, mais l'essentiel du texte fut finalement adopté en mars 1997.

En butte à l'impopularité persistante de son Premier ministre Alain Juppé, au moment où certains sondages paraissaient favorables à la majorité, J. Chirac décida, en avr. 1997, de dissoudre l'Assemblée nationale. Le 25 mai et le 1er juin, les électeurs accordèrent une large majorité à la gauche, faisant entrer à l'Assemblée des écologistes, alliés aux socialistes. Malgré son maintien au second tour dans de nombreuses circonscriptions, le Front national n'obtint qu'un siège. Inaugurant une troisième période de cohabitation, le 2 juin, J. Chirac nomma Premier ministre le premier secrétaire du PS, Lionel Jospin. Ce dernier composa un gouvernement dominé par le PS mais comprenant aussi des ministres communistes et radicaux-socialistes, ainsi que Dominique Voynet, chef de file des Verts. La défaite de la droite aggrava les dissensions qui la minaient déjà.

La « majorité plurielle » ou « gauche plurielle », telle qu'elle se baptisa alors, entrée à l'Assemblée à la suite de la dissolution, en s'appuyant sur une croissance économique plus nette, lança un ambitieux programme de réformes. Pour lutter contre le chômage de la jeunesse, elle créa des centaines de milliers « d'emplois-jeunes », financés à 80 % par l'État, sur la base d'un contrat de cinq ans, sans qu'on sût bien ce que deviendraient ces jeunes embauchés par la suite. Elle instaura également une réduction de la durée légale de la semaine de travail, qui passa de 39 à 35 heures. La mise en place de cette mesure entraîna des négociations dans toutes les branches, ainsi qu'une remise en cause des conventions collectives. Par ailleurs, la loi sur le Pacte civil de solidarité (PACS), qui créait un cadre légal et déclaratif pour le concubinage hétérosexuel et homosexuel, malgré une forte opposition, contribua à donner une image de réformateur de la société au gouvernement. La réforme constitutionnelle de mars 1999, instaurant la parité hommes/femmes pour la candidature aux mandats électoraux, puis l'instauration de la Couverture maladie universelle (CMU), même si son application se révéla difficile, confirmèrent cette tendance.

La croissance permit une nette décrue du chômage, dans un climat économique dominé par un nombre croissant de fusions, d'OPE ou d'OPA dans les secteurs du pétrole, de la communication, de la banque ou de la distribution. La prééminence de l'économie, sa « mondialisation », rencontrèrent en France, comme ailleurs, des opposants d'un nouveau type, souvent minoritaires dans leur domaine, mais sachant occuper habilement le terrain médiatique, comme José Bové, militant de la Confédération paysanne, animateur des manifestations contre l'OMC (Organisation mondiale du commerce) à Seattle, fin 1999.

La politique de l'immigration du ministre de l'Intérieur, J.-P Chevènement, resta quant à elle centrée sur la répression. Ses divergences de vue avec le Premier ministre dans le traitement de la question corse provoquèrent par ailleurs la première crise importante au sein de la majorité plurielle. Le climat de violence qui régnait en Corse et qui fit de nombreuses victimes dans les courants nationalistes, culmina en févr. 1998 avec le scandale provoqué par l'assassinat du préfet Érignac. Le plan pour la Corse, proposé par le Premier ministre à l'été 2000, bien reçu dans l'île, provoqua la démission de J.-P. Chevènement qui lui reprochait de prévoir une délégation de certains pouvoirs législatifs à l'Assemblée corse.

La politique internationale du premier gouvernement Jospin fut dominée par la crise du Kosovo et par la participation de la France, après l'échec des négociations de Rambouillet, aux bombardements de l'OTAN contre la Serbie en 1999.

L'année 2000 fut marquée par un tournant dans la cohabitation, l'échéance présidentielle de 2002 s'imposant comme axe de la vie politique. Constitué en mars 2000, le deuxième gouvernement Jospin, destiné à préparer l'échéance électorale, maintenait en place la « majorité plurielle », tout en ramenant des socialistes de la période mitterrandienne dans plusieurs ministères clés. Il confia le ministère de l'Éducation à Jack Lang et celui de l'Économie à Laurent Fabius qui orchestra notamment la campagne préalable à l'entrée de l'euro en France le 1er janvier 2001. En sept. 2000, un référendum sur la réduction de la durée du mandat présidentiel à cinq ans, dont le but était d'éviter de trop fréquentes cohabitations et auquel J. Chirac s'était tardivement rallié, ne sut pas mobiliser les électeurs : cette modification de la Constitution fut adoptée avec un taux de participation extrêmement bas (30,1 %). Enfin, les scandales politiques liés au financement du RPR et à la gestion de la municipalité parisienne pendant le mandat de J. Chirac éclaboussèrent le président de la République, aggravant encore les difficultés de la droite française, tout en servant les projets électoraux de L. Jospin dont la popularité s'essoufflait depuis plusieurs mois.

Cependant, lors de l'élection présidentielle de 2002, le nombre des candidats de la gauche au premier tour affaiblit Lionel Jospin qui fut éliminé au profit de J.-M. Le Pen. Au deuxième tour, Jacques Chirac fut réélu à une très forte majorité, les voix de la gauche s'étant reportées sur son nom pour éviter l'élection du candidat du Front national. Entre les deux tours de cette élection, les partis de droite et du centre droit (UDF, RPR, Démocratie libérale ou DL) annoncèrent la création d'un grand parti d'Union pour la majorité présidentielle (l'UMP) qui se transforma en Union pour un mouvement populaire, après l'élection de Jacques Chirac.

Les débuts du quinquennat furent caractérisés, sur le plan extérieur, par l'opposition de la France à une nouvelle guerre américaine en Irak. Cette opposition affecta durablement les relations entre Paris et Washington, tandis que la France et l'Allemagne resserraient leurs liens en vue d'une coordination étroite de leurs politiques étrangères.

FRANCE (campagne de, janv./mars 1814). Voir **COALITION (guerres de, sixième coalition)**.

FRANCE (campagne de, 1940). Nom donné aux opérations militaires qui, du 10 mai au 25 juin 1940, aboutirent à la conquête par la Wehrmacht de la plus grande partie du territoire français. Cette campagne, qui succédait à huit mois de quasi-immobilisme (la « drôle de guerre »), opposait au départ des forces sensiblement équivalentes : 134 divisions alliées (dont 94 françaises) contre 115 allemandes, 2 000 chars alliés contre 2 500 chars allemands (mais les chars français de fabrication récente étaient supérieurs aux engins ennemis) ; cependant, l'Allemagne disposait d'une sensible supériorité aérienne, la Luftwaffe alignant plus de 2 500 appareils contre 1 800 avions alliés.

La supériorité de l'Allemagne n'était pas numérique mais résidait dans le moral des combattants, des officiers en particulier, dans une conception révolutionnaire de l'emploi des blindés et de l'aviation en vue d'une guerre de mouvement, enfin et surtout, dans l'audace du plan stratégique mis au point par le général von Manstein et par Hitler lui-même, en dépit de l'opposition d'une grande partie de l'état-major allemand.

Dans la nuit du 9 au 10 mai 1940, la Wehrmacht lança son attaque contre les Pays-Bas et la Belgique. Le commandement français déclencha aussitôt l'« opération Dyle », mais toutes les prévisions sur les capacités de résistance des fortifications belges furent bouleversées par l'action des parachutistes allemands qui, dès le 11 mai, s'emparèrent du fort d'Eben-Emael, le plus puissant des ouvrages de Liège, et se rendirent maîtres des défenses du canal Albert. La VIIe armée française (Giraud) dut, par conséquent, renoncer à tout espoir de faire sa jonction avec l'armée néerlandaise ; au soir du 12 mai, elle fut repliée sur l'Escaut. Le 15 mai, les Pays-Bas étaient hors de combat. Cependant, la phase essentielle du plan Manstein se développait au sud. La masse principale des blindés allemands – sept divisions sur dix, réparties en trois groupes : Hoth (avec Rommel), Reinhardt, Guderian – traversait, sans être repérée, la forêt des Ardennes, atteignit la Meuse à Dinant dès le soir du 12 mai et, le 13, franchit la Meuse à Dinant, Monthermé et Sedan. L'action des stukas déclencha la panique dans la IXe armée française, disloquée en trois jours (13/16 mai), tandis que la IIe armée (Huntzinger) était repliée vers l'est, le haut commandement français croyant que les Allemands s'apprêtaient à prendre à revers la ligne Maginot. C'est au contraire vers le sud-ouest, en direction de la Somme et de la Manche, que les trois groupes blindés allemands qui avaient franchi la Meuse exploitèrent leur percée ; résistant à des contre-attaques sporadiques (comme celle du colonel de Gaulle à Montcornet), ils atteignaient Abbeville le 20 mai, s'emparaient d'Arras (23 mai), de Boulogne (24 mai) et de Calais (25 mai).

Les armées franco-britanniques du Nord se trouvaient ainsi encerclées. Dès le 24, le corps expéditionnaire britannique prit le parti de se retirer sans délai sur Dunkerque, acculant au désastre la majeure partie des forces françaises et l'armée belge (laquelle dut capituler le 28 mai). Peut-être parce qu'il craignait une contre-offensive française sur la Somme, Hitler, le 29 mai, arrêta ses blindés dans leur élan vers Dunkerque. En surestimant ainsi les capacités de son adversaire, le Führer sauva de l'anéantissement les armées franco-britanniques de Belgique ; plus de 300 000 hommes purent être évacués par Dunkerque.

Nommé généralissime à la place de Gamelin, le 19 mai, Weygand avait réussi à mettre en place un front français continu sur la Somme et sur l'Aisne. Mais la France ne disposait plus que de 50 divisions, alors que la Wehrmacht en alignait plus de 100, dont 10 blindées. La bataille de la Somme fut engagée le 5 juin par le groupe d'armées B (von Bock). À la différence de ce qui s'était passé sur la Meuse, la résistance française fut, cette fois, acharnée, mais l'infériorité numérique était écrasante : le 9 juin, le groupe blindé Hoth, avec Rommel, atteignait la Seine à Rouen et à Vernon. Le même jour, le groupe d'armées A (von Rundstedt) attaquait sur l'Aisne ; après quarante-huit heures de combats, Weygand dut ordonner le repli général des armées françaises et il annonça au Conseil des ministres réuni à Cangé qu'il n'y avait plus désormais d'autre issue que la cessation des hostilités (12 juin). Depuis le 10, l'Italie était en guerre contre la France. Les Allemands entrèrent à Paris (14 juin) ; trois jours plus tard, ils atteignaient Belfort, encerclant les troupes de la ligne Maginot qui capitulèrent le 22 ; Lyon et Brest étaient occupées le 20. Le 17 juin, le maréchal Pétain avait dû demander l'armistice qui fut signé avec les Allemands, à Rethondes (v.), le 22 juin, avec les Italiens le 24 juin. Les combats cessèrent le 25 juin, à 1 h 35.

FRANCE LIBRE. Nom donné à l'organisation de résistance extérieure constituée à Londres par le général de Gaulle après son appel du 18 juin 1940. Voir **JUIN 1940 (appel du 18)** et **RÉSISTANCE.**

FRANCFORT (parlement de, 1848/49). Assemblée nationale (*Nationalversammlung*) germanique réunie à la suite des mouvements révolutionnaires de 1848 pour donner une Constitution à une Allemagne unifiée. Voir **ALLEMAGNE. DE LA CRISE DE 1848 À L'UNITÉ ALLEMANDE (1848/71).**

FRANCFORT (traité de, 10 mai 1871). Confirmant les préliminaires signés à Versailles entre Bismarck et Thiers le 26 févr. 1871, il mit fin à la guerre franco-allemande de 1870/71. La France cédait à l'Allemagne l'Alsace (moins l'arrondissement de Belfort) et le nord-est de la Lorraine, y compris Thionville et Metz, à l'exclusion du bassin de Briey dont Bismarck ignorait encore la valeur. Elle devait en outre payer au vainqueur une indemnité de 5 milliards de francs-or, ce paiement étant garanti par l'occupation de vingt et un départements français. Grâce au succès des emprunts, Thiers put faire le dernier versement dès sept. 1873 et obtenir ainsi la libération du territoire six mois avant la date fixée par le traité.

FRANCHE-COMTÉ. Ancienne province de France, qui se divisait en quatre grands bailliages (Besançon, Dole, Amont, Aval) et avait pour capitale *Besançon.* Habitée à l'époque gauloise par les Séquanes, comprise à l'époque romaine dans la province de Germanie supérieure, elle fit partie du royaume des Burgondes, de l'empire de Charlemagne, du royaume de Lothaire, des royaumes de Bourgogne et, en 1038, passa à l'Empire germanique. Érigée en comté dès 951, elle prit ensuite le titre de comté palatin de Bourgogne (1169). À la suite de divers mariages, elle passa à Frédéric Ier Barberousse (1156), puis aux maisons d'Andechs-Meran (1208) et de Chalon (1248). Le terme de Franche-Comté n'apparut qu'au XIVe s. Réunie un instant à la couronne de France par le mariage de Jeanne de Bourgogne, héritière de ce comté, avec le futur roi Philippe le Long (1315), elle échut par un nouveau mariage à Eudes IV, duc de Bourgogne (1330), puis à Marguerite de Flandre (1361). À la suite du mariage de la petite-fille de celle-ci avec Philippe le Hardi, duc de Bourgogne, fut reconstituée, en 1384, l'unité entre la Bourgogne et la Franche-Comté. Mais elles furent séparées de nouveau en 1477, à la mort de Charles le Téméraire, le duché de Bourgogne ayant été réuni à la France comme fief masculin, tandis que la Franche-Comté, fief germanique et féminin, passait à la maison de Habsbourg par le mariage de Marie de Bourgogne, fille du Téméraire, avec Maximilien d'Autriche. En 1548, elle échut à la branche espagnole des Habsbourg et fut incorporée au cercle de Bourgogne. Plusieurs fois envahie par les Français sous le règne de Henri IV et durant la guerre de Trente Ans, elle fut réclamée par Louis XIV comme faisant partie de la dot de sa femme, Marie-Thérèse d'Autriche. Louis XIV s'en empara en 1668, mais dut la rendre la même année, à la paix d'Aix-la-Chapelle. Il devait la conquérir de nouveau en 1674, et s'en fit confirmer la possession par le traité de Nimègue (1678).

FRANCHET D'ESPEREY Louis Félix (* Mostaganem, Algérie, 25.V.1856, † château d'Amancet, Tarn, 8.VII.1942). Maréchal de France. Après avoir servi en Algérie, au Tonkin, en Chine (expédition contre les Boxers, 1900), au Maroc (1912/14), il fut en 1914 commandant du Ier corps d'armée à Lille. Le 3 sept. 1914, Joffre le désigna comme successeur de Lanrezac à la tête de la Ve armée et il prit une part importante à la victoire de la Marne. Commandant des groupes d'armées françaises de l'Est (1916) puis du Nord (1917), il prit en juin 1918 le commandement en chef des armées alliées d'Orient. Il lança l'offensive décisive qui, après avoir rompu le front bulgare (sept. 1918), aboutit à l'effondrement de l'Autriche-Hongrie dans les Balkans. Maréchal de France en 1921, il fut, comme inspecteur général des troupes d'Afrique du Nord (1923/31), le créateur de la nouvelle armée d'Afrique et contribua à l'installation de grandes lignes de communications à travers le Sahara.

FRANCIA José Gaspar Rodriguez (* Asunción, vers 1766, † Asunción, 20.IX.1840). Homme politique paraguayen. Il fut nommé secrétaire de la junte lors de la révolution qui chassa les Espagnols de Buenos Aires (1811). S'étant fait élire consul au Paraguay, il y instaura la dictature (1814), prit le titre d'*El Supremo*, gouverna par la terreur, mais donna au Paraguay une organisation politique et développa les manufactures et le commerce. Pour entretenir l'esprit nationaliste, il ferma complètement le pays aux étrangers.

FRANCISCAINS. Nom donné aux religieux de l'ordre des Frères mineurs (*Ordo fratrum minorum*), fondé en 1209 par st François d'Assise. Celui-ci groupa d'abord autour de lui, à la Portioncule, dans les environs d'Assise, onze frères laïcs qui vivaient sans avoir prononcé de vœux, sans autre autorité que celle, purement morale, de François. Celui-ci leur donna une première règle, très simple, fondée sur quelques maximes de l'Évangile qui mettaient l'accent sur l'humilité et sur la pauvreté la plus intransigeante. Cet idéal de vie fut reconnu, non sans quelques réserves, par le pape Innocent III, en 1210. Vers 1220, st François rédigea une deuxième règle, qui, jugée trop sévère, ne fut jamais appliquée. Cependant, l'Église s'inquiétait de la constitution d'un ordre purement laïc soumis à une discipline morale trop exigeante. Le fondateur se résigna alors à écrire une troisième règle qui fut approuvée, le 29 nov. 1223, par une bulle du pape Honorius III et prit le nom de *Regula bullata*. Malgré les conseils de prudence du Saint-Siège, François avait voulu rester intégralement fidèle à son idéal de pauvreté et à sa conception initiale d'un ordre de religieux restant laïcs par humilité.

Après la mort de st François, les franciscains furent transformés en un ordre de clercs (chapitre général de 1239) ; ils furent dotés de constitutions d'inspiration dominicaine, commencèrent à se consacrer à la prédication et à l'enseignement. Ces activités étant incompatibles avec la mendicité et le travail manuel, l'obligation de la pauvreté fut adoucie (bulle *Quo elongati* de 1230). Cette évolution amena une grave crise dans l'ordre, les spirituels prétendant rester intégralement fidèles à l'idéal du fondateur. Malgré les efforts de conciliation de st Bonaventure, maître général de 1257 à 1274, la controverse sur la pauvreté continua à diviser l'ordre et, au début du XIVe s., Jean XXII se prononça contre les spirituels ; beaucoup de ces derniers devinrent alors schismatiques sous le nom de fraticelles.

Ces dissensions n'empêchèrent pas les franciscains de se répandre rapidement à travers la chrétienté. Comme les dominicains, ils prêchèrent contre l'hérésie et ils donnèrent plusieurs des grands docteurs de la scolastique : Alexandre de Hales, st Bonaventure, Duns Scot, Guillaume d'Occam. À l'exemple de st François, ils travaillèrent à la conversion des musulmans : le franciscain Raymond Lulle peut être considéré comme le fondateur de l'étude des langues orientales. Les franciscains agirent directement sur les masses par la fondation de leur tiers ordre qui groupait dans la spiritualité franciscaine des laïcs restant engagés dans la vie du monde. En 1212, la fille spirituelle de François, ste Claire d'Assise, fonda le second ordre de Saint-François ou ordre des clarisses. Le XIVe s. vit une crise des franciscains ; aux « conventuels » qui cédaient à l'attrait des richesses et au relâchement moral, s'opposèrent les « observants » qui, peu à peu, obtinrent une organisation séparée (en France, en 1415). En 1517, la scission entre observants et conventuels fut définitive. De l'Observance franciscaine naquit bientôt l'ordre des Capucins, fondé en 1525 par Matteo di Bassi. Les capucins se séparèrent complètement des franciscains en 1619. Les diverses branches de la famille franciscaine furent réunies en 1897 par Léon XIII sous un seul ministre général, les Frères mineurs conventuels et les Frères mineurs capucins gardant cependant leur autonomie.

FRANC-MAÇONNERIE. Société secrète répandue dans une grande partie du monde. Se réclamant d'un idéal de liberté et de tolérance, elle se donne pour objet la recherche de la vérité et le perfectionnement de l'humanité. Ses membres sont groupés en « loges ». Les origines de la franc-maçonnerie sont mystérieuses et en partie légendaires. Des traditions diverses la font remonter à la construction du temple de Jérusalem par Salomon, aux mystères de l'Égypte et de la Grèce, aux sectes gnostiques des débuts de l'ère chrétienne, aux templiers, à l'ordre des Rose-Croix. Il semble à peu près certain qu'elle est issue des corporations de maçons du Moyen Âge, comme le rappellent les noms des trois premiers grades de la franc-maçonnerie (*apprenti, compagnon, maître*) et certains symboles maçonniques empruntés à l'art de bâtir : le tablier de peau, la truelle, l'équerre, le compas. Comme toutes les associations professionnelles, ces corporations comportaient des secrets de métier qu'elles transmettaient à leurs membres. Dans les lieux où ils travaillaient et formaient leurs élèves, les maçons fondaient des loges qui n'étaient pas seulement des ateliers, mais des lieux de repos où l'on échangeait des idées. Quand les corporations de maçons, en raison des transformations économiques et sociales, perdirent leur principale raison d'être, elles subsistèrent en admettant des membres honoraires, appelés en anglais *accepted masons*, par opposition aux maçons professionnels ou *operative masons*. C'est en Angleterre, dès le Moyen Âge, que les corporations de maçons prirent une particulière importance. C'est là, dès le début du XVIIe s., qu'apparurent les premiers « maçons » étrangers à la profession. Dès 1600, on trouvait inscrit à la loge d'Édimbourg un noble écossais, John Boswell, laird d'Auchinleck. Par une lente évolution, les corporations maçonniques se transformèrent ainsi en sociétés de pensée. On fait habituellement commencer la franc-maçonnerie moderne à la fondation, en juin 1717, de la Grande Loge de Londres, dont le premier grand maître fut Anthony Sayer, remplacé en 1719 par George Payne. La rédaction des *Constitutions of the Free-Masons* fut l'œuvre du révérend James Anderson, en 1723. Deux faits caractérisèrent la franc-maçonnerie anglaise : *a)* d'une part, l'influence exercée immédiatement par la haute aristocratie. En 1721, le duc de Montagu fut élu grand maître et, parmi les grands maîtres, on a compté jusqu'au XXe s. huit futurs souverains : George IV, Édouard VII, Édouard VIII et George VI d'Angleterre ; Oscar II et Gustave V de Suède ; Frédéric VIII et Christian X de Danemark ; *b)* d'autre part, la Grande Loge de Londres ne montra aucune hostilité à l'égard de la religion, bien au contraire. Les *Constitutions* d'Anderson faisaient obligation aux francs-maçons d'obéir à la loi morale et ajoutaient qu'un franc-maçon ne pouvait jamais être « un athée stupide ou un libertin irréligieux ». Toutefois, du fait des divisions religieuses de l'Angleterre à cette époque, la franc-maçonnerie anglaise fut ouverte à des hommes de toutes confessions, et les Juifs y furent admis vers 1723. La Grande Loge de Londres étendit peu à peu son influence sur toute l'Angleterre. La Grande Loge d'Irlande fut fondée en 1725, la Grande Loge d'Écosse en 1736, et, dès les années 1730, la franc-maçonnerie se répandait en Inde britannique, dans les Antilles et dans les colonies anglaises d'Amérique du Nord. Elle s'installa également sur le continent : à Madrid en 1728, puis en Allemagne en 1733 ou 1737 (loge de Hambourg), au Portugal (1735), aux Pays-Bas (1735), en Suisse (1740), au Danemark (1745), en Italie (1763), en Belgique (1765), en Russie (1771), en Suède (1773). C'est un aristocrate jacobite anglais, le comte de Derwentwater, qui introduisit la franc-maçonnerie à Paris vers 1725 et la Grande Loge de France fut fondée en 1732. Elle attira des aristocrates « éclairés » et eut parmi ses grands maîtres le duc d'Antin (1738/43), le comte de Clermont-Tonnerre (1743/71) et le duc de Chartres à partir de 1771. Dans les pays latins, où l'Église catholique bénéficiait d'une prééminence absolue, l'esprit de la franc-maçonnerie évolua rapidement vers l'anticléricalisme. Le simple fait d'admettre des hommes de confessions différentes, sur la base d'une simple morale déiste, devait d'ailleurs éveiller la méfiance de l'Église. Dès 1738, le pape Clément XII condamna la franc-maçonnerie par la bulle *In eminenti*. Cette condamnation devait être réitérée par Benoît XIV (bulle *Providas* de 1751), par Pie VII (1821), Léon XII (1825), Pie VIII (1829), Grégoire XVI (1832), Pie IX (1846, 1865 et 1869), Léon XIII (1884 et 1902), Pie XI et Pie XII en maintes circonstances. L'adhésion à la franc-maçonnerie entraînait même une excommunication *ipso facto*, prononcée par le souverain pontife lui-même. À la suite d'une scission intervenue dans la maçonnerie française, fut fondé en 1773 le Grand Orient de France qui afficha tout de suite des tendances nettement rationalistes et s'efforça de coordonner et d'appliquer les idées des philosophes.

La franc-maçonnerie a incontestablement contribué à préparer le terrain de la Révolution française. Elle a étendu son emprise sur toute la France. Cependant, son rôle a été exagéré, car à côté d'elle se développaient de nombreuses autres sociétés de pensée. La franc-maçonnerie française dut d'ailleurs suspendre ses activités pendant la Révolution, et le duc d'Orléans Philippe Égalité qui fut le premier grand maître du Grand Orient de France, périt sur l'échafaud. Sur l'initiative de Roeltiers de Montaleau, elle se reconstitua sous le Consulat. Napoléon Ier n'accepta pas pour lui la grande maîtrise, mais il la fit conférer à son frère Joseph Bonaparte. Cambacérès et Lacépède furent les principaux dignitaires du Grand Orient. Celui-ci, réuni à la Grande Loge de France en 1799, s'en sépara de nouveau en 1805.

Durant tout le XIXe s., la franc-maçonnerie joua un rôle politique occulte considérable en France. Le Grand Orient devint un des centres de la propagande rationaliste et, à partir du second Empire, républicaine. En 1877, à l'exemple du Grand Orient de Bruxelles, il rompit complètement avec les traditions religieuses de la franc-maçonnerie britannique. La franc-maçonnerie fut supprimée en Allemagne par Hitler qui lui reprochait d'être une société internationale où les Juifs exerçaient une grande influence. Elle fut également interdite en France par le gouvernement de Vichy de 1940 à 1944. La franc-maçonnerie se reconstitua dans toute l'Europe occidentale à la Libération, mais sans exercer à nouveau en France l'influence politique qui avait été la sienne sous la IIIe République.

FRANCO-ALLEMAND (traité, 22 janv. 1963). Traité de coopération et d'amitié conclu entre la France et la République fédérale d'Allemagne, et signé à Paris par le général de Gaulle et le chancelier Adenauer (traité de l'Élysée). Conçu par de Gaulle comme le pivot d'une Europe « européenne », indépendante des États-Unis, il fut assorti par le Bundestag (8 mai 1963) d'un préambule par lequel l'Allemagne fédérale rappelait son attachement à une étroite association entre l'Europe et les États-Unis et à la défense commune dans le cadre de l'Alliance atlantique et de l'intégration des forces des États membres. Ce traité prévoit des réunions périodiques entre les chefs d'État, les ministres des Affaires étrangères et les directeurs des principaux services. Les gouvernements allemand et français doivent se consulter avant toute décision importante dans le domaine de la politique étrangère. En ce qui concerne la défense, ils doivent s'efforcer d'aboutir à des conceptions communes sur le plan de la stratégie. Le 22 janv. 2003, Jacques Chirac et Gerhard Schroeder, au cours d'un Conseil des ministres commun, célébrèrent le 40e anniversaire du traité.

FRANCO-ALLEMANDE (guerre, 1870/71). Ce conflit eut pour origine lointaine le profond sentiment d'hostilité laissé en Allemagne, et surtout en Prusse, par l'occupation française au temps des guerres de Napoléon Ier.

Bismarck souhaitait une grande guerre nationale contre la France, afin de sceller l'unité des Allemands sur les champs de bataille. Cependant, la guerre n'aurait sans doute pas éclaté sans l'aveuglement et l'outrecuidance des dirigeants du second Empire (v. **Ems, dépêche d'**). Napoléon III, pressé par un entourage belliqueux, par l'impératrice, en particulier, se vit appuyé par une opinion française enflammée. Malgré l'opposition de Thiers, de J. Ferry et de la plupart des républicains, la guerre fut acceptée d'un « cœur léger », selon l'expression d'Émile Ollivier, par le Corps législatif (15/16 juill.) et fut déclarée par la France le 19 juill. 1870. L'optimisme du ministre de la Guerre, le général Lebœuf, qui avait déclaré : « L'armée prussienne n'existe pas », reçut aussitôt un terrible démenti.

Trois armées allemandes commandées par le Kronprinz de Prusse (futur empereur Frédéric III), par le prince Frédéric-Charles de Prusse et par Steinmetz, pénétrèrent en Alsace et en Lorraine par le Palatinat. Le 12 août, la bataille des frontières était perdue à la suite des défaites de Forbach (6 août) et de Froeschwiller (charge des cuirassiers de Reichshoffen, 6 août). Strasbourg, investie le 9 août, capitula le 28 sept. Nancy fut occupée le 14 août. Pendant que l'armée de Mac-Mahon se repliait sur le camp de Châlons, Bazaine livra aux Allemands les batailles de Borny (14 août), Rezonville (16 août), Gravelotte et Saint-Privat (18 août) et fut contraint de s'enfermer dans Metz avec 177 000 hommes. Au camp de Châlons, Mac-Mahon et Napoléon III reconstituèrent une armée de 130 000 hommes ; elle tenta de débloquer Metz, mais fut rejetée sur Sedan, où Napoléon III capitula, le 2 sept. Le 27 oct., Bazaine capitulait à son tour dans Metz assiégée.

Le nouveau gouvernement républicain (institué à Paris le 4 sept.) tenta désespérément de poursuivre la résistance avec des éléments improvisés. Assiégé depuis le 19 sept. 1870, Paris tint jusqu'au 28 janv. 1871. Pour dégager la capitale, Gambetta mit sur pied de nouvelles armées dans le sud et dans le nord. L'armée de la Loire, sous le commandement d'Aurelle de Paladines, remporta la victoire de Coulmiers (9 nov.), mais fut battue par le prince Frédéric-Charles à Beaune-la-Rolande (28 nov.) et à Orléans (3/4 déc. 1870). La perte d'Orléans fit abandonner l'espoir de sauver Paris. Dans le nord, Faidherbe, après avoir tenu tête pendant deux mois à Manteuffel et à Goeben, fut finalement vaincu à Saint-Quentin (19 janv. 1871). La IIe armée de la Loire (Chanzy) subit la défaite du Mans (11/12 janv.). L'armée de l'Est, commandée par Bourbaki, réussit à reprendre Dijon et marcha sur Belfort que défendait héroïquement Denfert-Rochereau ; mais elle fut à son tour vaincue par Werder sur la Lisaine (17 janv.) et dut se réfugier en Suisse (1er févr.). Le gouvernement de la Défense nationale signa l'armistice le 28 janv. 1871 ; les préliminaires de Versailles (26 févr.) furent confirmés par le traité de Francfort (19 mai 1871). La France perdait l'Alsace (moins Belfort), une partie de la Lorraine (avec Metz), se voyait imposer une indemnité de guerre s'élevant à 5 milliards de francs et l'occupation d'une partie du territoire national jusqu'au paiement de cette indemnité. La guerre franco-allemande de 1870/71 eut pour répercussion immédiate une guerre civile, la Commune.

FRANCO BAHAMONDE Francisco (* El Ferrol, auj. El Ferrol del Caudillo, Galice, 4.XII.1892, † Madrid, 20.XI.1975). Général et homme politique espagnol. Sa brillante conduite pendant la guerre du Rif (1921/26) lui valut d'être nommé général à trente-trois ans. Il participa à la répression de la révolte des mineurs des Asturies (1934) et fut nommé chef d'état-major de l'armée par Alcala Zamora (1935). Lors du soulèvement nationaliste de juill. 1936, il s'assura le contrôle du Maroc et prit le commandement des forces insurgées au sud de l'Espagne. Nommé généralissime (12 sept.) après la mort de Sanjurjo puis chef de l'État (29 sep. 1936), il dirigea les opérations qui menèrent les troupes nationalistes à la victoire en mars 1939. Soutenu militairement par l'Italie fasciste et l'Allemagne hitlérienne, il obtint, avant même la fin de la guerre civile, la reconnaissance diplomatique de la France et de la Grande-Bretagne puis des États-Unis. Ayant pris le titre de *caudillo* « guide », il jeta, dès 1937, les bases de l'État corporatiste, autoritaire et catholique qu'il devait diriger jusqu'à sa mort. Pendant la Seconde Guerre mondiale, il maintint l'Espagne hors du conflit, mais envoya des travailleurs coopérer en Allemagne et un contingent de volontaires (la division Azul) combattre sur le front russe. Très isolé cependant après l'effondrement des puissances fascistes, condamné par l'ONU (1946), il sut mobiliser en sa faveur la fierté nationale espagnole. La guerre froide lui donna l'occasion de se rapprocher d'abord des États-Unis et de faire bénéficier l'Espagne du plan Marshall, puis lentement des pays d'Europe occidentale. En 1955 il put faire admettre l'Espagne à l'ONU. Bien que la loi de succession (1947) eût défini l'Espagne comme un royaume et que le prince Juan Carlos eût été officiellement désigné pour devenir roi d'Espagne, Franco conserva le pouvoir comme une sorte de régence à vie. Tandis que l'Espagne entrait, en 1955, dans une phase d'essor économique, il maintint jusqu'au bout le régime qu'il avait instauré. Ses derniers mois furent marqués par une répression accrue contre ses opposants et contre les autonomistes basques. Voir **Espagne**.

FRANÇOIS

SAINTS

FRANÇOIS D'ASSISE saint, **Giovanni Francesco Bernardone** (* Assise, Ombrie, vers 1181/82, † la Portioncule, près d'Assise, 3.X.1226). Fondateur de l'ordre des Franciscains. Fils d'un riche marchand, il rompit avec sa famille en 1206. Il avait déjà eu des expériences mystiques quand, vers 1208 ou 1209, alors qu'il priait dans l'église de la Portioncule, près d'Assise, il entendit un appel lui conseillant de vivre désormais dans la pauvreté évangélique et dans le dépouillement total. Abandonnant tous ses biens, il revêtit une tunique de toile rude qu'il ceignit d'une corde et se voua à la prédication. Il fut bientôt rejoint par onze compagnons, laïcs comme lui, auxquels il donna une première règle, très simple (la *Regula primitiva*, aujourd'hui perdue), fondée sur quelques maximes de l'Évangile. Ce fut le début de l'ordre franciscain, qui fut approuvé verbalement par Innocent III en 1210. François s'installa avec ses disciples à Rivotorto, près de la Portioncule ; ils vivaient dans une complète liberté évangélique, prêchant, mendiant, travaillant de leurs mains, faisant la charité, soignant les malades et les lépreux.

La révolution évangélique du « pauvre d'Assise » commença à rayonner à travers la Toscane et les Marches. En 1212, une jeune fille noble d'Assise, Claire, fonda le second ordre franciscain qui devint plus tard celui des clarisses. Au IVe concile de Latran (1215), à défaut d'être véritablement reconnu par l'Église, l'ordre naissant des Frères mineurs reçut l'autorisation de poursuivre son développement. Cependant, le développement de l'ordre entraînait une évolution qui contrariait le fondateur : tout en se refusant à réserver à des clercs les fonctions de supérieur et à transiger sur la pauvreté en acceptant une exemption, François, sous la pression du Saint-Siège et de son ami le cardinal Ugolin (futur Grégoire IX), dut rédiger une nouvelle règle, la *Regula bullata*, confirmée en 1223 par une bulle d'Honorius III.

Dès lors, il vécut le plus possible à l'écart, fidèle à la « sainte pauvreté ». Il fit nommer à sa place un ministre général, Pierre de Catane, auquel succéda en 1221 Élie de Cortone. Quant à lui, il s'absorba dans l'imitation mystique du Christ, vivant tantôt dans une île du lac Trasimène, tantôt à Subiaco où st Benoît avait séjourné en ermite, tantôt au mont Alverne où il devait recevoir les stigmates du Christ, en sept. 1224. Enterré dans l'église Saint-Georges d'Assise, puis, en 1230, dans la basilique qu'avait fait construire Élie de Cortone, François d'Assise fut canonisé le 16 juill. 1228 par son vieil ami, le pape Grégoire IX. Voir Franciscains.

FRANÇOIS XAVIER saint, **Francisco de Yasu y Xavier** (* château de Xavier, près de Pampelune, 7.IV.1506, † près de Canton, Chine, 3.XII.1552). Missionnaire espagnol. Il fut un des premiers disciples de st Ignace de Loyola et participa à la fondation de l'ordre des Jésuites. Débarqué en mai 1542 à Goa, il fit de cette ville le centre de son apostolat, mais rayonna sans cesse, portant l'Évangile dans le Travancore, à Ceylan, à Malacca, aux Moluques, puis au Japon (1549).

ALLEMAGNE

FRANÇOIS Ier (* Nancy, 8.XII.1708, † Innsbruck, 18.VIII.1765). Empereur germanique (1745/65) et, sous le nom de **François-Stéphane**, duc de Lorraine (1729/35) et grand-duc de Toscane (1737/65). Fils de Léopold, duc de Lorraine, et d'Élisabeth-Charlotte d'Orléans, il fut le fondateur de la branche Habsbourg-Lorraine. Élevé à Vienne en compagnie de la future impératrice Marie-Thérèse qu'il épousa en 1736, il dut, à la suite de la guerre de la Succession de Pologne et de la paix de Vienne (1738), échanger son duché de Lorraine contre le grand-duché de Toscane. À la mort de l'empereur Charles VI (1740), il disputa la couronne impériale à l'Électeur de Bavière, soutenu par la France, lequel prit le nom de Charles VII. François n'obtint la couronne impériale qu'en 1745. Il régna dans l'ombre de Marie-Thérèse qui lui laissa peu d'initiative. Il laissa seize enfants, dont Joseph II qui lui succéda en Autriche, Léopold II qui régna en Toscane, et Marie-Antoinette qui épousa Louis XVI.

FRANÇOIS II (* Florence, 12.II.1768, † Vienne, 2.III.1835). Empereur germanique (1792/1806) et, sous le nom de **François Ier**, empereur d'Autriche (1804/35). Il fut le dernier souverain du Saint Empire romain germanique. Fils de Léopold II, petit-fils de François Ier, il fut, aussitôt après son accession au trône, engagé dans les guerres provoquées par la Révolution (il était le neveu de la reine Marie-Antoinette). Après de nombreuses défaites, il perdit par le traité de Campoformio les Pays-Bas et la Lombardie (1797) et par le traité de Lunéville (1801), toutes ses possessions sur la rive gauche du Rhin. Ses nouveaux échecs, durant les campagnes de 1805/06, l'obligèrent à reconnaître la Confédération du Rhin et à renoncer à la couronne du Saint Empire (6 août 1806).

Se bornant à ses États héréditaires, il porta dès lors, sous le nom de François Ier, le titre d'empereur héréditaire d'Autriche qu'il avait pris dès 1804. Ses armées ayant de nouveau été vaincues en 1809, à Eckmühl et à Wagram, il se vit contraint de demander la paix de Schönbrunn et, pour la cimenter, donna sa fille Marie-Louise en mariage à Napoléon Ier (1810). Sur les conseils de Metternich, il se rallia cependant en 1813 à la coalition qui triompha de son gendre. Le congrès de Vienne lui rendit la plus grande partie de ses États, mais, en déc. 1814, il renonça à la restauration du Saint Empire. En 1815, il devint président de la Confédération germanique. Sa politique, dirigée par Metternich, ne cessa de s'opposer à tous les mouvements libéraux et nationaux qui ébranlèrent l'Europe de la Sainte-Alliance.

AUTRICHE

FRANÇOIS-JOSEPH Ier (* château de Schönbrunn, Vienne, 18.VIII.1830, † château de Schönbrunn, 21.XI.1916). Empereur d'Autriche (1848/1916) et roi de Hongrie (1867/1916). Petit-fils de François Ier, empereur germanique. Il monta sur le trône à Olmütz, à l'abdication de son oncle Ferdinand Ier chassé par la révolution (2 déc. 1848). En 1849, grâce à son chancelier Schwarzenberg, il réussit à rétablir la domination autrichienne en Lombardie ainsi qu'en Hongrie, où il bénéficia de l'appui de la Russie. Il institua dès lors un régime autoritaire, opposé aux revendications des minorités nationales et des libéraux. Les victoires de Napoléon III en Italie (bataille de Solferino, 1859, dans laquelle François-Joseph exerçait personnellement le commandement en chef) lui firent perdre la Lombardie.

François-Joseph essaya alors de réorganiser son empire sur la base du fédéralisme. En Allemagne, il dut composer avec la puissance grandissante de la Prusse et s'allia avec elle dans l'affaire des duchés danois (1863/65), (v. **Schleswig-Holstein** et **Duchés, guerre des**). Le triomphe de la Prusse à Sadowa (1866) élimina définitivement les Habsbourg de la politique allemande et poussa François-Joseph à faire des concessions aux Hongrois. Par le compromis de 1867, l'Empire d'Autriche et le royaume de Hongrie furent associés sur un pied d'égalité : François Joseph et son épouse, l'impératrice Élisabeth, furent couronnés roi et reine de Hongrie.

Tout en menant un combat désespéré pour maintenir la cohérence de ses États, François-Joseph fut accablé par une série de drames familiaux. Après l'exécution de son frère Maximilien au Mexique (1867), il perdit son fils unique, l'héritier au trône, Rodolphe, qui se suicida à Mayerling (1889). Sa femme, l'impératrice Élisabeth, fut assassinée en 1898 à Genève par un anarchiste. Enfin, l'assassinat de son neveu, l'archiduc François-Ferdinand, abattu ainsi que son épouse, lors d'une visite à Sarajevo, par un terroriste serbe, obligea l'Autriche à exiger réparation de la Serbie et provoqua, par le jeu des alliances, la Première Guerre mondiale. François-Joseph mourut pendant le conflit, deux ans avant la dislocation de son empire.

FRANÇOIS-FERDINAND DE HABSBOURG (* Graz, 18.XII.1863, † Sarajevo, 28.VI.1914). Archiduc d'Autriche. Fils de l'archiduc Charles-Louis et neveu de l'empereur François-Joseph, il devint l'héritier présomptif de la couronne d'Autriche-Hongrie après le suicide de l'archiduc Rodolphe (1889) et la mort de son père (1896). Il exerça une grande influence politique. Très attaché aux traditions autoritaires de l'armée et de l'Église, il fut nommé inspecteur général en 1913. Sa politique, favorable à un fédéralisme qui remplacerait le dualisme austro-hongrois et donnerait leur juste place aux Slaves de Croatie, de Slovénie et de Bosnie, contrariait les ambitions de la Serbie. Le 28 juin 1914, alors qu'il arrivait à Sarajevo pour diriger des manœuvres militaires, l'archiduc fut assassiné par l'étudiant nationaliste serbe Princip, ainsi que sa femme, la comtesse Sophie Chotek. Cet attentat provoqua la Première Guerre mondiale.

BRETAGNE

FRANÇOIS II (* 23.VI.1435, † château de Couëron près de Nantes, 9.IX.1488). Duc de Bretagne (1458/88). Voir **Bretagne.** La Bretagne au Moyen Âge.

DEUX-SICILES

FRANÇOIS Ier (* Naples, 29.VIII.1777, † Naples 8.XI.1830). Roi des Deux-Siciles (1825/30). Fils du roi Ferdinand Ier et de Marie-Caroline d'Autriche. Duc de Calabre, puis duc des Pouilles, il fut longtemps tenu en dehors des affaires. Il était encore prince héréditaire lorsque, à deux reprises, il reçut le pouvoir, avec le titre de vicaire général : en 1812, quand Lord Bentinck imposa à la Sicile une Constitution à l'anglaise (qui fut supprimée par Ferdinand Ier en 1816), et en 1820, lors du soulèvement de Naples et de Palerme. Les réformes libérales qu'il accomplit en ces deux circonstances lui valurent une grande popularité. Mais après son accession au trône (janv. 1825), il tomba sous l'influence de Metternich et abandonna le pouvoir à ses favoris qui laissèrent se développer un régime réactionnaire d'espionnage policier, de corruption et de misère.

FRANÇOIS II (* Naples, 16.I.1836, † Arco, 27.XII. 1894). Roi des Deux-Siciles (1859/61). Fils aîné de Ferdinand II et petit-fils de François Ier, roi des Deux-Siciles. Malgré les conseils de son ministre Carlo Filangieri, il dédaigna l'alliance de la Sardaigne et refusa les offres de Cavour qui lui proposait de partager les États pontificaux. Son royaume s'effondra à la suite de l'expédition victorieuse des Mille de Garibaldi qui occupèrent la Sicile (mai/août 1860), puis Naples (sept. 1860), et de l'intervention sarde qui l'obligea à capituler (13 févr. 1861).

FRANCE

FRANÇOIS Ier (* Cognac, 12.IX.1494, † Rambouillet, 31.III.1547). Roi de France (1515/47). Fils de Charles de Valois-Orléans, comte d'Angoulême, et de Louise de Savoie. Il épousa en 1514 Claude de France, fille de son cousin Louis XII auquel il succéda en janv. 1515. François Ier fut le type accompli du gentilhomme de la Renaissance. Personnage séduisant il alliait une grande bravoure et des capacités sportives à une intelligence rapide et curieuse de tout. Il aimait les lettres et les arts, se fit le patron des humanistes, fonda le Collège de France (1530) et fut l'introducteur en France de la Renaissance italienne ; il attira auprès de lui des artistes comme Benvenuto Cellini, le Primatice, Léonard de Vinci, et c'est lui qui fit construire les châteaux de Chambord, de Villers-Cotterêts, de Saint-Germain-en-Laye, ainsi que le château de Madrid à Neuilly. Il eut de nombreuses liaisons et laissa ses favorites prendre une grande part dans les affaires politiques, la comtesse de Châteaubriant, puis la duchesse d'Étampes qui eut comme rivale Diane de Poitiers, maîtresse du futur Henri II.

Le règne de François Ier marqua le début de la vie de cour en France ; elle connut tout de suite un luxe inouï (qui s'étala à l'entrevue célèbre du Camp du Drap d'or, 1520). L'absolutisme royal se renforça. Le souverain laissa gouverner ses favoris successifs, Bonnivet, Chabot, Anne de Montmorency et enfin la reine mère, Louise de Savoie. François Ier acheva l'unification du domaine royal par la confiscation des biens du connétable de Bourbon (1531) et renforça la centralisation administrative ; le français fut substitué au latin et aux langues régionales comme langue officielle par l'ordonnance de Villers-Cotterêts (1539). Pendant longtemps, sous l'influence de sa sœur, Marguerite d'Angoulême, qui avait des sympathies pour le groupe évangéliste et érasmien de Meaux, François Ier s'abstint de persécuter les protestants, dont le nombre alla grandissant. Après l'affaire des Placards (oct. 1534), il confessa publiquement sa foi catholique et déclencha une première répression. En 1545, il laissa persécuter les vaudois et, l'année suivante, Étienne Dolet fut exécuté à Paris. En politique extérieure, le « roi-chevalier » se jeta avec fougue dans l'aventure italienne à la suite de Charles VIII et Louis XII. Sa victoire sur les Suisses de la Sainte Ligue, à Marignan (13 sept. 1515) le rendit maître du Milanais et eut un retentissement considérable en Europe. Le pape Léon X signa avec le roi de France le concordat de 1516 et les Suisses conclurent une alliance perpétuelle avec la France. François Ier se porta candidat au trône impérial, mais ce fut Charles Ier d'Espagne qui fut élu (1519) grâce aux subsides des Fugger ; celui-ci prit dès lors le nom de Charles Quint. La France se trouvait menacée d'encerclement par les Habsbourg, maîtres de la Flandre, de l'Allemagne, de Naples, de la Sardaigne, de la Sicile, de l'Espagne et de l'Empire colonial espagnol. François Ier essaya alors d'obtenir l'alliance d'Henri VIII d'Angleterre (entrevue du Camp du Drap d'or, juin 1520) mais il connut un grave échec diplomatique.

La défection du connétable de Bourbon fournit à Charles Quint un renfort inattendu. Après la défaite de La Bicoque, le Milanais fut perdu (1523) et Bayard fut mortellement blessé. Les Impériaux conquirent la Provence et mirent le siège devant Marseille. La courageuse résistance de la ville les obligea à battre en retraite mais la contre-attaque de François Ier aboutit à la défaite de Pavie (24 févr. 1525) ; fait prisonnier, il fut emmené captif en Espagne et dut signer le traité de Madrid (14 janv. 1526), par lequel il renonçait à la suzeraineté française sur les Flandres, à ses prétentions sur le Milanais et le royaume de Naples, et cédait la Bourgogne à Charles Quint. Mais François Ier n'exécuta pas ce traité. Libéré en mars 1526, il s'appuya sur les états de Bourgogne pour conserver cette province à la France et reprit la guerre contre l'Empire, après avoir formé la ligue de Cognac (mai 1526) avec Venise, le pape Clément VII et Francesco Sforza. La paix de Cambrai ou paix des Dames (3 août 1529) ne fut qu'un compromis : François Ier renonçait à l'Italie et Charles Quint à la Bourgogne. Puis François Ier s'allia avec les princes protestants allemands (1531) et avec les Turcs (régime des capitulations, signé en 1536) au grand scandale de l'Europe catholique. La guerre reprit en 1536 ; une escadre franco-turque assiégea Nice qui résista (1543) ; en Italie les Français remportèrent la victoire de Cérisoles (avr. 1544). Cependant, au traité de Crépy-en-Laonnois (1544), François Ier abandonna la Savoie et renonça une fois de plus à sa suzeraineté sur l'Artois et sur la Flandre.

Le souverain s'intéressa également à l'expansion économique et maritime ; il fonda le port du Havre (1517). Sous son règne Jacques Cartier parvint aux bouches du Saint-Laurent (1535). Voir **FRANCE.** La France et l'Europe de Charles VIII à Henri II.

FRANÇOIS II (* Fontainebleau, 19.I.1544, † Paris, 5.XII.1560). Roi de France (1559/60). Fils aîné d'Henri II et de Catherine de Médicis, petit-fils de François Ier. Il épousa Marie Stuart, reine d'Écosse (1558). Roi en 1559, il abandonna tout pouvoir aux oncles de sa femme, François, duc de Guise, et Charles, duc de Lorraine. Les chefs protestants Antoine de Bourbon, roi de Navarre, le prince de Condé, son frère, et les Coligny tentèrent de s'opposer au gouvernement des Guises et fomentèrent la conjuration d'Amboise (v.) dans le propos d'enlever le roi, mais ils échouèrent (1560). François II mourut la même année, sans laisser de postérité.

FRANCO-RUSSE (alliance). Alliance entre la République française et l'Empire des tsars conclue en 1893/94.

L'annonce du renouvellement anticipé de la Triple-Alliance (v.) (mai 1891) décida le tsar Alexandre III à conclure avec la France un engagement secret de collaboration politique (août 1891). Mais il fallut encore plus de deux ans de difficiles négociations (en marge desquelles la Russie fit d'inutiles avances à l'Allemagne) pour arriver à la ratification (déc. 1893/janv. 1894) de la convention militaire négociée durant l'été 1892 par le général de Boisdeffre. Cette convention prévoyait que si la France était attaquée par l'Allemagne ou par l'Italie soutenue par l'Allemagne, la Russie l'aiderait en mettant en ligne de 7 à 800 000 hommes ; que si la Russie était attaquée par l'Allemagne, la France lui apporterait une aide avec 1 300 000 hommes ; enfin, que la mobilisation des forces de la Triple-Alliance (ou même d'une seule des puissances de cette alliance) entraînerait la mobilisation générale de la France et de la Russie.

La négociation difficile de cette alliance franco-russe fut accompagnée de manifestations spectaculaires et populaires : visite de la flotte française à Kronstadt (juill. 1891), visite d'une escadre russe à Toulon (oct. 1893), visite du tsar Nicolas II à Paris (1896) et du président Félix Faure en Russie (1897). L'alliance franco-russe fut resserrée et étendue en août 1899 : désormais, la France s'engageait à assister la Russie dans sa politique balkanique et la Russie promettait son appui à la France dans la question de l'Alsace-Lorraine. Après une vaine tentative de Guillaume II pour briser l'alliance franco-russe (traité de Björkö, juill. 1905), la diplomatie française s'employa à rapprocher l'Angleterre et la Russie, qui réglèrent leurs différends en Asie par la convention anglo-russe du 31 août 1907. L'alliance franco-russe et l'Entente cordiale aboutirent à la Triple-Entente.

FRANCS (peuple et Empire). Peuple germanique apparu pour la première fois vers le milieu du IIIe s. de notre ère sur les rives du Rhin inférieur. Les Francs étaient le résultat de la fusion de peuples plus anciens, dont certains avaient lutté contre les Romains dès le Ier s. : les Chamaves, les Ansivariens, les Bructères, les Chattes... On ne sait si leur nom vient de *wrang*, « errant », ou de *frak*, « brave ». Très tôt apparurent deux groupes principaux, les *Francs Saliens* et les *Francs Ripuaires*. En 241/42, des Francs essayèrent de pénétrer dans l'Empire, dans la région de Mayence, mais ils furent repoussés par le futur empereur Aurélien. Ils répétèrent leur tentative à deux reprises au cours du IIIe s., en 258 et 276, et atteignirent les Pyrénées du IVe s., certains d'entre eux servaient comme auxiliaires dans l'armée romaine. En 358, les Francs Saliens s'installèrent en Toxandrie, entre la Meuse et l'Escaut, et l'empereur Julien leur accorda le statut de fédérés.

L'expansion franque commença avec la grande poussée germanique de 406. Les Francs Ripuaires s'établirent entre 413 et 428 sur la rive droite du Rhin, dans la région de Cologne. Contenus par Aetius, ils pénétrèrent, après la mort de ce dernier, dans la vallée de la Moselle (454) jusqu'à Thionville. Quant aux Francs Saliens, ils avaient été établis comme fédérés en Belgique dès le IVe s. Entre 430 et 450, leurs premiers chefs, peut être légendaires, Clodion, et son successeur Mérovée, s'emparèrent de Tournai et de Cambrai. Childéric Ier (vers 457/481) fut l'allié des Romains contre les Wisigoths et parvint jusqu'à la Loire ; il contribua à sauver Angers des pirates saxons. Sous son fils et successeur, Clovis (481/511), les Francs se rendirent maîtres de la plus grande partie de la Gaule. Leur chance fut d'être restés païens, alors que la plupart des autres peuples germaniques (Burgondes, Vandales, Wisigoths) étaient déjà chrétiens mais avaient adhéré à l'hérésie arienne les Francs étaient donc disponibles pour une conversion au catholicisme orthodoxe et, très tôt, ils bénéficièrent de la sympathie de l'épiscopat et des fidèles gallo-romains. Après avoir détruit le royaume de Syagrius (486), Clovis, déjà maître de toute la Gaule septentrionale jusqu'à la Loire, vainquit les Alamans à la bataille dite de Tolbiac (496) et se fit baptiser à Reims (Noël 496 ?). Reconnu désormais comme le champion de l'orthodoxie, il fut appuyé par les évêques. Sa victoire de Vouillé sur les Wisigoths (507) assura l'expansion du royaume franc jusqu'à la Garonne. À sa mort (511), Clovis laissa ses États à ses quatre fils, qui se les partagèrent. En dépit de leurs luttes intestines, les Francs poursuivirent leur conquête, soumettant, entre 530 et 560, la Bourgogne, la Provence, la Thuringe et la Bavière.

Ce vaste royaume franc appliquait la loi germanique des partages successoraux et était toujours menacé de se fragmenter définitivement. Le dernier des Mérovingiens qui réussit à maintenir son autorité sur l'ensemble du royaume fut Dagobert (629/39). Après lui, des rois de faible personnalité dits « rois fainéants » furent dominés par l'aristocratie et par les « maires du palais ». C'est une grande famille seigneuriale, celle des Carolingiens (v.), qui refit peu à peu l'unité du royaume : s'étant assuré l'hérédité dans les fonctions de maire du palais en Austrasie, elle se fit la protectrice de l'Église et de la civilisation chrétienne (victoire de Charles Martel sur les Arabes à Poitiers, 732 ; appui donné à l'évangélisation de la Germanie ; soutien au pape contre les Lombards). Avec l'appui du pape Zacharie, Pépin le Bref (v.) se fit proclamer roi (751). Durant tout le VIIIe s., les Carolingiens rassemblèrent tenacement les anciennes terres d'influence franque, la Thuringe (vers 700), l'Alémanie (730), l'Aquitaine (768), la Bavière (788). Après avoir soumis les Frisons, ils luttèrent contre les Saxons païens (772/804) et étendirent leur influence en Italie par la destruction du royaume lombard (774) puis jusqu'au Danube par leurs victoires sur les Avars (795/805) et au-delà des Pyrénées par la création de la marche d'Espagne (795/811). De l'Empire franc naquirent un royaume des Francs occidentaux (la future France), un royaume des Francs orientaux (la future Germanie), ainsi qu'un royaume de Bourgogne et un royaume d'Italie.

FRANCS-TIREURS ET PARTISANS FRANÇAIS (FTPF ou FTP). Organisation de combat de la Résistance française durant l'occupation allemande (1940/44). Issus du Front national, encadrés par des chefs ayant souvent combattu pendant la guerre d'Espagne dans les Brigades internationales, les FTP restèrent dans l'obédience communiste, même après leur intégration dans les Forces françaises de l'intérieur (FFI) en févr. 1944. Ils furent successivement commandés par M. Prenant et Ch. Tillon. Voir **RÉSISTANCE**.

FRANGIÉ Soliman (* 15.VI.1910, Zghorta, Nord-Liban, † Beyrouth, 23.VII.1992). Homme politique libanais. Issu d'une grande famille maronite, Soliman tissa des relations d'amitié dès 1957 avec Hafez el-Assad. Il fut plusieurs fois ministre sous la présidence du général Chehab (1954/58) et sous celle de Charles Helou (1964/70), puis président de la République de 1970 à 1976. Quand la guerre civile éclata le 13 avr. 1975, Soliman Frangié tenta, sans succès, de ramener le calme en proposant, en févr. 1976, avec l'appui de la Syrie, un « programme d'action nationale » qui, tout en maintenant le système confessionnel, proposait certaines réformes. Le 13 juin 1978, son fils, sa femme, sa petite-fille et plusieurs de ses partisans furent assassinés à Ehden par un commando phalangiste sur ordre de Béchir Gémayel. La rupture avec la droite maronite fut alors consommée au profit d'un rapprochement clair avec la Syrie. Il rejoignit le Front de salut national présidé par Walid Joumblatt, adversaire des Gémayel. En 1988, Soliman Frangié, soutenu par la Syrie, fut le candidat malheureux à l'élection présidentielle.

FRANKEL Léo (* Obuda Ujlak, faubourg de Budapest, 1844, † Paris, 1896). Révolutionnaire hongrois. D'abord orfèvre, il séjourna en Allemagne puis en Angleterre où il se lia avec Marx et Engels et devint membre de l'Association internationale des travailleurs (Ire Internationale). Installé à Lyon en 1867, puis à Paris, il fut délégué par le XIIIe arrondissement au Conseil de la Commune (26 mars 1871). Membre de la Commission exécutive comme délégué au Travail, à l'Industrie et à l'Échange (20 avr.), il prit diverses mesures sociales : création d'ateliers coopératifs, interdiction du travail de nuit chez les boulangers, interdiction des amendes et retenues sur les salaires. Blessé sur les barricades au cours des combats contre les versaillais, il réussit cependant à s'enfuir à l'étranger. Il fut condamné à mort par contumace en oct. 1872. Errant à travers l'Europe, partout arrêté ou expulsé, il contribua, en 1880, à la fondation du parti ouvrier hongrois. Après avoir été emprisonné dans son pays, il revint à Paris où il mourut, en 1889.

FRANKLIN Benjamin (* Boston, 17.I.1706, † Philadelphie, 17.IV.1790). Savant et homme politique américain. Ses activités scientifiques lui permirent d'inventer le paratonnerre (1762). Membre de l'Assemblée de Pennsylvanie en 1747, maître général des Postes en Amérique britannique en 1753, il proposa, dès 1754, un plan d'union des colonies et fut l'un des rédacteurs de la Déclaration d'indépendance (1776). Il négocia le traité d'amitié entre la France et les États-Unis d'Amérique (1778) et signa les préliminaires de paix avec la Grande-Bretagne (1781). Il fut élu président du Conseil exécutif de Pennsylvanie (1785/88) et rédigea la Constitution fédérale ; il se retira ensuite de la vie publique. Il est l'auteur de nombreuses œuvres littéraires. Ses *Mémoires* représentent un document passionnant sur les origines de l'Amérique moderne.

FRÉDÉGONDE (* Montdidier, vers 545, † Paris, 597). Reine de Neustrie. D'une famille de l'aristocratie franque, elle séduisit Chilpéric Ier, roi de Neustrie, l'amena à répudier sa première femme, Audovère, dont elle était la suivante, puis le poussa à assassiner sa seconde épouse, Galswinthe (567). Elle devint alors la femme de Chilpéric, mais Brunehaut, sœur de Galswinthe et femme du roi Sigebert d'Austrasie, poussa ce dernier à chercher vengeance. Sigebert envahit la Neustrie. Frédégonde fit alors tuer Sigebert (575). Elle fit assassiner également, en 578, Mérovée, fils de Chilpéric et d'Audovère, qui avait épousé Brunehaut devenue veuve, et, en 586, l'évêque de Rouen, Prétextat, qui avait béni cette union. On accuse aussi Frédégonde du meurtre de Clovis, frère de Mérovée, d'Audovère (580) et de Chilpéric Ier lui-même, qui aurait découvert ses relations adultères avec un leude nommé Landry (584). Frédégonde fit alors reconnaître son fils comme roi de Neustrie sous le nom de Clotaire II et gouverna comme régente. Elle vainquit à Droissy, près de Soissons, Childebert, fils de Brunehaut (593), puis défit Brunehaut elle-même à Laffaux (596). Sa mort, l'année suivante, laissa cependant Brunehaut (v.) dans une position dominante sur le monde franc.

FRÉDÉRIC

EMPEREURS GERMANIQUES (Moyen Âge)

FRÉDÉRIC Ier BARBEROUSSE (* Waiblingen, vers 1122, † dans les eaux du Cydnos, Asie Mineure, 10.VI.1190). Empereur germanique (1152/90). De la maison des Hohenstaufen, fils de Frédéric le Borgne, il hérita à la mort de celui-ci (1147) du duché de Souabe, fut élu empereur par la diète de Francfort à la mort de son oncle, Conrad III (1152), et couronné à Rome en 1155 par le pape Adrien IV. Son règne fut caractérisé par une suite d'expéditions au-delà des Alpes (1155, 1158, 1163, 1168, 1176), où il se heurta à la résistance des cités lombardes soutenues par la papauté. L'empereur entra rapidement en conflit avec le Saint-Siège : en 1159, contre le pape Alexandre III, il suscita l'antipape Victor IV qu'il fit reconnaître au synode de Pavie (1160) (v. **Sacerdoce et de l'Empire, lutte du**). Frédéric fut finalement vaincu à Legnano (29 mai 1176) par les troupes de la première Ligue lombarde (v.) et dut signer la paix de Venise (1177) : il se prosterna aux pieds du pape qui ne lui accorda qu'à ce prix le baiser de paix. Puis, par la paix de Constance (1183), il reconnut l'indépendance des cités lombardes. Il prit la tête de la troisième croisade avec Philippe Auguste et Richard Cœur de Lion (1189). Il remporta quelques succès sur les Turcs en Asie Mineure, mais son armée fut décimée par les maladies et lui-même se noya dans le fleuve qui porte aujourd'hui le nom de Tarsus Çayi. Après sa mort, Frédéric Barberousse devint un personnage de légende : on raconta qu'il n'était pas mort mais qu'il dormait dans la montagne, attendant l'heure où il viendrait rendre sa grandeur à l'Allemagne.

FRÉDÉRIC II (* Iési, marche d'Ancône, 26.XII.1194, † château de Fiorentino, Pouilles, 13.XII.1250). Empereur germanique (1212/50) et roi de Sicile (1197/1250). Il passa l'essentiel de sa vie en Sicile et en Italie du Sud. Il voulut construire un État monarchique puissant et développer une cour brillante à Palerme où intellectuels et artistes juifs et arabes côtoyaient les chrétiens. Il combattit l'alliance des villes lombardes et participa, sous la pression du pape Grégoire IX, à la sixième croisade qui lui permit de se faire proclamer roi de Jérusalem (1229). Il fut déposé officiellement au concile de Lyon (1245) par le pape Innocent IV et mourut cinq ans plus tard en laissant le pouvoir impérial affaibli. Extrêmement cultivé, parlant plusieurs langues, Frédéric II s'intéressa à tous les domaines de la connaissance scientifique et littéraire et écrivit lui-même des poésies en italien ainsi qu'un traité de vénerie en latin. Ses conflits avec la papauté s'inscrivent dans la tradition de la lutte du Sacerdoce et de l'Empire ; l'accusation d'hérésie ou même de conversion à l'islam régulièrement portée contre lui attestent de l'incompréhension de ses contemporains pour la relative liberté de pensée et d'expression qui s'exprima à sa cour. Voir **SACERDOCE ET DE L'EMPIRE (lutte du)** et **CROISADES**.

FRÉDÉRIC III (* Innsbruck, 21.IX.1415, † Linz, 19.VIII.1493). Empereur germanique (1440/93). Chef de la maison de Habsbourg, il fut, à partir de 1424, duc de Styrie et de Carinthie sous le nom de **Frédéric V**. Élu en 1440 comme successeur de son cousin Albert II, il fut le dernier empereur germanique qui alla se faire couronner à Rome (1452). En 1457, à la mort de son neveu Ladislas le Posthume, il hérita de la Haute et de la Basse-Autriche. Il s'opposa au concile de Bâle et apporta son soutien au Saint-Siège. Matthias Corvin, roi de Hongrie, n'ayant pu obtenir une aide de lui contre les Turcs, envahit ses États et le força à lui abandonner Vienne et toute la Basse-Autriche ; Charles le Téméraire se fit céder les droits impériaux sur les provinces du Rhin. Frédéric III prépara cependant l'agrandissement de la maison d'Autriche en mariant son fils, le futur Maximilien Ier, avec Marie de Bourgogne, fille de Charles le Téméraire (1477). Il adopta l'orgueilleuse devise des Habsbourg, *AEIOU, Austriae est imperare orbi universo* (« Il appartient à l'Autriche de gouverner le monde. »).

BRANDEBOURG et PRUSSE

FRÉDÉRIC-GUILLAUME, dit **le Grand Électeur** (* Berlin, 16.II.1620, † Potsdam, 9.V.1688). Électeur de Brandebourg (1640/88). Il établit pour la première fois des impôts permanents, ce qui lui permit de constituer une armée de 30 000 hommes bien entraînés, la plus puissante de l'Allemagne de son temps. Il s'assura ainsi une position assez forte pour obtenir, au traité de Westphalie (1648), la Poméranie orientale, les évêchés de Cammin, de Halberstadt, de Minden et l'archevêché de Magdebourg, qui lui échut en 1680. Vainqueur des Polonais dans la guerre de 1655/60, il fit abolir en 1660, à la paix d'Oliva, la suzeraineté polonaise sur le duché de Prusse. En 1674, il se joignit à l'Espagne et à la Hollande contre Louis XIV, entra en Alsace, puis repoussa les Suédois, qu'il battit à Fehrbellin (28 juin 1675, le « Rocroi prussien »). Il leur prit la Poméranie suédoise, mais dut, à la paix de Saint-Germain (1679), rendre la plus grande partie de cette province. La transformation du Brandebourg fut aidée par sa politique d'accueil aux persécutés : après la révocation de l'édit de Nantes (1685), plus de 20 000 huguenots français purent venir s'établir dans ses États.

FRÉDÉRIC Ier (* Königsberg, 11.VII.1657, † Berlin, 25.II.1713). Électeur de Brandebourg sous le nom de **Frédéric III** à partir de 1688, puis roi de Prusse (1701/13). Voir **PRUSSE**.

FRÉDÉRIC-GUILLAUME Ier, dit **le Roi-Sergent** (* Berlin, 15.VIII.1688, † Potsdam, 31.V.1740). Roi de Prusse (1713/40). Fils et successeur de Frédéric Ier. De tempérament violent et presque sauvage, le Roi-Sergent était doué d'une intelligence politique lucide et fut le véritable continuateur du Grand Électeur. Frédéric-Guillaume Ier imposa à son royaume de vivre en économie fermée. Les taxes sur les produits étrangers furent renforcées ; pour augmenter la productivité, le roi, comme ses prédécesseurs, se montra accueillant pour les protestants étrangers réfugiés ; il s'efforça aussi d'améliorer la condition de ses paysans et, en 1719, abolit le servage sur les terres de la Couronne. À l'industrie nationale, il imposa un dirigisme strict, inspiré des leçons du colbertisme. C'est sur l'armée que Frédéric-Guillaume fit porter son principal effort. Encadrée par la noblesse terrienne, qui devint, par la volonté expresse du roi, une caste militaire fermée (les roturiers ne furent plus admis à l'École des cadets en 1722), l'armée aux effectifs disproportionnés pour la taille du royaume, reçut un entraînement rigoureux. Cependant, ce monarque militariste ne fut guère belliqueux : le seul conflit auquel il participa fut la guerre du Nord, contre la Suède en 1715. Cette guerre lui permit de conquérir la Poméranie occidentale, avec Stettin (traité de Stockholm, 1er févr. 1720).

FRÉDÉRIC II le Grand ou **l'Unique** (* Berlin, 24.I.1712, † château de Sans-Souci, Potsdam, 17.VIII.1786). Roi de Prusse (1740/86). Fils de Frédéric-Guillaume Ier, Frédéric II fut pendant toute sa jeunesse en conflit avec son père qui voulait le soumettre à une existence spartiate et militaire alors qu'il se sentait porté vers les livres, la poésie et la musique. Au cours de son long règne, il parvint à réaliser une synthèse étonnante des traditions de la Prusse et de l'esprit des Lumières.

Il maintint un État fort, reposant sur l'alliance de la monarchie et de la noblesse, et sur une armée puissante dont il améliora l'encadrement en créant une école militaire, la Kriegsakademie. En même temps, il s'appliqua à moderniser son royaume. Il abolit la corvée qu'il remplaça par une redevance en argent, développa l'instruction publique, supprima la torture et fit entreprendre la rédaction d'un code de droit. Toutes ces réformes firent de l'État prussien un organisme vigoureux et souple, capable de conquérir et de résister aux épreuves les plus dures.

En moins d'un demi-siècle, la Prusse tripla sa population grâce à deux acquisitions majeures : d'abord, la riche province de Silésie, enlevée aux Habsbourg à la faveur de l'alliance française et gardée malgré les défaites et les épreuves de la guerre de Sept Ans, ensuite, en accord avec la Russie et l'Autriche et profitant du premier partage de la Pologne, l'annexion de la Prusse-Occidentale qui fit de son État un territoire d'un seul tenant, du Brandebourg jusqu'à la Prusse-Orientale. À la fin de son règne, la lutte entre l'Autriche et la Prusse pour la suprématie en Allemagne était bel et bien commencée et peu avant de mourir, en 1785, Frédéric II constitua contre Joseph II la Ligue des princes (Fürstenbund).

Homme d'État réaliste et tenace, chef de guerre de premier ordre mais aussi compositeur de talent, grand flûtiste, ami des écrivains et des savants, surtout français (Voltaire en particulier), écrivain lui-même, il avait su construire sa propre image, celle du despote éclairé, et faire de Berlin une des capitales des Lumières.

FRÉDÉRIC-GUILLAUME II (* Berlin, 25.IX.1744, † Berlin, 16.XI.1797). Roi de Prusse (1786/97). Il devint en 1758, à la mort de son père Auguste-Guillaume, héritier du trône avec le titre de prince de Prusse. Il succéda ainsi à son oncle Frédéric II en 1786. Très ambitieux, mais homme de plaisir, il se laissa influencer par ses nombreuses maîtresses dont les plus connues furent Julie von Voss, la comtesse Sophie Dönhoff et Wilhelmine Enke, comtesse Lichtenau, et par ses favoris, Bischoffwerder et Wöllner. Il fut très attiré par l'illuminisme. Après avoir joué un rôle peu honorable dans la guerre de 1787 entre la Russie et la Turquie, il fut un des premiers à proposer une coalition contre la France de la Révolution et signa avec Léopold II d'Autriche la déclaration de Pillnitz (août 1791). Son armée, commandée par le duc de Brunswick, envahit la France et pénétra jusqu'en Champagne mais, après la canonnade de Valmy, se retira soudain jusqu'au Rhin. Occupé par les partages de la Pologne qui lui donnèrent Dantzig et la Posnanie (1793) puis Varsovie (1795), il signa à Bâle une paix séparée avec la France et reconnut à celle-ci la rive gauche du Rhin. À sa mort, il laissait gravement compromis l'héritage du grand Frédéric. Il fut le père de Frédéric-Guillaume III.

FRÉDÉRIC-GUILLAUME III (* Potsdam, 3.VIII.1770, † Berlin, 7.VII.1840). Roi de Prusse (1797/1840). Fils et successeur de Frédéric-Guillaume II, marié en 1793 à la princesse Louise de Mecklembourg-Strelitz (v. PRUSSE. Ruine et renaissance de l'État prussien).

La défaite d'Iéna (14 oct. 1806) et l'entrée des Français à Berlin (où le roi ne put revenir qu'en 1809) provoquèrent l'effondrement de la Prusse qui fut réduite de moitié au traité de Tilsit (juill. 1807) et perdit toutes ses possessions en Pologne et à l'O. de l'Elbe. Dans la défaite, Frédéric-Guillaume III, encouragé par sa femme, sut appuyer les réformes radicales de Stein, Hardenberg et Scharnhorst, qui entreprirent la reconstruction de l'État prussien et permirent à la Prusse régénérée de prendre une part décisive dans les « guerres de libération » de 1813/14. Après le congrès de Vienne (1815) qui avait rendu son rang de grande puissance à la Prusse en l'augmentant des territoires rhénans, à la porte de la France, le roi abandonna les réformateurs et s'aligna sur la politique réactionnaire de Metternich. Très hostile aux catholiques, il s'employa à rassembler les luthériens et les autres réformés dans une Église d'État (1817). C'est à la fin de son règne qu'eut lieu la formation du Zollverein (v.) (1834) qui est à l'origine de l'unité politique de l'Allemagne.

FRÉDÉRIC-GUILLAUME IV (* Berlin, 15.X.1795, † château de Sans-Souci, Potsdam, 2.I.1861). Roi de Prusse (1840/61). Voir PRUSSE. La Prusse créatrice de l'unité allemande.

FRÉDÉRIC III (* Potsdam, 18.X.1831, † Potsdam, 15.VI.1888). Roi de Prusse et empereur d'Allemagne (mars/juin 1888). Fils de l'empereur Guillaume Ier, il fut marié en 1858 à la princesse Victoria, fille de la reine d'Angleterre qui exerça sur lui une grande influence. Durant la guerre franco-allemande de 1870/71, à la tête de la IIIe armée, il se distingua à Froeschwiller-Woerth, prit une part décisive dans la bataille de Sedan et réalisa le blocus de Paris. De tendance libérale, il entretint de mauvaises relations avec Bismarck. À la mort de son père (1888), il était déjà très gravement malade d'un cancer du larynx ; il ne régna que quatre-vingt-dix-neuf jours, sans avoir la possibilité de changer l'orientation de la politique allemande.

FRÉDÉRIC-GUILLAUME, appelé communément le **Kronprinz** (* Potsdam, 6.V.1882, † Hechingen, 20.VII.1951). Prince de Prusse. Fils aîné de l'empereur Guillaume II, il se signala avant la Première Guerre mondiale par ses prises de position belliqueuses et pangermanistes. Après avoir pris part, comme chef de la Ve armée, à la bataille de la Marne (sept. 1914), il dirigea, de févr. à juill. 1916, les offensives allemandes contre Verdun ; il montra de réelles capacités de chef de guerre et s'opposa, sans succès, au plan de Falkenhayn. En nov. 1918, il abdiqua ses droits au trône impérial en même temps que son père, se réfugia quelque temps aux Pays-Bas puis revint en Allemagne dès 1922.

DANEMARK et NORVÈGE

FRÉDÉRIC Ier (* Copenhague, 1471 † Gottorp, 10. IV.1533). Roi de Danemark et de Norvège (1523/33). Fils de Christian Ier, il fut élu roi en 1523 pour succéder à Christian II, son neveu, qui venait d'être déposé. C'est sous son règne que se produisit la rupture définitive entre les royaumes de Suède et de Norvège (1523), mais Frédéric Ier fit alliance avec Gustave Vasa. Il introduisit le luthéranisme dans ses États (1526).

FRÉDÉRIC III (* Haderslev, 18.III.1609, † Copenhague, 9.II.1670). Roi de Danemark et de Norvège (1648/70). Voir DANEMARK. La Réforme et les luttes avec la Suède.

FRÉDÉRIC IV (* Copenhague, 11.X.1671, † Odense, 12.X.1730). Roi de Danemark et de Norvège (1699/1730). Voir DANEMARK. La Réforme et les luttes avec la Suède.

FRÉDÉRIC VI (* Copenhague, 28.I.1768, † Copenhague, 3.XII.1839). Roi de Danemark (1808/39) et de Norvège (1808/14). Dès 1784, il exerça le pouvoir comme régent à la place de son père, Christian VII, qui était atteint de maladie mentale. Après avoir fait face aux attaques des Anglais qui bombardèrent Copenhague en 1801 et 1807 et éliminèrent la flotte danoise, il s'allia avec Napoléon auquel il resta fidèle. Par le traité de Kiel (1814), il dut céder la Norvège à la Suède de Bernadotte. En compensation, il reçut la Poméranie suédoise et l'île de Rügen qu'il échangea ensuite contre le Lauenbourg. Puis il se consacra aux affaires intérieures, favorisa les arts, les sciences, l'agriculture et le commerce. Tenant compte du progrès des idées libérales, il établit en 1834 des états provinciaux.

HOLLANDE

FRÉDÉRIC-HENRI, prince d'Orange-Nassau (* Delft, 29.I.1584, † Delft, 14.III.1647). Troisième stathouder des Provinces-Unies (1625/47). Voir PAYS-BAS. La fondation des Provinces-Unies.

PALATINAT

FRÉDÉRIC V (* Amberg, 26.VIII.1596, † Mayence, 29.XI.1632). Électeur palatin (1610/23) et roi de Bohême (1619/20). Marié en 1613 à l'ambitieuse Élisabeth Stuart, fille du roi d'Angleterre Jacques Ier, il prit la tête du parti protestant en Allemagne, poussé par sa femme, et s'efforça par tous les moyens d'affaiblir les Habsbourg. Les Tchèques révoltés contre l'empereur Ferdinand II lui offrirent la couronne de Bohême qu'il accepta et il fut couronné à Prague le 4 nov. 1619. L'année suivante, il dut s'enfuir de Prague après la victoire des Impériaux à la Montagne Blanche (8 nov. 1620). Mis au ban de l'Empire, dépouillé de ses États héréditaires qui furent attribués à la Bavière (1623), il s'exila dans les Provinces-Unies. Par sa fille Sophie, mère de George Ier d'Angleterre, il fut l'ancêtre de la dynastie hanovrienne d'Angleterre.

PRUSSE

FRÉDÉRIC. Voir BRANDEBOURG et PRUSSE.

SAXE

FRÉDÉRIC-AUGUSTE III (* Dresde 23.XII.1750, † Dresde, 5.V.1827). Électeur de Saxe (1763/1806) et, sous le nom de **Frédéric-Auguste Ier**, dit **le Juste**, premier roi de Saxe (1806/27). Petit-fils d'Auguste III, roi de Pologne. Allié à la France sous la Révolution et au début de l'Empire, il dut, sous la pression de la Prusse, participer à la quatrième coalition contre Napoléon mais fit la paix aussitôt après Iéna. Son électorat fut constitué en royaume et, en 1808, Napoléon le mit à la tête du grand-duché de Varsovie. Après la bataille de Leipzig (1813), il fut fait prisonnier par les Alliés, conserva de justesse sa couronne et, en 1815, dut abandonner une grande partie de la Saxe électorale à la Prusse.

SUÈDE

FRÉDÉRIC Ier (* Kassel, 27.IV.1676, † Stockholm, 25.III.1751). Roi de Suède (1720/51). Fils du landgrave de Hesse-Kassel, il épousa en 1715 Ulrique Éléonore, sœur de Charles XII, qui lui laissa le trône de Suède (1720). Il mit fin aux guerres de Charles XII en concluant la paix avec le Danemark, auquel il céda le duché de Schleswig et signa avec la Russie le traité de Nystad (10 sept. 1721) qui enlevait à la Suède la Livonie, l'Estonie, l'Ingrie et la Carélie. Il s'efforça ensuite, par une administration conservatrice et par l'encouragement à l'agriculture et au commerce, de réparer les maux dont avait souffert la Suède pendant les guerres de Charles XII.

WURTEMBERG

FRÉDÉRIC Ier (* Treptow, Poméranie, 6.XI.1754, † Stuttgart, 30.X.1816). Duc (1797/1803), Électeur (1803/06) puis roi (1806/16) de Wurtemberg. Voir WURTEMBERG.

FREI MONTALVA Eduardo (* Santiago du Chili 16.I.1911, † *id.*, 1982). Homme politique chilien. Démocrate-chrétien, président de la République (1964/70). Voir CHILI. « La Prusse de l'Amérique du Sud ».

FREI RUÍZ-TAGLE Eduardo (Santiago du Chili, 24.VI.1942). Homme politique chilien. Démocrate-chrétien, il fut président du Chili de 1994 à 2000. En 1996, il signa un accord avec les présidents de l'Argentine, du Brésil, du Paraguay et de l'Uruguay, associant son pays avec le MERCOSUR. Face au Sénat, où siégeaient notamment huit sénateurs désignés à vie par l'ancien président Augusto Pinochet, il ne parvint pas à réformer la Constitution promulguée sous l'ancien régime militaire. En mars 2000, le socialiste Ricardo Lagos lui succéda.

FRENCH John Denton Pinkstone, 1er comte d'Ypres (* Ripple, Kent, 28.IX.1852, † château de Deal, Kent, 21.V.1925). Feld-maréchal anglais. À la tête d'une division de cavalerie, il prit une part importante à la guerre des Boers (1899/1901) puis fut nommé chef d'état-major impérial (1912) et promu maréchal en 1913. D'août 1914 à la fin de 1915, il commanda le corps expéditionnaire britannique sur le front occidental. Il fut ensuite commandant de l'armée de l'intérieur (1916/18), vice-roi d'Irlande (1918/21) et gouverneur du Kent.

FRÈRES MUSULMANS, *Ikhwan el-Mouslimin.* Confrérie politico-religieuse fondée en Égypte en 1929 par Hassan al-Banna, prônant une stricte observance du Coran et de la tradition islamique comme base nécessaire et suffisante de toute la vie privée et publique. Les Frères musulmans luttaient contre l'influence de l'Occident mais ils ne repoussaient nullement le progrès dans les domaines scientifique et technique ; ils aspiraient à un ordre de justice sociale aussi éloigné du capitalisme que du communisme. En raison de leur opposition à l'Angleterre, les Frères musulmans entrèrent dès 1940 en relation avec les agents de l'Axe. C'est à cette époque que le « guide suprême », Hassan al-Banna, doubla son mouvement d'une organisation secrète de commandos qui assassinèrent les Premiers ministres égyptiens Ahmed Maher (févr. 1945) et Nokrachy Pacha (déc. 1948). En représailles, le gouvernement saadiste fit assassiner Hassan al-Banna par des agents spéciaux (févr. 1949). Les Frères musulmans, qui avaient étendu leurs ramifications dans tout le monde arabe, contribuèrent à préparer la chute du roi Farouk, en 1952. Leurs conceptions théocratiques ne tardèrent pas à s'opposer à celles des officiers du Conseil de la révolution. Leur confrérie fut dissoute en janv. 1954 et, à la suite d'un attentat manqué contre le colonel Nasser (oct. 1954), plusieurs de ses chefs furent exécutés. Acceptés en Jordanie où ils furent utilisés par le pouvoir hachémite, les Frères musulmans conservèrent néanmoins une activité secrète tant en Égypte qu'en Syrie. Ils développèrent leur organisation en Palestine, bénéficiant d'une relative indulgence du pouvoir israélien qui voyait en eux un contrepoids à l'OLP.

Sortis de leur clandestinité en Égypte par le président Sadate à partir de 1971, ils se développèrent à nouveau pendant près de vingt ans. Des groupes musulmans plus radicaux, tel le Djihad islamique, les concurrencèrent et assassinèrent Sadate en 1981. Confrontés en 1987, en Palestine, à l'Intifada, ils créèrent le Hamas. La recrudescence de la violence islamique, au début des années 1990, les exposa à une répression violente en Égypte.

FRÈRE-ORBAN Hubert Joseph Walter (* Liège, 24.IV.1812, † Bruxelles, 2.I.1896). Homme politique belge. Avocat, député de Liège, il devint un des chefs les plus actifs du parti libéral. Il fut, de 1878 à 1884, président du Conseil et ministre des Affaires étrangères. Son ministère fit adopter la loi scolaire Van Humbeeck de 1879. Introduisant la neutralité confessionnelle dans l'enseignement public, elle déclencha la guerre scolaire en Belgique et provoqua la rupture des relations diplomatiques entre la Belgique et le Vatican (1880).

FREYCINET Charles Louis de Saulces de (* Foix, 14.XI.1828, † Paris, 14.V.1923). Homme politique français. Ancien élève de l'École polytechnique, ingénieur des Mines, il se mit, en oct. 1870, à la disposition de Léon Gambetta qui fit de lui son délégué personnel au département de la Guerre. Élu sénateur de la Seine en janv. 1876, il devait conserver son siège jusqu'en 1920. Ministre des Travaux publics de 1877 à 1879, il lança le « plan Freycinet » pour le développement des canaux et surtout des chemins de fer (10 000 km de grandes voies ferrées nouvelles construites en dix ans et 20 000 km de voies d'intérêt local en vingt ans). Quatre fois président du Conseil (1879/90, 1882, 1886, 1890/92), Freycinet fut avant tout un conciliateur qui s'efforça avec habileté de défendre les intérêts des milieux d'affaires dans le régime républicain. Après avoir pris Boulanger comme ministre de la Guerre (1886), il s'opposa au mouvement boulangiste. Ministre de la Guerre de 1888 à 1893 et de 1898 à 1899, il accomplit une œuvre importante par l'établissement du service de trois ans (1889), la création et l'organisation du Conseil supérieur de la guerre et la réorganisation des troupes de réserve.

FRIEDLAND (bataille de, 14 juin 1807). Bataille remportée par Napoléon sur les Russes, commandés par Bennigsen. Napoléon, qui n'avait pu emporter la décision à Eylau (8 févr. 1807), remporta cette fois une victoire complète ; les Russes perdirent 20 000 hommes, presque tous leurs canons et leurs bagages ; les pertes françaises s'élevaient à 7 ou 8 000 hommes. Une semaine plus tard, les Russes demandaient l'armistice et la paix entre Napoléon et Alexandre fut signée à Tilsit.

FRIOUL, *Friuli.* Région historique de l'Italie, en Vénétie orientale (ville principale *Udine*). Le Frioul, qui doit son nom à la ville antique de *Forum Julii*, fut un des duchés créés au VIe s. par les Lombards. Conquis par Charlemagne en 775, il forma une marche défensive en face des Slaves. En 1077, cette marche devint la propriété des patriarches d'Aquilée. En 1420, elle passa, dans sa plus grande partie, à Venise. Le reste de la région échut au comté de Görtz (Gorizia) puis à l'Autriche (1500), ce qui suscita la distinction entre le Frioul autrichien, à l'E., chef-lieu *Trieste*, et le Frioul vénitien, à l'O., chef-lieu *Udine*. Ce dernier fut cédé à l'Autriche par le traité de Campoformio (1797). Tout le Frioul fut réuni en 1805 au royaume d'Italie puis attribué à l'Autriche en 1814. Napoléon Ier donna à Duroc le titre de duc de Frioul. La plus grande partie entra en 1866 dans le nouveau royaume d'Italie cependant que Trieste et le comté de Görtz restaient à l'Autriche, ce qui suscita les revendications des irrédentistes, lesquelles furent satisfaites par le traité de Saint-Germain (1919). En 1947, l'Italie dut abandonner à la Yougoslavie une partie du Frioul oriental. C'est alors que fut créée la région italienne du Frioul-Vénétie Julienne (Udine, Gorizia, Trieste), dotée, en 1963, d'un statut d'autonomie.

FRISE, néerl. *Vriesland*, allem. *Friesland*. Région de l'Europe du Nord-Ouest, s'étendant le long de la mer du Nord, du Zuiderzee à l'embouchure de la Weser, partagée entre les Pays-Bas (prov. de Frise) et l'Allemagne fédérale (où elle forme une partie de la Basse-Saxe). Peuple germanique probablement originaire de la presqu'île du Jutland, les Frisons étaient répandus, au début de notre ère, de l'embouchure de la Weser à celle du Rhin. Ils avaient pour voisins, au S.-O. les Bataves, au S. les Bructères et les Marses, à l'E. les Chauques. Soumis par les Romains au Ier s. de notre ère, ils se révoltèrent sous Claude (47) et défirent plusieurs légions romaines sous Néron. Vers le Ve s., à l'époque des Grandes Invasions, ils faisaient partie de la confédération saxonne. Étendus jusqu'à l'Escaut au VIIe s., ils furent peu à peu refoulés au N. du Rhin par les Francs, auxquels ils opposèrent une farouche résistance, sous la conduite de Radbod (fin du VIIe s.). La domination franque leur apporta le christianisme. La conversion des Frisons méridionaux fut principalement l'œuvre de st Willibrord, évêque d'Utrecht de 695 à 739, dont l'apostolat fut poursuivi par st Boniface ; ce dernier fut massacré par des Frisons en 754. L'écrasement des Saxons par Charlemagne (785) acheva de réduire la Frise en province franque mais provoqua au IXe s. un reflux d'une partie des Frisons septentrionaux vers le Schleswig. Les Frisons convertis réussirent d'ailleurs à maintenir leurs traditions nationales et formèrent, dans le haut Moyen Âge, de petits États indépendants de paysans et de marins. Jusqu'au développement de la Hanse, ils furent le premier peuple de navigateurs et de commerçants des rives de la mer du Nord.

FRONDE. Nom donné aux troubles civils qui eurent lieu en France de 1648 à 1653. La noblesse et le parlement, mécontents du renforcement du pouvoir royal obtenu par la politique centralisatrice de Richelieu, crurent pouvoir profiter de la minorité de Louis XIV (né en 1638) pour reconquérir leurs anciennes prérogatives. Ils exploitèrent l'impopularité de Mazarin et l'irritation suscitée dans le peuple par la crise des subsistances et par diverses mesures financières (réduction des rentes, augmentation de l'octroi...). Les parlementaires, menacés dans leurs intérêts par l'édit d'avr. 1648 qui suspendait pour quatre ans le traitement des membres des cours souveraines, refusèrent d'enregistrer cet édit et, sous l'inspiration du conseiller Broussel et de Paul de Gondi, futur cardinal de Retz et coadjuteur de l'archevêque de Paris, rendirent l'arrêt d'Union (13 mai 1648) ; par cet arrêt, le parlement s'engageait à se réunir au Grand Conseil, à la Cour des comptes et à la Cour des aides pour délibérer sur les affaires de l'État.

Le parlement s'érigeait ainsi en corps politique. Après avoir temporisé, Mazarin fit déclarer cet arrêt attentatoire aux droits du roi et, devant la résistance des parlementaires, ordonna l'arrestation du président de Blancménil et du conseiller Broussel. Mais les Parisiens se soulevèrent (journée des Barricades, 26 août 1648) et forcèrent la régente Anne d'Autriche à relâcher les prisonniers. La *Fronde parlementaire* commençait. La cour se retira à Saint-Germain-en-Laye (5 janv. 1649) et fit assiéger Paris par l'armée de Condé. Les parlementaires frondeurs, inquiets eux-mêmes de l'agitation populaire, s'empressèrent d'accepter la paix de Rueil (1er avr. 1649) qui leur accordait l'amnistie et assurait le cardinalat à Gondi.

À la Fronde parlementaire succéda bientôt la *Fronde des princes,* beaucoup plus grave. Mécontent du maintien au pouvoir de Mazarin, Condé abandonna la cour et noua des intrigues avec son frère, le prince de Conti, avec le cardinal de Retz, Turenne, les ducs de Beaufort, de La Rochefoucauld et le duc et la duchesse de Longueville. Arrêté avec Conti et Longueville (18 janv. 1650), Condé fut enfermé au château de Vincennes. Gaston d'Orléans, oncle de Louis XIV, éternel conspirateur, se mit alors à la tête des agitateurs. L'anarchie gagna les provinces. Anne d'Autriche dut rendre la liberté aux princes et fit semblant de sacrifier Mazarin qui se retira momentanément en Rhénanie (févr. 1651). Mais un désaccord étant survenu entre les deux chefs de la révolte, Condé et Gondi, la reine en profita pour commencer à rétablir son autorité et rappela Mazarin. Condé s'allia alors secrètement avec les Espagnols et souleva la Guyenne et le Poitou, tandis que Turenne, rentrant dans le rang d'où il était sorti par passion pour Mme de Longueville, se ralliait à la royauté. Condé marcha sur Paris mais dut livrer aux troupes de la cour, commandées par Turenne, un violent combat qui resta indécis, au faubourg Saint-Antoine (2 juill. 1652). Grâce à l'intervention de la Grande Mademoiselle, fille de Gaston d'Orléans qui fit tirer le canon de la Bastille sur les troupes royales, Condé put entrer dans Paris ; mais sa tyrannie lassa rapidement les bourgeois, qui le chassèrent. Condé se réfugia alors dans les Pays-Bas espagnols et une nouvelle retraite de Mazarin, à Liège, permit à la reine de se rapprocher plus aisément du cardinal de Retz. Dès le 21 oct. 1652, Anne d'Autriche put entrer à Paris avec le jeune Louis XIV. À peine au pouvoir, elle fit arrêter le coadjuteur et rappela Mazarin qui revint en févr. 1653.

Ce retour marquait la fin de la Fronde, confirmee par l'entrée des troupes royales à Bordeaux (août 1653). Mazarin fit condamner à mort par le parlement le prince de Condé (qui ne rentra en grâce qu'en 1659) et Gaston d'Orléans fut exilé à Blois. De cette grave crise, l'autorité royale sortit finalement renforcée.

FRONDIZI Arturo (* Paso de los Libres, Corrientes, 1908, † Buenos Aires, 18.IV.1996). Homme politique argentin. Président de la République (1958/62). Voir ARGENTINE. L'Argentine contemporaine.

FRONT DE LIBÉRATION NATIONALE (FLN). Mouvement nationaliste algérien fondé en nov. 1954. Voir ALGÉRIE. La « guerre d'Algérie ».

FRONTENAC ET PALLUAU, Louis de Buade, comte de (* Saint-Germain-en-Laye, 22.V.1622, † Québec, 28.XI.1698). Administrateur colonial français. Gouverneur général de la Nouvelle-France (Canada) de 1672 à 1682 puis de 1689 à 1698, il étendit la pénétration française dans le continent américain (fondation de fort Frontenac, au N. du lac Ontario, 1673), infligea plusieurs défaites aux Iroquois et repoussa les Anglais qui attaquaient Québec (1689).

FRONT NATIONAL (FN). Mouvement politique d'extrême droite fondé le 5 oct. 1972 par Jean-Marie Le Pen et des dirigeants du mouvement Ordre nouveau qui avaient pris le relais d'Occident, dissous en 1969. Aux élections législatives de juin 1981, l'extrême droite présenta au 1er tour 170 candidats qui ne totalisèrent que 90 422 suffrages, soit 0,35 %. Mais, sous le gouvernement de la gauche, le Front national élargit progressivement son audience. Combattant la majorité socialiste et communiste au pouvoir, souhaitant le rétablissement de la peine de mort, une justice plus sévère, l'arrêt de l'immigration, le retour progressif des immigrés chez eux et l'allégement de la fiscalité, il fut rejeté, en raison de ses positions extrêmes, par l'opposition parlementaire aux divers scrutins de 1983 et 1984. Aux différentes élections qui suivirent, législatives, municipales, régionales, européennes, le Front national a réuni de 9 à 17 % des suffrages, confirmant son ancrage dans le paysage électoral français, en dépit de la multiplication de condamnations de ses dirigeants accusés de tenir des propos racistes ou antisémites. En déc. 1998, l'exclusion par J.-M. Le Pen du numéro deux du parti, Bruno Mégret, provoqua une scission au sein du FN, qui aboutit à la création, en 1999, du Mouvement national républicain par Bruno Mégret. Cette division, ajoutée à la concurrence du parti fondé par Charles Pasqua et Philippe de Villiers, aboutit à un net recul du FN lors des européennes de 1999. Après avoir retrouvé ses positions aux élections municipales de mars 2001, le FN provoqua la surprise en avr. 2003. Au premier tour des élections présidentielles d'avr. 2003, J.-M. Le Pen parvint, avec 16,86 % des voix, à être candidat au deuxième tour contre Jacques Chirac, évinçant le candidat de la gauche, Lionel Jospin. Au deuxième tour, en mai 2002, la France se mobilisa contre le FN et Jacques Chirac l'emporta sur J.-M. Le Pen avec 81,52 % des voix. À la suite des élections législatives de juin 2002, le FN ne fut plus représenté à l'Assemblée nationale.

FRONT NATIONAL DE LIBÉRATION DU VIÊT-NAM DU SUD, *Mat-Tran Dan-Toc Giai-Phong Mien-Nam* ou **FNL**. Organisation révolutionnaire sud-vietnamienne, dont la création fut décidée le 20 déc. 1960. Voir VIÊT-NAM. La seconde guerre du Viêt-nam et la réunification.

FRONT POPULAIRE. Nom donné, dans les années 1930, à la coalition rassemblant les communistes, les socialistes et des partis de gauche non marxistes, tels que les radicaux en France, au nom de la lutte contre le fascisme.

En France, le danger représenté, en 1933, par l'arrivée de Hitler au pouvoir n'avait pas suffi à provoquer une union des forces de gauche. La crise du 6 févr. 1934 à Paris, déclencha un mouvement : le 12 févr., la gauche organisa sur le cours de Vincennes une manifestation imposante (de 80 000 à 100 000 personnes) à laquelle prirent part communistes et socialistes. En mars 1934 fut fondé le Comité de vigilance des intellectuels antifascistes qui rassemblait des communistes, des socialistes et des radicaux. Cependant, seul un retournement politique au sein des états-majors des trois partis permit la définition d'un programme commun. Dès juin 1934, les dirigeants communistes acceptèrent d'entrer en pourparlers avec ceux de la SFIO et, le 12 juill. 1934, fut signé un pacte d'unité d'action socialo-communiste. En juin 1935, le ralliement des radicaux permit de préparer le grand défilé d'union qui eut lieu le 14 juill. 1935, de la Bastille au cours de Vincennes.

Cette journée marqua la naissance du Front populaire. Il comprenait les partis communiste, socialiste SFIO, socialiste indépendant, radical, les deux confédérations syndicales : CGT (socialiste) et CGTU (communiste) et diverses organisations comme la Ligue des droits de l'homme et le Comité de vigilance des intellectuels antifascistes. Le principe de la réunification syndicale fut admis en sept. 1935 et le congrès de réunification eut lieu à Toulouse en mars 1936. Cependant, la collaboration des radicaux, attachés à des solutions économiques libérales, avec les deux grands partis marxistes, rendait difficile l'élaboration d'un programme commun de Front populaire, programme qui fut cependant publié le 10 janv. 1936. Ce programme était plus précis sur le plan politique (interdiction des ligues ; défense des droits syndicaux et de l'école laïque ; défense de la paix et nationalisation des industries de guerre) que sur le plan économique. L'alliance électorale de la gauche ne devait jouer qu'au second tour des élections, la discipline s'imposant au second tour en faveur du candidat de gauche le mieux placé. Le premier tour (26 avr. 1936) fut décevant pour le Front populaire, mais la victoire fut très nette au second tour (3 mai). Le Front populaire obtenait finalement 378 sièges contre 220. Cette majorité de Front populaire n'existait qu'avec les radicaux qui restaient ainsi les arbitres de la situation.

Léon Blum forma un gouvernement composé de socialistes et de radicaux (4 juin 1936), les communistes ayant adopté l'attitude du soutien sans participation. Le Front populaire n'allait pas se montrer, une fois au pouvoir, à la hauteur des grands espoirs qu'il avait éveillés. En dépit de ses réalisations sociales (v. **FRANCE.** Du Front populaire à la guerre), il se trouva très tôt handicapé par la surenchère communiste et par les hésitations radicales. La politique de non-intervention adoptée par Blum à l'égard de la guerre civile d'Espagne contribua à créer une tension entre socialistes et communistes. Ces derniers s'abstinrent dans un vote de confiance sur la politique étrangère du gouvernement, le 5 déc. 1936. Aux prises avec l'hostilité des milieux financiers et industriels, Blum dut annoncer une pause sociale (13 févr. 1937) et, lorsqu'il demanda les pleins pouvoirs, l'opposition du Sénat le força à démissionner (21 juin 1937). Les deux ministères Chautemps qui lui succédèrent (juin 1937/mars 1938) continuèrent la politique du Front populaire mais en l'atténuant. Le second ministère Blum (13 mars/8 avr. 1938) aboutit rapidement à un échec. Daladier, qui forma le nouveau gouvernement, allait signer les accords de Munich (30 sept. 1938), qui portèrent un coup définitif au Front populaire. Malgré l'opposition des communistes, les députés ratifièrent le traité par 535 voix contre 75.

En Espagne, le Front populaire (*Frente popular*) se constitua autour de Manuel Azaña à la suite des négociations menées de juin à août 1935 entre les syndicalistes, les communistes, les socialistes, les anarchistes, les trotskistes, l'Union de la gauche républicaine et les républicains. Cette coalition obtint une victoire décisive aux élections du 16 févr. 1936 qui lui donnèrent 256 sièges, contre 52 aux partis du centre et 165 à la droite. Azaña forma le nouveau gouvernement (19 févr.) puis fut élu président de la République (10 mai 1936). La victoire du Front populaire fut immédiatement suivie d'une vague de grèves, de violences anticléricales (en quatre mois, 170 églises furent incendiées), d'attentats politiques, d'occupation des terres par les fermiers... Azaña, de crainte de se laisser couper du peuple, suivait le mouvement plus qu'il ne le dirigeait. Ce climat d'anarchie contribua, en quelques semaines, à rejeter la plus grande partie de la bourgeoisie vers le fascisme. L'assassinat d'un des chefs de l'opposition, Calvo Sotelo (13 juill.), fut suivi, le 18, par le soulèvement militaire, dont le commandement passa au général Franco. Voir **ESPAGNE.** D'Alphonse XIII à la guerre civile.

FROSSARD Ludovic Oscar (* Foussemagne, territ. de Belfort, 1889, † Paris, 11.II.1946). Instituteur, militant socialiste, il fut, après le congrès de Tours, l'un des fondateurs du parti communiste dont il devint secrétaire général avec Treint (1922) avant de revenir à la SFIO de laquelle il démissionna en 1935. Ministre du Travail (1935/36).

FROUNZE Mikhaïl Vassilievitch (* Pichpek, Turkestan, 2.II.1885, † Moscou, 31.X.1925). Général soviétique. Engagé dès 1905 dans l'activité révolutionnaire, il fut durant la guerre civile (1918/20) un des principaux chefs de l'Armée rouge et se distingua notamment au Turkestan, puis en Crimée, contre le général Wrangel. Il fut nommé chef d'état-major général et commandant de l'Académie militaire de Moscou (qui porte aujourd'hui son nom) en avr. 1924. Frounze a fait œuvre de théoricien militaire (*Le Front et les arrières dans la guerre de l'avenir*). Pichpek, sa ville natale, fut rebaptisée *Frounze* en 1927 ; c'est aujourd'hui Bichkek.

FRUCTIDOR (coup d'État du 18-). Coup d'État exécuté le 18 fructidor an V (4 sept. 1797) par les membres républicains du Directoire, Barras, La Revellière-Lépeaux, Rewbell, contre leur collègue Barthélemy et contre la nouvelle majorité royaliste ou modérée du Conseil des Cinq-Cents et du Conseil des Anciens, issue des élections d'avr. 1797.

FSB, sigle de **Federalni Slouchbi Bezopasnosti**, *Service Fédéral de Sécurité*. Services secrets, en Russie, depuis 1933. Voir **KGB**.

FSU, Fédération syndicale unitaire. Fédération syndicale française issue de la scission de la FEN, en avr. 1993, et regroupant quatorze syndicats d'enseignants et de personnels de l'éducation, situés majoritairement à gauche de la FEN. Voir **SYNDICATS.** Le développement des syndicats dans le monde.

FTPF ou **FTP.** Organisation de combat de la Résistance française, proche du parti communiste (1941/44). Voir **FRANCS-TIREURS ET PARTISANS FRANÇAIS.**

FUALDÈS Antoine Bernardin (* 1761, † Rodez, 19.III.1817). Magistrat français. Magistrat sous l'Empire, il fut égorgé dans une maison malfamée de Rodez par deux de ses amis, l'agent de change Jausion et son beau-frère Bastide qui commirent ce crime pour ne point avoir à lui payer une somme de 26 000 francs dont ils étaient débiteurs. Les assassins furent condamnés à mort ainsi que leur complice Colard. Les circonstances qui avaient entouré le crime donnèrent à cette affaire un retentissement considérable.

FUGGER. Famille de banquiers allemands, issue du tisserand **Hans Fugger**, de Graben, près d'Augsbourg. Son fils, nommé également **Hans Fugger** († 1409), obtint en 1370 le titre de citoyen d'Augsbourg ; il se consacra au commerce de la toile et fut à l'origine de la richesse de la famille. À la fin du XVe s., les Fugger rendirent des services tels aux souverains de la maison de Habsbourg, en particulier à Maximilien et à Charles Quint qu'ils obtinrent de ces souverains des titres de noblesse et s'allièrent aux meilleures maisons d'Allemagne. On distingue deux branches de cette famille : *a)* les *Fugger du Daim*. Cette branche fut fondée par le fils aîné de Hans Fugger, **Andreas Fugger** (* 1388, † 1457), qui obtint en 1452 de Frédéric III le droit de prendre des armoiries (avec un daim d'or sur un champ d'azur) ; cette branche s'éteignit en 1583, après avoir fondé des établissements prospères à Anvers et à Venise ; *b)* les *Fugger du Lis* eurent pour fondateur le second fils de Hans, **Jakob Ier Fugger** (1469) dont les trois fils, **Ulrich** (* 1441, † 1510), **Georg** (* 1453, † 1506) et surtout **Jakob II le Riche** (* 1459, † 1525), établirent leur fortune en faisant du commerce avec le Levant et en créant des entreprises minières dans le Tyrol et en Carinthie. En 1473, ils obtinrent à leur tour le droit de prendre des armoiries (deux lis dans un blason). Jakob II fut le financier des empereurs Maximilien et Charles Quint. En 1507, il prêta à Maximilien une somme de 70 000 florins et l'empereur lui remit en gage le comté de Kirchberg ainsi que les seigneuries de Weissenhorn et de Marstetten. En 1519, Fugger assura l'élection impériale de Charles Quint en prêtant à ce dernier 544 000 florins. À la mort de Jakob II, les entreprises des Fugger s'étendaient sur toute l'Europe centrale et occidentale, de la Méditerranée à la Baltique, de Cracovie à Anvers et à Lisbonne. Jakob II se consacrait aussi à des œuvres philanthropiques : il fit construire à Augsbourg une cinquantaine de maisons pour des artisans pauvres. Après Jakob II, ce fut son neveu, **Anton Fugger** (* 1493, † 1560), qui prit la direction des affaires familiales. Il facilita financièrement l'élection de Ferdinand Ier comme roi des Romains (1531), reçut le droit de battre monnaie (1534) et alimenta avec sa fortune la lutte contre les protestants. Mais ce soutien apporté aux Habsbourg causa la ruine des Fugger et après la mort d'Anton, la famille ne fit que décliner.

FUJIMORI Alberto (Lima, 28.VII.1938). Homme politique péruvien. Ingénieur agronome. Fils d'immigrants japonais, il enseigna l'agronomie à l'université de Lima dont il fut le recteur de 1984 à 1989. Bien qu'il eût animé une émission télévisée, il était quasiment inconnu des Péruviens quand il se présenta à l'élection présidentielle qu'il remporta, en juin 1990, face à l'écrivain Mario Vargas Llosa. Indépendant, Fujimori gouverna avec le soutien des forces armées et s'octroya, par un « coup constitutionnel », en 1992, les pleins pouvoirs. Élu pour un mandat non renouvelable de cinq ans, il fit modifier la Constitution pour pouvoir se représenter. Une campagne électorale populiste ainsi que des succès dans la lutte contre l'hyperinflation et la guérilla du Sentier lumineux, lui permirent de remporter l'élection présidentielle d'avr. 1995. Il se présenta à nouveau en juill. 2000 et fut réélu après un scrutin très largement contesté. Toutefois, en nov. 2000, touché par un scandale (achat de votes), il annonça sa démission depuis le Japon où il était en visite, mais le Parlement la refusa pour le destituer. Depuis lors, Fujimori qui a la nationalité japonaise, réside au Japon, sa nationalité le mettant à l'abri d'une extradition demandée par le Pérou.

FUJIWARA. Famille qui contrôla le pouvoir impérial au Japon de 894 à 1185. Voir JAPON. Jusqu'à la fondation du shôgunat.

G

G7. Groupe annuel des chefs d'État des sept pays les plus industrialisés du monde. Voir **Groupe des 7**.

GABELLE. Jusqu'à 1790, impôt indirect perçu en France sur le sel. Depuis le XIIIe s., une taxe sur le sel était perçue en Provence et en Languedoc. Jusqu'au XVe s., le terme de *gabelle* s'est appliqué à toutes sortes d'impôts indirects. À partir du début du XIVe s., le roi de France tenta de s'arroger le monopole de la vente du sel ; en dépit de vives résistances, la gabelle du sel fut définitivement instituée en 1383. Non seulement la vente du sel fut monopolisée et effectuée par un corps d'officiers royaux, les *grenetiers*, mais encore les contribuables furent tenus de consommer annuellement le *sel du devoir*, c'est-à-dire une certaine quantité de sel, d'ailleurs modérée, répartie par paroisses. La perception de la gabelle était loin d'être uniforme. Aux XVIIe-XVIIIe s., on distinguait six régimes différents :

a) Les **pays francs** étaient complètement exempts de la gabelle soit parce qu'ils en avaient été dispensés lors de leur réunion récente au royaume, soit parce que c'étaient des régions maritimes où la fraude eût été trop facile (Artois, Boulonnais, Calaisis, Cambrésis, Flandre, Hainaut, partie de l'Aunis, de la Saintonge et du Poitou, Béarn, Basse-Navarre, etc.) ;

b) Les **pays rédimés** avaient acheté par un versement forfaitaire une exemption à perpétuité de la gabelle (Poitou, Saintonge, Aunis, Angoumois, Gascogne, Périgord, Marche, Limousin, Guyenne, comtés de Foix, de Bigorre, de Comminges) ;

c) Dans les **pays de salins**, l'État, producteur de sel, pouvait percevoir directement son profit en majorant son prix de vente, ce qui rendait la gabelle pratiquement inexistante (Franche-Comté, Lorraine, les Trois-Évêchés, Rethélois, duché de Bar, partie de l'Alsace et du Clermontois) ;

d) Les **pays du quart-bouillon** (la Basse-Normandie) où le sel était obtenu non par dessèchement, mais dans des sauneries particulières, où l'on faisait bouillir le sable imprégné d'eau de mer ; ces sauneries versaient le quart de leur fabrication dans les greniers du roi ;

e) Les **pays de petite gabelle**, où la vente du sel était assurée par les greniers à sel, mais où la consommation restait généralement libre (Languedoc, Provence, Roussillon, Rouergue, Gévaudan, partie de l'Auvergne, Bresse, Bugey, Dombes, Lyonnais, Forez, Mâconnais, Beaujolais) ;

f) Les **pays de grande gabelle**, où devait être achetée obligatoirement une quantité annuelle fixe de « sel du devoir » (environ 9 livres par tête), ce qui transformait la gabelle en impôt direct (Île-de-France, Picardie, Champagne, Orléanais, Perche, la plus grande partie de la Normandie, Maine, Anjou, Touraine, Berry, Bourbonnais, Bourgogne).

Ce système compliqué donnait lieu à toutes sortes d'abus et de fraudes. La gabelle était théoriquement applicable à tous, mais, en fait, la noblesse, le clergé, les membres de l'Université, les officiers royaux y échappaient en bénéficiant du *franc salé*, qui leur permettait d'acheter le sel à un prix inférieur au tarif. Une contrebande intense sévissait entre les pays où le sel était bon marché et ceux où il était cher ; mais les *faux sauniers* étaient punis de peines sévères (les galères pour la contrebande simple, la peine de mort pour la contrebande armée). Ces délits étaient jugés en première instance par les greniers à sel, qui étaient à la fois des organes de stockage, des bureaux administratifs et des juridictions d'exception, en appel par la Cour des aides. Bien que la gabelle fût très impopulaire, l'État ne pouvait y renoncer, car l'impôt rapportait beaucoup. Le système n'aurait pu être réformé qu'en libérant le commerce et en taxant le sel à la production (ce que l'on fit au XIXe s.), mais la monarchie ne put s'y résoudre : l'unification eût été à l'encontre des privilèges des pays, auxquels les Français étaient particulièrement attachés.

À la fin de l'Ancien Régime, cependant, tout le monde ressentait le besoin de réformer la gabelle. La gabelle fut abolie par l'Assemblée constituante en 1790.

GABON. État de l'Afrique équatoriale ; capitale *Libreville*. La côte du Gabon fut explorée pour la première fois en 1484 par le navigateur portugais Diogo

Cam ; ses ports furent, jusqu'au début du XIXe s., des centres de la traite des Noirs. C'est en 1839 que le capitaine de vaisseau L.E. Bouet-Willaumez, chargé du contrôle de l'interdiction de la traite, fonda, avec l'accord de chefs locaux, le premier établissement français à l'estuaire du Gabon. À côté d'un autre fort français fut fondée Libreville (1849), qui accueillit des esclaves libérés. Savorgnan de Brazza explora le cours de l'Ogooué (1877/78), fonda Franceville (1880) et posa les bases de la colonie du Gabon, qui, d'abord réunie au Congo français (1888), fut incluse en 1910 dans l'Afrique-Équatoriale française. En 1913, le Dr Schweitzer fonda l'hôpital de Lambaréné. Passé à la France libre en 1940, le Gabon devint en 1946 un territoire d'outre-mer. Indépendante depuis le 17 août 1960, la République gabonaise a conservé des liens étroits avec la France. Le Gabon a adopté un régime politique de type présidentiel, avec un parti unique, le Bloc démocratique gabonais. Le président Léon Mba prit la tête du pays à l'indépendance. À sa mort, en 1967, l'ancien vice-président Omar Bongo est devenu chef de l'État, cumulant avec ses fonctions celles de chef du gouvernement et de secrétaire général du nouveau parti unique, le parti démocratique gabonais (PDG). Grâce aux richesses du sous-sol et de la forêt gabonais, O. Bongo, constamment réélu depuis son accession au pouvoir, a fait de son pays un asile de prospérité relative. L'économie souffrait d'un appareil d'État pléthorique ; celui-ci a été restructuré en 1989. De nombreux militants d'opposition en exil ont vécu en France, où ils jouissaient des sympathies de la gauche. En sept. 1990, Bongo a accepté le multipartisme et organisé des élections législatives. À l'élection présidentielle de déc. 1993, la proclamation de sa victoire au premier tour fut vivement contestée et a entraîné la constitution d'un gouvernement d'opposition parallèle, mené par Paul Mba Abessolé. Les émeutes de févr. 1994 ont obligé le régime à conclure avec l'opposition un accord prévoyant des élections en 1996. En déc. 1996, le parti au pouvoir, le PDG et ses alliés ont remporté 95 sièges sur 120 aux élections législatives. À partir d'oct. 1998, le Gabon était en cessation de paiement de sa dette. Le président Bongo fut réélu, en déc., au premier tour, avec plus de 66 % des suffrages, résultat contesté par l'opposition. La demande d'annulation de la dette déposée par le Gabon a été repoussée par le G7 et par le FMI. En 2000, grâce, entre autres, à la hausse du prix du pétrole, la situation économique s'est améliorée quelque peu.

GAGARINE Youri Alexéïévitch (* Koulichno, prov. de la Volga, 9.III.1934, † 27.III.1968). Cosmonaute russe. Fils d'un charpentier, entré en 1955 à l'École aéronautique militaire d'Orenbourg, il fut le premier homme à accomplir un vol dans l'espace, à bord du vaisseau spatial *Vostock I*, le 12 avr. 1961. Ce vol dura 1 h 48 mn. Gagarine trouva la mort dans un accident d'avion.

GAÏDAR Egor Timourovitch (Moscou, 19.III. 1956). Homme politique russe. Économiste de formation, il se fit connaître par ses positions radicales en matière de réformes et de transition vers l'économie de marché. Nommé Premier ministre en juin 1992 par Boris Eltsine, il mit en œuvre une thérapie de choc visant à la rigueur monétaire et à la libéralisation de l'économie, qui fut saluée par le FMI. Sous la pression des parlementaires conservateurs refusant d'assumer les conséquences sociales désastreuses d'une telle politique, le président Eltsine lui demanda de se retirer en déc. 1992. Nommé vice-Premier ministre chargé de l'Économie en sept. 1993, Gaïdar s'est opposé à la politique menée par le gouvernement de Victor Tchernomirdyne et a démissionné en janv. 1994. Aux élections législatives du 12 déc. 1993, il a conduit la liste pro-Eltsine, « Choix de la Russie », qui ne remporta que 15 % des voix. Aux législatives de déc. 1995, le groupe de Gaïdar ne remporta que neuf sièges et Gaïdar lui-même perdit son siège de député. Aux législatives de déc. 1999, la coalition qu'il dirigeait aux côtés d'Anatoli Tchoubaïs et d'autres petits partis libéraux proches du Kremlin fit une remontée remarquée en obtenant 8,7 % des suffrages.

GAILANI el-. Grande famille sunnite d'Irak remontant à **Abdul Kader el-Gailani** (* 1077, † 1166). Né en Perse, il fonda à Bagdad l'ordre des Kadirites, la plus ancienne de toutes les confréries subsistantes de derviches. Depuis, cette famille n'a pas cessé de jouer un rôle de premier plan dans l'islam traditionnel. En 1920, elle a donné à l'Irak moderne son premier chef de gouvernement, Abdul Rahman el-Gailani.

Plus célèbre encore fut **Rachid Ali el-Gailani** (* Bagdad, 1892, † Beyrouth, 1965). Avocat et chef du parti nationaliste, il prit le pouvoir avec l'aide de l'armée, le 3 avr. 1941, et s'efforça de secouer la tutelle militaire que les Anglais, en vertu du traité de 1930, continuaient à exercer en Irak. Le 30 avr. 1941, il engagea une lutte armée contre les Britanniques, mais il reçut des secours insuffisants et trop tardifs des Allemands et dut se réfugier en Arabie. Il revint dans son pays après le coup d'État de 1958, mais ne put s'entendre longtemps avec le gouvernement révolutionnaire.

GAILLARD Félix (* Paris, 5.XI.1919, † en mer, au large de Jersey, 10.VII.1970). Homme politique français. Inspecteur des finances, militant dans la Résistance, député radical de la Charente de 1946 à sa mort, considéré comme un des espoirs de la IVe République, il occupa à partir de 1947 divers postes gouvernementaux avant de devenir ministre des Finances dans le cabinet Bourgès-Maunoury (1957). Président du Conseil à la chute de ce dernier (nov. 1957), il fut, à trente-huit ans, le plus jeune chef de gouvernement qu'ait eu la France. Son passage à la direction des affaires fut marqué principalement par l'affaire de Sakiet (févr. 1958) et par l'acceptation des « bons offices » anglo-américains, qui entraîna la chute du cabinet (avr. 1958) et ouvrit la crise où sombra la IVe République. Président du parti radical (1958/61), F. Gaillard fut, sous le régime suivant, un des chefs de l'opposition parlementaire.

GALBA Servius Sulpitius (* Terracina, vers 5 av. J.-C., † Rome, 15.I.69 apr. J.-C.). Empereur romain (68/69). Bon soldat, il commanda en Germanie, fut proconsul d'Afrique (45) et devint sous Néron gouverneur de la Tarraconaise (en Espagne). Se sentant menacé par Néron, qui redoutait son prestige, il gagna l'empereur de vitesse, se révolta et, grâce à l'appui de Nymphidius, préfet du prétoire, fut reconnu comme empereur par le Sénat, ce qui provoqua le suicide de Néron (juin 68). Mais il s'aliéna bientôt les légions en leur refusant le *donativum* (le « don » de joyeux avènement) promis. Les prétoriens se révoltèrent et l'égorgèrent sur le Forum, ainsi que Calpurnius Licinianus Piso, qu'il avait choisi pour héritier. Othon, favori de Néron, lui succéda.

GALÈRE, Caius Galerius Valerius Maximianus (* en Illyrie, vers 250, † Rome, 311). Empereur romain (305/11). Berger d'origine dace, il fit une brillante carrière militaire. Dioclétien l'adopta, lui fit épouser sa fille et le nomma césar pour l'Illyrie, l'Achaïe et le Danube (formation de la tétrachie en 293). Galère remporta une série de victoires contre les Germains (293/95), puis contre les Perses. Très hostile aux chrétiens, il aurait inspiré en 303 la persécution dite « de Dioclétien ». En 305, à l'abdication de Dioclétien et de Maximien, il devint auguste en Orient, alors que Constance Chlore recevait l'Occident. Menacé plus tard par l'alliance de Constantin et de Maxence, il abandonna sa politique persécutrice et, en avr. 311, publia un édit de tolérance.

GALICIE, *Galicja, Galizien*. Ancienne province de l'empire d'Autriche, s'étendant au N. des Carpates. D'abord habitée par des Germains, la Galicie fut occupée au VIe s. par des Slaves. La Galicie orientale, à l'E. du San, fut conquise par la Russie kiévienne à la fin du Xe s., mais, au XIIe s., elle forma une principauté indépendante qui avait pour capitale la ville de Halicz (d'où le nom de Galicie). Elle connut une période brillante sous Iaroslav Osmomysl (1152/87), mais les dissensions entre les princes et les boyards la firent passer sous la domination des princes de Volhynie (1199). Les deux principautés réunies de Galicie-Volhynie atteignirent leur apogée sous le règne de Daniel (1205/64), qui ne parvint cependant pas à chasser les Mongols (1241). En 1349, le roi Casimir le Grand annexa la Galicie à la Pologne, dont elle n'allait plus être séparée jusqu'au XVIIIe s.

À l'exception de la ville de Cracovie, la Galicie fut attribuée à l'Autriche lors du premier partage de la Pologne (1772). Le congrès de Vienne (1815) fit de Cracovie et de ses environs une petite république indépendante, finalement incorporée à l'Autriche en 1846. Comprise à partir de 1867 dans la Cisleithanie, la Galicie reçut des Habsbourg une large autonomie. Durant la Première Guerre mondiale, la Galicie devint un champ de bataille : occupée presque complètement par les Russes en 1914/15, elle subit encore l'offensive de Broussilov en 1916/17. En 1918, elle fut rattachée à la Pologne, ce qui entraîna des heurts sanglants entre Polonais et Ruthènes ukrainiens. À la suite du pacte germano-soviétique, la Galicie orientale fut annexée par l'URSS en sept. 1939 et englobée dans la république d'Ukraine ; conquise par la Wehrmacht en juin 1941, cette région fut réoccupée par les troupes de Koniev en juill. 1944 et réannexée par l'URSS. La Galicie occidentale est restée à la Pologne.

GALILÉE, Galileo Galilei, dit (* Pise, 15.II.1564, † Arcetri, Florence, 08.I.1642). Mathématicien, physicien et astronome italien. Né dans une famille modeste, il apprit aux côtés de son père, musicologue, le goût véritable pour la création et le dessin, ainsi qu'une remarquable habileté manuelle dans la construction d'instruments. Sa curiosité personnelle se tourna vite vers les mathématiques, et fut enrichie par des lectures philosophiques et son sens de l'observation. En 1589, il obtint une chaire d'enseignement à Pise, mais cet engagement fut de courte durée. Dès lors se manifesta l'originalité de sa recherche, avec un constant souci de la méthode expérimentale. Les domaines où elle s'exerça furent très diverses : mesure de la longitude, chute des corps, astronomie, calculs de la pesanteur, optique. En 1610, ses observations sur les positions respectives et les mouvements des planètes (Jupiter), du soleil et de la lune furent décisives dans l'avancée d'une science nouvelle. Et ce fut l'inévitable conflit avec la science traditionnelle, imprégnée d'intérêts religieux. Le 3 mars 1616, l'œuvre de Copernic fut mise à l'Index : toute remise en cause de la vision géocentrique de l'Univers (conforme au texte biblique) devait être évitée. La fin de la vie de Galilée fut marquée par ce conflit avec l'autorité religieuse. En 1632, son ouvrage *Dialogue sur les principaux systèmes du monde* fut déféré au tribunal de l'Inquisition, parce que Galilée y parlait de la rotation de la Terre autour du Soleil comme d'un phénomène physique et non à titre d'hypothèse mathématiquement utile. Il fut condamné par le tribunal de l'Inquisition et abjura le 22 juin 1633. Il se serait ensuite écrié : « Et pourtant, elle tourne ! » Ses travaux n'en furent pas moins connus et diffusés par leur publication en France et aux Pays-Bas. Le concile de Vatican I (1869/70) est revenu sur la condamnation de l'ouvrage. En 1992, le pape Jean-Paul II a exprimé le regret de l'Église sur cette affaire.

GALILÉE. Sous la domination romaine, l'une des quatre grandes régions de la Palestine, la plus septentrionale, bornée à l'O. par la Méditerranée, au N. par le Léonte et le Liban, à l'E. par le Jourdain et le lac de

Tibériade, au S. par les chaînes des monts Gelboé et Carmel. Sa situation sur la route commerciale entre l'Égypte et la Syrie en a fait très tôt une région de population mêlée. La Galilée supérieure était habitée par des Égyptiens, des Arabes et des Phéniciens, et la capitale politique de la Galilée, Tibériade, une ville grecque. C'est en Galilée que Jésus passa toute sa jeunesse et la plus grande partie de sa vie publique ; on y trouve plusieurs lieux souvent cités dans les Évangiles : Nazareth, Capharnaüm, Bethsaïda, Magdala. Comprise dans la tétrarchie d'Hérode Antipas, la Galilée échut ensuite à son fils Philippe. Au IIIe s. apr. J.-C., la Galilée fit partie de la Palestine Ire, qui dépendait du diocèse et de la préfecture d'Orient. Après l'échec des deux révoltes juives (66/70 et 132/35), les Juifs de Judée se réfugièrent en Galilée, faisant de cette province jusque-là dédaignée un foyer de la renaissance spirituelle juive.

GALLA PLACIDIA (* vers 390, † Rome, 450). Impératrice romaine. Fille de Théodose Ier, capturée après la prise de Rome par les Wisigoths (410), elle fut mariée en 414 au beau-frère et successeur d'Alaric, Ataulf. Celui-ci ayant été assassiné l'année suivante, elle put rejoindre Honorius, son frère, et se remaria en 417 à Constance, général d'Honorius, qu'elle fit nommer Auguste sous le nom de Constance III (421). Veuve de nouveau, elle réussit, à la mort d'Honorius, à placer sur le trône son propre fils, Valentinien III (425), et gouverna comme régente. Fidèle à l'orthodoxie de l'Église, elle apporta son soutien au pape Léon Ier dans les controverses théologiques et fit construire à Ravenne plusieurs églises, ainsi que son mausolée orné de mosaïques magnifiques.

GALLES (pays de), *Wales*. Principauté définitivement réunie à l'Angleterre en 1536 et 1543, située dans l'ouest de la Grande-Bretagne (v. GRANDE-BRETAGNE. Préhistoire des îles britanniques). Conquis par les Romains à la fin du Ier s., les Celtes du pays de Galles furent très peu latinisés, mais leur évangélisation commença avant la fin de la domination romaine (Ve s.). D'abord ennemis des Celtes d'Irlande, lesquels ne cessaient d'opérer des raids sur leurs côtes, les Gallois s'allièrent avec eux pour faire face aux attaques des Anglo-Saxons, qui commencèrent à la fin du VIe s. Alors que tout le reste de la Grande-Bretagne était submergé par les envahisseurs germaniques, le pays de Galles réussit à sauvegarder, avec son indépendance, sa civilisation celtique traditionnelle et aussi son christianisme tout irlandais, dont la principale figure fut st David. Malgré la menace extérieure, les Gallois ne purent jamais réaliser leur unité politique et restèrent divisés en plusieurs royaumes. Les plus importants étaient ceux de Gwynedd (au N.), de Powys (au centre), de Dyfed (au S.-O.), de Morgannwg et de Gwent (au S.-E.). Au VIIIe s., le roi Offa de Mercie éleva aux frontières du pays de Galles un grand mur, l'Offa's Dyke, dont des vestiges subsistent encore.

Après 1066, les Normands s'infiltrèrent dans l'est et le sud du pays de Galles, mais ils se heurtèrent à une résistance acharnée. La marche de Galles fut contrôlée par une aristocratie normande belliqueuse et très indépendante. Au début du XIIIe s., le royaume de Gwynedd s'assura l'hégémonie sur les Gallois grâce à l'énergie de Llewelyn ap Iorweth, dit le Grand († 1240), dont le petit-fils, Llewelyn ap Gruffydd, fit reconnaître son titre de prince de Galles par le roi Henri III au traité de Montgomery (1267). Vaincu dix ans plus tard par Édouard Ier, Llewelyn ap Gruffydd dut signer l'humiliant traité d'Aberconway (1277) ; il se rebella de nouveau en 1282 et périt au combat. Édouard Ier annexa alors l'ancien royaume de Gwynedd et mit fin à la dynastie en faisant exécuter le frère et successeur de Llewelyn, David III (1283).

En 1301, le futur Édouard II reçut le titre de prince de Galles, qui fut porté désormais par l'héritier du trône d'Angleterre. Sous la domination anglaise, les Gallois restaient fidèles à leurs traditions, à leur langue, à leur poésie, transmise par les bardes. Plusieurs révoltes éclatèrent en 1287, 1294 (Madog), 1316, 1400 (Owen Glendower, qui tenta d'obtenir le soutien français). Le Parlement anglais prit des mesures rigoureuses contre les Gallois, qui se virent interdire de posséder des armes ou d'être propriétaires de terres en Angleterre. Ce régime autoritaire se relâcha avec les Tudors, qui étaient pour une part d'origine galloise. Les actes de 1536 et de 1543 intégrèrent complètement le pays de Galles à l'Angleterre ; les Gallois furent désormais soumis à toutes les lois britanniques, obtinrent une représentation normale au Parlement, mais durent accepter l'anglais comme langue administrative. En 1967, le Welsh Language Act a affirmé l'égalité des langues anglaise et galloise dans la conduite de la justice ainsi que dans les affaires publiques. Il existe un véritable nationalisme gallois, représenté par le parti Plaid Cymru. Fidèle à ses engagements pré-électoraux, le Premier ministre Tony Blair organisa, en sept. 1997, un référendum portant sur l'établissement d'un Parlement autonome au pays de Galles. Le « oui » l'emporta par une courte majorité et les élections régionales de mai 1999, malgré la percée des indépendantistes, écartèrent toute idée de sécession.

GALLICANISME. Doctrine par laquelle l'Église de France, tout en protestant de son attachement à la foi catholique et au Saint-Siège, prétendait restreindre l'autorité du souverain pontife, notamment au temporel, au nom de certaines franchises particulières dites *libertés gallicanes*.

Les premières manifestations du gallicanisme remontent au conflit de Philippe de Bel et de Boniface VIII, au début du XIVe s. À la doctrine théocratique du pape, formulée dans les bulles *Ausculta Fili* (1301) et *Unam Sanctam* (1302), les légistes français répliquèrent que le roi ni ses officiers ne pouvaient être excommuniés pour des actes accomplis dans l'exercice de leurs fonctions. La France s'étant orientée plus vite que n'importe quelle autre nation d'Europe vers la centralisation et l'absolutisme royal, ces revendications d'indépendance à l'égard du Saint-Siège ont eu chez elle une continuité beaucoup plus nette qu'ailleurs. Des docteurs parisiens, Marsile de Padoue et Jean de Jandun, rédigèrent le *Defensor pacis* pour fournir des arguments théologiques à l'empereur Louis IV de Bavière dans sa lutte contre Jean XXII. Au siècle suivant, le Grand Schisme (v.) vint fournir de nouveaux arguments au gallicanisme, représenté par deux éminents théologiens de la Sorbonne, Pierre d'Ailly et Gerson, qui soutenaient la théorie de la supériorité du concile général sur le pape. Le concile de Constance (v.) proclama cette thèse en 1417 par le décret *Sacro-sancta*, qui fut repris par le concile de Bâle, mais rejeté par le pape Eugène IV. Le roi de France Charles VII inscrivit la doctrine de la suprématie du concile dans la pragmatique sanction de Bourges (7 juill. 1438). François Ier y renonça par le concordat de Bologne (1516), mais il se heurta à la mauvaise humeur du Parlement, qui ne consentit à enregistrer le concordat que par un lit de justice, en mars 1518. L'Université fit également opposition.

Quand un acte du pape était refusé par les parlementaires, ceux-ci formaient un appel au futur concile ; et, cet appel étant suspensif, l'action du pape se trouvait paralysée. La France fit les plus grandes difficultés à recevoir les décrets du concile de Trente (1545/63), particulièrement en ce qui concernait la discipline. Cependant, la majorité du clergé français protestait alors contre de telles opinions, qui étaient surtout accueillies chez les légistes et chez les parlementaires : n'ayant pu obtenir du roi la réception des décrets du concile de Trente, le clergé, dans son assemblée de 1615, finit par déclarer qu'il s'y soumettait sans réserve. Les légistes s'en tirèrent par une subtilité juridique : ils affirmèrent que c'étaient les ordonnances royales (notamment l'ordonnance de Blois de 1579, qui reproduisait plusieurs dispositions du concile de Trente), et non pas les décrets conciliaires eux-mêmes, qui étaient en fait observées.

Au cours du XVIIe s., le gallicanisme fit de nouveaux progrès dans le haut clergé. Le roi lui-même se mit à la tête du mouvement par les édits de 1673 et 1675 sur la régale. Au cours du conflit qui suivit entre la France et le Saint-Siège, Louis XIV réunit une assemblée du clergé, qui, le 19 mars 1682, vota la célèbre Déclaration des Quatre Articles, rédigée par Bossuet, qui constituait le résumé de la doctrine gallicane. Le roi promulgua cette déclaration comme loi d'État et en prescrivit l'enseignement et la profession. Mais la résistance du pape l'obligea à se rétracter en 1693. Le Parlement ne l'entendait pas ainsi et, jusqu'à la fin de l'Ancien Régime, considéra que la déclaration restait en vigueur. Au cours du XVIIIe s., l'opposition janséniste se confondit avec le gallicanisme radical.

Les auteurs de la Constitution civile du clergé (1790) s'efforcèrent de créer en France une Église nationale, dont les évêques et les curés, élus par le peuple, devenaient des salariés de la nation. Le concordat de 1801, qui s'accompagna de l'élimination de tout l'épiscopat survivant de l'Ancien Régime, permit au Saint-Siège de reprendre son contrôle sur l'Église de France. Mais Napoléon Ier ajouta au concordat des articles organiques d'inspiration nettement gallicane, et les professeurs de séminaire furent tenus de souscrire à la Déclaration de 1682. Sous la Restauration commença la lutte des ultramontains, partisans de la soumission absolue au Saint-Siège, et des gallicans. Les premiers eurent pour principaux porte-parole Joseph de Maistre, Lamennais, dom Guéranger, Veuillot, alors que Montlosier, Mgr de Quélen, puis, plus tard Mgr Dupanloup, Mgr Sibour et Gratry se montraient les continuateurs de la vieille tradition gallicane (v. **ULTRAMONTANISME**). Au fur et à mesure que le pouvoir politique se laïcisait (en 1830, le catholicisme cessa d'être religion d'État), le gallicanisme perdait sa raison d'être. La proclamation de l'infaillibilité pontificale par le premier concile du Vatican (1870) lui porta un coup décisif. La séparation des Églises et de l'État (1905) permit enfin au Saint-Siège de nommer les évêques de France.

GALLIEN, Publius Licinius Egnatius Gallienus (* vers 218, † Milan, 268). Empereur romain (253/68). Fils de Valérien, associé par son père à l'empire à partir de 253, il resta seul empereur lorsque Valérien fut capturé par Sapor Ier, roi de Perse (260). Son règne fut extrêmement troublé par les menaces extérieures (invasion des Alamans en Italie du Nord, des Goths dans les Balkans) et par les ambitions des usurpateurs Postumus (en Gaule) et Odenath (à Palmyre). Il réforma l'armée et mit fin aux persécutions des chrétiens (« petite paix de l'Église » en 260). Philhellène, il s'entoura d'intellectuels ; un renouveau artistique marqua son règne. Il fut assassiné par des officiers illyriens alors qu'il essayait de réprimer à Milan la révolte du chef de sa cavalerie.

GALLIENI Joseph Simon (* Saint-Béat, Haute-Garonne, 24.IV.1849, † Versailles, 27.V.1916). Maréchal de France. Sorti de Saint-Cyr en 1870, il fit presque toute sa carrière aux colonies : au Soudan (1876/81, 1885/88) ; au Tonkin (1892/95), où il vint à bout de la piraterie chinoise et prit comme collaborateur Lyautey (v.) ; à Madagascar, où il fut gouverneur général de 1896 à 1905. Trouvant la Grande Île en pleine révolte, il déposa la reine Ranavalo (févr. 1897) et étendit à toutes les régions insoumises l'occupation militaire par la méthode progressive de la « tache d'huile », en ne cherchant à gagner du terrain qu'après avoir complètement organisé le territoire déjà conquis. Menant de front conquête et administration, il réussit à s'associer étroitement les autorités indigènes sous un contrôle français réduit au minimum. Membre du Conseil supérieur de la guerre (1908), il laissa à Joffre le commandement en chef des armées françaises en 1911. Atteint par la limite d'âge, il venait de prendre sa retraite lorsque, après la déclaration de guerre, il fut nommé gouverneur du camp retranché de Paris (26 août 1914). Apportant dans cette fonction un esprit offensif, il prit l'initiative (4 sept.) de mobiliser les taxis parisiens pour transporter une partie de ses troupes sur le flanc de l'armée von Kluck avec la VIe armée française (Maunoury) : c'était le début de la bataille victorieuse de la Marne. Il fut appelé par Briand au ministère de la Guerre (29 oct. 1915). La maladie l'obligea à démissionner le 16 mars 1916 et il mourut deux mois plus tard. Il fut nommé maréchal de France à titre posthume en avr. 1921.

GAMA Vasco de (* Sines, Alentejo, vers 1469, † Cochin, Inde, 24.XII.1524). Navigateur portugais. Chargé en 1497, par le roi Manuel, de chercher une route vers l'Inde en doublant le cap de Bonne-Espérance (déjà découvert par Barthélemy Diaz), il doubla le cap le 22 nov. 1497 et arriva à Calicut en mai 1498. Il fut le premier Européen qui ait atteint l'Inde par la mer. Nommé amiral des Indes, il repartit en 1502 avec 21 navires, fonda sur les côtes africaines les comptoirs de Sofala et de Mozambique, fit alliance en Inde avec le roi de Cananor, bombarda Calicut en représailles de l'assassinat de marchands portugais et conclut un traité avec le roi de Cochin. Rentré à Lisbonne, il resta plus de vingt ans sans recevoir de nouvelle mission. En 1524, il fut nommé vice-roi des Indes par le roi Jean III, mais mourut à Cochin peu après son arrivée. L'expédition de Vasco de Gama a été chantée par Camoëns dans ses *Lusiades* (1572).

GAMBETTA Léon (* Cahors, 2.IV.1838, † Ville-d'Avray, 31.XII.1882). Homme politique français. Fils d'un Génois émigré, il fut avocat à Paris en 1860.

Élu député au Corps législatif en 1869, sur le programme radical de Belleville (v.), il s'affirma comme l'un des chefs les plus populaires de l'opposition républicaine. Hostile à la déclaration de guerre de 1870, il vota néanmoins, par patriotisme, les crédits militaires. Le 4 sept., il s'inclina devant l'émeute, fit acclamer au Palais-Bourbon la déchéance du régime impérial, puis se rendit à l'Hôtel de Ville, avec Favre et Ferry, pour proclamer la République.

Ministre de l'Intérieur dans le gouvernement de la Défense nationale, il réussit à quitter Paris en ballon (7 oct. 1870) et, de Tours puis de Bordeaux, il prit la direction de la résistance en province. Il voulait, comme en 1793, établir une dictature de la patrie en danger. Il improvisa une immense mobilisation, arma et, en quatre mois, équipa 600 000 hommes avec plus de 1 400 canons. Le commandement allemand fut surpris par cette résistance imprévue. Cependant, les armées de Gambetta, rassemblées à la hâte et mal encadrées, ne pouvaient que retarder le moment de la défaite. Pour donner au pays l'espérance de la victoire, Gambetta imposa le mythe révolutionnaire de l'invincibilité du peuple en armes : à l'heure de la défaite, dans la France brutalement réveillée de son rêve héroïque, la réaction des ruraux porta au pouvoir une Assemblée royaliste, alors que le peuple de Paris, expliquant ses malheurs par la trahison, se jetait dans l'insurrection de la Commune.

Indigné par l'armistice du 28 janv. 1871, Gambetta fit une ultime tentative pour imposer un pouvoir révolutionnaire en frappant d'inéligibilité tous ceux qui avaient servi le régime impérial. Cette mesure fut rapportée sous la pression de ses collègues parisiens, et le tribun démissionna alors du gouvernement (6 févr.) puis de l'Assemblée.

Resté silencieux pendant la Commune, il rentra à l'Assemblée à la faveur des élections de juill. 1871, résolu à se consacrer à l'établissement d'un régime républicain durable. Comprenant que la France meurtrie aspirait à la paix, il renonça à propager l'idée de la « revanche » (« Pensons-y toujours, n'en parlons jamais »), et il inclina même vers une politique de rapprochement avec l'Allemagne. À l'intérieur, il pensait que le parti républicain devait se désolidariser des violences de l'émeute et se montrer rassurant. Dans les années décisives 1872/75, alors que le pays semblait hésiter entre Henri V, comte de Chambord, et la République, le génie de Gambetta fut de comprendre que le parti républicain devait chercher un support plus vaste que celui du prolétariat parisien, et que la République pouvait naître des provinces et des campagnes jusqu'alors abandonnées aux notables royalistes et catholiques.

Tout en soutenant Thiers à l'Assemblée, tout en fondant (nov. 1871) un journal d'austère tenue, *La République française*, Gambetta commença à parcourir la France en véritable « commis voyageur de la République ». Dénonçant le cléricalisme, rendu responsable de l'affaiblissement moral de la France en face de l'Allemagne protestante, il réveillait chez les paysans la peur des nobles, du retour à l'Ancien Régime, mais en même temps il blâmait « la tentative horrible et folle » de la Commune.

Il fit appel aux classes moyennes, aux petits propriétaires ruraux, aux commerçants, aux fonctionnaires, aux petits rentiers des villes et des bourgades, à tous ceux qui formèrent plus tard la clientèle du parti radical. Gambetta les conviait à fonder la République par des bulletins de vote, et sur un programme beaucoup plus politique que social, où le combat contre l'Église, pour la laïcité, dissimulait la lutte des classes et fournissait un alibi au conservatisme foncier d'une France lasse des grandes aventures historiques.

Par son verbe magnifique et théâtral, Gambetta effrayait et scandalisait les conservateurs. Mais toute sa conduite révélait un sens surprenant du réel et du possible, une attitude à laquelle s'attacha le terme d'opportunisme. Gambetta a soutenu Thiers et l'a fait acclamer comme le « Libérateur du territoire » ; il a assuré le vote des lois constitutionnelles de 1875 en acceptant le Sénat (v.).

La victoire définitive des républicains sonna en 1879 (v. FRANCE. La IIIe République de 1871 à l'affaire Dreyfus). Mais la popularité de Gambetta, son goût de la grandeur, sa fougue, son autorité naturelle inquiétaient nombre de républicains, dont le président Grévy, qui s'employa à tenir à l'écart le tribun, réduit à la présidence de la Chambre des députés (1879/81). Quand il parvint à la présidence du Conseil (nov. 1881), il vit tous les chefs politiques refuser d'entrer dans son « grand ministère », qui compta cependant des hommes de valeur, mais encore peu connus (Waldeck-Rousseau, Rouvier, Félix Faure), et ne dura pas trois mois : la gauche et la droite coalisées le renversèrent (27 janv. 1882) en repoussant un projet de réforme constitutionnelle (établissement du scrutin de liste). Il fut remplacé par Freycinet. Il mourut quelques mois plus tard, des suites d'une péritonite.

GAMBIE, *Gambia*. État de l'Afrique occidentale, formant une étroite enclave dans le Sénégal, de part et d'autre du cours inférieur de la Gambie, peuplée essentiellement de Mandingues ; capitale *Banjul*. Les Portugais y établirent les premiers établissements européens vers le milieu du XVe s ; ils en furent peu à peu chassés par les Anglais à partir du XVIIe s. La possession de la Gambie fut confirmée à l'Angleterre par le traité de Versailles (1783). La colonisation anglaise commença vraiment avec la fondation de Bathurst en 1816. D'abord rattachée à la Sierra Leone, la Gambie fut érigée en colonie de la Couronne (1843/66), puis rattachée aux West African Settlements (1866/88), avant de redevenir une colonie séparée (1888). En févr. 1965, elle devint un État indépendant au sein du Commonwealth britannique, et la république fut proclamée en févr. 1966. Daouda Kairaba Jawara, chef du parti progressiste du peuple, devint Premier ministre et, en avr. 1970, chef de l'État, après transformation du pays en république. À deux reprises, en 1980 et 1981, Jawara demanda l'intervention de l'armée sénégalaise pour réprimer émeutes et tentative de coup d'État. En 1982, les deux pays créèrent la Confédération sénégambienne.

Jawara fut réélu en 1982, en 1987 et en 1992. Il fut renversé par un coup d'État militaire, en juill. 1994. Le nouveau gouvernement organisa des élections et confirma le pouvoir de Yayah Jammeh, en sept. 1996, par une élection présidentielle dont furent exclus les principaux partis politiques. Y. Jammeh forma son propre parti, l'Alliance patriotique pour la réorientation et la construction (APRC), et élimina par décret ses principaux rivaux. Il continua à financer son programme de développement grâce à des liens resserrés avec le Nigeria et la Libye. Poursuivant limogeages et remaniements expéditifs, il durcit sa position face au seul parti d'opposition, le parti démocratique uni (UDP). Après une tentative de putsch en janv. 2000, le régime s'est montré de plus en plus répressif.

GAMELIN Maurice Gustave (* Paris, 20.IX.1872, † Paris, 18.IV.1958). Général français. Chef du cabinet de Joffre en 1914, il contribua à la manœuvre victorieuse de la Marne. En 1925/26, il commanda en Syrie lors de la guerre menée contre les Druzes. Chef d'état-major de la défense nationale en 1938, commandant en chef des forces terrestres au début de la Seconde Guerre mondiale, il avait prévu que le poids principal de l'attaque allemande porterait sur le secteur N. du front, en Hollande et en Belgique, et fut complètement surpris par l'irruption des forces blindées de la Wehrmacht à travers les Ardennes. La tournure désastreuse de la bataille l'obligea à se retirer le 19 mai 1940 ; il fut remplacé par Weygand. Interné comme l'un des responsables de la défaite en sept. 1940, traduit en 1942 devant la cour de Riom, il fut ensuite arrêté par les Allemands et déporté (1943/45). Il s'est efforcé de justifier son action dans ses Mémoires, *Servir* (1946/47).

GAND, *Gent*. Ville de Belgique, chef-lieu de la Flandre-Orientale, au confluent de l'Escaut et de la Lys. Mentionnée au VIIe s., époque où st Amand y fonda deux monastères, dont celui de Saint-Bavon (vers 635/39), Gand commença à grandir sous la protection d'une forteresse que le comte de Flandre y fit construire à la fin du IXe s. ; ce château des comtes de Flandre fut reconstruit en 1180 par Philippe d'Alsace. Aux XIIe s. et XIIIe s., Gand devint une des plus riches cités flamandes, grâce à son industrie drapière et à son marché aux grains. Son économie vivait des importations de laines anglaises, que Gand transformait en draperies fines, et de l'importation des blés de l'Artois, qui y étaient apportés par l'Escaut. Au début de la guerre de Cent Ans, le comte de Flandre, Louis de Nevers, étant resté fidèle à son suzerain le roi de France, Édouard III d'Angleterre interdit l'exportation des laines britanniques et l'importation des draps flamands. Cette mesure portait à Gand un coup terrible : dans la ville, qui comptait alors quelque 60 000 habitants, les métiers s'arrêtèrent, et des dizaines de milliers d'artisans se trouvèrent réduits au chômage. Une révolte éclata en déc. 1337 et aboutit à la formation d'un gouvernement révolutionnaire mené par Jacques Van Artevelde. Gand se rangea alors aux côtés de l'Angleterre. Elle proclama Édouard III roi de France (janv. 1340) et sa flotte prit part à la bataille de l'Écluse contre les navires français. En même temps, Gand s'efforçait de réunir les grandes villes de Flandre, jusqu'alors rivales, et Artevelde signa même des traités avec les autres principautés belges (Brabant-Limbourg, Hainaut, Liège...). Mais les luttes sociales déchirèrent la ville : la discorde régnait entre tisserands et foulons, et plusieurs centaines de ces derniers furent massacrés par les tisserands en mai 1345. Cette lutte doit se comprendre comme l'affrontement entre le patriciat installé et de nouvelles fractions de la bourgeoisie avides de participer au gouvernement urbain. Au cours de ces troubles, Artevelde fut assassiné (24 juill. 1345). Gand retomba sous l'autorité du comte de Flandre (1349), mais la lutte entre tisserands et foulons continua jusqu'à ce que les premiers eussent réussi à éliminer les seconds (1361).

La rivalité ancienne entre Bruges et Gand s'était réveillée. En 1379, le comte de Flandre Louis de Male ayant autorisé les Brugeois à creuser un canal reliant leur ville à la Lys, Gand jugea que son monopole de l'importation des blés d'Artois était menacé, et, sous la conduite de Philip Van Artevelde, fils de Jacques, elle engagea la guerre contre Bruges et contre le comte. Les Gantois battirent les gens de Bruges à Beverhout (3 mai 1382). Louis de Male fit appel au roi de France, Charles VI, et l'armée de Gand, malgré l'appui de la plupart des villes de Flandre, fut écrasée à Rozebeke (27 nov. 1382). Après cet échec, Gand connut, au début du XVe s., un net déclin économique. L'Angleterre avait créé sa propre industrie drapière, et la Flandre perdait ainsi un de ses plus importants marchés. Pourtant, Gand réussit à maintenir pendant un siècle encore sa prospérité grâce à l'importation des blés.

Sous les ducs de Bourgogne, la ville, qui bénéficia de la faveur de Philippe le Bon, resta farouchement indépendante : quand le duc voulut lui imposer la gabelle du sel, elle se révolta en 1451 et se donna ses propres échevins ; mais l'armée gantoise fut écrasée à Gavre (1453). La ville prit sa revanche, après la mort de Charles le Téméraire, en extorquant à la fille de ce dernier, Marie de Bourgogne, le « grand privilège de par-deçà » (1477). L'obstination des Gantois à préserver leur indépendance communale n'avait d'autre résultat que de faire le jeu des ambitions françaises. Ville natale de Charles Quint, Gand brandit pourtant contre lui l'étendard de la révolte en refusant de payer l'impôt pour la guerre contre François Ier (1539). Le châtiment de l'empereur fut impitoyable : il obligea les échevins, les bourgeois et les chefs de métier à venir lui demander pardon la corde au cou, il fit exécuter une vingtaine de coupables, imposa à la cité une énorme amende et lui ôta tous ses privilèges par la « concession Caroline » (1540).

Passée aux mains des calvinistes de 1577 à 1584, Gand retomba ensuite sous l'autorité espagnole. Durant les guerres du XVIIe et du XVIIIe s., elle vit passer et repasser les armées, fut prise par Louis XIV en 1678, par Loewendal en 1745, par les armées de la Révolution en 1792 et 1795. Sous le premier Empire, elle devint le chef-lieu du département français de l'Escaut. Le Blocus continental favorisa son relèvement économique.

Pacification de Gand (8 nov. 1576). Accord par lequel les dix-sept provinces des Pays-Bas, réunies en états généraux, s'unirent pour expulser du pays les Espagnols et tentèrent de parvenir à un compromis sur la question religieuse. Cet accord fut éphémère. Après la victoire de don Juan d'Autriche à Gembloux (31 janv. 1578), les provinces catholiques méridionales se séparèrent de celles du Nord, formèrent l'Union d'Arras (6 janv. 1579) et se réconcilièrent peu après avec Philippe II.

GANDHI Mohandas Karamchand (* Porbander, Kathiawar, 2.X.1869, † Delhi, 30.I.1948). Philosophe et homme politique indien. Né dans une famille distinguée du Kathiawar, au N.-O. de l'Inde, il alla faire ses études de droit en Angleterre, exerça quelque temps le métier d'avocat à Londres, puis en Inde. En 1893, il s'installa en Afrique du Sud, où il resta vingt-deux ans. Il devint un des chefs de la communauté indienne, prenant la défense de cette minorité victime du racisme. Au-delà de la lutte quotidienne, il élabora un corps de principes et de méthodes qui guidèrent son action pendant toute sa vie. La source de sa pensée est avant tout religieuse, inspirée des grands textes de la tradition hindoue, sans rejeter l'apport des autres religions ou de certains penseurs de l'Occident. Pour Gandhi, « la grande âme », l'essentiel est de libérer spirituellement l'homme des servitudes terrestres. D'où son refus de la civilisation occidentale, technicienne et obsédée par l'enrichissement matériel. De là vient un idéal de fraternité universelle qui s'étend à tous, y compris les parias et l'oppresseur colonial ou raciste. La pratique politique, ménageant l'adversaire, doit lui permettre de réfléchir et de se réformer.

En 1915, Gandhi rentra en Inde et joua un rôle déterminant dans le parti du Congrès, qu'il dirigea jusqu'en 1924. Il inaugura la tactique de la résistance passive en 1917, imposa la non-coopération avec les Britanniques et le boycott des produits anglais. La grève de l'impôt, commencée en 1922, lui valut la prison. Libéré en 1924, Gandhi resta en dehors de l'action politique jusqu'en mars 1930. Il reprit la lutte par une campagne contre la taxe sur le sel. En 1931, il participa à la conférence de Londres, qui avait pour objet de résoudre la question indienne, mais n'aboutit pas. Toutefois, malgré des actions spectaculaires, comme des jeûnes répétés, son influence dans le congrès déclina, et il en abandonna la présidence, laissant la direction à Nehru (v.). En 1940, il lança la campagne pour la désobéissance civile, pour laquelle il fut emprisonné pendant près de deux ans. À l'approche de l'indépendance (15 août 1947), il essaya d'éviter la partition de l'Inde, et fut témoin du terrible déchaînement de violence qui l'accompagna. Accusé de trahison par des extrémistes hindous, il fut assassiné par un fanatique.

GANDHI Indira Priyadarshini (* Allahabad, 19.XI. 1917, † New Delhi, 31.X.1984). Femme politique indienne. Fille et collaboratrice de Nehru. Présidente du parti du Congrès en 1959, elle devint ministre de l'Information en 1964 et fut nommée Premier ministre en janv. 1966. Réaffirmant l'orientation socialiste de son parti, elle sut retrouver la faveur de l'électorat populaire, qui soutint son coup de force contre la tendance conservatrice du Congrès, à l'occasion de la présidentielle de 1969 (élection de V.V. Giri, candidat d'I. Gandhi). Son ambition de renforcer la cohésion nationale, en même temps que d'affermir l'autorité internationale de son pays, s'affirma à travers le soutien victorieux qu'elle apporta à l'insurrection du Bengale pakistanais en déc. 1971, donnant naissance à l'État du Bangladesh (v.). Le traité d'amitié d'août 1971 signé avec l'URSS ne l'empêcha pas de se positionner comme une figure dominante de la politique de non-alignement des pays du tiers monde. À l'intérieur, après des succès initiaux, elle éprouva bientôt les plus grandes difficultés à poursuivre la modernisation de son pays. Devant l'érosion de sa popularité, elle eut recours à la fraude électorale et, pour échapper à la destitution, proclama l'état d'urgence (26 juin 1975), donnant raison à ceux de ses adversaires qui dénonçaient ses tendances autocratiques. Battue aux élections de 1977, elle retrouva le pouvoir après la victoire de son nouveau parti, le « CongrèsI » (Indira), en 1980. La même année, son fils Sanjay, dont elle voulait faire son successeur, périt dans un accident d'avion. Elle continua de combattre avec vigueur les multiples revendications nationalistes des peuples de l'Union indienne, notamment celles des Sikhs du Pendjab (v.). Cette intransigeance lui coûta la vie : elle fut assassinée par un commando sikh en oct. 1984. Son fils aîné Rajiv lui succéda aussitôt.

GANDHI Rajiv (* Allahabad, 20.VIII.1944, † Tamil Nadu, 21.V.1991). Homme politique indien. Fils d'Indira Gandhi. Pilote de ligne, il fut projeté en 1980 sur le devant de la scène politique à la suite de la mort accidentelle de son frère Sanjay, successeur désigné d'Indira Gandhi. Secrétaire général du parti du Congrès depuis févr. 1983, il devint Premier ministre en nov. 1984, après l'assassinat de sa mère, et remporta une victoire écrasante aux élections législatives de déc. Rompant avec le dirigisme de sa mère et méfiant vis-à-vis des caciques du Congrès, il amena au pouvoir de jeunes technocrates. Cependant, les difficultés sociales engendrées par sa politique de libéralisation économique ainsi qu'une série de scandales entraînèrent sa défaite aux élections de nov. 1989. Il fut assassiné par des extrémistes tamouls alors qu'il était considéré comme favori aux élections de mai 1991.

GAPONE Georges Apollonovitch (* près de Poltava, 1870, † Terijoki, Finlande, 28.III.1906). Pope russe. Organisateur du « Dimanche rouge » du 9 janv. 1905. Voir **RUSSIE**. La Révolution de 1905.

GARAT Dominique Joseph, comte (* Bayonne, 8.IX.1749, † Ustaritz, Pyrénées-Atlantiques, 9.XII. 1833). Homme politique français. Avocat, député du tiers aux États généraux de 1789, il se rallia successivement, au cours de la période révolutionnaire, à toutes les factions au pouvoir. Successeur de Danton au ministère de la Justice (oct. 1792), il notifia à Louis XVI sa condamnation à mort, prit le portefeuille de l'Intérieur en mars 1793, mais fut accusé en raison de son modérantisme et de son incapacité. Il fut sauvé par Robespierre, qu'il abandonna au 9-Thermidor. Élu en 1796 membre du Conseil des Anciens, il se laissa nommer sénateur puis comte (1808) par Napoléon Ier, auquel il resta fidèle sous la Restauration. Celle-ci le chassa de l'Académie française, où il avait été élu en 1806.

GARCÍA PÉREZ Alan (Lima, 23.V.1949). Homme politique péruvien. Voir **PÉROU**.

GARDE NATIONALE. Milice de citoyens, chargée du maintien de l'ordre et de la défense des droits constitutionnels, qui exista en France de 1789 à 1871.

Sous la Révolution et l'Empire

En juin 1789, les Parisiens, se souvenant des milices communales du Moyen Âge, demandèrent la formation d'une *garde bourgeoise*. Mirabeau soutint cette revendication à l'Assemblée constituante, mais Louis XVI refusa. Le 13 juill. 1789, devant les actes de pillage qui se multipliaient dans la capitale et l'inaction des troupes royales, les électeurs de Paris décidèrent de créer une milice de 12 000 hommes, choisis parmi les « meilleurs citoyens de la ville ». Le 15 juill., La Fayette fut élu, par acclamation, commandant en chef de cette troupe. Les villes de province ayant imité Paris, ces gardes bourgeoises furent unifiées pour devenir la Garde nationale. Celle-ci fut organisée par la loi du 14 oct. 1791, qui astreignait tous les citoyens actifs et leurs enfants âgés de dix-huit ans à en faire partie. La garde parisienne contribua à instaurer la dictature de la capitale sur le reste du pays et joua un rôle actif dans les journées révolutionnaires, notamment au 10-Août. Cependant, après la chute de Robespierre, une partie de la garde nationale, recrutée dans les sections de l'ouest de Paris, prit part à l'insurrection royaliste du 13-Vendémiaire (5 oct. 1795). Elle fut alors désarmée par Bonaparte et réorganisée en 1805 et en 1812 ; elle comprenait tous les hommes valides, mais Napoléon se réserva la nomination directe des officiers. En avr. 1813, l'Empereur, manquant de troupes, appela 90 000 gardes nationaux à la défense des côtes, des arsenaux et des places fortes. Les gardes nationaux parisiens se battirent bravement contre les Alliés à la barrière de Clichy (30 nov. 1814).

Sous la Restauration et la monarchie de Juillet

La garde nationale, de par ses origines, était essentiellement l'armée de la bourgeoisie, chargée d'en défendre les conquêtes politiques. Les Bourbons restaurés n'osèrent la dissoudre, et Louis XVIII plaça même la Charte sous sa sauvegarde. L'ordonnance du 17 juill. 1816 soumit au service dans la garde tous les Français de vingt à soixante ans, imposés ou fils d'imposés. Mais la garde nationale conservait ses sympathies libérales. En 1827, lors d'une revue passée par le roi, elle hua les ministres et Villèle prononça aussitôt son licenciement (29 avr. 1827) ce qui blessa profondément la bourgeoisie parisienne.

Reconstituée spontanément durant les journées de juillet 1830, la garde nationale joua un rôle très important sous le règne de Louis-Philippe. Réorganisée par les lois du 22 mars 1831 et du 19 avr. 1832, elle devint une véritable armée de l'ordre, « instituée », selon les termes officiels, « pour défendre la royauté constitutionnelle, la Charte et les droits qu'elle a consacrés, pour maintenir l'obéissance aux lois, conserver ou rétablir l'ordre et la paix publique ». Elle se composait de tous les contribuables capables de payer leur équipement, ce qui écartait les éléments populaires ; elle élisait ses officiers, mais était placée sous les ordres du ministre de l'Intérieur et des préfets. L'uniforme consistait en une tunique de drap bleu avec épaulettes blanches, un pantalon de drap bleu avec une bande rouge et un shako de feutre. La garde nationale fut longtemps le soutien le plus fidèle de la monarchie de Juillet ; elle réprima sans faiblir les insurrections populaires de juin 1832 et d'avr. 1834 ; elle finit cependant par se détacher du régime et la campagne réformiste de 1847/48 trouva de nombreux partisans dans ses rangs.

De 1848 à 1871

Démocratisée par la seconde République, la garde nationale vit ses effectifs presque quadrupler après la révolution de févr. 1848 et atteindre près de 200 000 hommes. Lors de l'insurrection socialiste de juin 1848, Cavaignac trouva un appui complet chez les gardes nationaux des quartiers aisés de l'ouest de la capitale. Tenue à l'écart du coup d'État du 2-Décembre, réorganisée en janv. 1852, la garde nationale fut mise en sommeil par le gouvernement du second Empire, qui se réserva la nomination de ses officiers. Le gouvernement de la Défense nationale en fit, au contraire, une véritable armée populaire qui, fin septembre 1870, comptait 254 bataillons. La garde nationale devint la grande force politique parisienne. Le 15 mars 1871, elle décida de se fédérer et de ne plus reconnaître d'autre autorité que celle d'un Comité central élu, qui prit le pouvoir dans la capitale le 19 mars et prépara l'installation de la Commune (v.). Elle comptait alors 197 332 officiers et gardes, mais, sur ce total, 25 à 30 000 hommes seulement participèrent aux combats contre les versaillais. Instruit par cette expérience, le gouvernement Thiers décida la dissolution définitive de la garde nationale (loi du 30 août 1871).

GARFIELD James Abram (* Orange, Ohio, 19.XI.1831, † Long Branch, New Jersey, 19.IX.1881). Homme politique américain. Simple artisan, il se cultiva en autodidacte et devint professeur de langues anciennes (1857/60). Ce fut un ardent partisan de Lincoln, et il participa à la guerre de Sécession dans les rangs nordistes comme colonel, puis général de division. À partir de 1863, il siégea au Congrès en tant que représentant de l'Ohio. Candidat républicain, il fut élu président des États-Unis (1er déc. 1880). Sans cesse harcelé par des solliciteurs, il fut blessé par l'un d'eux, Charles J. Guiteau, en gare de Washington, le 2 juill. 1881. Il mourut deux mois plus tard et eut pour successeur Chester A. Arthur.

GARIBALDI Giuseppe (* Nice, 4.VII.1807, † Caprera, 2.VI.1882). Homme politique italien. Partisan de la Jeune-Italie de Mazzini, il fut condamné à mort après une tentative d'insurrection à Gênes, en 1834, et dut s'exiler en Amérique du Sud (1836/48). Il y lutta aux côtés des adversaires de l'empereur du Brésil, puis pour l'indépendance de l'Uruguay. En 1843, il forma une légion de volontaires italiens, les premières « Chemises rouges », dont l'héroïsme fit connaître le nom de Garibaldi dans le monde entier et lui valut une grande popularité en Italie. Il revint dans son pays à l'annonce de la révolution de 1848 ; après la fuite de Pie IX, il défendit avec ses « Chemises rouges » la République romaine contre les Français, les Napolitains, les Autrichiens et les Espagnols. Après la chute de Rome (1849), il s'exila de nouveau en Amérique d'où il revint en 1854. Il reprit la lutte pour l'unité italienne en 1859, et organisa l'expédition des Mille (v. ITALIE) contre les Bourbons de Naples. Il se rendit maître de la ville (7 sept. 1860), provoquant l'annexion de Naples et de la Sicile par le royaume du Piémont. Pour achever l'unité d'une Italie dont Rome serait la capitale, il s'attaqua deux fois aux États pontificaux, mais deux fois fut battu (Aspromonte, 1862, par les troupes italiennes, et Mentana, 1867, par les troupes françaises soutenant le pape).

Pendant la guerre franco-allemande de 1871, il combattit avec ses « Chemises rouges » pour soutenir le gouvernement de Défense nationale, fut même élu député de Paris (févr. 1871, puis invalidé par la majorité conservatrice de Bordeaux), mais refusa de soutenir la Commune. Il fut élu député de Rome en 1874.

GARNIER Francis (* Saint-Étienne, 25.VII.1839, † Hanoi, 21.XII.1873). Officier de marine français. Adjoint puis successeur de Doudart de Lagrée dans la mission d'exploration du haut Mékong (1866/68), il reconnut que le fleuve Rouge (Song-koï) constituait la meilleure voie d'accès vers le Yun-nan et la Chine. Il préconisa dès lors une intervention française au Tonkin. Aux prises avec l'opposition des mandarins annamites, qui voulaient empêcher l'ouverture du fleuve au commerce français, il s'empara d'Hanoi et des places du Delta, mais fut tué peu après en combattant les Pavillons Noirs.

GARRASTAZU MEDICI Emilio (* Bagé, Rio Grande do Sul, 4.XII.1905, † Rio de Janeiro, 9.X.1985). Militaire et homme politique brésilien. Voir BRÉSIL. Le Brésil moderne.

GARROS Roland (* Saint-Denis, la Réunion, 6.X.1888, † près de Vouziers, 7.X.1918). Aviateur français. Il réalisa la première traversée aérienne de la Méditerranée (Saint-Raphaël-Bizerte) le 23 sept. 1913 (760 km en moins de huit heures, alors que les paquebots les plus rapides mettaient trente et une heures). Officier pilote durant la Première Guerre mondiale, il contribua à la mise au point du procédé du tir à travers l'hélice. Membre de l'escadrille des Cigognes, il tomba en combat aérien.

GASCOGNE. Région historique de l'Aquitaine, portion de l'ancien grand gouvernement de Guyenne-et-Gascogne, entre l'océan Atlantique à l'O., le Languedoc et le gouvernement de Foix à l'E., la Guyenne au N., l'Espagne et le gouvernement de Navarre-et-Béarn au S. Elle a formé les départements des Hautes-Pyrénées, du Gers et des Landes, et quelques parties des départements des Pyrénées-Atlantiques, de la Haute-Garonne, du Lot-et-Garonne et du Tarn-et-Garonne.

La Gascogne, qui formait, à l'époque romaine, la *Novempopulanie* ou *Aquitaine III*^e^, prit son nom des *Vascons*, peuple d'Espagne, lesquels, refoulés par les Goths, franchirent les Pyrénées vers le milieu du VIe s. Vaincus et soumis en 602 par Thierry II, roi de Bourgogne, et Théodebert II, roi d'Australie, ils furent réunis au duché d'Aquitaine. Les Gascons se soulevèrent au début du VIIIe s., mais cette révolte fut reprimée par Pépin et Charlemagne. À partir de 768, la Gascogne forma un duché. Le titre de duc de Gascogne passa en 1036 par mariage à la maison de Poitiers-et-Aquitaine. En 1137, le mariage d'Aliénor, héritière des comtes d'Aquitaine, avec Louis VII réunit un instant la Gascogne à la couronne de France. Mais le second mariage de cette princesse avec Henri Plantagenêt (1152) mit la Gascogne sous la domination des Anglais, qui l'occupèrent jusqu'en 1453. À cette date, Charles VII la réunit définitivement à la France.

GASTON III DE FOIX Febus ou Phoebus (* 1331, † Orthez, 1er.VIII.1391). Comte de Foix (1343/91). Surnommé *Febus* en raison, dit-on, de sa chevelure blonde, il succéda à son père Gaston II à l'âge de douze ans. D'abord fidèle à Philippe VI, il prit part en 1347 à l'expédition de Calais, mais sa rivalité avec le comte d'Armagnac, à propos de la Bigorre, le brouilla avec Jean II le Bon, auquel il refusa de faire hommage pour le Béarn, jouant de la double fidélité qu'il devait à son seigneur, le duc d'Aquitaine, roi d'Angleterre, et à son suzerain, le roi de France. Arrêté à Paris sur les ordres de Jean II, il fut libéré après la bataille de Poitiers (1356), se rendit en Prusse pour combattre les infidèles dans les rangs des Teutoniques et revint en France pour participer à l'écrasement de la Jacquerie (1358). Avec l'aide des Grandes Compagnies, il guerroya contre Jean Ier d'Armagnac, qu'il battit et fit prisonnier à Launac (1362) ; il le libéra contre une énorme rançon de 300 000 florins. Sa rivalité avec la maison d'Armagnac ne cessa pas ; à ce conflit s'ajouta celui qui l'opposa à Jean de France, duc de Berry, qui lui avait enlevé le titre de lieutenant général du Languedoc (1375). Gaston III a entretenu une cour fastueuse à Orthez, et il a lui-même composé une œuvre importante (*Livre de la chasse* et recueil d'oraisons).

GATT, sigle de **General Agreement on Tariffs and Trade (Accord général sur les tarifs et le commerce).** Signé à Genève en 1947 par vingt-trois pays, ce traité avait été négocié à titre provisoire en attendant la création d'une Organisation internationale du commerce. La charte de celle-ci n'ayant jamais été ratifiée par les États-Unis, le GATT fut doté d'un secrétariat général qui devint *de facto* l'organe chargé de réglementer les relations commerciales internationales, regroupant jusqu'à 120 pays membres en 1994. Ses buts étaient d'éviter le retour au protectionnisme d'avant guerre, de permettre aux contractants de bénéficier des gains du libre-échange et de participer ainsi à la régulation de l'économie mondiale aux côtés du FMI (v.). En admettant le libre-échange comme fondamental, les grands principes du GATT étaient la non-discrimination entre partenaires, l'interdiction des quotas et la transparence des politiques commerciales. Il est vrai que certains secteurs (agriculture, textiles, services notamment) échappèrent longtemps aux règles communes et que la faible prise en compte des problèmes spécifiques des pays en développement provoqua la création de la CNUCED (v.).

Néanmoins, le GATT a lancé et mené à bien huit négociations commerciales multilatérales ou « Rounds » qui ont abouti à d'importantes réductions des droits de douane. Les plus décisifs furent le Kennedy Round (1964/67), le Tôkyô Round (1973/79) et l'Uruguay Round (1986/94). Ce dernier ramena dans le droit commun l'agriculture et les textiles et décida l'intégration progressive des échanges de services et de la défense de la propriété intellectuelle. Mais surtout, l'Uruguay Round démontra les insuffisances d'un système confronté depuis les années 1970 à une résurgence du protectionnisme à travers des blocs commerciaux plus ou moins compacts : UE (v. **EUROPÉENNES, institutions**), ALENA (v.), Japon et ANSEA (v.). Il permit enfin le remplacement du secrétariat général du GATT par une institution permanente, l'OMC (v.), à partir de 1995.

GAULE, *Gallia.* Nom donné par les Romains à divers territoires occupés par les Celtes. La *Gaule cisalpine* était constituée par l'Italie du Nord, où l'on distinguait la *Gaule cispadane*, au S. du Pô, et la *Gaule transpadane*, au N. du Pô. Au-delà des Alpes, les Romains distinguaient deux Gaules : la *Gaule transalpine*, parfois appelée *Gallia togata*, « la Gaule en toge », par opposition à la *Gallia comata*, la « Gaule chevelue », la Gaule indépendante dont César fit la conquête, encore nommée Gaule celtique. Elle comprenait le territoire de la France actuelle, ainsi que la Belgique, la Suisse et les régions de la rive gauche du Rhin.

Les peuples de Gaule avant la conquête romaine

Pendant longtemps, on a daté des environs de l'an 600 avant notre ère l'arrivée des Celtes en Gaule, mais il semble que des populations celtiques se soient installées au IIe, voire au IIIe millénaire av. J.-C. On peut attribuer à des « Proto-Celtes » la civilisation des tumuli de l'âge du bronze, qui, au IIe millénaire, débordait largement à l'O. du Rhin, en Alsace, en Franche-Comté, en Bourgogne, en Champagne. Si l'époque de Hallstatt (vers 700/500), premier âge du fer en Europe, n'est que partiellement celte, la civilisation de La Tène, qui lui fit suite, appartient en revanche totalement aux Celtes. Vers le milieu du Ier millénaire avant notre ère, les peuples que César appela les « Celtes », en les différenciant des Belges au N. et des Aquitains au S.-O., étaient déjà bien établis au centre de la France actuelle, entre la Seine et la Garonne. Le Sud-Est restait le domaine des Ligures ; à partir de Marseille (fondée par les Phocéens au VIe s.), la colonisation grecque avait rayonné dans le delta du Rhône (*Thélinè*, Arles) et sur les rives de la Méditerranée (*Agathè*, Agde ; *Olbia*, Hyères ; *Antipolis*, Antibes ; *Nikaia*, Nice...). Des relations commerciales durent s'établir très tôt entre Marseillais et Celtes de Gaule, mais rien ne prouve qu'il faille attribuer aux Massaliotes toutes les traces de la civilisation grecque ; le monde celte communiquait en effet directement avec l'Italie et la Grèce par les cols des Alpes centrales et les Balkans. Il est difficile de mesurer précisément l'impact de la présence de Marseille sur les *oppida* voisins, comme celui d'Entremont occupé par les Salyens, mais l'existence de contacts entre les Grecs, les Ligures et les Celtes est indubitable. Au IVe et au IIIe s. av. J.-C., l'avance des Celtes dans la vallée du Rhône contraignit Marseille à lutter farouchement pour défendre son indépendance. C'est alors que les Allobroges s'établirent au N. de l'Isère, les Tricastins dans la vallée de la Drôme, les Voconces au N. du Ventoux, les Cavares entre Valence et Avignon. Les Volques, derniers venus, se divisèrent entre les Arécomiques, sur la rive droite du Rhône, d'Orange à Narbonne, et les Tectosages, de Narbonne à Toulouse. Mais on ne sait presque rien sur les rapports de force existant entre les peuples celtes avant l'arrivée des Romains. Selon Tite-Live, les Bituriges (Bourges), sous leur roi Ambigat, auraient dominé au Ve s. av. J.-C. la plupart des peuples de la Gaule centrale. Au IIe s., l'hégémonie était passée aux Arvernes du Massif central. Mais tandis qu'une partie des Celtes s'était stabilisée à l'intérieur de la Gaule, de nouvelles migrations venues d'Allemagne du Sud se succédaient : celles des Belges, qui durent s'installer à l'O. du Rhin entre 250 et 150 av. J.-C. ; celles des Cimbres et des Teutons, qui ravagèrent la Gaule entre 105 et 102 avant notre ère.

L'intervention romaine allait avoir des conséquences plus importantes encore pour l'avenir de la Gaule. Alliée de Rome dans la guerre contre Hannibal, Marseille appela les Romains à son secours lorsque, en 125 av. J.-C., elle se vit menacée par une coalition de Gaulois et de Ligures. Les Romains qui voulaient assurer leurs communications terrestres avec l'Espagne, s'empressèrent de répondre à la demande des Massaliotes. En 124, le consul C. Sextius Calvinus s'empara d'Entremont, l'oppidum des Salyens ; à proximité fut fondée la colonie romaine d'*Aquae Sextiae* (Aix-en-Provence). En 122, une nouvelle armée romaine passa les Alpes et battit les Allobroges (v.). Le chef arverne Bituit, accouru à l'aide des Allobroges, fut capturé avec son fils et envoyé à Rome. L'hégémonie arverne était brisée. Les Romains purent ainsi annexer un vaste territoire comprenant la vallée du Rhône jusqu'à Vienne et à Genève, tout le versant méridional des Cévennes jusqu'au Tarn et, à l'O., la vallée de la Garonne jusqu'aux abords d'Agen. Ce fut la première province romaine en Gaule, la *Provincia* (120) ; elle prit sous Auguste le nom de *Narbonnaise* de sa capitale, Narbonne, fondée en 118 av. J.-C. Le raid des Cimbres et des Teutons fut arrêté par les célèbres victoires de Marius (Aix, 102 ; Verceil, au Piémont, 101 av. J.-C.). Dès le début du Ier s. avant notre ère, de nombreuses relations commerciales s'établirent entre Gaulois et Romains ; le titre recherché d'allié du peuple romain fut accordé à l'un des principaux peuples de Gaule, les Éduens.

C'est par les *Commentaires* de César que nous est connu l'état de la Gaule indépendante à la veille de la conquête romaine. De ce temps, aussi, date l'utilisation du mot « Gaule » pour désigner le territoire des Celtes d'Occident compris entre le Rhin, les Alpes, les Pyrénées et l'Atlantique. Le pays, dont la population totale est très diversement estimée (entre 5 et 20 millions d'habitants), était occupé par une soixantaine de peuples. César divise la Gaule libre en trois parties :

a) La **Gaule Belgique,** au N., bornée par la mer Germanique (mer du Nord) au N.-O., par le Rhin au N. et à l'E., par la Marne et la Seine au S.-O.

b) La **Gaule Celtique** ou Gaule proprement dite, au centre, comprise entre le Rhône, la Garonne, l'Océan, la Seine, la Marne et le Rhin inférieur.

c) L'**Aquitaine,** au S.-O., comprise entre l'Océan, la Garonne et les Pyrénées.

La civilisation gauloise

L'emploi des parlers celtiques et la pratique d'une même religion ont constitué le lien commun de la civilisation celtique, mais, comme les traditions de cette religion se sont transmises oralement, nous la connaissons très mal. Les druides constituaient une caste sacerdotale ; on ne mentionne leur existence qu'en Gaule et en (Grande-) Bretagne ; spécialistes de la religion, ils étaient aussi les éducateurs de la jeunesse aristocratique, jouaient un rôle politique considérable et, constituaient le conseil des rois. Ils tenaient une assemblée annuelle dans la forêt des Carnutes ; c'était la principale manifestation unitaire des peuples de la Gaule, par ailleurs si farouchement divisés. Sur la doctrine religieuse et morale des druides, on ne possède que des renseignements sommaires. L'au-delà occupait une grande place dans les pensées ; le monde des dieux et le monde des humains, le monde des morts et le monde des vivants paraissaient étroitement proches.

Il n'existait pas d'institution politique commune : les grands peuples de la Gaule, qui ont souvent vassalisé des peuples moins importants, vivaient dans une compétition permanente, déchirés eux-mêmes par des luttes de partis. Au temps de César, le régime monarchique, encore prédominant au IIe s., avait fait place presque partout à des gouvernements aristocratiques. Chaque année, les grands élisaient un chef, appelé parfois *vergobret*, qui détenait un pouvoir de commandement et avait droit de vie et de mort sur tous ; à la guerre, chaque troupe était commandée par ses chefs coutumiers. La société gauloise était assez strictement hiérarchisée : au plus bas, le peuple, composé surtout de paysans assujettis, « ne comptait guère plus que les esclaves », note César ; chaque cité était dominée par une aristocratie de grands propriétaires qui s'appuyaient sur un système de clientèle.

La Gaule romaine (Ier s. av./IVe s. apr. J.-C.)

À une guerre de conquête qui avait été très dure (58/51 av. J.-C.) (v. **Gaules, guerre des**), Rome fit succéder une politique d'assimilation. Après les tueries, les pillages et l'asservissement de plusieurs centaines de milliers de personnes, César imposa aux vaincus un tribut supportable ; il sut s'attacher les jeunes guerriers gaulois et forma avec eux une légion d'élite, l'« Alouette », la première légion non romaine de l'armée, qui se distingua dans la guerre civile contre Pompée. Des peuples gaulois, les principaux (Éduens, Arvernes, Rèmes, Séquanes, Lingons) furent déclarés alliés de Rome ; d'autres furent simplement libres ; la plupart, tributaires. Sous le contrôle étroit de Rome, tous conservèrent leur administration et leurs coutumes. C'est Auguste, au cours d'un voyage en Gaule en 27 av. J.-C., qui fixa les nouveaux cadres administratifs du pays. La Gaule fut divisée en quatre parties : au S., l'ancienne « Province », désormais nommée *Narbonnaise*, devint une province sénatoriale ; le reste de la Gaule fut partagé en trois provinces impériales. L'*Aquitaine* fut agrandie et engloba tous les peuples celtes jusqu'à la Loire. La *Lyonnaise*, entre la Loire et la Seine, comprenait la Normandie et l'Armorique. La *Belgique* s'étendait sur tout le Nord et l'Est, entre le Rhône, la Seine et le Rhin, mais Tibère, en 17 de notre ère, en détacha deux nouvelles provinces frontalières, bordant le Rhin, la *Germanie inférieure* et la *Germanie supérieure*. Cette organisation subsista jusqu'à la fin du IIIe s. Lors de la réorganisation administrative de l'Empire, sous Dioclétien, la Gaule proprement dite fut comprise avec la Bretagne (Grande-Bretagne) romaine, l'Espagne et la Maurétanie Tingitane dans la *préfecture des Gaules*.

À l'exemple de César, qui avait installé des colonies militaires à Narbonne, Arles, Béziers, Orange, le Sénat romain, peu après la mort du dictateur, décida la fondation de Lyon (43 av. J.-C.), cité qui allait devenir une sorte de capitale des « Trois Gaules » impériales, centre à la fois routier, économique, politique et religieux. Auguste fonda ou agrandit beaucoup d'autres villes, qui succédèrent le plus souvent aux villes celtiques, les *oppida*, qui s'étaient développées depuis la fin du IIe s. av. J.-C. Certaines d'entre elles gardèrent son souvenir dans leur nom (par exemple *Augustodunum*, Autun ; *Augustonemetum*, Clermont ; *Augustobana*, Troyes ; *Augusta Treverorum*, Trèves...). Ces villes, très nombreuses en Narbonnaise, furent ornées de monuments de type méditerranéen (arènes, théâtres, temples, thermes, arcs de triomphe, fontaines). Les Romains construisirent des ponts, des fortifications, des aqueducs (ainsi le célèbre pont du Gard est un vestige de l'aqueduc de Nîmes, qui avait près de cinquante kilomètres de long), et dotèrent la Gaule d'un réseau routier très complexe. Ces routes avaient d'abord une destination militaire, mais elles furent aussi des voies de commerce et de liaison administrative. Elles ne cessèrent d'être améliorées durant les deux premiers siècles de notre ère et, à peu de modifications près, elles restèrent celles de tout le Moyen Âge.

La conquête romaine fit entrer la Gaule dans l'économie méditerranéenne. Tout le pays fut sillonné de marchands et de gens d'affaires venus de Rome et de toutes les régions de l'Empire ; on comptait parmi eux de nombreux Syriens et Orientaux. La Gaule exportait du blé, des céréales, de l'huile, des laines ; si les mines d'argent et d'or étaient déjà presque épuisées au moment de la conquête, elle possédait toujours, en revanche, d'importants gisements de fer. Des entreprises métallurgiques, des forges, des fonderies existaient à Lyon, à Bourges, en Armorique, dans la vallée de la Sambre ; les Éduens avaient des ateliers d'armures et de cuirasses réputés. Au début de l'époque impériale, l'industrie du verre avait été importée d'Orient en Gaule, et son principal centre se trouvait en Normandie. Une des industries les plus florissantes a été celle de la poterie, qui rivalisa bientôt avec celle de l'Italie : elle eut ses principaux centres à La Graufesenque (près de Rodez), à Lezoux (en Auvergne), à *Tabernae Rhenanae* (dans la vallée du Rhin). C'est également après la conquête romaine que la culture de la vigne se répandit en Gaule. La boisson courante des Gaulois était alors une sorte de bière. La vigne, qui, au temps d'Auguste, était encore confinée en Narbonnaise, progressa le long de la vallée du Rhône, et, dès le IIe s., on trouvait des vignobles importants en Bourgogne et dans la région de la Moselle. Grâce aux routes romaines, les diverses régions de la Gaule s'engagèrent dans un commerce actif. Autour des grands camps militaires s'organisaient des marchés.

La civilisation gallo-romaine

Le territoire de la Gaule était, comme les autres provinces de l'Empire, divisé entre une centaine de cités, au sens gréco-romain du terme : un territoire de l'étendue moyenne d'un département d'aujourd'hui, avec un centre urbain pourvu de nombreux monuments. L'assimilation politique allait de pair avec la prospérité. Les notables rivalisaient de zèle et de fidélité pour obtenir à leur cité une promotion qui, du rang de « stipendiaire » (soumise au tribut), la ferait passer à celui de « fédérée » (cité libre dont le statut était garanti par un traité avec Rome) et même à l'état envié de « colonie » latine ou romaine, auquel accédèrent rapidement Narbonne, Béziers, Arles, Orange, Fréjus, Vienne, Valence et Lyon. Sans que les Romains fussent intervenus directement dans les affaires religieuses des Gaulois (ils se contentèrent d'interdire les sacrifices humains et d'introduire le culte impérial), la caste des druides disparut. Les Gaulois ont alors accepté que leurs dieux prissent une forme matérielle et des noms romains, tout en conservant les croyances et les rituels celtiques traditionnels.

Les révoltes furent rares : celle de 21 fut déclenchée par deux nobles d'ailleurs romanisés, l'Éduen Julius Sacrovir et le Trévire Julius Florus, qui ne réussirent à soulever que leur clientèle. La révolte de Julius Vindex, gouverneur de la Lyonnaise, en 68, fut dirigée plutôt contre Néron que contre Rome. Celle du Batave Civilis, en 69, fut beaucoup plus grave, mais l'« empire des Gaulois » que les insurgés essayèrent de créer n'était qu'une copie des institutions romaines : le passé politique gaulois était oublié. En érigeant le *limes* rhénan, Rome avait coupé les liens, très nombreux avant la conquête, existant entre la Gaule et la Germanie ; la Gaule avait désormais une orientation méditerranéenne dont hérita la France future, en dépit des Grandes Invasions et de la -conquête franque. Grâce à trois siècles de paix, la *pax romana* – les seuls siècles où ce pays fut préservé de toute invasion –, la romanisation de la Gaule devint ineffaçable. Après l'édit de Caracalla (212), les Gaulois libres devinrent des citoyens à part entière, comme la plupart des habitants de l'Empire. À cette époque, rien ne les distinguait plus des habitants de l'Italie ou de Rome. Marseille, Bordeaux et Autun devinrent les principaux foyers de la culture gréco-romaine. En quatre siècles, la masse de la population abandonna la langue gauloise pour adopter le latin vulgaire des soldats et des marchands, et c'est cette langue qui, mêlée en assez faible proportion à des éléments germaniques, allait peu à peu donner naissance au français.

La conversion des Gallo-Romains au christianisme

C'est en partie à l'influence de l'Église que la romanisation dut d'être si durable. On ne sait rien de certain sur les origines du christianisme en Gaule. Il est probable qu'au Ier s. la foi nouvelle fut apportée par des marins, des marchands et des voyageurs de langue grecque dans les ports méditerranéens et que, de là, elle commença à gagner les vallées du Rhône et de la Garonne. Sa première manifestation historique fut le martyre des chrétiens de Lyon (Pothin, Blandine...), sous Marc Aurèle, en 177. L'Église de Lyon resta pendant plus de soixante-dix ans la seule constituée, avec son évêque. C'est vers le milieu du IIIe s. qu'apparurent les grands apôtres de la Gaule intérieure. Voir l'histoire ultérieure de la Gaule à l'article FRANCE.

GAULES (guerre des). Nom donné à la conquête de la Gaule par les Romains, sous la conduite de Jules César, de 58 à 51 av. J.-C. Cette entreprise – dont les détails militaires nous sont connus par les *Commentaires* de César – résulta non pas d'un projet longuement mûri de l'impérialisme romain, mais de l'ambition personnelle de César. Ce dernier, chef du parti populaire à Rome, avait obtenu le consulat en 59. À sa sortie de charge, il s'était fait attribuer, comme proconsul, le gouvernement de l'Illyrie, de la Gaule cisalpine et de la « Province ». Un an plus tôt, il s'était associé en un « triumvirat » avec Crassus et Pompée, mais il songeait déjà à être le seul maître à Rome. Pour cela, il lui fallait trouver de l'argent et conquérir une gloire militaire capable de faire oublier celle de son associé et déjà rival, Pompée. Alors qu'il avait songé à une campagne en Europe centrale ou dans les Balkans, il apprit, en mars 58, que le peuple gaulois des Helvètes, pressé par les Germains, s'apprêtait à traverser la Gaule pour émigrer dans le Sud-Ouest. Il saisit cette occasion pour intervenir. Appelé par les Éduens, alliés de Rome, il refoula les Helvètes, puis, durant l'été 58, il rejeta au-delà du Rhin Arioviste et les Suèves, un peuple germanique qui se préparait à envahir la Gaule. Ces opérations achevées, César fit prendre à ses troupes leurs quartiers d'hiver en Gaule et alla chercher des renforts en Italie. Pour isoler la Gaule centrale ou Celtique, il battit en 57 la coalition des Belges, cependant que son lieutenant, Crassus, avec une seule légion, soumettait l'Armorique. Les Vénètes du Morbihan se soulevèrent et tinrent quelque temps les Romains en échec. César réussit à détruire leur flotte dans le golfe du Morbihan (56), tandis que Crassus réduisait les Aquitains à l'obéissance. La Celtique se trouvait ainsi pratiquement encerclée.

Cependant, la Gaule restait ouverte du côté de la Germanie, d'autant qu'aucune distinction nette n'existait à cette époque entre Celtes et Germains : des invasions venues de l'autre rive du Rhin, comme celle des Cimbres et des Teutons, à la fin du IIe s. av. J.-C., risquaient de remettre en cause la pacification. En 55, César fit donc une nouvelle campagne en Belgique : son plan était de fermer la frontière rhénane, et de couper les liens entre les Celtes continentaux et ceux de l'île de Grande-Bretagne. De là les deux expéditions de reconnaissance et d'intimidation lancées par César, au cours de cette année 55, sur la rive droite du Rhin et au-delà de la Manche. Un nouveau débarquement eut lieu en Bretagne en 54. Mais les Éburons de la vallée de la Meuse, sous la conduite d'Ambiorix, attaquèrent les camps romains établis dans les Ardennes (hiver 54/53). L'agitation commença à gagner toute la Gaule. César parvint à arrêter le mouvement à la fois par la diplomatie, à l'assemblée des chefs gaulois réunis à Lutèce, et par la rapidité de ses mouvements militaires : après avoir soumis les Sénons et les Trévires, il passa l'été 53 à pourchasser Ambiorix, insaisissable, à travers la forêt des Ardennes, puis il appela tous les peuples de Gaule et les Germains d'au-delà du Rhin à venir mettre au pillage le pays des Éburons. Par cette terrible curée, César pensa s'être assuré la complicité des Gaulois : la pacification semblait terminée et le général romain rentra en Italie pour engager, contre Pompée, la lutte pour le pouvoir.

Pendant son absence, au début de 52, un soulèvement général de la Gaule éclata, sous l'impulsion du chef arverne Vercingétorix. Celui-ci employa la tactique de la terre brûlée, mais César réagit avec une rapidité extraordinaire. Revenant d'Italie à marche forcée, il s'empara d'*Avaricum* (Bourges) et du ravitaillement qui s'y trouvait enterré. La résistance gauloise ne fut pourtant pas brisée. En mai 52, Gergovie résista victorieusement à l'assaut mené par César. La partie semblait désormais critique pour lui, et les Éduens eux-mêmes, ses meilleurs alliés, firent défection. C'est dans leur propre oppidum, à Bibracte, que Vercingétorix reçut officiellement le commandement en chef. Malgré cette unité apparente, les Gaulois restaient divisés par les vieilles rivalités entre les peuples. César, qui avait enrôlé des cavaliers germains, mit en déroute la cavalerie gauloise près de Dijon. Vercingétorix alla s'enfermer dans Alésia, où les Romains entreprirent aussitôt d'immenses travaux de siège. Après plus de six semaines, les défenseurs de la place, affamés, durent se rendre (52). César vendit beaucoup d'entre eux comme esclaves, et Vercingétorix, après six ans de captivité à Rome, fut exécuté. En 51, les dernières rébellions locales furent réprimées : les Bituriges, les Bellovaques, les Carnutes firent leur soumission. Seuls les Cadurques (région de Cahors) s'obstinèrent dans une résistance désespérée. Aussi, après s'être emparé de l'oppidum d'*Uxellodunum*, sur le Lot, César décida de faire un terrible exemple : tous les défenseurs furent amputés de la main droite. La guerre des Gaules était finie et la Gaule saignée à blanc. Il restait à organiser ce nouveau territoire afin d'en faire une partie intégrante de l'Empire romain ; ce fut l'œuvre d'Auguste. Voir GAULE.

GAULLE Charles de (* Lille, 22.XI.1890, † Colombey-les-Deux-Églises, 9.XI.1970). Général et homme politique français. Officier d'infanterie, blessé, il fut fait prisonnier en mars 1916 et resta en captivité jusqu'à l'armistice, malgré cinq tentatives d'évasion. Après la guerre, il poursuivit sa carrière, sous la protection du maréchal Pétain. Il publia plusieurs ouvrages, où il préconisait notamment la création d'une armée de métier, avec pour fer de lance des unités blindées. Mais les chefs de l'armée, en particulier Pétain, n'acceptèrent pas ces vues et restèrent fidèles à une stratégie toute défensive, appuyée sur la ligne Maginot. En mai 1940, colonel placé à la tête d'une division blindée, il remporta le seul succès de la campagne, fut promu général de brigade à titre temporaire, et le 6 juin devint sous-secrétaire d'État à la Défense nationale dans le cabinet Paul Reynaud. Le 16, après la formation du gouvernement Pétain, il rallia Londres et, le 18, prononça à la BBC le fameux appel répliquant à la déclaration faite par Pétain la veille ; il condamnait l'armistice et exhortait les Français à la résistance. Dans les années suivantes, de Gaulle mit en œuvre des qualités politiques étonnantes, avec fermeté voire intransigeance, un sens tactique et manœuvrier aigu, au service d'un patriotisme ombrageux. Lui qui était, par ses origines et ses convictions, un homme de droite, il s'appuya sur des hommes et des forces de gauche. Il sut se faire accepter comme véritable représentant de la France par un Churchill réticent, et par un Roosevelt longtemps hostile. Après la Libération, il tira la leçon de l'échec de la IIIe République et voulut pour la France un exécutif fort, garant des grands intérêts nationaux. Il refusa un État livré aux partis et démissionna de la présidence du Gouvernement provisoire le 20 janv. 1946.

Pendant quelques années, sa lutte contre la IVe République fut un échec et il se retira à Colombey-les-Deux-Églises (la « traversée du désert », 1953/58), où il commença à rédiger ses *Mémoires*. L'impasse algérienne lui permit de reprendre le pouvoir, au lendemain du 13 mai 1958. L'Assemblée nationale, divisée, déconsidérée, menacée d'un coup d'État militaire en métropole même, lui accorda les pleins pouvoirs, y compris celui d'élaborer une nouvelle Constitution. Le nouveau régime fut approuvé par le référendum du 28 sept. 1958 ; il gardait un caractère parlementaire, mais faisait du président de la République, élu par un collège très élargi, le véritable détenteur du pouvoir. L'État restauré, de Gaulle assura le redressement monétaire et financier, acheva la décolonisation de l'Afrique noire, et régla le problème algérien (accords d'Évian, mars 1962). Cette année 1962 vit sans doute ses plus grands triomphes : il fit approuver par référendum l'élection du président au suffrage universel, imposa G. Pompidou comme Premier ministre en remplacement de M. Debré, et les élections législatives de nov. furent un plein succès pour l'UNR, qui regroupait ses fidèles.

À partir de 1962, de Gaulle déploya une politique qui affirmait le rôle international de la France. Il mena à bien la création d'une force nucléaire de dissuasion qui assurait une défense autonome. Tout en restant fidèle à l'Alliance atlantique, il ébranla l'autorité américaine, critiqua les privilèges du dollar et condamna l'intervention au Viêt-nam ; en juil. 1966, les forces militaires françaises sortirent de l'OTAN. En même temps, il se rapprochait de l'URSS et reconnaissait la Chine communiste. En Europe, il fit rejeter la candidature de la Grande-Bretagne à la CEE, car il voyait en elle un cheval de Troie des États-Unis. Cette politique provoqua des critiques en France, notamment celles des partisans de l'Alliance atlantique et d'une intégration politique de l'Europe. Au premier tour des présidentielles de 1965, de Gaulle fut mis en ballottage, avec seulement 44 % des voix, par l'opposition du candidat de la gauche unie, F. Mitterrand, et celle du tenant de la droite et du centre atlantistes et européens, J. Lecanuet. Les législatives de 1967 confirmèrent le déclin de l'autorité du « Général ». Les événements de mai 1968 virent un de Gaulle vieilli, quelque temps désemparé, qui ne retrouva l'initiative que dans son discours du 30 mai, galvanisant enfin ses partisans. Sa prééminence était ébranlée, à l'intérieur même de son mouvement, et le triomphe des législatives de juin fut tout autant celui de G. Pompidou, qui les avait proposées, que le sien.

Dans les derniers mois de sa présidence, de Gaulle a tenté de rétablir son autorité. Il remplaça Pompidou par M. Couve de Murville. Il voulut donner plus de pouvoirs aux régions, transformer le Sénat en chambre représentant les intérêts socio-professionnels, et soumit ce projet à référendum.

Dès que la victoire du « non » fut connue (plus de 52 % des voix), de Gaulle démissionna de ses fonctions (28 avr.1969) et se retira de la politique.

GAZA, *Rhazza.* Ville côtière située entre Israël et l'Égypte ; territoire de la Palestine (bande de Gaza, 45 km du nord au sud, 7 à 12 km de large). La bande de Gaza comptait 390 000 hab. en 1967, 570 000 en 1987, 900 000 en 1994, 1,3 million en 2002 (3 400 hab./km^2). Ville ancienne, d'abord cananéenne puis devenue une des cinq grandes villes des Philistins (XIIe s. av. J.-C.), elle avait été le lieu des exploits de Samson devenu aveugle, qui y renversa le temple du dieu Dagan, qui s'écroula sur lui et sur ses ennemis. Prise par Alexandre après un siège de deux mois, Gaza fut détruite pendant les guerres civiles de la Judée et rebâtie par Gabinius. Les Arabes s'en emparèrent en 632. La ville eut une grande importance stratégique pendant les croisades (1239 et 1244) et dans les combats entre les mamelouks et les Turcs (1516). Elle fut prise par Bonaparte en 1799.

Sous administration égyptienne à partir de 1948, Gaza accueillit des centaines de milliers de réfugiés palestiniens. Gaza fut occupée par les troupes israéliennes en nov. 1956. Israël dut l'évacuer en mars 1957, et des forces internationales de l'ONU s'installèrent sur la bande de Gaza. À la demande de Nasser, celles-ci se retirèrent en mai 1967. Leur départ contribua au déclenchement de la guerre israélo-arabe dite des Six-Jours, en juin 1967. La bande de Gaza passa alors sous le contrôle d'Israël, qui y fonda de nombreuses colonies. Peuplé pour plus des trois quarts de réfugiés palestiniens pauvres vivant dans des camps, ce territoire fut secoué à partir de déc. 1987 par l'*Intifada* (v.) et la dure répression qu'elle provoqua. Outre les Frères musulmans, d'autres organisations islamistes, comme le Hamas et le Jihad islamique se sont installés fortement dans la région, recourant à la violence dans le but de faire échouer le processus de paix israélo-palestinien entamé en sept. 1993. L'accord israélo-palestinien d'Oslo, en 1993, puis celui du Caire, en mai 1994, ont doté Gaza d'un statut d'autonomie qui ne concerne cependant que 60 % de la bande de Gaza, le reste étant occupé par 5 000 colons israéliens. Yasser Arafat (v.) y a établi son quartier général. Ces accords ont été complétés par la réouverture de l'aéroport et par l'instauration d'un passage vers la Cisjordanie, nécessaires à ce territoire enclavé. Les troubles de la fin de l'année 2000 ont abouti au blocus du territoire et au bombardement de Gaza, où étaient installés de nombreux services de l'Autorité palestinienne.

GDANSK, anciennement *Dantzig*, ou *Danzig*. Ville de Pologne, sur la Baltique, à l'embouchure de la Vistule. Mentionnée comme ville polonaise depuis la fin du Xe s., elle fut la capitale du duché de Pomérélie et vit s'établir de nombreux marchands allemands. Passée en 1308 à l'ordre Teutonique (v. **Teutonique, ordre**), elle devint l'un des principaux comptoirs de la Hanse (v.). Revenue en 1454 sous la suzeraineté polonaise, définitivement abandonnée par les Teutoniques à la paix de Thorn (1466), elle reçut du roi de Pologne Casimir IV un statut de ville libre. Jusqu'au XVIIIe s., elle resta le premier port de la Baltique. Elle se rallia à la Réforme et défendit énergiquement ses droits contre le roi Étienne Báthory dans la guerre de 1576/77. Dantzig passa à la Prusse en 1793, au deuxième partage de la Pologne. Prise par Lefebvre en mai 1807, elle redevint une ville libre sous l'occupation française. Elle fut défendue par Rapp contre les Russes, mais se rendit le 27 nov. 1813, après onze mois de siège, et fut restituée en 1814 à la Prusse. Enlevée à l'Allemagne par le traité de Versailles en 1919, elle fut de nouveau érigée en ville libre (1920) et placée sous le contrôle de la SDN. Cependant, l'évolution politique intérieure de l'Allemagne continua à avoir de grandes répercussions dans la ville ; dès 1933, les nationaux-socialistes, sous la conduite de Greiser, obtenaient la majorité au Parlement local. Les revendications de Hitler sur Dantzig constituèrent la cause immédiate de la Seconde Guerre mondiale. Le 1er sept. 1939, Dantzig proclama son rattachement au Reich et devint la capitale du gau Dantzig-Prusse-Occidentale, dont le gauleiter fut le chef nazi local Forster. Prise par les Russes le 29 mars 1945, Dantzig fut incluse dans l'État polonais restauré ; son ancienne population fut déplacée vers l'Allemagne et remplacée par des Polonais.

Ville industrielle, Gdansk a été le point de départ de la grave crise politique et sociale qui secoua la

Pologne à partir de 1980. La grève aux chantiers navals Lénine des 11/15 févr. et celle des 16/31 août aboutirent aux « accords de Gdansk ». Signés entre le dirigeant syndicaliste Lech Walesa et le négociateur Jagielski, ils autorisaient l'organisation de syndicats « autogérés » (libres). *Solidarnosc* (« Solidarité », v.) fut créé le 22 sept. en vertu de cet accord. Le 13 déc. 1981, le général Jaruzelski annula toute libéralisation. En 1988, les chantiers Lénine, déclarés non rentables, furent fermés.

GEISEL Ernesto (* Rio Grande do Sul, 3.VIII.1908, † Rio de Janeiro, 12.IX.1996). Général et homme politique brésilien. Voir **BRÉSIL**.

GÉLIMER ou **GILIMER** (VIe s.). Dernier roi des Vandales en Afrique (530/34). Voir **VANDALES**.

GÉLON (* Géla, 540, † Syracuse, 478 av. J.-C.). Tyran de Géla et de Syracuse (485/78). Voir **SYRACUSE**.

GEMAYEL. Famille maronite qui s'est illustrée dans le Liban contemporain.

Pierre Gemayel (* Bikfaya, mont Liban, 6.XI.1905, † Bikfaya, 29.VIII.1984). Homme politique libanais. Il fonda le parti des Phalanges libanaises en 1936 et prit part aux événements qui marquèrent la fin du mandat français en 1946. Il fut plusieurs fois ministre sous la présidence du général Chehab (1958/64) et fut élu député de Beyrouth en 1960. Dans le gouvernement d'union nationale de Rachid Karame (1969/70), dans lequel il fut ministre des Travaux publics, il représenta la tendance libérale contre le socialisme et resta favorable au maintien de l'hégémonie politique maronite contre les nationalistes arabes. Dès 1967, il dénonça la présence de l'OLP au Liban. En 1975, quand se déclencha la guerre civile, il réclama l'intervention de l'armée contre les commandos palestiniens et prit la tête du Front libanais, qui regroupait toutes les tendances de la droite maronite. Progressivement, il perdit le pouvoir au profit de son fils Béchir. Néanmoins, il continua de diriger le bureau politique des Phalanges jusqu'à sa mort.

Amine Gemayel (Birkfaya, mont Liban, 22.I. 1942). Homme politique libanais. Frère aîné de Béchir Gemayel et fils de Pierre Gemayel. Éduqué chez les jésuites, il devint avocat et homme d'affaires Il fut élu député en 1970. Considéré comme plus politique et modéré que son frère, il dut lui céder la place en 1975. Par la suite, il condamna les différentes expéditions militaires décidées par son frère contre leurs alliés. Après l'assassinat de Béchir en sept. 1982, il fut élu par une très large majorité à la présidence de la République le 21 sept. 1982. Il s'efforça de libérer le Liban des armées qui l'occupaient. Allié aux Américains, il joua dans un premier temps la carte israélienne, et signa le 13 mai 1983 un traité avec l'État d'Israël, provoquant l'opposition des camps syrien, chiite, druze et chrétien du Nord. Attaqué de toutes parts, il subit plusieurs échecs et perdit Beyrouth-Ouest. Il changea alors de cap, abrogea l'accord avec Israël et forma un gouvernement d'union nationale. Incapable d'unifier les diverses factions autour d'un projet national, il acheva son mandat en sept. 1988 dans la confusion : deux gouvernements se mirent alors en place et revendiquèrent la « légalité » libanaise. En oct. 1988, les Forces libanaises de Samir Geagea l'évincèrent de son fief de Metn, unifiant ainsi le réduit chrétien. Exilé en France, il ne rentra à Beyrouth qu'en juill. 2000.

Béchir Gemayel (* Beyrouth, 10.XI.1947, Beyrouth, † 14.IX.1982). Homme politique libanais. Cadet des deux fils de Pierre Gemayel. Il fut nommé adjoint de William Hraoui à la tête des Phalanges et lui succéda à sa mort, le 13 août 1976. Quelques jours après, il accéda au commandement des Forces libanaises (FL), commandement unique de toutes les milices chrétiennes. Chef charismatique, doué d'un tempérament de combattant, il sut s'attacher la fidélité de ses hommes. Il parvint à arracher l'autonomie des FL au prix de sanglants affrontements interchrétiens : en 1978, il organisa un raid à Ehden contre la famille Frangie, consommant ainsi sa rupture avec les maronites du Nord. Élu président de la République le 23 août 1982 à la suite de l'invasion israélienne et grâce au soutien de Jérusalem, il fut assassiné le 14 sept., avant son entrée en fonctions.

GÉNÉRALITÉ. Nom donné, dans l'ancienne France, à la juridiction d'un général des finances puis d'un intendant (v.), qui administrait la justice, la police et les finances. La généralité était la circonscription administrative essentielle sous l'Ancien Régime. Le nombre des généralités passa de quatre au XVe s. à vingt et une sous Louis XIV et à trente-quatre en 1789. On comptait : vingt et une généralités ou intendances en pays d'élections (depuis longtemps réunis au domaine royal, ils n'avaient pas réussi à garder leurs anciens états : Amiens, Bordeaux, Bourges, Caen, Châlons-sur-Marne, Grenoble, Lyon, Montauban, Paris, Poitiers, Riom, Rouen, Tours, Moulins, Orléans, Limoges, La Rochelle, Soissons, Alençon, Auch, Bayonne-Pau), cinq généralités en pays d'états (pays souvent en périphérie du Royaume, ayant conservé le droit de s'administrer eux-mêmes : Aix, Dijon, Montpellier, Rennes, Toulouse) et huit généralités de pays récemment conquis (Bastia, Besançon, Lille, Metz, Nancy, Perpignan, Strasbourg, Valenciennes).

GÊNES, *Genova.* Ville et port d'Italie, en Ligurie. Port ligure dont les origines semblent remonter au Ve s. av. J.-C., Gênes (*Genua*) commença à s'enrichir en faisant du commerce avec les Étrusques et les Grecs. Elle fut l'alliée des Romains dès la fin du IIIe s. Devenue un municipe, c'est-à-dire une cité demeurée autonome sous l'autorité romaine, elle eut, dans l'Antiquité, une importance modeste ; elle devint siège épiscopal vers 269. Après la chute de l'Empire romain, elle passa successivement aux Hérules, aux Goths, aux Byzantins, aux Lombards, à Charlemagne. Elle commença à se relever au Xᵉ s. D'abord alliée à Pise pour chasser les musulmans de la Sardaigne et de la Corse (1022 et 1070), Gênes se querella ensuite avec Pise lors du partage des deux îles. À la fin du XIᵉ s., les marins génois avaient chassé les musulmans de la mer Tyrrhénienne.

Encore soumise à la suzeraineté de l'empereur et de l'évêque, Gênes se rendit indépendante de fait à l'aube du XIIᵉ s. par la création de la *compagna*, qui groupait les principaux citoyens de la ville. Elle fut bientôt gouvernée par des consuls élus. Comme la plupart des cités italiennes, son histoire intérieure fut fort troublée. Les grandes familles (Spinola, Grimaldi, Fieschi, Doria) se livraient à d'âpres compétitions ; vers la fin du XIIᵉ s., les Génois durent recourir à des podestats étrangers, capables d'imposer silence aux factions. Au podestat succéda en 1257 le capitaine du peuple (le premier à porter ce titre fut Guglielmo Boccanegra) ; enfin, en 1339, les Génois empruntèrent aux Vénitiens l'institution du doge élu, charge qui fut inaugurée par Simone Boccanegra.

Gênes connut une remarquable expansion internationale. Maîtres de la côte ligure et d'une partie de la côte provençale, les Génois s'enrichirent pendant les croisades en transportant les troupes en Asie. Ils prirent part à la bataille d'Acre (1104) et se firent concéder des établissements dans la plupart des ports latins du Levant. Ils intervinrent également en Espagne et aidèrent à chasser les Maures d'Almeria (1136). En Italie, Gênes se trouvait aux prises avec deux puissances rivales, Pise et Venise. Elle battit les Pisans au combat naval de la Meloria (1284), ce qui lui permit d'annexer la Sardaigne et la Corse et d'assurer son contrôle de la Méditerranée occidentale. La lutte avec Venise eut d'abord pour théâtre l'Orient. Installés à Constantinople lors de la création de l'Empire latin, en 1204, les Vénitiens en furent chassés par Michel VIII Paléologue. Contre Venise, Michel VIII s'assura le concours de la flotte génoise : le traité de Nymphée (mars 1261) accorda à Gênes des privilèges commerciaux considérables dans tout l'empire d'Orient et permit à ses commençants de s'installer à Smyrne et à Constantinople. Les Zaccaria, une famille de Gênes, maîtres de Phocée (Ionie) depuis 1275, s'emparèrent en 1304 de l'île de Chio. D'autres établissements furent fondés en mer Égée.

Gênes vit la mer Noire s'ouvrir à ses activités commerciales. Vers 1275, les khans de Kiptchak lui octroyèrent un établissement en Crimée, à Caffa, près de Théodosie. D'autres comptoirs furent fondés sur les côtes de la mer Noire : à Mavocastro (Akkerman) en 1315, à Tana (Azov) en 1320, à Cembalo (Balaklava) en 1365, à Soldaia (Soudak) en 1365, à Yalta, dans la presqu'île de Kertch.... Gênes monopolisait ainsi les relations commerciales avec les mondes russe et turco-mongol par lesquels transitaient les produits de l'Extrême-Orient, comme avec l'Empire grec de Trébizonde. En Méditerranée orientale, les Génois s'étaient installés dans l'île de Chypre, à Famagouste, qu'ils occupèrent de 1373 à 1464. Malgré la chute de Saint-Jean-d'Acre (1291), ils ne craignaient pas, en bravant les interdictions pontificales, de continuer à commercer avec les musulmans d'Égypte.

Cette expansion puissante, soutenue sur place par des compagnies particulières, les *mahone*, excitait évidemment la jalousie de Venise. En 1376, quand Gênes se fit donner par les Byzantins l'île de Ténédos, qui, par sa position, lui permettait de verrouiller complètement les Détroits, les Vénitiens occupèrent l'île (1377). Ce fut l'origine de la violente guerre maritime de Chioggia (1378/81). Au XVᵉ s., Gênes commença à souffrir du déclin du commerce méditerranéen. Toujours aussi instable politiquement, la ville dut se donner à des protecteurs étrangers, qui furent successivement les rois de France, les Visconti, les Sforza. La prise de Constantinople par les Turcs (1453) porta un coup mortel au commerce génois en Orient : dès 1320, les Génois avaient été chassés de Smyrne par les Turcs, qui leur reprirent ensuite Phocée (1455), Lesbos (1462), Samos (1475), enfin l'île de Chio (1566). Les comptoirs de la mer Noire furent abandonnés en 1475. À Chypre, Famagouste avait été perdue en 1464. Alliée à la France en 1513, Gênes fut occupée par les Impériaux (1522), puis de nouveau soumise à la France (1527). Mais Andrea Doria, voyant que François Iᵉʳ ne tenait pas ses promesses, se tourna vers Charles Quint (1528). À Gênes, affranchie de la domination française, il donna une nouvelle Constitution : les doges furent rétablis, mais ils n'étaient plus élus que pour deux ans, et on leur adjoignit deux consuls et un censeur.

Gênes resta désormais étroitement liée à l'Espagne. En 1684, Louis XIV fit bombarder la ville et le port. La situation financière critique de la ville l'obligea, en 1768, à vendre à la France, pour 40 millions de livres, sa dernière possession méditerranéenne, la Corse. Les Français occupèrent Gênes en 1796 et renversèrent le régime aristocratique ; Gênes, augmentée de quelques territoires enlevés au Piémont, devint la république Ligurienne (6 juin 1797). En avr./juin 1800, Masséna soutint dans Gênes un siège célèbre contre les Autrichiens, retenant une grande partie de leurs forces – ce qui facilita la victoire de Marengo (14 juin 1800). En 1805, Gênes fut annexée à la France, et la république Ligurienne forma les départements de Gênes, des Apennins et de Montenotte. Le congrès de Vienne (1815) attribua Gênes au Piémont-Sardaigne : cette décision, d'abord mal accueillie par les Génois (soulèvements de 1821 et 1849), fut cependant à l'origine du renouveau économique de la ville, qui possédait enfin un vaste arrière-pays.

GENÈVE. Ville de Suisse, chef-lieu du canton de Genève, située à l'extrémité occidentale du lac de Genève. À l'époque néolithique (vers 4000/3000 av. J.-C.), de nombreux villages sur pilotis s'établirent sur les rives du lac ; puis le centre de la zone d'habitation se déplaça sur la colline entre le lac et l'Arve. Oppidum des Allobroges, Genève passa sous la domination romaine vers 121 av. J.-C. et fut un important poste frontière en face des Helvètes, installés sur la rive droite du Rhône. Après le rattachement du territoire helvète à la province romaine de la Lyonnaise, puis à celle de Germanie supérieure, Genève devint un centre commercial actif ; vers 400, elle portait le nom de *Colonia Allobrogum* (le nom de *Geneva* n'apparut qu'au Moyen Âge). Passée vers 443 aux Burgondes, elle fut fortifiée en 500 par Gondebaud, mais les Francs s'en emparèrent en 534. À la suite de ces invasions, elle connut un grave déclin. Comprise dans l'empire de Charlemagne puis dans le royaume de Lothaire (843), elle fut incluse à partir de 888 dans le second royaume de Bourgogne, avec lequel elle fut rattachée au Saint Empire en 1032.

À la fin du XIe s. apparaissent des comtes de Genève, qui se déclarèrent héréditaires et voulurent s'affranchir des rois de Bourgogne ; ceux-ci répliquèrent en soutenant les évêques. Les empereurs germaniques suivirent la même politique, et Frédéric Barberousse, en 1162, conféra le titre de prince du Saint Empire à l'évêque de Genève. Depuis l'accord de Seyssel (1124), le comte avait été contraint de se reconnaître vassal de l'évêque, mais la rivalité entre les deux pouvoirs se prolongea longtemps. La Savoie constituait cependant une menace encore plus grave que l'ancien pouvoir épiscopal. Le XIVe s. fut ainsi marqué par un rapprochement entre la commune et les évêques : l'un de ces derniers, Adhémar Fabri, confirma solennellement les franchises de la ville (1387).

Les comtes de Savoie poursuivaient leur lent investissement de Genève et les Genevois durent mener la lutte pour leur indépendance à la fois contre la Savoie et contre leur évêque : les *Eidgenots* (patriotes et partisans de l'entente avec les Confédérés suisses) s'opposèrent aux *Mamelucs* (partisans de la Savoie). Le chef des patriotes, Philibert Berthelier, fut exécuté en août 1519, sur l'ordre de l'évêque Jean de Savoie. Un traité de combourgeoisie fut conclu avec Fribourg et Berne en 1526 : l'intervention des Confédérés força le duc de Savoie à reconnaître l'indépendance de Genève par le traité de Saint-Julien (1530).

Pendant la guerre de Cent Ans, les foires de Genève avaient pris le relais de celles de Champagne, car la ville, située sur la route des échanges commerciaux entre Italie et Flandres, se trouvait en dehors du conflit. Les foires genevoises atteignirent leur apogée au XVe s., mais elles firent ruinées, peu après 1460, par l'action énergique des rois de France, et particulièrement de Louis XI, en faveur des foires de Lyon.

La Réforme, introduite à Genève à partir de 1532 par Guillaume Farel et Antoine Froment, survenait dans une ville prospère, mais engagée dans une lutte vitale contre son puissant voisin savoyard. L'évêque Pierre de La Baume tenta de l'éliminer, mais les partisans de l'indépendance, qui voyaient dans la Réforme un moyen d'affranchir leur ville du pouvoir épiscopal, firent appel à l'aide des Bernois. Farel, qui avait été chassé de Genève, y revint accompagné de Viret, et l'évêque quitta définitivement la ville en 1533. Genève devint une république libre.

L'adoption de la Réforme

La Réforme fut officiellement adoptée le 21 mai 1535 par le peuple réuni en conseil général. Les Genevois perdirent l'alliance de Fribourg, restée catholique, mais Berne leur donna tout son appui. Pour éviter une intervention française, les Bernois secoururent la ville, bloquée par les Savoyards (juill. 1536). Au même moment, le grand réformateur français Calvin s'installait à Genève, où l'avait appelé Guillaume Farel. Ses premières tentatives pour instaurer un gouvernement théocratique se heurtèrent aux « libertins », partisans de la tolérance, et il fut expulsé de la ville, ainsi que Farel, en 1538. Rappelé en sept. 1541, il fut tout-puissant dans la ville jusqu'à sa mort (1564), et il fit de Genève la métropole du calvinisme. Il soumit les habitants à une discipline morale inflexible : la fréquentation du culte fut déclarée obligatoire ; l'idolâtrie, le blasphème, l'adultère, l'hérésie furent punis de mort (exécutions de Jacques Gruet, de Jérôme Bolsec, de Michel Servet). Calvin se heurta à de fortes oppositions et accueillit dans la ville des réfugiés protestants français, italiens, anglais, auxquels il fit donner le droit de cité (1555). Avec l'aide de Théodore de Bèze, il fonda l'Académie de Genève (1559), qui devint une école de missionnaires protestants. En oct. 1567, à la nouvelle de la répression exercée contre les réformés de Lyon, eut lieu le premier « Jeûne genevois », célébré depuis lors annuellement. Cependant, en 1570, les ducs de Savoie encerclaient de nouveau Genève. La cité, qui pouvait toujours compter sur l'alliance de Berne, obtint également celle de la France (1579) et de Zurich (1584), mais l'opposition des cantons catholiques l'empêcha d'entrer dans la Confédération. Le duc de Savoie Charles-Emmanuel Ier tenta l'assaut décisif contre Genève dans la nuit du 11 au 12 déc. 1602 : cette Escalade fut un échec complet. Le duc dut signer le traité de Saint-Julien (21 juill. 1603), qui marquait la renonciation définitive de la Savoie à ses prétentions.

Genève connut alors deux siècles de tranquillité extérieure ; l'afflux de réfugiés avait donné un nouvel essor à l'industrie (surtout l'horlogerie). De grands troubles commencèrent en 1790, en écho à la Révolution française : un gouvernement révolutionnaire s'empara du pouvoir, renversa l'aristocratie et proclama l'égalité de tous les citoyens (déc. 1792). Occupée par les troupes françaises le 15 avr. 1798, Genève fut annexée à la France et devint le chef-lieu du département du Léman. Après la conquête de la ville par les troupes autrichiennes, la république de Genève fut rétablie le 1er janv. 1814, mais la domination française avait montré aux Genevois qu'ils ne pouvaient conserver leurs libertés traditionnelles qu'en entrant dans la Confédération helvétique, ce qui fut fait le 12 sept. 1814. La Constitution de 1814 établit un régime censitaire, source de mouvements révolutionnaires qui ne prirent fin qu'avec la victoire des radicaux, conduits par James Fazy, en oct. 1846. Une Constitution libérale, toujours en vigueur, fut adoptée le 21 mai 1847. Dans la seconde moitié du XIXe s., Genève commença à devenir une capitale diplomatique internationale. La fondation de la Croix-Rouge par le Genevois Henri Dunant (1863) et la signature de la première convention de Genève (1864) lui donnèrent une importance nouvelle. Asile des réfugiés politiques (Lénine, Mussolini), elle devint, après la Première Guerre mondiale, le siège de la Société des Nations et du Bureau international du travail. Depuis 1945, Genève est le centre européen de l'ONU, le siège de l'Organisation mondiale de la santé et de nombreuses autres organisations internationales.

Conférence de Genève (26 avr./21 juill. 1954). Destinée à régler les problèmes coréen et indochinois, cette conférence réunit, parmi les délégués de dix-neuf puissances, Bidault (France), Eden (Royaume-Uni), Dulles (États-Unis), Molotov (URSS) et Chou En-lai (Chine populaire). Elle ne put arriver à une solution du problème coréen. Au sujet de l'Indochine, Georges Bidault, malgré la situation dramatique des troupes françaises à Diên Biên Phu, espérait, grâce à la médiation de Molotov, obtenir des conditions acceptables du Viêt-minh. Mais il se heurta au refus soviétique. La conférence prit un nouveau départ avec l'arrivée de Pierre Mendès France, qui, devenu président du Conseil le 18 juin 1954, s'était engagé devant l'Assemblée nationale à démissionner s'il n'avait pas obtenu au 20 juill. un cessez-le-feu en Indochine. Outre qu'ils prévoyaient un cessez-le-feu et le partage du Viêt-nam, avec des élections libres dans tout le pays dans un délai de deux ans, les **accords de Genève** reconnaissaient l'indépendance et l'intégrité du Laos et du Cambodge. Voir VIÊT-NAM. La première guerre du Viêt-nam (1946/54).

Conventions de Genève. Instruments du droit international protégeant les personnes qui ne participent pas ou ne participent plus aux hostilités ; le « droit de Genève » est complété par le « droit de la Haye » qui limite le choix des moyens et méthodes de guerre. La première convention développe la convention de 1864 (plusieurs fois complétée ensuite) sur les blessés de guerre ; la deuxième protège les naufragés et victimes de la guerre maritime (renforçant les dispositions de 1899 et de 1906) et la troisième concerne les prisonniers de guerre (protégés jusque-là par la Convention de 1929). La quatrième Convention, qui tient compte des expériences de la Seconde Guerre mondiale, est relative à la protection des civils (notamment dans les territoires occupés). L'ensemble, qui forme le « droit international » (ou droit de la guerre), a connu sa dernière synthèse dans les Protocoles additionnels de 1977 aux Conventions de Genève. Ces protocoles tiennent compte des développements récents (conflits internes, terrorisme) et consacrent le principe de distinction entre civils et combattants. Le dépositaire des Conventions de Genève est le Conseil fédéral (gouvernement) suisse.

GENEVIÈVE sainte (* Nanterre, Seine, vers 422, † Paris, vers 502). Personnage en partie légendaire qui aurait mobilisé Paris contre les Huns, en 451, et qui est devenu la sainte protectrice de la ville.

GENGIS Khan, Témoudjin, dit (* 1155, 1162 ou 1167, † près de P'ing-leang, Kan-sou, 18.VIII.1227). Khan des Mongols (1206 ou 1207/27). Ayant unifié les tribus mongoles (1196/1205), Témoudjin fut reconnu *gengis khan* (« roi universel ») en 1206. Il rassembla autour de lui une vaste armée et de puissants lieutenants, dont la cruauté n'eut d'égale que l'efficacité. Il conquit la Chine du Nord (1211/15 ; prise de Pékin, mai 1215), l'Asie irano-afghane et le sud de la Russie (1218/22), créant un immense Empire mongol, de la Caspienne au Pacifique. Ce grand conquérant, souvent représenté comme un pillard sanguinaire, sut aussi être un politique, un diplomate et un organisateur, soucieux d'assimiler les valeurs des peuples conquis (il fit adopter aux Mongols l'écriture ouigoure). Son empire fut partagé entre ses quatre fils. Voir MONGOLS. Sous Gengis Khan et ses successeurs immédiats, 1206/60.

GENS. À Rome, groupe de familles dont tous les membres sont censés descendre par les mâles d'un ancêtre commun, soit historique, soit mythique. Tous les membres de la *gens* portaient le même nom *(gentilice)*, avaient un même culte, un même tombeau et obéissaient à des coutumes spéciales, rituelles et juridiques, transmises oralement par les ancêtres et considérées comme obligatoires pour tous. Dans les temps primitifs, la *gens* avait également une base territoriale, un patrimoine foncier commun, qu'elle cultivait et sur lequel elle vivait en autarcie. À la tête de chaque *gens*, se trouvait le « père » *(pater)* ou « prince de la *gens* » *(princeps gentis)*, choisi parmi les *patres familias*, et qui, assisté du conseil des membres de la *gens*, exerçait la juridiction sur tous, prononçait éventuellement des exclusions. La *gens* comprenait enfin des clients, qui s'étaient placés sous son patronage. On ne comptait guère plus d'une cinquantaine de *gentes*, qui constituaient le patriciat. Dans la Rome royale, la plèbe ne connaissait pas cette organisation, mais plus tard se constituèrent des *gentes* plébéiennes. Au début de la République, la *gens* commença à se désagréger ; elle perdit son support territorial au fur et à mesure de la croissance de Rome, et ses pouvoirs politiques passèrent à l'État. Elle continua cependant à subsister comme un groupement privé.

GENSCHER Hans-Dietrich (Reideburg, près de Halle, 21.III.1927). Homme politique allemand. Jeune avocat, il quitta la RDA pour la RFA en 1952. Après avoir été secrétaire général du groupe parlementaire du parti libéral, le FDP, de 1965 à 1969, il fut vice-président (1968/74) puis président (1974/85) du parti. De 1969 à 1974, il fut ministre de l'Intérieur du gouvernement Willy Brandt. Nommé en 1974 ministre des Affaires étrangères, il se maintint à ce poste pendant dix-huit ans, malgré les changements de chancelier et cinq élections législatives. Sur la base de l'intégration de la RFA dans l'Alliance atlantique et dans la Communauté européenne, H.-D. Genscher déploya, dans le cadre de l'Ostpolitik des gouvernements Brandt et Schmidt, une politique de compromis à l'égard des États socialistes d'Europe de l'Est. Il orchestra en 1982 le renversement d'alliance du FDP, qui, jusque-là allié du SPD au pouvoir, s'y maintint en passant un contrat de gouvernement avec la CDU. Poursuivant sa politique de compromis avec les États du pacte de Varsovie, il œuvra en faveur de la réunification allemande, soulignant la nécessaire solidarité avec la partie orientale de l'Allemagne, où il était né. Cette tâche accomplie, il démissionna de ses fonctions ministérielles et politiques pour raisons de santé en avr.1992.

GENSÉRIC ou **GEISÉRIC** († 477). Premier roi vandale d'Afrique (428/77). Voir VANDALES.

GEOFFROI V le Bel, surnommé **Plantagenêt** (* 24.VIII.1113, † 7.IX.1151). Comte d'Anjou et du Maine (1131/51), duc de Normandie (1144/51). Voir NORMANDIE. Des origines à la réunion à la France.

GEORGES

ANGLETERRE

GEORGE Ier (* Hanovre, 28.III.1660, † Osnabrück, 22.VI.1727). Roi de Grande-Bretagne et d'Irlande (1714/27) et, sous le nom de **George Ier Louis**, Électeur de Hanovre (1698/1727). Fils d'Ernest-Auguste, premier Électeur de Hanovre, et de la princesse Sophie, petite-fille du Jacques Ier d'Angleterre. En 1698, il succéda à son père comme Électeur de Hanovre, hérita en 1705 du duché du Lüneburg et acquit (1715/19) le duché de Brême, avec Verden. En 1714, à la mort de sa tante, la reine Anne, il fut appelé au trône d'Angleterre, en vertu de l'Acte d'établissement de 1701, comme le plus proche héritier dans la ligne protestante. Avec lui commença la dynastie anglaise de Hanovre. George Ier ne s'intéressa guère aux affaires britanniques, n'apprit même pas l'anglais et résida aussi souvent qu'il put en Allemagne. S'appuyant sur le parti whig, il dédaigna toute politique de prestige et s'efforça de rester en dehors des guerres continentales. Il prit part cependant à la Triple-Alliance de 1717 (avec la France et les Provinces-Unies) et à la Quadruple-Alliance de 1718, contre l'Espagne. À l'intérieur, le roi abandonna la direction des affaires à ses ministres whigs, Stanhope (1717/21) et surtout Walpole (1715/17 et 1721/42). Voir GRANDE-BRETAGNE. Les débuts du régime parlementaire (1688/1760).

GEORGE II (* Herrenhausen, près de Hanovre, 10.XI.1683, † Londres, 25.X.1760). Roi de Grande-Bretagne et d'Irlande et, sous le nom de **George II Auguste,** Électeur de Hanovre (1727/60). Fils et successeur de George Ier. Voir GRANDE-BRETAGNE. Les débuts du régime parlementaire (1688/1760).

GEORGE III (* Londres, 4.VI.1738, † Windsor, 29.I.1820). Roi de Grande-Bretagne et d'Irlande (1760/1820), Électeur (1760/1814) puis roi de Hanovre (1814/20). Petit-fils et successeur de George II, George III fut le premier roi vraiment anglais de la dynastie hanovrienne. Il imposa son gouvernement personnel, après avoir écarté Pitt en oct. 1761, mais ses maladresses provoquèrent la guerre d'Amérique, au terme de laquelle l'Angleterre dut reconnaître l'indépendance des États-Unis (1783). La deuxième partie du règne de George III, dont la raison vacillait, fut dominée par la personnalité du second Pitt (1783/1801 et 1804/06), adversaire résolu de la France républicaine et impériale, en même temps que la Grande-Bretagne poursuivait sa conquête de l'Inde. Voir GRANDE-BRETAGNE. Le règne de George III et l'œuvre du second Pitt.

GEORGE IV (* Londres, 12.VIII.1762, † Windsor, 25.VI.1830). Roi de Grande-Bretagne et d'Irlande, roi de Hanovre (1820/30). Après une jeunesse débauchée et scandaleuse, il fut appelé à la régence en 1811, lorsque son père sombra dans la démence, mais ne prit le titre de roi qu'en 1820. Comme prince de Galles, il s'était mis à la tête de l'opposition whig, mais il abandonna ensuite le pouvoir aux tories et eut pour principaux ministres Castlereagh et Wellington. Il conclut la lutte contre Napoléon Ier et se conduisit à son égard avec déloyauté, en le déportant à Sainte-Hélène après que l'Empereur fut venu lui demander asile. Étroitement conservateur, il édicta de nombreuses lois contre la liberté de la presse et eut à réprimer en Irlande des troubles incessants. En 1823, cependant, il se rapprocha des libéraux et prit pour ministre Canning ; le cabinet Wellington accorda en 1829 l'émancipation des catholiques. Marié en 1785, secrètement et illégalement, à une catholique, Mrs Fitzherbert, il vit cette union annulée et épousa en 1795 sa cousine, Caroline de Brunswick. Voir GRANDE-BRETAGNE. Crises et réformes au lendemain d'une victoire (1815/37).

GEORGE V (* Londres, 3.VI.1865, † Sandringham, 20.I.1936). Roi de Grande-Bretagne et d'Irlande (1910/36). Voir GRANDE-BRETAGNE. La fin du « splendide isolement » (1901/18).

GEORGE VI (* Sandringham, 14.XII.1895, † Sandringham, 6.II.1952). Roi de Grande-Bretagne (1936/52). Second fils de George V, il accéda au trône à la suite de l'abdication de son frère aîné Édouard VIII, en déc. 1936. C'est sa fille aînée qui lui succéda, sous le nom d'Élisabeth II. Voir **Grande-Bretagne.** D'une guerre à l'autre (1919/45).

BOHÊME

GEORGES PODIÉBRAD (* Podébrady, Bohême, 23.IV.1420, † Prague, 22.III.1471). Roi de Bohême (1458/71). Voir **Bohême.**

GRÈCE

GEORGES Ier (* Copenhague, 24.XII.1845, † Salonique, 18.III.1913). Roi de Grèce (1863/1913). Deuxième fils de Christian IX, roi de Danemark. Sur la désignation de la France, de la Russie et de l'Angleterre, il fut élu roi par l'Assemblée nationale après le renversement d'Othon Ier (30 mars 1863). Son premier acte fut d'accorder au pays une Constitution démocratique (1864), qu'il observa scrupuleusement pendant tout son règne. Il acquit une partie de l'Épire (1881), la Crète (1908), puis le reste de l'Épire, une partie de la Macédoine et la plupart des îles de la mer Égée (1912). Il mourut assassiné et eut pour successeur son fils, Constantin Ier, qu'il avait fait élever dans la religion grecque orthodoxe. Voir **Grèce.** La Grèce de 1830 à 1923.

GEORGES II (* Tatoï, 19.VII.1890, † Athènes, 1er.IV.1947). Roi de Grèce (1922/23 et 1935/47). Voir **Grèce.** La Grèce de 1830 à 1923.

GÉORGIE, *Georgia*. État du sud-est des États-Unis ; capitale *Atlanta*. Explorée pour la première fois vers 1540 par Hernando de Soto, cette région devint, à la fin du XVIIe s., l'un des enjeux de la rivalité anglo-espagnole. La colonisation britannique commença avec James E. Oglethorpe, qui fonda Savannah en 1733. L'année précédente, la Géorgie avait reçu une charte de colonie du roi George II, en l'honneur duquel elle reçut son nom. Premier État du Sud à ratifier la Constitution fédérale (janv. 1788), la Géorgie veilla cependant jalousement au maintien de ses droits particuliers. Son économie étant fondée sur la culture du coton dans d'immenses plantations, elle se montra farouchement esclavagiste et fit sécession en 1861. Elle souffrit de la guerre plus qu'aucun autre État sudiste. En 1864, Sherman brûla Atlanta et dévasta le pays lors de la célèbre « marche à la mer ». Les sévices des *carpetbaggers* (aventuriers et fonctionnaires d'origine nordiste) durant la Reconstruction firent de la Géorgie un des foyers les plus actifs du Ku Klux Klan. De nos jours, la Géorgie a peu à peu abandonné l'esprit ségrégationniste, et elle a été le premier État du Sud à appliquer les décisions de la Cour suprême sur l'intégration scolaire.

GÉORGIE, en géorgien *Sakartvélo*. État du Caucase limité au N. par la Fédération de Russie, au S.-E. par l'Azerbaïdjan et l'Arménie, au S.-O. par la Turquie, et à l'O. par la mer Noire ; capitale *Tbilissi*. C'est en Géorgie, à Dmanissi, que l'on a découvert en 1991 ce qui demeure le plus ancien fossile humain d'Europe ; il s'agit d'une mandibule d'*Homo erectus* vieille d'environ 1,8 million d'années. D'autres gisements attestent la présence de l'homme en Géorgie durant tout le paléolithique (Cuckhvati, Lase Balta, Kudaro, Svanta Savane...). Entrée au IIe millénaire avant notre ère dans l'âge du bronze (culture de Trialéti), la Géorgie était désignée par les Grecs de l'Antiquité du nom de Colchide. Région réputée pour sa richesse, c'est là que Jason et les Argonautes étaient allés à la recherche de la Toison d'or. Ses côtes virent s'épanouir les colonies grecques de Phasis (Poti) et de Dioscourias (Soukhoumi). Conquis par les Perses, le pays accueillit Alexandre avec joie ; après la mort de celui-ci, il acquit son indépendance, à la fin du IVe s. av. J.-C., avec Pharnabaze. Alliée de Mithridate, la Colchide fut vaincue par Pompée et dut accepter le protectorat romain (65 av. J.-C.), mais la partie orientale de l'actuelle Géorgie passa bientôt sous la domination des Perses Arsacides, puis des Sassanides. La conversion au christianisme de la Géorgie, dans la première moitié du IVe s., est attribuée à ste Nino.

Disputée entre les Perses et les Byzantins, la Géorgie fut conquise par les Arabes au début du VIIIe s. Mais la dynastie des Bagratides, dont une branche joua également un rôle important dans l'histoire arménienne, libéra le pays à la fin du IXe s. Adarnase II (888/923) fut le premier souverain qui porta le titre de roi des Géorgiens. Bagrat III (975/1014) acheva l'unification du pays (1010). David III le Constructeur (1089/1125) brisa l'étreinte des Seldjoukides, sur lesquels il remporta une grande victoire à Didgori (14 août 1121) ; il s'empara ensuite de Tiflis, qui redevint la capitale de l'État géorgien (1122). La Géorgie médiévale atteignit son apogée sous le règne de la reine Tamar (1184/1213), marqué par de nouvelles victoires sur les Seldjoukides (Bassiani, 1205), par l'annexion ou la réduction en protectorat de tout le Caucase, de l'Azerbaïdjan perse, de l'Arménie et de la rive méridionale de la mer Noire. La Géorgie était ainsi, au début du XIIIe s., l'un des plus puissants États de cette région du monde et l'un des bastions, face au monde islamique, de la civilisation chrétienne. Mais, à partir de 1221, elle fut dévastée par des raids mongols ; le redressement accompli sous le règne de Georges V le Brillant (1314/16) fut anéanti par les invasions de Tamerlan, de 1380 à 1402, et la Géorgie se trouva séparée du reste du monde chrétien après la prise de Constantinople par les Ottomans (1453).

Pendant trois siècles, elle fut un enjeu de la rivalité des Ottomans et des Iraniens. Les Ottomans s'en rendirent maîtres en 1578, mais ils durent bientôt céder la Géorgie orientale au chah d'Iran, Abbas Ier. Celui-ci se proposait d'anéantir la nation géorgienne, mais il se heurta à une farouche résistance populaire, qui sauva l'avenir du pays. Un descendant des Bagratides converti à l'islam, Rostom (1632/58), inaugura une politique de collaboration avec les Iraniens. Cependant, les vice-rois autochtones qui régnèrent après lui sous la suzeraineté du chah conservaient l'espoir de reconquérir l'indépendance. Vakhtang VI (1702/24) rechercha à cette fin l'appui de Louis XIV, puis celui de Pierre le Grand, avec lequel il conclut, en 1722, un accord qui ne fut pas exécuté par le tsar ; celui-ci reconnut au contraire aux Turcs les territoires géorgiens qu'il venait de conquérir sur les Séfévides déclinants. La Géorgie connut à cette époque une renaissance culturelle : Vakhtang VI introduisit l'imprimerie dans le pays et fit recueillir les annales nationales ; il dota les Géorgiens d'un code resté célèbre. Vainqueur des Turcs, en 1736, Nadir Chah dut renoncer à l'annexion pure et simple d'une Géorgie qu'il eût voulu islamiser, et il rendit le pouvoir à un descendant des Bagratides, Teimouraz II, dont le fils, Irakli II, réunit les royaumes de Kartli et de Kakhétie (1762). Recherchant la protection de la Russie, Irakli II signa avec Catherine II le traité de Géorgievsk (24 juill. 1783) : la Géorgie se plaçait sous la suzeraineté de la Russie. Mais, à la mort de Georges XII, le tsar transforma ce protectorat en une annexion à la Russie (16 févr. 1801).

La politique de russification pratiquée par le gouvernement des tsars suscita de nombreuses révoltes, et, à partir des années 1880, se développa, sous la direction des poètes Ilia Tchavtchavadzé et Akaki Tséréthéli, un puissant mouvement de rénovation nationale. En 1893 fut créé un parti social-démocrate clandestin, qui compta parmi ses animateurs le Géorgien Djougatchvili, dit Staline. Lors de la révolution de 1917, la Géorgie passa sous le contrôle des mencheviks, qui essayèrent de fonder une fedération de Transcaucasie. Celle-ci fut bientôt brisée par l'opposition des nationalismes locaux. Ayant proclamé son indépendance le 26 mai 1918, la Géorgie se plaça sous la protection des Allemands, qui occupaient alors la Russie méridionale. Après la fin de la Première Guerre mondiale, des troupes britanniques débarquèrent à Batoum, mais les Géorgiens craignaient plus que tout une renaissance de la Russie tsariste et ils préférèrent s'entendre avec le gouvernement soviétique (traité du 7 mai 1920). Lénine reconnut la république de Géorgie, mais, en févr. 1921, Ordjonikidze envahit la Géorgie et y établit un gouvernement soviétique. Le pays, qui demeurait attaché à son indépendance et résistait à la collectivisation, fut soumis à une sévère épuration. Englobée d'abord dans la république fédérée de Transcaucasie, la Géorgie en fut détachée en déc. 1936 ; elle devint une république socialiste soviétique.

La politique d'épuration et de déportation engagée par Staline dans les années 1930 se poursuivit après la période d'occupation allemande (1942) jusqu'au début des années 1950. La critique de Staline et la politique de russification adoptées par le XXe congrès du parti communiste de l'Union soviétique (1956) à l'initiative de Nikita Khrouchtchev provoquèrent d'importantes manifestations à Tbilissi.

Le 9 avr. 1989, la répression, à Tbilissi, d'une manifestation nationaliste par les troupes de la Sécurité intérieure soviétique fit vingt morts et plusieurs centaines de blessés. Pendant l'été, des affrontements eurent lieu en Abkhazie puis en Ossétie du Sud entre Géorgiens et autochtones. À la veille des élections législatives d'oct. 1990, l'Abkhazie et l'Ossétie du Sud déclarèrent leur souveraineté. Le nouveau président du Parlement géorgien, Ziad Gamsakhourdia, dissident indépendantiste, tenta d'abolir le statut d'autonomie ossète le 11 déc., alors que les troupes soviétiques prenaient position en Ossétie. La Géorgie boycotta le référendum sur l'Union du 17 mars 1991 et déclara son indépendance, le 9 avr. 1991.

Fortement contesté pour sa politique autoritaire, Gamsakhourdia fuit le pays en janv. 1992. Édouard Chevardnadze, ancien ministre des Affaires étrangères de l'URSS, et premier secrétaire du parti communiste géorgien de 1972 à 1985, lui succéda. Les élections du 11 oct. 1992 le confirmèrent dans cette fonction présidentielle. La poursuite des conflits en Ossétie et en Abkhazie, d'où les Géorgiens qui constituaient la majorité de la population furent expulsés, ainsi qu'une rébellion armée menée par Gamsakhourdia contre l'autorité centrale, obligèrent Chevardnadze à accepter la médiation de la Russie. Un accord fut signé pour le stationnement de troupes russes sur le territoire géorgien (oct. 1993) et le pays adhéra à la CEI le 23 oct. 1993. Le rapprochement avec Moscou fut suivi du déploiement d'une force d'interposition russe à la frontière avec l'Abkhazie (juin 1994). Le gel de la crise abkhaze, le désarmement des milices et l'aspiration des Géorgiens à la stabilité, après les débuts difficiles de l'indépendance, furent à l'origine de la nette victoire (74 % des voix) d'Édouard Chevardnadze à l'élection présidentielle du 5 nov. 1995. En juin 1997, la première étape des négociations engagées à Moscou entre la Georgie et la « République autonome d'Abkhazie » autoproclamée s'engageait. Cependant, les deux attentats dont fut victime Édouard Chevardnadze, les accusations de corruption touchant son entourage et surtout la reprise des combats, aboutissant à la déroute géorgienne face aux Abkhazes indépendantistes au printemps 1998, contribuèrent à déstabiliser le président géorgien. À la veille du débat au Conseil de sécurité de l'ONU sur le problème abkhaze, les quelque 35 000 réfugiés géorgiens chassés du district de Gali par l'offensive de mai 1998 furent invités par les autorités abkhazes à rentrer chez eux ; on enregistra peu de retours effectifs, tandis que 200 000 autres réfugiés attendaient toujours en Géorgie depuis la défaite géorgienne d'oct. 1993.

Sous conditions de la voir réformer ses lois, adopter un cadre fédéral pour l'Abkhazie et autoriser le retour des 300 000 Turcs meskhètes déportés par Staline en

1944, le Conseil de l'Europe intégra la Géorgie, qui en devint, en mars 1999, le 41e membre. Au cours de l'année 1999, les salaires impayés et la diminution des prestations sociales aggravèrent les conditions de vie de la population. Au début de l'été, Édouard Chevardnadze admit officiellement l'état de faillite de son pays, ce qui ne l'empêcha pas d'être réélu en avr. 2000 avec 80 % des suffrages, à la suite d'élections très contestables selon les observateurs. Des bandes armées géorgiennes (« Frères de la forêt » et « Légion blanche ») continuaient d'effectuer coups de main et assassinats sur la frontière abkhaze. La république autonome d'Adjarie continua à contester l'autorité de Tbilissi et l'Ossétie du Sud à réclamer son rattachement à l'Ossétie du Nord, membre de la Fédération de Russie. À la suite de l'arrivée en Géorgie de plusieurs milliers de réfugiés fuyant la guerre de Tchétchénie, Moscou accusa Tbilissi d'être une plaque tournante pour l'approvisionnement des « terroristes tchétchènes ». Devant la coalition des forces de l'opposition, É. Chevardnadze a démissionné le 23 nov. 2003 ; il a aussitôt été remplacé par la dirigeante de l'opposition, Nino Bourdjanaze, désignée présidente par intérim. Le 4 janv. 2004, la Géorgie s'est choisie un nouveau président, Mikhaïl Saakashvili, leader de l'opposition (élu avec 85,8 % des voix).

GERMANICUS Caius Julius Caesar (* Rome, sept. 15 av. J.-C., † Épidaphné, près d'Antioche, 10.X.19 apr. J.-C.). Général romain. Fils de Drusus Nero et d'Antonia, nièce d'Auguste, il fut, sur l'ordre d'Auguste, adopté par son oncle Tibère à l'âge de quatre ans ; plus tard, il épousa Agrippine l'Aînée, petite-fille d'Auguste, dont il eut neuf enfants, parmi lesquels Caligula et Agrippine la Jeune. Réputé pour son esprit cultivé, il fut investi de la confiance d'Auguste et se vit confier très tôt des commandements importants. Ses victoires sur les Dalmates et les Pannoniens (7/9 apr. J.-C.) lui valurent les *insignia triumphalia*, et il fut élevé au consulat en 12. Après la défaite de Varus (9), il se vit confier avec Tibère la garde de la frontière du Rhin. À la mort d'Auguste (14), il eut à réprimer une rébellion de quatre légions du Rhin inférieur. Reprenant ensuite la guerre contre les Germains, il battit Arminius à Idistaviso (16), récupéra les aigles de Varus et rendit les honneurs funèbres aux victimes du désastre de Teutoburg. Cette campagne, qui prit la forme d'un anéantissement systématique du pays reconquis, lui valut le nom de *Germanicus*. Cependant, Tibère, inquiet de sa popularité, le rappela à Rome, puis lui confia une mission en Orient.

Après avoir réglé un conflit entre les Parthes et l'Arménie, Germanicus se heurta à Cneius Calpurnius Pison, gouverneur de Syrie et confident intime de Tibère. Il chassa Pison de sa province, et mourut peu après, brusquement, près d'Antioche. Accusé, probablement à tort, de l'avoir empoisonné, Pison se tua.

GERMANIE. Les Romains appelaient « Germanie » et parfois « Grande Germanie » ou « Germanie barbare » (*Germania magna* ou *Germania barbara*) toutes les régions, mal connues du monde méditerranéen, qui s'étendaient à l'E. du Rhin et au N. du Danube. Les principaux faits concernant la préhistoire de ce pays, de l'âge de la pierre à l'âge du fer, ont été rapportés au début de l'article ALLEMAGNE.

L'installation des Germains

Au VIe/Ve s. av. J.-C., le territoire de l'actuelle Allemagne du Sud, entre le Rhin et la Bohême, a été fortement marqué par la civilisation celtique. On peut admettre que le domaine celtique s'étendait, à l'E., jusqu'à la Saale, affluent de l'Elbe, et, au N., jusqu'aux vallées de l'Ems et de la Weser, peut-être même jusqu'à l'Elbe. Ce monde celtique dans la plus grande partie de ce qui devint plus tard l'Allemagne historique fut ébranlé, au cours du IIIe s. av. J.-C., par les mouvements de peuples restés jusqu'alors dans l'ombre et auxquels les Romains donnèrent le nom de *Germains*.

Ces peuples semblent être venus de la Scandinavie, d'où un refroidissement notable du climat, vers le VIe s., put contribuer à les faire descendre d'abord dans le sud de la péninsule scandinave, puis passer dans les régions qui forment actuellement le Danemark, le Schleswig-Holstein et la côte germano-polonaise de la Weser jusqu'à la Vistule. À partir de 300 environ, ils étendirent leur domaine vers le sud, jusqu'à la Silésie, et vers l'ouest, chassant peu à peu les Celtes des côtes de la mer du Nord et de tout le centre de l'Allemagne et les refoulant, non sans se mêler à eux, vers le Danube et le Rhin.

Dès cette époque, plusieurs peuples germaniques peuvent être localisés : les Bastarnes, dans les monts de Bohême ; les Cimbres et les Teutons, dans la presqu'île du Jutland ; les Chauques, entre l'Ems et l'Elbe ; les Chattes, dans la Hesse ; les Suèves, sur la rive droite du Rhin, près du confluent avec le Main. Des groupes germaniques plus avancés ont franchi le Rhin et se sont fondus dans les populations de culture celtique. Tel était le cas des Nerviens établis en Belgique, des Trévires de la vallée de la Moselle, et aussi d'un peuple établi sur la rive droite de la Meuse, les *Germains* (appelés plus tard les *Tongres*), dont le nom fut appliqué par les Romains à l'ensemble des peuples transrhénans, qui eux-mêmes n'avaient pas de terme pour se désigner collectivement.

C'est en 73 av. J.-C. que le nom de Germains apparut pour la première fois à Rome, dans les fastes triomphaux. « Ce nom de Germain, dit Tacite, est récent, c'est une appellation nouvelle ; elle fut appliquée aux premiers peuples qui traversèrent le Rhin et chassèrent les Gaulois. Ainsi le nom d'un peuple (la tribu de la région mosane), non d'une race, s'étendit peu à peu, si bien que tous finirent par s'appeler eux-mêmes de ce nom inventé de Germains. » En fait, au début de notre ère, il était à peu près impossible de faire une distinction entre peuples celtiques et germaniques.

Rome découvre les Germains (IIe s. av./Ier s. apr. J.-C.)

Les premiers peuples germaniques qui se heurtèrent au monde méditerranéen furent les Cimbres et les Teutons. Partis du Jutland vers 120 av. J.-C., ils traversèrent le territoire de l'actuelle Allemagne, atteignirent le Danube, qu'ils descendirent jusqu'à la Save, puis remontèrent le long de cette rivière. En 113, ils surprirent une armée romaine en Norique (Autriche), puis franchirent le Rhin, sillonnèrent la Gaule, infligèrent aux Romains, à Orange (105), un nouveau désastre. Marius les écrasa en deux batailles : les Teutons à Aix-en-Provence (102) et les Cimbres à Verceil, en Italie (101 av. J.-C.). Ce raid fit sentir pour la première fois aux Romains le danger représenté par une Germanie encore inconnue, mais qui pouvait mettre à profit les conflits des peuples gaulois pour menacer les avant-postes romains de l'Italie. Aussi, dès le début de la conquête de la Gaule, en 58 av. J.-C., l'un des premiers actes de César fut de fermer la frontière du Rhin, au-delà de laquelle il rejeta les Suèves d'Arioviste. À deux reprises, César franchit le Rhin, mais il se garda de pénétrer profondément dans la forêt germanique.

L'exemple de César aurait dû engager les Romains à maintenir fermement la barrière du Rhin, en se gardant de toute aventure sur la rive droite du fleuve. Des camps furent établis sur le Rhin à *Argentorate* (Strasbourg), *Aquae* (Baden-Baden) *Borbetomagus* (Worms), *Mogontiacum* (Mayence), *Bingium* (Bingen), *Confluentes* (Coblence)... Mais le calme qui semblait régner en Germanie dans les dernières années du Ier s. avant notre ère entraîna Rome dans une politique plus ambitieuse : en 13 av. J.-C., Drusus (v.) fit franchir le Rhin aux légions et commença d'explorer les vallées du Main et de la Lippe. L'objectif suprême de Rome était de porter ses frontières sur l'Elbe. Après la mort de Drusus, cette campagne fut poursuivie par Tibère, qui remonta avec une flottille le cours de l'Elbe et rencontra les Semnons du Brandebourg. Les Chérusques des bords de la Weser, les Ubiens de la région de Cologne, les Suèves du pays de Bade et du Wurtemberg paraissaient accepter sans difficulté le protectorat romain. Plus indépendants, 40 000 Sicambres furent déplacés sur la rive gauche du Rhin. En l'an 5 de notre ère, une expédition navale reconnut les côtes de la Frise et du Jutland. Mais tous ces efforts furent anéantis par la révolte du chef chérusque Arminius (dont le nom germanique était probablement Hermann) qui détruisit les trois légions de Varus dans la forêt de Teutoburg (9 apr. J.-C.). À la suite de ce désastre, Auguste décida le repli sur le Rhin. Les campagnes de représailles de Germanicus contre les Chérusques (14/16) prirent l'allure d'un génocide, mais Tibère rappela Germanicus et le Rhin resta la limite entre les mondes romain et germanique.

Rome ne se priva point pour autant d'exciter les divisions germaniques, et sa diplomatie ne fut pas étrangère à l'assassinat d'Arminius. À la fin du Ier s. de notre ère, Domitien mena victorieusement deux dures campagnes contre les Chattes ; il raccourcit la frontière romaine en annexant les champs Décumates, à l'angle du Rhin et du Danube. La rive gauche du Rhin, d'abord entièrement incluse dans la province de Belgique, fut partagée, en 90, en deux nouvelles provinces, la Germanie inférieure et la Germanie supérieure. Hadrien entreprit de protéger la frontière, depuis le Rhin, à la hauteur de Mayence, jusqu'au Danube, à la hauteur de Ratisbonne, par un puissant système fortifié, le *limes*.

La civilisation des Germains

Vivant sur un sol peu fertile, couvert de forêts et de marais, les Germains étaient avant tout des pasteurs. Mais ils avaient abandonné déjà la vie nomade et commençaient à cultiver les céréales en dégageant le sol boisé par brûlis. À partir du IIe s., la propriété agricole commença à devenir familiale, mais le chef de famille ne pouvait aliéner le sol qu'avec le consentement de tous les membres de la famille. Le commerce était très réduit, bien que des négociants romains aient voyagé en Germanie ; les exportations se limitaient à l'ambre, aux peaux et surtout aux esclaves ; à partir du Ier s., les Germains commencèrent à acheter à Rome de la verrerie, des armes, des statuettes, des objets de luxe divers.

La famille, monogamique et de type patriarcal, formait la base de toute la vie sociale ; elle vivait dans une habitation séparée et comprenait non seulement les parents, mais des clients et des esclaves ; elle se suffisait pratiquement à elle-même. La Germanie n'avait pas de villes, ni même de villages, ni de véritable organisation politique : ce qui y suppléait, c'était la fidélité d'homme à homme, le *comitatus* décrit par Tacite, par lequel de jeunes guerriers se liaient par un serment solennel à un chef de leur choix qui les nourrissait, les armait et leur réservait une part du butin. Ces institutions évoluèrent quelque peu jusqu'à l'époque des Grandes Invasions : au IVe s., le rôle du roi germanique avait considérablement grandi, au détriment de la noblesse et de l'assemblée des guerriers ; les fonctions du général et du roi se confondaient de plus en plus.

Des Grandes Invasions à la rupture de l'Empire carolingien

Jusqu'au milieu du IIe s., Rome réussit à tenir sans grandes difficultés la frontière du Rhin et du Danube. Cet équilibre fut rompu sous le règne de Marc Aurèle, avec le raid des Quades de Moravie, qui, accompagnés des Lombards et des Marcomans, réussirent à percer jusqu'en Italie du Nord, où ils furent arrêtés devant Aquilée (167/71). Marc Aurèle continua jusqu'à sa mort (180) à mener des campagnes de dévastation, voire d'extermination au-delà du Rhin et du Danube.

Dès lors, la menace des invasions n'allait plus cesser de peser sur l'Empire romain. En 406, la frontière du Rhin fut emportée, et, au cours du Ve s., les Wisigoths, les Vandales, les Ostrogoths, les Burgondes, les Francs constituèrent par la conquête des royaumes germaniques sur les ruines de l'empire d'Occident (v. **Invasions germaniques**).

Du fait de ces migrations, la Germanie, qui avait été submergée au milieu du Ve s. par l'Empire hunnique d'Attila, fut occupée dans sa partie orientale, jusqu'à l'Elbe et la Saale, par des tribus slaves. Dans la Germanie occidentale, les principaux peuples qui subsistaient après les Grandes Invasions étaient les Saxons au N., les Thuringiens, descendants des Hermondures, au centre, les Alamans, sur la rive droite du Rhin, entre la Suisse et le Main, et les Baiovarii, en Bavière. Entre 490 et 560, les Francs (v. **Francs, peuple et Empire**) parvinrent à réduire en tutelle les Alamans, la Thuringe et la Bavière, mais cet acquis fut perdu par les Mérovingiens. Durant le VIIIe s., les Carolingiens firent un effort soutenu pour rassembler de nouveau les anciennes terres d'obédience franque, la Thuringe (vers 700), l'Alémanie (730), la Bavière (788). En relation étroite avec la conquête, ils menèrent l'évangélisation de la Germanie en favorisant l'action de moines anglo-saxons tels que Willibrord, apôtre de la Frise, et surtout Boniface (Wynfrid), qui, fondateur de l'abbaye de Fulda (741), fut le véritable fondateur et organisateur de l'Église germanique. Pour réduire et convertir de force les Saxons païens, Charlemagne mena une lutte sauvage (772/804). Au début du IXe s., tous les peuples germaniques étaient ainsi réunis dans l'Empire carolingien qui faisait face aux Slaves sur les bords de l'Elbe, de la Saale et du Danube. À la suite du traité de Verdun (843), la partie de l'Empire à l'E. du Rhin devint le royaume de Louis le Germanique. Les traités de Mersen (870) et de Ribemont (880) portèrent les limites politiques de la Germanie beaucoup plus à l'ouest, sur l'Escaut et au-delà de la Meuse. Après la mort de Louis l'Enfant (911), la partie orientale de l'ancien Empire carolingien refusa de reconnaître le Carolingien Charles le Simple, souverain de la Francie occidentale, et se donna pour roi Conrad de Franconie. Les destinées de la Germanie et de la France étaient désormais séparées.

GERMANIE (royaume de). Nom donné à l'un des États nés du démembrement de l'empire de Charlemagne. Par le traité de Verdun (843), Louis, dit le Germanique, petit-fils de Charlemagne, obtint, avec Spire, Worms et Mayence, sur la rive gauche du Rhin, toute la *Francia orientalis* s'étendant au-delà du Rhin : Saxe, Thuringe, Franconie, Alémanie, Bavière. Le royaume de Germanie était défendu à l'E. par les marches de Carinthie, de Bohême, d'Autriche, entre l'Ems et la Leitha, et par celle des Sorabes, entre l'Elbe et l'Oder. Au S.-E. se trouvaient les marches de Liburnie, de Frioul et d'Istrie. Par le traité de Mersen (870), qui partageait la Lotharingie entre Charles le Chauve et Louis le Germanique, ce dernier accrut le royaume de Germanie de l'Alsace et d'une partie de la Lorraine, avec les villes de Bâle, Strasbourg, Metz, Cologne, Trèves, Aix-la-Chapelle et Utrecht. Les provinces frontières du royaume de Germanie étaient gouvernées par des ducs et des margraves, celles de l'intérieur par des comtes ; mais, pendant le règne de Louis l'Enfant, la Franconie orientale, la Lorraine, la Souabe, la Bavière et la Thuringe devinrent des souverainetés héréditaires, qui ne reconnaissaient que nominalement l'autorité du roi de Germanie. Ce titre subsista cependant et, après la mort sans postérité de Louis l'Enfant (911), passa de la dynastie carolingienne à Conrad de Franconie, puis à Henri l'Oiseleur et à la maison de Saxe (919). Le titre de roi de Germanie fut remplacé définitivement par celui d'empereur en 962, sous le fils d'Henri l'Oiseleur, Othon le Grand, qui, ayant conquis l'Italie septentrionale, se fit couronner à Rome par Jean XII. Depuis lors, le titre de roi de Germanie ne fut plus donné qu'aux empereurs élus mais non encore couronnés à Rome ; il fut ensuite affecté aux fils des empereurs. Vers la fin du XVe s., quand la maison de Habsbourg se fut affermie sur le trône impérial, elle introduisit la coutume nouvelle de faire décerner à l'héritier présomptif le titre de roi des Romains, qui fit disparaître définitivement celui de roi de Germanie.

GERMANO-SOVIÉTIQUE (pacte). Pacte de non-agression signé à Moscou le 23 août 1939 entre l'Allemagne hitlérienne et l'URSS. Conclu pour une durée de dix ans, il était accompagné d'un protocole secret délimitant les zones d'influence des deux États en Europe orientale. Donnant à l'Allemagne l'avantage de n'avoir à combattre que sur le front occidental, le pacte germano-soviétique permit également à l'URSS de s'assurer de solides positions en Pologne et dans les pays Baltes et d'obtenir un répit de près de deux ans avant de faire face à l'attaque hitlérienne.

GERMINAL (franc). Voir **Franc**. Du franc Germinal au franc Poincaré.

GERMINAL AN III (journée du 12, 1er avr. 1795). Émeute des faubourgs parisiens contre la Convention, provoquée avant tout par la hausse des prix, les difficultés de ravitaillement et la misère. La foule, sans armes, et dans laquelle prédominaient les femmes, envahit la salle de la Convention en criant : « Du pain et la Constitution de 1793 ! » Les manifestants furent expulsés par la garde nationale. Cette journée servit de prétexte à la majorité thermidorienne pour voter la déportation immédiate et sans jugement des anciens Jacobins Billaud-Varenne, Collot d'Herbois, Vadier et Barrère. Voir **France**. La Convention.

GERONIMO (* Clifton, 1829, † Fort Sill, 1908). Chef amérindien de la tribu des Chiricahuas (Apaches) qui combattit l'armée des États-Unis et résista farouchement, entre 1860 et 1886, date de sa reddition, à la relégation de son peuple dans des réserves.

GEROUSIA. Conseil des Anciens dans le monde grec antique, et notamment à Sparte. Au nombre de trente (y compris les deux rois), ces *gérontes* étaient choisis par acclamation parmi les citoyens âgés de plus de soixante ans ; ils exerçaient leurs fonctions à vie. La gerousia était le principal organisme du gouvernement de Sparte. Elle dirigeait en particulier la politique extérieure ; elle présentait des projets à l'assemblée du peuple et pouvait mettre son veto aux décisions de celle-ci ; elle jugeait souverainement en matière d'homicides et de crimes politiques. Elle-même irresponsable, la gerousia avait également le droit de juger les rois.

GESTAPO, abréviation de *Geheime Staatspolizei*, « Police secrète d'État ». Cette police politique, qui joua un rôle essentiel dans l'appareil totalitaire du IIIe Reich, fut créée en Prusse par Hermann Goering, alors ministre de l'Intérieur de Prusse, le 26 avr. 1933. Elle prit la suite de la police politique que le régime de Weimar avait organisée en 1919 pour lutter contre les communistes. La quasi-totalité des chefs de la Gestapo furent de vieux policiers professionnels qui, après avoir servi la république de Weimar, s'étaient mis aux ordres du régime hitlérien. Le chef suprême de la Gestapo, Heinrich Müller, avait derrière lui une longue carrière de policier au service du régime de Weimar, et il n'adhéra au parti national-socialiste qu'après 1939 ; il n'en exerçait pas moins ses fonctions depuis 1935. Alors que les SS (et sa police, le SD) furent une création propre de l'hitlérisme, la Gestapo, dont les fonctionnaires firent régner la terreur, ne fut par forcément composée de nazis convaincus. La Gestapo passa sous le contrôle de Himmler le 10 avr. 1934. Lors de la concentration de tout l'appareil policier allemand dans le Reichssicherheitshauptamt (Office central de sécurité du Reich), en sept. 1939, la Gestapo devint l'Amt IV (Service IV) de cette organisation. Elle avait son siège à Berlin, Prinz Albrecht Strasse. Le seul nom de la Gestapo devint, par la volonté de ses dirigeants, un symbole terrifiant pour les Allemands puis pour les habitants des pays occupés. Cependant, la Gestapo ne résumait pas, il s'en faut de beaucoup, tout le système policier du IIIe Reich ; il existait à côté d'elle le SD (la police des SS), la police criminelle, la police de la Wehrmacht et le service de renseignements ou Abwehr ; l'administration des camps de concentration n'était pas de son ressort. À la fin de la guerre, le chef de la Gestapo, Müller, aperçu pour la dernière fois dans le bunker de Hitler le 29 avr. 1945, disparut mystérieusement et nul n'a retrouvé sa trace. Jugée comme organisation, la Gestapo fut reconnue criminelle par le tribunal de Nuremberg (v.) et condamnée.

GHANA (royaume de). Ancien État africain du Soudan occidental, le premier des grands empires de l'Afrique noire au Moyen Âge, qui s'étendait du moyen Sénégal à la région de l'actuelle Tombouctou. Au XIe s., sa capitale, appelée *Koumbi* ou *Ghana*, se trouvait dans le sud de la Mauritanie actuelle, à Koumbi Saleh. Le royaume de Ghana devait sa prospérité à l'exportation de l'or soudanais vers l'Afrique du Nord par les pistes sahariennes. Il aurait été fondé au IVe s. de notre ère par des Berbères, qui établirent leur domination sur les Soninkés, ancêtres des Sarakolés actuels. À la fin du VIIIe s., un Soninké, connu sous le nom de Kaya Magan Sissé (« le maître de l'or »), renversa la dynastie berbère. L'apogée du Ghana se situe aux Xe et XIe s. : à cette époque le voyageur arabe el-Bakri visita le pays (vers 1067/68), et il laissa des descriptions émerveillées de la richesse et du faste des souverains ghanéens. L'État, qui constituait une fédération de royaumes, s'était peu à peu centralisé ; le roi concentrait tous les pouvoirs religieux, militaires et judiciaires. Resté païen, le royaume de Ghana était de plus en plus encerclé par l'islam, lequel avait conquis les Berbères et les Toucouleurs. Le Ghana s'écroula après la prise de sa capitale Koumbi par les Almoravides, en 1076 ; les Soninkés furent convertis de force à l'islam. Les Almoravides se désintéressèrent rapidement de l'Afrique noire pour se tourner vers le Maghreb et la Méditerranée, mais les anciens vassaux du Ghana avaient eu le temps de reprendre leur indépendance. Le plus puissant des royaumes qui émergèrent de l'ancien Ghana fut celui de Sosso (XIIe/XIIIe s.), qui continua la résistance à l'islam ; mais il s'effondra en 1235, à la bataille de Kirina, sous les coups de Soundiate Keita, fondateur de l'empire du Mali (v.).

GHANA. État de l'Afrique occidentale, constitué par l'ancienne colonie britannique de la Côte-de-l'Or et par l'ancien Togo britannique ; capitale *Accra*. Bien que très éloigné du royaume médiéval de Ghana (v.), cet État a repris son nom en se fondant sur une tradition d'après laquelle d'anciens Ghanéens, après la dislocation de leur État, auraient émigré à travers la savane et la forêt guinéenne jusqu'en Côte-de-l'Or.

La région correspondant à l'actuel Ghana n'a pas d'histoire écrite avant l'arrivée des Portugais, en 1471. Ce furent les importants gisements aurifères qui attirèrent les Européens, comme ils avaient certainement attiré, au Moyen Âge, les marchands soudanais, et qui firent donner à cette partie de la côte de Guinée le nom de Côte-de-l'Or (*Gold Coast*) qu'elle porta jusqu'en 1957. Au commerce de l'or, les trafiquants européens ajoutèrent celui des esclaves, également fructueux. Au cours du XVIIe s., le monopole portugais fut battu en brèche par les entreprises des Hollandais, des Anglais, des Danois, des Prussiens, qui tous établirent des forts sur la côte. À l'intérieur, où habitaient les tribus Akan, s'étaient formés au XVe s. les royaumes Abron et Gondja ; ils se trouvèrent bientôt aux prises avec l'expansionnisme du royaume des Denkéras, plus au S. Pour résister à ce danger se forma au début du XVIIe s., la confédération des Ashantis, qui atteignit la côte au début du XIXe s. Les peuples côtiers se placèrent alors sous la protection des diverses puissances européennes qui trafiquaient dans le golfe de Guinée. À cette époque, le commerce de l'or déclinait déjà, et la traite, prépondérante au XVIIIe s., fut proscrite par les Danois, les Hollandais et les Anglais entre 1804 et 1814. Les Britanniques rachetèrent progressivement les forts des autres puissances.

La Compagnie africaine des marchands, qui avait été fondée à Londres en 1750, fut dissoute en 1821, et le gouvernement britannique se chargea désormais lui-même de l'administration de la Gold Coast. Le protectorat accordé aux tribus côtières Fanti entraîna l'Angleterre à engager contre les Ashantis de longues luttes qui se poursuivirent jusqu'en 1901. Rattachée à la Sierra Leone en 1844, la Côte-de-l'Or devint colonie de la Couronne en 1874. Après la défaite définitive des Ashantis, les Anglais orientèrent les capitaux ashantis vers le développement de la culture du cacao. Une partie de l'ancien Togo allemand, confiée en 1919 par la SDN à la tutelle britannique, passa sous l'administration de la colonie en 1922.

La Côte-de-l'Or fut un des premiers pays colonisés d'Afrique noire à manifester son réveil politique ; dès 1942, l'Angleterre admit des Noirs dans le gouvernement, et, en 1946, elle accorda une large autonomie locale. Mais déjà les Ghanéens s'orientaient vers la revendication de l'indépendance, sous la conduite du puissant parti de la Convention du peuple (Convention People's Party), fondé par Nkrumah en 1949. Nkrumah fut arrêté en 1950, mais son parti sortit victorieux des élections de 1951, et Nkrumah devint alors Premier ministre. À la suite d'un plébiscite, le Togo britannique fut intégré dans la Côte-de-l'Or (13 déc. 1956). Le 6 mars 1957, Nkrumah fit reconnaître l'indépendance de son pays au sein du Commonwealth, sous le nom de Ghana. C'était la première colonie européenne d'Afrique à accéder à l'indépendance. Nkrumah avait des ambitions plus hautes : il voulait devenir le champion incontesté du panafricanisme et du socialisme africain. Il apporta son soutien à Sékou Touré, qui avait rompu tout lien entre la Guinée et la France ; en nov. 1958 fut conclue une union Ghana-Guinée qui n'eut jamais d'existence réelle. Nkrumah organisa la conférence d'Accra (déc. 1958), qui réclama l'indépendance immédiate de tous les États africains. La république fut proclamée au Ghana en 1960, mais Nkrumah, qui s'était intitulé l'*Osagyefo* (« le Rédempteur »), établit en 1964 un régime reposant sur le parti de la Convention du peuple dans lequel il concentra entre ses mains tous les pouvoirs ; il brisa impitoyablement toutes les oppositions et procéda à une série de purges qui finirent par décourager ses propres partisans, cependant que l'effort d'industrialisation ne parvenait pas à libérer le Ghana de sa dépendance à l'égard des fluctuations des cours mondiaux du cacao.

Après le renversement de Nkrumah, en févr. 1966, par les militaires, suivit une période de dégradation économique et d'instabilité politique : dictature du colonel K. Acheanpong (1972) dans une période marquée par des années de famine (1975/78) ; coup d'État du général W. Akuffo (juill. 1978) ; coup d'État du capitaine J. Rawlings (4 juin 1979) qui fit exécuter ses prédécesseurs. Après une brève période de gouvernement civil, il se mit à la tête d'un Conseil national provisoire de défense et d'un régime « progressiste, révolutionnaire et populaire » (31 déc. 1981).

En dépit de positions révolutionnaires affirmées, J. Rawlings sut attirer l'aide du FMI et faire accepter à son peuple une difficile austérité. La réussite du programme d'ajustement structurel (réduction des déficits et de l'inflation) fit du Ghana « l'élève modèle » du FMI et lui permit de bénéficier d'une aide financière substantielle. Néanmoins, l'austérité eut pour conséquence une nette paupérisation.

Le mécontentement populaire ainsi que la multiplication des affrontements ethniques conduisirent le régime à mettre en place des mesures de décentralisation et de démocratisation. En avr. 1992, un référendum permit l'instauration du multipartisme et, en nov. de la même année, se tint une élection présidentielle libre. Elle fut remportée dès le premier tour par Jerry Rawlings. En déc. 1996, Jerry Rawlings fut réélu, et les élections législatives donnèrent à son parti, le Congrès national démocratique (NDC), la majorité absolue. Son bilan est cependant contrasté : chômage élevé, inflation mal maîtrisée, gestion contestée des finances publiques et absence de décollage économique contrebalancent les effets de la stabilité politique.

L'année 2000 fut dominée par la préparation des élections, la Constitution n'autorisant pas un troisième mandat. Le climat social se dégrada. Le candidat de l'opposition, John Kufuor, remporta l'élection présidentielle, tandis que son parti obtenait la majorité à l'Assemblée.

GHAZNÉVIDES. Dynastie turque fondée en 962 par Alp-Tégin, ancien capitaine des gardes des émirs samanides de Boukhara et de Samarkand ; tombé en disgrâce, il s'empara de la ville de Ghazni, en Afghanistan, et en fit le centre de sa puissance. D'abord vassaux des Samanides, les Ghaznévides se rendirent complètement indépendants en 999. Ils atteignirent leur apogée avec Mahmoud de Ghazni (998/1030), qui, à partir de Ghazni, se livra à des raids foudroyants contre le Khorassan, l'Irak et l'Inde du Nord-Ouest. Mais le royaume irano-indien des Ghaznévides fut éphémère. En 1173, les princes de Ghor s'emparèrent de Ghazni ; contraint de se réfugier dans ses possessions indiennes, le dernier des Ghaznévides fut vaincu et fait prisonnier à Lahore par Mohammed de Ghor (1186). Ghazni, qui avait été pendant deux siècles un brillant foyer de civilisation, fut prise par

Œgœdèi, fils de Gengis Khan, en 1221, et par Tamerlan à la fin du XIVe s. Elle fut annexée à l'Empire mogol par Baber en 1504. De très importants vestiges de l'époque des Ghaznévides ont été mis au jour à Ghazni par la mission française de D. Schlumberger (1948/49).

GHEORGHIU-DEJ Gheorghe (* Barlad, Moldavie, 1901, † Bucarest, 19.III.1965). Homme politique roumain. Il fut, de 1952 à 1955, à la fois secrétaire général du parti communiste et chef du gouvernement, puis président du Conseil d'État (c'est-à-dire chef de l'État) de mars 1961 à sa mort. Voir **ROUMANIE**. La Roumanie contemporaine.

GHETTO. Jusqu'à la fin du XVIIIe s., dans tous les pays d'Europe comme en terre d'islam, les Juifs, dans chaque ville, furent concentrés dans une rue ou un quartier séparé, souvent fermé de murs, le *ghetto* (ce nom a pour origine le quartier qui leur fut réservé à Venise à partir de 1516). Le IIIe concile du Latran (1179) avait rendu obligatoire cette ségrégation des Juifs. En Allemagne, on trouvait des ghettos importants à Cologne, Mayence, Worms, Francfort-sur-le-Main, Ratisbonne, mais les plus considérables étaient ceux de Pologne et de Russie Blanche. En Europe occidentale, les ghettos ont disparu dans la première moitié du XIXe s., à la suite des réformes de Joseph II en Autriche (1782) et de l'émancipation votée en France par l'Assemblée constituante (1791). Rome, capitale des États pontificaux, a conservé son ghetto jusqu'à l'entrée des troupes italiennes en 1870. Tout autre fut le sort des Juifs en Europe orientale. Dans l'Empire des tsars, qui comptait la plus importante population juive du monde, les ghettos subsistèrent jusqu'à la révolution de 1917, de même que resta en vigueur l'ordonnance de Catherine II (1791) qui confinait les Juifs de l'Empire dans les provinces occidentales (Crimée, Russie Blanche, Pologne).

Durant la Seconde Guerre mondiale, le système hitlérien reconstitua, en Pologne et en Russie occupées, des ghettos hermétiquement séparés des villes, qui n'étaient que des étapes vers les camps de concentration. Les plus importants furent le ghetto de Lodz, qui regroupa 170 000 Juifs, et celui de Varsovie, où s'entassèrent jusqu'à 500 000 personnes. Réduit à 400 000 habitants par les déportations successives, le ghetto de Varsovie se souleva le 19 avr. 1943 et fut anéanti par les SS au cours d'une longue bataille qui dura jusqu'au 16 mai (v. **VARSOVIE**. Insurrection du ghetto de Varsovie) ; les quelques dizaines de milliers de survivants furent déportés à Treblinka et dans les camps de la région de Lublin.

Depuis lors, et avec les réserves qui s'imposent, la notion de ghetto s'est étendue à d'autres communautés minoritaires : entre autres, les populations asiatiques, à travers le monde, ou noires et hispaniques aux États-Unis, qui ont tendance à vivre dans des zones urbaines bien définies.

GHÉZO. Roi d'Abomey (1818/58). Voir **BÉNIN (république populaire du)**.

GIA-LONG, Nguyên Anh, dit (* Huê, 1762, † Huê, 1820). Empereur d'Annam (1802/20) Voir **VIÊT-NAM**. Des origines au XIXe s..

GIAP Vô Nguyên (An Xa, prov. de Quang Binh, Ier.IX.1910). Général vietnamien. Fils d'un fermier lettré hostile à la colonisation française, il fit des études de droit et d'économie politique à l'université de Hanoi. Dès son adolescence, il milita contre les Français, qui l'arrêtèrent à plusieurs reprises. Membre du parti communiste clandestin, il dut se réfugier en Chine, en compagnie de Pham Van Dong, en mai 1940 ; sa femme, restée en Indochine, mourut dans une prison française. À partir de 1941, avec l'appui des nationalistes chinois et sur les instructions d'Hô Chi Minh, il revient en Indochine, où il mit sur pied des unités de guérilla qui comptaient déjà plusieurs milliers d'hommes en 1945. Tout de suite après la capitulation japonaise, il se rendit maître d'Hanoi et devint ministre de l'Intérieur dans le gouvernement d'Hô Chi Minh (1945/46) Il dirigea militairement toute la guerre du Viêt-minh contre le corps expéditionnaire français et fut le vainqueur de Diên Biên Phu (v.). Après la reconnaissance de la république démocratique du Viêt-nam (Viêt-nam du Nord), il resta commandant en chef de l'armée et l'un des vice-Premiers ministres. Les chefs militaires français se sont accordés à reconnaître ses remarquables capacités d'organisateur et de stratège, dont il fit preuve encore durant la guerre contre le Viêt-nam du sud et les Américains. Il fut vice-Premier ministre du Viêt-nam jusqu'en 1991, et ministre de la Défense de 1960 à 1980.

GIBELINS. En Italie, nom de la tendance politique qui s'opposa aux guelfes aux XIIIe et XIVe s. Voir **GUELFES ET GIBELINS**.

GIBRALTAR. Colonie britannique au S. de la péninsule Ibérique. Appelé *Calpé* par les Anciens, le rocher de Gibraltar constituait l'une des célèbres Colonnes d'Hercule, et la baie voisine d'Algésiras fut le siège d'établissements phéniciens et ibères. Le nom de *Gibraltar* vient du chef berbère Tarik, qui passa le détroit en 711, amenant pour la première fois les Maures en Espagne, et occupa le promontoire qui devint le *djebel el-Tarik*, la « montagne de Tarik ». La forteresse, occupée par les Castillans de 1302 à 1333, leur revint définitivement en 1462. Durant la guerre de la Succession d'Espagne, en 1704, un corps anglo-hollandais sous le commandement du prince Georges de Hesse-Darmstadt s'empara par surprise de Gibraltar, dont la possession fut reconnue à l'Angleterre par le traité d'Utrecht (1713). Plusieurs tentatives espagnoles pour reprendre Gibraltar, en 1727 et 1779/82, échouèrent. Après 1815, Gibraltar devint une des principales bases mondiales de la puissance britannique. De 1940 à 1943, les Allemands la soumirent à de violents bombardements aériens, mais renoncèrent à l'attaquer. L'Espagne n'a pas renoncé à recouvrer Gibraltar, qui, depuis 1953, est devenue une pomme de discorde entre Anglais et Espagnols. En dépit des revendications espagnoles et des pressions de l'ONU, la population de Gibraltar, à une quasi-unanimité (12 138 voix contre 44), s'est prononcée pour le maintien des liens avec le Royaume-Uni lors du référendum du 10 sept. 1967. Le gouvernement espagnol riposta, en 1969, en coupant toute relation terrestre et maritime entre Gibraltar et l'Espagne. Les négociations ouvertes entre la Grande-Bretagne et l'Espagne après la mort du général Franco (1975) et la fin de son régime n'aboutirent pas. Mais le blocus fut levé par le gouvernement de Felipe Gonzalez le 15 déc. 1982 et, le 5 févr. 1985, la grille du Rocher s'est ouverte aux Espagnols.

GIEREK Edward (* Porabka, district de Bedzin, 6.1.1913, † Cieszyn, Haute-Silésie, 30.VII.2001). Homme politique polonais. Il émigra tôt en France, et commença à travailler comme mineur à treize ans dans le Pas-de-Calais. Inscrit au parti communiste français en 1931, il fut expulsé de France en 1934 pour avoir organisé une grève. En Belgique, il prit part à la Résistance et dirigea la section polonaise du parti communiste belge. Il rentra en Pologne en 1948, devint député à la Diète en 1952, membre du Comité central du parti ouvrier unifié polonais (POUP) en 1954 (dont il fut secrétaire de 1957 à 1964), membre du Politburo (en 1956, puis à partir de 1959) et se fit connaître comme l'un des meilleurs spécialistes de la direction communiste pour les questions industrielles. En déc. 1970, il succéda à Gomulka comme premier secrétaire du parti jusqu'en 1980. Mais la crise mondiale fit empirer la situation sociale polonaise ; grèves et émeutes se multiplièrent de 1972 à 1980. Le gouvernement se mit d'accord avec Lech Walesa (v.), le 30 août 1980, sur la création de syndicats « autogérés ». Le 5 sept., Gierek fut remplacé par Stanislas Kania. Exclu du POUP et emprisonné en 1981, il fut libéré un an plus tard.

GILBERT ET ELLICE (îles). Ancienne colonie britannique de l'océan Pacifique, groupant les îles Gilbert, les îles Ellice, l'île Ocean, l'île Fanning, l'île Washington, l'île Christmas et une partie des îles Phœnix. L'île Christmas fut découverte par Cook en 1777. Les îles Gilbert furent explorées par Gilbert et Marshall en 1788. Les Anglais établirent en 1892 leur protectorat sur ces îles, qui devinrent une colonie en 1915. Occupées par les Japonais le 9 déc. 1941, elles furent reprises par les Américains en nov. 1943.

L'île Christmas fut utilisée de 1945 à 1948 par les Britanniques et les Américains pour des essais nucléaires. Les îles Ellice, formées de neuf atolls coralliens, dont huit habités, se séparèrent des îles Gilbert après référendum, le 1er janv. 1976 ; elles acquirent l'autonomie interne sous le nom de **Tuvalu**, qui signifie « huit unis ensemble », en 1977, et devinrent indépendantes le 1er oct. 1978 au sein du Commonwealth. Les îles Gilbert devinrent indépendantes sous le nom de **Kiribati**, toujours au sein du Commonwealth, le 12 juill. 1979. Le Kiribati fit son entrée à l'ONU en sept. 1999 et le Tuvalu en sept. 2000. Ce dernier, très dépendant des aides étrangères, est particulièrement menacé par la montée du niveau des océans, que laisse présager le réchauffement de la planète.

GIOLITTI Giovanni (* Mondovi, près de Coni, Piémont, 27.X.1842, † Cavour, Piémont, 17.VII.1928). Homme politique italien. Ministre des Finances (1889/90), puis président du Conseil en 1892. Accusé de corruption, il dut se retirer un an plus tard. Il revint au pouvoir comme ministre de l'Intérieur (1901/03), puis à nouveau comme président du Conseil (1903/05, 1906/09, 1911/14, 1920/21) et domina toute la politique italienne de l'époque grâce à d'habiles combinaisons parlementaires qui ralliaient des catholiques et des socialistes. Il ne s'opposa au fascisme qu'après l'assassinat de Matteotti (1924). Il établit le suffrage universel par la loi du 30 juin 1912. Voir ITALIE. La monarchie parlementaire (1870/1918).

GIRARDIN Émile de (* Paris, 22.VI.1806, † Paris, 27.IV.1881). Journaliste français. Fils illégitime du général Alexandre de Girardin, maître des chasses de Louis XVIII et de Charles X, il fut inspecteur des musées, puis fit ses débuts en 1828 dans le journalisme et créa en 1836 *La Presse*, journal de formule révolutionnaire, notamment par son prix modique, par la place importante faite aux annonces et à la publicité, et par ses romans-feuilletons quotidiens. Sa nouveauté séduisante et ses tendances gouvernementales valurent à *La Presse* de vives attaques, à la suite desquelles eut lieu le duel célèbre au cours duquel Girardin blessa mortellement Armand Carrel (22 juill. 1836). Dépourvu de toute conviction politique profonde, Girardin soutint et combattit tous les régimes et tous les gouvernements : orléaniste sous la monarchie de Juillet, républicain lors de la révolution de 1848 ; bonapartiste sous le second Empire, avec *La Presse* et *La Liberté* (1866), défenseur de Thiers en 1872 dans *Le Moniteur universel* et *Le Petit Journal* (qui atteignit le tirage, considérable pour l'époque, de 500 000 exemplaires), avant de se rallier aux républicains en 1877 et d'engager une violente campagne contre de Broglie et Mac-Mahon dans *La France*. Il avait été élu député de Bourges en 1834, du Bas-Rhin en 1849, et de Paris de 1877 à sa mort. Cet homme avant tout soucieux d'efficacité fut le précurseur de la presse moderne à grand tirage.

GIRAUD Henri (* Paris, 18.I.1879, † Dijon, 11.III.1949). Général français. Sorti de l'École de Saint-Cyr en 1900, officier de zouaves en 1914, il fut blessé, fait prisonnier, s'évada deux fois et se battit brillamment à Malmaison en 1917. Après avoir servi au Maroc, durant la guerre du Rif, il devint professeur à l'École de guerre (1927/29), général en 1930 et retourna au Maroc, où il acheva la pacification du Tafilalet (1932) et du Haut-Atlas (1933). Gouverneur de Metz (1936), commandant de la VIIe armée en 1939, il fut appelé le 15 mai 1940 à remplacer Corap à la tête de la IXe armée, mais c'est en vain qu'il s'efforça de regrouper celle-ci après la percée des Allemands sur la Meuse. Fait prisonnier le 18 mai, il s'évada en avr. 1942 de la forteresse de Königstein, passa en zone libre, puis à Alger, et prit le commandement en chef civil et militaire en Afrique du Nord après l'assassinat de l'amiral Darlan (24 déc. 1942). Il joua alors un rôle décisif dans la reconstitution des forces françaises d'Afrique, mais se heurta à la vive opposition des milieux gaullistes, qui persista malgré son entrevue de Casablanca avec de Gaulle (24 janv. 1943). Après l'arrivée du général de Gaulle à Alger (mai 1943), Giraud partagea avec lui la présidence du Comité de libération nationale (juin/oct. 1943). Éliminé de ce poste par de Gaulle, il se consacra aux affaires militaires, dirigea la libération de la Corse (sept. 1943) et resta commandant en chef jusqu'au 8 avr. 1944. À partir de cette date, il refusa toute fonction, en raison de ses dissentiments avec de Gaulle.

GIRONDINS. Groupe politique qui, pendant la Révolution française, joua un rôle important à la Législative et à la Convention. On les nommait ainsi parce que plusieurs de leurs chefs étaient des députés de la Gironde, mais on leur donnait aussi les noms de *Brissotins, Buzotins*. Les plus en vue du groupe étaient Brissot, Buzot, Roland, Vergniaud, Isnard, Guadet, Gensonné et le savant Condorcet. Avocats et journalistes pour la plupart, les Girondins appartenaient socialement à la bourgeoisie aisée, aux milieux d'affaires, aux banquiers, aux armateurs des grands ports. Ils représentaient ceux qui avaient profité le plus des réformes de 1789 qui, par conséquent, étaient décidés à empêcher tout retour à l'Ancien Régime, mais qui aussi étaient opposés à toute évolution vers une démocratie sociale.

À l'époque de la Législative (1791/92), les Girondins se retrouvaient avec Robespierre au club des Jacobins, mais Brissot et Robespierre devinrent rapidement rivaux. Contre Robespierre, qui mesurait le péril d'une invasion ou d'un césarisme militaire, les Girondins voulurent éperdument la guerre afin de séparer Louis XVI des monarchies européennes et des émigrés, et de le compromettre avec la Révolution. En oct./nov. 1791, ce furent eux qui imposèrent des mesures rigoureuses contre les émigrés et les prêtres réfractaires, puis qui réclamèrent « la croisade de la liberté universelle ».

Le 15 mars 1792, Louis XVI forma un ministère girondin, avec Roland à l'Intérieur et Dumouriez aux Affaires étrangères ; la belle, enthousiaste et ambitieuse Mme Roland fut l'égérie de ce ministère qui, le 20 avr. 1792, fit entrer la France dans une guerre qui s'acheva, vingt-trois ans plus tard, à Waterloo.

Compromis aux yeux de l'opinion publique par les premiers revers des armées françaises, les Girondins s'efforcèrent de détourner la colère populaire contre le roi. Louis XVI ayant refusé deux décrets révolutionnaires et ayant renvoyé les ministres girondins (13 juin), la Gironde organisa contre lui la journée du 20 juin 1792 ; celle-ci fut un échec, mais déclencha des forces qui échappèrent bientôt au contrôle des Girondins. L'élan patriotique contre l'étranger donnait une place nouvelle aux forces révolutionnaires extrémistes. La journée du 10-Août puis les massacres de Septembre firent comprendre aux Girondins les dangers de la dictature populaire parisienne. Dès lors, ils s'appuyèrent de plus en plus sur la province et les administrations locales, ce qui permit aux Montagnards de les accuser de « fédéralisme ». Le 17 sept. 1792, Vergniaud dénonça dans un discours la tyrannie de la Commune parisienne.

À la Convention, les Girondins, qui comptaient environ 160 députés, constituèrent la droite de l'Assemblée. Dès les premières séances, ils lancèrent de violentes attaques contre Marat. Le procès de Louis XVI (déc. 1792/janv. 1793) acheva de séparer la Gironde de la Révolution : les Girondins tentèrent de sauver le roi en demandant l'appel au peuple, qui fut refusé. Ils s'élevèrent ensuite contre l'institution du Tribunal révolutionnaire, mais la défaite de Neerwinden (18 mars 1793) et la défection de Dumouriez, qui avait été l'un des leurs, les compromirent définitivement.

La lutte ultime entre la Gironde et la Montagne se déroula pendant les mois d'avr./mai 1793. La Gironde fit décréter par la Convention l'arrestation de Marat (13 avr.), mais celui-ci fut absout par le Tribunal révolutionnaire et ramené triomphalement à la Convention (24 avr.). La Gironde tenta alors une dernière manœuvre en faisant nommer, le 18 mai, la commission des Douze, chargée de veiller à la sûreté de l'Assemblée et d'enquêter sur les exactions de la Commune parisienne. Cette commission fit arrêter Hébert. Mais les Montagnards avaient l'appui de trente-six des quarante-huit sections de Paris. Après une première journée d'émeutes, le 31 mai, la convention se vit cernée par 80 000 insurgés, le 2 juin ; sur les injonctions d'Hanriot, nouveau chef de la garde nationale (v.), la majorité terrifiée vota l'arrestation de trente et un Girondins. Plusieurs d'entre eux réussirent à s'échapper et à gagner la province, où ils organisèrent des insurrections fédéralistes. Roland, Pétion, Buzot, Clavière furent acculés au suicide. Brissot, Vergniaud, Gensonné et des dizaines de leurs camarades furent exécutés à Paris le 31 oct. 1793. Huit jours plus tard, Mme Roland périt à son tour sur l'échafaud.

GISCARD D'ESTAING Valéry (Coblence, 2.II.1926). Homme politique français. Élu député indépendant en

1956, secrétaire d'État aux Finances (1959/62), ministre des Finances en 1962, il démissionna quand son ministère fut mis sous la tutelle de M. Debré en 1966. Lors du référendum de 1969, son attitude réservée divisa la majorité présidentielle et contribua à la chute du général de Gaulle. Redevenu ministre des Finances (1969/74), il bénéficia des voix gaullistes à la présidentielle de 1974, où il devança le candidat de la gauche F. Mitterrand d'une très courte tête (moins de 400 000 voix). Son septennat eut à souffrir de la crise pétrolière des années 1970 et de l'austérité imposée par R. Barre, son Premier ministre à partir d'août 1976, qui provoqua quelque mécontentement. À la présidentielle de 1981, il fut devancé par F. Mitterrand (Mitterrand : 51,76 % des votants, VGE : 48,24 %). Il redevint député du Puy-de-Dôme en 1984, fut élu président du Conseil régional d'Auvergne en 1986 et reprit, en 1988, la tête de l'UDF. Député au Parlement européen de 1989 à 1993, il se fit l'ardent défenseur de l'avancée de la construction européenne. Il fut réélu député du Puy-de-Dôme en mars 1993 et prit la présidence de la commission des Affaires étrangères de l'Assemblée nationale. En 1996, V. Giscard d'Estaing abandonna la présidence de l'UDF. Il fut remplacé par François Léotard, élu par les représentants du parti. En juin 1997, V. Giscard d'Estaing fut réélu député du Puy-de-Dôme et, en mars 1998, président de la région Auvergne. Depuis 2001, il est président de la Convention sur l'avenir de l'Europe qui a préparé le texte d'une Constitution politique pour la Communauté européenne. En décembre 2003, il a été élu à l'Académie française (19 voix sur 34 au 1er tour).

GIZÈH. Célèbre site archéologique d'Égypte, sur la rive gauche du Nil, à une quinzaine de km au S.-O. du Caire. C'est là que se trouvent les trois grandes pyramides (v.) des rois de la IVe dynastie, Chéops, Chéphren et Mykérinos (XXVIe s. av. J.-C.), ainsi que le grand sphinx taillé sous le règne de Chéphren, des vestiges de temples funéraires et des mastabas (v.) de l'aristocratie de l'Ancien Empire.

GLACIATIONS. Nom donné aux grandes périodes de baisse de la température générale du globe terrestre et d'extension de la calotte glaciaire et des glaciers de montagne observées pendant le quaternaire. Ces glaciations, qui furent marquées par de très nombreuses oscillations climatiques de moindre importance, ont été entrecoupées de périodes interglaciaires, épisodes de réchauffement au cours desquels la température remontait approximativement au niveau de celle d'aujourd'hui.

En Europe, le front le plus méridional atteint par la calotte glaciaire de Scandinavie passait au S. de l'Angleterre (bassin de Londres), et englobait les Pays-Bas, le Danemark, l'Allemagne, la Pologne et la Russie. En Amérique du Nord, l'extension maximale de la glace atteignit à l'O. l'actuelle frontière des États-Unis et du Canada, au centre le Mississippi, à l'E. la région de New York.

D'après les travaux de Penck et Brückner en 1909 sur l'analyse des sédiments continentaux du bassin du Danube, quatre glaciations principales (Günz, Mindel, Riss et Würm) séparées par trois interglaciaires, ont été distinguées. Cette classification est aujourd'hui dépassée. En effet, au milieu des années 50, l'analyse des sédiments marins a permis de mettre en évidence une quinzaine de glaciations majeures depuis 2,5 millions d'années. Les variations climatiques sont déduites de l'analyse des changements de composition chimique des coquilles de foraminifères ou autres microorganismes marins (stades isotopiques de l'oxygène). Ces données ont montré qu'entre 2,8 et 1 millions d'années, les oscillations climatiques se sont produites tous les 41 000 ans, tandis qu'à partir de 1 million d'années la rythmicité est de 100 000 ans.

GLADIATEURS (de *gladius*, épée). À Rome, dans l'Antiquité, hommes qui combattaient au cirque contre d'autres hommes ou contre des bêtes féroces. Les gladiateurs étaient, pour la plupart, des esclaves (prisonniers de guerre), des condamnés de droit commun, mais on trouvait aussi parmi eux des hommes libres qui avaient choisi cette profession par ardeur guerrière ou contraints par la misère. Ils étaient entraînés dans des casernes spéciales *(ludi gladiatorii)*. On les répartissait en diverses catégories, selon leur force, leur adresse et leurs capacités physiques : les *rétiaires*, armés d'un filet pour envelopper l'adversaire et d'un trident pour le harponner ; les *Thraces*, équipés d'un casque, d'un sabre court et d'un bouclier rond ; les *Gaulois* ou *myrmillons*, qui avaient une cotte de mailles et une épée ; les *Samnites*, qui possédaient le harnachement complet : cuirasse, casque à visière, épée, bouclier long ; il y avait aussi des gladiateurs à cheval, armés de longues lances, et des gladiateurs combattant en char. Les combats de gladiateurs suscitaient un enthousiasme immense dans la foule romaine ; on connaissait les noms des meilleurs gladiateurs, on prenait des paris, on réclamait du sang. Rares étaient ceux qui, comme Sénèque (*Lettres à Lucilius*, VII), condamnaient ces sortes de spectacle. Cicéron et Pline le Jeune les justifiaient comme une école de virilité. Beaucoup de gladiateurs n'étaient d'ailleurs pas mécontents de leur sort ; bien nourris, ils pouvaient espérer leur libération après plusieurs victoires (certains rengageaient). Les gladiateurs vainqueurs recevaient des primes en argent considérables. Les combats de gladiateurs, qui ont constitué pendant cinq siècles le spectacle de choix des jeux donnés dans les amphithéâtres, furent supprimés au début du Ve s.

GLADSTONE William Ewart (* Liverpool, 29.XII.1809, † Hawarden, Flintshire, 19.V.1898). Homme politique britannique. Député tory en 1832, secrétaire au Trésor (1834/35), secrétaire aux Colonies

(1841/46), il fut à l'origine, avec Peel dont il soutenait la politique de libre-échange, de la scission du parti conservateur. Devenu chef des libéraux, il fut quatre fois Premier ministre (1868/74, 1880/85, avr./juin 1886, 1892/94), réalisa d'importantes réformes sociales (enseignement, trade unions) et modifia le système électoral ; il mena un long duel contre le chef du parti conservateur, Disraeli (v.). À l'extérieur, il suivit une politique pacifique et limita l'expansion coloniale. Son ralliement au Home Rule irlandais provoqua sa chute. Voir **Grande-Bretagne**, **Irlande** et **Libéraux**.

GLÉLÉ ou **GLÉ-GLÉ.** Dernier roi du Dahomey indépendant (1858/89). Voir **Bénin (république populaire du)**.

GLORIEUSES (les Trois). Nom donné aux journées révolutionnaires des 27, 28, 29 juill. 1830. Voir **Juillet 1830 (journées du 27 au 29)**.

GNOSTICISME. Mouvement religieux de l'Antiquité chrétienne. Il s'est révélé au Ier s. apr. J.-C., principalement dans les centres urbains de l'Égypte hellénistique puis romaine. Résultat de la rencontre des spéculations ésotériques issues du judaïsme et de la pensée philosophique grecque avec la doctrine chrétienne naissante, il a représenté pour le christianisme un réel danger doctrinal, et notre connaissance du gnosticisme a longtemps reposé sur les critiques et réfutations des apologistes chrétiens : st Irénée, Tertullien et Origène, notamment. En 1945/46, en Haute-Égypte, la découverte d'une bibliothèque gnostique datant du IIIe/IVe s. apr. J.-C., composée de 48 ouvrages rédigés en copte et groupés en 13 codex, a considérablement amplifié et précisé nos connaissances.

Le gnosticisme n'a pas été un dogme ; il n'a jamais représenté un corps de doctrine. Du Ier au IIe s. apr. J.-C., ceux qui ont contribué à son extension par leur enseignement, Ménandre, Carpocrate, Basilide, Valentin et bien d'autres, ont pourtant partagé un ensemble de croyances fondamentales.

Le gnosticisme a été un dualisme, comme le manichéisme, son contemporain : il a proposé la vision d'un monde partagé entre le Bien et le Mal, entre la chair et l'esprit. L'homme en quête de salut, enfoncé qu'il était dans les tourments d'un monde cruel, devait rejeter la matière pour s'ouvrir à la véritable « Connaissance » (*gnosis* en grec), celle des choses de l'esprit, conçue comme l'accès à des vérités cachées. Les gnostiques ont notamment professé qu'à l'enseignement donné par Jésus à ses apôtres s'ajoutait celui de vérités plus hautes, mais secrètes, dont le texte canonique du Nouveau Testament ne faisait pas état, mais que le gnosticisme avait préservées et qu'il proposait aux meilleurs de ses disciples. Allant plus loin, les gnostiques ont osé donner une nouvelle lecture de l'Ancien Testament, notamment du livre de la Genèse, dont le dieu créateur pouvait être regardé comme un démiurge redoutable, façonneur d'un monde où l'homme était piégé.

Par sa fuite dans l'irrationnel, par sa critique sur la place de l'Ancien et du Nouveau testament, le gnosticisme était incompatible avec le christianisme qui commençait son extension dans le monde méditerranéen.

GOA. Ville de l'Inde, sur la côte occidentale, au S. de Bombay. Vieille cité marchande, Goa fut conquise par Albuquerque en 1510 ; elle devint la résidence du vice-roi portugais et le centre des activités commerciales et des missions portugaises en Inde. Évêché (1534) puis archevêché (1557), elle fut aussi la base de l'apostolat de st François Xavier. Restée portugaise jusqu'au XXe s., Goa fut revendiquée par l'Inde indépendante dès 1947, occupée par les troupes indiennes le 18 déc. 1961 et annexée à l'Inde en 1962.

GOBINEAU Joseph Arthur, comte de (* Ville-d'Avray, 14.VII.1816, † Turin, 13.X.1882). Diplomate et philosophe français. D'une famille de petite noblesse sans fortune, il dut gagner sa vie en écrivant des romans-feuilletons tout en étudiant les langues et les civilisations orientales. Remarqué par Tocqueville, qui le prit comme chef de cabinet aux Affaires étrangères (1849), il commença alors une carrière diplomatique qui le mena dans plusieurs postes en Allemagne, puis en Perse (1855/58 et 1861/63), à Athènes (1864/68), au Brésil (1869/70) et à Stockholm (1872/77). Auteur de romans, d'ouvrages d'érudition, de récits de voyage, il se fit le théoricien de l'« aryanisme » dans son *Essai sur l'inégalité des races humaines* (1853/55). Il y affirmait, en illustrant sa thèse par de vastes connaissances historiques, que la race est le facteur essentiel de l'histoire humaine, qu'il existe une hiérarchie des races et que la race aryenne (indo-européenne) a été, du fait de sa supériorité intellectuelle et morale, à l'origine de toutes les grandes civilisations. Mais cette race, essentiellement créatrice de valeurs, a été conduite, de par son besoin d'expansion, à se mêler à des races inférieures, ce qui, aujourd'hui, entraîne inéluctablement sa perte. Les idées racistes de Gobineau rencontrèrent alors très peu d'audience en France ; mais elles eurent une influence certaine sur Richard Wagner et furent ensuite utilisées par des théoriciens pangermanistes, notamment H.S. Chamberlain. La pensée de Gobineau est une des sources du racisme hitlérien avec le darwinisme politique et les théories sur la sélection naturelle.

GODEFROI DE BOUILLON (* Baisy, près de Genappe, 1061, † Jérusalem, 18.VII.1100). Duc de Basse-Lorraine et de Lothier (1082/95), avoué du Saint-Sépulcre (1099/1100). Après avoir guerroyé pour son suzerain, l'empereur Henri IV, il décida de se croiser en 1095. Pour trouver l'argent nécessaire à son expédition, il vendit ou engagea une grande partie de son domaine personnel. Il partit en août 1096, avec ses frères Eustache et Baudouin et une dizaine de milliers de croisés des régions de la Meuse et du Rhin. Arrivé à Constantinople en déc. 1096, il prêta l'hommage à l'empereur byzantin Alexis et incita les autres croisés à faire de même (avr. 1097). Son ascendant moral s'affirma au cours des rivalités et des disputes qui opposaient les autres chefs de l'expédition, moins désintéressés que lui. Après la prise de Jérusalem, Godefroi de Bouillon fut élu comme souverain (22 juill. 1099) ; il refusa le titre de roi et ne voulut être que l'« avoué du Saint-Sépulcre ». Il battit les Égyptiens à Ascalon (août 1099) et s'occupa activement de l'organisation des États latins, qu'il concevait sous la forme d'une théocratie.

GODOY Manuel de, duc d'Alcudia et prince de la Paix (* Badajoz, 12.V.1767, † Paris, 7.X.1851). Homme politique espagnol. Amant de la reine Marie-Louise, épouse du roi Charles IV, Premier ministre à vingt-cinq ans, il déclara la guerre à la France en 1793, après l'exécution de Louis XVI. Il fut fait grand d'Espagne après le traité de Bâle de juill. 1795. Mais son alliance avec la République française (1796), soulevant l'hostilité du prince des Asturies (le futur Ferdinand VII), lui valut d'être renvoyé (1798). Rappelé en 1801, il renoua l'alliance française en 1804 et se heurta encore à l'hostilité du prince des Asturies. Cette fois, Charles IV le soutint et Godoy fit incarcérer et juger comme conspirateur le futur Ferdinand VII. Tombé aux mains des patriotes espagnols insurgés (1808), Godoy fut délivré peu après par Murat. C'est lui qui rédigea, à Bayonne, l'acte d'abdication de Charles IV en faveur de Napoléon.

GOEBBELS Joseph Paul (* Rheydt, Rhénanie, 29.X.1897, † Berlin, 29.IV.1945). Homme politique allemand. Issu d'une famille d'origine paysanne et catholique de Westphalie, fils d'un contremaître dans une filature, il fit des études de littérature et de philosophie et passa son doctorat en philosophie. Gagné en 1922 au national-socialisme, il s'attacha à Gregor Strasser et adhéra à l'aile gauche du parti, qui mettait l'accent sur la lutte contre la démocratie bourgeoise et pour le socialisme, et envisageait même un rapprochement avec les communistes. Rédacteur en chef de la *Völkische Freiheit* d'Elberfeld (1924), il fonda en 1925 les *Nationalsozialistische Briefe* et se détacha bientôt de Strasser pour se rallier exclusivement à Hitler. En 1926, il fut chargé par Hitler d'implanter solidement à Berlin la NSDAP, parti national socialiste (v. **National-socialisme**). Ayant fondé en 1927 le journal *Der Angriff*, Goebbels mena dans la capitale allemande une campagne oratoire et journalistique d'une violence inouïe, qui attira de nombreux adhérents à Hitler.

Devenu chef de la propagande du parti en 1928 et député au Reichstag, il resta d'abord à l'écart des postes officiels lors de l'accession de Hitler à la chancellerie, en janv. 1933. Mais en mars, après la victoire électorale des nationaux-socialistes, il reçut le poste de ministre de la Propagande et de l'Information, qu'il conserva jusqu'à sa mort. À ce titre, il s'employa à étouffer toutes les manifestations d'indépendance des intellectuels allemands, qu'il groupa dans une Chambre et un Sénat de la culture dont il assuma la présidence ; il organisa dans les rues de grandes manifestations au cours desquelles furent jetés au feu les livres des écrivains marxistes, démocrates et juifs. Son œuvre essentielle fut une utilisation systématique et absolument nouvelle dans la politique de tous les moyens d'information moderne (notamment la radio et le cinéma) pour imposer au peuple allemand une pensée commune, totalement inspirée par le national-socialisme. En nov. 1938, Goebbels eut une responsabilité essentielle dans le déchaînement des pogroms de la « nuit de Cristal » (v. **Cristal, nuit de**).

Durant la Seconde Guerre mondiale, il se prodigua inlassablement pour exalter le moral du front et de l'arrière, tout en donnant le ton à la presse de l'Europe hitlérienne par les commentaires hebdomadaires qu'il publiait dans le journal *Das Reich*. Au lendemain de Stalingrad, alors que l'Allemagne subissait déjà les bombardements incessants de l'aviation alliée, il fit acclamer la « guerre totale » par une foule enthousiaste massée au palais des Sports de Berlin (13 févr. 1943). Malgré la rivalité menaçante de Himmler (v.), Goebbels, qui avait fait échouer à Berlin le putsch du 20 juill. 1944, fut chargé en août 1944 de la direction de la guerre totale. Par une série de réunions publiques et de visites dans les villes bombardées, il parvint à donner à l'Allemagne le courage du désespoir et à lui faire accepter, lors de l'avance des armées alliées, la tactique ruineuse de la « terre brûlée ». Jusqu'au bout fidèle à Hitler, qui, dans son testament, le désignait comme chancelier du Reich, il s'empoisonna avec sa femme et ses six enfants quelques heures après la mort du Führer.

GOERING Hermann (* Rosenheim, Bavière, 12.I.1893, † Nuremberg, 15.X.1946). Maréchal et homme politique allemand. D'une famille westphalienne, fils d'un haut fonctionnaire colonial, il entra dans la carrière militaire et demanda, en oct. 1914, à être affecté dans l'aviation. Il fut un des as des ailes allemandes durant la Première Guerre mondiale et fut nommé en 1918 à la tête de la célèbre escadrille Richthofen. Sa rencontre avec Hitler (oct. 1922) lui fit une impression profonde et il fut dès lors acquis tout entier au national-socialisme. Nommé chef des sections d'assaut (v. **SA**, **Allemagne**, **National-socialisme** et **SS**), il participa au putsch manqué de Munich (9 nov. 1923), où il fut blessé. Réfugié en Autriche, il put, grâce à une amnistie, être élu député au Reichstag en 1928.

Goering joua un rôle décisif dans les contacts pris par les hitlériens en vue de s'assurer la conquête légale du pouvoir. En oct. 1931, il organisa la première entrevue entre Hitler et Hindenburg. Président du Reichstag en août 1932, il usa de son influence sur le vieux maréchal pour faire appeler Hitler au poste de chancelier. Commissaire à l'Aviation et ministre de l'Intérieur de Prusse en janv. 1933, Premier ministre de Prusse en avr., ministre de l'Air en mai 1933, Goering essaya également d'obtenir le contrôle de la police : c'est lui qui constitua les SA comme auxiliaires de la police régulière, qui exploita à fond contre les communistes l'incendie du Reichstag. Il créa la Gestapo (v.) (avr. 1933), mais dut ensuite s'effacer devant Himmler. Il se consacra au réarmement allemand et surtout à la création de la Luftwaffe, dont il fit en six ans la première force aérienne du monde. Il fut chargé en 1936 de l'exécution du plan industriel de quatre ans, ce qui faisait de lui un véritable dictateur de l'économie du Reich.

Nommé feld-maréchal en févr. 1938, Goering, tout en approuvant la politique d'expansion de Hitler, mesura lucidement les risques que courait l'Allemagne en déclenchant une nouvelle guerre mondiale. Au début des hostilités, Hitler le désigna comme son successeur éventuel. Les succès de la Luftwaffe en Pologne, en Norvège et en France mirent le comble à sa gloire et il fut fait maréchal du Reich en juill. 1940. Mais l'échec de la bataille d'Angleterre et la supériorité croissante de l'aviation alliée firent décliner rapidement son influence, et, à partir de 1943, il ne joua plus aucun rôle dans la direction de la politique allemande. Il passa désormais la plus grande partie de son temps dans sa luxueuse résidence de Karinhall, menant une existence de Romain de la décadence et s'adonnant aux stupéfiants. Détesté par Himmler, Bormann, Goebbels et par les autres extrémistes du régime nazi, il se rendit en Bavière à la veille de l'effondrement du Reich et, le 23 avr. 1945, constatant que Hitler, demeuré dans Berlin, avait perdu sa liberté d'action, il se déclara prêt à assurer la direction de ce qui restait de l'Allemagne. Accusé de trahison par Bormann, il dut, sur l'ordre du Führer, abandonner toutes ses fonctions. Tombé peu après aux mains des Américains, et traduit devant le tribunal de Nuremberg après avoir subi un traitement de désintoxication, il se montra le plus courageux de tous les accusés et ne cessa de proclamer sa fidélité à son passé. Il fut condamné à mort mais, grâce à des complicités restées mystérieuses, échappa à la pendaison en s'empoisonnant dans sa cellule.

GOLAN. Plateau du territoire syrien situé à la frontière entre la Syrie et Israël. Pendant la guerre des Six Jours, en 1967, il fut conquis par Israël sur la Syrie, ce qui provoqua un exil massif de ses habitants, majoritairement druzes. La Knesset décida son annexion en 1971 – décision non reconnue par l'ONU –, mais la Syrie, appuyée par l'Égypte, en reconquit une partie en 1973. Entre-temps, plus de trente colonies israéliennes se sont installées sur ses hauteurs, d'une importance militaire et stratégique considérable ; d'une part, elles surplombent la Syrie, le Liban et Israël – Tsahal y possède une station d'écoute – et, d'autre part, elles permettent le contrôle des ressources en eau alimentant le Jourdain et le lac de Tibériade. Le Golan est toujours la pierre d'achoppement des négociations entamées avec la Syrie en 1999.

GOLFE (première guerre du). Conflit entre l'Irak, ayant un mince débouché sur le golfe Persique, et l'Iran, qui borde toute la partie est de ce golfe. Il a commencé en sept. 1980. En juill. 1988, un cessez-le-feu proposé par l'ONU fut enfin accepté et des négociations de paix s'ouvrirent en sept. 1988. Les victimes se comptaient par centaines de milliers. Voir **Irak** et **Iran**.

GOLFE (seconde guerre du). Guerre qui a opposé l'Irak à une vaste coalition dirigée par les États-Unis, sous l'égide des Nations unies. Le conflit a débuté le 2 août 1990 par l'invasion du Koweït par l'Irak et s'est achevé le 3 mars 1991 sur la défaite irakienne. L'invasion du Koweït intervint après plusieurs mois de tension entre les deux voisins, le président irakien Saddam Hussein reprochant au riche émirat de lui voler du pétrole et de maintenir les cours artificiellement bas alors que son pays, après la guerre menée contre l'Iran, avait d'importants besoins financiers. L'ONU et la Ligue arabe condamnèrent aussitôt l'invasion et exigèrent le retrait des troupes irakiennes du Koweït. Les Occidentaux envoyèrent des forces armées dans le Golfe et notamment en Arabie Saoudite, menacée par l'avancée des troupes irakiennes. L'Irak répliqua en retenant en otages les Occidentaux présents sur son sol. Ces otages furent conduits sur des sites civils et militaires afin de constituer des « boucliers humains » contre d'éventuels bombardements. Le 28 août, l'Irak décréta le Koweït province irakienne. Les effectifs des troupes occidentales massées dans le Golfe à cette date dépassaient 450 000 hommes. Le 29 nov. 1990, le Conseil de sécurité de l'ONU fixa à l'Irak un ultimatum lui intimant d'évacuer le Koweït avant le 15 janv. 1991. Le 17 janv., les forces aériennes alliées, principalement américaines, se mirent à pilonner en Irak de nombreux objectifs, d'où les otages avaient pu partir en déc. Cette opération dite « Tempête du désert » fut suivie, le 24 févr., d'une offensive éclair par voie de terre qui contraignit l'Irak à demander un cessez-le-feu le 28 et à se retirer du Koweït en mars. Présentée comme une guerre technologique « propre », la guerre du Golfe et ses conséquences ont provoqué la mort d'une centaine de milliers d'Irakiens. Malgré le soutien des masses arabes, Saddam Hussein échoua dans ses tentatives de briser la coalition réunie contre lui et de déplacer l'enjeu sur le terrain de la lutte palestinienne en lançant plusieurs missiles Scuds contre Israël. Jérusalem dut s'en remettre aux défenses américaines (les antimissiles Patriot), afin de ne pas embarrasser les régimes arabes ligués contre l'Irak par Washington. La guerre du Golfe bouleversa le jeu régional, en permettant un retour en force de la Syrie et de l'Iran, restés neutres, mais surtout en favorisant l'amorce du processus de paix israélo-arabe. En Irak même, les populations kurde du Nord et chiite du Sud profitèrent de l'affaiblissement du régime pour se soulever. Les Occidentaux inventèrent à cette occasion un « droit d'ingérence » qui leur permit d'interdire à Bagdad de réprimer le soulèvement kurde tout en le laissant écraser les chiites. L'embargo auquel l'Irak avait été soumis fut maintenu après la cessation des hostilités et ses armes de destruction massive furent démantelées.

GOMULKA Wladyslaw (* Krosno, Galicie, 6.II. 1905, † Varsovie, 1982). Homme politique polonais. Adhérent du parti communiste polonais clandestin dès 1926, il fut emprisonné plusieurs fois, devint l'un des chefs de la résistance communiste en Pologne, secrétaire général du parti communiste (nov. 1943), vice-président du comité de Lublin (1944/45). En 1948, il fut accusé de « titisme », exclu du parti en 1949 et emprisonné sans jugement (1951/55). Il fut réhabilité officiellement en août 1956. Au cours de la crise de régime qui suivit les émeutes de Poznan, Khrouchtchev et les principaux dirigeants soviétiques se laissèrent convaincre que seul le retour de Gomulka au pouvoir pouvait empêcher une révolte générale de la Pologne. Il redevint le Premier secrétaire du parti le 21 octobre 1956, et suivit désormais une voie médiane entre les « libéraux » et les « staliniens ». Il procéda à une certaine libéralisation à l'intérieur, mais maintint fermement l'alignement de la Pologne sur l'Union soviétique à l'extérieur. En 1968, il fit participer les forces polonaises à l'invasion de la Tchécoslovaquie. De sanglantes émeutes, provoquées dans plusieurs grandes villes par la hausse des prix, l'obligèrent à se retirer brusquement, le 20 déc. 1970. Il fut remplacé par Edward Gierek.

GONDEBAUD ou **GONDOBALD** († Genève, 516). Roi des Burgondes (vers 480/516). Voir BURGONDES.

GONZALEZ MARQUEZ Felipe (Séville, 5.III. 1942). Homme politique espagnol. Secrétaire général du parti socialiste ouvrier espagnol à trente ans, il devint Premier ministre en 1982. Européen convaincu, il accéléra les négociations pour l'entrée de l'Espagne dans la CEE. Il adopta une politique économique néolibérale qui connut le succès jusqu'à la fin des années 1980. Réélu successivement en 1986, puis en 1989, Gonzalez, dont le charisme et la popularité étaient toujours intacts, réussit en 1993, malgré le recul électoral du PSOE discrédité par les difficultés économiques et de nombreux scandales, à se maintenir dans ses fonctions. Mais la multiplication des scandales, dont certains mettaient directement en cause F. Gonzalez, favorisèrent, à partir de 1994, ses adversaires. En dépit de la popularité toujours forte du Premier ministre, son parti fut battu aux élections législatives de mars 1996 et il fut remplacé par J.M. Aznar. En juin 1997, Felipe Gonzalez abandonna la direction du PSOE. Il fut appelé à témoigner en 1997 au procès des Groupes armés de libération (GAL), accusés d'avoir assassiné des membres de l'ETA sur le territoire français, son gouvernement étant soupçonné d'avoir couvert les agissements de ces groupes. Sa responsabilité fut mise en cause par plusieurs témoins, mais il nia toute connaissance de ces faits.

GONZALVE DE CORDOUE, Gonzalo Fernández de Córdoba (* Montilla, 1453, † Grenade, 1er.XII.1515). Homme de guerre espagnol. Après avoir joué un rôle important dans la conquête du royaume de Grenade, il fut envoyé en Italie contre les Français en 1495 ; il reconquit rapidement le royaume de Naples et dégagea le pape Alexandre VI, bloqué dans Rome. Il reprit la lutte à Naples en 1502 contre Louis XII, et remporta les victoires décisives de Cérignoles (28 avr. 1503) et du Garigliano (28 déc. 1503), ce qui contraignit les Français à capituler à Gaète (1er janv. 1504). Sa gloire, qui lui avait valu le surnom de *Grand Capitaine (el Gran Capitan)*, porta ombrage à Ferdinand d'Aragon, qui le rappela en Espagne en 1507.

GORBATCHEV Mikhaïl Sergeïevitch (Stavropol, Circaucasie, 2.III.1931). Homme politique soviétique. Fils de paysan, il se spécialisa dans l'agriculture tout en suivant des cours de droit. Membre du parti communiste depuis 1951, il occupa diverses fonctions puis fut élu député au Soviet suprême en 1970 et membre du Comité central en 1971. Nommé à la tête du secrétariat agricole en 1978, membre suppléant du bureau politique en 1979, titulaire en 1980, il apparut rapidement comme un successeur possible de L. Brejnev lui-même. Il lui fallut attendre, pour accéder aux plus hautes fonctions, que se fussent succédé à la tête de l'État soviétique les dirigeants de la génération précédente, Youri Andropov et Constantin Tchernenko pour deux brefs interrègnes. Vingt-quatre heures après la mort de C. Tchernenko, survenue le 10 mars 1985, il fut nommé par le Comité central au poste de secrétaire général. Sa politique visait à enrayer le déclin moral et économique de l'URSS par une restructuration (*perestroïka*) qui s'articulait autour de trois objectifs : d'abord, réduire les dépenses militaires par une politique dynamique de détente, qu'il appela la « nouvelle pensée » ; ensuite, accroître la production par une mobilisation des ressources technologiques ; enfin, revivifier la société en lui proposant un projet de justice sociale et en lui tenant un langage de vérité (*glasnost* : « transparence »). L'accident nucléaire de Tchernobyl (v.), en Ukraine (mai 1986), fut l'occasion d'inaugurer une telle politique en informant les pays occidentaux sur cette catastrophe. Avec le rappel d'exil d'Andreï Sakharov (v.) en déc. 1986, M. Gorbatchev entendit nouer une alliance avec l'intelligentsia. En 1988, il devint président du présidium du Soviet suprême.

Les premières élections à candidatures multiples, en mars 1989, catalysèrent les aspirations nationales à l'indépendance, mais M. Gorbatchev fut dépassé par la libéralisation qu'il avait lancée. L'échec de l'intervention militaire provoquée par la déclaration d'indépendance de la Lituanie, en mars 1990, ainsi que l'élection de Boris Eltsine à la présidence de Russie marquèrent la dissolution du pouvoir central. Le 19 août 1991, une junte dirigée par les responsables du KGB, de la Défense et de l'Intérieur tenta de l'évincer du pouvoir. Il ne dut son salut qu'à la résistance des présidents des républiques, au premier rang desquels Boris Eltsine, qui, dans les mois qui suivirent, accéléra la dislocation de l'URSS afin de renforcer son pouvoir personnel. La signature, le 8 déc. 1991, des accords de Minsk, entérinant la fin de l'Union soviétique, précipita la démission de M. Gorbatchev de la présidence de l'URSS (25 déc. 1991). Populaire à l'Ouest pour avoir mis fin à la guerre froide et suscité la démocratisation de l'Europe orientale (à ce titre, il reçut le prix Nobel de la paix en oct. 1990), M. Gorbatchev fut, en revanche, très décrié par ses propres concitoyens, qui lui reprochaient les difficultés économiques de leur pays et la désintégration de l'ensemble soviétique. L'annonce, en mars 1996, de sa candidature à la présidence de la Fédération de Russie suscita, pour cette raison, plus d'intérêt en Occident que sur le territoire russe. Depuis son échec à cette élection, M. Gorbatchev préside la fondation de politologie qui porte son nom et, depuis 1997, la fondation Croix verte internationale.

GORDON Charles George, dit **Gordon Pacha** (* Woolwich, 28.I.1833, † Khartoum, 26.I.1885). Général britannique. Il fit partie, en 1860, de l'expédition de Chine. Entré au service de l'empereur de Chine, il vainquit en 1863/64 la révolte des T'ai-p'ing. Il passa en 1874 au service du gouvernement égyptien (1877/79). Voir **Soudan (république du)**.

GOTHA (congrès de, 22/27 mai 1875). Congrès d'unification des deux grandes tendances du socialisme allemand. Voir **Socialisme.** Le socialisme allemand des origines à 1918.

GOTHS. Nom d'un des principaux groupes de peuples des Germains orientaux. Venus de Scandinavie, les Goths étaient installés au début de notre ère sur les bords de la Vistule inférieure. Sous la direction d'un roi nommé Filimer (?), ils émigrèrent, au milieu du IIe s., vers les côtes de la mer Noire. Au cours du IIIe s., ils commencèrent à se livrer à des raids en Asie Mineure et dans les Balkans. Sous le règne d'Aurélien (270/75), les Romains durent leur abandonner la Dacie. Au IVe s., ils furent convertis au christianisme arien par l'évêque Ulfilas. À cette époque, on distinguait nettement les Wisigoths et les Ostrogoths. Voir **Germanie.**

GOTTWALD Klement (* Dedice, Moravie, 23.XI.1896, † Prague, 14.III.1953). Homme politique tchèque. D'une famille paysanne morave, d'abord apprenti menuisier, il devint à l'âge de seize ans un militant socialiste et adhéra, lors de sa fondation (1921), au parti communiste tchécoslovaque. Rédacteur en chef de l'organe central du parti, *Rudé Právo*, secrétaire général du parti (1929) et chef du groupe parlementaire, membre de la direction du Komintern à partir de 1935, il se réfugia en URSS en 1938 et resta à Moscou jusqu'à la fin de la Seconde Guerre mondiale. Président du Conseil en mai 1946, il organisa le « coup de Prague », qui donna le pouvoir absolu aux communistes (févr. 1948), et remplaça Benes à la présidence de la République (juin 1948). Il mourut au retour des obsèques de Staline.

GOUDÉA. (XXIIe s. av. J.-C.). Souverain de Lagash. Voir **Sumériens.** Les Sumériens dans l'Histoire.

GOUIN Félix (* Peypin, 1884, † Nice, 1977). Homme politique français. Président de l'Assemblée consultative provisoire (1943/45), il dirigea le gouvernement provisoire de janv. à juin 1946. Voir **France.** La IVe République.

GOULAG, de *Glavnoe Oupravlenie Laguereï* en russe, administration centrale des camps. Créés en 1918, ces camps de prisonniers accueillirent d'abord des bourgeois et des opposants au bolchevisme. Ce fut dans les années 1930 qu'ils prirent des proportions considérables avec la déportation des koulaks (v.) et les premières purges staliniennes. Le terme apparut en France en 1934 mais l'existence de ces camps ne cessa d'être contestée jusqu'à la publication du premier récit d'un *zek* (« détenu dans un camp »), *Une journée d'Ivan Dennissovitch*, d'Alexandre Soljenitsyne (v.), en 1962. Établis pour la première fois dans les îles Solovki, dans la mer Blanche – d'où le terme d'« archipel » employé par Soljenitsyne pour désigner l'ensemble du système –, ils se développèrent ensuite en Russie d'Europe et le long de la voie ferrée Baïkal-Amour. S'il est difficile de dresser un bilan, il semble que les effectifs aient culminé en 1938 avec 8 millions de détenus. Au total, 20 millions de personnes auraient péri dans ces camps.

GOULART João (* São Borja, Brésil, 1918, † Mercedes, Agentine, 1976). Homme politique brésilien. Vice-président de la République de 1956 à 1960, président en 1961, il fut renversé par un coup d'État en 1964. Voir **Brésil.**

GOUPTA. Dynastie qui régna sur l'Inde septentrionale de 320 à la fin du Ve s. de notre ère. Voir **Inde.** De l'Inde gréco-bouddhique aux Goupta.

GOURAUD Henri Joseph Eugène (* Paris, 17.XI.1867, † Paris, 16.IX.1946). Général français. Sorti de l'École de Saint-Cyr en 1888, il partit pour l'Afrique en 1894 et s'illustra au Soudan par la capture de Samory (1898). Après avoir servi au Dahomey, au Tchad, en Mauritanie, il fut, de 1911 à 1914, le collaborateur de Lyautey au Maroc. Durant la Première Guerre mondiale, il succéda à d'Amade à la tête du corps expéditionnaire aux Dardanelles, où, grièvement blessé (juin 1915), il dut être amputé d'un bras. Il prit ensuite le commandement de la IVe armée sur le front de Champagne et se distingua en brisant l'offensive allemande de Champagne (juill. 1918). Devenu l'un des chefs les plus populaires de l'armée française, il fut ensuite haut-commissaire en Syrie et au Liban (1919/23), où il eut à réprimer les révoltes de Damas et de Cilicie, puis gouverneur militaire de Paris (1923/37).

GOUVION-SAINT-CYR Laurent, marquis de (* Toul, 13.IV.1764, † Hyères, 17.III.1830). Maréchal de France. Sans fortune, engagé volontaire en 1792, il se distingua dans les armées du Rhin et de la Moselle, commanda l'armée de Rome (1798) et l'armée de Naples (1803). Napoléon le tint d'abord à l'écart, à cause de ses idées républicaines. Il fut cependant nommé gouverneur de Varsovie (1807). Envoyé en Espagne en 1808, il fit une brillante campagne en Catalogne, prit Rosas et Barcelone. Commandant du 6e corps de la Grande Armée dans la campagne de Russie, il remporta sur Wittgenstein la bataille de Polotsk et reçut en récompense le bâton de maréchal avec le titre de comte. En 1813, il soutint un long siège dans Dresde et ne capitula qu'après avoir épuisé ses munitions. En 1814, il se rallia aux Bourbons, suivit Louis XVIII à Gand et fut chargé à plusieurs reprises du ministère de la Guerre entre 1815 et 1821 ; il contribua à rallier à la monarchie beaucoup d'officiers de Napoléon, fit voter l'importante loi militaire de 1818 sur le recrutement, mais dut faire face à l'hostilité des ultras, qui l'écartèrent définitivement en 1821. Louis XVIII l'avait fait marquis (1816).

GOWDA Deve (Haradanahalli, Karnataka, 18.V.1933). Homme politique indien. Il fut Premier ministre de juin 1996 à avr. 1997, représentant le Front uni, une coalition de quinze partis de gauche et de centre gauche. Voir INDE. L'Inde indépendante.

GOWON Yakubu (Benue Plateau, 19.X.1934). Général et homme politique du Nigeria. Chef de l'État de 1966 à 1975. Voir NIGERIA.

GPRA. Sigle de Gouvernement provisoire de la République algérienne. Voir ALGÉRIE.

GRACCHUS ou **GRACQUES.** Surnom (*cognomen*) d'une branche plébéienne de la gens Sempronia :

Tiberius Sempronius Gracchus († vers 150 av. J.-C.). Tribun du peuple en 187, il servit comme préteur en Espagne en 180 et vainquit les Celtibères ; il réprima plus tard une rébellion en Sardaigne et fut consul en 177 et 163.

Tiberius Sempronius Gracchus (* Rome, 162, † Rome, été 133 av. J.-C.), fils de Tiberius Sempronius. Questeur en 137, il suivit le consul C. Hostilius Mancinus en Espagne et sauva, en traitant avec les Numantins, l'armée romaine mise en danger par l'incompétence du consul. Cette paix fut cependant rejetée ensuite par le Sénat et arrêta la carrière militaire de l'aîné des Gracques. Tribun du peuple en 133, il essaya d'imposer un règlement de la question agraire, si importante pour la société romaine. Au cours du IIe siècle av. J.-C., les grands propriétaires fonciers avaient accaparé l'*ager publicus*, qu'ils faisaient travailler avec des troupes d'esclaves ; la masse des petits paysans ruinés étaient venus grossir la plèbe misérable de Rome. L'idée de Tiberius était de reconstituer une classe moyenne de propriétaires terriens, de rendre la terre aux paysans en limitant la grande propriété foncière. Il se heurta à la très vive opposition des patriciens et de son collègue Octavius, lequel mit son veto à la loi (printemps 133). Voulant imposer illégalement sa volonté, Tiberius fut massacré au cours d'une émeute soutenue par l'aristocratie sénatoriale. Sa réforme, d'inspiration généreuse, avait le tort de ne pas tenir compte des conditions réelles de l'époque et du mouvement irréversible de recherche des facilités de la vie urbaine par la plèbe romaine.

Caius Sempronius Gracchus (* Rome, 154, † Rome, 121 av. J.-C.), son frère, ne vit pas sa carrière gênée par la réaction patricienne qui suivit la mort de Tiberius. Questeur en Sardaigne en 126, il revint à Rome aussitôt sorti de charge, fut nommé tribun de la plèbe en 123 et réélu par acclamation l'année suivante. Reprenant les projets de son frère, il s'efforça plus ambitieusement de grouper contre la *nobilitas* à la fois l'ordre équestre, auquel il concéda la perception de l'impôt dans la riche province d'Asie (*lex de provincia Asia*) et la judicature (*lex Acilia repetundarum*), la plèbe urbaine, qui obtint le blé à très bas prix, et les habitants des villes fédérées d'Italie, auxquels il aurait voulu faire conférer le droit de cité ; pour donner des terres aux citoyens indigents, il fit fonder des colonies en Grèce, en Sicile et à Carthage. Cependant, écarté du tribunat, auquel il se présentait pour la troisième fois, Caius Gracchus entra à son tour dans l'illégalité. Au cours d'une bataille avec les troupes du consul L. Opimius, sur l'Aventin, il fut tué à la tête de ses partisans. En avance sur les conceptions politiques de son temps, il avait tenté d'élargir les cadres de la cité romaine, mais son usage abusif de l'omnipotence tribunitienne avait ouvert les voies à la tyrannie.

GRAMSCI Antonio (* Ales, Cagliari, 23.I.1891, † Rome, 27.IV.1937). Théoricien et homme politique italien. Il adhéra en 1913 au parti socialiste et devint rapidement un des chefs de l'aile gauche de ce parti. Le 1er mai 1919, il lança avec Togliatti et Terracini l'hebdomadaire l'*Ordine nuovo*, organe de la tendance révolutionnaire qui préconisait la formation des « conseils ouvriers ». Au congrès socialiste de Livourne (janv. 1921), il fut un des artisans de la scission qui donna naissance au parti communiste italien. L'année suivante, il assista à Moscou au IVe congrès du Komintern et fut élu au comité exécutif de cet organisme. Agent de l'Internationale communiste, il resta pendant deux ans absent d'Italie. En 1924, alors que Mussolini était déjà au pouvoir, il revint en Italie, fut élu député et prit la direction du groupe communiste à la Chambre. La même année, il fonda *L'Unità*, organe central du parti communiste. Travaillant à la « bolchevisation » du PCI, il en fit expulser Bordiga et ses amis, accusés de « trotskisme » (IIIe congrès, Lyon, janv. 1926). Arrêté en nov. 1926, à la suite de l'interdiction de tous les partis politiques par le régime fasciste, il fut jugé en 1928 et condamné à vingt ans de prison ; déjà atteint de tuberculose, il mourut pendant sa détention. Gramsci est considéré comme le meilleur théoricien marxiste italien de l'entre-deux-guerres.

GRANDE-BRETAGNE. Nom de la plus vaste des îles Britanniques, comprenant l'Angleterre, le pays de Galles et l'Écosse.

Le terme de Grande-Bretagne est couramment employé pour désigner le Royaume-Uni de Grande-Bretagne et d'Irlande du Nord (*United Kingdom of Great Britain and Northern Ireland*), appelé jusqu'en 1927 *Royaume-Uni de Grande-Bretagne et d'Irlande*. Le Royaume-Uni fut constitué officiellement par l'Acte d'union de 1707, mais l'Angleterre et l'Écosse étaient liées par une union personnelle depuis l'avènement de la dynastie écossaise des Stuarts sur le trône anglais, en 1603.

Préhistoire des îles Britanniques

La quasi-totalité de la Grande-Bretagne a été recouverte lors de l'extension maximale des glaciers du quaternaire ; seul l'extrême sud de l'Angleterre resta épargné. La plus ancienne industrie à éclats des îles Britanniques, le clactonien – du site de Clacton on Sea (Essex) –, est approximativement contemporaine de l'acheuléen de l'Europe continentale ; ses débuts seraient antérieurs à la glaciation de Mindel et remonteraient par conséquent à plus de 400 000 ans. Le gisement de Swanscombe (Kent) a livré les restes d'un prénéandertalien ainsi que de l'acheuléen moyen et supérieur. L'Angleterre compte de nombreux sites levalloiso-moustériens. Son faciès industriel le plus important au paléolithique supérieur est le creswellien (-20 000/-10 000), connu par les matériaux de plusieurs grottes du Derbyshire ; il correspond à un magdalénien évolué. Vinrent ensuite les industries tardenoisiennes de Farnham et de Peacock's Farm, puis la culture de Broxbourne, apparentée au maglemosien du Danemark et du Schleswig-Holstein

Au IIIe millénaire, la culture néolithique de Windmill Hill s'étendit sur le sud de l'Angleterre, jusqu'au cours moyen de la Tamise, puis, dans sa phase tardive, jusqu'au sud de l'Écosse et à l'Irlande ; elle est caractérisée par de très grandes sépultures sous tumulus allongés (*Long Barrows*).

On trouve dans les îles Britanniques de nombreux monuments mégalithiques, dont le plus spectaculaire est le cromlech de Stonehenge. Au bronze ancien, succédant aux campaniformes appelés ici *beakers*, apparaissent deux grands centres de cultures : l'un, dans le nord de l'Angleterre, en Écosse et en Irlande, est celui des vases à nourriture qu'on déposait dans les tombes afin d'assurer au mort des aliments pour son voyage dans l'au-delà ; l'autre, dans le sud de l'Angleterre, est la civilisation du Wessex, très proche de la civilisation armoricaine de la même époque et reliée par des échanges commerciaux avec des contrées lointaines de l'Europe centrale, de la mer Égée et même du Proche-Orient. Ces deux civilisations eurent de longs prolongements au cours du IIe millénaire. Au IIIe millénaire apparaît le rite de l'incinération, mais on ne saurait affirmer que les « champs d'urnes » du sud-est de l'Angleterre (Deverel-Rimbury) ont été l'œuvre d'envahisseurs venus du continent et liés à la grande civilisation européenne des Champs d'urnes. En revanche, il est certain que les îles Britanniques, durant tout le Ier millénaire av. J.-C. ont connu l'arrivée continue de peuples celtes, qui y introduisirent la civilisation du fer. Voir **Bretagne**.

L'histoire des îles Britanniques antérieurement à 1603 est exposée aux articles **Bretagne**, **Angleterre**, **Écosse**, **Galles (pays de)** et **Irlande**. On trouve ci-après l'histoire de la Grande-Bretagne depuis 1603.

Les premiers Stuarts et l'échec de l'absolutisme (1603/49)

À la mort d'Élisabeth Ire (24 mars 1603), Jacques VI Stuart d'Écosse, fils de Marie Stuart et descendant d'Henri VII par les femmes, était le plus proche héritier au trône d'Angleterre, sur lequel il monta en prenant le nom de Jacques Ier (1603/25). Ainsi fut réalisée l'union personnelle de l'Angleterre et de l'Écosse. Le pouvoir royal anglais s'était considérablement renforcé sous les Tudors. Cependant, alors que la monarchie française éliminait à peu près complètement la représentation nationale (les états généraux) de la vie politique, Henri VIII s'était, en revanche, appuyé sur les Communes, favorables à la politique anticatholique du roi et à la confiscation des biens monastiques. La haine contre le « papisme » et la prospérité de l'Angleterre au siècle des Tudors avaient rallié autour du trône la petite noblesse et la bourgeoisie marchande.

Jacques Ier n'avait pas un prestige suffisant pour empêcher le réveil des oppositions. Il se fit lui-même le théoricien du droit divin des rois, ce qui ulcéra le Parlement. Bien que né dans le catholicisme, il adopta avec empressement l'anglicanisme, qui faisait de lui le chef religieux de l'Angleterre, et se montra intransigeant à l'égard des minorités religieuses, des catholiques comme des puritains. Les premiers tentèrent d'assassiner le roi (conspiration des Poudres, nov. 1605) et furent l'objet d'une persécution accrue. Les puritains (calvinistes), dont le nombre avait grandi sous le règne d'Élisabeth, parmi les petits propriétaires et les artisans des villes, présentèrent d'abord des revendications modérées, qui furent rejetées hautement par le roi (conférence de Hampton Court, 1604). Jacques Ier était résolu à imposer partout la conformité religieuse. Beaucoup de puritains furent emprisonnés ; d'autres émigrèrent en Amérique (les « pèlerins » du *Mayflower*, 1620), mais le puritanisme resta néanmoins un puissant parti d'opposition en Angleterre. La corruption, le gaspillage financier, la politique proespagnole de Jacques Ier, la confiscation du pouvoir par des favoris royaux (Somerset, Buckingham) accrurent la colère du Parlement, qui refusa systématiquement les subsides réclamés par le souverain. Un conflit violent était sur le point d'éclater lorsque Jacques Ier mourut et fut remplacé par son fils, Charles Ier (1625/49).

À son avènement, Charles se trouva aux prises avec des difficultés financières et il convoqua un Parlement. À la session de 1628, Charles Ier vit se dresser devant lui une puissante opposition, conduite par Thomas Wentworth, et il dut signer la Pétition du droit (*Petition of Right*), qui rappelait les libertés anglaises traditionnelles et les limites du pouvoir royal. Le roi accepta à contrecœur ce compromis : en mars 1629, il renvoya le Parlement, et, grâce à l'habileté financière de Wentworth, rallié au pouvoir et devenu Lord Strafford, il put gouverner pendant plus de dix ans (1629/40) sans convoquer de nouveau le Parlement. L'opposition se déplaça alors sur le terrain religieux. En 1637, Charles Ier laissa William Laud, archevêque de Canterbury et champion de la Haute Église anglicane, imposer aux presbytériens écossais l'usage du *Book of Common Prayer*, c'est-à-dire des prières et des rites de l'Église anglicane. L'Écosse se révolta et s'unit par le Covenant. Pour réduire cette résistance, Charles Ier dut engager les deux « guerres épiscopales » (1638/40), ce qui aggrava la situation financière et obligea le roi, pour obtenir des subsides, à convoquer un Parlement. Celui-ci se réunit en avr. 1640, mais refusa les crédits et fut renvoyé au bout de trois semaines ; ce fut le Court Parlement (*Short Parliament*).

Les Écossais poursuivant la guerre, il fallut, dès nov. 1640, appeler un second Parlement, qui resta en session pendant vingt ans : ce fut le Long Parlement (*Long Parliament*). Dès lors, l'Angleterre entra dans une crise révolutionnaire. Le Long Parlement décida qu'il ne pourrait être dissous que de son propre consentement ; il obligea Charles Ier à faire exécuter son conseiller Strafford (1641) ; il vota le *triennal bill*, qui imposait au roi l'obligation de convoquer le Parlement au moins une fois tous les trois ans. Le Parlement était dominé par des puritains, qui essayèrent d'exclure les évêques de la Chambre des lords. Lassé de ces humiliations, Charles Ier tenta de ressaisir le pouvoir par un coup de force : il ordonna l'arrestation des cinq principaux chefs de l'opposition parlementaire (parmi lesquels Pym et Hampden), mais le Parlement et les bourgeois de Londres refusèrent de les livrer (janv. 1642). Ce fut l'étincelle de la guerre civile (août 1642/janv. 1649), qui opposa les partisans du roi ou Cavaliers (anglicans, haute noblesse, paysans) aux partisans du Parlement ou Têtes rondes (puritains, petite noblesse terrienne, bourgeoisie urbaine). Après des succès initiaux, les Cavaliers perdirent l'avantage quand Olivier Cromwell (v.), gentilhomme campagnard et chef des puritains radicaux ou « indépendants », eut réorganisé l'armée parlementaire (1645). Vaincu à Naseby (14 juin 1645), Charles Ier dut se réfugier en Écosse, mais fut livré par les Écossais au Parlement. Celui-ci comprenait une majorité de modérés, appartenant à la haute bourgeoisie, qui voulaient, certes, limiter les prérogatives royales, mais n'entendaient nullement renverser la monarchie. Une tentative de fuite de Charles Ier servit de prétexte à Cromwell et aux radicaux pour écraser le Parlement. Entré à Londres en triomphe, Cromwell envoya le colonel Pride pour expulser ses adversaires de la Chambre des communes (7 déc. 1648) : le Parlement, réduit désormais aux seuls puritains extrémistes et appelé pour cette raison Parlement croupion (*Rump Parliament*), décida la mise en jugement du roi pour trahison. Condamné à mort, Charles Ier fut décapité à Whitehall (30 janv. 1649) et l'Angleterre devint une république (*Commonwealth*).

La dictature de Cromwell (1649/60)

Cette révolution laissa des traces profondes dans l'histoire anglaise : elle préserva la Grande-Bretagne de la phase d'absolutisme royal que connurent les autres grandes nations de l'Europe. Ce n'en fut pas moins une révolution avortée : elle ne réussit pas à consacrer par des institutions durables le gouvernement du peuple par lui-même, et, dès 1660, l'Angleterre revint à la monarchie. Le Parlement croupion avait pourtant proclamé le principe de la souveraineté populaire et confié le pouvoir exécutif à un Conseil d'État, dont Cromwell n'était que l'un des quarante et un membres. Mais Cromwell représentait l'armée, et celle-ci, alors qu'un parti royaliste puissant se maintenait toujours en Angleterre, alors que les Écossais et les Irlandais se trouvaient en révolte armée, constituait la seule puissance véritable. Après avoir brisé dans le sang l'opposition des catholiques d'Irlande (massacres de Drogheda et de Wexford, 1649), Cromwell fit échouer la tentative de restauration du fils de Charles Ier (le futur Charles II), qui avait rallié des Écossais (bataille de Worcester, sept. 1651). Le Parlement essaya alors de licencier l'armée, mais Cromwell fut servi par la guerre qui venait d'éclater avec la Hollande : en avr. 1653, il dispersa le Parlement croupion, nomma une nouvelle Assemblée tout à sa dévotion et s'assura un pouvoir quasi absolu en prenant le titre de lord-protecteur de la République (déc. 1653). Cent cinquante ans avant la Révolution française, la révolution anglaise aboutissait ainsi à la dictature militaire. L'Angleterre se trouvait sous un régime beaucoup plus dur que n'avait été celui des Tudors et des Stuarts.

En politique intérieure, le gouvernement de Cromwell se solda par un échec total : le lord-protecteur ne parvint jamais à s'accommoder des divers Parlements qu'il avait pourtant lui-même nommés et la République anglaise resta sans institutions viables. En revanche, l'époque de Cromwell vit s'affermir à l'extérieur la puissance britannique. L'Acte de navigation, voté par le Parlement croupion en oct. 1651, marquait l'évolution de l'Angleterre vers un rigoureux protectionnisme : en réservant à la flotte nationale le monopole de l'importation, il portait un coup très grave au commerce hollandais et déclencha une guerre anglo-hollandaise (1652/54). La flotte britannique, commandée par Blake, remporta des victoires décisives et, par la paix de Westminster (mai 1654), les Provinces-Unies durent reconnaître l'Acte de navigation. Contre les Espagnols, Cromwell s'allia ensuite avec Mazarin (1657). Dès 1655, les Anglais avaient enlevé la Jamaïque à l'Espagne. Pendant que les flottes de Blake et de Stayner capturaient les galions espagnols, les armées franco-anglaises du continent remportaient la bataille des Dunes (1658). Mais Cromwell mourut en sept. 1658 ; son fils, Richard, qu'il avait désigné pour lui succéder, entra bientôt en conflit avec l'armée et dut abdiquer au bout de quelques mois. Les Anglais étaient las de la dictature militaire. Le fils de Charles Ier, réfugié sur le continent, reçut des ouvertures du général Monk, qui s'était emparé de Londres, et, le 29 mai 1660, Charles II revint dans sa capitale au milieu d'un grand enthousiasme.

La restauration des Stuarts (1660/88)

Avant de rentrer en Angleterre, Charles II (1660/85) avait publié la déclaration de Breda (1er mai 1660), qui promettait une amnistie générale et garantissait la liberté de conscience. La Restauration provoqua une vive réaction morale : l'oppressante austérité puritaine disparut, une soif effrénée de plaisir s'empara de la haute société. Sous la pression du Parlement, le roi accepta le Test Act de 1673, qui excluait pratiquement les catholiques de toutes les fonctions de l'État.

Mais la politique étrangère allait devenir une source de difficultés entre Charles II et son opinion publique. La seconde guerre anglo-hollandaise (1665/67) avait d'abord été populaire, et le Parlement avait voté sans difficulté un budget de guerre d'une ampleur encore jamais atteinte ; mais la Grande Peste (1665), puis le grand incendie de Londres (1666) laissèrent le gouvernement débordé, et, en 1667, l'amiral hollandais Ruyter se livra à un raid humiliant sur la Tamise. Au traité de Breda (31 juill. 1667), Charles II se fit cependant confirmer l'annexion de La Nouvelle-Amsterdam (New York), ce qui assurait la jonction des diverses colonies britanniques d'Amérique ; en revanche, il dut établir la liberté du commerce avec les Provinces-Unies. Les Anglais reprochèrent surtout à la politique royale son alignement sur la France, réalisé sous le ministère de la Cabale (1669/74) par le traité secret de Douvres (1670). Ce choix diplomatique était en effet contraire aux intérêts britanniques, à l'heure où le danger de l'hégémonie française sur le continent reléguait au second plan la rivalité anglo-hollandaise. L'Angleterre, sans pouvoir jouer aucun rôle propre dans la politique européenne, se trouva engagée dans une troisième guerre contre la Hollande (1672), mais, en 1674, le Parlement força Charles II à abandonner l'alliance avec la France et à conclure une paix séparée.

La lutte entre le pouvoir et l'opposition se reporta sur le problème religieux. En 1678, Titus Oates révéla un prétendu « complot papiste ». L'année 1679, marquée par la loi d'*Habeas corpus* (v.), vit le début du grand débat soulevé par l'adhésion au catholicisme du frère et héritier de Charles, le futur Jacques II. L'opposition, conduite par Shaftesbury, demanda le vote d'un bill d'exclusion écartant du trône les catholiques ; en fait, il s'agissait d'éliminer non seulement Jacques, mais également les filles de ce dernier, Marie et Anne, pourtant protestantes, et d'assurer le trône à un bâtard de Charles II, le duc de Monmouth, qui jouissait de la sympathie de nombreux milieux antipapistes. Cette perspective fit reculer même des adversaires décidés du catholicisme et le bill d'exclusion fut rejeté par les Lords. Cependant, cette querelle marqua un tournant de l'histoire parlementaire anglaise : c'est en effet à cette occasion qu'apparurent pour la première fois les deux grands partis, celui des tories, qui soutenaient le pouvoir royal, et celui des whigs, qui formaient l'opposition.

À l'avènement de Jacques II (1685/88), la situation s'aggrava. La répression sauvage qui suivit la rébellion du duc de Monmouth (juin 1685) indigna l'opinion publique ; les édits de tolérance, par lesquels le roi voulait favoriser les catholiques, suscitèrent une véritable fureur. Lorsque Jacques II et son épouse catholique, Marie de Modène, eurent un fils (juin 1688), les adversaires du catholicisme, aussi bien whigs que tories, décidèrent d'agir au plus vite afin d'empêcher la continuation d'une dynastie catholique sur le trône britannique. Ils firent appel au gendre de Jacques II, le stathouder de Hollande, Guillaume d'Orange, et lui demandèrent de passer en Angleterre avec une armée. À la nouvelle du débarquement de Guillaume à Torbay (5 nov. 1688), Jacques II prit la fuite et se réfugia en France. Guillaume fut reconnu régent du royaume. La « glorieuse révolution » de 1688 ne fit presque pas couler de sang.

Les débuts du régime parlementaire (1688/1760)

Cette crise mit fin aux longs conflits entre le roi et la représentation parlementaire. Celle-ci était maintenant décidée à faire nettement reconnaître ses droits. Avant d'accepter pour souverains Marie II Stuart, fille de Jacques II, et son époux Guillaume III d'Orange (1689/1702), le Parlement Convention convoqué après la fuite de Jacques II les obligea à accepter solennellement la

Déclaration des droits de 1689. Ce texte précisait notamment que le souverain ne pouvait procéder à la levée d'aucun impôt ni à la mise sur pied d'une armée sans l'aveu du Parlement ; qu'il devait convoquer le Parlement à intervalles réguliers ; qu'il ne pouvait suspendre l'exécution des lois ni accorder dispense de leur observation ; enfin, que les catholiques étaient exclus de la succession au trône. Guillaume III n'était pas d'un caractère particulièrement libéral, mais il accepta ces conditions humiliantes parce que, dans le fond, il se désintéressait des affaires intérieures de l'Angleterre. Âme de la coalition européenne contre Louis XIV, il voulait avant tout s'assurer le concours de la flotte britannique. Mais il fondait ainsi pour toujours la prépondérance du Parlement dans la vie politique anglaise. La Déclaration des droits de 1689 est restée, jusqu'à nos jours, la base de la monarchie constitutionnelle britannique. Le *Triennial Act* de 1694 limita à trois ans la durée de la législature et prescrivit des élections périodiques, enlevant ainsi au roi le pouvoir de convoquer ou de ne pas convoquer le Parlement, prérogative dont Jacques Ier et Charles Ier avaient abusé.

Cette naissance du régime parlementaire coïncida avec l'aube de la prépondérance mondiale de l'Angleterre et avec un essor économique symbolisé par la fondation de la Banque d'Angleterre (1694) : Londres remplaçait Amsterdam comme première place financière de l'Europe. Le nouveau régime, dont Locke se fit le théoricien dans son *Essai sur le gouvernement civil* (1690), fut confirmé par l'Acte d'établissement de 1701, qui assura la succession de Guillaume III à sa belle-sœur, Anne, puis à la maison de Hanovre, à l'exclusion des Stuarts catholiques, lesquels, avec l'aide de la France, firent plusieurs vaines tentatives pour remonter sur le trône. C'est en partie pour barrer la route aux prétendants Stuarts, qui avaient des chances de s'établir d'abord en Écosse, que, sous le règne de la reine Anne (1702/14), fut réalisée l'unification entre l'Angleterre et l'Écosse (Acte d'union, mai 1707). Le gouvernement des partis commençait à s'organiser : en 1694, Guillaume III avait choisi pour la première fois ses ministres dans le parti majoritaire aux Communes, c'est-à-dire parmi les whigs. La révolution de 1688 avait en effet provoqué une scission chez les tories : un grand nombre d'entre eux s'étaient ralliés à Guillaume et à Marie, mais un petit groupe d'extrémistes restaient fidèles aux Stuarts ; on les appela *jacobites*.

Sous la reine Anne, les whigs restèrent au pouvoir, avec Marlborough et Godolphin, jusqu'en 1710, puis la reine les renvoya et appela les tories, dont les chefs étaient alors Harley et Bolingbroke. Rentrés dans l'opposition, les whigs mirent tous leurs espoirs dans l'avènement prochain de la maison de Hanovre, et les tories, qui soutenaient traditionnellement le trône, se trouvèrent placés devant un cruel dilemme, car ils ne pouvaient s'opposer aux Hanovre qu'en se ralliant au prétendant Stuart. En 1714, l'avènement de George Ier de Hanovre marqua le début de la longue prédominance des whigs. Le prétendant Jacques-Édouard Stuart tenta de reconquérir le trône en sept. 1715, mais échoua complètement. Les deux premiers souverains de la maison de Hanovre, George Ier (1714/27) et George II (1727/60), se montrèrent beaucoup plus attachés à leur électorat allemand qu'à leur royaume britannique ; ils parlaient à peine l'anglais et ne paraissaient jamais au Conseil. Cette carence fut la grande chance du système parlementaire : le cabinet, formé de ministres choisis dans le parti dominant des Communes, devint le véritable détenteur du pouvoir exécutif ; le Premier ministre se substitua au roi comme chef véritable de l'État.

Sans doute s'en fallait-il encore de beaucoup que l'Angleterre fût une véritable démocratie : le droit de suffrage restait extrêmement limité, la vie politique se trouvait accaparée par la gentry et la grande bourgeoisie ; les élections étaient truquées par l'archaïsme de la géographie électorale et par la corruption, qui prit un développement inouï, tant chez les électeurs qu'au sein même du Parlement. L'union qui avait donné officiellement naissance à la Grande-Bretagne, en 1707, paraissait encore bien fragile. Alors que l'Irlande catholique vivait dans un climat de révolte endémique, de nombreux Écossais restaient fidèles aux Stuarts et le prouvèrent encore lorsque le nouveau prétendant, Charles-Édouard, débarqua dans la patrie de ses ancêtres en 1745 et avança dangereusement vers Londres avant de se faire battre par le duc de Cumberland à Culloden (16 avr. 1746).

La personnalité dominante de la politique anglaise à cette époque fut le leader des whigs, Robert Walpole, Premier ministre de 1715 à 1717 et de 1721 à 1742. On lui sut particulièrement gré d'avoir réglé le scandale de la Compagnie de la mer du Sud (*South Sea Bubble*, 1721), le plus grave des nombreux scandales financiers provoqués par la fièvre de spéculation qui emportait l'Angleterre comme la France de Law. Pour maintenir sa majorité, Walpole érigea la corruption en méthode de gouvernement. Pendant longtemps, il dut sa popularité à sa politique pacifique, qui favorisait l'essor économique. Il encouragea toutes les initiatives du capitalisme privé. La noblesse anglaise, et ce fut sa force, n'était séparée par aucune barrière de la grande bourgeoisie ; elle se jeta comme celle-ci dans les affaires et put acquérir une puissance financière considérable qui donna naissance à de grands domaines consacrés à l'élevage, cependant que les petits propriétaires agricoles, ruinés, n'avaient d'autre ressource que d'aller grossir le prolétariat urbain. À la longue, la coalition d'intérêts qui soutenait Walpole finit par se désagréger : les gros marchands de Londres commençaient à s'irriter d'une politique trop longtemps pacifique, qui profitait à la concurrence espagnole et française.

Cette opposition « patriotique » provoqua la chute de Walpole (févr. 1742), suivie d'une longue période d'instabilité ministérielle, de combinaisons politiques assez médiocres, jusqu'au jour où les nécessités de la guerre de Sept Ans imposèrent la venue de Pitt au pouvoir (1756). Le premier Pitt étonna ses contemporains par une honnêteté insolite dans le monde politique anglais de l'époque : payeur général des forces armées, il n'en avait pas profité pour s'enrichir. Bien que détesté par George II, qui ne lui pardonnait pas certaines attaques contre les Hanovre, Pitt réussit à s'imposer à tous. Pendant quatre ans (1757/61), il tint pour ainsi dire l'Angleterre à bout de bras et déclencha dans ce pays qui semblait devenu si matérialiste un puissant réveil national et patriotique grâce auquel furent acquises les victoires finales de la guerre de Sept Ans.

Le Royaume-Uni, puissance mondiale (1688/1763)

L'avènement de Guillaume III inaugura le long conflit franco-anglais qui se prolongea, avec des intermittences, jusqu'à la défaite finale de Napoléon Ier en 1815. L'enjeu de ce conflit était double : d'une part, le commerce anglais ne pouvait tolérer l'hégémonie continentale d'une puissance protectionniste comme la France de Colbert ou de Napoléon, et, en particulier, il ne pouvait accepter la fermeture des ports de la Flandre et des bouches de l'Escaut ; d'autre part, l'Espagne et la Hollande commençant à décliner, la lutte pour la maîtrise des mers, depuis la fin du XVIIe s., laissait seules, face à face, l'Angleterre et la France, déjà rivales en Amérique du Nord et bientôt en Inde.

En 1690, l'Angleterre entra dans la guerre de la ligue d'Augsbourg et la victoire anglo-hollandaise de La Hougue (1692) brisa la puissance maritime de Louis XIV. Ce dernier, au traité de Ryswick (1697), dut abandonner les Stuarts et reconnaître Guillaume III roi d'Angleterre. Quand s'ouvrit la crise de la Succession d'Espagne, c'est encore Guillaume III qui se fit l'âme de la coalition contre la France et fut l'initiateur de la grande alliance de La Haye (7 sept. 1701). Guillaume mourut avant le début des hostilités, mais la guerre fut énergiquement conduite du côté anglais par Marlborough. En 1704, les Anglais s'installèrent à Gibraltar. Marlborough remporta les victoires de Blenheim (1704), Ramillies (1706), Oudenaarde (1708) et Malplaquet (1709). Cependant, à partir de 1711, l'Angleterre lassée de la longueur de la guerre et craignant un trop grand accroissement de la puissance des Habsbourg, se retira pratiquement de la coalition. À la paix d'Utrecht (1713), elle se fit céder par la France la baie d'Hudson, Terre-Neuve et l'Acadie ; par l'Espagne, Gibraltar ; elle exigea en outre des Espagnols le droit d'*asiento*, c'est-à-dire le monopole de la traite dans les colonies espagnoles. Au début du XVIIIe s., l'Empire colonial britannique comprenait déjà le littoral atlantique de l'Amérique du Nord, de l'Acadie à la Géorgie, le Honduras, la Jamaïque, Ormuz, Bombay et Calcutta.

Après cette première phase de la rivalité franco-anglaise, les deux partenaires, pour des raisons économiques, éprouvèrent un même besoin de paix. La Grande-Bretagne et la France conclurent ainsi avec la Hollande la Triple-Alliance de La Haye (1717) et s'opposèrent aux prétentions d'Alberoni, ministre de Philippe V d'Espagne. Mais, comme on vient de le voir, la politique pacifique de Walpole finit par apparaître désavantageuse aux marchands anglais. Quand Philippe V suspendit le privilège de l'*asiento*, l'Angleterre entra en guerre contre l'Espagne, qui fut soutenue par la France. Ce conflit, concomitant avec la guerre de la Succession d'Autriche (1740/48), vit la victoire française de Fontenoy (1745), les succès de Dupleix en Inde (prise de Madras) et des Anglais au Canada (prise de Louisbourg). La paix d'Aix-la-Chapelle (1748) ramena le *statu quo ante*, mais les combats continuèrent sporadiquement entre Canadiens français et anglais. La rivalité sur les mers restait entière. En France, le gouvernement royal et l'opinion publique se désintéressaient de la politique coloniale. La Compagnie française des Indes rappela Dupleix en 1754 et l'Inde fut pratiquement abandonnée, à l'exception de quelques comptoirs. En Amérique, les colons du Canada se trouvaient dans une infériorité numérique angoissante en face des colonies britanniques, qui, en raison de l'afflux de non-conformistes immigrés depuis le règne de Jacques Ier, étaient de véritables colonies de peuplement. C'est l'Angleterre qui rouvrit les hostilités en 1755 par la capture, sans déclaration de guerre, de 300 navires français. La guerre de Sept Ans (1756/63) se doubla ainsi d'un conflit colonial et maritime franco-anglais. Sous la direction aussi énergique qu'habile de William Pitt, les Britanniques concentrèrent leur principal effort sur les mers et dans les colonies : ils se rendirent ainsi maîtres du Canada en 1759, de l'Inde française en 1761. Le traité de Paris (1763) confirma à l'Angleterre la maîtrise des mers : elle annexa le Canada, une partie de la Louisiane, plusieurs îles des Antilles, le Sénégal, et l'Espagne dut en outre lui céder la Floride. Le premier empire colonial français était détruit.

L'expansion maritime anglaise se poursuivit dans les années suivantes : après les explorations de Wallis et Carteret dans le Pacifique central, James Cook effectua ses trois grands voyages entre 1768 et 1779 ; la fondation de l'établissement de Botany Bay inaugura la colonisation de l'Australie (1787). Au Canada, les Anglais surent pratiquer une politique libérale (Acte de Québec, 1774, v. **CANADA.** Le Canada anglais) qui leur gagna les colons français. À partir de 1774, le gouvernement anglais exerça son contrôle sur la Compagnie des Indes et sur les communications entre l'océan Indien et la mer de Chine.

Les débuts de la révolution industrielle (1750/1800)

Au moment où l'Angleterre devenait la maîtresse incontestée des mers, elle prenait la tête de la révolution industrielle, avec près d'un demi-siècle d'avance sur le continent. Ces deux phénomènes n'étaient pas sans liens entre eux. Grâce à la suprématie maritime, les marchands anglais voyaient s'ouvrir devant eux un marché quasi illimité. Ils étaient désormais en mesure d'écouler dans le monde entier autant de drap, de laine, de coton qu'ils seraient capables de transformer en produits manufacturés. Le commerce britannique fit un bond considérable au cours du XVIIIe s., passant de 14 millions de livres en 1714 à 40 millions en 1790. L'Angleterre disposait d'amples capitaux privés, et aussi d'une main-d'œuvre abondante due à la fois à l'accroissement démographique (5 millions d'habitants en 1714, 9 millions en 1789) et au développement de la grande propriété rurale qui chassait vers les villes les petits paysans. Enfin, l'aristocratie anglaise s'était mêlée dès le XVIIe s. à la classe marchande ; elle avait désormais des intérêts communs avec celle-ci et, en outre, elle ne répugnait nullement aux activités industrielles et commerciales.

Toutes ces conditions n'eussent pourtant pas suffi au déclenchement de la révolution industrielle : il y fallait encore les découvertes techniques qui allaient substituer les machines aux outils, la houille au charbon de bois, le fer et l'acier au bois comme matériau, l'eau et la vapeur à la force humaine ou animale, l'industrie à l'artisanat. Or ces découvertes, pour la plupart, virent le jour grâce au génie scientifique et technique britannique. La France des philosophes lançait des idées nouvelles, l'Angleterre des marchands inventait l'instrument mécanique qui allait permettre à ces idées de transformer le monde. Les principales de ces découvertes ou perfectionnements furent : le haut fourneau à coke d'Abraham Darby (1709) ; la navette volante de John Kay (1733) ; la « jenny », machine à filer le coton, de James Hargreaves (1765), perfectionnée par Samuel Crompton (1779) ; le « waterframe », machine à filer utilisant la force de l'eau, de Richard Arkwright (1767) ; le puddlage, procédé de fabrication de l'acier, de Henry Cort (1784) ; enfin la machine à vapeur de James Watt (1769-82). L'Angleterre, qui était encore une nation presque entièrement agricole en 1750, changea de visage en quelques dizaines d'années. La production de houille passa de 2 millions de tonnes en 1700 à 8 millions en 1800 ; celle de la fonte, de 25 000 tonnes au début du XVIIIe s. à 125 000 tonnes en 1800 ; celle du coton, de 4 millions de livres en 1760 à 35 millions de livres en 1800.

Cette richesse nouvelle bouleversa les structures et la doctrine même de l'économie : au moment où les physiocrates français affirmaient encore que l'agriculture était la seule véritable source de richesse, Adam Smith, dans ses *Recherches sur la nature et les causes de la richesse des nations* (1776), tout en gardant beaucoup de préjugés en faveur de l'agriculture, montrait que toute forme de travail est productive ; sous l'influence des idées philosophiques du siècle, il commençait à élaborer la « doctrine classique » de l'économie politique qui prêcha le « laissez-faire » au nom de l'harmonie naturelle. Optimisme compréhensible chez des hommes qui assistaient à une irruption aussi soudaine et impétueuse, mais qui ignorait la constitution d'un prolétariat misérable (v. **INDUSTRIELLE, révolution**).

Le règne de George III et l'œuvre du second Pitt

George III (1760/1820), qui monta sur le trône pendant la guerre de Sept Ans, était, à la différence de ses deux prédécesseurs, un véritable Anglais. À peine couronné, il obligea Pitt à se retirer (oct. 1761) ; il imposa son gouvernement personnel par l'intermédiaire d'hommes de second plan, souvent maladroits, qui dressèrent contre le roi l'opposition parlementaire et pratiquèrent dans les colonies d'Amérique une politique autoritaire et vexatoire qui finit par provoquer la guerre d'Indépendance américaine. En 1783, l'Angleterre dut reconnaître l'indépendance des États-Unis, restituer la Floride et Minorque à l'Espagne, plusieurs îles des Antilles et le Sénégal à la France. Ce désastre mit fin à la tentative de George III, dont le meilleur ministre, Lord North, avait démissionné l'année précédente.

La dernière initiative de George III fut de remplacer la coalition Fox-North (1782/83), qui lui était insupportable, par le fils de Pitt, William Pitt le Jeune, alors âgé de vingt-trois ans. Avec ce jeune tory, le souverain croyait avoir trouvé un ministre docile, mais il fut vite détrompé. Pour rompre avec la politique de coteries et de corruption que George III, à l'exemple des whigs, avait systématiquement pratiquée, le second Pitt fit appel à l'opinion et obtint une très large majorité aux élections de 1784. Dès lors, il put tenir le roi à l'écart, d'autant plus facilement que George III commençait à donner des signes de troubles mentaux. Le ministère Pitt dura dix-huit ans (1783/1801) ; il consacra la restauration du régime parlementaire tel que l'avait établi la pratique de la première moitié du siècle, avec la responsabilité ministérielle, la limitation du pouvoir royal, la prépondérance des Communes. Dans ses premières années, Pitt se consacra surtout aux affaires économiques et financières. La perte des colonies d'Amérique fut rapidement réparée par le rétablissement d'actives relations commerciales avec les États-Unis ; le renouvellement de l'élite dirigeante fut accéléré par la fusion progressive des entrepreneurs et de la noblesse ; et, conformément aux principes d'Adam Smith et des économistes, l'Angleterre commença de s'orienter vers le libre-échange (traité de commerce franco-anglais de 1786).

L'Angleterre réagit peu aux débuts de la Révolution française, qui trouva pourtant des sympathies dans la plupart des milieux. Le souvenir de tout un siècle de guerres inclinait les Anglais à ne pas regretter une diminution de l'autorité des Bourbons ; l'évolution de la France vers un type de monarchie constitutionnelle pouvait rapprocher les deux pays.

Tout changea lorsque la Révolution se révéla guerrière. Dans la première coalition (v. COALITION, guerres de), formée en févr./mars 1793, l'Angleterre joua tout de suite un rôle important, et il en fut ainsi dans toutes les coalitions qui se sont succédé jusqu'en 1815. À ce réflexe national s'en ajoutait un autre, social celui-là : dans un pays où le prolétariat ouvrier ne cessait de croître, où la majorité des citoyens était exclue du corps électoral, où le Parlement, comme au temps de Walpole, ne représentait toujours que les intérêts des classes dirigeantes, la France révolutionnaire pouvait constituer un dangereux exemple. La guerre justifia les mesures de répression décidées par Pitt en 1795/96 et 1799 : on assimila à des crimes de trahison de simples délits politiques, les réunions non autorisées ou la formation de syndicats.

Leur guerre se fit surtout sur les mers. L'Angleterre s'empara de la plupart des colonies françaises et hollandaises (Ceylan, Malacca, Cochin, Le Cap...). Les victoires navales de Nelson, le blocus maritime des côtes européennes, la difficile et brillante campagne de Wellington en Espagne (*Peninsular War*), le rôle décisif joué par Wellington à Waterloo – telle fut la participation proprement militaire de l'Angleterre à cet immense conflit de vingt ans où elle contribua financièrement au soutien des coalitions contre Napoléon.

Après la paix de Lunéville (1801), Pitt avait quitté le pouvoir, et l'Angleterre, isolée, signa la paix d'Amiens (mars 1802) – « une paix qui contente tout le monde, devait dire Sheridan, mais dont personne ne peut être fier ». Ce ne fut qu'une trêve de quatorze mois. La guerre reprise provoqua le retour au pouvoir de Pitt (1804/06). Ce grand ministre mourut à la tâche mais il laissait une impulsion qui ne devaient plus faiblir. Le Blocus continental, décidé par Napoléon, provoqua de nouvelles difficultés économiques : chômage, disette, émeutes même, mais finalement n'atteignit pas son but. La diplomatie anglaise exploita habilement le mécontentement général des nations continentales. Napoléon ne parvint pas à lui fermer complètement l'Europe, car une importante contrebande fit entrer clandestinement les marchandises anglaises sur le continent. La Grande-Bretagne, avec une flotte de plus de 900 navires de guerre, continuait à dominer les mers et développait son commerce avec l'ancienne Amérique espagnole.

Crises et réformes au lendemain d'une victoire (1815/37)

L'Empire napoléonien s'effondra, et l'Angleterre, en 1815, apparut plus que jamais comme la première puissance des mers. De tous les océans, elle pouvait maintenant dire, comme les Romains jadis de la Méditerranée : *Mare nostrum*. Déjà le monde était jalonné d'un réseau de bases anglaises, auxquelles venaient s'ajouter l'île de Helgoland, en mer du Nord ; Malte, les îles Ioniennes et Corfou, en Méditerranée ; Le Cap, à la pointe méridionale de l'Afrique ; les îles Maurice et Seychelles, dans l'océan Indien ; Ceylan, au S. de l'Inde...

En raison de ses intérêts mondiaux, la politique étrangère britannique, dirigée par Castlereagh jusqu'en 1822, puis par Canning, prit rapidement ses distances à l'égard des puissances de la Sainte-Alliance. En 1814, les Anglais, toujours soucieux de préserver l'équilibre européen, s'étaient opposés au démembrement de la France et avaient laissé à celle-ci le rang de grande puissance, mais en constituant sur sa frontière du nord-ouest un royaume de Hollande englobant la Belgique, afin de préserver les bouches de l'Escaut. Le cabinet de Londres s'opposa autant qu'il put à la politique interventionniste de Metternich ; il condamna en 1823 l'expédition française en Espagne, et, lorsque la Sainte-Alliance envisagea d'envoyer des troupes pour mater les colonies espagnoles d'Amérique, l'Angleterre fit clairement entendre qu'elle devrait compter avec la flotte britannique. L'indépendance des États d'Amérique latine fut reconnue dès 1824. Londres appuya le gouvernement constitutionnel au Portugal (1826) et, avec la France, la lutte de la Grèce pour son indépendance (bataille de Navarin, 1827).

Pendant les années de guerre l'avance de l'Angleterre dans les domaines économique et technique s'était encore creusée. Jusqu'à la fin du XIXe s., l'Angleterre allait demeurer la première puissance industrielle du monde. Pourtant, elle connut une grave crise sociale au lendemain de 1815. Les progrès du machinisme suscitaient beaucoup d'inquiétudes chez les travailleurs, qui craignaient d'être réduits au chômage. L'arrêt des fabrications de guerre, la démobilisation des troupes créèrent des milliers de chômeurs misérables. Si l'arrêt des hostilités permit d'écouler sur le continent les marchandises qui s'étaient accumulées dans les entrepôts anglais, les commerçants britanniques n'en virent pas moins se réduire certains de leurs marchés, car le Blocus continental avait forcé les Européens à fabriquer eux-mêmes des objets qu'ils tiraient jusqu'alors des importations britanniques. L'Angleterre se trouvait elle-même exposée à la concurrence du commerce maritime étranger. Les années de guerre et d'isolement avaient profité à l'agriculture britannique, c'est-à-dire essentiellement aux grands propriétaires. Ceux-ci imposèrent en 1815 une politique protectionniste et firent adopter les *corn laws*, afin de maintenir artificiellement les prix des céréales. Les blés étrangers furent frappés de droits d'entrée considérables. La faim provoqua des émeutes ouvrières qui furent réprimées sans pitié (massacre de Peterloo, à Manchester, août 1819) ; l'*habeas corpus* fut suspendu et les libertés de presse et de parole restreintes.

Mais la Grande-Bretagne réussit à résoudre ses problèmes sans connaître de crise révolutionnaire. Elle le dut à un esprit réformiste et humanitaire assez largement répandu dans l'élite du pays et lié étroitement à l'action des sociétés religieuses. Droit de coalition et droit de grève furent votés en 1824 ; le mouvement des Trade Unions (v. **SYNDICATS**) connut un rapide essor. Les tarifs protectionnistes furent allégés dès 1821/1825 et les droits protectionnistes prévus par les *corn laws* remplacés en 1828 par un tarif mobile. Cette époque connut aussi l'agitation irlandaise, qui se cristallisait autour de l'émancipation des catholiques. Le mouvement trouva un chef remarquable avec O'Connell, qui fonda l'Association catholique (1823). Quatre fois adopté par les Communes entre 1821 et 1827, le bill d'émancipation des catholiques fut quatre fois rejeté par les Lords. Wellington, alors Premier ministre, y fut longtemps hostile. Mais le mouvement irlandais prit une telle vigueur que l'émancipation fut enfin acquise (1829) : les catholiques de tout le Royaume-Uni devinrent des citoyens à part entière, électeurs et éligibles, à la seule condition de prêter serment de fidélité au roi. Plus importante encore fut la réforme électorale de 1832 ; bien que très limitée, elle fit droit aux revendications de la bourgeoisie, qui réclamait une plus juste représentation parlementaire : le nombre des électeurs passa à environ un million, mais la petite bourgeoisie, les artisans, les ouvriers restaient encore exclus du pays légal. Une brèche décisive avait pourtant été pratiquée dans le bloc de l'oligarchie qui gouvernait le Royaume-Uni depuis plus d'un siècle.

L'Angleterre victorienne (1837/1901)

À la mort de Guillaume IV (1830/37), le trône passa à sa nièce, âgée de dix-huit ans, la reine Victoria (1837/1901). Les femmes ne pouvant régner au Hanovre, l'union personnelle entre les deux pays, qui remontait à 1714, se trouva rompue. Cet épisode dynastique eut une conséquence essentielle : l'Angleterre coupait ainsi un nouveau lien avec le continent. Elle assista sans passion à la réalisation de l'unité allemande et à l'annexion du Hanovre par la Prusse en 1866. L'ordre, la prospérité, la stabilité politique de l'époque victorienne inclinèrent d'ailleurs les gouvernements anglais à adopter, dans les affaires internationales, une attitude de « splendide isolement ». Leur unique souci était de maintenir la maîtrise britannique sur les mers sans que cette ambition entraînât, avant les années 1880, une véritable expansion coloniale.

La reine Victoria, malgré son prestige personnel, accepta son rôle de souverain constitutionnel et ne joua pas un rôle décisif dans la politique. Le régime parlementaire, dont les bases furent peu à peu élargies par de nouvelles réformes électorales, fonctionnait parfaitement avec l'alternance au pouvoir des deux grands partis, conservateur et libéral (les termes de tories et de whigs tombèrent en désuétude). Malgré leurs vues divergentes sur bien des questions, ces partis maintenaient la continuité de la politique britannique et se gardaient d'imposer, à la faveur d'une majorité éphémère, des mesures radicales qui eussent pu provoquer des crises graves. Les premières années du règne de Victoria furent marquées par l'agitation du chartisme : le mouvement ouvrier, mécontent de la réforme électorale de 1832, lança une grande campagne de pétitions en faveur du suffrage universel. La pétition recueillit plus d'un million de signatures, mais n'obtint aucun résultat (1839) ; les chartistes organisèrent alors une grève générale dans la région de Manchester, mais ce fut un échec complet (1842). Le mouvement se désagrégea. Jusqu'à la fin du siècle, la classe ouvrière anglaise se détourna de la politique et se cantonna dans des revendications purement professionnelles.

L'opposition aux tarifs protectionnistes avait donné naissance, en 1839, à l'*Anti-Corn-Law League* de Richard Cobden ; elle avait l'appui des milieux populaires, mais aussi des milieux industriels, alors que les tories, représentants traditionnels de l'aristocratie terrienne, défendaient obstinément les *corn laws*. Devant leur opposition, le ministère whig de Lord Melbourne dut céder la place (1841) à un ministère Peel. Peel était un tory, mais qui avait grandi dans le milieu des industriels du coton du Lancashire. Peel abrogea les *corn laws* en 1846, mais cette victoire des partisans du libre-échange provoqua une scission dramatique chez les tories : aux « peelites » (parmi lesquels Gladstone) s'opposèrent les protectionnistes, dont le chef fut Disraeli. En fait, ces protectionnistes acceptèrent rapidement l'évolution économique qui faisait de l'Angleterre une nation décidément industrielle, aux dépens de l'agriculture, qui fut désormais sacrifiée. Mais le souvenir de la scission de 1846 resta très vif : Gladstone, devenu le chef des « peelites », ne pardonna jamais à Disraeli d'avoir provoqué la chute de Peel, et la vie politique anglaise fut bientôt dominée par l'affrontement de ces deux grandes figures parlementaires. À partir de cette époque, la question irlandaise commença à se poser d'une manière aiguë. Le bill d'émancipation des catholiques, en 1829, n'avait résolu aucun des problèmes sociaux de l'île, où les paysans se trouvaient dans une condition misérable. La maladie de la pomme de terre provoqua en Irlande une terrible famine (1846/47), suivie d'une émigration massive vers les États-Unis (l'Irlande perdit le quart de sa population) et de l'apparition d'un mouvement terroriste. L'Irlande était le seul problème vraiment grave qui se posait aux dirigeants anglais. La grande Exposition internationale de Londres, en 1851, apparut comme la célébration de la richesse de l'Angleterre.

À l'extérieur, le cabinet de Saint-James suivait de très près l'évolution de la question d'Orient (v.). L'Angleterre et la France se retrouvèrent alliées contre la Russie dans la guerre de Crimée (1854/56), que suivit le traité de commerce libre-échangiste franco-anglais de 1860.

Le Royaume-Uni abolit rapidement ses dernières barrières protectionnistes. Chancelier de l'Échiquier dans le cabinet Aberdeen (1852/55) puis dans le cabinet Palmerston (1858/66), Gladstone supprima presque tous les tarifs de douane.

Gladstone était devenu le chef des libéraux, cependant que Disraeli était reconnu comme le leader d'un nouveau parti conservateur, dont les tendances sociales étaient nettement affirmées. Alors que Russell et Gladstone n'avaient osé proposer, en 1866, qu'une timide réforme électorale, Disraeli fit passer la réforme, beaucoup plus radicale, de 1867, qui porta le nombre des électeurs de 1 364 000 à 2 148 000. Sur ce problème, on assista à une émulation entre libéraux et conservateurs. Gladstone fit adopter le Ballot Act de 1872, qui assurait le secret du vote ; après avoir consulté les chefs de l'opposition conservatrice, il fit passer la nouvelle réforme électorale de 1884 : en donnant le droit de suffrage aux travailleurs agricoles, elle dotait la démocratie britannique d'un suffrage presque universel.

À partir de 1867, pendant plus de quinze ans, le Royaume-Uni fut gouverné en alternance par Disraeli (1867/68, 1874/80) et par Gladstone (1868/74, 1880/85). C'est surtout dans le domaine de la politique extérieure que se manifesta l'opposition des deux hommes. À l'intérieur, le premier ministère Gladstone fut marqué par des réformes importantes (en Irlande, dans l'armée, dans l'enseignement). Son second ministère fut presque entièrement dominé par la question irlandaise. Au Parlement britannique s'était constituée une active opposition irlandaise, conduite par Parnell, d'autant plus dangereuse qu'elle était, du fait de la composition des Communes, en mesure de jouer un rôle d'arbitre dont dépendait l'existence des ministères. Les Irlandais réclamaient le Home Rule, c'est-à-dire l'autonomie. La réforme des lois sur la propriété en Irlande (*Land Act* de 1881) ne suffit pas à calmer l'agitation ; l'île était en proie à une recrudescence du terrorisme, et le vice-roi britannique, Lord Cavendish, fut assassiné dans le Phoenix Park de Dublin (mai 1882). Contraint de prendre des mesures de répression, Gladstone se rallia pourtant au Home Rule (1886), mais il provoqua ainsi une scission dans son propre parti : les libéraux « unionistes » (opposés à l'autonomie irlandaise), conduits par Joseph Chamberlain, se rapprochèrent des conservateurs, qui obtinrent ainsi la majorité aux élections de 1886.

Cette coalition conservateurs-unionistes se maintint au pouvoir pendant vingt ans (sauf lors du dernier cabinet Gladstone, 1892/94). Les Premiers ministres de cette époque furent Salisbury (1886/92), Rosebery (1894/95), de nouveau Salisbury (1895/1902) et Balfour (1902/05). Tous se consacrèrent avant tout à la politique étrangère. La fin du XIXe s. vit l'apogée de l'impérialisme britannique.

L'impérialisme britannique

C'est en effet dans la seconde moitié du règne de Victoria que l'Angleterre tout entière prit nettement conscience de sa vocation impériale : l'Empire devint une véritable passion nationale. Jusque vers 1830 l'orientation de la politique coloniale était restée essentiellement économique et stratégique : l'Angleterre installait à travers le monde des bases maritimes pour ses bâtiments de commerce ou de guerre. Cependant, elle avait déjà acquis de vastes territoires, comme le Canada ; aux Indes, elle s'était trouvée engagée, depuis la fin du XVIIIe s., par l'action souvent indépendante des gouverneurs de la Compagnie (Clive, Warren Hastings), dans une œuvre de conquête et d'organisation devant laquelle elle ne pouvait plus reculer (v. INDE). La dernière grande insurrection indienne, connue sous le nom de mutinerie ou révolte des Cipayes (1857), eut pour principal résultat le transfert des territoires de la Compagnie des Indes à la Couronne (1858), l'installation d'un vice-roi et la création d'un corps de fonctionnaires spécialisés dans les affaires indiennes.

Dans les régions de peuplement britannique, comme le Canada, l'Australie, la Nouvelle-Zélande, les colons emportaient avec eux les traditions libérales de la vieille Angleterre, et bientôt ils exigèrent de se gouverner par eux-mêmes. Après quelques réticences, le gouvernement eut à la fois la générosité et l'habileté de satisfaire à ces revendications (au Canada, à partir de 1847 ; en Australie, en 1850), et cette souplesse des liens avec la métropole fit de l'Empire britannique une véritable communauté, non seulement politique, mais spirituelle et sentimentale. Mais les moyens employés pour atteindre cette hégémonie n'échappaient pas toujours à la critique. Les mobiles qui inspirèrent la « guerre de l'Opium » (v.) contre la Chine (1840/42) sont typiques d'une certaine hypocrisie victorienne. Durant son ministère (1874/80), Disraeli multiplia les initiatives, souvent imprudentes, pour faire oublier la carence de Gladstone en face de l'unité allemande, de l'écrasement de la France en 1870/71, de l'abrogation unilatérale par la Russie du traité de Paris de 1856. Il fit attribuer à la reine le titre romantique d'« impératrice des Indes » (1877). En Égypte, l'Angleterre mit la main sur le canal de Suez en achetant les actions du khédive (1875), tandis qu'elle apportait son soutien à la Turquie en lutte contre les minorités slaves des Balkans et contre leur protectrice naturelle, la Russie.

Gladstone, qui n'avait cessé de combattre la politique agressive de Disraeli, se trouva lui-même emporté par l'élan impérialiste : il dut ordonner l'occupation de l'Égypte (1882), et sa décision d'abandonner le Soudan, où Gordon trouva une mort glorieuse contre les forces du mahdi, provoqua sa chute. Dans les dernières années du siècle, sous le ministère Salisbury, le chef des « unionistes », Joseph Chamberlain, devenu secrétaire aux Colonies, se fit le champion de l'expansion mondiale britannique. Les Anglais se taillèrent la part du lion dans le dépècement de l'Afrique (1885/1900). La mort de Gordon fut vengée par la conquête du Soudan (1896/99), qui devint un condominium anglo-égyptien. Le grand bâtisseur de l'Afrique britannique, Cecil Rhodes, put rêver à la construction d'un chemin de fer du Cap au Caire. Après la guerre des Boers (1899/1902) (v. **Boers, guerre des**), toute l'Afrique du Sud se trouva annexée (v. **Sud-africaine, République**). Parallèlement à ces conquêtes, Londres poursuivait sa politique libérale à l'égard des colonies de peuplement anglo-saxon : après le Canada (1867), l'Australie (1901) et l'Afrique du Sud (1910) reçurent le statut de « dominion », qui les rendait pratiquement indépendantes dans une commune allégeance à la couronne britannique.

La fin du « splendide isolement » (1901/18)

À l'heure où l'Angleterre incarnait plus que jamais la domination de l'homme blanc sur le monde apparurent les premiers signes de déclin. Première nation commerçante du monde, elle n'était plus, comme au milieu du XIXe s., la première nation industrielle. En 1913, l'Angleterre était dépassée par les États-Unis dans toutes les principales productions industrielles (sauf le coton et la laine) ; fait plus grave encore, elle se trouvait presque rejointe par l'Allemagne. Le commerce allemand (13,12 % du commerce mondial) se haussait presque au niveau du commerce britannique (15,24 % du commerce mondial). Liée à cette expansion, la politique de construction d'une puissante marine de guerre entreprise par Guillaume II et Tirpitz devenait menaçante pour la suprématie de la Royal Navy.

Cette situation amena la Grande-Bretagne à réviser l'attitude de « splendide isolement » qui était la sienne depuis 1815. Elle devait désormais se trouver un allié sur le continent : ce ne pouvait être la Russie, avec laquelle les Anglais se trouvaient en rivalité depuis les années 1840 aussi bien sur les Détroits qu'en Asie. Force était donc de se tourner vers la France, malgré l'anglophobie passionnée de l'opinion publique française depuis l'affaire de Fachoda (1898). Le rapprochement fut facilité par l'arrivée au trône d'Édouard VII (1901/10), homme de plaisir attaché à Paris par toutes sortes d'agréables souvenirs, mais également bon connaisseur de la situation européenne et, de plus, fort irrité par les démonstrations fracassantes de son neveu Guillaume II. Au Quai d'Orsay, un ministre tenace et secret, Delcassé, s'employa patiemment à remonter le courant de l'opinion. Le charme personnel d'Édouard VII s'exerça lors de la visite officielle du roi à Paris, en 1903. L'année suivante, en avr. 1904, fut scellée l'Entente cordiale par la reconnaissance mutuelle des zones d'influence : la Grande-Bretagne en Égypte, la France au Maroc. Face aux ambitions allemandes, les deux grandes puissances coloniales s'accordaient pour maintenir le partage du monde dont elles avaient été les principales bénéficiaires. Alliée à la fois de l'Angleterre et de la Russie, la France s'employa à réconcilier ses deux partenaires, qui avaient encore failli s'affronter à l'occasion de la guerre russo-japonaise. Les trois accords conclus le 31 août 1907 entre l'Angleterre et la Russie apaisèrent leur vieille rivalité en Asie centrale. Désormais, l'Entente cordiale s'élargissait en une Triple-Entente qui faisait peser sur l'Allemagne une menace d'encerclement.

L'Europe s'engageait dans une course aux armements qui ne pouvait avoir qu'une issue fatale. Pourtant, sir Edward Grey, ministre des Affaires étrangères depuis la fin de 1905, ne renonçait pas à l'espoir de parvenir à un arrangement avec Guillaume II. Mais les conversations anglo-allemandes, qui eurent lieu en 1908, 1909 et en 1912, échouèrent, car l'Allemagne se refusait à toute limitation de ses armements navals. Le même climat d'incertitude s'établissait dans le domaine économique : par un discours retentissant, prononcé à Birmingham le 15 mai 1903, Joseph Chamberlain n'hésita pas à lancer l'idée de tarifs préférentiels qui eussent uni plus étroitement le commerce de la métropole et de l'Empire. Cette suggestion provoqua de vifs remous dans l'opinion, toujours attachée au libéralisme qui avait fait, depuis plus d'un demi-siècle, la prospérité de l'Angleterre. Après de longues polémiques, Balfour, abandonné par les conservateurs libre-échangistes, démissionna en déc. 1905.

Les libéraux revinrent au pouvoir, d'abord avec Campbell-Bannerman (1905/08), puis avec Asquith (1906/16), mais les personnalités les plus marquantes du cabinet furent sir Edward Grey, descendant d'une vieille et célèbre famille whig, et le fougueux leader radical gallois Lloyd George, qui s'était fait remarquer par son opposition à la guerre des Boers. Menacés sur leur gauche par la création du Labour Party (v. **Travailliste, parti**) (1906), qui s'appuyait sur les Trade Unions, les libéraux firent voter diverses lois sociales : le *Trade Disputes Act* (déc. 1906), qui empêchait toute poursuite judiciaire contre l'action des syndicats dans les conflits du travail, la loi sur le travail de huit heures dans les mines de charbon et la loi instituant une pension de vieillesse (toutes deux de 1908)... Ces réformes, qui survenaient après vingt ans de conservatisme, se heurtaient à la mauvaise humeur et, souvent, à l'obstruction de la Chambre des lords. Le refus par les Lords du « budget du peuple » de Lloyd George, en 1909, ouvrit la crise souhaitée par les libéraux afin de réduire les pouvoirs de la Chambre haute. Le nouveau roi, George V (1910/36), prêta la main à la manœuvre du cabinet : menacés de la nomination d'une fournée de pairs nouveaux, les Lords votèrent eux-mêmes la réduction de leurs pouvoirs ; désormais, ils ne purent s'opposer à aucune loi financière. Cette nouvelle étape vers la démocratie véritable fut suivie par la loi de 1911, qui, en établissant l'indemnité parlementaire, ouvrit les Communes à des non-privilégiés de la fortune.

Malgré ces mesures, les années qui précédèrent immédiatement la guerre furent très troublées. Les travaillistes avaient déjà obtenu vingt-neuf élus aux élections de 1906. De grandes grèves éclatèrent en 1911/12. Les suffragettes réclamaient le vote des femmes. Enfin, depuis la fin du siècle précédent, l'agitation irlandaise avait repris avec les Sin Féiners, qui réclamaient non plus seulement l'autonomie, mais l'indépendance. En 1912 fut votée la loi de Home Rule, qui se heurta aux protestants de l'Irlande du Nord et n'était toujours pas appliquée lorsque éclata la guerre de 1914/18.

La Première Guerre mondiale obligea l'Angleterre à un effort sans précédent dans son histoire. De grandes masses d'hommes furent mobilisées et envoyées dans les Flandres, en Artois en Asie Mineure, aux Dardanelles ; la conscription obligatoire fut instituée en mai 1916 ; indiscutée depuis des siècles, la suprématie maritime britannique faillit être mise en défaut par la guerre sous-marine allemande. Du moins, la Royal Navy obligea les grands bâtiments de guerre ennemis à rester dans leurs ports après la bataille du Jutland (1916) Cependant, le moral britannique fut atteint par le soulèvement irlandais d'avr. 1916. Asquith, accusé de manquer d'énergie, fut remplacé en déc. 1916 par Lloyd George, qui forma lui aussi un gouvernement de coalition et, comme Clemenceau en France, incarna la volonté de lutter au prix de tous les sacrifices jusqu'à la victoire finale. Celle-ci assura à la Grande-Bretagne la destruction de la flotte allemande et lui permit d'étendre encore son empire : la SDN lui confia en effet en mandat la plupart des anciennes colonies allemandes, ainsi que l'Irak, la Palestine et la Transjordanie, enlevés à la Turquie. Mais cette victoire fut payée très cher : 750 000 Anglais étaient morts et le coût de quatre années de guerre se monta à près de 9 milliards de livres.

D'une guerre à l'autre (1919/45)

L'Empire était resté fidèle et pourtant la Première Guerre mondiale y provoqua un ébranlement dont toutes les conséquences ne devaient se manifester que plus tard. Le traité de Londres (6 déc 1921) institua un État libre d'Irlande, qui devint un dominion (mais De Valera rompit peu à peu tous les liens avec la Couronne), tandis que l'Irlande du Nord, ou Ulster, en majorité protestante, demeurait dans le Royaume-Uni. Le colonialisme anglais se heurta, à partir des années 1920, à de puissants mouvements d'indépendance en Égypte et en Inde. L'Égypte, où l'Angleterre avait officiellement imposé son protectorat en 1914 (il existait de fait depuis 1882), fit reconnaître son indépendance en 1922 et obtint en 1936 le principe de l'évacuation des forces britanniques, qui se maintinrent seulement dans la zone de Suez. Dans le reste du Proche-Orient, les Anglais se heurtaient, pour le pétrole, à une croissante concurrence américaine (Aramco contre Royal Dutch Shell). À la conférence de Washington (1922/23), réunie pour limiter les flottes de guerre, la Royal Navy dut accepter l'égalité avec la marine americaine.

En Europe, l'après-guerre vit s'affirmer les divergences entre la France et la Grande-Bretagne : le Sénat américain n'ayant pas ratifié le traité de Versailles, Londres retira la garantie donnée à Paris pour le cas d'une nouvelle agression allemande. Toujours fidèle à sa politique traditionnelle de maintien de l'équilibre européen, l'Angleterre s'efforça d'éviter la ruine de l'Allemagne. Quand Poincaré décida l'occupation de la Ruhr (1923), elle se désolidarisa ouvertement de la France, mais la chute de Poincaré et l'orientation nouvelle donnée par Briand à la politique française facilitèrent un rapprochement consacré par la conclusion du pacte de Locarno (1925), dont le signataire anglais fut Austen Chamberlain. Dans leurs rapports avec l'Empire, les Anglais surent montrer la même souplesse, le même réalisme qu'en Europe. Les dominions, qui avaient obtenu des représentants particuliers à la SDN, virent leur indépendance encore accrue par le statut de Westminster (1931).

Plus graves furent les difficultés à l'intérieur. A partir de 1920, la Grande-Bretagne fut la proie d'une grave dépression industrielle : pendant tout l'entre-deux-guerres, le nombre des chômeurs ne descendit jamais au-dessous d'un million ; en 1925, toutes les industries essentielles, moins bien équipées que celles des États-Unis et de l'Allemagne, étaient encore loin d'avoir rattrapé leur production de 1913. Les États-Unis avaient pris la place de l'Angleterre comme première puissance commerciale ; en Grande-Bretagne les importations dépassaient de beaucoup les exportations et la flotte marchande restait en partie inemployée. Le gouvernement de coalition dirigé par Lloyd George avait fait voter en 1918 une loi établissant enfin le suffrage vraiment universel (droit de vote à tous les hommes de plus de 21 ans, et aux femmes de plus de trente ans ; à toutes les femmes de plus de 21 ans en 1928), mais les grands problèmes qui tourmentaient les Anglais n'étaient déjà plus politiques mais sociaux. Usé par les difficultés de toutes sortes, Lloyd George tomba à cause de sa politique à l'égard de la Turquie (oct. 1922), et sa chute fut aussi celle du parti libéral, divisé depuis la rivalité entre Lloyd George et Asquith au cours de la guerre. On assistait simultanément à la montée des travaillistes, toujours étroitement liés aux Trade Unions, lesquelles rassemblaient plus de 8 millions de travailleurs. Les conservateurs obtinrent cependant une large majorité aux élections de nov. 1922. Le nouveau Premier ministre, Baldwin, s'efforça de résoudre la crise par des mesures protectionnistes (préférence impériale), mais il commit l'imprudence de chercher une approbation de l'opinion publique dans de nouvelles élections (1923) : leur résultat montra que les Anglais restaient toujours aussi attachés au libéralisme de leurs pères. Avec le soutien des libéraux, les travaillistes formèrent leur premier gouvernement (Ramsay Macdonald), lequel ne dura que quelques mois. De nouveau consulté (oct. 1924), le corps électoral rendit une puissante majorité aux conservateurs, alors que les libéraux étaient à peu près écrasés.

Redevenu Premier ministre (1924/29), Baldwin prit Austen Chamberlain aux Affaires étrangères et Winston Churchill aux Finances : ce dernier sanctionna le redressement monétaire en rattachant la livre à l'or à sa parité d'avant guerre (1925). Mais la situation économique restait critique : l'Angleterre fut même paralysée par un événement sans précédent, une grève générale qui dura du 3 au 12 mai 1926. Le mouvement échoua devant la résistance du gouvernement, qui limita le droit de grève, mais le mécontentement populaire assura la victoire des travaillistes aux élections de 1929. Ramsay Macdonald, d'abord à la tête du cabinet travailliste homogène (1929/31), fut confronté à la grande crise mondiale de 1929. Le nombre des chômeurs, qui était de 1 100 000 au milieu de 1929, dépassa 2 600 000 au début de 1931. Dans la même période, les exportations s'effondrèrent de 790 millions de livres à 390 millions. En sept. 1931, Macdonald, brouillé avec une partie de ses amis, décida de former un cabinet de coalition comprenant des travaillistes, des conservateurs, des libéraux. Cette coalition, qui remporta un triomphe aux élections d'oct. 1931, passa rapidement sous la direction effective des conservateurs, acquis à des mesures protectionnistes. La crise eut donc deux résultats essentiels : l'Angleterre abandonna le libre-échange et la conférence impériale économique d'Ottawa (juill./août 1932) aboutit à l'établissement de tarifs préférentiels entre la Grande-Bretagne et les États du Commonwealth ; par ailleurs, le gouvernement décida l'abandon de l'étalon-or et la dévaluation de la livre sterling (20 sept. 1931). Grâce à ces mesures particulièrement courageuses, dans un pays aussi attaché à ses traditions, le redressement financier et économique fut plus rapide et plus accentué en Angleterre que dans les autres pays européens. Pour maintenir la confiance des Anglais dans leur monnaie, le gouvernement veilla à éviter l'inflation, à équilibrer le budget, qui, dès 1935/36, se solda par un excédent de 15 millions de livres, et à maintenir la stabilité des prix. Le principal artisan de ce redressement fut Neville Chamberlain, chancelier de l'Échiquier (1931/37), qui prit en mai 1937 la succession de Baldwin au poste de Premier ministre.

À cette époque, les problèmes de politique extérieure étaient redevenus prédominants : après l'échec du pacte à Quatre de juin 1933, la Grande-Bretagne, pleine de méfiance à l'égard de Mussolini (qui cependant était encore défendu par Churchill), ne se fit guère d'illusion sur la portée de la conférence de Stresa. Elle préféra essayer de s'entendre directement avec Hitler, auquel elle offrit d'appréciables concessions par l'accord naval de juin 1935. Récemment promu ministre des Affaires étrangères, Anthony Eden se fit le champion de la politique des sanctions décidées contre l'Italie à la suite de l'affaire d'Éthiopie (déc. 1935). En revanche, à l'égard de l'Allemagne, le cabinet de Londres restait fidèle à son attitude d'apaisement, en dépit des campagnes inaugurées par Churchill. C'est en partie pour ne pas se trouver isolée de l'Angleterre que la France s'abstint de réagir à la remilitarisation de la Rhénanie et qu'elle préconisa une politique de non-intervention dans la guerre civile espagnole. Malgré l'affaire des sanctions, Chamberlain espérait parvenir à détacher Mussolini de Hitler ; il offrit au Duce une grande satisfaction de prestige en reconnaissant la conquête de l'Éthiopie (16 avr. 1938), ce qui provoqua la démission d'Eden, remplacé par Lord Halifax. Lors de la crise tchèque, en automne 1938, Chamberlain se rendit à deux reprises (16 et 22/24 sept.) en Allemagne, à Berchtesgaden et à Godesberg, pour négocier avec le Führer. S'inclinant devant la résolution de Hitler, Londres entraîna Paris à signer les accords de Munich (30 sept. 1938), qui condamnaient pratiquement l'indépendance de la Tchécoslovaquie. Accueillis avec autant d'enthousiasme par l'opinion anglaise que par l'opinion française, ces accords furent violés quelques mois plus tard par Hitler, qui fit son entrée à Prague (mars 1939). L'Angleterre comprit alors qu'elle ne pouvait plus reculer devant l'inévitable, et elle se prépara à la guerre. Conjointement avec la France, elle répondit au nouveau coup de Hitler en accordant sa garantie à la Pologne (31 mars). Le pacte germano-soviétique ne fit pas changer sa résolution, et, contrairement à toutes les prévisions de Ribbentrop, elle déclara la guerre au Reich deux jours après l'entrée de la Wehrmacht en Pologne (3 sept. 1939).

La Seconde Guerre mondiale commençait. On sait avec quelle extraordinaire énergie la Grande-Bretagne, restée seule après la défaite de la France, en face de l'Axe, maître du continent, fit front aux attaques incessantes de la Luftwaffe et aux menaces de débarquement durant l'été et l'automne 1940. L'animateur de cette résistance fut Winston Churchill, prophète méconnu des années d'avant guerre, qui avait remplacé Chamberlain à la tête du gouvernement de coalition le 10 mai 1940. Le roi George VI (1936/52) et la reine Mary partagèrent toutes les épreuves de leur peuple. Mais l'Angleterre n'eût pas, cette fois, échappé à l'écrasement si elle n'avait bénéficié, à partir d'août 1940, d'une aide matérielle sans cesse croissante des États-Unis. Ceux-ci finirent par entrer en guerre à ses côtés en déc. 1941. Dans cette « grande alliance » du temps de guerre, l'Angleterre, malgré la forte personnalité de Churchill, se trouva évidemment reléguée, pour la première fois de son histoire, au rôle de brillant second, derrière le géant américain. La victoire de 1945 laissa l'Angleterre épuisée : ses pertes humaines (360 000 hommes) étaient faibles en comparaison de celles de l'Allemagne ou de l'URSS, mais la dette publique s'élevait à plus de 3 milliards de livres, et l'Empire avait reçu des conquêtes japonaises de 1941/42 un choc fatal.

Les difficultés de l'après-guerre

Chef unanimement admiré pendant la guerre, Churchill ne put conduire l'Angleterre dans la paix, car le vaste programme économique et social des travaillistes donna au Labour Party une victoire éclatante aux élections de juill. 1945 (393 députés travaillistes, 213 conservateurs, 12 libéraux). Formé par Clement Attlee, le cabinet travailliste, qui resta au pouvoir jusqu'en 1951, comprenait notamment Ernest Bevin (Affaires étrangères), Hugh Dalton puis Stafford Cripps à l'Échiquier, Aneurin Bevan à la Santé publique. Les travaillistes procédèrent à la nationalisation de la Banque d'Angleterre, du charbon, des compagnies aériennes et des transports, du gaz et de l'électricité, des compagnies télégraphiques, enfin de l'acier. Un Service national de la santé, qui équivalait à une véritable nationalisation de la médecine, et un système de sécurité sociale très étendu, inspiré du plan Beveridge de 1942, furent mis en place. Les pouvoirs de la Chambre des lords furent réduits (1949).

Mais l'Angleterre connaissait d'énormes difficultés économiques et financières, les nationalisations n'ayant fait qu'accroître le poids des charges publiques. Un prêt de 3,7 milliards de dollars, consenti par les États-Unis en déc. 1945, fut épuisé dès 1947. La livre dut être dévaluée de 30,5 % en sept. 1949. Stafford Cripps instaura une politique d'austérité si rigide que le rationnement alimentaire subsista en Angleterre jusqu'en 1954. Le Royaume-Uni ne souffrait pas seulement des conséquences de la guerre, mais d'un mal beaucoup plus ancien. Banquier et financier du monde industriel, il n'avait cessé, depuis le début du XXe s., d'investir dans les pays du Commonwealth et dans les pays étrangers ; les revenus invisibles qu'il tirait de ces placements lui avaient permis de maintenir une balance des paiements favorable, qui masquait la dégradation constante du commerce extérieur. Cette fuite des capitaux britanniques hors de la métropole avait en même temps engendré un sous-investissement intérieur et le vieillissement des installations industrielles. Loin d'employer l'aide du plan Marshall à reconstruire et à moderniser son industrie, comme le firent l'Allemagne et la France, l'Angleterre s'en servit pour essayer de reconstruire sa puissance financière selon le vieux système des investissements extérieurs. L'industrie britannique, sauf dans certains secteurs de pointe, prit alors ainsi sur l'industrie continentale un retard, et les efforts successifs de reprise économique tentés depuis 1945 se sont brisés, après un bref élan, sur la fragilité de la base industrielle.

La politique étrangère du cabinet travailliste a souffert de l'appauvrissement de la Grande-Bretagne. L'alliance avec les États-Unis est restée la base de la défense, mais la couverture de la Grèce et de la Turquie contre la menace soviétique dut être abandonnée aux Américains dès 1947. Bevin, l'un des initiateurs du traité de Bruxelles (1948), aussi bien que Winston Churchill appelèrent les Européens à s'unir ; mais le Royaume-Uni hésita devant un engagement décisif dans l'Europe et refusa, en 1951, d'entrer dans la Communauté européenne du charbon et de l'acier, première étape de l'Europe des Six. La politique coloniale fut marquée par l'octroi de l'indépendance à l'Inde et au Pakistan (1947), à la Birmanie et à Ceylan (1948), et par l'abandon du mandat sur la Palestine (1948), opérations quelque peu précipitées qui provoquèrent le déchaînement de luttes sanglantes entre Indiens et Pakistanais comme entre Israéliens et Arabes. Londres réussit à grouper la plupart de ses anciennes colonies au sein du Commonwealth, mais celui-ci eut une existence de plus en plus symbolique. L'Irlande, en revanche, rompit tout lien avec l'Angleterre en 1948.

Victime de sa politique d'austérité, le Labour Party reçut un sévère avertissement aux élections de févr. 1950, qui réduisirent sa majorité à quelques sièges. Les élections anticipées d'oct. 1951 ramenèrent au pouvoir les conservateurs, qui obtinrent 323 sièges contre 295 aux travaillistes et 6 aux libéraux. De nouveau Premier ministre (1951/55), Winston Churchill s'efforça de rétablir avec les États-Unis l'alliance privilégiée du temps de guerre ; il fit accéder l'Angleterre au rang de puissance atomique (1952) ; liés à l'OTAN à partir de 1949, les Britanniques jouèrent un rôle important dans la mise sur pied, en 1954, de systèmes de défense analogues en Asie (OTASE et pacte de Bagdad). À l'égard de la construction européenne, leur attitude resta réticente, commandée avant tout par le souci de maintenir intacte leur souveraineté nationale ; leur refus d'entrer dans la CED fut une des causes du rejet de celle-ci par le Parlement français (1954), mais, lors des accords de Londres et de Paris (sept. 1954), Anthony Eden, ministre des Affaires étrangères, prit l'engagement de maintenir sur le continent européen quatre divisions et une force aérienne tactique britanniques. À l'intérieur, le retour à une politique libérale (dénationalisation de l'acier, 1953) provoqua une amélioration de la situation économique, une augmentation des revenus et des réserves d'or et la fin du rationnement. Aussi, après la retraite de Churchill (avr. 1955), son successeur, Eden (1955/57), put accroître la majorité conservatrice aux élections de mai 1955. Dans l'Empire britannique, les années 1950 furent cependant marquées par des troubles sanglants au Kenya (révolte des Mau-Mau) et à Chypre (qui obtint son indépendance en 1960). La malheureuse intervention militaire franco-britannique à Suez (oct./nov. 1956) fut fatale à Eden, qui donna sa démission en janv. 1957 et fut remplacé par Harold Macmillan.

Premier ministre de 1957 à 1963, Macmillan commença par renforcer les liens militaires avec les États-Unis en acceptant l'installation sur le sol anglais de rampes de lancement de fusées balistiques américaines. La décolonisation fut poursuivie par l'indépendance accordée au Ghana et à la Malaisie (1957), à Chypre (1960), au Nigeria (1960), à la Sierra Leone (1961), au Tanganyika (1961), à l'Ouganda (1962), au Kenya (1963). Renforcé en 1959 par une victoire sans précédent du parti conservateur, dont la majorité passa de 59 à 100 sièges, alors que le parti travailliste étalait ses divisions aux congrès de Blackpool (1959) et de Scarborough (1960), Macmillan tenta d'orienter son pays vers l'Europe des Six. Après avoir vainement proposé la transformation du Marché commun en une plus vaste zone européenne de libre-échange, il suscita une Association européenne de libre-échange, l'AELE (sept. 1959), qui groupait la plupart des pays d'Europe occidentale non membres du Marché commun, mais son véritable but restait l'intégration de l'Angleterre dans la Communauté économique européenne. En août 1961, le Royaume-Uni posa officiellement sa candidature à l'entrée dans le Marché commun, mais il se heurta à la méfiance du général de Gaulle, qui reprochait aux Anglais de faire passer par-dessus toute autre considération leurs liens privilégiés avec les États-Unis. Les accords de coopération nucléaire conclus entre Kennedy et Macmillan à Nassau (24 nov. 1962) confirmèrent les thèses gaulliennes, et la France, en janv. 1963, mit officiellement son veto à l'entrée de l'Angleterre dans le Marché commun. Cet échec amena Macmillan à céder le poste de Premier ministre à Douglas Home (oct. 1963).

Les élections d'oct. 1964 amenèrent le retour au pouvoir des travaillistes, vainqueurs de justesse avec une majorité de quatre sièges seulement aux Communes. Premier ministre travailliste de 1964 à 1970, Harold Wilson élargit considérablement sa majorité aux élections de mars 1966, mais il se trouva aux prises avec de nombreuses difficultés intérieures et extérieures : déficit croissant de la balance des paiements, opposition des syndicats à la réglementation du droit de grève, crise provoquée par la proclamation unilatérale d'indépendance du gouvernement blanc de Rhodésie (1965), opposition persistante du général de Gaulle à l'entrée de l'Angleterre dans le Marché commun (déc. 1967). En nov. 1967, la livre sterling dut être dévaluée de 14,3 %. Un redressement s'étant esquissé en 1969/70, le gouvernement Wilson, trompé par des sondages erronés, crut de son intérêt de revenir devant les électeurs. Mais le scrutin du 18 juin 1970 donna finalement la victoire aux conservateurs, qui gagnèrent 66 sièges aux Communes, alors que les travaillistes en perdaient 60.

Edward Heath, Premier ministre conservateur de juin 1970 à mars 1974, relança avec énergie la politique européenne. Profitant du départ du général de Gaulle, il fit accepter par les Six le principe de l'entrée de la Grande-Bretagne dans le Marché commun (juin 1971). Mais les conditions obtenues furent critiquées par la majorité des travaillistes. Malgré leur violente campagne, Heath obtint de la Chambre des communes la ratification d'un traité d'union au Marché commun par 356 voix (282 conservateurs, 69 travaillistes, 5 libéraux) contre 244 (39 conservateurs, 199 travaillistes, un libéral) (28 oct. 1971). En janv. 1973, la Grande-Bretagne entra donc officiellement dans la Communauté économique européenne (v. **Européennes, institutions**). L'économie, déjà en crise, souffrit de la remontée des cours du pétrole à partir de 1973. De grandes grèves, dont celles des mineurs de 1971/72 et de 1973/74, provoquèrent les élections anticipées de févr. 1974. Les travaillistes n'obtinrent pas une majorité suffisante et Harold Wilson forma un gouvernement minoritaire. Il fit ratifier par référendum, le 5 juin 1975, l'entrée de la Grande-Bretagne dans la Communauté européenne. James Callaghan succéda à Wilson en 1976, alors que les recettes de l'exploitation du pétrole de la mer du Nord étaient encore insuffisantes pour faire sentir leur effet sur l'ensemble de l'économie.

Les élections de mai 1979 donnèrent la majorité absolue aux conservateurs emmenés par Margaret Thatcher, qui avait remplacé E. Heath à la tête du parti en 1975.

Margaret Thatcher au pouvoir

La période Thatcher (v.) fut marquée sur le plan politique par la victoire sur l'Argentine dans la guerre des Falkland (v.), en 1982, par l'accord signé avec l'Eire en 1985 à propos de l'Ulster (v.), qui restreignit les possibilités tactiques de l'Irish Republican Army (IRA) (v.). M. Thatcher, réélue en 1983 et 1987, développa une politique ultralibérale : privatisations, réduction des dépenses publiques, instauration d'un capitalisme populaire, etc.

Mais les traces de la grande crise des années 1970 affectaient encore une balance commerciale déficitaire, un investissement et une croissance industriels insuffisants ; le chômage restait élevé. En 1989, l'économie connaissait même une inquiétante surchauffe et l'augmentation du PNB et des salaires avait entraîné surconsommation, baisse de l'épargne et reprise de l'inflation. Ces résultats, obtenus au prix d'une forte baisse des garanties sociales, laissaient pour compte de vastes îlots de pauvreté, sans bénéfice immédiat pour l'opposition ; les syndicats, vaincus depuis l'échec de la grande grève des mineurs de 1985, et dont le monopole d'embauche dans plusieurs secteurs était battu en brèche, enregistraient en dix ans une perte de 3 millions d'adhérents.

Au plan international, M. Thatcher avait acquis un grand prestige ; fidèle alliée du président américain R. Reagan, elle avait aussi fait évoluer la diplomatie occidentale vers la détente avec l'URSS de Gorbatchev. Dans ses relations avec ses partenaires européens, elle défendit âprement les intérêts britanniques et resta hostile au rôle régulateur d'institutions comme le Système monétaire européen, ce qui provoqua la démission du chancelier de l'Échiquier N. Lawson, en 1989, et de profondes dissensions chez les conservateurs. Aux élections européennes de juin

1989, les conservateurs connaissaient leur premier revers électoral depuis l'arrivée au pouvoir de M. Thatcher. La victoire travailliste (40 % des suffrages) s'accompagnait d'un score sans précédent des écologistes (15 %), cependant privés par le système électoral britannique de toute représentation au Parlement européen. L'impopularité du gouvernement conservateur fut accrue par l'introduction, en avr. 1990, de la *poll tax*, impôt local par capitation, qui allait à l'encontre de la tradition redistributrice de la fiscalité. Margaret Thatcher fut mise en minorité au sein du parti conservateur et contrainte à la démission le 22 nov. 1990.

De John Major à Tony Blair

Tout en affirmant son souci de respecter l'héritage thatchérien, son successeur et héritier le chancelier de l'Échiquier John Major (v.) afficha d'emblée son souhait d'adopter des positions plus consensuelles et pragmatiques. Malgré le remplacement de la *poll tax* par la *council tax*, plus souple, le nouveau gouvernement devint vite impopulaire : le seuil des 2 millions de chômeurs était dépassé et l'on pouvait craindre une récession aussi sévère qu'en 1981/82. Aussi la victoire conservatrice aux élections du 9 avr. 1992 fut-elle perçue comme une véritable surprise. John Major n'en restait pas moins impopulaire (72 % d'opinions défavorables en oct. 1992, autant en mai 1993). Il fut, de surcroît, confronté à une crise économique et monétaire qui obligea le gouvernement à faire sortir la livre du SME en sept. 1992. Alors que le parti conservateur se divisait sur la question européenne, l'usure du pouvoir se manifesta au cours des années suivantes par la révélation de multiples scandales. Le début des années 1990 fut également marqué par une crise de confiance en l'institution monarchique, notamment du fait des déboires conjugaux du prince Charles.

C'est dans ce contexte que J. Major lança, en oct. 1993, une campagne sur le thème du « retour aux valeurs » (*back to basics*). Mais ce discours moralisateur suscita la révélation de nombreuses affaires de mœurs et de fraudes concernant des membres de la majorité et il fut abandonné. Accusé de mollesse par son prédécesseur, le Premier ministre poursuivit cependant la politique de privatisation de M. Thatcher (chemins de fer et hôpitaux notamment). En matière européenne, il louvoya entre la tendance « eurosceptique » de son parti et ses partenaires continentaux : ainsi, le traité de Maastricht fut ratifié par Londres le 6 mai 1994, mais la Grande-Bretagne obtint plusieurs clauses d'exemption. L'ouverture du tunnel sous la Manche (6 mai 1993) fut pour l'opinion un sujet supplémentaire de controverses. Les travaillistes se préparaient à reprendre le pouvoir ; John Smith, qui avait remplacé Neil Kinnock à la suite de la défaite de 1992, mit fin à la tutelle des syndicats sur les organes du parti. À la suite du décès de J. Smith, en mai 1994, les travaillistes se choisirent un leader jeune et susceptible de plaire aux classes moyennes, Tony Blair ; aux élections européennes de juin 1994, ils remportèrent 62 sièges sur 89.

Pourtant, alors que le pays était ébranlé dans ses fondements même (aggravation de la crise de confiance dans l'institution monarchique, crise de la City avec la faillite de la banque Barings, baisse de la qualité des soins et du niveau d'éducation), John Major remportait plusieurs succès extérieurs en s'imposant dans la seconde guerre du Golfe (v.) et dans la crise bosniaque comme un partenaire de poids. Il fit progresser la question de l'Ulster, en fixant un ordre de négociations aboutissant, en févr. 1995, à un cessez-le-feu qui ne fut violé qu'une fois en quinze mois. Cependant, et malgré des résultats économiques encourageants pour le gouvernement, les Britanniques, lassés par dix-huit ans de pouvoir conservateur, votèrent massivement, en mai 1997, pour le parti travailliste, qui remporta 419 sièges sur 659 à l'occasion des élections législatives, Tony Blair devenant Premier ministre.

Le gouvernement de Tony Blair

Tout en se réclamant d'un travaillisme modéré – le « New Labour » – qui ne remettait pas en cause le libéralisme économique, Tony Blair inaugura son mandat par plusieurs mesures spectaculaires, notamment dans le domaine institutionnel et les questions régionales. L'annonce d'un cessez-le-feu par l'IRA en juill. 1997 permit des négociations avec les parties en présence en Ulster. En oct., la symbolique poignée de main de Tony Blair et de Gerry Adams, principal dirigeant du Sinn Féin (branche politique du mouvement républicain), fut une étape importante vers la conclusion de l'accord de paix, signé en avr. 1998 par les principaux partis d'Ulster. En sept., la première assemblée nord-irlandaise semi-autonome se réunit. Moins retentissantes mais tout aussi significatives furent les mesures d'autonomie concédées à l'Écosse et au pays de Galles, dont les électeurs approuvèrent, en sept. 1997, la création de parlements régionaux. Londres elle-même, en se dotant d'un maire, connut un changement institutionnel important. La réforme de la protection sociale – inspirée par les principes d'assainissement des finances publiques – fut plus délicate à assumer pour un gouvernement travailliste, dans ce pays confronté à de graves problèmes de pauvreté et dans un contexte de ralentissement économique.

Sur le plan international, Tony Blair séduisit ses partenaires par ses positions favorables à l'intégration européenne, concrétisées en nov. 1998 par la présentation d'un plan de transition vers l'euro ; la participation aux frappes américaines sur l'Irak – dont les autres gouvernements européens contestaient l'opportunité – attesta le maintien de relations privilégiées avec Washington. En 1999, après le rapprochement avec la Libye et l'adoucissement de la position britannique envers l'Irak, le gouvernement de Tony Blair dut faire face à la demande d'extradition de l'ancien dictateur Augusto Pinochet. Le ministre de l'Intérieur

Jack Straw finit par laisser A. Pinochet rentrer au Chili, en mars 2000, pour « raisons de santé ». Au sein de l'Europe, la Grande-Bretagne s'opposa à la France, qui maintenait sur le bœuf britannique un embargo consécutif à l'affaire de la « vache folle ».

Au bout de deux années, l'action de Tony Blair sembla s'essouffler quelque peu. Le dossier d'Irlande du Nord continuait à empoisonner la vie politique ; le gouvernement biconfessionnel indépendant d'Irlande du Nord ne parvint, en effet, à s'installer que pour se voir suspendu par Londres, tant il était paralysé par les conditions que l'IRA mettait pour désarmer et par l'intransigeance de groupements loyalistes. Autre préoccupation de la politique britannique, l'accroissement de la pauvreté et des inégalités sociales qui poussa le gouvernement à créer en avr. 1999 un SMIC horaire. Le terrible accident à la gare de Paddington en oct. 1999 remit en question le bien-fondé de la privatisation des transports et, en particulier, du métro londonien. Les difficultés du gouvernement de T. Blair s'aggravèrent à partir d'avr. 2000 et le Premier ministre connut un sérieux revers électoral, avec l'élection à la mairie de Londres de Ken Livingstone, précédemment exclu du parti travailliste. T. Blair se livra d'ailleurs en sept. 2000 à une sorte d'autocritique visant à diminuer les tensions, tant au sein de son gouvernement qu'avec le parti travailliste, qui réclamait une politique plus sociale de la part du gouvernement.

En 2001 et 2002, le spectre de la maladie de la vache folle réapparut sous la forme d'une épidémie de fièvre aphteuse, qui conduisit à la destruction de 4 millions de moutons. Au début du mois de juin 2002, la reine Élisabeth a fêté son jubilé d'or – un moment de fête dans une actualité lourde car la guerre en Irak était imminente. Le 18 févr. 2003, George W. Bush, Tony Blair et José Maria Aznar lancèrent un ultimatum à Saddam Hussein : s'il ne quittait pas l'Irak sous 48 heures, l'offensive militaire serait lancée. Le 20 mars 2003, les premières bombes américaines tombèrent sur Bagdad à 5 h 35, et les forces terrestres américano-britanniques entrèrent dans le sud du pays le soir même. Le 9 avr., les Américains contrôlaient la plus grande partie de Bagdad ; le 10 avr., les forces américano-britanniques couvraient 50 à 60 % du territoire irakien. La vie politique britannique était alors dominée par cet alignement sur les États-Unis : les anti-Blair s'opposaient avec violence à la politique extérieure du Premier ministre. Le suicide du scientifique David Kelly, le 17 juill. 2003 fut un nouveau choc : spécialiste des armes chimiques, ancien inspecteur pour l'ONU en Irak, il était la principale source d'information d'un reporter de la BBC, qui avait accusé Blair d'avoir exagéré la menace irakienne pour légitimer l'intervention anglaise. La légitimité de la guerre d'Irak était de plus en plus remise en question. Pour fêter le centenaire de l'Entente cordiale avec la France, la reine Élisabeth a fait un voyage à Paris les 5/7 avr. 2004.

GRANDE-GRÈCE, *Magna Graecia, Megalè Hellas.* Nom donné, dans l'Antiquité, aux cités grecques du golfe de Tarente, en Italie du Sud, et à leurs dépendances sur la mer Tyrrhénienne, ou, dans une acception plus large, à toutes les colonies grecques de l'Italie du Sud et de la Sicile. Durant le IIe millénaire, les Grecs avaient noué des relations commerciales avec ces régions, mais la colonisation ne commença pas avant le VIIIe s. Ses pionniers furent les Eubéens de Chalcis, qui s'installèrent en 770 av. J.-C. dans les îles Pythécoussai (Ischia et Procida), puis, vers 740, fondèrent Cumes, dans le golfe de Naples. En Sicile, les Chalcidiens furent également les premiers sur la côte orientale de l'île, où ils fondèrent Naxos, au pied de l'Etna (757), puis Rhégion, Catane, Léontinoi ; plus au S., les Corinthiens furent à l'origine de Syracuse et de Kamarina ; les Mégariens fondèrent Megara Hyblaia et Sélinonte. Au début du VIIe s., des Rhodiens et des Crétois fondèrent Géla, qui à son tour, vers 580, fonda Agrigente (Acragas). En Italie du Sud, dans le golfe de Tarente, les Grecs fondèrent, à la fin du VIIIe s., Sybaris et Crotone ; vers 680, les Locriens s'installèrent à Locres Épizéphyrienne ; les Spartiates fondèrent Tarente, à laquelle les Sybarites opposèrent Métaponte. Sur la côte de la mer Tyrrhénienne, c'est Sybaris encore qui édifia Paestum (fin VIIe s.), au sud de laquelle les Ioniens de Phocée créèrent Élée, vers le milieu du VIe s. avant notre ère.

Le problème qui se posa à toutes ces colonies fut leur rapport avec les populations indigènes. En Sicile, la présence de colonies carthaginoises dans l'ouest de l'île suscita très vite des conflits de plus en plus violents. En Italie du Sud, après une période de rapports pacifiques, la pression des populations italiques indigènes (Samnites, Lucaniens, Bruttiens...) mit en péril l'existence même des cités grecques, toujours en rivalité les unes contre les autres. Paradoxalement, c'est l'intervention romaine à partir du IIIe s. av. J.-C. qui sauva les cités grecques de la conquête des Italiques. La Grande-Grèce fut un des plus brillants foyers de la civilisation hellénique ; elle vit se développer de nombreuses écoles philosophiques, celle de Zénon à Élée, celle de Pythagore à Métaponte, à Crotone et à Tarente, celle de Xénophane à Zancle, celle d'Empédocle à Agrigente. Les temples d'Agrigente, de Sélinonte, de Paestum restent parmi les chefs-d'œuvre de l'architecture grecque. C'est aussi par les villes d'Italie du Sud que les Étrusques et les Romains entrèrent en contact avec le monde grec.

GRANT Ulysses Simpson (* Point Pleasant, Ohio, 27.IV.1822, † Mount Mc Gregor, New York, 23.VII.1885). Général et homme politique américain. Il participa à la guerre du Mexique (1845/48) et s'engagea dans l'armée nordiste au début de la guerre de Sécession ; il fut bientôt nommé général. En 1863, il s'empara de Vicksburg et rétablit la liberté de navigation sur le Mississippi. Commandant de toutes les forces nordistes de l'Ouest en oct. 1863, puis commandant en chef après la bataille de Chattanooga et l'occupation de Knoxville (nov. et déc. 1863), il reçut la capitulation de Lee à Appomattox (9 avr. 1865). Il fut élu président des États-Unis en 1868, et réélu en 1872. Bien que personnellement honnête, il favorisa ses proches et laissa se développer la corruption et le banditisme. Grant finit par susciter au sein même de son parti une hostilité qui rendit impossible sa réélection.

GRATIEN, Flavius Gratianus (* Sirmium, Pannonie, 359, † Lyon, 25.VIII.383). Empereur romain (375/83). Fils de Valentinien Ier, il eut comme précepteur Ausone. Nommé auguste en 367, à l'âge de huit ans, il succéda à son père en 375, conjointement avec son jeune frère Valentinien II, auquel il laissa le gouvernement de l'Italie, de l'Afrique et de l'Illyrie. Il défendit l'Empire contre les Barbares et remporta en 378 une grande victoire sur les Alamans. Le trône de Constantinople étant devenu vacant par la mort de Valens, il nomma Théodose, le meilleur de ses généraux, empereur d'Orient (janv. 379). Sous l'influence de st Ambroise et de Théodose, il combattit le paganisme, supprima les collèges de prêtres païens (382) et, malgré la protestation pathétique de Symmaque, fit enlever du Sénat la statue de la Victoire. Résidant le plus souvent à Trèves, il favorisa les officiers germains à son service et s'aliéna ainsi une partie des légions. L'Espagnol Maxime ayant provoque un soulèvement des légions de Gaule et de (Grande-) Bretagne, Gratien essaya de revenir en Italie, mais il fut tué à Lyon par Andragathius, lieutenant de Maxime.

GRATIEN († Bologne, avant 1179). Canoniste italien. Moine bénédictin, il composa entre 1139 et 1150 un recueil des décisions des papes connu sous le nom de Décret de Gratien *(Decretum Gratiani)*. Ce corpus eut une influence considérable sur le droit ecclésiastique médiéval et constitua plus tard la première partie du Code de droit canonique jusqu'à la révision de ce dernier en 1917.

GRAVETTIEN. Civilisation du paléolithique supérieur qui se situe entre l'aurignacien (v.) et le solutréen (v.), soit entre 28 500 et 19 000 ans. Cette culture doit son nom au site de la Gravette, près de Bayac, en Dordogne. Les outils qui la caractérisent sont de petites -pointes -appelées fléchettes, des pointes élancées dont l'un des deux bords a été abattu par des retouches abruptes (pointes de la Gravette), des pointes à retouche sur face plane (pointes des Vachons), des pointes de la Font-Robert ou encore des burins de Noailles. Le gravettien se rencontre en France (Corrèze, Périgord, Charente), en Espagne, en Italie et en Belgique ; on le connaît aussi en Europe centrale et orientale.

GRÈCE, *Hellas*. État du sud-est de l'Europe, à l'extrémité de la péninsule des Balkans ; capitale *Athènes*.

La préhistoire et la protohistoire

Peuplée à partir du paléolithique inférieur, la Grèce possède de nombreux sites couvrant tout le paléolithique. Elle fut touchée assez tôt par la diffusion de la civilisation néolithique du Proche-Orient, comme le prouve la découverte, en Thessalie, à Sesklo et à Argissa-Magoula, d'un néolithique d'abord précéramique, puis avec céramique peinte, dans la seconde moitié du VIIe millénaire, en Thessalie ainsi qu'en Grèce centrale et dans le Péloponnèse (Lerne, Franchthi). Les hommes de ce temps vivaient dans des maisons de brique crue ou de torchis ; ils cultivaient le blé et certaines légumineuses ; ils avaient domestique la chèvre et le mouton. À la fin du VIIe millénaire, la plastique en terre cuite apparaît à Sesklo, avec des statuettes féminines qui vont devenir de plus en plus nombreuses. Les constructions sont désormais en brique crue, sur des fondations de pierre ; les agglomérations de Sesklo et de Dimini (Thessalie) sont protégées par des murs d'enceinte. Le néolithique récent, à partir du début du Ve millénaire, est bien connu par de nombreux sites, en particulier par la civilisation de Dimini, qui conserve les principaux caractères de Sesklo mais renouvelle le décor céramique (apparition de la spirale et de la grecque) et un habitat complexe avec l'apparition de la maison à mégaron. Pendant la dernière période de Dimini, le métal est connu sous forme de haches en cuivre et de boucles d'oreilles en or, mais il s'agit sans doute d'objets importés.

Vers le milieu du IIIe millénaire, la Grèce insulaire prend son essor, avec les civilisations du bronze qui vont s'épanouir dans les Cyclades (v.) et dans la Crète minoenne (v. CRÈTE). Dans la Grèce continentale, l'âge du bronze est connu sous le nom d'*helladique* ; on le divise en trois phases, qui se succèdent entre 3250 et 1050 av. J.-C. À partir de la fin du IIIe millénaire, la métallurgie (essentiellement le cuivre) est très active à Sitagroi, Kythos, Poliochni ou Thermi. À l'époque du bronze moyen (2000/1550 av. J.-C.) commencent les infiltrations de peuples balkaniques, peut-être indo-européens, qui pénètrent jusque dans le Péloponnèse ; pasteurs et agriculteurs, ces arrivants amenaient avec eux le cheval et certaines techniques métallurgiques de l'Europe centrale ; sans avoir complètement abandonné les haches de pierre polie, ils se servaient de nombreuses armes en cuivre et en bronze. On leur attribue encore l'introduction d'usages funéraires nouveaux (tombes à ciste et tombes à chambres ou *tholoi*), ainsi qu'une poterie caractéristique, dite « minyenne », dont la couleur uniforme rappelait le bronze et l'argent. Il est cependant possible que l'ensemble de ces innovations relèvent simplement d'évolutions locales.

De la fusion de ces Proto-Hellènes avec les indigènes est née, aux environs de 1600 avant notre ère, la civilisation mycénienne, celle des guerriers achéens, qui a entretenu des relations étroites avec la civilisation crétoise, avant de la supplanter définitivement à partir de la conquête de l'île vers le milieu du XVe s. Devenus marins, les Achéens ont noué des relations commerciales lointaines, avec la Syrie et l'Égypte, et, vers l'ouest, avec l'Italie du Sud. En Grèce continentale, la base principale de leur puissance était l'Argolide, au N.-E. du Péloponnèse, où se trouvaient les places fortes de Mycènes, d'Argos, de Tirynthe, aux murs cyclopéens dont la signification est ambiguë : fortifications nécessaires dans un monde perpétuellement en conflit, ou plutôt constructions de prestige plus que d'usage défensif ? Entre la fin du XIIIe s. et 1150 env., des traces de destruction peuvent s'expliquer par des conflits internes, les mouvements des Peuples de la Mer et ceux de bandes d'Achéens en quête de rapines. La civilisation mycénienne a disparu au XIe s., dans un contexte de violences où commença la migration de plusieurs peuples continentaux vers les rivages de l'Asie Mineure, en même temps qu'arrivaient du nord des peuples doriens. Apparemment, seules l'Arcadie et l'Attique furent épargnées par ces profonds bouleversements.

La Grèce des temps obscurs (XIe/IXe s.)

À partir du XIe s. sans doute, on pouvait distinguer dans le monde égéen une nouvelle répartition des peuples grecs en fonction de leurs dialectes : *a)* les *Éoliens*, établis sur le continent en Béotie et en Thessalie et sur la côte d'Asie Mineure entre les Dardanelles et le golfe de Smyrne, et dans l'île de Lesbos ; *b)* les *Ioniens* qui avaient leurs bases en Attique et en Eubée ; ils occupèrent la plupart des Cyclades, Paros, Naxos, Délos (qui fut leur centre religieux), et ils furent le principal groupe des Grecs d'Asie (Milet, Priène, Éphèse, Colophon, Téos, Phocée, Chio, Samos...) ; *c)* les *Doriens*, installés dans l'isthme de Corinthe et dans la plus grande partie du Péloponnèse, tenaient également la Crète, Mélos, Théra, Rhodes, Cos et la côte asiatique au S. de Milet, avec Cnide. Au centre du Péloponnèse subsistaient les *Arcadiens*. La partie occidentale du Péloponnèse et l'Épire appartenaient aux *Grecs du Nord-Ouest*.

La disparition de la civilisation mycénienne fut suivie d'un affaiblissement marqué dans tout le monde grec ; le commerce international fut limité à quelques centres (Eubée, Crète) ; l'écriture elle-même cessa d'être employée jusqu'à la fin du Xe s. C'est à cette époque que remonte l'émiettement politique de la Grèce. C'est au cours de ces temps obscurs que se forma, sans qu'on puisse en distinguer les étapes, le cadre politique, économique et religieux typique de la civilisation grecque à l'époque historique : la cité (en grec *polis*). Réduite le plus souvent à la dimension d'un petit centre urbain et de quelques villages, avec un territoire qui allait de quelques dizaines à quelques centaines de km^2, la cité grecque était tout autre chose qu'un bourg ou une ville modernes ; elle formait un organisme, dont tous les membres se disaient les descendants d'un ancêtre commun. Sur un territoire cinq fois moins grand que celui de la France actuelle, des centaines de petites cités-États se sont constituées. Chacune avait son organisation politique, ses divinités poliades et ses fêtes religieuses. Leur particularisme allait se traduire par d'innombrables conflits et, même en cas de danger pour la Grèce entière, une difficulté permanente à s'unir.

Malgré ce morcellement, les Grecs eurent cependant le sentiment de former une unité de civilisation : ils avaient en commun une langue, une culture, des mœurs et des dieux. Dans des sanctuaires panhelléniques tels que Delphes et Olympie, toutes les cités se retrouvaient pour participer à des cérémonies religieuses et à des jeux qui suscitaient une vive émulation (jeux Olympiques, à partir du VIIIe s., Pythiques, Isthmiques, Néméens). Les poèmes d'Homère ont contribué à sceller l'unité morale de la Grèce ; ils furent composés, peut-être par des auteurs différents, durant le VIIIe s. av. J.-C., en Ionie.

Révolutions politiques et colonisation (VIIIe/VIe s. av. J.-C.)

Après un premier mouvement de colonisation, essentiellement en direction de l'Occident (v. GRANDE-GRÈCE), qui bénéficia du recul des positions phéniciennes à la suite des conquêtes assyriennes (VIIIe s.), un nouvel essor colonial grec partit des villes asiatiques d'Asie Mineure, et tout particulièrement de l'Ionie. Ses causes furent diverses : la surpopulation, les luttes civiles qui forçaient les membres des partis vaincus à s'éloigner de leur patrie, mais plus encore les nécessités économiques. La plupart des Grecs vivaient sur un sol étroit et pauvre, il leur fallait trouver des céréales pour se nourrir, des matières premières (bois et métaux) pour alimenter leur industrie, des esclaves pour répondre aux besoins croissants en main-d'œuvre. Les pionniers de la colonisation grecque furent les grandes cités comme Milet, Chalcis, Érétrie, Corinthe, alors que les régions agricoles, comme l'Attique et le centre du Péloponnèse (Sparte), entrèrent plus modestement ou plus tardivement dans cette évolution.

Les premiers établissements furent fondés au VIIIe s. en Occident et en mer Égée, sur les côtes de la Thrace et de la Chalcidique (région dont le nom vient des colons de Chalcis). Milet, la cité la plus prospère de l'Ionie, prit ensuite l'initiative de la colonisation dans le Pont-Euxin (la mer Noire).

Au VIe s., les Mégariens (Doriens) fondèrent Héraclée du Pont et Mésembria. Au sud de l'Asie Mineure, plusieurs comptoirs furent établis en Lycie (Phasélis), en Pamphylie (Aspendos, Sidê, Pergè) et en Cilicie (Tarse). En Égypte, l'installation grecque fut facilitée par l'envoi de mercenaires dont les pharaons avaient besoin pour résister aux Assyriens et aux Perses : Milet, présente dans le delta du Nil au VIIIe s., put ainsi fonder avec plusieurs autres cités non une colonie de peuplement, mais un important comptoir (*emporion*) à Naucratis. Sur la côte d'Afrique, les Doriens de Théra créèrent, vers la fin du VIIe s., la puissante base de Cyrène, qui permettait aux Grecs de concurrencer l'activité des Phéniciens en Méditerranée occidentale. La colonisation hellénique s'orientait en effet aussi bien vers l'ouest que vers l'est : en 734, Corinthe avait occupé Corcyre (Corfou), à l'entrée de l'Adriatique.

L'Italie méridionale et la Sicile avaient été atteintes dès le VIIIe s. Les Étrusques empêchèrent les Grecs de remonter plus au nord de l'Italie. Mais les Phocéens, partis de leur cité d'Asie, doublèrent la Sicile et la Sardaigne, s'aventurèrent jusqu'au-delà du détroit de Gibraltar, puis, non loin du delta du Rhône, ils fondèrent Massalia ou Marseille (vers 600) ; celle-ci à son tour établit de nombreux comptoirs sur les côtes du golfe du Lion et de la Provence.

À partir de la fin du Ve s., le commerce grec s'était ainsi étendu sur la plus grande partie de la Méditerranée et sur la mer Noire. En général, les Grecs n'essayaient guère de conquérir les territoires de l'intérieur au-delà des terres nécessaires à la vie économique et à la sécurité des cités coloniales. Les colons restaient séparés des indigènes, avec lesquels ils entretenaient des relations limitées. Chaque colonie était une réplique de sa métropole. Elle conservait des liens très forts avec celle-ci, mais elle était réellement indépendante, se gouvernait par elle-même et à son tour créait de nouvelles colonies.

L'expansion rapide du monde grec provoqua un afflux de richesses nouvelles et entraîna de profonds bouleversements politiques : l'aristocratie, qui, dans la plupart des États grecs, avait supplanté les rois à partir du VIIIe s., intégra rapidement dans certaines cités les nouvelles élites urbaines (armateurs et commerçants), tandis que la partie la plus pauvre du peuple cherchait à obtenir l'égalité des droits. Tout le VIIe s. grec fut rempli par des conflits sociaux d'une extrême violence. On vit apparaître alors des législateurs, qui s'efforçaient de ramener la paix chez leurs concitoyens notamment par la rédaction des lois dont la noblesse, qui les conservait oralement, disposait à son gré : tels furent Dracon et Solon (v.) à Athènes, Pittacos à Mytilène. Mais la figure vraiment typique de cette période, c'est le tyran, généralement un noble qui s'était fait le champion du peuple contre les factions aristocratiques concurrentes afin d'asseoir son pouvoir personnel. Presque toutes les cités grecques, aux VIIe/VIe s., eurent leur tyran. Les premiers connus furent Orthagoras à Sicyone, Cypsélos à Corinthe, puis, au VIe s., Pisistrate à Athènes, et, aux Ve/IVe s., Denys l'Ancien (v.) et Denys le Jeune à Syracuse.

La tyrannie grecque mit la violence au service d'une certaine politique sociale ; elle imposa parfois par la force le partage des terres, la redistribution des fortunes, l'abolition des dettes qui écrasaient les pauvres et l'abolition de l'esclavage pour dettes ; elle donna un grand essor au commerce maritime. C'est du temps de Pisistrate (v.) que date le début de l'expansion athénienne. Finalement, l'aristocratie réussit à renverser les fils de Pisistrate (510), mais elle ne recouvra point toute sa puissance passée. La tyrannie avait sans doute favorisé une mutation vers la démocratie athénienne. C'est elle qu'établirent les réformes de Clisthène (508). À ces luttes sociales s'ajoutaient les guerres endémiques de cité à cité qui constellèrent toute l'époque archaïque : Chalcis et Érétrie se disputaient l'Eubée ; Mégare et Athènes guerroyaient pour la possession de l'île de Salamine, qui resta finalement aux Athéniens ; victorieuse des Messéniens, d'Argos, de l'Arcadie, Sparte (v.) enfin prenait, au milieu du VIe s., la tête de la ligue du Péloponnèse et s'affirmait comme la première puissance territoriale de la Grèce.

Cette époque a été aussi celle de l'aurore de la science et de la philosophie grecques, avec l'école naturaliste ionienne (Thalès, Héraclite) et l'enseignement de Pythagore en Italie ; elle vit le premier épanouissement de la poésie lyrique (Archiloque, Alcée, Sapho, Anacréon) et la naissance du théâtre issu du culte de Dionysos.

La Grèce sous la menace des Perses (500/449 av. J.-C.)

C'est l'absence de tout danger extérieur sur les rives de l'Égée qui avait rendu possible l'expansion hellénique en Méditerranée. La situation changea avec le développement de l'Empire perse achéménide. En 545, après avoir détruit l'État lydien de Crésus (v.), Cyrus (v.) imposa sa domination aux villes grecques d'Ionie. Plutôt que de se soumettre, les Phocéens préférèrent abandonner leur ville et fonder leurs colonies de Provence (Marseille, Olbia, Antipolis) et de Corse (Alalia) ; mais ils se heurtèrent à la coalition des Étrusques et des Carthaginois, qui leur infligèrent une grave défaite navale (bataille d'Alalia, 535). En 499, les cités d'Ionie, sous la conduite d'Aristagoras, tyran de Milet, se révoltèrent contre la Perse et surprirent Sardes, capitale de la satrapie, qui fut incendiée. Le roi de Perse Darius Ier réprima la révolte et détruisit Milet (494), mais il voulut aussi conquérir la Thrace et la mer Égée tout en se vengeant d'Athènes et d'Érétrie, qui avaient apporté leur aide aux rebelles. En 492, le général perse Mardonios lança une expédition en Thrace et en Macédoine, qu'il soumit. Puis Darius somma les États grecs de lui donner la terre et l'eau, signe d'allégeance. De nombreuses cités se soumirent ; d'autres, et notamment Athènes et Sparte, refusèrent.

Les Perses traversèrent la mer Égée, détruisirent Érétrie, en Eubée, puis débarquèrent à Marathon, en Attique, mais furent rejetés à la mer par 10 000 Athéniens, commandés par Miltiade, et 1 000 Platéens. Les Spartiates arrivèrent après la bataille. Cette victoire de Marathon (automne 490) fut à l'origine de la vocation impériale d'Athènes ; celle-ci eut le sentiment d'avoir réellement sauvé l'Hellade. Elle considéra que sa mission était désormais de rassembler les Grecs pour livrer la bataille décisive à la Perse. En 480, après avoir maté une insurrection de l'Égypte, Xerxès Ier, successeur de Darius, réunit une nouvelle armée à laquelle il fit franchir les Détroits (Hellespont) sur des ponts de bateaux (481/480). Athènes, qui avait mis ces années à profit pour construire une importante flotte de guerre et aménager le port du Pirée, comme le conseillait Thémistocle, fut l'âme de la résistance grecque. La flotte de Xerxès fut anéantie à Salamine (480). Voir **MÉDIQUES (guerres)**.

Athènes, Sparte et Thèbes

La victoire sur les Perses, qui permit l'épanouissement de la Grèce classique, était surtout celle d'Athènes, qui, après Salamine (mai 480), avait conservé l'initiative. Après leur évacuation par les Perses et le retrait spartiate du conflit, les îles de la mer Égée se tournèrent vers Athènes pour leur protection. En 478/477, Athènes organisa la ligue de Délos, vaste confédération égéenne, dont elle fit rapidement un instrument de son impérialisme en réduisant ses alliés au rang de cités tributaires. Sous Périclès (v.) (461/429), Athènes paracheva ses institutions démocratiques, mais resserra encore sa mainmise sur ses alliés. Elle brisa impitoyablement les révoltes et transféra dans ses murs le trésor commun, dont une partie servit à construire les admirables monuments de l'Acropole (Parthénon, Propylées...). Le danger perse écarté, cette politique heurta profondément le particularisme des cités. Les Athéniens durent faire face aux révoltes de Naxos (471), de Thasos (465/463), de Mégare (446), de l'Eubée (446/445), de Samos (441/439). Sparte profita du mécontentement qui se développait contre Athènes : depuis 462, ses relations avec Athènes s'étaient détériorées. En 446/445, les deux rivales conclurent une trêve de trente ans, mais le conflit entre Corinthe et sa colonie Corcyre et l'intervention d'Athènes aux côtés de cette dernière déclenchèrent en 431 la guerre du Péloponnèse. La lutte entre Sparte et Athènes se transforma rapidement en un conflit général, presque tous les États grecs se rangeant dans l'un ou l'autre camp, et s'étendit même à la Sicile (415/413). Cette guerre fut particulièrement dévastatrice ; des populations furent massacrées ou vendues comme esclaves ; des fléaux naturels (famine, peste à Athènes) ajoutèrent au chaos. Finalement, après presque trente ans d'hostilités, Athènes dut capituler et livrer sa flotte (404). C'est pourtant au milieu de cette crise terrible que la pensée, la littérature et l'art grecs atteignirent leur apogée ; ce fut le siècle de Périclès : dans l'architecture avec Callicrate et Ictinos ; dans la sculpture avec Calamis, Myron, Phidias ; dans la création théâtrale avec Eschyle, Sophocle, Euripide, Aristophane ; dans la poésie lyrique avec Pindare ; en histoire avec Hérodote et Thucydide ; dans la science et la philosophie avec les sophistes et Socrate.

À la faveur de la défaite, le parti oligarchique athénien, encouragé par Sparte, établit un gouvernement dit des Trente Tyrans (404), qui exerça la terreur. Il fut renversé en 403 et la démocratie fut restaurée ; mais on doit expliquer par une crise morale exceptionnelle la condamnation et l'exécution de Socrate, sous l'accusation d'impiété et de corruption de la jeunesse (399). L'hégémonie en Grèce était passée à Sparte, dont la domination ne tarda pas à éveiller un mécontentement général. Quand le roi spartiate Agésilas se trouva engagé dans une guerre contre la Perse (396/394), les Grecs se soucièrent peu d'opposer un front commun aux « Barbares ». Athènes accepta l'or perse pour reconstituer son armée et sa flotte et s'allia avec Corinthe et Thèbes contre Sparte. Les Spartiates, qui devaient mener la guerre à la fois en Perse et en Grèce, négocièrent la « paix du Roi » ou d'Antalcidas (386), qui abandonnait les villes grecques d'Asie Mineure au roi de Perse. Par la faute de leurs divisions, les Grecs perdaient ainsi les acquis des victoires remportées depuis les guerres médiques. Tandis qu'Athènes reconstituait une confédération maritime, la lutte de Sparte contre Thèbes prit un tournant décisif avec la victoire du Thébain Épaminondas à Leuctres (371). La suprématie militaire spartiate était brisée et l'hégémonie passait à Thèbes pour quelques années. Épaminondas remporta à Mantinée (362) une ultime victoire sur Sparte. Mais sa mort au combat signifiait l'effacement de Thèbes. Athènes reprit la suprématie dès 360.

La Macédoine

Au nord de la Grèce, le royaume de Macédoine s'était de plus en plus hellénisé. Il n'avait encore joué aucun rôle important en Hellade, mais sa force résidait dans sa monarchie héréditaire et dans son armée (phalange et cavalerie lourde). De 357 à 336, Philippe II de Macédoine sut mettre à profit les divisions des cités pour étendre sa domination sur toute la Grèce. Progressant tantôt par les armes, tantôt par la diplomatie et la corruption, il se rendit maître de la Thessalie et de la Grèce centrale. Dans la plupart des cités, des partis favorables au roi de Macédoine se formèrent. À Athènes, alors que Démosthène appelait ses concitoyens à la résistance, les partisans de la paix, comme Eschine, et ceux qui rêvaient à un panhellénisme renouvelé, comme Isocrate, faisaient aussi entendre leur voix. En 341, le parti antimacédonien triompha et Athènes forma une alliance avec la Béotie, Corinthe, l'Eubée, Byzance... Mais en 338, Philippe écrasa Athéniens et Thébains à Chéronée. Au lieu d'imposer à la Grèce une domination brutale, il l'organisa en confédération (assemblée de Corinthe, 337), dont il se fit donner l'hégémonie, et il orienta l'hellénisme vers un grand destin historique : la conquête de l'Asie, que réalisa son fils, Alexandre (v.).

La Grèce alexandrine et romaine

L'expédition d'Alexandre porta le rayonnement de la langue et de la civilisation grecques dans tout l'Orient, jusqu'aux confins de l'Inde. Les structures de la Grèce elle-même, toujours fidèle au modèle de la cité, évoluèrent assez peu, en dépit de l'essor des monarchies hellénistiques et des fédérations. Alexandre favorisa le mélange des peuples et donna l'exemple en épousant des filles de la famille des rois achéménides ; à son retour de l'Inde, au printemps 324, il présida à Suse les noces de 10 000 de ses soldats avec des femmes iraniennes. En fait, l'élément grec, toujours minoritaires, l'emporta dans la plupart des grandes monarchies hellénistiques, même dans l'Égypte des Ptolémées. Alexandrie et Pergame devinrent des centres de culture grecs au moins aussi brillants qu'Athènes. La formation intellectuelle et morale du monde grec fut préservée, et gagna même les élites indigènes par l'institution du gymnase (v.).

Pourtant la Grèce des cités ne désesperait pas de recouvrer son indépendance : après le soulèvement de Thèbes au moment de la mort de Philippe (336), elle s'insurgea encore à la mort d'Alexandre, mais fut soumise par les armées macédoniennes d'Antipater (guerre lamiaque, 323/322), avant d'être définitivement écrasée au terme de la guerre de Chrémonidès (vers 267/262). Deux grandes confédérations se formèrent : la ligue Étolienne (qui groupa tous les peuples de la Grèce centrale, ainsi que l'Élide et l'Arcadie) et la ligue Achéenne (une soixantaine de cités, autour de l'isthme de Corinthe) La seconde surtout connut des épisodes brillants, sous Aratos et sous Philopœmen. Mais Étoliens et Achéens usèrent leurs forces à se combattre, recherchant l'alliance, qui de la Macédoine, qui de Rome. Après la victoire romaine de Cynoscéphales (197), l'ambitieux Philippe V fut confiné à la Macédoine. L'année suivante, aux jeux Isthmiques, le général romain Flamininus proclama solennellement la liberté de toutes les cités grecques d'Europe et d'Asie. Ce fut une joie générale, mais cette décision n'eut d'autre résultat que de rendre la Grèce à ses divisions, sous hégémonie romaine. Les Étoliens favorisèrent le débarquement en Grèce d'Antiochos III de Syrie et furent battus (192). Sous la direction de Philopœmen, la ligue Achéenne imposa sa brève suprématie sur le Péloponnèse (208/183) mais dut l'abandonner sous la pression de Rome ; enfin, Persée de Macédoine, successeur de Philippe V, voulut prendre sa revanche sur Rome. Son armée fut écrasée par Paul Émile à Pydna (168), et la Macédoine fut démembrée, puis réduite en province romaine (146). Un dernier soulèvement, inspiré une fois encore par les Achéens, aboutit au sac de Corinthe par L. Mummius (146) et à la mainmise totale de Rome sur la Grèce.

La Grèce elle-même, si elle ne fut pas immédiatement réduite en province romaine, n'en passa pas moins définitivement sous la domination de Rome. Encore relativement prospère à la fin du IIe s. av. J.-C., elle fut ravagée par la première guerre de Mithridate (prise d'Athènes par Sylla, 86), par les incursions des pirates, par les guerres civiles romaines (bataille de Pharsale, 48). Enfin, en 27 av. J.-C., Auguste organisa la Grèce en province d'Achaïe Athènes, Sparte et Delphes restèrent des cités libres ou « fédérées ».

La Grèce était dépeuplée et son économie réduite à quelques industries de luxe ; le pays ressemblait de plus en plus à un musée qui attirait les touristes et les étudiants de tout le monde romain (bien que de nombreuses œuvres d'art aient été transportées à Rome depuis le IIe s. av. J.-C.). Le centre de l'hellénisme s'était déplacé à Alexandrie ; c'était là, ou en Italie, qu'émigrait l'élite grecque pour occuper la plupart des professions intellectuelles ou artistiques. Beaucoup de cités jadis importantes étaient devenues de simples villages, d'autres avaient complètement disparu, mais Corinthe avait été reconstruite sur l'ordre de César et Thessalonique s'enrichissait grâce au commerce balkanique et danubien ; le sanctuaire d'Esculape à Épidaure attirait des curistes venus de tous les points de l'Empire ; Rhodes restait le carrefour de toutes les lignes commerciales de la Méditerranée orientale ; Athènes enfin, dont l'université fut réorganisée par Marc Aurèle en 176, conservait son prestige intellectuel. Au IIIe s. commencèrent les invasions germaniques : après celui des Goths et des Hérules, le passage des Wisigoths d'Alaric, à la fin du IVe s., fit en Grèce de terribles dévastations.

La Grèce au Moyen Âge et sous la domination ottomane

Après la mort de Théodose (395), la Grèce fit partie de l'empire d'Orient (v. **BYZANTIN, empire**. De la mort de Théodose Ier à la dynastie d'Héraclius, 395/717), qui, pendant plus d'un millénaire, maintint la civilisation hellénique chrétienne. La gnose hérétique puis la gnose chrétienne de l'école d'Alexandrie (IIIe s.) avaient inauguré la fusion du christianisme et de la philosophie grecque. La première littérature chrétienne fut rédigée en langue grecque, et la patristique grecque connut son apogée lors des grandes querelles théologiques du IVe s., avec Athanase (v.), Grégoire de Nazianze, Basile, Grégoire de Nysse et Jean Chrysostome. Mais la Grèce elle-même prit peu de part à ce mouvement ; elle resta longtemps attachée à la tradition païenne jusqu'à la fermeture des écoles d'Athènes (529). Malgré les infiltrations slaves en Thrace et en Macédoine, les raids des Arabes (qui occupèrent la Crète pendant les IXe et Xe s.) et les attaques des Normands de Sicile (XIe/XIIe s.), la Grèce connut une nouvelle prospérité à l'époque byzantine. La vie économique refleurit, surtout à Corinthe et à Thèbes, qui devinrent des centres de l'industrie de la soie. La menace des invasions bulgares fut écartée par les victoires de Basile II (1014).

Mais la quatrième croisade et la prise de Constantinople par les Latins (1204) entraînèrent de grands bouleversements. Elle fut morcelée entre des principautés grecques (despotat d'Épire, v.) et latines : le royaume de Thessalonique, attribué à Boniface de Montferrat ; le duché d'Athènes, qui passa en 1311 de la famille de La Roche aux Catalans, puis aux Acciaiuoli (1388), avant de tomber aux mains des Turcs en 1456/58. Au sud, le Péloponnèse devint la principauté franque d'Achaïe ou de Morée ; elle fut gouvernée d'abord par les Villehardouin, puis progressivement reconquise, à partir de 1260, par les Byzantins. Mistra, gouvernée par des despotes issus de la famille impériale, devint au XIVe siècle le centre de la renaissance culturelle et artistique des Paléologues, au moment où le reste de l'Empire était submergé par les Turcs. La Morée byzantine fut enfin conquise par Mehmet II en 1458/60. Venise se tailla un important domaine maritime en annexant les îles Ioniennes ainsi que Modon, Coron, Argos, Nauplie et d'autres places de Morée, la Crète, l'Eubée, Lemnos, Naxos, Rhodes. Les Vénitiens réussirent à défendre leurs positions plus longtemps que les autres Latins : Nauplie ne tomba aux mains des Turcs qu'en 1540, la Crète en 1669. La domination latine laissa de fâcheux souvenirs en Grèce, ce qui explique que la domination turque, à partir de la seconde moitié du XVe s., y fut d'abord assez bien accueillie.

Les Turcs montrèrent une grande tolérance religieuse et laissèrent l'administration locale aux mains des Grecs. Leur domination se limita, en fait, à une occupation militaire, au paiement des impôts et à l'enrégimentement d'enfants chrétiens dans les janissaires, où ils faisaient souvent de belles carrières. Le défaut essentiel de cette domination était son caractère arbitraire : tout dépendait de l'humeur des sultans et de leurs pachas. De nombreuses régions furent abandonnées à une insécurité permanente, livrées aux brigands et aux *armatoles*, sorte de police supplétive que les Turcs avaient mise sur pied pour combattre le banditisme, mais qui n'était elle-même qu'un ramassis de brigands. Dans cette anarchie endémique, les Grecs ne comptèrent que sur eux-mêmes ; ils maintinrent pendant des siècles le sentiment de leur culture et de leur langue, dont l'Église était devenue la gardienne. Des Grecs réussirent à s'infiltrer dans les hauts postes de l'Empire : les Phanariotes (les Grecs du quartier de Phanar, à Constantinople), devinrent une bourgeoisie riche et influente et confisquèrent pratiquement certaines fonctions, entre autres celle de gouverneur des provinces danubiennes de Moldavie et de Valachie.

Jusqu'au XVIIIe s., la Grèce ne connut aucune révolte importante. Le combat pour l'indépendance commença avec le soulèvement du Péloponnèse, en 1770 : loin d'ailleurs d'être un mouvement local spontané, ce fut l'œuvre d'agents russes, mais Catherine II n'hésita pas à abandonner les Grecs en signant avec la Porte le traité de Kütchük-Kaïnardji (1774), et les Turcs purent écraser l'insurrection. C'est encore la Russie qui provoqua la révolte des Souliotes d'Épire et d'Albanie méridionale (1786) et qui, une fois de plus, abandonna ses alliés : après quelques succès, les Souliotes devinrent la proie du féroce Ali Pacha, gouverneur de Jannina.

La conquête de l'indépendance (1770/1830)

La fin du XVIIIe s. et le début du XIXe s. furent marqués par plusieurs grands événements qui allaient rendre possible l'indépendance de la Grèce : les principes de la Révolution française, le succès des mouvements d'indépendance des colonies anglaises et espagnoles d'Amérique créaient un climat psychologique favorable ; la décadence de l'Empire ottoman s'accentuait et le pacha de Jannina, Ali Pacha, était entré en sécession dans son fief d'Épire ; l'occupation des îles Ioniennes par les Français (1797/99, 1807/14), par les Russes (1799/1800), enfin par les Anglais (à partir de 1814), permit aux patriotes de la Grèce continentale de trouver en Russie à la fois un refuge et une base. Le tsar Alexandre Ier avait auprès de lui deux conseillers grecs, Capo d'Istria et Ypsilanti. Ce dernier accepta, en 1820, de prendre la tête du combat pour l'indépendance. En févr. 1821, il passa en Roumanie, où il essaya de soulever contre les Turcs les chrétiens orthodoxes ; mais les Roumains, qui avaient conservé un mauvais souvenir des voïvodes grecs imposés par la Porte, restèrent indifférents. Ypsilanti se vit désavoué par la Russie, et cette tentative n'aboutit qu'à une nouvelle répression.

C'est l'archevêque de Patras, Germanos, qui, le 25 mars 1821, donna le signal de la guerre de libération. Les Grecs commencèrent à massacrer les Turcs, qui massacrèrent les Grecs de Constantinople. Le mouvement souleva rapidement Athènes, puis les îles ; les insurgés disposèrent bientôt d'une flotte, commandée par Miaoulis et Kanáris. Un congrès national, réuni à Épidaure, proclama l'indépendance de la Grèce (12 janv. 1822). Mais les Turcs se ressaisirent ; en févr. 1822, ils vinrent à bout d'Ali Pacha, qui avait fait cause commune avec les insurgés grecs, puis ils massacrèrent la population de Chio (avr. 1822). Malgré la vague d'indignation qui se répandit en Europe, la politique de la Sainte-Alliance empêchait les puissances d'intervenir. Cependant, des volontaires (parmi lesquels le poète Byron) partaient au secours des Grecs. Le sultan Mahmoud II fit appel à son puissant vassal, le pacha d'Égypte Méhémet- Ali, qui avait constitué une flotte et une armée modernes avec l'aide de techniciens français. En févr. 1825, le fils de Méhémet-Ali, Ibrahim, débarqua en Morée avec une armée de 20 000 hommes ; il reconquit rapidement toute la Morée, s'empara de Navarin (1825), de Missolonghi, dont les défenseurs grecs préférèrent se faire sauter plutôt que de se rendre (25 avr. 1826), enfin de l'Acropole d'Athènes, que défendait le colonel français Fabvier (5 juin 1827). Déjà, plus de 200 000 Grecs étaient morts. La Russie, l'Angleterre et la France se décidèrent enfin à intervenir et firent une offre de médiation (6 juill. 1827), que le sultan repoussa. Une flotte anglo-franco-russe détruisit la flotte turco-égyptienne à Navarin (20 oct. 1827) et un corps expéditionnaire français libéra la Morée. En mai 1828, les troupes russes envahirent la Turquie. Voyant sa capitale menacée, le sultan se décida à traiter : au traité d'Andrinople (14 sept. 1829), il reconnut l'indépendance de la Grèce, qui fut confirmée par le protocole de Londres (3 févr. 1830) ; cependant, la Thessalie, l'Épire, la

Macédoine, la Thrace, la Crète et la plupart des îles de l'Égée restaient aux mains des Turcs.

La Grèce de 1830 à 1923

Élu président provisoire en avr. 1827, Capo d'Istria fut bientôt critiqué en raison de son gouvernement autoritaire et de sa politique trop favorable à la Russie. Une guerre civile éclata en 1830 et Capo d'Istria fut assassiné (oct. 1831). Les trois puissances protectrices de la Grèce (Angleterre, Russie, France) imposèrent alors l'établissement d'une monarchie. La couronne fut offerte à Léopold de Saxe-Cobourg-Gotha (le futur roi des Belges), qui refusa, puis au prince Othon de Bavière, fils du roi Louis Ier de Bavière, qui s'était acquis des titres de reconnaissance pour son action philhellène. Le prince Othon, qui n'était encore qu'un adolescent, fut élu par l'assemblée de Nauplie (8 août 1832). Devenu majeur en 1835, Othon (1832/62) s'attira l'animosité de ses sujets en écartant les vétérans de la guerre d'indépendance et en s'entourant de Bavarois. En sept. 1843, une insurrection le contraignit à promettre à la Grèce une Constitution, qui fut votée par l'Assemblée nationale (1844). Othon fut renversé par une insurrection en oct. 1862 et l'Assemblée nationale, sous l'influence de l'Angleterre, offrit la couronne au beau-frère du prince de Galles, le prince Guillaume de Danemark, qui devint roi sous le nom de Georges Ier (31 oct. 1863, v.), et dont la famille a régné jusqu'en 1973 sur la Grèce.

Georges Ier donna satisfaction à une vieille revendication des patriotes grecs en obtenant de l'Angleterre la cession des îles Ioniennes (1863) ; en 1881, la conférence de Constantinople permit à la Grèce d'acquérir la Thessalie et une petite partie de l'Épire. La Crète, où le soulèvement de 1866 avait échoué, fut occupée par les troupes grecques en févr. 1897, mais les grandes puissances imposèrent l'évacuation de l'île. Lorsque l'Assemblée nationale crétoise vota son rattachement à la Grèce, en oct. 1908, le gouvernement grec, par crainte de complications internationales, ne donna pas suite à cette demande. Mais la politique d'expansion et de rassemblement de toutes les terres helléniques l'emporta avec l'arrivée au pouvoir de Venizélos (v.) (janv. 1910). La participation de la Grèce, en 1912/13, aux deux guerres balkaniques lui permit d'annexer l'Épire du Sud, avec Jannina, et la Macédoine, avec Salonique, ainsi que la Crète. Après l'assassinat à Salonique du roi Georges Ier (18 mars 1913), le trône passa à son fils, Constantin, qui, beau-frère de l'empereur Guillaume II, avait des sympathies pour l'Allemagne.

Durant la Première Guerre mondiale, il s'efforça de maintenir la Grèce dans la neutralité, tandis que Venizélos, qui voulait poursuivre les conquêtes territoriales aux dépens de la Bulgarie et de la Turquie, alliées de l'Allemagne, militait en faveur de l'entrée en guerre aux côtés des Alliés. Pour forcer la main au roi, Venizélos engagea les Alliés à s'installer à Salonique. Le chef de l'armée d'Orient, Sarrail, fit débarquer au Pirée des fusiliers marins français, puis exigea l'abdication de Constantin au profit de son fils, Alexandre (12 juin 1917). La Grèce déclara alors la guerre aux Empires centraux. Les traités de Neuilly et de Sèvres (1919/20) lui assurèrent la Thrace orientale, les îles d'Imbros et de Ténédos, Smyrne et une grande partie des provinces égéennes de l'Asie Mineure. Les kémalistes turcs refusant d'accepter ce traité, les Grecs, poussés par Lloyd George, occupèrent tout l'ouest de l'Anatolie. Mais cette guerre était assez impopulaire en Grèce. Après la mort du roi Alexandre (oct. 1920), le nationaliste Venizélos fut battu aux élections du 14 nov. 1920 et un plébiscite rappela le roi Constantin (15 déc.). Cependant, les troupes grecques essuyaient en Turquie une série de défaites, et le gouvernement dut signer l'armistice de Moudanya (11 oct. 1922). Les Turcs avaient reconquis toute l'Anatolie et reprenaient possession de la Thrace orientale. Les milieux militaires contraignirent le roi Constantin à une nouvelle abdication en faveur de son fils aîné, Georges II (oct. 1922). Au traité de Lausanne (24 juill. 1923), la Grèce dut accepter la fixation de sa frontière de Thrace sur le cours de la Maritza, renonça à Smyrne, aux îles d'Imbros et de Ténédos et se vit imposer la démilitarisation des îles proches de la côte turque ; la souveraineté italienne sur Rhodes et le Dodécanèse était confirmée. La Grèce avait en outre à résoudre le problème de l'immigration d'un million et demi de réfugiés d'Asie Mineure. L'échec extérieur et les difficultés économiques amenèrent le retour au pouvoir des vénizélistes et l'abdication de Georges II (déc. 1923).

La dictature de Metaxás

La république, proclamée en mars 1924 et placée sous la présidence de l'amiral Koundouriótis, fit ses débuts dans une atmosphère troublée. Après une éphémère dictature militaire du général Pángalos (janv./août 1926), les élections de 1928 permirent à Venizélos, qui avait passé plusieurs années en exil, de reprendre la direction des affaires. Au cours de son dernier ministère (1928/32), le vieil homme d'État se montra beaucoup plus prudent que dans le passé ; il s'employa à améliorer les relations de la Grèce avec les États voisins (Roumanie, Turquie, Yougoslavie), et ces efforts aboutirent à la conclusion de l'Entente balkanique (févr. 1934). À cette date, Venizélos, victime de la crise financière, avait déjà quitté le pouvoir. La victoire des « populistes » (droite) de Tsaldharis aux élections de sept. 1932 prépara la restauration de la monarchie. Un plébiscite permit au roi Georges II de rentrer à Athènes (nov. 1935). La situation politique n'en restait pas moins très instable, car aucune majorité ne sortit des élections de janv. 1936. Invoquant la menace d'un coup de force communiste, l'ancien chef d'état-major, le général Metaxás, établit un gouvernement dictatorial (4 août 1936). Tout en maintenant le régime monarchique, il conserva le pouvoir jusqu'à sa mort, en janv. 1941. Ce régime, qui s'apparentait au fascisme, obtint un large soutien populaire. En dépit des sympathies politiques qui pouvaient l'attirer vers Mussolini, Metaxás n'obéit, dans sa politique extérieure, qu'au souci de l'indépendance grecque : il resserra l'Entente balkanique, puis, après l'occupation de l'Albanie par l'Italie, il accepta de faire garantir l'indépendance de la Grèce par l'Angleterre (avr. 1939).

La Seconde Guerre mondiale et ses suites

Au début de la Seconde Guerre mondiale, Metaxás tenta de conserver au pays sa neutralité, mais les troupes italiennes commencèrent l'invasion de la Grèce le 28 oct. 1940. Les Grecs résistèrent victorieusement aux confins gréco-albanais. Leur résistance inattendue a même contribué à faire changer l'issue de la guerre mondiale : les difficultés de son allié italien obligèrent Hitler à retarder le déclenchement de l'opération Barberousse contre l'URSS. Au cours d'une campagne foudroyante, la Wehrmacht submergea la Yougoslavie et la Grèce (avr. 1941), mais c'est seulement à la fin de juin qu'elle put entreprendre sa campagne contre l'URSS, après avoir perdu deux mois précieux qui lui eussent permis d'atteindre Moscou avant l'hiver. À la fin de 1941, la résistance grecque déclencha des opérations de guérilla contre les troupes d'occupation. Deux grands mouvements de résistance, bientôt rivaux, se constituèrent : l'EAM-ELAS, contrôlé par les communistes, et l'EDES, monarchiste, du général Zervas. Durant l'été 1944, les communistes constituèrent un gouvernement grec clandestin, qui cessa de reconnaître le roi et le gouvernement grec réfugiés au Caire. Le roi Georges II répondit en formant avec le libéral vénizéliste G. Papandréou un gouvernement de coalition composé de représentants de toutes les tendances. Pour prévenir un passage de la Grèce au communisme, Churchill fit débarquer les troupes britanniques au Pirée (oct. 1944), aussitôt après la retraite des forces allemandes. La résistance communiste engagea le combat avec les Anglais et domina rapidement la quasi-totalité de la Grèce, à l'exception de Salonique et d'Athènes. Sous la pression de Staline, l'EAM-ELAS accepta la trêve de Várkiza (févr. 1945), et la régence fut exercée par le métropolite d'Athènes, Mgr Damaskinos, jusqu'au retour de Georges II, qui eut lieu après un plébiscite (sept. 1946).

Mais la guerre froide commençait à opposer les Alliés. Rompant la trêve, les communistes déclenchèrent une guerre civile, conduite par Márkos, qui, soutenu par la Yougoslavie et le bloc soviétique, établit un gouvernement révolutionnaire à Kónitza, en Épire. De 1946 à 1949, de violents combats se poursuivirent, dans des conditions souvent atroces, entre les communistes et le gouvernement, lequel reçut des secours de l'Angleterre, puis des États-Unis. La rupture entre Tito et Staline laissa Márkos coupé de ses sources de ravitaillement, et les partisans communistes durent déposer les armes (oct. 1949).

Les crises de la Grèce contemporaine

La Grèce, sous le règne de Paul Ier (1947/64), entreprit sa reconstruction grâce à l'aide américaine du plan Marshall. En 1948, elle annexa formellement les îles du Dodécanèse, que l'Italie avait dû, l'année précédente, lui céder par le traité de Paris. Elle s'intégra au système occidental en entrant au Conseil de l'Europe (1949) et dans l'OTAN (1951). Mais le pays souffrit d'une grande instabilité gouvernementale jusqu'aux élections de nov. 1952, qui donnèrent 49,5 % des voix et la majorité absolue des sièges parlementaires au Rassemblement grec du maréchal Papagos. Papagos (1952/55) interdit le parti communiste, accorda le droit de vote aux femmes et conclut avec la Turquie et la Yougoslavie titiste un traité d'alliance (1954). Sa politique fut poursuivie par le président du Conseil Constantin Caramanlis (1955/63), mais les élections de 1958 virent les progrès de l'opposition de gauche, rassemblée dans l'Union de la gauche démocratique (EDA), et, en 1961, Georges Papandréou fonda un autre mouvement d'opposition, l'Union du centre. L'affaire de Chypre (v.) (indépendante le 19 févr. 1959) altéra quelque peu les relations de la Grèce avec les Anglo-Saxons.

Après la démission de C. Caramanlis (nov. 1963), les élections de févr. 1964 donnèrent la majorité à Papandréou, qui devint chef du gouvernement. Il voulut épurer l'armée des éléments d'extrême droite, et son fils, Andréas Papandréou, se trouva compromis avec une organisation d'extrême gauche, l'Aspidha, accusée de noyauter les milieux militaires. Le jeune roi Constantin II, qui avait succédé à Paul Ier en mars 1964, renvoya Georges Papandréou (15 juill. 1965). Cette décision déclencha une grave crise politique, qui alla en empirant jusqu'au moment où, à la veille d'élections générales, un groupe d'officiers s'empara du pouvoir (21 avr. 1967).

Cette junte militaire, animée par le colonel Papadopoulos, fit arrêter de nombreuses personnalités du centre et de la gauche, établit la censure, renvoya les élections *sine die* et institua un régime autoritaire qui proclamait sa résolution de lutter contre le communisme et d'éliminer l'ancienne classe politique corrompue. Après une vaine tentative de contre-coup d'État, le roi Constantin s'exila en Italie (13 déc. 1967) et le général Zoitakis devint « régent ». En sept. 1968, fut approuvée (à la majorité de 92,2 % des voix) une nouvelle Constitution qui maintenait le régime monarchique mais avec des pouvoirs très limités pour le roi. Soutenu par les Américains, ce « régime des colonels » était suspect aux démocraties de l'Europe occidentale qui lui reprochaient ses atteintes aux libertés fondamentales et ses méthodes policières. Le colonel Papadopoulos devint régent en mars 1972 ; il déposa officiellement le roi Constantin et fit approuver par référendum la proclamation de la république (29 juill. 1973). Mais la crise mondiale remit en question les progrès économiques faits par la

Grèce depuis 1967, et l'inflation devint spectaculaire. Ces difficultés hâtèrent la fin de cet épisode autoritaire. En 1974, le conservateur C. Caramanlis, rappelé d'exil, fut chargé de trouver une solution à la récession économique. Celui-ci fit approuver la république par référendum (déc. 1974) et promulgua une Constitution démocratique en 1975. Ces mesures permirent l'intégration de la Grèce dans la CEE, ce qui stimula l'économie du pays. En oct. 1981, la gauche remportait les élections législatives, et A. Papandréou devint Premier ministre. Reconduit par les électeurs en 1985, il imposait C. Sartzetakis comme successeur de C. Caramanlis au poste de président de la République. Le gouvernement d'A. Papandréou se montra incapable de contrôler les dépenses publiques, de contenir l'inflation et la dette extérieure, alors que des scandales financiers hâtaient la décomposition du pouvoir. Les élections de juin 1989, nationales et européennes, sanctionnaient le PASOK (parti socialiste panhelléniste). Un gouvernement d'Union nationale, incluant le PASOK, fut formé en nov. pour mener le pays jusqu'aux élections d'avr. 1990.

Ce scrutin d'avr. 1990 permit de dégager une majorité ; le chef de la Nouvelle Démocratie, C. Mitsotakis, forma un gouvernement. Le Parlement élut à la tête de l'État, le 4 mai 1990, C. Caramanlis, pour un mandat de cinq ans. Le gouvernement mit en place une politique d'austérité : blocage des salaires, réformes des retraites et assurances sociales, réduction du nombre des fonctionnaires et privatisations. Cependant, l'inflation (16 % en 1992) et le chômage (9 % en 1992) persistèrent, tandis que le déficit commercial se creusa, malgré les subventions accordées par l'Union européenne. Cette relative dépendance vis-à-vis du budget européen explique que le traité de Maastricht ait été ratifié à une large majorité, en juill. 1992, par le Parlement. En oct. 1993, la Nouvelle Démocratie, minoritaire aux élections législatives, dut céder la place au PASOK. A. Papandréou, ainsi revenu au pouvoir, maintint l'orientation économique du gouvernement sortant. Sur le plan extérieur, le gouvernement socialiste durcit sa politique. Le conflit qui depuis 1991 opposait la Grèce à la Macédoine (contentieux sur le nom du pays et le drapeau macédonien) s'exacerba en févr. 1994, avec la décision grecque de fermer la frontière gréco-macédonienne, par laquelle transitait l'essentiel du commerce macédonien. Un contentieux frontalier opposait également la Grèce à son voisin albanais, tandis que se rallumait le conflit avec la Turquie à propos de l'extension des eaux territoriales, et de l'usage des ressources et du contrôle aérien en mer Égée. La Grèce était par ailleurs accusée par ses partenaires européens de mener une politique proserbe dans le cadre du conflit yougoslave. En janv. 1996, le Premier ministre Papandréou, gravement malade, démissionna. Le socialiste modéré Costas Simitis lui succéda et fut confirmé par les élections de sept. 1996. En 1996, la Turquie, qui contestait l'extension à douze milles des eaux territoriales grecques, s'empara de quelques îlots, justifiant ainsi le poids du budget militaire grec et l'intransigeance de ses dirigeants. Malgré cette persistance des tensions turco-grecques, C. Simitis obtint, au printemps 1997, que la Grèce fît partie du groupe d'arbitres européens susceptibles d'intervenir en Albanie. Le pays continuait cependant d'afficher ses réserves face au projet de règlement présenté par les États-Unis et l'Europe, qui voulaient entériner l'occupation du nord de Chypre par l'armée turque. En conséquence, la Grèce accrut sa coopération militaire avec Chypre. L'asile accordé par l'ambassade de Grèce au Kenya au leader kurde Abdullah Öcalan, puis son enlèvement en févr. 1999 pour être livré aux autorités turques soulevèrent une grande émotion dans le pays et ranimèrent l'animosité envers les Turcs. Le déclenchement des opérations militaires de l'OTAN pour le Kosovo replaça la Grèce dans la situation délicate qu'elle avait connue lors de la guerre de Bosnie, à cause des sympathies de l'opinion pour les Serbes orthodoxes ; cela ne l'empêcha pas d'honorer ses obligations internationales pendant le conflit.

La victoire du Premier ministre C. Simitis et de son parti, le PASOK, aux législatives anticipées d'avr. 2000, confirma le soutien global de la population au projet d'intégrer la zone euro, malgré la politique de rigueur et la réduction des dépenses publiques qu'imposaient les critères de convergence fixés par le traité de Maastricht.

GREENPEACE. Association internationale de défense écologique. Elle a été fondée en 1971 à Vancouver (Canada) par des Canadiens et Américains adversaires des essais nucléaires américains dans l'île d'Amchitka, au large de l'Alaska. En 1972, Greenpeace envoya un voilier croiser dans les eaux du Pacifique afin de s'opposer aux essais nucléaires français de Mururoa, en Polynésie. Il fut arraisonné par un bâtiment de guerre de la marine nationale, mais, en 1974, les essais dans l'atmosphère furent arrêtés.

Les militants de Greenpeace ont organisé leur action autour de deux centres d'intérêt : la lutte contre les navires baleiniers de Norvège, de Russie, et du Japon (pays qui n'avaient pas accepté le moratoire de 1982 sur la chasse commerciale) ; et la lutte contre les immersions en mer de déchets nucléaires. Souvent informée avant les médias des risques accidentels de pollution, l'organisation se livre à des démonstrations spectaculaires pour attirer l'attention mondiale sur cette question et faire pression sur les législateurs. En août 1985, les services spéciaux français organisèrent dans le port d'Auckland, en Nouvelle-Zélande, le sabotage du *Rainbow Warrior*, navire appartenant à Greenpeace. Cette affaire, qui fit un mort parmi les militants écologistes, provoqua la chute de Charles Hernu, ministre de la Défense du gouvernement

Fabius, et rendit plus vive l'opposition des États de la région (Nouvelle-Zélande, Australie notamment) à l'égard des essais nucléaires en Polynésie française. À la fin du XXe siècle, Greenpeace militait activement contre le nucléaire, les organismes génétiquement modifiés, le transport maritime de matières dangereuses, et en faveur de la diminution des émissions de gaz à effet de serre. En 2002, Greenpeace comptait 1 100 salariés permanents, 26 bureaux dans 40 pays, et 2,8 millions de membres.

GRÉGOIRE Ier le Grand saint (* Rome, vers 540, † Rome, 12.III.604). Pape (590/604). D'une vieille famille patricienne romaine, fils d'un sénateur, arrière-petit-fils du pape Félix III, il se distingua par ses talents d'administrateur comme préfet de la Ville (vers 573), mais renonça bientôt à sa carrière et vendit ses biens pour se faire moine dans son palais du mont Caelius, qu'il transforma en monastère. Il lui fallut rentrer dans la vie séculière quand le pape Pélage II le choisit comme apocrisiaire (nonce) à la cour impériale de Constantinople (579/86). Dans ce dernier poste, il put se convaincre de l'indifférence grandissante des empereurs d'Orient à l'égard de l'Église romaine, menacée en Occident par les Barbares ; c'est dans la conversion de ces derniers que Grégoire vit la principale espérance du christianisme. Rentré à Rome, il reprit sa vie de prière. En sept. 590 il fut élu pape, alors que Rome, ravagée par une épidémie qui venait d'emporter le pape Pélage II, vivait des heures tragiques. L'Italie était dévastée par les invasions, l'Église en proie à la simonie et aux mauvaises mœurs, Rome menacée par les Lombards et abandonnée par l'empereur de Constantinople. Dans cette situation quasi désespérée, Grégoire Ier joua un rôle capital. Il sépara l'Église romaine des destinées de l'Empire byzantin et l'orienta vers la conquête morale de l'Occident germanique. Dédaignant l'exarque de Ravenne, représentant de l'empereur, et se posant lui-même en chef réel de l'Italie, le pape signa une paix séparée avec les Lombards (592/93), dont il prépara habilement la conversion, tout en entretenant des rapports étroits avec les autres chefs des peuples barbares, en premier lieu les Francs. Il affirma la primauté de Rome en face des prétentions du patriarche de Constantinople, refusa à ce dernier le droit de s'intituler patriarche œcuménique, adopta pour lui-même l'humble titre de *servus servorum Dei*, « serviteur des serviteurs de Dieu ». Ce furent des moines bénédictins qu'il envoya en 596, sous la direction de st Augustin de Canterbury, entreprendre l'évangélisation de la Grande-Bretagne anglo-saxonne. Théologien et moraliste, il composa un grand nombre d'écrits doctrinaux, pastoraux et spirituels, dont le Moyen Âge ne cessa de se nourrir. Son œuvre liturgique, bien que surestimée par la suite, fut également très importante. Réunissant en lui les qualités traditionnelles de l'administration romaine et l'audace apostolique du christianisme, Grégoire le Grand apparaît comme l'un des premiers fondateurs de la chrétienté médiévale. Voir PONTIFICAUX, **États**. Les États pontificaux au Moyen Âge.

GRÉGOIRE VII saint, **Hildebrand** (* Soana, Toscane, vers 1020/25, † Salerne, 25.V.1085). Pape (1073/85). Secrétaire du pape Grégoire VI, auquel il resta fidèle dans sa disgrâce, il se retira à sa mort (1048) dans un monastère, et fut dès lors gagné aux idées réformatrices qui se développaient depuis un siècle dans les milieux monastiques. À partir de 1049, sous les pontificats de Léon IX, Victor II, Étienne IX, Nicolas II et Alexandre II, le moine Hildebrand fut étroitement associé au gouvernement de l'Église. Il accomplit aussi de nombreuses ambassades. Après la mort d'Alexandre II (21 avr. 1073), il fut acclamé pape par la foule romaine, et les cardinaux ratifièrent sans difficulté ce choix.

Grégoire VII consacra son pontificat à la réforme qui porte son nom – la *réforme grégorienne*. Son rôle historique fut d'affirmer l'indépendance de l'Église en face du pouvoir séculier, et notamment du pouvoir impérial, tout en ramenant les clercs au respect de leurs devoirs par la lutte contre la simonie et l'immoralité. En 1075, au synode de Rome, il prit un décret qui condamnait en bloc les investitures conférées par des laïcs (v. INVESTITURES, **querelle des**), sans d'ailleurs distinguer suffisamment entre l'investiture spirituelle, qui ne pouvait être contestée à l'Église, et l'investiture temporelle, qui semblait relever plus justement de l'autorité laïque. Ce décret de 1075 souleva de vives oppositions, non seulement en Allemagne, mais en France et en Angleterre. Grégoire VII précisa sa pensée dans un recueil de vingt-sept sentences, les *Dictatus Papae*, qui posaient les bases d'une véritable théocratie pontificale en affirmant le droit du pape à déposer les souverains. Insurgé contre ces prétentions, l'empereur germanique Henri IV réunit ses évêques au concile de Worms (janv. 1076) et leur fit décréter la déposition de Grégoire VII. Celui-ci répliqua aussitôt en excommuniant Henri IV et en déliant ses sujets de leur serment de fidélité (févr. 1076). Cette mesure sans précédent eut un retentissement énorme : Henri IV se vit rapidement abandonné et dut se résigner à aller demander le pardon de Grégoire VII, qui se trouvait au château de la comtesse Mathilde, à Canossa. Après avoir attendu pendant trois jours dans la neige, Henri obtint la levée de son excommunication (25 janv. 1077). Quand les Électeurs allemands prononcèrent à leur tour sa déchéance et son remplacement par Rodolphe de Souabe, Henri IV prit aussitôt les armes. Grégoire VII l'excommunia de nouveau (mars 1080), mais Henri IV, débarrassé de son rival Rodolphe, mort au combat, marcha sur Rome et y intronisa un antipape, Clément III, qui lui remit la couronne impériale (mars 1084). Grégoire VII, réfugié chez les Normands de l'Italie du Sud, mourut un an plus tard. C'est sur les fondements posés par Grégoire VII que le pouvoir pontifical du Moyen Âge put atteindre son apogée avec Innocent III. Voir **Pontificaux, États.** Les États pontificaux au Moyen Âge.

GRÉGOIRE IX, Ugolin, comte de Segni (* Anagni, vers 1160-70, † Rome, 21.VIII.1241). Pape (1227/41). Voir **Pontificaux (États)** et **Sacerdoce et de l'Empire (lutte du)**.

GRÉGOIRE XI, Pierre Roger de Beaufort (* Rosiers-d'Égleton, Corrèze, 1329, † Rome, 27.III.1378). Pape (1370/78). Dernier pape français, neveu de Clément VI, qui l'avait fait cardinal à l'âge de dix-neuf ans. Canoniste réputé, successeur d'Urbain V, il céda, malgré le roi de France et la majorité des cardinaux, aux instances de ste Catherine de Sienne et ramena la papauté d'Avignon à Rome (17 janv. 1377). Il condamna le théologien et réformateur anglais John Wyclif. Sa mort marqua le début du Grand Schisme d'Occident. Voir **Schisme d'Occident (le Grand)**.

GRÉGOIRE XVI, Bartolomeo Alberto, puis **fra Mauro Cappellari** (* Bellune, 28.IX.1765, † Rome, 1er.VI.1846). Pape (1831/46). Cardinal en 1814, préfet de la Propagande en 1826, il fut élu en 1831 par le parti des *zelanti*, après un concile de plus de cinquante jours. Il succédait à Pie VIII. L'Église et les États pontificaux étaient aux prises avec les divers mouvements révolutionnaires qui avaient secoué l'Europe de 1830. Grégoire XVI ne réussit à réprimer le soulèvement de la Romagne qu'avec le concours de l'Autriche, ce qui entraîna l'occupation d'Ancône par les Français (1832).

Sur le plan doctrinal, il condamna Lamennais et son journal *L'Avenir* par les encycliques *Mirari Vos* (1832) et *Singulari Nos* (1834). Grégoire XVI fut un grand pape missionnaire et c'est de son pontificat que date le puissant renouveau des missions au XIXe s.

GRÉGOIRE Henri, dit **l'abbé Grégoire** (* Vého, Lorraine, 4.XII.1750, † Auteuil, Paris, 28.V.1831). Ecclésiastique français. Prêtre en 1774, curé d'Embermesnil en Lorraine, il se signala en 1788 par un écrit dans lequel il plaidait pour l'égalité civile des Juifs. Il fut élu député du clergé de Nancy aux États généraux de 1789. L'un des premiers à demander la réunion des trois ordres. Il prêta le serment du Jeu de paume, présida la séance du 14 juill. 1789 où les députés décidèrent de siéger en permanence. Il proposa, au 4-Août, l'abolition du droit d'aînesse et vota l'abolition de tous les privilèges. Il fut le premier à prêter serment à la Constitution civile du clergé (1790). Élu évêque constitutionnel de Loir-et-Cher, du vivant même de l'évêque légitime, il siégea à la Convention, appuya la proposition d'abolir la royauté, fit attribuer aux Juifs la plénitude des droits civils et politiques (sept. 1791) et fit décréter l'abolition de l'esclavage (1794).

Élu député à la Convention, Henri Grégoire se prononça en faveur de la république, demanda la mise en jugement de Louis XVI (nov. 1792) et l'abolition de la peine de mort. Au plus fort de la période de déchristianisation (1793/94), il continua de siéger en habit épiscopal et à défendre la liberté des cultes. Membre du Comité de l'Instruction publique, il contribua à la fondation de l'Institut et du Conservatoire des arts et métiers, dénonça le vandalisme de ceux qui détruisaient le patrimoine artistique et architectural hérité de l'Ancien régime, et prôna l'enseignement obligatoire du français pour accélérer l'unification de la nation. En févr. 1794, il fut le principal artisan du décret proclamant l'émancipation des Noirs.

Après la Terreur, il s'efforça de donner vie à une Église gallicane, réunit deux conciles nationaux (1797 et 1801), mais échoua dans sa tentative de rapprochement avec le clergé réfractaire. Membre du Conseil des Cinq-Cents sous le Directoire, du Corps législatif et du Sénat sous le Consulat, il vota contre le consulat à vie (1802) et contre l'établissement de l'Empire (1804). Ayant refusé d'adhérer au Concordat (1801), il dut renoncer à son évêché et se consacra à la lutte contre l'esclavage. Il fut l'un des premiers à proposer la déposition de l'Empereur (1814), mais, à la Restauration, il fut tenu en disgrâce par les Bourbons, qui le considéraient comme régicide. En 1819, son élection comme député de l'Isère fut invalidé sous la pression des ultras. Sur son lit de mort, il refusa de renier son serment à la Constitution civile du clergé. L'archevêque de Paris interdit de lui administrer les sacrements et de l'ensevelir chrétiennement. L'enterrement de l'abbé Grégoire donna lieu à une grande manifestation de l'opposition. Ses cendres ont été transférées au Panthéon en 1989.

GRENADE, *Grenada*. Île des Petites-Antilles, au N. de la Trinité. Découverte en 1498 par Christophe Colomb, qui la nomma *Concepción*, la Grenade fut colonisée à partir de 1650 par les Français, qui exterminèrent la population caraïbe. Directement rattachée à la Couronne en 1674, elle fut conquise en 1762 par les Anglais, qui se la firent céder l'année suivante, au traité de Paris. Les Français la réoccupèrent de 1779 à 1783. Redevenue britannique, l'île fit partie de la Fédération des Antilles britanniques (1958/62), puis devint, en 1967, un État associé au Royaume-Uni. Elle proclama son indépendance au sein du Commonwealth britannique le 7 févr. 1974.

De 1979 à 1983, la Grenade connut une expérience révolutionnaire sous la conduite de Maurice Bishop, avocat, ami de Fidel Castro et principal dirigeant de l'opposition. Rompant avec la tradition parlementaire héritée de Westminster et chère aux Antilles anglophones, la « révolution grenadine » se voulut marxiste et castriste. Mais les initiatives de Bishop inquiétèrent l'administration américaine. Pour s'en expliquer, Bishop n'hésita pas à faire le voyage de Washington. Il y fut à peine reçu, mais c'est ce voyage qui le perdit auprès des siens. Jugé trop timoré, il fut exécuté le 19 oct. 1983, après avoir été mis en minorité au sein de son gouvernement. Afin d'éviter la création d'un

« relais de la subversion soviéto-cubaine », selon l'expression de R. Reagan, des fusiliers marins américains et des détachements militaires de six îles des Caraïbes débarquèrent le 25 oct. à la Grenade. Le nouveau gouverneur général, sir Paul Scoon, forma un gouvernement provisoire destiné à organiser des élections en déc. 1984. Les troupes américaines, dont l'effectif atteignit 6 500 hommes, quittèrent la Grenade dans les derniers jours de 1983.

Après la victoire électorale, le 3 déc. 1984, de Herbert Blaize, candidat soutenu par Washington, et de son Nouveau Parti national, la normalisation à l'américaine de la Grenade s'achevait sur un succès complet. Le 19 déc. 1989, Hector Blaize s'éteignait, à l'âge de soixante et onze ans ; Ben Jones, dirigeant du Nouveau Parti national, fut nommé Premier ministre par intérim. Cependant, Nicolas Brathwaite, soutenu par une fraction dissidente du Nouveau Parti national, fut élu Premier ministre pour un mandat de cinq ans. Il fut remplacé, à la suite d'élections législatives, par le leader du Nouveau Parti national, Keith Mitchell. Ce dernier renoua avec Cuba lors d'une visite à La Havane en avr. 1997, tandis que les privatisations annoncées tardaient. L'opposition, trop divisée, ne put empêcher la réélection de Keith Mitchell. La Grenade fut touchée en nov. 1999 par le cyclone *Lenny*, qui causa des centaines de millions de dollars de dégâts.

GRENADE (royaume de). Royaume musulman d'Espagne fondé en 1232, lors de la dislocation de l'Empire almohade, par la dynastie des Nasrides. Il comprenait les actuelles provinces de Grenade et de Malaga, ainsi qu'une partie des provinces de Séville, de Cordoue et de Jaén. Vassaux des rois de Castille en 1246, les rois de Grenade s'efforcèrent de régner en souverains absolus en s'appuyant sur leur garde marocaine, mais ils se heurtèrent à la résistance de l'aristocratie foncière autochtone. Au XIVe s., le royaume connut une grande prospérité et chercha, par la possession de Gibraltar et de Ceuta, à contrôler tout le commerce entre l'Espagne et le Maghreb, comme entre la Méditerranée et l'Atlantique. Mais la pression castillane et les divisions internes mirent bientôt fin à ces ambitions. Résolus, dès le début du XVe s., à parachever la Reconquête par l'annexion du royaume de Grenade, les Castillans exploitèrent les divisions qui opposaient les grandes familles (Abencérages contre Zégris), ainsi que la rivalité du jeune Boabdil (dernier roi maure de Grenade, 1482/92) avec son père, Moulay Hassan. Après une campagne finale difficile, au cours de laquelle Gonzalve de Cordoue (v.) donna les premières preuves de son génie militaire, Grenade fut prise par les Castillans (2 janv. 1492). La Reconquête était achevée.

GRENELLE (accords de). Accords signés le 27 mai 1968 garantissant aux salariés certains avantages sociaux. Voir **Mai 1968 (crise de)**.

GRÉVY Jules (* Mont-sous-Vaudrey, Jura, 15.VIII. 1807, † Mont-sous-Vaudrey, 9.IX.1891). Homme politique français. D'une famille campagnarde, avocat, il fut élu député à l'Assemblée constituante de 1848 et à l'Assemblée législative de 1849. Républicain modéré, il dénonça prophétiquement les dangers de l'élection du président de la République au suffrage universel. Il se tint éloigné de la politique pendant presque tout le second Empire et revint siéger avec l'opposition au Corps législatif en 1868. Président de l'Assemblée nationale (1871/73), puis de la Chambre des députés (1876/79), il apparut bientôt comme l'un des chefs républicains et comme le successeur tout désigné de Mac-Mahon. Il fut élu président de la République le 30 janv. 1879. Durant huit années (1879/87), il exerça une influence discrète mais certaine sur la politique française, notamment sur la politique extérieure : attaché à la paix, qui seule permettait le relèvement du pays, il s'appliqua à rassurer les chancelleries européennes, ce qui lui valut la haine des partisans de la « revanche », qui se retrouvèrent dans le boulangisme. Réélu en 1885, il se trouva compromis par les agissements de son gendre, Daniel Wilson, qui, à l'abri de l'Élysée, se livrait à un trafic de décorations. Après avoir tenté de s'accrocher au pouvoir, il dut démissionner sous la pression du Parlement (1er déc. 1887).

GREY Jane (* Bradgate, Leicestershire, sept. 1537, † Londres, 12.II.1554). Dame anglaise. Fille de Henry Grey, marquis de Dorset et futur duc de Suffolk, elle était, par sa mère, Frances Brandon, l'arrière-petite-fille d'Henri VII. Son père associa sa fortune à celle de John Dudley, duc de Northumberland, qui représentait le parti protestant, et Jane fut mariée au fils de Dudley, Lord Guifford Dudley, en mai 1553. Édouard VI était déjà très malade ; le proche avènement au trône de sa sœur, Marie Tudor, catholique, causait de vives inquiétudes aux partisans de la Réforme. John Dudley réussit à convaincre Édouard VI de désigner comme héritière Jane Grey, qui avait du sang des Tudors. À la mort d'Édouard VI (6 juill. 1553), Jane Grey fut effectivement proclamée reine d'Angleterre ; la jeune femme, âgée de seize ans, fit tout ce qu'elle put pour écarter d'elle cette redoutable dignité. Marie Tudor ne tarda pas à faire reconnaître ses droits d'héritière légitime (19 juill.), et Jane, son mari et son père furent enfermés à la Tour de Londres. Jane et son mari, victimes de l'ambition de leurs parents, furent décapités.

GREY. Famille anglaise du Northumberland, attachée aux whigs, dont plusieurs membres jouèrent un rôle important.

Charles Grey, 2e comte Grey (* Fallodon, Northumberland, 13.III.1764, † Howick House, Northumberland, 17.VII.1845). Homme politique anglais. Principal adjoint de Fox dans sa lutte contre Pitt, il fut premier lord de l'Amirauté et secrétaire au Foreign Office dans le « ministère de tous les talents » de Grenville (1806/07). Leader des whigs à la Chambre des lords à partir de 1807, il se fit l'avocat de la réforme parlementaire et de l'émancipation des catholiques. Premier ministre de 1830 à 1834, à la tête d'un cabinet whig, il imposa, malgré la résistance des Lords, la réforme électorale de 1832, qui assura une meilleure représentation parlementaire de l'Angleterre industrielle ; on lui doit également l'abolition de l'esclavage dans les colonies britanniques.

Edward Grey, 1er vicomte Grey of Fallodon (* Londres, 25.IV.1862, † Londres, 7.IX.1933). Homme politique anglais. Ancien élève de Balliol College à Oxford, formé dans la grande tradition libérale de sa famille, il entra aux Communes en 1885 et devint ministre des Affaires étrangères dans les cabinets Campbell-Bannerman et Asquith (1905/16). Bien que profondément attaché à la paix, il jeta un regard lucide sur la menace allemande et resserra l'Entente cordiale en accordant à la France, sinon une garantie formelle, du moins une promesse d'intervention militaire britannique en cas d'agression allemande. Dans le même esprit, il régla les différends anglo-russes en Asie centrale (1907), permettant ainsi l'élargissement de l'Entente cordiale en une Triple-Entente qui encerclait l'Allemagne. Cependant, lorsque l'assassinat de l'archiduc François-Ferdinand à Sarajevo ouvrit la crise de 1914, le premier souci de Grey fut de ne rien faire qui pût précipiter l'évolution vers la guerre. Après l'ouverture du conflit, il s'efforça d'attirer l'Italie dans le camp des Alliés et fut l'initiateur du traité secret de Londres (avr. 1915) par lequel la France et l'Angleterre firent à l'Italie des promesses qui ne furent pas tenues au lendemain de la victoire. Son talent diplomatique contribua à gagner l'opinion américaine à la cause alliée. Grey se retira de la politique à la chute du cabinet Asquith. Voir GRANDE-BRETAGNE. La fin du « splendide isolement ».

GRIFFITH Arthur (* Dublin, 31.III.1872, † Dublin, 12.VIII.1922). Homme politique irlandais. Journaliste, il est le représentant typique de la génération qui suivit l'échec de Parnell (v.) et qui ne croyait plus à la possibilité d'obtenir l'autonomie irlandaise par des moyens légaux. Il fonda en 1902 le mouvement Sinn Féin (v.), qui réclama l'indépendance complète. Il se livra à une intense propagande, mais se montra relativement timide devant l'action directe. Il se tint à l'écart de l'insurrection de Pâques 1916 mais fut cependant arrêté par les Britanniques, et, grâce à cet emprisonnement, il conserva son prestige. C'est lui qui dirigea le gouvernement républicain pendant le long voyage de De Valera aux États-Unis (1920/21). Il accepta le traité de Londres de 1921 et devint le premier président de l'État libre d'Irlande. Voir IRLANDE. De la Réforme à l'indépendance.

GRIMALDI. Famille d'origine liguro-génoise, remontant au moins au XIIe s. Les Grimaldi étaient, avec les Fiesque, à la tête du parti guelfe et luttèrent contre les Doria. Voir MONACO.

GRIMALDI. Localité côtière et frontalière d'Italie (Ligurie), à proximité de Menton. Dans les grottes de l'éperon rocheux voisin de Baoussé-Roussé, a été mis au jour, à partir de 1872, un ensemble d'industries préhistoriques, allant du Moustérien au Magdalénien et une dizaine de sépultures. Dans la grotte des Enfants, deux squelettes de petite taille ont été découverts dans un niveau aurignacien (vers 30 000 ans). Certains squelettes, comme celui trouvé dans la grotte de Cavillon, avaient le crâne recouvert de nombreuses coquilles percées, suggérant le port d'une parure. Les sépultures, dans leur ensemble, recelaient également d'autres objets (petites statuettes, canines de cerf, etc). Les « hommes de Grimaldi » sont considérés aujourd'hui comme des hommes de Cro-Magnon (*Homo sapiens*).

GROENLAND, *Grönland*. Territoire danois de la région arctique, qui constitue la plus grande île du monde. Habité depuis la préhistoire (vers 2000 av. J.-C.) par les Esquimaux ou Inuit, le Groenland fut peut-être atteint au début du Xe s. par le Norvégien Gunnbjörn Ulfsson, mais sa découverte est généralement attribuée à Éric le Rouge (vers 982). La colonisation de la côte occidentale commença immédiatement et le christianisme fut introduit vers l'an mille. Le Groenland fit allégeance à la Norvège en 1261, mais cette colonie scandinave disparut au XVe s. du fait d'un très fort refroidissement climatique. Le Groenland ne fut redécouvert qu'en 1578 par le navigateur anglais Martin Frobisher. À partir de 1721, à la suite des efforts du missionnaire Hans Egede, les Danois commencèrent à s'établir durablement sur la côte occidentale, dont l'exploration fut menée systématiquement sur les ordres du gouvernement danois de 1876 à 1887. L'exploration du Groenland septentrional fut surtout l'œuvre de R.E. Peary, lors de ses voyages de 1892, 1895 et 1901. En 1814, lors de la séparation de la Norvège et du Danemark, le Groenland était resté sous la souveraineté danoise. À la suite de l'occupation du Danemark par la Wehrmacht, les Américains s'installèrent au Groenland au printemps 1941 et commencèrent à y installer des bases. Un accord américano-danois, conclu en avr. 1951 dans le cadre de l'OTAN, a permis aux États-Unis d'aménager la puissante base de Thulé, qui est une des clés du système de détection américain. En 1953, l'ancien statut colonial fut supprimé et le Groenland devint partie intégrante du Danemark.

Cet immense territoire, riche en uranium, en pétrole, en zinc, ne pouvait qu'exciter les convoitises des grandes puissances. Aussi la population (50 000 habitants) a-t-elle demandé à bénéficier de l'autonomie interne ; celle-ci lui a été accordée le

1er mai 1979, à l'issue du référendum du 17 janv. (73 % de voix en faveur du nouveau statut). Le Groenland, qui a pris le nom de *Kaladit Nunat* (« Notre pays »), a été doté de son propre Parlement ; mais la Défense et les Affaires étrangères restent du ressort du Danemark. Afin de protéger ses zones de pêche, le Groenland a décidé, par le référendum du 23 févr. 1982, de sortir du Marché commun.

GROMYKO Andreï Andreïevitch (* Minsk, 6.VII.1909, † Moscou, 2.VII.1989). Homme politique soviétique. Ancien élève de l'Institut d'économie politique Lénine de Moscou, il entra en 1939 au ministère des Affaires étrangères, dans la section américaine. Ambassadeur à Washington (1943/46), représentant de l'URSS à l'ONU (1946/49), puis ambassadeur à Londres (1952/53), il fut à deux reprises vice-ministre des Affaires étrangères (1949/52 et 1953/57), avant d'assumer, comme ministre, la direction de toute la politique étrangère soviétique de 1957 à 1985. Il fut, en outre, membre du Comité central à partir de 1956 et entra au Bureau politique du parti en 1973. Premier vice-président du gouvernement en 1983, il fut nommé par M. Gorbatchev, en 1985, à la présidence du présidium, dont il démissionna en oct. 1988. Voir RUSSIE. L'URSS sous Khrouchtchev. L'URSS sous Brejnev. De Youri Andropov à Mikhaïl Gorbatchev.

GRONCHI Giovanni (* Pontedera, prov. de Pise, 10.IX.1887, † Rome, 17.X.1978). Homme politique italien. Syndicaliste chrétien, et l'un des fondateurs, en 1919, du parti populaire (démocrate-chrétien). Il fut sous-secrétaire à l'Industrie et au Commerce dans le premier cabinet Mussolini (1922), mais, dès 1923, il passa dans l'opposition au fascisme. Il fut privé de son siège de député en 1926. Représentant du courant démocrate-chrétien dans le Comité de libération nationale, ministre de l'Industrie et du Commerce (1944/46), puis président de la Chambre (1948/55), il s'affirma comme l'un des dirigeants de l'aile gauche de la *-Democrazia cristiana* et, au sein de ce parti, s'opposa à De Gasperi et à Scelba. Avec le concours des voix socialistes et communistes, il fut élu président de la République (1955/62).

GROTEWOHL Otto (* Brunswick, 11.III.1894, † Berlin, 21.IX.1964). Homme politique allemand. Militant du parti social-démocrate à partir de 1912, il fut, après la Première Guerre mondiale, ministre de l'Intérieur du Land de Brunswick et député au Reichstag (1925/33). Resté en Allemagne pendant l'hitlérisme, il fut arrêté à plusieurs reprises. En 1945, il reconstitua en zone soviétique le parti social-démocrate (SPD) et fit campagne pour la fusion avec le parti communiste ; celle-ci fut réalisée en avr. 1946, et Grotewohl devint, avec le communiste Wilhelm Pieck, coprésident du nouveau parti socialiste unifié de l'Allemagne orientale, la SED. D'oct. 1949 à sa mort, il fut chef du gouvernement d'Allemagne de l'Est.

GROUCHY Emmanuel, marquis de (* château de Villette, près de Paris, 23.X.1766, † Paris, 29.V.1847). Maréchal de France. D'une famille noble de Normandie, officier aux gardes du corps en 1789, il se rallia aux idées nouvelles, devint général en 1792 et fut un des plus brillants cavaliers des campagnes de la Révolution et de l'Empire. Il se distingua particulièrement à Novi, Hohenlinden, Friedland, Wagram, Borodino, et fit des prodiges à la tête de la cavalerie française, durant la campagne de France de 1814. Fidèle à Napoléon, il se rallia à lui pendant les Cent-Jours et fut le dernier maréchal nommé par l'Empereur. Mis à la tête de la cavalerie de réserve de l'armée du Nord, il fut envoyé, le 16 juin 1815, à la poursuite de Blücher, mais ne put empêcher celui-ci de faire sa jonction avec Wellington. N'obtenant pas d'ordre, il resta inactif durant la bataille de Waterloo, bien qu'il entendît le bruit de la canonnade. Son absence fut fatale à Napoléon. Réfugié en Amérique, il revint en France en 1821 et fut nommé pair de France par Louis-Philippe en 1832.

GROUPE DES 7 (G7). Sommet annuel des chefs d'État des sept pays les plus industrialisés du monde. Réuni la première fois à Rambouillet en 1975, à l'initiative du président français Valéry Giscard d'Estaing, le G7 n'est pas une institution, mais un club des chefs d'État de pays réalisant à eux sept plus de 50 % de la production mondiale : Allemagne, Canada, États-Unis, France, Grande-Bretagne, Italie, Japon. Depuis l'accueil de Boris Eltsine au sommet de juill. 1994, l'habitude a été prise de parler de G8 (Groupe des 8) quand le chef de l'État russe est convié aux réunions du G7.

GROUPES ISLAMIQUES ARMÉS (GIA). Nés, comme l'Armée islamique du salut (AIS, branche armée du Front islamique du salut), de la confiscation par le pouvoir algérien de la victoire du FIS aux élections législatives de 1991, les GIA ont constitué un des groupes islamistes les plus radicaux. Cette organisation clandestine s'est donné comme but la « réislamisation » de l'Algérie et la lutte contre les « impies » par le terrorisme (assassinats d'intellectuels, d'artistes, de chrétiens, d'islamistes modérés). Fondés autour d'un noyau dur d'anciens combattants de la guerre contre les Soviétiques en Afghanistan, les GIA compteraient quelques milliers de membres, recrutés surtout parmi les jeunes des banlieues déshéritées d'Alger. Leur division en multiples cellules presque autonomes leur a permis d'échapper à la répression policière, tout en continuant à pratiquer une politique de la terreur, désavouée par les islamistes modérés et par une partie importante de la population. Ils ont mené aussi des actions à l'étranger (attentats en France en 1995 et 1996). Face à cette menace, le pouvoir a réagi en armant la population et en créant des Groupes de légitime défense (GLD). Des dissidences au sein des GIA se sont produites en 1996/97, aboutissant à la naissance de nouveaux groupes. L'accession au pouvoir d'Abdelaziz Bouteflika, en mai 1999, fit naître des espoirs de paix, mais seule l'AIS a répondu à la loi sur la concorde civile en déposant les armes. À la fin de l'année 2000, les massacres ont repris.

GUADELOUPE. Département français d'outre-mer, dans les Antilles ; chef-lieu *Basse-Terre*. 210 000 hab. en 1950, 330 000 en 1975, 435 700 en 2002. Découverte par Christophe Colomb au cours de son second voyage, en 1493, la Guadeloupe était alors occupée par des indiens Caraïbes, qui firent échouer la tentative de colonisation espagnole de Ponce de León en 1515. Dix ans plus tard, des missionnaires français essayèrent d'évangéliser l'île mais furent massacrés. La colonisation française fut entreprise par Charles de l'Olive et Duplessis le 28 juin 1635, et les Caraïbes furent exterminés ou expulsés. Rattachée à la Couronne en 1674, la Guadeloupe fut occupée par les Anglais en 1759/63, 1794 et 1810/16. L'amiral Robert la maintint, ainsi que la Martinique, sous l'autorité du gouvernement de Vichy jusqu'en 1943. Département d'outre-mer depuis 1946.

Malgré des productions vivrières diversifiées (bananes, canne à sucre et légumes) et des cultures florales qui occupent 7 % de la population, la balance agricole reste négative ; la production minière est inexistante et l'industrie peu développée. L'activité touristique offre d'intéressantes perspectives mais elle doit affronter la concurrence des autres îles des Antilles. L'accroissement régulier de la population rend inévitable une migration continue vers la métropole où vivent aujourd'hui plus de 100 000 Guadeloupéens contre 430 000 restés outre-mer.

Alors que les indépendantistes n'ont jamais été majoritaires, le gouvernement français a interdit le Groupe de libération armé, en janv. 1981, et l'Alliance révolutionnaire caraïbe, en mai 1984, après une série d'attentats. Les tensions restent importantes dans l'île ; en oct. 1999, la visite du Premier ministre Lionel Jospin suscita des manifestations et des barricades dressées par les indépendantistes.

Au référendum du 7 déc. 2003, les électeurs ont rejeté la création d'une collectivité territoriale unique (l'île est actuellement administrée par un Conseil régional et un Conseil général). Les îles de Saint-Martin et Saint-Barthélémy, aujourd'hui communes de la Guadeloupe, ont accepté le statut de collectivité territoriale unique, et vont donc devenir des collectivités d'outre-mer. Voir DOM-TOM.

GUARANIS. Peuple indien de l'Amérique du Sud, établi principalement dans le Paraguay oriental. Les Guaranis connurent un développement remarquable aux XVIIe/XVIIIe s., sous la direction des jésuites, qui les avaient organisés en « réductions ». Quand les pères de la Compagnie furent expulsés de l'Amérique (1767), les Guaranis furent exterminés ou réduits en esclavage. Voir PARAGUAY.

GUATEMALA. État de l'Amérique centrale, au S. du Mexique ; capitale *Guatemala*. 3 millions d'hab. en 1950, 6 en 1975, 12,2 en 2002. Le territoire actuel du Guatemala, qui appartenait au début du XVIe s. à la civilisation des Mayas, fut conquis par Pedro de Alvarado en 1524 et fit partie jusqu'en 1821 de l'Empire colonial espagnol. À partir de 1544, la capitainerie générale du Guatemala, directement dépendante de Madrid, engloba toute l'Amérique centrale. En 1821, l'Amérique centrale, à la suite du Mexique, proclama son indépendance. D'abord inclus dans l'Empire mexicain d'Iturbide (1822/23), le Guatemala fut le centre de la Confédération des États-Unis de l'Amérique centrale (1823/38). Indépendant de fait en 1839, officiellement en 1847, le Guatemala eut une histoire politique relativement plus stable que la plupart des autres États latino-américains. Elle se résume en quatre longues dictatures : celles de Rafael Carrera (1839/65), de Justo Rufino Barrios (1873/85), de Manuel Estrada Cabrera (1898/1920) et de Jorge Ubico (1931/44). Le Guatemala moderne fut essentiellement la création de Barrios, qui brisa la puissance de l'aristocratie locale, confisqua les biens du clergé, stimula la culture du café, construisit des routes, des chemins de fer, des lignes télégraphiques. Mais il mena aussi une politique hégémonique à l'extérieur et tenta de réaliser par la force l'union de l'Amérique centrale ; il fut tué en combattant les troupes salvadoriennes, à la bataille de Chalchuapa (1885). Après cet échec, les États-Unis prirent une part grandissante dans les affaires guatémaltèques. À leur suite, le Guatemala déclara la guerre aux puissances de l'Axe (1941). La révolution du 20 oct. 1944, qui suivit la démission d'Ubico, orienta la politique du pays vers la gauche et vers un nouveau nationalisme. Sous Juan José Arévalo (1945/51), l'armée cessa de faire peser son poids sur le gouvernement. Le successeur d'Arévalo, Jacobo Arbenz Guzmán, élu en mars 1951 avec le soutien des communistes, décida en juill. 1952 une réforme agraire et fit distribuer à la population des terres non exploitées. La réforme lésa les intérêts de la compagnie américaine United Fruit, qui avait constitué de grandes plantations de bananes et possédait en réserve une partie des terres incultes. L'influence de Washington ne fut pas étrangère au mouvement du colonel Carlos Castillo Armas, qui contraignit Arbenz à démissionner en juin 1954. À la tête d'une junte militaire, Castillo Armas, soutenu par les Américains, engagea la lutte contre les communistes, mais il fut assassiné en 1957. L'armée resta cependant maîtresse du pays. Depuis le début des années 1960, le Guatemala a vécu dans un état de guerre civile larvée du fait de l'action des guérilleros centristes, auxquels répliqua bientôt une contre-guérilla d'extrême droite animée par les organisations Mano Blanca (Main blanche) et Ojo por Ojo (Œil pour œil). Différents officiers se sont alors succédé au pouvoir et ont maintenu l'alliance de l'armée et de l'oligarchie foncière. La guérilla a continué, en particulier dans le Nord, malgré le regroupement des paysans dans des villages contrôlés par l'armée et censés couper les guérilleros de leurs bases populaires. Le dernier chef militaire en date, Oscar H. Meija Victores, au pouvoir depuis un putsch en 1983, parvint à transmettre le pouvoir aux civils en 1985, par l'élection de Vinicio Cerezo à la présidence de la République.

Jorge Serrano, élu président en janv. 1991, a engagé de nouvelles négociations avec la guérilla. Cependant, les perpétuelles violations des droits de l'homme et l'impunité des forces armées ont retardé la conclusion d'un accord. À partir de 1991, la perspective d'un apaisement a fait rentrer au pays de nombreux Indiens exilés au Mexique, au premier rang desquels Rigoberta Menchu, qui obtint le prix Nobel de la paix en 1992. Nommé président par le Parlement en juin 1993, Ramiro de León (procureur des droits de l'homme) a placé les négociations avec la guérilla sous la surveillance de l'ONU. En mars 1995, les négociations ont débouché sur un accord entre le gouvernement et la guérilla sur « l'identité et les droits du peuple indigène ».

En janv. 1996, l'élection présidentielle porta au pouvoir Alvaro Arzu, candidat de la droite modérée, et des négociations entre le pouvoir et la guérilla ont permis la signature, en déc. 1996, d'un accord de cessez-le-feu entre les deux parties, mettant fin à une guerre civile de trente-six ans qui a fait plus de 100 000 morts et 40 000 disparus. Les accords de paix prévoyaient des réformes constitutionnelles sur la justice, les forces de sécurité, l'identité et les droits des peuples indigènes, la séparation des pouvoirs et l'équité sociale. La commission d'éclaircissement historique (CEH), créée à la signature des accords, a rendu son rapport sur la guerre civile en mars 1999. Elle pointait la responsabilité de l'État guatémaltèque dans ce qu'elle a qualifié de « génocide » de la population indienne. Les premières élections générales de l'après-guerre civile, fin 1999, ont porté un coup aux espoirs des Indiens en faisant triompher, face aux partis issus de la guérilla, le Front révolutionnaire guatémaltèque (FRG) de l'ancien dictateur Efrain Rios Montt. Le référendum du 16 mai 1999, qui portait sur la reconnaissance des droits de la majorité indienne (60 % de la population), a été l'objet d'une abstention massive et s'est soldé par une victoire du « non » ; enfin, l'élection présidentielle de janv. 2000 a abouti à l'élection d'un personnage controversé, Alfonso Portillo, lui aussi membre du FRG.

GUDERIAN Heinz (* Kulm, Prusse-Occidentale, 17.VI.1888, † Schwangau, Bavière, 14.V.1954). Général allemand. D'une famille d'officiers prussiens, il resta dans la Reichswehr après la défaite de 1918 et se spécialisa dans les chars d'assaut. Aboutissant à des conclusions analogues à celles du général anglais Fuller, il préconisa en 1929 la création d'une force blindée autonome, qui donnerait à un nouveau conflit le caractère d'une guerre de mouvement. Soutenu par Hitler à partir de 1935, il rallia l'opinion allemande à ses vues par son livre *Achtung Panzer* (*Attention, les chars !*) (1936). Inspecteur des troupes rapides en 1938, il mit lui-même en pratique ses théories pendant les campagnes de Pologne et de France (v.), en 1939/40. Ayant traversé avec ses chars les Ardennes, réputées infranchissables par des engins motorisés, Guderian enfonça la défense française à Sedan (13 mai 1940), puis se hâta vers Abbeville.

Son échec devant Moscou, en déc. 1941, le fit tomber en disgrâce. En mars 1943, il fut cependant nommé inspecteur de l'armée blindée. Resté fidèle à Hitler après le 20 juill. 1944, il devint chef d'état-major de l'armée de terre (juill. 1944/mars 1945).

GUELFES ET GIBELINS, *parte Guelfa, parte Ghibellina*. Nom de deux tendances politiques italiennes dont les luttes occupèrent les XIIIe et XIVe s. Ils tiraient leur nom, par déformation, de celui des deux grandes familles allemandes rivales, celle des Welfen et celle des Hohenstaufen, qui étaient seigneurs de Waiblingen. Les guelfes étaient partisans des Welfen, les gibelins s'attachaient aux Waiblingen, c'est-à-dire aux Hohenstaufen. Cette dénomination apparut pour la première fois à Florence vers 1215, à l'époque où l'Allemagne était divisée par la lutte pour la couronne impériale entre les guelfes Othon IV de Brunswick, fils d'Henri le Lion, et Frédéric II de Hohenstaufen. Vaincu à Bouvines en 1214, Othon IV fut définitivement supplanté par Frédéric II en 1216. Les Hohenstaufen menant la lutte contre le pape, les partisans italiens de l'empereur prirent le nom de gibelins, alors que les partisans de la papauté se rattachaient au souvenir d'Othon IV le Guelfe. Guelfes et gibelins s'affrontèrent dans la plupart des cités italiennes. Les guelfes prédominèrent à Florence, Milan, Bologne, Mantoue, Ferrare ; les gibelins à Sienne, Pise, Rimini, Modène, Pavie, Crémone. Par la suite, le parti guelfe se scinda en deux : les guelfes blancs qui tendirent à se rapprocher des gibelins, et les guelfes noirs, restés partisans du pape. À la fin du XVe s., lorsque les Français commencèrent leurs expéditions en Italie, les guelfes prirent parti pour le roi de France, tandis que les gibelins s'appuyaient sur l'empereur, notamment sur Charles Quint. (Voir le détail des luttes entre guelfes et gibelins aux articles consacrés aux villes italiennes et à ITALIE. L'empereur, le pape et les communes. La fin du Moyen Âge italien.)

GUÉPÉOU, exactement GPU, abréviation de *Gossoudarstvennoïé politicheskoïé oupravlénié*, « Administration politique d'État ». Police politique soviétique qui prit la suite de la Tchéka (v.) le 6 févr. 1922. Elle fut d'abord dirigée par Dzerjinski (1922/24), puis par Menjinski (1924/34). Elle avait des pouvoirs à la fois policiers et judiciaires, et jugeait selon une procédure secrète. C'est à l'époque du premier plan quinquennal et de la liquidation des koulaks (1928/32) qu'elle fit particulièrement régner la terreur, mais elle devint si impopulaire qu'elle fut remplacée, en juill. 1934, par le NKVD (v.). Voir RUSSIE. L'URSS sous Staline.

GUERNICA. Ville sainte du Pays basque espagnol (Biscaye). Durant la guerre civile espagnole, le 26 avr. 1937, cette petite cité fut détruite par des avions allemands de la légion Condor, qui combattaient aux côtés de Franco. Ce raid, qui fit 1 654 morts et 889 blessés, suscita une immense émotion dans le monde. Picasso s'en fit l'interprète dans une de ses œuvres les plus célèbres, *Guernica*, qui fut présentée à l'Exposition internationale de 1937.

GUERRE FROIDE ET DÉTENTE. On a donné le nom de *guerre froide* à la tension qui, peu de temps après la fin de la Seconde Guerre mondiale, opposa les deux principaux vainqueurs de l'Allemagne hitlérienne, les États-Unis et l'URSS. Elle s'accompagna d'un puissant effort d'armement, de nombreuses crises locales, de rivalités diplomatiques et d'un affrontement incessant des propagandes.

Saignée et ruinée par quatre années de batailles sans précédent et par l'occupation allemande dans la partie la plus riche de la Russie d'Europe, l'Union soviétique se trouvait, en 1945, dans une situation d'infériorité manifeste en face des États-Unis, dont la puissance industrielle était intacte et qui possédaient en outre l'exclusivité de l'arme nucléaire. Les concessions faites par Roosevelt et Churchill à la conférence de Yalta (févr. 1945) ne pouvaient suffire à rassurer Staline. Tout au contraire, le dictateur soviétique semble avoir craint que ne se réalise l'ultime espoir des dirigeants hitlériens à la veille de leur effondrement et que la guerre germano-soviétique ne fût immédiatement suivie d'un assaut des puissances capitalistes contre l'URSS.

De son côté, Roosevelt croyait réellement à la démocratisation, à plus ou moins long terme, du régime soviétique, à la poursuite de la collaboration du temps de guerre et à la possibilité d'une organisation mondiale pacifique et démocratique. Truman, qui avait succédé à Roosevelt en avr. 1945, n'avait pas d'autre politique que lui ; à la fin des hostilités contre le Japon (sept. 1945), il procéda à une démobilisation rapide des forces américaines.

Les débuts (1946/50)

Dès 1945, l'URSS, non contente de réannexer les territoires qu'elle avait acquis en 1939/40 à la faveur du pacte germano-soviétique (Pologne orientale, États baltes, Bessarabie) et de les agrandir de la Prusse-Orientale, renforça sa pression politique sur les pays de l'Europe de l'Est occupés par l'Armée rouge, manifesta des visées sur les Détroits et installa un gouvernement communiste dans le nord de l'Iran. Le 5 mars 1946, dans son discours de Fulton, Churchill put accuser les Soviétiques d'avoir fait tomber un « rideau de fer » au milieu de l'Europe. En Grèce, les communistes avaient déclenché la guerre civile dans le nord du pays, et l'Angleterre, aux prises avec de graves difficultés financières, informa Washington, au début de 1947, qu'elle ne pouvait plus assumer la défense de cette région. Le 12 mars 1947, le président Truman obtint du Congrès les fonds nécessaires pour une assistance militaire aux gouvernements grec et turc ; il proclama la résolution des États-Unis de « soutenir les peuples libres qui résistent à une tentative de subversion par des minorités armées ou par des pressions étrangères ». Cette proclamation de la doctrine Truman (v.) fut suivie de l'échec de la conférence de Moscou sur l'Allemagne (avr. 1947) : l'évolution vers la coupure des deux Allemagnes allait s'accélérer. C'est à ce moment que les ministres communistes furent exclus des coalitions gouvernementales en France et en Italie (mai). Le 5 juin 1947, le général Marshall, secrétaire d'État américain, proposait le plan Marshall (v.) pour la reconstruction économique de l'Europe. Ayant perdu tout espoir dans le gouvernement de Tchang Kaï-chek, les États-Unis se retournaient vers l'Europe, résolus à tous les efforts pour y empêcher les progrès du communisme. L'aide du plan Marshall était offerte à l'Union soviétique, mais celle-ci la refusa (2 juill.) et obligea les pays de l'Europe de l'Est à agir de même.

Sans tarder, l'URSS procéda à un renforcement idéologique et politique de son bloc oriental. Après la création du Kominform (oct. 1947), le « coup de Prague » (févr. 1948) fut l'épisode le plus significatif du passage de toute l'Europe orientale à des régimes de type communiste. Les Occidentaux s'orientèrent dès lors vers la renaissance économique et politique de l'Allemagne de l'Ouest. L'URSS riposta en déclenchant le blocus de Berlin (juin 1948/mai 1949), qui fut la première épreuve de force de la guerre froide. Elle tourna à l'avantage des Américains, qui réussirent à assurer par un pont aérien le ravitaillement de l'ancienne capitale du Reich.

De part et d'autre du rideau de fer, la constitution de deux blocs sous l'hégémonie, l'un de Moscou, l'autre de Washington, ne pouvait s'accomplir sans heurts : en France et en Italie, l'année 1947 avait été marquée par de puissants mouvements de grève d'inspiration communiste. La Yougoslavie de Tito refusa la tutelle soviétique et rompit avec Staline (juin 1948). Toutes les tendances nationalistes furent impitoyablement réprimées dans les autres démocraties populaires. L'année 1949 fut marquée, sur le plan politique, par la naissance des deux Allemagnes (mai et oct.) et par la proclamation de la République populaire de Chine (sept.) ; sur le plan militaire, par la signature du pacte Atlantique et la création de l'OTAN (avr.), par l'explosion de la première bombe atomique soviétique (sept.) et par la nomination du maréchal soviétique Rokossovski comme ministre polonais de la Défense (nov.) ; sur le plan idéologique, par le procès du cardinal Mindszenty (févr.) et par le décret du Saint-Office contre le communisme (juill. 1949).

De la guerre de Corée à la conférence de Genève (1950/55)

Déclenchée par les Coréens du Nord en juin 1950, la guerre de Corée avait sans doute pour but, dans les conceptions de Staline, de sonder la capacité de réaction des États-Unis. Ceux-ci intervinrent immédiatement dans la péninsule coréenne, sous la direction du général MacArthur, mandatés par l'ONU et sûrs de l'appui de leurs alliés qui envoyèrent des contingents sur le front coréen. Jamais l'éventualité d'une Troisième Guerre mondiale ne parut plus proche, mais les deux Grands montrèrent bientôt qu'ils étaient décidés à éviter un affrontement direct. À la différence de la Chine – qui avait brisé l'offensive des forces de l'ONU à l'approche de ses frontières, en nov. 1950 –, l'Union soviétique se garda d'intervenir en Corée ; de son côté, en destituant MacArthur (11 avr. 1951) qui s'était prononcé pour l'emploi éventuel de l'arme nucléaire, le président Truman donna la preuve que les États-Unis ne laisseraient pas l'affaire coréenne dégénérer en conflit généralisé.

La mort de Staline (5 mars 1953) est considérée à juste titre comme un tournant décisif de la guerre froide. Non que les successeurs immédiats de Staline aient envisagé quelque révision radicale de la politique étrangère soviétique. Mais la lutte pour le pouvoir en URSS passait au premier plan. En juill. 1953, l'armistice put être signé en Corée, et, peu après, Washington lançait l'idée d'un pacte de non-agression américano-soviétique. Les conséquences de la guerre froide n'en continuaient pas moins à se développer à l'intérieur de chaque bloc. Dans les pays d'Europe occidentale, les partis communistes étaient exclus complètement du système politique, ce qui, inévitablement, infléchissait les majorités parlementaires vers le centre et même le centre droit. Aux États-Unis, à la suite des campagnes du sénateur McCarthy, tous les individus suspects de sympathies communistes furent éliminés de l'administration ; la condamnation à mort des époux Rosenberg en avr. 1951 (v. **Rosenberg, affaire**) intervint dans un climat d'angoisse et de suspicion qui se prêtait mal à une justice sereine.

La guerre froide, qui confirmait la cassure de l'Europe et interdisait au Vieux Continent toute politique indépendante, fut cependant mise à profit par les États de l'Europe occidentale, qui, notamment par le plan Marshall, obtinrent des États-Unis une aide financière, économique et militaire considérable. La principale bénéficiaire de cette situation fut l'Allemagne de l'Ouest (RFA) ; entrée à partir de 1949 dans l'ère du « miracle économique », elle se vit bientôt sollicitée par ses vainqueurs d'hier, qui la pressaient de réarmer pour participer à la défense commune de l'Occident. Le Parlement français ayant fait échouer le projet de Communauté européenne de défense, qui eût permis le réarmement allemand dans un cadre supranational, les accords de Londres et de Paris (oct. 1954) restituèrent sa pleine souveraineté à la République fédérale et permirent la renaissance d'une armée allemande intégrée à l'OTAN. Moscou répondit à cette évolution par le pacte de Varsovie (mai 1955), qui plaçait toutes les armées des pays de l'Europe de l'Est sous un commandement suprême soviétique.

À cette date, cependant, l'idée de la *détente* commençait à se répandre de part et d'autre du rideau de fer : elle suscita en juill. 1955 la conférence de Genève, première réunion au sommet depuis 1945 des anciens alliés de la Seconde Guerre mondiale. Cette conférence n'aboutit à aucun résultat concret sur le désarmement.

Vers la fin de la guerre froide (1956/63)

L'« esprit de Genève » ne put produire ses fruits aussi rapidement qu'on l'espérait à cause du profond ébranlement que subit le bloc soviétique à la suite du XXe congrès du parti communiste (févr. 1956). Lors de l'insurrection de Budapest (oct./nov. 1956), il fut évident que les Américains ne cherchaient pas à profiter des difficultés soviétiques et que les populations de l'Europe de l'Est ne devaient pas escompter leur secours pour se libérer de la tutelle de Moscou. Au même moment, lors de la crise de Suez (v.), les États-Unis et l'URSS exerçaient une action diplomatique convergente pour mettre fin à l'intervention franco-britannique aux côtés d'Israël. L'avance prise par les Soviétiques dans le domaine spatial (lancement de Spoutnik I, oct. 1957) contribua à un rééquilibre des forces qui ne pouvait que hâter le dialogue entre les deux Grands. En 1958 s'ouvrit à Genève une conférence sur l'arrêt des essais nucléaires. Après un voyage du vice-président Nixon (v.) à Moscou, Khrouchtchev (v.) se rendit aux États-Unis et rencontra Eisenhower à Camp David (sept. 1959).

Cependant, la conférence au sommet de Paris (mai 1960) échoua dès sa première séance, les Soviétiques venant de découvrir que leur territoire était espionné par des avions de reconnaissance américains volant à haute altitude. Khrouchtchev, dont la politique de « coexistence pacifique » était déjà critiquée par les Chinois, tenta vainement, en déclenchant la nouvelle crise de Berlin, d'obtenir un succès de prestige qui eût renforcé sa position au sein du monde communiste. La construction du mur de Berlin (v.) (août 1961) parut même relancer la guerre froide. La volonté de paix du Kremlin se manifesta l'année suivante, lorsque Khrouchtchev, en oct. 1962, céda à un ultimatum du président Kennedy et accepta de retirer les fusées soviétiques de Cuba. Désormais, l'aggravation du conflit idéologique avec la Chine allait pousser Moscou à rechercher un règlement d'ensemble avec l'Occident. L'accord de Moscou sur l'arrêt des essais nucléaires dans l'atmosphère (juill. 1963) marqua la fin d'une époque. La puissance nouvelle de la Chine, la politique d'indépendance poursuivie par le général de Gaulle manifestaient d'ailleurs l'apparition de forces nouvelles ; à la division du monde en deux blocs immobilisés par l'« équilibre de la terreur », elles tendaient à substituer de nouveaux pôles de puissance, réellement autonomes bien qu'incapables de rivaliser avec les Grands.

Le développement de la détente (depuis 1963)

Les États-Unis et l'URSS devaient maintenant s'efforcer de maintenir leur position de supergrands. Alors que les Américains se trouvaient menacés économiquement et commercialement par l'essor rapide de l'Europe occidentale et du Japon, les Soviétiques voyaient grandir avec inquiétude la puissance chinoise, ce qui les poussait à rechercher la garantie des positions acquises en Occident depuis 1945. Par ailleurs, au cours de la décennie 1960, les Soviétiques conquirent peu à peu l'égalité avec les Américains dans le domaine de l'armement nucléaire. En raison de la supériorité de l'économie et de la technologie américaines, seule la détente pouvait assurer le maintien de cette égalité. La détente répondait également à d'autres objectifs de l'URSS : objectifs politiques (écarter toute tentative de subversion occidentale dans les démocraties populaires de l'Est européen) et objectifs économiques (développer l'économie soviétique, particulièrement en Sibérie, grâce à l'aide de la technologie, des méthodes de gestion modernes et des crédits américains). La détente présentait aussi des avantages pour les Américains, par l'allégement des dépenses militaires, le maintien de la neutralité des Soviétiques dans le conflit vietnamien et l'ouverture de nouveaux marchés pour l'économie américaine. Pour s'immiscer dans ce dialogue des supergrands, l'Europe occidentale ne disposait que de très peu d'atouts. Les Soviétiques laissèrent sans réponse l'idée gaullienne d'une « Europe de l'Atlantique à l'Oural ». En revanche, l'Allemagne fédérale pouvait jouer un rôle important en abandonnant toute attitude révisionniste susceptible de remettre en cause les frontières fixées en 1945 : c'est lorsque le chancelier Brandt entra dans cette voie, en inaugurant en 1969 son *Ostpolitik*, que la politique de détente aboutit à des résultats concrets.

À la fin des années 1960, il devint clair que les Américains et les Soviétiques étaient résolus à éviter tout affrontement direct, que ce fût à propos du Viêt-nam, du conflit israélo-arabe (entrevue Johnson-Kossyguine à Glassboro, juin 1967) ou des difficultés de l'URSS dans ses rapports avec les démocraties populaires (abstention américaine lors de l'invasion de la Tchécoslovaquie par les troupes du pacte de Varsovie, août 1968). En 1970, des progrès majeurs vers la détente en Europe furent réalisés par les initiatives diplomatiques ouest-allemandes : en signant des traités avec l'URSS (août 1970) et la Pologne (nov. 1970), le chancelier Brandt reconnut *de facto* les frontières de 1945, et ouvrit ainsi la voie au traité des Quatre sur Berlin (sept. 1971) et à la normalisation des rapports entre les deux Allemagnes (déc. 1972) (v. ALLEMAGNE).

En mettant fin à la guerre du Viêt-nam et en renouant spectaculairement les relations avec Pékin (févr. 1972), les Américains, qui, en juill. 1969, avaient remporté sur les Soviétiques la course à la Lune, renforçaient leur position dans les négociations sur la détente ; celles-ci furent marquées par les visites de Nixon à Moscou (mai 1972, juin 1974), de Brejnev aux États-Unis (juin 1973) et par les entretiens Brejnev-Ford de Vladivostok (nov. 1974). Du côté américain, le grand artisan de la politique de détente fut le secrétaire d'État Henry Kissinger (v.).

Des négociations actives furent menées sur la limitation des armements nucléaires et le désarmement. En août 1963, les États-Unis, l'Angleterre et l'Union soviétique avaient conclu l'accord de Moscou, qui, pour une durée illimitée, interdisait les expériences nucléaires dans l'atmosphère, sous les mers et dans l'espace. Cet accord, entré en vigueur le 10 oct. 1963 et ratifié par plus de cent États, vit cependant sa portée limitée du fait que la France et la Chine, devenues puissances nucléaires – respectivement en 1963 et 1964 –, refusèrent d'y souscrire. Pour les gouvernements français et chinois, en effet, les accords des Anglo-Saxons et des Soviétiques avaient pour seul but de maintenir fermé le « club » atomique et de sauvegarder l'avance militaire prise par les États-Unis l'Angleterre et l'URSS.

C'est avec la même méfiance que Paris et Pékin accueillirent le traité de non-prolifération nucléaire qui, réclamé par l'Assemblée générale de l'ONU depuis 1961, fut signé par les États-Unis, la Grande-Bretagne et l'URSS le 1er juill. 1968, et ratifié ensuite par une centaine d'États, mais non par la France et la Chine. Par ce traité, les puissances nucléaires concernées s'engageaient à ne pas transférer à d'autres pays, directement ou indirectement, des armes nucléaires ; les puissances non nucléaires s'engageaient de leur côté à ne pas fabriquer d'armes nucléaires ni à en acquérir, à ne rechercher ni recevoir une aide quelconque pour la fabrication de ces armes. Les États-Unis décidèrent en outre de renoncer à toutes les formes de guerre biologique et à ne pas utiliser les premiers les gaz toxiques (nov. 1969). À partir de 1967, Américains et Soviétiques, obéissant avant tout à des considérations d'économie, en raison du coût considérable qu'aurait entraîné la création d'un système défensif antifusées, envisagèrent des négociations concernant la limitation réciproque des armements stratégiques (Salt I, *Strategic Arm Limitation Talk*). Ouvertes en nov. 1969 à Helsinki, ces négociations aboutirent à un premier traité, que Nixon et Brejnev signèrent à Moscou le 26 mai 1972.

En août 1975, la Conférence sur la sécurité et la coopération en Europe (CSCE), réunie à Helsinki, aboutit à la signature par tous les pays européens (à l'exception de l'Albanie), le Canada et les États-Unis d'un acte consacrant la politique de détente, l'égalité des États, leurs frontières actuelles, le non-recours à la force, la non-intervention dans les affaires intérieures et le respect par tous les États signataires des droits de l'homme et des libertés fondamentales.

En Occident, la politique de détente fut critiquée par ceux qui considérèrent qu'elle ne profitait qu'à l'Union soviétique en légitimant sa domination sur l'Europe orientale, en lui assurant l'aide financière et technique occidentale, en isolant la Chine populaire et en affaiblissant l'Alliance atlantique. Mais d'autres observateurs soulignèrent que le bilan de la détente était positif pour l'Occident : d'abord, les contestataires ou « dissidents » de l'Europe de l'Est purent invoquer les accords d'Helsinki (signés par l'URSS) pour justifier leur combat ; les Soviétiques avaient renoncé à leurs menaces sur Berlin-Ouest et obligé le gouvernement communiste de la République démocratique allemande à accorder aux Allemands de l'Ouest la liberté de voyager en RDA. Ils avaient accepté la négociation sur la réduction des forces militaires classiques, où leur supériorité était considérable ; enfin la détente ouvrait d'importants marchés à l'économie occidentale – particulièrement à ses excédents agricoles et à ses produits de haute technologie. En retour, l'URSS allait alimenter l'Europe occidentale en gaz et autres matières premières.

Le renouveau des tensions

Les relations Est-Ouest sont entrées en 1980 dans une nouvelle zone de turbulence, provoquée par la déstabilisation de trois pays situés aux portes de l'URSS : l'Iran (v.), où au début de 1979 une dictature théocratique a remplacé le régime monarchique ; l'Afghanistan, envahi par l'armée soviétique à la fin de 1979, alors que ce pays neutre, non membre du pacte de Varsovie, ne présentait aucun risque pour l'URSS ; la Pologne (v.), où au début de 1980 éclatait une triple crise économique, syndicale, politique. Deux menaces se profilaient pour l'URSS : celle de la contamination de l'Europe de l'Est par la fièvre polonaise et celle de la contamination des populations islamiques d'Union soviétique par la fièvre iranienne à travers l'Afghanistan. Sans doute les points chauds, anciens ou plus récents, où s'exerçait la concurrence américano-soviétique ne manquaient-ils pas, en Afrique, par exemple, où l'URSS aida au transport de troupes cubaines pour intervenir en Éthiopie et en Angola. Mais aucun de ces foyers n'était aussi proche du monde soviétique. Il fallut trois années (1980/83) pour que le risque polonais fût temporairement contenu par la mise en place de la dictature du général Jaruzelski (v.), largement appuyé par l'URSS. Il était impossible à Moscou d'intervenir directement en Iran ; l'URSS tenta d'ailleurs de se concilier dans un premier temps le nouveau régime mais celui-ci se révéla finalement tout aussi antisoviétique qu'antiaméricain. Quant à l'Afghanistan, l'URSS y commença une guerre difficile dont le but n'était pas tant de gagner vite que de ne pas perdre et de jouer le facteur temps. Les opérations polonaise et afghane coûtèrent cher au prestige soviétique dans le monde : condamnation de l'Assemblée de l'ONU, boycottage des jeux Olympiques de Moscou (1980), interdiction de la vente de certains produits de haute technologie de la part des États-Unis et de certains de leurs alliés ; elles provoquèrent de larges remous dans l'opinion de gauche des pays occidentaux et donnèrent des arguments antisoviétiques aux pays islamiques modérés (conférence islamique d'Islamabad le 29 janv. 1980) ; elles contribuèrent enfin à radicaliser l'opinion américaine elle-même, et le républicain Ronald Reagan (v.) triompha aisément du démocrate Jimmy Carter (v.) lors des élections présidentielles de nov. 1980. D'autre part, malgré quelques progrès quantitatifs, objets de nouveaux accords ou négociations entre les deux Grands, la politique de désarmement se trouva entravée par la crise des euromissiles (v.), à la fin des années 1970.

La fin de la confrontation Est/Ouest

Dans les années 1980, alors que le président américain R. Reagan orientait les chercheurs du Pentagone vers une sorte de bouclier spatial (IDS, Initiative de défense stratégique), les changements à la tête de l'État soviétique (accession au pouvoir de M. Gorbatchev, en 1985) entraînèrent une évolution de la perception du rapport des forces. En Europe, hérissée de missiles, la montée du pacifisme menaçait plus réellement l'OTAN, et dans une moindre mesure le pacte de Varsovie, qu'une guerre nucléaire devenue totalement irrationnelle en raison des destructions à tout jamais irréparables qu'elle occasionnerait dans chaque camp. La crise des euromissiles connut donc un épilogue heureux, en déc. 1987, quand Reagan et Gorbatchev signèrent le tout premier accord – FNI, pour Forces nucléaires (de portée) intermédiaire – de désarmement nucléaire bilatéral et contrôlé, amorçant une période de détente généralisée.

La compétition militaire tourna même, dès lors, à l'entraide économique : l'Occident semblait sûr de son avantage dans ce domaine, et les dirigeants les plus avisés des pays de l'Est savaient que leur survie politique dépendait, à terme, plus de leur capacité à satisfaire les besoins de leurs concitoyens que de l'accumulation d'armes nucléaires. Les nouveaux modèles de défense s'intégraient donc au développement technologique d'industries de pointe capables de fabriquer des armes ultrasophistiquées, « furtives », de haute précision, les arsenaux nucléaires ne conservant qu'une fonction dissuasive globale.

À la faveur de la glasnost et de la perestroïka, l'URSS entra dans une collaboration de plus en plus active avec les pays occidentaux, en particulier les États-Unis. Le retrait soviétique d'Afghanistan en 1988/89 et celui des Cubains d'Angola (1989/90) marquèrent ce rapprochement. C'est la chute du mur de Berlin qui vint, en novembre 1989, mettre un terme définitif à la confrontation Est/Ouest. Rapidement suivi de l'écroulement des régimes communistes d'Europe centrale, puis de l'éclatement de l'URSS, cet événement marqua la fin du monde bipolaire de la guerre froide.

GUERRE MONDIALE 1914/18. La cause immédiate du conflit fut l'assassinat à Sarajevo, par le terroriste serbe Princip, de l'archiduc héritier d'Autriche-Hongrie, François-Ferdinand (28 juin 1914). Mais la Première Guerre mondiale eut des causes plus lointaines ; elle fut l'aboutissement des rivalités qui déchiraient l'Europe depuis un demi-siècle et de la « course aux armements ».

Ses origines

L'Autriche-Hongrie, incapable de résoudre le problème des minorités nationales, dont le réveil, depuis 1848, menaçait de provoquer l'éclatement de l'empire des Habsbourg, chercha à profiter de l'attentat de Sarajevo pour lancer une guerre préventive contre la Serbie, qui était devenue le foyer le plus actif de l'agitation slave dans les Balkans. Mais son espoir d'une guerre localisée fut déçu par l'attitude résolue adoptée dès le début de la crise par la Russie. Celle-ci n'obéissait pas seulement à sa mission traditionnelle de protectrice des minorités slaves. Menacé par la révolution, humilié par les défaites qu'il avait subies dans la guerre russo-japonaise de 1904/05, l'Empire des tsars s'orientait vers une diversion à ses problèmes intérieurs et souhaitait, au nom de la défense nationale, juguler les éléments révolutionnaires. L'Allemagne fut entraînée dans le conflit par son alliance avec l'Autriche, mais elle porta elle-même une lourde part de responsabilités. Cet Empire à la fois militaire et économique était gouverné par Guillaume II, qui, dès son avènement, avait abandonné la politique prudente de Bismarck et s'était plu à multiplier les déclarations et les manifestations provocantes (Tanger, 1905 ; Agadir, 1911). Depuis le début du siècle, l'Allemagne s'était engagée dans un puissant effort d'armement terrestre et naval. La puissance de sa flotte et surtout l'expansion extraordinaire de son industrie et de son commerce devenaient pour l'Angleterre une menace redoutable. Aussi, en 1904, le Royaume-Uni et la France avaient noué l'Entente cordiale, élargie à partir de 1907 en une Triple-Entente franco-anglo-russe, qui donnait à l'Allemagne le sentiment d'être encerclée et lui inspirait la tentation d'utiliser sa supériorité militaire pour briser cet encerclement. L'affaiblissement de la Russie tsariste et l'instabilité du régime parlementaire en France incitaient également Guillaume II à rechercher sans retard la décision par les armes.

En France, l'obsession de la revanche de la guerre de 1870/71 avait provoqué des crises périodiques de chauvinisme, lors du boulangisme et de l'affaire Dreyfus. À partir de 1900, le nationalisme, par la voix de ses doctrinaires et de ses poètes (Maurras, Barrès, Péguy), avait trouvé une audience grandissante dans les milieux intellectuels. En 1913, malgré l'opposition de la gauche, une loi avait institué le service militaire de trois ans. Cependant, la majorité de l'opinion française était hostile à la guerre, et les élections de mai 1914, qui avaient donné la victoire à la gauche, apparaissaient comme une condamnation de la loi de trois ans et de la politique de course aux armements. Il est certain que le gouvernement français a multiplié les appels à la prudence auprès de son allié russe. Mais, en même temps, le voyage de R. Poincaré à Saint-Pétersbourg, en juill. 1914, avait été l'occasion de confirmer les traités, et notamment l'accord militaire défensif de 1913.

À l'ultimatum austro-hongrois à la Serbie (23 juill. 1914), la Russie répliqua par un engagement très net de soutien à la petite nation slave. Le gouvernement allemand accorda une sorte de chèque en blanc à l'Autriche-Hongrie. En dépit de ses dénégations postérieures, Berlin fut parfaitement informé des termes de l'ultimatum autrichien et y donna son accord. L'attitude modérée du chancelier allemand Bethmann-Hollweg se trouva contredite par l'état-major allemand. L'Autriche-Hongrie ayant déclaré la guerre à la Serbie (28 juill.), la Russie décréta aussitôt la mobilisation générale (30 juill.). L'assassinat de Jaurès à Paris (31 juill.) symbolisa la défaite des forces de paix : les passions nationales étaient déjà si fortes que les socialistes, aussi bien en France qu'en Allemagne, se résolurent à voter les crédits de guerre et à participer à « l'Union sacrée ». L'Allemagne déclara la guerre à la Russie (1er août), puis à la France (3 août). Le 4 août, les troupes allemandes violaient la neutralité belge, ce qui décida l'Angleterre à intervenir à son tour. Le Japon, allié de l'Angleterre, déclara la guerre à l'Allemagne le 23 août. Enfin, le 29 nov., la Turquie entra dans le conflit aux côtés des Empires centraux.

Échec de la guerre de mouvement (1914/15)

Deux blocs se trouvaient ainsi opposés : les Alliés (France, Russie, Angleterre, Serbie, Monténégro, Belgique, Japon) contre les puissances centrales (Allemagne, Autriche-Hongrie, Empire ottoman). La guerre fut tout de suite mondiale, car elle se déroula non seulement en Europe, mais aussi dans les colonies allemandes, qui, pour la plupart, furent rapidement conquises par les Alliés (à l'exception de l'Afrique-Orientale allemande, où Lettow-Vorbeck résista jusqu'en 1918), et sur toutes les mers, où les croiseurs puis les sous-marins allemands firent la chasse au commerce allié ; inversement, la supériorité numérique des flottes alliées permit d'imposer aux Empires centraux un blocus de plus en plus efficace. Cependant, du début à la fin du conflit, toutes les batailles décisives furent livrées sur le sol européen. L'Allemagne, qui devait combattre sur deux fronts, chercha à obtenir une victoire rapide à l'O. et mit à exécution le plan Schlieffen. Après avoir occupé presque toute la Belgique, le gros des forces allemandes marcha vers Paris par le N. de la France. Mais la capitale française fut sauvée par la victoire de Joffre sur la Marne (sept. 1914). Les Allemands reportèrent alors leur effort sur le secteur N. du front et déclenchèrent la « course à la mer », afin de s'emparer des ports français de la mer du Nord et de la Manche. Mais, là encore, l'offensive allemande fut arrêtée par les Alliés (bataille d'Ypres et de l'Yser, oct./nov. 1914 ; v. ces noms). Sur le front occidental, la guerre s'enlisa alors pour plus de trois ans sur une ligne jalonnée approximativement par Nieuport, sur la côte belge, Ypres, Arras, Soissons, Reims et Verdun. À la guerre de mouvement succéda la guerre de tranchées, terriblement éprouvante pour les combattants que leurs chefs lançaient parfois à l'assaut pour conquérir une colline ou quelques milliers, voire quelques centaines de mètres de terrain (bataille d'Ypres, avr./mai 1915 ; de Champagne, sept. 1915 ; de Verdun, févr./déc. 1916 ; de la Somme, juin/nov. 1916 ; de l'Aisne et de Champagne, avr./mai 1917, voir ces noms).

En revanche, sur le front oriental, la guerre conserva son caractère de mouvement. Le « rouleau compresseur » russe fut arrêté par Hindenburg et Ludendorff à la bataille de Tannenberg (août 1914) et des lacs Masures (sept.). En 1915, les Austro-Allemands conquirent la Pologne et la Lituanie (juill./sept.) et infligèrent à l'armée russe des pertes considérables. Tandis que la tentative alliée aux Dardanelles aboutissait à un échec (printemps 1915), la Bulgarie entrait en guerre aux côtés des Empires centraux (sept.), et la Serbie, attaquée de toutes parts, s'effondrait en oct. 1915. Du moins les Alliés réussirent-ils à maintenir dans les Balkans la tête de pont de Salonique. L'entrée en guerre de l'Italie (mai 1915) ouvrit un nouveau front sur l'Isonzo, dans les Alpes de Carinthie et le Tyrol ; mais, là encore, aucune décision ne put être emportée.

Verdun, l'effondrement russe et l'intervention américaine

L'année 1916, malgré les trois offensives de Broussilov (juin/déc.), vit se consommer la dislocation de l'armée russe. La Roumanie, qui s'était rangée en août 1916 dans le camp allié, fut submergée en quelques mois par les Allemands et les Autrichiens. Mais ces victoires sur le front oriental apparaissaient secondaires aux yeux du haut commandement allemand. Le temps jouait en faveur des Alliés, car ceux-ci disposaient des ressources du monde entier, alors que les Empires centraux commençaient à souffrir du manque de matières premières et de ravitaillement alimentaire. Aussi Falkenhayn, décidé à « saigner » l'armée française, déclencha, le 21 févr. 1916, l'offensive allemande contre Verdun, en procédant par attaques successives et limitées, avec un appui considérable d'artillerie, de manière à infliger aux Français les plus lourdes pertes. Cette bataille de Verdun (févr./déc. 1916) marqua l'apparition d'une nouvelle forme de la guerre moderne de matériel, qui vise la victoire par l'anéantissement de l'adversaire. Ainsi, 700 000 Allemands et Français avaient été tués ou blessés, alors que Verdun restait aux Français. Vers la même époque apparurent de nouvelles armes : les gaz asphyxiants, utilisés pour la première fois par les Allemands à Ypres (avr. 1915) ; les zeppelins et les avions de bombardement, qui attaquèrent durant l'année 1915 Paris et l'Angleterre méridionale ; les chars d'assaut, que les Anglais mirent en ligne pour la première fois sur la Somme en sept. 1916.

L'ampleur des pertes humaines et l'absence de résultats décisifs amenèrent les Empires centraux à faire des ouvertures aux Alliés (déc. 1916), tandis que le président des États-Unis, Wilson, proposait aux belligérants une « paix sans victoire » (janv. 1917). Les offres ennemies furent repoussées par les Alliés, qui n'y virent qu'un signe de l'affaiblissement de l'adversaire. Cependant, 1917 allait être, pour les Alliés, l'« année trouble ». Le moral des combattants donnait des signes graves d'épuisement : les désastres militaires, la désorganisation économique, les famines provoquèrent la première révolution russe et la chute du tsarisme (mars 1917) ; le gouvernement Kerenski se montra cependant décidé à poursuivre la guerre, mais il fut renversé par les bolcheviks en nov. 1917, et le gouvernement des Soviets, après avoir obtenu l'armistice (déc.), signa avec l'Allemagne la paix de Brest-Litovsk (févr. 1918), qui assurait aux puissances centrales les ressources de l'Ukraine. En France, la sanglante et inutile offensive de Nivelle sur le Chemin des Dames (avr./mai 1917) provoqua des mutineries dans l'armée, où le calme fut rétabli par les mesures prises par Pétain (mutins fusillés). Le front italien fut enfoncé à Caporetto (oct. 1917) et dut être ramené sur la Piave. L'Allemagne, pour essayer de couper les lignes de ravitaillement des Alliés, avait déclenché en févr. 1917 la guerre sous-marine à outrance, s'attaquant à tout trafic commercial avec la France et l'Angleterre, y compris celui qui provenait des pays neutres. Cette stratégie eut pour résultat d'aggraver rapidement les rapports germano-américains, et, le 6 avr. 1917, les États-Unis déclarèrent la guerre à l'Allemagne ; un corps expéditionnaire américain fut envoyé en France, sous le commandement du général Pershing.

La victoire alliée

L'entrée en guerre de l'Amérique (les États-Unis avaient été suivis par la plupart des États latino-américains) eut un grand effet moral chez les Alliés désormais soutenus par les ressources matérielles et financières des États-Unis, qui compensaient ainsi la défection de la Russie et avaient désormais le sentiment que le monde entier était à leurs côtés dans une « guerre du droit ». La guerre sous-marine allemande, dont les Alliés ne vinrent à bout que très difficilement, infligea des pertes énormes au commerce allié (plus de 5 millions de tonnes coulées dans la seule année 1917), mais sans parvenir à compenser l'infériorité de potentiel dont souffraient les Empires centraux. L'Autriche-Hongrie, en particulier, donnait des signes d'affaiblissement, et le nouvel empereur Charles Ier fit une tentative de négociation, que repoussèrent les Alliés (avr. 1917). L'année 1918 s'ouvrit par la déclaration des Quatorze Points de Wilson (8 janv.), qui posait les bases d'une paix future. Mais, en 1917, libérés de la guerre à l'E., les Allemands décidèrent d'emporter la décision avec des forces considérables sur le front occidental. Le 21 mars 1918, ils lancèrent une série d'offensives dont l'une, en juill., les ramena aux abords de Compiègne et sur la Marne. Paris, bombardé par l'artillerie lourde, était de nouveau menacé. Mais les Alliés, qui avaient unifié leur commandement sous la direction de Foch (avr. 1918), bénéficiaient maintenant de la supériorité numérique et de centaines de tanks qui modifièrent les conditions de la guerre. La seconde bataille de la Marne, engagée le 18 juill. 1918, allait amener en quatre mois, par une série de « coups de boutoir », la reconquête de toute la France du Nord et la défaite allemande.

Sur tous les autres fronts, les Alliés étaient passés à l'offensive. En 1917, les Anglais, entraînant les Arabes dans une révolte contre les Turcs, s'étaient emparés de Bagdad et de Jérusalem. En Macédoine, l'armée de Salonique, sous Franchet d'Esperey, rompit le front bulgare (15 sept.) puis libéra la Serbie et la Roumanie, provoquant la désagrégation de l'Autriche-Hongrie, qui signa l'armistice le 4 nov. En Italie, le général Diaz avait effacé Caporetto par la grande victoire de Vittorio Veneto (24 oct.). Aux premiers jours de nov. 1918, la révolution éclata dans la flotte de guerre allemande à Kiel, et dans la plupart des grandes villes. Guillaume II se résigna à abdiquer (9 nov.) et l'armistice, demandé par Max de Bade, fut signé dans le wagon de Foch stationné à Rethondes (v.) (11 nov.).

Bilan du conflit

La Première Guerre mondiale, terminée par les traités de Versailles (28 juin 1919), de Saint-Germain-en-Laye (10 sept. 1919), de Neuilly (27 nov. 1919), de Trianon (4 juin 1920) et de Sèvres (10 août 1920) (voir ces noms de traités), entraîna la disparition des quatre grands empires de l'Europe continentale, celui des Romanov en 1917, ceux des Hohenzollern et des Habsbourg en 1918, celui des Ottomans en 1922. Elle modifia profondément la carte de l'Europe et fit apparaître des nations nouvelles (Yougoslavie, Tchécoslovaquie...), créées au nom du droit des peuples à disposer d'eux-mêmes. Mais elle suscita en même temps de nouvelles querelles de nationalités (Allemands des Sudètes, Hongrois de Transylvanie...).

Les conséquences de la guerre se révélèrent aussi catastrophiques pour les vainqueurs que pour les vaincus. Le conflit avait fait plus de 9 millions de morts et disparus (Allemagne, 2 037 000 ; Autriche-Hongrie, 1 100 000 ; France, 1 327 000 ; Grande-Bretagne, 715 000 ; Italie, 578 000 ; Roumanie, 250 000 ; Russie, 1 810 000 ; Serbie et Monténégro, 278 000 ; Turquie, 804 000) et plus de 20 millions de blessés. Les pertes économiques furent considérables et les dépenses de guerre mirent tous les États dans d'immenses difficultés financières. Les vainqueurs de 1918 se révélèrent incapables d'organiser une paix durable : en humiliant l'Allemagne qui perdit 20 % de son territoire et fut soumise au paiement de réparations qu'elle était incapable d'assumer, sans briser son unité et en lui laissant l'essentiel de sa puissance, en ne tenant pas les promesses faites à l'Italie avant son entrée en guerre, en ne dotant la Société des Nations d'aucun pouvoir réel pour faire respecter ses décisions, ils déposèrent en Europe les germes d'une guerre encore plus terrible que celle qui venait de s'achever.

GUERRE MONDIALE 1939/45. La Seconde Guerre mondiale a son origine dans les erreurs du traité de Versailles, dans les conséquences de la crise économique de 1929 et dans la rivalité idéologique entre le nazisme d'une part, la démocratie occidentale et le communisme, d'autre part. La Seconde Guerre mondiale, qui mit en œuvre des moyens de destruction sans comparaison avec ceux du passé, fut une guerre totale.

Origines du conflit

Si les historiens hésitent encore sur le partage des responsabilités de la guerre de 1914/18, il n'en va pas de même pour celle de 1939/45, et l'on ne peut guère contester que l'impérialisme de l'Allemagne hitlérienne et du Japon fut le facteur déterminant du conflit. La condition du peuple allemand à la suite de la défaite de 1918, de l'obligation des « réparations », de la grande inflation de 1923 et surtout de la crise économique de 1929 facilita l'accession au pouvoir d'Adolf Hitler. Celui-ci ne voulait pas seulement obtenir une révision du traité de Versailles ; il ne se contentait pas non plus de reprendre les thèmes traditionnels du pangermanisme. En faisant du racisme la base de sa conception du monde et de son action politique, en proclamant la supériorité absolue du peuple allemand (considéré comme l'élite de la race « aryenne ») et le droit supérieur de l'Allemagne à étendre son *espace vital* sur les peuples slaves « inférieurs » de l'Europe centrale et orientale, Hitler ne fixait aucun terme précis à ses ambitions et rendait d'avance inutile toute tentative d'arrangement partiel sur des questions territoriales. De même en Extrême-Orient, le Japon, contraint de trouver à tout prix des débouchés économiques et commerciaux, et passé, à partir de 1930, sous la domination croissante du parti militaire, visait à étendre son influence sur tout le Pacifique et la « Grande Asie orientale » : après avoir annexé la Mandchourie (1931/32), il avait entrepris la conquête systématique de la Chine (juill. 1937) et devenait un danger pour les positions anglaises et américaines dans le Pacifique.

L'Allemagne hitlérienne, l'Italie fasciste et le Japon se rapprochèrent par les affinités de leurs régimes politiques, par leur commun militarisme et surtout par leur même animosité contre les puissances qui paraissaient avoir retiré le meilleur profit de leur victoire en 1918. Les sanctions décidées contre l'Italie à la suite de la guerre d'Éthiopie (1935) précipitèrent la création d'un axe Berlin-Rome (1er nov. 1936), auquel adhéra bientôt le Japon. La guerre d'Espagne (1936/39) fut une sorte de répétition générale de la Seconde Guerre mondiale, la France et la Grande-Bretagne accordant leurs sympathies au gouvernement républicain espagnol mais sans aide matérielle (que l'URSS fut seule à leur accorder, mais sous des conditions draconiennes), tandis que l'Allemagne et l'Italie apportaient un soutien militaire important à Franco et profitaient de cette guerre civile pour expérimenter leurs armes et leurs doctrines de combat. Tant que Hitler se contenta de revendiquer des territoires traditionnellement germaniques, les puissances occidentales, et surtout l'Angleterre, persistèrent dans une politique de concessions (accords de Munich de 1938). L'occupation de Prague par la Wehrmacht provoqua un réveil tardif à Londres et à Paris. Une garantie franco-anglaise fut donnée à la Pologne. Mais l'URSS, sceptique quant à la capacité de résistance des Occidentaux, préféra se rapprocher de l'Allemagne : le pacte germano-soviétique du 23 août 1939 délivra Hitler du vieux cauchemar allemand de la lutte sur deux fronts et permit le déclenchement de la Seconde Guerre mondiale. En fait, le Führer, qui avait ouvert la crise polonaise le 21 mars 1939 parce qu'il revendiquait un « corridor » d'accès à Dantzig à travers le territoire polonais, espérait que les démocraties s'inclineraient, une fois de plus, devant le fait accompli. Trompé par Ribbentrop, qui passait à tort pour un expert des questions anglo-saxonnes, Hitler croyait surtout que l'Angleterre reculerait devant la guerre. Le 1er sept. 1939, la Wehrmacht envahit la Pologne, mais, le 3 sept., l'Angleterre puis la France déclarèrent la guerre au Reich, alors que l'Italie et le Japon gardaient momentanément leur neutralité.

La « guerre éclair » (1940/41)

L'Allemagne, au début du conflit, possédait des atouts considérables : l'unité de commandement ; l'étroite union entre le Führer et son peuple, galvanisé depuis des années par une inlassable propagande ; une armée ultra-moderne, recréée de toutes pièces en quelques années, encadrée par des chefs jeunes et dynamiques, pourvue enfin d'un haut commandement que Hitler avait contraint d'accepter la stratégie audacieuse de la « guerre éclair », menée avec l'emploi massif des chars et de l'aviation. La France, politiquement divisée, abordait la guerre sans esprit offensif, en restant fidèle à des conceptions militaires qui avaient fait leurs preuves en 1914/18 mais se trouvaient désormais périmées. Faute d'une aviation et d'une arme blindée organisées pour une guerre moderne, elle était obligée de limiter ses ambitions à la défense de la ligne Maginot (qui n'avait pas été continuée le long de la frontière belge). En moins d'un mois (1er/27 sept. 1939), la Pologne fut submergée par les armées germano-soviétiques et son territoire fut partagé entre l'Allemagne et l'URSS. À l'ouest, la France, qui ne fit rien pour soulager sa malheureuse alliée, se contenta d'une guerre d'escarmouches et de patrouilles entre Rhin et Moselle : ce fut la « drôle de guerre » (sept. 1939/mars 1940). Mais l'Allemagne, qui ne possédait pas de grandes réserves stratégiques, en dépit des livraisons soviétiques, devait, d'une manière plus impérieuse encore qu'en 1914, emporter rapidement la décision. L'attaque de l'URSS contre la Finlande (30 nov. 1939) avait tourné l'attention des belligérants vers la Scandinavie, et les deux camps rivalisèrent de vitesse pour s'assurer le débouché du minerai de fer suédois et les ports norvégiens. Devançant une opération projetée par les Alliés, les Allemands occupèrent le Danemark et attaquèrent la Norvège (9 avr. 1940) ; dans ce dernier pays, les Alliés leur résistèrent pendant deux mois, mais furent finalement contraints de rembarquer (juin 1940).

À ce moment, une bataille décisive avait commencé dans les plaines de la Belgique et du nord de la France (v. **FRANCE, campagne de, 1940**). Paris fut occupé le 14 juin par la Wehrmacht, qui ne rencontrait plus désormais aucune résistance organisée. Le gouvernement Pétain, qui avait remplacé celui de Reynaud (16 juin), demanda l'armistice (v. **RETHONDES**), qui fut signé le 22 juin. À cette date, les Allemands avaient déjà atteint la frontière espagnole ; quelques-unes de leurs unités étaient dans la vallée du Rhône. L'Italie était entrée en guerre à leurs côtés le 10 juin.

Restée seule après l'effondrement français, l'Angleterre, sous la direction de Churchill, fit preuve d'une résolution héroïque. Faute d'une marine suffisante, Hitler dut renoncer à une invasion de l'île, mais il tenta de briser le moral anglais par des attaques aériennes massives. La « bataille d'Angleterre » (août/nov. 1940) causa d'énormes destructions dans les villes anglaises, mais elle fut finalement un échec pour la Luftwaffe qui n'élimina pas l'aviation anglaise. Les Anglais ne disposaient que de faibles forces terrestres, mais ils conservaient la suprématie maritime (la flotte française n'avait pas été livrée par l'armistice). Dès l'hiver 1940/41, ils commencèrent à recevoir des États-Unis des livraisons de matériel de guerre, qui ne cessèrent de croître. Pendant que la guerre se poursuivait en Libye entre Italiens et Anglais, l'Axe procéda à une réorganisation politique de l'Europe, rectifiant les frontières (arbitrage de Vienne, 29 août 1940) et favorisant dans toute l'Europe centrale la constitution de gouvernements profascistes, qui adhérèrent au pacte tripartite de Berlin (28 sept. 1940). Mécontent de son rôle secondaire, Mussolini, sans consulter Hitler, prit l'initiative d'attaquer la Grèce (28 oct. 1940) ; mais l'armée italienne se trouva bientôt dans une situation si difficile, tant dans les Balkans qu'en Libye, que l'Allemagne dut se porter au secours de son alliée.

Après le débarquement en Afrique de l'Afrikakorps de Rommel (févr. 1941), les divisions blindées de von Kleist envahirent la Yougoslavie (avr. 1941), et celles de List la Grèce (avr.), puis la Crète (mai).

Les poussées de l'Axe (1941/42)

Ces nouveaux succès de la guerre éclair perturbaient néanmoins les plans de Hitler. En effet, depuis l'hiver 1940/41, les relations germano-soviétiques s'étaient détériorées. Hitler, qui avait toujours désigné les terres de l'Est comme le champ d'expansion par excellence de la puissance allemande, décida d'attaquer l'URSS afin de s'assurer les richesses agricoles et industrielles de la Russie d'Europe, nécessaires à l'Allemagne pour faire face à un long conflit. Mais cette attaque, qui avait reçu le nom d'« opération Barberousse », dut être retardée de deux mois à cause de l'intervention dans les Balkans et ne put commencer que le 22 juin 1941. Une fois encore, la Wehrmacht remporta des succès spectaculaires : le groupe d'armées du Nord (von Loeb) s'empara des pays Baltes et du nord-ouest de l'URSS et, à la mi-septembre 1941, vint mettre le siège devant Leningrad ; le groupe d'armées du Sud (von Rundstedt), après avoir remporté une grande bataille d'encerclement entre le Bug et le Dniepr, s'empara de Kiev (19 sept.) et envahit la région industrielle du Donetz. Le groupe d'armées du Centre (von Bock), le plus important, remporta d'abord deux grandes batailles d'encerclement, dans les régions de Minsk et de Bialystock, puis celle de Viazma-Briansk, et à la mi-octobre parvint dans la banlieue de Moscou. Mais, épuisée par son effort et gênée par l'extension démesurée de ses lignes de ravitaillement, la Wehrmacht dut s'arrêter près d'un mois avant de reprendre l'offensive. Quand elle se remit en marche, le 16 nov., elle fut surprise par un hiver précoce et particulièrement rigoureux, au moment même où l'Armée rouge alignait des réserves considérables. Hitler dut renoncer à prendre Moscou, et la Wehrmacht, battant en retraite devant les Soviétiques, recula de 80 à 100 km.

C'était son premier échec depuis 1939, et il eut un retentissement considérable dans toute l'Europe occupée. Sous la direction des communistes, la Résistance, qui n'avait eu jusqu'en 1941 qu'une activité sporadique, prit en beaucoup de régions (notamment les territoires occupés de l'URSS, la Grèce, la Yougoslavie) le caractère d'une lutte à la fois nationale et révolutionnaire contre l'envahisseur. L'Angleterre, qui bénéficiait depuis mars 1941 de la loi prêt-bail votée par le Congrès américain, avait scellé une alliance avec l'URSS à qui le président Roosevelt accorda également le bénéfice de la loi prêt-bail. Le 14 août 1941, au cours d'une rencontre Churchill-Roosevelt sur des navires de guerre dans l'Atlantique – symbole de la suprématie navale anglo-saxonne –, fut signée la Charte de l'Atlantique, qui définissait les buts de guerre des démocraties. Cependant, Roosevelt devait encore compter avec l'isolationnisme d'une grande partie de l'opinion américaine. Mais, le 7 déc. 1941, les Japonais attaquèrent par surprise la base américaine de Pearl Harbor, coulant une grande partie de la flotte américaine du Pacifique. Les États-Unis se retrouvèrent alors unanimes derrière leur président. Le 11 déc., l'Allemagne et l'Italie entraient à leur tour en guerre contre les États-Unis, alors que l'URSS restait neutre dans le conflit extrême-oriental.

La guerre éclair des Japonais les rendit maîtres en quelques mois (janv./mai 1942) de toute l'Asie du Sud-Est, de la Birmanie, de la Malaisie, de l'Indonésie et de nombreuses îles du Pacifique. L'Australie elle-même se trouva menacée. Mais la bataille navale de Midway (juin 1942) donna un coup d'arrêt à cette offensive. Cependant, l'année 1942 vit l'apogée de la puissance de l'Axe. En URSS, la Wehrmacht lança en juin 1942 sa seconde grande offensive dans le secteur S. du front ; elle conquit la Crimée, franchit le Don et, au début de sept., elle atteignit la Volga et le Caucase. Au même moment, Rommel et l'Afrikakorps parvenaient à El-Alamein, à moins de 100 km du Caire (30 juin 1942). C'est aussi le moment où la bataille de l'Atlantique atteignait son sommet, les sous-marins allemands infligeant de lourdes pertes aux convois alliés. Mais, avec une rapidité prodigieuse, l'industrie américaine accomplit sa conversion vers la production de guerre, et celle-ci dépassa largement les pertes causées par les coups de l'Axe. Les États-Unis devinrent « l'arsenal des démocraties » et expédièrent leur matériel sur tous les fronts. À Stalingrad, comme devant Moscou l'année précédente, l'Armée rouge résistait avec acharnement. L'aviation alliée commençait à pilonner systématiquement les villes allemandes.

Malgré sa domination sur l'Europe, l'Allemagne souffrait du manque de matières premières essentielles (pétrole, caoutchouc) et de main-d'œuvre. Elle était ainsi amenée à pratiquer dans les territoires occupés une politique de plus en plus oppressive (spoliations, enrôlement forcé et déportation de travailleurs dans le Reich). À ces exactions s'ajoutaient les crimes propres au système hitlérien et sans précédent dans l'histoire de l'Europe : l'organisation de la déportation et de l'extermination de plusieurs millions de Juifs et de Tziganes. À ce régime de terreur, surtout sensible dans les régions de l'Est européen, répondaient les sabotages, les attentats et les actions de guérilla de la Résistance (v.).

Débuts du redressement allié (1942/44)

C'est à partir de l'automne 1942 que la victoire commença à changer de camp : le 23 oct., Montgomery déclencha la contre-offensive britannique en Égypte, et, après avoir remporté la victoire d'El-Alamein, il repoussa les Germano-Italiens en retraite à travers la Libye, jusqu'en Tunisie. Le 8 nov. 1942, les Anglo-Américains débarquèrent dans l'Afrique du Nord française, qui allait devenir la base d'invasion de l'Italie. Celle-ci apparaissait comme le point faible de la « forteresse Europe », car la guerre, voulue par Mussolini, avait toujours été impopulaire chez les Italiens, et le prestige du fascisme n'avait pas résisté aux défaites de Grèce et aux bombardements de l'aviation alliée. À la fin nov. 1942, l'Armée rouge déclencha une puissante contre-offensive sur la Volga, au N. et au S. de Stalingrad ; refusant d'ordonner une retraite qui eût sauvé la VIe armée allemande de von Paulus, Hitler lui enjoignit de combattre jusqu'au dernier homme dans Stalingrad, où les Allemands, à bout de forces, durent capituler le 2 févr. 1943. Au seuil de cette nouvelle année, l'Axe avait perdu partout l'initiative. Dans le Pacifique, les Américains avaient reconquis Guadalcanal en août 1942 et ils se préparaient à la grande offensive qui commença dans l'été 1943, sous la direction des amiraux Halsey et Nimitz et du général MacArthur. Durant tout l'hiver et le printemps 1943, l'Armée rouge poursuivit sa marche en avant, malgré la résistance acharnée de la Wehrmacht. Après Rostov (fév. 1943), les Soviétiques reprirent Kharkov (août 1943), la région du Donetz et du Kouban (sept. 1943), Smolensk (25 sept.) et Kiev (6 nov.). Le débarquement des Alliés en Sicile (10 juill. 1943) provoqua la chute de Mussolini (24 juill.) et le nouveau gouvernement italien, constitué avec l'appui du roi sous la présidence du maréchal Badoglio, conclut l'armistice avec les Alliés (3 sept.).

À ses premiers revers, l'Allemagne hitlérienne faisait face avec une promptitude de décision et une énergie qui lui permirent de prolonger sa résistance pendant près de deux années. Mussolini, arrêté sur l'ordre du roi, fut libéré par un commando SS et la Wehrmacht, prenant de vitesse Badoglio, occupa les deux tiers de l'Italie continentale. Débarqués à Salerne, le 9 sept. 1943, les Alliés rencontrèrent donc une énergique résistance et ils ne purent s'emparer de Rome que le 4 juin 1944. Cette campagne d'Italie marqua la rentrée des Français dans la guerre. Une véritable armée française, sous le commandement du général Juin, prit part en Italie, pour la première fois depuis la défaite de 1940, à la lutte contre l'Allemagne. Après la réunion de Roosevelt, Churchill et Staline à la conférence de Téhéran (nov./déc. 1943), les Américains et les Anglais entrèrent dans la préparation active de ce qui devait être l'opération militaire capitale de la Seconde Guerre mondiale sur le front de l'Ouest : le Débarquement en Normandie. L'opération Overlord, placée sous le haut commandement d'Eisenhower, fut préparée pendant deux années dans ses moindres détails et rassembla des forces aéronavales d'une ampleur sans précédent.

Malgré la supériorité numérique et matérielle maintenant écrasante de ses adversaires, l'Allemagne continuait à tenir sur tous les fronts, reculant en ordre, conservant sa discipline, bien que, dans le haut commandement, de nombreux officiers se rendissent compte que la partie était désormais perdue. La Wehrmacht n'était d'ailleurs plus en mesure d'arrêter ses adversaires : au printemps 1944, les Soviétiques déclenchèrent une grande offensive sur le Dniepr. Après avoir repris Odessa, la Crimée, Sébastopol, ils franchirent le Dniestr et le Pruth, puis envahirent la Roumanie et la Bulgarie (avr./sept. 1944).

L'effondrement de l'Axe (1944/45)

Débarqués le 6 juin 1944 sur la côte normande, entre l'Orne et la Vire, les Anglo-Américains installèrent une solide tête de pont, puis percèrent le front allemand à Avranches (30 juill.) et exploitèrent la percée vers Paris (25 août), puis vers la Somme, l'Aisne et la Marne (v. NORMANDIE, bataille de). Un second débarquement, franco-américain, en Provence (15 août), permit la libération de Toulon et de Marseille, puis la remontée par la vallée du Rhône. Tandis que se déroulaient ces opérations, l'action de la Résistance et des maquis désorganisait les arrières allemands. Ayant ainsi perdu la bataille de France, la Wehrmacht opéra un repli général sur les frontières du Reich. Hitler mettait son dernier espoir dans ses armes secrètes : les premières – des avions sans pilote et des fusées V 1 et V 2 – furent utilisées à partir de l'été 1944 pour bombarder l'Angleterre. Après un succès initial, la contre-offensive allemande dans les Ardennes (16/28 déc. 1944) fut arrêtée par les Américains. En Alsace les Français avaient occupé Strasbourg le 23 sept., mais ils ne purent liquider complètement la poche de Colmar qu'en févr. 1945. Le front occidental se stabilisa pendant quelque temps, mais à l'E., l'Armée rouge, qui, à l'été 1944, avait atteint les limites de la Prusse-Orientale, la Vistule et la plaine hongroise, lança une offensive générale le 12 janv. 1945 et s'empara de Varsovie, de Cracovie, de Lodz (janv.), de Budapest et de Poznan (févr.).

À partir de févr. 1945, l'Allemagne fut envahie à l'O. et à l'E. Les Américains franchirent le Rhin à Remagen (6 mars) et, traversant la moitié de l'Allemagne, ils firent leur jonction avec les Russes à Torgau, sur l'Elbe, le 25 avr. 1945. Déjà l'Armée rouge se trouvait à Vienne. Dans Berlin encerclé, Hitler continuait à diriger depuis son bunker une résistance désespérée : il apprit la mort de Mussolini, abattu par des partisans italiens (28 avr.), et, voyant que tout était perdu, il se suicida (30 avr.). L'amiral Dönitz forma un nouveau gouvernement dans le Schleswig et demanda la fin des hostilités : Berlin avait été pris par les Soviétiques le 2 mai ; le même jour, les troupes allemandes d'Italie avaient capitulé. Le 8 mai, l'acte définitif de la capitulation allemande fut signé à Berlin. Conformément aux décisions prises par Roosevelt, Churchill et Staline à la conférence de Yalta (févr. 1945), l'Allemagne fut totalement occupée et partagée en zones d'occupation (v. ALLEMAGNE).

La guerre du Pacifique se poursuivit pendant quelques mois encore : les Américains, qui avaient débarqué aux Philippines en sept. 1944, s'emparèrent de Manille en févr. 1945 et achevèrent la destruction de la flotte japonaise à la bataille navale d'Okinawa (6/7 avr. 1945). Mais la résolution farouche dont continuait à faire preuve le combattant japonais pouvait faire craindre une guerre encore fort longue, car le Japon occupait toujours l'Indonésie, l'Indochine, une grande partie de la Chine continentale et de nombreuses îles. Alors que l'URSS envahissait la Mandchourie, Truman prit la responsabilité de faire lancer deux bombes atomiques sur Hiroshima (6 août 1945) et sur Nagasaki (9 août) qui amenèrent la capitulation des forces japonaises. Elle fut signée le 2 sept. 1945 sur le cuirassé américain *Missouri*, dans la baie de Tôkyô.

Bilan du conflit

On estime que la Seconde Guerre mondiale a fait entre 40 et 50 millions de morts, dont plus de la moitié dans les populations civiles : URSS, au moins 20 millions (dont la moitié de civils) ; Allemagne, 5,5 millions (dont 3 millions de civils) ; Pologne, environ 4 millions (dont 3 millions de civils) ; Chine, 2,2 millions de militaires et des civils en nombre indéterminé ; Yougoslavie, 1,6 million ; Japon, 2 millions de militaires et de nombreux civils ; France, plus de 600 000 (dont 330 000 civils) ; Italie, 450 000 (dont 150 000 civils) ; Grande-Bretagne, 396 000 militaires et 50 000 civils ; États-Unis, 400 000 militaires. Le conflit provoqua un ébranlement moral dont les traces sont loin d'être effacées. Après avoir vécu depuis un siècle sur le mythe du progrès indéfini, le monde dut faire face à la résurrection de l'horreur. Toutes les valeurs admises de la civilisation furent remises en question par les camps de concentration, par l'utilisation de techniques en vue de l'extermination systématique de populations (génocide Juif décidé à la conférence de Wannsee en 1942), par les expériences médicales sur les déportés, par la terreur d'un régime policier, par les bombardements systématiques des populations civiles, enfin par la terreur atomique inaugurée par la bombe d'Hiroshima.

La fin de la guerre n'arrêta pas tout de suite la série des tragédies européennes. À la suite des déportations, des expulsions, des transferts de populations, il y avait en 1945 environ 20 millions de personnes déplacées dont le rapatriement posa des problèmes difficiles. En 1945/46, les populations allemandes des territoires de l'Est européen furent expulsées vers l'Ouest dans des conditions souvent meurtrières malgré le retour de la paix. Dans beaucoup de pays, la guerre étrangère et l'occupation s'étaient accompagnées d'une guerre civile (« résistants » contre « collaborateurs »), qui trouva son prolongement dans l'épuration. L'économie européenne était en ruine.

La Seconde Guerre mondiale provoqua un bouleversement des forces mondiales. Alors que l'Europe s'effaçait, que les pays de l'Est européen n'étaient libérés du totalitarisme hitlérien que pour tomber sous le totalitarisme stalinien, le monde se trouvait partagé de fait entre deux géants : les États-Unis et l'URSS. Les peuples coloniaux commencèrent dès 1945 leur lutte pour l'émancipation. La France, l'Italie, l'Angleterre, qui faisaient encore figure de puissances en 1939, passèrent définitivement au second plan. À la fin de mai 1945, l'Allemagne avait cessé d'exister comme État et, jusqu'en 1989, on put douter qu'elle reconstituerait son unité. À la guerre mondiale succéda la *guerre froide* (v.) qui opposa les vainqueurs de l'Allemagne hitlérienne, le bloc occidental et le bloc communiste. Cet antagonisme empêcha la conclusion d'un traité de paix avec l'Allemagne.

La plupart des modifications territoriales en Europe furent réalisées en 1945, avant même la conclusion des traités de paix avec les anciens alliés du Reich. L'URSS confirma ses annexions de 1939/40 sur la Pologne et la Finlande ; elle absorba les États baltes, l'Ukraine subcarpatique, le nord de la Bucovine et la Bessarabie ; elle enleva à l'Allemagne le nord de la Prusse-Orientale avec Königsberg. La Pologne, amputée par les Soviétiques de ses territoires à l'E. du Bug, reçut en compensation tous les territoires allemands situés à l'E. de la ligne Oder-Neisse (le sud de la Prusse-Orientale, la Poméranie, une partie du Brandebourg et la Silésie). L'Italie céda à la France de petits territoires dans les Alpes ; l'Istrie et une grande partie de la Vénétie Julienne passèrent à la Yougoslavie ; Rhodes et le Dodécanèse revinrent à la Grèce ; les Italiens perdirent en outre tout leur empire colonial. Les autres pays de l'Europe centrale furent rétablis dans leurs frontières de 1937, avec quelques modifications : la Tchécoslovaquie céda l'Ukraine subcarpatique à l'URSS ; la Roumanie la Bessarabie à l'URSS et la Dobroudja méridionale à la Bulgarie. En Extrême-Orient, le Japon perdit les conquêtes qu'il avait faites depuis le XIXe s. : le sud de Sakhaline et les Kouriles passèrent à l'URSS ; la Corée redevint indépendante mais fut partagée en deux États ; Formose et la Mandchourie revinrent à la Chine.

GUESDE, Jules Bazile, dit **Jules** (* Paris, 11.XI. 1845, † Saint-Mandé, 28.VII.1922). Homme politique français. Il devint journaliste à la fin du second Empire. Ses sympathies pour la Commune l'obligèrent à s'exiler en Italie et en Suisse (1871/76). Il prit contact avec Marx et Lafargue et se fit l'introducteur du marxisme en France. En 1879, au congrès de Marseille, il fonda le parti ouvrier français (POF), pourvu d'un programme collectiviste et révolutionnaire à la rédaction duquel avaient collaboré Marx et Engels. Ce parti se heurta à l'hostilité des socialistes « possibilistes », qui se contentaient d'une réalisation progressive de l'idéal socialiste. Guesde lutta avec ardeur contre le mouvement coopératif, contre l'anarchisme, contre l'ouvriérisme et contre la collaboration parlementaire avec les partis bourgeois. Il fut député de Roubaix (1893/98), puis de Lille (1906/22). Au congrès de l'Internationale à Amsterdam (août 1904), Jules Guesde fit triompher ses vues, et c'est sur le programme guesdiste que se fit l'unification du socialisme français en 1905 ; cependant, l'influence de Jaurès l'emporta rapidement, au sein de la SFIO, sur le marxisme orthodoxe des guesdistes. En 1914, Guesde se rallia à l'Union sacrée, et fut ministre sans portefeuille de 1914 à 1916. Au congrès de Tours (1920), il se prononça contre les bolcheviks. Voir **Socialisme.** Le socialisme français jusqu'à la Première Guerre mondiale.

GUEVARA Ernesto, dit **Che** (* Rosario, Argentine, 14.VI.1928, † près d'Higueras, Bolivie, 9.X.1967). Homme politique cubain d'origine argentine. D'une famille bourgeoise, il passa son doctorat en médecine (1953), puis séjourna au Venezuela, en Équateur, au Guatemala, en complétant sa formation intellectuelle marxiste. En 1955, au Mexique, il fit la connaissance de Fidel Castro et de son frère Raúl. Il se joignit à eux, comme médecin de la petite expédition, lorsqu'ils débarquèrent clandestinement à Cuba, en déc. 1956. Il participa à toutes les opérations qui aboutirent au renversement de Batista, le 1er janv. 1959. Naturalisé cubain, devenu chef de la milice, il remplit pour Castro d'importantes missions économiques, fut nommé président de la Banque nationale, puis ministre de l'Économie nationale (1961). Il fit sa dernière apparition à Cuba en avr. 1965. On apprit par la suite qu'il s'était rendu clandestinement au Congo, pour aider une rébellion contre le gouvernement central. Vers la fin de 1966, il revint en Amérique du Sud et prit la tête d'un mouvement de guérilla en Bolivie, où il trouva la mort dans une embuscade. Théoricien de la guérilla, Guevara était convaincu que c'était l'initiative insurrectionnelle qui réalisait les conditions de la révolution.

GUILDE ou **GILDE.** Au Moyen Âge, association groupant les marchands ou les artisans exerçant une même profession. Des associations analogues semblent avoir existé dès l'Antiquité, sous la forme des *thiasoi* grecs et des *collegia opificum* romains. Mais les guildes médiévales ont un caractère particulier, lié aux conditions politiques, économiques et spirituelles de l'époque. Le sentiment de fraternité chrétienne a eu une grande part dans leur naissance. Les premières guildes furent des associations de prière et de charité, placées sous le patronage de quelque saint. Les guildes marchandes apparurent vers le XIe s., lors du renouveau économique de l'Europe occidentale ; leur développement fut parallèle à celui des communes et des corporations. En l'absence d'un pouvoir central assez puissant pour réglementer la vie économique, les gens d'un même métier, souvent groupés dans la même rue ou le même quartier d'une ville, se sont rapprochés. Puis leurs associations prirent un caractère officiel et reçurent des privilèges : droit de fixer les prix et les salaires, de contrôler les poids et mesures, monopole du commerce, etc. Ainsi la guilde parisienne des entrepreneurs de transports par eau, la plus importante du XIIIe s. (elle a laissé à la capitale ses armes, une nef flottant, et sa devise : *fluctuat nec mergitur*), reçut des rois de France le monopole du commerce sur la Seine moyenne, entre Paris et Mantes. Les liens étroits entre les guildes et l'organisation municipale naissante sont attestés à Paris par le fait que le bureau de cette guilde des marchands de l'eau fut l'embryon de la municipalité. Les guildes les plus florissantes existèrent dans les grandes villes marchandes telles que Bruges, Gand, Strasbourg, Barcelone, Florence, Milan. Mais ces guildes ne se limitaient pas toujours à une ville ni à des marchands pratiquant le même commerce : la Hanse (v.) fut d'abord une guilde étendue aux villes maritimes de l'Europe du Nord.

GUILLAUME

ALLEMAGNE

GUILLAUME Ier (* Berlin, 22.III.1797, † Berlin, 9.III.1888). Roi de Prusse (1861/88) et empereur d'Allemagne (1871/88). Second fils du roi Frédéric-Guillaume III et de la reine Louise, il se consacra d'abord entièrement à la carrière militaire et participa très jeune aux dernières campagnes contre Napoléon (1814/15). De caractère chevaleresque, étroitement attaché aux traditions, il apparut, lors des mouvements libéraux qui secouèrent l'Allemagne en 1848/49, comme l'incarnation des idées absolutistes ; la révolution berlinoise de mars 1848 l'obligea à se réfugier quelque temps en Angleterre. En 1849, c'est lui qui prit le commandement des troupes prussiennes envoyées contre les révolutionnaires badois. À la suite de la maladie mentale de son frère, Frédéric-Guillaume IV, il devint en 1858, comme régent, le véritable souverain de la Prusse et, à la mort de son frère, prit le titre de roi de Prusse (2 janv. 1861).

Roi-soldat, marqué profondément par le souvenir de l'effondrement prussien à Iéna, Guillaume avait pour premier souci de renforcer l'armée, mais il se heurta en 1861 au Landtag, où la majorité libérale refusait les crédits militaires. Après avoir songé à abdiquer, il appela Bismarck à la tête du ministère (sept. 1862) et ne cessa plus, dans l'ensemble, d'appuyer la politique de son ministre, dont la rudesse et les audaces l'effrayaient cependant. Il prit le commandement en chef des armées, et, à la suite de la guerre victorieuse contre la France, il fut proclamé, le 18 janv. 1871, à Versailles, dans la galerie des Glaces, « empereur d'Allemagne ». Il conserva Bismarck à la direction des affaires, tout en manifestant certains désaccords avec lui, en particulier durant le Kulturkampf (v.) et, en 1879, lorsqu'il s'opposa vivement à l'alliance autrichienne, qui lui semblait dangereuse pour l'alliance prusso-russe. Il eut pour successeur Frédéric III. Voir **Allemagne.** L'Allemagne impériale wilhelmienne.

GUILLAUME II (* Potsdam, 27.I.1859, † Doorn, Pays-Bas, 4.VI.1941). Roi de Prusse et empereur d'Allemagne (1888/1918). Fils aîné de l'empereur Frédéric III et de l'impératrice Victoria, petit-fils de Guillaume Ier par son père et de Victoria d'Angleterre par sa mère. Il reçut une première formation toute militaire, mais son esprit était ouvert aux problèmes religieux, à la philosophie, comme aux questions sociales et politiques du monde moderne. Ce souverain intelligent mais impulsif et péremptoire compromit le patient travail accompli par Bismarck pour fonder un nouvel équilibre européen favorable à l'Allemagne. Son père n'ayant régné que quelques mois, il devint empereur l'année même de la mort de Guillaume Ier et manifesta sa volonté de donner une nouvelle orientation à la politique allemande. Son conflit avec Bismarck, dont il critiquait le conservatisme social et la politique de bascule entre l'Autriche et la Russie, provoqua rapidement la démission du chancelier (mars 1890). La nomination de Caprivi confirma le « nouveau cours » *(Neue Kurs)* que l'empereur allait s'efforcer d'imposer à l'Allemagne et à l'Europe. Guillaume II s'engagea dans une politique de prestige et d'expansion commerciale, coloniale et maritime, qui ne tarda pas à inquiéter l'Angleterre (surtout après le programme de constructions navales que Tirpitz fit approuver en 1898).

Les résultats de l'expansion coloniale se révélèrent décevants, mais l'essor économique et industriel de l'Allemagne de Guillaume II fut considérable : en 1913, l'Allemagne se plaçait au premier rang mondial pour les industries chimiques, au deuxième pour la métallurgie, au troisième pour le charbon. La rapidité de la croissance économique ne laissait pas de provoquer un malaise social, malgré les avantages acquis par les travailleurs allemands. La politique de Guillaume II fut jusqu'au bout traversée d'hésitations et de contradictions. Aussitôt après la chute de Bismarck, l'Allemagne refusa de renouveler le traité de réassurance avec la Russie (1890) et prit désormais pour base de son action diplomatique la Triple-Alliance (v. ALLIANCE). Guillaume II souhaita toujours une alliance avec l'Angleterre ; ne réussissant pas à la séduire, il essaya de l'intimider, en apportant son appui retentissant à la politique de constructions navales et en esquissant des tentatives de rapprochement avec la France (1904) et avec la Russie (traité de Björkö, 1905). Ces manœuvres aboutirent à des échecs. Après le débarquement de Guillaume II à Tanger en 1905, la conférence d'Algésiras (v.) (1906) n'apporta aucun avantage substantiel à l'Allemagne. Un nouvel essai de rapprochement avec la France, après la crise d'Agadir (1911), resta sans suite. Voyant alors qu'il ne pourrait briser diplomatiquement l'encerclement de la Triple-Entente (France, Grande-Bretagne, Russie), Guillaume II précipita le renforcement de la marine et de l'armée allemandes (loi militaire de juill. 1913), et son attitude intransigeante contribua pour une large part au déclenchement de la Première Guerre mondiale en août 1914. À partir de 1916, Guillaume II dut se contenter d'un rôle effacé et laisser la direction réelle de l'Empire et de la guerre à Hindenburg (v.) et à Ludendorff (v.). À la suite de la défaite allemande et des troubles révolutionnaires de nov. 1918, il abdiqua le 9 nov. Par l'article 232 du traité de Versailles, les Alliés le déclarèrent responsable de la guerre et réclamèrent sa livraison pour le faire passer en jugement ; mais le gouvernement néerlandais refusa son extradition.

ANGLETERRE

GUILLAUME Ier le Bâtard ou **le Conquérant** (* Falaise ?, 1027 ou 1028, † Rouen, 7.IX.1087). Duc de Normandie (1035/87) et roi d'Angleterre (1066/87). Fils naturel du duc de Normandie, Robert Ier, et d'Arlette, jeune paysanne de Falaise. Son père lui assura sa succession, mais il dut mener une longue lutte contre les barons, et triompha d'eux en 1047. Convoitant le trône d'Angleterre, il semble avoir réussi en 1051 à se faire désigner comme héritier par son cousin, le roi saxon Édouard le Confesseur, qui revint ensuite sur sa promesse. En 1064, s'étant emparé du comte saxon Harold, qui avait fait naufrage sur la côte normande, il le relâcha après avoir obtenu de lui l'engagement qu'il soutiendrait ses prétentions outre-Manche. Cependant, à la mort d'Édouard le Confesseur (janv. 1066), Harold s'empara de la couronne. Guillaume rassembla alors une armée de cinq à six mille hommes, s'assura l'appui moral du pape et de l'empereur Henri IV, et, débarquant à Pevensey (Sussex), le 29 sept. 1066, il battit Harold à Hastings (14 oct.) et se fit couronner roi à Westminster (25 déc. 1066). La conquête du reste de l'Angleterre lui demanda environ cinq ans ; il la mena durement, dépouilla les seigneurs saxons de leurs domaines pour les donner à ses guerriers, plaça des Normands à la tête de nombreux évêchés anglais, anéantit de nombreuses conspirations et força Malcolm III, roi d'Écosse, à lui rendre hommage (1072). En 1083/86, il fit compiler le *Domesday Book*, vaste enquête sur l'état de tous les domaines fonciers de l'Angleterre. Organisant la hiérarchie féodale en fonction de l'autorité royale, il se fit représenter dans chaque comté par des *sheriffs* ; il fonda une monarchie forte et fit de l'État anglo-normand l'État le plus puissant et le mieux organisé de l'Europe occidentale. Mais, dans ses dernières années, Guillaume le Conquérant eut à lutter en Normandie contre une agitation dirigée par son fils aîné, Robert Courteheuse, qui s'allia avec le roi de France, Philippe Ier. Au cours d'une des opérations entreprises en réponse aux incursions françaises, il fut blessé à Mantes et ramené à Rouen, où il mourut. Il laissa l'Angleterre à son troisième fils (le deuxième, Richard, était mort victime d'un accident de chasse), qui régna sous le nom de Guillaume II.

GUILLAUME III (* La Haye, 4.XI.1650, † Londres, 8.III.1702). Prince d'Orange, stathouder de Hollande (1674/1702), roi d'Angleterre, d'Écosse et d'Irlande (1689/1702). Fils posthume de Guillaume II de Nassau, prince d'Orange, et par sa mère, Henriette Marie Stuart, petit-fils de Charles Ier d'Angleterre. D'abord élevé par l'ennemi de son père, le républicain Jean de Witt, il se forma dans la dissimulation un caractère résolu et porté aux grandes actions. Lors de l'invasion des Provinces-Unies par la France, en 1672, un soulèvement populaire le mit à la tête de l'armée, et il fut élu *stathouder* (gouverneur général) des Provinces-Unies (juill. 1672). Malgré plusieurs revers, notamment à Seneffe (1674), il ne cessa d'animer la résistance hollandaise avec un courage, une prudence et une habileté remarquables. Il parvint à détacher l'Angleterre de la France et, en 1677, épousa sa cousine, la princesse protestante Marie, fille du futur Jacques II, ce qui lui permit d'obtenir de la France, à Nimègue, une paix honorable qui assurait l'indépendance des Provinces-Unies (1678). Il fut dès lors le chef de la résistance européenne à la politique d'expansion de Louis XIV. En 1686, il fut le principal artisan de la formation de la ligue d'Augsbourg (v.). Inquiet de l'inclination de son beau-père Jacques II pour la religion catholique et pour l'alliance française, il noua des intelligences en Angleterre avec l'opposition parlementaire et protestante. Assuré de nombreux partisans, parmi lesquels Marlborough, il débarqua en nov. 1688 avec une armée de 13 000 hommes, déclenchant ainsi la « glorieuse révolution » de 1688. Le faible Jacques II renonça à se défendre et se réfugia en France. Guillaume et sa femme furent proclamés ensemble roi et reine, sous les noms de Guillaume III et de Marie II (févr. 1689). Guillaume III affirma aussitôt sa volonté de rompre avec l'absolutisme jacobite et reconnut solennellement le régime constitutionnel anglais par la Déclaration des droits de 1689. Jacques II, soutenu par Louis XIV, tenta de recouvrer son trône mais fut vaincu sur la Boyne, en Irlande (1690). Resté stathouder des Provinces-Unies, Guillaume III mit sa nouvelle puissance au service de la coalition contre la France dans la guerre de la ligue d'Augsbourg. Vainqueur à la bataille navale de La Hougue (1692), il fut battu sur terre à Steinkerque (1692) et à Neerwinden (1693) mais força cependant Louis XIV à le reconnaître roi d'Angleterre à la paix de Ryswick (1697). Guillaume III se désintéressa des affaires intérieures de la Grande-Bretagne, ce qui contribua au développement du régime parlementaire. Par l'Acte d'établissement de 1701, il assura la succession au trône à un prince protestant. Il venait de former contre la France, dans l'affaire de la Succession d'Espagne, la Grande Alliance de La Haye, lorsqu'il mourut des suites d'une chute de cheval.

GUILLAUME IV (* Londres, 21.VIII.1765, † Windsor, 20.VI.1837). Roi de Grande-Bretagne et d'Irlande et roi de Hanovre (1830/37). Troisième fils de George III, il succéda à son frère George IV. Assez libéral, il promulgua la réforme électorale de 1832, mais, par un acte d'autorité personnelle qui fut le dernier accompli par un souverain britannique, il imposa en nov. 1834 le ministère Peel. Il eut pour successeur, en Grande-Bretagne, sa nièce Victoria et, au Hanovre, son frère Ernest Auguste, duc de Cumberland.

HOLLANDE ET PAYS-BAS

GUILLAUME Ier D'ORANGE, le Taciturne (* château de Dillenburg, Nassau, 25.IV.1533, † Delft, 10.VII.1584). Stathouder de Hollande (1573/84). Prince allemand, fils aîné du comte Guillaume VIII de Nassau-Dillenburg, il hérita de la principauté d'Orange et de diverses possessions en Hollande. Il fut élevé dans le catholicisme, à la cour de Charles Quint, et fut nommé en 1559 gouverneur de la Hollande. Bientôt irrité par les méthodes de gouvernement espagnoles, il voulut d'abord défendre les libertés provinciales et soutint le mouvement d'opposition nobiliaire des gueux (1566). Après l'arrivée du duc d'Albe en Flandre (1567), il s'engagea ouvertement contre l'Espagne et alla recruter une armée à l'étranger. Lors du soulèvement de 1572, il fut choisi comme gouverneur général (stathouder) par les insurgés, et, l'année suivante, se convertit officiellement au calvinisme. En 1574, ses frères Louis et Henri de Nassau, qui menaient la lutte à ses côtés, tombèrent à la bataille de Mookerheide, mais Guillaume réussit à débloquer la ville de Leyde, assiégée par les Espagnols. Il parvint à faire conclure à toutes les provinces des Pays-Bas une union fédérale (Pacification de Gand, 8 nov. 1576), mais l'opposition des catholiques ne lui permit pas de se maintenir dans les provinces méridionales. Il se résigna à l'Union d'Utrecht (1579) qui ne rassemblait plus – mais d'une manière durable – que les provinces protestantes du Nord, lesquelles se séparèrent formellement de l'Espagne en 1581. La lutte pour l'indépendance restait encore dans sa phase critique lorsque Guillaume d'Orange fut assassiné par un fanatique catholique, le Franc-Comtois Balthazar Gérard.

GUILLAUME II D'ORANGE (* La Haye, 27.V.1626, † La Haye, 6.XI.1650). Stathouder de Hollande (1647/50). Voir PAYS-BAS. Les Provinces-Unies de 1648 à 1785.

GUILLAUME III D'ORANGE (* La Haye, 4.XI.1560, † Londres, 8.III.1702). Stathouder de Hollande, roi d'Angleterre, d'Écosse et d'Irlande. V. GUILLAUME III D'ANGLETERRE.

GUILLAUME V (* La Haye, 8.III.1748, † Brunswick, 9.IV.1806). Stathouder de Hollande (1751/95). Voir PAYS-BAS. Les Provinces-Unies de 1648 à 1785.

GUILLAUME Ier (* La Haye, 24.VIII.1772, † Berlin, 12.XII.1843). Roi des Pays-Bas et grand-duc de Luxembourg (1815/40). Voir PAYS-BAS. Le royaume-Uni des Pays-Bas (1814/30).

GUILLAUME II (* La Haye, 6.XII.1792, † Tilburg, 17.III.1849). Roi des Pays-Bas et grand-duc de Luxembourg (1840/49). Voir PAYS-BAS. Le royaume des Pays-Bas de 1830 au début du XXe s.

GUILLAUME III (* Bruxelles, 19.II.1817, † château de Loo, 23.XI.1890). Roi des Pays-Bas et grand-duc de Luxembourg (1849/90). Voir **Pays-Bas**. Le royaume des Pays-Bas de 1830 au début du XXe s.

GUILLAUME d'Occam (* Occam, Surrey, vers 1295/1300, † Munich, vers 1349). Théologien et philosophe anglais. Franciscain, professeur à Oxford, il enseigna une philosophie nominaliste qui séparait radicalement l'ordre de la raison et l'ordre de la foi. Ses conceptions ecclésiologiques et politiques ont eu une importance capitale dans l'histoire des idées européennes, car elles ont marqué une rupture définitive avec l'idéal unitaire de la chrétienté médiévale. Guillaume d'Occam déniait au pape tout pouvoir temporel ; il esquissa même une théorie démocratique de l'Église : reléguant au second rang le pape et même les conciles généraux, elle faisait de l'Écriture et de l'universalité des fidèles les seules règles infaillibles en matière de foi. L'occamisme politique fut développé par Marsile de Padoue et Jean de Jandun dans leur *Defensor pacis*. Guillaume d'Occam se dressa contre le pape Jean XXII et se mit au service de son adversaire, l'empereur Louis de Bavière.

GUILLAUME de Rubrouck ou **de Rubruquis** ou **de Rubroek** (* Rubrouck, près de Saint-Omer, vers 1215, † après 1295). Missionnaire français. Moine franciscain, il arriva sans doute en Terre sainte en 1248. En 1252, il fut chargé par Saint Louis de se rendre en ambassade auprès des Mongols, dont les croisés recherchaient l'alliance contre l'islam. Au printemps 1253, il se trouvait à Constantinople, où l'empereur latin Baudoin II lui donna des lettres de recommandation. Parti de Constantinople en mai 1253, il gagna les comptoirs italiens de Crimée, et, de là, atteignit le campement de Batou Khan, près de Saratov, sur la Volga (août 1253). Batou l'envoya vers le grand khan, Mongka Khan, petit-fils de Gengis Khan, dont la résidence était à Karakoroum, à environ 8 000 km de là. Parti le 16 sept., le missionnaire mit un peu plus de trois mois pour parcourir cette distance et arriva à la fin décembre. Il fut reçu par le grand khan, rencontra à sa cour des prêtres nestoriens, mais son ambassade n'eut guère de succès, ni au point de vue religieux ni au point de vue politique. Quand il parvint à Tripoli en août 1255, le roi était reparti pour la France et c'est à son intention que Guillaume écrivit la relation de son voyage, la plus complète qu'un Européen ait laissée de l'Empire mongol au XIIIe s.

GUILLAUME TELL (fin XIIIe s. ?). Héros probablement légendaire de l'indépendance helvétique. Son histoire, racontée pour la première fois dans une ballade antérieure à 1474, fut popularisée par Schiller. À la fin du XIIIe s., cet habile archer aurait refusé de saluer un chapeau aux couleurs des Habsbourg, que le bailli de canton, Gessler, avait exposé à Altdorf pour contraindre les passants à se soumettre à ce symbole de l'autorité des ducs d'Autriche. À titre de sanction, le bailli obligea Guillaume Tell à prouver son adresse au tir en transperçant une pomme placée sur la tête de son propre fils. L'archer, qui avait triomphé de cette épreuve serait parvenu ensuite à tuer Gessler. Cet incident aurait marqué le début de la révolte de la Suisse contre les Habsbourg.

GUINÉE (république de). État de l'Afrique occidentale, riverain de l'Atlantique, compris entre la Guinée-Bissau, le Sénégal, le Mali, la Côte-d'Ivoire, le Liberia et la Sierra Leone ; capitale *Conakry*. 2,6 millions d'hab. en 1950 ; 4,1 millions en 1975 ; 9 millions en 2003. Vers la fin du XVIIe s., les Peuls (v.) se sont installés dans le Fouta Djalon où ils ont créé un puissant État islamisé, tandis que la région du haut Niger restait occupée par des Mandingues (vers 1725). René Caillié (v.) visita le pays en 1827, et la présence française commença avec la fondation d'un établissement sur le rio Nuñez par le lieutenant de vaisseau Bouet-Willaumez (1838). Le « protectorat des Rivières du Sud » fut d'abord rattaché au Sénégal et devint, en 1893, la colonie de la Guinée française, englobée en 1895 dans le gouvernement général de l'A-OF. Lors de la conclusion de l'Entente cordiale en 1904, la France céda à l'Angleterre les îles de Los, en face de Conakry. Territoire d'outre-mer en 1946, la Guinée fut la seule possession française à demander son indépendance immédiate lors du référendum du 28 sept. 1958.

Le 2 oct. 1958, Sékou Touré (v.) proclama la république de Guinée, « démocratique, laïque et sociale ». Privé aussitôt de toute assistance de la France, Sékou Touré, qui se posait en champion du panafricanisme (tout en entretenant de très mauvais rapports avec ses voisins, sauf le Ghana), se tourna vers l'Union soviétique et la Chine ; il établit un régime dictatorial de parti unique (parti démocratique de Guinée), d'inspiration socialiste. Invoquant une série de complots (complots « des enseignants », 1961 ; « des commerçants », 1965 ; « des militaires », 1969 et une tentative de subversion inspirée par le Portugal, nov. 1970), Sékou Touré procéda à plusieurs répressions impitoyables, éliminant tous ses rivaux ainsi que la plupart de ceux qui avaient été ses compagnons dans la lutte pour l'indépendance. Il fut réélu pour un quatrième mandat le 9 mai 1982 avec 100 % des suffrages. La dictature de S. Touré dura jusqu'à sa mort en mars 1984. Les militaires, qui rétablirent rapidement l'ordre après une période de liesse populaire, mirent aux commandes de l'État le général Lansana Conté. Les prisons, à peine vidées, se réouvrirent pour les adversaires du nouveau régime, après le putsch manqué de 1985 ; quelques-uns, comme par le passé, y moururent (dont l'ancien Premier ministre Diara Traoré).

Face à la contestation grandissante de la population, le général Conté orchestra la démocratisation du régime : adoption d'une nouvelle Constitution en 1990, association des civils au pouvoir et autorisation du multipartisme en 1991. Mais l'organisation de l'élection présidentielle de déc. 1993 fut vivement critiquée par l'opposition. Marquée par des violences interethniques et la fermeture des frontières du pays, elle se solda par la victoire contestée de Conté, qui remporta 51 % des suffrages. De la même façon, les élections législatives de juin 1995 furent remportées par le parti du président. En févr. 1996, des soldats mutinés tentèrent un coup d'État que le président Conté neutralisa en accédant à toutes leurs revendications.

En déc. 1997, l'opposition dénonça de nouvelles fraudes lors de la réélection du président Conté, cependant que de violentes émeutes ensanglantaient à nouveau Conakry. En déc. 1998, le principal opposant au régime, Alpha Condé, leader du Rassemblement du peuple de Guinée (RPG), fut arrêté et emprisonné, pour des motifs dont l'insuffisance éclata dès le début de son procès, en avr. 2000 ; le président français J. Chirac, lors d'une récente visite, s'était fait l'avocat du président Conté et d'un « rythme africain » en matière de démocratisation. A. Condé fut condamné, en sept. 2000, à cinq ans d'emprisonnement, à un moment où les incidents frontaliers se multipliaient avec le Liberia. Les réfugiés du Liberia et de Sierra Leone, installés sur le territoire guinéen, durent supporter une pression de plus en plus violente de la part du gouvernement, à tel point qu'une ONG internationale accusa le régime d'encourager les agressions.

GUINÉE-BISSAU. État indépendant de l'Afrique occidentale, sur l'océan Atlantique, borné par le Sénégal et la république de Guinée ; capitale *Bissau.* 0,5 million hab. en 1950 ; 0,6 million hab. en 1975 ; 1,3 million hab. en 2003. Cette région, qui se trouva au Moyen Âge dans la mouvance de l'empire du Mali, fut découverte vers 1446 par le Portugais Nuno Tristão. Un poste commercial portugais fut établi à Cacheu en 1588, un autre à Bissau en 1687. D'abord soumise à l'administration du Cap-Vert, la Guinée devint une colonie séparée en 1879, mais la pacification de l'intérieur ne fut achevée qu'en 1913/16 par João Teixeira Pinto. Bissau devint la capitale de la colonie en 1942. Le parti africain pour l'indépendance de la Guinée et des îles du Cap-Vert (PAIGC), fondé en 1956 par Amilcar Cabral, déclencha en 1963 une insurrection contre les autorités portugaises. En 1973, le PAIGC, qui contrôlait déjà la plus grande partie du pays, proclama l'indépendance de la Guinée-Bissau ; son chef, Amilcar Cabral, ayant été assassiné, fut remplacé par son demi-frère, Luis Cabral. Après la révolution portugaise d'avr. 1974, Lisbonne mit fin aux combats et conclut un accord avec les nationalistes : la république de Guinée-Bissau devint officiellement indépendante le 10 sept. 1974 et fut admise à l'ONU et dans l'Organisation de l'unité africaine.

La Guinée-Bissau, à l'économie essentiellement agricole, est l'un des pays les plus pauvres du monde, que l'orientation marxiste-léniniste suivie jusqu'en 1987 ne contribua pas à enrichir. Le 14 nov. 1980, un coup d'État évinçait le Cap-Verdien Luis Cabral, anéantissant du même coup toute perspective d'une fusion avec l'archipel du Cap-Vert. Le nouveau chef de l'État, João Bernardo Vieira, jusqu'alors Premier ministre, orienta son pays dans le sens du libéralisme, à partir de 1987, et renoua avec l'ancienne métropole portugaise. Au début des années 1990, le président Vieira engagea une démocratisation de son régime : instauration du multipartisme en 1991 et organisation d'élections libres en 1994, remportées par le pouvoir en place. Parallèlement, la Guinée-Bissau mettait en œuvre un programme triennal d'ajustement structurel (1994/97). En 1998, l'ancien chef d'état-major du président Vieira, Ansumane Mané – lui-même accusé de trafic d'armes –, lança une rébellion contre le gouvernement. Un accord de paix fut signé en nov. 1998, entre le président et le mouvement rebelle. Un gouvernement d'union nationale fut investi en févr. 1999 mais, en mai, la junte militaire renversa le président Vieira, devenu impopulaire, plusieurs éléments ayant démontré sa propre implication dans le trafic d'armes qui avait déclenché le conflit. Une nouvelle Constitution fut adoptée en juill. 1999 et, le 16 janv. 2000, Kumba Yala, leader du parti de la rénovation sociale (PRS), fut élu président avec 72 % des suffrages.

GUINÉE ÉQUATORIALE. État de l'Afrique équatoriale, composé des îles de Fernando Po (devenue Bioko) et Annobón, au fond du golfe de Guinée, et, sur le continent, du rio Muni, enclavé sur la côte guinéenne, entre le Cameroun et le Gabon ; capitale *Malabo.* 230 000 hab. en 1950 ; 510 000 hab. en 2003. L'île de Fernando Po portait le nom du navigateur portugais Fernão do Po, qui la découvrit vers 1472. Les Espagnols voulaient posséder une base en Afrique équatoriale pour la traite vers leurs colonies d'Amérique du Sud ; ils se la firent céder par le Portugal en 1778, mais, en 1817, ils laissèrent les Anglais y installer un port destiné à la lutte contre la traite. Réoccupée par les Espagnols à partir de 1844, Fernando Po servit, à la fin du XIXe s., de colonie pénitentiaire pour des insurgés cubains. L'installation des Espagnols au Rio Muni remonte au XVIIIe s. L'ensemble de ces territoires forma la colonie de Guinée espagnole, transformée en provinces espagnoles d'outre-mer en 1959. Elles reçurent l'autonomie en 1963, et, à la suite d'un plébiscite, la Guinée espagnole devint indépendante, sous le nom de Guinée équatoriale, le 12 oct. 1968.

Macias Nguema fut élu chef de l'État et instaura un régime dictatorial qui provoqua la fuite de la quasi-totalité des intellectuels et des cadres autochtones ; les rivaux politiques du président disparurent. Cette tyrannie sanglante coûta la vie à 50 000 personnes, mais prit fin avec le coup d'État militaire de 1979 au bénéfice de son neveu Teodoro Obiang Nguema. À partir de 1985, date de son entrée dans la zone franc, la Guinée équatoriale tendit à s'éloigner de l'ancienne métropole espagnole pour se rapprocher de ses voisins francophones. Au début des années 1990, la démocratisation du régime, amorcée sous la pression des bailleurs de fonds du pays par le président Obiang, tourna court. Boycottées par l'opposition, les élections législatives de 1993, qui confirmèrent le pouvoir en place, furent dénoncées par les observateurs internationaux mais cautionnées par la France. En févr. 1996, le président sortant Teodoro Obiang Nguema remportait l'élection présidentielle à nouveau boycottée par l'opposition. Alors que le pays connaissait un boom pétrolier sans précédent après le lancement, en 1996, de la production du champ de Zafiro, des troubles éclatèrent sur l'île de Bioko à l'approche des législatives. Ils furent lourdement réprimés et les élections virent la victoire ecrasante du parti démocratique de Guinée équatoriale (PDGE). L'opposition contesta la régularité du scrutin et refusa de siéger dans la nouvelle assemblée. Poursuivant son intégration régionale, le pays reçut, en juin 1999, le premier sommet de la Communauté économique et monétaire d'Afrique centrale (CEMAC). Cependant, la situation politique intérieure restait bloquée, avec le boycott par l'opposition des élections municipales de mai 2000, à l'issue desquelles le PDGE du président Teodoro Obiang Nguema remporta la totalité des conseils municipaux.

GUISE (maison de). Branche cadette de la maison des ducs de Lorraine qui acquit en 1333 le comté de Guise, en Thiérache. Voir LORRAINE.

François Ier de Lorraine, 2e duc de Guise (* Bar, 17.II.1519, † Saint-Mesmin, près d'Orléans, 18.II.1563). Fils de Claude de Lorraine, il fut un des grands hommes de guerre français du XVIe s. Grièvement blessé à la face au siège de Boulogne (1549), il reçut le surnom de *Balafré*, que porta aussi son fils. Après avoir défendu victorieusement Metz contre Charles Quint (1552/54), il battit les Impériaux à Renti (1554) et, en 1557, il reçut le commandement de l'expédition française envoyée dans le royaume de Naples contre les Espagnols à la demande du pape Paul IV. Il commanda les troupes françaises contre les Anglais qui avaient envahi le nord de la France et s'empara de Calais (1558). Sous François II, François de Guise et son frère Charles, cardinal de Lorraine (* 1524, † 1574), s'emparèrent pratiquement du pouvoir. À la tête du parti catholique, les Guise firent échouer la conjuration d'Amboise (v.) en 1560. Nommé lieutenant général du royaume, François de Guise fit condamner à mort son rival Louis de Condé (qui ne fut sauvé que par le décès du roi François II). Catherine de Médicis s'efforça dès lors de contrebalancer l'influence des Guises en leur opposant les Bourbons. François de Guise fit échouer la politique tolérante de la reine mère en provoquant le massacre de Wassy (1er mars 1562), qui contribua au déclenchement de la première guerre de Religion. Il fut assassiné par le protestant Poltrot de Méré (peut-être à l'instigation de Coligny), alors qu'il assiégeait Orléans aux mains des protestants.

Henri Ier de Lorraine, 3e duc de Guise, dit le Balafré (* 31.XII.1550, † Blois, 23.XII.1588). Homme de guerre, chef des ligueurs, fils aîné de François Ier de Lorraine. Après avoir combattu les Turcs dans l'armee impériale (1566), il participa à la lutte contre les huguenots à Jarnac et Moncontour (1569). Il fut l'un des responsables de la Saint-Barthélemy (v.) (24 août 1572), défendit victorieusement Paris contre les troupes allemandes de Condé (v. RELIGION, **guerres de**) et prit la tête de la Ligue. Malgré son immense popularité à Paris (journée des Barricades, v.) (12 mai 1588), il ne put obtenir d'Henri III d'être nommé lieutenant général du royaume. Henri III le fit assassiner aux états généraux de Blois, avec son frère Louis, cardinal de Lorraine.

GUIZOT François Pierre Guillaume (* Nîmes, 4.X.1787, † Val-Richer, Calvados, 12.X.1874). Homme politique et historien français. Fils d'un avocat protestant qui, bien que favorable à la Révolution, fut guillotiné en 1794 comme fédéraliste, il fut emmené par sa mère à Genève, où il reçut une éducation calviniste. Venu à Paris en 1805, il se fit remarquer par ses premiers travaux d'érudition, fréquenta les salons de l'opposition à l'Empire, mais, grâce à des protections, fut nommé en 1812 professeur d'histoire moderne à la Sorbonne. En 1814, il accueillit avec sympathie la monarchie selon la Charte, devint secrétaire général du ministère de l'Intérieur et suivit Louis XVIII à Gand durant les Cent-Jours. Sous la seconde Restauration, il retrouva de hautes charges aux ministères de l'Intérieur et de la Justice, mais la chute du ministère Decazes (févr. 1820) et l'arrivée au pouvoir des ultraroyalistes le renvoyèrent à son cours de la Sorbonne. Guizot s'était affirmé comme le principal maître à penser des doctrinaires. Monarchiste constitutionnel, il voulait concilier les libertés conquises par la Révolution avec le respect de l'ordre et de la tradition française. Le libéralisme de Guizot était en fait une doctrine de classe : il réservait la participation au pouvoir à la bourgeoisie riche et éclairée. Son cours de Sorbonne ayant été suspendu (1822) à la suite de ses attaques contre le ministère Villèle, Guizot consacra ses loisirs forcés à de grands travaux historiques. Élu député de Lisieux en janv. 1830, il fut l'un des organisateurs de l'opposition au ministère Polignac, vota l'adresse des 221 et prit position contre les ordonnances de juill. 1830. Il travailla à l'avènement de Louis-Philippe, sous lequel il espérait voir s'établir le gouvernement de la bourgeoisie. Ministre de l'Intérieur (1830), il fut ensuite ministre de l'Instruction publique presque sans interruption de 1832 à 1837. Il accomplit dans ce poste une œuvre importante, fonda l'enseignement primaire public par la loi de 1833.

La loi Guizot (28 juin 1833) disposait que chaque commune devait avoir au moins une école publique élémentaire et, si elle dépassait 6 000 habitants, une école primaire supérieure. Une école normale primaire par département devait assurer la formation des instituteurs. La loi n'établissait ni l'obligation ni la gratuité, mais les conseils municipaux devaient désigner les enfants indigents, qui seraient admis gratuitement. Cette loi marque la création de l'enseignement primaire public ; dès 1848, les écoles primaires accueillaient plus de 43 000 élèves et 64 % des conscrits savaient lire. Guizot créa une commission des Travaux historiques et scientifiques, inaugura la protection des monuments historiques, fonda la Société de l'histoire de France et restaura l'Académie des sciences morales et politiques.

Ambassadeur à Londres (1840), Guizot fut rappelé à Paris par Louis-Philippe en oct. 1840 et se vit confier le portefeuille des Affaires étrangères. La politique aventureuse de Thiers venait de mettre la France au bord d'une guerre avec l'Angleterre à propos de la question d'Orient. Guizot maintint la paix : la signature par la France le 13 juill. 1841 de la convention de Londres sur les Détroits (v.) amorça un rapprochement avec l'Angleterre et même l'ébauche d'une première « entente cordiale ». Mais cette politique se heurtait à l'anglophobie de l'opinion publique française et à de nombreuses divergences d'intérêts. Le retour au pouvoir de Palmerston, qui détestait la France, empêcha Guizot de réaliser une véritable alliance franco-britannique. Chef effectif du gouvernement de 1840 à 1848, d'abord sous la présidence nominale du maréchal Soult, puis avec le titre de président du Conseil à partir de nov. 1847, Guizot suivit une ligne fermement conservatrice. Il voulait maintenir un « juste milieu » entre la réaction légitimiste et les républicains. La prospérité apportée par l'essor de l'industrie et des affaires (loi sur les chemins de fer de 1842, développement rapide du crédit) s'accompagna d'une aggravation de la misère ouvrière. Les salaires baissèrent entre 1840 et 1848, et c'est à la seule bourgeoisie que s'adressait Guizot en disant : « Enrichissez-vous par le travail et par l'épargne. » L'opposition prit pour thème la réforme électorale, car Guizot se refusait énergiquement à abaisser le cens, fixé à 200 francs, ce qui limitait le « pays légal » à 240 000 électeurs seulement. Les élections de 1842 et 1846 avaient confirmé la majorité conservatrice. Guizot fit front à la campagne des banquets réformistes (1847/48) avec une obstination qui finit par entraîner l'effondrement de la monarchie de Juillet : quand il se résigna à démissionner (23 févr. 1848), il était trop tard. Réfugié en Belgique puis en Angleterre, il rentra en France en 1849, mais se tint à l'écart de la politique.

GUJRAL Inder Kuman (4.XII.1919, Jhelum, Pendjab). Homme politique indien. Jeune militant de la lutte contre la présence britannique, Inder Kuman Gujral adhéra au parti du Congrès vers 1950. S'élevant dans la hiérarchie du parti, il fut d'abord maire de New Delhi, puis devint un proche d'Indira Gandhi et obtint plusieurs postes ministériels. Diplomate à partir de 1975, il fut notamment ambassadeur en URSS (1976/80). Quittant le parti du Congrès, il rejoignit le parti Janata (centre gauche). Ministre des Affaires étrangères dans les gouvernements Singh et Gowda, il fut nommé Premier ministre en avr. 1997 avec l'appui d'une coalition de gauche et de centre gauche, mais, après les élections générales anticipées de févr./mars 1998, il fut remplacé par Atal Bihari Vajpayee du Bharatiya Janata Party (BJP).

GURSEL Cemal (* Turquie, 1895, † Ankara, 14.IX.1966). Militaire turc. Général de l'armée turque, il prit la tête de la junte militaire qui renversa le président Adnan Menderes le 27 mai 1960. Choisi comme président (26 oct. 1961), il soutint la promulgation d'une nouvelle Constitution. En mars 1966, malade, il dut se retirer. Voir TURQUIE. La Turquie contemporaine, depuis 1938.

GUSTAVE Ier Vasa (* Lindholm, 1495 ou 1496, † Stockholm, 29.IX.1560) Roi de Suède (1523/60). Fils d'Éric Vasa, seigneur suédois, il fut l'un des six otages que le roi de Danemark Christian II exigea de la Suède en 1518. Il parvint à s'évader en 1519 et se voua désormais à la libération de son pays. Il déclencha la révolte, prit Upsal (1521) et Kalmar (1523), et chassa les Danois.

Élu roi en juin 1523 par la diète de Strängnäs, Gustave Vasa brisa l'Union de Kalmar et proclama l'indépendance de la Suède. Son règne, consacré au relèvement économique du pays, fut marqué par l'établissement d'une Église nationale protestante, décidé par la diète de Västeras en 1527. En 1540, Gustave Vasa fit reconnaître comme héritiers ses fils Jean et Éric, assurant ainsi l'hérédité de la couronne dans sa maison. C'est de son règne que date l'apparition en Suède d'institutions politiques modernes. Son fils, Éric XIV, lui succéda. Voir SUÈDE. La lutte pour l'indépendance nationale et la Réforme.

GUSTAVE II ADOLPHE (* Stockholm, 9.XII.1594, † Lützen, 16.XI.1632). Roi de Suède (1611/32). Petit-fils de Gustave Vasa, il succéda en 1611 à son père Charles IX. Cessant de recourir aux mercenaires étrangers, il fit de l'armée suédoise une armée nationale, dotée d'un armement allégé et perfectionné, manœuvrant plus rapidement et plus souplement sur le champ de bataille. Il assura à la Suède la possession des rives orientales de la Baltique, aux dépens de la Russie (paix de Stolbova, 1617) et de la Pologne (paix d'Altmark, 1629). À l'intérieur, il réforma l'administration, donna un nouvel essor à l'économie et soumit la noblesse à l'autorité monarchique. Son intervention en Allemagne, pendant la guerre de Trente Ans, étendit sa gloire à toute l'Europe. En défendant les protestants, Gustave II Adolphe achevait en même temps la conquête des rives de la Baltique. Il défit Tilly à Breitenfeld

(1631), puis sur le Lech (1632). Sa dernière victoire, à Lützen, contre Wallenstein, lui coûta la vie. Il laissa la couronne à sa fille Christine, âgée de six ans. Voir **Suède.** L'apogée de la Suède, de Gustave Adolphe à Charles XII.

GUSTAVE III (* Stockholm, 24.I.1746, † Stockholm, 29.III.1792). Roi de Suède (1771/92). Voir **Suède.** L'Ère de la liberté.

GUSTAVE IV ADOLPHE (* Stockholm, 1er.XI.1778, † Saint-Gall, Suisse, 7.II.1837). Roi de Suède (1792/1809). Voir **Suède.** L'Ère de la liberté.

GUTENBERG, Johannes Gensfleisch, dit (* Mayence, vers 1394/99, † Mayence, 3.II.1468). Imprimeur allemand. D'une famille patricienne de Mayence, il dut s'exiler de sa ville natale en 1428, sans doute à la suite de querelles au sein du patriciat, et, de 1430 à 1444, il semble avoir séjourné le plus souvent à Strasbourg. C'est là qu'il se livra, à partir de la gravure sur bois, à des recherches qui aboutirent, vers 1438, à l'invention du procédé d'imprimerie avec des caractères métalliques mobiles. En 1448, il était de retour à Mayence et, deux ans plus tard, il s'associa avec Johann Fuchs pour fonder une imprimerie : il termina en 1455 la fameuse Bible latine « à quarante-deux lignes », dite *Bible de Gutenberg*. Mais, la même année, Fuchs lui ayant intenté un procès pour obtenir le remboursement d'une somme importante prêtée lors de leur installation, Gutenberg, dans l'incapacité de payer, se vit confisquer tout son matériel typographique (6 nov. 1455). Par la suite, Gutenberg parvint à fonder une nouvelle imprimerie. En 1465, il fut anobli par l'archevêque de Mayence, Adolphe II de Nassau, qui lui assura une pension.

GUTERRES Antonio (30.IV.1949 Lisbonne). Homme politique portugais. Après une formation d'ingénieur, Antonio Guterres entama une carriere de haut fonctionnaire dans divers organismes et cabinets ministériels. Membre du parti socialiste (PSD) depuis 1974, député depuis 1976, il devint secrétaire général du PSD en 1992. Nommé Premier ministre après les élections législatives d'oct. 1995, le debut de son mandat fut marqué par la création d'un revenu minimum et la réduction de la semaine de travail à 40 heures, malgré le maintien d'une stricte orthodoxie budgétaire, dans la perspective de l'adhésion du Portugal à l'UEM. Il fut reconduit dans ses fonctions à l'issue des législatives d'oct. 1999. Il démissionna en 2001.

GUY DE DAMPIERRE (* 1225 † Compiègne, 11.III.1305). Comte de Namur (1263/97) et comte de Flandre (1278/1305). Voir **Flandre.** La lutte pour l'indépendance contre la France.

GUYANA (république de). État de l'Amérique du Sud, issu de l'ancienne Guyane britannique, compris entre le Venezuela, le Brésil et le Surinam ; capitale *Georgetown*. 420 000 hab. en 1950 ; 730 000 hab. en 1975 ; 800 000 hab. en 2003. D'abord possession hollandaise, cette partie de la Guyane fut occupée par les Anglais en 1796 et cédée à l'Angleterre en 1814, les Pays-Bas conservant le territoire du Surinam. Colonie de la Couronne en 1831, elle obtint un statut d'autonomie en 1953. Mais les premières élections ayant été remportées par le parti progressiste du peuple (PPP) de Cheddi Jagan, qui était suspect de tendances communistes, Londres suspendit la Constitution locale jusqu'en 1957. Revenu au pouvoir, le PPP se scinda pour des raisons raciales, les Noirs rejoignant le Congrès national du peuple de Forbes Burnham. Ce dernier accéda au pouvoir en 1964, obtint l'indépendance complète de la Guyana en mai 1966 et proclama la république en févr. 1970 (la Guyana restait membre du Commonwealth).

Forbes Burnham put imposer sa présidence autoritaire, confirmée par les élections législatives du 15 déc. 1980, mais il ne put poser les bases d'un développement économique satisfaisant. Le 6 août 1985, F. Burnham décédait et était remplacé par D. Hoyte, son Premier ministre. Le gouvernement mit en place, sous l'égide du FMI, un sévère plan de redressement : dévaluation de la monnaie et gel des salaires. L'aggravation des conditions de vie et la restriction des libertés provoquèrent de violentes manifestations. L'Assemblée fut dissoute en sept. 1992 et le PPP triompha aux élections législatives ; son dirigeant, Cheddi Jagan, élu président pour un mandat de cinq ans, en oct. 1992, décida d'assouplir les mesures du FMI. En 1994, la Guyana signa avec le FMI un programme d'ajustement structurel de l'économie. À la fin des années 1990, l'or, la bauxite, le sucre, le riz et le bois restaient les principales ressources du pays. La mort du président Cheddi Jagan, en mars 1997, provoqua de nouvelles élections en déc. 1997, que remporta son épouse Janet Jagan, candidate du PPP. Un accord fut conclu entre le PPP, bastion de la communauté indienne majoritaire, et le Congrès national du peuple (PNC), parti afro-guyanais, pour l'établissement d'une réforme constitutionnelle. Il tourna court et des émeutes éclatèrent en juin 1998. Les tensions entre Indiens et Afro-guyanais, malgré une trêve obtenue en juill. 1998 par la Communauté des Caraïbes (CARICOM), se poursuivirent et de graves violences entre les deux communautés paralysèrent le pays en mai et juin 1999. À la suite de la démission, pour raisons de santé, de Janet Jagan, le ministre des Finances Bharrat Jagdeo devint président par intérim en août 1999. Il remit en chantier la modification de la Constitution en vue des élections générales de 2001. L'été 2000 fut marqué par des incidents frontaliers avec le Surinam, en particulier dans les zones pétrolifères.

GUYANE FRANÇAISE. Département français d'outre-mer, en Amérique du Sud, compris entre le Surinam et le Brésil ; chef-lieu *Cayenne*. 25 000 hab.

en 1960 ; 60 000 hab. en 1975 ; 157 000 hab. en 2003. Longtemps disputé par les Hollandais, les Anglais et les Portugais, ce territoire fut définitivement restitué à la France par le Portugal en 1817. De 1794 à 1804, la Guyane avait servi de lieu de déportation politique, et le second Empire, en 1852, y établit un bagne, à Saint-Laurent-du-Maroni. La suppression de ce bagne, prévue en 1936, ne devint effective qu'en 1946. À partir de 1848, les habitants de la Guyane française avaient reçu la citoyenneté française et le droit de vote. Représentée au Parlement français depuis 1877, la Guyane devint un département d'outre-mer en 1946 et une Région en 1975. Malgré les efforts des pouvoirs publics pour diversifier l'économie du département, le poids économique du Centre spatial de Kourou, premier site mondial de lancement de satellites, fondé en 1968, demeurait considérable à la fin des années 1990. En 1996 et 1997, de violentes émeutes secouèrent Cayenne sur fond de revendications économiques, tandis que se développait un courant indépendantiste. Fin nov. 2000, l'opposition à une nouvelle loi d'orientation pour l'outre-mer provoqua de nouvelles émeutes.

GUYENNE. Ancienne province du sud-ouest de la France. D'abord employé indistinctement avec celui d'Aquitaine (v.), le terme de Guyenne désigna, à partir du XIIIe s., les possessions des Plantagenêts, rois d'Angleterre, dans le sud-ouest de la France, c'est-à-dire la Gascogne et les territoires jadis confisqués par Philippe Auguste mais restitués par Saint Louis à Henri III Plantagenêt au traité de Paris (1259) : le Limousin, le Périgord et le Quercy, auxquels s'ajoutèrent l'Agenais (1279), le Poitou, la Saintonge, l'Angoumois et le Rouergue (traité de Brétigny, 1360). La Guyenne ne fut définitivement reconquise par la France qu'après la victoire de Castillon (1453). Louis XI la donna en apanage à son frère Charles (1469), mais elle revint à la Couronne en 1472. À la fin de l'Ancien Régime, elle formait avec la Gascogne un grand gouvernement, qui avait pour capitale Bordeaux.

GUYNEMER Georges Marie (* Paris, 24.XII.1894, † au-dessus de Poelkapelle, Belgique, 11.IX.1917). Officier français. Refusé dans l'infanterie et la cavalerie en raison de sa faible constitution physique, il réussit à s'engager en 1914 dans l'aviation et obtint son brevet de pilote en mars 1915. Affecté à l'escadrille des Cigognes, il se révéla un pilote de chasse d'une audace et d'une habileté extraordinaires. Ses 53 victoires firent de lui un des as français de la Première Guerre mondiale. Abattu dans un combat au-dessus des Flandres, il est resté une figure légendaire des ailes françaises.

GUZMÁN BLANCO Antonio (* Caracas, 29.II.1829, † Paris, 20.VII.1899). Homme politique vénézuélien. Fils d'Antonio Leocadio Guzmán, qui exerça des fonctions ministérielles sous Bolívar et sous Paéz, il fut président du Venezuela de 1870 à 1888. Son régime autoritaire voire tyrannique se montra violemment anticlérical et assura au Venezuela une grande prospérité. Renversé au cours d'un de ses nombreux voyages en Europe, Guzmán Blanco passa la fin de sa vie en France.

GYMNASE. Dans la Grèce antique, lieu d'abord consacré aux exercices physiques. Progressivement, les gymnases servirent aussi de lieu de réunion pour les philosophes et les rhéteurs et ils devinrent des lieux d'enseignement. Ils étaient placés sous la direction d'un gymnasiarque élu par le peuple. Athènes possédait trois grands gymnases : le Lycée, le Cynosarge et l'Académie. Quand, après la conquête d'Alexandre, les Grecs vécurent en Orient dans des cités nouvelles, le gymnase fut une institution capitale pour la préservation de la culture hellénique dans un milieu où les Grecs étaient très minoritaires. C'est par la fréquentation du gymnase que les élites indigènes d'Asie Mineure, de Syrie, d'Égypte ou de Mésopotamie furent gagnées à la civilisation grecque.

H

HABEAS CORPUS ACT. Bill voté par le Parlement anglais en mai 1679, sous le règne de Charles II, et précisant les garanties de la liberté individuelle déjà formulées par l'article 29 de la *Magna Charta* (v. **Charte, la Grande**) et par la Pétition du droit de 1628. En vertu de cet acte, tout citoyen qui estime être détenu arbitrairement peut, en adressant une requête au lord-chancelier ou, en son absence, à l'un des juges de la Cour du banc du roi, obtenir un *writ* d'*habeas corpus*, ordre écrit de libérer le prévenu ou de le conduire devant le magistrat signataire afin que la preuve soit faite qu'il y avait un motif valable de l'arrêter ; si cette preuve n'est pas fournie, le magistrat donne l'ordre de libérer sans délai le prisonnier. L'*habeas corpus* fut suspendu de 1794 à 1801 et en 1817.

HABRÉ Hissène (Faya-Largeau, 1936). Homme politique tchadien. Premier ministre en 1978, puis chef de l'État de 1982 à 1990. Renversé, il se réfugia au Sénégal où il fut inculpé, en févr. 2000, pour complicité de torture. Cette procédure fut annulée par la cour d'appel en juill. 2000, ce qui provoqua des protestations diverses (ONU, ONG).

HABSBOURG. Maison germanique qui régna sur l'Autriche de 1278 à 1918. Mentionnée à partir du Xe s., elle devait son nom au château que Werner Ier fit construire vers 1020 en Suisse (Argovie) sous le nom de *Habichtsburg* (« château des vautours »), dont *Habsbourg* est une déformation. Après avoir acquis, aux XIe/XIIe s., de riches possessions en Suisse septentrionale et en Alsace, la maison de Habsbourg accéda pour la première fois au trône impérial en 1273 avec Rodolphe IV, qui régna sur le Saint Empire de 1273 à 1291 sous le nom de Rodolphe Ier et acquit, en 1278, les duchés d'Autriche, de Styrie et de Carniole. Il eut pour successeur dans ses États héréditaires, et plus tard à l'Empire (1298), son fils Albert (Albert Ier, comme duc d'Autriche et empereur). Les Habsbourg acquirent successivement la Carinthie (1335), le Tyrol (1363), Fribourg (1368), Trieste (1382) et plus tard le Vorarlberg, mais la maison fut affaiblie par sa longue lutte contre les Suisses révoltés, auxquels elle dut abandonner la plus grande partie de ses possessions occidentales, et par les partages successoraux de 1379, 1406 et 1411 ; ce fut seulement en 1490 que toutes les possessions héréditaires des Habsbourg furent de nouveau réunies en une seule main.

En 1438, un nouveau prince de la maison de Habsbourg fut appelé au trône impérial et régna sous le nom d'Albert II (1438/39). Il eut pour successeur son cousin, Frédéric III (1440/93), et, désormais, à l'exception d'une courte interruption (de 1740 à 1745), les Électeurs ne choisirent plus que des Habsbourg jusqu'à la fin du Saint Empire, en 1806. L'ascension de la maison de Habsbourg se fit en grande partie grâce à de profitables mariages (d'où la formule : *Tu, felix Austria, nube*) : mariage de Maximilien Ier avec Marie de Bourgogne, qui assura aux Habsbourg les possessions néerlandaises des ducs de Bourgogne et la Franche-Comté (1482) ; mariage de Philippe le Beau avec Jeanne la Folle, héritière de Castille et d'Aragon, qui apporta aux Habsbourg l'Espagne et Naples (1506/16) ; mariage de Ferdinand Ier avec Anne, laquelle apporta l'héritage de la Bohême et d'une partie de la Hongrie (1526).

La puissance des Habsbourg atteignit son apogée avec Charles Quint ; mais celui-ci céda en 1522 ses États héréditaires autrichiens à son frère Ferdinand Ier, ce qui divisa la maison en deux : une branche *espagnole* (Espagne, Pays-Bas, une partie de l'Italie), qui se poursuivit avec le fils de Charles Quint, Philippe II, et s'éteignit en 1700 ; et une branche *autrichienne*, laquelle, à la mort de Ferdinand Ier (1564), se partagea en trois lignées. La lignée autrichienne directe s'éteignit en 1619 avec l'empereur Matthias. La lignée styrienne accéda au trône impérial avec Ferdinand II et hérita en 1665 des possessions de la lignée tyrolienne. Sous le règne de Léopold Ier (1658/1705), les Habsbourg de Vienne, à l'extinction de la branche aînée d'Espagne (1700), acquirent les Pays-Bas, le Milanais, Naples et la Sicile, et leurs victoires sur les Turcs leur donnèrent la possession de toute la Hongrie (1699). La pragmatique sanction de 1713 assura l'indivisibilité des États héréditaires, mais ceux-ci se trouvèrent amputés de la Sardaigne (1720), de Naples (1735), de la Sicile (1738).

En 1740, les Habsbourg d'Autriche s'éteignirent en ligne mâle à la mort de l'empereur Charles VI, et les puissances européennes, sans tenir compte de la pragmatique sanction, déclenchèrent la guerre de la Succession d'Autriche. Le mariage de Marie-Thérèse, fille de Charles VI, avec François Stéphane, duc de Lorraine (grand-duc de Toscane dès 1737), donna naissance à la nouvelle dynastie de **Habsbourg-Lorraine**. En 1804, le chef de la maison de Habsbourg prit le titre d'empereur d'Autriche, et le compromis dualiste de 1867 (v. **Compromis de 1867**) donna à François-Joseph le titre d'*empereur* (d'Autriche) et *roi* (de Hongrie). Au cours du XIXᵉ s., les Habsbourg furent éliminés d'Italie (1859/66) et d'Allemagne (1866). Rongé par les luttes de minorités, leur empire s'effondra en 1918, avec l'abdication de Charles Iᵉʳ. C'est le fils aîné de ce dernier et de l'impératrice Zita, l'archiduc Othon de Habsbourg (né en 1912) qui est le chef actuel de la famille de Habsbourg.

HÁCHA Emil (* Trhové Sviny, Bohême, 12.VII. 1872, † Prague, 1945). Homme politique tchèque. Président du tribunal suprême de Tchécoslovaquie à partir de 1925, il fut, après les accords de Munich et l'effacement de Benès, élu président de la République le 30 nov. 1938. La Slovaquie s'étant proclamée indépendante, il dut, le 15 mars 1939, céder aux exigences de Hitler, qui le nomma président d'État du protectorat de Bohême-Moravie incorporé dans le Reich. Arrêté en 1945, Hácha mourut peu après en prison.

HACHÉMITES. Famille arabe qui descend d'Hassan, fils d'Ali et de Fatima, petit-fils de Mahomet. Les Hachémites furent, à partir de la fin du XIᵉ s., les grands chérifs héréditaires de La Mecque, gardiens des Lieux saints de l'islam. Grand chérif de La Mecque en 1907, Hussein ibn Ali (v.) prit en 1914, avec l'aide des Britanniques, la tête d'un mouvement d'indépendance panarabe contre l'Empire ottoman, se proclama roi du Hedjaz en 1916, mais fut chassé de La Mecque par son rival Abd al-Aziz ibn Séoud et ses guerriers wahhabites en 1924. Mais ses deux fils avaient fondé deux nouvelles dynasties arabes, Fayçal en Irak (où les Hachémites régnèrent de 1921 à 1958) et Abdullah en Jordanie (Transjordanie jusqu'en 1949), où le trône est encore occupé par les Hachémites. Voir **Irak** et **Jordanie**.

HADITH, en arabe *conversation* ou *récit*. Actes et paroles de Mahomet, recueillis par ses disciples. L'enseignement des hadiths complète le Coran.

HADJDJ ou **HADJDJI,** en arabe *pèlerin*. Titre que prennent les musulmans qui ont fait le pèlerinage aux Lieux saints de l'islam, à La Mecque ou à Médine, pèlerinage que doit accomplir tout musulman au moins une fois dans sa vie.

HADRIEN, Publius Aelius Hadrianus (* Italica, 24.I.76, † Baïes, 10.VII.138). Empereur romain (117/138). Proche collaborateur de Trajan, auquel il succéda. Il abandonna la politique guerrière de son prédécesseur, renonça aux territoires à l'E. de l'Euphrate, mais conserva la Dacie et entreprit de fortifier les frontières de l'Empire (*mur d'Hadrien*, en Écosse, 122/27). Il réorganisa l'armée en favorisant le recrutement des légions dans les provinces mêmes où elles stationnaient et en accroissant les effectifs de la cavalerie.

Cependant, son œuvre essentielle fut administrative. Il acheva l'organisation de la bureaucratie impériale et remplaça les affranchis par des chevaliers à la tête de l'administration centrale ; il procéda à la codification du droit romain (*Édit perpétuel* de Salvius Julianus, 131), mais sans étouffer les particularismes locaux. Curieux de tout et soucieux du gouvernement des provinces, il passa son règne à parcourir l'Empire et voua une affection particulière à la Grèce, où il favorisa une renaissance religieuse. Il s'efforça de remédier à l'abandon des terres et de repeupler les grands domaines impériaux en encourageant les baux à long terme, en favorisant les associations d'agriculteurs libres, en permettant à n'importe qui de s'installer sur les terres en friche. Parmi les rares campagnes militaires qu'il mena, celle dirigée contre la révolte juive, écrasée en 135, fut la plus dure.

Intellectuel brillant, il fut aussi un grand bâtisseur (temple de Zeus à Athènes ; villa Hadriana à Tibur ; Panthéon ; mausolée d'Hadrien, auj. château Saint-Ange, à Rome). Le « siècle des Antonins » atteignit avec lui son apogée. Peu avant de mourir, il désigna lui-même son successeur, Antonin le Pieux. Voir **Rome.** Le siècle des Antonins et l'anarchie militaire.

HAFSIDES. Dynastie berbère qui régna sur la Tunisie du XIIIᵉ au XVIᵉ s. Elle fut fondée par l'ancien gouverneur almohade de l'Ifrikiya (Tunisie), Abou Zakariya, qui, profitant de la défaite infligée par les Espagnols aux Almohades à Las Navas de Tolosa (juill. 1212) et du déclin du califat, se rendit indépendant en 1236. La dynastie connut son apogée sous le règne d'El-Moustansir (1249/79), qui prit le titre d'émir des croyants et se fit brièvement reconnaître comme calife (1259/61). Le royaume hafside jouissait d'une grande prospérité commerciale, et les puissances chrétiennes comme Venise, Pise, Gênes n'hésitèrent pas à signer des traités avec lui. Attaqués en 1270 par Saint Louis, qui mourut devant Tunis (25 août 1270), les Hafsides, après la mort du roi, achetèrent le départ des Français en payant une forte indemnité de guerre. Après avoir traversé au XIVᵉ s. une période critique, la dynastie brilla d'un nouvel éclat sous Abou Faris (1394/1434). Elle s'effondra au début du XVIᵉ s., quand le corsaire turc Barberousse se rendit maître de Tunis (1534). L'empereur Charles Quint tenta de rétablir les Hafsides, qui n'étaient plus que des fantoches, mais en 1574 la Tunisie passa complètement sous la domination ottomane.

HAÏDER ou **HAYDAR** ou **HYDER Ali** (* Bangalore, vers 1722, † Wellur, 10.XII.1782). Raja du Mysore (1761/82). Voir **MYSORE**.

HAILÉ SÉLASSIÉ Ier (* Harrar, 24.VII.1892, † Addis-Abeba, 27.VIII.1975). Empereur d'Éthiopie (1930/36 et 1941/74). Fils du ras Makonnen et petit-fils, par sa mère, de Ménélik II, il appartenait à une dynastie qui prétendait descendre de Ménélik Ier, fils du roi Salomon et de la reine de Saba. Il porta d'abord le nom de ras Tafari, fut l'élève des missionnaires français et devint en 1911 gouverneur du Harrar. En sept. 1916, à la suite d'une révolte fomentée par les Anglais et de la déposition de son cousin, l'empereur Lidj Yassou, qui avait montré des sympathies pour la Turquie et l'Allemagne, il s'empara du pouvoir au nom de l'impératrice Zaouditou, sa tante, et gouverna avec les titres de « régent » et d'« héritier au trône ». En 1923, il fit admettre l'Éthiopie à la Société des Nations. Ayant pris le titre de *négus* en oct. 1928, il se fit choisir comme empereur à la mort de sa tante (avr. 1930). Sa politique d'alignement sur les démocraties occidentales (adhésion au pacte Briand-Kellogg, 1928 ; promulgation d'une Constitution instituant un régime semi-parlementaire, 1931) et son opposition systématique, sur les plans économique et commercial, aux intérêts de l'Italie entraînèrent l'intervention armée de celle-ci (3 oct. 1935). Après avoir fait appel à la SDN, Hailé Sélassié fut forcé par l'invasion des troupes mussoliniennes de se réfugier à Djibouti (mai 1936), puis à Londres, tandis que le roi Victor-Emmanuel III d'Italie prenait le titre d'empereur d'Éthiopie. Grâce aux troupes franco-britanniques, Hailé Sélassié put rentrer dans sa capitale en mai 1941. Faute d'avoir mené avec assez de conviction la modernisation de son pays et la libéralisation de son régime politique, il dut faire face à partir de 1960 au mécontentement d'une partie de l'armée et fut finalement déposé par les militaires (12 sept. 1974). Figure emblématique de l'anticolonialisme et de l'unité africaine, descendant déclaré de Salomon et de la reine de Saba, Hailé Sélassié, ancien ras Tafari, donna son nom au rastafarisme jamaïquain, mystique proche du « sionisme noir » panafricain de Marcus Garvey. Voir **ÉTHIOPIE**. L'Empire d'Éthiopie de 1947 à 1974.

HAINAUT, *Henegouwen*. Région historique belgo-française, s'étendant à l'O. du massif ardennais, entre la Sambre et l'Escaut. Peuplé dans l'Antiquité par les Nerviens, partagé par les Romains entre la Belgique IIe et la Germanie IIe, le Hainaut prit vers 750 son nom actuel (en latin *Hannonia*, d'un petit affluent de l'Escaut, la Haine). Il fit partie des royaumes d'Austrasie et de Lotharingie. Fief impérial, le Hainaut eut des comtes héréditaires à partir de Régnier au Long-Col (vers 877/915), dont le fils, Gislebert (915/39), fut reconnu par Henri Ier comme duc de Lotharingie. Sa descendante, Richilde, épousa le comte de Flandre, Baudoin VI (en Hainaut, Baudoin Ier), ce qui provoqua la réunion de la Flandre et du Hainaut (1051/78). Baudoin II, fils de Baudoin Ier, dut cependant abandonner la Flandre à son oncle, Robert Ier le Frison, et il s'ensuivit de longues luttes, auxquelles mit fin le mariage de Baudoin V avec Marguerite Ire d'Alsace ; à la mort de son beau-frère Philippe d'Alsace, Baudoin V réunit de nouveau le Hainaut et la Flandre (1191/1280). Son fils, Baudoin VI (en Flandre, Baudoin IX), joua un grand rôle dans la quatrième croisade, et devint en 1204 empereur latin d'Orient. Après lui, le Hainaut passa à ses filles, Jeanne (1205/44) et Marguerite (1244/80), comtesse de Flandre. Le règne de cette dernière fut troublé par de graves conflits dynastiques. Le mariage de Marguerite avec Bouchard d'Avesnes, baron du Hainaut (1212), fut déclaré nul, et Marguerite se remaria en 1223 avec Guillaume de Dampierre. Elle s'efforça d'assurer l'ensemble de sa succession aux enfants de son second mariage : il en résulta une guerre civile, à laquelle le roi de France Louis IX (Saint Louis) mit fin par le Dit de Péronne (1256), qui attribuait le Hainaut à la maison d'Avesnes, la Flandre à la maison de Dampierre. Le nouveau comte de Hainaut, Jean II d'Avesnes (1280/1304), hérita en 1299 des comtés de Hollande et de Zélande.

En 1345, les Wittelsbach de Bavière succédèrent à la maison d'Avesnes. Après la mort de Guillaume IV († 1417), sa sœur, Jacqueline de Bavière, fut contrainte en 1433 (traité de Delft) de céder ses États à son cousin Philippe le Bon, duc de Bourgogne. Dès lors, le Hainaut partagea le sort des États bourguignons et, en 1482, passa aux Habsbourg. Le Hainaut était, au Moyen Âge, un pays essentiellement agricole, dépourvu de villes importantes, à l'exception de Valenciennes. Le traité des Pyrénées (1659) et celui de Nimègue (1678) cédèrent à la France la partie méridionale, qui forma le *Hainaut français* (capitale Valenciennes ; autres villes : Condé, Maubeuge, Le Quesnoy, Landrecies, Avesnes, Givet...). Conquis par la France en 1793, le Hainaut autrichien forma en 1795 le département de Jemmapes. En 1814, il devint une province du royaume des Pays-Bas ; il resta à la Belgique en 1830. Au XIXe s., la province belge du Hainaut devint l'une des principales régions industrielles de l'Europe (bassin houiller du Borinage, Mons, La Louvière, Charleroi), mais, depuis 1950, ses charbonnages ne peuvent plus soutenir la concurrence internationale. Dans les années 1970, les activités minières et les industries du Hainaut (sidérurgie, construction mécanique et textile) furent frappées de plein fouet par la crise internationale.

HAÏTI. Île de l'océan Atlantique, la plus importante des Grandes Antilles après Cuba, partagée politiquement entre la république Dominicaine à l'E. (capitale Saint-Domingue) et la république d'Haïti à l'O. (capitale Port-au-Prince). Elle doit son nom à ses premiers habitants, les Indiens Arawaks, mais Christophe Colomb, qui la découvrit le 6 déc. 1492, la nomma *La Isla* *española*. Bientôt elle fut appelée *Hispaniola* ou, du nom du principal établissement espagnol de l'île, *Santo Domingo*, Saint-Domingue. L'extermination des populations indigènes, réalisée presque complètement vers le milieu du XVIe s., retarda le développement économique de l'île, bien que, à partir de 1517, on ait installé à Saint-Domingue des esclaves noirs amenés d'Afrique. La colonie n'avait encore que peu d'importance lorsque l'amiral anglais Drake (v.) la ravagea, en 1586.

En 1638, des boucaniers établis dans l'île de la Tortue, près de la côte nord d'Haïti, dévastèrent les établissements espagnols ; encouragés et reconnus par le gouvernement français, ils s'établirent à Saint-Domingue même. En 1659, les Français entreprirent de coloniser la partie occidentale de l'île, qui leur fut reconnue par le traité de Ryswick (1697). Haïti devint l'une des plus florissantes colonies de la monarchie ; à la veille de la Révolution, alors que la population de la partie espagnole de l'île ne dépassait guère 40 000 habitants, la partie française comptait 600 000 habitants (dont 500 000 esclaves noirs), travaillant sur 7 800 plantations de canne à sucre, de café, de coton. Mais le régime esclavagiste avait provoqué des troubles depuis 1722. La décision de l'Assemblée nationale d'accorder les droits politiques aux Noirs (28 mars 1790) encouragea la révolte de Toussaint Louverture (août 1791). À partir de 1794, les anciens esclaves noirs étaient maîtres des principales places de la colonie française. Tenant tête à une armée anglaise que les colons de la Jamaïque avaient envoyée au secours des Blancs, Toussaint Louverture s'empara également de la partie espagnole d'Haïti, que l'Espagne venait de céder à la France par le traité de Bâle (1795). En 1802, le général Leclerc, à la tête de 20 000 soldats français, débarqua à Saint-Domingue, captura Toussaint Louverture (qui mourut prisonnier en France) et tenta de rétablir la domination française. Mais les hostilités reprirent bientôt sous la conduite d'un lieutenant de Toussaint Louverture, le général noir Dessalines. Refoulés, les Français évacuèrent complètement l'île (1803/05). Ayant proclamé l'indépendance d'Haïti (1er janv. 1804), Dessalines prit le titre d'empereur sous le nom de Jacques Ier. Après l'assassinat de Dessalines (1806), un autre Noir, Henri Christophe, s'empara du pouvoir et se proclama roi sous le nom d'Henri Ier (1811/20). Son rival, le mulâtre Pétion, avait constitué une république dans le sud de l'île (1807/18). Jean-Pierre Boyer, successeur de Pétion de 1818 à 1843, parvint à réunir le Sud et le Nord, puis à soumettre l'ancienne partie espagnole ; en 1822, il devint ainsi le maître de toute l'île. En 1825, la France reconnut l'indépendance d'Haïti. En 1843, lors de l'expulsion de Boyer, accusé de tyrannie, la partie orientale de l'île fit définitivement sécession et constitua un État séparé sous le nom de *république Dominicaine* (v.).

L'État d'Haïti

À l'O., le nouvel *État d'Haïti*, après avoir constitué l'empire de Soulouque (Faustin Ier, 1849/59), redevint une république, en proie à une instabilité permanente et à de nombreuses guerres civiles. Cette situation finit par provoquer l'intervention des États-Unis, qui occupèrent Haïti de 1915 à 1934 et y exercèrent dès lors un étroit contrôle économique et financier.

Après les coups d'État qui éliminèrent successivement les présidents Lescot (1946), Dumarsais Estimé (1950) et Magloire (1956), le médecin François Duvalier accéda au pouvoir en sept. 1957, établit rapidement un régime dictatorial et se fit nommer président à vie par la Constitution de 1964. S'appuyant sur sa police personnelle, les Tontons Macoutes, qui terrorisaient le pays, il brisa la puissance de l'armée et noya dans le sang plusieurs tentatives de subversion. Il s'efforça de gagner l'appui des masses noires en persécutant la minorité mulâtre ; un violent conflit l'opposa à l'Église de 1960 à 1966 ; les États-Unis, qui l'avaient d'abord appuyé, lui retirèrent leur aide en 1963. À sa mort (24 avr. 1971), « Papa Doc » fut remplacé par son fils, Jean-Claude Duvalier, dit « Bébé Doc ». En 1986, un soulèvement populaire chassa « Bébé Doc ». Mais la reprise en main par l'armée fut immédiate. Les militaires, malgré des convictions démocratiques affichées, n'autorisèrent qu'une parodie de consultation électorale et de régime constitutionnel. En sept. 1988, le général Namphy, qui contrôlait le pouvoir, fut destitué par le général Avril.

Après la chute des Duvalier, dont la dictature avait fait fuir à l'étranger plus d'un million d'Haïtiens, les capitaux nord-américains des nombreuses sociétés de sous-traitance s'échappèrent à leur tour, aggravant les difficultés de l'économie la plus pauvre d'Amérique latine. L'élection, le 16 déc. 1990, du père Aristide à la présidence suscita un grand espoir chez la majorité des Haïtiens, mais inquiéta les duvialiéristes. Le 30 sept. 1991, moins de neuf mois après son élection, Jean-Bertrand Aristide fut chassé par un coup d'État militaire, dirigé par le général Raoul Cédras. Les États-Unis et la France, rejoints peu après par le Canada, suspendirent tout commerce avec le régime militaire de Port-au-Prince. À l'intérieur du pays, la répression à l'encontre des « lavalassiens » partisans du président Aristide s'accentua en 1992 avec la réapparition des sections macoutes. L'ONU, après avoir imposé un embargo resté sans effet, autorisa l'usage de la force. Le 20 sept. 1994, les Américains débarquèrent sur l'île, et permirent le retour au pouvoir, le 15 oct. 1994, du président Aristide, exilé aux États-Unis et dont le mandat devait expirer en déc. 1995. L'embargo fut levé et les aides internationales reprirent le chemin de Port-au-Prince, tandis qu'Aristide avalisait un plan de redressement économique du FMI. René Préval, élu le 17 déc. 1995, fut officiellement investi de la présidence en févr. 1997 et choisit pour Premier ministre Rony Smarth, dirigeant de l'Organisation politique Lavalas (OPL). Le 29 févr., à la demande de Préval, l'ONU maintint sa mission en Haïti (MINHUA) pour aider au retour de la paix. En mars 1997, les autorités haïtiennes furent confrontées à une situation économique catastrophique qui provoqua une vague de mécontentement populaire. Dans un climat politique tendu, le mouvement Lavalas se divisa en deux partis, la Famille Lavalas, nouvellement créée par Aristide, s'opposant à la politique néolibérale imposée par les investisseurs étrangers et soutenue par l'OPL de R. Smarth. Cette scission conduisit Smarth à démissionner en juin 1997. René Préval le remplaça par Éric Pierre, haut fonctionnaire de la Banque interaméricaine de développement.

La campagne pour les élections législatives fut marquée par une quinzaine de meurtres. Le premier tour se tint en mai 2000, sous la surveillance d'observateurs internationaux qui dénoncèrent la méthode employée pour déterminer les pourcentages de voix. Le second tour, reporté plusieurs fois se tint en juill., sans observateurs extérieurs. L'opposition ayant appelé au boycott, le parti de l'ancien président Aristide obtint une écrasante majorité. Tout au long de l'année, les forces américaines se retirèrent peu à peu, tandis que le pays était confronté à une recrudescence du trafic de drogue. Enfin, Aristide fut proclamé vainqueur de l'élection présidentielle de nov. 2000, également boycottée par l'opposition et organisée sans observateurs extérieurs. La fin de l'année 2003 a été marquée par des troubles très violents entre l'opposition et les « chimères » (bandes armées) d'Aristide. Le président Aristide a démissionné le 29 févr. 2004, et s'est réfugié en Centrafrique le 1er mars, tandis que l'ONU a envoyé une force internationale de paix. Boniface Alexandre a été investi chef d'État par intérim le 9 mars.

HAKIM abou-Ali el-Mansour El- (* 986, † 1021 ?). Sixième calife fatimide (997/1021). Personnage énigmatique et quelque peu déséquilibré, il avait onze ans lorsqu'il accéda au trône, à la mort de son père, le calife El-Aziz. Sa piété ardente, nourrie dans le mysticisme ismaélite, se manifesta notamment par la construction de nombreuses mosquées, par la fondation de l'université et de la bibliothèque de Dar el-Ilm (ou Dar el-Hikmah), destinées à la propagation des doctrines ismaélites, par son intolérance à l'égard des chrétiens (destruction du Saint-Sépulcre de Jérusalem, 1009) et des Juifs comme des sunnites, par un puritanisme intransigeant (prohibition de toute boisson alcoolique, de la musique, de la danse, de tous les jeux ; défense faite aux femmes de paraître dans la rue). À la fin de sa vie, le mysticisme d'El-Hakim parut exagéré à ses coreligionnaires eux-mêmes, mais, sous l'influence de deux prophètes exaltés, Hamza et Darazi, le calife proclama lui-même sa propre divinité (1017). Cet acte provoqua des mouvements de révolte au Caire. El-Hakim disparut soudain dans la nuit du 23 févr. 1021, peut-être assassiné par sa sœur. Les Druzes voient en lui une incarnation de la divinité et croient à son futur retour sur la terre. Hakim eut pour successeur le calife Zahir.

HALIFAX, Charles Montagu, 1er comte de (* Horton, Northamptonshire, 16.IV.1661, † Londres, 19.V.1715). Homme politique et poète anglais. À partir de 1689, il fut l'un des chefs des whigs aux Communes. Lord de la Trésorerie (1692), chancelier de l'Échiquier (1694), Premier ministre (1697/99), il est à l'origine de la loi créant la Banque d'Angleterre (1694). Chassé du pouvoir par les tories en 1699, il conserva néanmoins une grande influence et contribua à assurer la succession du trône à la maison de Hanovre ; il revint à la tête du ministère en 1714, quelques mois avant sa mort.

HALIFAX, Edward Frederick Lindley Wood, 1er comte de (* Powderham Castle, Devonshire, 16.IV.1881, † Garrowby Hall, Yorkshire, 23.XII. 1959). Homme politique anglais. Il fut élu député conservateur en 1910. Vice-roi des Indes de 1925 à 1931, il s'efforça d'élargir le dialogue avec les nationalistes indiens. En févr. 1938, il remplaça Eden comme secrétaire au Foreign Office et appuya avec tous ses talents de diplomate les tentatives de Chamberlain pour sauver la paix européenne ; il joua notamment un grand rôle dans les négociations qui aboutirent aux accords de Munich (sept. 1938). Il conserva la direction des Affaires étrangères dans le cabinet de guerre de Churchill jusqu'en déc. 1940 et fut ensuite ambassadeur aux États-Unis (1941/46).

HALLSTATT. Localité d'Autriche (Haute-Autriche), dans le Salzkammergut, où a été explorée, à partir de 1846, une vaste nécropole de tumuli. Les quelque 2 000 sépultures retrouvées se partagent à peu près également en tombes à incinération et tombes à inhumation, ces dernières un peu plus nombreuses ; elles contenaient un riche matériel métallique. On a donné le nom de Hallstatt au premier âge du fer (v. **Fer, âge du**) en Europe centrale et occidentale. L'époque de Hallstatt est divisée en deux périodes : *Hallstatt I* (vers 1000/700 ou, selon une autre chronologie, vers 700/600 av. J.-C.) et *Hallstatt II* (vers 700/500 ou 600/500 av. J.-C.). La première phase est caractérisée par de longues épées de fer, la seconde par le poignard à antennes, glaive court (en moyenne 50 cm) ainsi nommé en raison de la forme particulière de son pommeau. La culture de Hallstatt s'est étendue sur l'Autriche, la Bohême, l'Allemagne du Sud, la France de l'Est, la Suisse, sans présenter une unité parfaite ; la coexistence des formes de sépulture (incinération, inhumation, tombes à char) qui apparaissent au VIe s. av. J.-C. suggère, au contraire, que les peuples qui ont été touchés par cette culture étaient très divers ; les Celtes (v.) n'ont dû être qu'un des éléments de cet ensemble qui entretint des échanges commerciaux importants avec les peuples méditerranéens, comme l'a montré notamment le trésor de Vix.

HALONEN Tarja Kaarina (Helsinki, 24.XII.1943). Femme politique finlandaise. Ancienne juriste, elle s'engagea en faveur des minorités raciales et sexuelles. Successivement ministre des Affaires sociales et de la Santé (1987/90), de la Coopération nordique, de la Justice (1990/91), chef de la diplomatie finlandaise (1995), puis candidate sociale-démocrate à l'élection présidentielle en Finlande, elle fut élue présidente de la République en févr. 2000, pour un mandat de six ans, succédant ainsi à Martti Ahtisaari.

HAMBOURG, *Hamburg*. Ville et port d'Allemagne occidentale, sur l'estuaire de l'Elbe et au confluent de ce fleuve avec l'Aster. Fondée au début du IXe s. comme une base des missions chrétiennes vers la Scandinavie, Hambourg devint, en 834, le siège d'un archevêché dont le premier titulaire fut st Anschaire, apôtre du Danemark et de la Suède. Cet archevêché dut être transféré à Brême dès 845, en raison des pillages et des destructions que Danois et Slaves faisaient subir à la ville.

L'essor commercial de Hambourg commença au XIIe s. sous la protection des comtes de Schauenburg, qui possédaient également le Holstein. Adolphe III de Schauenburg, fondateur de la « nouvelle ville » (1188), obtint de l'empereur Frédéric Barberousse d'importants privilèges commerciaux pour la flotte hambourgeoise. Étroitement liée depuis 1241 avec Lübeck, Hambourg fut une des villes fondatrices de la Hanse. C'était, dès le XVIe s., un des ports les plus actifs de l'Europe. Maximilien Ier l'érigea, en 1510, au rang de ville libre impériale. La Réforme y fut officiellement adoptée en févr. 1529. Hambourg supplanta définitivement Lübeck, profita du déclin d'Anvers, et devint au XVIIe s. la principale place commerciale de l'Europe du Nord, en relations étroites avec la Norvège, l'Angleterre, la Hollande, la France, l'Espagne, le Portugal, l'Italie et l'Orient ; ce fut seulement en 1778 qu'entra dans le port le premier navire venu d'Amérique, mais les échanges avec ce continent prirent au XIXe s. une ampleur considérable. Hambourg défendit énergiquement son indépendance contre les Danois en 1686. Elle fut, au XVIIIe s., un des principaux foyers culturels de l'Allemagne.

Hambourg, occupée par les troupes françaises de Mortier le 19 nov. 1806, reconnue indépendante par le traité de Tilsit, fut néanmoins annexée à l'Empire français par le décret du 13 déc. 1810 ; elle devint le chef-lieu du département des Bouches-de-l'Elbe (1810/14). La prospérité du port souffrit beaucoup du Blocus continental. De juin 1813 au 31 mai 1814, Davout y soutint un siège resté célèbre et ne consentit à rendre la place qu'après le retour des Bourbons en France. En 1815, Hambourg entra dans la Confédération germanique comme « ville libre et hanséatique » ; l'ancienne Constitution aristocratique, qui remontait à 1712, fut révisée en 1860 et 1879. En 1866, Hambourg se joignit à la Prusse contre l'Autriche, entra dans la Confédération de l'Allemagne du Nord, puis dans l'Empire allemand (1871), enfin dans l'Union douanière allemande. La fondation de la Hambourg-Amerika Linie (1847) consacra sa nouvelle vocation de grand port transatlantique, et son statut de port franc fut confirmé en 1882 et 1888. À la suite de la révolution de nov. 1918, Hambourg passa sous le gouvernement des sociaux-démocrates, qui procédèrent à une nouvelle réforme de la Constitution (7 janv. 1921). L'université de Hambourg fut fondée en 1919. En 1937, Hambourg intégra les villes voisines d'Altona, de Wandsbeck, de Harburg-Wilhelmsburg. Durant la Seconde Guerre mondiale, Hambourg subit de violents bombardements anglo-américains ; les raids des 24 juill./3 août 1943 firent plus de 40 000 morts. La ville fut occupée par la IIe armée britannique le 4 mai 1945. Le port, alors détruit à 90 %, fut rapidement reconstruit. Malgré la division de l'Allemagne en 1949, Hambourg redevint le principal débouché maritime de l'économie germanique ; c'est, par sa superficie, le plus grand port de l'Europe continentale. Deuxième ville d'Allemagne, après Berlin, Hambourg et sa banlieue constituent aujourd'hui un Land.

HAMILCAR BARCA (* vers 290, † Elche, 229 ou 228 av. J.-C.). Général carthaginois. Commandant en chef contre les Romains en Sicile (247/241), il se retrancha solidement sur le mont Heirktê, près de Palerme, puis sur le mont Eryx et, durant cinq années, infligea des pertes sévères à l'ennemi. Après l'abandon de la Sicile (241), il écrasa la révolte des mercenaires à Carthage (237), puis entreprit avec succès la conquête de l'Espagne, dont il voulait faire une base pour de nouvelles offensives contre Rome. Hamilcar Barca fut le père d'Hannibal. (v.) Voir CARTHAGE. Les guerres puniques et la fin de Carthage.

HAMMADIDES. Dynastie sanhadjienne qui régna sur le Maghreb central, entre le méridien d'Alger et les abords de l'Aurès, de 1014 à 1151. Elle fut fondée par Hammad ibn Bulukkin, qui, en s'insurgeant contre son neveu Badis, fit éclater l'État ziride. Les Hammadides marquèrent leur indépendance en rejetant l'obédience fatimide et en reconnaissant le calife abbasside. Leur royaume, vers le milieu du XIe s., bénéficia de la dévastation des villes zirides par l'invasion hilalienne. En 1072, les Hammadides établirent leur capitale à Bougie, qui devint une des villes les plus prospères du Maghreb. Mais le royaume hammadide s'effondra sous les coups des Almoravides en 1151.

HAMMARSKJÖLD Dag (* Jönköping, 29.VII.1905, † Ndola, Rhodésie du Nord, 18.IX.1961). Homme politique suédois. Fils de Hjalmar Hammarskjöld, qui avait été Premier ministre durant la Première Guerre mondiale. Après avoir occupé d'importantes fonctions administratives et politiques en Suède (ministre d'État, 1951/53), il fut élu secrétaire général de l'Organisation des Nations unies (ONU) le 7 avr. 1953 et réélu en 1957. Au cours d'une mission accomplie lors de l'intervention de l'ONU au Congo, il mourut victime d'un accident d'avion. Prix Nobel de la paix à titre posthume (1961).

HAMMOURABI. Sixième roi de la dynastie amorrite de Babylone (vers 1792/1750 av. J.-C.). Il acheva la conquête de Sumer et d'Akkad, s'empara de Larsa (1763), puis détruisit le royaume de Mari (1761) et étendit l'Empire babylonien à l'Assyrie et à l'Amourrou. Il opéra une synthèse entre la conception akkadienne de l'État centralisé et la conception sumérienne du roi investi par le dieu suprême, faisant de Mardouk, dieu de Babylone, le dieu tutélaire de la dynastie et la principale divinité du panthéon, à laquelle étaient subordonnés les autres dieux suméro-akkadiens. Il s'employa à centraliser l'administration et fut un grand législateur, comme l'a confirmé la découverte à Suse, en 1901, du **code de Hammourabi** (v.).

HAMMOURABI (code de). Recueil de décisions de justice du roi amorrite de Babylone Hammourabi (XVIIIe s. av. J.-C.) ; il est constitué par 282 articles gravés sur une stèle de basalte noire haute de 2,25 m découverte à Suse en 1901 par la mission française de J. V. Scheil et aujourd'hui conservée au Louvre. La stèle présente 282 articles, gravés en caractères cunéiformes. Le code de Hammourabi se proposait de « faire régner la justice en Sumer et en Akkad » ; il résulte à la fois d'une codification du droit coutumier et d'une compilation des codes sumériens antérieurs d'Ouroukagina, de Lagash (XXIVe s.) et d'Ournammou, fondateur de la IIIe dynastie d'Our (fin du XXIIe s.). Il nous informe sur la société babylonienne et sa division en trois classes : les hommes libres (*awilu*), les subalternes ou inférieurs (*mushkenu*) et les esclaves (*wardu*) ; la classe intermédiaire, peut-être constituée par d'anciens esclaves affranchis, est très mal connue. Les esclaves semblent avoir joui d'un statut assez libéral ; ils avaient le droit de posséder des biens et pouvaient avoir eux-mêmes d'autres esclaves ; ils pouvaient se marier avec une femme libre ; en ce cas, leurs enfants étaient libres et le maître ne pouvait s'approprier la dot de la femme.

Le droit pénal, qui comportait des sanctions sévères, reposait sur le talion si la victime était libre, sur la compensation en argent si la victime appartenait aux classes inférieures : si un homme libre avait crevé un œil à un homme libre, on lui crevait un œil ; s'il avait crevé un œil à un *mushkenu*, il devait payer une mine d'argent.

On a retrouvé dans la bibliothèque du roi Assourbanipal (668/626), mille ans plus tard, des copies (sur tablettes d'argile) d'un certain nombre d'articles de ce code. Doit-on conclure à l'utilisation pratique du code dans la vie judiciaire de la Mésopotamie ? Il est plus probable que la stèle de basalte et le texte qui y était porté servaient d'abord à affirmer devant les hommes et les dieux que Hammourabi faisait son métier de roi justicier, et aussi que les 282 articles représentaient une jurisprudence qui aidait les juges à exercer leurs fonctions, à mi-chemin d'un droit écrit et d'un droit coutumier.

HAN. Dynastie impériale chinoise qui régna pendant plus de quatre siècles, de 206 av. J.-C. à 221 apr. J.-C., avec une brève interruption provoquée par l'usurpation de Wang Mang (de 9 à 22 env. de notre ère). On distingue les *Han antérieurs* ou *occidentaux*, qui régnèrent avant cet épisode qui vit la naissance d'une des dynasties les plus éphémères de l'histoire de la Chine, les Xin, et qui avaient leur capitale à Tch'ang-ngan, dans le Chen-si, et les *Han postérieurs* ou *orientaux*, qui régnèrent après la prise de pouvoir par Wang Mang et établirent leur capitale à Lo-yang, dans le Honan. La dynastie des Han avait été fondée par un habile stratège, Lieou Pang, qui, profitant de la période d'anarchie consécutive à la mort de Ts'in Che-Houang-ti (210 av. J.-C.) et à la fin de la dynastie des Ts'in, monta sur le trône en 202 sous le nom de Kaotsou. Le plus grand souverain de la dynastie fut Wou-ti (140/87 av. J.-C.). Les Han accomplirent deux œuvres essentielles : ils normalisèrent les institutions de l'Empire chinois en s'appuyant sur les Lettrés, qui avaient été persécutés par les Ts'in ; à l'extérieur, ils menèrent tenacement la conquête de l'Asie centrale, où ils établirent la *paix chinoise*, et nouèrent ainsi des relations commerciales et culturelles avec l'Inde et le monde méditerranéen. Déclinante à partir de la fin du Ier s. de notre ère, la dynastie fut définitivement ébranlée par la révolte des Turbans jaunes (184) et fut déposée en 220. Voir CHINE. Des débuts de l'Empire à la fin des Han.

HANNIBAL (* vers 247, † en Bithynie, 183 av. J.-C.). Chef de guerre carthaginois. Fils d'Hamilcar Barca, qui l'éleva dans le désir de venger les défaites carthaginoises de la première guerre punique et dans la haine des Romains, il accompagna tout jeune son père dans la conquête de l'Espagne, où il se distingua sous les ordres de son beau-frère Hasdrubal comme chef adjoint de la cavalerie (à partir de 223). Après l'assassinat d'Hasdrubal (221), il devint lui-même commandant en chef et fut confirmé dans ses fonctions par le sénat de Carthage, malgré l'opposition d'Hannon. Dès cette époque, il se trouvait en butte, dans sa patrie, à l'hostilité très active d'un parti favorable à la paix.

Doué d'une résistance physique et morale à toute épreuve, capable de se montrer tour à tour d'une extrême prudence et d'une audace irrésistible dans le danger, Hannibal alliait les conceptions stratégiques les plus grandioses à une habileté tactique et à une science logistique qui firent de lui l'un des plus grands hommes de guerre de tous les temps. Il déclencha les hostilités contre Rome en s'emparant de

Sagonte, ville alliée des Romains (219) : ce fut le début de la deuxième guerre punique. À la tête de 40 000 hommes, il prit de vitesse les Romains et marcha sur l'Italie. Traversant l'Èbre, les Pyrénées, la Gaule méridionale et les Alpes, il suscita, par son apparition en Italie, une révolte des Gaulois cisalpins, qui se joignirent à lui. Bien qu'ayant perdu près de la moitié de son armée initiale, il réussit, par sa promptitude et son habileté tactique, à infliger aux Romains une série de graves défaites sur le Tessin, sur la Trébie (déc. 218) et près du lac Trasimène, en Ombrie (printemps 217). Faute de matériel de siège, il renonça à attaquer Rome et poursuivit sa route vers l'Italie du Sud, afin de recevoir plus aisément des renforts de Carthage. Dans la plaine de Cannes (Apulie), il remporta sa plus grande victoire (60 000 Romains mis hors de combat, 2 août 216).

Ce triomphe entraîna la défection de Capoue et de presque tous les anciens alliés de Rome en Italie méridionale, cependant que Syracuse et la Macédoine faisaient alliance avec le chef carthaginois. Mais Hannibal, épuisé par ses succès, dut se rendre à Capoue, où il attendit vainement les renforts que le sénat de Carthage, jaloux de sa gloire, lui refusait. Ce répit permit aux Romains d'accomplir un énergique redressement : ils s'emparèrent de Syracuse, Capoue (212), Brindes, Tarente, portèrent la guerre en Espagne (210/209), tandis qu'Hannibal tentait vainement un raid sur Rome (211). Une armée de secours carthaginoise, commandée par Hasdrubal, frère d'Hannibal, fut vaincue sur le Métaure (207) ; une autre, sous les ordres de Magon, fut détruite en Ligurie (205). Hannibal se trouvant ainsi neutralisé pendant treize ans en Italie du Sud, les Romains s'allièrent aux Numides, voisins de Carthage, et Scipion passa en Afrique, résolu à attaquer directement la ville (204). Effrayé, le sénat carthaginois rappela Hannibal (203). Mais il manquait de cavalerie et fut vaincu par Scipion à la bataille décisive de Zama (202). Carthage dut demander la paix ; elle fut extrêmement dure et établit la suprématie de Rome en Méditerranée occidentale. Hannibal se refusa au désespoir. Il se fit élire suffète et, s'appuyant sur l'armée et le peuple, tenta de réorganiser l'État en brisant le pouvoir de l'oligarchie. Mais ses ennemis le dénoncèrent aux Romains, et il fut contraint de chercher refuge auprès d'Antiochos, roi de Syrie (195). Hannibal conseilla ce dernier dans sa lutte contre Rome. La défaite d'Antiochos (189) l'obligea à fuir de nouveau : il trouva asile à la cour de Prusias de Bithynie, qu'il essaya d'entraîner lui aussi dans la guerre. Mais en 183, des ambassadeurs romains obtinrent qu'Hannibal leur fût livré ; pour leur échapper, il préféra s'empoisonner. L'empereur Septime Sévère lui fit plus tard élever un tombeau. Voir CARTHAGE. Les guerres puniques et la fin de Carthage.

HANNON le Grand (IIIe s. av. J.-C.). Homme politique carthaginois. Adversaire d'Hamilcar Barca et de son fils Hannibal, il fut le principal représentant d'une tendance aristocratique favorable à un *modus vivendi* avec Rome. C'est à cause de son influence qu'Hannibal resta privé de secours après sa victoire de Cannes (216) et que Carthage traita avec les Romains après la défaite de Zama (202).

HANOVRE, *Hannover*. Ancien État de l'Allemagne du Nord, annexé à la Prusse en 1866 ; à cette date, il était borné à l'O. par le royaume des Pays-Bas, au N. par la mer du Nord, à l'E. par le cours inférieur de l'Elbe, au S.-E. par la province prussienne de Brandebourg et par le grand-duché de Brunswick, au S. par la principauté de Lippe-Detmold et par la province prussienne de Westphalie ; dans son territoire étaient enclavés la ville de Brême et le grand-duché d'Oldenbourg. Sa capitale était *Hanovre*.

Le territoire du Hanovre, d'abord habité par les Chérusques, les Lombards et les Chauques, fut ensuite occupé par les Saxons, puis fit partie de l'ancien duché de Brunswick ; quant à l'État de Hanovre, il est issu de plusieurs principautés appartenant, au Moyen Âge, aux diverses branches de la maison de Brunswick. Ces principautés – Lüneburg (Celle), Kalenberg, Göttingen et Grubenhagen – se trouvèrent réunies à la fin du XVIIe s. sous l'unique autorité d'Ernest-Auguste, duc de Brunswick-Lüneburg, qui obtint le 22 mai 1692, de l'empereur Léopold Ier, un acte qui lui conférait, à lui et à ses descendants mâles, par ordre de primogéniture, la dignité électorale. La ville de Hanovre, qui était depuis 1636 la résidence des ducs de Brunswick-Lüneburg, devint ainsi la capitale de l'électorat de Hanovre. L'Électeur Ernest-Auguste († 1698) avait épousé Sophie, fille de l'Électeur palatin et petite-fille de Jacques Ier Stuart, roi d'Angleterre, acquérant par là des droits éventuels au trône britannique. Son fils, Georges-Louis, réunit à ses domaines le reste de l'ancien duché de Brunswick en épousant Sophie Dorothée, héritière des autres branches de la maison de Brunswick ; comme héritier de la reine Anne, et à la suite de l'Acte d'établissement de 1701, Georges-Louis monta en 1714 sur le trône d'Angleterre, où il prit le nom de George Ier (v.).

De 1714 à 1837, le Hanovre fut gouverné par les rois d'Angleterre, sans toutefois faire partie de ce royaume. Par leurs sentiments personnels, les rois George Ier et George II (v.) restèrent d'ailleurs bien plus Électeurs de Hanovre que rois d'Angleterre : George Ier força le roi de Danemark à lui céder les duchés de Brême et de Verden ; sous George II, le Hanovre s'agrandit encore du pays de Hadeln et du comté de Bentheim, mais souffrit beaucoup de la guerre de Sept Ans. L'université de Göttingen, fondée en 1735, devint rapidement un des foyers intellectuels de l'Europe. En 1802, l'évêché d'Osnabrück fut réuni au Hanovre. Mais l'Angleterre ayant rompu la paix d'Amiens, Bonaparte fit immédiatement occuper le Hanovre (1803), qui fut cédé à la Prusse en 1806 puis réoccupé par les Français en 1807 : alors que Göttingen, Grubenhagen, Hohenstein et Lauenburg étaient réunis au royaume de Westphalie de Jérôme Bonaparte, le reste du Hanovre fut annexé à l'Empire français, formant les départements de l'Ems-Oriental, de l'Ems-Supérieur, des Bouches-de-la-Weser et des Bouches-de-l'Elbe. En 1813, les Hanovriens furent parmi les premiers en Allemagne à se soulever contre la domination française. Le congrès de Vienne restaura l'indépendance du Hanovre et l'érigea en royaume, agrandi de Hildesheim, de la Frise orientale, de Goslar ; mais divers anciens territoires hanovriens furent cédés au Danemark, à la Prusse et à l'Oldenbourg.

En 1837, à la mort de Guillaume IV, roi d'Angleterre, le trône britannique étant échu à sa nièce Victoria, le Hanovre, qui était fief masculin, où les femmes ne pouvaient régner, revint à Ernest-Auguste, duc de Cumberland, frère cadet de Guillaume IV, qui prit le titre de roi, sous le nom d'Ernest-Auguste Ier (1837/51). Sa politique réactionnaire fut mise en échec par la révolution de 1848, qui le força à accepter une Constitution. Son fils, George V (1851/66), s'opposa à la politique d'unification allemande menée par la Prusse et se joignit à l'Autriche dans la guerre de 1866 ; son armée dut capituler devant les Prussiens à Langensalza (29 juin 1866), et le royaume de Hanovre devint une province prussienne. En 1945, l'ancienne province prussienne de Hanovre devint l'État de Basse-Saxe, membre, à partir de 1949, de la République fédérale d'Allemagne.

HANOVRE (maison de). Famille royale d'origine guelfe, remontant à Welf († 825), comte en Souabe et en Bavière (v. **Guelfes** et **Gibelins**), dont un descendant, Ernest-Auguste, duc de Brunswick-Lüneburg, devint Électeur de Hanovre en 1692 et, par son mariage avec la petite-fille de Jacques Ier Stuart, roi d'Angleterre, acquit pour sa maison des droits au trône britannique. À la suite de l'Acte d'établissement de 1701, qui excluait les catholiques du trône anglais, l'Électeur de Hanovre Georges-Louis, fils d'Ernest-Auguste, devint roi d'Angleterre en 1714 sous le nom de George Ier. De 1714 à 1837, la maison de Hanovre régna conjointement sur la Grande-Bretagne et sur l'État de Hanovre. À l'avènement de la reine Victoria (1837), les deux couronnes furent séparées, car les femmes ne pouvaient régner sur le Hanovre, fief masculin. La maison de Hanovre, déchue en 1866 au Hanovre, a pris en Angleterre, en 1917, le nom de *Windsor* et règne toujours sur la Grande-Bretagne.

HANRIOT ou **HENRIOT François** (* Nanterre, 3.XII.1761, † Paris, 28.VII.1794). Homme politique français. Ancien commis à l'octroi de Paris, terroriste de la journée du 10-Août et des massacres de sept. 1792, ami de Marat, nommé commandant en chef de la garde nationale parisienne en mai 1793, il dirigea l'insurrection des sections de Paris contre la Gironde (mai/juin 1793). Au 9-Thermidor, lors de la chute de son ami Robespierre, il fut arrêté sur l'ordre de la Convention ; libéré par la Commune, il essaya en vain de rassembler des troupes pour arrêter les forces de la Convention, se montra indécis et fut guillotiné le lendemain avec les robespierristes.

HANSE. Association de marchands des villes de la mer du Nord et de la Baltique, puis ligue de villes de l'Allemagne et de l'Europe du Nord. Le terme allemand de *hanse* est synonyme de celui de guilde. La Hanse, qui connut son apogée de la fin du XIIIe à la fin du XVe s., a son origine dans les associations formées à partir du XIIe s. par les marchands allemands dans les comptoirs (*Kontore*) de l'étranger, à Visby, dans l'île baltique de Gotland, à Bruges, à Londres (le *Stalhof* ou *Steelyard*), à Bergen. À cette époque, Lübeck avait déjà pris la tête de l'expansion commerciale allemande en Europe septentrionale, tant en direction de l'ouest, vers les Flandres et l'Angleterre, que vers la Scandinavie, et surtout à l'E., vers les rivages de la Baltique de la principauté de Novgorod. Dans cette dernière zone, d'importants comptoirs furent créés au cours du XIIIe s. : Riga (vers 1201), Reval, Dantzig (vers 1224 ; fondation de la ville : 1236), Dorpat... Pour faire face aux risques du commerce en des régions habitées par des peuples encore farouches, pour lutter contre les pirates, pour recruter des pilotes et des équipages entraînés, les villes commerciales allemandes coordonnèrent naturellement leurs efforts. En 1241, Lübeck et Hambourg conclurent une alliance ; puis Lübeck prit, en 1259, la tête d'une ligue de villes maritimes wendes (Rostock, Wismar, Stralsund). À la fin du XIIIe s., les marchands allemands monopolisaient déjà le commerce en mer Baltique.

Cependant, la Hanse ne se constitua formellement qu'assez tard, vers le milieu du XIVe s., sous la pression de changements politiques, et d'abord de la puissance croissante de la monarchie danoise. Les empereurs se désintéressant généralement des affaires de l'Allemagne du Nord, les villes ne pouvaient compter que sur elles-mêmes pour assurer la défense de leurs positions extérieures. Quand le roi Valdemar IV de Danemark s'empara de Visby (1361), les villes formèrent la confédération de Cologne (19 nov. 1367) et décidèrent une riposte militaire commune. Elles infligèrent de graves défaites aux Danois, qui durent signer la paix de Stralsund (1370), par laquelle la Hanse obtint des privilèges considérables.

La fédération reçut alors son organisation définitive. La Hanse ne forma jamais une unité politique, et les villes qui la composaient, au nombre d'environ soixante-dix, gardaient leurs institutions et leur gouvernement particuliers ; à la différence de la ligue athénienne antique, la Hanse ne possédait même pas de marine permanente ni de trésor commun. Son seul organisme de gouvernement était une diète qui se réunissait à Lübeck, en théorie tous les trois ans, en fait beaucoup plus irrégulièrement. Cependant, une solidarité réelle existait entre les diverses cités membres de la fédération. Les principales villes hanséatiques étaient Lübeck (qui joua toujours un rôle dirigeant), Hambourg, Brême, Rostock, Stettin, Dantzig, Königsberg, Riga, Reval, Visby, ainsi que des centres continentaux, comme Thorn et Cracovie (Pologne), Breslau, Magdebourg, Erfurt, Cologne. À l'extérieur, les quatre grands comptoirs de Londres, Bruges, Bergen, Novgorod jouissaient d'une sorte d'exterritorialité dans les pays où ils étaient établis, se gouvernaient selon leurs lois allemandes et selon les directives de la diète de la Hanse. Les villes de la Hanse contrôlaient le passage des détroits de la mer du Nord, et jouèrent un rôle indirect mais important dans la pénétration allemande en Europe du Nord-Est.

L'influence politique de la Hanse fut considérable : après le traité de Stralsund (1370), elle s'arrogea le droit de contrôler la succession au trône de Danemark ; elle réussit à faire déposer Christian II et contribua à provoquer la dissolution de l'Union de Kalmar, en 1523. Cependant, le déclin de la Hanse avait commencé au XVe s. Des raisons multiples y contribuèrent : de nouveaux États s'affirmaient en Europe orientale, comme la Pologne et la Lituanie (unies depuis 1386) et la Moscovie ; la présence danoise dans le Schleswig et le Holstein menaçait directement Lübeck et Hambourg ; les villes hollandaises se retirèrent de la Hanse à la fin du XVe s. et, profitant de l'expérience acquise, commencèrent à se montrer de redoutables rivales ; le comptoir de Novgorod, qui avait déjà perdu beaucoup de son importance, fut fermé en 1494 par le grand-prince de Moscou, Ivan III ; vers la même époque, les pêcheries de harengs de la mer du Nord, qui échappaient en partie à la Hanse, supplantèrent celles de la Baltique ; les grandes découvertes maritimes (Amérique, route des Indes) firent tort au commerce baltique comme au commerce méditerranéen (le déclin de la Hanse coïncida avec celui des villes marchandes italiennes et de l'Aragon) ; enfin, à la fin du XVIe s., la concurrence anglaise vint s'ajouter à celle des Hollandais et la reine Élisabeth Ire décida de fermer le Steelyard de Londres et d'expulser les marchands allemands (1598). La guerre de Trente Ans (1618/48), en arrêtant pendant de longues années le commerce de la Baltique, porta le coup de grâce à la Hanse, dont la dernière diète se réunit en 1669.

HANSSON Per Albin (* Fosie, Malmö, 28.X.1885, † Stockholm, 5.X.1946). Homme politique suédois. Membre du parti social-démocrate, ministre de la Défense (1920/26), il dirigea le gouvernement suédois de 1932 à sa mort ; il accomplit de nombreuses réformes sociales et préserva la neutralité de la Suède au cours de la Seconde Guerre mondiale.

HAOUSSAS. Peuple d'Afrique occidentale qui semble avoir occupé, avant le Xe s., presque tout le territoire de l'actuelle république du Niger. À la suite de diverses invasions, les Haoussas durent se replier dans le sud du Niger et le nord-ouest du Nigeria. C'est là que se fondèrent, vers la fin du Xe s. ou le début du XIe s., les sept États haoussas « légitimes » (Daoura, Kano, Rano, Zeg-Zeg ou Zaria, Gobir, Katsena et Biram). Plus tard furent formés sept autres États haoussas, dits « illégitimes » parce que les Haoussas n'y constituaient qu'une minorité (Gwari, Kebbi, Kororofa, Ilorin, Noupe, Yelwa, Zamfara). Les chroniques des Haoussas ayant été détruites presque entièrement au début du XIXe s. par les conquérants peuls, l'histoire de ces royaumes est mal connue. Cultivateurs, les Haoussas furent aussi des artisans et des commerçants actifs ; ils exportaient jusqu'en Afrique du Nord leurs ouvrages de fer et de cuivre. Lentement islamisés au cours des XIVe/XVe s., ils ne formèrent jamais un État centralisé. Leurs royaumes avaient une structure assez démocratique : les rois, élus par les dignitaires, n'avaient pas un caractère sacré. Les États haoussas furent conquis entre 1804 et 1809 par le chef peul (ou foulani) Ousmane dan Fodio. Au début du XXe s., les Émirats haoussas-foulanis passèrent sous la domination britannique, et dans les régions septentrionales, française. Le colonisateur s'appuya pour régner sur les structures féodales traditionnelles (système de l'*indirect rule*). Ce mode de gouvernement permit aux Haoussas-Foulanis d'échapper, pendant la période coloniale, à l'occidentalisation.

De 14 millions en 1950, leur nombre est passé à 50 millions en l'an 2000. Les Haoussas-foulanis forment la majorité de la population du Niger mais vivent, pour l'essentiel, au Nigeria voisin, quinze fois plus peuplé, où ils forment 35 % de la population. Depuis l'indépendance (1960), ils ont monopolisé le pouvoir fédéral nigérian. Voir **NIGERIA**.

HARA Takashi (* Morioka, 9.II.1856, † Tôkyô, 4.XI.1921). Homme politique japonais. Il fut, avec le prince Ito Hirobumi, le fondateur du parti Seiyukai (libéral), dont il devint président en 1914. Plusieurs fois ministre à partir de 1900, il devint Premier ministre en sept. 1918, et son arrivée au pouvoir marqua la victoire du système parlementaire sur le régime oligarchique qui s'était maintenu depuis la révolution de 1868. Il eut à réprimer de graves troubles en Corée ; il ne put obtenir de la SDN une déclaration en faveur de l'égalité raciale, mais le Japon reçut en mandat les anciennes possessions allemandes du Pacifique, au N. de l'équateur.

HARALD Blaatand ou **Dent bleue** (* vers 910, † vers 985). Roi de Danemark (vers 950/86). Fils et successeur de Gorm l'Ancien, il persécuta d'abord les chrétiens, puis s'en fit l'ardent protecteur, après son baptême (vers 960). Il imposa sa tutelle à la Norvège méridionale et repoussa les Wendes jusqu'à l'Oder ; mais l'empereur Othon lui reprit le Holstein en 975. Il fut détrôné par son fils, Sven Ier dit À la barbe fourchue.

HARALD Ier Haarfager ou **À la belle chevelure** (* vers 850, † 933). Roi de Norvège (vers 872/933). Voir **Norvège**. Les origines et la Norvège médiévale.

HARDENBERG Karl August, prince von (* Essenrode, Hanovre, 31.V.1750, † Gênes, 26.XI.1822). Homme politique prussien. Ministre des Affaires étrangères (1804/07), puis chancelier d'État de 1810 à sa mort, il fit réussir à faire accepter de son souverain une réforme radicale du système politique et social prussien : égalité devant l'impôt, suppression des corporations (1810), liberté de l'industrie (1811) ; abolition du servage, suppression des corvées, accès des paysans à la propriété (1811) ; émancipation des Juifs (1812). Mais l'opposition de la noblesse l'empêcha d'établir un véritable régime constitutionnel. Il prépara le soulèvement de 1813 contre les troupes napoléoniennes et fit acquérir à la Prusse, au congrès de Vienne en 1815, d'importants territoires (notamment la Prusse rhénane) ; mais il ne put s'opposer au rôle prépondérant de l'Autriche au sein de la Confédération germanique. Voir **Prusse**. Ruine et renaissance de l'État prussien. La Prusse créatrice de l'unité allemande.

HARDING Warren Gamaliel (* Morrow County, Ohio, 2.XI.1865, † San Francisco, 2.VIII.1923). Homme politique américain. Sénateur républicain de l'Ohio (1915), il mena l'opposition à Wilson et se présenta à l'élection présidentielle de 1920 en prenant pour thèmes de sa campagne l'isolationnisme et la « normalisation » de la vie économique américaine. Président des États-Unis (1921/23), il mena une politique protectionniste, xénophobe (lois de 1921 restreignant l'immigration), renforça la prohibition et se prononça contre la SDN. Il réunit la conférence navale de Washington (1921/22). Après sa mort subite, la découverte de plusieurs scandales financiers amena à considérer son administration comme l'une des plus corrompues de l'histoire américaine, bien que Harding ait été personnellement honnête.

HARIRI Rafic (Saïda, 1.XI.1944). Homme d'affaires et homme politique libanais. Sunnite né dans une famille modeste, il fit fortune dans la construction immobilière et la finance en Arabie Saoudite, où il se lia avec les dirigeants du pays. À partir de 1982, il participa à la reconstruction de Beyrouth et des autres villes du Liban, et dirigea de vastes actions caritatives. En nov. 1992, il fut nommé Premier ministre d'un Liban pacifié mais désormais dominé par la Syrie. À la fin du mandat présidentiel d'Elias Hraoui, en 1998, il fut remplacé au poste de Premier ministre par Selim Hoss, mais réintégra ses fonctions à l'automne 2000, peu après son succès aux législatives du 23 août 2000.

HAROLD II (* vers 1022, † Hastings, 14.X.1066). Roi d'Angleterre (1066). Fils du comte Godwin, il fut fait comte d'Est-Anglie puis des Saxons. Bras droit d'Édouard le Confesseur (v.), il réagit énergiquement contre les influences normandes qui prédominaient jusqu'alors à la cour de ce roi. À la mort d'Édouard, Harold se fit proclamer roi (6 janv. 1066). Il fut vaincu et tué à la bataille d'Hastings par Guillaume le Bâtard dit le Conquérant (v.).

HAROUN el-RACHID (* Ravy, Perse, 765, † Tous, Khorassan, 24.III.809). Calife abbasside (786/809). Fils du calife El-Mahdi et d'une esclave berbère, il succéda en 786 à son frère et rival El-Mahdi, qui mourut mystérieusement assassiné. Il s'appuya d'abord sur les Barmécides, puissante famille perse, dont il se débarrassa en 803 pour exercer désormais personnellement le pouvoir. Il s'était déjà rendu populaire par ses campagnes contre les Byzantins (il s'approcha des portes de Constantinople et soumit l'empire d'Orient au tribut, 807) et par ses nombreuses autres expéditions militaires en Perse, en Transoxiane et en Afrique du Nord. Il fut en relations diplomatiques avec des souverains indiens et avec Charlemagne, auquel il aurait fait parvenir de précieux cadeaux (entre autres, une horloge à eau). Haroun el-Rachid, qui mourut alors qu'il commandait une expédition contre Samarkand, devint rapidement un personnage légendaire, et il est le héros de nombreux contes des *Mille et Une Nuits*, lesquels, dans leur première forme, auraient été composés pour charmer les veilles du calife. Son règne marque l'apogée fastueuse du califat des Abbassides (v.).

HARRISON William Henry (* Berkeley, Virginie, 9.II.1773, † Washington, 4.IV.1841). Homme politique américain. Gouverneur du territoire de l'Indiana (1800/12), il devint un héros populaire après sa victoire sur les Indiens à Tippecanoe (6/7 nov. 1811). Durant la guerre de 1812/14 contre l'Angleterre, il commanda les forces du Nord-Ouest, défendit brillamment le fort Meig et remporta sur Proctor la victoire de la Thames (5 oct. 1813). Rentré dans la vie privée comme fermier, il fut cependant élu représentant (1816/19), puis sénateur (1825/28) de l'Ohio. En 1840, malgré son inexpérience politique, il fut choisi comme candidat à la présidence par les républicains, qui firent pour lui une bruyante campagne en exploitant sa gloire militaire. Élu neuvième président des États-Unis, il mourut un mois après avoir pris ses fonctions.

HARRISON Benjamin (* North Bend, Ohio, 20.VIII.1833, † Indianapolis, 13.III.1901). Petit-fils de William Harrison, homme politique américain. Sénateur de l'Indiana (1881/87) après avoir été général nordiste durant la guerre de Sécession, il fut élu fin 1888 vingt-troisième président (républicain) des États-Unis (1889/93). Partisan déterminé de la doctrine de Monroe, il appliqua une politique économique protectionniste (loi McKinley, 1890) et réunit la première conférence panaméricaine (1889).

HARSHA Harshavardhana ou **Çiladitya,** dit *Soleil de vertu* (* vers 590, † 647). Empereur indien (606/47). Fils de Prabhakaravardhana, raja de la modeste principauté de Sthaniçvara (Thanesvar, près de Delhi), il succéda à son frère aîné Rajyavardhana, que venait de faire assassiner au Bengale le roi de Gaura. Monté sur le trône en 606, à l'âge de seize ou dix-sept ans, il commença par tirer vengeance du roi de Gaura, puis, élargissant peu à peu son territoire, il parvint à bâtir un empire qui pouvait se comparer à celui des Goupta, car il englobait le bassin du Gange, le Malwa, le Gujerat, le Népal, et s'étendait de l'Assam au Kathiawar. Harsha tenta de conquérir également le Deccan, mais il se heurta à la puissante dynastie des Chaloukya. Grand soldat, Harsha fut aussi l'un des hommes les plus cultivés de son temps ; il composa des poésies et des drames en sanskrit. Bien que d'origine shivaïte, Harsha se fit le protecteur zélé du bouddhisme du Grand Véhicule, accueillit le pèlerin bouddhiste chinois Hiuan-tsang (v.) et réunit un concile bouddhique à Kanauj en 643. Il mourut sans laisser d'héritier ; son empire ne lui survécut pas ; sa chute marqua le début du déclin rapide du bouddhisme indien.

HASDRUBAL, dit **le Beau** (* vers 270, † 221 av. J.-C.). Homme de guerre carthaginois. Gendre d'Hamilcar Barca et beau-frère d'Hannibal, il succéda à son beau-père comme commandant en chef en Espagne (229), où il fonda Carthagène. Il signa avec les Romains, en 226, un traité par lequel il s'engageait à ne pas franchir l'Èbre (ou le Jucar ?). Il mourut assassiné et fut remplacé par Hannibal. Voir CARTHAGE. Les guerres puniques et la fin de Carthage.

HASDRUBAL BARCA (* vers 245, † près du Métaure, 207 av. J.-C.). Homme de guerre carthaginois. Frère d'Hannibal, il vainquit en Espagne les deux Scipions (211). Il prit ensuite le commandement d'une armée de secours carthaginoise, qui franchit les Alpes en 207 ; mais il ne put s'emparer de Plaisance et fut vaincu sur le Métaure par M. Livius Salinator et G. Claudius Nero. Il périt dans le combat et sa tête fut jetée dans le camp d'Hannibal. Voir CARTHAGE. Les guerres puniques et la fin du Carthage.

HASHIMOTO Ryutaro (Tôkyô, 29.VII.1937). Homme politique japonais. Diplômé en droit, adepte d'arts martiaux, Ryutaro Hashimoto fut élu à vingt-six ans à la Chambre des représentants dans la circonscription de son père, récemment décédé. Membre du parti libéral démocrate (PLD), il gravit régulièrement les échelons dans la haute administration. Il fut ministre des Transports (1986/89), des Finances (1989/94), du Commerce extérieur et de l'Industrie (1994/96). Il devint secrétaire général du PLD en 1989, puis président de ce parti en 1995. Il fut nommé Premier ministre en janv. 1996 et son mandat fut reconduit après les élections d'oct. 1996. À la suite de la défaite du PLD aux élections sénatoriales de juill. 1998, il présenta sa démission et quitta la direction du parti. Obuchi Keizo le remplaça.

HASSAN II (* Rabat, 9.VII.1929, † 23.VII.1999). Roi du Maroc (1961/99). Fils et successeur de Mohammed V (v.), il promulgua une Constitution (1962) qui, tout en réservant le pouvoir exécutif au roi, établissait un Parlement à deux Chambres. À partir de 1963, cependant, il entra en conflit avec les partis, et, en oct. 1965, le principal chef de l'opposition, Mehdi ben Barka, disparut à Paris, enlevé et sans doute assassiné à l'instigation du ministre de l'Intérieur, Oufkir. Le roi, qui avait suspendu le Parlement et imposé son gouvernement personnel (1965), fit approuver par référendum, en 1970, une nouvelle Constitution, qui renforçait ses pouvoirs ; mais les partis persistèrent dans leur refus de collaboration, et le souverain échappa de justesse à deux attentats, en 1971 et en 1972 ; le second fut perpétré par le général Oufkir, qui apparaissait jusqu'alors comme le meilleur soutien du trône.

Le succès de la politique royale à propos du Sahara occidental (v.) favorisa la cohésion nationale autour d'Hassan II, qui put ainsi lever la censure et procéder à plusieurs consultations électorales. Mais les dépenses militaires contribuèrent à la crise économique, et le roi eut de nouveau recours à une politique plus répressive après les émeutes populaires de 1981 et 1984. Au début des années 1990, Hassan II amorça une certaine libéralisation de son régime. Il fit réviser la Constitution et gracia quelque 4 000 détenus, parmi lesquels figuraient de nombreux prisonniers sarahouis. En revanche, face aux revendications des partis d'opposition, qu'il jugeait exorbitantes, Hassan II tarda à faire aboutir son projet d'alternance gouvernementale, jusqu'aux législatives de nov. 1997 qui virent l'accession au pouvoir de l'Union socialiste des forces populaires (USFP) et la nomination d'Abd er-Rahman Youssoufi au poste de Premier ministre. À la mort d'Hassan II, en 1999, son fils, Mohammed VI, lui succéda.

HASSIDISME, de l'hébreu *hasidim*, « hommes pieux ». Le terme désigne, à l'origine, le mouvement des Juifs conservateurs de Palestine qui voulaient maintenir contre les influences hellénistiques la loi juive dans son interprétation littérale (IIIe/Ier s. av. J.-C.). Les *hassidéens* soutinrent la révolte des Macchabées contre Antiochos Épiphane, mais, lorsque la liberté religieuse eut été garantie, ils se désintéressèrent de la lutte pour l'indépendance nationale. Ces hassidéens, soucieux avant tout de sauver la religion juive de toute infiltration païenne, étaient les précurseurs directs des pharisiens.

Le hassidisme moderne naquit en Pologne au début du XVIIIe s. sous l'impulsion d'**Israël Baal Shem Tov** (* 1700, † 1760). Mouvement essentiellement mystique, il opposait au rationalisme talmudique (v. TALMUD) le primat de la vie intérieure et l'aspiration à l'union d'amour avec le Dieu sauveur. Considéré comme hérétique par les talmudistes, le hassidisme a profondément renouvelé la vie religieuse des communautés juives de Pologne et de Russie. Le grand représentant de ce mouvement à l'époque contemporaine fut le philosophe juif Martin Buber (1878/1975).

HASTINGS. Ville d'Angleterre (Sussex), sur la côte du pas de Calais. Guillaume le Conquérant y vainquit Harold II, dernier roi anglo-saxon (14 oct. 1066), et cette victoire fit passer l'Angleterre sous la domination normande.

HASTINGS Warren (* Churchill, près de Daylesford, Oxfordshire, 6.XII.1732, † Daylesford, 22.VIII.1818). Premier gouverneur général de l'Inde anglaise (1773/85). Voir INDE. L'Inde coloniale jusqu'à la grande mutinerie de 1857.

HATOYAMA Ichiro (* Tôkyô, 1883, † Tôkyô, 7.III.1959). Homme politique japonais. Premier ministre libéral de 1954 à 1956, il signa l'accord consacrant la fin de l'état de guerre avec l'URSS (oct. 1956) et obtint l'admission du Japon à l'ONU (déc. 1956).

HATSHEPSOUT. Reine d'Égypte, de la XVIIIe dynastie (vers 1478/1458 av. J.-C.). Fille de Thoutmosis Ier, elle épousa son demi-frère, Thoutmosis II. À la mort de ce dernier, son beau-fils, un bâtard né d'une concubine, fut proclamé roi sous le nom de Thoutmosis III, mais, comme il était encore très jeune, Hatshepsout en profita pour usurper le pouvoir et elle relégua dans l'ombre son neveu et beau-fils (vers 1476). Ce coup d'État se fit probablement avec l'appui des prêtres d'Amon. Pour légitimer cette usurpation, la reine chargea son architecte, Senmout, de lui construire, à Thèbes, le magnifique temple funéraire à terrasse de Deir el-Bahari, chef-d'œuvre attestant l'activité très intense qui marqua son règne. Hatshepsout gouverna paisiblement ; la politique impérialiste inaugurée par Aménophis Ier fut reprise par Thoutmosis III, qui parvint à s'emparer du pouvoir après la mort de sa tante. Il persécuta la mémoire de celle-ci et fit rayer le nom d'Hatshepsout sur les monuments comme sur les listes royales. Voir ÉGYPTE.

HAUSER Kaspar (* vers 1812, † Ansbach, 17.XII. 1833). Mystérieux personnage allemand, trouvé le 26 mai 1828 à Nuremberg : vêtu en paysan, hagard, sachant à peine parler et paraissant avoir été séquestré depuis son enfance, il tenait à la main une lettre adressée à un officier de la garnison de Nuremberg. Cette lettre affirmait qu'il était né en 1812 et que son père avait fait partie d'un régiment bavarois de cavalerie. Recueilli par la charité publique, éduqué par un professeur de la ville, il bénéficia de la protection de Lord Stanhope, grâce auquel il fut placé dans les bureaux du tribunal à Ansbach. Il fut l'objet de plusieurs tentatives de meurtre et succomba à l'une d'elles, dont on ne put jamais connaître l'auteur. De nombreuses hypothèses furent émises pour résoudre le mystère de son identité : la plus répandue fit du jeune inconnu le grand-duc Charles de Bade, prince héritier de Bade, né le 29 sept. 1812 et prétendument mort le 16 oct. de la même année ; celui-ci aurait été éliminé par la comtesse Hochberg, qui voulait assurer la succession au trône à ses propres enfants. Pour réduire à néant cette hypothèse, le gouvernement badois, en 1875, rendit publics divers documents et fit exhumer le cadavre du prince héritier.

HAUSSMANN Georges Eugène, baron (* Paris, 27.III.1809, † Paris, 11.I.1891). Administrateur français. D'une famille d'origine alsacienne et protestante, d'abord avocat puis entré en 1831 dans la carrière préfectorale, il se rallia en 1848 à Louis Napoléon. Préfet de la Gironde en 1851, il fit triompher le coup d'État dans ce département et fut nommé préfet de la Seine le 23 juin 1853. Il resta dans ce poste durant seize ans et se voua à la transformation de Paris, qui lui doit encore en grande partie sa physionomie actuelle : dégagement des grands édifices du centre de la ville (Louvre, Hôtel de Ville, Palais de Justice, Notre-Dame) ; percement de la « grande croisée » d'est en ouest et du nord au sud (boulevards de Strasbourg, de Sébastopol, Saint-Michel, rue de Rivoli) ; tracé des Grands Boulevards, du boulevard Saint-Germain, de l'avenue de l'Opéra, etc. ; aménagement de parcs et de jardins (Luxembourg, Monceau, Montsouris, Buttes-Chaumont, bois de Boulogne et de Vincennes) ; construction des ponts de l'Alma et Solferino, d'églises, de théâtres (Opéra, Châtelet), des Halles centrales, des gares ; modernisation de Paris (extension de l'éclairage au gaz ; création du réseau moderne des égouts) ; élargissement de la capitale par l'annexion de la proche banlieue (Auteuil, Passy, Montmartre, Grenelle, Vaugirard – loi du 16 juin 1859). Cette immense entreprise exigea des sommes considérables (environ 2 milliards de l'époque) et provoqua une violente fièvre de spéculation immobilière ; la gestion parfois peu scrupuleuse d'Haussmann lui attira des critiques dont la plus célèbre fut le pamphlet de Jules Ferry, *Les Comptes fantastiques d'Haussmann* (1867). Haussmann fut démis de ses fonctions par Émile Ollivier (janv. 1870). Resté fidèle à l'Empire, il devint sous la IIIe République député bonapartiste de la Corse (1877/81).

HAUT COMMISSARIAT DES NATIONS UNIES POUR LES RÉFUGIÉS (HCR). Institution créée par l'Assemblée générale des Nations Unies en 1950 pour aider les 1,2 million de réfugiés européens à l'issue de la Seconde Guerre mondiale. Le HCR a vu depuis ses missions d'assistance et de protection se multiplier devant l'accroissement du nombre des réfugiés dans le monde, et s'étendre souvent aux personnes déplacées dans leur propre pays (au total 20 millions en 2003). Dépourvu de tout pouvoir coercitif, le HCR fonde son activité sur la Convention de Genève de 1951 relative au statut des réfugiés (et son Protocole de 1967) mais, dans son action, dépend largement du bon vouloir des États. Le HCR, titulaire du Prix Nobel de la Paix en

1954 et en 1981, siège à Genève et est l'héritier d'institutions fondées en 1921 par la Société des Nations.

HAUTE-VOLTA ou **RÉPUBLIQUE VOLTAÏQUE.** État de l'Afrique occidentale, nommé Burkina Faso à partir de 1984. Voir **BURKINA FASO.**

HAVEL Vaclav (Prague, 5.X.1936). Homme d'État et écrivain tchèque. Alors que ses textes étaient interdits en raison de leur engagement contestataire, il signa en 1977, avec plus de 200 intellectuels, la Charte 77, mouvement en faveur des droits de l'homme, et fut condamné à quatre ans de prison avec d'autres membres de la Charte. Il fut de nouveau arrêté en janv. 1989 pour avoir participé à une manifestation en souvenir de l'étudiant Jan Palac qui s'était immolé par le feu en janv. 1969, mais fut relâché quelques mois plus tard grâce à la pression d'intellectuels et de personnalités du monde entier. Chef de file de l'opposition au régime communiste, il joua, à la tête du Forum civique, un rôle déterminant dans la « révolution de velours ». Sa grande popularité lui valut d'être élu par le Parlement à la présidence de la République en déc. 1989, puis réélu pour deux ans en juill. 1990. À ce poste, il obtint le retrait des troupes soviétiques de Tchécoslovaquie. Il sut faire rejaillir son grand prestige international sur son pays et le réintégrer dans le concert européen. Confronté aux vélléités sécessionnistes du Premier ministre slovaque Vladimir Meciar (v.), il démissionna de son poste en juill. 1992. Après la partition de la Tchécoslovaquie, effective en janv. 1993, il fut élu à une faible majorité président de la nouvelle République tchèque. À la suite du changement de majorité provoqué par les élections législatives de juin 1998, le président V. Havel s'opposa au gouvernement qui voulait modifier la Constitution et diminuer les prérogatives du président, à la fin de l'année 2000. Voir **TCHÉCOSLOVAQUIE** et **TCHÈQUE (République).**

HAWAII (îles), anciennement **îles Sandwich.** Archipel de la Polynésie, dans l'océan Pacifique central, qui fait, depuis 1959, partie intégrante des États-Unis ; capitale *Honolulu*. Habitées depuis le VIIIe s. environ par des populations venues de Malaisie et de Java, peut-être déjà visitées par des Espagnols en 1527 et 1555, les îles Hawaii furent découvertes par Cook en 1778 et nommées, en l'honneur du premier Lord de l'Amirauté, îles Sandwich. Cook y fut assassiné en 1779. L'archipel formait alors trois États, qui furent unifiés en 1795 par le roi Kaméhaméha Ier († 1819). L'arrivée de missionnaires presbytériens américains (1820) fut suivie par celle de missionnaires catholiques de la congrégation de Picpus (1827). Malgré la reconnaissance de l'indépendance hawaiienne par les États-Unis (1842), puis par la France et la Grande-Bretagne (1843), une vive compétition se poursuivit entre ces trois puissances durant tout le XIXe s. Après la déposition de la reine Liliuokalani (1893), la république fut proclamée, et le nouveau régime demanda l'annexion aux États-Unis, qui fut réalisée en 1898. Hawaii, devenu un territoire en 1900, prit une importance stratégique capitale au lendemain de la Première Guerre mondiale, au fur et à mesure que s'aggrava la rivalité nippo-américaine. Base navale avancée en face du Japon, Pearl Harbor (à l'O. d'Honolulu) fut victime de l'attaque surprise des forces aériennes japonaises le 7 déc. 1941 ; toutefois, l'échec des Japonais devant Midway (juin 1942) les empêcha de menacer sérieusement les îles Hawaii. Le 21 août 1959, l'archipel devint le cinquantième État des États-Unis ; il abrita la plus importante des bases aéronavales dans le Pacifique. À la fin des années 1990, Hawaii souffrait d'une baisse des revenus du tourisme et surtout du retrait d'une partie des troupes fédérales, ce qui provoqua un doublement du taux de chômage.

HAWKE Robert James Lee (Bordertown, Australie méridionale, 9.XII.1929). Homme politique australien. De 1970 à 1980, il présida l'*Australian Council of trade unions*, confédération des syndicats. Il se tourna ensuite vers la politique et prit la tête du parti travailliste qu'il mena à la victoire aux élections de mars 1983. Il devint Premier ministre et sa personnalité charismatique séduisit les Australiens, qui le reconduisirent trois fois à ce poste (en 1984, 1987 et 1990). Mais, à partir de la fin des années 1980, la crise économique fit chuter sa popularité et favorisa la fronde menée par son ancien ministre des Finances, Paul Keating, auquel il avait promis sa succession et qui le supplanta en déc. 1991. La publication des Mémoires de Hawke, en 1994, relança la polémique entre les deux hommes. Voir **AUSTRALIE. De 1850 à nos jours.**

HAYE (conférences de La). La première conférence de La Haye (mai/juill. 1899) fut réunie sur l'initiative de la Russie. Cette conférence internationale ne put aboutir à un accord sur la limitation des armements et sur le principe de l'arbitrage obligatoire dans les conflits entre les États ; mais des progrès importants, consacrés par trois *conventions* et par plusieurs déclarations, furent réalisés en vue d'une humanisation de la guerre ; une *Cour permanente d'arbitrage* fut instituée. La deuxième conférence de La Haye (juin/oct. 1907) aménagea diverses conventions de la première.

HAYES Rutherford Birchard (* Delaware, Ohio, 4.X.1822, † Fremont, Ohio, 17.I.1893). Homme politique américain. Avocat, général nordiste durant la guerre de Sécession, gouverneur de l'Ohio (1868/72, 1876/77), il fut présenté comme candidat républicain à l'élection présidentielle de 1876 et, après des votes contestés (en Caroline du Sud, Floride, Louisiane, Oregon), devint le dix-neuvième président des États-Unis (1877/81). Sa politique conciliante à l'égard du Sud et l'honnêteté scrupuleuse de son administration lui aliénèrent des groupes importants de son propre parti, et son mandat ne fut pas renouvelé.

HCR. Voir HAUT COMMISSARIAT DES NATIONS UNIES POUR LES RÉFUGIÉS.

HEATH Edward Richard George (Broadstairs, Kent, 9.VII.1916). Homme politique anglais. Chef du parti conservateur à partir de 1965, il remporta brillamment les élections de juin 1970. Premier ministre (juin 1970/mars 1974), il fit entrer la Grande-Bretagne dans le Marché commun (1971). Voir GRANDE-BRETAGNE. Les difficultés de l'après-guerre.

HÉBERT Jacques René (* Alençon, 15.XI.1757, † Paris, 24.III.1794). Journaliste et homme politique français. En 1790, il fonda *Le Père Duchesne*, journal extrémiste dont l'audience s'accrut encore après la disparition de *L'Ami du peuple*. Membre du club des Cordeliers, il fut nommé, après l'insurrection du 10-Août, substitut du procureur général de la Commune (Chaumette). Avec ses partisans – Chaumette, Anacharsis Cloots, Ronsin, Vincent, Momoro, Hanriot (chef de la garde nationale) –, Hébert domina bientôt le club des Cordeliers ainsi que les sociétés populaires et les sections parisiennes. Hébert fut un des principaux artisans de la chute des Girondins (qui avaient tenté de le faire emprisonner en mai 1793), et c'est sous la pression de son groupe que la Convention prit des mesures extrêmes telles que la loi des suspects (17 sept.) et la loi du maximum (29 sept. 1793) ; les hébertistes furent également les instigateurs de la campagne de déchristianisation et du culte de la Raison. Jugeant la Convention trop modérée, Hébert voulut transporter tous ses pouvoirs à la Commune, mais il se heurta à l'opposition de Robespierre. En mars 1794, alors qu'il préparait une insurrection des sections, Hébert fut arrêté, accusé devant la Convention par Saint-Just, traduit avec ses amis devant le Tribunal révolutionnaire et exécuté. Voir FRANCE. Les débuts de la Révolution, sept. 1792. La Convention. De la Terreur à la réaction thermidorienne (sept. 1792/oct.1795).

HÉBREUX. Peuple sémitique du Moyen-Orient ancien, dont le nom (Ibrim) signifie « ceux d'au-delà du fleuve » (l'Euphrate ?). Son histoire est rapportée dans ses grandes lignes par la Bible, qui en fait le « peuple de Dieu ». Petit groupe sémite originaire de Mésopotamie et apparenté aux Araméens, les Hébreux, qui étaient alors des nomades pasteurs, émigrèrent vers 1800 av. J.-C. de la ville d'Ur en Chaldée (Basse-Mésopotamie) vers Harran en pays araméen (Syrie). Sous la conduite d'Abraham, ils y séjournèrent quelque temps, puis partirent vers le pays de Canaan en Palestine. Selon la Bible, le passage des Hébreux au monothéisme aurait eu lieu à cette époque. La vie des tribus s'organise autour de l'autorité des Patriarches Abraham, Isaac et Jacob. Les Hébreux entretinrent assez tôt des relations commerciales avec l'Égypte voisine, puis une de ces tribus, les fils d'Israël, s'y rendit et y séjourna longtemps. Tant que dura la domination des Hyksos (1770-1560 av. J.-C.) sur la Basse-Égypte, les Hébreux qui y étaient établis furent bien traités et vécurent en paix. C'est de cette époque qu'il faudrait dater l'épisode de Joseph (fils de Jacob), ministre hébreu d'un souverain hyksos. Mais quand l'Égypte eut reconquis son indépendance (vers 1567), leur situation s'inversa et les Hébreux se trouvèrent réduits en esclavage. Dès lors, la fuite hors d'Égypte était le seul salut ; l'âme de la résistance fut Moïse (v.). C'est sur cet épisode que se fonda le souvenir de la libération miraculeuse du peuple d'Israël par son dieu Yahvé. Par une série de prodiges (les dix plaies d'Égypte, le passage de la mer Rouge), il libèra son peuple qui réussit à sortir d'Égypte – ce que les historiens datent de 1250 environ, à l'époque de Ramsès II. Durant de longues années (quarante ans, la durée symbolique d'une génération), les Hébreux menèrent une vie de nomade dans la péninsule désertique du Sinaï. C'est là que Moïse reçut la révélation d'un dieu unique et exclusif, Yahvé, et d'une loi théocratique, une loi d'alliance (les tables de la loi) cimentant l'unité de la nation d'Israël. Les Hébreux devinrent alors le peuple élu. Moïse joua un rôle capital de libérateur, de législateur et de médiateur religieux. Les Hébreux s'installèrent en Palestine (la Terre promise) vers la seconde moitié du XIIIe siècle av. J.-C. Sous la conduite de Josué, ils conquirent un territoire sur les peuples antérieurement établis, avec lesquels il y eut ensuite de nombreux croisements. Ils se divisèrent en douze tribus, et travaillèrent à assurer leur installation face à l'hostilité des Cananéens et aux incursions dévastatrices des nomades installés de l'autre côté du Jourdain (Moabites, Édomites, Ammonites), puis aux menaces conquérantes des Philistins. Le danger commun suscita l'union sous l'autorité de chefs passagers (les Juges). La pression s'aggravant, Israël passa alors à l'institution durable de la monarchie. Une ligue se forma, composée de la plus grande partie des clans et tribus hébraïques, unis derrière leur ancêtre commun le patriarche Jacob, celui à qui Dieu a donné le surnom d'Israël après son combat avec l'ange. On parle désormais du Royaume d'Israël. Voir JUIFS et ISRAËL.

HÉGIRE (de l'arabe *hidjra*, « expatriement »). Point de départ de l'ère musulmane, fixée, selon la tradition, au 16 juill. 622 de notre ère, date à laquelle Mahomet émigra de La Mecque, où il était persécuté, pour se retirer à Médine. Les fidèles de La Mecque qui précédèrent Mahomet à Médine sont appelés les *mohadjir* (« gens de l'hégire »). Pour traduire une date formulée d'après l'hégire en année chrétienne, il faut ajouter 622 à l'année musulmane ; mais, l'année musulmane étant lunaire et donc plus courte que l'année solaire, il faut retrancher du nombre obtenu environ trois ans par siècle.

HEIAN (période de, 794/1185). Période de l'histoire japonaise qui commence avec la création de la ville de Heiankyo (Kyôto) par l'empereur Kammu et s'achève, en 1185, par le triomphe du clan des Minamoto sur le clan des Taira, et par l'instauration du shôgunat de Kamakura. Voir **Japon.** Jusqu'à la fondation du shôgunat.

HEINEMANN Gustav (* Schwelm, Westphalie, 23.VII.1899, † Essen, 7.VII.1976). Homme politique allemand. Avocat, résistant à l'hitlérisme au sein de l'Église confessante, président du synode général de l'Église évangélique allemande (1949/55), il appartint d'abord à la CDU et, dans le cabinet Adenauer, fut le Premier ministre de l'Intérieur de la République fédérale (1949/50). Opposé au réarmement et partisan d'une neutralisation de l'Allemagne, il quitta la CDU en 1952, fonda un éphémère parti populaire panallemand, puis rejoignit les sociaux-démocrates en 1957. Ministre de la Justice dans le cabinet de « grande coalition » (1966/69), président de la République fédérale de 1969 à 1974.

HELLADIQUE. Nom donné aux civilisations de l'âge du bronze qui s'épanouirent en Grèce continentale. L'helladique ancien (vers 3300/entre 2000 et 1850) vit le premier essor de la métallurgie. L'helladique moyen (entre 2000 et 1850/vers 1550) correspond à l'arrivée en Grèce, par vagues successives, des premiers envahisseurs indo-européens ; les armes métalliques, en cuivre et en bronze, se multiplient ; la céramique caractéristique, dite minyenne, est de couleur grise, lustrée ; elle se répand à partir d'Orchomène, en Béotie. L'helladique récent (vers 1550/1000) correspond à la civilisation mycénienne (v.). Voir **Grèce.** La préhistoire et la protohistoire.

HELLÉNISTIQUE (civilisation). Le terme d'*hellénistique* (du grec *hellenizein*, « parler grec », « vivre comme les Grecs ») s'applique à la civilisation cosmopolite qui fleurit sur toutes les rives de la Méditerranée orientale et dans le Proche-Orient, à la suite des conquêtes d'Alexandre. Sa zone de diffusion s'étendit de l'Italie aux confins de l'Inde et de l'Asie centrale, mais cette civilisation fut essentiellement le produit d'une fusion du génie grec avec des éléments orientaux ; c'est en Syrie et en Égypte qu'elle eut son centre, et la Grèce propre n'y joua qu'un rôle secondaire. La civilisation hellénistique se développa pendant les trois siècles qui vont de la mort d'Alexandre (323 av. J.-C.) à l'établissement définitif de la domination romaine sur l'Orient (30 av. J.-C.), et son influence continua de s'exercer bien plus longtemps encore, durant les périodes romaine et byzantine.

Évolution historique de l'Orient hellénistique

Alexandre, qui avait créé en dix ans (334/23) un immense empire s'étendant de la Macédoine à l'Inde, mourut à trente-trois ans sans laisser d'héritier capable de lui succéder et sans avoir organisé sa succession. Ses principaux généraux, les diadoques, se partagèrent l'Empire, dont Perdiccas et Antipater tentèrent d'abord de maintenir l'unité.

Après quarante ans de luttes, l'empire d'Alexandre se trouva partagé entre trois grandes monarchies : celle des Antigonides, qui régnaient sur la Macédoine (v.) et s'efforçaient d'obtenir l'hégémonie en Grèce ; celle des Séleucides (v.), dont la domination s'étendait sur la plus grande partie de l'ancien Empire perse achéménide ; celle des Lagides (v.) ou Ptolémées, qui régnaient sur l'Égypte. Cette stabilisation du monde hellénistique entraîna le déclin de la Grèce, dont l'économie avait d'abord (jusque vers 280) bénéficié des conquêtes d'Alexandre : la concurrence de l'Orient provoqua en Grèce une grave baisse des prix agricoles et la ruine des petits propriétaires ; le commerce fut lui aussi atteint, car les grandes routes d'échanges ne passaient plus par la Grèce propre mais par les îles (Rhodes), l'Égypte et la Mésopotamie. Enfin, à la différence des autres parties de l'empire d'Alexandre, la Grèce du IIIe s. av. J.-C. ne connut pas les bienfaits de l'unification politique ; les cités retrouvèrent leur indépendance, mais non leur ancienne puissance. La confiscation du pouvoir par la bourgeoisie riche rendit fictif le rétablissement des institutions démocratiques, et de violents conflits sociaux se produisirent ; à Sparte, les tentatives de restauration de l'autorité, avec Agis IV et Cléomène III, n'eurent pas de suites durables. Cependant, un besoin de regroupement et d'unité se faisait sentir même en Grèce, et l'événement politique majeur du IIIe s. fut la naissance de deux grandes confédérations, les ligues Étolienne (v. **Étolie**) et Achéenne (v. **Achaïe**), qui s'épuisèrent dans une série de guerres. La Grèce n'était plus le centre unique de la culture hellénique, bien que les études philosophiques aient continué à fleurir à Athènes.

En Orient, le IIIe s. fut dominé par la rivalité des deux grandes monarchies, lagide et séleucide, la première solidement appuyée sur l'État national égyptien, la seconde distendue entre l'Est et l'Ouest, mais trouvant une base ferme en Syrie septentrionale. L'enjeu de ce conflit était le contrôle de la Méditerranée orientale et de la voie commerciale qui, par les ports de Syrie et la Mésopotamie, reliait l'Occident à l'Inde. Contraints ainsi de reporter leur principal effort vers la Méditerranée, les Séleucides durent abandonner au milieu du IIIe s. la plupart de leurs satrapies orientales : ainsi se formèrent les royaumes de Cappadoce, d'Arménie (v.), du Pont (v.), le royaume grec de Bactriane (v.) et surtout le royaume des Parthes (v. **Iran**), qui constitua rapidement la plus dangereuse menace pour la civilisation hellénistique en Orient. Cependant, même chez les Parthes, s'exerçaient de puissantes influences culturelles grecques, et, par la Bactriane, celles-ci pénétrèrent jusqu'en Asie centrale et en Chine. À l'O., les Séleucides, concentrant toutes leurs forces sur la Syrie menacée par l'Égypte, durent renoncer à la conquête de la

Grèce et à la maîtrise de l'Égée. La Bithynie et surtout Pergame (v.) devinrent des foyers indépendants d'hellénisme, cependant qu'au cœur de l'Asie Mineure les Celtes Galates (v. **Celtes**) fusionnaient rapidement avec les Grecs du pays.

Vers 225, les Lagides d'Égypte étaient parvenus, au terme de plusieurs guerres, à abaisser les Séleucides : maîtres de toutes les côtes depuis la Libye jusqu'à Beyrouth, maîtres également de l'île de Chypre, alliés de Pergame et des Grecs, ils dominaient le commerce méditerranéen, et leur puissance pouvait se comparer à celle des pharaons de la XVIIIe dynastie. Le redressement des Séleucides, sous Antiochos III (223/187), fut de courte durée. Sans doute Antiochos, malgré sa défaite à Raphia (217), réussit-il à reprendre la Syrie aux Égyptiens, et, dans les années suivantes, il rétablit la domination séleucide sur l'Arménie, la Parthie, la Bactriane. À la même époque, le roi de Macédoine Philippe V, tentait de s'assurer la maîtrise de l'Adriatique. Ce fut la dernière grande crise conquérante de l'hellénisme. Pour écarter la menace de Philippe V, Rome se décida à intervenir en Grèce. À la fin de la deuxième guerre punique (201), les Romains, alliés de Rhodes et de Pergame, brisèrent l'alliance de Philippe V et d'Antiochos III en battant le roi de Macédoine à Cynoscéphales (197). Resté seul, Antiochos III, loin de se décourager, s'attaqua aux Détroits puis passa en Grèce (192), mais il n'y fut soutenu que par la ligue Étolienne, tandis que la ligue Achéenne s'alliait aux Romains. Chassé de Grèce après sa défaite des Thermopyles (191), Antiochos III fut écrasé par les Romains en Asie Mineure, à Magnésie (189), et dut signer le traité d'Apamée (188), qui réduisait ses possessions à la Syrie et faisait passer presque toute l'Asie Mineure occidentale à Pergame, fidèle alliée de Rome, tandis que Rhodes confirmait son hégémonie maritime.

Le grand vainqueur était, en fait Rome, désormais arbitre des affaires du monde hellénistique. La Macédoine fut définitivement écrasée à la bataille de Pydna (168) ; le reste de la Grèce passa sous la domination romaine en 146 ; en 133, le dernier roi de Pergame, Attale III, légua ses États aux Romains, qui organisèrent la province d'Asie. Rhodes, qui avait mal secondé Rome dans la lutte contre Persée de Macédoine, fut punie de la perte de ses possessions d'Asie Mineure ; la transformation de Délos en port franc (167) fit décliner inéluctablement son commerce. L'Empire séleucide, déchiré par les querelles dynastiques, glissait vers la ruine et devait faire face à la révolte juive des Macchabées (v.). L'étatisme autarcique des Lagides, en s'accentuant, aboutissait à un étouffement économique de l'Égypte. L'hellénisme trouva son dernier champion valeureux dans le roi du Pont, Mithridate Eupator (v.), qui, pendant un demi-siècle (de 110 environ à 63), tint en échec l'impérialisme romain. La victoire définitive de Pompée sur Mithridate (66) ouvrit la phase finale de la dislocation des monarchies hellénistiques. En 64, Pompée avait mis fin à la dynastie des Séleucides : après la Phrygie et la Cilicie, la Syrie, la Bithynie, le Pont devinrent des provinces romaines. La Crète et Chypre tombèrent également entre les mains des Romains, qui contrôlaient ainsi toutes les côtes de la Méditerranée, à l'exception de l'Égypte. Celle-ci connut un ultime sursaut sous Cléopâtre (44/30), mais, après la victoire d'Octave à Actium sur Marc Antoine et Cléopâtre, le royaume des Lagides fut à son tour annexé et réduit en province romaine.

Mutations politiques, économiques et sociales

Pour les Grecs comme pour les Orientaux, la période hellénistique fut marquée par des changements si importants qu'on ne peut y voir simplement une étape de transition entre la Grèce classique et Rome. De la fusion inaugurée par Alexandre entre l'hellénisme et l'Orient, naquit, en fait, une civilisation originale, composite et nouvelle, une civilisation pour la première fois « universelle » car elle dépassait les barrières de races, les particularismes religieux, et se fondait sur le sentiment de plus en plus net de valeurs communes à tous les hommes. Des langues transnationales – la *koinè* (mélange d'éléments ioniens à un fonds attique) et l'araméen – supplantèrent les dialectes locaux et devinrent les grands instruments d'échanges intellectuels et commerciaux. L'élément grec était généralement prépondérant (quoique jamais à l'état pur), mais il ne l'était pas toujours : beaucoup plus qu'aux traditions de la *polis* grecque, le libéralisme des Séleucides était redevable à l'exemple de la monarchie perse achéménide, l'étatisme des Lagides à des habitudes administratives qui remontaient loin dans l'Égypte pharaonique.

En politique, le phénomène capital de l'âge hellénistique fut la substitution des monarchies aux cités libres de la Grèce classique. Le système monarchique prévalut partout, non seulement dans les grands États tels que la Macédoine, l'Égypte, la Syrie, mais également dans les petits États asiatiques et dans les ligues grecques. Les cités connurent un développement économique incomparable – l'urbanisation de l'Orient est l'un des traits dominants de cette période –, elles conservèrent ou acquirent une grande autonomie administrative, mais leur rôle politique indépendant était révolu (excepté pour quelques-unes d'entre elles, Rhodes par exemple). Plusieurs facteurs contribuèrent à faire de la monarchie la formule politique en vogue : l'exemple de la Macédoine, à qui l'unité de commandement avait assuré une supériorité constante sur les coalitions des villes grecques ; la lassitude de l'instabilité démocratique ; enfin, et surtout, la nécessité où se trouva Alexandre de conserver aux peuples conquis de l'Asie le type de gouvernement auquel ils étaient habitués depuis des siècles.

Fondé sur la conquête, le pouvoir d'Alexandre – et celui de ses successeurs – revendiqua rapidement une légitimité divine qui ne choqua ni les Asiatiques ni même les Grecs. Entourés, comme les Achéménides, d'une cour, d'un cérémonial, les Lagides et les Séleucides furent l'objet d'un culte royal grâce auquel leurs peuples oubliaient qu'ils étaient des étrangers, descendants d'aventuriers militaires et d'usurpateurs. On leur donnait les surnoms de « sauveur » *(Sôter)*, de « manifestation divine » *(Épiphane)*, de « bienfaiteur » *(Évergète)* ou simplement de « dieu » *(Théos)*. Jouissant d'un pouvoir absolu, source de toute loi et n'étant limités par aucune, suprêmes justiciers, ils étaient aussi, surtout en Égypte, les véritables propriétaires de l'État. Le sol et le sous-sol leur appartenaient, comme le travail de leurs sujets. Ils avaient établi une succession héréditaire, qui n'empêcha jamais d'ailleurs les révolutions de palais et les guerres dynastiques ; en Égypte, pour raffermir la cohésion de la famille royale, on prit l'habitude de marier le souverain avec sa sœur, associée à la royauté. Cette pratique n'existait guère chez les Séleucides, où cependant la reine, même étrangère, était appelée « sœur » du roi.

Entre le comportement des Lagides et celui des Séleucides, on note des divergences importantes. Les Lagides adoptèrent en politique extérieure les objectifs traditionnels de l'impérialisme égyptien (conquête de la Syrie, maîtrise de la Méditerranée orientale), mais ils s'isolèrent au sein de leur propre royaume, qu'ils se contentaient d'exploiter à des fins commerciales ; gouvernement et administration étaient entièrement aux mains de Grecs ; des colons militaires grecs tenaient la campagne. L'audacieuse politique d'assimilation inaugurée par Alexandre fut abandonnée : le gouvernement interdisait souvent les mariages mixtes ; l'indigène était méprisé. À côté d'Alexandrie, la ville cosmopolite par excellence, n'existaient que deux villes neuves, Ptolémaïs et Philadelphie, où Grecs et Égyptiens pouvaient coexister.

La nécessité obligea les Séleucides à une politique beaucoup plus généreuse : leur empire ne s'étendait pas dans un cadre national millénaire, il embrassait toutes sortes de peuples, et le seul ciment d'unité ne pouvait être que l'hellénisation. Séleucos Nicator, fondateur de la dynastie, et ses successeurs multiplièrent donc les villes grecques nouvelles, les unes créées à partir de rien, les autres par la transformation d'anciennes villes indigènes. Ces cités, sans jouir de l'indépendance politique, possédaient néanmoins toutes les institutions traditionnelles des cités grecques, et une large autonomie administrative. Elles furent toutes, jusqu'au fond de la Perse, d'intenses foyers d'hellénisation. Leur population se composait d'abord de Grecs immigrés, marchands, hommes d'affaires, bureaucrates, auxquels ne tarda pas à se fondre, à partir du IIᵉ s., une élite d'indigènes hellénisés, enrichis par le commerce.

Point de ségrégation raciale : c'est la culture et l'éducation qui faisaient d'un homme un Grec, et tous ceux, Grecs d'origine ou indigènes, qui avaient reçu la même formation raffinée se considéraient comme des égaux – alors que les Grecs pauvres glissaient peu à peu vers les classes inférieures. Les distinctions de classe et de fortune étaient donc bien plus importantes que celles de race. La vie des paysans n'était guère enviable : la terre appartenait au roi ou à la bourgeoisie urbaine, et les fermiers étaient dans une condition proche du servage. L'opulence de l'Orient hellénistique ne profita guère à l'immense majorité de la population. Directement, comme en Égypte, où le souverain invoquait le droit de la conquête, le « droit de la lance », comme chez les Attalides de Pergame, eux aussi adeptes d'un étatisme royal, ou indirectement, par une lourde fiscalité, comme chez les Séleucides, l'État pesait sur l'économie, qui était tout entière orientée vers le commerce extérieur. Les techniques industrielles et agricoles ne firent aucun progrès important à l'époque hellénistique, l'abondance de la main-d'œuvre servile favorisant l'esprit de routine. D'importants travaux d'irrigation furent cependant entrepris en Égypte. L'industrie restait essentiellement artisanale, mais quelques manufactures royales fabriquaient surtout des objets de luxe en série et à bon marché, au détriment d'objets d'art plus raffinés (disparition des vases peints).

L'économie hellénistique fut avant tout commerciale. L'unification politique de l'Orient permit au monde hellénique et à l'Occident de communiquer directement avec la vallée du Nil et l'Arabie, avec l'Inde, l'Asie centrale, la Chine. L'aménagement des ports et la construction des vaisseaux s'améliorèrent ; les Séleucides remirent en service le réseau routier de l'Empire perse ; la sécurité des caravanes fut mieux assurée.

Mais le plus grand stimulant de l'essor commercial fut une révolution monétaire sans précédent. Alexandre transforma en monnaie et jeta sur le marché les trésors accumulés par les anciens rois achéménides. Ce soudain afflux monétaire, qu'on estime à plus d'un milliard de francs-or, eut des conséquences immenses. La mobilité de la population, facilitée déjà par l'unification politique et linguistique, s'en trouva encore accrue. Dans tout l'Orient, des hommes purent se libérer enfin du cadre étroit où les maintenait le système primitif du troc, ils purent accumuler et emporter leur gain pour le faire travailler où bon leur semblait. C'est surtout chez les Séleucides que la monnaie abondait. Elle était plus rare en Égypte, ce qui poussait les Lagides à renforcer leur politique mercantiliste pour s'en procurer ; manquant de métal argent, les Lagides multiplièrent les monnaies de cuivre, qui se déprécièrent rapidement. Dès la fin du IIᵉ s., le monde hellénistique dans son ensemble souffrit d'ailleurs de la raréfaction de la monnaie. Le numéraire ne suffisait plus à des besoins accrus, d'où thésaurisation. Les Séleucides eux-mêmes souffraient de cette crise monétaire depuis que Rome, après la défaite d'Antiochos III (paix d'Apamée, 188), leur avait imposé le paiement d'indemnités de guerre considérables. Le stock monétaire de l'Orient fuyait rapidement vers l'ouest. À la meilleure époque, la circulation des capitaux avait été facilitée par une remarquable organisation du crédit : aux banques privées, déjà nombreuses dans la Grèce classique et en Mésopotamie, s'ajoutèrent des banques de cités et de véritables banques d'État (surtout en Égypte). Aux IIIe/IIe s., l'intérêt de l'argent était descendu au-dessous de 10 %, ce qui représentait un taux extrêmement bas pour l'Antiquité et pour l'Orient.

L'esprit hellénistique

Éclatement des cadres de la cité, élargissement des horizons, émancipation de l'individu, amélioration des échanges, tels sont les traits fondamentaux de l'époque. Ils se reflètent dans l'évolution des esprits. L'homme se sent à la fois seul et citoyen du monde. Les dieux indigènes tutélaires ne peuvent plus rien pour le colon grec du IIIe s., qui s'enfonce dans les profondeurs de l'Orient, qui découvre partout autour de lui d'autres dieux, d'autres cultes, d'autres manières de vénérer et de sentir. Aussi l'âge hellénistique connut-il d'abord une phase de scepticisme et de rationalisme. On mit en question la réalité surnaturelle des dieux. On se découragea des hautes spéculations, on adopta à l'égard de la vérité métaphysique une attitude d'indifférence ou de *probabilisme* (Pyrrhon, Arcésilas), on se préoccupa avant tout de la vie concrète et de la recherche du bonheur. Les deux grandes doctrines de l'époque, l'épicurisme et le stoïcisme, sont avant tout des morales. Elles s'adressent à l'individu désormais isolé, n'ayant plus son appui sur une religion de la patrie et cependant tourmenté encore par de lâches superstitions ; elles lui enseignent à trouver le seul vrai bien encore à sa portée, cette félicité intérieure que l'âme lucide peut se donner à elle-même. L'épicurisme était essentiellement individualiste ; le stoïcisme, au contraire, joua un rôle social et politique important en critiquant l'esclavage, en affirmant l'existence d'une société naturelle unissant tous les hommes.

Peu à peu, la religion l'emporta sur la philosophie, et le mysticisme latent de l'Orient s'épanouit sur un terrain déblayé par l'universalisme philosophique grec. Le mouvement d'unification entraîna les religions elles-mêmes, les formes grecques et les formes orientales de vénération se fondirent dans le syncrétisme. Hérodote déjà, au Ve s., voyageant en Égypte, n'hésitait pas à donner des noms grecs aux dieux locaux. L'époque hellénistique vit se développer partout le culte de grandes divinités telles que Sérapis, Isis, Cybèle, qui comportait souvent des « mystères », des rites initiatiques riches en contenu émotionnel (thème de la mort et de la renaissance du dieu). Aux noms des divinités particulières commençaient même à se substituer des termes plus abstraits, plus métaphysiques, comme celui de *Sôter* (Sauveur). Le passage du polythéisme au monothéisme commençait. Un événement capital à cet égard fut la rencontre de l'esprit juif et de l'esprit grec. Elle eut lieu moins en Judée, où la résistance juive contre les Séleucides fut très vive (Macchabées), que chez les Juifs de la Diaspora. D'après la tradition, c'est Ptolémée Philadelphe (285/46) qui fit commencer la traduction grecque de la Bible, dite des Septante. L'influence juive se manifesta dans les doctrines attribuées à Hermès Trismégiste, cependant qu'à la lumière de la philosophie grecque Philon le Juif entreprenait une exégèse métaphysique et allégorique des Écritures. La création, par Ptolémée Sôter, fondateur de la dynastie des Lagides du Musée d'Alexandrie déplaça vers l'Orient le centre de la vie intellectuelle. On a reproché à la littérature alexandrine son caractère érudit et savant, mais elle a produit aussi des œuvres dont le charme a résisté aux siècles, telles les idylles de Théocrite ou les épigrammes de Méléagre. En art, la sculpture hellénistique (comme sans doute la peinture, qui a presque entièrement disparu) reflète le triomphe de l'individualisme, du réalisme, du pathétique (*Victoire de Samothrace, Vénus de Milo, Gaulois mourant, Laocoon*, etc.).

HÉLOU Charles (* Beyrouth, 25.IX.1913, † Zalka, 7.I.2001). Homme politique libanais. Ayant participé à la fondation des Phalanges libanaises en 1936, il fut l'un des premiers maronites à lutter pour l'indépendance. En sept. 1964, il succéda au général Chéhab comme président de la République ; il s'employa à maintenir de bonnes relations à la fois avec les États arabes et avec l'Occident ; en nov. 1969, il régla par la négociation, et avec la médiation de l'Égypte, le conflit provoqué par l'action en territoire libanais des partisans palestiniens. À la suite des élections de 1970, il fut remplacé à la tête de l'État libanais par Soleiman Frangié. Par la suite, il exerça des responsabilités au sein de l'organisation de la francophonie.

HELSINKI (conférence d'). La conférence d'Helsinki sur la sécurité et la coopération en Europe, ouverte le 3 juill. 1973, a réuni tous les pays européens (à l'exception de l'Albanie) ainsi que le Canada et l'URSS. Elle s'est terminée par la signature de l'**acte d'Helsinki** (1er août 1975), qui consacrait la politique de détente et posait les principes suivants : respect de l'égalité et de la souveraineté des États dans les frontières établies ; non-recours à la force ; non-intervention dans les affaires intérieures ; respect des « libertés fondamentales », y compris la liberté de pensée, de culte, de conscience et de convictions ; coopération scientifique, économique et humanitaire ; plus grande liberté pour la circulation des personnes, des informations, des idées.

HELVÈTES, *Helvetti*. Peuple celte qui était établi vers la fin du IIe s. av. J.-C. en Allemagne du Sud, jusqu'au Main. En 107 av. J.-C., se mêlant en partie au mouvement des Cimbres, ils se mirent en marche vers le

S.-E. et vainquirent, près du lac de Genève, le consul Lucius Cassius. À l'époque de César, ils occupaient la partie occidentale de la Suisse actuelle. En 58 av. J.-C., menacés par la pression germanique, ils décidèrent d'aller s'établir dans la Gaule occidentale (Saintonge), sous la conduite de leur chef Orgetorix ; ayant mis le feu à leurs villages, ils partirent, entraînant avec eux les Rauraques, les Tulinges, les Latobices et des Boïens (en tout plus de 350 000 individus), mais César leur barra la route près de Bibracte, dans le Morvan, et les contraignit à repasser le Jura ; plus des deux tiers du peuple helvète avaient péri dans cette expédition (58). César installa des colonies au pays des Helvètes, dont il se servit comme marche militaire. Après la nouvelle division des provinces réalisée par Auguste, l'*Helvétie* fut rattachée d'abord à la Belgique, puis à la Lyonnaise I, et les Helvètes obtinrent le statut de fédérés. L'Helvétie, dont la capitale était *Aventicum* (Avenches), fut occupée par les Alamans, à partir de 260, et plus tard par les Burgondes.

HELVÉTIQUE (Confédération). Voir SUISSE.

HENRI

ALLEMAGNE

HENRI Ier l'Oiseleur (* 876, † Memleben, 2.VII. 936). Roi de Germanie (919/36). Fils d'Othon l'Illustre, de la maison des Liudolfinges, successeur de son père comme duc de Saxe (912), il fut élu en 919 roi de Germanie comme successeur de Conrad Ier, qui l'avait désigné sur son lit de mort. Il fonda la dynastie des empereurs saxons (v. SAXE. **Le premier duché de Saxe, 843/1180**). Maintenant le centre de sa puissance en Saxe, il tint en respect les grands, annexa la Lorraine (923/25) et, surtout, mena la lutte contre les Bohémiens et contre les Slaves à l'E. de l'Elbe (928/29). Sa victoire de Riade, près de Merseburg (933), ralentit la pénétration des Hongrois, mais ceux-ci ne furent définitivement repoussés d'Allemagne que par son fils, Othon le Grand, fondateur du Saint Empire. À la différence de ses successeurs, Henri Ier se préoccupa assez peu de l'Italie. Il fut enterré à Quedlinburg.

HENRI II le Saint (* Abbach, Bavière, 6.V.973, † Grona, près de Göttingen, 13.VII.1024). Empereur germanique (1002/24). Arrière-petit-fils d'Henri Ier l'Oiseleur, duc de Bavière en 995, il rétablit l'autorité impériale en Italie après avoir succédé à son cousin, Othon III, comme roi de Germanie, en 1002. Il fut couronné empereur à Rome, en févr. 1014. Son règne fut marqué par une lutte malheureuse (1003/17) contre le duc de Pologne, Boleslas Ier Chrobry, qui réussit à se rendre pratiquement indépendant et obligea le germanisme à reculer jusqu'à l'Elbe. Très pieux, Henri II protégea le clergé, favorisa les missions et la réforme monastique, tout en maintenant l'Église sous la tutelle de l'État. Il fut le fondateur de l'évêché de Bamberg en 1007. Il fut canonisé en 1146 (ainsi que sa femme, Cunégonde, en 1200). Henri II fut le dernier empereur de la maison de Saxe. Il eut pour successeur Conrad II le Salique.

HENRI III le Noir (* 28.X.1017, † Bodfeld, dans le Harz, 5.X.1056). Empereur germanique (1039/56). De la maison de Franconie, fils et successeur de Conrad II le Salique, il s'assura en Allemagne une autorité comme n'en posséda aucun autre empereur du Moyen Âge. Venu à Rome pour se faire couronner empereur (1046), il rétablit l'autorité impériale en Italie, obtint l'abdication de Grégoire VI et plaça successivement sur le Saint-Siège trois prélats allemands (Clément II, 1046 ; Damase II, 1048 ; Léon IX, 1049). Vigilant sur les marches de l'Est, il imposa sa suzeraineté aux Slaves de Bohême (1041) et de Pologne, ainsi qu'aux Hongrois (1045). Il mourut au moment d'entreprendre une nouvelle campagne contre les Slaves et fut inhumé dans la cathédrale de Spire. Il eut pour successeur Henri IV.

HENRI IV (* Goslar, 11.XI.1050, † Liège, 7.VIII. 1106). Empereur germanique (1056/1106). Fils et successeur d'Henri III le Noir, il devint roi de Germanie à l'âge de six ans. Sa minorité, pendant laquelle le pouvoir fut exercé par sa mère, Agnès de Poitiers, puis par les archevêques Annon de Cologne et Adalbert de Brême, permit aux grands féodaux de redresser la tête en Allemagne. Aux prises avec la rébellion des Saxons, qu'il finit par vaincre en 1075, Henri IV vit la majorité des féodaux et des évêques se coaliser contre lui avec le pape Grégoire VII dans le grand conflit des Investitures, à propos de l'intervention du pouvoir laïc dans les élections épiscopales et ecclésiastiques (v. INVESTITURES, **querelle des**). Après le concile de Worms (janv. 1076 ; v. ce nom), Grégoire VII excommunia Henri IV et délia ses sujets de leur serment d'allégeance ; Henri IV dut se résoudre à l'humiliation de Canossa (v.) (25 janv. 1077), sans pour autant obtenir à nouveau l'investiture papale. La guerre civile qui l'opposait au duc de Souabe, son beau-frère et rival pour le titre impérial, retint un temps ses armées. En 1080, il put les lancer contre Rome, chasser Grégoire VII et nommer à sa place l'antipape Clément III, qui le sacra empereur en 1084. Grégoire VII l'excommunia une seconde fois et obtint la protection des Normands, qui chassèrent les Allemands de Rome. Les successeurs de Grégoire VII, Urbain II et Pascal II, soulevèrent contre Henri IV ses propres fils, Conrad et Henri (futur Henri V), qui le contraignirent à abdiquer (1105).

HENRI V (* Goslar, 8.I.1081, † Utrecht, 23.V.1125). Empereur germanique (1106/25). Fils et successeur d'Henri IV. Révolté contre son père (1104/05), avec l'encouragement du pape Pascal II, il poursuivit cependant la même politique italienne et impériale qu'Henri IV, entra dans Rome (1111), s'empara de Pascal II, l'obligea à lui abandonner les investitures et à le couronner empereur (1112). Excommunié par le pape au concile du Latran, il dut faire face en Allemagne à la révolte des princes saxons, qui lui infligèrent la défaite de Welfesholz (1115). Toujours absorbé par les affaires italiennes, Henri V prétendit s'emparer des domaines légués au Saint-Siège par l'ennemie de son père, la comtesse Mathilde de Toscane (1116). Il entra encore une fois à Rome en vainqueur, en chassa de nouveau le pape Pascal II, qui mourut peu après, et, en 1118, opposa à son successeur, Gélase II, l'antipape Burdin (Grégoire VIII). La lutte entre le pape et l'empereur se termina cependant par le concordat de Worms (1122), victoire sur le long terme de la papauté. Avec lui s'éteignit la dynastie franconienne (ou salique). Il eut pour successeur Lothaire II de Supplinburg.

HENRI VI (* Nimègue, fin 1165, † Messine, 28.IX. 1197). Empereur germanique (1190/97). Voir **SACERDOCE ET DE L'EMPIRE (lutte du)**.

HENRI VII de Luxembourg (* Valenciennes ?, vers 1275, † Buonconvento, près de Sienne, 24.VIII.1313). Empereur germanique (1308/13). Voir **ALLEMAGNE.** La crise de l'empire et l'épanouissement de la civilisation des villes (1254-1517).

ANGLETERRE

HENRI Ier Beauclerc (* Selby, Yorkshire, 1068, † Lyons-la-Forêt, Eure, 1er.XII.1135). Roi d'Angleterre (1100/35) et duc de Normandie (1106/35). Fils cadet de Guillaume le Conquérant, il s'empara du trône à la mort de son frère Guillaume II le Roux au préjudice de son autre frère aîné, Robert II Courteheuse, duc de Normandie, qui se trouvait alors à la croisade. Robert, ayant envahi l'Angleterre (1101), fut repoussé, et Henri entreprit la conquête de la Normandie (1105) ; il battit Robert à Tinchebray (28 sept. 1106), le retint en prison pour la vie et annexa la Normandie. Son règne fut marqué par une importante œuvre législative, et la charte qu'il donna à ses barons (*Coronation Charter*) est regardée comme la première source des libertés britanniques. Un violent conflit l'opposa à st Anselme sur la question des investitures, mais se termina par un compromis (1107). Henri Ier désigna pour lui succéder sa fille Mathilde, ce qui provoqua une guerre entre celle-ci et Étienne de Blois, neveu d'Henri Ier, qui devint roi.

HENRI II (* Le Mans, 5.III.1133, † Chinon, 6.VII. 1189). Roi d'Angleterre (1154/89) Fils de Geoffroi Plantagenêt et, par sa mère Mathilde, petit-fils de Henri Ier Beauclerc, duc de Normandie en 1150, comte d'Anjou en 1151. Il élargit encore ses domaines continentaux par son mariage avec Aliénor d'Aquitaine (1152). Ayant forcé Étienne de Blois à le reconnaître comme son héritier, il lui succéda en 1154 après la guerre civile qui l'avait opposé à Mathilde. Avec une conception audacieuse et énergique de l'autorité royale, il ramena rapidement à l'obéissance les barons et les prélats en s'appuyant sur des inspecteurs itinérants et sur une administration centrale qu'il commença d'organiser. Sous son règne, les États des Plantagenêts atteignirent le sommet de leur puissance tandis que les plus grands intellectuels se pressaient à sa cour. Obligé de lutter sans cesse contre l'opposition féodale, Henri II ne tarda pas à entrer en conflit avec l'Église. En publiant les *Constitutions de Clarendon* (1164), qui restreignaient la juridiction des tribunaux ecclésiastiques, le roi suscita l'opposition résolue de son ancien ami et conseiller, Thomas Becket (v.), devenu archevêque de Canterbury ; il encouragea l'assassinat du prélat (1170). Réconcilié avec la papauté (1172), il posa les bases d'une armée nationale par l'*Assize of Arms* de 1181, mais ses dernières années se passèrent à lutter contre les rébellions de ses fils, qui étaient encouragés par la reine Aliénor et par le roi de France. Henri II eut pour successeur Richard Cœur de Lion.

HENRI III (* Winchester, 1er.X.1207, † Westminster, 16.XI.1272). Roi d'Angleterre (1216/72). Fils et successeur de Jean sans Terre, Henri III, qui combattit pour recouvrer les domaines de France que Philippe Auguste avait enlevés à son père, dut finalement signer avec Louis IX le traité de Paris de 1259, mettant fin à une rivalité séculaire en accordant l'Aquitaine au roi d'Angleterre, qui, en échange, se reconnaissait vassal du roi de France pour ce fief. Mais son règne fut surtout marqué par la lutte contre la noblesse, emmenée par Simon de Montfort, qui dégénéra en « guerre des Barons » (1261/65). En 1264, Simon de Montfort s'assura du contrôle absolu du gouvernement et convoqua un parlement, élargi à la petite noblesse et aux bourgeois en 1265. Le prince Édouard, fils du roi et futur Édouard Ier, parvint à rétablir la situation par sa victoire d'Evesham (4 août 1265), où Montfort trouva la mort. Désormais Henri III n'eut plus de souverain que le titre, Édouard exerçant la réalité du pouvoir.

HENRI IV (* Bolingbroke, Lincolnshire, vers avr. 1366, † Westminster, 20.III.1413). Roi d'Angleterre (1399/1413). Fils de Jean de Gand et de Blanche de Lancastre, il était par son père le petit-fils d'Édouard III. Entré en 1387 dans l'opposition à Richard II, il fut banni pendant plusieurs années et vit ses domaines confisqués en 1399. La même année, profitant de l'impopularité du roi, il prit la tête de la révolution qui obligea Richard à abdiquer (sept. 1399) et il s'empara de la couronne en s'appuyant sur l'importante « retenue » des fidèles de son père. Il fut le fondateur de la dynastie de Lancastre. Cette usurpation et le meurtre de Richard II provoquèrent diverses rébellions, mais Henri IV réussit à asseoir la prépondérance royale par ses victoires sur les Écossais, sur les Gallois et sur Henry Percy (Shrewsbury, juill. 1403). Son fils lui succéda sous le nom d'Henri V.

HENRI V (* Monmouth, 16.IX. (?) 1387, † Vincennes, 31.VIII.1422). Roi d'Angleterre (1413/22). Fils et successeur d'Henri IV. Son court règne fut marqué par une brillante restauration de l'autorité royale, due avant tout à la personnalité énergique du souverain. Il profita des dissensions qui déchiraient la France, divisée entre Armagnacs et Bourguignons, pour réclamer le trône de France et rouvrir la guerre de Cent Ans. Il remporta la grande victoire d'Azincourt (25 oct. 1415), conquit la Normandie (1417/19) et, avec l'appui d'Isabeau de Bavière et du duc de Bourgogne, signa le traité de Troyes (1420), qui lui donnait pour épouse Catherine de Valois, fille de Charles VI, avec le titre de régent du royaume de France, et le désignait, en qualité de gendre de Charles VI, comme héritier au trône au préjudice du dauphin (Charles VII). Sa mort, à trente-quatre ans, vint compromettre cet édifice. Son fils, Henri VI, lui succéda comme roi d'Angleterre, avant d'être aussi sacré roi de France.

HENRI VI (* Windsor, 6.XII.1421, † Londres, 21.V.1471). Roi d'Angleterre (1422/61 et 1470/71). Fils d'Henri V et de Catherine de Valois. Pendant la minorité d'Henri VI (roi d'Angleterre à un an, sacré roi de France à dix ans) les Anglais furent chassés de France et ne conservèrent plus que Calais après 1453. Marié en 1445 à Marguerite d'Anjou, Henri VI lui abandonna complètement le pouvoir, après avoir subi les premiers accès d'une maladie mentale comme son grand-père maternel, le roi de France Charles VI. En 1455 se déclencha la guerre des Deux-Roses (v.), qui permit à Édouard d'York de se faire couronner roi sous le nom d'Édouard IV (1461). Henri VI et Marguerite d'Anjou se réfugièrent en Hollande jusqu'à ce que Warwick les remît sur le trône (1470). Mais ses armées ayant été battues l'année suivante à Barnet et Tewkesbury, Henri VI fut capturé et enfermé, par Édouard IV, à la Tour de Londres, où il mourut peu après, sans doute assassiné.

HENRI VII (* château de Pembroke, 28.I.1457, † Richmond, 22.IV.1509). Roi d'Angleterre (1485/1509). Fils d'Edmond Tudor, comte de Richmond, et de Margaret Beaufort, il devint, par sa mère, à la mort d'Henri VI, le chef de la maison de Lancastre. contraint, sous Édouard IV, chef de la maison d'York, de s'exiler en France et en Bretagne, où le duc François II le retint prisonnier, il débarqua en Angleterre en 1485, résolu à profiter de l'impopularité de Richard III pour faire valoir ses droits. Il remporta la victoire de Bosworth (22 août 1485), où Richard III trouva la mort, et termina ainsi à son profit la guerre des Deux-Roses. Il facilita la réconciliation nationale en épousant Élisabeth, héritière de la maison d'York, fille d'Édouard IV, et fut le fondateur de la dynastie des Tudors. Henri envoya Edward Poynings en Irlande pour y consolider l'autorité anglaise (1494) et cimenta la paix conclue en 1499 entre l'Écosse et l'Angleterre par le mariage de sa fille, Marguerite, avec Jacques IV d'Écosse – ce mariage devait, plus tard, amener les Stuarts sur le trône britannique. Remarquable homme d'État, inspiré par des principes d'ordre et d'économie sévère, Henri VII inaugura la tradition autocratique des Tudors. Il eut pour successeur son deuxième fils, Henri VIII.

HENRI VIII (* Greenwich, 28.VI.1491, † Westminster, 28.I.1547). Roi d'Angleterre (1509/47). Deuxième fils d'Henri VII, il accéda au trône après la mort d'Arthur, son frère aîné, dont il épousa la veuve Catherine d'Aragon. Aspirant à jouer un grand rôle dans la politique européenne, il se joignit à la Sainte Ligue en 1511 et mena une guerre victorieuse contre la France (1512/13). Soucieux avant tout de maintenir l'équilibre européen, il ménagea Louis XII puis traita avec François Ier (entrevue du Camp du Drap d'or, 1520), tout en s'engageant aux côtés de Charles Quint, et se rapprocha enfin de la France en 1525. Soucieux de fonder une dynastie, il tenta d'obtenir du pape Clément VII l'annulation de son mariage avec Catherine d'Aragon, qui ne lui avait donné qu'une fille, la future Marie Tudor. Devant le refus du pape, il répudia Catherine et épousa Anne Boleyn (1523), provoquant un schisme d'où naquit l'Église anglicane, l'Acte de suprématie de 1534 faisant du roi d'Angleterre le chef suprême de l'Église du royaume. Anne Boleyn, dont il avait eu également une fille (la future Élisabeth Ire), fut accusée d'adultère et exécutée en 1536. Jane Seymour, sa troisième épouse, mourut en couches en 1537, donnant le jour au futur Édouard VI. En 1540, Henri VIII prit une quatrième épouse, Anne de Clèves, et la répudia la même année, pour se marier avec Catherine Howard, accusée d'inconduite et exécutée en 1542. Catherine Parr, sa sixième femme, épousée en 1543, lui survécut.

Au plan politique, le pays de Galles fut rattaché à la couronne anglaise en 1536, et Henri VIII se fit proclamer roi d'Irlande en 1541. Enfin, c'est sous son règne que commença l'expansion de la marine britannique.

FRANCE

HENRI Ier (* avant mai 1008, † Vitry-aux-Loges, près d'Orléans, 4.VIII.1060). Roi de France (1031/60). Troisième fils de Robert II le Pieux et petit-fils d'Hugues Capet. Couronné roi du vivant de son père, en 1027, il lui succéda en 1031 mais dut faire face à l'opposition de sa mère, Constance d'Arles, et des grands vassaux, qui voulaient donner le trône à son frère cadet Robert ; pour obtenir la paix, il céda à ce dernier le duché de Bourgogne comme apanage. Tuteur de Guillaume (le Conquérant), duc de Normandie, il le soutint d'abord contre ses vassaux puis se brouilla avec lui ; Guillaume le vainquit à Mortemer (1054). En 1051, il épousa en secondes noces Anne, fille de Iaroslav, grand-prince de Kiev. Il eut pour successeur son fils, Philippe Ier.

HENRI II (* Saint-Germain-en-Laye, 31.III.1519, † Paris, 10.VII.1559). Roi de France (1547/59). Fils de François Ier et de Claude de France. Reprenant la politique de son père, Henri II entreprit d'affaiblir les Habsbourg en soutenant les protestants en Allemagne, alors qu'il les combattait en France. En 1552, la France occupa les Trois-Évêchés (v.) et François de Guise repoussa les assauts de Charles Quint contre Metz (1553). Mais ayant rompu la trêve de cinq ans signée en 1556, les Français furent défaits à Saint-Quentin (1557) par les armées de Philippe II. Le traité de Cateau-Cambrésis, signé en avr. 1559, mit fin à cette période belliqueuse, consacrant la souveraineté de la France sur Calais, que François de Guise avait arrachée à deux siècles d'occupation anglaise en 1558, et sur les Trois-Évêchés ; en échange, les prétentions sur l'Italie étaient abandonnées. Contre l'agitation calviniste en France, Henri II rendit les édits de Châteaubriant (1551) et d'Écouen (1559) condamnant de mort l'exercice du culte protestant. Pour renforcer le pouvoir royal, il institua le Conseil des affaires, quatre secrétariats d'État et atténua le pouvoir des parlements de province. Catherine de Médicis, épousée en 1533 et qui lui donna dix enfants (dont les futurs François II, Charles IX et Henri III), eut peu d'influence sur Henri II, gagné aux Guise et dominé par sa maîtresse, Diane de Poitiers.

HENRI III (* Fontainebleau, 19.IX.1551, † Saint-Cloud, 2.VIII.1589). Roi de France (1574/89). Troisième fils d'Henri II et de Catherine de Médicis, il porta d'abord le titre de duc d'Anjou, devint roi de Pologne en 1573 et, l'année suivante, succéda sur le trône de France à son frère Charles IX. Après avoir suivi une politique anticalviniste, Henri III se rallia au parti des *politiques*, soucieux de l'unité nationale : la paix de Beaulieu ou de Monsieur (1576) assura aux protestants la liberté de culte (sauf à Paris), leur attribua une représentation dans les parlements et des places de sûreté. Les catholiques lui opposèrent la Ligue (v.), songeant même à porter au pouvoir le duc de Guise, et forcèrent Henri III à reprendre la lutte contre les protestants, qui devint plus acharnée encore quand Henri de Navarre (le futur Henri IV), gagné à la Réforme, devint héritier de la couronne à la mort du duc d'Alençon, frère du roi. La *guerre des Trois Henri* (1586/87) opposa Henri III à la tête des loyalistes, Henri de Guise, chef de la Ligue, et Henri de Navarre commandant les protestants. Après la journée des Barricades (v., 12 mai 1588), le roi dut fuir Paris. Il fit assassiner Henri de Guise et son frère aux états généraux, réunis à Blois en sept. Le roi s'allia ensuite avec Henri de Navarre pour éliminer le duc de Mayenne, que la Ligue avait nommé lieutenant général du royaume, après avoir déclaré Henri III déchu. Celui-ci vint alors assiéger Paris aux côtés d'Henri de Navarre, mais fut assassiné par le moine Jacques Clément. Dernier représentant de la branche des Valois, Henri III n'eut pas d'enfant de Louise de Lorraine, qu'il avait épousée en 1575, lui préférant ceux que l'on appelait les « mignons ».

HENRI IV (* Pau, 14.XII.1553, † Paris, 14.V.1610). Roi de France (1589/1610) et de Navarre (1572/1610). Par son père Antoine de Bourbon, il descendait d'un des fils de Louis IX. Il fut élevé dans le calvinisme par sa mère Jeanne d'Albret, reine de Navarre, à qui il succéda en 1572. Il devenait donc le chef du parti protestant, et Charles IX lui fit épouser sa sœur (la Reine Margot) en signe de réconciliation entre catholiques et protestants. Il dut, pour échapper à la Saint-Barthélemy abjurer le calvinisme, mais, en 1576, il reprit la tête des protestants dans la guerre des Religions. En juin 1584 la mort du dernier frère d'Henri III fit de lui l'héritier de la couronne, selon la loi salique. Mais la Ligue catholique (v. **Ligue**), soutenue par l'Espagne, refusait absolument l'éventualité d'un roi protestant, et elle ne rendit pas les armes après l'assassinat d'Henri III, en 1589. Henri IV finit par abjurer solennellement, se fit sacrer à Chartres (1594). En 1598, les derniers ligueurs se soumettaient, et le roi accordait aux protestants l'édit de Nantes, qui leur assurait de sérieuses garanties. La même année, le traité de Vervins ramenait la paix avec l'Espagne.

La paix assurée, Henri IV s'appliqua à remettre de l'ordre dans le pays. Il rétablit fermement le pouvoir royal en face des Grands, des parlements. Pour assurer la loyauté des « officiers », il leur accorda, par l'édit de la Paulette, en 1604, l'hérédité de leurs charges, moyennant redevance. Il se soucia de la prospérité du royaume et y fut aidé par son compagnon d'armes Sully, qu'il fit surintendant des Finances.

Il maintint la tradition capétienne d'agrandissement du royaume, en obtenant de la Savoie la cession de la Bresse et du Bugey. Contre les Habsbourg d'Espagne et d'Autriche, il renoua l'alliance avec les princes protestants d'Allemagne, avec certains États italiens et la Suisse. Il semble qu'il se préparait à intervenir en Allemagne lorsqu'il fut assassiné par un fanatique catholique, Ravaillac.

Il laissait quatre enfants nés de sa seconde femme, Marie de Médicis, qu'il avait épousée après l'annulation de son mariage avec Marguerite de Valois. Sa veuve assura la régence pendant la minorité de Louis XIII.

PORTUGAL

HENRI le Navigateur (* Porto, 4.III.1394, † Villa do Infante, Sagres, 13.XI.1460). Prince portugais, quatrième fils du roi Jean Ier et frère du roi Édouard. Il organisa à partir de 1416 une série d'expéditions vers l'Afrique. Voir **Portugal.** La dynastie d'Aviz et les conquêtes maritimes.

SAXE

HENRI le Lion (* Ravensburg, 1129, † Brunswick, 6.VIII.1195). Duc de Saxe (1139/80) et de Bavière

(1156/80). Voir **Saxe.** Le premier duché de Saxe (843/1140).

HEPTARCHIE. Nom donné aux sept royaumes les plus importants fondés en Grande-Bretagne par les Anglo-Saxons (VIe/IXe s.) : quatre royaumes angles, *Northumbrie*, *Est-Anglie*, *Mercie* et *Kent* ; trois royaumes saxons, *Essex*, *Wessex*, *Sussex* (v. ces noms).

HÉRACLIUS (* en Cappadoce, vers 575, † Constantinople, 10.II.641). Empereur d'Orient (610/41). Venu au pouvoir en renversant l'usurpateur Phocas, il trouva l'Empire au bord de la ruine. Les Perses envahissaient l'Asie Mineure, s'emparaient de Jérusalem (614) et de l'Égypte (619) ; en Europe, les Avars parvenaient sous les murs de Constantinople. Héraclius déclencha contre les Perses une véritable croisade (622/28), remporta sur Chosroès II la victoire décisive de Ninive (12 déc. 627) et reconquit ainsi tous les territoires perdus en Orient ; en mars 630, il rapporta en grande pompe à Jérusalem la Vraie Croix, qui avait été enlevée par Chosroès. Mais cet effort offensif avait épuisé l'Empire, qui se retrouva impuissant devant le déferlement de l'invasion arabe : l'écrasement de l'armée byzantine à Yarmouk (636) provoqua la perte, cette fois définitive, de la Syrie, de Jérusalem (638), de la Mésopotamie (639), de l'Égypte (639/642). Le règne d'Héraclius s'achevait ainsi par un désastre, qu'avait préparé, à l'intérieur, la grande querelle religieuse du monophysisme.

HÉRAULT DE SÉCHELLES Marie Jean (* Paris, 20.IX.1759, † Paris, 5.IV.1794). Homme politique français. De famille noble, avocat au parlement de Paris, il adhéra à la Révolution, fut député à l'Assemblée législative puis à la Convention, qu'il présidait lors de la séance du 2 juin 1793 ; il tenta vainement de résister à l'émeute qui obtint la proscription des Girondins. Membre du Comité de salut public, il fut suspecté de modérantisme et monta à l'échafaud en même temps que les dantonistes.

HÉRÉSIE. On désigne par ce terme, dans l'Église catholique, la négation directe d'un dogme ou une conception erronée en matière de foi qui consiste généralement à « choisir » (en grec *hairésis* = choix), à séparer de leur contexte un ou plusieurs éléments de la doctrine de l'Église, qui, ainsi isolés, prennent un sens aberrant. L'hérésie menace l'Église de l'intérieur, car elle est le fait de baptisés qui entendent rester chrétiens, qui se proclament même les seuls chrétiens authentiques. Elle n'aboutit pas forcément au schisme (de même que le schisme n'est pas toujours lié à une hérésie). Dès ses débuts, l'Église a connu de nombreuses hérésies, qui amenèrent les Pères, les conciles, le Saint-Siège à expliciter et à préciser peu à peu le contenu du dogme catholique.

Les principales hérésies des Ier/IIe s. furent le judéo-christianisme, le docétisme, le gnosticisme (v.), le millénarisme, l'encratisme, le montanisme, le marcionisme. Le IIIe s. fut marqué par diverses hérésies trinitaires (le monarchianisme, le patripassianisme, le sabellianisme), par une hérésie christologique, l'adoptianisme, et par des hérésies orientées vers une morale rigoriste, le novatianisme et le donatisme, que renforcèrent par la suite des courants issus du manichéisme (v.). Au IVe s., les problèmes doctrinaux passèrent au premier plan dans une Église délivrée des persécutions : cet âge fut rempli par les luttes de l'arianisme (v.), la grande hérésie trinitaire. Les luttes les plus vives, qui aboutirent au schisme de plusieurs Églises orientales, furent provoquées par les hérésies christologiques : apollinarisme, nestorianisme (v.), monophysisme (v.) ; ce dernier courant se prolongea jusqu'au VIIe s. sous la forme plus modérée du monothélisme. L'Orient chrétien connut encore, aux VIIIe/IXe s., la crise de l'iconoclasme (v.).

La réapparition du vieux manichéisme, qui traversa tout l'âge médiéval, se produisit en Occident au début du XIe s. Vers 1050, Bérenger de Tours soutint des doctrines erronées sur l'eucharistie. Le Moyen Âge vit proliférer de nombreuses hérésies, qu'on peut répartir en deux grands courants qui souvent se rejoignirent. Les premières, nées d'une réaction contre la richesse, la puissance temporelle, le relâchement moral de l'Église établie, annonçaient déjà la Réforme et appelaient à une Église vraiment divine, revenue à la pureté des origines. Les principaux représentants de ce courant furent Pierre de Bruys, Henri de Lausanne, la secte des vaudois et, avec une forte imprégnation de manichéisme, celles des cathares ou albigeois (v. **Albigeois**). Au second courant appartiennent les doctrines apocalyptiques et millénaristes : exposées à la fin du XIIe s. par Amalric de Bène, elles fleurirent surtout au XIIIe s. chez les frères du Libre-Esprit, les disciples hétérodoxes de Joachim de Flore, les spirituels franciscains, les bégards. Aux XIVe/XVe s., c'est principalement la notion de l'Église et, par conséquent, celle de la hiérarchie ecclésiastique et celle des sacrements qui sont violemment mises en cause par Wyclif (v.), Jan Hus (v.), Jérôme de Prague ; l'hérésie suscite alors de puissants mouvements populaires comme ceux des lollards en Angleterre, des hussites (v.) en Europe centrale. Ce sont les prodromes de la grande crise religieuse du XVIe s. marquée par l'essor du protestantisme.

Le concile de Trente (v.) (1545/63) achève alors de préciser les divers points du dogme catholique, sans parvenir cependant à une solution absolument satisfaisante du problème de la grâce, d'où les controverses soulevées à la fin du XVIe s. et au XVIIe s. par le baïanisme et le jansénisme (v.). À la fin du règne de Louis XIV, le terrain de la mystique voit naître une hérésie subtile, le quiétisme (v.).

À la suite de la Révolution et de la laïcisation croissante de la société et des esprits, l'Église se trouve devant un double problème : d'une part, les rapports de l'espérance évangélique et de l'idéal démocratique et révolutionnaire, qui ont amené Lamennais (v.), Marc Sangnier (v. **Sillon**) et, plus près de nous, le progressisme chrétien à des confusions entre le religieux et le politique ; d'autre part les rapports de la foi et de la science, à propos desquels s'affirment les tendances contraires du fidéisme et du modernisme.

À l'égard de l'hérésie, l'Église catholique, dès l'âge des Apôtres, adopta une attitude de refus extrêmement ferme. Pendant tout le premier millénaire de son histoire, elle ne recourut cependant, contre les hérétiques, qu'à des sanctions spirituelles – en général, l'excommunication. Si Priscillien fut exécuté (385), ce fut sur l'ordre de l'empereur Maxime, pour immoralité et pour magie, et toute la chrétienté fut indignée de cette exécution. Mais la répression de l'hérésie changea de caractère au Moyen Âge du fait que, dans une société « sacrale » comme l'était la chrétienté, le régime politique et social tout entier reposait sur l'unité de foi ; l'hérésie apparut désormais non seulement comme une erreur, comme une déchirure dans l'Église, mais comme une atteinte à l'ordre établi qui devait être réprimee aussi bien par les pouvoirs temporels que par la puissance spirituelle. La peine du bûcher fut appliquée pour la première fois aux hérétiques lors du procès des chanoines manichéens d'Orléans, en 1022 ; à partir de 1050, elle devint d'un usage habituel. Les hérétiques comparaissaient devant les tribunaux ecclésiastiques ou officialités ; ils étaient avertis une fois, mais, s'ils persévéraient dans leurs doctrines, ils étaient livrés au bras séculier, qui, en général, leur infligeait la peine de mort. Devant le développement rapide de l'albigéisme (v.) dans le midi de la France, les tribunaux de l'Inquisition (v.) furent peu à peu mis en place entre 1184 et 1240.

HÉRODE Ier le Grand (* Ascalon, vers 73, † Jérusalem, 4 av. J.-C.). Il fut d'abord gouverneur de la Galilée pour les Romains (47), mais dut s'enfuir à Rome à la suite de l'invasion des Parthes. Grâce à la faveur de Marc Antoine, il fut proclamé roi de Judée par le Sénat romain (40), mais il lui fallut faire la conquête de son royaume, où Antigone portait la couronne. Après trois ans de guerre acharnée, et avec l'aide des Romains, il prit Jérusalem et fit décapiter Antigone (37). Pour affermir son pouvoir, il fit disparaître les survivants de la dynastie des Asmonéens (v. **Macchabées**). Tout acquis personnellement à la civilisation gréco-romaine, Hérode respecta cependant les lois et coutumes juives ; bâtisseur, il fit entreprendre de grands travaux, notamment à Jérusalem, où il commença, en 20 av. J.-C., la reconstruction du Temple. Il partagea entre ses trois fils survivants le royaume qu'il avait défendu contre les Parthes et les Arabes.

Selon l'Évangile, ayant appris que venait de naître à Bethléem un enfant (Jésus) auquel était promis le royaume de Judée, il ordonna l'extermination de tous les enfants mâles de Bethléem âgés de moins de deux ans. Voir **Juifs**. Du retour de l'Exil à la seconde destruction de Jérusalem.

HÉRODE ANTIPAS (* vers 20 av. J.-C., † 39 apr. J.-C.). Tétrarque de Galilée et de Pérée (4 av./39 apr. J.-C.). Nommé tétrarque par Auguste, il avait reçu la meilleure part de l'héritage de son père, Hérode le Grand, et fut comme lui un bâtisseur. Sur la rive occidentale du lac de Génésareth, il édifia, sur le modèle des villes hellénistiques, une nouvelle capitale, qu'il nomma, en l'honneur de Tibère, Tibériade. Il épousa sa nièce Hérodiade, fille de son demi-frère Hérode Philippe. Le scandale provoqué dans le monde juif par ce mariage souleva la protestation de Jean-Baptiste, qu'Antipas fit arrêter puis exécuter, à la demande d'Hérodiade. Au moment de la Passion, Antipas était monté à Jérusalem pour la Pâque, et le procurateur romain Pilate (v.), ayant appris que Jésus était galiléen, le fit comparaître devant le tétrarque. Toujours poussé par l'ambition d'Hérodiade, Antipas se rendit à Rome en 38, dans l'espoir d'obtenir de Caligula le titre de roi, qui venait d'être attribué à Agrippa, frère d'Hérodiade. Accusé par celui-ci de trahir la cause romaine, Antipas fut reconnu coupable, déchu de sa tétrarchie et dépouillé de ses États au profit d'Agrippa ; il fut interné à *Lugdunum* (Saint-Bertrand-de-Comminges), en Gaule méridionale, puis en Espagne.

HERRIOT Édouard (* Troyes, 5.VII.1872, † Saint-Genis-Laval, Rhône, 26.III.1957). Homme politique français. Militant radical, Herriot fut élu maire de Lyon en 1905 et conserva cette charge jusqu'à sa mort. Sénateur (1912/19) puis député du Rhône (1919/57), président du parti radical (1919/57), il dirigea le Cartel des gauches, qui l'emporta sur le Bloc national aux élections de mai 1924. Son premier cabinet (juin 1924/avr. 1925) accepta l'évacuation de la Ruhr et reconnut l'Union soviétique (28 oct. 1924), mais il fut incapable de faire accepter son budget par la Banque de France (Herriot s'était attiré l'hostilité des puissances d'argent en tentant d'instituer un impôt sur le capital) et dut démissionner. Son deuxième ministère fut renversé le jour même de sa présentation devant le Parlement (21 juill. 1926). Herriot constitua un troisième cabinet qui ne dura que quelques mois, après la victoire de la gauche aux élections de 1932. Élu président de la Chambre après la victoire du Front populaire, en 1936, il se rallia à Pétain en 1940 mais, en raison de son hostilité croissante au nouveau régime, fut mis en résidence surveillée de 1942 à 1944, puis déporté en Allemagne jusqu'en 1945. Élu à l'Assemblée constituante de 1945, il redevint président de l'Assemblée nationale (1947/54). Voir **Radicaux**.

HERTZOG James (* Wellington, colonie du Cap, 3.IV.1866, † Pretoria, 21.XI.1942). Général et homme politique sud-africain. Il fonda le parti nationaliste (1913) et fut Premier ministre de 1924 à 1939.

Voir **Sud-africaine (République)**. De la Première Guerre mondiale à la victoire du parti nationaliste (1914/48).

HERZÉGOVINE, *Hercegovina*. Région historique de la péninsule balkanique, entre la Bosnie et le Monténégro ; capitale *Mostar*. Après avoir fait partie de l'Illyrie romaine, elle fut occupée par les Slaves au VIIe s. Duché indépendant au XIVe s., elle fut rattachée à l'Empire ottoman en 1482 et passa en 1878, avec la Bosnie, sous l'administration de l'Autriche-Hongrie. Elle a fait partie depuis 1918 de la Yougoslavie et, depuis 1945, de la république autonome de Bosnie-Herzégovine (v.) avant l'indépendance de cette dernière, proclamée en 1992.

HERZL Theodor (* Budapest, 2.V.1860, † Edlach, près de Vienne, 3.VII.1904). Écrivain juif. D'une famille de riches négociants israélites hongrois, il fit ses études de droit à l'université de Vienne puis entra dans le journalisme et, de 1891 à 1896, fut correspondant à Paris de la *Neue Freie Presse*. Dans la capitale française, il assista au déchaînement des passions antisémites durant l'affaire Dreyfus (v.). Il en fut si frappé qu'il se convainquit que l'antisémitisme n'était pas un sentiment passager, mais, au contraire, une haine indéracinable qui empêcherait l'assimilation des Juifs dans les nations européennes. Il commença à se sentir solidaire du judaïsme, et aboutit à la conclusion qu'il n'y avait pas d'autre issue pour les Juifs européens que de se regrouper pour fonder un État qui leur serait propre. Il exposa cette thèse en 1896 dans son livre *Der Judenstaat* (*L'État juif*). Cet ouvrage rencontra de vives critiques dans les milieux juifs occidentaux, où l'on reprocha à Herzl d'accepter le point de vue antisémite en faisant des Juifs un peuple à part ; mais il fut accueilli avec enthousiasme par beaucoup de Juifs d'Europe centrale et orientale. Au début, Herzl était indécis sur la localisation du futur État juif ; c'est sous l'influence du groupe des Amis de Sion qu'il opta pour la Palestine. En août 1897, il réunit, avec Max Nordau et Israël Zangwill, le congrès de Bâle, qui marqua le début du mouvement sioniste (v. **Sionisme**). Il entreprit de nombreuses démarches pour intéresser à sa cause les souverains européens et notamment le sultan ottoman. Au IIe congrès sioniste (1898) fut décidée la création d'une Banque nationale juive, puis, en 1901, d'un Fonds national juif pour l'achat de terres en Palestine. Herzl, qui avait publié en 1902 un roman d'anticipation, *Altneuland* (*Terre ancienne, terre nouvelle*), où il évoquait la vie heureuse de la Palestine future, ne put voir la réalisation de ses efforts : il mourut d'une maladie de cœur à l'âge de quarante-quatre ans. Ses restes ont été transportés à Jérusalem en 1949.

HERZOG Roman (Landshut, 5.IV.1934). Homme d'État allemand. D'abord professeur de droit à l'université de Spire, il fut membre des gouvernements des Länder de Rhénanie-Palatinat puis de Bade-Wurtemberg. Il fut nommé en 1983 juge à la Cour constitutionnelle, dont il devint président en 1988. Le 23 mai 1994, candidat de la CDU, il fut élu au troisième tour septième président de l'Allemagne fédérale. Il s'attacha, en tant que président, à ressouder les liens entre l'Allemagne et la Pologne, distendus depuis la réunification. Au terme de son mandat, en mai 1999, il fut remplacé par le social-démocrate Johannes Rau.

HESS Rudolf (* Alexandrie, Égypte, 26.IV.1894, † Spandau, 17.VIII.1987). Homme politique allemand. Fils d'un commerçant allemand établi en Égypte, il fit la Première Guerre mondiale comme aviateur puis suivit, à l'université de Munich, des cours de géopolitique. Inscrit dès juin 1920 au parti national-socialiste, il participa au putsch de Munich (nov. 1923) et fut enfermé à la prison de Landsberg avec Hitler, auquel il servit de secrétaire pour la rédaction de *Mein Kampf*. Devenu l'ami intime du Führer, il fut choisi par celui-ci comme son représentant et remplaçant (*Stellvertreter*, avr. 1933) et, à ce titre, devint ministre sans portefeuille (déc. 1933). Membre du Conseil de défense du Reich en 1939, il est désigné par Hitler comme son deuxième successeur (après Goering). Tenu au courant des préparatifs de l'opération Barberousse et espérant sans doute pouvoir conclure avec la Grande-Bretagne une union occidentale contre l'URSS, il partit seul, dans son avion personnel, pour l'Écosse (10 mai 1941), mais les Britanniques se contentèrent de l'incarcérer. Traduit devant le tribunal de Nuremberg en 1945, il fut reconnu partiellement irresponsable, en raison de son état mental, et condamné à l'emprisonnement à vie (1946). Il se serait suicidé dans la prison de Spandau après plus de quarante ans de captivité.

HESSE. Région historique de l'Allemagne comprise entre le Rhin, le Main et la Weser. D'abord peuplée par les *Hassii*, branche du groupe des Chattes, elle fut incorporée à l'Empire franc et évangélisée par st Boniface, qui y fonda le monastère de Fulda (720). Elle appartint ensuite aux ducs de Franconie, puis aux comtes de Gudensberg (vers 1000) et, à partir de 1122, aux landgraves de Thuringe. En 1264, la Hesse fut érigée en landgraviat indépendant en faveur d'Henri l'Enfant, de la maison de Brabant, petit-fils de ste Élisabeth. Elle s'accrut de Ziegenheim et de Nidda en 1450, du comté rhénan de Katzenelnbogen en 1479. La Hesse atteignit son apogée sous Philippe le Magnanime (1509/67), qui se fit le champion de la Réforme contre Charles Quint et l'animateur de la ligue de Smalkalde ; il fonda l'université protestante de Marburg (1527). À sa mort, ses États furent partagés entre ses fils (1567), d'où résulta une division en deux grandes branches : Hesse-Darmstadt et Hesse-Kassel.

Hesse-Darmstadt. Elle eut pour premier landgrave le quatrième fils de Philippe le Magnanime, Georges. Celui-ci ne régna d'abord que sur un petit territoire constitué par la partie méridionale du comté de

Katzenelnbogen, avec Darmstadt ; mais il vit bientôt ses domaines s'agrandir par la mort de ses deux frères, Philippe († 1583) et Louis († 1605). Louis X dut abandonner à la France, en 1801, ses territoires de la rive gauche du Rhin, mais il reçut en 1803 d'importantes compensations en Westphalie et dans le Palatinat. Allié à Napoléon, membre de la Confédération du Rhin (1806/13), il changea en 1806 son titre de landgrave pour celui de grand-duc. Il se retourna en 1813 contre la France, dut en 1815 céder à la Prusse ses possessions de Westphalie, mais obtint en compensation la Hesse rhénane, avec Mayence et Worms. En 1820, il accorda à ses peuples une Constitution assez libérale et, en 1828, entra dans le Zollverein (v.). Sous l'influence du ministre Dalwigk, la Hesse-Darmstadt participa à la guerre de 1866 aux côtés de l'Autriche et dut céder à la Prusse Hombourg et Biedenkopf ; elle entra dans la Confédération de l'Allemagne du Nord. Le grand-duc Ernest-Louis ayant abdiqué en 1918, une Constitution démocratique fut adoptée en déc. 1919. Sous le IIIe Reich, elle eut un gouverneur particulier. Aujourd'hui, la plus grande partie des anciens États de Hesse se trouve réunie et forme le Land de Hesse (capitale *Wiesbaden*), cependant que la Hesse rhénane, avec Mayence et Worms, fait partie du Land de Rhénanie-Palatinat.

Hesse-Kassel ou **Hesse électorale.** Le fondateur de cette maison est le fils aîné de Philippe le Magnanime, Guillaume le Sage (1567/92), qui reçut à la mort de son père la Hesse-Inférieure (Ziegenheim) et accrut ses domaines avec Smalkalde (1583). Son successeur, Maurice le Savant, abandonna Marburg (1604) à la Hesse-Darmstadt, embrassa la Réforme (1605), mais fut forcé d'abdiquer (1627) au profit de son fils Guillaume V. Durant la guerre de Trente Ans (v.), dont la Hesse souffrit beaucoup, Guillaume V et la régente Amélie Élisabeth se rangèrent du côté protestant et s'allièrent à la France et à la Suède ; les traités de Westphalie (1648) assurèrent à la Hesse-Kassel l'abbaye de Hersfeld et une partie du comté de Schaumburg.

Le pays connut un brillant redressement sous le règne de Charles Ier (1670/1730), qui accueillit de nombreux réfugiés huguenots français, remplit son trésor en vendant des mercenaires aux États étrangers et entreprit à Kassel et à Wilhelmshöhe de belles constructions, qui furent poursuivies par ses successeurs au XVIIIe s. Frédéric Ier (1730/91) épousa Ulrique Éléonore de Suède, sœur et héritière de Charles XII, et devint roi de Suède (1720/51). Durant la guerre de Sept Ans, l'armée de la Hesse-Kassel combattit brillamment aux côtés des Prussiens et des Anglais ; la Grande-Bretagne employa 17 000 soldats hessois dans la guerre d'Indépendance américaine. Guillaume IX (1785/1821), qui avait perdu Sankt Goar et Rheinfels par le traité de Lunéville (1801), reçut en 1803 le titre d'Électeur, sous le nom de Guillaume Ier. Allié incertain de Napoléon, il vit ses États envahis en 1806 et intégrés au royaume de Westphalie ; mais les Hessois résistèrent à l'occupation française (soulèvement de 1809). Reconstituée en 1814, la Hesse-Kassel s'accrut de Fulda (1815), et Guillaume Ier garda son titre d'Électeur, devenu pourtant sans objet, le Saint Empire n'existant plus. Durant le XIXe s., la Hesse-Kassel fut agitée par de violents mouvements en faveur d'une Constitution, laquelle fut plusieurs fois accordée puis retirée. Frédéric-Guillaume Ier (1847/66) s'étant imprudemment rangé du côté de l'Autriche en 1866, la Prusse occupa la Hesse-Kassel et l'annexa.

HEUSS Theodor (* Brackenheim, Wurtemberg, 31.I.1884, † Stuttgart, 12.XII.1963). Homme politique allemand. Député démocrate au Reichstag (1924/33), il se tint éloigné de la politique durant le régime hitlérien. Après la guerre, il prit la tête du parti libéral (FDP) et devint président de la République fédérale d'Allemagne (1949/59).

HEYDRICH Reinhard (* Halle, 7.III.1904, † Prague, 6.VI.1942). Homme politique allemand. Fils d'un professeur de musique, il fut d'abord officier de marine. Ayant quitté la marine en 1931, il entra en relation avec Himmler et devint un des principaux chefs des SS et du SD (service de renseignements nazi). Après avoir dirigé le SD et la police de sécurité de 1934 à 1939, il fut porté à cette date à la tête de l'Office central de sécurité du Reich, ce qui lui assurait le contrôle également sur la police criminelle et sur la Gestapo. Pendant les trois premières années de la Seconde Guerre mondiale, Heydrich fut sans doute, après Hitler, le personnage le plus puissant de l'Allemagne et de l'Europe occupée. En sept. 1941, sans perdre ses autres fonctions, il fut nommé protecteur du Reich en Bohême-Moravie, où il mena une politique implacable. Il fut abattu par des résistants tchèques.

HIBERNATUS ou **Ötzi** ou **l'Homme de Hauslabjoch.** Nom donné au corps congelé découvert en 1991 dans une cuvette du glacier de Similaun, à 3 200 m d'altitude. Cet homme d'une trentaine d'années, d'une taille de 1,58 m environ, vêtu, chaussé et armé (arc, flèches, silex), vivait il y a 5 200 ans. La découverte de son corps est d'une importance cruciale pour la connaissance du mode de vie de ses contemporains. L'étude du matériel qu'il portait (amulette de pierre, hache) prouve son appartenance au néolithique final.

HIÉROGLYPHES. Nom donné aux signes de la plus ancienne écriture égyptienne (du grec *hiéros* = sacré, *glyphein* = graver) ; les prêtres égyptiens de la basse époque leur donnaient le nom de « paroles du dieu » pour les distinguer de l'écriture démotique, employée couramment dans les derniers temps de la civilisation égyptienne. Les hiéroglyphes étaient sculptés dans la pierre, ou modelés, ou tracés au pinceau ; on les utilisait sur les parois des monuments ainsi que pour l'écriture sur papyrus, quoique, dans ce dernier cas, l'écriture hiératique, qui est une schématisation des hiéroglyphes, fût beaucoup plus fréquente. L'écriture hiéroglyphique, dont le plus ancien spécimen connu se trouve sur la palette de Narmer (fin du IVe millénaire ?), constitue déjà un système évolué par rapport aux pictogrammes primitifs, qui sont de véritables images représentant des objets. Sans doute les hiéroglyphes sont-ils bien, au premier chef, des représentations directes d'objets : par exemple, pour écrire le mot arbre, on dessine un arbre ; pour le soleil, on dessine le disque solaire ; pour le bélier, on dessine cet animal ; pour signifier « manger », on dessine un homme portant la main à sa bouche ; etc. Ce sont là des « idéogrammes ». Mais d'autre part, pour exprimer les mots abstraits, un hiéroglyphe peut être utilisé comme un signe phonétique ; il représente alors un mot abstrait, ou une partie de mot, dont la prononciation est approximativement la même que celle de l'objet figuré. Ces signes-sons sont appelés « phonogrammes ». Aux idéogrammes et aux phonogrammes s'ajoute un troisième groupe de signes hiéroglyphiques, les « déterminatifs », qui, placés à la suite de deux homonymes, de deux lectures possibles des images, caractérisent le sens. Les hiéroglyphes s'écrivaient de haut en bas, en colonnes, de gauche à droite ou vice versa, l'orientation des signes indiquant le sens de la lecture (si les personnages sont tournés vers la gauche du lecteur, celui-ci doit lire de gauche à droite, et inversement).

L'écriture hiéroglyphique resta en usage pendant tout le développement de l'Égypte antique. La dernière inscription connue – dans l'île de Philae – date de l'an 394 de notre ère. À partir du début du VIe s. personne ne savait plus lire les hiéroglyphes ; l'ancienne langue égyptienne survécut sous la forme du copte, écrit au moyen de l'alphabet grec complété par quelques signes permettant de transcrire des sons propres à l'égyptien. Les premières tentatives pour déchiffrer les hiéroglyphes furent faites au XVIIe s. par le jésuite Athanase Kirche : (*Lingua aegyptiaca restituta*, 1643) ; il eut le mérite de comprendre que le copte n'était autre que l'ancien égyptien, mais il aiguilla les recherches dans une impasse en supposant que les hiéroglyphes étaient entièrement des symboles. En 1799, lors de l'expédition de Bonaparte en Égypte, fut découvert le document qui allait permettre le déchiffrement : la pierre de Rosette, qui portait gravée une inscription répétée en trois écritures, hiéroglyphique, démotique et grecque. Après les premières tentatives de Silvestre de Sacy et du Suédois Akerblad en 1802, de l'Anglais Thomas Young en 1819, c'est le Français Champollion (v.) qui trouva la clef du déchiffrement en 1822. Deux ans plus tard, dans son *Précis du système hiéroglyphique*, il donnait une théorie complète de l'emploi des signes hiéroglyphiques, hiératiques et démotiques. Voir ÉCRITURE.

HIÉRON Ier († 466 av. J.-C.). Tyran de Syracuse (478/466). Voir SYRACUSE.

HIÉRON II le Jeune (* Syracuse, vers 306, † 215 av. J.-C.). Tyran de Syracuse (vers 270/215). Voir SYRACUSE.

HILOTES. À Sparte, esclaves de l'État concédés à des particuliers, qui n'avaient aucun droit de propriété sur eux et qui les utilisaient pour cultiver leurs terres. Réduits au servage total, attachés à la terre, il n'avaient en principe aucun droit, aucune liberté : en fait, moyennant le paiement d'une redevance fixe, ils pouvaient cultiver la terre comme ils le jugeaient bon, améliorer leur condition et acheter leur affranchissement, qui ne dépendait que de l'État seul. Les hilotes étaient sans doute les descendants de populations primitives vaincues par les Peuples de la Mer. Beaucoup plus nombreux que les Spartiates, ils inspiraient à ceux-ci une inquiétude continuelle ; il y eut des révoltes d'hilotes, notamment celle de 464 av. J.-C., durant la troisième guerre de Messénie. Cependant, les hilotes étaient souvent employés à la guerre, dans l'infanterie légère ou comme rameurs sur la flotte. Pendant et après la guerre du Péloponnèse, ils servirent même comme hoplites. Ils étaient alors affranchis, prenaient le nom de *néodamodes* et leur condition devenait à peu près équivalente de celle des périèques (habitants libres de la périphérie de Sparte).

HIMMLER Heinrich (* Munich, 7.X.1900, † Lüneburg, 23.V.1945). Homme politique allemand. D'une famille catholique, fils de l'ancien précepteur du prince héritier de Bavière, il servit comme cadet dans un régiment bavarois à la fin de la Première Guerre mondiale, fit sans doute partie d'un corps franc anticommuniste durant les troubles de 1919/20. Il participa au putsch nationaliste de nov. 1923 à Munich, puis devint secrétaire d'un des chefs de la tendance nationale-socialiste « de gauche », Gregor Strasser (1924). Entré peu après dans les SS, qui n'étaient encore qu'un petit groupe, ce petit bourgeois calme et méthodique se fit remarquer par ses talents d'organisateur. Le 6 janv. 1929, il fut nommé par Hitler chef suprême *(Reichsführer)* des SS. Il travailla dès lors à faire des SS le corps d'élite de la révolution nationale-socialiste, sur la base d'une stricte sélection raciale et de la fidélité inconditionnelle au Führer. Au lendemain de l'accession de Hitler au pouvoir, Himmler devint chef de la police en Bavière (janv. 1933) et, devançant les ambitions de Goering, s'assura en une année le contrôle de toutes les polices des États allemands, avant de devenir le chef de la police secrète politique, la Gestapo (10 avr. 1934). Dans cette charge, il joua un rôle décisif lors de la liquidation de Röhm et de ses complices (30 juin 1934). Devenu chef de toutes les polices allemandes en juin 1936, il organisa contre les adversaires du régime un système de répression inexorable et développa les camps de concentration fondés par les SA dès 1933. Himmler s'employa à partir de 1934 à transformer les SS en une force militaire dont l'importance ne cessa de grandir au cours de la Seconde Guerre mondiale. Devenu ministre de l'Intérieur en nov. 1943, Himmler se trouva alors à la tête d'une gigantesque organisation policière et concentrationnaire qui étendait ses filets sur toute l'Europe occupée ; il fut le principal responsable de la mise en application de la « solution finale du problème juif », c'est-à-dire l'extermination des Juifs européens. Par ailleurs, il s'employait à transformer les Waffen SS en une armée européenne, largement ouverte aux volontaires étrangers. Administrateur ponctuel de la terreur, Himmler incarnait le *système* totalitaire ; l'extermination de millions d'hommes était à ses yeux une tâche d'État comme une autre, qu'il accomplissait sans enthousiasme particulier, mais implacablement. Nommé commandant du groupe d'armées du Rhin (déc. 1944), puis du groupe d'armées de la Vistule (janv. 1945), il fit la preuve de son incompétence militaire. Se rendant compte que la partie était désormais perdue, il essaya d'entrer en relation avec les Alliés. Dénoncé par Bormann, son ennemi personnel, il fut révoqué par Hitler. Lors de la débâcle allemande, Himmler gagna le Schleswig mais fut arrêté par les Anglais et se suicida.

HIMYARITES. Peuple d'Arabie méridionale établi au début de notre ère dans la région qui forme aujourd'hui le Yémen. Voir **Arabie** et **Yémen**.

HINDENBURG Paul von Beneckendorff und von (* Poznan, 2.X.1847, † Neudeck, près de Freystadt, Prusse-Orientale, 2.VIII.1934). Maréchal et homme politique allemand. D'une vieille famille militaire prussienne, il participa comme officier aux campagnes de 1866 et 1870/71. Il est ensuite attaché à l'état-major. Rappelé au début de la Première Guerre mondiale, il prend, le 22 août 1914, le commandement de la VIIIe armée en Prusse-Orientale et arrête l'offensive russe par ses victoires de Tannenberg et des lacs Mazures. Devenu dès lors l'un des chefs militaires les plus populaires en Allemagne, il est nommé en nov. 1914 commandant en chef des armees allemandes sur le front oriental, avec la dignité de feld-maréchal. Durant la campagne de 1915 en Pologne, ses conceptions l'opposent à celles de Falkenhayn, chef d'état-major général de l'armée, qu'il remplace à la direction suprême le 29 août 1916.

Secondé par son fidèle adjoint Ludendorff, Hindenburg s'efforce d'imprimer une direction plus énergique à la guerre : élimination militaire de la Roumanie (1916), début de la guerre sous-marine à outrance (janv. 1917), appui aux Autrichiens sur le front italien. Bientôt l'influence de Hindenburg et de Ludendorff s'exerce d'une manière prédominante sur toute la vie politique allemande. Après l'échec de ses grandes offensives sur le front occidental (mars/juill. 1918), Hindenburg doit reconnaître la défaite allemande, et il demande au gouvernement de solliciter l'armistice auprès des Alliés (3 oct. 1918). Cependant, il n'a pas le courage de prendre ouvertement ses responsabilités devant le peuple allemand et se dérobe derrière les civils. Cette attitude eut des conséquences extrêmement graves car elle permit plus tard aux nationalistes et à Hitler de répandre la légende du « coup de poignard dans le dos », porté par la révolution de novembre 1918 à une armée allemande invaincue. Mis à la retraite en juill. 1919, Hindenburg se tient à l'écart de la vie publique durant quelques années. À la mort d'Ebert (1925), la droite et les chefs de la grande industrie présentent sa candidature à la présidence de la République, et il se laisse élire contre Marx, candidat du centre et des socialistes (27 avr. 1925). Réélu président de la République, contre Hitler, le 10 avr. 1932, il se laisse bientôt convaincre par Papen d'appeler Hitler à la chancellerie (30 janv. 1933). Dès lors son prestige ne sert plus qu'à faciliter les débuts du régime national-socialiste en rassurant l'opinion modérée. Sans élever une protestation, il laisse ouvrir les premiers camps de concentration, dissoudre les partis politiques et s'accomplir le sanglant règlement de comptes de la « nuit des Longs Couteaux » (30 juin 1934). Voir **Guerre mondiale 1914/18** et **Allemagne**

HINDOUISME. La religion de la plupart des habitants de l'actuelle Union indienne a son origine lointaine dans les traditions apportées par les Aryens qui, vers 1500 avant notre ère et peut-être plus tôt, commencèrent à pénétrer dans le Pendjab. La première littérature religieuse indienne fut constituée par les quatre recueils formant les *Veda* (vers 1500/1300 av. J.-C.). Ces textes étaient essentiellement rituels, et c'est à partir des rites, dans une explication symbolique des gestes et des formules, que la spéculation théologique prit son essor et se développa d'abord dans les *Brahmana* (XIe/VIIe s. av. J.-C.) puis dans les *Upanishad*, dont la rédaction, commencée vers les VIIIe/VIIe s. av. J.-C., se poursuivit jusqu'au Moyen Âge.

La religion védique était avant tout une liturgie, une action sacrée, fondée sur le sacrifice. Les dieux védiques étaient, pour la plupart, des forces naturelles divinisées. La classe sacerdotale des brahmanes, qui se réserva le monopole du sacrifice, jouit longtemps d'une prééminence absolue sur les autres castes, celle des guerriers (*kshatriya*), celle des agriculteurs (*vaiçya*), enfin celle, inférieure, des *çudra*, dans laquelle étaient groupées les populations vaincues et qui était exclue du culte. Cependant, quand les Aryens se furent définitivement installés et organisés dans les diverses régions de l'Inde, les cours princières devinrent des centres de vie luxueuse et raffinée : c'est là que s'élabora, sous la protection de la caste des kshatriya, un mouvement religieux nouveau, qui battait en brèche la suprématie des brahmanes et, à l'ancien sacrifice rituel, substituait la voie plus noble de l'ascèse et de la connaissance. Vers le même moment (première moitié du Ier millénaire av. J.-C.), la « révélation » védique continuait de s'altérer, de se transformer au contact des vieilles croyances populaires pré-aryennes qui l'entouraient et l'envahissaient comme une luxuriante forêt vierge. Cette métamorphose s'est prolongée jusqu'à nos jours. Sans cesse, depuis près de trois mille ans, sont venus se mêler, dans le creuset religieux indien, la sagesse des *Veda*, les expériences des mystiques, les spéculations des philosophes, les songes des poètes, les hantises des superstitions populaires, sans oublier les multiples influences extérieures : bouddhistes, musulmanes, chrétiennes, rationalistes.

Religion sans fondateur, sans dogmatique, sans Église organisée, l'hindouisme rassemble la somme la plus prodigieuse de points de vue contradictoires que l'homme ait portés sur Dieu, sur le monde, sur ses rapports avec le monde et avec Dieu. L'hindouisme n'est pas une orthodoxie, il se propose comme le *sanatana Dharma*, c'est-à-dire la « religion éternelle », et s'est toujours caractérisé par une puissance intarissable d'absorption. Vers les Ve/Ier s. av. J.-C. se constitua à côté de l'ancienne littérature sacerdotale védique un nouveau trésor spirituel, de caractère à la fois métaphysique (les grandes *Upanishad*) et populaire (l'Épopée). Les poèmes épiques indiens, œuvres typiques de la littérature de cour, ont joué un rôle considérable dans l'hindouisme en popularisant les grands dieux nouveaux – encore très secondaires à l'époque védique – Vishnou et Çiva, en vulgarisant les spéculations métaphysiques et mystiques, enfin en répandant une piété nouvelle consistant essentiellement dans l'action désintéressée et remplie d'amour. Cette épopée se compose de deux poèmes : le *Mahabharata* (qui comprend le livre de la *Bhagavadgita*) et le *Ramayana*. Le développement spéculatif de l'hindouisme s'est accompli dans de grandes écoles de philosophie ou *darçana*, qui sont le Vaiçeshika, le Nyaya, la Mimamsa, le Sankhya, le Yoga et le Vedânta.

Parallèlement, la religion populaire poursuivait son évolution propre. L'influence du bouddhisme (v.), très importante dans l'Inde des premiers siècles de notre ère, obligea les tenants du brahmanisme à tolérer les progrès de sectes ou religions populaires : çivaïsme et vishnouisme – avec sa variante, le krishnaïsme –, qui, apparus avant notre ère, éliminèrent le bouddhisme de l'Inde vers le VIIIe s. et atteignirent leur apogée aux XIIIe/XIVe s., les principales dévotions prenant la forme du tantrisme çivaïte et de la bhakti vishnouite. À la fin du XIVe s., l'âge de la grande spéculation indienne apparaît terminé. L'arrivée de l'islam en Inde prépara une rencontre des deux religions, facilitée au XVIe s. par la tolérance du grand empereur mogol Akbar (v.). C'est dans ce contexte que se situent l'œuvre du poète Kabir († 1518) et la fondation de la secte rigoureusement monothéiste des sikhs (v.), au début du XVIe s.

Lorsque les Européens s'installèrent en Inde, au XVIIIe s., le brahmanisme était en pleine décadence. C'est sous l'influence occidentale qu'apparurent, au cours du XIXe s., des tendances réformatrices, exprimées par deux mouvements, le Brahmosamaj et l'Aryasamaj, et par un sage tel que Ramakrishna. L'hindouisme moderne se caractérise par de fortes tendances syncrétistes, par la lutte contre l'idolâtrie et la superstition et par le primat des valeurs actives, que Vivekananda et Gandhi (v.) se sont successivement employés à réhabiliter. Les mouvements nationalistes apparus au début du XXe siècle autour de l'identité hindoue ont, à partir des années 1980, acquis un poids politique majeur en Inde.

L'hindouisme a exercé son influence dans toute l'Asie du Sud-Est, particulièrement au Cambodge, dans l'Empire khmer, et à Java, dans la partie orientale de l'île, centre de la dynastie çivaïte de Sanjaya. Mais partout l'hindouisme fut supplanté par le bouddhisme : à Ceylan, dès le IIIe s. av. J.-C. ; en Birmanie, vers les Ve/VIe s. de notre ère ; au Siam, vers le XIVe s. ; au Cambodge, au XVe s., tandis qu'en Indonésie, bouddhistes et hindouistes rivalisèrent jusqu'à la conquête par l'islam (XVe s.).

HIONG-NOU, Xiongnu en pinyin. Nom donné par les historiens chinois à un peuple de pasteurs nomades de la Haute-Asie, peut-être identique aux Huns, et contre lequel la dynastie des Han mena de longues luttes victorieuses. Apparus dans l'histoire chinoise à la fin du IIe millénaire av. J.-C., les Hiong-nou ravagèrent la capitale de la dynastie des Tcheou en 822. Au IVe s. av. J.-C., ils étaient aux prises avec la principauté de Tchao (au N. de l'actuelle province chinoise du Chen-si). La supériorité militaire de ces nomades tenait essentiellement à l'extrême mobilité de leur cavalerie d'archers, particularité que les historiens européens des IVe/Ve s. de notre ère signalèrent également chez les Huns. Vers la même époque où Ts'in Che Houang-ti fondait l'Empire chinois (221/210 av. J.-C.), les Hiong-nou furent confédérés sous l'autorité d'un *chan-yu* et devinrent encore plus redoutables. Ils dominaient à peu près toute la Haute-Asie, depuis la Mandchourie jusqu'à la Sibérie occidentale, et avaient réduit les autres peuples en vassalité. C'est pour les tenir en respect que la Chine entreprit, à la fin du IIIe s. av. J.-C., la construction de la Grande Muraille.

La lutte contre les Hiong-nou occupa toute la politique extérieure de la dynastie des Han. Une première série de campagnes fut menée sous le règne de l'empereur Wou-ti (140/87 av. J.-C.), et les troupes chinoises du général Wei Ts'ing pénétrèrent jusqu'au cœur de l'Empire hiong-nou, de l'autre côté du Gobi (128 av. J.-C.). Quelques années plus tard, les Hiong-nou furent chassés du Kan-sou. Mais les troubles qui accompagnèrent l'usurpation de Wang Mang (9/22 apr. J.-C.) firent perdre à la Chine toutes ses conquêtes en Asie centrale : celle-ci fut reconquise, vers 70/90, par de grands coloniaux chinois tels que le général Pan Tch'ao. La puissance des Hiong-nou fut, cette fois, définitivement brisée. Une partie des Hiong-nou restèrent aux abords de la Grande Muraille et se sinisèrent rapidement ; d'autres se retirèrent au cœur de l'Asie centrale, et ce dernier groupe se fractionna à son tour. Certains repartirent, au VIIe s., à l'assaut de la Chine, mêlés aux T'ou-kiue, tandis que d'autres s'installèrent dans la steppe des Kirghizes, entre l'Irtych et la mer d'Aral. Peut-être est-ce de ce dernier groupe que sortirent les Huns apparus dans le sud-est de l'Europe vers 370. Cependant, l'identification des Hiong-nou et des Huns, communément admise depuis le XVIIIe s., est aujourd'hui mise en doute par certains historiens.

HIROHITO (* Tôkyô, 29.IV.1901, † Tôkyô, 6.I. 1989). Empereur du Japon (1926/1989). Fils et successeur de Yoshihito, il monta sur le trône le 25 déc. 1926. L'ère correspondant à son règne fut nommée Showa ; elle se divisa en deux phases : une phase militariste, et une phase plus pacifique au cours de laquelle le Japon se consacra au développement économique. Prince moderne, il voyagea dans sa jeunesse à travers l'Asie et l'Europe. Bien qu'il eût couvert de son prestige l'hégémonie du parti militaire qui entraîna le Japon dans la guerre contre la Chine puis contre les États-Unis, les Américains n'osèrent pas le renverser en 1945 ; ils se contentèrent d'exiger sa renonciation au culte impérial et son adhésion à un système parlementaire. Son fils Akihito (v.) lui succéda.

HIROSHIMA. Ville et port du Japon, sur la côte méridionale de l'île de Honshû. Fondée au XVIe s., elle comptait environ 250 000 habitants lorsqu'elle fut détruite à près de 70 % par la première bombe atomique, lancée le 6 août 1945, à 8 h 15 du matin, d'une forteresse volante américaine (le B 29 *Enola Gay*) que commandait le colonel Tibbets ; l'explosion de la bombe, qui se produisit à 300 m d'altitude, en plein centre de la ville, causa sur le coup la mort d'environ 75 000 habitants et en blessa 90 000. On estimait en 1989 qu'au total 160 000 personnes étaient mortes de l'explosion ou de ses suites.

HITLER Adolf (* Braunau, 20.IV.1889, † Berlin, 30.IV.1945). Homme politique allemand. Fils d'un douanier autrichien, il rêvait d'une carrière artistique, mais élève et étudiant médiocre, il ne put entrer à l'École des beaux-arts de Vienne, où il demeura pourtant, menant une existence de bohème. Ces années sont essentielles dans la formation de Hitler. Vienne et l'Autriche-Hongrie lui apparurent comme l'image même de la décadence, d'une société pluriethnique où la « race » germanique, pourtant supérieure, serait inévitablement écrasée par les Slaves, et corrompue par l'influence des Juifs. Donc, nécessité impérieuse de détruire ce monstre, de regrouper tous les Allemands en un même État, et pour cela de créer un mouvement de masse, sur le modèle de la puissante sociale-démocratie autrichienne dont il admirait l'organisation.

En 1914, installé à Munich, il s'engagea dès la déclaration de guerre. Il fit une guerre courageuse sur le front Ouest. Après l'armistice, ses dons oratoires lui valurent de devenir « officier politique », chargé de l'endoctrinement de la troupe. Il adhéra au parti national-socialiste qui venait d'être fondé, et qui se proposait de réconcilier les deux forces jusqu'alors antagonistes, nationalisme et socialisme, et il en devint le chef, le « Führer ». En nov. 1923, il voulut profiter de l'agitation déchaînée en Allemagne par l'occupation de la Ruhr pour prendre le pouvoir à Munich. La tentative échoua et il fut emprisonné. Hitler en retira la leçon qu'il lui fallait parvenir au pouvoir par la voie légale. Au cours de sa détention, il dicta à son secrétaire, Rudolf Hess (v.), *Mein Kampf*, à la fois autobiographie et livre-programme.

Libéré en déc. 1924, Hitler reprit son action. Mais son parti progressa lentement jusqu'en 1930. Sa propagande ultranationaliste, revancharde, raciste, très vaguement teintée de socialisme, la violence de ses méthodes trouvaient alors peu d'écho dans un pays qui connaissait depuis l'été 1924 une grande prospérité. Mais quand vint la crise, le parti fit des progrès foudroyants, et les élections successives firent de lui la force principale de l'Allemagne. Battu au second tour de la présidentielle de 1932 par Hindenburg, Hitler n'en fut pas moins désigné par celui-ci comme chancelier le 30 janv. 1933. Hitler put alors mettre en œuvre sa politique. En un peu plus d'un an, il imposa sa dictature à l'Allemagne, écrasa toute opposition dans son parti. Au cours de la guerre, qu'il avait préparée, il assuma le commandement suprême des armées, contre la Pologne, la France, puis contre l'URSS. Il fit peser sur l'Europe un ordre sanglant. Le terrorisme militaire et policier fut institué en mode du gouvernement par les autorités nationales-socialistes, mais aussi par les administrations nationales que la conquête allemande avait suscitées dans de nombreux pays (v. **Collaboration**). Enfin et surtout, Hitler entraîna le peuple allemand, au nom de la supériorité raciale des « Aryens » qu'il entendait démontrer et imposer, dans une tentative d'extermination complète et systématique du peuple juif et du peuple tzigane (autre « race » jugée « inférieure » par les théories hitlériennes) (v. **Juifs**, **Shoah** et **Tziganes**). Ayant échappé à un attentat le 20 juill. 1944, Hitler se donna la mort dans Berlin encerclé par l'Armée rouge. Voir **National-socialisme. Allemagne. Guerre mondiale 1939/45**.

HITOTSUBASHI Yoshinobu, Tokugawa Keiki (* 1837, † Tôkyô, 1913). Homme politique japonais. Quinzième Tokugawa et dernier shôgun du Japon (1867), successeur d'Iemochi, il se trouva aux prises dès son avènement avec la rébellion des jeunes samouraïs de Chôshû et de Satsuma. Voyant lucidement qu'une véritable révolte nationale commençait au Japon, il se refusa à faire appel aux Français, comme le lui suggéraient certains de ses conseillers, et préféra remettre sa démission au jeune empereur Mutsuhito (nov. 1867). Cet acte mit fin au régime shôgunal, qui durait depuis le XIIe s., et inaugura la restauration Meiji (1868-1912) (v.), d'où sortit le Japon moderne.

HITTITES. Peuple qui domina l'Anatolie durant la plus grande partie du IIe millénaire avant notre ère. Il était encore à peu près inconnu au début du XXe siècle ; c'est seulement en 1906/07 que furent découvertes à Bogazköy (Turquie centrale), sous forme de tablettes, les archives royales hittites.

Naissance et progrès de l'État hittite

La civilisation hittite, qui eut pour foyer historique la grande boucle de l'Halys, au centre de l'Anatolie, résulte d'une fusion entre des envahisseurs indo-européens et des populations asianiques antérieures. La pénétration des Indo-Européens en Asie Mineure se fit par vagues successives au cours de la seconde moitié du IIIe millénaire, vraisemblablement depuis les Balkans par le Bosphore. Les deux principaux groupes furent celui des Nésites (ou Hittites proprement dits) et celui des Louvites, établi plus au S. Ils amenaient avec eux le cheval, jusqu'alors inconnu en Asie Mineure, et qui fut un des atouts essentiels de leur conquête. Ainsi se forma dans la région de l'Halys un certain nombre de petites principautés, celles de Koushar, de Zalpa, de Nesa, distinctes non seulement politiquement mais encore linguistiquement, puisqu'on a reconnu au moins trois dialectes de la langue hittite, le nasili, le louvite et le palaïte. Dans cette même région subsistaient des populations asianiques autochtones, qu'on appelle généralement « protohittites » et dont le centre principal était la ville de Hattoush (l'actuelle Bogazköy).

Dans la première moitié du XIXe s. avant notre ère, Pithana, prince de Koushar, fit la conquête de Nesa. Son fils, Anitta, mit fin au royaume autochtone protohittite en s'emparant de Hattoush. Il unifia l'Asie Mineure de la mer Noire à la Méditerranée, sous la forme d'un royaume qui avait Nesa pour capitale. Après une période obscure et sans doute troublée, un successeur d'Anitta, Labarna (vers 1680), agrandit le royaume en annexant le Taurus. On le considère comme le fondateur de l'Ancien Empire hittite. Son successeur, Hattousili Ier (vers 1650), abandonna Nesa comme capitale et fonda Hattousa, sur le site de l'ancienne cité protohittite de Hattoush. En même temps que se réalisait la fusion des éléments indo-européens et asianiques, le premier Empire hittite poursuivait ses progrès sous Moursili Ier (vers 1620/1590), qui s'empara d'Alep, établit son hégémonie sur la Syrie du Nord et poussa jusqu'à Babylone, où il renversa la dynastie amorrite (vers 1595) (v.). Mais, après l'assassinat de Moursili par son beau-frère, Hantili, se déclencha une longue lutte pour le pouvoir. Après Télépinou (vers 1550/1530), qui fit rédiger un code de lois, l'Ancien Empire hittite s'effondra ; la plupart de ses territoires passèrent sous la domination des Hourrites (v.), fondateurs du royaume du Mitanni (v.).

Le redressement hittite commença avec Touthaliya Ier (vers 1465/1440), fondateur du Nouvel Empire, qui tira bénéfice des campagnes du pharaon Thoutmosis III contre les Hourrites du Mitanni. Hattousili II (vers 1440/1425) commença à disputer la Syrie aux Mitanniens, mais ceux-ci se rapprochèrent de l'Égypte, et l'élan du Nouvel Empire hittite en fut brisé pour un quart de siècle. Il reprit et atteignit son apogée sous le règne de Souppilouliouma (vers 1353/1322), le « Grand Hittite ». Celui-ci saccagea les capitales mitanniennes (vers 1342/1341), et il imposa à la tête de cet État un prince mitannien dont il avait fait son gendre et son sujet, Mattiwaza (vers 1326). Maître de toute la Syrie du Nord jusqu'à l'Oronte, il la divisa en deux marches, qu'il confia à ses fils, devenus rois d'Alep et de Karkémish.

La civilisation hittite

Par sa situation géographique, cet empire se trouvait au contact de peuples très divers : Hourrites, Mitanniens, Syriens, Égyptiens, Babyloniens, Phrygiens ; il avait pour fondement la domination d'une aristocratie militaire indo-européenne sur des populations, notamment asianiques et sémitiques, qu'elle avait soumises ; sa civilisation, encore imparfaitement connue – en dépit des renseignements fournis par les tablettes de Bogazköy, de Tell el-Amarna, de Kultépé/Kanesh et par les inscriptions de Karatépé –, apparaît essentiellement composite. Les Hittites utilisaient deux systèmes d'écriture : un système hiéroglyphique original et un système cunéiforme emprunté aux Babyloniens.

L'État avait une structure de type quasi féodal, avec une aristocratie qui, dotée de terres, disposait de privilèges importants (dont celui, à l'origine, semble-t-il, d'intervenir dans la succession monarchique), et avec la mise en place progressive de principautés presque indépendantes. La grande richesse de l'Empire hittite était constituée par les mines ; l'industrie travaillait le cuivre, le bronze, ainsi que le fer, que les Hittites contribuèrent beaucoup à répandre dans le monde oriental. Installés au carrefour de grands courants internationaux nord-sud et est-ouest, ils se livrèrent aussi à un commerce très actif. Essentiellement conquérants, les rois hittites avaient à leur disposition une armée puissante constituée de troupes permanentes, de mercenaires fournis par les provinces limitrophes et de contingents amenés par les nobles. Elle fut une des premières en Orient à posséder des armes de fer et des chars ; les Hittites furent aussi d'excellents architectes militaires.

Le déclin de la puissance hittite

De par ses structures féodales et son caractère composite, l'Empire était exposé, au début de chaque nouveau règne, à des crises qui risquaient de le disloquer. La mort de Souppilouliouma fut ainsi suivie d'une révolte généralisée des principautés sujettes. Moursili II (vers 1321/1295), aux prises avec les Syriens au sud, avec les Gasga au nord, réussit par son énergie à rétablir la situation, mais son fils, Mouwatalli II (vers 1295/1270), eut encore à réprimer des rébellions, alors que l'Égypte de Séthi Ier et de Ramsès II reprenait une politique conquérante en Syrie. À la suite de l'incendie de Hattousa par les Gasga, Mouwatalli dut transférer la capitale plus au sud, à Dattassa.

En 1274, Égyptiens et Hittites se livrèrent à Kadesh une bataille indécise, que Ramsès II, dans ses inscriptions monumentales, s'efforça de présenter comme une grande victoire égyptienne. Il n'en fut pas moins obligé, après une longue lutte sans résultats décisifs, d'admettre que l'Égypte et l'Empire hittite avaient intérêt à se rapprocher pour contenir la récente poussée assyrienne en direction de la mer. Vers 1258, Égyptiens et Hittites conclurent donc, non pas une simple trêve, mais un véritable traité de paix et d'alliance, scellé quelques années plus tard, en 1246, par le mariage de Ramsès II avec la fille d'Hattousili III. Mais ce n'était qu'un sursis pour l'État hittite, qui, rongé par les séditions et menacé par de nouvelles invasions en Anatolie, s'affaiblit rapidement sous les règnes de Touthaliya IV (1238/1215), d'Arnouwanda IV (1215/1210) et de Souppilouliouma II (1210/1190). Le Nouvel Empire s'effondra dans les bouleversements consécutifs à l'invasion des Peuples de la Mer (v.). Les Phrygiens occupèrent le cœur de l'Empire, la boucle de l'Halys. Diverses principautés néohittites se reconstituèrent en Syrie du Nord, entre les XIIe et IXe s., mais la plupart d'entre elles furent ensuite progressivement absorbées par l'Empire assyrien.

HIUAN-TSANG ou **SIUAN-TSANG, Xuan Zang** en pinyin (VIIe s.). Pèlerin bouddhiste chinois. Il se rendit en Inde pour y visiter les lieux saints du bouddhisme et passa par la route du Tarim, jalonnée par les grands monastères bouddhistes de Kachgar, d'Osh, de Koutcha, de Yarkand, de Khotan. Il raconta ensuite ses voyages dans le *Si yu ki*.

HOBBES Thomas (* Malmesbury, Wiltshire, 5.IV. 1588, † Hardwick, Derbyshire, 4.XII.1679). Philosophe et théoricien politique anglais. Disciple et ami de Francis Bacon, il fut un ardent royaliste pendant la guerre civile, accompagna Charles II dans son exil en France et fut un de ses conseillers. L'un des fondateurs de l'empirisme philosophique anglais, adepte d'une morale utilitariste, il a exercé une influence profonde sur la pensée politique par ses deux ouvrages, *De cive* (1642) et *Leviathan* (1651). Théoricien de l'absolutisme, Hobbes soutient que l'État a pour origine un contrat par lequel les hommes, livrés dans l'état de nature à une violence effrénée, abandonnent tous leurs droits entre les mains d'une autorité une et despotique, qui est la seule source de la propriété, de la justice et des valeurs morales.

HOCHE Lazare Louis (* Versailles, 24.VI.1768, † Wetzlar, 18.IX.1797). Général français. Simple caporal au début de la Révolution, il passa rapidement par les différents grades et, à vingt-cinq ans, en 1793, reçut le commandement en chef de l'armée de la Moselle. Malgré un échec éprouvé contre les Prussiens à Kaiserslautern (28/30 nov.), il battit les Autrichiens de Würmser près de Wœrth (23 déc.), débloqua Landau et dégagea l'Alsace. Mais dénoncé par son rival Pichegru (v.), que favorisait Saint-Just, il fut rappelé à Paris, jeté en prison par ordre du Comité de salut public, et ne fut libéré que par la chute de Robespierre (juill. 1794). Placé alors à la tête de l'armée de la Vendée, il sut à la fois réduire militairement l'insurrection royaliste et pacifier le pays, par sa tolérance dans les affaires religieuses. Son œuvre ne fut menacée qu'un instant par le débarquement des émigrés à Quiberon, dont il triompha aisément (21 juill. 1795). À la fin de 1796, il fut chargé d'opérer un débarquement en Irlande, mais cette expédition, contrariée par la tempête, n'aboutit à aucun résultat. Appelé en févr. 1797 au commandement de l'armée de Sambre-et-Meuse, il franchit le Rhin, battit les Autrichiens à Neuwied (17 avr. 1797), mais fut empêché par les préliminaires de paix de Leoben d'exploiter ses succès. Après avoir occupé quelque temps le poste de ministre de la Guerre (juill. 1797), il se vit confier le commandement de l'armée d'Allemagne, formée par la réunion des armées de Sambre-et-Meuse et du Rhin. Mais il mourut peu après, à son quartier général, d'une maladie de poitrine.

HÔ CHI MINH, « Celui qui éclaire » ; il abandonna son vrai nom, **Nguyên Tat Thanh**, pour un nom plus militant : **Nguyên Ai Quoc** (« Nguyên le patriote ») (* Kim-lien, prov. de Nghe-An, 19.V.1890, † Hanoi, 3.IX.1969). Homme politique vietnamien. À son arrivée en Europe, en 1911, Hô Chi Minh trouva dans les idéaux socialistes un cadre pour son anticolonialisme militant. Il assista au congrès de Tours (1920), y suivit la tendance communiste et acheva sa formation politique à Moscou de 1923 à 1925. Agent du Komintern, il fut envoyé en Chine puis rappelé à Moscou en 1927, à la suite de la rupture du front uni entre le parti communiste et le parti nationaliste. En 1930, il fonda le parti communiste indochinois et, en 1941, la Ligue révolutionnaire pour l'indépendance du Viêt-nam (Viêt-minh), qui se présentait avant tout comme une organisation de résistance antijaponaise.

En sept. 1945, profitant de l'effondrement de l'administration française causé par le coup de force japonais du 9 mars 1945, Hô Chi Minh proclama, à Hanoi, la République démocratique du Viêt-nam, à laquelle la France reconnut le statut d'État libre au sein de l'Union française (mars 1946), tout en s'assurant que les troupes françaises pourraient y stationner. Cependant, cet accord fut rendu caduc par la politique du haut-commissaire Thierry d'Argenlieu (v.), qui s'efforça de séparer la Cochinchine du Viêt-nam. L'échec de la conférence franco-vietnamienne de

Fontainebleau (sept. 1946) et l'insurrection de Hanoi (19 déc. 1946) marquèrent le début de la guerre d'Indochine (v. **Viêt-nam**). Les accords de Genève du 20 juill. 1954 ayant reconnu l'indépendance du Nord-Viêt-nam, Hô Chi Minh renforça l'assise du nouveau régime communiste par une réforme agraire, tout en soutenant militairement les communistes et les nationalistes du Sud contre l'intervention nord-américaine en faveur des autorités prooccidentales de Saigon. Cette politique fut poursuivie après sa mort, en 1969, et permit la réunification du pays.

HODJA ou **HOXHA Enver** (* Gjirokastër, 16.X. 1908, † Tirana, 11.IV.1985). Homme politique albanais. D'une riche famille musulmane, neveu du ministre des Finances du roi Zog Ier, il fit ses études en France, fut secrétaire à la légation d'Albanie à Bruxelles, puis enseigna le français au lycée de Tirana. Communiste, il s'opposa au régime de Zog Ier, qui le plaça en résidence surveillée. Après l'entrée en guerre de l'URSS, il constitua un Mouvement de libération nationale qui lutta contre les Italiens et les Allemands, et, en nov. 1944, il prit la tête d'un gouvernement qui prononça la déchéance du roi Zog, élimina les forces politiques non communistes (en particulier le clergé catholique) et transforma l'Albanie en démocratie populaire (1946). Secrétaire général du parti communiste à partir de 1948, chef du gouvernement jusqu'en 1954, Enver Hodja, stalinien intransigeant, rompit brutalement avec la Yougoslavie en 1948 et fit exécuter pour « titisme » l'un des principaux chefs du parti, Koci Xoxe. Opposé ensuite à la politique de Khrouchtchev, il rompit complètement avec l'URSS en 1961 et aligna étroitement l'Albanie sur les positions du communisme chinois. Il s'en éloigna en 1978 après l'abandon officiel du maoïsme par les dirigeants de Pékin.

En nov. 1981, il démissionna de ses fonctions de chef de l'État et de président du Conseil et garda celles de premier secrétaire du parti communiste du travail, qui lui permirent de tenir bien en main tous les fils de la situation politique jusqu'à sa mort, en avr. 1985. Voir **Albanie**.

HOFER Andreas (* Sankt Leonhard, Passeierthal, 22.XI.1767, † Mantoue, 20.II.1810). Patriote autrichien. Aubergiste à Sankt Leonhard, ancien soldat autrichien, il se mit à la tête de la révolte populaire tyrolienne en avr. 1809, lorsque le Tyrol fut livré à la Bavière. Il remporta sur les Bavarois deux victoires au mont Isel, près d'Innsbruck (25 et 29 mai 1809), et, malgré l'inégalité des forces, battit même le maréchal Lefebvre (13 août). Cependant, abandonné par l'Autriche, qui avait dû consentir à l'abandon du Tyrol, il fut battu le 1er nov. et se retira dans les Alpes. Capturé à la suite d'une trahison en janv. 1810, il fut conduit à Mantoue et fusillé. Il est resté le héros national du Tyrol.

HOHENLOHE-SCHILLINGSFÜRST Chlodwig, prince de (* Rotenburg an der Fulda, 31.III.1819, † Ragaz, Suisse, 6.VII.1901). Homme politique allemand. Rallié très tôt à l'idée que seule la Prusse pourrait réaliser l'unité allemande, il suivit cette ligne politique lorsqu'il fut nommé, après Sadowa, Premier ministre de Bavière (1866/70). Ambassadeur à Paris de 1874 à 1885, puis gouverneur de l'Alsace-Lorraine (1885/94), il succéda à Caprivi comme chancelier d'Empire (1894/1900). Il introduisit un nouveau Code civil (1896), fit occuper Kiao-tcheou sur la côte chinoise (1897), et inaugura en 1898 le grand programme d'armements navals réclamé par Tirpitz. Trop modéré et trop libéral au gré de Guillaume II, il dut démissionner en oct. 1900 et fut remplacé par Bülow.

HOHENSTAUFEN. Famille allemande de Souabe, qui donna plusieurs souverains au Saint Empire. Elle doit son nom au château de Hohenstaufen (construit vers 1080), qui s'élevait dans le Jura souabe, au N.-O. d'Ulm, et qui fut détruit en 1525, pendant la guerre des Paysans. Le plus ancien membre connu de cette famille est Frédéric de Beuren (* vers 1015, † 1094), beau-frère de l'empereur Conrad le Salique, qu'il servit fidèlement, ainsi que ses enfants Henri III et Henri IV. Son fils, Frédéric l'Ancien, comte de Staufen († 1105), fit construire le château et fut investi du duché de Souabe par Henri IV (1079). Apparentés à la dynastie franconienne, les Hohenstaufen, à la mort d'Henri V (1125), héritèrent des biens personnels de celui-ci et disputèrent la couronne impériale à Lothaire II (ou III) de Supplinburg, dont le gendre, Henri le Superbe, de la maison des Guelfes (Welfen), défendit âprement la cause : ce fut le début de la longue lutte entre guelfes et gibelins, le nom de *gibelins* étant donné aux partisans des Hohenstaufen parce que ceux-ci étaient seigneurs de *Waiblingen* (v. **Guelfes** et **Gibelins**). Conrad, fils de Frédéric l'Ancien, fait duc de Franconie par Henri V en 1112, se proclama roi d'Italie en 1127 mais fut mis au ban de l'Empire par Lothaire de Supplinburg ; cependant, à la mort de ce dernier, il fut reconnu empereur sous le nom de Conrad III (1138).

La dynastie des Hohenstaufen régna sur le Saint Empire de 1138 à 1254 avec Conrad III (1138/52), Frédéric Ier Barberousse (1152/90) (v.), Henri VI (1190/97), Philippe (1198/1208), Frédéric II (1212/50) (v.) et Conrad IV (1250/54) (v.). À leurs possessions de Souabe, de Franconie, d'Alsace, les Hohenstaufen ajoutèrent le royaume normand de Sicile, où ils régnèrent de 1194 à 1266 (dans cette région, Manfred succéda comme régent, puis comme roi, à son père, Frédéric II). Après avoir longtemps lutté pour l'hégémonie en Italie, la maison de Hohenstaufen succomba sous les coups des papes et s'éteignit avec Conradin, fils de Conrad IV, mis à mort par Charles d'Anjou (1268). L'âge des Hohenstaufen fut marqué par le renforcement du pouvoir impérial en Allemagne et en Italie, et par la lutte du Sacerdoce et de l'Empire (v.).

La chute des Hohenstaufen plongea l'Allemagne dans une longue période d'anarchie connue sous le nom de Grand Interrègne (1254/73).

HOHENZOLLERN. Famille allemande dont le berceau se trouve en Souabe, au château construit au XIe s. sur le Zollernberg, dans l'Alb, près de Sigmaringen. Les Hohenzollern prétendaient descendre des Burchardinges, seigneurs souverains en Souabe au Xe s. Le premier membre connu de la famille est Burchard de Zolorin ou Zolre († 1061). Les Hohenzollern commencèrent leur ascension dans le sillage des Hohenstaufen, auxquels ils furent fermement attachés. **Frédéric III de Hohenzollern** (* 1139, † 1201) acquit par son mariage avec Sophie de Raab le burgraviat de Nuremberg (1191). En 1227, ses fils, Frédéric et Conrad, se partagèrent le patrimoine : il en résulta la division de la famille en une ligne de Souabe et une ligne de Franconie.

La ligne de Souabe a pour souche Frédéric IV (ou II, comme burgrave de Nuremberg, † 1255), qui conserva les anciennes possessions familiales en Souabe ; ses descendants restèrent enracinés dans leur pays d'origine. De cette ligne sortirent, en 1576, deux branches, l'une et l'autre élevées à la dignité princière en 1623 : la branche aînée de *Hohenzollern-Hechingen* (éteinte en 1869, après que son dernier représentant eut vendu sa principauté à la Prusse en 1849) ; la branche cadette de *Hohenzollern-Sigmaringen*. Celle-ci céda également sa principauté à la Prusse en 1849 ; mais l'un de ses membres devint prince (1866), puis, sous le nom de Charles (Carol Ier), roi de Roumanie (1881), et ses descendants régnèrent sur ce pays jusqu'en 1947. Un autre membre de cette famille, Léopold († 1905), fut présenté comme candidat au trône d'Espagne en 1870, d'où un incident diplomatique franco-prussien duquel naquit la guerre franco-allemande de 1870/71.

La ligne de Franconie, issue de Conrad III (ou Ier), fils de Frédéric III (ou Ier), connut une plus grande fortune. Après la ruine des Hohenstaufen, Frédéric III († 1297), petit-fils de Conrad, s'attacha à Rodolphe de Habsbourg ; il étendit ses domaines en acquérant Bayreuth et Kulmbach (1248) ; son fils acquit Ansbach (1331) ; son petit-fils, Frédéric V, fut fait prince d'Empire en 1363. Frédéric VI, fils du précédent, reçut en 1411 de l'empereur Sigismond la marche de Brandebourg et obtint en 1417 la dignité d'Électeur. Désormais, la destinée de la ligne franconienne des Hohenzollern se confond avec l'histoire du Brandebourg et de la Prusse (v.). À partir du règne de Frédéric II (1740/86), les Hohenzollern entreprirent d'éliminer les Habsbourg des affaires allemandes ; ce grand dessein fut achevé par la victoire de Sadowa (1866), et Guillaume Ier fut proclamé « empereur d'Allemagne » en 1871. Lors de la défaite allemande, en nov. 1918, Guillaume II dut renoncer aux trônes prussien et allemand.

HÔJÔ. Clan japonais qui aida Yoritomo Minamoto à éliminer le clan des Taira, dont il était lui-même issu (1185). Voir JAPON. Le Japon féodal.

HOLLANDE. Région occidentale des Pays-Bas, le long de la mer du Nord, entre la Zélande et la Frise. La Hollande, dont le nom signifie « pays creux », située au-dessous du niveau de la mer, fut longtemps inhabitable, car les eaux couvraient sa surface une grande partie de l'année, et l'humidité rendait, le reste du temps, le séjour extrêmement insalubre. À l'époque de César, les Bataves, peuple germanique, étaient cependant établis dans la région des bouches du Rhin. César s'allia avec eux lors de la conquête de la Gaule Belgique (54 av. J.-C.) ; ils furent ensuite soumis par Drusus, sous le règne de Tibère, se soulevèrent en 69/71 furent vaincus par Cerealis, mais conservèrent cependant une indépendance de fait. Lors des Grandes Invasions, la plus grande partie de la Hollande fut occupée par des tribus franques, qui avaient pour voisins à l'E. des Saxons et au N. les Frisons.

Après la dislocation de l'Empire carolingien se forma, au XIe s., le comté de Hollande, qui passa en 1229 à la maison d'Avesnes – laquelle régnait également sur le Hainaut –, puis en 1345, par mariage, à la maison bavaroise des Wittelsbach. Confisqué en 1433 à Jacqueline de Bavière par le duc de Bourgogne, Philippe le Bon, le comté de Hollande devint possession des Habsbourg en 1482, à la mort de Marie de Bourgogne, fille de Charles de Téméraire et épouse de Maximilien Ier. À partir de 1531, l'anabaptisme (v. ANABAPTISTES), prêché par Jean de Leyde, se répandit dans le pays. Par la suite, l'apport du calvinisme renforça les aspirations à l'indépendance en face de l'Espagne catholique. En 1572, la Hollande reconnut pour stathouder Guillaume d'Orange, et, par l'Union d'Utrecht (1579), elle entra dans la république des Provinces-Unies (v. PAYS-BAS), où elle ne cessa de jouer un rôle dirigeant. Elle fut comprise en 1795 dans la République batave, puis en 1806 dans le royaume de Hollande créé par Napoléon Ier pour son frère Louis. À l'abdication de ce dernier (juill. 1810), la Hollande fut annexée à l'Empire français, où elle forma les départements du Zuyderzee et des Bouches-de-la-Meuse. Elle fut rattachée en 1814 au royaume des Pays-Bas. En 1840, elle fut divisée pour former les provinces de *Hollande-Septentrionale* (capitale *La Haye*) et de *Hollande-Méridionale* (capitale *Haarlem*).

HOLLANDE (guerre de, 1672/78). Guerre déclenchée par Louis XIV contre les Provinces-Unies et qui, dès 1673/74, prit l'ampleur d'un vaste conflit européen. Elle eut pour causes les mesures de rétorsion prises par la Hollande contre la politique protectionniste de Colbert, notamment contre le tarif de 1667, ainsi que la volonté de Louis XIV de mettre fin aux agissements d'une puissance calviniste et républicaine qui était devenue le centre de la politique antifrançaise en Europe et qui avait suscité contre lui la Triple-Alliance durant la guerre de Dévolution (v.). La France prépara le déclenchement des hostilités par une habile campagne diplomatique menée par le ministre Lionne (v.) et l'ambassadeur Pomponne ; elle s'assura l'alliance de l'Angleterre (traité de Douvres, 1670) et de la Suède (1672), l'appui ou la neutralité des princes allemands du Rhin, de l'Électeur de Bavière, de l'Électeur de Brandebourg. La Hollande se trouvait ainsi isolée lorsque Charles II d'Angleterre donna le signal des hostilités, à la fin de mars 1672. Au mois de mai, Louis XIV entra à son tour en campagne, avec une armée de plus de 150 000 hommes. Le roi et Condé effectuèrent assez facilement le passage du Rhin au gué de Tolhuis (12/13 juin). La Hollande, envahie, semblait dans une situation désespérée ; mais elle prit le parti héroïque d'ouvrir les écluses et de rompre les digues. L'armée française, déjà maîtresse d'Utrecht, dut s'arrêter au bord des régions inondées, cependant qu'à la suite d'une émeute sanglante, qui coûta la vie au grand pensionnaire Jean de Witt, le parti orangiste, résolu à la résistance à outrance, prenait le pouvoir.

Guillaume III d'Orange réussit à susciter contre Louis XIV une coalition comprenant le Brandebourg, l'empereur, l'Espagne, le duc de Lorraine et de nombreux princes allemands ; en 1674, la France se vit abandonnée par Charles II d'Angleterre, qui, contraint par son Parlement, signa la paix avec la Hollande. Louis XIV dut retirer ses troupes de Hollande, et c'est le Rhin et les frontières de l'Est qui devinrent le principal théâtre des opérations. L'Alsace fut envahie par les Impériaux, mais Turenne la dégagea au cours de l'hiver 1674/75 (il fut tué dans le duché de Bade en juill. 1675). Louis XIV fit une deuxième fois la conquête de la Franche-Comté. En Flandre, Vauban assiégea et conquit Liège, Dinant, Limbourg (1675), mais les Suédois, alliés de la France, furent vaincus la même année par le Grand Électeur à la bataille de Fehrbellin, qui marqua l'avènement de la puissance militaire prussienne. Sur mer, les flottes françaises, commandées par Duquesne (v.), remportèrent plusieurs succès en Méditerranée sur Ruyter (v.), qui fut tué à la bataille d'Agosta, près de Syracuse (avr. 1676). Seule contre l'Europe, la France garda ainsi l'avantage, et les coalisés durent se résigner à signer la paix de Nimègue (1678, v.), qui laissa la Hollande intacte mais valut à la France, aux dépens de l'Espagne, la province de Franche-Comté et douze nouvelles places en Flandre (dont Valenciennes, Maubeuge, Saint-Omer, Ypres et Cambrai). L'influence de Louis XIV en Europe, et particulièrement en Allemagne, sortait renforcée de ce conflit.

HOLSTEIN. Ancien duché allemand, compris entre la mer du Nord et la Baltique, au S. de l'Eider et au N. de l'Elbe. Voir **SCHLESWIG-HOLSTEIN**.

HOLYOAKE Keith Sir (* Pahiatira, île du Nord, 11.II.1904, † Wellington, 08.XII.1983). Homme politique néo-zélandais. Député conservateur en 1932, ministre de l'Agriculture en 1949, il fut Premier ministre pendant quelques mois en 1957. Après la victoire de son parti aux élections de 1960, il redevint Premier ministre, poste qu'il conserva jusqu'à sa démission en 1972. Il fut gouverneur général de 1977 à 1980.

HOME RULE (en angl. *autonomie*). Nom donné au mouvement qui se développa en Irlande à partir de 1870 pour revendiquer un régime d'autonomie. Voir IRLANDE. De la Réforme à l'indépendance.

HOMINIDÉ. Subdivision de la classification des primates (*Hominidae* en latin). Nom donné à la famille qui regroupe l'homme, ses parents les plus proches – le chimpanzé et le gorille – et tous les fossiles apparentés à ces genres actuels, *Orrorin* (v.), *Australopithecus* (v.), *Ardipithecus* (v.), Abel (v.), Toumai (v.), Lucy (v.), l'enfant de Taung (v.) etc.

HOMME (droits de l'). L'idée des droits de l'homme est une idée fort ancienne. Il faut sans doute remonter aux stoïciens pour mettre au jour un système de pensée universel selon lequel chaque disciple du sage inscrit son action dans sa cité et plus largement dans l'humanité. À Rome, le sage refuse, en l'ignorant le despotisme imposé par un pouvoir, qu'il soit politique, social, religieux. En mettant en avant l'idée essentielle que chacun peut trouver son chemin, le christianisme affirme l'universalité et la liberté de la conscience. La révolution spirituelle du XVIe s. place l'homme, l'individu seul devant Dieu : le roi, le pouvoir temporel ou le pouvoir spirituel n'ont plus l'exclusivité de la lecture vraie des textes religieux. C'est alors l'émergence de l'homme comme individu doté de droits intellectuels et moraux inattaquables.

Il faut attendre l'époque moderne pour que l'idée de déclaration transforme ces droits en loi écrite et positive. La Constitution américaine de 1776 affirme les droits essentiels des citoyens américains : ils sont libres (car ils sont propriétaires), désireux de s'émanciper de la puissance coloniale. C'est l'acte de naissance du « droit des peuples à disposer d'eux-mêmes ».

La *Déclaration des droits de l'homme et du citoyen*, adoptée le 26 août 1789 par l'Assemblée constituante, est l'archétype de toutes les déclarations à venir : elle dit simplement les « droits naturels » des individus, et souhaite les rendre obligatoires en les rendant constitutionnels. Cette déclaration énonce les droits inaliénables de l'individu : « la liberté, la propriété, la sûreté et la résistance à l'oppression ». C'est un événement capital dans l'histoire de France et dans l'histoire du monde.

La *Déclaration des droits de l'homme de 1793* ou de l'an I pousse les perspectives plus loin, reconnaît le droit au travail et à l'insurrection, donne comme but à la société le « bonheur commun ». Elle ne fut jamais mise en application.

La *Déclaration des droits et des devoirs de l'homme et du citoyen* du 5 fructidor an III traduit un retrait en limitant les droits par des devoirs ; elle donne la propriété comme la base de la société « civilisée ».

Le préambule et les premiers chapitres de la Constitution du 4 novembre 1848 instaurant la IIe République affirment l'existence de droits individuels antérieurs ou supérieurs au droit de l'État, en y ajoutant les premiers éléments d'un droit social ainsi que la proclamation de la liberté de l'enseignement.

L'Assemblée générale de l'ONU a adopté la *Déclaration universelle des droits de l'homme* le 10 décembre 1948 à Paris. Elle marque ainsi le souhait véritable d'une constitutionnalisation des droits élargis au monde entier. Cette déclaration est l'écho direct de la déclaration de 1789, même sans y faire explicitement référence.

La *Convention européenne des droits de l'homme* a été signée à Rome le 4 nov. 1950 ; la *Convention interaméricaine des droits de l'homme* a été signée en 1969. La *Convention des droits de l'enfant* date du 20 nov. 1989.

HOMME (origines de l'). Soixante millions d'années (MA) séparent le premier primate connu, *Purgatorius*, de l'homme. Les plus anciens singes d'Afrique appartenant au groupe des *Hominoides* (super-famille qui comprend l'homme, les grands singes africains et asiatiques et tous les fossiles apparentés) sont datés du Miocène inférieur, vers 25 MA. On ne sait cependant toujours pas qui sont les ancêtres de tous les hominidés (homme, chimpanzé et gorille) parmi les fossiles africains et eurasiatiques.

Les premiers hominidés datent entre 7 et 6 MA. *Orrorin tugenensis* (v.), découvert en 2001 au Kenya, au cœur des collines Tugen, est le plus ancien bipède connu. Il rivalise d'ancienneté avec *Sahelanthropus tchadensis*, dit Toumai (v.) mis au jour dans la localité de Toros-Menalla au Tchad, en Afrique centrale, en 2001, de l'autre côté du rift. Entre 5,8 et 4,4 MA, on trouve l'ardipithèque (v.) représenté par deux espèces très primitives, *Ardipithecus ramidus* et *Ardipithecus kaddaba*, car proches du chimpanzé. Elles ont été trouvées sur le site d'Aramis en Éthiopie en 1994 et 2004. Le débat est vif pour savoir qui de *Orrorin* ou de *Sahelanthropus* pourrait être l'ancêtre du genre *Homo*, mais à l'heure actuelle aucune certitude n'est établie.

À partir de 4 MA, une pléthore d'australopithèques peuple l'Afrique. On connaît 8 espèces, dont il est difficile encore aujourd'hui de cerner les relations de parenté. *Australopithecus afarensis* (v. LUCY), *A. africanus* (v. TAUNG), *A. anamensis* et *A. garhi*, sont réparties à l'E. du continent africain (Éthiopie, Kenya, Tanzanie) jusqu'en Afrique du Sud, entre 4 et 2,5 MA. En 1995, la découverte d'Abel (v.), *A. bahrelghazali*, exhumé à l'O. du rift, élargissait la répartition des australopithèques en Afrique centrale.

Les trois autres espèces sont des formes robustes, ou Paranthropes (v.). Il s'agit de *A. boisei, A. aethiopicus* et de *A. robustus*, découverts en Éthiopie, au Kenya et en Afrique du Sud et datés entre 2,6 et 1,2 MA. Ces Paranthropes présentent des caractères singuliers sur le crâne et les mâchoires qui suggèrent une mastication puissante : des molaires et des prémolaires de très grande taille, une mandibule très robuste, des crêtes d'insertion musculaire très développées sur la nuque et sur le haut du crâne. Ils disparaissent vers 1,2 MA sans descendance.

Tous les australopithèques ont un cerveau de petit volume, entre 400 et 550 cm^3 (1500 cm^3 en moyenne chez l'homme) ; des mâchoires très avancées par rapport à la région nasale (on parle de prognathisme) ; des dents jugales, prémolaires et molaires, relativement grandes ; ils sont bipèdes mais ont gardé une aptitude à grimper aux arbres. Aucun fossile ne peut être associé avec certitude à une industrie lithique. Ils vivaient en milieu ouvert à proximité des lacs et se nourrissaient de petits animaux, de tubercules ou de carcasses dérobées aux félins.

Il est difficile de faire le lien entre ces différents australopithèques et les premiers représentants du genre humain qui apparaissent vers 2 MA. *Homo habilis* et *Homo rudolfensis* sont les premières espèces humaines (certains scientifiques les regroupent en une seule espèce *H. habilis*). *H. habilis* connu à Olduvai (Tanzanie) et à Koobi-Fora (Kenya) présente un volume crânien de 510 cm^3, et de petites dents jugales. *H. rudolfensis* découvert à Koobi-Fora présente un volume crânien supérieur (750 cm^3) et des dents plus grandes. On trouve, dès lors, ces premiers humains avec des outils en pierre très simples qui sont des galets retouchés.

C'est avec *Homo ergaster* (considéré parfois comme un *Homo erectus* archaïque) que l'on reconnaît les premiers caractères « humains » qui persisteront chez les espèces plus tardives (*H. erectus, H. sapiens, H. neanderthalensis,* etc.), à savoir une locomotion bipède adaptée à un habitat ouvert, des dents de petite taille qui montrent un régime alimentaire moins spécialisé que celui des australopithèques, une stature plus grande. *H. ergaster* est connu en Afrique à partir de 1,7 MA. L'adolescent de Nariokotome, individu découvert à Koobi-Fora, au Kenya, a un volume cérébral de 850 cm^3 et sa taille corporelle est voisine de celle de l'homme actuel. C'est probablement ses capacités physiques, sa dextérité à fabriquer et à manipuler des outils – on est au début de l'Acheuléen (v.) – et des conditions climatiques et environnementales favorables qui ont poussé *H. ergaster* à sortir d'Afrique.

C'est en Géorgie, sur le flanc sud du Caucase, que l'on trouve les traces de ces premiers hommes en Eurasie, vers 1,8 MA. Les fossiles de Dmanissi, une mandibule, un crâne, des ossements de grands mammifères, des outils de pierre, sont pour l'instant les plus anciens vestiges. Les découvreurs l'ont baptisé *Homo georgicus*.

C'est en 1891 que Eugène Dubois (v.) découvre les premiers restes du « Pithécanthrope » (v.), à Trinil, sur l'île de Java. Puis, les premiers « Sinanthropes » (v.) sont extraits du site de Chou-k'ou-tien en Chine. La présence de ces hominidés, renommés *Homo erectus*, est attestée en Indonésie vers 1 MA. Suivront par la suite les découvertes de nombreuses dents isolées, de restes crâniens et d'éléments du squelette, à Java (sites de Sangiran, Ngandong et Sambungmachan), et en Chine (sites de Chenjiawo, Gongwangling, Nanjing entre autres). Des fossiles européens et africains ont aussi été attribués à *Homo erectus*, élargissant de ce fait sa distribution géographique. La systématique des *Homo erectus* a beaucoup évolué au cours de la dernière décennie et reste toujours très débattue. Il est aujourd'hui courant de trouver dans la littérature *Homo ergaster* et *Homo sapiens*, à la place d'*Homo erectus*, pour les fossiles africains. De même, d'autres appellations ont été données aux fossiles européens, l'espèce *Homo heidelbergensis* par exemple, à laquelle sont venues s'ajouter *Homo antecessor* et *Homo cepranensis*.

En Asie, la durée de vie d'*Homo erectus* se situe entre 1 MA et 200 000 ans environ. Il se caractérise par une boîte crânienne longue et de paroi épaisse, un volume cérébral supérieur à 1 000 cm^3, un bourrelet osseux proéminent au-dessus des orbites et un frontal aplati et fuyant. Les outils sont représentés majoritairement par des bifaces et par des éclats retouchés en grès ou en quartz.

En Europe, les plus anciens fossiles sont attribués à *Homo antecessor* (Atapuerca (v.), 800 000 ans av. notre ère) et à *Homo cepranensis* (Ceprano (v.), 700 000 ans). Aucun ne montre encore de caractères néandertaliens, contrairement à l'espèce *Homo heidelbergensis* représentée par tout un ensemble de fossiles européens engagés dans un processus de « néandertalisation ». Entre 450 000 et 80 000 ans av. notre ère, les fossiles montrent en effet une accumulation progressive de caractères dérivés de Néandertaliens (citons Tautavel en France, Petralona en Grèce, Swanscombe en Angleterre, Mauer et Steinheim en Allemagne).

Les Néandertaliens sont connus en Europe et au Proche-Orient entre 80 000 et 33 000 ans av. notre ère. Parmi les plus célèbres, on peut mentionner Krapina en Croatie, La Chapelle-aux-Saints, Le Moustier, La Ferrassie en France, Zaffaraya en Espagne, Tabun en Israël, Shanidar en Irak. Le crâne est massif avec un cerveau de 1 520 cm^3 en moyenne, les orbites sont surmontés de deux bourrelets osseux développés, la boîte crânienne est basse, étirée vers l'arrière en forme de chignon occipital, l'oreille interne a une structure particulière différente de celle des hommes modernes, le squelette est massif et robuste. Il faut rechercher l'origine des Néandertaliens du Proche-Orient parmi les populations européennes. Cette migration d'est en ouest a probablement débuté il y a 150 000 ans. Ces squelettes ont été pour la plupart découverts dans des sépultures. L'industrie des Néandertaliens comprend de nombreux grattoirs, pointes et racloirs fabriqués sur éclats. Ils innovent l'industrie moustérienne et développent le débitage Levallois, caractéristique du paléolithique moyen.

Homo sapiens (v.) est présent en Afrique et au Proche-Orient dès 250 000 ans av. notre ère ; il n'apparaît en Europe que vers 36 000, où il remplace progressivement les Néandertaliens, sans qu'il y ait eu, semble-t-il, de métissage. Ce sont les hommes de Cro-Magnon (v.). Le premier homme moderne d'Europe a été récemment découvert en Roumanie, en 2002, dans la localité de Pestera cu Oase. Il s'agit d'un individu adulte dont on ne connaît que la mandibule, datée au carbone 14 de 36 000/34 000 ans. C'est le temps du paléolithique supérieur pendant lequel l'outillage tend à devenir de plus en plus petit, divers et spécialisé. L'industrie osseuse se développe et l'art, mobilier et pariétal, connaît un essor magistral.

HOMO SAPIENS. En latin « Homme intelligent ». Nom que Linné, dans son *Systema naturae* (1735), donna à l'espèce humaine pour la distinguer des autres primates. On considère actuellement que l'*Homo sapiens*, qui aurait évolué à partir d'*Homo ergaster* en Afrique, est apparu il y a environ 350 000 ans.

Dans la classification habituelle, on considère que deux sous-espèces se sont individualisées à l'intérieur de l'espèce *Homo sapiens* : les Néandertaliens (v.) ou *Homo sapiens neanderthalensis*, et l'homme moderne ou *Homo sapiens sapiens*, à laquelle appartient toute l'humanité actuelle. Cependant, une analyse en biologie moléculaire réalisée en 1997 sur un fragment d'os de Néandertalien, par une équipe de chercheurs germano-américains, a permis de séparer ces deux types humains en deux espèces distinctes : *Homo sapiens* et *Homo neanderthalensis*. Les deux classifications sont toujours utilisées dans la littérature.

L'*Homo sapiens* se caractérise par l'augmentation de la capacité crânienne, avec un redressement de la région frontale, la réduction de l'avancée de la face et des mâchoires, et l'acquisition d'un menton osseux.

La distinction entre les deux espèces, *Homo ergaster* (encore appelée *Homo erectus* en Afrique) et *Homo sapiens* est cependant difficile à établir, car l'évolution de l'une vers l'autre a été progressive. *Homo sapiens* est présent sans ambiguïté en Afrique et au Proche-Orient dès 250 000 ans ; il n'apparaît en revanche, avec les hommes de Cro-Magnon (v.), que vers 36 000 ans en Europe, où il a progressivement remplacé les Néandertaliens. Un des tout premiers hommes modernes a été récemment découvert en

Roumanie, en 2002, dans la localité de Pestera cu Oase. Il s'agit d'un individu adulte dont on ne connaît que la mandibule, datée au carbone 14 de 36 000/34 000 ans.

Plusieurs hypothèses ont été proposées quant à l'origine de l'homme moderne. Pour certains, ce dernier est apparu en Afrique, a remplacé les populations d'*Homo sapiens* archaïque qui ont évolué à partir d'*Homo ergaster* (ou *Homo erectus*), et s'est imposé peu à peu dans le monde (hypothèse de l'arche de Noé) ; pour d'autres, il est apparu en plusieurs régions du monde, de façon plus ou moins simultanée, à partir de populations d'*Homo sapiens* archaïque, ayant évolué elles-mêmes à partir d'*Homo erectus* (hypothèse du candélabre).

HONDURAS. État de l'Amérique centrale, borné par le Guatemala, le Salvador, l'océan Pacifique, le Nicaragua et la mer des Caraïbes ; capitale *Tegucigalpa*. La côte atlantique du Honduras fut abordée par Christophe Colomb le 14 août 1502, et le pays fut conquis à partir de 1523 par un lieutenant de Cortez, Pedro de Alvarado. Sous la domination espagnole, il forma d'abord un gouvernement particulier, puis fut rattaché à la capitainerie générale du Guatemala. Devenu indépendant en 1821, le Honduras fit partie des Provinces-Unies de l'Amérique centrale (1823/39), avant de former un État souverain qui a connu depuis lors une centaine de révolutions et de coups d'État, et dont l'histoire a été troublée par de nombreuses querelles de frontières avec ses voisins. Occupé par les troupes américaines de 1911 à 1933, le Honduras vit ensuite se succéder les dictatures. Une brève période constitutionnelle, de 1957 à 1963, prit fin avec le renversement du président Ramon Villeda Morales par le colonel Oswaldo Lopez Arellano, qui gouverna jusqu'en 1971, puis de 1972 à 1975. Le général Paz García, qui prit le pouvoir en 1978, parvint à rétablir un régime constitutionnel et, en janv. 1982, le chef du parti libéral, Roberto Suazo Cordova, devenait président de la République. José Azcona del Hoyo lui succédait en nov. 1985. L'armée n'en avait pas pour autant perdu le contrôle de la situation, et le Honduras devint le territoire d'élection de la stratégie américaine antisandiniste (v. **Nicaragua**). En nov. 1989, R. Callejas, candidat du parti national (conservateur, soutenu par l'armée), fut élu à la présidence de la République. De nombreuses grèves éclatèrent, en 1991, contre une vague de licenciements et la progression de la misère. Carlos Roberto Reina, membre du parti libéral, fut élu président, en nov. 1993. Malgré un taux de croissance de 4 % en 1993, l'inflation augmentait et atteignait 13,6 % la même année. À la fin des années 1990, la situation économique du pays continuait à être préoccupante. Cependant, les Honduriens reconduisirent le parti libéral au pouvoir lors de l'élection présidentielle de nov. 1997 qui vit la victoire de son candidat Carlos Flores. En nov. 1998, le cyclone *Mitch* ravagea le pays, ruinant les récoltes et nécessitant d'importants travaux de reconstruction qui aggravèrent le déficit budgétaire. Le président Flores entama la remise au pas d'une armée compromise dans les violences les années 1970 ; en sept. 2000, un mandat d'arrêt fut d'ailleurs lancé contre plusieurs anciens officiers, soupçonnés d'avoir participé à des escadrons de la mort. Les tensions avec le Nicaragua, qui avaient commencé à la suite d'un litige à propos de la délimitation des eaux territoriales, et qui avaient abouti en févr. 2000 à des affrontements, s'apaisèrent en mars, grâce à un accord par lequel les deux pays s'en remettaient au jugement de la Cour internationale de justice de La Haye.

HONDURAS BRITANNIQUE, *British Honduras*. Pays d'Amérique centrale, ancienne colonie britannique qui prit le nom de Belize en 1973. Voir **Belize**.

HONECKER Erich (* Neunkirchen, Sarre, 25.VIII 1912, † Santiago du Chili, 29.V.1994). Homme politique allemand. Militant communiste depuis l'âge de quatorze ans, il occupait d'importantes fonctions dans le parti communiste avant l'arrivée au pouvoir de Hitler. Arrêté en 1935, il fut détenu jusqu'à la chute du IIIe Reich. Libéré par l'armée soviétique, il fonda en zone orientale, en 1946, le mouvement de jeunesse communiste Freie Deutsche Jugend, qu'il dirigea jusqu'en 1955. Membre du Bureau politique du parti est-allemand SED à partir de 1958, il devint rapidement le bras droit de Walter Ulbricht (v.), et, le 3 mai 1971, il succéda à ce dernier comme premier secrétaire du parti, ce qui fit de lui le principal dirigeant de la République démocratique allemande. Le 29 oct. 1976, il se fit élire président du Conseil de l'État, c'est-à-dire chef de l'État ; mais il refusa de suivre la perestroïka et fut contraint de démissionner le 18 oct. 1989. Prenant la fuite après la chute du mur de Berlin (9 nov. 1989), Honecker trouva finalement refuge à Moscou en mars 1991. Le nouveau président russe, Boris Eltsine, ne put refuser les requêtes du chancelier Kohl, et Erich Honecker fut extradé le 30 juill. 1992. Alors qu'il était accusé de meurtres politiques, son procès fut interrompu par le tribunal de Berlin en raison de sa mauvaise santé et il mourut chez sa fille, au Chili. Voir **Allemagne**. République démocratique allemande (RDA).

HONGKONG ou **HONG KONG, Xiang-gang,** « port parfumé » en chinois. Région administrative spéciale de la République populaire de Chine et ancienne colonie britannique, de 1842 à 1997. Le territoire est composé de l'île Victoria (île de Hongkong proprement dite), de la péninsule de Kowloon et des Nouveaux Territoires (comprenant la zone située au N. de Kowloon et de nombreuses îles, dont Lan Tao).

Avant l'arrivée des Britanniques, l'île de Hongkong n'était qu'un petit port de pêche. Vainqueurs de la première guerre de l'Opium (1839/42) (v.), les Britanniques annexèrent cette île lors du traité de Pékin (1842), puis la péninsule de Kowloon lors de la convention de Nankin (1860). Les Nouveaux Territoires firent, en 1898, l'objet d'un bail cédé par les Chinois pour une durée de quatre-vingt-dix-neuf ans.

Hongkong fut un port franc dès sa création et devint progressivement un grand port d'entrepôt. Les Britanniques en firent également une importante base navale. À partir de 1890 Hongkong servit de relais entre la Chine et le monde extérieur. Plus de 50 % des exportations britanniques vers la Chine transitaient par la colonie. Parallèlement aux activités légales, la contrebande et le trafic d'opium notamment y prirent une ampleur considérable. Les autorités britanniques tolérèrent ce genre d'activités car celles-ci, difficilement contrôlables, représentaient un intérêt économique et financier non négligeable pour la colonie. Les sociétés secrètes, comme la Triade, s'y établirent donc dès le début de la colonisation ; en cadrant la plupart des habitants de Hongkong, celles-ci furent très actives dans tous les domaines de la vie sociale et économique.

Sur le plan politique, Hongkong a longtemps été une plaque tournante pour les différents mouvements révolutionnaires que la Chine a connus jusqu'en 1949, et accueillit de nombreux républicains et révolutionnaires chinois au début du XXe siècle (dont Sun Yat-sen) (v.). Après quatre années d'occupation japonaise (1941/45), Hongkong connut un taux de croissance économique très élevé (environ 10 % par an en moyenne pour une trentaine d'années). En 1949, plus de 200 000 Chinois fuyant la Chine devenue communiste s'y installèrent ; ils apportèrent une part importante du capital financier chinois, et contribuèrent beaucoup à l'industrialisation de la colonie. En trente ans, Hongkong devint un centre industriel important (textile et confection), orienté vers l'exportation. À partir de 1970, elle commença à se diversifier dans les domaines de l'électronique, de l'informatique et des services. Dans les années 1980, ce nouveau pays industrialisé (NPI) était le deuxième centre financier d'Asie et une plaque tournante du commerce mondial. Premier partenaire commercial de la Chine, Hongkong constituait pour Pékin au moment de son ouverture vers l'extérieur une indispensable source de devises, jouant ainsi un rôle non négligeable dans la modernisation du continent.

La colonie restait cependant dépendante du continent, notamment pour les approvisionnements en vivres, en eau et en électricité. L'approche de la date de la restitution des Nouveaux Territoires provoqua en 1982 une grave crise de confiance à Hongkong. Le taux de croissance chuta à 2,4 %, alors qu'il était de 11 % en 1981. Les négociations sino-britanniques s'engagèrent sur l'avenir de l'ensemble de la colonie, qui ne pouvait subsister sans les Nouveaux Territoires. Un accord fut signé le 19 déc. 1984 entre les deux pays, prévoyant la restitution de la colonie à la Chine le 1er juill. 1997. Pékin promit de maintenir pendant cinquante ans le système capitaliste à Hongkong, pour laquelle fut prévu un statut de « zone administrative spéciale » (ZAS). Malgré ces promesses, la perspective de l'échéance de 1997 provoqua un début d'exode. Selon les statistiques officielles, plus de 100 000 personnes (notamment les plus fortunées et les plus qualifiées) émigrèrent de Hongkong durant la période 1984/88. Afin de fixer les élites locales tentées par l'émigration, la Grande-Bretagne accorda en 1990 la pleine citoyenneté à une partie infime des habitants de la colonie, ce qui, pour Londres, devait constituer une forme « d'assurance » pour les intéressés et fut considéré par Pékin comme un moyen de contrôle sur Hongkong après l'échéance de 1997. La fuite des cerveaux et des capitaux se ralentit dans les années 1990, une partie des émigrés revinrent y faire des affaires, munis d'un passeport étranger (surtout canadien et australien). En 1989, Hongkong fut une base de soutien pour les manifestants de Tian' anmen. Après une courte période d'inquiétude et d'indignation, les habitants de Hongkong se résignèrent à la situation politique en Chine continentale en cherchant à tirer profit de la formidable croissance de son marché.

En 1992, une libéralisation de la vie politique de Hongkong a été impulsée par le gouverneur Chris Patten. Le sort de cette démocratie asiatique, balbutiante, a progressivement constitué l'un des défis majeurs du processus de rétrocession de Hongkong à la Chine. Un Conseil législatif (Legco) fut démocratiquement élu le 17 sept. 1995, mais dès avant la rétrocession de Hongkong à la Chine le 1er juill. 1997, Pékin remplaça le Legco par une assemblée nommée et docile, principalement composée d'hommes d'affaires et dirigée par Tung Chee-hwa. Critiqué à cause d'une augmentation massive du chômage, celui-ci vit cependant le soutien de Pékin nettement réaffirmé à la fin de l'année 2000.

HONGRIE, *Magyarorszag*. État de l'Europe centrale, borné au N. par la Slovaquie, au N.-E. par l'Ukraine, à l'E. par la Roumanie, au S. par la Yougoslavie, la Croatie et la Slovénie, et à l'O. par l'Autriche ; capitale *Budapest*.

Avant les Magyars (jusqu'au IXe s.)

D'abord occupé par les Gètes, le territoire actuel de la Hongrie fut envahi par les Celtes au IIIe s. av. J.-C. Vers le milieu du Ier s. av. J.-C., les Daces, peuple apparenté aux Gètes, soumirent les Celtes établis dans cette région, cependant que d'autres peuples, tels que les Sarmates, s'installaient dans la partie occidentale de la plaine hongroise. Au Ier s. de notre ère, les peuples établis en Hongrie se répartissaient ainsi : au N. du Danube, les Quades ; au S. du Danube, les Boiens, les Oseriates et les Aravisces ; entre le Danube et la Tisza, les Iazyges ; à l'E. de la Tisza, les Anartes ; enfin, en Transylvanie, les Daces. Les Romains firent la conquête de toute la rive gauche du Danube, qui fut divisée en provinces de *Pannonie supérieure* et de *Pan-*

nonie inférieure en 10 apr. J.-C., puis ils soumirent les Daces (107), qui furent organisés dans les provinces de *Dacie supérieure* et de *Dacie inférieure*. Toutefois, la Dacie dut être évacuée au IIIe s., sous le règne d'Aurélien.

Les Grandes Invasions firent passer sur l'actuel territoire hongrois des peuples de toutes origines. Les Vandales et les Ostrogoths, d'origine germanique, arrivés les premiers, au début du IVe s., furent chassés vers 370/80 par les Huns. Attila eut sa principale résidence en Hongrie septentrionale. Après le reflux des Huns (454), le pays fut disputé entre les Ostrogoths, les Lombards (installés au VIe s. sur la rive gauche du Danube) et les Gépides ; l'Empire de ces derniers, qui s'étendait, vers la fin du Ve s., de la rive droite du Danube à la Transylvanie, fut détruit par les Avars en 567. Aux VIIe/VIIIe s., l'Empire des Avars englobait toute la Hongrie, mais il s'effondra à son tour en 791/96 sous les attaques conjuguées de Charlemagne, qui fonda sur la rive gauche du Danube la marche de Pannonie, et des Bulgares, qui étendirent leur influence sur la Transylvanie.

La Hongrie médiévale

En 896 se produisit le fait capital de l'histoire hongroise : poussés par les Petchénègues, les Magyars ou Hongrois, peuple d'origine finno-ougrienne, probablement venus de la région méridionale de l'Oural, envahirent la plaine du Danube sous la conduite de leur prince Arpad (890/907). Poursuivant leur marche, ils se livrèrent à de grands raids dévastateurs dans les régions voisines, détruisirent le royaume slave de Moravie (906/18), ravagèrent la Thuringe, la Bavière, la Souabe, l'Italie du Nord, les Balkans, jusqu'à ce que l'empereur Othon le Grand, par sa victoire du Lechfeld (10 août 955), les eût enfin rejetés dans le pays auquel ils ont donné leur nom. Le duc Géza (972/97) permit l'introduction du christianisme, et la conversion des Hongrois fit des progrès décisifs sous le règne de son fils, st Étienne Ier (997/1038). Étienne organisa le pays sur le modèle franc, en *comitats*, inspirés des comtés ; il fonda l'évêché d'Esztergom et reçut du pape Sylvestre II le titre de « roi apostolique » et la couronne dite « de Saint-Étienne » (1001). Mais l'évangélisation, trop rapide, et imposée d'en haut, suscita de vives oppositions. La mort de st Étienne fut suivie d'une période d'anarchie, au cours de laquelle la Hongrie tomba sous l'influence impériale.

Le redressement s'amorça à partir de la fin du XIe s. Sous st Ladislas (1077/95), la Hongrie accepta définitivement le christianisme, et, vers 1100, elle étendait déjà son protectorat sur la Croatie, la Bosnie et la Dalmatie. Le roi Géza II (1141/61) invita des colons allemands à s'installer en Transylvanie et en Hongrie septentrionale. Béla III (1172/96), qui avait été élevé à Constantinople, ouvrit la Hongrie aux influences de la civilisation byzantine ; bon administrateur, il établit définitivement la division du pays en comitats ; il avait épousé Marguerite, comtesse du Vexin, sœur de Philippe Auguste.

Dans cet État essentiellement féodal, la puissance des grands magnats et des prélats fut encore renforcée par la Bulle d'or (1222) d'André II. Après l'invasion mongole (1241/42) et l'extinction de la dynastie nationale des Arpades (1301), le trône hongrois passa à la maison d'Anjou (1308/86), qui redressa énergiquement le pouvoir royal et renforça l'influence de la culture française sur la noblesse hongroise. Le règne de Louis Ier le Grand (1342/82) vit l'apogée de la Hongrie médiévale, qui, victorieuse de Venise (1381), s'étendait de l'Adriatique aux Carpates, exerçait son protectorat sur la Serbie, la Moldavie, la Valachie, et résistait encore avec succès aux premiers assauts des Turcs. Louis Ier porta également la couronne de Pologne (1370). À sa mort, sa fille, Marie, fut proclamée *roi* (1382) et associa au trône son époux, Sigismond de Luxembourg (1387/1437). Leur règne fut troublé par les révoltes de magnats, par l'agitation hussite et surtout par l'invasion des Turcs, qui infligèrent aux Hongrois les graves défaites de Nicopolis (1396) et de Sémendria (1412).

Sigismond eut pour successeur son gendre, le Habsbourg Albert II (1437/39), auquel succéda Ladislas V le Posthume (1440/57). Le régent Jean Hunyade contint victorieusement les Turcs, et, à la mort de Ladislas V, c'est le fils de Jean Hunyade, Matthias Corvin (1458/90), qui fut élu roi par la noblesse hongroise. Remarquable homme de guerre, Matthias Corvin tenta d'unir sous son autorité toute l'Europe centrale contre les Turcs. Il enleva à Georges Podiébrad la Moravie, la Silésie et la Lusace ; il s'empara également de la Basse-Autriche, avec la ville de Vienne (1485). Humaniste éclairé, protecteur des sciences et des arts, il fit rayonner l'esprit de Renaissance en Hongrie et fonda l'université de Presbourg (Bratislava). Mais les magnats, irrités de son absolutisme, écartèrent son fils de sa succession pour porter leur choix sur un incapable, le Jagellon Ladislas VI (1490/1516), qui était déjà roi de Bohême. Sous son règne et sous celui de son fils Louis II, la menace ottomane ne cessa de grandir : Louis II fut vaincu et tué en combattant Soliman II à la bataille de Mohács (1526).

Entre les Ottomans et les Habsbourg (XVIe/XVIIe s.)

La Hongrie connut alors une nouvelle période de troubles : s'appuyant sur le traité de Vienne (1515), Ferdinand de Habsbourg (Ferdinand Ier) se fit proclamer roi de Bohême et de Hongrie par la diète de Presbourg (1526), mais une partie de la noblesse hongroise lui opposa le voïvode de Transylvanie, Jean Zapolya ; celui-ci fut soutenu par les Turcs, dont il s'était déclaré le vassal. À sa mort, les Turcs occupèrent Buda (1541) et toute la Hongrie centrale, qui restèrent durant plus d'un siècle sous la domination ottomane. L'ancien État hongrois éclata, la partie occidentale du pays (avec Presbourg) allant aux Habsbourg (1570), alors qu'en Hongrie orientale se constituaient la principauté de Transylvanie et diverses autres petites seigneuries indépendantes gouvernées par des nobles hongrois vassaux des Turcs. Les princes de Transylvanie, Bethlen Gabor et Georges Ier Rakoczi, adoptèrent le protestantisme (1545/71) par haine des Habsbourg catholiques. Dans la Hongrie soumise aux Habsbourg (ou *Hongrie royale*) se produisirent, au XVIIe s., plusieurs graves révoltes ; celle du comte Thököly, que les Turcs soutinrent contre l'empereur Léopold Ier, provoqua la grande guerre contre les Turcs (1683/99), au terme de laquelle l'Empire ottoman, vaincu par le Prince Eugène, fut contraint – traité de Karlowitz (1699) – d'abandonner à l'Autriche toute la Hongrie propre et la Transylvanie, à l'exception du banat de Temesvár (qui fut conquis par les Impériaux lors d'une nouvelle guerre, en 1718).

Sous les Habsbourg (XVIIIe/XIXe s.)

En 1687, à la diète de Presbourg, la couronne de Hongrie avait été déclarée héréditaire dans la maison d'Autriche. Les Habsbourg menèrent en Hongrie une politique absolutiste et catholique qui continua de rencontrer des oppositions (soulèvement de François II Rakoczi, 1703/11) et qui ne parvint jamais à réduire la minorité hongroise calviniste de Transylvanie. Les régions libérées des Turcs furent mises en valeur, mais plus souvent au profit des Habsbourg qu'à celui des anciens propriétaires hongrois ; des paysans d'Allemagne du Sud furent établis dans la Batschka et le Banat ; les Confins militaires (territoires limitrophes de la Turquie, de l'Adriatique à la Transylvanie) furent confiés à des garnisons de Serbes, de Croates et de Roumains qui avaient fui la domination ottomane. Lors de la guerre de la Succession d'Autriche (1740/48), l'impératrice Marie-Thérèse dut faire d'importantes concessions aux magnats hongrois en échange de leur aide militaire (1741), mais tout fut remis en question par le despotisme éclairé de Joseph II (v.) : celui-ci abolit le servage (1781), substitua l'allemand au latin comme langue officielle (1784) et supprima l'autonomie des comitats hongrois (1785). Ces réformes mécontentèrent la noblesse hongroise, et Joseph II, menacé par les Turcs, dut sacrifier la plus grande partie de son œuvre.

La Hongrie resta fidèle aux Habsbourg durant les guerres de la Révolution et de l'Empire, mais, dans les années 1820, se développa un mouvement nationaliste d'indépendance, de tendances conservatrices avec le comte Istvan Széchenyi (v.), de tendances libérales avec Lajos Kossuth (v.). Le 15 mars 1848, à la suite de la révolution de Vienne, l'Autriche dut accorder aux Magyars une administration particulière. La Hongrie devenait un royaume parlementaire ; l'archiduc Étienne prenait le titre de vice-roi et un ministère hongrois libéral était constitué, dont Lajos Batthyany et Kossuth étaient les principales personnalités.

Mais la Hongrie elle-même était déchirée par l'opposition des minorités (serbe, croate, roumaine, ruthène, slovaque) à la prédominance magyare. La diète croato-slavone et le Comité central des Serbes refusèrent de reconnaître le nouveau gouvernement hongrois, qui se trouva menacé par l'invasion de 40 000 Croates commandés par le ban Jelacic (sept. 1848). L'Autriche profita des événements pour se retourner contre les Hongrois et apporter son soutien à Jelacic. Kossuth prit la direction dictatoriale du mouvement national hongrois et fut nommé président du Comité de défense (27 sept. 1848). Les Croates de Jelacic furent vaincus à la bataille de Pakosd (29 sept.), mais, en déc. 1848, les Autrichiens envahirent la Hongrie, s'emparèrent de Budapest (5 janv. 1859) et rejetèrent l'armée hongroise au-delà de la Tisza. En réponse au manifeste de François-Joseph, qui réduisait la Hongrie au statut de simple province autrichienne (4 mars 1849), la diète hongroise de Debrecen proclama la déchéance des Habsbourg et l'indépendance de la Hongrie (14 avr.). Les Hongrois, réorganisés et galvanisés par Kossuth, reprirent l'offensive, rentrèrent à Pest (24 avr.) et prirent d'assaut la citadelle de Buda (21 mai 1849). L'Autriche fit alors appel à l'intervention du tsar Nicolas : pris à revers par l'armée russe de Paskievitch, battus à Temesvár (9 août), les Hongrois durent capituler à Világos (13 août 1849). Kossuth parvint à se réfugier chez les Turcs, mais les principaux chefs de l'insurrection furent fusillés ou pendus. L'Autriche soumit le pays à un régime centralisateur et policier ; l'état de siège fut maintenu jusqu'en 1854.

L'Autriche-Hongrie (1867/1918)

La résistance passive des Hongrois aux efforts de germanisation finit par apparaître, aux yeux mêmes du gouvernement de Vienne, comme la principale cause de la faiblesse de l'Empire. La guerre austro-prussienne de 1866, en excluant l'Autriche des affaires allemandes, facilita l'adoption du compromis (*Ausgleich*) du 8 févr. 1867, qui accordait l'autonomie aux Magyars, établissait une diète hongroise et un gouvernement hongrois. L'unité de l'Empire restait assurée dans la personne du souverain (François-Joseph se fit couronner roi de Hongrie) ; un ministère d'Empire était chargé des affaires communes : Affaires étrangères, Finances et Guerre. Ces bases fondamentales restèrent celles du système dualiste de l'*Autriche-Hongrie* jusqu'en 1918. La diète de Hongrie comprenait deux chambres, la *Table des magnats* et la *Table des représentants*, mais le droit de vote n'appartenait qu'aux magnats et aux propriétaires, ce qui empêcha toute évolution vers un régime démocratique. Les Hongrois pratiquèrent une politique de magyarisation des minorités slovaque, ruthène, roumaine et dalmate, les Croates seuls bénéficiant d'une certaine autonomie à la suite d'un compromis conclu en 1868. Cette oppression des minorités, plus sensible encore en Hongrie qu'en Autriche, contribua beaucoup à l'effondrement de l'Autriche-Hongrie, précipité par la Première Guerre mondiale.

La Hongrie de 1918 à 1945

La défaite des Empires centraux provoqua dès la fin de l'année 1918 un profond bouleversement en Europe centrale : la Hongrie fut proclamée république indépendante (16 nov. 1918), mais dut accepter la rupture de ses liens avec la Croatie-Slovénie (29 oct.), avec la Transylvanie, qui demanda son rattachement à la Roumanie (1er déc.), avec la Slovaquie, qui fut occupée par les Tchèques. Le traité de Trianon (4 juin 1920) consacra ces amputations, mais, en réduisant la Hongrie à un tiers de son ancienne superficie, il créait une nouvelle source de conflits en Europe danubienne. Mihály Károlyi, président provisoire de la République à partir de nov. 1918, joua en Hongrie le même rôle que Kerenski en Russie : après avoir déclenché une évolution vers la gauche, il dut se retirer, en mars 1919, devant le communiste Béla Kun. La République hongroise des Conseils dura à peine cinq mois (mars/août 1919), mais elle laissa un souvenir sanglant. Après le renversement de la dictature soviétique de Béla Kun par l'intervention roumaine (1er août 1919), une armée hongroise contre-révolutionnaire, conduite par l'amiral Horthy (v.), occupa Budapest (16 nov. 1919) : la Hongrie devint un royaume sans roi, sous la régence de Horthy (1er mars 1920). À deux reprises (mars et oct. 1921), l'ex-empereur Charles Ier de Habsbourg (en Hongrie, Charles IV) tenta de reprendre le pouvoir en Hongrie, mais sans succès. La loi du 5 nov. 1921 proclama la déchéance définitive des Habsbourg, la monarchie restant la forme officielle de l'État.

Sous la régence de l'amiral Horthy (1920/44), le caractère très conservateur du nouveau régime hongrois s'accusa, en particulier sous les ministères de Bethlen (1922/31) et de Gombös (1932/35). La rancœur laissée par le traité de Trianon inclina la Hongrie vers une attitude révisionniste qui, dès 1927, la rapprocha de l'Italie fasciste et, plus tard, de l'Allemagne hitlérienne : grâce à l'intervention de celle-ci (arbitrage de Vienne, 2 nov. 1938), la Hongrie récupéra, aux dépens de la Tchécoslovaquie, les districts méridionaux de la Slovaquie et de la Ruthénie, puis, en mars 1939, toute la Ruthénie subcarpatique.

Au début de la Seconde Guerre mondiale, la Hongrie conserva d'abord sa neutralité ; mais en nov. 1940, elle adhéra au pacte tripartite, et, par le second arbitrage de Vienne (30 août 1940), elle rentra en possession de la moitié septentrionale de la Transylvanie, dont la population était en majorité hongroise. L'effondrement de la Yougoslavie lui permit, en mai 1941, de s'accroître encore de divers territoires entre le Danube et la Tisza. Pour prix de ces agrandissements, la Hongrie dut entrer le 28 juin 1941 aux côtés du Reich dans la guerre contre l'URSS, et son armée participa à la campagne de Russie. Cependant, le régent Horthy essaya le plus longtemps possible de soustraire son pays à la mainmise hitlérienne, et la Wehrmacht n'occupa la Hongrie qu'en mars 1944 ; c'est à cette époque que les SS entreprirent la déportation systématique des Juifs hongrois vers les camps d'extermination.

À la suite de l'irruption des troupes soviétiques en Transylvanie, Horthy demanda l'armistice (oct. 1944), mais il fut enlevé par des SS (15 oct.) et emmené en Allemagne. Un coup d'État porta alors au pouvoir le mouvement fasciste des Croix-Fléchées et son chef, Szalassy : celui-ci appliqua systématiquement une politique prohitlérienne, mais un gouvernement provisoire, présidé par le général Miklós, se constitua à Debrecen (24 déc. 1944) et signa l'armistice avec l'Union soviétique (20 janv. 1945).

La Hongrie jusqu'en 1956

Le traité de Paris (1947) ramena la Hongrie à ses frontières de 1920 et lui imposa le versement d'une lourde indemnité de guerre à l'URSS. Le gouvernement provisoire organisa, en nov. 1945, des élections libres, qui furent marquées par la victoire du parti des petits propriétaires (57 % des voix) sur les partis communiste et social-démocrate, lesquels n'obtinrent chacun que 17 % environ des voix. La république fut proclamée (févr. 1946). Les communistes – qui s'étaient assuré le ministère de l'Intérieur – bénéficièrent des importantes mesures sociales prises dès l'effondrement de l'ancien régime : réforme agraire du 15 mars 1945, nationalisation des mines et de l'industrie lourde (1946), des banques (1947), de toutes les entreprises occupant plus de cent personnes (1948). En 1946 fut réalisée, sous l'inspiration communiste, l'union des forces de gauche, qui obtint 60 % des voix aux élections d'août 1947, et, après les élections de 1949, où la liste unique composée par les communistes et leurs alliés obtint 95,6 % des suffrages, la République populaire hongroise fut proclamée (20 août 1949). Le pouvoir passa désormais au Politburo du parti communiste, dont le premier secrétaire était le rigide stalinien Rákosi. L'application du premier plan quinquennal (1950/54), la lutte contre l'Église (nationalisation de l'enseignement et des biens du clergé, 1948 ; condamnation du cardinal Mindszenty, 1949) et l'épuration des communistes titistes (exécution de Rajk, oct. 1949) furent les principaux événements de cette période.

En conséquence de la déstalinisation, Rákosi fut remplacé en juill. 1953 à la présidence du Conseil par Imre Nagy (v.), qui reconnut que le régime avait commis de graves erreurs politiques et économiques (notamment dans le domaine de la collectivisation agraire) ; une amnistie fut proclamée. L'opposition de la tendance dure, menée par Rákosi, entraîna la chute de Nagy (avr. 1955), mais la pression de l'opinion publique obligea le régime à persévérer dans la voie d'une relative libéralisation (réhabilitation de Rajk, mars 1956), et Rákosi dut démissionner de son poste de premier secrétaire du parti (juill. 1956).

La Hongrie de 1956 à 1989

Le remplacement de Rákosi par un autre dirigeant de l'époque stalinienne, Ernö Gerö, n'était pas suffisant pour contenir l'agitation qui grandissait, surtout dans la jeunesse, en corrélation avec les événements de Pologne (émeutes de Poznan, juin 1956 ; retour au pouvoir de Gomulka, 21 oct. 1956). La décision de Gerö de faire ouvrir le feu sur une grande manifestation étudiante déclencha, le 23 oct. 1956, la révolution de Budapest. Les troupes soviétiques intervinrent, puis, le 27, évacuèrent la capitale : pour éviter le pire, Moscou acceptait le retour au pouvoir d'Imre Nagy. Ce vieux militant communiste ne songeait nullement à abolir le communisme et à rompre avec l'URSS, mais il allait être entraîné par la puissance du mouvement populaire, qui l'obligea à former un gouvernement de coalition (1er nov.), à annoncer que la Hongrie se retirait du pacte de Varsovie et demandait à l'ONU de reconnaître solennellement sa neutralité.

Restées pendant quelques jours dans l'expectative, les troupes soviétiques entrèrent en action dans la capitale (4 nov.), tandis qu'un contre-gouvernement, fidèle à Moscou, était constitué par János Kádár. Les insurgés furent rapidement écrasés dans Budapest, mais, en province, les combats se poursuivirent sporadiquement pendant une quinzaine de jours. On compta plus de 25 000 morts, et environ 160 000 réfugiés réussirent à passer à l'Ouest. Mais les États-Unis, soucieux d'éviter tout affrontement direct avec l'URSS, se gardèrent d'intervenir. Arrêtés par les Soviétiques, Imre Nagy et le chef militaire de l'insurrection, Pál Maleter, furent exécutés en juin 1958. Le cardinal Mindszenty, qui avait été libéré par les insurgés, put se réfugier à l'ambassade américaine. Plus de 15 000 personnes furent déportées par les Soviétiques.

L'ancien régime stalinien ne fut pas restauré, et Kádár (v.), qui appartenait au courant des communistes « nationaux », s'efforça, comme Gomulka en Pologne, de réaliser la mutation dans le calme. Les derniers dirigeants staliniens furent éliminés du parti en 1962, mais la Hongrie resserra ses liens avec l'Union soviétique (renouvellement pour vingt ans du traité d'alliance, 1967), et, en août 1968, elle participa avec les autres forces du pacte de Varsovie à l'invasion de la Tchécoslovaquie.

Le pays devint le champ d'expériences réformatrices dont s'inspirèrent plus tard les États socialistes. D'abord prudentes, les réformes ouvrirent les biens et services aux lois du marché, mais ces mesures n'améliorèrent que peu la croissance économique du pays. Le bouleversement du dogme communiste s'amplifia à partir de 1988 : Janos Kádár dut s'effacer, en mai, devant Károly Grosz, et Miklós Nemeth devint Premier ministre. Anticipant sur les réformes entreprises à Moscou par M. Gorbatchev, la Hongrie rétablit l'impôt sur le revenu, institua la TVA et réouvrit la Bourse.

La Hongrie depuis 1989

En 1989, ces réformes furent accompagnées d'une démocratisation des institutions. Les principaux mouvements d'opposition furent légalisés et participèrent, de mars à sept. 1989, à une Table ronde avec le pouvoir en vue d'élections libres. En juin, la mémoire des insurgés de 1956 et celle d'Imre Nagy étaient réhabilitées lors d'une cérémonie à Budapest. Anticipant sur la chute du mur de Berlin, Budapest ouvrait en sept. sa frontière avec l'Autriche aux Allemands de l'Est qui voulaient rejoindre la RFA.

Le 23 oct. 1989, la Hongrie cessait d'être une « République populaire », consacrant ainsi l'autodissolution du régime. Les premières élections libres depuis 1947 eurent lieu en avr. 1990. Elles furent remportées par le Forum démocratique hongrois (MDF), parti d'opposition à dominante conservatrice, au détriment de l'Alliance des démocrates libres (SzDSz), mouvement de tendance plus libérale réunissant des dissidents historiques. Jozsef Antall, président du MDF, devint le chef d'un gouvernement de coalition de centre droit et Arpad Goncz (SzDSz) fut élu président de la République par le Parlement.

Qualifiée dans les années 1970 de « baraque la plus gaie du camp socialiste », la Hongrie disposait, sur le plan économique, d'une certaine avance sur ses voisins centre-européens. Toutefois, alors que le gouvernement accélérait la libéralisation de l'économie, le pays connut une forte récession dans les années 1992 et 1993. Face à cette crise, et dans le contexte de fièvre nationaliste qui gagnait les pays voisins, le pouvoir se posa, à partir de 1992, en modèle de respect des minorités nationales, défendant aussi avec vigueur les droits des 3 à 4 millions de Hongrois répartis en Slovaquie, Serbie (Voïvodine), et Roumanie (Transylvanie). Cultivant, au départ, la modération, les partis au pouvoir perdirent une grande partie de leur crédit en tentant, de 1992 à 1994, de contrôler la presse.

Lors des élections de mai 1994, le pays, désarçonné par les restructurations économiques, congédia le gouvernement du MDF Peter Boross, qui avait remplacé J. Antall, décédé en déc. 1993. Le parti socialiste hongrois (PSH), héritier du parti communiste au pouvoir avant 1989, l'emporta largement. Gyula Horn, président du PSH, dirigea, à partir de juill. 1994, un gouvernement de coalition PSH-SzDSz. Le pays poursuivit son plan de redressement économique, en accord avec le FMI, et présenta, en 1995, sa candidature à l'Union européenne. La Hongrie devint membre de l'OCDE en 1996 et de l'OTAN en 1999. Viktor Orban occupa le poste de Premier ministre après la victoire de la droite aux élections législatives de 1998.

Les inégalités sociales continuaient à s'aggraver, mais le gouvernement a enregistré à son actif en 1999/2000 une meilleure prise en compte des minorités hongroises à l'étranger : création d'un bataillon commun avec la Roumanie, d'une république autonome en Serbie et traité d'entente avec la Slovaquie. Il a fait avancer le projet d'intégration à l'Union européenne : le 1er mai 2004, la Hongrie a intégré l'Union européenne.

HONG-WOU. Fondateur de la dynastie Ming (1368/1644). Voir **Tchou Yuan-tchang.**

HONORIUS Flavius (* Constantinople, 384, † Ravenne, 15.VIII.423). Premier empereur d'Occident (395/423). Second fils de Théodose Ier, il n'avait que onze ans à la mort de son père (395). L'Empire romain fut alors partagé : Honorius reçut l'Occident, et son frère, Arcadius, régna en Orient (v. **Byzantin, Empire**). Honorius fut d'abord soumis à la tutelle d'un chef militaire barbare romanisé, Stilicon, un Vandale. Ce dernier maria successivement ses deux filles, Maria et Thermantia, à Honorius. Habile général, Stilicon réussit à contenir les Barbares, mais il fut assassiné, avec l'approbation de son gendre, en août 408. Les années suivantes virent l'invasion de la Gaule, puis la prise de Rome par Alaric (410) (v.), roi des Wisigoths. Un instant, l'autorité impériale parut pouvoir se rétablir, après la mort d'Alaric, grâce à l'action énergique de Constance, nouveau généralissime, époux de la demi-sœur de l'empereur, Placidia, puis coempereur avec Honorius. Mais la mort de Constance (sept. 421) laissa Honorius impuissant en face des nouvelles invasions barbares. Honorius mourut sans enfants et eut pour successeur son neveu, Valentinien III, fils de Constance. Voir **Rome.** La dislocation de l'Empire.

HOOVER Herbert Clark (* West Branch, Iowa, 10.VIII.1874, † New York, 20.X.1964). Homme politique américain. Ingénieur des mines, secrétaire au Commerce (1921/28), il devint président (républicain) des États-Unis (1929/33). Hoover, qui avait souhaité incarner l'ère de la prospérité, fut surpris par la crise de 1929 (« Jeudi noir » de Wall Street, 24 oct. 1929). Il s'efforça d'y remédier par la création du Federal Farm Board (mars 1930), destiné à avancer des fonds aux associations coopératives agricoles, et de la Reconstruction Finance Corporation (1931), dont les prêts aux banques n'empêchèrent pas le développement de la panique monétaire. En politique étrangère, son administration fut marquée par la conférence de Londres pour la limitation des armements (1930) et par le **moratoire Hoover** (6 juill. 1931), destiné à soulager économiquement l'Allemagne. La crise américaine s'aggravant, Hoover fut battu aux élections présidentielles de nov. 1932 par le démocrate F. D. Roosevelt, qui mit en œuvre le New Deal. Voir **États-Unis d'Amérique.** De l'isolationnisme aux responsabilités mondiales.

HORACE, Horatius. Famille patricienne romaine illustrée par **les Trois Horaces** (VIIe s. av. J.-C.), trois frères qui, sous le règne de Tullius Hostilius (672/640) et lors de la guerre entre Rome et Albe, furent désignés par le sort pour être, en un combat singulier, les champions de Rome contre les trois frères Curiaces, champions d'Albe.

HORDE D'OR, *Zolotaya Orda*. Nom donné par les Russes au khanat de Kiptchak, le plus occidental de l'Empire mongol. À la mort de Gengis Khan (1227), les fils de son fils Djoetchi, déjà disparu à cette date, reçurent en apanage les steppes de la Sibérie occidentale et du Turkestan. L'un d'eux, Batou Khan, entreprit en 1236 la conquête de la Russie. Il détruisit successivement le royaume bulgare de la Volga et la principauté de Riazan, brûla Moscou, ravagea toute la Russie du Nord-Est, battit le grand-prince de Vladimir (1238), puis s'empara de Kiev (6 déc. 1240). Ces brillantes campagnes mirent fin à la Russie kiévienne : toute la Russie méridionale et orientale se trouva attirée de force vers l'Asie, tandis qu'à l'O. allait se constituer un pôle d'attraction tout différent, l'État russo-lituanien. Batou Khan fut le fondateur de la Horde d'Or. Celle-ci commença à s'islamiser et à se rendre à peu près complètement indépendante du reste de l'Empire mongol sous le règne du frère de Batou, Berké (1257/66). La conversion définitive à l'islam eut lieu au début du XIVe s. En 1378 fut réalisée la fusion entre la Horde d'Or et le royaume plus oriental de la Horde Blanche.

Les invasions mongoles de 1236/40 avaient laissé de grandes dévastations dans toute la Russie. La domination mongole fut d'abord très dure, mais bientôt les khans mongols préférèrent laisser aux princes russes devenus leurs vassaux le soin de collecter le tribut annuel ; les apanages russes conservèrent leur structure sociale, leur administration, leurs lois, leur religion – les Mongols n'exercèrent aucune persécution religieuse. La capitale, Saraï, d'abord établie sur la basse Volga, au N. d'Astrakhan, fut fixée, dans la seconde moitié du XIIIe s., à proximité du site actuel d'Iekaterinbourg : c'était une immense cité de plus d'un demi-million d'habitants, qui possédait de somptueux monuments.

La Horde d'Or déclina rapidement sous les coups de la Lituanie et de la Moscovie : en 1361, profitant de ses dissensions intérieures, la Lituanie réussit à lui enlever Kiev ; les Mongols, qui avaient pris parti dans des querelles de princes russes, furent battus par Dimitri Donskoï à Koulikovo (1380), mais, deux ans plus tard, ils ravagèrent Moscou. C'est l'invasion de Tamerlan, en 1395, qui porta le coup fatal à la Horde d'Or. Au XVe s., celle-ci se morcela et donna naissance aux khanats d'Astrakhan, de Kazan et de Crimée, qui furent peu à peu annexés par les Russes au milieu du XVIe siècle ; le khanat de Crimée, qui survécut le plus longtemps, fut annexé à la Russie en 1783.

HOREMHEB ou **HARMHABI.** Dernier pharaon de la XVIIIe dynastie (vers 1323/1295 av. J.-C.). Voir **Égypte.** Le Nouvel Empire.

HORTENSE, Hortense Eugénie de Beauharnais, dite **la reine Hortense** (* Paris, 10.IV.1783, † Arenenberg, Thurgovie, 5.X.1837). Reine de Hollande (1806/10). Fille du général Alexandre de Beauharnais et de Joséphine Tascher de La Pagerie, elle fut élevée au pensionnat dirigé à Paris par Mme Campan. Belle, intelligente, elle devint, après le mariage de sa mère avec Bonaparte, l'ornement de la cour consulaire. Bonaparte la maria contre son gré à son frère Louis en 1802. Devenue reine de Hollande en 1806, elle se rendit avec beaucoup de réticence dans son royaume. Après l'abdication de Louis (1810), elle vécut séparée de son mari et se fixa à Paris, où elle tint un des salons les plus brillants de l'époque impériale. Elle resta dans la capitale lors de la première Restauration, et Louis XVIII la fit duchesse de Saint-Leu. Accusée d'avoir préparé le retour de Napoléon Ier, elle dut quitter la France en 1815 et se retira à Arenenberg sur les bords du lac de Constance.

De son mariage avec Louis, elle eut trois enfants dont le dernier Charles Louis Napoléon (* 1808), le seul qui survécut, devint l'empereur Napoléon III. Elle eut en 1811 d'une liaison avec le comte de Flahaut, fils naturel de Talleyrand, le futur duc de Morny.

HORTHY DE NAGYBÁNYA Miklós ou **Nicolas** (* Kenderes, 18.VI.1868, † Estoril, Portugal, 9.II. 1957). Amiral et homme politique hongrois. Dernier commandant en chef de la marine austro-hongroise pendant la Première Guerre mondiale, il s'opposa au régime communiste de Béla Kun (v.) et commanda l'armée contre-révolutionnaire qui prit Budapest en nov. 1919. Nommé régent de Hongrie le 1er mars 1920, il instaura un régime autoritaire et conservateur qui le rapprocha de l'Italie fasciste et de l'Allemagne hitlérienne. La Hongrie en retira d'appréciables agrandissements territoriaux mais fut entraînée dans la guerre contre l'Union soviétique (juin 1941). Horthy, qui restait cependant hostile à l'idéologie nazie, fut arrêté par les SS et déporté en Allemagne en oct. 1944. À la fin de la guerre, il se réfugia au Portugal.

HOSPITALIERS. Ordres religieux catholiques voués au service des voyageurs, des pèlerins, des malades. Parmi les plus importants, citons : les antonins, fondés au XIe s. en Dauphiné ; l'ordre du Saint-Esprit, fondé en 1178 par Guy de Montpellier, qui s'occupait d'hôpitaux et recueillait les enfants trouvés ; les Cruciferi de Bologne et les Stelliferi de Bohême et de Silésie (XIe s.) ; l'ordre de Saint-Lazare, fondé au lendemain de la prise de Jérusalem par les croisés (1099), et destiné à soigner les lépreux en Orient ; les chanoines et chevaliers du Saint-Sépulcre ; les hospitaliers de Saint-Jean-de-Jérusalem (v. **Malte, ordre de**) ; les hospitaliers du Temple (v. **Templiers**) ; l'ordre Teutonique (v.) ; les hospitaliers de Saint-Jean-de-Dieu, fondés au XVIe s.

HOULÈGOU, Hulagu (* vers 1217, † Maragheh, Azerbaïdjan, 8.II.1265). Homme de guerre mongol. Petit-fils de Gengis Khan et fils de Toloui, il fut envoyé par son frère, le grand khan Mongka, à la conquête de l'Irak et de la Syrie (1256) ; il détruisit l'ordre des Assassins (v.). En janv. 1258, il s'empara de Bagdad, qu'il mit à sac, et fit exécuter le dernier des Abbassides, El-Moustasim. Il se rendit ensuite maître de la Syrie et fit alliance avec les croisés. Mais, à la mort de Mongka (1259), il revint en Perse et l'armée qu'il avait laissée derrière lui en Syrie fut écrasée l'année suivante par les mamelouks. Au cours des dernières années de sa vie, il régna sur le nord-ouest de l'Iran.

HOUPHOUËT-BOIGNY Félix (* Yamoussoukro, Côte-d'Ivoire, 18.X.1905, † Abidjan, 7.XII.1993). Homme politique ivoirien. Médecin et administrateur provincial, il fonda en 1946 le Rassemblement démocratique africain (RDA). Membre des deux Assemblées constituantes (1945/46) et député de la Côte-d'Ivoire au Parlement français (1946/59), il fut plusieurs fois ministre sous la IVe et la Ve République. Président de l'Assemblée constituante de la république de Côte-d'Ivoire (1958), Premier ministre en mai 1959, il rompit les liens avec la Communauté (juin 1960) mais maintint d'étroites relations entre son pays et la France. Président de la République de nov. 1960 à sa mort, il fut considéré comme l'artisan du « miracle ivoirien ». Sa disparition fut présentée en Occident comme celle d'un allié et du dernier « sage » de l'Afrique. L'agitation intérieure liée à la crise économique et le coût jugé démesuré de la basilique de Yamoussoukro ont conduit de nombreux observateurs à nuancer ce bilan. Objet d'âpres rivalités depuis la fin des années 1980, la succession de F. Houphouët-Boigny fut, conformément à la Constitution, assurée par Henri Konan Bédié, président de l'Assemblée nationale. Voir **Côte-d'Ivoire**.

HOURRITES. Peuple de l'Orient ancien, installé à partir de la fin du IIIe millénaire dans les régions montagneuses s'étendant entre le Zagros et le lac de Van (aux confins actuels de l'Iran, de l'Irak et de la Turquie). Les Hourrites s'infiltrèrent progressivement en Mésopotamie et en Anatolie au cours de la seconde moitié du XVIe s. av. J.-C. ; ils fondèrent dans le nord de cette région, entre le Tigre et l'Euphrate, le royaume du Mitanni (v.), qui fut envahi par les Hittites vers le milieu du XIVe s. L'influence des Hourrites semble avoir largement contribué à la formation de la civilisation hittite.

HOWARD John Winston (Sydney, 26.VII.1939). Homme politique australien. Après des études universitaires à Sydney, il fut adjoint à la Cour suprême en 1962. Membre du parti libéral en 1963, nommé ministre des Affaires et de la Consommation (1975/77), il devint leader de l'opposition à partir de 1983 et président du parti libéral de 1985 à 1989. De 1990 à 1995, il fut porte-parole du ministre de l'Industrie, de l'Emploi et de la Formation. En 1995, il fut rappelé à la présidence du parti libéral. En mars 1996, la coalition conservatrice (parti national et parti libéral) qu'il dirigeait remporta les élections législatives. Il succéda alors au travailliste Paul Keating et devint Premier ministre. À la tête de cette coalition gouvernementale, il remporta les élections législatives anticipées de 1998 et obtint de nouveau, bien que de justesse, la majorité.

HOYSALA. Dynastie indienne qui régna sur le Mysore et sur une grande partie de l'Inde du Sud du XIe au XIVe s. Vers 1060, elle établit sa capitale à Dvarasamudra (auj. Halebid). À la fin du XIIe s., elle supplanta les Chalukya. Elle atteignit son apogée sous Viraballala III (1292/1342), qui, au début du XIVe s., régnait sur la plus grande partie de l'Inde méridionale. Mais sa capitale fut saccagée en 1327 par Mohammed Toughlouk ; dès lors, la dynastie déclina rapidement, et, à partir des années 1340/50, l'hégémonie passa au royaume de Vijayanagar.

HUA KUO-FENG, Hua Guofeng en pinyin (dans le Hu-nan, 1922). Homme politique chinois. Vice-gouverneur du Hu-nan (1958/67), spécialiste de l'agriculture et de l'irrigation, il fut nommé en avr. 1969, par le IXe congrès du parti communiste, membre du présidium et membre du Comité central du parti. Adversaire de Lin Piao (v.), il devint, en août 1973, membre du Bureau politique du parti et, en janv. 1975, vice-Premier ministre et ministre de la Sécurité publique. En févr. 1976, peu après la mort de Chou En-lai (v.), il fut nommé chef du gouvernement chinois puis promu premier vice-président du Comité central du PC (avr. 1976). Il succéda à Mao Tsé-toung (v.) à la présidence du parti (oct. 1976), et engagea aussitôt la lutte contre les « gauchistes » de Shangai. Après avoir tenté de passer pour l'héritier spirituel de Mao, puis de partager le pouvoir avec Teng Hsiao-Ping (v.), Hua Kuo-feng fut progressivement écarté, entre 1979 et 1982, de toutes ses fonctions à la tête du gouvernement et du parti communiste. Il démissionna de la présidence du parti en juin 1981 et fut éliminé du Bureau politique en 1982, au XIIe Congrès. Voir CHINE. La Chine depuis 1976 : démaoïsation et modernisation.

HUAXTÈQUES. Peuple du Mexique précolombien, qui était établi dans le nord de l'actuelle province de Veracruz, sur les rives du río Pánuco. Bien que parlant un dialecte maya, les Huaxtèques se séparèrent très tôt de la souche maya. Apparus vers le Xe s., ils connurent assez tard un bel épanouissement artistique : leurs statues montrent un grand raffinement dans l'ornementation.

HUGO Victor Marie (* Besançon, 26.II.1802, † Paris, 22.V.1885). Poète et homme politique français. Le plus grand des romantiques français, Hugo a joué un rôle très important dans l'histoire politique de son temps. Catholique et légitimiste sous la Restauration, il devint libéral vers 1830 et s'attacha aux Orléans. Pair de France (1845), il siéga dans les Assemblées de la IIe République (1848/51), après avoir vainement réclamé la régence pour la duchesse d'Orléans. Élu avec les voix bourgeoises, il approuva la fermeture des Ateliers nationaux et la répression de juin 1848, mais combattit pour la liberté de la presse et pour l'éducation populaire. Son journal, *L'Événement* (1848/51), prit pour devise : « Haine vigoureuse de l'anarchie, tendre et profond amour du peuple. » D'abord favorable à Louis Napoléon, il espéra jouer un rôle auprès du prince-président ; déçu, il passa dans l'opposition et tenta d'organiser la résistance au coup d'État du 2-Décembre.

Exilé à Jersey puis à Guernesey (1852/70), il se fit le grand accusateur du second Empire et fustigea « Napoléon le Petit » dans des pamphlets tels que *Histoire d'un crime* et dans les poèmes des *Châtiments* (1853). Ses autres œuvres de l'exil (dont *La Légende des siècles*, 1859, et *les Misérables*, 1862) manifestent un effort de communion avec toute l'humanité victime de la misère ou de l'injustice. Élu à l'Assemblée nationale en 1871, il se démit rapidement de son mandat. Dans ses dernières années, il connut une gloire officielle et populaire, qui allait à l'artiste ainsi qu'au prophète de la République universelle.

HUGUES le Grand ou **le Blanc** ou **l'Abbé** († 16-17.VI.956). Comte de Paris et duc de France. Fils et successeur de Robert Ier, comte de Paris, qui disputa la couronne à Charles le Simple, il montra plus de diplomatie que son père, et sans avancer lui-même aucune prétention au titre royal, s'arrangea pour faire des rois dont il fut le protecteur et grâce auxquels il put élargir le patrimoine robertien. Surnommé « le faiseur de rois », Hugues le Grand peut être considéré comme le fondateur réel de la dynastie capétienne. Il fit roi (923) son beau-frère Raoul, duc de Bourgogne, puis, à la mort de Raoul, favorisa le Carolingien Louis IV d'Outremer (936), qui attribua à Hugues le titre honorifique de duc de France et une partie du duché de Bourgogne. Louis IV se révéla moins docile que Raoul et n'accepta la protection d'Hugues qu'après avoir été capturé par les Normands. En échange de la libération de Louis, Hugues obtint la restitution de Laon, dernière possession carolingienne en France (945). À la mort de Louis IV (954), Hugues laissa élire Lothaire, fils de Louis IV, mais se fit donner en compensation l'Aquitaine et le reste de la Bourgogne. Il sut ainsi élargir le patrimoine robertien et préparer la montée sur le trône de son fils Hugues Capet. On l'appela *le Blanc* à cause de son teint pâle, et *l'Abbé* à cause des nombreux monastères dont il était l'abbé laïc

HUGUES Ier Capet (* vers 941, † 24.X.996). Roi de France (987/96). Fils aîné de Hugues le Grand, il hérita du duché de France (956), son frère Othon recevant le duché de Bourgogne. Ses ambitions furent d'abord contenues par le redressement opéré par la dynastie carolingienne sous le règne de Lothaire (954/86) et de son fils Louis V (986/87). Marié en 970 à une Carolingienne, Adélaïde de Poitou, Hugues Capet, à l'élection de 987, bénéficia de l'appui de l'archevêque de Reims, Adalbéron, et de son secrétaire Gerbert qui, pour complaire à l'empereur germanique, écartèrent de la succession Charles, duc de Basse-Lorraine et oncle du dernier Carolingien. La proclamation d'Hugues Capet comme roi marqua l'avènement de la nouvelle dynastie capétienne (juin 987). Celle-ci commença par un règne sans éclat : pour lutter contre Charles de Lorraine, qui avait été proclamé roi à Laon (988), Hugues, qui ne possédait encore qu'un petit domaine en Île-de-France, dut s'appuyer sur le clergé. La trahison de l'évêque Adalbéron de Laon lui livra son compétiteur, qui fut emprisonné à Orléans (991). Pour assurer la survie de sa dynastie, Hugues Capet – posant ainsi les bases de l'hérédité royale – fit sacrer de son vivant, dès 987, son fils Robert, qui lui succéda. Selon l'étymologie la plus probable, le surnom de Capet dériverait de *chappet* (qui porte une chape d'abbé) parce que Hugues Capet (et ses descendants) portaient le titre d'abbé en tant que propriétaires de plusieurs abbayes.

HUMBERT II (* Racconigi, 15.IX.1904, † 1983). Roi d'Italie (1946). Voir ITALIE. La vie politique après 1945.

HUNS. Nom donné à des peuples asiatiques nomades qui envahirent l'Europe aux IVe/Ve s., et l'Afghanistan et l'Inde du Nord-Ouest aux Ve/VIe s. On ne sait exactement s'il faut rattacher ces Huns turco-mongols aux Hiong-nou (v.) qui menacèrent longtemps les frontières occidentales de la Chine. À la suite d'une première série de campagnes menée, au cours des IIe/Ier s. av. J.-C., par les empereurs chinois de la dynastie des Han contre les Hiong-nou de l'Asie centrale, une partie de ce peuple se détacha pour aller se fixer dans le Turkestan, puis dans la steppe des Kirghizes, entre l'Irtych et la mer d'Aral. De ce petit groupe des Hiong-nou occidentaux seraient sortis les Huns qui répandirent la terreur dans l'Europe du Ve s. Apparus sur la Volga inférieure vers 370, les Huns bousculèrent les Alains, les Hérules, les Ostrogoths, dont l'Empire fut détruit, puis, vers 376, ils se ruèrent sur les Wisigoths établis au N. du Danube, en Dacie.

À partir de la fin du IVe s., les provinces danubiennes de l'Empire romain eurent à subir plusieurs raids des Huns. Ceux-ci étaient alors divisés en plusieurs hordes. Alors que certains continuaient à remonter le long du Danube et attaquaient, vers 437, les Burgondes de la vallée du Main, d'autres menaçaient l'empire d'Orient (v.). Vers 430, l'empereur Théodose II dut consentir à leur verser un tribut annuel en or, qui fut doublé en 435. C'est à cette époque qu'Attila (v.) parvint à réunir sous son autorité toutes les tribus hunniques du haut Danube au Dniepr, formant au centre de l'Europe un véritable Empire hun dont le centre était sur le Danube, près de l'actuelle ville hongroise de Györ. En 443, Attila obtint de Théodose II que le tribut annuel fût triplé. Mais cette nouvelle concession ne put le satisfaire. En 448, il envahit les Balkans, menaça un instant Constantinople, puis se retourna vers l'Occident, entraînant avec lui des Germains et des Slaves qu'il réduisait à être ses auxiliaires. Après avoir franchi le Rhin, il commença à mettre la Gaule au pillage, atteignit Paris (défendu par ste Geneviève) et Orléans, puis revint vers la Champagne, où il fut vaincu par les forces romaines et wisigothes d'Aetius et de Théodoric Ier à la bataille des champs Catalauniques (v.), au cours de l'été ou de l'automne 451. Attila et les Huns firent une expédition en Italie, mais se retirèrent après avoir conclu un accord avec le pape Léon le Grand. Après la mort d'Attila (453), ses fils se partagèrent l'Empire et commencèrent à se quereller, cependant que les peuples soumis, Gépides, Ostrogoths, Hérules, se révoltaient. Décimés en outre par la peste, les Huns se replièrent vers la Russie méridionale. À partir de la fin du Ve s., ils ne jouèrent plus aucun rôle dans l'histoire ; des tribus hunniques qui survivaient furent incorporées dans l'empire d'Orient, tandis que d'autres se mêlaient aux Proto-Bulgares.

HUNYADE Jean (* en Transylvanie, vers 1387, † Semlin, 11.VIII.1456). Homme de guerre hongrois. D'une famille d'origine roumaine ou serbe, voïvode de Transylvanie (1440), il se distingua contre les Turcs à Belgrade (1440), à Maros-Szent-Imre (1441) et aux Portes de Fer (1442). Devenu le héros de la lutte contre les Turcs, il fut le maître véritable de la Hongrie, comme régent, durant la minorité de Ladislas V le Posthume (1446/53). Il lutta contre les Turcs avec des fortunes diverses, fut battu par Mourad II à Kosovo, après avoir soutenu durant trois jours tout l'effort de l'armée ottomane, quatre fois plus nombreuse que la sienne (17/19 oct. 1448), mais détruisit l'armée turque de Firus Bey près de Szendrö (1454). À l'intérieur, il lutta contre les magnats, qui soutenaient le parti de l'empereur Frédéric III. À la majorité de Ladislas V, il fut nommé capitaine général, galvanisa le moral de l'armée hongroise avec l'aide de Jean de Capistran et prit la tête d'une croisade contre les Turcs, qui réussit à dégager Belgrade (juill. 1456) ; il mourut peu après de la peste. Un de ses fils, Mathias Corvin, fut élu roi de Hongrie à la mort de Ladislas V. Son autre fils, **Lázló** ou **Ladislas Hunyadi** (* 1433, † Buda, 16.III.1457), calomnié auprès de Ladislas V par des partisans d'Ulrich de Cilli, adversaire de son père, fut condamné à mort et exécuté.

HURONS. Peuple indien de l'Amérique du Nord, établi au XVIIe s. entre les lacs Huron et Ontario et sur les bords du Saint-Laurent (Canada). Il était formé par une confédération de quatre tribus parlant la langue wyandot (de la famille iroquoise). Constamment attaqués par les Iroquois (v.), ils demandèrent la protection des Français, qui ne purent les préserver efficacement : en 1649, leur confédération fut détruite par les Iroquois alliés aux Hollandais. Le reste du peuple huron fut exterminé plus tard par les Cherokees (v.). Quelques Hurons subsistent encore dans la région de Lorette, près de Québec.

HUS Jan (* Husinec, Bohême méridionale vers 1369, † Constance, 6.VII.1415). Réformateur religieux tchèque. Ce tribun sut exprimer à la fois les revendications nationales et la colère du peuple de Bohême devant les excès de la hiérarchie ecclésiastique. Recteur de l'université de Prague, il fixa l'orthographe de la langue tchèque (1409) et se fit le propagateur des idées du théologien hérétique anglais John Wyclif (v.). Malgré la condamnation des écrits de Wyclif (1410) et l'excommunication de Hus (1412), le nombre de ses partisans, les hussites, ne cessa de grandir. Hus comparut au concile de Constance (1414/18), dans l'intention de faire condamner le pape Jean XXIII pour sa prédication des indulgences et muni d'un mandat de l'empereur Sigismond. Mais il fut arrêté et brûlé comme hérétique. Sa mort provoqua le soulèvement de ses partisans, dont les plus radicaux se retranchèrent au mont Thabor. Voir **Hussites**.

HUSAK Gustav (* Bratislava, 10.I.1913 † Bratislava, 18.XI.1991). Homme politique tchécoslovaque. Membre du parti communiste depuis 1933, Husak fut l'un des fondateurs du Conseil national slovaque qui prépara l'insurrection de 1944. Il fut président du gouvernement régional (1945/50) mais fut destitué pour « nationalisme bourgeois », arrêté en 1951 et condamné à la réclusion perpétuelle en 1954, puis amnistié en 1960. Il soutint Dubcek lors du printemps de Prague (1968) et rejoignit la sphère dirigeante, mais choisit le camp des pro-Soviétiques après l'entrée des troupes du pacte de Varsovie en Tchécoslovaquie. Le 17 avr. 1969, il succéda à Dubcek à la tête du parti communiste tchécoslovaque, et se chargea de la « normalisation » du pays. Président de la République depuis 1975, il abandonna la direction du parti à Milos Jankes en 1987. En 1989, il fut contraint d'abandonner ses derniers pouvoirs et eut pour successeur l'opposant le plus résolu de son régime, l'écrivain Vaclav Havel (v.).

HUSSEIN ibn ALI (* Istanbul, vers 1853, † Amman, 4.VI.1931). Roi du Hedjaz (1916/24). Chérif de La Mecque et chef de la famille des Hachémites à partir de 1909, vassal du sultan, il obtint en 1915/16 d'assez vagues promesses des Alliés concernant l'indépendance des pays arabes situés au sud du 37e parallèle (Arabie, Palestine, Syrie, Irak). En juin 1916, il déclencha la révolte arabe contre l'Empire ottoman et se proclama « roi des Arabes » (oct. 1916), mais les Anglais le reconnurent seulement comme « roi du Hedjaz ». Ses troupes firent campagne en Arabie et en Palestine contre les forces turco-allemandes. À la fin de la Première Guerre mondiale, il protesta vainement contre les régimes de mandat que la SDN, sous la pression de la France et de l'Angleterre, imposa aux pays du Proche-Orient. Entré en conflit avec Ibn Séoud en 1919, il dut abdiquer en oct. 1924 en faveur de son fils, Ali ibn Hussein, qui fut renversé l'année suivante par Ibn Séoud. Il fut également le père d'Abdullah de Transjordanie et de Fayçal d'Irak.

HUSSEIN ibn el-HUSSEIN (* Smyrne, vers 1773, † Alexandrie, Piémont, 1838). Dernier dey d'Alger (1818/30). Voir **Algérie. La conquête française**.

HUSSEIN ibn TALAL (* Amman, 14.XI.1935, † 7.II.1999). Roi de Jordanie (depuis 1952). Il succéda à son père, le roi Talal, atteint de maladie mentale. Adversaire du panarabisme nassérien, il trouva chez les Bédouins la base politique de son conservatisme. En 1958, il dut cependant faire appel aux troupes britanniques pour consolider son pouvoir. En 1967, son rapprochement avec Nasser servit de prétexte au déclenchement par Israël de la guerre des Six Jours (v. **Israélo-arabes, guerres**), au terme de laquelle toute la Cisjordanie et la ville de Jérusalem passèrent sous contrôle israélien. Désireux d'une solution pacifique avec l'État hébreu, proche de l'Arabie Saoudite et très hostile au régime syrien, il écrasa dans le sang (1971, Septembre noir) les bases jordaniennes de la résistance palestinienne, qui menaçait directement son trône. À partir de 1978 néanmoins, il se rapprocha de l'OLP. En 1988, à la suite de la révolte palestinienne en Cisjordanie (v. **Israël**), Hussein décida de dissoudre le Parlement du royaume (dans lequel les Palestiniens – y compris ceux de Cisjordanie – étaient représentés) et de rompre tout lien administratif et économique avec les Palestiniens des territoires occupés. Pour préserver l'unité fragile du pays, le roi dut composer avec les islamistes. En 1989, il les fit entrer au gouvernement après les premières consultations libres qui marquèrent une certaine démocratisation. Son engagement dans le processus de paix israélo-arabe fut cependant mal ressenti par une partie de la population qui tardait, en 1995, à percevoir les retombées économiques de cette politique. Son fils aîné Abdullah lui succéda, Hussein ayant, peu de temps auparavant, écarté de la succession son frère Hassan.

HUSSEIN Saddam (Tikrit, nord de Bagdad, 28.IV.1937). Président de la République d'Irak. Jeune militant du parti Baas, il participa en 1959 à un attentat contre le président de la République, le général Abdel-Karim Kassem. Réfugié en Syrie, il revint en Irak en 1963 après la prise du pouvoir par le parti Baas. Quelques mois plus tard, les baassistes ayant été évincés, il fut arrêté et mis en prison. Devenu le dauphin du général Ahmad Hassan Al-Bakr après le retour du parti Baas au pouvoir en 1968, il accéda à la présidence de la République en 1979. La tension était alors très vive avec l'Iran, pays contre lequel l'Irak mena une guerre coûteuse et meurtrière, de sept. 1980 à août 1988. Le président irakien n'hésita pas cependant à se lancer, deux ans plus tard, dans une nouvelle aventure tout aussi désastreuse : l'invasion du Koweït en août 1990.

Mais ni sa défaite militaire face aux armées alliées, ni le soulèvement populaire qui s'ensuivit, ni l'embargo dramatique imposé à la population n'eurent raison de lui. Après avoir organisé, en oct. 1995, un référendum dont les résultats extrêmement suspects (99,96 % des votes favorables) le maintenaient au pouvoir pour sept ans, il procéda à l'épuration de son entourage (assassinat de ses gendres en févr. 1996), dans un pays toujours soumis aux bombardements américains. En janv. 2003, le discours de George W. Bush sur l'état de l'Union stigmatisait « l'axe du mal » (Corée du Nord, Irak, Iran). De nov. 2002 à mars 2003, les inspecteurs de l'ONU menèrent une mission en Irak. Quelques heures après leur départ, l'offensive britannico-américaine commença le 20 mars 2003. Le 9 avr., Bagdad tombait aux mains de la coalition. Saddam Hussein a été arrêté le 13 déc. 2003 par les forces spéciales américaines à Tikrit, sa ville natale.

HUSSITES. Nom donné aux partisans du réformateur Jan Hus, qui, après l'exécution de celui-ci, suscitèrent en Bohême un puissant mouvement à la fois national et religieux. Les hussites se partagèrent en deux groupes : les modérés, qui mirent surtout l'accent sur la revendication d'une communion sous les deux espèces, d'où leur nom d'*utraquistes* (du latin *sub utraque specie* = sous les deux espèces) ou de *calixtins* (du calice qu'ils avaient pris pour signe de ralliement) ; les extrémistes, qui poussaient dans toutes leurs conséquences les doctrines de Hus et réclamaient une religion fondée uniquement sur l'Écriture. À Prague, le parti hussite se confondit bientôt avec le parti anti-impérial et reçut l'appui du roi Wenceslas (v.), jaloux de son frère Sigismond (v.). Après la mort de Hus, ses partisans se livrèrent à des violences contre les catholiques, et, dans une diète tenue à Prague, la noblesse forma une alliance pour soutenir la liberté de la prédication et pour résister à l'autorité ecclésiastique si celle-ci n'agissait pas conformément à l'Écriture (1416). Les principaux chefs du parti étaient Nicolas de Pistna, Jean Zizka et l'ex-prémontré Jean de Selau.

L'avènement sur le trône de Bohême de l'empereur Sigismond provoqua le déclenchement de la guerre hussite (1419/36). Les hussites remportèrent une série de victoires, mirent au pillage de nombreuses villes allemandes de Bohême et défirent la croisade menée par le cardinal Cesarini (1431). Le concile de Bâle se décida alors à ouvrir des négociations, qui eurent pour résultat les *compactata de Prague* (30 nov. 1433) : les hussites obtenaient la communion sous les deux espèces. Certains courants extrémistes continuèrent la lutte, mais ils furent vaincus à Mipany (30 mai 1434). À la diète d'Iglau, les *compactata* furent confirmés (5 juill. 1436) et l'empereur Sigismond fut reconnu comme roi de Bohême. Au cours du XVIe s., la majorité des hussites de Bohême se rallia au luthéranisme cependant qu'une minorité revenait au catholicisme (1549). Certains taborites (v.) entrèrent dans le groupe des Frères moraves (v.).

HUTUS. Peuple bantou d'Afrique centrale. Les Hutus étaient essentiellement des agriculteurs qui, dans les royaumes voisins du Burundi et du Rwanda, vivaient, depuis la création de ces deux États au XVe s., sous la domination des Tutsis. Le colonisateur, allemand puis belge, a considéré les deux groupes, dont les différences étaient surtout sociales, comme deux ethnies séparées, en dépit de leur communauté de langue (le Kirundi au Burundi, le Kinyarwanda au Rwanda). Numériquement majoritaire (85 % de la population), les Hutus furent pourtant écartés de la vie politique. Dans les années 1950, au Rwanda, plusieurs révoltes hutus, dont les revendications furent appuyées par les Églises, permirent à la majorité d'hériter du pouvoir à l'indépendance (1962). Au Burundi, les Hutus, malgré plusieurs soulèvements (1965, 1972 et 1988), continuèrent à vivre sous la domination tutsie jusqu'au début des années 1990.

Après le génocide perpétré contre les Tutsis (v.) au Rwanda en 1994, des représailles sanglantes s'exercèrent sur les Hutus de ce pays, dont 2 millions furent poussés à l'exil, principalement au Zaïre voisin. La présence de ces réfugiés sur les zones frontalières de la région, et les troubles qu'elle provoqua, contribuèrent au déclenchement, en 1996, de la rébellion qui mena Laurent-Désiré-Kabila à la tête du Zaïre (rebaptisé République démocratique du Congo), en 1997. À la fin de l'année 2000, les affrontements avec les Tutsis continuaient au Burundi, malgré les accords d'Arusha (août), et la tentative de réconciliation au Rwanda échouait après l'accession à la présidence du Tutsi Paul Kagamé.

HUYSMANS Camille (* Bilzen, Limbourg, 26.V. 1871, † Anvers, 26.II.1968). Homme politique belge. Instituteur puis journaliste, il joua un rôle de premier plan dans l'histoire du socialisme contemporain. Secrétaire de la IIe Internationale (1905/21), il rencontra Lénine et réussit à rapprocher momentanément bolcheviks et mencheviks vers 1910. Député socialiste en 1910, il inspira en 1917 les réunions de Stockholm, où les socialistes des pays en guerre recherchèrent les moyens de mettre fin au conflit. Président de la Chambre (1936/39 et 1954/58), il fut Premier ministre d'août 1946 à mars 1947.

HYDE Douglas ou **Dubhghlas De Hide** (* Frenchpark, Roscommon, 17.I.1860, † Dublin, 12.VII.1949). Homme politique irlandais. Professeur de littérature irlandaise à l'University College de Dublin (1909/32), auteur de divers travaux d'érudition et fondateur de la Ligue gaélique (1893), il fut choisi par tous les partis comme premier président de la République irlandaise (1938/45).

HYKSOS, c'est-à-dire *rois bergers*. Nom grec donné par l'historien égyptien Manéthon aux populations asiatiques qui occupèrent la Basse-Égypte, aux XVIIIe/XVIe s. av. J.-C. Le nom de *Hyksos* est probablement une corruption du terme égyptien *Héka Khasout*, « chefs des pays étrangers ». L'infiltration des Hyksos, qui commença dans le delta du Nil dans le dernier quart du XIXe s. av. J.-C., a une origine encore mal connue. C'est à tort qu'on a confondu longtemps les Hyksos et les Hourrites. Les Hyksos formaient une masse hétérogène, composée vraisemblablement de peuples levantins de langue sémitique très divers, sans doute aussi d'Anatoliens. Les Hyksos fondèrent un royaume égyptien qui eut pour capitale Avaris ; ils firent connaître à l'Égypte le cheval et le char de guerre, qui assurèrent longtemps leur supériorité, mais ils ne purent s'emparer de Thèbes. C'est de cette ville que partit la reconquête égyptienne, avec Sékenenrê (vers 1580). Vers 1550, Ahmosis, fondateur de la XVIIIe dynastie, s'empara d'Avaris et mit fin à l'occupation des Hyksos, qui furent poursuivis jusqu'en Syrie. Voir **ÉGYPTE**.

HYRCAN Ier ou **JEAN HYRCAN** († 104 av. J.-C.). Grand prêtre et prince des Juifs (134/104). Voir **JUIFS**.

HYRCAN II (* 110, † 30 av. J.-C.). Grand prêtre et ethnarque des Juifs (47/40). Voir **JUIFS**.

I

IAKOUTES ou **YAKOUTES.** Peuple d'origine turque, occupant le nord-est de la Sibérie. Autrefois divisés en quelque quatre-vingts tribus, les Iakoutes furent soumis par les Russes à partir du XVIIe s. En 1922 fut créée la république socialiste soviétique autonome de Yakoutie. Celle-ci a proclamé sa souveraineté, le 27 sept. 1990, sous le nom de république de Sakha. Le 29 mars 1992, les habitants (un million en 1989) de ce territoire cinq fois grand comme la France se prononcèrent par référendum en faveur de son maintien dans la Fédération de Russie, mais obtinrent des droits sur les produits de son exploitation minière (diamant, or).

IAROSLAV Vladimirovitch, dit **le Sage** (* 978, † Vyssogrod, 19.II.1054). Grand-prince de Kiev (1019/54). Voir **Russie.** La Russie kiévienne.

IBÈRES. Peuple méditerranéen, préindo-européen, établi dans l'est et le sud-est de l'Espagne. Le nom d'*Ibères* doit être rapproché du nom de fleuve *Hiberus*, qui, dans l'Antiquité, s'appliquait à deux cours d'eau : l'un au S., entre le Guadiana et le Guadalquivir, était sans doute le río Tinto actuel, peut-être le río de Huelva ; l'autre était l'Èbre actuel, le grand fleuve du nord-est de l'Espagne. Les Ibères seraient un peuple d'origine africaine, proche des Berbères, qui s'infiltra par l'Espagne du Sud. Il ne semble pas que la brillante civilisation de Tartessos, qui fleurit près de l'embouchure du Guadalquivir dès la fin du IIe millénaire av. J.-C., doive être rattachée aux Ibères. Les Ibères progressèrent le long de la côte méditerranéenne du Levant espagnol, et, entre 500 et 400 av. J.-C., ils pénétrèrent en Gaule jusqu'au delta du Rhône. En Espagne même, ils établirent des liens avec des peuples celtiques à partir du IIe millénaire av. J.-C. À l'époque de la conquête romaine, ceux-ci ont été désignés du terme de *Celtibères*.

IBRAHIM Pacha (* Cavalla, Roumélie, 1789, † Le Caire, 10.XI.1848). Vice-roi d'Égypte (1848). Deuxième fils de Méhémet-Ali (v.), il réorganisa l'armée égyptienne et fit ses preuves dans la guerre contre les Wahhabites (1816/18). En 1825, il vint à l'aide du sultan contre les Grecs révoltés avec une armée de 18 000 hommes et une flotte, il réduisit la Morée, prit Missolonghi (avr. 1826), mais dut évacuer le pays après la destruction de sa flotte à Navarin (1827) et l'intervention des puissances occidentales (1828) (v. **Grèce**). Dans la première guerre turco-égyptienne (1831/33), il franchit l'isthme de Suez, prit Gaza, Jaffa, et fit tomber après six mois de siège la forteresse de Saint-Jean-d'Acre (mai 1832) ; il battit ensuite l'armée ottomane à Homs (19 juill. 1832) puis à Konya (20 déc.) ; il marchait sur Istanbul lorsque les pressions diplomatiques franco-anglaises l'obligèrent à signer la paix de Kutayeh (14 mai 1833), qui sauvait le sultan mais assurait au vice-roi d'Égypte toute la Syrie. Nommé gouverneur de la Syrie, il la modernisa mais, le sultan ayant rouvert les hostilités, Ibrahim reprit le commandement de l'armée égyptienne et remporta une victoire décisive sur les Turcs à Nizib (24 juin 1839). Cependant, les puissances occidentales contraignirent les Égyptiens à abandonner la Syrie (1840). Ibrahim se consacra alors à l'administration intérieure de l'Égypte, dont il devint vice-roi à l'abdication de son père (1848).

ICONOCLASME. Mouvement religieux qui regardait comme une idolâtrie la vénération des images du Christ, de la Vierge et des saints. L'iconoclasme troubla profondément l'Empire byzantin aux VIIIe et IXe s. Voir **Byzantin (Empire)**. Les dynasties isaurienne et arménienne.

IDRIS Ier, Mohammed Idris el-Mahdi es-Sénoussi (* Djaraboud, 1890, † 1983). Roi de Libye (1950/69). Voir **Libye** et **Sénoussis**.

IÉNA (bataille d', 14 oct. 1806). Bataille livrée le même jour que celle d'Auerstedt, qui consomma la destruction de l'armée prussienne pendant la guerre de la quatrième coalition (v. **Coalition, guerres de**). Napoléon Ier se trouvait à Bamberg, au S. du Thüringerwald lorsqu'il reçut, le 7 oct., l'ultimatum de la Prusse ; il prit immédiatement l'offensive. L'armée prussienne, commandée par le roi Frédéric-Guillaume III et par le duc de Brunswick, était concentrée au N. du Thüringerwald. Brunswick voulait contourner le Thüringerwald par le nord et surprendre Napoléon sur le Main. Pendant que cette manœuvre se développait en Thuringe, Napoléon fit franchir à son armée les défilés du Frankenwald (8 oct.), puis il surgit sur les arrières prussiens. Brunswick tenta d'échapper au mouvement des Français en se repliant rapidement vers Merseburg et vers l'Elbe avec ses forces les plus importantes, cependant que Hohenlohe, avec l'aile gauche, masquait ce mouvement en gardant le défilé d'Iéna.

Napoléon fit occuper dans la nuit du 13 au 14 oct. le plateau d'Iéna, d'où, le lendemain, débouchèrent à la fois dans la plaine au centre, Lannes et la garde impériale, à gauche, Augereau, à droite, Soult et Ney : en quelques heures, trois lignes de Prussiens furent enfoncées, et l'intervention de la cavalerie de Murat rendit totale la défaite prussienne. Cependant, le gros de l'armée prussienne se trouvait plus au nord, à Auerstedt : le même jour, Davout, avec 27 000 hommes (dont 2 000 cavaliers), y affronta les 56 000 hommes (dont 12 000 cavaliers) de Brunswick. Cette seconde bataille fut gagnée par les Français, en particulier grâce à l'héroïsme de la division Gudin. Les deux batailles coûtèrent à la Prusse 45 000 hommes et toute son artillerie ; Brunswick avait été mortellement blessé dès le début de la bataille d'Auerstedt. Cette double victoire laissait libre la route de Berlin (occupé le 27 oct.) et provoqua l'effondrement de la Prusse, qui fut démembrée par le traité de Tilsit (juill. 1807).

IFNI. Ancienne enclave espagnole sur la côte atlantique du Maroc méridional. En 1476, García de Herrera y fonda le poste de Santa Cruz de Mar Pequeña (Sidi Ifni). Par les traités de Wad Ras (1860) et de Madrid (1912), les sultans du Maroc reconnurent les droits de l'Espagne sur ce territoire, qui ne fut cependant effectivement occupé par les troupes espagnoles qu'en 1934. Revendiquée par le Maroc dès 1957, l'enclave d'Ifni fut restituée au roi Hassan II en juin 1969.

IGNACE DE LOYOLA saint (* château de Loyola, Guipúzcoa, 23.X.1491 ?, † Rome, 31.VII.1556). Fondateur de la Compagnie de Jésus. Issu de la vieille noblesse basque, il suivit d'abord une carrière militaire. Blessé, il entama sa conversion, rédigea une première version des *Exercices spirituels* (1523) et entreprit des études universitaires à Alcalá, Salamanque puis Paris (1528/35). Ordonné prêtre (1537), il fonda la Compagnie de Jésus (v. **Jésuites**), fut élu général de l'ordre et passa la fin de sa vie à Rome.

ILIESCU Ion (Oltenita, près de Bucarest, 3.III. 1930). Homme politique roumain. Il fit une carrière rapide au parti communiste. En 1971, il s'opposa à Nicolae Ceausescu, qui voulait s'inspirer du modèle chinois, tomba en disgrâce en 1979 et fut exclu du Comité central en 1984. En adepte de la perestroïka, il préconisait un communisme réformateur. Membre du Front de salut national, il fut nommé président intérimaire lors de la révolution de déc. 1989. Il remporta les élections présidentielles de mai 1990 ainsi que celles de sept. 1992. Battu en nov. 1996, il retrouva la présidence en nov./déc. 2000. Voir **Roumanie.**

ILLIA Arturo Umberto (* Pergamino, 4.VIII.1900, † Cordoba, 18.VI.1983). Homme politique argentin. Médecin, membre du parti radical, il prit position contre « la dictature de Perón ». Il fut élu président de la République en août 1963 et, ses réformes menaçant l'oligarchie, destitué par l'armée en 1966. Voir **Argentine.**

ILLYRIE. Région montagneuse de la côte orientale de la mer Adriatique. À l'époque protohistorique, l'Illyrie fut occupée par des peuples indo-européens dont une partie s'infiltra en Italie : au N. les Vénètes, au S. les Iapyges. Dans la péninsule balkanique, les Illyriens furent en contact avec les colonies grecques établies à Épidamne (627 av. J.-C.), Apollonie Lissos, Pharos..., puis avec les Macédoniens. Les Romains intervinrent en 229 av. J.-C. pour enrayer la piraterie des Illyriens en Adriatique. Mais l'autorité romaine ne prévalut qu'après la troisième guerre de Macédoine, à partir de 167 av. J.-C., et l'Illyrie tout entière, de l'Istrie à la Macédoine, de l'Adriatique à la Save et au Danube, ne put être réduite en province romaine qu'en 27 av. J.-C. Malgré sa longue résistance, le pays se romanisa profondément, et, au IIIe s., des empereurs illyriens (Aurélien, Dioclétien, plus tard Constantin) sauvegardèrent l'unité de l'Empire en face de la menace barbare. Une *Illyrie occidentale* (chef-lieu Salone) et une *Illyrie orientale*, qui comprenait les deux diocèses de Dacie et de Macédoine, ainsi que le proconsulat d'Achaïe furent constituées après la seconde réforme administrative du Bas-Empire (379).

Dès le VIIe s., ces régions furent occupées par des populations slaves. Napoléon Ier devait faire revivre le nom d'Illyrie en créant le gouvernement des **Provinces Illyriennes** (1809/14) à l'intérieur de l'Empire français : ce gouvernement, constitué par des territoires arrachés à l'empire d'Autriche, ne comprit d'abord que la Haute-Carinthie, la Carniole, l'Istrie et le Frioul autrichien ; il s'accrut en 1810 de la Dalmatie et de l'Istrie vénitienne, de Raguse et de Cattaro ; sa capitale était Laibach (Ljubljana). Les Provinces Illyriennes furent restituées en 1815 à l'Autriche ; avec les régions de langue slovène, celle-ci constitua le **royaume d'Illyrie**, qui n'eut jamais d'existence réelle et qui forma, en 1849, les provinces autrichiennes de Carniole, Carinthie, Görtz (Gorizia) et Istrie.

IMAM. Mot arabe désignant, à l'origine, un conducteur de caravane, puis, dans un sens figuré, le guide de la prière. L'imam par excellence était le calife, guide suprême de la communauté musulmane, lieutenant de Dieu sur la terre. Le premier imam fut le prophète Mahomet, et le titre aurait dû se transmettre dans la tribu des Koraïchites, celle du Prophète. Mais après l'assassinat d'Ali, gendre de Mahomet, en 661, le gouverneur de la Syrie, Moawiya, exclut les descendants d'Ali et instaura le califat héréditaire dans sa propre famille, celle des Omeyyades (v.). Ce coup de force fut à l'origine de grandes divisions religieuses au sein de l'islam.

Certains membres de la Communauté ne voulurent reconnaître pour imams légitimes que les descendants d'Ali : ce fut l'origine du chiisme (ou shiisme). Voir ISLAM. Les différents groupes islamiques.

IMPÉRIALISME. Dans son sens moderne – politique d'expansion d'un État tendant à réduire d'autres États sous sa dépendance politique ou économique –, le terme d'*impérialisme* fut d'abord employé péjorativement, vers 1880, par les libéraux anglais, adversaires de la politique coloniale de Disraeli. À la fin du XIXe s., les champions de la politique d'expansion, particulièrement en Angleterre, n'hésitèrent pas à se proclamer eux-mêmes « impérialistes », mais, dès le début du XXe s., principalement sous l'influence des théoriciens marxistes, le mot reprit sa nuance péjorative, qu'il a gardée depuis lors.

L'impérialisme, pour justifier sa politique d'expansion, invoqua tantôt la nécessité de garantir la sécurité de l'État (*impérialisme politique*), tantôt les exigences de l'économie nationale et ses besoins de matières premières et de nouveaux marchés (*impérialisme économique*), tantôt le droit des peuples vigoureux et prolifiques à obtenir de nouveaux espaces pour assurer l'existence de leur surplus de population (*impérialisme démographique*), tantôt la « supériorité naturelle » de certaines races appelées à dominer les « races inférieures » (*impérialisme racial*), tantôt une mission inspirée d'En haut de révéler aux autres peuples le vrai Dieu et les vrais moyens de salut (*impérialisme religieux*), tantôt l'obligation pour un peuple civilisé de faire participer les peuples « sauvages » ou « barbares » aux bienfaits de la civilisation (*impérialisme culturel*), tantôt enfin la mission de répandre la liberté à travers le monde et d'affranchir les peuples soumis au despotisme politique ou à l'exploitation économique (*impérialisme démocratique*).

On ne peut ranger dans la catégorie de l'impérialisme tous les actes de conquête et de violence couverts par une société humaine à l'encontre d'une autre. Il s'agit là d'une guerre de volonté d'expansion, de recherche de butin, une attitude que l'on pressent déjà dans les sociétés préhistoriques et que l'on constate tout au long de l'histoire humaine. L'impérialisme suppose l'emploi de la force et l'attente du profit que l'on retire d'une violence victorieuse ; mais il s'y ajoute autre chose, l'assurance de la légitimité de l'emploi de la force, par l'élaboration d'une idéologie justificatrice. Les guerres de la Révolution et de l'Empire napoléonien ont répondu d'abord à la nécessité de résister aux puissances européennes liguées contre la nation qui avaient abattu l'Ancien Régime. Mais la France de ce temps s'est aussi considérée comme la « Grande Nation », appelée à libérer les peuples d'un ordre politique et social dépassé. Dès 1792, les révolutionnaires français ont considéré leurs soldats comme des « missionnaires armés », pour reprendre l'expression de Robespierre, à qui sa lucidité laissait peu d'illusion sur l'issue lointaine de cette attitude impérialiste.

Les historiens ont démonté le mécanisme de ce qu'a été l'impérialisme romain. Il est moins le résultat d'une politique extérieure aventureuse, que de la volonté de protéger l'Italie péninsulaire (devenue romaine à la fin du IIIe s. av. J.-C) d'ennemis avérés potentiels : 150 ans de guerre contre Carthage, presque deux siècles de conflits avec les royaumes grecs hellenistiques, deux siècles de campagnes pour porter les frontières de l'Empire au Rhin et au Danube : les occasions de pillage, de butin, d'énormes contributions imposées aux vaincus ont été innombrables. La justification idéologique n'a pas manqué d'accompagner cette politique : la barbarie des Celtes, des Germains ou des Daces, la perfidie des Carthaginois, la corruption d'un Orient hellénique face à une civilisation romaine ordonnée et morale. Puis, l'Empire romain enfin constitué, ce fut l'exaltation de « l'immense majesté de la paix romaine », synonyme de bonheur partagé par des peuples vaincus au terme des guerres souvent abominables.

Les impérialismes du passé

Si on laisse l'histoire tumultueuse des empires asiatiques, chinois ou indiens, riche d'épisodes guerriers, de conquêtes ou de reconquêtes, les premiers cas avérés d'impérialisme concernent l'Antiquité grecque et, tout particulièrement l'histoire d'Athènes pendant les deux siècles dits classiques, les Ve et IVe s. av. J.-C.

Au nom de la lutte contre les Perses, Athènes a groupé autour d'elle de nombreuses cités maritimes de l'Égée, mais ces confédérations athéniennes (v.) se transformèrent rapidement en système d'exploitation au profit des seuls Athéniens, qui utilisèrent le trésor commun pour leurs besoins propres : entretien d'une importante flotte de guerre, paiement d'une politique sociale favorable au petit peuple athénien, politique monumentale pour l'embellissement et le prestige d'Athènes. Athènes prétendait en même temps exporter la démocratie dans toutes les cités. Cette politique athénienne menée avec énergie et cruauté a paradoxalement fait apparaître Sparte, cité oligarchique toujours sous les armes, comme le défenseur de la véritable liberté, celle de la cité indépendante.

Au IVe s., l'impérialisme macédonien de Philippe et de son fils Alexandre le Grand fut inspiré par l'idée de réaliser, sous l'hégémonie de la Macédoine, la fédération de tous les peuples helléniques en les lançant dans une grande entreprise guerrière contre les « Barbares », c'est-à-dire contre l'Empire perse. Après la conquête de tout l'Orient par les Grecs, Alexandre voulut façonner une nouvelle humanité par la fusion de tous les peuples, grecs et barbares, sous son autorité de *cosmocrator*, de « souverain de l'univers ». C'est avec cette finalité qu'il présida à Suse, en 324, aux noces de 10 000 de ses soldats avec des femmes perses et qu'il avait lui-même épousé deux filles de souverains achéménides.

Les impérialismes européens modernes jusqu'en 1945

La France de la Révolution et de l'Empire offre un premier exemple d'impérialisme moderne qui, visant des buts à la fois politiques (la conquête des frontières naturelles) et économiques (l'organisation du continent en système autarcique par le Blocus continental), camoufle sa volonté de puissance sous des idéaux universels : l'affranchissement des peuples et la diffusion des principes de 1789. Lorsque les peuples eurent pris conscience du caractère impérialiste de l'idéologie révolutionnaire française, Napoléon Ier se trouva aux prises avec des soulèvements généralisés, en Espagne, en Italie du Sud, au Tyrol et en Allemagne. L'impérialisme continental français fut brisé par Waterloo en 1815.

Dans la seconde moitié du XIXe s., le développement du capitalisme industriel et commercial amena une transformation profonde des politiques coloniales (v. **Colonies**) ; il ne s'agissait plus seulement, comme aux XVIe/XVIIIe s., d'établir des comptoirs pour atteindre les métaux précieux et des produits exotiques comme les épices, mais encore de créer de nouveaux marchés pour la production industrielle et de nouvelles terres de peuplement.

Les premiers représentants de l'impérialisme anglais au XIXe s. furent des libéraux humanitaires, qui, convaincus de la supériorité absolue des institutions représentatives britanniques, estimaient que la mission de leur pays était de faire le bonheur des peuples colonisés en leur enseignant l'usage de telles institutions. Rudyard Kipling popularisa l'idéal impérialiste dans ses poèmes et ses romans, et développa le thème du « fardeau de l'homme blanc » qui ne saurait se soustraire à sa mission civilisatrice à l'égard des peuples non européens. Les immenses progrès économiques et scientifiques réalisés depuis le début de la révolution industrielle donnaient en effet aux Européens le sens à la fois de leur « supériorité » et de leurs responsabilités envers les autres continents. Cependant, la politique d'expansion impériale, à partir de 1885, coïncidait aussi avec une période de réaction protectionniste généralisée : alors que l'Europe et les États-Unis se fermaient à elles, les exportations britanniques devaient à tout prix conquérir de nouveaux marchés.

L'impérialisme colonial français, qui s'était progressivement affirmé avec la conquête de l'Algérie à partir de 1830, prit un nouvel essor à partir des années 1880, avec Gambetta et Jules Ferry pour des motifs divers : humanitaires et idéologiques (impérialisme républicain : la France répand les droits de l'homme, les principes de 1789, la libre pensée, la raison, la science), politiques (après la défaite de 1871, elle cherche à retrouver une fierté nationale et à conquérir un nouveau poids sur la scène internationale), mais aussi économiques (recherche de placements pour les capitaux, de débouchés pour l'industrie).

À la même époque, l'impérialisme russe accélérait la colonisation et la mise en valeur de la Sibérie (construction du Transsibérien à partir de 1891) et affirmait ses ambitions en Extrême-Orient, où il participait au dépouillement de la Chine mais se heurtait au Japon (guerre russo-japonaise de 1904/05). En Europe, l'impérialisme russe visait Istanbul, l'accès aux Détroits et à la Méditerranée et se posait en rassembleur de tous les Slaves des Balkans.

L'impérialisme allemand prit des formes diverses jusqu'à la Première Guerre mondiale. Fichte, dans ses *Discours à la nation allemande* (1807/08), s'efforça de récupérer le nationalisme révolutionnaire français et de faire de l'Allemagne future la missionnaire de la liberté spirituelle. Dans les années 1840, l'idée d'un rassemblement de tous les pays de langue allemande ou même d'origine germanique se fit jour chez les partisans de la « Grande-Allemagne ». Sous Guillaume II se développa l'idéologie du *pangermanisme* (v. **Allemagne**. L'Allemagne impériale wilhelmienne), qui déboucha sur une ambitieuse « Weltpolitik » fondée sur l'expansion commerciale, soutenue par une flotte de guerre et une armée sans cesse renforcées.

Jusqu'à la fin du XIXe s., les impérialismes européens se heurtèrent principalement dans les autres continents : la France et l'Angleterre à Fachoda (v.) (1898), l'Angleterre et la Russie en Asie centrale et en Extrême-Orient. À partir de 1900. Le partage de l'Afrique et de l'Asie était achevé et laissait frustrées deux grandes puissances : l'Allemagne et l'Italie. La Russie, vaincue en Extrême-Orient par le Japon (1905), retournait ses ambitions vers l'Europe mais, dans les Balkans, se heurtait aux ambitions de l'Autriche-Hongrie. Et surtout l'expansion commerciale et navale allemande portait de plus en plus ombrage à l'Angleterre, qui sortit de son « splendide isolement » pour s'allier avec la France et se rapprocher de la Russie. Ainsi les impérialismes européens avaient fait naître peu à peu les conditions de la Première Guerre mondiale.

La période de l'entre-deux-guerres, en Europe, vit s'affirmer les impérialismes de l'Italie fasciste et de l'Allemagne hitlérienne. Mussolini a justifié son impérialisme par la tendance de tout peuple vigoureux à manifester sa vitalité ; il invoquait également le droit des « nations prolétaires » écartées du partage du monde par les nations riches – France et Angleterre – désormais déclinantes ; il voyait aussi dans l'expansion coloniale la possibilité de donner du travail, sur une terre italienne, au surplus de population de la péninsule ; il mobilisait enfin au service de son impérialisme les grands souvenirs de l'Empire romain. L'impérialisme hitlérien s'est fondé sur deux idées : celle d'« espace vital » (*Lebensraum*), et celle de la supériorité de la race blanche, et, au sein de celle-ci, la supériorité des peuples germaniques : les Allemands ne devaient pas songer à reconstituer un empire colonial, mais plutôt à coloniser les vastes terres de l'Est européen, en réduisant les Slaves en esclavage. La Grande-Allemagne, englobant en son sein tous les Allemands et Autrichiens de l'Europe centrale, devait en outre exercer un protectorat direct sur tous les peuples voisins d'origine germanique (Flamands, Hollandais, Scandinaves, Suisses alémaniques).

L'impérialisme japonais se manifesta dès les dernières années du XIXe s. (guerre sino-japonaise, 1894/95). Puis les Japonais infligèrent des défaites retentissantes à l'homme blanc au cours de guerres classiques (victoire sur les Russes, 1905 ; victoires sur les Anglo-Américains, 1941/42). L'impérialisme japonais fut le résultat d'une convergence entre les aspects traditionnels de la société nippone (persistance d'une caste militaire) et ses aspects les plus modernes : devenu rapidement une grande puissance industrielle, le Japon surpeuplé manquait tragiquement de matières premières et ne pouvait survivre qu'en s'ouvrant des marchés ; ce qui explique la conquête de la Chine, à partir de 1937, puis, à la suite du resserrement du blocus commercial américain dès 1939, le déclenchement de la guerre du Pacifique, en déc. 1941. Pour les Japonais, il s'agissait, notamment par la conquête de la Malaisie et de l'Indonésie, de s'assurer les matières premières indispensables : pétrole, métaux et caoutchouc. En encourageant les divers nationalismes (vietnamien, cambodgien, thaïlandais, birman, indonésien), l'impérialisme japonais rendit impossible tout rétablissement durable des régimes coloniaux européens après 1945.

Après 1945 : les « Super-Grands »

La Seconde Guerre mondiale ayant entraîné l'effacement politique de l'Europe et du Japon, l'après-guerre a été dominé par l'antagonisme (v. GUERRE FROIDE ET DÉTENTE) des deux « Super-Grands », les États-Unis et l'URSS. L'impérialisme américain s'est d'abord manifesté négativement au XIXe s. par la doctrine de Monroe (v.). Puis l'essor du capitalisme industriel, à la fin du XIXe s. déclencha aux États-Unis une réaction protectionniste à l'égard de l'Europe ainsi qu'une politique expansionniste : occupation de Cuba et annexion des Philippines et des îles du Pacifique au terme de la guerre hispano-américaine de 1898 ; politique du « gros bâton » menée par Theodore Roosevelt (v.) dans la zone des Caraïbes. Dès la Première Guerre mondiale, les Américains intervinrent d'une manière décisive dans la politique européenne. Au lendemain du conflit, les États-Unis étaient devenus la première puissance économique du monde. Malgré un fort courant isolationniste, Franklin Roosevelt (v.), à la faveur de Pearl Harbor (déc. 1941), jeta les Americains dans la Seconde Guerre mondiale, qui devint pour eux une « croisade des démocraties ».

La défaite du IIIe Reich aboutit à la rencontre, au cœur de la vieille Europe, de deux impérialismes extérieurs, celui des États-Unis et celui de l'URSS. Les États-Unis assumèrent désormais, face à l'URSS une responsabilité mondiale. Militairement, ils constituèrent un réseau de bases aéronavales, entretinrent des flottes sur tous les océans, firent surveiller la terre entière par des « avions-espions » puis par des satellites, suscitèrent des pactes (OTAN, OTASE, etc.), conservèrent des troupes en Europe et au Japon et enfin intervinrent militairement dans des guerres comme celles de Corée (1950/53) et du Viêt-nam (1963/73) ou par des opérations de police comme au Liban (1958) et à Saint-Domingue (1965). Politiquement, les États-unis imposèrent des régimes démocratiques à l'Allemagne et au Japon vaincus. Ils s'efforcèrent de contenir la pénétration du communisme dans leur zone d'influence en organisant le blocus économique de Cuba, en favorisant la subversion intérieure pour renverser le régime d'Arbenz au Guatemala (1954) et celui d'Allende au Chili (1973), en soutenant les régimes paramilitaires du Guatemala, du Honduras, du Salvador ainsi que l'opposition somoziste au Nicaragua (1982/88) et en intervenant directement à la Grenade (1983) pour annihiler un foyer d'action révolutionnaire. Idéologiquement, ils sont devenus les champions du « monde libre », du pluralisme politique, de la liberté économique et de la société de consommation dans une économie de marché. Économiquement, leur puissance mondiale s'affirme par l'ampleur de leurs investissements et l'hégémonie du dollar. Après la chute du mur de Berlin (1989), les États-Unis cherchèrent à imposer un nouvel ordre mondial fondé sur les principes du marché et de la démocratie. Leur principale démonstration de force se déploya lors de la seconde guerre du Golfe (v.). Après cette victoire, leur hégémonie diplomatique leur permit d'engager le processus de paix israélo-arabe (1991) et de résoudre le conflit bosniaque (1994). Cependant, en sept. 2001, les attentats islamistes contre le World Trade Center et le Pentagone ébranlèrent la toute-puissance américaine. À la suite de ces événements, les États-Unis prirent la tête d'une vaste coalition qui renversa le régime des talibans en Afghanistan (2002). En 2003, leur intervention en Irak anéantit aussi le régime de Saddam Hussein.

L'impérialisme soviétique n'a pas pris directement la suite de l'impérialisme tsariste. Au traité de Brest-Litovsk (1918), les chefs bolcheviks sacrifièrent une grande part des acquisitions territoriales réalisées par les tsars depuis le XVIIIe s. Dès 1920, cependant, les nationalités d'Ukraine, du Caucase, de l'Asie centrale, dont Lénine avait d'abord proclamé le droit à l'autodétermination, furent impitoyablement réintégrées sous l'hégémonie de Moscou (par la suite, elles furent soumises à une russification systématique, et des peuples entiers furent déportés d'une extrémité à l'autre de l'URSS). En politique étrangère, Staline, vers 1925, tirant la conclusion de l'échec des mouvements révolutionnaires en dehors de la Russie, fit triompher la thèse de la « construction du socialisme dans un seul pays », contre Trotski, qui continuait à donner la priorité à la révolution mondiale. « Patrie du socialisme », « rempart des conquêtes du prolétariat international », l'URSS devait être renforcée par tous les moyens. De même que Lénine avait identifié le parti au prolétariat, de même Staline identifia l'URSS au prolétariat mondial, de sorte que toute la politique étrangère soviétique devint une forme éminente de lutte révolutionnaire à laquelle les travailleurs du monde entier furent intéressés.

Les accords de Munich (1938) ayant fait renaître à Moscou la crainte d'une vaste coalition antisoviétique, l'URSS préféra s'entendre directement avec le IIIe Reich (pacte germano-soviétique (v.) d'août 1939). Pour la première fois, l'impérialisme soviétique recherchait une extension territoriale par l'annexion de la Pologne orientale (sept. 1939), de la Carélie finlandaise (mars 1940), des États baltes et de la Bessarabie (été 1940).

À la suite de la défaite du IIIe Reich et des accords de Yalta, l'URSS réussit à s'installer solidement au cœur même de l'Europe : elle annexa des territoires qui n'avaient jamais été russes (la Prusse-Orientale avec Königsberg et l'Ukraine subcarpatique) ; en outre, elle se constitua un glacis occidental d'États satellites (Pologne, Allemagne de l'Est, Tchécoslovaquie, Hongrie, Bulgarie, Roumanie), qui furent intégrés politiquement (prise du pouvoir par les partis communistes et création de « démocraties populaires »), socialement (processus de collectivisation), économiquement (création du Comecon (v.), 1949) et militairement (création du pacte de Varsovie, 1955). La puissance mondiale de l'URSS atteignit son apogée au début des années 1950, après la victoire des communistes chinois, alors étroitement liés à Moscou. Elle se trouvait à la tête d'un « bloc communiste » représentant près d'un milliard d'individus ; elle contrôlait étroitement l'action des partis communistes du monde entier (des partis européens en particulier, par le Kominform) et soutenait activement la « subversion » dans les empires coloniaux déclinants. Toutefois, les Soviétiques se gardèrent d'exporter la révolution par la guerre et prirent soin de ne jamais se laisser entraîner, ni en Corée, ni au Viêt-nam, ni au Proche-Orient, dans une confrontation armée directe avec les États-Unis.

La politique étrangère fut placée par Khrouchtchev sous le signe de la « coexistence pacifique » et par son successeur, Brejnev, sous le signe de la « détente ». Cependant, en recourant si nécessaire à l'intervention militaire (Berlin, 1953 ; Budapest, 1956 ; Prague, 1968), l'URSS a longtemps réussi à maintenir son empire européen ; mais, à la suite de la rupture avec Pékin, Moscou cessa dès 1963 d'être le seul pôle du communisme mondial et fut contrainte de faire sa part au « polycentrisme » et de reconnaître l'existence de « voies nationales vers le socialisme ». Bien qu'il ait conquis l'accès aux océans par le développement intensif de sa flotte de surface et sous-marine, l'Empire soviétique demeurait, au début des années 1970, essentiellement continental. Son expansion restait bloquée dans les mêmes régions où la Russie des tsars rencontrait déjà des obstacles au XIXe s., bien que les adversaires ne fussent plus les mêmes : en Méditerranée et au Proche-Orient, les Soviétiques devaient faire face non plus aux Anglais mais aux Américains ; en Asie centrale, l'URSS se heurtait aux Chinois ; enfin, en Extrême-Orient, la Chine encore dénonçait la politique impérialiste des dirigeants soviétiques.

L'intervention des troupes soviétiques en Afghanistan en déc. 1979 put faire craindre un regain de l'impérialisme soviétique, jusqu'au retrait de l'Armée rouge en 1989. Après la disparition de l'URSS en 1991, la Russie, embarrassée par ses problèmes internes, renforça cependant son autorité sur les républiques qui composent la Fédération de Russie (v.) et réprima violemment la tentative de sécession de la Tchétchénie (v.)

IMPÔT. Dans la plupart des civilisations de l'Antiquité, l'impôt ne constituait pas la source principale des recettes de l'État ; celles-ci étaient fournies surtout par les *tributs* levés sur les peuples vaincus ou récemment annexés et par les revenus des *domaines publics* ou *royaux*. Par ailleurs, l'impôt était souvent payé en nature, ou en travail.

La fiscalité dans l'Antiquité

En **Grèce,** Athènes, au Ve s. av. J.-C., tirait ses principaux revenus de l'exploitation des mines et du tribut payé par ses alliés de la Confédération athénienne. Les impôts directs étaient exceptionnels, mais les citoyens riches étaient soumis aux liturgies, c'est-à-dire à l'obligation d'assurer à leurs frais, pendant une année, un service public tel que la construction d'une trière ou le recrutement et la formation d'un chœur pour les fêtes religieuses. Les non-citoyens, métèques et affranchis, devaient payer une sorte de capitation. Il existait des impôts indirects tels que les droits de douane perçus sur toutes les marchandises exportées ou importées au Pirée ; les droits de marché sur les produits exposés sur l'agora ; ou la taxe d'un centième sur les ventes immobilières. En temps de guerre, on levait des impôts directs exceptionnels, en particulier l'*eisphora*, impôt sur le capital, qui frappait les citoyens comme les métèques, et qui devint un impôt permanent de 1 % au IVe s.

Dans les **monarchies hellénistiques**, aux impôts dus à la cité s'ajouta l'impôt dû au roi, le *phoros* (tribut), dont la somme globale était fixée pour chaque province puis répartie sur chaque collectivité (cité, village, territoire) et payé par les non-Grecs. Les nombreux impôts indirects consistaient en taxes sur le commerce et l'industrie, en droits de marché, en douanes intérieures et extérieures, en impôts sur le sel (les salines étant propriété royale) ; par ailleurs subsistaient les liturgies, et les corvées étaient générales.

À **Rome**, le produit du domaine public puis les tributs des provinces fournirent pendant longtemps l'essentiel des recettes de l'État. À l'origine, l'impôt direct ordinaire n'existait pas. En temps de guerre ou en cas de dépense exceptionnelle, un *tributum* était exigé de chaque citoyen. À partir de 167 av. J.-C., les habitants de Rome et de l'Italie furent exemptés de tout impôt direct. Les non-citoyens, et particulièrement les provinciaux, devaient payer une dîme en nature (*decuma*, en Sicile et en Asie) ou une somme d'argent (*stipendium, vectigal*) : on considérait qu'en payant ces impôts les autochtones acquittaient la location des terres que Rome leur avait confisquées lors de la conquête, mais qu'ils continuaient à occuper. Les impôts indirects (droits de port de douane, de marché) étaient les *portoria* ; s'y ajoutaient des taxes spéciales sur le célibat (*aes uxorium*) et sur les affranchissements (5 % de la valeur de l'esclave).

À l'époque impériale, le poids de la fiscalité s'aggrava. Dans les provinces, la dîme fut supprimée mais le *stipendium* fut généralisé, et on le perçut plus efficacement en procédant à un recensement précis et à l'établissement d'un cadastre. Auguste créa de nouveaux impôts directs : la capitation (*tributum capitis*), qui frappait l'individu, et un impôt foncier (*tributum soli*), payé par les propriétaires. Les habitants de Rome et les Italiens étaient toujours exemptés d'impôts directs.

À partir des IIIe/IVe s. de notre ère, la plupart des impôts indirects disparurent, mais, la citoyenneté romaine ayant été étendue à tous les habitants libres de l'Empire, les impôts directs le furent également. Ils devinrent écrasants : ce fut le cas de l'impôt foncier, établi sur la base du *jugum* (environ 2 ha de vignes, ou 10 ha de terres de labour, ou 30 ha de mauvaise terre). L'administration impériale ne sut jamais trouver un mode de perception efficace, si ce n'est de rendre responsables de leurs propres biens les magistrats municipaux, ce qui contribua à appauvrir les cités. L'impôt du Bas-Empire est resté mal réparti et a pesé surtout sur le peuple et sur les classes moyennes.

Dans l'Occident médiéval

Pendant le **haut Moyen Âge (Ve-IXe s.)**, la notion d'impôt comme contribution aux charges de l'État et rétribution des services publics s'estompa rapidement avec la notion même d'État. Les taxes foncières se transformèrent en une redevance fixe pour chaque terre : le *cens*. Certains impôts indirects – péages et *tonlieux*, frappant la circulation des marchandises – furent plus aisément maintenus. Les souverains tiraient l'essentiel de leurs ressources de l'exploitation des domaines royaux. La dégradation du système fiscal fut accélérée par la pratique de l'immunité, par la-quelle le roi, qui disposait des revenus de l'État comme de son bien propre, accordait à de grands propriétaires fonciers, laïcs et surtout ecclésiastiques, le droit de percevoir, pour lui, les impôts sur leurs terres.

Dans le **système féodal (Xe/XIIIe s.)**, les impôts furent perçus par les seigneurs. Ceux qui s'étaient approprié les voies de communication et assuraient la police des foires et des transactions commerciales, percevaient les tonlieux et des taxes sur les ventes. Comme impôts directs, ils prélevaient la *taille* sur tous leurs sujets, en particulier les serfs dits « taillables à merci » et les roturiers et, dans certaines circonstances, fixées par la coutume, ils demandaient à leurs vassaux et tenanciers une sorte d'impôt de solidarité, les *aides*.

Dans la France médiévale, il fallut beaucoup d'efforts au roi, entre le XIIIe et le XVe s., pour imposer peu à peu l'**impôt public permanent.** Dès l'époque féodale, le roi demandait de temps à autre à ses vassaux une aide exceptionnelle pour la défense du royaume (*tuitio regni*). Philippe le Bel réussit à lever de telles contributions de sa propre autorité, mais, en général, la *tuitio regni* était obtenue par des négociations directes avec les vassaux ; elle le fut, à partir du XIVe s., par des démarches du roi auprès des états généraux ou provinciaux. Cependant, les légistes royaux, pénétrés de droit romain, soutenaient que le roi, comme l'empereur romain, avait le droit de lever des impôts de sa propre autorité. La *gabelle* du sel fut ainsi établie au XIVe s., et, en 1439, les états généraux octroyèrent au roi la première taille permanente pour lui permettre d'entretenir l'armée qu'il venait de mettre sur pied.

C'est seulement à partir du XVIe s. que le droit du roi de France de lever l'impôt de sa seule autorité ne fut plus contesté, sauf dans les pays d'états, où le consentement des états provinciaux resta nécessaire jusqu'à la fin de l'Ancien Régime. Par ailleurs, le clergé garda toujours le privilège de négocier avec le roi le montant de son impôt, qui portait le nom significatif de *don gratuit*. Les principaux impôts directs de la monarchie étaient : 1°) la *taille royale* (la taille seigneuriale avait été supprimée en 1439), qui ne frappait ni les pays d'états, ni les nobles, ni les ecclésiastiques, et comportait en outre de nombreuses exemptions ; cet impôt de répartition s'alourdit au cours de l'Ancien Régime et, malgré les efforts de réforme faits au XVIIIe s., il pesa de plus en plus sur les pauvres, car les riches bourgeois achetaient un office pour en être exemptés ; 2°) la *capitation*, créée en 1695 comme impôt extraordinaire de guerre et établie définitivement en 1701 : elle pesait sur tous les sujets du roi sans exception et était calculée sur le revenu présumé des contribuables ; 3°) après la création éphémère du *dixième* (1710), fut institué en 1749 l'impôt du *vingtième*, qui, frappant essentiellement les revenus fonciers et ceux des offices, pesait sur les grands propriétaires nobles et bourgeois. Les impôts indirects : aides, traites, gabelle, frappaient la circulation et la vente de certaines marchandises, et, par conséquent, étaient supportés par l'ensemble de la population. Ces impôts indirects, dont la perception était laissée à la Ferme générale, devinrent particulièrement impopulaires.

En France, depuis le XVIIIe siècle

En réaction contre l'extrême complexité de la fiscalité de l'Ancien Régime. La **Révolution française** proclama dès 1789 (*Déclaration des droits de l'homme*, art. XIII) le principe de l'égalité de tous les citoyens devant l'impôt. Pour souligner la liberté du contribuable, on remplaça le mot *impôt* par le mot *contribution*, qui indiquait que le paiement n'était plus imposé par la volonté du souverain mais librement consenti. Tous les impôts indirects furent supprimés, à l'exception de l'enregistrement et des douanes extérieures. Les anciens impôts directs furent remplacés, entre nov. 1790 et mars 1791, par trois « contributions » : la *contribution foncière*, qui frappait le revenu net des terres et des maisons ; la *contribution personnelle et mobilière*, sur la fortune personnelle du citoyen estimée d'après le loyer d'habitation, la valeur du mobilier, le nombre de domestiques et de chevaux ; la *contribution des patentes*, payée par les commerçants et les industriels. À ces trois impôts s'ajouta, sous le Directoire, la *contribution des portes et fenêtres*, l'ensemble de ces contributions directes formant ce qu'on a appelé les « quatre vieilles ».

Ces impôts furent insuffisants en raison de l'absence d'une administration fiscale que Bonaparte, nommé consul, constitua à partir de 1799. Aussi, le Directoire rétablit-il les impôts indirects : sur les boissons, le tabac, les cartes à jouer, les places dans les voitures publiques, la circulation sur les grandes routes, la navigation sur les fleuves et les canaux, etc. Sous l'Empire, ils prirent le nom de *droits réunis* (1804), puis celui de *contributions indirectes* (1815). Au cours du **XIXe siècle**, ce système fiscal demeura inchangé dans ses grandes lignes, mais les notables, membres des assemblées parlementaires, dénaturèrent l'œuvre fiscale accomplie en 1790/91, en s'employant à réduire la part des impôts directs et à accroître celle des impôts indirects (qui représentaient 36 % des recettes en 1801, puis 76 % en 1851 et 80 % en 1900). Or l'impôt indirect, qui frappait la consommation, pesait plus lourdement sur les citoyens de condition modeste. Le XIXe s. fut également marqué par de longs débats entre les défenseurs de l'impôt proportionnel, qui prélève une fraction identique de tous les revenus, grands ou petits, et les partisans de l'impôt progressif, qui considéraient que l'impôt, en frappant plus lourdement les gros revenus, devait être un moyen de corriger l'inégalité sociale.

Dès le début de la IIIe République, l'introduction d'un **impôt sur le revenu** fut à l'ordre du jour de nombreux débats parlementaires. Elle se heurta à une farouche opposition des milieux conservateurs. Le parti radical-socialiste l'inscrivit dans son programme. Joseph Caillaux (v.) se fit le champion de l'impôt sur le revenu. Mais en 1907, la commission du Sénat repoussa son projet. Après la victoire de la gauche aux élections de 1914, Viviani fit adopter l'impôt sur le revenu (juill. 1914). Il s'ajoutait aux anciens impôts directs ; ceux-ci furent supprimés en 1917 et remplacés par des « impôts cédulaires », qui portaient sur les bénéfices industriels et commerciaux, sur les bénéfices agricoles, sur les traitements, salaires et pensions, sur les professions non commerciales. Des « quatre vieilles » ne subsistait plus que l'impôt foncier sur les propriétés bâties et sur les terrains. L'impôt sur le revenu fut réformé en 1948 et en 1959 et prit la forme de deux impôts, frappant l'un les personnes physiques, l'autre les sociétés.

Dans le domaine des **impôts indirects** fut introduite en 1917 une taxe proportionnelle sur les paiements, remplacée en 1920 par une taxe sur le chiffre d'affaires, à laquelle s'ajouta en 1936 une taxe à la production. Cette fiscalité fut simplifiée en 1954 par l'introduction de la taxe sur la valeur ajoutée (TVA), laquelle fut étendue en 1968 à l'ensemble du commerce : la TVA frappe tous les stades du processus de production et de distribution d'un bien ou d'un service pour être finalement payée – au moins dans sa plus grande partie – par le consommateur, mais elle ne frappe, à chaque stade, que la valeur ajoutée au bien considéré par les intermédiaires successifs. Le système de la TVA a été ensuite généralisé dans tous les pays du Marché commun. Depuis les années 1980/90, les système fiscaux européens ont d'ailleurs commencé d'être accordés : suppression des contrôles fiscaux aux frontières (déc. 1991), harmonisation progressive des taux de TVA et de la fiscalité des entreprises.

À partir de 1973, sous la présidence de V. Giscard d'Estaing, les prélèvements obligatoires (impôt sur le revenu et cotisations sociales) ont amorcé une ascension qui s'est encore accélérée sous la présidence de F. Mitterrand, passant de 35,7 % du produit intérieur brut en 1973 à 45 % en 2000. Les économistes de l'offre ont montré qu'une telle pression fiscale pouvait s'avérer économiquement néfaste tant sur l'offre de travail que sur la propension à épargner. Comme les autres pays développés, la France s'est engagée dans une réforme fiscale fondée sur la réduction des taux marginaux de l'impôt sur le revenu et sur une forte baisse du taux de l'impôt sur les sociétés. En 1991, le Premier ministre Michel Rocard créa la contribution sociale généralisée (CSG). Assise sur l'ensemble des revenus, elle a pour objet de financer la protection sociale, provenant jusque-là des prélèvements sur les seuls salaires. Fixée à sa création à 1,1 %, elle a été portée à 7,5 % depuis 1998. En 1996, s'y est ajoutée la CRDS (contribution pour le remboursement de la dette sociale) fixée à 0,5 % des revenus du travail. L'impôt sur le capital n'a longtemps existé en France qu'à titre de prélèvement exceptionnel (« impôt de solidarité national », institué en 1945). L'**impôt sur les grandes fortunes (IGF)**, institué en 1982 et supprimé en 1987, poursuivait deux objectifs : mieux répondre aux capacités contributives et réduire les inégalités. L'impôt de solidarité sur la fortune (ISF), créé en 1989, a pour but de faire jouer la solidarité en trouvant une contrepartie à la création du revenu minimum d'insertion mais son assiette et l'absence de plafonnement ont pour effet la détérioration du patrimoine des particuliers et des entreprises. En 2002, J. Chirac a fait de la réduction de l'impôt sur le revenu l'un des grands thèmes de sa campagne électorale.

INCAS (empire des). Empire de l'Amérique du Sud précolombienne qui, au XVe s. et au début du XVIe s., à partir de la région de Cuzco (Pérou actuel), s'étendait dans la région des Andes depuis le sud de la Colombie jusqu'au centre du Chili. Avant les Incas, le Pérou avait vu se succéder de nombreuses cultures, dont les plus anciennes peuvent remonter jusqu'au IIIe millénaire. Les mieux connues par les fouilles archéologiques sont celles de Chavín (vers 700 av. J.-C.), de Mochica ou de Chimú (Ier millénaire de notre ère), et, sur les hauts plateaux, la culture de Tiahuanaco (aux environs de l'an mille).

Le peuple des Incas n'ayant pas connu l'écriture, leur histoire n'est connue que par des traditions orales recueillies, non sans de nombreuses contradictions, par les historiens espagnols de l'époque coloniale. À l'origine, les Incas ne formaient qu'un des petits peuples qui occupaient la région de Cuzco. Leur plus ancien souverain, le légendaire Manco Cápac, aurait vécu au début du XIIIe s. et il eut douze successeurs, dont les sept premiers sont également légendaires. La fondation et l'expansion de l'empire des Incas furent aussi rapides que devait l'être sa chute. L'essentiel fut réalisé par les neuvième et dixième incas, Pachacuti Inca Yupanqui (1438/71) et son fils, Tupac Inca Yupanqui (1471/93). L'Empire atteignit son apogée sous le règne du onzième inca, Huayna Cápac (1493/1525) : il s'étendait alors sur plus de 4 000 km de longueur, depuis la région de Quito (Équateur), au N., jusqu'à la hauteur de Valparaíso (Chili) au S.

L'Empire inca était absolu et théocratique ; l'empereur, l'inca, à la fois chef civil, militaire et religieux, incarnation du Soleil sur la terre, conservait la pureté de sa lignée en prenant obligatoirement pour épouse officielle sa propre sœur. La religion tenait une place importante dans la vie des Incas ; outre le Soleil, on vénérait les diverses forces naturelles et les ancêtres, dont les plus prestigieux étaient momifiés. Les sacrifices humains étaient très rares et n'avaient guère lieu que lors des cérémonies d'intronisation d'un nouvel inca.

Reposant sur une économie essentiellement agricole, l'Empire était organisé dans le cadre d'une sorte de socialisme étatique. L'Inca était propriétaire de toutes les terres. Un tiers servait à l'entretien de la cour, des fonctionnaires nobles et de l'armée, un tiers était dévolu aux prêtres et un tiers distribué annuellement aux familles de travailleurs. Les trois classes de la société : nobles, prêtres et peuple, étaient strictement compartimentés (v. INDO-EUROPÉENS).

Les peuples vaincus étaient généralement bien traités et l'on favorisait leur assimilation. L'armée, levée sur la base du service militaire obligatoire, disciplinée et bien entraînée, ne possédait qu'un armement rudimentaire d'arcs, de flèches, de haches de bronze et de casse-tête. Les échanges restaient peu développés et s'effectuaient sous la forme du troc. Ignorant les chevaux, les Incas avaient pourtant mis en place un vaste réseau routier centré sur leur capitale, Cuzco, que parcouraient les piétons et les animaux de bât, les lamas ; il était utilisé par les troupes et par les courriers officiels, des coureurs qui se relayaient de poste en poste. Les Incas construisirent de puissantes forteresses (comme celle de Sacsahuamán, qui défendait Cuzco) en énormes blocs de pierre ajustés les uns aux autres sans mortier et capables cependant de défier tous les tremblements de terre.

En 1525, à la mort de Huayna Cápac, l'Empire fut disputé entre ses deux fils, Huáscar et Atahualpa. Au terme d'une guerre fratricide, Huáscar fut capturé par Atahualpa, et, comme il appelait les Espagnols à son aide, il fut mis à mort sur l'ordre de son frère, mais Atahualpa à son tour fut exécuté par Pizarre, qui, à la tête d'une force dérisoire de 183 hommes, détruisit l'empire des Incas (août 1533).

INDE. Région de l'Asie méridionale, qui forme depuis 1947 la république de l'Inde et le Pakistan.

La **préhistoire indienne** demeure encore assez mal connue. C'est dans la vallée de la Soan, affluent de l'Indus, qu'on a retrouvé les plus anciennes traces d'une industrie paléolithique, qui remonterait à – 400 000 ans. Il existe aussi en Inde quelques sites du paléolithique supérieur et de nombreux sites mésolithiques. Alors que, dans le nord de l'Inde, on trouve des sites chalcolithiques (IIe et Ier millénaires), il semble que dans le Deccan, l'âge du fer succéda directement au néolithique, antérieurement à l'arrivée des Aryens. Les fouilles menées à partir de 1921 dans la vallée de l'Indus ont révélé une importante civilisation urbaine protohistorique (vers 2500/1800 av. J.-C.), dont les deux sites principaux sont Harappa (Pendjab) et Mohenjo-Daro (Sindh) ; cette civilisation de l'Indus a eu des rapports étroits avec le monde sumérien et mésopotamien.

De l'occupation aryenne aux Maurya (XVe/IIe s. av. J.-C.)

À partir de 1500 av. J.-C., et plus tôt peut-être, l'Inde du Nord-Ouest fut envahie par les Aryens, branche de la famille indo-européenne très proche des Mèdes et des Perses d'Iran. Introduisant en Inde le cheval, généralisant les techniques du bronze puis du fer, ils cohabitèrent presque partout avec les populations autochtones et, au fur et à mesure que se précisaient les hiérarchies sociales, posèrent les bases du système des castes, étroitement lié à la religion védique. Les plus anciens monuments de celle-ci, les quatre recueils sacrés des *Veda*, remontent au milieu du IIe millénaire avant notre ère. Après avoir conquis les bassins de l'Indus et du Gange, les Aryens auraient pénétré dans le nord du Deccan et imposé leurs institutions religieuses et sociales aux populations antérieures, Moundas et Dravidiens, qui conservèrent cependant leurs langues. L'occupation de l'Inde par les Indo-Européens fut probablement suivie par des guerres entre tribus aryennes ; la grande épopée sanskrite, le *Mahabharata*, dont la composition n'est pas antérieure au IVe s. av. J.-C., nous en a conservé le souvenir. À partir du XIe s. av. J.-C. se développa le mouvement de spéculation postvédique qui, par les *Brahmana* (XIe/VIIe s.) et les *Upanishad* (VIIIe/IVe s.), constitua les thèmes essentiels de la pensée indienne jusqu'à nos jours. Une pensée mystique moniste se subsista au ritualisme védique primitif des brahmanes dont la caste connut un effacement relatif au profit de celle des guerriers (*kshatriya*). Plus radicale encore, au VIe s. av. J.-C., fut la réaction des deux grands réformateurs indiens, le Bouddha Çakyamuni (* 560, † 461), fondateur du bouddhisme (v.), et le prince Vardhamana, dit le *Sina* (le « Victorieux ») (* 540, † 468 ou 447), fondateur du jaïnisme (v.). Enfin, le brahmanisme traditionnel, en partie pour répondre au succès populaire du bouddhisme et du jaïnisme, commença vers cette époque à intégrer des éléments religieux indigènes : les dieux védiques s'effaçant, la piété se concentra sur les figures de Vishnou et de Çiva, qui devaient continuer à présider au développement historique de l'hindouisme (v. **HINDOUISME**).

À partir du VIe s., l'Inde entra en contact avec de nouveaux envahisseurs indo-européens venus du N.-O. : d'abord les Perses achéménides (expédition de Darius Ier dans le Gandhara et le bas Indus, vers 512), puis Alexandre le Grand, qui, ayant conquis l'Empire perse, franchit l'Indus au printemps de 326, vainquit le roi Poros (Paurava ?), mais dut se retirer dès l'année suivante sans que son passage eût établi des relations durables entre l'Inde et l'Occident. Chandragoupta, fondateur vers 321, à Patalipoutra (Patna), de la dynastie Maurya, constitua entre le Gange et l'Indus un vaste empire assez puissant pour repousser l'expédition menée par Séleucos Ier. Au IIIe s. av. J.-C., par la conquête du Kalinga, Açoka étendit profondément la domination des Maurya sur le Deccan, où ne restèrent indépendants que les royaumes tamouls du S. de la péninsule. Bouddhiste fervent, Açoka s'efforça de répandre le bouddhisme en direction de Ceylan, de la Birmanie, peut-être même de la Chine et de l'Occident. Mais son empire se morcela peu après sa mort.

De l'Inde gréco-bouddhique aux Goupta (IIe s. av./VIIe s. apr. J.-C.)

Après l'assassinat du dernier Maurya (vers 185 av. J.-C.), l'Inde orientale, c'est-à-dire l'État du Magadha, dans le bassin du Gange, fut gouvernée par les dynasties locales des Sounga (vers 185/73) et des Kanva (vers 73/25 av. J.-C.). À la faveur de la dislocation de l'Empire maurya, les Grecs reparurent dans l'Inde du Nord-Ouest. Le souverain grec de Bactriane, Démétrios (vers 189/166 av. J.-C.), soumit la région de Kaboul et le Gandhara, puis, avec ses lieutenants, Apollodore et Ménandre, il conquit le Pendjab et le Sindh. Ménandre régna ensuite sur le Pendjab (vers 166/145 av. J.-C.) : son intérêt pour la pensée indienne fut partagé par presque tous les souverains grecs de l'Inde du Nord-Ouest et prépara l'épanouissement de l'art gréco-bouddhique du Gandhara.

Mais, aux environs de l'ère chrétienne, les royaumes grecs de l'Inde furent bousculés par l'invasion des Scythes, nomades indo-européens descendus de la Haute-Asie, qui s'établirent dans la vallée de l'Oxus dès 128 av. J.-C. et fondèrent la dynastie impériale des Kouchans, qui régna aux premiers siècles de notre ère sur le Gandhara, le Pendjab et la région de Mathoura, au S. de l'Indus. Ces princes indo-scythes subirent profondément l'influence de l'hellénisme, et le plus grand d'entre eux, Kanishka (v.) (120/162 ?), se fit un ardent prosélyte du bouddhisme du Grand Véhicule dont il prépara l'expansion missionnaire vers l'Asie orientale et la Chine. À la même époque, dans le Deccan, florissait le puissant État des Andhra, dont le centre spirituel et artistique se trouvait à Amaravati, à l'embouchure de la Krishna (école de sculpture bouddhique d'Amaravati, IIe/IVe s. de notre ère).

Au déclin des Kouchans, durant le IIIe s., succéda à partir de 320 l'essor brillant de la dynastie des Goupta, qui, depuis le Magadha, constitua un vaste empire indien s'étendant de l'embouchure du Gange à l'embouchure de l'Indus en englobant le Malva, le Gujerat et la presqu'île du Kathiawar. Les principaux souverains de cette dynastie furent le fondateur, Chandragoupta Ier (vers 320/35), Samoudragoupta (vers 335/75), Chandragoupta II (vers 375/414), Koumaragoupta (414/55) et Skandagoupta (455/70). L'époque des Goupta constitua l'âge d'or de la civilisation indienne illustrée par une abondante littérature sanskrite, les développements idéalistes de la philosophie bouddhique et une très riche sculpture.

Vers le milieu du VIe s., les Huns Hephthalites venus de l'Asie centrale envahirent l'Inde du Nord et contraignirent les Goupta à se replier sur le Magadha, berceau de leur dynastie. Des principautés belliqueuses se formèrent ; celle de Thanesvar, au N. de Delhi, dépassa toutes les autres sous le règne de Harsha (v.) (606/47), qui reconstitua un empire analogue à celui des Goupta et établit sa capitale à Kanauj. Il montra, comme les Goupta, une grande tolérance religieuse, encouragea particulièrement le bouddhisme. Après la mort de Harsha, le Nord tomba alors – pour plusieurs siècles – dans l'émiettement féodal et le centre de la civilisation indienne se déplaça vers le Deccan. Les VIIe et VIIIe s. furent marqués par une énergique renaissance brahmaniste qui élimina presque entièrement le bouddhisme de l'Inde, sauf à Ceylan et dans l'Himalaya ; le brahmanisme s'épanouit alors aussi bien dans les grandes religions populaires, vishnouite et çivaïte, que dans les écoles philosophiques, dont la plus importante fut celle du Védanta (Çankara, * vers 788, † 850 ; Ramanoudja, * vers 1050, † 1137). C'est également dans le Deccan qu'on retrouve les édifices les plus exemplaires de l'art indien classique (temples rupestres d'Ajanta, d'Ellora et d'Éléphanta ; temples de l'Orissa).

L'Inde musulmane et le sultanat de Delhi (XIIe s./1526)

Aux Xe/XIIe s., l'Inde était morcelée en un grand nombre de royaumes dont les plus importants furent, au N., ceux des dynasties des Pala (fin VIIIe/XIIe s.) et des Séna (XIIe s.), en Inde centrale ceux des Pratihara (Xe s.) et des Chandella (XIe s.), au S. ceux des Pallava et des Chola. Malgré cet émiettement politique, l'Inde résista pendant trois siècles à la pénétration de l'islam, bien que les Arabes se fussent emparés du Sindh dès 712/13. Les premières incursions musulmanes marquantes furent celles des Turcs venus des régions afghanes : Mahmoud de Ghazni († 1030) s'établit solidement dans le Pendjab, détruisit le royaume de Thanesvar (1014), abattit la dynastie des Pratihara (1018), pilla Gwalior (1021/22) et poussa jusqu'au Kathiawar (destruction du temple et massacre de Somnath, 1026). Au siècle suivant, le chef irano-afghan Mohammed de Ghor († 1206), après avoir enlevé le Pendjab aux Ghaznévides, réussit à triompher de l'héroïque résistance de Prithvi Raj, roi d'Ajmer et de Delhi, vaincu à la bataille de Taraori (1192). Il conquit tout le bassin du Gange et fonda le sultanat de Delhi, qu'un de ses lieutenants, Iltoutmich (1210/35), pourvut d'institutions durables.

Sous le règne de la dynastie afghane des Khalji, et surtout avec Ala ed-Din (1296/1316), le sultanat de Delhi annexa la majeure partie du Deccan, englobant ainsi la plus grande partie de l'Inde historique, à l'exception de l'extrême Sud, où se maintenaient les royaumes tamouls. Mais la tentative unitaire des sultans de Delhi ne fut pas plus durable que les précédentes : c'est une constante de l'histoire indienne que le passage de l'empire à la dispersion provinciale. L'invasion de Tamerlan (1398/99) affaiblit considérablement le sultanat de Delhi, déjà miné par la rivalité des gouverneurs provinciaux musulmans prétendant à l'indépendance.

Au XVe s., l'Inde n'est plus qu'une mosaïque d'États musulmans et hindous en lutte continuelle. La domination de l'islam se maintint mais l'Inde n'assimila pas la civilisation musulmane et conserva ses langues, ses coutumes, ses religions ; dans l'art comme dans la pensée religieuse s'ébaucha la synthèse des deux cultures. Un syncrétisme mêlant islam et hindouisme se manifesta dès le XVe s. chez le poète mystique Kabir et chez son émule Nanak, fondateur de la secte des sikhs. Le théisme musulman contribua également à l'évolution du panthéisme hindou vers une mystique affective centrée sur un dieu personnel (bhakti, krishnaïsme). Les royaumes musulmans du Bengale (capitale Gaour), du Jaunpour (sur le Gange moyen), du Malva (entre Delhi et Bombay) et du Gujerat furent les États les plus importants à la fin du Moyen Âge. Au Rajpoutana, la résistance hindoue à l'islamisation restait très vive ; elle fut incarnée surtout par Rana Khoumba (1433/68), souverain de l'État de Mevar. Le Deccan était partagé en deux grands royaumes, celui de Bahmani (capitales Goulbarga, puis Bidar), musulman, et, au S., l'État hindou de Vijaynagar, illustré par des grands souverains tels que Déva Raya (1419/49) et Krishna Déva Raya. Cette époque vit s'épanouir une vie de société particulièrement brillante et une activité artistique intense dans lesquelles se reflétait, en dépit du morcellement politique, la richesse économique du pays. C'est l'Inde aux fêtes et aux trésors fabuleux que découvrirent les Portugais de Vasco de Gama, abordant à Calicut le 20 mai 1498. Mettant à profit l'antagonisme entre Turcs et Indiens musulmans, les Portugais s'installèrent ensuite à Cochin (1500), Goa (1510), Colombo (Ceylan, 1517), Bombay (1534), Diu (1535), où ils établirent des comptoirs.

L'Inde des Grands Mogols (XVIe/XVIIIe s.)

La division politique rendait l'Inde vulnérable, non seulement à la convoitise des colonisateurs occidentaux, mais aussi à celles des conquérants nomades descendus de la Haute-Asie. Chassé de Samarkand par les Ouzbeks, un descendant de Tamerlan et de Gengis Khan, Baber, était venu vers 1520 s'installer dans la région de Kaboul ; puis, franchissant l'Indus, il remporta la victoire de Panipat (21 avr. 1526), qui lui livra le sultanat de Delhi. Après une nouvelle victoire à Khanoua (16 mars 1527), il disloqua la coalition rajpoute et s'étendit vers l'E. jusqu'au Bengale. Son petit-fils, Akbar (1556/1605), établit définitivement l'Empire timouride de l'Inde, dit empire des Grands Mogols, qu'il étendit sur toute l'Inde septentrionale et centrale, du Bengale au Béloutchistan, du Cachemire au cœur du Deccan, de l'Oudh et du Bihar au Gujerat. Homme de guerre, Akbar fut aussi un grand administrateur. À la tyrannie brutale de l'ancien sultanat de Delhi, il substitua une politique de tolérance et de libéralisme qui favorisa la réconciliation des musulmans et des hindous : en épousant une princesse rajpoute (1562) il donna à ses guerriers le même exemple qu'autrefois Alexandre.

L'empire des Grands Mogols atteignit son apogée au XVIIe s. sous les règnes de Jahangir (1605/28) et de Chah Jahan (1628/58) : traditions hindoues et influences persanes se mêlèrent alors pour donner naissance à de somptueux édifices tels le Taj Mahal d'Agra (1632/48), le palais impérial de Delhi (1638), les grandes mosquées d'Agra (1644) et de Delhi (1648). Mais l'équilibre fut rompu par le règne d'Aurengzeb (1658/1707), qui, après avoir remporté des succès éphémères (annexion des sultanats chiites de Bijapour, 1686, et de Golconde, 1687), suscita de nombreuses révoltes hindoues, notamment au pays marathe. Les querelles de succession qui suivirent la mort d'Aurengzeb précipitèrent le déclin de l'Empire mogol. Une fois de plus, l'Inde retournait au morcellement : alors que se constituaient les royaumes musulmans du Bengale, de l'Oudh, et, dans le Deccan, du nizam d'Hyderabad, les Marathes, montagnards hindous de la région de Bombay, formaient en Inde occidentale et centrale des royaumes étendus. En un siècle à peine, l'Empire mogol fut réduit à un petit territoire autour de Delhi.

L'Inde coloniale jusqu'à la grande mutinerie de 1857
Jusqu'au milieu du XVIIIe s., la présence européenne en Inde influença fort peu l'histoire indienne. L'échec de l'évangélisation forcée et la rivalité hollandaise avaient empêché l'expansion de l'impérialisme portugais. Les Hollandais, apparus en Inde au début du XVIIe s., fondèrent des comptoirs à Masulipatam, sur la côte orientale, et surtout à Ceylan. La Compagnie anglaise des Indes orientales fut fondée en 1600, mais les Anglais se contentèrent longtemps d'une activité purement commerciale dans leurs comptoirs : Masulipatam (1611), Madras (1640), Bombay (1661), Calcutta (1690) (v. **INDES ORIENTALES, Compagnie anglaise des**) ; de même, les Français, qui, après la fondation de la Compagnie des Indes orientales par Colbert (1664), s'établirent à Pondichéry (1673), à Masulipatam, Mahé, Yanaon, Calicut (entre 1721 et 1723) et à Karikal (1738).

L'insécurité résultant de la décadence de l'Empire mogol et la répercussion en Asie des luttes franco-anglaises en Europe provoquèrent l'intervention européenne dans les affaires intérieures indiennes. Dupleix, gouverneur de Pondichéry et directeur général des comptoirs français de l'Inde à partir de 1742, fut sans doute le premier qui ait eu l'idée de fonder en Inde un empire européen : profitant d'une querelle de succession survenue à la mort du nizam d'Hyderabad (1748), il établit une brève hégémonie française dans le Deccan (1748/54), mais se heurta aux Anglais, qui imposèrent leur protégé, Mohammed Ali, comme nabab du Carnatic. Vaincu par les Anglais à Trichinopoli (1752) et incompris en France, Dupleix fut rappelé en 1754. La guerre de Sept Ans acheva de ruiner l'Empire français de l'Inde : après son échec devant Madras (1758), Lally-Tollendal fut battu par Eyre Coote à Wandiwash (22 janv. 1760) et dut capituler à Pondichéry (janv. 1761). Le traité de Paris (1763) ne laissa à la France que les cinq comptoirs de Pondichéry, Karikal, Mahé, Yanaon et Chandernagor.

La grande victoire de Plassey remporté par Clive sur le nabab du Bengale (23 juin 1757) permit à la Compagnie britannique, tout en laissant au nabab une autorité nominale, de se faire attribuer le *diwani*, c'est-à-dire l'administration financière du Bengale. Mais Clive ne fut pas mieux compris de ses compatriotes que Dupleix ne l'avait été en France : l'Angleterre encore très mercantile du XVIIIe s. se souciait seulement de commerce. La conquête, la prise en main de l'administration étaient jugées trop onéreuses, d'autant plus que gaspillages et concussions mettaient la Compagnie dans une situation difficile et la forçaient à recourir à l'aide du gouvernement. Désavoué et rappelé en 1767, Clive devait finir par se suicider. On décida de nommer un gouverneur général, et le premier titulaire de ce poste fut Warren Hastings (1772/85). Menacés par les Marathes, qui se posaient en successeurs des Mogols, et par le Mysore, dont les souverains musulmans, Haïder Ali et Tipou Sultan, recevaient l'aide des Français, les Anglais se trouvaient dans une position difficile, au moment même où ils devaient mener la guerre contre les colonies américaines, alliées de la France. Warren Hastings réussit à redresser la situation en réformant les finances, en imposant aux Marathes le traité de Salbai (1782), et la paix de Versailles priva Tipou Sultan, le plus redoutable adversaire des Anglais, de l'appui de la France. Malgré son succès, Hastings fut lui aussi totalement incompris en Angleterre, où on lui fit un procès retentissant. L'India Act de Pitt (1784) renforça encore le contrôle du cabinet de Londres sur la Compagnie.

La domination anglaise se trouva de nouveau remise en question par les victoires européennes de la Révolution française. L'expédition de Bonaparte en Égypte (1798) esquissait une menace française vers les Indes. Pitt venait d'envoyer aux Indes Lord Wellesley (1798/1805), dont le gouvernement inaugura l'ère de la conquête. Employant les armes, l'intimidation ou la diplomatie, Wellesley imposa le protectorat britannique au sultan du Mysore (prise de Seringapatam et mort de Tipou Sultan, mai 1799), au nizam d'Hyderabad (1800), à l'Oudh (1801), au Grand Mogol et commença le démembrement de l'empire des Marathes (première guerre marathe, 1802/03). En 1805, l'Inde britannique s'étendait déjà sur tout le Bengale, la vallée du Gange et la plus grande partie de la côte orientale et de l'O. du Deccan. Mais les conquêtes de Wellesley avaient coûté fort cher ; accusé de mauvaise gestion, de gaspillages, d'illégalité, le gouverneur fut rappelé par la Compagnie, qui se trouvait au bord de la ruine.

Cependant, l'œuvre d'unification se poursuivit. Dans le Deccan, Lord Hastings (1813/23) extermina les grandes compagnies de brigands Pindari (1818), anéantit définitivement la puissance des Marathes (1819) et étendit pacifiquement le protectorat britannique sur les principautés rajpoutes. La guerre contre les Gurkhas du Népal (1814/16) permit aux Anglais d'occuper le Kumaon et se termina par un traité d'alliance avec le Népal. À l'E., Lord Amherst (1823/28) entreprit une première guerre contre la Birmanie, qui dut céder l'Assam, l'Arakan et le Tenasserim (traité de Yandabo, 1826). La seule puissance redoutable que l'Angleterre trouvait encore en face d'elle en Inde était celle des sikhs (v.).

Vers 1840, le grand problème, pour l'Angleterre, était d'assurer la frontière du N.-O., voie traditionnelle des invasions. La rivalité anglo-russe provoqua la première guerre afghane (1839/42), qui fut un échec. Jusqu'alors, les interventions anglaises en Inde avaient été plus ou moins justifiées par des raisons défensives et par la nécessité d'imposer la paix entre les États princiers. L'époque victorienne (1837/1901) vit le passage à une politique impérialiste qui ne s'encombra plus de justifications. Après l'annexion du Sindh par Napier (1843), le Pendjab tout entier passa aux mains des Anglais au terme des deux guerres sikhes (1845/46, 1848/49). Sous le gouvernement de Lord Dalhousie (1848/56), la deuxième guerre anglo-birmane aboutit à l'annexion de la Basse-Birmanie (1852). Furent également annexés de nombreux États princiers, entre autres l'Oudh (1856) et le Sikkim.

La construction des premiers chemins de fer (1853), la création de la poste et du télégraphe (1853/54), la fondation des universités de Madras, Bombay et Calcutta, l'autorisation donnée aux veuves de se remarier (1856) soulevèrent l'opposition des milieux traditionalistes. Ces facteurs furent à l'origine de la plus grave crise qu'ait eu à connaître la domination britannique en Inde : la Grande Mutinerie ou révolte des Cipayes (v.) de 1857. Cependant, l'autorité britannique fut partout rétablie (même en Inde centrale, où Nana Sahib prolongea avec acharnement la résistance).

L'apogée de la domination britannique (1857/99)

La révolte des Cipayes fut suivie d'une réorganisation administrative et le régime colonial prit alors ses traits définitifs. Le dernier Grand Mogol, Bahadour Chah, que les mutins avaient acclamé comme empereur, fut jugé et condamné à l'exil. La Compagnie des Indes fut supprimée (1858) et l'autorité passa entièrement à la Couronne. Un secrétaire d'État pour l'Inde, assisté d'un conseil d'experts fut nommé à Londres. En Inde, le gouverneur général devint vice-roi ; les deux plus grands furent Lord Mayo (1869/72) et Lord Ripon (1880/84). L'administration britannique était représentée par l'Indian Civil Service. Le développement extrêmement rapide des chemins de fer, à partir de 1860, accéléra les mutations économiques ; l'essor de la grande agriculture d'exportation (céréales, jute, arachides, thé, caoutchouc) ruina l'ancienne agriculture villageoise (d'où une vague d'émigration vers l'Afrique du Sud et l'Océanie).

Lord Ripon favorisa l'association des Indiens à l'administration de leur pays : il abrogea la loi prise en 1878 par son prédécesseur, Lord Lytton, qui avait pratiquement supprimé la liberté de la presse en langues indiennes ; en 1882, il organisa les gouvernements locaux, et la loi Ilbert de 1883 donna même aux juges indiens des cours criminelles le droit de juger les Européens. Les violentes protestations des Britanniques du Bengale et du Bihar obligèrent Ripon à reculer. L'armée, enfin, avait été complètement réorganisée après la révolte des Cipayes ; elle devint une force impériale, sous l'autorité directe de la Couronne, au sein de l'armée britannique. À l'extérieur, cette période fut dominée par la rivalité anglo-russe en Asie centrale : après la seconde guerre afghane (1878/80), Gladstone évita un conflit direct entre l'Angleterre et la Russie en 1885. L'agrément du Pamir (1895) établit le protectorat britannique sur l'Afghanistan. À l'E., la Birmanie fut complètement annexée en 1886. L'établissement définitif de la domination britannique sur le vaste espace indien avait déjà été symbolisé par le titre d'« impératrice des Indes » que Disraeli fit attribuer à la reine Victoria le 1er janv. 1877.

La conquête de l'indépendance (1900/47)

Le nationalisme indien fut en grande partie une création des Britanniques. L'administration anglaise avait réussi une œuvre que n'avaient pu accomplir ni les Grands Mogols ni les empires plus anciens : l'unification politique de l'Inde. Elle imposa à tous un même système judiciaire et des lois identiques (Code pénal, 1860 ; Code de procédure civile et criminelle, 1861). La centralisation, les communications plus rapides, la diffusion de la langue anglaise rapprochèrent les divers peuples indiens, jusqu'alors séparés. L'éducation occidentale, dispensée dans les universités, fit connaître aux intellectuels de l'Inde les principes du parlementarisme britannique, du libéralisme et du nationalisme européens. Ce furent encore des érudits anglais qui, les premiers, se penchèrent sur les anciennes écritures hindoues.

L'agitation politique ne mit que très tardivement en cause la domination britannique elle-même : elle revendiqua d'abord une plus large participation des Indiens à l'administration et au gouvernement. L'organe de cette prise de conscience politique fut le Congrès, mouvement politique né à Bombay en 1885. Le Congrès adopta d'abord une attitude parfaitement loyaliste à l'égard des Anglais ; cependant, dès la fin du XIXe s., une tendance nationaliste radicale s'affirma autour d'un journaliste virulent, Tilak, qui prêchait le recours au terrorisme et qui fut d'ailleurs exclu du Congrès.

La crise éclata quand Lord Curzon, vice-roi de 1899 à 1905, proposa la partition du Bengale (1905) ; cette imprudence souleva une opposition considérable. Au Congrès de 1906, les radicaux l'emportèrent et firent adopter la revendication du *svaraj*, c'est-à-dire de l'autonomie interne de l'Inde. Avant la Première Guerre mondiale, une vague de terrorisme antibritannique éclata dans plusieurs régions de l'Inde.

Cependant, à l'exception de quelques extrémistes, l'Inde manifesta un parfait loyalisme à l'égard de l'Angleterre de 1914 à 1918 : 1 300 000 Indiens combattirent vaillamment en Flandre et au Proche-Orient ; plus de 100 000 d'entre eux trouvèrent la mort. Aussi beaucoup d'Indiens espéraient-ils que l'Angleterre, à la fin des hostilités, accorderait l'autonomie interne à l'Inde. Le Congrès – dont l'un des principaux animateurs était désormais Gandhi, arrivé d'Afrique du Sud –, se rapprocha de la Ligue musulmane, qui avait été fondée dès 1906 : hindous et musulmans conclurent le pacte de Lucknow (nov. 1916). En août 1917, Montagu, secrétaire d'État pour l'Inde, promit une participation accrue des Indiens au gouvernement local afin d'instituer le plus rapidement possible un gouvernement indien autonome au sein de l'Empire britannique. Les modérés du Congrès formèrent, en 1918, la Fédération nationale libérale et se déclarèrent prêts à coopérer avec la politique de réformes.

Mais en 1919, à la suite de grèves et de manifestations révolutionnaires, les autorités anglaises firent brusquement machine arrière et promulguèrent des mesures d'exception (lois Rowlatt, 18 mars 1919). Gandhi répliqua en appelant les Indiens à observer l'*hartal*, c'est-à-dire la suspension de toute activité pendant un jour. Une manifestation de protestataires non violents fut brisée par le général Dyer, qui provoqua le massacre d'Amritsar en ordonnant à ses soldats gurkhas de tirer sur la foule, ce qui fit 379 victimes (13 avr. 1919). Cet incident, dont la portée ne fut pas comprise par les observateurs européens de l'époque, provoqua une rupture irréparable entre les Britanniques et les nationalistes indiens.

Le Congrès relança, en 1920, la campagne du *svaraj* et adopta des méthodes d'action non violente comportant la non-coopération (abstention dans les Assemblées législatives, refus des tribunaux et des écoles britanniques) et le boycottage des produits anglais. Gandhi s'efforça de rapprocher hindous et musulmans en apportant son appui au mouvement du Califat, lancé par les musulmans pour protester contre le traitement du sultan ottoman par les Alliés. La campagne de protestation ayant dégénéré en violences, Gandhi en ordonna la cessation (févr. 1922) ; il fut néanmoins arrêté et condamné à six ans de prison (mais libéré dès 1924). Il s'efforça ensuite de mener de front la rénovation politique, morale et spirituelle du peuple indien. Mais à côté du mouvement de Gandhi s'affirmaient des tendances plus radicales, celle de la gauche du Congrès, conduite par Nehru et par Subhas Chandra Bose, et celle du parti communiste indien, fondé en 1924. À la suite d'une grande vague de grèves, les Anglais durent accorder aux Indiens la plénitude du droit syndical. Dès la fin des années 1920, la revendication de l'indépendance absolue, et non plus seulement de l'autonomie interne, était passée au premier plan des revendications nationalistes. Une nouvelle campagne de désobéissance, axée sur le boycottage du sel vendu par les Britanniques, fut marquée par la spectaculaire « marche à la mer » de Gandhi (mars/avr. 1930), cependant que des attentats terroristes se multipliaient dans toute l'Inde. En janv. 1932, les autorités britanniques tentèrent un coup de force en déclarant le Congrès illégal et en arrêtant une fois de plus Gandhi. Alors que se développait, dans les années 1932/34, un mouvement de désobéissance civile d'une ampleur sans précédent, Gandhi, dans sa prison, s'astreignait à des jeûnes qui contribuaient à gagner à la cause indienne des sympathies dans le monde entier.

Le Congrès prit une orientation plus nettement politique et sociale en se transformant en un « parti socialiste du Congrès panindien » (oct. 1934), auquel Gandhi refusa de se joindre. N'ayant pu éliminer le Congrès ni briser le mouvement de désobéissance civile, Londres, par le *Government of India Act* du 2 août 1935, octroya à l'Inde un statut très libéral : l'Inde, de laquelle étaient désormais séparés la Birmanie et Aden, devenait une fédération de onze provinces possédant chacune un gouvernement provincial autonome et des Assemblées élues au suffrage censitaire. Le Congrès remporta largement les élections provinciales de 1937, mais le nouveau système exacerba les relations entre hindous et musulmans, ceux-ci se voyant submergés par la masse électorale hindoue. Chandra Bose, chef de la tendance la plus radicale, fut élu président du Congrès en 1938.

La Seconde Guerre mondiale commença en Inde dans un climat tout à fait différent de celui de 1914/18. Les troupes indiennes furent largement engagées dans le conflit (plus de 2 millions de volontaires entre 1939 et 1945), mais le Congrès refusa de coopérer avec les Anglais sans avoir obtenu un engagement ferme d'indépendance complète. Dès 1940, Gandhi lança une nouvelle campagne de désobéissance civile, et la situation politique s'aggrava encore après l'entrée en guerre du Japon (déc. 1941) et l'arrivée des armées du Soleil-Levant en Birmanie, aux portes de l'Inde. Dès 1941, l'ancien président du Congrès, Chandra Bose, avait réussi à gagner Berlin, et il fonda dans les territoires occupés par les Japonais un « gouvernement de l'Inde libre » et même une « Armée nationale indienne », recrutée parmi les prisonniers. Bien qu'opposés par antifascisme à l'Allemagne hitlérienne et au Japon, les autres dirigeants du Congrès refusèrent les propositions du médiateur sir Stafford Cripps, et, en août 1942, à l'heure où les Alliés se trouvaient dans la situation la plus critique, ils déclenchèrent la campagne *Quit India* dans le dessein d'empêcher, par une action non violente, la participation indienne à la guerre. Gandhi, Nehru et d'autres dirigeants hindous et musulmans furent alors emprisonnés pendant quelques mois.

En 1945, le nouveau gouvernement travailliste anglais montra clairement sa résolution de régler au plus vite et définitivement le problème indien. Aussi bien, le conflit entre Anglais et nationalistes indiens était-il relégué au second plan par l'antagonisme de plus en plus virulent entre hindous et musulmans, les premiers souhaitant maintenir l'unité de l'ancien empire des Indes grâce à un gouvernement comprenant des représentants des deux religions, alors que les musulmans, sous la conduite de Jinnah, exigeaient la création d'un État musulman séparé, le Pakistan. Problème d'autant plus complexe qu'hindous et musulmans n'étaient pas implantés géographiquement dans des régions nettement tranchées, qu'un groupe très important de musulmans vivaient au Bengale, à près de 2 000 km de leurs coreligionnaires du Pendjab, et qu'enfin des États princiers à population en majorité musulmane avaient des souverains hindous, ou inversement ; enfin se posait la question des sikhs, qui ne voulaient être ni sous domination musulmane ni sous domination hindoue. Dès 1946, des heurts sanglants opposèrent hindous et musulmans, et l'Assemblée constituante, réunie en déc. 1946, fut boycottée par la Ligue musulmane. Cependant, le gouvernement britannique précipitait le processus de l'indépendance et nommait vice-roi des Indes Lord Mountbatten (févr. 1947). L'*Indian Independence Bill*, voté par le Parlement britannique en juill., entra en vigueur le 15 août 1947. L'Inde était partagée en deux États indépendants, qui recevaient le statut de dominion au sein du Commonwealth britannique, mais dont les frontières, au Pendjab et au Bengale, restaient à fixer. Ces deux États étaient le Pakistan et l'Inde ou *Bharat*, du nom du célèbre clan aryen chanté par l'épopée du *Mahabharata*.

L'Inde indépendante

Le partage de l'ancien empire des Indes provoqua des massacres et des transferts massifs de populations. Entre 1947 et 1950, 7 millions et demi de musulmans fuirent l'Inde vers le Pakistan, tandis que 10 millions d'hindous et de sikhs se réfugiaient en Inde ; la plupart de ces personnes déplacées connurent longtemps un sort lamentable. En de nombreuses régions, hindous et musulmans s'entre-tuèrent, et l'on estime à quelque 400 000 morts le bilan du seul été 1947. Gandhi, qui s'était désespérément efforcé d'empêcher la cassure de l'Inde en deux nations ennemies, fut assassiné par un fanatique hindou (30 janv. 1948). Dès le début de l'indépendance, la conduite du nouvel État indien appartint à Jawaharlal Nehru, qui, s'appuyant sur le parti du Congrès, resta Premier ministre jusqu'à sa mort, en 1964.

Il s'agissait d'abord d'intégrer les États princiers (plus de 560 en 1947). La plupart acceptèrent de bon gré et les anciens souverains se virent allouer en compensation une confortable liste civile. Cependant, le gouvernement indien recourut à la force pour intégrer le Junagadh (oct. 1947) et l'Hyderabad (sept. 1948). Le problème du Cachemire (v.), état princier à majorité musulmane mais à souverain hindou, déclencha la première guerre indo-pakistanaise (déc. 1947/janv. 1949) : les troupes indiennes occupèrent une partie du territoire cachemirien, et, malgré les injonctions du Conseil de sécurité de l'ONU, l'Inde se refusa à tout plébiscite dans cette région. Le découpage des provinces provoqua aussi de nombreuses tensions, en raison des diversités raciales et linguistiques : la réorganisation en quatorze États provinciaux décidée en 1956, fit disparaître l'Hyderabad, créa les nouveaux États linguistiques du Kerala, du Mysore (auj. Karnataka), de Madras (auj. Tamil Nadu), de l'Andhra Pradesh, mais donna lieu par la suite à plusieurs modifications (division de l'État de Bombay en deux régions linguistiques, 1960 ; création d'un État sikh du Pendjab, 1966). Le problème de la langue officielle fut également difficile à résoudre dans un pays où l'on comptait, au début des années 1960, plus de 800 langues et dialectes importants. Pour éliminer l'anglais, langue des colonisateurs, le gouvernement indien imposa le hindi comme langue officielle (1965), ce qui souleva de telles protestations dans les États d'expression non hindie – en particulier chez les Tamouls – qu'il fallut, dès 1968, refaire une place à l'anglais, à côté du hindi.

En nov. 1949, les travaux de l'Assemblée constituante aboutirent au vote d'une Constitution qui faisait de l'Inde une république fédérale. Tout en restant membre du Commonwealth, l'Inde devint officiellement une république le 26 janv. 1950. Le gouvernement central avait des attributions exclusives dans les domaines diplomatique, militaire, monétaire, nucléaire, financier et fiscal. Les États provinciaux réglaient leurs propres affaires dans les domaines de l'agriculture, de l'élevage, des forêts, du droit foncier et de l'instruction publique. La planification, la législation industrielle et commerciale, les prix, la législation syndicale étaient décidés conjointement par le gouvernement central et les États. Le Premier ministre détenait la réalité du pouvoir exécutif. Le pouvoir législatif, composé d'un Conseil des États (élu par les Assemblées des États) et d'une Chambre du peuple (élue au suffrage universel), avait l'initiative des lois, votait le budget et assurait le contrôle de l'exécutif. La Constitution de 1949 faisait de l'Inde un État très démocratique mais bouleversait les structures traditionnelles de la société indienne : le principe de l'égalité et celui de la fraternité entraînaient l'abolition de l'intouchabilité contre laquelle Gandhi avait lutté. En fait, cette transformation demeura largement théorique.

Dans le domaine économique et social, Nehru, favorable aux idées socialistes, dut cependant composer avec les tendances conservatrices d'une fraction importante du Congrès, et sa fille, Indira Gandhi, se trouva par la suite affrontée aux mêmes résistances. L'hégémonie du parti du Congrès assurait la stabilité politique du gouvernement central, mais elle n'était acquise qu'au prix d'un rassemblement hétéroclite de tendances qui freinait ou empêchait toute réforme structurelle profonde. La production industrielle tripla entre 1950/51 et 1970/71, ce qui permit à l'Inde de se donner les bases d'une industrie. Mais la croissance économique indienne restait entravée par le retard de l'agriculture : la production agricole augmenta de près de 70 % entre 1951 et 1970, cependant, du fait de l'accroissement démographique, l'Inde restait sous la menace permanente de la famine et se trouvait contrainte, chaque année, de procéder à d'importants achats de blé.

En politique étrangère, bien que Nehru se fît le champion du non-alignement, de l'anticolonialisme et de la non-ingérence dans les affaires des autres États, l'Inde, dès 1949, resserra son emprise sur le Bhoutan et sur le Sikkim (annexé *de facto* en 1975), et elle s'efforça, à partir de 1950, d'accroître son influence au Népal. D'abord très proche de la Chine populaire, qu'elle avait reconnue dès 1949, l'Inde s'inquiéta de la pénétration chinoise au Tibet, et, lors du soulèvement tibétain de 1959, elle manifesta ouvertement ses sympathies pour le dalaïlama, qui trouva refuge en Inde. Dès lors se développa un conflit sino-indien portant sur les limites de la région de la *NEFA (North East Frontier Agency* (Agence de la frontière du Nord-Est), qui s'étend au N.-E. de l'Assam, entre le Bhoutan et la Birmanie : invoquant l'accord anglo-tibétain de 1914, l'Inde revendiquait comme frontière la « ligne McMahon », alors que la Chine prétendait s'étendre jusqu'à la ligne située de 100 à 200 km plus au S. Théâtre d'escarmouches entre Chinois et Indiens dès 1959, cette région, en oct./nov. 1962, vit éclater une véritable guerre sino-indienne qui se termina au désavantage des Indiens et fut suivie d'une alliance sino-pakistanaise.

Après la mort de Nehru (1964), l'Inde, se sentant isolée en face de la Chine et du Pakistan, tempéra quelque peu son neutralisme pour se rapprocher d'abord des États-Unis, puis de l'URSS, avec laquelle elle finit par signer un traité de paix, d'amitié et de coopération (août 1971). Entre-temps, le gouvernement de Delhi avait obtenu de la France la rétrocession de ses comptoirs de l'Inde (1954) et avait annexé par la force l'enclave portugaise de Goa (1961). La question toujours non résolue du Cachemire provoqua, en août 1965, une deuxième guerre indo-pakistanaise : à la suite d'un ultimatum chinois à l'Inde, l'URSS offrit sa médiation, qui aboutit à un cessez-le-feu (sept. 1965) et à l'accord indo-pakistanais de Tachkent (10 janv. 1966). Mais, en 1971, l'Inde appuya les Bengalis du Pakistan oriental, qui voulaient faire sécession. Au cours d'une troisième guerre indo-pakistanaise (3/17 déc. 1971), les troupes indiennes envahirent le Pakistan oriental et imposèrent l'indépendance du Bangladesh. L'accord de Simla (2 juill. 1972) marquait l'apaisement de ce dernier conflit mais laissait toujours sans solution la question du Cachemire.

En 1966, à la mort de Lal Bahadur Shastri (Premier ministre depuis 1964), Indira Gandhi, fille de Nehru, fut élue. Résolue à corriger les déséquilibres structurels du pays, elle entreprit une « révolution verte » qui permit l'amélioration des rendements agricoles mais laissa intactes les bases féodales de la propriété terrienne (75 % de métayers, 20 % de petits propriétaires). Elle parvint à dynamiser l'industrie et à contenir l'expansion démographique. Mais elle sut surtout maintenir l'unité du pays malgré les tensions séparatistes et sociales, et se donner une image internationale de chef de file du tiers monde et du non-alignement. En revanche, son autoritarisme provoqua la scission du parti du Congrès, après l'élection à la présidence de la République de son protégé, V. V. Giri, en 1969. I. Gandhi conservait cependant un grand prestige, malgré une condamnation pour fraude électorale et l'instauration de l'état d'urgence en 1975. Battue en 1977, elle retrouva le poste de Premier ministre après les législatives de 1980. Dès lors, I. Gandhi mena la lutte contre les autonomismes souvent violents (en Assam, au Pendjab, dans l'Andhra Pradesh, au Cachemire, au Karnataka, au Bengale occidental et dans le Nagaland notamment). Cette politique connut un épilogue tragique : le 31 oct. 1984, I. Gandhi fut assassinée par un séparatiste sikh (v. **Pendjab**).

Du fait de l'émotion suscitée par le meurtre de sa mère, Rajiv Gandhi mena le Congrès à sa plus grande victoire électorale et devint Premier ministre en déc. Les espoirs que suscita son arrivée au pouvoir furent assez vite déçus. Les accords qu'il signa, en 1985, avec les leaders régionalistes modérés ne mirent pas fin au terrorisme en Assam et au Pendjab. En mai 1991, alors qu'il était donné comme favori aux élections législatives anticipées, Rajiv Gandhi fut assassiné par des séparatistes tamouls contre lesquels il avait envoyé l'armée indienne en 1987 (v. **Sri Lanka**). Le Congrès remporta le scrutin et Narasimah Rao devint Premier ministre. Héritant d'une situation économique catastrophique, il mit en place une politique de libéralisation en rupture avec le dirigisme instauré par Nehru. Ces réformes accélérèrent la croissance tout en accroissant les déséquilibres régionaux et sociaux.

Sur le plan politique, les élections de 1991 virent le BJP, parti nationaliste hindou, devenir le premier parti d'opposition. Ce dernier élargit peu à peu son influence au S. du pays jusque-là peu réceptif au nationalisme hindou et confirma son ascension aux élections de 1996 avant de remporter les élections générales en mars 1998. Son chef, Atal Bihari Vajpayee forma le gouvernement. Dans le même temps, le nationalisme hindou prenait aussi une forme plus extrémiste dans le N. de l'Inde avec la campagne organisée par les fondamentalistes du VHP (Vishva Hindu Parishad) pour obtenir la restitution aux hindous d'Ayodhya, lieu de naissance présumé du dieu Ram. En déc. 1992, la destruction de la mosquée construite sur ce site au XVIe siècle provoqua une vague d'émeutes intercommunautaires (1 200 morts). Depuis, les fondamentalistes hindous exercent des pressions pour obtenir la construction sur ce site d'un temple au dieu Ram. En 2002, les tensions entre les communautés hindoue et musulmane ont aussi ensanglanté l'État du Gujerat dans l'E. du pays.

Cependant, la situation au Cachemire et les relations avec le Pakistan demeurent le problème politique majeur de l'Inde. Depuis la chute de l'URSS, son allié traditionnel, l'Inde, menacée d'isolement, s'est rapprochée des États-Unis, notamment pour limiter le soutien occidental au Pakistan, comme elle puissance nucléaire. Les relations entre New Delhi et Islamabad se sont d'ailleurs détériorées à la fin des années 1990. Les affrontements frontaliers entre les deux armées et les attentats terroristes se sont multipliés au Cachemire et les deux États se sont livrés à une surenchère d'essais nucléaires en l'absence de toute solution diplomatique au conflit. Toutefois, le réengagement américain dans cette région depuis la guerre en Afghanistan en 2002, les changements politiques à la tête de l'État du Cachemire en 2002, l'offre de dialogue faite par le Premier ministre indien, A. B. Vajpayee, et le rétablissement de relations diplomatiques avec le Pakistan en 2003 laissent espérer des progrès sur cette question.

INDES (Compagnie française des). Compagnie de commerce fondée en 1719. Elle prit la suite de la *Compagnie d'Occident* créée par Law (v.) en sept. 1717 et qui avait pour but l'exploitation de la Louisiane et le développement du commerce avec le Canada. Cette compagnie obtint en outre, en 1718, le monopole des tabacs. Transformée en « Compagnie perpétuelle des Indes » (mai 1719), elle absorba les Compagnies du Sénégal, des Indes occidentales et de la Chine. Elle connut tout de suite un puissant essor, ce qui n'empêcha pas la crise de confiance qui entraîna, à la fin de 1720, l'effondrement du système de Law. Réorganisée en 1722 comme compagnie purement commerciale, elle abandonna en 1731 l'exploitation des colonies d'Amérique pour se consacrer surtout aux Indes orientales. Elle se trouva bientôt – comme sa rivale britannique – aux prises avec des difficultés financières qui contribuèrent, en 1754, au rappel de Dupleix, dont la politique d'extension territoriale en Inde était jugée trop onéreuse. Elle perdit son monopole en 1769, puis son privilège en 1791 et fut supprimée par la Convention.

INDES OCCIDENTALES (Compagnie française des). Compagnie de commerce privilégiée, fondée à l'instigation de Colbert en 1664. Elle répondait avant tout à une politique du sucre, dont Colbert voulait réserver la raffinerie à Nantes, Saint-Malo et Bordeaux. Elle étendit ses activités dans les Antilles, où elle fut aidée par les flibustiers ; elle se livra aussi à la traite des Noirs au Sénégal. Mais le monopole commercial au profit de la seule métropole mécontenta les colons antillais, qui alimentèrent la contrebande hollandaise. La Compagnie, en difficultés financières, dut être dissoute dès 1674.

INDES OCCIDENTALES (Compagnie hollandaise des). Compagnie de commerce fondée en 1621 et pourvue d'un privilège par les États-Généraux des Provinces-Unies. Elle reçut le monopole du commerce sur les côtes africaines entre le tropique du Cancer et le cap de Bonne-Espérance, sur les côtes américaines entre Terre-Neuve et le détroit de Magellan. Elle fonda en 1623 la colonie de la Nouvelle-Hollande (New York), occupa diverses îles dans les Antilles (entre autres, Saint-Eustache et Curaçao, 1634) et déploya de 1630 à 1661 une grande activité au Brésil. La Nouvelle-Hollande dut être abandonnée à l'Angleterre au traité de Breda (1667). La Compagnie, qui ne conservait de ses possessions que Saint-Eustache, Curaçao et Surinam (Guyane hollandaise), se consacra essentiellement, au cours du XVIIIe s., à la traite des Noirs. Elle fut supprimée en 1791.

INDES ORIENTALES (Compagnie anglaise des). Compagnie de commerce fondée en 1599 et pourvue le 31 déc. 1600, par la reine Élisabeth Ire, d'une charte lui conférant le monopole du commerce avec les Indes orientales. Après avoir vainement essayé d'enlever aux Hollandais le monopole du commerce des épices en Indonésie, elle se concentra à partir de 1623 sur l'Inde, où elle avait déjà fondé les comptoirs de Masulipatam (1611), de Pettapoli, dans le golfe du Bengale, et de Surat (1613). Elle s'établit ensuite à Madras (1640), Bombay (1661) et Calcutta (1690). Ses droits furent étendus par Charles II en 1661. Les victoires de Clive, durant la guerre de Sept Ans (1756/63), lui permirent de briser la puissance de la Compagnie française rivale. Mais les difficultés financières obligèrent la Compagnie à faire appel au gouvernement, qui resserra de plus en plus son emprise, notamment par l'*India Act* de Pitt (1784). Le monopole commercial de la Compagnie fut aboli en 1813 par Lord Liverpool, et, après la révolte des Cipayes (1857), l'Inde britannique passa directement sous l'autorité de la Couronne. Voir **Inde**. L'Inde coloniale jusqu'à la grande mutinerie de 1857.

INDES ORIENTALES (Compagnie française des). Compagnie de commerce privilégiée, fondée en août 1664 par Colbert qui déploya en sa faveur un gros effort de propagande. Elle fut la créatrice de l'Inde française, mais fut absorbée en 1719 par la nouvelle Compagnie française des Indes (v.), fondée par Law.

INDES ORIENTALES (Compagnie hollandaise des). Compagnie de commerce privilégiée qui reçut sa charte des États-Généraux des Provinces-Unies en mars 1602. Son principal objet était d'enlever aux Portugais (alors sujets du roi d'Espagne) le monopole des mers des Indes. Elle fonda Batavia en 1619 et réussit à chasser les Portugais de Malacca (1641) et de Ceylan (1638/58). Pendant tout le XVIIe s., elle connut une prospérité magnifique et monopolisa complètement le trafic des épices avec l'Indonésie. Vers 1670, sa flotte comprenait 150 bâtiments de commerce et 40 navires de guerre, et la Compagnie avait sous ses ordres une armée de 10 000 hommes. Elle se limita, en Indonésie, à des activités commerciales mais, en 1652, elle entreprit au Cap, en Afrique du Sud, la fondation d'une véritable colonie. Déclinante dès le début du XVIIIe s., elle reçut le coup de grâce de la guerre anglo-hollandaise de 1780/84 et disparut en 1798.

INDIENS. Au XVIe s., au début de la colonisation européenne, les Indiens, vivant dans le Nouveau Monde, dans les contrées situées au N. du Mexique, formaient une population de 10 à 12 millions de personnes dont la plupart continuaient à vivre à l'état tribal contrairement aux peuples d'Amérique centrale et des Andes. Les tribus indiennes étaient extrêmement nombreuses : on en compte encore 250 aujourd'hui, et il pouvait y en avoir le double environ à la fin de l'époque précolombienne. On les distingue surtout par les langages et les dialectes. La classification de Sapir (1929) distingue six grandes familles linguistiques : *eskimo-aléoute*, en Alaska, au Canada septentrional, au Groenland ; *algonkin-wakash*, de la côte atlantique à la côte pacifique (principales tribus : Crees, Delawares, Chippewas ou Ojibwas, Micmacs, Pieds-Noirs, Cheyennes, Arapahos) ; *na-déné*, dans le Canada occidental, l'Arizona, le Nouveau-Mexique (Apaches, Navajos...) ; *penutia*, en Californie (Maidu, Miwok, Yokuts, Klamaths) ; *hoka-sioux*, dans les Grandes Plai-nes, le Sud-Ouest et le Sud-Est des États-Unis (Sioux, Dakotas, Crows, Pawnees, Cherokees, Iroquois...) ; *uto-aztèque-tano*, dans le plateau du Grand Bassin, les plaines du Sud, le Sud-Ouest (Hopis, Comanches, Zuñis...). Toutes ces tribus étaient sédentaires. Certaines avaient une activité agricole (culture du maïs), mais celles des plaines étaient vouées à la chasse ou bison (de 50 à 75 millions de têtes en Amérique du Nord au début du XVIe s.). Soucieux de maintenir l'équilibre naturel, les Indiens pratiquaient une religion animiste dont les rites étaient assurés par des chamans au sorciers. Habiles dans la fabrication de radeaux et de canoës, d'outils et d'armes en pierre, ils ignoraient le fer avant l'arrivée des Européens et n'utilisaient encore que très peu le cuivre. La roue leur était inconnue, et, pour seuls animaux domestiques, ils avaient le chien et la dinde. La plupart des tribus nomades se livraient une guerre continuelle.

Aux XVIe et XVIIe s., les Espagnols puis les Français et les Anglais entrèrent en contact avec les Indiens. Les premiers n'essayèrent pas de refouler les autochtones mais cherchèrent plutôt à s'installer au milieu d'eux et souvent épousèrent des femmes indiennes. Au Canada, les Français firent le commerce des fourrures avec les nombreuses tribus algonquines disséminées depuis les régions au S. du Saint-Laurent jusqu'à la baie d'Hudson. À partir des années 1630, des missionnaires essayèrent de convertir et de sédentariser les Hurons. Ils se heurtèrent à la confédération des Iroquois, qui, avec l'appui des Hollandais, exterminèrent les Hurons vers la fin des années 1640 et restèrent par la suite d'irréductibles ennemis des Français. Les Hurons survivants se replièrent sur les terres du Québec d'aujourd'hui. Dans les colonies anglaises, qui étaient des colonies de peuplement où s'installaient des agriculteurs, les Indiens, dès la première moitié du XVIIe s., furent refoulés par les Anglais et privés de leurs terrains de chasse. Aussi les escarmouches entre Indiens et Blancs devinrent-elles incessantes.

Durant les guerres franco-anglaises du XVIIIe s., les deux camps rivalisèrent de cadeaux et de prévenances pour obtenir l'alliance des tribus indiennes : les Algonquins combattirent du côté des Français, les Iroquois avec les Anglais (ils restèrent leurs alliés durant la guerre d'Indépendance américaine). En 1763, après l'éviction des Français, les autorités proclamèrent solennellement qu'aucune terre indienne ne pouvait être occupée si elle n'avait pas été achetée ou cédée par un traité ; étaient considérées comme terres indiennes toutes les régions s'étendant à l'O. des sources des fleuves se jetant dans l'océan Atlantique.

Après l'indépendance des États-Unis, l'ordonnance du Nord-Ouest (1787) confirma que les terres indiennes seraient sauvegardées et qu'aucune tribu ne pouvait être privée de ses terres ou de sa liberté, sauf dans le cas d'une guerre légalement autorisée par le congrès. Cependant, dès l'époque de la révolution américaine, la ligne des Appalaches avait été largement débordée par les colons. La politique du gouvernement américain à l'égard des Indiens devint coercitive dans les années 1830/40, lorsque quelque 100 000 Indiens Cherokees et Séminoles, qui refusaient de vendre leurs terres à l'E. du Mississippi, furent transportés de force de l'autre côté du fleuve. La découverte de l'or en Californie (1848) marqua le début de la grande poussée d'émigration blanche vers l'Ouest. En l'espace de trois décennies (1850/80), les Indiens des Grandes Plaines virent peu à peu s'effondrer toutes les bases de leur économie de chasse traditionnelle, par suite de la disparition progressive du bison (dont il ne subsistait plus, en 1890, que quelques centaines de têtes), puis de l'installation d'agriculteurs sédentaires qui introduisaient la propriété fermée. En 1871, il fut décidé qu'aucune tribu indienne ne serait plus désormais reconnue comme un pouvoir indépendant avec lequel pourraient être conclus des traités.

À partir de la fin des années 1850, les Indiens furent presque constamment sur le sentier de la guerre. Les Apaches, les Comanches et les Kiowa furent contraints d'accepter leur réinstallation dans le Territoire indien créé en 1834 dans l'actuel Oklahoma, au N. de la rivière Rouge. En 1876, les Sioux et les Cheyennes, commandés par Sitting Bull, vainquirent et massacrèrent les 200 hommes du général Custer sur les bords de la Little Bighorn (25 juin 1876). Sous la conduite du chef Joseph, les Nez-Percés firent un ultime effort pour échapper à un transfert, mais ils furent vaincus en oct. 1877 et déportés sur le Territoire indien. La dernière grande guerre indienne fut menée de 1882 à 1886 par les Apaches de l'Arizona et du Nouveau-Mexique, sous le commandement de Victorio et de Geronimo. Après leur défaite, tous les Indiens se trouvèrent confinés dans le Territoire indien ou dans les réserves, qui reçurent leur statut officiel par l'*Allotment Act* de 1887.

Au cours du XIXe s., la population indienne fut décimée par les massacres, la perte des terrains de chasse, mais aussi par les épidémies et l'alcoolisme. Vers 1900, elle ne comptait plus que 250 000 âmes. La condition des Indiens resta particulièrement tragique jusqu'à la loi de 1934 qui leur ouvrit des crédits pour acheter des terres et du bétail. Politiquement, ils étaient tous devenus citoyens américains dès 1924, mais la plupart d'entre eux sont restés jusqu'à nos jours indifférents aux luttes électorales. La population indienne, avec un taux de natalité qui dépasse largement celui de l'ensemble des États-Unis, a beaucoup augmenté depuis le milieu du XXe s. En 2000, 2,5 millions d'Américains se déclaraient d'ascendance indienne ; 20 % d'entre eux vivaient dans les réserves.

Le Bureau des affaires indiennes (BIA) a en compte environ 500 réserves, ranches et communautés, occupant plus de 20,4 millions d'hectares qui contiendraient 60 % des ressources énergétiques des États-Unis. Les progrès de l'ethnologie ainsi que le mouvement de l'opinion en faveur des minorités raciales ont suscité un renouveau d'intérêt pour la culture indienne. À partir de 1968, les Indiens ont davantage pris conscience de leur identité politique ; en témoigne l'*AIM* (l'*American Indian Movement*), fondé à Minneapolis (Minnesota) par Dennis Banks. Celui-ci, se référant au *Black Power* des Noirs américains, rejette la société blanche, réclame un *Red Power* et veut reconstituer les « nations ». La situation de la communauté indienne, largement touchée par le chômage et la pauvreté, demeure dans son ensemble assez précaire. Cependant, quelques peuples tirent profit de l'exploitation du sous-sol ou de l'industrie du jeu.

INDOCHINE FRANÇAISE. Nom donné à la réunion des anciennes colonies et protectorats français de la péninsule indochinoise, à partir de 1888. Elle comprenait la Cochinchine orientale (conquise en 1862), le Cambodge (1863), la Cochinchine occidentale (1867), l'Annam et le Tonkin (1884/85). Le Laos y fut inclus en 1893. En 1940, l'occupation de l'Indochine par les forces japonaises remit en cause la domination française. Le Japon se heurta rapidement aux mouvements nationalistes jusque-là contenus par l'administration coloniale. En 1945, le Viêt-minh, qui avait mené cette résistance, se posa en libérateur et s'opposa à la tentative de reconstitution par la France de la Fédération indochinoise. Une longue guerre de libération s'ensuivit de 1945 à 1954. Voir **Viêt-nam**, **Laos** et **Cambodge**.

INDO-EUROPÉENS. Le terme d'*indo-européen* a d'abord un sens linguistique.

La découverte de la parenté des langues indo-européennes actuelles ou disparues amena à conclure à l'existence, dans les temps préhistoriques, d'une langue mère commune, l'indo-européen, de laquelle seraient issues toutes les langues de la famille, et aussi d'un utilisateur de cette langue, d'un « peuple » indo-européen primitif. Au XIXe s., l'étude de ce problème fut contaminée par des préoccupations politiques et par une idéologie raciste : certains théoriciens prétendirent que les Indo-Européens, qu'on appelait aussi les Aryens (v.) constituaient, à l'origine, une race pure et distincte, que cette race avait fondé toutes les grandes civilisations qui s'étaient juxtaposées ou succédé du Gange à l'Atlantique, et que la pureté de l'élément « aryen » s'était plus particulièrement conservée chez certains peuples modernes – entre autres, les Germains. Ces thèses furent développées dans l'*aryanisme* de Gobineau et reprises par la suite en Allemagne par le national-socialisme.

En fait, il est impossible d'affirmer l'existence d'une *race* indo-européenne primitive. En revanche, on peut admettre qu'il exista dans les temps préhistoriques des « peuples indo-européens » apparentés par la langue et qui, bien que divisés en plusieurs rameaux, avaient une commune vision du monde et de la société. Georges Dumézil a mis en relief l'importance de la tripartition fonctionnelle (division de la société en trois classes : prêtes-souverains ; guerriers ; paysans-éleveurs) dans les civilisations indo-européennes historiques. À l'époque historique, cette tripartition ne fut sans doute effective que chez les Aryens de l'Inde et de l'Iran, mais on en trouvait encore des traces chez les Germains et chez les Celtes ; et surtout, elle a subsisté dans le domaine religieux et littéraire, dans les récits mythologiques des Grecs, des Romains et des autres peuples indo-européens, alors qu'elle est rarement attestée dans le monde non indo-européen (v. **Incas**). Le problème de l'habitat primitif des Indo-Européens a donné lieu à de nombreuses hypothèses : on l'a placé d'abord en Asie centrale, dans le plateau du Pamir ou dans les steppes du Turkestan. Dans la seconde moitié du XIXe s., les savants allemands plaçaient volontiers le berceau des Européens dans le nord de l'Europe. La thèse la plus répandue aujourd'hui fait chercher plutôt les premiers Indo-Européens entre l'Europe centrale et la Russie du Sud, où on leur attribue la civilisation des *kourganes*. La dispersion des Indo-Européens se situe en plusieurs vagues à partir de la fin du IVe millénaire. C'est alors, vers la fin du néolithique, que vint s'établir dans l'Europe centrale et septentrionale le peuple « cordé » (appelé ainsi en raison de la décoration de sa poterie, v. **Cordé**), ou « peuple des haches de bataille ». Après 2000 av. J.-C. commencèrent les grandes migrations qui donnèrent naissance aux premiers empires indo-européens historiques en Asie antérieure et au Proche-Orient : Aryens de l'Inde et de l'Iran ; Hittites, Louvites et, plus tard, Phrygiens et Lydiens, en Asie Mineure. Au IIe millénaire également, d'autres Indo-Européens ont achevé de s'installer en Europe : Hellènes en Grèce, Celtes en Europe centrale, peuples italiques en Italie. Les migrations indo-européennes se sont poursuivie jusqu'aux IVe/VIIe s. avec l'arrivée des Germains en Europe occidentale et des Slaves dans les Balkans.

INDONÉSIE, *Indonesia*. État de l'Asie du Sud-Est, qui comprend les îles de la Sonde (entre autres, Java, Sumatra, Bali, Florès, Timor), la plus grande partie de l'île de Bornéo, les Célèbes, les Moluques, ainsi que la Nouvelle-Guinée occidentale ; capitale *Djakarta*.

Des origines à la colonisation hollandaise

L'apparition de l'homme en Indonésie remonte au paléolithique inférieur et on a découvert à Java de nombreux restes d'*Homo erectus*, comme le pithécanthrope de Trinil ou l'enfant de Mojokerto. La chronologie du paléolithique reste cependant incertaine, et les cultures qui se situent entre le paléolithique et le néolithique sont également mal déterminées.

Au début du IIe s. de notre ère, Java était en relations avec l'Inde et la Chine. La civilisation indienne, sous ses formes brahmanique et bouddhique, joua un rôle déterminant dans le premier développement de l'Indonésie. Aux VIIe/VIIIe s., l'empire de Çrivijaya se constitua dans le sud-est de l'île de Sumatra, autour du port de Palembang, étape inévitable dans les relations maritimes entre la Chine et le monde indien et arabe. Puissance essentiellement commerciale, Çrivijaya devint un foyer du bouddhisme mahayaniste (du Grand Véhicule). Au IXe s., Çrivijaya était passé à une dynastie bouddhiste javanaise, celle des Çailendra, qui avait édifié de magnifiques monuments religieux à Java, notamment l'immense stupa du Boroboudour (seconde moitié du VIIIe s.), chef-d'œuvre de l'art indonésien. Pendant plusieurs siècles, la prospérité de l'empire maritime de Çrivijaya fit l'admiration des voyageurs arabes et persans ; des comptoirs avaient été établis à Canton, au Bengale, sur la côte de Coromandel, et les souverains de Palembang avaient sous leur autorité directe non seulement toutes les côtes de Sumatra, mais l'extrémité méridionale de la péninsule malaise, la partie occidentale de Java et de nombreuses îles. Maîtres des deux rives du détroit de Malacca, ils contrôlaient absolument le passage entre l'océan Indien et la mer de Chine. Cependant, au début du XIe s., Çrivijaya était menacé à la fois de l'O. et de l'E., par la nouvelle puissance maritime des Chola de l'Inde méridionale, qui commençaient à intervenir en Malaisie, et par les rois çivaïtes javanais de Singhasari, qui se rendirent complètement maîtres de Java vers la fin du XIIIe s. Après la mort du dernier roi de Singhasari, Kritanagara, en 1292, son héritier fonda l'empire du Majapahit, qui acheva d'éliminer Çrivijaya dans la seconde moitié du XIVe s. et étendit sa suzeraineté sur toute l'Indonésie actuelle ainsi que sur la péninsule malaise. Mais l'Indonésie, visitée depuis la plus haute Antiquité par des marins et des commerçants arabes, commençait, au XIIIe s., à subir l'influence de l'islam. La nouvelle religion, qui s'implanta d'abord fortement au N. de Sumatra, trouva des sympathies dans les petites et moyennes principautés maritimes qui voulaient secouer l'autorité du Majapahit hindouiste. La chute du Majapahit, sous les coups d'une coalition de principautés vassales, vers 1520, marqua le triomphe de l'islam, qui est resté la religion prédominante de l'Indonésie (de 80 à 90 % des habitants actuels sont musulmans), l'hindouisme, mêlé d'éléments polythéistes, ne survivant, sous sa forme çivaïte, qu'à Bali.

C'est à la même époque que les Européens, attirés par les épices, firent leur apparition dans les eaux indonésiennes. Les premiers furent les Portugais : en 1511, Albuquerque s'empara de la base de Malacca ; puis des forts et des comptoirs portugais furent fondés à Amboine (1521), à Tumasik (Singapour, 1526), à Macassar (1545)... Les Portugais, comme les Hollandais qui leur succédèrent, ne songeaient qu'à s'assurer le monopole des épices et n'entreprirent aucune conquête de territoires : seules les intéressaient quelques bases navales pour contrôler leurs routes commerciales. Après la disparition de l'empire du Majapahit, l'Indonésie s'était fractionnée en de nombreux États : les principaux étaient Bantam, à l'O. de Java, et le sultanat javanais de Mataram, qui, de l'intérieur de l'île, mena rapidement la conquête des villes côtières (fin XVIe/début du XVIIe s.). Les Hollandais, arrivés pour la première fois en Indonésie en 1596, expulsèrent les Portugais en moins d'un demi-siècle, par la prise d'Amboine (1605) et de Malacca (1641).

L'Indonésie sous les Néerlandais (1602/1949)

La Compagnie hollandaise des Indes orientales (v.), fondée en 1602, imposa aux princes locaux des contrats qui lui assuraient le monopole des épices : cette politique des « livraisons forcées », à bas prix, ruina rapidement l'activité maritime séculaire des îles. Pour rendre effectif son monopole, la Compagnie fut amenée à intervenir brutalement dans les États indonésiens et à se transformer en puissance territoriale. Dès le XVIIe s., elle occupait les Célèbes et les Moluques, Timor, les côtes de la presqu'île de Malacca et celle du sud de Sumatra ; elle avait pris pied dans l'île de Bornéo, à Sukadana, condamné à une lente asphyxie le sultanat de Mataram et porté un coup mortel à la puissance maritime de Bantam, contrainte de lui accorder le monopole des échanges extérieurs. Fondée en 1619 sur le site de Djakarta, Batavia devint le centre de la domination hollandaise. Celle-ci commença à décliner au début du XVIIIe s. Après la guerre de 1780/84, l'Angleterre imposa la liberté de navigation et de commerce, et la Compagnie, au bord de la banqueroute, disparut en 1789, en laissant un passif énorme. L'administration de l'Indonésie passa désormais directement au gouvernement des Pays-Bas.

Profitant des guerres napoléoniennes, les Anglais occupèrent les Indes néerlandaises de 1811 à 1816. Revenus dans les îles, les Néerlandais, sur l'initiative de Van den Bosch, introduisirent, en 1830, un « système de culture » qui n'était qu'une adaptation aux circonstances nouvelles de la politique des livraisons forcées pratiquée jadis par la Compagnie. Toutes les cultures d'exportation (café, canne à sucre, indigo, thé, tabac, coton, poivre) reçurent l'apport d'une sorte de service du travail obligatoire auquel les populations étaient astreintes plus de deux mois par an. Ce système assura à l'Indonésie un grand essor économique, mais la population locale n'en bénéficia nullement. Au contraire, la diminution des rizières au profit des cultures d'exportation entraîna des famines. Le système provoqua des protestations aux Pays-Bas mêmes et finit par être abandonné en 1877.

Au début du XXe s., se développa un mouvement nationaliste qui attaquait aussi bien les exactions coloniales que la domination sclérosée de l'aristocratie. En 1912 fut créé le Sarekat Islam, d'inspiration musulmane. Les Néerlandais établirent, en 1918, une Assemblée consultative, le Volksraad (Conseil du peuple), mais son rôle politique était à peu près nul et déjà les intellectuels nationalistes réclamaient l'autonomie. Le parti communiste indonésien, fondé dès 1920 (le plus ancien parti communiste asiatique), déclencha une grave insurrection (1926/27) et fut interdit. Le parti national indonésien, fondé en 1927 par Soukarno et Mohammed Hatta, subit bientôt le même sort, et ses dirigeants furent emprisonnés.

À la suite de l'occupation des Pays-Bas par la Wehrmacht (1940), les Indes néerlandaises restèrent sous l'autorité du gouvernement néerlandais réfugié à Londres, qui, dès le début de la guerre du Pacifique, déclara la guerre au Japon (déc. 1941). L'occupation de l'Indonésie par les Japonais (à partir de janv. 1942) constitua une étape décisive sur la voie de l'indépendance : les Japonais libérèrent les chefs nationalistes, qui collaborèrent avec eux, et, deux jours après la capitulation du Japon, Soukarno et Mohammed Hatta proclamèrent l'indépendance de l'Indonésie (17 août 1945). Après une période confuse, au cours de laquelle alternèrent les négociations et les combats, les Pays-Bas, sous la pression de l'ONU et des États-Unis, finirent par reconnaître l'indépendance de l'Indonésie, qui restait toutefois liée à l'ancienne métropole par une union nominale (27 déc. 1949).

L'Indonésie indépendante

La Constitution du 2 nov. 1949 faisait de l'Indonésie un État fédéral (*États-Unis d'Indonésie*), mais, dès le mois d'août 1950, elle fut remplacée par une Constitution unitaire et centralisatrice. Président de la République, Soukarno se trouvait en effet aux prises avec de nombreux mouvements sécessionnistes qui secouèrent successivement les Moluques (1950/52), les Célèbes, Sumatra et Bornéo (1957), auxquels s'ajoutait l'agitation de maquis communistes à Java et du Darul Islam, mouvement extrémiste musulman. Ayant finalement écrasé les tentatives de sécession, Soukarno décida, en juill. 1959, de revenir à la première constitution indonésienne, celle de 1945, qui donnait au président des pouvoirs quasi illimités, ce qui ouvrit la période de la « démocratie dirigée ».

À l'extérieur, Soukarno revendiquait la Nouvelle-Guinée néerlandaise (l'Irian Jaya, pour les Indonésiens), dont le sort avait été laissé en suspens lors des accords de 1949 : la tension entre Djakarta et La Haye aboutit à la dissolution de l'union avec les Pays-Bas (août 1954), à l'expulsion de tous les ressortissants néerlandais (déc. 1956), à l'intervention de commandos indonésiens en Nouvelle-Guinée et, finalement, au transfert de celle-ci à l'Indonésie (mai 1963). Au cours de ce long conflit, Soukarno, qui s'était d'abord fait le champion du neutralisme, avait cherché appui auprès de l'URSS, qui apporta à l'Indonésie son aide financière. Soukarno s'était également rapproché étroitement de la Chine populaire, et, à l'intérieur, il s'appuyait de plus en plus sur le parti communiste indonésien, de tendance maoïste, ce qui suscita l'inquiétude des chefs militaires.

En sept. 1965, un coup d'État attribué à un complot communiste prochinois fut déjoué par l'armée et Soukarno, tout en restant président, fut alors contraint de laisser progressivement le pouvoir aux militaires et à leur chef Souharto. Dans le pays, les communistes furent massacrés en masse. En févr. 1967, Soukarno dut finalement abandonner le gouvernement au général Souharto. Cumulant les fonctions de président de la République et de Premier ministre, Souharto rompit les relations diplomatiques avec Pékin pour se rapprocher des États-Unis et de l'Occident. Cependant, la politique autoritaire de transmigration (« colonisation » des autres îles par les Javanais), le népotisme gouvernemental et la répression politique (génocide à Timor (v.) annexé en 1976, terreur policière à Djakarta) accrurent les mécontentements locaux et la réprobation internationale. La croissance économique des années 1980/90 avait aggravé les inégalités sociales et la crise financière asiatique en 1997/98, en entraînant une flambée des prix, provoqua des émeutes violemment réprimées.

En mars 1998, le général Souharto fut réélu à la présidence mais il dut démissionner deux mois plus tard, incapable de faire face à la crise sociale et à la montée de l'opposition politique conduite notamment par Megawati Soukarnoputri (la fille du premier président indonésien, Soukarno). Jusuf Habibie, dauphin de Souharto, assura l'intérim. Il montra la volonté de rompre avec le régime de terreur de son prédécesseur en réformant la Constitution et surtout en proposant, en août 1998, un statut d'autonomie partielle au Timor oriental. Cependant, les émeutes de la faim continuèrent d'être réprimées avec la même violence.

Les législatives de juin 1999 furent remportées par le PDI-P (Parti démocratique indonésien-Combat) de Megawati Soukarnoputri ; néanmoins, l'assemblée porta à la présidence le lettré coranique Abdurrahman Wahid (surnommé Gus Dur, « frère aîné »), la majorité des députés répugnant à voir une femme à la tête du plus grand État musulman du monde. Cependant, en juill. 2001, le président, accusé de corruption, fut destitué par l'Assemblée consultative du peuple et remplacé par la vice-présidente Megawati. Après plusieurs années de violence, en mai 2002, le Timor oriental accéda officiellement à l'indépendance. En oct. 2002, sur l'île de Bali, l'Indonésie fut la cible d'un violent attentat terroriste vraisemblablement commandité par une organisation islamiste, ce qui a contribué, en éloignant les touristes et les investisseurs, à entretenir le marasme économique. Dans ce contexte difficile, les institutions démocratiques se sont néanmoins renforcées (effacement de l'armée dans les instances législatives, rejet des demandes d'instauration de la loi islamique). Malgré tout, la justice indonésienne continue à faire preuve de beaucoup de clémence dans les nombreuses affaires de corruption et dans la poursuite des responsables de massacres à Timor.

INDULGENCES (querelle des). En 1515, afin de recueillir les fonds nécessaires à l'achèvement de la basilique Saint-Pierre de Rome, Léon X, suivant l'exemple donné par Jules II en 1506, accorda une indulgence plénière (c'est-à-dire une rémission totale de la peine temporelle pour les péchés pardonnés) à ceux qui verseraient des aumônes. En 1517, le pape confia la direction de cette campagne, pour la Saxe et le Brandebourg, à Albert de Brandebourg, prélat déconsidéré par ses cumuls. Gravement endetté vis-à-vis des Fugger, Albert de Brandebourg obtint l'autorisation de conserver pour lui-même la moitié des sommes recueillies et donna à la campagne des indulgences un caractère excessif et scandaleux : il recourut aux services d'un célèbre prédicateur dominicain, Johann Tetzel, qui n'hésita pas à exploiter la crédulité populaire en donnant à la simple contribution monétaire une efficacité automatique et infaillible. Ces procédés soulevèrent de nombreuses protestations : la plus violente fut celle du moine augustin Martin Luther (v.), qui, le 31 oct. 1517, afficha à la porte de la collégiale du château de Wittenberg quatre-vingt-quinze thèses où il condamnait les indulgences et la richesse de l'Église. Cette manifestation marqua le début de la Réforme.

INDUS (civilisation de l'). Nom donné à une civilisation protohistorique de l'Inde du Nord-Ouest, dans le bassin de l'Indus. Voir INDE. La Préhistoire indienne.

INDUSTRIELLE (révolution). Nom donné par divers auteurs du XIXe s., à l'ensemble des mutations techniques, économiques et sociales qui ont transformé la société européenne, à partir de la fin du XVIIIe s. Ces transformations ont provoqué d'abord le « démarrage » industriel de l'Angleterre et assuré à ce pays une prépondérance mondiale qu'il conserva jusqu'à la fin du XIXe s. En fait, cette révolution fut le résultat de toutes sortes de facteurs apparus dès la fin du Moyen Âge (premiers développements du capitalisme), à l'époque de la Renaissance (afflux des métaux précieux d'Amérique, naissance du grand commerce colonial, premières découvertes scientifiques modernes) ou au XVIIe s. (premiers progrès de la mécanique et, chez Descartes, conception nouvelle d'une science ordonnée principalement à la maîtrise et à l'exploitation de la nature) ; aussi certains auteurs inclineraient à substituer le mot d'« évolution » à celui de « révolution ». Le fait majeur de la révolution industrielle fut le remplacement d'un système de production où le travail, commandé par des « marchands-manufacturiers » (v. MANUFACTURES), était exécuté à domicile par des milliers d'artisans ruraux ne disposant que de la force de leurs bras, par un système où la main-d'œuvre est concentrée dans des fabriques pourvues de machines mues par la force de l'eau d'abord, puis par des machines à vapeur. On distingue en général trois révolutions, concomitantes et interdépendantes – agricole, démographique, industrielle –, sans qu'il soit possible de déterminer exactement comment elles se sont conditionnées et s'il a existé entre elles un ordre de succession.

La révolution agricole

Le XVIIIe s. fut marqué en Angleterre par l'intensification d'un mouvement qui remontait à la fin du XVe s. et qui tendait au triomphe du système des *enclosures* (propriétés closes) après remembrement sur les anciennes pratiques collectives de l'*openfield*. Cette mutation s'accéléra particulièrement à partir de 1760 et entraîna la ruine des paysans sans terre, qui profitaient jusqu'alors du droit de vaine pâture (v.) sur les communaux, et des petits propriétaires, qui furent obligés par le remembrement des terres de vendre leurs parcelles. Après 1800, les *enclosures* prirent une telle ampleur qu'une grande partie de la main-d'œuvre paysanne fut « libérée » et, contrainte à l'exode, vint grossir le prolétariat ouvrier des grandes villes. Les grands bénéficiaires de cette transformation furent les gros propriétaires fonciers, les *landlords*, qui, souvent, se lancèrent par la suite dans la carrière industrielle.

L'extension considérable de la propriété close permit d'améliorer les techniques de production agricole. Depuis l'Antiquité, l'accroissement de la productivité agricole s'était heurté à la barrière apparemment infranchissable de l'assolement biennal ou triennal, qui obligeait à laisser la terre en jachère une année sur deux ou sur trois. La pratique des cultures sur jachère, connue des Flamands dès le XIVe s. mais encore dédaignée par les autres agriculteurs continentaux, fut introduite par Lord Townshend dans la région du Norfolk, où, dans les années 1730, le système triennal classique fut remplacé par une rotation quadriennale associant deux années de céréales à deux années de racines (navet, chou-rave, etc.) ou de plantes fourragères (trèfle, luzerne) qui apportaient un supplément de nourriture aux hommes et aux bêtes. Vers la même époque, se répandaient de nouvelles méthodes d'élevage rationnel par la sélection, les croisements et un dosage plus précis de la nourriture : entre 1710 et 1795, le poids moyen des bœufs sur le marché de Londres passait de 370 à 800 livres, celui des veaux triplait et celui des moutons doublait. Tous ces progrès techniques ont provoqué un accroissement très rapide de la productivité agricole qui permettait de nourrir mieux une population plus nombreuse et qui dégageait de la terre un surplus de main-d'œuvre que les besoins nouveaux de l'industrie allaient absorber (au cours du XVIIIe s., la part de la population active britannique employée dans l'agriculture tomba de 70 à 37 %).

La révolution démographique

De même qu'elle était à l'avant-garde dans la révolution agricole, l'Angleterre fut le premier pays à connaître, à partir de 1750, l'explosion démographique qui s'étendit à toute l'Europe au cours du XIXe s. De 1700 à 1750, l'accroissement de la population resta encore assez faible ; mais entre 1751 et 1801, la population de la Grande-Bretagne (sans l'Irlande) passa de 7,4 millions d'habitants à 10,6 millions, et elle doubla dans la première moitié du XIXe s. Sur les causes de cette croissance démographique, de nombreuses hypothèses ont été émises. Deux faits sont établis : 1° la baisse du taux de mortalité (32,8 ‰ de 1701 à 1750, 27,7 ‰ de 1781 à 1800), qui s'explique par la disparition des famines, la fin des grandes épidémies grâce aux progrès de l'hygiène et de la médecine (déclin de la saignée ; vaccination antivariolique de Jenner, dans les dernières années du siècle), et à une meilleure alimentation (les classes populaires anglaises commencent à manger régulièrement du pain blanc et de la viande de bœuf) 2° la hausse du taux de natalité (33,8 ‰ de 1701 à 1750, 37,5 ‰ de 1781 à 1800), due, semble-t-il, à l'abaissement de l'âge du mariage, lui-même provoqué par l'augmentation générale des ressources. L'accroissement démographique constitua un facteur de progrès économique en multipliant la main-d'œuvre mais aussi le nombre des consommateurs, ce qui assurait des marchés plus étendus à la production.

La révolution industrielle

On s'est souvent demandé pourquoi la révolution industrielle s'est produite d'abord en Angleterre et non pas en France, alors que celle-ci était deux fois plus peuplée, possédait des richesses naturelles très importantes, un commerce colonial très actif, des savants et des techniciens aussi brillants que ceux d'outre-Manche. De nombreuses raisons peuvent expliquer l'avance prise par l'Angleterre dans le démarrage industriel : 1° selon W. W. Rostow, l'élément essentiel du démarrage est le passage d'un taux d'investissement productif d'environ 5 % du produit national net à 10 % ou davantage. Or, en France, une grande partie des capitaux disponibles était détournée, par recherche du prestige social, vers des secteurs improductifs : dépenses de la cour, achat d'offices et surtout, dans la bourgeoisie, crainte des spéculations et ruée sur la terre, considérée comme le seul placement sûr, la seule source véritable de richesse ; 2° la révolution industrielle supposait la mobilité de la main-d'œuvre et son adaptation à des tâches nouvelles. Mais la France rurale du XVIIIe s., figée dans les cadres hérités du régime seigneurial, ne connut pas la révolution des *enclosures*. D'ailleurs, le pays restait hérissé de douanes intérieures qui isolaient les régions, empêchaient la spécialisation et entretenaient un régime peu productif de polyculture ; 3° à la différence du *landlord* anglais, le noble ou le grand bourgeois français ne s'occupait pas directement de son domaine et le concédait à des petits fermiers qui n'eussent pas eu les moyens, si même ils en avaient eu l'idée, d'introduire les nouvelles méthodes de culture et d'élevage ; 4° en France, la noblesse, du fait de ses privilèges, restait astreinte à un genre de vie particulier ; nombre d'activités commerciales et industrielles lui étaient interdites, et, en dehors même des interdictions légales, consacrer ses principales activités à un travail lucratif eût paru à la majorité des aristocrates une dérogeance morale irréparable. En Angleterre, au contraire, toutes les classes dirigeantes s'intéressèrent au développement de l'industrie, et de nombreux liens de famille ou d'intérêt unissaient l'aristocratie et la classe marchande. Selon Max Weber, ce contraste peut s'expliquer en partie aussi par des raisons religieuses : la mentalité répandue par le puritanisme et par les sectes dissidentes donnait à toutes les formes d'activité économique une justification morale que leur refusait, au moins implicitement, le catholicisme (v. PURITAINS) ; 5° les commerces coloniaux français et britannique étaient de nature différente. Au cours des guerres du XVIIIe s., la France avait perdu le Canada et l'Inde, alors que l'Angleterre, avec ses colonies d'Amérique, disposait d'importants marchés pour les produits de son industrie.

Les capitaux initiaux du démarrage industriel furent sans doute fournis en grande partie (mais non pas complètement, car il y eut aussi des transferts de capitaux de l'agriculture à l'industrie) par le commerce extérieur. Si la révolution industrielle devint nécessaire, c'est par un accroissement de la demande de produits manufacturés, et par un déséquilibre entre cette demande et l'offre, jusqu'alors limitée par le système artisanal de l'industrie.

La révolution industrielle fut préparée et accompagnée par un développement considérable de l'équipement. L'Angleterre, qui, vers le milieu du XVIIIe s., avait encore un réseau de voies de communication bien inférieur à celui de la France, entreprit à partir de 1760, et presque uniquement par initiatives privées, la construction intensive de routes à péage et surtout de canaux (2 500 km en service en 1800). Mais la condition fondamentale des mutations impliquées par l'environnement démographique, économique et social résidait dans un certain nombre d'inventions techniques, point de départ de l'essor du machinisme.

Ces inventions portèrent sur trois secteurs : *a)* l'industrie textile ; *b)* l'utilisation d'une nouvelle source d'énergie, la vapeur ; *c)* la métallurgie.

a) L'**industrie textile**, au début du XVIIIe s., souffrait d'une tension entre les besoins des tisserands et la production insuffisante des filateurs, ceux-ci étant des artisans ruraux qui se procuraient un revenu d'appoint en travaillant à domicile pendant les périodes où ils n'étaient pas requis par les travaux agricoles. La tension s'aggrava encore vers 1760, lorsque commença à se diffuser largement la navette volante (*flying shuttle*) inventée dès 1733 par John Kay ; grâce à cet outillage mécanique, le tissage se fit beaucoup plus rapidement, et le fil vint de plus en plus à manquer. De nombreux techniciens recherchèrent dès lors les moyens d'améliorer le filage. En 1770, James Hargreaves, un tisserand du Lancashire, déposa le brevet de sa *spinning jenny* (ou *jenny* tout court), qui permettait à une seule personne de filer en même temps huit, puis seize et finalement jusqu'à cent fils. La *jenny*, qui était mue par la force humaine, convenait bien au travail à domicile, mais son fil, trop faible pour constituer la chaîne des tissus, n'était bon que pour la trame. Au même moment, Richard Arkwright, un barbier, faisait breveter (1769) sa *water-frame*, machine capable de produire les fils de chaîne, mais qui devait être mue par un moteur hydraulique (d'où son nom). L'apparition de la *water-frame* marquait un tournant décisif, car elle impliquait la substitution du travail en atelier au travail artisanal : Arkwright lui-même fonda à Cromford une usine qui employa jusqu'à 600 travailleurs. En 1779, Samuel Crompton, fileur du Lancashire, réussit à combiner les dispositifs de la *jenny* et de la *water-frame* dans sa *mule-jenny*, qui était capable de produire tous les fils, du plus fin au plus solide, pour tous les tissus. Du fait de tous ces perfectionnements, la situation s'était complètement renversée, et les tisserands, qui continuaient à travailler à la main, n'étaient plus en mesure d'utiliser tous les filés. L'amélioration des procédés de tissage fut l'œuvre d'un ecclésiastique, ancien étudiant d'Oxford, Edmund Cartwright, qui mit au point, vers 1785/87, le premier métier mécanique à tisser.

b) L'invention de la **machine à vapeur** ne prit toute son importance qu'à partir du XIXe s., car, jusque vers 1800, l'industrie textile continua à utiliser essentiellement l'énergie hydraulique. Cependant, en 1785, la première machine à vapeur avait été installée dans une filature, et, en 1800, on comptait déjà 11 machines à vapeur à Birmingham, 20 à Leeds et 32 à Manchester. À la fin du XVIIe et au début du XVIIIe s., des pompes à vapeur avaient été construites par Denis Papin, par Savery et par Newcomen ; cette dernière, qui connut un grand succès, servait à pomper l'eau des puits de mines. Les perfectionnements décisifs furent apportés par James Watt entre 1763 et 1782 ; il munit d'abord sa machine d'un condensateur, qui évitait la déperdition de chaleur, puis transforma le mouvement de va-et-vient du piston en un mouvement rotatif, pouvant être adapté à toutes sortes d'appareils. Associé avec Boulton, qui possédait une usine à Soho, Watt ne fabriqua pas moins de 500 machines à vapeur avant l'expiration de ses brevets, en 1800.

c) Jusqu'au début du XVIIIe s., les progrès de la **métallurgie** avaient été entravés par l'utilisation du charbon de bois pour le traitement du minerai de fer ; comme les quantités de bois nécessaires étaient considérables, l'activité des hauts fourneaux avait provoqué dans de nombreuses régions d'Europe un déboisement alarmant. On s'efforça d'utiliser le « charbon de terre », et c'est Abrahm Darby qui réussit pour la première fois, en 1709, à Coalbrookdale, la fusion du métal au charbon de terre ; cependant, le métal obtenu était de qualité médiocre et ne pouvait servir qu'à la fonderie ; il fallut près de quarante ans de perfectionnements, menés par Darby et par son fils, pour obtenir enfin un fer de qualité par la fusion au coke, c'est-à-dire à la houille distillée (vers 1750). Un autre progrès décisif, réalisé par Henry Cort en 1784, fut l'invention du *puddlage*, c'est-à-dire de la fabrication directe de l'acier à partir de la fonte réchauffée avec du coke, décarbonisée et passée au laminoir.

Ces diverses découvertes provoquèrent un essor industriel prodigieux. L'essor de l'industrie cotonnière peut être mesuré par la croissance des importations de coton brut en Angleterre. Négligeable jusqu'en 1740, encore lent entre 1741 et 1770, l'accroissement devint très rapide à partir de cette dernière date (invention de la *jenny* et de la *water-frame*) et surtout à partir de 1780 (fin du brevet protégeant la *water-frame* et diffusion de la *mule-jenny* de Crompton) : les importations de coton augmentèrent alors de plus de 75 % entre 1771 et 1781, et de près de 320 % dans la seule décennie suivante, pour augmenter encore de 67,5 % entre 1791 et 1801. L'industrie textile joua ainsi un rôle moteur dans la révolution industrielle. Par ailleurs, les nouveaux procédés métallurgiques provoquaient une augmentation considérable de la production de fonte, qui quadrupla entre 1756 et 1796, puis quintupla dans le premier quart du XIXe s., mais aussi de charbon (6 000 t vers 1780, 10 000 t en 1800). Les conséquences humaines et sociales de la révolution industrielle n'étaient pas moindres : concentration urbaine ; déplacement des industries vers les régions charbonnieres du Centre et de l'Ouest ; déracinement des travailleurs ruraux attirés par les salaires des usines, travail des femmes et des enfants dans les ateliers et dans les mines, ruine des artisans et des travailleurs à domicile, naissance d'une nouvelle classe dirigeante d'entrepreneurs industriels, dont les intérêts devaient rapidement s'opposer à ceux de l'aristocratie foncière.

L'Angleterre avait pris une avance considérable sur les autres pays européens. Depuis le début du XIXe s., le monde a connu une succession de « révolutions industrielles » nationales dont les plus importantes, en reprenant les dates de démarrage proposées par W. W. Rostow (*Les Étapes de la croissance économique*, 1960), furent celles de la France (1830/60), des États-Unis (1843/60), de l'Allemagne (1850/73), du Japon (1878/1900), de la Russie (1890/1914), du Canada (1896/1914), de l'Inde et de la Chine (vers 1950).

INFLATION. L'inflation est un phénomène monétaire défini comme une hausse durable du niveau général des prix.

La première grande période d'inflation attestée est liée à la découverte des mines d'or et d'argent des Amériques qui, au XVIe s., firent baisser le pouvoir d'achat de ces métaux. Mais l'inflation n'a pris toute son ampleur qu'avec l'apparition de la monnaie fiduciaire (les billets de banque) qui, comme son nom l'indique, reflète la confiance (*fiducia*, en latin) dans la solidité financière de la banque qui les émet. Ainsi les assignats émis par les révolutionnaires français en 1789 virent-ils en sept ans d'existence leur valeur divisée par 10 000. Échaudés par cette expérience désastreuse, les grands argentiers du XIXe s. s'efforcèrent de limiter l'inflation au maximum. Cette prudence ne put être maintenue en Allemagne après la Première Guerre mondiale. Le pays connut entre 1918 et 1924 une hyperinflation sans précédent qui culmina en 1923, année où les prix furent multipliés par plusieurs milliards. L'Europe, marquée par la déflation (l'inverse de l'inflation) de la grande dépression des années 1930, ne connut, jusqu'au début des années 1970, qu'une inflation modérée. Celle-ci s'accéléra sous le coup du quadruplement des prix du pétrole en 1973 et devint l'un des principaux soucis des gouvernants après le second choc pétrolier de 1979. Pendant les Trente Glorieuses et encore au cours des années 1970, l'inflation a été utilisée comme exutoire aux conflits sociaux : on a alors laissé croître les salaires, sachant qu'ils seraient partiellement rattrapés par l'inflation. L'inflation fut même institutionnalisée avec la mise en place, en France (en 1950) et en Italie, d'échelles mobiles des salaires, permettant un rattrapage automatique des uns sur les autres. Mais, avec l'ouverture croissante des économies, les désavantages de la méthode parurent l'emporter. L'inflation peut en effet avoir des effets néfastes sur les échanges extérieurs d'un pays en dégradant ses performances à l'exportation du fait d'un taux de change plus élevé que celui de ses partenaires. Dans la seconde moitié des années 1970, les pays développés ont fait l'expérience de la stagflation (combinaison d'inflation et de récession) et de l'accroissement des déséquilibres extérieurs. Cela a conduit à un consensus sur la nécessité de lutter contre l'inflation par une politique de désinflation compétitive. Celle-ci repose sur l'idée que la croissance économique et la réduction du chômage passent par une baisse des coûts salariaux. Elle permet une baisse du taux d'inflation, donc un accroissement de la compétitivité et une augmentation des marges des entreprises, avec des effets favorables sur l'investissement et les exportations. C'est la stratégie macroéconomique suivie en France depuis 1984. La défense du taux de change (stratégie de franc fort) et l'augmentation du chômage ont entraîné une modération salariale tandis que la croissance modérée a permis un fort ralentissement de la hausse des prix. Cette politique conduisit cependant les pays de l'OCDE (Organisation de coopération et de développement économique) (v.) à la récession à la fin des années 1980 et au début des années 1990 : la baisse des taux d'inflation rendit le coût réel du crédit (coût nominal moins taux d'inflation) très élevé et conduisit, compte tenu des habitudes prises en période d'inflation, à une crise d'endettement. La maîtrise de l'inflation fut cependant une des conditions nécessaires à la mise en place de la monnaie européenne unique. Les exemples des sociétés latino-américaines, qui ont connu, dans les années 1970 à 1990, une hyperinflation qui désorganisa complètement leurs économies (prix multipliés par 30 000 en Argentine dans les années 1980) et des pays issus de la décomposition de l'URSS, qui furent confrontés au même phénomène après 1989, restent des repoussoirs. Cependant, le strict monétarisme qui avait fait de l'inflation l'ennemi économique numéro un a été progressivement remplacé depuis le début des années 1990 par l'idée que mieux vaut une inflation maîtrisée (1,9 % en France en 2002) qu'une récession.

INGOUCHIE (république d'). Membre de la Fédération de Russie ; capitale *Magas*. Située dans le Nord-Caucase, la république d'Ingouchie est née de l'éclatement de la république socialiste soviétique autonome de Tchétchénie-Ingouchie (nov. 1991). Intégrés à la Russie, à la fin du XVIIIe s., les Ingouches, peuple musulman de langue caucasienne, formèrent la région autonome d'Ingouchie (juill. 1924), avant d'être réunis aux Tchétchènes (janv. 1934), au sein de la région autonome de Tchétchénie-Ingouchie. Devenue république autonome, en déc. 1936, celle-ci fut abolie, en 1944, après que ses habitants eurent été accusés de collaboration avec l'Allemagne et déportés en Asie centrale. Réhabilités en 1957, les Ingouches et les Tchétchènes regagnèrent le Caucase. À la suite de la proclamation d'indépendance de la Tchétchénie et des combats intercommunautaires qui s'y déroulèrent, les Ingouches se prononcèrent par référendum (92,5 % de oui), en faveur de leur maintien dans la Fédération de Russie (déc. 1991). Depuis son accession officielle au statut de république souveraine (4 juin 1992), l'Ingouchie réclame à la Fédération de Russie la restitution de ses anciens territoires, rattachés à l'Ossétie du Nord en 1944. Une offensive ingouche a été lancée en nov. 1992 contre la ville de Vladikavkaz et sa région, ce qui suscita l'intervention d'une force d'interposition russe et la proclamation de l'état d'urgence. 35 000 Ossètes d'origine ingouche durent fuir l'Ossétie, où ils étaient victimes de persécutions. L'Ingouchie subit, par ailleurs, les retombées des deux guerres de Tchétchénie (1994 et 1999). Des combats se sont déroulés sur son territoire et elle dut faire face à un afflux massif de réfugiés tchétchènes. En raison de l'instabilité qui prévalait dans la région, le tracé des frontières entre l'Ingouchie et les républiques limitrophes de Tchétchénie et d'Ossétie du Nord tardait à être établi.

INNOCENT III, Lotario di Segni (* Gavignano, près de Rome, vers 1160/61, † Pérouse, 16.VI.1216). Pape (1198/1216). Élu pape en 1198, à la mort de Célestin III, il appliqua avec beaucoup d'énergie les conceptions théocratiques de Grégoire VII pour bâtir une chrétienté formée de royautés vassales de Rome. Il intervint dans les affaires des royaumes ; ainsi, en Allemagne, il prit parti pour Othon de Brunswick contre Philippe de Souabe, puis pour Frédéric II contre Othon ; en France, il obligea Philippe Auguste à reprendre sa femme Isambour de Danemark ; en Angleterre, Jean sans Terre, s'étant opposé à Innocent III à propos de la nomination d'Étienne Langdon comme archevêque de Canterbury, fut excommunié par le pape et ses sujets furent déliés du serment de fidélité (1212) ; Jean sans Terre se soumit (1213). Innocent III fut l'inspirateur de la quatrième croisade (v. CROISADES) et engagea la croisade contre les albigeois (v.) (1215). Le quatrième concile du Latran (1215) marqua l'apogée de son pontificat et de toute la papauté médiévale. Innocent III sut approuver la constitution des ordres mendiants capables de répondre aux nouveaux besoins de l'évangélisation. Voir DOMINICAINS et FRANCISCAINS.

INNOCENT IV, Sinibaldo Fieschi (* Gênes, vers 1190, † Naples, 7.I.1254). Pape (1243/54). Voir SACERDOCE ET DE L'EMPIRE **(lutte du)**.

INNOCENT X, Giambattista Pamfili (* Rome, 1574, † Rome, 7.I.1655). Pape (1644/55). Nonce à Naples, légat en France et en Espagne, cardinal en 1629, il protesta contre les clauses religieuses des traités de Westphalie (1648) et condamna les cinq propositions de Jansénius (v.) (bulle *Cum occasione*, 1653).

INÖNÜ Ismet, jusqu'en 1934 **Ismet Pacha** (* Smyrne, 24.IX.1884, † Ankara, 25.XII.1973). Général et homme politique turc. Il participa à la révolution des Jeunes-Turcs en 1908, puis commanda un corps d'armée en Palestine pendant la Première Guerre mondiale, et rejoignit le mouvement de Moustafa Kémal en mars 1920. En 1921 il battit les Grecs à Inönü, et adopta le nom de cette victoire. Représentant la Turquie à la conférence de Lausanne (v.) (1923), il obtint l'annulation des dispositions du traité de Sèvres de 1920, défavorables à la Turquie. Premier ministre de Moustafa Kémal (1923/37), il réalisa la laïcisation, l'occidentalisation et la modernisation de la Turquie. À la mort de Moustafa Kémal, il fut élu président de la République à l'unanimité. Inönü essaya de maintenir la neutralité de la Turquie durant la Seconde Guerre mondiale, mais déclara la guerre à l'Allemagne et au Japon, en févr. 1945, afin d'obtenir un siège pour la Turquie au sein de la future ONU. Il démissionna en 1950 à cause de l'échec électoral de son parti (parti républicain du Peuple), fut de nouveau Premier ministre d'un gouvernement de coalition en 1961. Il dut faire face à de nombreuses difficultés : tentatives de coups d'État militaires, problèmes financiers, crise de Chypre, tension avec l'URSS. Il dut se retirer en oct. 1965.

INQUISITION. Institution ecclésiastique destinée à rechercher et à punir l'hérésie. La lutte contre les hérésies s'imposa à l'Église dès ses origines, mais, jusqu'au XIIe s., l'autorité ecclésiastique s'en tint habituellement à des peines spirituelles, dont la plus grave était l'excommunication. La majorité des Pères de l'Église condamnaient le châtiment des hérétiques par des peines physiques. Cependant, dès l'époque constantinienne, le christianisme étant devenu la religion officielle de l'État, beaucoup d'empereurs eurent tendance à assimiler l'hérésie à un crime de lèse-majesté susceptible d'être puni par la confiscation des biens ou même par la mort. Cette tendance se renforça au Moyen Âge, la paix de l'État et celle de l'Église apparaissant étroitement solidaires dans l'unité de croyance. Aussi, dès la seconde moitié du XIIe s., vit-on aussi bien des princes dévots tels que Louis VII de France que des rois en révolte contre le pape, tels qu'Henri II d'Angleterre et Frédéric Ier Barberousse, recourir contre les hérétiques à des châtiments physiques. L'ampleur prise par l'hérésie cathare ou albigeoise et ses implications politiques précipita cette évolution. L'Église se préoccupa alors de donner une organisation légale à la lutte contre l'hérésie.

D'abord confiée aux seuls évêques, la procédure de l'Inquisition fut fixée au concile de Toulouse

(1229) : à l'inquisition épiscopale s'ajouta alors une inquisition pontificale, confiée à des délégués du Saint-Siège, généralement des religieux mendiants, franciscains et surtout dominicains. Dès 1240, l'Inquisition était répandue dans toute l'Europe, sauf en Angleterre. L'inquisiteur, nommé pour une région, ouvrait son enquête par une prédication générale et par la publication de deux édits : l'*édit de foi*, adressé aux fidèles, et les obligeant sous peine d'excommunication à dénoncer les hérétiques et leurs complices ; *l'édit de grâce*, adressé aux hérétiques, et leur donnant un délai de quinze à trente jours pour se rétracter. Passé ce délai, l'hérétique tombait sous le coup de la justice inquisitoriale. En cas de repentir, il n'était pas livré au bras séculier, mais condamné seulement à une peine canonique (pélerinage, jeûne, assistance aux offices...). S'il s'obstinait, il était d'abord soumis à un interrogatoire visant à provoquer l'aveu complet de l'hérésie, et, pour le forcer à cet aveu, la contrainte pouvait être utilisée : prolongation et rigueur accrue de l'emprisonnement (*carcer durus*), privation de nourriture, et enfin la torture, qui fut autorisée sous des conditions bien précises en 1252 par le pape Innocent IV dans sa bulle *Ad extirpenda*. La procédure terminée, la sentence était prononcée, après consultation d'un jury parfois très nombreux, comprenant des clercs séculiers et réguliers ainsi que des jurisconsultes laïques, au cours d'une assemblée publique et solennelle appelée *sermo generalis* ou (en Espagne) *auto da fe*. Les peines étaient très variables selon les cas : elles allaient de pénitences canoniques (flagellation, pèlerinage, service en Terre sainte), à la confiscation des biens, à l'emprisonnement à temps ou perpétuel et, enfin, à la remise au bras séculier, qui signifiait la peine de mort par le feu. Ceux qui retombaient dans l'hérésie, les *relaps*, étaient automatiquement brûlés vifs.

Dans certaines régions marquées par l'hérésie, notamment dans le midi de la France, l'Inquisition rencontra de vives oppositions populaires (deux inquisiteurs furent massacrés à Avignonnet, près de Toulouse, en 1242). Cependant, cette institution était conforme à l'étroite interdépendance du temporel et du spirituel qui caractérise la chrétienté médiévale : Thomas d'Aquin justifiait la mort pour les hérétiques en soutenant qu'il est plus grave d'altérer la foi que la monnaie et que les hérétiques devaient donc être punis de la même peine que les faux-monnayeurs, par la mort. Au XIIIe s., l'Inquisition élimina complètement l'hérésie cathare et réduisit fortement celle des Vaudois. Elle fut utilisée par la suite contre les spirituels franciscains, les béguins hérétiques, les bégards, les sorciers. Elle participa au procès de Jeanne d'Arc. Son rôle déclina considérablement au XVe s. et la répression du protestantisme fut confiée en France aux tribunaux royaux. En 1542, Paul III établit la Sacrée Congrégation du Saint-Office, cour d'appel suprême pour les procès d'hérésie.

D'esprit assez différent de l'Inquisition médiévale fut l'**Inquisition d'Espagne,** qui resta dès l'origine sous le contrôle étroit de l'État et non de l'Église. Elle fut fondée en 1479, avec l'approbation pontificale, par Ferdinand V et Isabelle la Catholique. Dirigée d'abord contre les Marranes (juifs) et les Morisques (musulmans), elle participa ensuite à la lutte contre les protestants, à la suite de l'édit de 1529, qui prononçait la mort contre les hérétiques et contre ceux qui, les connaissant, ne les dénonçaient pas. L'Inquisition d'Espagne était dirigée par le grand inquisiteur qui devait avoir l'approbation du Saint-Siège ; les autres juges étaient nommés ou révoqués par le roi et le revenu des amendes allait, non à l'Église, mais à l'État. Cette Inquisition royale ne connaissait pas seulement de l'hérésie, mais de toutes sortes de crimes (sorcellerie, assassinats, spoliation des églises, sodomie, polygamie).

Le premier grand inquisiteur fut le dominicain Thomas de Torquemada, qui dirigea l'Inquisition d'Espagne pendant seize ans (1483/98) et laissa un souvenir terrifiant ; environ 2 000 personnes furent brûlées sous son gouvernement. La procédure souvent expéditive de l'Inquisition d'Espagne provoqua des protestations du Saint-Siège, et Sixte IV s'efforça de faire admettre les appels à Rome (1483). Abolie par Joseph Bonaparte en 1808, l'Inquisition d'Espagne fut rétablie en 1814 par Ferdinand VII, mais définitivement supprimée en 1820 : on a évalué à 30 000 le nombre total de ses victimes. Elle empêcha la pénétration du protestantisme en Espagne et retarda longtemps le progrès des idées philosophiques et révolutionnaires.

INTÉGRISME. Attitude religieuse, se fondant sur les textes et les traditions, qui rejette toute adaptation de la religion aux besoins et aux formes évolutives de la vie politique et sociale.

Ce mot s'emploie pour désigner l'attitude d'esprit de certains catholiques qui, prétendant professer un catholicisme intégral, refusent toute adaptation des formules dogmatiques, des structures ecclésiastiques et des méthodes d'apostolat aux besoins du monde moderne. En France, un certain nombre de catholiques n'ont pas accepté les décrets de Vatican II (v.) et encore moins certains de leurs aspects novateurs. Se rangeant sous la bannière de Mgr Lefebvre (excommunié en 1988), ils ont pris de l'importance sous le pontificat de Paul VI (1963/78), se prononçant pour la messe en latin, le catéchisme de saint Pie X et le port de la soutane ; ils ont élargi leur action à la Belgique, à l'Allemagne, à la Suisse.

Un vaste mouvement d'intégrisme musulman s'est propagé à travers le monde islamique après la prise du pouvoir par les ayatollahs d'Iran (v.) en 1979. En 1989, la sentence de mort prononcée par l'ayatollah Khomeiny contre un romancier anglais d'origine indienne, Salman Rushdie, accusé de blasphème, déchaîna les passions d'une partie des musulmans. En Afghanistan, les talibans, qui dirigèrent le pays de 1994 à 2002, imposèrent une version très rigoureuse de la loi musulmane (*charia*). En Algérie (v.), les intégristes du FIS (Front islamique du salut) entretenant depuis 1991 une violente opposition armée à laquelle la loi de la Concorde civile (13 janv. 2000) a mis un terme.

En Israël, l'intégrisme juif s'exprime à travers divers petits partis religieux.

En Inde, un courant intégriste se développe également, soutenu par plusieurs formations politiques. Ce mouvement, à la fois religieux et social, vise à affirmer, parfois de manière violente, le caractère hindou de l'Inde, en minimisant l'apport de la civilisation musulmane à la culture du sous-continent, et, à obtenir un strict respect du système des castes, notamment dans l'attribution des emplois publics.

INTENDANTS. Dans la France monarchique, à partir du XVIIe s., les intendants furent les principaux agents du pouvoir central dans les provinces. Leur institution a son origine dans les inspections périodiques auxquelles avait toujours recouru la royauté et confiées à des maîtres des requêtes de l'hôtel en mission dans les provinces. En 1551, ces agents portaient le titre de « commissaires départis pour l'exécution des ordres du roi ». Le titre d'« intendant de justice, police et finances, commissaire départi pour l'exécution des ordres du roi en la généralité de... » apparut en 1625. Les intendants furent définitivement mis en place sous Louis XIV, entre 1664 et 1689.

D'abord simples inspecteurs, les intendants devinrent rapidement des administrateurs, dont les compétences s'étendirent au détriment de celles des gouverneurs et des cours souveraines. Intendants de justice, ils surveillaient tous les officiers de leur ressort, étaient chargés de la justice « retenue » du roi, pouvaient présider tous les tribunaux (sauf un parlement), quoique, en général, ils ne s'occupassent guère que des procès administratifs. Intendants de police, ils avaient la haute main sur l'ordre public, disposaient des garnisons, s'occupaient des subsistances, des ponts et chaussées, de la levée de la milice, contrôlaient les élections urbaines, s'immisçaient dans les affaires religieuses (en particulier lors des dragonnades et de la révocation de l'édit de Nantes, 1685). Intendants des finances, ils étaient en relations constantes avec le contrôleur général pour toutes les questions économiques, s'occupaient de la levée de la taille, de la capitation et du dixième. Commissaires du conseil « départis » dans les provinces, les intendants ne relevaient que du Conseil du roi ; ni les gouverneurs ni les cours souveraines ne pouvaient contrôler, encore moins entraver leurs actes. Ils étaient choisis habituellement parmi les maîtres des requêtes (v.) et parvenaient le plus souvent à la charge de conseiller d'État.

Il y avait un intendant par généralité ; mais l'intendant du Languedoc avait dans sa juridiction à la fois Toulouse et Montpellier, de sorte qu'en 1789 on comptait 33 intendants pour 34 généralités. À l'époque de Louis XIV, les intendants étaient souvent déplacés ; au XVIIIe s., ils sont restés longtemps dans leurs généralités. Leur action a étouffé les dernières libertés provinciales françaises, mais elle fut souvent très utile au développement économique. Le XVIIIe s. connut de grands intendants, « philosophes » et « éclairés », tels que Trudaine en Auvergne, Montyon en Auvergne et en Provence, Tourny à Bordeaux, Turgot dans le Limousin. Les intendants furent supprimés par la Constituante le 22 déc. 1789.

INTERDICTION COMPLÈTE DES ESSAIS NUCLÉAIRES (traité d') (TICEN). Traité issu des négociations de la Conférence du désarmement et faisant suite au traité de non-prolifération nucléaire (TNP) (v.) entré en vigueur en 1970. Les négociations qui devaient préparer l'issue du traité débutèrent en 1993, quand la fin de la guerre froide semblait éloigner les risques de conflits généralisés, et aboutirent à la rédaction d'un texte contraignant pour ses signataires. Après les ultimes essais nucléaires de la France et de la Chine, le TICEN a été ouvert à la signature le 24 sept. 1996. Signé par Bill Clinton, mais non ratifié par le Sénat américain, rejeté par l'Inde et le Pakistan (qui réalisèrent leurs premiers essais officiels en 1998), celui-ci entrera en vigueur après ratification des 44 pays disposant de la capacité nucléaire.

INTERNATIONALE (Ire). Nom abrégé de l'Association internationale des travailleurs, fondée à Londres au cours d'une grande réunion publique tenue à Saint Martin's Hall le 28 sept. 1864. Elle fut essentiellement l'œuvre de Karl Marx, qui en rédigea les statuts et s'efforça d'orienter ses tendances, au début très diverses (mazziniens, proudhoniens, positivistes anglais, anarchistes...), dans la voie du socialisme « scientifique ». Elle tint ses premiers congrès à Lausanne (1867), Bruxelles (1868), et Bâle (1869). Son installation, d'abord très lente, fut facilitée par la crise économique de 1867, que suivit une vague de grèves en France et en Belgique. En 1870, l'Internationale avait déjà ses sections française, belge, suisse, allemande, italienne, espagnole, portugaise, danoise, néerlandaise, autrichienne, américaine. Son principe fondamental était la conquête de l'émancipation de la classe ouvrière par la classe ouvrière elle-même ; l'influence marxiste prédomina au congrès de Bruxelles (1868), où furent réclamées la collectivisation des mines, carrières, chemins de fer, et la nationalisation du sol, qui devait être réparti entre des sociétés agricoles ouvrières. Le même congrès éleva une protestation énergique contre la guerre et recommanda à toutes les sections de l'Internationale d'employer contre elle tous les moyens d'agitation, y compris la grève des peuples. Cependant, le 23 juill. 1870, le conseil général de l'Internationale se prononça en faveur de l'Allemagne sous prétexte que celle-ci menait une guerre de défense contre une agression ; elle ne fut pas suivie par la section jurassienne, qui, sous l'impulsion de Bakounine, lança en sept. 1870 un appel en faveur de la République française.

Le congrès de La Haye (1872) fut dominé par l'opposition entre les marxistes et les anarchistes de Bakounine ; ces derniers furent exclus et fondèrent une Internationale anarchiste, qui cessa ses activités après 1880. Cette scission porta un grave coup à l'Association internationale des travailleurs, qui cessait dès lors de réunir les tendances diverses du socialisme. Après le congrès de Genève (1873), le conseil général de l'Internationale fut transféré à New York, mais l'Internationale n'était déjà plus qu'une institution nominale ; elle fut officiellement dissoute à la conférence de Philadelphie (1876).

INTERNATIONALE (IIe). Dans les années 1880 se multiplièrent, surtout à la suite d'initiatives belges et suisses, les tentatives de reconstitution de l'Internationale, mais elles se heurtèrent longtemps à l'opposition de la social-démocratie allemande, devenue le parti socialiste le plus puissant d'Europe. La IIe Internationale fut fondée au congrès de Paris de 1889. Adoptant des méthodes plus souples que la Ire Internationale, elle recommanda la formation de sections dans chaque pays et la tenue périodique de congrès internationaux, mais renonça d'abord à imposer une organisation centralisée et ne fut dotée d'un bureau permanent qu'à partir de 1900. L'influence du marxisme (surtout allemand) fut tout de suite prépondérante, et le congrès de Bruxelles (1891) posa la lutte des classes comme un principe fondamental. Le congrès de Zurich (1893) se prononça pour la journée de huit heures et définit l'action politique comme un moyen indispensable pour obtenir l'émancipation économique du prolétariat. Puissante par le nombre de ses adhérents, la IIe Internationale était cependant divisée, au début du XXe s., entre les tendances révisionnistes ou réformistes et les tendances révolutionnaires ; celles-ci l'emportèrent au congrès d'Amsterdam (1904), mais l'échec de la révolution russe de 1905 facilita les progrès du révisionnisme, notamment dans la social-dé-mocratie allemande, avec Bernstein. Le déclenchement de la Première Guerre mondiale fut un grave échec pour la IIe Internationale, les travailleurs de tous les pays belligérants ayant alors obéi spontanément, non à leur idéal socialiste, mais aux injonctions du patriotisme traditionnel. Les conférences de Zimmerwald (1915) et de Kienthal (1916), en Suisse, puis celle de Stockholm (1917) n'eurent pas un caractère vraiment international et furent impuissantes à arrêter le conflit. Après la scission de la IIIe Internationale (1919) (v.), les diverses tendances socialistes non communistes se réunifièrent au congrès de Hambourg (mars 1923), pour créer l'Internationale ouvrière et socialiste (IOS) dont le siège fut établi successivement à Londres, à Zurich et à Bruxelles. Après la Seconde Guerre mondiale, l'Internationale socialiste fut reconstituée au congrès de Francfort (1951). Elle se dota, en 1961, d'un Bureau de liaison des partis socialistes européens. Elle rassemblait en 1999 143 partis et organisations politiques.

INTERNATIONALE (IIIe). Elle fut fondée au Kremlin par Lénine, en mars 1919, sous le nom de Komintern. Se présentant comme l'héritière de la IIe Internationale, elle groupa tous les partis communistes mondiaux sous l'impulsion du parti communiste russe, qui, en fait sinon en droit, resta toujours la section centrale de la IIIe Internationale.

Les vingt et une conditions

Lors du second congrès en juillet-août 1920, furent fixées vingt et une conditions très rigoureuses d'adhésion au Komintern : obligation de se conformer au programme et aux décisions de l'Internationale communiste, de créer à côté de l'organisation officielle une organisation clandestine, de soutenir tout mouvement d'émancipation dans les colonies, de conquérir les syndicats en les noyautant, d'exclure les dirigeants modérés et d'accepter une discipline de fer dans des organisations extrêmement centralisées.

Ces vingt et une conditions provoquèrent la scission dans tous les partis socialistes d'Europe et empêchèrent, jusqu'en 1943, date de la dissolution du Komintern, tout rapprochement durable entre socialistes et communistes. En France, elles furent soumises au congrès de Tours dans une version quelque peu édulcorée qui était l'œuvre de Boris Souvarine ; elle fut approuvée, dans la nuit du 29 au 30 déc. 1929, par 3 208 mandats (67,3 %). La minorité quitta le parti pour continuer la SFIO.

Du Komintern au Kominform

Les positions de la IIIe Internationale calquèrent régulièrement celles de la politique étrangère soviétique. Pour rendre plus faciles les rapports entre l'URSS et ses alliés occidentaux durant la Seconde Guerre mondiale, la IIIe Internationale fut dissoute par Staline, le 15 mai 1943. Chaque parti communiste prit théoriquement son autonomie complète, mais, en fait, peu de choses furent changées dans les rapports entre Moscou et le communisme mondial. Le déclenchement de la guerre froide amena la reconstitution du Komintern sous le nom de Kominform, créé en Pologne le 5 oct. 1947, sous l'impulsion de Jdanov. Cette nouvelle organisation n'était pas aussi structurée que le Komintern et se présentait comme un simple bureau d'information et de liaison ; au lieu de rassembler tout le mouvement communiste, elle ne comprenait que les partis communistes de l'URSS, de Pologne, de Bulgarie, de Roumanie, de Yougoslavie, de Hongrie, de Tchécoslovaquie, d'Italie et de France. Lors de la rupture entre Tito et l'URSS (juin 1948), le Kominform coordonna la lutte contre le « titisme » en Europe orientale. Après la mort de Staline (1953), l'URSS, désireuse de se rapprocher de Tito, prononça la dissolution du Kominform (17 avr. 1956). Depuis lors, l'Internationale communiste n'a plus d'organisation structurée.

INTERNATIONALE (IVe). Elle fut fondée en 1938 par Trotski, neuf ans après que celui-ci eut été expulsé d'Union soviétique. De nombreux groupes trotskistes, se réclamant tous d'une IVe Internationale mais s'opposant sur sa forme ou son programme, maintinrent en de nombreux pays du monde une stratégie révolutionnaire classique, faite de lutte institutionnelle ou non, selon le contexte. En France, ils participèrent au mouvement de mai 1968, où ils acquirent une certaine influence politique, et à tous les grands conflits sociaux des années 1970 et 1980. Les groupes les plus influents demeurent la Ligue communiste révolutionnaire (LCR) fondée en 1938 et Lutte ouvrière (LO) qui succéda en 1968 à Voix ouvrière créée dix ans plus tôt. Régulièrement présents lors des consultations électorales, les candidats trotskistes (O. Besancenot pour la LCR et A. Laguiller pour LO) ont totalisé près de 10 % des suffrages au premier tour des élections présidentielles de mai 2002.

INTIFADA (« soulèvement », en arabe). Révolte spontanée des Palestiniens des territoires de Gaza et de Cisjordanie administrés par Israël, déclenchée en déc. 1987. Explosion de mécontentement d'une génération née sous occupation israélienne, ne supportant plus sa condition socioéconomique et aspirant à l'indépendance, la « révolution des pierres » prit une ampleur inédite. La répression de l'armée israélienne, répercutée par les médias, heurta violemment les opinions, y compris juives. De 1987 à 1993, date à laquelle s'ouvrirent les négociations israélo-palestiniennes (v. **ISRAÉLO-ARABE, processus de paix**), plus de 1 000 Palestiniens furent tués par balle et presque autant exécutés par des activistes pour « collaboration » avec l'État hébreu, les blessés se comptant par dizaines de milliers. Les affrontements de la fin de l'année 2000, déclenchés par l'échec des pourparlers Arafat-Barak et par la visite d'Ariel Sharon sur l'esplanade des mosquées à Jérusalem, furent rapidement qualifiés de « seconde Intifada ». Les attentats-suicides et les opérations militaires n'ont pas cessé depuis lors, causant de nombreuses pertes civiles. Début août 2003, le nombre des victimes s'élevait déjà à plus de 2 500 du côté palestinien et près de 800 du côté israélien.

INUIT (*Inuk*, « homme » au singulier). Peuple des régions arctiques. Traditionnellement désignés sous le nom d'Eskimos (ou Esquimaux, d'après un mot huron qui signifie « mangeur de viande crue »), les Inuit vivent principalement en Alaska, au Canada et au Groenland. Soumis à de rudes contraintes climatiques, les Inuit ont parfaitement réussi à s'adapter à l'environnement hostile des régions arctiques. Unis culturellement et linguistiquement (leur langue est divisée en deux grandes aires dialectales, le *yupik* et l'*inuktitut*) mais peuple sans État, les Inuit, qui habitent des territoires riches en ressources minérales et énergétiques, ont souvent été en conflit avec les autorités des pays qui les abritent. En 1977, ils se sont organisés en Conférence circumpolaire inuit, qui a été reconnue comme organisme non gouvernemental par l'ONU. Ces efforts d'organisation leur ont permis d'obtenir un début de reconnaissance : autonomie du Groenland à l'égard du Danemark en 1979 ou administration, accordée en avr. 1999, d'un vaste territoire de 350 000 km^2 au N.-O. du Canada, le Nunavut (v.).

INVASIONS GERMANIQUES. Les invasions des peuples germaniques qui, au Ve s. de notre ère, mirent fin à l'Empire romain d'Occident, furent un fait capital de l'histoire européenne. De ces invasions résulta une fusion intime entre l'élément germanique et l'élément romain, qui a donné ses caractères propres aux nations de l'Europe occidentale. Cette fusion avait commencé d'ailleurs avant les « Grandes Invasions » du Ve s. La cause principale de ces migrations se trouve dans les remous des peuples de l'Asie qui, refoulés vers l'Ouest à la suite des conquêtes réalisées par la dynastie chinoise des Han (v.), poussaient à leur tour les Slaves et les Germains (v.).

Dès l'époque de Marc Aurèle (161/80), la pression germanique s'accentua sur le Danube et sur le Rhin. Avant de prendre une forme massive, la pénétration germanique se fit par infiltrations, souvent pacifiques. Les empereurs romains « reconnaissaient » les petits groupes barbares qui avaient franchi le *limes* (v.) en leur conférant, par un traité (*fœdus*), le statut de fédérés. Ces peuples, tout en conservant leur propre organisation sociale et politique, se voyaient attribuer des terres. À une époque où la carrière militaire n'intéressait plus les Italiens ni les provinciaux, les Barbares fédérés (comme le prévoyait le « traité » passé avec eux) servaient à titre d'auxiliaires à côté des légions de moins en moins nombreuses. À la fin du IVe s., l'armée romaine était presque entièrement germanisée et de nombreux Barbares occupaient des postes de commandement.

Au IIIe s., les Francs (v.) réussirent à s'installer sur le Rhin inférieur et les Alamans (v.) dans les champs Décumates, entre Rhin et Danube ; sous Aurélien (270/75), la Dacie dut être abandonnée aux Goths (v.). Maximien fit campagne contre les Alamans et les Burgondes (v.) de la région du Main (285) ; l'empereur Julien battit encore les Alamans en 357, mais Valens fut vaincu et tué par les Wisigoths (v.) à Andrinople (378). Cependant, la réorganisation de l'Empire, sous Dioclétien et Constantin, faisait ses preuves et permit de contenir les populations germaniques durant tout le IVe s.

La situation changea lorsque l'arrivée des Huns (v.) (vers 375) provoqua, par une série de contrecoups, un ébranlement, cette fois général, des peuples germaniques. Fuyant devant les Huns, les Wisigoths submergèrent la frontière du Danube et se répandirent dans les Balkans et en Grèce. En 406, la frontière du Rhin fut également emportée par les Alains (v.), les Vandales (v.) et les Suèves (v.) qui traversèrent la Gaule et passèrent en Espagne. Les Vandales allèrent jusqu'en Afrique, où ils fondèrent le premier royaume indépendant sur le sol de l'Empire (429). Les Burgondes se contentèrent d'abord de passer sur la rive gauche du Rhin, où ils fondèrent un royaume détruit en 437 par les Huns ; avec l'aide d'Aetius (v.) ils s'installèrent alors dans la haute vallée du Rhône, entre Lyon et les Alpes. Cependant, en 403, les Wisigoths, sous la conduite d'Alaric, avaient pénétré en Italie du Nord depuis les Balkans. Un moment contenus par Stilicon (v.), ils s'emparèrent de Rome qu'ils pillèrent en 410, et l'empereur Honorius n'eut d'autre ressource que de les diriger vers l'Espagne : devenus des « fédérés », ils établirent la capitale de leur royaume à Toulouse. Au début du ve s., le manque de troupes avait obligé Rome à évacuer la (Grande-) Bretagne : celle-ci fut à son tour submergée par les Germains venus du Jutland et de l'Allemagne du Nord, Angles (v.), Jutes (v.), Saxons (v.), dont l'arrivée provoqua une émigration des Bretons en Armorique (v. **BRETAGNE**). Enfin, à partir de 430, les Francs, qui avaient déjà franchi le Rhin, occupèrent le nord-ouest de la Gaule jusqu'à la Somme.

Les Germains reconnurent d'abord la souveraineté nominale de l'empereur. Quand Attila et les Huns parurent en Gaule, Wisigoths, Burgondes et Francs s'allièrent aussitôt aux Romains et infligèrent une défaite décisive aux envahisseurs (bataille des champs Catalauniques, 451). Les seuls irréductibles étaient les Vandales d'Afrique du Nord, dont le roi, Genséric, livra Rome au pillage en 455. Puis à partir de 460, les Wisigoths, les Suèves, les Burgondes se déclarèrent successivement indépendants. Le Vandale Ricimer faisait et défaisait les empereurs. En 476, le chef hérule Odoacre déposa le dernier empereur romain d'Occident, Romulus Augustule, et renvoya les insignes impériaux à Zénon, qui régnait à Constantinople. En 493, les Ostrogoths s'emparèrent du pouvoir en Italie. Leur chef, Théodoric, confia à des Romains des charges importantes et protégea le dernier éclat de la civilisation antique. Sous le règne de Justinien (527/65), l'autorité impériale fut partiellement restaurée en Occident à la suite de la reconquête de l'Italie, de l'Afrique du Nord et d'une partie de l'Espagne par les Byzantins. Le royaume vandale fut anéanti (534), et, en Espagne, la monarchie wisigothique fut sérieusement ébranlée. En Italie, une dernière vague d'envahisseurs germaniques, les Lombards (v.), apparut dans la seconde moitié du vi^{e} s.

Les invasions germaniques provoquèrent donc la fin de l'empire d'Occident mais nullement la fin de la civilisation romaine. Sous la domination barbare, l'économie de l'Europe occidentale resta essentiellement une économie méditerranéenne et les structures sociales demeurèrent longtemps inchangées. La plupart des institutions et des cadres administratifs romains furent maintenus ; cependant, la notion romaine d'État disparut progressivement au profit de monarchies nationales et dynastiques. Le latin, enrichi de termes germaniques, resta la langue officielle ; il servit à la rédaction des lois barbares qui imprégnèrent progressivement le droit romain. Enfin, la création artistique témoigne d'une permanence des formes antiques, mêlées d'apports germaniques, dans l'orfèvrerie, par exemple. Dans tous les domaines s'opéra une fusion entre le monde romain et les populations barbares ; cette synthèse put s'opérer en partie grâce à la conversion au christianisme des envahisseurs.

INVESTITURES (querelle des). Nom donné au grand conflit qui opposa, aux xie et xiie s., les papes et les empereurs germaniques au sujet de la collation des bénéfices ecclésiastiques et de la nomination des évêques et abbés. La querelle des Investitures fut une conséquence de l'intégration de l'Église à la féodalité. Depuis longtemps, évêques et abbés étaient devenus des seigneurs féodaux par suite des nombreuses concessions de biens territoriaux qu'ils devaient à la piété des princes ou des particuliers. Les évêques étaient aussi généralement seigneurs de leur ville épiscopale ou d'une partie de celle-ci. Devant l'insécurité consécutive à la dislocation de l'Empire carolingien, ces ecclésiastiques furent souvent réduits à faire hommage de leurs possessions temporelles à quelque puissant protecteur, avec lequel ils se trouvaient désormais liés par les mêmes obligations que les autres seigneurs avec leur suzerain. À partir du xe s., le suzerain prit l'habitude de nommer les abbés et les évêques en leur conférant l'investiture, non seulement temporelle, mais aussi spirituelle, par la crosse et l'anneau, symboles de la juridiction sur les âmes. Ce procédé laissait en fait aux rois et aux puissants suzerains le choix des évêques et des abbés, abus qui fut une des causes principales de la décadence morale de l'Église aux ixe/xe s. La simonie (trafic des charges et dignités ecclésiastiques) était en effet liée au nicolaïsme (manquement au vœu de continence et de chasteté des clercs).

Grégoire VII (1073/85) fut le premier pape qui osa s'attaquer de front à l'investiture par des laïcs, qu'il fit expressément condamner par le synode romain de 1075. Ce décret se heurta à l'opposition résolue de l'empereur Henri IV. Le concile national de Worms, véritable révolte de l'Église allemande contre le pape, proclama la déchéance de Grégoire VII (24 janv. 1076) ; celui-ci répliqua par la déposition d'Henri IV (févr. 1076), et l'empereur fut contraint de venir s'humilier à Canossa (25 janv. 1077). La lutte continua pendant un demi-siècle entre les papes Urbain II, Pascal II, Gélase II d'une part, les empereurs Henri IV et Henri V d'autre part, jusqu'au concordat de Worms (23 sept. 1122), qui rétablit momentanément l'accord entre le Sacerdoce et l'Empire sur la base d'un compromis : l'empereur abandonnait au pape l'investiture spirituelle (crosse et anneau) et acceptait la liberté des élections canoniques ; en retour, le Saint-Siège reconnaissait à l'empereur le droit de conférer l'investiture temporelle et lui reconnaissait un droit de regard sur les élections. Le concile œcuménique du Latran (1123) renouvela les décrets interdisant les investitures contraires aux canons. La querelle des Investitures fut suivie par la lutte du Sacerdoce et de l'Empire, dont elle a constitué en quelque sorte une première étape. Voir **SACERDOCE ET DE L'EMPIRE (lutte du)**.

IONIE. Nom donné, dans l'Antiquité, à la partie du littoral asiatique de la mer Égée comprise entre Phocée au N. et Milet au S., et aux îles adjacentes de Chio et de Samos. Cette région fut colonisée à la fin du IIe millénaire par des Grecs ioniens (v.). L'Ionie fut l'un des premiers foyers de la civilisation hellénique. En contact permanent avec l'Orient, elle reçut de lui l'écriture alphabétique, les éléments de la pensée scientifique, ainsi que de nombreuses influences artistiques et même religieuses (le culte de l'Artémis éphésienne trahit des origines orientales). C'est en Ionie que se développa l'école de poésie homérique et qu'apparurent, au VIe s., les premiers philosophes grecs (Thalès de Milet, Anaximandre, Héraclite d'Éphèse).

À partir de 700 environ, les Grecs d'Ionie cherchèrent leur avenir sur la mer. Phocée et Milet prirent une part capitale au mouvement de la colonisation grecque, depuis les rives de la mer Noire jusqu'aux côtes provençales et espagnoles. Ces cités maritimes faisaient un commerce important avec le royaume lydien, qu'elles hellénisèrent rapidement ; elles adoptèrent l'usage de la monnaie, nouvellement inventée, et la diffusèrent dans tout le monde grec. Soumise à la souveraineté politique de la Lydie, l'Ionie gardait toute son indépendance commerciale.

Quand la Lydie s'effondra sous les coups de Cyrus (546), les villes ioniennes passèrent sous la domination des Perses, qui leur imposèrent de lourds tributs et des garnisons. À l'instigation de Milet, elles se révoltèrent (499), mais furent soumises au terme d'une lutte de cinq ans. Évacuées par les Perses après la victoire athénienne de l'Eurymédon (vers 468/66), elles entrèrent dans la ligue de Délos et se trouvèrent bientôt soumises à Athènes : la révolte de Samos fut durement réprimée par les Athéniens (441/39). La paix d'Antalcidas (386) les livra de nouveau à la Perse. À l'exception de Milet, elles accueillirent avec enthousiasme Alexandre le Grand (334), tentèrent de maintenir leur indépendance entre les Séleucides, les Ptolémées et Pergame, puis firent partie de la province romaine d'Asie.

IONIENS. Groupe oriental du peuple grec concentré principalement à l'époque classique sur la côte égéenne de l'Asie Mineure. Il semble que les Ioniens furent, avec les Achéens, les premiers envahisseurs hellènes de la Grèce. La parenté entre Achéens et Ioniens est suggérée par la légende, qui fait de l'ancêtre des Ioniens Ion, le frère d'Acheus, ancêtre des Achéens. À l'époque classique, les Grecs identifiaient volontiers les Ioniens avec la population primitive des Pélasges et voyaient en eux l'élément aborigène de la population grecque. Les Ioniens s'établirent d'abord dans le nord du Péloponnèse, en Attique et dans l'île d'Eubée. Ils imposèrent en Attique la division en quatre tribus que l'on devait retrouver plus tard dans les cités ioniennes de l'Asie Mineure. À l'époque mycénienne, ils peuplèrent également les îles de la mer Égée et fondèrent leurs premiers établissements sur les côtes de l'Asie Mineure. Vers 1200/1100 (ruine de la civilisation mycénienne), les Ioniens émigrèrent en grand nombre dans les îles de l'Égée et en Asie Mineure ; pour les peuples orientaux, leur nom devint synonyme de *Grecs*. En Asie Mineure, ils fondèrent une confédération de douze cités (Éphèse, Milet, Myonte, Lébédos, Colophon, Priène, Téos, Érythrée, Phocée, Clazomènes, Chio et Samos) qui avait son centre religieux au panionion du mont Mycale, en face de l'île de Samos. Voir **IONIE**.

IRA. Voir **IRISH REPUBLICAN ARMY**.

IRAK. État de l'Asie occidentale bordé au N. par la Turquie, à l'E. par l'Iran et le Koweït, au S. par l'Arabie Saoudite, à l'O. par la Jordanie et la Syrie ; capitale *Bagdad*.

Avant 1914

L'Irak s'étend sur cette région mésopotamienne qui vit s'épanouir les plus anciennes civilisations de l'Orient (v. **MÉSOPOTAMIE**, **SUMÉRIENS**, **BABYLONE** et **ASSYRIE**), puis fit partie de l'empire des Perses Achéménides (VIe/IVe s. av. J.-C.), de l'empire d'Alexandre (IVe s. av. J.-C.), du royaume des Séleucides (IVe/IIIe s. av. J.-C.), devint le champ d'affrontement des Romains et des Parthes et fut enfin comprise dans l'empire des Perses Sassanides, avant d'être conquise par les Arabes et islamisée au VIIe s. La fondation de Bagdad par les califes abbassides (762) fit de l'Irak, pour près de deux siècles, le centre prestigieux de la civilisation arabo-musulmane. En 1258, le conquérant mongol Houlègou s'empara de Bagdad et renversa le dernier calife abbasside, El-Moustasim. L'Irak connut alors une terrible régression, et le passage dévastateur de Tamerlan (1401) consomma sa ruine. Au XVe s., la région mésopotamienne, comme la Perse occidentale, fut disputée entre deux hordes turcomanes, celles du Mouton-Noir et du Mouton-Blanc, finalement abattues par Chah Ismaïl Ier, fondateur de la dynastie séfévide de Perse (v. **IRAN**) ; en 1534, Soliman le Magnifique enleva aux Séfévides Bagdad et l'Irak.

Sauf pendant une brève réoccupation perse (1623/38), l'Irak resta jusqu'à la Première Guerre mondiale sous la domination ottomane, qui laissa cette province périphérique à l'abandon. L'autorité des pachas turcs ne s'étendait guère au-delà des villes. Depuis la première conquête mongole, au XIIIe s., le système d'irrigation avait presque entièrement disparu, et les Ottomans ne firent rien pour le réaménager. La Mésopotamie, si prospère dans l'Antiquité et dans la belle époque du califat abbasside, retourna au désert, livrée aux tribus bédouines, qui entretenaient un climat d'insécurité permanente. Même l'énergique « dynastie » des pachas mamelouks de Bagdad (1704/1831), qui arrêta en 1735 l'invasion perse de Nacir chah, se désintéressa de cette tragique situation économique.

Du mandat anglais au coup d'État de 1958

L'Irak moderne est né de la Première Guerre mondiale. L'Angleterre, voulant prévenir une pénétration turco-allemande vers la Perse et l'Inde, soucieuse d'autre part de protéger l'industrie pétrolière naissante dans le sud-ouest de la Perse, occupa Bassora en nov. 1914. Obligés par l'armée turque de capituler à Kut el-Amara en avr. 1916, les Anglais amenèrent en Irak de nouvelles forces, s'emparèrent de Bagdad (11 mars 1917) et de Kirkouk (oct. 1918), et obligèrent la Turquie à signer l'armistice de Moudros (30 oct. 1918). Mais les Anglais victorieux ne tinrent pas les promesses d'indépendance qu'ils avaient faites aux Arabes pour les amener à se soulever contre les Turcs. Placé sous mandat britannique par la SDN en avr. 1920, l'Irak fut érigé en monarchie constitutionnelle au profit de l'émir Fayçal, de la famille des Hachémites, que les Français venaient de chasser de son éphémère royaume de Syrie. Proclamé roi le 23 août 1921, Fayçal (1921/33) gouverna jusqu'en 1932 sous le contrôle d'un haut-commissaire britannique. L'ancien vilayet ottoman de Mossoul, réclamé par la Turquie lors de la conférence de Lausanne (1923), fut finalement attribué dans sa plus grande partie à l'Irak en 1926. Dès le début des années 1920, le gouvernement irakien dut faire face à plusieurs insurrections des Kurdes, qui réclamaient leur indépendance ou du moins une très large autonomie.

Pays jusqu'alors essentiellement agricole, l'Irak prit soudain une grande importance économique à la suite de la découverte, en 1927, des champs pétrolifères de Kirkouk, dans le nord du pays. L'ancienne Turkish Petroleum Co., fondée en 1912, devint en 1929 l'Iraq Petroleum Co. (IPC).

Les promesses du pétrole contribuèrent au développement du mouvement nationaliste. Après la mort du roi Fayçal, qui fut une des grandes figures du réveil arabe, la monarchie perdit beaucoup de son prestige sous le règne du médiocre Ghazi Ier (1933/39). Les progrès de la colonisation juive en Palestine sous mandat britannique contribuaient à développer de puissants sentiments anglophobes chez les nationalistes irakiens. L'armée irakienne commença à affirmer sa présence politique (dictature éphémère du général Bakr Sidki, oct. 1936/août 1937). Ghazi Ier ayant trouvé la mort dans un accident d'automobile, son fils, Fayçal II (1939/58), lui succéda à quatre ans. Le régent, Abdul Illah, tout dévoué à l'Angleterre, se heurta aux nationalistes, qui, par anglophobie et par antisionisme, montraient des sympathies très vives pour l'Allemagne hitlérienne. Au printemps de 1941, un gouvernement nationaliste dirigé par Rachid Ali el-Gailani, força le régent à prendre la fuite et entra en conflit ouvert avec les Anglais ; bien que la Luftwaffe pût utiliser les aérodromes français de Syrie, l'aide des pays de l'Axe à la révolution irakienne ne fut pas assez rapide, et, après un mois de résistance, le gouvernement de Gailani fut éliminé par l'intervention militaire britannique. Les Anglais occupèrent l'Irak jusqu'en 1945. Le régent Abdul Illah reprit le pouvoir (jusqu'à la majorité de Fayçal II, en 1953), et Nouri es-Saïd, de tendances conservatrices et plutôt pro-occidentales, occupa treize fois la charge de Premier ministre jusqu'en 1958.

Le fossé entre la monarchie et les nationalistes s'élargit encore à la suite des échecs arabes dans la première guerre contre Israël (1948/49), des tentatives de renouvellement du traité anglo-irakien de 1930, des efforts des divers gouvernements pour juguler l'opposition, enfin de l'essor rapide de l'exploitation pétrolière par l'IPC à partir de 1949. Cependant, en 1952, le gouvernement irakien réussit à obtenir 50 % des profits nets du pétrole. Mais Nouri es-Saïd, Premier ministre de 1954 à 1958, acheva de perdre la monarchie hachémite par sa politique intérieure et extérieure : résolument anticommuniste, il aligna l'Irak sur la politique des Occidentaux, à l'heure même où Nasser suscitait dans tout le Proche-Orient un réveil du panarabisme. L'Irak devint un des piliers du pacte de Bagdad, alliance militaire suscitée par les Américains et patronnée par les Anglais (1955), et, à l'union de la Syrie et de l'Égypte dans la République arabe unie (RAU), il répliqua par la création d'une union hachémite entre l'Irak et la Jordanie dite « Fédération arabe » (févr. 1958).

L'Irak contemporain

Cette politique fut brisée par le sanglant coup d'État du général Kassem, au cours duquel furent massacrés le roi Fayçal II, Abdul Illah, presque toute la famille royale, ainsi que Nouri es-Saïd et de nombreuses personnalités de l'ancien régime (14 juill. 1958). Kassem proclama la république. Se ralliant au nassérisme, il conclut un pacte de défense commune avec la RAU et se retira du pacte de Bagdad (mars 1959). Cependant, les relations se détériorèrent rapidement entre Kassem et les nassériens irakiens, alors que grandissait l'influence communiste et que le nouveau régime devait faire face à une révolte des Kurdes (mars 1961). Le 8 févr. 1963, un nouveau coup d'État militaire, inspiré par le parti Baas, renversait Kassem, qui fut mis à mort avec plusieurs dirigeants communistes. Le colonel

Abdel Salam Aref, pronassérien, fut proclamé président de la République ; il procéda à une épuration anticommuniste et resserra les liens entre l'Irak et la RAU. Ayant trouvé la mort dans un accident d'avion, il fut remplacé, en avr. 1966, par son frère, le général Abdel Rahman Aref, qui fut renversé à son tour, le 17 juill. 1968, par un groupe d'officiers ayant des attaches avec les baassistes de droite. Un Conseil de la Révolution fut mis en place et le général Hassan el-Bakr devint chef de l'État. En 1970, il réussit à amener la rébellion kurde à accepter un cessez-le-feu contre la promesse de réaliser l'autonomie kurde dans un délai de quatre ans.

Entre-temps, la production pétrolière de l'Irak avait connu un accroissement considérable. À partir de 1958, l'Irak s'efforça de conquérir son indépendance dans le domaine pétrolier. En 1961, les biens non exploités par l'Iraq Petroleum étaient nationalisés, et, en 1972, était inaugurée dans le sud du pays l'exploitation – entièrement nationale – du gisement de Roumeila. Au terme d'un long conflit avec l'Iraq Petroleum, le gouvernement irakien décidait, en juin 1972, la nationalisation de la compagnie. S'opposant ainsi aux intérêts des compagnies occidentales, Bagdad se rapprocha de l'URSS, et un traité d'amitié et de coopération soviéto-irakien fut signé en avr. 1972. L'accroissement de la production et l'augmentation du prix du pétrole, à partir de 1973, contribuèrent à faire soudain de l'Irak un pays très riche, dont les recettes pétrolières décuplèrent en l'espace de trois ans. À l'extérieur, les relations, longtemps tendues, avec l'Iran s'améliorèrent après la décision de Téhéran de cesser son aide à la rébellion des Kurdes (v.) à la suite de l'accord du 17 mars 1975. C'est dans la suite logique de cet accord que l'ayatollah Khomeyni (v.) farouche opposant au chah d'Iran, et en exil à Nedjef depuis 1969, dut quitter l'Irak en oct. 1978.

En juill. 1979, le maréchal Bakr cédait le pouvoir à Saddam Hussein, son ancien second. Celui-ci profita de la révolution islamique iranienne pour remettre en question les frontières reconnues par l'accord de 1975. L'invasion militaire irakienne de sept. 1980, qui, pour Saddam Hussein, devait se conclure par une victoire rapide, avait aussi pour objectif de prévenir une contagion éventuelle de la révolution islamique dans la communauté chiite irakienne. Face à la résistance inattendue des Iraniens, S. Hussein obtint le soutien financier des monarchies pétrolières du Golfe, ainsi que l'aide militaire tant des Occidentaux que de l'Union soviétique, contre une révolution qui menaçait les rapports de force mondiaux et le marché du pétrole. Quand les deux pays, épuisés par huit ans de guerre, acceptèrent le cessez-le-feu proposé par l'ONU en juill. 1988, on comptait plus d'un million de morts et le double de blessés, aux deux tiers iraniens. Toutes les techniques militaires avaient été employées, faisant la fortune des marchands d'armes, des plus modernes (fusées à longue portée) aux plus archaïques (« vagues humaines » iraniennes, tranchées et gaz chimique irakien – ypérite – comme en 1914). Le régime militaire de S. Hussein apparaissait renforcé ; il avait fait plier l'Iran, renoué la solidarité arabe autour d'un régime « laïc » autrefois honni, et élargi les capacités d'exportation pétrolière par la construction de pipelines à travers la Turquie et l'Arabie Saoudite. Mais le pays avait accumulé une énorme dette extérieure. La fin de la guerre avait eu des conséquences terribles pour le peuple kurde irakien (v. **Kurdes**) et graves pour près d'un million de réfugiés.

Étranglé financièrement, l'Irak reprocha à ses voisins saoudien et koweïtien de faire artificiellement baisser les prix du pétrole en augmentant leur production. Voyant dans la chute des cours de sa principale ressource la main de Washington, Saddam Hussein décida, en août 1990, d'envahir et d'annexer le petit émirat du Koweït, se rendant ainsi maître de 20 % des ressources mondiales. Cette annexion provoqua la seconde guerre du Golfe (v.) qui mit à genoux le régime irakien, repoussé, en févr. 1991, du Koweït par une large coalition dirigée par les États-Unis. Cette défaite suscita un double soulèvement populaire, celui des chiites (57 % de la population), majoritaires dans le sud du pays, et des Kurdes (25 % de la population), majoritaires au nord. Durement réprimé, le Sud, déjà ravagé par la guerre, fut repris en main par Bagdad, mais le Nord fut, au nom du droit d'ingérence, placé sous tutelle de la communauté internationale et protégé par une zone d'exclusion aérienne. Une commission des Nations unies chargée d'inspecter l'état de l'armement irakien et de veiller au respect de l'interdiction faite à l'Irak de fabriquer et d'utiliser des armements non-conventionnels (UNSCOM) fut également créée. Enfin, l'embargo total mis en place en août 1990 fut confirmé. Rapidement, les conditions de vie de la population, soumise aussi au renforcement de la dictature, se dégradèrent. En avr. 1995, l'ONU, devant les protestations internationales, mit en place le programme « pétrole contre nourriture » autorisant l'Irak à échanger une partie de sa production de pétrole contre vivres et médicaments.

Cependant, le régime irakien, refusant de voir sa souveraineté limitée, mena, en sept. 1996, une offensive dans le Kurdistan ; les États-Unis ripostèrent en bombardant des sites militaires irakiens. En 1997/98, les tensions avec les inspecteurs de l'UNSCOM se multiplièrent, alors que Saddam Hussein refusait de laisser l'accès libre à certains sites ; en nov. 1998, les inspecteurs quittèrent le pays. Les États-Unis et la Grande-Bretagne commencèrent, alors, sans mandat de l'ONU, à bombarder massivement le pays (déc. 1998). Les raids se poursuivirent jusqu'à l'acceptation par Saddam Hussein d'une résolution de l'ONU sur le retour des inspecteurs en désarmement (nov. 2002). Rapidement, Washington afficha son scepticisme à l'égard du rapport sur l'état de l'armement remis par Saddam Hussein, comportant selon elle, des omissions. En janv. 2003, le déploiement des troupes anglo-américaines autour de l'Irak était achevé tandis que les inspecteurs de l'ONU avaient conclu à l'absence d'armes de destruction massive et que, dans le monde, les manifestations contre la guerre se multipliaient. Le 20 mars 2003, sans mandat de l'ONU, la coalition américaine lançait une offensive contre l'Irak. Le 9 avr. 2003, Bagdad tombait aux mains des Américains et, le 1er mai, George Bush annonçait la fin des combats majeurs. Le pays a été placé par l'ONU sous mandat anglo-américain. Cependant, malgré la capture de Saddam Hussein (13 déc. 2003), son contrôle était loin d'être acquis pour les Américains et les attentats meurtriers contre la présence américaine se sont multipliés. Le 28 mai 2004, les autorités américaines ont transféré la souveraineté politique à un gouvernement intérimaire, dont le président est Ghazi al-Yaouar et le Premier ministre Yad Allaoui.

IRAN. Nom officiellement pris par la Perse en 1935. Au sens strict du mot, la Perse est le pays où s'installèrent les Perses vers le VIIIe s. av. J.-C., c'est-à-dire l'actuel *Fars*, qu'on appelait dans l'Antiquité *Anshan* ou *Persis* (Perside). Ce pays, situé sur la rive septentrionale du golfe Persique, se trouvait au S.-E. de la Médie et à l'E. de la Susiane. Sa ville la plus ancienne était *Pasargades*, qui, à partir de Darius Ier, fut supplantée par la nouvelle ville de *Parsa* (pour les Grecs, *Persépolis*). Le peuple perse ayant dominé à partir du VIe s. av. J.-C. tout le plateau iranien, l'histoire perse est, dans son acception classique, l'histoire des empires et des États qui se sont succédé en Iran.

La fondation de l'empire des Achéménides

L'histoire perse commence avec les peuples montagnards établis au S.-O. de l'Iran, dans les chaînes du Zagros, les Élamites (v. **Élam**), les Goutis et les Kassites. Au cours des IIIe/IIe millénaires, ces peuples furent en lutte avec les diverses puissances qui exercèrent successivement l'hégémonie en Mésopotamie ; ils faisaient peser une menace permanente sur le trafic terrestre entre le Proche-Orient et l'Asie centrale. À la fin du IIe millénaire, de nouveaux peuples, de langue indo-européenne, pénétrèrent en Iran. Ils étaient divisés en plusieurs peuples – les principaux étaient ceux des Mèdes et des Perses –, et ces peuples eux-mêmes étaient composées de multiples clans. D'après Hérodote, l'unification de la Médie (v.) aurait eu lieu au début du VIIe s. av. J.-C., sous la direction de Déjocès ; ce fait se situe plutôt au milieu du même siècle, en relation avec la poussée assyrienne sous le règne d'Assarhaddon (680/69). Sous Phraorte (vers 675/53), les Mèdes s'unirent vainement contre l'Assyrie avec les Cimmériens et les Mannéens. Soumis aux Scythes vers 653, les Mèdes s'émancipèrent sous Cyaxare Ier (vers 625/585), qui unifia sous son autorité les diverses tribus iraniennes et bâtit un empire ; les Perses, installés au VIIIe s. dans la région aujourd'hui appelée Fars, passèrent sous la domination mède.

Vers 555, Cyrus, roi d'Anshan, groupa autour de lui les Perses et les souleva contre le roi des Mèdes, Astyage ; vainqueur de ce dernier, il réunit sous son sceptre Perses et Mèdes (550). Reprenant la politique assyrienne d'hégémonie, Cyrus, en moins de vingt ans, mena la conquête de tout l'Orient ancien. En 546, après une campagne de seize jours au cours de laquelle les chameaux firent une apparition foudroyante sur le champ de bataille, la monarchie de Lydie s'effondra : Crésus prisonnier, l'Asie Mineure conquise par les Perses, les cités grecques des rives de l'Égée firent leur soumission à Cyrus. Ce dernier assura ensuite ses frontières en haute Asie et parvint jusqu'à l'Iaxarte (auj. le Syr-Daria). Se retournant alors vers l'ouest, il fit irruption, au printemps 539, dans la plaine de Mésopotamie et s'empara de Babylone presque sans combat. Quand Cyrus mourut, en 530 av. J.-C., il ne subsistait plus, en face de l'Empire perse, qu'un seul des grands États qui avaient dominé depuis deux millénaires l'histoire de l'Orient – c'était l'Égypte. Sa conquête fut réalisée par le fils de Cyrus, Cambyse (530/22) ; la domination perse s'étendit jusqu'en Thébaïde au sud et jusqu'en Cyrénaïque à l'ouest. Les Achéménides – nom de la dynastie de Cyrus – avaient ainsi fondé le plus grand empire que le monde oriental et méditerranéen eût connu jusqu'alors.

L'empire de Darius

S'il faut en croire Hérodote et les historiens grecs, le fils de Cyrus, Cambyse, était un dangereux dément qui aurait commis en Égypte les pires violences, tourné en dérision la religion égyptienne et blessé à mort le bœuf Apis. À sa mort (522), des troubles éclatèrent. En Perse, les grands de la cour, ainsi que certains religieux, essayèrent de s'emparer du pouvoir ; plusieurs provinces furent en proie à des révoltes anarchiques. Mais Darius Ier (521/486), d'une branche collatérale des Achéménides, rétablit l'ordre dans l'Empire et donna à celui-ci sa plus grande extension territoriale : à l'E., il atteignit l'Indus (vers 512) ; du côté de l'Occident, il mena à partir de 513, sur le Bosphore et sur le Danube inférieur, des campagnes contre les Scythes qui aboutirent à l'annexion de la Thrace et à l'établissement d'un protectorat sur la Macédoine.

D'après Hérodote, l'empire de Darius comprenait vingt gouvernements ou *satrapies*. L'œuvre d'organisation menée par Darius Ier fut considérable. Monarchie centralisée, l'Empire perse, comme tous les empires orientaux qui l'avaient précédé, reposait sur une base religieuse. Le souverain achéménide se réclamait du dieu suprême des Perses, Ahura Mazda, mais il se considérait également comme l'héritier de toutes les grandes traditions religieuses des peuples soumis : Amon-Rê l'avait investi en Égypte comme le dieu Mardouk à Babylone. Son autorité était pénétrée d'un souci ardent de droiture et de justice, lequel tenait à la morale particulièrement exigeante de la religion iranienne épurée par Zoroastre (v.) (VIIe/VIe s.).

La morale s'accordait d'ailleurs à l'intérêt politique : pour maintenir une domination durable sur un immense empire multi-ethnique, les monarques achéménides firent preuve de bienveillance à l'égard des peuples vaincus et annexés. L'élément perse, à qui des terres furent distribuées dans tout l'Empire, restait pourtant le ciment de la construction impériale. Dans l'Orient tout entier, la domination perse introduisit une unité administrative nouvelle ; elle répandit l'usage de la monnaie, inventé par les Lydiens ; elle unifia les poids et mesures, en prenant pour base l'étalon babylonien ; elle développa un système de routes dont l'axe principal était la grande route royale qui reliait Suse à Sardes, d'où les marchandises amenées d'Asie se répandaient vers le monde égéen. En fait, presque toutes les royautés sujettes avaient disparu ; mais à la fin du Ve s., les Dix Mille, au cours de leur fameuse retraite à travers l'Arménie et la Cappadoce, virent que la plupart des peuples qu'ils rencontraient jouissaient d'une indépendance de fait au sein de l'Empire. L'administration impériale se contentait de percevoir le tribut, d'exercer la haute justice, elle ne s'immisçait pas dans les affaires locales. Les satrapes provinciaux étaient assistés de leur propre cour, où, à côté de Perses, siégeaient des notables de tous les peuples sujets, Babyloniens, Juifs, Phéniciens, Égyptiens, Grecs. Les traditions religieuses, les institutions locales, les coutumes populaires avaient été respectées.

Déclin de l'Empire achéménide

Le déclenchement de la lutte contre les Grecs fut d'abord le fait des villes grecques d'Ionie, qui se révoltèrent en 499. Darius réprima ce soulèvement en rasant Milet (494), et assura le retour à l'ordre en cessant d'accorder son soutien aux tyrans et en reconnaissant les gouvernements « démocratiques » issus des nouveaux rapports de force internes aux cités. Mais la révolte des Ioniens, ainsi que l'aide que leur avaient accordée Athènes et Érétrie, avait relancé chez les souverains achéménides l'idée d'une grande politique égéenne. Ce fut l'origine des guerres médiques (v.). La paix de Callias (449) rétablissait le *statu quo* en Asie Mineure, où le principe de l'autonomie des cités ioniennes pouvait être utilisé autant contre l'impérialisme athénien que contre la domination perse. Les satrapes d'Asie Mineure ne se firent pas faute, d'ailleurs, d'intervenir dans les affaires intérieures de ces cités. En revanche, les manœuvres athéniennes n'avaient pu détacher l'Égypte et Chypre de l'Empire. Pendant la guerre du Péloponnèse (v. **Athènes**), la diplomatie perse, négociant habilement son soutien financier (« l'or du Roi »), exploita les discordes des Grecs pour reconquérir les positions perdues en mer Égée. L'alliance de Darius II Ochos (424/05) avec Sparte contribua à la défaite athénienne de 404. Puis Artaxerxès II (404/359) soutint les adversaires de Sparte : la flotte perse, sous le commandement de l'Athénien Conon, infligea à la flotte spartiate la défaite de Cnide (394), et la Grèce, épuisée par ses luttes intestines, dut signer la paix d'Antalcidas ou « paix du Roi », qui reconnaissait à l'Empire perse la possession des cités d'Asie et faisait du Grand Roi l'arbitre des affaires grecques (386). Les objectifs de Darius Ier et de Xerxès étaient donc atteints.

Cependant, dès la mort de Darius Ier (486), de dangereuses révoltes avaient éclaté en Égypte et à Babylone. La monarchie achéménide était héréditaire, mais aucune règle ne régissait la succession ; bien que le roi choisît à son gré son successeur parmi ses fils, les compétitions pour le pouvoir n'en demeuraient pas moins acharnées. Xerxès Ier fut assassiné par son capitaine des gardes (465) ; son petit-fils, Xerxès II, fut tué lui aussi, après quarante-cinq jours de règne (424). À la mort de Darius II (405), s'ouvrit une crise de succession qui ébranla tout l'Empire : Cyrus le Jeune se révolta contre son frère aîné, Artaxerxès II ; il recruta 10 000 mercenaires grecs et affronta son frère à la bataille de Cunaxa qu'il remporta mais où il trouva la mort (401) (v. **Dix Mille, retraite des**).

Au IVe siècle, les luttes dynastiques ont poussé les gouverneurs de province, les satrapes, à mener une politique personnelle, en utilisant les troupes placées sous leurs ordres et le tribut qu'ils étaient chargés de lever pour le roi. Un ultime redressement de l'autorité impériale eut lieu avec Artaxerxès III (358/38) ; en 341, il mit fin à la sécession de l'Égypte, qui durait depuis près de soixante-dix ans, avant de succomber à son tour dans une révolution de palais, au moment même ou Philippe de Macédoine réalisait l'unité de la Grèce et donnait à celle-ci comme grand dessein extérieur la lutte contre les « Barbares », l'expansion de l'hellénisme en Asie. Le trône des Achéménides, à la veille de cet affrontement décisif, était sous la tutelle de l'eunuque Bagoas, qui, après avoir empoisonné Artaxerxès III et son fils Arsès, installa Darius III Codoman (335/30). Attaqué au printemps 334 par Alexandre, Darius III fut vaincu à Issos (333) et à Arbèles (331), avant de finir tristement, abandonné de ses derniers fidèles et assassiné par un de ses satrapes (330).

L'époque hellénistique et les Parthes arsacides (330 av./224 apr. J.-C.)

Alexandre le Grand, qui châtia les meurtriers de Darius III et fit rendre les honneurs funèbres au souverain, se comporta comme l'héritier légitime des Achéménides.

Après les divers partages qui intervinrent entre les diadoques (généraux d'Alexandre), l'Iran revint aux Séleucides (v.). À partir de 250 av. J.-C. environ, la domination des Séleucides se trouva battue en brèche, en Iran oriental, sur les rives méridionales de la Caspienne, par l'installation d'une tribu indo-iranienne, celle des Parthes (v. **PARTHIE**), gouvernée par la dynastie des Arsacides.

Après la victoire romaine sur les Séleucides (traité d'Apamée, 188), les Parthes se rendirent complètement indépendants. Au cours du IIe s. av. J.-C., ils s'étendirent progressivement au détriment de l'Empire séleucide, auquel ils arrachèrent non seulement tout l'Iran, mais aussi la Babylonie, installant leur capitale sur le Tigre, en face de Séleucie, à Ctésiphon. Le Séleucide Antiochos VII tenta de reconquérir la Babylonie, mais ses troupes furent écrasées par le roi arsacide Phraate II (129). Ainsi, deux siècles après la chute des Achéménides, un empire s était reconstitué à partir de la Perse. Moins vaste que celui de Darius, il s'étendait de l'Afghanistan actuel à l'Euphrate et contrôlait toutes les voies commerciales de l'Occident vers les Indes et l'Extrême-Orient. Devenus maîtres du Proche-Orient, les Romains tentèrent vainement de dépasser la frontière de l'Euphrate (défaite de Crassus à Carrhae en 53 av. J.-C.). L'Euphrate resta donc la limite entre le monde occidental et l'Orient.

En 224, la dynastie arsacide fut renversée par une autre dynastie iranienne originaire de la Perse propre (Fars), comme les Achéménides, celle des Sassanides.

L'empire des Sassanides (224/651)

La dynastie des Sassanides, qui avait pour ancêtre éponyme le prêtre Sassan, fut fondée par Ardachir Ier (vers 224/41). Devenu maître du Fars, Ardachir vainquit et tua le dernier roi arsacide, Artaban V, à la bataille d'Ormizdaghan, en Susiane (224). À la différence des Arsacides philhellènes, les Sassanides combattirent l'influence culturelle hellénistique en restaurant les traditions de l'Empire achéménide. Leur monarchie centralisée trouva son unité religieuse dans le mazdéisme, dont les livres sacrés, l'*Avesta*, furent la base du droit et de la vie sociale. Cette réaction se manifesta jusque dans l'art sassanide, qui reprit les thèmes et le style de l'ancien art achéménide. Le roi, investi par le dieu suprême, Ahura Mazda, s'appuyait sur un clergé d'État qui jouissait de nombreux privilèges (exemption d'impôt foncier et de service militaire). Le mazdéisme, sans toutefois exercer de prosélytisme hors des frontières, devint la religion exclusive de l'Empire. Les autres tendances (manichéisme, (v.), mazdakisme) furent sévèrement réprimées. Les chrétiens (notamment les Arméniens) subirent aussi des persécutions, mais les rois sassanides encouragèrent la secte monophysite des nestoriens, pour faire pièce à Byzance.

Les Sassanides bénéficièrent initialement de l'affaiblissement des Empires romain et chinois. Quand il abandonna le pouvoir (241), Ardachir, le fondateur de la dynastie, laissait un empire qui s'étendait de l'Euphrate aux abords de l'Indus. Pour s'assurer la maîtrise complète des routes commerciales entre la Méditerranée et l'Asie intérieure (Indes et Chine), les Sassanides menèrent une double lutte, à l'O. contre Rome puis Byzance, à l'E contre les Kouchans puis contre les nomades de l'Asie centrale, Huns et Turcs. Sapor (ou Shapour) Ier (241/72) se fit reconnaître par l'empereur romain Philippe l'Arabe la possession de la Mésopotamie et de l'Arménie ; il prit le titre de « roi des rois de l'Iran et de l'Iran extérieur ». En 260, près d'Édesse, il écrasa les armées romaines et fit prisonnier l'empereur Valérien. À l'E., l'empire des Kouchans s'émietta rapidement sous la pression des Sassanides. La conversion de Constantin donna une vigueur accrue à la lutte de Rome contre la Perse, où les chrétiens étaient persécutés (à partir de 337). Sapor/Shapour II (310/79), rouvrit d'ailleurs les hostilités contre Rome, et Julien l'Apostat trouva la mort au cours d'une campagne contre les Perses (363). Cette première phase de la lutte se termina sans décision : les Sassanides restaient maîtres de la Mésopotamie sans avoir atteint les rivages méditerranéens ; l'Arménie, clef du trafic de la mer Noire vers l'Asie, fut partagée à la fin du IVe s., sous Théodose le Grand, en deux zones d'influence, romaine et perse.

Au cours du Ve s., l'Empire sassanide traversa une série de crises intérieures, souvent aggravées par l'intransigeance de la politique religieuse. Yazdgard Ier (399/421), comme ses prédécesseurs Sapor/Shapour III et Vahram IV, se montra très tolérant à l'égard des chrétiens et des Juifs. Mais il fut assassiné, et son successeur, Vahram V (421/38), revint à la politique des persécutions. L'Empire romain d'Orient, victorieux dans une nouvelle guerre, lui imposa, en 422, d'accorder la liberté de culte aux chrétiens. Cependant, Yazdgard II (438/57) déporta en Iran les chefs des grandes familles arméniennes qu'il n'avait pu convertir. Sur le plan extérieur, les campagnes menées par Péroz (459/84) aux frontières orientales contre les Huns Hephthalites se terminèrent par un désastre. Sous Kavadh Ier (488/531), le roi se trouva aux prises avec la rébellion des grandes familles ; pour briser la noblesse, Kavadh encouragea le mouvement social des mazdakistes, mais il fut renversé et ne put reconquérir son trône qu'avec l'aide des Huns Hephthalites (vers 498/99). Il procéda alors à un massacre général des mazdakistes (vers 529).

Le redressement du pouvoir royal se poursuivit sous Chosroès Ier (531/79) (v.) qui fut presque exactement le contemporain de l'empereur byzantin Justinien. Chosroès acquit une réputation de souverain éclairé en accueillant les derniers philosophes grecs chassés d'Athènes. Les Perses mirent Antioche à sac et déportèrent la population de la ville à Ctésiphon, mais la puissance byzantine les empêcha une fois de plus de se maintenir sur la Méditerranée. Les Sassanides avaient le désavantage de devoir lutter sur deux fronts ; avec l'aide des Turcs, Chosroès remporta sur les Huns Hephthalites des victoires décisives et réannexa la Bactriane. Les Sassanides voulaient s'assurer également le contrôle des routes maritimes vers les Indes. Leur influence s'exerça jusqu'en mer Rouge :

en 575, ils chassèrent les Éthiopiens du Yémen, qui resta une satrapie perse pendant plus de cinquante ans.

Sous Chosroès II (590/628), l'Empire atteignit son apogée, suivi d'un rapide déclin. Profitant de l'assassinat de l'empereur byzantin Maurice (602), Chosroès rouvrit les hostilités à l'O. Les armées perses occupèrent la totalité de l'Arménie, Édesse, Césarée de Cappadoce et atteignirent le Bosphore (610) ; arrêté par la mer, Chosroès se retourna vers la Syrie, conquit Antioche (611), Damas (613), puis entra dans Jérusalem (614). La ville fut pillée pendant trois jours, des milliers de chrétiens furent massacrés et les Perses emmenèrent à Ctésiphon les reliques de la Croix. En 619, l'Égypte était occupée à son tour. Cette fois, l'empire de Darius était rétabli dans son intégrité, mais Byzance se ressaisit, sous la conduite d'Héraclius. Dès 628, les Byzantins avaient reconquis toutes les provinces perdues, Ctésiphon était assiégée par les armées chrétiennes et Chosroès, en fuite, assassiné par son fils. L'Empire sassanide, épuisé, réduit en tutelle par Byzance, fut incapable de résister à l'invasion arabe. Celle-ci commença en 634, et le destin des Sassanides fut scellé en 637 par la défaite de Kadisiya, près de l'Euphrate. Séleucie et Ctésiphon tombèrent aux mains des Arabes. Les troupes perses furent définitivement vaincues à Néhavend (642).

La Perse sous les Arabes, les Turcs et les Mongols (651/1501)

La conquête de la Perse par les Arabes entraîna sa conversion à l'islam. Le mazdéisme zoroastrien, qui, à la fin de l'époque sassanide, végétait dans le confort de la protection officielle et la rigidité d'un ritualisme de plus en plus vide et tracassier, fut complètement éliminé en trois siècles et ne conserva, en dehors des parsis émigrés en Inde, que quelques milliers de fidèles, réduits à une condition misérable, les guèbres. Les Arabes – comme dans presque toutes leurs conquêtes – se montrèrent tolérants à l'égard des coutumes locales et des institutions persanes. Les traditions légendaires ne furent pas anéanties mais transposées dans l'esprit musulman. Contre le paiement d'un tribut, la noblesse conserva ses terres et ses privilèges. L'esprit national persan, qui se maintint surtout dans la province orientale du Khorassan, trouva le moyen d'affirmer son individualité au sein de l'islam en se ralliant à la doctrine dissidente des chiites.

Le Khorassan fut un foyer d'opposition au califat omeyyade. Soulevée par un remarquable agitateur, Abou-Mouslim, cette province joua un rôle déterminant dans le renversement des Omeyyades par les Abbassides (750). Les Persans exercèrent une influence considérable dans toute l'histoire de cette dynastie califale. La capitale fut transférée de Damas à Bagdad, construite près de l'antique Ctésiphon. Le califat abbasside reprit non seulement les traditions administratives de la monarchie sassanide, mais aussi l'étiquette de cour et même les costumes persans. Ce qui n'était encore qu'une civilisation arabe devint, grâce aux Persans, une civilisation musulmane universelle. L'héritage antique et les apports de l'islam se conjuguèrent, à partir du Xe s., dans une admirable renaissance de la langue et de la poésie persanes.

Mais cette unité de civilisation irano-arabe recouvrait un grand émiettement politique. Au cours du IXe s., après la mort de Haroun el-Rachid, la faiblesse du califat abbasside permit la création en Iran de dynasties pratiquement indépendantes : dans le Khorassan, les Tahirides, qui détenaient en outre le commandement de la garde des califes à Bagdad, réussirent à se maintenir de 821 à 873 ; dans le Séistan, l'agitation des extrémistes kharidjites et les terribles désordres qui l'accompagnèrent favorisèrent l'avènement des Saffarides, qui éliminèrent les Tahirides du Khorassan (873), avant d'être supplantés à leur tour par les Samanides (900), qui constituèrent la plus importante des dynasties persanes des IXe/Xe s. (vers 875/1000). Elle fut fondée par un noble de vieille famille persane qui, en 875, fut reconnu par le calife el-Moutamid comme gouverneur de la Transoxiane. Les Samanides annexèrent encore le Khorassan et le Mazandéran. Au Xe s., ils firent de leurs cités de Boukhara et de Samarkand des centres commerciaux très actifs, mais aussi des foyers d'art et de culture littéraire. Mais les Samanides, comme la plupart des princes musulmans de cette époque, firent entrer en nombre croissant dans leur armée des Turcs, qui, peu à peu, s'assurèrent des positions politiques clés. Un ancien officier des Samanides fonda en Afghanistan la maison des Ghaznévides, qui, avec Mahmoud de Ghazni (998/1030), devint la puissance dominante de l'Iran oriental.

D'autres Turcs, les Seldjoukides, s'étaient installés à la fin du Xe s. en Transoxiane, dans les anciens États des Samanides. Le Seldjoukide Toghroul Beg (1038/63) fit la conquête de tout l'Iran, renversa à Bagdad la dynastie des maires du palais persans bouyides (1055) et s'installa à côté du calife abbasside comme son vicaire temporel. Ses successeurs Alp Arslan (1063/72) et Malik Chah (1072/92), reconstituèrent géographiquement l'ancien Empire perse en étendant leur domination sur la Syrie, l'Arménie et la plus grande partie de l'Asie Mineure.

Constantinople se trouvait menacée, comme au temps de Chosroès II. Mais, après la mort de Malik chah, cet empire fut rapidement dissocié par les rivalités des princes seldjoukides et par les activités de la secte chiite des Assassins (v.). L'arrivée des Seldjoukides s'accompagna d'une forte immigration de tribus turkmènes nomades, et la belle civilisation fondée par les Sassanides acheva de décliner. Le coup de grâce lui fut porté par Gengis Khan et ses Mongols, qui, en 1221/22, saccagèrent Boukhara, Samarkand et les cités de l'Iran oriental.

La domination mongole sur la Perse fut solidement établie par Houlègou, qui détruisit la puissance des Assassins (prise d'Alamout, 1256) et renversa le califat abbasside à Bagdad (1258). Les Ilkhans (dynastie de khans mongols établis en Perse) se maintinrent jusqu'en 1335 (v. **MONGOLS**). Après la mort du dernier descendant d'Houlègou, diverses dynasties provinciales se partagèrent la Perse. C'est alors que survint l'invasion de Tamerlan, plus effroyable encore que celle de Gengis Khan (1381/87). Les Timourides, descendants de Tamerlan, réussirent à se maintenir jusqu'au début du XVIe s. dans le Khorassan et en Transoxiane : alors que Tamerlan n'avait été qu'un destructeur, ils se laissèrent séduire par la civilisation persane, et leur capitale, Hérat, fut durant tout le XVe s., le foyer d'une brillante renaissance (v. **TIMOURIDES**). En revanche, la Perse occidentale, dévastée et dépeuplée, était la proie des hordes turcomanes du Mouton-Noir et du Mouton-Blanc.

Le salut vint d'une dynastie d'origine arabe, les Séfévides (v.). L'ascension de cette maison a été comparée à celle des Abbassides les Séfévides avaient en effet constitué un ordre de soufis (d'où le nom de « grands sofis » de Perse que leur donnèrent plus tard les Européens), et ils menaient une active propagande religieuse en Perse et en Asie Mineure. Après la mort de son père, tué en 1488 en luttant contre les sunnites, le chef des Séfévides, Ismaïl, rassembla sous son commandement plusieurs tribus turques qui refusaient la domination ottomane. Il battit les dernières hordes du Mouton-Blanc, prit le titre de chah (1501) et, en peu de temps, se rendit maître de la plus grande partie de la Perse.

La Perse séfévide (1501/1736)

Chah Ismaïl unifia les tribus turkmènes et perses autour de la doctrine chiite, qui devint dès lors la religion et la seule forme officielle de l'islam persan. Les premiers Séfévides surent créer un véritable mysticisme politique qui entraîna leurs troupes contre les tenants du sunnisme. En 1510, Ismaïl enleva le Khorassan aux Ouzbeks, qui furent rejetés dans le Turkestan. Mais l'ennemi principal était l'Ottoman sunnite, qu'une guerre de religion allait opposer, pendant un siècle et demi, au Séfévide chiite. À la sanglante journée de Tchaldiran (1514), l'artillerie turque faucha la cavalerie persane, mais le sultan ottoman Sélim Ier n'exploita pas son avantage et la Perse put se relever. Cette guerre contre les Ottomans attira vers la Perse l'intérêt des puissances européennes. Sous Tahmasp Ier (1524/76), alors que Soliman le Magnifique, allié du roi de France, assiégeait Vienne, l'ambassadeur d'Autriche à Constantinople, Augier de Busbecq, pouvait écrire à son gouvernement : « La Perse seule nous sépare de la ruine ; ses guerres avec la Turquie nous donnent du répit. » Il en coûta à Tahmasp l'Irak et Bagdad, dont les Ottomans s'emparèrent en 1534, et la capitale persane, Tabriz, fut momentanément occupée par les troupes du sultan.

La dynastie séfévide atteignit son apogée avec Chah Abbas Ier (1587/1629). Il imposa son autorité aux tribus turkmènes, qui constituaient jusqu'alors l'essentiel de l'armée, puis il procéda à une grande réorganisation militaire, formant un puissant corps de cavalerie (les *Koullars* ou *Slaves*, recrutés en fait parmi les populations caucasiennes), un corps de mousquetaires et une artillerie. Les Anglais, qui avaient cherché à nouer des relations commerciales avec les Séfévides dès 1561, envoyèrent à Abbas Ier, en 1599, deux conseillers remarquables, les frères Sherley, qui aidèrent le roi dans sa modernisation de l'armée. Il établit sa capitale à Ispahan, loin des menaces ottomanes, rejeta les Ouzbeks au-delà de l'Amou-Daria et reprit la guerre contre le sultan auquel il arracha momentanément la Mésopotamie (1623/38). Abbas donna une grande impulsion au commerce, accueillit les Arméniens chassés de Turquie ; il reprit Ormuz aux Portugais, mais accorda des privilèges aux compagnies anglaise et néerlandaise. Chah Abbas n'eut que des successeurs médiocres, Séfi (1629/42) et Abbas II (1642/67). Malgré leur déclin, les « grands sofis » de Perse firent belle figure aux yeux de l'étranger, durant les XVIIe/XVIIIe s. L'influence persane était toute-puissante à la cour des Grands Mogols de l'Inde ; des voyageurs français (Thévenot, Tavernier, Chardin) se rendirent en Perse et en ramenèrent des descriptions séduisantes. Un ambassadeur du chah visita la cour de Louis XIV, et le lointain royaume suscita en Europe de la curiosité et une mode dont les *Lettres persanes* (1721) de Montesquieu ont laissé un écho. Mais la monarchie séfévide vivait déjà ses dernières heures, attaquée à la fois par les sunnites turcs et afghans. En 1722, ces derniers s'avancèrent jusqu'à Ispahan. Un usurpateur afghan, l'émir Mir Mahmoud, monta sur le trône séfévide. Mais, en 1730, l'héritier légitime des Séfévides obtint le concours d'un chef de bande du Khorassan, Nadir, qui plaça sur le trône Tahmasp II. En fait, les derniers Séfévides ne furent que des fantoches entre les mains de Nadir. Au printemps 1736, Nadir succéda au Séfévide Abbas III et prit le nom de Nadir Chah.

De la chute des Séfévides à la révolution nationale (1736/1921)

Aventurier de génie, Nadir Chah (1736/47) rétablit un moment la grandeur persane par ses foudroyantes campagnes contre les Afghans (1738), en Inde (prise de Delhi, 1739) et contre Boukhara et Khiva (1740). Mais il se fit détester en Perse en se montrant tolérant pour le sunnisme et en gouvernant despotiquement. Il fut assassiné en 1747 et son empire ne lui survécut pas. L'Afghanistan recouvra son indépendance et la Perse sombra dans l'anarchie. En 1794, un chef de tribu des Turcs Kadjars, Aga Mohammed, réussit à s'imposer et fonda la dynastie des Kadjars, laquelle régna sur la Perse jusqu'en 1925.

Dans les dernières années du XIXe s., la pénétration russe dans le Caucase commença à menacer la Perse. Aga Mohammed dut faire une campagne en Géorgie (1795) mais il fut assassiné par deux de ses serviteurs (1797). Sous le règne de son successeur, Fath Ali

Chah (1797/1834), la Perse devint pour la première fois un enjeu de la rivalité des grandes puissances européennes. Au temps de l'alliance entre Bonaparte et le tsar Paul Ier, le passage d'une expédition franco-russe à travers la Perse, pour atteindre l'Inde anglaise, fut envisagé, et ce projet alarma fort le gouverneur général de l'Inde, Wellesley. L'assassinat de Paul Ier (1801) mit fin à l'éphémère coopération franco-russe, mais dès 1801, les Russes annexèrent la Géorgie, puis ils déclenchèrent les hostilités contre la Perse en 1804. N'ayant pu obtenir l'aide de l'Angleterre, Fath Ali se tourna vers Napoléon, qui envoya le colonel Fabvier réorganiser l'armée persane. Mais la France ne pouvait pas apporter beaucoup d'aide à son alliée trop lointaine. À la paix de Goulistan (1813), la Perse dut abandonner à la Russie la Géorgie, le Daghestan et Bakou. Après une nouvelle guerre (1826/28), les Russes arrachèrent encore à Fath Ali l'Arménie caucasienne, avec Érevan (traité de Turkmanchaï, 1828).

La Perse essaya de trouver une compensation à ces pertes en se retournant contre l'Afghanistan, encouragée par la diplomatie du tsar, qui espérait s'assurer ainsi des positions commerciales et politiques aux portes mêmes de l'Inde anglaise. Aussitôt l'Angleterre signifia au faible Mohammed Chah (1834/48) qu'elle était résolue à préserver l'indépendance de l'Afghanistan et qu'elle regarderait toute expansion persane dans cette région comme un acte d'hostilité à son égard. À deux reprises, en 1837 et en 1857, les Persans, sous la pression britannique, durent renoncer à la prise d'Hérat. Mais Nasir ed-Din Chah (1848/96), la personnalité la plus marquante de la dynastie des Kadjars, avait entrepris la modernisation de son État. Son grand vizir Taghi Khan (qu'il fit exécuter mais dont il continua la politique) avait lutté énergiquement contre la corruption administrative et contre l'indiscipline de l'armée. Des écoles furent fondées et le chah envoya les jeunes Persans des meilleures familles faire leurs études en France. Des routes furent ouvertes, le télégraphe et le système postal firent leur apparition en Perse. Mais le règne du chah fut troublé par l'agitation religieuse et sociale du babisme (v.). L'opinion publique commençait à s'éveiller : en 1890, quand le chah, qui se trouvait en difficultés financières, voulut céder à une société anglaise le monopole des tabacs, un grand mouvement populaire persan, animé par les religieux, obligea le souverain à reculer.

Après l'assassinat de Nasir ed-Din, ce mouvement s'amplifia encore sous Mouzaffar ed-Din (1896/1907). En 1905, en contrecoup de la révolution russe, deux grandes manifestations, l'une dans la ville sainte de Qom, au S. de Téhéran, l'autre dans les jardins de la légation britannique, obligèrent le chah à promulguer une Constitution : à la fin de 1906, le premier Parlement persan (*majlis*) entra en fonctions. Alors que le chah s'appuyait sur l'autocratie russe (il disposait d'une « brigade de Cosaques », principale force militaire du pays, encadrée par des officiers russes), c'est vers l'Angleterre que se tournaient les espoirs des libéraux. Aussi l'accord anglo-russe d'août 1907 fut-il une grosse déception pour les partisans de la Constitution : Anglais et Russes s'étaient partagé la Perse en zones d'influence et accordaient leur appui au chah. Celui-ci en profita aussitôt pour essayer de dissoudre le Parlement (déc. 1907). À cette menace répondit une révolution à la fois nationale et libérale, qui amena la déposition du chah et son remplacement par le jeune Ahmed Mirza, encore mineur (juill. 1909). Au lendemain de la Première Guerre mondiale (durant laquelle la Perse conserva sa neutralité), les Anglais, profitant de l'effacement de la Russie, essayèrent d'imposer au gouvernement persan un véritable traité de protectorat (accord du 9 août 1919, qui ne fut pas ratifié). Le pays se trouvait dans un état presque désespéré lorsque le chef de la brigade cosaque, Réza Khan, ardent nationaliste, s'allia avec le jeune politicien réformiste Ziya ed-Din Tabatabaï et, avec ses troupes, marcha sur la capitale, qu'il occupa le 21 févr. 1921.

La naissance de l'Iran moderne (1921/60)

Au bout de quelques mois, Réza Khan resta seul maître du pouvoir. Il renonça à instituer la république devant l'hostilité du clergé chiite. Déposant le dernier des Kadjars, il monta sur le trône à sa place (déc. 1925). Réza – désormais appelé Réza Chah (il adopta plus tard le nom dynastique de *Pahlévi*, qui rappelait l'ancienne grandeur perse) – fut le véritable fondateur de l'Iran moderne, et il joua dans son pays un rôle comparable à celui de Moustafa Kémal en Turquie. Il réorganisa l'armée et la justice, limita les privilèges du clergé, posa les bases d'une industrie nationale et commença, avec l'aide de techniciens américains et allemands, à donner à l'Iran un équipement moderne (chemin de fer transiranien, routes...). Sa politique extérieure, fondée sur la neutralité armée, fut inspirée par le seul dessein d'écarter les menaces d'intervention étrangère qui pesaient sur la Perse depuis le début du XIXe s. En 1928, il dénonça tous les traités d'exterritorialité ; en 1932, il révoqua unilatéralement la concession accordée à l'Anglo-Persian, et, l'année suivante, une nouvelle concession assura à la Perse d'importants avantages financiers. Cette modernisation s'accompagna d'un retour à l'esprit traditionnel de l'Iran (en 1935, la Perse reprit symboliquement le nom d'*Iran*). Poussé par le souci de l'intérêt de son pays et par ses sympathies personnelles, qui inclinaient vers l'Allemagne et vers les dictatures, il repoussa la demande faite en 1941 par l'Angleterre et l'URSS d'acheminer du matériel de guerre à travers l'Iran. Les troupes britanniques et soviétiques envahirent alors l'Iran (25 août 1941), et Réza Chah, après avoir abdiqué en faveur de son fils, Mohammed Réza Pahlévi, fut déporté en Afrique du Sud, où il mourut en 1944.

Le nouveau souverain dut faire face à de nombreuses difficultés. L'URSS chercha à établir son hégémonie dans les provinces septentrionales et suscita, en 1945, un gouvernement sécessionniste en Azerbaïdjan. Sous la pression de l'ONU, les troupes soviétiques furent cependant évacuées (mai 1946), et la sécession définitivement brisée par le gouvernement de Téhéran. La concession pétrolière que Moscou avait arrachée au Premier ministre Ghavam es-Saltaneh souleva une telle opposition dans le pays que le Parlement refusa de la ratifier (oct. 1947). En mai 1951, le gouvernement Mossadegh décida la nationalisation de l'industrie pétrolière. La production pétrolière iranienne était passée de 83 000 t en 1913 (première année d'exploitation) à 7,2 millions de tonnes en 1933, puis à 27,2 millions de tonnes en 1949. Cette augmentation très rapide encourageait les illusions de Mossadegh, qui, refusant l'offre de l'Anglo-Iranian de partager désormais par moitié les profits pétroliers, alla jusqu'à rompre les relations diplomatiques avec Londres (oct. 1952). Mais l'Iran ne possédait ni les techniciens capables de remplacer le personnel britannique de l'Anglo-Iranian ni les pétroliers nécessaires pour servir ses clients éventuels, découragés d'ailleurs par le risque de voir la marchandise confisquée par l'Angleterre. Abandonné par le chah Mohammed Réza Pahlévi, Mossadegh fut renversé par le coup d'État du général Zahedi (19 août 1953). La crise pétrolière fut résolue par l'accord du 19 sept. 1954 entre l'État iranien et un consortium international.

Des années 1960 à la révolution khomeyniste

Grâce aux revenus du pétrole, le chah engagea son pays dans une profonde transformation politique, économique et sociale. La distribution des terres appartenant à la Couronne et à l'État fut ordonnée en 1958. L'Iran était devenu le deuxième exportateur mondial de pétrole, juste derrière l'Arabie Saoudite. Le 24 mai 1973, par un nouvel accord avec le consortium pétrolier, l'Iran obtenait la maîtrise totale de la production du pétrole sur son territoire. Au début des années 1970, cette expansion économique se faisait dans le cadre d'un système politique autoritaire qui semblait avoir l'appui de la majorité de la population mais rencontrait une contestation violente dans certains milieux étudiants, intellectuels et religieux. Le gouvernement du chah soumettait les opposants à une répression sévère et, en mars 1975, décida la dissolution de tous les partis politiques et la création d'un parti unique, le Renouveau de l'Iran.

La politique extérieure iranienne s'appuyait sur des forces armées considérables dotées de l'armement le plus moderne, acheté surtout aux États-Unis et en Grande-Bretagne. Le chah et sa politique d'occidentalisation brutale furent très tôt contestés par les partisans d'un chiisme (v. Islam) bientôt incarné par l'ayatollah Khomeyni exilé en Irak depuis 1969. S'associant à une opposition politique de gauche, cette opposition religieuse cristallisa le rejet, par la société iranienne, d'un modèle social et politique répressif. Khomeyni organisa un véritable gouvernement révolutionnaire en exil. En 1978, de grandes émeutes secouèrent Tabriz, Qom et Téhéran. En déc., alors que les troubles avaient gagné les universités, des vagues de grèves paralysèrent les secteurs vitaux de l'économie. Le chah fit alors appel au modéré Chapour Bakhtiar pour tenter de contenir le processus révolutionnaire.

Mais le retour de Khomeyni, le 1er févr. 1979, eut raison de cette ultime tentative : le 12 févr., Reza Chah Pahlévi s'exilait en Égypte. Le gouvernement révolutionnaire de Mehdi Bazargan fut lui-même très vite débordé par les « comités islamiques » et leurs tribunaux expéditifs. En nov., des étudiants extrémistes précipitèrent le cours des événements par une prise d'otages à l'encontre des diplomates américains de l'ambassade de Téhéran, qui dura un an et influa directement sur la victoire électorale de R. Reagan sur J. Carter, aux États-Unis. Entre-temps, un Conseil révolutionnaire islamique avait supplanté le gouvernement de M. Bazargan et organisé des élections (janv. 1980), qui firent de Bani Sadr, représentant de la gauche, le premier président de la République. En sept., l'armée irakienne attaquait l'Iran et provoquait une nouvelle radicalisation et la levée en masse de volontaires. Bani Sadr fut destitué par Khomeyni et, en oct., un nouveau président, Ali Khamenei, était élu. Une violente répression frappa dès lors les mouvements non exclusivement islamistes : Moudjahidins du peuple (extrême gauche), puis opposition modérée, communistes prosoviétiques et Kurdes (v.) rebelles. En 1984, l'élection d'une Assemblée législative consacrait l'arrêt du processus révolutionnaire et la victoire de la tendance conservatrice du clergé.

Il fallut attendre 1988 et les premières grandes défaites de l'armée iranienne, qui n'avait plus de soldats à opposer aux Irakiens surarmés, pour que les Iraniens les plus pauvres, victimes de la guerre, fissent entendre leur voix : aux élections législatives d'avr./mai 1988, le clergé conservateur et les jusqu'auboutistes de la guerre refluaient. L'Iran accepta le cessez-le-feu (19 juill.) proposé par l'ONU et l'ouverture de négociations. En févr. 1989, le chiisme, vaincu militairement, montrait l'étendue de son influence morale dans le monde islamique en lançant un anathème meurtrier, suivi d'importantes manifestations dans le monde entier, contre l'écrivain Salman Rushdie, auteur d'un livre jugé blasphématoire pour Mahomet, ce qui suscita une crise diplomatique majeure avec l'Europe occidentale.

L'Iran depuis 1989

En juin 1989, la mort de l'imam Khomeyni ouvrit une lutte pour le pouvoir entre les fondamentalistes et les « pragmatiques ». Les plus modérés remportèrent une première victoire, en juill. 1989, avec l'élection à la présidence de la République de A. Rafsandjani, confirmé dans ses fonctions au scrutin de juin 1993. En 1997, le modéré Mohamad Khatami lui succéda. Quelques pas furent faits vers le pluralisme et la tolérance. Cependant, les entraves aux libertés fondamentales demeurent nombreuses, et l'arsenal répressif puissant. Alors qu'une partie de l'opinion publique, par la voix de vastes manifestations étudiantes (juill. 1999, juin 2003), continue de réclamer une libéralisation du régime, l'influence politique des conservateurs, sortis vainqueurs des élections municipales de févr. 2003, reste importante. Sur le plan extérieur, au début des années 1990, l'Iran, impliqué dans les affaires touchant à la dissémination nucléaire et condamné par l'ONU pour violation des droits de l'homme (1992), conservait une image défavorable. Ayant bénéficié de la signature d'une paix avantageuse avec l'Irak (août 1990), le régime de Téhéran resta neutre dans la seconde guerre du Golfe (v.). En 1998, les relations diplomatiques furent partiellement rétablies avec l'Occident quand les autorités iraniennes se désolidarisèrent officiellement des menaces de mort lancées contre l'écrivain britannique S. Rushdie. En 2003, l'Iran ne s'est pas non plus impliqué dans la guerre en Irak. La République islamique semble donc être parvenue à un relatif *modus vivendi* avec l'Occident, les États-Unis continuant toutefois d'afficher une extrême vigilance pour empêcher le pays de se doter d'armes de destruction massive.

IRANGATE. Terme forgé par la réunion d'*Iran* et de la terminaison *Gate*, allusion au Watergate. Il désigne le scandale des ventes d'armes à l'Iran effectuées secrètement par le gouvernement des États-Unis afin d'obtenir la libération des otages américains au Liban, le produit des ventes servant à financer la guérilla antisandiniste au Nicaragua. Révélée en nov. 1986, l'affaire mit en cause le président Reagan et son vice-président, George Bush, mais aucun des deux ne fut inquiété par la justice.

IRÈNE (* Athènes, 752, † Lesbos, 9.VIII.803). Impératrice d'Orient (797/802). Voir **Byzantin (Empire)**.

IRISH REPUBLICAN ARMY (IRA), *Armée républicaine irlandaise.* Organisation nationaliste irlandaise créée en janv. 1919, lors de la proclamation unilatérale par le Sinn Féin de l'indépendance de l'Irlande. À partir de 1969, un nouvel avatar de l'IRA se manifesta en Ulster, se réclamant de la communauté catholique minoritaire. Voir **Irlande** et **Ulster**.

IRLANDE, *Eire, Ireland.* Île occidentale de l'archipel britannique, partagée politiquement entre la république d'Irlande (capitale *Dublin*), au S., et, au N., l'Ulster (ou Irlande du Nord) (capitale *Belfast*), rattaché au Royaume-Uni (v. **Ulster**).

Jusqu'à la domination anglaise

L'Irlande, qui fut entièrement recouverte par l'extension des glaciers, semble n'avoir été habitée par l'homme qu'au mésolithique (– 10 000 ans). Les traditions légendaires nationales, consignées au XIe s. dans le *Livre des conquêtes* (*Lebhar na Gabala*), ont conservé le souvenir de cinq invasions, dont plusieurs seraient venues d'Espagne. Peut-être ces légendes se rapportent-elles à l'expansion de la civilisation mégalithique qui a laissé des vestiges très nombreux en Irlande (800 dolmens, en particulier sur les côtes orientales et méridionales de l'île). L'arrivée des Celtes en Irlande peut être fixée aux environs du Ve s. av. J.-C. Restée en dehors de la conquête romaine, l'île fut un foyer du druidisme, dont l'influence se faisait encore sentir au Moyen Âge. Les Celtes d'Irlande formèrent des petits États gouvernés par un roi qu'assistaient un conseil de nobles (*airecht*) et l'assemblée des hommes libres (*aenach*). Vers le début de notre ère, l'Irlande était partagée en cinq grands « États » : Ulster (Ulaid) au N. ; Meath (Mide) à l'E. ; Leinster (Laigin) au S.-E. ; Munster (Muma) au S.-O. ; Connaught (Connacht) à l'O. La dynastie de Mide (région de Dublin) s'assura peu à peu l'hégémonie, et les chroniqueurs attribuent au roi de Mide, Niall aux Neuf-Otages (début du Ve s.), le titre de « roi d'Irlande ». Après l'évacuation de l'Angleterre par les troupes romaines, les Irlandais, que les Romains appelaient *Hiberni* et qui étaient désormais connus sous le nom de *Scots*, se lancèrent dans des raids de piraterie sur les côtes de l'Écosse et du pays de Galles. C'est au cours d'un de ces raids qu'aurait été amené en Irlande comme esclave, peu après 400, le futur st Patrick, qui fut l'évangélisateur de l'île.

Le monachisme irlandais prit un développement extraordinaire, sous la conduite d'ascètes rigoureux dans les grandes abbayes de Clonard, de Clonfert, de Bangor, et surtout d'Iona (abbaye fondée en 563 par st Colomba). Les moines irlandais furent à l'origine d'un puissant élan missionnaire en direction de l'Angleterre (où, au VIIe s., ils se heurtèrent à la rivalité des moines romains) et du continent. En 590, st Colomban fonda le monastère de Luxeuil dans les Vosges. Aux VIe/VIIIe s., l'Irlande fut ainsi le principal foyer de la culture chrétienne en Europe. Politiquement, le pays était organisé en clans, groupés, depuis le début de l'ère chrétienne, en cinq royaumes : Ulster, Munster, Leinster, Connaught et Meath. Un suprême roi d'Irlande siégeait à Tara. Du VIIIe au XIe s., l'Irlande fut soumise aux invasions scandinaves, mais l'un des chefs de clans du Munster, Brian Boru, mit fin à cette menace en remportant la grande victoire de Clontarf, près de Dublin (23 avr. 1014). L'Irlande connut ensuite un siècle et demi d'indépendance, mais ses dissensions intestines facilitèrent l'intervention des Anglo-Normands. Vers 1155, le pape Adrien IV aurait accordé au roi d'Angleterre Henri II la suzeraineté sur l'Irlande. Le roi de Leinster, Dermot MacMurrough, détrôné par ses ennemis, fit appel à l'Angleterre. Celle-ci entreprit la conquête de l'île en 1170/72. Cette première expédition fut menée par le futur Jean sans Terre, fils cadet du roi Henri II. Cependant, et malgré l'installation progressive d'une noblesse anglo-normande souvent venue des marches de Galles, jusqu'au XVIe s., la domination anglaise resta pratiquement limitée à la côte orientale, au *Pale*, qui avait pour centre la région de Dublin. Ce furent les Tudors qui entreprirent de soumettre l'île tout entière : la loi Poynings de 1494 étendit à l'Irlande la législation britannique.

De la Réforme à l'indépendance

La haine des Irlandais à l'égard des Anglais, qu'entretint, au Moyen Âge, l'accaparement des terres par les conquérants anglo-normands, trouva un nouvel aliment dans les luttes religieuses du XVIe s. Les Irlandais, restés catholiques, ne se battirent plus seulement pour leur indépendance, mais aussi pour leur foi ; l'Angleterre, de son côté, ne pouvait en aucun cas laisser l'Irlande devenir une base d'invasion pour l'Espagne et la France. En 1541, Henri VIII prit le titre de roi d'Irlande. Les tentatives d'imposer le protestantisme, ainsi que les confiscations de terres, provoquèrent les révoltes de Shane O'Neill (1559), des Fitzgerald de Desmond (1568/83), de Hugh O'Neill, comte de Tyrone, et de O'Donnell (1594/1603). Toutes furent énergiquement réprimées ; le peuple irlandais se trouvait dans un état de misère, aggravé encore par l'installation de colons écossais, sous le règne de Jacques Ier. En 1641, de nouvelles menaces de confiscation de terres provoquèrent une grande rébellion qui dura plus de dix ans ; elle fut brisée par Cromwell, qui ordonna, en 1649, les massacres de Drogheda et de Wexford et procéda à de nouvelles « plantations » au profit de ses soldats et de ses officiers.

La situation de l'Irlande s'améliora quelque peu après la restauration des Stuarts et surtout sous le règne du catholique Jacques II. Après la révolution de 1688, lorsque Jacques II débarqua en Irlande, il trouva un large soutien, mais perdit la bataille de la Boyne (1er juill. 1690) et les Irlandais furent vaincus à Aghrim (12 juill. 1691). Le traité de Limerick (3 oct. 1691) assura aux catholiques irlandais la liberté religieuse et des garanties pour leurs terres, mais Guillaume III n'en tint aucun compte et promulgua les terribles lois pénales de 1704 : les catholiques se virent interdire d'acheter des terres, celles qu'ils possédaient devaient être partagées à chaque décès entre tous les héritiers, les fonctions publiques leur étaient fermées, la hiérarchie catholique fut bannie. Le Parlement irlandais n'avait aucune réalité représentative, car il était composé uniquement de protestants, et ses pouvoirs étaient d'ailleurs réduits à presque rien par la loi Poynings de 1494. Cependant, lorsque le cabinet de Londres se trouva aux prises avec la révolte des colonies américaines, une opposition parlementaire irlandaise s'affirma avec le protestant Henry Grattan. Celui-ci obtint, en 1782, une réforme parlementaire et la levée de plusieurs restrictions imposées aux catholiques. L'Irlande parut sur le point de s'orienter pacifiquement vers l'autonomie. Mais l'agitation provoquée par l'influence de la Révolution française (fondation du groupe des Irlandais-Unis de Wolfe Tone, 1791) et la rébellion de 1798, qui coïncida avec une tentative de débarquement de troupes françaises sous le commandement de Hoche, ouvrirent une nouvelle période répressive. Pitt fit voter l'Acte d'union avec l'Angleterre (1er août 1800), et l'Irlande, malgré elle, fut représentée au Parlement du Royaume-Uni.

Le puissant mouvement lancé par O'Connell aboutit à l'émancipation des catholiques (1829), et Gladstone acheva de calmer les passions religieuses en séparant l'Église d'Irlande (protestante) de l'État (1869). Cependant, les problèmes économiques et sociaux subsistaient : la plus grande partie de la terre appartenait à des propriétaires anglais qui se désintéressaient de leurs domaines. La haine contre l'Angleterre grandit à la suite de la terrible famine de 1846/48, qui provoqua l'émigration de près de 2 millions d'Irlandais vers l'Amérique. Alors que se constituaient des mouvements révolutionnaires et terroristes, comme les Fenians, une opposition plus politique trouva des chefs de valeur avec Michael Davitt et Charles Stewart Parnell. Plus lucide que la plupart des hommes politiques anglais de son temps, Gladstone comprit la nécessité de réformes, et il fit voter, en 1870, une première loi agraire pour l'Irlande. Au Parlement anglais, les députés irlandais, qui déjà réclamaient le Home Rule, c'est-à-dire l'autonomie, se trouvaient en position de force, comme arbitres entre les deux grands partis britanniques. Parnell contraignit Gladstone à faire adopter une seconde réforme agraire (1881), mais ce dernier ne put imposer le Home Rule (1886), devant l'opposition de son propre parti. Une scission sépara les libéraux ; l'alliance des libéraux « unionistes » (c'est-à-dire partisans du maintien de l'union de l'Angleterre et de l'Irlande) et des conservateurs empêcha pour une vingtaine d'années tout progrès vers une solution de la question irlandaise. Les nouvelles lois agraires de 1887, 1891, 1896, 1903, 1909 restituèrent aux Irlandais environ les deux tiers du sol. Mais le problème politique l'emportait désormais sur le problème social : le mouvement du *Home Rule* était dépassé par les nationalistes du Sinn Féin (v.), qui, fondé en 1905, réclamait l'indépendance totale. En revanche, les Irlandais protestants, nombreux surtout au N. de l'île, dans l'Ulster, s'opposaient à toute séparation d'avec l'Angleterre : ils firent retarder l'application du *bill* de Home Rule que le gouvernement libéral d'Asquith avait déposé aux Communes en avr. 1912, mais qui fut à deux reprises repoussé par la Chambre des lords en 1913. Les protestants de l'Ulster se montraient résolus à s'opposer par les armes à toute sécession, et ils levèrent en quelques mois un corps de 100 000 volontaires. Le Home Rule – qui accordait à l'Irlande une large autonomie tout en la maintenant liée avec l'Angleterre – fut cependant définitivement voté en mai 1914, mais il ne fut promulgué par le roi qu'après le début de la Première Guerre mondiale et l'on décida qu'il ne serait mis en application qu'à la fin des hostilités.

Au cours de la guerre, alors que 200 000 Irlandais se portaient volontaires pour combattre dans l'armée britannique, les extrémistes nationalistes constituèrent une armée clandestine, l'*Irish Republican Brotherhood* (*IRB*), qui prépara une insurrection. Certains d'entre eux, tel l'ancien diplomate sir Roger Casement (qui fut exécuté par les Anglais), nouèrent des intelligences avec l'Allemagne afin d'obtenir des armes. Déclenchée par l'IRB, la « révolte de Pâques » (23/29 avr. 1916) fut écrasée par les Anglais après une semaine de combats, mais elle valut une popularité accrue au Sinn Féin, qui, sous la conduite de De Valera, triompha aux élections de déc. 1918. Les Sinn Féiners constituèrent un Parlement irlandais séparé et proclamèrent unilatéralement l'indépendance de l'Irlande (janv. 1919). Après trois années pendant lesquelles se succédèrent opérations de guérilla, actes de terrorisme et négociations, les nationalistes modérés (Arthur Griffith, Michael Collins) acceptèrent le traité de Londres (6 déc. 1921). L'Irlande était partagée en deux entités : la plus grande partie de l'île devenait, sous le nom d'État libre d'Irlande, un dominion indépendant au sein du Commonwealth ; au N.-E. de l'île, l'Ulster (v.), peuplé en majorité de protestants, restait partie intégrante du Royaume-Uni.

L'Irlande indépendante

Malgré l'opposition de De Valera, le traité fut accepté par le Parlement irlandais (janv. 1922). À la tête des républicains et de l'Irish Republican Army ou IRA, De Valera déclencha alors une guerre civile contre les troupes de l'État libre, mais il donna l'ordre d'arrêter les combats au printemps 1923. L'Irlande, qui s'était donné une Constitution (avec un Parlement bicaméral) en oct. 1922, fut admise à la SDN, et les frontières définitives avec l'Ulster furent fixées en 1925. De Valera, qui continuait à repousser le traité de Londres, se sépara cependant des Sinn Féiners extrémistes ; en 1926, il fonda le Fianna Fáil et l'année suivante, il accepta d'entrer dans la vie parlementaire en prêtant serment au souverain britannique (l'Irlande étant un dominion). Les élections de févr. 1932 furent remportées par De Valera et le Fianna Fáil, qui conserva le pouvoir sans interruption jusqu'en 1948. Président du Conseil, De Valera fit abolir le serment au roi (mai 1933) et adopter (1937) une nouvelle Constitution qui abolissait le statut de dominion et déclarait l'Irlande État souverain et indépendant sous son ancien nom d'*Eire*. Sur cette nouvelle base, les relations avec l'Angleterre furent normalisées par l'accord du 25 avr. 1938, qui reconnaissait aux Anglais des bases navales en Irlande et créait entre les deux pays des liens commerciaux étroits. Durant la Seconde Guerre mondiale, l'Irlande observa une stricte neutralité et interdit aux Anglais tout usage militaire de ses ports et de ses aérodromes.

En avr. 1949, la république d'Irlande fut proclamée et les derniers liens avec le Commonwealth rompus. Éloigné à deux reprises du pouvoir (1948/51, 1954/57), le Fianna Fáil revint ensuite durablement aux affaires et De Valera occupa la présidence de 1959 à 1973. L'entrée de l'Irlande dans la Communauté économique européenne (CEE) fut négociée sous son mandat. Après l'échec d'une première tentative (en même temps que le Royaume-Uni), l'Irlande décida de former avec l'Angleterre une zone de libre-échange (1965). Son traité d'adhésion à la CEE fut signé en 1972, et approuvé par le peuple irlandais à une écrasante majorité. Cependant, sur le problème de l'Ulster et de l'attitude à adopter à l'égard de l'IRA qui multipliait les actions terroristes dans le nord et en Angleterre, le Fianna Fáil se divisa. L'opposition triompha aux élections législatives de févr. 1973 et un gouvernement de coalition du Fine Gael et des travaillistes se forma. De Valera donna sa démission. L'Irlande connut alors entre 1977 et 1982 une période de grande instabilité politique. En 1985, l'accord anglo-irlandais qui conférait à Dublin un droit de regard sur les affaires nord-irlandaises, en échange d'une participation accrue de la police et de la justice de l'Eire à la lutte contre les organisations nationalistes terroristes d'Ulster, semblait devoir restreindre les possibilités d'action de l'IRA. Les négociations avec Londres se poursuivirent pour aboutir en 1993 à une déclaration conjointe de Londres et de Dublin sur l'avenir de l'Ulster. Enfin, en juill. 1997, l'annonce par l'IRA d'un cessez-le-feu, après plusieurs mois de violences, favorisa la rencontre, en déc. 1997, entre une délégation du Sinn Féin et le Premier ministre britannique, Tony Blair. Les accords de Stormont, prévoyant la création d'une assemblée et d'un gouvernement semi-autonome en Ulster (v.), furent signés (avr. 1998) et approuvés par référendum en Ulster et dans la république d'Irlande où il fut nécessaire d'amender la Constitution qui faisait état de la réintégration de l'Ulster.

L'Irlande connut aussi durant ces années de profondes mutations économiques et sociales. Si l'avortement reste toujours interdit sur le sol irlandais, depuis le référendum de nov. 1992, les Irlandaises peuvent y avoir recours à l'étranger. En 1995, la procédure de divorce a aussi été légalisée. Cette timide évolution des mentalités fut sans commune mesure avec l'accroissement très rapide du niveau de vie dans les années 1980/1990. L'Irlande bénéficia en effet, à partir de 1994, d'une croissance annuelle record, aux alentours de 8 %, d'un taux de chômage très bas (5 %) et de nombreux investissements étrangers attirés par une fiscalité particulièrement légère, si bien que le pays, longtemps terre d'émigration, était confronté à une importante immigration. Même si, depuis 2001, on assiste à un ralentissement économique, le bilan positif de la période précédente a permis au gouvernement de coalition (Fianna Fáil, Démocrates progressistes) conduit par Bernie Ahern d'être confirmé dans ses fonctions à l'issue des élections législatives de mai 2002.

IROQUOIS. Confédération d'Indiens de l'Amérique du Nord, fondée vers 1570 par Deganawidah et Hiawatha. S'étendant dans les vallées du Saint-Laurent, de la Susquehanna et sur les bords des lacs Érié, Ontario et Huron, elle comprenait cinq nations : Mohawks, Oneidas, Onondagas, Cayugas et Senecas. Bien que déchirée par de fréquentes guerres tribales, la confédération iroquoise acquit une grande puissance. Elle était gouvernée par un conseil qui tenait ses réunions au principal village des Onondagas. En 1603, lorsque les Français arrivèrent au Canada, les Iroquois étaient en guerre avec les Adirondaks ; ceux-ci demandèrent le secours des Français, grâce auxquels ils purent vaincre les Iroquois. Dans la seconde moitié du XVIIe s., les Hollandais ayant anéanti les Adirondaks, les Iroquois reprirent leur importance, soumirent de nombreuses tribus et contrôlèrent tout le territoire délimité par les rivières Kennebec, Ottawa, Illinois et Tennessee. Ennemis des Français, les Iroquois menèrent une guerre acharnée aux Hurons et martyrisèrent plusieurs missionnaires jésuites (1642/49). La France réussit à leur imposer une paix solennelle (1701), mais, au cours du XVIIIe s., les Iroquois devinrent les fidèles alliés des Anglais, d'abord contre les Français puis, dans la guerre d'Indépendance américaine, contre les colons révoltés. Les massacres auxquels ils se livrèrent dans la Cherry Valley et la Wyoming Valley provoquèrent une expédition punitive des Américains (1779), qui marqua la fin de leur puissance. Ils se retirèrent alors au Canada ou furent déportés vers le Missouri.

IRRÉDENTISME. Mouvement politique apparu en Italie dans les années 1870 et qui réclamait l'annexion de l'*Italia irredenta*, c'est-à-dire non délivrée de la domination austro-hongroise (Trentin, Trieste, Gorizia, l'Istrie, Fiume et la Dalmatie). L'irredentisme trouva au début du XXe s. un puissant animateur avec le poète D'Annunzio. Ce mouvement contribua à la dissociation progressive de la Triplice. (v. **ALLIANCE. La Triple-Alliance** ou **Triplice**) et à l'entrée en guerre de l'Italie aux côtés des Alliés en 1915. La France et la Grande-Bretagne refusant de tenir leurs promesses du traité secret de Londres (avr. 1915) concernant Fiume et la Dalmatie, une nouvelle flambée d'irredentisme se produisit en 1919 (occupation de Fiume par D'Annunzio, sept. 1919) et contribua au succès du fascisme. À l'apogée de l'impérialisme mussolinien, les revendications irrédentistes de l'Italie se portèrent contre la France, qui se vit violemment réclamer Nice, la Savoie, la Corse et la Tunisie (1938/39), mais l'opposition de Hitler frustra l'Italie de ces annexions lors de l'armistice de juin 1940.

ISAAC Ier COMNÈNE (* vers 1005, † monastère de Stoudion, 1061). Empereur byzantin (1057/59). Voir **BYZANTIN (Empire)**.

ISABEAU DE BAVIÈRE (* Munich, 1371, † Paris, 29.IX.1435). Reine de France (1385/1422). Fille du duc Étienne II de Bavière-Ingolstadt, elle fut mariée à Charles VI en 1385. Le roi étant devenu fou, en 1392 elle fut mise à la tête d'un conseil de régence dont faisaient partie Louis d'Orléans, frère du roi, et Jean sans Peur, duc de Bourgogne. Isabeau de Bavière favorisa ouvertement Louis d'Orléans, ce qui contribua à provoquer la querelle des Armagnacs (v.) et des Bourguignons (v.), qui se déclencha avec l'assassinat du duc d'Orléans par Jean sans Peur (1407). Malgré son ressentiment, Isabeau, afin de conserver le pouvoir, se rallia alors au parti bourguignon. Après le meurtre de Jean sans Peur (1419), elle laissa même accréditer la thèse de l'illégitimité de son fils, le dauphin Charles (VII), et se fit complice, avec Philippe le Bon et l'Angleterre, du traité de Troyes (21 mai 1420), qui écartait le dauphin de la future succession paternelle : en donnant sa fille Catherine comme épouse à Henri V d'Angleterre, elle apportait à celui-ci, avec le titre immédiat d'*héritier de France*, l'expectative du trône capétien. Après la mort de Charles VI et d'Henri V (1422), Isabeau de Bavière cessa de jouer un rôle politique et se retira à l'hôtel Saint-Pol, à Paris, où elle finit ses jours.

ISABELLE DE FRANCE (* Paris, vers 1295, † Hertford, 1358). Reine d'Angleterre. Fille de Philippe le Bel et de Jeanne de Navarre, elle fut mariée en 1308 à Édouard II, roi d'Angleterre. Délaissée par son mari, qui lui préférait ses favoris, elle s'enfuit en France avec son fils (1325), et, avec l'appui de son amant Roger Mortimer, elle envahit l'Angleterre. Contraint à l'abdication (janv. 1327), emprisonné, Édouard II fut mis à mort par un horrible supplice (sept. 1327) et Isabelle exerça le pouvoir avec le titre de régente. En 1330, le coup d'État royal d'Édouard III envoya Mortimer à l'échafaud et relégua Isabelle dans un château, où elle mourut vingt-huit ans plus tard. C'est d'elle qu'Édouard III et ses successeurs tenaient leurs droits au trône de France.

ISABELLE Ire la Catholique (* Madrigal de las Altas Torres, 22.IV.1451, † Medina del Campo, 26.XI.1504). Reine de Castille (1474/1504). Fille de Jean II, roi de Castille, elle épousa, en oct. 1469, Ferdinand, héritier d'Aragon. En déc. 1474, elle succéda sur le trône de Castille à son frère Henri IV, au préjudice de Jeanne la Beltraneja, fille d'Henri IV, dont la légitimité était contestée. Son époux, roi d'Aragon en 1479 sous le nom de Ferdinand II, n'eut aucune autorité officielle sur les États de sa femme. Celle-ci défendit victorieusement sa couronne contre Alphonse V de Portugal, qui dut signer le traité d'Alcoçobes (1479). Ferdinand et Isabelle réorganisèrent l'Inquisition

(1481) ; ils achevèrent la reconquête de l'Espagne par la prise de Grenade (1492) et reçurent d'Alexandre VI le titre de « Rois Catholiques ». C'est sous leur règne que Christophe Colomb découvrit l'Amérique (1492). Isabelle eut pour héritière sa fille Jeanne la Folle, mais c'est à Ferdinand II qu'appartint la réalité du pouvoir après sa mort. Voir **FERDINAND II le Catholique**.

ISABELLE D'AUTRICHE (* Ségovie, 12.X.1566, † Bruxelles, 1er.XII.1633). Fille du roi d'Espagne Philippe II et petite-fille par sa mère Élisabeth de France du roi de France Henri II. Son père essaya de lui faire occuper le trône de France, à la mort d'Henri III, au préjudice d'Henri de Navarre (1593). Cette tentative ayant échoué, Philippe II la maria avec Albert d'Autriche et lui donna en dot la souveraineté de la Franche-Comté et des Pays-Bas alors révoltés (1598). Albert assiégea Ostende (1630) et, selon la légende, Isabelle aurait fait vœu de ne pas changer de linge avant la prise de cette place. Le siège dura trois ans et l'on appela *couleur Isabelle* la teinte qu'aurait pris le linge dans l'intervalle. À la mort d'Albert (1621), Isabelle resta seule gouvernante des Pays-Bas et abandonna peu à peu le pouvoir réel aux représentants du roi d'Espagne Philippe IV.

ISABELLE II, Marie-Louise, dite (* Madrid, 10.X. 1830, † Paris, 9.IV.1904). Reine d'Espagne (1833/68). Fille de Ferdinand VII. Elle fut placée d'abord sous la régence de sa mère, Marie-Christine, qui déclencha les guerres carlistes (v. **CARLISME**), puis sous la tutelle du général Espartero (1841/43), qui avait chassé la régente. Les Cortés déclarèrent Isabelle majeure à quatorze ans (juill. 1843). Elle fut mariée, en 1846, à son cousin François d'Assise, duc de Cadix. Son gouvernement personnel, cependant, ne commença qu'après la révolution de 1854 qui chassa sa mère, revenue au pouvoir en déc. 1843. Ses ministres O'Donnell et Narváez provoquèrent un mécontentement croissant. L'armée contraignit Isabelle II à se réfugier en France (oct. 1868), après la répression sanglante de l'insurrection de juin 1866. En 1870, elle abdiqua en faveur de son fils Alphonse XII et revint en Espagne.

ISAÏE (VIIIe s. av. J.-C.). Prophète d'Israël. Issu de l'aristocratie de Jérusalem, il reçut sa vocation l'année de la mort d'Ozias (740/39), et sa prédication se développa surtout sous les règnes d'Achaz et d'Ézéchias (vers 732-31/687-86). Isaïe proclamait que les alliances politiques (avec Babylone ou l'Égypte) n'étaient qu'un remède illusoire, car les Assyriens lui semblaient des instruments choisis par Dieu pour châtier son peuple. Proche du pouvoir royal, il favorisa la politique de compromis avec l'Assyrie suivie par Achaz. Il mourut, sans doute martyrisé, sous le règne du roi impie Manassé. Au point de vue spirituel, l'importance d'Isaïe tient à l'expression de sa totale confiance en Dieu et à ses prophéties messianiques. On estime que seuls les chapitres 1 à 23 et 28 à 32 du *Livre d'Isaïe* peuvent être l'œuvre du prophète du VIIIe s.

La tradition a maintenu sous le nom unique d'Isaïe les textes de prophètes ultérieurs, notamment ceux que l'on attribue à un « deuxième Isaïe », le *Deutéro-Isaïe* qui a développé après l'Exil le thème du « Serviteur de Yahvé ».

ISAURIENNE (dynastie). Dynastie d'empereurs byzantins fondée par Léon III, originaire de la province d'Isaurie, en Asie Mineure. Elle régna de 717 à 802. Voir **BYZANTIN (Empire)**.

ISLAM (religion de l'). *Islam* signifie « abandon à Dieu, à la volonté de Dieu ». Ce nom désigne la religion fondée par Mahomet au début du VIIe s. de notre ère en Arabie et qui s'est largement répandue en Afrique, en Asie et dans quelques régions de l'Europe orientale.

Le Prophète Mahomet

L'Arabie antéislamique n'avait aucune unité religieuse. Les populations sémites qui habitaient cette région étaient adeptes d'un polythéisme particulariste : elles adoraient les arbres et surtout les pierres, les « bétyles », ou demeures du dieu. Souvent les bétyles étaient transportables et accompagnaient la tribu dans ses déplacements, mais un célèbre sanctuaire, à La Mecque, renfermait une pierre noire qui était l'objet d'une vénération particulière, la Kaaba (v.). Les habitants de La Mecque adoraient déjà un dieu nommé Allah, mais il n'avait pas le caractère universel que lui attribua Mahomet ; il existait de nombreuses autres divinités masculines et féminines. Dans cette Arabie, où les clans étaient en conflit permanent, la religion proprement dite ne jouait, en fait, qu'un rôle secondaire : la morale dépendait essentiellement de l'esprit de famille, qui s'exprimait dans les vertus d'honneur (à l'intérieur du clan), de fidélité aux hommes de la tribu (vendetta), mais aussi de large hospitalité et, éventuellement, de magnanimité à l'égard de l'adversaire. Cependant, l'Arabie septentrionale était en contact avec des pays de croyances monothéistes, et il ne fait pas de doute qu'à l'époque de Mahomet des influences juives et chrétiennes s'exerçaient parmi les Arabes.

Dans sa jeunesse, en conduisant les caravanes, Mahomet subit ces influences, mais il ne connut la Bible et les doctrines chrétiennes que par ouï-dire, par des légendes isolées. Avant lui, d'autres hommes d'Arabie, que le Coran appelle les *hanif*, avaient aspiré à une religion plus dépouillée et monothéiste. L'islam s'est formellement inscrit dans la filiation d'Abraham, reconnu comme le confesseur privilégié de la foi en la transcendance du Dieu unique. Mahomet ne prétendit pas annoncer une religion nouvelle, mais donner sa forme suprême et définitive au monothéisme originel dont Abraham, ancêtre des Arabes par Ismaël, avait été le représentant. Mahomet apparaît à ses fidèles comme l'envoyé de Dieu préparé depuis des siècles par une longue série de précurseurs prophétiques, depuis Adam jusqu'à Jésus.

Dès le temps de Mahomet, l'islam fut une communauté religieuse ignorant la distinction du spirituel et du temporel. Dans son refuge de Médine, le Prophète révéla ses capacités d'homme d'État et de chef de guerre. Voir les détails de la vie du Prophète à l'article MAHOMET.

Les sources de la Loi

Pour les musulmans, l'ensemble de la Loi a été révélé par Dieu au Prophète. L'islam n'a donc qu'un livre saint, le Coran (v.), livre inspiré que Dieu lui-même a dicté à Mahomet par l'intermédiaire de l'ange Gabriel. À la mort de Mahomet, aucune transcription définitive du Coran n'était achevée, et le texte officiel ne fut établi que vers 650, sous le califat d'Othman. Comme l'islam est tout ensemble foi religieuse et communauté politique et sociale, toutes sortes de problèmes de gouvernement, de droit, d'économie politique se posèrent aux disciples du Prophète. De son vivant, Mahomet avait dirigé lui-même la communauté. Apres sa mort, lorsqu'on rencontra des problèmes auxquels le Coran ne donnait pas de réponse précise, on chercha des précédents dans les paroles et les actes du Prophète qui constituent la *sunna*, seconde source de l'islam après le Coran ; celle-ci devint la règle de l'orthodoxie musulmane – d'où le nom de « sunnites » donné aux musulmans orthodoxes (bien que les chiites suivent, eux aussi, une partie de la *sunna*). Ce sont les premiers compagnons de Mahomet, les *sahabis*, qui recueillirent la *sunna*, laquelle se transmit ensuite aux « successeurs des compagnons », puis aux « successeurs des successeurs » sous la forme de courts récits, les *hadith* ou « traditions ».

Cependant, la *sunna* elle-même n'était pas suffisante pour résoudre les problèmes de plus en plus complexes de la communauté musulmane, devenue, moins de cent ans après la mort de Mahomet, un grand empire. À l'époque des Abbassides, aux VIIIe/IXe s., se développa ainsi une jurisprudence musulmane fondée soit sur le consensus (*idjima*) de toute la communauté, soit sur le principe de l'analogie (*qiyas*), certains juristes admettant également l'interprétation personnelle (*ray*). Quatre grandes écoles ou *rites* de jurisprudence se constituèrent dans l'islam orthodoxe et se répartirent géographiquement d'une manière assez précise : *a)* le rite hanéfite fondé par Abou Hanifa († 767), dans l'Asie centrale, l'Inde et l'Empire ottoman ; *b)* le rite malékite, fondé par Malik ibn Anas († 795), en Afrique du Nord, en Espagne et en Afrique noire ; *c)* le rite chaféite, fondé par Chaféi († 820), au Hedjaz, en Arabie du Sud, en Égypte, en Afrique orientale et surtout en Indonésie ; *d)* le rite hanbalite, fondé par Ahmed ibn Hanbal († 855), en Arabie et, autrefois, en Syrie.

La doctrine de l'islam

L'islam ne connaît ni sacrements ni clergé. Le croyant est seul face à son dieu. Mais les dogmes lui disent ce qu'il faut croire. Le dogme de base est l'affirmation d'un strict monothéisme, la croyance en l'unicité de Dieu. Afin de porter son message aux hommes, Dieu (Allah) a créé les anges ; parmi eux, Gabriel (Djibrîl), porteur des ordres divins et Michel (Mikhâ'il), qui surveille le monde. Les prophètes sont supérieurs aux anges ; ils sont les envoyés de Dieu, chargés de révéler aux hommes la religion ou de la leur rappeler. Ils se comptent par milliers mais les principaux sont Adam, Noé, Abraham (Ibrahîm), Moïse, Jésus et enfin Mahomet, celui qui clôt la Révélation. L'islam reconnaît la rétribution des œuvres par le jugement dernier et la résurrection. Selon l'eschatologie islamique, la fin du monde sera annoncée par l'arrivée de divers personnages propices ou maléfiques ; Dieu procédera alors au jugement. Les damnés disparaîtront dans le feu de l'enfer tandis que les élus entreront dans le paradis lieu des récompenses matérielles et spirituelles.

Si les dogmes de l'islam se résument en peu de points, le domaine de la loi islamique *charia* est beaucoup plus étendu. L'islam comporte cinq obligations rituelles fondamentales (les « cinq piliers de la religion ») : professer qu'il « n'existe pas d'autre Dieu que Allah, et [que] Mahomet est l'envoyé d'Allah » ; réciter la prière cinq fois par jour, le visage tourné vers La Mecque ; payer l'aumône ou dîme en faveur des pauvres ; jeûner durant le mois de Ramadan (interdiction de manger et de boire du lever au coucher du soleil) ; se rendre en pèlerinage une fois dans sa vie à la Mecque. S'ajoutent à ces obligations diverses prescriptions concernant la vie privée et les relations en société, parmi lesquelles l'interdiction de consommer de la viande de porc, de boire du vin, de se livrer aux jeux de hasard, la pratique de la circoncision, la limitation du nombre des épouses à quatre, etc.

Le développement philosophique et mystique

Au VIIIe s., l'islam avait débordé de toutes parts les limites de l'Arabie ; il couvrait la Syrie, la Mésopotamie, l'Égypte, la Perse, avançait vers le Maghreb, prenait contact avec l'Inde et avec le monde byzantin. Des progrès aussi rapides ne pouvaient manquer de provoquer des mutations intellectuelles. De la rencontre entre l'esprit islamique et l'esprit persan, indien ou occidental naquirent une philosophie et une mystique musulmanes qui ont donné tout leur éclat aux Xe, XIe et XIIe s. alors que dans l'Occident chrétien, fermé sur lui-même, tardait encore à poindre le printemps de la scolastique.

Le problème des rapports de la liberté humaine et de la volonté divine souleva des débats un demi-siècle à peine après la mort du Prophète. Les kadarites, qui affirmaient que l'homme fait lui-même son salut ou sa damnation, furent persécutés par les califes omeyyades. Dans les voies nouvelles ouvertes par la philosophie grecque, une autre école plus importante, celle des moutazilites, allait porter de sérieux coups à l'orthodoxie en reprenant l'idée de la liberté de l'homme et en invoquant les exigences de la raison qui répugnait à appliquer à Allah des notions anthropomorphiques et à accorder au Coran, parce que livre inspiré par Dieu, un caractère d'éternité. Le moutazilisme faillit triompher sous le règne du calife abbasside Mamoun (813/33), qui voulut, par la terreur, en faire une doctrine d'État ; mais, vers le milieu du IXe s., il perdit l'appui de ses successeurs.

C'est au Xe s. que le théologien Achari élabora une conciliation entre le point de vue des rationalistes et celui des orthodoxes. L'acharisme gagna peu à peu tout l'islam et devint la base intellectuelle de l'orthodoxie, sans faire disparaître pour autant les autres écoles.

Les différents groupes islamiques

Les différentes doctrines politico-religieuses ont joué un rôle immense dans l'histoire de l'islam. Elles ne sont pas nées d'oppositions dogmatiques, mais de divergences sur le choix des *califes* ou successeurs de Mahomet. La grande querelle du califat éclata vingt-cinq ans à peine après la mort du Prophète. En 656, après l'assassinat d'Othman, Ali (v.), gendre de Mahomet, qui avait été précédemment écarté à cause de son intransigeance, fut élu calife, mais il se vit contesté par plusieurs rivaux dont le plus redoutable était un parent d'Othman, le gouverneur de Syrie Moawiya. Une bataille entre les troupes d'Ali et celles de Moawiya s'engagea dans la plaine de Siffin, mais Ali se laissa duper en acceptant un arbitrage que lui proposait Moawiya. Un certain nombre de partisans d'Ali se séparèrent alors de lui, et, proclamant que « le jugement appartient à Dieu seul » et que tout croyant, sans distinction d'origine, peut devenir calife, ils s'opposèrent à la fois à Ali et à Moawiya : ces kharidjites, qui alliaient un puritanisme moral très strict à leur conception démocratique du califat, furent chassés de l'Orient vers le milieu du VIIIe s. mais s'implantèrent solidement en Afrique du Nord (VIIIe/Xe s.). Ils ne forment plus aujourd'hui que des groupes isolés, en Arabie du Sud, en Afrique orientale, au Maghreb.

Beaucoup plus important est le groupe de l'islam chiite, qui rassemble environ 10 % des musulmans. Les chiites – c'est-à-dire les « partisans », nom péjoratif qui leur fut donné par les « orthodoxes » – sont en quelque sorte les légitimistes de l'islam. Fidèles d'Ali, ils considéraient que le califat devait être héréditaire dans la famille du Prophète, à l'exclusion de toute autre, et qu'il revenait donc à Ali, à ses deux fils, Hassan et Hussein, et aux enfants de ceux-ci, qui formaient la dynastie des imams. Dans le chiisme, l'imam est revêtu d'une dignité supérieure à celle du calife des sunnites : il n'est pas l'élu humain de la communauté, mais un véritable pontife qui porte en lui une émanation divine et qui est, par conséquent, infaillible et indemne de toute faute. Les chiites refusèrent de reconnaître les califes « orthodoxes », ce qui leur valut d'être persécutés pendant des siècles : champions de l'islam spirituel en face du califat trop sécularisé des Omeyyades, ils contribuèrent au coup d'État des Abbassides (750) mais reprirent bientôt, sous la nouvelle dynastie califale, leur attitude d'opposition. Le chiisme devint ainsi un islam minoritaire, au sein duquel se dégagèrent deux grands thèmes de foi : le thème de la Passion (tous les imams sont voués au martyre) et le thème de la Résurrection, du retour de l'imam caché. La lignée directe d'Ali s'étant en effet éteinte assez vite, les chiites croient que le dernier imam n'est pas mort et qu'il s'est retiré dans un lieu secret d'où il reviendra pour rétablir la justice. Cette idée de l'« imam caché » est liée étroitement à celle du mahdi (v.).

Des opinions contradictoires apparurent parmi les chiites sur le nombre et la succession des imams, ce qui détermina la formation de plusieurs sous-groupes. Tandis que les partisans stricts d'Ali estiment qu'à Mahomet aurait dû succéder directement son gendre Ali et tiennent donc pour illégitimes les trois premiers califes, Abou Bakr, Omar et Othman, des chiites modérés comme les zéidites du Yémen ne rejettent pas complètement les trois premiers califes ; on les appelle « partisans du cinquième » parce qu'ils arrêtent la descendance d'Ali au cinquième imam, Zéïd, petit-fils d'Hussein, qui fut tué par les soldats omeyyades en 740. À la différence des autres chiites, ils acceptent l'élection des imams depuis la mort de Zéïd. Le groupe chiite le plus important est celui des imamites « duodécimains », ainsi nommés parce qu'ils croient à une succession de douze imams, dont le dernier, Mohammed, aurait disparu tout jeune en 878 et vivrait encore aujourd'hui caché pour revenir, à la fin des temps, comme mahdi afin d'établir le règne de la justice. L'imamisme duodécimain est depuis le XVIe s. la religion d'État de la Perse. Au début du XXe s., le premier Parlement persan fut ouvert solennellement « en présence de l'imam caché », et la Constitution de l'Iran précise expressément qu'elle prendra fin avec « le retour de l'imam ». Les ismaéliens, tenants farouches de la filiation alide directe, arrêtent la succession au septième imam, Ismaïl († 762). De cette branche chiite sortirent les karmathes, la dynastie des Fatimides et diverses communautés telles que les druzes (v.) et les Assassins (v.).

En dehors de l'Iran, les chiites sont nombreux en Irak et en Inde. Leur vie religieuse ne se distingue guère, en apparence, de celle des sunnites orthodoxes ; mais le chiisme, en affirmant l'émanation divine de l'imam, se montre beaucoup plus autoritaire en matière de foi et d'organisation que le sunnisme, qui est fondé, lui, sur le consensus de la communauté.

Comme toutes les grandes religions, l'islam a connu aussi des développements mystiques. Au VIIIe s., en Irak, au contact d'influences chrétienne et persane, sont apparus les soufis. Ces ascètes de l'islam, revêtus d'une robe de laine (*souf* en arabe), aspiraient au dépouillement total, à l'absorption de la personnalité dans l'Existence divine. Ils furent considérés avec méfiance par les tenants de l'orthodoxie. Le soufisme donna cependant naissance à de nombreuses confréries mystiques comme celles des derviches.

Enfin, à partir du XVIIIe s., l'islam a connu un nouveau développement idéologique. Les wahhabites (v.), qui jouèrent un grand rôle dans la naissance de l'Arabie Saoudite, représentèrent une réaction puritaine et un effort pour restaurer dans sa pureté l'islam originel. Des aspirations analogues se manifestèrent chez les sénoussis (v.). Mouvement de réforme d'abord purement iranien, avec des tendances sociales marquées, le babisme (v.) s'élargit dans le syncrétisme du bahaïsme.

ISLAMIQUE (histoire du monde). À la mort de Mahomet (632), l'islam n'est encore qu'une religion *arabe*. Au cours de son histoire, il engloba les peuples les plus divers.

Le monde islamique jusqu'au XIe siècle

La guerre sainte, commencée avant même la mort de Mahomet, fut en fait une conquête arabe et ce n'est qu'à la fin du VIIIe s., sous les Abbassides, que l'hégémonie arabe commença à décliner et que l'islam devint une grande religion mondiale. La mort de Mahomet, qui ne laissait pas d'enfant mâle, en dépit de ses nombreux mariages, provoqua une crise grave au sein de la jeune communauté. Mecquois et Médinois recommencèrent à s'opposer, la succession attira plusieurs prétendants et des partis se formèrent. Finalement, au cours d'une réunion tumultueuse, c'est le beau-père de Mahomet, Abou Bakr (632/34), qui fut proclamé calife, c'est-à-dire « successeur » du Prophète. Il réussit à établir définitivement l'islam dans toute l'Arabie. Avant de mourir, le vieil Abou Bakr désigna comme successeur Omar (634/44), qui, d'abord adversaire de Mahomet, était devenu un de ses plus fidèles partisans. Tout en administrant l'État depuis Médine, Omar organisa la conquête, qui fut si rapide qu'on eût dit une explosion. L'Orient byzantin était alors profondément divisé par les querelles théologiques, et certains groupes d'opposants étaient prêts à accepter la domination du calife. La Perse sassanide était épuisée par ses guerres contre Byzance. En dix ans, la Syrie (prise de Damas, 635, de Jérusalem, 638), l'Égypte (prise d'Alexandrie, 642) et la Perse (bataille de Néhavend, 642) furent subjuguées par l'islam, qui atteignit bientôt la frontière de l'Afrique byzantine. Omar ayant été assassiné par un chrétien persan, c'est un gendre du Prophète, Othman (644/56), qui fut choisi comme calife, à l'exclusion d'un autre gendre, Ali. Sous ce nouveau règne, tandis que se poursuivait la conquête de la Perse, que l'islam atteignait l'Inde et le Caucase, que la flotte musulmane opérait ses premiers raids en Méditerranée, fut mise au point la version de référence du Coran.

La conversion à l'islam des populations soumises créait un grave problème financier, car les musulmans étaient exonérés d'impôts, tandis que les infidèles payaient un tribut important. L'intérêt comme le désir de sauvegarder la pureté de l'islam originel entraînaient donc de nombreux musulmans à s'opposer à une assimilation trop rapide. L'hérésie des partisans d'Ali, le « chiisme », fut à l'origine une réaction de l'élément arabe intransigeant contre une évolution de plus en plus temporelle de l'islam, représentée par le calife Othman et par son parent Moawiya, le puissant gouverneur de Syrie. L'assassinat d'Othman et l'élection d'Ali au califat (656) déclenchèrent la guerre civile. Ali vit se dresser contre lui plusieurs compétiteurs ; Moawiya se fit proclamer calife par les Syriens, et Ali, abandonné par une partie de ses fidèles, périt assassiné (661). Cette hérésie devait séparer pour toujours les musulmans. Malgré l'opposition des chiites, Moawiya (661/80) rendit le califat héréditaire et fonda la dynastie des Omeyyades, qui régna à Damas jusqu'en 750.

La guerre sainte continua avec plus de vigueur que jamais en direction de l'E. et surtout de l'O. Elle coïncidait, au sein de la « Maison de l'islam », avec une grande tolérance à l'égard des « possesseurs du Livre », c'est-à-dire des chrétiens et des Juifs, qui restaient libres de pratiquer leur religion, à la condition d'accepter la domination politique de l'islam et de payer le tribut, principale ressource des califes. Ceux-ci ne mettaient aucun empressement – pour des raisons financières – à hâter la conversion de leurs sujets. Il en fut de même plus tard en Espagne, et, à travers toute son histoire, l'islam s'est montré en général beaucoup plus tolérant que le christianisme. Sous les Omeyyades, les Arabes firent la conquête du Maghreb (vers 660/710). L'invasion de l'Espagne commença en 711 et, en quelques années, la monarchie wisigothique s'effondra. Vers 720, les premières armées de l'islam franchirent les Pyrénées, elles se répandirent dans l'Aquitaine, apparurent dans la vallée du Rhône, poussèrent jusqu'à Autun, mais la victoire de Charles Martel à Poitiers (732) mit fin à leur expansion en Europe occidentale. En Orient, les succès étaient presque aussi importants : dès le début du VIIIe s., les Arabes étaient maîtres du Sindh, d'une partie du Pendjab, de l'Afghanistan, de la Transoxiane et de la Sogdiane. Constantinople, assiégée par eux une première fois en 673, l'était de nouveau en 717. La conquête arabe, réalisée pour l'essentiel moins d'un siècle après la mort du Prophète, est un fait unique dans l'histoire du monde. À la fin du IXe s., l'islam dominait complètement la Méditerranée occidentale, séparant ainsi l'Europe occidentale de l'Orient, rompant une unité de civilisation qui avait survécu même aux invasions germaniques.

En 750, la dynastie des Omeyyades fut remplacée par celle des Abbassides, qui régna jusqu'en 1258, mais dont le déclin commença un siècle à peine après son avènement. Cette révolution provoqua d'ailleurs immédiatement le morcellement de l'Empire : en 755, un Omeyyade qui avait échappé au massacre de sa famille fonda en Espagne le califat indépendant de Cordoue, qui refusait l'obédience aux Abbassides (le premier calife en titre de Cordoue fut Abd er-Rahman III, 912/61). En Afrique du Nord, la résistance berbère à la conquête arabe prit d'abord la forme religieuse du kharidjisme, puis des royaumes autonomes se constituèrent : Idrisides du Maroc, royaume de Tahert, Aghlabides de Tunisie (ces derniers firent, au IXe s., la conquête de la Sicile).

Vers le milieu du Xe s., après une lutte très âpre, le chiisme l'emporta sur le kharidjisme au Maghreb, puis la dynastie chiite des Fatimides abandonna le Maghreb à des vice-rois et s'empara de l'Égypte (969) et de la Syrie. L'autorité du calife abbasside se trouvait ainsi réduite à la Mésopotamie et à la Perse. Encore n'était-ce plus qu'une autorité spirituelle, car le pouvoir temporel, à Bagdad, était passé à une dynastie persane de maires du palais, les émirs Bouyides (945/1055). De toutes parts se fondaient des dynasties provinciales, ainsi les Samanides, qui régnaient dans l'Iran oriental et dans le Turkestan. Les forces centrifuges s'exerçaient d'ailleurs autant à l'encontre de la puissance des Fatimides d'Égypte, qui ne parvinrent jamais à se rendre complètement maîtres de la Syrie méridionale et virent progressivement leur échapper le Maghreb, contre lequel ils lancèrent, au milieu du XIe s., des tribus anarchiques et pillardes venues d'Arabie : cette invasion ruina l'Afrique du Nord et permit aux Normands de conquérir la Sicile sur l'islam. L'islam poursuivait néanmoins ses progrès en Asie. Il commençait à rallier les populations turques du Turkestan occidental : au début du XIe s., la maison des Turcs Ghaznévides, avec le sultan Mahmoud de Ghazni (998/1030), lança les premières grandes incursions musulmanes en Inde.

Le monde islamique du XIe au XVIe siècle

Le déclin du califat abbasside marqua la fin de l'hégémonie arabe dans l'islam. La langue arabe resta et reste encore l'unique langue religieuse de l'islam. Mais ce furent désormais des étrangers (Turcs, Mongols, Berbères) qui prirent la tête des forces musulmanes. L'islam se renouvela par les invasions dont il fut victime. En 1055, les Turcs Seldjoukides, déjà maîtres de l'Iran, entrèrent à Bagdad, mirent le califat abbasside en tutelle et se firent les champions de l'orthodoxie sunnite contre les Fatimides hérétiques d'Égypte. Ayant constitué un empire qui commençait au Turkestan et englobait maintenant tout le Proche-Orient, les Seldjoukides battirent l'empereur byzantin Romain Diogène à Manzikert (1071), occupèrent la plus grande partie de l'Anatolie et parurent sur le point de s'emparer de Constantinople. À la différence des califes arabes omeyyades et abbassides, ces musulmans de fraîche date, zélateurs de l'orthodoxie, persécutaient les chrétiens passés sous leur domination. À la menace de l'islam turc contre Byzance faisait pendant, à l'Occident, l'irruption des Almoravides, moines guerriers berbères qui, venus du Sénégal, s'étaient emparés vers 1082 du Maroc et de l'Algérie occidentale, avant de passer en Espagne (1086) pour venger la reconquête de Tolède par Alphonse VI. Les Almoravides furent supplantés au milieu du XIIe s. par d'autres Berbères, farouchement puritains, les Almohades. Le chef de ces derniers, Abd el-Moumin, unifia toute l'Afrique septentrionale, de la Tripolitaine au Maroc, débarqua en Espagne vers 1147, s'empara de Cordoue et de Grenade et, peu avant sa mort, prit le titre de calife, dont il se fit reconnaître l'hérédité (1163).

À cette double offensive islamique, l'Europe chrétienne répondit par les croisades, qui n'eurent pas pour théâtre l'Orient seul (prise de Jérusalem, 1099), mais aussi l'Espagne (échec décisif des Almohades à la bataille de Las Navas de Tolosa, 1212). Après la mort de leur plus grand souverain, Malik Chah (1072/92), les Seldjoukides avaient commencé à se diviser en petits États. À l'heure où les croisés lui donnèrent l'assaut, l'islam se trouvait ainsi affaibli, à la fois politiquement et religieusement : la secte extrémiste chiite des Assassins, que l'État seldjoukide avait jugulée pour un temps, semait le trouble des montagnes de l'Iran à celles de Syrie. La création des États latins de Syrie, au début du XIIe s., obligea à la coexistence chrétiens et musulmans mais n'amena aucune compréhension entre les deux religions. La rencontre des deux civilisations ne s'ébaucha qu'au XIIIe s., à la cour de Sicile, sous la protection de l'empereur Frédéric II de Hohenstaufen. En médecine, en mathématique, en géométrie, en astronomie, la science arabe, héritière des connaissances de l'Antiquité conservées et assimilées dans les écoles de Mésopotamie, fut la pédagogue de la science européenne. En Orient, les croisés, maîtres des côtes du Liban et de la Palestine, n'étaient pas parvenus à prendre pied solidement dans l'arrière-pays : c'est de là que, en 1144 (prise d'Édesse), les atabegs seldjoukides d'Alep inaugurèrent la contre-croisade. Officier kurde au service de l'atabeg Nour ed-Din, et placé dès 1169 au Caire comme grand vizir des Fatimides déclinants, Saladin renversa en 1171 le califat fatimide, fonda la dynastie des Ayyoubides, s'empara de l'Arabie et de la Syrie et chassa les Latins de Jérusalem (1187). Lui et ses successeurs se distinguèrent par leur tolérance à l'égard des chrétiens. Vers le milieu du XIIIe s., les Ayyoubides furent supplantés par leurs anciens mercenaires, les sultans mamelouks, qui éliminèrent définitivement les Francs de la Terre sainte (campagnes de Baïbars, 1260/77 ; reconquête d'Acre, 1291) et maintinrent leur domination sur l'Égypte et la Syrie jusqu'au début du XVIe s.

Ce furent également les mamelouks d'Égypte qui sauvèrent l'islam du terrible péril des Mongols. En 1221, l'Empire turc musulman du Khorezm, qui englobait l'Afghanistan et la Perse, s'effondrait sous les coups de Gengis Khan. En 1258, le khan mongol de Perse Houlègou s'emparait de Bagdad et anéantissait le califat abbasside. À cette époque, les Mongols de Perse étaient encore païens, et les croisés, aux prises avec les mamelouks, purent espérer faire des Mongols, non seulement des alliés contre les musulmans, mais encore de futurs chrétiens. En 1259, l'armée d'Houlègou campait en Syrie, mais, l'année suivante, les mamelouks d'Égypte remportèrent une victoire décisive qui mit un terme à l'expansion mongole. À la fin du XIIIe s., les Mongols de Perse adoptèrent l'islam, et ils furent imités, au XIVe s., par les Mongols du Turkestan et de la Russie (v. **PERSE, MONGOLS** et **HORDE D'OR**). Ainsi le plus grand fléau qui ait jamais encore menacé l'islam aboutissait à de nouvelles conquêtes spirituelles. Depuis un siècle, d'autres musulmans menaient la conquête systématique de l'Inde du Nord-Ouest. Les campagnes du chef afghan Mohammed de Ghor (1186/1206) préparèrent la fondation du sultanat de Delhi, qui engloba bientôt, avec le Pendjab et le bassin du Gange, la majeure partie du Deccan. Au cours du XIVe s., c'est en Asie Mineure que s'affirma une nouvelle puissance musulmane, appelée à un grand avenir, celle des Turcs Ottomans (v. **TURQUIE**).

Champions de la guerre sainte contre les Byzantins, les Ottomans isolèrent Constantinople (prise de Brousse, 1325), passèrent en Europe (1353) et commencèrent la conquête des Balkans. Le désastre que leur infligea Tamerlan en 1402 à la bataille d'Ankara n'arrêta pas leurs progrès. Le paradoxe est que la Byzance chrétienne dut un ultime répit d'un demi-siècle à ce Tamerlan qui était un musulman fanatique et qui, autre paradoxe, dépensa son génie militaire à porter la désolation à travers toute la « Maison de l'islam ». Son empire ne lui survécut pas, mais, en Transoxiane et en Iran oriental, les descendants du féroce conquérant firent rayonner pendant tout le XVe s. une civilisation persane musulmane connue dans l'histoire sous le nom de « Renaissance timouride » (v. **TIMOURIDES**). Après les troubles qui suivirent la défaite d'Ankara, la marche en avant des Ottomans reprit sous Mourad II (1421/51), qui acheva la soumission des Balkans, et sous Mehmet II (1451/81), qui, réalisant le rêve séculaire de l'islam, s'empara de Constantinople le 29 mai 1453 et transforma en mosquée la basilique Sainte-Sophie. En revanche, l'islam battait en retraite à l'O. En Espagne, la défaite de Las Navas de Tolosa (1212) ne fut jamais réparée, et, vers 1370, le petit royaume de Grenade restait le dernier vestige de l'ancienne puissance musulmane : il tomba en 1492, et les musulmans espagnols furent contraints de se convertir au christianisme ou de se réfugier en Afrique du Nord. Depuis la dislocation de l'Empire almohade, celle-ci était vouée au morcellement : les principales puissances des XIIIe/XVe s. furent le royaume hafside de Tunis, le royaume abdelwadide de Tlemcen et le royaume mérinide de Fès. Les attaques européennes sur les côtes du Maghreb (occupation de Ceuta par les Portugais, 1415) attestaient le reflux de l'islam en Méditerranée occidentale. Quant à l'intérieur du pays, il était tragiquement appauvri par les invasions successives de bandes arabes venues de Tripolitaine.

Apogée et déclin du monde islamique

Au XVIe s., l'islam apparaissait plus dominateur que jamais. L'Empire ottoman de Soliman le Magnifique (1520/66) englobait une grande partie de l'Europe (la Grèce, les Balkans, la Roumanie, la Hongrie), l'Asie Mineure, la Mésopotamie, la Syrie et l'Égypte. Avant la fin du XVIe s., la Tripolitaine, la Tunisie et l'Algérie passèrent sous la suzeraineté ottomane. Deux autres grands empires, la Perse séfévide, fondée par Chah Ismaïl en 1501, et l'Empire indien des Grands Mogols, fondé en 1526 par Baber, se plaçaient eux aussi sous la loi du Prophète. Au-delà de ces trois grands centres de puissance et de civilisation musulmanes, la « Maison de l'islam » s'étendait presque à perte de vue. Avant l'an mille, l'influence arabe s'était déjà propagée profondément vers le cœur de l'Afrique par deux voies différentes : à l'E., le commerce dans l'océan Indien ; à l'O., la propagande religieuse des musulmans du Maghreb qui, par les pistes caravanières du Sahara, parvenaient jusqu'au Niger et au Sénégal. Au XIe s., l'expansion des Almoravides au Maroc, puis en Espagne, avait été une manifestation éclatante de l'importance de cet islam de l'Afrique noire. En Afrique orientale, des comptoirs avaient été établis à Mogadiscio, Malindi, Mombasa, Pemba, Zanzibar, Mozambique, Kilwa, Sofala, aux Comores et à Madagascar. Les Arabes monopolisaient le trafic dans l'océan Indien ; dès le IXe s., leurs voyageurs et leurs géographes donnaient d'abondantes descriptions de la péninsule indochinoise, de l'archipel malais. Ces visites préparèrent la conversion de l'Indonésie à l'islam, qui commença vers la fin du XIIIe s. et s'acheva au début du XVIe s. La foi musulmane se répandit dans les îles de Java, de Sumatra, de Bornéo, dans le sud des Philippines, et, à l'arrivée des Européens, un grand nombre de sultanats musulmans étaient déjà constitués. L'océan Indien devenait ainsi une mer musulmane.

Cet apogée fut pourtant suivi d'un déclin très rapide. En moins de deux siècles, les trois grands Empires musulmans, l'ottoman, le séfévide et l'Empire des Mogols de l'Inde s'affaiblirent de façon significative. En 1800, le partage du monde islamique par les puissances européennes était déjà commencé : dès le XVIe s., les Portugais avaient supplanté les Arabes en Afrique orientale ; depuis le XVIIe s., les Hollandais contrôlaient l'Indonésie ; au début du XVIIIe s., l'Empire ottoman, sous la poussée des Autrichiens et des Russes, reculait le long du Danube et sur les bords de la mer Noire, tandis que l'Inde des Mogols passait sous la domination britannique et que Bonaparte, avec un corps expéditionnaire dérisoire, se rendait maître de l'Égypte. Avant même que la révolution industrielle eût fait sentir ses effets, l'Europe avait enlevé à l'islam l'hégémonie mondiale.

La décadence soudaine du monde islamique a eu sans aucun doute des causes économiques, du moins en ce qui concerne la Turquie et le Proche-Orient. Ces régions, qui avaient été depuis l'Antiquité l'intermédiaire nécessaire des échanges commerciaux entre l'Europe et l'Asie intérieure, se trouvèrent soudain dépassées au XVIe s. par l'ouverture de la route des Indes par le cap de Bonne-Espérance. Ayant maîtrisé les océans, les Occidentaux pouvaient désormais se passer du monde islamique, et cette situation ne changea qu'avec l'ouverture du canal de Suez (1869). Communauté de croyants indissolublement spirituelle et temporelle, l'islam tendait par toutes ses forces vives à l'unité, et non pas seulement à l'unité spirituelle d'un corps mystique, comme le christianisme, mais à une unité temporelle qui ne fut effectivement réalisée que sous les premiers califes. L'islam, qui ne connaît que des croyants, qui néglige les distinctions humaines de peuples, de castes, de classes, ne pouvait pas faire leur part aux particularités terrestres. C'est pourquoi les insurrections nationales au sein de l'islam n'avouèrent jamais leur nom, mais prirent la forme de protestations religieuses, d'hérésies ou, au contraire, de réactions orthodoxes violentes : pour affirmer sa particularité, la Perse se fit chiite, le Liban se fit druze, les Berbères du Maghreb se firent tour à tour kharidjites, chiites avec les Fatimides, sunnites avec les Almoravides, avant de revenir à une certaine forme de chiisme avec les Almohades ; ainsi, on vit les Seldjoukides se poser en champions de l'orthodoxie contre les Fatimides hérétiques ; de même, le conflit national entre la Turquie ottomane et la Perse séfévide – conflit dont un des enjeux était la possession de l'Irak – prit la forme d'une lutte religieuse entre le sunnisme ottoman et le chiisme séfévide.

Prisonnier de ses conceptions théocentriques et théocratiques, l'islam n'a pas permis l'émergence de l'État national. Son histoire politique est donc l'épuisante répétition d'un va-et-vient entre ces deux extrêmes que sont l'empire universel et le morcellement féodal. L'Europe chrétienne, fondée sur le principe de la distinction du pouvoir spirituel et du pouvoir temporel, eut sur l'islam, à partir du XVIe s., la supériorité de s'être engagée résolument dans l'ère des États nationaux, seuls capables, à cette époque, d'offrir aux initiatives militaires et économiques un cadre et un support à mesure humaine. Au contraire, l'Empire ottoman, faisant coexister sous une même loi les peuples les plus divers, qui, du fait des moyens de communication et d'information de l'époque, n'avaient à peu près aucun lien entre eux, cet empire si imposant, qui menaçait encore en 1683 la Vienne des Habsbourg, se condamna lui-même à une passivité érigée en sagesse politique. En terre d'islam la nation n'apparut guère qu'au XIXe s., dans l'Égypte de Méhémet-Ali, après l'expédition de Bonaparte. Idée importée et imposée par le colonisateur européen qui a découpé, plus ou moins arbitrairement, la carte de la plupart des États du Maghreb et du Proche-Orient.

La domination européenne

En 1830, les Français prirent Alger, et, en moins d'un siècle, la plupart des pays musulmans passèrent sous la domination française, britannique ou russe. Le déclin de l'Empire ottoman avait ouvert la *question d'Orient* (v. **TURQUIE**), qui provoqua l'affrontement diplomatique des grandes puissances pendant tout le XIXe s. Aussi, en 1882, les troupes britanniques, justifiant leur intervention par la révolte nationaliste d'Arabi Pacha, occupèrent-elles l'Égypte. Par les traités du Bardo (1881) et de la Marsa (1883), la France établit son protectorat sur la Tunisie. Vers la même époque, la Russie achevait la conquête du Turkestan. Anglais et Russes signèrent des accords sur leurs zones d'influence en Afghanistan (1887) et en Perse (1907). La France fit passer tout le Maghreb sous sa domination en établissant son protectorat sur le Maroc (1912), tandis que l'Italie, après une guerre contre la Turquie, réduisait la Libye en colonie.

Depuis la fin du XIXe s., l'Allemagne, exclue du partage des terres musulmanes, se posait en défenseur de l'islam et réorganisait l'armée turque. Cependant, au cours de la Première Guerre mondiale, les Alliés purent exploiter les mécontentements entretenus en Syrie, en Irak, en Arabie par la domination turque. Confiants dans les promesses qui leur furent faites alors, les Arabes se révoltèrent contre le sultan (1916), mais les Alliés se préparaient déjà à partager l'ancien Empire ottoman en zones d'influence. Le rêve arabe d'une « Grande Syrie » indépendante s'effondra peu après la paix. La guerre de 1914/18 aboutit à étendre encore la mainmise européenne sur les terres de l'islam, les Français obtenant des mandats sur la Syrie et le Liban, les Anglais sur la Palestine (où devait en outre être constitué un « foyer national juif », déclaration Balfour de 1917) et l'Irak. Dans les années précédant la guerre, la prospection du pétrole avait commencé au Proche-Orient, et la prédominance des intérêts économiques anglo-saxons établit un protectorat de fait sur les rives du golfe Persique et sur la Perse. Vers 1924, enfin, la tentative de rassembler au nom du touranisme (v.) tous les peuples turcs musulmans de l'Asie centrale avait été définitivement brisée par le pouvoir soviétique.

Le réveil de l'islam

L'évidence du déclin et l'intrusion européenne provoquèrent un mouvement de « réforme » (*nahda*) qui se manifesta de deux manières ; d'abord comme une réaction puritaine, comme un retour à l'orthodoxie primitive, chez les wahhabites, à partir du milieu du XVIIIe s., puis comme un effort d'élargissement de l'islam dont les premiers signes apparurent vers 1840/50 en Perse dans le babisme et vers 1880 en Inde chez les ahmadiyya. Ce second courant fut fondé, à partir de

1870 environ, par le philosophe et homme politique afghan Djémal ed-Din-el-Afghani et son disciple égyptien Mohammed Abdouh. Ce dernier, en politique, professait un patriotisme libéral opposé à la fois à la domination européenne et au maintien des vieux absolutismes politiques de l'islam. Très intéressé par la civilisation occidentale, il s'efforçait aussi de trouver dans l'islam des équivalents de la science moderne, afin de combattre l'Occident à armes égales. Mohammed Abdouh exerça une influence considérable, non seulement en Égypte, mais dans tout le Proche-Orient. En Inde, le mouvement moderniste fut également représenté avec éclat au XXe s. par le poète et philosophe Mohammed Ikbal, que l'on considère comme le père spirituel du Pakistan.

Simultanément, l'islam reprenait conscience de sa solidarité en face de l'Occident. C'est dans les années 1880 que le mot de « panislamisme » fit son apparition, alors que le réveil religieux et guerrier qui avait embrasé le Soudan d'Afrique occidentale vers 1850/60, avec el-Hadj Omar, se manifestait également en Haute-Égypte, avec le mouvement du Mahdi. En 1926, un congrès international du califat décida que la charge de calife resterait vacante jusqu'à ce que tous les peuples musulmans fussent réunis. L'idée « califale » s'opposait d'ailleurs à un puissant courant de laïcisation qui triompha en Turquie, avec Moustafa Kémal, en Iran, avec Réza Chah Pahlévi, puis, après la Seconde Guerre mondiale, dans la plupart des pays de l'islam, en dépit de la farouche opposition de mouvements populaires tels que les Frères musulmans.

Le renouveau contemporain de l'islam a été, en définitive, beaucoup plus politique que religieux. L'islam est devenu une sorte de patriotisme collectif qui se concilie fort bien avec le nationalisme de chaque État arabe – le sentiment très fort d'appartenir à une même communauté linguistique, culturelle et historique. Le nationalisme, à partir des années 1920, fut la passion des élites formées à l'occidentale, tandis que le « patriotisme islamique » prédominait dans les masses populaires.

Après la Seconde Guerre mondiale, la présence de l'État d'Israël fut le principal catalyseur de la solidarité arabe. Mais celle-ci ne s'affirma pleinement ni en 1948/49, ni en 1956, ni en 1967 (v. **Israélo-Arabes, guerres**). Les États pétroliers, l'Iran ou bien la Tunisie, se montraient peu enclins à prendre des mesures de rétorsion énergiques à l'encontre des États-Unis, soutien d'Israël. Par ailleurs, les années 1960 furent dominées, dans le monde arabe, par la rivalité entre le panarabisme de Nasser, de plus en plus tributaire de l'aide soviétique, et le panislamisme de Fayçal d'Arabie Saoudite. L'humiliation subie par Nasser lors des défaites de la guerre de 1967, puis sa mort en 1970 mirent fin à cet antagonisme au profit de l'Arabie Saoudite. Après la guerre de 1967, la solidarité financière des nations arabes se développa en faveur des pays directement engagés dans la lutte contre Israël. Lors du conflit de l'automne 1973, des troupes arabes, pour la première fois, remportèrent des succès sur les Israéliens. Aux yeux de la foule, le mythe longtemps accablant de l'invincibilité israélienne était brisé. En même temps, les pays producteurs de pétrole mettaient en danger l'Occident, et en particulier l'Europe, en déclenchant d'abord un embargo, puis une escalade vertigineuse des prix de l'or noir.

Sept pays islamiques figuraient, au début des années 1980, parmi les dix premiers exportateurs mondiaux de pétrole. Cette position privilégiée a été entamée par la récession mondiale, par l'exploitation de nouveaux gisements dans d'autres parties du monde et par les progrès de l'électricité nucléaire, qui ont modifié la demande des nations industrielles. Les pays islamiques apparurent de plus en plus divisés : guerres du Golfe ; mésentente entre pays à gouvernement conservateur, tels l'Arabie Saoudite, les Émirats, le Maroc, et les pays à dictature révolutionnaire comme la Syrie et la Libye ; différences profondes entre les sunnites et les chiites.

Cependant, l'islam reste, de nos jours, la seule grande religion voyant progresser notablement le nombre de ses fidèles, dans les pays les moins développés d'Afrique notamment, voire dans un Occident en manque de spiritualité. Dans tous les États peuplés de musulmans, du Maghreb au Sud-Est asiatique, de l'Afrique noire tropicale aux États de l'ex-URSS, on assiste aussi à un renouveau de l'islam sous la forme d'un islamisme radical (v. **Islamisme**).

ISLAMISME. Mouvement politique et religieux qui entend fonder sur une lecture stricte du Coran et sur la loi coranique la vie publique, le fonctionnement des institutions et du droit, et les valeurs éthiques individuelles. Sur le plan politique, les islamistes condamnent aussi bien le communisme matérialiste que le capitalisme ; ils préconisent le *djihad*, la guerre sainte, pour libérer tous les pays islamiques opprimés par les infidèles. Dans le domaine juridique, ils préconisent une réforme du code pénal (*charia*) permettant d'instituer la lapidation pour adultère, l'amputation d'une main pour vol, la flagellation... Le premier mouvement islamiste, celui des Frères musulmans, fut fondé en Égypte en 1928 par Hassan el-Banna et théorisé par Sayyed Qutb. Plusieurs explications ont été données à ce phénomène politique : la nature même de l'islam, où l'union du temporel et du spirituel favoriserait l'émergence d'une idéologie religieuse, l'échec du développement dans les pays concernés, la présence de régimes autoritaires qui n'auraient laissé que le domaine religieux comme moyen d'expression, et le rejet par les populations de modes de pensée occidentaux importés qui auraient effacé les identités traditionnelles, nationales et culturelles. À la suite de la révolution de 1979, l'Iran a été le premier pays à régime islamiste, suivi par le Soudan en 1989 à la faveur d'un coup d'État militaire et par l'Afghanistan en 1994. Cette idéologie s'implanta aussi fortement en Égypte ; le 6 oct. 1981, des militaires islamistes assassinèrent au Caire le président Sadate, l'homme du traité de paix avec Israël. En Algérie, les islamistes sont entrés, depuis le début des années 1990, dans une confrontation armée avec le pouvoir en place après avoir été frustrés de la victoire électorale du Front islamiste de salut (FIS) en 1991. Dans le monde, les attentats terroristes sont devenus la principale arme des mouvements islamistes. Le 11 sept. 2001, en frappant le World Trade Center à New York ainsi que le Pentagone à Washington, l'organisation islamiste Al Qaida, dirigée par le Saoudien Oussama Ben Laden, provoquait le plus terrible attentat antiaméricain jamais commis. La riposte dirigée par les États-Unis a conduit à l'effondrement du régime des talibans en Afghanistan (déc. 2001).

ISLANDE, *Lydhveldidh Island.* État européen insulaire, dans l'océan Atlantique, immédiatement au S. du cercle polaire arctique ; capitale *Reykjavik.* Les premiers Européens qui abordèrent en Islande furent des moines irlandais, peu après l'an 700. Leurs établissements furent abandonnés lors de l'invasion des Vikings (874/930), qui peuplèrent l'île assez rapidement (environ 40 000 habitants au Xe s.). C'est depuis l'Islande qu'Éric le Rouge découvrit le Groenland, vers 985/86. Le christianisme fut introduit en l'an mille et le premier évêché fondé à Skalholt en 1056. Constituée comme un État aristocratique dont la législation et l'administration appartenaient à l'*Althing*, l'assemblée des hommes libres, réunie pour la première fois en 930, l'Islande fut troublée, au XIIe et au XIIIe s., par de violentes guerres intestines qui permirent au roi norvégien Haakon IV Gamle d'imposer sa suzeraineté sur l'île (1262), mais en lui laissant une certaine autonomie. En 1380, l'Islande fut rattachée au Danemark en même temps que la Norvège et soumise à un régime de plus en plus autoritaire. La Réforme fut introduite par la force (1541/50). La situation de l'Islande s'aggrava considérablement au cours du XVIIIe s., à la suite des épidémies (variole, 1707), des éruptions volcaniques (1765, 1783), de la famine de 1785 et, surtout, de la ruine économique due au monopole commercial exercé par la Compagnie danoise d'Islande (1602/1786). L'Islande vivait complètement isolée du reste du monde, et c'est seulement en 1854 que les commerçants étrangers furent admis dans l'île. En 1809, un aventurier danois, Georg Jurgensen, s'empara de l'île et, avec l'appui de l'Angleterre, s'en déclara le souverain ; mais le traité de Kiel (1814) laissa l'Islande au Danemark, qui s'orienta d'ailleurs vers une politique plus libérale.

En nov. 1918, l'Islande fut reconnue comme État souverain lié au Danemark par une simple union personnelle. Cependant, en 1937, le Parlement islandais décida que le traité, conclu en 1918 pour vingt-cinq ans, ne serait pas renouvelé à son expiration. La conquête du Danemark par les Allemands (avr. 1940) rompit les derniers liens unissant l'Islande à la Couronne danoise. Occupée par les Anglais puis par les Américains, qui en firent une puissante base militaire, l'Islande, à la suite d'un référendum, proclama son indépendance complète (17 juin 1944). Elle accepta l'aide du plan Marshall, adhéra à l'OTAN (1949) et concéda aux États-Unis l'utilisation de la base de Keflavik (1951). Cependant, comme durant toute leur histoire, les Islandais restaient jaloux de leur indépendance nationale. S'opposant aux Anglais à propos de l'extension de leurs limites de pêche, ils se rapprochèrent en 1953 de l'URSS, laquelle s'engagea à acheter une grande partie de la pêche islandaise, en s'assurant en contrepartie le monopole de l'approvisionnement en pétrole de l'île. Cet accord n'entraîna pas un changement radical de la politique étrangère islandaise, mais le conflit avec l'Angleterre sur les pêcheries, apaisé en 1964, reprit en 1971.

Une alternance politique centre gauche-centre droit caractérisait l'Islande depuis son indépendance. En 1980, les électeurs élirent la première femme au monde président de la République en la personne de Vigdis Finnbogadottir, ensuite réélue à quatre reprises. Au début du XXIe siècle, l'Islande connaissait une croissance record et un taux de chômage extrêmement bas. Le pays s'interrogeait encore sur l'intérêt de rejoindre l'Union européenne, alors que le Parlement ratifiait, en mars 2000, l'adhésion du pays à l'accord de Schengen (v.).

ISMAÏL Ier (* Ardabil, 1487, † Ardabil, 1524). Chah de Perse (1501/24) Fondateur de la dynastie des Séfévides (v.). Descendant d'une famille illustrée par un grand nombre de soufis et de saints islamiques, influente à l'O. de l'Iran, il abattit les envahisseurs turcomans, et, en 1501, prit le titre de chah, restaurant ainsi l'indépendance persane, symbolisée dans la suprématie du chiisme, reconnu désormais comme seule religion officielle. Ismaïl soumit rapidement l'Iran occidental et, en 1510, chassa du Khorassan les Ouzbeks sunnites, qui se réfugièrent en Transoxiane. Mais en 1514, Ismaïl se heurta à l'O. à un redoutable ennemi, le sultan ottoman Sélim Ier. Les troupes perses furent vaincues à Tchaldiran, et Ismaïl fit vainement appel aux puissances européennes, notamment à Charles Quint. Voir **IRAN**.

ISMAÏL Pacha (* Le Caire, 31.XII.1830, † Istanbul, 2.III.1895). Vice-roi d'Égypte (1863/79). Fils d'Ibrahim Pacha et petit-fils de Méhémet-Ali. Il créa des écoles, des chemins de fer, des canaux, lutta contre l'esclavage, protégea l'égyptologie (fouilles de Mariette) et chercha à étendre la domination égyptienne en direction du Soudan. L'inauguration du canal de Suez marqua l'apogée de son règne (1869). Cette politique hardie vida rapidement le Trésor égyptien. Ismaïl vendit alors au gouvernement anglais, pour 4 millions de livres, ses actions du canal de Suez. Il dut aussi suspendre le paiement des intérêts de la dette égyptienne (1876). Un syndicat anglo-français fut constitué pour administrer les finances égyptiennes (nov. 1876) ; des fonctionnaires anglais et français entrèrent dans le ministère présidé par Nubar Pacha (août 1878). Ismaïl encouragea alors l'agitation nationaliste contre les puissances occidentales ; celles-ci le sommèrent d'abdiquer et le sultan ottoman le destitua (25 juin 1879). Il se retira à Istanbul. Voir **ÉGYPTE**.

ISMAÏLIENS ou **ISMAÉLIENS.** Membres d un mouvement de l'islam chiite. Voir **ISLAM**.

ISOLATIONNISME. Tendance politique assez largement répandue aux États-Unis, surtout entre les deux guerres mondiales ; elle s'opposait à toute intervention américaine dans les affaires européennes. L'isolationnisme fut à l'origine le corollaire de la politique de neutralité définie dès 1823 dans la déclaration de Monroe (v.) et de l'hostilité résolue des États-Unis à toute ingérence européenne sur le continent américain. En 1917, il fallut les maladresses répétées de la diplomatie et la guerre sous-marine allemandes pour entraîner les États-Unis dans les hostilités aux côtés des Alliés (6 avr. 1917). Dès la victoire de 1918, le dédain montré par la France et l'Angleterre pour les Quatorze Points de Wilson (v.) provoqua en Amérique un renouveau d'isolationnisme : le Sénat américain refusa de ratifier le traité de Versailles (20 nov. 1919), les États-Unis signèrent un traité de paix séparé avec l'Allemagne (1921) et restèrent à l'écart de la SDN, dont ils avaient été pourtant les protagonistes. En dépit des interventions américaines pour résoudre le drame économique allemand (plan Dawes (v.), 1924), l'isolationnisme à l'égard des affaires européennes fut la note dominante de la politique des Etats-Unis durant les années de prospérité (1919/29). Les débuts de l'administration Roosevelt (élu en 1932) n'entraînèrent aucun changement notable dans cette tendance, qui se renforça même après l'adoption du *Neutrality Act* (août 1935), alors que Hitler dénonçait l'une après l'autre les clauses restrictives du traité de Versailles.

Durant les années précédant la Seconde Guerre mondiale, les isolationnistes, particulièrement puissants dans le Middle West, se groupèrent dans l'organisation *America First* (« L'Amérique d'abord »), dont le principal chef fut le célèbre aviateur Charles Lindbergh. Parmi les sympathisants de ce groupe se trouvait l'ambassadeur des États-Unis à Londres, Joseph Kennedy, père du futur président, qui dut quitter son poste en 1938 à la suite de déclarations isolationnistes. Après le début de la Seconde Guerre mondiale, le traditionnel anticolonialisme américain fut utilisé par l'isolationnisme contre la Grande-Bretagne, et, en face de Roosevelt, partisan d'une « croisade des démocraties » contre Hitler, le parti républicain milita longtemps contre toute intervention américaine dans le conflit. La seconde réélection de Roosevelt permit à celui-ci de faire voter la loi prêt-bail (v.), 11 mars 1941), qui fut le premier pas décisif des États-Unis vers la guerre. Mais l'extension de cette loi à l'URSS dès l'été 1941 suscita une dernière poussée d'isolationnisme. L'attaque japonaise contre Pearl Harbor (7 déc. 1941) marqua la fin de l'isolationnisme américain.

En 1945, face à une Europe sur son déclin et à la montée du bloc communiste, les États-Unis ne pouvaient plus échapper à leurs responsabilités mondiales. Tenant compte des leçons de l'après-guerre 1918, l'Amérique consacra d'immenses efforts au redressement économique de l'Europe occidentale (plan Marshall, 1947), et, par l'intermédiaire de l'OTAN, elle a inclus celle-ci dans un vaste système de défense « atlantique ». Même la réapparition de tendances nationalistes en Europe, à partir de 1958, et les déconvenues de l'intervention au Viêt-nam n'ont pu faire renaître l'isolationnisme américain.

ISRAËL (histoire du peuple d'). Épisode de l'histoire du peuple juif, entre le retour d'Égypte (XIIIe s. av. J.-C.) et le retour d'Exil (VIe s. av. J.-C.). Il est malaisé de fixer le moment où apparut une confédération de tribus et de clans qui portait le nom d'Israël. Dans le cours du IIe millénaire av. J.-C., des Hébreux nomades, parfois sédentarisés le temps de quelques générations, ont vécu parmi d'autres nomades sémites, araméens comme eux, de la boucle de l'Euphrate au delta égyptien. Si l'on corrige et complète les informations du texte biblique (*Genèse* et *Exode*, puis *Juges*), élaboré pour donner une histoire du peuple de Dieu, et non une chronique des réalités vécues aux abords de la Palestine entre le XIIIe s. et le XIe s. av. J.-C., il semble que l'on puisse proposer un schéma historique compatible avec les données générales du Proche-Orient de cette époque. À la fin du XIIIe s. av. J.-C., des clans hébreux nomades ont conquis un territoire peuplé majoritairement de Cananéens (v.), de part et d'autre du Jourdain ; il est probable que ces clans, progressivement adaptés à un mode vie sédentaire, se sont unis au sein d'une ligue qui a reçu le nom d'Israël. Des éléments nouveaux se sont peu à peu agrégés à cette ligue, des Sémites qui abandonnèrent l'Égypte parce que leur condition y était devenue trop précaire. À ces migrants appartenaient des Hébreux, les descendants du clan (ou de la tribu) de Jacob. Rejoignant la ligue d'Israël, ce clan lui fit adopter les structures sociales, juridiques et religieuses qu'il s'était données, peut-être dans le cours de ses pérégrinations sur les steppes du Sinaï. De ce moment daterait l'organisation d'Israël en douze tribus. De ce moment, aussi, Israël serait devenu une nation avec des institutions et une pensée religieuse totalement originales.

Les douze tribus se mirent sous l'autorité de chefs élus, les Juges (XIIe-XIe s. av. J.-C.). Ceux-ci luttèrent à l'intérieur contre l'idolâtrie qui s'était répandue à la suite du passage à la vie sédentaire et des contacts avec les cultes païens environnants, à l'extérieur contre les voisins d'Israël, Moabites, Iduméens,

Ammonites, Philistins, ces derniers particulièrement redoutables. Les Juges les plus célèbres furent la prophétesse Déborah, Gédéon, Jephté, Samson. La menace que les Philistins faisaient peser sur les Hébreux aurait obligé ces derniers à renforcer leur unité en se donnant une monarchie. Le juge Samuel leur désigna un roi, Saül, chef de guerre qui avait attiré l'attention sur lui par ses succès contre les Philistins (vers 1030).

Saül mena vigoureusement la lutte contre les voisins d'Israël et attira auprès de lui un jeune pasteur de la tribu de Juda, David, qui devint son gendre, avant d'être chassé de la cour. Le roi ayant été vaincu et tué par les Philistins à la bataille de Gelboé, David lui succéda (vers 1010/971-70). Ce dernier renforça considérablement le royaume israélite, en dépit de certaines révoltes intérieures (dont l'une menée par son fils Absalon) ; sa gloire posthume, dont témoigne la Bible, fut incomparable. Il battit Philistins et Araméens, assura les frontières, acheva d'intégrer les Cananéens et s'empara de Jérusalem, qui devint sa capitale. Son œuvre fut poursuivie par son fils, Salomon (971-970/931), qui régna fastueusement, à la manière des grands monarques orientaux, développa la prospérité économique (alliance avec Tyr) et illustra son règne par la construction du Temple. Mais les dépenses exagérées du roi, les excès de la fiscalité, l'influence grandissante, jusqu'à la cour de Salomon, des cultes païens suscitèrent le ressentiment des autres tribus envers Juda et sa dynastie.

À la mort de Salomon, les Israélites ne purent s'entendre. Les tribus septentrionales firent sécession et proclamèrent roi Jéroboam. Ainsi, vers 931 av. J.-C. se constituèrent deux royaumes : au N., le royaume d'Israël qui comprenait dix des douze tribus et eut pour capitale Sichem, puis Samarie ; au S., le royaume de Juda qui ne comprenait que les deux tribus de Juda et de Benjamin, mais avec une population aussi importante que le premier royaume, et qui eut pour capitale Jérusalem.

De la séparation des royaumes au retour de la captivité de Babylone (931-30/538 av. J.-C.)

Le royaume israélite s'était développé au début du Ier millénaire avant notre ère, à la faveur de l'effacement momentané des grands empires orientaux, assyrien, babylonien ou hittite ; l'Égypte, qui était encore intervenue en Palestine au temps de Sheshonk Ier (Xe s.), dut renoncer par la suite à une grande politique étrangère. La situation changea au VIIIe s., lorsque l'Assyrie, avec Tiglatpiléser III (744/727), reprit la lutte pour la domination de l'Orient. Les royaumes israélites guerroyant l'un contre l'autre, se trouvaient exposées à une puissance militaire redoutable. Dès le début, le royaume de Juda prit l'ascendant sur son voisin, parce qu'il bénéficiait de la continuité monarchique, de la légitimité de son sacerdoce et du prestige du Temple. Pour le royaume du Nord, la rupture avec Jérusalem s'accompagna d'une sorte de schisme religieux : l'édification de deux temples, à Dan et à Bethel, fut d'autant plus mal perçue à Jérusalem qu'elle était accompagnée d'un regain officiel des cultes païens, en partie sous l'influence de reines étrangères comme Jézabel, fille du roi de Tyr et épouse du roi Achab (874-73/853).

C'est alors qu'apparurent les prophètes, qui se présentaient comme des hommes directement inspirés par Dieu pour ramener le peuple au culte de Yahvé. Élie et Élisée (IXe s.), Amos et Osée (VIIIe s.) dénoncèrent la corruption morale et religieuse du royaume d'Israël, cependant qu'Isaïe (seconde moitié du VIIIe s.) puis Jérémie (VIIe-VIe s.) exercèrent leur mission dans le royaume de Juda. Souvent les prophètes intervenaient dans les affaires politiques : ainsi Isaïe, sous les règnes d'Achaz (736/16) et d'Ézéchias (716/687), prêcha dans le royaume de Juda une stricte neutralité à l'égard de la puissante Assyrie et s'opposa à la politique d'alliance égyptienne du roi Achaz. Dans l'évolution de la religion de l'ensemble du peuple d'Israël, la période des prophètes a une importance capitale : à la religion légaliste et aux cultes traditionnels pratiqués sur les hauts lieux se substituèrent l'uniformisation des rites, la centralisation du culte au bénéfice du Temple de Jérusalem, et une conception plus large de Yahvé comme Dieu de justice. Après avoir mené de longues luttes, finalement victorieuses, contre les Araméens de Damas, le royaume d'Israël succomba (721, chute de Samarie) sous les coups de Sargon II, roi d'Assyrie. Nombre de ses habitants furent déportés vers des régions lointaines de l'Empire, alors que des colons d'origines diverses étaient amenés en Palestine septentrionale pour les remplacer. Ce fut le début de la *Diaspora* ou « dispersion » des Juifs ; mais les nouveaux arrivants qui se mêlèrent aux Israélites restés sur place et adoptèrent le culte de Yahvé gardèrent en même temps beaucoup de leurs rites et de leurs croyances païennes.

Le royaume de Juda survécut plus d'un siècle à celui d'Israël, car, à la différence de ce dernier, il avait adopté une politique extérieure plus prudente. Sous le règne d'Ézéchias, le roi assyrien Sennachérib vint assiéger Jérusalem, mais se retira sans avoir donné l'assaut à la ville (701). Juda subsista en acceptant de devenir un État sujet de l'Assyrie, à laquelle il payait tribut. Jérusalem demeurait le foyer du judaïsme. Le renouveau des cultes locaux, souvent teintés de traditions païennes, qui se produisit sous Manassé (687/42), fut énergiquement réprimé sous le roi Josias (640/09). Il accomplit une grande réforme religieuse par la restauration du Temple et la promulgation du Deutéronome, c'est-à-dire la « deuxième loi » de Moïse, redonnant un puissant élan spirituel à son royaume.

Mais à l'Assyrie avait succédé une nouvelle puissance, l'Empire néobabylonien, qui, comme ses prédécesseurs, prétendait à l'hégémonie sur tout l'Orient. Le royaume de Juda, dont le roi Josias était tombé sous les coups du pharaon Néchao II à la bataille de Megiddo (609), devenait un des enjeux de la rivalité entre les Empires égyptien et babylonien. Nabuchodonosor remporta sur les Égyptiens une victoire décisive à Karkémish (605), ce qui contraignit le roi de Juda Joachim (ou Joiaqîm) à se soumettre aux Babyloniens. Mais les derniers rois de Juda, Joiakîn (598/97) et Sédécias (597/86), se révoltèrent. Nabuchodonosor détrôna Joiakîn et procéda à la première déportation à Babylone (597). Dix ans plus tard, le souverain babylonien s'empara de nouveau de Jérusalem, détruisit le Temple et emmena en captivité Sédécias et déporta en Babylonie la plus grande partie de la population (587/86). Le prophète Jérémie, qui avait mis en garde contre la politique aventureuse de Sédécias, fut emprisonné avant de s'enfuir en Égypte. La « captivité de Babylone » devait être assez courte (587/39), car l'Empire néobabylonien ne tarda pas à s'effondrer devant les Perses dont le roi Cyrus, adoptant une politique de tolérance religieuse, autorisa le retour des Israélites en Palestine.

La période de l'Exil eut des conséquences considérables : transplantés au milieu de populations païennes, les Israélites maintinrent et approfondirent leurs traditions religieuses, notamment grâce à l'enseignement et à l'activité de prophètes ; de plus en plus, l'élément religieux et culturel allait l'emporter sur le fait ethnique. La religion d'Israël affirma dorénavant les notions de la responsabilité et du salut personnels (Job), la négation des autres dieux et la puissance de Yahvé sur toute la terre, marquant ainsi le passage progressif au véritable monothéisme (*Deutéro-Isaïe*). La Palestine où certains d'entre eux retournèrent un demi-siècle plus tard allait rester sous des dominations étrangères successives (Perses, Séleucides, Romains). La vie politique passait désormais au second plan, alors que l'approfondissement de la religion d'Israël faisait d'elle une religion universelle.

ISRAËL (royaume d'). Royaume israélite constitué de la partie N. du royaume de Salomon, après sa mort, en 931 av. J.-C. En raison de l'impopularité du fils de Salomon, Roboam, les dix tribus hébraïques du Nord (Dan, Éphraïm, les deux Manassé, Issachar, Zabulon, Nephtali, Asser, Gad, Ruben) se séparèrent des tribus de Juda et de Benjamin (restées fidèles à la maison de David) et formèrent le royaume d'Israël, avec Sichem pour capitale et Jéroboam, ancien officier de Salomon, comme premier roi. Le royaume d'Israël était beaucoup plus étendu que celui de Juda, mais il n'était pas plus peuplé et il avait moins de cohésion religieuse. Les rois d'Israël tentèrent de substituer au Temple de Jérusalem les sanctuaires de Dan et de Béthel. Le royaume connut cinq dynasties successives. L'apostasie officielle de souverains comme Omri (882/874), qui déplaça la capitale à Samarie, ou celle de son fils Achab (874-73/853), suscitèrent l'apparition des prophètes Élie, Élisée, Amos et Osée. Continuellement en lutte avec les Philistins, les Araméens de Damas, puis les Assyriens, le royaume d'Israël se rapprocha du royaume de Juda sous le règne d'Achab, dont la fille, Athalie, épousa Joram, roi de Juda. Un net redressement politique eut lieu sous les règnes de Joas (798/782-81) et de Jéroboam II (782-81/753), mais le réveil de l'Assyrie amena la catastrophe, souvent annoncée par les prophètes. En 721, Sargon d'Assyrie s'empara de Samarie. L'élite des dix tribus d'Israël fut déportée à Ninive. Voir **ISRAËL (histoire du peuple d')** et **JUDA (royaume de)**.

ISRAËL. État de l'Asie occidentale, formé d'une bande de plus de 400 km s'étendant le long de la Méditerranée, et borné au N. par le Liban, à l'E. par la Syrie et la Jordanie, au S. par l'Égypte ; Israël possède un accès à la mer Rouge par le port d'Eilat, sur le golfe d'Akaba ; capitale *Jérusalem* depuis 1980 (*Tel-Aviv* étant la capitale reconnue par la plupart des pays du monde).

De la Dispersion à la déclaration Balfour (1917)

En Palestine, l'État juif antique disparut après la prise de Jérusalem par Titus, en sept. 70 de notre ère. La Judée devint une province romaine. Ce désastre provoqua un flot d'émigration, qui vint grossir les communautés juives de la Diaspora. Cependant, jusqu'au début du IVe s. apr. J.-C., les Juifs purent encore se maintenir assez librement en Palestine. La conversion de l'empereur Constantin au christianisme inaugura une ère de persécutions. Les quelques communautés demeurées sur la terre de leurs ancêtres cessèrent de jouer un rôle dans la vie du judaïsme, dont le centre passa en Mésopotamie (IVe/XIe s.), puis dans l'Espagne arabe (XIe/XIIe s.), enfin dans l'Europe chrétienne (surtout en Pologne) et en Turquie. (v. **JUIFS**).

Cependant, tout au long de l'exil séculaire, les Juifs pieux conservèrent l'espoir de la restauration en Palestine. Le sionisme moderne a eu des antécédents. Au XVIe s., un Juif de Constantinople, Joseph Nasi, qui avait gagné la faveur du sultan Soliman II, tenta de reconstruire la ville de Tibériade. Vers la même époque, un grand nombre de Juifs chassés d'Espagne et du Portugal se réfugiaient dans l'Empire ottoman, beaucoup plus tolérant que les États chrétiens, et Jacob Bérab, installé à Safed, tenta même de restaurer le Sanhédrin en Palestine (1538). Au XVIIe s., le faux « messie » Sabbataï Zévi souleva l'enthousiasme de milliers de Juifs européens, qui se préparèrent à revenir en Palestine (1665/66). L'idée de la restauration prit une force nouvelle au XIXe s., particulièrement en Russie, où les Juifs étaient victimes de mesures discriminatoires et de pogroms périodiques.

L'appel lancé en 1882 par le docteur Léon Pinskler, d'Odessa, fut accueilli avec ferveur par des groupes d'étudiants juifs de Russie. De nombreuses sociétés sionistes se formèrent ; durant l'été 1882 fut fondée la première colonie agricole de Palestine, près de Jaffa. Cette colonisation prit rapidement de l'ampleur et bénéficia de l'appui financier du baron Edmond de Rothschild ; elle attirait surtout les Juifs de l'Europe orientale, dont le sort était le plus précaire, mais la vague d'antisémitisme qui se manifesta en France à partir de 1885 et surtout pendant l'affaire Dreyfus contribua à renforcer les thèses des partisans du retour en Palestine. Theodor Herzl, qui publia en 1896 son livre *L'État juif*, ne se rallia pas tout de suite à l'idée d'un établissement en Palestine. Les démarches tentées auprès du sultan ottoman se révélèrent d'ailleurs décevantes. L'offre anglaise d'une concession dans l'Ouganda fut repoussée avec vigueur par le VIe congrès sioniste (1903) : le « sionisme sans Sion » apparaissait comme une trahison, et, dès lors, il ne fut plus question que d'une installation en Palestine. Subventionnée par la Banque coloniale juive (1898) et par le Fonds national juif (1901), une immigration plus ou moins clandestine vint grossir les colonies agricoles déjà fondées. En 1908, le docteur Ruppin ouvrit à Jaffa le bureau palestinien, qui acheta des terres. L'année suivante fut fondée, à côté de la vieille cité arabe de Jaffa, la nouvelle ville juive de Tel-Aviv ; des écoles primaires et secondaires et même une école d'arts décoratifs furent ouvertes. L'hébreu biblique, modernisé au XIXe s. par Eliézer Ben Yéhouda, devint la langue officielle. La population juive de Palestine était passée de 24 000 âmes en 1880 à 100 000 en 1914 (environ un septième de la population totale). À la suite des démarches faites par le chef du sionisme, Chaïm Weizmann, le secrétaire d'État au Foreign Office, Lord Balfour (v.), publia le 2 nov. 1917 la célèbre *déclaration Balfour*, par laquelle il apportait le soutien de l'Angleterre à « l'établissement en Palestine d'un foyer national pour le peuple juif ».

La colonisation juive en Palestine de 1917 à 1948

Lorsque la SDN confia la Palestine en mandat au Royaume-Uni, la déception des sionistes fut aussi grande que celle des Arabes. Dès le printemps 1921 eurent lieu des heurts sanglants entre Juifs et Arabes. L'immigration juive n'en fut pas pour autant arrêtée : en 1931, on comptait 174 000 Juifs en Palestine. Le Fonds national juif, alimenté par des contributions des communautés juives du monde entier, achetait des terres qui étaient exploitées selon un système collectiviste au sein des kibboutzim (inaugurés en 1909) : le kibboutz constituait une communauté dont les membres, sur un pied d'égalité absolue, renonçaient librement au salaire et à la propriété privée, la communauté leur assurant le logement, la nourriture, les vêtements, l'éducation des enfants, les soins médicaux... L'énergie des colons juifs, leur esprit d'initiative, leur formation européenne, l'aide matérielle qu'ils recevaient des organisations juives internationales leur permirent de faire des progrès rapides, et leur niveau de vie distança de plus en plus celui des Arabes.

L'arrivée au pouvoir de Hitler (1933) provoqua une vague d'immigration juive d'une ampleur encore jamais atteinte et la population juive s'éleva à 335 000 personnes en 1935. Une révolte générale des Arabes contre les Juifs éclata en 1936 ; les Juifs organisèrent alors la Haganah (« Défense » en hébreu) ; les Anglais décidèrent de limiter l'immigration et commencèrent à étudier un plan de partage de la Palestine.

Devant l'aggravation de la situation européenne, le cabinet de Londres craignait, en favorisant les Juifs, de dresser contre lui les masses arabes, dont certains chefs nationalistes étaient déjà en relation avec le gouvernement hitlérien. Aussi le Livre blanc anglais de 1939 limita-t-il l'immigration à 75 000 personnes pour une période de cinq ans, puis, les Arabes maintenant leur opposition, l'immigration fut presque complètement arrêtée en 1940. Une immigration illégale (la haapala) fut alors aménagée. L'organisation militaire extrémiste et clandestine de l'Irgoun se livra à des attentats contre les fonctionnaires britanniques, mais aussi contre les civils arabes. Alors que les persécutions hitlériennes se développaient dans l'Europe occupée, les Juifs réclamaient le droit à l'immigration illimitée. Malgré la demande de Roosevelt, Londres refusa encore, en 1945 et 1946, d'autoriser l'entrée de 100 000 Juifs. Les Juifs de Palestine se trouvèrent ainsi pratiquement en guerre avec l'Angleterre : la Haganah collaborait désormais avec les groupes terroristes de l'Irgoun et du Stern. L'affaire de l'Exodus (v.) (été 1947) porta les passions à leur comble. L'Angleterre, débordée, soumit le problème à l'ONU et celle-ci adopta le 29 nov. 1947 un plan de partage de la Palestine (v.) : il prévoyait la création de deux États, arabe et juif, devant former une union économique et douanière, le secteur de Jérusalem-Bethléem constituant une enclave internationale administrée par les Nations unies. L'État juif se voyait attribuer une superficie de 14 400 kilomètres carrés, répartie en trois tronçons. Le mandat anglais prit fin le 14 mai 1948 et, le même jour, Ben Gourion proclama l'indépendance de l'État d'Israël.

Affaires intérieures

Le départ des Anglais laissait les Juifs directement aux prises avec les Arabes, qui refusaient d'accepter la décision de l'ONU. La guerre générale déclenchée dès mai 1948 contre le nouvel État juif s'acheva, dans les premiers mois de 1949, par la victoire complète des Israéliens (v. **ISRAÉLO-ARABES, guerres**). Ce conflit valut à Israël un prestige accru dans le monde entier et d'appréciables agrandissements par rapport au plan de partage de nov. 1947 ; le nouveau territoire israélien, désormais d'un seul tenant, avait une superficie augmentée d'un tiers ; la ville sainte de Jérusalem était divisée en deux secteurs, l'un rattaché à Israël, l'autre à la Jordanie. Mais la guerre avait créé des motifs de haine supplémentaires entre Juifs et Arabes : d'une part, les Arabes étaient résolus à effacer leur humiliation et à rayer Israël de la carte du Proche-Orient ; d'autre part, se posait désormais le problème dramatique de près de 800 000 réfugiés arabes qui avaient fui en Syrie, en Jordanie, au Liban, à Gaza et en Cisjordanie. Parqués dans des camps, vivant dans des conditions misérables, ils ne furent réintégrés ni par les pays arabes, qui ne voulaient pas reconnaître le partage de la Palestine, ni par Israël, qui ne voulait pas laisser s'installer en son sein un élément irréductiblement hostile. Cependant, environ 120 000 Arabes restèrent en Israël, où ils jouissaient, du moins théoriquement, des mêmes droits que les Juifs. Exclus de l'armée, ils ne pouvaient en réalité accéder aux plus hautes fonctions de l'État et restèrent soumis à un contrôle policier jusqu'en 1966. Grâce à la croissance de l'économie israélienne, leur niveau de vie dépassa rapidement celui des Arabes des pays voisins mais resta toujours inférieur à celui de leurs concitoyens juifs.

La base juridique du sionisme israélien était la *loi du Retour*, en vertu de laquelle tout Juif avait le droit d'immigrer en Israël et se voyait automatiquement octroyer la nationalité israélienne. Dès sa fondation, le nouvel État se dota d'institutions démocratiques, avec une Chambre unique, la Knesset, élue tous les quatre ans à la représentation proportionnelle, et de nombreux partis politiques. Le plus important était le Mapaï, le parti travailliste, dont la fondation remontait aux années 1930, et qui resta au pouvoir jusqu'en 1977, en formant des gouvernements de coalition dirigés successivement par David Ben Gourion (1948/53 et 1955/63), par Moshe Sharett (1953/55), Lévi Eshkol (1963/69), Golda Meir (1969/74), le général Rabin (1974/77) et Shimon Pérès (1977). À côté du Mapaï, le principal mouvement socialiste était, en 1948, le Mapam, parti ouvrier unifié, de tendances plus marquées à gauche. D'abord dans l'opposition, le Mapam participa au gouvernement de 1955 à 1961 et de nouveau à partir de 1961. À partir de 1969, sous l'impulsion de Golda Meir, le Mapaï constitua avec le Mapam une alliance électorale, le Maarakh (Front ouvrier). Le parti Herouth (Liberté), issu dès 1948 de l'organisation armée Irgoun, et le parti libéral, né en 1961 formaient la droite. Le principal parti religieux était le parti national religieux.

La population d'Israël atteignait plus de 2 millions et demi d'individus avant la guerre de 1967. À l'immigration en provenance de l'Europe orientale et centrale, qui constitua le premier fonds du peuplement juif moderne en Palestine, succéda une forte immigration en provenance des pays musulmans. Malgré cet afflux d'immigrants d'origines très diverses, malgré des luttes politiques parfois très vives, Israël conserva une ardente unité nationale, fortifiée par la menace qui ne cessait de peser sur ses frontières. Le gouvernement travailla à une diffusion intensive de l'hébreu et favorisa toutes les recherches historiques et archéologiques pouvant contribuer à rattacher les Israéliens à leur lointain passé biblique.

Les progrès économiques furent impressionnants. En un quart de siècle, les Israéliens parvinrent à tripler l'étendue des surfaces cultivées, à quintupler celle des terres irriguées et à assurer ainsi les trois quarts de leurs besoins alimentaires, tout en exportant près d'un quart de leur production agricole. C'est dans un esprit nettement socialiste que s'accomplit ce développement. Les terres achetées par l'Agence juive, considérées comme propriété commune, furent presque entièrement confiées à des organisations collectives : *kibboutzim*, villages communautaires autogérés avec organisation collective du travail, et *moschavim*, villages fondés sur le principe de la solidarité et de l'assistance mutuelle. Ces communautés recevaient la terre à un prix de location très faible pour une durée de quarante-neuf ans renouvelable. L'expansion industrielle enregistrait également des progrès continus. Ces réussites furent rendues possibles grâce à un afflux considérable de capitaux extérieurs, dons individuels de Juifs de la Diaspora, aides officielles, emprunts internationaux et réparations versées par l'Allemagne fédérale.

Israël face aux pays arabes

Les pays arabes voisins refusaient de reconnaître l'existence de l'État d'Israël, qu'ils assimilaient à une forme de domination coloniale. Dès 1952, la résistance palestinienne multiplia les incidents sur la frontière. Ce climat de tension, les campagnes panarabes menées par Nasser, l'aide militaire croissante apportée par l'URSS à l'Égypte firent grandir les inquiétudes israéliennes. Profitant de la colère soulevée à Londres et à Paris par la décision égyptienne de nationaliser le canal de Suez (juill. 1956), Ben Gourion s'assura la promesse d'un appui militaire franco-britannique, et, le 29 oct. 1956, les Israéliens déclenchèrent les hostilités contre l'Égypte. Dès le surlendemain, Londres et Paris lançaient leur attaque contre le canal de Suez (v.). Cette deuxième guerre israélo-arabe donna une nouvelle preuve de la supériorité militaire d'Israël, qui, en sept jours, fit la conquête de toute la péninsule du Sinaï, avec le port de Charm el-Cheik, sur le golfe d'Akaba. L'ONU et surtout la pression des États-Unis et de l'URSS imposèrent l'arrêt de cette opération (2 nov.) ; une force internationale de l'ONU fut envoyée en Égypte et, en mars 1957, toutes les troupes israéliennes furent retirées des territoires conquis.

Les incidents de frontière ne tardèrent pas à reprendre, et une « Armée de libération palestinienne » se constitua dans les camps de réfugiés arabes (v. **PALESTINE**). Nasser réoccupa Gaza et Charm el-Cheik, se réconcilia avec Hussein de Jordanie et obtint que les armées égyptienne et jordanienne fussent placées sous un commandement égyptien unique. Invoquant l'encerclement arabe et s'estimant menacés de destruction totale, les Israéliens déclenchèrent une nouvelle guerre préventive. Cette *guerre des Six Jours* (5/10 juin 1967, v. **ISRAÉLO-ARABES, guerres**), menée contre l'Égypte, la Jordanie et la Syrie, se termina par une victoire complète sur tous les fronts : les armées israéliennes occupèrent de nouveau le Sinaï jusqu'au canal de Suez, mais également la partie arabe de Jérusalem, toute la Cisjordanie et, du côté de la Syrie, les hauteurs du Golan. Israël faisait ainsi passer sous son administration plus d'un million d'Arabes, écartait la menace arabe des centres vitaux de l'État hébreu et s'assurait la possession des gisements pétrolifères du Sinaï (Abou Roudeis et Abou Dourba).

Alors que les victoires israéliennes étaient accueillies avec sympathie par une grande partie de l'opinion publique occidentale, la politique de Tel-Aviv était condamnée par l'URSS, et par les pays socialistes, qui rompirent leurs relations diplomatiques avec Israël, mais également par le général de Gaulle, dont les conseils de prudence n'avaient pas été écoutés. Le Conseil de sécurité de l'ONU, qui avait imposé le cessez-le-feu, vota à l'unanimité, le 22 nov. 1967, la résolution 242 réclamant : le retrait des forces israéliennes des territoires occupés pendant la guerre des Six Jours ; l'arrêt des actes de belligérance ; la reconnaissance de la souveraineté, de l'indépendance et de l'intégrité territoriale de tous les États du Proche-Orient ; la création de zones démilitarisées ; le juste règlement du problème des réfugiés palestiniens. Mais Israël considérait que ses frontières antérieures au dernier conflit n'étaient que des lignes de démarcation fixées par les armistices de 1949 et que, n'ayant jamais été reconnues juridiquement par les États arabes, elles n'existaient plus désormais. Les Israéliens annexèrent unilatéralement la partie arabe de Jérusalem, recouvrant ainsi le mur des Lamentations, et proclamèrent qu'ils n'accepteraient aucune négociation sur ce point. Les autres territoires occupés furent soumis à une intense colonisation israélienne, avec création de villages militaires (*nahal*).

Mais la résistance arabe déploya une activité croissante dans les territoires occupés et sur les nouveaux confins d'Israël ; détournements d'avions, attentats contre des diplomates et même contre des délégations sportives israéliennes (attentat des jeux Olympiques de Munich, 1972) se multiplièrent. Les représailles israéliennes (destructions de maisons ou de villages arabes dans les territoires occupés, raid contre l'aéroport de Beyrouth en déc. 1968...) ne purent mettre un terme à ce terrorisme. Privés de leur principal fournisseur d'armes, la France, qui désormais livrait ses avions Mirage à plusieurs États arabes, mais pratiquait l'embargo à l'égard d'Israël, les Israéliens devinrent complètement tributaires des États-Unis. De son côté, l'URSS fournissait en abondance armes modernes et techniciens militaires à l'Égypte et aux autres pays arabes.

Alors que le problème israélo-arabe était depuis des mois dans une impasse diplomatique, la quatrième guerre israélo-arabe, dite « guerre du Kippour », fut déclenchée par les Égyptiens le 6 oct. 1973 (v. **Israélo-arabes, guerres**). Pris par surprise, le jour même où ils célébraient la grande fête religieuse du Yom Kippour, les Israéliens ne purent empêcher les troupes égyptiennes de franchir le canal de Suez et de reconquérir, sur la rive orientale du canal, deux longues portions de territoire d'une largeur moyenne de 10 km ; cependant, la réaction israélienne fut rapide. Au moment du cessez-le-feu (22 oct. 1973), les troupes israéliennes se trouvaient à 80 km du Caire et à 50 km de Damas. Sous l'impulsion de l'Arabie Saoudite, les pays arabes producteurs de pétrole avaient déclenché un embargo qui obligeait l'Occident à se désolidariser complètement d'Israël. De plus en plus isolés sur le plan diplomatique, dépendant étroitement des États-Unis pour leur réarmement, les Israéliens étaient contraints de se plier à la politique américaine qui, sous l'impulsion de Kissinger, s'assurait une influence nouvelle dans le monde arabe (rétablissement des relations diplomatiques égypto-américaines dès le 7 nov. 1973).

Grâce à la médiation américaine, Égyptiens et Israéliens souscrivirent un accord sur les modalités du cessez-le-feu (11 nov. 1973) ; les Israéliens évacuèrent leur tête de pont à l'O. du canal de Suez, ainsi qu'une portion de la rive orientale du canal, qui fut réoccupée par les Égyptiens et une force de l'ONU placée dans le Sinaï entre Égyptiens et Israéliens (18 janv. 1974) ; de même, à la suite de l'accord israélo-syrien du 31 mai 1974, une force internationale s'installait au pied du Golan, côté syrien. Grâce aux efforts de Kissinger, un nouveau pas vers la stabilisation au Proche-Orient était franchi par l'accord du 4 sept. 1975 : les Israéliens accentuaient leur retrait dans le Sinaï et restituaient aux Égyptiens les champs pétrolifères d'Abou Roudeis ; Israël et l'Égypte convenaient de résoudre leur conflit par des voies pacifiques et répudiaient le recours à la force.

Cependant, les déceptions provoquées par la guerre du Kippour continuaient à troubler la politique intérieure israélienne. Aux élections du 31 déc. 1973, le parti travailliste de Golda Meir reculait. En avr. 1974, Golda Meir démissionna face à l'ampleur de la campagne menée contre son ministre de la Défense, le général Dayan. Le général Rabin, le vainqueur de la guerre de 1967, constitua un cabinet de coalition.

Les divisions du gouvernement Rabin, sa faiblesse face à la colonisation sauvage des territoires occupés entreprise par les activistes du Bloc de la foi, ainsi que son incapacité à redresser la situation économique et à calmer le malaise social, attestèrent l'incontestable usure du parti travailliste. Compromis dans une affaire financière, le Premier ministre dut céder la place, en avr. 1977, à Shimon Pérès ; mais les partis de l'opposition de droite, regroupés au sein du Likoud, front électoral constitué en 1973, sortirent vainqueurs des élections du 17 mai 1977. Mettant fin à vingt-neuf ans de pouvoir travailliste, Menahem Begin arrivait au pouvoir pour y mener une politique ultranationaliste, avec, notamment, l'appui des partis religieux. Pris de court par l'offensive diplomatique et par un voyage triomphal du président Sadate à Jérusalem, les 19 et 20 nov. 1977, M. Begin se rendit le mois suivant à Ismaïlia, pour une « visite de travail » ; mais, attentif à son image de sioniste intransigeant, il ne contribua que tardivement à l'effort américano-égyptien en faveur de la paix au Proche-Orient. Après l'action d'un commando palestinien en territoire israélien, le 11 mars 1978 (trente-cinq morts, plus de soixante-dix blessés), le gouvernement de Tel-Aviv décida d'effectuer une vaste opération militaire au sud du Liban ; 25 000 soldats israéliens y restèrent stationnés jusqu'à la mi-juin. Les militants du Bloc de la foi poursuivaient, pour leur part, leur action offensive et annonçaient, avec l'appui du gouvernement, l'implantation dans les territoires occupés de plusieurs nouvelles colonies juives, qui porteraient à 100 000 (au lieu de 9 000) le nombre des résidents juifs.

La recherche de la paix avec les pays arabes

Les accords-cadres de Camp David (17 sept. 1978) ne firent l'unanimité ni au sein du cabinet ni à la Knesset. Signé le 26 mars à Washington, le traité de paix israélo-égyptien fut ratifié par le gouvernement Begin le 1er avr., et dès le 2 avr., le Premier ministre israélien était reçu au Caire en visite officielle. Le 30 avr. 1979, les cargos israéliens étaient autorisés à emprunter le canal de Suez. Première étape (anticipée) du processus d'évacuation en trois ans du Sinaï par les militaires et les civils israéliens, la restitution à l'Egypte de la ville d'el-Arich avait lieu le 25 mai 1979. Le problème de l'autonomie des Palestiniens de Cisjordanie et de la bande de Gaza, second volet des accords de Camp David, demeurait cependant entier en raison des divergences entre Israéliens et Égyptiens à propos de la politique d'implantation juive qui se poursuivait dans les territoires occupés.

La situation internationale s'assombrit encore : durant l'été 1981, la guerre civile s'intensifia au Liban (v.). Israël vit dans cette implosion l'occasion d'anéantir les forces militaires palestiniennes qui y avaient trouvé refuge ; l'aviation israélienne bombarda sévèrement Beyrouth, devenue capitale de l'OLP. Peu après, Sadate était assassiné (6 oct.) et Israël annexait le Golan (syrien) où vivent 13 000 Druzes (14 déc. 1981). Le 6 juin 1982, les troupes israéliennes déclenchaient l'opération « Paix en Galilée » en entrant au Liban en principe pour protéger leur frontière Nord. Ce nouveau développement de « la guerre du Liban » avait été décidé par le général Ariel Sharon, ministre de la Défense du second gouvernement Begin, qui transforma l'opération en une invasion en règle : après la destruction des missiles soviétiques installés par les Syriens dans la vallée de la Bekaa, les blindés israéliens pénétrèrent dans Beyrouth-Ouest (4 août). Mais cette nouvelle intervention suscita une vague anti-israélienne considérable dans les partis de gauche occidentaux et donna prétexte par la suite à la Syrie pour accroître sa propre présence au Liban ; elle accrut la guerre civile en renforçant la détermination des musulmans chiites et celle des Druzes qui craignaient de faire les frais de l'alliance des chrétiens et d'Israël ; elle suscita aussi une opposition en Israël même. Le massacre perpétré, les 16, 17 et 18 sept. 1982, par des phalangistes libanais dans les camps de réfugiés palestiniens de Sabra et de Chatila avec la neutralité bienveillante de l'armée israélienne provoqua de larges remous à la Knesset, ainsi que le limogeage du général Sharon. Le malaise de l'opinion se transforma en crise morale, bien que l'OLP eût été contrainte d'abandonner Beyrouth et qu'elle eût ensuite rencontré, avec la Syrie, un adversaire aussi tenace et aussi implacable qu'Israël. Malade, M. Begin abandonna le pouvoir en sept. 1983.

Yitzhak Shamir, le 10 oct., fut investi à la tête d'un gouvernement identique au précédent. Né en Pologne, en 1915, immigré dès 1935, le Premier ministre avait été longtemps un militant de la lutte clandestine, et il appartenait à la tendance dure du Likoud. Ancien président de la Knesset, ministre des Affaires étrangères de M. Begin, il dut se consacrer en priorité aux problèmes économiques, pour tenter de résoudre la profonde crise qui affectait le pays depuis 1980. Au Liban, l'armée israélienne (relayée à Beyrouth par une force multinationale d'interposition) se retira dans le Sud. En 1985, le retrait se poursuivit. Israël ne conserva qu'une zone de sécurité de quelques kilomètres le long de la frontière libanaise. Y. Shamir tenta aussi de juguler le terrorisme juif antiarabe, en particulier dans les territoires occupés, et autorisa l'arrestation de religieux extrémistes impliqués dans plusieurs attentats et protégés par les autorités sous le gouvernement Begin.

Cependant, en mars 1984, Shamir fut mis en minorité à la Knesset. Les élections ne permirent pas de dégager une majorité capable de gouverner seule. Conservateurs et travaillistes créèrent un gouvernement d'union nationale dont la direction serait assumée en alternance. Shimon Pérès, le chef des travaillistes, fut chargé d'en diriger la première phase. Ce compromis permit, sur le plan économique, d'élaborer un plan de rigueur, portant surtout sur les salaires, rendu inévitable par la dégradation de la situation économique : le shekel, par exemple, avait perdu 8 000 % de sa valeur en cinq ans par rapport au dollar.

Le mouvement de résistance des populations arabes (v. **Intifada**) commencé en déc. 1987 gagna bientôt tous les territoires occupés (Cisjordanie, Gaza). Face à cette situation, les partisans du dialogue se faisaient moins nombreux, alors que se trouvaient renforcées les tendances ultranationalistes en face d'un islamisme extrémiste, en progression lui aussi chez les Palestiniens. En 1988, la coalition gouvernementale fut reconduite avec I. Shamir comme Premier ministre ; S. Pérès, devenu ministre des Finances, laissait les Affaires étrangères au conservateur Moshe Arens. Après 1989, l'ouverture des frontières aux Juifs de l'ex-URSS provoqua l'arrivée de plus d'un demi-million d'immigrants en Israël, représentant 10 % de la population du pays. Ces arrivées massives relancèrent la question de la colonisation des territoires occupés, qui fit éclater le gouvernement d'union nationale en 1990. I. Shamir se maintint au pouvoir en réunissant une coalition Likoud-religieux-nationalistes.

La seconde guerre du Golfe (v.) ébranla l'idée suivant laquelle le territoire de l'État hébreu, à portée de tir des missiles Scud irakiens, pouvait être défendu comme un sanctuaire. Des négociations officielles furent ouvertes avec les voisins arabes d'Israël, lesquels s'étaient retrouvés dans le même camp que l'État hébreu contre S. Hussein. Le démarrage du processus de paix israélo-arabe (v. **ISRAÉLO-ARABE, processus de paix**), entamé à la conférence de Madrid d'oct. 1991, dut cependant beaucoup aux pressions américaines. La perspective de l'établissement d'une paix durable permit aux travaillistes, perçus comme plus favorables à la paix, de remporter les élections de juill. 1992. Y. Rabin accéda au poste de Premier ministre et S. Pérès retrouva les Affaires étrangères. Ce dernier conduisit à Oslo des négociations secrètes avec l'OLP, qui débouchèrent sur une reconnaissance mutuelle israélo-palestinienne, paraphée à Washington en sept. 1993. L'accord « Jéricho-Gaza d'abord », signé au Caire en mai 1994, instaura une Autorité palestinienne sur ces deux localités puis, en sept. 1995, sur l'ensemble des grandes villes de Cisjordanie. Un accord de paix fut aussi conclu avec la Jordanie en oct. 1994. Cependant, le regain de violence extrémiste, qu'elle vînt des islamistes palestiniens du Hamas ou des nationalistes israéliens, particulièrement bien implantés parmi les colons des territoires, risquait de compromettre le processus de paix. En nov. 1995, l'assassinat de Y. Rabin par un extrémiste juif suscita une importante mobilisation des partisans de la paix. Cependant, face à la multiplication des attentats, Shimon Pérès, à nouveau Premier ministre, fut contraint d'interrompre les négociations et de lancer une nouvelle offensive au Liban en avr. 1996. Alors que le pays connaissait entre 1990 et 1995, une embellie économique, les questions de la paix et de la sécurité restaient très préoccupantes pour la plupart des Israéliens.

C'est d'ailleurs sur un programme sécuritaire que Benyamin Netanyahou remporta, en mai 1996, les élections au poste de Premier ministre (pour la première fois, le Premier ministre était élu au suffrage universel) et les élections législatives anticipées à l'issue desquelles son parti, le Likoud, forma un gouvernement de coalition. B. Netanyahou mena une politique d'extrême fermeté face aux Palestiniens, réduisant presque à néant le processus de paix par des mesures telles que la remise en question du calendrier d'Oslo sur les territoires dévolus à l'Autorité palestinienne ou la reprise de la colonisation à Jérusalem-Est et en Cisjordanie. Cette politique ne fit néanmoins pas l'unanimité dans les rangs de la coalition gouvernementale. En oct. 1998, sous l'égide des États-Unis, B. Netanyahou signa avec Y. Arafat, qui avait menacé de proclamer unilatéralement un État palestinien, les accords de Wye River Plantation. Ils prévoyaient de nouveaux retraits israéliens en Cisjordanie mais B.- Netanyahou suspendit leur application, dès janv. 1999. Les législatives anticipées de mai 1999 virent la défaite du Premier ministre B. Netanyahou, qui se retira de la présidence du Likoud. Ehoud Barak et le parti travailliste triomphèrent. Le nouveau Premier ministre mit en place une large coalition. Il s'engagea à appliquer les accords de Wye River Plantation et le calendrier mis au point avec l'Autorité palestinienne fut approuvé par le nouveau Parlement en sept. 1999. Plusieurs fractions des territoires occupés en Cisjordanie furent rétrocédées aux Palestiniens et certains de leurs prisonniers libérés. En mai 2000, faute d'avoir trouvé un accord avec la Syrie, Israël retira unilatéralement ses forces de la zone de sécurité qu'elles occupaient au Sud-Liban. Un nouveau sommet se tint à Camp David en juill. 2000 ; il réunissait Y. Arafat, B. Clinton et E. Barak mais ne permit pas de trouver un accord sur la suite du processus de paix, le problème du statut de Jérusalem bloquant la négociation. Début oct., le Premier ministre se trouva confronté à une nouvelle flambée de violence, provoquée par la visite sur l'esplanade des mosquées à Jérusalem d'Ariel Sharon, depuis peu chef du Likoud. Des affrontements sanglants firent plusieurs centaines de victimes en deux mois, essentiellement palestiniennes. Le Premier ministre tenta, sans succès, de négocier une coalition d'union nationale avec le Likoud et les territoires palestiniens furent soumis à un blocus. Devançant les menaces d'autodissolution de la Knesset et afin de court-circuiter une éventuelle candidature à sa succession de B. Netanyahou, E. Barak démissionna en déc. À l'issue d'une campagne électorale marquée par d'incessants affrontements et par d'ultimes négociations entre le gouvernement Barak et l'Autorité palestinienne – sous l'égide du président Clinton, qui y consacra les derniers jours de son mandat –, le Premier ministre sortant fut très largement battu par le candidat du Likoud, Ariel Sharon, en févr. 2001. Le processus de paix israélo-palestinien, auquel Ariel Sharon s'était toujours montré hostile, est resté au point mort et le pays a sombré dans le cycle infernal de la violence (ce qui a encore aggravé la situation économique). Les attentats-suicides palestiniens se sont multipliés, frappant le cœur des villes israéliennes, tandis que l'armée israélienne répliquait en lançant des attaques contre les territoires autonomes en Cisjordanie et dans la bande de Gaza et en réoccupant même plusieurs villes sous autorité palestinienne. En déc. 2001, Israël a officiellement rompu toute relation diplomatique avec l'Autorité palestinienne, assignant son président Yasser Arafat, accusé d'être responsable des attentats, à résidence dans son quartier général de Ramallah. Au cours de l'année 2003, l'édification d'un mur de défense contre les tentatives d'infiltrations palestiniennes s'est poursuivie, privant de fait la Cisjordanie de 7 % de son territoire tandis que les implantations juives dans les Territoires palestiniens se sont poursuivies. Face à cette situation très critique, la communauté internationale a tenté de relancer le processus de paix. En avr. 2003, les États-Unis, l'Union européenne, l'ONU et la Russie ont élaboré un plan (la « feuille de route ») appelant les Palestiniens à faire cesser toute violence et Israël à abandonner la colonisation juive des Territoires palestiniens ; la création d'un État palestinien à l'horizon 2005 est aussi évoquée. Renforcé dans ses positions par le succès du Likoud aux élections législatives de janv. 2003, Ariel Sharon essaie d'en ralentir l'exécution, considérant que seule la partie palestinienne doit tenir ses engagements.

ISRAÉLO-ARABES (guerres)

1re guerre de 1948/49. Dès le 17 déc. 1947, le conseil de la Ligue arabe annonça qu'il s'opposerait par la force au partage de la Palestine décidé le mois précédent par l'ONU (v. Israël). Le 15 mai 1948, au lendemain même de la fin du mandat britannique et de la proclamation de l'État d'Israël, les régions occupées par les Juifs furent soumises à une invasion concentrique des armées de l'Égypte, de la Transjordanie, de l'Irak, de la Syrie et du Liban. Les Arabes représentaient une force d'environ 80 000 hommes contre 60 000 Israéliens, mais ceux-ci étaient mieux armés, mieux entraînés et leurs chefs étaient des hommes de valeur, dont certains avaient l'expérience des combats de la Seconde Guerre mondiale.

La première phase du conflit fut marquée par des succès arabes. Au nord, les Irakiens faisaient irruption sur les rives du lac de Tibériade. Au centre, la Légion arabe encerclait Jérusalem (15 mai), progressait dans la vieille ville, s'emparait du mur des Lamentations (21 mai), puis du Calvaire, du Saint-Sépulcre et de la mosquée d'Omar. Elle progressait aussi en Judée, mais les Juifs tenaient solidement la route vers Jérusalem. Au sud, les Égyptiens s'emparaient, dans la région côtière, de Gaza. Tel-Aviv à son tour était encerclée avant d'être dégagée par une offensive israéliennes (4 juin). Israéliens et Arabes acceptèrent alors la trêve proposée par le comte Folke Bernadotte, médiateur de l'ONU. La cessation des combats (11 juin/9 juill.) permit aux Israéliens de se réorganiser et, dès la reprise des hostilités, de déclencher une foudroyante offensive qui aboutit, en quelques jours, à la conquête de Nazareth et de la Galilée occidentale, laquelle avait été attribuée aux Arabes par le plan de partage de l'ONU. Après cette « campagne des Dix Jours », une nouvelle trêve intervint le 18 juill. mais resta assez précaire. Le comte Bernadotte fut assassiné à Jérusalem par des terroristes juifs (17 sept.). Le 15 oct. 1948, l'armée israélienne lança deux nouvelles offensives, l'une dans le Néguev, qui mit en déroute les Égyptiens, l'autre vers le nord, qui se termina par la conquête de la Galilée (fin oct.). La solidarité arabe se révélant de plus en plus défaillante, les Égyptiens furent les premiers à demander un armistice, qui fut signé à Rhodes (24 févr. 1949) : Israël gardait les territoires conquis dans le Néguev, mais Gaza et la bande côtière reliant cette ville au Sinaï restaient à l'Égypte. D'autres armistices furent signés ensuite entre Israël et le Liban (23 mars), la Transjordanie (3 avr.), la Syrie (20 juill.), l'Irak seul refusant de négocier avec Israël.

2e guerre israélo-égyptienne de 1956. Voir Suez.

3e guerre israélo-arabe de 1967 ou **guerre des Six Jours (5/10 juin 1967).** S'estimant menacé par la politique panarabe du colonel Nasser, par le resserrement des alliances militaires égypto-syro-jordaniennes, par le départ de la force des Nations unies stationnée aux frontières du Sinaï depuis la guerre de 1956, Israël déclencha une guerre préventive contre l'Égypte et la Jordanie à l'aube du 5 juin 1967. La Syrie se joignit aux deux pays arabes. Dès les premières heures des combats, l'aviation égyptienne fut détruite au sol par les raids de l'aviation israélienne. Attaquant à la fois dans la péninsule du Sinaï et en Cisjordanie, les forces terrestres israéliennes s'emparèrent de Gaza (6 juin) et, sur le front jordanien, encerclèrent la ville arabe de Jérusalem, qui fut conquise dès le 7 juin, ainsi que Naplouse et Jéricho. Toute la Cisjordanie ayant été occupée en l'espace de deux jours, la Jordanie accepta dès le soir du 7 juin le cessez-le-feu proposé par l'ONU. Le même jour, l'offensive israélienne du Sinaï atteignait Charm el-Cheik, et, le lendemain, les troupes juives arrivaient sur la rive orientale du canal de Suez : l'Égypte à son tour se retirait de la lutte (au soir du 8 juin). Sur le front syrien, les troupes israéliennes faisaient la conquête des collines du Golan et de la ville de Kuneitra ; le cessez-le-feu s'établissait sur ce front également dans l'après-midi du 10 juin. Israël devait conserver intégralement jusqu'en 1973 les conquêtes réalisées au cours de cette guerre.

4e guerre israélo-arabe de 1973 ou **guerre du Kippour (6/25 oct. 1973).** Les forces arabes avaient subi une profonde réorganisation et un entraînement intensif après les défaites de 1967. L'URSS avait fourni à l'Égypte un équipement ultramoderne et perfectionné. L'attaque arabe du 6 oct. 1973 surprit complètement les Israéliens, qui, ce jour-là, célébraient la grande fête religieuse du Yom Kippour (d'où le nom donné à cette guerre). Sur le front du Sinaï, les Égyptiens réussirent à franchir le canal de Suez et à établir trois têtes de pont sur la rive orientale. Les troupes égyptiennes percèrent rapidement la ligne de défense israélienne Bar-Lev, mais limitèrent volontairement leur avance dans le Sinaï à une quinzaine de kilomètres, afin de rester sous la protection antiaérienne de leurs bases de missiles. En revanche, sur le front syrien, les Israéliens remportèrent une grande bataille de chars, réduisirent à l'impuissance l'aviation ennemie et avancèrent en direction de Damas. Ces victoires leur permirent de ramener des forces sur le front du Sinaï. À partir du 17 oct., s'engouffrant entre Ismaïlia et le lac Amer, dans le vide laissé entre les IIe et IIIe armées égyptiennes, ils établirent une tête de pont sur la rive occidentale du canal de Suez, à partir de laquelle, le 20 oct., ils effectuèrent une double percée de blindés à la fois en direction du Caire et en direction de Suez, menaçant ainsi d'encerclement la IIIe armée égyptienne, aventurée sur l'autre rive du canal. À la faveur d'un premier cessez-le-feu (22 oct.), la IIIe armée essaya de se dégager, mais les Israéliens reprirent alors le combat et la IIIe armée égyptienne se trouva complètement encerclée ; elle ne fut sauvée que par le cessez-le-feu définitif (25 oct.).

Cette guerre ne se termina donc pas au désavantage des Israéliens : cependant, le fait nouveau – qui devait être retenu par l'opinion mondiale, et d'abord par les peuples arabes – résidait dans la combativité et l'efficacité dont avaient fait preuve les troupes égyptiennes, dans la confusion initiale qui avait frappé les Israéliens, enfin dans l'active solidarité arabe qui s'était affirmée au cours du conflit par l'application d'un embargo pétrolier privant l'Europe de ses sources indispensables d'énergie. Voir les suites de ce conflit aux articles **ISRAËL**, **ÉGYPTE**, **LIBAN** et **PALESTINE**.

ISRAÉLO-ARABE (processus de paix). L'Égypte fut le premier pays arabe à conclure un accord de paix avec Israël. Chapeautés par les États-Unis, les accords Sadate-Begin de Camp David de sept. 1978 permirent à l'Égypte de se voir accorder d'importants subsides américains et d'obtenir la restitution du Sinaï, parachevée avec la rétrocession de l'enclave de Taba en 1990. Les clauses prévoyant une autonomie transitoire de cinq ans pour Gaza et la Cisjordanie ne furent jamais appliquées, en partie du fait de l'opposition de l'OLP, absente des négociations. Malgré la mise de l'Égypte au ban de la Ligue arabe, l'idée d'une paix avec Israël cessa d'être un tabou pour la plupart des dirigeants arabes modérés, en particulier pour les rois Hassan II du Maroc et Hussein de Jordanie, qui rencontrèrent secrètement les dirigeants israéliens à plusieurs reprises. Un accord de paix signé avec le Liban en 1983 resta toutefois lettre morte du fait de l'opposition syrienne.

Avec la fin de la rivalité Est-Ouest, autour de 1990, de nouvelles perspectives s'ouvraient. En oct. 1991, la pression américaine permettait de réunir à Madrid Israël et ses voisins arabes pour une conférence de paix. Cependant, le processus de paix ne prit son essor qu'avec la victoire électorale, en juin 1992, du travailliste Y. Rabin, élu sur un programme de paix. Les négociations secrètes menées à Oslo sous l'égide de son ministre des Affaires étrangères, S. Pérès, aboutirent à une reconnaissance mutuelle d'Israël et de l'OLP, paraphée à Washington en sept. 1993 et assortie d'une déclaration de principe. Celle-ci reçut un début d'application avec l'accord Gaza-Jéricho du Caire de mai 1994, accordant l'autonomie à ces deux localités. Le processus de paix israélo-palestinien se doubla d'un accord de paix israélo-jordanien en oct., mais les négociations avec la Syrie butèrent sur le statut du Golan. La méthode des « petits pas », repoussant les questions les plus épineuses, comme le statut de Jérusalem ou l'avenir des colonies israéliennes, permit de tester la bonne volonté des négociateurs et d'étendre le statut d'autonomie à l'ensemble des grandes villes de Cisjordanie au cours de l'hiver 1995/96. La capacité des gouvernants à imposer le processus à leur population, en proie au doute et confrontée à la violence des extrémistes, restait cependant incertaine. De même que le président Sadate, accusé d'être un traître à la cause arabe, avait été assassiné par un extrémiste en 1981, en nov. 1995, Y. Rabin, accusé de brader la terre d'Israël, tomba sous les coups d'un extrémiste juif. Passé l'émotion suscitée par cet événement tragique, la victoire du Likoud aux élections législatives de mai 1996 entraîna un arrêt brutal du processus de paix, marqué, entre autres, par la remise en question du calendrier d'Oslo et par la reprise de la colonisation en Cisjordanie. Le retour au pouvoir des travaillistes en juill. 1999, fit naître des espoirs rapidement déçus : ni les négociations menées avec la Syrie, ni les pourparlers avec Arafat à l'été 2000 ne donnèrent de résultats. La reprise des violences en Palestine et la victoire écrasante d'Ariel Sharon, élu Premier ministre d'Israël en févr. 2001 ont interrompu le processus de paix israélo-palestinien, que le plan international déposé par les États-Unis, l'Union européenne, l'ONU et la Russie en avr. 2003 n'a pas permis de relancer.

ITALIE, *Italia*. État méditerranéen de l'Europe méridionale ; capitale *Rome*.

Des origines à la fin de l'Empire romain d'Occident

Jusqu'à la fin de la République romaine, le nom d'*Italie* – qui venait de celui des *Itali*, petite peuplade qui vivait dans le sud de la Calabre – n'était appliqué qu'au sud et au centre de la péninsule. Plus au nord, au-delà du petit fleuve Macra (auj. la *Magra*, qui se jette dans le golfe de Gênes) et du Rubicon (qui se jetait dans l'Adriatique), s'étendaient la Ligurie et la plaine du Pô, qui formaient ensemble ce qu'on appelait la *Gaule cisalpine*. C'est en 42 av. J.-C. que la Gaule cisalpine, conquise par les Romains depuis le début du IIe s. av. J.-C., fut officiellement réunie à l'Italie, dont les frontières se trouvèrent ainsi portées sur les Alpes et correspondirent approximativement aux frontières actuelles de l'État italien.

Les plus anciennes traces d'occupation humaine en Italie remontent à plus de 700 000 ans, et de nombreux sites datés entre 700 000 et 400 000 ans ont été découverts. À Torre in Pietra (Torrimpietra), près de Rome, on a trouvé des restes d'une industrie de bifaces acheuléens antérieure à – 200 000. Des restes humains néandertaliens ont été découverts dans les grottes du mont Circé, entre Rome et Naples. Au paléolithique supérieur, la principale culture est celle de Romanelli, dans les Pouilles (Italie du Sud), et à San Tedoro, en Sicile, où il faut mentionner les gravures paléolithiques de l'île de Levanzo et d'Addaura.

Les premières cultures néolithiques italiennes sont apparues au VIe millénaire, dans le contexte du développement de la culture à céramique imprimée sur les côtes espagnoles, françaises et italiennes de la Méditerranée, notamment à Molfetta, dans les Pouilles. L'Italie du Sud et la Sicile, terres de contacts maritimes, ont pris de l'avance sur l'Italie du Nord. Au IVe millénaire, la culture de Stentinello, avec sa céramique aux formes et au décor très variés, s'est élaborée dans des villages défendus par des fossés circulaires. Le cuivre a fait son apparition dans le Sud dès la fin du IIIe millénaire. La poterie peinte, qui a succédé à la poterie décorée par impression du néolithique ancien, s'est développée à Matera (Basilicate).

Dès le début du IIe millénaire, la Sicile et les îles avoisinantes, et dans les îles Éoliennes, en relations désormais très actives avec les autres centres méditerranéens, jouèrent un grand rôle dans la diffusion de la civilisation du bronze (v. **Sicile**). En Sardaigne, après des industries chalcolithiques, s'est développée jusqu'à l'âge du fer la très originale civilisation des nouraghes (v. **Sardaigne**). En Italie du Nord, la première civilisation du métal est apparue dans la vallée du Pô ; elle est connue par le site de Remedello, près de Brescia. C'était encore une civilisation du cuivre, le bronze n'ayant fait son apparition dans cette zone septentrionale que plus tard, vers 1600 av. J.-C. Mais la grande civilisation du bronze, en Italie du Nord, fut celle des Terramares : apparue dès le bronze ancien, elle atteignit son apogée après 1500 av. J.-C. et, à la fin du IIe millénaire, s'étendit jusque dans le Sud. En Italie centrale s'est développée une civilisation qui pratiquait l'inhumation, alors que les hommes des Terramares brûlaient leurs morts. Désormais, c'était le Nord qui devançait le Sud dans le progrès industriel : de là partit, à la fin du IIe millénaire, la diffusion du fer, dont la première civilisation fut celle de Villanova.

Selon la tradition, toute l'Italie aurait d'abord été occupée par deux peuples, les Ligures et les Sicules. Au milieu du IIe millénaire, le peuple des Terramares a représenté probablement la première vague de migration indo-européenne, venue soit du nord, par les cols alpestres, soit de l'est, par l'Adriatique. La naissance de la civilisation de Villanova, aux environs de 1000 av. J.-C., fut l'œuvre d'une deuxième vague de migration. Ces Villanoviens atteignirent l'Ombrie et l'Étrurie, mais non le Picenum. Le versant adriatique de la péninsule était d'ailleurs soumis à des invasions en provenance des Balkans et de l'Illyrie : Vénètes et Liburnes dans la région du Pô, Iapyges dans les Pouilles. Quant aux Italiques, qui continuaient à descendre du nord, on les distingue d'après leurs dialectes, répartis en deux groupes : latin et osco-ombrien. Établis sans doute les premiers en Italie centrale, les Latins furent vraisemblablement resserrés dans la basse vallée du Tibre par la pression des Osques, des Samnites et des Sabins au S., et des Ombriens au N.-E. Mais ces derniers furent à leur tour refoulés par les Étrusques.

Deux faits essentiels marquèrent l'histoire de la péninsule avant le début de la conquête romaine : le rayonnement de la civilisation étrusque (v.), qui commença au VIIIe s. av. J.-C. et atteignit son apogée deux cents ans plus tard, et, à partir du VIIIe s., l'établissement des Grecs en Italie du Sud et en Sicile (v. **Grande-Grèce**), où s'épanouirent les cités grecques de Tarente, Sybaris, Crotone, Locres, Reggio, Naples, Agrigente, Syracuse. Commencée au Ve s., l'extension de Rome (v.) fut d'abord très lente. Au début du IIIe s., Rome ne dominait encore que l'Italie centrale, mais, après la prise de Tarente (272), les Romains furent maîtres de toute l'Italie péninsulaire jusqu'à l'Apennin septentrional ; ils s'emparèrent ensuite de la Sicile (241), de la Sardaigne et de la Corse (238). La Gaule Cisalpine fut annexée à son tour, au début du IIe s. av. J.-C. Dès lors, l'histoire de l'Italie, pendant plus de cinq cents ans, s'est confondue avec celle de Rome. À la suite de la guerre sociale de 90-88, presque tous les Italiens obtinrent le droit de cité romain (*lex Julia* de 90, *lex Plautia Papiria* de 89) ; en 49 av. J.-C., les habitants de la Gaule Transpadane (le Piémont actuel) reçurent à leur tour le droit de cité. L'extension méditerranéenne de la conquête romaine provoqua à partir du IIe s. av. J.-C. une grave crise économique en Italie. L'afflux des céréales à bas prix importées des provinces ruina la petite paysannerie italienne. Affaiblie économiquement, l'Italie perdit aussi sa suprématie politique à la fin du IIIe s. de notre ère, lorsque Dioclétien inaugura le partage de l'Empire et quand constantin fonda une nouvelle capitale, Constantinople (330). L'ère des invasions s'ouvrit au début du Ve s. : repoussés en 403 par Stilicon, les Wisigoths envahirent la péninsule et s'emparèrent, en 410, de Rome, qui fut encore pillée par les Vandales en 455. En 476, un des chefs de l'armée impériale, Odoacre, déposa le dernier empereur d'Occident, Romulus Augustule : l'Italie passait désormais complètement aux mains des Barbares.

De Théodoric aux Carolingiens (476/962)

Les empereurs d'Orient se désintéressèrent de l'Italie. C'est l'empereur Zénon lui-même qui détourna vers l'Italie le flot des Ostrogoths. Leur roi, Théodoric, renversa Odoacre en 493. Sous son règne (493/526), la culture antique demeurait pourtant vivace et de grands intellectuels chrétiens s'efforcèrent de ranimer la *romanitas* (Boèce, Cassiodore). Mais l'arianisme des

Goths empêchait toute entente durable entre les envahisseurs et les Italiens catholiques. Ceux-ci portaient leurs espoirs vers l'empereur et facilitèrent la reconquête byzantine menée par les généraux de Justinien, Bélisaire et Narsès (535/53). Pendant quelque temps, l'Italie fut gouvernée par un fonctionnaire byzantin, l'exarque de Ravenne, mais l'esprit de la reconquête ne survécut pas à Justinien. La seule puissance qui subsistait dans la péninsule était celle de la papauté : en 452 déjà, Léon le Grand avait obtenu par la négociation le départ d'Attila apparu dans la plaine du Pô.

Le VIe s. fut marqué par un renouveau religieux autour de la grande figure de Benoît de Nursie, qui fonda le monastère du Mont-Cassin vers 529, et du pape Grégoire le Grand. L'autorité byzantine ne put opposer une résistance suffisante à l'invasion des Lombards (568). En Italie du Nord fut fondé un royaume lombard, avec Pavie pour capitale, tandis que deux chefs lombards créaient les duchés de Spolète et de Bénévent ; la domination byzantine se trouvait désormais limitée à l'exarchat de Ravenne, à Rome et à l'Italie méridionale tandis que le prestige du Saint-Siège grandissait avec l'énergique Grégoire le Grand (590/604). Désormais, le pape, et non plus l'empereur, apparut aux Italiens comme leur protecteur naturel. Seule Venise, dont l'essor commence à cette époque, restait décidément dans l'orbite byzantine. La querelle de l'iconoclasme acheva de creuser un fossé entre Rome et l'empereur.

Contre les Lombards, qui venaient de s'emparer de l'exarchat de Ravenne (751), le pape Étienne II fit appel aux Francs (754). Descendu à deux reprises en Italie, Pépin le Bref reprit l'exarchat aux Lombards et le donna au Saint-Siège, ainsi que le duché de Rome (756) : ce patrimoine de Saint-Pierre fut l'embryon des États pontificaux. Charlemagne prit le titre de roi des Lombards après avoir détruit leur royaume (774) et confirma la donation de Pépin. Couronné empereur en 800, Charlemagne devenait officiellement le protecteur du Saint-Siège ; il en était, en réalité, le maître. Toute l'Italie du Nord fut englobée dans l'Empire carolingien et Charlemagne donna à son fils Pépin le titre de roi d'Italie. Cependant, Venise réussit à conserver son indépendance en gardant des liens étroits avec Byzance, et, au sud, subsistait le duché lombard de Bénévent ; la domination byzantine continuait à s'exercer en Apulie, en Calabre et en Sicile. Ainsi la conquête carolingienne n'avait pas effacé la conséquence capitale de l'invasion lombarde : la division politique de l'Italie, qui dura jusqu'au XIXe s. Une coupure nette séparait le Nord et le Sud. L'Italie septentrionale resta pendant tout le Moyen Âge dans l'orbite impériale, alors que l'Italie du Sud, entraînée dans les rivalités méditerranéennes, passa successivement des Byzantins aux Normands, aux Angevins, à l'Aragon et enfin à l'Espagne.

Le déclin de l'Empire carolingien laissa l'Italie en pleine anarchie. Après la mort de Louis II (875), les descendants de Charlemagne ne réussirent plus à imposer leur autorité au-delà des Alpes. À la suite de la déposition de Charles le Gros (887), la dignité de roi d'Italie fut l'enjeu des luttes de Bérenger de Frioul avec Guy et Lambert de Spolète, puis de Bérenger d'Ivrée avec Hugues d'Arles. L'Italie subissait aussi les raids des Sarrasins, qui s'attaquèrent également à la Sicile, la Sardaigne et la Corse, et mettaient Rome au pillage (846). Partout l'émiettement féodal progressait ; la notion d'État avait disparu ; à Rome même, après le grand pontificat de Nicolas Ier (858/67), le Saint-Siège tomba sous la coupe de la famille aristocratique des Théophylacte, qui imposa, au cours du Xe s., une série de papes indignes.

L'empereur, le pape et les communes (962/1268)

Profitant de ce chaos, le roi de Germanie, Othon Ier, franchit les Alpes, prit le titre de roi d'Italie (951) et se fit couronner empereur à Rome par le pape (962). Ainsi étaient posées les bases de la domination germanique en Italie, qui subsista, au prix de luttes incessantes, jusqu'au XIIIe s. Devant l'affaiblissement du pouvoir pontifical, Othon Ier réserva au pouvoir impérial le droit d'intervenir dans les élections pontificales, décision qui portait en germe la querelle des Investitures (v.) puis la lutte du Sacerdoce et de l'Empire (v.). Mais les empereurs germaniques ne jouirent jamais d'une autorité incontestée dans la péninsule ; ils durent y multiplier les descentes, rétablissant chaque fois leur domination, qui était contestée dès qu'ils avaient repassé les Alpes. De grandes familles romaines, comme celles des comtes de Tusculum et des Crescenzi, continuaient à dominer ou à menacer la papauté. Les Grecs se maintenaient dans le Sud et le duc lombard Pandolfo Tête de Fer, bien que théoriquement vassal de l'empereur, se conduisait comme un souverain indépendant.

Pour affaiblir leurs vassaux laïcs ou ecclésiastiques, les empereurs furent amenés à soutenir l'essor des communes. Au cours du XIe s., avec la renaissance du grand commerce international, elles commencèrent à s'émanciper des grands seigneurs, des *capitani*, et des évêques, et à se gouverner elles-mêmes. À la tête de ce mouvement se trouvaient les villes maritimes : Venise, toujours liée au monde byzantin, formait une république ; Gênes et Pise engageaient bravement la lutte avec les Sarrasins pour la suprématie dans les eaux tyrrhéniennes. Les cités de Lombardie, Milan particulièrement, entraient de même dans une ère de prospérité, grâce à leurs relations commerciales avec l'Allemagne et avec les Flandres. Cette richesse économique urbaine préparait l'épanouissement spirituel du XIIIe s.

L'Italie du Sud ne bénéficia pas du même essor communal, car elle était passée aux mains des Normands dans la seconde moitié du XIe s. Ayant pris pied en Apulie en 1041, les Normands, avec Robert

Guiscard, enlevèrent la Sicile aux Arabes (1060/91) (l'île garda toutefois des traces importantes de leur culture) et chassèrent complètement les Byzantins de la péninsule en s'emparant de Bari (1071). Robert Guiscard avait pris en 1059 le titre de duc d'Apulie et de Calabre, et avait conclu une alliance avec le pape Nicolas II qui, en échange d'un hommage de vassalité, l'avait reconnu. Son neveu, Roger II, réunissant toutes les possessions normandes, fonda en 1130 le royaume de Sicile, qui s'étendit jusqu'à l'Italie centrale.

Au cours du XIe s., l'emprise du pouvoir impérial sur l'Église se heurta à l'esprit de réforme ecclésiastique qui s'affirma au synode de Sutri (1046), puis sous le pontificat de Léon IX (1049/54), et sous celui de Nicolas II (1058/61). Par un décret de 1059, les élections pontificales furent affranchies du contrôle impérial. Enfin, Grégoire VII (1073/85), en interdisant aux laïcs de conférer les évêches et les autres bénéfices ecclésiastiques, déclencha en 1075 la querelle des Investitures. Dans sa lutte contre l'empereur Henri IV, la papauté trouva l'appui des villes lombardes, de la comtesse Mathilde de Toscane et des rois normands de Sicile. Humilié à Canossa (1077), Henri IV, maintint sa pression sur la papauté qui finalement l'emporta. Le concordat de Worms (v.) (1122) confirma le recul du pouvoir impérial devant l'Église, qui s'assurait en même temps le riche héritage de la comtesse Mathilde. Cette lutte avait aussi permis aux libertés urbaines de se fortifier.

Cependant, l'avènement des Hohenstaufen (1138), et surtout de Frédéric Ier Barberousse (1152/90), ouvrit une nouvelle phase par la lutte du Sacerdoce et de l'Empire. Frédéric résolut de rétablir l'autorité impériale au-delà des Alpes, mais il se heurta encore à l'alliance des villes lombardes, qui refusaient de restituer les droits régaliens qu'elles avaient usurpés, et du Saint-Siège. Malgré la destruction de Milan par les troupes impériales (1162), une nouvelle Ligue lombarde se forma en 1167 et infligea à Frédéric la terrible défaite de Legnano (1176). L'empereur réussit à effacer ses échecs militaires par sa diplomatie, et la paix de Constance (1183) replaça les villes lombardes sous sa suzeraineté. Les Hohenstaufen accrurent encore leur puissance grâce au mariage du fils de Barberousse, Henri VI, avec Constance, héritière du royaume normand de Sicile (1186) : les empereurs germaniques prenaient pied ainsi, pour la première fois, en Italie du Sud et encerclaient les possessions pontificales. L'Italie exerça une sorte de fascination sur les empereurs du XIIe et du XIIIe s., qui, pour la plupart, se désintéressèrent des affaires germaniques.

Frédéric II (1212/50), prince beaucoup plus italien qu'allemand, fit de la Sicile sa résidence favorite et accueillit à sa cour de Palerme lettrés et savants chrétiens, juifs ou arabes. Cet ancien protegé d'Innocent III fut un des premiers souverains d'Occident à donner à ses États un corps de lois laïques, les Constitutions de Melfi (1231) : narguant les sentences d'excommunication et de déposition lancées par Grégoire IX, il réussit, entre 1237 et 1241, à écraser l'opposition des villes lombardes. Mais Frédéric II fut vaincu comme ses prédécesseurs : réfugié en France, Innocent IV fit confirmer la déposition de Frédéric par le concile de Lyon (1245), et l'empereur, après avoir lutté désespérément contre une série de révoltes, mourut en 1250, laissant la papauté maîtresse du terrain. Pour porter le coup de grâce aux Hohenstaufen, le pape Clément IV appela en Italie Charles d'Anjou, qu'il investit du royaume de Sicile (1265). L'Angevin battit et tua le fils bâtard de Frédéric II, Manfred, à Bénévent (1266), et le dernier des Hohenstaufen, Conradin, vaincu à Tagliacozzo (1268), fut mis à mort peu après. Le rêve de la domination impériale en Italie s'était effondré, mais au prix de luttes furieuses.

La guerre entre les papes et les empereurs se doublait de luttes civiles : dans chaque cité, les factions traditionnelles trouvaient de nouvelles occasions de se battre, partisans de la papauté ou *guelfes* contre partisans de l'empereur ou *gibelins* (v. **GUELFES ET GIBELINS**) Malgré cette anarchie, l'essor économique et culturel ne se ralentit pas. Les ports italiens profitèrent beaucoup des croisades (v. **VENISE** et **GÊNES**). Les contacts de l'Italie avec l'Orient byzantin facilitèrent la reconquête de l'héritage spirituel antique et firent de l'Italie le berceau d'un nouvel humanisme.

La fin du Moyen Âge italien (1268/1494)

La papauté ne profita pas longtemps de la position d'hégémonie que lui avait laissée la disparition des Hohenstaufen. Les Français venus en Sicile avec Charles d'Anjou se firent bientôt haïr en raison de leur domination tyrannique et furent massacrés lors des Vêpres siciliennes (1282). La dynastie angevine ne put conserver que le royaume de Naples, mais la Sicile passa à la famille d'Aragon, alliée par mariage aux Hohenstaufen, ce qui lui valut la sympathie des gibelins. Après les empereurs, Charles d'Anjou avait tenté de s'imposer à l'Italie, cette fois avec l'appui du Saint-Siège, mais il avait également échoué : en vain le pape lança-t-il une croisade contre l'Aragon (1284/85). La puissance aragonaise se maintint fermement en Sicile et, avec Alphonse V, elle s'étendit à Naples en 1442, introduisant ainsi l'Espagne dans les affaires italiennes. Les prétentions angevines, nullement tombées dans l'oubli, servirent aux rois de France pour justifier leurs expéditions au-delà des Alpes, à la fin du XVe s. À peine remise de sa déconvenue sicilienne, la papauté, sous Boniface VIII, entra en lutte avec le roi de France Philippe le Bel et les intrigues constantes de l'aristocratie romaine contraignirent les papes à choisir l'exil. Leur installation à Avignon, sous la surveillance du roi de France, de 1309 à 1378, entraîna un effacement politique du Saint-Siège. L'État pontifical fut ébranlé par la révolution de Cola di Rienzo (1347). Même après le retour à Rome, l'autorité des papes resta affaiblie par le Grand Schisme (v.), par la compétition des familles aristocratiques (Colonna et Orsini) et par le népotisme.

La lutte continuait à faire rage entre guelfes et gibelins et dans la plupart des villes, de nouvelles strates des bourgeoisies urbaines réclamaient leur part au gouvernement des cités (luttes du *popolo minuto* contre le *popolo grasso*) : les vieilles familles se désintéressaient peu à peu de la vie publique pour se consacrer exclusivement à l'activité commerciale et économique ; dans un climat d'insécurité, les villes devaient recourir au service de milices mercenaires, et il arriva à des capitaines ou condottieres audacieux de s'emparer du pouvoir par la force. À la république libre succédait ainsi la seigneurie, c'est-à-dire la domination de gouvernements autoritaires, voire tyranniques, mais qui mettaient fin à l'antagonisme des factions, garantissaient l'ordre, et donc la prospérité. C'est ainsi que Milan passa aux Visconti, Rimini aux Malatesta, Pérouse aux Baglioni, Ferrare aux Este, Vérone aux Scaliger, Mantoue aux Gonzague et Florence aux Médicis.

Au XVe s., cinq grandes puissances – mis à part la maison de Savoie, qui venait de s'établir définitivement au Piémont, dominaient la vie italienne : le royaume de Naples, Milan, Venise, Florence et les États pontificaux (v. ces noms).

L'idée d'une unification possible était absente (sauf chez Machiavel). Mais l'Italie du XVe s. était, avec Florence, la première puissance financière de l'Europe, avec Venise, Gênes et Milan, la première puissance commerciale ; enfin, depuis cent ans déjà, elle avait pris la tête, dans les lettres comme dans les arts, de la redécouverte de l'Antiquité, de l'humanisme et de la Renaissance.

Les siècles de domination étrangère (1494/1792)

Le rayonnement de la civilisation italienne ne fut sans doute jamais si grand qu'au XVIe s., mais il ne s'appuyait sur aucune base politique à sa mesure. L'expédition du roi de France Charles VIII au-delà des Alpes (1494) marqua une date capitale : l'Italie devenait le champ de bataille des puissances étrangères. Charles VIII élevait des prétentions sur le royaume de Naples comme héritier de René d'Anjou († 1480). L'occasion de sa descente en Italie lui fut fournie par les intrigues de Ludovic le More, qui voulait conserver Milan contre le duc légitime et craignait une intervention des Aragonais de Naples. Accueilli avec enthousiasme à Milan, à Florence (où une révolution dirigée par Savonarole chassa les Médicis et instaura la république), Charles VIII occupa Naples sans difficulté au début de 1495, mais il se vit soudain aux prises avec une coalition groupant Venise, le pape Alexandre VI et Ludovic Sforza qui, devenu duc de Milan, se retournait maintenant contre les Français. Il parvint à s'ouvrir, par la victoire de Fornoue, une voie de retraite vers la France. Trois ans plus tard, son successeur, Louis XII, parut à son tour en Italie : aux prétentions angevines sur Naples, il ajoutait les siennes propres sur Milan, car il était le petit-fils de Valentine Visconti. Les Français occupèrent de nouveau Milan (1498) et Naples (1500), mais furent chassés de cette dernière ville en 1504. Louis XII se trouvait engagé dans l'imbroglio des querelles italiennes. Allié du pape Alexandre VI Borgia, il avait laissé le fils de celui-ci, César Borgia, se créer un puissant État englobant la Romagne et la Toscane. César Borgia put apparaître un instant à Machiavel comme l'unificateur possible de l'Italie. Mais la mort d'Alexandre VI (1503) entraîna la chute de sa maison. Le nouveau pape, Jules II (1503/13), ne songeait qu'à reconstituer la puissance pontificale. Inspirant la ligue de Cambrai, il se servit d'abord des Français, qu'il lança contre Venise (victoire d'Agnadel, 14 mai 1509), puis il se retourna contre eux et appela les Italiens à chasser « les Barbares ». Contre la Sainte Ligue (1511), qui groupait le pape, Venise, l'Aragon, les Suisses, l'Angleterre, les Français furent d'abord victorieux (Ravenne, 11 avr. 1512), mais, après la mort de leur chef Gaston de Foix, ils durent évacuer le Milanais.

François Ier, que son esprit aventureux et chevaleresque attirait vers l'Italie, reprit la guerre dès son avènement : vainqueur des Suisses à Marignan (13/14 sept. 1515), il reconquit Milan, qui fut reperdue en 1521, reprise encore en 1524 et définitivement perdue après le désastre de Pavie (24 févr. 1525). La lutte avait pris des dimensions nouvelles, car la France ne luttait plus seulement contre l'Aragon, mais contre Charles Quint, empereur depuis 1519 et maître des immenses possessions des rois d'Espagne et des Habsbourg. Prisonnier à Madrid, François Ier obtint sa libération en renonçant à l'Italie (traité de Madrid, 14 janv. 1526). Aussitôt libéré, il rouvrit les hostilités, allié cette fois au pape Clément VII. Les Impériaux avaient maintenant la suprématie en Italie. Les traités de Cambrai (1529) et du Cateau-Cambrésis (1559) abandonnèrent la péninsule aux Habsbourg.

La domination espagnole s'appesantissait désormais sur la plus grande partie de la péninsule. Absolue dans le royaume de Naples et dans le Milanais, elle se faisait sentir également dans les États pontificaux, à Lucques, en Toscane et dans la république de Gênes, déjà déchue. Deux puissances seulement gardaient encore une véritable indépendance : la Savoie, qui dès 1562 transférait sa capitale à Turin et s'affirmait désormais comme une puissance essentiellement italienne ; Venise, qui se défendait avec résolution contre les ingérences du pape et des Habsbourg. Malgré la perte de l'indépendance nationale, malgré le déclin économique, la civilisation italienne du XVIe s. rayonna sur l'Europe. Le Cinquecento italien a constitué un des sommets de l'histoire culturelle de l'humanité.

La Contre-Réforme étouffa le puissant individualisme critique dont le génie intellectuel italien avait fait preuve depuis deux siècles : en 1542 fut réorganisée l'Inquisition romaine ; en 1559 parut le premier

Index. Cette répression toucha des intellectuels et des penseurs, comme Galilée, obligé de reconnaître ses « erreurs » en 1633. La Réforme protestante ne put atteindre l'Italie par la rigueur avec laquelle elle fut combattue. Aux XVIIe/XVIIIe s., l'Italie resta le théâtre des grandes guerres européennes, de la rivalité des Bourbons et des Habsbourg, lesquels remaniaient la carte politique du pays avec un parfait mépris des traditions de l'Italie et des vœux de ses habitants. Dans les possessions espagnoles, l'obscurantisme et la misère provoquèrent des révoltes comme celle de Masaniello à Naples (1647). Mais l'Espagne elle-même était déclinante. Après la mort du dernier Habsbourg espagnol, Charles II, éclata la guerre de la Succession d'Espagne, dont l'Italie du Nord fut un des champs de bataille. Le traité d'Utrecht (1713) fit passer le trône espagnol aux Bourbons et en Italie, substitua l'hégémonie autrichienne à celle de l'Espagne. La Savoie reçut la Sicile, qu'elle dut échanger en 1720 contre la Sardaigne. Cependant, l'Espagne ne consentit pas tout de suite à son effacement : gouvernée par l'ambitieux ministre italien Alberoni, et sous l'inspiration de la reine italienne Élisabeth Farnèse, femme de Philippe V d'Espagne, elle tenta, à partir de 1717, de réviser par la force le traité d'Utrecht. L'intervention conjuguée de la France, de l'Angleterre et de l'Autriche l'obligea à s'incliner (traité de Madrid, 1720), mais elle réussit cependant à obtenir la succession de Parme-Plaisance pour son fils (traité de Vienne, 1731).

Les guerres de la Succession de Pologne (1734/38) et de la Succession d'Autriche (1741/48) livrèrent de nouveau le sol italien à l'affrontement des armées étrangères. Le traité d'Aix-la-Chapelle (1748) fixa pour un demi-siècle les nouvelles divisions politiques de l'Italie : les Habsbourg dominaient le Milanais et la Toscane ; les Bourbons d'Espagne régnaient sur Naples et la Sicile, et sur Parme, Plaisance et Guastalla ; la France exerçait son protectorat sur Modène et sur Gênes ; les États pontificaux coupaient en deux la péninsule en son centre ; Venise restait indépendante, mais ne conservait plus que l'ombre de son ancienne puissance ; enfin, la maison de Savoie se renforçait dans le Piémont, en Sardaigne, dans le Montferrat.

Au XVIIIe s., le « despotisme éclairé » de la plupart des princes prépara lentement le réveil national. La maison de Savoie avait pris la tête de ce mouvement, avec Victor-Amédée II et Charles-Emmanuel III, qui encouragèrent l'enseignement, réduisirent les privilèges du clergé, abolirent de nombreux vestiges de la féodalité et stimulèrent l'économie ; Victor-Amédée III, à la fin du siècle, abandonna cette politique de réformes, mais il posa les bases de la puissance militaire piémontaise. Des améliorations importantes furent également introduites par les Habsbourg dans le Milanais, et, surtout, sous le grand-duc libéral Léopold Ier (futur empereur Léopold II), en Toscane ; la fiscalité fut réorganisée sur une base plus juste, la justice s'humanisa (abolition de la torture sous l'influence des idées de Beccaria) ; Milan devint un brillant foyer intellectuel, ouvert aux idées nouvelles, et le « joséphisme » des Habsbourg élimina l'obscurantisme clérical. À Naples, une ère réformatrice s'ouvrit sous le règne de Charles III, grâce à l'action intelligente du ministre Tanucci. Cependant un écart croissant séparait le nord de la péninsule, où une bourgeoisie éclairée s'ouvrait aux idées philosophiques européennes, et le Sud, toujours dominé par une aristocratie de grands propriétaires peu émus par la misère physique et spirituelle du peuple.

La Révolution française et Napoléon (1792/1815)

Quand les armées de la Révolution française, qui avaient occupé la Savoie dès 1792, firent irruption en Italie, au printemps 1796, la population les accueillit chaleureusement. La campagne d'Italie de 1796/97 fut la révélation du génie militaire de Bonaparte.

Après l'élimination du Piémont (armistice de Cherasco, 28 avr. 1796), l'entrée de Bonaparte à Milan (14 mai), la capitulation de Wurmser dans Mantoue (2 févr. 1797), l'Autriche, pour arrêter l'avance des Français vers Vienne, signa l'armistice de Leoben (avr. 1797), lequel prépara la paix de Campoformio (18 oct. 1797). À son arrivée à Milan, Bonaparte avait annoncé aux Italiens qu'il venait « briser leurs chaînes » ; pourtant, après avoir détruit la république de Venise, il abandonna la Vénétie à l'Autriche en compensation des pertes subies par celle-ci au traité de Campoformio. Mais l'Italie du Nord fut organisée en libres républiques : la république Cispadane (oct. 1796), la république Cisalpine (juill. 1797), la république Ligurienne (oct. 1797), puis, après l'occupation par les Français de Rome (févr. 1798) et de Naples (janv. 1799), la république Romaine et la république Parthénopéenne. Malgré les exactions, le pillage des œuvres d'art et les levées d'impôts pratiquées par le Directoire endetté, cette arrivée de la France révolutionnaire dans la péninsule fut le réveil de l'idée de liberté. Les Italiens découvraient la liberté de la presse, les clubs, les élections, ils retrouvaient les mots mêmes de l'ancienne grandeur romaine. Sans doute les excès de l'administration française provoquèrent-ils rapidement une profonde déception chez les patriotes italiens, mais un renouveau avait commencé qu'aucun retour oppressif, qu'il vînt de la France ou, après 1815, de l'Autriche et de la Sainte-Alliance, ne pouvait plus désormais arracher de l'âme italienne. Déjà les couleurs nationales, vert, blanc, rouge, apparaissaient au congrès révolutionnaire de Reggio et sur les étendards de la légion lombarde.

En 1799, quand les Français furent chassés de Lombardie par l'armée austro-russe de Souvarov, une terrible réaction s'abattit sur les libéraux italiens, notamment à Naples. Mais Bonaparte, par sa victoire de Marengo (14 juin 1800), rétablit la domination française, et la paix de Lunéville (9 févr. 1801) confirma celle de Campoformio. Après la proclamation de l'Empire français (mai 1804), la république Cisalpine – devenue république Italienne, en janv. 1802, avec Bonaparte pour président – fut érigée en royaume d'Italie. Napoléon Ier, qui avait reçu la couronne des Lombards à Milan (26 mai 1805), nomma vice-roi son beau-fils Eugène de Beauharnais. Comme les souverains de l'Ancien Régime, l'Empereur se mit à tailler à son gré dans le sol italien. Après le Piémont, annexé dès 1802, furent successivement englobés dans l'Empire français la république Ligurienne (1805), l'Étrurie (1808), les États pontificaux (1809). La sœur de l'Empereur, Élisa, reçut la principauté de Lucques. Les nouvelles victoires sur l'Autriche agrandirent le royaume d'Italie de la Vénétie (1805) et du Trentin (1809) ; Trieste et les provinces illyriennes entrèrent dans l'Empire français (1805). Naples avait été réoccupée en janv. 1806 par Joseph Bonaparte, qui devint roi (1806/08) avant de partir pour l'Espagne et de céder sa couronne napolitaine à Murat (1808/15). En 1809, la domination napoléonienne s'étendait sur toute l'Italie continentale, mais, sous la protection britannique, le souverain du Piémont se maintenait en Sardaigne et les Bourbons de Naples en Sicile.

Napoléon ne fit aucun effort sérieux pour réaliser l'unité politique de l'Italie. L'œuvre française fut surtout importante dans le Sud ; le roi Joseph puis Murat réprimèrent le brigandage, abolirent la féodalité, confisquèrent les propriétés monastiques, procédèrent à un morcellement des latifundias et créèrent un système d'éducation primaire. Dans toute la péninsule fut introduit le Code Napoléon, et entrepris de grands travaux publics. Mais le Blocus continental provoqua une crise économique, paralysa les ports, acheva la ruine de Venise et de Gênes, cependant que les cités industrielles de Lombardie voyaient un absurde système douanier étrangler leurs débouchés vers l'Allemagne et vers le Piémont annexé à la France. Napoléon mobilisait les Italiens pour ses campagnes à travers l'Europe et la conscription était impopulaire. Pourtant, les Italiens s'habituèrent pour la première fois à vivre ensemble, sous les mêmes lois, sous le même régime administratif, et cette expérience contribua à la naissance du Risorgimento. Après la bataille de Leipzig, les Autrichiens envahirent l'Italie à l'automne 1813.

De la Sainte-Alliance au Risorgimento (1815/48)

L'Italie issue du congrès de Vienne ressemblait dans ses grandes lignes à celle d'avant la Révolution française, mais l'Autriche et le Piémont s'y trouvaient renforcées. La première réannexait le Trentin, l'Istrie et la Dalmatie ; elle recouvrait la Lombardie et conservait l'ancienne république de Venise, qui formèrent ensemble le royaume lombard-vénitien, dont le souverain était l'empereur d'Autriche. Les Autrichiens avaient en outre autorité dans les petits États de l'Italie centrale, où régnaient des princes apparentés aux Habsbourg : dans le grand-duché de Toscane, le duché de Modène, le duché de Parme (donné à l'ex-impératrice Marie-Louise, femme de Napoléon). Les États pontificaux étaient intégralement reconstitués, mais des garnisons autrichiennes s'installaient à Ferrare et en Romagne. Cependant, le Piémont annexait l'ancienne république de Gênes et devenait ainsi une puissance maritime. Naples et la Sicile, désormais désignés comme royaume des Deux-Siciles étaient rendus aux Bourbons.

Ces restitutions et ces remaniements s'étaient accomplis sans que les Italiens aient eu à donner leur avis. Pour les puissances de la Sainte-Alliance, l'Italie n'était qu'une « expression géographique ». L'ancien régime, rétabli partout aussi intégralement que possible, avait désormais pour gendarme l'Autriche de Metternich, qui se tenait prête à intervenir. Un conservatisme étroit et policier surveillait toute la vie publique, faisait la chasse aux écrits séditieux et s'employait à étouffer les idées libérales. Il en résulta une haine violente contre l'Autriche, contre les *Tedeschi*, qui se conjugua avec le mouvement libéral et national, et le renforça. Cependant, la réaction pouvait s'appuyer sur l'inculture, l'indifférence politique et la bigoterie des masses rurales.

De 1815 à 1830, le mouvement d'indépendance commença chez des aristocrates, des bourgeois cultivés, des officiers. Il s'exprima avant tout dans l'action des *carbonari*, membres de sociétés secrètes, qui s'étaient formées à l'époque napoléonienne, dans le royaume de Naples, pour lutter contre la domination française et qui, après 1815, se retournèrent contre les Autrichiens et la Sainte-Alliance. Le carbonarisme gagna rapidement les États pontificaux et la Romagne. Parmi ses affiliés, organisés en « ventes », se trouvaient surtout des officiers, mais aussi des magistrats, des commerçants, des intellectuels, des prêtres même. Des liens étroits unissaient les carbonari à la franc-maçonnerie et aux libéraux français. Mais les idées politiques communes restaient fort vagues, les multiples sociétés secrètes agissaient sans plan d'ensemble, souffraient de verbalisme, d'activisme et de particularisme provincial. Les carbonari déclenchèrent de nombreux mouvements locaux, vite réprimés, et deux grands soulèvements : celui du général Pepe, à Naples (juill. 1820), et celui d'Alexandrie, au Piémont (mars 1821). En face de ces coups d'État militaires, les dynasties réagirent de la même manière : elles commençaient par faire des promesses, des concessions, puis elles appelaient à l'aide les troupes autrichiennes, pour rétablir l'ordre. Il n'y avait pas encore en Italie de véritable mouvement révolutionnaire, mais seulement des complots isolés, étouffés par la répression policière ; des dizaines de patriotes, tel Silvio Pellico, subirent les affres du *carcere duro* au Spielberg ou dans quelque autre prison d'État autrichienne.

La révolution parisienne de 1830 provoqua un nouvel ébranlement en Italie. Au début de 1831, des insurrections, d'abord couronnées de succès, eurent lieu à Modène, à Parme, dans les Marches et en Romagne ; les révolutionnaires des États pontificaux proclamèrent l'abolition du pouvoir temporel des papes. L'Autriche écrasa une fois de plus les insurgés.

Le Risorgimento (c'est-à-dire « la Résurrection »), éclos dans les milieux de l'aristocratie et de la grande bourgeoisie, commença à gagner les classes moyennes grâce à l'action infatigable de Mazzini, qui sut donner au patriotisme italien une note de gravité morale et religieuse, résumée dans son mot d'ordre : « Dieu et Peuple ». Exilé, Mazzini fonda, en 1831, une société secrète qui rallia la plupart des anciens carbonari, la Jeune-Italie, aidée internationalement par la Jeune-Europe. Toutes les insurrections organisées de 1833 à 1844 par la Jeune-Italie furent des échecs, mais elles maintinrent la flamme du patriotisme, l'idée de l'unité. Quant aux formes que devait prendre cette unité, l'accord était loin d'être fait chez les patriotes : les mazziniens rêvaient d'une république unitaire, démocratique et déiste, l'abbé Gioberti faisait campagne pour une confédération des princes italiens groupés autour de la papauté, cependant qu'un groupe piémontais, dont les inspirateurs étaient Cesare Balbo et Massimo D'Azeglio, défendait également l'idée fédérative mais en portant ses espoirs sur la maison de Savoie.

1848. L'échec du Risorgimento révolutionnaire

C'est la solution « néo-guelfe », celle de l'unité sous l'égide du Saint-Siège, qui parut d'abord l'emporter. Devenu pape en juin 1846, après la mort de Grégoire XVI, Giovanni Mastai-Ferretti, qui prit le nom de Pie IX, ne démentit pas tout de suite sa réputation de libéral. Il octroya une amnistie aux détenus politiques, donna à Rome un gouvernement municipal, admit les laïcs dans l'administration, accorda à la presse une certaine liberté. Ces mesures lui valurent une grande popularité. À son exemple, la plupart des princes furent obligés de prendre des mesures libérales. L'insurrection séparatiste de Palerme (12 janv. 1848) força même Ferdinand II, champion de l'absolutisme, à accorder une Constitution aux Deux-Siciles. Le mouvement italien s'amplifia encore à la suite de la révolution parisienne et de la révolution viennoise de mars 1848. À contrecœur, mais avec le secret espoir d'obtenir ainsi un jour la couronne d'Italie, le roi de Sardaigne, Charles-Albert, dut promulguer un Statut fondamental (5 mars) établissant le régime constitutionnel. La Lombardie se soulevait contre les Autrichiens : Milan, au cours des « Cinq-Journées » (18/22 mars 1848), chassait les troupes autrichiennes commandées par le maréchal Radetzky ; à Venise, Daniele Manin restaurait la république (22 mars). À l'appel des Lombards, et poussé aussi par le souci d'endiguer ces révolutions trop démocratiques à ses yeux, le roi Charles-Albert déclara la guerre à l'Autriche et proclama que l'Italie se libérerait elle-même (*L'Italia farà da se*).

L'enthousiasme était si puissant dans toute la péninsule que les princes ne purent qu'appuyer la lutte pour la libération nationale : des contingents pontificaux, toscans, napolitains partirent pour la Lombardie, vers laquelle les Autrichiens dirigeaient une armée. Sous cette unanimité apparente, les divisions étaient profondes : parmi les insurgés, partisans et adversaires du Piémont s'opposaient et surtout le caractère démocratique du mouvement inquiétait fort les dynasties entraînées malgré elles dans la lutte contre l'Autriche, qu'elles considéraient bien plus comme leur protectrice que comme l'ennemie de l'Italie. La crainte d'un schisme des catholiques autrichiens et allemands inspira à Pie IX un véritable coup de théâtre qui inaugura le déclin de la révolution : le 29 avr. 1848, il prononça une allocution dans laquelle il condamnait toute guerre entre des chrétiens – ce qui équivalait à conseiller aux Italiens de se soumettre sans résistance à l'empereur d'Autriche. La papauté enlevait ainsi à la cause italienne l'appui de son prestige. Le Piémont éveillait le doute sur ses intentions en annexant Parme, Plaisance, Modène, puis la Lombardie et Venise (juin/juill. 1848). Vaincu par Radetzky à Custozza (23/25 juill.), Charles-Albert dut abandonner Milan et signer l'armistice de Salasco (9 août) ; en mars 1849, il reprit la guerre, mais Radetzky lui infligea une défaite, cette fois décisive, à Novare (23 mars 1849). Le soir même, Charles-Albert abdiqua en faveur de son fils Victor-Emmanuel II, qui s'empressa de conclure la paix. Cependant, le mouvement libéral et national, débordant les chefs modérés, avait fait triompher l'idéal mazzinien en Italie centrale. À Rome, le gouvernement de Pie IX devenait impopulaire et l'assassinat du Premier ministre, Rossi, par un démocrate (15 nov. 1848) provoqua la fuite du pape à Gaète. Les mazziniens proclamèrent alors la république romaine (9 févr. 1849). La veille, la Toscane s'était également constituée en république. Mais la victoire autrichienne livra l'Italie à la réaction. À Venise, le gouvernement républicain de Manin fut contraint par la famine et le choléra de capituler (août 1849). En Toscane, Léopold II avait déjà été réinstallé par les Autrichiens (juill. 1849). La république Romaine, quant à elle, fut renversée par un corps expéditionnaire français envoyé par Louis-Napoléon pour rétablir le pouvoir temporel du pape (v. **ROMAINE, république**).

La conquête de l'unité (1849/70)

L'échec de la révolution avait eu deux grandes causes : le manque de conscience politique des masses populaires ; la présomption du roi Charles-Albert, qui avait cru l'armée piémontaise capable de battre les Autrichiens sans appui étranger. Un homme sut tirer les leçons de cet échec ; ce fut Cavour, qui allait diriger la politique du Piémont presque sans interruption de 1852 à sa mort, en 1861. Alors que le reste de l'Italie retombait sous des gouvernements despotiques soutenus par l'Autriche, le Piémont seul, après 1849, conserva une véritable indépendance. La constitution, d'ailleurs très conservatrice, accordée en 1848 ne fut pas abolie. Les réfugiés politiques, chassés des autres États de la péninsule, trouvèrent refuge à Turin. Le gouvernement de Victor-Emmanuel II conquit des sympathies en protestant contre la rudesse de la domination autrichienne en Lombardie. Ce fut l'habileté de Cavour dont la sincérité patriotique ne pouvait être mise en doute, de pactiser en apparence avec la révolution, pour mieux la maîtriser. Il scella dans l'anticléricalisme son union avec la gauche, réussissant à lui faire accepter le primat absolu de la lutte pour l'indépendance, sous la conduite de la maison de Savoie, les discussions sur le régime politique définitif de l'Italie nouvelle étant remises à plus tard. Cavour chercha aussi l'appui des grandes puissances, et d'abord de la France. La participation du Piémont à la guerre de Crimée lui valut de prendre part au congrès de Paris (1856), où fut posée officiellement la question italienne.

Après l'entrevue secrète de Plombières entre l'empereur et Cavour (20/21 juill. 1858) fut signé le traité de Turin, par lequel la France promettait son appui militaire au Piémont contre la cession de Nice et de la Savoie. Commencée en mai 1859, la guerre contre l'Autriche fut marquée par les sanglantes victoires franco-sardes de Magenta (4 juin) et de Solferino (24 juin). Impressionné par les pertes importantes qu'il avait subies, craignant une guerre longue, inquiet des réticences d'une grande partie de l'opinion française, Napoléon III s'empressa de signer l'armistice et les préliminaires de Villafranca (12 juill.). En Italie, la dérobade impériale apparut comme une trahison ; sans doute le Piémont obtenait la Lombardie (cédée personnellement par François-Joseph à Napoléon III, qui la remit à Victor-Emmanuel II), mais la Vénétie restait à l'Autriche.

Cavour, donnant les signes de la plus vive indignation, démissionna dès le lendemain de Villafranca ; mais ce n'était qu'une feinte, et il resta l'âme du gouvernement formé par Rattazzi. Déjà le Piémont encourageait secrètement la révolution qui avait éclaté en Italie centrale : la Toscane, Parme, Modène chassèrent leurs princes, la Romagne se libéra de l'autorité pontificale, et ces territoires votèrent avec enthousiasme leur rattachement au Piémont (mars/avr. 1860). Le 2 avr. 1860, le premier Parlement « italien » se réunissait à Turin. Ce grand succès compensa, pour les Sardes, l'amertume d'abandonner à la France le comté de Nice et la Savoie (traité de Turin, 24 mars 1860).

Mais l'unité n'était pas achevée. Pie IX mettait sur pied une petite armée de volontaires européens, composée surtout de nobles français, sous le commandement de Lamoricière (les « zouaves pontificaux »). Au sud se maintenait le gouvernement tyrannique des Bourbons des Deux-Siciles. Cavour appuya en sous-main l'héroïque expédition des Mille, menée par Garibaldi pour s'emparer de la Sicile. À la tête de 1 000 volontaires en chemise rouge, Garibaldi partit de Gênes avec deux vapeurs et débarqua sur la plage de Marsala, le 11 mai 1860. Il battit l'armée napolitaine à Calatafimi (15 mai), s'empara de Palerme, remporta une nouvelle victoire à Milazzo (20 juill.) et enleva Messine. Mais Cavour n'entendait pas laisser le bénéfice de cette expédition à un révolutionnaire aussi inquiétant que Garibaldi, qui avait pris le titre de dictateur des Deux-Siciles. Il envoya aussitôt dans l'île des commissaires royaux, puis, Garibaldi étant entré dans Naples (7 sept.), il lança les troupes piémontaises vers le sud, afin de neutraliser les garibaldiens et de confisquer leurs victoires au profit du Piémont. Après avoir battu Lamoricière et les zouaves pontificaux à Castelfidardo (18 sept. 1860), l'armée royale parvint dans les États napolitains, où Garibaldi venait de gagner une nouvelle bataille sur le Volturno (1er oct.). La maison de Savoie remportait ainsi un succès magnifique : après une simple promenade militaire, elle annexait toute l'Italie centrale (les États pontificaux étaient désormais réduits à la région de Rome) et l'Italie du Sud ; elle pouvait en même temps se présenter devant l'Europe comme le rempart de l'ordre en Italie en face du mouvement révolutionnaire. Garibaldi s'inclina ; avant de se retirer dans l'île de Caprera, il apporta même à Victor-Emmanuel II l'appui de sa popularité lors de l'entrée du souverain à Naples, et, le 17 mars 1861, Victor-Emmanuel fut proclamé « roi d'Italie par la grâce de Dieu et la volonté de la nation ».

L'Italie dut renoncer provisoirement à l'occupation de Rome, car Napoléon III, pour des raisons de politique intérieure française, défendait de nouveau le pouvoir temporel du pape. C'est donc à Florence que fut établie la capitale du nouveau royaume (1865). Pour libérer la Vénétie, l'Italie s'allia avec la Prusse contre l'Autriche dans la guerre de 1866 : bien que battus sur terre à Custozza (24 juin 1866) et sur mer à Lissa (20 juill.), les Italiens, grâce à la victoire prussienne, obtinrent la Vénétie par l'entremise de Napoléon III (traité de Vienne, oct. 1866). La délivrance de Rome, dont le nom seul était un symbole, devint alors l'obsession des patriotes italiens. La tentative des garibaldiens, en 1867, provoqua une intervention française et échoua à la bataille de Mentana (3 nov. 1867). Mais la guerre franco-allemande de 1870 et le rappel du corps expéditionnaire français permirent à Cadorna d'occuper au prix d'un bref combat la Ville éternelle (20 sept. 1870) ; par un plébiscite, les Romains votèrent aussitôt leur réunion à l'Italie et Rome devint la capitale du royaume d'Italie. Malgré le vote de la loi des garanties (13 mai 1871), Pie IX ne reconnut pas cette annexion, se considérant comme prisonnier dans le Vatican. Il adopta une attitude d'opposition au gouvernement italien et imposa aux catholiques italiens l'abstention de la vie politique. La crise ainsi ouverte ne fut définitivement résolue qu'en 1929, par Mussolini, avec les accords du Latran.

La monarchie parlementaire (1870/1915)

Divisée depuis des siècles, l'Italie n'avait, cependant, pas encore une véritable conscience nationale. De profondes différences opposaient le Nord, urbain et industriel, au Sud, au *Mezzogiorno* agricole et pauvre, peuplé de masses paysannes analphabètes et arriérées. L'esprit de clocher et de région, le « campanilisme », allait survivre encore longtemps. Tout absorbé par ses luttes politiques, le pays avait pris un grand retard économique sur les autres nations de l'Europe occidentale. Elle manquait des matières premières essentielles et, en 1870, son équipement technique était encore à peu près inexistant.

Les bases de la monarchie parlementaire étaient des plus fragiles, du fait de l'abstention des catholiques et du régime censitaire : en 1870, le corps électoral rassemblait à peine 2 % de la population totale ; il fut sensiblement accru par la réforme de 1882 (environ 4 millions d'électeurs pour une population de plus de 27 millions), mais c'est seulement en juin 1912 que fut institué un suffrage vraiment universel. La « droite historique », qui, depuis Cavour, avait dirigé l'unification de l'Italie, resta au pouvoir jusqu'en 1876. Les notions de droite et de gauche n'avaient d'ailleurs pas beaucoup de sens, car le personnel politique était uniquement composé de notables, usant au besoin de la corruption et même de la violence (la Mafia (v.) « faisait » souvent les élections dans le Sud). Le rôle joué par la maison de Savoie dans la lutte pour l'unité avait laminé le parti républicain, et, jusqu'à l'élection des premiers députés socialistes (1882), les intérêts sociaux des travailleurs, notamment ceux des ouvriers méridionaux qui venaient travailler dans le Nord pour des salaires misérables, n'eurent aucune représentation au Parlement.

Dès lors s'institua un système de gouvernement particulier à l'Italie, le « transformisme » : à partir de Depretis, qui gouverna presque sans interruption de 1876 à 1879 et de 1881 à 1887, les ministères, issus de combinaisons, de coteries, n'avaient aucune signification politique véritable. La représentation parlementaire étant faussée, le mécontentement populaire s'exprimait par la violence, dans l'anarchisme (le roi Humbert Ier, 1878/1900, succomba à un attentat), ou dans des mouvements d'autodéfense sociale tels que les Faisceaux des travailleurs, en Sicile (1892). L'agitation culmina dans les émeutes ouvrières de Milan (6/9 mai 1898), suivies d'une énergique répression. De nombreux Italiens des provinces méridionales préféraient fuir leur misère en émigrant aux États-Unis et en Amérique du Sud. Pourtant, l'essor économique s'affirmait, la grande industrie se développait dans le Nord et le Centre, les ports de Gênes et de Brindisi témoignaient d'une activité intense, les chemins de fer étaient passés de 1 758 km de voies en 1860 à plus de 10 000 km en 1885.

Après 1870, l'Italie s'était lancée dans une ambitieuse politique étrangère, et les dépenses énormes consacrées à l'armée et à la marine grevaient les finances nationales. Au mouvement « irrédentiste » (v. IRRÉDENTISME), qui réclamait le retour du Trentin, de Trieste, de l'Istrie, de la Dalmatie, et par conséquent se dressait contre l'Autriche, s'opposait, dans la bourgeoisie du Nord, un sentiment d'admiration pour la Prusse. L'occupation par la France de Tunis, où s'étaient déjà établis de nombreux Italiens (1881), décida Depretis à se tourner vers l'Allemagne, mais celle-ci imposa à l'Italie un accord à trois, avec l'Autriche. Ainsi fut signé, le 20 mai 1882, le pacte de la Triplice, qui resta théoriquement le pivot de la politique italienne jusqu'à la Première Guerre mondiale, malgré les passions irrédentistes. Admirateur de l'Allemagne de Bismarck, l'ambitieux Francesco Crispi (président du Conseil de 1887 à 1891 et de 1893 à 1896) abandonna officiellement l'irrédentisme, pour lancer l'Italie à la conquête d'un empire colonial africain. Cependant, l'Italie arrivait trop tard : l'Angleterre et la France s'étaient déjà partagé les plus beaux territoires. Une tentative de conquête de l'Éthiopie aboutit au désastre d'Adoua (1er mars 1896), qui eut un profond retentissement en Italie et provoqua la chute de Crispi. Néanmoins, les Italiens purent créer et mettre en valeur, dans cette région de l'Afrique, les colonies de l'Érythrée et de la Somalie.

La persistance de l'irrédentisme amena un rapprochement avec la France, après la convention sur le statut des Italiens de Tunisie (1896) et les accords douaniers de 1898. L'Allemagne feignit de ne pas s'inquiéter de ces « tours de valse » de l'alliée italienne. La Triplice fut en effet renouvelée en 1902, 1907 et 1912, mais non sans réserves, et les relations avec les Empires centraux se dégradèrent lentement dans les années qui précédèrent 1914.

Opportuniste dans ses méthodes, mais patriote intelligent et sincère, Giolitti (1903/05, 1906/09, 1911/14) gouverna comme ses prédécesseurs par le compromis et la corruption électorale ; sa politique acheva de détourner de nombreux Italiens du régime démocratique. Il n'en fut pas moins un chef de gouvernement remarquablement efficace. Au lendemain de la grave crise sociale de 1898, il réussit peu à peu à intégrer les socialistes dans son système ; il amena le Saint-Siège à renoncer à sa longue intransigeance et à autoriser les catholiques à rentrer au moins partiellement dans la vie politique (1904). Tout en se conciliant la gauche par une série de mesures sociales Giolitti satisfit les nationalistes par son programme d'armements. Malgré les réticences de Giolitti, l'opinion nationaliste imposa, en sept. 1911, la guerre italo-turque qui assura à l'Italie la Cyrénaïque, la Tripolitaine et le Dodécanèse (traité d'Ouchy-Lausanne 18 oct. 1912). Les socialistes s'opposaient à cette expansion, mais ils étaient divisés en deux grandes tendances, réformistes et révolutionnaires – un des chefs de file de ces derniers était Benito Mussolini, rédacteur en chef de l'*Avanti !* dès la fin de 1912.

Quand éclata la Première Guerre mondiale, en août 1914, le président du Conseil, Salandra, proclama la neutralité de l'Italie. Cette décision correspondait au désir de paix éprouvé par l'immense majorité des Italiens. Mais, les neutralistes (les catholiques, une partie des socialistes) s'opposèrent aux interventionnistes (les nationalistes, la gauche héritière des traditions garibaldiennes, les libéraux de droite). Le socialiste Mussolini rompit avec une partie de ses amis, fonda le *Popolo d'Italia* et devint, avec D'Annunzio, le principal tenant de l'interventionnisme. La Triplice se trouva donc rompue dès le début des hostilités, et l'irrédentisme, plus vibrant que jamais, entretenait les sympathies pour les Alliés. Le roi Victor-Emmanuel III (1900/46) était lui-même favorable à l'intervention. Les négociations secrètes avec les Alliés aboutirent au traité de Londres (26 avr. 1915). Pour obtenir l'entrée en guerre de l'Italie, Londres et Paris n'hésitèrent pas à lui faire de larges promesses qui ne pouvaient être tenues : l'annexion du Trentin, de l'Istrie et de la Dalmatie, des territoires coloniaux et des agrandissements aux dépens de la Turquie.

De la guerre au fascisme (1915/22)

L'Italie déclara la guerre à l'Autriche-Hongrie (23 mai 1915), puis à l'Allemagne (28 août 1916). Cette intervention italienne, en ouvrant un nouveau front sur les Alpes, apportait un soulagement considérable aux Alliés – notamment aux Russes. Mais les attaques de Cadorna sur l'Isonzo et sur le Carso (printemps/été 1917) ne parvinrent pas à ébranler la défense autrichienne. En oct. 1917, les Austro-Allemands réussirent à percer le front italien à Caporetto, ce qui provoqua un recul général sur la Piave et l'abandon de la plus grande partie de la Vénétie. La responsabilité de cet échec incombait au haut commandement. Cadorna ayant été remplacé par Diaz, les troupes italiennes se maintinrent avec un grand courage sur la ligne de la Piave, notamment pendant l'offensive autrichienne de juin 1918, et, en oct. suivant, Diaz lançait l'attaque décisive et remportait la grande victoire de Vittorio Veneto (28 oct. 1918). Les Italiens entrèrent à Trente et à Trieste, et, dès le 3 nov., l'Autriche demandait l'armistice.

L'enthousiasme de la victoire fut suivi d'une amère déception. Invoquant le droit des peuples à disposer d'eux-mêmes et avec l'appui de Paris, qui soutenait les Yougoslaves, Wilson empêcha l'Italie de prendre pied aussi largement qu'elle espérait en Dalmatie (elle dut se contenter de la ville de Zara). Ainsi les Alliés reniaient les promesses faites par le traité de Londres de 1915. Nitti accepta de signer le traité de Saint-Germain-en-Laye (sept. 1919), qui accordait du moins à l'Italie le Trentin, le Haut-Adige, Trieste et une partie de l'Istrie. Malgré ces avantages, la colère explosa chez les anciens combattants, particulièrement chez les *arditi* (troupes de choc). Le 23 mars 1919, Mussolini avait fondé à Milan les Faisceaux italiens de combat, embryon du mouvement fasciste (v. **Fascisme**). En sept. 1919, D'Annunzio, à la tête d'un millier d'arditi, s'empara de Fiume, que les Alliés avaient placée sous autorité internationale.

À la déception nationale s'ajoutaient les graves problèmes sociaux : la guerre, qui avait coûté à l'Italie 670 000 morts et profondément désorganisé les finances et l'économie, avait hâté la concentration industrielle dans le Nord, aggravant encore les antagonismes sociaux. En 1919, l'Italie fut submergée par des vagues successives de grèves. Des ligues agricoles se formèrent et les grandes propriétés du Sud furent envahies par des paysans. Peu à peu s'instaurait un état d'anarchie et de violences ; l'instabilité ministérielle faisait perdre toute confiance dans l'État parlementaire ; le parti socialiste était affaibli par la scission des communistes (congrès de Livourne, janv. 1921) ; et le mouvement fasciste, tantôt reprenant les revendications sociales, tantôt se posant en défenseur de l'ordre, passait de 17 000 membres à la fin de 1919 à plus de 700 000 au printemps 1922. Au congrès de Rome (nov. 1921), Mussolini avait transformé ses Faisceaux en un parti national fasciste, qui bénéficiait de la sympathie croissante de la bourgeoisie et des milieux industriels, mais aussi d'un large appui populaire, notamment chez les agriculteurs. Ayant refusé au gouvernement Facta de décréter l'état de siège alors que des militants fascistes procédaient à une marche sur Rome, Victor-Emmanuel III fit appel à Mussolini (30 oct. 1922). Les élections d'avr. 1924 assurèrent 65 % des voix à Mussolini, qui, jusque-là avait respecté les formes parlementaires. Quelques semaines plus tard, le nouveau régime fut mis en péril par l'indignation que souleva le meurtre de Matteotti (10 juin 1924), mais cette crise tourna finalement à l'avantage du fascisme, qui, à la fin de 1925, avait installé solidement sa dictature. Pour la politique intérieure de Mussolini.

La politique internationale de 1922 à 1935

À l'extérieur, l'accord du 27 janv. 1924 avec la Yougoslavie confirma à l'Italie la possession de Fiume, que D'Annunzio avait été contraint par Giolitti d'abandonner quatre ans plus tôt. Mussolini reconnut la Russie soviétique (févr. 1924) ; il adhéra au pacte de Locarno (oct. 1925) et au pacte Briand-Kellogg (août 1928). En dépit de cette prudence, le gouvernement fasciste, quand il sentit sa domination mieux assurée et son prestige international renforcé (des hommes comme Churchill ne lui ménageaient pas leurs éloges), se trouva entraîné par sa propre propagande, qui exaltait l'idée impériale et les vertus guerrières. L'accord italo-albanais de nov. 1926, en faisant pratiquement de l'Albanie un protectorat italien, détériora les rapports avec la Yougoslavie. Mécontente des traités de 1919, l'Italie se rapprocha d'autres États révisionnistes, notamment la Hongrie (traité d'avr. 1927). À l'égard de l'Allemagne, au contraire, le Duce, profondément convaincu de la supériorité de la civilisation latine, garda longtemps une attitude de méfiance. Après 1933, alors que les démocraties occidentales assistaient passivement à l'établissement du nazisme, c'est le Duce qui prit l'initiative de la résistance diplomatique à Hitler, en essayant d'emprisonner celui-ci dans les limites du pacte à Quatre (7 juin 1933). Le rapprochement très marqué avec le chancelier autrichien Dollfuss (entrevue de Riccione, août 1933) était également dirigé contre l'Allemagne, et la première entrevue Mussolini-Hitler à Venise (juin 1934) fut un échec complet. Après l'assassinat de Dollfuss par des nazis autrichiens (25 juill. 1934), le Duce empêcha l'Anschluss en massant immédiatement des troupes sur le Brenner. Le président du Conseil français, Laval, après une visite à Rome qui liquida le contentieux franco-italien (7 janv. 1935), monta alors, en collaboration avec l'Angleterre, le « front de Stresa » (11/14 avr. 1935), destiné à empêcher toute nouvelle révision non négociée des traités de 1919.

La ligne de conduite de Mussolini, jusqu'alors constante, se modifia radicalement à la suite de l'affaire d'Éthiopie. Son expédition africaine fut inspirée par des considérations de prestige et par la volonté de renouer avec la mission coloniale de la Rome antique, en dépit de l'opposition des milieux d'affaires et des militaires. Commencee le 3 oct. 1935 et menée avec de puissants moyens terrestres et aériens, la guerre d'Éthiopie aboutit à la prise d'Addis-Abeba (5 mai 1936) ; le 9 mai, Victor-Emmanuel III fut proclamé empereur d'Éthiopie. Mais, dès le début de l'attaque italienne, la SDN avait condamné l'Italie, et elle mit au point un programme de sanctions économiques que l'Angleterre et la France principalement se chargèrent d'appliquer (nov. 1935).

La politique internationale de 1936 à 1945

L'avènement au pouvoir du Front populaire en France (mai 1936) et le déclenchement de la guerre civile espagnole (juill. 1936) renforcèrent la solidarité des dictatures, à laquelle Mussolini donna le nom d'axe Rome-Berlin (1er nov. 1936). L'année suivante, le Duce rendit visite au Führer (sept. 1937) et il revint ébloui par la force de l'armée allemande. En avr. 1939, l'armée italienne débarquait en Albanie qui fut annexée.

L'entrée en guerre contre la France et l'Angleterre (10 juin 1940) ne suscita nullement les mouvements d'enthousiasme populaire qui avaient marqué l'intervention de 1915. Mal préparée, pourvue d'un armement et d'un équipement insuffisants, médiocrement ravitaillée, traitée avec dédain par les Allemands, l'armée italienne fut battue à peu près partout. Humilié par son rôle secondaire, jaloux des victoires allemandes, Mussolini prit la fâcheuse initiative d'attaquer la Grèce (oct. 1940, v. **Guerre mondiale 1939/45**) ; il imposa de même à Hitler l'envoi en Russie d'une armée italienne qui eut à se battre, après Stalingrad, dans des conditions tragiques. En Italie, la population civile souffrait du manque de ravitaillement, des bombardements alliés, de la présence envahissante des Allemands. La fidélité indéfectible de Mussolini à l'alliance germanique soulevait des oppositions de plus en plus nombreuses, y compris parmi les « hiérarques » fascistes : le gendre du Duce, Ciano, qui portait de lourdes responsabilités dans l'évolution des années 1938/40 mais voyait maintenant avec lucidité approcher le désastre, fut renvoyé en févr. 1943. Après la perte de l'Afrique du Nord et le débarquement anglo-américain en Sicile (10 juill.), deux complots se formèrent : l'un, essentiellement militaire, autour du roi ; l'autre, politique, parmi les membres du Grand Conseil fasciste, autour de Grandi ; celui-ci proposait pratiquement l'abolition du fascisme, en demandant que soit rendue au roi la plénitude de ses prérogatives constitutionnelles. Dans la nuit du 24 au 25 juill. 1943, Mussolini fut mis en minorité par les siens, au Grand Conseil fasciste, la motion Grandi recueillant dix-neuf voix contre huit. Le lendemain, le roi, sous prétexte d'assurer sa sécurité, le fit arrêter.

La chute du Duce ne provoqua aucune réaction du parti fasciste, usé et corrompu par vingt années de pouvoir. Le nouveau gouvernement, présidé par le maréchal Badoglio, ne comprenait aucun fasciste de marque. Tout en affirmant sa résolution de poursuivre la lutte aux côtés de l'allié allemand, il entama secrètement avec les Alliés des négociations qui aboutirent à un armistice signé le 3 sept. et annoncé le 8. La Wehrmacht, en quelques heures, occupa méthodiquement Rome et toute l'Italie centrale et septentrionale, désarmant ou massacrant les troupes italiennes ; seule la flotte eut le temps de quitter La Spezia et de rallier Malte. Par un raid plein d'audace, un commando SS, sous les ordres de Skorzeny, libéra le Duce prisonnier au Gran Sasso (12 sept. 1943). Le roi et le gouvernement Badoglio se réfugièrent dans le Sud, sous l'occupation alliée.

Non seulement l'Italie restait un champ de bataille, mais elle se trouvait désormais coupée en deux politiquement. Alors que dans les régions conquises par les Alliés s'exerçait l'autorité du gouvernement royal, Mussolini, sous la pression des Allemands, fondait dans le Nord la République sociale italienne, dont le siège fut établi à Salo, sur le lac de Garde (15/17 sept. 1943). La milice fasciste reconstituée par la République sociale collaborait étroitement avec les Allemands dans la répression des activités des partisans. Plusieurs chefs fascistes (parmi lesquels Ciano, le propre gendre du Duce), qui avaient trahi Mussolini lors de la séance du Grand Conseil, furent jugés par un tribunal de la République sociale et exécutés à Vérone (janv. 1944).

Contrainte d'abandonner Rome (5 juin 1944), la Wehrmacht arrêta l'avance alliée au N. de l'Apennin, sur la « ligne Gothique », et le front se stabilisa d'oct. 1944 au printemps de 1945. Après la chute de Mussolini, les partis antifascistes se reconstituèrent officiellement dans la zone contrôlée par le gouvernement Badoglio. Les six principaux partis (parti communiste, parti socialiste, parti d'action, parti démocrate du travail, démocratie chrétienne, parti libéral) se réunirent pour fonder le Comité de libération nationale (27 juill. 1943). Ils convinrent ensemble de reporter à la fin des hostilités les discussions sur les institutions politiques futures de l'Italie et de collaborer avec le roi et Badoglio. Cependant, en dépit du rôle joué par Victor-Emmanuel III dans la chute de Mussolini, l'opposition était très forte à l'égard de la monarchie, compromise par sa longue acceptation du fascisme. Le 13 oct. 1943, le gouvernement royal déclara la guerre à l'Allemagne et mit la flotte italienne au service des Alliés, mais Badoglio n'avait pas plus d'autorité réelle dans la zone qu'il contrôlait que Mussolini dans le Nord, et l'Italie n'était plus qu'un pays occupé par les Allemands et par les Alliés.

En avr. 1944, les représentants des partis antifascistes entrèrent dans le gouvernement Badoglio, mais celui-ci se retira le jour de l'occupation de Rome par les Alliés (5 juin 1944). Avec la formation du gouvernement Bonomi (juin 1944/juin 1945), c'est en fait le Comité de libération nationale qui prit directement le pouvoir. En avr. 1945, quand le général Alexander lança dans le Nord l'offensive finale, l'ordre d'insurrection générale fut donné aux partisans antifascistes (25 avr.). Arrêtés par les partisans alors qu'ils tentaient de se réfugier en Allemagne, Mussolini et les derniers hiérarques fascistes furent exécutés sommairement, sur l'ordre du chef communiste Walter Audisio (28 avr. 1945). Déjà des pourparlers se déroulaient entre le général SS Wolff et les Alliés, et les troupes allemandes d'Italie capitulèrent le 2 mai 1945.

La vie politique après 1945

Aussitôt la guerre finie, le problème des institutions passa au premier plan et les divergences entre les partis commencèrent à se faire jour. Successeur de Bonomi, le résistant Ferruccio Parri (juin/déc. 1945) tenta de maintenir l'union réalisée au sein du Comité de libération nationale et d'ouvrir la voie à de grandes réformes économiques et sociales, mais issu d'un mouvement très minoritaire, le parti d'action, il dut bientôt se retirer. Chef de la Democrazia cristiana, qui apparaissait d'ores et déjà comme l'une des principales forces politiques de l'Italie nouvelle, Alcide De Gasperi prit la tête du gouvernement (10 déc. 1945), en maintenant la coalition des partis antifascistes. Il décida d'organiser simultanément un référendum sur les institutions et des élections à l'Assemblée constituante. Pour essayer de sauver la maison de Savoie, Victor-Emmanuel III abdiqua, dès le 9 mai 1946, en faveur de son fils, Humbert II. Mais par son vote du 2 juin 1946, le peuple italien condamna la monarchie. Aux élections à la Constituante, les démocrates-chrétiens arrivèrent largement en tête. De Gasperi resta au pouvoir, à la tête d'un gouvernement qui rassemblait communistes, socialistes, libéraux, démocrates-chrétiens et républicains.

L'Italie dut signer le traité de Paris (10 févr. 1947), dont les conditions assez dures montraient que les Alliés ne tenaient guère compte de son revirement de 1943 et de l'action menée par les partisans italiens dans les derniers mois du conflit. L'Italie devait renoncer aux conquêtes du fascisme (Albanie, Éthiopie) et elle perdait plusieurs de ses acquisitions consécutives à la Première Guerre mondiale : Zara, Fiume et l'Istrie, qui étaient annexées à la Yougoslavie, ainsi que la plus grande partie de la Vénétie Julienne, et les îles du Dodécanèse, attribuées à la Grèce. À la suite d'un référendum, les villages de Tende et de Brigue furent annexés à la France. Les Soviétiques exigèrent la livraison d'une partie de la flotte italienne. Alors que l'économie nationale était en ruine, l'Italie dut verser près de 400 millions de dollars de réparations à l'URSS, la Grèce, la Yougoslavie, l'Éthiopie et l'Albanie. Le statut futur de Trieste restait indéterminé et ne fut réglé, après une longue querelle avec la Yougoslavie, qu'en 1954, par le maintien de la ville dans l'État italien. En revanche, toutes les anciennes colonies africaines de l'Italie (Libye, Somalie, Érythrée), dont le sort était réservé à une décision de l'ONU, furent finalement perdues (l'Italie conserva cependant la tutelle de la Somalie jusqu'en 1960).

Adoptée par l'Assemblée constituante en déc. 1947, la nouvelle Constitution entra en vigueur le 1er janv. 1948. Inspirée visiblement par le souci d'empêcher l'installation légale d'une nouvelle dictature, elle faisait de l'Italie une démocratie parlementaire où les pouvoirs du président de la République étaient très réduits et où le chef du gouvernement (président du Conseil), véritable détenteur du pouvoir exécutif, se trouvait entièrement tributaire de la majorité parlementaire. La décentralisation régionale, prévue dès 1947, ne fut complètement mise en place que dans les années 1970. Enfin, la Constitution intégrait les accords du Latran conclus en 1929 avec le Vatican.

Premier parti italien, la Democrazia cristiana (DC) dirigea le gouvernement à partir de déc. 1945. Elle n'obtint qu'une seule fois (aux élections de 1948) la majorité absolue des sièges à la Chambre, mais, du fait de sa position au centre, elle constituait l'axe indispensable de toute majorité parlementaire. Ainsi, après l'exclusion des communistes du gouvernement en 1947 (qui entraînèrent dans l'opposition les socialistes du PSI) l'Italie ne connut pas de véritables bouleversements politiques. Il en résulta une stabilité en politique extérieure, mais aussi un malaise croissant en politique intérieure : aucune véritable alternative gouvernementale n'étant possible, la succession rapide des ministères se réduisait à ces changements de personnes au sein de la DC ou à des changements d'associés gouvernementaux de la DC.

De Gasperi, qui, dès 1947, avait nettement choisi l'orientation vers l'Occident en acceptant le plan Marshall, apporta l'adhésion de l'Italie à l'OTAN (avr. 1949) et fut, avec Robert Schuman et Konrad Adenauer, l'un des fondateurs de l'Union européenne. Membre de la Communauté européenne du charbon et de l'acier (1951), l'Italie adopta le projet de la Communauté européenne de défense, qui échoua à cause du refus de la France. En août 1953, après le recul électoral de la Democrazia cristiana, De Gasperi abandonnait le pouvoir, qu'il détenait depuis près de huit ans. La DC, qui, désormais, dépendait étroitement de ses alliés, était divisée entre un centre droit, attaché au capitalisme libéral, et un centre gauche, porté au dirigisme économique, et qui aspirait à détacher le PSI de Nenni des communistes et à l'intégrer dans le système. La première tendance, celle du centrisme pur avec d'occasionnelles ouvertures à droite, l'emporta d'une manière générale, de 1953 à 1962.

La politique d'ouverture à gauche eut pour principal champion Amintore Fanfani. Se heurtant à de fortes oppositions, et en premier lieu dans son propre parti, Fanfani ne put d'abord constituer que des ministères éphémères (1954, 1958/59). Cependant, en juill. 1960, il forma un cabinet démocrate-chrétien homogène ou « monocolore », qui, pour la première fois, ne se heurta pas à l'opposition du PSI, lequel se contenta de s'abstenir. La rupture entre Nenni et les communistes, survenue l'année précédente, rendait possible l'ouverture à gauche, qui fut enfin acceptée par le congrès démocrate-chrétien de Naples (janv. 1962) et qui était favorisée par la nouvelle politique du Vatican avec Jean XXIII.

Après les élections d'avr. 1963, les socialistes du PSI entrèrent dans le cabinet Aldo Moro (déc. 1963). Jusqu'en 1972, la majorité gouvernementale se présentait ainsi comme une majorité de centre gauche réunissant socialistes, sociaux-démocrates, démocrates-chrétiens, républicains, rejetant dans l'opposition à gauche les communistes, à droite les libéraux, les monarchistes et les néofascistes. Mais cette ouverture à gauche ne suscitait pas d'orientation politique vraiment nouvelle et traduisait beaucoup plus le glissement de la majorité des socialistes vers le centre que le mouvement des démocrates-chrétiens vers la gauche. Aussi les mécontents n'avaient-ils d'autre recours que de se tourner soit vers les neofascistes, soit vers le parti communiste, qui, dès l'époque de Togliatti, avait affirmé son indépendance à l'égard de Moscou, et qui, seul de tous les partis communistes d'Europe occidentale, enregistrait depuis 1946 un accroissement régulier de ses voix.

Sur le plan économique, l'Italie avait opéré, dans l'après-guerre, un spectaculaire redressement qualifié de « miracle italien » ; grâce au développement de la production industrielle, le produit national brut avait plus que quadruplé entre 1950 et 1965. Cependant, en dépit de profondes réformes sociales, à partir de la fin des années 1970, le pays, déjà troublé par les réseaux mafieux, fut ébranlé par une multitude de grèves et par une poussée contestataire multiforme face à un État faible et souvent corrompu. De toutes les organisations d'extrême gauche, la plus violente fut celle des Brigades rouges. En 1978, alors que s'amorçait le « compromis historique » entre le PCI, qui se voulait une force démocratique, responsable et gestionnaire, et la DC, les Brigades rouges enlevèrent Aldo Moro, chef de la DC, afin d'empêcher le rapprochement et, devant le refus de toute négociation, l'exécutèrent. Entre 1981 et 1982, les principaux chefs du mouvement furent arrêtés. L'alliance communiste fut finalement rejetée par la DC en 1980. De 1983 à 1987, le pays, pour la première fois dirigé par un président du Conseil socialiste, Bettino Craxi, connut enfin une situation politique stabilisée.

Au début des années 1990, le paysage politique italien se recomposa en profondeur. La chute des démocraties populaires à l'Est accéléra la transformation du PCI rebaptisé parti démocratique de la gauche (PDS) en 1991. Dans le Nord du pays, émergèrent différents mouvements autonomistes et populistes fédérés dans la Ligue du Nord dirigée par Umberto Bossi. Quant à la puissante DC, bien que conduisant les différents gouvernements de coalition entre 1987 et 1992, elle voyait ses scores s'affaisser. Dans un contexte général de crise économique et de recrudescence des crimes mafieux (assassinat de deux juges antimafia : Giovanni Falcone et Paolo Borsellino en 1992), l'ouverture, par une équipe de juges milanais, d'une vaste enquête sur la corruption des partis (opération « mains propres »), en 1993, révéla de tels scandales que le président de la République Scalfaro décida de dissoudre le Parlement en janv. 1994. Le puissant homme d'affaire Silvio Berlusconi, à la tête du « Pôle de la liberté », vaste coalition autour de son propre mouvement, Forza Italia, remporta le scrutin devant le « pôle progressiste » autour du PDS et le « Pacte pour l'Italie » rassemblement conduit par le parti populaire italien (PPI), héritier de la DC, dissoute en janv. 1994. Élu sur un programme néolibéral vague et au centre d'une coalition hétéroclite, Berlusconi ne put conserver son poste plus de sept mois d'autant que la justice venait de le mettre en cause pour des affaires de corruption. Après le bref gouvernement Dini, constitué de personnalités indépendantes des partis politiques, de fragiles gouvernements de coalition de gauche conduits par Romano Prodi (1996/98), par Massimo D'Alema (1998/2000) puis par Giuliano Amato (2000/01) se succédèrent dans un climat économique dégradé, marqué par l'aggravation de la fracture entre le Nord et le Sud, les difficultés du plus grand groupe industriel italien, Fiat, et une croissance fragile ébranlée par les efforts qu'avait réclamée l'intégration à la zone euro.

En mai 2001, l'opposition menée par S. Berlusconi remporta les élections législatives, son propre parti, Forza Italia s'assurant 29,5 % des sièges. Le retour à la tête du gouvernement de S. Berlusconi, mis en cause dans de nombreuses affaires frauduleuses, accusé de corruption de magistrats, provoqua un profond malaise en Italie. En 2002/03, des mouvements de grève générale et de vastes manifestations ont été organisés à l'encontre de la politique de S. Berlusconi ; ses mesures sociales (réforme du marché du travail) comme sa politique étrangère (alignement derrière les États-Unis lors de la guerre d'Irak) et ses tentatives pour faire obstacle au fonctionnement de la justice ont reçu de vives critiques dans l'opinion publique italienne.

ITO Hirobumi, prince (* Tsukari, 2.IX.1841, † Kharbin, 26.X.1909). Homme politique japonais. Premier ministre en 1885/88, 1892/96, 1898 et 1900/01, il fut l'un des principaux artisans de l'élévation du Japon au rang de grande puissance mondiale. En 1895, il signa avec la Chine le traité de Shimonoseki.

ITURBIDE Agustín de (* Valladolid, Michoacan, 27.IX.1783, † Padilla, 19.VII.1824). Empereur du Mexique sous le nom d'**Augustin Ier** (1822/23). Officier espagnol, il réprima férocement le soulèvement mexicain de 1810. Lié aux colons les plus conservateurs, inquiets de la révolution libérale espagnole de 1820, il conclut avec eux l'accord d'Iguala (24 févr. 1821), qui établissait l'autonomie du Mexique sous la suzeraineté espagnole, le catholicisme comme religion d'État et l'égalité raciale. Le vice-roi et le gouvernement espagnol essayant d'annuler le traité, il les obligea à reconnaître l'indépendance du Mexique (24 août 1821). D'abord régent, Iturbide se fit proclamer empereur du Mexique (18 mai 1822). Son cléricalisme et sa mauvaise gestion financière provoquèrent le soulèvement républicain de Santa Anna ; il fut renversé en mars 1923 et se réfugia à Livourne, puis à Londres. Revenu secrètement au Mexique en 1824, dans l'espoir de ressaisir le pouvoir, il fut arrêté dès son arrivée et fusillé.

IVAN III Vassilievitch, le Grand (* Moscou, 22.I. 1440, † Moscou, 27.X.1505). Grand-prince de Moscou et de toute la Russie (1462/1505). Voir **Russie**.

IVAN IV Vassilievitch, dit le Terrible (* 25.VIII. 1530, † 18.III.1584). Tsar de Russie (1533/84). Fils du grand-prince de Moscou Vassili III, il n'avait que trois ans à son avènement (déc. 1533). Sa mère, Hélène, assura la régence jusqu'à sa mort en 1538, et les boyards, écartés par Vassili, en profitèrent pour prendre leur revanche. Ivan prit le premier le titre de tsar (16 janv. 1547) et peut être considéré comme le fondateur de la Russie moderne. Il annexa les khanats de Kazan (1552) et d'Astrakhan (1556) : la Volga passa ainsi entièrement sous le contrôle moscovite et la route de la Sibérie fut ouverte. Pour se ménager un accès vers l'Occident, Ivan anéantit l'ordre Teutonique (1561) et entra en conflit avec l'État polono-lituanien. La longue guerre de Livonie (1558/83) se termina par un échec de la Russie. Le tsar ne fut sauvé que par la médiation du pape Grégoire XIII qui imposa la paix à la Pologne. À l'intérieur, Ivan instaura un régime de terreur autocratique (1565/72) ; il s'était constitué une sorte de domaine réservé, l'*opritchnina*, placé sous son autorité immédiate, et administré par une armée formée de ses plus proches, les *opritchniki*. Ce domaine engloba bientôt une grande partie de la Russie, d'où les anciens féodaux furent expulsés. Cette terreur profita à la petite noblesse, maîtresse de la population paysanne réduite au servage, au détriment des grands boyards d'anciens lignages. Des milliers d'entre eux furent exécutés ce qui valut à Ivan son surnom. Ivan le Terrible laissa le trône à un enfant, Fédor Ier, issu de l'un de ses sept mariages. Voir **Russie**. La formation de l'État russe centralisé jusqu'au règne d'Ivan le Terrible (1462/1584).

IZETBEGOVIC Alija (Bosanski Samac, au N.-E. de la Bosnie, 8.VIII.1925). Homme politique bosniaque. À la tête du parti musulman de l'Action démocratique, il fut élu, en déc. 1990, président de la république de Bosnie-Herzégovine. L'indépendance qu'il proclama en mars 1992 précipita le pays dans la guerre. Recherchant le soutien américain, il sut également s'attirer l'aide de nombreux pays musulmans. En 1995, il signa avec les chefs d'État serbe et croate les accords de Dayton, qui consacraient la Bosnie-Herzégovine comme un État unitaire, bien qu'une République serbe fût admise sur son territoire. Réélu à la présidence de Bosnie-Herzégovine en sept. 1996 et en sept. 1998, il démissionna en oct. 2000, sans attendre la fin de son mandat, pour raison de santé. Voir **Bosnie-Herzégovine**.

J

JACKSON Andrew (* Waxhaw, à la limite de la Caroline du Sud et de la Caroline du Nord, 15.III. 1767, † Hermitage, près de Nashville, Tennessee, 8.VI. 1845). Homme politique américain. À treize ans, il prit part à la guerre d'Indépendance. Victorieux à la Nouvelle-Orléans (8 janv. 1815) lors de la guerre de 1812, il partit en campagne contre les Indiens Séminoles (1817/18), s'empara de Pensacola (1818) et devint ainsi le premier gouverneur de la Floride (1821) puis sénateur démocrate du Tennessee (1823). Septième président des États-Unis (1829/37), son administration marqua un tournant important de l'histoire américaine : le pouvoir échappait à l'oligarchie de l'Est et passait au parti majoritaire et le *spoils system* (« partage des dépouilles ») répartit désormais le pouvoir entre les hommes du président élu. Les droits des États l'emportèrent sur les privilèges de la Banque fédérale, à la grande satisfaction des pionniers de l'Ouest. Son vice-président Van Buren lui succéda mais il conserva jusqu'à sa mort une grande influence politique.

JACOBINS (club des). Société politique formée dès mai 1789 à Versailles, sous le nom de *Club breton*, par des députés bretons aux États généraux (Le Chapelier, Lanjuinais...), auxquels s'adjoignirent d'autres députés tels que Barnave, Sieyès... Après le transfert de l'Assemblée constituante à Paris (6 oct. 1789), le Club breton se réunit dans le réfectoire du couvent dominicain de la rue Saint-Honoré, installé précedemment rue Saint-Jacques, d'où son nom usuel de *club des Jacobins*. Son titre officiel fut cependant celui de *Société des Amis de la Constitution*. D'abord dirigé par Lameth et Barnave, le club défendait un programme modéré de monarchie constitutionnelle. Mais la fuite de Louis XVI à Varennes provoqua une scission des membres modérés (Barnave, Le Chapelier, Sieyès, La Fayette...), qui fondèrent le *club des Feuillants* (juill. 1792). L'autre partie, avec Robespierre et Pétion, s'orienta résolument vers les principes démocratiques, soumit ses membres à une épuration sévère et s'affilia rapidement plus de 1 200 clubs dans les départements. Durant la Législative, les Girondins firent partie du club mais le quittèrent en sept. 1792 ; les Jacobins devinrent alors la *Société des Amis de la liberté et de l'égalité*. Le club des Jacobins fut sous la convention l'âme de la Montagne ; on y discutait à l'avance les questions soumises à l'Assemblée, on y préparait les nominations et les résolutions. La mort du roi, la chute des Girondins, l'établissement de la Terreur furent en grande partie l'œuvre des Jacobins. Sous la Terreur, le club désignait au Comité de salut public les citoyens les plus aptes à remplir les fonctions publiques (18 nov. 1793). La chute de Robespierre mit un terme à la dictature des Jacobins, et le club fut fermé le 21 brumaire an II (11 nov. 1794). Les Jacobins essayèrent de se reconstituer à la fin du Directoire (juill./août 1799).

JACOBITES. Nom donné en Angleterre, après la Révolution de 1688, aux légitimistes, partisans de Jacques II et de son fils Jacques III. Voir **GRANDE-BRETAGNE.**

JACQUERIE. Insurrection paysanne qui se déchaîna dans le Beauvaisis en mai/juin 1358. Elle eut pour causes principales l'impopularité croissante de la noblesse après la défaite de Poitiers (1356) et les désordres provoqués par la guerre de Cent Ans dans les campagnes. Le mouvement, dirigé par un certain Guillaume Charles, ou Carle, ancien soldat, se déclencha brusquement le 21 mai 1358 avec l'incendie de plusieurs châteaux dans la région de Compiègne. Étienne Marcel, qui dirigeait au même moment l'insurrection parisienne, chercha à faire alliance avec la jacquerie et à l'utiliser à son profit. Mais les *Jacques* furent vaincus près de Clermont-en-Beauvaisis par les nobles, que conduisait Charles le Mauvais (10 juin 1358), et Guillaume Charles fut décapité. La répression fut terrible et les nobles procédèrent au massacre de dizaines de milliers de paysans.

JACQUES

ANGLETERRE

JACQUES Ier (* Édimbourg, 19.VI.1566, † Theobalds Park, Hertfordshire, 27.III.1625). Roi d'Écosse (sous le nom de **Jacques VI**, 1567/1625) et d'Angleterre (1603/25). Fils de Marie Stuart, il fut proclamé roi d'Écosse, à l'âge de un an, par les nobles protestants révoltés contre sa mère. En 1603, il succéda à sa cousine Élisabeth Ire, réalisant ainsi l'union purement personnelle de l'Angleterre et de l'Écosse. Il s'attira l'hostilité du Parlement en raison de ses théories sur le droit divin des rois. S'appuyant sur l'anglicanisme, qui faisait du souverain le chef de l'Église d'Angleterre, il voulut imposer à ses sujets l'uniformité religieuse, mais il se heurta à l'opposition des catholiques et à celle des puritains dont certains émigrèrent en Amérique en 1620 (v. **Mayflower**). La confiscation du pouvoir par des favoris royaux incapables (d'abord Robert Carr, comte de Somerset, puis George Villiers, duc de Buckingham) acheva de rendre le souverain impopulaire. De son mariage avec Henriette-Marie de France, sœur de Louis XIII, il eut pour fils et successeur Charles Ier.

JACQUES II (* Londres, 14.X.1633, † Saint-Germain-en-Laye, 5.IX.1701). Roi d'Angleterre et d'Irlande, et roi d'Écosse (en Écosse, sous le nom de **Jacques VII**, 1685/88). Fils de Charles Ier, frère de Charles II, auquel il succéda en 1685. Capturé en 1646 par l'armée parlementaire, il réussit à s'enfuir et vécut en France jusqu'à la restauration des Stuarts (1660). Puisqu'il s'était converti au catholicisme en 1672, les Communes tentèrent vainement de l'exclure de l'accession au trône. Devenu roi, son absolutisme, son zèle catholique et son rapprochement avec Louis XIV accrurent son impopularité. La naissance d'un prince héritier (Jacques Édouard, 1688) créant une dynastie catholique, l'opposition s'allia avec le gendre de Jacques II, Guillaume d'Orange, stathouder de Hollande mais protestant, qui débarqua en Angleterre et força le roi à s'enfuir en France (nov. 1688). En 1689, Jacques II essaya, avec l'aide de Louis XIV, de se rétablir en Irlande mais fut vaincu à la bataille de la Boyne (1er juill. 1690). Il vint alors se fixer à Saint-Germain-en-Laye, où il tint une petite cour.

ARAGON

JACQUES Ier le Conquérant (* Montpellier, 2.II.1208, † Valence, 27.VII.1276). Roi d'Aragon (1213/76). Fils et successeur de Pierre II, il conquit sur les Maures les îles Baléares qu'il annexa (1229/35), et les royaumes de Valence (1238) et de Murcie (1266). Au traité de Corbeil (1258), il obtint de Saint Louis la renonciation aux comtés de Barcelone et de Roussillon, tandis que lui-même renonçait à toute prétention au-delà des Pyrénées (excepté Montpellier). Il laissa deux fils entre lesquels il partagea ses possessions. L'aîné régna sur l'Aragon sous le nom de Pierre III, le cadet devint roi de Majorque sous le nom de Jacques Ier.

JACQUES II le Juste (* 1264, † Barcelone, 1327), roi d'Aragon (1291/1327). Fils de Pierre III et petit-fils de Jacques Ier le Conquérant, roi de Sicile en 1285, il succéda en Aragon à son frère aîné, Alphonse III. Ayant épousé en 1295 une fille de Charles II d'Anjou, il échangea son titre sicilien contre la Sardaigne et la Corse. Il scella par une union personnelle les liens de la Catalogne et de Valence avec l'Aragon (1319), et confirma les privilèges des Aragonais (1325).

ÉCOSSE

JACQUES IV (* 17.III.1473, † Flodden Field, 9.IX.1513). Roi d'Écosse (1488/1513). Voir **Écosse**.

JACQUES V (* Linlithgow, 10.IV.1512, † Falkland, 14.XII.1542). Roi d'Écosse (1513/42). Voir **Écosse**.

JACQUES VI. Roi d'Écosse (1567/1625). Voir **Jacques Ier d'Angleterre**.

JACQUES VII. Roi d'Écosse (1685/88). Voir **Jacques II d'Angleterre**.

JAGELLON, *Jagiello, Jogaila*. Dynastie qui régna sur la Lituanie, la Pologne, la Hongrie et la Bohême entre le XIVe et le XVIe s. Elle fut fondée par le petit-fils de Gedymin, Jagellon (en lituanien, Jogaila ; en polonais, Jagiello). Grand-prince de Lituanie de 1377 à 1434, il reçut le baptême catholique en 1386 et épousa Hedwige, reine de Pologne. Les Jagellons régnèrent sur la Pologne (v.) de 1386 à 1572 et sur la Hongrie (v.) de 1440 à 1444 et de 1490 à 1526 ; enfin, sur la Bohême (v.) de 1471 à 1526.

JAHANGIR ou **DJAHANGIR** (* Fatehpour-Sikri, 31.VIII.1569, † 28.X.1627). Empereur mogol de l'Inde (1605/27). Voir **Inde**.

JAÏNISME. Mouvement de réforme du brahmanisme, contemporain du bouddhisme et fondé par le prince Vardhamana, dit le *Mahavira* (« Grand Héros ») ou le *Jina* (« Victorieux »). Ce personnage, qui, selon les jaïnistes, aurait été précédé par vingt-trois « préparateurs » ou *tirthankara*, vécut approximativement de 540 à 468/467 av. J.-C. (selon la tradition jaïniste, il serait né en 599 av. J.-C., près de quarante ans avant le Bouddha Çakyamuni). Le jaïnisme est dominé par une conception de la délivrance conçue comme une séparation absolue entre la monade spirituelle (*jiva*) et la matière. La voie pour parvenir à cette délivrance est celle des Trois-Diamants, la vision droite, la connaissance droite et la pratique droite, qui peut se ramener à l'attitude fondamentale de l'*ahimsa*, de la non-violence : « Ne fais aucun mal à aucune créature. » À l'origine, le jaïnisme se caractérise aussi par une ascèse pouvant aboutir à un renoncement absolu à toute manifestation vitale, voire à la mort volontaire par inanition. Les jaïnistes ont pour symbole le svastika. Le message jaïniste, longtemps oral, fut fixé dans un canon en langue prakrite, au concile de Patalipoutra, vers 300 av. J.-C., mais sa rédaction n'aurait eu lieu qu'au concile de Valabhi (527 apr. J.-C.). Au Ier s. de notre ère, une scission se produisit chez les jaïnistes entre les *digambara*, qui, se refusant à la moindre possession, décidèrent de vivre complètement nus (les conquérants musulmans les forcèrent par la suite à se vêtir), et les *çvetambara*, partisans d'une ascèse plus modérée. Le jaïnisme n'a pas connu l'expansion mondiale du bouddhisme, mais il s'est maintenu en Inde, surtout dans les régions de Bombay et d'Ahmedabad. La doctrine jaïne de non-violence a profondément influencé Gandhi.

JAMAÏQUE, *Jamaica*. Île des Grandes Antilles, au S.-E. de Cuba ; capitale *Kingston*. Découverte par Christophe Colomb le 3 mai 1494 et appelée par lui *Isla de Santiago*, elle fut rapidement colonisée par les Espagnols, qui exterminèrent la population autochtone des Arawaks et introduisirent dans l'île des esclaves noirs. Les Anglais s'en emparèrent en 1655, et durent y réprimer plusieurs soulèvements des Noirs (1690, 1700, 1795, 1865...). Aux XVIIe et XVIIIe s., la Jamaïque fut un des plus grands marchés d'esclaves du monde. Les Français tentèrent vainement de conquérir l'île en 1782 et en 1806. L'esclavage fut aboli en 1833, mais la condition des Noirs resta très précaire, ce qui provoqua la révolte d'oct. 1865. En 1944, la Jamaïque obtint un gouvernement local autonome. Après la victoire électorale des nationalistes (janv. 1955), la Jamaïque entra dans la Fédération des Antilles britanniques de janv. 1958 jusqu'à sept. 1961.

La Jamaïque devint indépendante au sein du Commonwealth le 6 août 1962. Après dix ans de gouvernement travailliste, les élections de 1972 donnèrent une large victoire au parti nationaliste du peuple (PNP) dirigé par Michael Manley. La chute du cours de la bauxite, principale richesse du pays, et la mauvaise gestion du gouvernement populiste causèrent la défaite de M. Manley aux élections législatives de 1980 ; il retrouva le pouvoir en 1989 et mena une sévère politique économique qui n'enraya cependant pas la chute du dollar jamaïcain. Les restrictions provoquèrent de vives oppositions dans la population et au sein du PNP. Le gouvernement démissionna en déc. 1991 et Manley renonça définitivement au pouvoir. Percival John Patterson lui succéda à la tête du PNP et du gouvernement et parvint à stabiliser la monnaie et endiguer l'inflation. Le PNP remporta les élections législatives en 1997 puis en 2002. Patterson a conservé ses fonctions à la tête du gouvernement qui s'est fixé comme objectif d'enrayer la forte criminalité liée au trafic de la drogue, pour lequel la Jamaïque constitue une véritable plaque tournante. En dépit de l'essor du tourisme, le pays reste fortement endetté et les revenus des Jamaïcains émigrés demeurent encore la principale source de devises.

JAMMU-ET-CACHEMIRE. Nom officiel donné en Inde à l'État du Cachemire, annexé à la République indienne le 26 janv. 1957. Il est toujours contesté par le Pakistan. Voir **CACHEMIRE**.

JANSÉNISME. Mouvement religieux qui se diffusa dans l'Église catholique, surtout en France, au XVIIe et au XVIIIe s. Par sa conception pessimiste de la nature humaine et de la prédestination, le jansénisme apparaît comme une tentative pour introduire dans le catholicisme des thèmes spirituels qui avaient inspiré la Réforme protestante. Le premier foyer du jansénisme fut l'université de Louvain, où Michel Baïus, en réaction contre la spiritualité optimiste et active des jésuites exposa dès 1550/60 des doctrines déjà assez proches de celles de l'*Augustinus* de Jansénius (v.). Reprenant les idées de Baïus, il poussa beaucoup plus loin l'analyse de la nature déchue en insistant sur la prédestination absolue : l'homme est irrémédiablement corrompu par le péché originel et Dieu accorde sa grâce à certains par pure miséricorde, tandis qu'il abandonne les autres par pure justice.

Au moment où parut l'*Augustinus*, les idées jansénistes avaient déjà pénétré en France, grâce à Saint-Cyran. Entré en relation avec la famille Arnauld, il avait amené aux idées de Jansénius les religieuses de l'abbaye de Port-Royal, aspirant à une vie plus rigoureuse. Saint-Cyran insistait surtout sur l'infini respect avec lequel les fidèles devaient recevoir les sacrements de pénitence et de l'eucharistie ; il conseillait même aux religieuses qu'il dirigeait, sous prétexte de renoncement, un éloignement plus ou moins long des sacrements. Très vite, le jansénisme prit l'allure d'une secte de purs, de parfaits, et suscita de l'agitation. Richelieu fit enfermer Saint-Cyran à Vincennes (1638/42). Après la mort de Saint-Cyran (oct. 1643), Antoine Arnauld, auteur du traité *De la fréquente communion* (1643) dirigea le mouvement. Cependant, l'*Augustinus* avait déjà été condamné par le pape Urbain VIII (bulle *In eminenti*, 1642). Le 31 mai 1653, dans la bulle *Cum occasione*, Innocent X résuma le jansénisme dans cinq propositions établies par un docteur de la Sorbonne, Nicolas Cornet, et les condamna. Mais les jansénistes tournèrent cette condamnation en affirmant que les cinq propositions étaient effectivement hérétiques, mais qu'elles ne se trouvaient pas dans Jansénius. Pour contraindre la secte à se soumettre, on rédigea un *formulaire* ainsi conçu : « Je condamne de cœur et de bouche la doctrine des cinq propositions de Cornelius Jansénius, contenues dans son livre intitulé *Augustinus*, que le pape et les évêques ont condamnée ; laquelle doctrine n'est point celle de st Augustin, que Jansénius a mal expliquée. » L'Assemblée du clergé et le roi imposèrent la signature de ce formulaire à tous les ecclésiastiques français (1656).

Cependant, le jansénisme, qui concentrait ses attaques contre les jésuites, accusés de laxisme, progressait dans l'opinion publique grâce aux *Lettres provinciales* (1656/57) de Blaise Pascal. La querelle autour du formulaire dura plus de dix ans. En 1664, l'archevêque de Paris, Péréfixe, fit expulser les religieuses de Port-Royal de Paris et les confina à Port-Royal-des-Champs. Quatre évêques refusèrent d'accepter le formulaire et se contentèrent de demander à leurs fidèles un silence respectueux (1665). Face à l'obstination des jansénistes, l'ambassadeur de France poussa Clément IX à une solution de compromis : ce fut la « paix de l'Église » ou « paix Clémentine » (1669). Les jansénistes en conclurent simplement que Rome avait cédé.

Les querelles gallicanes (v. **Gallicanisme**) qui opposèrent ensuite Louis XIV et le pape facilitèrent les progrès des jansénistes. Après la mort d'Arnauld, exilé en Belgique (1694), c'est un oratorien, le père Quesnel, qui devint la personnalité la plus en vue du jansénisme. En 1701, la présentation à la Sorbonne d'un *cas de conscience*, qui remettait en question l'attribution des cinq propositions à Jansénius, relança la querelle, mais Louis XIV, excédé, fit disperser les religieuses de Port-Royal (1709) et raser leur couvent. Les *Réflexions morales* de Quesnel furent condamnées par Clément XI dans la bulle *Unigenitus* (8 sept. 1713). Mais le jansénisme débordait maintenant le terrain religieux. Les persécutions royales en avaient fait une sorte de parti politique, allié aux parlementaires et opposé à l'absolutisme monarchique. Il bénéficia donc de la réaction générale qui suivit la mort de Louis XIV. À côté du jansénisme populaire, dont la manifestation la plus célèbre fut celle des convulsionnaires de Saint-Médard, il existait maintenant un jansénisme épiscopal, dont le chef était le cardinal de Noailles, archevêque de Paris, et un jansénisme parlementaire, qui resta très influent jusqu'à la Révolution, mena la guerre contre les jésuites et contribua beaucoup à l'affaiblissement de la monarchie. Dès 1723, une Église janséniste schismatique s'était constituée à Utrecht ; elle a subsisté jusqu'à nos jours.

JANSÉNIUS, Cornelius Otto Jansen, dit (* Acquoy, Gueldre, 28.X.1585, † Ypres, 6.V.1638). Théologien néerlandais. Après des études à Louvain, il séjourna de 1604 à 1617 en France où il devint l'ami de Jean Du Vergier de Hauranne, futur abbé de Saint-Cyran. Revenu en Flandre en 1617, il prit la tête d'un collège de Louvain et défendit énergiquement les privilèges de l'Université contre les jésuites. Il rédigea alors l'*Augustinus*, ouvrage fondamental du jansénisme (v.). Évêque d'Ypres en 1636, il mourut de la peste avant la publication de son traité.

JAPON, *Nippon* ou *Nihon*. État insulaire de l'Asie extrême-orientale, qui comprend quatre îles principales : Hokkaidô, Honshû, Shikoku et Kyûshû ; capitale *Tôkyô*.

Jusqu'à la fondation du shôgunat

À la suite d'abaissements du niveau de la mer, l'archipel japonais fut plusieurs fois relié au continent asiatique au cours du quaternaire. Sans doute est-ce à la faveur d'un de ces phénomènes que se constituèrent les premières civilisations paléolithiques japonaises, venues du continent en même temps qu'une faune qui comprenait *Elephas antiquus* et le mammouth. L'époque du premier peuplement du Japon pourrait être antérieur à 150 000 ans (sites de Sozudai, Babadan...). En revanche, de nombreux sites situés entre 50 000 et 30 000 ans sont connus ; des outils bifaces, de type acheuléen, ont été découverts aux niveaux les plus anciens de Gongenyama et d'Iwajuku (au N.-O. de Tôkyô). Le Japon a connu deux civilisations néolithiques : la civilisation « jômon », apparue au VIIIe millénaire, s'est épanouie entre 2500 et 300 environ av. J.-C. Comme elle présente des similitudes avec des vestiges de la Sibérie orientale, on a supposé que des hommes venus du Nord l'avaient apportée dans l'archipel. Cette civilisation « jômon » connut la céramique bien avant l'agriculture, qui n'apparaît qu'au Ier millénaire avant notre ère ; la civilisation « yayoi », qui fait suite à la précédente, se situe vers 300 av./300 apr. J.-C. D'origine continentale, elle est marquée principalement par l'apparition de la culture du riz. Elle se termine avec l'apparition du bronze (IIIe s. de notre ère), puis du fer (vers 500), venus de Chine par la Corée.

Les Ainus, qui subsistent encore aujourd'hui dans l'île d'Hokkaido, à Sakhaline et dans les Kouriles, sont sans doute les ultimes descendants d'une population autochtone refoulée par des envahisseurs venus de Corée et de Polynésie. Selon les traditions légendaires, l'Empire japonais aurait été fondé en 660 av. J.-C. par Jinmu Tenno (« Seigneur du Ciel), descendant de la déesse solaire Amaterasu. Aux premiers siècles de notre ère, le Japon semble avoir été divisé en une multitude de clans. La religion primitive, le shintô, qui a survécu jusqu'à nos jours, était essentiellement un culte polythéiste de divinités personnifiant les forces de la nature, et un culte des ancêtres. Les contacts entre le Japon et la Chine étaient sans doute anciens, mais l'influence de la civilisation chinoise ne se fit vraiment sentir qu'à la fin du VIe s. sous le règne de l'impératrice Suiko (554/628) et lorsque son neveu, Shotoku Taishi, exerça le gouvernement de 593 à 621. Dès cette époque, les Japonais montrèrent l'extraordinaire faculté d'assimilation qui a fait la puissance du Japon moderne : ils adoptèrent rapidement l'écriture, les mœurs, les techniques et l'art de la Chine. Le bouddhisme pénétra le shintô national pour donner progressivement une sorte de religion mixte, le ryôbu-shintô ; enfin la conception chinoise de l'État impérial s'imposa au Japon en 645, lorsque le chef du clan du Yamato s'empara du pouvoir par un coup d'État et soumit à son autorité les autres clans. En 701, les codes de Taiho achevèrent de poser les bases d'une monarchie absolue et bureaucratique à la chinoise. En 710, l'impératrice Genmei établit une capitale permanente dans le Yamato, à Nara (ou Heijo).

Durant la période de Nara (710/84), les premières sectes bouddhiques mahayanistes se formèrent, notamment la secte Kegon, et les récits du shintô et des traditions historiques (*Kojiki* et *Nihonshoki*) furent transcrits ; enfin, la poésie japonaise s'épanouit pour la première fois. En 784, l'empereur Kanmu (781/806) s'installa à Nagaoka, puis, dix ans plus tard, il fonda une nouvelle capitale, Heian (« Cité de la paix »), qui devint Kyôto. Ainsi s'ouvrit une nouvelle période, dite de Heian (794/1192), marquée par une influence accrue de la civilisation chinoise et du bouddhisme. La cour de Kyôto menait une vie délicate et raffinée et le pouvoir fut confisqué, entre 850 et 1100 environ, par la famille des Fujiwara, dont les membres se succédèrent dans la charge de *kanpaku* (régent) et imposèrent leur tutelle à la famille impériale en mariant leurs filles aux souverains. Au début du Xe s. apparurent deux des plus importantes sectes bouddhiques du Japon : la secte Tendai, d'inspiration panthéiste, fondée par Dengyô Daishi, et la secte tantrique Shingon, de Kobo Daishi. Cette époque fut aussi l'âge classique de la littérature japonaise. Mais pendant que la noblesse de cour s'abandonnait au plaisir et au luxe, une autre noblesse, guerrière et féodale, se constituait dans les provinces. Des guerres incessantes opposaient ces petites dynasties de barons. Deux d'entre elles émergèrent, groupant chacune autour d'elle plusieurs clans : les Taira et les Minamoto qui se disputèrent pendant deux cents ans l'hégémonie (XIe/XIIe s.). Les premiers l'emportèrent d'abord, et leur puissance connut son apogée avec Taira Kiyomori, qui, de 1160 à 1181, supplanta complètement les Fujiwara. Mais, en 1185, le chef du clan des Minamoto, Yoritomo, anéantit la puissance des Taira, qui furent exterminés, et il resta seul maître du pouvoir.

Le Japon féodal (1185/1573)

Yoritomo fut le premier à recevoir le titre de *shôgun* (« généralissime »). Le régime du shôgunat dura jusqu'en 1867 : les empereurs subsistèrent, mais furent dépouillés de tout rôle effectif par le shôgun, sorte de maire du palais. Alors que la cour impériale demeurait à Kyôto, Yoritomo établit son siège à Kamakura, près de l'actuel Tôkyô. En fait, le Japon retournait à la dispersion en clans. Le pays était désormais aux mains d'une féodalité militaire, dans laquelle suzerains et vassaux étaient unis par des liens beaucoup plus forts encore que dans l'Europe médiévale : les samouraïs (*samurai*) soumis à un rigide code d'honneur, le *bushido*, vouaient une fidélité absolue à leur suzerain et avaient recours au suicide rituel en cas de déshonneur (*seppuku*). Les puissants seigneurs féodaux manifestaient souvent des velléités d'indépendance à l'égard des shôgun. Dès la mort de Yoritomo (1199), le shôgunat avait d'ailleurs été usurpé par une dynastie de régents (*shikken*), les Hôjô, qui conservèrent le pouvoir pendant plus d'un siècle, jusqu'en 1333. Aux heures graves, ces régents surent imposer leur autorité à la caste féodale. Hôjô Tokimune repoussa à deux reprises (1274 et 1281) les tentatives d'invasion de l'empereur mongol de Chine, Koubilaï (v.). La période du shôgunat de Kamakura (1192/1333) marqua une certaine régression culturelle : les valeurs guerrières l'emportèrent sur toutes les autres ; les rapports avec la Corée et la Chine s'espacèrent ; les femmes jouèrent un rôle moindre dans la vie de cour. La littérature fut surtout marquée par des récits historiques et militaires ; les sectes bouddhiques qui apparurent à l'époque de Kamakura accordèrent très peu de place aux spéculations métaphysiques, se caractérisant toutes par leur souci des problèmes pratiques.

Ainsi, le zen (fondé en 1191 par le moine Myoan Eisai) s'efforça de créer un type d'homme stoïque et viril, et devint la grande école de formation morale des samouraïs. L'amidaïsme, propagé par Honen Shonin († 1212), exaltait lui aussi l'énergie et l'activité, mais en la tempérant par la foi en la toute-puissance consolatrice du bouddha sauveur Amida (Amitabha). Enfin, la secte de Nichiren (fondée par le moine de ce nom en 1253) manifesta des tendances nationalistes très marquées ; par son intransigeance, elle causa beaucoup de troubles.

L'empereur Daigo II Tenno ou Go-Daigo tenta, en 1333, de restaurer le pouvoir impérial. Il réussit à abattre le shôgunat de Kamakura, mais avec le soutien du puissant clan féodal des Ashikaga, qui ne tardèrent pas à se dresser contre l'empereur. En 1336, Go-Daigo fut chassé de Kyôto et se retira dans la région montagneuse de Yoshino, alors que les Ashikaga installaient un autre empereur à Kyôto et rétablissaient le shôgunat à leur profit (1338). Pendant près de soixante ans, jusqu'en 1392, le Japon eut ainsi deux empereurs. Surveillant leurs souverains fantoches, les Ashikaga établirent le siège de leur gouvernement à Muromachi (quartier de Kyôto) ; l'époque de leur shôgunat est d'ailleurs connue sous le nom de « période de Muromachi » (1338/1573).

Les Ashikaga s'efforcèrent de restaurer les traditions administratives de Kamakura, mais ils n'exercèrent jamais une autorité comparable à celle de leurs prédécesseurs. En effet, les grands féodaux (*daimyô*) se rendirent pratiquement indépendants du shôgun. Des relations actives reprirent avec la Chine. Les shôgun Ashikaga se reconnurent vassaux de la dynastie chinoise des Ming. Grâce aux échanges avec le continent asiatique, une classe de marchands, organisés en guildes et soucieux de leurs privilèges, se constitua. Les villes et les ports (entre autres, Nagasaki, le grand port de l'île de Kyûshû) prirent un bel essor. L'art chinois des Ming influença profondément les grands paysagistes de cette époque tels que Sesshu, Sesson et Soami. Mais l'apport artistique le plus original de la période de Muromachi fut le drame lyrique ou *nô*, dont les auteurs et les acteurs furent patronnés par les shôgun Ashikaga Yoshimitsu (fin XIVe s.) et Ashikaga Yoshimasa (XVe s.).

Le premier navire européen, déporté par une tempête, aborda au Japon en 1542 ou 1543. De 1549 à 1551, st François Xavier y séjourna et convertit plusieurs centaines de Japonais. Ces derniers ne montrèrent d'abord aucune animosité à l'égard des étrangers, et le christianisme fut bien accueilli, surtout à Nagasaki : trente ans après l'arrivée de François Xavier, il y avait déjà plus de 150 000 convertis. L'archipel entrait alors dans une nouvelle ère politique. Au début du XVIe s., le morcellement féodal atteignait son comble. Les anciens clans s'étaient disloqués et de petits fiefs héréditaires, voués à la guerre, s'étaient constitués. La réunification du Japon fut, au XVIe s., l'œuvre de trois grands hommes de guerre, Oda Nobunaga, Toyotomi Hideyoshi et Tokugawa Ieyasu. Après avoir soumis les daimyô des provinces centrales, Nobunaga triompha des sectes militaires bouddhiques. En 1573, il renversa le shôgunat des Ashikaga, depuis longtemps réduit à l'impuissance, et il devint le détenteur du pouvoir suprême.

Le shôgunat d'Edo. Les Tokugawa (1603/1867)

L'unification fut complétée par un des principaux lieutenants de Nobunaga, Toyotomi Hideyoshi, qui tenta vainement de conquérir la Corée (1592, 1597), et par Tokugawa Ieyasu, qui battit les derniers féodaux à Sekigahara (1600) et reçut en 1603 le titre de shôgun. Le shôgunat des Tokugawa dura jusqu'en 1867 avec sa capitale à Edo (l'actuel Tôkyô). Les victoires de Ieyasu brisèrent complètement l'ancienne noblesse féodale, qui fut domestiquée beaucoup plus étroitement encore que la noblesse française par Louis XIV.

Les shôgun redistribuèrent les terres à leur gré et en conservèrent une grande partie sous leur administration directe. Les daimyô furent soumis à une tutelle insidieuse, qui s'immisçait jusque dans leur vie privée. Quant aux empereurs, ils étaient réduits à une condition encore plus humiliante : leur liste civile leur permettait tout juste de vivre comme de modestes daimyô ; ils n'avaient aucun contact avec les nobles et leur petite cour de Kyôto était surveillée étroitement par les agents du shôgun. Ce régime autoritaire put se maintenir pendant trois siècles parce que le shôgunat des Tokugawa isola complètement le Japon du monde extérieur. Nobunaga avait protégé et encouragé les missionnaires catholiques, mais Toyotomi Hideyoshi prit les premières mesures répressives en 1587. Le christianisme continuant ses progrès, Ieyasu et ses successeurs craignirent qu'il ne devînt une idéologie subversive à laquelle se rallieraient les féodaux révoltés. L'arrivée au Japon des premiers protestants hollandais (1600) montra au shôgun que les Européens étaient profondément divisés ; d'ailleurs, les missionnaires catholiques eux-mêmes étaient divisés, dominicains et franciscains s'opposant aux jésuites. La persécution, très violente de 1596 à 1598, reprit en 1614/16 et Ieyasu promulgua un arrêt d'expulsion contre tous les missionnaires. En 1637, la participation des chrétiens à la grande révolte qui enflamma la péninsule de Shimabara, près de Nagasaki, fit condamner définitivement la première chrétienté japonaise. Des milliers de convertis furent exécutés, d'autres apostasièrent, cependant qu'une petite Église clandestine se maintenait à Nagasaki. À partir de 1640, seuls les Hollandais restèrent en relations commerciales avec le Japon. N'ayant pas le droit de pénétrer dans l'intérieur du pays, ils restaient strictement confinés sur l'île artificielle de Deshima, dans la rade de Nagasaki.

L'époque des Tokugawa fut aussi marquée par l'ascension de la bourgeoisie urbaine, qui influença profondément la littérature et les arts (« ère Genroku », 1688/1704). L'hégémonie de la classe marchande s'affirma surtout sous le shôgun Yoshimune (1716/45) : l'endettement de la noblesse et de la paysannerie provoquait des rébellions auxquelles le shôgun tenta de mettre fin par des réformes. Jusqu'au XVIIIe s., la culture chinoise régna dans l'élite intellectuelle, mais un retour aux traditions nationales s'affirma bientôt avec l'école des *kokugaku* (études nationales), dont le maître fut Motoori Norinaga. En revenant au shintô originel, aux mythes et aux cultes nationaux, les défenseurs des études nationales retrouvèrent également les anciennes conceptions de l'origine divine du pouvoir impérial ; ils contribuèrent ainsi à préparer la révolution de 1868, qui fit émerger le Japon moderne. En face du conservatisme shôgunal, les partisans de la restauration impériale alliaient le nationalisme culturel et le désir d'introduire au Japon les techniques de l'étranger.

Par la présence des Hollandais sur l'île de Deshima, le Japon gardait une petite fenêtre sur le monde. Mais au début du XIXe s., les tentatives anglaises et russes pour ouvrir le Japon au commerce étranger furent vaines. Après la victoire britannique sur la Chine dans la « guerre de l'Opium » (1839/42), la pression occidentale se resserra autour de l'archipel. En févr. 1854, un officier américain, le commandant Matthew Perry, à la tête d'une escadre, se livra à une démonstration menaçante ; le 31 mars 1854, il obtint par le traité de Kanagawa que le Japon ouvrît aux bateaux américains les ports de Shimoda et de Hakodate. En 1856, le premier consul général des États-Unis, Townsend Harris, arriva au Japon. D'autres ports japonais furent ensuite ouverts aux Américains ainsi qu'aux diverses puissances occidentales.

Cette entrée des étrangers provoqua de sanglantes émeutes xénophobes ; pour faire pièce au shôgun, qui avait signé les traités avec les étrangers, l'empereur de Kyôto se faisait le champion de l'indépendance nationale contre les « Barbares ». L'agitation xénophobe et antishôgunale se développait surtout parmi les daimyô de l'Ouest et du Sud. Les clans de Chôshû et de Satsuma, à la tête du mouvement, entrèrent en rébellion ouverte contre le shôgun en 1866. Le jeune empereur Meiji (1867/1912) leur apporta sa caution, et le dernier shôgun, Yoshinobu Keiki, préféra s'incliner sans résistance (9 nov. 1867). Quelques jours plus tard, l'empereur annonçait officiellement le rétablissement de la suprématie impériale et, en 1869, il transféra sa capitale à Edo, la capitale shôgunale, qui reçut le nom de Tôkyô.

Un État moderne (1867/1912)

Du programme de « lutte contre les Barbares », qui avait rallié les oppositions au shôgunat, il ne fut plus question aussitôt le pouvoir impérial rétabli. Un État unifié, débarrassé des vieux cadres de la féodalité se construisit durant l'ère Meiji (1868/1912). Dès 1869, les daimyô consentirent à remettre leurs domaines à l'empereur ; une rébellion des Tokugawa fut brisée et, en 1871, la féodalité fut officiellement abolie. La dernière révolte contre le pouvoir central, celle de Saigo Takamori, chef du clan de Satsuma, fut brisée en 1877 et une Constitution établissant le régime parlementaire entra en vigueur en 1889. En 1872, l'enseignement avait été rendu obligatoire. Un shintô d'État, qui n'était pas vraiment une religion mais plutôt un mouvement moral de soutien à l'empereur et aux traditions japonaises fut instauré à partir de 1869. Sur le plan économique, le pays s'industrialisa. De nombreuses missions furent envoyées en Europe et en Amérique afin de s'informer des techniques occidentales. Des lignes de chemin de fer (entre Tôkyô et Yokohama dès 1872) et de télégraphe furent construites. La modernisation économique fut extrêmement rapide. Enfin, une armée moderne fut mise en place ; le service militaire fut institué en 1872 et le Japon devint la première puissance militaire d'Extrême-Orient.

Lors de la première guerre sino-japonaise (1894/95), les Japonais furent partout vainqueurs et, au traité de Shimonoseki (17 avr. 1895), la Chine dut leur abandonner Taiwan, les îles Pescadores et la presqu'île du Liao-toung. Mais l'intervention de la Russie, de l'Allemagne et de la France força le Japon à restituer à la Chine la presqu'île du Liao-toung ; celle-ci passa en 1898 à la Russie, qui y installa l'importante base de Port-Arthur. Les Japonais participèrent aux côtés des Européens à l'expédition contre les Boxers (1900), mais la mainmise de la Russie sur la Mandchourie et son influence croissante en Corée provoquèrent un nouveau conflit. Frustré d'une partie de ses conquêtes de 1894, le Japon se préparait à la revanche. Il s'assura la neutralité de l'Angleterre (1902) et, dans la nuit du 8 au 9 févr. 1904, sans déclaration de guerre, la flotte japonaise torpilla sept bâtiments russes dans la rade de Port-Arthur. Cette guerre russo-japonaise de 1904/05 révéla, à la stupéfaction de l'Europe, la supériorité militaire absolue du Japon sur l'Empire des tsars. Par le traité de Portsmouth (5 sept. 1905), la Russie cédait la presqu'île du Liao-toung (avec Port-Arthur), le sud de l'île de Sakhaline, et renonçait à toute prétention sur la Mandchourie méridionale et la Corée (ce pays passa sous protectorat japonais en 1907 et fut annexé au Japon en 1910).

L'expansion en Asie orientale (1912/45)

De 30 millions d'habitants en 1867, le Japon était passé à plus de 50 millions au début du XXe s. ; les ressources du pays ne suffisant plus à nourrir la population, une émigration massive se développa vers l'Australie et les États-Unis, brutalement freinée par la loi américaine sur l'immigration de 1924. La pression démographique orientait le Japon vers une politique expansionniste, qui ne devint systématiquement belliqueuse qu'à partir de 1930. L'empereur Meiji eut pour successeurs son fils, Yoshihito (1912/26), puis son petit-fils, Hirohito, qui prit le titre impérial en 1926 mais exerçait la régence depuis 1921. Allié de l'Angleterre dès le 30 janv. 1902, le Japon la rejoignit dans la guerre contre l'Allemagne le 23 août 1914, et sa participation lui valut d'importants avantages : il obtint en 1919 la plupart des colonies allemandes du Pacifique (îles Carolines, Mariannes et Marshall), ainsi que l'ancienne base allemande de Kiao-tcheou, dans le Chan-tong. À la faveur du conflit, les dirigeants japonais avaient d'ailleurs tenté d'établir leur hégémonie en Chine : le 18 janv. 1915, ils avaient présenté à Pékin les « Vingt et Une Demandes », qui constituaient le programme d'un protectorat camouflé. Enfin, tirant prétexte de la révolution soviétique, le Japon avait pris pied en Sibérie orientale. Mais cette expansion commençait à inquiéter les États-Unis, qui refusaient de voir le marché chinois monopolisé par le commerce nippon. La conférence de Washington (1921/22) obligea le Japon à restituer à la Chine Kiao-tcheou et le Chan-tong, à évacuer ses troupes de Sibérie et à limiter sa flotte de guerre dans la proportion de trois contre cinq pour les États-Unis et l'Angleterre.

Les libéraux modérés, qui établirent en 1925 le suffrage universel, acceptèrent ces concessions. Mais deux forces étrangères à la vie parlementaire, les grands trusts et l'armée, pesèrent sur la politique japonaise au cours des années suivantes. La rapidité de la reconstruction de Tôkyô, après le terrible tremblement de terre du 1er sept. 1923, démontrait l'extraordinaire vitalité de l'économie japonaise, qui exportait à bas prix ses produits dans le monde entier.

Mais, dans ces années 1930, le Japon était déjà entré dans une économie de guerre. Dès 1927, sous le ministère Tanaka, les milieux militaires accrurent leur influence. Irrités par la politique extérieure prudente et pacifique observée par les cabinets libéraux, de jeunes officiers, opposés à la fois au parlementarisme et au capitalisme, proposaient comme solution le « chemin impérial », c'est-à-dire le rassemblement de toute la nation autour de l'autorité absolue de l'empereur. Pour plier à ses volontés les dirigeants politiques, le clan militaire utilisa l'action terroriste, et plusieurs personnalités japonaises (parmi lesquelles les Premiers ministres Inukaï et Saitô) furent assassinées entre 1931 et 1936.

La pénétration japonaise en Mandchourie, poursuivie après 1924 avec la complicité du « seigneur de la guerre » chinois Tchang Tso-lin, devint plus agressive dans les années 1930. Tchang Tso-lin, qui montrait des velléités d'indépendance, fut assassiné en juin 1928. À la suite d'incidents provoqués, les troupes japonaises occupèrent Moukden (18 sept. 1931) et bientôt toute la Mandchourie, qui devint, en 1932, le Mandchoukouo, État indépendant sous protectorat nippon sur lequel régna le dernier empereur chinois, Pou Yi.

Dès 1937, l'économie japonaise était passée sous le contrôle de l'État, qui surveillait étroitement les changes, le commerce extérieur, les capitaux, les importations et la consommation de certains produits. Après une série d'incidents et d'opérations limitées, le Japon entra ouvertement en conflit avec la Chine en juill. 1937 : la seconde guerre sino-japonaise permit aux Japonais d'occuper Pékin, Nankin et la plupart des régions côtières, mais détériora d'une façon irréparable ses relations avec les États-Unis. Dès mars 1933, le Japon avait quitté la SDN ; dénonçant en déc. 1934 les accords de Washington qui limitaient sa puissance navale, il se rapprocha des grandes dictatures européennes. Cependant, en dépit du pacte Antikomintern signé avec l'Allemagne dès nov. 1936, les dirigeants de Tôkyô réussirent, jusqu'en 1945, à éviter un conflit avec l'URSS. L'impérialisme japonais s'orientait surtout vers le Sud-Est asiatique, vers les minerais et le caoutchouc d'Indochine et vers le pétrole des Indes néerlandaises.

Après la défaite de la France, en août 1940, l'armée japonaise occupa le Tonkin. Pour freiner cette expansion, le gouvernement de Washington tenta d'asphyxier l'économie japonaise ; mais la dénonciation des traités de commerce de 1911 et l'embargo mis par Roosevelt sur les livraisons de pétrole au Japon eurent pour seul résultat de fortifier le parti de la guerre. Les militaires l'emportèrent lorsque le prince Konoe fut remplacé comme Premier ministre par le général Tôjô (oct. 1941). Après avoir détruit une partie de la flotte américaine du Pacifique par une attaque foudroyante contre Pearl Harbor (7 déc. 1941), les Japonais, ayant désormais la maîtrise maritime, occupèrent les Philippines, Hongkong, la Malaisie, Singapour, l'Indonésie, la Birmanie et menacèrent l'Australie (v. **Guerre mondiale 1939/45**). Cependant, la bataille navale de Midway (juin 1942) marqua le premier coup d'arrêt de la conquête japonaise. À partir de sept. 1943 commença la reconquête américaine des îles du Pacifique. Mais les troupes nippones combattaient partout avec un héroïsme surhumain, et la guerre, malgré la croissante supériorité matérielle des États-Unis, aurait pu imposer à l'armée américaine d'énormes sacrifices si le président Truman n'avait pris la décision de faire lancer deux bombes atomiques, une sur Hiroshima (6 août 1945) et une sur Nagasaki (9 août 1945). Dès le 14 août suivant, le Japon demanda la paix, et l'acte de capitulation fut signé dans la baie de Tôkyô, sur le navire de guerre américain *Missouri*, le 2 sept. 1945. Le Japon avait subi au cours de cette guerre de terribles bombardements ; il avait perdu 1 800 000 hommes et se voyait enlever Taiwan et la Mandchourie (rendues à la Chine), le sud de Sakhaline et les Kouriles (attribuées à l'URSS), ainsi que la Corée. Il était ramené à ses territoires insulaires du XIXe s. et soumis à une occupation américaine.

Le Japon après 1945

MacArthur, commandant des troupes d'occupation au Japon, se comporta en proconsul et entreprit d'y instaurer la démocratie à l'américaine. Une nouvelle Constitution, élaborée en partie par des juristes américains, fut promulguée le 3 nov. 1946 et entra en vigueur le 3 mai 1947. Elle posait comme principe fondamental la souveraineté populaire. Le Japon restait une monarchie, mais l'empereur, dépouillé de sa divinité et de son pouvoir absolu, n'était plus que « le symbole de l'État et de l'unité du peuple ». L'épuration menée par les Américains élimina les dirigeants politiques et militaires des années 1930/45, et plusieurs d'entre eux, parmi lesquels le général Tôjô, furent condamnés à mort et exécutés par leurs vainqueurs, pour « crimes de guerre ». Le shintô d'État fut aboli. Des élections au suffrage universel eurent lieu dès avr. 1946, et, pour la première fois, les femmes participèrent au vote.

En 1945, les États-Unis avaient envisagé de supprimer complètement l'armée japonaise et de démanteler la puissance économique du pays. Mais le nouveau rapport de force en Extrême-Orient, après la victoire des communistes chinois (1949) et la guerre de Corée (1950), les contraignit à revoir leur politique japonaise. Par le traité de paix de San Francisco (8 sept. 1951), le Japon retrouva sa souveraineté et le droit d'assurer sa défense, mais les troupes des États-Unis – à l'exclusion de toutes autres, sauf accord de Washington – demeuraient dans l'archipel nippon ; le Japon reconnaissait l'indépendance de la Corée et renonçait à tous ses droits sur Taiwan, les Kouriles et le Sud de l'île de Sakhaline. Ce traité ne fut pas signé par l'Union soviétique (mais Moscou rétablit les relations diplomatiques avec Tôkyô (en 1956) ; des traités séparés furent signés avec l'Inde (1952) et avec la Birmanie (1954). En déc. 1956, le Japon fut admis à l'ONU. Les Japonais reconstituèrent une puissance militaire, cette fois avec l'encouragement des États-Unis, qui intégrèrent leur ancien adversaire dans leur système de défense asiatique ; mais les pactes militaires nippo-américains signés en 1951 et en 1960 provoquèrent de grandes manifestations de l'extrême gauche japonaise. Comme l'Allemagne de l'Ouest, le Japon bénéficia donc des conditions particulières créées par la guerre froide, mais ses dirigeants s'adaptèrent aux évolutions politiques des années 1960. Malgré la signature un traité de paix en avr. 1952 avec la Chine nationaliste, le Japon, après le voyage de R. Nixon à Pékin, reconnut la Chine populaire et rompit avec le gouvernement de Taiwan (sept. 1972).

Grâce à l'aide américaine, les Japonais connurent leur « miracle économique » dès les années 1950. Les lois de décartellisation votées au lendemain de 1945 devenant lettre morte, les trusts, les *zaibatsu*, retrouvèrent toute la puissance qu'ils possédaient avant la

Seconde Guerre mondiale. La croissance économique et la stabilité du régime démocratique permirent aux conservateurs du parti libéral-démocrate (PLD) de rester au pouvoir de 1955 à 1993. Prônant une idéologie fondée sur le respect des traditions et sur la volonté de faire progresser l'économie du pays, ce parti, né de la fusion des partis libéral et démocrate reçut l'appui de la paysannerie, des cadres, de la haute administration. Érigeant l'alliance entre les entreprises et l'État, symbolisée par le MITI (ministère de l'Industrie et du Commerce extérieur), en modèle économique, il fut aussi largement financé par les entreprises.

Le maintien de cette formation n'empêchait pas d'âpres luttes de factions. Cette stabilité favorisa aussi le clientélisme et la corruption, comme le révélèrent les affaires Lockheed en 1974, et Recruit en 1989, fatales aux Premiers ministres Tanaka et Takeshita, dans un pays où la maîtrise des flux financiers planétaires dépendait de responsables peu nombreux. Car le Japon, second emprunteur de capitaux après l'Inde au lendemain de la guerre, était devenu, en deux générations à peine, la deuxième puissance économique mondiale, grâce à une main-d'œuvre abondante et efficace, un taux d'épargne très élevé et des investissements importants dans des secteurs clés, d'abord la mécanique et la sidérurgie, puis la construction navale et l'automobile, enfin, l'électronique et les technologies de pointe.

Quand la monnaie japonaise s'apprecia par rapport au dollar, à partir de 1970, le Japon exporta ses capitaux et investit dans les pays à main-d'œuvre bon marché : Corée du Sud, Asie du Sud-Est, Iran, Brésil, Mexique. Quand les États-Unis brandirent la menace protectionniste face à la politique commerciale agressive du Japon, celui-ci implanta ses propres usines sur le sol américain, y acheta des firmes ou prit des participations. Devenu le premier réservoir de devises, le Japon finançait dans les années 1980 plus du tiers des besoins de l'État nord-américain et réussissait à acquérir une position dominante sur les marchés financiers.

L'année 1989 marqua un tournant pour le pays. La mort de l'empereur Hirohito, auquel succéda son fils, Akihito, coïncida avec la fin des certitudes sur lesquelles le Japon de l'après-guerre s'était construit : croissance économique, stabilité politique assurée par la domination du PLD et humilité diplomatique. Aux sénatoriales de juill. 1989, le PLD fut battu pour la première fois de son histoire, par le parti socialiste japonais (PSJ). Le PLD, usé par un exercice ininterrompu du pouvoir, marqué par des scandales politico-financiers répétés et violemment ébranlé par cet échec électoral, connut plusieurs scissions successives. Aux législatives de juill. 1993, le PLD perdit le pouvoir au profit d'une coalition hétéroclite autour du PSJ. Pour la première fois, le PLD dut céder le pouvoir et le Japon connut sa première alternance. Mais cette coalition éclata dès avr. 1994. La vie politique japonaise se recomposa alors autour de deux pôles, l'un conservateur, l'autre plus progressiste, aux dépens du PLD. Cette crise politique se déroula dans un contexte économique et social inédit pour le Japon marqué par la récession et le développement de la criminalité. Les délocalisations en Asie de bon nombre d'entreprises nippones alimentèrent le chômage, qui atteignit 3,2 % en 1995.

Le financement de la guerre du Golfe imposé par les Occidentaux raviva la polémique sur les restrictions militaires imposées par les Alliés en 1945. En contradiction avec la Constitution, une loi permettant au Japon d'envoyer des troupes pour des missions de paix conduites par l'ONU fut votée (1991). La remise en question des fondements pacifistes du Japon de l'après-guerre et l'éclatement du PLD marquèrent la fin d'un système politique. Cependant, face aux incertitudes politiques régionales (instabilité de la Corée du Nord, montée en puissance de la Chine et course aux armements), le gouvernement japonais privilégia le dialogue politique avec les États-Unis en réaffirmant le rôle central du traité de sécurité entre les deux pays (avr. 1996). Le début des années 1990, marqué par de fortes récessions, fut pour le pays une période de doute, aggravée par le tremblement de terre de Kobé (17 janv. 1995) qui fit 6 500 morts, et par un attentat au gaz toxique dans le métro de Tôkyô, perpétré par la secte Aum.

Après une éphémère reprise en 1996, la croissance japonaise afficha en 1997 son plus fort recul depuis 1974. Aux difficultés économiques s'ajoutait un malaise social grandissant (augmentation du chômage, du nombre des sans-abri, etc.). En 1998, le yen connut son plus bas niveau depuis 1992 et le pays sombra dans une grave crise financière. Un vaste programme d'assainissement du système bancaire, asphyxié par des créances douteuses, fut entrepris ; tandis que la chute du yen s'accélérait, le gouvernement décida de recapitaliser les établissements solvables et de nationaliser les plus fragiles, consacrant 11 % du PIB à ce plan de sauvetage (oct. 1998). Cette crise bancaire paralysa aussi l'industrie malgré de nouvelles mesures d'urgence du gouvernement (nov. 1998) visant à stabiliser le système financier, développer les infrastructures économiques et sociales, lutter contre le chômage, assister les pays d'Asie en difficulté, etc. Cependant, ce programme tarda à donner des résultats. Après une timide reprise en 2000, le pays affichait à nouveau en 2002/03 de mauvais résultats économiques ; la bourse de Tôkyô voyait ses cours s'effondrer tandis que le taux de chômage ne cessait d'augmenter (5,4 % fin 2002). Les grandes sociétés poursuivaient leur restructuration alors que la mondialisation de l'économie japonaise (délocalisations, ouverture du pays aux capitaux étrangers, déréglementation) progressait.

Affaibli depuis le milieu des années 1990, à deux reprises tenu éloigné du pouvoir (1994/1996 et 1998/2000) le PLD a retrouvé depuis lors un rôle dirigeant, ne se maintenant toutefois au pouvoir que grâce à ses alliés et en particulier le Shin-Komeito (Nouveau Parti de la justice) lié à la puissante secte bouddhique Soka Gakkai. En 1999, l'alliance militaire avec les États-Unis a été réorganisée pour doter le Japon d'une défense militaire normale. Après la guerre d'Irak, le vote de lois permettant un engagement plus actif du Japon aux côtés des Américains et le renforcement de son potentiel défensif (juin 2003) a contribué à éloigner encore davantage le Japon de ses fondements pacifistes de l'après-guerre. Résolument alignée sur les États-Unis, la diplomatie japonaise s'est aussi rapprochée de la Corée du Sud, tout en poursuivant avec les pays de l'ANSEA (Association des nations du Sud-Est asiatique) la mise en place d'une aire de libre-échange.

JARUZELSKI Wojciech (Kurow, 6.VII.1923). Officier et homme politique polonais. Issu de la petite noblesse, il fit carrière dans l'armée. Ministre de la Défense, il approuva, en déc. 1970, la répression des émeutes de la Baltique. Il accéda à la tête du parti communiste en oct. 1981, alors que la Pologne traversait une grave crise politique. Le 13 déc., il décréta l'état de guerre et prit la tête d'un Conseil militaire. Face aux difficultés économiques et à la persistance des troubles sociaux, il dut cependant composer avec le syndicat indépendant Solidarité. Il sut négocier son maintien au pouvoir et occupa la présidence de la République jusqu'à l'élection de déc. 1990. En 1998, il fut l'objet d'une procédure judiciaire à propos d'un épisode de la répression sanglante des grèves de Gdansk, remontant à 1970. Plusieurs fois suspendue, elle a repris en mai 2001.

JAURÈS Jean (* Castres, Tarn, 3.IX.1859, † Paris, 31.VII.1914). Homme politique français. Professeur de philosophie au lycée d'Albi (1881/83), puis maître de conférence à l'université de Toulouse (1883/85), il fut élu député du Tarn en 1885 et siégea au centre gauche. Battu en 1889, il fut de nouveau élu en 1893, mais cette fois comme socialiste. Son soutien fervent à Dreyfus provoqua son échec aux élections de 1898. Il redevint député du Tarn en 1902 et conserva ce siège jusqu'à sa mort. Partisan d'un socialisme humaniste, il fut souvent en conflit avec les marxistes (Jules Guesde, Édouard Vaillant). Malgré cette opposition, il défendit le Bloc des gauches. Élu vice-président de la Chambre (1903), il soutint le ministère Combes. En avr. 1904, il fonda le quotidien *L'Humanité*. La même année, le congrès de l'Internationale socialiste d'Amsterdam se prononça en faveur des thèses de Jules Guesde et condamna la collaboration avec les ministères bourgeois ; Jaurès s'inclina et permit ainsi l'union de toutes les tendances socialistes au sein de la SFIO (1905), où ses conceptions supplantèrent peu à peu celles de J. Guesde. À la Chambre, Jaurès soutint la grève des postiers et des instituteurs en 1907, puis celle des cheminots en 1910. Son opposition à la politique coloniale, sa lutte pour une réconciliation franco-allemande et contre le bellicisme ambiant firent de lui la cible des nationalistes. Les campagnes de presse se déchaînèrent et il fut assassiné le 31 juill. 1914 par Raoul Villain (jugé et acquitté après la guerre, il fut abattu en Espagne, pendant la guerre civile 1936/39, par des républicains espagnols). Jaurès a publié une *Histoire socialiste de la Révolution française* (1901/08).

JAYAVARMAN VII. Roi du Cambodge (1181/1200). Voir **Khmers**.

JDANOV Andreï Alexandrovitch (* Tver, 1896, † Moscou, 31.VIII.1948). Homme politique soviétique. Fils d'un instituteur, il fit des études universitaires et adhéra en 1915 au parti bolchevik, qu'il organisa à Tver et à Nijni Novgorod. Membre du Comité central en 1927, il devint secrétaire du parti pour la région de Leningrad (1934). Fidèle stalinien dès l'époque des procès de Moscou, il entra au Politburo en 1939 et contribua largement au retournement diplomatique qui aboutit à la signature du pacte germano-soviétique (août 1939).

Durant la Seconde Guerre mondiale, Jdanov dirigea la résistance de Leningrad assiégée (1942/43). En mars 1946, il devint troisième secrétaire du parti, après Staline et Malenkov. Dès le congrès littéraire pansoviétique d'août 1934, il avait proclamé la mobilisation totale de la culture au service de l'État soviétique et, à partir de l'été 1946, il mena une grande campagne pour le redressement de la « ligne idéologique » du parti dans tous les domaines de la vie intellectuelle, y compris la littérature et l'art, contraints au « réalisme socialiste ». Son discours du 24 juin 1947 *Sur la littérature, la philosophie et la musique* eut un retentissement mondial et fut à l'origine de nombreuses épurations ; en France, ce discours fut édité et présenté par Aragon. Jdanov fut également un des créateurs du Kominform (sept. 1947).

JEAN

SAINT

JEAN l'Évangéliste, saint († Éphèse, fin du Ier s.). Fils de Zébédée, frère de st Jacques le Majeur, il était originaire de Bethsaïde, en Galilée, et exerça d'abord le métier de pêcheur. Appelé par le Christ, il a été, avec son frère et st Pierre, un des intimes de Jésus, auprès duquel il se trouvait lors de la Transfiguration (*Matth.*, XVII, 1) et lors de l'agonie au jardin des Oliviers (*Matth.*, XXVI, 37). Comme son frère Jacques, il était de tempérament impétueux et Jésus les avait surnommés « les fils du tonnerre » (*Marc*, III, 17). Dans le quatrième Évangile, il est désigné comme le « disciple que Jésus aimait » ; il était présent au pied de la Croix et c'est à lui que Jésus confia sa mère. Après la Résurrection, il devint avec son frère Jacques et Jacques, fils d'Alphée, l'un des « piliers de l'Église » (*Galates*, II, 7) à Jérusalem. Mais il n'est plus mentionné après le concile de Jérusalem (vers 49) et la dernière période de sa vie est mal connue. Il a probablement contribué à répandre l'Évangile en Asie Mineure (vers 70). Selon Tertullien, il aurait été victime de la persécution de Domitien et aurait subi à Rome le supplice de l'huile bouillante auquel il aurait miraculeusement échappé ; il aurait été ensuite relégué sur l'île grecque de Patmos. Au cours de cet exil, il fut l'objet des visions qu'il a transcrites dans l'*Apocalypse*. Il passa ses dernières années à Éphèse d'où il continua, jusqu'à un âge très avancé, à diriger les Églises d'Asie ; il y rédigea son *Évangile* (vers 90) et les trois *Épîtres* reconnues canoniques. Les données traditionnelles de la vie de st Jean comme la paternité de son *Évangile* et de l'*Apocalypse* ont été vivement contestées par la critique moderne : pour certains, Jean ne saurait être identifié avec le « disciple que Jésus aimait » et celui-ci n'aurait pas été un des Douze mais un simple disciple de Jérusalem. La thèse selon laquelle st Jean serait mort martyr de bonne heure, en même temps que son frère Jacques (44), a été également soutenue. L'attribution du quatrième Évangile à st Jean a pour elle une tradition ininterrompue qui remonte à la seconde moitié du IIe s. et qui est attestée notamment par st Irénée et st Clément d'Alexandrie. Cependant, de nombreux critiques mettent en doute l'unité de l'ouvrage, tandis que d'autres l'attribuent a un certain Jean le Presbytre, mentionné par Papias, qui vivait à Éphèse à l'époque de st Jean et qui serait également l'auteur des trois *Épîtres*. Dès le IIe s., l'attribution de l'*Apocalypse* à st Jean est attestée par st Justin et, plus tard, par Tertullien et st Hippolyte ; mais cette attribution a été très tôt mise en doute en Orient, non seulement par l'hérétique Marcion, mais par st Denys d'Alexandrie, Eusèbe, st Cyrille de Jérusalem, st Jean Chrysostome, etc.

PAPES

JEAN XXII, Jacques Duèse ou d'Euse (* Cahors, 1249, † Avignon, 4.XII.1334). Pape (1316/34). Évêque de Fréjus (1300), d'Avignon (1310), cardinal et évêque de Porto (1312), il fut élu à Lyon après plus de deux ans de vacance pontificale, après la mort de Clément V qui avait quitté Rome pour Avignon. Son pontificat fut marqué par le rebondissement de la querelle de la pauvreté au sein de l'ordre des franciscains (v.) et la reprise de lutte entre la papauté et l'Empire.

Jean XXII soutenant les prétentions de Frédéric d'Autriche, Louis de Bavière trouva comme défenseurs les théologiens nominalistes Guillaume d'Occam, Marsile de Padoue et Jean de Jandun. Ces deux derniers, dans leur *Defensor pacis*, soutinrent la théorie de l'indépendance absolue du pouvoir temporel. Il installa le siège pontifical à Avignon, et commença les travaux du Palais des papes. Jean XXII envoya des missionnaires en Afrique et en Chine et prépara une croisade contre les Turcs. En 1316, il imposa à la chrétienté un pesant système de fiscalité qui contribua beaucoup au discrédit croissant de la papauté d'Avignon.

JEAN XXIII, Baldassare Cossa (* Naples, vers 1370, † Florence, 23.XII.1419). Antipape (1410/15). Voir **SCHISME D'OCCIDENT (le grand)**.

JEAN XXIII, Angelo Giuseppe Roncalli (* Sotto il Monte, près de Bergame, 25.XI.1881, † Rome, 3.VI.1963). Pape (1958/63). Ordonné prêtre en 1904, il commença une carrière diplomatique comme vicaire apostolique en Bulgarie en 1925. Nonce à Paris (1944/53) et observateur permanent du Saint-Siège auprès de l'UNESCO (1951), il devint cardinal en janv. 1953. Patriarche de Venise (1953/58), il fut élu pape le 28 oct. 1958, succédant à Pie XII. Âgé alors de soixante-dix-sept ans, il paraissait ne devoir être qu'un pape de transition. En réunissant le concile de Vatican II (v. VATICAN, Second concile du), il ouvrit le catholicisme aux mentalités modernes et aux progrès de la recherche contemporaine. Ses encycliques *Mater et magistra* (1961) et *Pacem in terris* (1963) ont témoigné de son attachement à une Église en concordance avec son temps. Son œcuménisme et son souci de la paix, inséparables de la justice sociale, lui donnèrent un grand prestige international et amorcèrent la détente avec l'Est communiste.

ANGLETERRE

JEAN sans Terre (* Oxford, 24.XII.1167, † château de Newark, Nottinghamshire 19.X.1216). Roi d'Angleterre (1199/1216). Cinquième fils d'Henri II et d'Aliénor d'Aquitaine. Surnommé « sans Terre », depuis que son père avait partagé tous ses domaines entre ses aînés, Jean, à la mort de son frère Richard Cœur de Lion (avr. 1199), prit le titre de roi, au mépris des droits de son neveu Arthur de Bretagne (qu'il tua de ses propres mains en 1203). Son règne fut une longue série de luttes : contre Philippe Auguste, qui lui confisqua ses fiefs français d'Anjou, de Touraine, de Normandie et de Bretagne ; contre le pape Innocent III en 1209 et avec qui il se réconcilia, en 1213, en lui inféodant le royaume d'Angleterre ; enfin, contre les barons anglais qui occupèrent Londres (mai 1215) et, en accord avec les évêques et les bourgeois, l'obligèrent à accepter la Grande Charte des libertés anglaises. Mais Jean ne tint pas ses promesses et, en 1216, les barons à nouveau révoltés, offrirent la couronne d'Angleterre à Louis, fils de Philippe Auguste. La mort de Jean sans Terre, le 19 oct. 1216, permit à son fils, Henri III, de lui succéder et sauva la dynastie des Plantagenêts.

ARAGON

JEAN II (* Medina del Campo, 1398, † Barcelone, 19.I.1479). Roi de Navarre (1425/79) et d'Aragon (1458/79). Fils de Ferdinand Ier le Juste, il monta en

1425 sur le trône de Navarre par son mariage avec Blanche, fille de Charles III le Noble, roi de Navarre. Roi d'Aragon à la mort de son frère Alphonse le Magnanime (1458), il se trouva longtemps en guerre avec son propre fils, Charles, prince de Viane, à qui Blanche, sa mère, avait laissé en mourant la couronne de Navarre (1441). Après la mort de Charles, il rechercha l'alliance de Louis XI, roi de France, pour réduire les Catalans révoltés et, pour prix de son aide, lui céda le Roussillon et la Cerdagne (1462). Mais les Catalans offrirent la couronne à Pierre de Portugal (1463), puis à René d'Anjou (1466). Jean II réussit cependant à reconquérir la Catalogne (1472). Il eut pour successeur son fils Ferdinand II le Catholique, marié en 1469 à Isabelle de Castille.

BOHÊME

JEAN DE LUXEMBOURG, dit **l'Aveugle** (* 10.VIII. 1296, † Crécy, 26.VIII.1346). Roi de Bohême (1310/46). Fils de l'empereur Henri VII, il épousa l'héritière de la dynastie bohémienne des Prémyslides, et, après un interrègne de quatre ans, élu roi de Bohême, il succéda à Wenceslas III. Il dut faire d'importantes concessions à la noblesse et au clergé ; le pouvoir royal fut désormais limité par des lois écrites et la diète se réunit régulièrement. Il acquit Eger (1315), Bautzen (1320), Görlitz (1329), Breslau (1335), ainsi que la suzeraineté sur la plus grande partie de la Silésie, arrachée aux Polonais. Guerrier infatigable, il combattit aux côtés de Louis V de Bavière à Mühldorf (1322), soutint le roi de France contre les Flamands (1328) et secourut l'ordre Teutonique contre les Lituaniens (1329). Nommé en 1331 vicaire de l'empereur Louis V en Italie, il s'empara rapidement de Crémone, Parme, Pavie et Modène, mais céda aux sollicitations du pape Jean XXII, qui, pour le détourner de l'empereur, lui offrait la couronne d'Italie. Averti de sa défection, Louis V souleva la Bohême contre lui, mais Jean revint précipitamment dans ses États, qu'il agrandit encore par de nouveaux succès. Frappé de cécité dès 1339, il fit élire un de ses fils à l'Empire sous le nom de Charles IV (1346). Malgré son infirmité, il voulut combattre aux côtés des Français à la bataille de Crécy, où il fut tué. Sa fille, Bonne de Luxembourg, avait épousé, en 1332, le futur roi de France Jean II le Bon.

BOURGOGNE

JEAN sans Peur (* Dijon, 28.V.1371, † Montereau, 10.IX.1419). Duc de Bourgogne (1404/19). Fils de Philippe le Hardi, duc de Bourgogne, et de Marguerite de Flandre, aussi brave que rusé et ambitieux, il gagna son surnom en se distinguant à la bataille de Nicopolis, en 1396, contre les Turcs. Ayant succédé à son père en 1404, à l'âge de trente-trois ans, il disputa à son cousin Louis d'Orléans le gouvernement de la France durant la démence de Charles VI. Un conflit ouvert les opposa dès 1405, et Jean fit assassiner son rival (23 nov. 1407). Ce meurtre lui valut la sympathie de la bourgeoisie et du peuple parisiens, mais déclencha la guerre civile entre Armagnacs et Bourguignons. Maître de Paris dès 1408, soutenu par l'Université et par la puissante corporation des bouchers, il laissa s'accomplir une sanglante épuration des Armagnacs, mais fut dépassé par la révolution cabochienne (mai 1413). La réaction qui suivit le chassa de Paris. Pour évincer les Armagnacs, Jean sans Peur se rapprocha alors d'Isabeau de Bavière, prit des contacts avec les Anglais et réussit à se rétablir dans la capitale (mai 1418), où ses partisans massacrèrent les Armagnacs. Devant les succès anglais (prise de Rouen, janv. 1419), le dauphin Charles (Charles VII) fit alors une tentative pour se rapprocher de Jean sans Peur, d'ailleurs mécontent de ses alliés anglais. Une entrevue fut ménagée entre lui et le dauphin sur le pont de l'Yonne, à Montereau, mais le duc de Bourgogne fut assassiné d'un coup de hache asséné par Tanneguy Duchâtel. Ce crime, qui voulait venger celui de 1407, fit rebondir la guerre civile entre Armagnacs et Bourguignons. Jean sans Peur eut pour successeur son fils, Philippe le Bon.

BRETAGNE

JEAN III le Bon (* 1286, † 1341). Duc de Bretagne (1312/41). Voir **BRETAGNE**.

JEAN DE MONTFORT (* 1293, † Hennebont, 1345). Duc de Bretagne. Voir **BRETAGNE**.

BULGARIE

JEAN Ier ASEN († 1196). Tsar de Bulgarie (1187/96). Voir **BULGARIE**.

JEAN III ASEN II († 1241). Tsar de Bulgarie (1218/41). Voir **BULGARIE**.

ESPAGNE

JEAN DE HABSBOURG, dit **don Juan d'Autriche** (* Ratisbonne, 24.II.1545, † Bouges, près de Namur, 1er.X.1578). Homme de guerre espagnol. Fils naturel de Charles Quint et de Barbara Blomberg, il fut élevé en Espagne, à la cour de Philippe II, lequel le reconnut comme son demi-frère et lui donna le nom de don Juan d'Autriche (1559). Après avoir réprimé la révolte des morisques de Grenade (1569/70), il fut désigné pour le commandement de la flotte européenne envoyée contre les Turcs et il remporta la célèbre victoire de Lépante (7 oct. 1571). Sa gloire porta ombrage à Philippe II, qui s'opposa aux grands projets de don Juan contre l'Empire ottoman. Il lui permit cependant de s'emparer de Tunis (1573), mais ne laissa pas le pape Grégoire XIII lui donner le titre de roi de Tunis. Don Juan nourrissait certainement de grandes ambitions : vers 1574, il essaya d'épouser Marie Stuart, prisonnière d'Élisabeth Ire, avec l'espoir de s'imposer plus tard sur le trône d'Angleterre. En 1576, Philippe II le nomma gouverneur général des Pays-Bas, alors insurgés. Il tenta de rétablir le calme par l'édit perpétuel de Marche-en-Famenne (1577), offrant le départ des troupes espagnoles si tout le pays revenait au catholicisme, proposition qui fut rejetée par Guillaume d'Orange. Il entra alors en guerre et battit l'armée des états généraux à Gembloux (31 janv. 1578), mais il mourut près de Namur, emporté par le typhus.

FRANCE

JEAN Ier le Posthume (* Paris, 15.XI.1316, † Paris, 19.XI.1316). Roi de France et de Navarre (1316). Fils posthume de Louis X le Hutin et de Clémence de Hongrie, il ne vécut que quatre jours ; son oncle, le régent Philippe de France, comte de Poitou, fut alors proclamé roi sous le nom de Philippe V et l'on prétendit, sans preuves, qu'il avait fait mourir l'enfant royal. Plus tard, durant la captivité de Jean II, un prétendu Jean apparut en France et réclama la couronne ; capturé en Provence, il fut emprisonné au château de l'Ouf, à Naples, où il mourut (1363).

JEAN II le Bon (* château du Gué de Mauny, Sarthe, 26.IV.1319, † Londres, 8.IV.1364). Roi de France (1350/64). Issu du mariage de Philippe VI, roi de France, et de Jeanne de Bourgogne, il fut un chevalier courageux mais un piètre politique. Son règne fut marqué par de graves difficultés financières, par la crise des états généraux (v. **Marcel Étienne**) et par les intrigues du roi de Navarre, Charles de Navarre. Profitant de ces troubles, les Anglais lancèrent une expédition à travers la Gasgogne et le Languedoc. Jean II fut défait par le Prince Noir, à Poitiers (19 sept. 1356), et emmené captif à Londres. Le traité de paix avec les Anglais (Brétigny, 8 mai 1360), négocié par le dauphin, le futur Charles V, accordait à Édouard III tout le sud-ouest de la France, ainsi que le paiement d'une rançon considérable de 3 millions d'écus d'or. Jean le Bon fut libéré, mais, pour garantir le paiement de la rançon, deux de ses fils restèrent en otage. L'un d eux, Louis d'Anjou, s'étant enfui en 1363, Jean II, obéissant alors aux lois de l'honneur, retourna se constituer prisonnier à Londres. Il mourut en captivité. Voir **Cent Ans (guerre de)**.

ORIENT (EMPIRE D')

JEAN II COMNÈNE (* 1088, † en Cilicie, 8.IV.1143). Empereur byzantin (1118/43). Voir **Byzantin (Empire)**.

JEAN VIII PALÉOLOGUE (* 1390, † Constantinople, 31.X.1448). Empereur byzantin (1425/48). Voir **Byzantin (Empire)**.

POLOGNE

JEAN II CASIMIR ou **CASIMIR V** (* 21.III.1609, † Nevers, 16.XII.1672). Roi de Pologne (1648/68). Voir **Pologne**.

JEAN III SOBIESKI (* Olesko, Galicie, 2.VI.1624, † Wilanow, 17.VI.1696). Roi de Pologne (1674/96). Fils du castellan de Cracovie, il s'illustra dans les guerres contre la Suède, les Cosaques et les Tatars et devint voïvode de Cracovie en 1667. À la suite de sa grande victoire sur les Turcs à Khotine (1673), il fut élu roi de Pologne le 20 mai 1674, succédant ainsi à Michel Wisniowiecki. Par sa victoire de Kahlenberg (12 sept. 1683), il contribua de façon décisive à la levée du siège de Vienne par les Turcs. Il porta ensuite la guerre en Moldavie (1684/85) et envahit plusieurs fois la Bessarabie. Mais, mal secondé par l'Autriche, il dut céder aux prétentions de la Russie (traité de Moscou, 1686). Il s'efforça de rendre le trône héréditaire dans sa famille et d'obtenir pour son fils Jacques Sobieski († 1734) la main d'une princesse autrichienne ; mais ces tentatives échouèrent, en partie à cause des intrigues de sa femme, la Française Marie Casimire d'Arquien. Auguste II lui succéda.

PORTUGAL

JEAN Ier le Grand (* Lisbonne, 1357, † Lisbonne, 14.VIII.1433). Roi de Portugal (1385/1433). Fils naturel de Pierre Ier le Justicier, il était grand prieur de l'ordre d'Aviz lorsque mourut son demi-frère, Ferdinand Ier (1383). Sous la pression populaire, il fut proclamé « gouverneur et défenseur du royaume » et prit le titre de roi en 1385, au préjudice de sa demi-sœur, Béatrice, qui avait épousé Jean Ier de Castille. Celui-ci, résolu à faire valoir les droits de sa femme, envahit le Portugal, mais fut vaincu à la bataille d'Aljubarrota (14 août 1385), qui établit définitivement l'indépendance portugaise. Jean Ier fonda la dynastie d'Aviz. En 1386, par le traité de Windsor, il scella avec l'Angleterre l'alliance qui allait rester jusqu'à nos jours une des bases de la politique étrangère portugaise. Il enleva Ceuta aux Maures d'Afrique (1415), tandis que son fils, Henri le Navigateur, donnait une impulsion décisive aux voyages de découverte dans l'Atlantique et le long des côtes occidentales de l'Afrique. Jean Ier eut pour successeur son fils, Édouard Ier. Voir **Portugal**.

JEAN II le Parfait (* Lisbonne, 3.V.1455, † Alvor, 25.X.1495). Roi de Portugal (1481/95). Voir **Portugal**.

JEAN IV le Fortuné (* Vila Viçosa, 19.III.1604, † Lisbonne, 6.XI.1656). Roi de Portugal (1640/56). Fils aîné de Théodore II, duc de Bragance, il descendait du roi Jean Ier par son fils naturel, Alphonse. Depuis 1580, les rois d'Espagne étaient maîtres du Portugal. Le 1er déc. 1640, poussé par sa femme, Marie-Louise de Guzmán, adroitement servi par son secrétaire Pinto Ribeiro et appuyé par Richelieu, il suscita le soulèvement qui libéra le Portugal de la domination castillane et le porta sur le trône avec l'assentiment des Cortés (janv. 1641). Il fonda ainsi la dynastie de Bragance. Vainqueur des Espagnols à Montijo, près de Badajoz (1644), il consolida la domination coloniale portugaise et resta maître du Brésil et de l'Angola malgré les visées des Hollandais. Il laissa sa couronne à son fils, Alphonse VI, sous la régence de sa veuve.

JEAN V le Magnanime (* Lisbonne, 22.X.1689, † Lisbonne, 31.VII.1750). Roi de Portugal (1706/50). Fils et successeur de Pierre II, il épousa Marie-Anne d'Autriche, prit le parti des Habsbourg contre Louis XIV dans la guerre de la Succession d'Espagne mais se fit battre par les Français à Almança (1707) et à Caia (1709). Protecteur des sciences et des arts, il fonda l'Académie royale d'histoire (1720), fit construire de nombreux monuments (notamment le palais-monastère de Mafra) et rivalisa avec les plus grands souverains d'Europe par le faste de sa cour. Son fils Joseph Ier lui succéda.

JEAN VI le Clément (* Lisbonne, 13.V.1767, † Lisbonne, 10.III.1826). Roi de Portugal (1816/26). Deuxième fils de Pierre III et de Marie Ire, il fut nommé régent du royaume lorsque sa mère devint folle (1792). Entraîné par l'alliance anglaise dans la guerre contre Napoléon, il dut fuir devant les Français en 1807 et se réfugier au Brésil, encore colonie portugaise, où il prit le titre d'empereur. En 1815, il resta au Brésil, et l'ambassadeur anglais Beresford gouverna le Portugal. À la mort de sa mère en 1816, il prit le titre de roi de Portugal, mais n'y revint qu'en 1821, après avoir accepté la Constitution votée par les Cortés, qu'il abrogea deux ans plus tard. Sous son règne, le Brésil se déclara indépendant et donna la couronne à son fils, Pierre (1822). Prince bon mais faible, il fut dominé par sa femme, la reine Charlotte, et par son second fils, Miguel. Il eut pour successeur au Portugal sa petite-fille, Marie II da Gloria.

JEAN-BAPTISTE DE LA SALLE saint (* Reims, 30.IV.1651, † Rouen, 7.IV.1719). Éducateur français. Fils aîné d'une famille aristocratique, il hérita de la fortune de ses parents, devint chanoine de Reims (1667) et semblait promis à une brillante carrière ecclésiastique. Après ses études au séminaire de Saint-Sulpice, à Paris, et son ordination sacerdotale (1678), il s'intéressa à la création d'écoles charitables dans sa ville natale et se voua désormais à l'instruction populaire. Résignant son canonicat, il distribua sa fortune aux pauvres (1684) et fonda l'Institut des frères des Écoles chrétiennes, qui prit en charge l'école paroissiale de Saint-Sulpice (1688) et essaima en province. Le système pédagogique de Jean-Baptiste de La Salle, exposé dans *La Conduite des écoles* (1695), avait l'originalité de substituer l'enseignement collectif à l'enseignement individuel et le français au latin. Afin que son ordre se consacrât exclusivement à l'enseignement, Jean-Baptiste de La Salle décida en 1690 qu'aucun frère ne pourrait devenir prêtre et qu'aucun prêtre ne pourrait entrer dans l'ordre. Outre les constitutions de son ordre (1693), on lui doit un traité spirituel qui connut longtemps un grand succès : *Les Devoirs du chrétien* (1703). Canonisé en 1900, Jean-Baptiste de La Salle a été proclamé en 1951 patron des éducateurs.

JEAN-FRÉDÉRIC Ier le Magnanime (* Torgau, 30. VI.1503, † Weimar, 3.III.1554). Électeur de Saxe (1532/47). Voir **Smalkalde (ligue de)** et **Saxe**.

JEAN-PAUL II, Karol Wojtyla (Wadowice, Pologne, 18.V.1920). Pape, élu le 16 oct. 1978. Ordonné prêtre en 1946, évêque en 1958 et cardinal en 1967, il participa au concile de Vatican II. Après l'éphémère pontificat de Jean-Paul Ier (26 août-28 sept. 1978), K. Wojtyla devint le premier pape non italien depuis 455 ans et le premier qui fût polonais. Le 13 mai 1981, il fut gravement blessé par un jeune Turc. L'enquête s'orienta vers une piste impliquant les services secrets bulgares. Manifestant son hostilité aux régimes communistes de l'Europe centrale, Jean-Paul II a soutenu fermement l'Église catholique polonaise, principale force d'opposition du pays, et contribué ainsi à l'effritement du pouvoir en place à Varsovie. Sur le plan religieux et moral, le pape a soutenu une ligne conservatrice (condamnation de la contraception et de l'avortement, rejet de l'ordination des femmes et du mariage des prêtres, etc.). Il a préservé l'œuvre engagée par ses prédécesseurs dans la définition d'une « doctrine sociale de l'Église », opposée à la fois au collectivisme et aux excès du capitalisme. Tirant les conséquences de Vatican II, il a promulgué un nouveau code de droit canon en 1983, tout en confirmant l'orientation centralisatrice de son pontificat et son souci de réaffirmation doctrinale, par la publication, en 1992, d'un *Catéchisme de l'Église catholique*. Il a demandé pardon, à l'occasion de l'année jubilaire 2000, pour les crimes commis par les catholiques contre les chrétiens, les Juifs et les droits de la personne humaine. Il est le premier souverain pontife qui a parcouru la quasi-totalité des pays du globe et qui a occupé avec une telle constance le terrain des médias, au cours de l'un des pontificats les plus longs de l'histoire.

JEANNE

SAINTES

JEANNE D'ARC sainte (* Domrémy, vers 1412, † Rouen, 30.V.1431). Fille d'un paysan lorrain, Jacques Darc, elle aurait entendu dès l'âge de treize ans des voix célestes qu'elle reconnut comme celles de st Michel, ste Catherine et ste Marguerite, trois saints dont le rôle de protecteur de la Maison de France était alors développé par les conseillers du roi de Bourges, et qui lui enjoignaient de sauver la France, alors en grande partie occupée par les Anglo-Bourguignons, aux heures les plus sombres de la guerre de Cent Ans. En janv. 1429, elle persuada le capitaine de Vaucouleurs, Robert de Baudricourt, de la conduire auprès du roi Charles VII réfugié à Chinon. Elle reconnut le roi parmi ses courtisans, eut avec lui un entretien secret, et obtint quelques troupes.

À la fin du mois d'avr., elle alla délivrer Orléans assiégée par les Anglais depuis sept mois (8 mai

1429) et les battit à Patay (18 juin). Elle fit sacrer Charles VII à Reims, pourtant contrôlée par les Bourguignons (17 juill.), ce qui fit de lui le roi légitime aux yeux de l'opinion du royaume. Mais elle ne put reprendre Paris. Le printemps suivant, tentant de secourir Compiègne assiégée par les Bourguignons, elle fut faite prisonnière et livrée aux Anglais en nov. 1430 sur les instances de l'université de Paris.

Amenée à Rouen, ville tenue par les Anglais depuis 1419, elle fut jugée à partir du 9 janv. 1431 par les clercs sous la direction de Pierre Cauchon, évêque de Beauvais (Jeanne avait été prise dans son diocèse). Il lui était reproché d'avoir porté des vêtements masculins, d'avoir prophétisé, d'avoir présenté ses visions comme des révélations divines. Elle tint tête à ses juges avec esprit et courage. Cependant, le 24 mai 1431, lorsqu'on lui lut la sentence qui la livrait au bras séculier, elle fléchit, et accepta tout ce que l'Église exigeait. Condamnée à l'emprisonnement, elle reprit quelques jours plus tard ses habits d'homme et réaffirma sa mission surnaturelle. Elle fut alors condamnée comme relapse et brûlée vive sur la place du Vieux-Marché, sans que Charles VII ait rien entrepris pour la secourir.

Calixte III prononça sa réhabilitation en 1456. Elle fut béatifiée en 1909, canonisée après la Première Guerre mondiale, et le Parlement décida qu'une fête aurait lieu en son honneur le deuxième dimanche de mai.

JEANNE DE VALOIS ou **DE FRANCE** sainte (* 23. IV.1464, † 4.II.1505). Seconde fille de Louis XI et de Charlotte de Savoie, elle fut mariée en 1476 à son cousin Louis, duc d'Orléans, contre la volonté de celui-ci car elle était laide, bossue et boiteuse. Louis, devenu roi en 1498 sous le nom de Louis XII, fit annuler le mariage par Alexandre VI Borgia. Jeanne se retira alors à Bourges et, sur le conseil de st François de Paule, elle y fonda l'ordre de l'Annonciade (1501). Canonisée en 1950.

ANJOU, NAPLES ET PROVENCE

JEANNE Ire (* Naples, 1326, † Muro Lucano, Basilicate, 22.V. ou 27.VII.1382). Reine de Naples, comtesse de Provence et de Forcalquier (1343/82). À dix-sept ans, elle succéda à son grand-père Robert d'Anjou. Accusée de complicité dans l'assassinat de son premier mari, André de Hongrie (19 sept. 1345), elle fut attaquée par le frère de celui-ci, le roi Louis de Hongrie, et dut s'enfuir en Provence (1347), où, pour rester libre, elle promit aux barons provençaux de ne rien aliéner du comté de Provence et de ne nommer que des Provençaux à tous les offices. Elle se rendit à Avignon, où le pape Clément VI la déclara innocente mais l'obligea à lui vendre la ville. À la mort de son deuxième mari, Louis de Tarente, en 1362, elle se remaria avec Jacques III, roi de Majorque, et exerça personnellement le pouvoir. En se mariant une quatrième fois avec Othon de Brunswick (1375) elle s'aliéna son cousin Charles de Duras, qu'elle avait choisi pour héritier en 1370. Elle soutint le pape d'Avignon, Clément VII, contre le pape de Rome, Urbain VI, qui la déclara schismatique, hérétique et donna l'investiture du royaume de Naples à Charles de Duras (1er juin 1381). Duras conquit le royaume, s'empara de Jeanne et la fit étrangler.

NAVARRE

JEANNE III D'ALBRET (* Pau, 7.I.1528, † Paris, 9.VI.1572). Reine de Navarre (1555/72). Fille d'Henri II d'Albret, roi de Navarre, et de Marguerite de Valois, sœur de François Ier. En 1541, à treize ans, elle fut mariée par François Ier au duc de Clèves, mais ce mariage, non consommé, fut rompu légalement et elle épousa en 1548 Antoine de Bourbon, duc de Vendôme. Elle donna naissance en 1553 au futur roi Henri IV. Devenue reine de Navarre à la mort de son père (25 mai 1555), elle veilla à maintenir l'indépendance de ses États entre la France et l'Espagne et y imposa en 1567 le calvinisme, qu'elle avait embrassé dès 1556. Elle dirigea avec son fils la défense de La Rochelle (1568). Venue à la cour de France pour le mariage de son fils avec Marguerite de Valois, sœur de Charles IX, elle y mourut peu après son arrivée et deux mois avant la Saint-Barthélemy, sans doute de phtisie ; mais le bruit courut qu'elle avait été empoisonnée.

JEANNE (la Papesse). Femme originaire de Mayence (ou d'Athènes), qui serait entrée dans l'Église sous le nom de Jean d'Angleterre, et aurait occupé le Saint-Siège sous le nom de Jean VIII de 855 à 858, entre les pontificats de Léon IV et de Benoît III. Il s'agit d'une légende comme l'atteste le fait qu'il n'y a pas eu de vacance du Saint-Siège entre Léon IV et Benoît III.

JEFFERSON Thomas (* Shadwell, Albemarle County, Virginie, 13.IV.1743, † Monticello, Virginie, 4.VII. 1826). Homme politique américain. Député de Virginie au Congrès continental de Philadelphie, il fut chargé de rédiger la Déclaration d'indépendance américaine (4 juill. 1776). Ambassadeur en France à la suite de Franklin (1785/89), il se lia avec le milieu philosophique parisien puis fut choisi par Washington comme secrétaire d'État (1790/93). Chef du parti républicain-démocrate (précurseur du parti démocrate moderne), vice-président en 1797, il fut élu brillamment troisième président des États-Unis en 1800. Il acheta la Louisiane à la France en 1803. Réélu en 1804, refusant sa réélection en 1809, il maintint la neutralité américaine dans le conflit opposant la France napoléonienne à la Grande-Bretagne. Son administration donna aux institutions américaines leur orientation définitive de société démocratique de petits propriétaires libres et égaux, qu'il voulait fidèle à son idéal optimiste d'ami et de disciple des philosophes français.

JELACIC VON BUZIM Joseph, comte (* Pétrovaradin, 16.X.1801, † Zagreb, 19.V.1859). Général croate. À la tête des nationalistes croates, il combattit les révolutionnaires hongrois (1848/49). Voir **Croatie** et **Hongrie**.

JELEV Jeliou (Vesselinovo, dans le N.-E. de la Bulgarie, 3.III.1935). Philosophe et homme politique bulgare. Jugé antiléniniste, il fut exclu de l'université de Sofia puis du parti communiste en 1965 et assigné à résidence jusqu'en 1972. L'un des fondateurs du *Club pour la glasnost et la perestroïka* en nov. 1988, il fut désigné par une coalition de seize partis d'opposition à la présidence de l'Union des forces démocratiques (UFD). Élu président de la République par le Parlement le 1er août 1990, il fut confirmé à ce poste par le suffrage populaire en janv. 1992. Il a quitté le pouvoir en nov. 1996, après l'élection à la présidence de la République de l'UFD Petar Stoïanov.

JEMMAPES, auj. **JEMAPPES.** Ville de Belgique (Hainaut), à l'O. de Mons.

Bataille de Jemmapes (6 nov. 1792). Bataille gagnée par Dumouriez (v.) sur l'armée autrichienne de Clerfayt et du duc de Saxe-Teschen. Malgré une armée largement supérieure en nombre et l'élan de ses colonnes, composées essentiellement de volontaires, Dumouriez ne remporta que difficilement la victoire et ne put empêcher la retraite des Autrichiens vers Bruxelles ; il y eut 2 000 tués de part et d'autre. La victoire de Jemmapes permit l'occupation, en quatre semaines, de toute la Belgique et des territoires germaniques de la rive gauche du Rhin.

JÉRÉMIE (* Anatot, près de Jérusalem, vers 650, † Égypte, vers 586). Prophète juif. Il exerça son ministère durant l'une des périodes les plus sombres de l'histoire du peuple d'Israël (v.). Vers 627, il prononça ses premiers oracles contre la corruption des mœurs, le formalisme du culte et l'idolâtrie. En raison de ses paroles qu'il accompagnait d'actes symboliques, il fut arrêté et maltraité. Il transmit ensuite ses prophéties par écrit à l'aide du scribe Baruch, invitant le peuple d'Israël au repentir tout en annonçant la catastrophe prochaine. En 597, lors de la deuxième déportation à Babylone, il prêcha la soumission et l'acceptation du désastre, ce qui lui valut de nouveau la vindicte populaire. Après la prise et la destruction de Jérusalem en 587 suivie d'une troisième déportation, Jérémie fut entraîné par ses proches jusqu'en Égypte où il écrivit ses derniers oracles, fustigeant encore l'idolâtrie des réfugiés d'Israël. On lui a longtemps attribué à tort le livre des Lamentations.

JÉRICHO. Ville de Palestine, sur le versant occidental de la vallée du Jourdain, au N. de la mer Morte. Célèbre dans l'histoire biblique pour avoir été détruite miraculeusement par Josué, qui aurait fait tomber ses murailles par le son des trompettes (XIIIe s. av. J.-C.), Jéricho est l'un des plus anciens centres urbains connus. Sur un tell artificiel de plus de 20 m de hauteur, situé à 2 km environ de l'agglomération moderne, quinze niveaux d'occupation allant du mésolithique au bronze final ont été mis au jour par les archéologues. Les traces d'habitation les plus anciennes (des huttes rondes) ont été laissées par des chasseurs et pêcheurs mésolithiques qui vivaient vers 7800 av. J.-C. À la phase suivante, datée de 6850 (« néolithique précéramique A »), l'agglomération de Jéricho était constituée de maisons rondes en briques crues que protégeait un mur d'enceinte avec tour ; l'agriculture commençait, mais l'élevage reste hypothétique. Au néolithique précéramique B (vers 6250/5850 av. J.-C.), on trouve des maisons rectangulaires en briques crues et aux murs peints ; un grand nombre de mortiers et de meules confirment l'importance des graminées dans l'alimentation ; la chèvre et le chien étaient domestiqués ; des crânes humains peints et surmodelés en plâtre, des figurines féminines ou animales constituaient des objets de culte. Mais cette civilisation ignorait encore l'usage de la céramique. La population de Jéricho est estimée à cette époque à quelques centaines d'habitants. Après une phase de déclin (les habitants de l'époque néolithique à céramique campaient), Jéricho reprit son essor au début de l'âge du bronze, vers 3000 av. J.-C. Au cours du IIIe millénaire, on ne compte pas moins de seize reconstructions des remparts, provoquées par des séismes et des guerres. Mais le développement de la ville se poursuivit sans interruption jusqu'à sa destruction par les Hébreux au XIIIe s. av. notre ère. Au S.-O. du site de la cité préhistorique, Hérode fonda une nouvelle ville, vers la fin du Ier s. av. J.-C. Cette Jéricho, où séjourna Jésus, fut prise et détruite par Vespasien (70) mais relevée ensuite par Hadrien ; elle devint en 325 le siège d'un évêché. Incluse dans la Jordanie en 1948, elle fut occupée par les Israéliens en 1967. Conformément aux accords de Washington de sept. 1993 et à l'accord du Caire de mai 1994, la ville devint l'une des deux enclaves autonomes (avec la bande de Gaza) à partir de laquelle l'Autorité palestinienne s'est instaurée dans certains territoires occupés par Israël en 1967. Voir **Cisjordanie**.

JÉRUSALEM. Ville de Palestine, qui était partagée jusqu'en juin 1967 entre Israël et la Jordanie. 50 000 hab. en 1900, 165 000 en 1948, 650 000 en 2000.

Dans l'Antiquité

Les découvertes archéologiques ont révélé que la colline de Jérusalem (appelée *Ophel* dans la Bible) fut habitée dès le début du IIIe millénaire. Le nom de *Urusalem* est mentionné dans des textes égyptiens vers 1900 av. J.-C. et la correspondance diplomatique découverte à Tell el-Amarna (v. **Aménophis IV**) atteste l'existence (vers 1400 av. J.-C.) d'un roi d'Urusalem, vassal d'Aménophis III d'Égypte. Au XIe s. av. J.-C., elle était occupée par un peuple cananéen (v.), les Jébuséens, auxquels David l'enleva. En y déposant l'Arche d'Alliance, il l'éleva au rang de métropole religieuse. Son successeur, Salomon, y entreprit dès la quatrième année de son règne, avec l'aide du roi phénicien Hiram de Tyr, la construction du premier Temple, édifié non loin de son propre palais. Le roi de Juda, Ézéchias (716-15/687-86), procéda à de nombreux aménagements (adduction d'eau grâce au tunnel d'Ézéchias ou de Siloé, vers 715 et nouvelle enceinte). Vainement assiégée en 701 par le souverain d'Assyrie Sennachérib, Jérusalem fut prise en 597 et en 586 par Nabuchodonosor, qui abattit les remparts, dévasta la ville, détruisit le Temple de Salomon et déporta une grande partie des habitants à Babylone (v **ISRAËL. Histoire du peuple d'**). Le Perse Cyrus ayant autorisé les Israélites à rentrer chez eux (538), Jérusalem se repeupla et le Temple fut reconstruit (520/15), mais avec moins de splendeur.

Après la conquête d'Alexandre, la ville passa sous la domination des Lagides puis des Séleucides : Antiochos IV Épiphane pilla le Temple et le profana en y offrant un sacrifice païen (167). Les assemblées religieuses furent interdites et les livres sacrés détruits. Ces persécutions entraînèrent le soulèvement des Macchabées, qui purifièrent le Temple en 164 mais ne s'emparèrent de la forteresse syrienne d'Akra, qui dominait le Temple à l'O., qu'en 142. Jérusalem fut prise ensuite par Pompée (63) ; les soldats romains pénétrèrent dans le Temple et massacrèrent les prêtres qui officiaient mais ne pillèrent pas le Temple. Jérusalem passa alors, avec le reste de la Palestine, sous la domination romaine. Vassal de Rome, Hérode le Grand entreprit de grands travaux dans Jérusalem, renforça la défense du Temple par l'édification de la forteresse Antonia et commença la reconstruction du Temple lui-même, vers 20 av. J.-C. À l'époque du Christ, Jérusalem n'était qu'une cité assez modeste (de 50 000 à 100 000 habitants) mais elle demeurait la ville sainte des Juifs vers laquelle des milliers de Juifs de la Diaspora (v.) affluaient lors des grandes fêtes, en particulier lors de la Pâque. Après une entrée triomphale dans la ville, Jésus y fut condamné, puis crucifié sur le Golgotha.

Jérusalem devint le centre de l'Église primitive : les Apôtres y prêchèrent le jour de la Pentecôte et le premier concile, où se séparèrent les destinées du christianisme et du judaïsme, s'y réunit en 49. L'agitation entretenue depuis longtemps par des Juifs extrémistes contre les grands prêtres, favorables aux Romains, aboutit au soulèvement d'août 66 apr. J.-C. ; les insurgés, maîtres de Jérusalem, firent mettre à mort Anne et les principaux chefs des prêtres ; la garnison romaine fut massacrée. Assiégée par Titus d'avr. à sept. 70, Jérusalem fut reprise par les Romains, livrée aux flammes et rasée, sa population massacrée ou vendue en esclavage. Après la révolte de Bar-Cocheba, qui avait permis aux Juifs de réoccuper Jérusalem (132), l'empereur Hadrien décida de supprimer définitivement ce foyer de rébellion et d'établir à la place de Jérusalem une ville païenne, nommée *Colonia Aelia Capitolina*, interdite aux Juifs et dotée d'un temple dédié à Jupiter Capitolin (135). Dès le IIe s. cependant, Jérusalem fut un but de pèlerinage pour des chrétiens, qui venaient s'y recueillir sur des lieux de la Passion et de la Résurrection (v. **LIEUX SAINTS**). Selon la tradition, c'est en présence de l'impératrice Hélène, mère de Constantin, qu'eut lieu, en 326, l'« invention » de la croix du Sauveur. Constantin fit construire à Jérusalem de nombreuses basiliques (dont l'*Anastasis*, l'église de la « Résurrection », première église du Saint-Sépulcre), et aux IVe et Ve s., le flot des pèlerins chrétiens, venus souvent du plus lointain Occident, ne cessa de grossir.

Moyen Âge et époque moderne

Prise et ravagée par le roi de Perse Chosroès II (20 mai 614), Jérusalem fut conquise en 637 par les Arabes musulmans, mais ceux-ci, comme les chrétiens, la considéraient comme une ville sainte et la respectèrent. Le calife omeyyade Abd el-Malik fit construire sur le roc, d'où selon la tradition islamique Mahomet serait monté au ciel, le Dôme du Rocher, appelé improprement mosquée d'Omar (687/91). Sous la domination musulmane, le Saint-Sépulcre continua d'attirer des pèlerins chrétiens (notamment aux IXe/Xe s.). La prise de Jérusalem par les Turcs Seldjoukides en 1070 et en 1078 sema cependant l'inquiétude dans la chrétienté, et la délivrance du Saint-Sépulcre constitua l'un des objectifs des croisades. Godefroi de Bouillon conquit la ville le 15 juill. 1099 et Jérusalem devint la capitale d'un royaume latin (1099/1291, voir ci-après). Reprise aux chrétiens par Saladin le 2 oct. 1187, Jérusalem passa sous la domination ottomane en 1516.

Occupée en 1917 par le général britannique Allenby, elle devint en 1922 la capitale de la Palestine sous mandat britannique mais fut troublée par les luttes violentes entre sionistes et Arabes (v. **SIONISME** et **ISRAËL**). Des Juifs immigrés créèrent une nouvelle ville à l'O. et au N. de la vieille ville, qui était habitée par des Arabes, des Arméniens et des Juifs qui n'avaient jamais quitté la Palestine ou y étaient revenus au XVIe s. Le plan de partage de la Palestine adopté par l'ONU en 1947 préconisait l'internationalisation de la ville de Jérusalem et de tous les Lieux saints (v.). Jérusalem fut un des enjeux les plus disputés de la guerre israélo-arabe (v.) de 1948/49. Les troupes israéliennes s'emparèrent de la ville moderne, mais la vieille ville, défendue par la Légion arabe, résista à leurs assauts. L'armistice de 1949 partagea la ville entre Israël et la Jordanie, mais prévoyait le libre accès des Juifs au mur des Lamentations (ou mur occidental), dernier vestige de l'enceinte extérieure du Temple d'Hérode détruit par les Romains. Cette clause ne fut pas respectée par la Jordanie, qui administrait toute la vieille ville (avec le Saint-Sépulcre et le Jardin des Oliviers). La nouvelle ville devint la capitale de l'État d'Israël. Au cours de la guerre israélo-arabe de juin 1967 (v.), la vieille ville fut occupée par Israël, qui proclama sa résolution de conserver désormais la totalité de la Ville sainte, dont elle a fait, sans reconnaissance internationale, sa capitale administrative et politique.

En 1980, Israël annexa Jérusalem-Est et proclama la ville réunifiée « capitale éternelle d'Israël », donnant l'impulsion à un mouvement de fondation de colonies juives dans les quartiers auparavant uniquement arabes. De nouvelles colonies furent construites autour de Jérusalem-Est et ces cités-dortoirs furent incorporées dans un « Grand Jérusalem ». Cette politique a provoqué de vives tensions. Entre 1990 et 1993, la première Intifada prit à Jérusalem la forme de la « guerre des couteaux », durant laquelle de nombreux Juifs furent poignardés. L'armée israélienne renforça sa présence dans les quartiers arabes et de nombreux occupants arabes furent expulsés. Aucun des accords qui suivirent (v. ISRAÉLO-ARABE, processus de paix) n'a réglé l'épineuse question du statut de Jérusalem resté en suspens depuis le début de la 2e Intifada (sept. 2000).

JÉRUSALEM (royaume latin de). État chrétien fondé lors de la première croisade, après la prise de Jérusalem (15 juill. 1099). Il fut conçu à l'origine comme un État ecclésiastique, sous la suzeraineté du Saint-Siège, et Godefroi de Bouillon, élu chef du nouvel État par le conseil des croisés, n'accepta, par piété et par humilité, que le titre d'*avoué du Saint-Sépulcre*. Mais Godefroi mourut peu après avoir repoussé une puissante contre-attaque des Fatimides (victoire d'Ascalon, 12 août 1099), et son frère et successeur, Baudouin Ier (1100/18), obligea le patriarche Daimbert à le couronner roi. Le royaume de Jérusalem fut organisé selon le mode féodal importé d'Europe et régi par la législation connue sous le nom d'*Assises de Jérusalem*, sorte de code de la féodalité idéale. En plus du comté d'Édesse et de Tripoli, des principautés d'Antioche et de Tibériade, il était divisé en une multitude de petits fiefs tenus par des chevaliers latins installés en Orient. Trois grands ordres militaires devaient défendre les frontières du royaume : les Templiers, les Hospitaliers de Saint-Jean de Jérusalem, et l'ordre Teutonique. Après Baudouin Ier, plusieurs rois se succédèrent : Baudouin II (1118/31), Foulques d'Anjou (1131/43), Baudouin III (1143/63), Amaury Ier (1163/74), Baudouin IV, le roi lépreux (1174/85), Baudouin V (1185/86), enfin, la reine Sibylle et son mari Guy de Lusignan (1186/92). Mais le royaume de Jérusalem, miné par les dissensions internes, s'effritait sous les attaques des musulmans. Saladin reconquit Jérusalem le 2 oct. 1187. Il n'y eut plus dès lors que des rois titulaires, et les dernières places encore tenues par les croisés, Acre et Tyr, furent perdues en 1291. Cependant, les rois de Chypre continuèrent à porter le titre de « roi de Jérusalem ».

JÉSUITES. Nom donné aux membres de la Compagnie de Jésus. Cet ordre de clercs réguliers fondé en 1540 par st Ignace de Loyola fut le principal artisan de la Réforme catholique au XVIe s. Les bases en furent posées dès 1534 à Paris, où Ignace était venu achever ses études. Les *Constitutions*, dont la version définitive fut rédigée par st Ignace entre 1547 et 1550, donnèrent à l'ordre son originalité : la Compagnie de Jésus se déclarait disponible, *a priori*, pour toute forme d'apostolat, et en tout pays. Elle imposait à ses futurs membres une formation beaucoup plus longue que celle exigée dans les autres ordres (environ une dizaine d'années) et très sévère. En suivant la méthode des *Exercices spirituels* de st Ignace, tout jésuite devait parvenir à une maîtrise absolue de soi-même et à un état de totale disponibilité et docilité intérieure, pour se consacrer sans risque à l'action. L'ordre était extrêmement centralisé ; tous les pouvoirs étaient concentrés entre les mains d'un général, élu à vie. Enfin, les jésuites étaient complètement autonomes de la hiérarchie ecclésiastique, mais ils ajoutaient aux trois vœux ordinaires de religion un vœu spécial d'obéissance au pape.

En 1616, il existait déjà 13 000 jésuites, avec plus de 400 maisons et 37 provinces. En Europe, ils se sont distingués surtout dans le domaine de l'enseignement, et leur méthode essentiellement humaniste a été définie par la *Ratio studiorum* de 1599. Grâce à ses activités pédagogiques, la Compagnie a fait reculer le protestantisme dans les régions méridionales de l'Allemagne. En Espagne, la Compagnie acquit une situation dominante à l'université de Salamanque grâce au rayonnement de Suárez, cependant qu'un autre jésuite, Bellarmin, s'attachait à redéfinir les rapports de l'ordre spirituel et de l'ordre politique. Les jésuites animèrent le renouveau missionnaire qui coïncida avec les grandes découvertes géographiques du XVIe s. Ils abordèrent en Inde dès 1542, puis au Japon (1549), en Chine (1563) et aux Philippines (1594). En Afrique, ils portèrent leurs activités vers le Congo (1547), l'Éthiopie (1555). Sous la protection portugaise, ils s'installèrent au Brésil dès 1549. Les jésuites furent les premiers, dans l'Église catholique, à comprendre que les civilisations non chrétiennes méritaient le respect et qu'il fallait dissocier l'évangélisation de l'occidentalisation. En Amérique du Sud, face aux excès de la colonisation, ils créèrent les célèbres « réductions » du Paraguay (v. PARAGUAY).

L'efficacité due à son organisation centralisée, le succès de ses méthodes d'enseignement, l'influence des confesseurs jésuites et, surtout, l'ultramontanisme de la Compagnie valurent à celle-ci de nombreux adversaires. En France, où l'esprit gallican était très fort, les jansénistes s'acharnèrent à déconsidérer la Compagnie en faisant état de certaines théories laxistes émises par des casuistes jésuites : les *Provinciales* de Pascal obtinrent ainsi un grand succès. Cette offensive se poursuivit au XVIIIe s., époque du « despotisme éclairé », où les gouvernements des divers États voulurent limiter les droits de l'Église. L'absolutisme monarchique considérait avec suspicion les jésuites comme les représentants d'une influence étrangère. Dès 1759, le ministre Pombal expulsa la Compagnie du Portugal. En France, où l'attaque était menée à la fois par le clan parlementaire et gallican et par le clan janséniste, la même mesure fut prise en 1764, et les jésuites furent ensuite expulsés d'Espagne (1767), de Naples (1767), de la Toscane (1768). Cédant à la pression des Bourbons, le pape Clément XIV décida la suppression de la Compagnie par le bref *Dominus ac Redemptor* (21 juill. 1773). Seuls deux souverains non catholiques, Frédéric II de Prusse et Catherine II de Russie, qui reçurent secrètement l'encouragement du Saint-Siège, accueillirent les jésuites. À la fin de la crise révolutionnaire, le pape Pie VII rétablit la Compagnie (7 août 1814). Au cours du XIXe s., les jésuites, qui défendaient l'ultramontanisme, préparèrent l'opinion européenne à la proclamation du dogme de l'infaillibilité pontificale (1870)

JÉSUS. Fondateur du christianisme, qui le reconnaît comme le Fils de Dieu et le Sauveur du monde. Seuls seront ici situés chronologiquement les principaux faits de la vie de Jésus tels qu'ils nous sont connus par les Évangiles. Jésus naquit à Bethléem vers 5 ou 4 avant le début de notre ère (une date qui fut fixée avec une erreur de quelques années par Denys le Petit, au VIe s. apr. J.-C.). Il est certain en effet que la naissance de Jésus eut lieu avant la mort d'Hérode le Grand, qui se produisit en l'an 749 de Rome, c'est-à-dire en 4 av. J.-C. Vers l'automne de l'an 27 de notre ère, Jean-Baptiste commença sa prédication. Jésus vint recevoir le baptême dans les eaux du Jourdain et, pour la première fois, fut publiquement reconnu comme le Messie dont Jean-Baptiste annonçait la venue. Après un séjour dans le désert, Jésus commença son ministère vers 28, essentiellement en Galilée, mais il se rendit à plusieurs reprises en Judée. Son premier voyage à Jérusalem eut lieu pour la Pâque 28 (expulsion des marchands du Temple). Il y fit quatre autres voyages : pour la Pâque ou la Pentecôte juive de 29, pour la fête des Tabernacles d'oct. 29, pour la fête de la Dédicace de déc. 29, enfin en mars/avr. 30. Il fut crucifié le 14 nisan, c'est-à-dire, d'après des calculs astronomiques, le 7 avr. 30. Si cette date est admise, la Résurrection aurait eu lieu le 9 avr. 30 et l'Ascension en mai 30. Mais l'accord est loin d'être fait sur ces dates : certains historiens situent la mort de Jésus en 29 ou en 33.

JEU DE PAUME (serment du, 20 juin 1789). Au début de la Révolution française, le tiers état, réuni à Versailles dans la salle des Menus-Plaisirs, se proclama Assemblée nationale (17 juin 1789), et le clergé, dans sa majorité, vint le rejoindre. Pour empêcher cette réunion, Louis XVI fit fermer la salle des Menus-Plaisirs sous prétexte de préparatifs pour la séance royale solennelle fixée au 23 juin. Les députés décidèrent alors d'aller tenir séance à la salle du Jeu de paume. Là, sur la proposition d'un député du Dauphiné, Mounier, les députés prêtèrent serment de ne jamais se séparer de l'Assemblée nationale et de se réunir, partout où les circonstances l'exigeraient, « jusqu'à ce que la Constitution du royaume soit établie et affermie sur des fondements solides ». Il n'y eut qu'un seul opposant, Martin (d'Auch).

JIANG ZEMIN (Yangzhou, province du Kiang-sou, VII.1926). Homme politique chinois. Ministre de l'industrie mécanique en sept. 1982, maire de Shanghai (*Shanghai*) puis premier secrétaire de l'instance locale du Parti (1988), il remplaça Zhao Ziyang à la tête du PCC en juin 1989, après s'être opposé aux manifestations en faveur de la démocratie. Président de la commission des affaires militaires du comité central (1990), il devint président de la République en 1993 et le resta jusqu'en 2003. Voir CHINE.

JINNAH Mohammed Ali (* Bombay, 25.XII.1876, † Karachi, 10.IX.1948). Homme politique pakistanais. Dans les années 1930, à la tête de la Ligue musulmane, dans les Indes britanniques, il milita pour la constitution d'un État musulman séparé. Lors de la partition de l'Inde, Jinnah fut nommé gouverneur général (16 juill. 1947), puis élu président de l'Assemblée constituante du nouvel État musulman, le 11 août 1947, dont l'indépendance devint effective le 15. Il est tenu pour le véritable fondateur du Pakistan.

JIRINOVSKI Vladimir Volfovitch (Alma-Ata, Kazakhstan, 26.IV.1946). Homme politique russe. Fondateur du PLD, le parti libéral-démocrate, il fut candidat contre Boris Eltsine en juin 1991, lors de la première élection présidentielle russe au suffrage universel et arriva en troisième position. Le succès de son parti aux élections législatives de déc. 1993 l'imposa comme l'une des figures de proue de l'opposition ultranationaliste et violemment antisémite, il perdit de son influence à partir de 1995 en raison de sa démagogie et de ses écarts de langage.

JIVKOV Todor (* Pravetz, au N.-E. de Sofia, 7.IX.1911, † Sofia, 5.VIII.1998). Homme politique bulgare. Entré au parti communiste bulgare en 1932, il devint secrétaire du Comité central en 1948. Premier secrétaire du Parti depuis 1954, il cumula cette fonction avec celle de président du Conseil des ministres de 1962 à 1971. Il prit à cette date le titre de président du Conseil d'État, devenant ainsi chef du Parti et de l'État ; tenant un discours proche de la perestroïka, il engagea quelques réformes demeurées cependant de pure forme. Victime d'une révolution de palais soutenue par Moscou, il démissionna le 10 nov. 1989. condamné en 1992 pour détournement de fonds et abus de pouvoir, il fut placé en résidence surveillée.

JOFFRE Joseph Jacques Césaire (* Rivesaltes 12.I.1852, † Paris, 3.I.1931). Maréchal de France. Il servit au Tonkin, en Afrique-Occidentale française et à Madagascar, puis fut nommé général de brigade en 1902 et chef d'état-major général en 1911. Commandant en chef des armées françaises du Nord et du

Nord-Est en août 1914, il perdit la bataille des frontières (14/24 août), mais remporta la victoire décisive de la Marne (5/17 sept.). Nommé généralissime en déc. 1915, Joffre vit son prestige atteint par l'échec de la bataille de la Somme (juill./oct. 1916), engagée pour soulager la pression allemande sur Verdun. Il fut remplacé par Nivelle, mais fait maréchal de France (déc. 1916). Voir **Guerre mondiale 1914/18**.

JOHNSON Andrew (* Raleigh, Caroline du Nord, 29.XII.1808, † Carter County, Tennessee, 31.VII. 1875). Homme politique américain. Bien que démocrate, il se rallia aux républicains lors de la sécession du Sud et Lincoln le nomma gouverneur militaire du Tennessee (1862). Élu vice-président des États-Unis (nov. 1864), il succéda à Lincoln, assassiné, comme président des États-Unis (1865/69). Il s'opposa alors aux radicaux, qui le suspectaient de sympathies pour certaines thèses sudistes. Il voulut empêcher le vote du 14e amendement, accordant l'égalité des droits politiques aux Noirs (juin 1866). Sa tentative d'éliminer E. M. Stanton, secrétaire à la Guerre, aggrava encore son conflit avec le Congrès et le parti républicain : accusé d'avoir violé une loi votée par le Congrès, il fut traduit en jugement devant le Sénat mais acquitté à une voix de majorité (16 mai 1868). À l'extérieur, son mandat fut marqué par l'achat de l'Alaska à la Russie (1867). Remplacé par Grant en mars 1868, il fut réélu au Sénat en 1875.

JOHNSON Lyndon Baines (* Gillespie County, près d'Austin, Texas, 27.VIII.1908, † Austin, 22.I. 1973). Homme politique américain. Sénateur du Texas en 1949, chef des démocrates au Sénat à partir de 1953, Johnson fut, en nov. 1960, le vice-président de Kennedy, dont l'assassinat, le 22 nov. 1963, le fit accéder à la magistrature suprême. Il fut élu triomphalement l'année suivante, contre le républicain extrémiste B. Goldwater. Johnson fit abolir les dernières discriminations légales (v. **Noirs américains**) et il étendit à un nombre croissant de déshérités les bienfaits de l'État providence. À l'extérieur, il décida d'une intervention armée à Saint-Domingue (v. **Dominicaine, république**) (1965), mais la grande affaire de sa présidence fut la guerre du Viêt-nam (v.), dans laquelle son prédécesseur Kennedy avait engagé le pays et dont Johnson ne sut contenir l'« escalade ». Il renonça à se représenter. Le républicain R. Nixon lui succéda en nov. 1968.

JORDANIE. État de l'Asie occidentale, borné au N. par la Syrie, au N.-E. par l'Irak, à l'E. et au S. par l'Arabie Saoudite (avec un accès à la mer Rouge sur le golfe d'Akaba), à l'O. par Israël ; capitale *Amman*.

Le territoire actuel de la Jordanie fut occupé dans l'Antiquité par les royaumes de Moab et d'Édom, que des conflits incessants opposèrent aux Hébreux. Cette région, annexée par les Romains en 64/63 av. J.-C., passa aux musulmans en 636 apr. J.-C. après leur victoire sur le Yarmouk. Maîtres de Jérusalem (1099), les croisés annexèrent au royaume latin la région située à l'ouest du Jourdain. De 1118 à 1187, se constitua même, à l'E. du Jourdain, une principauté d'outre-Jourdain défendue par les forteresses de La Pierre-du-Désert (Kérak), de Montréal (Shobak) et du Val-de-Moïse. Ces régions, reconquises par Saladin en 1187, passèrent ensuite aux mamelouks d'Égypte, puis aux Ottomans (XVIe s.).

Pendant la Première Guerre mondiale, les Anglais encouragèrent la révolte des Arabes contre les Turcs et occupèrent la région du Jourdain en 1917/18. Ils la confièrent en 1921 à Abdullah ibn Hussein, fils de Hussein, chérif de La Mecque et roi du Hedjaz, de la famille des Hachémites ; son frère, Fayçal, chassé de la Syrie par les Français, devint roi d'Irak. La création du nouvel État, d'abord nommé *Transjordanie*, souleva la vive protestation des sionistes, mais l'émir Abdullah était un fidèle allié des Anglais, qui, tout en exerçant sur la Transjordanie un mandat de la SDN, lui laissèrent une grande indépendance (traité de 1927). Une Légion arabe, financée par les Britanniques et commandée par un officier anglais, Glubb Pacha, fut organisée à partir de 1928. Durant la Seconde Guerre mondiale, Abdullah aida les Anglais à réprimer le coup d'État proaxiste de Rachid el-Gailani en Irak (1941). En hommage aux services rendus, l'Angleterre abolit le régime du mandat, et Abdullah devint roi de Transjordanie (mars 1946). La Transjordanie, qui avait joué un grand rôle dans la fondation de la Ligue arabe, prit une part importante à la guerre contre Israël de 1948/49. Elle conserva la Palestine centrale, à l'ouest du Jourdain, où se retirèrent plusieurs centaines de milliers de réfugiés arabes fuyant leur pays natal, devenu territoire israélien. Cette Cisjordanie (Hébron, Bethléem, Naplouse) ainsi que la vieille ville de Jérusalem furent annexées à la Transjordanie, qui prit le nom de royaume Hachémite de Jordanie (janv. 1949) ; cette annexion ne fut cependant jamais formellement reconnue par les autres États arabes.

Le roi Abdullah, auquel les extrémistes reprochaient d'accepter le partage de la Palestine avec Israël, fut assassiné (29 juill. 1951) ; son fils Talal (1951/52), puis son petit-fils Hussein (1952/99) lui succédèrent. Ce dernier, qui avait soutenu l'Égypte lors de la deuxième guerre israélo-arabe (v. **Suez**) en 1956, élimina en Jordanie les partisans de Nasser et créa même, en 1958, en réplique à la fondation de la RAU, une union jordano-irakienne, rompue dès la victoire du Baas à Bagdad. Cependant, la guerre des Six Jours (1967) ressouda la solidarité arabe, mais la Jordanie y perdit la rive ouest du Jourdain (Cisjordanie) et la partie arabe de Jérusalem. Hussein, dont les positions modérées et pro-occidentales s'accommodaient mal de l'OLP, élimina, en 1970 et 1971, les militants palestiniens (Septembre noir). Amman ne se rapprocha de l'OLP qu'en 1985 ; les relations avec la

Syrie, soutien des Palestiniens les plus extrémistes, rompues en 1980, ne furent rétablies qu'en 1987. En 1988, à la suite de la révolte palestinienne dans les territoires occupés par Israël, Hussein a dissous le Parlement du royaume (dans lequel les Palestiniens – y compris ceux de Cisjordanie – étaient représentés) et rompu tout lien administratif et économique avec les Palestiniens des territoires occupés.

À partir de 1986, les envois de fonds des travailleurs émigrés dans les pays du Golfe diminuèrent à cause de la baisse du prix de pétrole et le pays, plongé dans la crise économique dut, en 1989, se soumettre à un plan de rigueur du FMI : les subventions aux denrées de première nécessité furent supprimées puis rétablies après les émeutes du printemps 1989. Une démocratisation progressive du pays fut entreprise par Hussein. Un Parlement loyaliste à dominante bédouine et islamiste fut élu en nov 1989. Le parti islamiste (Front d'action islamique) obtint un tiers des voix et entra au gouvernement. Mais, en nov. 1993, à la suite de l'introduction du scrutin uninominal à un tour, la présence islamiste fut laminée au profit d'une majorité loyaliste. Pendant la guerre du Golfe, le pouvoir traditionnellement proaméricain, fut contraint par la rue de prendre le parti de l'Irak, ce qui entraîna la suppression des millions de dollars d'aide versés par les pays du Golfe à titre de soutien dans le conflit israélo-arabe. Par ailleurs l'arrivée d'environ 300 000 Palestiniens expulsés du Koweït après la guerre aggrava le marasme économique jordanien. Cependant, le processus de paix israélo-arabe (v.), dans lequel la Jordanie a joué un rôle modérateur, doublé de l'accord de paix avec Israël le 26 oct. 1994, a suscité de grands espoirs. Mais les retombées économiques de la paix ont tardé à se faire sentir et l'influence des islamistes est restée forte ; le roi Hussein procéda à un renouvellement du personnel politique. Aux élections législatives de nov. 1997, la nouvelle Chambre des députés jordanienne compta 64 élus proches du pouvoir sur 80. L'opposition sortit affaiblie de ce scrutin boycotté par les islamistes. En 1998, les manifestations de soutien au régime irakien furent aussi violemment réprimées. À la mort du roi Hussein, en févr. 1999, son fils Abdullah est monté sur le trône, son père l'ayant désigné comme successeur quelques jours plus tôt, à la place du prince Hassan, frère de Hussein. Le soutien des États-Unis se confirma, quand le nouveau roi s'engagea dans le processus de paix dans la région, mais les bonnes relations avec la Turquie et la normalisation avec Israël contribuèrent à faire monter la tension avec la Syrie. Fin août 1999, des mandats d'arrêt furent lancés contre les responsables du mouvement Hamas et ses bureaux jordaniens furent fermés.

La pression gouvernementale sur l'activisme politique ne s'est pas relâchée dans un pays en proie à de fortes tensions intérieures. En effet, à l'encontre de l'opinion populaire, les autorités jordaniennes n'ont pas remis en question le traité de paix avec Israël en dépit des opérations israéliennes dans les territoires occupés à partir de sept. 2000, tout en pressant cependant les États-Unis de mettre en œuvre un processus de paix. En 2003, dans le cadre de son alliance avec Washington, Amman a offert quelques facilités à l'armée américaine lors de la guerre d'Irak. Les élections législatives, reportées depuis la dissolution du parlement en 2001, ont eu lieu en juin 2003 ; un parlement composé d'une majorité de personnalités loyalistes fut élu, le parti islamiste n'obtenant que 15 % des sièges.

JOSEPH II (* Vienne, 13.III.1741, † Vienne, 20.II. 1790). Empereur germanique (1765/90). Fils aîné de l'empereur François Ier et de Marie-Thérèse. Bien qu'il fût empereur en titre dès 1765, il n'exerça la réalité du pouvoir qu'après la mort de sa mère en 1780. Joseph II entreprit alors une série de réformes majeures qui lui valurent le qualificatif de « despote éclairé » : uniformisation et centralisation de l'administration des États de l'empire des Habsbourg dès 1781, abolition du servage et de la torture (1781/85). Ses conceptions religieuses, appelées *joséphisme*, proches d'un gallicanisme appliqué à son empire, subordonnaient l'Église à l'État. Joseph II établit la liberté religieuse et le mariage civil (1783). Devant certaines résistances, en Hongrie particulièrement, Joseph dut renoncer à l'émancipation des paysans et sa politique anticléricale déclencha la Révolution brabançonne (v.). Sur le plan extérieur, il ne put mener à bien la conquête de la Bavière (1785), ni la guerre contre la Turquie (1788) malgré son alliance avec la Russie. Son frère Léopold II lui succéda.

JOSEPH, François Joseph Le Clerc du Tremblay, dit le père (* Paris, 4.XI.1577, † Rueil, 18.XII. 1638). Capucin français. Fils d'un président au parlement qui fut ambassadeur à Venise, et de Marie de La Fayette, il embrassa d'abord la carrière des armes, vécut à la cour, puis quitta brusquement le monde pour se faire capucin (1599). Il prêcha avec succès des missions dans diverses provinces françaises, s'employa à la conversion des protestants, fonda à Poitiers les bénédictines réformées du Calvaire et devint provincial de Touraine (1611). Il fit aussi un séjour en Italie pour y prêcher la croisade contre les Turcs et fut nommé prefet des missions (1625). Conseiller de la reine Marie de Médicis, il se lia en 1616 avec Richelieu et devint à partir de 1624 son collaborateur intime, ce qui lui valut son surnom d'*Éminence grise*. Il se consacra surtout à la politique étrangère et travailla à affaiblir les Habsbourg. Il négocia l'alliance de la France avec le roi de Suède, Gustave-Adolphe, et, à la diète de Ratisbonne (automne 1630), il intrigua avec succès pour envenimer les rapports entre les Électeurs catholiques et l'empereur. Sans aucune fonction officielle, il influença profondément la politique de son temps. Il venait d'être fait cardinal lorsqu'il mourut ; Richelieu lui-même vint le soigner dans ses derniers jours.

JOSÉPHINE, Marie-Josèphe Rose Tascher de La Pagerie (* Trois-Îlets, Martinique, 23.VI.1763, † Malmaison, 29.V.1814). Impératrice des Français. Fille d'un lieutenant d'infanterie de marine, elle vint en France en 1779 et fut mariée à seize ans au vicomte Alexandre de Beauharnais, dont elle eut deux enfants, Eugène et Hortense. Son mari fut envoyé à l'échafaud en 1794 et elle-même fut emprisonnée mais libérée par le 9-Thermidor. Liée à Tallien et à Barras, tenant salon et menant une vie assez libre, elle rencontra en oct. 1795 le général Bonaparte, de six ans son cadet, qui l'épousa civilement le 9 mars 1796. Bonaparte lui voua un amour passionné et jaloux, la fit venir auprès de lui pendant la campagne d'Italie et, durant l'expédition d'Égypte, souffrit beaucoup de l'infidélité de sa femme, restée à Paris. Menacée dès cette époque d'un divorce, Joséphine sut rapidement regagner l'affection de son mari et exerça une grande influence mondaine et même politique à l'époque du Consulat. Elle partagea la prodigieuse ascension de Bonaparte et fut couronnée impératrice après la célébration hâtive de leur mariage religieux (1804). Mais, dès 1807, Napoléon, à qui elle n'avait pu donner d'héritier, songea à la répudier. Joséphine, cruellement éprouvée, finit par consentir au divorce, qui fut prononcé le 16 déc. 1809. Largement dotée et conservant son titre d'impératrice, elle vécut dès lors soit au château de Navarre (Eure), soit à Malmaison (auj. Rueil-Malmaison), près de Paris, et ne cessa de correspondre avec l'Empereur (*Lettres authentiques*, 1895). En 1814, elle suscita l'attachement du tsar Alexandre mais mourut deux mois et demi après la première abdication de Napoléon.

JOSIAS (641-640/609 av. J.-C.). Roi de Juda. Petit-fils de Manassé, fils et successeur d'Amon, il tenta de restaurer l'autorité monarchique, entreprit une importante réforme religieuse, dont le livre du Deutéronome est la charte, et commença la restauration du Temple. Il fut tué à Megiddo au cours d'une bataille contre le pharaon Néchao II.

JOSPIN Lionel (Meudon, 12.VII.1937). Homme politique français. Diplômé de l'Institut d'études politiques et ancien élève de l'ENA, il fut secrétaire au ministère des Affaires étrangères (1965/70). Professeur d'économie à l'IUT de Paris-Sceaux, il adhéra en 1971 au parti socialiste, dont il fut le premier secrétaire de 1981 à 1988. Élu député du XVIIIe arrondissement de Paris en 1981, puis de la Haute-Garonne en 1986 et 1988, il fut député européen de 1984 à 1988. Sous les gouvernements Rocard et Cresson (1988/92), il fut chargé de l'Éducation nationale. Battu aux élections législatives de 1993, L. Jospin fut néanmoins choisi en févr. 1995 par les socialistes comme candidat à l'élection présidentielle, après le refus de se présenter de Jacques Delors. Cherchant dans sa campagne à se démarquer de l'héritage de F. Mitterrand, il parvint en tête du premier tour, devant J. Chirac et É. Balladur. Il fut battu au second tour, mais promu à la tête de l'opposition. Premier secrétaire du PS à partir d'oct. 1985, Lionel Jospin prit la tête de la campagne de la gauche pour les élections législatives anticipées de mai-juin 1997, qu'elle remporta. Élu député de Haute-Garonne, il fut appelé par Jacques Chirac à former le gouvernement, inaugurant ainsi une cohabitation entre un président de droite et un gouvernement socialiste élargi aux communistes, aux écologistes, aux radicaux de gauche et au Mouvement des citoyens. En 2002, candidat du parti socialiste à l'élection présidentielle, il n'arriva qu'en 3e position au premier tour derrière Jacques Chirac et Jean-Marie Le Pen (21 avr.). Il donna sa démission le 6 mai 2003 et se retira de la vie politique.

JOUHAUX Léon (* Paris, 1er.VII.1879, † Paris, 28. IV.1954). Syndicaliste français. Secrétaire général de la CGT en 1909, il se rallia à l'Union sacrée, en 1914, contribuant ainsi à la scission du syndicalisme français qui vit, en 1921, la naissance de la CGTU. Resté secrétaire général de la CGT, Jouhaux persista dans son orientation réformiste et dans sa volonté de maintenir les syndicats indépendants des partis politiques. Il participa cependant activement à la réunification syndicale de 1935 face à la montée du fascisme et resta secrétaire général au sein de la CGT réunifiée. Nommé régent de la Banque de France par Léon Blum en 1936, il fut placé en résidence surveillée par le gouvernement de Vichy en 1940, puis déporté par les Allemands à Buchenwald en 1943. À la Libération, les communistes étant majoritaires dans la CGT, il dut partager son poste avec Benoît Frachon. Il quitta la CGT en 1947 et fonda la CGT-FO. Il reçut le prix Nobel de la paix en 1951.

JOUKOV Georgi Konstantinovitch (* Strelkova, près de Kalouga, 2.XII.1896, † Moscou, 18.VI.1974). Maréchal soviétique. Rallié à la révolution bolchevique en 1917, il combattit Denikine et Wrangel. Chef d'état-major de l'armée soviétique au moment de l'attaque allemande (juin 1941), il défendit victorieusement Moscou (oct./nov. 1941) et déclencha, le 6 déc., la puissante contre-offensive d'hiver qui brisa définitivement l'élan allemand vers la capitale. Il coordonna la défense de Stalingrad et dirigea le premier front d'Ukraine. À la tête du premier front de Biélorussie, il entra à Varsovie (17 janv. 1945) puis à Berlin (mai 1945), où il reçut la capitulation de la Wehrmacht. Après la mort de Staline, il fut nommé vice-ministre de la Défense (1953), puis ministre en titre en 1955. Khrouchtchev, qui s'était appuyé sur lui pour éliminer le « groupe antiparti » (Malenkov, Molotov, Kaganovitch), lui fit perdre son ministère et sa place au présidium du Comité central (1957).

JOUMBLATT Kamal (* Moukhtara, Chouf, 1917, † Bekaa, 16.III.1977). Homme politique libanais issu d'une des plus grandes familles druzes il fut élu député à l'indépendance et réélu presque sans interruption jusqu'à la guerre civile en 1975. En 1948, il fonda le parti socialiste progressiste, proche du socialisme nassérien. Ses positions antioccidentales l'opposèrent au président Chamoun pendant la guerre civile de 1958. Il joua un rôle clef pendant la guerre civile de 1975/76, en devenant le chef de file de la gauche libanaise. En mars 1976, il s'opposa militairement à l'intervention syrienne. Il fut battu et contraint, à l'automne 1976, de cesser les combats. Il fut assassiné un an plus tard, sur ordre de Damas.

JOUMBLATT Walid (Beyrouth, 7.VIII.1947). Fils unique de Kamal Joumblatt. Il succéda à ce dernier à la tête du parti socialiste progressiste et à la tête de la communauté druze en 1977. En 1982, lors de l'invasion israélienne, il refusa d'affronter militairement l'armée israélienne, se replia dans le Chouf et appela à la résistance passive. Il s'opposa à l'alliance entre Amine Gemayel et Israël et, en sept. 1983, ses hommes chassèrent et massacrèrent les Phalangistes du Chouf. Devenu pro-syrien, aidé par la milice musulmane Amal, il prit à A. Gemayel le contrôle de Beyrouth-Ouest (févr. 1984). Alors qu'il apparaissait comme un des vainqueurs de la guerre civile, il fut pourtant cantonné, à partir de la cessation des hostilités en 1991, dans son rôle de représentant de la communauté druze. Cependant, fort de son succès électoral dans le Chouf, en août 2000, il revint sur le devant de la scène politique.

JOURDAN Jean-Baptiste, comte (* Limoges, 29. IV.1762, † Paris, 23.XI.1833). Maréchal de France. Soldat dans la guerre d'Indépendance américaine, il se distingua en Belgique, sous Dumouriez (1792), et fut nommé général en 1793. Il battit les Autrichiens à Wattignies à la tête de l'armée du Nord (16 oct. 1793). Destitué pour s'être opposé au Comité de salut public, il fut rappelé en 1794 et gagna la bataille de Fleurus (26 juin). Nommé membre du Conseil des Cinq-Cents (1797), il fit voter la **loi Jourdan** (5 sept. 1798), institutionnalisant la levée en masse sous le nom de conscription. Républicain sincère, il s'opposa au coup d'État du 18-Brumaire et fut exclu du Corps législatif. Il fut pourtant nommé sénateur (1802) puis maréchal d'Empire (1804), mais sans commandement important. Battu par Wellington à Vitória en 1813, il se rallia aux Bourbons, qui le firent comte (1816), puis pair (1819).

JUAN CARLOS DE BOURBON (Rome, 5.I.1938). Roi d'Espagne (depuis nov. 1975). Successeur désigné de Franco à partir de juill. 1969, il exerça provisoirement les pouvoirs du Caudillo durant les maladies de ce dernier, en juill./août 1974 et à partir du 30 oct. 1975. Après la mort de Franco (20 nov. 1975), il fut solennellement couronné roi d'Espagne et fit entrer le pays dans une nouvelle ère démocratique. Très respecté, il incarne pour les Espagnols l'État de droit et sut notamment rallier les garnisons qui, dans la nuit du 23 févr. 1981, menaçaient de renverser le régime.

JUAN D'AUTRICHE, don. (* Ratisbonne, 24.II. 1545, † Bouges, 1er.X.1578). Homme de guerre espagnol. Voir **JEAN DE HABSBOURG**.

JUÁREZ GARCÍA Benito (* San Pablo Guelatao, 21.III.1806, † Mexico, 18.VII.1872). Homme politique mexicain. Avocat d'origine indienne, chef des libéraux, il fut gouverneur de l'État d'Oaxaca (1847/52), mais dut s'exiler pendant la dictature de Santa Anna (1853/55). Les libéraux ayant pris le pouvoir, il devint ministre des Cultes (1855) et entreprit une politique de laïcisation qu'il poursuivit comme président de la République, à partir de mai 1858. Il sépara l'Église et l'État, supprima les ordres religieux et nationalisa les biens ecclésiastiques. Ayant triomphé des forces conservatrices, il établit son autorité sur tout le Mexique vers la fin de 1860. En 1861, sa décision de suspendre le règlement des dettes mexicaines aux pays étrangers provoqua une intervention militaire européenne, inspirée par Napoléon III (v. **MEXIQUE, guerre du, 1862/67**). Replié dans le nord du pays avec son gouvernement, Juárez résista victorieusement à l'intervention française. Après le départ des Français, il captura Maximilien et le fit fusiller (19 juin 1867). Il conserva la présidence jusqu'à sa mort et acheva de détruire l'ancien ordre féodal. On peut le considérer comme le vrai fondateur de la République mexicaine.

JUBA Ier (* vers 85, † Thapsus, avr. 46 av. J.-C.). Roi de Numidie (vers 50/46 av. J.-C.). Voir **NUMIDIE**.

JUBA II (* vers 52 av. J.-C., † 23 ou 24 apr. J.-C.). Roi de Maurétanie (25 av./23 apr. J.-C.). Voir **MAURÉTANIE**.

JUDA (tribu de). La plus nombreuse des douze tribus d'Israël. Elle occupait le sud de la Palestine et avait pour villes principales Hébron, Bethléem, Engaddi, Bethsames. Après la sécession de Jéroboam, elle resta fidèle au fils de Salomon et forma avec la tribu de Benjamin le royaume de Juda. Voir **JUDA (Royaume de)**.

JUDA (royaume de). Royaume créé après la révolte de Jéroboam qui suivit la mort de Salomon (931-930 av. J.-C.) (v. **ISRAËL. Histoire du peuple d'**). Beaucoup moins important que le royaume septentrional d'Israël, il ne groupait que deux des douze tribus, celles de Juda et de Benjamin, restées fidèles à la maison de David ; il avait pour capitale Jérusalem. Cependant, la population de ces deux tribus égalait celle des dix autres. Juda et Israël furent en lutte jusqu'à l'avènement de Josaphat (870-69/848), dont le fils, Joram, épousa Athalie, fille d'Achab, roi d'Israël. À partir de cette date, les deux royaumes menèrent des campagnes communes contre les Araméens et les Assyriens. Le royaume de Juda survécut longtemps à la destruction du royaume d'Israël (chute de Samarie, 721 av. J.-C.) ; mais malgré les prophéties d'Isaïe et plus tard de Jérémie, les rois de Juda s'efforcèrent, en recherchant l'alliance de l'Égypte, de résister à l'Empire néobabylonien. Dès 597, Nabuchodonosor s'empara de Jérusalem et ordonna une première déportation ; la révolte de Sédécias provoqua la seconde prise de Jérusalem et la fin du royaume de Juda ; en 587, Nabuchodonosor emmena en captivité le dernier roi de Juda, Sédécias, et les élites judéennes (seconde déportation), rasa les murailles et incendia le temple de Jérusalem (586).

JUGURTHA (* vers 160, † Rome, vers 104 av. J.-C.). Roi de Numidie (118/105 av. J.-C.). Fils illégitime de Mastanabal, le plus jeune des fils de Massinissa, il fut élevé à la cour de son oncle Micipsa, qui, à sa mort (118), partagea ses États entre ses deux fils, Hiempsal et Adherbal. Jugurtha fit égorger Hiempsal. Adherbal demanda la protection de Rome, mais Jugurtha acheta les sénateurs romains et obtint en 116 un nouveau partage du royaume à son profit. Envahissant ensuite les États d'Adherbal, il s'empara de Cirta (113) et tua Adherbal. Caecilius Metellus, après avoir adapté l'armée romaine à la tactique du combat du Numide battit Jugurtha à Vaga (109), puis au Muthul. Mais Jugurtha continua la guérilla et Metellus ne put prendre la place forte de Zama Regia. Marius, successeur de Metellus, s'empara de Capsa (été 107), du fortin de la Moulouya (106), puis de Cirta. Sylla, questeur de Marius, entraîna alors Bocchus, beau-père de Jugurtha et roi de Maurétanie, à trahir Jugurtha et à le livrer aux Romains (105) (v. **Maurétanie**). Jugurtha fut exécuté après avoir orné le triomphe de Marius (104).

JUIF (histoire du monde). Pour l'histoire du peuple d'Israël antérieure à la « captivité de Babylone » (587/539), voir l'article **Israël (histoire du peuple d')**. À la fin du VIe s. av. J.-C., quand les Israélites revinrent d'exil, ils occupèrent un territoire réduit à l'ex-royaume de Juda (v.) ; c'est pourquoi les Romains ont utilisé le terme de *Judaei* pour les désigner, un mot dont nous avons fait *Juifs* (*Yehuddi* en hébreu). Le mot a été ensuite appliqué à tous les membres de la Diaspora.

Du retour de l'Exil à la seconde destruction du Temple de Jérusalem (538 av./70 apr. J.-C.)

C'est en plusieurs groupes espacés que les Israélites sont revenus en Palestine. Le premier, qui comprenait environ 40 000 personnes était conduit par Zorobabel et le grand prêtre Josué. Dans des conditions précaires, la communauté se reconstitua. Il n'y avait plus d'État à proprement parler ; le pouvoir était passé aux autorités religieuses que dirigeait un grand prêtre. L'Empire perse laissait les Juifs, comme les autres groupes ethniques, se gouverner selon leurs traditions particulières et n'intervenait dans leurs affaires que pour le paiement des impôts. Un État sacerdotal, dont le principe politique était l'obéissance à la Loi de Moïse, se trouvait ainsi constitué. Il fut progressivement renforcé. Au milieu du Ve s. av. J.-C., Esdras, venu de Babylonie avec un autre groupe d'exilés, réorganisa la pratique religieuse et imposa un particularisme jusque-là inconnu : les mariages mixtes furent interdits et les femmes étrangères renvoyées avec leurs enfants. Après lui, Néhémie, nommé gouverneur de Juda par les Perses, instaura une administration fiscale et militaire ; il commença la reconstruction du Temple et rebâtit les remparts de Jérusalem.

Les Juifs, qui se seraient soumis sans difficulté à Alexandre le Grand (332), furent entraînés dans le conflit qui opposa les deux grandes dynasties hellénistiques, Ptolémées d'Égypte et Séleucides de Syrie. Les victoires de Ptolémée Sôter sur Démétrios Poliorcète firent passer la Judée dans l'orbite égyptienne (312). Les Ptolémées installèrent de nombreux Juifs à Alexandrie, qui devint, après la Palestine et Babylone, le troisième foyer du judaïsme. Les Juifs d'Égypte s'hellénisèrent partiellement : jouissant d'un statut spécifique (*politeuma*), ils parvenaient souvent à de hautes dignités. Les intellectuels d'Alexandrie adoptèrent la langue grecque, et, sous le règne de Ptolémée Philadelphe (285/246), fut entreprise la première traduction grecque de la Bible, la fameuse version des Septante. Une synthèse s'ébaucha entre les conceptions religieuses d'Israël et la philosophie hellénique comme en témoigne l'œuvre de Philon au Ier s. av. J.-C.

En 198, la Judée fut définitivement perdue par les Ptolémées et passa sous la domination des Séleucides après la victoire d'Antiochos III de Syrie sur le général égyptien Scopas. Sous le règne d'Antiochos IV Épiphane (175/164), partisans et adversaires de l'hellénisation s'opposèrent en Judée, où l'aristocratie sacerdotale elle-même était divisée. Pour briser définitivement la résistance aux grands prêtres hellénistes Jason, puis Ménélas, Antiochos fit occuper Jérusalem et profana le Temple, qui fut pillé puis dédié au culte de Zeus Olympien (167) ; la circoncision et l'observance du sabbat et des fêtes furent interdites. Cette persécution provoqua une révolte, dirigée par la famille sacerdotale des Macchabées (v.) ou Asmonéens. Le fils de Mattathias, Judas Macchabée, battit les troupes d'Antiochos, reconquit Jérusalem et purifia le Temple (164). Les Séleucides hésitèrent ensuite entre une politique de négociations et de reconquête.

Après la mort de Judas Macchabée (161), ses deux frères, Jonathan puis Simon Macchabée, reprirent la lutte. En 141, Simon obtint des Séleucides la reconnaissance de l'autonomie juive, et la dignité de grand prêtre devint héréditaire dans sa famille. La Judée redevenait ainsi un État indépendant qui reconquit progressivement tous les territoires qui avaient fait partie du royaume de David : Jean Hyrcan (134/104) annexa la Samarie et l'Idumée, détruisit la ville de Samarie et imposa la religion juive aux habitants des pays conquis.

Mais les Juifs demeuraient divisés. Les réformes religieuses entreprises depuis le retour d'Exil n'avaient jamais fait disparaître la diversité des partis religieux. L'autorité grandissante des grands prêtres asmonéens, qui avaient pris le titre de roi à partir de 104 av. J.-C., suscitait l'hostilité d'une partie de la population. Des partis se formèrent : alors que les sadducéens, qui représentaient l'aristocratie et la caste sacerdotale, soutenaient la monarchie, l'opposition se concentrait chez les pharisiens qui condamnaient l'impérialisme politique des Asmonéens et pensaient que la nation juive devait se consacrer essentiellement à sa préservation spirituelle (à la tradition ecrite, à la *Torah*, ils ajoutaient une tradition orale, qui relevait de l'interprétation des docteurs et des scribes). En marge de ces deux grandes tendances, les esséniens se séparaient de la communauté du Temple pour retrouver la pureté de la vie au désert et s'adonner à l'exégèse des Écritures. Ces divisions et les querelles de palais qui opposaient entre eux les membres de la famille asmonéenne affaiblissaient la Judée face aux ambitions hégémoniques d'une nouvelle puissance : Rome. Profitant de la rivalité des deux frères Aristobule II et Hyrcan II, Pompée, qui venait de porter le coup de grâce aux Séleucides (64 av. J.-C), imposa aux Juifs le protectorat romain (63).

Le pouvoir des Asmonéens, très amoindri, subsista encore pendant une vingtaine d'années. Pour conserver cette ombre d'autorité, Hyrcan II s'engagea dans la voie de la collaboration avec Rome, en partie sous l'influence d'Antipater, qui jouissait de toute la confiance de César. En 40, Hyrcan fut renversé par son neveu Antigone, fils d'Aristobule II, qui incarnait l'esprit de résistance aux Romains. C'est sur ces derniers que s'appuya au contraire le fils d'Antipater, Hérode, qui, avec une aide fournie par Marc Antoine, vainquit et tua le dernier des Asmonéens (37 av. J.-C.). Devenu roi (37/4 av. J.-C.), Hérode gouverna sous le contrôle étroit des Romains et établit un régime de terreur, mais son œuvre économique fut considérable. Bien que partisan de l'assimilation, il s'efforça de se concilier le peuple juif par ces grands travaux et surtout par la reconstruction du Temple, dont le faste égala celui de Salomon. Avant de mourir, Hérode partagea son royaume entre ses trois fils : Archélaos reçut la Judée et la Samarie ; Antipas, la Galilée et la Pérée ; Philippe, le nord-est du pays.

Dès l'an 6 de notre ère, Auguste déposa Archélaos, et la Judée devint une province romaine, gouvernée par des procurateurs, qui résidaient non à Jérusalem, mais à Césarée Maritime, qu'avait édifiée Hérode. Cependant, les Romains intervinrent le moins possible dans les affaires juives ; le sanhédrin, qui exerçait l'autorité à l'intérieur, condamna Jésus, qui fut crucifié sous le gouvernement de Ponce Pilate. Donnée un moment à Hérode Agrippa Ier (41/44), la Judée repassa sous la domination directe de Rome. Une nouvelle faction, celle des Zélotes, animait la résistance populaire contre l'étranger et en 66, les Juifs entrèrent en rébellion ouverte. Vespasien soumit la Galilée en 67, mais Titus ne put réduire la résistance héroïque de Jérusalem qu'à l'automne 70. Le Temple fut incendié, des milliers de Juifs furent vendus comme esclaves et leurs terres partagées entre les soldats romains. La place forte de Massada résista encore trois ans, jusqu'à ce que ses défenseurs décident de se donner la mort plutôt que de se rendre.

Du désastre de 70 à l'avènement de l'islam

Éliminés politiquement, les Juifs avaient, par la destruction du Temple, perdu le centre de leur unité religieuse. Après une répression qui fut terrible – Tacite parle de 600 000 morts, chiffre sans doute exagéré –, Titus et ses successeurs restèrent cependant fidèles à la politique de tolérance et de non-immixtion dans les affaires juives. Ainsi, la résistance put se reconstituer autour du sanhédrin établi à Yavné, près de Jérusalem. La politique unificatrice de l'empereur Hadrien (117/138), les décrets interdisant la circoncision et les projets de reconstruction de Jérusalem comme ville romaine firent renaître l'agitation et aboutirent à la révolte de Bar-Cocheba (132). Cette fois, la Judée fut définitivement écrasée, et l'accès même de Jérusalem, devenue *Aelia Capitolina*, fut interdit aux Juifs. Mais toute idée de persécution systématique contre les Juifs était absente de l'esprit des dirigeants romains, et, dès 138, Antonin le Pieux prit des mesures d'apaisement. Vers le milieu du IIe s., le judaïsme possédait trois foyers principaux :

a) la *Galilée* : ce fut le premier refuge des maîtres spirituels survivants. Comme au temps de la captivité de Babylone, la perte de l'indépendance politique fut compensée par une puissante renaissance religieuse. Ses artisans furent surtout les pharisiens, qui avaient dénoncé très tôt la vanité des rébellions politiques et inlassablement proclamé le primat du spirituel. Les anciens partis disparurent. Sur tous les Juifs de Palestine, de Mésopotamie, et aussi sur tous ceux qui étaient dispersés à travers l'Empire romain, s'affirma l'autorité du nouveau sanhédrin et de son président, le *nasi* ou patriarche (les Romains avaient reconnu ce titre, vers 80, à Gamaliel II, et la dignité se transmit de père en fils, dans la famille de Hillel, pendant plus de trois siècles). Le patriarcat, qui avait son siège à Tibériade, atteignit son apogée avec Juda Hanassi (170/217). Il continua l'œuvre entamée par Hillel l'Ancien, Yohanan ben Zakkaï (Ier s.) et Akiba ben Joseph (début IIe s.) et acheva la codification de la loi orale traditionnelle dans le recueil de la *Mishna*. Cependant, dès le début du IIIe s., le poids du judaïsme de Mésopotamie l'emportait ;

b) en *Mésopotamie*, de nombreux Juifs étaient restés après les grandes déportations du VIe s. av. J.-C. Sous la domination des Perses puis des Parthes, ils jouissaient d'une large autonomie. Ils étaient gouvernés par les « exilarques » ou « princes de l'exil », qui se proclamaient les descendants de la maison de

David et faisaient remonter leur institution à l'époque de l'Exil. Les trois principales écoles du judaïsme mésopotamien étaient celle de Soura, fondée par Abba Aréka, celle de Néhardéa, fondée par Mar Samuel, et celle de Poumbédita. Ces foyers spirituels assurèrent la survie du judaïsme et élaborèrent le *Talmud de Babylone* (Ve s.), plus important que le *Talmud de Jérusalem* (IIIe/IVe s.) : ces deux sommes étaient non seulement des codes de morale religieuse, mais aussi des « encyclopédies générales du savoir traditionnel des Hébreux » (André Chouraqui) que le peuple juif continua à lire et à méditer, et qui lui permirent pendant des siècles de conserver son unité en dépit de la dispersion géographique. Cette dispersion était devenue, dès le début de notre ère, un phénomène essentiel du judaïsme ;

c) la *diaspora* s'étendit bientôt à tout le monde romain. Les communautés juives étaient surtout nombreuses en Égypte, à Alexandrie (deux des cinq quartiers de la ville), en Asie Mineure, mais elles étaient aussi présentes en Grèce, à Rome, dans tous les ports et les centres commerciaux de la Méditerranée occidentale et même (début du IVe s.) en Rhénanie. Ces Juifs de la dispersion, en contact étroit avec le sanhédrin, étaient bien traités par les empereurs ; ils bénéficièrent, comme tous les hommes libres de l'Empire, de l'édit de Caracalla qui leur donnait la citoyenneté romaine (nombre d'entre eux la possédaient d'ailleurs dès l'époque du Christ) ; ils participaient activement à la vie économique des régions où ils étaient installés, parlaient habituellement le grec ou le latin, mais veillaient à maintenir leur particularité.

Avec l'Empire chrétien, au IVe s., apparut un phénomène entièrement nouveau, l'antijudaïsme. Les empereurs païens n'avaient fait la guerre qu'à l'État juif, comme à tout autre État qui gênait l'expansion romaine, et cette lutte ne sortait pas du terrain politique. Mais, quand le christianisme l'emporta sur le paganisme, dans le cours du IVe s., les Juifs commencèrent d'être persécutés, au début sporadiquement, en raison de leurs croyances religieuses car, aux yeux des chrétiens, les Juifs portaient la responsabilité de la mort du Christ. Peu à peu, les Juifs furent exclus des postes honorifiques ; il leur fut interdit de posséder des esclaves chrétiens (ce qui revenait à les ruiner, car ils ne pouvaient plus être agriculteurs ou artisans) ; enfin, en 455, l'empereur Théodose II décida la suppression du patriarcat juif.

Les Juifs au Moyen Âge (622/1492)

Bien que nourri des traditions religieuses d'Israël, Mahomet s'en prit aux Juifs quand ceux-ci refusèrent de le reconnaître comme le Prophète, et il dispersa les communautés juives de l'Arabie septentrionale (624/28). Les califes ne suivirent pas son exemple. En théorie, réduits comme les chrétiens à une condition inférieure, les Juifs connurent en fait, sous la tutelle de l'islam, une liberté beaucoup plus grande qu'auparavant, sous les empereurs romains chrétiens et sous les rois sassanides de Perse. Jusqu'au déclin du califat de Bagdad à partir du XIe s., la Mésopotamie resta le principal foyer du judaïsme. L'autorité spirituelle était exercée par les grands commentateurs du Talmud, les *gaonim*, mais une vive réaction antitalmudique et mystique se produisit à la fin du VIIIe s., avec les caraïtes. Le judaïsme pénétra au-delà des frontières de l'islam, en Éthiopie comme dans la basse Volga, où exista un royaume juif des Khazars (750/1016). En Espagne, les Juifs, qui avaient été persécutés par les rois wisigoths chrétiens, jouirent d'une liberté à peu près complète après la conquête arabe. Grenade, Cordoue, Tolède abritèrent alors d'importantes communautés juives. Grâce à leurs compétences linguistiques et économiques, plusieurs Juifs occupèrent des postes importants auprès des souverains arabes, tel Hasdai ibn Shaprut, ministre des Affaires étrangères du calife Abd er-Rahman III à Cordoue (Xe s.). La conquête de l'Espagne par les Almohades (à partir de 1046) mit fin à cet âge d'or.

Il en allait autrement dans l'Europe chrétienne. En 613, le roi des Wisigoths Sisebut inaugura la persécution des Juifs en Espagne. En 629, Dagobert Ier expulsa les Juifs qui refusaient le baptême. Exclus des fonctions administratives et de la possession du sol, les Juifs, peuple d'agriculteurs dans l'Antiquité, furent réduits aux activités commerciales, très en retrait en Occident durant le haut Moyen Âge. À l'époque de Charlemagne, les Juifs animaient l'essentiel du commerce en Occident ; l'empereur, en raison de leur rôle économique, leur assura sa protection. Mais, à partir du XIe s., quand une nouvelle classe marchande se constitua, les Juifs apparurent comme des rivaux redoutables qu'on essaya d'éliminer en invoquant des raisons religieuses, entre autres le thème du peuple déicide. L'élan des croisades répandit dans toute la chrétienté un climat de guerre sainte, dont les Juifs furent les premières victimes. Dès le début de la première croisade, des foules exaltées massacrèrent environ 50 000 Juifs en diverses régions d'Allemagne et de l'Europe centrale (1096/98). Des tragédies analogues eurent lieu encore en Allemagne (1147), puis en France, en Angleterre (1189/90).

Le IVe concile du Latran (1215) imposa aux Juifs le port d'un chapeau blanc et jaune. Les souverains, tantôt freinant les passions populaires, tantôt leur donnant libre cours, dosaient habilement la menace et exerçaient sur les Juifs le chantage d'une insécurité permanente pour leur extorquer des sommes considérables. La persécution était devenue un expédient financier. Ainsi s'expliquent les expulsions successives qui eurent lieu en France sous Philippe Auguste (1182), Philippe le Bel (1306), Charles VI (1394), en Angleterre sous Jean sans Terre (1210) et sous Édouard Ier (1290). Ces mesures étaient extrêmement populaires, car les débiteurs chrétiens se trouvaient *ipso facto* libérés de leurs dettes envers les créanciers juifs. La puissance financière juive reposait en effet avant tout sur le prêt à intérêt, la seule activité qui leur restât ouverte, car l'Église l'interdisait aux chrétiens. De nouveaux massacres eurent lieu en France avec la croisade des pastoureaux (1320), en Allemagne (1336) et, lors de la peste noire, un peu partout en Europe. Les Juifs persécutés se réfugiaient en Provence, où ils connurent un sort assez enviable jusqu'à la fin de l'indépendance provençale et l'annexion à la France (1481), et dans l'Espagne chretienne, où les persécutions ne commencèrent que dans la seconde moitié du XIVe s. (massacres de 1391 et 1412).

Les Juifs de l'Europe médiévale se groupèrent, à l'origine volontairement, dans des quartiers qui, à partir du XIe s., prirent leur caractère de ghettos, complètement séparés des quartiers chrétiens. Les communautés juives d'Angleterre disparurent à peu près complètement après le décret de 1290, celles de France après l'expulsion de 1394, celles d'Espagne en 1492, celles du Portugal en 1496. Dans les pays sans unité politique, aucune mesure générale d'expulsion ne put être prise. C'est ainsi que les Juifs continuèrent à vivre nombreux en Allemagne, mais dans des conditions difficiles. En France, ils avaient pour seul refuge l'enclave du Comtat Venaissin, où ils se trouvaient sous la protection pontificale. L'influence de la papauté contribua à faire de l'Italie un havre pour les Juifs expulsés. Les Juifs allemands fuyant les persécutions suscitées par les croisades partirent vers la Hongrie, la Bohême et, surtout, la Pologne qui, dès le XIIIe s., les accueillit pour reconstruire le pays dévasté par les Tatars. Les mesures favorables aux Juifs en Pologne s'appliquèrent aux communautés de Lituanie à partir de 1388, après l'alliance entre les deux États. Enfin, de nombreux réfugiés espagnols trouvèrent asile dans l'Empire ottoman, où ils furent accueillis avec bienveillance par le sultan après l'expulsion de 1492.

De la Renaissance à la fin du XVIIIe s.

L'humanisme donna un nouvel essor aux études juives. Le grand érudit allemand Reuchlin prit la défense du Talmud en montrant qu'il ne nuisait en rien au christianisme, et les autorités ecclésiastiques de Rome lui donnèrent gain de cause, après de longs procès qui divisèrent tout le monde intellectuel de l'époque (1516). Au cours du XVIe s., des chaires d'hébreu furent créées dans de nombreuses universités (à Paris dès 1530). Beaucoup de lettrés se passionnaient pour la kabbale. Mais, dans l'immédiat, les Juifs ne gagnèrent rien à la Réforme, bien que le protestantisme, en provoquant un retour à la Bible et en attaquant le principe d'autorité, ait beaucoup contribué, à long terme, au changement de l'attitude des chrétiens. Luther se montra violemment antisémite. Des nations protestantes, c'est la Hollande qui, la première, assouplit son attitude à l'égard des Juifs ; hostile à l'Espagne, elle accueillit de nombreux réfugiés de la péninsule Ibérique. La Contre-Réforme marqua un raidissement de l'attitude des papes à l'égard des Juifs. Le rigide Paul IV remit en vigueur la législation antijuive du Moyen Âge (1555), et c'est à cette époque qu'apparut pour la première fois à Rome et à Venise le système du ghetto dans toute sa rigueur ; des Juifs portugais, réfugiés à Ancône, furent brûlés vifs par les autorités pontificales. Le sultan Soliman le Magnifique intervint énergiquement pour protéger ses sujets israélites.

Dans l'Empire turc, en effet, les Juifs jouissaient d'une grande liberté, pouvaient exercer tous les métiers, parvenaient souvent à d'importants postes administratifs : l'un d'eux, Joseph Nasi, fut en quelque sorte le Premier ministre du sultan Sélim II (1566/74) ; on le considère comme un précurseur du sionisme, car il tenta de recréer un foyer juif en Palestine, autour de Tibériade. Leur connaissance des divers pays d'Europe désignait les Juifs pour des missions diplomatiques, et c'est ainsi que Salomon Askénazi réussit brillamment comme intermédiaire entre le sultan et la république de Venise. La Pologne constituait un autre grand refuge juif : dès 1551, les Juifs y avaient obtenu une autonomie administrative à peu près complète et se gouvernaient eux-mêmes grâce à deux instances supracommunautaires, qui subsistèrent jusqu'à la fin du XVIIIe s. : le Conseil de Lituanie et le Conseil des Quatre Pays. Cette tranquillité cessa brusquement en 1648, lorsque les Cosaques, révoltés contre les Polonais, envahirent les provinces du Sud sous la direction de l'hetman Chmielnicki et se livrèrent à des massacres systématiques. Peu après, les communautés juives de la Pologne occidentale et de la Lituanie furent ravagées par les soldats suédois et russes. Le nombre des Juifs qui furent massacrés entre 1648 et 1658 varie, selon les estimations, de 200 000 à 500 000. D'autres massacres eurent lieu au XVIIIe s., notamment à Ouman, en 1768. Dès lors, les Juifs de l'Europe orientale commencèrent à refluer vers l'Ouest. En Hollande existaient des communautés florissantes, d'où sortirent des intellectuels réformateurs tels qu'Uriel d'Acosta et le grand Spinoza.

En Allemagne, les Juifs étaient très nombreux, mais toujours en butte à l'hostilité de la population, car les corporations redoutaient leur concurrence commerciale. C'est à cette époque qu'on imposa aux Juifs des noms germaniques. Mais les empereurs s'efforçaient de les protéger, et de nombreux petits États allemands recouraient au service de banquiers, de financiers, de diplomates juifs qui jouissaient alors d'une position souvent considérable. On favorisa ainsi, entre 1650 et 1750, en Prusse et en Autriche, l'activité des Juifs de cour (*Hofjude*), à l'image de ceux des royaumes hispano-arabes et chrétiens du Moyen Âge. De riches familles juives, dont le rôle avait été important lors de la guerre de Trente Ans, poursuivirent leur activité dans la haute finance auprès des cours germaniques, et s'imposèrent dans la gestion des États. Leur nombre ne dépassa néanmoins jamais une centaine. En France, jusqu'à la fin de l'Ancien Régime, les Juifs restèrent en principe exclus du royaume, à l'exception des territoires enlevés au Saint Empire, Metz, l'Alsace, ainsi que de la région de Bordeaux et de Bayonne, où vivaient assez librement des descendants de réfugiés espagnols.

L'émancipation des Juifs dans les pays occidentaux
Le siècle des Lumières a préparé l'émancipation des Juifs en Europe centrale et occidentale. En Prusse, Frédéric II prit quelques dispositions favorables aux Juifs. En Autriche, l'empereur Joseph II tenta de les assimiler, et, dans son édit de tolérance (janv. 1782), supprima le port de l'insigne et la capitation, favorisa leur activité économique, les incita à pratiquer l'agriculture, les soumit au service militaire, supprima la juridiction rabbinique et encouragea l'assimilation par la culture en imposant l'usage de l'allemand dans les registres commerciaux et l'enseignement, et en ouvrant les universités aux étudiants juifs. Les jeunes États-Unis furent le premier État du monde à accorder, dès la Déclaration d'indépendance de 1776, la complète égalité politique aux Juifs.

En France, où la cause de l'émancipation fut défendue, dans les dernières années de l'Ancien Régime, par le commerçant juif alsacien Cerf Beer, par Mirabeau et par l'abbé Grégoire, l'Assemblée constituante, sur la proposition de Duport, accorda presque sans opposition l'égalité complète aux Juifs (27 sept. 1791). Les conquêtes des armées de la Révolution et de l'Empire apportèrent l'émancipation à tous les Juifs de l'Europe occidentale, aux Pays-Bas (1796), en Italie (1797/98) et en Allemagne ; seuls, dans l'Europe napoléonienne, la Suisse et le grand-duché de Varsovie maintinrent une législation restrictive. Avec l'aide d'une assemblée des notables juifs (1806/07) et du grand sanhédrin constitué en 1807, Napoléon Ier organisa le culte israélite et obtint des Juifs de France l'engagement de respecter les lois fondamentales de l'État ; cet effort en vue de l'assimilation ne l'empêcha pas de promulguer le décret de mars 1808 qui restreignait la liberté commerciale des Juifs, interdisait presque complètement l'immigration des Juifs étrangers dans l'Empire français et astreignait les conscrits juifs au service personnel, sans possibilité de remplacement.

Après 1815, le courant émancipationniste fut freiné par les gouvernements de la Sainte-Alliance. En Prusse, Frédéric-Guillaume III avait donné l'égalité complète aux Juifs dès 1812, mais c'est seulement après la fondation du Reich, en 1871, que l'émancipation fut effective dans tout le territoire allemand. L'Autriche avait accordé l'émancipation complète en 1867, lors de la conclusion du compromis austro-hongrois. En Italie, où les libertés introduites par Napoléon avaient été presque partout révoquées par la réaction des années qui suivirent 1815, l'émancipation fut proclamée au Piémont dès 1848, étendue à tout le nouveau royaume d'Italie en 1861 et aux anciens États pontificaux en 1870. En Angleterre, où de grands progrès vers l'émancipation avaient été accomplis dès le XVIIIe s., les Juifs ne purent accéder au barreau qu'en 1833, aux fonctions municipales qu'en 1855, à la Chambre des communes qu'en 1858, à la Chambre des lords qu'en 1885. La Belgique leur avait accordé l'égalité des droits dès la proclamation de son indépendance, en 1830 ; la Suisse ne vint à cette mesure qu'après beaucoup de réticences, en 1874. L'émancipation des Juifs fut soutenue par les partis libéraux nés vers le milieu du XIXe s. en Europe, et nombreux furent les Juifs qui participèrent aux mouvements révolutionnaires de 1848. Mais la réaction des Empires de 1849 supprima les droits acquis, et les mouvements nationalistes naissants exclurent les Juifs. Cette double hostilité ne laissant pas d'alternative aux Juifs soucieux de sortir du ghetto, nombreux furent ceux qui préférèrent convertir leurs enfants au christianisme, choisissant alors la voie de l'assimilation totale. Ce fut le cas, entre autres, des familles de Heinrich Heine, Karl Marx, Julius Stahl, Disraeli...

Cette émancipation civique et politique bouleversa les communautés juives de l'Europe occidentale. La sortie du ghetto, l'espoir suscité par le libre accès à toutes les activités et l'élévation du niveau de vie provoquèrent un accroissement de la population juive. Libres désormais de s'installer où bon leur semblait, les Juifs émigrèrent en masse vers les grandes villes, centres des activités économiques et culturelles. On comptait à Paris 500 Juifs en 1789, 3 000 en 1808, 30 000 sous le second Empire. L'émancipation des Juifs coïncida avec la révolution capitaliste, l'expansion de la banque et du crédit, le développement des relations internationales. Les liens qui unissaient depuis longtemps les communautés des divers pays aidèrent certains Juifs à édifier des puissances financières considérables : la maison Rothschild, par exemple, qui eut bientôt ses filiales dans toutes les places d'affaires de l'Europe.

La vie intellectuelle des Juifs d'Europe devint intense. Nombreux furent ceux qui accédèrent à des postes importants au sein des gouvernements, et, en 1860, fut créée à Paris l'Alliance israélite universelle, dont le but était de protéger les droits des Juifs dans le monde et d'élever le niveau culturel des communautés.

La désintégration des structures sociologiques du ghetto entraîna d'autre part une crise grave du judaïsme, à l'heure où toutes les religions étaient aux prises avec les courants de la critique historique et du laïcisme. Certains Juifs choisirent délibérément la voie de l'assimilation totale. En Allemagne, le mouvement de la Réforme fut animé, dans la première moitié du XIXe s., par Israel Jacobson, Abraham Geiger et Samuel Holdheim. D'une manière plus ou moins radicale, ces théoriciens voulaient que le judaïsme s'adaptât à la civilisation occidentale contemporaine en renonçant à certains rites et interdits (circoncision, lois alimentaires), en modernisant son culte, en répudiant même le Talmud et les dogmes, comme l'espérance de la restauration messianique du peuple juif dans la Terre sainte. La Réforme se répandit surtout en Allemagne et dans les pays anglo-saxons (où elle prit la forme d'un « judaïsme progressif » dont les principaux promoteurs, à la fin du XIXe s. et au début du XXe s., furent Isaac Mayer Wise aux États-Unis et Claude Montefiore en Angleterre). Mais elle ne fut jamais un mouvement de masse et se heurta à la puissante Contre-Réforme des Juifs orthodoxes, notamment en Galicie où vivaient d'importantes communautés juives rurales, en marge de la modernité et de l'intégration.

De la fin du XIXe s. à la Première Guerre mondiale

À la fin du XIXe s., les Juifs d'Europe constituaient donc des communautés extrêmement disparates. Mais tous furent confrontés dans la seconde moitié du XIXe s. à une nouvelle forme d'hostilité, fondée sur le sentiment antijuif traditionnel et amplifiée par la montée des nationalismes : l'antisémitisme moderne.

Après la guerre de 1870, cet antisémitisme s'exprima avec une violence particulière et inattendue en France, pays de la première émancipation et traditionnelle terre d'accueil des Juifs. L'émancipation et les réformes napoléoniennes ainsi que le libéralisme des gouvernements ultérieurs avaient permis la promotion sociale de nombreux Juifs et la réorganisation de leur structure communautaire. Or, la défaite de 1870 suscita un élan nationaliste. Stigmatisés par leurs noms à consonance germanique, les Juifs furent accusés d'être les agents de l'Allemagne. L'adhésion de nombreux Juifs à la franc-maçonnerie au moment où la République inaugurait sa politique anticléricale rallia à l'antisémitisme une grande partie des catholiques français. Enfin, le mouvement anticapitaliste des milieux socialistes visa en particulier les Juifs. L'ensemble de ces phénomènes provoqua une poussée xénophobe et antisémite. L'antisémitisme s'exprima notamment dans le livre d'Édouard Drumont *La France juive*, relayé à partir de 1892 par son journal *La Libre Parole*, et connut son paroxysme lors de l'affaire Dreyfus (v.) qui, à partir de 1894, provoqua en France l'explosion d'un antisémitisme populaire. Animateur de *L'Action française* et doctrinaire du nationalisme intégral, Maurras fut le principal théoricien de l'antisémitisme français : « antisémitisme d'État » et non raciste, qui réclamait pour les Juifs, à l'exception de quelques-uns depuis très longtemps assimilés, les mêmes mesures discriminatoires qu'à l'égard des étrangers. L'affaire Dreyfus bouleversa le monde juif et contribua à l'essor du mouvement sioniste théorisé par Theodor Herzl.

De manière générale, les Juifs réagirent à l'antisémitisme par une réflexion qui les amena à s'organiser dans des systèmes politiquement autonomes. Plusieurs tendances se manifestèrent, parmi lesquelles une tendance nationaliste, le sionisme (v.), et une tendance socialiste révolutionnaire, le mouvement du Bund.

Ces engagements politiques propres aux Juifs se répandirent dans toute l'Europe, particulièrement en Europe de l'Est, où la situation des Juifs était précaire. À partir de 1881, ils s'accompagnèrent d'une vague massive d'émigration des Juifs de Russie, fuyant les pogroms suscités par l'avènement d'Alexandre III qui fut suivie de l'instauration d'une législation antijuive : 2 500 000 Juifs environ quittèrent la Russie entre 1881 et 1908. Les convulsions antisémites dans l'Europe orientale furent à l'origine du départ de plus de 2 millions de Juifs entre 1899 et 1914. Les États-Unis, l'Argentine, le Canada, l'Afrique du Sud et le Brésil devinrent ainsi des centres importants de la vie juive. La France et la Grande-Bretagne accueillirent aussi de nouveaux immigrants.

L'entre-deux-guerres : la montée des périls

L'immédiat après-guerre fut une période d'espoir pour les Juifs. La déclaration Balfour (v.) avait suscité en 1917 la perspective de la création d'un foyer juif en Palestine. La révolution bolchevique avait enfin conféré aux Juifs russes la citoyenneté. Par ailleurs, le traité de Versailles comportait des clauses de protection des minorités nationales garantissant à celles-ci l'autonomie culturelle et l'égalité des droits. Cependant, les nouveaux États firent immédiatement obstacle à leur mise en pratique et seule la Tchécoslovaquie les appliqua dans leur intégralité. Une nouvelle vague de pogroms accompagna l'indépendance des nouveaux États.

La désillusion qui suivit conduisit un grand nombre de Juifs à adhérer à des partis politiques, juifs ou non, de tous ordres. Les partis politiques spécifiquement juifs gagnèrent en influence en Europe de l'Est. L'émigration vers la Palestine devint plus massive. Les mouvements de population observés à la fin du XIXe s. s'amplifièrent encore avec la montée du nazisme en Allemagne et en Autriche. De 1880 à 1937, la population juive s'accrut de 130 000 personnes en France, de 240 000 en Argentine, de 330 000 au Royaume-Uni et de 4 250 000 aux États-Unis.

La montée du nazisme en Allemagne accentua les mouvements antisémites en Europe. De violentes campagnes réclamèrent que les Juifs soient déchus de leurs droits civiques. Les attaques contre leurs biens et leurs personnes se multiplièrent en Pologne et en Roumanie. Des lois raciales furent promulguées en Hongrie, dans les pays Baltes et en Autriche. Des partis antisémites, calqués sur le parti nazi allemand, furent créés en Bulgarie, en Roumanie et en Hongrie.

En France, l'antisémitisme connut une brutale recrudescence dans les années 1930 avec la montée des « ligues » ou l'affaire Stavisky, et surtout, à partir de 1936, au moment du Front populaire et de l'accession de Léon Blum au pouvoir. Accusés d'être des « agents du bolchevisme », les Juifs, massivement engagés politiquement, subirent les attaques haineuses de l'extrême droite.

La Russie était en 1917 le plus grand centre de la vie juive, et les Juifs avaient mis beaucoup d'espoir dans la révolution. Ils furent massivement victimes de la guerre civile, et les armées blanches massacrèrent en Ukraine 70 000 Juifs. L'URSS internationaliste supprima les partis juifs en 1919 et leurs membres furent déportés. Les communautés religieuses furent éliminées, les synagogues fermées. L'identité juive se dilua, alors même que les institutions culturelles et la presse en yiddish étaient encouragées, du moins jusqu'aux années 1930, car les dirigeants bolcheviques désiraient faire du yiddish une langue de propagande et d'éducation communiste. Plus tard, les purges de 1936/38 touchèrent particulièrement les représentants de la culture juive soviétique qui tentaient de sauvegarder une identité spécifique.

À partir de la promulgation des lois de Nuremberg (v.) en 1935 et, surtout, de l'annexion de l'Autriche par l'Allemagne en 1938, les politiques étatiques en Europe centrale à l'égard des Juifs s'exercèrent globalement de manière similaire, selon le modèle allemand, pour aboutir à l'élimination des Juifs. Les États procédèrent d'abord à une identification de la population juive selon les lois édictées par les nazis. Suivit une mise à l'écart des Juifs de la vie sociale, accompagnée de l'éviction de plusieurs professions et de la confiscation de leurs biens. L'invasion allemande de la Pologne, où vivaient 3 250 000 Juifs, en 1939, modifia fondamentalement leur situation. Ils furent soumis au port d'un signe distinctif et regroupés dans des ghettos ; le plus important, celui de Varsovie, compta plus d'un demi-million d'habitants.

La politique d'extermination systématique des Juifs (v. **Shoah**) fut énoncée le 20 janvier 1942 lors de la conférence de Wannsee. Dans les pays occupés ou dominés par l'Allemagne, cette politique ne rencontra d'opposition des autorités qu'au Danemark, aux Pays-Bas, en Finlande et en Bulgarie. Dans certains pays, comme la Roumanie, elle bénéficia d'une collaboration active de la part des autorités, dans d'autres, comme la Pologne, c'est la population qui y fut généralement favorable. L'attitude du gouvernement de Vichy, collaborationniste en particulier sur ce point, choqua profondément les Juifs de France. Les autorités américaines, quoique mises au courant dès 1942 de l'extermination systématique des Juifs (notamment par le gouvernement polonais en exil), n'intervinrent pas. La Suisse, qui sauva environ 22 000 Juifs, fermait ses frontières chaque fois que le flot de réfugiés augmentait, en particulier en 1942, alors que les nazis n'avaient jamais exigé d'elle une telle étanchéité. La Croix-Rouge n'entreprit aucune action spécifique et le pape Pie XII, trop hanté par le danger bolchevique, ne s'opposa pas officiellement aux nazis. En revanche, il faut citer des actions individuelles dans tous les pays occupés, liées ou non à la résistance. Des diplomates jouèrent aussi un rôle important, et l'ambassade de Suède à Budapest, par exemple, s'illustra grâce à l'action de Raoul Wallenberg, tandis que le consul japonais en Lituanie, Chiune Sugihara, sauva des milliers de Juifs.

À l'Est, des Juifs pratiquèrent la résistance armée : certains se joignirent aux francs-tireurs russes ou polonais ou formèrent des groupes de partisans. Mais le symbole de la résistance juive demeure l'insurrection désespérée des habitants du ghetto de Varsovie (v.) en avril 1943.

L'après-Shoah et la création de l'État d'Israël

On estime qu'il y eut entre 5 et 6 millions de Juifs exterminés du fait du nazisme soit les deux tiers des Juifs d'Europe. Dans certains pays comme la Grèce et la Tchécoslovaquie, 10 % de la population juive survécurent. En Pologne, qui constituait la communauté la plus importante et la plus créative du monde ashkénaze, on put réellement parler de l'anéantissement d'un monde. Sur les 3 250 000 Juifs qui y vivaient en 1939, seuls 250 000 avaient survécu à la guerre, parmi lesquels 154 000 avaient été déplacés ou s'étaient réfugiés en URSS. Les survivants furent victimes de pogroms en 1945 et 1946, qui suscitèrent une vague massive d'émigration.

D'autre part, en 1945, beaucoup de Juifs déportés de Pologne (ainsi que de Hongrie et d'Allemagne) refusèrent de retourner dans leur pays d'origine. Des camps pour personnes déplacées furent alors créés, notamment dans les zones d'occupation américaine d'Allemagne et d'Autriche. Ils abritaient en 1947 environ 250 000 Juifs qui partirent surtout pour Israël à partir de sa création en 1948, et, dans de moindres proportions, pour les pays de l'Europe occidentale, l'Amérique latine et l'Australie.

La création d'un État juif fut un événement majeur de l'après-guerre. Les succès des troupes israéliennes dans les guerres israélo-arabes de 1948, 1956 et 1967 modifièrent fondamentalement les rapports entretenus par les divers États avec leurs minorités juives et le sentiment identitaire des Juifs eux-mêmes en fut modifié. La seule référence politique des Juifs devint la construction de l'État d'Israël. Elle représenta dès lors une part de la vie en diaspora, qu'elle suscite une attitude de fierté et de solidarité ou, au contraire, une prise de distance.

Les Juifs quittèrent massivement les pays d'Europe pour le nouvel État dans l'immédiat après-guerre. Ces flots migratoires furent accompagnés par un afflux de la population juive des pays arabes vers Israël. Ce mouvement, accéléré par l'hostilité des pays arabes à la création d'Israël, se poursuivit au gré des aléas de la vie internationale et de la décolonisation des pays de l'Afrique du Nord, où vivaient d'importantes communautés juives séfarades. Une diaspora persista néanmoins dans le monde entier, et les États-Unis restèrent l'un des pôles de la vie juive. En France et dans tous les pays de l'Europe occidentale, les communautés juives se maintinrent dans des sociétés où l'antisémitisme, souvent prêt à resurgir, n'eut plus officiellement droit de cité. Mais le discours général fit vite l'amalgame entre « Juifs » et « soutien à Israël », faisant naître un sentiment antijuif nouveau confondant antisémitisme et antisionisme. L'Union soviétique illustra la première cet amalgame. L'URSS avait soutenu l'État israél en naissant en mai 1948, mais elle prit bientôt parti pour le monde arabe alors qu'Israël bénéficiait de l'aide américaine. Méfiants à l'égard du caractère international du sionisme, qualifié de « cosmopolitisme », les Soviétiques craignaient aussi qu'il ne constituât un facteur de turbulence au sein du monde communiste. Les persécutions commencèrent en Union soviétique et dans les démocraties populaires dès 1949. Les grands procès antisionistes qui permirent à Staline d'éliminer les Juifs engagés dans l'action politique furent alors déclenchés. Les Juifs, quelle que fût leur position vis-à-vis du régime et du judaïsme, firent les frais des luttes entre staliniens et libéraux. Les premiers les accusèrent de trahir la cause communiste, les autres dénoncèrent leur soutien au pouvoir.

La discrimination s'intensifia après la guerre des Six Jours et atteignit son apogée en 1968. Ainsi s'explique la politique de blocage de l'émigration vers Israël par l'URSS et ses satellites, jusqu'à la chute du mur de Berlin. Depuis 1989 une part significative des Juifs a quitté la Russie souvent pour Israël, modifiant la composition de la communauté ashkénaze israélienne, plus occidentalisée que les nouveaux arrivants.

L'antisionisme des pays arabes et de l'URSS se répandit après la guerre des Six Jours au sein des partis communistes et de l'extrême gauche partout dans le monde : les Israéliens étaient des colonisateurs qui avaient confisqué la Palestine à ses occupants légitimes. Par ailleurs, la droite traditionnelle, en particulier en France, afficha son soutien à l'État d'Israël, soutien peut-être mêlé d'un sentiment antiarabe issu de la décolonisation du Maghreb. Dans toute l'Europe, l'amalgame antisionisme/antisémitisme se concrétisa en attentats visant, au nom de la lutte antisioniste, des personnalités et des lieux juifs ; les guerres de 1967, de 1973, l'invasion du Liban en 1981 par l'armée israélienne et les Intifadas (celle de 1987/93 et celle qui se développe depuis 2000) ne laissèrent pas les Juifs de la diaspora indifférents. On assista à une remise en question souvent vigoureuse de l'appui inconditionnel à Israël (en particulier aux États-Unis, où le lobby pro-israélien avait joué un rôle important dans la politique américaine). En revanche, la quasi-totalité des Juifs de la diaspora ont applaudi lors de l'ouverture des processus de paix au Moyen-Orient (1993/96). On compte aujourd'hui 17 millions de Juifs dans le monde, essentiellement aux États-Unis et en Israël. À la fin des années 1990, la question de la restitution des biens juifs spoliés pendant la Seconde Guerre mondiale s'est posée dans plusieurs pays d'Europe.

JUILLET 1830 (journées du 27 au 29), dites **les Trois Glorieuses.** Journées révolutionnaires parisiennes qui provoquèrent la chute de Charles X. Après l'Adresse des 221 du 18 mars 1830, rappelant le roi au respect de la Charte de 1814, Charles X avait dissous la Chambre des députés, mais l'opposition sortit renforcée des nouvelles élections. À la faveur de la prise d'Alger (5 juill.), Charles X pensa rétablir son autorité en promulguant, le 25 juill., cinq ordonnances qui suspendaient la liberté de la presse, dissolvaient de nouveau la Chambre des députés, modifiaient la loi électorale, convoquaient les électeurs pour le mois de sept., et nommaient de bons royalistes à de hautes fonctions. Les journalistes de l'opposition, inspirés par Thiers, protestèrent vivement (26 juill.). Dès le lendemain, l'agitation commença à Paris ; on dressa des barricades, sur lesquelles fut planté le drapeau tricolore. Les troupes, commandées par l'impopulaire maréchal Marmont, répugnèrent à se battre. Malgré les conseils pressants de son entourage, Charles X ne retira les ordonnances que le 29 juill. ; l'insurrection était déjà maîtresse de Paris, où la garde nationale venait d'être rétablie sous le commandement de La Fayette. Mais les députés de l'opposition, Laffitte, Casimir Perier, Thiers, se hâtèrent de confisquer les résultats de la révolution populaire au profit de la bourgeoisie. Dans la nuit du 29 au 30 juill., ils firent afficher sur les murs de Paris un placard affirmant : « La République nous exposerait à d'affreuses divisions : elle nous brouillerait avec l'Europe », et qui appelait au trône le duc d'Orléans, Louis-Philippe, « roi citoyen ». Le 31 juill., Louis-Philippe accepta le titre de lieutenant général du royaume. Charles X le confirma (1er août), puis abdiqua en faveur de son petit-fils, le duc de Bordeaux (futur comte de Chambord), et partit pour Cherbourg, d'où il gagna l'Angleterre. Louis-Philippe ne tint aucun compte des termes de l'abdication de Charles X. Le 7 août, la Chambre des députés déclara le trône vacant et y appela Louis-Philippe, qui prit le titre de roi des Français.

JUILLET (monarchie de). Nom donné au régime de la France sous Louis-Philippe, lequel accéda au trône à la suite de la révolution des 27/29 juill. 1830 et en fut chassé par celle de févr. 1848. Voir FRANCE.

JUIN 1792 (journée du 20). Insurrection parisienne provoquée par le veto que Louis XVI mit à deux décrets votés par l'Assemblée législative : l'un vouait à la déportation les prêtres non assermentés (27 mai 1792), l'autre ordonnait la formation d'un camp de 20 000 gardes nationaux fédérés près de Paris (8 juin). Roland ayant violemment dénoncé l'attitude du souverain, Louis XVI renvoya le ministère girondin, qu'il remplaça par des Feuillants (13 juin). En usant du droit de veto et en remaniant le ministère, le roi n'avait fait que recourir aux prérogatives que lui donnait la constitution de 1791. Mais les révolutionnaires décidèrent de lui forcer la main en l'intimidant par une manifestation populaire. Le 20 juin, sous prétexte de célébrer l'anniversaire du serment du Jeu de paume, 20 000 hommes et femmes, rassemblés par les clubs populaires et armés de piques, allèrent présenter à l'Assemblée une pétition rédigée en termes injurieux pour le roi, puis envahirent le château des Tuileries et firent irruption dans les appartements royaux. Pendant près de trois heures, Louis XVI subit avec un calme imperturbable les familiarités et les menaces des émeutiers ; il accepta même de trinquer avec eux et de se coiffer du bonnet rouge, mais il ne céda pas. Dans les provinces, cette journée renforça le sentiment royaliste, et La Fayette accourut de la frontière du Nord pour offrir son concours au roi. Mais les révolutionnaires, de leur côté, résolurent d'en finir avec le roi et préparèrent l'insurrection du 10-Août. Voir **Août 1792 (journée du 10)**.

JUIN 1793 (journée du 2). Journée révolutionnaire parisienne qui vit la chute des Girondins. Une première émeute, le 31 mai (v. **Mai 1793**), avait obtenu la suppression de la commission des Douze qui devait limiter les actes de la Commune de Paris. Jugeant incomplète cette victoire sur les Girondins, détestés parce qu'ils s'opposaient à la dictature parisienne, le Comité insurrectionnel des sections de Paris envoya Hanriot cerner la Convention avec 80 000 hommes et 60 canons. Après une vaine tentative de résistance, la Convention, cédant à l'émeute, décréta l'exclusion de 29 de ses membres, tous girondins, désormais tenus en surveillance à leur domicile. Le pouvoir passait dès lors aux Montagnards.

JUIN 1848 (journées des 23, 24, 25 et 26). Journées révolutionnaires parisiennes. Les élections du 23 avr. 1848 avaient amené une majorité modérée et conservatrice à l'Assemblée constituante. Le parti avancé, mécontent de ce résultat, organisa contre l'Assemblée la manifestation du 15 mai, qui fut un échec. La majorité de l'Assemblée, inquiète, décida alors (21 juin) de fermer les Ateliers nationaux (v.) qui n'avaient rendu aucun service et qui étaient devenus des foyers d'agitation. Les ouvriers furent invités à s'enrôler ou à partir pour la Sologne, où on leur offrait du travail. Des manifestations éclatèrent aussitôt, et, le 23, plusieurs quartiers populaires de Paris se hérissèrent de barricades. Les insurgés, qui réclamaient « du travail et du pain », contrôlèrent bientôt la plus grande partie du centre et de l'est de la capitale. La commission exécutive de l'Assemblée, qui exerçait le pouvoir depuis le 10 mai, démissionna et le général Cavaignac fut investi de pleins pouvoirs. L'état de siège fut proclamé. Les forces de l'ordre, renforcées par des troupes et des gardes nationaux amenés de province, mirent trois jours à écraser l'insurrection ; l'archevêque de Paris, Mgr Affre, venu exhorter les combattants à la paix, fut tué au faubourg Saint-Antoine (25 juin). Les journées de Juin firent 4 000 morts parmi les insurgés, 1 600 parmi les forces de l'ordre ; il y eut 11 000 arrestations et plus de 4 000 déportations sans jugement en Algérie.

Jamais encore Paris n'avait vu une bataille de rue aussi acharnée et meurtrière. Ce fut la fin des illusions fraternelles nées de la révolution de févr. 1848. Une sorte de peur sociale s'empara de la bourgeoisie et l'Assemblée prit une série de mesures d'autorité : le général Cavaignac, nommé président du Conseil, conserva le pouvoir exécutif ; des poursuites furent engagées contre les chefs socialistes, même s'ils n'avaient pas pris part à l'insurrection (Louis Blanc se réfugia en Angleterre) ; la plupart des clubs furent fermés, la garde nationale épurée, la journée de travail fixée à douze heures ; une loi restreignit la liberté de la presse en rétablissant pour les journaux un cautionnement de 24 000 francs. La majorité de la population, surtout en province, approuva ces mesures comme le montrèrent les élections locales d'août 1848. Aussi bien, la république continuait, et les mêmes hommes qui avaient réprimé résolument l'insurrection parisienne devaient inscrire dans la Constitution de 1848 les principes de la souveraineté du peuple et du suffrage universel. Mais les ouvriers de la capitale se détournèrent du régime ; indifférents désormais à la politique, ils assistèrent passivement, trois ans plus tard, au coup d'État du 2-Décembre.

JUIN 1940 (appel du 18). Appel à la poursuite de la guerre lancé par le général de Gaulle le 18 juin 1940 à 18 heures, de Londres, en réponse à la déclaration faite par Pétain le 17, annonçant sa demande d'armistice à l'Allemagne. L'appel fut diffusé en direct sur les ondes de la BBC ; il n'y eut aucun enregistrement. Tout en reconnaissant que la France était submergée « par la force mécanique terrestre et aérienne de l'ennemi », de Gaulle proclamait que rien n'était perdu : « Les mêmes moyens qui nous ont vaincus peuvent faire venir un jour la victoire. Car la France n'est pas seule ! Elle n'est pas seule ! Elle n'est pas seule ! Elle a un vaste Empire derrière elle. Elle peut faire bloc avec l'Empire britannique (...) Elle peut, comme l'Angleterre, utiliser sans limites l'immense industrie des États-Unis (...) Quoi qu'il arrive, la flamme de la résistance française ne doit pas s'éteindre et ne s'éteindra pas. »

JUIN Alphonse (* Bône, Algérie, 16.XII.1888, † Paris, 27.I.1967). Maréchal de France. Après avoir fait campagne au Maroc (1912/14), il fut grièvement blessé sur le front de Champagne en mars 1915, retourna au Maroc et se distingua lors de la campagne du Rif (1925). Général de brigade en 1938, il fut encerclé et fait prisonnier à Lille (30 mai 1940). Libéré par les Allemands à la demande du maréchal Pétain, il succéda à Weygand à la tête des forces d'Afrique du Nord (nov. 1941), et ne se rallia aux Alliés qu'après quelque résistance. Il commanda le corps expéditionnaire français en Italie (nov. 1943). Chef d'état-major de la Défense nationale en 1944, il fut résident général au Maroc (1947/51), puis commandant interallié des forces du secteur Centre-Europe de l'OTAN (1951/56) et élevé à la dignité de maréchal de France en 1952. Partisan de l'Algérie française, il fut mis à la retraite par de Gaulle en 1962.

JULES II, Giuliano Della Rovere (* Albissola, près de Savone, 5.XII.1443, † Rome, 20/21.II.1513). Pape (1503/13). Neveu du pape Sixte IV, il fut cardinal d'Ostie et s'opposa au pape Alexandre VI Borgia. Il devint pape après le bref pontificat de Pie III. Politique et belliqueux, véritable pape soldat, Jules II forma avec la France, l'Espagne et le Saint Empire, la ligue de Cambrai (v.) le 10 déc. 1508. Après la victoire française d'Agnadel (14 mai 1509), Jules II signa la paix avec Venise (févr. 1510) et se retourna contre la France, appelant les Italiens à chasser les « Barbares du Nord ». Louis XII fit citer le pape devant un concile convoqué à Pise, mais Jules II constitua avec Ferdinand le Catholique, Venise puis Henri VIII d'Angleterre, la Sainte Ligue (v. Ligue) le 4 oct. 1511. Peu soucieux de la réforme spirituelle de l'Église, Jules II laissa toute licence aux humanistes et fut un fastueux mécène.

JULIEN, Flavius Claudius Julianus, dit l'Apostat (* Constantinople, 331, † en Mésopotamie, 26.VI. 363). Empereur romain (361/363). Fils cadet de Jules Constance et neveu de Constantin le Grand. Il échappa, avec son frère Gallus, au massacre de toute sa famille ordonné à la mort de Constantin (337). Écarté du pouvoir durant toute sa jeunesse, il se détacha du christianisme dont se réclamaient les responsables du massacre de sa famille. En 355, Constance II le nomma césar et gouverneur des Gaules. Ses soldats révoltés contre Constance le proclamèrent empereur à Lutèce (févr. 360). La mort de Constance (nov. 361) évita l'extension de la guerre civile. Devenu empereur, Julien, attiré par le néoplatonisme et le mysticisme de certains cultes païens, abandonna le christianisme et rétablit le paganisme comme religion officielle. Il mourut moins de deux ans après, en Mésopotamie, lors d'une campagne contre les Perses. Cet intellectuel épris d'hellénisme laissa une importante œuvre littéraire. Jovien, son successeur, rétablit la religion chrétienne.

JULIO-CLAUDIENNE (dynastie). Nom donné à la dynastie d'empereurs romains fondée par Auguste, comprenant Auguste (27 av./14 apr. J.-C.), Tibère (14/37), Caligula (37/41), Claude (41/54) et Néron (54/68). Voir Rome.

JUNKER. Nom donné à l'origine en Allemagne, aux fils des propriétaires terriens nobles, puis aux jeunes nobles aspirants officiers. À partir du XIXe s., le mot *Junker* désigna, dans la polémique politique, les propriétaires terriens conservateurs des régions prussiennes à l'E. de l'Elbe, qui, malgré l'abolition du servage, continuèrent jusqu'en 1918 à exercer sur leurs ouvriers agricoles une tutelle féodale légale définie en Prusse par la Gesindeordnung (« Ordonnance sur la domesticité ») du 8 nov. 1870.

JUNOT Andoche, duc d'Abrantès (* Bussy-le-Grand, Côte-d'Or, 23.X.1771, † Montbard, Côte-d'Or, 29.VII.1813). Général français. Volontaire en 1792, il prit part au siège de Toulon ; Bonaparte le remarqua et l'emmena en Égypte comme aide de camp : à la bataille de Nazareth, il mit en fuite 10 000 Turcs avec 300 cavaliers. Général de division (1801), gouverneur de Paris (1804), ambassadeur à Lisbonne (1805), il prit la tête de l'armée dirigée contre le Portugal (1807). Après sa victoire d'Abrantès, il occupa facilement le pays, dont il fut nommé gouverneur ; mais, battu par Wellington à Vimeiro (21 août 1808), il dut signer la convention de Sintra (30 août) et abandonner sa conquête. Il participa ensuite à la guerre d'Espagne, à la campagne de Russie, puis fut nommé gouverneur des Provinces illyriennes. Frappé d'aliénation mentale, il fut ramené en France et se suicida en se jetant d'une fenêtre.

JUPPÉ Alain (Mont-de-Marsan, Landes, 15.VIII. 1945). Homme politique français. Ancien élève de l'École normale supérieure et de l'École nationale d'administration, il fut inspecteur des Finances (1972/76). Élu à Paris conseiller municipal en 1983, puis député du XVIIIe arrondissement en 1986, il fit carrière au sein du Rassemblement pour la République (RPR), dont il fut le secrétaire général (1988/94). Fidèle soutien de Jacques Chirac, il fut son ministre du Budget (1986/88) et lui succéda à la tête du RPR en 1994. Ministre des Affaires étrangères en 1993, il fut nommé Premier ministre par le président Chirac en mai 1995 et élu maire de Bordeaux en juin (v. France. La présidence de Jacques Chirac). Après la défaite de la droite aux élections législatives anticipées de mai-juin 1997, Alain Juppé quitta son poste de Premier ministre, puis la présidence du RPR.

Réélu maire de Bordeaux en 2001, il prit la tête de l'Union pour la majorité présidentielle (UMP) en 2002 et conserva son mandat de député.

JUSTINIEN Ier (* Taurisium, Mésie, 482, † Constantinople, 14.XI.565). Empereur byzantin (527/65). Neveu et successeur de Justin Ier. Très cultivé, passionné de théologie, juriste, doué d'une grande puissance de travail, il eut pour dessein la reconstitution de l'Empire romain, par la réunion des provinces perdues depuis les invasions barbares, par l'unification législative et judiciaire et par l'affirmation de l'autorité impériale sur tous les sujets et sur l'Église elle-même. En Orient, Justinien dut se contenter du *statu quo*, malgré deux guerres contre les Perses (527/32, 540/62) ; à Constantinople même, le malaise social causé par la pression fiscale, les luttes religieuses et les complots menacèrent constamment le pouvoir, et Justinien y fit réprimer très violemment, par Bélisaire, la sédition Nika (532).

Bélisaire reconquit aussi le nord de l'Afrique, s'empara de Carthage (15 sept. 533), puis de la Corse, de la Sardaigne et des Baléares. Profitant des querelles qui divisaient le royaume des Ostrogoths depuis la mort de Théodoric, Justinien s'empara de la péninsule italienne. Commencée en 535, la reconquête ne fut cependant achevée qu'en 555, par Narsès, et ruina la civilisation romaine en Italie. En Espagne, Justinien, pour prix de son alliance avec le roi wisigoth Athanagilde, obtint l'Andalousie et la province de Carthagène. Vers 560, la plus grande partie du monde méditerranéen, à l'exception de la Gaule, se trouvait placé sous son autorité ; la puissance commerciale de l'Empire s'étendait jusqu'en Chine.

Chrétien sincère, il crut pouvoir éviter le schisme avec les monophysites de Syrie et d'Égypte en imposant brutalement ses vues au pape Vigile, qu'il avait lui-même porté sur trône pontifical. Mais Vigile condamna le monophysisme. Justinien se consacra en outre à son œuvre législative et fit établir, à partir du chaos des textes anciens, des recueils qui devaient rester des monuments incomparables de l'histoire du droit. Le Code justinien (529), ensemble juridique connu en Occident à partir du XIe s., influença considérablement la chrétienté médiévale. Grand bâtisseur, Justinien fit construire dans tout l'Empire des villes nouvelles, des routes, des ponts et des bains publics. Sainte-Sophie de Constantinople est le témoignage le plus éclatant de la gloire de son règne.

JUTES. Peuple germanique installé, dans les premiers siècles de notre ère, sur le territoire du Jutland méridional. Une partie d'entre eux s'établit en (Grande-) Bretagne vers le début du Ve s., surtout dans le Kent, le Hampshire et l'île de Wight : les Jutes restés sur le continent furent soumis plus tard par les Danois.

JUTLAND (bataille du, 31 mai/1er juin 1916). Nom donné à la plus grande bataille navale de la Première Guerre mondiale, qui opposa la flotte de haute mer allemande, commandée par l'amiral von Scheer, et la Grand Fleet britannique, sous les ordres de l'amiral Jellicoe. Indécis comme l'exprime le bilan des pertes (six croiseurs et huit torpilleurs anglais coulés ; un cuirassé, cinq croiseurs et cinq torpilleurs allemands coulés), ce combat fut cependant une victoire britannique, car la marine de haute mer allemande renonça désormais à sortir de ses ports.

K

KA'BA ou **KAABA.** Édifice cubique d'environ 12 m de côté, situé au centre de la Grande Mosquée de La Mecque. Il s'agit du sanctuaire le plus vénéré de l'islam. L'intérieur est vide et renferme, scellée dans l'angle E., la Pierre noire que les pèlerins touchent et embrassent avec respect en accomplissant les sept déambulations rituelles autour de l'édifice. Selon la tradition musulmane, les fondations de la Ka'ba furent posées par Abraham et son fils Ismaël, à qui l'ange Gabriel apporta la Pierre noire. Dès l'époque préislamique, la Ka'ba était un important centre de culte et elle était déjà revêtue, comme aujourd'hui, d'une chape de brocart noir. Renonçant à prier, comme les Juifs, en direction de Jérusalem, Mahomet, environ seize mois après l'hégire, décida que les musulmans prieraient en direction de la Ka'ba, qui devint dès lors le centre mystique de l'islam (624). L'edifice, qui était alors une simple construction de bois, fut détruit par le feu à l'époque du Prophète et fut reconstruit dans son matériau actuel, en pierre grise, à la fin du VIIe s. Au Xe s., quand les sectaires karmathes s'emparèrent de La Mecque (930), ils emportèrent la Pierre noire et ne la rendirent que huit ans plus tard, contre une forte somme. La Pierre noire subit également l'attentat du calife fatimide hérétique Hakim, qui tenta de la briser avec une barre de fer (XIe s.).

KABILA Laurent-Désiré (* Jadotville, province du Katanga, 27.XI.1939, † Kinshasa, 16.1.2001 ou Harare, Zimbabwe, 18.1.2001). Homme politique congolais. Après des études à Paris et en RDA, Laurent-Désiré Kabila revint au Congo en 1960, lors de l'indépendance du pays, et fut élu député, soutenant activement le Premier ministre, Patrice Lumumba. Après l'assassinat de ce dernier, en 1961, il rejoignit l'insurrection armée d'inspiration lumumbiste. Fondateur, en 1967, du Parti révolutionnaire du peuple (PRP), L.-D. Kabila poursuivit ses activités de guérilla. En oct. 1996, fort de l'appui de trois autres partis, du soutien de l'Ouganda, du Rwanda et des États-Unis, il partit à la conquête du pays. Il entra à Kinshasa en mai 1997 et se proclama chef de l'État. Il fut confronté, en 1998, à une rébellion de ses anciens alliés et mourut assassiné par l'un de ses gardes du corps, en janv. 2001. Il fut remplacé par son fils, Joseph Kabila, à la tête de l'État. Voir **Congo (république démocratique du).**

KABYLES. Populations montagnardes, la plupart d'origine berbère, des massifs de l'Atlas, dans le Maghreb. Villageois sédentaires régis par des assemblées démocratiques de citoyens, accordant à la femme des droits juridiques égaux à ceux des hommes, les Kabyles opposèrent une vive résistance à la colonisation française. En 1871, à la suite de l'envoi en France de militaires musulmans et de la promulgation du décret Crémieux (v.), le bachagha Mokrani, grand propriétaire foncier du sud de la Grande Kabylie, déclencha la guerre et reçut des soutiens dans le Constantinois. La révolte ne fut complètement réprimée qu'en janv. 1872. Les Kabyles, désarmés, se virent imposer une énorme amende de guerre et l'administration française leur confisqua 446 000 ha de terres arables, où furent installés des colons européens, principalement alsaciens et lorrains. À partir de 1955, la Kabylie constitua l'un des principaux centres de l'insurrection qui aboutit à l'indépendance de l'Algérie.

La présence de 25 % de Berbères dans une collectivité arabe à 75 % a causé, à diverses reprises, de graves difficultés culturelles et politiques. La demande de reconnaissance du tamazigh – langue berbère – comme langue officielle, principale revendication des Kabyles, s'est heurtée au mythe identitaire d'une nation algérienne exclusivement arabe. Plus rétifs au discours islamiste que les arabophones, les Kabyles ont obtenu du pouvoir militaire une première reconnaissance culturelle en 1994. Cependant, l'assassinat du chanteur kabyle Matoub Lounès, en 1998, et la reprise de l'arabisation (loi de janv. 1999) provoquèrent des manifestations de grande ampleur en Kabylie. En 2002, la langue berbère fut officiellement reconnue.

KÁDÁR János (* Salgótarján, 22.V.1912, † Budapest 6.VII.1989). Homme politique hongrois. Membre du parti communiste depuis 1932, ministre de l'Intérieur et chef de la police (1948/51), il devint premier secrétaire du parti communiste (oct. 1956). Lors de l'insurrection de Budapest, il collabora d'abord avec Nagy, puis s'aligna sur la position soviétique et fut placé par les Russes à la tête du gouvernement (4 nov. 1956). Reprenant énergiquement le contrôle du pays, il procéda à une épuration mais s'efforça en même temps de faire disparaître les excès bureaucratiques et centralisateurs qui avaient provoqué la révolte de 1956. Tout en restant, comme premier secrétaire du Parti, le véritable dirigeant de la politique hongroise, il assuma en même temps la direction du gouvernement de 1956 à 1958, puis de 1961 à 1965. Malgré la méfiance soviétique, il engagea la Hongrie vers une relative libéralisation économique, associant son nom à un système qualifié de « socialisme goulasch ». Il dut céder la place en 1988. Voir **Hongrie.**

KADHAFI Mouammar el- (Syrte, en Tripolitaine, 1942). Homme politique libyen. Colonel et chef du groupe des « Officiers unionistes libres », il dirigea le coup d'État qui, dans la nuit du 31 août au 1er sept. 1969, renversa le régime monarchique libyen. Président du Conseil suprême de la révolution, commandant en chef de l'armée, il fonda la révolution libyenne sur une arabisation systématique et sur une interprétation originale de l'islam ouvrant, selon lui, une troisième voie entre capitalisme et socialisme et proclamant la Jamahiriya (l'« État des masses ») en 1977, par opposition au système parlementaire. En raison de ses échecs successifs pour développer une politique d'unité arabe, Kadhafi reste isolé. En 2000, il a cependant assuré son retour sur la scène internationale. Voir **Libye.**

KADJARS ou **QAJARS.** Dynastie qui régna sur la Perse de 1794 à 1925. Voir **Iran.**

KAGANOVITCH Lazar Moïséïevitch (* Kabany, Ukraine, 22.XI.1893, † 1963). Homme politique soviétique. Cordonnier israélite, il rejoignit en 1911 le parti bolchevik. Après avoir participé à la lutte en Ukraine contre Denikine (1919/20), il installa le régime communiste au Turkestan et devint premier secrétaire du parti communiste d'Ukraine (1925), secrétaire du Comité central du parti communiste de l'URSS (1928) et membre du Politburo (1930). Il dirigea la construction du métro de Moscou (1934/35). Commissaire du peuple aux Transports (1935), à l'Industrie lourde (1937) puis aux Carburants (1939), il eut la haute responsabilité des communications durant la guerre germano-soviétique. Vice-président du Conseil des commissaires du peuple (1938), membre du Présidium (1952), il fut accusé par Khrouchtchev d'avoir formé un « groupe antiparti » avec Malenkov et Molotov et fut relevé de toutes ses fonctions en juin 1957.

KALADIT NUNAT. Nom inuit du Groenland (v.).

KALININE Mikhaïl Ivanovitch (* Verchovnaïa Troïza, gouv. de Tver, 2.XII.1875, † Moscou, 3.VI.1946). Homme politique soviétique. D'origine paysanne, ouvrier tourneur à Saint-Pétersbourg, il participa à l'agitation révolutionnaire clandestine et fut déporté. Libéré, il joua un rôle de meneur lors des grèves de 1905, puis dans la révolution de 1917. Président du Comité exécutif central des soviets de 1919 à 1938 et fidèle soutien de Staline, il accéda en 1938 au poste de président du Présidium, c'est-à-dire de chef de l'État, mais sans exercer aucune action politique personnelle. Peu avant sa mort, il démissionna pour raison de santé et fut remplacé par Chvernik (18 mars 1946). Son nom a été donné en 1945 à l'ancienne ville allemande de Königsberg (aujourd'hui *Kaliningrad*).

KALMAR (Union de). Traité (1397) qui réunit en un seul royaume Danemark, Norvège et Suède. Voir **Danemark.**

KALMOUKS. Peuple asiatique qui forma le groupe des Mongols occidentaux. À partir de 1435 environ, ils étendirent rapidement leur hégémonie sur toute la Mongolie et constituèrent un vaste empire qui allait du lac Balkach à la Grande Muraille de Chine. En 1449, ils remportèrent une grande victoire sur les Chinois et firent prisonnier l'empereur Ying-tsong, mais ils ne purent s'emparer de Pékin et finirent par signer un traité avec la Chine (1453).

Les Kalmouks se divisèrent sous la pression des Mongols orientaux, l'un des groupes (les Torgoutes) émigra vers l'ouest et s'installa vers 1640 dans la région de la basse Volga. Au cours du XVIIIe s., les Torgoutes furent absorbés par l'Empire russe. Une partie d'entre eux préféra retourner en Mongolie, les autres, établis entre la Volga et le Don, formèrent un territoire autonome (nov. 1920), puis une république autonome de l'URSS (1935). Durant la Seconde Guerre mondiale, en 1942/43, ils apportèrent leur aide à la Wehrmacht. Leur république, supprimée par le gouvernement soviétique, fut rétablie en 1958. Mais beaucoup de Kalmouks s'étaient réfugiés en Allemagne, à la suite de la Wehrmacht en retraite ; d'autres avaient été déportés par les Russes en diverses régions de l'URSS. Après avoir proclamé leur souveraineté (oct. 1990), ils obtinrent de former la république de Kalmoukie, dont l'autonomie fut confirmée par le traité fédéral du 31 mars 1992 au sein de la Fédération de Russie.

KAMAKURA (shôgunat de). Gouvernement militaire qui dirigea le Japon de 1185 à 1333, tout en laissant subsister l'autorité théorique de l'empereur. Il fut fondé par Yoritomo, chef du puissant clan féodal des Minamoto, après sa victoire sur le clan rival des Taira. Yoritomo reçut de l'empereur le titre de généralissime ou *shôgun*, qui devint permanent et héréditaire. Tandis que la cour impériale poursuivait une existence oisive et raffinée à Kyôto, Yoritomo établit la capitale réelle du Japon à Kamakura, dans l'île de Honshu. Le shôgunat de Kamakura prit fin en 1333. Dans l'histoire japonaise, la période de Kamakura est caractérisée par le primat de l'esprit féodal et militaire. Voir **Japon**.

KAMENEV, Lev Borissovitch Rosenfeld, dit (* Moscou, 22.VII.1883, † Moscou, 24.VIII.1936). Homme politique soviétique. Fils d'un ingénieur israélite, il adhéra en 1901 au parti social-démocrate. Après deux emprisonnements, il rejoignit Lénine à Genève (1908), mais rentra en Russie en 1914 pour diriger le parti et le travail des députés bolcheviks à la douma. Arrêté avec ses collègues et déporté (1914), il fut libéré en févr. 1917 et collabora avec son beau-frère Trotski à la *Pravda*. En oct. 1917, il s'opposa à l'insurrection armée désirée par Lénine. Plénipotentiaire à la conférence de Brest-Litovsk, puis président du conseil économique du soviet de Moscou (1918/26) et vice-président du Conseil des commissaires du peuple (1922). Il se rapprocha de Trotski après avoir soutenu Staline. En 1927, il dut faire son autocritique mais fut définitivement exclu du parti en 1934. Obligé de reconnaître que son opposition à Staline avait pu contribuer à inspirer le meurtre de Kirov, il fut condamné à cinq ans de prison, jugé de nouveau lors du premier des grands procès de Moscou (août 1936), condamné à mort et exécuté. Il a été réhabilité en 1989.

KAMIKAZE. Nom donné par les Japonais à la tempête, attribuée à une intervention surnaturelle, qui, en 1281, préserva le Japon des tentatives de débarquement de la flotte mongole envoyée par Koubilaï, empereur de Chine.

Durant la Seconde Guerre mondiale, à partir de l'automne 1944, quand le Japon se vit privé de la flotte et de l'aviation suffisantes pour enrayer les offensives américaines, fut créé un corps de volontaires *kamikaze*, pilotes animés d'un patriotisme absolu et prêts à s'écraser avec leurs appareils chargés d'explosifs sur le pont des navires ennemis. Ces kamikazes, qui furent utilisés notamment durant la bataille de Leyte (24/26 oct. 1944), infligèrent de lourdes pertes à la marine américaine (250 navires coulés ou endommagés).

KAMPUCHÉA. Appellation du Cambodge de 1979 à 1993. Voir **Cambodge**.

KANÁRIS Konstantinos (* île de Psara, 1790, † Athènes, 14.IX.1877). Marin et homme politique grec. Il prit une part glorieuse à la guerre d'indépendance et remporta sur les Turcs les victoires navales de Chio (18 juin 1822) et de Ténédos (nov. 1822). Après l'indépendance, il exerça les fonctions de Premier ministre en 1848/49, puis en 1862/63. De retour au pouvoir en 1877, il mourut dans ses fonctions.

KANEM. Nom du plus ancien royaume du Soudan tchadien, qui s'étendit du VIIIe s. à la fin de XIVe s. Voir **Tchad**.

K'ANG-HI, Kangxi en pinyin (* Pékin, 4.V.1654, † Pékin, 20.XII.1722). Empereur de Chine (1662/1722). Deuxième souverain de la dynastie mandchoue des T'sing. Il exerça personnellement le pouvoir dès l'âge de treize ans. Il soumit la Chine méridionale à un régime militaire à la suite des révoltes du Fou-kien et de la région cantonaise (1677), annexa le royaume indépendant de Formose, établit son protectorat sur la Mongolie extérieure et, par le traité de Nertchinsk (6 sept. 1689), rejeta les Russes loin des rivages de l'Amour. Il fut conseillé par les jésuites et autorisa le christianisme en Chine par les édits de tolérance de mars 1692, mais la décision de Rome dans l'affaire de la querelle des « rites chinois » (v.), en 1715, réduisit à néant l'expansion missionnaire.

KANISHKA. Roi indien de la dynastie indo-scythe des Kouchans. Il régna vraisemblablement au IIe s. apr. J.-C. (120/143 ?) et semble avoir eu pour successeur un second Kanishka, peut-être son petit-fils. Son avènement marque le début de l'ère « çaka ». Successeur de Kadphisès II, Kanishka n'était pas apparenté à ce dernier et était le fils d'un certain Vajeshka. Son règne fut marqué par d'importantes conquêtes dans les régions septentrionales de l'Inde à partir de l'actuel Afghanistan : Kanishka annexa le Cachemire et étendit sa domination sur Khotan, Yarkand et Kachgar, repoussant ainsi l'influence chinoise en Asie centrale. L'Empire kouchan fut, à son époque, un important carrefour d'influences grecque, iranienne, chinoise et indienne, et il semble que Kanishka ait même entretenu des relations avec l'Empire romain. Dans le domaine religieux, le règne de Kanishka vit une brillante expansion du bouddhisme : c'est sous l'égide du souverain kouchan que se tint, au Cachemire, le grand concile de Kundalavana (vers 120), où furent posés les fondements théologiques du bouddhisme mahayaniste (« du Grand Véhicule »).

KANSAS-NEBRASKA (acte du). Acte du Congrès américain voté à l'instigation du sénateur Douglas et signé par le président Pierce le 30 mai 1854. Révisant le compromis du Missouri (1820), qui avait interdit l'esclavage au N. de 36° 30′ de latitude, il autorisait les nouveaux territoires, au nom du principe de la souveraineté des États, à se prononcer eux-mêmes sur la question de l'esclavage.

KARADZIC Radovan (Savnik, Monténégro, 1945). Homme politique serbe. Psychiatre issu d'une famille paysanne, fondateur, en 1990, du parti démocratique serbe, une formation extrémiste, il devint président de la « république serbe » de Bosnie-Herzégovine créée en avr. 1992. Accusé d'être l'un des principaux responsables du « nettoyage ethnique » mené par les Serbes dans les régions passées sous leur contrôle, il fut inculpé, en nov. 1995, par le Tribunal pénal international constitué pour juger les crimes de guerre, crimes de génocide et crimes contre l'humanité commis dans l'ex-Yougoslavie. Il fut contraint à la démission par la communauté internationale en juill. 1996. En 2003, il n'avait pas encore été arrêté.

KARAGEORGES ou **KARADJORDJE Djordje Pétrovitch** (* Visevac, 14.XI.1762, † Radovanje, 25.VII.1817). Chef national serbe. Fils de paysans, lui-même riche éleveur de porcs, il prit la tête de l'insurrection contre les Turcs en févr. 1804, entra à Belgrade (1806) et fut élu prince héréditaire des Serbes (déc. 1808). Abandonné par les Russes, qui signèrent en 1813 la paix avec le sultan, il dut se réfugier en Autriche mais revint dès 1817 en Serbie. Il espérait organiser, en liaison avec les Grecs, un soulèvement général des Balkans contre la domination ottomane, mais il fut assassiné sur l'ordre de son rival, Miloch Obrénovitch. Dès lors, une lutte à mort opposa les deux familles.

Alexandre Karageorgévitch (* Topola, 11.X. 1806, † Temesvár, 3.V.1885). Fils du précédent, rentra en Serbie à la chute de Miloch Obrénovitch (1839) et fut proclamé prince des Serbes en 1842. Voir SERBIE.

Paul Karageorgévitch (* Saint-Pétersbourg, 27.IV. 1893, † Neuilly-sur-Seine, 1976). Neveu de Pierre Ier, fut désigné comme régent de Yougoslavie durant la minorité de Pierre II (1934/41). Voir YOUGOSLAVIE.

KARENS. Principale minorité ethnique de Birmanie du groupe mongol, établie au nord-est du pays, en majorité chrétienne. Depuis l'indépendance en 1949, un mouvement de guérilla karen s'oppose au gouvernement birman ; l'Union nationale karen (KNU) se renforça à partir de 1988, date de l'arrivée des militaires au pouvoir. En 1997, son quartier général tomba entre les mains de l'armée birmane. Une centaine de milliers de Karens fuirent les combats et se réfugièrent en Thaïlande.

KARLOWITZ (paix de, 26 janv. 1699). Traité conclu le 26 janv. 1699 par l'Autriche et la Turquie vaincue par le Prince Eugène à Zenta (1697) : l'Empire ottoman cédait à l'Autriche la Transylvanie et la Hongrie (moins le banat de Temesvár) ; à la Russie, Azov ; à la Pologne, l'Ukraine occidentale et la Podolie ; à Venise, la Morée et la Dalmatie.

KASAVUBU Daniel (* au Mayombé, 1917, † Boma, 24.III.1969). Homme politique zaïrois. Premier Président de la République congolaise (1960/65). Voir **CONGO (république démocratique du).**

KASSEM Abd el-Karim (* Bagdad, 1914, † Bagdad, 8.II.1963). Général et homme politique irakien. Chef de l'État de 1958 à 1963. Voir IRAK.

KASSITES. Peuple de l'ancien Orient, originaire peut-être des montagnes du Zagros (Iran méridional). Mentionnés dès le début du IIe millénaire, ils n'en restent pas moins fort mal connus : leur langue n'est ni sémitique ni indo-européenne, et n'a aucun lien de parenté avec les autres idiomes proche-orientaux (sumérien, hourrite, élamite). Ils s'infiltrèrent en Mésopotamie, où ils fondèrent des établissements permanents à partir du XVIIe s. av. J.-C. Après le raid hittite qui mit fin à la dynastie amorrite (vers 1595 av. J.-C.), une dynastie kassite régna sur Babylone pendant un peu plus de quatre siècles. Les Kassites, dans tous les domaines de la culture, se mirent à l'école des Babyloniens. Leur domination, en dépit de la pauvreté des sources, semble avoir été bien acceptée et avoir apporté stabilité, prospérité et puissance au pays. Affaiblie par les coups de l'Assyrie, elle fut définitivement renversée par l'Élam vers 1157. Les Kassites des montagnes du Zagros acceptèrent par la suite la souveraineté perse.

KATANGA. Province de la république démocratique du Congo (v.), située au S.-E. du pays, dont le principal centre est *Lubumbashi (ex-Élisabethville)* ; de 1972 à 1997, elle a porté le nom de Shaba. Inclus à la fin du XVIIIe s. dans le royaume de Lounda, le Katanga fut annexé en 1871 à l'empire des Ba-Yeke par Msiri, qui imposa par la terreur son autorité dans le pays. Décidée en 1891 par le roi des Belges (création de la Compagnie du Katanga), la colonisation fut entreprise sous l'égide du Comité spécial du Katanga, créé en 1920. Les importantes richesses minières du Katanga (cuivre, étain, manganèse, zinc, platine et, plus récemment, uranium) suscitèrent la création de nombreuses compagnies d'exploitation dont les plus importantes furent la Compagnie minière du Haut-Katanga (1906) et, plus tard, l'Union minière du Haut-Katanga. Durant la Seconde Guerre mondiale, les gisements d'uranium du Katanga furent utilisés à des fins militaires par les Alliés. En 1960, onze jours après la proclamation de l'indépendance congolaise, le Katanga fit sécession (11 juill. 1960) sous la direction de Moïse Tshombé, qui fut désigné comme chef de l'État (8 août). La résistance fut brisée en déc. 1962 avec l'aide des forces de l'ONU.

Convoité pour ses immenses richesses minières, le Katanga fut depuis lors le théâtre d'incessants troubles militaires : les deux « guerres du Shaba » de 1977 et 1978 suscitèrent l'intervention de troupes étrangères. Originaire du Katanga, Laurent-Désiré Kabila (v.) s'appuya sur l'armée katangaise pour asseoir son pouvoir après 1997, et transféra le Parlement à Lubumbashi en juillet 2000. La province subit, comme le reste du pays, les conséquences de l'instabilité politique congolaise. Voir **CONGO (république démocratique du).**

KATSAV Moshe (Yazd, Iran, 1945). Homme politique et économiste israélien. Il fit ses études à Jérusalem. Membre de la Knesset en 1977, il fut nommé en 1981 ministre du Logement par Menahem Begin, alors Premier ministre et leader du Likoud. Par la suite, il occupa différents ministères avant d'être élu par la Knesset à la présidence d'Israël en juill. 2000.

KATSURA Tarô, prince (* Hagi, 1847, † Tôkyô, 10.X.1913). Général et homme politique japonais. Ministre de la Guerre (1898/1900), il fut à trois reprises Premier ministre (juin 1901/janv. 1906, juill. 1908/août 1911, déc. 1912/févr. 1913). Sa direction des affaires fut marquée par des événements de première importance : l'alliance avec l'Angleterre (30 janv. 1902), la guerre victorieuse contre la Russie (1904/05) et l'annexion de la Corée (1910).

KATYN. Village de Russie, dans une forêt, à quelques kilomètres à l'O. de Smolensk. Le 12 avr. 1943, les Allemands annoncèrent la découverte, dans les environs de Katyn, d'un vaste charnier contenant environ 4 500 cadavres d'officiers polonais, que les Allemands présentèrent comme les victimes des Soviétiques. L'URSS rejeta immédiatement la responsabilité du crime sur l'Allemagne, mais le gouvernement polonais de Londres demanda néanmoins une enquête de la Croix-Rouge internationale (14 avr.), ce qui amena le gouvernement de Moscou à rompre ses relations diplomatiques avec lui (23 avr.). En 1953, une commission d'enquête américaine a conclu que les officiers polonais, faits prisonniers par les Russes en 1939 et internés au camp de Kozielsk, avaient bien été massacrés par la police politique soviétique en 1940. Les Soviétiques ne reconnurent leur responsabilité dans le massacre qu'en 1990 par la voix de Mikhaïl Gorbatchev. En 1992, Boris Eltsine remit à la Pologne les preuves de la planification du massacre de Katyn. Cette tuerie fut directement organisée par Staline dans le cadre d'un plan d'élimination de toutes les élites polonaises, afin de faciliter, après la guerre, la soviétisation de la Pologne.

KAUNDA Kenneth (Chinsali, 1927). Homme politique zambien. Président de la République de 1964 à 1991. Voir ZAMBIE.

KAUNITZ-RITTBERG Wenzel Anton, comte, puis (à partir de 1764) **prince de** (* Vienne, 2.II.1711, † Vienne, 27.VI.1794). Homme politique autrichien. Issu de la vieille noblesse bohémienne, il fut chancelier de 1753 à 1792. Après avoir négocié la paix d'Aix-la-Chapelle (v.) (1748) et occupé le poste d'ambassadeur à Paris (1750/1753), il conduisit la politique étrangère de l'Autriche. Il contribua au renversement des alliances pour former en 1756/57 une coalition entre l'Autriche, la France, la Pologne, la Suède et la Russie contre la Prusse. Au terme de la guerre de Sept Ans (v.), il signa la paix de Hubertsburg (1763) avant de préparer le rapprochement entre l'Autriche et la Prusse. Sur le plan intérieur, il se fit l'instrument du despotisme éclairé (v.) et des mesures anticléricales de Joseph II. François II le renvoya peu après son avènement (août 1792).

KAUTSKY Karl (* Prague, 16.X.1854, † Amsterdam, 17.X.1938). Homme politique allemand. Acquis aux idées socialistes dès ses années d'étudiant, proche d'Engels, partisan contre Bernstein (v.) d'un marxisme intégral, il fut, avant la Première Guerre mondiale, le principal théoricien de la social-démocratie allemande. Ministre adjoint des Affaires étrangères après la révolution de nov. 1918, il publia en 1919 des documents tendant à prouver la responsabilité du gouvernement impérial dans le déclenchement de la guerre. Il publia en 1927 son principal ouvrage théorique, *Materialistische Geschichtsauffassung (La Conception matérialiste de l'histoire)* et quitta l'Allemagne après la prise du pouvoir de Hitler pour se réfugier en Bohême, puis à Amsterdam. En 1919, Kautsky avait choisi la IIe Internationale contre Lénine, auquel il reprochait d'avoir déclenché la révolution dans un pays où les conditions favorables n'étaient pas réunies. Ses derniers écrits manifestent son adhésion au réformisme qu'il avait combattu avant guerre.

KAVADH Ier. Roi sassanide de Perse (488/96 et 498 ou 499/531). Voir IRAN.

KAZAKHSTAN. État de l'Asie centrale situé entre les monts du Tian Shan à l'E., la mer Caspienne et la Volga à l'O. ; capitale *Astana*. À la fin du XIXe s., la Russie acheva la colonisation de ce vaste territoire peuplé de Kazakhs turcophones tardivement islamisés. La république socialiste soviétique du Kazakhstan fut créée en 1936. Les Soviétiques exploitèrent les réserves naturelles considérables du pays en suscitant une importante immigration européenne, essentiellement russe et concentrée dans le nord du pays. Un complexe sidérurgique fut implanté près des mines de houille de Karaganda (1960), la région de Sémipalatinsk devint un centre d'expérimentation nucléaire (1949) et le site de Baïkonour fut choisi comme centre spatial soviétique. En 1960, fut créé le territoire des Terres vierges, symbole de la mise en valeur des terres arides d'Asie centrale.

En 1986, quand un Russe remplaça le premier secrétaire du parti communiste kazakh, Dinmuhamed Kounaïev, en place depuis 1964, de violentes manifestations eurent lieu à Alma-Ata (17 déc.). Les Russes représentaient 37 % de la population pour environ 40 % de Kazakhs en 1990. À partir de 1988, de nombreux groupes d'opposition se constituèrent sur la base de revendications écologistes et nationalistes. Après le putsch manqué de Moscou (juill. 1991), le Kazakhstan déclara tardivement son indépendance (16 déc. 1991) et rejoignit (21 déc.) la Communauté des États indépendants (CEI). Noursoultan Nazarbaïev, élu président le 1er déc. 1991, s'efforça de maintenir l'unité du pays contre les tendances sécessionnistes des Russes dans le Nord et s'imposa comme le chef de file des États de l'Asie centrale. Sur le plan économique, le Kazakhstan, seule puissance nucléaire d'Asie centrale, resta très liée avec la Russie pour l'acheminement et le traitement de ses matières premières. La crise russe de 1998 eut de graves répercussions sociales dans le pays (montée des mouvements islamistes, tensions interethniques) tandis que les atteintes à la démocratie se multipliaient ; en 2000, le parlement a accordé des pouvoirs spéciaux au président Nazarbaïev réélu en 1999 après une campagne électorale entachée d'irrégularités.

KEÏTA Modibo (* Bamako, 4.VI.1915, † Bamako, 16.V.1977). Homme politique malien. Président de la République (1960/68). Voir **Mali (république du)**.

KEITEL Wilhelm (* Helmscherode, près de Gandersheim, Brunswick, 22.IX.1882, † Nuremberg, 16.X.1946). Feld-maréchal allemand. Issu d'une famille paysanne, officier d'état-major durant la Première Guerre mondiale, général de brigade en 1934, il devint chef de cabinet du ministre de la Guerre von Blomberg (1935) et directeur du *Wehrmachtsamt*, chargé de la coordination des forces armées. En 1938, il fut nommé par Hitler chef de l'*Oberkommando* (commandant suprême) de la Wehrmacht ; il conserva ce poste jusqu'en 1945. Appliquant sans discussion les ordres du Führer, il couvrit de son autorité toutes les décisions militaires, mais aussi les méthodes de terreur employées en particulier pendant la campagne de Russie (exécution sommaire des commissaires politiques de l'armée rouge...). Après l'attentat contre Hitler (20 juill. 1944), il laissa juger et fusiller des centaines d'officiers supérieurs allemands. Keitel signa la capitulation allemande à Berlin, le 8 mai 1945. Poursuivi par les Alliés, pour crimes de guerre, devant le tribunal de Nuremberg, il fut condamné à mort et pendu.

KEKKONEN Urho Kaleva (* Pielavesi, 3.IX.1900, † Helsinki, 31.VIII.1986). Homme politique finlandais. Député agrarien en 1936, ministre de la Justice (1936/37, 1944/46) et de l'Intérieur (1937/39), il réclama en 1940 une paix durable avec l'URSS puis marqua son hostilité à l'alignement de la Finlande sur l'Allemagne hitlérienne. Jouissant de la confiance de Staline, il fut l'artisan de la paix séparée de 1944. Premier ministre (1950/53, 1954/56), puis président de la République (1956/82). Voir **Finlande**.

KELLERMANN François Christophe, duc de Valmy (* Strasbourg, 28.V.1735, † Paris, 23.IX.1820). Maréchal de France. Officier de la monarchie, maréchal de camp en 1788, il fut nommé lieutenant général (mars 1792) et reçut le commandement de l'armée du Centre. Après avoir remporté sur les Prussiens le succès de Valmy (v.) (20 sept. 1792), il réprima l'insurrection de Lyon (août 1793). Incarcéré comme suspect en oct. 1793, il ne fut libéré qu'au 9-Thermidor (v.) et reçut le commandement de l'armée des Alpes (1795/97). Napoléon le fit maréchal d'Empire (1804), sénateur et duc de Valmy (1808), mais, le jugeant un chef militaire assez médiocre, ne lui confia aucune responsabilité importante. Rallié aux Bourbons en 1814, Kellermann siégea à la Chambre des pairs parmi les libéraux.

KELLOGG Frank Billings (* Potsdam, New York, 22.XII.1856, † Saint Paul, Minnesota, (22.XII.1937)). Homme politique américain. Sénateur républicain du Minnesota (1917/23), ambassadeur à Londres (1924/25), il fut nommé par le président Coolidge secrétaire d'État (1925/29) et prit l'initiative du pacte de renonciation solennelle à la guerre, dit **pacte Briand-Kellogg** (27 août 1928), auquel adhérèrent notamment la France, la Grande-Bretagne, l'Allemagne, la Belgique, l'Italie, le Japon..., puis l'URSS. Prix Nobel de la paix en 1929, Kellogg fut ensuite juge à la Cour permanente de justice de La Haye (1930/35).

KENNEDY John Fitzgerald (* Boston 29.V.1917, † Dallas, 22.XI.1963). Homme politique américain. Représentant démocrate du Massachusetts au Congrès (1946/53), puis au Sénat (1953/60), il fut élu président des États-Unis en nov. 1960, face au républicain Nixon, devenant ainsi le premier catholique à entrer à la Maison-Blanche et le plus jeune président du pays. Il contribua à la détente (v.) avec l'URSS mais montra aussi une ferme volonté d'enrayer l'extension du communisme en imposant un blocus à Cuba (v.) (1962) et en intervenant militairement au Viêt-nam (v.) (1961). En politique intérieure, entouré d'une équipe d'intellectuels, il mit en œuvre son programme appelé « Nouvelle Frontière » en faveur de l'éducation, de l'intégration sociale et de l'aide aux pays pauvres. Il fut assassiné à Dallas, en pleine tournée électorale. Sa mort provoqua une grande émotion dans le monde et les mobiles de cet attentat n'ont jamais été éclaircis.

Robert Francis Kennedy (* Boston, 20.XI.1925, † Los Angeles, 6.VI.1968). Frère du précédent, il soutint activement la campagne présidentielle de J. F. Kennedy et fut nommé par celui-ci attorney général (1961/65). Il critiqua la politique vietnamienne du président Johnson et, en mars 1968, il paraissait avoir de grandes chances d'atteindre lui aussi à la magistrature suprême, lorsqu'il fut assassiné par un Palestinien qui lui reprochait ses sympathies pour Israël.

KENT. Ancien royaume anglo-saxon, fondé vers 455 par des Jutes (v.) commandés par Hengist et Horsa. Il comprenait, outre l'actuel comté de Kent, ceux de Norfolk, Suffolk, Essex, Middlesex. Il connut son apogée sous Éthelbert (560/616), qui exerça son autorité sur tous les royaumes anglo-saxons au S. de l'Humber. Éthelbert épousa une princesse franque chrétienne. Il accueillit favorablement la mission du moine romain Augustin et se convertit, devenant ainsi le premier roi chrétien des îles Britanniques (597). Par la suite, le royaume de Kent déclina et il fut annexé par Offa, roi de Mercie, de 785 à 796. Conquis en 825 par Egbert, roi du Wessex, il ne représenta plus alors qu'une province du Wessex. Voir **Heptarchie**.

KENYA. État de l'Afrique orientale ; capitale *Nairobi*. Habité par des populations bantoues, dont les plus importantes étaient les Kikouyous et les Kambas, établis sur les hautes terres, le Kenya connut, à partir du XVIe s., l'invasion d'un peuple nilochamite pasteur et guerrier, les Massaï. La région côtière fut soumise, à partir du VIIIe s., à l'influence des Arabes, qui fondèrent Lamou et Mombasa. Les Portugais occupèrent cette dernière au XVIe et au XVIIe s. En 1698, le sultan d'Oman en prit le contrôle. Au XIXe s., depuis sa capitale Zanzibar, il maintint son autorité sur toute la côte, mais, en 1887, il en accorda la concession à la British East Africa Company, dont les droits passèrent en 1894 au gouvernement britannique. La construction du chemin de fer de l'Ouganda à Mombasa (1900) marqua le début de la colonisation des territoires de l'intérieur, qui devinrent, sous le nom de Kenya, colonie de la Couronne (1920).

Les colons accaparèrent les riches terres des hauts plateaux, ne laissant qu'un quart du domaine agricole aux Africains contraints au travail forcé. Jomo Kenyatta, à la tête de la Kikuyu Central Association (1947) puis de la Kenyan African Union (1947) tenta de lutter contre cette situation tout en réclamant l'abolition des barrières raciales et l'égalité des droits politiques. En 1952, la révolte des Mau-Mau contre la présence européenne fut sévèrement réprimée (40 000 tués), mais elle amena le gouvernement britannique à accorder au Kenya l'autonomie interne (1961), et à accepter une juste représentation des Noirs au Conseil législatif. À la suite des élections de mai 1963, Jomo Kenyatta, devenu le chef de l'Union nationale africaine kényane (KANU), fut désigné comme Premier ministre (1er juin 1963). Le Kenya devint pleinement indépendant le 12 déc. 1963, adopta un régime républicain, mais resta dans le Commonwealth. En 1969, les partis d'opposition furent interdits.

Après la mort de J. Kenyatta, en 1978, le pouvoir passa aux mains du nouveau chef du parti unique, Daniel Arap Moi, dans un climat de dégradation économique et de tensions ethniques. Longtemps hostile à toute démocratisation du régime, Daniel Arap Moi fut contraint, sous la pression des revendications intérieures et la menace du gel de l'aide internationale, d'instaurer le multipartisme en 1991 et d'organiser des élections libres l'année suivante. En raison des divisions de l'opposition, il conserva la présidence, et fut aussi réélu en 1997.

Le climat social s'est progressivement détérioré. Les émeutes se sont multipliées à cause des difficultés économiques et des espoirs déçus d'une réelle démocratisation. En déc. 2002, l'économiste Mwai Kibaki a été élu président. Il a entrepris une ambitieuse opération de lutte contre la corruption qui bénéficie d'un large soutien populaire.

KENYATTA Jomo (* près de Nairobi, vers 1893, † 22.VIII.1978). Homme politique kenyan. Premier ministre (1963/64), puis président de la Republique (1964/78). Voir **KENYA**.

KÉRÉKOU Mathieu, Ahmed (Natitingou, 2.XI 1933). Militaire et homme politique béninois. Engagé dans l'armée française, il rejoignit l'armée du Dahomey et prit part au coup d'État de 1967. En 1972, il s'empara du pouvoir et engagea le Bénin sur la voie du marxisme-léninisme. Confirmé à son poste de président par une élection en 1980, il fut réélu en 1984 Sous la poussée d'une forte contestation, il démocratisa son régime en 1990. Il perdit les élections présidentielles en 1991 et se retira. Il fut de nouveau élu en 1996 et 2001. Voir **BÉNIN (république populaire du)**

KERENSKI Alexandre Feodorovitch (* Simbirsk, 4.V.1881, † New York, 10.VI.1970). Homme politique russe. Socialiste réformiste, il siégea en 1912 à la quatrième douma, dans le groupe travailliste. Ministre de la Guerre (mai 1917), Kerenski remplaça le prince Lvov comme chef du gouvernement provisoire : détenant un pouvoir très étendu, il prépara aussitôt l'établissement d'un régime démocratique et parlementaire (conférence de Moscou, 11/15 août 1917), mais se vit menacer par le mouvement contre-révolutionnaire de Kornilov (sept.), alors que les insurrections paysannes se développaient et que le parti bolchevik préparait son soulèvement. Durant la révolution d'Octobre, il réussit à s'échapper et se retira aux États-Unis. Voir **RUSSIE Lénine, Kerenski, Kornilov (avr./oct. 1917)**.

KESSELRING Albert (* Marktsteft, près de Kitzingen, 30.XI.1885, † Bad Nauheim, près de Francfort-sur-le-Main, 16.VII.1960). Maréchal allemand. À la tête de la 2e flotte aérienne, il participa, en 1940, à la campagne de France et à la bataille d'Angleterre. Nommé feld-maréchal en juill. 1940, il dirigea de 1941 à 1943 les unités de la Luftwaffe en Méditerranée (campagnes de Libye, Tunisie et Sicile) et prit aussi le commandement des opérations terrestres contre les Alliés en Italie (1943). Resté fidèle au Führer, il devait succéder à von Rundstedt à la tête du front occidental en Allemagne. Fait prisonnier par les Anglais, accusé de crimes de guerre à la suite de l'exécution de résistants italiens, il fut condamné à mort en mai 1947, mais sa peine fut commuée en détention perpétuelle (oct. 1947) et il fut libéré en oct. 1952.

KEYNES John Maynard, 1er baron (* Cambridge, 5.VI.1883, † Tilton, Sussex, 21.IV.1946). Économiste anglais. Élève puis professeur (à partir de 1908) à l'université de Cambridge, il remplit plusieurs missions importantes pour le gouvernement britannique. Délégué financier à la conférence de la paix en 1919, il démissionna pour protester contre la politique des réparations imposée à l'Allemagne vaincue, politique qu'il jugeait inapplicable. Il développa son point de vue dans *The Economic Consequences of the Peace* (*Les Conséquences économiques de la paix,* 1919), qui établit sa réputation. Tenu à l'écart en raison de ses critiques à l'encontre de la politique économique de la Grande-Bretagne entre les deux guerres mondiales, il élabora sa *General Theory of Employment, Interest and Money* (*Théorie générale de l'emploi, de l'intérêt et de la monnaie,* 1936), considérée comme une contribution majeure à la théorie économique. Selon Keynes, le remède au sous-emploi (chômage) ne peut être obtenu que par l'intervention de l'État. En 1941, Keynes fut chargé de négocier aux États-Unis l'accord « prêt-bail ». Nommé ensuite sous-gouverneur de la Banque d'Angleterre, il dirigea en 1944 la délégation britannique à la conférence de Bretton Woods (v.).

KEYNÉSIANISME. Doctrine économique. La pensée économique de Keynes (v.) s'est progressivement formée pendant l'entre-deux-guerres : la synthèse en est donnée par la *Théorie générale* en 1936. Par-delà sa critique de l'orthodoxie libérale, elle se veut une réponse concrète, tant au marasme britannique des années 1920 qu'à la dépression mondiale des années 1930.

Hétérodoxe, le keynésianisme souligne les effets néfastes de la baisse des salaires sur la consommation et l'insuffisance d'une manipulation des taux d'intérêt pour relancer l'investissement. Refusant la fatalité d'une récession, il fait du plein-emploi une exigence et de l'intervention de l'État un instrument. Ses moyens sont la relance de la consommation populaire (notamment par le développement des transferts sociaux), la stimulation gouvernementale de l'investissement par des programmes de grands travaux et d'équipements collectifs (quitte à consentir à un déficit budgétaire temporaire), et une politique monétaire souple, rompant avec le « fétichisme » de l'étalon-or et acceptant une inflation modérée.

Empruntant des remèdes divers – dans le cas du New Deal (v.) ou du Front populaire (v.) –, les politiques de relance des années 1930 popularisèrent le keynésianisme en amortissant les effets de la dépression. Même si le projet keynésien de monnaie internationale fut enterré à Bretton Woods (v.), les Trente Glorieuses virent l'apogée de ces idées, forte croissance et plein emploi légitimant l'existence d'un « État-providence ». Mais la crise des années 1970 et les échecs des politiques de relance mirent en cause le keynésianisme, jugé responsable de l'inflation, du creusement des déficits publics et de la rigidité des économies capitalistes.

Néanmoins, face aux problèmes sociaux apparus à la fin du XXe s. dans les pays développés, le keynésianisme est à nouveau invoqué.

KGB. Comité pour la sécurité de l'État. Police politique d'URSS créée au moment de la déstalinisation (mars 1954) et remplacée par le MGB en 1991. B. Eltsine l'a démantelé en déc. 1993 ; aujourd'hui, subsistent seuls les services secrets sous le nom de FSB.

KHAMENEI Ali (Machhad, 1940). Religieux et homme politique iranien. Président de la République islamique d'Iran (1981/89) et « guide suprême de la révolution » après la mort de R. Khomeyni en 1989. Voir **IRAN**.

KHAN Ghulam Ishaq (Pendjab, 1915). Homme politique pakistanais. Chef de l'État de 1988 à 1993. Voir **PAKISTAN**.

KHARIDJITES. Groupe religieux issu de l'islam ; il se sépara du courant majoritaire vers 660 à propos du choix du calife, qu'il considérait devoir revenir à un « juste » indépendamment de sa lignée. Persécutés par les autres musulmans, les Kharidjites forment de nos jours de petites communautés en Afrique du Nord. Le kharidjisme a donné naissance à l'ibadisme, forme d'islam particulièrement tolérante, majoritaire à Oman.

KHATAMI Mohamad (Ardakan, 13.X.1943). Homme politique iranien. Après des études religieuses universitaires, Mohamad Khatami fut élu député à l'Assemblée consultative islamique en 1980 et devint, de 1982 à 1992, ministre de la Culture. Candidat des modérés, il fut élu président de la République en mai 1997 et réélu en juin 2001. Voir **IRAN**.

KHAZARS. Ancien peuple d'origine turque, peut-être apparenté aux Huns occidentaux, qui établit aux VIe/VIIe s. un royaume s'étendant entre la Volga et le Don, ainsi que sur une partie de la Crimée. Les Khazars arrêtèrent l'expansion arabe sur le Caucase. Ils entretinrent de cordiales relations avec les empereurs byzantins ; vers 740/50, ils se convertirent au judaïsme, mais continuèrent à montrer une grande tolérance à l'égard des autres religions. Au VIIIe s., l'autorité du kaghan des Khazars, alors à son apogée, s'étendait de la mer Noire à la mer Caspienne, du Caucase à la région de Kazan. La défaite que leur infligea Sviatoslav, prince de Kiev, en 968, amorça leur déclin. En 1016, ils furent définitivement chassés des rives de la mer Noire par l'empereur byzantin Basile II.

KHIEU Samphan (province de Svay Rieng, Cambodge, 22.VII.1931). Homme politique cambodgien. Il entra en clandestinité en 1967 au sein des Khmers rouges (v.) et en prit le commandement en 1973. Véritable stratège du régime dictatorial de Pol Pot, il fut chef de l'État de 1976 à 1979. Officiellement chef du mouvement des Khmers rouges depuis 1985, il entra en désaccord avec Pol Pot à partir de 1993. Rallié en déc. 1998 au gouvernement de Hun Sen, il fut accueilli à Phnom Penh. En 2003, son procès comme responsable des Khmers rouges n'avait pas encore eu lieu.

KHITAN ou **K'I-TAN** ou **KITAT.** Peuple mongol qui s'établit à partir du VIIIe s. au N. de la Grande Muraille de Chine, dans le Jehol et la Mandchourie méridionale. Longtemps contenus par les Chinois, ils profitèrent de l'anarchie qui suivit la chute de la dynastie des T'ang pour imposer leur suzeraineté en haute Mongolie, chassant les Kirghizes vers la Sibérie (vers 920/926).

Mais ils étaient surtout attirés par la Chine. Appelés par un général chinois rebelle, ils s'installèrent en 936 à l'intérieur de la Grande Muraille, dans le nord du Hopei, à Pékin et dans le nord du Chan-si. Ils fondèrent le royaume de Leao. À plusieurs reprises, ils dévastèrent la Chine ; de 979 à 1004, les tentatives de T'ai-tsong, second empereur de la dynastie de Song, pour leur reprendre Pékin aboutirent à un échec. Ce furent les Djurtchèt (v.) qui abattirent la puissance des Khitan, en 1122.

KHMERS. Peuple d'origine mongole mêlé d'apports indiens, à l'origine de la civilisation cambodgienne. Les Khmers conquirent peu à peu le Fou-nan (actuels Cambodge et Sud-Viêt-nam) dont ils conservèrent la civilisation fortement indianisée (VIe/VIIe s.) : le sanskrit resta la langue des textes sacrés et la religion demeura centrée sur le culte de Çiva. La notion de dieu-roi (*devaraja*) caractérisa la vie spirituelle et politique. Vers la fin du VIIIe s., le bouddhisme mahayaniste fit son apparition chez les Khmers, où il coexista pacifiquement pendant des siècles avec le çivaïsme. À la fin du IXe s., Yaçovarman Ier (vers 889/900) transporta la capitale de son royaume à Yaçodharapura, sur le site actuel d'Angkor. Un ensemble de monuments admirables y fut érigé, attestant le maintien de l'influence hindouiste (X[e]/XIIe s.), tels les temples-montagnes (temple d'Angkor Vat), lieu de la communion entre le dieu et le roi, entre l'ordre spirituel et l'ordre temporel. À la fin du XIIe s., sous le règne de Jayavarman VII (vers 1180/1200), l'art et la culture s'inspirèrent nettement du bouddhisme (temple d'Angkor Thom).

Le Cambodge médiéval tirait sa richesse de sa situation d'intermédiaire entre l'Inde et la Chine. Il atteignit son apogée sous le règne de Jayavarman VII qui libéra le pays d'une invasion des Chams et annexa le Champa (v.) (vers 1190). Après sa mort, l'Empire khmer se désagrégea rapidement du fait de la révolte des Chams, des Thaïs, des Malais et des attaques chinoises. L'empereur mongol Koubilaï imposa un tribut à Jayavarman VIII (1243/96). Au milieu du XIVe s., les souverains khmers eurent à lutter contre l'expansion du Siam. En 1431, les Siamois occupèrent quelque temps Angkor et la capitale fut définitivement transférée à Phnom Penh (1434). Le royaume khmer, dès lors en complète décadence, devint la proie des rivalités entre Siamois et Annamites jusqu'au traité de 1863 établissant le protectorat français sur le Cambodge.

KHMERS ROUGES. Groupe politique et militaire cambodgien d'inspiration révolutionnaire maoïste qui, au pouvoir de 1976 à 1979, fut responsable de l'« autogénocide khmer ». Menés par Pol Pot, ils ruinèrent le pays par un retour forcé à la terre des citadins et se livrèrent à un gigantesque massacre, estimé à 2 ou 3 millions de morts, qui servit de justification en 1978 à une intervention vietnamienne soutenue par l'URSS.

La réaction nationaliste qui suivit l'occupation vietnamienne profita aux Khmers rouges. Réarmés par la Chine, ils livrèrent, dans la jungle de l'ouest du pays, une guérilla aux troupes vietnamiennes. Les négociations menées à partir de 1988 (v. CAMBODGE) amorcèrent le ralliement au régime de Phnom Penh de soldats et chefs khmers rouges. Le procès de Pol Pot par ses anciens camarades en 1997 et sa mort en 1998 provoquèrent le ralliement des deux derniers chefs historiques du mouvement. La région de Païlin restait cependant encore sous le contrôle des Khmers rouges malgré le désengagement de Pékin. Un accord a été trouvé entre l'ONU et le gouvernement cambodgien quant à l'organisation du procès des Khmers rouges (2003).

KHOMEYNI Rouholla Moussari (* Khomeyn, près de Qom, 1902, † Téhéran, 4.VI.1989). Chef religieux et homme politique iranien. Docteur de la loi coranique, il enseigna la théologie dans les années 1930, à Qom, ville sainte du chiisme. Profondément hostile à la politique de modernisation et d'occidentalisation du chah, il fut accusé d'un attentat manqué contre le souverain et exilé en Turquie en 1963.

En 1969, il s'installa en Irak où sa popularité s'accrut auprès des chiites irakiens et des opposants iraniens, ce qui lui permit de préparer en exil un gouvernement révolutionnaire. Expulsé d'Irak en 1978, il passa quelques mois en France et revint en Iran en févr. 1979 après la chute du chah. Il fit proclamer la république islamique. « Guide suprême de la Révolution », il imposa une stricte observance de l'islam le plus conservateur, écarta le premier président de la République Bani Sadr (1981) et réprima violemment toute forme d'opposition. Malgré les défaites de l'armée iranienne face à l'Irak et ses terribles pertes, il conserva une forte influence sur le monde islamique jusqu'à sa mort, comme en témoigne l'énorme retentissement de l'anathème meurtrier qu'il lança contre l'écrivain S. Rushdie (1989). Voir IRAN.

KHOREZM ou **KHAREZM.** Ancien État de l'Asie centrale, centré sur un chapelet d'oasis du cours inférieur de l'Amou-Daria, où se développa une civilisation protohistorique très avancée. Il passa au VIe s. av. J.-C. sous la suzeraineté des rois achéménides de Perse, puis reçut l'influence de l'empire des Séleucides et du royaume grec de Bactriane. Conquis à l'islam par les califes omeyyades, vers 680, le Khorezm retrouva son indépendance à la fin du X[e]s. Avec Ala ed-Din Mohammed, au XIIe s., il atteignit son apogée et s'étendit sur l'Afghanistan et sur toute la Perse, jusqu'à l'Irak, devenant ainsi la plus grande puissance de l'Asie centrale. Vaincu par Gengis Khan (1221), le Khorezm passa ensuite à la Horde d'Or. Conquis par Tamerlan en 1379, il fut enlevé aux Timourides par les Ouzbeks (1512). Pendant des siècles, le Khorezm avait dû sa prospérité au commerce caravanier entre la Chine et le Proche-Orient. Les découvertes du XVIe s., en ouvrant de nouvelles routes maritimes, diminuèrent considérablement cette source de richesses.

Le Khorezm, devenu depuis sa conquête par les Ouzbeks le khanat de Khiva, freina l'expansion russe en Asie centrale au XVIIIe s. En 1873 seulement, les Russes, mettant en œuvre des forces considérables, réussirent à occuper Khiva et imposèrent leur protectorat au khan. En 1920, le dernier khan de Khiva fut déposé par les Soviets, qui établirent une république soviétique de Khorezmie. Celle-ci fut dissoute en 1924 et son territoire partagé entre les républiques des Ouzbeks, des Turkmènes et des Kara-Kalpaks.

KHROUCHTCHEV Nikita Serguéïevitch (* Kalinovka, prov. de Koursk, 17.IV.1894, † près de Moscou, 11.IX.1971). Homme politique soviétique. Mobilisé en 1914, il rejoignit les gardes rouges en 1917 et participa pendant trois ans à la guerre civile. Membre du Comité central du parti communiste soviétique en 1934, premier secrétaire de la région de Moscou (1935/38), élu au Soviet suprême en 1937, membre du Politburo en 1939, il fut imposé par Staline comme premier secrétaire du parti en Ukraine (1938/49) pour y réduire le nationalisme ukrainien. Il dirigea l'annexion de la Pologne en 1939, défendit l'Ukraine contre l'armée allemande en 1941, prit une part importante à la défense de Stalingrad et fut fait lieutenant général en 1943. Premier secrétaire du parti après la mort de Staline (1953), il amorça la déstalinisation (v. RUSSIE. L'URSS sous Malenkov et Khrouchtchev). Il inaugura aussi la coexistence pacifique avec l'Occident et impulsa un vaste mouvement de réformes économiques (v. RUSSIE. L'URSS sous Khrouchtchev. Politiques étrangère et économique). Leur échec le contraignit à la démission en 1964.

K'IEN-LONG, Qianlong en pinyin (* 25.IX.1711, † 7.II.1799). Empereur chinois de la dynastie mandchoue (1736/96). À la suite de son aïeul K'ang-hi, il porta la dynastie mandchoue à son apogée et put réaliser les ambitions que tous les empereurs chinois, depuis l'époque des Han, avaient poursuivies en Asie centrale. Il annexa la Dzoungarie (1754/57) et la Kachgarie (1758/59), renforça le protectorat chinois sur le Tibet (1751), intervint au Népal, où il força les Gurkhas à se reconnaître tributaires de la Chine (1792). Sur le plan intérieur, il mit en place une remarquable administration, utilisant les compétences des missionnaires jésuites, mais il réitéra l'interdiction pour ses sujets d'embrasser le christianisme (1736) et il observa une attitude pleine de méfiance à l'égard des puissances occidentales (échec de la mission Macartney, 1793). Peintre, grand lettré et poète, K'ien-long apporta son soutien à de nombreuses entreprises culturelles, entre autres l'édition du catalogue de la bibliothèque du palais impérial. Cependant, l'éclat du règne se ternit quelque peu à partir de 1780, lorsque K'ien-long accorda sa confiance à un ministre détestable, Hochen, qui dilapida le trésor et institua la corruption dans les plus hauts postes de l'administration. En 1796, K'ien-long abdiqua en faveur de son fils Kia-king, mais il continua d'exercer le pouvoir jusqu'à sa mort.

KIESINGER Kurt Georg (* Ebingen, Wurtemberg, 6.IV.1904, † Tübingen, 9.III.1988). Homme politique allemand. Avocat, il adhéra en 1933 au parti national-socialiste, mais sans devenir un militant actif. Ministre-président démocrate-chrétien du Land de Bade-Wurtemberg (1958/66), il succéda en déc. 1966 à Ludwig Erhard comme chancelier de la République fédérale (1966/69). Après les élections fédérales d'oct. 1969, l'alliance des libéraux et des sociaux-démocrates rejeta les démocrates-chrétiens dans l'opposition, et Kiesinger dut laisser la chancellerie à Willy Brandt. Voir ALLEMAGNE. D'Erhard à la « grande coalition ».

KIEV. Capitale de l'Ukraine, située près du confluent du Dniepr et de la Desna. Elle fut d'abord un bourg fortifié des Slaves Polianes du Dniepr. Vers 860, elle fut prise par les Varègues et devint en 881 la capitale du plus ancien État russe. Lorsque, sous l'influence byzantine, le prince Vladimir reçut le baptême (988), Kiev devint aussi le premier foyer de la chrétienté russe. Kiev jouait alors un rôle important dans les relations commerciales entre la Baltique et la mer Noire et l'État kiévien connut son apogée au milieu du XIe s. (v. RUSSIE. La Russie kiévienne, IXe/XIIe s.). La menace des envahisseurs nomades (Petchénègues et Polovtsy) et les luttes intestines affaiblirent cependant sa puissance.

La ville fut complètement ruinée par les Mongols de Batou Khan en 1240. Elle perdit même sa suprématie religieuse, car le métropolite transporta son siège à Vladimir, dans le Nord.

Conquise par la Lituanie en 1361, elle passa avec elle à la Pologne (Union de Lublin, 1569). Entraînée dans la révolte cosaque de 1648 contre la Pologne, Kiev passa sous la suzeraineté de Moscou (paix d'Androussovo, 1667), et fut officiellement annexée à l'Empire russe en 1686.

KIKOUYOUS. Peuple bantou du Kenya central et méridional. Essentiellement agriculteurs, les Kikouyous furent spoliés de leurs terres des hauts plateaux kényans par les colons britanniques. Ils jouèrent un rôle central dans la révolte des Mau-Mau en 1954/56 et dominèrent la vie politique après l'indépendance (1963). Opposé aux Kikouyous depuis la révolte des Mau-Mau, Daniel Arap Moi les chassa du gouvernement (1978). Ils furent en butte à diverses persécutions à la fin des années 1990. Voir KENYA.

KIM Dae-jung (Hugwang-ri, 3.XII.1925). Homme politique sud-coréen. Élu député en 1961, il perdit l'élection présidentielle de 1971 contre le général Park Chung-hee (auteur du putsch de 1961). Incarcéré pendant plusieurs années, il fut condamné à mort en 1980 pour sédition, mais bénéficia d'une remise de peine et s'exila aux États-Unis. Après la fin du régime militaire, il brigua à deux reprises le mandat présidentiel (1987, 1992) avant d'être élu en 1997. Il entreprit des réformes économiques (démantèlement des grands conglomérats), mais son parti perdit les élections législatives d'avr. 2000. Travaillant à la réconciliation des deux Corées, il rencontra le 12 juin 2000 le chef de l'État nord-coréen Kim Jong-il. Il a reçu le prix Nobel de la paix en 2000.

KIM Il-sung, Gim Ilseong, Kim Song-chou, dit (* nord de la Corée, 15.IV.1912, † Pyongyang, 8.VII.1994). Homme politique nord-coréen. Entré au parti communiste en 1931, il organisa la résistance contre l'occupant japonais depuis l'URSS et rentra en Corée, où il fonda le parti des travailleurs, à la fin de 1945. Devenu chef du gouvernement nord-coréen en 1948 et par la suite chef de l'État, il déclencha en 1950 la guerre de Corée en envahissant la Corée du Sud. Après l'armistice de 1953, il ferma son pays aux relations avec l'étranger et procéda à la collectivisation de l'économie.

Élu en 1972 à la suite de la nouvelle Constitution, réélu en 1986 et 1990, il maintint un pouvoir dictatorial sur le pays et imposa le système du culte de la personnalité. À sa mort, en 1994, son fils Kim Jong-il lui succéda. Voir **Corée du Nord**.

KIM Jong-il (province du Ryanggang, 16.II.1942). Homme politique nord-coréen. Président de la commission de Défense, commandant en chef des armées, Kim Jong-il prit la direction du pays à la mort de son père, Kim Il-sung, en juill. 1994, sans toutefois prendre le titre de chef de l'État. Il maintint le modèle nord-coréen de société dictatoriale et autarcique et plongea son pays dans la famine. Sur le plan diplomatique, il alterna menaces militaires et négociations, et, face aux États-Unis, pratiqua un efficace chantage nucléaire. Voir **Corée du Nord**.

KING Martin Luther (* Atlanta, Géorgie, 15.I.1929, † Memphis, Tennessee, 4.IV.1968). Pasteur noir américain. Ordonné ministre dans l'Église baptiste dès 1947, il fut nommé dans une paroisse noire de Montgomery (Alabama). En appelant les Noirs à boycotter les autobus municipaux, il remporta en 1955 une première victoire contre la ségrégation raciale dans les moyens de transports. En 1957, il fonda la Conférence des leaders chrétiens du Sud (SCLC), et prit peu à peu la tête du mouvement des Noirs pour l'égalité des droits civiques. Recevant l'adhésion de la jeunesse universitaire, il organisa différentes actions non violentes dont la spectaculaire marche de la liberté qui réunit 250 000 personnes à Washington le 25 août 1963. Prix Nobel de la paix (1964), il se vit dépasser par des mouvements noirs extrémistes ; il lança pourtant de nouvelles actions dans l'Ouest et le Nord. Il fut assassiné au cours de l'une d'elles. Voir **Noirs américains**.

KING William Lyon Mackenzie (* Kitchener, 17.XII.1874, † Kingsmere, Québec, 22.VII.1950). Homme politique canadien. Chef du parti libéral en 1919, il dirigea le gouvernement de 1921 à 1930 (sauf pendant une interruption en 1926) et de 1935 à 1948. Le 10 septembre 1939, il demanda au Parlement canadien de déclarer la guerre à l'Allemagne et dirigea activement l'effort militaire du Canada, imposant notamment, en dépit des oppositions, une conscription partielle (1944).

KIPPOUR (guerre du). Nom donné à la guerre de 1973 qui opposa Israël aux nations arabes. Voir **Israélo-arabes (guerres)**.

KIPTCHAK (khanat de). Khanat le plus occidental de l'Empire mongol (XIIIe-XIVe s.). Voir **Horde d'Or**.

KIPTCHAKS. Peuple nomade de langue turque. Voir **Coumans**.

KIRGHIZIE ou **KIRGHIZSTAN.** État de l'Asie centrale dominé par les monts du Tian Shan et de l'Altaï, entre le Kazakhstan, l'Ouzbékistan, le Tadjikistan et la Chine ; capitale *Bichkek* (ex-*Frounze*). Le territoire de l'actuelle Kirghizie, occupé par les Kirghizes depuis le XVe s., passa sous l'autorité de la Russie lorsque celle-ci annexa le khanat ouzbek de Khokand (1876). Territoire autonome (1924/26), puis république autonome (1926/36), le pays fut érigé en république fédérée de l'URSS en 1936.

Le 31 août 1991, le pays accéda à l'indépendance sous le nom de Kirghizstan et Askar Akaïev fut élu président. Réélu en 1995, il renforça son pouvoir en réformant la Constitution (1996) pour diminuer le pouvoir du Premier ministre ; il musela aussi l'opposition. Sur le plan diplomatique, le Kirghizstan est entré dans la Communauté des États indépendants (CEI) en déc. 1991 et a signé le traité de sécurité collective de Tachkent (1992). Le Kirghizstan, la Russie et le Kazakhstan ont conclu en 1996 un accord qui doit permettre à terme une intégration politique et économique. L'accord avec l'Ouzbékistan (2001) a permis de lever en partie les contentieux frontaliers entre les deux États. Toutefois, à la fin du XXe s., alors que les richesses minières et l'agriculture fournissaient toujours l'essentiel des revenus, le pays connaissait une situation économique difficile favorisant le développement d'une économie parallèle.

KIRIBATI. État créé en 1979. Anciennes îles Gilbert sous administration britannique. Voir **Gilbert et Ellice (îles)**.

KISSINGER Henry (Fürth, Allemagne, 27.V. 1923). Homme politique américain. Collaborateur du président Nixon dès 1968, il dirigea le département d'État des Affaires étrangères (1973/77), et déploya une très grande activité diplomatique sous Nixon et Ford. En 1972, il fut à l'origine du rétablissement des relations diplomatiques avec la Chine populaire, négocia la fin de la guerre du Viêt-nam et amena Israéliens et Égyptiens à mettre un terme à la guerre du Kippour (1973) (v. **Israélo-arabes**, guerres). Il réussit à limiter l'influence soviétique dans le monde arabe tout en maintenant la politique de détente avec l'URSS (conférence d'Helsinki, 1975). Ses négociations avec Ian Smith (1976) ont ouvert la voie à la solution du problème blanc en Rhodésie du Sud. La défaite républicaine à l'élection présidentielle de nov. 1976 l'obligea à quitter le département d'État. Il est resté cependant un analyste écouté en matière de relations internationales.

KITCHENER Horatio Herbert, 1er comte Kitchener of Khartoum (* Listowell, Irlande, 24.VI.1850, † en mer, près des Orcades, 5.VI.1916). Maréchal anglais. Il participa en 1885 à l'expédition qui ne put secourir à temps Gordon, enfermé dans Khartoum. Commandant en chef (*sirdar*) de l'armée égyptienne en 1892, il conduisit une nouvelle expédition qui lui permit d'écraser les forces mahdistes à la bataille d'Omdurman (2 sept. 1898) et d'entrer dans Khartoum. Peu après, il atteignit et occupa Fachoda où la colonne française conduite par le commandant Marchand l'avait précédé (v. **Fachoda**, incident de). Adjoint de lord Roberts dans la guerre des Boers (1900/02), il mit en œuvre des méthodes brutales pour réprimer l'activité des guérillas. Il commanda l'armée des Indes avant d'être nommé résident général en Égypte (1911/14) où il prépara la déposition du khédive Abbas Hilmi. Ministre de la Guerre en 1914, il réorganisa rapidement l'armée britannique.

KLÉBER Jean-Baptiste (* Strasbourg, 9.III.1753, † Le Caire, 14.VI.1800). Général français. Lieutenant-colonel d'un bataillon de volontaires alsaciens en 1792, il se signala à la défense de Mayence et fut fait général (1793). Il remporta sur les royalistes vendéens la victoire de Savenay (23 déc. 1793). Envoyé à l'armée de Sambre-et-Meuse, sous Jourdan, il commanda l'aile gauche à la bataille de Fleurus (26 juin 1794), s'empara de Maastricht et remporta la victoire d'Altenkirchen (1796). Emmené en Égypte par Bonaparte, il fut grièvement blessé à la prise d'Alexandrie (juill. 1798), mais participa au siège d'Acre et fut le principal artisan de la victoire du Mont-Thabor (16 avr. 1799). Bonaparte, revenant en France, laissa à Kléber le commandement en chef (22 août 1799). Il parvint à reprendre Le Caire (21 avr. 1800) mais il fut peu après assassiné par un Égyptien. Voir **Égypte (campagne d')**.

KLEIST Ewald von (* Braunfels, 8.VIII.1881, † en URSS, 1954). Feld-maréchal allemand. D'une vieille famille d'origine poméranienne illustrée par de nombreux généraux et par le poète Heinrich von Kleist, (l'auteur du *Prince de Hombourg*), général en 1931, il fut l'un des créateurs de l'arme blindée allemande, mais, hostile au national-socialisme, il quitta l'armée en 1938. En raison de ses compétences hors de pair, il fut cependant réintégré au début de la guerre. En juin 1940, il exploita la percée de Sedan et atteignit la Manche. Il s'empara de Belgrade en avr. 1941, participa aux offensives d'Ukraine en 1941 et 1942 et, après Stalingrad, réussit à sauver son armée, ce qui lui valut le bâton de maréchal (févr. 1943). À la fin de la guerre, capturé par les Anglais, il fut livré aux Yougoslaves, qui le remirent ensuite aux Soviétiques. Ce chef militaire antinazi mourut dans un camp d'URSS.

KLESTIL Thomas (* Vienne, 4.II.1932, † 6.VII. 2004). Homme politique autrichien. Économiste, Thomas Klestil fit une carrière de diplomate (1962/87) et devint secrétaire général des Affaires étrangères (1987/92). Il fut élu président en juin 1992. Réélu en avril 1998, il tenta sans succès de s'opposer à l'entrée de l'extrême droite au gouvernement, en févr. 2000.

KNOX John (* près de Haddington, East Lothian, vers 1514, plus probablement que la date traditionnelle de 1505, † Édimbourg, 24.XI.1572). Réformateur écossais. Il commença à prêcher la Réforme en 1549 mais dut se réfugier à Genève auprès de Calvin, à l'avènement de la reine catholique Marie Tudor. Il revint en Écosse en 1559. Reprenant dans le *Book of Discipline* les principes calvinistes, il organisa l'Église presbytérienne d'Écosse et obtint du Parlement l'interdiction, sous peine de mort, du culte catholique. Il fut un adversaire impitoyable de Marie Stuart de 1561 à son abdication en 1567.

KNUT (* vers 995, † Shaftesbury, 12.XI.1035). Roi du Danemark (1018/35), d'Angleterre (1017/35) et de Norvège (1030/35). Voir **Canut II** le Grand.

KŒNIG Pierre Marie (* Caen, 10.X.1898, † Neuilly-sur-Seine, 2.IX.1970). Général français. Rallié à de Gaulle dès 1940, il s'illustra contre Rommel à Bir Hakeim en 1942, puis commanda les FFI (1944). Il fut ministre de la Défense en 1954 et 1955. Il fut nommé maréchal de France à titre posthume en 1984. Voir **Résistance.** La résistance à partir du printemps 1943.

KOHL Helmut (Ludwigshafen, 3.IV.1930). Homme politique allemand. Premier ministre du Land de Rhénanie-Palatinat en 1969, il devint président de la CDU en 1973 et candidat à la chancellerie en 1976. Il succéda à Helmut Schmidt en oct. 1982, quand les libéraux abandonnèrent leurs alliés sociaux-démocra-tes.

D'emblée, H. Kohl affirma ses convictions européennes et atlantistes, en imposant aux Allemands, majoritairement hostiles, l'installation de fusées américaines Pershing. Il eut aussi à faire face à la montée de la crise économique, parvenant cependant à maintenir le modèle ouest-allemand de cogestion entre patronat et syndicats pour négocier les restructurations et plans de licenciement. Il fut reélu chancelier en janv. 1987. La façon dont il mena la réunification lui conféra, aux yeux des Allemands, la stature d'un des plus grands hommes d'État de leur histoire : passant outre l'opposition de l'opinion publique, il mena la réunification à marche forcée sans entamer la prospérité allemande retrouvée. Réélu chancelier en 1994, il s'employa à accélérer l'intégration européenne, de moins en moins populaire chez ses concitoyens depuis la réunification. La fin du « miracle économique » allemand suscita à partir de 1995 une crise de confiance : battu aux législatives de sept. 1998, il fut remplacé par G. Schröder, candidat du SPD. Touché par l'affaire du financement occulte de la CDU, il démissionna de la présidence d'honneur du parti, en janv. 2000.

KOLKHOZE. Abréviation des mots russes *kollektivnoïe khoziaïstvo*, c'est-à-dire « exploitation collective » ou « coopérative ». Les premiers kolkhozes furent créés au lendemain de la révolution soviétique en 1919 et généralisés par le décret du 6 janv. 1930. Dans les kolkhozes, la terre, concédée en usufruit par l'État, les instruments de production et le cheptel étaient mis en commun, sous la direction d'un comité et d'un président théoriquement élus mais, en fait, désignés par le parti communiste ; les machines et notamment les tracteurs n'étaient pas la propriété du kolkhoze, mais devaient être loués à des stations de tracteurs réparties dans toute l'URSS. L'État prélevait une partie de la récolte sous forme d'impôt ou de livraisons gratuites ou à prix fixes. Les paysans kolkhoziens gardaient leur maison individuelle et leur enclos, où ils pouvaient cultiver un jardin et élever quelques bêtes (pas plus d'une vache) mais devaient toute leur activité au kolkhoze. Ils recevaient comme rémunération une partie des revenus du kolkhoze, selon le nombre de journées de travail fournies et la qualité de ce travail.

La généralisation des kolkhozes coïncida avec la liquidation des koulaks (v.) et la collectivisation de l'économie soviétique ; elle fut mal accueillie dans les campagnes soviétiques. Beaucoup de paysans préférèrent brûler leurs récoltes et tuer leur cheptel plutôt que de les livrer aux kolkhozes. Cependant, à l'issue du premier plan quinquennal (1932), près de 70 % des terres étaient réparties en kolkhozes. À côté de ces coopératives existaient aussi des fermes d'État, les *sovkhozes*, créées avant la collectivisation. Il s'agissait de très grandes exploitations, n'employant que des salariés. Après la mort de Staline, le système des kolkhozes s'est considérablement assoupli : le contrôle du parti sur la direction s'est relâché, les stations de tracteurs ont été supprimées (1958), les kolkhozes achetant directement les machines dont ils avaient besoin ; les lopins individuels s'agrandirent et les paysans pouvaient désormais écouler leur production sur le marché kolkhozien, à des prix relativement libres, sans passer par l'administration du kolkhoze.

À la fin des années 1960, les 35 600 kolkhozes regroupaient près de 105 millions de personnes, soit environ 45 % de la population de l'Union soviétique. Couvrant une superficie de 225 millions d'hectares, d'une surface moyenne de 6 500 hectares, ils assuraient près de la moitié de la production globale de céréales, 55 % des produits laitiers, 45 % de la viande, 80 à 90 % des betteraves sucrières et du coton. Le reste de la production était assuré par les sovkhozes et surtout par les lopins individuels pouvant être concédés aussi aux ouvriers et aux employés ; n'occupant que 3 % des terres cultivées, ces derniers fournissaient 25 % de la production agricole, le tiers de l'élevage et de la production de lait, 31 % de la production de viande. Cependant, l'URSS souffrit d'une pénurie agricole constante en raison notamment du manque d'investissement et de la mauvaise gestion des stocks et de la distribution. Le pays resta ainsi le premier importateur mondial de céréales.

La privatisation des terres fut engagée en 1991 ; en janv. 1992, les kolkhozes et les sovkhozes furent démantelés tandis qu'une loi (juin 1994) instaurait le statut privé de la terre. En 1997, 38 % des terres restaient aux mains de l'État et des municipalités. 62 % étaient devenues des propriétés privées sous la forme surtout de sociétés par actions mais aussi de coopératives agricoles, d'associations d'exploitations, très peu de paysans s'étant installés à leur compte.

KOLTCHAK Alexandre Vassiliévitch (* Saint-Pétersbourg, 1874, † Irkoutsk, 7.II.1920). Amiral russe. Officier de marine dès 1894, amiral et commandant de la flotte de la mer Noire en 1916, il démissionna après la révolution de févr. 1917. Ayant rejoint la Sibérie, il essaya d'organiser les forces contre-révolutionnaires. En oct. 1918, il devint ministre de la Guerre du directoire constitué à Omsk pour lutter contre les bolcheviks. Dans la nuit du 18 au 19 nov. 1918, il renversa ce directoire et se proclama chef suprême. Soutenu par l'Angleterre et la France, il se rendit impopulaire par sa dictature rigoureuse et s'aliéna les contingents tchèques qui devaient servir sous ses ordres. Il remporta d'importants succès militaires (printemps 1919), puis dut battre en retraite et abandonner Omsk aux bolcheviks (nov. 1919). Il établit le siège de son gouvernement à Irkoutsk, mais fut renversé, le 4 janv. 1920, par une émeute menchevique. Koltchak chercha alors la protection des Alliés, mais les Tchèques le livrèrent aux autorités d'Irkoutsk. Les bolcheviks, qui y pénétrèrent peu après, l'exécutèrent sommairement.

KOMINTERN, KOMINFORM. *Komintern* : nom donné par Lénine, en 1919, à la IIIe Internationale, dissoute en 1943. *Kominform* : nom donné au Komintern, reconstitué en 1947. Voir **INTERNATIONALE (IIIe)**.

KONAN BÉDIÉ Henri (Dadiékro, pays baoulé, Côte-d'Ivoire, 5.V.1934). Homme politique ivoirien. Diplomate (1960/66), ministre de l'Économie (1966/77), président de l'Assemblée nationale (1980/93), Henri Konan Bédié assura l'intérim de la présidence à la mort de Félix Houphouët-Boigny (1993). Il fut président de 1995 à 1999. Voir **Côte-d'Ivoire**.

KONGO (royaume du). Ancien État de l'Afrique équatoriale, fondé vers le début du XIVe s. mais dont l'histoire n'est écrite que depuis sa découverte par le voyageur portugais Diogo Cam en 1484. Le royaume du Kongo couvrait alors toute la région du bas Congo ; depuis Loanda au S. jusqu'au fleuve Kouango à l'E. ; du royaume de Loango au N. jusqu'au-delà du Stanley Pool au N.-E. Gouverné par un roi électif, le *manicongo*, l'État était divisé en six provinces, dirigées par des parents du roi ou des descendants des chefs soumis.

Des relations amicales s'établirent rapidement entre les Congolais et les voyageurs portugais. L'ambassade du manicongo, reçue à Lisbonne en 1489, en revint en 1490 habillée à l'européenne, et accompagnée de missionnaires et de techniciens portugais. Le manicongo, Nzinga Kouvou, se convertit au christianisme, mais il ne put imposer sa nouvelle religion à ses sujets et fut contraint d'apostasier quatre ans plus tard. Son successeur, Nzinga Mbemba, qui avait pris le nom d'Alfonso Ier (1507/43), se montra au contraire un fervent chrétien : il donna à la capitale de son royaume, Ambasse, le nom de São Salvador et envoya son fils Henri faire des études ecclésiastiques au Portugal (Henri devint d'ailleurs le premier évêque africain). Alfonso adopta aussi la culture portugaise. L'essor de la jeune chrétienté africaine fut brisé par l'afflux des trafiquants portugais, qui commencèrent, dès 1518, à se livrer à la traite des Noirs. Pour échapper aux Portugais, le troisième successeur d'Alfonso Ier, Diogo Ier, tenta vainement (en 1547 et en 1553) de placer son pays sous la suzeraineté directe du pape. Attaqué par les Djagas du Sud-Est et par les Ngolas païens du Sud (soutenus par les marchands portugais), affaibli aussi par de continuelles guerres de succession (car la royauté restait élective), le royaume du Kongo déclina. En 1668, le roi Antonio fut battu par une coalition d'Angolais et de Portugais. L'essentiel du territoire de l'ancien royaume retourna alors à l'émiettement politique.

KONIEV Ivan Stepanovitch (* Lodeino, près de Viatka, 1897, † Moscou, 21.V.1973). Maréchal soviétique. Militant communiste dès 1918, commissaire politique, il suivit les cours de l'académie Frounze. Durant la Seconde Guerre mondiale, commandant du 1er front d'Ukraine, il brisa l'offensive allemande pour réduire le saillant de Koursk (juill. 1943), franchit le Dniepr (oct. 1943) et, en liaison avec Joukov, détruisit presque complètement la VIIIe armée allemande dans la grande boucle du Dniepr (févr. 1944). Il envahit ensuite la Pologne méridionale, s'empara de Lvov (juill. 1944) et de Cracovie (janv. 1945), conquit le bassin minier de Haute-Silésie et fit la jonction avec les Américains de Patton à Torgau sur l'Elbe (25 avr. 1945). Il contribua ensuite à l'encerclement de Berlin. Commandant des forces d'occupation soviétiques en Autriche et en Hongrie (1945), il fut ensuite vice-ministre de la Défense (1950/55) et commandant suprême des armées du pacte de Varsovie (1955/60).

KONOE Fumimaro, prince (* Kyôto, oct. 1891, † Tôkyô, 15.XII.1945). Homme politique japonais. Premier ministre de 1937 à 1939 et de 1940 à 1941, il mena une politique impérialiste (début de la guerre contre la Chine, 1937), assortie d'une restriction des libertés démocratiques et d'un strict dirigisme économique. Il signa avec l'Allemagne et l'Italie le pacte tripartite (27 sept. 1940), mais essaya d'éviter la guerre avec les États-Unis, ce qui causa son éviction du pouvoir (oct. 1941). Il se suicida après la défaite japonaise.

KÖPRÜLÜ. Famille turque d'origine albanaise, qui joua un rôle important dans la politique ottomane de 1656 à 1710. Voir **Turquie**.

KORNILOV Lavr Gheorgievitch (* Oust-Kamenogorsk, Sibérie 30.VII.1870, † Iekaterinodar, auj. Krasnodar, 13.IV.1918). Général russe. Fils d'un officier de Cosaques, il fut fait prisonnier par les Autrichiens en 1915 mais réussit à s'évader. Après la révolution de févr. 1917, le gouvernement provisoire le nomma gouverneur militaire de Petrograd, commandant de la VIIIe armée et enfin commandant en chef (1er août 1917). Contestant les mesures qu'il avait prises pour rétablir la discipline militaire, Kerenski le révoqua (9 sept.). Kornilov refusa de se soumettre et marcha aussitôt sur Petrograd. Pour faire face à cette tentative de putsch, Kerenski s'appuya sur les bolcheviks, dont l'influence s'accrut. Abandonné par ses hommes, Kornilov fut arrêté ; il réussit à s'échapper et il alla organiser en Ukraine une armée de volontaires contre les bolcheviks ; il fut tué au combat quelques mois plus tard.

KOSCIUSZKO Tadeusz Andrzej Bonawentura (* Mereczowszczyzna, Lituanie, 4.II.1746, † Soleure, 15.X.1817). Officier et homme politique polonais. Après avoir fait une partie de ses études militaires en France, il quitta l'armée polonaise à la suite d'une intrigue amoureuse. Il partit en Amérique et participa à la guerre d'Indépendance américaine (1776/83). Il contribua à la fondation de West Point, devint brigadier général et fut fait citoyen d'honneur des États-Unis. Il revint en Pologne en 1784 et lutta contre l'invasion de la Pologne par les Russes (1792). À la tête de l'insurrection polonaise, il remporta quelques succès (victoire de Raclawice, 4 avr. 1794) avant d'être défait à Maciejowice (10 oct. 1794) par la coalition des Prussiens et des Russes. Il fut alors emprisonné à Saint-Pétersbourg. Libéré par le tsar Paul Ier en nov. 1796, il voyagea en Angleterre et aux États-Unis, puis s'installa à Paris en 1798. Lors du congrès de

Vienne, il s'efforça en vain d'intervenir en faveur de la Pologne. Il finit sa vie en Suisse. Voir **POLOGNE**.

KOSOVO. Région de Serbie, dans le sud-ouest du pays. Les troupes ottomanes y remportèrent sur les Serbes et les Bulgares une grande victoire (date traditionnelle : 15 juin 1389), qui mit fin à l'indépendance serbe ; mais le sultan Mourad Ier fut assassiné par un Serbe au cours de la bataille. En 1448, Mourad II y battit le Hongrois Jean Hunyade.

De 1945 à 1989, le Kosovo, majoritairement peuplé d'Albanais (80 % de la population), a constitué dans la Yougoslavie fédérale une province autonome au sein de la république de Serbie. En 1989, la Serbie de Milosevic supprima le statut d'autonomie du Kosovo et tenta de soumettre la région en y installant des réfugiés serbes de Bosnie et de Croatie. Des émeutes éclatèrent et la minorité albanaise se dota d'une sorte d'État parallèle avec un président (Ibrahim Rugova), un parlement, des universités, des écoles, des dispensaires. Devant la menace militaire serbe, une partie des Kosovars choisit l'insurrection armée au sein de l'Armée de libération du Kosovo (UCK). Les exactions commises par les Serbes et le refus de Milosevic de se plier aux exigences de l'OTAN entraînèrent l'attaque de la Serbie par les forces de l'Alliance atlantique (mars 1999). La police serbe et l'armée yougoslave accrurent encore leur politique de terreur systématique et les civils kosovars durent fuir vers les pays voisins. En juin 1999, Milosevic céda et accepta les conditions du G8 qui reprenaient celles de l'OTAN. La Force de paix du Kosovo (KFOR), se déploya au Kosovo placé sous l'administration provisoire de l'ONU (représentée par le Français Bernard Kouchner jusqu'en janv. 2001).

Le retrait des forces serbes entraîna l'exode de la population civile serbe, craignant des représailles de la part des Albanais. Depuis ce moment, pressions et violences se sont exercées sur la faible minorité serbe demeurée au Kosovo.

KOSSUTH Lajos (* Monok, Hongrie, 19.IX.1802, † Turin, 20.III.1894). Homme politique hongrois. Député du comitat de Pest en 1847, il prit la tête de l'opposition à la diète de Presbourg réclamant l'émancipation des paysans, l'abolition des privilèges et des droits féodaux, la liberté de la presse, ainsi que l'autonomie complète à l'égard de l'Autriche.

En mars 1848, ministre des Finances dans le gouvernement Batthyány, Kossuth chercha à provoquer la rupture complète avec Vienne, refusa l'envoi des troupes hongroises en Italie et fit décider la formation d'une armée nationale de 200 000 hommes. En sept. 1848, quand la Hongrie s'opposa ouvertement aux Habsbourg, il fut nommé président du Comité de défense et devint dictateur de fait. Après la prise de Budapest par les Autrichiens, il se replia sur Debrecen avec la diète et fit proclamer la déchéance des Habsbourg (14 avr. 1849). Il dut démissionner du fait de l'intervention russe (11 août) et se réfugia en Turquie. Voir **HONGRIE**.

KOSSYGUINE Alexeï Nikolaïevitch (* Saint-Pétersbourg, 20.II.1904, † Moscou, 18.XII.1980). Homme politique soviétique. Entré dans l'armée rouge à quinze ans, en 1919, il prit part à la guerre civile, puis fit des études de spécialiste de l'industrie textile. Maire de Leningrad en 1938, il fut nommé en 1939 commissaire à l'Industrie textile. Membre du Politburo de 1948 à 1953, et de nouveau à partir de 1960, il devint vice-Premier ministre sous Khrouchtchev en mai 1960 et remplaça celui-ci comme Premier ministre en oct. 1964. Jusqu'à sa mort, en 1980, il fut, auprès de Leonid Brejnev, le principal dirigeant de l'URSS.

KOSTUNICA Vojislav (Belgrade, 24.IV.1944). Chercheur et homme politique yougoslave. Docteur en sciences juridiques, il renonça à sa carrière universitaire en 1974 par opposition au régime titiste. Fondateur du parti démocrate serbe (1992), il siégea au Parlement (1990/97). Candidat de l'opposition, coalisée au sein de l'Opposition démocratique serbe, il fut président de la fédération de Yougoslavie de 2000 à 2003. Voir **YOUGOSLAVIE**.

KOUATLI Choukri el- (* Damas, 1891, † Beyrouth, 30.VI.1967). Homme politique syrien. Nationaliste arabe, il s'opposa à la domination ottomane puis au mandat français. Devenu chef du gouvernement en 1943, il obtint l'indépendance complète de la Syrie et le départ des troupes françaises (1946). Renversé en 1949 par un coup d'État militaire, il fut élu président de la République en 1955 et contribua à l'union de la Syrie et de l'Égypte dans la République arabe unie (1958-1961).

KOUBILAÏ ou **KUBILAY** ou **KUBLAI** ou **QUBILAY** ou **QUOUBILAÏ KHAN** (* vers 1215, † 1294). Grand khan des Mongols (1260/94) et fondateur de la dynastie mongole de Chine (Yuan). Petit-fils de Gengis Khan, il reçut de son frère Mongka le commandement de la partie orientale de l'Empire mongol (1252). À la mort de ce dernier, il fut proclamé grand khan (6 mai 1260), mais dut faire face à l'opposition de son frère, Arikbögè, qui ne se soumit qu'en 1264. Déjà maître de la Chine du Nord par l'héritage de Mongka, il conquit de 1267 à 1276 la Chine méridionale et détruisit l'empire des Song ; il montra beaucoup d'humanité à l'égard des vaincus, se contentant d'envoyer le dernier empereur Song, encore enfant, dans un monastère bouddhique.

Après la soumission de Canton (1277), Koubilaï devint le souverain de toute la Chine. Après avoir transféré sa capitale à Pékin (1260), il donna à sa dynastie le nom chinois de Yuan (1271), adopta la civilisation chinoise, favorisa le bouddhisme et, protégeant les lettres, organisa une vie de cour fastueuse. Certains groupes mongols, le Turkestan (1267) puis la

Mandchourie (1277), hostiles à cette sinisation, se révoltèrent contre le grand khan. À l'extérieur, Koubilaï connut également des échecs : malgré deux tentatives (1274 et 1281), il ne put conquérir le Japon ; il dut également renoncer à imposer son autorité en Cochinchine et en Birmanie, et son expédition contre le royaume javanais de Majapahit tourna au désastre (1293). C'est sous son règne que Marco Polo séjourna en Chine et qu'il fut accueilli à la cour.

KOUCHNER Bernard (Avignon, 1er.XI.1939). Homme politique et médecin français. Dans les années 1970/80, à la tête d'associations qu'il avait fondées (Médecins sans frontières, Médecins du Monde), il mena de multiples actions humanitaires. Il occupa ensuite différents ministères dans les gouvernements Rocard et Jospin (1988/93, 1997/99, 2001/02). Nommé par Kofi Annan haut représentant des Nations unies pour le Kosovo (juill. 1999), il dirigea le mandat de la Mission internationale des Nations unies pour le Kosovo (MINUK), jusqu'en janv. 2001.

KOULAK. Ce mot russe désignait, avant 1917, les usuriers qui prêtaient aux paysans. Il fut repris par la propagande communiste pour stigmatiser tous les paysans un peu aisés. La NEP, inaugurée en 1921, accorda des garanties aux paysans, mais Trotski et l'opposition de gauche commencèrent une vive campagne contre les « koulaks ». Le 27 déc. 1929, Staline, dans le cadre de la collectivisation, annonça la « liquidation des koulaks comme classe ». Ils furent expropriés et contraints d'entrer dans les kolkhozes. En fait, de nombreux koulaks furent exécutés ou déportés avec leurs familles. Voir RUSSIE. La période léninienne ; difficultés économiques et politique étrangère ; l'URSS sous Staline ; l'essor économique jusqu'à la guerre.

KOUO-MIN-TANG ou **GUOMINDANG,** *parti national du peuple.* Parti nationaliste chinois fondé en 1900 par Sun Yat-sen. Il joua un rôle déterminant dans la révolution de 1911, il fut dissous par Yuan Che-k'ai, le président de la nouvelle République (1913). Cependant, le Kouo-min-tang se maintint en Chine du Sud. Tchang Kaï-chek le réorganisa (1923/24) et forma un gouvernement nationaliste qui exerça son autorité sur la Chine méridionale. Après la victoire des communistes chinois sur le continent (1949), le Kouo-min-tang s'installa à Taiwan, où il fut le seul parti autorisé jusqu'en 1987. Il conserva le pouvoir jusqu'à la présidentielle de mars 2000. Voir CHINE. Les débuts de la République ; la révolution nationale de Kouo-min-tang ; la lutte contre les communistes et la guerre sino-japonaise.

KOURILES (îles). Archipel du Pacifique septentrional, qui s'étend entre la péninsule du Kamtchatka et l'île japonaise de Hokkaïdo. Occupées progressivement par les Japonais à partir du XVIIe s., les Kouriles furent partagées entre le Japon et la Russie par un traité en 1855, qui fixa la frontière entre les îles d'Etorofu et d'Uruppu.

En 1875, le Japon, abandonnant aux Russes toute souveraineté sur Sakhaline, annexa la totalité de l'archipel. Cependant, celui-ci fut accordé à l'Union soviétique en 1945, par la conférence de Yalta, sans que le Japon ait été consulté. Le gouvernement de Tôkyô, notamment sous la pression du lobby de la pêche, continue à réclamer la restitution des îles Habomai, Shikotan, Kunashari et Etorofu, que les Russes avaient reconnues au Japon par le traité de 1855.

L'effondrement du régime soviétique n'a pas amélioré les relations russo-japonaises à propos de ces îles. En 1992, le voyage du président russe Boris Eltsine, au cours duquel devait être examiné le possible rachat par le Japon des Kouriles, a d'ailleurs été brutalement annulé et les Kouriles sont devenues par décret de Boris Eltsine des « zones franches » ouvertes aux investisseurs étrangers (nov. 1992).

KOUTOUZOV Mikhaïl Ilarionovitch Golenichtchev, prince de Smolensk (* Saint-Pétersbourg, 16.IX.1745, † Bunzlau, Silésie, 28.IV.1813). Feld-maréchal russe. Fils d'un général de Pierre le Grand, il fut placé tout enfant dans une école militaire. Il se battit avec héroïsme dans les guerres russo-turques du règne de Catherine II. Ambassadeur en Turquie (1793), puis gouverneur de la Finlande et gouverneur militaire de Saint-Pétersbourg, il battit Mortier à Dürrenstein (nov. 1805) et déconseilla de livrer la bataille d'Austerlitz où l'armée russe subit une grave défaite. Gouverneur de Kiev (1806) et de Vilnius (1809), il fit campagne en 1811 contre les Turcs et dicta la paix de Bucarest (mai 1812), qui valut à la Russie la Bessarabie. Dans la guerre contre Napoléon, devenu généralissime (1812), il fut battu à la Moskova (7 sept. 1812), mais replia son armée en bon ordre et prit le parti d'abandonner Moscou, tout en harcelant les Français par des opérations de guérilla. Durant la retraite de la Grande Armée, il battit Ney à Smolensk (17 nov.), mais il ne put anéantir les Français sur la Bérézina (26/28 nov.). En janv. 1813, il envahit la Pologne, mais mourut de maladie avant les batailles décisives de la campagne d'Allemagne.

KOWEÏT. Petit émirat situé au N.-E. du désert arabique, entre l'Irak au N. et à l'O., l'Arabie Saoudite au S. ; capitale *Koweït.* Habité dès le IIIe millénaire av. notre ère, le Koweït servit de base à la conquête de la Perse par les armées musulmanes et devint un port de transit des pèlerinages vers La Mecque. À partir de 1756, l'émirat passa sous la dynastie des Sabah, qui règne encore aujourd'hui. En 1899, les Sabah acceptèrent le protectorat britannique. En 1934, la Kuwait Oil Co. acquit, de moitié avec la BP et la Gulf Oil Corporation américaine, une concession pétrolière s'étendant à tout le territoire du Koweït ; le pétrole, découvert dès 1938, ne fut exploité qu'en 1946.

En 1961, le traité de protectorat de 1899 fut annulé à l'amiable, et le Koweït devint un État pleinement indépendant le 19 juin 1961. Six jours plus tard, l'Irak tenta d'annexer le Koweït, qui repoussa cette tentative grâce à l'Angleterre et à la Ligue arabe. La Constitution de 1962 inaugura un système de monarchie parlementaire qui donna au Koweït un des régimes les plus libéraux du monde arabe (notamment dans le domaine de la presse). Mais, à partir de 1972, les relations entre le Parlement et l'émir se durcirent. Le 29 août 1976, le cheikh Sabah al-Salem al-Sabah, chef de l'État, considérant que l'unité nationale était menacée, prononça la dissolution du Parlement et suspendit les principaux articles de la Constitution de 1962.

Le Parlement, rétabli une première fois en 1981, fut à nouveau suspendu en juill. 1986, alors que s'accentuait la pression intérieure des chiites (30 % de la population) ou extérieure des Iraniens pendant la guerre avec l'Irak. Malgré le soutien financier que lui avait accordé le Koweït durant la première guerre du Golfe, l'Irak multiplia, en 1989, ses revendications sur des portions du territoire koweïtien, notamment les îles de Warba et Boubiyane tout en reprochant au Koweït de dépasser les quotas de production pétrolière qui lui avaient été assignés par l'OPEP. Le 2 août 1990, l'Irak mit ses menaces à exécution et envahit le Koweït, déclenchant ainsi la seconde guerre du Golfe (v.). Les troupes irakiennes occupèrent le territoire koweïtien jusqu'en févr. 1991, se livrant à de multiples violences et destructions. Avant leur départ, les Irakiens incendièrent 732 puits de pétrole ce qui fit perdre au pays 3 % de ses réserves pétrolières et nécessita de coûteuses réparations.

La fin du conflit provoqua au Koweït une vague de répression à l'encontre des Palestiniens, collaborateurs supposés de l'Irak. Le retour à la paix s'accompagna aussi d'une timide démocratisation de la vie politique encouragée par de nombreux États occidentaux. Cependant, le pouvoir restait fermement contrôlé par la famille Al Sabah. À la fin des années 1990, le pays menait une diplomatie active, se rapprochant de l'Iran, de la Jordanie et de l'Autorité palestinienne. Après la crise provoquée en 1998 par la chute du cours du pétrole, le cheikh Jaber Al Sabah tenta quelques réformes, souhaitant en particulier accorder le droit de vote et d'éligibilité aux femmes ; le Parlement s'y opposa. Ce dernier, qui avait été rétabli en 1992, fut à nouveau dissous en 1999. Sur le plan diplomatique, le pays restait fidèle à l'Alliance américaine, participant à la stratégie d'asphyxie de l'Irak ; en 2003, il servit de base arrière lors de la guerre d'Irak.

KRAJINA. Région de Croatie bordant la frontière nord-ouest de la Bosnie. En 1991, 74 % de la population de la région était serbe et 25 % croate. Au XVIIIe s., afin de défendre contre les Turcs les confins militaires de l'Empire autrichien, Vienne avait, en effet, installé en Krajina les Serbes qui avaient fui la domination ottomane. Quand, début 1991, les Serbes de Krajina proclamèrent leur autonomie, la République yougoslave de Croatie s'orientait vers l'indépendance. Aidés par l'armée fédérale yougoslave, ils chassèrent les Croates de la région (1991). Les forces croates reprirent, en 1995, le contrôle de la Krajina, provoquant le départ de 200 000 Serbes selon le HCR. En 1999, le TPY entama le procès de soldats serbes de Bosnie coupables de massacres en Krajina. Voir **Yougoslavie** et **Croatie**.

KRAVTCHOUK Leonid Makharovitch (Veliky Jitin, 10.I.1934). Homme politique ukrainien. Entré au parti communiste ukrainien en 1958, il occupait en 1989 le poste de deuxième secrétaire du Comité central. Le 23 juill. 1990, après la proclamation de la souveraineté de l'Ukraine, il fut élu président du Parlement de la République. Partisan de la transformation de l'URSS en une confédération d'États souverains, il démissionna du parti communiste après l'échec du putsch de Moscou (24 août 1991). Le 1er déc. 1991, il fut élu président de la République d'Ukraine devenue indépendante. Durant son mandat, il s'opposa à Moscou à propos du contenu de la souveraineté de l'Ukraine et du partage des actifs de l'ex-URSS. En juill. 1994, du fait d'un bilan économique médiocre il perdit l'élection présidentielle. Voir **Ukraine**.

KRONSTADT ou **KRONCHTADT.** Base navale de Russie, dans le golfe de Finlande, à l'O. de Saint-Pétersbourg. Le port militaire et marchand de Kronstadt fut fondé en 1703 dans l'île de Kotlin par Pierre le Grand. Quand Saint-Pétersbourg fut accessible aux navires de fort tonnage par un canal maritime (1875/85), Kronstadt resta la principale base navale russe dans la Baltique. Les marins de Kronstadt participèrent à plusieurs reprises aux troubles révolutionnaires de la Russie : en 1825, lors du mouvement des décembristes ; en 1905/06, enfin en 1917. Lors de la révolution d'Octobre, les équipages de la Baltique, appuyés par le croiseur *Aurora*, qui bombarda le palais d'Hiver, où siégeait le gouvernement Kerenski, assurèrent le triomphe des bolcheviks. En mars 1921, une nouvelle mutinerie de la flotte, dirigée cette fois contre le pouvoir soviétique, eut lieu à Kronstadt ; elle fut écrasée impitoyablement par Trotski. Mais ce signe du mécontentement général décida Lénine à abandonner le communisme de guerre et à inaugurer la NEP.

KROPOTKINE Piotr Alexeïevitch, prince (* Moscou, 21.XII.1842, † Dmitrov, près de Moscou, 8.II.1921). Homme politique russe. Sorti de l'École des pages de Saint-Pétersbourg, il demanda à servir en Sibérie, comme officier dans un régiment de Cosaques (1862). Guidé par des raisons morales, il adhéra aux doctrines anarchistes de Bakounine après un exil en Suisse (1872). Revenu en Russie comme propagandiste, il fut arrêté (1874), s'évada en 1876 et vécut dès lors en Angleterre, en Suisse, en France, souvent emprisonné ou expulsé (il fit quatre ans de prison à Lyon, 1882/86). Il publia de nombreux livres *L'Anarchie, sa philosophie, son idéal* (1896), *Autour d'une vie*, (1899). Rentré en Russie en 1917, il s'éleva contre les bolcheviks, auxquels il reprochait d'avoir « enterré la révolution ».

KRUGER Paul (* Zoutpansdrift ?, colonie du Cap, 10.X.1825, † Clarens, Suisse, 14.VII.1904). Homme politique sud-africain. D'une famille d'Allemagne du Nord émigrée au Cap au cours du XVIIIe s., il participa à onze ans, au Grand Trek (v.) de 1836. Après l'occupation du Transvaal par les Anglais (1877), il organisa la résistance armée et forma un triumvirat avec Pretorius et Joubert. L'Angleterre dut reconnaître l'autonomie du Transvaal (1881). Devenu président de cette république (1883/1900), il y exerça un pouvoir paternaliste absolu fondé sur les textes de la Bible. Il déclencha la guerre des Boers (v.) en oct. 1899. Afin d'obtenir des appuis politiques, il se rendit en Europe (1900). Il reçut un accueil chaleureux des populations mais fut éconduit par les gouvernements. Après la défaite des Boers, il partit en exil.

KU KLUX KLAN. Nom de deux sociétés secrètes différentes qui jouèrent un rôle dans la vie politique américaine, l'une au XIXe s., l'autre au XXe s. Le premier Ku Klux Klan fut fondé en déc. 1865, à Pulaski, dans le Tennessee, par d'anciens soldats de l'armée confédérée. Son but essentiel était d'empêcher les Noirs de prendre part aux élections : c'est pourquoi le Klan adopta des cagoules blanches, des rites mystérieux et effrayants qui intimidaient les Noirs.

Le second Ku Klux Klan fut fondé en 1915 près d'Atlanta, en Géorgie. Il eut pour chef un ancien officier devenu propagandiste protestant, William Joseph Simmons. Il ne visait plus simplement, comme le premier Klan, à maintenir la suprématie blanche sur les Noirs. Sa xénophobie s'étendait aux Juifs, aux catholiques, aux immigrants récemment installés aux États-Unis. Il se répandit dans le Sud mais aussi dans le Nord et, dans les années 1920/30, il exerça une forte influence dans plusieurs États (le Texas, l'Oklahoma, l'Indiana, l'Oregon, le Maine) à l'époque de la prohibition et du repli isolationniste des États-Unis. Mais son déclin fut rapide : après avoir atteint entre 4 et 5 millions de membres, il n'en comptait plus qu'une trentaine de mille vers 1930. Dans les années 1960, la querelle au sujet des droits civiques des Noirs a provoqué une réapparition sporadique de ses activités en Géorgie, en Caroline du Nord, en Alabama, et au Mississippi.

Dans les années 1970/80, ses activités furent de plus en plus considérées comme répréhensibles et des enquêtes judiciaires furent ouvertes à l'encontre du Ku Klux Klan. Dans les années 1990, le mouvement, comptant environ 10 000 membres, semblait en recul.

KULTURKAMPF, c'est-à-dire *combat pour la civilisation*. Conflit qui opposa Bismarck aux catholiques allemands de 1871 à 1878. Bismarck avait vu avec inquiétude la naissance d'un parti catholique (v. CENTRE ALLEMAND) pouvant rallier toutes les oppositions catholiques à la Prusse et mettre ainsi en péril l'unité de l'Empire qu'il venait de fonder. La proclamation de l'infaillibilité pontificale (1870), en renforçant le prestige du pape sur l'Église, risquait en outre d'augmenter les tendances séparatistes chez les catholiques de l'Allemagne du Sud.

Bismarck s'efforça d'intimider le clergé et d'anéantir l'enseignement catholique par une série de lois répressives : la « loi sur les prêches en chaire » interdit aux prêtres de traiter des affaires publiques (1871), l'inspection des écoles primaires fut transférée à des laïques (févr. 1872) et les jésuites furent exclus de l'enseignement (juin 1872). Les « lois de Mai » (votées en mai 1873 et mai 1874) prétendirent transformer évêques et prêtres en fonctionnaires ; les futurs prêtres durent faire leurs études dans des établissements de l'État ; il fut interdit aux évêques de prononcer des excommunications publiques et de déposer les curés.

La résistance catholique s'organisa sous la direction de Windthorst, le chef du parti du Centre. Beaucoup d'évêques et de prêtres prussiens, plutôt que de se soumettre, se laissèrent emprisonner. Cependant, à partir de 1879, Bismarck eut à lutter contre la montée du socialisme ; souhaitant rallier les voix du centre, il choisit l'apaisement. Les relations diplomatiques avec le Vatican furent rétablies en 1882 : les « lois de Mai » furent révisées en 1886 et 1887 et la loi contre les jésuites fut abrogée en deux étapes (1904 et 1917).

KUN Béla (* Szilágycseh, Transylyanie 1886, † en URSS, 1937/38). Homme politique hongrois. Prisonnier de guerre en Russie en 1916, il fut libéré par la révolution, gagna la confiance de Lénine et revint en Hongrie en nov. 1918 pour y faire de l'agitation. Il fonda le parti communiste hongrois (déc. 1918) et, avec l'aide des sociaux-démocrates, il renversa le gouvernement provisoire de Károlyi et s'empara du pouvoir (mars 1919). Il exerça la dictature du prolétariat en doctrinaire rigide, sans se soucier des conditions économiques et psychologiques. Mais l'armée rouge de Béla Kun battit en retraite devant l'intervention roumaine, tandis qu'un gouvernement contre-révolutionnaire, avec l'amiral Horthy, se constituait à Szeged. Après la prise de Budapest par les Roumains (3 août), Béla Kun se réfugia à Vienne, puis il gagna l'URSS, où il joua un rôle important dans la direction de la IIIe Internationale. Accusé de trotskisme, il disparut dans les grandes « purges » staliniennes de 1936/38. Il fut réhabilité par Khrouchtchev en 1958.

KURDES. Peuple d'origine indo-européenne et de religion musulmane sunnite établi dans le *Kurdistan*, en Turquie orientale, dans l'Arménie soviétique, le nord-est de l'Irak et le nord-ouest de l'Iran. Pasteurs semi-nomades, les Kurdes forment un peuple guerrier qui a farouchement lutté pendant des siècles pour restaurer son indépendance. Séparés en plusieurs petites principautés aux Xe/XIe s., la plupart d'entre eux passèrent sous domination ottomane aux XVIe/XVIIe s. Le traité de Sèvres (1920) parut répondre aux aspirations kurdes en prévoyant la création d'un Kurdistan indépendant, mais le traité de Lausanne (1923) ne fit plus aucune mention de ce projet. Dès lors, les Kurdes se trouvèrent dispersés entre la Turquie, l'Iran, l'Irak, la Syrie et le Nakhitchevan, alors soviétique. Des révoltes kurdes eurent lieu en Turquie en 1925, en 1930, en 1937, en Irak en 1922, 1931, 1945. Une éphémère « république du Kurdistan » fut même fondée en 1946 par les Kurdes d'Irak. À partir des années 1950, la rébellion kurde conduite par le chef Barzani devint l'un des plus graves problèmes de la politique irakienne. De 1961 à 1970, des combats si meurtriers se déroulèrent dans le Kurdistan irakien qu'on put parler d'un génocide du peuple kurde. L'accord du 11 mars 1970 prévoyant l'autonomie du Kurdistan irakien, ouvrit une période d'apaisement, mais les combats reprirent en mars 1974, après le rejet par Barzani du statut d'autonomie élaboré par Bagdad. À la suite de l'accord irano-irakien du 6 mars 1975, les Kurdes perdirent le soutien de l'Iran, qui ferma sa frontière dans la région du Kurdistan.

À partir de 1979, afin de lutter contre toute forme de séparatisme, le nouveau pouvoir islamique en Iran entreprit une lutte sans merci contre les *peshmergas* (combattants kurdes). Pendant la guerre entre l'Irak et l'Iran, chacun des mouvements kurdes s'allia avec le gouvernement ennemi de son propre État. L'armée irakienne procéda à des massacres contre les Kurdes d'Irak (où des gaz toxiques furent utilisés contre les populations civiles, notamment en 1988 dans la ville d'Halalija, où ils firent 5 000 morts). Nombre de Kurdes d'Irak se réfugièrent en Turquie, où l'on craignait une nouvelle flambée de séparatisme.

À la suite de la défaite de l'Irak dans la seconde guerre du Golfe (v.) en 1991, une insurrection se produisit dans le nord du pays, conduite par les deux principaux mouvements kurdes, le parti démocratique du Kurdistan (PDK) et l'Union patriotique du Kurdistan (UPK) (1991). La répression organisée par le régime irakien entraîna une intervention humanitaire de l'ONU, qui créa des « zones de refuge » dans le nord de l'Irak et interdit aux avions de Bagdad de franchir le 36e parallèle, marquant approximativement la limite S. du peuplement kurde. Toutefois, au Kurdistan autonome, le PDK et l'UPK, traditionnellement rivaux, ne cessèrent de s'affronter (1994/1999). En 2003, l'effondrement du régime de Saddam Hussein permit aux Kurdes de réclamer pour l'Irak la formation d'un État fédéral au sein duquel ils pourraient conserver leur autonomie.

En Turquie, les Kurdes tentaient de faire reconnaître par Ankara leur spécificité, qui avait toujours été niée, en vertu du nationalisme kémaliste, l'usage privé de la langue kurde étant même interdit jusqu'en 1991. L'arrivée à la présidence turque, en avr. 1993, de Süleyman Demirel, jugé plus dur que son prédécesseur sur la question kurde, a relancé la guérilla menée par le parti des travailleurs kurdes (PKK). En févr. 1999, les autorités turques capturèrent le chef du PKK, Ibrahim Ocalan. Il fut jugé et condamné à mort. La Cour européenne de justice ayant été saisie par ses avocats, la sentence ne fut pas appliquée. La même année, le PKK affirmait renoncer à la lutte armée pour se constituer en parti politique. Cependant, les incursions et les bombardements de l'armée turque dans le Kurdistan irakien, où Ankara avait obtenu le soutien du PDK dans sa lutte contre les combattants du PKK, n'ont pas cessé et la fin du conflit irakien (2003) a provoqué un regain de tension entre la Turquie et les rebelles kurdes.

KWANIEWSKI Aleksander (Bialogard, Koszalin, 15.XI.1954). Homme politique polonais. Aleksander Kwaniewski, alors étudiant, adhéra en 1977 au parti ouvrier unifié polonais (POUP) et devint l'un des responsables des Jeunesses socialistes. Il poursuivit sa carrière au sein du POUP et fut ministre de la Jeunesse et des Sports (1985/90). Principal artisan de la transition du pouvoir en 1989, de la dissolution du POUP et de sa transformation en Social-démocratie de la république de Pologne (SRDP), il fut élu président de la République en nov. 1995 contre Lech Walesa devenant ainsi le premier dirigeant communiste à revenir démocratiquement au pouvoir après la chute du mur de Berlin. Il fut réélu en oct. 2000.

L

LA BARRE, Jean François Lefebvre, chevalier de (* Abbeville, 1747, † Abbeville, 1766). Gentilhomme français. À peine âgé de dix-neuf ans, accusé injustement d'avoir mutilé un crucifix, il fut condamné en 1766 par le tribunal d'Abbeville à avoir un poing coupé, la langue arrachée et à être brûlé vif. Il fit appel devant le parlement de Paris, qui lui accorda d'être décapité avant d'être jeté sur le bûcher. Réhabilité en 1793 par la Convention, il fut considéré au XIXe s. comme un martyr de la libre pensée.

LA BOURDONNAIS, Bertrand François Mahé, comte de (* Saint-Malo, 11.II.1699, † Paris, 9.IX. 1753). Marin français. Entré à l'âge de dix-neuf ans au service de la Compagnie des Indes, il se signala en 1725 à la prise de Mahé, auquel son nom fut donné. En 1735, il devint gouverneur des îles de France et de Bourbon, où il montra de grandes qualités d'administrateur. Il voulut étendre l'influence française sur la Malaisie et les îles de la Sonde, mais la métropole ne le soutint pas. Durant la guerre de la Succession d'Autriche, il forma lui-même une escadre, et attaqua audacieusement la flotte britannique de Peyton à la hauteur de Negapattinam (6 juill. 1746). Il décida ensuite de la prise de Madras, que les Français assiégeaient également par terre (21 sept. 1746). Aux termes de la capitulation, Madras fut rendue contre une rançon de 10 millions. Accusé par Dupleix d'avoir trahi les intérêts de la Compagnie, La Bourdonnais retourna en simple particulier à l'île de France. Rentré en France en 1748, pour répondre aux accusations portées contre lui, il fut jeté à la Bastille. Reconnu enfin innocent, il fut libéré en 1751 ; ruiné et malade, il mourut deux ans après.

LADISLAS Ier le Saint (* en Pologne, 27.VI.1040, † Nyitra, Slovaquie, 29.VII.1095). Roi de Hongrie (1077/95). Fils de Béla Ier et successeur de son frère Géza Ier, il fut l'un des plus grands souverains hongrois. Il réunit la Croatie et la Bosnie à ses États (1091), favorisa les progrès de l'Église et fonda l'évêché de Zagreb. Il mourut alors qu'il se préparait à partir pour la première croisade. Il fut canonisé par Célestin III en 1198.

LADISLAS II JAGELLON (* vers 1350, † Grodek, 31.V.1434). Roi de Pologne (1386/1434). Grand-prince de Lituanie, il se convertit au catholicisme et devint roi de Pologne à la suite de son mariage (1386) avec Hedwige, fille et héritière de Louis Ier d'Anjou. Il tenta vainement d'unir sous son autorité la Lituanie et la Pologne et dut étendre les privilèges de la noblesse polonaise par la charte de Cracovie (1433). Son règne fut marqué par la grande victoire des Polonais sur les chevaliers Teutoniques, près de Tannenberg (15 juil. 1410).

LAETOLI (site de). Gisement fossilifère de Tanzanie, au S.-E. de la Rift Valley. Dès 1935, on y a découvert les premiers restes d'hominidés très anciens (2 dents et un maxillaire). Dans les années 70, les fouilles ont mis au jour une mandibule, qui allait être l'holotype de l'espèce *Australopithecus afarensis*. Puis, en 1976, Mary Leakey découvrit des empreintes de pas fossilisées dans une roche formée de cendres volcaniques consolidées. Elles appartenaient à une faune variée d'insectes, d'oiseaux, de tortues et de grands mammifères, girafes, rhinocéros, etc. Deux autres pistes exceptionnelles ont été dégagées par la suite : celles de 3 individus bipèdes. Ces traces ont révélé qu'il y a 3,56 millions d'années, des hominidés, peut-être *Australopithecus afarensis,* pouvaient marcher de manière bipède sur une longue distance.

LA FAYETTE, Marie Joseph Paul Roch Yves Gilbert Motier, marquis de (* château de Chavagnac, Haute-Loire, 6.IX.1757, † Paris, 20.V.1834). Général et homme politique français. Jeune officier, enthousiasmé par la cause des colons américains contre l'Angleterre, il se rendit en Amérique en avr. 1777 Il se mit au service des insurgés, s'y distingua et fut blessé. En 1779, il contribua à l'intervention officielle de la France et retourna en Amérique en avr. 1780. Il prit le commandement de l'avant-garde de Washington, fut chargé de la défense de la Virginie et prit Yorktown en 1781. Député de la noblesse aux États généraux de

1789, il fut nommé, le 15 juill., commandant de la garde nationale, avec laquelle il sauva la famille royale pendant les journées des 5 et 6 oct. 1789. Il connut le sommet de sa popularité lors de la fête de la Fédération du 14 juill. 1790. Ce fut la Fayette qui ramena le roi prisonnier après la fuite à Varennes, cependant, aux yeux des révolutionnaires, il perdit tout crédit après avoir ordonné la fusillade du Champ-de-Mars (17 juill. 1791). Mis à la tête des armées chargées de repousser l'invasion étrangère, il remporta quelques succès sur la Sambre. Toutefois La Fayette donna raison à ceux qui doutaient de sa loyauté révolutionnaire en tentant vainement de soulever son armée en faveur de Louis XVI, en 1792. Contraint à la fuite, il fut arrêté par les Autrichiens, qui l'emprisonnèrent jusqu'en 1797. Rentré en France après le 18-Brumaire, il se tint à l'écart de toute vie politique jusqu'à la Restauration. Membre de la Chambre des représentants pendant les Cent-Jours, il provoqua l'abdication de Napoléon. Élu député de la Sarthe en 1818, il devint le chef de l'opposition libérale. Député de Meaux en 1827, il retrouva le commandement de la garde nationale, sous les acclamations de la foule, à la faveur des journées de juill. 1830. Il contribua largement à l'avènement de Louis-Philippe mais rejoignit l'opposition de 1831 à sa mort.

LAFFITTE Jacques (* Bayonne, 24.X.1767, † Paris, 26.V.1844). Banquier et homme politique français. Régent (1809) puis gouverneur (1814) de la Banque de France, il conserva ses fonctions jusqu'en 1819. Après Waterloo, ce fut chez lui que Napoléon plaça tout ce qu'il possédait. Député de Paris en 1816, il fut l'un des chefs de l'opposition libérale. En juill. 1830, son hôtel devint le quartier général de l'insurrection, et Laffitte fut le premier à déférer au duc d'Orléans la lieutenance du royaume, puis la couronne. Nommé ministre des Finances, puis président du Conseil (3 nov. 1830), il se lança dans une politique étrangère périlleuse tout en laissant se développer à l'intérieur des mouvements populaires dangereux pour le nouveau régime. Bientôt débordé, il fut contraint, après le sac de l'archevêché de Paris, de se retirer (3 mars 1831).

LA FONTAINE sir Louis Hippolyte (* Boucherville, Québec, 4.X.1807, † Montréal, 26.II.1864). Homme politique canadien. Il forma en 1848, avec Robert Baldwin, le premier ministère parlementaire du Canada. Ce « grand ministère » (1848/51) accomplit d'importantes réformes dans les domaines de la justice et de l'instruction publique.

LAGIDES ou **PTOLÉMÉES.** Dynastie hellénistique fondée par Ptolémée, général d'Alexandre. Elle régna sur l'Égypte de 306 à 30 av. J.-C. et fut illustrée particulièrement par Ptolémée Ier Sôter, Ptolémée II Philadelphe, Ptolémée III Évergète (v.) et Cléopâtre VII. Les Lagides firent de leur capitale, Alexandrie, la métropole commerciale et intellectuelle du monde hellénistique. Ils imposèrent à l'Égypte une stricte administration, où tous les postes clés étaient confiés à des Grecs ; au IIIe s., leur impérialisme maritime aboutit à l'établissement de l'hégémonie égyptienne sur toute la Méditerranée orientale. Obligés cependant de reculer devant les Séleucides à la fin du IIIe s., les Lagides se replièrent sur l'Égypte et ses traditions, tandis que la dynastie s'épuisait dans des querelles familiales et des révolutions de palais. Avec l'aide d'Antoine, Cléopâtre VII tenta de rétablir l'empire oriental des Lagides ; sa défaite à Actium et son suicide (30 av. J.-C.) mirent fin à la dynastie.

LAGOS ESCÓBAR Ricardo (Santiago du Chili, 2.III.1938). Avocat, économiste et homme politique chilien. Ancien collaborateur du président Salvador Allende (1970/73), il fut président de l'Alliance démocratique, qui regroupait, dans les années 1980, la majorité des partis opposés à la dictature militaire. Il participa activement à la préparation du plébiscite d'oct. 1988, qui se solda par l'échec du général Pinochet. Il favorisa l'alliance des socialistes et des démocrates-chrétiens pour créer la Concertation démocratique (1989). En 1990, après l'élection du démocrate-chrétien Patricio Aylwin à la présidence du Chili, Ricardo Lagos devint ministre de l'Éducation puis ministre des Travaux publics du président Eduardo Frei (Ruiz Tagle), auquel il succéda en mars 2000.

LAGRANGE Léo (* Bourg-sur-Gironde, 28.XI.1900, † Evergnicourt, Aisne, 8.VI.1940). Homme politique français. Député SFIO du Nord (1932/40), il fut sous-secrétaire d'État aux Sports et aux Loisirs dans les cabinets Blum (1936/37 et 1938) ; il y développa de nombreux loisirs populaires. Il fut tué durant la bataille de France en 1940.

LA HARPE Frédéric César de (* Rolle, Vaud, 6.IV. 1754, † Lausanne, 30.III.1838). Homme politique suisse. Avocat libéral, disciple de Rousseau, il quitta son pays natal, alors soumis à la domination de Berne, et se rendit en 1782 à Saint-Pétersbourg, où il devint précepteur des grands-ducs Alexandre et Constantin (1783/95). Poursuivi par l'animosité du gouvernement bernois, il dut quitter la Russie en 1795 et devint un des membres les plus influents du Club helvétique à Paris. Il engagea les villes vaudoises à se révolter contre Berne et appela le Directoire à intervenir en Suisse. Après l'occupation de la Suisse par les Français, il devint l'un des directeurs de la République helvétique, mais fut bientôt renversé par un coup d'État. Obligé de s'expatrier de nouveau (1800), il se fixa en France. En 1814, grâce à la protection de son ancien élève devenu le tsar Alexandre Ier, il fit reconnaître par le congrès de Vienne la neutralité suisse et la constitution des nouveaux cantons de Vaud, d'Argovie, de Thurgovie, du Tessin et de Saint-Gall.

LAÏCITÉ. Principe de séparation des sphères politique et religieuse. La laïcité renvoie d'abord à un phénomène social de perte d'emprise de la religion sur les individus (autonomie des sciences, libération des mœurs), puis plus particulièrement à l'évolution des rapports entre les Églises et les États.

Genèse de l'idée de laïcité en France au XIXe s.

Jusqu'à la Révolution, la France était une monarchie chrétienne, où l'Église était étroitement liée à l'État. Outre son rôle spirituel, l'Église assumait l'instruction et l'assistance publiques ; le catholicisme étant religion d'État, les non-catholiques étaient en principe exclus de la vie civile et politique du royaume. La Révolution, en créant l'état civil et en autorisant le divorce, fit progresser la sécularisation des mœurs et l'égalité des citoyens devant la loi. Mais les auteurs de la Constitution civile du clergé de 1790 ne songèrent en aucun cas à séparer l'Église de l'État, bien au contraire, le clergé devenait un corps de fonctionnaires. Le concordat de 1801 (v.) lia l'Église à l'État dans son existence matérielle et financière, mais aussi dans son administration. La Restauration tenta de reconstruire l'alliance du trône et de l'autel, et, en Europe, les concordats signés entre le Saint-Siège et les États à l'époque de la Sainte-Alliance s'inspiraient toujours de l'idée d'une étroite solidarité entre le spirituel et le temporel. En 1830, la France de la monarchie de Juillet ne reconnut plus le catholicisme que comme la « religion de la majorité des Français », mais l'union subsista et, en 1833, Guizot autorisa même l'enseignement aux congrégations. Les initiateurs de l'idée de laïcité furent des catholiques qui, autour de Lamennais (v.) et du journal *L'Avenir*, appelaient l'Église à se libérer de la tutelle de l'État. Peu suivi par les catholiques, Lamennais fut condamné par le Saint-Siège en 1832.

La loi Falloux (1850) autorisa une stricte surveillance de l'enseignement des écoles primaires non congréganistes par le curé ou le pasteur et favorisa la création d'écoles « libres », c'est-à-dire confessionnelles. Sous le second empire, l'union de l'Église avec le pouvoir s'intensifia. C'est à cette époque que les positions se tranchèrent : d'un côté, un monde catholique solidaire de son pape, soumis au dogme de l'infaillibilité pontificale (1870), de l'autre, une génération de républicains scientistes, qui dressaient contre les croyances religieuses le culte de la raison humaine.

La laïcité par la loi

À l'échelle européenne, l'infaillibilité pontificale provoqua une vague de laïcisation des institutions : en Allemagne, le *Kulturkampf* (v.) prit des allures de chasse aux catholiques ; en Suisse, les évêques de Bâle et de Genève furent expulsés ; en Belgique, les libéraux créèrent en 1879 une école primaire laïque, et exclurent des programmes l'enseignement religieux ; le retour des catholiques au pouvoir en 1884 adoucit ces mesures. En France, la campagne laïque déclenchée par les républicains après le départ de Mac-Mahon (1879) fut menée par Ferdinand Buisson, Paul Bert, les instituteurs groupés au sein de la Ligue française de l'enseignement (1866) et les francs-maçons.

La laïcisation fut obtenue par divers types de mesure. L'ensemble de la vie des Français se vit sécularisée par la loi : suppression du repos dominical (1880), considéré comme une survivance d'un État dominé par l'Église (ce repos a été rétabli dès 1906), laïcisation des hôpitaux et des cimetières (1881), rétablissement du divorce (1884), l'obligation aux séminaristes de satisfaire au service militaire (1889). L'Alsace et la Lorraine conservèrent le régime concordataire établi sous le Ier Empire, puisqu'elles ne faisaient pas partie du territoire français quand furent prises ces dispositions, ainsi que celles qui concernaient la laïcisation de l'enseignement. Les décrets pris par Jules Ferry en 1880 et confirmés par la loi de 1901 sur les associations dispersèrent les congrégations : une autorisation expresse de l'État était en effet nécessaire à la création d'une congrégation, contrairement aux autres associations. Après la Première Guerre mondiale, la IIIe République se montra très indulgente sur le retour des congrégations exilées, toujours officiellement interdites. Le régime de Vichy leur apporta une existence sinon légale, du moins juridique, mais leur statut demeura précaire.

Le laïcisation de l'enseignement, fut mise en place par les trois lois scolaires de Jules Ferry (1880/82) établissant la gratuité, l'obligation et la neutralité de l'enseignement primaire. Parallèlement, Camille Sée fit créer des lycées pour les jeunes filles, ainsi qu'une école normale primaire par département. À la Libération, les subventions accordées aux écoles libres furent supprimées, puis les lois Marie et Barangé (1951) réintroduisirent un système de subventions publiques. La loi Debré (1959) régla les rapports de l'enseignement confessionnel et de l'État sur une base contractuelle. Le gouvernement de Pierre Mauroy tenta de réorganiser en 1983/84 l'enseignement public en y intégrant les établissements privés, mais se heurta à un vaste mouvement en faveur de l'école libre. Pour la première fois, un gouvernement de gauche se vit obligé de reconnaître l'enseignement privé (circulaire Chevènement, 1984), voire de le renforcer (accords Lang-Coupet, 1992). En 1994, sous la pression des partisans de l'enseignement public, un projet de révision de la loi Falloux, favorable à l'enseignement privé, dut être retiré.

Depuis 1984, la laïcité française a évolué dans un sens d'ouverture et de pluralisme : les Églises sont désormais consultées sur des questions éthiques (Comité consultatif des sages), voire politiques (mission en Nouvelle-Calédonie, 1989). À partir des années 1990, la question de la laïcité a connu de nouveaux enjeux, autour de la question du port de signes religieux jugés ostentatoires, comme le foulard pour les femmes musulmanes. Plus généralement, la question de l'organisation de l'islam de France était posée, la création du Conseil français du culte musulman en avril 2003 représentant l'amorce d'une solution. En décembre 2003, le président J. Chirac se prononçait en faveur d'une loi interdisant dans les écoles le port de signes religieux ostensibles.

Les Églises contemporaines sont désormais indépendantes, l'autonomie de l'ordre politique ayant été reconnue par le concile de Vatican II. Dans les pays occidentaux, les modèles de laïcité convergent : les pays de tradition catholique voient évoluer progressivement leurs mœurs (institution du divorce en Italie, 1971), et s'ouvrent au pluralisme religieux (loi organique sur la liberté religieuse en Espagne, 1980), mais la religion continue de régler certains aspects de la vie sociale (interdiction de l'IVG confirmée par référendum au Portugal, 1998, tentative de durcissement de la législation antiavortement en Irlande, 2002). Dans les pays musulmans, le retour à l'islam touche certains pays laïcs, comme la Turquie, la Syrie ou la Tunisie. Le statut personnel des individus est de plus en plus islamisé en Égypte et en Algérie, et l'ensemble du droit s'inspire de la *charia* dans de nombreux pays (Libye, 1976 ; Iran, 1977 ; Pakistan, 1979 ; Soudan, 1983 ; Mauritanie, 1989).

LAKANAL Joseph (* Serres, Ariège, 14.VII.1762, † Paris, 14.II.1845). Homme politique français. Prêtre et professeur de philosophie à Moulins au début de la Révolution, il devint député de l'Ariège à la Convention et, après Thermidor, président du comité d'Instruction publique. La loi Lakanal de févr. 1795 établit dans chaque département des « écoles centrales », première forme des lycées. Il contribua à la création des écoles normales, de l'École des langues orientales, du Bureau des longitudes et de l'Institut. Membre du Conseil des Cinq-Cents (1795) et commissaire du Directoire (1797), il occupa, après le 18-Brumaire, une chaire à l'École centrale de la rue Saint-Antoine (lycée Charlemagne). Obligé de quitter la France en 1815, comme régicide, il se réfugia aux États-Unis, fut élu président de l'université de la Louisiane, renonça à ses fonctions pour se faire planteur dans l'Alabama, puis rentra en France en 1833.

LA MARCK Guillaume de, baron de Lumain (* vers 1446, † Maastricht, 1485). Noble issu de la maison de Berg dont les domaines s'étendaient de la Westphalie aux Pays-Bas. Célèbre pour sa férocité, qui lui valut le surnom de *Sanglier des Ardennes*, il fut chassé de Liège pour un meurtre et se vengea en faisant périr l'évêque de cette ville, Louis de Bourbon, qui l'avait élevé. Il trouva refuge auprès de Louis XI, en faveur duquel il souleva les Liégeois et ravagea le Brabant. Il finit par tomber entre les mains de Maximilien d'Autriche, qui le fit décapiter.

LAMARQUE Maximilien, comte (* Saint-Sever, Landes, 22.VII.1770, † Paris, 1er.VI.1832). Général français. Volontaire de 1792, il se signala par ses compétences et sa bravoure, notamment à la prise de Fontarabie (1794). Nommé général de brigade (1801), il se distingua à Austerlitz, puis, en Italie, s'empara de Gaète (1806) et du fort Caprée, considéré comme imprenable (1808). Général de division en 1807, il accomplit de nouvelles prouesses à Laibach, à Wagram, en Russie et durant la campagne de France. Pendant les Cent-Jours, il fut mis à la tête de l'armée de la Vendée et étouffa un soulèvement royaliste. Proscrit de 1815 à 1818, il fut élu député des Landes en 1828 et devint un des chefs de l'opposition libérale. Après la révolution de Juillet 1830, il mena campagne pour la révision des traités de 1815. Il mourut du choléra, et ses obsèques furent l'occasion des journées révolutionnaires des 5 et 6 juin 1832.

LAMARTINE Alphonse Marie Louis de (* Mâcon, 21.X.1790, † Paris, 28.II.1869). Poète et homme politique français. Aristocrate épris de liberté, de fraternité et confiant dans le progrès, ce grand romantique a exprimé ses préoccupations sociales dans ses *Recueillements poétiques* (1839). Député en 1833, il s'opposa au ministère Guizot, milita pour la réforme électorale et conquit une popularité politique avec son *Histoire des Girondins* (1847). En février 1848, membre du gouvernement provisoire de la seconde République, il tint tête aux extrémistes qui réclamaient le drapeau rouge (25 févr.). Élu par dix départements à l'Assemblée constituante, il fit partie de la Commission exécutive, mais son évolution vers la gauche et l'illusion qu'il nourrissait de faire sur son seul nom l'union de tous les partis lui préparèrent un rapide effondrement. En déc. 1848, candidat à la présidence de la République, il ne recueillit que 18 000 voix. Le 2 décembre 1851 marqua la fin de sa carrière politique.

LAMBALLE, Marie-Thérèse Louise de Savoie-Carignan, princesse de (* Turin, 8.IX.1749, † Paris, 3.IX.1792). Épouse (1767) et veuve (1768) de Louis de Bourbon-Penthièvre, prince de Lamballe, elle devint surintendante de la maison de la reine Marie-Antoinette (1774), dont elle resta toujours la fidèle amie. Le 10 août 1792, elle accompagna la famille royale au Temple, puis fut transférée à la prison de la Force, où elle fut victime des massacres de sept. 1792. Sa tête fut portée sur une pique sous les fenêtres du Temple.

LAMENNAIS, Félicité Robert de la Mennais, dit (* Saint-Malo, 19.VII.1782, † Paris, 27.II.1854). Philosophe et homme politique français. Ordonné prêtre en 1816, d'abord champion du traditionalisme (*Essai sur l'indifférence*, 1817/23), il fut amené, par refus du gallicanisme de la Restauration, à proclamer la nécessité pour l'Église de se désolidariser des pouvoirs établis. C'est dans cette pensée qu'il fonda le journal *L'Avenir* (1830/31), avec la collaboration de Montalembert et Lacordaire ; il y préconisait la séparation de l'Église et de l'État. Condamné par Rome (encyclique

Mirari vos, 1832), il répliqua en publiant les *Paroles d'un croyant* (1834), qui faisaient de l'Évangile une prophétie révolutionnaire. Député d'extrême gauche en 1848, il mourut après avoir refusé les sacrements de l'Église.

LAMOIGNON Guillaume de (* Paris, 20.X.1617, † Paris, 10.XII.1677). Successivement conseiller au parlement de Paris (1635), maître des requêtes (1644), intendant en Bretagne (1655) et premier président au parlement de Paris (1658), il refusa courageusement de présider la commission extraordinaire chargée de juger Fouquet, avec lequel il était pourtant brouillé, et fut remplacé par le chancelier Séguier. Soucieux d'une justice qui accorderait des garanties à l'accusé, il ébaucha un vaste plan de réforme de la législation et de la procédure (*Arrêtés de Lamoignon*, 1702).

LAMORICIÈRE Christophe Louis Léon Juchault de (* Nantes, 5.II.1806, † château de Prouzel, près d'Amiens, 11.IX.1865). Général français. Ancien élève de l'École polytechnique, il prit une part éclatante à la conquête de l'Algérie. Entré dans les zouaves dès leur création, il se distingua au siège de Constantine (1837), à l'Isly (1844), et força Abd el-Kader à faire sa reddition (1847). Député à l'Assemblée constituante en 1848, il se rangea parmi les républicains modérés et combattit l'insurrection de juin 1848. Ministre de la Guerre de Cavaignac, il fut l'un des adversaires les plus décidés de Louis-Napoléon Bonaparte. Arrêté lors du coup d'État du 2 décembre 1851, banni en 1852, il rentra en France en 1857. En 1860, il se mit au service du pape, attaqué par les Piémontais ; il réorganisa l'armée pontificale, mais, battu par Cialdini à Castelfidardo (18 sept. 1860), il dut capituler à Ancône et rentra en France.

LANCASTRE (maison de). Famille anglaise, branche cadette de la famille royale des Plantagenêts.

Henri, comte puis **1er duc de Lancastre** (* Grosmont, Monmouthshire, vers 1300, † Leicester, 24.III. 1361), fut un des meilleurs généraux d'Édouard III au début de la guerre de Cent Ans. Il négocia le trai-té de Brétigny (1360). À sa mort, sa fortune et son titre passèrent à son gendre, Jean de Gand, fils d'Edouard III.

En 1399, le fils aîné de Jean de Gand, **Henri de Lancastre**, détrôna Richard II. La maison de Lancastre régna ainsi sur l'Angleterre de 1399 à 1471 avec Henri IV, Henri V et Henri VI (v. ANGLETERRE). La contestation de ses droits par la maison d'York provoqua la guerre des Deux-Roses (v.).

LANGUEDOC. Province de l'ancienne France, qui comprenait le Bas-Languedoc, le long de la côte méditerranéenne, avec Nîmes, Montpellier, Béziers et Narbonne, la région de Toulouse, et une partie du Massif central (Gévaudan, Vivarais, Velay). Elle avait pour capitale Toulouse. À partir de 1577, le Languedoc fut partagé en deux généralités : Toulouse et Montpellier. Le Languedoc correspond approximativement à la province romaine de Narbonnaise créée vers 120 av. J.-C., traversée par la via Domitia, la grande voie romaine qui reliait l'Italie à l'Espagne. Au début du IVe s., après la réorganisation de l'Empire par Dioclétien, la Narbonnaise, qui s'étendait au-delà du Rhône, fut divisée, et la partie située à l'O. du Rhône devint la Narbonnaise Ire. Ces régions, où l'empreinte romaine fut profonde et durable, subirent les invasions germaniques au début du Ve s. Après l'arrêt de l'invasion arabe à la bataille de Poitiers (732), Charles Martel fit la conquête de la Septimanie (entre le Rhône et les Pyrénées), et, en 759, tous les territoires situés au N. des Pyrénées se trouvaient sous la domination franque. De la Septimanie, Charlemagne fit la marche de Gothie, qui eut pour mission de protéger l'Aquitaine des incursions arabes. Entre les IXe et Xe s., le dualisme linguistique croissant entre le Nord et le midi de la France permit au Languedoc d'affirmer son originalité culturelle, par son parler, la *langue d'oc*, par opposition à la *langue d'oïl* du Nord.

Le fait essentiel de l'histoire du Languedoc au XIe s. fut l'affrontement des comtes de Barcelone, également comtes de Provence, et de la maison de Toulouse. Dès le milieu du XIe s., les comtes de Toulouse avaient étendu leur suzeraineté jusqu'au Rhône. Le Languedoc devint un des plus brillants foyers de la civilisation occidentale, avec l'émergence de la poésie courtoise des troubadours. L'essor du commerce et de l'industrie favorisa l'épanouissement de consulats urbains. La croisade contre les albigeois (1209/29) fut le prétexte dont se saisirent les barons du Nord pour dévaster et piller le Languedoc. Après la défaite des comtes de Toulouse et le rattachement de leurs possessions à la France (1271), le Languedoc ne retrouva jamais sa splendeur. Au XVIe s., l'esprit d'indépendance languedocien favorisa les progrès du protestantisme, et le Languedoc fut déchiré par les guerres de Religion. La révocation de l'édit de Nantes (1685) ranima les querelles religieuses et provoqua en Languedoc l'insurrection des camisards. La révolution de 1789 supprima administrativement le Languedoc, en divisant la province en huit départements.

LANIEL Joseph (* Vimoutiers, Orne, 12.X.1889, † Paris, 8.IV.1975). Homme politique français. Député du Calvados (1932/58), sous-secrétaire d'État aux Finances dans le cabinet Paul Reynaud (mars/juin 1940), représentant de la droite dans le Conseil national de la Résistance (1943), il devint l'un des chefs modérés de la IVe République. Il constitua, le 26 juin 1953, un gouvernement soutenu par une majorité de centre droit et dut faire face à une grande vague de grèves affectant l'ensemble des services publics, les mines et la métallurgie. Candidat malheureux à la présidence de la République (déc. 1953), il fut réinvesti comme président du Conseil par René Coty. Le désastre de Diên Biên Phu provoqua sa chute (12 juin 1954) et l'arrivée au pouvoir de Mendès France.

LANNES Jean, duc de Montebello (* Lectoure, Gers, 11.IV.1769, † Vienne, 31.V.1809). Maréchal de France. Fils d'un garçon d'écurie, apprenti teinturier, il s'enrôla en 1792 dans un bataillon de volontaires du Gers. Ses exploits dans la campagne d'Italie, à Dego (avr. 1796) et à Arcole (nov. 1796), le firent remarquer de Bonaparte ; général de brigade (1797), il accompagna Bonaparte en Égypte, prit part aux batailles des Pyramides et d'Aboukir, emporta Jaffa et fut blessé à Saint-Jean-d'Acre. Revenu en France, il contribua au coup d'État du 18-Brumaire et fut mis à la tête de la garde consulaire. En 1800, il exerça le commandement de l'avant-garde en Italie, franchit le Grand-Saint-Bernard (14/15 mai 1800), se couvrit de gloire à Montebello (9 juin 1800) et prit une part importante à la victoire de Marengo (14 juin). Il fut surnommé « le Roland de l'armée ». Créé maréchal dans la grande promotion de 1804, puis duc de Montebello (1808), il commanda à Austerlitz l'aile gauche de la Grande Armée (1805), combattit à Iéna, Eylau, Friedland, remporta en Espagne la victoire de Tudela (nov. 1808) et s'empara de Saragosse, après un long siège (févr. 1809). Au cours de la campagne de 1809 contre l'Autriche, il se distingua encore à Eckmühl, Ratisbonne, Amstetten, mais fut blessé mortellement à la bataille d'Essling (22 mai 1809). Le corps de Lannes fut déposé au Panthéon en 1810.

LANSDOWNE, Henry Charles Keith Petty Fitzmaurice, 5e marquis de (* Londres, 14.I.1845, † Newton Anmer, 3.VI.1927). Homme politique anglais. Gouverneur général du Canada (1883/88), il se sépara de Gladstone et des libéraux sur la question d'Irlande et rejoignit les unionistes. Vice-roi des Indes (1888/94), il fit partie du cabinet conservateur de Salisbury comme ministre de la Guerre (1895/1900) s'attirant de vives critiques de la presse, qui le rendait responsable des échecs britanniques dans la guerre des Boers. De 1900 à 1905, il dirigea le Foreign Office, mit fin au « splendide isolement » de l'ère victorienne, concluant l'alliance anglo-japonaise de 1902 et menant avec la France les délicates négociations qui aboutirent, en 1904, à l'Entente cordiale. Il fit partie, durant la Première Guerre mondiale, du cabinet de coalition (1915/16). En nov. 1917, dans une lettre au *Daily Telegraph*, il lança un appel en faveur d'une paix de compromis qui souleva de vives controverses.

LAOS. État de l'Asie du Sud-Est, situé au centre de la péninsule indochinoise ; capitale *Vientiane*. Longtemps divisé en principautés rivales, puis soumis à l'influence du royaume siamois de Sukhotaï (XIIIe s.), le Laos fut unifié par Fa Ngoum, qui fonda en 1353 le royaume de Lan Chang ; il introduisit dans le pays la civilisation khmère et le bouddhisme. Ce royaume atteignit son apogée au XVIe s. ; la capitale fut transférée en 1563 de Louang Prabang à Vientiane. Mais les attaques birmanes, qui avaient commencé dès la fin du XVIe s., provoquèrent la division du royaume laotien en trois États : au N., Louang Prabang ; au centre, Vientiane ; au S., Champassak. Après celui de Champassak, le royaume de Vientiane tomba, en 1778, sous la tutelle des Siamois. Le royaume de Louang Prabang accepta, en 1893, le protectorat de la France qui obtint du Siam l'évacuation de la rive gauche du Mékong. Sous la pression japonaise, celle-ci dut être rétrocédée à la Thaïlande en 1941, mais revint au Laos à la suite de l'accord de Washington (nov. 1946).

Quand les Japonais procédèrent à l'occupation complète de l'Indochine (mars 1945), le Laos proclama son indépendance (8 avr. 1945), et, à la fin de la guerre, le mouvement nationaliste Lao Issara (Laos libre), dirigé par le prince Souvanna Phouma et par son demi-frère, le prince Souphanouvong, tenta de s'opposer au rétablissement de la domination française. Par les accords du 19 juill. 1949, la France reconnut l'indépendance du Laos – devenu une monarchie constitutionnelle en mai 1947 – comme État associé au sein de l'Union française. Alors que Souvanna Phouma acceptait les concessions française, Souphanouvong décida de poursuivre la résistance en union étroite avec le Viêt-minh et établit en août 1950, dans les provinces septentrionales, un gouvernement Pathet Lao (Patrie Lao), procommuniste.

Les accords de Genève sur l'Indochine (juill. 1954) n'apportèrent pas de règlement politique à la question laotienne, mais prévoyaient le retrait de toutes les forces du Viêt-minh et le regroupement des forces du Pathet Lao dans deux provinces septentrionales. Dans les années 1955/58, le Pathet Lao parut accepter son intégration à la vie politique légale et se transforma en un nouveau parti, le Neo-Lao-Halt Xat (NLHX). En 1955 fut fondé le parti communiste du Laos, le parti populaire révolutionnaire lao (PPRL). En nov. 1957 se constitua un gouvernement d'union nationale, présidé par Souvanna Phouma et dans lequel le prince Souphanouvong consentit à siéger. Mais cette union fut brisée en 1959. Maître du pouvoir à la suite d'un coup d'État militaire (9 août 1960), le capitaine Kong-Le tenta d'installer un régime neutraliste, mais il fut chassé de Vientiane (déc. 1960) par le général Phoumi Nosavan, étroitement lié aux Américains. Kong-Le unit alors ses forces à celles du NLHX.

La conférence de Genève sur le Laos, réunie à partir de mai 1961, aboutit à l'accord du 23 juill. 1962, qui établissait la neutralité du Laos dans le conflit vietnamien. Les communistes reprirent l'offensive au printemps 1963, et l'aviation américaine commença à intervenir au Laos. Le pays se trouva de plus en plus entraîné dans la nouvelle guerre du Viêt-nam ; la « piste Hô Chi Minh », par laquelle le Viêt-nam du Nord ravitaillait les partisans communistes du Sud, passait en effet par le territoire oriental du Laos. Peu après le cessez-le-feu au Viêt-nam, un accord fut également signé au Laos (21 févr. 1973), et un gouvernement d'union nationale fut constitué entre le prince Souvanna Phouma et le prince Souphanouvong (avr. 1974). C'était, en fait, un succès décisif pour le NLHX, qui, un an plus tard, après la victoire des partisans communistes au Sud-Viêt-nam et au Cambodge, obtenait l'abandon du Laos par les Américains et prenait le contrôle absolu du gouvernement. En déc. 1975, la monarchie était abolie et remplacée par une « république populaire et démocratique », avec le prince Souphanouvong, chef du NLHX, comme président ; un gouvernement communiste était alors mis en place sous la direction de Kaysone Phomvihane (2 déc. 1975).

Ce gouvernement a dû beaucoup atténuer son dogmatisme marxiste pour sauver le pays de la famine. Le Laos est un des pays les plus pauvres de la planète, seule l'aide internationale lui permettant de payer ses importations.

À partir de 1986, la « nouvelle pensée » de Kaysone prépara le retour progressif à l'économie de marché et une relative réhabilitation du bouddhisme ; certains prisonniers politiques furent libérés, des terres redistribuées aux familles et l'administration réformée. Beaucoup de Laotiens émigrés en Thaïlande revinrent au pays. Confronté à de graves problèmes d'inflation, le Laos adopta dans les années 1990, une politique de réformes économiques, s'orientant vers une « économie socialiste de marché ». La Constitution proclamée en août 1991 reconnaissait la propriété privée tout en proclamant le parti populaire de la Révolution du Laos (PPRL) parti unique. En mars 1994 était adoptée une loi favorable aux investissements privés. Le Laos renforça ses liens avec la Thaïlande et, en avr. 1994, un pont sur le Mékong relia les deux pays.

Le VIe congrès du PPRL, qui se tint à Vientiane en mars 1996, réaffirma le soutien à la politique de réforme appelée « Nouveau mécanisme économique » (NME), les réformes politiques restant limitées et associées aux changements au sein de la hiérarchie du parti, qui subit une militarisation croissante du personnel dirigeant. Par ailleurs, le Laos, soucieux de développer son intégration régionale dans un environnement en pleine croissance, devint membre permanent de l'ASEAN en 1997. Mais le pays subit de plein fouet le choc de la crise asiatique de 1997/98, avec un déficit budgétaire massif et une inflation record. En 1999, la démocratisation de la société était en panne et un début de contestation politique marqua la fin de l'année avec des manifestations étudiantes dont les participants furent arrêtés (oct.). Par ailleurs, un courant d'opposition s'est organisé au sein de la communauté de 250 000 Hmong réfugiés aux États-Unis. Le Laos a été touché comme ses voisins par la crue catastrophique du Mékong en sept. 2000. Le VIIe congrès du parti (mars 2001) a reconduit le général Siphandone (précédemment élu en 1998) à la présidence. En févr. 2002, les élections législatives ont formé un Parlement entièrement constitué de députés PPRL.

LA PALICE ou **LA PALISSE, Jacques de Chabannes, seigneur de** (* vers 1470, † Pavie, 24.II.1525). Maréchal de France. Grand homme de guerre, il combattit en Bretagne, puis suivit Charles VIII à la conquête de Naples (1494) et participa aux expéditions de Louis XII en Italie. Il se signala particulièrement dans la campagne de 1512 contre les confédérés de la Sainte Ligue et contribua à la victoire de Ravenne, où il fut blessé. Il assura ensuite la retraite en Vénétie. Fait prisonnier à la seconde bataille de Guinegatte (1513), il parvint à s'échapper. Maréchal de France en 1515, il participa à la journée de Marignan et, en 1522, à celle de la Bicoque. Il secourut ensuite Fontarabie, fit lever le siège de Marseille et trouva la mort à la bataille de Pavie, livrée contre ses avis.

LA PÉROUSE, Jean François de Galaup, comte de (* Le Guo, près d'Albi, 22.VIII.1741, † île de Vanikoro, 1788). Marin français. Capitaine de vaisseau en 1780, il se signala durant la guerre de l'Indépendance américaine, par la destruction des établissements anglais de la baie d'Hudson. En 1785, il fut chargé par Louis XVI d'un voyage de découverte destiné à compléter les expéditions de Cook et de Clarke. Il aborda à l'île de Pâques, reconnut la côte de l'Amérique du Nord jusqu'à l'Alaska (juin 1786), parvint aux îles Hawaii, découvrit l'île Necker (5 nov. 1786), puis gagna Macao, les Philippines, atteignit le Japon et reconnut le détroit qui sépare les îles Sakhaline de Hokkaido (détroit de La Pérouse, 2 août 1787). Il toucha ensuite les rives de l'actuel Kamtchatka, et, de là, redescendit vers le Pacifique central ; il parvint à l'archipel des Samoa, puis aux îles Tonga. Il remontait vers le nord des Nouvelles-Hébrides lorsque ses rapports cessèrent de parvenir au ministère de la Marine. On retrouva les restes de son expédition en 1826 et 1828.

LARGO CABALLERO Francisco (* Madrid, 15.X.1869, † Paris, 23.III.1946). Homme politique espagnol. Militant socialiste et syndicaliste, condamné à la prison perpétuelle après la grève générale d'août 1917, relâché l'année suivante après son élection aux Cortès, il fut le premier ministre du Travail de la République espagnole (1931). Déçu par la collaboration avec les autres partis républicains, il s'orienta vers l'action révolutionnaire après la défaite électorale de la gauche (nov. 1933). Après la victoire du Front populaire et le déclenchement de la guerre civile, il forma un gouvernement qui comprenait, avec les socialistes, des communistes et des anarcho-syndicalistes (sept. 1936), mais qui se disloqua en raison des dissensions intestines. Refugié en France en 1939, il fut déporté en Allemagne pendant la Seconde Guerre mondiale.

LA ROCHEFOUCAULD. Famille noble française originaire de l'Angoumois, mentionnée pour la première fois en 1019, et illustrée notamment par :

François VI, prince de Marcillac, puis (à partir de 1650) **duc de La Rochefoucauld** (* Paris, 15.XI. 1613, † Paris, 17.III.1680). Moraliste français. En 1646, il combattit en Flandre et fut blessé au siège de Mardyck ; puis, voyant que Mazarin ne voulait pas satisfaire ses ambitions, il se rangea dans le parti des ennemis de la cour, où l'entraînait sa liaison avec la duchesse de Longueville, sœur du Grand Condé. Il participa activement à la première et à la seconde Fronde, tenta en 1649 de soulever l'Ouest, puis Bordeaux, il se distingua par sa bravoure au combat de la porte Saint-Antoine à Paris (2 juill. 1652). Retiré alors dans ses terres, il fit sa soumission et renonça à sa vie aventureuse. Après ses *Mémoires sur les brigues à la mort de Louis XIII, les guerres de Paris et de Guyenne et la prison des princes* (1662), il fit paraître en 1665 la première édition de ses *Réflexions ou Sentences et Maximes morales*.

François Alexandre Frédéric, duc de La Rochefoucauld-Liancourt (* La Roche-Guyon, 11.I. 1747, † Paris, 27.III.1827). Grand maître de la garde-robe sous Louis XV et Louis XVI. Dès 1780, il fit de sa terre de Liancourt une ferme modèle. Député de la noblesse aux états généraux de 1789, il contribua au rappel de Necker après la prise de la Bastille, défendit le roi après sa fuite à Varennes et fut un membre actif du club des Feuillants. Après le 10 août 1792, il émigra en Angleterre, puis aux États-Unis, mais rentra en France sous le Consulat. Membre de la Chambre des pairs sous la Restauration, il combattit pour l'abolition de l'esclavage et l'amélioration du régime des prisons, mais ses idées libérales le firent disgrâcier par Charles X.

LA ROCHEJAQUELEIN Henri Du Vergier, comte de (* château de la Durbellière, près de Châtillon-sur-Sèvre, 30.VIII.1772, † Nuaillé, près de Cholet, 9.II.1794). Chef des vendéens, il remporta la victoire de Chantonnay (sept. 1793), mais fut vaincu à Cholet (oct.). Contraint à la guérilla, il mourut au combat (1794). Voir **Vendée (guerres de)**.

LA ROCQUE François, comte de (* Lorient, 6.X.1885, † Paris, 28.IV.1946). Officier et homme politique français. Président des Croix-de-Feu 1931 (v.), il fonda en 1936 le parti social français (PSF). Résistant, il fut arrêté par les Allemands (1943) et déporté.

LA SALLE Robert Cavelier de (* Rouen, 22.XI. 1643, † en Louisiane, 17.V.1687). Explorateur français. Fils d'un gros marchand de Rouen, il entra chez les jésuites en 1658 mais quitta la Compagnie en 1666 et, privé de l'héritage de son père, il partit chercher fortune au Canada (1667). Anobli en 1674, en récompense de ses premières missions, il réalisa, de janv. à avr. 1682, la descente du Mississippi, et la première liaison entre la région des Grands Lacs et le golfe du Mexique. Parvenu à l'embouchure du fleuve, il prit possession de la région avoisinante au nom de la France et, en l'honneur de Louis XIV, lui donna le nom de *Louisiane* (9 avr. 1682). De retour en France, il sut intéresser Louis XIV à la colonisation des nouvelles régions découvertes et repartit pour la Louisiane avec une centaine de soldats. Il périt misérablement au cours d'une exploration, victime d'une mutinerie.

LAS CASAS Bartolomé de (* Séville, 1474, † Madrid, 31.VII.1566). Prélat espagnol. Fils d'un compagnon de Christophe Colomb, il fit des études à Salamanque et arriva à Cuba en 1502, où il fut ordonné prêtre en 1513. Il prit dès cette époque la défense des Indiens victimes des méthodes coloniales. Ayant gagné à ses vues Ferdinand le Catholique et Ximénez de Cisneros, il fut nommé commissaire royal. Son action humanitaire n'eut pas que d'heureux effets : pour protéger les Indiens, Las Casas conseilla d'installer dans les colonies d'Amérique des travailleurs noirs amenés d'Afrique, donnant ainsi sa première impulsion à la traite des Noirs. En 1522, il entra chez les dominicains de Saint-Domingue, puis il commença une grande carrière de prédicateur missionnaire au Mexique et au Pérou. Il fit le procès des abus de la colonisation dans sa célèbre *Brevissima relación de la destrucción de las Indias* (1542). Rentré en Espagne en 1550, il prit part à la Controverse de Valladolid où il défendit la cause de l'humanité des Indiens et écrivit une *Historia general de las Indias*.

LASCAUX (grotte de). Découverte par hasard en août 1940 par quatre jeunes gens, la grotte de Lascaux, près de Montignac (en Dordogne), offre l'un des plus importants ensembles d'art pariétal actuellement connus. Cette grotte comprend plusieurs salles et galeries, dont l'une au fond d'un puits, richement décorées de peintures et de gravures représentant des aurochs, des chevaux, des cerfs, des bouquetins, des félins et un animal fantastique, la « licorne » ; les fresques les plus remarquables sont celles des quatre taureaux géants de la salle principale (4 à 5 mètres de long) et celle du bison blessé et éventré face à un chasseur à tête d'oiseau tombé à la renverse ; on ne trouve à Lascaux aucune figuration de renne et de mammouth. À ces figures ornementales sont associés plusieurs centaines de signes peints et gravés. D'abord rattaché par l'abbé Breuil au Périgordien supérieur (vers 24000/19000 ans), l'ensemble (style des peintures et des gravures, l'industrie, les vestiges, les pollens) est aujourd'hui daté du Magdalénien ancien (datations au carbone 14 : 15 000 et 13 000 ans).

Le succès de ce qu'on appelle « la chapelle Sixtine de la préhistoire » lui fut néfaste. La présence de 120 000 visiteurs annuels et l'éclairage électrique provoquèrent l'apparition d'algues et de calcite. A. Malraux y interdit les visites en 1963. Une copie de la grotte, rigoureusement identique à l'orignale, fut inaugurée dans le voisinage en 1983.

LASSALLE Ferdinand (* Breslau, 11.IV.1825, † Genève, 31.VIII.1864). Homme politique allemand. Après avoir participé à la révolution de 1848 en Rhénanie, où il se lia à K. Marx, Lassalle devint l'un des théoriciens du socialisme et fonda en 1863 l'Union générale des ouvriers allemands, premier grand parti socialiste d'Europe. Ses conceptions d'un socialisme de producteurs associés dans le cadre de l'État exercèrent une grande influence sur le socialisme allemand. Voir **Socialistes (partis)**. Le socialisme allemand des origines à 1918.

LATIUM, auj. *Lazio*. Région de l'Italie centrale sur la mer Tyrrhénienne, où Rome est née et s'est développée sur le cours inférieur du Tibre. Dans l'Antiquité, le Latium ne comprenait que les monts Albains et la plaine marécageuse qui s'étendait entre ces monts au S., les Apennins à l'E., le Tibre au N., la mer Tyrrhénienne à l'O. La présence des Latins y est certaine à la fin du IIe millénaire avant notre ère. Ils appartenaient vraisemblablement à la première vague des Italiques indoeuropéens, venus soit du nord par les Alpes, selon l'hypothèse la plus souvent admise, soit, selon une autre théorie, des Balkans, par la mer et l'Italie du Sud.

Vers le VIIIe ou le VIIe s., selon la tradition, une trentaine de villages latins étaient groupés autour d'Albe en une fédération qui avait pour centre le *mons Latiaris* (mont Cavo), voué à Jupiter. Parmi ces villages ont pu figurer ceux qui, sur le site de la future ville de Rome, avaient formé une ligue locale, dite du Septimontium qui a précédé la naissance de la ville du Rome proprement dite (v. **Rome**. Les origines légendaires. Hypothèses sur les origines véritables). Selon les récits traditionnels, les Étrusques ont occupé et soumis le Latium de la fin du VIIe s. à 509 av. J.-C.

Sous l'Empire, le Latium, avec la Campanie, constitua la Ire région. À partir du VIe s. apr. J.-C., ce pays passa sous la souveraineté temporelle des papes mais fut le théâtre d'âpres luttes qui opposèrent le Saint-Siège aux Normands, puis à la féodalité. Noyau des États de l'Église, le Latium ne fut annexé au royaume d'Italie qu'en 1870.

LA TOUR D'AUVERGNE. Famille française mentionnée dès la fin du XIIe s. et dont le berceau fut le château de Latour ou La Tour-d'Auvergne (Puy-de-Dôme), à l'O. d'Issoire. Elle fut la souche des vicomtes de Turenne, des ducs de Bouillon et d'Albret, des comtes d'Auvergne et de Boulogne, ainsi que des princes de Sedan.

LATRAN (accords du, 11 févr. 1929). Traité conclu au palais du Latran entre le Saint-Siège, représenté par le cardinal Gaspari, secrétaire d'État de Pie XI, et Mussolini, chef du gouvernement italien. Il comprenait :

a) Un traité politique, qui réglait la « question romaine » ouverte avec l'occupation de Rome (v. **Pontificaux, États**) par l'Italie, en 1870. Le Saint-Siège reconnaissait le royaume d'Italie et sa capitale. L'Italie reconnaissait la plénitude de la souveraineté papale sur l'État du Vatican et ses annexes. Le pape jouissait de tous les droits et prérogatives d'un souverain ;

b) Une convention financière pour compenser la perte des possessions temporelles du Saint-Siège ;

c) Un concordat religieux, qui déclarait le catholicisme « seule religion de l'État » italien, rendait obligatoire l'enseignement catholique dans les écoles et reconnaissait au droit canonique ses effets civils (interdiction du divorce).

La Constitution républicaine italienne de 1947 a confirmé les accords du Latran, remplacés depuis par le concordat du 18 févr. 1984. Voir **Concordat**. Les concordats contemporains.

LATRAN (conciles du). Du XIIe s. au XVIIIe s., douze conciles se sont tenus dans la basilique du Latran : Ier concile du Latran (IXe œcuménique), 1123. Présidé par Calixte II, il mit fin à la querelle des Investitures (v.).

– *IIIe concile du Latran* (XIe œcuménique), 1179. Présidé par Alexandre III, il fut convoqué pour résoudre le schisme de l'antipape Calixte III. On y régla l'élection du pape, réservée aux cardinaux, à la majorité des deux tiers. L'hérésie des vaudois y fut condamnée.

– *IVe concile du Latran* (XIIe œcuménique), 1215. Présidé par Innocent III, il fut le plus important des conciles tenus au Latran. Il condamna les doctrines des albigeois et des vaudois touchant la Trinité, l'Incarnation, l'Église et les sacrements. Il prit une série de constitutions radicalement novatrices sur les devoirs des évêques, sur la confession annuelle, la communion pascale, le secret sacramentel ; il voulut interdire la prolifération des nouveaux ordres religieux, même si, de fait, les ordres naissants des Dominicains et des Franciscains reçurent du concile une légitimation ; il organisa les discriminations à l'encontre des Juifs.

– *Ve concile du Latran* (XVIIIe œcuménique), 1512/17. Présidé par Jules II puis par Léon X, il adopta divers décrets disciplinaires, mais laissa sans remède les problèmes qui furent à l'origine de la Réforme protestante.

LA TRÉMOILLE Louis II de, vicomte de Thouars, prince de Talmont (* Thouars, 20.IX.1460, † Pavie, 24.II.1525). Homme de guerre français. Ayant tout jeune révélé sa valeur, il fut placé par Charles VIII à la tête des troupes royales et mit fin à la Guerre folle par sa victoire sur les troupes bretonnes à Saint-Aubin-du-Cormier (1488). Durant les guerres d'Italie, il contribua d'une manière décisive à la victoire de Fornoue (1495) et en fut récompensé par la lieutenance générale du Poitou et de l'Angoumois. Commandant de l'armée en Italie en 1500, il s'empara de Milan, conquit la Lombardie et força Venise à livrer les Sforza ; mais il échoua en 1503 dans la conquête du royaume de Naples. Après s'être distingué à Agnadel (1509), il se laissa surprendre par les Suisses et perdit la bataille de Novare (1513). Il fut encore un des héros de Marignan (1515), et trouva la mort dans la désastreuse journée de Pavie.

LATTRE DE TASSIGNY Jean de (* Mouilleron-en-Pareds, Vendée, 3.II.1889, † Paris, 11.I.1952). Maréchal de France. Il s'illustra pendant la Première Guerre mondiale et y gagna le grade de capitaine. Général de brigade et chef d'état-major de la Ve armée en 1939, il fut nommé par Vichy commandant supérieur des troupes de Tunisie en 1941. En nov. 1942, lors de l'invasion de la zone Sud par la Wehrmacht, alors qu'il commandait la 16e division militaire de Montpellier, il tenta de passer à la clandestinité mais fut arrêté par les Allemands. Évadé en 1943, il gagna l'Angleterre puis Alger, où Giraud lui confia le commandement de la Ire armée qui débarqua en Provence le 16 août 1944. De Lattre remonta victorieusement jusqu'à l'Alsace et poursuivit la campagne jusqu'au cœur de l'Allemagne. Le 9 mai 1945, à Berlin, il signa au nom de la France l'acte de capitulation de la Wehrmacht. Inspecteur de l'armée en 1945, commandant en chef des forces terrestres de l'OTAN en 1949, il fut nommé haut-commissaire et commandant en chef en Indochine en 1950. Terrassé par un cancer, de Lattre n'eut pas le temps d'y redresser la situation administrative et militaire de la France. Il fut fait maréchal de France à titre posthume en 1952.

LAUENBURG. Ancien duché de l'Allemagne du Nord, aujourd'hui compris dans le Land de Schleswig-Holstein (v.).

LAURENT DE MÉDICIS dit **le Magnifique** (* Florence, 1er.I.1449, † Careggi, 8.IV.1492). Maître de Florence de 1469 à 1492. Voir MÉDICIS.

LAURIER Wilfrid (* Saint-Lin, Québec, 20.XI. 1841, † Ottawa, 17.II.1919). Homme politique canadien. Avocat et journaliste, député libéral au Parlement d'Ottawa à partir de 1874, chef du parti libéral en 1887, il fut le premier Canadien francophone à occuper la charge de Premier ministre (1896/1911). Tout en renforçant l'unité et l'indépendance du dominion, il s'employa à améliorer les relations du Canada avec l'Angleterre. Durant la guerre des Boers, il prit la décision d'envoyer des troupes en Afrique du Sud. Son projet d'un traité de libre-échange avec les États-Unis se heurta à une vive opposition et entraîna la chute de son ministère (1911). Partisan de la participation du Canada à la Première Guerre mondiale, mais adversaire de la conscription, il refusa en 1917 d'entrer dans le gouvernement de coalition.

LAUSANNE (traité de, 24 juill. 1923). Signé par les puissances occidentales, la Grèce et la Turquie, il abrogeait le traité de Sèvres et reconstituait le territoire turc. Voir TURQUIE. La fin de l'Empire ottoman (1878/1923).

LAUZUN, Antonin Nompar de Caumont, comte puis **duc de** (* château de Lauzun, Lot-et-Garonne, mai 1633, † Paris, 19.XI.1723). Courtisan insolent et ambitieux, favori de Louis XIV. En 1669, le roi lui promit la charge de grand maître de l'artillerie, mais son indiscrétion et sa vanité lui firent perdre la place. Lauzun, furieux, s'oublia jusqu'à briser son épée devant le roi, jurant qu'il ne servirait plus sous un prince sans foi. Enfermé quelques jours à la Bastille, Lauzun obtint son pardon et fut nommé capitaine des gardes (1669), lieutenant général (1670) et gouverneur du Berry (1671). Lauzun obtint du roi l'autorisation d'épouser Mlle de Montpensier, mais ses nouvelles insolences et une intrigue de cour firent manquer ce mariage. Louis XIV lui confia le commandement de l'armée qui l'accompagnait en Flandre (1671), mais Lauzun, ayant offensé la toute-puissante Mme de Montespan, se vit tout à coup disgracié : arrêté en nov. 1671, il fut conduit à Pignerol, où il resta prisonnier neuf ans (1671/80). À sa libération, il épousa la Grande Mademoiselle, fille de Gaston d'Orléans et cousine du roi.

LAVAL Pierre (* Châteldon, Puy-de-Dôme, 28.VI. 1883, † Fresnes, 15.X.1945). Homme politique français. Fils d'un cafetier auvergnat, il devint avocat à Paris (1907). Lié à la gauche révolutionnaire et pacifiste, il défendit des militants syndicaux, et fut élu en 1914 député socialiste d'Aubervilliers, puis maire de cette commune jusqu'en 1940. Il joua un rôle croissant dans la vie parlementaire, comme député, puis sénateur de 1927 à 1940.

De 1931 à 1936, il fut président du Conseil, ministre des Affaires étrangères, dans des cabinets orientés à droite. Il favorisa l'expansion des fascismes par une politique extérieure brouillonne. Sa politique intérieure de déflation mécontenta les salariés, et contribua à la victoire électorale du Front populaire en 1936. Il se tint à l'écart de janv. 1936 à mai 1940.

Vice-président du Conseil dans le gouvernement Pétain, il négocia avec les parlementaires l'attribution des pleins pouvoirs au maréchal (juil. 1940). Écarté pour des raisons obscures en déc. 1940, il revint au pouvoir en avr. 1942 sous la pression des Allemands. Convaincu de la victoire inéluctable de l'Allemagne, il mena une politique de collaboration de plus en plus nette. Condamné à mort par la Haute Cour (9 oct. 1945), il fut fusillé.

LA VALETTE Jean Parisot de (* 1494, † Malte, 21.VIII.1568). Grand maître de l'ordre de Malte. D'une ancienne famille toulousaine, élu grand maître en 1557, il s'illustra par sa glorieuse défense de l'île de

Malte, que Soliman II fit assiéger pendant quatre mois (19 mai/14 sept. 1565) par 40 000 hommes et 200 vaisseaux. Après avoir contraint les Turcs à se retirer, il renforça les défenses de l'île et fonda en 1566 la ville qui prit son nom.

LA VALLIÈRE, Louise Françoise de La Baume Le Blanc, duchesse de (* Tours, 6.VIII.1644, † Paris, 6.VI.1710). Première favorite de Louis XIV. Sa liaison avec Louis XIV fut rendue publique en 1663 : le roi donna à sa maîtresse de vastes domaines et érigea pour elle la terre de Vaujours (Touraine) et la baronnie de Saint-Christophe (Anjou) en duché (1667). Elle eut quatre enfants de Louis XIV, dont deux seulement survécurent et furent légitimés : Marie-Anne de Bourbon, nommée Mademoiselle de Blois et future princesse de Conti (* 1666), et le comte de Vermandois (* 1667).

LAVIGERIE Charles Martial Allemand (* Bayonne, 31.X.1825, † Alger, 25.XI.1892). Prélat français. Archevêque d'Alger (1867), fondateur des Pères blancs (1868) et des Sœurs missionnaires de Notre-Dame d'Afrique (1869), son action humanitaire atteignit son apogée dans la croisade antiesclavagiste de 1888. Son grand prestige lui valut d'être chargé par Léon XIII, en oct. 1890, d'amorcer la politique du Ralliement (v.) des catholiques français au régime républicain, lors du « toast d'Alger » (12 nov. 1890), porté par le cardinal à la fin d'un banquet donné en l'honneur de l'escadre de la Méditerranée.

LAVOISIER Antoine Laurent (* Paris, 26.VIII. 1743, † Paris, 8.V.1794). Chimiste français. Auteur de la découverte de l'oxygène (1775) et l'un des fondateurs de la chimie moderne, ce riche fermier général était un ardent partisan des réformes à la veille de la Révolution. Membre de l'Assemblée provinciale de l'Orléanais (1787), il réclama l'abolition des corvées, la liberté du commerce, la création de caisses d'assurance pour les pauvres et les vieillards. Député suppléant aux états généraux, il vit supprimer en 1791 la ferme générale dont il faisait partie et fut nommé la même année secrétaire de la Trésorerie. Il y proposa un plan pour la perception des impôts. Arrêté le 24 nov. 1793 avec tous les autres fermiers généraux, il fut sommairement condamné avec ses anciens collègues pour « complot contre le peuple français » et guillotiné.

LAW Andrew Bonar (* New Brunswick, Canada, 16.IX.1858, † Londres, 30.X.1923). Homme politique britannique. Il succéda à Balfour comme chef du parti conservateur en 1911 et occupa diverses charges dans le cabinet de guerre de Lloyd George (1916/22). Mais, en oct. 1922, il conduisit la révolte des conservateurs contre la coalition formée pendant la guerre, ce qui provoqua la chute de Lloyd George. Il succéda à ce dernier comme Premier ministre (oct. 1922/mai 1923), mais fut obligé d'abandonner la vie politique pour raison de santé.

LAW John (* Édimbourg, Écosse, 16.IV.1671, † Venise, 29.III.1729). Financier écossais. En 1716, il fut autorisé par le régent de France à fonder une banque privée dont les billets furent admis comme espèces dans toutes les caisses publiques. Remboursée au cours originel, la monnaie de papier devenait préférable au métal. Devant le succès de l'entreprise, il eut le tort de lier sa banque à la Compagnie d'Occident qu'il fonda et qui obtint les monopoles de la refonte et de la fabrication des monnaies et du recouvrement des impôts directs (1717/18). En 1718, la banque privée devint banque d'État. La spéculation effrénée dont furent l'objet les actions de la Compagnie, devenue Compagnie des Indes, amena Law à émettre une quantité de billets largement supérieure aux avoirs réels de la banque. Face à la hausse inconsidérée des titres de la Compagnie des Indes, les porteurs, pris de panique, réalisèrent leurs billets, c'est-à-dire se firent rembourser leur valeur en métal. Law, devenu contrôleur général des Finances en janv. 1720, ne put rembourser et son système s'effondra en déc. Il dut alors s'exiler et mourut dans l'indigence.

Cette expérience permit de résorber une part importante de la dette publique, mais eut des conséquences psychologiques désastreuses, faisant naître dans l'opinion publique française une prévention invincible contre toute forme de papier-monnaie et retardant les progrès du système bancaire français.

LAWRENCE Thomas Edward, dit **Lawrence d'Arabie** (* Tremadoc, pays de Galles, 15.VIII.1888, † Moreton, Dorset, 19.V.1935). Aventurier, militaire et écrivain britannique. La Première Guerre mondiale fit naître en lui des rêves de bâtisseur d'empire : il voulut être l'artisan de la révolte des Arabes contre les Turcs et de la création d'un grand royaume arabe au Proche-Orient. En déc. 1916, avec l'appui de l'Intelligence Service, il rejoignit à Djeddah l'émir Fayçal, fils du chérif de La Mecque Hussein, dont il organisa les troupes. Il mena personnellement des raids le long de la voie ferrée Damas-Médine. En juill. 1917, il s'empara du port d'Akaba. En 1917/18, avec le grade de colonel, il prit le commandement des troupes arabes qui formaient le flanc droit de l'armée Allenby ; il participa ainsi à la conquête de la Palestine et entra à Damas (oct. 1918). Estimant la cause arabe trahie par les traités de paix, qui plaçaient le Proche-Orient sous mandat français ou britannique, Lawrence refusa la vice-royauté des Indes et s'engagea comme simple soldat dans la RAF. Il mourut d'un accident de motocyclette. Son récit de la révolte arabe de 1916/18, *The Seven Pillars of Wisdom* (*Les Sept Piliers de la sagesse*), fut publié en 1926.

LEAKEY Louis (* 1903, † 1972) et **Marie** (* 1913, † 1996). Paléontologues et archéologues découvreurs de nombreux vestiges d'hominidés *(Australopithecus et Homo)* et de nombreux outils oldowayens en Afrique de l'Est. Louis Leakey mit au jour en 1959, dans la gorge d'Oldoway, en Tanzanie, le crâne de *Zinjanthropus*, un australopithèque robuste *(Australopithecus boisei)* et, au Kenya, le crâne de l'espèce humaine la plus ancienne *(Homo habilis)*. En 1976, Mary Leakey découvrait les traces de pas de Laetoli (v.), en Tanzanie. Voir **Homme (origines de l')**.

LEBEAU Joseph (* Huy, 2.I.1794, † Huy, 19.III. 1865). Homme politique belge. Avocat et journaliste libéral, il fut l'un des principaux artisans de l'union des libéraux et des catholiques qui prépara la révolution de 1830. Membre du Congrès national, il invoqua le droit des peuples à disposer d'eux-mêmes contre les prétentions de la conférence de Londres à fixer les limites de la Belgique. Nommé par le régent Surlet de Chockier ministre des Affaires étrangères (1831), il proposa au Congrès la candidature du prince Léopold de Saxe-Cobourg-Gotha, puis, après la malheureuse campagne des Dix-Jours, il dut consentir au traité des Vingt-Quatre Articles (v.). Lebeau fut président du Conseil (1840/41).

LEBRUN Albert (* Mercy-le-Haut, Meurthe-et-Moselle, 29.VIII.1871, † Paris, 6.III.1950). Homme politique français. Ancien élève de l'École polytechnique et ingénieur des Mines, proche de Poincaré, il fut élu député modéré de Meurthe-et-Moselle (1900), occupa divers postes ministériels (ministre des Colonies, 1911/14 ; ministre du Blocus et des Régions libérées, 1917/20) et devint président du Sénat en 1931. Il fut élu président de la République le 10 mai 1932 après l'assassinat de Paul Doumer et réélu en mai 1939. Il s'abstint d'exercer son influence personnelle sur les affaires politiques, même lors des heures tragiques de juin 1940. Il renonça à partir pour l'Afrique du Nord en juin 1940 et s'inclina sans protestation devant le vote de l'Assemblée nationale qui confiait les pouvoirs constitutionnels à Pétain (10 juill. 1940). Déporté par les Allemands (1944/45), il témoigna au procès Pétain puis vécut dans la retraite, après avoir publié son *Témoignage* (1945).

LEBRUN Charles François, duc de Plaisance (* Saint-Sauveur-Lendelin, Manche, 19.III.1739, † Saint-Mesmes, Seine-et-Oise, 16.VI.1824). Homme politique français. Payeur des rentes, puis inspecteur général des domaines de la Couronne, il fut secrétaire de Maupeou, dont il partagea la disgrâce (1774). Député de Dourdan aux États généraux (1789), il ne s'occupa que de finances, mais fut incarcéré sous la Terreur. Membre du Conseil des Cinq-Cents (1795/99), il appuya le coup d'État du 18-Brumaire. Nommé troisième consul (1799), il travailla à la réorganisation des finances et de la justice, fut fait ensuite prince architrésorier (1804) et créa la Cour des comptes. En 1810, il fut nommé administrateur général de la Hollande. Il refusa, en 1814, de signer l'acte de déchéance de Napoléon, se rallia cependant aux Bourbons, mais revint durant les Cent-Jours à Napoléon, qui le fit grand maître de l'Université ; pair de France (1819).

LE CHAPELIER Isaac René Guy (* Rennes, 12.VI. 1754, † Paris, 22.IV.1794). Homme politique français. Avocat au parlement de Rennes, député aux États généraux de 1789, il fut un des fondateurs du Club breton, futur club des Jacobins. Il présidait l'Assemblée constituante lors de la nuit du 4 août 1789. Il contribua à faire établir le principe de l'égalité dans les successions, fut l'auteur de la loi sur la propriété littéraire et rédigea le décret portant abolition de la noblesse et des titres féodaux. Devenu suspect à la suite d'un voyage en Angleterre, il fut guillotiné pendant la Terreur. Il est resté connu surtout comme le promoteur de la **loi Le Chapelier (14 juin 1791)**, qui, dans l'esprit qui avait inspiré la suppression des corporations, déclara illégale toute association ou coalition de travailleurs ou de patrons. Ces derniers ne souffrirent guère de cette loi, qui, pendant presque tout le XIXe s., laissa au contraire la classe ouvrière désarmée en face de ses employeurs. Elle ne fut abrogée qu'en 1884.

LECHFELD. Plaine de Bavière, dans laquelle se trouve la ville d'Augsbourg. Grande victoire d'Othon Ier sur les Hongrois, qui durent renoncer à toute nouvelle incursion en Germanie (10 août 955).

LECLERC Charles Victor Emmanuel (* Pontoise, 17.III.1772, † île de la Tortue, 2.XI.1802). Général français. Fils d'un marchand de farines, engagé volontaire en 1792, il se distingua au siège de Toulon, où il se lia avec Bonaparte (1793), qu'il accompagna en Italie et en Égypte. En 1797, il épousa Pauline Bonaparte (la future princesse Borghèse) ; il assura le succès du coup d'État du 18-Brumaire en expulsant de la salle des séances les opposants du Conseil des Cinq-Cents. Après la paix d'Amiens, il reçut le commandement de l'expédition envoyée contre Saint-Domingue ; il ne put rétablir durablement l'autorité française et succomba avec l'ensemble de son armée à la fièvre jaune.

LECLERC, Jacques Philippe de Hauteclocque, dit (* Belloy-Saint-Léonard, Somme, 22.XI.1902, † près de Colomb-Béchar, Algérie, 28.XI.1947). Maréchal de France. Capitaine en 1940, il échappa aux Allemands et rallia de Gaulle en Angleterre. Commandant militaire de l'A-ÉF, il entama, en janv. 1941, une série d'opérations à travers le Tchad, puis la Tripolitaine, qui lui permirent de joindre la VIIIe armée de Montgomery et de participer victorieusement à la campagne de Tunisie (1943). Il débarqua en Normandie à la tête de la 2e division blindée, sous les ordres du général Bradley. Les Américains lui laissèrent l'honneur d'entrer le premier à Paris (24 août 1944). En nov., il s'empara de Strasbourg, puis pénétra en Bavière jusqu'à Berchtesgaden. En août 1945, il fut envoyé en Indochine, reprit Hanoi et reçut, au nom de la France, la capitulation japonaise. Nommé inspecteur des forces d'Afrique du Nord en juill. 1946, il trouva la mort dans un accident d'avion. Fait maréchal de France à titre posthume en 1952.

LEDRU-ROLLIN Alexandre Auguste (* Paris, 2.II.1807, † Fontenay-aux-Roses, 31.XII.1874) Homme politique français. Député radical du Mans en 1841, il prit une part active à la campagne des banquets qui prépara la révolution de 1848. Ministre de l'Intérieur du gouvernement provisoire et membre de la Commission exécutive, il fut exclu du pouvoir par Cavaignac après les journées de juin 1848. Candidat malheureux à la présidentielle de déc., il fut élu député par cinq départements à l'Assemblée de 1849 et resta le principal dirigeant des Montagnards. Après l'échec de l'insurrection du 13 juin 1849 en faveur de la république romaine, Ledru-Rollin se réfugia à Londres. Rentré en France en 1871, il refusa de siéger à l'Assemblée nationale, mais ne se rallia pas à la Commune.

LE DUC THO (* province de Nam Ha, 14.X.1911, † Hanoi, 13.X.1990). Homme politique vietnamien. Membre fondateur du parti communiste indochinois en 1930 puis du Viêt-minh en 1941, il négocia avec les États-Unis l'arrêt des bombardements américains sur le Nord-Viêt-nam, en 1968. Artisan, en 1973, des accords prévoyant le retrait américain, le prix Nobel de la paix lui fut décerné en même temps qu'à Henry Kissinger, mais il le refusa. En 1978, il fut l'un des protagonistes de l'occupation du Cambodge par le Viêt-nam.

LEE Kuan Yew, Harry (Singapour 16.IX.1923). Homme politique singapourien. Issu d'une riche famille chinoise, avocat, il participa, le 21 nov. 1954, à la fondation du PAP (*People's Action Party*), parti réformiste et anticolonialiste. En mai 1959 il devint Premier ministre de l'île nouvellement indépendante. Contesté en 1961 par l'aile gauche du PAP, il assura son pouvoir par un régime d'encadrement politique de la société. Artisan de l'union avec la Malaisie (1963/65), il fut à l'origine du miracle économique singapourien. Il céda son poste en nov. 1990 à Goh Chok Tong et resta encore très présent dans la vie politique des dix années suivantes.

LEE Robert Edward (* Stratford House, Virginie, 19.I.1807, † Lexington, Virginie, 12.X.1870). Général des armées sudistes (1861/65). Voir **SÉCESSION (guerre de)**.

LEFEBVRE François Joseph, duc de Dantzig (* Rouffach, Haut-Rhin, 25.X.1755, † Paris, 14.IX.1820). Maréchal de France. Entré dans les gardes françaises à dix-huit ans (1773), sergent en 1789, il passa comme officier dans la garde nationale parisienne, servit dans les armées de la Moselle et du Rhin et devint général de division en 1794. Commandant l'avant-garde de l'armée de Sambre-et-Meuse, il prit une grande part à la victoire de Fleurus, effectua le passage du Rhin à Düsseldorf (1795), se signala à Altenkirchen (1796) et à Stockach (1799). Au 18-Brumaire, il appuya activement Bonaparte. Sénateur (1800) et maréchal d'Empire (mai 1804), il commanda l'infanterie de la garde impériale à Iéna (1806), puis s'empara de Dantzig (24 mai 1807), après un siège resté célèbre, qui lui valut le titre de *duc de Dantzig*. Après avoir participé aux guerres d'Espagne et d'Autriche, il commanda l'infanterie de la vieille garde durant la campagne de Russie et se distingua encore dans les derniers combats de la bataille de France, en 1814.

LÉGION ÉTRANGÈRE. Corps militaire français, composé de volontaires étrangers, créé en Algérie par Louis-Philippe (ordonnance du 9 mars 1831). Elle établit son quartier général à Sidi Bel Abbès et fut cédée de 1835 à 1838 à l'Espagne, pour lutter contre les carlistes. Elle se distingua ensuite dans toutes les campagnes d'outre-mer menées par la France. Troupe souvent sacrifiée, la Légion étrangère a un martyrologe impressionnant : 4 000 morts en 1914/18, 9 000 morts en 1939/45, plus de 10 000 morts en Indochine. Durant la Seconde Guerre mondiale, nombre de ses éléments rallièrent de Gaulle et participèrent à la campagne de Libye, puis à celle d'Italie. Lors de la guerre d'Indochine, ses effectifs se gonflèrent considérablement (plus de 60 000 hommes en 1953/54). Elle fut ensuite totalement engagée dans la guerre d'Algérie. Lors du putsch des généraux à Alger (avr. 1961), une grande partie de la Légion rallia le mouvement. Le corps, l'un des plus populaires de l'armée française, fut alors l'objet de sanctions. Après l'indépendance de l'Algérie, son centre fut transféré à Aubagne (Bouches-du-Rhône).

LÉGISLATIVE (Assemblée, 1791/92). Assemblée élue conformément à la constitution de 1791 et chargée du pouvoir législatif. Voir **FRANCE.** Les débuts de la Révolution et la chute de la monarchie (1789/92).

LEIPZIG (bataille de, 16/19 oct. 1813). Appelée en Allemagne « la bataille des Nations » (*Völkerschlacht*), elle opposa Napoléon Ier et 190 000 Français à plus de 300 000 Alliés. Cette bataille, au cours de laquelle les Français perdirent 50 000 hommes (dont 20 000 tués) et les Alliés 60 000 hommes, libéra l'Allemagne de la domination française. C'était la première grande défaite de Napoléon, dont les derniers alliés allemands firent rapidement défection.

LEMASS Sean (* Dublin, 15.VII.1899, † Dublin, 11.V.1971). Homme politique irlandais. À l'âge de dix-sept ans, il prit part à la rébellion de Dublin (Pâques 1916), puis combattit dans l'armée républicaine irlandaise et fut plusieurs fois emprisonné. Compagnon de De Valera, il entra au gouvernement en 1932 et fut ministre de l'Industrie et du Commerce. Surmontant son anglophobie, il négocia l'accord commercial anglo-irlandais de 1938. Successeur de De Valera comme président du Conseil (1959/66), il resserra les liens avec la Grande-Bretagne, normalisa les relations avec l'Ulster et présenta en 1961 la première candidature de l'Irlande au Marché commun.

LÉNINE, Vladimir Ilitch Oulianov, dit (* Simbirsk, auj. Oulianovsk, 22.IV.1870, † Gorki, près de Moscou, 21.I.1924). Homme politique soviétique. Né dans une famille bourgeoise, Vladimir Oulianov se tourna vite vers le marxisme, dont il devint un adepte intransigeant, et se lança dans l'action révolutionnaire. Déporté en Sibérie, il s'y maria avec une militante révolutionnaire, et rédigea *Le Développement du capitalisme en Russie* (1899).

Ayant terminé sa peine, il quitta l'Empire, vécut dans divers pays européens, fit paraître à partir de 1900 un journal, l'*Iskra* (*L'Étincelle*), et rédigea une brochure, *Que faire ?* (1902), destinée aux militants du jeune parti social-démocrate russe. Il s'attacha à montrer qu'une révolution socialiste était possible en Russie, pourvu qu'elle fût préparée méthodiquement et conduite par un parti centralisé et discipliné de « révolutionnaires professionnels ». Au congrès social-démocrate de 1903, Lénine imposa de justesse ses vues. Ses partisans prirent le nom de *bolcheviks* (« majoritaires »). Rentré en Russie en nov. 1905, Lénine ne joua qu'un rôle mineur dans les événements révolutionnaires. Il employa les années suivantes à organiser ses partisans, qui rompirent avec la minorité du parti social-démocrate (les *mencheviks* ou « minoritaires ») en 1912. En 1907, il repartit pour l'exil, en France et en Suisse. Peu après août 1914, il prit nettement position contre le soutien à la guerre, rompant ainsi avec la plupart des socialistes, publia *L'Impérialisme, stade suprême du capitalisme* (1916), où il analysait les causes de la guerre, et participa aux conférences de Zimmerwald et Kienthal.

Après la chute du régime tsariste (mars 1917), il obtint l'autorisation de traverser le territoire allemand et rejoignit Petrograd, où il prit en main la direction du parti bolchevique. À partir d'avr. 1917, la vie de Lénine se confond avec l'histoire de la révolution et de l'URSS naissante. Il réussit à imposer ses vues, parfois non sans mal, dans toutes les étapes essentielles : ligne intransigeante contre le gouvernement provisoire, nécessité d'une insurrection armée contre Kerenski (oct. 1917), d'une paix avec l'Allemagne, d'une pause dans le communisme de guerre, qui aboutit à la NEP (v.).

Une première attaque d'apoplexie, en mai 1922, l'obligea à réduire son activité, une deuxième le laissa paralysé. Une dernière attaque le terrassa. Son corps embaumé est exposé dans le mausolée de la place Rouge. Voir RUSSIE. La période léninienne.

LEÓN (royaume de). Royaume chrétien d'Espagne qui apparaît au début du Xe s. Il prit la suite du royaume des Asturies lorsque Garcia Ier (909/14) décida d'abandonner l'ancienne capitale, Oviedo, pour León. Le royaume comprenait alors tout le nord et le nord-ouest de la péninsule Ibérique. Sous Ordoño II (914/24) et Ramire II (vers 931/51), le León dut mener d'âpres luttes contre les Maures. Ramire II ne put empêcher la Castille d'affirmer son autonomie. Saccagée par les Arabes en 988, la capitale se releva sous le règne d'Alphonse V (999/1028), mais, à la suite des conquêtes de Sanche III le Grand, roi de Navarre, le fils de ce dernier, Ferdinand Ier de Castille, réalisa en 1037 l'union de la Castille et du León. En 1157, à la mort d'Alphonse VII, qui avait partagé ses États entre ses deux fils, le royaume de León redevint indépendant sous Ferdinand II (1157/88), auquel succéda Alphonse IX (1188/1230). Celui-ci disparu, l'union définitive entre le León et la Castille fut scellée en 1230 par Ferdinand III de Castille et de León, qui conserva cependant une certaine autonomie politique et administrative pendant plus d'un siècle encore.

LÉON

PAPES

LÉON Ier le Grand saint (* Rome ?, † Rome, 10.XI. 461). Pape (440/61). Successeur de Sixte III, il fut sacré le 29 sept. 440. Son pontificat marqua une étape décisive dans l'affirmation du pouvoir papal aussi bien en Occident, face aux Barbares, qu'en Orient, dans les querelles doctrinales qui continuaient à agiter l'Église. Léon fut le défenseur de l'Italie en face des Barbares : en 452, lors de l'invasion des Huns, il se rendit audevant d'Attila et réussit à convaincre celui-ci d'épargner Rome, contre le paiement d'un tribut annuel. Moins heureux en 455 devant Genséric, il parvint cependant à limiter les sévices des Vandales.

LÉON III saint (* Rome ?, † Rome, 12.VI.816). Pape (795/816). Voir **PONTIFICAUX (États)**. L'origine des États pontificaux (jusqu'au IXe s.).

LÉON IX saint, **Bruno de Dagsburg** (* Eguisheim, Alsace, 21.VI.1002, † Rome, 19.IV.1054). Pape (1048/54). Voir ÉGLISE ORTHODOXE. Genèse de la rupture (IVe/XIe s.).

LÉON X, Giovanni de' Medici (* Florence, 11.XII. 1475, † Rome, 1er.XII.1521). Pape (1513/21). Second fils de Laurent de Médicis, cardinal à treize ans, il fut expulsé de Florence avec sa famille en 1494, mais s'y rétablit en 1512. Élu pape en 1513, comme successeur de Jules II, il ne fut ordonné prêtre et consacré évêque que plusieurs jours plus tard. Son pontificat fut celui d'un prince italien de la Renaissance. La victoire de François Ier à Marignan, en 1515, le contraignit à accorder le concordat de Bologne (1516) et à se rapprocher de la France. Les dépenses considérables occasionnées par les guerres qu'il mena au bénéfice des Médicis ne l'empêchèrent pas d'être un fastueux mécène, au point que l'on a pu appeler cette période « siècle de Léon X ». C'est pour financer ces dépenses qu'il intensifia la vente des indulgences commencées sous son prédécesseur, provoquant la révolte de Luther. Il condamna ses quatre-vingt-quinze thèses en oct. 1517 et prononça son excommunication le 3 janv. 1521.

LÉON XII, Annibale Della Genga (* château de Genga, près de Spolète, 22.VIII.1760, † Rome, 10.II.1829). Pape (1823/29). Voir **Pontificaux (États).** La fin des États pontificaux (1815/70).

LÉON XIII, Vincenzo Gioacchino Pecci (* Carpineto Romano, 2.III.1810, † Rome, 20.VII.1903). Pape (1878/1903). Ordonné prêtre en 1837, il fut nonce à Bruxelles (1843/45), archevêque de Pérouse en 1846 et cardinal en 1853. Il succéda à Pie IX en 1878 et fit preuve d'une plus grande souplesse politique avec l'Allemagne, la Russie et la France où il modifia l'attitude des catholiques en prônant le « ralliement » (v.) à la République. Il fut également à l'origine du mouvement social chrétien (encyclique *Rerum novarum,* 1891). Il remit l'Église catholique en contact avec les autres Églises chrétiennes.

ORIENT (EMPEREURS D')

LÉON III l'Isaurien (* Germanicia, Taurus, vers 675, † 18.VI.741). Empereur byzantin (717/41). Voir **Byzantin (Empire).** Les dynasties isaurienne et amorienne. L'iconoclasme (717/867).

LÉON VI le Sage (* sept. 866, † 11.V.912). Empereur byzantin (886/912). Voir **Byzantin (empire).** La dynastie macédonienne et l'apogée de l'Empire byzantin (867/1057).

LEONE Giovanni (* Naples, 3.XI.1908, † 10.XI. 2001). Homme politique italien. Juriste, avocat et professeur de droit, député démocrate-chrétien à partir de 1946, il participa à l'élaboration de la Constitution républicaine. Président de la Chambre des députés (1955/63), chef du gouvernement (juin/nov. 1963 et juin/déc. 1968), il fut élu en déc. 1971 président de la République. Il dut donner sa démission le 15 juin 1978 après que des accusations de corruption eurent été portées contre lui.

LÉONIDAS Ier († Thermopyles, 480 av. J.-C.). Roi de Sparte (vers 491/80). De la famille des Agides, il se chargea, lors de l'invasion de Xerxès, de défendre le défilé des Thermopyles. Les Perses ayant appris le moyen de tourner le défilé, Léonidas renvoya la plus grande partie de ses troupes, et, ne gardant avec lui que 300 Spartiates résolus à mourir, ainsi que des Thespiens et des Thébains, il s'élança avec eux contre les Perses ; ils périrent tous sous une pluie de traits. Ce sacrifice contribua à la réputation de civisme et de discipline des Spartiates.

LÉOPOLD

BELGIQUE

LÉOPOLD Ier (* Cobourg, 16.XII.1790, † Laeken, Bruxelles, 10.XII.1865). Roi des Belges (1831/65). Prince héréditaire de Saxe-Cobourg, il combattit brillamment dans l'armée russe contre Napoléon. Naturalisé anglais, il épousa en 1816 Charlotte, héritière du trône d'Angleterre, qui mourut l'année suivante. Léopold venait de refuser la couronne de Grèce (1830), lorsque le Congrès national belge l'élut roi des Belges (4 juin 1831). Il y mit comme condition le règlement de la question des territoires et des dettes et obtint de la conférence de Londres le traité des Dix-Huit Articles (v.), approuvé par le Congrès national (9 juill. 1831). Accueilli triomphalement à Bruxelles (21 juill.), il dut faire face à la reprise des hostilités par les Hollandais et défendit en personne, à Louvain, la route de Bruxelles. En 1832, après la rupture de son mariage morganatique avec l'actrice Karoline Bauer, il épousa la fille aînée de Louis-Philippe, Louise Marie d'Orléans, dont il eut quatre enfants. Léopold Ier sut remarquablement se servir de ses relations familiales pour être le « bouclier de la Belgique », dont il sauvegarda l'indépendance contre les intrigues de la Prusse et les ambitions annexionnistes de la France, en particulier sous le règne de Napoléon III.

LÉOPOLD II (* Bruxelles, 9.IV.1835, † Laeken, Bruxelles, 17.XII.1909). Roi des Belges (1865/1909). Fils et successeur de Léopold Ier. Il s'appuya sur l'Angleterre pour mettre en échec, en 1866/69, les intrigues de Napoléon III contre l'indépendance belge ; puis, à partir de 1890, il s'employa sans relâche à la préparation militaire du pays et réussit à imposer la loi militaire du service personnel (1909), qu'il put signer à la veille de sa mort. Mais son règne fut surtout marqué par le prodigieux essor du commerce et de l'industrie belges et par une active politique coloniale. Il fonda l'Association internationale africaine, chargea Stanley d'une mission au Congo et créa l'État indépendant du Congo, dont le congrès de Berlin lui reconnut la souveraineté à titre personnel (26 févr. 1885). Par son testament Léopold II légua le Congo à la Belgique.

LÉOPOLD III (* Bruxelles, 3.XI.1901, † Bruxelles, 25.IX.1983). Roi des Belges (1934/51). Fils d'Albert Ier et petit-neveu de Léopold II, il devint roi à la suite de la mort accidentelle de son père, le 17 févr. 1934. Un an plus tard, il perdit sa femme, Astrid de Suède dont il avait eu trois enfants. Devant les nouvelles menaces de guerre, Léopold III mit fin à l'alliance avec la France et réaffirma solennellement la neutralité de la Belgique (déclaration du 14 oct. 1936).

Lors de l'invasion allemande du 10 mai 1940, il prit le commandement en chef de l'armée et fut contraint de signer une capitulation sans condition (28 mai 1940). Il ne suivit pas en exil le gouvernement Pierlot, qui continua la résistance à Londres. Confiné au château de Laeken, il n'exerça plus d'activité politique et se refusa à toute collaboration avec les occupants. Il fut décidé en juill. 1945 que Léopold III ne pourrait régner à nouveau qu'après un vote du Parlement. Le référendum du 12 mars 1950 ne fit apparaître qu'une légère majorité favorable à la reprise des pouvoirs par le roi. Rentré à Bruxelles, Léopold III fut accueilli par une vague de grèves et de violentes manifestations. Il décida alors de transmettre ses prérogatives au prince héritier Baudouin (11 août 1950), et il abdiqua finalement en sa faveur (11 juill. 1951).

EMPIRE GERMANIQUE

LÉOPOLD Ier (* Vienne, 9.VI.1640, † Vienne, 5.V. 1705). Empereur germanique (1658/1705). Second fils et successeur de Ferdinand III. Menacé par les Turcs qui assiégeaient Vienne, il fut sauvé par le roi de Pologne Jean Sobieski (1682). Il mena dans les régions danubiennes une puissante contre-offensive qui aboutit à la paix de Karlowitz (1699), assurant aux Habsbourg toute la Hongrie, la Transylvanie et le Banat. Dans sa lutte contre Louis XIV, il fut forcé d'accepter les traités de Nimègue (1678) et de Ryswick (1697), avant de connaître des victoires (à Höchstädt, 1704) en s'alliant avec l'Angleterre et la Hollande dans la guerre de la Succession d'Espagne. Son fils Joseph Ier lui succéda.

LÉOPOLD II (* Vienne, 5.V.1747, † Vienne, 1er.III. 1792). Empereur germanique (1790/92). Deuxième fils de François Ier et de Marie-Thérèse, arrière-petit-fils du précédent, il fut d'abord grand-duc de Toscane (1765/90). En févr. 1790, succéda à son frère Joseph II et dut faire face à une situation critique : alors que la Hongrie continuait à s'agiter, que la Bohême et l'Autriche protestaient contre de nouveaux impôts, les Pays-Bas autrichiens étaient insurgés et la révolution venait d'éclater en France. Léopold II réussit à soumettre les Belges (déc. 1790) et à réprimer la révolution de Liège (janv. 1791), cependant qu'il s'assurait les mains libres en terminant la guerre avec les Turcs (paix de Sistova, août 1791). Personnellement touché par la Révolution française (il était le frère de la reine Marie-Antoinette), il adopta une attitude prudente, malgré la convention de Vienne avec la Prusse (25 juill. 1791) et la déclaration de Pillnitz (août 1791) à la suite de laquelle les révolutionnaires le sommèrent d'intervenir contre les émigrés. Léopold II mourut avant la déclaration de guerre par la France. Marié à l'infante espagnole Marie-Louise, il avait eu seize enfants dont son successeur, François II.

LÉOVIGILDE († Tolède, 586). Roi des Wisigoths (567/86). Voir **Wisigoths**.

LÉPANTE (bataille de, 7 oct. 1571). Bataille navale livrée à la flotte turque d'Ali Pacha par une flotte de navires espagnols, vénitiens, pontificaux, maltais et génois, sous le commandement de Don Juan d'Autriche. Cette victoire chrétienne eut un retentissement politique, parce qu'elle fondait la suprématie espagnole en Méditerranée, et psychologique, en mettant fin à la réputation d'invincibilité des Ottomans.

LE PELETIER DE SAINT-FARGEAU Louis Michel (* Paris, 29.V.1760, † Paris, 20.I.1793). Homme politique français. Avocat général et président à mortier au parlement de Paris avant la Révolution, il fut député de la noblesse de Paris aux états généraux et passa brusquement du côté des révolutionnaires en juill. 1789. Député à la Convention, il vota la mort de Louis XVI, mais, la veille de l'exécution du roi, il fut assassiné par le garde du corps Pâris. Son corps fut porté en grande pompe au Panthéon.

LE PEN Jean-Marie (La Trinité-sur-Mer, 20.VI. 1928). Homme politique français. Élu député en janv. 1956 sur une liste poujadiste de la Seine, benjamin de l'Assemblée nationale, il fut réélu en 1958 après avoir participé à la campagne de Suez et à la guerre d'Algérie de sept. 1956 à mai 1957.

Le 5 oct. 1972, il créa son propre mouvement politique, le Front national (FN), et se présenta à l'élection présidentielle de 1974. Il ne recueillit que 0,74 % des suffrages exprimés. Au cours des années 1980, il sut élargir sa popularité en axant son discours sur des thèmes tels que le rétablissement de la peine de mort ou le rapatriement des immigrés. Il s'attira ainsi 14,38 % des suffrages au premier tour de l'élection présidentielle de 1988. Très contesté pour les relents racistes et antisémites de son discours, Jean-Marie Le Pen eut maille à partir avec la justice à de nombreuses reprises, notamment pour avoir déclaré, en sept. 1987, que l'existence des chambres à gaz était « un point de détail de l'histoire de la Seconde Guerre mondiale ». À la présidentielle de 1995, J.-M. Le Pen remporta au premier tour 15 % des suffrages. Son parti parvint à remporter, aux municipales de 1995, trois villes d'importance dans le sud de la France et ses scores électoraux déstabilisèrent fortement la droite parlementaire aux élections régionales de mars 1998. Affaibli par la scission du Front national de déc. 1998, J.-M. Le Pen connut de sérieux problèmes avec la justice : condamné à un an d'inéligibilité en 1998, pour avoir agressé une candidate socialiste pendant la campagne des législatives de 1997, il fut déchu, en 2000, de ses mandats de conseiller régional de Provence-Alpes-Côte-d'Azur et de député européen. À nouveau éligible en 2002, J.-M. Le Pen accéda au second tour de l'élection présidentielle, face au président sortant Jacques Chirac, avec 16,86 % des voix et devançant ainsi Lionel Jospin. Il n'atteignit pas 18 % des voix au second tour, mais son parti et lui-même sortirent politiquement renforcés de ces élections.

LEPIDUS Marcus Aemillus († Circeii, 13 av. J.-C.). Homme politique romain. Il s'attacha à la fortune de César, qui se l'adjoignit dans son troisième consulat (46) et le nomma maître de la cavalerie (45/44). Après l'assassinat du dictateur, il forma avec Octave et Marc Antoine le second triumvirat (27 nov. 43), reçut la responsabilité d'abord de l'Espagne et de la Gaule Narbonnaise, puis de l'Afrique (40). Après la défaite de Sextus Pompée en Sicile, Octave rallia à lui les troupes de Lepidus et lui enleva tout pouvoir, ne lui laissant que le titre de grand pontife (36) ; il mourut retiré de la vie publique.

LERMA Francisco Gómez de Sandoval y Rojas, comte puis **duc de** (* vers 1552/53, † Valladolid, 17.V.1625). Homme politique espagnol. Premier ministre de Philippe III (1598/1618). Voir ESPAGNE. Les Hasbourg espagnols au XVIIIe s. (1598/1700).

LEROI-GOURHAN André (* Paris 1911, † Paris 1986). Ethnologue et préhistorien français qui, au début de sa carrière, orienta ses recherches vers l'ethnologie et l'archéologie du Pacifique nord (1946). En France, il étudia les civilisations préhistoriques sous tous leurs aspects (industries, organisation sociale, symbolique de l'art, etc.). Il a été l'auteur de nombreux ouvrages comme *Le Geste et la Parole* (1964), *Les Religions de la préhistoire* (1964) ou encore *Préhistoire de l'art occidental* (1965).

LEROUX Pierre (* Bercy, près de Paris, 17.IV.1797, † Paris, 11.IV.1871). Homme politique français. Contraint par la mort de son père d'arrêter ses études, il devint maçon, puis typographe. Il fut l'un des fondateurs du *Globe* (1824), rallia ce journal au saint-simonisme, mais rompit ensuite avec Enfantin. Socialiste religieux, féministe, pacifiste, apôtre de la solidarité universelle, Pierre Leroux exerça une grande influence sur son amie George Sand, dont il inspira les romans socialistes. Après avoir fondé avec elle *La Revue indépendante* (1841), il établit en 1843 une imprimerie à Boussac, dans la Creuse, et fit paraître *La Revue sociale*. Député à l'Assemblée constituante de 1848, puis à la Législative, il siégea à l'extrême gauche. Après le coup d'État du 2-Décembre, il s'exila en Angleterre, à Jersey, puis à Lausanne, et ne rentra à Paris qu'en 1869. L'essentiel de ses idées se trouve dans son traité *De l'humanité* (1840).

LERROUX Y GARCÍA Alejandro (* La Rambla, Cordoue, 4.III.1864, † Madrid, 27.VI.1949). Homme politique espagnol. Avocat radical et anticlérical à Barcelone, il fut élu aux Cortés en 1901, dut s'exiler quelque temps en Argentine (1907) et contribua aux émeutes catalanes de 1909, mais ne tarda pas à s'assagir. En 1931, il prit part à la chute d'Alphonse XIII et devint le premier ministre des Affaires étrangères de la République. Il présida, entre sept. 1933 et sept. 1935, quatre gouvernements centristes. Sa répression de l'insurrection de Catalogne (oct. 1934) lui valut l'appui de la droite. La corruption de son entourage lui fit perdre tout crédit, surtout lorsque son propre fils fut compromis dans un scandale relatif à des autorisations de salles de jeux (1935) ; le nom de *straperlo* (« roulette truquée ») demeura attaché aux gouvernements Lerroux. Réfugié au Portugal durant la guerre civile, Lerroux ne rentra en Espagne qu'en 1947.

LESOTHO. État de l'Afrique australe, enclavé dans la République sud-africaine ; capitale *Maseru*. Habité par les Bochimans, puis, à partir du XVIIIe s., par des Bantous Ngonis et Sothos, l'actuel Lesotho servit de refuge, au début du XIXe s., aux Basutos (Sothos du Sud) qui, conduits par leur chef Moshoeshoe, fuyaient l'invasion des Zoulous. Menacés ensuite par l'expansion des Boers, les Basutos recherchèrent le protectorat des Britanniques. Mais leur intégration dans la colonie du Cap en 1878 suscita une rébellion qui se solda par la création, en 1884, du Basutoland, protectorat sans lien constitutionnel avec l'Afrique du Sud, qui devint indépendant le 4 oct. 1966 sous le nom de Lesotho. La tension entre le chef du gouvernement, Leabua Jonathan, et le roi Moshoeshoe II amena le souverain, en déc. 1970, à renoncer à tout pouvoir politique et à se contenter d'une fonction symbolique.

En 1986, Leabua Jonathan, ouvertement hostile à l'apartheid sud-africain, fut renversé par un putsch militaire commandité par Pretoria, le roi conservant ses fonctions symboliques. En 1990, la junte remplaçait Moshoeshoe II par son fils, Letsie III, jugé plus conciliant. L'année suivante, un nouveau putsch mené par le colonel Elias Ramaena aboutit à l'organisation d'élections législatives libres en 1993. Elles furent remportées par le Basutoland Congress Party, dans l'opposition depuis 1970. Son dirigeant, Ntsu Mokhele, devint Premier ministre. S'ensuivit une période d'instabilité politique. En sept. 1998, alors que des troubles violents dévastaient la capitale, à la suite d'élections législatives contestées, l'Afrique du Sud conduisit une intervention militaire brutale pour rétablir le calme et pour protéger ses approvisionnements en eau, largement dépendants du Lesotho. Une autorité politique intérimaire, comportant des représentants de tous les partis et présidée par l'ambassadeur d'Afrique du Sud, parvint à élaborer, en déc. 1999, un accord électoral qui prévoyait des élections en mai 2000. Celles-ci furent reportées, après des désaccords sur l'organisation et le calendrier ; elles eurent finalement lieu le 25 mai 2002, permettant l'entrée au Parlement de neuf partis, dans des conditions jugées régulières par les observateurs. Le pays connaissant cependant une situation économique, sanitaire et sociale dramatique, avec 40 % de chômeurs et 10 % de la population infectée par le virus HIV (selon l'Unicef).

LESSEPS Ferdinand, vicomte de (* Versailles, 19.XI.1805, † château de La Chesnaye, Indre, 7.XII.1894). Administrateur français. En 1849, l'accord qu'il passa avec les républicains romains, destiné à régler la question romaine, fut désavoué par le gouvernement français. En 1856, il obtint de Saïd pacha un acte de concession sur l'isthme de Suez (v.), qui lui permit de fonder la Compagnie du canal de Suez et d'effectuer le percement du canal (1869). En 1879, il projeta de renouveler cette performance à Panamá, mais n'en mesura pas les difficultés techniques. Son entêtement se transforma en escroquerie envers ses actionnaires et la Compagnie de Panamá fut mise en faillite en févr. 1889. Voir **Panamá (affaire de)**.

LE TELLIER Michel (* Paris, 19.IV.1603, † Paris, 30.X.1685). Homme politique français. Fils d'un conseiller à la Cour des aides, procureur au Châtelet (1631), maître des requêtes au Conseil d'État (1638), il participa à la répression du soulèvement des « va-nu-pieds » normands (1639) et fut ensuite intendant à l'armée du Piémont (1640). Mazarin le fit nommer en 1643 secrétaire d'État à la Guerre. Estimé par Louis XIV pour son « attachement et son assiduité », il fit partie de la « triade » Le Tellier-Lionne-Colbert comme ministre d'État, particulièrement chargé de l'armée. De concert avec Colbert, il travailla à la perte de Fouquet. Par une série d'ordonnances, Le Tellier fut le vrai créateur de l'armée monarchique, et il prépara l'œuvre de son fils aîné, le marquis de Louvois, auquel il fit accorder dès 1666 la survivance de sa charge de secrétaire d'État. En 1677, il céda complètement le ministère de la Guerre à Louvois lorsqu'il fut nommé chancelier et garde des Sceaux. Il fut l'un des plus ardents promoteurs de l'acte de révocation de l'édit de Nantes, qu'il rédigea peu avant sa mort (1685).

LÊ Thanh-Tong († 1497). Empereur du Viêt-nam (1460/97). Son règne marque l'apogée de la dynastie des Lê, aussi bien dans les domaines de l'administration civile et de l'organisation militaire que dans ceux de l'économie, de la littérature et des arts. À l'extérieur, il infligea une défaite définitive au Champa, dont la capitale, Vijaya, fut prise en 1471. À l'intérieur, l'organisation communautaire de la propriété fut renforcée par le code Hong-duc.

LETTONIE, *Latvias*. État de l'Europe septentrionale, bordé à l'O. et au N. par la mer Baltique ; capitale *Riga*. Dans la population lettonne se mêlent les apports de Finnois, de Zemgales, de Sèles, de Coures… installés successivement depuis le début de notre ère. À partir du XIIIe s., les Lettons furent soumis et convertis au christianisme par l'ordre Teutonique (v.). Vers le milieu du XVIe s., la Réforme fut introduite en Lettonie. Le passage de la Livonie (partie N. de la Lettonie) sous la domination polonaise en 1561 favorisa la Contre-Réforme catholique, mais, dans les années 1630, la Suède s'établit à Riga et sur la plus grande partie de la Livonie, qui revint au luthéranisme. La Russie annexa tout le pays, d'abord la Livonie (1710), puis la Courlande (partie S. de la Lettonie, 1795). Au XIXe s., administrée par des gouverneurs nommés par le tsar, le plus souvent des barons baltes, la Lettonie bénéficia d'une certaine autonomie judiciaire, religieuse et culturelle, et résista à la politique de russification.

Au cours de la Première Guerre mondiale, les troupes allemandes s'emparèrent de la Courlande (1915), de Riga (sept. 1917) et de la Livonie (févr. 1918), et favorisèrent le mouvement d'indépendance letton.

La Russie soviétique ayant abandonné les pays Baltes par le traité de Brest-Litovsk, un Conseil letton se forma sous la présidence de Karlis Ulmanis et proclama l'indépendance de la Lettonie le 18 nov. 1918, aussitôt après la défaite allemande. Mais le nouvel État fut attaqué par les bolcheviks, qui s'emparèrent de Riga (janv. 1919) ; ils furent repoussés par les Lettons et les troupes allemandes du Baltikum. Les Alliés exigèrent l'évacuation des forces allemandes (nov. 1919), et, par le traité de Riga (11 août 1920), les Soviets reconnurent la Lettonie. En 1921, la Lettonie entra dans la SDN. Une réforme agraire liquida complètement la puissance séculaire des barons germaniques. Après le vote d'une Constitution démocratique (1922), la Lettonie connut une période d'instabilité politique, à laquelle mit fin le coup d'État d'Ulmanis, qui établit un régime autoritaire (15 mai 1934) et devint président de la République (11 avr. 1936).

À la suite du pacte germano-soviétique et de la conquête soviétique de la Pologne, la Lettonie, malgré le pacte de non-agression avec l'URSS de 1932, dut accepter l'occupation de plusieurs aérodromes et bases navales par l'armée soviétique (5 oct. 1939). Puis elle fut totalement envahie en juin 1940, transformée en république soviétique (21 juill. 1940), enfin incorporée à l'URSS le 15 août 1940. Mais la Wehrmacht chassa les Russes de la Lettonie dès juill. 1941. Le 13 oct. 1944, l'armée soviétique rentrait à Riga et rétablissait la république socialiste soviétique de Lettonie.

Les changements politiques survenus en URSS après l'accession au pouvoir de M. Gorbatchev favorisèrent l'émergence d'un puissant courant nationaliste. En 1988, langue et drapeau nationaux furent reconnus dans les trois républiques baltes. Les élections de mars 1990 furent remportées par les indépendantistes lettons, et le Parlement vota en mai une déclaration d'indépendance. La population confirma ce choix en mars 1991 par un référendum, mais l'indépendance du pays ne fut reconnue par Moscou qu'en sept. La nationalité lettonne fut accordée aux seuls citoyens lettons d'avant guerre et à leurs descendants, excluant ainsi 700 000 personnes, la plupart russophones. En juin 1994, cependant, le Parlement adopta une loi prévoyant leur naturalisation progressive. Cette mesure accéléra le départ des troupes russes (août 1994), l'adhésion du pays au Conseil de l'Europe (févr. 1995) et favorisa la signature d'un accord d'association (juin 1995) avec l'UE.

Redevenue une République parlementaire, la Lettonie est passée d'un gouvernement dominé par les communistes à une vie politique dominée par la droite. Le pays a su régler les difficultés nées de la présence d'une forte minorité russophone par une loi sur la naturalisation, préalable indispensable à son rapprochement de l'Union européenne (UE) ; de même, des mesures d'ordre social et budgétaire ont été prises pour satisfaire aux critères imposés par l'UE. Le 22 nov. 2002, la Lettonie adhérait officiellement à l'OTAN (sommet de Prague). En févr. 2003 se sont engagées les négociations d'adhésion à l'UE, facilitées par la victoire électorale du parti proeuropéen Nouvelle Ère d'Einars Repse, en oct. 2002. Depuis le 1er mai 2004 la Lettonie fait partie de l'Union européenne.

LETTRÉS. Nom donné, dans la Chine impériale, aux membres de l'élite formés à l'école de la doctrine de Confucius (v. CONFUCIANISME). Le règne des lettrés, qui fut, pendant plus de deux millénaires, un trait caractéristique de la Chine, était exactement conforme à l'idéal de Confucius, lequel jugeait, comme Platon, que le gouvernement devait appartenir aux « sages ». C'est sous la dynastie des Han que le lettré commença à devenir un personnage prépondérant. En 125 av. J.-C., un édit obligea tout candidat fonctionnaire à subir un examen portant sur l'un au moins des classiques confucéens, et cette mesure resta en vigueur jusqu'en 1912. Professeur de sagesse, fonctionnaire, conseiller du prince, le lettré n'avait pas de fonctions bien définies, mais il prétendait à toutes. Gardien des traditions, il légitimait le pouvoir impérial, non sans le censurer parfois. Généralement, les lettrés préféraient agir dans les coulisses du pouvoir, vivant dans leur caste fermée, en marge de la nation. S'ils maintinrent la tradition spirituelle de la Chine, ils la sclérosèrent aussi et retardèrent longtemps le réveil du pays par leur intolérance à l'égard de toute influence extérieure. La réaction inaugurée au début du XXe s. par le mouvement de la Renaissance chinoise inspiré par Hou Che (Hu Shi) mit fin à la conception traditionnelle du rôle des lettrés dans la société confucéenne.

LEVANT. Nom donné autrefois à l'ensemble des pays baignés par la Méditerranée orientale.

États du Levant. Nom donné, après la Première Guerre mondiale, à la Syrie et au Liban sous mandat français.

LÉVESQUE René (* New-Carlisle, 1922, † Montréal, 1er.XI.1987). Homme politique québécois. Voir QUÉBEC. La particularité québécoise.

LÉVI (tribu de) ou **LÉVITES.** Tribu des descendants du troisième fils de Jacob et de Léa, spécialement consacrée au culte. Elle ne reçut pas comme les autres tribus de territoire particulier, mais on lui remit la dîme et quarante-huit villes, les villes lévitiques, dispersées à travers toute la Palestine, dont les principales sont : Cadès, Sichem, Gabaa, Hébron, Ramoth-Galaad.

LEYGUES Georges (* Villeneuve-sur-Lot, 29.X. 1856, † Saint-Cloud, 2.IX.1933). Homme politique français. Avocat et journaliste, député républicain à partir de 1885, président de l'Union démocratique (1904), il fut ministre de l'Instruction publique (cabinet Dupuy, 1894 ; cabinet Waldeck-Rousseau, 1899/1902) et organisa l'importante réforme de l'enseignement secondaire du 31 mai 1902. Ministre des Colonies (1906), il fit partie du gouvernement Clemenceau comme ministre de la Marine (1917/20). Ami de Millerand, il fut appelé par celui-ci à la présidence du Conseil (sept. 1920/janv. 1921) et fit voter la reprise des relations diplomatiques avec le Saint-Siège. De nouveau ministre de la Marine de 1926 à 1930 et en 1932/33, il accomplit une œuvre capitale de reconstruction et de rénovation de la marine française.

L'HOSPITAL Michel de (* Aigueperse, Puy-de-Dôme, 1504 ou 1505, † Bellebat, près d'Étampes, 13.III.1573). Homme politique français. Ambassadeur du roi au concile de Trente (1547), il fut choisi par Catherine de Médicis comme chancelier de France (1560). Par l'édit de Romorantin, il écarta, la même année, le projet d'établissement de l'Inquisition en France et s'opposa aux factions extrémistes, tant catholiques que protestantes. Malgré l'opposition du parlement, il accorda quelque liberté aux réformés, ce qui déclencha bientôt la guerre civile (1562). Il se retira en 1568, constatant l'échec de sa lutte contre le fanatisme, non sans avoir réalisé une vaste réforme de l'administration et de la justice.

LIAQUAT Ali Khan (* Kamal, 1er.X.1895, † Rawalpindi, 16.X.1951). Homme politique pakistanais. Avocat, principal chef, auprès de Mohammed Jinnah, de la Ligue musulmane, il devint Premier ministre lors de l'indépendance et de la partition du sous-continent indien (août 1947). Après la mort de Jinnah, il prit la direction du Pakistan (1948/51). Sa politique prudente lui valut la haine des fanatiques, et il périt assassiné.

LIBAN. État du Proche-Orient, situé le long de la côte méditerranéenne, borné au N. et à l'E. par la Syrie, au S. par Israël ; capitale *Beyrouth*.

Antiquité et Moyen Âge

Le Liban a hérité de la vocation maritime et commerciale de la Phénicie. C'est sur l'actuel territoire libanais que fleurirent, à partir du IIIe millénaire av. J.-C. , les grands ports de Tyr (Sour), de Sidon (Saïda) et de Byblos (Djébaïl). Dès son origine, ce pays joua un rôle unique d'intermédiaire entre la Mésopotamie, l'Égypte et les civilisations de la Méditerranée. Les grands empires qui se succédèrent dans l'Orient ancien lui imposèrent généralement leur tutelle. La conquête d'Alexandre (333 av. J.-C.) ouvrit les régions phéniciennes à l'hellénisation. À la domination des Ptolémées d'Égypte succéda rapidement celle des Séleucides, avant de faire place à la colonisation romaine (Ier s. av. J.-C.). La conquête arabe (VIIe s.), en provoquant un ralentissement considérable du commerce méditerranéen marqua le début de l'histoire de la montagne libanaise, où s'installèrent des communautés religieuses hétérodoxes : au N., les maronites (chrétiens) (v.) dès le VIIe s. ; au S., les Druzes (musulmans) (v.), à partir du XIe s.

Le Liban devint ainsi un pays très diversifié sur le plan ethnique et religieux, mais jouit d'une relative tolérance de la part des califes de Bagdad. Contraintes à la coexistence, toutes les communautés maintenaient un fort sentiment particulariste. À la suite de la première croisade, le Nord fit partie du comté de Tripoli (1102/1288) ; le Sud, avec Beyrouth, Sidon et Tyr, appartint jusqu'en 1291 au royaume de Jérusalem. Les maronites apportèrent une aide active aux croisés qu'ils payèrent par des persécutions lorsque le Liban fut reconquis à la fin du XIIIe s. par les mamelouks égyptiens, maîtres du pays jusqu'au début du XVIe s.

Le Liban sous les Ottomans

En 1516, le Liban fut englobé dans l'Empire ottoman, mais l'administration turque ne s'exerça vraiment que dans les villes côtières. La montagne passa sous l'autorité de la famille druze des Maan (1544/1697), acceptée aussi bien par les maronites que par les Druzes, qui atteignit son apogée avec Fakhr ed-Din. Malgré la révolte de ce dernier contre la Porte et son exécution à Constantinople (1635), les Maan continuèrent à régner sur le pays, dans une vassalité théorique à l'égard du sultan. L'émir Ahmed ed-Din étant mort sans enfants en 1697, la dynastie fut remplacée par celle des Chéhab (1698/1841). Jusqu'au XIXe s., la montagne du Liban continua à jouir d'une autonomie de fait ; les Chéhab eurent seulement à lutter contre l'esprit d'indépendance des clans féodaux, dont le plus puissant était celui des Joumblat.

À la fin du XVIIIe s., un mamelouk égyptien d'origine bosniaque, Djezzar Pacha, se rendit maître de Beyrouth et d'une partie de la côte, et chercha à étendre son influence par la terreur. C'est en partie à lui que Bachir II Chéhab dut de devenir émir (1790/1840). Celui-ci montra d'abord une extrême habileté politique : pour gagner les maronites, il feignit de se convertir au christianisme. Lors du siège d'Acre (1799), Bachir II se garda d'accepter les offres tentantes de Bonaparte. Plus tard, il commit l'erreur de se laisser impressionner par la force de l'Égypte, modernisée par Méhémet-Ali. Quand les troupes égyptiennes furent maîtresses de la Syrie (1833), Bachir II rejeta ouvertement la suzeraineté de la Porte ; mais les exactions de l'administration égyptienne au Liban ne tardèrent pas à provoquer une insurrection populaire encouragée par l'Angleterre, qui voulait briser la puissance de Méhémet-Ali. En 1840, Bachir II fut déposé et alla finir sa vie en exil. Son successeur, Bachir III, dut à son tour prendre la fuite (1841).

Au cours des années suivantes, le Liban passa sous l'administration ottomane directe. Les relations s'envenimèrent entre maronites et Druzes, ces derniers cherchant à reprendre leur ancienne suprématie : la Porte attisa ce conflit, et une explosion sanglante se produisit en 1860. Druzes de la montagne et musulmans de la côte massacrèrent les chrétiens, ce qui provoqua une intervention française (août 1860). L'ordre rétabli, la Porte, à la suite des accords de 1861 et de 1864, publia le « règlement organique », qui accordait au Mont-Liban un statut d'autonomie garanti par les grandes puissances.

Dans la seconde moitié du XIXe s., la région côtière connut un vif essor économique. Beyrouth, complètement déchue vers 1850, était redevenue en 1900 l'un des principaux ports du Levant, une place financière et commerciale internationale, un centre intellectuel, avec ses collèges fondés par des jésuites français et des protestants américains.

Le Liban sous mandat français

Occupé par les Alliés en 1918, après l'effondrement de l'Empire ottoman, le Liban essaya de faire reconnaître son indépendance. Le patriarche maronite fut mandaté pour réclamer à la conférence de la paix la constitution d'un Grand-Liban qui se serait étendu sur toute la région côtière, de Tripoli à Sour, et aurait englobé à l'intérieur la région du mont Hermon et Baalbek. Ce Grand-Liban vit le jour dans l'été 1920, mais fut placé sous mandat français (confirmé par la SDN, juill. 1922).

Bien que doté d'un Conseil représentatif (1922) et d'une Constitution (1925), le Liban sous mandat ne connut pas une réelle indépendance. Le Parlement français refusa de ratifier le traité de 1936, qui mettait fin au mandat. Après l'élimination des autorités fidèles au gouvernement de Vichy (juill. 1941), les représentants de la France libre, sous la pression britannique, proclamèrent l'indépendance de la Syrie et du Liban, puis essayèrent de maintenir en fait l'ancien régime. En août 1943, Béchara el-Khoury, chrétien maronite, et Riad Solh, musulman sunnite, s'entendirent verbalement sur des principes simples qui, sous le nom de « pacte national », régirent la vie politique pendant quelque quarante années : le pouvoir était partagé avec prééminence aux maronites, la présidence de la République leur étant réservée ; en échange de quoi, la présidence du Conseil incombait aux sunnites, et la présidence de la Chambre aux chiites. Les élections qui suivirent portèrent au pouvoir les deux artisans de cette entente. Le haut-commissaire gaulliste Jean Helleu fit alors arrêter Béchara el-Khoury et son gouvernement (nov. 1943). Sur une intervention anglaise, le comité français d'Alger dut s'incliner : le gouvernement libanais fut restauré et la fin du mandat décidée pour le 1er janv. 1944. Le Liban n'atteignit vraiment à sa pleine indépendance qu'en 1946.

Le Liban contemporain (depuis 1946)

Devenu une république parlementaire, le Liban, État multiconfessionnel, devait avant tout maintenir l'équilibre des forces entre chrétiens et musulmans. Carrefour commercial et financier du Proche-Orient, il devint un des pays les plus prospères et les plus libéraux de cette région, sans évidemment pouvoir se tenir complètement à l'écart des problèmes et des crises qui troublaient le monde arabe. D'une manière très générale, dès les années 1950, les chrétiens libanais, qui formaient l'essentiel de la classe commerçante et la partie la plus riche de la population, soutenaient une politique d'amitié et d'échanges actifs avec l'Occident, alors que les musulmans inclinaient plutôt vers un « neutralisme » panarabe et vers un engagement du Liban dans la lutte contre Israël. Une tendance nassérienne de gauche et quelque peu prosoviétique se constitua même autour du chef druze Kémal Joumblat.

La crise de Suez et la guerre israélo-arabe de 1956 provoquèrent un premier heurt entre ces deux courants. Accusé de mener une politique trop pro-occidentale, le président Camille Chamoun (1952/58) se trouva aux prises avec une véritable insurrection et dut faire appel à l'intervention de troupes américaines (juill. 1958). Celles-ci furent retirées après l'élection à la présidence du chef de l'armée, le général Chéhab (1958/64), sous lequel la politique libanaise s'orienta vers une prudente solidarité arabe. Le général Chéhab, ayant refusé la révision constitutionnelle qui eût permis sa réélection, fut remplacé par Charles Hélou (1964/70), auquel succéda en 1970 Soleiman Frangié.

Le « pacte national » de 1943, établi sur la base du recensement de 1932 n'était plus conforme à l'évolution démographique du pays, très favorable aux musulmans. Dans chaque camp, familles et chefferies féodales s'affrontaient depuis longtemps par milices interposées. Quand arrivèrent en masse, après la guerre des Six Jours de juin 1967, les réfugiés palestiniens, armés et organisés, le nouveau rapport des forces s'accentua : face à une droite chrétienne, pro-israélienne et pro-occidentale, se dressait une gauche musulmane renforcée et politiquement agressive. À partir de 1973, phalangistes chrétiens et fedayins palestiniens en venaient aux armes. En avril 1975, l'état de guerre civile était effectif, en particulier à Beyrouth, où une terrible guérilla urbaine fit rage, n'épargnant pas les civils (attentats, tirs d'embuscades, enlèvements, assassinats…). La Syrie imposa en janvier 1976 un cessez-le-feu et proposa un rééquilibrage constitutionnel des forces entre communautés ; à cette date, Beyrouth était séparée par une ligne de démarcation entre chrétiens et musulmans. La présence militaire syrienne, appelée par le pouvoir libanais, s'accrut progressivement, jusqu'à son entrée, le 15 nov., dans la capitale en ruine.

Israël, de son côté, vit dans l'implosion du Liban l'occasion d'anéantir les forces militaires palestiniennes qui s'y étaient réfugiées. Franchissant la frontière en 1982 dans le cadre de l'opération « Paix pour la Galilée », ses armées imposèrent à Béchir Gemayel, président de la République nouvellement élu, un traité de paix, aussitôt dénoncé par la Syrie, qui plaçait les chrétiens libanais sous protection israélienne. En août, l'état-major palestinien et la quasi-totalité de ses 15 000 combattants devaient quitter le Liban sous la protection d'une force internationale. Mais cette invasion israélienne favorisa l'émergence des milices chiites libanaises, dont une forte minorité pro-iranienne, les Hezbollah, n'hésitait pas à recourir à la prise d'otages ou à envoyer contre l'occupant israélien des commandos suicide. Au lendemain de l'assassinat de B. Gemayel (16 sept. 1982), l'armée israélienne investit Beyrouth et laissa les milices chrétiennes perpétrer des massacres de réfugiés palestiniens dans les camps de Sabra et Chatila. Amine Gemayel succéda alors à son frère (1982-1988). L'invasion israélienne ouvrit la seconde guerre civile du Liban, plus longue et plus meurtrière que la première. En 1985, l'armée israélienne se repliait vers le Sud. En 1988, les parlementaires libanais furent incapables de désigner un nouveau président ; deux gouvernements provisoires furent créés, l'un chrétien, dirigé par le général Michel Aoun, l'autre musulman, avec à sa tête Selim Hoss. En mars 1989, le général Aoun, armé par l'Irak, prit l'offensive contre l'occupant syrien. Une mission de la Ligue arabe parvint cependant à imposer le cessez-le-feu. En oct., la majorité des députés libanais d'un Parlement qui n'avait pas été renouvelé depuis 1972, réunis à Taef, en Arabie Saoudite, arrivaient à un nouveau compromis intercommunautaire : la représentation des musulmans au Parlement était réévaluée et les troupes syriennes devaient se retirer. Cet accord, aussitôt dénoncé par le général Aoun, permit l'élection du maronite R. Moawad à la présidence de la République, en nov. À peine élu, celui-ci fut assassiné et aussitôt remplacé par Elias Hraoui, maronite lui aussi.

En 1989, de nouveaux bombardements ensanglantaient Beyrouth. En oct. 1990, la milice du général Aoun fut vaincue par les troupes du président Hraoui, appuyées par l'armée syrienne. La même année, la Syrie profita de la guerre du Golfe (v.), pour renforcer son contrôle sur le Liban. En 1991, les milices furent désarmées et une paix sous surveillance syrienne s'installa. Des élections législatives se déroulèrent en août et sept. 1992, malgré leur boycott par la majorité des chrétiens, qui réclamaient le retrait préalable des troupes syriennes. Rafic Hariri, perçu comme un proche de l'Arabie Saoudite et apprécié par les Occidentaux, fut, fin 1992, nommé Premier ministre, avec pour charge de reconstruire le pays. Malgré les tentatives du gouvernement libanais pour asseoir son autorité, le pays continuait à subir une occupation israélienne au Sud (10 % du territoire libanais) et un contrôle de fait du reste du territoire par les troupes syriennes. En juill. 1993, puis en avr. 1995, le sud du pays fut le théâtre de violents affrontements entre le Hezbollah et l'armée israélienne, entraînant l'exode temporaire d'environ 500 000 personnes. En avril 1996, l'armée israélienne lança l'opération « Raisins de la colère » : bombardements aériens, maritimes et terrestres contre les bases du mouvement islamiste au sud et à l'est du pays, ainsi que dans la banlieue de Beyrouth. En politique intérieure, les élections législatives d'août-sept. 1996, boycottées par une partie du camp chrétien, virent la victoire écrasante des candidats prosyriens. En 1997 et 1998, la situation se dégrada encore au Sud. Au terme de son mandat, Elias Hraoui désigna, après consultation des autorités syriennes, Émile Lahoud, chef de l'armée, pour lui succéder en nov. 1998. Selim Hoss forma le nouveau gouvernement. Un regain de tension inaugura l'année 1999, Israël multipliant les raids aériens sur le Sud-Liban, en riposte aux attentats islamistes, l'armée gouvernementale réprimant de son côté, en janv. 2000, une insurrection sunnite. L'échec des négociations entre la Syrie et Israël conduisit, en mai 2000, au retrait unilatéral des forces israéliennes du Sud-Liban. Le Hezbollah, triomphant, s'empara immédiatement des territoires évacués, dont le gouvernement libanais refusait d'assurer la sécurité. Au mois de juin, des groupes étudiants réclamèrent le retrait de l'armée syrienne : leurs manifestations furent sévèrement réprimées. Les législatives du mois d'août virent un désaveu de la politique de S. Hoss et une nette victoire de l'opposition et de R. Hariri. En oct., au moment où les affrontements entre Israéliens et Palestiniens reprenaient, et où de nouveaux combats secouaient la frontière du Sud-Liban, Rafic Hariri revint au poste de Premier ministre. Il allait avoir à affronter une situation économique catastrophique, dans un Liban ravagé, avec une économie marquée par une croissance presque nulle, dans un pays où 45 % du budget national était englouti par le remboursement de la dette.

LIBÉRAL. Se dit d'une attitude ou d'un courant d'idées qui tend à l'instauration d'un ordre politique et économique laissant la plus large part possible à la liberté individuelle. Le terme a fait son apparition en Espagne pour désigner le choix des partisans du régime constitutionnel établi en 1812 par la junte de Cadix, puis il s'est répandu à partir de 1815 dans les autres pays d'Europe.

LIBÉRALISME ÉCONOMIQUE. C'est dans les conditions sociales et économiques de l'Europe occidentale du XVIIIe s. que se formèrent les idées propres au libéralisme. L'accroissement du stock d'argent, le développement du commerce colonial, les débuts de la révolution industrielle (v. **INDUSTRIELLE, révolution**) ont alors provoqué un essor considérable de la classe bourgeoise, commerçante et animée par l'esprit d'entreprise. Le libéralisme, dans son principe, fut l'idéologie d'une bourgeoisie qui, disposant déjà d'un pouvoir économique novateur, voulut affirmer sa pleine indépendance en allégeant les entraves que l'État et les institutions sociales imposaient encore.

Alors que le développement économique était freiné par un système complexe de réglementations, de douanes extérieures et intérieures, d'interdictions professionnelles, les premiers théoriciens du libéralisme furent, en France, les physiocrates (v.). Ils demandaient l'abolition des réglementations et des entraves à la liberté du travail, à la création des entreprises et à la liberté du commerce. Turgot (v.) voulut imposer la liberté du commerce des grains (1774) et la suppression des corporations (1776). La devise physiocratique, reprise par l'ensemble de la pensée économique libérale, fut : « Laissez faire, laissez passer. »

En Angleterre, Adam Smith (v.), dans ses *Recherches sur la nature et les causes de la richesse des nations* (1776), dépassa les idées des physiocrates qui valorisaient avec excès l'importance de l'économie agricole, alors que lui-même embrassait la totalité de la vie économique fondée sur le travail humain. Smith partait du fait que l'ordre naturel existe, et que l'activité économique est mue par le seul intérêt individuel. Les progrès de la production dépendent de la nécessaire division du travail, elle-même conditionnée par un régime d'entière liberté. Il fut un adversaire farouche de l'intervention de l'État dans l'économie, qui ne pouvait qu'entraîner erreurs de gestion et dépenses inutiles, puisque l'État et ses fonctionnaires n'étaient pas mus par l'intérêt personnel. Il défendait inévitablement le libre-échange (v.) entre les nations.

Après A. Smith, le libéralisme économique fut représenté par des économistes qui prirent le nom de « classiques », divisés entre « pessimistes » et « optimistes ». Les premiers étaient persuadés que la révolution industrielle à ses débuts ne saurait engendrer une société d'abondance. Le pasteur anglican T. Malthus (*Essai sur le principe de population*, 1798) s'inquiéta, par exemple, de la croissance de la population, qu'il estimait bien plus rapide que celle des subsistances, promettant l'humanité à la disette et à la misère. Son compatriote D. Ricardo (*Principes d'économie politique*, 1817) voyait dans la propriété de la terre un facteur d'inégalité insurmontable. Il développa par ailleurs la théorie des « avantages comparatifs », favorable au libre-échange. Les libéraux « optimistes », tels les Français Jean-Baptiste Say (*Traité d'économie politique*, 1803) ou Frédéric Bastiat (*Harmonies économiques*, 1849) mirent l'accent sur les possibilités infinies offertes par le génie humain et par la technique, pour accroître les productions agricoles et industrielles. À la croisée des deux courants, le Britannique John Stuart Mill (*Principes d'économie politique*, 1848) admit une intervention limitée de l'État, destinée au bien-être des travailleurs, abandonnant l'idée classique d'ordre naturel absolu, mais gardant comme valeur de base le rôle moteur de l'individualisme dans l'économie. La pensée économique libérale du XIXe s. a ainsi accompagné le développement exceptionnel du capitalisme et la mise en place d'un formidable appareil de production, ignorant les conditions de vie misérables de millions de travailleurs, au nom de la liberté d'entreprendre.

De nouvelles doctrines libérales se sont développées à la fin du XIXe et au début du XXe s., notamment dans l'école de Lausanne de L. Walras et V. Pareto et l'école de Cambridge d'Alfred Marshall. L'élève de ce dernier, John M. Keynes (v.), bouleversa la pensée économique du XXe s. en mettant en cause certains fondements de la pensée libérale, sans pour autant sortir du système théorique général. Les économistes libéraux de l'après-guerre (les Français Rueff, Allais, Baudin, l'Américain Lippmann) réfléchirent, en cette période de rapide croissance (les « Trente Glorieuses », selon Fourastié) et de développement de l'État-providence en Occident, aux domaines de compétences de l'État. Accompagnant la crise de 1973, une école *néolibérale* se développa à partir de la fin des années 1970, en fait strictement libérale, c'est-à-dire croyant aux vertus autorégulatrices des marchés : écoles monétariste de M. Friedman, néo-walrasienne de K. Shapiro et J. Stiglitz, néoinstitutionnaliste de Williamson. Ces théories furent appliquées par de nombreux États en crise : la Grande-Bretagne de M. Thatcher (v.), les États-Unis de R. Reagan (v.), l'Allemagne de H. Kohl et la France, sous le gouvernement socialiste de L. Fabius.

LIBÉRAUX (arts). Nom donné aux sept « arts » ou sciences de l'enseignement médiéval. Ils comprenaient deux groupes : le *trivium* (grammaire, rhétorique, logique) et le *quadrivium* (géométrie, arithmétique, musique et astronomie). Cet enseignement était un préalable à l'étude de la théologie.

LIBÉRAUX (mouvements et partis). Depuis le Moyen Âge, l'**Angleterre** possédait une vieille tradition de « libéralisme », si l'on entend par ce mot la limitation du pouvoir royal par des organes représentatifs des corps de la nation. Au XVIIe s., les tentatives absolutistes des Stuarts échouèrent, et, en 1689, la déclaration des droits renforça le pouvoir du Parlement, dix ans après le vote de l'Habeas Corpus Act (v.). Liberté de culte et liberté de pensée furent reconnues dans le royaume. C'est le philosophe John Locke (*Traité sur le gouvernement civil*, 1690) qui donna au libéralisme politique anglais sa structure : il voyait dans l'État le fruit du « consentement d'un certain nombre d'hommes libres », n'ayant d'autre mission que de protéger la propriété et la liberté individuelles.

Le libéralisme politique anglo-saxon

L'évolution du XVIIIe s. favorisa encore le développement des idées libérales en Angleterre : la pratique politique confirma le rôle croissant de la majorité parlementaire, aux dépens du souverain, et, en 1780, la tentative de gouvernement personnel de George III aboutit au renforcement du Parlement et de la liberté de la presse. Une aristocratie d'usiniers et de commerçants émergea, dont les intérêts s'accordaient aux revendications de liberté politique. Mais les libéraux eurent à lutter contre l'aristocratie terrienne, attachée au protectionnisme économique et à ses prérogatives politiques traditionnelles. La réforme électorale de 1832, qui élargissait le droit de suffrage, fut une grande victoire des libéraux, suivie, dans le champ économique, de l'abolition, entre 1842 et 1852, des tarifs protectionnistes.

Le libéralisme anglais n'était pas le privilège d'un parti, mais un état d'esprit que l'on rencontrait aussi bien chez des « tories » que chez des « whigs » (v. WHIG et TORY). C'est un ministre conservateur, Peel, qui avait fait voter l'abolition des tarifs protectionnistes, au prix, il est vrai, d'une scission dans son propre parti. Le *parti libéral* se forma après la réforme de 1832 sous la direction de lord John Russell, et il recueillit les traditions des whigs. Les libéraux se firent les champions de l'individualisme, de la libre entreprise et de la limitation des empiétements de l'État dans la vie économique ; Herbert Spencer proclamait, vers le milieu du XIXe s., qu'il y avait « trop de lois », que les libéraux de l'avenir auraient à limiter les pouvoirs des Parlements, comme les libéraux du passé avaient limité ceux des rois, allant jusqu'à proposer la suppression du ministère de l'Éducation, celle-ci ne devant relever que de l'initiative privée. Mais d'autres libéraux, tel T. H. Green, réclamaient au contraire l'intervention de l'État pour régulariser les relations entre patrons et employés, assurer la justice sociale, développer la santé et l'instruction publiques… Unis dans leurs combats en faveur du libre-échange, de la liberté religieuse, de l'abolition de l'esclavage, les libéraux anglais n'avaient pas pour autant une doctrine monolithique. Leur recrutement était urbain et bourgeois et leurs bastions étaient les régions industrielles de l'Angleterre, l'Écosse et le pays de Galles. Au point de vue religieux, ils avaient l'appui des non-conformistes et des tendances les moins dogmatiques de l'Église anglicane.

Jusqu'à la Première Guerre mondiale, libéraux et conservateurs alternèrent régulièrement au pouvoir. Le parti libéral atteignit son apogée à l'époque de Gladstone (1868/74, 1880/85, 1886, 1892/94) qui réalisa d'importantes réformes en Angleterre et en Irlande, établit pleinement le libre-échangisme, mena à l'extérieur une politique pacifique et s'efforça de limiter l'expansion coloniale. Mais la question du Home Rule irlandais (v. IRLANDE. De la réforme à l'indépendance) provoqua, en 1886, une scission chez les libéraux ; sous la conduite de Joseph Chamberlain et du marquis de Hartington, les « libéraux unionistes », partisans du maintien intégral de l'Irlande dans le Royaume-Uni, s'éloignèrent de leurs anciens amis et finirent par former, en 1895, une coalition avec les conservateurs. Éloigné des affaires pendant dix ans (1895/1905), le parti libéral fut réorganisé au début du XXe s. par Campbell-Bannerman et remporta un triomphe aux élections de 1906. Les cabinets de Campbell-Bannerman (1906/08) et d'Asquith (1908/16) réalisèrent d'importantes réformes ; à la suite du « People's

Budget » de Lloyd George (1909), ils réduisirent les pouvoirs de la Chambre des lords (1911), développèrent le système d'assurances contre la maladie et le chômage (National Insurance Act de 1911) et fixèrent un salaire minimal (1912) ; ils firent adopter un projet de Home Rule irlandais (1913), mais ne parvinrent pas à éviter la révolte irlandaise de Pâques 1916. Durant la Première Guerre mondiale, sous la direction d'Asquith (v.), puis de Lloyd George (1916/22), furent formés, entre libéraux et conservateurs, des cabinets de coalition qui durèrent jusqu'en 1922. Divisés entre partisans de Lloyd George et partisans d'Asquith, les libéraux furent battus aux élections de 1922 et relégués au rang de troisième parti, derrière conservateurs et travaillistes, aux élections de 1923. Toujours plus divisé, le parti continua de décliner jusqu'en 1954, puis amorça une remontée. Les libéraux obtinrent 7,4 % des voix en 1970 et, alliés au parti social-démocrate, 24,6 % en 1983. En mars 1988, les deux partis fusionnèrent et créèrent le parti des démocrates sociaux et libéraux, qui obtint 17 % des voix aux élections législatives de 1997.

Au **Canada**, le parti libéral, qui se développa après la création de la Confédération (1867), trouva principalement sa clientèle chez les petits colons d'origine britannique et chez les éléments les plus avancés du Canada francophone ; il se fit le champion d'une politique plus égalitaire et des réformes sociales. Il a dirigé le gouvernement canadien avec Alexander Mackensie (1873/78), sir Wilfrid Laurier (1896/1911), William Lyon Mackensie King (1921/26, 1926/30, 1935/48), Louis Saint-Laurent (1948/57), Lester B. Pearson (1963/68), P. E. Trudeau (1968/79, 1980/84), John Turner (juin/sept. 1984) et Jean Chrétien (depuis nov. 1993).

Dès l'origine, les **États-Unis** se proclamèrent terre de liberté, reprenant la philosophie du droit naturel de l'individu, défendue par Thomas Jefferson (v. **DÉCLARATION D'INDÉPENDANCE AMÉRICAINE**). Si politiquement le terme *liberal* se rattache aux idées progressistes, et fut surtout appliqué aux présidents démocrates (Jackson, Wilson, Roosevelt, Kennedy), la pensée économique libérale fut ardemment défendue par des présidents républicains, comme Nixon et surtout Reagan, mais fut également appliquée, dans une version adoucie, par des présidents démocrates, comme Bill Clinton.

Le libéralisme politique en France

Le libéralisme français du XVIIIe s. trouva sa pleine expression dans la Déclaration des droits de l'homme et du citoyen (v.) de 1789. La liberté y fut définie de façon restrictive, consistant à « pouvoir faire tout ce qui ne nuit pas à autrui » (art. 4). L'œuvre constitutionnelle des hommes de 1789 resta fidèle à cet état d'esprit : ils instituèrent le système censitaire qui réservait le droit de vote aux possédants ; ils proclamèrent la liberté du travail, mais refusèrent aux travailleurs le droit d'association et le droit de grève (loi Le Chapelier, 1791) ; dans les colonies, ils dénièrent l'égalité civile aux esclaves et aux mulâtres. Après 1815, le terme de libéral a désigné les hommes et les doctrines qui exprimaient le rejet d'un pouvoir monarchique autoritaire et de l'ordre européen né du traité de Vienne. La révolution de 1830 combla une partie de leur attente ; mais la monarchie de Juillet maintint une organisation censitaire, ainsi qu'une législation répressive contre les associations et la presse, mise en place à partir de 1835. Les insurrections ouvrières, souvent confondues avec les tentatives des républicains, furent impitoyablement réprimées. Mais ces partisans déclarés du « laissez faire, laissez passer » souhaitaient le maintien d'une politique douanière protectionniste, que Napoléon III interrompit par le traité de libre-échange avec la Grande-Bretagne en 1860, provoquant la colère des libéraux et de Thiers, leur porte-parole. C'est encore le second Empire qui donna aux ouvriers, pour la première fois, le droit de grève (1864).

Si, en 1848, face à la menace socialiste, les libéraux orléanistes s'étaient unis aux légitimistes traditionalistes pour former le Parti de l'ordre, sous Napoléon III, ils constituèrent à partir de 1863 l'Union libérale, alliance hétéroclite avec des républicains modérés. Dans un discours resté célèbre, le 11 janv. 1864, Thiers formula leur programme, fondé sur les « cinq libertés nécessaires » : de l'individu, de la presse, des élections, du député (droit d'interpellation) et du Corps législatif (responsabilité ministérielle). Les élections de 1869 furent ainsi marquées par une forte poussée libérale.

Au début de la IIIe République, la répression de la Commune montra la résolution impitoyable de la bourgeoisie libérale. Les orléanistes se rapprochèrent de la grande bourgeoisie républicaine, soucieux avant tout de fonder un régime conservateur, avec un pouvoir exécutif faible (le président de la République des lois constitutionnelles de 1875) et un contrepoids efficace au suffrage universel (le Sénat). Vainqueurs après la crise du 16 mai 1877 et le départ de MacMahon (1879), les républicains qui gouvernèrent la France pendant les vingt dernières années du XIXe s. étaient libéraux. Leur programme de travaux publics (plan Freycinet, 1878) et le retour, dès 1881, au protectionnisme, répondirent aux attentes des milieux d'affaires et des entrepreneurs. En même temps, ils surent satisfaire les milieux populaires par la gratuité et la laïcité de l'enseignement (lois Ferry), l'extension des libertés de réunion et de presse et l'autorisation de syndicats professionnels (1884).

Cependant, l'évolution de cette république libérale entraîna la victoire des radicaux en 1902, après la crise de l'affaire Dreyfus, le durcissement d'une certaine droite nationaliste et antisémite. Les libéraux, sous le nom de *modérés*, restèrent présents dans la vie politique française, défendant principalement la libre entreprise et la propriété privée, jusqu'à la Seconde Guerre mondiale. Après la Libération, ils parvinrent à se réunir une première fois dans le Parti républicain de la liberté (PRL), puis au sein du Centre national des indépendants et des paysans (CNIP, 1948), organisation de notables chargée de distribuer les investitures lors des élections.

À partir des années 1950, le courant libéral français connut une profonde mutation : tout en continuant à mettre l'accent sur la liberté économique et à combattre des mesures comme les nationalisations, les libéraux, à la suite d'hommes comme Antoine Pinay et Valéry Giscard d'Estaing, ont pleinement admis le rôle de l'intervention de l'État dans la vie économique, de la planification, de la redistribution des revenus par l'impôt, du dialogue de l'État et du patronat avec les syndicats ; par ailleurs, abandonnant leurs vieux réflexes protectionnistes, ils se sont placés parmi les plus ardents partisans de la construction européenne.

La gauche, arrivée au pouvoir en mai 1981, a développé, pendant dix-huit mois, une politique de rupture avec le libéralisme économique : nationalisation de nouveaux secteurs industriels et de certaines banques, intervention de l'État dans les problèmes de restructuration industrielle et dans la distribution des aides aux entreprises, adoption de nouvelles lois sociales. Cependant, les conséquences de l'aggravation de la crise économique et financière qui s'ensuivit poussèrent le président de la République François Mitterrand à modifier, en 1984, l'orientation du gouvernement, sous la direction d'un nouveau Premier ministre, L. Fabius, dont les mesures de rigueur se rapprochaient des thèses libérales. Le gouvernement de J. Chirac qui lui succéda en 1986 se réclamait ouvertement du libéralisme, mais les mesures de privatisation entreprises furent interrompues du fait du krach boursier de 1987. Qu'ils soient de droite ou de gauche, les gouvernements suivants restèrent marqués par la doctrine libérale en matière économique. Il fallut pourtant attendre 1997 pour que le libéralisme économique trouvât son parti en France, lorsque Alain Madelin fonda Démocratie libérale (DL), premier parti adhérant ouvertement aux doctrines ultralibérales anglo-saxonnes. DL fut dissoute en septembre 2002 au sein de l'Union pour un mouvement populaire (UMP).

En Italie, en Allemagne

En **Italie**, le libéralisme s'est nourri de la philosophie des lumières (*illuminismo*) du XVIIIᵉ s. et des idées répandues par la Révolution française. Dès ses débuts, après 1815, le libéralisme se confondit avec la cause de l'unité nationale, et, comme le pape, chef temporel des États pontificaux, était l'un des obstacles à cette unité, il prit souvent une couleur nettement anticléricale. Dans les années 1820, les libéraux italiens recoururent à des méthodes révolutionnaires, conspirations, attentats, insurrections ; mais le carbonarisme échoua, de même que les nombreux complots suscités après 1830 par Mazzini, pour qui la conquête de l'indépendance était inséparable de l'institution du suffrage universel et du régime républicain. À partir de 1840 se développa un nouveau libéralisme, réformiste et bourgeois, qui ne cherchait plus à renverser les souverains, mais à persuader les plus éclairés d'entre eux d'instituer des régimes constitutionnels et de prendre en main la cause de l'unité. Ainsi Gioberti faisait-il vainement appel au pape, alors que Cesare Balbo et Massimo D'Azeglio se tournaient vers la maison de Savoie.

Par le *connubio*, en 1852, Cavour réalisa au Piémont l'union des libéraux de centre droit, dont il était le chef, avec les libéraux de centre gauche, conduits par Rattazzi. Si Mazzini resta irréconciliable, la plupart des libéraux républicains finirent par se rallier à la maison de Savoie, artisan de l'unité nationale. Jusqu'au fascisme, l'Italie fut gouvernée par des notables libéraux issus de la bourgeoisie ou de l'aristocratie rurale, qui monopolisèrent le pouvoir en refusant le droit de suffrage à la majorité des Italiens, en pratiquant la corruption parlementaire, en réduisant les changements de gouvernement à des combinaisons personnelles. Ce régime libéral atteignit son apogée durant « l'ère de Giolitti » (1903/14) ; mais, au lendemain de la guerre, aux élections de 1919, les libéraux perdirent pour la première fois la majorité absolue à la Chambre. Après 1945, le parti libéral italien (*Partito liberale italiano, PLI*) n'a joué qu'un rôle assez modeste dans la vie parlementaire ; mais il a participé à de nombreux gouvernements, dans des coalitions avec les démocrates-chrétiens, les sociaux-démocrates et les républicains. En 1994 et à partir de 2001, les gouvernements dirigés par Silvio Berlusconi, du parti Forza Italia, ont mené une politique économique et sociale libérale qui a suscité la mobilisation des syndicats italiens pour la défense des acquis sociaux.

En **Allemagne**, comme en Italie, la cause du libéralisme et celle de l'unité nationale apparaissaient étroitement liées. Dans les années 1840 se développa un grand mouvement national-libéral qui mettait ses espoirs dans le roi Frédéric-Guillaume IV de Prusse. En 1848, les libéraux patriotes prirent l'initiative de la convocation du Parlement de Francfort ; hostiles à l'Autriche catholique et traditionaliste, ils formèrent le parti de la Petite Allemagne (v. ALLEMAGNE. De la crise de 1848 à l'unité allemande), qui aspirait à la constitution d'un État fédéral sous direction prussienne et sans l'Autriche.

Après 1850, la majorité des libéraux allemands, sous l'influence d'historiens tels que Sybel et Treitschke, inclina de plus en plus à privilégier le nationalisme par rapport au libéralisme. Groupés à partir de 1859 dans le *Deutscher Nationalverein* (Union nationale allemande), les libéraux nationaux se rallièrent à Bismarck. En févr. 1867, ils fondèrent le parti national-libéral, qui détint la majorité au Reichstag jusqu'en 1881 et soutint fidèlement Bismarck durant le *Kulturkampf* (v.). L'orientation de Bismarck vers le protectionnisme entraîna la rupture du chancelier avec les nationaux-libéraux et une scission dans ce parti qui déclina rapidement. Le parti national-libéral, qui avait soutenu, de 1914 à 1918, la politique de guerre, d'annexions et de lutte à outrance, disparut après la défaite de l'Empire ; ses membres se retrouvèrent dans le parti démocrate allemand et dans la *Deutsche Volkspartei* (Parti populaire allemand) de Stresemann. Après 1945 se constituèrent en Allemagne, dans les diverses zones d'occupation, plusieurs mouvements libéraux qui se fondirent, en déc. 1948, dans le parti libéral démocrate (*Freie Demokratische Partei* (Parti démocratique de la liberté, FDP). Troisième parti de la République fédérale, la FDP ne représentait que 8,4 % des voix aux élections de 1972, mais elle a joué un rôle d'arbitre entre les deux grands partis : après une longue collaboration gouvernementale avec la CDU, elle forma, en 1969, une coalition avec les sociaux-démocrates. Cependant, cette nouvelle alliance de la FDP ne s'était réalisée que sur un objectif de politique étrangère (l'ouverture à l'Est) ; sur le plan intérieur, la FDP s'opposait à toute évolution vers le socialisme.

En 1982, la FDP trouva avec la CDU de Helmut Kohl un nouveau terrain d'entente. Mais cette entente, invariablement reconduite, fut, à terme, néfaste pour la FDP, qui n'apparut plus à l'opinion que comme un simple parti satellite de la CDU. Toutefois, son président Hans Dietrich Genscher demeura une figure majeure de la scène politique. Chef de la diplomatie allemande de 1974 à 1992 et l'un des principaux artisans de l'ouverture à l'Est, il fut, avec Helmut Kohl, le père de l'unification de son pays. En 1990, la FDP absorba les libéraux de l'ex-RDA. Lors des élections de 1994, le parti, privé de la personnalité de H. D. Genscher perdit, au profit des Verts, la troisième place que les résultats lui avaient toujours réservée jusqu'alors. En sept. 1998, la FDP poursuivit son déclin, avec 6,2 % des voix.

LIBERIA. État de l'Afrique occidentale, borné au S. par l'océan Atlantique, au N. par la Sierra Leone et la Guinée, à l'E. par la Côte-d'Ivoire ; capitale *Monrovia*. Visité dès les XIVe/XVe s. par des marins dieppois puis portugais, le Liberia a pour origine l'initiative d'une organisation philanthropique américaine, l'American Colonization Society, qui, à partir de 1822, y installa d'anciens esclaves noirs. En 1847, le Liberia devint une république indépendante, dont la Constitution fut modelée sur celle des États-Unis ; sa capitale, Monrovia, reçut son nom en l'honneur du président Monroe, et sa langue officielle fut l'anglais. La majorité de la population libérienne étant constituée par les descendants des Noirs autochtones (Vais et Mandingues), le problème majeur du pays a toujours résidé dans l'antagonisme entre ces *natives* et les 4 % d'Afro-Américains qui forment la classe dirigeante. De 1943 à 1971, le Liberia connut une vie politique stable, sous la présidence de W. Tubman, puis, jusqu'en 1980, de W. Tolbert, tous deux « Américains ». Le coup d'État de 1980 mit au pouvoir les *natives*. La nouvelle constitution de 1984 dut préserver certaines formes démocratiques, prix de l'aide des États-Unis. L'auteur du coup d'État, S. K. Doe, se fit donc élire en 1985, mais dans des conditions contestées, et gouverna par décrets sur fond de corruption, de tribalisme et de violences. Après 1987, la Banque mondiale et le FMI fermèrent leurs bureaux de Monrovia. La seconde moitié des années 1980 fut marquée par d'importantes difficultés économiques, aggravées par la corruption : mévente du fer et du caoutchouc (principales exportations du pays), sécheresse, creusement du déficit extérieur.

C'est dans ces conditions que débutait, en déc. 1989, dans le nord-est du pays, une rébellion conduite par Charles Taylor, un Afro-Américain, ancien haut fonctionnaire. À la tête du National Patriotic Front of Liberia (NPFL), il parvint à s'emparer, en quelques mois, de la quasi-totalité du territoire. La violence des combats et les nombreux massacres de civils commis de part et d'autre poussèrent 700 000 personnes – soit près d'un tiers de la population – sur les routes de l'exil. L'ONU et l'OUA soutinrent les efforts de médiation de la Communauté économique des États d'Afrique de l'Ouest (CEDEAO), dont le Liberia était membre. En 1990, la CEDEAO dépêchait à Monrovia une force d'interposition, l'ECOMOG, composée de 3 000 soldats, pour la plupart nigérians. Mais, si l'ECOMOG empêcha le NPFL de s'emparer de la capitale, elle ne réussit pas à éviter l'assassinat du président Doe, en sept. 1990. Le pays sombra alors dans la plus grande confusion. Après cinq années de guerre et deux accords de paix, en juill. 1993 et en août 1995, des élections présidentielle et législatives purent être tenues en juill. 1997, qui virent la victoire de Charles Taylor et du NPFL. Cependant, de nouvelles violences embrasèrent le Liberia en sept. 1998, faisant des dizaines de morts. La situation économique du pays continuait à se dégrader, aggravée par l'expulsion des réfugiés de Monrovia, au début de 1999. En outre, les relations du Liberia avec la Sierra Leone et la Guinée s'étaient dégradées : Ch. Taylor, soupçonné d'aider le Front révolutionnaire uni (RUF) en Sierra Leone permit, par sa médiation, de libérer 500 casques bleus capturés par les rebelles (mai 2000). En oct., des combats éclatèrent à la frontière avec la Guinée, que Ch. Taylor accusait d'entraîner différents groupes d'opposants actifs dans le nord du pays. En févr. 2002, une offensive des Libériens unis pour la réconciliation et la démocratie (LURD) menaçait Monrovia, où l'état d'urgence fut décrété. Un cessez-le-feu fut signé en juin 2003, et en juill., Ch. Taylor acceptait de quitter le pays, au moment même où un tribunal spécial de l'ONU l'inculpait pour crimes de guerre en Sierra Leone. L'annonce par les États-Unis de l'envoi d'une unité de marines au large du pays (juill. 2003), l'avancée des rebelles (prise de la deuxième ville du pays, Buchanan) et la résolution de l'ONU autorisant l'envoi d'une force multinationale (août 2003) précédèrent de quelques jours le départ de Ch. Taylor pour le Nigeria, le 11 août 2003. De 1989 à 2000, le bilan de la guerre civile était estimé à 200 000 morts.

LIBERUM VETO. Droit de veto admis à la Diète polonaise de 1652 à 1791 et permettant à chaque membre de s'opposer à toute décision de l'Assemblée. L'exercice du liberum veto entraînait la dissolution de la diète : 48 diètes sur 55 furent ainsi dissoutes de 1652 à 1704, aggravant la situation d'anarchie politique de la Pologne.

LIBRE-ÉCHANGE. Système économique, proche du libéralisme (v.), qui préconise la liberté des échanges économiques internationaux, par abolition des droits de douane et de toute restriction possible. Opposé au protectionnisme jusque-là pratiqué par tous les États, il fut appliqué pour la première fois en 1786 par l'accord de libre-échange conclu entre la France et la Grande-Bretagne. Le XIXe vit lentement progresser la politique du libre-échange (abolition des *corn laws* protégeant l'agriculture anglaise, 1846 ; traité franco-britannique, 1860), sans mettre fin aux guerres douanières (France/Italie, 1893) ni aux mesures protectionnistes (telles les mesures prises par F. Méline, en 1892, pour protéger l'agriculture française). Au XXe s., la crise de l'entre-deux-guerres incita les pays occidentaux à se replier sur leurs empires coloniaux, ou à choisir l'autarcie, comme l'Italie fasciste. Après la Seconde Guerre mondiale, les théories libre-échangistes s'imposèrent peu à peu avec la création du *General Agreement on Tariffs and Trade* en 1947 (v. **Gatt**), devenu OMC, en 1995, et destinée à démanteler par la négociation les barrières douanières. À l'échelle régionale, de nombreuses zones de libre-échange se sont développées, plus ou moins intégrées, comme la CEE en 1957 (v. **Européennes, institutions**), le Pacte andin en 1969, le Mercosur en 1991, l'ALENA (Amérique du Nord) en 1992.

LIBYE. État de l'Afrique du Nord entre l'Égypte et la Tunisie ; capitale *Tripoli*. Dans l'Antiquité, les Grecs donnaient la dénomination de *Libye* à toute l'Afrique septentrionale située à l'O. de l'Égypte. Les peuples qui menaient en Libye une existence de pasteurs nomades tentèrent dès le IIIe millénaire des incursions vers la vallée du Nil, mais ils furent vigoureusement contenus par les pharaons de l'Ancien et du Moyen Empire. À la fin du XIIIe et au début du XIIe s., les différents groupes qui composaient les « Peuples de la Mer » (v.) assaillirent le delta égyptien, à la fois par l'E. et par l'O. Parmi eux figurait le peuple des Libou qui a donné son nom à la Libye. Sous le Nouvel Empire, difficilement repoussés par les campagnes de Ramsès III, vers 1186/54, les Libyens s'installèrent pacifiquement en Égypte en se faisant engager comme mercenaires. Peu à peu égyptianisés, les Libyens s'emparèrent du pouvoir royal avec Sheshonk Ier. Pendant deux siècles, à partir de 945, l'Égypte fut gouvernée par deux dynasties libyennes (les XXIIe et XXIIIe dynasties).

Vers 630 avant notre ère commença la colonisation grecque de la partie orientale de la Libye (Cyrénaïque), cependant que dans la partie occidentale prospéraient les comptoirs phéniciens et carthaginois de Leptis et de Sabratha. L'ensemble du littoral passa ensuite sous la domination romaine, au cours du Ier s. av. J.-C. Sous Dioclétien, le pays forma les provinces de *Tripolitaine*, de *Libye-Supérieure* (Cyrénaïque) et de *Libye-Inférieure* (Marmarique). La Libye était alors un pays riche et fertile, l'un des greniers de l'Empire. Conquise par les musulmans vers le milieu du VIIe s., elle connut la domination des Omeyyades (VIIIe s.), des Fatimides (Xe s.) et des Turcs (à partir de 1551).

En 1859, les Sénoussis, confrérie religieuse rigoriste, fondèrent en Cyrénaïque un État indépendant qui étendit peu à peu son autorité sur les tribus du désert libyen. La guerre italo-turque de 1911/12, conclue par le traité de Lausanne, donna la Libye aux Italiens, mais ceux-ci, limitant d'abord leur occupation à la côte méditerranéenne, durent faire face à une vive résistance des Sénoussis, puis à la révolte des Bédouins ; la pacification ne fut achevée qu'en 1932. Les deux colonies italiennes de Tripolitaine et de Cyrénaïque, créées en 1919, furent réunies en 1934 pour former celle de Libye : sous le gouvernement du maréchal Balbo (1933/40) se développa un puissant effort de colonisation italienne et de mise en valeur du pays. La Libye fut définitivement conquise par les Alliés en 1943 (v. **Libye, campagnes de**).

L'indépendance du pays, décidée par l'ONU le 21 nov. 1949, devint effective le 24 déc. 1951, et l'émir de Cyrénaïque, Mohammed Idris el-Mahdi es-Senoussi, chef de la secte des Sénoussis, devint roi de Libye sous le nom d'Idris Ier. La Libye, ayant alors besoin des crédits occidentaux, dut concéder des bases aux Anglais et aux Américains par les traités de 1953 et de 1954. Mais la découverte du pétrole, en 1958/59, modifia complètement les données économiques.

Au cours d'un voyage d'Idris Ier en Turquie, le coup d'État militaire du 1er sept. 1969, conduit par le colonel Kadhafi, fit de la Libye une république socialiste arabe gouvernée par un Conseil révolutionnaire. La nouvelle Libye se rangea dans la tendance la plus intransigeante du panarabisme, exigeant l'évacuation des bases anglo-saxonnes, expulsant en 1970 les 12 000 Italiens qui vivaient encore dans le pays et nationalisant la British Petroleum. Elle entreprit l'arabisation intégrale de l'administration, de l'éducation nationale et de la culture. Grâce aux revenus pétroliers, Kadhafi put concevoir pour la Libye une politique ambitieuse de troisième voie entre capitalisme et socialisme, sur un mode panarabe et anti-impérialiste. Panarabisme d'abord, qui présida à plusieurs tentatives d'union avec divers pays arabes qui se soldèrent par des échecs ; mais anti-impérialisme surtout, perçu comme radical dans les rapports internationaux en raison du soutien apporté à nombre de mouvements nationalistes révolutionnaires : Palestiniens, mais aussi Noirs américains, Africains, Irlandais… La Libye fut souvent rendue responsable de la grande vague terroriste qui affecta les pays occidentaux dans les années 1980. Aussi, en 1986, les États-Unis infligèrent-ils des représailles par un raid aérien meurtrier sur Tripoli après un attentat contre des soldats américains à Berlin et l'attaque de navires américains le long du rivage des Syrtes.

Ces principes anti-impérialistes n'empêchèrent pas le régime libyen d'intervenir dans le Tchad frontalier, et d'en occuper en 1973, puis d'en annexer la bande d'Aouzou, au N., en 1981. Avec la baisse des revenus pétroliers, les ambitions libyennes durent cependant être tempérées. À l'intérieur, la *Jamahiriya*, néologisme que l'on peut traduire par « État des masses », érigée en organisation d'État en 1977, dut revenir sur quelques grands travaux d'aménagement.

En 1987, l'aventure tchadienne tourna court : Kadhafi dut reconnaître le gouvernement d'Hissène Habré en mai 1988. En 1989, les deux pays tombèrent d'accord sur les conditions de l'évacuation libyenne. Pour couper court au mécontentement consécutif à cet échec, Kadhafi dut libérer quelques centaines de prisonniers politiques.

Au début des années 1990, la Libye refusa de coopérer avec la justice occidentale et de livrer plusieurs de ses agents compromis dans les attentats du Boeing de la Pan Am en Écosse (Lockerbie, 270 morts, le 21 déc. 1988) et du DC 10 d'UTA au-dessus du Ténéré (170 morts, le 19 sept. 1989). Aussi l'ONU décréta-t-elle, en avr. 1992, un embargo aérien et militaire à son encontre, et le gel des avoirs financiers libyens à l'étranger. Prorogées d'année en année depuis, ces mesures de coercition épargnèrent néanmoins l'exportation pétrolière. Mais leurs répercussions aggravèrent les difficultés économiques de la population. Les travailleurs immigrés (Égyptiens, Tunisiens, Tchadiens) furent incités à quitter le pays et, en oct. 1995, les Palestiniens furent expulsés sous le prétexte de faire pression sur le processus de paix israélo-arabe. Par ailleurs, la signature par Bill Clinton, en août 1996, de la loi d'Amato-Kennedy frappant de sanctions les firmes investissant en Libye ou en Iran, renforça encore les effets de l'embargo de 1992. Sur le plan intérieur, l'agitation islamiste prit de l'ampleur en 1996, surtout dans la région de Benghazi. En août 1998, tandis que les deux Libyens inculpés pour l'attentat de Lockerbie comparaissaient aux Pays-Bas, l'ONU suspendit l'embargo qui frappait la Libye. À l'occasion du sommet Europe-Afrique du Caire en avr. 2000, le colonel Kadhafi fit son retour sur la scène internationale, se présentant comme un apôtre de la paix. Il eut l'occasion d'exercer ce ministère inattendu dès le mois d'août, en contribuant à la libération des otages occidentaux retenus dans l'île de Jolo, aux Philippines, par le groupe islamiste Abu Sayyaf. Les années 2001/03 virent aboutir les négociations de la Libye avec les familles américaines, anglaises et françaises des victimes des attentats impliquant des agents libyens. Le versement d'indemnisations permit la levée des sanctions frappant encore le pays. En mars 2001, un arrêt de la Cour de cassation de Paris avait mis fin aux poursuites engagées contre Kadhafi.

LIBYE (campagnes de, 1940/43). Durant la Seconde Guerre mondiale, la Libye, carrefour stratégique du front Nord-africain, fut le théâtre de batailles acharnées. L'offensive de Wavell (déc. 1940/févr. 1941) aboutit à la conquête de la Cyrénaïque par les Britanniques, qui atteignirent El-Agheila, au creux de la Grande Syrte. Hitler décida alors l'envoi en Afrique du Nord de l'Afrikakorps commandé par Rommel, qui ramena les Anglais à la frontière égyptienne (avr. 1941). Une nouvelle offensive anglaise, dirigée par Auchinleck, ramena les Britanniques à El-Agheila (nov./déc. 1941). Cependant, le 21 janv. 1942, l'Afrikakorps et les forces italiennes repartirent à l'assaut, reconquirent toute la Cyrénaïque et, pénétrant profondément en territoire égyptien, parvinrent jusqu'à El-Alamein, à 300 km du canal de Suez (juill. 1942). Manquant d'essence, Rommel dut interrompre son offensive, laissant aux Britanniques le temps de regrouper de nouvelles forces. Le 23 oct. 1942, Montgomery, à la tête de la VIIIe armée, lança sa contre-offensive décisive, qui aboutit à la conquête de la Cyrénaïque, de la Tripolitaine, à la prise de Tripoli (23 janv. 1943, où la VIIIe armée fut rejointe par les troupes françaises de Leclerc venues du Fezzan), et, enfin, par la conquête de la Tunisie, au rejet complet des Germano-Italiens de l'Afrique du Nord, qui devint, pour les Alliés, la base de l'invasion de l'Italie.

LICINIUS, Caius Flavius Licinius Licinianus († Thessalonique, 325). Empereur romain (308/24). Fils d'un paysan dace, d'abord simple soldat, il montra de brillants talents militaires et devint l'ami de Galère (v.), qui l'associa au trône, comme auguste. Il reçut le gouvernement de la Pannonie et de la Rhétie, s'allia avec Constantin, dont il épousa la sœur, et combattit avec lui contre Maxence et Maximin ; il battit ce dernier à Andrinople. Resté maître de l'Empire avec Constantin, il régna sur l'Orient, où il appliqua l'édit de tolérance en faveur des chrétiens. Dès 314, la guerre éclata entre lui et Constantin et il y perdit plusieurs provinces. Au cours d'une seconde guerre (323), il fut battu à Andrinople et à Chrysopolis, s'enfuit à Nicomédie mais tomba entre les mains de Constantin, qui le relégua à Thessalonique, puis le fit étrangler après l'avoir accusé de conspiration.

LICTEURS, *lictores.* À Rome, officiers publics qui marchaient sur une seule file devant les principaux magistrats, dits curules. Vingt-quatre licteurs attachés au dictateur, douze au consul, deux au préteur, portaient les faisceaux (*fasces*) formés de baguettes de coudrier entourant le manche d'une hache dont le fer dépassait ; ils écartaient la foule sur le passage du magistrat, frappaient à la porte de ceux qu'il visitait et appliquaient les sentences en faisant, au besoin, office de bourreaux.

LIE Trygve Halvdan (* Grogud, près d'Oslo, 16.VII.1896, † Geilo, 30.XII.1968). Homme politique norvégien. Ministre travailliste, chargé des Affaires étrangères du gouvernement norvégien en exil à Londres (1940/45), il fut secrétaire général de l'ONU de 1946 à 1953.

LIEBKNECHT Wilhelm (* Giessen, 29.III.1826, † Charlottenburg, 7.VIII.1900). Homme politique allemand. Il participa en 1848 à la révolution badoise et dut s'enfuir en Suisse, puis à Londres, où il se lia d'amitié avec Karl Marx. Rentré en Allemagne après l'amnistie de 1861, il y installa la section allemande de la Ire Internationale et rallia Bebel au socialisme. En 1869, avec Bebel, il créa le parti ouvrier social-démocrate d'Allemagne, qui ne réussit pas à conquérir la même audience que l'Association générale des travailleurs fondée par Lassalle (v.) six ans plus tôt. Malgré les conseils de prudence de Marx et Engels, Liebknecht, qui plaçait au premier plan l'unité du monde ouvrier, réalisa l'union avec les lassalliens au congrès de Gotha (1875) (v.). Plusieurs fois emprisonné, député au Reichstag (1874/1900), il fut, à partir de 1890, rédacteur en chef de l'organe social-démocrate *Vorwärts*.

LIEBKNECHT Karl (* Leipzig, 13.VIII.1871, † Berlin, 15.I.1919). Fils de Wilhelm Liebknecht, député social-démocrate au Reichstag à partir de 1912, il fut le chef de l'extrême gauche de son parti. Hostile à la déclaration de guerre, il vota cependant les crédits militaires (4 août 1914), mais organisa sans tarder l'opposition pacifiste en Allemagne, et, dès le mois de déc. 1914, vota contre les crédits de guerre. Emprisonné à la suite d'une manifestation pacifiste (1er mai 1916), il fut libéré par la révolution de nov. 1918. Il refusa d'entrer dans le gouvernement socialiste d'Ebert, fut un des fondateurs du parti communiste allemand (déc. 1918) et, en janvier 1919, prit la tête du mouvement insurrectionnel de Berlin le groupe Spartakus (v.). Arrêté, il fut sommairement exécuté.

LIECHTENSTEIN. Principauté de l'Europe centrale, située entre l'Autriche et la Suisse ; capitale *Vaduz*. Elle a pour origine les seigneuries de Schellenberg et de Vaduz, qui furent acquises par la famille autrichienne des princes de Liechtenstein en 1699 et en 1712. Érigé en principauté par l'empereur Charles VI en 1719, le Liechtenstein fit partie de la Confédération du Rhin (1806/13), puis de la Confédération germanique (1815/66). De 1876 à 1918, la principauté fut liée à l'Autriche par une union douanière ; une nouvelle union douanière (1921) et monétaire (1924) la lia à la Suisse, laquelle est également chargée de la représentation diplomatique de la principauté.

La principauté étant un « paradis fiscal » où plus de 35 000 sociétés étrangères ont établi leur siège, la législation a dû être renforcée, en 1981, pour prévenir les abus financiers. Après avoir régné quarante-six ans, le prince François-Joseph II a cédé le pouvoir à son fils, le prince Hans-Adam en nov. 1989. Après l'adhésion de la principauté à l'ONU en 1990, la population accepta, en 1992, par référendum, l'entrée du pays dans l'Espace économique européen. Un rapport des services secrets allemands de 1999, qui l'accusait de blanchiment d'argent, jeta le trouble dans la principauté et donna lieu à plusieurs arrestations. Début 2000, le gouvernement annonça une série de mesures pour lutter contre la délinquance financière, permettant au Liechtenstein d'être rayé en juin 2001 de la liste des pays ne collaborant pas à la lutte contre le blanchiment d'argent. Le 13 mars 2003, un référendum accorda au prince, par 64,3 % de oui, la possibilité de révoquer le gouvernement et les lois, et de nommer les juges.

LIÈGE, *Luik.* Ville de Belgique, chef-lieu de la province de Liège, au confluent de la Meuse et de l'Ourthe. Liège (en lat. *Leodum* ou *Leodicum*), qui n'était au VIe s. qu'une villa mérovingienne, doit son existence à st Hubert, évêque de Tongres-Maastricht qui, vers 720, y transféra son siège épiscopal. Sous les évêques Notker et Otbert (1092/1117) furent posées les bases de la puissance temporelle des princes-évêques de Liège, dont la souveraineté s'étendit sur l'Hesbaye (1040), le Franchimont (1048), Bouillon (1095), le Condroz, les comtés de Looz (Limbourg) et de Hoorn. Les évêques de Liège maintinrent jalousement leur indépendance en face des empereurs germaniques. Dès le XIIe s., Liège était une ville puissante où s'était constituée une bourgeoisie active, à laquelle le prince-évêque Albert De Cuyck dut concéder une charte communale en 1198. En 1253, Henri de Dinant prit la tête d'un mouvement populaire contre la tutelle des évêques, qui échoua (1255). Cependant, les gens de métier réussissaient, en 1303, à obtenir la parité avec les grands, alliés de l'évêque, dans le Conseil des jurés ; puis, lors de la « Male Saint-Martin » (3 août 1312), ils firent échouer une tentative de réaction patricienne. Par la paix de Fexhe (1316), le prince-évêque Adolphe de La Marck dut partager le pouvoir avec les représentants du pays et, en 1343, il se laissa arracher la création du tribunal des Vingt-Deux, composé de bourgeois et de chanoines, contre les abus des échevins et des fonctionnaires princiers.

Mais la prospérité de la ville, encore accrue à partir du XIVe s. par le développement de l'exploitation des mines de charbon, suscita les convoitises de la maison de Bourgogne. La tyrannie de Jean de Bavière, beau-frère de Jean sans Peur, imposé en 1389 comme évêque, entraîna une révolte des Liégeois, écrasée à Othée (1408). De nouveaux troubles éclatèrent sous le règne aussi détestable de Louis de Bourbon (1456/82), neveu de Philippe le Bon : conduits par Raes De Heers, les Liégeois se soulevèrent de nouveau mais commirent la faute de s'allier à Louis XI, qui les abandonna ; en 1465, ils durent signer la paix de Saint-Trond, qui rétablissait Louis de Bourbon comme prince-évêque et nommait Philippe le Bon *mambour*, c'est-à-dire gouverneur de Liège. Raes De Heers reprit aussitôt l'agitation, toujours encouragé par les promesses de Louis XI : Charles le Téméraire répliqua par le massacre et la destruction de Dinant (27 août 1466), battit les Liégeois à Brusthem (28 oct. 1467) et enleva à Liège ses franchises et privilèges. En 1468, Louis XI trahit les Liégeois une nouvelle fois (entrevue de Péronne) et vint même assiéger Liège en compagnie de Charles le Téméraire, qui rasa complètement la ville (oct. 1468). La principauté fut annexée à la Bourgogne, mais, après la disparition du Téméraire, son gendre, Maximilien, dut reconnaître l'indépendance de la principauté de Liège (1492).

À partir de 1580, le siège épiscopal de Liège échut à la maison de Bavière, qui fournit cinq princes-évêques à la principauté. Étrangers à leurs sujets, résidant le plus souvent en Allemagne, les Bavière se heurtèrent à l'opposition populaire des *grignoux*, menés par le bourgmestre Sébastien La Ruelle ; abandonnés par Louis XIV, les grignoux furent finalement vaincus en 1684. Dès la fin du XVIIe s., la vallée de la Meuse et la région de Liège devinrent un des champs de bataille de la France et de ses rivaux hollandais et allemands. La ville fut assiégée par Boufflers (1691) et par Marlborough (1702). Au cours du XVIIIe s., la culture française rayonna profondément en pays liégeois et une grande partie du patriciat fut conquise aux idées libérales des encyclopédistes. Au lendemain de la prise de la Bastille, les patriotes liégeois chassèrent le prince-évêque (26 août 1789), qui fut déclaré déchu (17 avr. 1790), mais les armées de l'empereur Léopold II rétablirent dès janv. 1791 l'évêque Constantin de Hoensbroeck. Prise par les Français en nov. 1792, reconquise un instant par les Autrichiens, définitivement occupée par Jourdan en 1794, Liège vota sa réunion à la France. Le territoire de l'ancien évêché fut réparti entre les départements de l'Ourthe (chef-lieu Liège), de la Meuse-Inférieure et de Sambre-et-Meuse. La principauté ne fut pas rétablie par les traités de 1815 et son territoire fut intégré au royaume de Hollande, puis à la Belgique (1830).

LIEOU PANG, *Liu Bang* en pinyin († Tch'ang-ngan, 1er.VI.195 av. J.-C.). Empereur chinois (202/195). Paysan originaire de l'actuelle province du Kiang-sou (région de Nankin), il choisit la carrière d'officier de police. Profitant de la décadence de l'empire Ts'in, il constitua une bande armée avec des condamnés qu'il avait libérés, s'assura un fief au Kiang-sou, étendit sa domination sur le Chen-si (207), battit un autre chef de bande, Hiang Yu, et accéda au trône impérial sous le nom de Gaozu (202), fondant ainsi la dynastie des Han (v.). Il lutta contre les Hiong-nou, échappa de justesse à un désastre (200) mais réussit à rétablir sa situation par une diplomatie rusée. Au sommet du pouvoir, il garda ses manières simples, paysannes, et resta l'un des souverains les plus populaires de l'histoire chinoise.

LIEUX SAINTS. Nom donné aux localités et sites liés à la vie de Jésus, comme : son tombeau – Bethléem, son lieu de naissance – Nazareth, où se déroula son enfance – le Cénacle, où il institua l'Eucharistie – le jardin des Oliviers, où il connut l'agonie mystique. Dès les premiers siècles, ces lieux devinrent des sites de pèlerinages chrétiens. La prise de Jérusalem par les Perses (614) puis par les Arabes (638) posa pour la première fois la question des Lieux saints en termes politiques. Les souverains musulmans se montrèrent d'abord tolérants aux VIIe et VIIIe siècles. Charlemagne reçut ainsi du patriarche de Jérusalem, avec l'autorisation du calife de Bagdad Haroun el-Rachid, les clefs du Saint-Sépulcre, symbole de la protection morale qu'il était autorisé à exercer sur les lieux. Les pèlerinages se développèrent encore aux IXe/Xe siècles, peu perturbés par les persécutions menées par le calife al-Hakim, qui ordonna la destruction du Saint-Sépulcre (1009). La prise de la Ville sainte par les Turcs Seldjoukides (1078) provoqua l'angoisse du monde chrétien, et la délivrance des Lieux saints constitua un mobile essentiel des croisades (v.). Conquise en 1099 par les croisés, Jérusalem fut reprise par Saladin en 1187, qui renoua avec la tradition de tolérance des anciens califes. Les pèlerinages se perpétuèrent, même après la prise de la ville par les mamelouks (1250).

Dans l'Empire ottoman (1517), les Lieux saints furent protégés par le système des capitulations (v.) à partir de 1536. L'accord du 24 mai 1604 plaça officiellement les Lieux saints sous protection française. Ces dispositions furent contestées au XVIIIe s. par l'Autriche et surtout la Russie. Des querelles locales opposaient sans cesse prêtres catholiques et orthodoxes, et ce fut un des prétextes de la guerre de Crimée (1854/56). Après la défaite de la Russie, le congrès de Berlin (1878) confirma les droits de la France. Après la loi française de séparation des Églises et de l'État (1905), le gouvernement français violemment anticlérical eut du mal à justifier le maintien de sa protection. La Turquie dénonça dès 1914 les capitulations et le traité de Lausanne les abolit en 1923.

Les Lieux saints passèrent sous le mandat britannique, avec le reste de la Palestine. Le 29 nov. 1947, en traçant le plan de partage entre Israël et la Palestine, l'ONU adopta le principe de l'internationalisation des

Lieux saints, rejetée par les Juifs comme par les Arabes. Après la guerre de 1948/49, la vieille ville et la plupart de Lieux saints restèrent sous autorité jordanienne ; aucun culte ne subit d'entrave. Après la guerre de juin 1967, Israël annexa *de facto* la vieille ville de Jérusalem. La question des Lieux saint est demeurée un point sensible des relations entre le Vatican et Israël.

LIGNE Charles Joseph, prince de (* Bruxelles, 23.V.1735, † Vienne, 13.XII.1814). Feld-maréchal autrichien. Entré en 1752 au service de l'Autriche, il fit ses preuves pendant la guerre de Sept Ans et fut nommé lieutenant général en 1771. Ami de Marie-Thérèse et surtout de Joseph II, il fut chargé par ce dernier, en 1780, d'une mission en Russie auprès de Catherine II, dont il devint l'un des intimes et qui lui fit don d'une terre en Crimée. Il se distingua de nouveau dans la guerre contre les Turcs de 1788/89 et contribua à la prise de Belgrade. Compromis dans la révolte des Pays-Bas contre l'Autriche, il fut écarté des affaires mais reçut de François II, en 1808, le grade de feld-maréchal. Au cours de ses voyages à travers l'Europe, il eut l'occasion de se lier à ses contemporains illustres : Voltaire, Rousseau, Frédéric II, Joseph II, la Grande Catherine, Potemkine, Goethe, Wieland, Mme de Staël…

LIGUE. Nom pris par diverses unions et coalitions d'États.

Sainte Ligue. Alliance formée le 31 mars 1495, contre le roi de France Charles VIII, par le pape Alexandre VI, Ferdinand d'Aragon, l'empereur Maximilien Ier, Venise et Ludovic le More. Elle obligea Charles VIII à renoncer à Naples et à s'ouvrir, par la bataille de Fornoue (juill. 1495), la route du retour vers la France.

Sainte Ligue. Alliance formée le 4 oct. 1511, contre le roi de France Louis XII, par le pape Jules II, Ferdinand d'Aragon, Venise, auxquels se joignirent les Suisses et Henri VIII d'Angleterre. Dans la guerre qui suivit, les Français conquirent la Romagne (victoire de Gaston de Foix à Ravenne, avr. 1512) mais furent à nouveau chassés d'Italie.

Sainte Ligue ou **Sainte Union.** Confédération du parti catholique formée en France en 1576, en réplique à la paix de Monsieur (6 mai 1576), par laquelle la royauté avait concédé d'importants avantages aux protestants. La ligue la plus importante fut celle de Picardie, animée par d'Humières. La Ligue, qui avait pour chef Henri, duc de Guise, et pour inspirateur spirituel son frère Louis, cardinal de Lorraine, avait pour but avoué de défendre la religion catholique contre les hérétiques ; mais certains ligueurs préparaient également le renversement d'Henri III et le transfert de la couronne à la maison de Guise. Le formulaire qui la constituait fut signé à Péronne le 12 févr. 1577. Pour prévenir cette opposition, Henri III crut habile de se déclarer le chef de la Ligue, mais la direction réelle de celle-ci resta à Henri de Guise. La mort du duc d'Anjou (juin 1584), qui faisait du protestant Henri de Navarre l'héritier présomptif du trône, décida la Ligue à agir sans plus tarder. Les Guise, qui proposaient comme héritier au trône le vieux cardinal de Bourbon, signèrent avec Philippe II, roi d'Espagne, le traité de Joinville (31 déc. 1584), approuvé par le pape Grégoire XIII, qui excluait à jamais du trône tout prince non catholique.

Soutenue par les subsides espagnols, la Ligue prit les armes un peu partout en France. Pour sauver sa couronne, Henri III fut contraint de s'allier encore plus étroitement aux ligueurs (traité de Nemours, juill. 1585) : il révoqua tous ses édits de pacification et, après l'excommunication des Bourbons par Sixte Quint (sept. 1585), déclara Henri de Navarre déchu de ses droits à la couronne. Mais, battu par les huguenots à Coutras (20 oct. 1587), Henri III se vit chassé de Paris par les ligueurs après la journée des Barricades (v.) (12 mai 1588). Il feignit une nouvelle fois de se réconcilier avec la Ligue, en signant l'édit d'Union (1er juill. 1588) et en cédant aux injonctions des états de Blois (oct.) ; puis, voyant l'inutilité de ses efforts, il fit assassiner à Blois Henri de Guise (23 déc. 1588).

Ce crime souleva Paris et presque toute la France contre le roi : le conseil des Seize, qui gouvernait la capitale, fit arrêter soixante magistrats restés fidèles à la royauté, et le parlement ligueur approuva un décret de la Sorbonne prononçant la déchéance d'Henri III. Après l'Île-de-France, la Normandie, la Picardie et la Champagne, ce furent la Bourgone, la Bretagne, le Lyonnais, le Berry, le Maine, l'Auvergne, ainsi que Toulouse, qui entrèrent en insurrection. Le duc de Mayenne, frère d'Henri de Guise, fut proclamé chef de la Ligue et lieutenant général du royaume (févr. 1589). Henri III n'eut plus d'autre ressource que de s'allier à Henri de Navarre : tous deux vinrent mettre le siège devant Paris, mais Henri III fut assassiné par un moine ligueur, Jacques Clément (août 1589). Tandis qu'Henri de Navarre prenait le titre de roi de France sous le nom d'Henri IV, les ligueurs firent proclamer le cardinal de Bourbon sous le nom de Charles X (7 août 1589). Henri remporta sur Mayenne la victoire d'Ivry (14 mars 1590), mais la résistance farouche des Parisiens, appuyés par l'armée espagnole, le força à lever le siège de la capitale (sept. 1590).

Malgré ce succès, la Ligue commençait à se diviser. Charles X étant mort, en 1590 une rivalité opposa Mayenne et le conseil des Seize. La convocation des états généraux à Paris (janv. 1593) ne servit qu'à donner libre cours aux luttes des partis. Une déclaration de Philippe II, qui réclamait le trône pour sa fille, l'infante Isabelle, provoqua un sursaut du sentiment national et favorisa les progrès du parti des politiques, qui gagna sa cause devant l'opinion par un pamphlet resté célèbre, la *Satire Ménippée*. L'abjuration d'Henri de Navarre (25 juill. 1593) ouvrit enfin la solution de la question royale. Le roi devenu catholique, la Ligue commença à se disloquer dans les provinces, Paris fit sa soumission (mars 1594) et les Espagnols se retirèrent. En janv. 1596, l'accord signé entre Mayenne et Henri IV mit un terme à la guerre civile. Voir **Religion (guerres de)**.

LIGUE ARABE, *Jami'a al-Arabiya*. Organisation des États arabes fondée au Caire le 22 mars 1945 par l'Égypte, la Jordanie, la Syrie, le Liban, l'Irak, l'Arabie Saoudite et le Yémen. Aux sept membres fondateurs vinrent s'ajouter la Libye (1953), le Soudan (1956), la Tunisie et le Maroc (1958), le Koweït (1961), l'Algérie (1962), la république démocratique populaire du Yémen ou Yémen du Sud (1968), Bahreïn, Oman, le Qatar et les Émirats arabes unis (1971), la Mauritanie (1973), la Somalie (1974), Djibouti (1979), l'État autoproclamé de Palestine (1988) et les Comores (1993). Le but initial de la Ligue arabe était de favoriser l'unité des pays arabes et de coordonner les politiques des États membres.

Unie dans son action contre le maintien des troupes françaises au Liban et en Syrie (1945) et dans son soutien aux nationalismes maghrébins, la Ligue montra ses divisions internes dès 1948 face au défi israélien. Le traité de défense commune de 1950 resta sans portée pratique. Après l'avènement de Nasser, des tensions se manifestèrent entre pays arabes « neutralistes » et « pro-occidentaux ». Même sur les plans économique et financier, l'effort de coopération resta longtemps inefficace, en dépit de la création d'une Banque de développement arabe (1959) et d'un Marché commun arabe (1965). Déclinante à la fin des années 1960, la Ligue arabe parut prendre un nouveau départ après la guerre israélo-arabe de 1973, où pour la première fois, la solidarité arabe fonctionna dans l'application, à l'encontre des alliés d'Israël, de sanctions économiques, pétrolières et monétaires. Aux sommets arabes d'Alger (1973) et de Rabat (1974), tous les États de la Ligue parvinrent à adopter une position commune sur le problème palestinien.

Les accords de paix avec Israël (1978) brouillèrent l'Égypte avec la Ligue arabe : le gouvernement égyptien considéra comme nul et non avenu le transfert du siège de la Ligue du Caire à Tunis en 1979. En 1987, le sommet d'Amman autorisa chaque État membre à renouer avec le Caire, et l'Égypte put réintégrer la Ligue le 23 mai 1989. En oct. 1990, le siège de l'organisation regagna le Caire. Pendant la seconde guerre du Golfe (v.), la Ligue arabe ne parvint pas à élaborer une position commune. En oct. 2000, néanmoins, elle sut se réunir pour voter des secours extraordinaires aux Palestiniens, engagés dans les affrontements de la « seconde Intifada ». Le 28 mars 2002, les 22 membres adoptaient à l'unanimité une « initiative de paix » avec Israël, en échange de l'évacuation des territoires occupés, de la reconnaissance de l'État de Palestine et de la résolution de la question des réfugiés. L'unité de la Ligue fut aussi acquise en févr. 2003, lors d'un sommet extraordinaire, pour s'opposer à toute opération militaire en Irak.

LIGURES. Ancien peuple préindo-européen qui, au Ier millénaire avant notre ère, était établi dans les Alpes et sur les bords de la Méditerranée, depuis le delta du Rhône jusqu'aux environs de l'actuelle ville de La Spezia. Les Ligures se rangèrent du côté des Carthaginois durant la deuxième guerre punique et ne furent vaincus par Rome qu'après de longues guerres (238/235, 200/163, 154/117 av. J.-C.) ; leur soumission ne fut définitive que sous Auguste.

LIGURIENNE (République). État créé en juin 1797, après la conquête de la république de Gênes par les Français. En 1805, la République ligurienne fut annexée à l'Empire français, où elle forma les départements des Apennins, de Gênes et de Montenotte. En 1814, la prise de Gênes par les Anglais mit fin à cette annexion.

LIMES. Mot latin qui signifie « chemin, limite » et en particulier, la ligne de défense qui protégeait les frontières de l'Empire romain. La route resta l'élément essentiel du *limes* impérial, mais elle fut pourvue de ramifications menant à des ouvrages fortifiés plus ou moins complexes : palissades, tours de guet, murs de terre ou de pierre, fossés dont la largeur pouvait atteindre 6 m, et, en arrière de la première ligne de défense, camps de légion et châteaux forts.

Le *limes* germanique, le plus important, qui s'appuyait sur les lignes du Rhin et du Danube, fut entrepris après qu'eut échoué, dans les premières années de notre ère, le projet de porter sur l'Elbe la frontière du monde romain. Sa construction, commencée sous le règne de Claude (41/54), fut achevée pour l'essentiel sous Antonin le Pieux (138/161), mais les défenses furent encore considérablement renforcées au début du IIIe s., sous Caracalla. Long d'environ 550 km, ce *limes* germanique partait du Rhin, au N. de *Confluentes* (Coblence), pour atteindre le Danube en amont de *Castra Regina* (Ratisbonne). Il était hérissé de plus de 1 000 tours et soutenu par une centaine de châteaux forts. La frontière suivait ensuite le Danube, gardé lui aussi jusqu'à son delta par des châteaux forts. Dans l'actuelle Roumanie, un nouveau *limes* avait été construit pour protéger la Dobroudja. Après les guerres daciques, la ligne de l'Alutus (Olt) fut fortifiée au IIe s. par Trajan, au IIIe s. par Caracalla. Le *limes* germanique fut percé en 260 par les Alamans.

Le *limes* de Syrie avait pour artère la *strata Diocletiana* (fin du IIIe s.), qui reliait Bostra à Palmyre et à Sura (Suriya), sur l'Euphrate. Il contint efficacement la pression arabe jusqu'au VIIe s.

Le *limes* de (Grande-) Bretagne était constitué par deux lignes éloignées l'une de l'autre : le mur d'Hadrien, qui laissait en dehors des territoires romains toute l'Écosse actuelle ; le mur d'Antonin, beaucoup plus au N., ne fut la frontière de l'Empire que de 145 à 181.

LINCOLN Abraham (* Hardin County, Kentucky, 12.II.1809, † Washington, 14.IV.1865). Homme politique américain. Délégué de l'Illinois au Congrès (1847), il perdit son siège deux ans plus tard en raison de son opposition à la guerre du Mexique. En 1858, sa campagne comme candidat républicain au Sénat, hostile à l'esclavagisme et au compromis du Kansas-Nebraska (v. **Noirs américains**), le rendit célèbre malgré sa défaite. Il fut élu président des États-Unis deux ans plus tard, avec seulement 39,79 % des voix, profitant de la division du parti démocrate. Les Etats du Sud firent immédiatement sécession, fondèrent une nouvelle confédération (févr. 1861) et déclenchèrent la guerre civile. Le 1er janv. 1863, tous les esclaves des États en rébellion furent déclarés libres. Lincoln assuma le commandement en chef des armées nordistes, puis transmit cette responsabilité à Grant (1864). Réélu la même année, il tenta de faire appliquer une paix sans vengeance, mais fut tué en 1865 par un partisan sudiste, John Wilkes Booth.

LIN PIAO ou **LIN BIAO, Lin Yu-yung,** dit (* dans le Hou-pei, 1907, † en Mongolie, sept. 1971 ?). Maréchal et homme politique chinois. Colonel dans l'armée du Kouo-min-tang, il rejoignit les communistes après la rupture de 1927. Il s'affirma comme l'un des meilleurs tacticiens de la guerre de partisans contre les Japonais (1931/45). Il commanda l'armée chinoise en Corée (1950/51). Membre du Comité central du parti communiste en 1945, il entra au comite permanent du bureau politique dix ans plus tard et devint ministre de la Guerre en 1959. Il réorganisa l'armée, qu'il voulait populaire, apte à la guérilla, et toute dévouée à Mao. Il fut le principal animateur de la « révolution culturelle ». Successeur désigné de Mao, il rencontra une vive opposition au sein du parti communiste, où il se montrait résolument hostile au rapprochement avec les États-Unis. Il disparut dans un mystérieux accident d'avion alors qu'il tentait de fuir vers l URSS.

LIONNE Hugues de (* Grenoble, 1611, † Paris, 1er.IX.1671). Homme politique français. D'une famille noble du Dauphiné, il fut employé par Mazarin à d'importantes missions diplomatiques. Il prit une grande part aux négociations du traité des Pyrénées (1659). Ministre d'État (1659), puis secrétaire aux Affaires étrangères (1663), il mena un grand travail diplomatique (1668/71) pour préparer la guerre de Hollande en s'alliant avec l'Angleterre (traité secret de Douvres, 1670) et en s'assurant la neutralité du Brandebourg, de Münster, de la Bavière, de la Suède et de Cologne.

LIOU CHAO-CHI, *Liu Shaoqi* en pinyin (* Yin-chan, Ho-nan, 1898 ? ou 1905 ?, † en captivité, 12.XI.1969). Homme politique chinois. Il fit ses études à Shanghai et à Pékin, et adhéra au parti communiste en 1921. Membre du Comité central en 1927 et du Politburo en 1942, il fit plusieurs stages de formation à Moscou. Président de la république populaire de Chine à partir d'avr. 1959, il fut longtemps considéré comme le principal théoricien communiste avec Mao Tsé-toung. Mais, lors de la « révolution culturelle », il fut l'objet des attaques de ceux qui lui reprochaient de faire primer le pragmatisme sur l'idéologie. Favorable à une réconciliation avec Moscou, Liou Chao-chi fut éliminé de toutes ses fonctions et arrêté en oct. 1968. Sa mort en captivité (1969) ne fut annoncée qu'en 1979, un an avant sa réhabilitation officielle.

LI PENG (Chengdu, province du Se-Tchouan, X.1928). Homme politique chinois. Fils adoptif de Zhou En-lai, il fut l'un des rares cadres formés en URSS (1948/55) à ne pas avoir été persécuté pendant la Révolution culturelle. Vice-ministre (1979), puis ministre (1981) de l'Industrie électrique, il fut responsable du programme nucléaire et énergétique du pays. Soutenu par Chen Yun, dont il partageait les positions conservatrices en matière économique, il devint membre du secrétariat du Comité central et du Bureau politique du PCC (1985). Nommé Premier ministre par intérim (1987), confirmé à ce poste (1988), il s'opposa vigoureusement à Zhao Ziyang. Cible principale des contestataires de la place Tian'anmen, il proclama la loi martiale le 20 mai 1989. Il ne put toutefois faire appliquer son plan économique conservateur face aux orientations modernistes de Teng Hsiao-ping. Impopulaire en Chine comme en Occident, il fut, au terme de son deuxième mandat, remplacé (1998) par Zhu Rongji et devint président de l'Assemblée.

LISBONNE (traité de, 13 févr. 1668). Conclu grâce à la médiation de Charles II d'Angleterre, il consacra la reconnaissance par l'Espagne de l'indépendance portugaise, reconquise par le soulèvement de déc. 1640.

LISSOUBA Pascal (Tsinguidi, 15.XI.1931). Ingénieur agronome et homme politique congolais. En 1958, il obtint un doctorat en sciences naturelles à Paris. Il participa à plusieurs gouvernements du Congo-Brazzaville comme ministre de l'Agriculture entre 1963 et 1969, puis comme, Premier ministre (1965/66) et ministre du Plan (1968). Écarté du gouvernement en 1969, il fut condamné aux travaux forcés à perpétuité, lors de la vague de répression qui suivit l'assassinat du président Marien Ngouabi (1977), puis à l'exil. Il rentra au Congo-Brazzaville en 1992. La même année, il remporta l'élection présidentielle, succédant à Denis Sassou-Nguesso. En 1997, de graves affrontements éclatèrent entre les milices du président Lissouba et celles de son prédécesseur, à l'issue desquels celui-ci se fit à nouveau proclamer président de la République.

LIST Friedrich (* Reutlingen, 6.VIII.1789, † Kufstein, 30.XI.1846). Économiste allemand. Député à la diète de Wurtemberg (1820), il critiqua vivement l'administration de cet État, ce qui lui valut, en 1822, d'être condamné à dix mois de forteresse. Il partit ensuite pour l'Amérique (1824), où il fit fortune en exploitant des gisements d'anthracite. Rentré en Allemagne en 1830 et nommé consul des États-Unis à Hambourg, il vit ses idées triompher par la création du Zollverein (1834) (v.). Pour définir le régime douanier à appliquer à l'intérieur de cette union, List écrivit *Das nationale System der politischen Ökonomie (Le Système national d'économie politique*, 1840), où sans répudier les principes fondamentaux du libéralisme, il repoussait l'adoption immédiate du libre-échangisme international et montrait que l'Allemagne, encore peu industrialisée, avait besoin d'un régime protectionniste pour se préserver de la concurrence britannique.

LITUANIE, *Lietuva*. État de l'Europe septentrionale, borné au N. par la Lettonie, à l'E. par la Biélorussie, au S. par la Pologne, à l'O. par la Baltique ; capitale *Vilnius*. Les Lituaniens, peuple indo-européen du groupe balte, mêlés au cours des siècles à des éléments germaniques, slaves et finnois, formaient de nombreuses tribus, qui, pour résister à la menace des chevaliers Teutoniques, commencèrent à s'unir, vers 1240.

Toute l'histoire lituanienne, jusqu'au XVe s., s'est déroulée entre deux politiques : l'une de résistance à la poussée germanique de l'ouest, l'autre d'expansion vers l'est et le sud-est, aux dépens des Tatars et des Russes. Le véritable fondateur de l'État lituanien fut le grand-prince Gédymin (Gédiminias, 1316/41), qui devint le plus puissant souverain de l'Europe orientale. Bloqué à l'ouest par les Teutoniques, il étendit son autorité sur les principautés slaves de Volhynie, de Biélorussie, de l'Ukraine du Nord-Ouest, jusqu'au Dniepr. Il fit de Vilnius sa capitale. Le mariage d'une de ses filles avec le futur Casimir III (1325) scella un premier rapprochement entre Lituaniens et Polonais. Le successeur de Gédymin, son fils Olgerd (Algirdas, 1341/77), poursuivit la politique d'expansion vers l'est ; il échoua à trois reprises devant Moscou mais enleva Kiev aux Mongols (1361) et étendit la Lituanie jusqu'à la mer Noire. Son fils, Jagellon (Jogaila), se convertit au catholicisme et devint roi de Pologne, sous le nom de Ladislas II (v.), à la suite de son mariage (1386) avec la princesse héritière de Pologne.

L'union personnelle entre la Lituanie et la Pologne était encore fragile, et Ladislas Jagellon dut abandonner l'autorité en Lituanie à son cousin Witold (Vytautas). Ce dernier, qui rêvait de conquérir Moscou et de détruire la Horde d'Or (v.), voulut s'assurer la tranquillité à l'ouest en cédant la Samogitie aux Teutoniques (1398). Mais, battu par les Tatars (1399), il dut renoncer à ses entreprises conquérantes en Russie et consentit à s'allier avec Ladislas II contre les Teutoniques, auxquels Lituaniens et Polonais infligèrent une défaite écrasante à Tannenberg (Grunwald, 15 juill. 1410) ; à la première paix de Thorn (1er févr. 1411), les chevaliers allemands durent rendre la Samogitie à la Lituanie. L'union entre la Pologne et la Lituanie se consolida sous Casimir IV Jagellon (1447/92), qui remporta de nouvelles victoires sur les Teutoniques (seconde paix de Thorn, 1466). Placée désormais sous le même souverain que la Pologne, la Lituanie garda son administration particulière jusqu'à ce que l'Union de Lublin (1er juill. 1569) l'incorporât définitivement à la Pologne.

À la suite des trois partages de la Pologne (1772, 1793, 1795), la Lituanie (à l'exception de la ville de Memel et des territoires à l'O. du Niemen, attribués à la Prusse) fut annexée à l'Empire des tsars. Elle forma alors les gouvernements russes de Kovno, Vilna, Grodno, Mohilev, Vitebsk et Minsk. La politique de russification entreprise à partir du début du XIXe s. s'accompagna de persécutions contre les catholiques, qui étaient largement majoritaires. En 1830/31, la Lituanie participa donc au soulèvement de la Pologne, mais sans succès. Les lois russes lui furent appliquées en 1839, et la russification s'intensifia dans le dernier tiers du XIXe s.

Les Allemands, qui avaient conquis la Lituanie en 1915, laissèrent un Conseil national proclamer l'indépendance (16 févr. 1918), puis reconnurent le nouvel État et conclurent une alliance avec lui (mai 1918), obligeant les Lituaniens à choisir comme souverain Guillaume de Wurtemberg. En nov. 1918, lors de l'effondrement allemand, le pouvoir passa à Augustinas Voldemaras, qui forma un gouvernement national. Mais les bolcheviks envahirent le pays et s'emparèrent de Vilnius (janv. 1919), puis, engagés dans la guerre contre la Pologne, ils durent finalement reconnaître l'indépendance de la Lituanie (traité de Moscou, 12 juill. 1920). Vilnius, capitale historique du pays, fut occupée par surprise par les Polonais (9 oct. 1920), et attribuée à la Pologne par les Alliés en 1923. En revanche, le port de Memel, d'abord administré par une commission alliée, fut reconnu à la Lituanie. Celle-ci, membre de la SDN en 1921, conclut un pacte de non-agression avec l'URSS (1926) et entra en 1934 dans le pacte baltique. Le coup d'État du 17 déc. 1926 imposa au pays un gouvernement autoritaire, présidé par Voldemaras (1926/29), puis par Antanas Smetona (1929/39).

Après la réoccupation de Memel (Klaipeda) par la Wehrmacht, le 22 mars 1939, et le pacte germano-soviétique, la Lituanie fut abandonnée par l'Allemagne à la sphère d'influence de l'URSS. Par le traité du 11 oct. 1939, les Russes restituèrent à la Lituanie la ville de Vilnius, qu'ils venaient d'arracher à la Pologne, mais exigèrent en échange la cession de bases militaires en territoire lituanien. La Lituanie fut entièrement occupée par l'armée soviétique le 15 juin 1940, et elle devint république soviétique (21 juill.). À la déportation des prêtres par les autorités soviétiques succéda l'extermination de la minorité juive par les Allemands, qui occupèrent le pays de 1941 à 1944. Reconquise par l'armée de Bagramyan en juill./août 1944, la Lituanie fut réannexée à l'URSS, où elle forma la république socialiste soviétique de Lituanie.

À la fin des années 1980, les mouvements nationalistes baltes furent encouragés par la volonté d'ouverture affichée par Mikhaïl Gorbatchev. En févr. 1990, les Lituaniens élirent démocratiquement un Soviet suprême qui, en mars, proclama l'indépendance de la république, présidée par le dirigeant nationaliste Vytautas Landsbergis. En mai, Moscou appliqua en rétorsion un blocus économique à la Lituanie. En janv. 1991, les chars soviétiques se déployèrent dans Vilnius ; le mois suivant un référendum confirma l'indépendance. La tension ne retomba qu'en sept., après l'échec du putsch contre M. Gorbatchev, qui reconnut alors la Lituanie indépendante.

Après l'instauration d'une Constitution démocratique, les élections législatives d'oct. 1992 donnèrent, contre toute attente, la majorité aux anciens communistes du Parti démocratique du travail (PDLT). En févr. 1993, le dirigeant du PDLT, Algirdas Brazauskas, fut élu président de la République. Son parti connut cependant un grave discrédit à la suite d'un scandale financier (déc. 1995). En oct. 1996, les ex-communistes furent battus aux élections législatives par l'Union patriotique (droite) de l'ancien président Landsbergis et par ses alliés démocrates-chrétiens. En janv. 1998, Valdas Adamkus, du parti centriste, fut élu président de la République. La politique de rigueur économique, la réduction des dépenses publiques ainsi que la transition vers une économie de marché aboutirent, en févr. 2000, à l'ouverture des négociations officielles d'adhésion à l'Union européenne. Elles ont mené à la signature à Athènes du traité d'adhésion des six nouveaux membres, dont la Lituanie (16 avril 2003), qui fut accepté à 91 % par les Lituaniens, lors du référendum de mai 2003.

En novembre 2002, la réunion à Prague des chefs d'État et de gouvernement des pays de l'OTAN avait officialisé l'entrée dans l'organisation de sept nouveaux pays, dont la Lituanie. En janvier 2003, Rolandas Paksas, chef de l'Union libérale, fut élu président de la République. Depuis le 1er mai 2004, la Lituanie fait partie de l'Union européenne.

LITVINOV, Maxime Maximovitch Meier Henoch Wallach-Finkelstein, dit (* Bialystok, 17.VII.1876, † Moscou, 31.XII.1951). Homme politique soviétique. Il s'engagea tout jeune dans l'action révolutionnaire et adhéra au parti social-démocrate en 1898. Arrêté et déporté, il réussit à s'évader en 1902, émigra en Suisse, en France et en Angleterre et fit transporter des armes vers la Russie. Rentré en Russie lors de la révolution de 1917, il représenta son pays à la conférence de Gênes (1922), remplit diverses missions diplomatiques et fut nommé commissaire aux Affaires étrangères en juill. 1930. Partisan d'un rapprochement de l'URSS avec les démocraties occidentales, surtout après l'accession au pouvoir de Hitler, il signa avec Laval le pacte franco-soviétique de 1935 et soutint vigoureusement à la SDN le principe de la sécurité collective. Mais Staline, qui souhaitait se rapprocher de l'Allemagne hitlérienne, le remplaça en mai 1939 par Molotov. Rentré en scène après l'agression allemande de 1941, il fut nommé ambassadeur à Washington (1941/43) et obtint des États-Unis une importante aide militaire. Il fut ensuite vice-ministre des Affaires étrangères de 1944 à sa mort.

LIUTPRAND. Roi des Lombards (712/44). Voir LOMBARDS.

LIVINGSTONE David (* Blantyre, Lanarkshire, 19.III.1813, † Chitambo, Rhodésie du Nord, auj. Zambie, 1er.V.1873). Missionnaire et explorateur écossais. Prêtre anglican, il exerça d'abord son apostolat au Bechuanaland, mais, devant l'hostilité des Boers, il remonta vers le cœur de l'Afrique. Il découvrit le lac Ngami (1849) et les chutes Victoria (1855). Rentré à Londres, où il obtint le financement de nouvelles explorations, il découvrit ensuite les lacs Shirwa et Nyassa (1859). Il partit à la recherche des sources du Nil et découvrit, en 1869, les lacs Meoro et Bangweolo. En compagnie de Stanley (v.), qui l'avait retrouvé sur les bords du lac Tanganyika, il poursuivit l'exploration de l'Afrique centrale, où il mourut. Son souci missionnaire et son hostilité à l'esclavage lui attirèrent la sympathie des populations qu'il rencontra. Son corps a été rapporté en Angleterre où il fut inhumé dans l'abbaye de Westminster.

LIVONIE, en letton *Vidzeme*, en allem. *Livland*. Région historique de l'Europe septentrionale, en bordure de la mer Baltique, qui s'étendait sur les territoires de la Lettonie et de l'Estonie actuelles. D'abord habitée par le peuple finnois des Lives, la Livonie fut soumise à l'influence slave (fondation de Dorpat par Iaroslav Ier en 1030). Elle resta ignorée de l'Europe occidentale jusqu'en 1158, année où des marchands de Lübeck établirent des comptoirs à l'embouchure de la Dvina. La christianisation des Lives fut inaugurée par le chanoine augustin Meinhard, qui fonda en 1186, au N. de Riga, l'église d'Uxhüll, et fut consacré évêque des Lives par l'archevêque de Brême. En 1201, l'évêque Albert Ier de Buxhövden transféra son siège à Riga ; avec des chevaliers allemands, il fonda l'ordre des frères Porte-Glaive (*Schwertbrüder*) en 1202, qui fusionna en 1237 avec les chevaliers Teutoniques pour former l'ordre de Livonie. Ces religieux guerriers allemands réduisirent les Lives en servitude et étendirent leur domination sur la Courlande (1230/31) et l'Estonie.

Les attaques des Russes et surtout les dissensions introduites dans l'ordre par la Réforme entraînèrent, à partir de 1561, le démembrement de l'État livonien. L'île d'Osel fut vendue au Danemark ; l'Estonie passa sous la domination suédoise ; le dernier grand maître de l'ordre livonien, Gotthard Ketteler, garda la Courlande et la Zemgale, cependant que la Livonie passait à la Pologne. Conquise par Gustave-Adolphe, elle fut cédée à la Suède par le traité d'Altmark (1629). Pierre le Grand se la fit céder en même temps que l'Estonie par le traité de Nystad (1721) ; l'ensemble de l'ancien territoire historique de la Livonie fut intégré à l'Empire russe par l'acquisition de la Courlande (1795) ; il fut partagé en 1918 entre l'Estonie (v.) et la Lettonie (v.).

LIVRE.

La livre en France

Deux monnaies distinctes existèrent : la livre *tournois*, frappée à Tours, divisée en 20 sous, et la livre *parisis*, frappée à Paris, qui valait 25 sous tournois, et fut supprimée en 1667. Au moment de la Révolution, la livre valait 0,9876 franc-or.

La livre sterling

Unité monétaire du Royaume-Uni. Au VIIIe s., les royaumes anglo-saxons firent frapper des pièces d'argent, les « sterlings » ; 240 sterlings pesaient une livre d'argent. Après la conquête normande, la livre fut divisée en 20 shillings. Définie par rapport à l'or à partir de la fin du XVIIIe s., la livre sterling fut stable de 1816 à la Première Guerre mondiale. Elle se déprécia alors de 27 %, et il fallut abandonner la convertibilité. Après la guerre, le Gold Standard Act de 1925 permit le retour à l'étalon-or, qui s'avéra néfaste : avec une monnaie artificiellement surévaluée, les exportations anglaises diminuèrent. La crise de 1929 obligea le gouvernement MacDonald-Baldwin à abandonner l'étalon-or (1931). En 1949, le coût de l'État-providence obligea le gouvernement Attlee à dévaluer de 30,5 %, et, en 1967, une nouvelle dévaluation fut nécessaire (14,3 %). Après la dévaluation du dollar en 1971, le cabinet Heath décida de laisser « flotter » la livre (1972), qui se déprécia de 39 % entre 1973 et 1976. Avec la politique monétariste de M. Thatcher, la livre redevint dans les années 1980 une monnaie de référence ; elle entra dans le système monétaire européen en 1983, mais dut l'abandonner en 1992. Les perspectives d'une monnaie européenne mirent à mal la livre sterling en 1995. La monnaie résista cependant aux crises de la fin des années 1990 (notamment celle de l'Asie du Sud-Est, 1997), soutenue par une économie solide et une inflation faible. La question de l'entrée dans la zone euro demeure l'objet d'un débat difficile.

LI XIANNIAN (* Huang'an, prov. du Hou-pei, 1909, † en Chine, VI.1992). Homme politique chinois. Héros de la guérilla antijaponaise, il dirigea le Hou-pei en 1949. Maire de Wuhan (1952), ministre des Finances (1957) puis vice-Premier ministre (1954/80), il fut l'un des plus hauts responsables économiques du régime. Conservateur mais partisan de la réhabilitation de Teng Hsiao-ping (Deng Xiao-ping), il devint vice-président du PCC (1977) et président de la République (1983/88).

LI YUAN. Fondateur de la dynastie chinoise impériale des T'ang (618/26). Il fut un des premiers généraux à se révolter contre l'empereur Yang-ti de la dynastie des Souei. Aidé par son fils Li Che-min, il l'emporta sur ses rivaux et sur des envahisseurs turcs. La dispute pour le pouvoir qui survint entre ses deux fils, et au cours de laquelle Li Che-min tua son frère aîné, le conduisit à l'abdication. Li Che-min lui succéda (v. **T'AITSONG**). Il reçut plus tard le titre posthume de Kao Tsou, le « grand ancêtre ».

LLOYD GEORGE David, Ier comte Lloyd George of Dwyfor (* Manchester, 17.I.1863, † Criccieth, Carnarvonshire, 26.III.1945). Homme politique britannique. Chef du parti libéral, de tendance radicale et anti-impérialiste, il fit scandale en prenant parti pour les Boers (v.) lors de la guerre qui porte leur nom (1899-1902). Membre du cabinet Campbell-Bannerman, il fut chancelier de l'Échiquier de 1908 à 1915 ; son projet social de « budget du peuple » provoqua une telle opposition de la Chambre des lords que Lloyd George obtint le Parliament Act de 1911, retirant aux lords une grande part de leur pouvoir. Ministre de l'Armement en 1915, il s'allia avec les conservateurs pour renverser Asquith en déc. 1916, et lui succéda comme Premier ministre. Jusqu'à la fin de guerre, il joua un rôle analogue à celui de Clemenceau en France. En 1921, il reconnut l'État d'Irlande, ce qui lui fit perdre l'appui des conservateurs. Sa politique antiturque lors de la crise du Tchanak (v.) provoqua la dislocation du gouvernement et il dut abandonner le pouvoir en 1922.

LOCARNO (pacte de). Nom donné à une série d'accords conclus au cours de la conférence internationale de Locarno, du 5 au 16 oct. 1925. Elle réunissait des représentants de l'Allemagne (Stresemann), de l'Angleterre (Chamberlain), de la Belgique (Vandervelde), de la France (Briand), de l'Italie (Mussolini), de la Pologne et de la Tchécoslovaquie. Au terme de ces accords paraphés à Locarno et signés à Londres le 1er déc. 1925, l'Allemagne, la Belgique et la France s'engageaient à respecter l'inviolabilité des frontières fixées par le traité de Versailles. L'Allemagne s'engageait à observer les dispositions de Versailles sur la zone démilitarisée de Rhénanie ; tout en refusant de reconnaître ses frontières orientales, elle s'engageait à ne pas les modifier par la force ; enfin, la France, la Belgique, la Pologne, la Tchécoslovaquie et l'Allemagne s'engageaient à recourir à l'arbitrage en cas de conflit. L'Allemagne fut alors admise à la Société des Nations (6 sept. 1926). En ordonnant la remilitarisation de la Rhénanie le 7 mars 1936, Hitler, qui considérait que le pacte franco-soviétique de 1935 violait les accords de 1925, porta un premier coup à leurs dispositions.

LOMBARDS. Peuple germanique établi au Iᵉʳ s. de notre ère sur le cours inférieur de l'Elbe. Après s'être étendu peu à peu jusqu'à la Weser, il partit vers le sud au début du Vᵉ s. pour une longue marche qui le conduisit jusqu'en Italie. Arrivés vers 480 sur le moyen Danube, les Lombards obliquèrent vers l'est, détruisirent le royaume des Hérules, parvinrent sur les bords de la Tisza et, en 567, avec l'aide des Avars, mirent fin au royaume des Gépides. Refluant alors sous la poussée des Avars, ils franchirent les Alpes vers 568, sous la conduite de leur roi Alboïn, et conquirent en quatre années la plaine du Pô (568/72). Certains chefs lombards allèrent se créer des duchés en Italie centrale et méridionale, notamment ceux de Spolète et de Bénévent. La conquête fut d'autant plus rapide que les Ostrogoths qui les avaient précédés avaient pratiquement disparu du fait de leurs combats contre la reconquête byzantine. Superficiellement touchés par l'arianisme, en fait encore à peu près païens, les Lombards utilisèrent les structures étatiques et urbaines léguées par l'Antiquité, sans connaître l'unité politique : une trentaine de duchés et de comtés lombards indépendants se firent une guerre continuelle, alors que les Byzantins tenaient encore les côtes de la péninsule italienne et que l'exarchat de Ravenne séparait le « royaume » lombard de Pavie des duchés méridionaux. La papauté fut la seule qui sut résister aux nouveaux envahisseurs. Au début du VIIᵉ s., les Lombards furent gagnés au catholicisme. Le roi Agilulf, marié à la princesse bavaroise catholique Théodelinde, consentit à laisser baptiser ses enfants. En 663, les Lombards étaient assez solidement installés en Italie pour repousser la tentative de reconquête byzantine de Constant II.

Leur expansion reprit sous le roi Liutprand (712/44), qui, se proclamant volontiers « prince chrétien et catholique » et défenseur du pape, voulut achever la conquête de l'Italie ; il s'attaqua à l'exarchat de Ravenne, et menaça à deux reprises Rome. Après Bologne (728), les Lombards s'emparèrent de Ravenne (751), mais le pape fit alliance avec les Francs (754). Pépin le Bref ordonna deux expéditions en Italie, qui interrompirent l'expansion lombarde (traité de Pavie, 756). En 772, les Lombards ayant de nouveau envahi l'État pontifical, Charlemagne intervint et força Didier à capituler ; il ceignit à sa place la couronne de fer des Lombards (774) ; il mit fin à la puissance lombarde en Italie du Nord par la soumission du Frioul (776). Dans le sud de la péninsule, les duchés de Bénévent et de Salerne restèrent indépendants jusqu'au XIᵉ s., époque où ils furent détruits par les Normands.

LOMBARDES (Ligues, XIIᵉ-XIIIᵉ s.). Ligues formées par les villes de l'Italie du Nord pour résister à la domination des empereurs germaniques. La *première Ligue lombarde* fut constituée à la fin de 1167 par une quinzaine de cités dont Vérone, Padoue, Mantoue, Brescia, Milan, Parme. Elle remporta sur Frédéric Barberousse la victoire de Legnano (29 mai 1176) ; à la paix de Constance (25 juin 1183), les villes lombardes firent reconnaître leurs libertés tout en acceptant la suzeraineté impériale. – La *seconde Ligue lombarde* se forma en 1226 contre Frédéric II de Hohenstaufen, mais elle fut écrasée par l'empereur à la bataille de Cortenuova (27 nov. 1237).

LOMBARD-VÉNITIEN (royaume), *Regno lombardo-veneto.* Royaume formé de la Lombardie, de la Vénétie et du Frioul, créé par le congrès de Vienne, qui en donna la souveraineté à l'Autriche (1815). Il était gouverné par un archiduc, qui représentait l'empereur avec le titre de vice-roi. L'administration autrichienne s'y montra assez modérée mais ne parvint pas à affaiblir l'élan du mouvement national et libéral italien. À la suite de la guerre de 1859, la Lombardie fut cédée à Napoléon III qui la transmit au Piémont. Le reste du royaume lombard-vénitien ne fut annexé à l'Italie qu'après la guerre de 1866.

LOMÉ (conventions de). Accords de coopération économique entre l'Europe et des pays d'Afrique, des Caraïbes et du Pacifique (pays ACP). Quatre conventions ont été successivement signées : la première en avr. 1975 entre le Marché commun et 46 pays ACP, étendue en juill. 1976 à 6 autres pays ACP ; la deuxième fut conclue en oct. 1979 entre la CEE et 57 pays ACP ; la troisième, entrée en vigueur en 1986, concerne 66 pays ACP ; la quatrième s'applique, depuis 1990, à 70 pays ACP. Le processus de Lomé ouvre le marché européen aux produits des pays ACP grâce à des tarifs douaniers préférentiels ; il est assorti d'une politique d'aide au développement. Il fut critiqué dans les années 1990 par les États-Unis, qui le jugeaient non conforme aux règles de l'Organisation mondiale du commerce (OMC), et par divers pays européens, dont l'Allemagne, qui le considéraient comme trop coûteux. D'ailleurs, Lomé V, signé en févr. 2000 après des débats difficiles, dut s'aligner sur les règlements de l'OMC. La nouvelle convention a fixé également des conditions à l'obtention des aides financières : plus de démocratie, moins de corruption.

LOMÉNIE DE BRIENNE Étienne Charles de (* Paris, 9.X.1727, † Sens, 16.II.1794). Prélat et homme politique français. Évêque de Condom (1760), puis archevêque de Toulouse (1763), il fut président de l'Assemblée des notables de 1787 et contrôleur général des Finances (mars 1787/août 1788). Il voulut rétablir la subvention territoriale, impôt foncier frappant les privilégiés, pour sortir le royaume de la grave crise financière, mais se heurta vivement au parlement. Il n'obtint rien des états généraux d'août 1788 et dut suspendre les paiements de l'État le 16 août. Pour apaiser l'opinion, Louis XVI le renvoya et rappela Necker.

Nommé archevêque de Sens et cardinal, Loménie prêta serment à la Constitution civile du clergé en 1791, fut déchu du cardinalat par le pape et devint évêque constitutionnel de l'Yonne. Il fut cependant arrêté en 1793 et mourut en prison.

LONDRES (conférences de).

1830/31. Ouverte le 4 nov. 1830, elle réunissait des représentants de la Grande-Bretagne, de la Prusse, de l'Autriche, de la Russie et de la France pour régler la question belge à la suite de la révolution de sept. 1830. Ses travaux furent d'abord rendus difficiles par les dissensions qui opposaient l'Autriche, la Prusse et la Russie désirant le rétablissement de l'ancien royaume des Pays-Bas, la France (représentée par Talleyrand) souhaitant un partage à son profit de la Belgique, tandis que la seule Angleterre (représentée par Palmerston) acceptait l'idée d'une Belgique indépendante. La conférence reconnut cependant la séparation de la Belgique et de la Hollande (20 déc. 1830), et le gouvernement belge envoya pour le représenter à la conférence Van de Weyer et le vicomte Charles Vilain XIII. Palmerston réussit à faire proclamer l'indépendance et la neutralité perpétuelle et garantie de la Belgique par le protocole du 20 janv. 1831. Mais le tracé des frontières proposé par ce protocole fut refusé par le Congrès national belge, qui réclamait le Luxembourg, le Limbourg hollandais et la Flandre zélandaise (bouches de l'Escaut). Léopold de Saxe-Cobourg, choisi comme roi des Belges (juin 1831), réussit par son influence personnelle à obtenir de la Conférence le *traité des Dix-Huit Articles*, qui assurait la liberté de l'Escaut ; ce traité fut approuvé par le Congrès national belge (9 juill. 1831). Cependant, à la suite de la reprise de la guerre et des succès hollandais, la conférence formula le *traité des Vingt-Quatre Articles* (14 oct. 1831), qui laissait à la Hollande tout le Limbourg hollandais ainsi que les bouches de l'Escaut et frappait la Belgique d'une lourde dette. Accepté par le Parlement belge le 15 nov. 1831, le traité des Vingt-Quatre Articles ne devint définitif que par le *traité de Londres* (19 avr. 1839).

1924. Conférence tenue du 16 juill. au 16 août 1924, réunissant tous les anciens Alliés (y compris les États-Unis), ainsi que l'Allemagne (à partir du 5 août). Le plan Dawes (v.) y fut accepté, et la France s'engagea à cesser dans un délai d'un an l'occupation de la Ruhr, mais ne put obtenir que cette évacuation fût liée à un contrôle militaire sur le désarmement de l'Allemagne et à la conclusion d'un pacte de sécurité.

LONDRES (traités de).

3 févr. 1830. La France, la Grande-Bretagne et la Russie reconnaissaient l'indépendance de la Grèce et fixaient sa frontière septentrionale à la ligne Aspropotamos-Sperchios.

26 avr. 1915. Traité secret signé entre l'Angleterre, la France, la Russie et l'Italie, un mois avant l'entrée de celle-ci aux côtés des Alliés durant la Première Guerre mondiale. Il promettait à l'Italie, lors du futur traité de paix, d'importants avantages territoriaux notamment le Trentin, le Tyrol du Sud, l'Istrie, Gorizia, Gradisca Trieste, les îles et une partie du littoral dalmates, une portion de territoire albanais autour de Valona, la province turque d'Adalia en Asie Mineure et la liberté pour son expansion coloniale en Afrique. Révélé par le gouvernement bolchevik en 1918, ce traité souleva l'indignation des États-Unis, parce qu'il violait délibérément le droit des peuples à disposer d'eux-mêmes. À la conférence de la paix de 1919, la France et l'Angleterre furent d'ailleurs incapables de tenir leurs engagements, et l'Italie ne reçut qu'une partie des territoires qui lui avaient été promis.

4 juin 1948. Accords entre les États-Unis, la Grande-Bretagne, la France et les trois pays du Benelux sur le futur statut politique de l'Allemagne occidentale ; la France acceptait la fusion économique de sa zone d'occupation avec la bizone anglo-américaine ; les accords prévoyaient la mise en place d'une Assemblée constituante et d'un gouvernement fédéral allemand, ouvrant ainsi la voie à la naissance de la République fédérale d'Allemagne (1949).

23 oct. 1954. Accords conclus entre les États-Unis, le Canada, la Grande-Bretagne et les autres pays européens membres de l'OTAN. À la suite du rejet du projet de Communauté européenne de défense par le Parlement français (30 août 1954), ces accords autorisaient le réarmement allemand et faisaient entrer la RFA dans l'Alliance atlantique et dans l'OTAN ; l'Union de l'Europe occidentale (UEO) devenait l'organisme de coopération européenne pour les problèmes de défense. Voir **Européennes (institutions)**.

LONGS COUTEAUX (nuit des). Nom donné à la nuit du 29 au 30 juin 1934, durant laquelle Hitler, s'appuyant sur les SS, procéda à l'élimination de Röhm et des grands chefs de la SA.

LONGUE MARCHE. Nom donné au mouvement des troupes communistes chinoises échappant aux forces de Tchang Kaï-chek (oct. 1934/oct. 1935). Voir **Chine.** La lutte contre les communistes et la guerre sino-japonaise et **Mao Tsé-toung.**

LONGUEVILLE Anne Geneviève de Bourbon-Condé, duchesse de (* Vincennes, 29.VIII.1619, † Paris, 15.IV.1679). Fille d'Henri II, prince de Condé, et de Charlotte de Montmorency, sœur du Grand Condé et du prince de Conti. Elle fut mariée en 1642 à Henri II, duc de Longueville, qui avait vingt-quatre ans de plus qu'elle. Au cours de la seconde Fronde, après l'arrestation de ses deux frères et de son mari (18 janv. 1650), elle essaya en vain de soulever la Normandie, dont son mari était gouverneur, puis elle se réfugia en Hollande ; elle entraîna Turenne, qui l'aimait, et le poussa à traiter avec les Espagnols. Rentrée à Paris en mars 1651, elle engagea une nouvelle liaison avec le duc de Nemours, ce qui la brouilla avec son ancien amant, La Rochefoucauld. Au printemps 1652, elle partit avec Condé pour Bordeaux et chercha encore à soulever le Midi contre l'autorité royale. Après avoir fait sa soumission au roi, elle finit sa vie dans la dévotion janséniste.

LÓPEZ Carlos Antonio (* Asunción, 4.XI.1792, † Asunción, 10.IX.1862). Homme politique paraguayen. Neveu du dictateur Francia, il devint président de la République en 1844 et gouverna dictatorialement jusqu'à sa mort. Il fit faire de grands progrès à l'économie paraguayenne en ouvrant largement son pays à l'immigration étrangère. Il réorganisa son armée selon les méthodes prussiennes, en fit une des plus puissantes de l'Amérique du Sud et s'allia à l'Uruguay pour abattre le dictateur argentin Rosas (1852).

LÓPEZ Francisco Solano (* Asunción, 24.VII.1826 ou 1827, † près du Rio Aquidaban, 1er.III.1870). Fils de Carlos Antonio López, il lui succéda comme dictateur en 1862. D'une ambition agressive, il dressa contre lui la triple alliance de l'Argentine, du Brésil et de l'Uruguay et provoqua la guerre de 1865/70, dans laquelle le Paraguay perdit les deux tiers de sa population. Lui-même trouva la mort au combat.

LORRAINE. Ancienne province de France, qui avait pour capitale *Nancy*. Région historique dont l'origine ne remonte qu'au IXe s., la Lorraine était peuplée, à l'époque celtique, par les Médiomatrices au N. et les Leuques au S. Ses principaux centres, dans la Gaule romaine, furent *Divodurum* (Metz) et *Tullum* (Toul). Cette région, qui faisait partie de la Belgique Ire, fut occupée par les Alamans, puis, à la fin du Ve s., par les Francs ; à l'époque mérovingienne, elle était comprise dans le royaume d'Austrasie. La Lorraine conserve en son nom (en allemand *Lothringen*) le souvenir du royaume de Lotharingie (v.) créé pour Lothaire au traité de Verdun (843). Au traité de Mersen (870), la Lorraine fut partagée entre Charles le Chauve et Louis le Germanique, la Moselle constituant la frontière entre les deux États. Mais le traité de Ribemont (880) attribua tout le pays au royaume des Francs orientaux, c'est-à-dire à la Germanie.

Le duché de Lorraine

Othon Ier le Grand mit fin à l'autonomie de la Lotharingie par sa victoire d'Andernach (939), et la Lotharingie devint une véritable province impériale. Donnée en 953 à Bruno, archevêque de Cologne, frère d'Othon le Grand, elle fut partagée en 959 en deux duchés :

Au nord, la **Basse-Lorraine** ou **Lothier**, qui comprenait les Pays-Bas actuels et presque tout le pays situé entre l'Escaut et le Rhin, au N. d'une ligne Andernach-Bouillon-Cambrai. Cette Basse-Lorraine resta durant tout le XIe s. à la maison d'Ardenne. Le dernier duc de cette maison fut Godefroi de Bouillon. Son départ pour la première croisade (1096) accéléra le morcellement territorial qui déjà se manifestait dans tout le Lothier. À la fin du XIIe s., le Lothier s'était définitivement désagrégé en principautés indépendantes, comme les duchés de Brabant et le Limbourg, le marquisat de Namur, le comté de Hainaut et le comté de Hollande.

Au sud, la **Haute-Lorraine** comprenait les Ardennes, la haute vallée de la Meuse et la vallée de la Moselle. Gérard d'Alsace en fut le premier duc héréditaire (1048/70) ; c'est de lui qu'est issue la première maison de Lorraine, qui régna jusqu'en 1431. À la fin du XIIe s., quand les ducs de Basse-Lorraine prirent le titre de ducs de Brabant, la Haute-Lorraine conserva seule le nom de Lorraine. Vassaux de l'empereur, les ducs de Lorraine virent leur autorité diminuée par leurs propres vassaux, les comtes de Luxembourg et les comtes de Bar, mais aussi les trois puissants évêchés de Metz, Toul et Verdun. L'affaiblissement du pouvoir impérial permit aux rois de France d'intervenir en Lorraine dès la seconde moitié du XIIIe s. Philippe le Bel prit Toul sous sa protection (1289 et 1300) et se fit reconnaître comme suzerain par le comte de Bar pour les territoires situés à l'O. de la Meuse (1301). Au cours de la guerre de Cent Ans, les ducs de Lorraine et la maison de Luxembourg appuyèrent la France. Les comtés de Luxembourg et de Bar furent érigés en duchés en 1354.

Charles II, mort en 1431, ne laissa qu'une fille, qui avait épousé René d'Anjou, duc de Bar, et qui succéda à son beau-père comme duc de Lorraine. Mais le comte de Vaudémont le fit prisonnier (1431). René ne fut relâché qu'en 1436, grâce aux Bourguignons, auxquels il dut faire d'importantes concessions territoriales. Ils voyaient en effet dans la Lorraine un pont reliant leurs diverses possessions : la menace bourguignonne permit à Charles VII, roi de France, de venir mettre le siège devant Metz (1444/45). Charles le Téméraire fit la conquête de la Lorraine en 1475, mais l'indépendance du duché fut sauvée par sa mort (1477). Dans la lutte entre la France et les Habsbourg, les ducs de Lorraine maintinrent leur neutralité et ils profitèrent des difficultés de l'empereur pour faire reconnaître leur complète indépendance à l'égard du Saint Empire (traité de Nuremberg, 26 août 1542). Cependant, la France occupa les trois évêchés de Metz, Toul et Verdun (1552) dont la possession lui fut reconnue aux traités de Westphalie (1648).

Durant les guerres de Religion, les Guise, branche de la maison de Lorraine, se firent les champions de la cause catholique. La Lorraine de leur cousin Charles III (1545/1608) devint un des foyers de la Contre-Réforme. Sous Charles IV (1625/75), la Lorraine essaya de se préserver des ambitions françaises, mais elle fut occupée à plusieurs reprises et le duc dut aller combattre dans les rangs des Impériaux. Aux traités de Westphalie (1648), la France se fit reconnaître la possession des Trois-Évêchés ; au traité des Pyrénées (1659), elle acquit le Luxembourg français et le duché de Carignan. Charles IV rentra partiellement en possession de ses États par le traité de Vincennes (1661), mais il fut de nouveau chassé par les armées françaises en 1671. Après vingt-sept ans d'occupation, la France, au traité de Ryswick (1697), dut rendre la Lorraine au petit-fils de Charles IV, le duc Léopold Ier (1690/1729), mais la Lorraine eut à subir une nouvelle occupation française durant la guerre de la Succession d'Espagne. Le fils de Léopold, François III (1729/36), épousa Marie-Thérèse d'Autriche et devint l'empereur François Ier. Au traité de Vienne (1735/38), qui mettait fin à la guerre de la Succession de Pologne, il céda la Lorraine à Stanislas Leszczynski, ex-roi de Pologne et beau-père de Louis XV, en échange du grand-duché de Toscane. Sous l'administration de Stanislas (1736/66), la Lorraine connut un beau renouveau ; le gouvernement y fut exercé par un Français, Chaumont de La Galaizière, qui prépara l'annexion à la France. Celle-ci devint effective à la mort de Stanislas (1766).

La Lorraine et les guerres franco-allemandes

Après la guerre de 1870/71 (v. **FRANCO-ALLEMANDE, guerre, 1870/71**), la partie houillère et industrielle de la Lorraine fut annexée à l'Allemagne et, avec l'Alsace, forma, de 1871 à 1918, la « terre d'Empire » d'Alsace-Lorraine. Durant la Première Guerre mondiale, après que la bataille de Morhange eut arrêté une offensive française initiale (14/20 août 1914), les Allemands, du 24 août au 9 sept. 1914, portèrent l'offensive sur Nancy ; mais ils furent arrêtés et le front se stabilisa, approximativement sur le tracé de la frontière de 1871, jusqu'à la fin des hostilités. Les troupes françaises victorieuses entrèrent à Metz le 19 nov. 1918. Occupée par la Wehrmacht en juin 1940, la Lorraine fut reconquise par les Alliés de sept. à nov. 1944 (prise de Metz, 22 nov.).

LOTHAIRE Ier (* 795, † Prüm, 29.IX.855). Empereur d'Occident (840/55). Fils aîné de Louis le Pieux, il fut fait roi de Bavière en 815, et, en 817, par l'*ordinatio imperii*, fut associé au trône. Roi d'Italie en 822, il fut couronné empereur l'année suivante par le pape Pascal Ier. Lorsque son père, pour avantager son fils du deuxième lit, le futur Charles le Chauve, voulut procéder à un nouveau partage de l'Empire carolingien, il se révolta contre lui (830 et 833). Resté seul empereur à la mort de Louis le Pieux (840), il dut lui-même faire face à la rébellion de ses frères, Louis le Germanique et Charles le Chauve, qui lui infligèrent la défaite de Fontenoy-en-Puisaye (25 juin 841) et lui imposèrent le traité de Verdun (843) : Lothaire conserva le titre impérial mais ne régna plus que sur la partie médiane de l'Empire carolingien (l'Italie, la Provence, la Bourgogne et les provinces orientales de la France actuelle). Peu avant sa mort, il partagea ses États entre ses trois fils, Louis II, qui eut le royaume d'Italie et la dignité impériale, Charles, qui eut la Provence jusqu'à Lyon, et Lothaire, qui devint roi de Lotharingie. Il se retira ensuite à l'abbaye de Prüm.

LOTHAIRE II (* vers 825, † Plaisance, 8.VIII.869). Roi de Lotharingie (855/69). Deuxième fils de Lothaire Ier, il reçut en partage (855) le pays situé entre le Rhin et la Meuse, qui prit de lui le nom de *Lotharingie*. Il s'allia successivement avec son frère Louis contre son oncle Charles le Chauve, et avec celui-ci contre Louis. En 863, à la mort de son frère Charles de Provence, il réunit à la Lotharingie Lyon, Arles et Vienne. En 870, ses oncles Charles le Chauve et Louis le Germanique se partagèrent son royaume (traité de Mersen) (v.).

LOTHAIRE (* Laon, 941, † Compiègne, 2.III.986). Roi de France (954/86). Fils aîné et successeur de Louis IV d'Outremer, âgé de treize ans à son avènement, il subit la tutelle d'Hugues le Grand. Cet avant-dernier des Carolingiens occidentaux rêvait de rétablir l'ancienne puissance royale, mais ses guerres épuisantes contre Othon II (invasion de la Lorraine, 978) n'eurent d'autre résultat que de faciliter l'ascension d'Hugues Capet. Il eut pour successeur son fils, Louis V.

LOTHAIRE II ou **III DE SUPPLINBURG** ou **DE SAXE** (* vers 1060, † Breitenwang, Tyrol, 4.XII.1137). Empereur germanique (1125/37). Fils de Gebhard, comte de Supplinburg, il fut fait, par Henri V, duc de Saxe (1106), puis se dressa contre l'empereur, qu'il battit à Welfesholz (1115), et fut élu lui-même empereur à Mayence le 30 août 1125. Il dut longtemps combattre les Hohenstaufen et n'en triompha qu'avec l'appui du pape et du duc de Bavière, Henri le Superbe, son gendre et héritier. Il favorisa la colonisation allemande à l'Est et attribua l'Altmark à Albert l'Ours (vers 1134). En 1133, il descendit en Italie pour venir à l'aide du pape Innocent II ; il fut couronné empereur à Rome le 4 juin 1133. À la demande du pape, il revint en Italie en 1137 pour lutter contre Roger de Sicile, protecteur de l'antipape Anaclet II, et mourut alors qu'il rentrait en Allemagne. Il eut pour successeur Conrad III de Hohenstaufen.

LOTHARINGIE. Royaume formé en 855 par Lothaire Ier en faveur de son second fils, Lothaire II, qui lui donna son nom. Comprenant presque toute la Belgique actuelle et son prolongement vers la Suisse, il s'étendait entre la Meuse, l'Escaut et le Rhin jusqu'à la mer du Nord.

Sa position médiane entre les parties occidentale et orientale de l'Empire carolingien condamnait la Lotharingie à une brève existence. Lothaire II étant mort sans enfants légitimes, ses oncles, Louis le Germanique et Charles le Chauve, se partagèrent la Lotharingie au traité de Mersen (870). À la mort de Louis le Germanique, Charles le Chauve essaya de s'emparer de toute la Lotharingie, mais il fut vaincu par son neveu Louis de Saxe à Andernach (oct. 876), et, en 879, Louis III dut céder à la Germanie la partie française de la Lotharingie (traité de Verdun-Ribemont). Après la déposition de Charles le Gros (887), la Lotharingie échut à Arnoul de Carinthie, qui, en 895, en investit son fils Zwentibold. En 923, elle fut annexée à la Germanie par Henri Ier l'Oiseleur. Sous l'autorité des rois de Germanie, les ducs lotharingiens essayèrent de se rendre indépendants, notamment Gislebert (925/39), qui se révolta imprudemment contre Othon Ier et trouva la défaite et la mort à Andernach. En 959, Othon Ier partagea l'ancien royaume de Lotharingie en deux duchés : la *Haute-Lotharingie* ou Lorraine et la *Basse-Lotharingie* ou Lothier. Voir LORRAINE et BRABANT.

LOUBET Émile (* Marsanne, Drôme, 31.XII.1838, † Montélimar, 20.XII.1929). Homme politique français. Fils de paysans, avocat de l'opposition sous le second Empire, maire de Montélimar (1870), il siégea à partir de 1876 à la Chambre des députés comme républicain modéré et passa au Sénat en 1885. De caractère conciliant, modeste, proche de la petite bourgeoisie, il conquit dans le milieu parlementaire de nombreuses sympathies qui le portèrent à la présidence du Conseil (févr./nov. 1892) à la présidence du Sénat (1896), enfin à la présidence de la République, où il succéda à Félix Faure (18 févr. 1899). Son septennat (1899/1906) commença au milieu des luttes de l'affaire Dreyfus (v.). Élu par les partisans de la révision, Loubet fit face à une violente agitation nationaliste, constitua avec Waldeck-Rousseau un ministère de défense républicaine et gracia Dreyfus, qui venait d'être de nouveau condamné par le conseil de guerre de Rennes (19 sept. 1899). S'efforçant de maintenir la présidence de la République au-dessus des luttes politiques, il supporta la politique anticléricale de Combes, qu'il désapprouvait cependant, et contribua personnellement par ses réceptions et ses déplacements à resserrer les liens avec la Russie et l'Angleterre. À la fin de son mandat, il quitta la vie politique. Fallières lui succéda à l'Élysée.

LOUIS

EMPIRE D'OCCIDENT ET EMPIRE GERMANIQUE

LOUIS Ier le Pieux ou **le Débonnaire** (* Casseuil-sur-Garonne, Gironde, 778, † près de Mayence, 20.VI.840). Empereur d'Occident (814/40). Dernier fils vivant de Charlemagne, il lui succéda en 814 et fut couronné à Reims en 816 par le pape Étienne V. Afin de maintenir la cohésion de l'Empire, il chercha à régler le problème de sa succession dès 817 en fixant les droits de ses trois fils : Lothaire, l'aîné et seul véritable héritier, fut associé à l'Empire, Pépin reçut l'Aquitaine et Louis la Bavière. L'empereur voulut revenir, en 829, sur le premier partage, en faveur du nouveau fils (le futur Charles le Chauve) que lui avait donné sa seconde femme, Judith de Bavière. Une longue lutte s'ensuivit entre le père et ses trois aînés. Déposé en 833, Louis retrouva le pouvoir l'année suivante, mais il avait perdu son prestige et compromis l'unité carolingienne.

LOUIS le Germanique (* vers 804/05, † Francfort, 28.VIII.876). Roi de Germanie (843/76). Troisième fils de Louis Ier le Pieux, il obtint, lors du partage de 817, la Bavière et la partie orientale de l'Empire carolingien, la Germanie. Après la mort de son père, il s'allia avec son jeune frère Charles le Chauve contre leur frère Lothaire, qui fut battu à Fontenoy-en-Puisaye (841). Cette alliance, resserrée par les serments de Strasbourg (14 févr. 842), aboutit au traité de Verdun (843), qui, consacrant la division de l'Empire, laissait à Louis la rive droite du Rhin, avec la Saxe, la Thuringe et la Bavière. Après la mort de son neveu Lothaire II, il obtint encore, au traité de Mersen (870), la plus grande partie de la Frise, de la Lorraine et de l'Alsace. Battu en 875 à l'élection impériale par son frère Charles le Chauve, il songeait à une expédition en Italie lorsqu'il mourut. Son fils, Charles le Gros, lui succéda.

LOUIS II (* vers 822, † près de Brescia, 12.VIII.875). Empereur d'Occident (855/75). Fils aîné de Lothaire Ier et petit-fils de Louis le Pieux, roi d'Italie en 844, associé au trône en 850, il ne régna guère que sur l'Italie, où il lutta avec succès contre les Sarrasins, auxquels il prit Bari (871). Ne laissant qu'une fille, il eut pour successeur au trône impérial son oncle Charles le Chauve.

LOUIS IV DE BAVIÈRE (* Munich, vers 1286/87, † Fürstenfeld, près de Munich, 11.X.1347). Empereur germanique (1314/47). Fils de Louis II le Sévère, il succéda à son père comme duc de Bavière en 1294 et fut élu empereur en 1314 contre le Habsbourg Frédéric le Beau ; il fit prisonnier son rival à la bataille de Mühldorf (28 sept. 1322), le garda détenu jusqu'en 1325 et ne lui rendit la liberté qu'à la condition qu'il renoncerait à l'Empire. Mais le pape Jean XXII s'opposa à cet accord, ordonna à Louis d'abdiquer et, sur son refus, l'excommunia. Descendant alors en Italie (1327), Louis fit élire l'antipape Nicolas V et se fit couronner par lui. Dans son conflit avec le pape, Louis IV fut soutenu par d'éminents théologiens nominalistes (Guillaume d'Occam, Marsile de Padoue) et par les Électeurs, qui, à leur réunion de Rhense (1338), répudièrent toute intervention de la papauté dans les élections impériales. En 1346, cependant, il mécontenta les Électeurs qui élirent à sa place Charles IV de Luxembourg, avec le soutien du pape Clément VI. Louis IV se préparait à riposter, lorsqu'il mourut d'une chute de cheval.

BAVIÈRE

LOUIS Ier (* Strasbourg, 25.VIII.1786, † Nice, 29.II.1868). Roi de Bavière (1825/48). Fils de Maximilien Ier Joseph. Il inaugura son règne par des réformes libérales. Soucieux de maintenir l'équilibre entre l'Autriche et la Prusse, il dut cependant faire entrer la Bavière dans le Zollverein en 1833. Très cultivé, poète, amateur d'art, Louis Ier fut le plus fastueux mécène de l'histoire allemande. À partir de 1831, souhaitant s'affranchir des contraintes constitutionnelles, il gouverna autoritairement, sans tenir compte de la Diète ; il entra en conflit avec les libéraux et les protestants, exaspérés par le ministre clérical Abel (1837/47). Sa liaison avec la danseuse Lola Montès porta à son comble l'irritation de la population, et, devant les mouvements de rue qui se développaient dans Munich, Louis Ier abdiqua, le 20 mars 1848, en faveur de son fils Maximilien II.

LOUIS II (* Nymphenburg, 25.VIII.1845, † lac Starnberg, 13.VI.1886). Roi de Bavière (1864/86). Fils aîné et successeur de Maximilien II, chargé d'une lourde hérédité névropathique, il montra dès sa jeunesse un tempérament idéaliste et enthousiaste, qui trouva de nouveaux excitants dans la musique de Wagner, son ami intime à partir de 1864. Au début de son règne, Louis II prit cependant au sérieux les affaires de l'État : il eut très tôt conscience de la supériorité absolue de la Prusse. Après la guerre de 1866, il resta fidèle à l'alliance prussienne, malgré les sollicitations de Napoléon III. Il ne participa pas personnellement à la guerre de 1870 mais, sur la suggestion de Bismarck, appela tous les souverains allemands à proclamer empereur Guillaume de Prusse ; il évita toutefois d'assister à la cérémonie de Versailles. Dans les années qui suivirent, Louis II, envahi par une profonde mélancolie, passa sa vie réfugié et solitaire dans les châteaux d'architecture fantastique qu'il avait fait construire à Neuschwanstein (1869/86), Linderhof (1869/78), Herrenchiemsee (1878/85). Inquiet du flot sans fin des dépenses royales, le ministère fit rédiger par des médecins un certificat d'aliénation mentale et interna Louis II dans une de ses résidences. Son oncle, le prince Léopold, assuma la régence (10 juin 1886). Conduit le 11 juin 1886 au château de Berg, il se noya deux jours plus tard dans le lac voisin, peut-être en tentant de s'évader.

FLANDRE

LOUIS DE NEVERS († Crécy, 25.VIII.1346), comte de Flandre (1322/46). Comte de Nevers et de Rethel, il hérita la Flandre de son grand-père Robert de Béthune (1322). Prince français d'éducation et d'esprit, il se trouva aux prises avec des révoltes urbaines endémiques et les conflits opposant les *leliaerts* (patriciens partisans du comte et du roi de France) et les *clauwaerts* (chefs des métiers artisanaux dépendant de la laine anglaise). Un moment prisonnier de ses sujets, il dut s'enfuir en France. Son beau-père Philippe VI de France écrasa les Flamands au mont Cassel (1328). Au début de la guerre de Cent Ans (1336), Louis de Nevers rompit les relations commerciales avec l'Angleterre, ce qui provoqua une grave crise économique dans les villes drapantes flamandes. Déclenchée en déc. 1337, la révolte de Gand dirigée par Jacques Van Artevelde força Louis de Nevers à se réfugier une nouvelle fois en France, où il servit dans l'armée de Philippe VI. Il fut remplacé en Flandre par le régent Simon Van Halen, que nomma Artevelde. Louis périt héroïquement dans les rangs français à la bataille de Crécy. Il eut pour successeur son fils, Louis de Male.

LOUIS DE MALE (* Male, près de Bruges, 1330, † Saint-Omer, 1384). Comte de Flandre (1346/84). Voir GAND.

FRANCE

LOUIS Ier le Pieux. Fils de Charlemagne, à qui il succéda (814/40). Voir LOUIS Ier LE PIEUX ou LE DÉBONNAIRE.

LOUIS II le Bègue (* 846, † Compiègne, 10.IV.879). Roi de France (877/79). Seul survivant des enfants de Charles le Chauve, il ne put se faire reconnaître roi à la mort de son père qu'en multipliant les concessions aux grands vassaux. Il mourut au moment où il allait partir en campagne contre Bernard de Gothie (le bas Languedoc et le Roussillon), qui, avec les comtes de Poitiers et du Mans, avait refusé de le reconnaître. Son fils, Louis III, lui succéda.

LOUIS III (* vers 863, † Saint-Denis, 5.VIII.882). Roi de France (879/82). Fils et successeur de Louis II le Bègue, il partagea la royauté avec son frère Carloman. Sous son règne s'accentua la dislocation de l'héritage carolingien : tandis que Boson, beau-frère de Charles le Chauve, se faisait proclamer roi de Bourgogne-Provence, Louis III et Carloman durent céder à Louis le Jeune, roi de Germanie, la Lotharingie occidentale. À sa mort, Carloman resta seul roi.

LOUIS IV d'Outremer (* 921, † Reims, 10.IX.954). Roi de France (936/954). Fils de Charles le Simple et d'une princesse anglo-saxonne, il fut élevé en Angleterre (d'où son surnom), puis élu roi en juin 936 par la volonté d'Hugues le Grand (v.). Actif, énergique, intelligent, Louis IV avait l'étoffe d'un grand prince, mais ses qualités furent mises en échec par l'habileté d'Hugues le Grand, qui le laissa tomber aux mains des Normands (945) et ne le délivra qu'après s'être fait céder la ville de Laon, dernière possession des Carolingiens. Pour vaincre Hugues, Louis IV fit alors appel à son beau-frère Othon le Grand. Il reprit Laon et força Hugues à reconnaître sa souveraineté (950), mais mourut peu après d'une chute de cheval. Son fils, Lothaire, lui succéda.

LOUIS V (* vers 967, † Compiègne, 21.V.987). Roi de France (986/87). Petit-fils de Louis IV d'Outremer, il fut entièrement sous l'influence de sa mère, Emma. Dans sa lutte contre Adalbéron, archevêque de Reims, il fut victime de la collusion secrète d'Adalbéron et d'Hugues Capet. Il mourut des suites d'une chute de cheval ; avec lui finit la dynastie carolingienne occidentale. Hugues Capet fut élu pour lui succéder.

LOUIS VI le Gros (* vers 1081, † Paris, 1er.VIII.1137). Roi de France (1108/37). Fils et successeur de Philippe Ier. Son règne marqua une étape décisive de l'affermissement de la monarchie capétienne. Il mena une lutte sans merci contre les petits seigneurs pillards de l'Île-de-France, affermissant ainsi l'image du roi justicier. Il fit sentir son autorité en intervenant loin de son aire d'influence réelle (Auvergne, Bourbonnais et Flandres) ; il échoua cependant contre Henri Ier d'Angleterre, duc de Normandie. Pour affaiblir les grands vassaux, il encouragea les mouvements communaux, mais ailleurs que sur ses propres terres. Il maria son fils (le futur Louis VII) à Aliénor d'Aquitaine, afin d'étendre jusqu'aux Pyrénées l'influence de la monarchie.

LOUIS VII le Jeune (* vers 1120, † Paris, 18.IX.1180). Roi de France (1137/80). Fils et successeur de Louis VI. Il entreprit la deuxième croisade (1147/49), par expiation d'un conflit qui l'opposa au pape et, durant son absence, le royaume fut administré par Suger. Rentré en France après avoir perdu son armée, Louis VII fit prononcer son divorce d'avec Aliénor d'Aquitaine (1152). Celle-ci se remaria sans tarder avec Henri Plantagenêt, comte d'Anjou et duc de Normandie, qui devint roi d'Angleterre en 1154, sous le nom d'Henri II. Ce fut le début de la longue lutte entre les Capétiens et les Plantagenêts, dont les importants fiefs continentaux avaient été accrus par la dot d'Aliénor. Le règne de Louis VII, grâce à l'administration de Suger, a contribué au renforcement de l'autorité monarchique ; les premières ordonnances royales datent de cette époque.

LOUIS VIII le Lion (* Paris, 5.IX.1187, † Montpensier, Auvergne, 8.XI.1226). Roi de France (1223/26). Fils de Philippe II Auguste et d'Isabelle de Hainaut, il remporta sur Jean sans Terre la victoire de La Roche-aux-Moines (1214) et, l'année suivante, se vit offrir la couronne d'Angleterre par les barons anglais révoltés. Il débarqua en Angleterre en mai 1216, mais il fut battu à Lincoln (mai 1217) et dut renoncer à ses prétentions par le traité de Kingston. Ayant succédé à son père en juill. 1223, il enleva aux Plantagenêts le Poitou et une partie de la Gascogne (1224). Il prit part ensuite à la croisade contre les albigeois et s'empara d'Avignon (1226). Marié en 1200 à Blanche, fille d'Alphonse VIII de Castille, il fut le père de saint Louis.

LOUIS IX ou **SAINT LOUIS** (* Poissy, 25.IV.1214, † devant Tunis, 25.VIII.1270). Roi de France (1226/70). Il n'avait que douze ans à la mort de son père Louis VIII, et la régence fut exercée par la reine mère Blanche de Castille, qui joua un grand rôle politique jusqu'en 1242. La régente prépara les futurs agrandissements du royaume en mariant le roi à la fille du comte de Provence, et son frère à l'héritière du comté de Toulouse.

Sur le plan intérieur, Louis IX organisa la justice royale, notamment en créant le « parlement », corps de légistes, en organisant et dotant d'une assise territoriale fixe les grands bailliages qui avaient le droit d'appel sur la justice seigneuriale et relevaient eux-mêmes du parlement. Il créa un embryon de Cour des comptes.

Très pieux, proche de la spiritualité de l'ordre des Franciscains, Louis IX partit deux fois en croisade. En 1248, laissant le gouvernement à Blanche de Castille, il porta l'attaque contre l'Égypte, mais, après quelques succès, les Francs furent vaincus et le roi fait prisonnier à Mansourah (1250). Louis IX dut payer une rançon et quitter l'Égypte. Il resta ensuite quatre ans en Terre sainte, fortifiant les places qui restaient aux chrétiens. La mort de sa mère l'obligea à se rembarquer en avr. 1254. La deuxième croisade conduisit Louis IX en Tunisie. Mais l'expédition, mal préparée, aboutit à un désastre, et le roi mourut de la peste devant Tunis.

Le règne de Louis IX coïncida avec le sommet de la civilisation française du Moyen Âge. Louis IX fit construire la Sainte-Chapelle, et favorisa le développement des universités, notamment celle de Paris. Louis IX, modèle de roi chrétien, à qui succéda son fils, Philippe III le Hardi, fut canonisé dès 1297 par le pape Boniface VIII.

LOUIS X le Hutin, c'est-à-dire *le Querelleur* (* Paris, 4.X.1289, † Vincennes, 5.VI.1316). Roi de France (1314/16). Fils aîné de Philippe le Bel et de Jeanne de Navarre, il devint, après la mort de sa mère, roi de Navarre (1305/14). Il succéda à son père sur le trône de France le 30 nov. 1314, mais dut faire face à une puissante réaction féodale menée par son oncle Charles de Valois, particulièrement hostile aux légistes de Philippe le Bel : Louis X dut sacrifier Enguerrand de Marigny, qui fut pendu (1315). Toujours à court d'argent, il spolia les Juifs et les marchands lombards et força les serfs de ses domaines à acheter leur affranchissement. Marié en 1305 à Marguerite de Bourgogne, il se remaria avec Clémence de Hongrie, dont il eut un fils posthume, Jean Ier, qui ne vécut que quelques jours. C'est son frère, Philippe V le Long, qui lui succéda.

LOUIS XI (* Bourges, 3.VII.1423, † Plessis-lès-Tours, 30.VIII.1483). Roi de France (1461/83). Fils de Charles VII et de Marie d'Anjou. Impatient de régner, il ne cessa de fomenter des troubles contre son père. En 1440, il se joignit à la Praguerie (v.), mais Charles VII lui pardonna et lui donna le gouvernement effectif du Dauphiné. Louis XI réorganisa remarquablement cette région, puis se lança dans une nouvelle révolte en 1455, et, à l'approche des armées de son père, il prit la fuite et se réfugia auprès du duc de Bourgogne, Philippe le Bon. Cette âpre lutte entre le père et le fils devait hâter la fin de Charles VII, qui vivait dans la crainte d'être empoisonné à l'instigation du dauphin.

Ayant succédé à son père en 1461, Louis XI donna un tour personnel à son autorité. Il s'entoura le plus souvent de gens d'origine modeste et qu'il pouvait traiter sans ménagement. Il opposa à ses adversaires la diplomatie et la ruse, plutôt que les armes. Roi d'une France sortie victorieuse du conflit qui l'avait opposée à l'Angleterre, Louis XI eut à combattre les féodaux de la ligue du Bien public (v.) (1465) et surtout les ducs de la maison de Bourgogne, Philippe le Bon d'abord, puis Charles le Téméraire, qui retint prisonnier Louis XI après l'entrevue de Péronne (v.) (1468). Cependant, la mort du Téméraire au siège de Nancy (1477) mit fin à cette rivalité en même temps qu'à la puissance de la maison de Bourgogne, dont la majeure partie fut annexée à la France (traité d'Arras, 1482). L'agrandissement du royaume fut complété par l'héritage (1480/81) de l'Anjou, du Maine et de la Provence. Louis XI étendit aussi le ressort de la justice royale en créant de nouveaux parlements et œuvra à l'unification administrative du royaume. Il établit les premières postes, améliora les routes, se soucia du développement des fabrications (la soie, par exemple) et du commerce.

LOUIS XII (* Blois, 27.VI.1462, † Paris, 1er.I.1515). Roi de France (1498/1515). Fils du poète Charles d'Orléans et de Marie de Clèves. Pendant la minorité de Charles VIII et la régence d'Anne de Beaujeu, il se jeta dans la guerre à la tête de l'opposition féodale. Battu et emprisonné en 1488, il fut relâché en 1491 et se réconcilia avec Charles VIII. Devenu roi de France à la mort de Charles, qui n'avait pas d'enfant survivant, Louis fit annuler le mariage que lui avait imposé Louis XI avec Jeanne de France et se remaria avec Anne de Bretagne, veuve du roi défunt. À partir de 1499, il engagea une campagne militaire en Italie qui lui assura le contrôle du Milanais (1500) puis du royaume de Naples (1501). Trahi par son allié Ferdinand d'Aragon, il en fut chassé en 1504 par les Espagnols et ne put rétablir la situation, malgré la victoire de Ravenne (1512) et les campagnes qu'il mena de 1509 à 1513. Ces guerres poussèrent, en revanche, le pape Jules II à constituer la Sainte Ligue (v.) et la France fut envahie après la défaite de Guinegatte devant les Anglais en 1513 et la conquête de la Bourgogne par les Suisses. En 1514 cependant, Louis XII rétablit la paix avec l'Angleterre et, veuf d'Anne de Bretagne, épousa Marie d'Angleterre, sœur d'Henri VIII. Les guerres d'Italie n'empêchèrent pas une bonne administration du royaume, ce qui valut à Louis XII le titre de « Père du peuple ». Sans héritier mâle, il eut pour successeur son cousin François Ier, qui épousa sa fille Claude de France.

LOUIS XIII le Juste (* Fontainebleau, 27.IX.1601, † Saint-Germain-en-Laye, 14.V.1643). Roi de France (1610/43). Fils aîné d'Henri IV et de Marie de Médicis. Déclaré majeur en 1614, il éprouva une irritation grandissante d'être exclu du pouvoir par sa mère. En 1617, il se débarrassa de Concini, favori de Marie de Médicis, mais laissa le pouvoir à son propre favori, Luynes. En 1624 commença ce qui fut, contrairement à ce qu'affirmèrent ses adversaires, plus une longue collaboration de Louis XIII et de Richelieu que la domination d'un roi fantoche par un ministre tout-puissant. Louis XIII, très soucieux de ses devoirs et de son autorité, sut voir en Richelieu, pour lequel il n'éprouvait cependant aucune amitié, l'artisan de sa politique : renforcement de l'absolutisme royal à l'intérieur par un affaiblissement de la situation des protestants et de la noblesse ; accroissement de la puissance française à l'extérieur, par les succès remportés dans la guerre de Trente Ans. Le roi dut faire face aux nombreux complots fomentés par une noblesse qui voyait en Gaston d'Orléans, frère du roi et héritier présomptif jusqu'à la naissance du futur Louis XIV, l'espoir d'un pouvoir plus favorable à ses intérêts. À l'approche de la mort, Louis XIII nomma l'homme de confiance de Richelieu, Mazarin, au conseil de régence.

LOUIS XIV le Grand (* Saint-Germain-en-Laye, 5.IX.1638, † Versailles, Ier.IX.1715). Roi de France (1643/1715). Fils et successeur de Louis XIII le Juste, devenu roi à cinq ans, sous la régence de sa mère, Anne d'Autriche. En mars 1661, à la mort de Mazarin, Louis XIV entama son règne personnel, le plus long de l'histoire de France. Pendant les deux premières décennies de ce règne se réalisa un accord entre le souverain, sa volonté de grandeur, et la situation intérieure et extérieure de la France.

Louis XIV fut un personnage complexe, orgueilleux et même vain, amoureux du faste, des plaisirs, mais aussi un travailleur patient et consciencieux. Il concentra le pouvoir en sa personne, servi par des ministres d'origine souvent bourgeoise, hérités de Mazarin. Les intendants devinrent une institution stable de la vie des provinces. Louis XIV abaissa les corps intermédiaires, la noblesse et les parlements. Le gouvernement royal s'efforça de diriger l'économie (v. COLBERT). Il contrôla aussi les consciences : l'Église catholique fut domestiquée, le jansénisme poursuivi, le protestantisme mal toléré et finalement persécuté. Versailles, où la cour s'installa définitivement en 1682, fut le lieu où s'épanouirent les arts où se concentra le pouvoir du roi et où s'organisa le culte du « Roi-Soleil ».

Le début des années 1680 fut aussi le zénith de la puissance de Louis XIV en Europe. La décadence espagnole, les difficultés des Habsbourg d'Autriche, soumis à la pression des Turcs qui mirent le siège devant Vienne en 1683, laissèrent le champ libre à une domination française appuyée sur une suprématie militaire longtemps incontestable. Les deux premières guerres de Dévolution (1667/68) et de Hollande

(1672/78) permirent l'agrandissement du royaume vers l'E. et vers le N. Ensuite, la politique de Louis XIV se développa en un véritable impérialisme, surtout avec les annexions opérées en pleine paix, les « réunions ». Cette attitude entraîna la formation d'une coalition pratiquement générale contre la France, et une guerre (la ligue d'Augsbourg) qui se termina par un coup d'arrêt à l'expansion française (Ryswick, 1697). Les puissances interprétèrent, sans doute avec exagération, l'affaire de la Succession d'Espagne comme une nouvelle preuve de la volonté d'hégémonie française, et Louis XIV dut affronter toutes les puissances européennes, à l'exception de l'Espagne (1701/14).

Les vingt dernières années du règne furent souvent tragiques : famines de l'hiver 1696/97, puis de 1709/10, terribles poussées de mortalité, invasion de la France du Nord, misère souvent atroce des populations paysannes. La grandeur de Louis XIV, lui-même frappé par la mort de ses petits-enfants fut de ne pas renoncer et de sauver le royaume de ses ennemis les plus acharnés. À sa mort, il laissait le royaume à un enfant, le futur Louis XV, son arrière-petit-fils.

LOUIS XV le Bien-Aimé (* Versailles, 15.II.1710, † Versailles, 10.V.1774). Roi de France (1715/74). Il n'avait que cinq ans à la mort de son arrière-grand-père Louis XIV. Après la régence du duc d'Orléans (1715/23) et celle du duc de Bourbon (1723/26), qui, en 1725, fit épouser à Louis XV Marie Leszczynska, fille du roi Stanislas de Pologne, le jeune roi laissa la direction des affaires à son ancien précepteur, le cardinal de Fleury. Celui-ci s'efforça de remettre en ordre les finances du pays et mena une politique extérieure prudente, assurant à Stanislas la possession de la Lorraine en compensation du royaume de Pologne dont il avait été chassé. Fleury mort, Louis XV exerça effectivement le pouvoir (1743).

Contrairement à la légende qui n'a vu en lui qu'un homme de plaisir, livré aux caprices de ses maîtresses, Louis XV fut un véritable homme d'État, et il entreprit des réformes qui auraient pu sauver la monarchie. Son règne fut une époque de vitalité économique, intellectuelle, artistique, que le gouvernement royal ne freina en rien. Louis XV voulut briser les privilèges excessifs de la noblesse et du clergé, en matière fiscale notamment : au début de son règne, avec Machault d'Arnouville, qui créa le vingtième, impôt général assis sur la propriété foncière, et surtout dans ses dernières années, avec la politique menée par Maupeou (v.), Terray (v.), d'Aiguillon. Mais Louis XV chercha à imposer ces réformes de façon purement autoritaire, ce qui dressa contre lui les privilégiés et les adversaires de l'absolutisme. Maupeou, soutenu par Louis XV, exila le parlement de Paris et le remplaça par une cour de son choix.

Ces difficultés furent aggravées par les échecs de la politique extérieure, dus essentiellement à la situation double de la France : nation continentale, rivale traditionnelle des Habsbourg, d'un côté, nation maritime tournée vers l'expansion coloniale, de l'autre. Il est vrai que la France de Louis XV réussit mal à concilier ces deux vocations (elle perdit pratiquement toutes ses colonies au traité de Paris de 1763). Mais le renversement des alliances (alliance avec les Habsbourg contre la Prusse) était une grande idée politique.

LOUIS XVI (* Versailles, 23.VIII.1754, † Paris, 21.I.1793). Roi de France (1774/91), puis roi des Français (1791/92). Petit-fils de Louis XV, la mort de ses deux frères aînés, puis de son père, firent de lui l'héritier du trône en 1765. Louis XV le maria à seize ans à l'archiduchesse Marie-Antoinette, fille de l'empereur François Ier et de l'impératrice Marie-Thérèse. La situation dont il héritait à la mort de Louis XV était difficile. Cultivé et intelligent, ne manquant pas de courage dans l'adversité, il était timide, gauche et d'une indécision maladive qui le fit passer pour fourbe. Il fut contesté dans son foyer, et sa vie conjugale donna vite lieu à des rumeurs. Son action politique fut trop souvent marquée par des incohérences et des occasions manquées.

Mal conseillé, il commit d'emblée l'erreur de renvoyer le « triumvirat » des dernières années de Louis XV et de rappeler les parlements (1774), permettant à ceux-ci de reprendre leur double jeu. Il s'entoura de ministres de valeur (Turgot, 1774/76, Necker, 1776/81), qu'il n'eut pas le courage de soutenir. Quelques réformes importantes aboutirent cependant : la liberté du commerce des grains (1774), la suppression des corporations et de la corvée royale (1776), l'abolition de la torture (1780). Mais la situation financière ne cessait d'empirer, encore aggravée par la guerre d'indépendance américaine (1778/83). Les tentatives de réformes des divers ministres (Calonne, Brienne) se heurtèrent à la résistance du parlement et des privilégiés. En août 1788, il rappela Necker, convoqua les états généraux puis accepta le doublement des sièges du tiers état. Mais, contre toute logique, il voulut maintenir le vote par ordre, ce qui lui fit perdre le bénéfice de sa décision.

Après la prise de la Bastille, le 14 juill. 1789, et l'abolition des privilèges dans la nuit du 4-Août, la Constitution du 3 sept. 1789, votée par la Constituante, laissait à Louis XVI des pouvoirs considérables. Les 5 et 6 oct. 1789, le roi et sa famille furent forcés par le peuple de Paris de quitter Versailles pour les Tuileries. En juill. 1790, lors de la fête de la Fédération, sa popularité était encore immense. Mais il ne se résigna pas à un rôle de monarque constitutionnel, ce qui expliqua sa tentative de fuir auprès de l'armée de Bouillé, une équipée qui s'arrêta à Varennes (v.) en juin 1791.

Rétabli dans ses pouvoirs, il espérait son salut d'une défaite française contre les puissances européennes. En même temps, il opposa son veto aux mesures de défense de la Révolution contre l'invasion. La journée du 10 août 1792 le balaya et la République fut proclamée. Son sort personnel était du même coup scellé par les documents découverts aux Tuileries qui montraient ses rapports secrets avec les puissances étrangères. Son procès (déc. 1792/janv. 1793) aboutit à sa condamnation à mort par la convention. Il fut guillotiné le 21 janv. 1793. Voir **France.** La fin de l'Ancien Régime.

LOUIS XVII (* Versailles, 27.III.1785, † Paris, 8.VI. 1795 ?). Roi de France (1793/95). Second fils de Louis XVI et de Marie-Antoinette, il devint dauphin à la mort de son frère aîné, le 4 juin 1789. Il fut enfermé avec sa famille au Temple après la journée du 10 août 1792. À la mort de son père (21 janv. 1793), les royalistes et les puissances européennes le reconnurent comme roi de France. Arraché à sa mère le 3 juill. 1793, il fut placé par la Commune de Paris sous la surveillance du cordonnier Simon, qui, contrairement à la légende, ne lui fit subir aucun mauvais traitement, mais l'éleva comme un enfant du peuple. Le 5 janv. 1794, Louis XVII fut enlevé à Simon, et quatre commissaires de la Commune assurèrent désormais sa garde. Atteint de scrofule, il mourut au moment où la Convention songeait à l'échanger contre des révolutionnaires français prisonniers de l'Autriche. De nombreuses légendes suivirent sa disparition, dont une assurait qu'il avait survécu à la Révolution. Une expertise ADN en avril 2000, opérée sur le cœur du dauphin préservé dans une urne, mit un terme à plus de 200 ans de mystère, en confirmant que le corps enterré au cimetière de Sainte-Marguerite était bien celui du dauphin.

LOUIS XVIII (* Versailles, 17.XI.1755, † Paris, 16. IX.1824). Roi de France (1814/15, 1815/24). Petit-fils de Louis XV et frère de Louis XVI, il reçut d'abord le titre de comte de Provence. Il se garda tout d'abord de condamner le mouvement de 1789, mais l'évolution des événements le poussa à émigrer en juin 1791. Il prit le titre de régent après l'exécution de Louis XVI, puis, à la mort de Louis XVII, celui de roi. Soutenu par un réseau d'agents favorables à la Restauration en France jusqu'à l'avènement de l'Empire, Louis XVIII fut ensuite complètement abandonné par les puissances européennes et fut obligé de changer plusieurs fois de résidence, sous la pression de la politique napoléonienne. L'activité diplomatique de Louis XVIII reprit avec le déclin de l'Empire. Les intrigues de Talleyrand et l'Angleterre lui permirent de s'imposer. Appelé par le Sénat en avr. 1814, il débarqua à Calais, s'engagea à respecter les libertés essentielles au sein d'une monarchie constitutionnelle ; son entrée à Paris, le 7 avr., fut acclamée par le peuple. Réfugié à Gand pendant les Cent-Jours, il revint après Waterloo. En sept. 1816, il fit dissoudre la Chambre introuvable composée d'ultraroyalistes élus à la faveur de la seconde Restauration ; il fit appliquer ensuite par les ministères Decazes et Richelieu une politique modérée conforme à l'esprit de la Charte qu'il avait promulguée le 4 juin 1814. Cependant, une nouvelle réaction royaliste suivit l'assassinat du duc de Berry, en 1820. Le ministère Villèle marqua le retour des ultras. Le comte d'Artois, son frère, lui succéda sous le nom de Charles X.

LOUIS-PHILIPPE Ier (* Paris, 6.X.1773, † Claremont, Surrey, 26.VIII.1850). Roi des Français (1830/48). Fils aîné de Louis-Philippe Joseph, duc d'Orléans (Philippe Égalité), et de Louise Marie Adélaïde de Bourbon-Penthièvre. Chef de la branche cadette des Bourbons, il accueillit la Révolution avec enthousiasme, entra au club des Jacobins, combattit sous les ordres de Dumouriez, avec lequel il passa à l'ennemi pour éviter une arrestation (mars 1793). Il se maria en exil avec Marie-Amélie, fille du roi Ferdinand IV de Naples. Louis XVIII ne lui permit de rentrer en France qu'en 1817. Espoir de la bourgeoisie libérale en 1830, il fut proclamé lieutenant général du royaume (31 juill.), puis « roi des Français » (7 août). Les premières années de son règne furent troublées, mais avec le ministère Guizot (1840/48) vint une période d'apaisement, marquée par un incontestable essor économique et par une politique extérieure pacifique (sauf en Algérie dont la conquête commença sous son règne). Mais l'immobilisme de la politique intérieure, l'étroitesse du corps électoral limité par le maintien d'un cens trop élevé provoquèrent la naissance d'un mécontentement auquel se rallia la petite bourgeoisie, jusque-là soutien solide du régime. La campagne des banquets de 1847 annonça le réveil de la contestation politique qui engendra la révolution de 1848, au terme de laquelle la République fut proclamée, Louis-Philippe abdiqua vainement en faveur de son petit-fils, le comte de Paris (son fils le duc d'Orléans était mort en 1842). Lui-même s'exila de nouveau et mourut peu après.

HONGRIE

LOUIS Ier le Grand (* Visegrad, 5.III.1326, † Nagyszombat, 11.IX.1382). Roi de Hongrie (1342/82) et de Pologne (1370/82). Fils de Charles-Robert d'Anjou, couronné roi de Hongrie en 1342, sa première préoccupation fut de venger le meurtre de son frère, André de Hongrie, roi de Naples, 1345, qu'il imputait à la femme de celui-ci, la reine Jeanne. En 1348, Louis Ier s'empara de Naples et en chassa la reine Jeanne de Provence ; en 1350, il fit une nouvelle descente en Italie mais ne put s'y maintenir. Allié à Casimir III, roi de Pologne, il battit les Lituaniens (1351), mais c'est vers les Balkans qu'il dirigea surtout son expansion : il fit la guerre aux Serbes (1353/54), força Venise à lui céder la Dalmatie (traité de Zara, févr. 1358), créa un comitat bulgare (1365), et réussit à imposer un tribut à Venise (1381). En 1370, il fut élu roi de Pologne, mais ne s'intéressa jamais beaucoup aux affaires polonaises. Louis Ier laissa deux filles, Marie et Hedwige, qui apportèrent, l'une la Hongrie à Sigismond, l'autre la Pologne à Jagellon.

NAPLES ET PROVENCE

LOUIS Ier D'ANJOU (* Vincennes, 23.VII.1339, † Bari, 20.IX.1384). Roi de Naples et comte de Provence (1382/84). Second fils de Jean II le Bon et frère de Charles V, rois de France, il remplaça son père en qualité d'otage à Londres (1360), mais s'enfuit en 1363, ce qui contraignit Jean le Bon, intransigeant sur les questions d'honneur, à revenir se constituer prisonnier des Anglais. Il reçut de son père, en 1360, le duché d'Anjou et le comté du Maine. Il remporta plusieurs succès contre les Anglais en Guyenne et fut nommé lieutenant du roi en Languedoc (1365), où sa rapacité suscita une vague de révoltes. Il devint président du conseil de régence à la mort de Charles V (1380), mais il se laissa tenter par l'offre de succession du royaume de Naples que lui fit la reine Jeanne de Provence. Adopté par Jeanne (29 juin 1380) et soutenu par le pape d'Avignon Clément VII, il dut faire face à Charles de Duras, soutenu par le pape de Rome, Urbain VI. Ayant passé les Alpes avec une puissante armée, il fut vaincu par l'habile stratégie de Charles de Duras et, ne conservant plus qu'une poignée de soldats, mourut désespéré.

LOUIS II D'ANJOU (* Toulouse, 7.X.1377, † Angers, 29.IV.1417). Roi de Naples, de Sicile et de Jérusalem, comte de Maine et de Provence (1384/1417). Fils et successeur de Louis Ier d'Anjou, il régna d'abord sous la régence de sa mère Marie de Blois, fut armé chevalier par Charles VI et couronné roi à Avignon par Clément VII en 1389. L'année suivante, il épousa Yolande d'Aragon. Après avoir pacifié la Provence, troublée depuis dix ans par les brigandages de Raymond de Turenne, il ne songea qu'à entrer en possession de Naples ; soutenu par les papes d'Avignon, il obtint d'importants subsides des états de Provence et dirigea lui-même, en 1409 et 1411, deux opérations de reconquête qui échouèrent, malgré sa victoire de Roccasecca (1411). Après la mort de Ladislas Duras (1415), il se préparait à une nouvelle expédition lorsqu'il mourut, ne laissant que des fils mineurs.

PORTUGAL

LOUIS Ier (* Lisbonne, 31.X.1838, † Cascais, 19.X.1889). Roi de Portugal (1861/89). Second fils de Marie II et de Ferdinand de Saxe-Cobourg, successeur de son frère aîné Pierre V, il gouverna libéralement, en monarque constitutionnel ; il s'intéressa particulièrement à la marine et aux colonies où l'esclavage fut officiellement aboli en 1868. Il eut pour successeur Charles Ier.

LOUIS Joseph Dominique, baron (* Toul, 13.XI.1755, † Brie-sur-Marne, 26.VIII.1837). Homme politique français. Prêtre et conseiller clerc au parlement de Paris, il se lia très tôt avec Talleyrand, qu'il assista lors de la messe de la fête de la Fédération. Après avoir prêté serment à la Constitution civile du clergé, il fut excommunié, quitta la soutane, fréquenta quelque temps les milieux monarchistes constitutionnels, puis émigra en Angleterre en 1791. Durant son exil, il étudia le système financier anglais. Ayant obtenu, grâce à Talleyrand, sa radiation de la liste des émigrés, il revint en France sous le Consulat. Il occupa diverses fonctions liées aux finances publiques, mais ne plut guère à Napoléon, qui le fit cependant baron. Présenté par Talleyrand à Louis XVIII, il devint ministre des Finances de la Restauration (1814/15 et 1818/19) et accomplit en quelques mois un remarquable redressement, après avoir rétabli la confiance en reconnaissant les dettes de l'Empire, y compris celles des Cent-Jours. À son retour aux Finances, en 1818, il créa les *petits-grands-livres*, qui ouvrirent aux départements les placements sur l'État. Il fut une dernière fois ministre des Finances sous la monarchie de Juillet, en 1831/32.

LOUISE AUGUSTA WILHELMINE AMALIE DE MECKLEMBOURG-STRELITZ, dite **la reine Louise** (* Hanovre, 10.III.1776, † château de Hohenzieritz, près de Neustrelitz, 19.VII.1810). Reine de Prusse. Fille du duc de Mecklembourg-Strelitz et de Caroline de Hesse-Darmstadt, elle épousa en 1793 le prince héréditaire de Prusse, futur Guillaume III. Sa beauté, sa simplicité de manières et son ardent patriotisme lui valurent rapidement l'amour de tout son peuple. Devenue reine en 1797, elle prit, à partir de 1805, une grande part à la politique et fut l'âme du parti de la guerre. Elle accompagna le roi durant la campagne de 1806, se réfugia après Iéna en Prusse-Orientale et usa vainement de son charme pour obtenir de Napoléon des conditions moins dures à la paix de Tilsit (1807). Elle prépara la renaissance de la Prusse en soutenant les grands ministres réformateurs. Elle fut la mère de Frédéric-Guillaume IV et de l'empereur Guillaume Ier.

LOUISE DE SAVOIE (* Pont-d'Ain, 11.IX.1476, † Grez-sur-Loing, Gâtinais, 22.IX.1531). Fille de Philippe II, duc de Savoie, et de Marguerite de Bourbon, elle épousa en 1488 Charles de Valois, duc d'Angoulême, qui la laissa veuve à dix-huit ans ; elle avait eu de lui deux enfants, François Ier et Marguerite de Valois. Elle reçut la régence pendant l'expédition d'Italie (1515). Ayant dilapidé les fonds destinés à l'armée du Milanais, elle accusa de ses propres détournements Semblançay, surintendant des Finances qui fut ultérieurement condamné à mort après un procès unique. Elle fut responsable de la défection au connétable de Bourbon en le dépouillant injustement de ses biens. À nouveau régente après la bataille de Pavie (1525), elle fit preuve cependant de grandes capacités politiques, maintint l'ordre à l'intérieur, assura la sécurité des frontières, obtint à Madrid la liberté de son fils contre une rançon qu'elle oublia de payer, organisa la ligue de Cognac contre l'Autriche et conclut avec

Marguerite d'Autriche le traité de Cambrai, dit *paix des Dames* (1529).

LOUISIANE, *Louisiana*. État du sud des États-Unis, sur le golfe du Mexique, à l'embouchure du Mississippi ; capitale *Baton Rouge*. Après le voyage d'exploration de Hernando de Soto (1543), cette région, qui ne contenait pas d'or, fut négligée par les Espagnols. En 1682, Cavelier de La Salle descendit le Mississippi, prit possession de ses deux rives au nom de la France et appela *Louisiane*, en l'honneur de Louis XIV, les terres qui bordent l'embouchure du fleuve. En 1699, Le Moyne d'Iberville fonda le premier établissement près du site actuel de Biloxi (Mississippi). En 1712, Antoine Crozat obtint pour quinze ans le privilège du commerce ; il fit de mauvaises affaires et, en 1717, il céda son privilège à Law. La Louisiane fut alors la base principale des activités de la Compagnie des Indes occidentales. La Nouvelle-Orléans, fondée en 1718, devint la capitale de la colonie en 1722. Essentiellement agricole, la Louisiane avait besoin d'une importante main-d'œuvre d'esclaves noirs, qui furent amenés d'Afrique et soumis au Code noir.

Colonie de la couronne de France depuis 1731, la Louisiane occidentale (rive droite du Mississippi) fut abandonnée à l'Espagne par le traité secret de Fontainebleau (3 nov. 1762) ; la rive gauche du Mississippi fut cédée à l'Angleterre par le traité de Paris (1763). La partie espagnole, rétrocédée à la France en 1800, fut vendue par Bonaparte Premier consul aux États-Unis, pour une somme de 80 millions de francs (traité du 30 avr. 1803). Admise en 1812 comme le dix-huitième État de l'Union, la Louisiane fut attaquée en 1815 par les Britanniques, mais ils furent vaincus par Jackson près de La Nouvelle-Orléans (8 janv. 1815). La Louisiane fit sécession en 1861, mais l'amiral nordiste Farragut s'empara de La Nouvelle-Orléans dès avr. 1862 ; la prise de Vicksburg et de Port-Hudson permit aux nordistes de rouvrir la navigation sur le Mississippi (juill. 1863).

LOUKACHENKO Alexandre (Korys, Orcha, 30.VIII.1954). Homme politique biélorusse. Ancien directeur de sovkhoze, député de Biélorussie (1990), il fut élu président de la république de Biélorussie en juill. 1994. Nostalgique de l'ère soviétique, il rétablit le drapeau rouge et l'usage officiel de la langue russe, inaugura une nouvelle période autoritaire et se fit accorder en 1996, par référendum, ies pleins pouvoirs. Le 2 avr. 1997, il rapprocha la Biélorussie de la Russie par un accord visant à unifier les deux Républiques. Le 18 mars 2001, il fut réélu avec 75,6 % des voix, résultat contesté par l'opposition, et non validé par les observateurs de l'OSCE.

LOUVOIS François Michel Le Tellier, marquis de (* Paris, baptisé le 18.I.1639, † Versailles, 16.VII. 1691). Homme politique français. Fils de Michel Le Tellier, il reçut la survivance du secrétariat à la Guerre en 1655, qu'il cumula avec les charges de surintendant des Postes (1668) et des Bâtiments, Arts et Manufactures (1683). Il sut gagner la confiance de Louis XIV et se fit nommer ministre d'État admis au Conseil en 1672. Après la mort de Turenne (1675), il entreprit une profonde réforme militaire, créant une armée permanente où la vénalité des grades fut conservée, contrôlée par une administration civile à ses ordres, mais dirigée par le roi seul. Outre une sévère discipline, Louvois imposa le port de l'uniforme, l'*ordre du tableau* (1675), qui devait permettre aux roturiers d'accéder aux plus hauts grades, et organisa le secours aux blessés (construction de l'Hôtel des Invalides) ; il renforça l'armée permanente par la création de la milice (v.) en 1688, qui put servir de réserve à l'armée de ligne, et fonda également des écoles d'artillerie. Il poussa sans cesse Louis XIV à user de la force et de l'intimidation, œuvra à la politique des « réunions » (v.) qui provoqua la guerre de la ligue d'Augsbourg (1688/97), fut l'instigateur de la dévastation du Palatinat (1679), du bombardement de Gênes (1684) et des dragonnades contre les protestants (1681/85). Il eut, ainsi que son père, une très grande responsabilité dans la révocation de l'édit de Nantes. Mme de Mainteson travaillait à sa disgrâce, lorsqu'il mourut dans des circonstances qui parurent mystérieuses.

LOUVRE (palais du). Ancien palais des rois de France, à Paris, sur la rive droite de la Seine. Le Louvre a pour origine un château fort construit par Philippe Auguste. Cette forteresse fut élargie par Charles V, qui en fit à plusieurs reprises sa résidence. François Ier fit abattre ce château et Pierre Lescot, vers 1541, fut chargé de dresser les plans d'un palais moderne (1546/74). Ce palais ne se composait que du côté sud-ouest de la cour Carrée du Louvre d'aujourd'hui. Catherine de Médicis, désireuse de voir le Louvre relié aux Tuileries, fit commencer la Grande Galerie méridionale dite « du bord de l'eau », achevée sous Henri IV par L. Métezeau et J. Androuet Du Cerceau (1595/1610). Sous Louis XIII et Louis XIV, Lemercier et Le Vau achevèrent la cour Carrée et Claude Perrault éleva la Colonnade (1665/70). Les travaux du Louvre furent repris sous Napoléon Ier par Percier et Fontaine, puis sous Napoléon III par Lefuel (1861/70), qui acheva la liaison du Louvre au palais des Tuileries. À peine terminée cette œuvre séculaire, les Tuileries furent brûlées par les communards en 1871. Résidence royale, de François Ier jusqu'au début du règne de Louis XIV, le Louvre fut transformé en musée par la loi du 6 mai 1791.

Les travaux d'aménagement lancés pendant la présidence de François Mitterrand et le déménagement en 1993 du ministère des Finances, qui occupait l'aile Richelieu, en ont fait le plus grand musée du monde.

LOUXOR, *Louqsor, Louksor*. Localité de Haute-Égypte, au S. de Thèbes, sur la rive droite du Nil. S'y trouvent d'importants vestiges du temple d'Amon, élevé sous Aménophis III (vers 1417/1379) et agrandi par Ramsès II. L'un des deux obélisques qui précédaient le pylône fut érigé sur la place de la Concorde à Paris en 1836.

LUBBERS Rudolphus (Rotterdam, 7.V.1939). Homme politique néerlandais. Militant actif du parti catholique populaire (KVP), il fut ministre de l'Économie (1973/77) et, de 1982 à 1994, dirigea quatre gouvernements. Il fut, sans succès, candidat au poste de président de la Commission européenne (1994) puis, en 1995, à celui de secrétaire général de l'OTAN. Il fut nommé haut-commissaire pour les réfugiés par l'ONU en oct. 2000.

LÜBECK. Ville et port d'Allemagne (Schleswig-Holstein), sur l'estuaire de la Trave. Lübeck fut fondée en 1143 par Adolphe II, comte de Holstein. Elle doit son nom à la forteresse wende de *Liubice*, près de Schwartau, sur la Trave. En 1158, elle fut cédée à Henri le Lion, qui l'agrandit, y attira des commerçants westphaliens et y établit le siège de l'évêché d'Oldenburg. Il lui donna aussi une charte célèbre, connue sous le nom de *règlement de Lübeck*. À la chute d'Henri le Lion (1180), Frédéric Barberousse confirma et étendit les privilèges de la ville (1188), qui, après avoir connu quelque temps la domination danoise (1201/25), se plaça sous la protection de l'empereur Frédéric II et reçut le rang de ville libre et impériale (1226). Lübeck assura elle-même son indépendance en menant la guerre contre les Danois (victoire de Bornhöved, 1227 ; prise de Copenhague, 1248). Déjà avait commencé le magnifique essor commercial qui lui assura pratiquement le monopole des relations avec la Baltique et l'Europe du Nord. Dans la seconde moitié du XIIIe s., Lübeck prit la tête de la Hanse (v.), mais elle déclina avec celle-ci, et la dictature du bourgmestre Jürgen Wullenwever (1533/35) constitua une dernière et vaine tentative pour reconquérir une position dominante dans la zone baltique. Les Français s'emparèrent de Lübeck le 6 nov. 1806, rasèrent les murs de la ville et l'annexèrent à l'Empire français, où elle devint (1810/13) un des chefs-lieux d'arrondissement du département des Bouches-de-l'Elbe. L'ancienne Constitution, rétablie en 1815, fit place en déc. 1848 à une Constitution plus démocratique. Lübeck fit partie de la Confédération de l'Allemagne du Nord, adhéra en 1868 au Zollverein, mais resta une ville libre dans l'Empire allemand (1871/1918) et dans la république de Weimar (1918/33). En janv. 1937, elle fut réunie à la Prusse.

LUBLIN. Ville de Pologne, sur la Bystrzyca, entre la Vistule et le Bug. C'est là que fut proclamée l'**Union de Lublin (1er juill. 1569)**, qui marquait l'union définitive de la principauté de Lituanie et du royaume de Pologne. Autrichienne de 1795 à 1809, Lublin fit ensuite partie du grand-duché de Varsovie créé par Napoléon, puis fut annexée à la Russie (1815). Redevenue polonaise en 1918, occupée par les Allemands le 17 sept. 1939, elle comptait à cette date une importante population juive (environ 40 000 sur 150 000 habitants), qui fut exterminée par les nazis. Vers 1941 fut créé le camp de Lublin-Maidanek, l'un des plus terribles de l'univers concentrationnaire. Après l'occupation de Lublin par les troupes soviétiques, un Comité polonais (prosoviétique) de libération nationale, dit **Comité de Lublin**, s'installa dans cette ville en juill. 1944. Dirigé par Boleslas Bierut, il se proclama ensuite gouvernement provisoire de la République polonaise (31 déc. 1944), fut reconnu par l'URSS et s'installa à Varsovie en janv. 1945.

LUCERNE, *Luzern*. Ville de Suisse, chef-lieu du canton de même nom, à l'extrémité nord-ouest du lac des Quatre-Cantons et sur la Reuss. Elle a pour origine une abbaye bénédictine fondée au VIIIe s. ; le nom de Lucerne est mentionné pour la première fois en 840, dans une charte de Lothaire. Achetée aux moines alsaciens de Murbach par les Habsbourg en 1291, la ville conclut en 1332 une union avec les trois premiers cantons et conquit son entière indépendance par la victoire de Sempach (1386). Lucerne ne cessa d'étendre son territoire aux XIVe et XVe s., et atteignit les limites actuelles du canton. À l'époque de la Réforme, Lucerne fut une citadelle du catholicisme, qui fournit des troupes pour combattre le protestantisme en Suisse et en France. Jusqu'en 1798, le gouvernement de Lucerne demeura strictement oligarchique. Prise par les Français, Lucerne fut un instant la capitale de toute l'Helvétie, puis le canton fut restauré par l'Acte de médiation (1803). La politique catholique de Lucerne souleva la colère des libéraux suisses du XIXe s. : en 1841, son Grand Conseil décida d'appeler les jésuites et de leur confier la direction de l'enseignement secondaire. Cet acte fut à l'origine de la création du Sonderbund (v.) (1845/47) et de la brève guerre qui suivit ; elle se termina par la prise de Lucerne par l'armée fédérale (24 nov. 1847).

LUCIE ou **LUCY.** Nom donné à l'un des plus anciens hominidés, vieux de 3,18 millions d'années (pliocène) découvert à Hadar, dans les gisements de l'Afar, en Éthiopie, par une équipe franco-américaine : Y. Coppens, D. Johanson et M. Taieb. Lucy est le squelette d'australopithèque le plus complet que l'on connaisse avec 52 os et fragments osseux. Il s'agit d'un individu de petite taille (1,10 m, 30 kg), probablement de sexe féminin. La morphologie de ses os, les proportions de ses membres et la conformation de ses articulations ont permis de dire qu'il était bipède. Lucy appartient à l'espèce *Australopithecus afarensis*. Voir **HOMME (origines de l')**.

LUCULLUS Lucius Licinius (* vers 115/106, † avant 56 av. J.-C.). Général romain. En 90, il se distingua dans la guerre sociale, fut le chef de la flotte de Sylla dans la première guerre contre Mithridate (87), puis préteur en Afrique (77). Consul en 74, il fut chargé de mener la guerre contre Mithridate, qu'il battit sur le Granique, à Cyzique et à Lemnos ; en 71, il fit la conquête du Pont, força Mithridate à se réfugier chez Tigrane d'Arménie, puis s'empara de Tigranocerte (69). Mais sa sévérité et les intrigues de l'ordre équestre, dont il prétendait limiter les scandaleux profits dans les pays conquis, suscitèrent une mutinerie dans son armée, il se vit enlever son commandement et dut laisser à Pompée la gloire d'achever la pacification de l'Asie (66). De retour à Rome, il dut attendre trois ans son triomphe (63). Appuyé par le parti aristocratique, il s'efforça de faire échec à l'ascension de Pompée, mais cette tentative aboutit à la formation du premier triumvirat. Retiré dans sa villa de Tusculum, il y mena l'existence raffinée d'un aristocrate cultivé, célèbre par la qualité de sa bibliothèque et de sa table.

LUDENDORFF Erich (* Kruszewnia, Poznanie, 9.IV. 1865, † Munich, 20.XII.1937). Général allemand. Chef d'état-major de Hindenburg (1914), il forma avec celui-ci une équipe qui resta inséparable jusqu'à la fin de la guerre où Ludendorff porta pour la première fois le titre de premier quartier-maître général. Jusqu'en 1918, son influence ne cessa de grandir dans tous les domaines. Au moment de la défaite, sous la pression du nouveau chancelier, le prince Max de Bade, l'empereur lui demanda de donner sa démission (26 oct. 1918). Ludendorff s'enfuit en Suède sous un déguisement. Revenu en Bavière au printemps 1919, il entra en contact avec Hitler et participa à la tentative de putsch de Munich (8 nov. 1923). Député au Reichstag (mai 1924), il fut le candidat des nationalistes, à l'élection présidentielle de mars 1925, mais n'obtint que 0,60 % des voix. Il s'éloigna de Hitler pour fonder, en 1926, son propre groupe, le Tannenberg Bund, puis abandonna la politique.

LUKÁCS György (* Budapest, 13.VI.1885, † Budapest, 4.VI.1971). Philosophe hongrois. D'origine israélite, fils du directeur de la plus grande banque hongroise, il fit ses études en Allemagne, se rallia au communisme après la révolution russe et, en 1919, participa au gouvernement de Béla Kun comme vice-commissaire à l'Instruction publique. Réfugié ensuite à Vienne, il publia son grand ouvrage, *Geschichte und Klassenbewusstsein (Histoire et Conscience de classe,* 1923), qui lui valut par la suite de nombreuses attaques pour révisionnisme. Après avoir séjourné en Allemagne, il se rendit à Moscou en 1933 et y enseigna à l'Académie des sciences (1933/38 et 1942/45). Rentré à Budapest en 1945, il fut nommé professeur d'esthétique à l'université de Budapest. Dans plusieurs rencontres internationales, il joua le rôle d'ambassadeur culturel du communisme en Occident. Sa participation au gouvernement Nagy (1956) lui valut d'être déporté en Roumanie. Il fut réhabilité et réintégré dans le parti communiste en 1967. Son œuvre, très abondante, comprend des livres d'économie politique, de critique littéraire, d'histoire et de critique philosophique.

LUMIÈRES (SIÈCLE DES). Période historique qui s'est étendue dans toute l'Europe du début du XVIIIe s. à 1789. On entend par « Lumières » une vision du monde marquée par la Raison, la liberté et le progrès de la connaissance. Cette période donna lieu à d'intenses débats, tant philosophiques, politiques que littéraires entre les partisans de la Raison éclairée et ceux de l'autorité des dogmes. Le XVIIe s. avait jeté les bases des Lumières. Descartes, Newton et Locke, à partir de leurs principes scientifiques (n'accepter pour vrais que les faits démontrés par la Raison, observer la Nature et en dégager des lois, soumettre à la critique les arguments d'autorité), avaient dégagé les « droits naturels » de l'homme en société. En se fondant sur les acquis du siècle précédent, les philosophes des Lumières ont affirmé des convictions communes : la croyance au progrès des sociétés humaines, la valorisation de l'individu, l'affirmation du droit au bonheur, l'adhésion à une religion « naturelle », qui aboutit parfois à la mise en cause de l'existence de Dieu (Diderot), mais qui défendait généralement la croyance en un Être suprême et, sur le plan politique, la critique de l'absolutisme de droit divin et l'éloge de la séparation des pouvoirs. Il y eut pourtant loin du libéralisme aristocratique de Montesquieu au contrat démocratique de Rousseau.

Les Lumières ne sauraient pourtant être réduites à un âge de débats philosophiques. Le XVIIIe s. fut expérimental, curieux de sciences physiques et naturelles. Et le triomphe de la raison eut ses limites : littérature et peinture « larmoyantes », goût des ruines et des jardins à l'anglaise signalaient déjà les débuts d'une sensibilité romantique qui tempérait le règne de la Raison.

Sur le plan politique, le projet des « despotes éclairés » fut une tentative de révolution de l'État par le haut (v. DESPOTISME ÉCLAIRÉ). Mais les réformes furent plus administratives et économiques que politiques et sociales, et les guerres incessantes, notamment celles menées contre la France révolutionnaire, s'accordèrent fort peu avec les projets rousseauistes ou kantiens de confédération européenne et de relations internationales pacifiées. Le véritable legs des Lumières serait alors à trouver dans les révolutions d'Angleterre, d'Amérique et de France. Mais la mise en système des Lumières, souvent mal assimilées, aboutit aux nationalismes et aux fanatismes religieux. Plus qu'une idéologie, les Lumières ont marqué la naissance d'un élan pédagogique fondé sur la confiance dans la politique et la certitude de l'universalité des droits de l'homme.

LUMUMBA Patrice (* Katako-Kombé, Kasaï, 1925, † Élisabethville, janv. 1961). Homme politique congolais. Chef du Mouvement national congolais (MNC), favorable à un Congo unitaire, il apparut comme le dirigeant le plus résolu et le plus radical du mouvement d'indépendance. Il participa à la « Table ronde » de Bruxelles (janv. 1960), et son parti fut le grand vainqueur des élections du printemps 1960. Le 24 juin 1960, il devenait Premier ministre, cependant que son rival, Kasavubu, accédait à la présidence de la République. Malgré son désir de maintenir l'unité, il ne put empêcher le Congo de sombrer dans le chaos dès la proclamation officielle de l'indépendance (30 juin 1960) : l'armée se révolta, la population européenne fut victime de massacres et le Katanga fit sécession. Lumumba demanda l'intervention de l'ONU, qui envoya une force internationale mais refusa de s'immiscer dans les affaires intérieures, de telle sorte que le gouvernement resta impuissant en face de la sécession katangaise. Comme Lumumba se tournait vers l'Union soviétique, il fut révoqué par Kasavubu (5 sept.). Alors qu'il cherchait à rejoindre ses partisans à Stanleyville, il fut arrêté par son ancien adjoint Mobutu (1er déc.), ramené dans la capitale, puis transféré au Katanga, à Élisabethville (17 janv. 1961), où il fut tué dans les jours suivants. À partir de 1967, l'anniversaire de sa mort fut officiellement fêté à Kinshasa.

LUNA Pedro de, en français **Pierre de Lune** (Peñiscola, près de Valence, 1423). Dernier pape d'Avignon sous le nom de Benoît XIII (1394/1423). Voir **SCHISME D'OCCIDENT (le Grand)**.

LUSIGNAN Guy de (* 1129, † Chypre, 1194). Roi de Jérusalem (1186/92). Issu d'une famille féodale poitevine, qui prétendait descendre de la fée Mélusine, quatrième fils de Hugues VIII, il partit pour la croisade. D'abord comte de Jaffa et d'Ascalon, il épousa en 1180 Sibylle, fille d'Amaury Ier et sœur aînée du « roi lépreux », Baudoin IV. À la mort de Baudoin V (1186), Sibylle devint reine de Jérusalem et lui-même fut reconnu comme roi (1186/92). Vaincu par Saladin à la bataille de Hattin (juill. 1187) et fait prisonnier, il fut relâché l'année suivante. En 1192, il transmit son titre de roi de Jérusalem à son ennemi, Conrad de Montferrat ; il devint lui-même roi de Chypre.

LUSITANIENS ou **LUSITAINS.** Ancien peuple celtibère établi sur la partie occidentale de la péninsule Ibérique, depuis le Sud du Portugal jusqu'au nord de la Galice espagnole. Les Lusitaniens avaient pour capitale *Olisipo* (Lisbonne). Ils opposèrent une longue résistance aux Romains qui les attaquèrent au début du IIe s. av. J.-C. et ne purent les soumettre qu'après la mort de leur chef, Viriathe (139 av. J.-C.). Sertorius se réfugia chez eux en 80, les convainquit de se soulever et, avec leur aide, résista jusqu'en 72 av. J.-C. Sous Auguste fut créée la province impériale de *Lusitanie*, limitée au N. par le Douro et qui s'étendait jusqu'à la côte Sud.

LUTHER Hans (* Berlin, 10.III.1879, † Düsseldorf, 11.V.1962). Homme politique allemand. Ministre des Finances (1923/24) et chancelier (1925 et 1926), il fut, avec Schacht, le grand artisan du relèvement de la monnaie allemande en crise.

LUTHER Martin (* Eisleben, Thuringe, 10.XI.1483, † Eisleben, 18.II.1546). Fondateur de la branche luthérienne du protestantisme. Voir **PROTESTANTISME. La naissance du mouvement luthérien.**

LUTHULI Albert (* province du Natal, 1898, † Stanger, 21.VII.1967). Homme politique sud-africain. Il fut d'abord professeur d'histoire et de littérature zouloues dans une école religieuse néerlandaise, avant de succéder à son oncle comme chef coutumier de sa tribu zouloue (1935). À partir de 1946, il mena la lutte contre la politique de ségrégation raciale, devint président du Congrès national africain (déc. 1952) et lança des campagnes non violentes de désobéissance civile. En 1955, il fit adopter par l'Assemblée populaire de Kliptown une « Charte de l'indépendance », qui fut rejetée par les jeunes extrémistes noirs. Plusieurs fois emprisonné, il reçut en 1960 le prix Nobel de la paix. Il mourut accidentellement, écrasé par un train. (Voir **SUD-AFRICAINE, République**).

LUXEMBOURG (grand-duché de). État de l'Europe occidentale, borné au N. et à l'O. par la Belgique, à l'E. par l'Allemagne fédérale, au S. par la France ; capitale *Luxembourg*. Le Luxembourg, dont le territoire avait fait partie de la Basse-Lotharingie (v. **LORRAINE**), fut fondé en 963 par le comte Sigefroi. Ce dernier fut aussi le fondateur de la maison de Luxembourg-Ardenne, qui s'éteignit en 1136 avec Conrad II. Le comté passa alors à la maison de Namur, puis, en 1196, à la maison de Limbourg.

Le Luxembourg fut érigé en duché en 1354. Élisabeth de Görlitz, nièce des empereurs Wenceslas et Sigismond, fit passer le Luxembourg à une branche cadette de la maison de Bourgogne en épousant Antoine de Bourgogne, duc de Brabant (1409). Devenue veuve en 1415, n'ayant pas d'héritiers, Élisabeth vendit le duché à Philippe le Bon, duc de Bourgogne (1443). Le mariage de Marie de Bourgogne (1477) le fit échoir à Maximilien d'Autriche et aux Habsbourg, et Charles Quint comprit le Luxembourg dans les dix-sept provinces qui formaient le cercle de Bourgogne. Après la rébellion des provinces du Nord, il resta à l'Espagne. Au traité des Pyrénées (1659), Louis XIV s'en fit céder quelques districts, dits *Luxembourg français* (Thionville, Damvillers, Marville, Ivoy, Montmédy), qui furent annexés au gouvernement de Metz. De 1684 à 1697, il occupa même la ville de Luxembourg. Au traité d'Utrecht (1713), le duché fit retour aux Habsbourg. Conquis par les Français en 1795, il leur fut assuré par le traité de Campoformio (1797) et, annexé à la France, forma le département des Forêts.

En 1815, le congrès de Vienne le rendit à l'Allemagne comme État de la Confédération germanique, l'érigea en grand-duché et l'offrit en possession personnelle au roi de Hollande, Guillaume Ier de Nassau ; le duché de Bouillon y fut incorporé. Associé à la révolution belge de 1830, le grand-duché fut réclamé en 1831 par la Belgique, mais le traité des Vingt-Quatre Articles (1831) le coupa en deux, en attribuant la partie orientale (Luxembourg, Diekirch, Echternach) au roi de Hollande, toujours à titre personnel, tandis que le reste était laissé à la Belgique. Après la dissolution de la Confédération germanique (1866), le traité de Londres (11 mai 1867) déclara la neutralité du grand-duché de Luxembourg. En 1890, le Luxembourg passa à une autre branche des Nassau. Occupé par les troupes allemandes de 1914 à 1918, le Luxembourg conclut en 1922 une union douanière avec la Belgique. De nouveau occupé par les Allemands en 1940, il fut, jusqu'en 1944, annexé au Reich (Gau Moselland), puis occupé en sept. 1944 par les troupes américaines.

En avr. 1946, il conclut avec la Belgique et les Pays-Bas l'union qui devint le Benelux. En avr. 1948, le Luxembourg abandonna sa neutralité pour se joindre à l'Organisation du traité de Bruxelles et à l'OTAN. À partir de 1951, le Luxembourg participa à la construction européenne en adhérant à la CECA, puis au Marché commun. À la grande-duchesse Charlotte (1919/64) succéda son fils, le grand-duc Jean.

L'économie luxembourgeoise reposait surtout sur la sidérurgie, qui, en 1972, occupait 47 % des salariés de l'industrie et représentait 67 % des exportations de produits manufacturés. En 1982, l'extraction de minerai de fer, qui s'élevait à 5,7 millions de tonnes en 1970, était tombée à zéro. La main-d'œuvre s'orienta à plus de 60 % vers des activités de services, en particulier vers la banque, nouvelle vocation du Luxembourg, refuge fiscal et place financière européenne.

De 1974 à 1995, des gouvernements de coalition alternèrent à la tête du pays, conduits par le libéral Gaston Thorn (1974/75), les chrétiens-sociaux Pierre Werner (1979/84), Jacques Santer (1989/95) et Jean-Claude Junker (1995, reconduit en 1999). Le 7 octobre 2000, le grand-duc Jean abdiqua en faveur de son fils Henri. À la fin des années 1990, le Luxembourg était le pays le plus riche d'Europe, et des scandales financiers (affaire Clearstream, 2001), ainsi qu'un rapport rédigé par des députés socialistes français (janv. 2002) sur le blanchiment d'argent jetèrent de lourds soupçons sur les pratiques bancaires de la place luxembourgeoise.

LUXEMBOURG (maison de). Famille fondée par Waleran II, comte de Limbourg, qui épousa au XIIe s. Ermesinde († 1247), héritière de Luxembourg. La maison accéda au trône impérial avec leur arrière-pevtit-fils, Henri VII (élu en 1308), suivi par Charles IV (1347/78), Wenceslas IV (1378/1400) et Sigismond (1410/37). Elle accéda aussi au trône de Bohême avec Jean Ier l'Aveugle en 1310, régna sur le Brandebourg de 1373 à 1415, sur la Hongrie de 1387 à 1437. À partir de 1422, la branche aînée se fondit dans la maison d'Autriche par le mariage d'Élisabeth, fille et héritière de l'empereur Sigismond de Luxembourg avec Albert V, duc d'Autriche, puis empereur sous le nom d'Albert II. Les branches collatérales sont celles de : Luxembourg-Ligny ; Luxembourg-Saint-Pol ; Luxembourg-Brienne ; Luxembourg-Piney, qui s'éteignirent entre le XVe et le XVIIe s.

LUXEMBURG Rosa (* Zamosc, Ruthénie, 5.III. 1870, † Berlin, 15.I.1919). Révolutionnaire allemande. Elle fonda, en 1893, un « parti social-démocrate du royaume de Pologne », puis se fit naturaliser allemande en 1898, par un mariage fictif. Elle milita à l'extrême gauche du parti social-démocrate allemand. Marxiste, elle n'en critiquait pas moins les thèses léninistes en matière d'organisation du parti révolutionnaire, préférant la spontanéité des masses aux manœuvres des « révolutionnaires professionnels ». En 1914, alors que les députés sociaux-démocrates avaient voté les crédits de guerre, elle mena une intense campagne pacifiste et fut emprisonnée en 1915. Libérée pendant quelques mois en 1916, elle fonda, avec K. Liebknecht, le groupe Spartakus (v.) et fut de nouveau emprisonnée jusqu'en nov. 1918. Elle s'efforça de faire adopter une tactique commune à tous les conseils ouvriers (v.) qui s'étaient formés à la faveur de la révolution allemande et participa à la création du parti communiste allemand (déc. 1918). Elle fut arrêtée et exécutée lors de l'insurrection de janv. 1919, à Berlin. R. Luxemburg a laissé quelques ouvrages théoriques, *L'Accumulation du capital* (1913), *La Révolution russe* (publié en 1922).

LUYNES Charles d'Albert, duc de (* Pont-Saint-Esprit, Gard, 5.VIII.1578, † Longueville, Lot-et-Garonne, 15.XII.1621). Favori de Louis XIII. Placé auprès du dauphin (futur Louis XIII), il devint son compagnon favori en raison de son habileté à dresser les faucons. Quand Louis XIII fut monté sur le trône, Luynes poussa le roi au meurtre de Concini (1617), fit exiler la reine mère et fut nommé duc et pair. Ne se souciant d'abord que de jouir des profits du pouvoir, il essaya de se concilier les grands par les traités d'Angoulême (1619) et d'Angers (1620). À l'égard des protestants, il multiplia les provocations, rétablit de force le catholicisme au Béarn (1620) et, nommé connétable (1621), marcha contre les huguenots du Midi. Son échec honteux devant Montauban (août/nov. 1621) souleva contre lui une indignation générale ; le roi lui-même commençait à se lasser de son favori lorsque Luynes fut emporté par une épidémie.

LVOV Ghéorghi Ievghenievitch, prince (* Popovka, près de Toula, 2.XI.1861, † Paris, 6.III.1925). Homme politique russe. D'une vieille famille aristocratique, il se consacra très tôt à des œuvres sociales. Député à la première douma (1906), il siégea avec les constitutionnels démocrates (KD). Président de l'union panrusse des *zemstvos* pendant la Première Guerre mondiale, il devint, en mars 1917, président du premier gouvernement provisoire. Incapable de rétablir l'ordre, il céda la place à Kerenski en juill. 1917. L'année suivante, il se réfugia en France.

LY. Dynastie qui régna sur le Viêt-nam de 1009 à 1225. Elle donna des bases stables à l'État vietnamien en créant une administration centralisée. Elle fut renversée par la famille des Trân, qui occupait des fonctions de maire du palais.

LYAUTEY Louis Hubert Gonzalve (* Nancy, 17.XI.1854, † Thorey, Meurthe-et-Moselle, 21.VII. 1934). Maréchal de France. Après avoir servi en Algérie (1880/82), il fut envoyé en 1894 au Tonkin, où il rencontra Gallieni, qu'il accompagna à Madagascar (1897). Rentré en France en 1902, il fut appelé deux ans plus tard par Jonnart, gouverneur de l'Algérie. Commandant de la division d'Oran (1906), il s'empara d'Oudjda (mars 1907). Rappelé en France en 1910, il devint en avr. 1912 le premier résident général de France au Maroc. Ministre de la Guerre dans le cabinet Briand (déc. 1916/mars 1917), il revint au Maroc. Il fut fait maréchal de France en 1921. Son attitude de proconsul le fit considérer avec suspicion par la gauche, portée au pouvoir lors des élections de 1924. Painlevé lui ayant enlevé le commandement des troupes engagées contre Abd el-Krim pour le confier au maréchal Pétain, Lyautey donna sa démission (sept. 1925) et rentra en France. En 1927, il fut nommé commissaire général de l'Exposition coloniale de Vincennes, qui se déroula en 1931.

LYCURGUE. Législateur légendaire de Sparte (v.), que l'on situe généralement au IXe s. ou au VIIIe s. av. J.-C. De retour d'un grand périple, il aurait créé la plupart des institutions de Sparte, qui restèrent inchangées tout au long de l'histoire de la cité.

LYDIE. Région ancienne de l'Asie Mineure occidentale, bornée au N. par la Mysie, à l'E. par la Phrygie, au S. par la Carie ; capitale *Sardes*. Les ancêtres des Lydiens, d'origine indo-européenne, s'établirent probablement à la fin du IIIe millénaire en Asie Mineure. Après deux dynasties en grande partie légendaires, celle des Atyades (XVIe/XIIIe s.) et celle des Héraclides (XIIIe/VIIIe s.), le dernier des Héraclides, Candaule, fut renversé et tué en 687 (?) par Gygès, qui fonda la dynastie des Mermnades. À l'organisation aristocratique se substitua une monarchie forte qui résista aux invasions des Cimmériens. Selon Hérodote, la Lydie fut le premier État à substituer au troc des marchandises et à l'usage des lingots métalliques une monnaie d'or et d'argent contrôlée par l'État et d'aloi constant. Sardes entretenait des relations commerciales avec Babylone, car c'est par elle que les produits de la Mésopotamie arrivaient jusqu'à la mer Égée et dans le monde grec. Après le règne d'Alyattès (vers 610/561), qui vit la prise de Colophon et la destruction de Smyrne par les Lydiens, le royaume atteignit son apogée sous le célèbre Crésus (561/46). Ce dernier soumit les colonies grecques d'Ionie, étendit ses conquêtes en Asie Mineure jusqu'à l'Halys (auj. le Kizil Ismak), développa l'agriculture, l'exploitation du sous-sol (mines d'argent, de cuivre et pépites d'or) et des produits de luxe. Mais le royaume lydien s'effondra sous les coups de Cyrus (546). Il fut englobé dans l'Empire perse, puis dans l'Empire macédonien. À la mort d'Alexandre, la Lydie échut à Antigone, puis, après la bataille d'Ipsos (301), elle passa aux Séleucides. Vers 261, Eumène Ier l'annexa à son royaume de Pergame ; Attale III la légua, avec le reste de ses États, aux Romains, qui en prirent possession en 129 av. J.-C. Elle fit partie dès lors de la province romaine d'Asie.

LYSANDRE († Haliarte, Béotie, 395 av. J.-C.). Amiral (*navarque*) et homme politique spartiate. En 404, il s'empara d'Athènes, où il établit le gouvernement des Trente Tyrans. Voir **Sparte**. Sparte dans le monde grec.

LYSIMAQUE (* Pella, vers 361, † Couroupédion, Phrygie, 281 av. J.-C.). Général et roi macédonien. Compagnon valeureux d'Alexandre, il reçut, à la mort du conquérant, la Thrace et les pays situés le long du Pont-Euxin (323) ; il bâtit la ville de *Lysimacheia* dans la presqu'île de Gallipoli. Il prit le titre de roi en 306. Allié à Séleucos et Cassandre contre Antigone et Démétrios, il contribua à la victoire d'Ipsos (301), qui lui permit d'agrandir ses États de l'O. de l'Asie Mineure. Il chassa ensuite Démétrios Poliorcète de Macédoine (288/86). À l'instigation de Ptolémée Kéraunos, fils de Ptolémée Ier, dont il avait épousé la demi-sœur, Arsinoé, il fit mettre à mort son fils d'un premier mariage Agathocle, qu'il accusait de trahison au profit de Séleucos Ier de Syrie (284). Séleucos lui déclara la guerre et Lysimaque fut vaincu et tué à la bataille de Couroupédion et son royaume fut démembré.

M

MAASTRICHT (traité de). Traité signé le 7 févr. 1992 à Maastricht (Pays-Bas) entre les représentants des États membres de la Communauté européenne, instituant l'union politique et l'union économique et monétaire. Sur le plan politique, le traité créait une citoyenneté européenne, commune à tous les ressortissants des États membres, et renforçait les pouvoirs des institutions européennes en matière de politique étrangère et de sécurité.

C'est cependant sur le plan économique que le traité de Maastricht fut le plus concret. Le traité prévoyait en effet la mise en place, après une phase de transition, d'une monnaie unique. Afin de favoriser l'harmonisation des économies, le traité définissait des critères de convergence (niveau de la dette publique et du déficit budgétaire, taux d'inflation, stabilité de la monnaie) qui conditionneraient la disparition de chaque devise au profit de la monnaie unique.

Entré en vigueur en 1993, le traité a fait l'objet de nombreuses critiques, notamment en ce qui concerne sa partie monétaire. Malgré les réticences de plusieurs dirigeants européens, la monnaie unique fut mise en place, à partir du 1er janv. 1999, dans onze des pays de l'Union européenne. Voir **Amsterdam (traité d')** et **Euro (zone)**.

MABLY Gabriel Bonnot de (* Grenoble, 14.III. 1709, † Paris, 23.IV. 1785). Homme politique et philosophe français. Frère aîné de Condillac, il a exercé une influence par son *Traité de la législation ou Principe des lois* (1776), qui fut très apprécié par les hommes de la Révolution. Mably demandait que la puissance législative fût confiée à une assemblée unique, élue par la nation, le roi étant réduit au rôle d'agent exécutif, ne disposant ni de l'administration des finances ni du commandement de l'armée. En économie politique, tout en rendant justice aux travaux de Quesnay, il combattit les physiocrates (*Doutes proposés aux philosophes économistes*, 1768), dénonça les maux de la propriété privée mais refusait toute révolution pour obtenir les bienfaits d'une communauté égalitaire.

MACAO, *Aomen* en chinois. Ville et province portugaises d'outre-mer, situées sur une péninsule de la Chine méridionale, à l'embouchure du Sikiang, près de Hongkong. Les Portugais s'y établirent en 1557, avec l'accord de l'Empire chinois, auquel ils s'engagèrent à payer un tribut. Macao devint la base des missions catholiques vers le Japon et la Chine. Le traité du 1er déc. 1887 en reconnut la possession au Portugal et supprima le tribut. Après la révolution portugaise d'avr. 1974, il fut décidé que Macao resterait territoire portugais.

En 1987 fut ratifiée une déclaration conjointe sino-portugaise sur le sort de Macao inspirée de son équivalent sino-britannique pour Hongkong. Il fut convenu que Macao recouvrerait sa souveraineté en déc. 1999 et que serait créée une région administrative spéciale, à l'intérieur de la RPC, selon le principe : « un pays, deux systèmes » : le 19 déc. 1999, le Portugal restitua Macao à la Chine.

MACALEESE Mary (Belfast, 27.VI.1951). Née McManus. Femme politique irlandaise. Avocate et universitaire brillante, cette catholique traditionaliste a été élue présidente de la république d'Irlande le 31 oct. 1997, devenant ainsi le premier chef d'État irlandais originaire de l'Irlande du Nord.

MACARTHUR Douglas (* Little Rock, Arkansas, 26.I.1880, † Washington, 5.IV. 1964). Général américain. Chef d'état-major de l'armée (1930/35), il reçut en juillet 1941 le commandement des forces américaines en Extrême-Orient et défendit les Philippines contre l'invasion japonaise (déc. 1941-mars 1942). Après la conférence de Washington (mai 1943), il fut placé à la tête des forces alliées du Pacifique Sud. Utilisant alors la tactique des « sauts de puce », il déclencha une offensive continue contre les positions japonaises dispersées dans les îles du Pacifique Sud, reconquérant les îles Salomon (1943) et la Nouvelle-Guinée (1944) ; puis il débarqua aux Philippines, dans l'île de Leyte (oct./déc. 1944) et reprit Manille (23 févr. 1945). Chef des forces armées du Pacifique, il reçut la reddition du Japon (2 sept. 1945) ; commandant des troupes d'occupation américaines (1945/50), il parvint à imposer une transformation démocratique des institutions du pays sans heurter les traditions japonaises. En 1950, il se vit confier le commandement des troupes des Nations unies engagées en Corée, mais ses conceptions stratégiques, qui admettaient le risque d'un conflit avec la Chine populaire et l'emploi de l'arme atomique le firent destituer par le président Truman (11 avr. 1951). Voir GUERRE MONDIALE 1939-45.

MACBETH († Lumphanan, 15.VIII.1057). Roi d'Écosse (1040/57). « Mormaer » (= comte) de Moray. Il accéda au trône par l'assassinat de Duncan Ier (1040). À la différence du personnage de la tragédie de Shakespeare (1605), il a laissé chez les chroniqueurs l'image d'un roi pieux et libéral, protecteur des faibles et des pauvres. Attaqué en 1054 par Malcolm Canmore, fils de Duncan et allié des Northumbriens, il fut finalement repoussé dans la région d'Aberdeen, puis vaincu et tué à la bataille de Lumphanan. Malcolm Canmore devint roi d'Écosse sous le nom de Malcolm III.

MCCARTHY Joseph Raymond (* Appleton, Wisconsin, 14.XI.1908, † Bethesda, Maryland, 2.V. 1957). Homme politique américain. Avocat, il fut le représentant républicain du Wisconsin au Sénat, de 1947 à sa mort. Il se rendit célèbre par ses campagnes contre l'infiltration communiste dans l'administration américaine. De 1950 à 1954, il dirigea un comité d'enquête sénatorial qui recherchait tous les communistes ou sympathisants communistes en charge dans les départements essentiels du gouvernement américain. Le « maccarthysme » répandit un climat de suspicion souvent injustifiée dans la vie politique et culturelle des États-Unis. Abandonné par les chefs du parti républicain, McCarthy fut l'objet d'une motion de blâme du Sénat (déc. 1954).

MACCHABÉES ou **MACCABÉES.** Famille juive qui mena la résistance à l'hellénisation progressive de la Judée que soutenaient les rois de la dynastie grecque des Séleucides. La révolte des Macchabées fut provoquée par les excès de la politique du roi Antiochos IV, peut-être désireux d'assurer l'unité culturelle de ses États, et accablé de difficultés financières. Se pensant suffisamment soutenu par les Juifs gagnés à la culture grecque (les « Hellénistes »), il pilla le trésor du Temple de Jérusalem, où il offrit des sacrifices païens, et interdit la pratique de la Loi mosaïque (168). Le prêtre Mattathias donna alors le signal de la rébellion et mena une guérilla contre les Séleucides, avec l'appui des Juifs « pieux », les *Hassidim*, qui s'en tenaient à l'application intégrale de la Loi. À la mort de Mattathias, son fils **Judas** prit la direction de la résistance et il fut le premier à recevoir le nom de Macchabée (le « Marteleur ») que conserva sa famille. Après plusieurs victoires, il s'empara de Jérusalem, purifia le Temple (164) et obtint des Séleucides la restauration de la liberté religieuse en 163.

Après sa mort au combat contre les armées grecques (160), puis celle de son frère **Jonathan** (143), Simon, seul survivant des fils de Mattathias, obtint du roi Démétrios Nicator la reconnaissance de l'indépendance juive (141). Avec **Simon** commençait la **dynastie asmonéenne** (d'après le véritable nom de la famille dite des Macchabées), dont l'autorité était fondée sur l'accaparement héréditaire de la fonction de grand prêtre. Le fils de Simon, Jean Hyrcan (134-104) maintint l'indépendance juive, toujours menacée par les Séleucides, et conquit les territoires correspondant à ceux d'Israël, de la Cisjordanie et de la Transjordanie d'aujourd'hui.

Le premier roi asmonéen fut Alexandre Jannée, fils de Jean Hyrcan (103-76), qui cumula le titre royal et la fonction de grand prêtre. Dans un royaume que menaçaient les factions religieuses, il mena de sanglantes persécutions contre les pharisiens que fit cesser sa veuve, Salomé Alexandra (76-67).

Après 67, les querelles de succession furent pour Rome l'occasion d'intervenir. Pompée prit Jérusalem (63) et obligea Jean Hyrcan II (67-40) à renoncer au titre royal et à ne conserver que la fonction de grand prêtre. Reconnu « roi des Juifs » par les Romains, Hérode le Grand (40-4 av. J.-C.) fit exécuter les derniers Asmonéens.

MACDONALD Étienne Jacques Joseph Alexandre, duc de Tarente (* Sedan, 17.XI.1765, † Courcelles-le-Roi, 25.IX.1840). Maréchal de France. D'une famille d'Écossais jacobites exilés en France, il entra en 1784 dans le régiment irlandais de Dillon. Général en 1792, il se distingua dans la conquête des Pays-Bas (1794/95), puis servit en Italie. En juin 1799, il rencontra sur la Trébie l'armée russe de Souvarov, deux fois supérieure en nombre, et il lui résista pendant trois jours (17/19 juin) avant de battre en retraite : « Encore un succès comme celui-ci, devait dire Souvarov, et nous aurons perdu la péninsule ! » Disgracié en 1804 pour avoir défendu Moreau (v.), il fut réintégré dans l'armée en 1809. Il décida de la bataille de Wagram en enfonçant le centre autrichien. Le lendemain même, Napoléon le fit, sur le champ de bataille, maréchal de France et duc de Tarente (juill. 1809). Il commanda ensuite en Catalogne (1810/11) et participa aux campagnes de Russie et d'Allemagne. En 1814, il chercha à assurer la succession de Napoléon au roi de Rome et il attendit que tout fût perdu pour se rallier aux Bourbons, auxquels il demeura fidèle durant les Cent-Jours.

MACDONALD James Ramsay (* Lossiemouth, Écosse, 12.X.1866, † en mer, 9.XI.1937). Homme politique britannique. En janvier 1924, en tant que chef du parti travailliste, il accepta, de former un gouvernement travailliste de minorité et prit lui-même la direction des Affaires étrangères. Il contribua à faciliter le règlement du problème des réparations allemandes, soutint les efforts d'Herriot en faveur du désarmement et établit des relations diplomatiques normales avec l'URSS. Cette politique rencontra une vive hostilité et Macdonald décida de dissoudre les Communes. Mais le parti travailliste fut battu aux élections d'oct. 1924. De nouveau Premier ministre en juin 1929, Macdonald dut faire face aux conséquences de la grande crise économique mondiale ; il proposa une politique d'économies sévères qui provoqua une scission dans son gouvernement. Le 24 août 1931, il forma un cabinet de coalition avec les conservateurs (Baldwin) et les libéraux (Herbert Samuel). Ce « gouvernement national », auquel la majorité des travaillistes refusa son appui, fut en fait dirigé par Baldwin.

MACDONALD sir John Alexander (* Glasgow, 11.I.1815, † Ottawa, 6.VI.1891). Homme politique canadien. Émigré au Canada à l'âge de cinq ans, il devint avocat (1836). Député conservateur de Kingston en 1844, attorney général du Haut-Canada (1854/62 et 1864/67), il fut un des principaux artisans de la création du dominion canadien, dont il presida le premier cabinet (1867/73). Il s'attacha à l'expansion du Canada vers l'Ouest (incorporation de la terre de Prince-Rupert, des Territoires du Nord-Ouest, du Manitoba, de la Colombie-Britannique) et entreprit la construction du chemin de fer intercontinental. Revenu au pouvoir de 1878 à sa mort, il réprima la rebellion de Riel (1884/85), acheva le Canadian Pacific Railway (1886) et s'efforça de stimuler l'économie canadienne par des tarifs protectionnistes qui n'épargnèrent même pas la Grande-Bretagne.

MACÉDOINE. État de l'Europe balkanique, né de l'éclatement de la Yougoslavie, dont elle était la république la plus méridionale ; capitale *Skopje*. Le terme « Macédoine » désigne également une région historique du sud-est de l'Europe qui s'étend sur les territoires actuels de la Macédoine, de la Bulgarie et de la Grèce.

La Macédoine dans l'Antiquité

Cette région fut occupée au début du IIe millénaire av. J.-C. par des populations que l'on considère aujourd'hui comme une branche du peuple grec, bien qu'aient pu s'y mêler des éléments thraces et illyriens.

La Macédoine a conservé longtemps les institutions caractéristiques de la Grèce archaïque avec l'institution royale et une noblesse de type féodal ; elle est restée longtemps en marge des grandes luttes de la Grèce classique et c'est pourquoi les Grecs lui ont longtemps contesté son appartenance au monde hellénique. Le royaume macédonien s'est affirmé à partir du VIIe s. av. J.-C., avec la dynastie des Argéades. Un moment vassalisée par l'Empire perse, la Macédoine recouvra son indépendance après la victoire grecque de Platées (479). Le roi Alexandre Ier obtint de participer aux jeux Olympiques, fit ériger une statue d'or à Delphes, accueillit Pindare à sa cour, et, par les efforts qu'il déploya pour développer en Macédoine la culture de la Grèce des cités, il mérita le surnom de *Philhellène*. Son successeur, Perdiccas II (vers 454/413), pratiqua une politique d'équilibre entre Athènes et Sparte qui s'affrontaient dans la guerre du Péloponnèse, son souci demeurant de préserver les côtes de Thrace de leurs entreprises. Son fils Archéalos lui succéda (413-399), poursuivant la politique philhellène de ses prédécesseurs : à Pella, sa nouvelle capitale, il fit venir Euripide, le poète tragique, et le peintre Zeuxis. Après quarante années de luttes dynastiques, Philippe II (359-336) rétablit un pouvoir royal fort. Appuyée sur une armée dont la phalange et la cavalerie cuirassée lui assuraient la victoire, sa politique lui permit de se rendre maître de toute la Grèce en une vingtaine d'années (de 357 à 338) (v. **Grèce** et **Philippe II**). Le petit État septentrional, longtemps dépendant des autres Grecs, se fit alors le champion du panhellénisme : Alexandre le Grand abattit l'Empire perse, conquit l'Égypte et l'Asie jusqu'à l'Indus, et ouvrit ainsi tout l'Orient au rayonnement de la civilisation grecque (v. **Alexandre III le Grand**).

Après la mort d'Alexandre (323), son empire fut partagé entre ses généraux (les « diadoques ») qui fondèrent de puissants royaumes (v. **Hellénistique, civilisation**). Pourtant la Macédoine conservait le contrôle de la Grèce. Antipater, régent pour le frère et le fils posthume d'Alexandre, brisa la révolte des Grecs au cours de la guerre lamiaque de 322. Après sa mort, son fils Cassandre réussit à se saisir du pouvoir (319) et défendit victorieusement la Macédoine contre Antigone Monophtalmos (v.). En 310, il avait fait tuer le fils d'Alexandre ; en 305, il se proclama roi de Macédoine. Après lui, son royaume fut la proie de plusieurs conquérants et subit, en 280 et 279, l'invasion d'une armée celtique. Finalement, la Macédoine retrouva sa stabilité sous l'autorité d'Antigone II Gonatas, fondateur d'une dynastie, celle des Antigonides, qui allait régner de 277 à 168 av. J.-C.

Sous les règnes d'Antigone Gonatas (276-239) et d'Antigone Dôsôn, la Macédoine parut sur le point de rétablir son hégémonie sur toute la Grèce. Puis Philippe V (221/179) se lança dans une ambitieuse politique d'expansion : il tenta de s'assurer la maîtrise de l'Adriatique, imposant sa volonté à la ligue Étolienne (v.) et obtenant de Rome la reconnaissance de ses conquêtes (205). Après leur victoire sur Carthage, les Romains purent se retourner contre Philippe V, qui cherchait à s'étendre vers les Détroits et menaçait directement deux alliés de Rome, Rhodes et Pergame. Vaincu par Flamininus à la bataille de Cynoscéphales, en Thessalie (197), Philippe V ne conserva que la Macédoine propre et perdit sa flotte. Son successeur, Persée (179/168), reprit la guerre contre Rome en 171. La Macédoine fut définitivement vaincue par Paul Émile à la bataille de Pydna (168 av. J.-C.).

Époque romaine et byzantine

D'abord divisée en quatre petits États satellites de Rome, la Macédoine fut réduite en province romaine en 146 av. J.-C. Comprise à partir du IVe s. dans l'Empire d'Orient, elle vit passer les invasions des Goths, des Huns et des Avars. Les Slaves commencèrent à s'y établir au VIe s. et les éléments grecs se regroupèrent sur la côte égéenne où Thessalonique devint rapidement la deuxième ville de l'Empire byzantin. Au IXe s., la Macédoine presque tout entière fut englobée dans le royaume bulgare, mais les victoires de l'empereur Basile II la firent repasser sous l'autorité byzantine (1014). Après la conquête de Constantinople par les croisés (1204), la Macédoine forma le royaume de Thessalonique donné à Boniface de Montferrat, mais celui-ci fut expulsé en 1224 par le despote d'Épire Théodore Ange, qui se fit couronner empereur à Thessalonique. À partir de 1230, et jusqu'à la conquête des Turcs ottomans, la Macédoine devint un enjeu entre Bulgares, Serbes et Byzantins.

De la domination turque à l'expérience yougoslave

À la fin du XIVe s., les Turcs ottomans étaient maîtres de la plus grande partie de la Macédoine et ils conquirent définitivement Salonique en 1430. À une population déjà très mêlée (Grecs, Slaves, Bulgares, Serbes) vinrent s'ajouter des colons turcs. Dans la seconde moitié du XIXe s., la décadence de l'Empire ottoman commença à poser la « question macédonienne » aux grandes puissances. Victorieuse des Turcs, la Russie, au traité de San Stefano (3 mars 1878), fit entrer presque toute la Macédoine dans le nouvel État bulgare. Mais le congrès de Berlin maintint la Macédoine sous la domination ottomane. La Bulgarie encouragea alors les activités terroristes des *comitadjis*, membres d'une organisation révolutionnaire antiturque. Cependant, la Grèce et la Serbie n'entendaient pas laisser les Bulgares préparer l'annexion pure et simple de toute la Macédoine. Au terme des deux guerres balkaniques de 1912-1913 (v.), la Macédoine fut partagée entre les trois pays. Durant la Première Guerre mondiale, la Bulgarie occupa toute la partie de la Macédoine qui avait été attribuée à la Serbie (1915), tandis que Salonique devenait la base des opérations alliées dans les Balkans. Le traité de Neuilly (1919) rétablit pratiquement les frontières de 1914, mais la Bulgarie perdit son accès à la mer Égée. Dans les années 1920/30, l'agitation bulgare continua dans la Macédoine yougoslave et, de nouveau alliée à l'Allemagne au cours de la Seconde Guerre mondiale, la Bulgarie réannexa la quasi-totalité de la Macédoine, de 1941 à 1944. Le traité de Paris (1947) rétablit les frontières de 1919, mais la question macédonienne provoquait encore une certaine tension entre Sofia et Belgrade à la fin des années 1960.

Dès 1946, la Yougoslavie de Tito reconnut le fait macédonien en créant, au sein de sa fédération, une république de Macédoine. Cette république était majoritairement peuplée de Macédoniens, nationalité reconnue par Tito en 1946, mais comptait également une forte minorité albanaise (20 à 35 % de la population selon les sources) et des minorités serbe, bulgare et turque.

En dépit des efforts de modernisation accomplis par les gouvernements yougoslaves, la Macédoine demeura la république la plus pauvre de la Fédération, avec une économie à dominante agricole.

L'indépendance macédonienne

À la suite des déclarations d'indépendance slovène et croate, en juin 1991, les dirigeants macédoniens, craignant de se retrouver dans une Yougoslavie dominée par les Serbes, engagèrent un processus qui, après référendum (le 8 sept. 1991), conduisit le pays à l'indépendance. Le modéré Kiro Gligorov devint le premier président de la République macédonienne.

Les principales manifestations d'hostilité à l'indépendance de la Macédoine sont alors venues de la Grèce. Celle-ci s'opposa à l'utilisation par le nouvel État du nom de « Macédoine » (qui désigne aussi une région grecque), ainsi que de l'emblème figurant sur son drapeau, le « soleil de Vergina », jugé partie intégrante du patrimoine historique hellénique. En janv. 1994, le gouvernement d'Athènes imposa unilatéralement un embargo commercial à la Macédoine, dont la plupart des exportations transitaient par le port grec de Salonique.

En sept. 1995, enfin, la Grèce et la Macédoine signèrent un accord : la Grèce levait son embargo et la Macédoine renonçait au « soleil de Vergina ». En 1996, la Macédoine normalisa également ses rapports avec la République fédérale de Yougoslavie.

Base arrière des opérations de l'OTAN pendant la guerre du Kosovo, la Macédoine dut également accueillir près de 300 000 réfugiés albanais au printemps de 1999. Cette situation engendra des tensions entre les Macédoniens slaves pro-serbes et la minorité albanaise locale, solidaire des réfugiés, jusqu'au retour de la plupart d'entre eux au Kosovo, dans le sillage des troupes de la KFOR (« Forces de la paix au Kosovo »). Le retour au calme et la fin des opérations de guérilla albanaise furent consacrés par les accords d'Ohrid qui élargissaient les droits politiques et sociaux de la minorité albanaise de Macédoine (août 2001).

MACÉDONIENNE (dynastie). Dynastie d'empereurs byzantins qui régna de 867 à 1056. Cette famille était en fait d'origine arménienne, mais établie en Macédoine. Basile Ier (867/86) (v.) fut son fondateur. C'est sous la dynastie macédonienne que l'Empire byzantin atteignit son apogée.

MACHADO Bernardino Luis (* Rio de Janeiro, 28.III.1851, † Porto, 29.IV. 1944). Homme politique portugais, un des artisans de la révolution républicaine de 1910. Voir PORTUGAL.

MACHAULT D'ARNOUVILLE Jean-Baptiste (* Paris, 13.XII.1701, † Paris, 13.VII.1794). Homme politique français. D'une famille de robe, il fut maître des requêtes (1738) et intendant du Hainaut (1743), avant d'être nommé contrôleur général des Finances en déc. 1745 et garde des Sceaux en 1750. Il voulut instituer la taxe du vingtième, qui prélevait 5 % sur tous les revenus et était applicable aussi bien dans les pays d'états que dans les pays d'élections. Cette mesure provoqua les protestations des privilégiés et, dès 1751, le clergé réussit à s'en faire exempter. En 1754, Machault fut écarté des Finances et, nommé à la Marine, il s'efforça d'empêcher que la France ne fût entraînée par Vienne dans un nouveau conflit européen. Mme de Pompadour lui ayant ôté sa confiance en 1757, il se retira dans sa terre d'Arnouville, près de Paris. Arrêté comme suspect en 1793, il mourut à la prison des Madelonnettes.

MACHIAVEL, Niccolo Machiavelli (* Florence, 3. v. 1469, † Florence, 21.VI.1527). Homme politique et écrivain italien. Chargé des Affaires étrangères et de la Guerre par la République florentine en 1498, il accomplit de nombreuses missions diplomatiques à la cour de France, à la cour pontificale et à la cour impériale de Maximilien Ier. Il dota Florence d'une milice nationale, bien supérieure aux armées de mercenaires de l'époque, et conquit Pise en 1509. Les Médicis l'écartèrent du gouvernement quand ils reprirent Florence en 1512. Machiavel connut la prison et la torture. Relâché, il s'exila à Saint'Andrea, où il écrivit plusieurs livres, dont *Le Prince* rédigé en 1513. Ayant accepté des Médicis quelques missions diplomatiques entre 1520 et 1527, année où ceux-ci furent de nouveau renversés, il fut considéré comme un traître par les partisans de la République.

MACHINE INFERNALE (attentat de la). Attentat commis par des conspirateurs royalistes contre Bonaparte, Premier consul, le 3 nivôse an IX (24 déc. 1800), alors que la voiture de ce dernier passait dans la rue de Richelieu pour se rendre des Tuileries à l'Opéra. La « machine infernale », qui était constituée d'un tonneau rempli de poudre, de balles et de projectiles, tua huit personnes et fit de nombreux blessés, mais Bonaparte fut indemne. Le Premier consul, qui persistait dans son dessein de rallier les royalistes, feignit de croire qu'il s'agissait d'un attentat monté par les Jacobins et fit déporter cent trente républicains.

Un autre attentat à l'aide d'un machine infernale fut commis par Fieschi (v.) contre Louis-Philippe le 28 juill. 1835.

MACHU PICCHU. Ancienne ville inca surplombant la profonde vallée de l'Urubamba, au N.-O. de Cuzco, la capitale. Fondée vers 1450 par l'empereur inca Pachacuti, la cité fut enchâssée dans le flanc est du Machu Picchu. L'aménagement des nombreuses terrasses supportant les secteurs urbain et agricole et l'érection des quelque deux cents édifices de la cité ont exigé des travaux considérables qui illustrent le génie des bâtisseurs incas. Si l'on ignore encore presque tout de la destination des monuments, on connaît mieux le rôle de la ville. Peuplée d'un millier d'habitants, elle avait pour fonction de contrôler les populations locales qui représentaient une menace pour Cuzco. Machu Picchu était aussi un centre de commerce actif qui approvisionnait Cuzco en produits tropicaux comme les magnifiques plumes d'oiseaux. Au cœur de montagnes sacrées, la ville était aussi un lieu saint. Les habitants quittèrent soudainement la ville qui tomba dans l'oubli jusqu'à sa redécouverte par Hiram Bingham en 1911.

MACINA (royaume du). Ancien État du haut Niger. Voir **Peuls.**

MCKINLEY William (* Niles, Ohio, 29.I.1843, † Buffalo, 14.IX.1901). Homme politique américain. Avocat à Canton, dans l'Ohio, représentant républicain au Congrès (1877/91), il fit adopter en 1890 un tarif douanier protectionniste. Gouverneur de l'Ohio (1892/96), Président des États-Unis en 1896, son administration (1897/1901) fut marquée par la guerre hispano-américaine de 1898, qui permit aux États-Unis d'annexer Porto Rico, Guam et les Philippines, et d'étendre leur influence sur Cuba. Réélu triomphalement en 1900, il fut victime d'un attentat commis le 6 sept. 1901 à Buffalo par un anarchiste.

MAC-MAHON Marie Edme Patrice Maurice de, duc de Magenta (* château de Sully, près d'Autun, 13.VI.1808, † château de La Forest, près de Montargis, 17.X.1893). Maréchal de France et homme politique français. Il se distingua pendant la guerre de Crimée en prenant le bastion de Malakoff (8 sept. 1855) ce qui entraîna la prise de Sébastopol. En Italie, il battit les Autrichiens à Magenta (4 juin 1859) et reçut les titres de maréchal et de duc. Dans la guerre de 1870 contre la Prusse il fut vaincu et fait prisonnier à Sedan en sept. Libéré à la signature de la paix en mars 1871, il commanda l'armée des versaillais contre la Commune de Paris. Quand la majorité conservatrice de l'Assemblée nationale se débarrassa de Thiers, elle porta Mac-Mahon à la présidence de la République (24 mai 1873) avec un mandat de 7 ans. Mac-Mahon s'abstint de participer aux tentatives de restauration monarchique et laissa la direction des affaires au duc de Broglie, qui prit une série de mesures politiques et sociales conservatrices, conformes au rétablissement de l'« ordre moral ». Après la victoire républicaine aux élections de 1876, Mac-Mahon accepta la formation d'un ministère républicain, mais contraignit Jules Simon à la démission en mai 1877 (v. **Mai 1877, crise du 16**). Devant l'opposition républicaine, Mac-Mahon décida de dissoudre la Chambre, mais les républicains emportèrent à nouveau les élections d'oct. 1877. Contraint par le nouveau ministère de reconnaître le régime parlementaire et l'irresponsabilité du président de la République, Mac-Mahon préféra finalement démissionner, le 30 janv. 1879.

MACMILLAN Maurice Harold (* Londres, 10.II. 1894, † Birch Grove, 29.XII.1986). Homme politique anglais. Membre du parti conservateur, il attaqua vigoureusement la politique étrangère pacifique de Neville Chamberlain. En 1940, il entra dans l'équipe formée par W. Churchill. Revenu aux affaires avec les conservateurs en 1951, il fut ministre de la Défense (1954/55), secrétaire au Foreign Office (mai/déc. 1955), chancelier de l'Échiquier (1955/57), avant de succéder à Anthony Eden comme Premier ministre en janv. 1957. Depuis longtemps partisan convaincu de l'unité européenne, il entreprit de faire entrer la Grande-Bretagne dans le Marché commun, mais ses efforts échouèrent devant le veto du général de Gaulle (janv. 1963).

MADAGASCAR. État insulaire de l'océan Indien, séparée du continent africain par le canal de Mozambique ; capitale *Tananarive* (auj. *Antananarivo*).

L'époque précoloniale

La population de Madagascar est sans doute issue d'un métissage entre Indonésiens et Africains. Les Arabes y ont établi des comptoirs vers l'an mille, et c'est dans la relation de Marco Polo qu'on trouve, pour la première fois, son nom de *Madagascar* (XIIIe s.). Le premier Européen qui découvrit Madagascar fut le Portugais Diego Dias, qui la nomme « île de Saint-Laurent ».

Au XVIIe s., navigateurs et missionnaires de diverses nationalités y abordèrent. En 1643, les Français fondèrent Fort-Dauphin, à la pointe sud-est de l'île qu'ils baptisèrent « île Dauphine ». Mais devant l'hostilité des populations indigènes, Fort-Dauphin dut être abandonné en 1674. Pendant près d'un siècle, les seuls Européens à se hasarder dans les rades malgaches furent des pirates. Pourtant, la France, établie à la Réunion et à l'île Maurice, ne renonçait pas à ses vues sur Madagascar. Différentes tentatives furent de nouveaux échecs et le comptoir fondé en 1803 à Tamatave par Sylvain Roux fut pris par les Anglais en 1811.

Au moment de la découverte européenne, Madagascar était divisée en royaumes féodaux. L'hégémonie des royaumes sakalaves passa à la fin du XVIIIe s. au royaume mérina (hova), constitué par Andrianampoinimérina (1787/1810). Son fils Radama Ier (1810/28) réussit à se rendre maître de la plus grande partie de l'île avec l'aide du gouverneur britannique de l'île Maurice. Des missionnaires anglicans commencèrent à évangéliser les Malgaches, et Madagascar devenait progressivement un protectorat anglais. Mais la reine Ranavalona Ire (1828 à 1861) chassa les missionnaires anglais et déclara le christianisme illégal (1835) par une réaction antieuropéenne qu'approuvaient les *hovas*, c'est-à-dire la classe supérieure du royaume mérina. Le Premier ministre, Rainilaiarivony confisqua le pouvoir et réussit à le conserver en épousant successivement les trois reines Rasoherina (1863/68), Ranavalona II (1868/83) et Ranavalona III (1883/97). Sous Rasoherina, la politique malgache pencha en faveur de l'Angleterre et le presbytérianisme fut déclaré religion d'État en 1869.

La colonisation française

Cependant, les Français avaient repris pied, dans les années 1838/41, en divers points de la côte nord-ouest, notamment à Nossi-Bé, en s'appuyant sur les chefs sakalaves, opposés aux Mérinas. Le bombardement et l'occupation de Tamatave, en 1883, aboutirent au traité du 17 déc. 1885 par lequel la France annexait Diégo-Suarez, obtenait l'installation d'un résident à Tananarive et le contrôle de la politique étrangère malgache. Pour vaincre la résistance de la reine Ranavalona III, la France envoya un corps expéditionnaire. Débarqué à Majunga, le général Duchesne s'empara de Tananarive (1er oct. 1895) et, le même jour, imposa à la reine un traité confirmant le protectorat. L'insurrection de l'île amena le gouvernement français à proclamer son annexion (6 août 1896). Nommé gouverneur de Madagascar (1896/1905), Gallieni déposa la reine Ranavalona III (28 févr. 1897), qui fut déportée à la Réunion, puis à Alger, et pacifia l'île en moins de dix ans.

Pendant la période de colonisation française, les revendications malgaches en faveur de l'assimilation ne furent pas satisfaites. En 1940, Madagascar se déclara fidèle au maréchal Pétain, et des troupes anglaises l'occupèrent temporairement. La guerre avait provoqué à Madagascar une grave crise économique qui favorisa les progrès des mouvements nationalistes. Ils obtinrent la majorité aux élections de 1946 et le Mouvement démocratique de la rénovation malgache (MDRM) réclama l'indépendance au sein de l'Union française. Mais les troubles sanglants qui éclatèrent furent l'occasion d'une violente répression et l'état de siège ne fut levé qu'en 1956. En 1956, l'application de la loi-cadre, dite loi Defferre (v. **COLONIES**) assura l'autonomie interne au sein de l'Union française.

La République malgache

La majorité des Malgaches s'étant prononcés pour le oui au référendum de sept. 1958 (v. **FRANCE**), c'est le 14 oct. 1958 que fut proclamée la République malgache, État autonome au sein de la Communauté. L'ancien instituteur Philibert Tsiranana fut élu président de la République. Le 26 juin 1960, Madagascar obtint sa pleine indépendance, tout en restant dans la Communauté. Doté d'un régime présidentiel, le pays connut pendant une dizaine d'années une grande stabilité politique et le président Tsiranana fut réélu en mars 1965 et en janv. 1972. Il fonda sa politique sur une étroite coopération économique avec la France, qui conservait des bases militaires dans l'île. Il fut le promoteur, en sept. 1961, de l'Union africaine et malgache, plus tard Organisation commune africaine et malgache (OCAM), laquelle se donna pour base la Charte de Tananarive (27 juin 1966). À partir de 1970, Tsiranana dut faire face à une opposition grandissante, qui lui reprochait aussi bien sa politique intérieure, jugée trop autoritaire, que sa politique étrangère trop systématiquement alignée sur celle de la France et trop favorable à la République sud-africaine, avec laquelle des accords économiques avaient été conclus à partir de nov. 1970. Après de violentes émeutes, le gouvernement fut confié à l'armée pour une période de cinq ans.

Le nouveau régime décida de quitter la zone franc, et choisit une politique étrangère « non alignée », en développant les relations de Madagascar aussi bien avec les États-Unis qu'avec l'URSS et la Chine populaire. Mais les rivalités ethniques entre les Mérinas des hauts plateaux et les habitants des régions côtières posaient de graves problèmes. En juin 1975, Didier Ratsiraka, responsable de la politique étrangère depuis 1972, fut nommé chef de l'État par les militaires et proclama que Madagascar choisissait une voie socialiste qui se traduisit par une série de nationalisations et l'organisation d'associations politiques villageoises.

L'orientation marxiste de l'économie, la réduction de l'aide occidentale et les cyclones de 1981 et 1982 entraînèrent l'appauvrissement de l'île. Aussi D. Ratsiraka passa, en 1982, un accord avec le FMI, dont il dut accepter les principes de rigueur et amorça une libéralisation économique. Cependant, Madagascar restait très dépendante des cours de la vanille, du girofle (premier et deuxième rang mondial) et du café dans un pays où les richesses naturelles sont peu abondantes.

Déjà réélu à la présidence en 1982, D. Ratsiraka le fut encore en 1989 avec 62 % des suffrages. Face à la montée des troubles sociaux, il fut contraint d'amorcer une démocratisation de la vie politique. En août 1992, une nouvelle Constitution, instituant une démocratie semi-présidentielle, fut adoptée par référendum et, en févr. 1993, une élection présidentielle libre se solda par la victoire, avec 67 % des voix, d'Albert Zafy, un des principaux dirigeants de l'opposition. Mais les luttes d'influence entre les différents pouvoirs, le président de la République, le Premier ministre et le président de l'Assemblée nationale déçurent les Malgaches qui confièrent à nouveau le pouvoir à D. Ratsiraka lors de l'élection présidentielle de déc. 1996. Après les législatives de mai 1998, qui avaient accordé la majorité au parti du Président, la vie du pays se trouva handicapée par la lenteur de la libéralisation économique et de la réforme administrative des provinces.

En décembre 2001, les résultats officiels des élections donnaient Ratsiraka vainqueur contre son rival Marc Ravalomanana. Coup de théâtre : ce dernier refusa les résultats officiels et, en février 2002, se proclama lui-même président. Dans un climat de guerre civile, la Haute Cour constitutionnelle reconnut sa légitimité et, en juillet, Ratsiraka partit pour l'exil.

MADAME. Titre qui, pris absolument et comme nom propre, fut donné à partir du XVIIe s. à la fille aînée du roi de France et surtout à la femme de *Monsieur* (v.), aîné des frères du roi. Les autres filles du roi ajoutaient leur nom de baptême au titre de Madame.

MADEMOISELLE. Titre qui, pris absolument et comme nom propre, fut donné, à partir du XVIIe s., à la fille aînée de *Monsieur* (v.), aîné des frères du roi. La duchesse de Montpensier, fille de Gaston d'Orléans et nièce de Louis XIII, fut appelée *la Grande Mademoiselle* pour la distinguer de Marie-Louise, fille de Philippe d'Orléans et nièce de Louis XIV. Jusqu'à la fin du XVIIe s., les nobles appelaient *mademoiselle* les bourgeoises mariées.

MADERO Francisco Indalecio (* Parras, Coahuila, 10.X.1873, † Mexico, 22.II.1913). Homme politique mexicain. Formé en Europe et aux États-Unis, champion des libertés démocratiques et des réformes sociales contre Porfirio Diaz, il fut le principal artisan de la révolution de 1911. Voir **MEXIQUE**.

MADISON James (* Port Conway, Virginie, 16.III. 1751, † Montpellier, Virginie, 28.VI.1836). Homme politique américain. D'une famille d'origine anglaise émigrée vers le milieu du XVIIe s., fils d'un riche planteur, il contribua à l'élaboration de la Constitution du nouvel État de Virginie (1776) et fut une des personnalités dominantes de la convention de Philadelphie. En 1787, il défendit vigoureusement, avec Hamilton, la thèse d'un gouvernement fédéral fort mais se sépara de lui pour défendre la liberté des États ; c'est pourquoi il créa avec Jefferson le parti républicain (ancêtre de l'actuel parti démocrate). Secrétaire d'État de 1801 à 1809, puis quatrième président des États-Unis (1809/17), il fut malgré lui entraîné dans la guerre de 1812/14 avec l'Angleterre.

MADRID. Capitale de l'Espagne en Nouvelle-Castille. 5,4 millions d'habitants en 2001.

Madrid fut probablement occupée dès l'époque préhistorique et vit ensuite s'élever un établissement romain. En 932, il est fait mention de la forteresse maure de *Majrit*, qui fut alors mise à sac par Ramire II, mais resta cependant aux Arabes. Prise en 1083 par Alphonse VI de Castille, Madrid reçut d'Alphonse VII divers privilèges ; les Cortes s'y réunirent en 1309 et 1478. Henri III, Jean IV de Portugal et Henri IV de Castille y firent de longs séjours. Philippe II décida en 1561 d'y établir la capitale de l'Espagne mais Madrid ne prit définitivement ce rang qu'au début du XVIIe s., sous le règne de Philippe III. C'est de l'époque du premier développement urbain que date la Plaza Mayor (1619). Au XVIIIe s., Charles III contribua beaucoup à l'embellissement de la ville ; il fit construire la Puerta de Alcalá, l'Observatoire et le palais Royal, œuvre de Filipo Luvara et de G. B. Sachetti (1735/64). Madrid fut occupée par les Français de 1808 à 1813. Au XXe s., Madrid, qui n'avait été jusqu'alors qu'un centre administratif et commercial, devint également une grande cité industrielle. Voir **ESPAGNE**.

MAFIA. Réseau secret de banditisme qui, depuis le début du XIXe s., a fait régner la terreur en Sicile et s'est efforcé de paralyser l'action de la justice. La Mafia doit ses origines à l'initiative des grands propriétaires de Sicile qui, profitant de la carence de la force publique sous les derniers Bourbons, engagèrent des groupes d'aventuriers qui firent peser sur les malheureux paysans une domination tyrannique. Mais ces groupes devinrent bientôt si puissants qu'ils dictèrent leur loi aux grands propriétaires eux-mêmes, leur imposant des hommes de leur choix et les soumettant à des prélèvements de taxes. Chaque groupe travaillait pour son propre compte, mais il existait des liens étroits entre ces diverses associations secrètes. La Mafia réussit peu à peu à faire passer plus ou moins directement sous sa coupe toute la vie administrative et politique sicilienne. En 1927, Mussolini prit des mesures énergiques contre l'organisation sans réussir à mettre fin à ses activités. Au cours des années 1960 s'est même affirmée une nouvelle Mafia, beaucoup plus redoutable que l'ancienne, disposant d'une organisation moderne, de filiales dans la péninsule, à Rome, à Milan, à Turin, et de puissantes complicités dans le monde politique, dans l'administration centrale, dans la justice même.

Souvent appelée l'*Honorable Société* ou *Cosa Nostra*, la Mafia a des ramifications en Calabre (*N'Dranghetta*), à Naples et en Campanie (*Camorra*) et dans le Sud de la France. À partir de 1972, elle s'est lancée dans un nouveau genre d'action criminelle : l'enlèvement de personnes dont la famille est capable de payer une très forte rançon ainsi que le trafic de la drogue. La société italienne souffre des complicités de la Mafia avec certains fonctionnaires et hommes politiques. Plusieurs juges et policiers ont payé de leur vie leur action contre les réseaux mafieux : le général Della Chiesa à Palerme, en 1982, et le juge Falcone, également à Palerme, en 1992, par exemple.

Dans les années 1880, la Mafia fut également introduite aux États-Unis par les émigrés siciliens. Les premiers systèmes de racket furent mis en place à l'époque de la Première Guerre mondiale. Al Capone dota *Cosa Nostra* d'une organisation moderne centrée autour de « familles », chacune dirigée par un « capo ». Durant la période de la prohibition (v.), la Mafia s'enrichit considérablement des revenus tirés du trafic d'alcool, de la prostitution, des paris et des jeux.

Cosa nostra a pénétré après 1945 le monde de la Bourse et de l'immobilier, tout en investissant dans des entreprises plus faciles à soustraire au contrôle fiscal : laveries automatiques, casinos. Mais ses gains les plus élevés proviennent du trafic de la drogue.

MAGADHA. Ancien royaume indien dont le centre se trouvait dans le Bihar. Ses origines remontent au VIe s. av. J.-C. Il connut son apogée sous la dynastie des Maurya (IVe/IIe s. av. J.-C.), avec les empereurs Chandragoupta et Açoka ; il s'étendit alors à toute la basse vallée du Gange et, au S., après l'annexion du royaume du Kalinga, jusqu'à la Godavari. Sa capitale était Patalipoutra (Patna). Aux IVe/VIe s. de notre ère, le Magadha fut de nouveau le cœur d'un grand empire indien, celui des Goupta.

MAGASINS (grands). C'est en France que fut inventée, sous le second Empire, la formule du « grand magasin ». Ce genre d'établissement sut tirer parti de la croissance très rapide de la population urbaine, du développement des chemins de fer et des transports urbains, de l'expansion de l'industrie, qui cherchait un plus large écoulement pour ses produits, et de l'incapacité à s'adapter du petit commerce traditionnel. La nouvelle formule reposait sur des principes simples mais révolutionnaires : réunion de rayons équivalant chacun à un magasin spécialisé ; pratique systématique de marges bénéficiaires réduites ; entrée libre dans le magasin, articles à la portée de la main, vendus au prix marqué, sans marchandage ; rotation rapide des stocks par des soldes spectaculaires ; effort publicitaire s'exerçant sur la province comme sur la capitale.

Le premier grand magasin parisien fut le Bon Marché, fondé en 1852 par Aristide Boucicaut (v.). Apparurent ensuite successivement le Bazar de l'Hôtel de Ville, créé en 1853 par Xavier Ruel ; le Louvre (1855) ; le Printemps, fondé en 1865 par Jules Jaluzot, ancien chef du rayon des soieries au Bon Marché ; la Samaritaine, créée par Ernest Cognacq en 1869 ; les Galeries Lafayette, fondées par Théophile Bader en 1895. Sans tuer pour autant le petit commerce, les grands magasins connurent une première expansion foudroyante : de 1852 à 1860, le chiffre d'affaires du Bon Marché passa de 500 000 à 5 millions de francs. On lança rapidement la vente par correspondance

La formule fut rapidement adoptée dans les pays étrangers. Vers 1930, les grands magasins français s'efforcèrent de conquérir une nouvelle clientèle en créant un nouveau type de magasin populaire (apparu d'ailleurs aux États-Unis dès 1880) : tels furent Prisunic, créé par le Printemps, et Monoprix, créé par les Galeries Lafayette. Les grands magasins supportent de plus en plus difficilement la concurrence de nouvelles formules commerciales : ainsi, les supermarchés et les surfaces spécialisées (FNAC, Darty, Habitat, magasins de bricolage) leur ont fait perdre peu à peu des pans entiers de leurs activités traditionnelles.

MAGDALÉNIEN. Civilisation du paléolithique supérieur découverte en 1863 par Édouard Lartet dans l'abri sous roche de La Madeleine à Tursac (Périgord), sur la rive droite de la Vézère, dans la région des Eyzies. Elle connut son plus bel épanouissement dans le S.-O. de la France, en particulier avec l'art pariétal qui la caractérise entre 17 000 et 12 000 ans avant notre ère. Initialement connue en France et en Espagne, le long de la côte cantabrique, elle a été décrite également en Suisse, en Allemagne, en Belgique, dans le sud de l'Angleterre et, vers l'E., jusqu'en Pologne, avec des différences régionales pour les industries. L'outillage osseux qu'elle a fourni est très perfectionné et peut être comparé à celui des Esquimaux d'aujourd'hui. On y trouve des sagaies de forme variée, des harpons à barbelures, des propulseurs qui aidaient à lancer des armes de jet, des baguettes demi-rondes en bois de renne, des bâtons percés et souvent décorés. L'industrie lithique montre une abondance de lamelles à dos, de grattoirs et de burins « bec-de-perroquet », appelés ainsi à cause de leur extrémité en forme de bec crochu.

Les hommes du Magdalénien, qui appartenaient à l'espèce *Homo sapiens*, furent soumis à d'assez fortes variations climatiques. Durant cette période dominée par un climat froid et sec, l'économie de chasse de ces hommes reposait essentiellement sur le renne, dont les peaux étaient utilisées pour les tentes, les vêtements, les sacs et dont les os et les bois servaient à fabriquer des outils. Les os de renne dominent en effet dans les sites magdaléniens français (Verberie, Pincevent, Laugerie-Haute, La Madeleine). Le renne représentait à lui seul 60 à 90 % des produits de la chasse, mais l'adoucissement climatique vers 10 000 ans provoqua son exode.

L'épanouissement esthétique du Magdalénien est un des plus achevés que l'humanité ait connu : l'art mobilier avec de petites statuettes animales et humaines en os ou en ivoire, des plaquettes gravées et des éléments de parure faits d'os, de coquillages, d'ivoire, de bois ou de pierre, et surtout l'art pariétal dans les grottes célèbres telles que Lascaux, Font-de-Gaume, Rouffignac, les Trois-Frères en France ou encore Altamira en Espagne.

MAGELLAN Fernand de, Fernão de Magalhães (* Porto ou Sabrosa, Trás-os-Montes vers 1480, † île Mactan, Cebu, Philippines, 27.IV.1521). Navigateur portugais. Compagnon d'Albuquerque en Inde, de 1505 à 1512, il jugea ses services mal récompensés et alla se mettre à la disposition de Charles Quint, roi d'Espagne (1517). Comme l'arbitrage pontifical de 1494 (v. Tordesillas) avait attribué à l'Espagne tous les territoires situés à l'O. d'une ligne passant au milieu de l'Atlantique, alors que le Portugal obtenait les territoires situés à l'E., c'est-à-dire l'Afrique et l'Asie, Magellan proposa à Charles Quint de démontrer qu'on pouvait atteindre les Moluques, riches îles des épices en prenant la route de l'O., et qu'ainsi ces îles pouvaient être légitimement revendiquées par l'Espagne. Charles Quint ayant approuvé ce projet, Magellan partit de Sanlucar de Barrameda le 20 sept. 1519 avec cinq navires. Après avoir longé la côte orientale de l'Amérique du Sud, il découvrit, le 21 oct. 1520, le détroit qui porte son nom, entre le continent américain et la Terre de Feu, et, le 28 nov. suivant, il entra dans l'océan Pacifique. Il mit un peu plus de trois mois et demi à le traverser, fit escale à Guam dans les îles Mariannes (6/9 mars 1521), et, le 16 mars 1521, il découvrit les Philippines. Le mois suivant, il devait trouver la mort dans un combat contre les populations indigènes. Deux de ses navires atteignirent les Moluques. Un seul, le *Victoria*, sous le commandement de Sebastián Elcano, réussit, après avoir fait le tour de l'Afrique, à rentrer en Espagne, le 6 sept. 1522. Ce fut le premier voyage maritime autour du monde. Voir Découverte du monde.

MAGENTA (bataille de). Bataille remportée le 4 juin 1859 par les Franco-Piémontais sur les Autrichiens qui abandonnèrent Milan et la Lombardie. Voir Italie.

MAGINOT André (* Paris, 17.II.1877, † Paris, 7.I.1932). Homme politique français. Élu député de la gauche démocratique en 1910, sous-secrétaire d'État à la Guerre (1913/14), il partit au front en 1914 comme simple soldat et fut grièvement blessé. Ministre des Colonies et des Pensions dans divers cabinets, puis ministre de la Guerre de 1922 à 1924, et de 1929 à sa mort, il fit voter la loi du 4 janv. 1930 sur la construction, à la frontière de l'E., d'une ligne fortifiée qu'on appela **ligne Maginot**. En raison du refus de la Belgique, la ligne Maginot ne fut pas poursuivie le long de la frontière franco-belge. En mai/juin 1940, l'armée allemande, qui avait lancé sa principale offensive par la Belgique, la prit à revers. La ligne Maginot, symbole d'une stratégie défensive, avait entretenu un sentiment de sécurité illusoire dans le commandement français.

MAGISTRATURE. Dans la France d'Ancien Régime, corps de juges professionnels qui ont exercé leur charge au sein de parlements. Voir Parlement.

MAGNUS VI Lagaböte, c'est-à-dire *le Législateur* (* 1238, † Bergen, 9.V. 1280). Roi de Norvège (1263/80). Voir Norvège.

MAGNUS VII Ericsson (* 1316, † 1er.XII.1374). Roi de Norvège (1319/43) et de Suède (1319/65). Voir Norvège.

MAHATHIR BIN MOHAMMAD Datuk Serl Dr (Alor Star, Kedah, XII.1925). Homme politique malaisien. Voir Malaisie **(Fédération de)**.

MAHDI. La croyance eschatologique en la venue du *mahdi* (c'est-à-dire « le bien dirigé ») s'est répandue à la fin du VIIe s., jouant un rôle capital dans le chiisme, alors que les théologiens sunnites l'ont toujours considérée avec quelque suspicion. Pour les chiites, le mahdi est un membre de la famille d'Ali, autrement dit l'imam caché. (v. ISLAM). En toutes les époques où l'islam a traversé une grande crise, l'attente du mahdi a connu dans les masses populaires une ferveur renouvelée. Le mahdi le plus connu, **Mohamed Ahmed** (* Dongola, Soudan, 12.VIII.1844, † Omdurman, 22.VI.1885), prit ce titre en 1881 et conquit tout le Soudan qu'il organisa comme un État théocratique.

MAHMOUD de Ghazni (* vers 970, † 1030). Roi de Ghazni (998/1030). Fils de Soubouk-Tigin, émir turc de Ghazni, en Afghanistan, il fit reconnaître officiellement son indépendance par le califat en 999. Grand chef de guerre et serviteur infatigable de l'islam, il se rendit célèbre par ses expéditions dévastatrices en Inde à partir de 1001. Le plus spectaculaire de ces raids fut la traversée de la péninsule du Kathiawar pour piller le temple fameux de Somnath. De ses diverses campagnes en Inde, il conserva le Pendjab, base de la conquête ultérieure de toute l'Inde par les musulmans. Vers l'ouest, il conquit l'Iran oriental, et étendit son influence jusqu'à la mer d'Aral et à la Caspienne. Protecteur des poètes et des érudits, parmi lesquels Firdousi et El-Birouni qui séjournèrent à sa cour, Mahmoud de Ghazni devait être célébré pendant des siècles comme un des plus grands champions de l'islam. Voir GHAZNÉVIDES.

MAHMOUD II (* 20.VII.1795, † Constantinople, 1er.VII.1839). Sultan ottoman (1808/39). Voir TURQUIE.

MAHOMET, Mohammed (* La Mecque, vers 570/80, † Médine, 8.VI.632). Prophète arabe. Il appartenait à la famille de Hachim, l'une des plus importantes de la tribu des Koraïchites, qui constituait l'aristocratie mecquoise. Il était encore dans la petite enfance lorsqu'il perdit ses parents et son grand-père. Il fut recueilli par son oncle, Abou Talib. La famille de Hachim jouissait à La Mecque d'une grande considération, mais elle était peu fortunée, à la différence de l'autre famille prépondérante des Koraïchites, celle d'Omeyya. Le jeune Mahomet passa sans doute ses années d'adolescence à conduire des caravanes ; selon la tradition, alors qu'il voyageait ainsi pour le compte de son oncle, il rencontra en Syrie, à Bostra, le moine chrétien Bahira, qui aurait deviné sa vocation prophétique. Vers l'âge de vingt-cinq ans, Mahomet épousa la veuve Khadidja, de beaucoup son aînée, mais qui était fort riche, car elle se livrait à de fructueuses activités commerciales. Khadidja devait apporter à Mahomet non seulement le secours de sa fortune, mais un appui moral constant, qui le confirma peu à peu dans le sentiment de sa mission. Tant qu'elle vécut, Mahomet ne prit pas d'autre femme ; Khadidja lui donna le seul de ses enfants qui devait laisser une descendance, Fatima, future épouse du jeune cousin de Mahomet, Ali, fils d'Abou Talib.

Tourmenté par des préoccupations religieuses Mahomet s'isolait souvent dans une grotte des environs de La Mecque, rencontrait des solitaires, acquérait une grande connaissance du judaïsme et du christianisme. Au cours de ses méditations, Mahomet commença à entendre des voix et à avoir des visions. Sur le mont Hira, l'archange Gabriel lui apparut et lui révéla la parole divine en lui enjoignant impérieusement de la prêcher. Mahomet accueillit d'abord cette expérience mystique avec beaucoup de doutes, mais finalement, sur les conseils de Khadidja, il commença à communiquer les révélations qu'il avait reçues et qui devaient former le contenu du Coran. Son apostolat commença vers l'an 613 : il avait donc plus de quarante ans, si l'on accepte la date de naissance traditionnelle (570). Ses premiers convertis furent sa femme, son cousin Ali, un riche commerçant mecquois, Abou Bakr, et Omar. Mahomet prêchait un strict monothéisme : un Dieu tout-puissant, unique, créateur de l'univers, juge de tous les hommes ; il annonçait des châtiments terribles pour tous ceux qui se reposaient uniquement dans les biens terrestres ; il promettait le salut à tous ceux qui adoreraient Dieu d'un culte sincère, qui observeraient la prière, qui feraient l'aumône. Mahomet ne se présentait nullement comme un novateur ; au contraire, il ne cessait devant ses auditeurs de se réclamer de l'exemple des autres grands prophètes du monothéisme, Abraham, Moïse, Jésus (v. ISLAM).

Cette prédication irrita l'oligarchie mecquoise qui n'appréciait guère les promesses de châtiments terribles pour les orgueilleux possédants. Mahomet, qui se trouvait très isolé depuis la mort, en 619, de sa femme et de son oncle Abou Talib, se vit ridiculisé et insulté, traité de possédé et d'imposteur. Rejeté par les riches, il fut amené à recruter ses disciples parmi les humbles. Le Prophète dut bientôt quitter La Mecque et se réfugier dans la ville voisine et rivale de Yathrib ; celle-ci devait prendre le nom de *Médinat el-Nabi* (la « Ville du Prophète »), dont nous avons fait Médine. Cet exil, qui aurait eu lieu dans la nuit du 16 juill. 622, marque le point de départ de l'ère musulmane : c'est l'hégire (v.). Mahomet, qui avait entraîné avec lui le petit groupe de ses disciples restés à La Mecque, au lieu d'émigrer en Éthiopie comme d'autres, rompait ainsi radicalement avec sa tribu et, par ce seul acte, il posait les bases d'une communauté nouvelle dont l'unité serait formée par des liens religieux. Il organisa les Médinois en unifiant les éléments hétérogènes de la population et en leur accordant des droits égaux ; diplomate et temporisateur, Mahomet accepta aussi les convertis par opportunisme ; il tenta même de gagner les Juifs, mais vainement. Le Prophète substitua alors la force à la persuasion pour imposer son autorité aux Juifs de Médine. Il expulsa ou extermina les communautés juives récalcitrantes ; dès 624, an II de l'hégire, il ordonna que la prière ne serait plus dite en direction de Jérusalem mais de La Mecque. À la communauté médinoise, complètement réorganisée sous sa loi, Mahomet donnait en effet un objectif essentiel : la conquête de La Mecque. Pour parvenir à ses fins religieuses, il n'hésitait pas à exploiter la jalousie des gens de Médine à l'égard des riches marchands mecquois. La guerre sainte prit d'abord la forme d'une série de petites expéditions contre les caravanes de La Mecque. Au printemps 624, Mahomet remporta à Badr sa première grande victoire sur les Mecquois. Mais, l'année suivante, ceux-ci avancèrent vers Médine et battirent les musulmans ; Mahomet lui-même fut blessé. Heureusement, les Mecquois n'exploitèrent pas leur avantage.

En 629, par le traité d'Hodaïbiya, Mahomet, au prix de concessions, obtint d'être reconnu officiellement par les Mecquois, et il put, durant trois jours, accomplir avec ses compagnons un pèlerinage à La Mecque. C'est alors qu'il gagna les adhésions importantes d'Amr ibn el-As et de Khalid ibn el-Walid, et il profita de cette trêve pour resserrer ses alliances. Dans ce dessein, il pratiqua une véritable politique matrimoniale et, après la mort de Khadidja, il n'épousa pas moins de douze femmes, entre autres Aïcha, fille d'Abou Bakr et Hafsa, fille d'Omar. C'est encore par un mariage, avec la fille d'Abou-Sofyan, qu'il s'assura le ralliement d'un des plus importants commerçants de La Mecque, qui s'était montré jusqu'alors le champion du parti hostile à l'islam. Abou Sofyan promit à son nouveau gendre de préparer la reddition de La Mecque ; en janv. 630, Mahomet put s'emparer enfin de la ville, presque sans coup férir. Il détruisit les idoles, fit de la Kaaba (v.) un sanctuaire musulman, mais montra à l'égard des personnes la plus grande modération et décréta une amnistie générale. La population se rallia rapidement.

Désormais établi à Médine et à La Mecque, l'islam se répandit dans la péninsule Arabique. Revenu au milieu de ses fidèles Médinois, Mahomet fit, au printemps 632, le « pèlerinage de l'adieu » à La Mecque ; peu après son retour à Médine, il mourut d'une pleurésie. Malgré ses nombreux mariages, il ne laissait pas d'enfant mâle, et sa succession provoqua une crise violente dans la jeune communauté islamique. Les enseignements de Mahomet sont contenus dans le Coran (v.), que les musulmans considèrent comme un livre dicté par Dieu au Prophète, ainsi que dans les *hadiths* (traditions), qui furent recueillis par ses disciples et qui constituent la *sunna*. Voir ISLAM.

MAI 1793 (journée du 31). Journée révolutionnaire parisienne qui marqua la première phase de la chute des Girondins, consommée le 2 juin suivant (v. JUIN **1793**). Formée par la Convention à l'instigation des Girondins, la commission des Douze avait décidé l'arrestation de plusieurs extrémistes, parmi lesquels Hébert. Devant la délégation de la Commune venue réclamer sa libération à l'Assemblée, le président de celle-ci, Isnard, n'hésita pas à menacer Paris de destruction. Un comité insurrectionnel des sections parisiennes se forma alors et imposa à la Commune la nomination d'Hanriot à la tête de la garde nationale. Malgré la libération des prisonniers (27 mai), les sectionnaires, le 31, envahirent la Convention en réclamant la mise en accusation d'une vingtaine de Girondins ; mais ils ne purent obtenir des députés que la suppression de la commission des Douze. Le Comité insurrectionnel prépara alors l'émeute du 2 juin.

MAI 1877 (crise du 16). Crise politique française provoquée par l'opposition croissante entre le président de la République, Mac-Mahon (v.), qui prétendait intervenir personnellement dans la direction des affaires, et le gouvernement de Jules Simon, investi de la confiance de la Chambre des députés. Pour se débarrasser de Jules Simon, Mac-Mahon saisit le prétexte du vote, par les députés, le 15 mai 1877, d'un texte abrogeant une loi de 1875 qui enlevait aux jurys la connaissance des délits de presse. Le lendemain, 16 mai, le maréchal adressa à Jules Simon une lettre blessante, qui fut rendue publique. Jules Simon démissionna le jour même et Mac-Mahon forma un second cabinet d'« ordre moral » sous la direction de de Broglie.

MAI 1919 (mouvement du 4). Nom donné à la révolte des étudiants chinois contre le gouvernement de Pékin, à la nouvelle que la délégation chinoise à la conférence de la paix réunie à Versailles avait accepté les revendications japonaises, en particulier la cession de la province du Chan-tong. Voir CHINE.

MAI 1958 (crise du 13). Crise politique née des difficultés de la guerre d'Algérie et qui a causé la chute de la IVe République. Voir FRANCE et ALGÉRIE.

MAI 1968 (crise de). Dans le monde entier, le printemps 1968 fut marqué par une agitation étudiante qui se cristallisait sur la protestation contre la guerre du Viêt-nam, mais, au-delà de l'événement, visait dans la puissante Amérique la moderne « société de consommation ». En France, la crise contrasta violemment avec les dix années d'autorité, de stabilité ministérielle et de personnalisation du pouvoir que venait de connaître le pays.

De la Sorbonne aux usines

La révolte étudiante, qui couvait à l'université de Nanterre depuis le 22 mars 1968, date de l'arrestation de quelques militants du Comité Viêt-nam, éclata à la suite de la fermeture de la Sorbonne sur l'ordre du gouvernement et à la demande du doyen Roche (3 mai). À partir du 10 mai, le quartier Latin connut plusieurs « nuits des barricades », et des affrontements extrêmement violents eurent lieu désormais entre les étudiants et les forces de l'ordre. Surpris autant que le gouvernement par l'ampleur du mouvement étudiant, à la tête duquel s'affirmaient de jeunes chefs anarchistes maoïstes ou trotskistes comme Daniel Cohn-Bendit

Alain Geismar ou Jacques Sauvageot, les hommes politiques de l'opposition parlementaire, les communistes, les socialistes, François Mitterrand, Pierre Mendès France, manifestèrent leur solidarité, ainsi que les syndicats, et un grand défilé populaire réunit près d'un million de personnes, le 13 mai. Le soir même, les étudiants occupaient la Sorbonne. Dès le lendemain, le monde ouvrier déclenchait les premières grèves. Dans les jours suivants, les grèves avec occupation d'usines se multiplièrent à Paris et en province ; dès le 18, le général de Gaulle interrompait son voyage en Roumanie et rentrait à Paris ; le 20, on comptait 6 millions de grévistes en France. Le gouvernement, abandonné par l'ORTF lui-même, apparaissait stupéfait, apathique et impuissant.

La France vivait tout à coup à l'heure de la démocratie directe. Les grands thèmes du mouvement de Mai – autonomie universitaire et professionnelle, cogestion, autogestion, pouvoir étudiant, pouvoir ouvrier... – étaient discutés passionnément, au milieu des pavés arrachés et des voitures incendiées par les manifestants. Le mouvement débordait de beaucoup la politique et échappait complètement aux politiciens professionnels. Du haut en bas de la société surgissait une immense interrogation sur le sens du monde, de la culture, de la vie sociale et personnelle.

Les accords de Grenelle

La Ve République devait être sauvée par l'absence d'un projet politique commun chez ses opposants. La révolte étudiante avait trouvé d'emblée de vives sympathies parmi les syndicalistes de la CFDT. En revanche, la CGT et le parti communiste, considérant qu'il n'existait pas en France de véritable situation révolutionnaire, voyaient dans cette irruption du gauchisme – dénoncé en son temps par Lénine – le péril numéro un. Tout en suivant le mouvement, cégétistes et communistes étaient résolus à le ramener sur le terrain qui leur était familier, celui des revendications ouvrières. Tirant parti habilement de cette situation, Pompidou obligea le patronat à des concessions très importantes qui devaient mettre en péril à moyen terme l'économie et la monnaie nationale, mais qui permirent de ramener rapidement le calme. Par les accords de Grenelle (27 mai), les ouvriers obtinrent des avantages substantiels. Mais ces accords, acceptés par les dirigeants syndicaux, furent rejetés par la base ouvrière, qui, à l'instigation de minorités « gauchistes », décida dans sa large majorité la poursuite de la grève. À la différence des communistes, la gauche socialiste faisait des ouvertures aux gauchistes. Le 28 mai, François Mitterrand n'hésitait pas à préconiser la formation d'un gouvernement provisoire, en mettant en avant le nom de Mendès France. Proposition qui rencontra l'hostilité des communistes et fut dénoncée par le gouvernement comme une tentative de gouvernement insurrectionnel.

La victoire gaulliste

À Paris et surtout en province, le poids de la « majorité silencieuse » commençait à se faire sentir ; stupéfaite de la brutalité de la crise, elle avait assisté passivement aux manifestations et aux violences. Le général de Gaulle, réconforté par son contact, le 29 mai, avec les chefs militaires des troupes stationnées en Allemagne, décida alors de reprendre la main : dans l'après-midi, alors que beaucoup d'observateurs, en France et à l'étranger, attendaient déjà la nouvelle de sa démission, il prononça sur un ton très énergique un bref discours radiodiffusé dans lequel il annonçait la dissolution de l'Assemblée nationale et de nouvelles élections législatives. À ce discours répondit quelques heures plus tard une imposante manifestation d'un million de personnes sur l'avenue des Champs-Élysées. Cependant, le travail dans les usines ne reprit que très lentement, dans la première quinzaine de juin. Alors que la gauche se montrait profondément divisée, les gaullistes axèrent leur campagne électorale sur le thème de la défense de la République contre la subversion communiste – nonobstant le rôle rien moins que révolutionnaire joué par le parti communiste au cours de la crise. Les images toutes fraîches des manifestations et des déprédations étudiantes furent systématiquement utilisées pour créer un climat de « grande peur ». La poussée de la majorité gaulliste, déjà très nette au premier tour des élections (23 juin), se transforma en un succès triomphal, au second tour, le 30 juin 1968. Cependant, la crise de mai 1968 avait profondément ébranlé la Ve République et, moins d'un an plus tard, le général de Gaulle perdait le référendum du 28 avr. 1969 et décidait de quitter le pouvoir.

MAIN DE JUSTICE. Bâton surmonté d'une main ouverte avec trois doigts étendus (geste de bénédiction dans l'Église latine) que les rois de France tenaient de la main gauche en certaines occasions solennelles. Rappelant la consécration divine accordée à l'autorité royale, la main de justice était le symbole du pouvoir judiciaire.

MAINE. Ancienne province de l'ouest de la France, entre la Normandie, la Bretagne, l'Anjou, la Touraine et l'Orléanais ; elle forma avec le Perche le grand gouvernement de Maine-et-Perche, chef-lieu *Le Mans*. Gouverné par des comtes héréditaires dès la fin du IXe s., le Maine passa aux comtes d'Anjou au début du XIIe s. et, à partir de 1154, fit partie des possessions anglaises sur le continent. Confisqué par Philippe Auguste à Jean sans Terre en 1203, il fut donné par Saint Louis à son frère Charles d'Anjou (1232), puis passa par mariage, avec l'Anjou, à Charles de Valois (1290). À l'extinction de la maison de Valois (1481), le Maine fit retour à la couronne de France. Henri II le donna en apanage au futur Henri III ; celui-ci le céda à son frère, François d'Alençon, à la mort duquel le Maine revint dans le domaine royal (1584). Depuis la

Révolution, le Maine a formé les départements de la Sarthe et de la Mayenne.

MAINE, Louis Auguste de Bourbon, duc du (* Saint-Germain-en-Laye ?, 31.III.1670, † Sceaux, 14.V. 1736). Prince français. Fils de Louis XIV et de Mme de Montespan, légitimé en 1673 reçut le titre de duc du Maine. Il fut élevé par Mme de Maintenon et marié en 1692 à la petite-fille du Grand Condé. Très aimé de son père, il reçut rang immédiatement après les princes du sang (1695), fut nommé grand maître de l'artillerie, colonel des suisses, premier lieutenant général, déclaré apte à succéder au trône à défaut des princes du sang (édit du 29 juill. 1714), enfin, par le testament de Louis XIV, chargé de la tutelle du jeune Louis XV. Mais, aussitôt après la mort du roi, Philippe d'Orléans fit casser le testament et enleva au duc du Maine presque toutes ses prérogatives ; un arrêt du parlement (août 1717) dépouilla le duc de son rang de prince du sang et de ses droits à la succession. La charge de l'éducation de Louis XV, qui lui avait d'abord été laissée, lui fut enlevée en 1718. Le duc entra alors, poussé par sa femme, dans la conspiration de Cellamare, l'ambassadeur d'Espagne en France, et fut arrêté, ainsi que la duchesse (1718/20). Libéré, il se détourna complètement de la politique et se réconcilia même avec le Régent. Sa femme, **Anne Louise Bénédicte de Bourbon-Condé** (* 1676, † 1753), fut l'âme de la conspiration de Cellamare (v.). Après son échec, elle se retira dans son château de Sceaux, où elle tint une cour brillante, rivale de celle de Versailles.

MAINMORTE. Incapacité caractéristique dont étaient frappés les serfs dans l'ancienne France. Durant sa vie, le serf jouissait librement de ses biens personnels ; il pouvait disposer de sa tenure avec l'assentiment de son seigneur. Mais il était privé de la faculté de tester, et, à sa mort, ses biens revenaient à son seigneur, selon le principe : « Le serf mort saisit le vif son seigneur. » Dès le XIIe s., le régime de la mainmorte s'allégea : dans beaucoup de régions, le seigneur ne prenait qu'un seul objet mobilier ou une seule tête de bétail (droit du « meilleur catel »), ou il acceptait le versement, par les héritiers, d'une taxe particulière. La mainmorte avait pour but essentiel d'empêcher les biens de passer à des personnes extérieures à la seigneurie. Dès le XVIIe s., elle avait pratiquement disparu. Elle fut officiellement abolie dans ses domaines par Louis XVI en 1779.

On appelait **gens de mainmorte** les personnes morales, corps et communautés ecclésiastiques et laïques (églises, évêchés, chapitres, commanderies, couvents, hôpitaux, hospices, etc.), qui, étant perpétuels, ne produisaient aucune mutation par mort. L'édit de Machault, en 1747, interdit aux gens de mainmorte de recevoir ou d'acquérir des biens sans autorisation spéciale.

MAINTENON, Françoise d'Aubigné, marquise de (* Niort, 27.XI.1635, † Saint-Cyr, 15.IV.1719). Dame française, seconde épouse de Louis XIV. Se trouvant dans le dénuement, elle fut réduite, au printemps 1652, à épouser le poète paralytique Scarron, qui avait vingt-cinq ans de plus qu'elle. Elle accueillait dans son salon une société spirituelle qui comptait notamment Mme de Sévigné et Mme de La Fayette. Après la mort de Scarron (1660), elle obtint une pension d'Anne d'Autriche. Elle fut chargée de l'éducation des bâtards que le roi eut avec Mme de Montespan. Après la légitimation de ces derniers, Louis XIV lui accorda le titre de marquise de Maintenon.

Sa dignité, sa conversation sérieuse, sa piété lui donnèrent un ascendant croissant sur le roi, dont elle décida de faire le salut. Dame d'atour de la Dauphine (1680), toute-puissante après la disgrâce de Mme de Montespan, elle fut unie à Louis XIV par un mariage secret après la mort de la reine, union que l'on situe généralement entre 1683 et 1686. Mme de Maintenon imposa peu à peu à la cour un air d'austérité qui contrastait avec le début du règne. Elle eut un rôle politique que l'on a exagéré : pieuse catholique, elle a poussé à la conversion des protestants, mais fut à peu près étrangère à la révocation de l'édit de Nantes. Profondément pacifique, elle soutint le clan Colbert contre Louvois. Très intéressée par la pédagogie, elle fonda la maison de Saint-Cyr pour l'éducation des jeunes filles nobles sans fortune (1686) et veilla aux progrès de cette maison. Elle s'y retira, octogénaire, à la mort du roi. Elle a laissé des ouvrages pédagogiques. La plus grande partie de sa correspondance a été publiée.

MAIRE DU PALAIS, *major domus*. Le maire du palais ne fut d'abord que l'intendant de la maison du roi mérovingien ; il s'occupait de la fortune privée du souverain, du gouvernement intérieur du palais et commandait les domestiques royaux. Au VIIe s., le maire du palais acquit des prérogatives politiques croissantes ; il devint chef de la garde et de l'administration ; il exerça le pouvoir pendant la minorité du roi. Après la mort de Dagobert, sous les « rois fainéants », les maires du palais accaparèrent complètement les pouvoirs royaux. Les plus connus des maires du palais furent : en Neustrie, Ébroïn, qui lutta énergiquement contre l'aristocratie ; en Austrasie, Pépin de Landen et Pépin de Herstal (687), qui rendit sa fonction héréditaire dans la famille des Pippinides. En 752, Pépin le Bref prit le titre de roi et supprima la fonction de maire du palais. Voir CAROLINGIENS.

MAISON DU ROI. La Maison du roi, qui s'appelait au Moyen Âge *Hôtel du roi*, comprit à partir du règne de Louis XIV une maison civile et une maison militaire. Elle était dirigée depuis la fin du XVIe s. par un secrétaire d'État à la Maison du roi. La maison civile avait pour principaux officiers le grand aumônier, le grand maître, le premier maître d'hôtel, le grand chambellan, les quatre premiers gentilshommes de la chambre, le grand maître des cérémonies, le grand écuyer, le grand veneur, etc., qui, à la fin de l'Ancien Régime, commandaient un personnel de plus de 4 000 personnes. La *maison militaire* comprenait en 1775 quatre compagnies de gardes du corps, deux compagnies de mousquetaires (v.), une compagnie de chevau-légers, une compagnie de gendarmes, dite la *Maison rouge* à cause de l'uniforme, une compagnie de grenadiers à cheval, une compagnie de gardes de la porte, une compagnie de cent-suisses. Supprimée à la Révolution, la Maison du roi reparut en 1814 et disparut définitivement à la révolution de 1830.

MAÎTRE DES REQUÊTES. Dans la monarchie française, les maîtres des requêtes, appelés à l'origine *magistri libellorum supplicum*, furent d'abord chargés de recevoir les plaintes et requêtes adressées au roi et de lui en faire un rapport. À partir du XVIe s., les maîtres des requêtes furent envoyés par le roi en tournées d'inspection, ou « chevauchées », dans les provinces et leur rôle préfigura celui des intendants. De huit vers le milieu du XIVe s., leur nombre atteignit une centaine au XVIe s. Au Conseil du roi, devenu au XVIIe s. Conseil d'État privé ou Conseil des parties, les maîtres des requêtes exerçaient les fonctions de rapporteurs des requêtes. Membres de la haute bourgeoisie, ils achetaient leur charge fort cher et devenaient souvent intendants et conseillers d'État. Les maîtres des requêtes furent supprimés en 1791. Quand le Conseil d'État fut rétabli et réorganisé, en 1799, on réinstitua des maîtres des requêtes, chargés de présenter des rapports sur les affaires qui leur étaient distribuées.

MAISTRE Joseph, comte de (* Chambéry, 1er.IV. 1753, † Turin, 26.II.1821). Homme politique sarde et écrivain français. Après avoir publié des pamphlets antirévolutionnaires destinés au grand public, il révéla son génie de penseur et d'écrivain dans ses *Considérations sur la Révolution française* (1796), où il montrait dans la Révolution un événement catastrophique et providentiel qui débordait toutes les perspectives humaines. Envoyé extraordinaire de la Sardaigne à Saint-Pétersbourg en 1802, il resta pendant quinze ans en Russie, où il composa ses grands ouvrages : *Essai sur le principe générateur des constitutions politiques* (1809, publié en 1814) et *Les Soirées de Saint-Pétersbourg ou Entretiens sur le gouvernement temporel de la Providence* (publié en 1821). Rappelé au Piémont en 1817, il y rédigea son livre *Du pape* (1819), une apologie de la théocratie pontificale, au spirituel comme au temporel, qui fit de lui un des grands inspirateurs de l'ultramontanisme du XIXe s.

MAJOR John (Merton, sud-ouest de Londres, 29.III.1943). Homme politique anglais. Issu d'un milieu modeste, il fut élu député conservateur en 1979. Après la démission de Margaret Thatcher, en nov. 1990, il fut nommé Premier ministre. Artisan de la victoire conservatrice d'avr. 1992, il devait cependant voir sa popularité s'effondrer, à la fois du fait des remous internes au parti conservateur et de la persistance d'une profonde crise sociale. Il perdit les élections législatives de mai 1997 face au leader travailliste Tony Blair qui lui succéda au poste de Premier ministre.

MAJORQUE (royaume de). État détaché de la couronne d'Aragon en 1276 par Jacques Ier le Conquérant en faveur de son fils cadet, Jacques. Il comprenait les Baléares, la Cerdagne, le Roussillon, Montpellier, et avait pour capitale Perpignan. Son premier souverain, Jacques Ier (1276/1311), essaya sans succès d'affirmer son indépendance entre les convoitises rivales de son frère, Pierre III d'Aragon, et celle du roi de France, Philippe le Hardi. Il eut pour successeur Sanche Ier (1311/24), puis Jacques II (1324/44). Ce dernier se vit priver de ses États par son cousin, Pierre IV d'Aragon, et le royaume de Majorque fut réannexé à l'Aragon. La seigneurie de Montpellier, quant à elle, fut vendue au roi de France en 1348.

MAKARIOS III, Mikhaïl Khristodoulou Mouskos (* Ana Panaya, près de Paphos, 13.VIII.1913, † Nicosie, 3.VIII.1977). Prélat et homme politique chypriote. Évêque de Kition en 1948, il se lança dans la politique et se fit d'abord le champion de l'« énosis », c'est-à-dire de l'union de Chypre avec la Grèce. Élu archevêque et ethnarque en 1950, il réclama pour son île le droit à l'autodétermination, mais les Anglais le déportèrent aux îles Seychelles (1956/57). Revenu à Chypre en mars 1959, il devint président de la République chypriote (14 déc. 1959). Voir CHYPRE.

MALAISIE (Fédération de), *Malaysia*. La péninsule malaise, qui s'étend au S. du continent asiatique, bordée à l'O. par l'océan Indien et le détroit de Malacca, à l'E. par la mer de Chine, fut peuplée dès le paléolithique (grottes de Niah, environ 40 000 ans av. J.-C.). Des populations protomalaises, descendues du Yunnan, mêlées ensuite à des Chinois, à des Indiens, à des Siamois et à des Arabes, sont à l'origine des Malais actuels, qui occupent non seulement la péninsule malaise, mais aussi les îles de l'Indonésie, et sont également répandus dans la plupart des archipels de l'Océanie et aux Philippines.

Vers le début de notre ère, la péninsule malaise voyait déjà s'épanouir de petits royaumes indianisés, dans lesquels prédominait le bouddhisme mahayaniste. Jusqu'au VIIIe s., la Malaisie fut dominée par le royaume du Fou-nan, dont le centre se trouvait sur le golfe de Siam, puis par l'empire sumatranais de Çrivijaya du VIIIe au XIVe s.

Établis le long d'une des voies de passage maritimes les plus fréquentées du monde, qui met en communication l'Arabie et l'Inde avec l'Extrême-Orient, les Malais jouèrent dans l'océan Indien un rôle comparable à celui qu'avaient exercé les Phéniciens en Méditerranée. Utilisant une pirogue à voile carrée dont la stabilité est assurée par un balancier, ils étendirent leur cabotage le long des côtes de l'Inde, de l'Arabie et de la mer Rouge. Jusqu'à l'apparition de l'islam, ils furent les principaux intermédiaires entre l'Asie et l'Afrique orientale ; leur influence s'étendit jusqu'au cœur du continent africain et ils contribuèrent en partie au peuplement de Madagascar.

Une période nouvelle de l'histoire malaise commença avec la fondation, en 1403, du royaume de Malacca. L'islam y fut établi vers 1445.

La colonisation européenne

L'essor de Malacca, place de commerce importante, fut brisé par l'arrivée des Européens. En 1511, Albuquerque s'empara de Malacca, où les Portugais devaient se maintenir pendant plus d'un siècle. Trop peu nombreux pour entreprendre une véritable colonisation, les Portugais se concentrèrent sur Malacca, mais dès le début du XVIIe s., ils se heurtèrent à la rivalité hollandaise. En janv. 1641, après un siège de plus de cinq mois, les Hollandais enlevèrent Malacca ; ils s'assurèrent ainsi la suprématie navale et commerciale absolue en Malaisie.

Les Anglais s'affirmèrent dans les eaux malaises à la fin du XVIIIe s. ; en 1786, ils fondèrent une base dans l'île de Penang, à l'entrée du détroit de Malacca. Ils s'emparèrent ensuite de Malacca (1795) – que la Hollande leur céda définitivement en 1824 –, et, en 1819, St. Raffles posa les premières bases de la fondation de Singapour. Tandis que Malacca était rattachée en 1867 aux Straits Settlements, les petits sultanats de Malaisie passaient sous le protectorat britannique entre 1874 et 1914.

Les petits sultanats de Perak, Selangor, Negri Sembilan et Pahang constituèrent en 1895 les États fédérés de Malaisie (*Federated Malay States*) ; d'autre part subsistaient des États non fédérés. Sous l'autorité de la Grande-Bretagne, la Malaisie garda ainsi une physionomie politique très complexe. La mise en valeur économique de cette région par les Anglais (mines d'étain, plantations d'hévéas) accéléra l'immigration chinoise. Entre 1921 et 1941, la population chinoise doubla, si bien qu'aujourd'hui la péninsule malaise compte environ 50 % de Malais, plus de 40 % de Chinois et 10 % d'Indiens. Ce phénomène explique l'apparition tardive du sentiment national en Malaisie et les difficultés rencontrées depuis l'indépendance.

De la Malaisie à la Malaysia

Au cours de la Seconde Guerre mondiale, la péninsule malaise fut occupée par les Japonais dans les premières semaines de 1942 (Singapour fut prise le 15 févr. 1942). À la fin de la guerre, l'autorité coloniale britannique fut rétablie, mais les Anglais constituèrent avec leurs divers sultanats une **Fédération de Malaisie** (*Federation of Malaysia*), qui vit le jour en févr. 1948 ; elle comprenait uniquement les États de la péninsule malaise, sans Singapour. De 1948 à 1955/56, les troupes britanniques durent mener une lutte très difficile contre les guérillas du parti communiste malais, en majorité composé de Chinois ; les Britanniques étaient aidés par des troupes locales, presque toutes d'origine malaise. Le 31 août 1957, la Fédération de Malaisie devint indépendante dans le cadre du Commonwealth britannique ; elle comprenait les neuf États malais (Perlis, Kedah, Perak, Kelantan, Trengganu, Pahang, Selangor, Negri Sembilan, Johore) ainsi que les établissements britanniques de Penang et de Malacca, mais non pas Singapour. La capitale fédérale fut fixée à Kuala Lumpur, capitale de l'État de Selangor. Le premier chef du nouvel État fut le sultan de Negri Sembilan et la direction du gouvernement revint au chef du parti de l'Alliance, Tengku Abdul Rahman.

La **Fédération de Grande-Malaisie** ou **Malaysia**, conçue par Londres, vit le jour le 16 sept. 1963. Tengku Abdul Rahman resta au pouvoir. La nouvelle fédération comprenait, outre l'ancienne Fédération de Malaisie, la ville-État de Singapour, à la pointe de la péninsule malaise, ainsi que Sarawak et Sabah dans l'île de Bornéo (Brunei ayant finalement renoncé à entrer dans la Malaysia). La Malaysia fut ébranlée par la sécession de Singapour, qui se retira de la fédération et devint pleinement indépendante en août 1965. Le fragile équilibre politique et racial sur lequel reposait le gouvernement de Tengku Abdul Rahman et du parti de l'Alliance fut remis en question par les sanglantes émeutes qui opposèrent Chinois et Malais en mai 1969.

En sept. 1970, Tengku Abdul Rahman abandonna le pouvoir et fut remplacé par Tun Abdul Razak. Ce dernier se fit, dès 1972, le champion de la neutralisation de l'Asie du Sud-Est. Il céda le pouvoir à Mohammed Mahathir qui devint Premier ministre en 1981.

De pays producteur et exportateur de matières premières (caoutchouc, huile de palme, étain, teck), la Malaisie est devenue depuis 1985 un pays à l'économie industrielle grâce aux nombreux investissements étrangers, notamment japonais. La Malaisie connut dix ans de paix relative et de croissance sous le règne d'une coalition regroupant le parti gouvernemental de l'UMNO et le Front national (BN), qui maintint au pouvoir le Premier ministre Mahathir après les échéances électorales de 1990 puis de 1995. Le développement de l'industrie lourde s'est poursuivi, accompagné, sur le plan international, par une diplomatie et une économie centrées sur l'Est asiatique et contournant les États-Unis, très présents dans la région. La crise financière asiatique de 1997/98 vint ébranler ce fragile équilibre : les cours de la monnaie nationale s'effondrèrent, l'économie entra en récession, provoquant une flambée du chômage. Le gouvernement réagit en établissant un strict contrôle des changes et en décidant de se débarrasser des travailleurs immigrés, débauchés pour réserver les emplois aux Malais. Ces rapatriements forcés donnèrent lieu à des violences faisant des morts parmi les 10 000 Indonésiens expulsés en avr. 1998. En nov. 1999, sans doute à cause de la reprise économique qui s'annonçait, les législatives virent une nouvelle victoire de la coalition gouvernementale. Le parti islamiste PAS devenait le premier parti d'opposition, en faisant tomber quelques bastions de l'UMNO. Mahathir, qui s'était réservé les ondes de la télévision nationale lors de la campagne électorale, s'engagea dans un cinquième mandat ; en juin 2002, il a annoncé son retrait de la vie politique pour la fin de 2003.

MALAN Daniel François (* Riebeeck West, colonie du Cap, 22.v. 1874, † Stellenbosch, 7.II.1959). Homme politique sud-africain. Premier ministre d'Afrique du Sud (1948/54). Voir **Sud-africaine (République)**.

MALATESTA. Ancienne famille italienne qui régna, du XIIIe au XVe s., sur Rimini et une partie de la Romagne. Voir **Rimini**.

MALAWI. État de l'Afrique orientale, formé par l'ancien protectorat britannique du Nyassaland et s'étendant à l'O. et au S. du lac Nyassa ; capitale *Lilongwe*. Au début du XIXe s., les bords du lac Nyassa étaient habités par divers peuples bantous – les Yaos, Malawis, Tchewas, Toumboukas –, auxquels s'ajouta, vers 1845/50, une immigration massive de Ngoni chassés d'Afrique du Sud par les Zoulous. En 1859, David Livingstone dénonça les ravages causés dans la région par les marchands arabes d'esclaves. En 1878, la Compagnie des Lacs africains inaugura le commerce de l'ivoire ; ses heurts avec les marchands arabes provoquèrent, en 1891, l'intervention du gouvernement de Londres, qui devança les Portugais et établit son protectorat sur le Nyassaland en 1907.

Le mouvement nationaliste commença à prendre de l'ampleur à partir de 1944, avec la formation du *Nyassaland African Congress* (NAC), qui s'opposa violemment à la création de la Fédération de Rhodésie et du Nyassaland, en 1953. La Grande-Bretagne finit par s'incliner devant la puissance de l'opposition africaine. La Fédération de Rhodésie et du Nyassaland fut dissoute quelques mois plus tard, et, le 6 juill. 1964, le Nyassaland devint, sous le nom de *Malawi* un État indépendant au sein du Commonwealth.

Le 6 juill. 1966, le Malawi devint une république et le Dr Hastings Banda, ancien chef de l'opposition aux Britanniques, resté au pouvoir depuis 1963, fut élu président ; il devait se faire nommer président à vie en 1971. L'économie, essentiellement agricole (tabac, thé, etc.), restait dépendante des industries minières de Zambie, du Zimbabwe et de l'Afrique du Sud, où de nombreux salariés malawites étaient employés. La fin des années 1980 fut marquée par une grave crise économique due à la sécheresse et à l'afflux de centaines de milliers de réfugiés du Mozambique : une situation d'autant plus critique que le Malawi était particulièrement touché par l'épidémie de sida.

Face aux revendications d'une population en difficulté, Banda adopta d'abord une attitude répressive, mais, sous la pression des pays occidentaux qui décidèrent le gel de l'aide financière, il organisa un référendum sur le multipartisme en juin 1993. Le résultat, positif, permit la tenue d'une élection présidentielle en mai 1994. Défait, Banda dut quitter le pouvoir au profit du dirigeant de l'opposition, Bakili Muluzi. Malgré une entrée dans la croissance en 1996, l'économie du Malawi, fragilisée par le plan de restructuration imposé par le FMI, connut une série de catastrophes : inondations en 1997, effondrement des exportations de tabac en 1998, plongeon de la monnaie nationale, forte hausse des prix et chômage massif. Les élections de juin 1999, accompagnées de violences dans le Nord, reconduisirent le président sortant, B. Muluzi.

MALCOLM X, Malcolm Little, dit (* Omaha, Nebraska, 19.v. 1925, † New York, 21.II.1965). Homme politique noir américain. Fils d'un prédicateur baptiste, emprisonné pour attaque à main armée de 1944 à 1950, il se rallia aux idées d'Elijah Muhammed et il devint le chef de la tendance extrémiste des Black Muslims. Refusant toute intégration raciale, il combattit la campagne de Martin Luther King en faveur de l'égalité des droits civiques et appela les Noirs américains à se libérer par tous les moyens, même violents, avec l'aide des musulmans d'Afrique et d'Asie. En 1964, il rompit avec Elijah Muhammed et fut assassiné par des Black Muslims au cours d'un meeting qu'il tenait à Harlem. Voir **Noirs américains**.

MALDIVES (îles). Archipel de 1 250 îles coraliennes, dont 200 habitées, situé à 770 km au S.-O. du Sri Lanka ; capitale *Malé*. Peuplées vers 500 de notre ère par des immigrants venus du Sri Lanka, les Maldives furent gagnées à l'islam au XIIe s. Occupées par les Portugais (1558/73), elles passèrent sous protectorat britannique en 1887. Gouvernées longtemps par des sultans (élus à partir de 1932), elles devinrent une république en 1953, mais le premier président fut assassiné et, en 1954, l'archipel redevint un sultanat. Les Maldives acquirent pleinement leur indépendance en juill. 1965 et la république y fut de nouveau proclamée en nov. 1968. Entrées à l'ONU en 1975, les Maldives y étaient alors le plus petit État. Au pouvoir depuis son coup d'État de 1978, le président Maumoon Abdul Gayoon a été réélu pour un quatrième mandat en 1993. Ayant survécu à trois putschs (1980, 1983, 1988) et maintenant un contrôle politique fort (interdiction des partis), il jouissait cependant d'une incontestable popularité, appuyée sur une prospérité économique solide, fondée notamment sur le développement du tourisme. Sur le plan international, il a été reconnu pour son rôle de porte-parole des intérêts des micro-

États insulaires, menacés par la montée du niveau des océans (discours à l'ONU en sept. 2000).

MALÉKITE (rite). Nom de la plus ancienne tentative de codification de la loi islamique, entreprise au VIIIe s., du point de vue sunnite orthodoxe, par Malik ibn Anas (* vers 715, † 795) ; cette codification était fondée essentiellement sur les *hadiths*, acceptés sans critique. Représentant les conceptions juridiques des savants de Médine au VIIIe s., elle s'est répandue surtout en Espagne et au Maghreb.

MALENKOV Ghéorghi Maximilianovitch (* Orenbourg, 8.I.1902, † Moscou, 2.II.1988). Homme politique soviétique. Membre du Politburo en 1946, deuxième secrétaire du parti, il resta un des plus proches collaborateurs de Staline. À la mort de ce dernier, il lui succéda comme président du Conseil des ministres (15 mars 1953), mais sa politique, favorable à un accroissement des biens de consommation, fut attaquée par Khrouchtchev, qui obligea Malenkov à démissionner (févr. 1955).

MALESHERBES Chrétien Guillaume de Lamoignon de (* Paris, 6.XII.1721, † Paris, 22.IV.1794). Homme politique français. Fils du chancelier Guillaume de Lamoignon, il entra dans la magistrature, devint conseiller au parlement de Paris (1744), succéda à son père comme premier président de la Cour des aides (1750) et fut, la même année, nommé directeur de la Librairie, poste qu'il conserva jusqu'en 1768. Il montra une grande tolérance et protégea les philosophes et l'*Encyclopédie*. Il fut appelé au ministère par Louis XVI en 1775, en même temps que Turgot, et se vit confier le département de la Maison du roi (v.), auquel était attachée la police du royaume. Il se retira dès 1776, en même temps que Turgot. Lors de la Révolution, il refusa d'émigrer et se mit au service du roi ; le 13 déc. 1792, il réclama et obtint du président de la Convention le redoutable honneur de défendre Louis XVI dans son procès, en même temps que Tronchet et Desèze. Arrêté comme suspect en déc. 1793, il fut guillotiné en même temps que sa fille et ses petits enfants.

MALET Claude François de (* Dole, 28.VI.1754, † Paris, 29.X.1812). Général français. Général de brigade en 1799, ses opinions républicaines le firent arrêter en 1808 et il fut consigné dans une maison de santé où il prépara une conspiration contre Napoléon. Dans la nuit du 22 au 23 oct. 1812, il s'échappa en annonçant la mort de l'Empereur. Présentant des ordres falsifiés, il réussit à entraîner quelques troupes de la garnison de Paris. Il arrêta Savary, ministre de la Police, et prépara la constitution d'un gouvernement provisoire. Il ne put cependant intimider le général Hulin, commandant de la place de Paris, sur lequel il tira un coup de pistolet. Rapidement arrêté, il fut traduit devant une cour martiale et condamné à mort. Au président qui lui demandait quels étaient ses complices, il répondit : « La France entière, et vous-même, si j'avais réussi ! » Il fut fusillé dans la plaine de Grenelle avec treize de ses complices.

MALGRÉ-NOUS. Nom donné aux 130 000 Alsaciens et Lorrains incorporés de force dans l'armée allemande à partir de 1942.

MALI (empire du). Empire musulman de l'ouest du Sahel fondé au XIIIe s. Centré sur le haut Niger, l'empire du Mali contrôlait le commerce de l'or à destination du monde arabe. Très prospère, avec notamment les villes de Gao et Tombouctou, le Mali s'étendit au XIVe s. jusqu'à l'océan Atlantique mais déclina à partir du XVe s., perdit le contrôle de la plupart des sites aurifères au XVIe s. au profit de l'Empire songhaï et disparut au XVIIe s. sous les coups des Bambaras.

MALI (république du). État de l'Afrique occidentale s'étendant sur la vallée du moyen Niger, entre Gao et Bamako ; capitale *Bamako*. Son territoire a fait partie de l'empire du Mali (v.) et de l'Empire songhaï, puis, au XIXe s., de l'éphémère empire d'El-Hadj Omar et de celui de Samory Touré, qui s'opposa à la conquête française menée par Gallieni de 1880 à 1898. Il est devenu la colonie française du Haut-Sénégal-Niger (1895), rebaptisée en 1920 Soudan français. Après le référendum du 28 sept. 1958, fut proclamée la République soudanaise dans le cadre de la Communauté (24 nov. 1958), qui forma avec le Sénégal, la **Fédération du Mali** ; mais cette union née en avril 1959, fut rompue en août 1960. Le 22 sept. 1960, le Soudan se proclama **république du Mali** et acquit sa totale indépendance, sous la direction de Modibo Keita, chef du Rassemblement démocratique africain. Celui-ci orienta le Mali vers un régime socialiste et obtint le soutien de l'URSS et des démocraties populaires. Les relations du Mali avec la France se détériorèrent rapidement et atteignirent un point critique en 1962, avec la création d'un franc malien. Cette politique d'isolement provoqua une crise financière grave. Keita devait être renversé par le coup d'État militaire de Moussa Traoré (nov. 1968). La Constitution approuvée par référendum en juin 1974 prolongea pour cinq années le régime militaire de Moussa Traoré et ce dernier fut réélu en 1979.

Aux trois quarts désertique, le Mali fut frappé par la sécheresse qui, à partir des années 1970 et en particulier en 1983 et 1984, a sévi au Sahel. Selon les préceptes du FMI, une libéralisation de l'économie était engagée à partir de 1988.

En mars 1991, Traoré fut arrêté par l'armée, ce qui a permis une démocratisation du régime, avec l'adoption, en janv. 1992, d'une Constitution démocratique, la signature d'un accord de paix avec les Touareg en rébellion sporadique dans le nord du pays depuis 1962, et l'organisation, en mars 1992, d'élections législatives libres. Celles-ci furent remportées par l'Alliance pour la démocratie au Mali, principal parti d'opposition, dirigé par l'historien Alpha Oumar Konaré, élu président de la République en avr. 1992. La poursuite d'une politique économique d'austérité, devait cependant mécontenter la population, ce qui n'empêcha pas le président Konaré d'être réélu en mai 1997, au cours d'élections boycottées par une partie importante de la population, suivant le mot d'ordre donné par l'opposition. Le président Konaré, après avoir donné l'assurance qu'il respecterait la Constitution et ne se présenterait pas pour un troisième mandat, lança une vigoureuse campagne de lutte contre la corruption et la délinquance financière, soutenue par une réforme de la justice. Le pays bénéficiait en 2000 d'une croissance satisfaisante mais continuait à connaître une certaine insécurité dans le Nord, où s'affrontaient parfois nomades et paysans.

MALIK Chah (* 6 ou 16.VIII.1055, † Bagdad, nov. 1092). Troisième sultan seldjoukide (1072/92). Voir SELDJOUKIDES.

MALINKÉS. Peuple d'Afrique occidentale, appartenant au groupe des Mandingues (v.). Convertis à l'islam à partir du XIe s., les Malinkés furent à l'origine de l'empire du Mali (v.), qui domina une grande partie de l'Afrique de l'O. entre le XIIIe et le XIVe s.

MALINOVSKI Rodion Iakovlevitch (* Odessa, 1898, † Moscou, 31.III.1967). Maréchal soviétique. Il fut l'un des plus brillants chefs militaires de la Seconde Guerre mondiale. Il brisa la contre-offensive lancée par les Allemands pour dégager Stalingrad (déc. 1942). Commandant du 2e front d'Ukraine, il reconquit toute la région de la boucle du Dniepr et s'empara de Kherson (13 mars 1944) et d'Odessa (10 avr.). Sa marche vers l'ouest se conclut par la prise de Vienne (13 avr. 1945). Maréchal de l'URSS dès 1944, commandant suprême des forces soviétiques en 1956, il fut le successeur de Joukov au ministère de la Défense (1957).

MALOU Jules (* Ypres, 19.X.1810, † Woluwé-Saint-Lambert, Bruxelles, 11.VII.1886). Homme politique belge. Chef du parti catholique à la Chambre à partir de 1841, il fut appelé à présider un important cabinet catholique modéré (déc. 1871/juin 1878), qui adopta sur la question religieuse une attitude prudente qui lui valut l'animosité des milieux catholiques de droite. Obligé de se retirer après la défaite électorale des catholiques en 1878, Malou redevint Premier ministre en 1884 ; il réagit contre les lois de laïcité scolaire qu'avait fait voter le ministère libéral Frère-Orban- Van Humbeeck, rétablit les relations diplomatiques avec le Saint-Siège et soutint la loi Jacobs (30 août 1884), qui permettait aux communes de remplacer l'école laïque par une école privée « adoptée ». Malou démissionna à la suite des violentes émeutes suscitées à cette occasion par les libéraux et fut remplacé par Beernaert.

MALOUINES (îles). Archipel de l'Atlantique Sud, au large de l'Argentine. Voir **FALKLAND (îles)**.

MALRAUX André (* Paris, 3.XI.1901, † Créteil, 22.XI.1976). Écrivain et homme politique français. Il partit en 1923 pour le Cambodge. Sympathisant du mouvement nationaliste indochinois, il passa en 1925 en Chine et prit contact avec les révolutionnaires communistes mais sa participation personnelle aux événements de Canton, en 1926, semble avoir été exagérée par ses biographes. En 1936, lors de la guerre civile espagnole, il organisa un réseau de recrutement de pilotes pour l'aviation républicaine et fit paraître un témoignage romancé sur la guerre, *L'Espoir* (1937). Créateur de la brigade Alsace-Lorraine en 1944, Malraux devint ministre de l'Information du général de Gaulle (nov. 1945/janv. 1946). Resté fidèle au gaullisme, il devint en 1959 ministre d'État chargé des Affaires culturelles. À ce poste, qu'il conserva jusqu'en 1969, il procéda notamment à la création des maisons de la culture.

MALTE. Principale île d'un archipel de la Méditerranée situé au S. de la Sicile et qui comprend l'île de Malte, l'île de Gozo, l'île de Comino ; capitale *La Valette*. Position stratégique clé au centre de la Méditerranée, Malte fut le centre d'une civilisation mégalithique dès le IIIe millénaire av. J.-C. Occupée ensuite par les Phéniciens (IXe s. av. J.-C.), par les Grecs (vers 736), par les Carthaginois (VIe s.), elle fut annexée par les Romains durant la deuxième guerre punique (218 av. J.-C.). Malte passa ensuite aux Vandales, puis aux Ostrogoths, fut reconquise par Bélisaire en 533 et finit par tomber au pouvoir des Arabes (869), qui en furent chassés en 1091 par Roger de Sicile. Malte partagea désormais le sort de la Sicile jusqu'en 1530. À cette date, Charles Quint la céda aux Hospitaliers de Saint- Jean de Jérusalem, qui prirent le nom de chevaliers de Malte (v. **MALTE, ordre hospitalier et militaire de**). Entre les mains de l'ordre, Malte forma un petit État souverain électif qui mena une guerre active contre les marins barbaresques. Le grand maître La Valette dota Malte de puissantes fortifications qui tinrent les Turcs en échec au célèbre siège de 1565. Bonaparte s'empara de Malte (11 juin 1798), qui fut mise au pillage par les Français. Mais après un siège de deux ans, les Anglais se rendirent maîtres de l'île (sept. 1800) ; en dépit du traité d'Amiens, ils refusèrent de la rendre à l'ordre de Malte et s'en firent confirmer la possession en 1814. Devenue colonie de la couronne britannique, Malte devint une des principales bases navales jalonnant la route des Indes. Elle gêna considérablement le ravitaillement de l'Afrikakorps opérant en Libye.

Le statut politique de Malte souleva de nombreux conflits entre la population et les autorités britanniques à partir de 1920.

Finalement, à la suite des élections de févr. 1962, qui marquèrent une forte avance des nationalistes, le gouvernement de Londres reconnut Malte indépendante au sein du Commonwealth (24 sept. 1964).

En déc. 1974, Malte devint une république. D. Mintoff dirigea le gouvernement pendant treize ans et maintint Malte dans une orientation tiers-mondiste. Cette politique fut poursuivie après 1984 jusqu'à la victoire des nationalistes aux élections de mai 1987. Économie et politique extérieure prirent alors un tour nettement plus libéral et pro-occidental qui se traduisit, en 1990, par une demande d'adhésion de l'État à la CEE. Les élections législatives d'oct. 1996 virent la victoire des travaillistes et portèrent un coup d'arrêt à la coopération avec l'OTAN, ainsi qu'à la politique de rapprochement avec l'Union européenne, jusqu'au retour au pouvoir des nationalistes en 1998. En avr. 1999, Guido de Marco, chef du parti nationaliste, accéda à la présidence de la République. Commencées officiellement en févr. 2000, les négociations pour l'adhésion à l'Union européenne aboutirent à l'acceptation de Malte comme membre de la communauté à partir du 1er mai 2004. L'intégration, acceptée par référendum le 9 mars 2003, est devenue effective le 1er mai 2004.

MALTE (ordre hospitalier et militaire de). D'abord connu sous le nom d'ordre des Hospitaliers de Saint-Jean de Jérusalem, il fut fondé en 1113, en Palestine, par Gérard Tenque, pour desservir et défendre un hôpital de Jérusalem placé sous le vocable de st Jean-Baptiste. Soumis à la règle de st Augustin, les hospitaliers se transformèrent en ordre militaire vers 1140, à l'image des Templiers, avec lesquels ils jouèrent un rôle important dans la défense de la Terre sainte, tout en conservant leur vocation hospitalière. Après la chute d'Acre, les hospitaliers se réfugièrent à Chypre (1291), puis firent la conquête de l'île de Rhodes (1309), qui resta durant deux siècles le centre de leur activité (d'où leur nom de *chevaliers de Rhodes*). Chassés de Rhodes par Soliman II en 1522, ils obtinrent en 1530 de Charles Quint l'île de Malte et furent dès lors connus sous le nom de *chevaliers de Malte*. Ils continuèrent leur lutte contre les Turcs et, sous le commandement du grand maître Jean Parisot de La Valette, ils soutinrent victorieusement contre les flottes ottomane et algérienne le grand siège de mai/sept. 1565. Quelques années plus tard, la flotte maltaise prit une part importante à la victoire de Lépante (1571). Chassé de Malte par Bonaparte en juin 1798, l'ordre établit son siège à Rome en 1834 et se consacra désormais exclusivement aux fins charitables et humanitaires qui avaient d'ailleurs été sa destination première.

MALTHUS Thomas Robert (* Rookery, près de Dorking, Surrey, 14.II.1766, † Bath, 29.XII.1834). Économiste anglais. Influencé par les idées de l'utopiste Godwin (*Recherches sur la justice politique*, 1793), il s'intéressa aux rapports entre la population et la richesse et écrivit son célèbre *Essay on the Principle of Population as it affects the Future Improvement of Society* (*Essai sur le principe de la population*) qu'il ne devait cesser de perfectionner jusqu'à la sixième édition (1826).

Malthus proposa la restriction volontaire de la natalité, en retardant l'âge du mariage jusqu'à ce que chacun fût certain de pouvoir nourrir ses enfants, et en pratiquant la continence conjugale. Ses idées – qui inspirent aujourd'hui la propagande en faveur du contrôle des naissances, surtout dans les pays sous-développés – suscitèrent de violentes attaques, notamment des socialistes tels que Fourier, Proudhon, Marx. Dans les années 1870 commença d'apparaître un *néomalthusianisme*, qui préconisa la limitation de la natalité par l'usage de méthodes contraceptives. Dans le domaine économique, le terme de *malthusianisme* désigne l'ensemble des pratiques qui consistent à ralentir volontairement la production pour éviter la dépréciation des subsistances.

MAMELOUKS, de l'arabe *mamlouk*, « esclave blanc ». Nom donné en Égypte à une milice d'élite formée, à partir du XIIIe s., de jeunes esclaves blancs, principalement turcs et circassiens. Le sultan ayyoubide El-Salih Najam el-Din (1240/49) les utilisa pour sa garde personnelle. Les mamelouks devinrent bientôt redoutables pour leurs maîtres eux-mêmes. En 1250, les mamelouks turcs *bahrites* (de *bahr*, « fleuve », parce que leur caserne se trouvait sur les bords du Nil) tuèrent le dernier sultan ayyoubide, El-Mou'azzam Touran Chah, et proclamèrent sultane sa belle-mère, Chagaret ed-Dorr, qui dut épouser le chef des mamelouks, 'Izz el-Din Aybak. Ainsi fut établi le sultanat mamelouk d'Égypte, qui devait durer plus de deux siècles (1250/1517). À la dynastie des mamelouks turcs bahrites (1250/1390) succéda la dynastie des mamelouks tcherkesses *burdjites* (de *burj*, « tour », parce qu'ils étaient casernés dans la citadelle du Caire), qui régna de 1390 à 1517.

Au pouvoir, les mamelouks continuèrent à former une caste militaire qui se recrutait parmi de jeunes esclaves achetés sur les marchés du Turkestan et de Circassie et soumis à un entraînement spécial. À la succession héréditaire en honneur chez les bahrites, les burdjites substituèrent un système d'élection qui provoqua maintes compétitions violentes et révolutions de palais, mais sans entamer la discipline fondamentale du corps des mamelouks. Ceux-ci, après avoir arrêté l'invasion des Mongols et chassé les Francs de la Syrie, firent de l'Égypte, aux XIVe et XVe s., la puissance la plus redoutable de la Méditerranée orientale. Leur sultanat s'étendait de la Cyrénaïque à l'O. à la Palestine et la Syrie à l'E. Il exerçait sa suzeraineté le long des rives de la mer Rouge et jusqu'aux confins de l'Éthiopie. Il annexa même Chypre (1424/26). À l'intérieur, les mamelouks protégèrent les écoles de théologie, l'architecture, les arts et embellirent Le Caire.

En 1517, le sultan ottoman Sélim Ier fit la conquête de l'Égypte et détruisit le sultanat mamelouk. Cependant, les chefs mamelouks conservèrent les gouvernements de provinces, avec le titre de *beys*, et réduisirent peu à peu le pacha nommé par la Porte à une autorité toute nominale. À la fin du XVIIIe s., ils étaient pratiquement redevenus les maîtres de l'Égypte (révolte d'Ali Bey, 1766). Affaiblis par l'expédition de Bonaparte, ils s'efforcèrent cependant de renverser Méhémet-Ali, reconnu comme vice-roi par la Porte depuis 1806. Celui-ci, informé de leurs projets, fit massacrer par trahison 470 de leurs chefs (1er mai 1811) et brisa définitivement leur puissance.

Bonaparte réussit à se rallier un certain nombre de mamelouks qui le suivirent en France et, à partir de 1804, formèrent une compagnie de la garde tout en conservant le costume oriental.

MAMMOUTH. Éléphant fossile du genre *Mammuthus* adapté à un climat froid, qui vécut sur le continent eurasiatique au Pléistocène moyen et supérieur (v. QUATERNAIRE), entre environ 900 000 et 10 000 ans avant notre ère. Les os du mammouth laineux sont particulièrement abondants dans les sites moustériens (v.) et dans ceux du paléolithique supérieur en Europe centrale et en Europe de l'Est. La chair était consommée, les os utilisés comme matériaux de construction et l'ivoire servait à fabriquer des outils ou des statuettes. Le mammouth est bien connu grâce aux nombreuses représentations artistiques qu'en ont laissées les hommes préhistoriques, notamment dans la grotte des Combarelles et dans celle de Rouffignac, appelée aussi « grotte aux cent mammouths ». Des individus entiers ont été retrouvés congelés, encore revêtus de leur toison, dans le sol gelé (ou permafrost) de la Sibérie. Ils mesuraient environ, au garrot, 3,50 m de haut, leurs défenses recourbées et spiralées dépassaient souvent 3 m de long et pesaient une centaine de kilos par paire. Le mammouth faisait partie intégrante de l'environnement des hommes qui se sont succédé en Europe, *Homo heidelbergensis*, *Homo neanderthalensis* et *Homo sapiens*.

MAMOUN Abou el-Abbas Abdullah el- (* Bagdad, 786, † près de Tarse, 833). Septième calife abbasside (813/33). Second fils d'Haroun el-Rachid et d'une esclave persane. Son règne fut absorbé par des luttes incessantes contre des mouvements séditieux et par la guerre contre les Byzantins qui durent demander la paix en 832. Le règne de Mamoun, caractérisé par le vif rayonnement littéraire et scientifique de la civilisation arabe, marqua au point de vue politique le début du califat.

Calife, el-Mamoun tenta d'imposer le moutazilisme, école théologique musulmane fondée au VIIIe s., qui s'efforçait de débarrasser l'idée monothéiste de l'islam de tous les éléments populaires et traditionnels qui la gauchissaient dans le sens de l'anthropomorphisme. Le Coran lui-même n'étant pas exempt de cette tendance, le moutazilisme nia l'éternité du Coran. El-Mamoun érigea ce mouvement théologique en dogme d'État et persécuta ceux, nombreux, qui refusaient d'y adhérer. Le calife Moutawakkil (842/47) rétablit l'orthodoxie.

MANCINI. Famille romaine connue depuis le mariage de Jeronima Mazarini (1656), sœur du cardinal Mazarin, avec Lorenzo Mancini. Les cinq nièces du cardinal, Laure, Olympe, Marie, Hortense et Marie-Anne, toutes remarquables par leur beauté et leur esprit, furent amenées à la cour de France et firent de brillantes alliances.

Marie Mancini (* Rome, 1640, † Pise, vers 1706/15). Elle fut élevée en France auprès de son oncle et vécut dans la familiarité de Louis XIV encore enfant. Elle lui inspira par la suite une vive passion et il songea même à l'épouser, mais Mazarin s'opposa à ce mariage et fit éloigner sa nièce de la cour (1659). Marie épousa en 1661 le prince Colonna ; elle se sépara bientôt de ce mari jaloux et vint se réfugier en France, où elle croyait être bien accueillie par Louis XIV. Mais celui-ci refusa de la voir et la fit enfermer dans un couvent. Elle s'en évada, courut l'Allemagne, les Pays-Bas, l'Espagne, prit quelque temps le voile dans un couvent près de Madrid, puis mena de nouveau sa vie aventureuse.

MANCO CAPAC Ier (XIe s.). Fondateur légendaire de l'Empire inca.

MANCO CAPAC II († 1544). Souverain inca. Fils de Huayna Capac, il monta sur le trône en 1533, après la mise à mort de son frère Atahualpa par Pizarre, et ne tarda pas à être lui-même victime des Espagnols. Retenu prisonnier, il s'évada en 1535 et se réfugia dans les Andes, où il finit assassiné. Il fut le dernier souverain inca du Pérou.

MANDARINS, du portugais *mandar*, commander. Nom donné par les Européens aux fonctionnaires impériaux chinois, particulièrement aux magistrats et gouverneurs de provinces. Voir LETTRÉS.

MANDATS. Système de tutelle établi après la Première Guerre mondiale par l'article 22 du pacte de la SDN (Société des Nations) et appliqué aux anciennes colonies allemandes et aux anciens territoires non turcs de l'Empire ottoman. On distinguait les mandats A (régions détachées de l'Empire ottoman et jouissant théoriquement de l'indépendance, sous contrôle d'un mandataire : Syrie et Liban sous mandat français, Palestine, Irak et Transjordanie sous mandat anglais) ; B (colonies allemandes d'Afrique requérant une plus longue tutelle en raison de l'état arriéré des populations : Togo, Cameroun, Afrique orientale ex-allemande) ; C (autres colonies allemandes directement intégrées aux empires coloniaux mandataires). L'exercice des mandats était théoriquement soumis à une Commission permanente des mandats de la SDN, composée de 11 membres : en fait, les puissances mandataires (telles que la France en Syrie et au Liban) exercèrent souvent leur autorité en ne tenant compte que de leurs propres intérêts nationaux. En 1945, les fonctions de la Commission des mandats de la SDN furent transférées au Conseil de tutelle des Nations unies.

MANDCHOUE (dynastie). Nom donné à la dynastie impériale des Ts'ing, qui régna sur la Chine de 1644 à 1912. Voir **Ts'ing**.

MANDCHOUKOUO. Nom de l'État créé par le Japon sur le territoire de la Mandchourie (1932-1945). Voir **Mandchourie**.

MANDCHOURIE. Région du nord-est de la Chine, séparée de la Russie, au N., par les fleuves Argoun, Amour et Oussouri. Formée d'une grande plaine centrale ceinturée de montagnes, la Mandchourie fut occupée dès une époque très ancienne par des peuples de race toungouse, parents des Djurtchèt (v.) qui conquirent au XIIe s. la Chine du Nord. Ces Djurtchèt ou Kin, soumis aux Mongols aux XIIIe/XIVe s., reprirent leur indépendance à l'époque de la dynastie Ming. En 1616, un chef des Kin réalisa l'unité des tribus mandchoues, fonda l'empire Ts'ing et, ayant battu les armées Ming, établit sa capitale à Moukden (1625). À la faveur des dissensions intestines qui affaiblissaient l'Empire chinois, les Mandchous renversèrent les Ming et fondèrent en 1644 la dynastie Ts'ing ou dynastie mandchoue, qui devait régner sur la Chine jusqu'en 1912. Réunie dès lors à la Chine, la Mandchourie reçut de nombreux immigrants chinois.

Les Russes, qui atteignirent l'Amour en 1649, manifestèrent dès la fin du XVIIe s. des visées sur cette région. Au traité de Nertchinsk (6 sept. 1689), la frontière des deux empires fut fixée sur l'Amour, à partir du confluent de ce fleuve avec la Chilka, tout le bassin de l'Amour restant à la Chine. La pression russe sur la Mandchourie reprit dans la seconde moitié du XIXe s. En 1860, les Chinois furent contraints de céder aux Russes les régions situées au N. de l'Amour et à l'E. de l'Oussouri. La menace japonaise sur la Mandchourie ne fit que renforcer la vigilance du gouvernement de Saint-Pétersbourg : par le traité du 6 sept. 1896, les Russes obtinrent la concession d'une voie ferrée destinée à relier directement, à travers la Mandchourie, Vladivostok au Transsibérien ; en mars 1898, ils se firent en outre céder à bail le grand port de Port-Arthur, sur la presqu'île de Liaotoung. En 1900, profitant de l'agitation des Boxers, les Russes occupèrent enfin toute la Mandchourie, et cette annexion déguisée fut une des principales causes de la guerre russo-japonaise de 1904/05.

À la suite de la victoire japonaise et du traité de Portsmouth (5 sept. 1905), la Mandchourie fut partagée en deux zones d'influence, japonaise au S., russe au N. Après la chute de la dynastie mandchoue, les Japonais améliorèrent leur position en Mandchourie à la faveur de la révolution russe de 1917. Puis, ils se rendirent progressivement maîtres du pays et, le 1er mars 1932, ils érigèrent la Mandchourie en État indépendant du **Mandchoukouo**, à la tête duquel ils placèrent P'ouyi, dernier empereur de la dynastie mandchoue détrôné en 1912, qui fut proclamé empereur du Mandchoukouo sous le nom de K'ang-to (1er mars 1934). L'État du Mandchoukouo ne fut jamais qu'un État fantoche, contrôlé par le Japon. La Mandchourie fut conquise sur les Japonais en août 1945 par des forces soviétiques. Les Russes cédèrent ensuite la région aux autorités communistes chinoises, à l'exception de la base de Port-Arthur, qui ne fut restituée qu'en 1955. La Mandchourie est, depuis, devenue la principale région industrielle de la Chine.

MANDEL Louis Georges (* Chatou, 5.VI.1885, † Fontainebleau, 7.VII.1944). Homme politique français. Collaborateur intime de Clemenceau dans les heures décisives de 1917/18, député modéré de la Gironde (1919/24, 1928/40), il devint ministre des Colonies dans le cabinet Daladier (1938/40) et s'opposa vivement à la politique de Munich. Dans le ministère Reynaud formé en mars 1940, il conserva d'abord le portefeuille des Colonies, puis fut appelé au ministère de l'Intérieur (5 juin), fit arrêter des sympathisants des régimes fascistes et se montra l'un des adversaires les plus résolus de l'armistice. Il gagna le Maroc sur le *Massilia*, essaya d'entrer en relation avec le gouvernement britannique, mais fut arrêté, ramené en France et interné par le gouvernement de Vichy, avant d'être remis aux Allemands en nov. 1942. Pendant toute l'Occupation, la presse collaborationniste le dénonça avec acharnement, et, après le meurtre de Philippe Henriot par la Résistance, les nazis livrèrent Mandel à la Milice, qui l'assassina dans la forêt de Fontainebleau.

MANDELA Nelson, dit aussi **Rohihlahla**, *Fauteur de troubles* (* Umtata, ex-Transkei, 18.VII.1918). Homme politique sud-africain. Adhérant à l'ANC en 1944, il y retrouvait Oliver Tambo, rencontré à l'université de Fort Hare. Leur ligue de la Jeunesse prit le contrôle du parti après l'instauration de l'apartheid. Son activisme lui fit risquer la peine capitale pour haute trahison. Il ouvrit l'un des premiers cabinets d'avocats noirs du pays. Il se remaria avec une assistante sociale, Winnie Nomzamo. En 1960, le massacre de Sharpeville et l'interdiction de l'ANC déterminèrent son abandon de la non-violence pour la lutte armée clandestine, qui lui valut d'être arrêté en 1962, et condamné à la détention à perpétuité en 1964. Jouissant d'une renommée grandissante, il n'était pourtant libéré qu'en févr. 1990, prenant la tête de l'ANC, dont il devenait président en juill. 1991. Dirigeant charismatique, mais homme de compromis, il négocia avec Frederik De Klerk, à qui tout aurait dû l'opposer. Ces pourparlers valurent aux deux hommes le prix Nobel de la paix en 1993 et aboutirent aux élections multiraciales de 1994, qui portèrent N. Mandela à la présidence de la République. Il donna à la nouvelle Afrique du Sud multiraciale son statut de puissance régionale. Thabo Mbeki (v.) lui a succédé à la présidence de la République en juin 1999.

MANDINGUES. Groupe ethno-linguistique d'Afrique occidentale dont les principaux représentants sont les Bambaras, les Malinkés et les Dioulas. Progressivement islamisés à partir du XIe s., les peuples mandingues, de tradition patrilinéaire, ont fondé des États prestigieux dont les plus puissants étaient l'empire du Mali, aux XIIIe s., et le royaume de Ségou, qui connut son apogée au XVIIIe s.

MANDRIN Louis (* Saint-Étienne-de-Saint-Geoirs, vers 1725, † Valence, 26.V. 1755). Brigand français. Fils d'un maréchal-ferrant, il servit d'abord dans l'armée, puis déserta et se fit le chef d'une troupe de contrebandiers, auxquels il sut imposer une discipline remarquable. Respectant les biens privés, il mit au pillage les caisses des fermiers des impôts, s'attaqua bientôt à des villes importantes telles que Beaune et Autun, et mit en déroute plusieurs détachements envoyés contre lui. Il fut surpris au château de Rochefort, en territoire savoyard, ramené en France et roué vif.

À la suite de Voltaire, qui voyait en lui « le plus magnanime des contrebandiers », la légende fit de Mandrin un défenseur des pauvres contre l'oppression de la Ferme générale.

MANDUBIENS, *Mandubii*. Peuple de Gaule (Lyonnaise Ire) établi dans la région de la Côte-d'Or, entre les Éduens au S. et les Lingones au N.-E. Ils avaient pour chef-lieu l'oppidum d'Alésia.

MANÈS ou **MANI** (* Séleucie-Ctésiphon ?, Perse, vers 216, † 275 apr. J.-C). Fondateur de secte. Sa vie est très mal connue. Manès semble avoir été élevé dans une secte de baptiseurs proche des mandéens où il subit l'influence du gnosticisme. Il commença à répandre sa doctrine vers 240, mais l'opposition violente du clergé mazdéen le contraignit à partir en Inde. Revenu peu après en Perse, il intéressa à ses idées le roi Sapor Shapour Ier (241/272) et son successeur Hormizd Ier (272/73). Mais sous le règne de Vahram Ier (273/76), il fut condamné et, selon la tradition, mourut soit crucifié soit écorché vif, puis décapité. Voir **Manichéisme**.

MANÉTHON (IIIe s. av. J.-C.). Prêtre et historien égyptien attaché au temple de Sébennytos, dans le delta. Il composa vers 263 av. J.-C., à la demande de Ptolémée II Philadelphe, les *Aiguptiaka*, histoire de l'Égypte en langue grecque, qui allait de la plus haute antiquité à l'époque d'Alexandre le Grand. En se fondant sur les abondantes archives des temples, il donna un classement des souverains égyptiens en trente et une dynasties sur lequel se fondèrent les égyptologues pour établir la chronologie de l'Égypte pharaonique. L'œuvre de Manéthon, dont il ne restait que des fragments conservés par Flavius Josèphe (Ier s. apr. J.-C.) et par les compilations de Georges le Syncelle (VIIIe s.), fut la principale source de l'histoire égyptienne avec les écrits d'Hérodote, de Diodore de Sicile et de Strabon jusqu'au déchiffrement des hiéroglyphes par Champollion (1822).

MANFRED (* 1231, † Bénévent, 26.II.1266). Roi de Sicile (1258/66). Voir **Naples (royaume de)**.

MANGIN Charles (* Sarrebourg, 6.VII.1866, † Paris, 12.V. 1925). Général français. Après avoir servi en Afrique occidentale, en Indochine et au Maroc, il se distingua durant la bataille de Verdun en reprenant le fort de Douaumont (24 oct. 1916) et la crête du Poivre (15/18 déc.), mais échoua à la tête de la VIe armée lors de l'offensive de Nivelle sur le Chemin des Dames (avr./mai 1917). Placé en juill. 1918 à la tête de la Xe armée, il décida de la victoire dans la seconde bataille de la Marne (v.) par sa contre-offensive de Villers-Cotterêts.

MANICHÉISME. Doctrine religieuse fondée au IIIe s., dans l'Empire perse sassanide, par Manès (ou Mani, v.). Le manichéisme est une doctrine essentiellement dualiste, dont l'inspiration principale vient de la religion iranienne, mais qui comporte également des éléments hindous, bouddhiques et gnostiques chrétiens. Dès les origines, le bien et le mal se mêlèrent et provoquèrent une lutte terrible dans l'homme et dans l'univers. Pour l'homme, le salut consiste à échapper à la prison de son corps par l'ascèse. En pratiquant un ascétisme intégral et en renonçant à reproduire la vie, les « élus » seront délivrés dès leur mort. Les « auditeurs » ne le seront, quant à eux, qu'après plusieurs réincarnations. À la fin du monde, le mal sera définitivement séparé du bien. Après la mort de Manès (275), l'Église manichéenne, persécutée par les Sassanides zoroastriens, se répandit en Syrie, en Palestine, en Égypte, au N. de l'Arabie. En Asie, elle pénétra en Sogdiane, en Chine (vers 695), et, aux VIII/IXe s., le manichéisme fut la religion officielle des Ouïgours. En Occident, cette religion atteignit Rome, le sud de la Gaule et l'Espagne. Le manichéisme survécut clandestinement pendant des siècles et contribua, au Moyen Âge, à la naissance des hérésies des bogomiles et des cathares.

MANIN Daniele (* Venise, 13.V. 1804, † Paris, 22.IX.1857). Homme politique italien. Avocat très populaire à Venise, patriote et républicain, il était en prison lorsque éclata la révolution de mars 1848. Libéré par le peuple, il prit, avec Tommaseo, la tête du mouvement national, chassa les Autrichiens (22 mars) et proclama la république, dont il devint le président (mars/juill. 1848), puis se retira en refusant l'union avec le Piémont. Après la défaite de l'armée sarde à Novare (23 mars 1849), il continua la lutte contre les

Autrichiens, établit la dictature à Venise et défendit héroïquement sa ville assiégée, qui ne capitula que le 24 août 1849. Exclu de l'amnistie, il se réfugia à Paris, où il enseigna l'italien.

MANLIUS. Famille patricienne de Rome qui descendait d'Octavius Manlius, gendre de Tarquin le Superbe.

Marcus Manlius Capitolinus († Rome, 384 av. J.-C.). Consul en 392, puis tribun militaire. En 390, lors de l'occupation de Rome par les Gaulois, il se retrancha avec 1 000 hommes dans le Capitole. Au cours d'une attaque nocturne, les Gaulois allaient s'emparer par surprise de cette forteresse, lorsque Manlius, réveillé par les cris des oies sacrées, renversa les assaillants du haut des murailles. Accusé par la suite d'aspirer à la tyrannie, il fut précipité du haut de la roche Tarpéienne.

Titus Manlius Torquatus (IVe s. av. J.-C.). Fils de Lucius Manlius Imperiosus, qui avait été dictateur en 364. Pendant sa jeunesse, il fut relégué à la campagne par son père, en raison d'une difficulté d'élocution qui l'empêchait d'accéder aux magistratures. Il quitta sa retraite quand son père fut injustement cité en justice ; il vint à Rome et força l'accusateur à abandonner sa poursuite. Touché de ce geste, le peuple le nomma l'année suivante (362) tribun militaire dans la guerre contre les Gaulois : c'est alors qu'il tua un Gaulois gigantesque qui défiait les Romains, et lui enleva son collier d'or (d'où son surnom de *Torquatus*, de *torques*, collier). Consul dans la guerre contre les Latins en 340, il fit décapiter son propre fils qui avait combattu malgré sa défense.

Titus Manlius Torquatus (IIIe s. av. J.-C.). Consul en 224. Il soumit la Sardaigne et, Rome n'ayant désormais plus d'ennemis, il ferma le temple de Janus, ce qui n'était plus arrivé depuis Numa. Il s'opposa au rachat des Romains faits prisonniers à Cannes par Hannibal.

MANNERHEIM Carl Gustaf Emil, baron von (* Villnäs, 4.VI.1867, † Lausanne, 27.I.1951). Maréchal finlandais. Il servit d'abord dans l'armée tsariste, puis à la révolution de 1917, il regagna la Finlande, qui venait de proclamer son indépendance. À la tête des gardes blancs et avec l'aide des troupes allemandes, il triompha des bolcheviks (mai 1918). Après l'établissement de la république et d'une Constitution démocratique, il se consacra à des activités militaires, dotant son pays de la puissante **ligne Mannerheim**, qui, exploitant remarquablement un terrain couvert de lacs et de marais, protégeait la frontière méridionale de la Finlande à travers l'isthme de Carélie. Nommé maréchal de Finlande en 1933, Mannerheim dirigea la défense durant la guerre de 1939/40, tenant l'Armée rouge en respect pendant treize semaines ; il contribua ensuite à jeter la Finlande dans une nouvelle guerre contre l'URSS, aux côtés des Allemands (1941/44). À la suite de l'offensive soviétique de l'été 1944, il fut appelé à la tête de l'État (août), signa avec l'URSS un armistice (19 sept.) qui sauvegardait l'indépendance finlandaise, et déclara même la guerre à l'Allemagne (mars 1945). Malgré l'évolution politique de son pays vers la gauche, il resta chef de l'État jusqu'en mars 1946.

MANSE. Au Moyen Âge, la manse était une petite exploitation qui comprenait une chaumière, le verger y attenant, une certaine étendue de terres arables – à quoi s'ajoutaient des droits d'usage dans les pâturages et dans les bois –, le tout tenu à cens par un colon ou un serf. La manse était héréditaire.

MANSOUR Mohammed ibn abi-Amer el- connu en Occident sous le nom d'**Almanzor** († Medinaceli, 10.VIII.1002). Homme politique arabe. Descendant d'un Arabe qui avait pris part à la conquête de l'Espagne, il gagna la faveur du calife de Cordoue Hicham II. Premier ministre et dictateur à partir de 978, il réorganisa complètement l'armée du califat omeyyade et mena une série de campagnes victorieuses contre les États chrétiens de l'Espagne septentrionale ; sa plus célèbre expédition fut dirigée contre Saint-Jacques-de-Compostelle, en 997. Après sa mort, le califat de Cordoue ne tarda pas à se démembrer.

MANUEL

ORIENT (EMPIRE D')

MANUEL Ier COMNÈNE (* vers 1122, † 24.IX.1180). Empereur byzantin (1143/80). Fils cadet de Jean II Comnène, il lui succéda en 1143, au détriment de son frère aîné Isaac. Poursuivant la politique de son père, il imposa fermement la vassalité aux Serbes et aux Hongrois (1168), annexa à l'empire la Dalmatie et une partie de la Croatie. Rêvant de reconquérir l'Italie et de réunir les empires d'Orient et d'Occident, il négligea la défense de l'Anatolie et fut surpris par les Turcs Seldjoukides, qui écrasèrent son armée à la bataille de Myriocéphalon, en Asie Mineure (1176).

MANUEL II PALÉOLOGUE (* 1348, † 21.VII.1425). Empereur byzantin (1391/1425). Il succéda à son père, Jean V Paléologue, après s'être évadé de la cour du sultan Bayézid Ier, où il était retenu en otage. Pressé par les Turcs, il demanda des secours à l'Occident : après la défaite des croisés à Nicopolis (1396), il reçut l'appui de Boucicaut, avec lequel il se rendit en Europe (1399/1402), à Venise, à Paris, à Londres, implorant en vain des subsides et des troupes. Pendant ce temps, Constantinople, qui était depuis longtemps bloquée par les Turcs, fut sauvée par l'invasion mongole commandée par Tamerlan, vainqueur de Bayézid Ier à Ankara (1402). Rentré dans ses États, Manuel II connut quelques années de repos, mais, en 1422, Constantinople fut de nouveau assiégée, et l'empereur d'Orient dut se reconnaître vassal du sultan Mourad II (1424), auquel il cédait les meilleures régions du Pont et de la Macédoine. Il mourut retiré dans un monastère.

PORTUGAL

MANUEL Ier le Grand ou **le Fortuné** (* Alcochete, 31.v. 1469, † Lisbonne, 13.XII.1521). Roi de Portugal (1495/1521). D'une branche cadette de la maison régnante, il succéda en 1495 à son cousin Jean II, mort sans enfant légitime. Comme ses prédécesseurs, il soutint activement les grandes explorations maritimes. Sous son règne, Vasco de Gama doubla le cap de Bonne-Espérance et Cabral aborda au Brésil (1500). Il fit de sa cour un grand centre d'activité littéraire et scientifique, réforma les lois, bannit les Juifs et les Maures qui s'étaient réfugiés au Portugal après la prise de Grenade.

MANUFACTURES. Du XVIe au XVIIIe s., la manufacture constitua la forme supérieure de la production industrielle. Son originalité, par rapport au petit atelier artisanal, était de rassembler sous une direction unique un grand nombre d'ouvriers exerçant le même métier, ce qui permettait une spécialisation des tâches, une division du travail et une augmentation de la force productive. Au XVIIes., elle n'était, le plus souvent, qu'un organe administratif central qui passait ses commandes, donnait ses directives, fournissait la matière première aux petits fabricants et aux ouvriers à domicile disséminés dans toute une région, dont les produits fabriqués étaient ensuite, par ses soins, rassemblés pour la vente. La manufacture de draps de Van Robais, à Abbeville, qui concentrait plus de 1 500 travailleurs, constituait une entreprise d'une taille exceptionnelle. Colbert fit de la création des manufactures la base de sa politique d'encouragement aux exportations nationales. Il n'innovait pas mais reprenait, avec plus de moyens, une formule expérimentée sous Henri IV par Laffemas.

L'action de l'État fut toujours décisive, mais elle prit des formes diverses, et l'on distingue habituellement : *a)* les manufactures royales d'État, véritables entreprises publiques, en particulier pour les armements (manufacture d'armes de Saint-Étienne ; arsenaux de Brest, de Toulon, de Rochefort) et pour les produits de luxe comme les tapisseries et le mobilier (Gobelins dont la direction fut confiées au peintre Le Brun, Savonnerie, Aubusson, Beauvais) ; *b)* les manufactures « royales », entreprises créées par l'initiative privée sur l'incitation de l'État, qui leur accordait le droit d'apposer à leurs produits les armes de Sa Majesté, ainsi que des monopoles de vente, des exemptions fiscales, des prêts sans intérêt, etc. : tel était le statut des fabriques de draps d'Abbeville et du Languedoc, de la verrerie de Saint-Gobain, créée en 1692 par la fusion de plusieurs manufactures de glaces ; *c)* enfin, les manufactures simplement privilégiées.

Colbert s'efforça de pourvoir les manufactures de techniciens d'élite en attirant notamment en France des spécialistes étrangers à qui il offrait des conditions très avantageuses. Appelé en 1665 à Abbeville, le riche manufacturier hollandais Van Robais obtint même pour lui, ses associés et ses ouvriers, de « continuer de faire profession de la religion prétendue réformée ». Quant à l'ouvrier français, on estimait qu'il devait son travail au royaume, et on alla, en 1682, jusqu'à lui interdire de sortir du royaume sous peine de mort.

Les manufactures furent soumises à de très stricts « règlements généraux » dont l'aspect tatillon finit par paralyser l'initiative individuelle et le génie inventif des fabricants. Nombre de manufactures, exclusivement orientées vers la conquête de marchés étrangers, et soutenues par les subventions de l'État, périclitèrent quand ces subventions furent diminuées ou supprimées, lors des malheurs qui marquèrent la fin du règne de Louis XIV.

MANUSCRITS DE LA MER MORTE. Nom donné aux manuscrits découverts à partir de 1947 dans des grottes au-dessus du rivage de la mer Morte. L'ensemble le plus célèbre et le plus important fut exhumé entre 1947 et 1956 dans onze grottes situées près du site de Kirbet Qumran, en Cisjordanie. Il rassemble les fragments de quelque 850 manuscrits rédigés en hébreu ou en araméen entre le IIIe s. av. J.-C. et 68 de notre ère, mais dont la majorité n'est pas antérieure à la fin du IIe s. av. J.-C. Les textes se répartissent en trois grandes catégories. La première comprend les textes bibliques qui proviennent de tous les livres de l'Ancien Testament – le plus souvent réduits à l'état de maigres fragments. Un seul manque : le livre d'Esther, sans doute par les hasards de la conservation. Un seul est conservé dans son intégralité : celui d'Isaïe. Aucun texte du Nouveau Testament n'a été retrouvé. Le deuxième groupe se compose de textes apocryphes et pseudo-épigraphiques, textes non retenus par la Bible hébraïque. Les manuscrits bibliques et parabibliques sont les plus anciens connus. Avant la découverte, les versions les plus anciennes de la Bible remontaient aux VIIIe/IXe s. de notre ère. Le troisième groupe rassemble les écrits régissant la communauté établie à Qumran ainsi que les études et les commentaires qu'elle fit des textes bibliques (le *Manuel de discipline*, les *Psaumes de la Nouvelle Alliance*, la *Guerre des fils de la Lumière et des fils des Ténèbres*).

Les textes qui gouvernaient la vie ascétique de la communauté évoquent les conditions d'admission, les exigences de pureté rituelle, l'obligation de partager les biens, les repas pris en commun et la stricte observance de la Torah. Des sanctions très sévères punissaient les manquements à la règle. Les écrits de la secte fortement imprégnés de messianisme et les compositions eschatologiques, traitant de la fin du monde, ont favorisé les rapprochements avec le christianisme. Les membres de la communauté attendaient en effet la venue de deux messies, l'un de la tribu de David, l'autre prêtre. Ils pensaient en outre que la fin du monde, qu'ils concevaient comme la conclusion d'une guerre entre les fils de la lumière et les fils des ténèbres, était proche. Leur conception dualiste de l'humanité, divisée entre bons et mauvais, fut sans doute influencée par le mazdéisme (v.) perse. L'identification de la communauté de Qumran à la secte juive des esséniens (v.) remporte l'adhésion de la plupart des chercheurs. D'après Flavius Josèphe, les esséniens menaient une vie réglée par les préceptes de la Torah sur ces mêmes rivages de la mer Morte.

MAORIS. Peuple polynésien de la Nouvelle-Zélande. Immigrés des îles de la Société à la fin du Ier millénaire, organisés en tribus guerrières qui pratiquaient le cannibalisme. Le traité de Waitangi (6 févr. 1840) signé avec les Britanniques leur garantit la possession de leurs terres. Mais l'occupation irrégulière de leurs terres par des colons fut la cause de deux sanglantes « guerres maories » où périt la moitié de la population indigène. Fait unique dans l'histoire coloniale, les Maoris se virent reconnaître des droits politiques dès 1867 et envoyèrent quatre de leurs représentants au Parlement. Les Maoris obtinrent par ailleurs, en 1987, que leur langue devînt, au côté de l'anglais, langue officielle de la Nouvelle-Zélande.

Avec plus de 500 000 personnes en 1996, ils représentent 15 % environ de la population néo-zélandaise.

MAO TSÉ-TOUNG, *Mao Zedong* (* Chaochan, 26.XII.1893, † Pékin, 9.IX.1976). Homme politique chinois. Né dans une famille de paysans aisés du Hounan (Chine du Sud), il fit des études assez rudimentaires, devint aide-bibliothécaire à l'université de Pékin, et c'est là qu'il entra en contact avec la pensée marxiste. En 1921, il participa à la fondation du parti communiste chinois au congrès de Shanghai, et entra au Comité central en 1923.

Parmi les dirigeants du parti, il défendait l'idée d'une révolution s'appuyant sur la paysannerie. Il devint, en 1931, président de la République soviétique chinoise du Hou-nan et du Kiang-si. Devant l'offensive du Kouo-min-tang, il organisa, entre oct. 1934 et 1935, la « Longue Marche » qui transféra le siège du PC chinois de la Chine du Sud vers la région du Chan-si, aux limites nord de la Chine. Devenu chef du parti, il favorisa la réconciliation tactique avec le Kouo-min-tang après l'agression japonaise mais relança la guerre civile après la défaite nippone. Il fut le théoricien de la guerre révolutionnaire, qu'il concevait comme une vaste manœuvre d'encerclement des villes par les campagnes.

En oct. 1949, le triomphe du communisme chinois fut le triomphe de Mao : président du parti depuis 1945, il devint alors président de la République populaire. Le volontarisme maoïste devait connaître, dans le domaine économique, de nombreuses et graves catastrophes, comme le « Grand Bond en avant » et l'expérience des « communes populaires ». L'échec désastreux de cette politique écarta Mao du pouvoir (1965) et la direction du pays revint à des hommes plus pragmatiques et prudents tels que Liou Chao-chi. Mais au plénum du Comité central de 1966, il reprit en main la direction effective du parti et lança la « révolution culturelle » qui bouscula l'appareil, écarta les chefs modérés, et chercha à bouleverser les mentalités pour créer un homme nouveau. Il s'appuya sur l'armée (dont le chef, Lin Piao, devint son héritier politique) et sur les gardes rouges. Le culte du « Grand Timonier », de la « pensée Mao Zedong » atteignit alors son apogée. Mais cette politique dédaigneuse des réalités créa le chaos dans la société chinoise. Elle s'accompagna de violences massives et elle entraîna des résistances de plus en plus vives. Dès 1971, Lin Piao fut éliminé. En août 1973, Teng Hsiao-ping et quelques autres cibles de la révolution culturelle furent réélus au Comité central, de sorte que la « démaoïsation » commença du vivant même de Mao et s'accéléra après sa mort.

MARAIS (le) ou **le Tiers Parti,** ou encore **la Plaine.** Nom désignant péjorativement, à la Convention, les membres du parti modéré. Ceux-ci siégeaient dans la partie la moins élevée de la salle des séances, tandis que les révolutionnaires en occupaient la partie la plus élevée, qu'on appelait la *Montagne*. Voir **Convention.**

MARAT Jean-Paul (* Boudry, comté de Neuchâtel, 24.v. 1743, † Paris, 13.VII.1793). Médecin, écrivain et homme politique français. Médecin des gardes du comte d'Artois, il fonda, en sept. 1789, le journal *L'Ami du peuple* dans lequel il s'éleva contre les compromissions de ceux qui voulaient détourner la révolution populaire à leur profit. Sa violence et son intransigeance fondèrent sa popularité. En 1792, les mesures radicales qu'il réclama lui donnèrent une grande part de responsabilité dans les massacres de Septembre (v.). Député de Paris à la Convention, Montagnard, il fut la cible des Girondins, qui le traduisirent devant le Tribunal révolutionnaire dont il avait demandé la création. Acquitté par celui-ci, il revint triomphalement à la Convention le 24 avr. 1793 et organisa l'insurrection du 2 juin qui provoqua la chute des Girondins. Le 13 juill., il fut assassiné dans son bain par Charlotte Corday. Marat devint un martyr de la Révolution et eut des obsèques solennelles.

MARATHES ou **MAHRATTES.** Peuple indo-aryen de l'Inde, habitant le centre-ouest du Deccan, dans les régions de Bombay, de Poona et de Ragpur (auj. État du Maharashtra). Ils firent partie des empires d'Açoka et de Kanishka, passèrent au XIIIe s. sous la domination musulmane, mais maintinrent leur civilisation hindoue.

Soumis à l'Empire mogol, les Marathes trouvèrent un chef remarquable en la personne de **Shivaji Bhonsle** (* 1627, † 1680), fervent hindou qui, regroupant les hindous du Deccan, engagea la lutte à la fois contre l'empereur Aurengzeb et contre les sultanats musulmans indépendants d'Ahmednagar et de Bijapur. Shivaji se montra un administrateur remarquable : il évita la création d'une féodalité en payant ses guerriers sur les prises de guerre, et il constitua une marine puissante qui réussit à tenir les Anglais en échec près de Bombay (1680) et lui permit d'entrer en relations commerciales avec l'Arabie et l'Extrême-Orient. Aurengzeb dut lutter jusqu'à sa mort contre la puissance des Marathes.

Le XVIIIe s. vit le déclin de la dynastie issue de Shivaji, et la création d'une puissante confédération marathe qui se démembra, après 1761, en cinq dynasties. Cette dislocation fit disparaître la seule puissance militaire capable de défendre l'indépendance indienne contre les Anglais.

Les Britanniques profitèrent de la rivalité sanglante entre Marathes Sindhia et Holkar pour imposer aux Marathes le traité de Bassein (31 déc. 1802), qui introduisait le protectorat anglais sur l'ouest du Deccan. L'indignation générale qu'il souleva conduisit à la guerre marathe de 1802/04. Les Marathes, encouragés et encadrés par des Français, furent battus par le futur duc de Wellington à Assaye (23 déc. 1803) et par Lake à Delhi (sept. 1803) et à Lasvari (nov. 1803). Ces victoires anglaises, qui anéantissaient les projets de Bonaparte sur l'Inde et qui marquaient l'effondrement final de l'influence française en Inde, furent suivies par les traités de Déogaon et d'Arjangaon (déc. 1803) : l'ouest des monts Ajanta et les territoires entre le Gange et la Yamuna passaient aux Anglais.

MARATHON (bataille de, 13 sept. 490 av. J.-C.). Bataille décisive de la première guerre médique, au cours de laquelle les Perses furent vaincus par les Athéniens et les Platéens. À l'issue de la bataille, qui se déroula dans la plaine entre la localité actuelle de Marathon et la mer, les Perses rembarquèrent. Ils doublèrent le cap Sounion et vinrent mouiller devant Phalère, le port d'Athènes. Mais les Athéniens revinrent précipitamment défendre leur cité et les Perses reprirent le chemin de l'Asie. Ils laissaient cependant plus de 6 000 morts sur le terrain, alors que les Grecs n'auraient eu que 192 tués, enterrés dans un tumulus que l'on voit encore. Selon une tradition ultérieure, un coureur que les vainqueurs avaient envoyé en avant-garde à Athènes pour annoncer la nouvelle de la victoire tomba d'épuisement à son arrivée ; pour célébrer son souvenir, on introduisit la course du *marathon* dans les jeux Olympiques modernes dès leur fondation, en 1896.

MARC saint (* Jérusalem ?, † en Égypte ?, apr. 64 de notre ère). Évangéliste, membre d'une des plus importantes familles de la première communauté chrétienne de Jérusalem. Avec son cousin Barnabé et st Paul, il porta la foi nouvelle à Chypre, puis en Asie Mineure mais, arrivé à Pergè, revint à Jérusalem (*Actes*, XIII, 13). En compagnie de Barnabé, Marc repartit pour Chypre (vers 50). Dix ans plus tard, vers 60/61, Marc jouait à Rome le rôle d'interprète pour st Paul, selon Papias. Marc retrouva aussi à Rome st Pierre, dont il recueillit les souvenirs dans son évangile composé à Rome entre 65 et 70. Selon une tradition rapportée par Eusèbe (*Hist. eccl.*, II, 16), st Marc aurait fondé l'Église d'Alexandrie. Ses reliques auraient été amenées à Venise au IXe s. Voir **ÉVANGELISTES**.

MARC ANTOINE (* 83, † Alexandrie, 1er.VIII.30 av. J.-C.). Général et homme politique romain. Voir **ANTOINE**.

MARC AURÈLE, Marcus Aurelius Antoninus (* Rome, 26.IV.121, † *Vindobona* = Vienne, ou Sirmium, 17.III.180). Empereur romain (161/180) de la dynastie des Antonins. D'une illustre famille d'origine espagnole, son éducation fut profondément marquée par la philosophie stoïcienne. Adopté par Antonin quand celui-ci fut désigné par Hadrien comme son successeur, il vécut auprès d'Antonin (138-161) dont il épousa la fille, Faustine la Jeune, et fut associé tout jeune au gouvernement impérial. Empereur en 161, il régna conjointement avec son frère adoptif, Lucius Verus, jusqu'à la mort de ce dernier en 169. Sur dix-neuf années de règne, Marc Aurèle en consacra dix-sept à faire la guerre. En Orient, il vainquit les Parthes après cinq années de campagnes. Sur le Danube, les offensives des peuples germaniques et scythes l'obligèrent, jusqu'à sa mort, à mener une guerre permanente qui put aller jusqu'à l'extermination de ses ennemis. Étrange destin d'un empereur philosophe dont les douze livres des *Pensées* constituent une œuvre majeure de la pensée stoïcienne. Marc Aurèle mourut en 180 de la peste qui ravagea l'Empire romain pendant plusieurs années. Son fils Commode lui succéda.

MARCEAU, François Séverin Marceau-Desgraviers, dit (* Chartres, 1er.III.1769, † Altenkirchen, 21.IX.1796). Général français. Entré en 1789 dans la garde nationale, il participa à la défense de Verdun (1792). Envoyé l'année suivante en Vendée, il remporta la victoire de Saumur (9 juin) et fut nommé à vingt-quatre ans général de brigade et commandant en chef de l'armée de l'Ouest : il battit les Vendéens au Mans (12 déc. 1793) où, il se signala par son humanité. Chef de l'aile droite à la bataille de Fleurus, il décida de la victoire (26 juin 1794). Durant la campagne de 1796, il couvrit la retraite de l'armée de Jourdan sur la Lahn, mais il tomba mortellement blessé par la balle d'un chasseur tyrolien (19 sept.). Il expira deux jours plus tard, après avoir reçu le dernier hommage des généraux autrichiens. Ses restes furent transférés au Panthéon en 1882.

MARCEL Étienne (* vers 1315, † Paris, 31.VII. 1358). Homme politique français. Riche drapier de Paris et prévôt des marchands, il fut le chef du tiers état aux états généraux de 1355 et 1356. Il obtint du Dauphin (le futur Charles V) la grande ordonnance de 1357, qui prévoyait une réforme générale du royaume par l'institutionnalisation des états et le contrôle des officiers royaux. Celle-ci restant lettre morte, Étienne

Marcel décida d'imposer les réformes en les plaçant dans le cadre communal de Paris s'inspirant en cela des mouvements communaux contemporains en Flandre et en Italie. Il s'appuya sur Charles le Mauvais, roi de Navarre, pour soulever Paris contre le Dauphin (qu'il avait fait cependant proclamer régent en mars 1358). Il entretint des relations avec les autres villes du royaume et les états des pays de langue d'oc. Mais Charles parvint à s'échapper, convoqua les états généraux à Compiègne, isola Paris et le soumit au blocus. Devant le mécontentement grandissant de la population, les bourgeois se tournèrent bientôt vers le parti loyaliste, dont l'un des chefs, Jean Maillard, assassina Étienne Marcel, ce qui mit fin à la révolution parisienne du XIVe s.

MARCELLUS Marcus Claudius (* vers 268, † Venusia, 208 av. J.-C.). Général romain. Consul pour la première fois en 222, il battit à Clastidium les Celtes Insubres et tua de sa propre main leur chef, Britomarte ou Viridomare, rapportant ainsi les troisièmes et dernières dépouilles opimes (armes d'un chef ennemi tué par un chef romain, offertes ensuite à Jupiter) ouvrant à Rome la conquête de la plaine du Pô. Durant la deuxième guerre punique, il battit à deux reprises Hannibal en 216 et 215, puis porta la guerre en Sicile : durant trois ans, il assiégea Syracuse (défendue notamment par des machines de guerre inventées par Archimède), dont il réussit à s'emparer en 212. Une nouvelle fois vainqueur d'Hannibal en 210, il périt deux ans plus tard dans une embuscade, au cours de son cinquième consulat.

MARCHAND Jean-Baptiste (* Thoissey, Ain, 22. XI.1863, † Paris, 13.I.1934). Général français. Officier d'infanterie de marine, il accomplit à partir de 1889 diverses missions en Afrique occidentale. En 1897, il partit de Brazzaville, remonta l'Oubangui pour explorer la région du Bahr el-Ghazal. Scientifique, la mission Marchand avait aussi pour objectif d'ouvrir une voie reliant les possessions françaises sur l'Atlantique à Djibouti, sur l'océan Indien. Le 10 juillet 1898, il parvenait à Fachoda (v.) sur le haut Nil. Rejoint en sept. par Kitchener (v.), il refusa d'abandonner Fachoda, créant un grave incident franco-anglais. Il participa ensuite à l'expédition contre les Boxers (v.) en 1900. En 1914-1918, il combattit en Champagne, sur la Somme et à Verdun.

MARCHE, du germ. *mark*, lat. *marca*. Nom donné, au Moyen Âge, à partir de l'Empire carolingien, à des territoires récemment conquis qui constituaient une frontière militaire de l'empire. Le commandement en était confié à des officiers qui cumulaient les pouvoirs civils et militaires et recevaient le titre de *dux* ou de *marchio* (d'où, en allemand, *margrave*, en français, *marquis*). L'empire de Charlemagne comprit ainsi les marches de Saxe, de Bavière, d'Espagne, de Bretagne ; les principales marches de l'Empire germanique, face aux Slaves, furent la Nordmark (de laquelle naquit la marche de Brandebourg), les marches de Meissen et de Lusace, l'Ostmark (Autriche), les marches de Styrie et de Carniole.

MARCHE SUR ROME. Épisode décisif de la conquête du pouvoir par Mussolini en 1922. Exploitant la faiblesse du gouvernement Facta et l'apathie des socialistes (échec de la grève générale du 1er août 1922), Mussolini, jusqu'au bout hésitant, organisa cette marche spectaculaire, dont l'idée avait été lancée pour la première fois par D'Annunzio. L'opération, dirigée par les *quadrumvirs* Balbo, De Bono, Bianchi et De Vecchi, commença le 27 oct. 1922. Venus de diverses grandes villes d'Italie, environ 40 000 Chemises noires arrivèrent au cours des jours suivants dans la capitale. Le roi Victor-Emmanuel III refusa de faire donner la troupe ; Facta ayant démissionné, il demanda télégraphiquement à Mussolini, qui était resté à Milan, de former le nouveau gouvernement.

MARCOMANS, *Marcommani*, c'est-à-dire *Hommes des frontières*. Peuple germanique, du groupe des Suèves, mentionné pour la première fois par César. D'abord installés dans la région du Main, les Marcomans s'installèrent en Bohême après leur défaite face à Drusus en 9 av. J.-C. Une fois leur royaume détruit par les Chérusques (18 apr. J.-C.), ils émigrèrent en Italie où ils passèrent sous la tutelle de Rome. Les Marcomans se révoltèrent sous Marc Aurèle, envahirent la Pannonie et menèrent une guerre longue et sanglante (166/80). En 270, ils menacèrent l'Italie, mais furent rejetés au-delà du Danube par Aurélien. Leur nom disparaît au IVe s.

MARCO POLO (* Venise, 1254, † Venise, 8.I.1324). Voyageur et marchand italien. Voir **Polo Marco**.

MARCOS Ferdinand (* Sarrat, 1917, † Honolulu, 28.IX.1989). Homme politique et militaire philippin. Président de la République de 1965 à 1986. Voir **Philippines**.

MARÉCHAL DE FRANCE. Cette dignité fut créée par Philippe Auguste. Grand officier de la Couronne, le maréchal était le deuxième dignitaire dans l'armée royale, en dessous du connétable, et il devint le premier dignitaire après la suppression de cet officier en 1626. Le nombre des maréchaux augmenta peu à peu pour atteindre une quinzaine à la fin de l'Ancien Régime. À partir du règne de Louis XIII, tous les maréchaux reçurent un bâton, symbole de leur autorité. Cette dignité fut complètement supprimée par la convention en 1793. Napoléon Ier, par un décret du 19 mai 1804, la rétablit et créa seize maréchaux d'Empire et quatre maréchaux honoraires.

La Restauration rétablit le titre de maréchal de France. La Première Guerre mondiale lui donna un nouveau lustre. Furent ainsi élevés successivement à la dignité de maréchal de France : Joffre (1916), Foch et Pétain (1918), Fayolle, Franchet d'Esperey, Lyautey et, à titre posthume, Gallieni (1921) et Maunoury (1923). Après la Seconde Guerre mondiale y furent élevés : Juin et, à titre posthume, de Lattre de Tassigny, Leclerc (1952) et Kœnig (1984).

MARENGO. Localité d'Italie (Piémont), au S.-E. d'Alexandrie. La bataille de Marengo (14 juin 1800), qui, un instant, menaçait d'être une défaite pour Bonaparte, surpris par Mélas et les Autrichiens, se changea en victoire grâce à la charge de cavalerie de Kellermann. Cette victoire eut pour résultats la conquête de l'Italie du Nord, la fin de la seconde coalition et la paix de Lunéville. Sous l'Empire, le nom de Marengo fut donné à un département qui avait pour chef-lieu Alexandrie.

MARGRAVE, *Markgraf.* Titre donné autrefois par les empereurs germaniques aux seigneurs qu'ils chargeaient de la défense des *marches* (en allem. *Mark*) ou provinces frontières (v. **Marche**). Le margrave dépendait directement de l'empereur et non du duc dans le territoire duquel se trouvait le margraviat.

MARGUERITE

ANGLETERRE

MARGUERITE D'ANJOU (* Pont-à-Mousson, 23.III. 1429, † Dampierre, Anjou, 25.VIII.1482). Reine d'Angleterre. Épouse d'Henri VI, son opposition aux York déclencha la guerre des Deux-Roses (1455). Voir **Deux-Roses (guerre des)**.

DANEMARK

MARGUERITE Ire (* Söborg, mars 1353, † Flensburg, 28.X.1412). Reine de Danemark, de Norvège et de Suède. Seconde fille de Valdemar IV, roi de Danemark, mariée en 1363 à Haakon VI, roi de Norvège, elle assura en 1375 la succession de Valdemar à son fils, Olaf V, encore mineur, et exerça le pouvoir. Voir **Danemark**.

NAVARRE

MARGUERITE DE VALOIS ou **DE NAVARRE** ou **D'ANGOULÊME** (* Angoulême, 11.IV. 1492, † Odos, Bigorre, 21.XII.1549). Reine de Navarre. Sœur de François Ier, elle épousa en 1509 Charles, duc d'Alençon. Restée veuve en 1525, elle fut remariée deux ans plus tard au roi de Navarre, Henri d'Albret, dont elle eut Jeanne d'Albret, mère d'Henri IV. Voir **Protestantisme.** En France au XVIe s.

MARGUERITE DE VALOIS, dite **La reine Margot** (* Saint-Germain-en-Laye, 14.V. 1553, † Paris, 27.III.1615). Reine de Navarre. Fille d'Henri II et de Catherine de Médicis, elle fut mariée pour des raisons politiques à Henri de Navarre (futur Henri IV), le 18 août 1572. Ce mariage, préparé pour réconcilier catholiques et protestants, souleva au contraire la fureur des catholiques parisiens et fut une des causes de la Saint-Barthélemy (25 août). Les deux époux, qui n'avaient aucune inclination l'un pour l'autre, ne tardèrent pas à se séparer. Chassée de la cour par son frère Henri III à la suite de ses intrigues avec la Ligue (1583), Marguerite alla rejoindre son mari en Navarre et tint à Nérac une cour jeune, gaie et brillante, mais ses infidélités continuelles la firent enfermer par Henri au château d'Usson, en Auvergne, où elle resta dix-huit ans (1587/1605). En 1599, Henri, devenu roi de France, obtint de Clément VIII l'annulation de son mariage. La Reine Margot put revenir à Paris en 1605.

PAYS-BAS

MARGUERITE D'AUTRICHE (* Bruxelles, 10.I. 1480, † Malines, 1er.XII.1530). Duchesse de Savoie, gouvernante générale des Pays-Bas. Fille de Maximilien Ier et de Marie de Bourgogne. À 25 ans, elle avait déjà perdu deux époux : l'infant don Juan d'Espagne, fils des Rois Catholiques, et Philibert le Beau, duc de Savoie, qu'elle perdit après quatre ans d'une union heureuse et auquel elle fit élever en mausolée le magnifique ensemble de Brou. Elle décida alors de ne plus se remarier. En 1506, elle fut nommée par son père, Maximilien, gouvernante des Pays-Bas et se consacra désormais entièrement à ce pays, dont elle sut préserver la neutralité dans les guerres de son temps. Marguerite d'Autriche joua un grand rôle dans la politique européenne. Elle prit part aux conférences de Cambrai (1508) et conclut avec la reine mère de France, Louise de Savoie, la paix de Cambrai ou *paix des Dames* (1529), avantageuse pour les Habsbourg.

MARGUERITE DE PARME ou **D'AUTRICHE** (* Audenarde, 28.XII.1522, † Ortona, près de Chieti, dans les Abruzzes, 18.I.1586). Gouvernante générale des Pays-Bas (1559/67). Voir **Pays-Bas**.

MARIANNES (îles). Archipel du Pacifique occidental, s'étendant du N. au S. sur une longueur d'environ 500 miles, à environ 1 500 miles à l'E. des Philippines. Les principales îles sont Guam, Saipan, Tinian, Rota. Les deux îles méridionales de Guam et Rota furent découvertes le 6 mars 1521, par le navigateur portugais Magellan. L'archipel, annexé par l'Espagne en 1668, reçut son nom de la veuve du roi Philippe IV, Maria Anna. L'île de Guam revint aux États-Unis en vertu du traité de Paris (1898) et le reste de l'archipel, vendu à l'Allemagne l'année suivante, puis passa en 1919 sous mandat japonais. Conquises par les Américains à partir du 13 juin 1944, les îles Mariannes ont été administrées à partir de 1947 par les États-Unis, sous la tutelle de l'ONU, puis elles sont devenues en 1978 le Commonwealth des Mariannes-du-Nord, État autonome associé aux États-Unis.

MARIE

SAINTES

MARIE sainte, dite aussi **la Vierge Marie.** Mère de Jésus. Marie nous est connue par le Nouveau Testament, en particulier par les évangiles de Matthieu et surtout de Luc ainsi que par les textes apocryphes (Protévangile de Jacques, Évangile du Pseudo-Matthieu). Selon ces sources, Marie (en hébreu *Myriam*), issue du sang royal de David, cousine d'Élisabeth, mère de Jean-Baptiste, était seulement fiancée à Joseph, artisan de Nazareth, lorsqu'elle reçut la visite de l'archange Gabriel lui annonçant qu'elle concevrait et enfanterait un fils qui serait le Messie, conçu de l'Esprit de Dieu. Elle se rendit aussitôt auprès de sa cousine Élisabeth, auprès de laquelle elle resta trois mois, puis Joseph, ayant été averti par l'ange du mystère de la conception, se décida à introduire sous son toit celle qui était sa fiancée et dont il fit ainsi son épouse. Six mois plus tard, à la suite d'un recensement ordonné dans tout l'Empire romain par Auguste, Marie et Joseph durent se rendre à Bethléem de Juda, patrie de David et lieu d'origine de leur famille. C'est là que Marie, faute de trouver un hébergement plus décent, donna dans une étable le jour à Jésus. Conformément à la loi mosaïque, elle se présenta ensuite au Temple pour être purifiée, puis, pour échapper à la fureur d'Hérode, elle se réfugia avec Joseph et son fils en Égypte et ne revint à Nazareth qu'après la mort du tyran. Durant la vie publique de Jésus, Marie reste toujours au second plan ; elle paraît cependant aux noces de Cana, puis au pied de la Croix, lors de la Passion (*Jean*, XIX, 25). Les *Actes des Apôtres* (I, 14) nous la montrent encore, au lendemain de l'Ascension de Jésus, priant dans la chambre haute de Jérusalem avec les disciples. Dès les premiers siècles de l'Église, la littérature apocryphe chrétienne s'est efforcée de suppléer aux renseignements lacunaires donnés par les Évangiles canoniques sur le personnage de Marie ; il est possible que certains de ces apocryphes aient recueilli des traditions orales authentiques sur la Vierge.

MARIE-MADELEINE sainte (Iᵉʳ s. apr. J.-C.). Depuis le VIᵉ s., l'Église d'Occident a généralement identifié sous ce nom trois femmes mentionnées par les Évangiles : la pécheresse anonyme qui obtint son pardon de Jésus grâce aux marques d'amour qu'elle lui témoigna (*Luc*, VII, 37-38) ; Marie de Magdala, qui, exorcisée par Jésus (*Luc*, VIII, 2-3), fit ensuite partie des saintes femmes qui l'accompagnèrent dans ses voyages, fut présente au Calvaire, avertit les apôtres que le tombeau était vide et reconnut enfin Jésus ressuscité ; enfin Marie de Béthanie, sœur de Marthe et de Lazare, qui s'assit aux pieds de Jésus pour le contempler et l'écouter tandis que Marthe s'affairait aux travaux domestiques (*Luc*, X, 38-42). Selon une tradition, cette dernière mourut et fut enterrée à Éphèse, d'où l'empereur Léon VI ramena ses reliques à Constantinople à la fin du IXᵉ s. Mais la tradition provençale (vers le XIᵉ s.) assure qu'après la mort du Sauveur, en compagnie de son frère Lazare, de sa sœur Marthe et d'autres chrétiens, elle quitta la Palestine dans une barque qui aborda aux Saintes-Maries-de-la-Mer. Marie-Madeleine se retira alors dans la grotte de la Sainte-Baume, au N.-E. de Marseille, où elle se livra pendant plus de trente ans à la méditation. Ses reliques furent vénérées à la basilique de Saint-Maximin (Var).

ANGLETERRE

MARIE Iʳᵉ TUDOR, dite **Marie la Catholique** ou **Marie la Sanglante** (* Greenwich, 18.II.1516, † Londres, 17.XI.1558). Reine d'Angleterre (1553/58). Fille d'Henri VIII et de sa première femme, Catherine d'Aragon.

Elle abrogea les actes d'Édouard VI, son frère, auquel elle avait succédé en 1553 et elle s'employa à rétablir le catholicisme : la réconciliation avec Rome fut célébrée solennellement à Westminster par le cardinal Reginald Pole le 30 nov. 1554. Plus encore que cette réaction religieuse, ce fut son mariage avec Philippe II, fils de Charles Quint, qui aliéna à Marie Tudor la plus grande partie de son peuple (juill. 1554). Le complot de Thomas Wyatt (v.) orienta dès la même année le nouveau règne vers des mesures de plus en plus autoritaires : après avoir fait exécuter Jane Grey et conduire Élisabeth à la Tour de Londres, Marie Tudor rétablit bientôt les anciennes lois contre les hérétiques et inaugura la persécution antiprotestante qui lui a valu son surnom de *Marie la Sanglante*. En 1557, sur les instances de Philippe II, Marie déclara la guerre à la France, et la perte de Calais, reprise par les Français en 1558, porta un dernier coup à son prestige. Depuis longtemps malade, elle mourut en désignant pour lui succéder Élisabeth, à la condition que celle-ci maintiendrait le catholicisme en Angleterre.

MARIE II STUART (* Londres, 30.IV.1662, † Londres, 28.XII.1694). Reine d'Angleterre (1689/94). Fille aînée de Jacques II et de sa première femme, Anne Hyde, elle épousa en 1677 Guillaume d'Orange. Proclamée reine après le renversement de son père, elle partagea le trône avec son mari devenu roi corégnant sous le nom de Guillaume III.

AUTRICHE

MARIE-THÉRÈSE (* Vienne, 13.V. 1717, † Vienne, 29.XI.1780). Impératrice (1740/80), reine de Hongrie et de Bohême. Fille aînée de l'empereur Charles VI, elle lui succéda sur la base de la pragmatique sanction de 1713 (v.), que la plupart des États s'empressèrent de renier à la mort de Charles VI : ce fut le début de la guerre de la Succession d'Autriche (v.). Marie-Thérèse parvint à repousser la coalition de ses adversaires, mais perdit la Silésie et dut souscrire aux revendications nationales des Hongrois (compromis de 1741). Pendant la guerre de Sept Ans (v.), elle tenta vainement de reconquérir la Silésie, mais acquit ultérieurement la Galicie orientale, la Petite-Pologne et la Bucovine. Marie-Thérèse entreprit de vastes réformes destinées à consolider l'unité de l'Empire selon les principes nouveaux du despotisme éclairé (v.). Aidée de Haugwitz, chancelier d'Empire, elle affirma partout l'autorité de l'État au-dessus des pouvoirs locaux en créant notamment un conseil d'État chargé d'examiner les affaires importantes de l'Empire. Un code pénal vint unifier la législation. Des instituts formant un corps de fonctionnaires civils et militaires éprouvés virent le jour. Marie-Thérèse sut toujours faire preuve du sage empirisme qui manqua à son fils Joseph II. Mariée en 1736 à François Étienne, duc de Lorraine, qu'elle chérissait et qu'elle fit proclamer empereur sous le nom de François Ier en 1745, elle eut seize enfants : l'aîné devint empereur sous le nom de Joseph II (il n'exerça le pouvoir qu'après la mort de sa mère), Marie-Antoinette devint reine de France, Marie-Caroline reine de Naples, Léopold grand-duc de Toscane et Ferdinand duc de Modène.

ÉCOSSE

MARIE STUART (* Linlithgow, 8.XII.1542, † Fotheringhay, Northamptonshire, 8.II.1587). Reine d'Écosse (1542/67) et reine de France (1559/60). Elle était la fille de Jacques V d'Écosse et de Marie de Lorraine. Arrière-petite-fille d'Henri VII, elle avait des droits sur la couronne d'Angleterre. De plus, par sa mère, elle était la nièce des Guise, chefs du puissant parti catholique français. Jacques V étant mort alors qu'elle n'avait qu'une semaine, elle devint reine d'Écosse sous la régence de sa mère, qui, en 1548, la fiança au dauphin de France, le futur François II, et l'envoya vivre à la cour d'Henri II, où elle reçut une éducation raffinée. Elle devint reine de France en 1559, mais François II mourut dès l'année suivante. Elle dut rentrer en Écosse en 1561, et trouva son royaume agité par la Réforme. Elle essaya de manœuvrer entre les factions, mais commit l'erreur d'épouser Henri Stuart, lord Darnley, grand seigneur catholique et personnage médiocre dont elle eut un fils. Après la mort de son mari qu'elle avait peut-être fait assassiner, elle épousa rapidement lord Bothwell, que la rumeur désignait comme le meurtrier. Ce fut un prétexte à un soulèvement de la noblesse protestante. Elle dut abdiquer en faveur de son fils, Jacques VI, et en fut réduite à se réfugier dans l'Angleterre d'Élisabeth Ire, qui la fit emprisonner. Élisabeth était sans héritier, et Marie Stuart avait des droits incontestables sur la couronne d'Angleterre. En outre, princesse catholique, elle portait les espoirs de l'importante minorité papiste. Aussi plusieurs conspirations eurent-elles pour but de la placer sur le trône d'Angleterre. Finalement, Élisabeth la fit condamner à mort et décapiter.

À la mort d'Élisabeth, le fils de Marie Stuart, Jacques IV d'Écosse, devint roi d'Angleterre sous le nom de Jacques Ier.

ESPAGNE

MARIE-CHRISTINE (* Naples, 27.IV.1806, † Le Havre, 22.VIII.1878). Reine d'Espagne. Fille de François Ier, roi des Deux-Siciles, elle devint en 1829 la quatrième femme de Ferdinand VII, roi d'Espagne, encore sans enfant. Après la naissance de sa fille Isabelle (10 oct. 1830), elle obtint de son mari la révocation de la loi de succession de 1714, qui écartait les femmes du trône d'Espagne ; elle assura ainsi le trône à Isabelle, au détriment de don Carlos, frère de Ferdinand VII. Régente en 1833, elle dut faire face à l'insurrection carliste (v. **Carlisme**) et à une rébellion militaire qui lui imposa, en 1836, la Constitution de Cadix de 1812. En oct. 1839, elle voulut affirmer son autorité en dissolvant les Cortés, mais le général Espartero la contraignit à se réfugier en France (1840). Elle reprit le pouvoir en 1843, malgré la majorité de sa fille Isabelle II, et gouverna en constante opposition avec les libertés constitutionnelles, jusqu'à la révolution de 1854.

FRANCE

MARIE DE MÉDICIS (* Florence, 26.IV.1573, † Cologne, 3.VII.1642). Reine de France. Fille du grand-duc de Toscane, François Ier, et de Jeanne, archiduchesse d'Autriche, elle épousa Henri IV le 16 déc. 1600 et donna le jour, en sept. suivant, au futur Louis XIII. Accusée par certains d'avoir contribué à l'attentat de Ravaillac, elle fut nommée régente à la mort d'Henri IV (1610). Sous l'influence de ses favoris, Leonora Galigaï et Concini, elle écarta les anciens conseillers du roi, abandonna les grands projets d'Henri IV contre la maison d'Autriche, mais se heurta à l'agitation des grands, qui manifestèrent leur superbe aux états généraux de 1614 et avec lesquels elle dut signer le traité de Loudun (6 mai 1616). Son fils, qu'elle avait marié avec Anne d'Autriche, et qui supportait impatiemment sa tutelle, se débarrassa de concini (25 avr. 1617) et éloigna sa mère à Blois. Délivrée par d'Épernon, elle entreprit une folle lutte contre Louis XIII, mais fut vaincue aux Ponts-de-Cé (7 août 1620). Rentrée au Conseil après la mort de Luynes (1622), elle s'alarma bientôt de la puissance croissante de Richelieu et de son ascendant sur le roi. Profitant d'une maladie de Louis XIII, elle s'efforça d'obtenir la disgrâce du ministre, mais la journée des Dupes (10 nov. 1630) la fit définitivement écarter des affaires. Elle mourut en exil, à Cologne.

MARIE-THÉRÈSE D'AUTRICHE (* Madrid, 10.IX. 1638, † Versailles, 30.VII.1683). Reine de France. Fille de Philippe IV, roi d'Espagne, et d'Élisabeth de France, elle épousa Louis XIV en 1660, conformément au traité des Pyrénées, et contre sa renonciation à la succession d'Espagne. Très pieuse, elle supporta les nombreuses infidélités du roi, auquel elle donna six enfants. Bossuet et Fléchier prononcèrent son oraison funèbre. C'est pour se dédommager du non-paiement de sa dot que Louis XIV conquit la Flandre et la Franche-Comté. Voir **Dévolution (guerre de)**.

MARIE LESZCZYNSKA (* Breslau, 23.VI.1703, † Versailles, 24.VI.1768). Reine de France. Fille de

Stanislas Leszczynski, roi de Pologne, elle épousa en 1725 Louis XV, âgé de quinze ans, auquel elle donna neuf enfants. Le dauphin Louis, qui mourut en 1765, fut le père de Louis XVI.

MARIE-ANTOINETTE (* Vienne, 2.XI.1755, † Paris, 16.X.1793). Reine de France. Quatrième fille de Marie-Thérèse et de l'empereur François Ier, elle fut rapidement destinée par sa mère à devenir reine de France. À la suite de négociations menées par Choiseul, elle fut amenée en France et épousa le dauphin Louis à Versailles, le 16 mai 1770. Sa manière de vivre à Versailles dans le luxe et les fêtes, entourée d'une coterie de jeunes aristocrates, et son mépris des traditions rigides de la cour de France furent à l'origine de son impopularité croissante. Ses dépenses excessives lui attirèrent le sobriquet de *Madame Déficit* ; on la surnommait aussi l'*Autrichienne*, l'accusant de favoriser les intérêts de ses compatriotes. L'affaire du Collier (v.) acheva de la rendre impopulaire. Consciente de son statut de reine, elle ne fut probablement jamais la maîtresse du Suédois Axel de Fersen avec qui elle entretint une tendre amitié. Elle n'exerça pas sur le roi Louis XVI l'influence prépondérante que sa mère Marie-Thérèse d'Autriche aurait souhaité qu'elle eût et qu'on lui prêta souvent. Au début de la Révolution, elle encouragea Louis XVI à ne pas écouter l'avis des réformateurs modérés tels que La Fayette et Mirabeau, mais plutôt à compter sur le soutien des puissances européennes. Après la prise des Tuileries – où séjournait la famille royale depuis l'échec de la fuite à Varennes – par le peuple parisien (10 août 1792), Marie-Antoinette fut enfermée au Temple avec le roi puis transférée à la Conciergerie après l'exécution de Louis XVI (21 janv. 1793). Elle comparut en oct. devant le Tribunal révolutionnaire, face auquel elle fit preuve de courage et de dignité. Elle fut condamnée à mort et guillotinée. Elle avait donné au roi trois enfants. Louis Joseph, l'aîné, était mort en 1789, laissant le titre de dauphin au futur Louis XVII.

MARIE-LOUISE (* Vienne, 12.XII.1791, † Vienne, 18.XII.1847). Impératrice des Français. Fille de François Ier, empereur d'Autriche, et de Marie-Thérèse de Naples, elle fut épousée par Napoléon Ier à Paris le 2 avr. 1810 après qu'il eut exigé sa main comme une condition de la paix avec l'Autriche. L'année suivante, elle donna le jour à un fils, qui reçut le titre de *roi de Rome*. Au début de la campagne de 1813, Napoléon lui confia la régence, mais avec des pouvoirs très limités. Marie-Louise rejoignit son père après l'abdication de Napoléon (avr. 1814), resta à Schönbrunn pendant les Cent-Jours et devint la maîtresse du feld-maréchal autrichien, comte von Neipperg, dont elle eut deux enfants et qu'elle épousa morganatiquement quatre mois à peine après la mort de Napoléon, en sept. 1821. Le traité de Fontainebleau (1814) lui avait assuré, avec le titre de *Majesté impériale*, la souveraineté viagère des duchés de Parme, de Plaisance et de Guastalla, dont elle prit possession en avr. 1816 ; ils connurent, grâce à elle, un régime beaucoup plus libéral que la plupart des autres États italiens et le Code Napoléon y fut en grande partie maintenu. Après la mort de Neipperg, Marie-Louise se remaria en 1834 avec le comte de Bombelles, chambellan de la cour.

PORTUGAL

MARIE Ire DE BRAGANCE (* Lisbonne, 17.XII.1734, † Rio de Janeiro, 20.III.1816). Reine de Portugal (1777/1816). Fille de Joseph Ier, roi de Portugal, elle lui succéda en 1777, partageant le trône avec son oncle et époux Pierre III. À la mort de celui-ci (1786), elle continua à régner mais fut frappée en 1792 d'aliénation mentale, et son fils, Jean VI, gouverna en son nom. En 1807, lors de l'occupation française, il l'emmena au Brésil, où elle mourut.

MARIE II da Gloria (* Rio de Janeiro, 4.IV. 1819, † Lisbonne, 15.XI.1853). Reine de Portugal (1826/53). Voir PORTUGAL.

MARIETTE Auguste Édouard (* Boulogne-sur-Mer, 11.II.1821, † Le Caire, 18.I.1881). Égyptologue français. Mariette, qui se forma lui-même à l'égyptologie, obtint un poste au musée du Louvre en 1849. L'année suivante, il fut envoyé en Égypte pour acquérir des manuscrits coptes. Cette tâche se révélant impossible, il investit son budget dans des fouilles sur le site de Sakkara, la nécropole de Memphis. Ses recherches aboutirent à la spectaculaire découverte du Serapeum, le cimetière souterrain des Apis, les taureaux sacrés qui incarnaient le dieu Ptah. En 1858, il convainquit le vice-roi d'Égypte de la nécessité de fonder le Service des Antiquités pour organiser les fouilles, protéger les sites archéologiques et éviter les pillages. Mariette créa aussi en 1863, le musée de Boulaq, ancêtre de l'actuel musée du Caire, pour recueillir les œuvres mises au jour en Égypte après partage avec les équipes de fouilles étrangères.

MARIGNAN (bataille de). Victoire de François Ier sur les Suisses, alliés du duc de Milan (13/14 sept. 1515). Le 13 sept., dans l'après-midi, au nombre de 25 à 30 000, les Suisses attaquèrent le camp français près de Marignan, par une longue et étroite chaussée entre deux marais, ce qui interdisait le déploiement de la cavalerie française. Les piquiers suisses ne purent être arrêtés ni par les charges de gendarmes dirigés par le roi, ni par le tir nourri de l'artillerie. Après la pause de la nuit, le combat reprit et resta incertain jusqu'à l'arrivée de l'armée vénitienne, qui, ayant marché toute la nuit, prit les Suisses à revers. Ceux-ci se retirèrent en bon ordre, et les Français, qui avaient perdu 6 000 hommes, ne furent pas en état de les poursuivre. La victoire de Marignan permit l'annexion du Milanais, amena Léon X à signer le concordat de Bologne et les Suisses à conclure une « paix perpétuelle » avec la France.

MARIGNY Enguerrand de (* vers 1260, † Montfaucon, Paris, 11 ou 30.IV. 1315). Homme politique français. Ministre tout-puissant de Philippe le Bel, chargé particulièrement des finances, il participa à l'altération des monnaies et son immense fortune lui créa beaucoup d'ennemis. Dès la mort de Philippe le Bel, il fut accusé d'avoir surchargé le peuple d'impôts, et, condamné par une commission sans avoir été entendu, il fut pendu au gibet de Montfaucon, victime des ligues nobiliaires de 1315.

MARINES. En Angleterre et aux États-Unis, nom donné à des troupes entraînées spécialement pour des missions exécutées en liaison avec les forces navales. Créé en 1775, le corps des marines américains fut surtout employé, à la fin du XIXe s. et au début du XXe s., à des missions de police dans la zone des Caraïbes. Son rôle fut considérable dans la guerre du Pacifique (1941/45), et les effectifs des marines passèrent de moins de 20 000 hommes en 1940 à près de 500 000 en 1945. Après avoir pris part à la guerre de Corée, les marines, en 1965, furent la première unité terrestre américaine engagée au Viêt-nam. Ils sont divisés en deux corps, l'un couvrant la zone Pacifique, l'autre la zone Atlantique.

MARIUS Caius (* Cereatae, 157, † Rome, 13.I.86 av. J.-C.). Général et homme politique romain. Il fut élu consul par le parti populaire en 107, magistrature qu'il géra sept fois. D'origine modeste, puis membre de l'ordre équestre, il incarnait la réussite politique de l'*homo novus*. Il réalisa une réforme décisive de l'armée romaine en ouvrant le recrutement aux volontaires : les citoyens pauvres des classes inférieures s'engagèrent avec l'espérance de profiter du butin que leur promettait un général ambitieux. L'armée tendait ainsi à se professionnaliser avec des soldats entièrement dévoués à leur chef. Réélu consul de 104 à 100, Marius Caius triompha des Teutons à Aix-en-Provence (102) et des Cimbres à Verceil (101). Piètre politique, il ne sut pas tirer profit de son prestige auprès du peuple dans la guerre civile qui l'opposa à Sylla. Il s'enfuit quand Sylla s'empara de Rome en 88. En 87, profitant de ce que Sylla était en Orient, Marius revint à Rome, se livra à de sanglantes proscriptions et se fit nommer de nouveau consul, mais il mourut peu après.

MARK. Unité monétaire de l'Allemagne. Le mark était, au Moyen Âge, une unité de poids employée habituellement pour peser l'argent et l'or. Au XIXe s., le mark était une monnaie usuelle dans la plupart des États allemands, mais sa valeur était variable.

Après la fondation de l'Empire allemand, le mark d'or, équivalant à 100 pfennigs, devint la monnaie de compte de l'Empire, qui, à partir de 1876, eut pour unité monétaire le *Reichsmark*. Au lendemain de la Première Guerre mondiale, l'Allemagne connut une tragique inflation et le mark se déprécia d'une manière vertigineuse. Le redressement opéré par le Dr Schacht, grâce au plan Dawes, permit la stabilisation du mark au niveau de 4 200 milliards de marks pour un dollar (20 nov. 1923), puis, en avr. 1924, fut émis un nouveau *Reichsmark-or*, dont la parité avec le dollar fut établie à 4,20 RM pour un dollar.

Après la défaite de 1945 et une nouvelle crise monétaire à laquelle mit fin la réforme du 20 juin 1948, le Reichsmark fut remplacé par le *deutsche Mark*. Cet assainissement du mark devait être le point de départ du « miracle économique » allemand de l'après-guerre.

Dès 1960, le deutsche Mark était devenu, en raison du développement de l'économie ouest-allemande, l'une des plus fortes monnaies du monde. Le 1er janvier 2002, il céda la place à l'euro.

MARLBOROUGH, John Churchill, 1er duc de (* Ashe, Devonshire, 24.VI.1650, † Cranbourn Lodge près de Windsor, 16.VI.1722). Général et homme politique anglais. Après avoir écrasé la rébellion de Monmouth, fils supposé de Charles II, il fut l'un des premiers à abandonner Jacques II (v.) et à se rallier à Guillaume d'Orange (v.) qui le fit comte de Marlborough. La reine Anne le fit duc (1702) et lui confia le commandement de l'armée britannique dans la guerre de Succession d'Espagne. Il chassa les Français de la Gueldre espagnole, puis de l'Allemagne (1704) par sa victoire de Blenheim (ou Hochstädt). Encore vainqueur à Ramillies (1706) et Audenarde (1708), tenu en échec à Malplaquet (1709), il brisa définitivement la politique d'hégémonie européenne de Louis XIV.

MARMONT Auguste Louis Frédéric Viesse de, duc de Raguse (* Châtillon-sur-Seine, 20.VII.1774, † Venise, 2.III.1852). Maréchal de France. Après s'être illustré pendant les campagnes napoléoniennes, il tenta d'arrêter la marche des Alliés sur Paris, dont il négocia finalement la capitulation avec Alexandre Ier en échange de l'abdication de Napoléon (4 avr. 1814). Bien qu'il eût tenté de faire reconnaître le roi de Rome, Marmont fut considéré par Napoléon comme un traître. Louis XVIII le fit pair de France et major général de la garde royale. En juill. 1830, il fut chargé de réprimer la révolte de la population parisienne. Il escorta Charles X à Cherbourg et s'embarqua lui-même pour un exil volontaire.

MARNE (batailles de la). Deux batailles décisives furent livrées au cours de la Première Guerre mondiale sur les bords de la Marne, qui marqua en 1914 et 1918 la limite de l'avance des armées allemandes en France.

La première bataille de la Marne (5/12 sept. 1914) fut menée du côté franco-britannique par Joffre, du côté allemand par von Kluck et von Bülow. La faute majeure de von Kluck fut de négliger l'importance de la garnison de Paris et de poursuivre son avance à l'E. de la capitale, en direction du S., ne laissant au N. de la Marne, pour couvrir son aile droite, que le IVe corps de réserve. Grâce aux troupes rassemblées par Gallieni et amenées sur le front par les taxis réquisitionnés de la capitale, c'est contre cette aile droite que Joffre, dès le 5 sept., put lancer la contre-offensive de la VIe armée de Maunoury (bataille de l'Ourcq, 5/9 sept.). Par suite de la retraite vers le N. de la Ire armée allemande (von Kluck) s'ouvrit entre celle-ci et la IIe armée (von Bülow) une trouée d'environ 40 km, dans laquelle s'enfoncèrent l'armée anglaise de French et la Ve armée française de Franchet d'Esperey, cependant qu'à l'E. les Allemands étaient contenus par les IXe (Foch), IVe (de Langle de Cary) et IIIe (Sarrail) armées françaises. Dans cette situation, le colonel Hentsch, envoyé de Moltke, ordonna le 9 sept. le repli général des armées allemandes sur la ligne de l'Aisne. Cette bataille de la Marne fit échouer l'ambition de l'état-major allemand d'obtenir rapidement la décision à l'O. et orienta pendant plus de trois ans le conflit vers une guerre de tranchées : cette stabilisation permit à la France de bénéficier pleinement de la supériorité matérielle de ses alliés anglais, puis américains.

La seconde bataille de la Marne (1918). Au cours de leur dernière offensive victorieuse en France (15 juill./7 août 1918), les Allemands franchirent de nouveau la Marne, au S.-O. de Reims (15/17 juill.), et formèrent la poche de Château-Thierry. La contre-offensive lancée le 18 juillet allait les contraindre à se replier sur l'Aisne. Des troupes américaines ont participé à cette seconde « bataille de la Marne ».

MAROC, *el-Mamlaka el-Maghrébia.* État de l'Afrique du Nord-Ouest ; capitale *Rabat.*

Jusqu'à la conquête arabe

Le Maroc fut peuplé dès le paléolithique inférieur et a connu une continuité de peuplement durant toute la préhistoire. Vers 1100 av. J.-C., les Phéniciens fondèrent, sur la côte atlantique, le comptoir de Lixus (auj. Tchemmich), puis, plus près du détroit, ceux de Tingis (Tanger) et d'Abyle. Longtemps gouverné par des rois indigènes, le Maroc, fut compris en 25 av. J.-C. dans le vaste royaume de Maurétanie confié par Auguste à Juba II ; à la mort du fils de ce dernier (42 apr. J.-C.), les Romains annexèrent le pays. De cette Maurétanie dite Tingitane, les Romains ne contrôlerent effectivement que la bande septentrionale, où ils établirent les colonies de Tingis, Zilis, Lixus et Volubilis. Au IIIe s., l'agitation des tribus berbères se fit menaçante, et, en 285, Dioclétien réduisit la Maurétanie Tingitane à la région de Tanger. Envahi ensuite par les Vandales (429), le Maroc fut conquis par les musulmans à la suite des expéditions de Moussa ibn Nasser (vers 705/709).

Le Maroc médiéval

Placé sous l'autorité du gouverneur omeyyade de Kairouan, le Maroc manifesta rapidement son esprit d'indépendance par l'agitation des Kharidjites (v.), qui réussirent à s'emparer de Tanger dès 730 et déclenchèrent la grande révolte de 742, laquelle s'étendit à toute la Berbérie. Pratiquement isolé de l'islam après la chute des Omeyyades (750), le Maroc septentrional vit s'établir à la fin du VIIIe s. la dynastie des Idrissides, qui fonda Fès en 809. Mais l'événement décisif de l'histoire marocaine fut la conquête du pays par les Almoravides, de 1054 à 1069. L'Almoravide Yousouf ibn Tachfin, fondateur de Marrakech (1062), réalisa le premier l'unité du N. et du S. marocain. À la suite des conquêtes almoravides en Espagne, la civilisation andalouse rayonna en Espagne au début du XIIe s. ; en 1147, les Almoravides s'effacèrent devant les Almohades, auxquels la défaite de Las Navas de Tolosa, en Espagne, porta un coup fatal (1212). Au Maroc, les Almohades furent remplacés par les Mérinides (1248/1465). Ces derniers furent de grands bâtisseurs. Ils fondèrent notamment Fès-la-Neuve où ils établirent leur capitale. Au cours du XVe s., les Portugais voulurent s'assurer le contrôle de la côte atlantique marocaine, afin de garantir leur navigation vers la Guinée et, plus tard, vers l'océan Indien. Ils s'emparèrent successivement de Ceuta (1415), de Ksar es-Seghir (1458), d'Arzila et de Tanger (1471). Cet assaut de l'Occident et la chute du royaume de Grenade (1492), qui fit affluer au Maroc une foule de réfugiés musulmans pleins de rancune contre les chrétiens, allaient contribuer à faire de ce pays un bastion farouchement hostile à toute pénétration étrangère. Alors que les marabouts prêchaient la guerre sainte contre les chrétiens, la dynastie chérifienne des Saadiens, établie définitivement en 1554, n'hésita pas à s'allier avec les Espagnols pour préserver l'indépendance marocaine de la conquête turque. Après avoir vaincu les Portugais à la bataille d'Alcazar Quivir (4 août 1578), la dynastie connut son apogée sous le règne d'Ahmed IV el-Mansour (1578/1603). Après une longue période de division du pays, elle fut remplacée par la nouvelle dynastie des Alaouites du Tafilalet, qui s'empara de la totalité du Maroc entre 1660 et 1670, et dont les descendants ont régné jusqu'à nos jours.

Le Maroc et l'Occident jusqu'en 1961

L'œuvre organisatrice de Moulay Ismaïl (1677/1712) fut remise en question dès le XVIIIe s. par des compétitions successorales. Sous le règne de Mohammed ben Abdallah (1757/90), le Maroc commença à s'ouvrir au commerce européen. Un traité fut signé avec la France en 1767, mais l'influence britannique devint prédominante sous Moulay Yazid (1790/92) et sous Moulay Suléiman (1792/1822). Le sultan Abd- el-Rahman réagit à la conquête française de l'Algérie en soutenant Abd el-Kader. Mais Bugeaud vainquit son armée à l'Isly (1844). De même, les Espagnols furent victorieux quand leur armée riposta aux attaques marocaines contre leurs *presides* (1859/60). Le Maroc devenait ainsi un enjeu dans la rivalité des puissances européennes. En 1880, la conférence de Madrid mécontenta la France, qui cherchait à se faire reconnaître au Maroc une situation privilégiée. La multiplication des mouvements xénophobes et l'administration catastrophique du sultan Moulay Abd el-Aziz (1894/1908) fournirent à la France le prétexte d'occuper les confins marocains (1900/03). Paris passa des accords avec la Grande-Bretagne (8 avr. 1904) et avec l'Espagne (3 oct. 1904), préparant ouvertement un partage du Maroc.

Ce fut alors que l'Allemagne décida d'intervenir pour mettre à l'épreuve l'entente franco-britannique : Guillaume II débarqua à Tanger et, le 31 mars 1905, proclama sa volonté de soutenir l'indépendance du sultan et de « tout faire pour sauvegarder efficacement les intérêts de l'Allemagne au Maroc ». La conférence d'Algésiras (janv. /avr. 1906) ramena la France au régime commun et plaça le Maroc sous contrôle international. Mais dès l'année suivante, différents incidents entraînèrent l'occupation d'Oujda par Lyautey, puis de Casablanca. La convention franco-allemande du 9 févr. 1909 équivalait à un accord de partage économique, la France s'engageant toujours à maintenir l'intégrité de l'Empire chérifien, mais, en avr. 1911, l'intervention des troupes françaises, à la demande du sultan Moulay Hafiz, assiégé dans Fès par les tribus révoltées, provoqua une nouvelle tension franco-allemande. L'incident d'Agadir fut heureusement réglé par l'attitude pacifique de Caillaux. Dès le 30 mars 1912, la convention de Fès instaurait officiellement le protectorat français sur le Maroc, tandis que l'Espagne recevait une zone septentrionale et, au S., le territoire d'Ifni.

Sous le gouvernement de Lyautey (1912/25) nommé résident général, le protectorat fut honnêtement appliqué et le Maroc pacifié amorça une rapide transformation grâce aux grands travaux réalisés par la France (ports, routes, voies ferrées). Mais le soulèvement d'Abd el-Krim dans le Rif avait demandé cinq ans (1921/26) pour être réprimé par les troupes françaises et espagnoles ; et le Haut-Atlas fut définitivement conquis seulement en 1934. À partir de 1930, la France s'efforça de plus en plus de substituer son administration directe au régime du protectorat. Le *dahir berbère* du 16 mai 1930, qui soustrayait les tribus berbères à la juridiction musulmane et apparaissait ainsi comme une manœuvre favorisant la division du Maroc, provoqua la première agitation importante de la jeunesse nationaliste contre la France dans le monde arabe.

La défaite de 1940 porta un coup décisif au prestige français : après l'occupation de l'Afrique du Nord par les Alliés (nov. 1942), le sultan Mohammed V ben Youssef (1927/61) reçut du président Roosevelt la promesse de l'indépendance. En déc. 1943, le parti nationaliste de l'Istiqlal était fondé. Après la guerre, l'épreuve de force devint inévitable : le gouvernement français encouragea la rébellion féodale du Glaoui, pacha de Marrakech, déposa le sultan (20 août 1953) et le remplaça par Mohammed ben Arafa. Déporté en Corse puis à Madagascar (1953/55), Mohammed V vit son prestige grandir, cependant que le terrorisme ensanglantait le pays. Malgré l'opposition de ses ministres gaullistes, le gouvernement Edgar Faure dut engager en août 1955 des négociations qui aboutirent aux entretiens Pinay-Mohammed V de La Celle-Saint-Cloud (5 nov.). Rentré triomphalement dans son pays, le sultan obtint la reconnaissance de l'indépendance du Maroc par la France (2 mars 1956) et par l'Espagne (7 avr.), ainsi que l'abolition du statut international de Tanger (21 oct.).

Le Maroc compléta son indépendance en obtenant de l'Espagne la rétrocession du Maroc espagnol (1958) et de l'enclave d'Ifni (1969). Il conclut avec la France des accords de coopération financière, économique et technique (1962). Tout en appuyant la lutte contre Israël, membre de la Ligue arabe à partir d'oct. 1958, le gouvernement de Rabat s'efforça de jouer un rôle modérateur dans le monde arabe. À l'intérieur, le problème était de trouver un équilibre entre la monarchie traditionnelle, où le roi détenait la plénitude de l'autorité civile et religieuse, et les institutions parlementaires que Mohammed V avait promises. Le parti de l'Istiqlal, qui avait joué un rôle décisif dans la lutte pour l'indépendance, obtint la direction du gouvernement en mai 1958, mais il se divisa en 1959, avec le départ de la tendance de gauche, qui, conduite par Mehdi ben Barka, fonda un nouveau parti, l'Union nationale des forces populaires (UNFP).

Le règne de Hassan II

Après la mort de Mohammed V (févr. 1961), son fils, Hassan II, fit approuver par référendum une Constitution qui, tout en maintenant de larges prérogatives royales, établissait un système parlementaire bicaméral (déc. 1962). Mais le nouveau souverain s'aliéna rapidement les partis. À la suite de troubles, il proclama l'état d'urgence et prit en main tous les pouvoirs (juin 1965). Deux autres Constitutions (1970 et 1972) ne furent pas appliquées davantage. Peu après, le chef de l'opposition, Mehdi ben Barka, était enlevé à Paris (29 oct. 1965) et assassiné (v. **Ben Barka**, affaire). En août 1972, Hassan II échappa de justesse à un complot qui avait pour instigateur l'homme jusqu'alors considéré comme le plus ferme soutien de la monarchie, le général Oufkir.

La « marche verte » de près de 300 000 Marocains en 1975 permit d'occuper, puis d'annexer, en 1976, le Sahara occidental (v.) dont l'Espagne venait de se retirer et de ressouder le peuple marocain autour de son roi. Le Maroc s'engagea alors dans un conflit le mettant aux prises avec l'Algérie et la Mauritanie, qui affirmaient leurs prétentions sur la région, et avec le Front Polisario, mouvement indépendantiste sahraoui. Les efforts de l'ONU pour régler ce dernier vestige de la décolonisation en imposant un plan de paix et un référendum sur l'autodétermination n'avaient toujours pas abouti en 2003.

À l'intérieur, une crise économique a provoqué plusieurs manifestations violentes en 1979, 1981 et 1984, face auxquelles le régime a réagi avec sévérité. Parallèlement, le pays poursuivait un processus de démocratisation qui aboutit en sept. 1992 à une révision de la Constitution, adoptée par référendum, par laquelle le Parlement vit ses pouvoirs élargis. Les élections législatives de 1993 virent la progression des deux principaux partis d'opposition, l'Istiqlal et l'USFP, qui obtinrent près de la moitié des sièges attribués au suffrage universel.

La victoire de l'USFP aux élections législatives de nov. 1997, a provoqué la première alternance politique du Maroc moderne : le Secrétaire général de l'USFP, Abd er-Rahman Youssoufi, a été désigné comme Premier ministre.

L'après-Hassan II

À la mort du roi Hassan II, le 23 juillet 1999, son fils Mohammed VI, né en 1963, lui a succédé. Sa jeunesse et sa formation ont fait naître beaucoup d'espoirs. Le début du règne a été marqué par des avancées incontestables : une commission chargée d'indemniser les anciens prisonniers politiques et les familles des disparus a été créée et Driss Basri, ministre de l'Intérieur, qui, depuis 1974, contrôlait l'administration et les services secrets, limogé.

Il n'était cependant pas encore question de vraie démocratisation, par crainte d'un raz-de-marée en faveur des islamistes, et les médias qui abordèrent le sujet se virent censurés.

MARONITES. Communauté de catholiques de rite syrien habitant le Liban et possédant aussi d'importantes colonies en Égypte, à Chypre et en Amérique. Selon leurs propres traditions, l'origine des maronites se rattache à un ascète syrien, ami de st Jean Chrysostome, st Maron († vers 410/25).

À la suite de la conquête de la Syrie par les Arabes (VIIe s.), les maronites se réfugièrent sur les hauteurs du mont Liban. Au cours du Moyen Âge, les monastères devinrent des sièges épiscopaux et la primauté de l'évêque d'Antioche fut reconnue. Il s'est constitué une noblesse héréditaire au sein d'une société mi-féodale, mi-patriarcale. La secte des Druzes attira à elle beaucoup d'anciens maronites et les deux communautés se sont développées l'une à côté de l'autre, dans une complexe imbrication géographique.

Persécutés par les Arabes, les maronites ont accueilli favorablement les croisés et, à partir du XIIe s., ils commencèrent à se rapprocher de Rome. L'union avec le pape se consolida peu à peu et fut définitivement scellée par la fondation, due à Grégoire XIII, du Collège maronite de Rome, en 1584. C'est là que vinrent se former théologiquement les sujets d'élite de la communauté maronite, entre autres les frères Assemani, au XVIIIe s. Menacés par les Ottomans, les maronites se sont placés, au XVIIe s., sous la protection du roi de France. Leurs rapports avec les Druzes sont restés longtemps relativement pacifiques ; ce ne fut pas la religion, mais des oppositions d'intérêts qui provoquèrent l'explosion sanglante de 1860, au cours de laquelle de nombreux maronites furent massacrés par les Druzes. Sur l'intervention de la France, le gouvernement ottoman publia le règlement organique de 1864, qui établissait une sorte de condominium druze et maronite sur le mont Liban. Voir **LIBAN**. Le Liban sous mandat français. Le Liban contemporain (depuis 1948).

MARQUIS. Titre, à l'origine, équivalant au titre germanique de *margrave* (v.) et qui était porté par des officiers chargés de la garde des *marches* (v.) ou provinces frontières. Dans le monde féodal, le marquis venait hiérarchiquement après le duc et avant le comte. Le titre de marquis, qui devint rapidement honorifique, était donné au propriétaire d'une terre noble érigée en marquisat par des lettres patentes du roi.

MARRANES, *Marranos*. Nom donné en Espagne, à partir du XVe s., aux Juifs qui acceptèrent une apparente conversion au christianisme pour préserver leurs biens et leur tranquillité. En 1492, après l'effondrement en Espagne de la domination musulmane, qui avait traité les Juifs avec tolérance, près de 200 000 Juifs quittèrent l'Espagne, préférant l'exil à la conversion forcée au christianisme. Ceux qui restèrent (environ 100 000) en prenant le masque du catholicisme n'échappèrent pas aux tracasseries continuelles de l'Inquisition, et beaucoup périrent sur le bûcher. Au cours des XVIe et XVIIe s., la plupart d'entre eux finirent par quitter l'Espagne.

MARSEILLAISE (La). Hymne national de la France, composé le 26 avr. 1792 par Rouget de Lisle, officier du génie alors en garnison à Strasbourg. D'abord intitulé *Chant de guerre de l'armée du Rhin*, cet hymne fut adopté par les *Marseillais*, bataillon de fédérés de Marseille qui, venus à Paris en août 1792 pour demander à l'Assemblée la déchéance du roi, prirent part à la journée du 10-Août. Décrétée chant national en 1795, *La Marseillaise* fut interdite sous la Restauration et le second Empire. Elle redevint le chant national de la France en 1879.

MARSHALL (îles). Archipel et État du Pacifique central, au N. de l'Équateur et à l'E. des Carolines ; capitale *Dalay-Uliga-Danit*. Découvert en 1529 par l'Espagnol Alvaro Saavedra, l'archipel fut exploré en 1788 par l'Anglais Marshall. Protectorat allemand (1885), territoire sous mandat japonais (1920), les Américains en firent la conquête en janv. /févr. 1944 et l'ONU leur en a confié l'administration en 1947. Les États-Unis ont utilisé plusieurs fois les atolls de Bikini et d'Eniwetok pour leurs expériences atomiques. En oct. 1986, un accord de libre association avec les États Unis est entré en vigueur. Les îles Marshall sont entrées à l'ONU en 1990, et l'accord qui les liait aux États-Unis est arrivé à son terme en 2001.

MARSHALL George Catlett (* Uniontown, Pennsylvanie, 31.XII.1880, † Washington, 16.X.1959). Général et homme politique américain. Combattant de la Première Guerre mondiale, chef d'état-major de 1935 à 1945, il fut nommé secrétaire d'État par Truman en 1947 et consacra ses efforts au relèvement de l'Europe, en mettant sur pied le célèbre **plan Marshall**. Marshall fut à l'origine des premières négociations qui donnèrent naissance à l'OTAN, puis démissionna en 1949. Il fut rappelé comme secrétaire à la Défense (1950/51) en raison de la guerre de Corée. Il reçut le prix Nobel de la paix en 1953. Voir **Marshall (plan)**.

MARSHALL (plan). Plan économique destiné au relèvement de l'Europe après la Seconde Guerre mondiale.

Dans un discours prononcé à l'université Harvard le 5 juin 1947, le général Marshall (v.) lançait un appel à tous les pays d'Europe, y compris l'URSS et les pays communistes, en proposant l'assistance américaine pour la reconstruction matérielle et le redressement financier de l'Europe. Par cette offre, les États-Unis visaient à ramener durablement la paix et la prospérité et à relancer le commerce international. Cette aide fut refusée par Molotov, commissaire aux Affaires étrangères de l'URSS au nom de l'ensemble du bloc communiste.

D'après la loi signée par le président Truman le 2 avr. 1948, le plan Marshall était prévu pour une durée de quatre ans. L'aide américaine était offerte à des conditions particulièrement avantageuses (85 % à titre gratuit, 15 % en prêts à long terme), mais elle imposait à l'Europe occidentale une orientation vers une communauté économique européenne, facteur de stabilité. Deux organismes administraient le plan : l'Economic Cooperation Administration (ECA) était américain et distribuait les crédits répartis par un organisme européen, l'Organisation européenne de coopération économique (OECE). La France, qui reçut plus de 2,8 milliards de dollars au titre de l'aide du plan Marshall, entreprit de se moderniser notamment dans les secteurs de l'énergie, de la sidérurgie, des transports et de l'agriculture. Après la Seconde Guerre mondiale, le plan Marshall permit à l'Europe de l'Ouest de faire face aux pénuries alimentaires et favorisa leur redémarrage.

MARTIGNAC, Jean-Baptiste Silvère Gaye, vicomte de (* Bordeaux, 20.VI.1778, † Paris, 3.IV. 1832). Homme politique français. Ministre de l'Intérieur (janv. 1828/août 1829), il fut en fait le chef réel du gouvernement auquel il a attaché son nom et qui constitua une ultime tentative pour réconcilier la monarchie des Bourbons et la bourgeoisie libérale. Martignac fit voter une loi libérale sur la presse (juill. 1828), donna satisfaction aux anticléricaux par une loi restreignant l'enseignement religieux (juin 1828), mais, devant l'opposition conjuguée des extrémistes de droite et de gauche, il fut écarté et remplacé par Polignac, qu'il accepta de défendre, après 1830, lors du procès des derniers ministres de Charles X.

MARTIN Ier saint († Cherson, 16.IX.655). Pape (649/53). Voir **Église orthodoxe**.

MARTINIQUE. Île des Antilles située entre la Dominique et Sainte-Lucie. Département français ; chef-lieu *Fort-de-France*. Découverte en 1502 par Christophe Colomb, elle fut colonisée, sur l'initiative du Français Esnambouc, à partir de 1635. Attaquée et occupée à plusieurs reprises par les Anglais au cours des XVIIe et XVIIIe s., elle fit retour à la France en 1815. L'esclavage, aboli en 1794, rétabli à la suite d'une révolte en 1822, ne fut supprimé qu'en 1848. La Martinique fut victime à plusieurs reprises d'éruptions volcaniques, dont la plus terrible, celle de la montagne Pelée, anéantit la ville de St-Pierre (8 mai 1902). L'île est devenue en 1946 un département français d'outre-mer. Au référendum du 7 déc. 2003, la Martinique, comme la Guadeloupe, a refusé le statut de collectivité territoriale. Voir **Dom-Tom**.

MARTOV, Iouli Ossipovitch Tsederbaum, dit (* Istanbul, 1873, † Schömberg, Allemagne, 1923). Homme politique russe. Voir **Mencheviks**.

MARX Karl Heinrich (* Trèves, 5.V. 1818, † Londres, 14.III.1883). Économiste, philosophe et homme politique allemand. Tout imprégné de la pensée philosophique de Hegel, Marx fit aussi la découverte de Fenerbach qui ramena son attention vers l'homme réel et concret et lui fournit les bases philosophiques de son athéisme. Il prit, en 1842, la direction du journal *Rheinische Zeitung* à Cologne, dans lequel il exprima des idées libérales qui le firent interdire. Émigrant à Paris en 1843, il y rencontra Friedrich Engels, qui lui apporta son expérience du capitalisme anglais et devint son collaborateur permanent. Il écrivit avec ce dernier, à Bruxelles, où il s'était réfugié après son expulsion de France en 1845, ses premiers ouvrages et, toujours avec Engels, publia en 1848 le *Manifeste du parti communiste*, qui rassemble les thèses essentielles de la pensée marxiste. Expulsé de Belgique à la suite de la révolution parisienne de févr. 1848, Marx prit une part active à la révolution allemande comme directeur de la *Neue Rheinische Zeitung* à Cologne (juin 1848/mai 1849). L'échec de la révolution l'obligea à quitter la Prusse ; il se rendit à Paris, fut expulsé deux mois plus tard et, en août 1849, il s'installa à Londres, où il allait passer le reste de sa vie, y écrivant ses plus importants ouvrages, en particulier *Le Capital*, dont seul le premier volume parut de son vivant (1867) ; les deux volumes suivants ont été publiés par Engels après la mort de Marx, en 1885 et 1894. Théoricien d'une pensée dont devaient s'inspirer les plus grandes révolutions du XXe s., Marx fut aussi l'un des fondateurs de la Ire Internationale en 1864 (v.).

MARX Wilhelm (* Cologne, 15.I.1863, † Bonn, 5.VIII.1946). Homme politique allemand. Député du Centre (catholique) au Reichstag à partir de 1910, il fut de 1920 à 1928 le chef du Centre dans la république de Weimar. Chancelier de nov. 1923 à déc. 1924, il réclama l'évacuation de la Ruhr par la France, fit accepter le plan Dawes (v.) et appuya la réforme monétaire de Schacht. Il fut de nouveau chancelier en 1926 et en 1928.

MASARYK Tomas Carrigue (* Hodonin, 7.III.1850, † château de Lany, près de Prague, 14.IX.1937). Homme politique tchécoslovaque. Voir TCHÉCOSLOVAQUIE.

MASPERO Gaston (* Paris, 24.VI.1846, † Paris, 30.VI.1916). Égyptologue français. D'une intelligence remarquable doublée d'une énergie indomptable, Gaston Maspero fit une carrière éblouissante. Professeur à l'École pratique des Hautes Études en 1869, il se vit accorder la chaire d'égyptologie du Collège de France en 1874, à 28 ans et il entra à l'Institut à 37 ans. Très vite, il multiplia les publications scientifiques traitant aussi bien de l'histoire et de l'archéologie que de la langue. En 1881, il fut envoyé au Caire pour fonder une mission française, ancêtre de l'Institut français d'archéologie orientale. La même année, il abandonna cette charge pour prendre la succession d'Auguste Mariette à la tête du Service des Antiquités. Il exerça cette fonction jusqu'en 1886, puis de nouveau de 1899 à 1914. Gaston Maspero organisa les fouilles archéologiques, fit dégager de nombreux monuments comme le temple de Louqsor ou le Grand Sphinx de Gizèh, prépara une loi concernant la protection des antiquités et, aménagea le nouveau musée du Caire. Par son œuvre immense, il fit grandement progresser l'égyptologie.

MASQUE DE FER (l'homme au) († Paris, 19.XI. 1703). Personnage mystérieux qui était emprisonné dans la forteresse de Pignerol (Piémont) dès 1680. Toujours sous la garde de M. de Saint-Mars, il séjourna ensuite à la forteresse de l'île Sainte-Marguerite (Lérins) de 1687 à 1698, puis à la Bastille, où il arriva le 18 sept. 1698 et mourut le 19 nov. 1703. Il était contraint de porter en permanence un masque de velours aux articulations métalliques. À sa mort, on brûla tous les objets dont il s'était servi. Les pages des registres de la Bastille le concernant furent arrachées. De nombreuses hypothèses ont été avancées quant à l'identité de ce personnage. Parmi les plus sérieuses figure celle concernant Eustache Dauger, valet de son état, qui fut arrêté à Dunkerque, en juill. 1669, on ne sait pour quel motif, et détenu depuis lors à Pignerol. Là, le gouverneur Saint-Mars le plaça comme valet du surintendant Fouquet. Dès la mort de ce dernier, en mars 1680, Louvois donna à Saint- Mars l'ordre de tenir désormais Dauger dans un isolement absolu. Dans ses fonctions de valet, Dauger avait peut-être appris des secrets détenus par Fouquet.

MASSACHUSETTS. État du nord-est des États-Unis ; capitale *Boston*. Les côtes du Massachusetts furent peut-être atteintes par les Vikings dès le XIe s., mais le premier établissement en cette région remonte à l'arrivée des 102 Pères pèlerins amenés par le *Mayflower*, le 9 nov. 1620, et qui formèrent le noyau de la colonie de Plymouth. Au cours du XVIIe s., de nombreux puritains persécutés en Angleterre vinrent s'établir dans le Massachusetts, où ils se firent à leur tour persécuteurs, établissant une stricte théocratie. La colonie devint bientôt un ardent foyer intellectuel : Harvard fut fondée dès 1636. En raison de ses attaches puritaines, le Massachusetts entra en conflit avec la couronne britannique dès la Restauration (1660) : Boston, qui devint au cours du XVIIIe s. un important centre commercial, prit la tête du mouvement d'indépendance des colonies américaines.

À la destruction par des Bostoniens de la cargaison de navires de la Compagnie des Indes (*Boston Tea Party*, 16 déc. 1773), le gouvernement britannique répliqua par les cinq *Intolerable Acts* (1774), qui ruinaient le commerce de la ville et supprimaient pratiquement les libertés du Massachusetts. Ce fut le signal de la guerre d'Indépendance. Après la fin de la guerre, le Massachusetts manifesta un esprit particulariste, mais il ratifia cependant la Constitution fédérale (1788).

MASSADA. Ancienne place forte de Palestine, établie sur un rocher dominant la mer Morte de 400 m, au S. du désert de Juda. Fortifiée par les Asmonéens au IIe s. av. J.-C., mais surtout par Hérode le Grand, elle fut un bastion de la résistance aux Romains lors de la première révolte juive (66-73 apr. J.-C.). Assiégée à partir de 72 par le légat Flavius Silva, à la tête de la Xe légion, Massada refusa de se rendre ; en avr. 73, ses défenseurs, à bout de résistance, préférèrent se donner la mort. Le site de Massada, reconnu en 1838, a révélé d'importants vestiges au cours des fouilles entreprises depuis 1955.

MASSALIA. Nom antique de Marseille. Fondée vers 600 av. J.-C. par des Grecs de Phocée, *Massalia* dut se défendre à la fois contre les indigènes ligures du voisinage et contre la coalition maritime étrusco-carthaginoise. Face à ce double danger, Marseille noua dès le début du IVe s. des rapports d'amitié avec les Romains, et elle fonda un domaine maritime des Alpes jusqu'à l'embouchure de l'Èbre, avec de nombreux comptoirs, de *Nikaia* (Nice) jusqu'à *Emporion* (Ampurias en Catalogne). Les marins marseillais furent les premiers du monde hellénique à ouvrir les voies commerciales vers l'Atlantique (voyages d'Euthymène jusqu'au Sénégal ou au golfe de Guinée, de Pythéas jusqu'en Grande-Bretagne et dans les mers nordiques, IVe s). Par la vallée du Rhône, le commerce de Marseille était en relation avec le monde celtique rhénan et danubien ; la diffusion des produits commerciaux, des œuvres d'art et de l'écriture grecque lui ont mérité le titre d'« école des Barbares » (Strabon). Au début du IIe s. av. J.-C., lorsque les Celto-Ligures menacèrent les riches colonies massaliotes, Marseille appela les Romains à son secours. Ces derniers entreprirent (125/21) la conquête de toute la région côtière méditerranéenne et fondèrent la Province *(Provincia)* romaine de Gaule, mais Marseille resta une république libre, alliée de Rome. Durant la guerre civile, elle commit l'erreur de se prononcer pour Pompée : César vint l'assiéger et la ville, réduite par la famine, capitula après six mois de blocus.

Vaincue par César, Marseille perdit sa flotte, ses remparts et son empire maritime. Son nom grec de *Massalia* fut changé en celui, latin, de *Massilia*. Elle ne joua plus de rôle politique, mais conserva un statut privilégié. Grâce à la reconstruction de son port, elle retrouva sa prospérité et, pendant trois siècles encore, elle devait rester, avec ses écoles florissantes, le centre de la culture grecque en Gaule.

MASSÉNA André, duc de Rivoli, prince d'Essling (* Nice, 6.v. 1758, † Paris, 4.IV. 1817). Maréchal de France. Volontaire dès le début de la Révolution, il fut général de division dès 1793 et se distingua dans les campagnes d'Italie comme commandant de l'avant-garde. C'est lui qui décida de la victoire de Rivoli (1797), où Bonaparte le proclama l'*enfant chéri de la victoire*. En 1799, il prit dans des circonstances difficiles le commandement de l'armée d'Helvétie et remporta sur Souvarov la bataille de Zurich (25 sept.), qui sauva la France de l'invasion. Envoyé ensuite en Italie, il fixa pendant quatre mois le général autrichien Melas devant Gênes (avr./juin 1800), donnant à Bonaparte le temps de faire irruption en Italie et de remporter la victoire de Marengo. Masséna fit partie de la grande promotion des maréchaux de mai 1804, conquit le royaume de Naples pour Joseph Bonaparte (1806) et devint duc de Rivoli (1807). Dans la campagne de 1809, il se distingua à Essling et à Wagram et Napoléon le nomme prince d'Essling (1810). Commandant au Portugal, il échoua contre les lignes anglaises à Torres Vedras, et, à la suite de la victoire de Wellington à Fuentes de Oñoro, il fut forcé d'évacuer le Portugal (1811). Napoléon ne lui donna plus de commandement et, en 1814, Masséna se rallia aux Bourbons.

MASSINISSA (* vers 240, † 149 av. J.-C.). Roi des Numides orientaux. Élevé à Carthage, il fut d'abord l'allié des Carthaginois, avec lesquels il combattit Syphax, roi des Numides occidentaux, puis les Romains en Espagne. Vers 206, il noua des intelligences avec Scipion et seconda désormais les Romains dans leur lutte contre Carthage. Il commanda la cavalerie à Zama, à 150 km au S.-O. de Carthage, où il contribua beaucoup à la victoire romaine (202). Il devint le plus puissant souverain de l'Afrique du Nord, imposant son autorité depuis la frontière tunisienne jusqu'à la Moulouya. Ce grand roi berbère étendit largement la civilisation punique, mais ouvrit aussi son royaume aux influences helléniques.

MASSOUD Ahmed Shah (* 1953, nord-est de l'Afghanistan, † Khwaja Bahud, 9.IX.2001). Homme politique afghan. Il entra dans la résistance au régime de Daoud dès 1975. À la tête des tadjiks persanophones, alliés de l'Iran, il se rendit maître du nord-est du pays, où cette ethnie est majoritaire. À la chute du régime de Najibullah, en 1992, il prit Kaboul, où de violents combats l'opposèrent aux pachtouns d'Hekmatyar et, à partir de l'été 1994, aux talibans. Ces derniers étant parvenus à contrôler la quasi-totalité du pays en mai 1997, Massoud est resté le seul chef de guerre d'importance à continuer à résister aux « étudiants en religion ». Le commandant Massoud périt le 9 sept. 2001, deux jours avant les attentats contre le World Trade Center à New York. Il fut victime d'un attentat attribué à l'organisation Al Qaida.

MASTABA. Monument de forme trapézoïdale, d'abord bâti en briques de terre crue puis en pierre, qui servit de tombeau aux rois et aux particuliers sous les deux premières dynasties égyptiennes (vers 3100-2700 av. J.-C.). Il doit son nom de mastaba, *banc* en arabe, à sa forme qui rappelle les banquettes bâties devant les maisons des Égyptiens modernes. À partir de l'invention de la pyramide sous Djéser (v.), vers 2675 av. J.-C., le mastaba n'abrita plus que les dépouilles des dignitaires. Ces derniers firent ériger leur mastaba autour de la pyramide de leur souverain – à Gizèh, Sakkara, Dahchour ou encore Abou Roach – afin de perpétuer sa cour dans l'au-delà. Le mastaba respectait la division en deux parties de toutes les tombes et complexes funéraires égyptiens : un caveau et une chapelle pour les particuliers ou un temple funéraire pour les rois. Dans le mastaba, le caveau souterrain, généralement non décoré, renfermait la momie et l'équipement funéraire. Accessible par un puits, il était définitivement condamné après les funérailles. Au-dessus, s'élevait la chapelle destinée au culte du mort et ouverte aux vivants. Ornée le plus souvent de reliefs peints, elle était pourvue d'une fausse porte de pierre qui la mettait en communication avec le caveau. Cet élément permettait au *ka*, la force vitale du mort, de consommer les offrandes apportées par les prêtres et la famille ou de se nourrir magiquement de la force vitale des produits figurés sur les parois. Dans une pièce aveugle, le *serdab* (*cave* en arabe), communiquant avec le reste de la chapelle par de simples fentes, se dressait une statue du défunt. L'effigie pouvait se substituer au corps du défunt et abriter le *ka*. C'était une précaution supplémentaire pour éviter que le mort ne vînt à mourir de faim et de soif dans l'au-delà, drame que redoutaient par-dessus tout les Égyptiens. Les mastabas se maintinrent encore au Moyen Empire parallèlement aux tombes creusées dans la roche ou hypogées, l'autre type de tombeau égyptien.

MATABÉLÉS. Peuple zoulou du Zimbabwe, de langue bantoue. Les Matabélés ont pour origine la tribu Ndébélé, à laquelle appartenait Mosélékatsé, lieutenant du chef zoulou Tchaka. S'étant révolté vers 1823, Mosélékatsé entraîna les siens vers l'O., chez les Sothos et les Tchouanas, puis, s'étant heurté aux Boers (1836), il traversa le Limpopo, détruisit les derniers vestiges du Monomotapa et s'installa autour de Boulawayo, où il fonda vers 1840 le puissant royaume Matabélé. En 1887, les Britanniques, inquiets de l'implantation allemande en Afrique australe, s'efforcèrent de signer un traité avec Lobengula, roi des Matabéles, et obtinrent la concession de tous les droits miniers. Mais en 1893, les Matabélés attaquèrent la ville de Victoria, et l'Angleterre ne put leur imposer la paix qu'en 1897.

MATA HARI, Margaretha Geertruida Zelle, dite (* Leeuwarden, 7.VIII.1876, † fort de Vincennes, 15.X.1917). Danseuse néerlandaise. Elle adopta le nom de Mata Hari et connut une grande vogue dans diverses capitales comme danseuse et courtisane. Installée à Paris en 1908, elle devint, durant la Première Guerre mondiale, un agent de l'espionnage allemand, sous la désignation de H. 21. Arrêtée, condamnée à mort bien que son activité d'espionne ait été de peu d'importance, elle fut fusillée dans le climat de crise de l'année 1917.

MATHILDE (* Londres, 1102, † Rouen, 10.IX.1167). Reine d'Angleterre. Fille d'Henri Ier, elle épousa en 1114 l'empereur germanique Henri V, puis, restée veuve en 1125, elle se remaria en 1128 avec Geoffroy Plantagenêt, comte d'Anjou, mais continua d'être appelée l'« impératrice ». Devenue reine d'Angleterre à la mort de son père (1135), elle se vit disputer la couronne par Étienne de Blois, comte de Boulogne, dont elle triompha avec l'aide de son frère naturel, Robert, comte de Gloucester. Proclamée « dame des Anglais » en 1141, elle s'aliéna bientôt les barons par son caractère autoritaire et dut se réfugier en Normandie (1148). Elle fut la mère d'Henri II, avec lequel la maison des Plantagenêts monta sur le trône anglais.

MATIGNON (accords de). Accords conclus à la présidence du Conseil, à l'hôtel Matignon, sous l'arbitrage de Léon Blum, entre les délégués de la Confédération générale du travail et les représentants patronaux de la Confédération générale de la production (7 juin 1936). Ils portaient notamment sur l'établissement de contrats collectifs de travail, sur le rajustement des salaires et la création dans les entreprises de délégués ouvriers élus. Ils contribuèrent à mettre fin aux grèves déclenchées en mai 1936 et furent suivis par les lois sociales du Front populaire sur les congés payés, le 8 juin, et la semaine de quarante heures, le 12 juin.

MATTHIAS (* Vienne, 24.II.1557, † Vienne, 20.III. 1619). Empereur germanique (1612/19). Troisième fils de Maximilien II et de Marie, fille de Charles Quint. Il mena avec quelque succès la guerre contre les Hongrois et les Turcs, négocia en 1606 la paix de Vienne avec Bocskay, puis, profitant de l'incapacité de son frère Rodolphe II, il força celui-ci à lui abandonner l'Autriche, la Hongrie et la Moravie (1608), ainsi que la Bohême en 1611. L'année suivante, il succéda comme empereur à Rodolphe II et gouverna sous l'influence du cardinal Khlesl : il consacra vainement ses efforts au rapprochement des catholiques et des protestants, et son indécision en face du soulèvement de la Bohême (1618) plongea l'Allemagne dans la guerre de Trente Ans. Il choisit pour successeur son cousin Ferdinand de Styrie (Ferdinand II), qu'il fit couronner roi de Bohême (1617) et de Hongrie (1618).

MATTHIAS Ier CORVIN (* Kolozsvar Cluj, 23.II. 1440, † Vienne, 6.IV. 1490). Roi de Hongrie (1458/90). Fils de Jean Hunyade, il fut élu roi par les magnats hongrois (24 janv. 1458). Il eut aussitôt à maintenir l'indépendance hongroise à la fois contre l'Autriche, dont il obtint qu'elle rendit la couronne de Saint-Étienne (1462) et contre les Turcs. Des nombreuses acquisitions territoriales de l'ambitieux conquérant, la Hongrie ne devait rien conserver ; mais Matthias Corvin fut aussi un vrai prince de la Renaissance, passionné pour les lettres, les sciences et les arts, et qui donna un bel éclat à la civilisation hongroise. Il fonda la célèbre bibliothèque Corvina, qui devait être en partie détruite lors de la prise de Buda par les Turcs en 1526 (le reste fut rendu à la Hongrie par le sultan en 1877).

MATTHIEU, saint (Ier s.). Apôtre et évangéliste. Publicain (c'est-à-dire collecteur d'impôts pour les Romains), il était en fonctions à Capharnaüm lorsque Jésus l'appela à le suivre. On le nommait également *Lévi*. Depuis le IIe s. (témoignage de Papias, vers 125/130, rapporté par Eusèbe dans son *Histoire ecclésiastique*), on lui attribue le premier Évangile, dont le texte primitif fut écrit en araméen mais qui a été transmis dans une version grecque. Il fut composé probablement entre 65 et 70, avant la prise de Jérusalem. Selon la tradition, Matthieu aurait prêché en Palestine puis en Éthiopie. Voir **ÉVANGÉLISTES.**

MAUER (homme de). Nom donné à un des plus anciens fossiles découverts à ce jour en Europe et daté de 650 000 ans. Il s'agit d'une mâchoire trouvée en 1907 sur le site de Mauer, à 10 km au S.-E. de la ville de Heidelberg, en Allemagne. Elle se rapproche d'*Homo erectus* classique principalement par sa robustesse, l'absence complète de menton et la largeur considérable de ses branches montantes. C'est à partir de ses caractéristiques singulières que fut créée l'espèce *Homo heidelbergensis*, qui aurait succédé en Europe à *Homo antecessor* (Ceprano (v.) en Italie et Gran Dolina en Espagne) et aurait précédé *Homo neanderthalensis*, l'homme de Neandertal (v.).

MAUPEOU René Nicolas Charles Augustin de (* Paris, 25.II.1714, † Le Thuit, 29.VII.1792). Homme politique français. Il fut un adversaire de Choiseul, dont il finit par obtenir l'exil (déc. 1770), et forma un véritable « triumvirat » avec l'abbé Terray aux Finances et d'Aiguillon aux Affaires étrangères. L'opposition parlementaire redoublant de violence, Maupeou décida de briser le parlement et, dans la nuit du 19 au 20 janv. 1771, il fit arrêter et exiler par lettres de cachet tous les magistrats rebelles, ce qui provoqua l'indignation des libellistes favorables aux parlementaires. Maupeou n'en poursuivit pas moins ses réformes avec l'abolition de la vénalité des offices et la gratuité de la justice. Mais cette tentative de despotisme éclairé prit fin dès l'avènement de Louis XVI, qui rappela les parlementaires (août 1774). Maupeou se retira dans ses terres et ne joua plus aucun rôle politique.

MAUREPAS, Jean Frédéric Phélippeaux, comte de (* Versailles, 9.VII.1701, † Paris, 21.XI.1781). Homme politique français. En 1725, il devint ministre de la Marine et ministre de la Maison du roi, ce qui lui donnait l'administration supérieure de la ville de Paris et de la police. Il embellit la capitale, essaya de faire fermer les maisons de jeu, prit l'initiative des missions scientifiques de Maupertuis, de La Condamine et de Jussieu et suscita plusieurs expéditions géographiques. Exilé en 1749 pour avoir fait une épigramme contre Mme de Pompadour, il fut rappelé par Louis XVI qui lui confia la direction des affaires (1774). Maurepas fit rappeler les parlements, eut le mérite de savoir choisir d'excellents ministres : Turgot, Malesherbes, Vergennes, Necker, mais, entraîné par son goût des intrigues de cour, il prêta la main aux cabales qui firent successivement disgracier Turgot et Necker.

MAURES. Les Anciens donnaient le nom de *Mauri* ou *Mauritani* aux habitants du Maghreb. Au Moyen Âge, le nom de *Maures* fut appliqué par extension à tous les Arabes d'Espagne. Voir **Morisques**.

MAURÉTANIE, *Mauretania* ou *Mauritania*. Nom donné par les Romains à toute la partie de l'Afrique du Nord située à l'O. de la Numidie, depuis l'Ampsaga (Rummel) jusqu'à l'océan Atlantique ; la Maurétanie antique englobait ainsi la plus grande partie de l'Algérie et du Maroc actuels. Cette région, qui était peuplée par des Berbères, n'apparaît dans l'Histoire qu'au IIe s. av. J.-C., avec Massinissa (v.). Après la défaite de Jugurtha (105 av. J.-C.), petit-fils de ce dernier, l'influence romaine devint prépondérante en Maurétanie, mais elle ne s'exerça d'abord que par des princes indigènes vassaux. Finalement, en 42 apr. J.-C., toute la Maurétanie, du Rummel jusqu'à la hauteur de Rabat, fut annexée à l'Empire romain. L'empereur Claude la divisa d'abord en deux provinces : la Maurétanie Césarienne (*Mauretania caesariensis*), entre le Rummel et la Moulouya, avait pour capitale Cherchell et était administrée par un procurateur sous les ordres directs de l'empereur ; la Maurétanie Tingitane (*Mauretania tingitana*), à l'O. de la Moulouya, devait son nom à la colonie de *Tingis* (Tanger), sa capitale. Elle était également gouvernée par un procurateur, qui résidait à Volubilis, ville principale de la province. À la fin du IIIe s., sous Dioclétien, la partie orientale de la Maurétanie Césarienne fut détachée pour constituer la nouvelle province de Maurétanie Sitifienne (*Mauretania sitifensis*), qui eut pour capitale *Sitifis* (Sétif). Conquise par les Vandales à partir de 425, la Maurétanie ancienne passa sous la domination byzantine à la suite de l'expédition de Bélisaire (534), puis fut conquise par les Arabes entre 680 et 710. Pour l'histoire ultérieure, voir **Algérie** et **Maroc**.

MAURICE (* Freiberg, 21.III.1521, † Sievershausen, 11.VII.1553). Duc (154/47) et Électeur (1547/53) de Saxe. Voir **Saxe**.

MAURICE DE NASSAU, prince d'Orange (* Dillen-burg, 13.XI.1567, † La Haye, 23.IV. 1625). Stathouder de Hollande et de Zélande (1584/1625), d'Utrecht, de Gueldre et d'Overijssel (1589/1625), de Groningue et de Drenthe (1620/1625). Second fils de Guillaume le Taciturne et d'Anne de Saxe, il succéda à son père en 1584 et se révéla bientôt l'un des plus grands hommes de guerre de son temps. Il acheva de délivrer les Pays-Bas de la domination espagnole ; il battit l'archiduc Albert à Westende, près de Nieuport (2 juill. 1600). Il signa la trêve de Douze Ans (9 avr. 1609), qui assurait pratiquement l'indépendance néerlandaise. Ses tendances autoritaires l'opposèrent bientôt à Oldenbarnevelt, le créateur de la puissance maritime et commerciale hollandaise, et le conflit fut envenimé par la querelle entre les stricts calvinistes et les *remonstrants*. Maurice de Nassau prit parti contre ces derniers et réussit à faire exécuter Oldenbarnevelt (1619). En 1621, il reprit la guerre contre l'Espagne. Mort célibataire, Maurice laissait sa succession à son frère Frédéric-Henri.

MAURICE (île), *Mauritius*. Île des Mascareignes, dans l'O. de l'océan Indien, à l'E. de Madagascar ; capitale *Port-Louis*. Découverte en 1505 par le Portugais Pedro Mascarenhas, elle fut occupée en 1598 par les Hollandais, qui la nommèrent *Mauritius* en l'honneur de Maurice de Nassau et y restèrent jusqu'en 1710. Après leur départ, les Français s'établirent dans l'île (1715), qui prit le nom d'*île de France ;* elle devint l'une des principales bases de la puissance française dans l'océan Indien. L'île fut conquise en déc. 1810 par les Anglais, qui s'en firent confirmer la possession en 1814. À la suite de l'abolition de l'esclavage (1835), les anciens esclaves refusèrent de reprendre le travail, ce qui provoqua une immigration massive de travailleurs venus de l'Inde. La population européenne est restée en majorité d'origine française et attachée à la langue française. De 1810 à 1903, l'île fut administrée conjointement avec les Seychelles comme une seule colonie britannique, puis elle obtint de Londres des libertés de plus en plus grandes. Dotée de son propre gouvernement à partir de 1957 et du suffrage universel en 1958, elle fit admettre en 1965 le principe de son accession à l'indépendance, laquelle fut proclamée le 12 mars 1968. En 1992, le gouvernement a fait approuver par le Parlement l'instaurat on de la république. De 1996 à 2001, l'île Maurice connut une croissance annuelle moyenne de 6 % assurée par les activités de sa zone franche, le sucre, le tourisme et le secteur des services financiers. En dépit du ralentissement de l'économie mondiale, l'île Maurice présente néanmoins une réussite exemplaire dans l'aire géographique africaine.

MAURITANIE (république islamique de). État de l'Afrique occidentale, borné au N. par le Sahara occidental et l'Algérie, à l'E. et au S.-E par le Mali, au S. par le Sénégal, et baigné à l'O. par l'océan Atlantique ; capitale *Nouakchott*. Le territoire de la Mauritanie actuelle, d'abord principalement peuplé de Berbères, fut dominé par le royaume des Ghana du milieu du Ier millénaire au XIe s. Celui-ci fut détruit par la confrérie des Almoravides, des Berbères, qui, partis de la région, établirent leur capitale au Maroc, d'où ils dominèrent le sud de l'Espagne et une grande partie du Maghreb. Les régions mauritaniennes restèrent soumises au Maroc, dont le contrôle fut plus ou moins effectif suivant les périodes. En 1904, à la suite des campagnes de Faidherbe, la Mauritanie passa sous le joug français ; elle fut rattachée à l'Afrique-Occidentale française en 1920 mais elle ne fut jamais intégralement « pacifiée ».

La Mauritanie acquit sa complète indépendance le 28 nov. 1960. Sa capitale, Nouakchott, fut fondée en plein désert, près de la côte atlantique, en 1957. À partir de ce moment, la Mauritanie a vécu sous un régime présidentiel. En févr. 1976, l'Espagne abandonnant ses anciennes possessions du Sahara, ce territoire fut partagé entre le Maroc et la Mauritanie. Mais celle-ci se trouva aux prises avec la guérilla menée par le Front Polisario, qui s'attaqua aux phosphates, principale ressource du pays.

Un Conseil militaire de salut national (CMSN) abandonna les revendications sur le Sahara occidental et signa avec le Polisario une « paix définitive » en août 1978. Le régime militaire poursuivit la politique d'arabisation commencée dès 1966. En 1987, une tentative manquée de coup d'État du Front de libération des Africains de Mauritanie a été suivie d'une épuration des cadres noirs de l'armée et de l administration.

L'état de tension qui régnait entre Noirs et Maures, de chaque côté de la frontière avec le Sénégal, dégénéra en massacres : au printemps 1989, les Maures du Sénégal, commerçants pour la plupart, en furent les premières victimes, avant qu'en Mauritanie ne se déchaîne à son tour la violence contre les Noirs, suivie de l'expulsion massive de dizaines de milliers d'entre eux, dont une forte proportion de cultivateurs expropriés de la rive mauritanienne du fleuve Sénégal. Une nouvelle Constitution a été adoptée en 1991 qui a ouvert le pays au multipartisme. Élu président en 1992, Maaouya Ould Taya a été réélu en 1997. Le budget de l'État mauritanien ployait sous le poids de la dette et les privatisations exigées par la Banque mondiale n'allaient pas améliorer rapidement le sort des Mauritaniens dont 60 % vivaient au-dessous du seuil de pauvreté à l'aube du XXIe siècle.

MAUROY Pierre (Castignies, Nord, 5.VII.1928). Homme politique français. Élu maire de Lille et député du Nord en 1973, F. Mitterrand l'appela à former le gouvernement d'union de la gauche au lendemain des victoires socialistes de mai et juin 1981. Avec quatre ministres communistes, Pierre Mauroy entreprit une politique de relance par la consommation tout en satisfaisant les revendications anciennes de l'électorat de gauche (nationalisation, pression fiscale accrue...), ce qui contribua à aggraver la crise économique française. Face aux échecs de cette politique, auxquels s'ajouta, en 1984, le rejet de la réforme de l'enseignement privé préparée par A. Savary, F. Mitterrand tenta d'imposer une nouvelle ligne qui fut confiée à Laurent Fabius (juill. 1984). Secrétaire général du parti socialiste de 1988 à 1992, P. Mauroy a été réélu sénateur du Nord en 2001.

MAURRAS Charles Marie Photius (* Martigues 20. IV. 1868, † Saint-Symphorien-lès-Tours, 16.XI. 1952). Écrivain, théoricien politique et journaliste français. Violemment antidreyfusard, il défendit une doctrine ultranationaliste, royaliste et antidémocratique dans le journal *L'Action française*, qu'il anima, à partir de 1908, avec Jacques Bainville et Léon Daudet. Ses arguments inspirèrent les Camelots du roi, milices préfigurant les groupes paramilitaires fascistes. En 1926, plusieurs de ses ouvrages furent mis à l'Index et la lecture de *L'Action française* interdite aux catholiques, ce qui l'éloigna d'une partie de ses fidèles.

Maurras, qui montrait des sympathies pour l'Italie mussolinienne, se gagna une nouvelle génération de disciples. Toujours hostile au nazisme en raison de son antigermanisme foncier, il salua le franquisme avec enthousiasme et applaudit l'arrivée au pouvoir de Pétain, dont la « révolution nationale » s'inspira beaucoup des idées maurassiennes. *L'Action française* put ainsi poursuivre jusqu'en 1944 ses polémiques contre les Juifs et la démocratie. Après la Libération, Maurras fut condamné à la réclusion perpétuelle, mais fut gracié en 1952, peu de temps avant sa mort.

MAURYA. Dynastie indienne fondée dans le Magadha vers 321 av. J.-C. par Chandragoupta, qui réussit à prendre le pouvoir à Patalipoutra en chassant le dernier roi de la dynastie Nanda. Après Chandragoupta, la dynastie Maurya fut illustrée par l'empereur Açoka (v. 268/33 av. J.-C.), le grand propagateur du bouddhisme dans l'Inde. Les Maurya s'affaiblirent ensuite rapidement et ne régnèrent plus que sur le Magadha ; en 185 av. J.-C., le ministre du palais Poushyamitra assassina le dernier Maurya et fonda la dynastie des Çunga.

MAUSOLE († 353 av. J.-C.). Satrape de Carie en 377, il se rendit bientôt indépendant et installa sa capitale à Halicarnasse. Il est connu par le magnifique tombeau que lui fit élever son épouse Artémise II et qui fut mis au nombre des Sept Merveilles du monde. On donna dès lors le nom de *mausolée* aux monuments de cette espèce tels ceux d'Auguste, au champ de Mars (28 av. J.-C.) et d'Hadrien.

MAXENCE, Marcus Aurelius Valerius Maxentius († pont Milvius, Rome, 28.X.312). Empereur romain (306/12). Fils de Maximien Hercule, il déclencha une révolte à Rome à la mort de Constance Chlore, prit le titre d'auguste et s'associa son père (306). Il disputa l'Occident à Sévère, qu'il fit mettre à mort, combattit et repoussa Galère, mais se brouilla avec son père et le força à fuir dans les Gaules (307). Il porta ensuite la guerre en Afrique contre le soulèvement de L. Domitius Alexander, mais fut battu par Constantin au pont Milvius et se noya dans sa fuite. Sa défaite rendit Constantin maître de l'Occident.

MAXIMIEN HERCULE, Marcus Aurelius Valerius Maximianus Hercules (* près de Sirmium, Pannonie, vers 250, † Marseille, 310). Empereur romain (286/305 et 306/10). Soldat de fortune qui s'était élevé aux premiers grades, il fut le compagnon d'armes de Dioclétien, qui l'associa au pouvoir impérial en 286.Voir **BYZANTIN (Empire)**.

MAXIMILIEN

ALLEMAGNE

MAXIMILIEN Ier (* Wiener-Neustadt, 22.III.1459, † Wels, 12.I.1519). Empereur germanique (1493/1519). Fils de l'empereur Frédéric III, il épousa en août 1477 Marie de Bourgogne, fille et unique héritière de Charles le Téméraire ; il fit entrer ainsi les Pays-Bas dans les possessions des Habsbourg, mais se trouva engagé dans de longues luttes contre Louis XI, qui prétendait s'emparer des biens du Téméraire. Il battit les Français à Guinegatte (17 août 1479) et resta régent des Pays-Bas après la mort accidentelle de sa femme (1482). La lutte avec la France pour la succession de Bourgogne fut réglée par le traité d'Arras (23 déc. 1482), qui accordait à Louis XI la Picardie et la Bourgogne ducale, Maximilien conservant la Franche-Comté et les Pays-Bas. Il épousa par procuration la duchesse Anne de Bretagne en 1489, mais ce mariage, directement dirigé contre la France, fut bientôt rompu.

Devenu empereur en 1493, à la mort de son père, il sut accroître considérablement, par une politique d'alliances matrimoniales, l'empire des Habsbourg (couronnes de Bohême et de Hongrie ; couronne d'Espagne par le mariage de son fils Philippe le Beau avec l'infante Jeanne la Folle, notamment). Il dut cependant reconnaître l'indépendance des cantons suisses au traité de Bâle (1499) et reculer devant François Ier dans le Milanais (1515). Dans ses États disparates, Maximilien mit en œuvre une importante réforme administrative, financière et militaire. Son règne fut marqué par les débuts de la Réforme. Véritable fondateur de la puissance autrichienne, il laissait à son petit-fils Charles Quint une succession prodigieuse, représentant plus de la moitié de l'Europe.

MAXIMILIEN II (* Vienne, 1er.VIII.1527, † Ratisbonne, 12.X.1576). Empereur germanique (1564/76). Arrière-petit-fils de Maximilien Ier et fils de Ferdinand Ier, roi de Germanie et roi de Bohême en 1562, roi de Hongrie en 1563, il succéda à son père en 1564. De bonne heure, il inclina vers le protestantisme, établit dans l'Empire un régime de grande liberté religieuse, mais resta pour des raisons politiques fidèle à l'Église catholique et laissa se développer le mouvement de la Réforme catholique animé par les jésuites. La grande préoccupation de son règne fut la guerre contre les Turcs, qui envahirent la Hongrie en 1566.

BAVIÈRE

MAXIMILIEN Ier le Grand (* Munich, 17.IV. 1573, † Ingolstadt, 27.IX.1651). Duc (1597/1623) et Électeur (1623/51) de Bavière. Voir **BAVIÈRE**.

MAXIMILIEN II EMMANUEL (* Munich, 11.VII.1662, † Munich, 26.II.1726). Électeur de Bavière (1679/1726). Voir **BAVIÈRE**.

MAXIMILIEN Ier JOSEPH (* Mannheim, 27.v. 1756, † Nymphenburg, 13.X.1825). Électeur (1799/1806), puis roi (1806/25) de Bavière. Voir **BAVIÈRE**.

MEXIQUE

MAXIMILIEN (* Vienne, 6.VII.1832, † Queretaro, 19.VI.1867). Empereur du Mexique (1864/67). Frère de l'empereur François-Joseph, archiduc d'Autriche, marié en 1857 à la princesse Charlotte, fille du roi des Belges Léopold Ier, il ne reçut de son frère que des postes honorifiques. Napoléon III, désireux de se rapprocher de l'Autriche et cherchant à donner à celle-ci une compensation pour la perte de la Lombardie, fit offrir à Maximilien par une assemblée de notables conservateurs réunie à Mexico la couronne impériale du Mexique (10 juill. 1863). L'archiduc accepta cette couronne (avr. 1864), mais il trouva la majorité des Mexicains attachés à Juárez et ne put s'imposer qu'avec l'appui armé de la France, qui multiplia les promesses. Abandonné par Napoléon III, et ne pouvant obtenir de secours en Europe, il tomba par trahison aux mains de Juárez (15 mai) ; il fut condamné à mort (14 juin) et fusillé (19 juin) avec les généraux Mejia et Miramon.

MAXIMIN le Thrace, Caius Julius Verus Maximinus Thrax († 238). Empereur romain (235/38). Il accomplit une brillante carrière militaire en Thrace, puis fut proclamé empereur à Mayence par les légions après l'assassinat d'Alexandre Sévère (235). Il combattit avec succès les Germains, les Sarmates et les Daces, mais se rendit impopulaire par une réforme de la fiscalité. Il fut assassiné par ses propres soldats.

MAXIMIN DAIA, Caius Galerius Valerius Maximinus († Tarse, 313). Empereur romain (307/13). D'origine thrace, il était le neveu de Galère, qui le fit nommer césar dès 305, en le chargeant du gouvernement de l'Égypte et de la Syrie. Proclamé auguste par ses troupes en 307, il engagea la lutte contre Constantin et Licinius, après la mort de Galère (311). Ignorant l'édit de tolérance de 311 à l'égard des chrétiens, il participa activement à leur persécution. Battu par Licinius, il s'empoisonna.

MAXIMUM GÉNÉRAL (loi du). Sous la Révolution française, la dépréciation des assignats ayant provoqué une hausse vertigineuse des prix, la Convention décida, le 29 sept. 1793, de décréter un prix maximum pour toutes les marchandises de première necessité, les journées de travail et la main-d'œuvre. Voir **TERREUR**.

MAYAS. Peuple indien de l'Amérique centrale, aujourd'hui comptant environ 2 millions de personnes, dont près des trois quarts habitent le Guatemala. Leur civilisation, l'une des plus prestigieuses de l'époque précolombienne, s'étendit, à son apogée, sur un vaste territoire que recouvrent aujourd'hui le Guatemala, le Salvador, le Bélize, une partie du Honduras et, au Mexique, la presqu'île du Yucatán (c'est dans cette dernière région que se trouvent la plupart des sites archéologiques).

De récentes découvertes permettent de faire remonter à 4000 av. J.-C. la culture du maïs dans les régions où devait s'épanouir la civilisation des Mayas. La civilisation maya proprement dite ne commença qu'à la fin du IIIe s. de notre ère ; la première date connue est celle de 292 portée sur une stele de Tikal (Guatemala septentrional). La *période classique*, de 300 à 900 environ, appelée autrefois *Ancien Empire*, concerne essentiellement la zone centrale qui s'étend du Tabasco et du Chiapas au Honduras. On a dénombré plus d'une centaine de centres, dont les principaux, à l'époque classique, étaient Tikal (fondé vers 292), Uaxactun (vers 328), Copán (vers 469), Yaxchilan (vers 509), Piedras Negras (vers 509), Palenque (vers 638). Ces centres n'étaient pas des villes d'habitation, mais essentiellement des sanctuaires habités par des prêtres.

Le monde maya était divisé en cités-États chacune gouvernée par un chef héréditaire et sans doute sacerdotal, le *halach uinic*, assisté d'un conseil. La caste sacerdotale, qui joignait à ses attributions religieuses le monopole de la culture, était toute-puissante. Les Mayas possédaient des esclaves, prisonniers de guerre ou condamnés de droit commun. L'économie, essentiellement agricole, était fondée sur la culture du maïs Pendant presque toute l'histoire maya, l'artisanat resta au stade néolithique, et, au XVIe s., le cuivre et l'or étaient encore très rarement utilisés.

Après avoir atteint son apogée vers le VIIIe s., la civilisation maya des régions centrales connut une crise dramatique. Vers 900, tous les grands centres classiques furent abandonnés : guerres incessantes, croissance de la population associée à un épuisement des sols et une production agricole en baisse, catastrophes naturelles, invasions étrangères, révoltes des paysans contre l'élite, voilà certaines des raisons avancées pour expliquer le phénomène. Mais une civilisation « postclassique » s'épanouit au N., dans la presqu'île du Yucatán. Cette *période mexicaine* dite autrefois *Nouvel Empire* fut marquée par les apports de la civilisation toltèque de Tula, au N. de Mexico. Les principaux centres – tous trois situés au N. du Yucatán – furent Chichen Itza, Uxmal et Mayapan. Vers la fin du XIIe s., après la prise de Chichen Itza par Hunac Ceel, Mayapan imposa pour plus de deux cents ans sa domination à tout le Yucatán. Cette nouvelle phase de l'histoire maya, marquée par une assez nette régression culturelle, prit fin vers 1450, à la suite d'une révolte des habitants de Chichen contre Mayapan, qui fut détruite. La société maya fut vouée dès lors à la dislocation. Les Mayas réussirent à mettre en échec dans le Yucatán (v.) la première tentative de conquête espagnole.

MAYENNE, Charles de Lorraine, duc de (* Alençon, 26.III.1554, † Soissons, 3.X.1611). Homme politique français. Il succéda à son frère Henri de Guise comme chef de la Ligue (1589). Voir **LIGUE (Sainte)**.

MAYERLING. Localité d'Autriche, dans le Schwechattal, au S. de Vienne. L'archiduc héritier Rodolphe et sa maîtresse, la jeune baronne Vetsera, s'y donnèrent la mort dans un pavillon de chasse, durant la nuit du 29 au 30 janv. 1889.Voir **RODOLPHE**.

MAYFLOWER. Nom du navire qui amena en Amérique les Pères pèlerins puritains qui fondèrent la colonie de Plymouth, en Nouvelle-Angleterre (1620). Voir **PÈRES PÈLERINS** et **MASSACHUSETTS**.

MAYOTTE. Collectivité territoriale française, dans l'océan Indien ; chef-lieu *Mamoudzou*. Avec son lagon et sa barrière de corail, elle n'est qu'une des nombreuses îles de l'archipel des Comores, devenu français en 1841 et dont elle abrite l'ancienne capitale, *Dzaoudzi*. À la différence de la population des autres îles des Comores, les Mahorais se sont prononcés, en 1976, pour son maintien dans la République française et, en juill. 2000, pour le statut de « collectivité départementale ».

MAZARIN Jules, Giulio Mazarini (* Pescina, 14.VII.1602, † Vincennes, 9.III.1661). Cardinal et homme politique français. Né dans une famille romaine cliente des Colonna, il fut un brillant élève des jésuites, étudia le droit canon à Alcalá, s'engagea dans la carrière ecclésiastique sans jamais être ordonné prêtre, et entra au service du pape. Envoyé en mission en France, il fut remarqué par Richelieu, qui se l'attacha, le fit nommer cardinal, et le recommanda en mourant à Louis XIII, qui le fit membre du Conseil de régence. Homme de la plus vive intelligence et d'une grande séduction, il s'imposa à la reine mère Anne d'Autriche.

Si le caractère amoureux de leur relation semble incontestable, rien ne prouve en revanche qu'elle fut scellée charnellement ou qu'elle se conclut par un mariage secret.

Dès son accession au poste de Premier ministre en mai 1643, il dut faire face à l'agitation des nobles et au mécontentement du peuple provoqué par les augmentations d'impôts nécessitées par la guerre. Mais, cela ne l'empêcha pas de déployer ses talents en politique extérieure. Ses succès militaires et diplomatiques rétablirent la paix avec le Saint Empire germanique et mirent fin par le traité de Westphalie (oct. 1648) à la guerre de Trente Ans. La France fut la grande bénéficiaire de ce conflit qui lui rapporta les Trois-Évêchés (Metz, Toul et Verdun, réunis de fait à la France depuis 1559), une partie de l'Alsace et lui donna un rôle prépondérant en Europe.

À l'été 1648 éclata la Fronde parlementaire que Mazarin réussit à mater un an plus tard. Elle fut suivie aussitôt par la Fronde des princes qui le contraignit à s'exiler à deux reprises (févr./déc. 1651 et août 1652/févr. 1653). Le ministre continua cependant à imposer son avis à la reine mère et à gouverner par l'intermédiaire de ses fidèles collaborateurs demeurés en place. Finalement vainqueur, il fit un retour triomphal à Paris. Dès lors son autorité ne fut plus sérieusement contestée. Artisan de la paix avec l'Espagne, il la scella par le mariage de Louis XIV, son filleul, avec l'infante d'Espagne Marie-Thérèse.

Mazarin, qui amassa une fortune colossale, fut un grand mécène. Il fonda l'Académie royale de peinture et de sculpture, le collège des Quatre-Nations, futur Institut de France, et la bibliothèque Mazarine, la première bibliothèque publique.

Louis XIV, sur qui il exerça une autorité quasi paternelle et dont il fit l'éducation politique, attendit sa mort pour prendre en main le pouvoir.

MAZDÉISME. Religion dualiste de la Perse antique fondée par Zoroastre. Voir **ZOROASTRE**.

MAZEPPA Ivan Stepanovitch (* près de Kiev, vers 1644, † Bender, 2.IX.1709). Hetman des Cosaques, allié puis ennemi du tsar Pierre Le Grand. Soucieux avant tout de l'indépendance ukrainienne, il trahit le tsar et noua des intelligences avec le roi de Suède Charles XII, dont il partagea la défaite à Poltava (1709). Il se réfugia en Valachie et mourut peu après. Au XIXe s., il inspira de nombreux artistes, des poètes comme Byron, des peintres comme Horace Vernet et des musiciens comme Liszt et Tchaïkovski.

MAZOWIECKI Tadeusz (Plock, à l'O. de Varsovie, 17.IV. 1927). Homme politique polonais. Voir **POLOGNE**.

MAZZINI Giuseppe (* Gênes, 22.VI.1805, † Pise, 10.III.1872). Homme politique italien. Fondateur de la Jeune-Italie, société secrète qui se donnait pour objectifs la libération et l'unification de l'Italie, ainsi que l'instauration de la république. Condamné à mort par les Autrichiens, il se réfugia à Berne en 1834, où il fonda la Jeune-Europe qui devait inspirer tous les complots contre les puissances opprimant sa patrie, puis à Londres en 1837. Dès l'annonce de la révolution de 1848, il accourut à Naples pour animer la résistance contre les Autrichiens. À la tête d'un triumvirat, il dirigea la République romaine proclamée par ses partisans (9 févr. 1849). Mais en juin 1849, il dut s'enfuir devant les troupes françaises. Ses diverses tentatives ultérieures furent autant d'échecs et son influence diminua, après que nombre de ses partisans, dont Garibaldi, se furent ralliés à la maison de Savoie.

MBEKI Thabo (Idutywa, 18.VI.1942). Homme politique sud-africain. En 1994, il fut nommé vice-président du gouvernement d'unité nationale par Nelson Mandela, à qui il succéda à la tête de l'ANC en 1997, puis à la présidence de la République en juin 1999.Voir **SUD-AFRICAINE (République)**.

MÉCÈNE, Caius Cilnius Maecenas (* *Arretium* = Arezzo, entre 74 et 64, † 8 av. J.-C.). Homme politique romain. D'une famille qui prétendait remonter aux anciens lucumons ou rois d'Étrurie, il appartenait à l'ordre équestre. Il rencontra Octave (Auguste) alors qu'il faisait ses études en Grèce et partagea désormais son destin. Il contribua à la paix de Brindes avec Antoine (oct. 40) puis participa aux négociations de Tarente, qui prolongèrent le triumvirat. Lorsque Octave fut devenu empereur, Mécène refusa les honneurs, mais fut souvent chargé de l'administration de l'empire en son absence. Esthète d'un goût précieux, il sut retenir autour de lui les écrivains les plus brillants de son temps, tels Virgile, Horace, Properce, qu'il soutint matériellement, et qu'il inspira souvent (il est sans doute à l'origine de la rédaction de *L'Énéide*). Son nom devint le synonyme de protecteur des arts et des lettres.

MECIAR Vladimir (Zvolen, 26.VII.1942). Homme politique slovaque. voir **SLOVAQUIE**.

MECKLEMBOURG, *Mecklenburg*. Région historique de l'Allemagne, au N. du Brandebourg le long de la mer Baltique. Villes principales : *Schwerin, Rostock, Wismar, Stralsund*. Habité par des Germains qui émigrèrent ensuite vers l'O. lors des grandes invasions du IVe et du Ve s., ce pays fut occupé vers 600 par des Slaves wendes (Obotrites, Wilzes), qui furent soumis au XIIe s., par le duc de Saxe, Henri le Lion. En 1170, le prince wende Pribislav, converti au christianisme, reçut le titre de prince du Saint Empire, et ses descendants devenus ducs souverains de l'Empire en 1348, régnèrent sur le Mecklembourg jusqu en 1918.

Réunifié en 1934, le Mecklembourg fut occupé par les Soviétiques en 1945, puis inclus dans la République démocratique allemande. Il forme aujourd'hui la plus grande partie du Land de Mecklembourg-Poméranie.

MECQUE (La), *Makka.* Ville de l'Arabie Saoudite, à environ 80 km de la mer Rouge. (v.), elle devint la ville sainte de l'islam. Les premières prédications du Prophète s'y heurtèrent à l'hostilité des riches marchands koraïchites et du nombreux personnel attaché au sanctuaire païen de la Kaaba (v.). Aussi Mahomet décida-t-il de quitter La Mecque pour Médine, et le jour de son départ (16 juill. 622) ou *hégire* marque le début de l'ère musulmane. Mahomet rentra à La Mecque en 630 et rattacha l'islam à la Kaaba, qui est restée depuis lors le but de pèlerinage de tous les musulmans du monde. Elle fut embellie par les califes omeyyades et abbassides. Elle connut successivement l'autorité des Ayyoubides et des Mamelouks d'Égypte, puis celle des Ottomans.

Dans la tradition musulmane, La Mecque et sa région sont associées à des événements majeurs de l'histoire religieuse de l'humanité Adam et Ève auraient séjourné au mont Arafat après avoir été chassés du paradis terrestre. La Kaaba aurait été construite par Seth, détruite au déluge, et reconstruite par Abraham et son fils Ismaël. Mina, au S.-E. de La Mecque, aurait été le site du sacrifice d'Abraham. Le pèlerinage de La Mecque, qui rappelle le « pelerinage de l'Adieu », qui fut le dernier acte solennel de Mahomet, est centré avant tout sur la commémoration du sacrifice d'Abraham. Il revêt deux formes : la *omra* ou petit pèlerinage, qui peut être accompli toute l'année, comprend la visite des lieux saints de La Mecque, sept déambulations autour de la Kaaba et sept courses entre Safa et Marwa (où Hagar aurait trouvé une source pour abreuver son fils Ismaël). Le grand pèlerinage ou *hajj* est un des commandements fondamentaux de la loi musulmane, un des « piliers de l'islam ». Tout musulman doit, en principe, l'accomplir une fois dans sa vie. Il a lieu les 7-10 du mois de *dhou'i-hijja* du calendrier lunaire. Dès l'entrée du pèlerin sur le territoire sacré de La Mecque, se déroulent les rites traditionnels. Après avoir procédé à des ablutions, le pèlerin revêt l'*ihram* ; cette tunique d'un seul tenant doit être portée par tous, quel que soit le rang social ; tous ceux qui en sont couverts doivent s'abstenir de chasser, de tuer des animaux autres que ceux destinés au sacrifice, de porter des bijoux, d'user de parfums, d'avoir des relations sexuelles. Après l'invocation du *labbakya* (« Nous voici, ô Dieu, nous voici ! »), le pèlerinage comporte une station en commun au mont Arafat, le 9 *dhou'i-hijja*, puis le séjour dans la vallée de Mina, du 10 au 12, avec sacrifice de dizaines de milliers de têtes de bétail, pour rappeler le sacrifice d'Abraham. Après l'ultime rite de la « lapidation du démon », on reprend les vêtements habituels.

Le grand pèlerinage rassemble chaque année environ 2 millions de personnes. Le territoire de La Mecque est interdit, sous peine de mort, à tout non-musulman. La garde des lieux saints de La Mecque est aujourd'hui l'un des fondements de la légitimité de la dynastie saoudienne.

MÉDICIS, Medici. Famille italienne qui régna sur Florence puis sur toute la Toscane du XVe s. à 1737 et qui exerça une influence considérable sur la politique européenne ainsi que sur les arts et les lettres. Sa puissance se fonda sur le commerce et la banque. Voir FLORENCE.

Cosme ou **Cosimo de' Medici,** dit **l'Ancien** (* Florence, 27.IX.1389, † Careggi, 1er.VIII.1464). Fils aîné de Giovanni di Bicci de' Medici, il prit la direction des affaires de la famille. Gonfalonier ou magistrat suprême de Florence de 1429 à 1433, il exerça jusqu'à sa mort une influence prépondérante dans la ville, mais indirectement, se gardant d'exiger pour lui-même les magistratures, qu'il préférait faire confier à ses clients. Ainsi Florence passait sous la dictature des Médicis en maintenant les formes républicaines du gouvernement. Ayant réussi à doubler la fortune familiale, il pratiqua un généreux mécénat qui fit de Florence le centre de la Renaissance.

Laurent le Magnifique, Lorenzo il Magnifico (* Florence, 1er.I.1449, † Careggi, 8.IV. 1492). Il eut à surmonter l'opposition grandissante du patriciat florentin, qui trouva un allié dans le pape Sixte IV : la conjuration des Pazzi (avr. 1478) réussit à éliminer son frère Julien avec qui il régnait. Digne héritier de son grand-père, Cosme l'Ancien, Laurent a incarné à la perfection l'idéal du prince de la Renaissance, fastueux, généreux ami de toute beauté. Il protégea savants et artistes, dota richement la bibliothèque qui conserva son nom et encouragea les débuts de l'imprimerie. Cependant, sa prodigalité ruina le trésor familial, et l'humanisme païen dont Florence était devenue la capitale suscita la protestation passionnée de Savonarole (v.). Laurent laissait plusieurs enfants : Pierre II et Julien, qui régnèrent après lui sur Florence et Jean de Médicis, qui devint pape sous le nom de Léon X. Le neveu de Laurent, un fils bâtard de son frère Julien, Jules de Médicis, accéda aussi au Saint-Siège sous le nom de Clément VII.

Alexandre, Alessandro de' Medici (* vers 1510, † Florence, 3.I.1537). Fils naturel de Laurent II de Médicis ou, selon certains, du cardinal Jules. À la suite de l'invasion des Impériaux en Italie, les Médicis avaient été chassés en 1527 de Florence, où la république avait été proclamée. En 1530, Charles Quint, réconcilié avec Clément VII, s'empara de la ville après un siège meurtrier et imposa à Florence la dictature d'Alexandre, qu'il fit duc héréditaire de Florence (1532). Tyrannique et débauché, Alexandre suscita la colère des Florentins. En 1537, il périt assassiné par Lorenzino de' Medici, son cousin de la branche cadette. Avec lui s'éteignit la branche aînée des Médicis.

Cosme Ier, Cosimo de' Medici (* Florence, 11.VI. 1519, † près de Florence, 21.IV. 1574). Fils de Jean de Médicis dit des Bandes Noires, il succéda à Alexandre comme duc de Florence en 1537 et demeura sous la tutelle de Charles Quint, auquel il accorda des garnisons à Florence, Pise et Livourne. Il régna tyranniquement, écrasa la révolte républicaine des Strozzi (1538), fit la conquête de Sienne et de Lucques, et porta à son apogée la puissance politique de Florence ; en 1569, il prit le titre de grand-duc de Toscane et fut couronné par le pape Pie V.

MÉDICIS (villa). Villa de Rome, sur le Pincio, viale Trinitá dei Monti, construite vers 1544 par Annibale Lippi pour le cardinal Ricci da Montepulciano. Elle devint ensuite la propriété du cardinal Alexandre de Médicis et des grands-ducs de Toscane. Bonaparte l'acheta en 1803 et en fit le siège de l'Académie de France à Rome.

MÉDIE. Contrée de l'Asie ancienne, qui s'étendait sur le nord-ouest du plateau iranien. Elle était bornée au N. par la mer Caspienne, à l'E. par la Parthie, au S. par la Perse et la Susiane, à l'O. par la Babylonie et l'Assyrie. Sa capitale était *Ecbatane*. Installées dès le IIe millénaire dans ces régions, les tribus indo-européennes des Mèdes menèrent une lutte continuelle contre l'Assyrie. Selon Hérodote, l'unité des diverses principautés mèdes fut réalisée au VIIe s. par Déjocès, qui établit la capitale à Ecbatane. Ses successeurs étendirent leur souveraineté sur la Perse (fin VIIe s.), et Cyaxare Ier, allié au roi de Babylone Nabopolassar, porta le coup de grâce à l'Empire assyrien (612). La guerre contre la Lydie se termina vers 585 par un traité de paix qui fixait sur l'Halys la frontière des deux États en Asie Mineure. L'Empire mède, fondé sur un système de royautés sujettes, fut renversé vers 550 av. J.-C. par un chef de tribu perse, roi d'Anshan, Cyrus l'Achéménide. La Médie fit dès lors partie de l'Empire perse. Conquise en 330 par Alexandre le Grand, elle appartint ensuite aux Séleucides et subit une profonde hellénisation, à l'exception de la Médie septentrionale ou Atropatène, qui resta gouvernée par des souverains locaux et fut conquise par les Parthes à partir du IIe s. av. J.-C.

MÉDINE, *el-Médina*. Ville d'Arabie Saoudite, dans le Hedjaz. Ancienne cité caravanière, elle porta d'abord le nom de *Yathrib*. Après l'hégire, Mahomet s'y réfugia (juill. 622), unifia sa population sur la base de l'islam et en fit le point de départ de ses attaques contre les caravanes mecquoises. C'est à Médine qu'il mourut. Médine devint ainsi la seconde ville sainte de l'islam et resta la résidence des califes jusqu'en 662, date à laquelle les Omeyyades s'établirent à Damas.

La Grande Mosquée de Médine, que Mahomet lui-même fit édifier et qui fut reconstruite sur l'ordre du sultan ottoman Abdul Medjid Ier de 1848 à 1860, renferme les tombeaux de Mahomet, de Fatima et des deux premiers califes, Abou Bakr et Othman. Ville interdite aux non-musulmans, comme La Mecque, Médine fut cependant visitée dès 1811 par Burckhardt.

MÉDINET HABOU. Lieu saint situé sur la rive gauche de Thèbes, au sud de la nécropole. Les Égyptiens y situaient la butte de Djâmé où, d'après le mythe, s'étaient retranchés les génies serpents et grenouilles de la ville d'Hermopolis après qu'ils eurent créé le monde. De leur refuge, les génies veillaient sur la crue du Nil et se tenaient prêts à reprendre leur rôle créateur si nécessaire. Djâmé abritait aussi la tombe de Kematef, serpent incarnant le dieu Amon sous son aspect de démiurge. Les pharaons de la XVIIIe dynastie (1550-1292 av. J.-C.) élevèrent à Médinet Habou un petit temple où Amon de Karnak régénérait ses forces créatrices tous les dix jours. Sous la XXe dynastie, le pharaon Ramsès III lui adjoignit son immense temple funéraire dont le plan s'inspirait du Ramesseum, œuvre de Ramsès II. Dans ce monument, le culte du pharaon était associé à celui d'Amon. Ramsès III fit commémorer sur les murs du temple ses campagnes militaires contre les turbulents Libyens et contre les Peuples de la Mer (v.).

MÉDIQUES (guerres). Nom donné aux guerres qui opposèrent l'Empire perse aux Grecs au cours du Ve s. av. J.-C. L'intervention perse en Europe, préparée par la campagne contre les Scythes qui assura à Darius Ier une solide tête de pont en Thrace (513/12), fut provoquée par le soulèvement des villes grecques d'Asie Mineure (499), auxquelles Athènes et Érétrie apportèrent leur aide. Après avoir maté cette rébellion (destruction de Milet, 494), Darius décida en effet de relancer sa politique égéenne et de briser toute menace future par une expédition préventive en Grèce continentale. La première campagne du général perse Mardonios acheva la sujétion de la Thrace et de la Macédoine (492), malgré la destruction de la flotte perse par une tempête près du mont Athos.

Dès 490, Darius tenta une seconde expédition (connue sous le nom de *première guerre médique*) : il obtint la soumission de la majorité des Grecs insulaires (en particulier Égine), mais se heurta à la résistance d'Athènes et de Sparte : après avoir pris position en mer Égée et ravagé Érétrie, le général Datis débarqua avec son armée à Marathon, mais il fut rejeté à la mer par les Athéniens commandés par Miltiade. Xerxès Ier reprit en 481 les préparatifs considérables de son père en vue d'une nouvelle campagne : il rassembla dans tout l'Empire perse une armée de plus de 300 000 hommes et, grâce à la contribution des Phéniciens et des Grecs d'Ionie, une flotte comprenant 1 200 navires de guerre et 3 000 de transport.

Cette troisième expédition (*seconde guerre médique*) commença en 480 avec le passage de l'Hellespont. Par la Thrace et la Macédoine, l'immense armée perse descendit vers la Grèce centrale et l'Attique : malgré l'héroïque résistance du roi de Sparte Léonidas, les Thermopyles furent franchies (mai 480). Les Perses prirent et incendièrent Thespies, Platées, Athènes, mais la victoire navale de Thémistocle à Salamine (mai 480), puis la défaite infligée par le Spartiate Pausanias à Mardonios près de Platées (479), enfin la destruction de la base perse du cap Mycale par Léotychidas et Xanthippe (479) amenèrent le repli des Perses et la libération des îles, qu'Athènes groupa dans la ligue de Délos (478) (v.). Celle-ci remporta sur les Perses la victoire navale de l'Eurymédon (468) et intégra les cités grecques d'Ionie ; par le traité de 449 (paix de Callias), le Grand Roi reconnaissait l'autonomie de ces cités et la démilitarisation des côtes occidentales de l'Asie Mineure.

MÉGALITHIQUE (civilisation). Nom donné à une civilisation préhistorique caractérisée par la construction de monuments en grosses pierres ou mégalithes.

Un phénomène mondial

Le mégalithisme fut un phénomène répandu dans toutes les parties du monde. Il a laissé ses témoignages les plus nombreux et les plus anciens en Europe occidentale (France, péninsule Ibérique, Grande-Bretagne), mais s'est manifesté également en Scandinavie (Suède méridionale, île Öland, Danemark), en Allemagne du Nord, en Suisse et en Italie (dans ces deux pays, d'une manière assez clairsemée), au Kouban et au Caucase ainsi que sur tous les continents. Les monuments mégalithiques avaient probablement une fonction commémorative, sociale, religieuse ou funéraire. Certains furent élevés en liaison avec des phénomènes astronomiques. Ils se répartissent entre constructions faites de pierres dressées, comme les menhirs ; d'autres sont des structures obtenues par morcellement de pierres, tels les cairns et les tumulus ; il existe enfin des coffres de pierre comme les dolmens. Les menhirs se rencontrent seuls ou groupés en lignes comme à Carnac. Isolés, ils ont atteint jusqu'à une vingtaine de mètres de hauteur comme à Locmariaquer dans le Morbihan. Certains menhirs portent des gravures évoquant une forme humaine, qualifiés de statues-menhirs, et d'autres, décorés de dessins géométriques et de symboles, sont proches de la stèle. Groupés en cercles comme à Stonehenge, dans le sud de l'Angleterre, les menhirs constituent des cromlechs. Les cairns et tumulus ont généralement recouvert une chambre funéraire bâtie en pierre ou en bois. Les dolmens, composés de pierres verticales supportant des dalles horizontales, étaient des coffres funéraires de pierre aussi recouverts par des tumulus. Beaucoup de ces tertres démantelés au fil des siècles ont laissé les dolmens apparents. Les dolmens qui abritaient souvent des sépultures collectives étaient accessibles par des couloirs. À travers le monde, il existe de multiples variantes de ces trois types de monuments mégalithiques.

On a longtemps cru que les mégalithes étaient des monuments celtiques et que les dolmens étaient des tables de sacrifice géantes pour les druides. Aujourd'hui, les spécialistes admettent que ces monuments sont bien antérieurs à l'arrivée des Celtes. Les recherches récentes menées grâce au carbone 14 font remonter au début du IVe millénaire les plus anciens dolmens de Bretagne. La floraison mégalithique devait se prolonger en Europe occidentale jusque vers 1500 environ av. J.-C.

MEGIDDO. Ancienne ville de Palestine, au S.-O. de la plaine d'Esdrelon, au pied du mont Carmel, dont le site se trouve aujourd'hui en Israël, au S.-E. de Haïfa. Elle contrôlait la plus importante route commerciale qui reliait la Mésopotamie à l'Égypte. À partir du VIIe millénaire av. J.-C., le site vit se succéder trente villes bâties l'une au-dessus de l'autre. Les vestiges de ses fortifications, palais et écuries sont peut-être à attribuer au roi Salomon. Megiddo, seul site à figurer dans les principales annales du Proche-Orient, celles de l'Égypte, de l'Empire hittite et de l'Assyrie ainsi que dans l'Ancien et le Nouveau Testament, fut le théâtre de nombreuses batailles. L'une des plus célèbres fut livrée en 1457 av. J.-C., par le pharaon Thoutmosis III qui annexa Megiddo, l'une des plus puissantes cités de Canaan, et lui fit payer le tribut. En 609 av. J.-C., un autre pharaon, Néchao II, venu aider les Assyriens sur le point d'être balayés par l'Empire babylonien, y battit et tua le roi de Juda, Josias. Ces sanglantes batailles expliquent peut-être pourquoi l'*Apocalypse* (16, 16) situa le lieu de la lutte du bien et du mal à la fin des temps à *Armageddon*, c'est-à-dire la « Montagne de Megiddo ».

MÉHÉMET-ALI, Mohammed Ali (* Cavalla, 1769, † château de Choubra, 2.VIII.1849). Vice-roi d'Égypte (1805/49). Soldat albanais engagé dans la lutte contre les Français en Égypte. Il prit le pouvoir en 1804 et se fit reconnaître pacha. Il détruisit le corps des mamelouks et fit de l'Égypte un puissant État, organisé à l'européenne, et agrandi du Soudan septentrional. Il réforma l'agriculture, développa les communications, la culture du coton, l'industrie, le système scolaire et dota le pays d'une armée et d'une flotte modernes. Il fut le fondateur de l'Égypte contemporaine et le précurseur du réveil arabe. Il sut s'affranchir de la tutelle ottomane grâce aux victoires remportées par son fils Ibrahim Pacha, et eût peut-être conquis Constantinople sans l'intervention des forces européennes. En 1841, Méhémet-Ali, malade mais qui avait fait reconnaître par le sultan le caractère héréditaire de sa dynastie, abandonna la régence à son fils Ibrahim. Voir **Égypte**.

MEHMET Ier Kirichdji, c'est-à-dire **le Restaurateur** (* vers 1378 ?, † Andrinople, 1421). Sultan ottoman (1413/21). Voir **Turquie**.

MEHMET II Fatih, c'est-à-dire **le Conquérant** (* Andrinople, 30.III.1432, † Tekfur Çayiri, près de Gebze, 3.V. 1481). Sultan ottoman (1444/45 et 1451/81). Petit-fils de Mehmet Ier Kirichdji et fils de Mourad II. Il fit la conquête de Constantinople (29 mai 1453), qui devint la capitale de l'Empire en 1458, et sut se montrer un vainqueur généreux : il garantit des libertés aux chrétiens (tout en réduisant le patriarcat en tutelle) et conserva la plus grande partie de leurs privilèges aux Génois et aux Vénitiens. En même temps, il repeupla la ville en y appelant des colons turcs. L'expansion turque se poursuivit avec l'occupation de la Serbie, sauf Belgrade (1459), des États byzantins de Morée (1460) et de Trébizonde (1461), de la Bosnie (1462), de l'Albanie (1467). Mehmet II enleva aussi aux Génois leurs comptoirs de la mer Noire ; du côté de l'Asie, il annexa l'émirat karamanide (1474) ; en mer Égée, il s'empara de Lesbos (1462) mais il ne put déloger les Vénitiens de leurs possessions et échoua devant Rhodes (1480). Grand conquérant, Mehmet II montra aussi de réels talents d'administrateur ; il protégea les lettres et les arts. Son fils, Bayézid II, lui succéda.

MEHMET VI (* Istanbul, 14.I.1861, † San Remo, 16.V. 1926). Trente-sixième et dernier sultan ottoman (1918/22). Déchu du sultanat aboli par l'Assemblée nationale le 1er nov. 1922, il fut également dépossédé du califat définitivement supprimé le 3 mars 1924. Voir **Turquie**.

MEIJI (ère). Dans l'histoire japonaise, nom donné à la période allant de 1868, date de l'abolition du shôgunat et de la restauration du pouvoir impérial, à 1912, date de la mort de l'empereur Mutsuhito (qui avait pour nom de règne Meiji). Cette période capitale vit la naissance du Japon moderne et son ouverture aux techniques administratives, militaires et économiques de l'Occident. La féodalité fut supprimée (1871) et, en 1899, le Japon reçut sa première Constitution, qui instituait une monarchie constitutionnelle héréditaire avec un empereur, dont le caractère sacré était légalement affirmé, et un parlement composé de deux Chambres. Le développement démographique (doublement de la population durant l'ère Meiji) et économique fut extrêmement rapide. La première ligne de chemin de fer fut inaugurée en 1872 ; dès 1901, le réseau dépassait 6 000 km. La flotte marchande passa de 15 000 t en 1893 à 1,5 million de tonnes en 1905. Le service militaire fut institué dès 1872, une flotte de guerre fut mise en chantier à partir de 1890, et la nouvelle puissance asiatique fit la démonstration de sa force dans la guerre contre la Chine (1894/95) et surtout en infligeant les défaites de 1904/05 à l'un des plus puissants États d'Occident, l'empire des tsars. Voir **Sino-japonaises (guerres)** et **Russo-japonaise (guerre)**.

MEIR Golda (* Kiev, 3.V. 1898, † Jérusalem, 8.VII.1978). Femme politique israélienne. Elle fut ministre du Travail du cabinet Ben Gourion (1949/56), puis ministre des Affaires étrangères (1956/66). Présidente du parti Mapaï en 1966, elle œuvra à la création du parti travailliste en 1968 et accéda à la tête du gouvernement israélien (1969/74). Elle fut rendue responsable, au même titre que Dayan, des revers subis pendant la guerre de 1973 (v. **Israélo-arabes**, guerres) et démissiona.

MELANCHTHON, Philipp Schwarzerd, connu sous son nom grec de (* Bretten, Bade, 16.II.1497, † Wittenberg, 19.IV. 1560). Réformateur allemand. Il rédigea le premier exposé synthétique de la doctrine de la Réforme, les *Loci communes rerum theologicarum* (1521), qui devait faire pénétrer partout les idées de Luther. Au colloque de Marburg (1529), il s'opposa vivement à Zwingli sur la doctrine de l'eucharistie ; l'année suivante, à la diète d'Augsbourg, il fut le porte-parole du parti de la réconciliation, mais ses efforts se heurtèrent aussi bien à l'intransigeance des catholiques qu'à la méfiance de ses coreligionnaires.

MÉLINE Félix Jules (* Remiremont, 20.V. 1838, † Paris, 20.XII.1925). Homme politique français. Spécialiste de l'agriculture (il créa en 1884 le Mérite agricole), il fut aussi le chef du mouvement protectionniste à la Chambre et fit instituer en 1892 le double tarif douanier. Avec une majorité de modérés, il présida d'avr. 1896 à juin 1898 l'un des plus longs ministères de la IIIe République. Ce gouvernement, soutenu par la petite bourgeoise mais aussi par les banquiers d'affaires, fut marqué par une vive reprise économique. À l'extérieur, le cabinet Méline (où Hanotaux était ministre des Affaires étrangères) consacra l'annexion de Madagascar, fit reconnaître par l'Italie le protectorat français sur la Tunisie (traité du 28 sept. 1896), obtint la concession du chemin de fer du Yunnan et esquissa un rapprochement avec l'Allemagne.

MELKHITES. Nom donné aux chrétiens du Proche-Orient qui, au Ve s., refusèrent de se joindre à l'hérésie monophysite. Voir **Église orthodoxe**.

MEMPHIS. Ancienne ville d'Égypte, à la pointe du delta du Nil, à 35 km au S. du Caire. Sa fondation est attribuée à Ménés. Dans ses environs, furent aménagées les grandes nécropoles de Sakkara (v.), Dahchour, Abou Roach et Gizèh (v.). Memphis fut toujours l'une des villes les plus importantes et les plus prospères du pays et elle fut souvent choisie comme capitale notamment par Djéser (v.), pharaon de la IIIe dynastie. Sous les Ramessides, elle céda son rôle de capitale politique reconquis depuis Thoutmosis III (1479/25 av. J.-C.) à Pi-Ramsès dans le nord-est du Delta, événement qui marqua le déplacement du centre du pouvoir de la vallée du Nil vers le Delta. Memphis vénérait Ptah auquel elle dédia l'un des temples les plus vastes et les plus riches d'Égypte. Dieu qui créa le monde par la parole, Ptah était aussi le patron des artisans. Il s'incarnait à la fois dans la statue conservée dans le sanctuaire de son temple et dans son animal sacré, le taureau Apis, enterré à sa mort dans le cimetière souterrain du Serapeum, découvert par Auguste Mariette (v.).

MÉNANDRE ou **MILINDA** († vers 145 av. J.-C.). Roi grec de Bactriane (vers 166/45 av. J.-C.). Lieutenant et successeur de Démétrios, il établit le centre de son autorité dans le Pendjab, conquit le Kathiawar, prit Mathura et atteignit même Patalipoutra. Il s'intéressa au bouddhisme, dont l'un des textes importants, le *Milindapanha*, en langue palie, nous a conservé les entretiens spirituels du souverain avec un bonze.

MENCHEVIKS, en russe : *minoritaires*. Nom donné aux modérés du parti social-démocrate russe, qui, mis en minorité au IIe congrès (Bruxelles-Londres, juill./août 1903), provoquèrent une scission dans le parti. Par opposition aux *bolcheviks* (ou « majoritaires »), les mencheviks ne croyaient pas possible l'instauration d'une dictature du prolétariat et de la paysannerie et voulaient constituer, au sein de la démocratie bourgeoise, un puissant parti d'opposition. Leur principal chef était Martov qui fut un ami de Lénine jusqu'à leur rupture au congrès de Londres en 1903. Lénine lutta énergiquement contre le « liquidationnisme » des mencheviks, qui voulaient renoncer à l'action clandestine et illégale. Lors de la révolution de févr. 1917, mencheviks et socialistes révolutionnaires s'assurèrent la direction du soviet de Petrograd, dont le président fut le chef de la fraction menchevik à la douma, Tchkhéïdzé. Sous leur influence, le soviet agréa la formation du gouvernement du prince Lvov, mais ils se heurtèrent à la propagande active des bolcheviks, qui réclamaient « tout le pouvoir aux soviets ». Au Ier congrès des soviets (juin 1917), les mencheviks formaient une écrasante majorité (248 délégués contre 105 délégués bolcheviks) ; cependant, le bolchevisme ne cessait de progresser à la base, préparant la révolution d'oct. 1917.

MENCHIKOV ou **MENTCHIKOV Alexandre Danilovitch, prince** (* Moscou, 16.XI.1672, † Bérésovo, Sibérie, 2.XI.1729). Homme politique russe. Fils d'un valet d'écurie, il fut présenté par Lefort à Pierre le Grand, dont il devint bientôt le favori et qu'il accompagna dans ses voyages en Europe (1697). Il se distingua dans les guerres contre la Suède, notamment au siège de Schlüsselburg (1702), à Kalisz (1706) et à Poltava (1709), ce qui lui valut les titres de prince et de feld-maréchal. Il conquit ensuite la Courlande (1710) et la Poméranie (1713). Au cours de ses campagnes, il avait pris comme maîtresse une servante livonienne qu'il fit par la suite épouser à Pierre le Grand, puis proclamer impératrice à la mort du tsar (1725) sous le nom de Catherine Ire. Elle lui abandonna le gouvernement. Menchikov lui fit désigner comme héritier Pierre II, un enfant de douze ans, dont il fut tuteur (1727). Mais son ambition et sa fidélité à la politique réformatrice de Pierre le Grand le perdirent. À l'instigation du prince Dolgorouki, il fut exilé en Sibérie (sept. 1727) et ses biens immenses furent confisqués.

MENDERES Adnan (* Aydin, 1899, † Yassi-Ada, 12.IX.1961). Homme politique turc. Fondateur du parti démocrate, Premier ministre de 1950 à 1960, il fut exécuté après la révolution de 1960. Voir TURQUIE.

MENDÈS FRANCE Pierre (* Paris, 11.I.1907, † Paris, 18.X.1982). Homme politique français. Il entra dans le second cabinet Blum en 1938. Il fut arrêté en 1940 par le gouvernement de Vichy, s'évada, rejoignit Londres en 1942 et combattit dans les Forces aériennes de la France libre. De Gaulle le nomma ministre de l'Économie du gouvernement provisoire de sept. 1944, mais, impuissant à imposer ses vues, Mendès France en démissionna en avr. 1945. En juin 1954, alors que se conjuguaient les graves situations indochinoise, tunisienne et algérienne il accéda au pouvoir. Mendès France sut mettre un terme à la guerre d'Indochine et préparer l'indépendance de la Tunisie, mais s'aliéna les partisans d'une Europe atlantiste en s'opposant au projet d'armée européenne. Il trébucha finalement sur l'affaire algérienne (son ministre de l'Intérieur François Mitterrand décida de l'envoi du contingent) et dut démissionner en févr. 1955. Ministre d'État du cabinet Guy Mollet, il s'en retira en 1956, n'ayant pu faire admettre le principe d'une négociation avec les nationalistes algériens. Il s'opposa à de Gaulle en 1958 et perdit son siège de député la même année. Mendès France réapparut aux côtés des contestataires en mai 1968, mais ne trouva jamais la place de chef de la gauche que son prestige semblait lui destiner. Il se retira de la vie politique en 1973.

MENDIANTS (ordres). Nom donné aux ordres religieux auxquels leur règle interdit la propriété individuelle ainsi que la propriété en commun, à la différence des ordres monastiques appartenant à la famille bénédictine. Ils doivent donc vivre uniquement de la charité des fidèles. L'apparition des ordres mendiants, dont les premiers furent fondés au XIIIe s. par st François d'Assise et st Dominique manifesta une réaction contre l'enrichissement excessif des monastères clunisiens et cisterciens et une volonté de retour à la pauvreté évangélique que prétendaient assumer des sectes hérétiques telles que les vaudois et les albigeois. Les mendiants, n'étant pas liés par un vœu de stabilité au même monastère, purent déployer leur apostolat populaire et intellectuel dans les villes et répondre avec la plus grande mobilité aux menaces de l'hérésie.

Ils jouèrent un rôle de premier plan dans la vie intellectuelle du XIIIe s. mais rencontrèrent une vive résistance dans certains milieux traditionnels du clergé, en particulier à l'université de Paris, où l'opposition contre eux fut menée par Guillaume de Saint-Amour ; en 1256, le pape Alexandre IV se prononça en faveur du droit à enseigner pour les religieux mendiants. Principaux ordres mendiants : les franciscains (1209), les dominicains ou Frères prêcheurs (1215), les carmes (1229), les ermites de Saint-Augustin (1256), les servites (1424), etc.

MÉNÉLIK ou **MÉLINEK II** (* Ankobar, 17.VIII.1844, † Addis-Abeba, déc. 1913). Négus d'Éthiopie (1889/1909). *Ras*, c'est-à-dire gouverneur du Choa (région d'Éthiopie centrale), il se fit, proclamer négus, ou roi des rois, en 1889. Voir **ÉTHIOPIE**.

MENEM Carlos Saúl (Anillaro, 2.VII.1930). Président de l'Argentine de 1989 à 1999. Voir **ARGENTINE**.

MÉNÈS. Nom donné par les sources grecques au premier pharaon (This, vers 3100 av. J.-C.). Il faut sans doute l'identifier au roi Narmer connu notamment par la célèbre Palette qui porte son nom. Sur cet objet, figurent les premières représentations attestées d'un pharaon portant les deux couronnes symbolisant la souveraineté sur la Haute et la Basse-Égypte. Sous le règne de Ménès/Narmer, l'Égypte a, semble-t-il, entretenu d'étroites relations commerciales avec le Sud de la Palestine. Le souverain fut enterré à Abydos, la nécropole de This, ville d'origine des pharaons des deux premières dynasties.

MENGISTU Haïlé Mariam (dans le Harar, 1940). Homme politique et militaire éthiopien. Membre de la junte qui renversa le négus Haïlé Sélassié en 1974, il fut l'homme fort du pouvoir de 1977 à 1991. Voir **ÉTHIOPIE**.

MENHIR, du bas-breton *men*, pierre, et *hir*, longue. Nom donné au monument le plus simple de la civilisation mégalithique, constitué par une simple pierre dressée dans le sol, où elle s'enfonce jusqu'à un cinquième ou un quart environ de sa longueur totale. Voir **MÉGALITHIQUE (civilisation)**.

MENTOUHOTEP. Nom porté par trois pharaons de la XIe dynastie, au XXIe s. av. J.-C. Ils assurèrent la victoire de Thèbes sur Hérakléopolis, imposèrent leur autorité dans le delta du Nil, refirent l'unité de l'Égypte et établirent un régime centralisé qui marqua le début du Moyen Empire.

MENUS PLAISIRS. Nom donné, sous la monarchie, aux dépenses extraordinaires du roi de France relatives aux fêtes, aux bals, aux spectacles de la cour. À Versailles, l'hôtel des Menus-Plaisirs possédait une salle de séances où siégèrent l'Assemblée des notables de 1787 et les États généraux de 1789.

MERCANTILISME. Doctrine qui inspira la politique économique des États de l'Europe occidentale depuis le XVIe s. jusqu'au début du XVIIIe s. Elle se développa dans le contexte de deux événements essentiels : *a)* l'établissement définitif de grands États nationaux à tendance absolutiste et pratiquant une politique de force (France, Angleterre, Espagne) ; *b)* l'afflux des métaux précieux consécutif aux grandes découvertes maritimes, dans une Europe jusqu'alors gênée dans son développement économique par la rareté de numéraire. L'idée essentielle du mercantilisme est que la seule richesse authentique consiste dans ce numéraire (or et métaux précieux) ; on affirme en même temps que la masse des richesses est fixe, que l'un ne peut pas gagner sans que l'autre perde.

Le principal objectif du mercantilisme sera donc d'augmenter le stock monétaire, et l'État, pour y parvenir, emploiera une politique dirigiste souvent envahissante au service exclusif des grands intérêts nationaux. Le problème consistait à faciliter l'entrée du numéraire et à empêcher sa sortie. Il fut résolu d'une manière différente selon les États. Le **bullionisme** (du mot anglais *bullion*, lingot d'or ou d'argent), forme la plus simple du mercantilisme, fut pratiqué en Espagne : il consistait tout simplement à prohiber l'exportation des métaux précieux qui arrivaient en abondance des colonies d'Amérique. Pour les marchandises, elle pratiqua le système de la « balance des contrats » obligeant les exportateurs espagnols de marchandises à rapatrier en Espagne le montant de leurs ventes et les étrangers à n'emporter que des produits espagnols en échange de leur négoce. En France, le mercantilisme, dont les principaux théoriciens furent Bodin, Laffemas, Montchrétien, prit la forme de l'**industrialisme**, qui connut son apogée sous Colbert (v.). Pour obtenir une balance favorable, l'État s'efforça de développer les ventes de produits industriels à l'étranger. Le commercialisme anglais obéissait aux mêmes principes, mais il mettait l'accent sur le développement de la navigation.

À la longue, un système qui voulait produire beaucoup et consommer peu, vendre beaucoup et acheter peu, qui érigeait en principe un antagonisme irrémédiable entre les États, se condamnait lui-même à disparaître. Toutefois, en permettant une accumulation et une concentration de capitaux sans précédent, en assurant aux États coloniaux des marchés privilégiés, le mercantilisme donna les ressources indispensables à l'exploitation des grandes découvertes technologiques du XVIIIe s. : il prépara donc la révolution industrielle et l'ère du capitalisme.

MERCIE. Un des royaumes de l'Heptarchie (v.), situé au centre de l'Angleterre et s'étendant sur la région des Midlands. Fondé à la fin du VIe s. par les Angles, le royaume ne se convertit au christianisme qu'à la fin du VIIe s. La poussée du royaume de Wessex puis les invasions danoises le firent disparaître au IXe s.

MERCOSUR. Organisation créée en 1991 par l'Argentine, le Brésil, le Paraguay et l'Uruguay. Elle a pour objectif de créer un marché commun du cône sud de l'Amérique latine, région de forte croissance depuis le début des années 1990. Effectif depuis janv. 1995, le MERCOSUR a fixé, comme première étape de l'intégration économique, une importante réduction des taxes à l'importation. En déc. 1995, un accord d'association a été conclu avec la Bolivie et, en juin 1996, un accord de libre-échange avec le Chili.

MERENPTAH. Pharaon de la XIXe dynastie (vers 1213/03 av. J.-C.). Treizième fils de Ramsès II et de la Grande Épouse royale Isisnofret, le jeune Merenptah n'imaginait sans doute pas qu'il pourrait un jour succéder à son père. Mais Ramsès II, qui connut une extraordinaire longévité, enterra tous les héritiers qui séparaient le prince du trône. Lorsqu'il accéda au pouvoir, Merenptah avait déjà atteint une cinquantaine d'années. Il gouverna à partir de Pi-Ramsès, la capitale dans le nord-est du Delta, tout en accordant un rôle important à Memphis (v.). Son règne, qui dura dix ans, fut marqué par diverses campagnes dont une intervention en Palestine, alors sous domination égyptienne. Il commémora cette opération sur la stèle dite d'Israël où ce nom apparaît pour la première fois dans l'Histoire. Le souverain repoussa aussi une première vague de Peuples de la Mer (v.). Merenptah honora les engagements pris par son père envers les Hittites avec le traité de paix et d'assistance signé après la bataille de Kadesh et leur fournit du blé lors d'une famine en Asie Mineure. Le pharaon fut enterré dans la Vallée des Rois.

MERMOZ Jean (* Aubenton, Aisne, 9.XII.1901, † dans l'Atlantique Sud, 6.XII.1936). Aviateur français. Après avoir préparé le concours de l'École centrale, il s'engagea en 1920 dans l'aviation, obtint son brevet de pilote militaire (1921) et, à sa démobilisation (1924), fut engagé par la compagnie Latécoère. Formé à l'« esprit de la ligne » par Didier Daurat, il fut d'abord affecté au parcours Barcelone-Málaga (sur la ligne Toulouse-Casablanca), puis, en 1926, à la ligne Casablanca-Dakar. Le 10 oct. 1927, il réalise avec Negrin la première liaison aérienne directe et sans escale de la France avec le Sénégal. Affecté à partir de 1928 aux lignes de l'Amérique du Sud, il pratique le vol de nuit au-dessus de la cordillère des Andes, puis, à bord de l'hydravion *Le Comte de La Vaulx*, avec Gimié et Dabry, il réalise les 12 et 13 mai 1930 la première liaison aérienne directe France-Amérique du Sud. Six ans plus tard, il disparaîtra dans l'Atlantique Sud à bord de son hydravion *Croix-du-Sud*.

MÉRINIDES. Dynastie berbère, issue de l'important groupe des Berbères Zénatas, qui régna sur le Maroc du XIIIe au XVe s. Voir **MAROC**.

MERNEPTAH. Pharaon de la XIXe dynastie (vers 1213/03 av. J.-C.). Voir **MERENPTAH**.

MÉROÉ. Ancienne ville de Nubie, sur la rive droite du Nil, en amont de la cinquième cataracte (son site se trouve aujourd'hui dans la province du Nord de la république du Soudan). Elle fut pendant longtemps l'un des principaux centres du royaume de Kouch (v. **NUBIE**), puis en devint la capitale, à la place de Napata, au VIe s. avant notre ère. Méroé était un centre de la métallurgie du fer et exportait le précieux métal vers l'Égypte, par le lac Tchad, vers l'Afrique occidentale. Jusque vers 300 av. J.-C. Méroé emprunta largement à la civilisation égyptienne. Elle développa ensuite une culture propre qui marqua le début du royaume de Méroé. Peu après 200 av. J.-C. apparurent des inscriptions hiéroglyphiques et linéaires dans une langue *méroïtique* qui a pu être déchiffrée mais pas comprise jusqu'à présent. Dans les premiers siècles de l'ère chrétienne, le royaume de Méroé s'affaiblit peu à peu ; tandis que les Nobates, venus de l'Ouest envahissaient la basse Nubie et coupaient les relations avec l'Égypte, des nomades hamites, les Blemmyes, s'alliaient contre Méroé au royaume éthiopien d'Axoum. La ville devait être définitivement ruinée par les Axoumites entre 320 et 350.

MÉROVÉE († vers 458). Roi franc (vers 448/58). Fils ou gendre de Clodion le Chevelu, il serait venu à Rome dans sa jeunesse et aurait apporté son aide au général romain Aetius, avec lequel il aurait remporté sur Attila la victoire des champs Catalauniques (451). Ce personnage légendaire a donné son nom à la première dynastie des rois de France.

MÉROVINGIENS. Dynastie de rois francs descendant de Mérovée, roi hypothétique d'une tribu de Francs Saliens (ou Francs de Tournai) vers le milieu du Ve s. Après les conquêtes de Clovis, elle régna sur la Gaule jusqu'en 751.

Childéric Ier, fils de Mérovée et roi de Tournai (vers 457/81), mena son peuple jusqu'à la Somme et soutint Aegidius, maître de la milice en Gaule et lieutenant d'Aetius (v.), dans sa lutte contre les Wisigoths. Son fils, Clovis (481/511), détruisit le royaume romain de Syagrius (486) qui s'étendait de la Loire à la Somme, soumit les Alamans (496) et, par sa conversion (496 ?), s'assura l'appui de l'Église contre les autres Germains ralliés à l'hérésie arienne. Il réduisit les Burgondes au tribut (500) et, à la bataille de Vouillé (507), écrasa les Wisigoths, qui furent rejetés en Espagne. Maître de la quasi-totalité de la Gaule, il réalisa peu après sous son autorité l'union des Francs Saliens et Ripuaires. Mais à sa mort, selon la coutume germanique, son royaume, considéré comme une propriété privée et non comme un État, fut partagé entre ses quatre fils, Thierry, Clodomir, Childebert Ier et Clotaire Ier, qui devinrent respectivement rois de Reims, d'Orléans, de Paris et de Soissons. Ils continuèrent les conquêtes de leur père et annexèrent la Thuringe, la Bourgogne et la Provence à la Gaule franque. À la suite de morts naturelles et d'assassinats,

Clotaire, seul survivant, rétablit pendant quelques années (558/61) l'unité du royaume franc. Mais à sa mort se produisit un nouveau partage entre ses fils, qui eut pour résultat la naissance de trois royaumes : l'*Austrasie* ou Francie de l'Est, la *Neustrie* ou Francie occidentale, avec l'Aquitaine, et la *Bourgogne*. Une longue guerre, nourrie par l'antagonisme des reines Brunehaut et Frédégonde, opposa l'Austrasie et la Neustrie, qui furent finalement réunies en 613 sous Clotaire II de Neustrie. Le fils de celui-ci, Dagobert Ier (629/39), fut le dernier Mérovingien qui exerça personnellement le pouvoir.

Après lui, la dynastie des Mérovingiens déclina rapidement, avec une succession de princes faibles. Tandis que l'aristocratie foncière s'émancipait, ces rois dits *fainéants* tombèrent sous la tutelle des maires du palais, qui n'étaient, à l'origine, que leurs intendants. L'anarchie se développa. La dernière période de l'histoire mérovingienne fut marquée par la réaction énergique de certains maires du palais, tel Ebroïn, maire du palais en Neustrie, qui massacra les chefs de l'aristocratie ; telle, en Austrasie, la dynastie des Pippinides (appelés plus tard Carolingiens), qui s'assura l'hérédité du majorat. Pépin de Herstal, maire du palais d'Austrasie vers 680, battit les Neustriens à Tertry (687) et réunit les deux royaumes. Son œuvre fut continuée par son fils, Charles Martel, et son petit-fils, Pépin le Bref ; c'est celui-ci qui, en 751, déposa le dernier Mérovingien, Childéric III, lequel fut relégué à l'abbaye de Sithiu (Saint-Bertin). C'est ainsi que commença l'âge des Carolingiens.

MERS EL-KÉBIR, *el-Marsa el-Kebir*. Localité et port d'Algérie, sur le golfe d'Oran. Ancien port romain, puis centre de pirates barbaresques, Mers el-Kébir devint en 1935 une des grandes bases de la flotte française en Méditerranée. À la suite de l'armistice de 1940, l'amirauté anglaise, craignant de voir passer sous contrôle allemand l'escadre française de l'amiral Gensoul rassemblée dans le port, somma celle-ci soit de se rallier aux forces britanniques, soit de gagner un port britannique, soit d'aller se désarmer aux Antilles, sous contrôle britannique, soit de se saborder. Cet ultimatum ayant été rejeté par l'amiral Gensoul, l'escadre anglaise, commandée par l'amiral Sommerville, ouvrit le feu, causant de graves dégâts aux bâtiments français et la mort de 1 300 marins. Après ce drame (3 juill. 1940), le gouvernement de Vichy rompit les relations diplomatiques avec le Royaume-Uni.

MERSEN (traité de). Signé entre Louis le Germanique et Charles le Chauve le 9 août 870, il consacra le démembrement de la Lotharingie. Voir CAROLINGIENS.

MERVEILLES DU MONDE (les Sept). Nom attribué par les Anciens à divers monuments remarquables, dont on donne des listes différentes. La plus courante comprend : 1. les jardins suspendus de Babylone (Irak) ; 2. les pyramides de Gizèh (Égypte) ; 3. le phare d'Alexandrie (Égypte) ; 4. le colosse de Rhodes ; 5. le Zeus Olympien de Phidias (Grèce) ; 6. le temple d'Artemis à Éphèse (Turquie) ; 7. le tombeau de Mausole à Halicarnasse (Turquie).

MERVEILLEUSES. Nom donné, sous le Directoire, aux femmes de la jeunesse dorée, qui se drapaient dans de voluptueuses robes à l'antique aux tissus transparents et se coiffaient de chapeaux extravagants ; elles offraient le pendant féminin des Incroyables.

MESIC Stipe (Orahovica, 24.XII.1934). Homme politique croate. Il rejoignit le parti HDZ de Franco Tudjman à la fin des années 1980 et joua un rôle important dans la création de l'État croate. Premier ministre du premier gouvernement de la première république de Croatie en 1990, membre de la présidence collégiale de la république socialiste fédérale de Yougoslavie, il fut le dernier à présider ce collège en 1991. Il se présenta avec succès à l'élection présidentielle en févr. 2000.

MÉSIE, *Moesia*. Région de l'Europe ancienne, qui s'étendait entre le Danube et la Macédoine ; elle était bornée à l'E. par la mer Noire, à l'O. par le Drin septentrional. Mal connue des Grecs, la Mésie fut conquise par les Romains en 75 av. J.-C., mais sa soumission ne fut achevée que sous Auguste, en 29 av. J.-C. Après la réorganisation de Dioclétien (fin IIIe s.), elle fut partagée en *Mésie supérieure* ou *Première* (chef-lieu *Sardique*) et en *Mésie inférieure* ou *Seconde* (chef-lieu *Marcianopolis*).

MÉSOLITHIQUE. Nom donné à la culture préhistorique de l'Holocène (v. QUATERNAIRE), datée entre 10 000 et 5 000 ans et intermédiaire entre le paléolithique supérieur (v. MAGDALÉNIEN) et le néolithique (v.). Tout en conservant un outillage de pierre taillée, elle est marquée par des perfectionnements divers, surtout au niveau des armes de chasse et de pêche. C'est une période charnière entre deux civilisations : celle qui pratiquait la chasse et la cueillette au paléolithique et celle qui a développé une économie de production avec l'élevage et l'agriculture au néolithique. En Europe, la période est soumise à un climat plus clément, avec remplacement progressif de la toundra par des forêts et fonte des glaciers, qui provoque une hausse du niveau marin. La faune qui s'y adapte (cerf, sanglier, renne, bœuf et blaireau...) constitue un gibier de choix pour les hommes du mésolithique qui perfectionnent leurs techniques de chasse, en particulier avec l'utilisation des arcs et des flèches. Ces dernières étaient constituées de petites lames et pointes acérées (microlithes) montées, et parfois maintenues au moyen de résines sur des os, des cornes ou du bois. Le mésolithique est bien connu en Europe, au Proche-Orient et en Inde. Les hommes du mésolithique sont les descendants des hommes de Cro-Magnon. Voir OUTILS et ARMES.

MÉSOPOTAMIE. Nom d'origine grecque, signifiant « le Pays entre les fleuves », donné au bassin du Tigre et de l'Euphrate, en Asie occidentale. La Mésopotamie constitue une vaste plaine (environ 140 000 km²) s'inclinant doucement vers le golfe Persique, entourée à l'E. par les monts du Zagros (Iran occidental), au N. par les monts d'Arménie, au N.-O. par le plateau d'Asie Mineure, à l'O. par le désert de Syrie, au S. par le désert d'Arabie. À la haute Mésopotamie, région assez sèche et steppique, s'oppose géographiquement la basse Mésopotamie, qui, environ 5 000 ans avant le début de notre ère, était encore une plaine chaude et marécageuse, d'une fécondité exubérante. À chaque printemps, de mars à mai, la basse Mésopotamie était inondée par les crues du Tigre et de l'Euphrate ; cette donnée géographique a favorisé le développement de civilisations agricoles au prix de grands travaux pour endiguer les fleuves, drainer les terres et canaliser les eaux. Entourées de presque tous les côtés par des pays arides, les plaines mésopotamiennes ont attiré les montagnards de l'Est et du Nord, aussi bien que les nomades du désert. Par ailleurs, la Mésopotamie communique aisément, par la Syrie du Nord, avec la Méditerranée et l'Égypte ; elle devait donc être, pendant de longs siècles, une voie de passage pour les migrations et les échanges en provenance de l'Asie centrale par le plateau iranien ou de l'Europe centrale et orientale par le plateau d'Asie Mineure.

Des origines à la chute de l'Assyrie

Au paléolithique, entre – 60 000/– 25 000, des néandertaliens ont vécu dans la grotte de Shanidar, au N. de l'Irak. Aux VIIIe et VIIe millénaires commença en haute Mésopotamie la néolithisation qui a laissé ses principaux vestiges à Muallafat, Jarmo et Mureybet. À partir du IVe millénaire, qui vit l'apparition du cuivre, on distingue quatre centres de civilisations successives : Hassouna, Samarra et tell Halaf au N., El-Obeid au S. À la fin du IVe millénaire s'épanouit la civilisation d'Ourouk, avec le début de la civilisation urbaine qui a gagné le bassin mésopotamien et le plateau iranien. À ce moment la basse Mésopotamie était occupée par un peuple d'origine inconnue, les Sumériens, qui fondèrent de petites cités-États : Ourouk, Our, Kish, Eridou, Lagash, etc. La première dynastie d'Our aurait été fondée vers 2560 av. J.-C. Puis les Sumériens d'Ourouk, conduits par Lougalzagesi, soumirent Lagash et fondèrent un Empire sumérien (vers 2340). Mais, dès cette époque, des populations de langue sémitique, installées depuis longtemps en Mésopotamie centrale et méridionale, avaient pris une place de plus en plus importante au sein de la société sumérienne. Sous Sargon l'Ancien, ces Sémites imposèrent leur autorité et fondèrent l'empire d'Akkad (vers 2316), qui s'étendit du golfe Persique à la Méditerranée ; mais il dura un siècle à peine et s'effondra sous les coups des Gouti, montagnards descendus du Zagros. Les Sumériens reprirent alors la primauté avec Goudéa, prince de Lagash (vers 2141/22 av. J.-C.), et Ournammou, fondateur de la IIIe dynastie d'Our (vers 2112/2095 av. J.-C.). Mais, au tournant du millénaire, la Mésopotamie subit les raids des Élamites du Sud iranien (v. **ÉLAM**), et une nouvelle population de langue sémitique, les Amorrites, mit un terme définitif aux cités-États sumériennes. Comme les Akkadins, ils adoptèrent l'écriture cunéiforme, créée par les Sumeriens, pour noter leur propre langue.

Au début du IIe millénaire, l'essor du premier Empire assyrien (v. **ASSYRIE**) fut brisé par la Ire dynastie de Babylone, qui atteignit son apogée sous Hammourabi (vers 1792/50 av. J.-C.). De son œuvre administrative et juridique survit notamment le recueil juridique dit Code de Hammourabi. Mais ce premier royaume de Babylone n'eut, lui aussi, qu'une existence éphémère, car tous les rapports de forces en Mésopotamie furent de nouveau bouleversés par l'essor de peuples nouveaux. Au début du XVIe s., les Hittites, dont le centre de puissance se trouvait en Asie Mineure, s'emparèrent de Babylone, où, vers 1570, les Kassites fondèrent une nouvelle dynastie. Peu après, les Hourrites fondèrent en haute Mésopotamie le royaume du Mitanni, qui étendit son emprise sur l'Assyrie. Au XVIe s. av. J.-C., Égyptiens, Mitanniens et Hittites luttaient pour la domination de la Syrie du Nord. Après plus d'un siècle de guerres, le plus grand des souverains hittites, Souppilouliouma, saccagea les capitales du Mitanni (vers 1342/41 av. J.-C.) et s'assura le contrôle de la Syrie du Nord par la prise de Karkhémish, sur l'Euphrate (vers 1328). Mais les Hittites furent bientôt menacés par l'ascension de l'Assyrie. Dégagés de la tutelle de Babylone au milieu du XIVe s., les Assyriens, sous le règne d'Assouroubalit Ier (vers 1366/30 av. J.-C.), réduisirent le Mitanni. Après une période d'effacement, l'Assyrie, nation essentiellement guerrière, reprit son essor, après avoir résisté pendant des siècles aux invasions des Araméens, (XIe-IXe s. av. J.-C.). L'Empire assyrien atteignit son apogée au VIIe s., sous Assourbanipal (vers 668/26 av. J.-C.) : il couvrait alors tout le « Croissant fertile », du golfe Persique à Thèbes, dans la vallée du Nil, et englobait toute la Mésopotamie, la Syrie et la Palestine. Mais l'Assyrie, ébranlée à l'extérieur par les attaques des Élamites et des Scythes, fut ruinée définitivement par la coalition des Babyloniens et des Mèdes d'Iran (prise de Ninive, 612 av. J.-C.). Succédant à l'hégémonie assyrienne, l'Empire néobabylonien (v. **BABYLONE**) de Nabuchodonosor (604/562 av. J.-C.) s'étendit à son tour sur l'ensemble du Croissant fertile sauf l'Égypte, et il donna à Babylone, dont il rebâtit temples, monuments et remparts, un prestige universel. Mais dès 539, il fut conquis par Cyrus, roi des Perses. La Mésopotamie devint alors, pendant deux siècles, une satrapie de l'Empire perse. Voir **PERSE**.

De l'Empire néobabylonien à la conquête arabe

Occupée par Alexandre le Grand après la bataille d'Arbèles (331 av. J.-C.), elle entra dans le monde hellénistique et fut incluse dans l'empire des Séleucides. Ceux-ci travaillèrent à l'hellénisation de la région en créant de nombreuses villes (Séleucie sur le Tigre, Édesse, Doura Europos...). Mais les Séleucides furent chassés de Mésopotamie par les Parthes, une première fois en 141 av. J.-C., puis définitivement en 126 av. J.-C. Romains et Parthes se firent face sur l'Euphrate dès 92 av. J.-C. La première tentative romaine pour dépasser cette limite et annexer la Mésopotamie aboutit au désastre de Crassus à Carrhae (53 av. J.-C.), et Auguste se contenta sagement de la frontière de l'Euphrate. En 115 de notre ère, Trajan occupa la Mésopotamie, mais elle fut abandonnée deux ans plus tard par Hadrien.

Désormais, du IIe au VIe s. apr. J.-C., la Mésopotamie est un enjeu entre l'Empire romain puis byzantin, d'une part et les Empires parthe puis sassanide, d'autre part. Au VIIe s., la conquête arabe l'emporte : l'histoire de la Mésopotamie, qui devint, au VIIIe s., le centre de l'Empire abbasside, se confond dès lors avec celle de l'Irak. Voir **ROME ; BYZANTIN (Empire) ; PARTHIE** et **SASSANIDES**.

MESSALI HADJ Ahmed (* Tlemcen, 1898, † Paris, 3.VI.1974). Homme politique algérien. Il fonda, en 1927, l'Étoile nord-africaine, organisation de travailleurs maghrébins en France puis, en 1937, le parti du peuple algérien, militant pour l'indépendance algérienne. Messali Hadj fut emprisonné plusieurs fois. En 1946, il créa le Mouvement pour le triomphe des libertés démocratiques (MTLD), qui éclata en 1954 avec le déclenchement de la guerre de libération. Messali Hadj fut exclu des négociations qui préparèrent les accords d'Évian de 1962 et vécut en France jusqu'à sa mort.

MESSALINE, Valeria Messalina († Rome, 48 apr. J.-C.). Impératrice romaine. De l'illustre famille des Messala, elle était l'arrière-petite-fille d'Octavie, sœur d'Auguste. Épouse de l'empereur Claude, dont elle eut Octavie et Britannicus, elle fut tyrannique avec son mari, éloigna de lui les meilleurs conseillers et, par jalousie, fit mettre à mort les filles de Germanicus et de Drusus. Elle se livra à une débauche effrénée. En dépit de son mariage, elle alla jusqu'à épouser son amant, le jeune Caius Silius. Informé de ce scandale par son affranchi Narcisse, Claude les fit exécuter.

MESSERSCHMITT Willy (* Francfort-sur-le-Main, 26.VI.1898, † Munich, 1978). Constructeur aéronautique allemand. En 1923, il fonda son usine à Bamberg. En 1927, il réalisa une fusion avec les Bayerische Flugzeugwerke d'Augsbourg, qui prirent, en 1938, le nom de Messerschmitt A.G. Il dessina et construisit plusieurs des meilleurs avions de chasse de la Luftwaffe durant la Seconde Guerre mondiale : le ME 109 (qui détenait en 1939 le record du monde de vitesse), le ME 110 et, en 1944, il mit en service le premier avion à réaction, le ME 262. À partir de 1942, il avait mis au point, avec Lippisch, le premier avion-fusée, le chasseur « Komet » ME 163. Reconstitué après la guerre, le groupe Messerschmitt se fondit dans le *Konzern* Messerschmitt-Bölkow-Blohm en 1969. Celui-ci fabrique quelque 30 % des appareils produits conjointement par plusieurs pays européens (dont l'Airbus) et joue également un rôle important dans la construction d'avions militaires.

METAXÁS Ioannis (* Ithaque, 12.IV. 1871, † Athènes, 29.I.1941). Général et homme politique grec. Premier ministre du roi Georges II (1936/41). Voir **GRÈCE**.

METELLUS MACEDONICUS Quintus Caecilius (IIe s. av. J.-C.). Préteur en 148, il battit Andriscos (le pseudo-Persée), dernier prétendant au trône de Macédoine, réduisit ce royaume en province romaine (147) et vainquit la ligue Achéenne à Scarphée et à Chéronée (146). Consul en 143, il combattit avec succès les Celtibères d'Espagne. Il fut plus tard un des chefs de l'opposition aux Gracques.

MÉTÉORES (les), *ta Météora*. Nom donné à des monastères orthodoxes grecs bâtis au sommet de pitons de grés escarpés dans la vallée du Pénée, près de Kalabaka (Thessalie). Leur fondation remonte au XIVe s. Ils atteignirent leur apogée deux cents ans plus tard et furent alors ornés de fresques, où l'on retrouve le style de l'école crétoise. Le nombre des communautés monastiques a beaucoup décru, mais le lieu constitue un site touristique majeur.

MÉTÈQUES. Dans la Grèce antique, hommes libres, étrangers à la cité où ils habitaient, mais jouissant de droits reconnus. Tout étranger n'était pas un métèque : pour accéder à cette dernière condition, qui était considérée comme privilégiée, il fallait, à Athènes, être présenté aux autorités par un parrain (*prostatês*).

Placés sous la surveillance de l'archonte polémarque, les métèques athéniens ne pouvaient contracter un mariage légitime avec une citoyenne, ni devenir propriétaires fonciers, ni intenter une action publique. En revanche, la protection des pouvoirs publics leur était assurée, ils pouvaient participer aux fêtes religieuses, ils exerçaient n'importe quelle activité (la plupart étaient des commerçants aisés). Ils étaient astreints au service militaire.

MÉTHODE saint (* Thessalonique, vers 825, † Hradish, 6.IV. 885). Prêtre grec qui évangélisa les Slaves. Voir **CYRILLE, saint**.

MÉTHODISME. Mouvement religieux protestant qui se développa au XVIIIe s., à partir de l'anglicanisme, sous l'impulsion de John Wesley et du prédicateur George Whitefield. Le méthodisme fut, à l'origine, un mouvement analogue au piétisme allemand ; il naquit dans un petit groupe d'étudiants formé à Oxford en 1729 par Wesley, qui fut bientôt nommé « club des pieux » ou des *méthodistes*, parce que ses membres s'astreignaient à une *méthode* d'ascétisme et de spiritualité. Le méthodisme fut le grand mouvement de renouveau religieux dans l'Angleterre du XVIIIe s. Les méthodistes se séparèrent complètement de l'Église d'Angleterre en 1795. Dans les années 1760, le méthodisme se répandit également dans les colonies américaines, grâce aux efforts de Philip Embury, puis de Francis Asbury ; ce dernier, avec l'assentiment de Wesley, fonda l'Eglise épiscopale méthodiste (1784), qui reprenait l'institution des évêques. En Amérique comme en Angleterre, le méthodisme devait se diviser en de nombreuses branches, mais, à l'époque contemporaine, un mouvement croissant de réunion s'est développé.

METHUEN (traité). Traité de commerce signé en 1708 entre le Portugal et l'Angleterre, à la suite des négociations menées par le diplomate britannique **John Methuen** (*1650 ?, † Lisbonne, 2.VII.1706). Le Portugal acceptait l'introduction des laines anglaises, en les soumettant à une taxe de 23 % ; en échange, les vins portugais obtenaient en Angleterre une remise des droits de douane d'un tiers par rapport aux vins français. Ce traité fut abrogé en 1836, mais il avait établi pour longtemps des liens économiques et même politiques entre le Portugal et l'Angleterre.

MÉTRIQUE (système). Système international des poids et mesures ayant pour bases le mètre et le kilogramme. Il fut élaboré en France, par l'Académie des sciences, à la suite de votes de l'Assemblée constituante (8 mai 1790 et 30 mars 1791) demandant une unification des mesures. On décida que l'unité de longueur serait la quarante-millionième partie du méridien terrestre. Delambre et Méchain se livrèrent à une mesure rigoureuse de l'arc du méridien compris entre Dunkerque et Barcelone. Par la loi du 18 germinal an III (7 avr. 1795), la Convention adopta définitivement le système métrique. En 1799, on déposa aux Archives nationales deux étalons – une règle de platine, dont la longueur à 0° C fut le mètre légal, et un cylindre de platine, dont le poids (1 kg) fut l'unité légale de poids. La loi du 11 juill. 1903 devait substituer à ces anciens étalons le nouveau mètre et le nouveau kilogramme, qui furent réalisés sous la direction du Bureau international des poids et mesures. La dernière définition date de 1983 : c'est la longueur du trajet parcouru dans le vide par la lumière en 1/299 792 458 de seconde.

Le système métrique, dont l'avantage essentiel était sa décimalité, ne devint obligatoire en France qu'à partir du 1er janv. 1840. Ses progrès furent lents également à l'étranger.

METTERNICH Klemens Wenzel, prince de (* Coblence, 15.V. 1773, † Vienne, 11.VI.1859). Homme politique autrichien. Il était issu d'une famille de la noblesse rhénane et son père fut l'un des collaborateurs de Kaunitz (v.). En 1794, il entra dans la diplomatie autrichienne, devint ambassadeur à Paris, puis en 1809 ministre des Affaires étrangères. Il appliqua alors une politique qui tendait à rétablir la puissance des Habsbourg et à restaurer un équilibre européen menacé par l'impérialisme napoléonien. Toutefois, conscient des ambitions prussiennes et russes, il ne voulait nullement écraser la France, qu'il souhaitait simplement ramener à ses frontières de 1792. Il accepta le mariage de Napoléon et de Marie-Louise, et c'est seulement devant l'obstination de Napoléon qu'il se rallia à la restauration des Bourbons. Le traité de Vienne fut son triomphe, puisqu'il rétablissait la puissance de l'Autriche en Allemagne et en Italie.

Après 1815, il s'appliqua à préserver le *statu quo* qu'il regardait comme intangible. Il y parvint à peu près jusqu'en 1848. Toutefois, le mouvement d'unification de l'Allemagne, dont la Prusse prit de plus en plus clairement la tête, la montée du Risorgimento en Italie, l'agitation libérale dans toute l'Europe minèrent sa politique. Devenu chancelier de l'Autriche, mais resté avant tout un diplomate, le vieil homme d'État prêta peu d'attention à tous ces mouvements qu'il comprenait mal. Les troubles de mars 1848 à Vienne l'obligèrent à fuir, et il n'exerça plus aucune influence jusqu'à sa mort.

MEXIQUE (États-Unis du), *Estados Unidos Mexicanos*. État de l'Amérique centrale ; capitale *Mexico*.

Jusqu'à l'indépendance

Habité par l'homme peut-être depuis 30 000 ans, le Mexique a vu se succéder dans la vallée de Tehuacan plusieurs civilisations préhistoriques qui, vers 4000/3000 av. J.-C., passèrent du stade des chasseurs-cueilleurs à une protoagriculture. Vers le début de notre ère commença l'âge des « civilisations classiques » précolombiennes (v.).

Dès 1517, les côtes mexicaines furent reconnues par Fernández de Cordoba, puis par Grivalja (1518), et, le 19 févr. 1519, Cortés débarqua à l'emplacement de Veracruz. Bien accueilli par les Tlaxcaltèques, adversaires traditionnels des Aztèques, il imposa d'abord aisément la suzeraineté espagnole à ces derniers et à l'empereur Montezuma. Mais à la suite d'un soulèvement des Aztèques, au cours de la *Noche triste* (1er juill. 1520), Cortés dut s'emparer par la force de la capitale, Tenochtitlán (13 août 1521), qu'il fit raser et sur laquelle fut construite la ville espagnole de Mexico.

Après le gouvernement de Cortés (1521/27), la première *audiencia* fut créée en 1528, et, en 1535, le Mexique devint la vice-royauté de Nouvelle-Espagne, dont le premier vice-roi fut Antonio de Mendoza. La conquête du territoire se poursuivit jusqu'à la fin du XVIIe s. Le premier évêché mexicain, celui de Tlaxcala, fut fondé en 1527, mais les missionnaires durent lutter contre l'exploitation des Indiens par les colons espagnols : la population indienne, évaluée à 11 millions au moment de la conquête, n'était plus que de

1 500 000 vers 1650. Le Mexique souffrit du système mercantiliste espagnol, qui interdisait tout commerce avec un autre pays que l'Espagne. À la fin du XVIIIe s., un climat de révolte était entretenu par le mécontentement des Indiens spoliés, des métis, tenus à l'écart par les Indiens et par les Blancs, et enfin des créoles, dont le nombre allait croissant et qui se voyaient exclus de tous les offices du gouvernement comme des grades supérieurs de l'armée, réservés exclusivement à des Espagnols de la métropole.

De l'indépendance à la chute de Porfirio Diaz (1821/1911)

Le Mexique conquit son indépendance grâce à Agustin de Iturbide (proclamation de l'indépendance, 24 févr. 1821) qui se fit nommer empereur (mai 1822), mais dut abdiquer en mars 1823 à la suite du soulèvement de Santa Ana. Le Mexique se constitua en république (16 déc. 1823) régie par une Constitution fédérative inspirée de celle des États-Unis (4 oct. 1824).

Dans les cinquante premières années de son indépendance, le Mexique n'a pas eu moins de cinquante-deux présidents ou dictateurs, plus un empereur. Jusqu'en 1855, la figure politique dominante est demeurée celle de Santa Ana, dont la politique centralisatrice et dictatoriale provoqua la sécession du Texas (1836), suivie d'une guerre avec les États-Unis (1846/48) : au traité de Guadalupe Hidalgo (févr. 1848), le Mexique abandonnait à son voisin du Nord, outre le Texas, le Nouveau-Mexique et la Californie. Les libéraux, dirigés par Juárez, réussirent à éliminer définitivement Santa Ana en 1855 et confisquèrent les biens de l'Église. Après une violente guerre civile dite « Guerre de la Réforme » (1858/61), Juárez triompha des conservateurs créoles ; mais, comme il ne reconnaissait pas leurs dettes extérieures, la France, l'Angleterre et l'Espagne s'unirent pour obtenir des réparations. Cependant, alors que les gouvernements de Londres et de Madrid acceptaient les offres de Juárez et retiraient leurs troupes, Napoléon III s'engagea dans l'*expédition du Mexique* (v. **MEXIQUE, guerre du, 1862/67**). L'archiduc Maximilien de Habsbourg fut désigné comme empereur (1864), mais, lorsque la France retira son corps expéditionnaire, il fut pris par les juaristes et fusillé (Queretaro, juin 1867). Juárez conserva le pouvoir jusqu'à sa mort (1872) ; il poursuivit sa politique de laïcisation, développa l'enseignement public et créa les premiers chemins de fer. Le Mexique connut ensuite la longue présidence dictatoriale du métis Porfirio Diaz (1876/80, 1884/1911). Dans la stabilité politique, le pays fit, durant cette période, de grands progrès économiques, grâce à l'afflux des capitaux étrangers, principalement nord-américains. Mais cette expansion profita exclusivement à la bourgeoisie et aux grands propriétaires fonciers. Vers 1910, quelque 95 % des paysans restaient dépourvus de terre. La dictature de Diaz finit par devenir très impopulaire, et sa chute (en 1911) ouvrit une longue période de guerres civiles.

L'époque contemporaine (à partir de 1911)

Le mouvement libéral modéré de Francisco Madero libéra de puissants courants révolutionnaires (insurrection paysanne indienne d'Emiliano Zapata). Renversé par le général Huerta (févr. 1913), Madero fut abattu sommairement, mais Huerta ne put contrôler les chefs des bandes du Nord, Venustiano Carranza, Pancho Villa et Alvaro Obregón. Après le départ de Huerta pour l'exil (juill. 1914), Carranza, avec l'appui d'Obregón, réussit à imposer son autorité au cours de l'année 1915. Il fit adopter la Constitution de 1917, marquée d'une inspiration nationaliste et sociale ; elle établissait le suffrage universel masculin et limitait strictement les prérogatives de l'Église, compromise par le soutien qu'elle avait apporté au régime de Diaz.

Président de 1924 à 1928, Calles poursuivit avec une particulière énergie la politique sociale et anticléricale dont les principes avaient été posés par la constitution de 1917. Il rendit effective la nationalisation du pétrole et réussit à apaiser l'irritation des États-Unis (accords Calles-Morrow, 1927). Il distribua plus de 3 millions d'hectares aux *ejidatarios* (usufruitiers du sol). Pour résister à l'application de la Constitution, la hiérarchie catholique mexicaine ordonna, en juill. 1926, la suspension de tous les services religieux, qui ne furent plus célébrés dans l'ensemble du pays pendant trois ans, ce qui provoqua une persécution anticléricale qui dura trois années. Calles qui conserva une influence prédominante jusqu'en 1932 fonda en 1929 le parti national révolutionnaire, qui, devenu le parti de la révolution mexicaine (1938), puis le parti révolutionnaire institutionnel (PRI) en 1946, devait conserver jusqu'à nos jours un rôle prédominant dans le système mexicain.

La présidence de Lazaro Cárdenas (1934/40) marqua la seconde phase de la révolution mexicaine : soutenu par la Confédération des travailleurs (fondée en févr. 1936), Cárdenas multiplia les distributions de terres aux communes paysannes ; il ordonna la nationalisation des chemins de fer (juin 1937) et l'expropriation des compagnies pétrolières anglo-américaines (mars 1938). L'administration fut réformée et modernisée, mais les lois antireligieuses, sans être officiellement abrogées, tombèrent en désuétude.

Les successeurs de Cárdenas – Camacho (1940/46), Miguel Alemán (1946/52), Cortines (1952/58), López Mateos (1958/64), Diaz Ordas (1964/70), Luis Echeverria (1970/76), José Lopez Portillo (1976/82), Miguel de la Madrid (1982/88) – gouvernèrent tous en s'appuyant sur le PRI, assuré de majorités écrasantes à toutes les élections. Le règne du PRI ne prit fin qu'aux élections de 2000.

Le Mexique, qui avait déclaré la guerre aux puissances de l'Axe en mai 1942, a connu à partir de 1945 un brusque essor de l'industrialisation, qui a pris définitivement l'avantage sur l'agriculture. Dans les années 1980, l'économie prit une orientation nouvelle en favorisant davantage les mécanismes de marché que l'intervention de l'État. Il en résulta une forte croissance du commerce extérieur et une entrée massive de capitaux étrangers. Le Mexique multiplia aussi les traités de libre-échange. Celui qui fut conclu avec l'Union européenne entra en vigueur en 2000. L'économie mexicaine subit le contrecoup du ralentissement de l'économie américaine. Pour 2003, le FMI ne prévoyait qu'une croissance de 1,5 %. La croissance économique reste tributaire de la poursuite de la démocratisation du pays et des problèmes sociaux engendrés par la répartition très inégale des revenus.

MEXIQUE (guerre du, 1862/67). Expédition française qui aboutit à l'établissement éphémère d'un empire du Mexique au profit de Maximilien d'Autriche.

Vainqueur des conservateurs en 1860, le président Juárez avait décidé de ne plus reconnaître les dettes extérieures mexicaines. La France, l'Angleterre et l'Espagne répliquèrent par une action commune pour défendre leurs intérêts (traité de Londres, 31 oct. 1861) et Veracruz fut occupée. L'Angleterre et l'Espagne se retirèrent rapidement de l'expédition (8 avr. 1862) tandis que la France décidait de poursuivre seule la lutte contre le gouvernement de Juárez.

Napoléon III, circonvenu par des conservateurs mexicains émigrés et poussé par Morny (que le banquier genevois Jecker avait personnellement intéressé au remboursement des dettes du Mexique), avait en effet formé le projet grandiose de créer au Mexique un empire latin capable de contrebalancer la puissance des États-Unis, tout en offrant à l'industrie française des débouchés pour ses produits. Ce fut « la plus grande pensée du règne », dont on attendait qu'elle ramenât vers le second Empire les catholiques irrités par la politique italienne et qu'elle amorçât une réconciliation franco-autrichienne, puisque Napoléon III avait offert le trône mexicain à l'archiduc Maximilien, frère de l'empereur François-Joseph. Malheureusement, l'empereur des Français avait été trompé par ses conseillers : le peuple mexicain, dans son immense majorité, soutenait le président Juárez.

D'abord repoussé devant Puebla (5 mai 1862), le corps expéditionnaire français, placé sous le commandement du général Forey, reprit l'attaque au printemps 1863. Après l'héroïque sacrifice de la Légion étrangère à Camerone (30 avr.), Puebla fut enlevée (17 mai) et les Français entrèrent à Mexico (7 juin 1863). Le mois suivant, une junte conservatrice vota l'établissement d'un Empire mexicain et donna la couronne à Maximilien. Celui-ci n'accepta qu'après avoir obtenu de Napoléon III l'assurance d'un soutien prolongé de l'armée française (10 avr. 1864). Les troupes françaises ne purent venir à bout de la guérilla, tandis que Maximilien échouait dans sa tentative de s'appuyer sur les plus modérés des Mexicains.

Dès la fin de la guerre de Sécession (avr. 1865), les États-Unis, qui n'avaient pas reconnu Maximilien, se montrèrent résolus à imposer au Mexique le respect de la doctrine de Monroe. Inquiet de la situation européenne, Napoléon III ne voulut pas courir le risque d'un conflit avec les Américains du Nord, et, au mépris des engagements qu'il avait pris à l'égard de Maximilien, il ordonna le rapatriement du corps expéditionnaire français (févr./mars 1867). Maximilien, abandonné avec quelques partisans face au soulèvement du Mexique quasi unanime, fut pris par les juaristes et fusillé (19 juin 1867). L'échec de l'expédition du Mexique altéra gravement le prestige du second Empire.

MICHEL

ORIENT (EMPIRE D')

MICHEL III l'Ivrogne (* 839, † Constantinople, 23.IX.867). Empereur byzantin (842/67). Voir **BYZANCE**.

MICHEL CÉRULAIRE (* vers 1000, † déc. 1058). Prélat byzantin. D'une famille de grands fonctionnaires il se destina d'abord à la carrière politique, puis se fit moine en 1040. Nommé patriarche de Constantinople par Constantin IX en 1043, il ne cessa d'étendre son influence dans les années qui suivirent. Aspirant à rendre l'Église d'Orient complètement indépendante de Rome, il porta le débat devant la foule, en délaissant les argumentations théologiques compliquées dont s'était jadis servi Photius, pour mettre l'accent sur les divergences liturgiques et disciplinaires, plus sensibles au commun des fidèles. Un des principaux griefs qu'il faisait aux Latins était d'employer du pain azyme comme matière de l'Eucharistie. Envoyé en mission à Constantinople par le pape, le cardinal Humbert déposa une bulle d'excommunication contre le patriarche dans sa propre cathédrale, Sainte-Sophie (1054). Cet incident marqua la rupture définitive entre Rome et Byzance, rupture préparée par une mésentente grandissante depuis plusieurs siècles.

MICHEL VIII PALÉOLOGUE (* vers 1227, † Pakhomion, Thrace, 11.XII.1282). Régent de l'empire de Nicée pour le compte de Jean IV Lascaris (1258), empereur byzantin (1259/82). Voir **BYZANCE**.

PORTUGAL

MICHEL, dom Miguel (* Lisbonne, 26.X.1802, † château de Bronnbach, près de Wertheim, 14.XI.1866). Roi de Portugal (1828/34). Voir **PORTUGAL**.

ROUMANIE

MICHEL Ier (Sinaia, 25.X.1921). Roi de Roumanie (1927/30 et 1940/47). Voir **ROUMANIE**.

RUSSIE

MICHEL Fédorovitch (* 21.VI.1596, † Moscou, 23.VII.1645). Tsar de Russie (1613/45). Élu à l'âge de seize ans par le *zemski sobor* (l'Assemblée de la terre) de janv. 1613, il fut le fondateur de la dynastie impériale des Romanov. Il gouverna en étroite collaboration avec son père, le patriarche Philarète Romanov, et avec le *zemski sobor*, représentant de l'aristocratie foncière. Son règne fut marqué par la pacification intérieure du pays, après la longue période de troubles qui avait suivi la mort d'Ivan le Terrible, par la paix avec la Suède, qui rendit Novgorod (1617), et après une nouvelle guerre, avec la Pologne (1634).

VALACHIE

MICHEL le Brave († 1601). Prince de Valachie (1593/1601). Révolté contre la domination ottomane, il ordonna un massacre général de Turcs, fit reconnaître son indépendance par la Porte (1595) et, avec l'aide de l'empereur Rodolphe, conquit la Transylvanie (1599) et la Moldavie (1600). Grisé par ses succès, il se crut en mesure de mener une politique de bascule entre la Turquie et l'Autriche, mais fut assassiné par un agent de l'empereur. Son État s'écroula avec lui.

MICHEL Louise (* Vroncourt-la-Côte, 29.v. 1830, † Marseille, 10.I.1905). Révolutionnaire française. Fille naturelle d'une servante, elle devint institutrice, mais, comme elle refusait le serment exigé par le second Empire, elle ne put enseigner que dans des établissements libres. D'une ardente générosité à l'égard de toutes les misères, elle distribuait aux pauvres ses maigres gains, et, établie à Paris, dans le XVIIIe arrondissement, vers 1856, elle s'engagea dans l'action politique. En 1871, elle devint la *Vierge rouge* de la Commune, à laquelle elle participa comme conférencière, comme ambulancière et aussi comme combattante, durant la Semaine sanglante. Déportée en 1873 en Nouvelle-Calédonie, elle rentra en France grâce à l'amnistie de 1880 et reprit sa lutte politique, restant jusqu'à sa mort une des figures les plus marquantes du mouvement révolutionnaire français.

MICHELIN. Principale entreprise française de fabrication de pneumatiques, dont le centre se trouve à Clermont-Ferrand. Ses origines remontent à 1831, mais elle ne prit son essor qu'à partir de 1889, sous la direction des deux frères **André Michelin** (* Paris, 16.I.1853, † Paris, 4.IV. 1931) et **Édouard Michelin** (* Clermont-Ferrand, 23.VI.1859, † Orcines, 25.VIII. 1940), petits-fils du fondateur. Après avoir mis au point un pneu de bicyclette boulonné sur la jante et aisément démontable – qui permit à Charles Terront de gagner en 1891 la course Paris-Brest –, les frères Michelin créèrent le pneu pour fiacres (1894). Dès l'année suivante, ils firent la preuve des qualités de leur pneu pour automobile avec une voiture de leur fabrication, l'*Éclair*, dans la course Paris-Bordeaux et retour. André Michelin, qui avait travaillé dans sa jeunesse au Service cartographique du ministère de l'Intérieur, lança en 1901 le *Guide Michelin*, puis d'innombrables cartes routières pour la France et l'Europe. Son frère Édouard, ancien artiste peintre, inventa le bientôt célèbre bonhomme « Bibendum » (allusion latine au slogan de la firme : « Le pneu Michelin boit l'obstacle. »). C'est encore André qui, pour encourager l'aviation naissante, attribua en 1911 un prix de 100 000 francs à un aviateur qui, parti de l'Arc de Triomphe à Paris, atterrit sur le puy de Dôme ; il fut aussi à l'origine de la campagne qui aboutit, en 1911, au numérotage des routes de France ; la firme Michelin décida d'offrir aux Ponts et Chaussées les nouveaux panneaux routiers. En 1931 fut lancée la première voiture de chemin de fer sur pneumatiques, la « micheline ». Champions du taylorisme en France, les frères Michelin, tout en imposant une discipline très stricte dans leurs entreprises, où ils mirent le syndicalisme en échec, adoptèrent à l'égard de leur personnel une politique de hauts salaires et d'avantages sociaux encore exceptionnels à l'époque. Michelin, qui était l'un des principaux créanciers de Citroën, prit le contrôle de cette firme en 1935, et la céda à Peugeot en 1974/76. Aujourd'hui, Michelin est le leader mondial du pneumatique avec 19,6 % du marché. Ses 70 sites de production sont implantés dans 18 pays. Ses activités se répartissent entre véhicules de tourisme, poids lourds, engins agricoles, deux-roues ou encore génie civil et avions, sans oublier les éditions touristiques au premier rang européen. Le chiffre d'affaires de l'entreprise était de 11,1 milliards d'euros pour les neuf premiers mois de 2003.

MICRONÉSIE (États fédérés de). Fédération d'États du Pacifique, au N. de la Papouasie-Nouvelle-Guinée ; capitale *Palikir*. Réunissant les États insulaires de Pohnpei, Chuuk, Yap et Kosrae sous tutelle américaine depuis 1947, la Fédération de Micronésie est devenue en 1986 un territoire librement associé aux États-Unis. En 1990, la Fédération a obtenu son indépendance, tout en restant liée par un pacte aux États-Unis, chargés d'assurer sa défense. L'année suivante, elle était admise à l'ONU.

MIDAS. Roi légendaire de Phrygie, mentionné par Hérodote. Voir PHRYGIENS.

MIDWAY. Groupe d'îles du Pacifique central, situé à environ 1 150 miles au N.-O. d'Honolulu. Découvert par les Américains en 1859, Midway fut déclaré possession des États-Unis en 1867 et une puissante base aérienne y fut installée en 1941.

La bataille de Midway (3/6 juin 1942) opposa la flotte japonaise des amiraux Yamamoto, Nagumo et Kondo à la flotte américaine de l'amiral Nimitz ; cette bataille, livrée presque entièrement par l'aviation navale, s'acheva par la défaite des Japonais, qui perdirent quatre porte-avions. La bataille mit un terme à la menace japonaise sur Hawaii.

MIESZKO Ier. Prince de Pologne (vers 960/92). Voir POLOGNE.

MIHAÏLOVITCH Draja ou **Dragoliub** (* Ivanitza, près de Belgrade, 27.IV. 1893, † Belgrade, 17.VII.1946). Officier yougoslave. Organisant, dès

1941, la résistance yougoslave à l'invasion allemande, il s'opposa rapidement à Tito. Voir **Résistance** et **Yougoslavie**.

MILAN, *Milano*. Ville d'Italie, capitale de la Lombardie. Fondée au début du IVe s. av. J.-C. par les Gaulois Insubres, Milan *(Mediolanum)* fut conquise par les Romains en 222 av. J.-C. D'abord éclipsée par Modène et Mantoue, elle devint, à l'époque impériale, avec le développement des relations entre l'Italie et les régions germaniques, un important centre commercial en même temps qu'un foyer intellectuel et artistique. Au début du IVe s., Maximien y établit la cour impériale. L'Église ayant reçu sa liberté par l'édit de Milan (313) (v.), l'évêché de Milan acquit un prestige considérable du fait de la présence à sa tête de st Ambroise (375/97), et il a gardé jusqu'à nos jours sa liturgie particulière, dite *rite ambrosien*. Saccagée par Attila en 452, Milan passa en 490 à Théodoric, puis fit partie du royaume lombard (569/774), mais céda alors le premier rang à Pavie. Elle retrouva toute son importance à l'époque carolingienne. D'abord administrée par des comtes impériaux, puis par ses archevêques, la ville, au XIIe s., conquit son indépendance communale et prit la tête de la Ligue lombarde, en lutte contre les Hohenstaufen. Frédéric Ier Barberousse s'empara de Milan après un siège de neuf mois et la détruisit complètement (mars 1162). Relevée de ses ruines, elle reprenait avec les villes lombardes la lutte contre les empereurs, infligeant en 1176 la défaite de Legnano à Barberousse.

De 1277 à 1447, date de leur extinction, elle fut dirigée par les Visconti, puis elle passe de 1450 à 1535 sous la domination des Sforza.

En 1498, le roi de France Louis XII prétendit faire valoir les droits qu'il avait sur Milan par sa grand-mère, Valentine Visconti : il s'empara de la ville (1499), mais Ludovic Sforza (Ludovic le More) y rentra dès l'année suivante, à la faveur d'un soulèvement populaire. François Ier continua de disputer Milan aux Sforza jusqu'à ce que le traité de Madrid (1526) l'obligeât à abandonner tous ses droits sur l'Italie.

Lorsque le dernier des Sforza mourut en 1535, sans laisser d'héritier, son suzerain, Charles Quint, annexa le Milanais aux possessions des Habsbourg et investit du duché son fils, le futur Philippe II (1540). Pendant deux siècles, Milan resta sous la domination espagnole, dont elle souffrit beaucoup : dès la fin du XVIe s., sa population avait décru de moitié. Elle devint un foyer de la Réforme catholique sous l'impulsion de son grand archevêque, st Charles Borromée (1560/84). Par le traité de Rastadt (1714), le Milanais fut donné à l'Autriche. À la suite de sa victoire de Lodi (10 mai 1796), Bonaparte entra à Milan, qui, après le traité de Campoformio (oct. 1797), devint la capitale de la République Cisalpine, puis de la république Italienne (1802) et, enfin, du royaume d'Italie (1805). En 1815, l'Autriche reannexa le Milanais, qui entra dans le royaume lombardo-vénitien, dont Milan fut la capitale. Les « Cinq Journées » révolutionnaires des 18/22 mars 1848 chassèrent le général Radetzky de la ville, que les Piémontais occupèrent. Milan fut reprise par Radetzky (6 août) et demeura en état de siège. La victoire des Franco-Sardes à Magenta (4 juin 1859) libéra définitivement la ville (8 juin), et l'armistice de Villafranca permit son annexion au Piémont.

Édit de Milan (313). Au début de l'année 313, après la victoire de Constantin au pont Milvius, constantin et Licinius se réunirent à Milan et décidèrent de rétablir la paix religieuse dans l'Empire en mettant un terme aux persécutions contre le christianisme. Il ne semble pas qu'il ait existé à proprement parler un *édit de Milan*, mais les principes de la nouvelle politique impériale nous ont été transmis par un document consigné (avec des variantes) par Lactance (*De Moribus Persecutorum*, XLVIII) et par Eusèbe (*Histoire ecclésiastique*, X, 5). Cet « édit de Milan » proclamait la tolérance absolue pour les chrétiens comme pour les païens ; les propriétés ecclésiastiques, même aliénées, devaient être restituées intégralement, l'État accordant un dédommagement à leurs détenteurs.

MILAN OBRÉNOVITCH (* Iassy, 22.VIII.1854, † Vienne, 11.II.1901). Prince (1868/82), puis roi (1882/89) de Serbie. Cousin et fils adoptif de Michel Obrénovitch, il fut proclamé prince de Serbie à l'assassinat de ce dernier (1868) et placé sous la tutelle d'un conseil de régence présidé par Ristitch. Majeur en 1872, il épousa en 1875 la fille d'un colonel russe et se fit l'instrument des visées panslavistes russes dans les Balkans. Battu par les Turcs dans les deux guerres de 1876 et 1877, il dut cependant à l'intervention de la Russie de faire reconnaître l'indépendance totale de la Serbie, grâce à l'Autriche, par le congrès de Berlin (1878). Il prit alors le titre de roi (mars 1882) et se rapprocha de la politique austro-allemande. Sa politique autoritaire et le scandale provoqué par son divorce avec la reine Nathalie l'obligèrent à abdiquer (6 mars 1889), mais il marchanda son départ contre de fortes sommes d'argent. Il profita cependant de la minorité de son fils pour revenir à Belgrade (janv. 1894) avant de se retirer définitivement en 1900. Sa mauvaise politique contribua à précipiter la chute tragique des Obrénovitch en 1903.

MILET, *Milêtos*. Ville ancienne de l'Asie Mineure, la plus célèbre des colonies ioniennes, située sur la côte occidentale de la Carie, près de Samos. Dans l'Antiquité, Milet était un port très actif, mais, les alluvions du Méandre ayant peu à peu comblé le golfe Latmique, les restes de la cité se trouvent aujourd'hui au milieu des terres. Milet fut colonisée au XIe s. av. J.-C. par des Ioniens venus d'Attique. Jusqu'au VIe s. av. J.-C., elle était la plus florissante des villes grecques d'Asie Mineure : ses navires commerçaient avec les ports de la mer Égée, du Pont-Euxin, de l'Italie, de l'Égypte, tandis que par la route terrestre arrivaient à Milet les caravanes d'Asie. Elle exportait ses laines vers Athènes et la Sicile. Milet avait une flotte qui compta jusqu'à cent vaisseaux de guerre et elle fonda près de trois cents colonies, entre autres Naucratis en Égypte et de nombreuses cités sur les côtes de la Propontide et du Pont-Euxin. Célèbre pour la vie raffinée de ses élites, elle devint au VIe s. av. J.-C. le foyer de l'école des philosophes naturalistes d'Ionie, avec Thalès, Anaximandre et Anaximène et fut la patrie des historiens Hécatée et Cadmos. Devenue à la fin du VIe s. la vassale des rois de Lydie, Milet fut conquise par les Perses en 546 av. J.-C. En 499, elle prit la tête de la révolte des villes grecques d'Asie Mineure mais fut reprise et saccagée par les Perses en 494 et, dès lors, déclina irrémédiablement. Milet, qui fut reconstruite sur un plan en damier dû à l'architecte Hippodamos, natif de la ville, connut encore la destruction après avoir résisté à Alexandre (334). Elle reprit une activité importante à l'époque hellénistique et romaine.

MILICE FRANÇAISE. Organisation politique créée en janv. 1943 par le gouvernement de Vichy. La Milice, qui avait pour chef nominal le chef de ce gouvernement et pour secrétaire général Joseph Darnand, était issue du Service d'ordre légionnaire (SOL), lequel constituait depuis 1941, sous le commandement de Darnand, la minorité activiste de la Légion française des combattants. La Milice était soumise à l'autorité des préfets, et ses chefs, à tous les échelons, étaient nommés par le président du Conseil. Elle comprenait une fraction militarisée, les « francs-gardes », qui, à partir de la fin de 1943, fut utilisée comme police supplétive et lutta contre la Résistance, en liaison avec la police nationale et avec les forces allemandes. En déc. 1943, Darnand fut nommé secrétaire général au Maintien de l'ordre, et, en mai 1944, secrétaire à l'Intérieur. La Milice fut engagée en 1944 contre les maquisards de Haute-Savoie et elle exécuta sommairement Jean Zay et Georges Mandel (v.). En août 1944, environ 6 000 miliciens se réfugièrent en Allemagne avec Darnand, et, au cours du dernier hiver de la guerre, la plupart d'entre eux furent intégrés dans la division SS Charlemagne, composée de volontaires français. De nombreux miliciens furent exécutés à la Libération ou après la fin de la guerre.

MILLE (an). Selon une légende dont Michelet se fit malheureusement l'écho, au XIXe s., dans son *Histoire de France* (IV, 1), les populations chrétiennes d'Europe qui vécurent à la fin du Xe s. auraient cru que l'an mille verrait la fin du monde et tous les bouleversements prédits au chapitre XX de l'*Apocalypse*. Les érudits ont maintes fois démontré, depuis Michelet, que ces terreurs n'ont pas existé, même si les chroniqueurs du Xe et du XIe s. ont rapporté les calamités et les prodiges de leur temps. La légende n'apparaît qu'au XVIIe s., dans une édition interpolée des *Chroniques de Hirschau.*

MILLE (expédition des). Expédition d'un millier de volontaires qui, conduits par Garibaldi, firent en 1860 la conquête du royaume des Deux-Siciles. Voir **ITALIE.**

MILLERAND Alexandre (* Paris, 10.II.1859, † Versailles, 6.IV. 1943). Homme politique français. Député de la Seine en 1885, il se prononça d'abord pour la socialisation des moyens de production et l'entente internationale des travailleurs. Ministre du Commerce et de l'Industrie du cabinet Waldeck-Rousseau en 1899, il fut condamné par la IIe Internationale pour politique « participationniste ». Ministre de la Guerre (1912/13 et 1914/15), dans les cabinets Poincaré et Viviani, il prit la tête de la coalition conservatrice du Bloc national en 1919, fut nommé président du Conseil par Poincaré, puis élu président de la République en sept. 1920. Tentant de renforcer le pouvoir de sa fonction, il s'opposa à la détente avec l'Allemagne et accula Briand à la démission (janv. 1922). Il fut lui-même contraint de se retirer en juin 1924, après la victoire du Cartel des gauches.

MILLIAIRES. Sur les routes romaines, bornes marquant tous les mille pas la distance, soit à partir de Rome en Italie, soit à partir du chef-lieu dans les provinces. Auguste avait fait dresser à Rome, sur le Forum, une colonne de bronze doré, le *Milliaire d'or (Milliarium aureum)*, où se lisaient les distances, en milles, de Rome aux principales villes du monde romain.

MILLIARD DES ÉMIGRÉS. Nom donné à l'indemnité accordée sous le ministère Villèle, par une loi votée le 23 mars 1825, aux émigrés dont les biens avaient été confisqués par la Révolution. Ces biens avaient été évalués à 987 819 962,96 francs, que le gouvernement proposait de rembourser dans un délai de cinq années en inscrivant sur le grand livre de la dette publique 30 millions en rente à 3 %.

Mesure d'apaisement qui sanctionnait en fait l'acquisition des biens nationaux, cette loi d'indemnité fut présentée maladroitement par le ministère et souleva une vive opposition, dont Benjamin Constant se fit le porte-parole au Parlement.

MILOCH OBRÉNOVITCH (* Dobrinje, 19.III.1780, † Belgrade, 26.IX.1860). Prince de Serbie (1817/39 et 1858/60). Éleveur de porcs, illettré, il participa en 1804 au soulèvement des Serbes contre les Turcs, et, après la fuite de Karageorges (v.), en 1813, il prit la tête de la lutte nationale. Ayant fait assassiner Karageorges (1817), il se proclama prince des Serbes et, pour prix de sa neutralité lors de la guerre d'indépendance grecque et de la guerre russo-turque de 1828, se fit reconnaître comme prince vassal par la Porte en 1830. Le caractère despotique de son gouvernement le fit renverser en 1839, mais il fut rappele en 1858 et reçut le titre de Père de la patrie.

MILOSEVIC Slobodan (Pozarevac, Serbie orientale, 29.VIII.1941). Homme politique serbe. Économiste, il fut élu, en 1986, à la tête de la Ligue des communistes de Serbie. Élu par le Parlement président de la République serbe en 1989, puis réélu au suffrage universel, en 1990 et 1992, Slobodan Milosevic prit la tête de la nouvelle fédération formée par la Serbie et le Monténégro en avr. 1992. En raison de son soutien aux Serbes de Croatie et de Bosnie, il fut tenu par la communauté internationale pour le principal responsable du conflit yougoslave. Après les accords de Dayton de nov. 1995, qui mirent fin au conflit bosniaque, S. Milosevic obtint la levée des embargos à l'encontre de la Serbie. En juill. 1997, S. Milosevic fut élu par le Parlement président de la République fédérale de Yougoslavie. Sa politique de répression au Kosovo – il fut inculpé par le Tribunal pénal international (v. TRIBUNAUX PÉNAUX INTERNATIONAUX) pour crime contre l'humanité – et son intransigeance vis-à-vis de l'OTAN se soldèrent par onze semaines de bombardements de la Serbie par les forces de l'Alliance atlantique, jusqu'au retrait des forces serbes du Kosovo. Battu à l'élection présidentielle du 24 sept. 2000, ce sont les grèves et les manifestations de sept.-oct. 2000 qui finirent par le contraindre à se retirer du pouvoir. Voir KOSOVO ; SERBIE et YOUGOSLAVIE.

MINAMOTO. Clan féodal japonais, fondé à l'époque de Heian par un prince de sang imperial. Il rivalisa âprement avec le clan des Taira, apparu à la même époque. Ce dernier réussit à prendre le pouvoir en 1160, mais, en 1180, le chef du clan adverse, **Yoritomo Minamoto** (* 1147, † 1199), déclencha un grand soulèvement contre les Taira, qui furent complètement éliminés à la suite de la victoire navale remportée en 1185 à Dan no Ura par Yoshitsune, frère de Yoritomo. Celui-ci soumit le Japon à un gouvernement militaire. Pour consolider son autorité suprême, il poussa Yoshitsune et plusieurs autres de ses parents au suicide (1189), brisa la puissance des Fujiwara et obtint le titre de Shôgun-général à vie en 1192, qui reduisait l'empereur à une souveraineté nominale ; ce régime devait subsister jusqu'en 1867, mais le clan des Minamoto s'éteignit dès 1219.

MINEPTAH. Pharaon de la XIXe dynastie (vers 1213/03 av. J.-C.). Voir MERENPTAH.

MING. Dynastie impériale qui régna sur la Chine de 1368 à 1644 et compta vingt empereurs. Elle eut pour fondateur un bonze d'origine paysanne, Tchou Yuantchang, qui chassa de Pékin le dernier descendant de la dynastie mongole (v.) fondée par Koubilaï (sept. 1368). Les Ming s'attachèrent à restaurer politiquement et moralement l'unité chinoise ; ils remirent en honneur toutes les valeurs traditionnelles et protégèrent le culte confucéen. La dynastie atteignit son apogée sous l'empereur Yonglo (1403/24), qui transféra la capitale de Nankin à Pékin et affirma la puissance chinoise en Mongolie, en Indochine et organisa d'audacieuses expéditions maritimes jusque dans les mers de la Sonde et l'océan Indien. Mais, après lui, les Ming se renfermèrent dans une attitude conservatrice.

Ils ne surent pas utiliser leurs connaissances pour moderniser la Chine, et celle-ci, à la fin des Ming, accusait déjà un grave retard sur l'Occident.

Dans les domaines de la pensée et de l'art, l'époque Ming fut d'une grande richesse. Pékin s'enrichit de nouveaux édifices. La nécropole des Ming et ses célèbres tombeaux furent aménagés près de la capitale. Les Ming portèrent l'art de la porcelaine polychrome à son apogée et encouragèrent une abondante production picturale.

MINISTERIALES. Au Moyen Âge, nom donné à des serfs (v. SERVAGE) qui, chargés par leurs maîtres de missions de confiance, finirent par constituer une classe particulière et privilégiée. Du fait de leur condition servile, ces *ministeriales* étaients souvent, pour un seigneur, des agents d'exécution plus dociles et plus sûrs que les vassaux. Messagers, administrateurs de terres, chefs du personnel, ils se virent aussi confier des missions militaires telles que le commandement d'une petite troupe ou la garde d'un château. Portant les armes, ils reçurent l'adoubement et devinrent des « chevaliers-serfs », pourvus de fiefs transmis héréditairement. Peu à peu, la distinction entre les chevaliers-serfs et les chevaliers-nobles devint très incertaine et à la fin du XIIIe s., en France, les *ministeriales* commencèrent à être intégrés à la noblesse. Leur rôle fut considérable en Allemagne. Aux prises avec une noblesse souvent rebelle, les empereurs appartenant à la dynastie des Saliens et à celle des Hohenstaufen (XIe/XIIIe s.) confièrent à des *ministeriales* les plus grands offices de cour. Le sénéchal Markward d'Anweiler, par exemple, fut investi en 1197 du duché de Ravenne et du marquisat d'Ancône par Henri VI et devint régent de Sicile à la mort de cet empereur. Comme en France, à partir du XIVe s., les *ministeriales* allemands accédèrent à la noblesse.

MINOS. Roi légendaire de Crète. Voir CRÈTE.

MIR. Commune paysanne dans l'ancienne Russie. Depuis le Moyen Âge, la vie paysanne en Russie a eu un caractère communautaire : c'était la commune ou *mir* qui possédait la terre, et non les individus. À la tête de chaque district rural (*volost*) existait un conseil des « anciens », formé soit par droit héréditaire, soit par droit d'élection, soit par droit d'ancienneté. Ce conseil avait un pouvoir considérable. Il partageait les terres, rendait la justice, désignait les recrues pour l'armée, et surtout il était solidairement responsable de l'impôt devant le seigneur et devant l'État. Le tsarisme s'efforça de consolider le mir dans un dessein fiscal, la garantie solidaire de tous ses membres assurant la rentrée des impôts. Au XIXe s., des courants divers de l'intelligentsia russe célébraient encore les vertus du mir, les slavophiles conservateurs y voyant une institution patriarcale qui préservait les valeurs russes traditionnelles, tandis que des révolutionnaires comme Herzen et les populistes estimaient que le mir pouvait être l'embryon d'une future société socialiste. Cette habitude séculaire d'organisation comunautaire a préparé la paysannerie russe à accepter le collectivisme soviétique. Après l'abolition du servage (1861), le mir, loin de disparaître, fut encore renforcé. En effet, les lots que les paysans ne pouvaient immédiatement racheter aux propriétaires fonciers furent acquis, avec des prêts de l'État, par la commune rurale, de telle sorte que les paysans pauvres passèrent simplement de la tutelle du seigneur à celle de la commune, elle-même responsable devant l'État de la dette de tous ses membres. Après la révolution de 1905, le ministre Stolypine, voulant donner au tsarisme l'appui d'une moyenne bourgeoisie rurale, autorisa chaque paysan, par la loi du 22 nov. 1906, à exiger de sa commune la constitution de ses parcelles en propriété individuelle. Au moment de la disparition du mir, lors de la révolution de 1917, environ 9 millions de paysans russes se trouvaient encore dans le cadre tutélaire de la commune rurale.

MIRABEAU, Honoré Riquetti, comte de (* château de Bignon, Loiret, 1er.III.1749, † Paris, 2.IV. 1791). Homme politique français, d'une famille de la noblesse provençale. Les désordres et les scandales de sa vie privée firent de lui un exclu et l'empêchèrent de jouer le rôle qui semblait fait pour lui : être le chef de la noblesse libérale qui acceptait les réformes indispensables.

Il dut vivre de travaux de plume, devenir un agent secret du gouvernement français dont il trahit d'ailleurs la confiance. En 1789, la noblesse refusant de le choisir comme député aux États généraux, il se fit élire par le tiers état dont il devint vite l'un des chefs grâce à son éloquence, sa lucidité politique et son programme. Il préconisait d'instaurer une monarchie constitutionnelle sur le modèle anglais, où le roi garderait des pouvoirs réels face à une Assemblée législative.

À partir de mars 1790, il devint le conseiller secret du roi, qui paya ses dettes et lui versa une pension mensuelle. Mais son influence fut toujours limitée, car il était en butte à l'hostilité de Marie-Antoinette. Sa mort soudaine consterna Paris.

MISHNA ou **MICHNA.** Compilation de la tradition juridique orale des Juifs, entreprise au Ier s. de notre ère par Hillel l'ancien, Johanan ben Zakkaï, Akiba ben Joseph, et achevée au IIe s. par Judah Ha-Nasi († vers 217). La Mishna finit par devenir pour les Juifs une seconde Loi, et elle a contribué à donner, dans la vie juive, une place prépondérante à d'innombrables prescriptions juridiques s'appliquant à tous les actes, à toutes les intentions de la vie quotidienne. La Mishna fut elle-même l'objet d'un commentaire, la Gemara, et l'ensemble forma le Talmud (v.). Voir TORAH.

MISSI DOMINICI, c'est-à-dire *envoyés du souverain.* Nom donné dans le royaume franc à des inspecteurs royaux chargés d'inspecter le gouvernement des comtes. Ces commissaires existaient déjà à l'époque mérovingienne, mais ce fut Charlemagne qui, par le capitulaire de 802, les organisa définitivement : choisis chaque année parmi de riches palatins – ce qui supprimait les tentations de vénalité –, ils étaient envoyés deux par deux (un ecclésiastique et un laïque) dans des régions d'inspection déterminées dites *missatica.* Chaque équipe devait faire quatre tournées par an, en janv., avr., juill. et oct. Les *missi dominici* étaient les représentants absolus de l'empereur : ils pouvaient juger en dernier ressort les affaires judiciaires les plus graves ; contrôlaient la perception de l'impôt, l'état des routes, des travaux publics, l'entretien du domaine royal ; sanctionnaient les fonctionnaires négligents, etc. Sous Charlemagne, ils furent le principal instrument de l'autorité impériale, mais, sous ses successeurs, l'aristocratie réussit à influencer les nominations des *missi*, qui perdirent dès lors leur raison d'être et disparurent complètement au début du Xe s.

MISSIONS. L'activité missionnaire prit son essor dès les premiers jours de l'Église, avec les apôtres comme Paul qui ouvrit au christianisme les voies du monde romain. Au IVe s., les missionnaires avaient annoncé l'Évangile au-delà des frontières de l'Empire, en Perse et en Éthiopie, par exemple. Les invasions germaniques du Ve s. offrirent un nouveau champ à l'activité missionnaire qui travailla au salut des barbares, tels les Francs, et combattit l'hérésie arienne chez les Burgondes et les Wisigoths. Le pape Grégoire le Grand (590/604) mobilisa ensuite les moines bénédictins qui restèrent jusqu'au XIe s. les grands apôtres de l'Europe du Nord. En Orient aussi, les empereurs byzantins encouragèrent la diffusion de l'Évangile alors même que le christianisme reculait dans la région et sur les rives de la Méditerranée face aux armées de l'islam. Les missionnaires comme Cyrille (v.) et Méthode se tournèrent vers de nouveaux peuples comme les Slaves dont ils entreprirent la conversion au IXe s.

Les grandes découvertes maritimes des XVe-XVIe s. firent de la terre tout entière un terrain de missions chrétiennes. Les jésuites se placèrent au premier rang des nouveaux apôtres et la figure de st François Xavier domine cette époque en Inde et au Japon. Dans les colonies espagnoles et portugaises d'Afrique et d'Amérique, une œuvre immense fut accomplie, mais l'activité des missionnaires fut souvent entravée par les exactions des conquérants et des colons. La tentative missionnaire la plus originale qui ait eu lieu en Amérique fut celle des jésuites au Paraguay (v.). En Asie, d'autres jésuites, tels que Nobili en Inde et Ricci en Chine, comprirent que le christianisme ne pourrait pénétrer les vieilles civilisations indienne et chinoise qu'à la condition de rompre radicalement ses liens avec l'Occident et, selon l'exemple donné par st Paul chez les gentils, de se faire indien en Inde et chinois en Chine. Ces tentatives d'adaptation donnèrent lieu à la querelle des rites malabares et des rites chinois, et Rome, mal informée, finit par condamner les méthodes novatrices, en dépit des succès qu'elles obtenaient.

En 1622, Grégoire XV créa la congrégation de la Propagande de la foi, qui avait pour but de soustraire les missions aux pressions politiques des divers États et de les unifier sous la direction de Rome. En 1658 naquit à Paris la société des Missions étrangères, qui travailla surtout en Chine et dans le Sud-Est asiatique. Les lazaristes et, un peu plus tard, les rédemptoristes fournirent aussi des apôtres aux missions chez les non-chrétiens, mais ces ordres, comme les eudistes, se destinaient surtout aux missions intérieures, à la rechristianisation de la France après la grande crise des guerres de Religion. Les missions protestantes ne prirent leur essor qu'au XVIIIe s. : les initiateurs en furent les Frères moraves et les méthodistes. L'explorateur Livingstone fut une des grandes figures du protestantisme missionnaire au XIXe s. À partir de la Restauration se sont multipliés, surtout en France, les congrégations missionnaires du Sacré-Cœur de Jésus (1854), missions africaines de Lyon (1856), pères blancs. Au cours du XXe s., le Saint-Siège s'est efforcé de séparer de plus en plus vigoureusement mission et colonisation.

MISSISSIPPI. État du sud des États-Unis ; capitale *Jackson*. D'abord habitée par les Indiens Choctaw, Chickasaw et Natchez, cette région fut explorée par l'Espagnol Hernando de Soto durant l'hiver 1540/41. En 1673, Marquette et Joliet descendirent le fleuve jusqu'à trois journées de marche de son embouchure, et, en 1699, Pierre Le Moyne, sieur d'Iberville, fonda sur la baie de Biloxi le premier établissement français permanent. La France dut abandonner cette région à l'Angleterre en 1763. En 1795 le Mississippi revint aux États-Unis. Érigé aussitôt en territoire, le Mississippi devint en 1817 le vingtième État (esclavagiste) de l'Union. Il fit sécession en 1861, fut occupé par les nordistes après la reddition de Vicksburg (juill. 1863) et, durant la période de « reconstruction », forma avec l'Arkansas un district militaire. Les souvenirs de la guerre civile y laissèrent des traces profondes et, jusqu'à l'époque contemporaine, la majorité de la population blanche du Mississippi s'est montrée rigoureusement ségrégationniste.

MISSOURI. État du centre des États-Unis ; capitale *Jefferson City*, villes principales *Saint Louis, Kansas City, Springfield*. Exploré pour la première fois par Marquette et Joliet en 1673, le Missouri fut englobé dans la Louisiane française et, dès le début du XVIIIe s., commença l'exploitation de ses mines de plomb ; mais la première ville, Sainte-Geneviève, ne fut fondée qu'en 1732. Cédée à l'Espagne en 1763, cette région revint à la France en 1800, mais passa aux États-Unis en 1803. Le Missouri devint un territoire en 1812 mais, en raison de l'opposition des États du Nord, qui ne voulaient pas voir rompu à leur désavantage l'équilibre entre États libres et États esclavagistes, son admission comme État de l'Union fut longtemps retardée. L'affaire fut réglée par le « compromis du Missouri » (1820), qui contrebalançait l'entrée du Missouri comme vingt-quatrième État (esclavagiste) par celle du Maine, État libre, et interdisait l'esclavage au N. de 36° 30´ de latitude (cette dernière disposition fut révisée en 1854 lors de l'admission du Kansas et du Nebraska). Durant la guerre de Sécession, l'État du Missouri resta fidèle à l'Union, mais cette attitude suscita des guérillas locales sous la conduite de chefs tels que Jesse James.

MISTHOPHORIE. Dans l'Antiquité, à Athènes, institution publique d'une indemnité (*misthos*) aux citoyens qui exerçaient les fonctions publiques. Périclès en prit l'initiative afin de permettre aux pauvres d'exercer réellement leurs droits démocratiques. À l'origine, seuls les juges, les membres de la *boulè* (v.) et les soldats perçurent cette indemnité. À partir de 403 av. J.-C., les citoyens qui assistaient à l'*ecclésia* perçurent un *misthos*, fixé à une puis à trois oboles ; mais les retardataires n'y avaient pas droit.

MISTRA. Ville de Grèce, dans le Péloponnèse, à l'O. de Sparte. Elle a pour origine le château franc construit vers 1248, sur un piton de la chaîne du Taygète, par Guillaume II de Villehardouin. Celui-ci fut contraint en 1262 de l'abandonner aux Byzantins, qui, en 1348, firent de Mistra la capitale d'un *despotat*, sorte d'apanage confié à un fils ou à un frère de l'empereur ; après les Cantacuzènes (1348/83), Mistra fut gouvernée par les Paléologues (1383/1460), et ces derniers en firent, au début du XVe s., un brillant foyer de civilisation byzantine, illustré par l'humaniste néoplatonicien Gémisthe Pléthon et par les artistes qui élevèrent et décorèrent de fresques plusieurs églises et couvents, notamment celui de la Pantanassa. Elle fut prise par les Ottomans en 1460.

MITANNI. Royaume fondé par les Hourrites vers 1560 av. J.-C. entre le haut Tigre et le haut Euphrate. Il avait pour capitale Wassoukanni, près de Harran. Son premier souverain connu est Shouttarna Ier (vers 1560/30 av. J.-C.). Le Mitanni étendit sa domination sur la Syrie du Nord (Alalakh, Qatna) et, à l'E., sur l'Assyrie, qui devint un État sujet. Ces progrès semblent avoir été réalisés surtout sous Shaushtatar (dont le règne se situe entre 1500 et 1440 av. J.-C.). Le Mitanni apparaît alors comme la principale puissance du Proche-Orient, mais dut résister aux entreprises conquérantes du pharaon Thoutmosis III. Menacés par le Nouvel Empire hittite, les Mitanniens se rapprochèrent de l'Égypte, et des princesses mitanniennes furent données en mariage à Thoutmosis IV et à Aménophis III. Sous le règne de Toushratta (entre 1360 et 1335 av. J.-C.), le Mitanni rétablit son autorité sur la Syrie du Nord. Le déclin du royaume devint inéluctable quand les querelles dynastiques firent des rois hittites les arbitres du pouvoir royal mitannien dans la seconde moitié de XIVe s. av. J.-C. Le déclin mitannien favorisa le réveil de l'Assyrie, dont le roi Adad-Nirari Ier (vers 1307/1275 av. J.-C.) soumit définitivement le Mitanni.

MITHRAÏSME. Religion fondée sur le culte de Mithra, dieu de la Lumière et du Soleil chez les Aryens de l'Iran et de l'Inde védique. Son culte se répandit de bonne heure en Asie Mineure. Au cours des campagnes romaines en Orient, au Ier s. av. J.-C., le mithraïsme attira de nombreux soldats romains, qui l'introduisirent en Italie (vers 65 av. J.-C.). Cette religion, qui séduisait par ses initiations mystérieuses et par sa pratique du taurobole purificateur, a présenté de curieuses analogies extérieures avec le christianisme (baptême ; banquets sacrés avec usage de pain, d'eau et de vin, etc.) et devint par là même une dangereuse rivale pour lui. À la fin du IIe s. apr. J.-C., le mithraïsme prenait le pas sur tous les autres cultes orientaux répandus dans l'Empire romain ; il bénéficia de la protection d'empereurs tels que Commode (180/92) et Aurélien (270/75), mais disparut vers la fin du IVe s.

MITHRIDATE VI Eupator le Grand (* vers 132, † Panticapée, 63 av. J.-C.). Roi du Pont (120/63 av. J.-C.). Ayant conquis la Galatie, la Phrygie et la Bithynie, de 107 à 88, il s'allia aux Arméniens et aux Parthes, occupa brièvement la Cappadoce (94/92 av. J.-C.) et souleva la Grèce contre la domination romaine. Il dut combattre Sylla, qui lui reprit Athènes (86) puis le contraignit à la paix (85). En 74, Mithridate tenta de s'opposer de nouveau aux Romains, qui s'étaient assurés le contrôle de la Bithynie. Il affronta d'abord Lucullus, puis Pompée, qui le vainquit complètement en 66 av. J.-C. Trahi par son fils Pharnace, Mithridate, qui s'était immunisé contre tous les poisons, se fit donner la mort par l'un de ses esclaves. Mithridate a impressionné ses contemporains par sa culture, son courage et son intelligence, et par le danger qu'il fit peser sur la domination romaine en Asie et en Grèce.

MITRE Bartolomé (* Buenos Aires, 26.VI.1821, † Buenos Aires, 18.I.1906). Homme politique argentin. Après la défaite des fédéralistes en 1861, il devint président de l'Argentine réunifiée et s'attacha à moderniser le pays. En 1864/65, à la tête de l'armée argentine, il gagna la guerre contre l'Uruguay. Fondateur du grand quotidien *La Nación* (1869), il resta jusqu'à sa mort l'un des principaux animateurs de la vie culturelle argentine.

MITTERRAND François (* Jarnac, 26.X.1916, † Paris, 8.I.1996). Homme politique français. Fait prisonnier en 1940, il s'évada et gagna Vichy, où il entra au Commissariat général aux prisonniers de guerre. En 1942, la Francisque du maréchal lui fut attribuée à ce titre, mais, selon lui, dès cette époque, selon ses détracteurs à partir de 1943 seulement, il milita dans la Résistance, où il devint président du Mouvement national des prisonniers de guerre et déportés. Il fut élu député de la Nièvre (nov. 1946) et devint à l'Assemblée l'un des chefs du petit groupe charnière de l'Union démocratique et socialiste de la Résistance (UDSR).

Il devint pour la première fois ministre en janv. 1947, et fut, tout au long de la IVe République, l'un des pivots des différents gouvernements de coalition. Ministre de la Justice dans le gouvernement Guy Mollet (1956/57), il se rangea bientôt parmi les adversaires de l'« Algérie française ».

En juin 1958, il vota contre l'investiture du général de Gaulle et se tint désormais dans une opposition constante à la politique gaulliste. Son rôle controversé dans la simulation d'un attentat contre sa personne dans les jardins de l'Observatoire (oct. 1959) contribua cependant, au début des années 1960, à le reléguer dans une position isolée. Il s'employa dès 1964 à rassembler la gauche non communiste et réussit à obtenir l'appui de la SFIO pour former une Fédération de la gauche démocrate et socialiste (1965). Candidat à l'élection présidentielle de 1965, il obtint au second tour, face au général de Gaulle, 45 % des suffrages. Au congrès d'Épinay (12 juin 1971), il réussit à prendre la tête du nouveau parti socialiste. Il put ainsi, en juin 1972, établir avec le PC un Programme commun de la gauche. Soutenu par l'ensemble de la gauche il ne fut devancé au second tour de l'élection présidentielle (19 mai 1974) que de justesse par Giscard d'Estaing et recueillit 49,30 % des voix.

François Mitterrand restait le seul homme politique capable de réunir toute la gauche sur son nom. On le vérifia lors de l'élection présidentielle des 26 avr. et 10 mai 1981. Il fut élu par 15 708 262 voix, soit 51,75 %. À « l'état de grâce » de 1981 à 1982 succédèrent les difficultés, l'impossibilité de réduire le chômage, les dévaluations du franc, les défaites aux élections municipales de mars 1983 et aux scrutins partiels qui s'échelonnèrent jusqu'au printemps 1984.

À la suite du nouveau recul enregistré par la gauche aux élections européennes de juin 1984, il procéda à un important remaniement ministériel en juill., remplaçant P. Mauroy (v.) à la tête du gouvernement par un de ses plus proches collaborateurs, Laurent Fabius.

Après la victoire de la droite aux législatives de mars 1986, F. Mitterrand fut contraint d'innover sur le plan institutionnel et nomma Jacques Chirac, chef du premier parti de la majorité, Premier ministre. Le Président choisit alors une position d'arbitrage qui lui réussit, puisqu'il put briguer avec succès un second mandat en mai 1988 (54 % des voix au second tour, devant J. Chirac). La victoire de la gauche aux législatives anticipées de juin lui permit de nommer Premier ministre Michel Rocard. Le limogeage de ce dernier, en mai 1991, et la nomination d'Edith Cresson lui firent vite perdre beaucoup de sa popularité. Il désigna Pierre Bérégovoy comme nouveau chef du gouvernement en avr. 1992. Mais la persistance du chômage et, surtout, les affaires politico-financières achevèrent de discréditer la gauche au pouvoir. La victoire annoncée de la droite aux législatives de mars 1993 apparut comme une défaite du Président, qui dut nommer Édouard Balladur à Matignon. En portant à la connaissance de l'opinion le cancer dont il souffrait depuis longtemps et en tentant de clarifier un passé vichyssois controversé, il apparut, à la fin de son mandat, comme soucieux de faire toute la lumière sur lui-même, tant comme homme public que comme personne privée.

Comme ses prédécesseurs de la Ve République, le président imprima sa marque à la politique extérieure de la France. Certains grands axes peuvent être dégagés de ses quatorze années de pouvoir : la construction communautaire, un certain atlantisme, une attention particulière au tiers monde et la volonté de maintenir une forte influence en Afrique et dans le monde arabe.

Alors que la grande ambition de son premier septennat fut de réformer la société française, celle de son second mandat a été de faire progresser la construction européenne. Malgré des tempéraments et des couleurs politiques opposés, il devint l'ami personnel de Helmut Kohl. La présence d'un de ses anciens ministres, Jacques Delors, à la tête de la Commission européenne de 1985 à 1995 facilita également l'action européenne du président français. Cependant, et bien que le président de la République ait prit la tête de la campagne en faveur du référendum sur le traité de Maastricht, celui-ci ne fut approuvé que par une faible majorité des votants.

F. Mitterrand se vit reprocher par ses détracteurs diverses erreurs d'appréciation dans ses rapports avec l'Est : en 1985, l'accueil du président polonais Jaruzelski ; en 1989/90, un certain flottement à propos de la perspective de la réunification allemande ; en 1991, la reconnaissance des putschistes conservateurs de Moscou évincés du pouvoir quelques jours plus tard.

Il est l'auteur d'une quinzaine d'ouvrages, dont *La Chine au défi* (1961), *Le Coup d'État permanent* (1964), *Ma part de vérité* (1969) *La Paille et le Grain* (1975), *L'Allemagne et la France* (posthume, 1996).

MIXTÈQUES. Peuple indien du Mexique méridional, établi dans l'État d'Oaxaca. À l'époque précolombienne, ils se trouvaient entre les Aztèques à l'O. et les Zapotèques à l'E. Ils luttèrent contre ces deux peuples, sans parvenir à réaliser une unité politique. Au XVe s., ils enlevèrent Monte Albán (v.) aux Zapotèques. Leur capitale était située un peu plus à l'E., à Mitla.

MOABITES. Peuple de langue sémitique établi à partir du XIVe s. av. J.-C. au S.-E. de la Palestine, dans la région de plateaux située à l'E. de la mer Morte. Descendants, selon la Bible, de Moab, fils de Loth, les Moabites occupaient le pays avant l'invasion des Israélites, avec lesquels ils furent souvent en guerre. La civilisation des deux peuples était cependant très proche ; la langue des Moabites, qui ne nous est connue que par l'inscription de la *pierre des Moabites* ou *stèle de Mésa* (IXe s. av. J.-C.), ne se distinguait de l'hébreu que par des différences dialectales. Soumis au Xe s. par David, les Moabites secouèrent la domination d'Israël sous la conduite de leur roi Mésa, après la mort du roi d'Israël Achab (853). À la fin du VIIIe s., ils furent soumis par l'Assyrie, puis passèrent sous la tutelle de l'Empire néobabylonien de Nabuchodonosor en 582. À l'époque romaine, leur territoire était occupé par les Nabatéens.

MOAWIYA Ibn-Abou-Sofyan (* La Mecque, vers 603, † Damas, 680). Premier calife omeyyade (661/80). Voir **Omeyyades**.

MOBUTU Joseph Désiré ou **Sese Seko** (* Lisala, 14.X.1930, † Rabat, Maroc, 7.IX.1997). Homme politique zaïrois. Après l'accession du Congo belge à l'indépendance, en 1960, il prit le commandement de l'armée en 1960. Au pouvoir en 1965, il mit fin à une longue période d'anarchie, élimina toute opposition et rétablit des relations normales avec l'ancienne métropole belge. Président de la République, élu et réélu avec des scores avoisinant les 100 % de voix, chef de l'exécutif, il procéda à l'africanisation, au moins formelle, de son pays, rebaptisé Zaïre. Il fonda son pouvoir autoritaire sur un parti unique, le Mouvement populaire de la révolution (MPR) et sur une politique pro-occidentale qui attira vers son pays un important flux de capitaux. Celui-ci fut pourtant sans bénéfice pour les Zaïrois, dont la misère alla croissant malgré d'impressionnantes potentialités économiques. La mauvaise gestion économique et les excès de l'appareil africanisant de Mobutu, surnommé « l'homme au léopard », le discréditèrent aux yeux de ses alliés européens, qui l'abandonnèrent à partir de 1990, le privant ainsi des ressources nécessaires pour affronter une opposition démocratique montante. De plus en plus contesté, le maréchal Mobutu fut chassé du pouvoir par la rébellion de Laurent-Désiré Kabila (v.) qui éclata en oct. 1996. Alors que les forces armées zaïroises se rendaient sans combattre ou abandonnaient leurs positions, il se maintint à Kinshasa jusqu'en mai 1997. Il mourut en exil à Rabat.

MOCHICAS. Ancien peuple indien, qui, entre 600 et 1200 environ de notre ère, occupait les vallées de la côte septentrionale du Pérou. On ne sait rien de leur histoire, car les Mochicas ignoraient l'écriture, mais leur talent architectural est attesté par les monuments qu'ils ont laissés : pyramides (Huaca du Soleil, à

Moche) et ouvrages d'art (aqueduc d'Ascope, long de 1,4 km). Ils furent aussi des céramistes tout à fait remarquables ; leurs vases à anse en étrier sont ornés de peintures et de reliefs très variés (scènes de la vie guerrière et domestique, images d'animaux, abstractions géométriques...). Les Mochicas furent, au XIIIe s., absorbés dans l'empire des Chimús.

MODÉRÉS. Parti libéral en France sous la IIIe République. Voir **LIBÉRAUX (mouvements et partis)**.

MODERNES (Temps). Nom donné à l'une des quatre grandes périodes de l'Histoire, qui couvre essentiellement les XVIe, XVIIe et XVIIIe s. On peut les faire débuter de 1453 (intervention de l'imprimerie et prise de Bizance par les Turcs) ou de 1492 (découverte du continent américain), 1789 (Révolution française) ou 1815 (Congrès de Vienne).

Ces trois siècles ont vu se mettre en place les éléments sur lesquels allait se bâtir l'époque contemporaine : la domination du monde par l'Occident, la mise en place de l'État moderne, le rationalisme triomphant dans les domaines philosophique et scientifique, la modification des comportements démographiques, les progrès techniques et les changements de mentalité qui rendaient possible l'essor d'une économie de type capitaliste.

Dans la vision globale que nous en avons, les Temps modernes nous apparaissent plus stables que le XIXe et le XXe s., avec la rapidité de leurs changements intervenus dans tous les domaines. Aussi l'épithète de « classique » leur est-elle souvent accolée, qu'il s'agisse du siècle d'or espagnol, du siècle d'or hollandais ou du « Grand Siècle » des Français.

MOGOLS. Nom donné aux souverains indiens descendants du Mongol Gengis Khan et du Turc Tamerlan. Voir **INDE**. L'Inde des Grands Mogols.

MOHACS. Ville de Hongrie méridionale, sur le Danube. Louis II de Hongrie y fut battu et tué par Soliman le Magnifique (29 août 1526) ; cette défaite ouvrit la Hongrie à la domination turque. Charles V de Lorraine et Louis de Bade remportèrent à Mohacs une grande victoire sur les Turcs (12 août 1687).

MOHAMMED

Nom (plus proche de la prononciation en arabe) du prophète de l'islam appelé traditionnellement Mahomet (v.) en français. Voir aussi **MÉHMET**.

ALMOHADES

MOHAMMED IBN TOUMERT (* vers 1080, † Tinmel, Maroc, 1128). Prophète berbère. Voir **ALMOHADES**.

ÉGYPTE

MOHAMMED ABDOUH (* Tanta, Égypte, vers 1849, † Le Caire, 11.VII.1905). Théologien et philosophe égyptien. Il fut dès 1870 un des premiers réformateurs de l'islam moderne. Voir **ISLAM**.

MOHAMMED ALI. (* Cavalla, 1769, † château de Choubra, près du Nil, 2.VIII.1849). Vice-roi d'Égypte (1805/49). Voir **MÉHÉMET-ALI**.

INDE

MOHAMMED DE GHOR († Damyak, 15.III.1206). Prince iranien musulman de Ghor, il entreprit la conquête de l'Inde du Nord-Ouest. Après avoir progressivement occupé le Pendjab, il écrasa les Hindous à la seconde bataille de Taraïn (1192), où Prithvi Raj trouva la mort, et s'empara aisément de Delhi (1192). Il rentra ensuite en Afghanistan, tandis que ses généraux étendaient la conquête jusqu'au Bihar et au Bengale, ravageant partout la brillante civilisation hindoue. Il mourut assassiné par un musulman d'une secte rivale, après avoir fondé le sultanat de Delhi (v.), qui devait subsister jusqu'en 1526.

MAROC

MOHAMMED V BEN YOUSSEF (* Fès, 10.VIII. 1909, † Rabat, 26.II.1961). Sultan (1927/57), puis roi (1957/61) du Maroc. Voir **MAROC**.

MOHAMMED VI (Rabat, 21.VIII.1963). Roi du Maroc (depuis 1999). Fils aîné de Hassan II. Voir **MAROC**.

MOI Daniel Arap (Sacho, district de Barengo, au N. des Hauts Plateaux kényans, III.1924). Homme politique kenyan. Issu de l'ethnie minoritaire kalenjin, il milita pour l'indépendance du Kenya. Président de 1978 à 2002, il exerça le pouvoir absolu pendant 24 ans. Il laissa un pays miné par la corruption, ruiné économiquement et en proie à l'instabilité. Voir **KENYA**.

MOINES. Les moines sont des hommes qui se sont séparés volontairement du monde pour essayer de vivre une vie religieuse parfaite.

Le monachisme non chrétien

La vie monastique est un phénomène qu'on trouve dans toutes les grandes religions. Antérieur au christianisme, il apparut d'abord en Asie. En **Inde**, dès l'époque védique, il était admis qu'un homme, après avoir accompli tous ses devoirs familiaux et sociaux, pouvait choisir l'état d'ermite (*vanaprastha*), qui trouvait son épanouissement dans l'état de renoncement total du *sannyasin*. Mais le monachisme au sens moderne et courant du monde, c'est-à-dire le cénobitisme, n'apparut qu'assez tardivement dans l'hindouisme, pas avant le IXe s. de notre ère. Jusqu'à l'époque contemporaine, l'Inde a vu se former des colonies d'ermites groupés autour d'un sage réputé : un exemple récent est celui de l'ashram d'Aurobindo à Pondichéry.

À la différence de l'hindouisme, le **bouddhisme** fut, dès l'origine, une religion essentiellement monastique. Les seuls vrais bouddhistes, qui peuvent prétendre, à leur mort, à une délivrance immédiate, sans passer par de nouvelles réincarnations, sont les moines qui observent divers commandements, en particulier la pauvreté, la chasteté, la non-violence. À l'origine, les moines bouddhistes (*bhikshu*) menaient une vie de mendiants vagabonds dans les parcs que leur offraient les bienfaiteurs de la communauté ; chacun menait le genre de vie spirituelle qui lui convenait. Dans le cadre de la société indienne, le monachisme bouddhiste, dès les VIe/Ve s. av. J.-C., fut une grande force de libération, car toute distinction de caste y était abolie. Le bouddhisme eut bientôt des monastères permanents et il introduisit la vie monastique dans toute l'Asie du Sud-Est, en Chine, au Tibet, au Japon.

Dans **l'islam**, le mouvement mystique des soufis et derviches a fait apparaître au VIIIe s., des couvents d'hommes, et même, aux XIIIe/XIVe s., des couvents de femmes. À partir du XIIe s., une cinquantaine d'ordres religieux se sont constitués, tels les Kadirites (fondés au XIIe s.), les Rifaïtes ou derviches tourneurs (au XIIe s. également), etc.

Le monachisme chrétien jusqu'à st Benoît (Ier/VIe s.)

C'est en Égypte que le monachisme prit son essor, dans la seconde moitié du IIIe s.

L'appel du désert remplaçait celui du martyre, le renoncement ascétique prenait la place occupée dans les premiers siècles par le témoignage du sang. Les premiers moines furent des solitaires : ermites, reclus, anachorètes. Ils trouvèrent leur modèle dans st Antoine, qui chercha la solitude d'abord près de Memphis puis au Déir el-Arab, près de la mer Rouge. En 315, Pakhôme inaugura en Haute-Égypte la vie communautaire ou cénobitique au couvent de Tabennèse. Sa discipline, particulièrement rude, fut adoucie par st Basile. Ce dernier, après une enquête chez les moines d'Égypte, fonda vers 358 un monastère dans son domaine d'Annési, en Asie Mineure. Les conceptions de Basile sont restées jusqu'à nos jours à la base du monachisme oriental. Celui-ci connut des formes originales (laures palestiniennes) ; le goût de l'érémitisme et des pratiques ascétiques extrêmes (telles celles des stylites, qui passaient leur vie juchés sur une colonne, Ve s.) y resta longtemps très vif. Cependant, la vie monastique s'était développée à Constantinople avec la fondation du monastère de Dalmatios (382), suivie par celle du monastère de Stoudion (463) dont les moines restèrent fidèles à l'orthodoxie, à une époque où leurs confrères syriens et égyptiens soutenaient diverses hérésies ; à partir du IXe s. se constitua le couvent du Mont-Athos, qui devint le principal foyer de la vie monastique en Europe orientale.

L'introducteur du monachisme en Occident fut st Athanase, exilé en 341, lors des persécutions ariennes. En Gaule, st Martin fonda Ligugé (vers 363), puis Marmoutier, près de Tours (vers 372) ; vers la même époque, en Afrique du Nord, st Augustin organisait des monastères à Thagaste puis à Hippone. Après un long séjour chez les moines d'Égypte, Cassien s'installa à Marseille vers 415 et fonda l'abbaye de Saint-Victor. Non loin de Marseille, l'abbaye provençale de Lérins, fondée par st Honorat vers 410, devint un puissant foyer spirituel où se formèrent plusieurs évêques.

Cependant, le monachisme occidental manqua de stabilité ; les moines passaient à leur gré d'une communauté à une autre, en quête de quelque maître spirituel renommé ; beaucoup continuaient à vivre solitaires et errants, sans discipline, et ces « gyrovagues » semaient le trouble et le scandale dans l'Église. Le législateur et l'organisateur du monachisme d'Occident fut st Benoît de Nursie, qui, après une solide formation ascétique et érémitique, fonda vers 529 l'abbaye du Mont-Cassin. St Benoît élabora une règle prudente et équilibrée ; il fit de la stabilité dans le monastère la base de la vie cénobitique et donna aux moines trois grandes tâches, la louange de Dieu (*Laus Dei*), l'étude et le travail manuel ; son monastère, placé sous la ferme direction d'un abbé élu à vie, fut conçu, au point de vue de l'organisation matérielle autarcique comme une unité économique possédant ses champs et ses ateliers. Dans la quasi complète disparition du commerce qui suivit les invasions barbares, le monastère bénédictin devint ainsi le centre d'une économie essentiellement rurale.

Le monachisme occidental après st Benoît

Cependant, la règle bénédictine ne progressa qu'assez lentement.

Le grand âge du monachisme bénédictin (v.) s'étend de l'époque carolingienne au XIIe s. Il fut marqué successivement par la réforme de st Benoît d'Aniane (début IXe s.), par l'essor de Cluny (fondé en 909), puis par l'expansion cistercienne à la suite de la fondation de Cîteaux (1098) et de l'installation de st Bernard à Clairvaux (1115), (v. BÉNÉDICTINS, CLUNY et CISTERCIENS). À la fin du XIIe s., le renouveau de la vie urbaine exigea de nouvelles formes de vie monastique, qui firent une part plus grande à l'apostolat, au détriment de la vie proprement conventuelle, de la liturgie et du travail manuel. Ce fut l'âge des ordres mendiants (v.), où les dominicains (v.) et les franciscains (v.) jouèrent un rôle de premier plan. À la fin du Moyen Âge, les monastères connurent une grave décadence sous le régime de la commende (v.), qui devait subsister jusqu'à la Révolution en 1789.

Les nécessités de la Réforme catholique firent naître, au XVIe s., des congrégations religieuses qui, pour se consacrer entièrement à l'action, renoncèrent, non pas sans doute aux vœux traditionnels de religion, mais aux obligations particulières de la vie monastique. Ce fut la création des ordres de *clercs réguliers* (théatins, barnabites, jésuites).

Au XVIIe s., un réveil de la vie monastique se manifesta par les congrégations bénédictines de Saint-Maur et de Saint-Vanne ; de même, l'ordre cistercien se renouvela dans les Feuillants et dans la Trappe. Puis la vie monastique fut l'objet des attaques furieuses et des diffamations systématiques du parti « philosophique » au XVIIIe s. Non contents de la suppression des jésuites (1773), les esprits éclairés recherchaient la ruine des autres ordres religieux. En Autriche, Joseph II supprima tous les ordres contemplatifs en 1782. En France, fut instituée en 1766 une commission des Réguliers qui fit disparaître neuf congrégations, plus de quatre cents couvents et dispersa dix mille réguliers. Ainsi la monarchie française finissante préparait-elle l'œuvre de la Révolution qui, sous prétexte de respect de la liberté individuelle, abolit les vœux perpétuels (13 févr. 1790) puis supprima toutes les congrégations (oct. 1792). Persécutés, dispersés à travers l'Europe, de nombreux moines maintinrent cependant leur idéal jusqu'à la restauration de leurs congrégations au XIXe s. Voir ABBAYES.

MOÏSE (XIIIe s. av. J.-C. ?). Législateur d'Israël. Selon la tradition, ce fut un Hébreu élevé à la cour du pharaon et formé dans la culture égyptienne ; il avait quarante ans lorsqu'il s'enfuit à Madian, dans le sud de la Palestine. Il découvrit sa vocation dans la solitude du Sinaï, dirigea la sortie d'Israël de l'Égypte, donna à son peuple les Tables de la Loi que Yahvé lui inspira et fit confectionner le Tabernacle, où fut enfermée l'arche de l'Alliance. Après avoir passé quarante ans dans le désert avec les Hébreux, il reprit à leur tête la marche vers la Terre promise mais mourut avant d'entrer dans le pays de Canaan. Moïse ne nous est connu que par les livres du Pentateuque, que la tradition lui attribuait, ce que rejettent aujourd'hui la majorité des exégètes. Moïse n'est-il qu'une figure légendaire ou s'agit-il d'un réformateur qui a réellement modifié la vie sociale et religieuse de certains groupes d'Hébreux à qui se rallièrent ensuite leur coreligionnaires ?

MOLAY Jacques de (* Molay, Franche-Comté, vers 1243, † 19.III.1314). Templier français. Grand maître de l'ordre (1298), il fut livré au bûcher en 1314. Voir TEMPLIERS.

MOLDAVIE, *Republica Moldova*. État de l'Europe du Sud-Est, enclavé entre l'Ukraine et la Roumanie ; capitale *Chisinau*, ancienne *Kichinev*. Elle forma, de 1359 à 1859, une principauté qui devint vassale des Turcs en 1538. En 1859, les deux principautés de Moldavie et de Valachie s'unirent pour former la Roumanie (v.). Rattachées à la Roumanie en 1918, la Bessarabie et la Bucovine furent annexées en 1940 par l'URSS, qui forma avec la plus grande partie de la Bessarabie la République fédérée de Moldavie, au sein de l'Union soviétique. Le 27 août 1991, en quittant l'ex-URSS devenue CEI (v.), la Moldavie accéda à l'indépendance. Jusqu'en juill. 1992, des affrontements sanglants ont opposé roumanophones et russophones, ces derniers bénéficiant du soutien de l'Ukraine voisine et de la Russie.

Après l'échec d'une réunification avec la Roumanie, la Moldavie a adhéré à la CEI (1993). En 1994, elle a promulgué une nouvelle Constitution qui accordait aux minorités russophones et turcophones un statut particulier d'autonomie.

Depuis, la Moldavie connaît une situation économique difficile, aggravée par son contentieux avec la Roumanie, dont elle dépend pour ses besoins énergétiques.

MOLÉ Matthieu (* Paris, 1584, † Paris, 3.I.1656). Procureur général (1614), puis premier président (1640), joua durant la Fronde un rôle modérateur et s'opposa aux violences de ses confrères et des bourgeois parisiens, ce qui le mit plusieurs fois en péril d'être massacré. Après avoir négocié la paix de Rueil (1649), il devint garde des Sceaux en 1651.

MOLLAH (ou *mulla* ou *mullah*, de l'aryen *mawla*, « seigneur »). Titre honorifique donné à des personnages religieux musulmans, notamment les dignitaires religieux chiites duodécimains. Théologiens et docteurs de la foi, ils sont en Iran environ 180 000, constituant la base de la hiérarchie religieuse chiite.

MOLLET Guy (* Flers, 31.XII.1905, † Paris, 3.X. 1975). Homme politique français. Maire d'Arras en 1945, député du Pas-de-Calais et secrétaire général de la SFIO en 1946, il fut ministre d'État dans les gouvernements Blum (1946/47), Pleven (1950/51) et vice-président du Conseil du cabinet Queuille (1951). Président du Conseil (janv. 1956/mai 1957), il dut affronter les développements de l'affaire algérienne, face aux partisans de l'« Algérie française », d'une part, et aux nationalistes algériens, de l'autre. Pour affaiblir le soutien que l'Égypte apportait à ces derniers, Guy Mollet décida, en nov. 1956, d'intervenir de concert avec les Britanniques, après l'offensive des troupes israéliennes en oct. sur le canal de Suez (v.) dont Nasser avait décrété la nationalisation (26 juill.). Mais l'intervention diplomatique de l'URSS et des États-Unis réduisit à néant les bénéfices stratégiques que G. Mollet comptait tirer de cette opération. Dépassé par le conflit algérien, le gouvernement Mollet favorisa néanmoins l'évolution vers l'indépendance des colonies (v.) africaines par la loi-cadre Defferre. Vice-président du cabinet Pflimlin en 1958, G. Mollet consentit au recours à de Gaulle, qui le fit ministre d'État (juin 1958/janv. 1959). Il passa à l'opposition en 1962.

MOLOTOV, Viatcheslav Mikhaïlovitch Scriabine, dit (* Kukarka, 9.III.1890, † Moscou, 10.XI. 1986). Homme politique russe. Militant bolchevik dès l'âge de seize ans, membre du Comité central du parti en 1921, du Politburo, en 1926, puis président du Conseil des commissaires du peuple (1930/41), jusqu'à ce que Staline s'attribue ce titre, Molotov remplaça Litvinov aux Affaires étrangères (mai 1939) et, fidèle exécutant de Staline, signa avec von Ribbentrop le pacte germano-soviétique. Après la mort de Staline, il fut accusé, en 1957, d'avoir formé, avec Kaganovitch et Malenkov, le « groupe antiparti » qui fut éliminé du Présidium et du Comité central. Exclu du parti en 1964, il fut réintégré en 1984.

MOLTKE Helmuth, comte von (* Parchim, 26.X.1800, † Berlin, 24.IV.1891). Feld-maréchal prussien. Attaché depuis 1832 au grand état-major, il effectua de 1835 à 1839 une mission en Turquie et participa aux campagnes contre les Kurdes et contre Méhémet-Ali. Revenu en Allemagne en 1840, il devint chef du grand état-major en 1858 et fut le promoteur de l'importante réforme militaire imposée par Bismarck, en dépit de l'opposition parlementaire en 1862. Véritable créateur de la stratégie prussienne, qu'il sut transmettre aux officiers, Moltke fut à l'origine des succès foudroyants remportés contre l'Autriche en 1866 et contre la France en 1870. Moltke a écrit de nombreux ouvrages de stratégie et d'histoire militaire, en particulier une histoire de la guerre de 1870/71 (*Gesammelte Schriften und Denkwürdigkeiten*, 1891/93).

MOLUQUES (îles), *Maluku.* Archipel indonésien situé entre les Célèbes et l'Irian Jaya ; capitale *Ambon* ou Amboine (Sud). Dès le Moyen Âge, ce fut un des principaux centres du commerce des épices, visité régulièrement par les navigateurs javanais, japonais et arabes. Des marchands du Gujerat y introduisirent l'islam au XVe s. Les Portugais découvrirent les Moluques dès 1512. À partir de 1599, les Hollandais prirent pied sur les Moluques, dont ils éliminerent les Anglais qu'ils massacrèrent à Amboine en 1623, puis les Portugais (1641). La Compagnie hollandaise des Indes orientales monopolisa alors le commerce des épices, un monopole aboli en 1864. Les Moluques furent occupées par les Anglais de 1796 à 1814 et par les Japonais de 1942 à 1944. Aux prises avec le soulèvement indonésien conduit par Soukarno, les Hollandais favorisèrent, en avr. 1950, la création, dans les Moluques du Sud, d'une République moluquoise indépendante. Mais en nov. 1950, cet État éphémère fut intégré dans la république unifiée d'Indonésie.

De 1999 à 2002, les Moluques ont connu des affrontements sanglants qui firent entre 6 000 et 8 000 victimes, provoquèrent de nombreuses destructions et des déplacements massifs de population. Les causes du conflit furent à la fois religieuses, ethniques et politiques.

MOMIE. Le terme dérive du mot persan *mummya* qui signifie « bitume », « asphalte ». Il fut appliqué aux momies des anciens Égyptiens à cause de leur aspect noirâtre dû plus à l'effet du natron et de la résine qu'à celui du bitume dont l'usage ne se répandit véritablement dans les ateliers d'embaumement qu'à partir de la Basse Époque (664-332 av. J.-C.).

À la fin de la préhistoire, les Égyptiens enterraient leurs morts dans des fosses aménagées dans le sable qui étaient ensuite recouvertes de monticules de pierres. Grâce à cet environnement sain et sec, le corps se desséchait et se momifiait naturellement. Lorsqu'à la fin de l'époque prédynastique (4000-3100 av. J.-C.) apparurent les premiers mastabas (v.), le corps fut déposé dans une salle remplie d'air où il se décomposa. Ce fut alors que les Égyptiens imaginèrent un procédé artificiel pour préserver les cadavres. En procédant par tâtonnement, ils élaborèrent progressivement une technique qui fut parfaitement au point au Nouvel Empire (1550-1070 av. J.-C.). Il fallait préserver le corps car, après la mort, il servait de support à la réunion de tous les éléments, matériels et immatériels (comme le *ka*, la force vitale, ou le *ba*, l'âme) composant la personne humaine, réunion indispensable à la survie du défunt. Seuls les dignitaires avaient accès à la momification complète décrite ici qui était très coûteuse.

Rituel religieux, la momification était confiée à des prêtres embaumeurs qui récitaient les formules et prières appropriées. Ils œuvraient dans les nécropoles, généralement situées à l'O. du Nil du côté où le soleil se couche. Le plus souvent, ils travaillaient sous une tente, la *ouabet,* ou « place pure », qu'ils déplaçaient de tombe en tombe.

Le corps décervelé et éviscéré était allongé quarante jours dans une cuve où on le recouvrait complètement de natron (carbonate de sodium). Les chairs desséchées et raidies étaient ensuite assouplies à l'aide d'onguents et la cavité abdominale vidée et nettoyée puis bourrée de tissus ou de sciure de bois. L'opération finale était le bandelettage avec de fines bandes d'étoffe de lin. Pour finir, les prêtres emmaillotaient la momie dans des linceuls et revêtaient sa tête d'un masque funéraire dont le plus bel exemple est le masque en or massif du roi Toutankhamon.

Les embaumeurs momifièrent aussi les animaux sacrés dans lesquels s'incarnaient les dieux. Au Ier millénaire av. J.-C., les Égyptiens qui subirent plusieurs siècles de domination et d'invasion étrangère trouvèrent refuge dans la religion. Ils eurent une dévotion particulière pour toute l'espèce à laquelle appartenait l'animal sacré de telle ou telle divinité. C'est ainsi que les archéologues ont découvert, à Tounah el-Gebel et Sakkara, par exemple, des cimetières de chats et d'ibis qui contenaient plusieurs millions de momies de ces animaux dont certaines étaient d'ailleurs factices.

En Amérique du Sud, dans les Andes, des peuples du Pérou et du Chili ont desséché leurs morts au soleil vers 3000 av. J.-C. La tradition se maintint sous les Incas qui ont momifié soigneusement leurs empereurs en pratiquant notamment l'éviscération, le fumage et l'onction avec des huiles et des résines. Le climat très sec de la côte du Pérou a favorisé la conservation des momies andines. En Europe, à partir de la fin du XVIe s., les moines de Palerme en Sicile ont inventé un procédé secret pour embaumer leurs frères puis les plus riches citoyens. Les momies étaient installées dans les catacombes où elles recevaient la visite de leur famille. Cette pratique s'est poursuivie jusqu'au début du XXe s. Parmi les momies résultant d'un processus naturel figurent les corps ensevelis dans les tourbières de l'Europe du Nord dont certains remontent au

VIe s. av. J.-C., ou encore l'homme, surnommé Oetzi (v. **HIBERNATUS**), retrouvé en 1991 dans les Alpes à la frontière italo-autrichienne après un séjour de quelque 5 300 ans dans les glaces.

MONACO. Petite principauté d'Europe, sur la Méditerranée, enclavée dans le département français des Alpes-Maritimes ; capitale *Monaco*. Ancienne colonie phénicienne, elle fut occupée par les Romains au Ier s. av. J.-C. et prit le nom de *Portus Herculis Monœci*. Elle subit les ravages des Sarrasins, puis fut donnée aux Génois par l'empereur Henri VI en 1191. Chassée de Gênes en 1297, la famille guelfe des Grimaldi s'établit à Monaco, mais sa position resta contestée jusqu'au début du XVe s. En 1641, par le traité de Péronne, Honoré II plaça Monaco sous le protectorat français, obtenant en retour la reconnaissance de la possession de Menton et de Roquebrune. La ligne mâle des Grimaldi s'éteignit en 1731, mais le comte de Goyon Matignon, qui avait épousé en 1715 l'héritière de la maison, prit alors le nom de Grimaldi. La principauté fut placée en 1815 sous la protection du roi de Sardaigne. En 1848, Menton et Roquebrune firent sécession et se donnèrent à la Sardaigne ; elles furent annexées à la France en 1861 et le prince de Monaco céda ses droits sur ces deux villes contre une forte indemnité.

Grâce au casino de Monte-Carlo, Monaco devint dans la seconde moitié du XIXe s. un lieu de plaisance attirant les plus riches touristes du monde entier. Les accords de 1918 firent de la France l'héritière de la principauté en cas d'extinction de la dynastie, l'autonomie de Monaco se trouvant cependant préservée. Depuis 1949, le prince Rainier III règne sur Monaco. Les rapports entre Monaco et la France sont régulièrement affectés par des différends fiscaux et douaniers.

MONGE Gaspard (* Beaune, 10.V. 1746, † Paris, 28.VII.1818). Mathématicien français. Fils d'un pauvre marchand forain, il fut l'élève des oratoriens puis de l'école militaire de Mézières, où il devint en 1766 répétiteur de mathématiques et, deux ans plus tard, professeur. Ses premiers travaux le firent entrer dès 1780 à l'Académie des sciences. Professeur d'hydrodynamique à l'école fondée au Louvre par Turgot, il devint en 1783 examinateur de la marine. Partisan ardent de la Révolution, lié avec les Girondins, il devint ministre de la Marine (août 1792/avr. 1793) et organisa des poudreries et des fonderies de canons. Il contribua ensuite à la fondation de l'École normale et de l'École polytechnique, accompagna Bonaparte en Égypte (1798/99), où il devint président de l'Institut du Caire, sénateur et comte de Péluse. La Restauration lui enleva ses charges et son titre de membre de l'Institut. Monge est le créateur de la géométrie descriptive. Ses cendres furent transférées au Panthéon en 1989.

MONGKA Khan ou **MANGU Khan** (* 1207, † Hotcheou, Sseu-tch'ouan, 11.VIII.1259). Grand khan des Mongols (1251/59). Voir **MONGOLS**.

MONGOLIE. Vaste plateau (plus de cinq fois la France) d'Asie centrale situé entre la plaine sibérienne russe et le plateau himalayen du Tibet, composé des chaînes de l'Altaï (N.-O.), du désert de Gobi (centre) et de steppes au S. Habité depuis le paléolithique (– 100 000 à – 20 000 ans), le désert de Gobi entre dans l'Histoire avec les envahisseurs Hiong-nou (Xiongnu), repoussés au IIIe s. avant notre ère par les Chinois. Apparentées, les populations Huns (Ve s.), Avars (IXe s.), Khitans (Xe s.) et Tangouts (XIe s.) y précédèrent les Mongols.

Dès le début du XIVe s., la Mongolie fut divisée en deux khanats rivaux : à l'O., celui des Mongols occidentaux ou Oïrats ou encore Kalmouks ; à l'E., celui des Mongols orientaux, où les Khalkhas formaient le groupe le plus important.

L'événement capital de l'histoire de la Mongolie fut la conversion des Mongols orientaux au bouddhisme lamaïque tibétain, à la fin du XVIe s. Cette religion prit rapidement une importance considérable ; de puissants monastères s'établirent à Grand Kouran et à Ourga, qui devinrent des hauts lieux du lamaïsme ; un régime théocratique fut institué en 1602, lorsque l'Église tibétaine reconnut le chef de l'Église de Mongolie comme un « bouddha vivant », le khoutouktou, incarnation de Maitreya, le Bouddha à venir. Il s'établit à Ourga, où il ne cessa de « renaître » jusqu'à la révolution soviétique. Chaque famille devant donner au moins son fils aîné aux monastères, le clergé finit par représenter environ un quart de la population mâle. Le régime théocratique porta un coup mortel à la force guerrière des Mongols. Entre 1635 et 1691, les diverses tribus de l'Est (Tchakhars, Ordos, Khalkha) firent leur soumission aux empereurs chinois mandchous. Quant aux Kalmouks de Mongolie occidentale, ils furent également soumis par la Chine, après de terribles massacres, en 1757.

Au cours du XIXe s., la Mongolie fut un des théâtres de la rivalité russo-chinoise. Les lamas et les féodaux se tournèrent vers la Russie tsariste, qui, en 1911, alors que l'Empire mandchou allait s'effondrer, leur fournit des armes pour se rebeller contre la Chine ; le 18 nov. 1911, la Mongolie-Extérieure (au N.-O.) proclama son indépendance sous la souveraineté du khoutouktou, alors que la Mongolie-Intérieure (au S.-E.) restait fidèle à la Chine ; en fait, dès l'année suivante, les Russes établirent leur protectorat sur la Mongolie-Extérieure. Après la révolution russe, les Chinois (1919), puis le général russe « blanc » Roman von Ungern-Sternberg (1920), envahirent le pays. Mais le chef nationaliste mongol Sükhe-Bâtor s'allia au bolchevik Choibalsan pour constituer un gouvernement révolutionnaire d'abord à Kiakhta, en territoire russe, puis, après la défaite d'Ungern-Sternberg par les troupes soviétiques, à Ourga (juill. 1921).

État de Mongolie. Cet État d'Asie centrale a remplacé l'ancienne Mongolie-Extérieure. Sa capitale est *Oulan-Bâtor*. État théocratique depuis déc. 1912, dirigé par le grand lama Bogd Khan, aussi nommé *khoutouktou* ou *Ondor Gegen* (très saint), la Mongolie vit son indépendance reconnue par l'URSS en mars 1921, sous l'impulsion du héros national Sükhe-Bâtor. Le décès de ce dernier, en 1923, puis celui du monarque, en 1924, permirent la proclamation de la République populaire le 26 nov. , sous la direction du maréchal Horloogiyn Choibalsan. À l'origine des premières purges de 1922, qui firent entre 20 000 et 100 000 morts, ce dernier entreprit d'éradiquer le lamaïsme, ainsi que toute opposition politique. Cette sanglante répression fit disparaître 100 000 personnes en 1937 (sur une population de 700 000 habitants). Choibalsan remplaça aussi l'écriture nationale par le cyrillique (1946). Les traités de 1921, 1934 et 1936, ainsi que la Constitution de 1940, achevèrent d'inféoder la Mongolie à l'Union soviétique. Admise à l'ONU en 1961, la Mongolie-Extérieure ne fut pas intégrée à l'URSS comme le souhaitait Yumjaagyin Tsedenbal, qui succéda à Choibalsan en 1952, mais son PNB dépendait pour moitié de l'aide soviétique et son commerce extérieur à 95 % des pays frères.

Les élections de juill. 1990 au « Grand Khoural » (Parlement) ont vu la victoire des communistes réformistes du parti populaire révolutionnaire mongol (PPRM) et l'élection de leur dirigeant à la présidence de la République. Celui-ci parvint à mener à bien un ambitieux programme de privatisation (commençant par celle du cheptel de yaks) et de réformes économiques. Une nouvelle Constitution, d'inspiration démocratique, a été adoptée en févr. 1992. La Mongolie est ainsi le seul cas de transition réussie et non violente du communisme à la démocratie dans cette région du monde. Au mois de juill. 1996, les législatives furent remportées par une coalition, dite « Union démocratique », formée des deux principaux mouvements d'opposition. Un bras de fer entre les partis démocrates et ex-communistes s'est engagé en 1998 et a paralysé la politique mongole, tandis que la sécheresse de 1999 et l'hiver très rigoureux qui suivit, en provoquant la mort de millions de têtes de bétail, menaçaient de famine les habitants, en particulier les nomades qui formaient encore le quart de la population. Les législatives de juin 2000 furent gagnées par le PPRM. Un de ses dirigeants devint Premier ministre.

Mongolie-Intérieure. *Neimenggu* en chinois. Cette région autonome de la Chine depuis 1947 a pour capitale *Hohhot*. Dominée par les Mandchous à partir de 1635, la Mongolie devint formellement indépendante avec la proclamation de la République chinoise en 1911, mais en 1912, les princes de Mongolie-Intérieure se rallièrent à la république chinoise. Les frontières entre la Mongolie-Extérieure, l'actuel État de Mongolie, et la Mongolie-Intérieure, intégrée à la Chine, furent fixées par le traité de Kiakhta en 1915. Après 1949, l'industrialisation de la Mongolie-Intérieure a rapidement progressé, grâce notamment aux immigrants chinois (pas toujours volontaires). La question du nationalisme Grand-mongol, qui a resurgi avec violence lors des troubles de 1990/92, pose à Pékin le problème de la consolidation de sa périphérie. La région souffrait par ailleurs d'un retard de développement important par rapport aux autres provinces de la Chine.

MONGOLS. Peuple de haute Asie vivant aujourd'hui principalement en Mongolie, en Chine et au S. de la Sibérie. Au point de vue linguistique, les Mongols appartiennent à la famille altaïque, qui comprend également les Turcs et les Toungouses (Mandchous). L'habitat primitif des Mongols proprement dits semble devoir être situé au S.-E. du lac Baïkal, dans le bassin supérieur des rivières Onon et Kéroulen. Vers la fin du XIIe s., les tribus mongoles s'échelonnaient sur tout le territoire de l'actuel État de Mongolie (ex-Mongolie-Extérieure), depuis le N. de la Mandchourie jusqu'au-delà du lac Baïkal. Leur genre de vie les divisait en deux groupes : au N., dans la région du Baïkal, aux confins de la taïga sibérienne, des tribus forestières, qui vivaient de la chasse et habitaient dans des huttes de branchages ; au S., dans la vaste steppe qui s'étend en bordure du désert de Gobi, des tribus de pasteurs nomades, éleveurs de bovins, de moutons, de chameaux et de petits chevaux, transhumant dans des chariots, à la recherche de pâturages et de points d'eau. Ils ignoraient l'écriture, la vie urbaine, l'agriculture ; ils n'avaient qu'un artisanat rudimentaire (principalement celui du cuir). Mais ces Mongols étaient des cavaliers et des archers incomparables ; la mobilité extrême de leur cavalerie allait leur donner un avantage stratégique énorme sur tous leurs adversaires.

Gengis Khan et ses successeurs immédiats (1206/60)

Depuis les temps les plus reculés, les peuples nomades de Mongolie avaient constitué une menace redoutable pour les pays sédentaires de l'Asie orientale. Afin de se protéger des incursions des Hiong-nou (que l'on assimile parfois aux Huns), l'Empire chinois de Ts'in Che Houang-ti (ou Qin Shi Huangdi) avait entrepris, à la fin du IIIe s. av. J.-C., la construction de la Grande Muraille. Réduits longtemps à l'impuissance par les guerres continuelles qui opposaient leurs tribus et leurs clans, les Mongols firent leurs premières tentatives pour s'organiser en État au cours du XIe s. Mais le premier royaume mongol, aux prises avec les Tatars et les Djurtchèt, disparut vers 1160.

C'est Témoudjin dit Gengis Khan qui réussit à refaire l'unité des tribus mongoles, au début du XIIIe s. En 1206, il fut reconnu comme khan suprême des Mongols. Dès ce moment, Gengis Khan se considéra, sans doute sous l'influence de conceptions politiques chinoises, comme un « souverain universel » (telle est d'ailleurs la signification de son titre de *gengis khan*, « seigneur de la mer »). Poussés à la fois par des raisons économiques et par une sorte de messianisme politique, les Mongols partirent à la conquête du monde. Gengis Khan attaqua la Chine septentrionale, s'empara de Pékin (1215), puis, se retournant vers l'Ouest, il lança ses cavaliers en Asie centrale, détruisit l'empire des Kara-Kitai (1218) et le sultanat turc du Khorezm (1221). Exterminant les populations qui leur résistaient, répandant partout la terreur, les Mongols anéantirent de brillants foyers de civilisation tels que Boukhara, Samarkand, Balkh, Merv. Deux lieutenants de Gengis Khan, Djèbè et Suboetèi, entreprirent avec 20 000 cavaliers un raid immense en direction de l'ouest, traversant l'Iran occidental, la Géorgie, le Caucase, avant de déboucher dans les steppes de l'Ukraine (1221/22). Après avoir tout saccagé sur leur passage, ils rejoignirent Gengis Khan en Mongolie.

À la mort de Gengis Khan (1227), l'Empire mongol s'étendait de la mer Caspienne et du nord de l'Inde à la Mandchourie. Toute l'Asie continentale, en ruine, se trouvait ainsi sous la domination mongole. Cet empire était organisé sur la base d'une hiérarchie féodale, unie par le lien de la fidélité des nobles au grand khan. Dans cette première période, il n'y avait encore à peu près aucune organisation politique centralisée ; les populations conquises étaient considérées comme la propriété personnelle des chefs militaires mongols, qui les exploitaient à leur gré. Cependant, du vivant même de Gengis Khan, les Mongols commencèrent à se transformer sous l'influence des civilisations supérieures qu'ils avaient ravagées.

Gengis Khan partagea les immenses territoires conquis en apanages, qu'il distribua à ses quatre fils.

À la mort de Gengis Khan, Toloui, son fils aîné, exerça la régence pendant deux ans (1227/29), jusqu'à ce qu'une assemblée générale de la noblesse mongole eût désigné en 1229 comme grand khan le deuxième fils de Gengis, Œgoedèi (1229/41). Sous son règne, la conquête mongole se poursuivit, parallèlement aux progrès de la civilisation. Œgoedèi établit la capitale de son empire à Karakoroum (1235), qui devint une cité fastueuse. Les Mongols achevèrent la soumission de la Perse (1231) et détruisirent l'Empire djurtchèt ou toungouse des Kin, en Chine du Nord (1234). Œgoedèi lança vers l'Europe son neveu Batou Khan, qui se révéla un des plus grands hommes de guerre mongols : après avoir anéanti les Bulgares de la Volga, Batou ravagea tout le nord-est de la Russie (1237/38), brûla Moscou, écrasa les troupes du grand prince Vladimir et s'empara de Kiev (déc. 1240). Poursuivant sa marche vers l'O., il ravagea la Galicie et la Hongrie et s'approchait de Vienne lorsque la mort d'Œgoedèi le décida à arrêter la conquête de l'Europe.

En 1251, le titre de grand khan revint à Mongka, fils de Toloui. Le règne de Mongka (1251/59) marqua l'apogée de l'extension mongole à l'O., le frère cadet de Mongka, Houlègou, nommé gouverneur de la Perse, triompha de la résistance de la secte des Assassins (1256), puis fit la conquête de l'Irak et de la Syrie, s'empara de Bagdad (1258) et renversa le califat abbasside, ce qui lui valut l'appui des chiites musulmans. En même temps, un autre frère de Mongka, Koubilaï, entreprenait la conquête de l'Empire chinois des Song. Mais la mort de Mongka (1259) allait porter un coup d'arrêt définitif à la conquête de l'Asie méditerranéenne par les Mongols. Alors que la route de l'Égypte lui semblait ouverte, Houlègou fut vaincu par les mamelouks (1260) et dut évacuer la Syrie.

Les Mongols en Chine (1260/1378)

Le frère de Mongka, Koubilaï, lui succéda comme grand khan (1260/94) et reprit la conquête de l'Empire des Song (v. CHINE). En se sinisant, Koubilaï s'éloignait des Mongols de la steppe ; en 1267, ceux-ci se révoltèrent contre lui. Koubilaï ne parvint pas à triompher lui-même de cette révolte, qui ne fut écrasée qu'en 1301 par son petit-fils et successeur, le grand khan Timour (1295/1307). Tandis que l'unité de l'empire se désagrégeait ainsi à l'O., les Mongols, au contact de la civilisation raffinée de la Chine, perdirent quelque peu l'énergie de leurs ancêtres. Les princes de la dynastie Yuan (successeurs de Koubilaï), s'abandonnant à une vie débauchée, s'aliénèrent les lettrés et les forces traditionalistes chinoises par le soutien bigot qu'ils donnèrent au bouddhisme lamaïste. En 1368, une révolte nationale chinoise, partie des provinces méridionales, renversa le dernier empereur mongol de Chine, Toghan Timour, qui se réfugia en Mongolie ; la dynastie des Yuan fut remplacée par la dynastie nationale chinoise des Ming (v. CHINE).

Les khanats de l'Asie centrale et occidentale

Lors du partage de l'empire de Gengis Khan, l'ancien territoire des Kara-Kitai, au S. du lac Balkach, avait été attribué à son fils Djaghataï.

Ce **khanat de Djaghataï** s'étendit rapidement sur les actuels Turkestan russe et chinois et sur l'Afghanistan, c'est-à-dire dans des régions où l'islam était déjà solidement implanté. Les Mongols furent bientôt assimilés par le milieu turc musulman ; leur conversion à l'islam se produisit sous les règnes des premiers khans, mais, jusqu'au début du XIVe s., elle rencontra de fortes résistances bouddhistes et chamanistes. À l'O. du khanat, en Transoxiane, s'affirma, à partir de 1370, la puissance de Tamerlan.

Le **khanat de Kiptchak**, le plus occidental des khanats mongols, était issu de l'apanage de Djoetchi et des conquêtes réalisées en Russie par le fils de ce dernier, Batou Khan ; il est connu en Occident sous le nom de Horde d'Or.

En Iran, Houlègou, frère de Mongka, fonda le **khanat de Perse**, connu également sous le nom d'**empire des Ilkhans**. Après la défaite que lui firent subir les mamelouks d'Égypte en 1260, Houlègou dut abandonner la Syrie, mais il conserva l'Irak et la Perse. Adversaire résolu des musulmans, Houlègou se trouva aux prises avec la coalition des Mongols de la Horde d'Or, convertis à l'islam, et des mamelouks d'Égypte. Cette menace poussa Houlègou et ses successeurs à rechercher l'alliance des puissances chrétiennes, de Byzance et des croisés. Dès le règne de Mongka, l'Occident avait, de son côté, essayé de nouer des relations amicales avec les Mongols, dans le dessein à la fois de les convertir et de trouver de puissants alliés contre l'islam. Abaka (1265/82) épousa une fille de l'empereur byzantin Michel Paléologue, et Arghoun (1284/91) envoya en Europe le moine ouïgour nestorien Rabban Bar Sauma, lequel fut reçu par Philippe le Bel, Édouard Ier d'Angleterre et le pape Nicolas IV. Mais ce rapprochement de l'empire des Ilkhans et des chrétiens, sans aucun résultat pratique, fut éphémère. Sous le règne du khan Ghazan (1295/1304), les Mongols de Perse se convertirent à l'islam. La dynastie s'éteignit en 1335, à la mort d'Abou Saïd, et le khanat de Perse cessa bientôt d'exister.

MONK ou **MONCK George, 1er duc d'Albemarle** (* Potheridge, près de Torrington, Devonshire, 8.XII.1608, † Newhall, Essex, 3.I.1670). Général et homme politique anglais. Ayant d'abord pris parti pour Charles Ier, il fut fait prisonnier par Fairfax, commandant de l'armée parlementaire et resta enfermé deux ans (1644/46) à la Tour de Londres. Pour obtenir sa liberté, il fut obligé de se rallier aux Parlementaires. Il servit alors loyalement Cromwell, assura la soumission de l'Écosse (1651), puis remporta dans la Manche une grande victoire navale au cours de laquelle l'amiral hollandais Tromp trouva la mort (31 juill. 1653). De nouveau envoyé en Écosse comme gouverneur (1654/59), il profita de la confusion qui suivit la mort de Cromwell pour entrer en Angleterre à la tête de son armée. Il occupa Londres sans coup férir (févr. 1660). Devenu le maître absolu de la situation, il se rendit compte de l'aspiration profonde du peuple anglais, qui correspondait d'ailleurs à ses propres vues. Ayant convaincu Charles II de publier la déclaration de Breda, il assura la restauration des Stuarts (mai 1660). Fait duc d'Albemarle, il se dévoua, comme gouverneur de la Cité, lors de la peste de Londres (1665), puis commanda la flotte anglaise contre les Provinces-Unies.

MONNET Jean (* Cognac, Charente, 9.XI.1888, † Bazoches-sur-Guyonne, Yvelines, 15.III.1979). Économiste français. Il représenta la France à la commission maritime interalliée durant la Première Guerre mondiale et fut secrétaire général adjoint de la SDN de 1919 à 1923. En 1939, au début de la guerre, il fut nommé président du Comité de coordination économique franco-britannique à Londres. Lors de la défaite française de juin 1940, il inspira le projet d'union politique de la France et du Royaume-Uni que Churchill fit proposer à Reynaud. Envoyé ensuite à Washington par le gouvernement anglais afin de négocier l'achat de fournitures de guerre, il fut chargé de mission à Alger en 1943, s'efforça de réconcilier de Gaulle et Giraud, entra au Comité français de libération nationale et fut chargé par le général de Gaulle d'une mission spéciale aux États-Unis.

Au lendemain de la Libération, il présida le comité qui élabora le premier plan de modernisation et d'équipement, dit plan Monnet (1947/53). Ce plan, avec l'aide du plan Marshall (v.), permit la remise en marche de la production française, qui, en six ans, augmenta de 15 % pour le charbon, de 75 % pour l'électricité, de 140 % pour l'acier, de 150 % pour le ciment. Jean Monnet prit également une part décisive dans l'élaboration du plan Schuman (9 mai 1950), qui fut à l'origine du traité de Paris (1951) instituant une Communauté européenne du charbon et de l'acier. Monnet, qui fut le premier président de la Haute Autorité de la CECA (Communauté européenne du charbon et de l'acier, 1952/55), mérita de partager avec Robert Schuman le titre de « père de l'Europe ». En 1956, il fonda un Comité d'action pour les États-Unis d'Europe.

MONOMOTAPA. Nom d'un Empire bantou (et de son chef) créé au milieu du XVe s. et qui s'étendait sur les territoires de l'actuel Zimbabwe et du sud du Mozambique. Le Monomotapa détruisit le royaume du Zimbabwe, où il établit sa capitale, mais, dès 1490, les provinces méridionales firent sécession, avec à leur tête leur gouverneur, le Changamire. À partir de 1511, les Portugais se firent attribuer l'exploitation des mines, monopolisèrent le commerce et se firent reconnaître suzerains du Monomotapa, qu'ils s'efforcèrent de christianiser. En 1693, le Changamire conquit le territoire du Monomotapa et en chassa les Portugais.

MONOPHYSISME. Hérésie christologique qui ne reconnaissait qu'une seule nature (du gr. *monos*, seul, et *physis*, nature) en Jésus-Christ : la nature divine dans laquelle s'intègre sa nature humaine.

La doctrine fut d'abord soutenue au Ve s. à Alexandrie par le patriarche Dioscore et surtout le moine Eutychès. Malgré la lettre – le *Tome à Flavien* – que le pape st Léon Ier le Grand adressa au patriarche de Constantinople, le monophysisme triompha au synode que le saint pontife appela le « brigandage d'Éphèse » (449). En réponse, le concile de Chalcédoine prit pour règle le *Tome* et déclara que Jésus-Christ « est en deux natures, qui demeurent sans confusion, sans changement, sans division ni séparation ». Les monophysites, qui prétendaient être seulement fidèles à la doctrine de st Cyrille d'Alexandrie dénoncèrent le concile de Chalcédoine comme nestorien (v.).

Au VIIe s., le conflit religieux entre l'Église latine et l'Église d'Orient contribua beaucoup à affaiblir l'Empire byzantin, qui, au même moment, subissait les attaques des Perses et des Arabes ; dans l'espoir de rétablir l'unité de l'Église, désormais menacée en Orient par l'islam, l'empereur Héraclius favorisa la diffusion d'une doctrine plus modérée, le **monothélisme**, qui, à défaut de parler d'une seule nature, affirmait l'existence d'une seule volonté dans le Christ. Encouragé par le patriarche Sergius, Héraclius (610/41) donna sa charte à la nouvelle hérésie avec l'*Ecthèse* (638). Puis l'empereur Constant II, essayant de rétablir la paix sans trancher le débat théologique, interdit de parler d'une ou de deux volontés (648). Cette initiative fut condamnée par le concile du Latran (649) : le pape st Martin Ier et st Maxime le Confesseur, défenseurs de l'orthodoxie, furent alors arrêtés et déportés sur l'ordre de l'empereur. Le monothélisme fut définitivement condamné au VIe concile œcuménique de Constantinople (680/81).

MONOTHÉLISME. Hérésie christologique (V^e-VIIe s.). Voir **MONOPHYSISME.**

MONROE James (* Westmoreland County, Virginie, 28.IV.1758, † New York, 4.VII.1831). Homme politique américain. Élu en 1816, il devint le cinquième président des États-Unis (1817/25). Son message au Congrès du 2 déc. 1823 définit la **doctrine**, dite de **Monroe**, qui stipulait que les États européens ne devaient pas intervenir sur le continent américain et que les États-Unis n'interviendraient pas dans les colonies européennes ni dans les conflits entre les États européens. Cette doctrine, qui fut momentanément abandonnée lors des interventions américaines dans les deux guerres mondiales, servit le développement de l'influence nord-américaine en Amérique latine et justifia encore les interventions à Cuba et à Saint-Domingue, à la Grenade et au Panamá (v. ces noms).

MÔNS. Peuple mongol de l'Asie du Sud-Est, qui, dès le milieu du Ier millénaire de notre ère, était établi en basse Birmanie, avec pour principal centre Thaton, à l'embouchure du Sittang. Ils subirent profondément l'influence du brahmanisme indien et du bouddhisme du Petit Véhicule. Au VIIe s., ils formaient dans tout le bas Ménam le royaume hindouisé de Dvaravati, qui avait sa capitale à Lobpuri. Les Môns fondèrent au début du IXe s. une nouvelle capitale à Pegu. En 1057, le roi birman de Pagan Anawratha, s'étant emparé de Thaton, qui avait refusé de lui communiquer une collection du Tripitaka bouddhiste, déporta à Pagan quelque 30 000 Môns. Cet événement devait avoir une influence capitale sur le développement de la culture birmane ; les Môns conquirent les Birmans au bouddhisme du Petit Véhicule ; les Birmans adoptèrent l'alphabet môn et le pali devint leur langue sacrée.

Avant même la chute de Pagan, les Môns se libérèrent dans la seconde moitié du XIIIe s. Leur nouveau royaume, dont la capitale fut à Martaban, puis à Pegu, connut de grandes heures sous la direction de chefs énergiques tels que Wareru (1287/96), Binnya U (1353/85) et Razadarit (1385/1423) ; en relations régulières avec l'Inde, la Malaisie, l'Indonésie et la Chine, il fit rayonner le message du Petit Véhicule dans toute l'Asie du Sud-Est. La lutte des Môns contre les Birmans se poursuivit sans trêve jusqu'au XVIIIe s. En 1740, ils réussirent à ressaisir leur indépendance, mais en 1757, ils furent complètement écrasés par le chef birman Alaungpaya. La civilisation môn ne se releva jamais de ce désastre.

MONSIEUR. Nom donné à partir de la fin du XVIe s. au frère ou à l'aîné des frères du roi de France ; il fut porté par Gaston d'Orléans sous Louis XIII, Philippe d'Orléans sous Louis XIV, le comte de Provence (Louis XVIII) sous Louis XVI, le comte d'Artois (Charles X) sous Louis XVIII.

Paix de Monsieur (6 mai 1576). Nom donné à la paix signée avec les protestants par l'intermédiaire du duc d'Alençon, frère d'Henri III, à Châtenoy près de Château-Landon : le duc d'Alençon recevait en sus de ses apanages l'Anjou, la Touraine et le Berry ; le roi de Navarre obtenait le gouvernement de la Guyenne et Condé celui de la Picardie ; les protestants se voyaient accorder le libre exercice du culte dans tout le royaume, sauf à Paris, et de nombreuses places de sûreté dans tout le Midi. Cette paix souleva l'indignation des catholiques et provoqua la formation de la Ligue.

MONTAGNARDS. Nom donné par des journalistes, d'abord par dérision, à des députés de la Législative connus pour leurs opinions extrémistes et qui siégeaient sur les plus hauts bancs de l'assemblée. Les Montagnards ne formèrent jamais un groupe homogène et organisé. On y trouvait des hommes d'origines et de caractères très divers, idéalistes sincères ou aventuriers, avocats, journalistes, aristocrates ralliés à la Révolution, prêtres défroqués... Leur recrutement social était proche de celui des Girondins ; ils n'avaient pas de programme économique et social et ne songeaient nullement à supprimer la propriété ; ils représentaient, au contraire, la moyenne bourgeoisie d'acquéreurs de biens nationaux, dont la fortune était désormais liée à celle de la Révolution. Mais, à la différence des Girondins, les Montagnards, lors des élections à la Convention, qui eurent lieu en sept. 1792, bénéficièrent surtout des suffrages parisiens. D'abord peu nombreux (environ une centaine de députés sur 749), ils furent amenés à s'appuyer sur les sections parisiennes et les clubs pour intimider leurs adversaires, et à adopter certaines revendications populaires.

Les Montagnards les plus célèbres furent Collot d'Herbois, Barras, Fouché, Billaud-Varenne, le peintre David, Camille Desmoulins, Fabre d'Églantine, Le Bas, Couthon, Saint-Just ; les grands chefs de la « Montagne » furent trois députés de Paris, Robespierre, Danton et Marat. Après avoir éliminé la Gironde (2 juin 1793), les Montagnards, dont le nombre s'était grossi par le ralliement de nombreux hommes du centre et même de Girondins, commencèrent à se déchirer entre eux. Robespierre triompha des hébertistes et des dantonistes (mars/avr. 1794), mais c'est au sein de la Montagne que se forma le complot qui aboutit à sa chute (9 thermidor an II, 27 juill. 1794). Voir **JACOBINS**.

MONTAGNE BLANCHE, *Bila Hora*. Colline de Tchécoslovaquie, en Bohême, à proximité de Prague. C'est là que les Impériaux, commandés par Tilly, écrasèrent l'armée protestante tchèque (8 nov. 1620). Cette bataille, la première de la guerre de Trente Ans, mit fin pour trois siècles à l'indépendance de la Bohême.

MONTALEMBERT, Charles Forbes, comte de (* Londres, 29.V. 1810, † Paris, 13.III.1870). Homme politique français. Il rejoignit Lamennais et Lacordaire dans le groupe de *L'Avenir*, journal des catholiques libéraux. En 1831, il ouvrit, avec Lacordaire et de Coux, une école catholique libre à Paris, ce qui lui valut d'être traduit devant la Chambre des pairs (où il venait d'entrer par la mort de son père) ; il y prononça, en faveur de la liberté religieuse, un discours retentissant qui le rendit célèbre.

Catholique libéral et ultramontain, il fut à la Chambre des pairs un des chefs de l'opposition à la monarchie de Juillet, et prononça d'éloquents discours en faveur de la liberté religieuse, de la liberté de l'enseignement, des catholiques suisses, de l'indépendance de la Pologne... Proche des conservateurs après les journées de Juin (v.), il revint ensuite aux idées libérales de sa jeunesse : en 1863, il réclama dans un célèbre discours « l'Église libre dans l'État libre », et, lors du premier concile du Vatican, il se montra hostile à l'infaillibilité pontificale.

MONTCALM DE SAINT-VÉRAN Louis Joseph, marquis de (* château de Candiac, près de Nîmes, 28.II.1712, † Québec, 14.IX.1759). Général français. Entré dans l'armée à l'âge de quinze ans, il reçut en 1756 le commandement des troupes françaises au Canada, s'empara du fort d'Oswego (1756), puis du fort William Henry (1757), où il ne put empêcher les Indiens auxiliaires de la France de massacrer les prisonniers anglais. En 1758, il défendit héroïquement Ticonderoga (fort Carillon) avec des forces dérisoires, mais dut ensuite abandonner Louisbourg et fort Duquesne. Il fut mortellement blessé en défendant Québec, alors que ses troupes se débandaient devant les Anglais de Wolfe, qui avaient reçu d'importants renforts (1759).

MONTE ALBÁN. Ancienne ville du sud-est de la vallée de Mexico, située près d'Oaxaca, capitale de l'État du même nom. Monte Albán fut d'abord un centre administratif fondé vers 500 av. J.-C. par les populations proches des Olmèques de la vallée de l'Oaxaca. Parmi les monuments publics et religieux figurait le monument appelé « Galerie des Danseurs » à cause des dalles de pierre encastrées dans ses murs qui figuraient des prisonniers sacrifiés et commémoraient guerres et conquêtes. Entre 300 et 500 av. J.-C., Monte Albán subit l'influence de Teotihuacán, culture du nord de la vallée de Mexico. Elle fut ceinte d'une puissante muraille et s'enrichit de bien d'autres monuments comme l'édifice du jeu de balle et les tombes des dirigeants au riche équipement funéraire. Elle atteignit son apogee entre 550 et 800 apr. J.-C., époque de la présence des Zapotèques et compta alors jusqu'à 25 000 âmes. Un moment déserté par la plus grande partie de ses habitants, le site fut adopté comme centre religieux par les Mixtèques, venus du Nord qui, vers 900, se mêlèrent aux Zapotèques. Quelques tombes princières de cette époque ont livré récemment certains des plus beaux trésors du Mexique précolombien. Au XVe s., Zapotèques et Mixtèques passèrent sous le contrôle des Aztèques avant de subir la domination espagnole au siècle suivant.

MONTÉNÉGRO, en serbe *Crna Gora*, c'est-à-dire la *Montagne Noire*. Ancien État indépendant de l'Europe méridionale et aujourd'hui État de la (nouvelle) république fédérale de Yougoslavie, dans les régions montagneuses du S.-O. aux confins de l'Albanie. Après avoir formé dans la Grande Serbie la principauté semi-indépendante de la Zéta, les Monténégrins, retranchés dans leurs montagnes, menèrent pendant des siècles une farouche résistance contre les Turcs. En 1516, la dynastie des Crnojévitch laissa le pouvoir aux métropolites de Cetinje, qui, sous le titre de *vladikas* gouvernèrent la principauté monténégrine jusqu'au XIXe s. Danilo Ier (1697/1735), aidé par Venise et par la Russie, procéda à un massacre général des musulmans, repoussa les Turcs et décréta la succession épiscopale héréditaire dans sa famille, d'oncle en neveu (les métropolites ne pouvant se marier).

La lutte du Monténégro contre les Turcs resta désormais fondée sur l'alliance avec la Russie. Danilo II (1851/60), refusant l'épiscopat, sécularisa la principauté. Son successeur, Nicolas Ier (1860/1918), déclencha en 1876 de nouvelles hostilités contre les Turcs et obtint au congrès de Berlin (1878) d'importants accroissements territoriaux. Nicolas Ier, qui régnait en despote éclairé et s'attachait à la modernisation de son pays, prit le titre de roi en 1910. Le Monténégro se rangea aux côtés de la Serbie contre l'Autriche en 1914 et, au début de 1916, fut conquis par les Autrichiens. En nov. 1918, l'assemblée de Podgoritza proclama la réunion du Monténégro et de la Serbie, et Nicolas Ier se trouva déposé. Le Monténégro fut ainsi englobé dans la Yougoslavie. Après l'effondrement de cet État sous les coups de la Wehrmacht, en avr. 1941, le pays fut occupé par l'Italie, qui essaya de reconstituer sous son protectorat un Monténégro indépendant. En janv. 1946, il devint l'une des six républiques de la Fédération de Yougoslavie. En mars 1992, le Monténégro choisit, par référendum, de rester lié à la Serbie. Les deux républiques formèrent, en avr. 1992, une nouvelle République fédérale de Yougoslavie. Après l'élection présidentielle d'oct. 1997, qui porta à la présidence du Monténégro Milo Djukanovic, la république monténégrine prit ses distances avec le pouvoir serbe, notamment en 1999, lors du conflit du Kosovo. Malgré la chute de S. Milosevic en oct. 2000, le président Djukanovic annonça la tenue d'un référendum sur l'indépendance pour 2001.

MONTESPAN, Françoise Athénaïs de Rochechouart de Mortemart, marquise de (* château de Lussac-les-Châteaux, Poitou, 5.X.1641, † Bourbon-l'Archambault, 27.v. 1707). Dame française. Dès 1667, elle fut secrètement la maîtresse de Louis XIV et devint la favorite officielle en 1670. Mme de Montespan, qui avait eu pour fils légitime le duc d'Antin, donna au roi huit enfants. Deux moururent en bas âge ; les six autres furent légitimés, dont Mlle de Nantes, qui devint duchesse de Bourbon (1673), et Mlle de Blois (1677), qui devint la femme du duc d'Orléans, futur régent. Acceptée et encensée par toute la cour, Mme de Montespan fut même nommée surintendante de la maison de la reine (1680). Mais peu à peu le roi se lassa d'elle et favorisa Mme de Maintenon. Compromise dans l'affaire des Poisons par ses relations avec la Voisin (1680), victime des intrigues de Louvois, elle resta cependant à la cour jusqu'en 1691. Elle se réfugia ensuite dans la piété.

MONTESQUIEU, Charles Louis de Secondat, baron de La Brède et de (* château de La Brède, 18.I.1689, † Paris, 10.II.1755). Écrivain et philosophe politique français. D'une famille de magistrats, président à mortier au parlement de Guyenne (1716), il se fit connaître comme écrivain par ses *Lettres persanes* (1721), satire du monde de la Régence. De 1728 à 1731, il voyagea à travers l'Europe pour étudier les lois et les institutions politiques avant de séjourner pendant deux ans en Angleterre, où il fut séduit par le système constitutionnel britannique. Rénovateur du genre historique dans ses *Considérations sur les causes de la grandeur et de la décadence des Romains* (1734), il publia en 1748 son ouvrage politique essentiel, *L'Esprit des lois*. Il y montre son aversion pour le despotisme et sa préférence, non pour le régime démocratique, qu'il ne croit possible que dans de petites cités, mais pour un « gouvernement modéré », où « le pouvoir arrête le pouvoir » et où l'autorité du souverain est équilibrée par des corps intermédiaires et par une aristocratie consciente de son rôle et gardienne des libertés. Après Locke, Montesquieu s'est fait le théoricien de la séparation des trois pouvoirs. Il a préconisé la tolérance religieuse, dénoncé la torture, l'esclavage et la traite des Noirs. Ses idées devaient inspirer les monarchistes constitutionnels au début de la Révolution.

MONTEZUMA ou **MOCTEZUMA.** Nom de deux souverains aztèques, Montezuma Ier (1440/69) et Montezuma II (1502/20). Voir AZTÈQUES.

MONTFORT. Famille seigneuriale remontant au XIe s. et dont plusieurs membres jouèrent un rôle important dans l'histoire de la France et de l'Angleterre.

Simon IV le Fort, baron, puis **comte de Montfort** (* vers 1160, † Toulouse, 25.VI.1218). Après s'être distingué en Palestine lors de la quatrième croisade, fut élu à son retour, en 1208, chef de la croisade formée contre les albigeois. Il mena cette guerre avec autant de brutalité que de courage, dévasta Béziers (1209), prit et mit à sac Carcassonne et remporta sur Pierre II d'Aragon la bataille de Muret (1213). Il acquit de vastes domaines arrachés à Raymond-Roger, vicomte de Béziers et de Carcassonne, et à son oncle Raymond VI de Toulouse, et s'en fit reconnaître la possession par Innocent III au concile du Latran (1215). Mais il dut faire face à la révolte des populations, qui le chassèrent de Toulouse, et il fut tué d'un coup de pierre en essayant de reprendre cette ville.

Simon de Montfort, comte de Leicester (* vers 1200, † Evesham, 4.VIII.1265). Quatrième fils de Simon IV le Fort, il tenait le titre de comte de Leicester de sa grand-mère, Amicia de Beaumont, sœur et cohéritière de Robert, comte de Leicester. Henri III le nomma en 1248 gouverneur de l'Aquitaine. Son gouvernement énergique souleva les plaintes de ses administrés et il dut abandonner son poste en 1252/53. La mauvaise administration d'Henri III créant en Angleterre un mécontentement grandissant, Simon de Montfort, en 1258, prit la tête du mouvement des barons, qui imposa au roi la convocation d'un Parlement extraordinaire à Oxford et lui arracha les concessions connues sous le nom de *Provisions d'Oxford*. L'arbitrage rendu par le roi de France Saint Louis sous le nom de *mise d'Amiens*, entièrement favorable au roi, n'eut d'autre résultat que de déclencher la *guerre des Barons* (1264/67). Par sa victoire de Lewes (14 mai 1264), Simon de Montfort se trouva le maître de l'Angleterre et il convoqua en 1265 un Parlement où furent admis, avec le clergé et la noblesse, des représentants des bourgs. Mais cette initiative hardie vers une monarchie parlementaire était encore prématurée, et Simon de Montfort, abandonné par une partie des barons, fut vaincu et tué par les royalistes à la bataille d'Evesham.

MONTGOLFIER Joseph Michel (* Vidalon-lès-Annonay, Ardèche, 26.VIII.1740, † Balaruc-les-Bains, Hérault, 26.VI.1810) et **Jacques Étienne**

(* Vidalon-lès-Annonay, 7.I.1745, † Servières, Ardèche, 2.VIII. 1799). Inventeurs français. Fils d'un papetier, ils apportèrent de nombreux perfectionnements dans les ateliers de leur père, en introduisant notamment la fabrication du papier vélin, encore inconnue en France. C'est en 1783, et notamment le 4 juin 1783, à Annonay, à l'occasion des États du Vivarais, qu'ils firent leurs premières expériences aérostatiques en lançant leurs *montgolfières*, ballons de soie remplis par l'air chaud que dégageait la combustion d'un mélange de paille mouillée et de laine hachée. Venus à Paris, ils répétèrent leur expérience devant la cour (20 sept.). Le 21 novembre de la même année, Pilâtre de Rozier et le marquis d'Arlandes effectuent le premier vol humain à bord d'une montgolfière.

MONTGOMERY OF ALAMEIN, Bernard Law Montgomery, 1er vicomte (* Londres, 17.XI.1887, † dans sa résidence du Hampshire, 23.III.1976). Maréchal britannique. Il déclencha le 23 oct. 1942 la grande offensive qui, après la conquête de la Libye, devait chasser complètement de l'Afrique du Nord les troupes de Rommel. Collaborateur d'Eisenhower dans la préparation du débarquement allié en Normandie, il eut la direction suprême des forces terrestres. Il fut commandant adjoint des forces de l'OTAN (1951/58). Voir GUERRE MONDIALE 1939/45.

MONTLUC Blaise de (* château de Saint-Puy, Gers, vers 1500, † Estillac, près d'Agen, 26.VIII.1577). Maréchal de France. D'abord page du duc Antoine de Lorraine, il servit dans les guerres d'Italie sous les ordres de Bayard et de Lautrec et s'illustra en défendant pendant huit mois Sienne contre Charles Quint (1554/55).

Nommé lieutenant général et amiral de Guyenne (1564), il mena contre les calvinistes une guerre féroce qui le fit surnommer par ses ennemis le *Boucher royaliste*. Au siège de Rabastens (1570), il reçut à la figure une blessure affreuse qui l'obligea à porter un masque tout le reste de sa vie. Henri III le fit maréchal de France après le siège de La Rochelle. Retiré dans sa terre d'Estillac, il consacra la fin de sa vie à écrire ses *Commentaires* (Bordeaux, 1592), qui comptent parmi les meilleurs Mémoires de cette époque.

MONTMORENCY. Famille française dont les origines remonteraient à Bouchard Ier, contemporain d'Hugues Capet.

Anne, 1er duc de Montmorency (* Chantilly, 15.III.1493, † Paris, 11.XI.1567). Capturé à Pavie (1525), il partagea la captivité de François Ier. Gouverneur du Languedoc et grand maître de France (1526), puis surintendant des Finances, il exerça jusqu'à 1540 une influence de Premier ministre. En 1536, lors de l'invasion de la Provence par Charles Quint, il déploya contre les Impériaux la stratégie de la terre brûlée, qui força l'empereur à repasser le Var. Il fut nommé connétable en 1538, mais des intrigues de cour le firent exiler dans ses terres (1541/47). Rentré en grâce dès l'avènement d'Henri II, il devint tout-puissant et reçut le titre de duc en 1551. Sous Charles IX, il forma avec le duc de Guise et le maréchal Saint-André un triumvirat qui, sous prétexte de défendre la foi catholique, s'opposait à la politique modératrice de Catherine de Médicis (1561). Vainqueur des huguenots à la bataille de Dreux (19 déc. 1562), il fut néanmoins fait prisonnier. Relâché en 1563, il chassa les Anglais du Havre et fut mortellement blessé en 1567 en livrant à Condé la bataille de Saint-Denis.

Henri II, 4e et dernier duc de Montmorency (* Chantilly, 15.IV.1595, † Toulouse, 30.X.1632) Petit-fils d'Anne, premier duc de Montmorency, il eut pour parrain Henri IV, qui l'appela toujours son « fils ». Nommé amiral de France à l'âge de dix-sept ans (1612), il fut gouverneur du Languedoc (1614) et lutta énergiquement contre les protestants de cette province. Après ses succès dans le Piémont, il devint maréchal de France (1630). Cependant, mécontent de n'avoir pas obtenu le titre de connétable, il s'unit à Gaston d'Orléans contre Richelieu. Fait prisonnier par Schomberg au combat de Castelnaudary (1er sept. 1632), il fut jugé à Toulouse et condamné à mort ; malgré les intercessions du pape, de Charles Ier d'Angleterre, du duc de Savoie, de la république de Venise, Louis XIII refusa sa grâce, et il fut décapité.

MONTOIRE-SUR-LE-LOIR. Ville de France (Loir-et-Cher). Le 24 oct. 1940, à la suite de négociations menées par Laval avec les Allemands, le maréchal Pétain eut dans la gare de cette petite ville une entrevue avec Hitler ; le principe d'une politique de collaboration franco-allemande fut adopté, mais Pétain se montra opposé à toute déclaration de guerre à l'Angleterre comme à toute paix séparée, et, quelques semaines plus tard, manifesta spectaculairement ses réserves en éliminant Laval du pouvoir (13 déc. 1940). Pourtant, la photographie de la poignée de main qu'il échangea avec Hitler devint le symbole de son engagement aux côtés de l'Allemagne.

MONTOUHOTEP II (vers 2046-1995 av. J.-C.). Prince de Thèbes, il lutta contre la dynastie d'Hérakléopolis pour rétablir l'unité de l'Égypte perdue à la fin de l'Ancien Empire (vers 2200 av. J.-C.). Après la victoire, il domina la Haute et la Basse-Égypte et restaura les institutions, notamment l'administration centralisée, fondement de l'État égyptien, et les temples du pays. En s'appuyant sur les Hérakléopolitains, héritiers des traditions religieuses, artistiques et littéraires de l'Ancien Empire, il posa les fondements de la brillante civilisation qui s'épanouit au Moyen Empire (vers 2046-1710 av. J.-C.), période qu'il inaugura. Il fit bâtir un grandiose complexe funéraire dans le cirque de Deir el-Bahari qui inspira la reine Hatchepsout cinq siècles plus tard.

MONTPENSIER Anne Marie Louise d'Orléans, duchesse de, dite **la Grande Mademoiselle** (* Paris, 29.v. 1627, † Paris, 5.IV.1693). Fille de Gaston d'Orléans, petite-fille de Catherine Marie de Lorraine, elle était l'une des plus riches héritières d'Europe et forma maints projets d'union avec les rois et les princes, avec son cousin Louis XIV lui-même, sans qu'aucun pût aboutir. Comme son père, elle se jeta dans la Fronde ; elle commanda l'expédition d'Orléans (1652), puis fit tirer le canon de la Bastille pour sauver Condé lors du combat du faubourg Saint-Antoine (2 juill. 1652). Exilée dans sa terre de Saint-Fargeau, elle ne reparut à la cour qu'en 1657. À quarante-deux ans, elle fut prise d'un amour fou pour Lauzun (v.), mais Louis XIV empêcha longtemps leur mariage et fit jeter Lauzun en prison avant d'accepter sa libération contre la cession de la principauté de Dombes et du comté d'Eu (1680). En 1681, le mariage put enfin avoir lieu. En 1685, elle se sépara de Lauzun et elle consacra à la dévotion les dernières années de sa vie.

MONTRÉAL. Ville du Canada (Québec), dans l'île de Montréal, au confluent du Saint-Laurent et de la rivière des Prairies. 0,3 million d'hab. en 1900, 1,8 en 2001. Elle a pour origine village indien d'Hochelaga qui fut visité par Jacques Cartier en 1535 et près duquel vinrent s'établir en 1642 un groupe de colons et de prêtres français conduits par Paul de Chomedey de Maisonneuve, qui fondèrent la *Ville-Marie de Montréal*. La cité, qui n'avait encore que 766 habitants en 1667 et moins de 3 500 en 1710, fut longtemps exposée aux attaques des Iroquois. Elle fut dotée, à partir de 1723, de fortifications permanentes et devint, au XVIIIe s., un centre actif du commerce des pelleteries et des explorations vers l'intérieur. En 1760, après la chute de Québec, elle se rendit aux Anglais. À partir du XIXe s., Montréal, qui n'avait, encore que 10 000 habitants lorsque le Canada devint anglais, connut une expansion très rapide.

MONTROSE James Graham, 5e comte, puis 1er marquis de (* Old Montrose, Écosse, 1612, † Édimbourg, 21.v. 1650). Général écossais. D'une famille remontant au XIIe s., il se jeta d'abord dans le parti des covenantaires (v. **ÉCOSSE**) et lutta contre les troupes royales durant les guerres épiscopales (1639/40). Sa rencontre avec Charles Ier et son hostilité à l'oligarchie presbytérienne firent de lui un royaliste ardent et, en 1644, il souleva les Highlands en faveur du roi, infligeant aux presbytériens une série de cuisantes défaites. Mais après la défaite de Charles Ier à Naseby, il ne put maintenir l'unité des royalistes écossais et dut, en sept. 1646, se réfugier en Norvège, d'où il gagna ensuite Paris, l'Allemagne et les Pays-Bas. Après l'exécution du roi, il tenta de mettre Charles II sur le trône, débarqua en 1649 dans les Orcades, puis passa en Écosse, mais fut vaincu, livré par trahison et pendu.

MORAT (bataille de). Vaincu par les Suisses à Grandson (2 mars 1476), le duc de Bourgogne, Charles le Téméraire, reconstitua rapidement une armée et, avec 23 000 hommes, il partit de Lausanne et marcha sur Berne. Il fut arrêté par la petite garnison de Morat, qui, sous le commandement d'Adrien de Budenberg, lui opposa une résistance résolue. Berne eut ainsi le temps d'attendre l'arrivée des contingents confédérés. Le 22 juin, au nombre de 25 000 environ, les Suisses remportèrent une victoire décisive sur l'armée bourguignonne, qui perdit près de la moitié de ses effectifs. Charles le Téméraire, dont la puissance militaire était brisée, mourut quelques mois plus tard près de Nancy.

MORAVES (frères). Communauté religieuse protestante qui fut le principal représentant du piétisme germanique au XVIIIe s. Les frères moraves trouvent leur origine dans les *frères bohêmes* ou *Unitas Fratrum*, groupe de hussites (v.) taborites (des partisans extrémistes de Jan Hus) qui suivaient l'enseignement de Pierre Chelczicky et furent organisés en Église par Luc de Prague († 1528). Ils se distinguaient par le refus des serments et du service militaire, la condamnation de la propriété privée et par leur aspiration à fonder, loin des villes, des communautés sur le modèle évangélique. Les frères bohêmes conservaient les sept sacrements, le célibat du clergé et suivaient une stricte discipline ecclésiastique. Dès la fin du XVe s., ils avaient plus de 300 églises en Moravie et en Bohême. En 1542, ils se rapprochèrent des luthériens en acceptant la doctrine de la justification par la seule foi, mais maintinrent leurs usages particuliers. Sous les persécutions impériales, un premier groupe de frères bohêmes dut s'exiler en Pologne, où ils s'unirent aux calvinistes au synode de Kozminek (1555). Le reste de la communauté, d'abord toléré par Maximilien II, fut écrasé par la réaction catholique qui suivit la victoire impériale de la Montagne Blanche (1620) ; sous la conduite de leur évêque, le grand pédagogue J. A. Comenius, les frères bohêmes se réfugièrent alors en Saxe.

Au XVIIIe s. commença la seconde partie de leur histoire, pendant laquelle ils sont connus sous le nom de *frères moraves*. En 1722, un grand seigneur saxon, le comte Ludwig von Zinzendorf (* 1700, † 1760), recueillit les descendants des exilés. Ils fondèrent une communauté évangélique au village de Herrnhut, à l'E. de Dresde, reposant sur un système socio-économique communautaire, vivant d'une piété ardente, d'une religion du cœur qui devait exercer bientôt un puissant rayonnement, tandis que les évêques moraves, qui ne se distinguaient des autres prêtres que par le droit de conférer les ordres, assuraient la succession apostolique. Herrnhut fut très tôt le centre d'un mouvement missionnaire. En 1738, le missionnaire Peter Bohler implantait en Angleterre une société morave, qui allait avoir une influence décisive sur la vocation de John Wesley et la naissance du méthodisme. L'Église morave a aujourd'hui quatre provinces (Europe,

Grande-Bretagne, Amérique du Nord, Amérique du Sud).

MORAVIE, *Morava, Mähren*. Région formant la partie orientale de la République tchèque. Villes principales *Brno, Ostrava, Olomouc, Zlin*. Peuplée avant l'ère chrétienne par les Celtes Boïens, elle fut ensuite occupée par des peuples germaniques puis, au VIe s. par un groupe de Slaves occidentaux qui prirent le nom de *Moraves*. Ils formèrent, à la fin du IXe s., un royaume de Grande-Moravie qui s'étendait sur la Bohême, la Silésie, la Pologne méridionale et la Slovaquie. C'est à cette époque que le christianisme fut introduit en Moravie par deux frères missionnaires byzantins, Cyrille et Méthode. Après le règne glorieux de Svatopluk (870/894), la Grande-Moravie s'effondra sous les coups des Hongrois, qui conquirent la Slovaquie (905). La Moravie fut rattachée à la Bohême en 1029. Érigée en margraviat en 1182, elle partagea dès lors l'histoire de la Bohême.

MOREAU Jean Victor (* Morlaix, 14.II.1763, † Laun, Bohême 2.IX.1813). Général français. Volontaire en 1791, général en 1793, il commanda l'armée du Rhin-et-Moselle en 1796 et remplaça Scherer à la tête de l'armée d'Italie en avr. 1799. Il apporta son soutien à Bonaparte lors du 18-Brumaire. Commandant de l'armée du Rhin en 1800, il remporta sur les Autrichiens une victoire à Hohenlinden (3 déc. 1800), qui lui ouvrit la route de Vienne (mais sa campagne fut interrompue par la paix de Lunéville). Ses relations avec Bonaparte se dégradèrent ; il fut arrêté en févr. 1804 pour n'avoir pas dénoncé le complot de Cadoudal et Pichegru (son amitié avec ce dernier l'avait déjà rendu suspect au Directoire). Il fut exilé et se fit agriculteur aux États-Unis. Appelé en 1813 par le tsar Alexandre comme conseiller militaire, il fut blessé à la bataille de Dresde (26 août 1813) et mourut quelques jours plus tard.

MORÉE, *Morias*. Nom par lequel on désigna le Péloponnèse, du Moyen Âge au XIXe s. Le nom de *Morée*, réservé d'abord à l'Élide, en raison de l'importance de la culture du mûrier (*morea*), fut étendu à tout le Péloponnèse à partir du XIIIe s. À la suite de la quatrième croisade et de la chute de Constantinople (1204), les Français Guillaume de Champlitte et Geoffroy de Villehardouin fondèrent, en 1205, la principauté latine d'Achaïe, ou de Morée, qui comprenait à l'origine tout le Péloponnèse.

La dynastie des Villehardouin imposa au pays une organisation féodale, qui trouva son code dans les *Assises de Romanie*. La principauté de Morée fut complètement reconquise par les Byzantins au début du XVe s. La ville de Mistra fut alors le centre de la brillante renaissance artistique et intellectuelle de la culture byzantine, sous les derniers Paléologues. Mais les Turcs s'en emparèrent à leur tour, de 1463 à 1479. Ravagée par les Égyptiens d'Ibrahim Pacha pendant la guerre de l'Indépendance grecque, la Morée fut définitivement affranchie des Turcs par l'expédition française commandée par le maréchal Maison (1828) et fit désormais partie du royaume grec.

MORGARTEN. Défilé de Suisse, sur la route de Zurich à Schwyz, sur la rive dr. du lac d'Aegeri. Les Suisses des Trois-Cantons (Schwyz, Unterwald et Uri) y remportèrent une victoire complète sur la puissante armée du duc Léopold d'Autriche (15 nov. 1315). Ce fut le premier succès des confédérés dans leur lutte pour l'indépendance.

MORISQUES, *Moriscos*. Nom donné aux Maures qui restèrent en Espagne après la fin de la Reconquête (prise de Grenade, 1492). Aux termes de la capitulation de Grenade, ils devaient bénéficier d'un régime de tolérance, mais le cardinal Ximenes de Cisneros leur imposa bientôt une conversion forcée qui provoqua la révolte d'Alpuxarras et l'expulsion de tous les Maures de la Castille et du León (1502) au nom de l'idéologie de la pureté du sang. Dans le même contexte, les Juifs furent expulsés d'Espagne. La sincérité des Maures convertis étant suspecte, la monarchie espagnole chercha à faire disparaître cette minorité à la fois religieuse et nationale par des moyens plus ou moins violents : interdiction de la langue et du costume arabes, séparation entre enfants et parents, confiscation de biens. Sous Philippe II, un puissant soulèvement des Morisques éclata à Grenade et ne fut réprimé qu'avec beaucoup de difficultés par don Juan d'Autriche (1568/70). Malgré une répression accrue, les Maures persistèrent dans leur refus de l'assimilation. En 1599, le gouvernement de Philippe III décida donc leur expulsion générale : celle-ci fut effectuée de 1609 à 1611 dans des conditions dramatiques. Tous les biens immobiliers des Morisques furent confisqués, et les enfants au-dessous de quatre ans retenus de force pour être élevés dans le christianisme. Le départ de cette population surtout agricole (environ 300 000 personnes) eut de graves répercussions économiques dans certaines régions d'Espagne. Ils furent accueillis au Maghreb, en particulier au Maroc.

MORMONS. Nom populaire donné aux fidèles de l'**Église de Jésus-Christ des saints des derniers jours** (*Church of Jesus Christ of Latter-Day Saints*), fondée à Fayette, New York, en 1830 par Joseph Smith, lequel prétendait avoir reçu de Dieu, le 22 sept. 1827, la révélation du *Livre de Mormon*. Cet ouvrage, édité en 1830, et complété par d'autres révélations de Smith, annonçait l'avènement prochain du règne terrestre de Dieu. Joseph Smith installa d'abord sa secte dans le Missouri (1831), puis, en 1838, dans l'Illinois, où les mormons construisirent la ville de Nauvoo, conçue comme Sion restaurée en Amérique. En 1843, à la suite d'une nouvelle révélation, le prophète proclama l'institution de la polygamie, ce qui occasionna bientôt des troubles avec les sectes voisines.

Au cours d'une émeute, Joseph Smith fut lynché, ainsi que son frère Hiram (28 juin 1844). Sous la conduite de Brigham Young, les mormons émigrèrent alors vers l'O., jusqu'en Utah, où ils fondèrent en 1847 Salt Lake City, qui est restée leur centre. Des conflits violents les opposèrent au gouvernement fédéral jusqu'au moment où ils se résignèrent à abandonner la polygamie (1890). Celle-ci est encore pratiquée aux États-Unis par une petite minorité de fondamentalistes.

L'Utah, qui est l'œuvre des mormons, put alors être admis comme État dans l'Union (1896). L'Église mormone ne possède pas de clergé professionnel ; le gouvernement y est exercé par des laïcs répartis en deux « sacerdoces », le sacerdoce de Melchisédech, pour les affaires spirituelles, et le sacerdoce d'Aaron, pour les affaires temporelles. À partir du XIXe s., des missions mormones se répandirent dans le monde entier. L'Église mormone compte aujourd'hui 10 millions d'adeptes dans le monde dont 4 millions aux États-Unis et 31 000 en France.

MORNY Charles Auguste, duc de (* Paris, 22.X.1811, † Paris, 10.III.1865). Homme politique français. Fils naturel de la reine Hortense de Beauharnais et du général de Flahaut, mais déclaré à l'état civil par un certain Auguste Demorny, il se trouvait être par son père le petit-fils de Talleyrand et par sa mère le demi-frère du futur Napoléon III. Officier, il servit quelque temps en Algérie, puis commença à s'intégrer à la vie parisienne et au monde des affaires grâce à sa longue liaison avec la femme de l'ambassadeur de Belgique. Député du Puy-de-Dôme, de 1842 à 1848, il se fit apprécier pour ses compétences financières.

Député à l'Assemblée législative en 1849, il s'attacha à la fortune de son demi-frère, dont il devint un des principaux conseillers, et il tint le premier rôle dans la préparation et l'exécution du coup d'État du 2 déc. 1851. Ministre de l'Intérieur jusqu'en janv. 1852, il devint président du Corps législatif (1854/65). Ambassadeur à Saint-Pétersbourg (1856/57), il épousa la princesse russe Troubetzkoï, mais continua sa vie de plaisirs, fonda Deauville, collabora à l'occasion aux opérettes d'Offenbach. Son influence politique resta très grande jusqu'à sa mort : il poussa Napoléon III à chercher le soutien de la bourgeoisie orléaniste. Il ne cessa, à l'abri du régime, de spéculer et de s'enrichir : c'est pour réaliser une fortune avec le banquier Jecker sur les dettes du Mexique qu'il a contribué à jeter la France dans la plus funeste guerre du second Empire. Il reçut le titre de duc en 1862.

MORO Aldo (* Maglie, Lecce, 23.IX.1916, † Rome, 9.V. 1978). Homme politique italien. Démocrate-chrétien, il fut placé à la tête de trois gouvernements successifs, de déc. 1963 à mai 1968, et constitua un cabinet de centre gauche. Il redevint président du conseil en nov. 1974, à la tête d'une coalition de démocrates-chrétiens et de républicains soutenue parlementairement par les socialistes et les sociaux-démocrates. De 1976 à 1978, Aldo Moro présida la Démocratie chrétienne.

Il joua alors un rôle essentiel dans les tractations qui visaient à faire entrer le parti communiste italien dans le gouvernement. Le 16 mars 1978, alors qu'un ministère de solidarité nationale allait être investi, il fut enlevé par les Brigades rouges. Assassiné le 9 mai, après que le gouvernement eut refusé de négocier sa libération, on retrouva son corps dans le coffre d'une voiture.

MOROSINI Francesco, dit **le Péloponnésiaque** (* Venise, 1618, † Nauplie, 6.I.1694). Doge à partir de 1688. Amiral en mer Égée contre les Turcs depuis 1651, il se rendit célèbre dans toute l'Europe par sa magnifique défense de Candie (1667/69). Au cours d'une nouvelle guerre (1684/88), il reconquit le Péloponnèse, Corinthe, Sparte et Athènes et mourut alors qu'il préparait une expédition contre l'Eubée.

MORTIER Édouard Adolphe Casimir Joseph, duc de Trévise (* Le Cateau-Cambrésis, 13.II.1768, † Paris, 28.VII.1835). Maréchal de France. Engagé dans la garde nationale dès 1789, il se distingua au cours des guerres de la Révolution en Belgique et en Allemagne et fit partie de la promotion des maréchaux de mai 1804. Durant la campagne de 1806, il soumit l'Allemagne du Nord au pillage. Après sa belle conduite à Friedland, il fut nommé duc de Trévise (1807), puis partit pour l'Espagne, où il remporta la victoire d'Ocaña (1809). Commandant la jeune garde en Russie, il resta le dernier à Moscou, participa aux campagnes d'Allemagne et de France et défendit Paris à la barrière de Saint-Denis (30 mars 1814). Ayant acquis au cours de ses campagnes une fortune considérable, il se rallia sans tarder à Louis XVIII. Élu député du Nord (1816/19), il siégea à partir de 1819 à la Chambre des pairs et fut comblé d'honneurs par la Restauration. Président du Conseil et ministre de la Guerre (nov. 1834/mars 1835), il trouva la mort dans l'attentat de Fieschi.

MORTIMER Roger de, 1er comte de La Marche (* vers 1287, † Smithfield, 29.XI.1330). Homme de guerre anglais. D'une famille galloise, il servit d'abord Édouard II en Irlande, puis participa à la révolte des barons contre le roi et les Despenser (1321/22). Emprisonné à la Tour de Londres, il réussit à s'évader et à se réfugier en France, où il devint l'amant de la reine Isabelle. Ayant formé une petite armée, ils débarquèrent tous deux en Angleterre (1326) et forcèrent à l'abdication Édouard II, qui fut assassiné dans sa prison (1327). Profitant de la jeunesse d'Édouard III, Mortimer fut alors le maître tout-puissant de l'Angleterre, mais Édouard III ne tarda pas à se débarrasser de sa tutelle et procéda lui-même à l'arrestation de Mortimer, qui fut condamné et exécuté.

MOSCOU, *Moskva.* Capitale de la Russie, sur la Moskova. Mentionnée pour la première fois en 1147, la ville aurait été fondée par Georges Dolgorouki, prince de Souzdal. Brûlée par les Mongols de Batou Khan en 1237, elle devint à la fin du XIIIe s. la capitale d'une petite principauté qu'Alexandre Nevski laissa en 1263 à son fils cadet, Daniel. Cette principauté, située au carrefour des voies fluviales de la haute Volga, de l'Oka et du haut Dniepr, grandit rapidement sous les règnes de Georges III (1303/25) et surtout d'Ivan Ier (1328/41), qui imposa sa suzeraineté à Tver, à Riazan et à Souzdal. Capitale politique, Moscou devint aussi, en 1326, capitale religieuse par le transfert du métropolite de Vladimir, chef de l'Église russe, qui vint y établir son siège. Écrasée en 1382 par les Mongols, la Moscovie dut leur payer tribut jusqu'à la fin du XVe s. La construction du Kremlin de pierre débuta en 1367. Au XVe s., la principauté de Moscou continua de s'étendre. Dès cette époque, l'histoire des progrès de la Moscovie se confond avec celle de la formation de l'État russe. En 1715, le Pierre le Grand transféra sa capitale à Saint-Pétersbourg. Le régime communiste rendit à Moscou son rôle de capitale de la Russie le 14 mars 1918.

Patriarcat de Moscou. Placé à la tête de l'Église orthodoxe russe, le patriarcat de Moscou fut érigé avec l'accord d'Istanbul en 1589. Sa création était une conséquence de l'occupation de Constantinople par les Turcs (1453) et de l'apparition de la Russie comme grande puissance sous Ivan le Terrible. Pierre le Grand, voulant contrôler étroitement les affaires religieuses, supprima le patriarcat en 1721 et le remplaça par un collège ecclésiastique, le saint-synode, dont les membres étaient nommés par le tsar et soumis à un laïc, le « procureur général ». Cette organisation subsista jusqu'à la fin du tsarisme. Après la révolution de févr. 1917, un concile de toute l'Église russe fut convoqué, qui vota à l'unanimité le rétablissement du patriarcat (nov. 1918). Mais après la mort du patriarche Tikhon (1925), le siège patriarcal resta sans titulaire pendant dix-huit ans. Au cours de la « grande guerre patriotique » (1941/45), le métropolite Serge, *locum tenens* depuis 1926, fut élu patriarche (sept. 1943). Depuis lors, la succession patriarcale put être régulièrement assurée. La juridiction du patriarcat de Moscou s'étend aujourd'hui sur les orthodoxes russes de l'ex-URSS et des pays occidentaux. L'émigration russe a constitué des Églises autonomes, rattachées au patriarcat œcuménique de Constantinople. Depuis 1961, le patriarcat de Moscou fait partie du Conseil œcuménique des Églises.

Procès de Moscou. Nom donné à une série de procès au cours desquels furent éliminés, à cause de leur opposition à Staline, plusieurs chefs bolcheviks de la première heure, notamment Zinoviev et Kaménev (août 1936), le maréchal Toukhatchevski (juin 1937), Rykov et Boukharine (mars 1938). En raison de la personnalité et de l'attitude des accusés, qui se reconnurent coupables de crimes les plus invraisemblables, ces procès provoquèrent une immense émotion dans le monde et contribuèrent à isoler moralement l'URSS.

MOSKOVA, *Moskva.* Rivière de Russie, affluent de l'Oka, qui passe à Moscou. Sur ses bords, près du village de Borodino, Napoléon remporta sur Koutouzov une sanglante victoire qui lui ouvrit la route de Moscou (7 sept. 1812). Ney, qui s'était particulièrement distingué, reçut le titre de *prince de la Moskova.*

MOSQUÉE. Édifice du culte musulman, la mosquée a des structures d'une simplicité extrême qui reproduisent la première mosquée installée par Mahomet dans sa maison de Médine. Elle consiste essentiellement en une salle rectangulaire, soutenue par des piliers, dans le fond de laquelle se trouve une niche plus ou moins ornée (*mihrab*) qui indique la direction de La Mecque (*qibla*) vers laquelle doit obligatoirement s'adresser la prière musulmane. L'imam, qui dirige la prière, se place en face du mihrab, à la droite duquel se trouve le *minbar*, chaire du prédicateur. Du côté opposé au mihrab s'ouvre la cour (*sahn*) entourée de portiques, avec en son centre une fontaine pour les ablutions. La mosquée est flanquée d'un ou de plusieurs minarets, tours où les muezzins appellent les fidèles à la prière. L'intérieur d'une mosquée est souvent très dénudé ; les seuls ornements des murs consistent en arabesques et en préceptes du Coran ; le sol est couvert de tapis et de nattes ; il n'y a pas de sièges, mais seulement un pupitre pour le Coran ; une estrade (*dakka*) est réservée aux lecteurs officiels du Coran (*muqri*). Les fidèles doivent se déchausser avant d'entrer dans la mosquée ; les femmes sont admises, mais demeurent à part des hommes. Lieu de prière, la mosquée est aussi un centre d'instruction spirituelle. Les maîtres y dispensaient l'enseignement du Coran sous les portiques entourant la cour et même dans la salle de prière. Autour des mosquées el-Azhar du Caire et el-Zaytuna de Tunis se sont constituées des universités célèbres dans tout l'islam.

Après la Conquête, des églises chrétiennes furent converties en mosquées et nombre de mosquées nouvelles empruntèrent la forme des sanctuaires locaux, chrétiens ou païens ; ainsi, en Mésopotamie et en Iran, les minarets furent le plus souvent conçus – à l'exemple des tours de feu zoroastriennes – comme des tours rondes ceintes d'une rampe montant en spirale.

Parmi les mosquées les plus-célèbres, on peut citer : la mosquée el-Aksa, à Jérusalem, et la Grande Mosquée de Damas, construites toutes deux par le calife el-Walid (705/715) ; les mosquées abbassides de Bagdad et de Samarra (IXe s.) ; au Caire, les mosquées d'Amr (827), d'Ibn Touloun (869), les mosquées fatimides el-Azhar (970/972) et el-Hakim (début Xe s.) ; en Occident, les mosquées de Kairouan (IXe s.) et de Cordoue (VIIIe-IXe s., auj. transformée en cathédrale), ainsi que la Giralda, minaret de la grande mosquée de Séville, aujourd'hui disparue ; en Turquie, la grande mosquée d'Aya Sóluk (près d'Éphèse, 1375), les mosquées de Soliman le Magnifique et de Sélim II (le chef-d'œuvre de l'architecte Sinan) à Édirne (XVIe s.), les mosquées Suleymanié (1550) et du sultan Ahmed (XVIIe s.) à Istanbul ; en Perse, la grande mosquée d'Ispahan, qui fut reconstruite par Chah Abbas Ier (1587/1629).

MOSQUITIE ou **CÔTE DES MOSQUITOS.** Région de l'Amérique centrale, s'étendant du N. au S. du Nicaragua, le long de la côte de la mer des Caraïbes. Peuplée par les Indiens Mosquitos, ou Miskitos, elle fut découverte par Christophe Colomb, mais les Espagnols n'en firent jamais la conquête. Au XVIIe s., cette côte fut un repaire de boucaniers. Les Anglais y établirent leur protectorat en 1655 et fondèrent sous leur tutelle un royaume Mosquito à Bluefields (1678). Au XIXe s., ils tentèrent d'élargir leur domination sur Juan del Norte, mais durent y renoncer sous la pression des États-Unis (traité Clayton-Bulwer, 1850), et, en 1860, ils cédèrent la Mosquitie au Nicaragua.

MOSSADEGH ou **MOUSSADEK Mohammed** (* Téhéran, 1880, † Téhéran, 5.III.1967). Homme politique iranien. En 1943, il prit la tête d'un petit mouvement extrémiste, le Front national, qui collabora avec le grand parti d'extrême gauche Toudeh. Il se fit le champion passionné d'une politique nationaliste dont le principal objectif était d'assurer à l'Iran la possession intégrale des richesses pétrolières du pays.

Mossadegh, qui avait été un opposant à Réza Shah Pahlévi en 1925, parvint enfin au pouvoir (avr. 1951) et fit voter l'acte de nationalisation des pétroles (1er mai 1951). Sans se soucier des conséquences économiques de sa politique, il liquida l'Anglo-Iranian Oil Compagny et expulsa d'Iran les techniciens britanniques. Mais les marchés internationaux se fermèrent devant le pétrole iranien nationalisé ; la crise qui suivit et la revendication par Mossadegh de pouvoirs extraordinaires provoquèrent un conflit entre le Premier ministre et le chah. Malgré un large appui populaire, Mossadegh fut renversé par le coup d'État militaire du général Zahédi, qui bénéficiait de l'appui du chah (19 août 1953) et fut condamné à trois ans de prison.

MOSSIS. Peuple noir de l'Afrique occidentale, qui forme aujourd'hui la majeure partie de la population de la république du Burkina-Faso. C'est vers le XIIIe s. que les royaumes des Mossis commencèrent à se développer, au S. de la grande boucle du Niger et dans le bassin supérieur des Volta. Ce furent des cavaliers venus de l'E., du Bornou, qui fondèrent les royaumes de Fada N'Gourma, de Yatenga et de Tenkodogo. Un peu plus tard (XIVe s.) apparut un quatrième royaume, celui d'Oubritenga, devenu Ouagadougou. Ces royaumes païens étaient remarquables par leur organisation administrative ; le roi ou *morhonaba* avait un caractère religieux et divin et s'appuyait sur une puissante féodalité guerrière. Les Mossis mirent à sac Tombouctou en 1333, et, à la fin du XVe s., ils s'emparèrent de Oualata, à la limite du désert, mais leur expansion fut contenue par l'empereur songhaï Sonni Ali. Au cours du XVIIIe s., les Mossis parvinrent à repousser les Peuls, mais, en 1896, ils durent accepter la domination de la France. Ils conservent encore aujourd'hui leur organisation traditionnelle, sous l'autorité du morhonaba.

MOTTA Giuseppe (* Airolo, Tessin, 29.XII.1871, † Berne, 23.I.1940). Homme politique suisse. Catholique conservateur, il entra en 1912 au Conseil national, où il détint d'abord le département des Finances et Douanes, puis, de 1920 à sa mort, le département politique (Affaires étrangères). Il permit l'entrée de la Suisse à la SDN en faisant reconnaître la neutralité militaire de son pays et fut quelque temps président de l'assemblée internationale, Motta fut président de la Confédération en 1915, 1920, 1927, 1932 et 1937.

MOUBARAK Hosni (Kafr-al-Musilha, 4.v. 1928). Homme politique égyptien. Chef d'état-major en 1969, puis commandant en chef de l'armée de l'air en 1972, il réorganisa l'aviation égyptienne, qu'il commanda lors de la guerre contre Israël en 1973. Nommé vice-président en 1975, il fut plébiscité au poste de président de la République en oct. 1981, après l'assassinat d'Anouar el-Sadate, dont il était le successeur désigné. Il poursuivit le processus de paix avec Israël inauguré par Sadate, tout en cherchant à réhabiliter l'image de l'Égypte dans le monde arabe. Réélu en juill. 1987, son appui aux Alliés durant la guerre du Golfe et son rôle dans le processus de paix au Proche-Orient ont fait de lui un interlocuteur respecté des Occidentaux. En juill. 1993, Moubarak a maintenu la lutte contre le terrorisme islamiste comme sa priorité. En sept. 1999, le renouvellement de son mandat fut accepté par référendum, avec plus de 90 % des voix. Voir **ÉGYPTE.** L'Égypte de Sadate à Moubarak.

MOUDJAHIDIN, *combattants de la guerre sainte, djihad* en arabe. Le singulier est normalement *moudjahid*, mais l'habitude s'est prise de dire *un moudjahidin* en français). Ce terme est apparu pour désigner les combattants du FLN algérien après 1954, puis les mouvements de résistance à l'invasion soviétique de l'Afghanistan en 1979. Il s'est depuis étendu à tout combattant islamiste. Voir **AFGHANISTAN.** L'intervention soviétique.

MOULIN Jean (* Béziers, 20.VI.1899, † Metz, 8.VII.1943). Homme politique français. Entré dans l'administration, il fut le plus jeune sous-préfet de France en 1926 et, en 1937, le plus jeune préfet, lorsqu'il fut nommé à Chartres. Dans ce poste, il refusa, en juin 1940, de signer un document que lui présentaient les Allemands et qui accusait d'atrocités les troupes françaises de couleur. Mis en disponibilité par le gouvernement de Vichy, il gagna Londres à l'automne 1941, et le général de Gaulle le nomma délégué pour la zone non occupée, avec mission de réunir les divers mouvements de résistance sous l'autorité du comité de Londres. Ses efforts aboutirent à la formation du conseil national de la Résistance (mai 1943), dont il fut le premier président. À la suite d'une trahison, dont on ignore encore le responsable, il fut arrêté par la Gestapo à Caluire, le 21 juin 1943, et mourut pendant son transfert en Allemagne. Sa dépouille fut déposée au Panthéon en 1964.

MOULINS (ordonnance de). Ordonnance rendue en 1566 par une assemblée de notables réunie sur la convocation de Catherine de Médicis et de Michel de l'Hospital. Elle régla une grande partie de la vie judiciaire française jusqu'en 1790. Cette ordonnance déclarait le domaine royal inaliénable sauf le consentement des états généraux ; elle ôtait aux gouverneurs de provinces le droit de lever des impôts sans autorisation royale ; organisait les tribunaux inférieurs, les nominations, les examens et les gages des juges ; uniformisait les procédures, réglait les donations, les tutelles, les contrats, etc. ; et enfin donnait formellement aux parlements le droit de remontrance.

MOUNIER Jean Joseph (* Grenoble, 12.XI.1758, † Paris, 26.I.1806). Homme politique français. Avocat, secrétaire des états du Dauphiné (1788), député aux États généraux de 1789, il fut l'instigateur du serment du Jeu de paume (20 juin 1789). Monarchiste constitutionnel, il fut président de l'Assemblée nationale. Émigré dès 1790, il rentra en France après le 18-Brumaire et devint conseiller d'État (1805).

MOUNTBATTEN Louis Francis Albert Victor Nicolas, 1er comte Mountbatten of Burma (* Windsor, 25.II.1900, † assassiné en mer, côte O. de l'Irlande, le 27.VIII.1979). Amiral britannique. Fils de l'amiral Louis de Battenberg, qui anglicisa son nom en 1917, arrière-petit-fils par sa mère de la reine Victoria, il fut durant la Seconde Guerre mondiale l'organisateur des opérations de commando accomplies sur les côtes de Norvège et de France (raid de Dieppe, 2 août 1942). Nommé ensuite commandant des forces de l'Asie du Sud-Est, il dirigea la reconquête de la Birmanie (1944/45). Dernier vice-roi des Indes (1946/47), il devint commandant des forces navales de l OTAN en Méditerranée (1952), amiral de la flotte (1956) et chef d'état-major de la défense (1959). Oncle de Philippe, duc d'Édimbourg, il fut tué dans un attentat organisé par l'IRA.

MOURAD ou **MURAT** ou **AMURAT Ier** (* 1326 ?, † Kosovo, 15.VI.1389). Sultan ottoman (1359/89). Voir Kosovo. **Turquie.**

MOURAD II (* vers 1401/03, † Andrinople, 2.II.1451). Sultan ottoman (1421/51). Voir **Turquie.**

MOURAD IV (* Istanbul, 27.VII.1612, † Istanbul, 8.II.1640). Sultan ottoman (1623/40). Petit-fils de Mourad III, fils d'Ahmed Ier et successeur de Moustafa Ier, il dut faire face, au début de son règne, à une anarchie grandissante qu'il réprima avec énergie en 1632. Son règne fut marqué par un brillant redressement de l'empire, surtout dans le domaine financier. Mourad IV mena avec succès la guerre contre les Perses, s'assura la possession de Tabriz (1629) et s'empara de Bagdad (1640). Il n'hésita pas à mettre à mort plusieurs de ses frères, en particulier Bayézid, héros de la tragédie de Racine *Bajazet*.

MOUSQUETAIRES. Soldats d'un corps de cavalerie qui étaient armés du mousqueton, nom donné primitivement au pistolet. La première compagnie de mousquetaires fut créée par Louis XIII, en 1622, mais Richelieu s'entoura également de mousquetaires qui formèrent une seconde compagnie (1660). La première était montée sur des chevaux gris, la seconde sur des chevaux noirs, d'où les noms de *mousquetaires gris* et de *mousquetaires noirs*. Sous Louis XIV, ces deux compagnies passèrent dans la Maison du roi. L'effectif des mousquetaires a varié entre 100 et 300 cavaliers. Les mousquetaires portaient un uniforme rouge avec des galons d'or pour les mousquetaires gris, d'argent pour les mousquetaires noirs. Réformés en 1775, les mousquetaires furent rétablis en 1814 mais ils disparurent de façon définitive à la seconde Restauration (1815).

MOUSTAFA KAMIL Pacha (* Le Caire, 14.VIII.1874, † Le Caire, 10.II.1908). Homme politique égyptien. Avocat formé à la culture française, il fut le premier intellectuel européanisé qui ait joué un rôle dans la politique égyptienne et sa figure domine l'histoire du nationalisme égyptien au début du XXe s. Fondateur du parti national égyptien, il lutta pour l'abolition du protectorat de fait exercé par l'Angleterre et pour l'évacuation des troupes britanniques. Le parti national, qu'il avait fondé, longtemps relégué dans l'ombre par le Wafd, joua de nouveau un rôle après la révolution de 1952.

MOUSTAFA KÉMAL ATATÜRK (* Salonique, 19.v.1881, † Istanbul, 10.XI.1938). Général et homme politique turc. Fondateur de la République turque, il en fut le premier président de 1923 à sa mort. Comme militaire, il se distingua dans la lutte contre l'Italie en Tripolitaine (1911/12), puis contre les Alliés aux Dardanelles pendant la Première Guerre mondiale, et enfin contre les Grecs (1921/22). Dès 1919, il avait pris la direction du mouvement nationaliste turc. Face à l'impuissance du sultan à s'opposer à la stratégie alliée de morcellement de l'Empire ottoman, il convoqua un Congrès national (1918). Il fut considéré comme rebelle par Constantinople, mais nombre des membres de la Chambre rejoignirent le mouvement nationaliste réuni en Grande Assemblée nationale turque à Ankara (avr. 1920). Cette assemblée proclama un gouvernement, que les Alliés reconnurent implicitement. En août 1921, Moustafa Kémal fut nommé généralissime avec des pouvoirs dictatoriaux, jusqu'à la défaite des Grecs (armistice de Moundanya, 11 oct. 1922).

L'adoption de la Constitution de 1921 préluda à l'abolition du sultanat (1922), à la proclamation de la république (1923) et à l'abolition du califat (1924). Ayant sauvé la Turquie, Moustafa Kémal obtint des Alliés le traité de Lausanne, qui mettait fin aux dispositions du traité de Sèvres de 1920 et rendait à la Turquie l'Arménie et le Kurdistan, les Détroits et la Thrace orientale. Moustafa Kémal put dès lors se consacrer à son œuvre d'occidentalisation et de modernisation de la Turquie, imposant autoritairement ses réformes. Voir **Turquie**.

MOUSTANSIR Abou-Tamin Maad el- (* Le Caire, 1029, † Le Caire, 1094). Huitième calife fatimide (1036/94). Monté sur le trône à l'âge de sept ans, alors que le califat fatimide paraissait à son apogée, il connut le plus long règne de l'histoire musulmane. Sa minorité fut l'occasion de luttes sanglantes entre ses tuteurs successifs, ce qui provoqua une grave désorganisation dans l'armée, où les Turcs, les Noirs et les Berbères se constituèrent en factions hostiles. Moustansir encouragea l'expédition sans lendemain de l'officier turc Basasiri sur Bagdad (1059), éparpillant vainement les forces du califat, alors que la menace des Seldjoukides grandissait en Syrie (prise de Damas, 1078). Les désordres du califat s'aggravèrent encore lorsque l'Égypte connut une famine sans précédent (1067/72), mais la fin du règne de Moustansir connut un brillant redressement grâce à Badr el-Djamali, vizir et commandant en chef depuis 1074, qui réussit à contenir la poussée seldjoukide sur les frontières orientales du califat. Mais en Occident, les souverains zirides du Maghreb oriental avaient rejeté dès 1048 l'autorité des Fatimides, et la mort de Moustansir fut suivie par une longue période de troubles.

MOUSTANSIR († 1279). Calife hafside de Tunis (1249/79). Fils d'Abou-Zakariya, il prit le titre d'*Émir des croyants* et se fit reconnaître comme calife par le chérif de La Mecque (1259), mais dut renoncer à cette prétention lorsque Baybars (v.) installa au Caire un nouveau califat (1260). Il fit de Tunis un brillant centre intellectuel. C'est sous son règne qu'eut lieu contre Tunis la huitième croisade, au cours de laquelle Saint Louis devait trouver la mort (1270). Moustansir fit rapidement la paix avec les chrétiens, auxquels il consentit à verser un tribut de 34 000 besants d'or, sacrifice compensé par la reprise du commerce tunisien avec l'Europe.

MOUSTÉRIEN. Culture préhistorique du paléolithique moyen, qui doit son nom à la grotte du Moustier, en Dordogne, où furent découverts par Édouard Lartet et Henry Chrysty ses premiers vestiges en 1863. C'est une industrie de la pierre plus diversifiée que celle du paléolithique inférieur et plus étendue aussi, puisqu'on la trouve entre 200 000 et 30 000 ans avant notre ère en Europe (pour la France, Le Moustier et La Ferrassie en Dordogne, La Quina en Charente, Biache-Saint-Vaast dans le Pas-de-Calais), en Russie, au Proche-Orient (Kebara, Qafzeh en Israël), le long de la vallée du Nil (Fayoum et Kharga en Égypte) et en Inde. Cette culture se caractérise par des assemblages très variés de racloirs, de grattoirs, de pointes et de denticulés, tandis que les bifaces se raréfient. On y trouve également de nombreux outils retouchés qui ont fait l'objet d'une typologie détaillée par François Bordes en fonction de la position et de la qualité de la retouche. Certains hommes du Moustérien ont intégré dans la manufacture de leurs outils le débitage levalloisien. Le Moustérien a longtemps été associé aux néandertaliens. Cependant, les hommes qui ont façonné cette culture en Afrique, et certains au Proche-Orient, n'appartiennent pas à ce groupe humain, mais à celui d'*Homo sapiens* archaïques. Voir **Outils et armes de la préhistoire.**

MOUTAZILITES, c'est-à-dire *ceux qui se séparent.* Nom donné aux adhérents d'une école théologique musulmane fondée au VIIIe s. par Wasil ibn-Ata († 748). Voir **Islam.** Le développement philosophique et mystique.

MOUTON-NOIR, MOUTON-BLANC, *Kara Koyunlu, et Ak Koyunlu.* Nom de deux confédérations de tribus turcomanes, qui, profitant des rivalités des Timourides, dominèrent l'Arménie, la Perse et une partie de l'Irak aux XIVe et XVe s. C'est le Mouton-Noir qui eut d'abord la suprématie. Son chef, Kara Youssouf (1388/1420), parti de la région du lac de Van, en Arménie, s'était emparé de Mossoul (1375) et de Tabriz (1387). Chassé par Tamerlan, il se rétablit dans ses conquêtes dès 1407. Après son fils, Iskander (1420/38), Chah Jahan (1438/67), enleva aux Timourides le Fars, la région d'Ispahan et l'Irak (1453) mais il trouva la mort en luttant contre le Mouton-Blanc, qui recueillit ses États (1468). Le Mouton-Blanc exerça à son tour l'hégémonie sous les règnes d'Ouzoun Hassan (1466/78) et de son fils Yakoub, qui mourut en 1490. Après lui, la confédération du Mouton-Blanc, menacée à la fois par les Ottomans et les Séfévides, ne tarda pas à se disloquer.

MOUVEMENT DES ENTREPRISES DE FRANCE (MEDEF). Il a succédé au Conseil national du patronat français (CNPF) lors de la Convention de Strasbourg (1998) en se donnant de nouveaux statuts. Il représente toutes les entreprises du secteur concurrentiel auprès des pouvoirs publics, des syndicats et de l'opinion.

MOUVEMENT DES RADICAUX DE GAUCHE (MRG). Parti politique français fondé en nov. 1971. Voir **Radicaux.**

MOUVEMENT RÉPUBLICAIN POPULAIRE (MRP). Parti politique français fondé en nov. 1944. Voir DÉMOCRATIE CHRÉTIENNE.

MOYEN ÂGE. Période de l'histoire occidentale que l'on fait généralement commencer en 476 (dernier empereur romain d'Occident) et s'achever en 1453 (prise de Constantinople par les Turcs) ou en 1492 (découverte des Amériques). Cependant, ces limites varient selon la nationalité des historiens (les historiens espagnols font débuter le Moyen Âge au débarquement arabe de 711). De même, la distinction entre haut et bas Moyen Âge, fondée sur une césure se situant autour du XIIe siècle, perd de sa validité selon le champ historique étudié.

L'image d'obscurantisme, traditionnellement attachée au Moyen Âge, est corrigée par l'historiographie contemporaine, qui réhabilite les acquis multiples de cette période.

MOZAMBIQUE. État de l'Afrique australe, riverain de l'océan Indien (canal de Mozambique), bordé par la Tanzanie, le Malawi, la Zambie, le Zimbabwe et la République sud-africaine ; capitale *Maputo* (jusqu'en févr. 1976, *Lourenço Marques*). Les Bantous qui peuplent le Mozambique s'y établirent au cours du Ier millénaire de notre ère. Durant tout le Moyen Âge, les côtes du Mozambique furent visitées régulièrement par des commerçants arabes qui y établirent plusieurs comptoirs, entre autres Sofala, au S. du Zambèze. Les échanges entre Arabes et Bantous donnèrent naissance au XVe s. à plusieurs sultanats côtiers de culture swahilie, alors que l'intérieur du pays s'organisait en divers petits royaumes.

Le premier contact des Européens avec cette région fut établi par Vasco de Gama, qui, lors de son voyage vers l'Inde, séjourna dans l'île de Mozambique, sur la côte septentrionale, en mars 1498. Deux ans plus tard, les côtes du Mozambique furent visitées par Cabral, et, dès 1506, les Portugais s'installèrent à Sofala avec le projet d'entrer en relations commerciales avec le Monomotapa, dont les richesses étaient célèbres. Les commerçants portugais supplantèrent peu à peu leurs concurrents arabes, et, en 1629, un protectorat portugais fut même imposé au Monomotapa. Les premiers colons portugais s'établirent sur les côtes en 1635 et, au cours du XVIIe s., le commerce des esclaves prit le pas sur celui de l'or, qui avait attiré les Européens.

Malgré les attaques des Hollandais et des Arabes d'Oman, les Portugais se maintinrent sur la côte. En 1752, ils conclurent avec le sultan d'Oman un accord fixant au cap Delgado la limite des zones d'influence. À cette date, le Mozambique reçut un gouverneur particulier. La traite des Noirs prit une certaine ampleur au cours du XVIIIe s. Après les explorations de Serpa Pinto (à partir de 1877), les Portugais tentèrent de se lancer dans la course au partage de l'Afrique, afin de réaliser la jonction entre le Mozambique et l'Angola, sur la côte atlantique. Mais ces ambitions, qui s'opposaient directement à celles de l'Angleterre, furent de courte durée. Les frontières entre possessions portugaises et possessions anglaises furent fixées définitivement par l'accord du 11 juin 1891. Dans les années 1890/1910 fut réalisée la conquête de l'intérieur, dont l'étape finale fut l'écrasement de la rébellion des Makombés (1917). En 1919, en vertu du traité de Versailles, le triangle du Kionga (région du cap Delgado), qui faisait partie de l'ancien Est-Africain allemand, fut annexé au Mozambique.

Devenu province portugaise d'outre-mer en 1951, le Mozambique vit se développer divers mouvements nationalistes qui se réunirent, en 1962, dans le Front de libération du Mozambique ou FRELIMO. L'insurrection contre les Portugais commença le 25 sept. 1964 et contraignit peu à peu Lisbonne à engager au Mozambique une armée de près de 60 000 hommes (dont la moitié environ d'Africains). Après la chute du régime salazariste à Lisbonne (avr. 1974), les militaires portugais décidèrent d'accorder son indépendance au Mozambique : un gouvernement de transition fut mis en place en sept. 1974, et, le 25 juin 1975, fut proclamée la république populaire du Mozambique, sous la présidence de Samora Machel, chef du FRELIMO depuis 1970, provoquant l'exil de 200 000 Portugais et privant le pays de ses cadres.

Parti unique au pouvoir, le Frelimo, d'orientation marxiste, dut affronter la résistance armée de la RENAMO (Résistance nationale mozambicaine), soutenue par l'Afrique du Sud. Une guerre de plusieurs années provoqua la ruine de l'économie. Un cessez-le-feu fut conclu à Rome en oct. 1992 avec le chef de la Renamo. Il s'ensuivit une période de transition sous contrôle de l'ONU. En oct. 1994, le président Chissano, successeur de Samora Machel depuis 1986, fut réélu et le FRELIMO obtint la majorité relative aux législatives. Malgré le rétablissement de la paix civile, la perspective du retour, déjà amorcé, des 4 à 5 millions de déplacés du conflit, continuait à handicaper le pays. En nov. 1995, le Mozambique a été admis au sein du Commonwealth ; il en est le seul membre à ne pas avoir été possession britannique. Le retour à la paix civile a permis à l'économie de se stabiliser, avec l'aide de la communauté internationale. Les élections générales de déc. 1999 ont reconduit le président J. Chissano, toujours talonné par le candidat de la RENAMO. Malgré les tensions demeurant entre les deux partis, le pays connaît une stabilité politique et prend une orientation économique qui encourage les investissements étrangers.

MOZARABES. Nom donné aux chrétiens d'Espagne qui, en conservant leur religion et leurs lois, acceptaient la domination musulmane et parlaient la langue arabe.

MRP. Voir **Mouvement républicain populaire** et **Démocratie chrétienne.**

MUGABE Robert (Kutama, Rhodésie, 14.IV.1924). Homme politique zimbabwéen. Président depuis 1987. Voir **Zimbabwe.**

MULRONEY Brian (Baie-Comeau, Québec, 20.III.1939). Homme d'État canadien. Chef du parti conservateur depuis 1980, il fut Premier ministre de 1984 à 1993.Voir **Canada.**

MUN Albert, comte de (* Lumigny, 28.II.1841, † Bordeaux, 6.X.1914). Homme politique français. Officier de cuirassiers, il fut fait prisonnier à Metz en 1870. Avec son compagnon de captivité La Tour du Pin, il décida de se vouer à l'action sociale et chrétienne. Il fut un des fondateurs des Cercles catholiques d'ouvriers (1871) et de la revue *L'Association catholique* (1881), qui préconisait l'union syndicale des patrons et des ouvriers. Député en 1876/77, puis à partir de 1881, il tenta de former le groupe de l'Association catholique, mais ne fut pas approuvé par le Saint-Siège (1881). Monarchiste de conviction, il appuya le boulangisme (1888/89), puis, à la suite de la publication par Léon XIII de l'encyclique *Au milieu des sollicitudes* (févr. 1892), il se rallia à la République mais lutta contre sa politique anticléricale.

MUNICH (accords de, 29/30 sept. 1938). Accords signés à la suite de la crise germano-tchèque ouverte par la question de la minorité allemande des Sudètes (v.). À la conférence de Munich, réunie sur l'initiative de Mussolini, participèrent les représentants de la France (Daladier), de la Grande-Bretagne (Chamberlain), de l'Italie (Mussolini) et de l'Allemagne (Hitler), mais non ceux de la Tchécoslovaquie. L'accord de Munich reconnut l'annexion par l'Allemagne du pays des Sudètes, qui fut occupé par la Wehrmacht (1er/10 oct. 1938). Les Polonais et les Hongrois profitèrent de cette occasion pour annexer d'autres territoires tchécoslovaques. L'accord, que Hitler devait violer dès mars 1939 en rayant la Tchécoslovaquie de la carte de l'Europe, fut d'abord accueilli avec soulagement par l'opinion publique en France et en Angleterre. La « politique de Munich » a fait l'objet de maintes controverses : ses défenseurs ont fait valoir : *a)* que la France et la Grande-Bretagne, grâce à l'accord, avaient gagné une année pour renforcer leurs armements (mais il en fut de même pour Hitler, et les usines d'armement du Reich travaillaient avec de meilleurs résultats) ; *b)* que l'armée française n'avait aucun moyen de secourir la Tchécoslovaquie en 1938 et qu'une intervention soviétique eût certainement rangé la Pologne aux côtés de l'Allemagne ; *c)* que l'opinion publique, en France et surtout en Angleterre, percevait mal les raisons d'un conflit éventuel, les accords ayant seulement rendu des Allemands à l'Allemagne. Les adversaires de Munich ont souligné que Hitler, convaincu que les démocraties abdiqueraient de nouveau devant le risque d'une guerre, fut encouragé à persévérer dans sa politique de force et d'intimidation ; que les petites nations européennes ont dès ce moment perdu confiance dans la protection franco-britannique et commencé à rechercher un compromis avec l'Axe ; que l'Union soviétique, craignant que Londres et Paris n'encourageassent Hitler à se retourner contre elle, préféra amorcer le revirement diplomatique qui devait conduire à l'accord germano-soviétique d'août 1939. Les Allemands des Sudètes furent expulsés de Tchécoslovaquie dès 1945. Par le traité germano-tchécoslovaque du 11 déc. 1973, le gouvernement de la République fédérale d'Allemagne, présidé par Willy Brandt, a accepté de reconnaître comme nuls les accords de Munich.

MÜNTZER Thomas (* Stolberg, Harz, 21.XII. 1489 ?, † Mühlhausen, Thuringe, 27.v. 1525). Réformateur allemand. Moine augustin, il rencontra Luther à Leipzig (1519). Rallié à la Réforme et devenu prédicateur protestant à Zwickau (1520), il répandit bientôt des doctrines illuministes et révolutionnaires, prêchant le mépris des autorités terrestres et l'avènement d'une théocratie évangélique. Brouillé avec les luthériens, il dut s'enfuir de Zwickau et, en 1523, il fonda à Allstedt une communauté chrétienne sans clergé, où il introduisit la première liturgie allemande. De nouveau contraint à la fuite, il entra en 1524 en relation avec les anabaptistes (v.) suisses, adopta leurs doctrines et prit la tête de la communauté anabaptiste de Mühlhausen. Il fut l'un des chefs de la guerre des Paysans, cette révolte de la misère, mais vaincu et fait prisonnier par les princes à Frankenhausen (15 mai 1525) il fut condamné à mort et exécuté. Sa correspondance et ses *Politische Schriften* sont une source importante de la pensée théologico-politique allemande.

MURAILLE DE CHINE (la Grande). Immense système de fortifications destiné à protéger la Chine des nomades barbares de l'Asie centrale, en particulier des Hiong-nou. Sa construction fut commencée par Ts'in Che Houang-ti (Qin Shihuangdi), fondateur de l'Empire chinois (221/11 av. J.-C.), mais, dans son état actuel, elle date de la dynastie Ming (XVe-XVIIe s.). La Grande Muraille ne réussit pas à assurer une protection efficace contre les invasions. Elle s'étendait pourtant sur plus de 2 500 km, depuis la mer Jaune, dans le golfe du Po-Hai, au N. de T'ien-tsin et de Pékin, jusqu'au désert de Gobi.

MURAT Joachim (* La Bastide, auj. La Bastide-Murat, près de Cahors, 25.III.1767, † Pizzo, Calabre, 13.X.1815). Maréchal de France, roi de Naples sous le nom de Joachim Napoléon (1808/15). Aide de camp de Bonaparte, il accompagna le futur empereur dans ses campagnes italienne et égyptienne, faisant montre de la plus folle bravoure. Il apporta, lors du 18-Brumaire, un soutien actif à Bonaparte, qui le récompensa en lui donnant la main de sa sœur Caroline et le commandement de la garde consulaire. En 1801, Murat chassa de Rome les Napolitains et fut nommé gouverneur de Paris en 1804, avant de faire partie de la grande promotion des maréchaux de mai et de recevoir la dignité de prince d'Empire. Grand-duc de Berg en 1806, il fut envoyé en Espagne en 1808 et réprima durement la révolte populaire (2 et 3 mai). Proclamé roi de Naples et des Deux-Siciles en juill. 1808 il ne tarda pas à prêter l'oreille aux avances que lui firent les Alliés. Il participa néanmoins activement à la campagne de Russie, à la tête de la cavalerie ; Napoléon lui confia même le commandement de la Grande Armée en retraite. Murat abandonna son poste en janv. 1813 pour rentrer à Naples, mais rejoignit l'Empereur pendant la campagne de 1813. Il trahit finalement Napoléon en signant, le 11 janv. 1814, un traité avec l'Autriche et l'Angleterre, en vertu duquel il repoussa l'armée d'Eugène de Beauharnais. Pendant les Cent-Jours, Murat tenta vainement de soulever les patriotes italiens en faveur de Napoléon et fut finalement battu à Tolentino, le 2 mai 1815. Chassé d'Italie, il espéra reconquérir son royaume en débarquant en Calabre avec des partisans recrutés en Provence et en Corse, mais fut capturé et fusillé.

MUSÉE. Les Grecs appelaient *musée* (*mouséion*) un sanctuaire des Muses et, par suite, les endroits où les muses étaient honorées parce que l'on s'y occupait de lettres, de sciences ou d'art. Le musée d'Alexandrie, fondé par Ptolémée II (roi d'Égypte 285/246 av. J.-C.), était un centre culturel où les littérateurs et les savants étaient entretenus aux frais de l'État, prenaient leurs repas en commun, disposaient de salles de travail, de jardins et de portiques pour se promener en devisant, ainsi que d'un parc zoologique, d'un observatoire et d'une immense bibliothèque.

Les musées, au sens actuel du mot, sont une création moderne. Dans l'Antiquité, des œuvres d'art étaient exposées dans les temples et les bâtiments publics, non pour satisfaire la pure curiosité artistique mais d'abord pour honorer les dieux ou célébrer la gloire de l'État.

Au Moyen Âge et surtout à partir de la Renaissance, les papes, les rois et les grands eurent aussi leurs collections, qui furent à l'origine des plus célèbres musées d'Europe ; mais, jusqu'au XVIIIe s., les œuvres d'art rassemblées étaient réservées au plaisir de leur possesseur et de ses intimes.

En 1759, on exposa à Londres les collections scientifiques et artistiques que venait de léguer au Parlement sir Hans Sloane, médecin célèbre : ce fut l'origine du British Museum. En France, de 1750 à 1785, le public fut admis à visiter une partie des collections royales exposées au palais du Luxembourg. La Révolution voulut faire du Beau le patrimoine de tous, et, en 1793, la Convention décida de transformer le Louvre en un « muséum des Arts » ; deux ans plus tard, s'ouvrit le musée des Monuments français, qui rassemblait surtout des objets provenant des églises désaffectées et parfois sauvés du vandalisme révolutionnaire.

MUSSOLINI Benito Amilcare Andrea (* Varano dei Costa, 29.VII.1883, † Giulino di Mezzegra, Côme 28.IV.1945). Homme politique italien. Fils d'un forgeron et d'une institutrice de Romagne, province aux fortes traditions révolutionnaires, il fut quelque temps instituteur, mais se lança très vite dans l'agitation politique et syndicale, à l'aile gauche du parti socialiste. En 1912, il devint directeur du journal du parti, *Avanti !* En oct. 1914, il prit position pour l'intervention de l'Italie aux côtés des Alliés et rompit avec le parti socialiste. Au cours de la guerre, il fut mobilisé et grièvement blessé.

Le 23 mars 1919, il fonda les Faisceaux italiens de combat, qui regroupaient, à l'origine, surtout des anciens combattants ; transformés en parti national fasciste, ils devinrent un mouvement de masse. Mussolini sut tirer parti de la profonde agitation sociale de l'Italie d'après guerre, de la déception des Italiens devant leur demi-victoire, des rancunes contre des Alliés déloyaux, et faire la synthèse d'aspirations telles que la grandeur et l'ordre dans une vie héroïque et virile. Grâce à des gestes spectaculaires, il se construisit l'image d'un chef déterminé, le *Duce*. Bénéficiant de l'indulgence des forces conservatrices, il parvint au pouvoir avec une rapidité surprenante, en oct. 1922 après la *marche sur Rome*.

Vainqueur aux élections du 6 avril 1924, Mussolini prit prétexte de l'assassinat du député socialiste Matteotti et de l'indignation que cet acte provoqua pour déclarer son régime menacé, et pour instaurer à la fin de 1924 une véritable dictature : parti unique, police politique puissante, embrigadement de la jeunesse dans des organisations de masse. Le culte du chef s'instaura, infaillible, héritier des empereurs de la Rome antique. Mussolini neutralisa l'opposition latente de l'Église par les accords du Latran de 1929.

C'est de la politique extérieure que vint la chute du régime fasciste. L'affaire d'Éthiopie (1935) fut l'occasion du rapprochement avec l'Allemagne nazie, qui conduisit à une alliance de plus en plus étroite et à l'entrée en guerre de l'Italie en juin 1940. Après le débarquement anglo-américain en Sicile du 10 juill. 1943 qui montra que la défaite de l'Axe était inéluctable, Mussolini fut rendu responsable de l'alliance allemande, destitué par le Grand Conseil fasciste, et arrêté. En sept. 1943, un commando SS le libéra, et le Duce créa dans le nord de l'Italie la république de Salo, État fantoche dominé par les nazis. Arrêté par des maquisards communistes, il fut exécuté sommairement. Voir FASCISME et ITALIE.

MUTINERIES DE 1917. Durant la Première Guerre mondiale, à la suite du sanglant échec de l'offensive déclenchée par le général Nivelle sur le front du Chemin des Dames, et dans le climat psychologique créé par les nouvelles de la Révolution russe, des mutineries se produisirent à partir de la fin mai 1917, et des mouvements plus ou moins graves ont affecté la moitié des troupes françaises : les soldats refusaient de monter aux tranchées et voulaient envoyer des délégations à Paris pour demander la paix immédiate. Pétain, qui avait remplacé Nivelle au commandement en chef dès le 15 mai, s'efforça de limiter la répression (il y eut cependant quarante-neuf exécutions) et réussit à redonner confiance aux armées. Ces mutineries, qui coïncidèrent avec d'importants mouvements de grève, contribuèrent à créer dans les milieux politiques français une psychose de trahison qui provoqua l'arrivée au pouvoir de Clemenceau (nov. 1917) et des poursuites contre des hommes politiques favorables à une paix de compromis, tels Malvy et Caillaux.

MYCÈNES. Ancienne ville de Grèce, dans le Péloponnèse, au N.-E. d'Argos. D'après la légende grecque, elle eut pour fondateur Persée, fils de Zeus et de Danaé, qui l'entoura de murailles avec l'aide des Cyclopes. Mais les descendants de Persée furent supplantés par les Pélopides, sous lesquels Mycènes atteignit son apogée, particulièrement à l'époque d'Agamemnon et de la guerre de Troie. Grande citadelle palatiale à partir du XVe s. av. J.-C., ruinée à la fin du XIIIe s., Mycènes subsista à l'époque classique et participa aux guerres médiques (v.). Argos la détruisit vers 464 av. J.-C.

MYCÉNIENNE (civilisation). Nom donné à la civilisation qui s'étendit sur une grande partie du monde égéen au bronze récent (ou helladique récent), entre 1600 et 1100 av. J.-C., et qui eut pour principal centre Mycènes (v.). Elle fut l'œuvre de l'aristocratie achéenne, un groupe d'envahisseurs venus des Balkans au début du IIe millénaire. Les Achéens entrèrent très tôt en relations avec les Crétois, comme en témoigne le riche mobilier funéraire trouvé dans les deux cercles de tombes à fosse de Mycènes (vers 1600/1500) et les tombes monumentales à tholos des rois de Mycènes aux XVe/XIVe s. avant notre ère. Mais les Achéens, se lançant à leur tour dans les entreprises maritimes, ont dominé les Crétois ; c'est à leur invasion qu'on attribue la ruine de la civilisation minoenne, vers 1450/1400. À la thalassocratie crétoise succéda une hégémonie maritime achéenne qui développa une activité commerciale mais aussi de pillage et de piraterie. Aventuriers et commerçants ont exercé leurs activités de la Syrie du Nord à la Sicile et l'Italie du Sud.

Plusieurs villes ont alors témoigné de la puissance et de la richesse accumulée par les Achéens, comme Tirynthe et Pylos. Mais la grandeur de Mycènes a fait préférer le qualificatif de « mycénien » pour désigner cette civilisation dont la guerre de Troie (v.) fut peut-être la plus grande entreprise, au XIIIe s. av. J.-C.

Elle a disparu au XIIe s., victime, comme tout le monde égéen et le Proche-Orient, des invasions des Doriens et des mouvements des Peuples de la Mer (v.). L'architecture mycénienne s'est caractérisée par sa massivité et sa puissance comme en témoigne la porte des Lionnes, à Mycènes, l'acropole de Tirynthe et les tombes à hautes chambres funéraires faites de blocs appareillés (tombes à tholos) ; les palais, dont la pièce principale est le mégaron, avec un foyer central correspondant à une ouverture du toit, devaient paraître d'une grande rusticité en comparaison des palais crétois aux centaines de pièces. Nos connaissances viennent des résultats des fouilles, de la lecture prudente des textes homériques postérieurs de quelque trois siècles à la fin du monde mycénien, enfin des tablettes d'argile où sont gravés des textes d'intérêt économique, dans l'écriture dite linéaire B.

MYKÉRINOS, Menkaouré (vers 2528-2500 av. J.-C.). Roi d'Égypte. L'un des derniers pharaons de la IVe dynastie, il fit construire la dernière des pyramides de Gizèh.

MYSORE ou **MAISUR.** Ancien État de l'Union indienne, dans le sud-ouest du Deccan, aujourd'hui appelé *Karnataka* ; capitale *Bangalore*. Au XVIIIe s., le Mysore formait un État indépendant qui devint une des premières puissances de l'Inde sous la conduite d'un aventurier musulman, Haïder Ali. Allié des Français contre les Anglais, il entraîna son armée à l'européenne et créa une puissante cavalerie. Profitant de la guerre d'Indépendance américaine, Haïder Ali envahit le Carnatic (1778) et menaça Madras (1780). Son fils et successeur, Tipou Sultan, fut lui aussi un adversaire acharné des Britanniques ; il s'allia avec la France et l'Afghanistan, mais fut finalement vaincu et tué par Wellesley à Seringapatam (4 mai 1799). Sa famille fut déportée et les Anglais confièrent le Mysore à un souverain indien docile. En 1831, le pays passa sous l'administration britannique directe, mais il fut rendu à un prince indien en 1881. En 1956, le Mysore, désormais Karnataka, est devenu un des États de l'Union indienne.

N

NABATÉENS. Peuple arabique, qui émigra vers le VIe s. av. J.-C. de la péninsule d'Arabie dans la région correspondant à la Jordanie actuelle. Leur principal centre était Pétra. Tout en jouant un rôle important dans le commerce caravanier, ils restèrent longtemps en dehors des conflits de la politique internationale. Mais à partir du IIe s. av. J.-C., profitant du conflit entre les Prolémées d'Égypte et les Séleucides de Syrie, ils établirent leur autorité sur les côtes de la mer Rouge et dans le nord du Hedjaz, pénétrèrent dans le delta du Nil et occupèrent une partie de la Syrie et de la Palestine. Tout en conservant leur langue arabique comme langue parlée, ils adoptèrent l'araméen comme langue écrite. Les Nabatéens entrèrent bientôt en relation avec les Romains et subirent l'influence de la civilisation hellénistique. Trajan les soumit en 106 de notre ère et incorpora leur royaume à la province d'Arabie.

NABONIDE. Dernier roi de Babylone (556/539 av. J.-C.). Voir **BABYLONE**.

NABOPOLASSAR. Roi de Babylone (625-623/605 av. J.-C.). Gouverneur du « Pays de la Mer » (Sumer), il profita de la mort d'Assourbanipal pour s'émanciper de l'Assyrie et fonda la dynastie chaldéenne de Babylone. Il battit l'armée assyrienne en 616 mais ne put s'emparer d'Assour ; son alliance avec Cyaxare Ier, roi des Mèdes, lui permit de prendre et de mettre à sac Ninive. Poursuivant seul la lutte, il écrasa définitivement les Assyriens en 609.

NABUCHODONOSOR II. Roi de Babylone (605/562 av. J.-C.). Fils de Nabopolassar, il confirma par ses qualités de général, d'administrateur et de bâtisseur, la puissance de l'Empire néobabylonien. Il battit le pharaon Néchao II, allié des Assyriens, à Karkémish (605) et son règne fut occupé par la lutte contre l'Égypte pour la possession de la Palestine et de la Syrie. Dès 604, Nabuchodonosor percevait le tribut de Jérusalem et aurait peut-être envoyé en captivité à Babylone un certain nombre d'Israélites. Mais le roi de Juda, Joachim (ou Joiaqîm), comptant sur le secours de l'Égypte, se révolta contre le joug babylonien : Nabuchodonosor s'empara de Jérusalem (597) et procéda à la déportation du jeune roi Joiakîn et de plusieurs milliers d'Israélites (*première déportation* à Babylone). Il plaça sur le trône de Juda Sédécias ; celui-ci forma une coalition avec Tyr et l'Égypte, et Nabuchodonosor, après un siège de dix-huit mois, prit de nouveau Jérusalem (juill. 587), fit raser le Temple et la ville et ordonna une *deuxième déportation* des habitants, bientôt suivie d'une *troisième* (582). Il eut beaucoup plus de difficultés à réduire Tyr, qui résista pendant treize ans ; la soumission de la ville (573) mettait l'importante flotte tyrienne à la disposition du roi contre l'Égypte. Nabuchodonosor attaqua celle-ci par terre et par mer, mais l'intervention de mercenaires grecs d'Ionie appelés par le pharaon Amasis l'empêcha de pousser plus loin son avantage (568). Le roi poursuivit l'agrandissement de Babylone, dont il fit la cité la plus magnifique de l'Orient : il l'entoura d'une double enceinte percée de cent portes (la plus majestueuse est la porte d'Ishtar), fit construire le temple de Mardouk, auquel on accédait par une large voie processionnelle, aménagea un grand pont sur l'Euphrate, des canaux autour de la ville, etc. Voir **BABYLONE**.

NACHTIGAL Gustav (* Eichstedt, près de Stendal, 23.II.1834, † en mer, dans le golfe de Guinée, 20.IV.1885). Explorateur allemand. D'abord médecin militaire, il fut chargé en 1869 d'apporter au sultan du Bornou des présents du roi de Prusse. Il prit prétexte de cette mission pour visiter le Tibesti, où aucun Européen n'avait encore pénétré, puis atteignit Kouka, la capitale du Bornou (1870), et explora pendant trois ans le Soudan central et la région tchadienne. Consul d'Allemagne à Tunis (1882), il fut envoyé en 1884 en Guinée avec le titre de commissaire impérial et établit le protectorat allemand sur le Togo et le Cameroun.

NADIR CHAH, Nadir Kouli Beg, dit (* Koubkan, Khorassan, 22.X.1688, † Fathabad, 20.VI.1747). Roi de Perse (1736/47). Aventurier d'origine turcomane et de religion chiite, il entra au service du gouverneur du Khorassan. Après sa disgrâce il prit la tête d'une bande de brigands. S'appuyant sur le mécontentement très vif des populations, il chassa complètement les Afghans en 1730 et établit sur le trône l'héritier légitime, le chah Tahmasp, qui lui donna en récompense le gouvernement des provinces de Khorassan, de Mazandéran, de Séistan et de Kerman. En 1731, il vainquit les Turcs à Hamadan, puis, Tahmasp s'étant fait battre par les Ottomans, Nadir saisit ce prétexte pour le déposer et pour déclarer roi le fils de Tahmasp, Abbas III, qui n'était qu'un enfant (1732).

À la mort d'Abbas III, Nadir monta lui-même sur le trône (1736). Il s'efforça de raffermir l'unité de la Perse en rapprochant chiites et sunnites, tout en restaurant par ses conquêtes la grandeur persane. Il s'empara de l'Afghanistan, repoussa les Ouzbeks, puis profita de l'anarchie de l'Empire mogol de l'Inde pour ravager les provinces du Nord-Ouest et faire un raid dévastateur sur Delhi (1739). Mais son despotisme, son caractère ombrageux, ses méthodes cruelles provoquèrent des révoltes et son assassinat.

NAGADA. Nom d'un site de Haute-Égypte, à 28 km au nord de Louxor, sur la rive occidentale du Nil, où furent découvertes, à la fin du XIXe s., quelque 2 200 tombes de l'époque prédynastique et qui a donné son nom aux brillantes civilisations de cette période. L'époque de Nagada est en effet divisée en trois phases : Nagada I ou Amratien (4000-3500 av. J.-C.), Nagada II ou Gerzéen (3500-3300 av. J.-C.) et Nagada III ou Sémainéen (3300-3100 av. J.-C.).

Nagada I, en Haute-Égypte, s'inscrit dans le prolongement de la culture de Badari (v. ÉGYPTE. Préhistoire). Elle fut l'héritière des chasseurs-cueilleurs qui considéraient l'agriculture comme un complément de ressources et non pas comme une activité de production à part entière justifiant un habitat permanent. Nagada I propulsait au sommet de la hiérarchie des différents groupes humains les chasseurs les plus habiles dont elle exaltait les prouesses. Ce fut ainsi que cette culture engendra rapidement une différenciation sociale dont témoigne le matériel funéraire très inégal d'une tombe à l'autre. Parallèlement à Nagada I se développa, dans le Delta ou Basse-Égypte, la culture de Maadi-Bouto, élaborée par une société beaucoup plus égalitaire de cultivateurs-éleveurs sédentaires. Bien ancrée dans une économie de production, cette culture était ouverte aux influences du Proche-Orient et notamment de Palestine d'où furent importés le cuivre et un modèle de maisons en partie souterraine, ainsi qu'à quelques importations de Haute-Égypte.

Sous Nagada II, à partir de 3500 av. J.-C., émergèrent en Haute-Égypte, les centres de pouvoir de Hiérakonpolis, Nagada et Abydos, qui imposèrent leurs traditions, leurs mœurs et leurs croyances de la pointe du Delta, au N., à la première cataracte, la frontière naturelle, au S., en même temps qu'ils adoptèrent, comme le Nord, une économie agricole et reléguèrent la chasse au rang de passe-temps de l'aristocratie.

Sous Nagada III se poursuivit l'évolution amorcée au début du IVe millénaire av. J.-C. qui trouva son aboutissement avec la naissance de la royauté, puis de l'État, et avec l'unité politique préparée par l'unification culturelle. Les chefs des principautés rivales de Haute-Égypte finirent par se soumettre, sans doute à la fois par le jeu des alliances et par la violence, à l'autorité unique de l'un d'entre eux, originaire de la ville de This : Ménès (v.)/Narmer. Ce roi fut précédé par les représentants de la dynastie « 0 », terme choisi par les égyptologues pour qualifier des souverains qui jouirent d'une autorité incontestable, attestée par le luxe de leur tombe, mais dont on ignore cependant les limites géographiques et la durée. Ce fut au cours de cette période que, pour noter le nom de ces premiers rois, les Égyptiens inventèrent l'écriture hiéroglyphique. Les premières traces en furent découvertes dans la tombe royale Uj du cimetière d'Umm el-Qaab en Abydos ; elles remontent à 3300 av. J.-C. La naissance de l'écriture eut pour corollaire celle de l'art pharaonique dont elle inspira bien des conventions.

NAGASAKI. Ville et port du Japon, dans l'île de Kyûshû, sur la mer de Chine. Nagasaki, qui remonte au XVIe s., fut un des premiers centres chrétiens au Japon et vingt-six martyrs japonais y furent exécutés le 5 févr. 1597. Après la fermeture du Japon aux étrangers (1639), les commerçants hollandais reçurent l'autorisation de conserver un comptoir dans la petite île de Deshima, où ils restaient confinés sans pouvoir pénétrer dans la ville. Le port de Nagasaki fut d'abord rouvert aux Américains dès 1854 puis à tous les étrangers en 1858. Durant la Seconde Guerre mondiale, la seconde bombe atomique lancée par les Américains fit à Nagasaki 40 000 morts et autant de blessés (9 août 1945). Dès le lendemain, le Japon accepta la paix sans condition.

NAGY Imre (* Kaposvar, 1896, † Budapest ?, 28/29.I.1957, annonce officielle le 17.VI.1958). Homme politique hongrois. Devenu communiste alors qu'il était prisonnier en Russie, pendant la Première Guerre mondiale, il fit partie du gouvernement de Béla Kun (1919), puis s'exila à Moscou. Ministre de l'Agriculture (1944/45), puis de l'Intérieur (1945/46), président de l'Assemblée nationale en 1947, il remplaça Rákosi comme président du Conseil en 1953. Ses mesures de libéralisation rencontrèrent l'opposition des staliniens, qui l'éliminèrent (avr. 1955) et l'exclurent même du parti. Il fut cependant réintégré en oct. 1956, quand le parti décida de le charger d'endiguer le mouvement révolutionnaire. En nov., Nagy constituait un authentique gouvernement de coalition ouvert aux non-communistes, provoquant l'intervention militaire soviétique. Nagy fut condamné à mort pour haute trahison à l'issue d'un simulacre de procès, et exécuté. Sa mémoire fut officiellement réhabilitée en 1989. Voir HONGRIE.

NAHAS Pacha, Moustafa el- (* Le Caire, 15.VI. 1876, † Alexandrie, 1965). Homme politique égyptien. Fondateur du Wafd, il fut Premier ministre en 1928, 1930, 1936/37, 1942/44 et 1951/52. Voir **ÉGYPTE**.

NAJIBULLAH Mohammed (* Paktia Province, 1947, † Kaboul, 27.IX.1996). Chef d'État afghan. Chef des services de sécurité afghans, en lutte contre les moudjahidin depuis 1979, il devint président de la République démocratique d'Afghanistan en nov. 1987. Malgré le retrait des troupes soviétiques décidé par les accords de Genève d'avr. 1988 et la création par certains groupes de la résistance d'un gouvernement provisoire afghan à Peshawar, il parvint à se maintenir au pouvoir jusqu'à la prise de Kaboul par le commandant Massoud, en avr. 1992. Le 27 sept. 1996, les talibans s'emparèrent de la capitale et exécutèrent le jour même Najibullah.

NAKASONE Yasuhiro (Takasaki, 27.V.1917). Homme politique japonais. Membre du parti libéral-démocrate, élu, en 1947, à la chambre des représentants, il fut nommé à la tête du Miti (ministère de l'Industrie et du Commerce extérieur) par Tanaka Kakue (1972/74). Premier ministre de 1982 à 1987, il mit en place plusieurs réformes libérales : privatisation des chemins de fer nationaux (JNR), fin des monopoles de la compagnie de télécommunication (NTT) et de la compagnie aérienne (JAL, *Japan Airlines*), simplification des procédures administratives et reduction des déficits publics. Pour renforcer le rôle international d'un Japon devenu la 2e puissance économique du monde, il porta pour la première fois le budget de la Défense à hauteur de 1 % du PNB (1987).

NAMIBIE, *Namibia*. État du sud-ouest de l'Afrique, riverain de l'océan Atlantique, compris entre l'Angola au N., le Botswana à l'E. et la République sud-africaine au S.-E. ; capitale *Windhoek*. Cette région, en partie désertique, était occupée au milieu du XIXe s. par les Hottentots et les Bochimans d'une part, et par les Bantous d'autre part, dont les Owambos, au N., et les Hereros étaient les plus nombreux. Découvert par les Portugais dès le XVe s., le Sud-Ouest africain reçut des missionnaires anglais et allemands dans la première moitié du XIXe siècle.

Le gouvernement britannique laissa les Allemands s'installer dans cette région en 1883 ; un agent de Lüderitz, négociant de Brême, acheta aux Hottentots des territoires autour de la baie d'Angra Pequena, et la colonie du Sud-Ouest africain allemand (*Deutsch-Südwestafrika*) fut fondée en avr. 1884. Après trois ans de lutte (1903/06), les Hottentots et les Hereros finirent par se soumettre mais le peuple herero fut quasiment anéanti. Durant la Première Guerre mondiale, les troupes de l'Union sud-africaine, membre du Commonwealth britannique firent la conquête de la colonie allemande (janv./juill. 1915), et la SDN, en 1920, confia le territoire en mandat à l'Afrique du Sud. Les colons allemands, automatiquement naturalisés en 1924, se rallièrent dans leur quasi-totalité au national-socialisme après 1933 ; la plupart d'entre eux furent privés de la nationalité sud-africaine en 1942, mais ils devaient la retrouver en 1949.

Après la Seconde Guerre mondiale, l'Union sud-africaine, déjà suspecte en raison de sa politique ségrégationniste, ne put obtenir de l'ONU, en 1946, le droit d'annexer le Sud-Ouest africain. Le gouvernement sud-africain affirma alors que l'ONU n'avait aucun droit sur les territoires confiés en mandat par la SDN, thèse qu'accepta en 1950 la Cour internationale de justice. Dès 1949, le Sud-Ouest africain fut pratiquement intégré dans l'Union sud-africaine. L'ONU, sous la pression des pays afro-asiatiques, décida en oct. 1966 de retirer à la République sud-africaine son mandat sur le Sud-Ouest africain, auquel elle donna le nom de **Namibie** (1968) et dont elle exigea l'indépendance en 1978 (Résolution 435). L'ONU et l'Organisation de l'unité africaine reconnurent en outre comme seul représentant authentique du Sud-Ouest africain la SWAPO (South West Africa People's Organization), composée en majorité de membres de l'ethnie owambo, et qui menait, depuis 1966 une guérilla contre les troupes sud-africaines. Les maquisards de la SWAPO établirent leurs bases en Angola. Pretoria répliqua en soutenant militairement les rebelles antimarxistes de l'UNITA qui combattaient en Angola (v.) contre le gouvernement central prosoviétique du MPLA.

Finalement, en déc. 1988, un accord entre l'Angola, Cuba et l'Afrique du Sud prépara l'indépendance de la Namibie contre un retrait des soldats cubains venus en Angola comme mercenaires de l'URSS. Aux élections pour l'Assemblée constituante en 1989, la SWAPO obtint 57 % des suffrages exprimés. Le 21 mars 1990, la Namibie accédait à l'indépendance sous la présidence du dirigeant de la SWAPO, Sam Nujoma. Enfin, l'Afrique du Sud reconnaissait, en août 1993, la souveraineté namibienne sur le port de Walvis Bay – port d'importance stratégique et base militaire majeure. Le président S. Nujoma fut réélu en 1994 puis en déc. 1999, grâce à un aménagement de la Constitution. Simultanément et en liaison avec l'opération « Vérité et réconciliation » menée en Afrique du Sud sur l'époque de l'apartheid, la SWAPO fut interrogée sur le sort des nombreux prisonniers qu'elle avait faits à l'époque de la lutte armée, mais refusa de répondre. En 1998, la Namibie décida, avec le Zimbabwe et l'Angola, de soutenir militairement Laurent-Désiré Kabila, président de la république démocratique du Congo, en même temps que se prolongeaient les opérations militaires contre l'UNITA.

NANKIN (traité de, 29 août 1842). Il mit fin à la guerre de l'Opium (v.). La Chine ouvrait au commerce étranger les ports de Canton, Amoy, Fou-tcheou,

Ning-po, Changhai et cédait à l'Angleterre l'îlot de Hongkong.

NANSEN Fridtjof (* Store-Froën, près d'Oslo, 10.X.1861, † Lysaker, 13.V.1930). Explorateur, naturaliste et homme politique norvégien qui, lors de son exploration du pôle Nord, parvint jusqu'à la latitude encore jamais atteinte de 86° 14′ (8 avr. 1895). Engagé dans la vie politique, il contribua par son autorité personnelle à l'indépendance de la Norvège (1905). Au lendemain de la Première Guerre mondiale, il fut un des acteurs de la SDN, se dévoua pour le rapatriement des prisonniers de guerre allemands et russes et, de 1921 à 1923, dirigea une organisation d'aide alimentaire aux régions de l'URSS ravagées par la famine. En 1921, il avait fondé l'Organisation Nansen pour venir en aide aux réfugiés russes fuyant la révolution ; cette organisation obtint la création, sous les auspices de la SDN, d'un *passeport Nansen* permettant de leur attribuer une identité officielle (5 juill. 1922). Dès 1924, ce passeport commença d'être délivré à des réfugiés d'autres pays. Ce dévouement à l'humanité valut à Nansen le prix Nobel de la paix (1922).

NANTES (édit de, 13 avr. 1598). Édit de pacification religieuse signé à Nantes par Henri IV, afin de mettre un terme à l'agitation des huguenots, inquiets par son abjuration (1593). L'édit de Nantes accordait aux protestants des concessions considérables : la liberté de conscience dans tout le royaume, la liberté entière du culte dans tous les endroits où le protestantisme était établi avant 1597, ainsi que dans les châteaux des hauts seigneurs justiciers (environ 3 500) et dans deux localités par bailliage ; la restitution des anciens temples, l'autorisation d'en bâtir de nouveaux et de tenir des synodes. Politiquement, il déclarait l'amnistie pleine et entière pour tous les actes de la guerre, l'égalité civile avec les catholiques et l'accès à tous les emplois publics ; des chambres mi-parties, composées par moitié de juges des deux religions, devaient siéger à Bordeaux, à Grenoble et à Castres afin de juger les procès dans lesquels une des parties serait calviniste ; les protestants se voyaient enfin accorder des garanties territoriales (plus de cent « places de sûreté », parmi lesquelles La Rochelle, Saumur, Montauban, Montpellier). L'édit de Nantes se heurta naturellement à une violente opposition des catholiques, et le parlement de Paris tergiversa deux ans avant de l'enregistrer. Sous le règne de Louis XIII, Richelieu, qui avait pris La Rochelle en 1628, imposa aux protestants la paix d'Alès (1629). Elle garantissait la liberté de culte et l'égalité civile, abolissait les clauses politiques de l'édit et enlevait aux calvinistes leurs places de sûreté.

Par convictions religieuses personnelles, autant que par intérêt politique, Louis XIV, dès le début de son règne, et en dépit du loyalisme huguenot pendant la Fronde, se donna pour mission de réaliser peu à peu l'unité de foi, inséparable à ses yeux de l'unité politique du pays. À partir de 1661, des restrictions croissantes furent apportées à l'application de l'édit de Nantes, tandis que se développaient propagande et pressions pour obtenir des conversions plus ou moins forcées. Vers 1680 commença la persécution ouverte avec les dragonnades (v.) dont Marillac prit l'initiative dans le Poitou. Le nombre des conversions ainsi obtenues fut considérable et Louis XIV put croire de bonne foi que l'édit de Nantes était devenu inutile, puisqu'il n'y avait plus de protestants, mais seulement de « nouveaux convertis ». La **révocation de l'édit de Nantes** fut accomplie par l'édit de Fontainebleau (18 oct. 1685) : les pasteurs étaient bannis, mais il était interdit aux fidèles de s'enfuir ; le culte, les temples, les écoles protestantes étaient supprimés (toutefois, ces mesures n'étaient pas applicables à l'Alsace). La révocation fut accueillie favorablement par l'opinion catholique mais provoqua des effets désastreux par l'exode d'au moins 200 000 protestants, qui furent accueillis par leurs coreligionnaires de l'étranger, surtout en Hollande et en Prusse, et constituèrent des foyers irréductiblement hostiles à la monarchie française ; les Cévennes se révoltèrent (1702/05). Les protestants demeurés en France furent encore longtemps persécutés. Après 1750, la répression cessa, jusqu'à l'édit de tolérance pris par Louis XVI en 1787. Voir PROTESTANTISME. En France du XVIIe s. à nos jours.

NAPLES (Royaume de), appelé officiellement, à partir de 1816, **royaume des Deux-Siciles**. Ancien État italien qui s'étendait sur tout le sud de la péninsule et sur la Sicile ; au N., il était limité par les États pontificaux et avait pour provinces septentrionales les Abruzzes, Molise et la Terra di Lavoro (partie nord de la Campanie) ; capitale *Naples*. Sa création remonte aux expéditions d'aventuriers normands qui s'en vinrent chercher fortune en Italie au début du XIe s. La première principauté normande d'Italie fut fondée en 1027, et, en 1038, le Normand Renoulf se fit concéder par l'empereur Conrad II le comté d'Aversa. Parmi les autres fiefs normands, le principal était celui de Robert Guiscard qui, arrivé en 1046 en Italie, se rendit rapidement maître de la Campanie et, après avoir vaincu les troupes pontificales (1053), força le pape Nicolas II à le reconnaître (1059). En 1071, il s'empara de Bari, dernière ville italienne possédée par les Byzantins, et se trouva ainsi maître de tout le sud de la péninsule, pendant que son frère cadet, Roger (Ier), enlevait aux Arabes la Sicile (1061/91). Roger II (1127/54) obtint du pape Anaclet II le titre de roi de Sicile (1130) et poursuivit son expansion aux dépens des musulmans d'Afrique, auxquels il enleva Djerba (1135) et Bône (1154).

Hohenstaufen et Angevins

Après Roger II, les rois de Sicile furent les alliés du pape contre l'empereur, mais, en 1186, à la suite de la paix intervenue entre Frédéric Ier Barberousse et le Saint-Siège, l'héritière de Sicile, Constance, fille de Roger II, fut mariée avec le fils de l'empereur, le futur Henri VI. Celui-ci ne put s'imposer qu'après avoir écrasé la résistance des barons normands conduits par Tancrède de Lecce (1194). Son fils, l'empereur Frédéric II (1197/1250), né en Sicile, fit de ses possessions d'Italie du Sud son séjour de prédilection ; il fonda l'université de Naples (1224) et établit sa résidence habituelle à Melfi, où il promulga en 1231 les *Constitutions de Melfi*, qui faisaient de son royaume italien l'État le mieux administré d'Europe. La cour de Frédéric fut un creuset cosmopolite où se mêlèrent les diverses traditions culturelles de la Sicile, normande, arabe, juive, grecque. Le royaume de Sicile devint ainsi au XIIIe s. la principale base des Hohenstaufen dans leur lutte contre la papauté ; après le règne de Conrad IV (1250/54), cette lutte prit une vigueur accrue avec Manfred, bâtard de Frédéric II, qui se proclama roi en 1258. Urbain IV organisa une croisade contre Manfred, et son successeur, Clément IV, attribua la couronne de Sicile à Charles d'Anjou (1265) : Manfred fut battu et tué sous les murs de Bénévent (26 févr. 1266), et Conradin, le jeune fils de Conrad IV, fut mis à mort à Naples sur l'ordre de Charles d'Anjou (oct. 1268).

Avec Charles Ier d'Anjou (1266/85), c'est la domination française qui s'installait à Naples et en Sicile. En s'attaquant aux libertés municipales, en exploitant systématiquement ses possessions italiennes pour financer ses vastes entreprises en Méditerranée, l'Angevin souleva la colère des populations, encouragées à la résistance par le roi Pierre III d'Aragon, qui avait épousé la fille de Manfred, et qui était le grand rival de Charles d'Anjou en Méditerranée occidentale. La révolte éclata à Palerme, le lundi de Pâques, 30 mars 1282 : au cours de ces *Vêpres siciliennes*, les Français furent massacrés par la population, et les Angevins durent abandonner la Sicile, où Pierre III prit le pouvoir (4 sept. 1282). Charles II d'Anjou (1285/1309), dut reconnaître l'indépendance de la Sicile (traité de Caltabellotta, 1302).

Resté à la dynastie angevine, le royaume de Naples atteignit son apogée sous le règne de Robert d'Anjou (1309/43) : celui-ci, chef des guelfes, disposait d'une situation prépondérante en Italie, où il tint en échec l'empereur Louis de Bavière, maîtrisa les villes gibelines (Pise, Gênes) et protégea Florence, dont les banquiers étaient à son service. Mais, dans la seconde moitié du XIVe s., la guerre de Cent Ans et la conséquence de la reconquête musulmane de l'Orient franc, (1291) provoquèrent une crise désastreuse du commerce extérieur napolitain, tandis que le royaume de Naples était en proie à de violentes luttes intérieures. À la mort de Robert, la couronne passa à sa petite-fille, la reine Jeanne Ire (1343/82), peut-être complice de l'assassinat de son premier mari, André de Hongrie (1345) : le frère de la victime, le roi Louis de Hongrie, envahit à deux reprises les États napolitains (1347/48 et 1350), tandis que la reine Jeanne s'enfuyait en Provence. Elle parvint peu après à se rétablir à Naples, mais comme elle restait sans héritier direct malgré ses quatre mariages, la question de sa succession était ouverte. Lors du Grand Schisme (v.), Jeanne se prononça résolument pour le pape d'Avignon, Clement VII, contre le pape de Rome, Urbain VI : celui-ci riposta en donnant le royaume de Naples à l'ennemi de la reine, Charles III de Duras (1381), qui la fit étrangler (1382).

Après les règnes de Charles III (1381/86) et de son fils Ladislas (1386/1414), Naples tomba de nouveau aux mains d'une femme, Jeanne II, qui désigna tour à tour comme héritiers Alphonse V d'Aragon et Louis III d'Anjou : d'où de nouvelles guerres dynastiques, terminées par la victoire d'Alphonse V (1442), qui réunit à Naples la Sicile ; ce premier *royaume des Deux-Siciles* ne survécut pas à sa mort (1458). Tandis que la Sicile restait unie à l'Aragon, Naples passa à un bâtard d'Alphonse V, Ferdinand Ier (1458/94). Mais le roi de France, Charles VIII, héritier de la maison d'Anjou, fit alors valoir ses droits sur le royaume de Naples, déclenchant ainsi les guerres d'Italie. Les Français occupèrent Naples (1495), mais durent bientôt l'abandonner : à la suite du traité de Grenade (nov. 1500), conclu entre Louis XII et Ferdinand d'Aragon, Français et Aragonais s'unirent pour chasser Ferdinand II (1501), mais la possession de Naples déclencha entre eux une nouvelle guerre. La France ayant été chassée (capitulation de Gaète, 1er janv. 1504), l'État napolitain fut rattaché à la couronne d'Aragon et ne devait plus être, pendant deux siècles, qu'une vice-royauté espagnole, livrée à une fiscalité écrasante, à une corruption et à un marasme économique croissant. Naples se révolta à plusieurs reprises, notamment sous Masaniello (1647), mais en vain. Durant la guerre de la Succession d'Espagne, les Autrichiens s'établirent à Naples (1713) et en Sicile obtenue en 1720 en échange de la Sardaigne.

Les Bourbons de Naples

À la paix de Vienne (1735 et 1738) (v.), l'empereur Charles VI céda le royaume de Naples et la Sicile à une ligne cadette des Bourbons d'Espagne, représentée par Charles VII (1735/59). Le nouveau souverain, aidé par son ministre Tanucci, entreprit la réorganisation de ses États selon les principes du despotisme éclairé : malgré la résistance de la noblesse, une réforme de la propriété foncière fut esquissée, l'enseignement encouragé, la puissance de l'Église diminuée par la suppression de la dîme, l'obligation faite aux clercs de payer l'impôt et la suppression d'un grand nombre de couvents. Mais en 1759, Charles VII dut partir pour Madrid afin de remplacer son demi-frère Ferdinand VI.

Le royaume de Naples passa à son fils encore mineur, Ferdinand IV (1759/1825) : sous l'influence de sa femme, Marie-Caroline, sœur de Marie-Antoinette, il soumit ses États à un morne despotisme. Farouche adversaire de la Révolution française, Marie-Caroline jeta Naples dans la guerre contre les Français qui proclamèrent à Naples (janv. 1799) la république Parthénopéenne. Au mois de juin suivant, les Bourbons se rétablirent dans la ville, où le cardinal Ruffo laissa massacrer les libéraux. Finalement, Ferdinand IV s'étant rallié à la troisième coalition, Napoléon, par le décret de Schönbrunn (27 déc. 1805), proclama la déchéance des Bourbons et confia le royaume de Naples à son frère Joseph (1806/08), puis à Murat (1808/15) ; mais les Bourbons, avec l'aide anglaise, réussirent à se maintenir en Sicile. La convention de Casalanza (20 mai 1815) rétablit les Bourbons, et Murat, qui avait tenté de reconquérir son trône éphémère, fut fusillé (oct. 1815). Ferdinand IV rétablit aussitôt un absolutisme tyrannique, appuyé sur une administration inefficace et corrompue. Le banditisme se répandit dans le pays. En juill. 1820, une insurrection libérale éclata à Naples, où la Constitution espagnole de 1812 fut proclamée, tandis que la Sicile, restée fidèle à l'absolutisme, fut soumise par le général Pepe favorable aux libéraux. Ferdinand IV fit appel aux puissances de la Sainte-Alliance (congrès de Laibach, janv. 1821), et les baïonnettes autrichiennes rétablirent l'absolutisme des Bourbons (mars 1821).

Les successeurs de Ferdinand IV, François Ier (1825/30) et Ferdinand II (1830/59), montrèrent le même aveuglement. Après les troubles de 1848/49, Ferdinand II, hanté par la peur d'un attentat, finit sa vie dans son château de Caserte. Au Piémont, Cavour apporta secrètement son aide à l'expédition de Garibaldi. Le 11 mai 1860, à la tête de ses Mille, volontaires internationaux en chemise rouge, Garibaldi débarquait à Marsala, en Sicile, battait l'armée royale à Calatafimi, s'emparait de Palerme (6 juin), passait sur le continent (20 août) et entrait enfin à Naples (7 sept.). Deux semaines plus tard, une Assemblée nationale réclamait le rattachement au royaume de Sardaigne que ratifia le référendum du 21 oct. suivant. Les troupes sardes s'emparèrent de Gaète (13 févr. 1861), et le dernier roi des Deux-Siciles, François II, partit pour l'exil.

NAPOLÉON Ier Bonaparte (* Ajaccio, 15.VIII. 1769, † Longwood, Sainte-Hélène, 5.V.1821). Empereur des Français (1804/14 et 1815). De petite noblesse corse sans fortune, il fut boursier dans des écoles militaires (à Brienne notamment), en sortit lieutenant d'artillerie en second, et se distingua au siège de Toulon, qu'il contribua à reprendre aux royalistes (déc. 1793). Il fut promu général et se fit remarquer comme républicain, et même jacobin. Barras fit appel à lui pour écraser l'insurrection royaliste à Paris (13 vendémiaire an IV, oct. 1795). En récompense, il fut nommé à la tête de l'armée d'Italie, armée tout à fait secondaire. Mais ses victoires de la campagne d'Italie (1796/97) firent de lui un des généraux les plus populaires. En rentrant d'Égypte (v. ÉGYPTE, campagne d'), il renversa, les 18 et 19 brumaire (9 et 10 nov. 1799), le régime complètement discrédité du Directoire.

Le régime de Napoléon Bonaparte exprima une volonté d'ordre et de consolidation, après les tumultes de la Révolution et les désordres du Directoire. D'où son caractère ambigu, souvent souligné. Dans de grands textes, les *Codes* en particulier, il affirma les principes de la Révolution. Il établit ou restaura la plupart des grandes institutions qui caractérisent la France moderne et notamment une administration puissante et centralisée. Conscient de l'influence sociale de l'Église catholique, Napoléon lui fit une place dans l'État. Il voulut réconcilier les Français et faciliter le retour de beaucoup d'émigrés. Persuadé que la société moderne a besoin de hiérarchies, il créa une nouvelle noblesse. Cette œuvre immense reposait sur la pensée et l'action d'un homme qui avait des vues sur tout, qui décidait de tout, qui ne demandait aux Français qu'une approbation lors de plébiscites. Ce césarisme était un pouvoir monarchique qui s'appuyait sur le suffrage populaire.

Les années napoléoniennes furent une tentative d'hégémonie française sur le continent européen, servie par une armée forgée dans les guerres de la Révolution. Napoléon procéda par annexions (v. COALITION, guerres de.) ou par la création d'États vassaux confiés à ses frères ou à ses sœurs (v. BONAPARTE). Dans les territoires conquis ou dominés, il introduisit certaines institutions de la Révolution. Mais il conçut son Empire avant tout comme un instrument de la puissance française, et les peuples dominés furent exploités. Ce rêve impérialiste se heurta à l'opposition inflexible de la Grande-Bretagne, qui ne pouvait accepter une hégémonie française incompatible avec ses ambitions mondiales, et se brisa finalement devant la résistance victorieuse de la Russie et le soulèvement général des peuples d'Europe.

L'échec napoléonien laissa une France affaiblie, mais qui garda la nostalgie de la gloire des années de l'Empire. Dès Sainte-Hélène (v.), Napoléon commença à créer lui-même la légende napoléonienne. Voir FRANCE. L'époque napoléonienne (1799/1814).

NAPOLÉON II, François Charles Joseph Napoléon Bonaparte (* Paris, aux Tuileries, 20.III.1811, † Schönbrunn, 22.VII.1832). Fils de Napoléon Ier et de Marie-Louise, il reçut dès sa naissance le titre de roi de Rome. Le 22 juin 1815, Napoléon Ier abdiqua en sa faveur, et le roi de Rome fut reconnu par les Chambres des Cent-Jours sous le nom de Napoléon II, mais cette reconnaissance resta sans effet. En 1818, il devint duc de Reichstadt. Il mourut de la tuberculose à l'âge de vingt et un ans et fut enterré à Vienne. Ses cendres ont été rendues à la France par Hitler et déposées aux Invalides le 15 déc. 1940.

NAPOLÉON III, Charles Louis Napoléon Bonaparte (* Paris, aux Tuileries, 20.IV.1808, † Chislehurst, Kent, 9.I.1873). Empereur des Français (1852/70). Fils de Louis Bonaparte, frère de Napoléon Ier, et d'Hortense, fille de Joséphine et du général de Beauharnais, il vécut en Suisse après 1815, puis en Italie, où il participa aux complots des *carbonari* (v.). Devenu le prétendant bonapartiste à la suite de la mort du duc de Reichstadt (Napoléon II), il fit deux vaines tentatives pour s'emparer du pouvoir. Emprisonné à vie à la suite de la seconde (1840), il s'évada aisément en 1846 et se réfugia à Londres.

La chute de Louis-Philippe lui permit de s'installer en France et de se faire élire par plusieurs départements. En déc. 1848, son succès éclatant à l'élection présidentielle est dû à la légende napoléonienne, au prestige du premier Empire, aux divisions des forces politiques, et à un entourage d'hommes dévoués (Persigny) ou efficaces (son demi-frère, Morny). Il joua habilement des divisions de la majorité royaliste de l'Assemblée et du discrédit qu'elle s'attira par une politique réactionnaire. Le conflit s'ouvrit lorsque le prince-président voulut obtenir le renouvellement de son mandat. Le coup d'État du 2 déc. 1851 ne rencontra guère que l'opposition des républicains, durement réprimée. L'Empire s'installa rapidement, grâce à la pratique du plébiscite. La presse et l'Université furent contrôlées, l'administration régna toute-puissante.

Après une période brillante (1852/60) marquée par l'essor économique et la gloire (conquêtes coloniales, guerre de Crimée en 1854/55, victoires en Italie dont la conséquence fut la réunion de la Savoie et de Nice à la France), l'Empire, confronté aux difficultés économiques et aux mécomptes de la politique étrangère (échec au Mexique de 1862 à 1867, expédition militaire à Rome en 1867) devint plus libéral et même parlementaire (avril 1870). Mais, la guerre de 1870 (v. **Franco-allemande**, guerre, 1870/71), mal préparée, mal conduite, entraîna l'effondrement du régime, et la proclamation de la république. Voir **France**, La IIe République et le Second Empire.

NARA. Ville du Japon, au S. de l'île de Honshû. Elle fut la capitale du Japon de 710 à 784. La « période de Nara », marquée par le règne de Shômu Tenno (724/43) dont les reliques furent conservées à la Maison impériale, le célèbre *Shôsôin* de Nara, vit la diffusion du bouddhisme et la création de ses premières sectes.

NARAM-SIN (vers 2254/2218 av. J.-C.). Roi d'Akkad. Troisième successeur de Sargon l'Ancien, il porta Akkad au sommet de sa puissance, vainquit les villes d'Ebla et de Mari, les Hourrites, les Élamites, les Gouti et d'autres peuples montagnards. Il se proclama « roi des Quatre Régions » et fut le premier souverain mésopotamien à faire précéder son nom d'un qualificatif divin. Ses victoires ont été célébrées sur la **stèle de Naram-Sin**, en grès rose (musée du Louvre), qui représente le roi montant vers le sommet d'une montagne, entouré de ses soldats, alors que ses ennemis tombent dans les ravins.

NARAYANAN Kocheril Raman (Oshavoor, Kerala, 4.II.1921). Diplomate et homme politique indien. Né intouchable, il fut aidé par une organisation caritative qui lui permit de faire des études à la London School of Economics. Journaliste à partir de 1943, il entama une brillante carrière de diplomate dans les années 1950, accédant aux postes prestigieux d'ambassadeur en Chine (1976/78) puis aux États-Unis (1980/83). Occupant plusieurs fonctions ministérielles entre 1984 et 1989, il devint vice-président de l'Inde en 1992. En 1997, il fut élu président de la République indienne, devenant ainsi le premier intouchable à accéder à la magistrature suprême.

NARBONNAISE, *Narbonensis*. Province de la Gaule romaine, constituée en 27 av. J.-C. par Auguste. Elle comprenait toute l'ancienne *Provincia* conquise et pacifiée entre 125 et 100 av. J.-C. Au IVe s., elle fut divisée en trois provinces : *Narbonnaise Ire*, *Viennoise* et *Narbonnaise IIe*. La Narbonnaise Ire, bornée au S. par les Pyrénées et à l'O. par l'Aquitaine (Novempopulanie), s'étendait de la Garonne au Rhône ; elle avait pour chef-lieu *Narbo* (Narbonne) et était séparée par la Viennoise (qui s'étendait sur la vallée du Rhône) de la Narbonnaise IIe ; celle-ci était bornée à l'E. par les Alpes-Maritimes et s'étendait sur le Dauphiné et la Provence (chef-lieu *Aquae Sextiae*, Aix).

NARMER (vers 3100 av. J.-C.) Souverain égyptien. Voir **Ménès**.

NARODNIKI. Nom donné aux adhérents du premier grand mouvement révolutionnaire russe qui se développa entre 1870 et 1880. Voir **Populistes**.

NARSÈS (* vers 478, † vers 573). Général byzantin. Eunuque arménien, il devint trésorier de Justinien Ier, contribua à l'échec de la sédition Nika (532) (v.), puis fut envoyé en 538 en Italie avec la mission officielle d'amener des renforts à Bélisaire, en fait pour le surveiller. Ses querelles avec Bélisaire l'obligèrent à rentrer à Constantinople (539), mais il finit par obtenir le rappel de son rival, et, en 552, il revint en Italie comme général en chef. Il s'y montra aussi brillant comme chef militaire que comme administrateur, remporta deux victoires décisives sur Totila, roi des Ostrogoths (552 et 553), s'empara de Naples, battit les Alamans à Capoue (554) et resta le maître de l'Italie (555), où il réorganisa la vie politique et releva les villes, mais s'enrichit par toutes sortes d'exactions fiscales. Il fut destitué par Justin II en 567.

NARVÁEZ Manuel Ramón María, duc de Valence (* Loja, Andalousie, 8.VIII.1800, † Madrid, 23.IV.1868). Homme politique espagnol. Officier, il se distingua brillamment dans les guerres carlistes et remporta sur Gómez la victoire de Majaceite

(25 nov. 1836). Capitaine général de Castille (1838), il tenta contre Espartero une insurrection à Séville et dut se réfugier en France (1840), mais il revint prendre la tête du mouvement qui renversa Espartero (juill. 1843) et rappela en Espagne la reine mère Marie-Christine, qui le fit duc de Valence (1844). Premier ministre (1844/45), il imposa la constitution autoritaire de 1845, mais dut se retirer. Il revint au pouvoir avec la droite de 1847 à 1851, en 1856/57, en 1864 et de 1866 à sa mort, pratiquant une politique de répression qui provoqua la révolution de sept. 1868 et la chute de la reine Isabelle fille de Marie-Christine.

NARYCHKINE. Famille russe qui exerça une grande influence politique à la suite du mariage de Nathalie Narychkine avec le tsar Alexis (1671) ; de cette union naquit en 1672 le futur Pierre le Grand. Les Narychkine essayèrent en 1682 de placer le jeune Pierre sur le trône, mais il se heurtèrent à l'opposition des clans adverses, les Miloslavski et les Strettsy, qui imposèrent la régence de Sophie, née du premier mariage d'Alexis. Les Narychkine furent alors persécutés, mais le règne de Pierre le Grand après 1698 leur permit de jouer un rôle important. Voir **RUSSIE. Les premiers Romanov.**

NASIR ED-DIN Chah (* Téhéran, 18.VII.1831, † Téhéran, 1er.V.1896). Roi de Perse (1848/96). Fils et successeur de Mohammed Chah, il fut guidé, au début de son règne, par l'énergique ministre réformateur Mirza Taki Khan, lequel entreprit de moderniser le pays (fondation d'une École polytechnique, 1851 ; création des postes ; construction de routes...). Victime des intrigues des milieux conservateurs, Mirza Taki Khan fut disgracié dès 1851 et mis à mort. Le chah poursuivit cependant la politique de modernisation ; le télégraphe fut installé en Perse dès 1864, et le chah fit plusieurs voyages en Europe (1873, 1878 et 1889). Cependant, malgré l'exécution du fondateur du babisme (v.) (1850) et de beaucoup de ses disciples, le règne fut troublé par l'agitation de mouvements musulmans extrémistes. À l'extérieur, la Perse fut soumise à la double pression des Anglais (qui obligèrent Nasir ed-Din à renoncer à l'Afghanistan, 1857) et des Russes (qui annexèrent Merv, en 1884). Les concessions excessives du chah aux puissances européennes provoquèrent son assassinat.

NASSAU. Ancien duché de l'Allemagne occidentale, qui s'étendait au N. du Main et à l'E. du Rhin ; capitale *Wiesbaden*. Après la mort d'Henri le Riche (1255), cette maison se divisa en deux grandes lignes : *a)* la ligne *Walramienne*, fondée par Walram II († 1276), qui régna sur le comté puis duché de Nassau jusqu'en 1866 ; à cette date, le duché de Nassau fut annexé par la Prusse ; *b)* la ligne *Othonienne*, issue d'Othon Ier, frère de Walram II, qui acquit au début du XVe s., diverses possessions hollandaises (dont Breda), et, en 1530, la principauté d'Orange, dans le midi de la France. Cette ligne, connue désormais sous le nom d'Orange-Nassau, joua un grand rôle dans l'histoire des Pays-Bas à partir de Guillaume le Taciturne († 1584). L'arrière-petit-fils de ce dernier, Guillaume III d'Orange, marié en 1677 à la fille de Jacques II d'Angleterre, chassa son beau-père par la révolution de 1688 et devint roi d'Angleterre. Le titre de prince d'Orange est à la ligne collatérale de Nassau-Diez, qui règne sur les Pays-Bas depuis 1747.

NASSAU. Capitale des Bahamas. **Les accords de Nassau** furent conclus entre le président Kennedy et le Premier ministre britannique Macmillan le 21 déc. 1962 : le Royaume-Uni acceptait de recevoir les fusées américaines Polaris, ce qui liait désormais étroitement la force nucléaire britannique à l'industrie américaine. Dans la pensée de Kennedy, ces accords devaient être une première étape vers la constitution d'une force nucléaire intégrée, la « force multilatérale » (MLF), à laquelle les Européens eussent participé à tous les niveaux, jusqu'à la décision d'emploi. Ce projet rencontra l'opposition du général de Gaulle, qui considérait que la « force multilatérale » était incompatible avec le principe de l'indépendance nationale, et qui vit, dans les accords de Nassau, la preuve que l'Angleterre n'était pas vraiment « européenne » mais continuait à privilégier ses liens avec Washington. Voir **EUROPÉENNES (institutions)**.

NASSER Gamal Abd el- (* Beni Mor, prov. d'Assiout, 15.I.1918, † Le Caire, 28.IX.1970). Homme politique égyptien. « Organisateur du mouvement clandestin des officiers libres », il réalisa le coup d'État du 23 juill. 1952 qui provoqua l'abdication et l'exil du roi Farouk. Il réalisa une réforme agraire au terme de laquelle un million de paysans purent racheter les terres des grands féodaux. La république ayant été proclamée (18 juin 1953), Nasser fut Premier ministre adjoint du général Néguib, qu'il écarta en nov. 1954. Il marqua alors sa volonté de non-alignement et de participation à la lutte contre le colonialisme (conférence de Bandoung, avr. 1955). Président de la République en juin 1956, il répliqua au refus des États-Unis de financer le barrage d'Assouan par la nationalisation du canal de Suez (26 juill. 1956), dont les revenus furent consacrés aux travaux du barrage. Cette décision entraîna l'intervention militaire de l'Angleterre et de la France à Suez (v.), ainsi que d'Israël dans le Sinaï. L'intercession de l'ONU, des États-Unis et de l'URSS permit l'arrêt des hostilités et le retrait de l'armée israélienne. Nasser nationalisa alors les biens occidentaux et se rapprocha de l'Union soviétique. Il poussa la logique du panarabisme, avec pour corollaire le front arabe contre Israël, jusqu'à créer une union (éphémère) de l'Égypte et de la Syrie dans la République arabe unie (févr. 1958/oct. 1961). Toutefois, son socialisme l'opposait aux royaumes arabes et une forte tension se produisit avec l'Arabie Saoudite à la suite de l'envoi de troupes égyptiennes pour soutenir les républicains du Yémen (1962). S'étant rapproché de la Jordanie, Nasser voulut interdire le golfe d'Akaba à Israël, ce qui provoqua la fulgurante réaction de l'armée israélienne (guerre des Six Jours, juin 1967, v. **ISRAÉLO-ARABES**, guerres). Nasser entreprit alors de vastes réformes intérieures et réorganisa complètement l'armée avec l'appui de l'URSS. La mort du Raïs (« chef ») montra l'étendue de sa popularité en Égypte et dans l'ensemble du tiers monde.

NATAL. Province de la République sud-africaine, riveraine de l'océan Indien, rebatisée *Kwazulu-Natal* après la réorganisation administrative de 1994 ; capitale *Pietermaritzburg*, ville principale *Durban*. Cette région fut découverte par Vasco de Gama à la Noël 1497 (en lat. *dies natalis Domini*), mais elle ne fut colonisée qu'à la suite du Grand Trek boer de 1837. Après la défaite définitive des Zoulous à Blood River (16 déc. 1838) fut organisée la république boer du Natal, mais, de 1842 à 1843, les Anglais annexèrent son territoire qui devint colonie de la Couronne en 1856. Le Zoulouland lui fut réuni en 1897. En 1910, à la suite d'un plébiscite, le Natal devint une province de la République sud-africaine.

NATCHEZ. Tribu indienne de l'Amérique du Nord, établie au XVIIe s. sur le cours inférieur du Mississippi. En 1729, au cours d'une guerre contre les Français, les Natchez massacrèrent un grand nombre de colons à Fort Rosalie, mais furent presque anéantis par les Français en 1731. Quelques Natchez subsistent encore actuellement dans le nord de l'Oklahoma.

NATIONALISME. Si l'attachement à la « nation », au sol et à la tradition des ancêtres, a toujours été une des forces essentielles de la vie politique, le nationalisme est, en revanche, une idée moderne, qui n'apparaît pas avant la fin du XVIIIe s.

En 1882, Ernest Renan déclarait : « Qu'est-ce que la nation ? [...] une âme, un principe spirituel [...], avoir fait de grandes choses ensemble, vouloir en faire encore [...], la volonté de vivre ensemble ». L'attitude de Renan illustre le patriotisme qui s'accommode de conceptions politiques diverses, ce qui est rarement le cas du nationalisme qui a tendance à s'institutionnaliser dans des partis spécifiques.

Naissance des États nationaux

Le patriotisme comme le nationalisme étaient étrangers à la plupart des Européens jusqu'au XVIIIe s. L'homme médiéval ou classique n'avait guère le sentiment d'appartenir à une communauté nationale : il était lié à une cité, à une dynastie seigneuriale ou royale, à l'Église ou à telle autre communauté religieuse ou professionnelle. Les États monarchiques ne coïncidaient que rarement avec une « nation » : il semblait naturel que, par le jeu des héritages, des échanges, des guerres, telle cité ou tel pays passât sous le gouvernement d'un prince « étranger ». La seule fidélité était la fidélité dynastique.

La grande idée du Moyen Âge, héritée de Constantin et de Charlemagne, avait été, non celle de la nation, mais celle de l'empire chrétien universel. Au XVIe s., la dernière incarnation de cette idée fut l'empire de Charles Quint, type même de l'État non national, qui s'étendait à la fois sur les Flandres, l'Allemagne, l'Italie et l'Espagne. Cependant, un pays refusa toujours de reconnaître la supériorité, même morale, de l'empereur, et ce fut la France. À l'idée médiévale de l'État universel réuni sous la double autorité de l'empereur et du pape, la monarchie française fut la première à opposer, tant à l'Empire qu'à l'Église, l'idée d'un État national n'ayant, de soi, aucun supérieur sur terre. L'aventure de Jeanne d'Arc vint donner au sentiment national français une couleur messianique : fille aînée de l'Église, la France allait naturellement se prétendre un jour la messagère de la liberté et des droits de l'homme.

Tout différents de ce nationalisme d'État sont apparus vers le XVIe s., en Allemagne, en Angleterre, en Russie, les premiers signes d'un nationalisme à la fois populaire et religieux. En Allemagne, la Réforme s'accompagna d'une prise de conscience de la grandeur du vieux passé germanique et d'une sécession non seulement à l'égard de la Rome des papes mais de tout l'Occident catholique. En Angleterre, le puritanisme inclina vers une identification du peuple britannique avec l'ancien Israël : pays élu de Dieu, l'Angleterre devait être désormais à l'avant-garde de toutes les nations, tant dans le domaine de l'organisation politique que dans celui des inventions scientifiques et techniques et dans celui de l'activité commerciale. En Russie enfin, la chute de Constantinople (1453) et l'érection du patriarcat de Moscou (1589) firent naître le sentiment que Moscou était désormais la « troisième Rome », et la dernière, celle que Dostoïevski et le mouvement slavophile, au XIXe s., allaient appeller à régénérer un monde dégradé par l'Occident catholique.

Le nationalisme français depuis 1789

En France le nationalisme moderne a trouvé sa première expression pendant les guerres de la Révolution et de l'Empire. Mais ce nationalisme français avait été largement préparé par la tradition de la raison d'État et par l'absolutisme monarchique. Par ailleurs, le dogme de la volonté générale, prêché par Rousseau, faisait de l'ensemble de la nation le souverain dépositaire de toute autorité. Exaltés par les souvenirs de la Rome antique, les révolutionnaires de 1792 affirmèrent l'absolue souveraineté de l'État, pour lequel tout Français devait désormais « vivre ou mourir ».

Comme la Révolution française, dans ses débuts, suscita un enthousiasme ardent à l'étranger, les révolutionnaires crurent bientôt que sa vocation était de porter partout le règne de la raison, de la liberté et de la justice. Le nationalisme de la Révolution française fut d'abord un messianisme de la raison : contre le vieux droit monarchique il proclama le droit des peuples à disposer d'eux-mêmes. Aux armées traditionnelles des souverains européens, la France, à l'exemple des révolutionnaires américains, opposa la « nation en armes », mais, dès le début de 1793, commença de se substituer à la politique d'émancipation des peuples celle de la conquête des « frontières naturelles ». Le nationalisme français évoluait ainsi vers l'impérialisme, qui trouva son apogée en 1810, avec une France de 130 départements, mais provoqua le soulèvement de tous les peuples d'Europe contre la domination napoléonienne. Au XIXe s., le nationalisme français vibra successivement à l'unisson de la Grèce, de la Belgique, de la Pologne, de l'Italie, de l'Allemagne elle-même, en lutte pour leur indépendance et leur unité. Napoléon III, qui avait hérité de son oncle la foi dans la politique des « nationalités » (v.), détourna habilement ces aspirations à son profit, et sa campagne d'Italie (1859), pourtant sanglante, fut indéniablement populaire.

La guerre de 1870 et la défaite marquèrent un tournant décisif : la méfiance vis-à-vis des aventures militaires bonapartistes, l'influence du pacifisme de Victor Hugo, puis du marxisme, la conscience d'une solidarité internationale des démocrates et des socialistes devaient peu à peu détourner de l'idéologie nationaliste de nombreux dirigeants de la IIIe République. Dans les milieux conservateurs et traditionalistes allait apparaître un nouveau nationalisme, fort différent de celui de l'époque romantique : il portait en effet la marque de la défaite de 1870, de l'angoisse d'une possible décadence de la France. Ses doctrinaires, Déroulède, Drumont, et surtout Barrès et Maurras, ne voyaient plus dans la France une missionnaire de la liberté universelle ; ils prêchaient au contraire le repli sur les valeurs authentiquement nationales, et la lutte acharnée contre tout ce qui, à l'intérieur, à la faveur des libertés démocratiques, pouvait mettre en péril l'être déjà menacé de la nation. Xénophobe en général, mais obsédé surtout par la menace allemande, aspirant à voir la France dotée d'un « gouvernement fort », ce nationalisme fut plébiscitaire avec Déroulède (v.) et Barrès (v.), monarchiste avec Maurras (v.). Cependant, ce nationalisme ne toucha jamais, en France, qu'une minorité ; c'est dans la jeunesse étudiante qu'il trouva ses militants les plus ardents, dans les années 1905/14. Après la Première Guerre mondiale, la haine de la démocratie, rendue responsable du déclin de la France, l'emporta peu à peu sur le nationalisme proprement dit.

Au lendemain de 1945, le nationalisme français semblait avoir disparu comme mouvement organisé, et la IVe République, avec Robert Schuman, prit la tête de la construction européenne. Cependant, le rejet de la Communauté européenne de la défense (CED) (1954) montra quelle profonde méfiance existait encore dans de nombreux secteurs de l'opinion française à l'égard d'une véritable intégration supranationale. Les guerres coloniales menées en Indochine puis en Algérie contribuèrent à la renaissance d'un esprit nationaliste qui, en 1958, favorisa le retour au pouvoir du général de Gaulle. Celui-ci, considérant les nations comme les seules réalités stables de l'histoire, alors que passent les empires et les idéologies, fit de l'affirmation de l'indépendance nationale la base de toute sa politique ; renouant avec la tradition des Bonaparte et de Michelet, il s'efforça de poser la France en champion du droit des peuples à disposer d'eux-mêmes, non seulement dans le tiers monde mais en Europe même, dans l'espoir de disloquer ou du moins d'affaiblir les deux grands blocs antagonistes et de retrouver une plus grande liberté d'action. Même si sa tentative dépassait les possibilités de la France des années 1960, le gaullisme n'en a pas moins constitué une synthèse sans précédent des aspirations des divers nationalismes français.

Le nationalisme allemand

En Allemagne, le nationalisme est étroitement lié au romantisme. À partir de 1750 environ, des intellectuels tels que Klopstock et Herder commencèrent à opposer l'instinct à la raison, à rechercher les traditions populaires, les légendes du passé, à célébrer le génie propre de chaque langue, les particularités irréductibles des différents peuples. Toutefois, chez Herder, le sentiment national naissant continuait à se concilier avec l'idéal universaliste du XVIIIe s. Le grand catalyseur du nationalisme allemand devait être l'occupation française, lors des guerres de la Révolution et de l'Empire. Dans ses *Discours à la nation allemande* (1807), Fichte proclama que l'Allemagne seule, par ses origines, par sa langue restée primitive, possédait les vertus capables de régénérer l'humanité. Des juristes romantiques tels qu'Adam Müller et Savigny substituaient au concept de la nation celui, beaucoup plus vague, de *Volk*, c'est-à-dire de la communauté populaire façonnée par les instincts essentiels, par les rites religieux, les coutumes, etc., et qui dépasse largement l'État, lequel n'est que sa forme visible. Les « guerres de libération » (1813/15) provoquèrent en Allemagne le premier sursaut vraiment national, alors que Goethe se tenait dans une indifférence olympienne.

Après 1815, quelques accents nationalistes apparurent lors de la crise de 1840 (*Le Rhin allemand*, de Becker, auquel Lamartine répondit par sa *Marseillaise de la paix*) ; pourtant, même dans le célèbre hymne *Deutschland über alles* (1841), de Hoffmann von Fallersleben, on ne trouvait qu'une aspiration légitime à l'unité. Bismarck réalisa l'unité allemande autour de la Prusse et grâce à la défaite française de 1870/71. Mais il restait avant tout un homme d'État prussien, et il craignait qu'un trop grand élargissement de l'Allemagne ne mît en péril l'hégémonie du prussianisme.

À partir des années 1890, les pangermanistes groupés d'abord dans l'*All deutscher Verband* se mirent à rêver d'une « Grande Allemagne » rassemblant tous les peuples d'origine germanique, étendant sa domination sur toute l'Europe centrale, assurant ses débouchés vers l'Adriatique et la mer Noire, disposant d'une marine puissante et d'un empire colonial, enfin menant une politique économique mondiale en concurrence avec l'Angleterre ; ils pouvaient se réclamer des doctrines de l'économiste Friedrich List, des théories racistes de Gobineau et de Houston Stewart Chamberlain, des idées de Constantin Frantz et de Paul de Lagarde. Les pangermanistes trouvaient une sorte de liturgie nationale exaltante dans les opéras de Richard Wagner et ils sombraient volontiers dans le néopaganisme (par haine du catholicisme romain) et dans l'antisémitisme. Guillaume II, rompant avec la prudente diplomatie de Bismarck, jeta l'Allemagne dans une *Weltpolitik* (politique mondiale) qui contribua au déclenchement de la Première Guerre mondiale. Un des faits les plus graves de l'histoire de l'Allemagne moderne fut le ralliement de nombreux chefs militaires, jusqu'alors gardiens du plus pur esprit prussien, à l'idéologie pangermaniste : l'exemple le plus typique fut celui de Ludendorff, qui, après avoir exercé en 1917/18, aux côtés de Hindenburg, une véritable dictature sur l'Allemagne en guerre, s'engagea après 1918 dans l'action nationaliste et raciste et participa avec Hitler au putsch de Munich, en nov. 1923. Dans le désarroi qui suivit la défaite, il se produisit en particulier une conjonction entre l'esprit nationaliste et l'esprit socialiste. Chez des esprits aussi différents que Möller van den Bruck, Oswald Spengler, Werner Sombart, on retrouve cette même idée fondamentale : l'Allemagne seule, ayant conservé le contact avec les forces originelles de la vie, sera capable d'apporter à l'Europe, en face du communisme et de la démocratie, un socialisme accordé aux valeurs suprêmes de l'homme. Hitler sut admirablement vulgariser ces idées (v. NATIONAL-SOCIALISME), mais les théoriciens de la « révolution *conservative* », tels que Th. Mann, Spengler, Jünger, ne virent dans l'étatisme hitlérien qu'une caricature de leur idéal (ce terme de *conservatif*, qu'il faut appliquer à l'idéologie nationaliste allemande des années 1918/33, désigne une volonté de communion avec les forces éternelles de la raison, antérieures à l'État). Après le désastre de 1945, les dirigeants de la nouvelle Allemagne répudièrent hautement tout nationalisme et s'engagèrent à fond dans la construction européenne.

Le nationalisme italien

Après l'unification italienne, le nationalisme refit son apparition en Italie au moment des désillusions coloniales, après le désastre d'Adoua (1896). Il trouva ses premiers inspirateurs dans de grands poètes tels que Carducci et D'Annunzio et des publicistes de talent, en particulier le groupe de la revue de *La Voce* (1909/15). L'influence nietzschéenne fut aussi très importante.

Au début du XXe s., le principal doctrinaire nationaliste était Enrico Corradini : à ses yeux, l'Italie était le champion des « nations prolétaires » en lutte contre les « nations ploutocratiques » et il réclamait des terres de peuplement au-delà des mers. En 1910 fut créée l'*Associazione nazionale italiana* qui eut pour organe, à partir de mars 1911, *L'idea nazionale*, à la fois nationaliste, antiparlementaire, antidémocratique et antimaçonnique. Le nationalisme italien se conjugua évidemment avec l'irrédentisme et les nationalistes furent au premier rang du camp interventionniste en 1915. Après 1918, en Italie comme en Allemagne, se produisit une conjonction du nationalisme et du socialisme, de laquelle devait sortir le fascisme (v.), et tous les chefs du nationalisme italien de l'avant-guerre se rallièrent à Mussolini.

Le nationalisme russe

Sous Alexandre II, le mouvement slavophile se transforma en panslavisme : la Russie, pour justifier ses visées contre l'Empire ottoman s'érigea en protectrice de tous les Slaves des Balkans. Parallèlement les diverses minorités de l'Empire (Polonais, Baltes, etc.) étaient soumises à une rude politique de russification et le nationalisme russe se mêla d'antisémitisme. La révolution bolchevique de 1917 prétendit assurer aux diverses minorités de l'URSS des gouvernements autonomes. Mais, à l'extérieur, la Russie des soviets se trouva investie de toutes les espérances du communisme mondial. Lors de la guerre germano-soviétique de 1941/45, le gouvernement stalinien s'efforça de ranimer dans le peuple soviétique toutes les passions du nationalisme traditionnel.

Après 1945 au sein même du bloc communiste, le nationalisme devait se révéler une force de dissociation du bloc soviétique. C'est lui qui inspira le schisme de Tito (1948), les mouvements de révolte polonais et hongrois (1956), de même que l'orientation indépendante de la politique étrangère roumaine dans les années 1970, ainsi que le mouvement Solidarité (v.) en Pologne.

Le nationalisme américain

Aux États-Unis, lors de la guerre d'Indépendance, les colons américains ne combattaient pas seulement pour obtenir une plus grande autonomie à l'égard de la métropole, mais aussi pour faire reconnaître des « droits naturels » qui furent proclamés dans la Déclaration (v.) de 1776. Jusqu'à nos jours, les États-Unis ont ainsi justifié leur volonté de puissance par un nationalisme libéral et humanitaire qui voit dans l'Amérique l'avant-garde de l'humanité dans sa lutte pour plus de liberté et plus de bonheur. Dès 1823, en formulant la doctrine de Monroe (v.), les États-Unis revendiquèrent une responsabilité s'étendant à tout le continent américain ; réinterprétée au début du XXe s. par Theodore Roosevelt, la doctrine de Monroe a été invoquée pour légitimer les interventions des États-Unis dans les affaires intérieures des États latino-américains. Mais la puissance grandissante de l'Amérique l'amena, dès l'époque de Theodore Roosevelt, à s'intéresser aussi aux affaires de l'Europe. En 1917, le président Wilson prétendit mener contre l'Allemagne la « guerre du droit ». Sous la présidence de Franklin Delano Roosevelt (1933/45), en face des dictatures, les États-Unis furent le champion et l'arsenal des démocraties, avant de prendre la tête du « monde libre » contre le communisme.

Les nationalismes du tiers monde

Depuis la fin du XVIIIe s., le nationalisme a été la grande force de l'histoire mondiale. Il a entraîné la ruine de deux grands empires dynastiques, celui des Habsbourg et celui des Ottomans, et il a contribué au déclin de l'empire des Romanov. Dès 1810, il souleva l'Amérique latine et mit fin aux empires coloniaux de l'Espagne et du Portugal. Les idées de liberté apportées par l'éducation occidentale ne tardèrent pas à se retourner contre les deux grandes puissances colonisatrices de la fin du XIXe s., l'Angleterre et la France. En Égypte, le nationalisme s'affirma successivement dans la révolte d'Arabi Pacha (1882), dans le parti Wafd (v.) des années 1920/50, dans la révolution nassérienne à partir de 1952. Le nationalisme indien trouva son expression dans le parti du Congrès (v.). En Indochine française, les premiers signes d'une agitation nationaliste se manifestèrent vers 1925 ; en Afrique du Nord, vers 1930. Dès ses débuts, le communisme soviétique avait apporté son appui aux mouvements nationalistes des pays colonisés d'Asie et d'Afrique : nationalistes et communistes chinois se réclamèrent du grand mouvement du 4 mai 1919, et le Kouo-min-tang, à l'époque de Sun Yat-sen, reçut une aide active de l'URSS ; de même, en Indochine, après 1945, c'est le chef communiste Hô Chi Minh qui prit la tête de la lutte pour l'indépendance nationale. La conférence de Bandoung (1955) fut la manifestation spectaculaire du nationalisme afro-asiatique. Voir **COLONIES.** La fin des empires coloniaux et la décolonisation.

Le regain des nationalismes en Europe depuis 1989

La chute du mur de Berlin bouleversa l'ordre politique établi en Europe depuis 1945. Seize nouveaux États virent le jour en Europe entre 1991 et 1993, plus qu'à aucune autre période de l'histoire du continent. L'éclatement de tous les États fédéraux de l'Est (la Yougoslavie, l'URSS et la Tchécoslovaquie) consacra l'échec du rêve supranational socialiste. Quand une région était linguistiquement et culturellement homogène, comme la Slovénie, la République tchèque ou la Lituanie, les divorces eurent lieu à l'amiable. Mais plus l'imbrication des nationalités était complexe, plus les conflits se développèrent. Le conflit le plus grave et le plus meurtrier fut celui de Yougoslavie (v.). Il débuta en Croatie en 1991, s'étendit en Bosnie en 1992 et, en 1994, menaçait le Kosovo et la Macédoine. En Bosnie, des actes de barbarie et des massacres d'une sanglante atrocité furent perpétrés sous prétexte de « nettoyage ethnique ».

En Europe occidentale, l'initiative d'union a cherché à dépasser les nationalismes ; amorcée à partir de 1950 avec la réconciliation franco-allemande, elle s'est poursuivie par la mise en route, à partir de 1957, d'une Communauté économique européenne sans cesse élargie et devenue l'Union européenne en 1995, mais le réveil des séparatismes régionaux y menace l'intégrité d'États pourtant anciens et prospères, comme le Royaume-Uni avec l'Écosse et l'Ulster, la Belgique avec la Flandre, l'Espagne confrontée à la question basque, et aussi, à un moindre titre, l'Italie avec la Padanie et la France avec la Corse.

NATIONALITÉS (principe des). Le principe des nationalités constitue un élément essentiel de l'idéologie nationaliste issue de la Révolution française. Il affirme le droit à l'unité et à l'indépendance des peuples unis par une langue, une histoire et des traditions communes. Il s'oppose à l'ancien droit dynastique, qui ne tenait aucun compte du caractère particulier des peuples. Napoléon Ier fit du principe des nationalités une des bases de sa politique européenne. L'Empereur n'eut pas le temps de réaliser complètement ce grand dessein ; il amorça une réorganisation de l'Europe selon ce principe nouveau : dès 1802, il avait créé une République italienne, qui devint, en 1805, le royaume d'Italie. En Allemagne, le recès de 1803 détruisit une multitude de principautés médiévales, et le nombre des États allemands fut réduit de trois cents en 1789 à moins de quarante. Ainsi Napoléon Ier fut-il à l'origine des mouvements nationaux qui aboutirent au Risorgimento italien (v.) et à l'unité allemande de 1866/71. L'idée des nationalités domina toute l'histoire de l'Europe au XIXe s. Elle hâta le démembrement des empires des Habsbourg et des Ottomans. Invoqué par les fameux quatorze points de Wilson en 1918, le principe des nationalités (ou droit des peuples à disposer d'eux-mêmes) devint pour la SDN un principe de droit international ; mais il ne fut satisfait qu'imparfaitement par les vainqueurs de la Première Guerre mondiale : la résurrection de la Pologne, la naissance de la Tchécoslovaquie et de la Yougoslavie, l'agrandissement de la Roumanie firent naître de nouveaux problèmes de nationalités ou minorités (Allemands des Sudètes, Croates, Hongrois de Transylvanie, etc.). Réaffirmé par l'ONU, il fut, après 1945, une des justifications des mouvements de décolonisation (v.).

NATIONAL-SOCIALISME. Mouvement politique allemand dont l'animateur fut Adolf Hitler et l'instrument essentiel le parti national-socialiste (NSDAP).

Les origines du mouvement (1919/29)

Après la défaite allemande de 1918, Munich, où la révolution communiste fut écrasée en mai 1919, devint le principal centre de l'agitation nationaliste extrémiste. Parmi les nombreux groupuscules politiques qui naquirent alors dans la capitale bavaroise se trouvait le parti ouvrier allemand (*Deutsche Arbeiter Partei, DAP*), fondé en janv. 1919 par le serrurier Anton Drexler et le journaliste Karl Harrer.

En sept. 1919, Adolf Hitler, qui remplissait alors les fonctions d'« officier politique » dans un régiment de Munich, assista à une réunion du DAP et adhéra à ce parti. Ayant révélé ses talents d'orateur, il fut nommé chef de la propagande en janv. 1920. Puis, reprenant en la modifiant légèrement l'appellation d'un mouvement nationaliste allemand qui luttait déjà avant 1914, en Moravie et dans le pays des Sudètes, contre l'influence tchèque, le DAP prit le nom de parti national-socialiste allemand des travailleurs (*Nationalsozialistische Deutsche Arbeiter Partei, NSDAP*) le 8 août 1920, et Hitler, ayant écarté Drexler, devint président du parti le 29 juill. 1921. Le journal du parti, le *Völkischer Beobachter*, créé en déc. 1920 devint quotidien en 1923. Le mouvement hitlérien commença par s'implanter dans les villes de l'Allemagne du Sud ; Röhm, Goering, les frères Strasser, Rosenberg furent parmi les premiers adhérents. En août 1921, sous la forme d'une société gymnastique et sportive, furent créées les premières troupes de choc du parti, qui prirent bientôt le nom de SA (*Sturm Abteilung*) (v.).

En 1923, Hitler avait déjà conquis suffisamment d'influence pour prendre la tête de la ligue de toutes les formations d'extrême droite de l'Allemagne du Sud (le *Kampfbund*) ; bénéficiant de la tolérance du gouvernement conservateur bavarois, qui avait quasiment fait sécession à l'égard de Berlin, il avait également noué des contacts avec d'anciens chefs de la Reichswehr, dont Ludendorff. L'occupation de la Ruhr par les Français et la chute vertigineuse du mark en 1923 semblèrent lui fournir des conditions favorables à un coup de force. S'inspirant de la « marche sur Rome » de Mussolini (oct. 1922), il tenta de s'emparer du pouvoir à Munich pour marcher ensuite sur Berlin (8/9 nov. 1923). Mais ce « putsch de la Feldherrnhalle », organisé conjointement avec Ludendorff, échoua assez lamentablement, et Hitler fut emprisonné à la forteresse de Landsberg (nov. 1923/ déc. 1924). Au cours de cette détention, il écrivit *Mein Kampf* (v. **Hitler**), qui allait devenir la Bible du national-socialisme ; mais son parti se disloqua ; certains des premiers fidèles de Hitler, tels Röhm et les frères Strasser, essayaient maintenant de jouer une partie personnelle.

Libéré, Hitler procéda à une nouvelle création du parti (27 févr. 1925) et décida de renoncer aux coups de force pour entreprendre la conquête légale du pouvoir. Mais les circonstances n'étaient plus du tout favorables à l'agitation extrémiste en Allemagne. Grâce à la stabilisation du mark et au plan Dawes (v.), la démocratie allemande paraissait consolidée et l'économie connaissait une reprise impressionnante. Les années 1925/29 furent consacrées à renforcer l'organisation du parti et à affirmer la domination absolue du *Führer*. Les SA se montrant quelque peu indisciplinés, Hitler fit de sa garde personnelle une véritable force d'intervention, la SS (v.), qui fut bientôt confiée à Himmler (v.). Les frères Strasser, qui dirigeaient le mouvement en Allemagne du Nord et voulaient accentuer son orientation socialiste, furent mis en échec grâce au remarquable propagandiste Goebbels (v.), nommé chef régional (*Gauleiter*) à Berlin.

L'arrivée au pouvoir (1929/33)

Pourtant, l'hitlérisme n'eût sans doute pas réussi à prendre un nouveau départ sans une circonstance extérieure : la vague de misère et de chômage provoquée par la crise de 1929. Alors que la coalition parlementaire qui avait soutenu jusqu'alors la république de Weimar se disloquait, le NSDAP commença à faire des progrès foudroyants. Le nombre de ses adhérents passa de 176 000 en 1929 à 806 000 en 1931 et à près de 4 millions en 1933. Le parti, qui avait obtenu 12 députés en 1928, en eut 107 après les élections de sept. 1930 et devint le deuxième parti du Reichstag. Tout en utilisant ses SA et ses SS comme de redoutables armées privées contre ses adversaires, Hitler s'en tenait à son principe de conquête légale du pouvoir. Cette prudence provoqua des mouvements de révolte chez les SA, en 1930/31, mais valut à Hitler la sympathie de la droite traditionnelle (Hugenberg, Seldte), avec laquelle il forma en oct. 1931 le « front de Harzburg ». À l'élection présidentielle d'avr. 1932, Hitler se présenta contre Hindenburg, ne fut pas élu, mais recueillit 36,8 % des voix.

Le général Groener, ministre de la Guerre du cabinet Brüning, tenta alors de briser le mouvement hitlérien en prononçant la dissolution des SA, des SS et de la Hitler Jugend (13 avr. 1932). Mais il était trop tard : alors que les conservateurs comme von Papen entraient dans le jeu de Hitler, en espérant se servir de lui, les nationaux-socialistes remportaient un immense succès aux élections du 31 juill. 1932 : avec 230 députés, ils devenaient le premier parti du Reichstag. Malgré un net recul des nazis aux nouvelles élections de nov. 1932 (196 députés), le chancelier Schleicher, mal soutenu par Hindenburg et par l'armée, qui craignaient une guerre civile propice aux progrès communistes, dut renoncer à son projet d'interdire le parti national-socialiste. Hitler, qui s'était refusé jusqu'alors à toute concession, accepta de partager le pouvoir avec les conservateurs. Le 30 janv. 1933, Hindenburg l'appelait à la chancellerie du Reich (v. **Allemagne** et **Hitler**).

Le national-socialisme, religion politique

Aux congrès de Nuremberg, lorsque les nouvelles unités SS venaient recevoir le baptême devant la *Blutfahne*, le « drapeau du sang » teinté du sang des « martyrs » de la Feldherrnhalle, lors du putsch manqué de Munich, en nov. 1923, le national-socialisme révélait son essence profonde : ce n'était pas seulement une idéologie, un parti, une technique de domination de l'État, comme le fascisme italien, mais une véritable religion séculière, qui se proposait de renverser toutes les valeurs héritées de vingt siècles de christianisme. Sous cet aspect, le national-socialisme était beaucoup plus radical que le communisme, car celui-ci se situe encore dans la ligne rationaliste et universaliste de la tradition occidentale. Dans l'hitlérisme, l'essentiel ne réside pas dans des idées, mais dans un sentiment mystique de la vie, dans la complicité intime avec les forces primitives et irrationnelles du monde et avec leur perpétuel devenir, symbolisé par le mouvement infini du *svastika*.

Le régime sut ainsi tirer parti admirablement des procédés nouveaux d'information, la radio et le cinéma. Les congrès du mouvement, qui se tenaient chaque année au début de septembre à Nuremberg, devinrent l'occasion de parades immenses, de fêtes de lumière envoûtantes, des liturgies solennelles de la nation allemande rassemblée autour de son Führer. Le national-socialisme excella surtout dans la mobilisation de la jeunesse, et ce fut une des raisons principales de son enracinement. Ses multiples organisations orientaient les jeunes Allemands vers le sport, les longues marches dans la campagne, la vie des camps ; la promotion de la jeunesse était assurée par les écoles du parti, les *Ordensburgen*, ce qui permettait un renouvellement permanent de l'élite du mouvement ; des responsabilités essentielles, politiques ou militaires, étaient confiées à des hommes de moins de trente ans, ce qui ne s'était plus vu depuis la Révolution française et contrastait avec la sénilité du personnel politique des démocraties.

Ce serait une simplification abusive que de voir dans le nazisme l'aboutissement inévitable de la pensée allemande, d'oublier la tradition libérale et cosmopolite qui exista toujours en Allemagne à côté de la lignée nationaliste. Il faut aussi souligner l'opposition profonde entre le totalitarisme démocratique hitlérien et la tradition aristocratique prussienne : jusqu'en 1933, la Prusse resta un des principaux bastions de la résistance au nazisme, et c'est aussi parmi les militaires et les fonctionnaires prussiens que se tramèrent, dès 1938, les premiers complots contre le Führer (v. PRUSSE). L'élément essentiel de l'hitlérisme fut Hitler lui-même, et sa formation personnelle d'autodidacte eut une influence décisive sur l'idéologie nationale-socialiste.

Au centre de la religion politique prêchée par Hitler se trouvait l'idée raciale : la race était l'élément fondamental de toute l'histoire du monde, elle était à la base de l'organisation des États comme de l'épanouissement des civilisations, elle déterminait absolument l'homme, non seulement dans son corps mais dans son âme. Le mélange des races, en provoquant une altération biologique, entraînait inévitablement une décadence morale et politique. Malheureusement, la race allemande, fleur suprême de la race aryenne, n'avait pu se conserver tout à fait pure au cours des siècles. La tâche essentielle de l'État national-socialiste était donc de recréer, au centre de l'Europe, un solide noyau racial germanique. L'individu n'existait qu'en tant que membre de cette communauté fondée sur le sang ; s'il s'en isolait, il n'était plus qu'une abstraction. Le national-socialisme s'oppose donc aux idéaux individualistes et universalistes répandues par la révolution de 1789 ; il luttera contre le libéralisme, qui exalte les droits de l'individu, contre le marxisme, qui définit les hommes par les rapports économiques et les abstrait de la communauté raciale. Mais le racisme hitlérien était avant tout un antisémitisme : pour le national-socialisme, les Juifs n'étaient pas seulement une race inférieure, mais une « contre-race » (*Gegenrasse*), chargée de tout le mal et de toute la laideur du monde. C'est ici surtout que s'affirmait la passion obsessionnelle particulière à Adolf Hitler.

À ses yeux, les Juifs constituaient l'élément dirigeant du capitalisme et du communisme mondial, unis dans une conspiration contre la race aryenne. Dans ce domaine, Hitler, qui était capable de réalisme et de prudence, agissait avec la conscience d'accomplir une mission quasi religieuse dans une vision manichéenne de deux races, la race aryenne et la race juive, luttant sans rémission pour la conquête de l'univers (v. SHOAH). Ainsi Hitler cumulait-il en sa personne les prestiges du chef de parti, du chef de guerre et du prophète.

NATOUFIEN. Nom donné à la culture mésolithique de Palestine d'après le nom du site de Ouadi en-Natouf. Elle a montré, par la présence de faucilles de silex, de meules, de mortiers de pierre, l'importance que prenait déjà la récolte des graminées pour les habitants de cette région, aux IXe/VIIIe millénaires. Les natoufiens étaient entrés dans la phase d'expérimentation qui menait vers l'agriculture ; mais ils ne semblent pas avoir possédé d'autres animaux domestiques que le chien. Certains d'entre eux vivaient dans des grottes ou des abris-sous-roche aménagés, mais il existait également de véritables villages, dont on a retrouvé les traces à Eynan et au niveau le plus ancien de Jéricho (v.), lequel a été daté de – 7 800 ans par le carbone 14.

NAVAHOS ou **NAVAJOS.** Indiens de l'Amérique du Nord, appartenant à la famille des Apaches. Guerriers nomades, ils pratiquèrent, à partir du XVIIe s., l'élevage des moutons. Ils opposèrent une résistance acharnée aux colons et ne furent soumis que par les campagnes de Kit Carson, qui détruisit leurs troupeaux (1863/64). Ils furent alors parqués dans des réserves de l'Arizona, du Nouveau-Mexique et de l'Utah.

NAVARRE, *Navarra*. Ancien royaume, puis province du nord de l'Espagne ; capitale *Pampelune*. Peuplée par les Basques ou Vascons, cette région ne fut soumise aux Romains que nominalement et défendit son indépendance aussi bien contre les Wisigoths que contre les Francs (v. BASQUES). Au début du IXe s., Charlemagne réussit à y établir une marche (v.), mais les Basques, qui avaient déjà malmené les troupes franques à Roncevaux (778), poursuivirent leurs fructueuses embuscades dans les cols pyrénéens. Le royaume de Navarre se constitua obscurément vers 830 et entra dans l'Histoire avec Sanche Ier Garcia (905/25). Sous le règne de Sanche III le Grand (1000/35), la Navarre s'étendit des Pyrénées vers le S., jusqu'à Tudela, sur l'Èbre supérieur, et au-delà des Pyrénées sur la région de Saint-Jean-Pied-de-Port, qu'on appellera plus tard Basse-Navarre ou Navarre française. Après Sanche IV, la Navarre se réunit à l'Aragon (1076/1134), puis redevint un royaume séparé.

En 1234, la couronne passa à Thibaut de Champagne, fils de l'héritière de Navarre et fondateur de la dynastie champenoise dont la dernière descendante, Jeanne Ire, reine de Navarre, épousa en 1284 Philippe le Bel. La Navarre se trouva ainsi réunie à la France jusqu'en 1328 ; à cette date, Jeanne, fille de Louis le Hutin et petite-fille de Philippe le Bel, exclue du trône de France par la loi salique, garda la Navarre. Celle-ci passa successivement par mariages aux comtes d'Évreux (1329), dont le plus célèbre fut Charles le Mauvais, qui revendiqua un temps la couronne de France, à Jean II d'Aragon (1425), aux comtes de Foix (1479), enfin à la maison d'Albret (1484). Mais en 1512, Ferdinand le Catholique enleva à Henri II d'Albret toute la Haute-Navarre, restée depuis à l'Espagne. La maison d'Albret ne conserva que la Basse-Navarre, située au N. des Pyrénées. À la suite du mariage de Jeanne III d'Albret et d'Antoine de Bourbon, la Navarre passa à la maison de Bourbon, et Henri III, roi de Navarre, devenu Henri IV de France en 1589, réunit définitivement la Basse-Navarre à la France. La Navarre, pays traditionnellement attaché à ses franchises ou *fueros*, souffrit de la centralisation des rois d'Espagne. Sa participation aux guerres carlistes de 1833/39 et de 1872/76 lui fit perdre ses derniers privilèges.

La province a reçu un statut d'autonomie le 16 avr. 1982.

NAVAS DE TOLOSA (Las). Localité de l'Espagne méridionale, en Andalousie, au N. de Jaén. Victoire remportée par les forces unies d'Alphonse VIII de Castille, de Pierre II d'Aragon et de Sanche II de Navarre sur les troupes almohades (16 juill. 1212) ; cette bataille marqua une étape décisive de la « Reconquête » (v.).

NAVIGATION (acte de, 9 oct. 1651). Loi sur le commerce maritime votée par le Parlement anglais dans le dessein de briser la suprématie maritime des Hollandais. Les importations de marchandises européennes ne pouvaient être faites que sur des bâtiments du pays d'origine ou sur des bâtiments anglais. Les marchandises en provenance des colonies ne pouvaient entrer dans les ports anglais que sur des vaisseaux battant pavillon britannique, appartenant à des Anglais et dont l'équipage était composé, au moins pour la moitié, de nationaux ; enfin, le cabotage et la pêche dans les eaux britanniques, ainsi que le commerce avec les colonies anglaises, étaient interdits à tous les bâtiments étrangers. Cette mesure protectionniste provoqua, entre l'Angleterre et les Provinces-Unies, la guerre de 1652/54 ; renforcée et complétée en 1660, 1663 et 1673, elle contribua à l'essor rapide de la flotte marchande britannique et à l'hégémonie maritime de l'Angleterre. Elle ne fut abolie qu'au XIXe s., en deux étapes (1849 et 1854), à la suite de l'adoption du libre-échange.

NAZARÉENS. Nom donné par les Juifs aux premiers chrétiens (*Actes*, XXIV, 5).

Nom donné à des chrétiens juifs de Syrie qui restèrent fidèles aux pratiques de la loi mosaïque ; ils existaient encore au IVe s.

Nom donné à un groupe de peintres allemands du début du XIXe s. qui avaient pour idéal l'expression du sentiment chrétien. En 1810, ils s'installèrent à Rome au couvent de San Isidoro. Les membres les plus importants de ce groupe furent J. F. Overbeck, P. von Cornelius, W. Schadow et les frères Veit.

NAZARETH. Ville de Galilée. Elle appartenait à la tribu de Zabulon. C'est dans cette ville qu'habitaient Joseph et Marie et que Jésus passa son enfance. Les croisés s'en emparèrent en 1099 et y établirent un évêché, mais en furent chassés en 1263. Voir **Jésus**.

NAZCA. Rivière et village de la côte méridionale du Pérou dont le nom a été donné à une civilisation ancienne. Celle-ci nous a transmis des tissus funéraires à motifs brodés et une poterie aux couleurs éclatantes qui, selon les archéologues, présente neuf phases d'évolution entre 100 av. J.-C. et 800 apr. J.-C. Mais Nazca est surtout connue du public par ses immenses réseaux de lignes géométriques (de 500 à 8 000 m de longueur) tracés sur le sol à l'aide de pierres de teinte claire et dont l'ensemble couvre 500 km^2. La photographie aérienne a permis de découvrir un enchevêtrement de formes animales (poisson, oiseau, singe, lézard) daté de 300 à 600 apr. J.-C. ; on continue à s'interroger sur leur signification : calendriers, repères astrologiques, vaste zodiaque ? L'astronomie n'a pas confirmé qu'ils aient eu un rapport avec la carte céleste. D'autres sites du Pérou, tel Siguas, dans la région d'Arequipa, possèdent aussi de tels « géoglyphes ».

NEANDERTAL (hommes de). Groupe d'hommes appartenant à l'espèce *Homo neanderthalensis*, qui vécurent en Europe et au Proche-Orient entre 127 000 ans et 33 000 ans avant notre ère (v. **Mauer, homme de**). Ils succèdent en Europe à l'espèce *Homo heidelbergensis* et sont remplacés progressivement à partir de 35 000 ans par les hommes venus de l'E., les homme de Cro-Magnon (*Homo sapiens*). On utilise généralement le terme de néandertaliens « classiques » pour désigner les individus aux caractéristiques les plus marquées : un crâne large au front fuyant, une boîte crânienne étirée vers l'arrière formant une sorte de « chignon occipital », des reliefs osseux très développés au dessus des orbites appelés bourrelets sus-orbitaires, une capacité crânienne élevée, voire supérieure à celle de l'homme actuel avec un volume de 1 200 à 1 740 cm^3. Sa stature avoisinait 1,70 m. Le corps était massif et trapu mais avec une posture verticale.

C'est en 1856, dans une grotte de la vallée de Neander, à l'est de Düsseldorf que fut exhumée une calotte crânienne. D'abord contestée, l'existence de ces humains fossiles fut confirmée à la fin du XIXe et au XXe siècle par la découverte en Europe de nombreux autres restes squelettiques, à Gibraltar (1848), à Spy en Belgique (1886), La Ferrassie (1909) et La Chapelle-aux-Saints (1908) en France, Saccopastore en Italie (1929) parmi les plus connus. Au Proche-Orient, la présence de squelettes, à Kebara et Amud en Israël et à Shanidar au Kurdistan irakien, témoigne d'une migration vers l'E. des premières populations néandertaliennes depuis l'Europe, peu après 100 000 ans avant notre ère.

L'homme de Neandertal enterrait ses morts. La sépulture de la Chapelle-aux-Saints, en Corrèze, a livré un squelette aux jambes repliées, allongé dans une petite fosse et entouré de quelques os d'animaux. La sépulture collective de La Ferrassie, avec huit individus trouvés dans des niveaux moustériens est représentative du type d'inhumation pratiquée à l'époque.

L'homme de Neandertal fut le créateur des industries du Moustérien (v.). Mais des restes de squelettes ont aussi été trouvés associés à une industrie du paléolithique supérieur, le Châtelperronien, sur le site d'Arcy-sur-Cure, en France.

NÉANTHROPIENS. Ancien nom autrefois utilisé pour désigner les hommes de type moderne (*Homo sapiens sapiens*) qui auraient succédé aux paléanthropiens (néandertaliens), et aux archanthropiens. On n'utilise plus cette nomenclature, qui ne correspond pas à des unités zoologiques réelles (espèces, sous-espèces).

NÉARQUE, Néarkos (IVe s. av. J.-C.). Navigateur crétois. Ami de jeunesse et amiral d'Alexandre le Grand. Au retour de la campagne dans le Pendjab, en 325 av. J.-C., il effectua une exploration maritime depuis le fleuve Hydaspe (la *Jhelum*) puis l'Indus jusqu'à l'Euphrate et fut ainsi le premier Grec à voyager sur l'océan Indien et le golfe Persique. Il a laissé un récit de ce voyage, connu sous le nom de *Périple de la mer d'Érythrée*, dont Arrien s'est servi dans ses *Indica*.

NECKER Jacques (* Genève, 30.IX.1732, † Coppet, près de Genève, 9.IV.1804). Financier et homme politique genevois. D'abord syndic à Paris de la Compagnie des Indes, il s'établit banquier en 1765. Ami de Diderot, Buffon, Grimm, d'Alembert, il se fit lui-même connaître par un *Éloge de Colbert* (1773) et un *Essai sur le commerce des grains* hostile à Turgot (v.). Directeur général des Finances en 1777, bien que protestant et étranger, il utilisa l'emprunt pour alléger le Trésor et, reprenant une idée de Turgot, créa des assemblées provinciales qui associaient les notables à l'administration des provinces, ce qui lui valut l'opposition des parlements (v.). En 1781, il publia son *Compte rendu au roi*, dans lequel il affirmait que le déficit était comblé et où il donnait la liste des pensions versées aux nobles. La cour s'employa à le déconsidérer aux yeux de Louis XVI ; Necker dut démissionner (mai 1781). Il garda cependant tout son crédit auprès du peuple et, devant les échecs de ses successeurs, le roi le rappela en août 1788. Il proposa alors la convocation des États généraux et le doublement du nombre des députés du tiers état ; il fut de nouveau renvoyé le 11 juill. 1789. Aussitôt rappelé après la prise de la Bastille, il se trouva complètement débordé, et donna sa démission définitive en sept. 1790. Voir **FRANCE**.

NÉFERTITI (seconde moitié du XIVe s. av. J.-C.). Reine d'Égypte. Femme du pharaon Aménophis IV, elle contribua probablement à la révolution religieuse qui imposa le culte d'Aton. Voir **ÉGYPTE. Le Nouvel Empire.**

NEGRÍN Juan (* Tenerife, Canaries, 1887, † Paris, 12.XI.1956). Homme politique espagnol. Médecin réputé et professeur à la faculté de Madrid (1923/31), militant socialiste, il était ministre des Finances au début de la guerre civile, et il prit la décision d'envoyer en URSS une grande partie des réserves d'or de la Banque d'Espagne (sept. 1936). En mai 1937, il succéda à Largo Caballero à la tête du gouvernement républicain établi à Valence, puis à Barcelone. Il s'appuya sur les organisations communistes, et, après la chute de la Catalogne, son autorité fut renversée à Madrid par une coalition de militaires, d'anarchistes, et de modérés (mars 1939). Réfugié en France, puis en Angleterre et aux États-Unis, il présida le gouvernement républicain en exil jusqu'en 1945.

NÉGUIB Mohammed (* Khartoum, 1901, † Le Caire, 28.VIII.1984). Général et homme politique égyptien. Premier président de la République égyptienne (1953/54). Voir **ÉGYPTE**.

NEHRU Jawaharlal (* Allahabad, 14.XI.1889, † Delhi, 27.V.1964). Homme politique indien. Issu d'une famille de caste brahmanique du Cachemire, il fut élevé à l'occidentale en Angleterre et revint en Inde en 1912. Il milita à l'aile gauche du parti du Congrès, dont il devint le secrétaire général en 1929. Partisan d'une Inde laïque, industrialisée et socialiste, Nehru s'opposait à son maître spirituel Gandhi resté attaché aux valeurs traditionnelles. Nehru passa près de dix années dans les geôles britanniques entre 1920 et 1945, mais contesta la politique de non-coopération de Gandhi avec les Anglais, pendant la Seconde Guerre mondiale, voyant dans cette attitude une complicité de fait avec l'impérialisme japonais allié du fascisme. Chef du gouvernement intérimaire chargé de préparer l'indépendance en 1946, il devint Premier ministre de l'Inde indépendante de 1947. Il resta à ce poste jusqu'à sa mort. Leader du tiers monde, il fut l'un des champions du non-alignement (v.). Il fut le père d'Indira Gandhi. Voir INDE, GOA et GANDHI.

NELSON, Horatio Nelson, vicomte (* Burnham, Thorpe, Norfolk, 29.IX.1758, † en mer, près du cap Trafalgar, 21.X.1805). Amiral anglais, Capitaine en 1779, affecté à l'escadre de Méditerranée en 1793, il lutta tout au long de sa carrière contre la France révolutionnaire et contre l'Espagne (alliée de la France à partir de 1795). En 1798, il rejoignit la flotte française d'Égypte et l'anéantit à Aboukir (1er/2 août 1798), coupant ainsi la retraite à l'armée de Bonaparte. Se dirigeant ensuite vers Naples, il permit au roi Ferdinand IV (v.) de conserver son autorité sur la Sicile. En 1805, il rejoignit les flottes française et espagnole, qui venaient de sortir de Cadix, et les vainquit définitivement à Trafalgar, où il fut blessé mortellement.

NEMEIRY Gaafar el- (Omdurman, 1er.I.1930). Homme politique et militaire soudanais. Chef de l'État de 1969 à 1985. Voir SOUDAN **(république du)**

NEMETH Miklos (Monok, nord-est de la Hongrie, 24.I.1948). Homme politique hongrois. Membre du parti communiste, partisan d'une accélération des réformes, il fut nommé Premier ministre en nov. 1988. Il poursuivit alors la libéralisation de l'économie et mena, avec l'opposition, des négociations qui aboutirent à la disparition du régime.

NEMOURS, Louis d'Orléans, duc de (* Paris, 25.X.1814, † Versailles, 26.VI.1896). Général français. Second fils du roi Louis-Philippe, il fut élu roi à une très faible majorité par le Congrès national belge (3 févr. 1831), mais son père dut refuser cette couronne devant l'opposition de l'Angleterre, qui craignait une annexion déguisée de la Belgique par la France. Le duc de Nemours prit part au siège d'Anvers (1832), puis servit en Algérie ; il se distingua à constantine (1836/37) et contre Abd el-Kader (1841). Exilé en Angleterre après 1848, il rentra en France en 1871, fut réintégré dans l'armée avec le grade de général de division et contribua au ralliement des orléanistes à la branche aînée des Bourbons. Il fut rayé des cadres de l'armée à la suite de la « loi des princes » de 1886.

NENNI Pietro (* Faenza, 9.II.1891, † Rome, 1er.I.1980). Homme politique italien. Interventionniste au début de la Première Guerre mondiale, il milita alors aux côtés de Mussolini, mais ne le suivit pas sur la voie du fascisme. Adhérant du parti socialiste en 1921, il fut contraint de se réfugier en France en 1926. Devenu secrétaire du parti socialiste en 1930, il conclut un pacte d'unité avec les communistes en 1934 et participa à la guerre d'Espagne dans les rangs républicains. Il fut arrêté par la police vichyste en 1942 et livré à la police italienne. Libéré en 1943 après la chute de Mussolini, il participa aux gouvernements Pari et De Gasperi (1945/46). À la suite de la scission intervenue au PSI en 1947, il resta chef des socialistes de gauche groupés dans le PSI. Il commença à changer de stratégie politique en 1953 en préconisant un dialogue avec la démocratie chrétienne. Européen convaincu, il favorisa dès 1960 la politique d'ouverture à gauche de Fanfani, puis, de 1963 à 1968, fut vice-président du Conseil dans les cabinets de centre gauche d'Aldo Moro, ce qui provoqua la scission de 1964 au sein des socialistes de gauche.

NÉOLITHIQUE. Période de la préhistoire comprise entre le mésolithique (v.) et l'âge des métaux, cuivre (v. CHALCOLITHIQUE) et bronze.

La « révolution » néolithique

Le terme *néolithique* (du grec *neos*, « nouveau » et *lithos*, « pierre ») fut défini en 1865 par sir John Lubbock. Le néolithique a longtemps été désigné comme « l'âge de la pierre polie », mais il est apparu que ce seul critère technologique, le polissage de certains outils, était insuffisant pour caractériser une évolution qui affecta non seulement le travail de la pierre, mais aussi tous les autres aspects de la vie des hommes préhistoriques. Gordon Childe, préhistorien anglais, fut le premier à parler de « révolution néolithique », dont l'importance ne peut être comparée qu'à celle de la révolution industrielle du XVIIIe s. Cette révolution porte particulièrement sur les modes d'acquisition de la nourriture : à l'origine chasseur-cueilleur, l'homme devient éleveur et agriculteur. Il domestique les espèces animales et végétales qu'il puise localement dans son milieu. Au terme de *révolution néolithique*, donnant une image trop brutale et simultanée de l'ensemble de ces processus, on préfère aujourd'hui le terme de *néolithisation* jugé plus adéquat pour définir des changements très différents, certains progressifs s'étalant sur plusieurs millénaires, d'autres plus rapides, survenant à différentes dates suivant les régions.

Ainsi, de prédateur l'homme est devenu producteur : il domestique les animaux sauvages ; il apprend peu à peu à préparer une récolte en sélectionnant des grains et améliore la production par des labours, l'utilisation de fumiers, la réalisation de boutures, et des travaux d'irrigation. Cette mutation eut des conséquences sociales et culturelles considérables. Capables désormais d'accumuler des réserves alimentaires (troupeaux, grains en silo, etc), les hommes du néolithique commencèrent à se sédentariser, à construire des maisons et à se grouper en villages. L'artisanat évolua avec l'introduction de nouvelles techniques (céramique, tissage, vannerie), d'abord pour satisfaire des besoins locaux puis pour pratiquer des échanges commerciaux avec d'autres populations. Le polissage de la pierre devint systématique sans pour autant exclure un outillage de pierre taillée. Tout cela s'accompagna de changements importants dans l'organisation interne des sociétés (division du travail et spécialisation des tâches par exemple) et d'une rapide expansion démographique.

Les premiers foyers néolithiques

Le premier foyer ou, selon l'expression des spécialistes, la première « zone nucléaire » du néolithique fut le Moyen-Orient et le Proche-Orient, plus précisément les marges du « Croissant fertile », englobant une partie des terres de Turquie, de Syrie, du Liban, d'Israël, d'Iran et d'Irak. Là, aux alentours du IXe millénaire, des populations de chasseurs-cueilleurs pratiquant déjà un certain degré de sédentarité profitèrent de conditions climatiques et environnementales favorables pour cultiver et domestiquer des espèces locales qu'ils trouvaient à l'état sauvage, des graminées (blé et orge), et des herbivores (mouton et chèvre). L'adoucissement du climat et la fertilité des terres furent des conditions favorables à l'éclosion d'un nouveau type de civilisation.

Ainsi, dans les sites mésolithiques (v.) de Shanidar en Irak, et dans le Natoufien (v.) de Syrie-Palestine (Mallaha, Jéricho, Mureybet), alors que l'agriculture était encore inconnue, des populations de chasseurs-cueilleurs innovèrent, comme l'atteste la découverte dans ces sites des premières lames de faucilles ainsi que des meules, des mortiers et des pilons destinés à la préparation des céréales sauvages. Dans le nord de la Syrie et en Palestine, la sédentarisation précéda l'apparition de l'élevage et de l'agriculture. Peu après le VIIIe millénaire, dans la vallée du Jourdain, commençait le protonéolithique de Jéricho. Plusieurs villages existent alors en Palestine (Nahal Oren sur le mont Carmel ; Beidha près de Pétra). Pendant ce temps, en Afrique, s'affirmait le néolithique côtier, au Sahara, au Maghreb et en Libye dès les IXe et VIIIe millénaires. On y trouve des denticulés, des grattoirs et des microlithes en abondance, de la céramique et des os travaillés. En Afrique orientale, la culture du sorgho fera pus tard son apparition.

Dans ces régions d'inventions précoces, de la Turquie au Sinaï, les différents éléments qui composent le néolithique se mirent en place les uns après les autres. Le VIIe millénaire était encore une période néolithique précéramique, mais comportant partout l'agriculture et l'élevage ; citons en Palestine Jéricho (v.) où on a découvert des « fortifications » qui suggèrent déjà une petite ville, au nord de la Syrie Ras Shamra, en Irak Jarmo, et en Anatolie Çatal Hüyük (v.) et Hacilar. Sur ces sites, l'économie de chasse jouait un rôle de plus en plus restreint (5 % seulement d'animaux sauvages parmi les vestiges retrouvés à Catal Hüyük). Outre la chèvre, le mouton et le bœuf semblent avoir été domestiqués, tandis que le porc restait encore principalement sauvage. En plus des céréales, les légumineuses (pois, fèves, lentilles) étaient cultivées. L'outillage en pierre polie et en obsidienne prenait une importance croissante, et la céramique apparut à la fin de la période.

Le VIe millénaire fut, au Proche-Orient, « l'âge d'or des civilisations néolithiques » (G. Bailloud) : il est marqué par le développement de la céramique, qui, très rapidement, connut de fortes différenciations régionales. Les sites les plus importants sont Byblos au Liban, Ras Shamra en Syrie, Çatal Hüyük et Amuq en Anatolie, Tepe Sialk en Iran, tandis que s'épanouissaient en Mésopotamie les cultures de Hassouna, Samarra et Tell Halaf. Au même moment, le néolithique se développait à Chypre et en Grèce (Argissa, Sesklo et Dimini). L'industrie de la pierre taillée y était encore présente (flèches, couteaux, faucilles). Les hommes de ces périodes utilisaient aussi une grande variété de pierres pour confectionner des objets utilitaires (vaisselle, miroirs, haches, armes), et décoratifs avec des statuettes humaines ou animales. L'os et le bois donnaient des parures, des manches de poignard parfois magnifiquement sculptés, des cuillères à fard et des boucles de ceinture.

La diffusion de la « révolution néolithique »

Alors que le néolithique s'achevait déjà au Proche-Orient, où le métal fit sa première apparition vers 4 500 ans av. J.-C., la néolithisation s'étendait vers l'O. et commençait à gagner l'Europe orientale et méditerranéenne au VIe millénaire. On distingue 3 zones d'apparition du néolithique : dans les Balkans (de nombreux sites sont répertoriés en Albanie, en Yougoslavie, en Grèce, en Hongrie et en Roumanie), sur les côtes de la Méditerranée et dans les plaines d'Ukraine. En Occident, la civilisation « cardiale » prend son essor sans doute dès le VIe millénaire, sur les côtes espagnoles, françaises et ligures.

Au Ve millénaire, la néolithisation connut un essor vigoureux dans la vallée du Nil (v. **ÉGYPTE**) et en Europe, avec le rayonnement de la culture de Starcevo-Körös, en Yougoslavie et en Hongrie ; celle-ci, qui présente des affinités avec le néolithique thessalien de Sesklo et de Dimini, donna naissance au grand courant de civilisation du Danube, dont la céramique, parfois richement décorée, peinte ou incisée, connaît une extension considérable, depuis l'Ukraine occidentale jusqu'au Rhin et à la Belgique. Ce courant danubien atteignit le nord de la France et, au IVe millénaire, le bassin parisien (céramique de type « rubané »). Mais le sud de la France, comme l'Italie et l'Espagne, subit surtout l'influence d'un courant méditerranéen, qui, lui aussi, a ses origines lointaines au Proche-Orient.

Au IVe millénaire, le néolithique commença à atteindre au N. les steppes de l'Eurasie. Dans les Balkans, la diversité culturelle se reflète dans les sites de Vinca, de Boian, de Danilo Kakanj. Toute l'Europe occidentale (péninsule Ibérique, France, N. de l'Italie, Suisse, îles Britanniques) vit la diffusion d'un même type de céramique, dite « céramique occidentale ». Le blé fut cultivé en Occident au moins dès le début du IVe millénaire (à Roucadour, dans le Lot). Dans le même temps commençait la diffusion, touours en

Occident, de la plus prestigieuse des civilisations néolithiques, celle des mégalithes (v.).

Tandis que les premières civilisations européennes du métal prenaient leur essor en Sicile, en Sardaigne, en Espagne, un peu plus tard en France, le IIIe millénaire vit s'épanouir en Europe centrale et septentrionale des cultures à « gobelets en entonnoir » (v. CAMPANIFORME, peuple), de probable influence ukrainienne. Ce néolithique final connaît l'apogée du mégalithisme à Stonehenge en Grande-Bretagne, l'essor de l'agriculture et de l'élevage des bovins dans le bassin de Londres, à Windmill Hill, la première exploitation des mines du Norfolk, le développement de la civilisation agricole ukrainienne de Tripojie, la culture des kourganes de Russie méridionale et du Kazakhstan, l'élan vigoureux de la métallurgie du cuivre dans les Carpates et les régions au nord du Caucase (culture de Kouban). Cet âge européen fut aussi marqué par des mouvements de population et des guerres.

Le néolithique en Asie et en Amérique

Le néolithique d'Asie orientale est bien connu dès le VIIe millénaire avec des sites importants, acéramiques, dans le Balouchistan. L'élevage de la chèvre et la culture de l'orge étaient probablement pratiquées. S'y ajoutèrent ultérieurement le blé, le mouton, le zébu et, parmi les technologies, la céramique au VIe millénaire, tandis que l'outillage lithique restait abondant. Le riz vint supplanter le blé dès le IIe millénaire. En Chine, des cultures protonéolithiques sont avérées entre le VIe et le Ve millénaire . On y élevait des chiens, des porcs et des poulets, on stockait les céréales, en particulier le millet, dans des fosses ou des jarres. Les sites ont fourni également des haches polies, des bêches, des couteaux, de la poterie.

En ce qui concerne l'Amérique, deux aires de civilisation précoce existent vers 8 000 ans av. J.-C. : au Mexique (à l'origine de la civilisation mésoaméricaine) et dans les Andes centrales. En dehors de ces aires nucléaires, la néolithisation se fera plus lentement. Au Mexique, dans la province de Puebla, des chasseurs, collecteurs de végétaux sauvages, semi-nomades, s'essayèrent à la culture de plantes. Dans la phase d'El Riego (fin VIIIe/fin VIe millénaire) apparurent les premières plantes cultivées (maïs et courge), mais c'est seulement au IIe millénaire que l'agriculture devint la base essentielle de l'économie, tant en Amérique centrale qu'en Amérique du Sud.

NEP, abrév. de **Nouvelle Politique Économique,** en russe *Novaïa Ekonomitcheskaïa Politika.* Nom donné à la politique économique inaugurée par Lénine en mars 1921, afin de pallier les effets désastreux du « communisme de guerre ». Voir RUSSIE.

NÉPAL. État d'Asie, situé sur le versant méridional de l'Himalaya, borné au N. par la Chine (Tibet), à l'E., au S. et à l'O. par l'Inde ; capitale *Katmandou.* Peuplé à l'origine par un groupe mongol mêlé au cours des siècles d'éléments indiens, le Népal fut envahi en 1768 par les Gourkhas, venus de l'Inde, qui, sous la conduite de Prithur Narayana Chah, y établirent une autorité essentiellement militaire. Les menaces des Gourkhas sur le Tibet provoquèrent l'intervention de la Chine, qui établit sa suzeraineté sur le Népal (1791). Les Gourkhas essayèrent alors de s'entendre avec les Anglais de l'Inde (traités de commerce de 1791 et 1792), mais leurs incursions incessantes en territoire britannique provoquèrent la guerre de 1814/16, qui se termina par un traité d'alliance et l'installation d'un résident anglais à Katmandou. Les Gourkhas furent dès lors de fidèles auxiliaires des Anglais : ils participèrent à l'écrasement de la révolte des Cipayes (1857) ainsi qu'à la Première Guerre mondiale. En 1846, un coup d'État assura la réalité du pouvoir au Premier ministre Jang Bahadour († 1877) et à la dynastie Rana, tandis que les rois du Népal ne conservaient que leur titre.

En 1923, la Grande-Bretagne retira son résident et reconnut la pleine souveraineté du Népal. L'indépendance de l'Inde (1947) réveilla la vie politique népalaise : en 1951, les Rana furent chassés du pouvoir par un coup d'État royal, et le souverain régnant, Tribhuvana Bir Bikram, institua un régime de monarchie constitutionnelle. Son fils, Mahendra Bir Bikram (1955/72), parut d'abord vouloir poursuivre une politique libérale ; en 1959, il fit procéder aux premières élections puis il prononça la dissolution des partis politiques et assuma tous les pouvoirs, en prétendant instituer, à partir des conseils de village, une « démocratie de base ». Tout en maintenant, entre les pressions antagonistes de l'Inde et de la Chine, l'indépendance népalaise, il travailla à la modernisation de son pays. En janv. 1972, son fils, Birendra Bir Bikram, lui succéda, mais ne réussit pas à faire décoller le Népal.

À la suite d'une campagne d'agitation organisée par l'opposition libérale et communiste, une nouvelle Constitution en nov. 1990 instaura le multipartisme et limita le pouvoir royal. Les élections de 1991 donnerent le pouvoir au Congrès népalais, et à son leader, Girija Prasad Koirala qui se heurta à une puissante opposition communiste.

Cherchant une rectification de frontière, l'Inde interrompit ses échanges commerciaux entre mars 1989 et juin 1990, asphyxiant le pays dont elle constituait le seul débouché. Depuis cette crise, le Népal a maintenu une politique d'équilibre entre l'Inde et la Chine. Après une courte expérience de gouvernement par le parti communiste népalais (NCP-UML), de nov. 1994 à sept. 1995, la vie politique est marquée par la succession rapide des gouvernements, victimes de modifications brutales dans les coalitions entre les trois grands partis (NC ou Congres népalais ; NCP-ULM ou parti communiste ; RPP ou parti national démocrate).

Depuis 1996, un nouveau parti maoïste (CPN-M) a multiplié dans l'ouest du pays des actions de guérilla de plus en plus violentes (1 600 morts). L'assassinat, le 1er juin 2001, du roi, de la reine et de 6 membres de la famille royale par le prince héritier qui s'est suicidé peu après, a porté au pouvoir le prince Gyanendra, frère du roi. Ce drame mal élucidé a aggravé les troubles. Un nouvel armistice signé le 23 juillet par le Premier ministre Sher Baradur Deuba (NC) et le chef de la guérilla maoïste, Baburam Bhatarai a été immédiatement dénoncé. L'état d'urgence instauré le 26 novembre a perturbé toute l'économie.

NÉRAC. Ville de France (Lot-et-Garonne), sur la Baïse, au S.-O. d'Agen. Depuis le début du XIVe s., elle fut la capitale de la seigneurie (puis duché) d'Albret, et la cour de Nérac, à partir du règne de Marguerite de Valois (v.), sœur de François Ier, fut un des foyers du protestantisme. Catherine de Médicis y tint en 1579 avec Henri de Navarre (Henri IV) des conférences qui aboutirent à l'édit de Nérac (18 févr. 1579), par lequel onze nouvelles places de sûreté étaient accordées aux protestants. Après sa réunion à la France, en même temps que la Navarre, Nérac se révolta en 1621 contre Louis XIII et fut démantelée.

NÉRON, Lucius Domitius Claudius Nero (* Antium, Latium, 15.XII.37 apr. J.-C., † Rome, 9.VI.68). Empereur romain (54/68). Il dut son accession au trône aux intrigues de sa mère, Agrippine la Jeune, qui descendait d'Auguste. Ayant épousé Claude en secondes noces, elle maria Néron à Octavie, fille que Claude avait eue d'un premier lit. À la mort de Claude, Néron fut proclamé empereur par les soldats de la garde prétorienne, évinçant Britannicus, le propre fils de l'empereur défunt qu'il fit empoisonner (55).

Les auteurs de l'Antiquité ont présenté Néron, qui a compté le philosophe Sénèque parmi ses précepteurs, comme un homme modéré et clément au début de son règne, jusqu'à l'assassinat de sa mère (59), dont la tutelle lui pesait trop. Son impitoyable tyrannie se déchaîna à partir de 61/62 et décima les rangs de l'aristocratie sénatoriale dont il confisqua parfois les biens. Toutes les sources littéraires s'accordent pour présenter un personnage monstrueux dont le règne fut marqué par une longue série de cruautés, d'extravagances et d'assassinats (celui d'Octavie notamment, remplacée par Poppée, qui finit elle-même sous les coups de Néron). Ce mégalomane cultivé qui se considérait lui-même comme un artiste, était grand amateur de musique, de théâtre et de poésie. Il prétendit que les chrétiens étaient responsables de l'incendie de Rome et déclencha contre eux la première persécution. Les témoignages archéologiques révèlent une autre facette de sa personnalité : celle d'un homme épris de culture hellénistique, qui fut l'initiateur d'innovations artistiques et architecturales, à travers, notamment, d'ambitieux programmes de construction telle que la *Domus Aurea* édifiée sur l'Esquilin. Après des succès militaires en Orient (Arménie, Judée) et l'écrasement de la révolte en Bretagne, des provinces se soulevèrent (la Gaule, puis l'Espagne), et Néron dut fuir de Rome. Il se suicida avant d'être capturé (68).

Renforcement de l'autorité impériale et révolution culturelle sont deux aspects essentiels du règne controversé de cet empereur, qui fut le dernier de la dynastie julio-claudienne.

NERVA Marcus Cocceius (* Narnia, Ombrie, 26, † Rome, 23.I.98). Empereur romain (96/98). Fils d'un jurisconsulte éminent, lui-même juriste, peu intéressé par la politique (bien qu'il eût été deux fois consul, en 71 et 90), il fut proclamé empereur après l'assassinat de Domitien. Déjà malade, il ne régna que deux années, qu'il consacra à réparer les maux causés par son prédécesseur. Contrairement à Domitien, il s'efforça de gouverner en accord avec le sénat. Il rappela les proscrits, distribua de nombreuses terres aux pauvres, imposa des économies, allégea la fiscalité et libéra les Juifs des taxes particulières auxquelles les avait soumis Domitien. Il montra en tout une simplicité, une modération et une équité qui finirent par irriter les prétoriens. Assiégé dans son palais, Nerva offrit en vain sa démission ; il eut encore le temps, avant de mourir, de se choisir comme successeur, en l'adoptant, un puissant chef militaire, Trajan.

NESTORIANISME. Doctrine hérétique répandue au Ve s. dans le christianisme oriental par Nestorius († vers 451), qui, après avoir été formé à l'école d'Antioche, avait été nommé patriarche de Constantinople en 428. En réaction contre l'arianisme, Nestorius distinguait dans le Christ deux personnes, divine et humaine. Attaquée par Cyrille d'Alexandrie, la doctrine de Nestorius fut condamnée par le concile d'Éphèse (431), et Nestorius fut déposé de son siège de Constantinople et relégué en Thébaïde, où il mourut. Mais le nestorianisme continua à gagner de fervents adeptes en Syrie, grâce à l'école d'Édesse, dirigée par Ibas. Après le concile de Chalcédoine (451), les nestoriens de Syrie, persécutés, se réfugièrent en Perse, et les derniers d'entre eux furent chassés d'Édesse en 489 par l'empereur Zénon.

En Perse, au contraire, le nestorianisme bénéficia de la protection des rois sassanides, qui faisaient pièce ainsi aux empereurs byzantins. C'est alors que s'organisa, dans la dissidence, l'**Église syrochaldéenne**, qui avait pour centre spirituel l'école de Nisibe. Les nestoriens se fondirent en effet dans l'ancienne Église de Perse, qui, pour des raisons politiques, s'était rendue indépendante d'Antioche dès le concile de Markabta (424). Le « catholicos » de Séleucie-Ctésiphon était le chef de cette Église ; en 498, il prit le titre de patriarche de l'Orient. Le grand organisateur de l'Église nestorienne de Perse fut un converti du zoroastrisme, le catholicos Mar Aba Ier (540/52).

Les nestoriens déployèrent un grand effort missionnaire, vers l'Arabie, vers l'Inde (chrétiens syro-malabars) et, par le Turkestan, vers la Chine des T'ang (une église nestorienne fut construite à Tcha'ng-ngan, auj. Xian en 635). Le christianisme nestorien s'acclimata chez les Turcs de la haute Asie (Kéréits, Ouïgours...). Au XIIIe s., il bénéficia de la protection des Gengiskhanides et contribua à civiliser les Mongols. Les Arabes, qui avaient fait la conquête de la Perse en 651, se montrèrent généralement tolérants pour l'Église nestorienne, et le catholicos, qui avait transféré son siège à Bagdad (775), était une personnalité importante du califat. À la fin du XIVe s., l'invasion de Tamerlan, musulman fanatique, porta à l'Église nestorienne de Perse des coups terribles, dont elle ne devait jamais se relever. Les nestoriens fugitifs se retranchèrent dans les montagnes du Kurdistan. En 1552 se produisit une scission : une partie des nestoriens, avec le patriarche Jean Soulaka, se réunirent à Rome. Ces Chaldéens uniates ont aujourd'hui pour siège le patriarcat de Babylone (Bagdad). Les Chaldéens séparés, dont les sympathies se tournèrent vers la Russie orthodoxe, ont beaucoup souffert des déportations et des massacres organisés par les Turcs en 1915.

NETANYAHOU Benjamin (Tel-Aviv, 1948). Homme politique israélien. Voir **Israël**.

NETCHAÏEV Sergueï Gennadievitch (* 1847, † Saint-Pétersbourg, 1883). Révolutionnaire russe. Connu dans les milieux d'étudiants de Saint-Pétersbourg, il se rendit en 1868 à Genève et s'y lia avec Bakounine. Rentré en Russie, il diffusa son *Catéchisme révolutionnaire*, écrit probablement en collaboration avec Bakounine, qui constituait un programme de renversement total de la société et un manuel de l'action nihiliste inspirée par « la passion unique et froide de l'œuvre révolutionnaire ». Muni d'une délégation de Bakounine et se présentant comme le mandataire d'une imaginaire « Alliance révolutionnaire européenne », il mit sur pied une vaste organisation secrète intitulée *Narodnaïa Rasprava* (la Vindicte du peuple), intimidant les militants par la terreur (assassinat de l'étudiant Ivanov, 1869) et préconisant les contributions forcées et les vols pour assurer les ressources de l'organisation. Le meurtre d'Ivanov ayant fait scandale dans les milieux révolutionnaires, Netchaïev dut s'enfuir en Suisse, mais il fut abandonné par Bakounine et arrêté par la police suisse, qui le livra à la Russie comme criminel de droit commun. condamné à vingt ans de travaux forcés en 1873, il fut enfermé à la forteresse Saint-Pierre-et-Saint-Paul, d'où il réussit, jusqu'à sa mort, à diriger l'action révolutionnaire.

NEUTRALISATION. Ensemble de dispositions résultant d'un accord international et imposant à un État ou à un territoire un régime de neutralité permanente et des limitations de potentiel militaire. On ne peut parler de neutralisation lorsque la neutralité d'un État résulte du choix libre et souverain de cet État (comme c'est le cas, par exemple, de la Suisse, bien que cette neutralité ait été confirmée par des accords internationaux, en 1815 et en 1920).

NEUTRALITÉ. À partir des guerres européennes du XVIIe s. commença à s'élaborer un droit des neutres. La neutralité peut être soit temporaire (un État décide de ne pas participer à tel conflit particulier entre d'autres puissances), soit permanente (un État décide par principe de se tenir à l'écart de tout conflit guerrier). Les origines de la politique de neutralité permanente de la Suisse remontent à la guerre de Trente Ans.

NEUTRALITY ACT. Loi votée par le Congrès des États-Unis en 1935, lors de la crise ouverte par l'affaire d'Éthiopie, et destinée à tenir les États-Unis à l'écart d'une éventuelle guerre européenne : cette loi, qui interdisait la vente et le transport de matériel de guerre aux belligérants, n'était qu'une concession forcée de F. D. Roosevelt au profond désir de paix du peuple américain. Dès 1937, le président obtint un amendement à la loi de neutralité, qui autorisait la vente d'armes aux belligérants sous la condition que ceux-ci payassent comptant et assurassent eux-mêmes le transport (*cash and carry*), disposition qui avantageait évidemment la France et le Royaume-Uni, puissances maritimes. La loi prêt-bail de 1941 acheva de rendre pratiquement nul le Neutrality Act de 1935.

NEUILLY (traité de, 27 nov. 1919). Par ce traité, signé entre la Bulgarie et les Alliés de la Première Guerre mondiale, la Bulgarie renonçait formellement à la Dobroudja méridionale, annexée par la Roumanie en 1913 ; elle était amputée de quelques territoires montagneux le long de la frontière serbe et, surtout, de la Thrace occidentale, cédée à la Grèce, ce qui la privait de son débouché vers la mer Égée. L'armée bulgare était réduite à 20 000 hommes.

NEUSTRIE. Royaume franc issu du partage des États mérovingiens à la mort de Clotaire Ier, fils de Clovis, en 561. Il correspondait à la Gaule du Nord-Ouest et avait approximativement pour limites au N. la Meuse, à l'E. une ligne passant en deçà de Reims à travers la Champagne, au S. la Loire, à l'O. la Bretagne, au N.-O. la Manche. La Neustrie, dont les villes principales étaient Soissons et Paris, et qui était dominée par des Francs Saliens, s'opposa pendant près d'un siècle et demi au royaume voisin d'Austrasie, peuplé par des Francs de l'Est ou Francs Ripuaires. La lutte de Chilpéric (561/84) contre Sigebert d'Austrasie se prolongea par celle de Frédégonde († 597) contre Brunehaut. En 613, Clotaire II fit triompher la Neustrie et réunit l'Austrasie à son royaume, mais les deux royaumes furent de nouveau séparés à la mort de Dagobert Ier (638). Sous Clotaire III, le pouvoir effectif fut exercé en Neustrie par le maire du palais Ébroïn (de 659 à 681), qui rétablit quelque temps l'unité des royaumes francs (673). Mais, en 687, les Neustriens furent définitivement battus par les Austrasiens à Testry, et les maires du palais d'Austrasie, les Pippinides de la maison de Herstal, gouvernèrent seuls les États francs réunifiés. Voir **Mérovingiens**.

NEVSKI (* Vladimir, 30.V.1220, † Gorodets, 14.XI.1263). Grand prince de Novgorod et Vladimir (1252/63). Voir **Alexandre** Iaroslavitch Nevski.

NEW DEAL, c'est-à-dire la *nouvelle donne* (comme au jeu de cartes). Nom donné à la politique économique volontariste menée par le président F. D. Roosevelt aux États-Unis de 1933 à 1939. Voir **États-Unis**.

NE WIN BO (Paungdale, 24.V.1911). Général et homme politique birman. Premier ministre (1958/60 et 1962/74) et chef de l'État birman de 1974 à 1981. Voir **Birmanie**.

NEY Michel, duc d'Elchingen, prince de la Moskova (* Sarrelouis, 10.I.1769, † Paris, 7.XII.1815). Maréchal de France. Engagé en 1788, il devint capitaine dans l'armée révolutionnaire en 1794, puis général de division après s'être emparé par surprise de Mannheim, à la tête de 150 hommes seulement (1799). Sa popularité auprès de ses soldats, son énergie et ses nombreux succès (il décida notamment de la victoire de Friedland, en 1807) le firent nommer par Bonaparte successivement ambassadeur auprès de la République helvétique (1802), maréchal de France (1804), duc d'Elchingen (1808), prince de la Moskova (1813). Il servit en Espagne (1808/11), puis s'illustra particulièrement pendant la campagne de Russie, où son commandement efficace de l'arrière-garde permit le passage de la Berezina. Las de la guerre et n'ayant pu réussir à pousser Napoléon à l'abdication, il se rallia à Louis XVIII. Chargé par celui-ci d'arrêter l'Empereur à son retour de l'île d'Elbe, Ney, qui avait promis de le ramener « prisonnier dans une cage de fer » se rangea aux côtés de Napoléon et s'illustra à Waterloo. À la seconde Restauration, il fut jugé, condamné à mort et fusillé.

NGUYÊN. Dynastie vietnamienne qui régna sur l'empire d'Annam de 1802 à 1945. D'abord au service de la dynastie des Lê, les Nguyên se rendirent pratiquement indépendants en Cochinchine au XVIIIe s., et, avec l'aide française, ils réussirent à s'emparer de Huê. Le premier souverain de cette dynastie fut Gialong, le dernier, Bao Dai. Voir **Viêt-nam**.

NICARAGUA. État de l'Amérique centrale ; capitale *Managua*. La côte orientale du Nicaragua fut atteinte par Christophe Colomb lors de son quatrième et dernier voyage, en 1502, mais le conquistador Gil González d'Ávila entreprit, en 1522, l'exploration et la conquête du pays à partir de la côte du Pacifique ; il battit le chef indien Nicarao, qui devint son allié et laissa son nom au pays, fonda en 1524 les villes de Léon et de Granada, et établit la domination espagnole. Compris depuis 1560 dans la capitainerie générale du Guatemala, le Nicaragua conquit son indépendance en 1821. Il fit quelque temps partie de l'empire d'Iturbide, puis, de 1823 à 1838, de la confédération d'Amérique centrale. Redevenu ensuite indépendant, il fut agité pendant tout le XIXe s. par les coups d'État et les guerres civiles et par des difficultés extérieures avec l'Angleterre, qui s'était assuré le contrôle de la côte des Mosquitos (v. **Mosquitie**), et avec les États-Unis, qui caressaient le projet d'un canal interocéanique à travers le Nicaragua : en 1912, les États-Unis prirent prétexte des luttes violentes entre conservateurs et libéraux pour occuper militairement le pays.

Par le traité Bryan-Chamorro (5 août 1914), ils se firent concéder le droit de construire le canal et obtinrent la cession de bases navales au Nicaragua. Sauf pendant une brève période (1925/26), l'occupation du Nicaragua par les « marines » des États-Unis se prolongea jusqu'en 1933 ; il y fut mis fin après une révolte dirigée par le général Sandino. Celui-ci fut abattu en 1934 sur l'ordre d'Anastasio Somoza, chef de la garde nationale.

En juin 1936, Somoza renversa le président Sacasa et resta au pouvoir pendant vingt ans, soit en exerçant lui-même les fonctions de président, soit en se faisant représenter à la tête de l'État par un de ses fidèles. Après l'assassinat de Somoza (29 sept. 1956), la présidence de la République a été occupée par les fils du dictateur, Luis Somoza Debayle (1957/63) et Anastasio Somoza Debayle (1967/72 et à partir de 1974) ou par des politiciens à leur dévotion. Le 22 août 1978, les guérilleros du Front sandiniste de Libération (du nom de Sandino, v.) lors d'un coup de main occupèrent le Parlement de Managua. Après une sanglante guerre civile, leur victoire finale, le 17 juil. 1979, contraignit Anastasio Somoza Debayle à s'exiler à Miami.

Le nouveau pouvoir fut rapidement confronté à une opposition conservatrice mais antisomoziste, à certaines tribus indiennes, comme les Miskitos, ou à certains de ses anciens alliés opposés au rapprochement avec les pays communistes. À quoi s'ajoutait l'opposition somoziste, la « Contra », soutenue par l'administration républicaine des États-Unis, malgré le refus du congrès américain, à majorité démocrate, de financer la politique interventionniste du président Reagan (scandale de l'« Irangate »). À leur aide militaire, les États-Unis ajoutèrent un embargo économique (1985), et des actions de sabotage. Des frontières du Honduras, la Contra lançait ses commandos meurtriers. Mais la détérioration de la situation politique dans l'ensemble de l'Amérique centrale inquiétait les chefs d'États modérés ; ils proposèrent un plan de paix et de démocratisation qui fut accepté par les sandinistes (*plan Arias*, du nom du président du Costa Rica, prix Nobel de la paix en 1987) et par les militaires nicaraguayens. Mais l'inflation vertigineuse, l'approvisionnement défectueux, et la chute verticale des exportations (café, coton, viande) réduisaient leur marge de manœuvre. D'un côté, les Soviétiques se montraient peu enclins à prolonger une aide évaluée à 2 milliards de dollars qui avait fait de l'URSS le premier partenaire commercial ; de l'autre côté, la Contra, privée de l'aide (militaire) américaine à partir de 1988, n'était plus capable de l'emporter par les armes ; des négociations s'ouvrirent pour aboutir aux accords de Tela entre les cinq présidents centre-américains (août 1989).

En 1989, le pouvoir sandiniste concédait une réforme de la loi électorale, une amnistie générale pour les prisonniers politiques et l'assurance d'abandonner le pouvoir en cas de défaite aux élections de 1990. Les élections libres organisées le 25 févr. 1990 furent effectivement remportées par la candidate de l'opposition, Violeta Chamorro. Élue pour un mandat de six ans, elle mena une difficile politique de réconciliation nationale. Les aides et les prêts internationaux qui vinrent, dès 1990, au secours d'une économie sinistrée par dix ans de guerre civile ne suffisaient pas à calmer les troubles sociaux : le chômage en 1993, touchait 60 % de la population. Candidat de la droite, Arnoldo Alemán, élu en oct. 1996 président de la République, poursuivit la libéralisation de l'économie. En déc. 1997, il signa un accord de désarmement avec le Front uni Andres Castro (FUAC), qui regroupait d'anciens membres de l'armée sandiniste, afin de mettre fin à sept ans d'affrontement dans le nord du pays. En 1998, le cyclone Mitch dévasta le pays et suscita une importante aide internationale. Le 4 novembre 2001, les élections étaient gagnées par le parti libéral constitutionnaliste dont le candidat Enrique Bolaños fut élu président.

NICE (comté de). Comprise à partir de 970 dans le comté de Provence, Nice posséda une organisation consulaire dès le début du XIIe s. A l'instigation des Génois, elle se révolta en 1166 contre le comte de Provence, Raymond Bérenger III, qui fut tué en essayant de reprendre la ville ; mais elle dut faire sa soumission à Raymond Bérenger IV (juin 1176). Après l'échec d'une nouvelle révolte, en 1215, Nice passa, comme le reste de la Provence, sous l'autorité des Angevins, mais, en août 1388, à la suite des intrigues des Grimaldi de Breuil, elle se livra à Amédée VII, comte de Savoie, qui annexa Nice et son arrière-pays (*comté de Nice*). Assiégée en 1543 par François Ier, allié au corsaire turc Barberousse, en 1600 par le duc de Guise, Nice fut prise par Catinat en avr. 1691, par Berwick en 1705, mais chaque fois restituée à la Savoie.

Occupé par le général Anselme en sept. 1792, le comté de Nice fut réuni à la France par décision de la Convention le 31 janv. 1793, et le roi de Sardaigne dut renoncer à ses droits par le traité du 15 mai 1796. Nice, fit néanmoins retour au Piémont en 1814. Malgré les efforts du gouvernement sarde, à qui revient le mérite des premiers grands travaux d'urbanisme (début de l'aménagement de la promenade des Anglais en 1821), la ville, isolée du commerce français, connut dans les années 1820/50 un profond marasme économique, en dépit du premier essor de l'industrie touristique. Les regards commencèrent à se tourner vers la France, et Napoléon III, conscient de cette situation, n'accorda en 1859 son alliance au Piémont qu'en échange de Nice et de la Savoie. Cette cession fut confirmée par le traité de Turin (24 mars 1860) et par le plébiscite des 15/16 avr., qui donna pour le rattachement une majorité de 25 743 « oui » contre 160 « non ».

NICÉE, *Nikaïa, Nicaea.* Ancienne ville de l'Asie Mineure, en Bithynie, sur le lac Ascanius.

Concile de Nicée (20 mai 325). Premier concile œcuménique qui condamna l'arianisme, hérésie chrétienne du IVe s. Voir ARIANISME.

Empire de Nicée. Empire fondé en 1204, par Théodore Ier Lascaris (1204/22) après la prise de constantinople par les Latins. Il s'étendit sur la Lydie, sur une partie de la Phrygie et sur les côtes de la mer Égée jusqu'à Éphèse, et fut pendant un demi-siècle le refuge de l'hellénisme byzantin. Les Latins renoncèrent à sa conquête lorsqu'ils furent pris à revers par les Bulgares et battus à Andrinople (1205). Après Théodore Ier Lascaris, les empereurs de Nicée furent Jean III Doukas Vatatzès (1222/54), qui battit les Latins et les Bulgares, s'empara d'Andrinople, de Thessalonique et de l'Épire, Théodore II Lascaris (1254/58), Jean IV Doukas Lascaris (1258) et enfin Michel Paléologue (à partir de 1259), qui, après avoir vaincu le despote d'Épire et son allié, le prince d'Achaïe Guillaume de Villehardouin, reconquit Constantinople, où il rétablit sa capitale (juill. 1261).

NICÉPHORE II PHOCAS (* vers 921, † Constantinople, 10/11.XII.969). Empereur byzantin (963/969). Voir BYZANCE.

NICIAS († Syracuse, 413 av. J.-C.). Général et homme politique athénien. Fils de Nicératos, l'un des plus riches citoyens d'Athènes, qui avait acquis sa fortune dans l'exploitation des mines d'argent du Laurion, il fut un des chefs du parti aristocratique. Après la mort de Périclès, il mena l'opposition contre le démagogue Cléon. Plusieurs fois élu stratège, il remporta divers succès. Foncièrement modéré, il cherchait une issue diplomatique à la guerre du Péloponnèse : après la mort de Cléon (421), il réussit à conclure avec les Spartiates une paix blanche, connue sous le nom de *paix de Nicias*, par laquelle les deux adversaires devaient se restituer mutuellement leurs conquêtes et leurs prisonniers.

Fidèle à sa politique pacifique, Nicias s'opposa à la politique ambitieuse inspirée par Alcibiade. N'ayant pu empêcher l'expédition de Sicile, il accepta paradoxalement d'en être un des chefs, sans doute afin de surveiller Alcibiade. En automne 415, il vint mettre le siège devant Syracuse, mais finit par se laisser encercler et dut se rendre avec le reste de son armée. Les Syracusains le mirent à mort.

NICOLAS

PAPES

NICOLAS Ier le Grand saint (* Rome, vers 800, † Rome, 13.XI.867). Pape (858/67). D'une noble famille romaine, diacre en 847, il exerça une influence prépondérante sous les pontificats de Léon IV (847/55) et de Benoît III (855/58). Il succéda à ce dernier, avec l'appui de l'empereur Louis II, le 24 avr. 858. Très pieux et d'une parfaite intégrité, il sut défendre les droits de l'Église en face des hauts dignitaires ecclésiastiques tels que Jean de Ravenne et Hincmar de Reims, comme des souverains. Il refusa de sanctionner la nomination de Photius comme patriarche de constantinople et accueillit dans l'Église latine les Bulgares (866), pour lesquels il composa une sorte de catéchisme de la foi catholique, *Responsa Nicolai ad consulta Bulgarorum*. Photius répliqua en proclamant la déposition du pape (867).

NICOLAS II, Gérard de Bourgogne († Florence, 19.VII.1061). Pape (1059/61). Voir **PONTIFICAUX (États)**.

NICOLAS V, Tommaso Parentucelli (* Sarzana, 15.XI.1397, † Rome, 24.III.1455). Pape (1447/55). Succédant à Eugène IV sur le trône pontifical, le 6 mars 1447, il réussit à mettre un terme définitif au Grand Schisme (v. **SCHISME D'OCCIDENT**). Malgré cette réussite, il ne sut ni réformer l'Église en profondeur ni briser la puissance des cardinaux. Son pontificat fut marqué par un essor intellectuel et de grands projets architecturaux (bibliothèque du Vatican, reconstruction de Saint-Pierre et du palais du Vatican). Il inaugura la politique de mécénat que poursuivront Sixte IV, Alexandre VI et Léon X. Voir **PONTIFICAUX (États)**.

MONTÉNÉGRO

NICOLAS Ier Petrovitch Niegoch (* Niegoch, 7.X. 1841, † Antibes, 1er.III.1921). Prince (1860/1910), puis roi (1910/18) du Monténégro. Neveu et successeur de Danilo Ier, aussi remarquable par son courage guerrier que par son énergie politique et ses dons littéraires de poète et de dramaturge, Nicolas Ier ambitionnait de recréer à son profit la Grande Serbie médiévale. Agissant par la diplomatie et par les armes (guerres contre la Turquie de 1876/78 et de 1912/13), il assura l'indépendance complète de son petit pays, dont il doubla le territoire. Il maria ses filles à Victor Emmanuel (III), futur roi d'Italie, et à Pierre Karageorgevitch, futur roi de Serbie, et, en 1910, prit le titre de roi. En 1914, il se laissa entraîner aux côtés de la Serbie dans la guerre contre l'Autriche, qui occupa le Monténégro en 1916. Contraint de se réfugier en France, Nicolas Ier fut suspecté par les Alliés de complicité secrète avec les puissances centrales. En nov. 1918, l'Assemblée de Podgoritza, en proclamant la réunion du Monténégro et de la Serbie, prononça sa déchéance. Voir **BALKANIQUES (guerres)**.

RUSSIE

NICOLAS Ier Pavlovitch (* Gatchina, Saint-Pétersbourg, 7.VII.1796, † Saint-Pétersbourg, 2.III.1855). Empereur de Russie (1825/55). Troisième fils du tsar Paul Ier, il succéda à son frère Alexandre Ier après que Constantin, son frère aîné, eut renoncé au trône. Il dut immédiatement faire face à l'insurrection des décembristes (v. **DÉCABRISTES**). Il considéra alors que la noblesse n'était plus un appui sûr et édifia un système administratif centralisé de censure et de surveillance qui régenta l'ensemble de la vie des Russes. Il tenta d'abolir le servage tout en préservant les intérêts des riches propriétaires, attitude qui ne pouvait permettre d'arrêter les révoltes paysannes.

À l'extérieur, il tenta vainement de s'allier à la Prusse et à l'Autriche pour rétablir les Bourbons en France. Son soutien au sultan de Turquie contre Méhémet-Ali lui permit d'imposer la présence russe dans les Balkans. Il réprima dans le sang la révolte polonaise de 1830/31 et, lorsque le mouvement révolutionnaire souleva de nouveau l'Europe, il intervint aux côtés de l'Autriche en Hongrie (1849). Désireux d'accroître la présence russe dans les Balkans, il déclara la guerre à la France et à la Grande-Bretagne en 1854 (guerre de Crimée, v.). Il mourut alors que les alliés assiégeaient Sébastopol. Voir **RUSSIE**.

NICOLAS II Alexandrovitch (* Tsarskoïe Selo, 18.V.1868, † Iekaterinbourg, 16/17.VII.1918). Empereur de Russie (1894/1917). Fils d'Alexandre III, il fut, comme son père, un défenseur intransigeant de l'autocratie. Mais, s'intéressant peu aux affaires de l'État, il laissa des conseillers et des ministres, souvent rivaux, mener la politique du pays. La tsarine exerça également une influence considérable. Entre 1906 et 1916, un moine aventurier, Raspoutine (v.), contribua à déconsidérer le régime. Sur le plan intérieur, Nicolas II n'apporta aucune réforme sérieuse, alors que le pays se transformait rapidement, avec la croissance de grands centres industriels, et que la misère rurale s'aggravait. Mais, sous le ministère Witte (v.), un réseau ferré fut réalisé en grande partie grâce aux capitaux étrangers, notamment français (les fameux « emprunts russes »).

Dans le domaine extérieur, l'alliance française (1893/94) fut consolidée, mais l'expansion en Extrême-Orient provoqua en 1904/05 la guerre russo-japonaise (v.). Les défaites russes déclenchèrent la révolution de 1905, qui obligea le tsar, conseillé par Witte, à annoncer l'établissement d'un système constitutionnel et l'octroi des principales libertés publiques.

La tourmente révolutionnaire passée, Nicolas II revint progressivement sur ses concessions et appela au pouvoir Stolypine (v.), qui entreprit d'élargir l'assise du régime en favorisant la croissance d'une classe d'agriculteurs aisés. Mais Stolypine, contesté au sein même de la cour, périt assassiné.

Lors de la crise diplomatique de l'été 1914, le gouvernement tsariste adopta une attitude d'extrême fermeté, soutint à fond la Serbie, et dès le 30 juill. décida la mobilisation générale. Le déclenchement du conflit mondial allait entraîner la chute du tsarisme. En févr./mars 1917, après quelques jours d'émeutes à Pétrograd, Nicolas II abdiqua. Prisonnière du gouvernement provisoire, puis des bolcheviks, la famille impériale fut massacrée en juill. 1918.

NICOT Jean, seigneur de Villemain (* Nîmes, 1530, † Paris, 5.V.1600). Diplomate et érudit français. Secrétaire d'Henri II, puis ambassadeur de François II au Portugal (1559/61), il rapporta en France le tabac, qu'on appela d'abord, de son nom, *nicotiane*. Après sa mort fut publié son *Trésor de la langue française tant ancienne que moderne* (1606), l'un des plus anciens dictionnaires français.

NIEMÖLLER Martin (* Lippstadt, 14.I.1892, † Wiesbaden, 6.III.1984). Pasteur allemand. Pasteur de Berlin-Dahlem en 1931, il accueillit d'abord favorablement l'avènement du IIIe Reich puis fut un des animateurs de la résistance de l'« Église confessante ». Enfermé en 1937 dans un camp de concentration, libéré par les Alliés en 1945, il fut nommé chef du département des Relations étrangères de l'Église évangélique de l'Allemagne, puis président des Églises évangéliques de Hesse et du Nassau (1947/64). Président du Mouvement de paix allemand il consacra ses efforts au désarmement et à la réunification des deux Allemagnes. Voir **Résistance.**

NIEPCE Joseph Nicéphore (* Chalon-sur-Saône, 7.III.1765, † Gras, près de Chalon, 5.VII.1833). Chimiste français. Après avoir inventé un moteur à explosion (1807), il se passionna pour la lithographie et, dès 1813, entreprit des travaux qu'il appelait « héliographiques » et qui avaient pour but de fixer les images sur des plaques métalliques à l'aide de la lumière solaire. Il obtint ainsi des copies de gravures, d'abord sur l'étain et le verre poli, puis sur le cuivre et enfin sur le plaqué d'argent. En 1829, il s'associa avec Daguerre pour l'exploitation de sa découverte, dont les termes du contrat lui reconnaissaient la paternité.

NIGER. État continental de l'Afrique occidentale, entouré par la Libye, l'Algérie, le Mali, le Burkina Faso, le Bénin, le Nigeria et le Tchad ; capitale *Niamey*. Dès les temps les plus anciens, la région fut une voie de passage entre l'Afrique du Nord et les territoires qui forment aujourd'hui le Nigeria. La partie orientale fut, du Xe au XIIIe s., le centre du royaume du Kanem, puis de l'empire du Bornou jusqu'au XIXe s. ; la partie occidentale fut soumise, du XIIe au XVIe s., à l'Empire songhaï, alors que la partie méridionale vit émerger, vers le XIVe s., les royaumes haoussas. Deux fédérations se mirent en place aux XVIIe et XVIIIe s., Haoussas-Peuls au S., Touareg au N. Colonisé par la France après la destruction de l'État de Rabah (1900), le Niger devint un territoire militaire. Pendant vingt ans, plusieurs révoltes durent y être réprimées, mais, vers 1920, le territoire pouvait être considéré comme « pacifié ». En 1922, le Niger fut érigé en colonie au sein de l'Afrique-Occidentale française.

En 1946, alors que le Niger devenait un territoire français d'outre-mer, Diori Hamani fonda la branche nigérienne du Rassemblement démocratique africain (RDA). Les Nigériens, au référendum de 1958, votèrent à plus de 70 % en faveur de l'adhésion du Niger à la Communauté proposée par le général de Gaulle. Devenu Premier ministre, Diori Hamani proclama l'indépendance complète du Niger le 3 août 1960 et fut élu, en nov., président de la République. Le Niger conserva des liens étroits avec la France et, pendant quinze ans, connut une stabilité politique rare en Afrique noire. L'économie nigérienne vit s'ouvrir de nouvelles perspectives avec l'exploitation, à partir de 1970, des mines d'uranium du massif de l'Aïr. Mais la désastreuse sécheresse dans le Sahel créait un grave malaise dans le pays, et, le 15 avr. 1974, Diori Hamani était renversé par un coup d'État militaire dirigé par le lieutenant-colonel Kountché.

À la mort de S. Kountché, en 1987, des mesures de libéralisation furent adoptées : en nov. 1990, le nouveau président Saïbou instaura le multipartisme ; en déc. 1992, une Constitution démocratique fut instituée par référendum ; en 1993, les élections législatives et présidentielle furent remportées par le principal regroupement de partis d'opposition, l'Alliance des forces du changement. Le nouveau président, Mahamane Ousmane, eut à faire face à une situation économique critique ainsi qu'à une rébellion des Touareg, commencée en 1990 dans le nord du pays. Il fit appel au FMI et à la Banque mondiale ; des négociations avec les Touareg aboutirent à un fragile cessez-le-feu, en juin 1993, suivi d'un accord de paix en avr. 1995. En janv. 1996, un coup d'État du chef d'état-major de l'armée, le général Ibrahim Baré Maïnassara, entraîna la suspension de l'aide économique de la France, de l'Union européenne et des États-Unis. L'opposition fut muselée et le pays soumis à un régime autoritaire. En avr. 1999, le président I. B. Maïnassara fut assassiné par sa propre garde présidentielle, dont le chef, Daouda Mallam Wanké, fut nommé chef de l'État par un « Conseil de réconciliation nationale » mis en place pour neuf mois ; il suspendit la Constitution, annula les élections locales et procéda à la dissolution des institutions. Le Premier ministre I. H. Mayaki, reconduit dans ses fonctions, se contenta de regretter « l'accident » advenu au président et les bailleurs de fonds internationaux bloquèrent les aides qu'il avait négocier avec le FMI en 1998. En juill. suivant, la junte militaire élabora une nouvelle Constitution de type semi-présidentiel dans un pays en décomposition. En nov. 1999, les élections générales aboutirent à l'élection de Mamadou Tandja, candidat de l'ancien parti unique, à la présidence de la République. À l'Assemblée son parti, allié à la Commission démocratique et sociale (CDS), avait la majorité absolue. Sa légitimité démocratique n'étant pas contestée, le nouveau gouvernement rétablit ses liens avec le FMI et l'Union européenne, tandis que des accords dans les zones d'instabilité au nord et à l'est du pays faisaient baisser la violence.

NIGERIA. État de l'Afrique occidentale, riverain du golfe de Guinée et limité par le Bénin, le Niger, le Tchad et le Cameroun ; capitale *Abuja*. L'actuel Nigeria rassemble des peuples très divers. Sur les bords du golfe de Guinée, à l'O. du Niger, florissaient au XIIe s. des royaumes yoroubas (dont la ville d'Ife, célèbre par ses bronzes, fut la capitale spirituelle) comme l'Ogo et le Bénin ; à l'E. du bas Niger, dans la zone des forêts, vivait le peuple des Ibos, organisé en petites communautés très individualistes. Au XVIe s., les Yoroubas et le Bénin entrèrent en contact avec les Européens et participèrent au commerce de la traite. Ils furent les premiers, lors de l'installation des Anglais, à la fin du XIXe s., à subir l'occidentalisation, et à se convertir largement au protestantisme. Dans le nord du Nigeria actuel, vers les IXe-Xe s., apparurent les premières cités-royaumes haoussas, qui furent probablement fondées par des Berbères venus de l'Aïr. De ce temps datent les sept premiers royaumes haoussas. Ces États s'islamisèrent au XIVe s., à la suite de contacts avec l'empire du Mali. Au XVe et au début du XVIe s., ils subirent la tutelle du Bornou et des Songhaïs, mais furent ensuite fédérés autour du royaume de Kebbi, sous la dynastie des Kanra. Au début du XIXe s., les Haoussas furent entraînés par le marabout Ousmane dan Fodio. S'appuyant sur le peuple voisin des Fulanis, il les entraîna dans la guerre sainte et fonda l'empire de Sokoto (v. **Peuls**). Les Haoussas ont gardé jusqu'à nos jours une organisation sociale empreinte de féodalisme, mais cimentée par l'islam ; la pénétration européenne fut beaucoup moins profonde chez eux que chez les peuples de la côte guinéenne.

Après l'expédition de Mungo Park (1796), divers explorateurs anglais reconnurent, dans le premier quart du XIXe s., le bassin du Niger. Vers 1830, des commerçants et des missionnaires britanniques commencèrent à s'installer à l'intérieur du pays. En 1861, ils fondèrent une colonie à Lagos ; après avoir fait sanctionner par la conférence de Berlin (1885) leurs prétentions sur la région côtière avoisinant le delta du Niger, ils fondèrent, en 1886, la Compagnie royale du Niger. Celle-ci s'implanta solidement sur la côte, réduisit le Bénin en tutelle (1897), et, en 1900, les territoires acquis furent placés sous l'autorité de la Couronne. Dans les années suivantes, les Anglais étendirent leur pénétration vers le nord ; en 1906 furent créés les deux protectorats du Nigeria méridional et du Nigeria septentrional, réunis en 1914 sous une seule autorité pour former la colonie et protectorat du Nigeria. Achevé dès 1912, le chemin de fer de Lagos à Kano facilita la mise en valeur du Nord. Rassemblées par le colonisateur européen, les populations du Nord et celles du Sud sont restées profondément différentes et antagonistes. Alors que l'administration anglaise tendait à favoriser l'oligarchie haoussa, le nationalisme nigérian commença à s'affirmer dans le Sud dès la fin de la Seconde Guerre mondiale ; en 1944, deux partis nationalistes furent fondés, l'un chez les Ibos, et, en 1945, chez les Yoroubas. C'est seulement en 1949 qu'un parti politique, le Northern People's Congress (NPC), se constitua chez les Haoussas. Devant la montée des tensions, les Anglais, pour associer plus largement les diverses populations aux affaires publiques, transformèrent la colonie en fédération (1954).

Indépendant à partir du 1er oct. 1960, le Nigeria devint trois ans plus tard une république membre du Commonwealth. Les Haoussas conservèrent d'abord la prépondérance politique. En janv. 1966, un coup d'État militaire porta au pouvoir un Ibo, le général Aguiyi-Ironsi. Sa politique centralisatrice souleva l'opposition du Nord, et, en juill. 1966, les Haoussas reconquirent le pouvoir par un nouveau putsch, et l'un d'entre eux, le colonel Gowon, devint chef du gouvernement militaire. Les Ibos de la province orientale s'engagèrent alors dans la voie de la sécession, et, sous la conduite du colonel Ojukwu, ils constituèrent la république indépendante du Biafra (30 mai 1967). Au Biafra se trouvaient les 4/5 des richesses pétrolières du Nigeria. La France ainsi que la compagnie américaine Gulf Oil encouragèrent en sous-main la sécession biafraise, alors que l'Angleterre appuyait le gouvernement fédéral, favorable aux intérêts de la British Petroleum. Après trente mois d'une atroce guerre civile qui fit un million de morts (mai 1967/janv. 1970), la sécession biafraise fut écrasée par l'armée fédérale nigériane, au grand soulagement de la plupart des États africains, inquiets des dangers de « balkanisation » de l'Afrique.

Sous la conduite de Gowon (1966/75), le Nigeria retrouva une certaine unité nationale et développa son industrie pétrolière. Mais, de 1975 à 1993, la vie politique s'est trouvée déstabilisée par une succession de coups d'État militaires qui portèrent successivement au pouvoir quatre généraux avec de courts intermèdes de gouvernement civil comme celui de Shehu Shagari (août 1979/83). Une fédéralisation de plus en plus poussée tenta de trouver une solution aux tensions séparatistes constantes entre les musulmans du Nord (45 % de la population) et les chrétiens du Sud (35 %) ; la fédération du Nigeria passa ainsi de 4 États en 1954 à 19 en 1975 et 30 en 1991, date à laquelle la capitale fut déplacée de Lagos à Abuja au centre du pays. Pour empêcher la formation de partis sur des fondements ethniques ou religieux, le général I. Babangida (1985/93) tenta d'instituer un bipartisme à l'américaine, fondé sur l'alternance d'un parti conservateur et d'un parti progressiste ; mais la victoire aux élections présidentielles du candidat progressiste, le magnat de la presse Moshood Abiola, originaire du Sud, interrompit le processus. Le Nigeria fut exclu du Commonwealth. Depuis la baisse du prix du pétrole en 1982, la situation économique est devenue plus difficile malgré l'expulsion brutale, le 17 janvier 1983 de 2 millions d'immigrés ghanéens, beninois et togolais sous prétexte d'enrayer la hausse du chômage, et en dépit de la mise en place d'un plan d'austérité sous l'égide du FMI. En dépit des richesses du pays, les investisseurs étrangers sont restés réticents devant l'instabilité politique et l'importance de l'arbitraire et de la corruption.

À partir de 1996, le général S. Abacha a légalisé cinq partis politiques et autorisé des élections législatives (avril 1997). Son successeur, le général Abdusalam Abubakar, chef d'état-major des armées, a organisé en février 1999 des élections générales gagnées par le parti démocratique du peuple (PDP) du général Olusegun Obasanjo ; mais les affrontements intercommunautaires, notamment en 1986/87, en 1991/92 et en 2001/02, aggravés par la proclamation de la *charia* dans plusieurs États du Nord, entravent le développement du pays, septième producteur mondial de pétrole, qui pourrait être le géant de l'Afrique de l'Ouest et qui reçoit depuis août 2000 une aide importante des États-Unis.

NIHILISME. Mouvement révolutionnaire qui se développa en Russie sous le règne d'Alexandre II. Le terme de *nihilisme* fut, sinon inventé, du moins popularisé par Tourgueniev dans son roman *Pères et fils* (1862). Le héros de Tourgueniev, Bazarov, incarnait d'une manière satirique l'état d'esprit des jeunes intellectuels des années 1860. Ceux-ci, se détournant de l'idéalisme romantique, aboutissaient à une sorte de matérialisme radical qui n'admettait que la vérité scientifique et qui, au nom des droits absolus de l'individu, rejetait toutes les idées établies, tous les devoirs sociaux, familiaux et religieux. Les principaux doctrinaires du nihilisme russe furent N. A. Dobrolioubov, D. I. Pissarev et surtout N. G. Tchernychevski, l'auteur du roman *Que faire ?* (1864), qui fut un des introducteurs du positivisme en Russie et le grand représentant du socialisme utopique des années 1860/80. Des revues telles que le *Sovremennik* (*Le Contemporain*) répandirent les idées nihilistes, qui devaient beaucoup à Herbert Spencer, à Feuerbach et à Darwin.

L'attentat de Karakosov contre le tsar Alexandre II (1866) marqua le début d'une vague de répression contre les cercles universitaires. Sous la direction du comte D. Tolstoï, l'enseignement officiel lutta énergiquement contre les doctrines matérialistes. Le *Sovremennik* fut interdit dès 1866. Le nihilisme, qui n'était jusqu'alors qu'un mouvement intellectuel peu organisé, se mit à évoluer vers le terrorisme politique. Il se produisit une conjonction entre le nihilisme scientiste et l'anarchisme de Bakounine et de Netchaïev (v.). Le 5 févr. 1878, une jeune fille de la noblesse, Vera Zassoulitch, tira sur le préfet de police de Saint-Pétersbourg, Trepov, qui avait fait fouetter un agitateur révolutionnaire arrêté. Ce fut le premier acte de terrorisme. Traduite en cour d'assises, Vera Zassoulitch fut acquittée par le jury et acclamée par la foule à la sortie de l'audience. Cette indulgence encouragea les partisans du terrorisme. En 1879, ils provoquèrent une scission dans l'organisation révolutionnaire *Zemlia i Volia* (*Terre et liberté*) : la fraction terroriste forma le groupe *Narodnaïa Volia* (*Volonté du peuple*), tandis que les révolutionnaires qui réprouvaient la terreur se ralliaient autour de la revue *Tchorny perediel* (*Le Partage noir*). Les attentats se multiplièrent : dès 1878, le chef de la police, le général Mezentsev, avait été poignardé dans la rue, à Saint-Pétersbourg. En avr. 1879, l'étudiant A. K. Soloviev tira cinq coups de revolver sur Alexandre II. Les terroristes obéissaient à un mystérieux et insaisissable Comité central exécutif qui multiplia les tentatives pour abattre l'empereur : machine infernale sur le passage du train impérial (1er déc. 1879), explosion dans la salle à manger du palais d'Hiver (17 févr. 1880). Enfin, le 13 mars 1881, Alexandre II tomba, déchiqueté par les bombes, près du palais Mikhaïlovski. Dans la répression qui suivit, le groupe de la Narodnaïa Volia, responsable de ces attentats, fut démantelé. Idéologiquement, la période nihiliste était d'ailleurs révolue, et l'esprit révolutionnaire russe allait trouver une nouvelle expression dans le populisme. Voir **POPULISTES**.

NIKA (sédition). Nom donné à la grande révolte de janv. 532 à Constantinople, déclenchée par deux des quatre factions de l'hippodrome, celle des Bleus et celle des Verts. Ces derniers commencèrent à manifester le 11 janv. contre le préfet, Jean de Cappadoce, lequel prit des otages parmi les Verts mais aussi, par mégarde, un membre de la faction des Bleus, qui fut exécuté (13 janv.). Dès lors, l'émeute confondit Bleus et Verts, excédés par la pression fiscale ; le feu fut mis aux bâtiments publics, à Sainte-Sophie, tandis que l'empereur Justinien et sa femme Théodora se barricadaient dans le palais. Pendant trois jours, la révolution fut maîtresse de la capitale, qui fut livrée au pillage aux cris de *Nika ! Nika !* (« Victoire ! »). Le 18, les émeutiers proclamèrent empereur Hypatios, neveu de l'ancien empereur Anastase Ier, et Justinien semblait sur le point d'abandonner le pouvoir, mais Théodora fit front avec énergie. La fidélité du chef de l'armée d'Orient, Bélisaire, à la tête des mercenaires germains, permit l'écrasement de la rébellion.

NIKON ou **NICON** (* Veldemanovo, prov. de Nijni Novgorod, 1605, † Iaroslavl, 27.VIII.1681). Prélat russe. Au cours d'un voyage à Moscou (1646), il conquit la confiance absolue du tsar Alexis. Dès lors, son ascension fut très rapide : nommé archimandrite du monastère Novospasski à Moscou (1646), il devint bientôt métropolite de Novgorod (1649) et enfin patriarche de Moscou (1652). Grand lettré, il prit la tête du mouvement de renaissance culturelle et fit venir de Grèce plusieurs centaines de manuscrits précieux contenant des œuvres de l'Antiquité, d'Homère à Plutarque... Mais sa grande entreprise fut la révision des livres sacrés à laquelle il procéda afin d'éliminer les usages qui, au cours des siècles, avaient éloigné l'Église russe de l'Église grecque : cette révision déchaîna contre Nikon la fureur des traditionalistes ; sous la conduite de l'archiprêtre Avvakoum, ils formèrent le schisme (*raskol*) des « vieux-croyants » (v. **RASKOLNIKI**). Relégué en 1658 au monastère de la Nouvelle-Jérusalem, qu'il avait fondé, Nikon fut jugé et déposé définitivement par le concile de Moscou (1667).

NIMÈGUE (traités de, 1678/79). Nom donné aux traités qui mirent fin à la guerre de Hollande à la suite d'un congrès ouvert à Nimègue en 1676. La France signa la paix successivement avec les Pays-Bas, qui se contentèrent de la restitution de Maastricht (11 août 1678) ; avec l'Espagne, qui renonça à la Franche-Comté et à la Flandre méridionale, avec Saint-Omer, Cassel, Ypres, les places de la Lys, Cambrai et le Cambrésis (17 sept. 1678) ; avec l'empereur, qui admit le rétablissement intégral des traités de Westphalie et échangea Philippsburg contre Fribourg-en-Brisgau, donnée à la France (5 févr. 1679). Ces traités marquèrent l'apogée de la puissance de Louis XIV en Europe.

NIMITZ Chester William (* Fredericksburg, Texas, 24.II.1885, † Yerba Buena, près de San Francisco, 20.II.1966). Amiral américain. Commandant de la base sous-marine de Pearl Harbor (1919/22), il fut ensuite chef adjoint (1935/38), puis chef (1938/41) du bureau de navigation. Après le désastre de Pearl Harbor (7 déc. 1941) (v.) F. D. Roosevelt lui confia le commandement suprême de la flotte du Pacifique. À ce poste, qu'il conserva pendant toute la guerre, il réussit d'abord à contenir la poussée japonaise, à laquelle il ferma la route de l'Australie par la bataille de la mer de Corail (mai 1942). Sa victoire de Midway (3/6 juin 1942) (v.) inaugura le début du redressement américain dans le Pacifique.

NINIVE. Ancienne capitale de l'Assyrie, située sur la rive gauche du Tigre, en face de l'actuelle Mossoul. Son site, reconnu dès 1820, fut fouillé par Botta en 1842, puis par A. H. Layard (1845/51), par V. Place (1852/54), par la mission anglaise de Campbell Thompson et de M. E. L. Mallowan (1927/32), enfin, dans les années 1960, par Tarik Madhloum pour le département irakien des Antiquités. Ninive, dont les origines remontent au VIIe millénaire, a livré des vestiges intéressants de la période néolithique et de l'âge du bronze, notamment la tête en bronze d'un monarque barbu qu'on identifie soit à Sargon, soit à Naram-Sin, tous deux rois d'Akkad (IIIe millénaire). Dès cette époque, la ville était en relations étroites avec l'Arménie d'une part, le pays de Sumer d'autre part. Cependant, Ninive ne prit que tardivement une grande importance politique, à l'époque du Nouvel Empire assyrien. Sennachérib (705/681) en fit la capitale de l'Assyrie, et, pendant près d'un siècle, elle domina tout le Proche-Orient, jusqu'à sa destruction par les Néo-Babyloniens, les Scythes et les Mèdes, en 612 av. J.-C. Elle ne se releva jamais de cette ruine, mais son site resta occupé jusqu'au XVIe s. de notre ère. Les restes des grands édifices qui faisaient la splendeur de Ninive à son apogée ont progressivement été mis au jour à partir des fouilles de Layard, vers le milieu du siècle dernier. Le palais de Sennachérib, qui, de forme presque carrée, avait de 180 à 190 m de côté, comprenait environ quatre-vingts pièces. Au N.-O., Assourbanipal (vers 668/26) fit construire un second palais, dont les murs étaient ornés de bas-reliefs (pour la plupart au British Museum) représentant des scènes de guerre, de chasse et de vie de cour. C'est dans ces palais que fut retrouvée la bibliothèque d'Assourbanipal, formée d'une collection de 20 000 tablettes cunéiformes. Des temples dédiés à Ishtar (la déesse de Ninive), à Nabou, à Shamash, etc., furent également mis au jour. La ville, pourvue de murs épais, formait un quadrilatère d'environ 5 km de long sur 2 km de large ; ses murs étaient percés de quinze portes monumentales.

NIVELEURS, *Levellers.* Nom donné en Angleterre, durant la guerre civile, à une faction ultra-républicaine du parti parlementaire. Les niveleurs, dirigés par John Lilburne (* 1618, † 1657), réclamaient, outre l'abolition de la monarchie et l'extension des droits du Parlement, une égale répartition des biens entre tous les membres de la société chrétienne. Ces revendications sociales trouvèrent un large écho dans l'armée et provoquèrent une mutinerie en avr. 1649.

NIVELLE Georges Robert (* Tulle, 15.X.1858, † Paris, 22.III.1924). Général français. Sorti de Polytechnique dans l'artillerie, il prit part à l'expédition contre les Boxers (1900), servit ensuite en Afrique et, à partir de févr. 1916, participa à la bataille de Verdun à la tête du 3e corps, puis de la IIe armée (mai 1916). La prise du fort de Douaumont par son subordonné Mangin (nov.) lui valut une grande popularité ; lors de la crise du commandement français à la fin de 1916, il fut choisi pour succéder à Joffre (12 déc. 1916). Malgré l'opposition de la plupart des officiers généraux, en particulier de Pétain, Nivelle déclencha, le 16 avr. 1917, l'offensive du Chemin des Dames, qui, mal préparée, se solda par des pertes humaines énormes, découragea profondément l'armée et provoqua à partir de la fin mai les premières mutineries. Destitué dès le 15 mai, Nivelle fut remplacé par Pétain (v.), qui sut rétablir l'ordre et la confiance parmi les troupes.

NIXON Richard Milhous (* Yorba Linda, Californie, 9.I.1913, † New York, 23.IV.1994). Homme politique américain, Sénateur de Californie en 1951, il fut élu vice-président républicain en 1952 et 1956 aux côtés d'Eisenhower. Battu à la présidentielle de 1960 par J. F. Kennedy, il devint président républicain en 1968 à une très faible majorité. Il mena, en accord avec H. Kissinger (v.) qu'il avait appelé à diriger la diplomatie américaine, une politique internationale de détente (v.) qui permit la signature, en 1972, du premier accord américano-soviétique sur la limitation des armements nucléaires. Il entama la normalisation des relations avec la Chine et se rendit à Pékin en févr. 1972. Il commença le rapatriement du corps expéditionnaire américain au Viêt-nam après les accords de Paris de janv. 1973. Réélu en nov. 1972, il ne put mener à terme son second mandat : il dut démissionner en août 1974 à la suite de la révélation par la presse des écoutes illégales qu'il avait fait effectuer au siège du parti démocrate (affaire du Watergate). Voir **États-Unis d'Amérique**, **Watergate** et **Viêt-nam**. La seconde guerre du Viêt-nam et la réunification.

NKRUMAH, Francis Nwia Kofi, dit **Kwame** (* Nkroful, Nzimaland, Ghana, 18 ou 21.IX.1909, † Bucarest, 27.IV.1972). Homme politique ghanéen. Fondateur du Convention People's Party (CPP), qui réclamait l'octroi sans délai de l'autonomie interne de la Gold Coast. Emprisonné en 1950, il fut libéré à la suite de la victoire de son parti aux élections de févr. 1951.

Nommé Premier ministre de la Côte-de-l'Or (22 mars 1952), il réclama dès l'année suivante l'indépendance. La Côte-de-l'Or devint indépendante, sous le nom de *Ghana*, le 6 mars 1957. Se proclamant socialiste marxiste non communiste, Nkrumah maintint le Ghana dans le Commonwealth, mais proclama la république en 1960. Durant les années 1960/63, il imposa au pays son pouvoir absolu en devenant à la fois président de la République, chef du gouvernement, chef des forces armées, grand juge et secrétaire général du CPP devenu parti unique. Dictateur et guide charismatique, paré du titre d'*Osagyefo* (« Rédempteur »), Nkrumah s'efforça d'atténuer le rôle de la monoculture du cacao dans l'économie du Ghana. Il inaugura l'industrialisation en obtenant des États-Unis le financement du barrage sur la Volta et du port de Tema. Au cours d'un voyage à Pékin il apprit que son régime avait été renversé par un coup d'État militaire (23 févr. 1966). Voir **Ghana**.

NKVD ou **Commissariat pour les Affaires intérieures.** Police politique soviétique qui prit la suite de la Guépéou le 10 juill. 1934. Voir **Russie**.

NOAILLES Adrien Maurice, comte d'Ayen et 3e duc de (* Paris, 1678, † Paris, 24.VI.1766). Homme de guerre et homme politique français. Il fit ses premières armes en Catalogne et, grâce à son mariage avec une nièce de Mme de Maintenon, connut une ascension rapide. Il se distingua pendant la guerre de la Succession d'Espagne, commanda en Catalogne (1705/12), prit Gérone (1712) et reçut le rang du Grand d'Espagne de Philippe V. Il aida le Régent à casser le testament de Louis XIV, devint président du conseil des Finances (1715/18) et prit quelques mesures utiles : suppression de charges ; révision de la dette ; création d'un tribunal extraordinaire contre les traitants, mais son opposition aux projets de Law le fit écarter. Il reprit du service en 1733, gagna le bâton de maréchal au siège de Philippsburg (1734), mais fut battu à Dettingen (1743) et abandonna la carrière militaire. Ministre des Affaires étrangères (1744/45), il conclut l'alliance prussienne, puis fut ambassadeur en Espagne.

NOBATES (royaume des). Royaume apparu au IVe s. av. J.-C., après la chute de Méroé, dans la région de Wadi Halfa (deuxième cataracte du Nil), au Soudan. Restés longtemps attachés au culte d'Isis, les Nobates furent convertis au christianisme monophysite vers le milieu du VIe s. Vers 700 environ, ils s'unirent avec les Makorites pour former le royaume de Dongola. Voir **Soudan (république du)**.

NOBEL Alfred Bernhard (* Stockholm, 21.X.1833, † San Remo, 10.XI.1896). Chimiste et industriel suédois. D'une famille d'ingénieurs et de constructeurs d'armes établis en Russie, il commença en 1860 ses recherches sur les explosifs, qui aboutirent à l'invention de la dynamite (1867) et de la poudre propulsive dite *balistite* (1887). Il créa cinq prix destinés à récompenser les bienfaiteurs de l'humanité et distribués annuellement depuis 1901 : *a)* pour la plus importante découverte en physique ; *b)* en chimie ; *c)* en médecine et en physiologie ; *d)* pour l'œuvre littéraire inspirée par le plus noble idéal ; *e)* pour la plus importante contribution à la fraternité des peuples et à la paix internationale. En 1969 fut créé un sixième prix Nobel, destiné à récompenser les recherches d'économie politique.

NOBLESSE. Certains théoriciens du XVIIIe s. et de l'époque romantique, tels le comte de Boulainvilliers et Augustin Thierry, ont fait remonter les origines de la noblesse française aux invasions germaniques : la noblesse descendrait des conquérants francs, et Augustin Thierry n'hésitait pas à réduire toute l'histoire de France à une lutte entre la race conquérante et la race conquise, celle-ci trouvant sa revanche dans la révolution de 1789. Depuis les travaux de A. Guilhiermoz (*Essai sur les origines de la noblesse en France au Moyen Âge*, 1902), cette théorie a été complètement abandonnée.

Formation de la noblesse au Moyen Âge

À l'époque de la monarchie franque s'est réalisée une fusion de l'élément germanique et de l'élément gallo-romain. On aperçoit, à l'époque mérovingienne, l'ébauche de la future noblesse dans un groupe de personnages laïques et ecclésiastiques qui, vivant dans l'entourage du roi, jouissaient de fait d'une situation privilégiée. Mais cette noblesse n'a pris forme qu'après l'époque carolingienne. Dans l'insécurité du haut Moyen Âge, le noble est essentiellement le soldat qui combat à cheval, le chevalier. À l'origine, la noblesse n'est ni une classe fermée ni une condition héréditaire. Le fils d'un chevalier n'était pas noble, par là même ; il ne jouissait des prérogatives de la noblesse qu'après avoir subi une préparation militaire et morale, et après avoir été fait chevalier par la cérémonie de l'adoubement. Mais, peu à peu, le noble tendit à se différencier du chevalier : comme le service à cheval avec équipement complet était fort coûteux, beaucoup de chevaliers n'étaient pas assez riches pour adouber tous leurs fils ; ceux-ci restaient indéfiniment écuyers ou damoiseaux, mais on prit l'habitude, définitivement établie au XIIIe s., de les traiter néanmoins en nobles. Par ailleurs, l'hérédité des fiefs, acquise à la fin du IXe s., contribua à imposer l'hérédité nobiliaire. « Point de seigneur sans terre », disait-on, et le fief devint « terre noble », que le noble se transmettait de mâle en mâle et où il exerçait les droits de la souveraineté. Ainsi la condition de l'homme était-elle peu à peu déterminée par la condition de la terre : on devenait noble non seulement par la naissance, mais par la possession d'un fief. Au XIIIe s., de nombreux bourgeois enrichis dans le commerce acquirent ainsi des fiefs et entrèrent dans la noblesse, ce qui provoqua une réaction de la classe privilégiée. On ne pouvait cependant interdire aux roturiers d'acheter des fiefs, car une telle mesure aurait diminué leur valeur marchande. Philippe III le Hardi, en 1275, se rangea donc à une solution moyenne : les roturiers purent toujours acquérir des fiefs, mais en payant un droit de franc-fief, et sans acquérir pour autant la noblesse. La noblesse française ne fut pourtant jamais une caste absolument fermée : dès le règne de Philippe le Bel apparut l'anoblissement par « lettres royaux », ce qui créait une nouvelle classe noble, différente de la noblesse féodale, et devant entièrement son élévation au roi. Tant que les rois capétiens ne purent imposer effectivement leur autorité que sur l'étendue encore restreinte du domaine royal, la noblesse avait été toute-puissante. Mais à partir du XIIe s., la monarchie récupéra progressivement sur l'ancienne noblesse ses droits régaliens ; elle lutta contre les guerres privées, multiplia les cas lui permettant de se substituer aux seigneurs dans l'exercice de la justice, enleva aux seigneurs le droit de battre monnaie (fin XIVe s.), leur interdit de lever des impôts sans l'autorisation royale (1439), etc. Ces mesures n'allèrent pas sans susciter de vives réactions d'autant plus que les Capétiens, depuis le règne de Saint Louis, avaient été amenés à créer une féodalité nouvelle, la féodalité apanagée, qui se retournait contre eux. Le XVe s. fut troublé par de grandes insurrections nobiliaires : la Praguerie (1439/40) (v.), la ligue du Bien public (1465) (v.), la Guerre folle (1475/77).

Le déclin de la noblesse à partir du XVIe s.

La guerre de Cent Ans et les guerres d'Italie décimèrent l'ancienne noblesse ; les survivants furent ruinés et asservis par la vie de cour, qui prit un grand développement à partir de Charles VIII ; les découvertes maritimes, en faisant affluer vers l'Europe les richesses du Nouveau Monde, bouleversèrent complètement les anciennes conditions de vie. En face de la nouvelle classe des capitalistes, la plupart des nobles qui vivaient seulement d'une rente foncière étaient réduits à la pauvreté. Un autre aspect de cet abaissement de la noblesse française, dès le XVIe s., a été la multiplication des faux nobles : l'ordonnance de Blois (1579) confirma pourtant que l'acquisition d'un fief ne donnait pas droit automatiquement à la noblesse, mais toutes sortes de gens de robe, de négoce, de finance, ayant acheté un fief, « vivaient noblement », s'efforçaient d'échapper à la taille et réussissaient à se faire reconnaître pour nobles. La royauté multiplia « recherches » et « réformations » pour lutter contre ces usurpateurs de noblesse, car le roi, depuis le XVe s., se réservait l'anoblissement des roturiers. On devenait noble en recevant un ordre de chevalerie (par exemple la croix de Saint-Louis), mais surtout par des « lettres d'anoblissement », souvent onéreuses, que le roi, en temps de crise financière, vendait en grand nombre, comme les offices. À partir du XVIe s., un certain temps de service militaire donna droit à la noblesse, du moins viagère (héréditaire, sous certaines conditions, en vertu d'un édit de 1570). Au XVIIe s., on commença à distinguer de la *noblesse d'épée* la *noblesse de robe*, que conférait la possession de certaines charges civiles : un édit de 1649 accorda la noblesse héréditaire aux membres du parlement de Paris ; un édit de 1704, aux membres de tous les parlements et cours supérieures du royaume. La noblesse fut aussi attachée aux charges de maire et d'échevin dans certaines villes de France (*noblesse de cloche*).

D'après Necker, il y avait, à la fin de l'Ancien Régime, environ 4 000 charges anoblissantes. La noblesse était exempte de taille, de corvées personnelles, d'impôt territorial ; elle jouissait de privilèges de juridiction, et un grand nombre d'emplois lui étaient réservés. Mais le noble était astreint à un certain genre de vie : il était au service du roi. S'il était frappé d'une condamnation infamante, il perdait la noblesse par « déchéance ». S'il s'adonnait à des activités purement lucratives, il voyait ses privilèges suspendus par « dérogeance ». Le noble pauvre pouvait cultiver lui-même son bien, mais il dérogeait s'il se faisait fermier, s'il exerçait un petit commerce, un métier manuel, s'il tenait un office subalterne (greffier, huissier, etc.). En de nombreux endroits, les usages permettaient aux nobles l'exercice des arts mécaniques ; le roi autorisa ainsi la noblesse à se livrer au commerce maritime (1629), au commerce de gros (édits de 1701 et 1765), et à créer une manufacture royale. À partir du règne de Louis XIV, il exista un écart croissant entre la condition de la noblesse de cour (environ un millier de familles), qui se partageait toutes les grandes charges, les pensions, les faveurs, et la noblesse de province, qui vivait dans la gêne. Cette petite noblesse ancienne, menacée par la bourgeoisie fortunée et anoblie, inspira, sous le règne de Louis XVI, une réaction nobiliaire qui trouva son expression dans le règlement du 22 mai 1781 (les places d'élèves officiers dans l'armée étaient désormais réservées aux nobles d'extraction) dits à « quatre quartiers ». L'Assemblée constituante supprima la noblesse héréditaire et les titres par décret du 19 juin 1790. Par une série de décrets pris en 1806 et 1808, Napoléon Ier créa une noblesse d'Empire. La Restauration maintint cette nouvelle noblesse et rétablit l'ancienne. Les titres nobiliaires furent de nouveau supprimés en 1848, mais Napoléon III les rétablit en 1852.

NOËL. Fête chrétienne commémorant la naissance de Jésus. L'introduction de la fête de Noël dans le cycle liturgique de l'Église est relativement tardive. Elle fut précédée en Orient par la fête de l'Épiphanie, au cours de laquelle on célébrait, le 6 janv., les « apparitions » ou « manifestations » du Seigneur, c'est-à-dire à la fois la naissance de Jésus, son adoration par les Rois mages et son baptême. C'est à Rome qu'apparut la fête de Noël, à une date inconnue, avant 336. Les Romains avaient toujours célébré au mois de décembre la fête des saturnales, qui, d'abord fixée au 17 déc., se prolongeait au IVe s. pendant toute une semaine, du 17 au 24 déc. Les saturnales appartenaient aux rites de fécondité : Saturne étant le dieu des graines enfouies dans le sol. Plus directement, il apparaît que l'Église romaine fixa au 25 déc. la date de la fête de Noël pour remplacer la fête du *Natalis Solis Invicti*, introduite à Rome en 274 par l'empereur Aurélien ; cette fête solaire, qui avait connu tout de suite une grande popularité, était fixée au 25 déc. et correspondait exactement au solstice d'hiver, selon le calendrier romain ; elle marquait la renaissance du Soleil, qui reprenait sa marche ascendante pour une année nouvelle. Or, pour les chrétiens, le Christ était le vrai Soleil, la vraie Lumière du monde, et c'est tout naturellement qu'ils furent amenés à commémorer à cette date la naissance terrestre du Seigneur. La fête de Noël se répandit peu à peu en Orient, à Constantinople vers 380, à Alexandrie vers 430, à Jérusalem avant 458. Dans l'Europe germanique, le Noël chrétien coïncida avec la vieille fête païenne de la mi-hiver, fête de la fécondité qui correspondait au solstice d'hiver mais dont la date était mobile, car les fêtes religieuses germaniques commençaient à la pleine lune. La coutume d'offrir des cadeaux à Noël remonte aux saturnales romaines.

NOIR (le Prince) (* Woodstock, 15.VI.1330, † Westminster, 8.VI.1376). Homme de guerre anglais et prince d'Aquitaine (1363/72). Voir **ÉDOUARD, prince de Galles**, dit **le Prince noir**.

NOIRS AMÉRICAINS. Les origines de la question noire aux États-Unis remontent au XVIIe s. Dans les colonies méridionales, telles que la Virginie et le Maryland, l'économie s'est développée sur une base esclavagiste, alors que dans les colonies du Nord et du Centre, la main-d'œuvre noire, peu nombreuse, n'avait qu'un rôle économique très secondaire. En 1756, on comptait plus de 120 000 esclaves en Virginie, alors que le Massachusetts n'en avait que 5 000 à la veille de la guerre de l'Indépendance.

De la fondation des États-Unis à la guerre de Sécession

Dans les colonies du Nord, les Noirs, espérant que la fin du régime colonial leur apporterait la liberté, firent cause commune avec les colons en lutte contre l'Angleterre. L'abolition de l'esclavage, réclamée par les quakers, souhaitée par tous les principaux chefs des « patriotes » tels que James Otis, Franklin, Washington, Jefferson ou Hamilton, fut proclamée au Massachusetts dès 1780 et peu après en Pennsylvanie, au New Jersey et dans l'État de New York. Mais cette tendance, prédominante dans le Nord, se heurta à la résistance des représentants du Sud : dès 1776, ceux-ci obligèrent Jefferson à retirer de la Déclaration d'indépendance le passage qui reprochait au roi d'Angleterre George III de perpétuer, « contre les droits sacrés de la vie et de la liberté des personnes », le système de la traite. En 1787, lors de l'adoption de la Constitution les colonies du Sud exigèrent, comme condition à leur entrée dans l'Union, que le texte constitutionnel fît le silence sur le principe de l'esclavage ; elles acceptèrent seulement une clause selon laquelle le Congrès ne pourrait prendre de mesure légale pour mettre fin à la traite qu'à partir de 1808.

Durant ce délai de vingt années, l'esclavage fut aboli dans la plupart des États du Nord ; il fit, au contraire, des progrès considérables dans le Sud, où l'invention de la machine à égrener d'Eli Whitney (1793) donnait un essor sans précédent à la culture du coton et au système esclavagiste du travail sur les grandes plantations, fondement désormais de l'économie sudiste. Même après l'abolition de la traite par le Congrès, en 1808, les importations d'esclaves en provenance d'Afrique ou des Antilles continuèrent, avec la complicité des autorités locales : le nombre des esclaves passa de 700 000 environ vers 1790 à 1 200 000 en 1810, à plus de 2 000 000 en 1830, à 3 400 000 en 1850 et à 3 953 000 en 1860. La traite devenant de plus en plus difficile, le prix des esclaves monta fortement. Les « codes noirs » adoptés par les divers États esclavagistes du Sud les privaient de toute existence légale : ils ne pouvaient ni quitter leur maître, ni se marier légalement, ni passer aucun contrat, ni posséder quoi que ce fût, ni témoigner en justice (sauf dans des affaires où seuls d'autres esclaves étaient impliqués), ni se rassembler sans la présence d'un Blanc ; parfois même, il leur était interdit d'apprendre à lire et à écrire. Quelques révoltes éclatèrent dans la première moitié du XIXe s. ; la plus importante fut dirigée par Nat Turner à Southampton, en Virginie (août 1831), mais elle n'eut d'autre résultat que de provoquer le renforcement de la législation esclavagiste.

La question de l'esclavage suscita dans le Nord un mouvement « abolitionniste » qui prit toute son ampleur après la publication du livre de Harriet Beecher-Stowe, *La Case de l'oncle Tom* (1852). Politiquement, le conflit entre le Nord antiesclavagiste et le Sud esclavagiste s'exaspéra dans les années 1820/60. Par le compromis du Missouri, en 1820, on décida que, dans les nouveaux territoires ajoutés à l'Union, l'esclavage serait autorisé au S. du parallèle 36° 30´ et interdit au N. Le compromis de 1850, proposé par Henry Clay, fit admettre la Californie comme État non esclavagiste, laissa le Nouveau-Mexique et l'Utah décider librement de l'admission ou de l'abolition de l'esclavage, supprima le commerce des esclaves dans le district fédéral de Washington, mais renforça la législation contre les esclaves fugitifs. En 1854, le compromis du Kansas-Nebraska constitua une victoire pour les esclavagistes : le compromis du Missouri était aboli, et, au nom du principe de la souveraineté des États, les nouveaux États se prononceraient eux-mêmes en toute liberté sur la question de l'esclavage. L'opposition entre abolitionnistes et esclavagistes devint de plus en plus vive. Dans le Nord se constitua un parti nouveau, le parti républicain, qui ne demandait pas l'abolition générale de l'esclavage, mais était résolu à empêcher son extension. En 1860, l'élection à la présidence du candidat républicain et antiesclavagiste Abraham Lincoln (v.) déclencha la guerre de Sécession (v.) qui devait s'achever par la victoire du Nord sur le Sud en 1865.

L'ère de la ségrégation

Après beaucoup d'hésitations, Lincoln décida de ne pas attendre la fin du conflit pour proclamer l'émancipation de tous les esclaves au 1er janv. 1863. L'esclavage fut formellement aboli sur tout le territoire de l'Union par le treizième amendement à la Constitution (ratifié en déc. 1865). Malgré l'opposition d'Andrew Johnson, successeur de Lincoln, le Congrès imposa le quatorzième amendement (juill. 1868), qui garantissait les droits civiques des Noirs et leur égalité devant la loi avec les Blancs ; ils se voyaient reconnaître non seulement la citoyenneté fédérale, mais encore la citoyenneté dans les États où ils étaient domiciliés. Ces droits leur furent confirmés par le quinzième amendement (févr. 1870). Dans la période de « Reconstruction » qui suivit immédiatement la guerre civile, ces mesures reçurent un commencement d'application : les nouvelles Constitutions imposées aux États du Sud interdisaient toute discrimination raciale dans l'exercice du droit de vote comme dans l'enseignement. Les Noirs furent représentés, parfois de façon majoritaire, dans les assemblées locales ; une quinzaine de Noirs siégèrent au Congrès fédéral entre la fin de la guerre et 1880. Dès 1865 avait été constitué un « Bureau des affranchis » (*Freemen's Bureau*), qui ouvrit des écoles, des collèges et s'efforça, mais sans grand succès, de faire accéder les Noirs à la propriété agricole.

Cependant, les décisions de l'autorité fédérale se heurtaient à la résistance farouche de la majorité des populations sudistes. Dès 1866, le Ku Klux Klan (v.) commença son combat clandestin pour préserver l'hégémonie des Blancs. Après la fin de la période de Reconstruction, quand les États du Sud recouvrèrent la libre disposition d'eux-mêmes, ils entreprirent une lutte sournoise pour mettre en échec la législation fédérale. Les quatorzième et quinzième amendements devinrent bientôt lettre morte. Par toutes sortes d'artifices, dont le plus célèbre fut la « clause du grand-père » (enlevant le droit de vote à tout citoyen qui n'était pas électeur ou n'avait pas un grand-père électeur au 1er janv. 1867), les États du Sud réduisirent dans une proportion considérable l'électorat noir ; ainsi, en Louisiane, à la suite de l'adoption de la clause du grand-père en 1898, l'électorat noir fut réduit de 90 % entre 1897 et 1900. Des mesures restrictives analogues furent prises dans tous les États du Sud, et, de 1900 à 1962, aucun Noir n'y siégea dans les assemblées locales. Dans le Nord, au contraire, tous les États adoptèrent avant 1900 des législations contre la discrimination raciale. C'est seulement en 1917 que les Noirs de l'État de New York parvinrent à faire élire l'un des leurs à l'assemblée de l'État. Sur le plan fédéral, les Noirs ne firent guère sentir leur poids politique avant les années 1930.

Par ailleurs, dès 1880, le système nouveau de la ségrégation se développa dans le Sud et marqua de son empreinte tous les aspects de la vie quotidienne. Blancs et Noirs eurent leurs restaurants, leurs hôtels, leurs parcs, leurs terrains de jeux, leurs compartiments séparés dans les trains et les autres transports en commun. Même à l'église, ils ne pouvaient se mêler pour prier en commun. La ségrégation fut également imposée dans les écoles. La plupart des États du Sud négligèrent à peu près complètement l'éducation des Noirs : en 1909, les dépenses de l'Alabama en faveur des écoles blanches étaient plus de 500 fois supérieures aux dépenses affectées aux écoles noires, alors que les Noirs représentaient à cette époque quelque 40 % de la population de l'État.

Dès les premières années du XXe s., et surtout à partir de la Première Guerre mondiale, l'émigration massive de travailleurs noirs vers les grands centres industriels fit apparaître de nouvelles formes de ségrégation dans les régions urbaines du Nord, qui avaient jadis condamné l'esclavage. De violentes émeutes anti-Noirs, comme celle de Springfield (Ohio) en

1908, éclatèrent dès le début du XXe s. dans les grands centres industriels. Alors commencèrent à se former des « ghettos » noirs, généralement dans les quartiers les plus anciens et les plus délabrés, au centre des villes, tandis qu'à partir des années 1920 la population blanche émigrait de plus en plus vers les quartiers modernes de la périphérie, d'où les Noirs étaient pratiquement exclus. Cette ségrégation spatiale s'accompagnait d'une ségrégation professionnelle et économique.

Durant les deux guerres mondiales, les Noirs furent mobilisés. La ségrégation, absolue en 1917/18 pour les hommes comme pour les officiers, s'assouplit quelque peu de 1941 à 1945 ; les Noirs purent servir dans l'aviation (mais dans des escadrilles séparées) et dans la marine, ce qui leur était jusqu'alors interdit ; en 1945 des troupes noires et des troupes blanches furent pour la première fois intégrées dans la même unité, à titre expérimental. La déségrégation dans les forces armées, décidée en 1948 par le président Truman, ne commença à devenir effective qu'à partir de la guerre de Corée.

Vers la complète égalité raciale

Face à la ségrégation, les Noirs américains adoptèrent des attitudes diverses. Le principal leader noir de la fin du XIXe s., Booker T. Washington, dans un célèbre discours prononcé à Atlanta en 1895, appela ses frères de couleur à accepter la ségrégation, au moins pour un demi-siècle, comme le seul moyen de se faire accepter peu à peu par la communauté blanche ; selon lui, Blancs et Noirs devaient être « unis comme la main mais séparés comme les doigts ». Cette thèse fut vivement contestée par un autre dirigeant noir, William E. B. Du Bois, professeur à l'université d'Atlanta, qui ouvrit l'ère du « nouveau Noir » (*New Negro*) : il fonda, en 1909, le mouvement Niagara, qui devint, dès l'année suivante, l'Association nationale pour la promotion des gens de couleur (National Association for the Advancement of Colored People, NAACP). À partir de cette époque, les Noirs commencèrent à s'organiser pour résoudre eux-mêmes leurs problèmes ; tout en réclamant l'égalité civique et économique, ils déployèrent un grand effort de solidarité dans les domaines de l'emploi, de la formation professionnelle et de l'enseignement.

À partir de Truman, les autorités fédérales commencèrent à intervenir directement pour mettre fin à la ségrégation. La ségrégation scolaire fut déclarée inconstitutionnelle par un arrêt de la Cour suprême (17 mai 1954), et, en mai 1955, la Cour enjoignait aux États de procéder rapidement à la déségrégation. Celle-ci donna lieu à de nombreux incidents : à Little Rock, dans l'Arkansas, le gouverneur Faubus s'appuya sur la garde nationale pour interdire l'accès des écoles aux enfants noirs (sept. 1957) ; le président Eisenhower fit intervenir les troupes fédérales, et la déségrégation devint effective à Little Rock en 1959. Dans le Nord, le problème de la ségrégation scolaire ne se posait pas dans les mêmes termes, car il n'était que la conséquence de la ségrégation résidentielle. Pour le résoudre, il fut décidé de procéder au *busing*, c'est-à-dire au transfert en autobus d'élèves blancs ou noirs dans les écoles d'un autre quartier. Contre la ségrégation résidentielle, d'importantes mesures fédérales ont été prises en 1962 et en 1968.

Le mouvement des Noirs pour l'égalité complète des droits civiques se développa à partir des années 1950, d'abord sous la forme de démonstrations non violentes. Organisées par le pasteur Martin Luther King (v.), animateur, en 1957, de la Southern Christian Leadership Conference (SCLC), elles culminèrent en août 1963 dans la marche vers Washington de 250 000 personnes (dont 60 000 Blancs) pour appuyer la loi sur les droits civiques ; le président Johnson – qui fut le grand artisan de la déségrégation – finit par l'obtenir du Congrès, en juill. 1964 : toute discrimination raciale était interdite dans l'accès aux fonctions publiques, dans l'embauche, les licenciements, les salaires, l'avancement, le logement, l'enseignement, les opérations électorales. Les Noirs se voyaient enfin reconnus comme des citoyens américains à part entière. À la fin des années 1960 cependant, Martin Luther King, assassiné à Memphis en 1968, apparaissait de plus en plus dépassé par des éléments radicaux résolus à recourir à la violence et hostiles à l'intégration raciale. Ce courant d'affirmation de la « négritude » prit corps avec les Black Muslims, puis le mouvement Black Power, dont l'inspirateur était Stokely Carmichael, chef du Comité de coordination étudiant non violent (SNCC) fondé en 1960. De 1965 à 1968, de violentes émeutes éclatèrent dans les ghettos noirs des grandes villes, notamment à Los Angeles, Detroit et Chicago. Les deux décennies suivantes furent marquées à la fois par la promotion sociale d'une minorité de Noirs et la paupérisation croissante de la majorité. Des maires noirs furent élus dans des grandes villes telles Cleveland (1967), Los Angeles (1972), Atlanta (1973), Chicago (1983), New York (1989)... En 1984 et 1988, le pasteur Jesse Jackson, membre du parti démocrate, fut le premier candidat noir à l'élection présidentielle. Cette évolution politique se doubla de l'apparition d'une bourgeoisie noire qui adoptait un mode de vie semblable à celui de la bourgeoisie blanche. Elle restait cependant minoritaire et un tiers des Noirs vivait dans les ghettos en marge de la société américaine. Ainsi, alors que les Noirs comptaient pour 13 % de la population américaine (soit près de 30 millions de personnes), ils représentaient 36 % des chômeurs, 45 % de la population carcérale et 50 % des victimes d'homicide. En avr. 1992, à la suite de l'acquittement de quatre policiers qui avaient violemment frappé un jeune automobiliste noir, de violentes émeutes éclatèrent à Los Angeles, dans le ghetto de South Central, faisant plus de cinquante morts.

NON-ALIGNEMENT. Politique préconisée, à partir des années 1950, par certains États qui refusaient de s'aligner sur l'un ou l'autre des grands blocs constitués durant la guerre froide autour des États-Unis et de l'URSS. Les initiateurs de la politique de non-alignement furent Tito (v.) (Yougoslavie), Nasser (v.) (Égypte), Nehru (v.) (Inde), auxquels se joignirent bientôt Soukarno (v.) (Indonésie), U Nu (Birmanie) et l'empereur Hailé Sélassié (v.) (Éthiopie). La première conférence des pays non alignés, groupant les représentants de vingt-cinq pays, pour la plupart du tiers monde, se réunit à Belgrade, du 1er au 6 sept. 1961. D'autres conférences au sommet des pays « non alignés » eurent lieu au Caire (oct. 1964), à Lusaka (sept. 1970), à Alger (sept. 1973), à Colombo (août 1976). L'action des pays non alignés s'exerça surtout dans le sens de l'anticolonialisme. Mais, regroupant des pays aussi divers que Cuba, où se tint le sommet de 1979, et l'Arabie Saoudite, le mouvement perdit de sa cohérence. Les sommets de New Delhi en mars 1983, d'Harare en sept. 1986 et de Belgrade en sept. 1989 se concentrèrent sur la question du surarmement nucléaire. Après avoir, compte tenu de la fin de la guerre froide, réformé le mouvement à Larnaca en févr. 1992, les pays non alignés demandèrent une réforme de l'ONU lors du sommet de Carthagène, en oct. 1995.

NON-CONFORMISTES. Nom donné en Angleterre, après la restauration des Stuarts, aux protestants dissidents de l'Église anglicane, qui refusaient l'Acte d'uniformité de 1662 – notamment les presbytériens, les congrégationalistes, les méthodistes, les quakers et les baptistes. À partir de l'Acte de tolérance de 1689, on leur donna plutôt le nom de *dissenters*.

NON-PROLIFÉRATION ou **NON-DISSÉMINATION NUCLÉAIRE (traité de, 1er juill. 1968).** Préconisé dès nov. 1966 par un appel commun soviéto-canadien, ce traité, élaboré en commun par les États-Unis et l'URSS, prévoit que les puissances possédant des armes nucléaires ne livreront ni armes nucléaires ni technologie nucléaire militaire aux autres puissances, que celles-ci s'engageront à ne pas se doter par leurs propres moyens d'armes nucléaires et qu'elles accepteront le contrôle de l'Agence internationale de l'énergie atomique. Signé par les États-Unis, l'URSS, la Grande-Bretagne et par une soixantaine d'autres nations, ce traité n'obtint pas l'adhésion de la France et de la Chine populaire, qui n'y virent qu'un moyen, pour les « supergrands », de préserver leur suprématie. Voir INTERDICTION COMPLÈTE DES ESSAIS NUCLÉAIRES **(traité d')**.

NON-VIOLENCE. L'idée de la non-violence a de lointaines origines dans la pensée indienne. Elle fut développée particulièrement par le jaïnisme (v.), où elle porte le nom d'*ahimsa* (de *hims*, vouloir tuer, vouloir nuire). L'ahimsa résume presque entièrement la morale jaïniste : elle commande de ne faire de mal à aucune créature, si infime qu'elle soit, et ce souci prend une rigueur extrême chez les vrais jaïnistes, qui ne mangent la chair d'aucun animal.

Dans sa lutte contre la colonisation britannique, Gandhi s'inspira notamment de la vie et des écrits de l'Américain Henry David Thoreau (*De la désobéissance civile*, 1849), pour faire de la non-violence une forme d'action politique fondée sur la résistance passive, la non-coopération non violente, le boycott, la grève de la faim, la prison ou la mort. Elle fut reprise, dans les années 1960 par les Noirs d'Afrique du Sud et des États-Unis, notamment par le pasteur Martin Luther King (v.) et par l'archevêque brésilien Dom Helder Camara qui donna comme consigne à son mouvement « Action, Justice et Paix », d'être la « violence des pacifiques ». Mal comprise, assimilée souvent au pacifisme et à la faiblesse, cette maîtrise démocratique de la violence a pourtant obtenu des succès politiques considérables ; elle a joué un rôle important dans l'effondrement du communisme, dans la chute de plusieurs dictatures en Amérique latine et aux Philippines, dans le démantèlement de l'apartheid (v.), dans la résistance du Kosovo (v.) sous l'impulsion d'Ibrahim Rugova (v.). Le 10 novembre 1998, l'Assemblée générale des Nations unies a proclamé la période 2001-2010 « décennie internationale de la promotion d'une culture de la non-violence et de la paix au profit des enfants du monde » (Résolution 53-25).

NORD (guerres du). Nom donné à deux guerres provoquées par la prépondérance suédoise dans l'Europe du Nord au XVIIe s.

La première guerre du Nord (1655/60) fut déclenchée par le roi Charles X Gustave, qui attaqua Jean II Casimir, roi de Pologne, à propos de ses droits au trône de Suède. Allié d'abord au Grand Électeur de Brandebourg, Charles X remporta la brillante victoire de Varsovie (28/30 juill. 1656). Mais l'empereur Léopold Ier, le tsar Alexis, le roi de Danemark Frédéric III et même le Grand Électeur s'allièrent dès 1657 contre la Suède. Grâce aux points d'appui sur les côtes allemandes accordés à la Suède par les traités de Westphalie, Charles X put prendre le Danemark à revers et lui imposa le traité de Roskilde (1658), qui assurait à la Suède ses provinces méridionales (Scanie, Halland, Blekinge et Bohuslän). Le Danemark ayant repris la guerre, Charles X lança son armée à travers les Belts pris par les glaces et mit le siège devant Copenhague, mais il fut tenu en échec par l'intervention de l'armée des coalisés et d'une flotte hollandaise. Cependant, la pression de la France, alliée de la Suède, amena la conclusion de la paix d'Oliva (3 mai 1660), complétée par les traités de Copenhague (avec le Danemark, 1660) et de Kardis (avec la Russie, 1661) : la Suède se vit confirmer toutes ses conquêtes et sa domination sur la plupart des régions côtières et des îles de la mer Baltique. Voir SUÈDE. L'apogée de la Suède. Gustave-Adolphe à Charles XII.

La seconde ou grande guerre du Nord (1700/21) eut pour cause la volonté du tsar Pierre le Grand de mettre fin à l'hégémonie suédoise sur les rives de la Baltique. Mineur à son avènement, Charles XII vit se constituer contre la Suède une vaste coalition réunissant Auguste II le Fort, Électeur de Saxe et roi de Pologne, Frédéric IV de Danemark et le tsar. Déployant une rapidité étonnante, Charles XII battit successivement ses adversaires : il assiégea Copenhague et força le Danemark à signer la paix de Traventhal (8 août 1700), puis remporta sur les Russes la victoire de Narva (20 nov. 1700) et se tourna ensuite contre la Pologne, à laquelle il imposa comme roi Stanislas Leszczynski, tandis qu'il poursuivait Auguste II jusqu'en Saxe et le réduisait à signer la paix d'Altranstädt (24 sept. 1706). Voulant profiter de la révolte de l'hetman Mazeppa (v.), Charles XII fonça ensuite vers l'Ukraine, mais il fut battu par Pierre le Grand à Poltava (8 juill. 1709) et dut chercher refuge en Turquie. Aussitôt, les alliés reprirent les armes : tandis qu'Auguste II se rétablissait sur le trône de Pologne, Pierre le Grand faisait la conquête de la Livonie, de l'Estonie et de la Finlande ; en 1715, la Prusse se joignait aux coalisés et s'emparait d'une partie de la Poméranie. Revenu de Turquie en 1714, Charles XII fut tué devant la forteresse norvégienne de Frederikshall (11 déc. 1718), et la Suède dut traiter avec ses ennemis : par le traité de Stockholm (1er févr. 1720), elle cédait les évêchés de Brême et de Verden au Hanovre et la Poméranie occidentale avec Stettin à la Prusse ; par le traité de Nystad (10 sept. 1721), elle abandonnait à la Russie la Livonie, l'Estonie, l'Ingrie, la Carélie et une partie de la Finlande. Ainsi, la guerre du Nord inaugurait le déclin de la Suède et faisait passer l'hégémonie en mer Baltique à la Russie, entrée désormais dans la politique européenne. Voir **Charles XII (Suède)**.

NORD-EST (passage du). Passage entre la mer du Nord et l'océan Pacifique, à travers l'océan Arctique et le détroit de Béring. Recherché depuis le XVe s., il fut enfin reconnu par Nordenskjöld à bord de la *Vega*, en 1878/79. Navigable de juin à sept., le passage du Nord-Est est devenu une route maritime régulière pour les Russes. Voir **Découverte du monde**.

NORD-OUEST (passage du). Passage entre l'Atlantique Nord et l'océan Pacifique, à travers l'archipel de l'Arctique canadien, la mer de Beaufort et le détroit de Béring. Voir **Découverte du monde**.

NORIEGA MORENA Manuel Antonio (Panamá, 11.II.1940). Général et homme politique panaméen. Chef des services de renseignement de l'armée panaméenne dès 1970, il fut également agent de la CIA de 1970 à 1982. Parvenu en 1983 à la tête de la Garde nationale, il se rapprocha du mouvement des non-alignés (v.). Après avoir annulé l'élection présidentielle de mai 1989 il se fit nommer, en déc., chef de l'État. Le président des États-Unis, George Bush, déclencha alors l'opération militaire « Juste Cause », destinée à restaurer la démocratie et à capturer Noriega, poursuivi aux États-Unis pour trafic de drogue. Noriega, réfugié à l'ambassade du Vatican, se livra le 3 janv. 1990 aux autorités américaines. Jugé à Miami, en 1992, il fut condamné à quarante ans de prison.

NORIQUE, *Noricum*. Province de l'Empire romain dont le territoire s'étendait entre le Danube et l'Inn au N., les Alpes Carniques au S. et le Wienerwald à l'E. Riche en sel, en fer, en or, ce royaume celte subit à la fin du IIe s. l'invasion des Cimbres, puis fut annexé à l'Empire sous Auguste, vers 16 av. J.-C. Il fut divisé par Dioclétien en deux provinces : Norique riverain *(Noricum ripense)*, le long du Danube, et Norique méditerranéen *(Noricum mediterraneum)*. Voir **Autriche**.

NORMANDIE. Région historique de la France qui s'étend, entre la Picardie et la Bretagne, de la Bresle, à l'E., à l'estuaire du Couesnon, à l'O.

Des origines jusqu'à la réunion à la France

Habitée dès le paléolithique, la vallée de la Seine fut très tôt une voie d'échanges humains et commerciaux. À l'âge du bronze, elle servait à l'acheminement de l'étain de Cornouailles vers l'Europe continentale et méditerranéenne. À l'époque de la conquête romaine, la Normandie était habitée par divers peuples gaulois : les Calètes (au N. de la Seine), les Véliocasses (au S. de Rouen), les Éburovices (région d'Évreux), les Lexoviens (région de Lisieux), les Baiocasses et les Viducasses (région de Bayeux et de Caen), les Unelles (dans l'actuel département de la Manche). Le pays fut conquis en 56 av. J.-C. par Sabinius, lieutenant de César, qui battit les Unelles au mont Castre. Incluse dans la province de la Lyonnaise, puis, au IVe s., dans la Lyonnaise IIe, la région normande connut sous la domination romaine un bel essor urbain : *Rotomagus* (Rouen), *Juliabona* (Lillebonne), *Mediolanum* (Évreux), *Augustodurum* (Bayeux), *Abrincates* (Avranches)... Après avoir fait partie du royaume de Syagrius, elle fut occupée en 486 par les Francs et incluse, à l'époque mérovingienne, dans le royaume de Neustrie. Les débuts de la christianisation remontent au milieu du IIIe s. (fondation de l'évêché de Rouen par st Nicaise). Au VIIe s., la future Normandie connut une puissante floraison monastique avec la fondation des abbayes de Fontenelle (par st Wandrille, 649), de Rouen (par st Ouen, 649) et de Jumièges (par st Philibert, 654).

Au cours du IXe s., les côtes furent ravagées par les incursions des Normands (v.), qui finirent par s'installer à demeure dans le pays qui a gardé leur nom : Charles le Simple dut reconnaître leur autorité sur la haute Normandie, et il obtint la conversion de leur chef, Rollon, auquel il donna sa fille en mariage (traité de Saint-Clair-sur-Epte, 911). Profitant de la rivalité entre Charles le Simple et Raoul de Bourgogne, les chefs normands étendirent leurs possessions, qui ne comprenaient, à l'origine, que les diocèses de Rouen, d'Évreux et de Lisieux ; ils acquirent rapidement la basse Normandie, le Bessin dès 924, le Cotentin et l'Avranchin en 933. Pour mettre en valeur leur duché, ils appelèrent des colons de Scandinavie et se partagèrent le pays.

La christianisation des Normands était achevée dès les années 930/40, et, à la fin du xe s., les conquérants étaient déjà profondément francisés. Le fils et successeur de Rollon, Guillaume Ier Longue-Épée (933/42), fit successivement hommage à Raoul de Bourgogne et au Carolingien Louis IV d'Outre-mer. Son fils, Richard Ier (942/96), rendit son duché pratiquement indépendant (traité de Gerberoy, 945). Allié aux Robertiens, gendre d'Hugues le Grand, il contribua, en 987, à son avènement sur le trône français. Cette collaboration étroite avec les Capétiens fut poursuivie sous Richard II (996/1027) et sous Robert Ier le Magnifique ou le Diable (1027/35) ; ce dernier, après avoir éliminé son frère et compétiteur Richard III, obtint d'Henri Ier de France le Vexin français et Pontoise (1031). Tout en introduisant dans leur État le système du fief et de la vassalité, encore inconnu des Scandinaves, les ducs normands parvinrent à affermir leur pouvoir en menant une politique centralisatrice, en évitant la formation de fiefs trop importants, tout en s'appuyant sur l'Église.

À la mort de Robert le Magnifique (1035), l'avènement de son fils bâtard Guillaume, encore enfant, fournit le prétexte à une révolte des barons, qui s'appuyaient, dans le Cotentin et le Bessin, sur des groupes de Scandinaves encore attachés au paganisme. Contraint de faire appel à son suzerain Henri Ier, qui venait de lui reprendre le Vexin français, le jeune Guillaume battit les insurgés au val des Dunes (près de Caen, 1047) ; il mit toute son énergie à restaurer et à développer le gouvernement centralisé, étendit son influence internationale en épousant Mathilde de Flandre (1053), lutta avec succès contre les comtes d'Anjou et, dès 1058, étendit sa suzeraineté sur le Maine, annexé en 1063 au duché de Normandie. Cette Normandie du XIe s. était non seulement l'État le mieux administré de l'Europe, mais aussi l'un des plus riches. En maintenant d'étroites relations avec l'Europe du Nord, les Normands avaient été les précurseurs du renouveau du grand commerce européen, dès le Xe s. L'expansion s'affirma, au milieu du XIe s., par la fondation de principautés normandes en Italie du Sud, et, en 1066, par la conquête de l'Angleterre.

La constitution de ce puissant État anglo-normand, ancré sur les deux rives de la Manche, rattaché par des liens étroits à la Flandre et aux pays scandinaves, ne pouvait qu'alarmer les Capétiens. Guillaume le Bâtard, devenu le Conquérant (1035/87) (v.), se trouvait désormais roi d'Angleterre tout en restant vassal du roi de France pour son duché de Normandie. En 1078, Philippe Ier soutint la révolte de Robert Courteheuse, fils de Guillaume, contre son père. À la mort de Guillaume le Conquérant (1087), l'union personnelle entre la Normandie et l'Angleterre fut momentanément rompue, Robert Courteheuse devenait duc de Normandie (1087/1106) et son frère, Guillaume le Roux, roi d'Angleterre. Mais l'union anglo-normande fut reconstituée par leur frère, Henri Ier Beauclerc. Roi d'Angleterre en 1100, il battit Robert Courteheuse à Tinchebray (1106) et régna sur la Normandie jusqu'à sa mort (1135). Il repoussa le roi de France Louis VI et le força à reconnaître sa suzeraineté sur le Maine (traité de Gisors, 1113). Henri Ier n'ayant pas d'héritier mâle, sa mort ouvrit une grave crise de succession. Après neuf mois de troubles, Geoffroi V Plantagenêt, comte d'Anjou, second époux de l'impératrice Mathilde (v.), fille d'Henri Ier, triompha en 1144 du petit-fils de Guillaume le Conquérant, Étienne de Blois.

La Normandie passa ainsi à la dynastie des Plantagenêts (v.). Fils de Geoffroi et de Mathilde, Henri Plantagenêt, duc de Normandie dès 1150, hérita de son père l'Anjou (1151), acquit l'Aquitaine par son mariage avec Aliénor (1152) et devint roi d'Angleterre sous le nom d'Henri II en 1154. Il fit de la Normandie le centre de sa puissance. Décidés à briser la menace angevine, les Capétiens Louis VII et Philippe Auguste soutinrent les révoltes des fils d'Henri II contre leur père. La lutte continua sous Richard Cœur de Lion (1189/99), qui, pour couvrir la Normandie, fit bâtir près des Andelys la forteresse du Château-Gaillard (1195). Après la mort de Richard, Philippe Auguste, exploitant le différend entre Jean sans Terre et Hugues de Lusignan, invoqua ses droits de suzerain pour confisquer tous les fiefs français du roi anglais (1202). Il envahit aussitôt la Normandie, s'empara du Château-Gaillard après un siège de huit mois et, avec la capitulation de Rouen (juin 1204), se trouva maître de tout le duché. En 1259, au traité de Paris, Henri III d'Angleterre renonça formellement à la Normandie. Voir **ANGLETERRE.** Les Plantagenêts et le duel anglo-français.

La Normandie dans la monarchie française

Pour se concilier les Normands, dès 1204, Philippe Auguste avait confirmé les *Établissements de Rouen*, charte accordée à la ville par Henri II vers 1170 ; Saint Louis, en 1266, donna une consécration officielle au droit coutumier normand codifié dans le *Grand Coutumier*. Mais les pressions fiscales provoquèrent, au cours du XIIIe s., plusieurs révoltes, ce qui força Louis X le Hutin à concéder la *Charte aux Normands* (1315) renouvelée à chaque règne jusqu'au XVIIe s.

Au début de la guerre de Cent Ans, la Normandie fut menacée par l'agitation de certains barons, favorables à l'Angleterre, et par les menées de Charles le Mauvais, roi de Navarre, qui possédait d'importants domaines dans la région. Envahie par Édouard III en 1346, la Normandie resta à la France au traité de Brétigny (1360). Cependant, Anglais et Navarrais s'y maintinrent en plusieurs endroits ; Du Guesclin y remporta sur les seconds la victoire de Cocherel (1364). Mais la population normande continuait à s'insurger contre la fiscalité royale (révolte de Rouen, 1382). Au cours de la campagne d'Henri V (1415/20), les Anglais firent la conquête de toute la Normandie, à l'exception du mont Saint-Michel. Ils s'efforcèrent de séparer le duché de la France en créant un Conseil anglo-normand et en fondant l'université de Caen (1432), mais des soulèvements anti-anglais éclatèrent à Cherbourg (1429) et dans le pays de Caux (1435). La Normandie ne fut définitivement recouvrée par la France qu'après la victoire de Charles VII à Formigny (1450). Agitée au début du règne de Louis XI par la ligue du Bien public, la Normandie fut reconstituée en duché en faveur de Charles de Berry, frère de Louis XI (1465/66), qui fit décider par les états de Tours (1468) que la Normandie était désormais partie inaliénable du domaine royal (le titre de duc de Normandie ne devait plus être porté que par le fils de Louis XVI, Louis XVII).

La Normandie fut profondément affectée par les guerres de Religion. Dans les années 1550, le protestantisme, rayonnant à partir de l'université de Caen, y avait acquis de solides positions. La guerre entre catholiques et huguenots fit rage dans les années 1562/63 et 1574/76. Puis la province devint un des bastions de la Sainte Ligue (v.), dont la résistance fut brisée par les victoires d'Henri IV à Arques (1589) et à Ivry (1590). Au XVIIe s., le pouvoir royal étouffa l'insurrection des Va-Nu-Pieds (1639). En supprimant les états de Normandie (1666) il mit pratiquement fin aux derniers vestiges d'indépendance de la province ; celle-ci fut appauvrie par une forte émigration protestante après la révocation de l'édit de Nantes (1685) (v.).

NORMANDIE (bataille de). Dès la soirée du 6 juin 1944, cinq divisions américaines, trois divisions britanniques et deux divisions canadiennes avaient pu prendre pied à l'O. de l'Orne, à partir des plages de Ouistreham, Saint-Aubin, Courseulles, Arromanches, Saint-Laurent-sur-Mer et Saint-Martin-de-Varreville. Du 7 au 12 juin, les têtes de pont furent consolidées et soudées par l'occupation de Bayeux, Isigny et Carentan, cependant que plus de 300 000 hommes et un matériel considérable étaient débarqués dans le port artificiel d'Arromanches. La bataille de Normandie proprement dite commença par la poussée vers l'O. de la Ire armée américaine, qui réussit à couper en deux la péninsule du Cotentin (18 juin) et à s'emparer de Cherbourg (27 juin). Dans le secteur oriental du front, Caen ne tomba que le 9 juill. Les Américains emportèrent la décision à l'O. du front : la Ire armée, attaquant le 26 juill. sur la ligne Saint-Lô-Périers, s'empara de Coutances (28 juill.) et exploita sa percée jusqu'à Avranches (30 juill.). La IIIe armée américaine (Patton) déferla à la fois vers la Bretagne et vers l'est, atteignant Le Mans (9 août) et Chartres (10 août). Le commandant allemand à l'Ouest, von Kluge, engagea à fond toutes ses forces dans la contre-attaque d'Avranches-Mortain (7/11 août) finalement écrasée par l'aviation américaine. Dès lors, le commandement allemand donna l'ordre de la retraite générale. Mais la jonction, à Falaise, le 18 août, des Canadiens descendus de Caen et des blindés de Patton remontant d'Alençon, consommait l'encerclement de la VIIe armée allemande, qui fut anéantie (19/23 août).

NORMANDS, de *Nortmanni*, « hommes du Nord ». Nom donné, à l'époque carolingienne, aux peuples venus de Scandinavie, qui se livrèrent, de la fin du VIIIe s. au XIe s., à des incursions sur les côtes et le long des fleuves de l'Europe. Ces « Normands » s'appelaient eux-mêmes *Vikings*, c'est-à-dire « guerriers de la mer ». Leur expansion peut être considérée comme la dernière vague des grandes invasions germaniques : elle aboutit à la constitution par les Normands de plusieurs États durables, foyers de brillante civilisation, en Normandie, en Angleterre, en Sicile et en Italie méridionale, en Russie où on les désigna du nom de Varègues (v.).

Les Normands du IXe s. étaient les héritiers d'une civilisation déjà millénaire, de traditions héroïques et religieuses qui ont été consignées ultérieurement dans les *Eddas* (X^e/XIe s.). Là où ils se fixèrent par la conquête, ils montrèrent un remarquable sens de l'adaptation aux situations locales, tout en conservant à leurs États une physionomie tout à fait originale. Leur supériorité résidait avant tout dans leur technique maritime : comme ils avaient la coutume d'enterrer leurs morts dans leurs bateaux, on a retrouvé certains de ces navires dans un état de conservation parfaite (navires de Gokstad, d'Oseberg). Non pontés, de faible tirant d'eau, ils pouvaient aisément remonter le cours des rivières ; ils étaient capables aussi d'affronter de longs voyages (le navire de Gokstad, exactement reconstruit, accomplit sans encombre, en 1893, la traversée de l'Atlantique). Les invasions normandes semblent avoir eu des causes diverses : aggravation des conditions climatiques et pression démographique en Scandinavie ; manque de terres, établissement des premières monarchies, devant lesquelles de nombreux nobles préféraient partir au loin plutôt que de se soumettre.

Les raids normands en Europe occidentale

Dès 795, les Norvégiens s'établirent dans l'île de Rechru (Lambay), au N. de Dublin. Le chef Thorgestr à la tête d'une puissante expédition, conquit la moitié environ de l'île entre 832 et 845, mais la victoire du chef irlandais Brian Boru à Clontarf (avr. 1014) mit fin à l'hégémonie normande (v. IRLANDE. Jusqu'à la domination anglaise).

La première attaque des Normands contre la Grande-Bretagne remonte à 793, mais la menace ne devint vraiment sérieuse qu'à partir de 838. La grande invasion de 865 ruina les royaumes anglo-saxons de Northumbrie, de Mercie, d'Est-Anglie (entre 865 et 870) ; le Wessex fut sauvé par la victoire d'Alfred le Grand à Edington (878). Le chef danois Guthrum accepta alors la paix de Wedmore, qui cantonnait les envahisseurs dans le nord-est de l'Angleterre. À partir de 980 se produisit un retour en force des envahisseurs scandinaves. Entre 1004 et 1014, Sven Ier mena la conquête méthodique de l'Angleterre. La domination danoise sur l'Angleterre fut fermement rétablie par Canut le Grand (v.), qui, de 1017 à 1035, régna sur un empire maritime comprenant l'Angleterre, le Danemark, la Norvège et les îles du Nord. Après la mort de Canut, le Saxon Édouard le Confesseur (v.) réussit à éliminer l'hégémonie danoise (1042). Cette conquête scandinave devait laisser néanmoins un héritage durable à l'Angleterre, qu'elle inséra dans un vaste ensemble commercial reliant les pays riverains de la mer du Nord au trafic des grands fleuves russes vers l'Asie (v. **ANGLETERRE.** L'Angleterre normande).

En Europe continentale, les raids normands ne prirent de l'ampleur qu'après la mort de Charlemagne. Vers la fin du IXe s., les Danois étaient maîtres de la Frise. Ils avaient menacé également les embouchures de l'Escaut et du Rhin, mais le roi de Germanie Arnoul de Carinthie les écrasa à Louvain (1er sept. 891), et les régions rhénanes furent désormais préservées. Apparus à l'embouchure de la Loire en 819, les Normands, à partir de 835, soumirent la Gaule à des raids annuels. La première de leurs quatre attaques contre Paris eut lieu en 845 ; la dernière, en 885/86, fut repoussée par le comte Eudes. Mais aucun rivage de l'Europe occidentale n'était vraiment protégé des incursions des pillards scandinaves : Hambourg était éprouvée à deux reprises (851 et 880), les côtes de l'Espagne et du Portugal en 844, l'Italie en 859, et les abbayes de la vallée de la Loire furent maintes fois ravagées. Les invasions normandes ont contribué à l'éclatement des pouvoirs en Occident, la résistance ne pouvant guère s'opérer que localement.

Les États normands en France, en Italie, en Russie

Charles le Simple, après la bataille de Chartres, céda la région de la basse Seine au chef normand Rollon, par le traité de Saint-Clair-sur-Epte (911). La région prit le nom de *Normandie*. En 1066, Guillaume le Bâtard ou le Conquérant débarqua en Angleterre, battit les Saxons à Hastings et, en peu de temps, se rendit complètement maître du pays (v. **ANGLETERRE**).

Au début du XIe s., d'autres guerriers normands partirent chercher fortune en Italie. Arrivé vers 1046, Robert Guiscard se rendit maître de la Campanie (1053), puis entreprit la conquête de la Sicile (1061/91) (v. **NAPLES**, royaume de). Ces Normands d'Italie essayèrent même, mais sans succès, de s'attaquer à l'Empire byzantin. La civilisation normande de Sicile et de l'Italie du Sud eut un éclat particulièrement brillant, grâce à la symbiose de cultures qu'elle réussit à opérer.

Deux siècles plus tôt, d'autres Scandinaves, connus sous le nom de Varègues (v.), avaient établi des colonies commerciales sur la Neva et le lac Ladoga, au milieu des tribus slaves qui se soumirent. Le chef scandinave Rœrek (Riourik) fonda Novgorod vers 860 ; descendant les fleuves de la Russie, les Varègues firent leur apparition dans la mer Noire et assiégèrent constantinople (860/61). Le successeur de Riourik, Helgi (Oleg le Sage), établit la capitale de l'État varègue à Kiev, en 882. Ces princes scandinaves furent les créateurs de l'État russe (v. **RUSSIE** et **UKRAINE**). L'expansion normande s'étendit aussi vers le Grand Nord : les Norvégiens avaient touché l'Islande dès 874, le Groenland vers 982, et ils atteignirent probablement le continent américain au début du XIe s.

NORODOM Ier (* 1835, † 1904). Roi du Cambodge (1859/1904). Fils et successeur d'Ang Duong, il avait été élevé au Siam, qui exerçait alors une suzeraineté sur le Cambodge. À peine proclamé roi, il dut lutter contre un de ses frères, Si Votha, et il se réfugia à Bangkok (1861). Revenu au Cambodge, il signa en 1863 avec le commandant Doudart de Lagrée le traité qui plaçait le Cambodge sous protectorat français, ce qui provoqua entre le Siam et la France diverses difficultés. Au traité de 1867, le Siam reconnaissait le protectorat français sur le Cambodge que Norodom renouvella en 1884.

NORODOM SIHANOUK (Phnom Penh, 31.X. 1922). Roi du Cambodge (1941/55) et homme politique cambodgien. Roi du Cambodge en 1941, il instaura la monarchie constitutionnelle en 1947, signa en 1949 le traité d'association dans l'Union française, puis le dénonça en 1953 et obtint l'indépendance (1954). Il confia le titre royal à son père Norodom Suramarit et ne devint officiellement chef de l'État qu'en juin 1960. Il s'opposa à l'intervention militaire américaine au Viêt-nam, mais fit appel au général proaméricain Lon Nol pour lutter contre les partisans cambodgiens du Viêt-minh. Mais Lon Nol en 1970 déposa Sihanouk qui se réfugia à Pékin. La défaite américaine au Viêt-nam entraîna la chute de Lon Nol et la prise de pouvoir par les Khmers rouges (v.), communistes prochinois alliés de Norodom Sihanouk. Celuici dut cependant fuir à nouveau le Cambodge en 1979, après l'intervention militaire vietnamienne contre les Khmers rouges, auteurs d'abominables massacres. Le gouvernement de coalition que Norodom Sihanouk anima depuis Pékin bénéficia de la reconnaissance internationale, mais le pouvoir resta entre les mains des partisans cambodgiens du Viêt-nam, installés à Phnom Penh. Fondateur, en mars 1981, du Front uni pour un Cambodge neutre pacifique et indépendant (FUNCINPEC), il proposa un plan de paix en cinq points en nov. 1988 ; après des pourparlers en 1989 et 1990, après la conférence de Paris en 1991, il rentra au Cambodge le 14 nov. 1991. Le FUNCINPEC, dirigé par son fils Ranariddh, obtint plus de 45 % des voix aux élections libres de mars 1993. Malade, Norodom Sihanouk accepta finalement le titre de roi conféré par la Constitution de sept. 1993. Malgré l'éviction de son fils par son co-Premier ministre Hun Sen en juill. 1997, Sihanouk est resté roi du Cambodge. Voir **CAMBODGE**.

NORODOM RANARIDDH (Palais de Phnom Penh, 2.I.1944). Homme politique cambodgien et fils du roi Sihanouk. Voir **CAMBODGE**.

NORTH Frederick, 2e comte de Guilford et 8e baron North (* Londres, 13.IV.1732, † Londres, 5.VIII.1793). Homme politique anglais. Entré aux Communes à l'âge de vingt-deux ans (1754), il y devint un des chefs des tories, fut chancelier de l'Échiquier et leader aux Communes (1767/70). Successeur de Grafton comme Premier ministre (1770/82), il seconda contre ses sentiments profonds la politique autoritaire et bornée de George III et porta ainsi la responsabilité des mesures qui déclenchèrent la guerre d'Indépendance des colonies américaines. Son départ du gouvernement, en 1782, marqua aussi la fin des ingérences royales dans la politique britannique. Il fut un des chefs de l'opposition à Pitt.

NORTHUMBRIE, *Northumbria*. Un des royaumes de l'Heptarchie (v.) anglo-saxonne, ainsi nommé en raison de sa position au N. de l'Humber. Il s'étendait au N. jusqu'au Firth of Forth et comprenait les actuels comtés de York, Durham, Northumberland en Angleterre ; de Roxburgh, Selkirk, Berwick, Peebles, East Lothian et Midlothian en Écosse. La Northumbrie eut pour origine la fusion des deux royaumes angles de Bernicie et de Deira, en 593, par Ethelfrith, roi de Bernicie, qui fut renversé en 617 par son beau-frère Edwin (617/632). Ce dernier, devenu le plus puissant roi de l'Heptarchie, épousa une princesse catholique du Kent, Ethelburge, et introduisit le christianisme en Northumbrie : le roi et tous les siens furent baptisés par le moine romain Paulin à York (Pâques 627). Mais Edwin fut tué à Heathfield (632) par Penda, le roi païen de Mercie, allié au Gallois Ceadwallon. Un neveu d'Edwin, Oswald, élevé au monastère d'Iona, battit les Gallois à Heavenfield (634), près d'Hexham, et remonta sur le trône de Northumbrie. Sous le règne d'Oswald (635/42), l'évangélisation de la Northumbrie fut poursuivie par st Aidan, fondateur de l'abbaye de Lindisfarne. Oswald ayant été battu et tué par Penda de Mercie à Maserfield (642), la Northumbrie fut de nouveau partagée en deux royaumes, Deira et Bernicie, sur lesquels régnèrent les frère et cousin du défunt, Oswin et Oswy. Ce dernier assassina Oswin (651), triompha de Penda (654) et rétablit l'unité de la Northumbrie, qui, sous son règne (651/70), atteignit son apogée. Au VIIIe s., la Northumbrie, groupée autour de la métropole d'York, fut le foyer le plus brillant de la civilisation chrétienne en Angleterre. En 827, la Northumbrie fut soumise par Egbert le Grand, roi du Wessex. Voir **ANGLETERRE.** L'invasion anglo-saxonne.

NORVÈGE, *Norge*. État de l'Europe septentrionale dont le territoire occupe la partie occidentale de la péninsule scandinave ; capitale *Oslo*.

Les origines et la Norvège médiévale

La présence de l'homme en Norvège remonte tout au plus à la fin de la glaciation de Würm (vers – 10 000). Alors que l'intérieur du pays était encore recouvert par les glaces, les premiers habitants s'installèrent sur les côtes. Dès le début de la période postglaciaire, vers les IXe-VIIIe millénaires, apparurent dans l'extrême Nord (culture de Komsa) et dans la région de Trondheim (culture de Fosna) des industries se rattachant encore au paléolithique moyen (pointes pédonculées) mais offrant aussi de nombreux microlithes caractéristiques des chasseurs et des pêcheurs de l'Europe postglaciaire. La Norvège entra dans l'âge du bronze vers 1500 av. J.-C. et dans l'âge du fer vers 500 av. J.-C. Selon certains auteurs, l'« île » de Thulé, atteinte vers 300 av. J.-C. par le navigateur marseillais Pythéas (v.), ne serait autre que la Norvège. Vers le début de notre ère, les Norvégiens étaient sûrement en relation avec le monde romain (on a retrouvé en Norvège des chaudrons romains, employés souvent comme urnes funéraires).

Jusqu'au IXe s., l'histoire de la Norvège se fonde sur des sources légendaires. La côte occidentale de la Scandinavie fut la principale base de départ des expéditions des Vikings ou Normands vers l'Europe occidentale : les Norvégiens attaquèrent successivement les îles Shetland (Hjätland, vers 700), Orcades et Féroé (vers 800), l'Islande (à partir de 874), l'abbaye britannique de Lindisfarne, sur la côte de Northumbrie (793), les bouches du Rhin et de la Meuse (à partir de 840). Les Norvégiens atteignirent ensuite le Groenland (découvert par Eric le Rouge vers 982) et peut-être l'Amérique (vers l'an mille). Encore divisée en petits royaumes belliqueux, la Norvège aurait été unifiée pour la première fois par Harald Ier Haarfager, vainqueur à la bataille de Hafrsfjord, près de Stavanger (date traditionnelle : 872). En fait, Harald Ier semble n'avoir régné que sur la Norvège occidentale, et sa tentative d'unification ne fut pas durable. Au cours de leurs expéditions contre l'Angleterre, les chefs norvégiens apprirent à connaître le christianisme et les institutions anglo-saxonnes. Olav Ier Trygvesson (vers 995/1000) introduisit le christianisme. Après une nouvelle période d'anarchie, Olav II Haraldsson, dit le Saint (1015/28), fut le premier souverain qui régna sur toute la Norvège ; il mit le christianisme au service de son œuvre d'unification, mais les chefs de clans qu'il combattait appelèrent à leur aide le roi danois Canut le Grand. En 1028, Olav le Saint dut se réfugier chez les Varègues de Novgorod et, deux ans plus tard, il tenta de reprendre le pouvoir mais fut tué à la bataille de Stiklestad, près de Trondheim. Pendant quelques années, la Norvège resta sous la domination des Danois, mais le fils illégitime de st Olav, Magnus Ier Olavsson, déposa Sven, fils de Canut le Grand, et, en 1042, réalisa même à son profit une éphémère unité dano-norvégienne.

Alors que luttes dynastiques et guerres civiles se succédaient jusqu'au début du XIIIe s., l'Église norvégienne se renforçait : d'abord soumise au siège de Brême, puis à celui de Lund, elle acquérait son autonomie en 1152 avec l'érection d'un siège métropolitain à Nidaros ; la vie monastique prit son essor, et la hiérarchie ecclésiastique favorisa les tendances à l'unification politique. Celle-ci ne fut définitivement réalisée que sous le règne de Haakon IV (1217/63), qui se fit sacrer roi en 1247 par un légat pontifical. Allié d'Henri III d'Angleterre, il affermit l'autorité norvégienne sur le Groenland (1261) et sur l'Islande (1262). Son successeur, Magnus V le Législateur (1263/80), rendit la couronne héréditaire (1273) et unifia la législation.

Le XIIIe siècle fut aussi marqué par le renforcement du rôle de la Hanse (v.) germanique, qui établit l'un de ses plus importants comptoirs à Bergen et se fit accorder un quasi-monopole commercial. Au XIVe s., après le règne d'Haakon V (1299/19), le pouvoir royal déclina, du fait de la pression de la noblesse et des querelles dynastiques. À la mort d'Olaf IV, (1380/87), la dynastie royale norvégienne se trouva éteinte en ligne mâle. La reine mère et régente, Marguerite, prit alors le gouvernement des royaumes de Norvège et de Danemark, auxquels elle joignit la Suède, en 1387, après avoir éliminé Albert de Mecklembourg. La destinée désormais commune des trois royaumes scandinaves fut scellée en 1397 par l'Union de Kalmar (v.).

L'union avec le Danemark et la Suède

Cette union fut rompue par la Suède en 1523 à l'avènement de Gustave Vasa, mais la Norvège devait rester unie au Danemark, et en fait dominée par lui, pendant près de trois siècles encore. Soumise à des fonctionnaires danois, privée dès 1536 de son Conseil d'État, la Norvège dut accepter la Réforme (1539). À la suite des guerres malheureuses menées par les rois de Danemark contre la Suède, elle se vit amputée du Jämtland et de l'Härjedalen (1645), du Bohuslän (1658) et même, momentanément, de la région de Trondheim (1658/60). Au XVIIIe s., cependant, se développa un renouveau économique grâce à l'extension des cultures, à l'exploitation des mines, et à la reconstitution de la marine ; l'enrichissement de la bourgeoisie favorisa la renaissance du sentiment national, qui s'exprima par la fondation, en 1811, d'une université norvégienne. Durant les guerres napoléoniennes, le blocus anglo-suédois, qui répliquait au Blocus continental, ruina l'économie norvégienne et coupa les liens avec le Danemark, allié de Napoléon.

Par le traité de Kiel (14 janv. 1814), Bernadotte, régent de Suède et engagé dans le camp des Alliés, força le Danemark à lui céder la Norvège. Une Assemblée constituante (Storting) fut convoquée et vota la très libérale Constitution d'Eidsvoll (17 mai 1814). L'union personnelle de la Norvège et de la Suède fut proclamée, Bernadotte ayant reconnu la Constitution d'Eidsvoll. Dans cette nouvelle union, la Norvège obtenait une assez large autonomie : si elle avait en commun avec la Suède la personne du souverain et les Affaires étrangères, elle gardait son Parlement particulier (le Storting) et la libre disposition de ses finances ; le roi de Suède était représenté en Norvège par un gouverneur (*statholder*), charge supprimée en 1873. À partir de 1837, les affaires locales furent gérées par des assemblées élues.

Le développement du libre-échangisme, à partir de 1850, donna un grand essor à la marine et au commerce norvégiens. Les industries textiles et mécaniques connurent une expansion très rapide à la fin du XIXe s. Dans ce contexte de relative prospérité, de grands efforts furent accomplis très tôt en faveur de l'instruction publique. La gauche libérale, animée par Johan Sverdrup, devint le parti majoritaire au Storting dès 1872, et le roi dut appeler Sverdrup à la tête du gouvernement en 1884. Les libéraux luttaient non seulement pour des réformes démocratiques (institution du suffrage universel masculin, 1898), mais aussi pour une indépendance plus complète de la Norvège. Le 7 juin 1905, le Storting norvégien prononça la rupture de l'union personnelle avec la Suède, décision confirmée à une quasi-unanimité par le plébiscite du 13 août 1905. La Suède finit par s'incliner, et, le 25 nov. 1905, un prince danois devenait roi de Norvège sous le nom d'Haakon VII (1905/57).

La Norvège contemporaine

Monarchie constitutionnelle, la Norvège fut l'un des premiers pays à accorder le droit de vote aux femmes (1913). Le développement industriel favorisa les progrès du syndicalisme et du socialisme. Le parti travailliste (Arbeiderpartiet), fondé dès 1887, fit élire ses premiers députés au Storting en 1903. Après la Première Guerre mondiale, où la Norvège, bien que neutre, manifesta des sympathies pour l'Allemagne, les travaillistes norvégiens s'affilièrent au Komintern (1919) ; mais leur aile droite, dirigée par Magnus Nilssen, fit scission en 1921. Réunifié en 1927 dans une orientation sociale-démocrate, le parti travailliste devint, cette même année, le principal parti du Storting. Parvenu au pouvoir en 1935, il devait y rester pendant plus de quarante ans. Le premier gouvernement travailliste, dirigé par Johan Nygaardsvold, réussit à surmonter la crise économique et, dès 1937, dota la Norvège d'un système étendu de sécurité sociale.

La Norvège proclama de nouveau sa neutralité au début de la Seconde Guerre mondiale. Mais l'importance de ses côtes pour la guerre sous-marine et le rôle du port de Narvik, débouché de la route du fer suédois, devaient faire d'elle un enjeu pour les belligérants. Dans l'hiver 1939/40, des projets d'intervention en Norvège furent mis à l'étude aussi bien en Grande-Bretagne qu'en Allemagne. Le Reich hitlérien, devançant ses adversaires, occupa la Norvège en avr. 1940.

Le roi Haakon VII et ses ministres ayant eu le temps de se réfugier à Londres, Hitler nomma en Norvège un commissaire du Reich, Josef Terboven. Le mouvement fasciste Nasjonal Samling, dirigé par l'ancien ministre de la Guerre Vidkun Quisling, devint le parti unique ; le grand écrivain Knut Hamsun s'engagea en faveur de la politique de collaboration, et de jeunes volontaires norvégiens formèrent, avec des Danois et des Hollandais, les divisions SS « Wiking » et « Nordland ». Mais la masse du pays milita activement dans la Résistance. En févr. 1942, Quisling fut nommé chef du gouvernement par Terboven et gouverna, sous le contrôle allemand, en véritable dictateur ; il devait être jugé et exécuté après la Libération.

En mai 1945, le roi et le gouvernement Nygaardsvold en exil rentrèrent à Oslo. Einar Gerhardsen succéda à Nygaardsvold, et le parti travailliste obtint la majorité absolue aux élections d'oct. 1945. La Norvège adhéra au plan Marshall et, abandonnant sa neutralité, devint membre de l'OTAN en 1949. Affaiblis à partir de 1961 par la constitution d'un parti socialiste de gauche, le parti socialiste du peuple (Sosialistik Folke-parti), les travaillistes perdirent les élections de sept. 1965 au profit d'une coalition des quatre partis non socialistes (conservateurs, démocrates-chrétiens, libéraux et agrariens). En 1971, le chef du parti travailliste, Bratteli, reforma un cabinet travailliste minoritaire. Au nom de la Norvège, entrée en 1959 dans l'Association européenne de libre-échange inspirée par l'Angleterre, il apporta une adhésion au Marché commun élargi, mais son parti se divisa sur la question de l'Europe et Bratteli se vit désavoué par le référendum de sept. 1972 (53,9 % des voix contre l'entrée dans l'Europe). De 1972 à 1989, travaillistes et conservateurs ont alterné au pouvoir.

La coalition de droite se disloqua à nouveau en 1990 sur la question de l'adhésion à la Communauté européenne. La travailliste Gro Harlem Brundtland vint au pouvoir. Dans un contexte économique difficile, elle mena une politique de négociations avec la CEE et la Norvège ratifia en 1992 le traité d'adhésion à l'Espace économique européen. Le référendum du 27 nov. 1994, rejeta à nouveau, par 52,1 % des voix, l'adhésion à l'Union européenne. En oct. 1996, G. H. Brundtland quitta son poste de Premier ministre, laissant la place à Thorbjörn Jagland, elle aussi du parti travailliste. En oct. 1997, Kjell Magne Bondevik (parti chrétien populaire) la remplaça, appuyée sur une coalition de centristes et de libéraux hostiles à l'entrée dans l'Union européenne. Mais en mars 2000, son successeur, le social-démocrate Jens Stoltenberg, forma un gouvernement jeune et favorable à l'intégration européenne. Le 25 mars 2001, la Norvège a adhéré à l'espace douanier de Schengen (v.). Deuxième exportateur mondial d'hydrocarbures, elle est touchée par les fluctuations des cours mondiaux du pétrole.

NORVÈGE (campagne de, avr./mai 1940). Voir GUERRE MONDIALE 1939/45.

NOSKE Gustav (* Brandenburg, 9.VII.1868, † Hanovre, 30.XI.1946). Homme politique allemand. Nommé gouverneur de Kiel en nov. 1918, il réprima la révolte des matelots de la Baltique, puis fut nommé gouverneur de Berlin, favorisa la création de corps francs, et, muni de pouvoirs dictatoriaux, en liaison étroite avec le grand état-major, il réprima l'insurrection spartakiste lors de la Semaine sanglante (5-12 janv. 1919). Nommé ministre de la Reichswehr (févr. 1919), il dirigea le rétablissement de l'ordre mais dut démissionner après le putsch de Kapp (mars 1920). Voir **SPARTAKUS (groupe)** et **ALLEMAGNE**.

NOSTRADAMUS, Michel de Nostre-Dame, connu sous son nom latinisé de (* Saint-Rémy-de-Provence, Bouches-du-Rhône, 14.XII.1503, † Salon, 2.VII.1566). Astrologue français. Il fit ses études à Avignon et à Montpellier et devint docteur en médecine en 1529. Établi à Agen puis à Salon, il se dévoua lors de la peste de Lyon (1530) mais s'attira la jalousie de ses confrères par le succès de ses cures. En 1555 et 1558, il publia ses fameuses prophéties dans deux volumes de *Centuries* qui connurent un succès immense. Catherine de Médicis appela Nostradamus à la cour et le fit nommer médecin ordinaire de Charles IX (1564). Nostradamus continua cependant à résider habituellement à Salon.

NOTABLES (assemblées des). Dans la monarchie française, conseils extraordinaires que le roi convoquait dans des circonstances difficiles, et dont les membres, à la différence de ceux des états généraux, n'étaient pas élus par les ordres, mais choisis par le roi. À côté de nobles et de prélats, les assemblées des notables comprenaient généralement des magistrats, des docteurs de l'Université, des représentants des villes importantes. Leur institution remonte au Moyen Âge. Tombée en désuétude sous Louis XIV et Louis XV, l'institution fut ressuscitée pour essayer de résoudre la crise qui précéda la Révolution.

Aux prises, en effet, avec une crise financière qu'avait aggravée la guerre d'Amérique et sachant que les réformes qu'il préparait se heurteraient à la résistance des parlements (v.), le ministre Calonne (v.), à la fin de 1786, conseilla à Louis XVI de convoquer une assemblée des notables, ce qui revenait, pour le trône, à chercher appui sur la représentation nationale.

Convoquée par Louis XVI le 29 déc. 1786, l'assemblée des notables se réunit à Versailles le 22 févr. 1787. Elle comprenait 144 membres, princes du sang, grands seigneurs, prélats, magistrats, représentants des pays et des villes. Calonne proposa à l'assemblée un vaste programme comprenant : la suppression des corvées ; l'établissement d'assemblées provinciales qui, chargées de la répartition de l'impôt, comprendraient des propriétaires nobles et roturiers et où l'on voterait, non par ordre, mais par tête ; la liberté du commerce des grains et la suppression des douanes intérieures ; enfin, le remplacement des vingtièmes par un impôt foncier nouveau, la subvention territoriale, qui frapperait tous les propriétaires, privilégiés ou non. Ce programme, inspiré de celui de Turgot, fut fraîchement accueilli par les notables, qui, s'ils acceptèrent le principe des assemblées provinciales, rejetèrent le vote par tête et surtout la subvention territoriale. Les notables obtinrent le renvoi de Calonne (avr. 1787). Ce qu'ils lui avaient refusé, ils l'accordèrent à son successeur, Loménie de Brienne, en comptant bien que la résistance des parlements mettrait les réformes en échec. L'assemblée des notables fut close le 25 mai. Son échec ne laissait d'autre recours à Louis XVI qu'un coup d'État royal, comme celui qui avait brisé les parlements en 1771, ou la convocation des États généraux, déjà réclamée par La Fayette, lequel siégeait parmi les notables. Quand les états eurent été convoqués (août 1788), l'assemblée des notables eut à nouveau à siéger, du 5 oct. au 12 déc. 1788, pour décider si le vote aux états aurait lieu par tête ou par ordre. Suivant le vœu du parlement et des privilégiés, les notables se prononcèrent pour le vote par ordre, qui désavantageait le tiers état. Voir **Calonne**, **Loménie de Brienne** et **France**.

NOUR ED-DIN MAHMOUD el-Malik el-Adil (* Damas, 21.II.1116, † Damas, 15.V.1174). Atabeg (protecteur) d'Alep (1146/74). Fils et successeur de Zenghi, qui s'était rendu indépendant des sultans seldjoukides dans son gouvernement de Syrie septentrionale, il fit d'Alep sa capitale (1146) ; la même année, il reprit Édesse, ce qui déclencha la deuxième croisade. Toute sa vie fut un long combat contre les chrétiens. Il vola d'abord au secours de Damas et força les croisés à en lever le siège (sept. 1148), puis enleva aux Francs ce qui restait de l'ancien comté d'Édesse, défit le prince d'Antioche à Inab (30 juin 1149), s'empara d'Apamée (juill.) et enfin annexa Damas, où il établit sa résidence (1154), faisant ainsi à son profit l'unité de la Syrie musulmane. Il porta ensuite ses efforts vers l'Égypte, et, au terme de trois expéditions (1163/69), il imposa aux Fatimides un vizir de son choix, Saladin. Deux ans plus tard, celui-ci abolit le califat fatimide et se proclama sultan (1171). Nour ed-Din comprit que son jeune lieutenant devenait pour lui un rival redoutable, et il s'apprêtait à marcher contre Saladin lorsqu'il mourut. Voir **Syrie**. La Syrie médiévale et ottomane (640/1918).

NOURI ES-SAID (* Bagdad, 1888, † Bagdad, 14.VII. 1958). Homme politique irakien. D'abord officier dans l'armée ottomane, il se rallia en 1916 à la révolte arabe et devint un des proches conseillers de l'émir Fayçal, roi d'Irak en 1921. Chef du parti de l'Union constitutionnelle, de tendances conservatrices, il fut quatorze fois Premier ministre à partir de 1930. Adversaire résolu du communisme et du sionisme, il contribua, en 1945, à la fondation de la Ligue arabe, mais resta partisan d'une politique de collaboration avec l'Angleterre et les puissances occidentales, ce qui lui valut l'hostilité des panarabistes extrémistes. Ceux-ci ne lui pardonnèrent pas d'avoir été l'instigateur du pacte de Bagdad (1955). Opposé aux ambitions nassériennes, il répondit à la fédération de l'Égypte et de la Syrie dans la République arabe unie par la création d'une fédération hachémite Irak-Jordanie (févr. 1958). Il fut mis à mort, avec le jeune roi Fayçal II, lors du coup d'État du général Kassem. Voir **Nasser** et **Irak**.

NOUVELLE-ANGLETERRE, *New England.* Nom donné dès le XVIIe s. à un groupe de quatre colonies établies dans le nord-est des États-Unis actuels, sur la côte atlantique : New Hampshire, Massachusetts, Connecticut, Rhode Island. Peuplée en majorité de puritains, la Nouvelle-Angleterre connut longtemps un régime d'austère théocratie (chasse aux sorcières) qui se conciliait néanmoins avec des institutions démocratiques beaucoup plus développées que dans les colonies du Sud, dont l'économie essentiellement agricole était fondée sur l'esclavage. De 1643 à 1664 exista une Confédération de la Nouvelle-Angleterre, groupant les colonies de la baie du Massachusetts, de Plymouth, du Connecticut et de New Haven. Sauf durant cette période, le terme de Nouvelle-Angleterre n'a pas revêtu de signification politique. Cette région fut à l'avant-garde du combat pour l'indépendance ; elle est restée dans les États-Unis un pays de traditions et de vieille culture ce dont témoigne l'université Harvard, fondée dès 1636.

NOUVELLE-CALÉDONIE. Territoire français situé à l'E. de l'Australie et constitué de trois parties, la Grande Terre, l'archipel des îles Loyauté (Ouvéa, Lifou, Tiga, Maré) et l'île des Pins ; capitale *Nouméa*. Cook la découvrit le 4 sept. 1774. En 1843, des missionnaires français allèrent y évangéliser les Canaques, et, à la suite du massacre des marins français de l'*Alcmène* par les indigènes, la France prit possession de l'île en 1853. La capitale, Nouméa, créée l'année suivante, porta d'abord le nom de Port-de-France. Dépendante de Tahiti jusqu'en 1860, la Nouvelle-Calédonie servit de colonie pénitentiaire de 1864 à 1896 ; les condamnés de la Commune y furent déportés en 1872. En 1878, après une révolte des indigènes durement réprimée, les populations canaques furent regroupées dans des réserves. Ralliée à de Gaulle dès 1940, la Nouvelle-Calédonie participa à la création du bataillon du Pacifique et les troupes américaines s'y établirent en 1942 afin de prévenir un débarquement japonais.

Devenue Territoire d'outre mer en 1946, la Nouvelle-Calédonie, après la mise en place de la loi-cadre Defferre (v.), confirma son statut par un référendum en 1958 et connut jusqu'en 1972 un essor économique important grâce à ses exportations de nickel (3e rang mondial). À partir de 1974, des revendications indépendantistes se développèrent. Le parti de l'Union calédonienne (UC), fondé en 1951 par Maurice Lenormand sur le programme « Deux couleurs, un seul peuple », se radicalisa sous la pression du Palika (parti de libération kanak) créé en 1975 par la réunion de deux mouvements, les « Foulards rouges » et le « Groupe 1878 ». En 1977, l'UC, dont Jean-Marie Djibaou, maire de Hienghène, était vice-président, adopta une « motion sur l'indépendance de la Nouvelle-Calédonie ». Face à l'UC, un nouveau parti, le RCPR (Rassemblement pour la Calédonie dans la République) apparut en 1977/78, sous la direction de Jacques Lafleur et de Dick Ukeiwé. Aux élections de 1979, le Front indépendantiste (FI) à peine constitué obtint 35 % des voix. Une réforme foncière proposée en 1978 (projet Dijoud) a été poursuivie par les différents gouvernements français ; elle portait sur environ 100 000 hectares dont les tribus mélanésiennes avaient été dépossédées et qui, rachetés avec des fonds publics, ont été attribués à des communautés mélanésiennes.

De 1984 à 1988, le pays a connu des incidents dramatiques. En 1984, le Front indépendantiste devenu FNLKS (Front de libération nationale kanak socialiste) décida de boycotter les élections, sous prétexte de réserver le droit de vote aux autochtones, donc aux Kanaks, et créa un gouvernement provisoire de la Kanaky, dont J.-M. Djibaou était le président. Après l'échec du projet Pisani d'indépendance dans l'association (1985), les dramatiques événements de l'île d'Ouvéa furent marqués par la mort de 4 gendarmes (21 avr. 1988) et de 19 indépendantistes. Les représentants des deux principales composantes politiques, Jacques Lafleur pour le RCPR et Jean-Marie Djibaou pour le FNLKS, signèrent alors les accords de Matignon (26 juin 1988) proposés par le gouvernement métropolitain de Michel Rocard et complétés par les accords Oudinot. Le référendum de confirmation (6 nov. 1988) obtint en métropole 80 % de « oui » (mais avec 63 % d'abstentions) et 57 % de « oui » en Nouvelle-Calédonie. Ces accords repoussaient à dix ans (1998) le référendum sur l'autodétermination du territoire et mettaient en œuvre un important programme de scolarisation et de développement afin de favoriser l'apparition d'une élite mélanésienne et de rééquilibrer les trois nouvelles provinces, celles du Nord et des îles Loyauté dirigées par les Kanaks et celle du Sud à majorité européenne (les « caldoches »).

Malgré l'assassinat, le 4 mai 1989, des deux leaders du FNLKS, J.-M. Djibaou et Yeiwéné Yeiwéné par des extrémistes canaques, la situation semblait s'apaiser. Le 15 février 1996, le leader du FNLKS, Rock Wamytan déclara renoncer à revendiquer l'indépendance. En 1998, le référendum, limité cette fois à la Nouvelle-Calédonie transféra à un gouvernement local un nombre important de pouvoirs. Aux premières élections du congrès de Nouvelle-Calédonie en mai 1999, le RPCR n'obtint pas la majorité absolue et dut s'allier avec les indépendantistes modérés de la Fédération des comités de coordination des indépendantistes (FCCI). Un membre du RPCR devint président du premier gouvernement de Nouvelle-Calédonie, gouvernement collégial élu par le congrès et dans lequel le FLNKS n'obtint que 4 sièges sur 11. Voir **Dom-Tom**.

NOUVELLE-ÉCOSSE, *Nova Scotia*. Province la plus orientale du Canada, constituée par une longue péninsule que borne au N.-O. le Nouveau-Brunswick, auquel elle est rattachée par un isthme étroit ; capitale *Halifax*. Pourvue d'un gouvernement responsable dès 1848, la Nouvelle-Écosse entra dans la Confédération canadienne en 1867. Voir **Acadie**.

NOUVELLE-ESPAGNE, *Nueva España*. Nom donné à la vice-royauté espagnole d'Amérique du Nord fondée en 1535 par Antonio de Mendoza. Son territoire correspondait approximativement à celui du Mexique actuel, sauf pour la frontière nord, qui a beaucoup varié jusqu'à la fin de la vice-royauté, en 1823.

NOUVELLE-FRANCE. Première appellation du Canada (v.).

NOUVELLE-GRENADE, *Nueva Granada*. Ancienne vice-royauté espagnole du nord de l'Amérique du Sud créée en 1739. Elle s'étendait sur les territoires actuels de la Colombie, de l'Équateur, du Venezuela et de Panamá, qui constituèrent, de 1819 à 1830, la Grande-Colombie.

NOUVELLE-GUINÉE, en angl. *New Guinea*, en néerl. *Nieuw Guinea*. Île de l'océan Pacifique, située au N. de l'Australie. Voir **Papouasie-Nouvelle-Guinée**.

NOUVELLES-HÉBRIDES. Archipel de l'océan Pacifique, au N.-E. de la Nouvelle-Calédonie. Voir **Vanuatu**.

NOUVELLE-ZÉLANDE, *New Zealand*. Archipel du Pacifique Sud, situé au S.-E. de l'Australie et composé principalement de deux îles séparées par le détroit de Cook, North Island (l'île du Nord) et South Island (l'île du Sud) ; cet archipel forme un État membre du Commonwealth ; capitale *Wellington*.

Occupée sans doute à la fin du Ier millénaire de notre ère par un peuple polynésien, les Maoris, la Nouvelle-Zélande fut découverte en déc. 1642 par le navigateur hollandais Tasman, qui lui donna le nom qu'elle porte encore aujourd'hui. Aucun Européen n'y revint avant le voyage de Cook, en 1769. À partir de 1814, des missionnaires anglais entreprirent la conversion des Maoris. Des tentatives de colonisation européenne furent faites à partir de 1826, et, en 1837, un aventurier anglo-belge, le baron de Thierry, tenta de se tailler un royaume dans le nord-ouest de l'archipel. À la suite de la fondation par Wakefield de la Compagnie de la Nouvelle-Zélande (1839), le premier établissement durable de colons britanniques fut fondé au début de 1840.

Par le traité de Waitangi (6 févr. 1840), la plupart des chefs maoris reconnurent la souveraineté britannique et obtinrent en échange la garantie de la possession de leurs terres. Mais l'occupation illégale de terres indigènes par les colons entraîna les sanglantes guerres maories de 1843/48 et de 1860/69. Elles furent suivies par une politique systématique de confiscation des terres ; décimés par la répression et par les épidémies, les Maoris, dont le nombre était estimé à quelque 100 000 lors de l'arrivée des Européens, n'étaient plus que 40 000 à la fin du XIXe s. tandis que la découverte de l'or (1861) provoquait un nouvel afflux de colons.

Érigée en colonie (1851), la Nouvelle-Zélande fut pourvue d'une Constitution (1852) et d'un gouvernement autonome (1856). De 1870 à 1890, les conservateurs furent presque constamment au pouvoir, avec Harry Atkinson. L'introduction du suffrage universel masculin (1889) permit la victoire des libéraux, qui, pendant vingt ans, dirigèrent le pays avec John Ballance (1891/93), Richard Seldon (1893/1906) et Joseph Ward (1906/11).

Après avoir participé en 1891 à la convention fédérale de Sydney, la Nouvelle-Zélande refusa finalement d'entrer dans le Commonwealth australien et obtint un statut de dominion au sein de l'Empire britannique (26 sept. 1907). Les libéraux firent de la Nouvelle-Zélande une des démocraties les plus avancées du monde. Elle fut la première à introduire le suffrage universel féminin (1893). Dès la fin du XIXe s., une série de lois sociales favorisa le développement du syndicalisme, introduisit une procédure d'arbitrage dans tous les conflits du travail (1894), institua le repos hebdomadaire (1894), la journée de huit heures (1897) et l'assurance vieillesse (1898). À partir de 1906, les libéraux furent affaiblis sur leur gauche par les progrès du courant socialiste, qui s'organisa en 1913, sous la forme d'un Labour Party de tendances sociales-démocrates. Les élections de 1911 virent la victoire du parti de la Réforme (conservateur) au pouvoir jusqu'en 1928.

Les Néo-Zélandais participèrent à la Première Guerre mondiale en levant plus de 100 000 volontaires, qui, mêlés aux Australiens dans les divisions ANZAC (Australian and New Zealand Army Corps), s'illustrèrent aux Dardanelles, en Palestine et sur le front français. Conquise en 1914, l'île allemande de Samoa fut placée en 1920 sous mandat néo-zélandais. Réorganisés sous le nom de Parti Uni (United Party), les libéraux revinrent au pouvoir avec Ward en 1928. Aux prises avec la crise économique mondiale, qui affectait particulièrement la Nouvelle-Zélande, exportatrice de matières premières, ils formèrent en 1931 une coalition avec les conservateurs. Mais le Labour Party l'emporta aux élections de 1935. À la tête du gouvernement jusqu'en 1949 (en coalition avec les autres partis durant la Seconde Guerre mondiale), les travaillistes nationalisèrent la Banque de réserve et les chemins de fer, puis, en 1945, la Banque de Nouvelle-Zélande et les transports aériens ; ils imposèrent la fixation d'un salaire minimum (1936), développèrent la sécurité sociale (1938) et nationalisèrent la médecine (1941).

Au pouvoir pratiquement sans interruption de 1949 à 1984, le parti national du conservateur Robert Muldoon pratiqua une politique d'étroite alliance avec les États-Unis. La Nouvelle-Zélande devint membre de l'ANZUS (v.) et de l'OTASE. En 1965, des unités néo-zélandaises d'artillerie furent envoyées au Viêt-nam du Sud pour y combattre aux côtés des Américains. Les travaillistes modifièrent sensiblement la politique étrangère néo-zélandaise ; pendant leur bref intermède de 1972 à 1975, ils reconnurent la Chine populaire. Puis, revenus au pouvoir de 1984 à 1989, ils affirmèrent, par la voix du Premier ministre David Lange, des options antinucléaires qui opposèrent la Nouvelle-Zélande à la France (affaire Greenpeace (v.) en 1984) et aux États-Unis. La Nouvelle-Zélande fut exclue de l'ANZUS. Les travaillistes mirent aussi en place une politique radicale de réglementation de l'économie (1984-1987) qui leur fit perdre les élections d'octobre 1990 mais qui fut poursuivie par le nouveau Premier ministre conservateur Jim Bolger. L'introduction, par référendum en 1993, du scrutin proportionnel renforça le poids des petits partis. Ainsi, aux élections d'oct. 1996, le parti national, n'ayant pas obtenu la majorité absolue, dut s'allier au parti nationaliste New Zealand First. Aux élections législatives anticipées de nov. 1999 une coalition du parti travailliste avec le parti de l'Alliance (gauche traditionnelle) porta au pouvoir la travailliste Helen Clark. Parmi les dossiers importants sur lesquels s'engagea la nouvelle coalition figuraient la revalorisation des retraites, la restauration de la législation du travail et l'aide aux Maoris (13 % de la population).

NOVGOROD. Ville de Russie, au S.-E. de Saint-Pétersbourg, sur le Volkhov, à sa sortie du lac Ilmen. La seconde moitié du XIe s. fut remplie par les âpres luttes pour la suprématie entre les princes de Novgorod et ceux de Kiev. Centre des relations commerciales entre les terres russes et les pays de la Baltique et de la mer du Nord, Novgorod demeurait étroitement attachée aux peuples scandinaves. En Russie, sa puissance s'étendait vers l'O. jusqu'à la Dvina occidentale ; vers le N. sur la Carélie, les terres finnoises, et jusqu'à la mer Blanche ; vers l'E. jusqu'à l'Oural. Outre l'agriculture, base originelle de l'économie de la principauté, se sont développés la chasse, les pêcheries, l'apiculture, les salines, les pelleteries. Ainsi s'était créée, dès le début du XIIe s., une aristocratie de propriétaires fonciers et de grands commerçants qui affirma bientôt son indépendance à l'égard des princes. La révolte de 1136 permit d'établir une assemblée de notables urbains (*vietché*), contrôlée par les patriciens ; elle exerçait le pouvoir réel par l'intermédiaire de chefs élus, les *tyssiatskis* (chefs militaires) et les *possadniks* (chefs civils), sans lesquels les princes, bientôt eux-mêmes électifs, ne pouvaient prendre aucune décision importante. L'arbitre de toute la vie politique était l'évêque, élu par le vietché depuis 1156. Le développement économique et social de Novgorod avait provoqué dans la principauté de violentes tensions sociales, qui se manifestèrent au XIIIe s. par des soulèvements d'artisans et de paysans. De nombreux marchands étrangers s'étaient établis à Novgorod. Au milieu du XIIe s., les Suédois possédaient dans la ville l'église Saint-Olav, et les Allemands, à partir de 1184, l'église Saint-Pierre ; aux XIIIe/XIVe s., la Hanse monopolisa tout le commerce extérieur de la riche principauté.

Vers la fin du XIIe s., Novgorod commença à être menacée par l'expansion germanique. Après la fondation de Riga, l'ordre des Porte-Glaive, solidement installé en Livonie, multiplia les incursions dans le territoire de Novgorod, où l'influence germanique ne cessait de grandir, malgré les victoires d'Alexandre Nevski sur les Suédois (bataille de la Neva, 1240) et sur les chevaliers Porte-Glaive livoniens (bataille sur la glace du lac Peïpous, 1242). À l'E., Novgorod sut défendre son indépendance contre les princes de Souzdal (victoire de la Lipitza, 1216), et la principauté eut la chance d'être épargnée par les invasions mongoles de Batou Khan, arrêté non loin de la ville de Novgorod par des inondations (1238). Au XVe s., Novgorod tenta de défendre son indépendance contre l'expansion de Moscou en signant, en 1471, un traité avec le grand-prince de Lituanie et le roi de Pologne Casimir IV, mais le petit peuple des villes et des campagnes se tournait vers Moscou contre l'aristocratie marchande. Par sa victoire sur la Chelon (1471), le grand-prince de Moscovie porta un coup fatal à Novgorod, définitivement annexée par Moscou en 1478. Au XVIe s., les velléités d'autonomie de Novgorod furent très violemment réprimées par Ivan le Terrible (massacres de 1570).

NOVI PAZAR ou **NOVI BAZAR.** Ville d'ex-Yougoslavie, sur la Rachka. Appelée au Moyen Âge *Rassa* ou *Rachka*, elle fut le centre de l'ancienne Serbie. conquise par les Turcs au XVe s., elle devint le chef-lieu d'un *sandjak* (circonscription) du *vilayet* (province de l'Empire ottoman) de Kosovo. En 1878, ce sandjak, qui formait un étroit couloir séparant la Serbie du Monténégro, fut occupé militairement par l'Autriche-Hongrie. Restitué aux Turcs en 1908, le sandjak de Novi Pazar fut conquis par les Serbes durant la première guerre balkanique et partagé entre la Serbie et le Monténégro par le traité de Londres (30 mai 1913). En 1918, la région fut rattachée au royaume des Serbes, Croates et Slovènes, devenu royaume de Yougoslavie en 1929. Peuplé de Serbes et de musulmans, le sandjak fut, en 1946, partagé entre les républiques yougoslaves de Serbie et de Monténégro. Lorsque la guerre éclata en Bosnie-Herzégovine (v.), en 1992, la population musulmane quitta massivement la région pour les territoires de Bosnie contrôlées par les musulmans.

NOVOTNÝ Antonín (* Letnany, près de Prague, 10.XII.1904, † Prague, 28.I.1975). Homme politique tchécoslovaque. Ancien ouvrier serrurier, militant communiste dès la fondation du parti en 1921, délégué en 1935 au VIIe congrès du Komintern à Moscou, il fut arrêté par la Gestapo en 1941 et envoyé au camp de Mauthausen. Secrétaire du parti pour la région de Prague (1945), membre (1946) puis secrétaire (1951) du Comité central, il contribua à l'élimination de Slanský, exécuté pour « titisme », et, à la mort de Gottwald, devint premier secrétaire du parti (1953), poste qu'il conserva après avoir accédé à la présidence de la République (1957). Resté très attaché au stalinisme, il freina aussi longtemps qu'il put le « dégel » en Tchécoslovaquie. En butte à une opposition grandissante au sein même du parti communiste, il dut céder son poste de secrétaire du parti à Dubcek (janv. 1968), puis abandonna la présidence de la République (mars 1968) et, durant le « printemps de Prague », fut même suspendu du parti. Réhabilité secrètement après la « normalisation », en 1971, il ne joua plus de rôle politique officiel. Voir TCHÉCOSLOVAQUIE. La Tchécoslovaquie, démocratie populaire.

NU U (* Wakema, Myaungmya, 25.V.1907, † Rangoon, 14.II.1995). Homme politique birman. Voir BIRMANIE.

NUBIE. Région de l'Afrique du Nord-Est ancienne qui s'étendait depuis Assouan et la première cataracte au N. jusqu'à Khartoum au S., et de la mer Rouge à l'E. au désert de Libye à l'O. À l'époque des pharaons, cette région était connue sous le nom de *pays de Kouch* : les Grecs et les Romains l'appelèrent *Éthiopie*. Les premières traces de civilisation en Nubie remontent au paléolithique inférieur.

Dès les premières dynasties de l'Ancien Empire égyptien, les pharaons songèrent à la colonisation de ces « pays du Sud ». La Basse-Nubie ou Ouaouat fournit très tôt bois, métaux précieux, et des mercenaires aux armées égyptiennes. Au début du Moyen Empire, les pharaons de la XIIe dynastie, Amenhémat Ier et Sésostris Ier, occupèrent la Nubie jusqu'à Semna, au-delà de la deuxième cataracte (vers 1962 av. J.-C.). Entre Éléphantine et Semna furent construites quatorze forteresses. La pénétration égyptienne atteignit bientôt Kerma, au-delà de la troisième cataracte. Ce premier âge de la colonisation égyptienne prit fin avec l'occupation de l'Égypte par les Hyksos. Mais, au début du Nouvel Empire, Aménophis Ier réoccupa la région précédemment fortifiée (vers 1525 av. J.-C.) et un vice-roi égyptien fut installé à Kerma. D'autres souverains de la XVIIIe dynastie portèrent la domination égyptienne jusqu'à Kourgous, entre la quatrième et la cinquième cataracte. L'égyptianisation de la Nubie fut menée par un corps permanent de fonctionnaires et par un clergé égyptien qui assurait la liaison spirituelle entre Thèbes et les pays du Sud : des temples furent construits à Soleb, à Sedenga, à Barkal ; celui d'Abou Simbel fut construit plus tard, par Ramsès II (XIIIe s. av. J.-C.).

La période de morcellement qui suivit l'affaiblissement de l'État égyptien correspond, en Égypte, à celle des dynasties libyennes (X[e]/VIIIe s. av. J.-C.) Le pays de Kouch recouvra son indépendance, sans rejeter toutefois la civilisation égyptienne. Vers la fin du Xe s. av. J.-C., le roi indépendant de Kouch établit sa capitale à Napata, en amont de la quatrième cataracte, près de la montagne sacrée du djebel Barkal, où Thoutmosis III avait édifié un temple à Amon. Les rapports de la Nubie avec l'Égypte étaient donc loin d'être rompus. Au VIIIe s. av. J.-C., le roi de Kouch, Kachta, entreprit de rétablir sous son autorité l'unité politique de la vallée du Nil. Vers 715 av. J.-C., son fils, Chabaka, était maître de la Thébaïde et du Delta, et pouvait se proclamer « unique pharaon de Kouch et de l'Égypte ». Il assura l'autorité de la XXVe dynastie, dite nubienne ou éthiopienne, mais celle-ci, vaincue par Assarhaddon, roi d'Assyrie, en 671, dut évacuer le Delta et se replier dans le Sud. Une éphémère tentative de rétablissement fut entreprise par le prince nubien Tanoutamon (ou Tantamani) en 664/63, mais les Nubiens durent abandonner la Thébaïde elle-même en 656. Ils ne retrouvèrent jamais une puissance suffisante pour intervenir dans les affaires égyptiennes, mais les descendants de la XXVe dynastie continuèrent à régner pendant plus d'un millénaire, d'abord à Napata, puis, à partir du début du VIe s. av. J.-C., plus au sud, à Méroé, entre la cinquième et la sixième cataracte. Ce royaume de Méroé connut encore une belle période au IIIe s. av. J.-C., mais il s'africanisa de plus en plus et perdit le contact avec la civilisation égyptienne et méditerranéenne. Il disparut complètement entre 320 et 350 de notre ère, sous les coups du roi éthiopien d'Aksoum.

Vers le milieu du VIe s., les habitants de la Nubie furent convertis au christianisme, et de petits royaumes chrétiens se formèrent entre Khartoum et Napata. Le royaume de Dongola (v.) fut soumit au tribut par les musulmans en 652, mais il resta chrétien jusqu'à sa destruction par les mamelouks d'Égypte, au XIVe s.

NUCLÉAIRES (armes). La désintégration de l'uranium par des neutrons (Otto Hahn, 1938) mit au jour le phénomène de la « fission », qui permettait de libérer des quantités colossales d'énergie ; l'idée s'imposa dès 1939 qu'il était possible de produire une réaction en chaîne, ce qui fut démontré, en 1942, par la pile atomique construite à Chicago par Fermi. Dès l'été 1939, divers savants américains (entre autres G. B. Pegram) et des savants des pays de l'Axe réfugiés aux États-Unis (Einstein, Fermi) attirèrent l'attention du président F. D. Roosevelt sur les possibilités d'application militaire de la fission nucléaire ; dès févr. 1940, un budget spécial fut consacré à ces recherches. En 1943, un laboratoire chargé des études sur la bombe atomique fut créé sous la direction de J. R. Oppenheimer à Los Alamos, dans le désert du Nouveau-Mexique. La première explosion expérimentale d'une bombe atomique eut lieu au Nouveau-Mexique, sur le terrain de la base aérienne d'Alamogordo, le 16 juill. 1945. Le président Truman décida d'employer la nouvelle arme pour amener le Japon à la reddition. Après que l'ultimatum de Potsdam eut menacé le Japon d'une « destruction rapide et complète », le 6 août 1945, à 8 h 15 du matin, la bombe atomique fut lancée sur la ville d'Hiroshima (v.). Trois jours plus tard, le 9 août, une seconde bombe atomique fut lancée sur Nagasaki (v.). Le recours à l'arme atomique ne suscita, dans l'immédiat, que de très rares protestations (parmi lesquelles celles du Saint-Siège et d'Albert Camus).

Jusqu'en 1949, les États-Unis conservèrent le monopole de l'arme nucléaire. Cependant, l'URSS, en juin 1946, à l'ONU, repoussa le plan du délégué américain Baruch, qui proposait la création d'un organisme international chargé de contrôler la production et les applications de l'énergie atomique. Le 23 sept. 1949, les Soviétiques firent enfin exploser leur première bombe atomique expérimentale. Mais déjà, les savants mettaient au point le nouveau type de bombe impliquant des réactions de fusion. Cette « bombe thermonucléaire » ou « bombe à hydrogène » (bombe H) fut expérimentée pour la première fois par les Américains dans l'atoll d'Eniwetok, le 1er nov. 1952. L'URSS à son tour fit exploser une bombe (12 août 1953). La Grande-Bretagne, qui avait étroitement collaboré aux recherches américaines pendant la Seconde Guerre mondiale, fit exploser sa première bombe A le 3 oct. 1952 et sa première bombe H le 15 mai 1957. La première bombe A française fut expérimentée à la base de Reggane (Sahara), le 13 févr. 1960, et la première bombe thermonucléaire à Mururoa, dans le Pacifique, le 24 août 1968. À cette date, la Chine populaire possédait déjà sa bombe A (16 oct. 1964) et sa bombe H (17 juin 1967). L'Inde procédait en 1974 à une explosion nucléaire.

Pour maintenir l'« équilibre de la terreur », les deux supergrands se sont efforcés de limiter la dissémination de l'arme nucléaire. Ils décidèrent (traité de Moscou, 5 août 1963) de mettre fin aux expériences nucléaires dans l'atmosphère et sous-marines. Puis ils signèrent, le 1er juill. 1968, un traité de non-dissémination des armes nucléaires (v. NON-PROLIFÉRATION) auquel adhéra la Grande-Bretagne, mais non la France et la Chine.

Le traité d'Interdiction complète des essais nucléaires (v.), proposé à la signature des nations déjà pourvues de l'arme nucléaire, ou en cours de recherche pour la mettre au point, n'a pas été signé par plusieurs pays : l'Inde et le Pakistan, par exemple, puissances « nucléaires » depuis 1974 et 1987 respectivement, mais dont les essais n'ont été officiellement « déclarés » qu'en 1998. L'Afrique du Sud a renoncé aux armes qu'elle avait construites ; la Biélorussie, l'Ukraine et le Kazakhstan ont renoncé aux armes nucléaires stockées sur leur sol au temps de l'ex-URSS. Les représentants de l'Agence internationale de l'Énergie atomique (AIEA) n'ont pu trouver trace de la préparation d'armes nucléaires sur le sol de l'Irak (2002-2003). Mais la frontière entre l'emploi de l'énergie nucléaire à usage civil ou à usage militaire, est difficile à établir. Des pays comme l'Algérie et le Brésil se sont engagés à ne pas se lancer dans les recherches pour la fabrication de ces armes. Mais l'Iran impose à l'AIEA une grande vigilance, tandis que la Corée du Nord, qui se refuse à tout contrôle, dispose probablement de l'arme atomique qu'elle utilise comme une menace dans un jeu diplomatique compliqué.

Le coût élevé pour constituer et entretenir de tels armements, mais aussi les progrès dans la précision des tirs et la fiabilité des charges ont contribué, avec l'apparition d'une série d'accords (v. **Salt** et **Start**) entre URSS et États-Unis, à une diminution et à une neutralisation des armes tactiques (de portée inférieure à 1 000 km) et à une réduction des deux tiers du nombre des armes stratégiques (de portée supérieure à 5 500 km). Le maintien des forces nucléaires au seuil le plus bas possible, comme arme de dissuasion et non d'emploi, préconisé par la doctrine française, prévaut désormais chez les cinq puissances nucléaires militaires, qui se sont aussi prononcées pour une cessation, à partir de 1996, de tout essai nucléaire et pour une politique de non-prolifération dans l'avenir. Voir **Agence internationale de l'Énergie atomique**, **Interdiction complète des essais nucléaires (traité d')**, **Guerre froide et détente** et **Non-prolifération (traité de)**.

NUIT DE CRISTAL. Voir **Cristal (nuit de)**.

NUIT DES LONGS COUTEAUX. Voir **Longs couteaux (nuit des)**.

NUIT ET BROUILLARD (décret), *Nacht und Nebel Erlass*. Directive promulguée par Hitler le 7 déc. 1941, en vertu de laquelle les personnes coupables de crimes contre le Reich ou contre les troupes d'occupation allemandes, à l'exception des cas où la peine de mort devait être infligée sans hésitation, seraient déportées clandestinement en Allemagne, sans qu'aucune information fût donnée sur leur sort à leurs familles. Cet ordre, destiné à assurer « une intimidation efficace et durable », fut complété par une directive de Keitel du 12 déc. 1941.

NULLIFICATION. Dans l'histoire des États-Unis au XIXe s., doctrine selon laquelle tout État avait le droit de tenir pour nulle toute décision du gouvernement fédéral qui n'était pas expressément autorisée par la Constitution fédérale de 1787. Cette doctrine, qui se réclamait des résolutions du Kentucky et de la Virginie, rédigées en 1798/99 par Jefferson et par Madison, eut pour principal représentant, dans les années 1830, John C. Calhoun. En 1832, la Caroline du Sud refusa, au nom de la doctrine de la nullification, les nouveaux impôts votés par le Congrès fédéral. Sur la question beaucoup plus grave de l'esclavage, la doctrine de la nullification devait aboutir, en 1861, à la sécession des États du Sud.

NUMA POMPILIUS. Second roi légendaire de Rome (715/672 av. J.-C. ?). Sabin de Cures et gendre du roi sabin Tatius, qui avait conclu un accord avec Romulus après l'enlèvement des Sabines, il fut choisi comme roi par les Romains à la mort de ce dernier. Pieux et pacifique, il fonda les collèges religieux des saliens, des vestales, des pontifes, des flamines, des féciaux ; il divisa l'année en douze mois et imposa la distinction des jours fastes et néfastes. Son règne, comme celui de ses deux successeurs le Latin Tullus Hostilius, et le Sabin Ancus Martius, marque l'entente des Latins, installés sur le Palatin, le Capitole et l'Aventin, avec les Sabins installés au Quirinal et au Viminal. Voir **Rome. Les origines légendaires**.

NUMIDIE. Ancienne contrée de l'Afrique du Nord, qui s'étendait à l'O. des possessions de Carthage jusqu'à la Moulouya. Au IIIe s. av. J.-C., la Numidie était partagée politiquement en deux royaumes berbères : à l'E., le royaume des Massyles (qui correspondait à la partie orientale de l'actuel Constantinois) ; à l'O., le royaume des Masaesyles (qui s'étendait de l'oued el-Kébir à la Moulouya). Les Numides étaient des cavaliers redoutables, aussi Rome et Carthage se disputèrent-elles leur alliance. Le jeune prince des Massyles, Massinissa, ayant été dépouillé d'une partie de ses États par Syphax, roi des Masaesyles et allié des Carthaginois, entra en pourparlers avec Scipion et vainquit Syphax grâce à l'alliance romaine (203). Désormais allié des Romains, il réalisa l'unification de la Numidie. Ses fils poursuivirent la même politique étrangère, mais, à la mort de Micipsa (118 av. J.-C.), la Numidie fut partagée entre ses deux fils, Hiempsal et Adherbal, et un fils naturel de son frère Mastanabal, l'ambitieux Jugurtha. Ce dernier s'étant débarrassé de Hiempsal, Adherbal fit appel à la médiation de Rome, qui imposa un nouveau partage (116), mais, trois ans plus tard, Jugurtha s'empara de Cirta (Constantine), tua Adherbal et massacra des commerçants romains. Entretenant par ses largesses des intelligences dans l'aristocratie et le haut commandement romains, Jugurtha réussit pendant sept années (113/05) à défier Rome, mais il fut vaincu par Marius et son lieutenant Sylla, et livré aux Romains par son beau-père, le roi de Maurétanie Bocchus. Pour récompenser ce dernier, les Romains lui donnèrent la partie occidentale du royaume numide (actuelle Oranie), tandis que l'ancienne Massylie, ou

Numidie orientale, fut partagée entre deux petits-fils de Massinissa, Hiempsal II et Mandrestal, qui régnèrent sous la suzeraineté romaine. Après la bataille de Thapsus, où Juba Ier, fils de Hiempsal, avait combattu du côté des pompéiens contre César (46 av. J.-C.), la Numidie orientale passa sous l'administration directe de Rome et devint la province d'*Africa nova*. En 25 av. J.-C., Auguste annexa également la Numidie orientale et dédommagea le roi Juba II, fils du vaincu de Thapsus, en lui donnant le royaume de Mauritanie. Voir l'histoire ultérieure de la Numidie à ALGÉRIE.

NUNAVUT. Territoire autonome du nord du Canada ; capitale *Iqalit*. Il a été créé le 1er avr. 1999 par une division des immenses territoires canadiens du Nord-Ouest, afin d'attribuer une terre aux premiers habitants de la région, les Inuit (120 000 personnes, réparties au Nunavut, en Alaska, en Sibérie et au Groenland). Le gouvernement et l'assemblée du Nunavut peuvent gérer librement 350 000 km^2 de sol mais seulement 36 000 km^2 de sous-sol. Le territoire disposant de richesses minières encore peu exploitées, le Nunavut cherche à obtenir le contrôle de la totalité du sous-sol. Situé au nord du 60e parallèle, comportant trois fuseaux horaires, le Nunavut compte 28 municipalités isolées, aux infrastructures modernes, mais aux problèmes sociaux nombreux : le taux de chômage est de 22 % en 2000, le taux de suicide des jeunes est six fois plus élevé que la moyenne canadienne, etc.

NUREMBERG (lois de). Lois antisémites promulguées à Nuremberg le 15 sept. 1935 durant le congrès du parti nazi. La « loi sur la citoyenneté allemande » enlevait aux Juifs leurs droits civiques ; la « loi sur la protection du sang allemand et de l'honneur allemand » interdisait les mariages entre Juifs et Allemands (les mariages déjà contractés étaient dissous), les relations sexuelles entre Juifs et Allemands, et défendait aux Juifs d'employer à leur service domestique des femmes allemandes de moins de quarante-cinq ans.

NUREMBERG (procès de). Procès intenté devant un tribunal militaire interallié (États-Unis, URSS, Grande-Bretagne, France) à vingt-quatre dirigeants de l'Allemagne hitlérienne et à six groupements et organisations du IIIe Reich, accusés de « crimes contre la paix » (préparation et direction d'une guerre d'agression), de « crimes de guerre » (violation des lois de la guerre) et de « crimes contre l'humanité » (génocide). À la suite de longs débats qui durèrent du 20 nov. 1945 au 1er oct. 1946, furent condamnés à la peine de mort par pendaison Goering, Ribbentrop, le maréchal Keitel, Kaltenbrunner, Rosenberg, Hans Frank, Frick, Streicher, Sauckel, le général Jodl, Seyss-Inquart, Bormann (par contumace) ; à l'emprisonnement à vie, Hess, Funk, Raeder ; à vingt ans d'emprisonnement, Schirach et Speer ; à quinze ans d'emprisonnement, Neurath ; à dix ans d'emprisonnement, l'amiral Dönitz ; les accusés Schacht, Papen et Fritzsche furent déclarés non coupables. Quatre organisations nationales-socialistes furent déclarées criminelles : NSDAP (v. NATIONAL-SOCIALISME), SS et SD (v. **SS**), Gestapo (v.). Les condamnés à mort furent exécutés le 16 oct. 1946 à Nuremberg (à l'exception de Goering, qui s'était suicidé la veille dans sa cellule). Les condamnés à l'emprisonnement furent incarcérés à la prison de Spandau à Berlin.

NYASSALAND. Ancien protectorat britannique de l'Afrique orientale, à l'O. et au S. du lac Nyassa. Voir MALAWI.

NYERERE Julius (* Butiama, 1922, † Londres, 14.X. 1999). Homme politique tanzanien. Président de la République de 1964 à 1985. Voir TANZANIE.

O

OBOTE Milton (Akokoro, district de Lango, dans le nord de l'Ouganda, 28.XII.1925). Homme politique ougandais. Président de l'Uganda People's Congress, principal parti d'opposition à la colonisation britannique, il devint Premier ministre à l'indépendance de l'Ouganda, en 1962. Il se heurta au roi du Bouganda (principale composante de l'Ouganda), qu'il contraignit à l'exil en 1966. Voir **Ouganda**.

OBREGÓN Alvaro (* Siquisiba, Sonora, 19.II.1880, † San Ángelo, Mexico, 17.VII.1928). Homme politique mexicain. D'origine paysanne, d'abord ouvrier d'usine, il prit la tête des forces de la Sonora contre Huerta et entra à Mexico (août 1914). Rallié à Carranza, il battit à plusieurs reprises Pancho Villa (v.) (1915), puis, soutenu par le parti travailliste mexicain, il se souleva contre Carranza (1920). Après l'assassinat de ce dernier, il devint président de la République (nov. 1920/24). Tout en déclenchant contre l'Église une violente persécution, il mena une grande politique sociale en s'appuyant sur les syndicalistes d'extrême gauche, prit des mesures contre les grands propriétaires, inaugura la distribution des terres et patronna la grande réforme de l'instruction publique réalisée par Vasconcelos. Il mourut assassiné par un catholique. Voir **Mexique.** L'époque contemporaine.

OBRÉNOVITCH. Famille serbe qui donna quatre souverains à la Serbie au XIXe s. Voir **Serbie**.

OBUCHI Keizo (* Nakanojo, préfecture de Gunma, Honshu, 25.VI.1937, † Tôkyô, 14.V.2000). Homme politique japonais. Élu député à 26 ans dans la circonscription de son père, il fit carrière dans l'ombre de l'ancien Premier ministre Noboru Takeshita, chef du « clan » le plus puissant du parti libéral démocrate (PLD), dont il prit la tête dans la seconde moitié des années 1990. Il devint Premier ministre en 1998, alors que le Japon s'enlisait dans une grave récession économique. Il parvint à rétablir le secteur bancaire et à relancer l'économie, mais sa popularité chuta lorsqu'il réalisa l'alliance du PLD avec le parti libéral et Komeito, bras séculier d'une secte bouddhiste. Souffrant d'une embolie cérébrale, il fut remplacé par Yoshiro Mori et mourut le 14 mai 2000.

OCCIDENT (empire d'). Le nom d'empire d'Occident (*imperium Hesperium* ou *Romanum*) fut employé par les contemporains eux-mêmes lors du partage de l'Empire romain, à la mort de Théodose (395), entre Honorius, qui régna sur l'Occident, et Arcadius, qui régna sur l'Orient. Ce partage était en germe dans la réorganisation de l'Empire réalisée par Dioclétien (v. **Rome.** L'Empire totalitaire, païen et chrétien). L'empire d'Occident disparut en 476, lorsque Odoacre déposa Romulus Augustule, mais il fut rétabli lors du couronnement de Charlemagne par le pape Léon III (Noël 800) et se prolongea dans le Saint Empire romain germanique.

OCCITANIE, *Auxitana Provincia.* Nom donné parfois, au Moyen Âge, à la Provence et aux pays de langue d'oc. Ce terme apparaît pour la première fois dans le dernier quart du XIIIe s., sous Philippe le Hardi, peu après la réunion du comté de Toulouse à la couronne de France (1271). L'administration capétienne l'utilisait pour désigner les nouveaux sujets du roi, qui parlaient une langue différente de celle du roi. Resté en usage dans l'administration jusqu'à la Révolution, il fut repris au XIXe s. par le félibrige. À la fin des années 1960, le nom d'*Occitanie* devint le drapeau d'un certain nombre d'intellectuels, professeurs, historiens, linguistes, poètes, chansonniers, qui aspiraient non seulement à une renaissance littéraire du Midi – après la longue politique d'unification linguistique poursuivie depuis la Révolution et atténuée seulement à partir de la loi Deixonne (1951), laquelle rendit une certaine place aux langues régionales dans l'enseignement – mais encore à une large autonomie, sinon à une indépendance complète du Midi dans les domaines politique et économique. Ces « Occitans », tout en mobilisant volontiers les grands souvenirs contestataires des cathares et des camisards, dénonçaient la dictature de la technocratie parisienne, l'accaparement des richesses du Midi par les firmes industrielles septentrionales, la pollution des rivages méridionaux par les touristes parisiens... Les grandes manifestations organisées pour disputer à l'armée le plateau du Larzac donnèrent une résonance populaire aux thèmes occitans développés le plus souvent par des organisations de tendances « gauchistes », telles que Lutte occitane (Robert Lafont), Poble d'Oc, la Fédération anarchiste communiste d'Occitanie, « Volem viure al païs »...

OCÉANIE (Établissements français de l'). Ancienne désignation des possessions française de l'E. du Pacifique. Voir **POLYNÉSIE FRANÇAISE.**

OCHS Pierre (* Nantes, 20.VIII.1752, † Bâle, 19.VI.1821). Homme politique suisse. Fils d'un riche patricien de Bâle établi à Hambourg, il reçut une éducation toute française. Revenu à Bâle en 1769, il devint magistrat suprême des corporations en 1790, ce qui le mettait à la deuxième place dans l'État. Il accueillit avec enthousiasme la Révolution française, noua des intelligences à Paris, en particulier avec Rewbell, et se flatta de donner à la Suisse des institutions conformes à la raison. Sans s'en rendre compte, il devint un instrument du gouvernement français : celui-ci le chargea de préparer une Constitution qui mit fin à l'ancienne Confédération des treize cantons (avr. 1798), mais Ochs concevait la Suisse sous la forme d'une république unitaire qui ne pouvait satisfaire personne. Il fut écarté par Bonaparte.

O'CONNELL Daniel (* Carhen House, près de Cahirciveen, Kerry, 6.VIII.1775, † Gênes, 15.V.1847). Homme politique irlandais. Dès 1800, il se jeta dans la lutte pour l'émancipation de l'Irlande et devint le plus influent des chefs catholiques. Il fonda en 1823, avec l'avocat Sheil, une Association catholique qui s'étendit sur toute l'Irlande. Le gouvernement anglais, alarmé, procéda à la dissolution de l'association (1825), mais celle-ci se reforma aussitôt sous un autre nom. Bien qu'inéligible parce que catholique, O'Connell fut élu triomphalement député de Clare en juill. 1828 ; l'ampleur du mouvement populaire qui portait le chef irlandais décida le gouvernement britannique à faire voter le bill d'émancipation des catholiques (13 avr. 1829) (v. **GRANDE-BRETAGNE.** Crises et réformes au lendemain d'une victoire, 1815/37), qui abolissait les dernières des incapacités civiles auxquelles les catholiques anglais avaient été soumis depuis la Réforme. O'Connell poursuivit sur le plan parlementaire sa lutte pour la liberté irlandaise.

OCTAVE. Nom de famille du futur empereur Auguste. Le Sénat lui donna, en 27 av. J.-C., le titre d'Auguste, sous lequel nous le connaissons.

OCTOBRE 1789 (journées des 5 et 6). Émeute parisienne provoquée par la disette, par la propagande alarmiste de journalistes révolutionnaires tels que Marat et Camille Desmoulins et par l'annonce d'une concentration de troupes à Versailles. Le bruit ayant couru qu'au banquet des gardes du corps (3 oct.) la cocarde tricolore avait été foulée aux pieds en présence de la famille royale, plusieurs milliers de femmes parisiennes (de 6 à 10 000), sous la conduite de Maillard, l'un des vainqueurs de la Bastille, se portèrent vers Versailles en réclamant du pain. Au matin du 6 oct., le château fut envahi par les femmes et les nombreux manifestants qui les avaient suivies ; plusieurs gardes du corps furent massacrés, et Louis XVI et la famille royale, sauvés par La Fayette et les gardes nationaux, furent amenés aux Tuileries. L'Assemblée constituante les rejoignit bientôt et s'établit dans la salle du Manège, sur la terrasse des Feuillants.

OCTOBRE 1917 (révolution d'). Insurrection déclenchée par les bolcheviks à Petrograd les 6 et 7 oct. 1917. Voir **RUSSIE.**

OCTOBRISTES. Nom donné en Russie aux membres du *groupe du 17-Octobre*, c'est-à-dire aux monarchistes constitutionnels qui approuvaient le manifeste publié par Nicolas II le 17 oct. 1905, octroyant les libertés de conscience, de réunion, de parole, d'association et une chambre législative élue. Les octobristes, qui étaient très faibles dans les première et deuxième doumas, devinrent, en 1907, le parti le plus important de la troisième douma, où ils comptaient 148 députés. Ils soutinrent la politique de Stolypine (v.). Les principaux chefs des octobristes étaient Goutchkov, Chipov et le comte Heyden. Bien qu'affaiblis par les progrès de la droite, ils restèrent, en 1912, avec 99 députés, le groupe le plus important de la quatrième douma. Après la révolution de févr. 1917, les octobristes formèrent le parti libéral républicain. Celui-ci se prononça pour la poursuite de la guerre aux côtés des Alliés, mais, à la suite des manifestations organisées par les soviets de la capitale, Goutchkov dut démissionner du ministère de la Guerre (15 mai 1917).

ODA Nobunaga (* Owari, 1534, † Kyôto, 1582). Homme politique japonais. Daimyô d'Owari, il s'assura dès 1568 une dictature de fait et, en 1573, abolit le shôgunat des Ashikaga. Très hostile aux sectes bouddhiques, il massacra les moines de Heizan (1571), mais se montra favorable aux missionnaires jésuites. L'orgueil et les violences de celui qui voulait se faire adorer comme un dieu finirent par lui susciter des ennemis irréductibles, et il fut contraint de se suicider. Mais il avait posé les bases d'un État japonais centralisé, et son œuvre fut poursuivie par Hideyoshi et Ieyasu.

ODENAT ou **ODHEINAT Septimius** († Émèse, 267). Prince de Palmyre. Chef arabe d'origine nabatéenne, il se rendit à peu près indépendant sous le règne de Valérien et seconda d'abord Sapor Ier, roi des Perses, dans ses attaques contre la Syrie romaine (256). Par la suite, allié de Rome, il fut chargé par Gallien de la défense de l'Orient et infligea des pertes considérables aux Perses, qui durent se retirer jusqu'à Ctésiphon. Mais Odenat ne parvint pas à s'emparer de cette ville. Maître de Nisibe et de Carrhae, il dominait cependant toute la Syrie, étendit son influence sur l'Asie Mineure romaine et força Gallien à lui conférer le titre d'*imperator*. Il fut assassiné, probablement à l'instigation de sa seconde femme, Zénobie (v.).

ODER-NEISSE (ligne). Ligne formant la frontière occidentale de la Pologne depuis 1945. À la fin de la Seconde Guerre mondiale, l'URSS, résolue à conserver les territoires de Pologne orientale qu'elle avait annexés en 1939 à la faveur du pacte germano-soviétique, chercha à obtenir pour les Polonais une compensation à l'Ouest. Dès 1944, elle lança le projet de placer sous administration polonaise tous les territoires allemands situés à l'E. d'une ligne qui, partant de la côte de la mer Baltique, à l'O. de Swinemünde, rejoignait l'Oder au S. de Stettin, suivait le cours de l'Oder jusqu'à son confluent avec la Neisse de Lusace, puis le cours de cette rivière jusqu'à la frontière tchécoslovaque. Acceptée par le général de Gaulle à la fin de 1944, la ligne Oder-Neisse le fut aussi – mais après beaucoup de réticences – par les Anglo-Saxons, lors de la conférence de Potsdam, en juil. 1945. Cette décision enlevait à l'Allemagne environ un cinquième de sa superficie de 1938. La ligne Oder-Neisse avait été fixée par les Soviétiques pour des motifs économiques (il s'agissait d'assurer à la nouvelle Pologne le grand port de Stettin et surtout la possession de la riche région minière et industrielle de la Silésie).

En 1945, le Conseil de contrôle allié en Allemagne occupée transféra à la Pologne son autorité sur les territoires situés à l'E. de la ligne Oder-Neisse. Dans des conditions dramatiques, les populations allemandes de ces régions furent expulsées et déportées vers l'O.

Les États-Unis et la Grande-Bretagne, qui déniaient depuis 1949 toute autorité juridique à la RDA, refusèrent d'admettre ces accords et s'en tinrent aux décisions de Potsdam, en rappelant qu'aucune décision définitive sur les frontières allemandes ne pouvait être prise avant la signature d'un traité de paix avec les représentants d'une Allemagne réunifiée. Par les accords signés en 1970 avec l'URSS et la Pologne, le gouvernement de Bonn, dirigé par Willy Brandt, a reconnu *de facto* la frontière Oder-Neisse ; toutefois, cette décision n'était pas équivalente à une reconnaissance *de jure*. Dans le cadre de la réunification, la « décision commune » des parlements allemands (21 juin 1990) confirma l'inviolabilité de la frontière et la renonciation à toute revendication territoriale. Le 14 nov. 1990, l'Allemagne réunifiée et la Pologne conclurent un traité frontalier.

ODILON saint (* vers 962, † Souvigny, 1er I.1049). Cinquième abbé de Cluny à partir de mai 994, il développa considérablement la puissance de Cluny et fit passer le nombre des abbayes dépendant de l'ordre de trente-sept à soixante-cinq. Comme ses prédécesseurs, il joua un grand rôle dans la diplomatie internationale ; il fut l'ami d'Hugues Capet, de Rodolphe III de Bourgogne et de l'empereur Henri II, et contribua à l'instauration de la « paix de Dieu ». C'est lui qui introduisit dans la liturgie la fête de la Toussaint.

ODOACRE (* vers 433, † Ravenne, 15.III.493). Roi des Hérules (476/93). De la tribu germanique des Skires, il se mit au service des Romains après la destruction de sa tribu par les Ostrogoths. Il prit la tête d'une révolte des soldats germains de l'Empire et signa la fin de l'empire d'Occident en prenant Rome et en déposant Romulus Augustule (476), qu'il avait pourtant précédemment contribué à installer sur le trône. Devenu maître de l'Italie pour le compte de l'empereur d'Orient Zénon, Odoacre entama la réorganisation du pays, annexa la Sicile et protégea les marches septentrionales de la péninsule en pratiquant une politique d'amitié avec les Wisigoths de Gaule, en occupant la Dalmatie et en battant les Ruges sur le Danube. Sa puissance grandissante inquiétant Zénon, celui-ci poussa Théodoric, roi des Ostrogoths, à envahir l'Italie (489). Après trois ans de résistance, Odoacre dut capituler en 493 et fut assassiné par Théodoric.

ODON de Cluny saint (* dans le Maine, 879, † Tours, 18.XI.942). Deuxième abbé de Cluny. Il dut à ses relations familiales de devenir à dix-huit ans chanoine de Saint-Martin de Tours. Il rejoignit vers 909, à l'abbaye de Baume (-les-Messieurs), l'abbé Bernon, fondateur de Cluny. Il devint abbé de Cluny à sa mort (927), et c'est à lui que le monastère dut son premier et décisif essor. Odon fut chargé en 929 de réformer Romainmôtier, dans le Jura, puis Charlieu (930), Saint-Géraud d'Aurillac, Saint-Martial de Limoges, Saint-Martin de Tulle, Saint-Pierre-le-Vif de Sens et Fleury. En 931, un privilège du pape Jean XI l'avait autorisé à placer sous son autorité les monastères réformés. Cluny devenait ainsi un des principaux alliés de la papauté dans l'œuvre de redressement de l'Église, et Odon fut amené à trois reprises à se rendre en Italie (936, 938, 942) pour servir de médiateur dans les luttes de factions qui agitaient Rome. Il en profita pour introduire la réforme clunisienne dans plusieurs monastères italiens.

O'DONNELL. Famille irlandaise qui possédait la seigneurie de Tyrconnell mais perdit ses biens dans les luttes du XVIe s. et émigra en Espagne en 1601.

Leopoldo O'Donnell, duc de Tétouan (* Santa Cruz, Tenerife, 12.I.1809, † Bayonne, 5.XI.1867). Général et homme politique espagnol. Fils d'un général qui s'était distingué dans la guerre contre les Français, il combattit contre les carlistes et fut fait comte de Lucena. D'abord partisan de Marie-Christine, il contribua à la chute d'Espartero (1843) et devint capitaine général de Cuba, où il amassa une fortune considérable (1844/48). Réconcilié avec Espartero et allié aux progressistes, il fut un des chefs de la révolution de juin 1854, qui chassa Marie-Christine d'Espagne. Ministre de la Guerre d'Espartero, il lui succéda à la tête du gouvernement (juill./oct. 1856). Obligé de démissionner devant l'opposition de Narváez, il revint au pouvoir de 1858 à 1863 et dirigea la guerre du Maroc, qu'il termina par la victoire de Tétouan (3 févr. 1860), et il fut fait duc. Il fut une dernière fois président du Conseil en 1865/66.

ŒCUMÉNISME. Mouvement se donnant pour objectif la restauration de l'unité entre tous les chrétiens. Depuis la séparation de l'Église romaine et de l'Église d'Orient, en 1054, de nombreuses tentatives furent faites au Moyen Âge pour réunir les deux Églises, notamment aux conciles œcuméniques de Lyon (1274) et de Florence (1439). Entre catholiques et anglicans, l'idée de l'unité inspira au XIXe s. le mouvement d'Oxford (v.) et, au XXe s., les conférences de Malines (1921/25). D'autre part, les anglicans cherchaient à se rapprocher de l'Église d'Orient (création de l'Union des Églises anglicane et orientale, 1906 ; conférence de Lambeth, 1908) et des luthériens allemands (conférence de Jérusalem, 1841).

L'œcuménisme contemporain est né au sein des Églises protestantes d'une réflexion sur les problèmes missionnaires et sur les dangers de la division des chrétiens pour l'efficacité de l'évangélisation. La conférence internationale missionnaire d'Édimbourg, en 1910, marqua le début d'un courant qui se développa sur le plan théologique et ecclésiastique dans le mouvement Foi et Constitution (1910) et, sur le plan pratique de l'application à la vie sociale et économique, dans le mouvement Vie et Action (1925), qui eut pour initiateur Nathan Söderblom. À la suite des conférences tenues en 1937 à Oxford et à Édimbourg, les deux mouvements unirent leurs efforts pour préparer la naissance du Conseil œcuménique des Églises, qui tint sa première assemblée générale à Amsterdam en 1948.

Des efforts parallèles furent réalisés dès les années 1920 dans l'Église catholique ; l'abbé Paul Couturier lançait en 1935 l'idée d'une Semaine de l'universelle prière, pour l'unité de tous les chrétiens ; le P. Congar créait la collection « Unam Sanctam », consacrée aux recherches œcuméniques. Mais c'est le pape Jean XXIII qui devait orienter décidément l'Église catholique dans la voie de l'œcuménisme : les relations qu'il établit avec le patriarche de Constantinople Athénagoras Ier, l'invitation qu'il fit aux communions non catholiques d'envoyer des observateurs au IIe concile du Vatican (v.), la création d'un Secrétariat pour l'unité qui fut assimilé aux commissions conciliaires et eut ainsi la possibilité d'intervenir au concile, tous ces actes préparaient le décret sur l'œcuménisme *Unitatis redintegratio*, qui fut voté définitivement par le concile le 20 nov. 1964 et proclamé le lendemain.

Depuis lors, le Saint-Siège a continué d'entretenir des contacts étroits avec le patriarche de Constantinople et avec l'archevêque de Canterbury. Dès le 7 déc. 1965, jour des dernières promulgations des décrets conciliaires, Rome et Constantinople procédaient à la levée solennelle et simultanée des sentences d'excommunication qui, en 1054, avaient consommé le schisme d'Orient. Le Secrétariat romain pour l'unité devint un organisme permanent de la curie. Un groupe mixte Église catholique-Conseil œcuménique des Églises fut constitué et tint des réunions régulières à partir de mai 1965. Paul VI fit, en 1969, une visite officielle au siège du Conseil œcuménique à Genève, et la question de l'entrée de l'Église catholique dans le Conseil œcuménique fut désormais posée. En dépit des conseils de prudence donnés par diverses Églises, des protestants et des catholiques participèrent à des liturgies « d'intercommunion ».

Bien que trois pays luthériens (Suède, Danemark, Norvège) aient établi des relations diplomatiques avec le Vatican en 1982, il semble que le mouvement œcuménique se soit ralenti sous le pontificat de Jean-Paul II (v.). Néanmoins, à l'été 1982, un texte d'accord sur « le baptême, l'eucharistie et le ministère », conçu et réalisé par une centaine de théologiens de toutes les confessions chrétiennes, a été adressé à l'ensemble des Églises membres du Conseil œcuménique des Églises. En France, le 17 déc. 1987 a été créé le Conseil des Églises chrétiennes en France, dont les membres sont l'Église catholique de France, les Églises rattachées à la Fédération protestante et les Églises orthodoxes. Le 31 octobre 1999 à Augsbourg, luthériens et catholiques ont signé une Déclaration commune sur la Justification par la foi.

OFFICES. En France, sous l'Ancien Régime, nom donné aux charges des grands services publics stables que le roi conférait par des « lettres de provision d'office ». À la différence des *commissaires*, qui recevaient des pouvoirs pour une tâche déterminée, limitée dans l'espace et dans le temps, les *officiers* étaient titulaires des charges publiques permanentes, et leurs attributions et prérogatives étaient fixées par des ordonnances. Outre les grands officiers de la Couronne (v.), étaient également officiers la plupart des agents du roi dans l'administration générale (baillis et prévôts), dans les services judiciaires (présidents, conseillers et gens du roi dans les cours souveraines et les présidiaux), dans les services financiers et dans l'armée. Voir **VÉNALITÉ DES OFFICES.**

OFFICIALITÉS. Dans l'ancienne France, tribunaux ecclésiastiques qui étaient tenus, en théorie, par l'évêque de chaque diocèse, en fait, dès le début du XIIIe s., par son délégué toujours révocable, l'*official*, lequel appartenait au clergé diocésain. La compétence des officialités était fondée soit sur la qualité des personnes : juridiction exclusive de l'Église sur les clercs et, concurremment avec les tribunaux laïques, sur les croisés, les étudiants, les veuves et les orphelins ; soit sur l'objet du procès : affaires purement spirituelles (concernant la foi, l'hérésie, les sacrements, en particulier le sacrement de mariage) et, concurremment avec les tribunaux laïques, affaires pécuniaires se rattachant au mariage, aux testaments, à tous les actes juridiques qui avaient été accompagnés d'un acte religieux. Les officialités ne pouvaient infliger que des peines non sanglantes et, en général, furent ent spirituelles (excommunication, pénitence publique, obligation d'un pèlerinage...).

OFFICIERS DE LA COURONNE (grands). À l'époque carolingienne, il y avait dix grands officiers de la Couronne : l'apocrisiaire ou archichapelain, le grand chancelier, le chambrier, le comte du palais, le sénéchal, le bouteiller (plus tard grand échanson), le connétable, le grand maréchal des logis, le grand veneur et le fauconnier. Des lettres patentes d'Henri III, en date de 1582, portent que les grands officiers de la Couronne sont : le connétable, le chancelier le grand maître, le grand chambellan, l'amiral et les maréchaux. La charge de connétable fut supprimée par Louis XIII. Au Moyen Âge, les grands officiers de la Couronne participaient au gouvernement ; ils donnaient leur assentiment aux actes essentiels du roi en souscrivant les diplômes. Mais, à partir du XIVe s., les grands officiers furent peu à peu confinés dans des fonctions domestiques : seuls le connetable (et plus tard les maréchaux), l'amiral et le chancelier gardèrent la charge des services publics.

ŒGOEDÈI († 1241). Empereur mongol (1229/41), troisième fils de Gengis Khan. Voir **Mongols**.

OGADEN. Région du S.-E. de l'Éthiopie limitrophe de la Somalie. Voir **Éthiopie**.

O'HIGGINS Bernardo (* Chillán, 20.VIII.1778, † Lima, 24.X.1842). Homme politique chilien. Fils naturel d'un Irlandais, Ambrosio O'Higgins, devenu gouverneur du Chili et vice-roi du Pérou, il fit ses études en Angleterre, où il fut gagné aux idées libérales. Dès 1811, il prit part au soulèvement contre l'Espagne, mais s'opposa vivement à la tentative d'hégémonie des frères Carrera. Vaincu à la tête de l'armée chilienne à la bataille de Rancagua (oct. 1814), O'Higgins dut se réfugier en Argentine. Avec l'appui de San Martin, il repassa les Andes en janv. 1817, remporta sur les Espagnols la victoire décisive de Chacabuco (12 févr. 1817) et fit son entrée à Santiago, où il fut nommé « directeur suprême ». Le 12 févr. 1818, jour anniversaire de la bataille de Chacabuco, il proclama l'indépendance du Chili. Il resta au pouvoir jusqu'en 1823, mais se révéla un homme politique assez médiocre. L'appui qu'il apporta à l'expédition de San Martín au Pérou ruina le Chili ; sa politique réformatrice lui valut l'opposition des classes dirigeantes et de l'Église. Sous la pression du général Freire, il fut contraint d'abandonner le pouvoir (janv. 1823) et passa le reste de sa vie en exil au Pérou. Ses restes furent ramenés au Chili en 1869.

OKINAWA. Principale île de l'archipel des Ryukyu, située au S.-O. du Japon, entre l'archipel nippon et Taiwan (ancienne Formose). Aux mains des Japonais depuis le XVIIIe s., Okinawa fut le théâtre de la plus grande opération amphibie menée par les Américains durant la guerre du Pacifique. Commencée le 1er avr. 1945, la conquête de l'île fut achevée, malgré la résistance acharnée des Japonais et l'héroïsme des kamikazes (v.), le 25 juin 1945. Après la guerre, Okinawa resta nominalement possession japonaise, mais, par le traité de paix de 1951, le Japon délégua aux États-Unis ses pouvoirs d'administration, de législation et de juridiction. Okinawa et les îles Ryukyu constituèrent pendant longtemps un élément important du système militaire américain dans le Pacifique. Le 15 mai 1972, les États-Unis restituèrent Okinawa au Japon. Tout en maintenant une présence militaire dans l'archipel des Ryukyu, ils en retirèrent toutes leurs armes nucléaires.

OKUMA Shigenobu, marquis (* Saga, Kyu Shu, 1838, † Tôkyô, 10.I.1922). Homme politique japonais. Ministre des Finances de 1873 à 1881, il s'opposa à l'entourage autoritaire de l'empereur Meiji et fonda en 1882 le parti progressiste Kaishinto, qui réclamait l'instauration d'un gouvernement parlementaire. Ministre des Affaires étrangères dans le cabinet Kuroda (1888/89), il se retira à la suite d'un attentat. De nouveau ministre des Affaires étrangères (1896/97), puis Premier ministre (1898), il reprit la tête du gouvernement de 1914 à 1916, déclara la guerre à l'Allemagne et s'empara de Kiao-tcheou. En janv. 1915, il présenta à la Chine la fameuse note dite des « Vingt et Une Demandes », qui revenait à imposer le protectorat japonais à la Chine.

OLAV Ier Trygvesson (* vers 964, † 1000). Roi de Norvège (995/1000). Voir **Norvège. Les origines et la Norvège médiévale.**

OLAV II Haakonsson (* Akershus, 1370, † Falsterbo, 1387). Roi de Danemark et de Norvège. Fils de Haakon VI de Norvège et de Marguerite de Danemark il succéda en 1376 sur le trône de Danemark à son grand-père Waldemar IV et, en 1380, sur le trône de Norvège à son père, mais il resta sous la tutelle de sa mère, qui, après sa mort, réalisa l'Union de Kalmar (v.).

OLAV V (* Appleton House, Sandringham, Angleterre, 2.VII.1903, † Oslo, 17.I.1995). Roi de Norvège (depuis 1957). Fils et successeur de Haakon VII, il commanda les troupes norvégiennes durant le dernier conflit mondial et fut nommé régent en 1955 ; il monta sur le trône deux ans plus tard. Il avait épousé en 1929 la princesse Marthe de Suède († 1954). Son fils Harald V lui succéda et prêta serment au Parlement le 21 janv. 1991.

OLDENBARNEVELT Jan Van (* Amersfoort, Utrecht, 14.IX.1547, † La Haye, 13.V.1619). Homme politique néerlandais. Il fut le conseiller de Guillaume le Taciturne, devint pensionnaire de Rotterdam en 1576 et contribua beaucoup, en 1584, à faire donner le commandement militaire à Maurice de Nassau, fils du Taciturne. Grand pensionnaire de Hollande en 1586, il dirigea bientôt tout le gouvernement civil des Provinces-Unies, obtint l'alliance de la France et de l'Angleterre, développa le commerce hollandais et fonda la Compagnie des Indes orientales (1602). En 1609, il négocia avec les Espagnols la trêve de douze ans. Inquiet des tendances autoritaires de Maurice de Nassau, il défendit avec les États-Généraux les institutions républicaines, mais il commit la faute de prendre parti pour les arminiens ou *remontrants* contre les stricts calvinistes, et Maurice de Nassau s'empara de ce prétexte pour le faire exécuter. Voir **PAYS-BAS**. La fondation des Provinces-Unies (1579/1648) et **ARMINIANISME**.

OLDENBURG. Ancien État de l'Allemagne du Nord-Ouest qui était enclavé dans le royaume de Hanovre et borné au N. par la mer du Nord ; outre l'Oldenburg proprement dit, il comprenait les principautés de Lübeck et de Birkenfeld ; capitale *Oldenburg*. Mentionnés dès le XIe s., les comtes d'Oldenburg, dont les possessions primitives se bornaient à l'Ammerland, furent d'abord vassaux des ducs de Saxe et ne devinrent indépendants qu'après la chute d'Henri le Lion (1180). En 1448, le comte Christian VIII fut élu roi de Danemark sous le nom de Christian Ier ; il acquit en 1460 le Schleswig et le Holstein, laissant le comté d'Oldenburg à son frère Gérard, dont le dernier descendant mâle, Antoine Günther, mourut sans héritier en 1667. Le comté revint alors provisoirement à la ligne danoise. En 1773, le roi de Danemark Christian VII, en échange du Holstein, attribua au chef de la branche ducale de Holstein-Gottorp, le grand-duc de Russie Paul (futur Paul Ier), le comté d'Oldenburg, que l'empereur Joseph II érigea en duché. Paul, à son tour, céda l'Oldenburg à son grand-oncle, Frédéric-Auguste, de la branche épiscopale, dont les descendants régnèrent sur le duché d'Oldenburg jusqu'en 1918.

Entré en 1808 dans la Confédération du Rhin, l'Oldenburg fut annexé à l'Empire français de 1810 à 1814 et forma pendant cette période le département des Bouches-du-Weser. Redevenu indépendant en 1814, il entra en 1854 dans le Zollverein et appuya la politique de Bismarck, ce qui lui valut de subsister après la guerre de 1866 puis, en 1871, d'être un État de l'Empire allemand. Le grand-duc ayant abdiqué en 1918, l'Oldenburg devint un État parlementaire de la république de Weimar ; en janv. 1937, les pays de Birkenfeld et de Lübeck furent rattachés administrativement à la Prusse. L'Oldenburg disparut en 1946 et fut incorporé au Land de Basse-Saxe.

OLDOWAYEN. Première industrie lithique du paléolithique inférieur apparue en Afrique de l'Est (Éthiopie, Tanzanie, Kenya), vers 2,6 million d'années et qui se termine vers 1,6 million d'années. Elle est composée d'artefacts très rudimentaires et d'éclats tranchants extraits d'un bloc de pierre ou nucléus. L'identité de ces premiers artisans se pose toujours : s'agit-il des australopithèques ou d'une des plus anciennes espèces humaines ? Elle s'achève vers 1,6 million d'années en Afrique avec l'apparition de l'Acheuléen et accompagne probablement les premiers hommes dans leur sortie d'Afrique vers 1,8 million d'années.

OLIVARES, Gaspar de Guzmán, comte-duc d' (* Rome, 6.I.1587, † Toro, Zamora, 22.VII.1645). Homme politique espagnol. Premier ministre de Philippe IV (1621/43), il tenta de restaurer la grandeur extérieure de l'Espagne. Rompant la trêve de Douze Ans, il envoya Spinola (v.) reprendre la guerre contre les Province-Unies (1621) ; Olivares lança l'Espagne dans la guerre de Trente Ans, en 1636, et, pour financer cette politique de grandeur, soumit son pays à une fiscalité oppressive qui, jointe à un centralisme mettant en cause les vieux privilèges des provinces, provoqua des révoltes sanglantes en Biscaye (1631), en Catalogne (1640) et au Portugal (1640).

OLLIVIER Émile (* Marseille, 2.VII.1825, † Saint-Gervais-les-Bains, 20.VIII.1913). Homme politique français. Il fut l'un des cinq élus républicains au Corps législatif en 1857, mais, devant l'évolution libérale du régime, il se rallia à Napoléon III en 1866. Devenu chef du « tiers parti », il fut appelé par l'empereur à constituer le ministère (2 janv. 1870) et parvint à écarter les bonapartistes autoritaires de l'administration. Il réussit à faire plébisciter l'Empire libéral par la consultation du 8 mai 1870 mais ne sut pas s'opposer au parti de la guerre ; il déclara accepter « d'un cœur léger » la guerre avec la Prusse. Il fut renversé le 9 août 1870, par le Corps législatif, à la suite des premiers désastres de l'armée impériale.

OLMÈQUE (civilisation). Nom donné à la plus ancienne des civilisations précolombiennes de la région du golfe du Mexique ; elle s'épanouit vers la fin du Ier millénaire av. J.-C. dans les actuels États mexicains de Veracruz et de Tabasco. Elle est caractérisée par une sculpture très originale représentant des personnages corpulents, à la tête massive, aux joues grasses, avec des lèvres épaisses aux coins tombants (« bouche dédaigneuse »). Les spécimens les plus connus sont les grandes statues monolithiques de La Venta et de Tres Zapotes.

OLYMPIADE. Dans la chronologie grecque, intervalle de quatre ans (de juill. à juill.) compris entre deux célébrations des jeux Olympiques. L'ère olympique prend pour point de départ l'année 776 av. J.-C., qui est la plus ancienne date des jeux Olympiques. La dernière olympiade, qui fut la 293e, va de l'an 392 à l'an 396 apr. J.-C. Ce calcul du temps par olympiades se généralisa dans le monde grec au IIIe s. av. J.-C.

OLYMPIAS († Pydna, 316 av. J.-C.). Reine de Macédoine. Fille de Néoptolème, roi d'Épire, elle épousa vers 357 Philippe II de Macédoine et fut la mère d'Alexandre le Grand. Répudiée, elle craignit d'être écartée avec son fils du fait du remariage de Philippe avec Cléopâtre, issue d'une famille aristocratique macédonienne, et elle aurait été l'instigatrice de l'assassinat de Philippe en 336. Elle fit mettre à mort sa rivale et l'enfant de celle-ci après le décès de Philippe. Pendant les campagnes d'Alexandre, elle disputa le pouvoir au régent Antipater. Après la mort de ce dernier, elle s'allia avec Polyperchon, et, ensemble, ils vainquirent et mirent à mort le demi-frère d'Alexandre, Philippe Arrhidée, et son épouse Eurydice, que soutenait Cassandre (317). Mais celui-ci vint assiéger Olympias dans Pydna et la laissa massacrer par les parents de ses victimes.

OLYMPIE, *Olumpia*. Centre religieux de la Grèce ancienne, voué principalement au culte de Zeus, où se déroulaient tous les quatre ans les jeux Olympiques. Olympie, qui n'était pas une ville, mais un sanctuaire, habité uniquement par les prêtres et par le personnel des temples, se trouve dans une petite plaine de l'Élide, à l'O. du Péloponnèse, près de la ville actuelle de Pyrgos, sur la rive droite de l'Alphée.

Le site d'Olympie fut occupé dès l'époque mycénienne (IIe millénaire), mais les origines du sanctuaire demeurent obscures. Il semble que les cultes de Gê, la Terre, et de Héra aient précédé celui de Zeus, lequel est attesté cependant dès le VIIIe s. La plupart des grandes constructions datent des VIIe/Ve s.

Les sanctuaires continuèrent de s'enrichir à l'époque macédonienne, puis sous les Romains. En 267 de notre ère, à la suite des invasions barbares, Olympie fut pourvue de fortifications. Le triomphe du christianisme provoqua l'arrêt des jeux (393) et l'abandon du sanctuaire, dont les monuments furent détruits par les chrétiens (décret de Théodose II, 426), ou renversés par les tremblements de terre et les crues de l'Alphée.

OLYMPIQUES (jeux). Jeux panhelléniques, célébrés en l'honneur de Zeus à Olympie. Ils sont certainement bien antérieurs à 776 av. J.-C., date de la première olympiade (v.). Ces jeux (auxquels le terme de « concours » conviendrait mieux), qui étaient la plus grande fête du monde grec, prenaient place dans le cadre de solennités religieuses qui avaient lieu tous les quatre ans, en juill. Annoncés dans toute la Grèce par des messagers, minutieusement préparés pendant une année entière, ils attiraient des foules immenses. Défense absolue d'y paraître était faite aux femmes mariées. Les épreuves, qui se déroulaient pendant trois jours, étaient présidées par le collège des dix hellanodiques ou « juges des Hellènes », magistrats éléens tirés au sort pour chaque olympiade dans un petit groupe choisi de citoyens. Les concurrents venaient de tout le monde hellénique : les esclaves, les Barbares, les repris de justice, les homicides, les sacrilèges étaient exclus des jeux. Les autres devaient se faire inscrire un an à l'avance sur un registre tenu par les magistrats d'Élis. La plupart venaient se préparer au gymnase d'Élis, sous la surveillance des hellanodiques. À l'approche des jeux, ils se transportaient à Olympie, où on les logeait dans des locaux spéciaux ; ceux qui arrivaient en retard étaient déclarés hors concours.

Les jeux Olympiques se déroulaient pendant trois jours, au stade et à l'hippodrome. Le stade d'Olympie, de forme rectangulaire, avait une piste d'une longueur de 192 m. Depuis 720 av. J.-C., les coureurs se présentaient complètement nus : il y avait la course simple, double *(diaulos)*, la course sextuple (six fois la longueur de la piste), la course lente (douze fois la longueur de la piste). Ces courses formaient la première partie des jeux. On passait ensuite à l'hippodrome, dont la piste avait 770 m. La course la plus ancienne (remontant à 648 av. J.-C.) était celle des chars à quatre chevaux, qui devaient faire huit ou même douze fois le tour de la piste. Il existait aussi des courses de chevaux montés ; on ne pratiquait pas les sauts d'obstacles, mais, à la fin du parcours, le cavalier devait se jeter à terre et conduire lui-même, les rênes à la main, son cheval au but. Le prix était décerné non aux conducteurs mais aux propriétaires des chevaux. La troisième et dernière partie des jeux se déroulait au stade : elle consistait dans les luttes : lutte simple et pancrace ; dans le pentathlon (depuis 708 av. J.-C.), qui combinait cinq épreuves : le saut, le disque, le javelot, la course simple et la lutte ; enfin dans la course armée (à partir de 520 av. J.-C.), laquelle consistait à parcourir deux fois le stade avec l'attirail complet du guerrier (à partir du IVe s. avec le bouclier seulement).

À la fin des jeux, les prix étaient solennellement décernés dans le grand temple de Zeus Olympien : les objets précieux distribués à l'origine furent bientôt remplacés par de simples couronnes d'olivier sauvage ornées de bandelettes. C'est en 540 av. J.-C. que fut érigée pour la première fois à Olympie la statue (en bois) d'un vainqueur ; par la suite, on utilisa le marbre et le bronze, et ces œuvres étaient exécutées par les plus grands artistes. Le retour du vainqueur dans sa patrie était triomphal ; c'est à cette occasion qu'on commandait à quelque grand poète, tel que Pindare ou Simonide, des odes, qui étaient accompagnées de musique et de danse. Les jeux Olympiques perdirent progressivement leur caractère par la place croissante qu'y prirent les athlètes professionnels. En 394, l'empereur Théodose supprima définitivement ces jeux.

Leur renaissance à l'époque contemporaine est due aux efforts de Pierre de Coubertin. Ces nouveaux jeux Olympiques, inaugurés à Athènes en 1896, se déroulent, comme ceux de l'Antiquité, tous les quatre ans. En 1924, furent créés les jeux Olympiques d'hiver.

Les aléas de la politique internationale ont contrarié à plusieurs reprises les principes d'universalisme du fondateur, qui destinait les J.O. « à construire un monde meilleur et plus pacifique ». L'Allemagne fut écartée des jeux d'Anvers en 1920, de Paris en 1924, de Londres en 1948. L'URSS, de 1920 à 1952, la Chine, de 1952 à 1980, se tinrent volontairement à l'écart du mouvement olympique. Les deux conflits mondiaux empêchèrent la tenue des jeux en 1916 et 1940. Les jeux de Melbourne furent boycottés en 1956 par la Suisse, l'Espagne et les Pays-Bas en raison des événements de Budapest, par l'Irak et l'Égypte à cause du débarquement anglo-français à Suez, par la République populaire de Chine en raison de la présence d'une délégation de Taiwan. À Tokyo en 1964, le comité des jeux exclut l'Afrique du Sud à cause de l'apartheid. Aux jeux de Mexico en 1968, les athlètes noirs des États-Unis manifestèrent sur le podium pour attirer l'attention sur la situation raciale dans leur pays. En 1972, un commando de terroristes palestiniens de « Septembre noir » attaqua le pavillon israélien du village olympique de Munich et massacra 11 personnes. À Montréal en 1976, 89 États seulement furent représentés après le départ de 40 délégations, essentiellement africaines, qui voulaient protester contre la politique d'apartheid de l'Afrique du Sud. À Moscou en 1980, 81 pays seulement participèrent aux jeux après que le président J. Carter (v.) eut convaincu 62 pays de boycotter la manifestation pour stigmatiser l'intervention soviétique en Afghanistan (v.). En 1984, l'URSS justifia son absence de Los Angeles par « l'hystérie antisoviétique » développée aux États-Unis et entraîna derrière elle la RDA, la Tchécoslovaquie, Cuba, l'Afghanistan, la Pologne et ses autres « alliés », à l'exception de la Roumanie. (La dimension politique continua de marquer les jeux suivants mais dans un contexte différent : en 1988, à Séoul, seuls quelques États (Corée du Nord, Albanie et Cuba) refusèrent de participer aux jeux pour des raisons politiques. Les jeux de Barcelone, en 1992, apparurent comme ceux d'une réconciliation internationale : les équipes des deux Allemagnes avaient fusionné et l'Afrique du Sud fut présente pour la première fois depuis 1968. Après Atlanta (1996), la question des droits de l'homme valut à la Chine d'être écartée, au profit de Sydney puis d'Athènes en 2004, pour l'organisation des jeux. En 1986, le CIO avait décidé de décaler de deux ans, à partir de 1994, la tenue des Jeux d'hiver pour qu'ils aient lieu en alternance avec les Jeux d'été.

OMAN (sultanat d'). État situé au S.-E. de la péninsule Arabique, entre la Fédération des Émirats arabes unis, l'Arabie Saoudite, le Yémen, la mer d'Oman et le golfe d'Oman ; capitale *Mascate*. Jusqu'en 1970, le sultanat d'Oman porta le nom de *sultanat de Mascate-et-Oman*.

Cette région fut dès la plus haute Antiquité en relations commerciales avec les civilisations de la Mésopotamie, de la Perse et de l'Inde. Vers le milieu du IIIe millénaire, le « pays de Magan » faisait des échanges avec Sumer. En 536 av. J.-C., les Perses s'emparèrent d'Oman. Au début de notre ère, les marins d'Oman avaient pratiquement monopolisé le commerce entre la Méditerranée et le monde asiatique, jusqu'à la Chine. Conquis par l'islam au milieu du VIIe s., le pays d'Oman fit partie nominalement du califat de Bagdad, mais, en 751, se rallia au kharidjisme (v.) et défia les efforts tentés par le calife Haroun el-Rachid pour rétablir l'orthodoxie sunnite (v.). Durant tout le Moyen Âge, le pays poursuivit ses relations étroites avec les ports de l'Inde, mais se heurta dès le début du XVIe s. à la concurrence européenne. En 1508, Albuquerque s'empara de Mascate, puis s'établit à Ormuz (1519), assurant ainsi le contrôle absolu du golfe Persique aux Portugais, qui ne furent expulsés par les Arabes d'Oman qu'en 1650.

Au cours des XVIIe/XVIIIe s., les imams yaroubides d'Oman réussirent à étendre leur puissance du golfe Persique, par la conquête de Bahrein sur les Persans, à l'Afrique orientale, où ils possédaient Zanzibar (v.). Les Persans, qui avaient occupé Oman en 1737, en furent chassés en 1744 par un ancien chamelier, Ahmed ibn Saïd, du clan des Bou Saïd ; un de ses descendants renversa l'imam en 1793 et fonda le sultanat de Mascate, qui, sous le nom d'Oman, est encore gouverné aujourd'hui par la même dynastie. En 1798, les Anglais, soucieux de fermer à la France cette importante étape de la route des Indes, conclurent un traité d'amitié avec le sultan et, peu à peu, établirent leur protectorat sur Oman-et-Mascate. En 1856, le sultanat de Mascate fut séparé en deux royaumes, Mascate (l'actuel Oman) et Zanzibar. Par un nouveau traité (1891), le sultan s'engagea à ne céder aucune partie de son territoire à une autre nation que le Royaume-Uni.

Au cours du XXe s., le sultan dut demander à plusieurs reprises l'intervention des forces britanniques contre les tribus rebelles (membres d'une secte du kharidjisme). La découverte de terrains pétrolifères dans la région de l'oasis de Bureimi provoqua à partir de 1952 une contestation aiguë entre l'Arabie Saoudite et le sultan d'Oman, cependant que l'imam des tribus ibadites de l'intérieur, dont les rapports avec le sultan étaient réglés par le traité d'el-Sib (1920), affirmait lui aussi ses prétentions sur ce territoire. Déposé en 1955, l'ancien imam Ghaleb ibn Ali, armé par l'Arabie Saoudite, essaya de soulever l'Oman contre le sultan Saïd ibn Taïmour, mais celui-ci fut soutenu par l'Égypte et par la plupart des autres États arabes. Commercialisée à partir de 1964, la production de pétrole atteignait, au début des années 1970, quelque 15 millions de tonnes par an. En dépit de l'afflux des revenus pétroliers, le sultan voulait maintenir son peuple sous la loi d'un rigide traditionalisme : le territoire était interdit aux journalistes étrangers, l'interdiction de fumer et de porter des vêtements à l'européenne était rigoureusement appliquée. Aux confins de la république démocratique et populaire du Yémen, dans le Dhofar, se développait un mouvement révolutionnaire, ravitaillé en armes par le Yémen du Sud, la Chine populaire et l'URSS.

Par le coup d'État du 23 juill. 1970, le prince héritier, Kabous ibn Saïd, renversa son père. Il entreprit de mettre fin à l'isolement du sultanat et de moderniser le pays ; il construisit des hôpitaux, et, appelant des enseignants d'Égypte, de Palestine et de Jordanie, il dota le sultanat d'un système d'enseignement. Entre 1970 et 1976, le nombre des élèves des écoles primaires passa de 900 à 65 000 ; l'enseignement secondaire et l'enseignement des filles furent créés de toutes pièces. En 1971, le sultanat d'Oman obtint son admission dans la Ligue arabe et à l'ONU. Les relations diplomatiques avec l'Arabie Saoudite furent renouées.

En 1977, un conflit armé avec le sultanat de Ras el-Kheyma (v. **ÉMIRATS ARABES UNIS**), soutenu par l'Iran, pour le contrôle d'une zone riche en sites pétrolifères, fut évité de justesse. Le changement de régime à Téhéran redonna un nouvel élan à l'activisme terroriste dans le Dhofar à laquelle le sultan Kabous mit fin en alliant la reconquête militaire, avec l'appui des Britanniques, à une politique de développement. Après 1980, son pouvoir se trouva renforcé par l'installation de quatre bases militaires américaines, navales et aériennes, destinées à contrôler le détroit d'Ormuz par lequel transitent les pétroliers. Le sultanat, qui n'appartenait pas à l'OPEP, bénéficiait également de son ouverture sur l'océan Indien, au-delà du golfe Persique embrasé par la guerre Iran-Irak. Par l'exploitation de gisements de cuivre et de gaz naturel découverts en 1989, le sultanat tenta de diminuer sa dépendance à l'égard de ses ressources pétrolières. La seconde guerre du Golfe, qui entraîna une diminution de la production de pétrole du Koweït et de l'Irak, lui permit d'augmenter encore sa production dans les années 1989/2000.

OMAR ibn el-Khattab (* La Mecque, vers 589, † Médine, 3.XI.644). Deuxième calife (634/44). D'une famille de la tribu du Prophète, il était allié par sa mère à l'important clan des Makhzoum. D'abord vivement opposé à Mahomet, il aurait été converti par sa sœur Fatima et son beau-frère Saïd ibn Zayd et devint l'un des plus ardents fidèles du Prophète, à qui il donna sa fille Hafsa. À la mort de Mahomet, c'est l'intervention énergique d'Omar qui évita la scission des musulmans en ralliant la majorité à Abou Bakr (v.). Celui-ci laissa une grande part du gouvernement à Omar et le désigna comme son successeur (634). Reconnu sans discussion par tous les musulmans, Omar devait présider à la foudroyante expansion de l'islam. Les opérations furent menées par de remarquables généraux, Amr, Yazid, Khalid..., mais c'est bien Omar qui ne cessa de diriger de loin toute l'expansion islamique. Surtout, il joignit à la conquête une œuvre remarquable d'administration qui empêcha tous les séparatismes et posa les fondements de l'empire des Omeyyades. Il introduisit la nouvelle chronologie à partir de l'hégire et renforça le caractère théocratique du califat en ajoutant à son titre celui de « commandeur des croyants ». Voir **ISLAM. Le monde islamique jusqu'au XIe s.**

OMAR Saïdou Tall, dit **el-Hadj** (* Podor, Fouta Toro, Sénégal, 1797, † Bandiagara, Mali, 13.II.1864) Chef toucouleur (v.). En 1850, il commença la guerre sainte pour imposer la confrérie Tidjaniya. Après avoir soumis facilement les Mandingues et les Bambaras du Kaarta, il se heurta au fortin français de Médine, sur le haut Sénégal, qui fut secouru par Faidherbe (1857) Orientant alors sa marche vers l'E., il vainquit les Bambaras de Ségou (1861), puis détruisit le royaume peul du Macina (1862), dont il massacra tous les chefs, sauf un, Ba Lobbo, qui souleva les Peuls. El-Hadj Omar dut se réfugier dans une grotte que les Peuls firent sauter en mettant le feu à sa réserve de poudre Son œuvre, qui fut poursuivie par son neveu Tidjani et son fils Ahmadou, a marqué la pénétration durable de l'islam dans les populations soudanaises. Ahmadou résista aux Français à Ségou jusqu'en 1890, puis dans le Macina jusqu'en 1893.

OMBRIENS. Ancien peuple de l'Italie centrale qui occupait à l'origine un vaste territoire s'étendant de la plaine du Pô au Picenum, mais fut peu à peu refoulé dans la haute vallée du Tibre et dans les Apennins par la poussée des Gaulois au N., des Étrusques à l'O. et des Sabins au S. Ils furent très tôt les alliés des Romains, aux côtés desquels ils se rangèrent dans la guerre samnite de la fin du IVe s. av. J.-C. Plus tard, ils refusèrent leur aide à Hannibal et aux révoltés de la guerre sociale. Auguste les récompensa en donnant aux Ombriens un accès à l'Adriatique et en faisant de l'Ombrie la VIe région de l'Empire.

OMEYYADES. Dynastie de califes arabes qui régna à Damas de 661 à 750 et à Cordoue de 756 à 1031. Descendants d'Omeyya, qui appartenait au clan des Koraïchites (qui était celui de Mahomet), les Omeyyades accédèrent au califat avec Moawiya Ier (661/80), puissant gouverneur de la Syrie qui, après l'assassinat d'Othman, refusa de reconnaître Ali. En désignant pour successeur son fils, il mit fin au califat électif et établit le califat héréditaire.

Les quatorze califes omeyyades de Damas sont : Moawiya Ier (660/80), Yazid Ier (680/83), Moawiya II (683), Marwan Ier (683/85), Abd el-Malik (685/705), El-Walid Ier (705/15), Soliman (715/17), Omar II (717/20), Yazid II (720/24), Hicham (724/43), El-Walid II (743/44), Yazid III (744), Ibrahim (744) et Marwan II (744/50).

La dynastie des Omeyyades connut une grave crise à l'avènement de Yazid Ier qui vit se dresser contre lui, outre les partisans d'Ali, un adversaire plus redoutable, Abdullah ibn el-Zobéïr, qui tenta d'instituer un califat en Arabie mais fut finalement vaincu par Abd el-Malik. Les Omeyyades reprirent l'expansion islamique, vers l'E. (prise de Kaboul, 662 ; conquête du Bélouchistan et du Sindh, 711), vers le N. contre l'Empire byzantin (Constantinople fut assiégée en 673), enfin vers l'O., où l'Afrique du Nord fut entièrement conquise (660/709), puis l'Espagne (711/19). Malgré l'agitation des chiites (v.) et des kharidjites (v.), les Omeyyades réussirent à créer un véritable empire musulman multiethnique, qui rompait avec une spécificité bédouine propre aux fondateurs de l'islam et pratiquait un large libéralisme assurant la coexistence des chrétiens et des Juifs avec les conquérants. Les califes omeyyades, à l'exception d'Omar II, furent beaucoup moins des chefs religieux que des chefs politiques.

La civilisation omeyyade s'imprégna fortement d'éléments étrangers (influences byzantines dans les architectures et les décorations somptueuses des mosquées de Damas, de Médine et de Jérusalem), mais préserva aussi l'héritage arabe (surtout dans la poésie, héritée du monde bédouin préislamique).

Cependant, dès les années 720, l'empire trop vaste des Omeyyades donnait des signes de faiblesse : malgré la centralisation, les provinces soumises commençaient à se révolter, et cette agitation était exploitée par les prophètes religieux kharidjites ou chiites, qu'indignait le caractère trop profane de la cour de Damas. C'est en Iran que ce mouvement prit sa forme la plus dangereuse, sous la conduite des Abbassides (v.), qui déclenchèrent la révolte en 747 et, en 750, vainquirent le dernier calife omeyyade, Marwan II, qu'ils massacrèrent avec tous les membres de sa famille. L'un d'eux, cependant, Abd er-Rahman el-Dachil, réussit à échapper à cette tuerie et gagna l'Espagne, où il s'empara de Cordoue (756) et y fonda un émirat (v. **Cordoue**, califat de). Les Omeyyades cessèrent de régner en 1031, et leur califat fut partagé en de petites principautés, les *Reyes de Taifas*.

OPIUM (guerre de l'). Guerre qui opposa, de 1839 à 1842, l'Angleterre à la Chine et qui fut provoquée par la décision des autorités chinoises de mettre fin à l'importation de l'opium indien en Chine à laquelle les Anglais se livraient depuis la fin du XVIIIe s. Devant les ravages causés par la drogue, jusqu'alors inconnue en Chine, le gouverneur de Canton fit saisir plus de 20 000 caisses d'opium, qui furent jetées à la mer, et rompit toutes les relations commerciales avec les Anglais (mars 1839). Ceux-ci répliquèrent en bombardant Canton (juin 1840), puis en occupant Ning-po et Shanghai (mars/juin 1842) ; ils remontèrent le Yangtseu jusqu'à Nankin. Le gouvernement chinois se résigna à signer le traité de Nankin (29 août 1842), qui ouvrait au commerce étranger les ports de Canton, Amoy, Foutchéou, Ning-po et Shanghai et cédait à l'Angleterre l'îlot de Hongkong, qui commande l'entrée de la rivière de Canton ; une indemnité fut en outre versée pour l'opium confisqué.

OPPENHEIMER Jacob Robert (* New York, 22.IV.1904, † Princeton, 18.II.1967). Physicien américain. Il fut chargé, en 1943, de prendre la direction du centre de recherches atomiques de Los Alamos ; il fut ainsi le réalisateur de la bombe atomique et il assista à la première explosion de cet engin, à Alamogordo, en 1944. Directeur de l'Institut de Princeton (1947) et président du Comité consultatif général de la commission de l'Énergie atomique à Washington (1946/54), il s'opposa au projet de bombe thermonucléaire. L'attitude prise devant ce problème par Oppenheimer fit soupçonner ce dernier d'être un agent soviétique : traduit devant une commission d'enquête (avr./mai 1953), Oppenheimer fut lavé de tout soupçon de trahison, mais se vit néanmoins interdire tout accès aux secrets nucléaires.

OPUS DEI. Institution de l'Église fondée à Madrid le 2 oct. 1928 par l'abbé (plus tard le bienheureux) Josemaría Escrivá de Balaguer, afin de donner à des laïcs une formation spirituelle et doctrinale leur permettant d'arriver à la perfection chrétienne et de se livrer à l'apostolat sans quitter la vie laïque et leurs activités professionnelles. Les principes de l'Opus Dei furent synthétisés par le fondateur dans un petit livre, *Chemin*, qui devait être diffusé dans une trentaine de langues, à 3 millions d'exemplaires.

L'Opus Dei a reçu, depuis 1943, les approbations du Saint-Siège, et depuis 1946, il a son siège central à Rome. Dès 1945, il s'est répandu à travers le monde : en Europe, en Amérique, puis, après 1960, en Asie, en Afrique et en Océanie.

OR. Dans l'histoire de la métallurgie, la place de l'or est une des plus anciennes, sinon la plus ancienne. Le plus malléable et le plus ductile des métaux, il peut se travailler à froid par martelage et fournir des feuilles épaisses d'un dixième de millimètre aussi bien que des fils dont le diamètre ne dépasse pas le micron ; ainsi, un gramme d'or peut s'étirer sur 3 km. Incorruptible, de couleur jaune, il est le symbole d'éternité et de maturité, comme le soleil et la moisson. Les Égyptiens en ont fait « le corps des dieux » en l'utilisant dans les parures funéraires des souverains et des nobles. La civilisation de Sumer (IVe millénaire), celle des Mycéniens (IIe millénaire), les grandes tombes scythes de la Crimée, de l'Ukraine, du nord du Caucase ont révélé un riche mobilier en or. Toutes sortes de légendes accompagnent le développement de la production d'or : mines du roi Salomon, voyage de Jason en Colchide. Du moins sait-on que le mythe de la Toison d'or évoque ici un procédé bien connu des orpailleurs : les poils d'une peau de mouton disposée sur le fond d'un torrent aurifère retiennent les paillettes qui s'y déposent par gravité et laissent s'écouler le sable, huit fois plus léger.

L'or fut connu au Pérou dès le Ier millénaire av. J.-C. (v. **Chavin** et **Nazca**). Les orfèvres colombiens pratiquaient le placage sur cuivre, la soudure autogène, et par alliage avec du cuivre le coulage à la cire perdue ; les conquérants espagnols ont pensé découvrir en Amérique du Sud la terre mythique de l'Eldorado. La Lydie (littoral actuel de la Turquie occidentale), où coule le fleuve Pactole, symbole de la richesse, passait, dans l'Antiquité déjà, pour le berceau de la monnaie d'or. Il s'agissait plutôt d'un alliage d'or et d'argent, l'*électrum*, poinçonné à des fins monétaires, à partir de la fin du VIIe s. Les premières émissions de monnaie d'or (à 98 %) ont été faites par Crésus (561/46 av. J.-C.) dont le nom est devenu le symbole de la richesse.

À la recherche des grands gisements

Depuis l'Antiquité, les monnayeurs n'étaient pas les seuls clients des producteurs d'or ; la bijouterie, l'orfèvrerie fabriquaient des parures et des pièces de vaisselle réservées aux riches et aux puissants. La recherche de l'or, autant que celle des épices, fut une des raisons des voyages de découverte à partir de la fin du XVe s. On estime à 200 tonnes l'or américain rapporté en Espagne pendant le XVIe siècle, alors que de l'an 1000 à 1500 l'Espagne, le Portugal, l'Italie, la France et l'Angleterre n'en avaient produit que quelques dizaines de tonnes. L'importance d'un stock d'or devint le fondement de la puissance des États. Le jurisconsulte et économiste Jean Bodin perçut déjà au XVIe siècle qu'il existait une relation étroite entre l'accroissement du numéraire et l'augmentation du cours des marchandises. Les grandes découvertes aurifères du XIXe siècle ont accompagné les grandes étapes technologiques qui modifièrent la vie économique. Au moment où l'énergie de la vapeur prit son premier développement dans les chemins de fer, l'aventure californienne commença. Le 24 juin 1848, neuf jours avant la signature du traité par lequel le Mexique cédait un immense territoire, dont la Californie, aux États-Unis, on découvrit de l'or fluviatile dans la propriété d'un immigré suisse. Ce fut l'occasion de la première *ruée vers l'or* ; en deux ans, la production atteignit 45 millions de dollars, le triple de la somme payée au Mexique pour la cession de 5 États. Trois pionniers scandinaves découvrirent en 1898, dans le district de Nome, en Alaska, des gisements qui déclenchèrent une formidable ruée. Au Canada, dans l'été 1896, un prospecteur et un Indien découvrirent les graviers aurifères du Klondike : 30 000 chercheurs s'y précipitèrent au prix d'un épouvantable voyage. Depuis 1851, l'Australie connaissait une aventure similaire ; en 10 ans, la population y augmenta de 150 % et elle devint le premier producteur mondial en 1903.

Mais l'Afrique du Sud était déjà entrée dans la compétition. Sur un plateau sauvage, le Witwatersrand, plus simplement appelé le Rand, l'or fut détecté en 1886. Les prospecteurs y créèrent un campement qui s'érigea en commune et prit le prénom du président Krüger : Johannesburg. Au début du XXe s., ces gisements provoquèrent la constitution de la plus grande exploitation aurifère de l'humanité.

L'or produit du marché

Banalisé, l'or est devenu une marchandise dont le cours est régi par la loi de l'offre et de la demande. Le cours de l'or résulte de plusieurs facteurs : *a)* l'offre de l'URSS puis de la Russie, deuxième producteur mondial, qui se procure des devises fortes pour régler ses besoins économiques les plus urgents (l'URSS et ses alliés auraient secrètement vendu 54 tonnes d'or en 1971, plus de 400 en 1976, 1977 et 1978, et encore 207 tonnes en 1982 ; *b)* la conjoncture politique internationale qui, dans les moments de tension, provoque des placements or de précaution ; *c)* les taux d'intérêts des produits de placement, par exemple les bons du Trésor américains, tandis que l'or est stérile en termes de revenu ; *d)* l'évolution de la conjoncture économique.

Des facteurs ponctuels influencent aussi le marché : le FMI a, par exemple, revendu 1 550 tonnes d'or entre 1976 et 1980, le Trésor américain a cédé 305 tonnes d'or entre 1977 et 1979. L'or qui n'est pas mis sur le marché est entreposé par les banques centrales ou les particuliers. Le total de ce stock est évalué à 70 000 tonnes. En 2001, les grands producteurs sont désormais l'Afrique du Sud (430 tonnes), les États-Unis (350 tonnes), l'Australie (290 tonnes) et la Russie (150 tonnes).

ORACLES. Dans l'Antiquité, on donnait le nom d'*oracle* à la fois à la réponse du dieu, au prophète qui la transmettait et au sanctuaire où l'oracle était rendu. Les oracles ont tenu une place considérable chez tous les peuples, mais particulièrement dans la vie religieuse, politique et quotidienne des Grecs de l'Antiquité. On consultait les dieux, le plus souvent par l'intermédiaire de prophètes ou de prophétesses inspirés, non pour connaître l'avenir en général, mais pour obtenir des conseils précis sur une décision à prendre ; la réponse des puissances supérieures, transmise par les prophètes en état inspiré ou parfois dans des songes prophétiques, était le plus souvent inintelligible, et c'était aux prêtres qu'il appartenait de l'élucider.

Déjà les peuples de l'Orient ancien avaient eu des oracles. En Égypte, l'*oracle d'Amon*, à Karnak (Thèbes), était d'origine très ancienne. Le dieu donnait sa réponse, affirmative ou négative selon que les prêtres ou le bateau qui portaient sa statue avançaient ou reculaient. Sous la XXIe dynastie (vers 1085/950 av. J.-C.), lorsque les grands prêtres de Thèbes usurpèrent le pouvoir, l'oracle devint, selon l'expression de J. Vandier, un véritable « moyen de gouverner », les grands prêtres présentant leurs décisions comme l'expression de la volonté divine.

En Grèce, le plus célèbre des oracles de Zeus était l'*oracle de Dodone*, en Épire. Son influence politique fut très grande, bien que sans comparaison avec celle de l'oracle de Delphes. Connu d'Homère, il passait pour le plus ancien de la Grèce. Il était desservi par des prêtres dits *selloi* qui interprétaient la voix du dieu d'après le bruissement des feuilles des chênes agités par le vent, ou d'après le son de chaînettes de bronze.

Apollon, plus encore que Zeus, était le dieu des oracles. C'est lui qui inspirait la pythie de *Delphes* (v.), la plus célèbre et la plus visitée des prophétesses grecques. Parmi les autres oracles apolliniens, ceux de l'Ionie (en Asie Mineure) étaient les plus fréquentés. À *Claros*, près de Colophon, le prêtre prophétisait de nuit, à la lueur des torches, après avoir bu de l'eau d'une source sacrée ; à *Didymes*, près de Milet, les Branchides, desservants du sanctuaire, interprétaient les paroles d'une prophétesse qui siégeait près d'une source, au fond d'une chambre souterraine.

ORADOUR-SUR-GLANE. Localité de France (Haute-Vienne), au N.-O. de Limoges. En représailles d'une attaque de partisans, les SS de la division *Das Reich* incendièrent ce village en faisant 642 victimes (10 juin 1944).

ORANGE (État libre d'), *Oranje Vrijstaat.* Province de la République sud-africaine, bornée au S. par le fleuve Orange, à l'O. et au N. par le Vaal, à l'E. par les monts du Drakensberg ; capitale *Bloemfontein.* Cette région fut colonisée à partir de 1836 à la suite du Grand Trek (v.) des Boers qui fuyaient l'autorité anglaise de la colonie du Cap, où venait d'être décrétée l'abolition de l'esclavage (1834). Les immigrants ne firent pour la plupart que traverser le territoire de l'actuel Orange, et, passant les monts du Drakensberg, ils tentèrent de s'établir dans les riches plaines du Natal. Mais l'annexion de cette région par l'Angleterre (1845) provoqua un second trek boer, qui aboutit à la fondation des républiques de l'Orange et du Transvaal. L'indépendance de l'État libre d'Orange fut reconnue par les Britanniques en 1854. Le président de la République, J. H. Brand (1863/83), refusa l'union avec le Transvaal et s'efforça d'entretenir de bonnes relations avec l'Angleterre. Mais la découverte de mines de diamant, en 1867, provoqua un afflux de colons britanniques et de nouveaux conflits avec les Boers. En 1899, l'Orange se joignit au Transvaal et engagea la guerre contre l'Angleterre. Les Boers ayant été vaincus, l'Orange devint colonie britannique (mai 1900), mais retrouva son autonomie en 1907 et entra en 1910 dans l'Union sud-africaine. Voir **BOERS (guerre des)**.

ORANGE Guillaume Ier d'. Stathouder de Hollande (1573/84). Voir **GUILLAUME.**

ORANGISTES. Nom donné en Angleterre, lors de la révolution de 1688, aux partisans de Guillaume d'Orange.

Nom donné aux membres de l'Orange Association, fondée en 1795 pour défendre la cause du protestantisme en Irlande. Farouchement opposés au Home Rule (v.) au début du XXe s., les Orangistes, par l'intermédiaire du parti unioniste (v.), gouvernèrent l'Irlande du Nord jusqu'à son administration directe par Londres en 1972.

ORDALIE. Épreuve judiciaire (en germ. *Urtheil*, jugement), en usage chez les peuples germaniques. L'ordalie reposait sur une conception magique qui laissait à la décision de Dieu le jugement entre le coupable et l'innocent. Elle n'était cependant pas la seule preuve admise par la procédure. Celle-ci s'efforçait d'abord d'obtenir l'aveu, les déclarations des témoins et connaissait en outre le serment purgatoire : mais ce serment n'était permis qu'aux hommes libres, et, d'autre part, l'adversaire avait le droit de le contester. En ce cas, il fallait recourir aux ordalies. Il y en avait de deux sortes : les *ordalies unilatérales*, auxquelles l'accusé se soumettait seul (par exemple il s'infligeait une blessure profonde, par un fer rouge ou par l'eau bouillante ; sa main était mise sous scellés, et si, trois jours après, la plaie était en voie de guérison, il était déclaré innocent) ; les *ordalies bilatérales*, qui opposaient l'accusateur et l'accusé (la plus connue était le *duel judiciaire*, qui se répandit surtout à partir du VIe s., et où le vainqueur était censé avoir prouvé son accusation ou son innocence). L'Église a voulu déraciner l'ordalie, puis elle a essayé de régulariser et de christianiser les épreuves en les associant de bénédictions, d'une messe et d'une communion de l'accusé. Cependant, les ordalies restèrent largement en usage jusqu'au XIe s. et ne disparurent qu'après leur condamnation par le IVe concile du Latran (1215).

ORDJONIKIDZE Grigori Konstantinovitch (* Gorecha, Géorgie, 27.X.1886, † Moscou, 18.II.1937). Homme politique soviétique. Rallié au parti bolchevik en 1903, il joua un rôle important, en 1905, dans la révolution en Transcaucasie. Il fut emprisonné à plusieurs reprises, détenu dans la forteresse de Schlüsselburg de 1912 à 1915, puis déporté à Yakoutsk, en Sibérie (1915/17). Après la révolution d'Octobre, il fut nommé commissaire soviétique en Ukraine, et ses pouvoirs furent ensuite étendus à toute la Russie du Sud et aux régions caucasiennes ; c'est lui, en particulier, qui établit le régime soviétique en Géorgie et en Transcaucasie. Il resta dans cette dernière région jusqu'en 1926, puis il entra au Politburo, devint président du Conseil suprême de l'économie (1930) et commissaire à l'Industrie lourde (1932). Après avoir longtemps soutenu Staline, il semble s'être effrayé des excès de la dictature et fut réduit à se suicider. Son nom fut donné à la ville de Vladikavkaz (appelée *Dzaoudzikaou* de 1944 à 1954).

ORDONNANCES. En France, sous la monarchie, nom donné aux actes législatifs du roi comportant des dispositions permanentes et englobant plusieurs matières, par opposition à l'*édit*, qui ne portait que sur une seule matière, et à la *déclaration*, qui corrigeait ou complétait une ordonnance ou un édit antérieurs. Les ordonnances furent le grand instrument législatif des rois de France. Les plus anciennes remontent au milieu du XIIe s. Fondées par les légistes royaux sur le pouvoir législatif détenu autrefois par les empereurs romains, les ordonnances se heurtèrent à une longue résistance des grands féodaux ; ceux-ci estimaient que le roi n'avait le droit de légiférer que pour le domaine royal et que ses ordonnances ne pouvaient avoir d'autorité dans tout le royaume que si les barons avaient participé à leur élaboration.

Les ordonnances concernaient en général le droit public, le droit privé restant le domaine de la coutume. Elles portaient le plus souvent sur la justice, la police, l'administration générale et la fiscalité. Beaucoup d'ordonnances, dites *ordonnances de réformation*, avaient pour but de moderniser les institutions du royaume et de les adapter aux temps nouveaux. Au XVIIe s., avec l'établissement de la monarchie absolue, le domaine des ordonnances s'élargit. En 1665, Louis XIV créa le Conseil de justice pour élaborer les grandes ordonnances codificatrices sur la procédure civile (1667) et la procédure criminelle (1670) ; suivirent les ordonnances du commerce (1673), de la marine (1681) et des colonies (Code noir, 1685). Sous Louis XV, ce fut également par ordonnances que d'Aguesseau entreprit la codification du droit privé : ordonnances sur les donations (1731), sur les testaments (1735), sur les substitutions (1747).

ORDRE MORAL. Nom donné à la politique conservatrice et cléricale, poursuivie sous la présidence de Mac-Mahon et en particulier par les deux ministères de Broglie (mai 1873/mai 1874 et mai 1877/nov. 1877). La formule de l'« Ordre moral » fut lancée par Mac-Mahon lui-même dans son message au Parlement (26 mai 1873).

ORGANIQUES (Articles). Dispositions annexées au concordat de 1801, dont elles réglaient l'application, et promulguées sans discussions préalables avec le Saint-Siège le 18 germinal an X. Inspirés par Talleyrand et rédigés par Portalis, les Articles organiques limitaient singulièrement les concessions faites par Bonaparte dans le concordat et rétablissaient la tradition gallicane de la monarchie. Ils instituaient le contrôle du gouvernement sur tous les documents pontificaux introduits en France, ainsi que sur les décrets conciliaires ; l'autorisation préalable pour l'établissement de séminaires et de chapitres, pour les déplacements des évêques, pour les ordinations ; le rétablissement de l'appel comme d'abus sous la forme d'un recours au Conseil d'État ; l'obligation pour les professeurs de séminaires de souscrire à la déclaration gallicane de 1682. Ces articles suscitèrent la protestation de Pie VII dès le consistoire du 24 mai 1802, mais le gouvernement impérial refusa de les retirer, tout en les appliquant avec souplesse. Ils restèrent théoriquement en vigueur jusqu'à la séparation de l'Église et de l'État (v.) en 1905. Voir GALLICANISME.

ORGANISATION ARMÉE SECRÈTE (OAS). Organisation clandestine européenne formée en Algérie et dans la métropole, au lendemain de l'échec du putsch des généraux du 21 avr. 1961, afin d'empêcher l'indépendance de l'Algérie. Dirigée par les généraux Salan et Jouhaud, par les colonels Argoud et Gardes, et encadrée soit par des officiers passés à la clandestinité, soit par des militants politiques issus des milieux européens d'Algérie, comme Jean-Jacques Susini, l'OAS ne se manifesta en métropole que par des plastiquages, mais déploya en Algérie une importante activité terroriste. Les « commandos Delta » du lieutenant Degueldre s'attaquèrent aux militants algériens du FLN, et aux membres des polices parallèles (« barbouzes ») envoyés en Algérie par le gouvernement français. Le but du terrorisme de l'OAS, qui commença à se déchaîner au cours de l'hiver 1961/62, était alors d'empêcher la conclusion d'accords entre la France et les nationalistes algériens. Les accords d'Évian (v.) ayant néanmoins été signés (18 mars 1962), l'OAS s'employa à provoquer le FLN dans l'espoir qu'une riposte massive de ce dernier déclencherait une intervention de l'armée et une reprise de la guerre. Mais l'armée resta fidèle au gouvernement, et cette tactique n'aboutit qu'aux combats de Bab el-Oued et au massacre de la rue de l'Isly (mars 1962). L'arrestation de Jouhaud (25 mars), de Degueldre (7 avr.) et de Salan (20 avr.) laissa l'OAS décapitée.

Après le référendum du 8 avr. 1962, par lequel la métropole approuva massivement l'indépendance de l'Algérie, la lutte de l'OAS ne fut plus qu'un combat de desperados qui s'acharnaient à empêcher toute coexistence future des communautés européenne et algérienne en pratiquant la politique de la terre brûlée (destruction d'installations pétrolières, d'écoles françaises, incendie de la faculté et de la bibliothèque d'Alger...). L'indépendance de l'Algérie apparaissant inéluctable, l'OAS, sous la direction de Susini, joua sa dernière carte, celle de la négociation, et obtint du FLN la promesse d'une amnistie contre la trêve des destructions (17 juin 1962). En fait, la plupart des commandos OAS avaient déjà gagné l'Espagne ou l'Amérique du Sud, ou s'étaient réfugiés clandestinement en France. Les derniers chefs de l'OAS encore emprisonnés furent libérés par l'amnistie de juin 1968. Voir ALGÉRIE. L'Algérie indépendante.

ORGANISATION DE COOPÉRATION ET DE DÉVELOPPEMENT ÉCONOMIQUES (OCDE). En avr. 1948 fut fondée l'Organisation européenne de coopération économique (OECE), afin de coordonner les activités économiques des États européens ayant accepté de bénéficier de l'aide américaine du plan Marshall. Constituée à l'origine par seize États (Autriche, Belgique, Danemark, France, Grèce, Irlande, Islande, Italie, Luxembourg, Norvège, Pays-Bas, Portugal, Royaume-Uni, Suède, Suisse, Turquie), l'OECE s'accrut en 1955 de l'Allemagne fédérale et en 1959 de l'Espagne. Depuis le 30 sept. 1961, elle a fait place à l'Organisation de coopération et de développement économiques (OCDE), qui comprend en outre les États-Unis, le Canada et le Japon, la Finlande, l'Australie et la Nouvelle-Zélande. Elle siège au château de la Muette à Paris, a pour langues officielles l'anglais et le français, et compte plus de 200 comités et groupes de travail spécialisés. Elle a pour but de coordonner les politiques économiques des États membres, de contribuer à l'expansion économique des États membres et non membres, et de favoriser le développement du commerce international. De 1994 à 1996, l'OCDE a accueilli cinq nouveaux pays membres : le Mexique, la République tchèque, la Hongrie, la Pologne et la Corée du Sud. En sept. 2000, la Slovaquie est devenue le trentième membre de l'OCDE.

ORGANISATION DE LA CONFÉRENCE ISLAMIQUE. Organisation fondée en 1971 et siégeant à Djeddah (Arabie Saoudite). Elle regroupe quarante-cinq membres, dont un représentant palestinien. L'organisation est contestée par certains mouvements islamistes qui tiennent des réunions concurrentes.

ORGANISATION DE L'UNITÉ AFRICAINE (OUA). Organisation internationale fondée le 25 mai 1963, à la conférence d'Addis-Abeba, sous la présidence de l'empereur Haïlé Sélassié, par trente pays indépendants d'Afrique. Elle se donnait pour but d'encourager l'unité et la solidarité de l'Afrique et d'éliminer du continent toutes les formes de colonialisme. L'OUA, qui groupait en 1997 cinquante-trois États, ne devait pas jouer le rôle qu'on aurait pu espérer. Elle multiplia les condamnations de l'apartheid et des régimes colonialistes, apporta son soutien aux mouvements de libération, contribua à apaiser les conflits frontaliers entre l'Algérie et le Maroc (1965) et entre le Kenya et la Somalie (1967) ; mais elle ne put prendre aucune mesure efficace pour mettre fin aux luttes sanglantes qui ont déchiré le Soudan et le Nigeria. Sous l'impulsion des pays arabes, l'OUA, en 1973, a apporté son appui complet à la cause palestinienne contre Israël.

Cette unité fut cependant rare et l'OUA n'a pas cessé d'être le théâtre des antagonismes qui agitent avec plus ou moins de violence les pays africains. L'OUA a principalement servi à légitimer les États issus de la colonisation, notamment en garantissant l'intangibilité des frontières. Pour protester contre l'entrée dans l'organisation de la République arabe sahraouie démocratique, le Maroc se retira de l'OUA en nov. 1984. L'Afrique du Sud y fit son entrée en mai 1994, aussitôt après l'élection de Nelson Mandela à la présidence sud-africaine.

ORGANISATION DES ÉTATS AMÉRICAINS (OEA), *Organization of American States* (*OAS*). Organisation fondée à la neuvième conférence internationale des États américains à Bogotá (mars/mai 1948). Cuba en était membre à l'origine, mais en fut exclu en janv. 1962. Le but de cette organisation, où les États-Unis exercent une grande influence, est essentiellement le maintien de la paix et de la sécurité sur le continent américain, notamment contre les mouvements communistes.

L'anticommunisme de l'organisation perdit de son intensité sous la présidence de J. Carter (1977/81) : les États qui le désiraient furent autorisés à renouer avec Cuba, tandis que l'OEA observait une attitude de relative neutralité face à la crise du Nicaragua. Une nouvelle charte, mettant l'accent sur la coopération économique, fut adoptée, cependant qu'au Conseil permanent, à caractère politique, s'ajoutaient un Conseil économique et social et un Conseil interaméricain pour l'éducation, la science et la culture.

L'organisation a approuvé en 1983 les vingt et un points définis par les quatre pays réunis au sein du groupe de médiation, dit « de Contadora » (île panaméenne) : Mexique, Colombie, Venezuela, Panamá, pour pacifier l'Amérique centrale. Ces vingt et un points prévoyaient la suppression progressive de toutes les aides étrangères et la mise en place d'institutions démocratiques pluralistes dans tous les pays de l'isthme. Mais cet accord de façade cachait de profondes divergences. L'organisation ne put statuer sur l'affaire de la Grenade (1983) et ne s'accorda que pour condamner les « disparitions forcées » en Argentine et au Chili. Par ailleurs, en juin 1990, le président Bush lança « l'Initiative pour les Amériques », dont l'objectif était de former une vaste zone de libre-échange couvrant la totalité du continent américain. Ce projet se heurtait à l'existence de plusieurs marchés régionaux, en particulier le Mercosur (v.) mais il permit la création de l'Accord de libre-échange nord-américain (v.) ou ALENA ; signé en 1992 entre les États-Unis, le Canada et le Mexique ; il entra en vigueur en 1994. Il devrait donner naissance en janvier 2005 à la ZLEA (Zone de libre-échange des Amériques) réunissant 33 États d'Amérique latine autour des États-Unis. Cuba est exclu de l'OEA depuis 1962.

ORGANISATION DES NATIONS UNIES (ONU). L'ONU, qui a pris en 1945 la suite de la Société des Nations (SDN), fut préparée au cours de la Seconde Guerre mondiale par les États alliés en lutte contre les puissances de l'Axe. La Charte de l'Atlantique (14 août 1941), la déclaration des Nations unies (1er janv. 1942), la déclaration de Moscou (1er nov. 1943), les travaux des conférences de Dumbarton Oaks (sept./oct. 1944) et de San Francisco (avr./juin 1945) marquèrent les principales étapes d'une élaboration qui aboutit à la Charte des Nations unies, signée à San Francisco le 26 juin 1945 par les représentants de cinquante et une nations en guerre contre l'Axe. Cette Charte fut ratifiée le 24 oct. suivant, et la première assemblée générale de l'ONU s'ouvrit à Londres le 10 janv. 1946. Le principe d'établir le siège de l'organisation aux États-Unis fut accepté, et, à partir de 1952, l'ONU put s'installer dans son siège permanent, à New York. À la suite de l'admission de nouveaux membres, l'ONU rassemblait 115 États dès 1964, 127 États en 1970, 144 États au début de 1976 et 190 en 2003.

À sa fondation, l'ONU ne comprenait que les États ayant participé à la guerre contre les puissances de l'Axe. Les anciens alliés européens de l'Allemagne hitlérienne ainsi que l'Espagne et le Portugal y furent admis en 1955 (Italie, Bulgarie, Roumanie, Finlande, Hongrie) et en 1956 (Japon). Le développement de la politique de détente eut pour conséquence, en 1973, l'entrée des deux États allemands dans l'organisation internationale. La question de la représentation de la Chine devait faire l'objet de nombreux débats : le gouvernement nationaliste de Tchang Kai-chek, qui était au pouvoir en 1945, occupa le siège de la Chine à l'Assemblée générale et au Conseil de sécurité. Après la victoire des communistes chinois (1949), l'Inde demanda que la Chine fût désormais représentée par les délégués du gouvernement de Pékin. L'ONU s'y refusa, sous la pression des États-Unis, et il en fut ainsi chaque année jusqu'à ce que l'amélioration des relations sino-américaines permît, en 1971, l'admission des représentants de Pékin au Conseil de sécurité et à l'Assemblée générale, les représentants du gouvernement nationaliste de Taiwan étant désormais exclus de l'ONU.

Institutions et moyens d'action

Les organes de l'ONU sont : *a)* l'*Assemblée générale*, principal organe délibérant, composée de tous les membres de l'organisation, lesquels disposent chacun d'une voix ; *b)* le *Conseil de sécurité*, qui a la responsabilité du maintien de la paix et de la sécurité internationales ; il comprend quinze membres : cinq membres permanents (Chine, États-Unis, France, Royaume-Uni, URSS) et dix membres non permanents élus pour deux ans par l'Assemblée générale et non immédiatement rééligibles ; *c)* le *Conseil économique et social*, composé de dix-huit membres élus par l'Assemblée générale ; *d)* le *Conseil de tutelle*, qui comprend, outre les membres permanents du Conseil de sécurité, les puissances chargées d'administrer des territoires sous tutelle, et des membres élus par l'Assemblée générale ; *e)* la *Cour internationale de justice*, qui siège à La Haye et qui est composée de quinze juges élus pour neuf ans par l'Assemblée générale et le Conseil de sécurité ; *f)* le *secrétariat général*, qui est l'organe administratif de l'ONU. Le poste de secrétaire général a été occupé successivement par : Trygve Lie (1946/52), Dag Hammarskjöld (1953/61, mort en mission au Congo), U Thant (1961/71), Kurt Waldheim (1971/81), Javier Perez de Cuellar (1982/1991), Boutros Boutros-Ghali (1992/96) et Kofi Annan depuis 1997. Sont rattachées à l'ONU plusieurs « institutions spécialisées » dans des domaines économique, financier, social ainsi que culturel : l'Organisation internationale du travail (OIT), la Food and Agriculture Organization (FAO), l'UNESCO, l'OMS (v.), le FMI (v.), la Banque internationale pour la reconstruction et le développement (BIRD), le GATT (v.), l'Union postale universelle, l'Union internationale des télécommunications, l'Organisation météorologique mondiale, l'Organisation intergouvernementale consultative de la navigation maritime.

Pour remplir sa mission, l'ONU fut dotée de pouvoirs plus étendus que ceux de l'ancienne SDN : le Conseil de sécurité peut décider des sanctions diplomatiques, économiques et même de l'emploi de forces, les Casques bleus, fournies par les États membres. Cependant, l'ONU devait être souvent paralysée par le droit de veto accordé à chacun des membres permanents du Conseil de sécurité : de 1945 à 1965, l'URSS n'utilisa pas moins de cent trois fois son droit de veto. L'intervention des forces de l'ONU en Corée (v.), en juin 1950, ne fut possible que parce que l'URSS boycottait alors le Conseil de sécurité, en raison du refus de l'admission de la Chine populaire. Les Soviétiques ayant peu après réoccupé leur siège, l'ONU, pour les empêcher de bloquer par leur veto l'action internationale engagée en Corée, décida, le 3 nov. 1950, que l'Assemblée générale aurait désormais compétence, en cas de menace contre la paix et d'agression, lorsque le Conseil de sécurité serait paralysé par l'exercice du droit de veto.

Des actions multiples

L'ONU a joué un rôle important dans les domaines social et humanitaire (aide aux réfugiés, extension des droits de l'homme, lutte contre la drogue...). Mais les résultats politiques de l'action de l'ONU apparaissent, en revanche, plutôt décevants.

Au *Proche-Orient*, l'ONU décida, le 29 nov. 1947, la division de la Palestine en deux États, juif et arabe, Jérusalem et les Lieux saints constituant une zone internationale ; mais ce plan de partage fut repoussé par les Arabes, et la guerre israélo-arabe qui suivit (au cours de laquelle le médiateur de l'ONU, Folke Bernadotte, fut assassiné par des terroristes juifs) aboutit à des frontières très différentes de celles qui avaient été fixées par l'ONU. En *Inde*, l'ONU tenta, en 1949, d'imposer sa médiation entre l'Inde et le Pakistan dans la question du Cachemire ; mais elle ne parvint pas à contraindre le gouvernement de New Delhi à organiser un libre référendum qui eût permis l'autodétermination des habitants de cette région. Dans l'ex-*Congo belge* (actuelle république démocratique du Congo, ex-Zaïre), le gouvernement central congolais, aux prises avec des tendances sécessionnistes, fit appel, en juill. 1960, à une force internationale de l'ONU qui fut rapidement portée à 20 000 hommes ; cette force se trouva amenée à intervenir dans les affaires intérieures congolaises, et son rôle dans l'élimination de Lumumba (sept. 1960) provoqua les protestations de l'URSS. En *Afrique du Sud*, l'ONU condamna la politique de ségrégation raciale poursuivie par la République sud-africaine et vota des sanctions diplomatiques et économiques contre celle-ci (1962) et, pour les mêmes raisons, contre la Rhodésie (1966).

Si l'on excepte la guerre de Corée, où les États-Unis pesèrent de tout leur poids en faveur d'une intervention de grande envergure, l'ONU devait se révéler inefficace dans tous les conflits où se trouvait impliquée, directement ou indirectement, une grande puissance décidée à ignorer ses résolutions. De fait, tout le développement de la politique de détente se fit en dehors de l'organisation internationale, par contacts directs entre les grandes puissances.

Le blocage du Conseil de sécurité dû à l'opposition entre les deux grands conduisit les États-Unis à favoriser une revalorisation du rôle de l'Assemblée générale. Cette politique se retourna cependant contre eux, car, depuis les années 1960, les États du tiers monde sont devenus majoritaires dans l'organisation. L'Assemblée devint en fait la tribune du tiers-mondisme, souvent plus critique à l'égard de l'Occident que des pays de l'Est. Les questions sud-africaine et israélo-arabe servirent ainsi de thème unificateur aux pays du Sud et de l'Est et l'Assemblée vota, chaque année, diverses résolutions condamnant l'État hébreu et le régime d'apartheid.

Vers une réforme de l'ONU ?

Les bouleversements des années 1989/91 à l'Est ont permis de redonner à l'organisation un rôle actif. Le rapprochement de l'URSS, puis (après que celle-ci eut disparu) de la Russie, des positions occidentales a permis le vote de résolutions importantes par le Conseil de sécurité. Ainsi, après l'invasion du Koweït (v.) par l'Irak en 1990, le Conseil a pu faire usage de l'ensemble de ses pouvoirs en matière de maintien de la paix : condamnation de l'intervention irakienne (résolution 660), sanctions économiques (661), recours à la force navale pour faire appliquer ces sanctions (665), usage de tous les moyens nécessaires pour que l'Irak se conforme à la résolution 660 (678). Les interventions des Nations unies se sont multipliées. L'ONU n'a plus servi seulement à stabiliser une situation de crise, mais a également contribué au règlement politique et à la recherche de solutions durables. En Namibie, le Conseil de sécurité a mené à bien une mission exemplaire d'observation du bon déroulement de la transition vers l'indépendance (1989/90). Au Cambodge, à partir de 1991, l'APRONUC (Autorité provisoire des Nations unies pour le Cambodge) a joué un rôle dans la pacification et l'organisation des élections. Mais surtout, l'ONU a innové en créant un « droit d'intervention humanitaire » qui permit de secourir des populations en danger. Ce droit allait à l'encontre du principe, jusque-là érigé en dogme à l'ONU, de non-ingérence dans les affaires intérieures des États. Il fut appliqué pour la première fois en févr. 1991, à l'initiative de la France, au profit des Kurdes, victimes de la répression irakienne qui suivit la seconde guerre du Golfe (v.). Il fut de nouveau employé en Somalie en déc. 1992 pour venir en aide à la population, victime de la famine provoquée par des luttes incessantes entre chefs de guerre.

Les missions qui suivirent mirent un terme aux grands espoirs suscités par la fin de la guerre froide ; les moyens de l'ONU, tant financiers que politiques, se révélèrent en effet inadaptés à une revalorisation de ses missions. Dans l'ex-Yougoslavie, la FORPRONU, créée par la résolution 743 et déployée à partir de mars 1992, demeura inefficace devant l'intransigeance des parties en présence. Au Rwanda, la MINUAR s'est révélée totalement impuissante face aux massacres de 1994. En Haïti, il fallut attendre trois ans (de 1991 à 1994) pour qu'une mission de l'ONU restaurât le président élu J.-B. Aristide.

L'ONU, sollicitée depuis le début des années 1990 pour la résolution de tous les conflits en cours, ne disposait pas de forces propres et restait soumise à la bonne volonté des États à lui fournir des troupes et un financement. Or, les seuls États capables de mobiliser et de financer rapidement des corps expéditionnaires efficaces, à savoir les États occidentaux, ne paraissaient prêts à s'engager fermement que quand leurs intérêts étaient en jeu, comme en 1990, lorsque leurs approvisionnements pétroliers furent soumis à un chantage irakien. En outre, lors de l'affaire du Kosovo, en 1999, ces mêmes puissances préférèrent utiliser les structures de l'OTAN, plus simples à mettre en œuvre en cas de désaccord de la communauté internationale. Par ailleurs, seuls une dizaine d'États étaient à jour de leur cotisation envers l'organisation. Soumise à une grave crise financière, l'ONU a essayé de changer son mode de fonctionnement. Elle s'est efforcée en particulier de rationaliser l'utilisation des fonds, de développer une pratique, moins coûteuse, de prévention des conflits et de suivi des processus électoraux, et de déléguer à des organisations régionales la résolution de certaines crises. L'ONU paraissait également menacée d'une nouvelle paralysie. La Russie s'opposa en effet aux Occidentaux sur le problème yougoslave. La Chine marchandait par ailleurs la non-utilisation de son droit de veto en le subordonnant à l'octroi d'avantages commerciaux et à une totale immunité en matière de respect des droits de l'homme. L'intervention unilatérale des États-Unis en Irak (mars 2003), au nom de la légitime défense préventive, les nouvelles formes de terrorisme, et notamment l'attentat contre la mission de l'ONU à Bagdad (19 août 2003) ont fragilisé l'ONU. Le Conseil de sécurité est en outre critiqué pour son manque de représentativité. Se pose ainsi le problème de la représentation du Japon, de l'Allemagne, de l'Union européenne (la France et la Grande-Bretagne étant critiquées par les autres membres pour leur manque de concertation) ainsi que des grands États du Sud (Brésil, Inde...) au risque de remettre en question des équilibres régionaux fragiles. Mais si les instances centrales sont en crise, les agences spécialisées font preuve d'une grande efficacité sur le terrain.

ORGANISATION DES PAYS EXPORTATEURS DE PÉTROLE (OPEP). Créé à l'initiative du Venezuela en 1960, avec l'Iran, l'Irak, l'Arabie Saoudite et le Koweït, cet organisme s'est adjoint le Qatar (1961), la Libye, l'Indonésie (1962), les Émirats arabes unis (1967), l'Algérie (1969), le Nigeria (1971), l'Équateur (1973) et le Gabon (1975). L'Équateur a quitté l'OPEP en 1992, le Gabon en 1996.

De 1973 à 1981, l'OPEP obtenait une hausse continue des prix du pétrole grâce à son contrôle du marché. Cette position s'est effritée depuis l'exploitation des gisements de la mer du Nord. Son contrôle ne s'exerçait plus, en 1984, que sur la moitié de la production mondiale (mais sur les deux tiers des réserves). Une part importante de ces « pétrodollars » a été réinvestie dans les circuits économiques des pays occidentaux. La mévente persistante du pétrole contraignait à une réduction de la production, afin de ne pas accentuer la baisse des prix du brut amorcée depuis 1982.

L'OPEP, qui ne contrôlait plus que 40 % de la production mondiale de pétrole au milieu des années 1990, n'était plus en mesure d'imposer ses décisions au marché comme elle avait pu le faire dans les années 1970. Divisée sur la politique pétrolière à suivre et après avoir choisi, en 1985, d'augmenter sa production, ce qui avait fait baisser les cours, l'organisation décida de réduire sa production de 10 % en 1990. L'Irak, en provoquant la seconde guerre du golfe (v.), a fait repartir les prix à la hausse. L'embargo frappant ce pays et l'excluant de fait du marché a bénéficié surtout, à partir de 1991, à son rival saoudien. En 1996, un assouplissement de l'embargo contre l'Irak décidé par l'ONU a permis à ce pays d'écouler une partie de sa production pétrolière sur le marché international. En mai 1999, un redressement inattendu du cours du pétrole (il tripla en un an) fut provoqué par la reprise de la demande, principalement en Asie, et par le rééquilibrage du marché après la décision des pays de l'OPEP de réduire leur production. En mars 2000, neuf des onze membres de l'OPEP décidèrent d'augmenter modérément leur production afin d'enrayer cette hausse qui avait permis à l'organisation de réaffirmer son influence sur l'économie mondiale.

ORGANISATION DU TRAITÉ DE L'ATLANTIQUE NORD (OTAN), en anglais *North Atlantic Treaty Organization (NATO)*. Organisation militaire fondée le 4 avr. 1949 par le traité de l'Atlantique Nord signé à Washington. Créée dans le climat de la guerre froide, et destinée à décourager toute agression de l'URSS contre les pays d'Europe occidentale, l'Alliance atlantique fut conclue en 1949 entre douze pays : la Belgique, le Canada, le Danemark, les États-Unis, la France, l'Islande, l'Italie, le Luxembourg, la Norvège, les Pays-Bas, le Portugal et le Royaume-Uni. Elle reçut ensuite l'adhésion de la Grèce et de la Turquie (févr. 1952) et, après la signature des accords de Paris (23 oct. 1954), de la République fédérale d'Allemagne.

Les dispositions essentielles du traité étaient contenues dans l'article 5 : « Les parties conviennent qu'une attaque armée contre l'une ou plusieurs d'entre elles, survenant en Europe ou en Amérique du Nord, sera considérée comme une attaque dirigée contre toutes les parties et, en conséquence, elles conviennent que, si une telle attaque se produit, chacune d'elles, dans l'exercice du droit de légitime défense, individuelle ou collective, reconnu par l'article 51 de la Charte des Nations unies, assistera la partie ou les parties ainsi attaquées en entreprenant aussitôt individuellement, et d'accord avec les autres parties, telle action qu'elle jugera nécessaire, y compris l'emploi de la force armée, pour rétablir et assurer la sécurité dans la région de l'Atlantique Nord. » La zone couverte par le traité était ainsi définie par l'article 6 : « [...] Une attaque contre le territoire de l'une des parties en Europe ou en Amérique du Nord, contre les départements français d'Algérie [mention supprimée en janv. 1963, à la suite de l'indépendance de l'Algérie], contre le territoire de la Turquie ou contre les îles placées sous la juridiction de l'une des parties dans la région de l'Atlantique Nord, au nord du tropique du Cancer ». L'Alliance atlantique se présentait non seulement comme une alliance militaire défensive, mais encore comme un effort pour créer une communauté de pays animés des mêmes idéaux politiques.

Trois commandements suprêmes furent créés : le commandement en Europe, le commandement de l'Atlantique et le commandement de la zone de la Manche. Nommé en déc. 1950 commandant suprême en Europe, Eisenhower établit son quartier général (le *SHAPE, Supreme Headquarters Allied Powers Europe*) à Rocquencourt, près de Versailles. Le siège du Conseil atlantique fut fixé à Paris.

Reposant d'abord essentiellement sur la puissance américaine, l'OTAN se renforça, au cours des années 1950, par le développement des armées d'Europe occidentale, qui reçurent une aide financière importante des États-Unis. À partir de 1957, il fut décidé que les États-Unis entretiendraient en permanence des forces nucléaires dans les pays européens de l'OTAN. Dans les années 1960, cependant, les premiers développements de la détente provoquèrent un relâchement dans les liens unissant les pays de l'OTAN. Ayant doté la France d'une force de dissuasion nucléaire nationale, le général de Gaulle s'opposa aux projets d'intégration supranationale des forces de l'Alliance atlantique. Tout en restant dans l'Alliance, la France se retira de l'OTAN le 1er juill. 1966 ; le SHAPE fut alors transféré de Rocquencourt en Belgique, et, peu après, le Conseil atlantique s'établit à Bruxelles. En juin 1974, les quinze pays membres de l'Alliance adoptèrent une « déclaration atlantique » qui constatait que le traité de 1949 avait fourni la base de leur sécurité en rendant possible la détente et qu'il avait consacré la solidarité de destin des pays membres ; ceux-ci affirmaient que la présence des forces nord-américaines en Europe restait indispensable. Le 31 mai 1982, l'Espagne, après la disparition de Franco (1975), était admise dans l'organisation.

En 1984, l'équilibre des forces armées classiques paraissait en faveur du pacte de Varsovie, créé par l'URSS en 1955. L'installation, à partir de 1977, de missiles soviétiques SS 20 à trois têtes nucléaires capables d'atteindre toute l'Europe occidentale a amené l'OTAN, à partir de 1983, à installer en Europe occidentale ses fusées Pershing II. L'accord à propos de ces euromissiles (v.), négocié en déc. 1987, et ses conséquences positives sur l'ensemble des rapports entre l'Est et l'Ouest, ont contraint l'OTAN à une révision stratégique. L'effondrement de l'URSS conduisit à remettre en question la fonction même de l'OTAN. L'éclatement du bloc soviétique fut suivi d'une période de réflexion sur la finalité de l'organisation. Tandis que l'UEO (v.), mise en sommeil depuis les années 1960, apparaissait comme un possible pilier européen de l'Alliance, la question d'un éventuel élargissement de l'OTAN aux anciens pays de l'Est suscitait une vive opposition de la part de Moscou. La Russie, redoutant d'être isolée du reste de l'Europe par une extension de l'OTAN dont elle serait exclue, se vit proposer, en janv. 1994, un « partenariat pour la paix » aux contours flous, mais ouvert à tous les pays européens. Après la réintégration de la France dans le comité militaire de l'Organisation (1996), l'OTAN signa avec la Russie, en mai 1997, un accord précis de coopération, tandis que s'engageait un processus d'élargissement destiné à accueillir comme nouveaux membres des pays d'Europe centrale. En mars 1999, la Hongrie, la Pologne et la République tchèque ont fait ainsi leur entrée dans l'Alliance. Le même mois, les forces atlantiques bombardèrent la Serbie de Milosevic pour obtenir le retrait de ses troupes du Kosovo (v.) : ce fut la première intervention de l'OTAN contre un pays souverain. En nov. 2002, au sommet de Prague, l'OTAN s'est encore élargie avec l'entrée de la Slovaquie, de la Roumanie, de la Bulgarie, de la Slovénie et des trois États baltes.

ORGANISATION DU TRAITÉ POUR LA DÉFENSE DE L'ASIE DU SUD-EST (OTASE), *Southeast Asia Treaty Organization (SEATO)*. Organisation militaire fondée à Manille le 8 sept. 1954, groupant l'Australie, les États-Unis, la France, la Nouvelle-Zélande, le Pakistan, les Philippines, le Royaume-Uni et la Thaïlande. En 1956, elle établit son siège à Bangkok. Son but était d'établir un système collectif de défense dans le Sud-Est asiatique et le Pacifique du Sud-Ouest, sur une zone couvrant tous les territoires au sud de 21° 30′ de latitude N., ce qui excluait Taiwan (ancienne Formose) et Hongkong, mais englobait le Laos, le Cambodge et le Sud-Viêt-nam (bien que ces pays, en raison des accords de Genève de 1954, ne fussent pas membres de l'OTASE). La France et le Pakistan, en désaccord avec la politique américaine dans le Sud-Est asiatique, se retirèrent de l'OTASE pendant la guerre du Viêt-nam. Après la fin de ce conflit, l'OTASE fut dissoute le 30 juin 1977.

ORGANISATION EUROPÉENNE DE COOPÉRATION ÉCONOMIQUE (OECE). Organisation fondée en avr. 1948 et chargée de coordonner les activités économiques des États européens bénéficiant de l'aide américaine du plan Marshall. Voir **ORGANISATION DE COOPÉRATION ET DE DÉVELOPPEMENT ÉCONOMIQUES (OCDE)**.

ORGANISATION INTERNATIONALE DU TRAVAIL (OIT). Institution fondée en 1919 par la conférence de la paix siégeant à Versailles, aujourd'hui rattachée à l'Organisation des Nations unies ; elle a son siège à Genève. Elle avait pour but d'améliorer les conditions du travail et de développer plus de justice sociale dans le monde. Son inspirateur fut le ministre socialiste français Albert Thomas, qui assuma la présidence de l'OIT de 1920 à 1932. Organisme officiel, composé d'États souverains, l'OIT eut, dès ses débuts, une structure tripartite originale, chaque État étant représenté dans son instance suprême, la conférence internationale du travail, par quatre délégués, dont deux représentaient le gouvernement, un les employeurs et un les travailleurs. L'activité principale de l'OIT consista à proposer aux gouvernements de véritables traités ou « conventions » et des « recommandations » permettant d'instaurer des normes internationales minimales concernant les conditions de travail (journée de huit heures, semaine de quarante heures, congés payés, interdiction du travail de nuit pour les femmes et les jeunes travailleurs, congés payés, liberté syndicale...). À partir de 1950, l'OIT consacra également une grande partie de ses efforts à l'assistance technique aux pays en voie de développement, en particulier dans le domaine de la formation professionnelle. L'OIT a reçu en 1969 le prix Nobel de la paix. Elle a son siège à Genève. En 2001, l'OIT comptait 175 États membres.

ORGANISATION MONDIALE DE LA SANTÉ (OMS). Institution spécialisée de l'ONU créée par la conférence internationale sanitaire de New York, en juill. 1946. Elle a pour objectif d'« amener tous les peuples au plus haut degré de santé possible » par la mise en œuvre de grands programmes d'hygiène, par l'établissement de conventions sanitaires internationales et de services d'information épidémiologique... L'OMS a son siège à Genève. Depuis le début des années 1990, l'OMS mène une campagne active en vue d'inciter les pays du tiers monde à développer des mesures préventives en matière de sida, tout en dénonçant l'inégalité des moyens entre pays riches et pays pauvres dans le traitement de la maladie. Sa lutte contre l'épidémie du SRAS (syndrome respiratoire aigu sévère) qui, en 2003, a frappé l'Asie et le Canada a été efficace.

ORGANISATION MONDIALE DU COMMERCE (OMC). Née des accords de Marrakech en 1994, cette organisation s'est substituée au GATT (v.) à partir de 1995. Siégeant à Genève et permanente, elle est gestionnaire de tous les accords passés depuis 1947 et doit poursuivre les négociations laissées en suspens par l'Uruguay Round (1986/94). Avec des domaines de compétence élargis (services, propriété intellectuelle), elle rend des arbitrages commerciaux s'imposant aux pays membres et portés devant l'Organe de reglements des différends (ORD). L'OMC comptait en 2004 148 membres, les derniers admis étant la Chine, Taiwan, le Cambodge et le Népal. Cependant, même si, sous la houlette du GATT puis de l'OMC, les exportations de marchandises dans le monde ont depuis 1948 augmenté en moyenne de 6 % par an, les dernières réunions de l'organisation ont été décevantes. Celle de Seattle (1999) a été un échec ; quant au nouveau cycle de négociations lancé à Doha, au Qatar, en 2001 et censé aboutir au 1er janvier 2005, ses dossiers (subventions des pays développés à leur agriculture, investissements, services, biens industriels) n'ont pu se concrétiser à Cancún au Mexique (10/14 sept. 2003), faute du consensus exigé. Pourtant, le 30 août 2003, l'OMC avait approuvé au préalable un projet permettant aux pays pauvres non producteurs d'importer des remèdes moins chers (médicaments génériques) pour lutter contre des pandémies comme le sida, la tuberculose ou la malaria. Certains pays ont exigé une refonte de l'OMC, jugée inefficace, tandis que les États-Unis multipliaient les accords bilatéraux avec des pays en développement.

ORGANISATION POUR LA LIBÉRATION DE LA PALESTINE (OLP). Décidée au sommet de la Ligue arabe du Caire en janv. 1964 et créée par un congrès des Arabes de Palestine, le 23 mai 1964, cette organisation avait pour objet de maintenir l'unité nationale palestinienne et de regrouper les mouvements de lutte armée. Après la défaite arabe de 1967, le mouvement Fatah devint la principale composante de l'OLP, tandis que Yasser Arafat (v.) était nommé à la tête de l'Organisation palestinienne en 1969. La personnalité et la politique d'Arafat furent à plusieurs reprises contestées par d'autres mouvements palestiniens plus radicaux tels que le FPLP de Georges Habache, le FDLP de Nayef Hawatmeh, le FIA pro-irakien ou la Saïka contrôlée par la Syrie.

L'OLP, basée en Jordanie jusqu'en 1971, date à laquelle le roi Hussein liquida les combattants palestiniens (opération Septembre noir), se replia au Liban (v.) jusqu'en 1983, puis à Tunis en 1993. L'Organisation palestinienne multiplia les actes militaires et les actions terroristes (prises d'otages, détournements d'avions), avant de s'engager dans la voie de la négociation diplomatique avec Israël. En nov. 1988, l'OLP proclama l'établissement d'un État palestinien et reconnut implicitement le plan de partage de 1947.

La légitimité de l'OLP fut renforcée dès 1987 par l'Intifada, révolte palestinienne que l'organisation n'avait cependant pas su anticiper. La centrale palestinienne commit une autre erreur d'appréciation en se rangeant du côté de Saddam Hussein, qui se posait alors en défenseur de la cause palestinienne, lors de la seconde guerre du Golfe (v.). En 1992, le retour des travaillistes au pouvoir en Israël permit de lever les interdits pesant sur les contacts officiels avec l'OLP et c'est directement avec Y. Arafat que Yitzhak Rabin et Shimon Pérès signèrent, en sept. 1993 à Washington, une déclaration de principe sur des arrangements intérimaires d'autonomie. La mise en œuvre de ce texte permit l'installation à Gaza d'une Autorité palestinienne, formée d'un conseil législatif dominé par l'OLP et d'une présidence exercée par Y. Arafat. Par ailleurs, en avr. 1996, le Parlement de l'OLP élimina de sa charte les articles niant l'existence d'Israël. Voir PALESTINE.

ORGANISATION POUR L'ALIMENTATION ET L'AGRICULTURE (OAA). Voir **FAO (Food and agriculture organization)**.

ORGANISATION POUR LA SÉCURITÉ ET LA COOPÉRATION EN EUROPE (OSCE). Organisation européenne, héritière des accords d'Helsinki (v.) signés en 1975. L'OSCE prit la suite, en 1996, de la Conférence sur la sécurité et la coopération en Europe (CSCE). La CSCE, produit de la détente, fut, jusqu'à l'effondrement du système communiste en 1989, invoquée par les dissidents des pays de l'Est dans leur défense des droits de l'homme.

Après la chute du mur de Berlin, les chefs des États signataires des accords d'Helsinki se réunirent à Paris en nov. 1990 afin de renforcer la CSCE, seul forum commun à l'ensemble du continent. Un secrétariat permanent fut installé à Prague. L'OSCE comptait, à la fin du XXe s., cinquante-cinq États membres. Tous les États européens étaient admis. Le Canada et les États-Unis, bien que situés hors d'Europe, faisaient également partie de l'OSCE.

Toutefois, alors qu'elle faisait de la sécurité l'une de ses priorités, l'organisation est demeurée impuissante face aux conflits se déroulant sur le continent, en particulier, à partir de 1991, en ex-Yougoslavie ou, à la fin des années 1990, en Tchétchénie.

ORIENT (empire romain d'). Partie orientale de l'Empire romain, définitivement séparée de la partie occidentale en 395 ap. J.-C. Voir **BYZANTIN (Empire)**.

ORIENT (question d'). Nom donné à l'ensemble des problèmes posés aux grandes puissances, dans les Balkans et la Méditerranée orientale, par le déclin de l'Empire ottoman à partir de la seconde moitié du XVIIIe s. Voir **Turquie** et **Russie**.

ORISSA. État de l'Inde orientale, baigné par le golfe du Bengale ; capitale *Bhubaneswar*. L'Orissa, occupé par les Aryens au IIe millénaire, constituait au début du IIIe s. av. J.-C. le royaume de Kalinga, qui fut conquis après une dure campagne par Açoka, l'empereur Maurya (vers 260 av. J.-C.). Dès le milieu du IIe s. av. J.-C., il avait repris son indépendance et resta longtemps un des bastions du bouddhisme en Inde. Traversé par Samoudragoupta au cours de sa vaste expédition dans le Deccan, l'Orissa resta cependant en dehors de l'empire des Goupta. Vers le milieu du Ve s. apr. J.-C., une nouvelle dynastie y établit le brahmanisme d'abord çivaïte, puis, à partir du XIIe s., vishnouite. Conquis par Akbar en 1574, l'Orissa perdit son indépendance et fut annexé à l'empire des Mogols, puis il passa aux Marathes en 1751. La domination anglaise y fut établie à la suite de la seconde guerre marathe, en 1803. D'abord rattaché à la présidence du Bengale, l'Orissa fut uni au Bihar pour former, en 1912, la province de Bihar-et-Orissa, et devint enfin une province séparée, unie par une même langue, l'oriya, en 1936. L'Orissa est un des États de l'Union indienne depuis 1950.

ORKHAN († 1359). Deuxième sultan ottoman (1326/59). Voir **Turquie. La conquête ottomane.**

ORLANDO Vittorio Emanuele (* Palerme, 19.V.1860, † Rome, 1er.XII.1952). Homme politique italien. Ministre de la Justice en 1916, il fut chargé, après le désastre de Caporetto, de prendre la tête du gouvernement (oct. 1917/juin 1919). Il réussit à rassembler le pays autour de lui et prépara la victoire de Diaz à Vittorio Veneto (oct. 1918). Voyant que les Alliés, à la conférence de la paix, ne voulaient pas tenir les promesses qu'ils avaient faites à l'Italie lors de l'entrée en guerre de celle-ci, il donna sa démission. Adversaire de Mussolini, il quitta la vie politique sous le fascisme, mais devint député en 1946 et sénateur en 1948.

ORLÉANISTES. Nom donné aux partisans des princes de la famille d'Orléans. Depuis la réaction inaugurée à la mort de Louis XIV (1715) par le Régent, Philippe d'Orléans, les princes de cette famille sont devenus l'espoir de secteurs divers de l'opinion (grands aristocrates, parlementaires, financiers) opposés à l'absolutisme. À la faveur de la crise de l'Ancien Régime ouverte sous le règne de Louis XVI, le duc d'Orléans Philippe Égalité crut voir s'ouvrir devant lui la voie du trône. La part qu'il prit avec ses fils aux premières années de la Révolution valut après 1815 un regain de popularité à la maison d'Orléans. Durant le XIXe s., l'orléanisme apparut comme la meilleure solution moyenne à une bourgeoisie qui voulait voir consacrer définitivement ses conquêtes de la Révolution et en même temps s'inquiétait de la montée des classes populaires. La monarchie de Juillet (1830/48), en réprimant les insurrections républicaines et ouvrières et en favorisant les intérêts de la bourgeoisie d'affaires, dont elle flattait l'esprit voltairien par sa politique anticléricale, couronna ses vœux. L'idée bonapartiste de l'appel au peuple et de la dictature plébiscitaire rejeta les chefs de l'orléanisme dans l'opposition à Napoléon III, bien qu'une partie de leur clientèle se fût ralliée au second Empire.

À l'Assemblée de 1871, les orléanistes se groupèrent d'abord autour de Thiers, particulièrement apprécié pour sa répression énergique de la Commune. Mais Thiers, dès nov. 1872, proclama son adhésion à la République, « gouvernement légal du pays ». Ce fut alors l'orléaniste Broglie qui souda la coalition des monarchistes pour abattre Thiers (24 mai 1873) et faire élire à sa place Mac-Mahon. À la mort du comte de Chambord (1883), une partie des légitimistes reconnut sans difficulté le comte de Paris comme seul héritier légitime, tandis que les anciens orléanistes abandonnaient de plus en plus nombreux la cause royaliste et trouvaient dans l'attitude du pape Léon XIII (v. **Ralliement**) une justification pour adhérer à une République qu'ils désiraient conservatrice et protectrice de leurs intérêts.

ORLÉANS (maison d'). Le comté d'Orléans ne fut pas séparé de la Couronne sous les Capétiens directs, mais à partir des Valois.

Louis, duc d'Orléans (* Paris, 13.III.1372, † Paris, 23.XI.1407). Deuxième fils du roi Charles V et frère de Charles VI, il fut d'abord duc de Touraine, titre qu'il échangea contre celui de duc d'Orléans en 1392. Il avait épousé en janv. 1389 la belle Valentine Visconti, qui lui apporta des droits sur le Milanais. La démence de son frère fit de lui le rival de son oncle, le duc de Bourgogne Philippe le Hardi, puis de son fils Jean sans Peur. La guerre allait éclater entre les deux rivaux, lorsque Louis d'Orléans fut assassiné rue Vieille-du-Temple, par les hommes de Jean. Ce meurtre déclencha la guerre entre les Armagnacs (v.) et les Bourguignons.

Charles, duc d'Orléans (* Paris, 26.V.1391, † Amboise, 4.I.1465). Fils du précédent. D'abord connu sous le nom de comte d'Angoulême, il prit les armes en 1411 pour venger son père assassiné et s'allia avec son beau-père, Bernard d'Armagnac, d'où le nom d'*Armagnacs* donné au parti d'Orléans. Il se distingua en 1415 à la bataille d'Azincourt, mais fut capturé et resta prisonnier en Angleterre pendant vingt-cinq ans. C'est durant sa captivité qu'il entreprit son œuvre poétique. Libéré enfin en 1440, il entreprit de conquérir le Milanais, qui lui revenait du chef de sa mère, mais il ne put se rendre maître que du comté d'Asti. Il s'établit alors à Blois, où il tint une cour brillante qui eut un rôle important dans le développement de l'humanisme français. Il a laissé une centaine de ballades, autant de chansons et environ 400 rondeaux. Voir **Cent Ans (guerre de)**.

Gaston, duc d'Orléans (* Fontainebleau, 25.IV. 1608, † Blois, 2.II.1660). Troisième fils d'Henri IV et frère de Louis XIII, il porta le titre de duc d'Anjou jusqu'en 1626. Il ne cessa de troubler la France par ses intrigues, fut de tous les complots contre Richelieu, mais échoua toujours et vit périr ses complices, Ornano et Chalais en 1626, Montmorency en 1632, Cinq-Mars et de Thou en 1642, qu'il abandonna ; il ne dut de conserver la vie sauve qu'à sa qualité de frère du roi. Après la mort de Richelieu, il se réconcilia avec Louis XIII, fut nommé lieutenant général du royaume pendant la minorité de Louis XIV, se réhabilita par ses trois campagnes de 1644, 1645 et 1646, au cours desquelles il prit Gravelines, Courtrai et Bergues. Mais il se remit à conspirer pendant la Fronde, passant d'un parti à l'autre, et Mazarin le fit exiler dans son château de Blois (1652), où il passa la fin de sa vie.

Philippe, duc d'Orléans (* Saint-Germain-en-Laye, 21.IX.1640, † Saint-Cloud, 9.VI.1701). Deuxième fils de Louis XIII et frère unique de Louis XIV, il fut duc d'Anjou jusqu'à la mort de Gaston d'Orléans (1660). Marié à Henriette d'Angleterre (1661), puis à la princesse Palatine Charlotte-Élisabeth de Bavière (v.) (1671), il eut plusieurs enfants, dont le futur Régent, mais sa vie privée fut marquée par des amitiés masculines (entre autres avec le chevalier de Lorraine) qui scandalisèrent la cour de Louis XIV. Il se distingua en Flandre et aux Pays-Bas dans les campagnes de 1667 et 1672, battit le prince d'Orange à Cassel (1677) et amena la prise de Saint-Omer ; ses succès excitèrent la jalousie de son frère, qui ne lui donna plus de commandement.

Philippe II, duc d'Orléans (* Saint-Cloud, 4.VIII. 1674, † Versailles, 2.XII.1723). Régent de France (1715/23). Fils du précédent. Bon général, il obtint de nombreux succès militaires, particulièrement en Espagne, où il soumit l'Aragon et la Catalogne où il prit Lerida (1707/08). Ses visées sur le trône d'Espagne contribuèrent à indisposer Louis XIV à son égard. À la mort du roi, Philippe d'Orléans fit casser le testament royal qui ne lui accordait que la présidence du conseil de régence et fut reconnu régent à part entière par le parlement de Paris (2 sept. 1715). Il inaugura alors une réaction contre l'absolutisme, nomma d'Aguesseau chancelier, libéra les jansénistes emprisonnés, licencia 25 000 soldats et rendit au parlement son droit de remontrance. Pour résoudre la crise financière du royaume, il eut recours à Law (v.), ce qui permit un allégement de la dette publique et une relance du commerce ; mais cette tentative se solda par la banqueroute de 1720. En politique extérieure, il rechercha la paix par des alliances avec l'Angleterre et les Provinces-Unies (Triple-Alliance de La Haye, 1717). L'Espagne tenta alors de le renverser (v. CELLAMARE) et la guerre fut déclarée. Vaincu, Philippe V dut renoncer à ses prétentions au trône de France. Louis XV, devenu majeur en févr. 1723, laissa le duc d'Orléans à la tête des affaires, mais celui-ci mourut à la fin de l'année.

Louis Philippe Joseph, duc d'Orléans, dit **Philippe Égalité** (* Saint-Cloud, 13.IV.1747, † Paris, 6.XI. 1793). Prince français. Arrière-petit-fils du Régent, duc de Montpensier jusqu'en 1752, puis duc de Chartres jusqu'en 1785. Exilé une première fois sous Louis XV pour sa fronde contre Maupeou, ennemi acharné de Marie-Antoinette, franc-maçon, il s'opposa à la politique financière du gouvernement de Louis XVI et proclama que seuls les états généraux avaient le pouvoir de voter les impôts (1787). Démagogue, il entretenait sa popularité en utilisant largement sa fortune (qui était considérable). Député de la noblesse aux États généraux de 1789, il fut élu député de Paris à la Convention en 1792 et prit le nom de *Philippe Égalité*. Il vota la mort du roi, son cousin. Mais le complot de Dumouriez et la fuite de son fils avec le général le rendirent suspect. Il fut arrêté en avr. 1793, condamné à mort et exécuté en nov.

À sa mort, son fils aîné, **Louis Philippe**, duc de Chartres, porta le titre de duc d'Orléans jusqu'à son avènement au trône en 1830.

ORNANO Sampiero d' (* Bastelica, 1501, † La Rocca, 1567). Patriote corse. Il servit François Ier et Henri II et, avec le maréchal de Thermes, tenta d'arracher la Corse aux Génois (1552/59). Il étrangla sa femme, Vanina, qui avait cherché à négocier avec les Génois, mais il mourut assassiné par des partisans que les Génois avaient achetés. Voir CORSE.

ORODÈS II. Roi des Parthes (55/37 av. J.-C.). Il monta sur le trône en assassinant son frère Mithridate III, après avoir ensemble tué leur père Phraate III. Son règne fut inauguré par la grande victoire remportée à Carrhae sur Crassus par son général Suréna (53 av. J.-C.), mais Orodès, craignant le prestige de Suréna, le fit exécuter. Il continua la guerre contre les Romains et fit envahir la Syrie par son fils Pacorus, qui fut battu par Ventidius Bassus, lieutenant d'Antoine, en 38. Orodès mourut peu après, assassiné par son fils Phraate IV.

ORRORIN. Nom donné à un des plus anciens hominidés découverts en Afrique, au cœur des collines Tugen du Kenya. Les découvreurs, B. Senut et M. Pickford, l'ont attribué, en 2001, à une nouvelle espèce *Orrorin tugenensis* et l'ont placé sur la lignée humaine. Il a également été baptisé « l'homme du millénaire ». Daté de 6 millions d'années, soit le miocène supérieur, Orrorin est le plus ancien hominidé bipède connu.

ORSINI Felice (* Meldola, près de Forli, 18.XII. 1819, † Paris, 13.III.1858). Homme politique italien. Conspirateur acharné, il perpétra un attentat contre Napoléon III, qu'il considérait, depuis l'intervention française à Rome, comme le grand obstacle aux progrès de l'unité italienne. Venu à Paris avec ses complices Pieri, Rudio et Gomez, il lança sur le cortège impérial qui se rendait à l'Opéra, le soir du 14 janv. 1858, trois bombes qui laissèrent indemnes Napoléon III et l'impératrice, mais firent huit morts et 150 blessés. Condamné à mort, il fut guillotiné, ainsi que Pieri.

ORTEGA SAAVEDRA Daniel (La Libertad, 11.XI.1945). Homme politique nicaraguayen. Il milita dès l'âge de dix-huit ans au Front sandiniste de libération nationale contre la dictature de Somoza. Capturé en 1967 et condamné à sept ans de prison, il fut libéré, en 1974, par un commando sandiniste. Il participa activement à la révolution de 1979 et fut membre de la junte de reconstruction nationale qui gouverna le pays jusqu'à l'élection présidentielle de 1984, qu'il remporta. Voir NICARAGUA.

ORTHODOXE (Église). Ensemble des églises chrétiennes orientales séparées de Rome. Voir ÉGLISE ORTHODOXE.

OSMAN Ier († Sögüt, 1326). Premier sultan ottoman (vers 1281/1326). Fils et successeur d'Ertughroul, il régnait près d'Eskisehir, à Sögüt, sur un clan turc qui prit de lui le nom d'Osmanlis. Voir TURQUIE. La conquête ottomane.

OSSÈTES. Peuple du Caucase, partagé entre les deux républiques d'Ossétie du Nord (membre de la Fédération de Russie ; capitale *Vladikavkaz*) et d'Ossétie du Sud (rattachée à la Géorgie ; capitale *Tchkhivali*). Peuple d'origine indo-européenne, les Ossètes parlent une langue iranienne. Confondus avec les Scythes durant le Ier millénaire avant notre ère, les Ossètes furent ensuite refoulés dans le Caucase par les Alains (v.) et les Khazars (v.). Vers le XIIIe s., ils passèrent sous la tutelle des Tatars (v.). Dès le règne de Catherine II, les Russes s'installèrent dans leur territoire, et ils furent intégrés à l'Empire russe en 1806. Partagés entre deux républiques soviétiques depuis 1922, les Ossètes réclamèrent à la faveur de la perestroïka leur réunion au sein de la Russie. Cette revendication se heurta à l'intransigeance de la Géorgie, dont les forces intervinrent en Ossétie du Sud. Celle-ci proclama, en réponse, son indépendance (déc. 1991). Alors que les combats s'intensifiaient, le président de la Géorgie, Edouard Chevardnadze, accepta, pressé par les menaces d'intervention russe, un cessez-le-feu (juin 1992) et le déploiement d'une force d'interposition de la CEI. À l'heure où une partie de ses habitants s'engageaient aux côtés des Ossètes du Sud, l'Ossétie du Nord se trouvait impliquée dans un conflit l'opposant à l'Ingouchie voisine. Les pourparlers engagés à partir de 1996 entre la Géorgie et l'Ossétie du Sud n'avaient pas encore abouti fin 2003, malgré la pression exercée par le conseil de l'Europe. De même, les tensions entre l'Ossétie du Nord et l'Ingouchie restaient vives. Voir INGOUCHIE (république de) et TCHÉTCHÉNIE (république de).

OSSIETZKY Carl von (* Hambourg, 3.X.1889, † Berlin, 4.V.1938). Journaliste allemand. D'une famille prussienne catholique, il milita dans des organisations pacifistes dès 1912, et, largement confirmé dans ses idées par les horreurs de la Première Guerre mondiale, il consacra toute sa vie à lutter contre le militarisme. En 1922, il fut un des fondateurs du mouvement *Nie wieder Krieg* (« Plus jamais de guerre ! »). Rédacteur en chef de l'hebdomadaire *Die Weltbühne*, il dénonça sous le régime de Weimar le réarmement secret auquel procédaient les chefs de la Reichswehr, et, en 1931, il fut condamné à dix-huit mois de prison par la Haute Cour de Leipzig. Amnistié à la Noël 1932, il fut arrêté par la police hitlérienne dès la fin de 1933 et envoyé dans un camp de concentration. Il y était toujours détenu lorsqu'il reçut, en 1935, le prix Nobel de la paix. Hitler riposta à cette manifestation symbolique en interdisant aux Allemands d'accepter à l'avenir tout prix Nobel. Souffrant de tuberculose, Ossietzky fut relâché en 1936 et mourut deux ans plus tard, sans avoir quitté l'hôpital. Voir RÉSISTANCE. La Résistance allemande.

OST. Nom donné à l'une des formes du service militaire féodal dû par le vassal à son suzerain. Expédition militaire relativement importante et longue, l'*ost* se distinguait de la *chevauchée* (courte expédition de quelques jours) et de la *garde* ou *estage* (obligation d'assurer la garde du château seigneurial). Le service d'ost, qui ne pouvait être exigé que par les détenteurs de l'autorité publique – le droit de ban –, était normalement de quarante jours par an ; si le seigneur mobilisait son vassal plus longtemps, il devait lui verser une solde.

OSTRACISME. Jugement par lequel les Athéniens bannissaient pour une période déterminée un citoyen jugé dangereux pour les libertés et l'ordre public. La loi sur l'ostracisme fut approuvée en 508 av. J.-C. dans le cadre des réformes de Clisthène. Chaque année, l'assemblée du peuple décidait si l'ostracisme devait être appliqué ; en ce cas, on procédait à un vote, et chaque citoyen inscrivait sur un tesson de poterie *(ostrakon)* le nom du citoyen qu'il désirait voir bannir. S'il y avait 6 000 votes contre une personne, celle-ci devait quitter Athènes dans les dix jours, et pour une durée de dix ans (plus tard réduite à cinq ans). Les condamnés à l'ostracisme pouvaient résider où ils voulaient et conservaient leurs biens. Bien qu'Aristote et Plutarque en aient plus tard défendu le principe, l'ostracisme, dans le climat démagogique de la démocratie athénienne, fut l'occasion de tristes abus : certains des plus grands hommes d'Athènes, Miltiade, Thémistocle, Aristide, Cimon, Alcibiade, furent ostracisés. L'ostracisme fut aboli vers 415 av. J.-C.

OSTROGOTHS. Nom porté par une des deux grandes fractions du peuple germanique des Goths. Philologiquement, *Ostrogoths* signifie « Goths brillants » (et *Wisigoths*, « Goths sages »), mais, historiquement, le mot a revêtu à juste titre le sens de Goths de l'Est, les Ostrogoths ayant fondé à l'E. du Borysthène (Dniepr) et au N. de la mer d'Azov, vers 350 de notre ère, un vaste empire qui fut soumis par les Huns vers 375. Entraînés vers l'Europe occidentale par les Huns, dont ils furent les auxiliaires aux champs Catalauniques (v.), les Ostrogoths se trouvèrent libérés par l'effondrement qui suivit la mort d'Attila (453). Ils s'établirent alors, sous la suzeraineté romaine, en Pannonie, tout en mettant au pillage les provinces byzantines d'Europe.

L'empereur byzantin Zénon, pour se débarrasser d'eux, lança leur chef Théodoric vers l'Italie, contre Odoacre, 488 ; après une guerre de cinq années (victoire de Théodoric sur les Hérules à Vérone, 489 ; siège de Ravenne, 490/93), Théodoric resta seul maître, non seulement de l'Italie péninsulaire, mais aussi de la Sicile, des régions alpestres, de la Dalmatie et de la Pannonie, auxquelles il ajouta la Provence en 508. Théodoric se voulut l'héritier de l'Empire romain : il restaura l'organisation politique et administrative de l'Italie, s'entoura de conseillers lettrés tels que Cassiodore et Boèce, imposa à tous ses sujets, qu'ils fussent d'origine germanique ou latine, l'usage du droit romain. Peut-être aurait-il pu réaliser ce qui devait être trois siècles plus tard l'œuvre de Charlemagne, s'il n'avait été acquis à l'arianisme (v.), ce qui lui aliéna l'Église. Celle-ci préféra donner son appui au Franc Clovis (v.), qui, par sa victoire de Vouillé sur les Wisigoths (507), brisa la grande coalition des Goths ariens esquissée par Théodoric. D'ailleurs, la restauration d'un empire d'Occident sous l'autorité des Goths ne pouvait qu'inquiéter Byzance : la mort de Théodoric, survenue en 526, fut suivie l'année suivante de l'avènement de Justinien à Constantinople, et la reconquête de l'Italie sur les Ostrogoths fut menée par les généraux byzantins Bélisaire (v.) et Narsès (v.) de 536 à 555.

OTHMAN ibn AFFAN (* La Mecque, vers 570, † Médine, 17.VI.656). Troisième calife (644/56). Membre du clan des Omeyyades et riche marchand de La Mecque, il fut un des premiers disciples de Mahomet, dont il devint le gendre (il épousa successivement deux filles du Prophète). Brave homme, fort pieux, mais nullement doué pour le commandement, il avait plus de soixante-dix ans lorsque, après l'assassinat d'Omar, il fut élu calife par les Mecquois, car l'autre gendre de Mahomet, Ali, avait été écarté à cause de son intransigeance. Dans l'espoir de maintenir l'unité de l'Empire musulman fondé par Omar, Othman pourvut d'apanages les membres de son clan. Le luxe étalé par ces profiteurs provoqua l'indignation des vieux croyants, qui ignorèrent les efforts d'Othman pour établir un texte définitif du Coran. Tandis qu'Aïcha, veuve de Mahomet, déployait ses intrigues, deux puissants partis d'opposition se formèrent, l'un qui proclamait les droits d'Ali et de ses fils à l'heritage du Prophète, l'autre conduit par Zobéïr. Des troubles ayant éclaté, le vieil Othman fit appel aux troupes de Syrie, fidèles aux Omeyyades, mais il fut massacré par la foule qui assiégeait sa maison depuis plusieurs semaines. Voir **Islam**. Le monde islamique jusqu'au XIe s.

OTHON

OTHON, Marcus Salvius Otho (* Ferentinum, 32 apr. J.-C., † Bedriacum, 16.IV.69). Empereur romain (69). D'abord favori de Néron, il indisposa celui-ci lorsqu'il refusa de lui céder de bon gré sa femme, Poppée Sabina, et il fut éloigné comme gouverneur en Lusitanie, où il séjourna pendant dix ans (58/68). Il appuya Galba dans sa révolte contre Néron, puis, voyant que Galba l'écartait du trône en adoptant Pison, il déclencha une révolte des prétoriens, au cours de laquelle Galba et Pison furent massacrés (15 janv. 69). Othon fut alors reconnu empereur dans tout l'Empire, sauf en Germanie, où Vitellius s'était déjà fait proclamer. Il organisa la lutte contre Vitellius mais fut vaincu à Bedriacum, et il se donna la mort après avoir régné seulement trois mois. Voir **Rome**. Auguste et les débuts du principat.

ALLEMAGNE

OTHON le Grand (* Walhausen, 23.X.912, † Memleben, 7.V.973). Roi de Germanie (936/73) et empereur (962/73). Fils d'Henri Ier l'Oiseleur, il fut sacré roi de Germanie à la mort de son père en 936. Il dut s'appuyer sur l'Église pour réduire la puissance des grands féodaux. En 948, au synode d'Ingelheim, il intervint dans les affaires de la Francie othonienne en soutenant le Carolingien Louis IV d'Outremer. Menacé par les Hongrois, il les vainquit au Lechfeld (août 955). Il entama alors la conquête de l'Italie et se fit couronner roi à Pavie en 951. Lors de sa deuxième expédition, il reçut du pape Jean XII la couronne impériale à Rome (962), inaugurant ainsi la dynastie othonienne. Comme Charlemagne, Othon entendait se comporter en « protecteur » de l'Église en imposant sa tutelle au Saint-Siège. En 963, il déposa Jean XII et fit de même pour Benoît V l'année suivante. Il ne réussit pas à enlever l'Italie méridionale à Byzance. Inquiet de la menace des Slaves païens, il fonda l'évêché de Magdebourg (968) et organisa les frontières de l'Empire en marches militaires. En mariant son héritier, le futur Othon II, avec Théophano, fille de Nicéphore Phocas (972), il fit reconnaître sa dignité par les souverains de Constantinople. Voir **Germanie (royaume de)** et **Saint Empire romain germanique**. L'Empire des Othons (962/1024).

OTHON II (* 955, † Rome, 7.XII.983). Empereur germanique (973/83). Fils d'Othon le Grand et de sa seconde femme, la princesse lombarde Adélaïde, il fut couronné empereur du vivant de son père, dès 967, et marié en 972 à la princesse byzantine Théophano, fille de Nicéphore Phocas (v.). Comme tant de ses successeurs, il ne songea vraiment qu'à l'Italie, où il ambitionnait de conquérir les possessions byzantines du sud de la péninsule ; mais il fut sévèrement battu par les Sarrasins au cap Colonne, en Calabre (juill. 982). Cette défaite porta un terrible coup au pouvoir impérial et provoqua une révolte générale des Slaves et un effondrement provisoire de la colonisation allemande à l'E. de l'Elbe.

OTHON III (* 980, † Paterno, près de Viterbe, 23.I. 1002). Empereur germanique (983/1002). Fils d'Othon II, devenu empereur à l'âge de trois ans, il commença son règne sous la tutelle de sa mère, Théophano, puis de sa grand-mère, Adélaïde, mais c'est surtout l'influence de l'Église qui devait imprégner ses idées politiques, toutes orientées vers le rêve de la restauration intégrale de l'ancien Empire chrétien. Dès 996, il descendit en Italie, réprima la révolte de Crescentius, mit son cousin (Grégoire V) sur le trône pontifical et se fit sacrer par lui (21 mai 996). Deux ans plus tard, il dut encore repasser les Alpes, mit à mort Crescentius et donna pour successeur à Grégoire V son ancien maître, Gerbert devenu Sylvestre II (2 avr. 999). Il se désintéressa entièrement de l'Allemagne au profit de l'Italie, où il résida le plus souvent. Voir SAINT EMPIRE ROMAIN GERMANIQUE. L'Empire des Othons (962/1024).

OTHON IV DE BRUNSWICK (* vers 1174, † au Harzburg, 19.V.1218). Empereur germanique (1198/1218). Troisième fils d'Henri le Lion, duc de Saxe et de Bavière, et neveu par sa mère de Richard Cœur de Lion, il fut élevé en Angleterre. À la mort d'Henri VI, il fut élu par le parti guelfe et reçut l'appui d'Innocent III, contre Philippe de Souabe, fils de Barberousse, que soutenaient les gibelins. Dans la guerre qu'il dut mener contre son compétiteur, il eut le dessous, mais, à l'assassinat de Philippe (1208), il fut reconnu comme empereur, et Innocent III le couronna à Rome (oct. 1209). Cependant, Othon ne tarda pas à décevoir le pape en envahissant l'État sicilien (1210). Innocent III l'excommunia et fit élire à sa place le fils d'Henri VI, Frédéric II de Hohenstaufen (1211). Othon ne réussit à grouper autour de lui que l'Allemagne du Nord ; de plus, il se laissa entraîner par son allié anglais Jean sans Terre contre le roi de France Philippe Auguste, qui le battit complètement à Bouvines (27 juill. 1214). Dès l'année suivante, Frédéric II était couronné à Aix-la-Chapelle, et Othon IV passa les dernières années de sa vie réfugié au château de Harzburg. Voir SACERDOCE ET DE L'EMPIRE **(lutte du)**. Innocent III et la fin des Hohenstaufen.

GRÈCE

OTHON Ier (* Salzbourg, 1er.VI.1815, † Bamberg, 26.VII.1867). Roi de Grèce (1832/62). Voir GRÈCE.

OTTOKAR ou **OTAKAR II** (* vers 1230, † près de Dürnkrut, 26.VIII.1278). Roi de Bohême (1253/78). Petit-fils d'Ottokar Ier, il agrandit considérablement ses États, acquit la Moravie (1247), se fit proclamer duc d'Autriche en 1251 et épousa l'année suivante la dernière héritière des Babenberg, puis annexa la Styrie (1260), la Carinthie, la Carniole et l'Istrie (1269). À deux reprises (1254/55 et 1267), il mena des croisades contre les Prussiens païens, et il fonda la ville qui reçut en son honneur le nom de Königsberg (mont du Roi). Aidé dans son œuvre d'administration par l'évêque Bruno d'Olmütz, il favorisa la colonisation allemande à l'Est. Il ambitionnait de jouer un rôle d'arbitre dans le Saint Empire, mais, à l'élection de 1273, il se vit préférer Rodolphe de Habsbourg. Ayant contesté cette élection, il fut mis au ban de l'Empire (1274) et Rodolphe l'obligea à rendre toutes ses possessions, sauf la Bohême et la Moravie (1276). Ayant repris la guerre en 1278, il fut vaincu et tué à la bataille de Dürnkrut, dans le Marchfeld. Voir AUTRICHE. L'Autriche des Habsbourg, et BOHÊME.

OTTOMAN (Empire). Ensemble des territoires sur lesquels les sultans ottomans ont exercé leur pouvoir (1302/1922). Voir TURQUIE.

OTTOMANS, Osmanlis. Dynastie turque fondée par Osman Ier (vers 1281/1326) et qui régna sur la Turquie jusqu'en 1922. Voir TURQUIE.

OUADAÏ. Ancien royaume du Soudan tchadien, remontant au XVe s. D'abord soumis à la dynastie Tondjour du Darfour, il fut converti à l'islam vers 1635 par Abd el-Kérim, qui fonda une nouvelle dynastie. Très puissant à la fin du XVIIIe s., il réussit à s'étendre sur toute la région du Chari. Les Français lui imposèrent leur protectorat en 1909 et il fut rattaché au Tchad en 1912.

OUAGADOUGOU (royaume de). Ancien royaume mossi fondé au XIVe s. et situé dans l'actuel Burkina Faso. Voir MOSSIS.

OUBANGUI-CHARI. Ancienne colonie française, qui faisait partie de l'Afrique-Équatoriale française. En 1958, elle devint indépendante sous le nom de République centrafricaine.

OUDINOT Nicolas Charles, duc de Reggio (* Bar-le-Duc, 25.IV.1767, † Paris, 13.IX.1847). Maréchal de France. Fils d'un brasseur, il s'engagea dès l'âge de dix-sept ans (1784) dans le régiment de Médoc-Infanterie. Nommé lieutenant-colonel des volontaires de la Meuse en 1791, il défendit Bitche (1793), se distingua par sa bravoure à Kaiserslautern (1794) et fut nommé général de brigade, puis général de division (1799). Chef d'état-major de Masséna dans la défense de Gênes (1800), il contribua à la victoire d'Austerlitz, où il fut grièvement blessé, fut vainqueur à Ostrolenka (16 févr. 1807), se couvrit de gloire à Friedland, décida encore de la victoire à Wagram et fut fait maréchal et duc de Reggio (1809). Napoléon, qui admirait son courage, le présenta au tsar comme un nouveau Bayard. Il participa encore aux campagnes de Russie et d'Allemagne, prit la tête de la jeune garde dans la campagne de France en 1814, mais se rallia à Louis XVIII, qui le fit pair de France et gouverneur de Metz. En 1823, il prit part à l'expédition d'Espagne, devint grand chancelier de la Légion d'honneur en 1839 et gouverneur des Invalides en 1842.

OUEN saint (* Sancy, près de Soissons, vers 610, † Clichy, vers 684). Évêque de Rouen (641). Il passa sa jeunesse à la cour de Clotaire II puis devint référendaire de Dagobert Ier. Ami de st Éloi, dont il fut le biographe, il fonda en 634 l'abbaye de Rebais. Devenu prêtre, il fut nommé évêque de Rouen (641), créa des écoles, favorisa le développement du monachisme normand, lutta contre la simonie, tout en remplissant de nombreuses missions diplomatiques à la demande des princes mérovingiens.

OUGANDA, *Uganda*. État de l'Afrique orientale, s'étendant au N. et à l'O. du lac Victoria, borné par la Tanzanie, le Rwanda, le Zaïre, le Soudan et le Kenya ; capitale *Kampala*. L'actuelle population de l'Ouganda est composée de deux grands groupes ethniques : au S., des Bantous, qui forment environ les deux tiers de la population totale, et dont le principal groupe est celui des Bougandas ; au N., des peuples nilotiques et soudanais (Langos, Acholis, Itesos...). Parmi la vingtaine de royaumes qui se sont partagé l'Ouganda, se sont affirmés à partir du XVIe s., le royaume Bounyoro des Kitaras et le royaume Bouganda. À la fin du XVIIIe s., ce dernier avait enlevé la suprématie au Bounyoro. Le Bouganda était gouverné par un roi absolu, le *kabaka*, revêtu d'un caractère sacré ; ce souverain était le maître de tout le sol, qu'il pouvait, selon son bon plaisir, donner en fief ou confisquer.

La colonisation britannique

Vers 1840, l'Ouganda commença à être prospecté par des marchands musulmans, trafiquants d'esclaves ou d'ivoire. Par ailleurs, le kabaka se sentait menacé, au nord, par l'expansion égyptienne. Aussi le kabaka Mtesa (vers 1860/84) fit-il bon accueil aux premiers Européens : l'explorateur anglais John Speke, en 1862, puis Stanley, en 1875. Des missionnaires protestants anglais s'établirent en Ouganda dès 1877, et, deux ans plus tard, arrivèrent des Pères blancs français. Cependant, le nouveau kabaka du Bouganda, Mwanga (1884/97), inaugura son règne par une persécution des chrétiens (massacre des martyrs catholiques de l'Ouganda, 1884/85). Profitant d'une guerre entre le Bouganda et le Bounyoro, Lugard, au nom de la British East African Company, imposa le protectorat britannique (1894). Mwanga se révolta en 1897, mais il fut battu par les Anglais, qui le remplacèrent par son fils. En 1900, les Anglais accordèrent au kabaka du Bouganda des privilèges qu'il devait conserver pendant toute la période coloniale.

L'administration britannique favorisa les cultures d'exportation (principalement le coton et le café). L'Ouganda ne reçut qu'un petit nombre de colons européens (ils étaient une dizaine de mille au moment de l'indépendance) ; plus importante fut l'émigration en provenance de l'Inde. En 1921, l'Ouganda fut doté d'un Conseil législatif, mais les Africains n'y furent admis qu'à partir de 1945.

C'est seulement à la fin des années 1950 que se constituèrent deux partis politiques, le Kabaka Yekka, qui voulait maintenir la prépondérance absolue du roi du Bouganda, et l'Uganda People's Congress du Dr Milton Obote (v.), qui se posait en défenseur des droits de toutes les ethnies. À la suite d'un compromis, un gouvernement de coalition fut mis en place au printemps 1962, et la Grande-Bretagne accorda son indépendance à l'Ouganda (9 oct. 1962). Le nouvel État devint une république, dont le premier président fut le kabaka du Bouganda, Mtesa II, Milton Obote étant Premier ministre.

Troubles et difficultés économiques

Cet équilibre dura peu de temps : en février 1966, Obote renversa le kabaka, et entreprit la nationalisation des banques et des sociétés européennes. Mais il était renversé, le 24 janv. 1971, par un coup d'État militaire qui portait au pouvoir le commandant en chef de l'armée, le général Amin Dada (v.). Il fallut l'intervention de l'armée tanzanienne, en 1979, pour mettre fin à la dictature d'Amin Dada, responsable notamment du massacre de 200 000 Bougandas et de l'expulsion de 50 000 Indiens du pays ; les oppositions ethniques restaient virulentes et Milton Obote, de nouveau au pouvoir de 1980 à 1985, était à nouveau chassé par une faction militaire représentant les ethnies du Nord. En janv. 1986, l'armée nationale de résistance (ethnies du Sud et de l'Ouest), sous les ordres de Yoweri Museveni, prenait le pouvoir et tentait de redonner un peu de crédibilité à l'État (élections en févr. 1989).

Afin de prévenir une crise politique, le président Museveni engagea un processus de démocratisation. En 1992, l'interdiction pesant sur les partis fut levée, mais ils ne furent pas autorisés à participer à l'élection de l'Assemblée constituante en 1994, après le rétablissement de la monarchie du Bouganda en juill. 1993. Les élections confortèrent le pouvoir en place et, en mai 1996, le président Museveni, qui, face à l'embrasement du Rwanda, du Burundi, puis du Zaïre, apparaissait comme le nouvel homme fort de la région, fut élu pour un mandat de cinq ans à l'issue de la première élection présidentielle au suffrage universel en Ouganda. En avr. 1997, le FMI et la Banque mondiale accordèrent à l'Ouganda une réduction importante de sa dette multilatérale afin de renforcer le redressement économique. En mai de la même année, l'Ouganda, allié au Rwanda, se lança dans le soutien militaire à la rébellion des Tutsis (v.) qui portèrent Laurent-Désiré Kabila au pouvoir dans l'ex-Zaïre, rebaptisé République démocratique du Congo (RDC) (v.). Quand les Tutsis se retournèrent contre Kabila, l'Ouganda et le Rwanda (v.) continuèrent à les épauler. Le chef d'état-major de l'armée ougandaise, le général James Karsini, assura lui-même la création d'un commandement conjoint des forces ougandaises, rwandaises et de la rébellion dans l'est de la RDC. D'abord unis contre le dictateur zaïrois Mobutu, puis contre les forces du président Kabila, l'Ouganda et le Rwanda finirent par rompre leur alliance, provoquant l'éclatement de la rébellion congolaise. En août 1999, à Kisangani, les armées ougandaises et rwandaises s'affrontèrent à l'arme lourde. En mai et juin 2000, alors que se déployait la mission d'observation des Nations unies au Congo, l'insécurité croissante (attaques contre des ONG, criminalité) et l'épidémie de sida ont incité les donateurs à restreindre, voire à suspendre leur assistance. Depuis mai 2003, l'Ougandan et le Rwanda cherchent à normaliser leurs relations.

OUGARIT. Ancienne ville de la Syrie, sur la côte méditerranéenne, au N. de Latakieh, sur le site de Ras Shamra. L'exploration archéologique a montré une occupation du VIIe à la fin du IIe millénaire av. J.-C. Vers 2000/1800, la ville témoigne de relations suivies avec l'Égypte, et elle atteint son apogée entre le XVe et le XIIIe s. av. J.-C. Elle est alors une des portes les plus importantes du Proche-Orient, en rapport avec Chypre, la Crète, l'Égypte, la Grèce mycénienne et toutes les villes de la côte phénicienne. Le palais royal a livré des milliers de tablettes portant des textes en akkadien, sumérien, hourrite, hittite et en ougaritique ; les scribes d'Ougarit ont finalement mis au point, en utilisant des signes cunéiformes, une écriture alphabétique de trente signes pour noter des textes en langue ougaritique. Leur traduction a totalement renouvelé notre connaissance de la religion cananéenne jusque-là connue presque uniquement par les sources bibliques. Ougarit a été détruite au début du XIIe s. av. J.-C. par l'invasion des Peuples de la Mer. Voir **CANAAN (pays de)** et **PHÉNICIE**.

OUÏGOURS ou **OUÏGHOURS.** Peuple turc qui, après avoir fait partie de l'empire des Turcs orientaux, nomadisait au début du VIIIe s. au N.-E. de l'Altaï, dans la partie occidentale de l'actuelle Mongolie. Les Ouïgours prirent part à la révolte qui provoqua l'effondrement de l'empire des T'ou-kiue et ils s'assurèrent l'hégémonie sur la Haute-Asie de 745 à 840. Leur centre se trouvait dans la vallée du haut Orkhon, au site actuel de Kara-Balghasoun, près de Karakoroum, où ils établirent une capitale murée. Ils furent les fidèles alliés de la Chine des T'ang, et, après l'abdication de Hiuan-tsong, l'empereur Sou-tsong les appela à l'aide pour triompher des rebelles. Le roi (khagan) des Ouïgours, Moyen-tcho, descendit alors de Mongolie avec sa cavalerie et reprit Lo-yang aux rebelles (762). C'est au cours de cette expédition en Chine que les Ouïgours prirent contact avec le manichéisme (v.), dont le khagan Alp Koutlough (780/89) fit la religion d'État de son peuple. Le manichéisme fut chez les Ouïgours un facteur de civilisation et fit pénétrer chez eux des influences artistiques sino-iraniennes. Mais l'Empire ouïgour s'effondra brutalement en 840, avec l'irruption des Kirghizes venus de Sibérie. Une partie des Ouïgours se réfugia en Chine, dans le Kansou occidental, où ils maintinrent leur civilisation jusqu'au début du XIe s., date à laquelle ils furent soumis par des peuples tibétains ; mais la plus grande partie reflua vers le Turkestan oriental, où fut fondé un nouveau royaume ouïgour dans lequel dominèrent bientôt les influences du bouddhisme (v.) et du nestorianisme (v.). Ces Ouïgours se mirent, au XIIIe s., sous la protection des Mongols, mais ils furent absorbés au XVe s. par les Kalmouks. La majorité des habitants de la province chinoise du Sin-kiang parlent encore aujourd'hui la langue ouïgoure.

OUOLOF (royaume). Royaume fondé par le peuple ouolof au XIIe s., entre la presqu'île du Cap-Vert et le fleuve Sénégal. Voir **SÉNÉGAL**.

OURARTOU ou **URARTU.** Nom donné par les Assyriens à la région montagneuse du lac de Van, dans la partie orientale de la Turquie actuelle. Au XIIIe s. av. J.-C., cette région était occupée par un peuple qui avait subi fortement l'empreinte des Hourrites et parlait une langue apparentée à la leur. L'Ourartou, menacé très tôt par les Assyriens, fut constitué en royaume par Arame, vers le milieu du IXe s. Il atteignit son apogée sous Sardour II (vers 765/733) et s'étendit alors de la région du haut Euphrate à celle du lac Sevan (dans l'actuelle Arménie) et du lac Ourmiah ; le royaume était défendu par la puissante forteresse de Van, qui, vers 735, résista victorieusement au roi d'Assyrie Tiglatpiléser III. Cependant, les Ourartiens furent profondément affaiblis par l'invasion cimmérienne de 706, et ils passèrent désormais sous le protectorat de l'Assyrie. À la fin du VIIe s. s'installèrent dans le pays les Arméniens, arrivés avec les Scythes. Voir **ARMÉNIE**.

OUSTACHIS, en croate *insurgés*. Membres d'un mouvement nationaliste croate créé en 1929 par Ante Pavelic pour lutter contre la politique centralisatrice panserbe du gouvernement de Belgrade. Reprenant les procédés terroristes des *comitadjis* macédoniens, les oustachis organisèrent l'attentat qui coûta la vie au roi Alexandre de Yougoslavie et au ministre français Barthou (Marseille, 9 oct. 1934). Après l'invasion de la Yougoslavie par la Wehrmacht et la proclamation de l'indépendance de la Croatie (10 avr. 1941), Pavelic se proclama *poglavnik* du nouvel État, et les oustachis luttèrent aux côtés des Allemands contre les partisans de Tito. Depuis l'éclatement de la Yougoslavie, en 1991, le terme *oustachi* désigne, par référence à cette période, un milicien nationaliste croate.

OUTILS ET ARMES DE LA PRÉHISTOIRE. L'invention des premiers outils de pierre remonterait à 2,6 millions d'années en Afrique de l'Est. Ce sont en effet les plus anciens outils que l'on connaisse actuellement. Ils ont été découverts dans les gorges d'Olduvai en Tanzanie, à l'est du lac Turkana au Kenya et à Hadar en Ethiopie (site de Gona), où ont été également mis au jour des os longs de grands mammifères (bovidés et équidés) portant des traces de découpe. On ne sait toujours pas si les artisans en étaient les australopithèques (*Australopithecus garhi, Australopithecus boisei)* ou les premiers hommes (*Homo habilis*). Vers 2 millions d'années, la fabrication de l'outil se répand vers le sud comme l'attestent les découvertes faites sur les sites de

Sterkfontein et de Swartkrans, en Afrique du sud, où cohabitent deux hominidés, Australopithecus robustus et Homo habilis. Ce sont des artefacts rudimentaires, de facture simple, avec quelques éclats tranchants extraits d'un galet ou nucléus. On range ces premières industries du paléolithique inférieur dans l'Oldowayen (v.), entre 2,6 et 1,7 millions d'années, période durant laquelle (vers 1,8 million d'années) *Homo ergaster* migre hors d'Afrique. Des sites eurasiatiques très anciens ont livré des pierres façonnées dont la nature est encore débattue. L'Acheuléen (v.), connu à partir de 1,7 million d'années en Afrique, est avéré en Eurasie dès 800 000 ans au Pakistan (Dina, Jalalpur) et 500 000 ans en Europe (Boxgrove), périodes des *Homo erectus* et des *Homo heidelbergensis*. C'est une industrie riche en choppers (des outils sur galets, avec des enlèvements d'éclats sur une seule face) et chopping-tools, et particulièrement en bifaces de forme ovale et amygdaloïde et en hachereaux, utilisant des roches variées. Le passage au paléolithique moyen se fait entre 300 000 et 200 000 ans selon les régions avec l'avènement de l'outillage sur éclat, grattoirs, racloirs et denticulés, et l'apparition du débitage levallois. Les néandertaliens (*Homo neandertalensis*) et leurs prédécesseurs en Europe et au Proche-Orient accompagnent ces changements et diversifient les industries, dont témoignent les différents faciès moustériens (en France, La Quina et La Ferrassie par exemple). Les industries du paléolithique supérieur, entre 40 000 et 10 000 ans, marquent des changements importants qui sont l'œuvre de l'homme moderne (*Homo sapiens*) ou homme de Cro-Magnon (mis à part le châtelperronien (v.), à tradition moustériennne, développé par les derniers néandertaliens). Il perfectionne le débitage laminaire et enrichit en burins et grattoirs une industrie déjà très diversifiée. L'os, le bois de cervidés et l'ivoire sont exploités pour la fabrication d'outils, d'armes, d'objets de parures et d'art mobilier. L'utilisation de ces nouveaux matériaux donne naissance à un équipement de sagaies, de poinçons, de harpons ou encore d'aiguilles à chas. Dès l'aurignacien, vers 31 000 ans av. notre ère, l'art pariétal a déjà pris son essor comme le montrent les fresques de la grotte Chauvet, en Ardèche. L'industrie osseuse n'aura de cesse de se développer durant le paléolithique supérieur avec la création d'objets d'art, attestant vraisemblablement l'existence de sentiments esthétiques liés à diverses croyances. Se succèdent ainsi en Europe au paléolithique supérieur, l'aurignacien (v.) contemporain du châtelperronien (v.), le gravettien (v.), le solutréen (v.) et le magdalénien (v.), chaque industrie présentant des faciès régionaux bien caractérisés.

Le mésolithique (v.), entre 10 000 et 5 000 ans av. notre ère, garde un outillage de pierre mais est marqué par divers perfectionnements, au niveau des armes de chasse et de pêche. Les chasseurs améliorent leurs techniques, avec en particulier l'utilisation des arcs et des flèches.

Le néolithique (v.), dès 5 000 ans, marque une « révolution » : à l'origine chasseur-cueilleur, l'homme devient éleveur et agriculteur. L'artisanat évolue avec l'introduction de nouvelles techniques (céramique, tissage, vannerie). Le polissage de la pierre devient fréquent sans pour autant exclure un outillage de pierre taillée (flèches, couteaux, faucilles, haches et armes). Des meules, des mortiers et des pilons destinés à la préparation des céréales sauvages apparaissent. L'os et le bois donnent des parures, des manches de poignards, des cuillères à fard et des boucles de ceinture ainsi que des statuettes humaines ou animales.

OUZBÉKISTAN. État d'Asie centrale s'étendant de la mer d'Aral à l'O. aux monts du Tian-Chan et du Pamir à l'E. ; capitale *Tachkent*. Les Ouzbeks, qui constituent le principal groupe ethnique du pays, dominèrent à partir du XVe s. les plaines du Turkestan occidental, au N. de l'Amou-Daria. Organisé en khanats (Boukhara, Khiva, Kokand) et bordé au S.-O. par la puissance perse, l'Empire ouzbek céda devant l'avancée russe au XIXe s. (prise de Tachkent en 1865). À partir de 1918, un mouvement rebelle à la colonisation russe, les Basmatchis, rejoints en 1921 par le Turc Enver Pacha, se développa autour de la ville de Kokand, dans l'est du pays. La région resta un foyer de résistance armée pendant les années 1920. Le 27 oct. 1924, l'Union soviétique érigea l'Ouzbékistan en république fédérée. En 1929, il perdit son autorité sur le Tadjikistan, devenu à son tour république fédérée, mais s'accrut, en 1936, de l'ancienne république autonome des Kara-Kalpaks. Grâce à de gigantesques travaux d'irrigation, la culture du coton devint, dans les années 1960, la principale activité du pays, d'où provenait, en 1989, 70 % de la production cotonnière d'URSS.

La fin de la période soviétique fut marquée par l'échec du productivisme agricole et par la montée des problèmes ethniques (pogroms anti-Meshkètes en juin 1989 au Ferghana). Après l'indépendance (août 1991), l'ancien secrétaire du parti communiste, Islam Karimov, fut élu président, alors que l'Ouzbékistan rejoignait la Communauté des États indépendants en déc. 1991. La guerre au Tadjikistan (1992) attisa les tensions entre les autorités ouzbèkes et la population tadjike, majoritaire dans les villes de Boukhara et de Samarkand, et accéléra l'émergence du parti de la renaissance islamique, dans l'est du pays. Cherchant à s'imposer, face au Kazakhstan, comme la puissance régionale, l'Ouzbékistan s'est appuyé sur les minorités ouzbèkes présentes dans les États voisins (Tadjikistan, Kirghizie et Afghanistan) et a développé ses relations extérieures, notamment avec la Chine, devenue son principal partenaire commercial après la Russie. Le pays, qui avait quitté la zone rouble en déc. 1993, disposait d'importantes ressources en gaz, en pétrole et en minerais, mais devait faire face à la désertification des sols et à l'assèchement de la mer d'Aral, conséquences de la culture irriguée du coton. La stabilité politique de l'Ouzbékistan fut ébranlée en 1998/99 par des troubles dans la vallée frontalière de Ferghana et par une remontée de l'opposition islamique, pourtant sévèrement réprimée. L'attentat manqué de févr. 1999 contre le président I. Karimov fut suivi d'une campagne de répression, non seulement contre les groupes religieux mais aussi contre la maigre opposition laïque. Par ailleurs, les législatives de déc. 1999 et l'élection présidentielle de janv. 2000, qui maintint I. Karimov au pouvoir, n'eurent rien de démocratique et l'OSCE refusa d'y envoyer des observateurs. Mais l'aide fournie par le pays aux États-Unis dans la guerre contre les Talibans en Afghanistan (v.) pourrait être un tournant pour cet État resté très fermé et où la corruption est largement répandue.

OUZBEKS. Peuple turc de l'Asie centrale qui tire son nom d'Ouzbek Khan, un des chefs mongols de la Horde d'Or (1312/40). Nomades islamisés, les Ouzbeks, après la dislocation de la Horde d'Or, s'installèrent au Turkestan sous la conduite de Mohammed es-Chaïbani, qui descendait de Djoetchi, fils de Gengis Khan. Vers 1500, ils chassèrent de la vallée de Ferghana le dernier des Timourides, tentèrent de descendre vers l'Inde, mais furent battus par les Perses en 1510. Ils s'établirent alors au N. de l'Amou-Daria et fondèrent les khanats ouzbeks de Boukhara, Khiva (v. KHOREZM) et Kokand. Les Russes annexèrent cette région entre 1868 et 1876. Après la révolution de 1917, les Ouzbeks tentèrent de recouvrer leur indépendance et Boukhara fut le centre du mouvement touranien d'Enver Pacha. Cependant, Boukhara et Khiva passèrent bientôt sous le contrôle soviétique. Les Ouzbeks constituent le principal groupe ethnique de l'État d'Ouzbékistan, héritier de la république socialiste soviétique d'Ouzbékistan.

OWEN Robert (* Newtown, Montgomeryshire, 14.V.1771, † Newtown, 17.XI.1858). Réformateur social anglais. Il utilisa sa fabrique textile de New Lanark, en Écosse, comme terrain d'essai de ses conceptions philanthropiques et réformatrices. Lors de la crise économique de 1815, il perçut les limites des expériences isolées et fit campagne contre la libre concurrence et pour l'intervention de l'État. Il contribua au vote de la loi de 1819 qui fixait à neuf ans l'âge minimal d'admission des enfants au travail. En 1825, après l'échec de ses coopératives fondées sur l'abolition du profit, il se rendit aux États-Unis, dans l'Indiana, où il créa New Harmony, colonie communiste qui fut, elle aussi, un échec. La Bourse d'échange du travail qu'il fonda à Birmingham, en 1832, ne connut pas un meilleur sort. La grande Union nationale du travail de 1833, qui se proposait de rassembler les travailleurs dans des coopératives de production afin de supprimer le patronat et le salariat, échoua encore, cette fois devant la répression gouvernementale. Owen, qui consigna ses points de vue dans *A New View of Society* (1813) et dans son périodique *The New Moral World* (1834/46), contribua à la naissance du syndicalisme anglais.

OXFORD. Ville d'Angleterre, chef-lieu de comté, sur la haute Tamise ou Isis, à l'O. de Londres. Simon de Montfort y réunit au printemps 1258 un Parlement qui imposa au roi Henri III les **provisions** (ou **statuts) d'Oxford**, par lesquelles le roi devait s'engager à réunir annuellement trois Parlements et à accepter l'assistance d'un conseil permanent de quinze membres ; les tergiversations d'Henri III provoquèrent la guerre des Barons (1261), et le roi, victorieux, put annuler en 1266 les provisions d'Oxford. Durant la guerre civile, Charles Ier fit d'Oxford le centre de ses opérations, et la capitulation de la ville devant les troupes parlementaires (24 juin 1646) marqua la défaite définitive de la cause royale. Voir ANGLETERRE. Les Plantagenêts et le duel anglo-français.

Mouvement d'Oxford. Mouvement de renaissance anglicane du XIXe s., qui eut son foyer à l'université d'Oxford. Voir ANGLICANISME. L'anglicanisme moderne.

ÖZAL Turgut (* Malatya, Turquie, 13.X.1927, † Ankara, 17.IV.1993). Homme politique turc. Il supervisa le programme d'électrification de la Turquie, avant d'occuper diverses fonctions de conseiller auprès du gouvernement turc pour les questions de défense et de planification. En 1967, il fut appelé, par le Premier ministre Suleiman Demirel, au poste de secrétaire d'État à la Planification, fonction qu'il occupa jusqu'au coup d'État de mars 1971. Après un passage dans le secteur privé et à la Banque mondiale, il retrouva son poste au gouvernement Demirel (1979/80). Malgré la prise du pouvoir par les militaires en sept. 1980, il continua d'exercer des fonctions gouvernementales. Après la victoire électorale du parti de la Mère patrie (Anap), qu'il venait de fonder, il devint chef du gouvernement (1983). Pendant les dix années qui suivirent, il resta l'homme fort de la Turquie, partisan d'une politique économique libérale, du renforcement de la participation turque à l'Alliance atlantique et d'un soutien accru aux républiques musulmanes d'Asie centrale et du Caucase. Après son élection à la présidence de la République, en oct. 1989, les critiques à l'égard de sa pratique du pouvoir, jugée autoritaire, se firent plus vives. La défaite de l'Anap aux élections législatives d'août 1991 l'obligea à nommer Premier ministre son principal adversaire, Suleiman Demirel, qui prit sa succession après sa mort, en avr. 1993.

OZANAM Antoine Frédéric (* Milan, 23.IV.1813, † Marseille, 8.IX.1853). Écrivain français. Fondateur à l'âge de vingt ans de la Conférence Saint-Vincent-de-Paul (1833), il fut un des inspirateurs du christianisme social et du libéralisme catholique. Il participa au mouvement de 1848 en fondant avec Lacordaire le périodique *L'Ère nouvelle*, mais se retira de la politique après le coup d'État du 2-Décembre. Il a consacré ses principaux travaux à l'Italie médiévale.

P

PAASIKIVI Juho Kusti (* Tampere, 27.XI.1870, † Helsinki, 14.XII.1956). Homme politique finlandais. Directeur de la Banque nationale, il fut quelque temps président du Conseil en 1918, négocia avec l'URSS la paix de Tartu (1920), puis la paix de Moscou (printemps 1940). Ambassadeur à Moscou (1940/41), il signa l'armistice de 1944, fut de nouveau président du Conseil (1944/46), succéda à Mannerheim comme président de la République en mars 1946 et resta à ce poste jusqu'à sa mort. Voir **FINLANDE**.

PACHITCH Nikola (* Zajecar, 18.XII.1845, † Belgrade, 10.XII.1926). Homme politique yougoslave. Premier ministre serbe (1904/08, 1910/18), il fonda la politique étrangère de son pays sur l'alliance russe et l'orienta contre l'Autriche, dans l'ambition de réaliser l'union, sous l'autorité de la Serbie, de tous les Slaves du Sud. Cette politique, en faisant de Belgrade un foyer d'agitation révolutionnaire dangereux pour la monarchie austro-hongroise, contribua à déclencher la Première Guerre mondiale. Après l'invasion de la Serbie par les puissances centrales, Pachitch transporta son gouvernement à Corfou : c'est là qu'il signa le 20 juill. 1917, avec le délégué des Croates et des Slovènes, le pacte de Corfou, qui prévoyait la création d'une Yougoslavie où Serbes, Monténégrins, Croates et Slovènes entreraient sur un pied d'égalité, avec la garantie d'une autonomie locale. Devenu Premier ministre du nouvel État yougoslave (janv. 1921), Pachitch imposa en fait une hégémonie de la Serbie.

PACTE ANTIKOMINTERN. Alliance signée pour cinq ans, le 25 nov. 1936, entre l'Allemagne hitlérienne et le Japon, et à laquelle se joignit l'Italie le 6 nov. 1937 ; elle avait pour objet de lutter contre l'Internationale communiste. La Hongrie, le Mandchoukouo et l'Espagne y adhérèrent au printemps 1939. En dépit du pacte, Hitler envoya Ribbentrop signer à Moscou l'alliance germano-soviétique (23 août 1939) ; le Japon, de son côté, prit soin de ne pas se laisser entraîner dans une guerre contre l'URSS et signa avec celle-ci un traité de neutralité (13 avr. 1941). Le pacte Antikomintern, qui avait préparé le pacte tripartite (v.), fut néanmoins renouvelé pour cinq ans le 25 nov. 1941.

PACTE COLONIAL. Régime commercial, appelé aussi exclusif, imposé par les nations européennes (Espagne, Angleterre, France) aux XVIIe et XVIIIe s. à leurs colonies. Conforme aux principes du mercantilisme (v.), le système de l'exclusif reposait sur l'idée que les colonies étaient destinées uniquement à assurer l'enrichissement de la métropole. Celle-ci prétendait donc au monopole de toutes les relations commerciales avec la colonie : les produits et les esclaves entrant dans la colonie devaient provenir de la métropole ou du moins être transportés par des navires nationaux ; l'exportation des produits coloniaux devait se faire uniquement à destination de la métropole et par des navires nationaux ; la colonie se voyait interdire tout commerce direct avec les colonies étrangères ; il lui était également interdit de manufacturer des produits, afin de ne pas nuire à l'industrie de la métropole ; en contrepartie, la métropole accordait un traitement préférentiel aux produits de ses colonies (franchise ou droits peu élevés). Cependant, les grandes guerres maritimes du XVIIIe s., entraînant des interruptions plus ou moins longues dans les rapports entre certaines colonies et la métropole, commencèrent à ébranler le système de l'exclusif. Le système français de l'exclusif fut assoupli en 1767 et en 1784, mais il ne devait être définitivement abrogé qu'au début du XIXe s. Le mécontentement suscité chez les colons par le système de l'exclusif contribua beaucoup à la révolte des colonies anglaises de l'Amérique du Nord (1775) et aux mouvements d'indépendance des colonies espagnoles d'Amérique latine, au début du XIXe s. Voir **COLONIES**. La politique économique et commerciale. **ÉTATS-UNIS D'AMÉRIQUE**. L'époque coloniale.

PACTE TRIPARTITE. Alliance signée à Berlin le 27 sept. 1940 entre l'Allemagne, l'Italie et le Japon. Conclu pour dix ans, ce pacte établissait la collaboration des trois puissances pour la création d'un « ordre nouveau » en Europe sous la direction de l'Allemagne et de l'Italie, en Asie sous la direction du Japon. Il fut complété le 11 déc. 1941 par un accord où les trois gouvernements s'engageaient à ne signer ni armistice ni paix séparés. Le pacte tripartite fut ensuite souscrit par la Hongrie (20 nov. 1940), la Roumanie (23 nov.), la Slovaquie (24 nov.), la Bulgarie (1er mars 1941), la Yougoslavie (25 mars) et la Croatie (15 juin).

PADEREWSKI Ignacy (* Kurylowka, Podolie, 18.XI. 1860, † New York, 29.VI.1941). Pianiste et homme politique polonais. Mondialement célèbre comme artiste dès les premières années du siècle, il profita de ses tournées pour plaider la cause de l'indépendance polonaise, fonda en 1915 aux États-Unis une association de secours aux Polonais victimes de la guerre et obtint de Wilson qu'il mît la renaissance de la Pologne au nombre des buts de guerre des Alliés dans son message présidentiel du 22 janv. 1917. Devenu président du Conseil en janv. 1919, il signa le traité de Versailles. Il fut ensuite délégué de la Pologne à la SDN, mais se retira de la politique en févr. 1921 pour reprendre sa carrière musicale.

PADMASAMBHAVA, c'est-à-dire *le Fils du Lotus,* appelé encore **Guru Rimpoche,** *le précieux maître.* (VIIIe s. apr. J.-C.). Moine bouddhiste, adepte du Véhicule de Diamant (tantrique), il introduisit en 747 cette forme de bouddhisme au Tibet et donna sa première organisation à l'Église tibétaine. On lui a attribué le *Livre des morts tibétain.*

PÁEZ José Antonio (* Aricagua, Bermudez, 13.VI. 1790, † New York, 7.V.1873). Homme politique vénézuélien. D'origine indienne, il joua un grand rôle dans la conquête de l'indépendance, mais s'opposa ensuite au projet de Grande-Colombie défendu par Bolívar et provoqua la sécession du Venezuela (1829). Il fut jusqu'en 1843 le tout-puissant *caudillo* de ce pays, avec les titres de président de la République (1831/35, 1839/43) ou de chef de l'armée (1835/39). Après deux tentatives de coup d'État, il fut banni de 1850 à 1858, puis nommé ambassadeur aux États-Unis (1860). Il réussit à se rétablir comme dictateur (1861/63) mais fut renversé par les fédéralistes et finit sa vie en exil.

PAGAN (royaume de, 1044/1287). Premier État birman, centre de la future expansion de la Birmanie. Voir **BIRMANIE**.

PAHLÉVI. Nom de l'ancienne dynastie régnante d'Iran. Elle fut fondée par :

Réza Chah Pahlévi (* Alacht, Sévad Kuh, Mazandéran, 16.III.1878, † Johannesburg, Afrique du Sud, 26.VII.1944). Chah d'Iran (1925/41). Au lendemain de la Première Guerre mondiale, Réza Chah, général de la brigade des Cosaques et ardent nationaliste, s'allia avec le politicien réformiste Ziya ed-Din Tabatabaï, marcha sur Téhéran et s'empara de la capitale le 21 févr. 1921. Ministre de la Guerre dans le gouvernement formé par Ziya ed-Din, il devint le maître du pays au départ de celui-ci, trois mois plus tard. Devant l'hostilité du clergé chiite, il renonça à fonder une république et, le 12 déc. 1925, déposa le dernier chah de la dynastie des Kadjars. Il forgea rapidement une armée puissante et disciplinée avec laquelle il réduisit à l'obéissance les tribus indociles. En 1933, il imposa à l'Angleterre une nouvelle concession pétrolière plus conforme aux intérêts de la Perse que celle accordée en 1901 à l'Anglo-Persian Oil Company. Réza Chah entreprit la modernisation et l'industrialisation, réforma les mœurs et usages traditionnels, rebaptisa le pays, qui devint *Iran* en 1935, tandis que les mots turcs et arabes étaient éliminés du langage, et réduisit l'autorité du clergé. En dépit de ses sympathies pour les régimes dictatoriaux, il tenta de rester neutre pendant la Seconde Guerre mondiale. Mais, en 1941, les troupes russes et anglaises, auxquelles il refusait le passage à travers l'Iran, envahirent alors le pays et contraignirent Réza Chah à abdiquer en faveur de son fils (16 sept).

Mohammed Réza Pahlévi (* Téhéran, 26.X.1919, † Le Caire, 27.VII. 1980). Chah d'Iran (1941/79). Il succéda à son père Réza Chah Pahlévi. Formé à l'occidentale, il opéra la transition entre la dictature établie par son père et une très ferme monarchie constitutionnelle. Il entreprit un vaste programme de réformes économiques et sociales financé par les revenus du pétrole. L'Iran devint alors l'une des grandes puissances du Moyen-Orient. Partisan d'une modernisation rapide du pays, mais tout à fait opposé à une évolution des institutions politiques, disposant d'une efficace police politique, Mohammed Réza rencontra la double opposition des islamistes et des progressistes. Il ne sut répondre aux manifestations que par une répression de plus en plus meurtrière, responsable de la révolution qui le balaya en janv. 1979. Il fut condamné à mort par contumace mais mourut en Égypte, d'un cancer. Voir **IRAN**.

PAINE Thomas (* Thetford, Norfolk, 29.I.1737, † New York, 8.VI.1809). Écrivain et homme politique anglais. Fils d'un quaker, il subit l'influence du mouvement, fut marin, fabricant de corsets, employé dans les services de l'excise, avant de se rendre en 1774 en Amérique, sur la suggestion de Franklin. Son pamphlet *Common Sense* (janv. 1776), où il réclamait l'indépendance complète des colons, lui valut une grande popularité, et, durant la guerre d'Indépendance américaine, Paine soutint le moral des patriotes américains par une série de libelles réunis sous le titre *The American Crisis* (1776/83). Rentré en Angleterre en 1787, il s'enthousiasma bientôt pour la Révolution française, qu'il défendit, en réponse aux *Réflexions* de Burke, dans son écrit *The Rights of Man* (1791/92) ; cet ouvrage fut diffusé à un million et demi d'exemplaires mais obligea l'auteur à se réfugier en France. Reçu à Paris avec enthousiasme, Paine fut élu à la Convention par le Pas-de-Calais ; il vota avec les Girondins, demanda pour Louis XVI un asile en Amérique et s'attira ainsi la haine des Montagnards, qui le jetèrent en prison sous la Terreur. Libéré après le 9-Thermidor, il reprit sa place à la Convention, mais, dégoûté de la politique française, il retourna en Amérique en 1802.

PAINLEVÉ Paul (* Paris, 5.XII.1863, † Paris, 29.X. 1933). Mathématicien et homme politique français. Il fut attiré dans la vie politique par Briand, qui le prit comme ministre de l'Instruction publique (1915/16). Ministre de la Guerre dans le cabinet Ribot (mars/sept. 1917), Painlevé devint président du Conseil (sept./nov. 1917) mais fut renversé à la suite des campagnes de Clemenceau, qui l'accusait de ne pas montrer assez d'énergie dans la lutte contre le défaitisme. Républicain socialiste, Painlevé participa en 1924 à la fondation du Cartel des gauches. Président de la Chambre (1924/25), il revint à la tête du gouvernement en avr. 1925, mais son cabinet (dans lequel il détint le portefeuille de la Guerre et Caillaux celui des Finances) dut donner sa démission à la suite de l'opposition rencontrée par les projets financiers de Caillaux. Painlevé forma alors un troisième cabinet, où il prit lui-même les Finances, mais il fut renversé un mois plus tard (22 nov. 1925). Il fut ensuite ministre de la Guerre presque sans interruption de 1925 à 1929, fit voter la loi du 31 mars 1928 fixant à un an la durée du service militaire et prit les premières décisions concernant la ligne Maginot.

PAIX DE DIEU. Interdiction faite par l'Église au XIe s. des actes de guerre contre les non-belligérants, clercs, laboureurs, marchands, pèlerins, et contre les biens tels qu'églises, moulins, animaux de labour, etc. La première institution de la paix de Dieu fut le serment exigé des féodaux à Verdun-sur-Saône en 1016. À Liège, l'évêque Henri de Verdun créa en 1077 un *Tribunal de paix*, chargé de juger tout seigneur qui aurait enfreint les lois de l'Église en cette matière et de le punir éventuellement de l'excommunication et de la perte de son fief. Il faut distinguer la paix de Dieu de la trêve de Dieu, qui interdisait la guerre elle-même durant certaines périodes de temps.

PAIX PERPÉTUELLE (29 nov. 1516). Paix conclue, après la victoire française de Marignan, entre les cantons suisses et François Ier. Le roi de France obtenait une alliance d'une durée illimitée et le droit de lever des mercenaires suisses ; il laissait aux confédérés leurs bailliages communs tessinois, sauf Domodossola et accordait aux cantons de fortes pensions annuelles, 700 000 couronnes d'or d'indemnité de guerre et d'importants privilèges commerciaux. La Paix perpétuelle resta en vigueur jusqu'à la fin de la monarchie, en 1792.

PAKHÔME ou **PACÔME** saint (* près de Latopolis = Esneh, vers 286, † Pbow, 9.V.346). Moine égyptien. Enrôlé dans l'armée contre son gré puis libéré, il se fit baptisé vers 307, mena la vie d'anachorète, puis groupa d'autres ascètes sous le gouvernement d'une règle, dans la communauté des biens, et fut ainsi le fondateur de la vie cénobitique. Après Tabennèse (315), il fonda les monastères de Pbow et six autres couvents en Haute-Égypte. Il fit de ces établissements d'importantes communautés de travail, pourvues d'une organisation complexe, et la forme de vie ascétique qu'il avait inaugurée se répandit rapidement dans toute l'Égypte et l'Orient.

PAKISTAN. État de l'Asie méridionale, composé, jusqu'en 1971, de deux unités géographiques séparées par l'Union indienne et distantes d'environ 1 770 km : le *Pakistan occidental*, et le *Pakistan oriental* ; capitale *Islamabad*.

La genèse de l'idée pakistanaise

L'État du Pakistan (« pays des purs ») est né du souci des musulmans de l'Inde de préserver la particularité de leurs traditions religieuses et culturelles. Les musulmans, qui avaient pénétré dans l'Inde du Nord-Ouest au début du VIIIe s., s'étaient assuré l'hégémonie sur toute la péninsule au XVIe s. avec l'Empire mogol (v. **INDE**). Le démembrement de cet empire, vers le milieu du XVIIIe s., les laissa dans un profond désarroi : la perte de la prépondérance politique mettait en relief l'infériorité numérique des musulmans par rapport aux hindous, trois fois plus nombreux et leurs difficultés à s'adapter aux profondes transformations économiques introduites par les Anglais. En outre, ceux-ci tenaient les musulmans pour les principaux responsables de la révolte des Cipayes (1857) et inclinèrent à favoriser l'élément hindou. En 1906, des membres de l'aristocratie foncière, parmi lesquels l'Aga Khan, fondèrent la Ligue musulmane.

En 1916, la Ligue musulmane et le Congrès (v. **INDE**) signèrent le pacte de Lucknow, mais cet accord ne pouvait suffire à effacer des antagonismes séculaires. Dès 1926, les deux communautés se trouvaient en hostilités ouvertes (émeutes de Calcutta). Le chef de la Ligue musulmane, Mohammed Jinnah, restait encore attaché, dans ses Quatorze Points de 1928, à l'idée d'une Inde fédérale unie. Mais dans sa résolution de Lahore (1940), il réclama la constitution d'un État islamique englobant, non plus seulement les provinces du Nord-Ouest, mais aussi celles du Bengale et de l'Assam. L'opposition des chefs de la Ligue à tous les projets d'une Inde unie fit échouer les négociations menées de 1942 à 1946 par sir Stafford Cripps et Wavell (conférence de Simla). Pour en finir l'Angleterre, en accordant l'indépendance à l'Inde (août 1947), consacra la division de la péninsule en deux États, fondée sur les chiffres du recensement par religions de 1941.

Les deux Pakistans et la rivalité avec l'Inde

Ce partage, loin de calmer l'antagonisme entre hindous et musulmans, provoqua aussitôt des déchaînements de violence. Alors que 10 millions d'hindous fuyaient vers l'Inde, 7 millions et demi de musulmans venaient s'installer dans le nouvel État, principalement dans le Pakistan occidental. Ces transferts de population s'accompagnèrent de pillages et de massacres, et, dans les six mois qui suivirent la proclamation de l'indépendance, on compta plus d'un demi-million de victimes. Les conditions de viabilité du Pakistan apparaissaient des plus précaires : unies seulement par la religion musulmane, les deux parties du pays étaient séparées géographiquement, mais plus encore par les données ethniques, économiques et culturelles.

L'unité pakistanaise fut cependant raffermie par la présence, à la tête de l'État, de deux personnalités puissantes, mais disparues trop vite, Mohammed Jinnah, mort en sept. 1948, et son collaborateur et successeur, Liaquat Ali Khan, assassiné par un fanatique en oct. 1951. Après eux, la Ligue musulmane se disloqua et le Pakistan connut une période de confusion politique. Gouverneur général à partir de 1955, Iskander Mirza fit adopter l'année suivante une Constitution de type fédéral ; le Pakistan, sans quitter le Commonwealth, devint une « république islamique ».

Devant l'instabilité grandissante, Mirza, devenu président de la République, dut suspendre la Constitution, proclamer la loi martiale et, peu après, céder le pouvoir au chef de l'armée, le général Ayoub Khan (28 oct. 1958). Sous cette nouvelle et ferme direction, le Pakistan allait, pendant plus de dix ans, connaître un remarquable essor économique. En 1960, un accord put être conclu avec l'Inde pour le partage des eaux de l'Indus, le Pakistan obtenant la disposition des trois fleuves de l'Ouest (Indus, Jhelam, Chenab).

À l'extérieur, la politique pakistanaise restait déterminée par la tension persistante avec l'Inde. Dès 1948, Pakistanais et Indiens se trouvaient en guerre pour le Cachemire. Le cessez-le-feu imposé par l'ONU en janv. 1949 amena une partition de fait de cette région, l'Inde occupant les deux tiers méridionaux du Cachemire – les plus fertiles – et refusant de procéder au référendum prévu, alors que le Pakistan établissait son protectorat sur la partie septentrionale, montagneuse et pauvre, appelée par les Pakistanais « Azad Cachemire », c'est-à-dire « Cachemire libre ». L'annexion du Cachemire méridional par les Indiens, en 1957, fit rebondir la crise, qui aboutit, en 1965, à une nouvelle guerre indo-pakistanaise ; ce conflit fut arrêté grâce à la médiation d'Alexeï Kossyguine (entrevue de Tachkent, janv. 1966), mais la question du Cachemire n'en fut pas résolue pour autant. D'autres problèmes frontaliers opposèrent le Pakistan à son voisin occidental, l'Afghanistan, qui soutenait les revendications autonomistes des populations pathanes. En contraste avec le neutralisme de Nehru, les dirigeants pakistanais optèrent d'abord pour une politique d'étroite alliance avec l'Occident. Le Pakistan devint membre de l'OTASE (sept. 1954) et du pacte de Bagdad (sept. 1955), mais ses relations avec la Chine populaire, après une période difficile, s'améliorèrent en 1963, et, à partir de cette époque, Ayoub Khan s'orienta de plus en plus vers le neutralisme.

À partir de 1968, le régime paternaliste d'A. Khan se trouva aux prises avec une forte opposition qui comprenait à la fois des éléments de gauche (dirigés par l'ancien ministre des Affaires étrangères, Zulfikar Ali Bhutto) et certains milieux militaires. Après une vague d'émeutes étudiantes et de grèves, Ayoub Khan dut se retirer (25 mars 1969), et le pouvoir passa au chef de l'armée, le général Yahya Khan. Les élections générales de déc. 1970 virent la victoire des deux principaux partis d'opposition : la ligue Awami du Pakistan oriental, conduite par Mujibur Rahman, qui obtint la majorité absolue des sièges ; le Parti du peuple, d'Ali Bhutto, représentant la gauche.

En face des revendications autonomistes des Bengalis, Yahya Khan adopta une attitude intransigeante ; en mars 1971, il ajournait *sine die* la réunion de la nouvelle Assemblée, mettait hors la loi la ligue Awami et faisait arrêter Mujibur Rahman. La résistance bengalie, avec l'aide militaire indienne, proclama au Pakistan oriental la République populaire du Bangladesh (17 avr. 1971) (v. **BANGLADESH**). Emporté par la défaite, Yahya Khan dut laisser le pouvoir à Ali Bhutto le 20 déc. 1971.

Entre modernisation et islam

Ali Bhutto fit adopter en 1973 une nouvelle Constitution. Mais ses projets modernisateurs se heurtèrent à l'opposition des milieux traditionalistes. En mars 1977, à la suite d'élections contestées, A. Bhutto établit la loi martiale, mais il fut renversé par l'armée en juill. Le général Zia ul-Haq, proclamé président de la République en 1978, fit exécuter A. Bhutto le 4 avr. 1979, après un simulacre de procès.

L'intervention soviétique en Afghanistan (v.) eut pour effet de stabiliser le régime militaire du général Zia, qui gérait une grande partie de l'aide occidentale à la résistance afghane. Zia sut d'ailleurs se concilier le puissant courant traditionaliste en faisant adopter l'islamisation de l'État par référendum en 1984. Mais, cristallisant les aspirations démocratiques d'un nombre croissant de Pakistanais, Bénazir, fille de l'ancien président, prit la tête de l'opposition et les militaires reportèrent à plusieurs reprises les élections qu'ils avaient pourtant promises.

En août 1988, alors que le retrait soviétique commençait en Afghanistan, le général Zia disparaissait dans un mystérieux accident d'avion. Bénazir Bhutto remportait les élections en déc. et devenait la première femme Premier ministre d'un pays islamique. Quelques jours après, Ghulam Ishaq Khan, ancien collaborateur de Zia, était nommé président de la République, avec des pouvoirs très étendus. L'armée, qui le soutenait, gardait en réalité le contrôle de la situation. L'opposition, dominée par des islamistes gagnait du terrain parmi les pauvres, déçus par l'absence de réformes, dans un pays qui ne comptait qu'un million de contribuables pour plus de 100 millions d'habitants, et où les propriétaires terriens contrôlaient le Parlement.

L'hostilité du président, de l'armée et des milieux islamistes à l'égard de Bénazir Bhutto aboutirent, le

6 août 1990, à sa destitution. Le président Khan provoqua, en oct. 1990, des élections anticipées, au terme desquelles Nawaz Charif, dirigeant de l'IDA, (Alliance démocratique islamique), et héritier de Zia, devint Premier ministre. C'est dans un contexte économique et social difficile que le nouveau gouvernement amorça, avec le soutien du FMI, un processus d'ajustement libéral. Sous la pression des partis fondamentalistes musulmans, Nawaz Charif poursuivit l'islamisation du pays, entamée par Zia.

Le pourrissement du conflit afghan amena, dans les années 1990, une recrudescence du banditisme dans le Nord-Ouest et au Béloutchistan. Par ailleurs, au Sind, les affrontements reprirent entre autochtones et réfugiés musulmans venus de l'Inde en 1948. À Karachi, contrôlée économiquement et politiquement par les réfugiés, cet antagonisme aboutit, en 1991, à une importante vague d'attentats. Islamabad dut également faire face à une revendication autonomiste de plus en plus vive en Azad Cachemire.

Les élections du 6 oct. 1993 redonnèrent le pouvoir à B. Bhutto, qui, en nov., fit élire un de ses proches, Farooq Leghari, à la présidence de la République et mena une politique active pro-taliban. Une situation économique alarmante et de nouvelles accusations de corruption provoquèrent la chute de Bénazir Bhutto en nov. 1996. Les élections du 3 févr. 1997 virent le retour au poste de Premier ministre de Nawaz Charif qui, nanti d'une confortable majorité à l'Assemblée, s'attela à réduire l'endettement du pays. S'il sembla d'abord pencher en faveur d'un rapprochement avec l'Inde, les violents incidents frontaliers au Cachemire, puis les essais nucléaires indiens créèrent des tensions d'une intensité nouvelle. Le Pakistan procéda à son tour à des essais souterrains, en mai 1998, et refusa d'adhérer au traité d'interdiction (v.) complète des essais nucléaires. L'année 1999 vit une surenchère permanente entre les deux pays : tests de missiles d'un côté et de l'autre, affrontements aériens et terrestres aux frontières. Le 12 oct. 1999, N. Charif, de plus en plus isolé, fut renversé, avec son gouvernement, par un putsch militaire conduit par le chef de l'armée, le général Pervez Moucharraf, qu'il tentait de destituer. Par mesure de rétorsion, le Pakistan fut exclu du Commonwealth. En quatre ans de régime militaire sous une façade démocratique, le pays a connu un réel essor industriel notamment dans l'industrie textile ; de nouvelles ressources (cuivre, charbon, gaz) ont été mises en valeur ; les efforts entrepris depuis 1999 pour élargir l'assiette fiscale et les privatisations en cours ont permis de réduire l'important déficit budgétaire. Ces efforts ont reçu le soutien du FMI (déc. 2001). Après les attentats du 11 sept. le régime du général Moucharraf s'est aligné sur les États-Unis dans la lutte contre le terrorisme, ce qui a favorisé les investissements étrangers ainsi que l'annulation ou le rééchelonnement d'une partie de la dette et permis la levée des sanctions qui avaient suivi le coup d'État. Mais ce revirement est impopulaire et facilite l'activité de groupes islamistes extrémistes très minoritaires mais très violents, comme l'ont prouvé le meurtre du journaliste américain Daniel Pearl à Karachi en févr. 2003 et les nombreux attentats contre le président lui-même. Les frontières avec l'Afghanistan sont encore mal contrôlées et le Pakistan abrite de nombreux réfugiés afghans pris en charge par le Programme alimentaire mondial de l'ONU. Les tensions très violentes avec l'Inde à propos du Cachemire ont été atténuées par la volonté déclarée en mai 2003 du président Moucharraf de parvenir avec l'Inde à un pacte de non-agression et à une dénucléarisation mutuelle. Les négociations se sont ouvertes en jan. 2004.

PALA. Dynastie indienne dont l'empire s'étendit sur le Bihar, le Bengale et toute la vallée du Gange (fin VIIIe/début XIIe s.). Elle atteignit son apogée sous Dharmapala (vers 770/810) et Devapala (vers 810/50). Les Pala furent des protecteurs du bouddhisme et contribuèrent à la pénétration de cette religion au Tibet.

PALAC Jan (* Tchécoslovaquie, 11.VIII.1948, † Prague, 16.I.1969). Étudiant tchécoslovaque. En janv. 1969, il s'immola par le feu sur la place Venceslas, à Prague, pour protester contre l'intervention soviétique et la politique de « normalisation ». Son sacrifice fut aux yeux du monde le symbole de la répression du « printemps de Prague ».

PALACKY Frantisek (* Holdslavice, Moravie, 14.VI.1798, † Prague, 26.V.1876). Historien et homme politique tchèque. Son *Histoire de la Bohême*, qui parut d'abord en allemand (1836/67) puis en tchèque (1848/76) contribua beaucoup à la naissance du nationalisme tchèque. Palacky participa au mouvement politique de 1848, présida le congrès slave de Prague, mais resta fidèle à l'Autriche, qu'il concevait comme un État fédéral dans lequel la Bohême jouirait d'une large autonomie.

PALATINAT, *Pfalz*. Nom commun à deux régions historiques de l'Allemagne : le Palatinat rhénan (*Rheinpfalz*) ou **Bas-Palatinat** (*Niederpfalz*), situé au N. de l'Alsace et s'étendant sur les deux rives du Rhin, entre le Neckar et la Moselle ; il a pour villes principales *Spire, Mannheim, Heidelberg, Neustadt* ; le **Haut-Palatinat** (*Oberpfalz*), ou Palatinat bavarois, situé au N.-E. de la Bavière, et qui a pour ville principale *Amberg*. L'origine du Palatinat vient des comtes palatins que les empereurs germaniques établirent dans chaque duché comme représentants de l'autorité impériale. Au XIIe s., le Palatinat rhénan devint le domaine des anciens comtes palatins de Lotharingie. En 1156, l'empereur Frédéric Ier Barberousse attribua la dignité palatine à son frère Conrad, auquel succéda en 1195 son gendre Henri de Brunswick, fils d'Henri le Lion. Henri étant mort sans enfants, en 1214, l'empereur Frédéric II attribua le Palatinat rhénan à Louis de Bavière, de la maison des Wittelsbach. Celle-ci acquit en 1266 les terres du Nordgau, qui prirent plus tard le nom de Haut-Palatinat. En 1329, l'empereur Louis de Bavière, par le pacte familial de Pavie, attribua le Palatinat rhénan et le Haut-Palatinat à la branche cadette des Wittelsbach, représentée par son neveu Rodolphe II.

La dignité électorale passa d'abord alternativement aux ducs de Bavière et aux palatins ; elle fut enfin attribuée à ces derniers par l'empereur Charles IV, dans la Bulle d'or de 1356, en échange de la cession du Haut-Palatinat (1353). L'Électeur Robert (Ruprecht) Ier fonda en 1386 l'université de Heidelberg. Son petit-neveu, Robert III, élu empereur en 1400, étendit le Palatinat, mais, à sa mort (1410), le pays fut divisé entre ses quatre fils, chefs de quatre branches : *Palatinat électoral* (éteinte en 1559), *Haut-Palatinat* (éteinte en 1448), *Simmern* (qui forma de nombreuses branches : Deux-Ponts, Neuburg, Sulzbach, Birkenfeld), *Mosbach* (éteinte en 1499). L'Électeur Frédéric Ier le Victorieux (1449/76) mena des guerres avantageuses contre ses voisins. Othon Henri (1556/59), protecteur des arts et des sciences, introduisit la Réforme protestante dans ses États. À sa mort (1559), le titre électoral passa dans la ligne de Simmern, et Frédéric III réunit toutes les anciennes possessions des palatins (moins le Haut-Palatinat) ; il fit de l'université de Heidelberg un ardent foyer du calvinisme. Son petit-fils, Frédéric IV (1583/1610), prit en 1608 la tête de l'Union protestante contre l'empereur, et son successeur, Frédéric V, gendre de Jacques Ier d'Angleterre, se fit élire roi de Bohême par les protestants au début de la guerre de Trente Ans, mais, après la défaite de la Montagne blanche (1620), il perdit toutes ses possessions et sa dignité électorale, attribuées en 1623 à Maximilien, duc de Bavière. Par les traités de Westphalie (1648), son fils Charles Louis recouvra le Palatinat rhénan et le titre d'Électeur, cependant que le Haut-Palatinat (moins les principautés de Neuburg et de Sulzbach) restait à la Bavière. En 1685, le Palatinat passa à la lignée catholique de Neuburg. Mais Louis XIV prétendit faire valoir les droits du duc d'Orléans, qui avait épousé la sœur du dernier Électeur palatin, la princesse Palatine (v.). Le dauphin conquit le Palatinat en moins de deux mois (1688) ; mais les épouvantables ravages exercés l'année suivante dans le pays par les troupes françaises du maréchal de Duras, sur l'ordre de Louvois, soulevèrent l'indignation de l'Europe et provoquèrent contre Louis XIV une coalition générale (guerre de la ligue d'Augsbourg, 1689/97). Au traité de Ryswick (1697), la France dut renoncer à ses prétentions.

Heidelberg ayant été détruite par les Français, l'Électeur fixa en 1720 sa capitale à Mannheim. En 1742, le Palatinat passa à Charles Théodore de Neuburg-Sulzbach, qui hérita en 1777 de la Bavière. Son successeur, Maximilien Joseph, perdit le Palatinat rhénan par le traité de Lunéville (1801), mais il échangea en 1805 son titre électoral contre celui de roi de Bavière. À la suite du traité de Lunéville, tous les districts du Palatinat situés sur la rive gauche du Rhin furent annexés à la France et contribuèrent à former, jusqu'en 1814, le département du Mont-Tonnerre (chef-lieu *Mayence*) ; les districts de la rive droite du Rhin furent partagés entre Bade et Hesse-Darmstadt.

Aux traités de 1815, la Bavière recouvra le Palatinat de la rive gauche du Rhin (Palatinat bavarois) ; le reste de l'ancien Palatinat rhénan fut partagé entre le Bade, la Prusse et la Hesse-Darmstadt. Le Palatinat bavarois fut le théâtre de mouvements révolutionnaires en mai/juin 1849 ; de 1918 à 1930, il fut occupé par les Français, qui y encouragèrent sans succès des mouvements séparatistes. Depuis 1946, il fait partie du Land de Rhénanie-Palatinat.

La lignée de Palatinat-Deux-Ponts a donné trois rois à la Suède : Charles X Gustave, Charles XI et Charles XII (1654/1718).

PALATINE, la princesse (* Heidelberg, 27.V.1652, † Saint-Cloud, 8.XII.1722). Seconde épouse du duc d'Orléans, frère de Louis XIV (1671). Voir **Charlotte-Élisabeth de Bavière**.

PALAU (îles). Archipel du Pacifique occidental, entre les Carolines et les Philippines. Vendues en 1899 par les Espagnols à l'Allemagne, ces îles passèrent en 1920 sous mandat japonais et furent durant la Seconde Guerre mondiale une importante base navale nippone. Administrées par les États-Unis à partir de 1945, elles conclurent avec eux un contrat de libre association en 1994, qui laissait à Washington le soin de la défense du territoire, et adhérèrent à l'ONU. À partir de nov. 1999, toute transaction avec les îles Palau en dollars américains fut interdite, celles-ci étant accusées de blanchir de l'argent de la drogue.

PALÉOLITHIQUE. Nom donné par John Lubbock, en 1865, à la période la plus longue et la plus ancienne de la préhistoire humaine. Elle s'ouvre avec l'apparition des premiers outils taillés par les hominidés (v.), il y a près de 2,6 millions d'années en Afrique de l'Est, et s'achève aux environs de 10 000 ans av. notre ère. Le terme de *paléolithique* signifie « ancien âge de la pierre » ; notre connaissance de la préhistoire et de ses cultures est en effet fondée essentiellement (sauf pour les périodes les plus récentes qui ont laissé des témoignages artistiques) sur l'étude des outils de pierre que l'on appelle les *industries lithiques*.

Le paléolithique correspond à ce que les préhistoriens du siècle dernier appelaient l'âge de la pierre taillée, par opposition à l'âge de la pierre polie, le néolithique (v.). L'homme du paléolithique vit uniquement de la chasse, de la pêche et de la cueillette des végétaux comestibles ; son économie donne à la vie humaine pendant cette longue période une double caractéristique : nomadisme et existence en petits groupes à faible croissance démographique. Par ailleurs, les hommes du paléolithique ont été étroitement tributaires des conditions climatiques : l'alternance, durant tout le quaternaire, de glaciations et de périodes tempérées interglaciaires (en Afrique, périodes pluviales et périodes sèches) a provoqué d'importantes modifications de la faune et peut-être aussi du genre de vie des chasseurs.

En se fondant sur les industries lithiques, on subdivise le paléolithique en trois grandes phases le paléolithique inférieur, le paléolithique moyen et le paléolithique inférieur.

Le paléolithique inférieur.

Il s'étend entre 2,6 millions d'années et 200 000 ans avant notre ère. Les plus anciens outils que l'on connaisse actuellement datent en effet de 2,6 millions d'années et ont été découverts en Afrique de l'Est. Ce sont surtout des gisements de plein air. Vers 2 millions d'années av. J.-C., en Afrique du sud, on trouve, avec des restes d'hominidés (*Australopithecus* et *Homo*), des outils très rudimentaires à l'intérieur des grottes. L'utilisation de ces premiers outils commença probablement avec la consommation de charognes. Les premiers hominidés s'en servirent ensuite pour tuer des animaux de petite taille. Les principales industries du paléolithique inférieur sont l'Oldowayen (v.), entre 2,6 et 1,7 millions d'années suivi de l'Acheuléen (v.), connu à partir de – 1,7 million d'années en Afrique, de – 800 000 ans en Asie et – 500 000 ans en Europe. Ces industries sont réalisées sur des matières premières locales (galets de quartz ou de quartzite, silex…). On trouve des industries sur galets ou sur éclats (simple enlèvement d'éclats à partir d'un bloc de pierre ou « nucleus »), plus ou moins riches en bifaces (outils taillés sur 2 faces). L'Acheuléen, qui rassemble des industries caractérisées par l'abondance des bifaces, s'est étendu sur tout l'Ancien Monde, avec cependant des variations géographiques.

Le paléolithique moyen.

Beaucoup plus court que la phase précédente, il dura environ 165 000 ans, entre 200 000 et 35 000 ans avant notre ère.

Au point de vue climatique, ce fut une période froide qui vit apparaître le mammouth, le rhinocéros laineux, le renne, le cheval, le bouquetin, le chamois, l'ours mais également de grands prédateurs tels que la hyène et le lion des cavernes. Les gisements en grottes et abris-sous-roche sont très nombreux. Au paléolithique moyen, l'Europe est peuplée par les Néandertaliens (*Homo neandertalensis*), tandis que les hommes modernes (*Homo sapiens*) sont présents en Afrique et en Asie. Avec les Néandertaliens apparaissent les premières sépultures. L'industrie du paléolithique moyen est caractérisée par le travail des éclats, et atteint une grande complexité avec la méthode dite de Levallois.

La principale culture est le moustérien (v.), qui a connu une extension considérable, non seulement en Europe, mais au Proche-Orient, en Égypte, au Maghreb. Hors d'Europe, de nombreux faciès locaux du paléolithique moyen ont été défini : moustérien et atérien en Afrique (le paléolithique moyen d'Afrique est appelé *Middle Stone Age*), soanien en Inde, « culture » de l'Ordos en Chine...

Le paléolithique supérieur.

Il commence entre – 40 000 et – 30 000 ans pour s'achever vers 10 000 ans avant notre ère, avec la disparition de la calotte glaciaire scandinave et alpestre et la migration de la faune froide vers le nord de l'Eurasie. La faune européenne est dominée par le renne. L'homme de Néandertal a disparu dans des circonstances inconnues et a été remplacé par l'homme de type moderne (en France, l'homme de Cro-Magnon, v.). Industriellement, le paléolithique supérieur se caractérise par la production de lames ; l'outillage tend à devenir de plus en plus petit, divers et spécialisé ; à côté de l'industrie de la pierre, l'industrie osseuse connaît un grand essor. Les hommes du paléolithique supérieur chassent en groupes importants et dressent de vastes campements. Certains continuent à vivre dans des abris rocheux, et certaines régions, comme la vallée de la Dordogne, connaissent une densité de population relativement importante.

C'est l'âge de la naissance de l'art, mobilier (statuettes féminines dites « vénus aurignaciennes ») et pariétal (Chauvet (v.), Cosquer (v.), Les Combarelles, Font-de-Gaume, Lascaux (v.), Altamira, etc.). En Europe occidentale, les principales cultures sont le Châtelperronien (v.), l'Aurignacien (v.), le Gravettien (appelé Périgordien par certains), le Solutréen (v.) et le Magdalénien (v.). Hors d'Europe, les industries correspondant au paléolithique supérieur sont moins bien connues ; on parle de *Later Stone Age* en Afrique (ibéro-maurusien et caspien en Afrique du Nord). Entre le paléolithique et le néolithique (v.) s'insère une phase de transition, le mésolithique (v.).

PALÉONTOLOGIE. Science qui étudie les fossiles, êtres vivants ayant subi un processus de fossilisation après leur mort. On distingue la paléobotanique (plantes et pollens), la paléozoologie (animaux), la paléontologie humaine ou paléoanthropologie. La paléontologie a pour objectif, au travers de l'étude des fossiles, de dater l'apparition et la disparition des espèces, et ainsi de reconstituer l'évolution des êtres vivants depuis le Paléozoïque. La paléontologie humaine est une science récente qui date du XIXe s., avec la découverte des premiers hommes fossiles.

PALESTINE. Région du Proche-Orient, s'étendant le long de la Méditerranée, bornée au N. par le mont Liban, à l'E. par le désert de Syrie, au S.-O. par le désert du Sinaï dont les frontières ont varié au cours de l'histoire. Le nom de Palestine (« pays des Philistins ») s'appliqua d'abord à la seule zone côtière, puis fut étendu par les Grecs et les Romains à tout le pays occupé par les Juifs aux environs de l'ère chrétienne.

De la préhistoire à la domination romaine

Seule voie de passage terrestre de l'Asie Mineure et de la Mésopotamie vers l'Égypte, la Palestine fut une des premières régions peuplées par l'homme. Les premières traces d'installation humaine remontent à – 200 000 av. J.-C. Les fouilles menées dans les grottes du mont Carmel et de Qafzeh, ont montré que l'*Homo sapiens* y était établi. La sédentarisation dut commencer en Palestine vers 15000 av. J.-C. Au IXe millénaire, une agglomération urbaine fut aménagée sur le site de Jéricho. L'épipaléolithique palestinien a été divisé en kébarien (– 17000/– 10500) et natoufien (v.) – 10500 av. J.-C./– 8000 av. J.-C.).

À partir du VIIIe millénaire, des cultures néolithiques « précéramiques » succédèrent au natoufien. Peu après 4000, des populations d'agriculteurs-éleveurs connaissaient déjà le cuivre ; ils vivaient dans des villages permanents et des gros bourgs fortifiés. Dès le début de l'âge du bronze, à la fin du IVe millénaire, la plupart des villes qui devaient marquer l'histoire de la Palestine ont pris leur essor. Vers 3000 av. J.-C., les échanges entre le sud de la Palestine et l'Égypte sont devenus réguliers.

La civilisation des Cananéens (v.) s'y épanouit du IIIe millénaire à l'invasion des Philistins (XIIe s.) et des Israélites. On place au XVIIIe s. ou XVIIe s. av. J.-C., les premières migrations de clans hébreux, parmi lesquels se situerait celui d'Abraham. Puis, du XVIe au XIIIe s., la Palestine passa sous domination égyptienne ; position clé, elle permettait aux pharaons du Nouvel Empire de protéger les approches de l'Égypte, d'assurer la défense des ports phéniciens et de surveiller la Syrie, menacée successivement par le Mitanni et par les Hittites (v.). Perdue à la fin de la XVIIIe dynastie, reconquise par les victoires de Séthi Ier (vers 1294/1279) et de Ramsès II (vers 1279/1213), la Palestine échappa à l'Égypte à la fin du XIIIe s. avant notre ère.

L'invasion des Peuples de la Mer (v.) marque le début de l'âge du fer en Palestine. L'un de ces peuples, les Philistins, s'installa vers 1100, dans la plaine côtière, cependant qu'en Transjordanie s'établissaient de nouveaux peuples sémitiques, les Édomites, les Moabites et les Ammonites. Des clans hébreux sortis d'Égypte auraient rejoint d'autres clans établis aux confins de la Palestine, qui s'étaient organisés en une ligue d'Israël. C'est alors qu'aurait commencé la pénétration des Israélites en « Terre promise ». Leur installation s'accompagna de longues guerres contre les Philistins et les peuples cananéens. David, au début du Ier millénaire, acheva la conquête et établit à Jérusalem sa capitale. Mais les peuples vaincus, Philistins, Édomites, Moabites..., reprirent leur indépendance lors de la séparation des royaumes d'Israël et de Juda (v. **Israël**, histoire du peuple d'). Dès la chute de Samarie (721), une partie de la Palestine tombait sous la domination assyrienne, à laquelle succéda, sur l'ensemble du pays, l'hégémonie néobabylonienne (chute de Jérusalem, 587).

Conquise en 539 par Cyrus, fondateur de l'Empire perse, puis par Alexandre le Grand (333), la Palestine fut ensuite disputée entre les Ptolémées d'Égypte et les Séleucides de Syrie ; partiellement hellénisée, elle passa sous l'autorité romaine à la suite des conquêtes de Pompée (63 av. J.-C.). La vie de Jésus (v.) s'y déroula et la Palestine devint la Terre sainte des chrétiens.

L'État juif ami et allié de Rome fut détruit par Titus en 70 de notre ère et l'ultime révolte israélite écrasée en 135 (v. **Juif**, histoire du monde et **Diaspora**). La Palestine, qui formait dès le IIe s. une province romaine distincte de la Syrie, fut divisée au IVe s. en quatre provinces. Dès avant l'ère chrétienne, avait commencé le processus d'arabisation du pays avec l'établissement en Transjordanie des Nabatéens (VIe s. av./IIe s. apr. J.-C.), auxquels succédèrent les Ghassanides, qui formaient, aux Ve/VIe s. de notre ère, un État vassal de l'Empire byzantin.

De la conquête arabe à la fin de l'Empire ottoman (634/1918)

Sous le califat d'Omar (634/44) la Palestine fut conquise par les Arabes. Après deux ans d'hostilités indécises, Khalid ibn el-Walid écrasa les Byzantins à la bataille du Yarmouk (20 août 636), faisant passer toute la Syrie et la Palestine dans l'orbite de l'islam. Les derniers centres de résistance, Jérusalem et Césarée, tombèrent en 638 et en 640. Pour les musulmans comme pour les Juifs et les chrétiens, Jérusalem était une ville sainte, l'étape du « voyage nocturne » de Mahomet vers le Ciel, le point de départ de son ascension du temple de Jérusalem au Trône de Dieu ; au moment de l'hégire, les musulmans priaient d'ailleurs, comme les Juifs, la tête tournée vers Jérusalem. Dès la conquête, Omar ordonna de préserver les Lieux saints ; le calife Abd el-Malik fit construire en 691 le premier sanctuaire musulman de Jérusalem, la coupole du Rocher (dite à tort « mosquée d'Omar »), et son successeur, El-Walid, édifia la mosquée El-Aksa. La majorité des chrétiens palestiniens se convertirent à l'islam, mais les non-musulmans bénéficièrent d'un régime relativement tolérant, sauf sous le règne de quelques souverains fanatiques comme le calife fatimide Hakim (996/1021). Après la conquête de Jérusalem (1099), les croisés étendirent leur domination sur toute la Palestine, mais le royaume latin de Jérusalem s'effondra après la victoire de Saladin à Hattin (1187). Au début du XIIIe s., les Latins ne se maintenaient plus que sur la bande côtière ; en 1291, ils furent définitivement éliminés par les mamelouks d'Égypte (v. **Croisades**).

Sous la domination de ces derniers (mamelouks burdjites, de 1250 à 1382 ; mamelouks bahrites, de 1382 à 1517), la Palestine fut laissée dans un grand abandon. Incluse à partir de 1517 dans l'Empire ottoman et rattachée administrativement à Damas, elle connut pendant plus de trois siècles une existence effacée. Après l'expédition de Bonaparte (févr./mai 1799), elle fut conquise en 1831 par les armées de Méhémet-Ali et resta occupée jusqu'en 1840 par les Égyptiens, qui lui donnèrent une bonne administration et contribuèrent à la mettre en valeur.

En 1882, la première colonie agricole juive s'installait près de Jaffa. Au cours de la Première Guerre mondiale, les Anglais, pour obtenir l'aide des Arabes contre les Turcs, promirent au chef de la famille des Hachémites, Hussein, chérif de La Mecque, la création, à la fin des hostilités, d'un royaume arabe englobant, avec la Palestine, l'Arabie, la Syrie et l'Irak. En dépit de cet engagement, Anglais et Français conclurent en mai 1916 l'accord Sykes-Picot par lequel ils se partageaient d'avance les territoires encore turcs du Proche-Orient, la France obtenant la Syrie et le Liban, l'Angleterre l'Irak et la Transjordanie, cependant que la Palestine devait être soumise à une administration internationale. Puis, le 2 nov. 1917, la *déclaration Balfour* affirmait que l'Angleterre s'engageait à favoriser « l'établissement en Palestine d'un foyer national pour le peuple juif ». Au même moment, soutenues par les Arabes, qui avaient déclenché l'insurrection à l'été 1916, les forces britanniques menaient la conquête de la Palestine, et l'armée Allenby entrait à Jérusalem le 10 déc. 1917 (v. SIONISME et ISRAËL, État d').

La Palestine sous mandat britannique

Après l'effondrement de la Turquie, les promesses faites aux Arabes en 1915 ne furent pas tenues par les Alliés. La France mit fin en juill. 1920 à la tentative de Fayçal, fils d'Hussein, de créer une Grande-Syrie arabe englobant la Palestine. La conférence interalliée de San Remo (avr. 1920) décida de placer la Palestine et la Transjordanie sous le mandat de la Grande-Bretagne, résolution entérinée en juill. 1922 par la SDN. Cependant, la reprise de l'immigration juive suscitait une inquiétude croissante dans le peuple palestinien, et, dès 1920, des heurts sanglants se produisaient entre Juifs et Arabes. En 1923, la Palestine subit un premier partage, du fait de la création de la Transjordanie comme une principauté arabe séparée, sous mandat anglais (v. JORDANIE).

L'arrivée au pouvoir de Hitler (1933) eut pour résultat un accroissement rapide de l'immigration juive (30 000 personnes en 1933, 61 000 en 1935), ce qui déclencha une véritable révolte arabe en 1936. Dès l'année suivante, dans le rapport de la commission Peel, le gouvernement de Londres envisagea pour la première fois la création d'un État juif séparé, la coexistence entre Arabes et Juifs apparaissant impossible. La révolte arabe fut durement réprimée par les forces britanniques.

Alors que les Juifs aspiraient à la création d'un véritable État, certains d'entre eux répondirent aux mesures contre l'immigration illégale par une activité terroriste ; déclenchée dès 1939, elle se poursuivit pendant toute la guerre pour atteindre son paroxysme dans les années 1946/47 (attentat de l'hôtel du Roi David à Jérusalem, 22 juill. 1946). Londres finit par abandonner la question palestinienne à la compétence de l'ONU. Celle-ci vota un plan de partage (27 nov. 1947) qui divisait la Palestine en un État juif, un État arabe et une zone internationale (Jérusalem).

Palestiniens et Israéliens depuis 1948

Déclenchée par la Ligue arabe dès le 15 mai 1948, la guerre israélo-arabe de 1948/49 (v.) permit aux Israéliens d'occuper un territoire encore plus étendu que celui qui leur avait été assigné par l'ONU. Cette guerre, ainsi que les exactions (tel le massacre des 250 villageois de Der-Yassine) commises par des groupes juifs extrémistes comme l'Irgoun et le groupe Stern, jetèrent aussi sur les routes 700 000 réfugiés palestiniens ; ils trouvèrent asile surtout en Jordanie, mais également au Liban, en Syrie, et dans la bande de Gaza, qui passa sous contrôle égyptien. En raison de la croissance démographique et d'un nouvel afflux (environ 400 000 personnes) lors de la guerre de 1967, on comptait, à la fin des années 1980, environ 2 millions de réfugiés palestiniens, dont un tiers environ vivait encore dans les camps. Les Arabes restés en Israël, où ils jouissent de la citoyenneté israélienne, formaient, à la fin des années 1990, 20 % de la population du pays. L'OLP (Organisation de libération de la Palestine) a été créée en 1964 par la Ligue arabe dans le but de maintenir l'unité nationale et de regrouper les mouvements de lutte. Cette organisation, armée et financée par les États arabes, dirigée depuis 1969 par Yasser Arafat (v.) a regroupé les nombreuses organisations politiques palestiniennes dont les désaccords sont fréquents. Après avoir été chassée de Jordanie (opération Septembre noir), l'OLP s'est repliée au Liban. Après l'intervention israélienne au Liban (1982/85), elle fut privée des bases stratégiques d'où elle menait contre Israël des opérations de commando. L'OLP a été admise comme observateur à l'ONU en 1974 et appartient à la Ligue arabe depuis 1976.

Palestiniens de Jordanie et de Cisjordanie relevaient de la même administration jordanienne jusqu'en juill. 1988, date à laquelle la Jordanie récusa sa tutelle sur les Palestiniens des territoires occupés, en réponse à la révolte généralisée (*Intifada*) des territoires occupés par Israël (v.). En 1989, les États-Unis engageaient un dialogue direct avec l'OLP, qui s'était proclamée, en déc. 1988, « gouvernement provisoire en exil » d'un État palestinien indépendant (bientôt reconnu par une soixantaine de pays). La fin de la guerre froide et de la seconde guerre du Golfe (v.) changèrent les données du conflit israélo-palestinien. Alors que l'OLP et la plupart des pays arabes avaient toujours refusé l'idée de la création d'un État palestinien limité à une faible portion de l'ancienne Palestine mandataire, le poids incontesté des États-Unis contraignit les voisins arabes d'Israël à s'asseoir à la table des négociations à Madrid en 1991. Les progrès les plus substantiels furent cependant dus aux Palestiniens et aux Israéliens eux-mêmes, qui, en 1993, lors des accords d'Oslo acceptèrent une reconnaissance mutuelle et entamèrent un « processus de paix ». Celui-ci aboutit au retrait d'Israël de la plupart des villes palestiniennes et, en janv. 1996, à l'instauration d'une Autorité palestinienne (AP), formée d'un conseil législatif dominé par l'OLP et d'une présidence exercée par Y. Arafat. Dotée de compétences civiles étendues (excepté sur les ressources en eau) et d'une police, l'AP prit le contrôle des zones libérées. Cependant, la victoire du Likoud aux élections israéliennes de mai 1996 et l'arrivée au pouvoir de Benjamin Netanyahou, qui accentua l'implantation de colonies dans les territoires occupés, en particulier à Jérusalem Est, ralentirent les pourparlers. Une fois encore, la pression américaine débloqua partiellement la situation, et les accords de Wye River Plantation, fin 1998, ouvraient un passage entre la Cisjordanie et Gaza, augmentaient le territoire placé sous le contrôle de l'AP, à condition que celle-ci accrut la répression contre les franges extrémistes palestiniennes, Hamas ou Djihad islamique. Le retour au pouvoir des travaillistes israéliens et l'accession au poste de Premier ministre d'Ehoud Barak firent naître de grands espoirs, mais les négociations de l'été 2000 achoppèrent sur le statut de Jérusalem et le droit au retour des réfugiés. La visite armée en sept. 2000 du nouveau chef du Likoud, Ariel Sharon, sur l'esplanade des mosquées de cette ville, provoqua la deuxième Intifada dite d'Al-Aksa. Plusieurs mois d'affrontements entre Palestiniens et Israéliens aboutirent à la démission du Premier ministre israélien et à la victoire électorale écrasante, en févr. 2001, d'Ariel Sharon. Aux États-Unis, l'arrivée au pouvoir des républicains (janv. 2001), puis les guerres menées en Afghanistan et en Irak (mars-avr. 2003) ont fait d'abord passer au second plan le dossier israélo-palestinien. Le 4 juin 2003, G. W. Bush remettait aux Premiers ministres israélien et palestinien, Ariel Sharon et Mahmoud Abbas, une « feuille de route » proposée par la communauté internationale qui exigeait la création en 2005 d'un État palestinien viable aux côtés de l'État d'Israël. Mais la poursuite de l'Intifada, le bouclage des territoires occupés, isolés par la construction unilatérale en Cisjordanie d'une clôture dite « de sécurité » et les nouvelles annexions de terres par des colons israéliens en ont rendu la réalisation très aléatoire. La politique sécuritaire d'Ariel Sharon, réélu triomphalement en janvier 2003, a détruit les deux économies sans interrompre les attentats. Une initiative très précise et complète, dite Initiative de Genève, venue, le 1er déc. 2003, d'anciens négociateurs israéliens et palestiniens a ouvert de nouvelles perspectives officieuses. L'effondrement de l'AP, soumise à un véritable siège, n'a pas entraîné l'élimination de Y. Arafat, ni la disparition de son secteur public, soutenu par l'aide internationale ; mais la malnutrition, la déscolarisation, la dégradation des infrastructures essentielles sont devenues alarmantes dans les territoires occupés ; le chômage y touchait près de la moitié de la population, dont 60 % vivait en dessous du seuil de pauvreté. Voir **ARAFAT**, **CANANÉENS**, **DIASPORA**, **ISRAËL (histoire du peuple d')**, **ISRAËL (royaume d')**, **ISRAËL (État d')**, **HÉBREUX**, **ISRAÉLO-ARABES (guerres)** et **SIONISME**.

PALME Olof (* Stockholm, 30.I.1927, † Stockholm, 28.II.1986). Homme politique suédois. Ministre des Communications (1965), puis de l'Éducation nationale (1967), il fut choisi par Erlander pour lui succéder à la tête du parti et du gouvernement le 1er oct. 1969. Resté au pouvoir pendant sept ans, il s'efforça d'accentuer la socialisation de la Suède ; à l'extérieur, sa politique favorable au Nord-Viêt-nam l'opposa à plusieurs reprises aux États-Unis. Mais le mécontentement provoqué par le poids sans cesse croissant de la fiscalité et de la bureaucratie entraîna, aux élections de sept. 1976, sa défaite et celle de son parti, qui perdit le pouvoir après l'avoir exercé sans interruption pendant quarante-quatre ans. Cette éclipse devait être de courte durée. Après la victoire sociale-démocrate de sept. 1982, O. Palme forma un nouveau gouvernement. Il fut assassiné en 1986. Voir **SUÈDE**.

PALMELA, dom Pedro de Sousa-Holstein, duc de (* Turin, 8.V.1781, † Lisbonne, 12.X.1850). Homme politique portugais. Délégué au congrès de Vienne (1814), il contribua à la Constitution de 1820 et fut Premier ministre en 1823. Après le coup d'État de dom Miguel (1828), il se réfugia en Angleterre, fut condamné à mort par contumace, mais prit la tête des partisans de doña Maria dans l'île de Terceire. À la mort de dom Pedro (1834), il fut fait duc et nommé Premier ministre par la jeune reine. Exilé en Angleterre de 1836 à 1842, il fut encore Premier ministre en 1846. Voir **PORTUGAL**. De l'union avec l'Espagne à la chute de la maison de Bragance.

PALMERSTON Henry John Temple, 3e vicomte (* Broadlands, près de Romsey, Hampshire, 20.X.1784, † Brockett Hall, Hertfordshire, 18.X. 1865). Homme politique britannique. Député tory en 1807, il se rapprocha ensuite des whigs. Ministre des Affaires étrangères de 1830 à 1841 dans le cabinet de Lord Grey, il garda toujours une certaine méfiance envers la France. Tout au long de sa carrière, il veilla aux intérêts maritimes et commerciaux de la Grande-Bretagne et déclencha la guerre de l'Opium (v.) (1840). En 1841, soutenant l'Empire ottoman contre Méhémet-Ali et contre la Russie, il imposa à celle-ci la convention des Détroits (1841), qui enfermait la flotte russe dans la mer Noire. De nouveau ministre des Affaires étrangères (1846/51), puis ministre de l'Intérieur dans le cabinet Aberdeen (1852/55), il succéda à celui-ci pour mener à bien la guerre de Crimée et fut Premier ministre de 1855 à 1858, puis de 1859 à 1865. Il fit consacrer la politique orientale de l'Angleterre au traité de Paris de 1856 (v.) et remporta une nouvelle victoire dans la seconde guerre de Chine (1856/60). Son soutien aux sudistes lors de la guerre de Sécession faillit provoquer une rupture avec les États-Unis.

PALMYRE. Ancienne ville du désert de Syrie, située dans l'oasis de Tadmor, à mi-chemin entre Homs et l'Euphrate. Construite sur un site occupé à l'époque néolithique, mentionnée dès le XIXe s. av. J.-C. sur une tablette akkadienne de Cappadoce, Tadmor (appelée *Palmura* par les Grecs et les Romains) fut une étape sur la route caravanière reliant le golfe Persique et la Mésopotamie à la côte méditerranéenne. Encore indépendante au Ier s. av. J.-C., elle passa sous la tutelle de Rome en 17 av. notre ère, mais conserva une large autonomie et fut érigée en colonie sous Caracalla, au début du IIIe s.

Longtemps tournée exclusivement vers de pacifiques entreprises commerciales, Palmyre entra dans une phase d'expansion guerrière vers le milieu du IIIe s., sous une dynastie locale d'origine arabe, mais romanisée. Le prince Odenat († 268), allié de Rome et chargé par Gallien de la défense de l'Orient, remporta des victoires éclatantes sur les Perses, qu'il poursuivit jusque sous les murs de Ctésiphon ; il prit le titre de roi de Palmyre et gouverna au nom de Rome, qui lui avait donné le titre d'*imperator*, presque toute l'Asie romaine. Il fut sans doute assassiné à l'instigation de sa femme, la reine Zénobie, qui prit la régence et étendit la domination de Palmyre jusqu'en Anatolie, au N., et en Égypte, au S. Cette expansion inquiéta Rome : l'empereur Aurélien vainquit et captura Zénobie, et, après avoir dû vaincre une résistance acharnée des habitants, il s'empara de Palmyre, qui fut mise à sac (272).

Redevenue une cité caravanière, Palmyre fut le siège d'un évêché chrétien. Les musulmans s'en emparèrent en 634, mais respectèrent les monuments, qui furent détruits par un tremblement de terre au XIIe s. Les ruines de Palmyre furent découvertes en 1678 par des voyageurs anglais et visitées au XVIIIe s. par Wood, Bouverie et Dawkins.

PANAMÁ, *República de Panamá.* État d'Amérique centrale, situé entre la mer des Caraïbes et l'océan Pacifique, sur l'isthme reliant l'Amérique du Nord et l'Amérique du Sud ; capitale *Panamá*. Après l'exploration de la côte atlantique par Rodrigo de Bastidas (1501) et par Christophe Colomb (1502), l'isthme de Panamá fut colonisé par les Espagnols à partir de 1510 ; en 1513, il fut traversé par Balboa premier Européen à avoir aperçu l'océan Pacifique. Durant l'époque de la colonisation espagnole, en dépit des raids des escadres britanniques, la région de l'isthme fut la voie d'aboutissement des grandes routes commerciales de l'Asie (le « galion de Manille ») et de l'Amérique du Sud vers l'Espagne ; le transbordement des précieuses marchandises se faisait par convois de mulets de Panamá, sur la côte pacifique, à Nombre de Dios et Portobello, sur la côte atlantique. D'abord comprise dans la vice-royauté du Pérou, la région fut rattachée en 1739 à la Nouvelle-Grenade.

Après l'indépendance (1821), Panamá continua à dépendre de la Colombie. La découverte de l'or en Californie (1848) et la construction du chemin de fer destiné à acheminer l'or à travers l'isthme (1848/55) donnèrent à la région une importance nouvelle. Dès cette époque, la construction d'un canal interocéanique fut sérieusement envisagée par les États-Unis (v. **PANAMÁ, canal de**). Après l'échec de l'entreprise de Ferdinand de Lesseps (1889), les États-Unis reprirent officiellement le projet de construction du canal, mais ne purent obtenir l'accord du gouvernement colombien. Ils suscitèrent alors une révolte dans la population de l'isthme. Panamá proclama son indépendance (3 nov. 1903). Quinze jours plus tard, la nouvelle république, aussitôt reconnue par le gouvernement de Washington, céda aux États-Unis l'administration d'une zone large de 10 miles, d'un océan à l'autre, en vue de la construction du canal (traité du 18 nov. 1903) ; en échange, l'État panaméen recevait une somme de 10 millions de dollars et une rente annuelle. Panamá devenait un satellite des États-Unis ; par la Constitution du 13 févr. 1904, les États-Unis garantissaient la souveraineté et l'indépendance panaméennes, mais ils obtenaient un droit d'intervention dans le pays pour maintenir l'ordre ; ils usèrent rapidement de ce droit, en 1908, 1912 et 1918. Le canal, construit par les États-Unis, fut inauguré en août 1914. En 1921, la Colombie reconnut enfin l'indépendance panaméenne, contre le versement d'une indemnité.

Dès la fin des années 1920, les États-Unis furent aux prises avec un nationalisme panaméen qui leur déniait la souveraineté sur la zone du canal et s'efforçait d'obtenir la suppression de leur droit d'intervention. En 1941, le gouvernement de Washington provoqua la chute du président Arnulfo Arias, considéré comme favorable aux puissances de l'Axe. Les troupes américaines établirent des bases en territoire panaméen. Revenu au pouvoir en 1949, Arnulfo Arias fut de nouveau renversé sous la pression nord-américaine en 1951. De sanglantes émeutes contre la présence nord-américaine se produisirent en janv. 1964. En oct. 1968, un coup d'État militaire faisait du général Omar Torrijos le maître du pays. Conclus en 1977, les accords Torrijos-Carter prévoyaient le retour du canal à Panamá en l'an 2000, les étapes de la restitution se faisant selon un calendrier très précis. Le général Torrijos trouva la mort en 1981 dans un accident d'avion, mais sa politique nationaliste et antiaméricaine fut poursuivie par le général Noriega (v.), ancien agent de la CIA, qui prit la tête de la Garde nationale en 1983.

En 1987, sous prétexte d'une vaste offensive contre le trafic de drogue en Amérique latine, dans lequel les banques de Panamá jouaient un rôle, l'administration américaine tenta d'obtenir l'extradition du général Noriega en l'inculpant de trafic de drogue. Les accusations des États-Unis, pour vraisemblables qu'elles fussent, ne firent qu'exacerber le sentiment d'hostilité des Panaméens à leur égard et Noriega tira avantage de cette situation en proclamant l'état d'urgence. Les États-Unis répliquèrent par un blocus financier qui fut particulièrement efficace car le Panamá n'avait pas de monnaie nationale, mais Noriega tint bon, notamment grâce à l'aide du Japon. Après une élection annulée, il nomma, en sept. 1989, un président de la République à titre provisoire et contraignit les chefs de l'opposition à fuir le pays. En déc., enfin, un corps expéditionnaire américain intervenait militairement et se rendait maître du pays, non sans avoir rencontré une vive résistance. Le pouvoir officiel fut confié à Guillermo Endara, vainqueur probable de l'élection annulée précédemment. Le 14 janv. 1990, le général Noriega fut capturé et, jugé à Miami en 1992, il fut condamné à quarante ans de prison.

Guillermo Endara reçut l'investiture présidentielle alors que la crise politique avait aggravé la crise économique et que plus de la moitié de la population vivait au-dessous du seuil de pauvreté. Cependant, l'activité bancaire reprit, principale source de revenus du Panamá, après ceux des pavillons de complaisance et les redevances payées par les navires franchissant le canal. En mai 1994, Ernesto Balladares, le candidat du parti révolutionnaire démocratique (PRD), qui avait fait campagne sur le thème de la lutte contre la pauvreté, fut élu président à une courte majorité. S'il ne réussit ni à freiner la progression du chômage, ni à endiguer le développement de la corruption, il prépara la rétrocession par les États-Unis du canal de Panamá, prévue par les accords de 1977. Elle commença, en 1995, par l'évacuation et la restitution des bases militaires américaines. Le retrait des troupes entraînant la perte de milliers d'emplois et d'un revenu de plusieurs centaines de milliers de dollars, le président Balladares tenta de négocier avec Bill Clinton la prolongation de la présence américaine, sans aboutir. L'élection présidentielle de mai 1999 fut remportée par la candidate de l'opposition Mireya Moscovo, veuve de l'ancien président Arias. Le 31 déc. 1999, les États-Unis rétrocédaient définitivement le canal et le Panamá retrouvait la souveraineté sur la totalité de son territoire, en même temps que la lourde tâche de gérer le passage interocéanique dont la modernisation s'avérait indispensable et de reconvertir la zone de 1 474 km^2 qui l'entoure.

PANAMÁ (canal de). L'idée de construire un canal interocéanique mettant en communication l'Atlantique et le Pacifique remonte aux premiers temps de la découverte de l'Amérique centrale par les Européens et fut en particulier défendue par l'historien Gomera († 1560). Mais le gouvernement espagnol y fit obstacle, ne voulant pas faciliter aux navires étrangers l'accès de ses colonies américaines. La ruée vers l'or en Californie (1848) relança l'idée du canal, et les États-Unis envisagèrent sérieusement un tracé à travers l'isthme du Nicaragua. La tentative de percement de l'isthme de Panamá par Lesseps, entreprise en 1880, aboutit à un échec (v. **Panamá, affaire de**). Les États-Unis, s'étant assuré de la renonciation de l'Angleterre (traité Hay-Pauncefote, févr. 1900), cherchèrent alors à obtenir une concession de la Colombie, puis suscitèrent une révolte qui aboutit à l'indépendance du Panamá (nov. 1903) ; ils se firent immédiatement céder la zone du futur canal par la nouvelle république et, enfin, rachetèrent l'ancienne compagnie française pour la somme de 210 millions de francs (avr. 1904). Le génie militaire américain, chargé des travaux, adopta un projet de canal à écluses ; la construction commença en mai 1904 et, le 3 août 1914, le premier navire passait d'un océan à l'autre.

Adapté à la taille des navires modernes, le canal, dont la commission était dirigée par un Panaméen depuis 1990, fut restitué au Panamá, comme prévu par les accords Torrijos-Carter de 1977, le 31 déc. 1999, avec les territoires qui l'entouraient.

PANAMÁ (affaire de). L'affaire de Panamá, qui fut le plus grand scandale financier et politique de la IIIe République, se situe dans le climat de la grande euphorie affairiste provoquée par le lancement des grands travaux, et notamment du plan Freycinet pour les chemins de fer.

Les légèretés de Lesseps

Le gouvernement colombien ayant accordé une concession de quatre-vingt-dix-neuf ans à dater de l'ouverture d'un canal interocéanique à construire dans l'isthme (traité du 28 mai 1878), Ferdinand de Lesseps (v.), déjà plus que septuagénaire, mais auréolé par la gloire du percement de l'isthme de Suez, convoqua à Paris un congrès international, qui approuva la construction du nouveau canal (29 mai 1879). Lesseps se prétendit en mesure de construire, dans un délai de sept à huit ans tout au plus, un canal de niveau (comme celui de Suez) c'est-à-dire sans écluses. Il arrêta le chiffre des dépenses à 600 millions (la moitié de ce qui était nécessaire). De 1880 à 1888, la Compagnie du Panamá engloutit plus de 1,4 milliard de francs par une succession d'appels à l'épargne pour combler un déficit toujours croissant. Malgré cette somme, on n'avait déblayé que 37 millions de mètres cubes de terre, et il en restait encore plus de 33 millions à enlever. Lesseps voulut alors lancer un emprunt à lots, mais le vote d'une loi était nécessaire. La Compagnie dut acheter un certain nombre de députés, certains influents, comme Rouvier, la plupart obscurs, mais permettant de créer à la Chambre un courant favorable. Contrairement à la légende, la masse des parlementaires moyens résista honnêtement à des offres tentantes. La loi autorisant l'emprunt à lots fut enfin promulguée, le 9 juin 1888. Mais il était trop tard : dès le 4 févr. 1889, la Compagnie fut mise en liquidation. 85 000 souscripteurs, petits épargnants pour la plupart, se trouvaient ruinés.

Le scandale

Les plaintes commencèrent à affluer, mais le gouvernement s'efforça d'étouffer l'affaire. C'est seulement en juin 1891, plus de deux ans après le début de la liquidation, qu'une information fut ouverte, pour abus de confiance et escroquerie, contre Lesseps, ses deux fils et les directeurs de la Compagnie. Mais l'affaire devint un scandale quand *La Libre Parole* d'Édouard Drumont, en sept. 1892, fit paraître une série d'articles qui dénonçaient les dirigeants de la Compagnie et révélaient la corruption parlementaire en désignant les intermédiaires dont s'étaient servi les Lesseps, en particulier le baron de Reinach. Pour arrêter la campagne contre lui, Reinach livra à *La Libre Parole*, en échange du silence sur son nom, une liste de personnalités politiques qui avaient profité des largesses des Lesseps. Le 15 nov. 1892, le garde des Sceaux, Ricard, décida des poursuites correctionnelles contre les administrateurs et le baron de Reinach. Dans la nuit du 19 au 20 nov., on trouva le baron de Reinach mort à son domicile (suicide, assassinat, on ne sait). Deux autres intermédiaires, Cornélius Herz et Aaron, dit Arton, s'empressèrent de fuir à l'étranger. Le 21 nov., la Chambre des députés vota à l'unanimité la création d'une commission d'enquête destinée à examiner les cas de corruption parlementaire. Toute l'opinion était soulevée contre ceux que l'on appelait les « chéquards ». En déc. 1892, Cornélius Herz, réfugié en Angleterre, s'arrangea pour faire connaître une liste de 104 députés compromis ; les talons de chèques qui auraient été payés directement ou par intermédiaires à des députés ou à des ministres étaient communiqués à la justice ; de plus, on laissait entendre que Clemenceau recevait, non seulement l'argent de Panamá, mais aussi celui de l'ambassade d'Angleterre. Ces « révélations » provoquèrent une émotion énorme. Les crises ministérielles s'accélérèrent (chute du premier cabinet Ribot, janv. 1893 ; du second cabinet Ribot, mars 1893 ; du premier cabinet Dupuy, nov. 1893 ; du cabinet Casimir-Perier, mai 1894).

De tout ce bruit, il ne resta cependant pas grand-chose. La commission parlementaire, qui poursuivit ses travaux jusqu'en 1897, ne parvint pas ou n'essaya pas de parvenir à connaître les noms de tous les « chéquards ». Un seul, l'ancien ministre des Travaux publics Baïhaut, passa aux aveux et fut condamné à cinq ans de prison (mars 1893). Le procès des administrateurs de la Compagnie s'était terminé, le 9 févr. 1893, par des peines de prison. Ferdinand de Lesseps ignora tout de la conclusion de cette affaire dont il avait été l'instigateur : âgé de quatre-vingt-huit ans, il avait sombré dans l'inconscience et mourut en 1894. La sentence condamnant son fils et ses complices fut cassée pour vice de procédure en juin 1893.

Mais l'affaire de Panamá devait laisser une blessure profonde dans la vie française. Ses premières conséquences se firent sentir lors des élections législatives d'août/sept. 1893 : des personnalités compromises, comme Clemenceau et Floquet, ne furent pas réélues, et les radicaux perdirent des sièges au profit des socialistes et des modérés. Après Panamá, une grande partie de l'opinion française perdit confiance dans le régime parlementaire et se trouva disponible pour la grande poussée nationaliste de l'affaire Dreyfus. Au cours de l'affaire, de nombreux financiers juifs (Reinach, Herz, Arton) avaient été présentés, à tort ou à raison, comme des agents de corruption introduits au cœur du pouvoir, et l'antisémitisme s'en trouva renforcé. Enfin, Panamá fut un désastre pour l'épargne française.

PANKHURST, Emmeline Goulden, Mrs (* Manchester, 14.VII.1858, † Londres, 14.VI.1928). Femme politique anglaise. Mariée à l'avocat féministe Richard Pankhurst (1879), elle milita pour obtenir le vote des femmes dès 1889. Cinq ans après la mort de son mari, elle fonda en 1903, avec sa fille Christabel, l'Union politique et sociale des femmes (Women's Social and Political Union) ; n'ayant pu obtenir du gouvernement libéral la satisfaction de ses revendications, elle appela ses suffragettes à passer à l'action violente (1906), fut arrêtée en 1908, en 1909, en 1911, et de nouveau en 1912, mais relâchée après avoir entrepris une grève de la faim. En 1913, à la suite d'attentats féministes, elle fut condamnée à trois ans de prison. Libérée l'année suivante, elle participa après 1914 à l'effort de guerre en appelant les femmes à travailler en usine ou à s'engager dans les services auxiliaires de l'armée. Le droit de vote ayant été accordé aux femmes anglaises en 1918, elle abandonna la direction de son mouvement ; elle fut ensuite candidate conservatrice aux Communes.

PANNONIE, *Pannonia*. Région de l'Europe centrale ancienne, bornée au N. et à l'E. par le Danube, au S. par l'Illyricum, au S.-O. par les Alpes Cottiennes, à l'O. par le Norique. Elle correspondait à la Hongrie occidentale, à la Slavonie et à une partie de la Croatie actuelles. La Pannonie fut incluse quelque temps dans le royaume des Daces (vers 50 av. J.-C.), puis conquise par les Romains entre 35 et 9 av. J.-C. Dès le IIe s., elle formait deux provinces séparées par l'*Arrabona* (Raab) : la *Pannonie Ire* ou *Pannonie supérieure*, au N.-O. ; et la *Pannonie IIe* ou *Pannonie inférieure*, au S.-E., qui avait pour capitale *Sirmium* (Mitrovica). Voir HONGRIE.

PAN TCH'AO (* 31, † 102 apr. J.-C.). Général chinois. Frère de l'historien Pan Kou, général de cavalerie, il mena à partir de 73 des opérations dans la région du Lobnor et du Tarim et imposa le protectorat chinois aux princes locaux de cette région, jusqu'alors dans la zone d'influence des Hiong-nou. À la suite d'une révolte générale (75), il fut assiégé dans Kachgar, mais passa outre aux ordres de son gouvernement, qui lui demandait d'évacuer le Tarim. Après avoir triomphé de la révolte, il réussit à faire adopter par les Han une grande politique coloniale qui valut à la Chine la conquête de l'Asie centrale et, par la route de la Soie, l'ouverture de relations commerciales avec les Parthes et l'Empire romain, ainsi que des relations spirituelles avec l'Inde (introduction du bouddhisme en Chine, fin du Iᵉʳ s. apr. J.-C.). Pan Tch'ao prit sa retraite en 102 et fut comblé d'honneurs mais mourut peu après son retour à Lo-yang.

PAOLI Pasquale ou **Pascal** (* Rostino, Corse, 25.IV. 1725, † Londres, 5.II.1807). Homme politique corse, fils de Giacinto Paoli, il partagea d'abord l'exil de son père, servit dans l'armée napolitaine, mais revint en Corse vers 1753 et fut proclamé général en chef par l'assemblée des Corses (juill. 1755). Il battit les Génois, qu'il refoula sur le littoral, organisa un gouvernement régulier, réforma la justice et l'instruction, encouragea l'agriculture et le commerce et fit consulter Rousseau sur les problèmes de législation (1765). Les Génois ayant vendu aux Français leurs droits sur la Corse (1767), Paoli tenta de résister à ces nouveaux adversaires, mais il fut vaincu par le comte de Vaux et dut se réfugier en Angleterre, où il comptait des amis influents tels que Boswell et le Dʳ Johnson (1769). Rappelé de l'exil par l'Assemblée nationale (1790), il fut nommé lieutenant général et gouverneur de la Corse ; mais son but restait l'indépendance, et il ne tarda pas à rompre avec la Convention (1793). Il chassa de l'île tous les Français et offrit la Corse à l'Angleterre, mais celle-ci nomma un autre vice-roi que lui. Paoli revint ulcéré en Angleterre, où il passa ses dernières années dans l'obscurité.

PAPADOPOULOS Georges (* Élechtorion, Péloponnèse, 1919, † Athènes, 27.VI.1999). Officier et homme politique grec. Fils d'un pauvre instituteur, il devint officier de carrière, participa à la guerre italo-grecque de 1940/41, puis à la guerre civile qui suivit la Libération et appartint ensuite aux services de renseignements. L'un des chefs du coup d'État militaire du 21 avr. 1967, il représentait la tendance la plus modérée de la junte. Nommé Premier ministre, il prit également le portefeuille des Affaires étrangères en 1970. Invoquant une tentative de réaction royaliste, il fit approuver la proclamation de la République par le référendum du 29 juill. 1973 et devint président de la République. À la suite des sanglantes émeutes étudiantes d'Athènes, il fut renversé par un autre groupe de militaires (25 nov. 1973), placé en état d'arrestation et remplacé par le général Ghizikis. Après la chute du régime militaire, il fut jugé en 1975 comme principal auteur du coup d'État de 1967 ; condamné à mort, il ne fut pas exécuté. Voir GRÈCE. Les crises de la Grèce contemporaine.

PAPAGOS Alexandros (* Athènes, 9.XII.1883, † Athènes, 4.X.1955). Maréchal et homme politique grec. Ministre de la Guerre (1935), il fut nommé par Metaxás chef d'état-major de l'armée (1936). Lors de l'agression italienne, il refoula les troupes de Mussolini en Albanie (1940/41), puis participa à la résistance intérieure et fut emmené prisonnier en Allemagne (1943/45). À son retour, il fut fait maréchal de Grèce, dignité qui n'avait jamais encore été conférée. Il écrasa la subversion communiste de Markos (1949/51) et lança en juill. 1951 le Rassemblement hellénique, parti de droite qui obtint la majorité aux élections de 1952. Il fut Premier ministre de 1952 à sa mort.

PAPANDRÉOU Georges (* Patras, 13.II.1888, † Athènes, 1ᵉʳ.XI.1968). Homme politique grec. Ministre de l'Intérieur dès 1923, il s'opposa au régime de Metaxás (1935/40) et forma un gouvernement en exil en 1944. Après la Libération, il participa à plusieurs gouvernements de coalition et retrouva l'opposition en 1952, après la victoire électorale de Papagos. Chef de l'Union du centre en 1961, il devint président du Conseil après la victoire de son parti aux élections de 1964. Son renvoi, l'année suivante, par le roi Constantin ouvrit la longue crise politique qui fut dénouée par le coup d'État militaire de 1967. Voir GRÈCE. Les crises de la Grèce contemporaine.

PAPANDRÉOU Andréas (* Chio, 5 févr. 1919, † Athènes, 23.VI.1996). Homme politique grec, fils de Georges Papandréou. Exilé aux États-Unis en 1939, où il reçut la nationalité américaine en 1944, il rentra en Grèce en 1962, mais dut s'exiler à nouveau jusqu'à la fin du régime militaire en 1974. Chef du parti socialiste panhellénique (PASOK), il devint Premier ministre en 1981, après la victoire électorale de son parti. Réélu en 1985, mais empêtré dans les scandales et la corruption, il fut désavoué par les électeurs en 1989. Accusé de corruption passive et de recel, il fut acquitté le 17 janv. 1992. Les élections législatives de 1993 avec la victoire du PASOK permirent à A. Papandréou de retrouver le pouvoir. Hospitalisé, il démissionna toutefois du poste de Premier ministre en janv. 1996. Voir GRÈCE. Les crises de la Grèce contemporaine.

PAPAUTÉ. Institution et fonction ecclésiastiques dont le pape est le titulaire. Le pape est le chef suprême de l'Église catholique romaine. Pour les catholiques, son pouvoir est d'institution divine, le pape étant le vicaire de Jésus-Christ sur la terre, le successeur de st Pierre, premier évêque de Rome, et l'héritier des prérogatives accordées à Pierre par le Christ (*Matth.* XVI, 17-19 ; *Jean*, XXI, 15-18 ; *Luc*, XXII, 32). Le titre de *pape* (du grec *papas* = père) fut donné, à l'origine, à tous les évêques ; en Occident, il fut réservé peu à peu, à partir du Vᵉ s., à l'évêque de Rome. Voir PONTIFICAUX **(États)** et VATICAN **(État de la cité du)**.

PAPEN Franz von (* Werl, Westphalie, 29.X.1879, † Obersasbach, Bade-Wurtemberg, 2.V.1969). Homme politique allemand. Membre du Parlement de Prusse, il soutint la candidature présidentielle du maréchal Hindenburg en 1925. Nommé par celui-ci chancelier (juin/déc. 1932), il forma un *cabinet de barons* qui représentait en fait les grands intérêts industriels et s'efforça d'inclure les nationaux-socialistes dans sa majorité (levée de l'interdiction des SA, juin 1932). Il crut pouvoir contrôler les nazis en se faisant nommer vice-chancelier aux côtés de Hitler, quand celui-ci devint chancelier en janv. 1933. Après avoir négocié le concordat avec Rome (1933), il fut ambassadeur à Vienne (1934/38), puis à Ankara (1939/44). Arrêté par les Alliés, acquitté à Nuremberg (oct. 1946), il fut condamné peu après aux travaux forcés par un tribunal allemand et libéré en 1949.

PAPINEAU Louis Joseph (* Montreal, 7.X.1786, † Montebello, Québec, 23.IX.1871). Homme politique canadien. Président de l'Assemblée législative du Bas-Canada (1815/37) et chef du parti de la Réforme, il s'opposa à l'union du Bas- et du Haut-Canada et formula les revendications des Canadiens français dans ses quatre-vingt-douze résolutions (1834). Il contribua à déclencher la rébellion de 1837 mais n'y prit pas part personnellement et se réfugia aux États-Unis, puis en France. Condamné par contumace pour haute trahison puis amnistié, il put rentrer au Canada en 1847 et fut de nouveau député ; mais il avait perdu son prestige, et, en 1854, il se retira de la vie politique. L.M. La Fontaine l'avait remplacé comme chef des Canadiens français.

PAPON Maurice (Gretz-Armainvilliers, Seine-et-Marne, 3.IX.1910). Haut fonctionnaire et homme politique français. Ayant débuté dans l'administration en 1936, M. Papon fut, de 1942 à 1944, secrétaire général de la préfecture de la Gironde. À ce titre, il collabora à l'envoi de plusieurs centaines de Juifs vers les camps de concentration. Après la guerre, il demeura au service de l'État et fut préfet de police de Paris de 1958 à 1967. Il porta la responsabilité de la dure répression exercée contre la manifestation des Algériens en oct. 1961. Il fut député gaulliste de 1968 à 1978 et ministre du Budget de 1978 à 1981. Inculpé en 1983 pour crimes contre l'humanité en raison de son attitude pendant l'Occupation, il bénéficia cependant de l'annulation de l'instruction en 1987 pour vice de procédure. Inculpé de nouveau en 1992, son procès s'est ouvert en oct. 1997. En avr. 1998, il fut condamné à dix ans de réclusion criminelle pour « complicité de crimes contre l'humanité », à dix ans de privation des droits civiques et à verser 4,6 millions de francs aux victimes. Cependant, il demeura libre et se pourvut en cassation. Le 21 oct. 1999, en l'absence de M. Papon, en fuite à l'étranger, la Cour de cassation le déchut de son pourvoi. Arrêté le lendemain en Suisse, transféré à la prison de Fresnes, il vit sa demande de grâce présidentielle, « fondée sur des motifs médicaux », rejetée par Jacques Chirac en 2000 et 2001 ; il a été libéré en 2002 par application de la loi Kouchner.

PAPOUASIE-NOUVELLE-GUINÉE. État du Pacifique ; capitale *Port Moresby*. Peuplée par des Papous, selon le terme employé par les navigateurs européens, qui désigne en fait une population indigène mixte, d'origine mélanésienne et malaise (les Negritos), cette île fut découverte par le Portugais Jorge de Meneses dès 1526 et reçut son nom en 1545 de l'Espagnol Ortiz de Retes, qui avait été frappé par la ressemblance des indigènes avec les Noirs des côtes du golfe de Guinée. En 1606, l'Espagnol L. Vaez de Torres, en franchissant le détroit qui porte son nom, reconnut l'insularité de la Nouvelle-Guinée, mais cette découverte resta ignorée en Europe jusqu'en 1762 ; Cook en vérifia l'exactitude en 1770. Mais l'intérieur de l'île ne commença d'être exploré par les Européens qu'après 1860. Aux XVIIe et XVIIIe s., les sultans malais de Tidore, dans les Moluques, établirent leur suzeraineté sur la côte septentrionale, qui fut visitée également par la Compagnie hollandaise des Indes orientales.

C'est seulement en 1828 que les Néerlandais commencèrent à affirmer leur autorité sur la partie occidentale de l'île. À partir des années 1840, celle-ci attira également l'intérêt de l'Angleterre et des commerçants allemands. Face aux ambitions germaniques, les Australiens du Queensland réclamèrent, dès 1883, l'annexion de la partie sud-ouest de l'île (Papouasie), mais le cabinet de Londres hésita à s'engager dans cette voie jusqu'au moment où la Compagnie allemande de Nouvelle-Guinée vint s'établir sur la côte nord-est (nov. 1884). Le partage de la Nouvelle-Guinée fut consommé par les accords anglo-germano-néerlandais de 1885.

Les Néerlandais se voyaient reconnaître la plus grande partie de l'île, avec tous les territoires situés à l'O. du 141° de longitude E. L'Est de l'île était partagé entre les Allemands et les Anglais : le Nord-Est, attribué à l'Allemagne, prit le nom de *Kaiser Wilhelmsland* (terre de l'Empereur-Guillaume) ; le Sud-Est, officiellement annexé par l'Angleterre en 1888, fut confié en 1903 au Commonwealth australien et prit le nom de *Papouasie*. En 1914, dès le début de la Première Guerre mondiale, les troupes australiennes occupèrent la colonie allemande du Kaiser Wilhelmsland, qui fut transformée en 1921 en territoire sous mandat de la SDN confié à l'Australie ; il en fut de même pour l'archipel Bismarck, situé au N.-E. de l'île.

Durant la Seconde Guerre mondiale, les Japonais débarqués à Lae (sur la côte nord-est) le 25 janv. 1942, occupèrent toute la côte septentrionale de la Nouvelle-Guinée, ainsi que l'archipel Bismarck, et établirent une puissante base à Rabaul. La contre-attaque alliée commença en sept. 1943 et se termina en août 1944 ; la Nouvelle-Guinée et les îles avoisinantes servirent ensuite de base à la reconquête des Moluques et des Philippines.

À partir de 1945, les deux parties de la Nouvelle-Guinée, jusqu'alors soumises à une colonisation d'origine européenne, ont connu des destins différents :

a) La *partie occidentale* ou *Irian Barat*, dernier vestige des Indes néerlandaises, devint, à partir de 1949, l'enjeu d'une vive tension entre la nouvelle république d'Indonésie et les Pays-Bas. En 1962, des combats se déroulèrent entre Néerlandais et commandos indonésiens infiltrés en Nouvelle-Guinée. Les Néerlandais se résignèrent à remettre l'administration de la Nouvelle-Guinée occidentale à l'ONU (oct. 1962), et celle-ci transféra le territoire à l'Indonésie (1er mai 1963) ;

b) La *partie orientale*, formée du Territoire de la Nouvelle-Guinée (ex-Kaiser Wilhelmsland), au N., et de la Papouasie, au S., resta, par décision de l'ONU, sous la tutelle de l'Australie. Elle reçut en 1964 une large autonomie, avec une Assemblée élue. Cette partie de l'île devint finalement indépendante, le 16 sept. 1975, sous le nom de *Papouasie-Nouvelle-Guinée* ; le nouvel État membre du Commonwealth, comprenait, non seulement la partie orientale de la Nouvelle-Guinée, mais encore l'archipel Bismarck et les îles de la Nouvelle-Bretagne, de la Nouvelle-Irlande et de Bougainville. L'île de Bougainville, très riche en minerais de cuivre, refusa de s'intégrer au nouvel État et proclama son indépendance (1er sept. 1975) sous le nom de *république de Salomon du Nord*. Cette sécession prenait fin quelques semaines plus tard (oct. 1975).

En 1989, cependant, l'Armée révolutionnaire de Bougainville, après une année d'attentats, réussissait à paralyser complètement l'exploitation du cuivre dans l'île, asphyxiant l'économie papoue, privée ainsi de près de la moitié de ses exportations. L'État papou, dont le sous-sol est également riche d'or, d'argent et d'hydrocarbures, restait sous la tutelle économique et politique de l'Australie. Mais les changements sociaux rapides parmi les populations de la côte sud, proche de l'Australie, menèrent à l'instauration d'une démocratie pluraliste et d'un régime parlementaire moderne. Premier ministre de 1985 à 1987, Paias Wingti revint au pouvoir après les élections de 1992 et mena une politique de rigueur économique poursuivie par ses successeurs, Julius Chan de 1994 à 1997, Bill Skate de 1997 à 1999, Mekere Morauta de 1999 à 2002, et Michaël Somare depuis août 2002. Mais la Papouasie-Nouvelle-Guinée, avec plus de 50 % d'agriculteurs (cacao, banane, café), dépend du cours international des matières premières et des aléas climatiques. Par ailleurs, le conflit entre le gouvernement central et les séparatistes de l'île de Bougainville, a culminé en 1997, avec l'assassinat du Premier ministre de Bougainville, Théodore Miriung, et l'envoi de 1 500 militaires sur l'île. En avr. 1998, un accord de cessez-le-feu fut signé entre le gouvernement de la Papouasie et le gouvernement intérimaire de Bougainville, mettant fin à une guerre qui durait depuis dix ans. En mars 2000, les deux parties se mirent d'accord sur la tenue d'un référendum sur l'indépendance de Bougainville que les soldats de la paix australiens ont évacuée en juin 2003. Le gouvernement papou s'est aussi rapproché de la Malaisie, deuxième investisseur dans le pays ; les deux pays partagent la même hostilité envers l'Australie, l'OMC et la Banque mondiale.

PÂQUE JUIVE. Fête juive. La pâque, de l'hébreu *pesah* (passage), commémore la dixième plaie d'Égypte, qui permit le départ des Hébreux. D'après l'*Exode* (XII), l'ange exterminateur qui fit périr tous les premiers-nés des Égyptiens épargna tous les Hébreux dont les portes avaient été teintes du sang de l'agneau pascal. La pâque juive rappelait donc la délivrance obtenue par le sang de l'agneau et le départ des Hébreux pour l'Exode. Moïse fit de la célébration annuelle de la pâque, le 14e jour du mois de nisan (au printemps), un devoir rigoureux pour tous les Juifs. Chaque année, les familles juives mangeaient, avec du pain sans levain, un agneau de l'année, et l'on marquait les portes du sang de la victime. C'est au cours de cette fête de la pâque que Jésus institua la Cène.

PÂQUES. Fête chrétienne commémorant chaque année la résurrection du Christ. La fête de Pâques est la fête la plus ancienne de l'année liturgique, dont elle constitue la base. Les chrétiens considérèrent Jésus comme le véritable Agneau de Dieu qui, par son sang, avait délivré l'humanité. Aux deux premiers siècles, la fête de Pâques commémorait la mort de Jésus ; aux IIIe et IVe s., sa mort et sa résurrection ; et, à partir du Ve s., plus spécialement sa résurrection. Le concile de Nicée (325) décida que l'Église célébrerait la fête de Pâques le dimanche qui tombe après la pleine lune suivant l'équinoxe de printemps (21 mars). Le calcul de la fête de Pâques donna lieu, dans les premiers siècles, à des discussions passionnées. L'Église de Rome adopta le cycle de Victorius d'Aquitaine (457), puis celui de Cyrille d'Alexandrie revu par le moine Denys le Petit (525). Les Églises celtes d'Irlande et d'Angleterre, ignorant le cycle de Denys le Petit, se référaient à un cycle qu'elles attribuaient à Anatole de Laodicée (IIIe s.). Les Églises orientales n'ayant pas adopté comme l'Église latine, le calendrier grégorien (1582), la fête de Pâques s'y célèbre aujourd'hui avec un retard de treize jours sur l'Église latine. Depuis quelques années, les différentes Églises se concertent afin de parvenir à une date commune pour la fête pascale.

PÂQUES (île de), *Isla de Pascua*. Petite île du Pacifique méridional (27° 05' latitude S. ; 109° 20' longitude O.). Elle fut découverte par l'amiral hollandais Jacob Roggeveen le dimanche de Pâques 1722, d'où son nom. Elle était peuplée, à cette époque, de quelque 5 000 habitants d'origine polynésienne. Les côtes de l'île et les pentes du volcan éteint Rano-Raraku étaient jalonnées de plates-formes cultuelles, les *ahus*, sur lesquelles se dressaient des statues géantes (jusqu'à 20 m de haut) représentant des têtes aux longues oreilles ; ces statues avaient été sculptées dans des blocs monolithes extraits du volcan, puis traînés jusqu'aux *ahus*. L'origine de ces statues pose une énigme qu'ont essayé de résoudre des ethnologues tels que A. Métraux (1934) et Thor Heyerdahl (1956). On pense que la civilisation des *ahus* pourrait remonter au Ve s. de notre ère et qu'elle pourrait avoir une origine américaine ; vers le XIVe s., l'île de Pâques aurait subi une invasion de Polynésiens et ceux-ci, après une longue période de cohabitation, auraient exterminé les premiers habitants au cours d'une guerre qui se situerait au XVIIe s. Mais cette reconstitution reste hypothétique. D'autres problèmes sont posés par l'existence de tablettes recouvertes d'idéogrammes dans lesquels Métraux ne voyait que des symboles sacrés d'usage mnémotechnique, alors que Barthel croit y reconnaître une véritable écriture. L'île de Pâques fut annexée par le Chili en 1888.

PARAGUAY. État de l'Amérique du Sud dépourvu d'accès à la mer, borné au N.-O. et au N. par la Bolivie, à l'E. par le Brésil, au S. par l'Argentine ; capitale *Asunción*. Découverte par Juan Diaz de Solis en 1515, cette région fut explorée par Diego García (1525) et par Sébastien Cabot (1527/28) pour le compte de l'Espagne. En 1535, Pedro de Mendoza fonda la ville d'Asunción, et le Paraguay fut rattaché à la vice-royauté du Pérou. C'est surtout comme pays de transit par la voie fluviale entre la Plata et le Pérou qu'il présentait une importance pour les conquérants espagnols. Les indigènes Guaranis, d'abord groupés sous des chefs espagnols dans des *encomiendas*, montrèrent une hostilité croissante à la colonisation, et, vers la fin du XVIe s., le pays était pratiquement abandonné en raison de l'insécurité, lorsque arrivèrent les premiers missionnaires jésuites (1585).

Les « réductions » du Paraguay

Le Paraguay devint alors le théâtre d'une des plus belles réalisations de l'histoire des missions catholiques : l'expérience des *réductions* (1610/1767), le terme signifiant que les indigènes y sont « ramenés » à la vraie foi. Ayant reçu de Philippe III l'administration du pays (1604), les jésuites organisèrent la défense des Indiens contre les marchands d'esclaves portugais venus du Brésil et établirent une véritable république chrétienne dont l'unité de base était la réduction, village fortifié, dans laquelle l'administration appartenait à un conseil élu, composé uniquement d'Indiens. L'organisation économique, inspirée à la fois des mœurs antérieures des Guaranis et de l'idéal évangélique, était fondée sur une organisation sociale communautaire. Les missionnaires firent du guarani une langue écrite ; ils créèrent même plusieurs imprimeries, préservant ainsi une culture indigène qui s'est maintenue au Paraguay jusqu'à nos jours. Toutefois, cette république chrétienne restait empreinte de paternalisme ; elle laissait aux jésuites la direction suprême de la communauté et excluait les indigènes du sacerdoce (en un siècle et demi de mission, pas un seul Guarani ne fut ordonné prêtre).

Armés par les missionnaires, les Guaranis avaient repoussé victorieusement une attaque de Portugais venus de São Paulo (1641), mais, dès 1750, alors que la Compagnie de Jésus se voyait déjà menacée en Europe, l'œuvre des jésuites au Paraguay se trouva vouée à la destruction par la conjonction des impérialismes espagnol et portugais. L'Espagne ayant cédé au Portugal sept réductions du bassin supérieur de l'Uruguay, les Guaranis défendirent leur liberté par les armes, et il fallut une guerre de six ans pour venir à bout de leur résistance (1750/56). En 1767, l'expulsion des jésuites entraîna la ruine des autres réductions, dont beaucoup d'habitants furent exterminés ou réduits en esclavage. Rattaché en 1776 à la vice-royauté du Río de la Plata, le Paraguay conquit son indépendance en 1811 par une révolte sans effusion de sang.

Le Paraguay indépendant

Le nouvel État fit de rapides progrès économiques sous ses deux premiers dictateurs, José Gaspar Rodriguez Francia (1816/40) et Carlos Antonio López (1844/62). Mais le fils et successeur de ce dernier, Francisco Solano López (1862/70), lança son pays dans une guerre désastreuse contre l'Argentine, l'Uruguay et le Brésil (1865/70). Vaincu par la coalition, le Paraguay fut ravagé : les deux tiers de la population disparurent, et, sur 300 000 individus restants, on comptait un homme pour vingt-huit femmes ! Le redressement fut encore ralenti par une extrême instabilité politique due à l'affrontement des deux partis, *colorados* et *azules*, et à de nombreux coups d'État militaires.

La découverte de gisements pétrolifères dans la région du Chaco (au N. du Paraguay) provoqua entre la Bolivie et le Paraguay la guerre du Chaco (1932/35), au cours de laquelle les armées paraguayennes conquirent la quasi-totalité des territoires contestés. Le traité du 21 juill. 1938 reconnut au Paraguay la plus grande partie du Chaco. Soutenu par une junte militaire et par des éléments nationalistes de gauche, les « févriéristes », le colonel Rafael Franco s'empara du pouvoir (17 févr. 1936) ; il inaugura une politique de réformes sociales, mais fut renversé dès août 1937. Le renforcement des pouvoirs présidentiels par la Constitution de 1940 ne préserva pas le Paraguay d'une nouvelle période d'instabilité (cinq présidents successifs dans les seules années 1948/49). Cette situation prit fin en mai 1954, avec un coup d'État qui porta au pouvoir le général Stroessner, chef de l'armée. Son gouvernement dictatorial et corrompu fut confirmé pour la septième fois en févr. 1988, au terme d'une nouvelle parodie électorale. Un an plus tard, le général Andres Rodriguez l'écartait du pouvoir et se faisait élire en mai 1989, à sa succession, dans des conditions tout aussi frauduleuses.

Alors que 75 % de la population vivait encore de l'agriculture, produisant du coton et du soja pour l'exportation, 80 % des terres appartenaient à 1 % des propriétaires. L'exode des habitants pendant la période Stroessner avait été massif ; depuis 1988, le Paraguay n'honorait plus sa dette internationale et les arriérés s'accumulaient. A. Rodriguez, dès son entrée en fonctions et bien qu'il eût été un proche collaborateur de Stroessner, rétablit les libertés fondamentales. Grâce à sa popularité et au soutien du tout-puissant parti Colorado, il poursuivit une politique d'ouverture économique, rompant avec l'interventionnisme pour se concilier les milieux d'affaires : libération des taux de change et garantie pour les investissements étrangers. Une nouvelle Constitution, adoptée en août 1992, permit l'arrestation de militaires corrompus et interdit de réélire le président sortant.

Juan Carlos Wasmosy, dauphin de Rodriguez, également soutenu par les forces armées, fut élu président en mai 1993. La libéralisation de l'économie en prévoyant notamment des privatisations suscita, le 2 mai 1994, une importante grève générale. Les tentatives de coups d'État militaires (avril 1996, mai 2000), les assassinats politiques et la corruption n'encouragent pas la reprise économique ni les investissements dans un pays devenu, avec la Bolivie, le plus pauvre de l'Amérique du Sud. Cependant, l'élection (août 2000) qui a porté à la vice-présidence, pour la première fois depuis quarante ans, un membre de l'opposition libérale, Julio Cesar Franco, puis l'arrivée à la présidence, le 15 août 2003, de Nicanor Duarte, qui a commencé à épurer la police, l'armée et la Cour suprême de justice de ses membres les plus corrompus, ont provoqué un grand espoir, même si les élections générales du 27 avr. 2003 avaient encore une fois été remportées par le parti Colorado, au pouvoir depuis plus d'un demi-siècle.

PARANTHROPE. Nom donné aux Australopithèques robustes découverts en Afrique de l'Est et en Afrique du Sud, à partir de 1938. Ils se caractérisent par des mâchoires robustes, des dents jugales – prémolaires et molaires – relativement grandes, des os zygomatiques très développés latéralement, une crête sagittale sur le sommet du crâne et une capacité crânienne voisine de 500 cm^3. C'est pour ces caractères singuliers que certains scientifiques les rangent dans un genre distinct d'*Australopithecus* : *Paranthropus* qui regroupe trois espèces, *P. aethiopicus*, *P. boisei* et *P. robustus*. *P. aethiopicus* est l'espèce la plus ancienne (2,6/2,5 millions d'années) mais aussi la plus archaïque, tandis que *P. boisei* (2,2-1,2 millions d'années) présente les caractères les plus accentués. Toutes deux sont connues en Éthiopie et au Kenya. L'espèce sud-africaine, *P. robustus* (2,2-1,5 millions d'années), dériverait des plus anciennes formes de *P. boisei*.

PARIS (comtes de). Ce titre apparut au IXe s. et passa dans la famille des Robertiens par le mariage de Robert le Fort avec Adélaïde, veuve de Conrad, comte de Paris (861). Hugues Capet, arrière-petit-fils de Robert le Fort, devenu roi de France en 987, réunit à la Couronne le comté de Paris en même temps que le duché de France.

Le titre de comte de Paris fut rétabli par le roi Louis-Philippe en faveur de son petit-fils, **Philippe d'Orléans, comte de Paris** (* Paris, 24.VIII.1838, † Stowe House, Twickenham, 8.IX.1894), fils aîné du duc d'Orléans. Exilé de France en 1848, le jeune prince prit part dans les rangs nordistes à la guerre de Sécession, dont il se fit plus tard l'historien (*Histoire de la guerre civile en Amérique*, 1874/89). Rentré en France en 1871 et chef du parti orléaniste, il favorisa la fusion des royalistes en reconnaissant le comte de Chambord comme chef de la maison de France (entrevue de Frohsdorf, 5 août 1873). Il devint pour les orléanistes l'héritier au trône à la mort du comte de Chambord (1883) et fut salué par ses partisans sous le nom de Philippe VII. Victime de la loi d'exil de 1886, il se retira en Angleterre.

Henri Robert d'Orléans, comte de Paris (* Le Nouvion-en-Thiérache, Aisne, 5.VII.1908, † Cherizy, Eure-et-Loir, 19.VI.1999). Fils de Jean, duc de Guise, il vécut en exil à partir de 1926. Estimant que l'Action française compromettait la monarchie, il provoqua la rupture de la maison de France avec ce mouvement (nov. 1937). Durant la Seconde Guerre mondiale, après avoir mené en 1939/40 une mission d'information pour le 2e bureau, il prit des contacts avec Laval ; mais celui-ci ne lui offrit que le ministère du Ravitaillement, qu'il refusa. Le prince se rendit alors à Alger, où il comptait beaucoup de fidèles. Mais le comte de Paris, en partie à cause du veto américain, ne put profiter de la vacance du pouvoir. À la suite de l'abrogation de la loi de l'exil de 1886, il revint en France (1950).

PARIS (siège de, 18 sept. 1870/28 janv. 1871). Siège de la capitale française mené par les armées allemandes durant la guerre franco-allemande de 1870/71. Libérée par la capitulation de Sedan (2 sept.), la IIe armée prussienne (Kronprinz de Prusse) entreprit dès le 18 sept. l'investissement de Paris ; elle fut ensuite renforcée par l'arrivée de l'armée de la Meuse (Kronprinz Albert de Saxe). Gambetta, alors que le gouvernement provisoire restait à Paris, quitta la capitale en ballon (7 oct.) afin de prendre la direction de la délégation de Tours.

La défense de Paris fut confiée au général Trochu, qui disposait de 500 000 hommes, mais dont les deux tiers étaient des gardes nationaux mal entraînés et difficilement utilisables. Alors que les chefs militaires nourrissaient peu d'illusions sur l'issue des combats, la population, entraînée par une propagande qui reprenait les thèmes de 1792, croyait avec ferveur la victoire encore possible, exigeait l'offensive, elle commença bientôt à suspecter le commandement de tiédeur et même de trahison en dépit de plusieurs sorties qui furent l'occasion de violents combats parfois victorieux, mais sans résultat appréciable, les armées de province qui devaient converger vers Paris ayant été repoussées par les armées prussiennes : sortie du Bourget (28, 29 oct.), de Villiers et Champigny-sur-Marne du 30 nov. au 2 déc., de Neuilly le 21 déc., de Montretout et Buzenval le 19 janv. Cette crise de confiance, la menace de la famine, le manque de combustible, l'isolement de la capitale, qui ne communiquait avec le reste du monde que par quelques ballons et des pigeons voyageurs, favorisèrent l'agitation révolutionnaire conduite par tous ceux qui réclamaient déjà la proclamation de la « Commune ». Le 31 oct., à la nouvelle de la capitulation de Metz et de la perte du fort du Bourget, Blanqui, Flourens, Delescluze, Rigault, à la tête d'une foule armée, envahirent l'Hôtel de Ville ; le gouvernement rétablit l'ordre, grâce à l'énergie de Jules Ferry, et organisa un référendum dont les résultats (557 996 « oui » contre 62 638 « non ») montrèrent que les révolutionnaires ne constituaient qu'une minorité.

Le 22 janv., à la suite de ces défaites, d'autant plus durement ressenties que les conditions du ravitaillement devenaient dramatiques et que l'artillerie allemande, depuis le 5 janv., bombardait la capitale, une nouvelle émeute se produisit, qui fit une trentaine de victimes ; le gouvernement ordonna la fermeture de tous les clubs, supprima plusieurs journaux, procéda à des arrestations.

Tout en continuant jusqu'au bout à entretenir la population dans l'illusion d'une délivrance par des armées de secours qui étaient déjà en déroute, le gouvernement entama les pourparlers en vue d'un armistice, qui fut signé par Bismarck et Jules Favre, le 28 janv. 1871, aux conditions suivantes : occupation des forts par l'armée allemande ; désarmement de l'enceinte de la capitale ; désarmement de l'armée de Paris, à l'exception d'une division et de la garde nationale, qui conservaient leurs armes afin d'assurer le maintien de l'ordre ; pendant la durée de l'armistice, qui devait se terminer le 19 févr., l'armée allemande n'entrerait pas dans Paris (l'armistice ayant été ensuite prolongé, les préliminaires de paix furent signés à Versailles le 26 févr. 1871). Voir Commune de Paris.

PARIS (traités de)

11 avr. 1229. Traité par lequel Blanche de Castille, mère de Louis IX encore mineur, mettait un terme à la guerre des albigeois et obligeait le comte de Toulouse à lui céder ses possessions du Languedoc.

26 mai 1258. Par ce traité, signé en présence de Louis IX et d'Henri III d'Angleterre, le roi d'Angleterre redevenait le vassal du roi capétien pour ses possessions d'Aquitaine et abandonnait ses droits sur les fiefs enlevés à Jean sans Terre par Philippe Auguste (de la Normandie au Poitou).

10 févr. 1763. Traité signé entre la France, l'Angleterre, l'Espagne et le Portugal, mettant fin, avec la paix de Hubertsburg, à la guerre de Sept Ans (v.). La France cédait à l'Angleterre le Canada et toutes ses possessions à l'E. du Mississippi ; à son alliée espagnole, elle abandonnait la Louisiane, à l'O. du Mississippi, en compensation de la Floride, cédée par l'Espagne aux Anglais. En revanche, la France recouvrait Belle-île, la Martinique, la Guadeloupe, ses comptoirs en Afrique et en Inde (mais il lui était interdit d'entretenir des troupes ou de construire des forts au Bengale) ; l'Espagne recouvrait Cuba et les Philippines.

30 mai 1814. Traité signé entre la France et les Alliés vainqueurs de Napoléon. La France était ramenée à ses frontières de 1792, mais conservait en outre Mulhouse, Montbéliard, Chambéry et Annecy, le comtat Venaissin, les forteresses allemandes de Philippeville, Marienbourg, Sarrelouis et Landau. Ses colonies lui étaient restituées, moins l'île de France (île Maurice), Sainte-Lucie et Tobago, cédées à l'Angleterre.

20 nov. 1815. Traité signé entre la France et les Alliés, après la défaite définitive de Napoléon. Beaucoup plus dur que le traité du 30 mai 1814, il enlevait à la France le duché de Bouillon, Philippeville et Marienbourg, données aux Pays-Bas ; Sarrelouis, Sarrebruck et les deux rives de la Sarre, annexées par la Prusse ; Landau, rattachée au Palatinat bavarois ; la plus grande partie du pays de Gex, rattachée à la Confédération helvétique, et la Savoie, rendue au Piémont. La France s'engageait en outre à procéder à la destruction des fortifications d'Huningue, à verser aux Alliés une indemnité de 700 millions et à subir l'occupation de leurs armées pendant trois ans.

30 mars 1856. Traité signé au terme du congrès de Paris, qui réunissait depuis le 25 févr., sous la présidence de Walewski, les représentants de la France, de la Russie, de la Turquie, de l'Angleterre et de la Sardaigne. Il consacrait la défaite de la Russie dans la guerre de Crimée. L'Empire ottoman, qui faisait son entrée dans le concert européen, était placé sous la garantie collective des puissances. La Russie cédait une partie de la Bessarabie à la Moldavie et se voyait imposer la neutralisation de la mer Noire.

10 févr. 1947. Traités signés entre les Alliés d'une part, l'Italie, la Roumanie, la Bulgarie, la Hongrie et la Finlande d'autre part. *a)* L'*Italie* consentait à la France quelques minimes révisions de frontière (Tende et La Brigue) et lui cédait les hautes vallées de la Tinée, de la Vésubie et de la Roya ; elle cédait à la Yougoslavie une partie de l'Istrie et Zara, à la Grèce les îles du Dodécanèse ; elle renonçait à toutes ses possessions africaines et payait une indemnité de 100 millions de dollars à l'URSS, de 125 millions à la Yougoslavie, de 105 millions à la Grèce, de 25 millions à l'Éthiopie, de

5 millions à l'Albanie ; *b)* la *Roumanie* abandonnait à l'URSS la Bessarabie et lui payait une indemnité de 300 millions de dollars ; elle recouvrait la frontière hungaro-roumaine de 1938 ; *c)* la *Hongrie* était ramenée à ses frontières du 1er janv. 1938 et payait une indemnité de 300 millions de dollars à l'URSS, de 100 millions à la Yougoslavie et à la Tchécoslovaquie ; *d)* la *Bulgarie* était ramenée à ses frontières du 1er janv. 1941 et payait une indemnité de 25 millions de dollars à la Yougoslavie et de 45 millions à la Grèce ; *e)* la *Finlande* cédait à l'URSS la Carélie méridionale avec Viborg, les régions de Petsamo et de Salla, ainsi que l'utilisation d'un territoire pour l'établissement d'une base soviétique dans la région de Porkala ; elle payait une indemnité de 300 millions de dollars à l'URSS.

PARIZEAU Jacques (Montréal, 9.VIII.1930). Homme politique québécois. Voir **QUÉBEC**. La particularité québécoise.

PARK Chung-hee (* Sonsan-Gun, 30.IX.1917, † Séoul, 26.X.1979). Homme politique sud-coréen. Président de la République de 1961 à sa mort. Voir **CORÉE DU SUD**.

PARLEMENT (Court, Long, Croupion, Barebone et Convention). Noms donnés à cinq Parlements successifs de l'Angleterre du XVIIe s.

Le **Short Parliament** (avr./mai 1640) et le **Long Parliament** (nov. 1640/déc. 1648) furent convoqués par Charles Ier.

Le **Rump Parliament** (déc. 1648/avr. 1653) et le **Barebone's Parliament** (juill./déc. 1653) furent désignés et renvoyés par Cromwell.

Le **Long Parliament** fut reconstitué en févr./mars 1660 par le général Monk.

Le **Convention Parliament** (avr./déc. 1660) succéda au Long Parliament, rétablit la Chambre des lords et rappela Charles II. Voir **GRANDE-BRETAGNE**.

PARLEMENT (dans la monarchie française). Avant 1789, le parlement était une cour souveraine de justice, qui siégeait à Paris, jugeait en dernier ressort au nom du roi, et enregistrait les lois, édits et ordonnances. À côté du parlement de Paris, il existait une douzaine de parlements provinciaux et trois conseils souverains.

Les origines du parlement en France

Dès le début de la monarchie capétienne, le roi prit l'habitude, dans toutes les affaires importantes, de consulter un conseil composé de ses grands vassaux ecclésiastiques et laïques. Ce conseil prit le nom de *Curia regis* ou cour du roi. Par ailleurs, la *Curia regis* était l'organe normal de la justice du roi.

C'est en 1278 qu'une ordonnance mentionne pour la première fois une organisation du parlement en chambres distinctes dont les principales étaient la *Grand-Chambre* ou *Chambre des plaids*, qui était saisie de toutes les affaires intéressant directement le roi et la Couronne, la *Chambre des enquêtes* qui préparait les affaires nécessitant instruction, la *Chambre des requêtes*.

À mesure que s'étendait le domaine de la Couronne et que se fortifiait l'autorité royale, il fallut multiplier les cours souveraines, rendant la justice en dernier ressort au nom du roi. Ainsi furent créés successivement les parlements de Toulouse ou de Languedoc (1443), de Grenoble (1453), de Bordeaux (1462), de Dijon (1477), de Rouen (1499), d'Aix-en-Provence (1501/02), de Rennes (1553), de Pau (1620), de Metz (1633), de Besançon (1674), de Douai (1713), de Trévoux (1762, absorbé par le parlement de Dijon en 1771), enfin de Nancy (1775). Cependant, le parlement de Paris étendait sa juridiction sur presque la moitié de la France.

À partir de 1401, le parlement de Paris, déjà exempté des impôts et de la plupart des charges publiques, obtint le droit de se renouveler par cooptation, mais, au XVIe s., Louis XII et François Ier introduisirent le système de la vénalité des charges. L'édit de la paulette (v.), en 1604, établit l'hérédité des offices et contribua à faire des parlementaires une caste fermée et orgueilleuse de ses privilèges.

Les pouvoirs du parlement

Outre ses attributions judiciaires le parlement avait des pouvoirs réglementaires, ce qui lui permit de jouer un rôle politique croissant. Il pouvait rendre des arrêts pour réglementer, selon les coutumes et les ordonnances, l'exercice de la justice et de la police *(arrêts de règlement)*. Plus importante était sa prérogative de l'*enregistrement*. Dès le XIVe s., le parlement prit l'habitude d'examiner les édits royaux et, avant de les enregistrer, d'adresser au roi des *remontrances*, toujours secrètes, sur l'opportunité des mesures prises. En attendant la réponse royale, le parlement décidait de surseoir à l'enregistrement de l'édit. Quand l'accord ne pouvait se faire entre le souverain et le parlement, le roi prescrivait l'enregistrement par des *lettres de jussion*. Si le parlement refusait néanmoins d'obéir, le roi en personne se rendait au parlement, y tenait un *lit de justice* et rendait lui-même l'arrêt.

Les légistes du parlement furent d'abord les ardents collaborateurs de l'œuvre capétienne. Adversaire de la papauté sous Philippe le Bel, le parlement fut toujours le bastion du gallicanisme (v.). Les troubles des guerres de Religion, dans la seconde moitié du XVIe s., permirent au parlement d'accroître son importance. Les états de Blois (1576) reconnurent le parlement comme « une forme des trois états raccourcie au petit pied » et lui donnèrent le droit de suspendre, modifier et refuser les édits. Cela confirmait la théorie traditionnelle du parlement d'après laquelle, héritier de l'ancienne *Curia regis*, le parlement représentait la nation comme suppléant des états généraux. L'affaiblissement du pouvoir royal pendant la minorité de Louis XIII puis celle de Louis XIV (v. **FRONDE**) lui donna l'occasion de s'immiscer directement dans les affaires politiques. Mais, l'ordre royal restauré sous Louis XIV, les anciennes cours souveraines se turent avec dignité pendant plus de quarante ans.

L'opposition parlementaire sous le règne de Louis XV

À la mort de Louis XIV, le parlement prit sa revanche. Le 2 sept. 1715, dès le lendemain du décès du roi, il cassa le testament de Louis XIV et accorda au duc d'Orléans la régence sans restriction. En échange de ce service, le régent lui rendit son droit de remontrances (15 sept. 1715) ; pendant toute la régence et le règne de Louis XV, le parlement, qui était devenu tout acquis au jansénisme allait montrer une opposition systématique à la monarchie absolue. Le 14 déc. 1756, Louis XV tint un lit de justice qu'on a regardé comme le préliminaire du coup d'État de Maupeou : le roi ordonnait l'exécution immédiate des édits après la réponse aux remontrances, supprimait deux chambres des enquêtes, restreignait le droit de réunion des chambres, n'accordait voix délibérative aux magistrats qu'après dix ans de service. Le premier corps de l'État répondit à ces mesures par une véritable insurrection : il interrompit le cours de la justice en donnant sa démission en masse (18 déc. 1756). Mais après l'attentat de Damiens contre le roi, le parlement fit hommage de loyalisme et fut rétabli (1er déc. 1757). Protégé par Choiseul, le parlement appuya la suppression de l'ordre des Jésuites (1761/63).

La royauté pensa alors en finir avec cette rébellion chronique, qui troublait gravement l'opinion, en brisant purement et simplement l'institution parlementaire. L'action royale fut menée par le chancelier Maupeou. Au lit de justice du 7 déc. 1770, le parlement, selon une tactique éprouvée répliqua en suspendant le cours de la justice. Mais, dans la nuit du 21 au 22 janv. 1771, cent trente-huit magistrats furent exilés loin de Paris, et leurs charges furent déclarées vacantes et confisquées. Une série d'arrêts pris au cours de l'année 1771 institua de nouveaux parlements et conseils supérieurs. L'immense ressort du parlement de Paris fut démembré entre le nouveau parlement de Paris et six conseils supérieurs (Arras, Blois, Châlons, Clermont, Lyon, Poitiers). Maupeou accompagna cette révolution d'un assainissement des mœurs judiciaires : la vénalité et l'hérédité des offices furent abolies, les épices supprimées et la justice devint gratuite. La réforme de Maupeou fut approuvée par le clergé et par les « philosophes », notamment Voltaire.

L'opposition parlementaire à la fin de l'Ancien Régime

L'opinion publique restait favorable aux parlementaires exilés, et, peu après son avènement, Louis XVI crut gagner la confiance de son peuple en rappelant l'ancien parlement (12 nov. 1774). Mais dans les dernières années de l'Ancien Régime, ils s'associèrent systématiquement au parti de la cour et de la reine, hostile aux réformes de Turgot (v.), de Necker (v.), de Calonne (v.) et de Loménie de Brienne (v.). Jusqu'en 1788, l'opinion publique vit dans le parlement le défenseur des libertés publiques, et le soutint encore lorsque Lamoignon (mai 1788) essaya d'enlever toute attribution politique au parlement en confiant l'enregistrement des ordonnances à une cour plénière composée de représentants des trois ordres et des grands corps de l'État. Le parlement fit alors campagne pour la convocation des états généraux. Lorsqu'il s'éleva contre le doublement du nombre des députés du tiers état, le parlement perdit d'un coup toute sa popularité. Mis en congé définitif par l'Assemblée constituante le 3 nov. 1789, les parlements furent supprimés le 24 mars 1790, et la loi du 16 août 1790 créa une nouvelle organisation judiciaire. Voir **Notables (Assemblée des)** et **France.** L'« Europe française » au siècle des Lumières (1715/74).

PARME ET PLAISANCE (duché de). Ancienne principauté italienne créée en août 1545 par le pape Paul III pour son fils naturel, Pierre Louis Farnèse, dont les descendants régnèrent sur le duché jusqu'en 1731 (v. **Farnèse**). La ligne mâle étant éteinte, Élisabeth Farnèse, femme du roi d'Espagne Philippe V, fit donner le double duché à son fils, don Carlos ; celui-ci étant devenu roi de Naples en 1735, Parme et Plaisance furent attribuées à l'Autriche. Après la guerre de la Succession d'Autriche (v.), la paix d'Aix-la-Chapelle (1748) les donna, avec Guastalla, au deuxième fils d'Élisabeth Farnèse, don Philippe, dont le fils, Ferdinand, régna à Parme jusqu'en 1802. À sa mort, Napoléon s'empara des duchés, qui furent intégrés au royaume d'Italie, où ils formèrent le département du Taro (chef-lieu Parme), le titre de duc de Parme étant conféré à Cambacérès.

En 1814, Parme redevint duché souverain et fut donné, avec Guastalla, à l'archiduchesse Marie-Louise, épouse de Napoléon. À la mort de celle-ci (1847), Parme revint à Charles-Louis, duc de Lucques, issu des Bourbons de Parme ; chassé de ses États par une insurrection en 1849, il abdiqua en faveur de son fils Charles III, qui fut rétabli par les Autrichiens, mais périt assassiné en 1854. Son fils aîné, Robert, devint duc sous la régence de sa mère, Louise Marie Thérèse de Bourbon, fille du duc de Berry et sœur du comte de Chambord, il fut renversé en juin 1859. Parme se donna alors un dictateur, L.C. Parini, puis se réunit au royaume de Sardaigne par le plébiscite du 11 mars 1860.

PARNELL Charles Stewart (* Avondale, Wicklow, 27.VI.1846, † Brighton, 6.X.1891). Homme politique irlandais. Député aux Communes en 1875, il se rendit très populaire par sa tactique d'obstruction parlementaire, et, en 1877, il succéda à Isaac Butt à la tête du mouvement nationaliste. Il fit porter particulièrement son action en milieu rural, organisa le boycottage des grands propriétaires terriens unionistes et, en 1879, devint président de la Ligue agraire. Au cours d'un voyage triomphal aux États-Unis (il était lui-même américain par sa mère), il collecta des fonds importants et fut admis à prendre la parole devant le Congrès. Arrêté en oct. 1881, il dut être relâché dès mai 1882 et inaugura une collaboration avec Gladstone, converti peu à peu à l'idée du Home Rule (v.) irlandais.

PARSIS. Adeptes de la religion zoroastrienne de l'Inde, qui tire son nom de l'ancienne province perse de Parsa, le Fars actuel où la réforme zoroastrienne du mazdéisme (v.) fut d'abord appliquée. Les parsis descendent d'un groupe de fidèles zoroastriens qui, plutôt que de se soumettre à l'islam, préférèrent émigrer à Sanjan, sur la côte occidentale de l'Inde (Gudjerat) (VIIe s.). À partir de 1640, ils se groupèrent autour de Bombay, mais négligèrent peu à peu leur foi et leurs rites, jusqu'au puissant mouvement de réforme qui se développa au XIXe s. sur le thème de : « Retour aux *Gathas* ! », c'est-à-dire au zoroastrisme originel. Les parsis ont conservé notamment la vénération du feu, les ablutions sacrées (qui ont lieu sur les plages de Bombay) et les coutumes funéraires du zoroastrisme, l'exposition des cadavres sur les « Tours des morts ». Il y a aujourd'hui plus de 100 000 parsis en Inde ; la plupart sont des commerçants aisés, des hommes d'affaires, des industriels et constituent une élite cultivée et influente.

PARTHES. Peuple iranien d'Asie centrale qui s'est sédentarisé à partir du Ve s. av. J.-C. à l'E et au S.-E. de la mer Caspienne. Voir PARTHIE et IRAN.

PARTHIE. Région de l'Iran ancien, au S.-E. de la mer Caspienne, correspondant approximativement à l'actuel Khorassan. Le nom de « Parthes » (*Phartava*) apparaît à la fin du VIe s. av. J.-C. ; il avait alors « le sens de *cavaliers*, terme générique employé pour les nomades qui envahissaient périodiquement l'est de l'Iran » (C. et J. Palou). Il semble que les Parthes, apparentés aux Scythes, soient longtemps demeurés semi-nomades dans les steppes de l'Asie centrale, entre la Caspienne et la mer d'Aral. Comprise dans la XVIe satrapie de l'Empire achéménide, la Parthie devint ensuite une province séleucide. Selon la tradition, Arsace Ier, fondateur de la dynastie des Parthes arsacides au IIIe s. av. J.-C., aurait d'abord été le sujet de Diodote, roi de Bactriane ; s'étant révolté contre ce dernier, il partit vers l'O. et envahit la Parthie, où il tua le gouverneur grec Andragoras, qui était lui-même en révolte contre les Séleucides (250 av. J.-C.). Les Arsacides prétendaient descendre de l'Achéménide Artaxerxès II. L'expédition d'Antiochos III en Iran oriental (vers 212/204 av. J.-C.) contraignit les Parthes à reconnaître la souveraineté des Séleucides, mais ils se rendirent indépendants après la défaite d'Antiochos par les Romains (189). L'Empire parthe, qui arrêta l'expansion romaine sur l'Euphrate (défaite de Crassus à Carrhae, 53 av. J.-C.), devait durer jusqu'en 224 de notre ère. Les Arsacides furent alors renversés par les Sassanides. Voir IRAN. L'époque hellénistique et les Parthes arsacides.

PARTI LIBÉRAL DÉMOCRATE (PLD). Parti japonais, issu, le 15 nov. 1955, de la fusion de deux partis de droite, le parti libéral, le *Jiyuto* d'Ichiro Hatayama, et le parti « progressiste », le *Shimpoto* de Kishi Nobusuke. Ces deux mouvements n'acceptèrent de se fondre que sous la pression du patronat, inquiet de la montée du parti socialiste japonais (PSJ). Cette origine explique son organisation en factions parfois très opposées. Grâce à une idéologie fondée sur le respect des traditions, notamment de l'empereur, et sur la volonté de faire progresser l'économie du pays, le PLD obtint l'appui de la paysannerie, des cadres, de la haute administration, et bénéficia de l'aide efficace d'associations de soutien électoral, les *Koenkai*. Il fut aussi largement financé par les entreprises. Le PLD sut concilier les intérêts de ses clientèles, en protégeant le marché intérieur et en favorisant les exportations, et ériger en formule de succès économique l'alliance entre les entreprises et l'État, symbolisé par le MITI (ministère de l'Industrie et du Commerce extérieur). Ce mode de développement, théorisé par le Premier ministre des années 1960, Hayato Ikeda, permit au Japon de connaître une prospérité quasi continue de 1955 à 1991. Grâce à ce succès économique, auquel il s'identifia, le PLD obtint toujours une majorité parlementaire confortable. Malgré une érosion de sa domination électorale dans les années 1970, marquée par la perte de grandes villes, le PLD se redressa au début des années 1980, sous le ministère de Yasuhiro Nakasone. Pourtant, l'hégémonie du PLD prit fin en 1989, quand, en juill., il perdit les élections sénatoriales au profit du PSJ.

Sa force fut surtout remise en cause par la conjugaison de plusieurs facteurs : l'usure provoquée par un exercice ininterrompu du pouvoir, l'incapacité du PLD à gérer la récession qui frappa le pays à partir de 1991 ; les scandales politico-financiers touchant la plupart de ses membres ; enfin, les rivalités entre les factions, avivées par la mort de Kakuei Tanaka (v.), ancien Premier ministre et arbitre du PLD. Plusieurs factions se séparèrent du PLD, donnant naissance à des partis concurrents. En raison de cette division, le PLD perdit les élections à la chambre basse (juill. 1993). À partir de 1994, le PLD, pour conserver le pouvoir, a dû souvent s'allier à d'autres partis, comme le PSJ (1994/96) ou le Nouveau Komeïto (2000/01). Mais l'image du PLD a été quelque peu rajeunie et modernisée par Junichiro Koizumi, devenu Premier ministre le 26 avril 2001, avec pour programme « changer le PLD, changer le Japon ». Voir JAPON. Le Japon après 1945.

PASCAL II, Ranieri (* Bieda, près de Viterbe ?, † Rome, 21.I.1118). Pape (1099/1118). D'abord moine de Cluny, nommé par Grégoire VIII abbé de Saint-Clément et cardinal, il succéda à Urbain II en 1099.

Pendant tout son pontificat, il dut lutter contre les empereurs Henri IV et Henri V, qui lui opposèrent quatre antipapes. Après avoir fait condamner Henri V dans plusieurs conciles (Guastalla, 1106 ; Latran, 1107 ; Bénévent 1109), il dut signer avec l'empereur le traité de Sutri (1111), céda un instant sur la question des investitures (v.), mais se ressaisit au concile du Latran (1112) et reprit la lutte jusqu'à sa mort.

PASQUA Charles (Grasse, 18.IV.1927). Homme politique français. Résistant à seize ans, puis, dans les années 1960, membre du service d'ordre gaulliste, le SAC (Service d'action civique), il fut député UDR (Union des démocrates pour la République) des Hauts-de-Seine de 1968 à 1973. Cofondateur, avec Jacques Chirac, du Rassemblement pour la République (RPR) en 1976, il fut élu sénateur des Hauts-de-Seine en 1977, réélu en 1988 et ministre de l'Intérieur de 1986 à 1988. En sept. 1992, il s'opposa, avec Philippe Séguin, à la ratification du traité de Maastricht, que le RPR soutenait pourtant. Il incarna ainsi l'aile nationaliste du néogaullisme. À nouveau ministre de l'Intérieur de 1993 à 1995, il durcit la législation sur l'immigration. Son soutien à la candidature d'Édouard Balladur à l'élection présidentielle de 1995 l'éloigna de Jacques Chirac. Après avoir soutenu brièvement Philippe Séguin – à la tête du RPR – en 1998, il fonda en 1999 le Rassemblement pour la France (RPF) avec Philippe de Villiers qui reprit son indépendance en 2000. Il fut candidat aux élections présidentielles en 2002.

PASTOUREAUX. Nom donné à des bandes de paysans et de vagabonds qui se formèrent vers 1250, sous prétexte d'aller délivrer Saint Louis prisonnier des Sarrasins. Commandé par un certain Jacob ou Job, moine de Cîteaux, qu'on appelait « le Maître de Hongrie », ce mouvement de croisade populaire dégénéra en jacquerie eschatologique, teintée d antisémitisme, s'attaquant aux biens des nobles, du clergé et des Juifs. Taillés en pièces par les troupes royales dans le Berry et près de Beaucaire, les pastoureaux disparurent dès 1251. Cependant, en 1321, sous le règne de Philippe V, les régions de la Garonne et du Languedoc furent de nouveau troublées par une croisade de pastoureaux, qui firent subir aux Juifs de nombreux sévices.

PATASSÉ Ange-Félix (Paoua, Nord Bozoum, 25.I.1937). Homme politique centrafricain. Plusieurs fois ministre sous le régime de Bokassa, Premier ministre de 1976 à 1978 pendant la période de l'« Empire centrafricain », candidat à la présidence en août 1981, il fuit le régime de Kolingba et s'exila en France en 1982. En 1993, lors de l'élection présidentielle pluraliste organisée sous la pression de la France, il fut élu président de la République centrafricaine puis renversé en mars 2003 par le coup d'État du général Bozizé.

PATRIARCHES. Dans la Bible, nom donné aux chefs de clan et de tribu.

Dans l'Église chrétienne, le titre de patriarche apparaît au VIe s. Voir **ABRAHAM**, **CONSTANTINOPLE (patriarcat de)**, **ÉGLISE ORTHODOXE**, **ÉGLISES ORIENTALES monophysites** et **MOSCOU, patriarcat de**.

PATRICK saint (* Banavem Taberniae, pays de Galles, vers 385/390 ?, † dans le Glamorganshire, vers 461). Apôtre de l'Irlande. À la suite d'une vision, il alla évangéliser l'Irlande en 432. Malgré la résistance des druides, il réussit à y faire tolérer le christianisme, préparant l'épanouissement du monachisme (v.) irlandais au VIe s.

PATTON George Smith (* Los Angeles, 11.XI. 1885, † Heidelberg, 21.XII.1945). Général américain. Fils d'un avocat, sorti de West Point en 1909, il fut l'aide de camp de Pershing et prit part en 1917/18 aux combats sur le front français, notamment à l'attaque de Saint-Mihiel. Durant la Seconde Guerre mondiale, il participa à la campagne de Tunisie (1943), puis au début de la campagne d'Italie, à la tête de la VIIe armée américaine. Commandant de la IIIe armée américaine lors du débarquement de Normandie (juin 1944), il fut d'abord tenu en réserve derrière la Ire armée ; mais, le 2 août, il lança une offensive foudroyante par le couloir d'Avranches, conquit la Bretagne avec une partie de son armée qu'appuyait la résistance française, alors que l'autre partie atteignait Le Mans, puis Alençon et prenait à revers la VIIe armée allemande. Poursuivant son mouvement débordant, Patton occupa Orléans, franchit la Seine en amont de Paris et se dirigea vers la Lorraine, où il occupa Nancy et Épinal (15 sept.), puis Metz (déc.). Le 23 mars 1945, il franchit le Rhin par surprise à Oppenheim, atteignit la région de Kassel, puis, se rabattant vers le S.-E., il pénétra en Tchécoslovaquie. Patton, qui fut sans doute le plus hardi des chefs militaires américains de la dernière guerre, mourut en Allemagne à la suite d'un accident d'automobile.

PAUL

ANTIQUITÉ

PAUL ÉMILE, Lucius Aemilius Paullus ou **Paulus** († Cannes, 216 av. J.-C.). Consul en 219, il obtint le triomphe après sa victoire sur les Illyriens. De nouveau consul en 216 avec Varron, il fut tué à la bataille de Cannes.

PAUL ÉMILE le Macédonique, Lucius Aemilius Paullus ou **Paulus Macedonicus** (* 227, † 160 av. J.-C.). Homme politique romain, fils de Paul Émile, Lucius Aemilius Paullus, proconsul en Espagne ultérieure (191/189), il devint consul en 182 et élimina les pirates de la Ligurie. Consul de nouveau en 168, il fut chargé de la guerre contre Persée, qu'il battit à Pydna ; il s'empara de la Macédoine, où il fit un immense butin, et captura Persée lui-même à Samothrace. À son retour, il célébra son triomphe, qui dura trois jours. Un de ses fils, adopté par le fils du grand Scipion (l'Africain), est connu sous le nom de Scipion Émilien

SAINT

PAUL saint, dit **l'Apôtre des gentils** (* Tarse, Cilicie, entre 5 et 15, † Rome, 67). Apôtre. Connu d'abord sous le nom de Saül, cet intellectuel de religion juive, citoyen romain, se montra d'abord hostile aux disciples de Jésus, jusqu'à sa conversion après une illumination sur le chemin de Damas. Baptisé vers 32, il accomplit des voyages missionnaires, évangélisa l'Asie Mineure (44/47), la Macédoine et la Grèce (50/52) et y fonda des communautés ; la correspondance apostolique qu'il leur adressa constitue ses *Épîtres*, dont celle aux Galates, où il opposa l'universalité du salut chrétien au particularisme judaïque, qu'il combattit constamment. Arrêté en 58 à Jérusalem, il fut transféré à Rome en 60, où il put continuer son apostolat. Arrêté de nouveau en 66, il fut décapité.

PAPES

PAUL III, Alessandro Farnese (* Canino, févr. 1468, † Rome, 10.XI.1549). Pape (1534/49). Après une existence parfaitement laïque, il fut fait cardinal-diacre par Alexandre VI (1493) puis élu pape à l'âge de soixante-sept ans, à la mort de Clément VII. Ce prince de la Renaissance, mécène et protecteur des arts qui fit exécuter par Michel-Ange les fresques de la chapelle Sixtine et qui pratiqua le népotisme, fut aussi le premier des papes de la Réforme catholique du XVIe s. (concile de Trente, 1545/63) ; il encouragea les nouveaux ordres religieux, soutint la création de l'ordre des Jésuites (v.) et réorganisa l'Inquisition (1542). Son intransigeance contribua au schisme anglican (excommunication d'Henri VIII d'Angleterre, 1538) et encouragea Charles Quint dans la guerre contre les protestants d'Allemagne.

PAUL VI, Giovanni Battista Montini (* Concesio, près de Brescia, 26.IX.1897, † Castel Gandolfo, 6.VIII.1978). Pape (1963/78). Voir **ÉGLISE CATHOLIQUE**.

RUSSIE

PAUL Ier Petrovitch (* Saint-Pétersbourg, 1er.X. 1754, † Saint-Pétersbourg, 23/24.III.1801). Empereur de Russie (1796/1801). Second fils de Pierre III et de Catherine II, qui songea à l'écarter de la succession au profit de son fils, le futur Alexandre Ier. Admirateur passionné de Frédéric le Grand, épris de discipline prussienne, le grand-duc Paul souffrit de voir la Russie se rapprocher de l'Autriche (1780), et s'indignait de la vie privée scandaleuse de sa mère. Aussitôt monté sur le trône, il chassa les favoris de Catherine II, et fit rendre les honneurs funèbres à son père assassiné. Prenant le contre-pied de la politique maternelle, il voulut instituer une sorte d'autocratie appuyée sur le peuple contre la noblesse, admit les serfs à prêter le serment de fidélité, réduisit les corvées à trois jours par semaine (1797) et rétablit les peines corporelles pour les nobles. Mais ce n'était que velléités, qui n'entraient dans aucune grande conception de l'État et que démentaient d'ailleurs les distributions de terres et de serfs que le tsar faisait à ses favoris. Sa politique étrangère fut encore plus incohérente : se posant en champion de la légitimité, Paul Ier se fit le chef de la deuxième coalition contre la France révolutionnaire et se proclama pompeusement grand maître de l'ordre de Malte. Mais bientôt, il s'engoua de Bonaparte, forma contre l'Angleterre une ligue des Neutres au nom de la liberté des mers, envoya des troupes vers l'Inde : cette politique antibritannique n'eut d'autre résultat que de provoquer en Russie une crise économique qui fut à l'origine du complot formé par des familiers du tsar, Panine, le comte Pahlen, Bennigsen, avec la complicité de son fils : dans la nuit du 23 au 24 mars 1801, Paul Ier fut étranglé dans sa chambre, et son fils, Alexandre, lui succéda.

PAUL-BONCOUR Joseph (* Saint-Aignan, Loir-et-Cher, 4.VIII.1873, † Paris, 28.III.1972). Homme politique français. Avocat au barreau de Paris, il fut le secrétaire particulier de Waldeck-Rousseau. Après avoir milité depuis sa jeunesse dans le parti socialiste, il le quitta lorsqu'il fut élu sénateur du Loir-et-Cher (1931) et fonda l'Union socialiste républicaine. Ministre de la Guerre dans le troisième cabinet Herriot (1932), il constitua après la chute de celui-ci un gouvernement éphémère (déc. 1932/janv. 1933). Ministre des Affaires étrangères jusqu'au début de 1934, ministre de la SDN dans le cabinet Sarraut (1936), il figura en juill. 1940 parmi les quatre-vingts parlementaires qui refusèrent les pouvoirs constitutionnels au maréchal Pétain. Après la Libération, il fut délégué à la conférence de San Francisco et signa pour la France la Charte des Nations unies.

PAULETTE (édit de la). Ordonnance instituant en France l'hérédité des offices, en 1604, à l'instigation du financier Charles *Paulet* secrétaire au parlement. Elle accordait aux officiers le droit de transmettre leurs charges à leurs héritiers, à la condition de verser une taxe annuelle égale au soixantième de la valeur présumée de la charge. Ce système, qui n'était à l'origine qu'un simple expédient fiscal, fut accueilli avec un succès immense ; la tentative faite pour le suspendre, en 1648, provoqua la Fronde parlementaire. Il resta en vigueur jusqu'à la Révolution. Voir **VÉNALITÉ DES OFFICES**.

PAUSANIAS († Sparte, vers 470/469 av. J.-C.). Général spartiate. De la famille royale des Agides, fils de Cléombrote, régent pendant la minorité de son cousin Plistarque, fils de Léonidas, il remporta à la tête de l'armée des Grecs la victoire de Platées (479), prit Chypre et Byzance (478), où il s'installa. Mais son train de vie luxueux, sa politique conciliante à l'égard de la Perse et ses ambitions personnelles lui valurent l'hostilité de nombreux Grecs, qui le soupçonnèrent de médisme. Rappelé à Sparte, il fut jugé, mais ses services passés lui valurent l'acquittement. Il revint alors à Byzance, en fut chassé par les Athéniens en 477 et s'établit en Troade, où il reprit ses intelligences avec la

Perse. Rappelé de nouveau à Sparte, il vit ses plans dévoilés aux éphores par un de ses serviteurs et tenta d'échapper au châtiment en se réfugiant dans le temple d'Athéna Chalkioikos, où on l'emmura et où il mourut de faim.

PAVELIC Ante (* Bradina, Herzégovine, 14.VII. 1889, † Madrid, 28.XII.1959). Homme politique croate. Fondateur du mouvement des oustachis, il fut à la tête de la Croatie indépendante de 1941 à 1945. Voir **CROATIE**.

PAVIE (bataille de, 24 févr. 1525). Bataille perdue par François Ier contre les armées de Charles Quint. Après avoir occupé Milan, le roi de France, avec 26 000 hommes, était venu mettre le siège devant Pavie, défendue par Antonio de Leyva (fin oct. 1524). Le 24 févr., pour attirer les Français hors de leurs retranchements, les Impériaux pénétrèrent dans le parc de Mirabello, où ils furent accueillis par le feu meurtrier de l'artillerie française. Comme ils se repliaient sur ordre, François Ier crut qu'ils prenaient la fuite et se lança à leur poursuite, dans une charge désordonnée de cavalerie, en passant devant l'artillerie française, obligée de cesser son tir. Les Impériaux, accrochés à un pli de terrain, firent front à l'assaut de la cavalerie, et, profitant du vide laissé par celle-ci, ils se jetèrent sur l'aile droite, où se trouvaient les Suisses et les lansquenets. Ceux-ci résistèrent héroïquement et se firent massacrer ; les Suisses prirent la fuite ; l'arrière-garde, commandée par le duc d'Alençon, les suivit. Les Français perdirent plus de 10 000 hommes. François Ier fut fait prisonnier.

PAVILLONS NOIRS. Soldats irréguliers chinois, formés en grande partie des débris des anciennes bandes T'ai-p'ing (v.). Pratiquement maîtres du Tonkin depuis 1874, ils combattirent contre les troupes françaises de l'amiral Courbet (v.) en 1883/85.

PAYSANS (guerre des), *Bauernkrieg*, 1524/26. Ce soulèvement général des paysans de l'Allemagne centrale et méridionale eut pour cause principale les conditions misérables de la vie rurale, qui avaient provoqué, dès la fin du XVe s., des mouvements tels que celui du « pauvre Konrad » dans le Wurtemberg. Les paysans formulèrent leurs revendications dans les Douze Articles de Memmingen (1525) : ils réclamaient principalement l'abolition du servage, la liberté de chasse et de pêche et la diminution des taxes. Mais le mouvement eut aussi un aspect religieux, car l'illuminisme révolutionnaire des anabaptistes amena les paysans à tenter de faire triompher leur cause par la violence. L'insurrection se répandit en Souabe, en Franconie, en Thuringe, en Alsace et dans les régions alpestres de l'Autriche. Les paysans eurent pour chefs des agitateurs anabaptistes, tels que Balthasar Hübmaier et Thomas Müntzer (v.), mais aussi des nobles mécontents, tels que Florian Geyer et le fameux Götz von Berlichingen. Les paysans dévastèrent couvents et châteaux, mais leurs bandes inorganisées se heurtèrent aux armées de métier des princes, qui s'étaient groupés dans la Ligue souabe. Après avoir essayé de jouer un rôle de médiateur, Luther (v.) se sépara nettement des rebelles, et il appela à leur extermination dans son pamphlet intitulé *Wider die mördischen und räubischen Rotten der Bauern* (1525). Le mouvement paysan de Souabe et de Franconie fut écrasé par Georg Truchsess von Waldburg, près de Böblingen (12 mai 1525) ; en Thuringe, les paysans de T. Müntzer subirent la défaite décisive de Frankenhausen (15 mai). Les derniers insurgés trouvèrent refuge dans les montagnes du Tyrol et obtinrent quelques concessions (1526). Mais la répression fut terrible, et la guerre des Paysans, qui avait fait plus de 100 000 morts, retarda pendant près de trois siècles l'émancipation des paysans allemands.

PAYS-BAS (royaume des), *Kominkrijk der Nederlanden*. État de l'Europe occidentale ; capitale *Amsterdam* (la cour et le gouvernement résident à La Haye).

Les Pays-Bas septentrionaux jusqu'au XIVe s.

Les premières traces de civilisation sur le territoire actuel du royaume des Pays-Bas remontent à la fin du paléolithique ; la culture de Tjonger (vers – 9 000 ans), issue sans doute de l'hambourgien, est caractérisée par des pointes en pierre à dos courbe, dites pointes de Tjonger. Quand César entreprit la conquête de la Belgique (57 av. J.-C.), trois peuples germaniques étaient installés dans cette région : les Bataves, près des bouches du Rhin et de la Meuse ; les Caninéfates, en Hollande ; les Frisons, au N. Ces riverains de la mer Germanique furent soumis par Drusus en 12 av. J.-C. et devaient rester pendant plus de quatre siècles sous l'autorité de Rome. Les révoltes des Frisons (28 et 47 apr. J.-C.) et des Bataves (69/70 apr. J.-C.) ne laissèrent pas de traces durables. Rome porta sa frontière sur le Rhin et la défendit par des camps militaires dont les plus importants étaient *Lugdunum Batavorum* (Leyde), *Trajectum ad Rhenum* (Utrecht), *Trajectum ad Mosam* (Maastricht) et surtout *Noviomagus* (Nimègue). À partir du IIIe s., les Bataves furent peu à peu submergés par les Francs, avec lesquels ils se fondirent, cependant que des Saxons s'installaient à l'E. de l'Ijsel et que les Frisons, descendant vers le S., pénétraient dans la région des bouches du Rhin et de la Meuse. Les peuples habitant le territoire actuel des Pays-Bas se distinguaient donc, dès cette époque, de ceux de la future Belgique en ce qu'ils étaient tous germaniques et qu'ils furent beaucoup moins profondément romanisés.

Au VIIe s., les Frisons entrèrent en contact avec les Mérovingiens, mais les premières tentatives d'évangélisation, faites par des moines anglo-saxons, rencontrèrent de sérieuses résistances. Peu avant 650, des Francs avaient fondé une chapelle Saint-Martin à Utrecht, mais le roi des Frisons, Radbod, prit la direction de la révolte nationale (679). Les Frisons formaient un peuple de marins et de commerçants qui joua un grand rôle dans le développement des échanges en mer du Nord. La pénétration des missionnaires ne put se faire qu'à l'abri des armes franques. À la fin du VIIe s., la Frise méridionale fut soumise par Pépin de Herstal et le moine anglo-saxon Willibrord put fonder l'archevêché d'Utrecht (695). Son œuvre fut continuée par st Boniface (massacré par des Frisons païens en 754), par Lebuin, qui évangélisa l'Overijsel, par Ludger, dont l'apostolat s'exerça en Frise septentrionale. Le centre religieux du pays resta Utrecht.

À la fin du VIIIe s., presque tous les Pays-Bas étaient annexés à l'Empire franc (sauf l'Overijsel et la partie orientale de la Gueldre). Au traité de Verdun (843), ces régions furent attribuées à Lothaire, puis, au traité de Mersen (870), tout le pays du nord de la Meuse passa à Louis le Germanique. La victoire d'Arnoul de Carinthie à Louvain (891) écarta la menace normande. Cette terre impériale, mais partagée en de multiples principautés, fut comprise à partir de 959 dans le duché de Basse-Lorraine (v. **LORRAINE**). Au cours des XIIe/XIVe s. s'affirmèrent les comtés de Hollande et de Gueldre, et le duché de Limbourg. L'archevêché d'Utrecht possédait des territoires très vastes (notamment la Drenthe et l'Overijsel), tandis que la Frise se trouvait sous l'autorité immédiate de l'empereur germanique.

Les régions situées au N. de la Meuse ne connurent pas, au Moyen Âge, un développement aussi brillant que la Flandre et le Brabant : l'industrie était à peine naissante, les villes moins riches, la vie communale moins active. Cependant, les habitants des Pays-Bas avaient déjà commencé leur long combat contre la mer. Pour assécher leur pays, qui était, dans l'Antiquité, un vaste marécage, ils construisirent des digues et pratiquèrent le pompage des eaux par moulin à vent et à eau. Les premiers polders furent conquis, mais ils ne devaient prendre une grande extension que bien plus tard, à partir du XVIIe s., lorsque la prospérité commerciale et coloniale des Pays-Bas permit d'affecter des sommes importantes à cette grande entreprise nationale. Le pays vit le premier essor des villes commerciales, Brielle, Dordrecht, Amsterdam, Kampen, Zwolle, Deventer, qui, pour la plupart, faisaient partie de la Hanse (v.). Le XIVe s. vit grandir le comté de Hollande, passé à la maison de Hainaut en 1299, et qui s'accrut de la Zélande en 1333.

Des ducs de Bourgogne aux Habsbourg d'Espagne (1384/1579)

La maison de Bourgogne, qui avait pris pied en Flandre à la suite du mariage de Philippe le Hardi avec Marguerite de Male, héritière de Flandre, dès 1384 (v. **BELGIQUE**), entreprit de réaliser à son profit l'unification de tous les Pays-Bas. Philippe le Bon, en 1428, força sa cousine Jacqueline de Bavière à lui céder la Hollande, la Zélande et la Frise ; il fit donner à son fils naturel, David, l'archevêché d'Utrecht (1456) ; son successeur, Charles le Téméraire, acquit le duché de Gueldre (1473). La domination bourguignonne rencontra quelque résistance, et, à la mort du Téméraire (1477), la Gueldre recouvra son indépendance, que Philippe le Beau, fils de Marie de Bourgogne, dut reconnaître en 1492. Les Habsbourg, héritiers du Téméraire, allaient reprendre l'œuvre d'unification bourguignonne. Charles Quint se rendit maître de la Frise orientale (1515/24), s'empara du pouvoir temporel dans la principauté ecclésiastique d'Utrecht (1528), annexa Groningue et la Drenthe (1536) et enfin reconquit la Gueldre et Zutphen (1543). Les Dix-Sept Provinces des Pays-Bas, ainsi unifiées, furent placées sous l'autorité d'une gouvernante générale résidant à Bruxelles, Marie de Hongrie, sœur de l'empereur, qui était assistée par les trois organismes du gouvernement central, le Conseil d'État, le Conseil privé et le Conseil des finances. Au cours du XVIe s., les provinces septentrionales firent des progrès rapides : alors que les villes de Flandre, jadis prépondérantes, déclinaient, l'activité se reportait sur Anvers, mais aussi sur les ports avoisinant les bouches de la Meuse et du Rhin. Du fait de leur activité commerciale, les Pays-Bas se trouvaient en contact direct avec l'Allemagne, l'Angleterre et la France. Les idées de la Réforme pénétrèrent donc très tôt dans cette région : dès 1521, Charles Quint y répondait en publiant des « placards » menaçants, et, en 1525, pour la première fois, un protestant fut brûlé vif à La Haye. Beaucoup d'autres victimes allaient suivre, surtout des membres de la secte des anabaptistes (v.), qui apparut vers 1530, sous la direction d'un boulanger de Haarlem, Jan Matthys.

La révolution des Pays-Bas devait avoir des motifs à la fois politiques et religieux. Charles Quint avait transmis en oct. 1555 les Pays-Bas à son fils, Philippe II ; celui-ci prétendit appliquer dans ce pays la même politique centralisatrice qu'en Espagne. Jusqu'alors, les Pays-Bas, sous l'autorité des ducs de Bourgogne puis des Habsbourg, avaient connu un régime politique remarquablement équilibré ; les États provinciaux (*provinciale staten*) et les États généraux (*staten generaal*) faisaient contrepoids à l'autorité du gouverneur et à celle des conseils du gouvernement central. Cette situation changea sous Marguerite de Parme, demi-sœur de Philippe II, gouvernante des Dix-Sept Provinces de 1559 à 1567 : le Bourguignon Antoine de Granvelle et quelques hommes de confiance de Philippe II (la *consulta*) confisquèrent pratiquement le gouvernement du pays. La création dans les Pays-Bas de quatorze nouveaux évêchés (1559) fit craindre un renforcement de l'Inquisition.

La haute noblesse, conduite par Guillaume d'Orange, dit le Taciturne (v.), manifesta son mécontentement et, en 1564, obtint le départ de Granvelle. La persécution religieuse continuant, accompagnée de mesures vexatoires, l'aristocratie scella son unité par le compromis des Nobles (1565) et fit une démarche solennelle auprès de Marguerite de Parme (5 avr. 1566). Ces gentilshommes, à la tête desquels se trouvaient les plus grands noms du pays (Guillaume d'Orange, Lamoral d'Egmont, Hoorn, Marnix, Brederode), s'affublèrent alors du nom de « gueux », qu'un conseiller de Marguerite leur avait donné par dérision. Enhardis par leur démarche, les calvinistes se livrèrent à de violentes émeutes iconoclastes (1566). Décidé à extirper l'hérésie par tous les moyens, Philippe II envoya alors aux Pays-Bas le duc d'Albe, qui établit un régime de terreur. Le *Conseil des troubles*, que les Néerlandais appelèrent « Conseil du sang » (*bloedraad*), envoya à l'échafaud Egmont (v.) et Hoorn (juin 1568). Mais Guillaume le Taciturne avait réussi à s'échapper. Il recruta des soldats et des marins (les « gueux de mer ») et ferma les bouches de l'Escaut en s'emparant du fort de Brielle (1er avr. 1572). Les provinces de Hollande et de Zélande, presque entièrement calvinistes, prirent les armes contre les Espagnols (1572/74) et reconnurent Guillaume comme leur chef. Après quelques succès, le duc d'Albe fut battu devant Alkmaar, sauvée par l'ouverture des digues (oct. 1573) ; presque au même moment, il perdait une partie de sa flotte à Enkhuizen. Albe demanda son rappel en Espagne. Son successeur, Requesens, en dépit de sa victoire de Mookheide, près de Nimègue (1574), ne réussit pas mieux à venir à bout de la rébellion.

Toutes les provinces s'unirent alors, sinon contre l'autorité de Philippe II, du moins contre les armées espagnoles qui ravageaient le pays (sac d'Anvers, nov. 1576). Les États-Généraux prirent l'initiative de se réunir et proclamèrent la Pacification de Gand (8 nov. 1576). Les Dix-Sept Provinces se trouvaient de nouveau réunies, mais, en fait, elles étaient déjà irrémédiablement séparées par le « fait de religion ». Le nouvel envoyé de Philippe II, Alexandre Farnèse, sut habilement exploiter les craintes ressenties dans les provinces méridionales devant les progrès du protestantisme. Fidèles à la religion traditionnelle, les catholiques de l'Artois, de la Flandre, du Hainaut et de la Wallonie se séparèrent de Guillaume d'Orange et formèrent l'Union d'Arras (6 janv 1579). Immédiatement, les sept provinces du Nord (Hollande, Zélande, Gueldre, Utrecht, Frise, Overijsel et Groningue) répliquèrent en formant l'Union d'Utrecht (23 janv. 1579). Les Pays-Bas étaient désormais coupés en deux.

La fondation des Provinces-Unies (1579/1648)

L'Union d'Utrecht avait un caractère très novateur : en juill. 1581, les députés des états de toutes les provinces septentrionales, réunis à La Haye, proclamèrent la déchéance de Philippe II. L'Union avait rallié à elle d'importantes villes flamandes, Gand, Ypres, Tournai, Bruges, Anvers, mais, en six ans de temps (1579/85), Alexandre Farnèse (v.) mena la reconquête de toute la Flandre occidentale. Tout en faisant face à la menace militaire espagnole, les états de l'Union d'Utrecht essayaient de se donner un roi : Guillaume d'Orange eût sans doute été désigné, mais il fut assassiné par un catholique (juill. 1584). Le roi de France Henri III et Élisabeth d'Angleterre furent sollicités mais refusèrent. En revanche, après la reprise d'Anvers par les Espagnols (août 1585), Élisabeth envoya aux Pays-Bas une petite armée, sous le commandement de son favori, le comte de Leicester. Celui-ci fut élu gouverneur général par les États-Généraux (févr. 1586), mais il ne tarda pas à se brouiller avec les Hollandais, se montra incapable à la guerre, et son départ (déc. 1587) fut joyeusement accueilli.

Au cours de cette période difficile, un homme avait conquis une grande influence : c'était l'« avocat » de Hollande, plus tard « pensionnaire » (v.), Oldenbarnevelt. Quand Leicester fut rentré en Angleterre, Oldenbarnevelt fit admettre par les États-Généraux que les Provinces-Unies constitueraient désormais une république (1588). Puis il travailla patiemment à l'organisation du nouvel État. Les Provinces-Unies furent une confédération dans laquelle chaque province gardait une grande autonomie. À la tête de chaque province se trouvaient des « députations permanentes » ; les gouverneurs (*stathouder*) n'étaient que des employés nommés et payés par les provinces pour commander l'armée. Menacée par les Espagnols, l'Union naissante apparaissait bien fragile : sans roi, sans gouverneur général, sans véritable administration centrale, elle ressemblait à un corps sans tête. Pourtant, la cohésion fut assurée par une double hégémonie : celle de la bourgeoisie riche, qui allait connaître une prospérité extraordinaire au début du XVIIe s., et celle de la province de Hollande, la plus peuplée et la plus dynamique de l'Union.

Deux Hollandais dominent l'histoire des débuts des Provinces-Unies : le pensionnaire Oldenbarnevelt, qui finit, sans en avoir le titre, par devenir un véritable ministre des Affaires étrangères de la République, et Maurice de Nassau, fils du Taciturne ; stathouder de Hollande et Zélande dès 1585, il fut nommé au même poste à Utrecht et en Overijsel (1590), puis en Gueldre (1591). Auréolé du prestige de son père, il réunit sous son commandement à peu près toutes les forces armées et navales. Avec l'aide d'Élisabeth et d'Henri IV, il tint en respect les armées espagnoles, battit l'archiduc Albert près de Nieuport (1600) et força finalement Philippe III à la trêve de Douze Ans (1609). Mais alors commença une âpre rivalité entre le stathouder Maurice de Nassau et le pensionnaire Oldenbarnevelt. La constitution même de l'Union était en jeu. Le parti orangiste (v.), rallié autour du stathouder, réclamait le renforcement du pouvoir central et envisageait même l'établissement de la monarchie au profit du chef de la maison d'Orange. Le pensionnaire, au contraire, représentait le « parti des États », c'est-à-dire l'oligarchie bourgeoise qui voulait maintenir la confédération républicaine et l'autonomie des provinces. La lutte se compliqua par des querelles religieuses au sein du calvinisme : les partisans d'Arminius, qui niaient la prédestination, s'opposaient aux gomaristes (orthodoxes). Maurice de Nassau exploita cette situation pour se débarrasser d'Oldenbarnevelt, qui fut exécuté (13 mai 1619) ; le grand légiste Grotius dut s'exiler. Le parti orangiste l'emportait et, pendant plus de trente ans, devait dominer.

À Maurice de Nassau succéda son demi-frère, Frédéric-Henri (1625/47). Reprenant la lutte contre l'Espagne en 1621, il s'allia avec la France dans la guerre de Trente Ans, ce qui valut aux Provinces-Unies d'être reconnues comme un État indépendant au traité de Münster (1648). Ainsi s'achevait ce que les Hollandais appellent la guerre de Quatre-Vingts Ans (*de Tachtigjarige Oorlog*), inaugurée en 1568 par le soulèvement de Guillaume le Taciturne contre le duc d'Albe.

Cette époque vit l'avènement de la puissance maritime et coloniale hollandaise. En fermant l'Escaut, les Hollandais consommèrent la ruine d'Anvers au profit de Middleburg et surtout d'Amsterdam. Sous l'influence de l'oligarchie capitaliste qui prédominait aux États-Généraux furent créées, en 1602, la Compagnie des Indes orientales, en 1621, la Compagnie des Indes occidentales. Profitant de l'effacement maritime de l'Angleterre sous le règne de Charles Ier, le commerce hollandais put concentrer tous ses efforts contre les Portugais et les Espagnols. La guerre contre l'Espagne (qui occupait alors le Portugal) fut avant tout un conflit économique. Après avoir fondé Batavia (1619), les Hollandais s'installèrent solidement en Indonésie, chassèrent les Portugais de leurs meilleurs établissements de l'Inde, envoyèrent l'explorateur Tasman jusqu'en Australie, en Nouvelle-Zélande et en Nouvelle-Guinée. Dans l'Atlantique, ils fondèrent en 1623 la colonie de La Nouvelle-Amsterdam (New York), prirent pied à partir de 1630 aux Antilles et au Brésil, firent peser une menace constante sur les convois qui amenaient les métaux précieux des Amériques en Espagne (capture des galions du Mexique par Piet Hein, 1628). Alors que les Espagnols poursuivaient presque exclusivement la chimère de l'or, les Hollandais furent les premiers à savoir mettre en valeur un empire colonial qui enrichit toute la population des Provinces-Unies. Première puissance maritime de l'Europe, la petite république constituait également, vers le milieu du XVIIe s., un des centres les plus importants de la civilisation occidentale. Sa brillante école de peinture reflétait l'état de richesse de ses élites bourgeoises.

Les Provinces-Unies de 1648 à 1795

En dépit de cette prospérité, les Provinces-Unies connaissaient de nombreuses difficultés intérieures. Le stathoudérat, qui avait voulu et mené la guerre contre l'Espagne, ne put tirer profit des avantages de la paix de Münster. Guillaume II (1647/50), qui envisageait de poursuivre, aux côtés de la France, la lutte contre l'Espagne, se trouva aux prises avec la bourgeoisie républicaine de Hollande, qui aspirait à la paix. À sa mort, le stathoudérat demeura vacant pendant plus de vingt ans (1650/72), et l'oligarchie prit le pouvoir avec le grand pensionnaire Jan de Witt (v.). Celui-ci dut soutenir deux rudes guerres contre l'Angleterre (1652/54, 1665/67). Elles eurent pour cause l'Acte de navigation (1651), qui, en réservant à la flotte britannique le monopole de l'importation, portait un coup très grave au commerce hollandais. Au cours de la seconde guerre, malgré les victoires de Tromp et de Ruyter, les Hollandais perdirent leurs possessions d'Amérique du Nord. Au traité de Breda (juill. 1667), ils obtinrent toutefois des Anglais le rétablissement de la liberté de commerce et de transport pour les marchandises en provenance d'Allemagne et des Pays-Bas. Mais les Provinces-Unies avaient perdu leur suprématie maritime, et l'avantage de l'Angleterre n'allait plus cesser de s'accroître.

L'agression de Louis XIV vint bouleverser la politique étrangère néerlandaise, qui, depuis la fin du XVIe s., s'était développée sous le signe de l'alliance française. La guerre de Hollande (1672/78) fut, elle aussi, une lutte économique. Elle eut pour origine la politique protectionniste de Colbert, qui, frappant de tarifs inacceptables les produits hollandais (1667), avait provoqué des mesures de rétorsion des Provinces-Unies à l'encontre des produits français. En outre, depuis la guerre de Dévolution (v.) (1667/68), les Hollandais s'inquiétaient de la poussée française aux Pays-Bas. La formation d'une Triple-Alliance maritime entre la Suède, l'Angleterre et les Provinces-Unies avait contraint Louis XIV à signer la paix d'Aix-la-Chapelle (1668). Mais il était bien décidé à se venger des bourgeois hollandais. Précédée d'une minutieuse préparation diplomatique et militaire, la guerre commença par le passage du Rhin au gué de Tolhuis, et les armées françaises pénétrèrent rapidement dans l'intérieur du pays. Devant le danger, la population de La Haye se révolta et massacra les frères de Witt (août 1672). Le pouvoir revint aux orangistes (v.) avec Guillaume III, qui devait être désormais l'âme de toutes les coalitions contre Louis XIV. Pour arrêter l'invasion, le nouveau stathouder fit inonder les polders, puis il obtint l'alliance de l'empereur et de l'Espagne et détacha l'Angleterre de la France. À la paix de Nimègue (1678), les Provinces-Unies recouvrèrent toutes les places qui avaient été conquises par les Français et, surtout, elles obtinrent l'abrogation du tarif douanier de 1667.

La politique étrangère hollandaise s'aligna dès lors sur celle de l'Angleterre, d'autant plus que le stathouder Guillaume III se vit appelé sur le trône britannique après la révolution de 1688. Les Provinces-Unies participèrent, contre la France, à la guerre de la ligue d'Augsbourg (v.) (1689/97) et à la Grande Alliance de La Haye (1701). Le grand souci hollandais était d'éviter d'avoir une frontière commune avec la France, selon l'adage : *Gallus amicus, sed non vicinus* « Français ami, mais non voisin »). Aussi, après la paix d'Utrecht, les Hollandais exigèrent-ils de l'empereur le traité de la Barrière, qui leur permettait d'installer, face à la France, des garnisons dans huit places fortes belges (1715). Le déclin des Provinces-Unies était cependant visible dès la fin du XVIIe s. La Hollande ne pouvait résister à la concurrence maritime de l'Angleterre ; du moins réussit-elle à conserver l'essentiel de son empire colonial. Ce déclin n'était d'ailleurs que relatif, et Amsterdam qui possédait à la fin du XVIIIe s. la Bourse de commerce la plus active, devait rester, jusqu'à la fin du XVIIIe s., une des principales places financières de l'Europe.

À la mort de Guillaume III commença une nouvelle vacance du stathoudérat (1702/47), mais la prise de Bergen op Zoom par Maurice de Saxe (v.) fit craindre une invasion française, et Guillaume IV devint stathouder héréditaire (1747). Son fils et successeur, Guillaume V (1751/95), fit montre d'un conservatisme médiocre et pratiqua une politique obstinément anglophile qui lésait les intérêts hollandais. Une nouvelle opposition se constitua, celle du parti des « patriotes », qui imposa une guerre contre l'Angleterre (1780/84). Ce conflit fut désastreux pour la marine et le commerce hollandais. La colère populaire se retourna contre le stathouder : Guillaume V dut quitter La Haye (1785), mais, deux ans plus tard, il fut rétabli par les armées de son beau-frère, Frédéric-Guillaume II de Prusse. Le régime du stathoudérat n'en était pas moins fragile. Il fut bousculé, au cours de l'hiver 1794/95, par l'arrivée d'une armée de la Révolution française, conduite par Pichegru (v.), qui s'empara notamment de la flotte hollandaise prisonnière des glaces au Texel.

Les Pays-Bas sous la domination française (1795/1813)

Les Français furent reçus en libérateurs par les « patriotes », qui formèrent une Légion batave. Dès 1795 fut créée une *République batave*, dont la Constitution, qui établissait deux Chambres, fut approuvée par le peuple en 1798. Cette république n'était qu'un État satellite de la France, que le Directoire pilla et exploita. Le problème constitutionnel suscita un conflit entre « fédéralistes » et « unitaires », et ces derniers, conduits par Daendels, l'emportèrent. Bonaparte fit modifier les institutions de la République batave, et, de 1805 à 1806, elle fut gouvernée par une sorte de dictateur, le grand pensionnaire Schimmelpenninck, qui montra des qualités remarquables. En juin 1806, la République batave fit place au *royaume de Hollande* érigé par Napoléon Ier en faveur de son frère, Louis. Ce dernier prit à cœur le bien de ses nouveaux sujets. La législation fut réformée dans l'esprit du Code civil. Louis Bonaparte s'efforça de freiner l'application du Blocus continental (v.) qui, s'il favorisait l'agriculture hollandaise, fut ruineux pour le commerce. Napoléon priva Louis de son royaume (juill. 1810) et les Pays-Bas furent annexés à l'Empire français, où ils formèrent les départements suivants : *Bouches-de-l'Escaut* (Middelburg), *Bouches-du-Rhin* (Bois-le-Duc), *Bouches-de-la-Meuse* (La Haye), *Zuyderzee* (Amsterdam), *Yssel-Supérieur* (Arnhem), *Bouches-de-l'Yssel* (Zwolle), *Frise* (Leuwarden), *Ems-Occidental* (Groningue). L'administration fut confiée le plus souvent à des Français, et l'ancien consul Lebrun devint gouverneur général. Les conséquences économiques du Blocus continental et la conscription provoquèrent un mécontentement croissant. À la nouvelle de la défaite française de Leipzig, les Hollandais se soulevèrent sous la direction du comte Hogendorp, du baron de Duyn et du comte Léopold de Limbourg-Stirum : le 1er déc. 1813, le fils du stathouder détrôné en 1795 monta sur le trône, non comme stathouder, mais comme roi héréditaire, sous le nom de Guillaume Ier (1814/40).

Le Royaume-Uni des Pays-Bas (1814/30)

Le 29 mars 1814, Guillaume Ier donna à ses sujets une Constitution qui reprenait la plupart des réformes introduites par le régime français (uniformité de l'administration, de la justice, des finances et du système fiscal ; égalité de tous devant la loi) et qui établissait un Parlement avec une Chambre unique, élue selon un système censitaire (seules la haute et la moyenne bourgeoisie étaient représentées). Le congrès de Vienne (v.), pour renforcer le nouveau royaume des Pays-Bas sur la frontière nord-est de la France, décida de réunir les anciens Pays-Bas autrichiens (Belgique) à la Hollande ; devançant la ratification du congrès, Guillaume Ier se proclama roi de tous les Pays-Bas dès le 16 mars 1815, à la nouvelle du retour de l'île d'Elbe. Une nouvelle Constitution fut promulguée en août 1815 ; inspirée par le même esprit que celle de 1814, elle instituait deux Chambres (la Chambre haute était nommée par le roi) et stipulait que le siège du gouvernement alternerait, d'année en année, de Bruxelles à La Haye.

Guillaume Ier favorisa l'industrie belge, fit construire de nombreux canaux dans les provinces méridionales et encouragea le renouveau commercial d'Anvers. Mais divers facteurs devaient faire naître un climat d'opposition en Belgique. Économiquement, le Royaume-Uni des Pays-Bas était une création assez artificielle : entre les provinces belges, fortement industrialisées, et les provinces septentrionales, dont l'activité était agricole et surtout commerciale, le contraste était net, et il était difficile de concilier les intérêts divergents. La crise qui suivit la chute de Napoléon se traduisit par de lourdes servitudes fiscales. Plus importantes encore furent les difficultés religieuses et linguistiques. Les Constitutions de 1814 et 1815 avaient établi la liberté de tous les cultes, mais l'épiscopat belge, qui avait la nostalgie des privilèges dont il avait joui au XVIIIe s., sous l'autorité autrichienne, protestait contre ce régime égalitaire. La question linguistique se posa dès 1819 : au début, le gouvernement de Guillaume Ier avait toléré l'usage des deux langues, mais, à la suite des décrets de 1819 et 1823, seule la langue néerlandaise fut employée dans les administrations et les tribunaux des régions flamandes de la Belgique.

L'opposition belge prit une force nouvelle après l'accord des catholiques et des libéraux (1828). Le 25 août 1830, à la suite de la révolution parisienne de Juillet, une émeute éclata à Bruxelles. Au début, ce mouvement ne tendait pas à la création d'une Belgique indépendante, et la commission des notables formée à Bruxelles se contenta de demander « le redressement des griefs ». Mais le roi, après avoir laissé l'agitation s'étendre, prétendit écraser militairement la révolte bruxelloise. L'armée hollandaise occupa Bruxelles le 23 sept., mais dut se retirer après quatre jours de combats. Un gouvernement provisoire belge fut formé, et, le 4 oct., il proclama l'indépendance de la Belgique. L'union des deux parties des Pays-Bas se trouvait brisée.

La domination française, de 1795 à 1814, avait eu des effets différents au N. et au S. : le Blocus continental ruinait la Hollande, dont l'économie était avant tout commerciale, alors qu'il avait suscité un puissant renouveau de l'industrie belge. Les intérêts se révélèrent plus forts que les affinités historiques et linguistiques : en 1830, on vit les Flamands suivre le mouvement de la Wallonie et se séparer, eux aussi, des Pays-Bas. Voir **BELGIQUE.** La Belgique conquiert son indépendance.

Le royaume des Pays-Bas de 1830 au début du XXe s.

Le conflit fut définitivement réglé par le traité de Londres (19 avr. 1839). Le roi Guillaume consacra la fin de son règne à la mise en valeur économique de ses États, multipliant les canaux, les chemins de fer (le premier, d'Amsterdam à Haarlem, fut inauguré en 1839), les industries nouvelles. Au cours des guerres de la Révolution et de l'Empire, l'Angleterre s'était emparée des colonies hollandaises de Ceylan et du Cap. Mais les Pays-Bas avaient conservé leurs possessions des Antilles, et surtout l'Indonésie, qu'on appelait alors les Indes néerlandaises. Dans cette région fut introduit, à partir de 1830, un « système de culture » qui réduisait les populations indigènes au travail forcé, mais qui apporta de grands profits à la métropole (ce régime ne devait être aboli qu'en 1877), (v. **INDONÉSIE.** L'Indonésie sous les Néerlandais).

La politique intérieure fut d'abord dominée par le problème constitutionnel. Guillaume Ier n'avait accordé qu'à contrecœur la Constitution de 1815. L'opposition libérale, qui trouva un chef de talent avec Thorbecke (v.), le contraignit à abdiquer (oct. 1840). Son successeur, Guillaume II (1840/49), parut d'abord vouloir poursuivre sa politique, mais par une volte-face surprenante en mars 1848, contre son cabinet et contre la majorité parlementaire elle-même, il imposa une Constitution qui avait été directement inspirée par Thorbecke. À partir de cette date, une série de réformes constitutionnelles (notamment celle de 1887) orienta la vie politique hollandaise dans un sens de plus en plus démocratique : cette évolution aboutit à l'instauration du suffrage universel masculin (1917) et féminin (1919).

Le règne de Guillaume III (1849/90) vit de grandes transformations politiques et économiques. Pendant cette période, les libéraux exercèrent la prépondérance : leur chef, Thorbecke, dirigea trois cabinets (1849/53, 1862/66, 1871/72). Les catholiques, qui avaient été durant des siècles politiquement mineurs, et à peine tolérés, grandissaient en nombre. En 1853, Pie IX décida de rétablir la hiérarchie. Unis jusqu'alors sur le plan politique avec les libéraux, les catholiques s'en séparèrent à partir de 1878, en raison de la position laïque prise par les « jeunes libéraux » (Kappeyne Van de Coppello) sur la question scolaire. La formation, de 1888 à 1891, d'un gouvernement de coalition de catholiques et de calvinistes « antirévolutionnaires » amena l'éclipse des libéraux. Guillaume III eut pour successeur sa fille, Wilhelmine (1890/1948) : l'extinction de la ligne mâle d'Orange-Nassau fit passer le Luxembourg sous une autre branche de la famille de Nassau.

La reconquête sur les eaux prit, au XIXe s., une ampleur sans précédent. En 1798, à l'époque de la domination française, avait été créé un « ministère de l'Eau » (*Water staat*), qui aida et coordonna les efforts des communautés rurales. De 1848 à 1852 fut mené l'assèchement de la mer de Haarlem. L'assèchement du Zuiderzee, envisagé au XVIIe s., fut décidé par le Parlement en 1918, et, dès 1932, était achevée la Digue du Nord, séparant le Zuiderzee de la haute mer. Après l'inondation de 1953, qui submergea la Zélande et menaça Rotterdam, fut décidée la réalisation d'un projet plus ambitieux encore, le plan Delta, qui consiste à fermer tous les bras de mer de la Zélande en ne laissant libres que l'estuaire de la Meuse et l'estuaire de l'Escaut. Les premières années du XXe s. furent marquées par un puissant renouveau de l'économie hollandaise : marine marchande et grands ports en plein développement, puissance bancaire et financière mieux affirmée.

L'époque contemporaine

Durant la Première Guerre mondiale, les Pays-Bas réussirent à sauvegarder leur neutralité : la guerre sous-marine allemande et le blocus allié portèrent de sérieux coups au commerce national ; en revanche, l'argent afflua dans les banques hollandaises, où l'encaisse quadrupla pendant le conflit. En 1918, l'empereur Guillaume II se réfugia en Hollande, et celle-ci refusa de le livrer aux Alliés. Les Pays-Bas, comme toutes les nations de l'Europe occidentale, participèrent à l'essor économique des années d'après guerre : l'indice de la production industrielle passa de 121 en 1925 à 162 en 1929. Les gouvernements menèrent une politique sociale hardie (assurances maladie, invalidité, vieillesse ; réduction de la journée de travail à huit heures) et entreprirent de grands travaux (assèchement du Zuiderzee). Cependant, la crise économique de

1929 ouvrit une période d'inquiétude : les socialistes se tinrent dans l'opposition de 1926 à 1939 ; une mutinerie éclata dans les équipages de la marine des Indes néerlandaises (févr. 1933). La personnalité dominante des années 1930 fut le chef des calvinistes antirévolutionnaires, Colijn, qui fut Premier ministre en 1925/26 et de 1933 à 1939. Mais les communistes marquaient quelques progrès, et un mouvement national-socialiste obtenait 8 % des voix aux élections provinciales de 1935.

À l'aube du 10 mai 1940, les Pays-Bas furent envahis par la Wehrmacht et la ville de Rotterdam subit un terrible bombardement ; le 14 mai, la reine et le gouvernement se réfugiaient à Londres, cependant que l'armée capitulait. Dès le 18 mai, Hitler plaça les Pays-Bas sous l'autorité d'un commissaire du Reich, l'Autrichien Seyss-Inquart, qui avait joué un grand rôle lors de l'Anschluss. L'Allemagne ne cacha pas son intention d'absorber cette région considérée comme germanique et elle essaya d'y parvenir par l'intermédiaire du parti national-socialiste néerlandais, le NSB de Mussert. Le NSB devint parti unique (déc. 1941) et, le 13 déc. 1942, Mussert fut proclamé « Führer » du peuple néerlandais. Une unité de SS néerlandaise, la SS Standarte Westland, fut constituée. Mais, dans son immense majorité, la population soutint les mouvements de résistance, qui restaient en contact étroit avec Londres. En 1941, les autorités hitlériennes commencèrent à déporter massivement les Juifs néerlandais (un dixième seulement de la communauté juive devait survivre). Pour protester contre l'Occupation, les Néerlandais organisèrent d'importantes grèves (févr. 1941, mai 1943, sept./oct. 1944). En 1942, les premiers otages furent exécutés, mais le régime de terreur qui s'appesantit pendant l'année 1943 ne ralentit pas l'activité des organisations de résistance, rassemblées, à partir de juin 1944, dans la Grote Advies Commissie der Illegaliteit. En sept. 1944, les troupes alliées atteignirent le territoire néerlandais. Mais les Allemands résistèrent avec acharnement. Après l'échec de l'opération alliée sur Arnhem, la majeure partie des Pays-Bas restèrent occupés pendant tout l'hiver 1944/45. Ces derniers mois de la guerre réduisirent la population à une condition misérable, et ce n'est que le 5 mai 1945 que les dernières troupes allemandes capitulèrent.

Alors que la métropole se relevait rapidement grâce à l'aide américaine du plan Marshall, le gouvernement dut faire face au problème colonial. Les Indes néerlandaises avaient été occupées en 1942 par les Japonais, qui encouragèrent le mouvement nationaliste. Le 17 août 1945, le chef nationaliste Soukarno (v.) proclama l'indépendance de l'Indonésie. Sous la pression des États-Unis et de l'ONU, les Pays-Bas finirent par reconnaître l'indépendance de leur colonie (27 févr. 1949). Dès 1944 avaient été jetées les bases de l'union économique du Benelux entre la Hollande, la Belgique et le Luxembourg. En 1950, le gouvernement de La Haye adhéra avec empressement au plan Schuman et signa le traité de Paris (18 avr. 1951) instituant la Communauté européenne du charbon et de l'acier (v. **Européennes, institutions**). En politique intérieure, les Pays-Bas, de 1946 à 1958, eurent des gouvernements formés autour de la coalition des deux principaux partis, le parti catholique populaire (KVP) et le parti du travail (PVDA, socialiste). Cette alliance ayant été rompue se succédèrent des cabinets assez éphémères, dirigés soit par des catholiques (Beel, De Quay, Marijnen, Cals, De Jong), soit par des membres du parti antirévolutionnaire (ARP, calviniste). Aux élections de nov. 1972, ni le bloc des partis confessionnels ni celui des partis de gauche n'obtinrent une nette majorité, en dépit d'un sensible avantage pour le second. Après une crise de cinq mois, un cabinet de coalition parvint à se constituer enfin, en mai 1973, autour du parti du travail. Ce gouvernement, dirigé par Joop den Uyl, fut battu par les socialistes aux élections de mai 1977 (53 sièges sur 150). Un nouveau gouvernement fut constitué par Andries Van Agt, qui se maintint jusqu'en 1982. Le chrétien-démocrate Ruud Lubbers (v.), qui lui succéda à partir de cette date, parvint à appliquer la politique d'austérité dont avait besoin l'économie néerlandaise. Le 30 janv. 1980, la reine Juliana († 2004) avait abdiqué au bénéfice de sa fille Beatrix.

En mai 1989, le gouvernement Lubbers dut démissionner après le rejet par les partis de la coalition gouvernementale d'un plan draconien de lutte contre la pollution. Mais les élections européennes de juin, qui virent la victoire des chrétiens-démocrates et des écologistes, montrèrent que l'électorat était favorable à ces mesures rendues nécessaires par une grave détérioration de l'environnement. En nov., R. Lubbers formait un nouveau gouvernement de coalition avec la participation de socialistes puis en 1991 avec les libéraux. Il mena une stricte politique de rigueur, en particulier en matière de prestations sociales, obtenant toutefois la signature, en nov. 1993, d'un « pacte social » entre le patronat et les syndicats. Les partis social-démocrate (PVDA) et chrétien-démocrate (CDA) s'effondrèrent aux élections de mai 1994 si bien qu'en août, Wim Kok (PVDA) réussit à former une coalition « lilas » avec les deux partis libéraux VVD et D'66. Pour la première fois depuis 1917, les chrétiens-démocrates ne participaient plus au gouvernement. Le cabinet Kok réduisit encore le budget de l'État et fixa comme priorité une politique de soutien à l'emploi en vue de réduire un chômage qui s'élevait à 8 %.

Les Pays-Bas avaient été les seuls de toute l'Union européenne à connaître pendant 20 ans une croissance continue, qui atteignait encore 5 % entre 1995 et 2000. Mais la situation économique du pays s'est retournée en 2002, en raison de la chute du commerce mondial qui assurait les 2/3 de l'activité économique, de la baisse de l'exploitation du gaz naturel du gisement de Groningue et d'un taux d'inflation parmi les plus élevés de l'Union européenne. Le faible taux de chômage, ramené en 2002 à 4,1 % de la population active, cachait en réalité la faiblesse des gains de productivité en raison des 900 000 cas d'incapacité au travail officiellement reconnus. Ce retournement brutal explique sans doute l'ampleur du succès électoral remporté en mars 2002 à Rotterdam par le principal dirigeant du mouvement populiste Leefbaar (« Des Pays-Bas vivables »), Pim Fortuyn qui, désavoué en févr. pour ses déclarations xénophobes, fondait en un mois son propre parti (LPM ou Liste Pim Fortuyn). Son assassinat à Hilversum, le 6 mai 2002, a eu un immense retentissement dans un pays où le dernier meurtre politique remontait au XVIIe siècle. Aux législatives du 15 mai 2002, LPM devint la deuxième formation politique (26 sièges sur 150) et la première à Rotterdam et à La Haye. Elle est donc entrée dans le gouvernement de coalition formé le 22 juill. 2002 par le chrétien-démocrate Jan Peter Balkenende. Mais cette coalition a éclaté dès janv. 2003. Le nouveau gouvernement formé depuis mai 2003 autour de Balkenende par une coalition des partis chrétiens-démocrates et libéraux s'est engagé pour les 4 prochaines années dans un vaste plan d'austérité qui, notamment par la réforme du généreux système d'indemnisation du chômage, devrait maintenir le déficit public à 2,7 % du PIB en 2004. Cette politique courageuse a été critiquée par l'opposition socialiste mais a reçu le soutien des autorités monétaires de l'Union européenne. Depuis le 27 janvier 2002, le florin néerlandais a en effet laissé la place à l'euro. À la fin de l'année 2000, les Pays-Bas furent le premier pays du monde à légaliser l'euthanasie.

PAYS d'élections. Dans l'ancienne France, les pays d'élections étaient ceux qui n'avaient pas d'états ou assemblées régionales, et où l'administration était exercée par les bureaux des finances et par des « élections » travaillant de concert avec l'intendant. Les élections étaient composées de magistrats recrutés dans la petite bourgeoisie ; jusqu'au XIVe s., ces magistrats étaient élus, mais leurs charges furent ensuite transformées en offices et devinrent vénales et héréditaires. Les élections participaient à l'administration de la taille mais leur principale fonction était de connaître, en première instance, de la plupart des matières dont les cours des aides connaissaient en appel. Les pays d'élections étaient plus étendus que les pays d'états ; c'étaient les régions depuis longtemps réunies au domaine royal et qui n'avaient pas réussi à maintenir leurs anciens états (généralités de Paris, Amiens, Soissons, Orléans, Bourges, Moulins, Riom, Grenoble, Poitiers, La Rochelle, Limoges, Bordeaux, Tours, Bayonne, Auch, Châlons, Rouen, Caen et Alençon).

PAYS d'états. Dans l'ancienne France, les pays d'états étaient ceux qui, en vertu des traités de réunion à la Couronne, avaient conservé le droit de s'administrer eux-mêmes. Les états provinciaux, composés de représentants des trois ordres (clergé, noblesse, tiers état), y concouraient à l'administration avec les agents royaux. Ces pays d'états se trouvaient surtout dans la périphérie du royaume : au XVIIIe s., seuls les états de Bourgogne, Provence, Languedoc et Bretagne avaient encore un rôle réel. Les autres avaient disparu ou n'étaient plus que des rouages du gouvernement exercé par les intendants.

PAZ ESTENSSORO Victor (Tarija, 1907). Homme politique bolivien. Fondateur du Mouvement national révolutionnaire (MNR) en 1943, président de la République (1952/56, 1960/64 et 1985/89). Voir **Bolivie**.

PÉAGE. Au Moyen Âge, l'entretien des voies publiques et des ouvrages d'art appartenait aux seigneurs locaux, qui percevaient un droit ou *péage* sur les personnes, les animaux, les marchandises. Dès la fin du Moyen Âge, le pouvoir royal s'efforça de réduire le nombre des péages. Il fut même un instant décidé de supprimer tous les péages, contre indemnité, mais cette mesure, qui eût exigé 80 millions de livres, dépassait les ressources financières du gouvernement royal. En temps de crise le roi se trouvait contraint de doubler momentanément les péages, au profit de l'État. Par ailleurs, il devait souvent concéder à des entrepreneurs privés la construction de ponts ou d'autres ouvrages d'art, contre un droit de péage. La suppression complète des péages par la Convention, le 17 juill. 1793, fut longtemps considérée comme une des conquêtes de la Révolution française. Mais, à partir de 1960, on a vu refleurir les péages sur les autoroutes, dont la construction fut de plus en plus souvent concédée à des entreprises privées. Les péages autoroutiers existent également aux États-Unis, en Grande-Bretagne, en Italie, en Suisse, etc., mais non en Allemagne, en Belgique, aux Pays-Bas. Voir **Tonlieu**.

PEARL HARBOR. Base navale américaine située au S. de l'île Oahu, dans les îles Hawaii. Station de charbon et de réparation en 1887, Pearl Harbor fut aménagée en base en 1900 et considérablement renforcée à partir de 1940. En déc. 1941 se trouvait rassemblée dans la baie de Pearl Harbor une importante flotte américaine comprenant 8 cuirassés, 9 croiseurs, 28 contre-torpilleurs, 5 sous-marins et de nombreux bâtiments auxiliaires. À l'aube du 7 déc. 1941 se produisit une attaque de l'aviation japonaise, qui, en deux heures, mit hors de combat les 8 cuirassés, 3 croiseurs, de nombreux autres bâtiments, et détruisit au sol 247 avions américains. Pourtant, la flotte américaine avait préservé l'essentiel : ses trois portes-avions n'étaient pas en rade à Pearl Harbor au moment de l'attaque. Cette attaque, qui renouvelait avec les moyens modernes celle de Port-Arthur en 1904, paralysait la flotte américaine du Pacifique et provoqua l'entrée des États-Unis dans la Seconde Guerre mondiale. La base de Pearl Harbor n'avait pas été mise en état de défense : le général W.C. Short et l'amiral H. E. Kimmel furent traduits devant une commission d'enquête, qui conclut qu'aucune charge ne pouvait être retenue contre eux. Par la suite, Roosevelt fut accusé d'avoir volontairement négligé la défense de Pearl Harbor afin de provoquer un choc psychologique seul capable de vaincre les réticences isolationnistes.

PEARSON Lester Bowles (* Toronto, 23.IV.1897, † Ottawa, 27.XII.1972). Homme politique canadien. D'abord professeur à l'université de Toronto, il servit ensuite dans la diplomatie et fut ambassadeur aux États-Unis (1945/46). Entré dans la politique en 1946, il rallia le parti libéral et fut ministre des Affaires étrangères dans le gouvernement Saint-Laurent (1948/57). Il présida l'Assemblée générale de l'ONU en 1952/53. En 1956, lors de la crise de Suez, il obtint des Nations unies la création d'une force militaire internationale chargée de séparer Israéliens et Arabes au Proche-Orient. Cette initiative lui valut le prix Nobel de la paix en 1957. Successeur de Saint-Laurent à la tête du parti libéral (1958), il dirigea, de 1963 à 1968, deux gouvernements libéraux minoritaires. Il dut faire face aux problèmes créés par le courant autonomiste québécois, et, en été 1967, il protesta vigoureusement contre l'appel lancé par le général de Gaulle en faveur du « Québec libre ».

PEEL sir Robert (* Chamber Hall, près de Bury, Lancashire, 5.II.1788, † Londres, 2.VII.1850). Homme politique anglais. Après avoir lutté énergiquement contre l'agitation catholique en Irlande, comme secrétaire pour l'Irlande (1812/18), il fit cependant voter l'acte d'émancipation des catholiques en 1829, comme ministre de l'Intérieur dans le cabinet Wellington (1828/30). Chef du gouvernement (1834/35 et 1841/46), ses réformes permirent de maintenir la paix sociale dans une situation économique difficile ; il se rallia à l'opinion de Cobden (v.), et fit abolir les *corn laws* en 1846. Ce choix provoqua une scission au sein du parti conservateur (v.) et lui fit perdre le pouvoir, mais il orienta l'économie de la Grande-Bretagne vers le libre-échange qui assurera sa prospérité pour de longues années.

PÉLAGE, Pelayo († Cangas, 18.IX.737). Roi des Asturies (vers 718/37). Chef des derniers Wisigoths qui continuaient le combat contre les Arabes dans les montagnes asturiennes, où il remporta sur les Maures la victoire de Covadonga (718) qui marqua le début de la « Reconquête » (v.). Il posa les bases du royaume d'Oviedo ou des Asturies. Il est resté un héros national de l'Espagne.

PÈLERINAGES. Toutes les grandes religions ont connu la coutume d'aller, individuellement ou collectivement, à des lieux de culte vénérés. Dans la Grèce antique et l'Orient hellénistique, les principaux centres de pèlerinage étaient les oracles (v.) et les sanctuaires des dieux guérisseurs. De même, à partir des Ve/IVe s. av. J.-C., les Juifs de Palestine et de la Diaspora (v.) se rendaient à Jérusalem pour les grandes fêtes.

Les pèlerinages dans le christianisme

C'est vers la Palestine, remplie des souvenirs de l'Ancien Testament, de la vie et de la Passion du Christ, que se dirigèrent, dès le début du IIIe s., les premiers pèlerins chrétiens. Après la remise au jour des Lieux saints par Constantin et la découverte de la Sainte Croix, les pèlerins se firent très nombreux. Des IVe/Ve s. datent deux célèbres récits de pèlerinage en Terre sainte : l'*Itinerarium burdigalense* (333), d'un pèlerin bordelais, et la *Peregrinatio* d'Éthérie (vers 400). L'empereur Théodose en 386, l'impératrice Eudoxie en 439 et 444 furent du nombre des pèlerins de Jérusalem. L'occupation de la Ville sainte par les Arabes (638) n'arrêta pas les pèlerinages, qui furent même facilités par l'ouverture de la route du Danube, vers le XIe s. Mais la situation changea après la prise de Jérusalem par les Turcs Seldjoukides (1070). Les entraves mises par les Turcs à la liberté des pèlerinages chrétiens furent une des causes de la première croisade (v.).

En Europe, Rome a été la destination la plus fréquentée : on se rendait sur les tombeaux des apôtres Pierre et Paul et ceux des nombreux martyrs des premiers siècles de la chrétienté. L'attrait de Rome atteignit son comble lorsque Boniface VIII, en 1300, proclama l'Année sainte et promit des indulgences exceptionnelles aux pèlerins qui visiteraient les basiliques romaines.

Parmi les autres centres internationaux de pèlerinage, Saint-Jacques-de-Compostelle, en Galicie, a été un des plus recherchés. La tradition, connue à partir du IXe s., y affirmait la présence des reliques de st Jacques le Majeur. En Gaule, le tombeau de st Martin à Tours, les reliques présumées de ste Marie-Madeleine à Saint-Maximin-La-Sainte-Baume, en Provence, le Mont-Saint-Michel, les sanctuaires de la Vierge à Chartres, au Puy, Fourvière (Lyon) ont toujours attiré les pèlerins. En Italie, ce furent le centre franciscain d'Assise, le centre bénédictin du Mont-Cassin, le tombeau de st Antoine à Padoue, la maison de la Vierge amenée miraculeusement à Lorette, etc. ; en Angleterre, le tombeau du martyr Thomas Becket à Canterbury, de st Cuthbert à Durham et le sanctuaire marial de Walsingham ; en Allemagne, le tombeau de st Boniface à Fulda, les reliques de la Sainte-Tunique à Trèves, les reliques des Rois mages à Cologne, etc.

On partait en pèlerinage pour accomplir un vœu, pour demander une guérison, pour obtenir le pardon d'une faute ; parfois aussi les tribunaux ecclésiastiques imposaient de faire un pèlerinage pour expier des fautes d'hérésie. Dans l'Europe orientale et orthodoxe les pèlerins étaient plus souvent inspirés par le désir de demander conseil à quelque ascète renommé, quelque *starets*, tel st Séraphin de Sarov. Condamnée par les protestants, la fréquentation des pèlerinages devait survivre à la crise de la Réforme. L'importance prise au XIXe s. par la dévotion mariale lui donna un nouvel essor, et des foules immenses se pressèrent à Lourdes, à La Salette, à Fatima. Les religions séculières de l'Europe moderne ont exploité à leur profit le goût des pèlerinages : ainsi, les Soviétiques continuent de se recueillir devant les reliques de Lénine, au mausolée de la place Rouge.

Les pèlerinages dans l'islam et les religions extrême-orientales

Le pèlerinage de La Mecque, antérieur à Mahomet, est devenu un rite de l'islam. Ce pèlerinage *(hadj)*, l'un des cinq « piliers de l'islam », doit théoriquement être accompli par chaque musulman au moins une fois dans sa vie mais « pourvu qu'il soit en état de l'accomplir », précise le Coran. Il est d'ailleurs possible de se faire remplacer par un mandataire (v. MECQUE, La). L'islam connaît aussi les pèlerinages aux tombeaux des « saints » et des « prophètes ».

Dans l'hindouisme, il existe sept villes saintes de premier rang, dont on dit qu'elles ont le privilège d'assurer la délivrance à ceux qui les visitent ; ce sont Bénarès, Ayodhya, Mathura et Hardwar (dans l'Uttar Pradesh), Kancheepuram (dans l'État de Tamil Nadu), Ujjain (dans le Madhya Pradesh) et Dwaraka (dans le Gudjerat). Les pèlerins vont aussi en masse se baigner dans les sept rivières sacrées de l'Inde : le Gange, la Jumna, la Godavari, la Narmada, l'Indus, la Cauvary et la Sarasvati. Les vishnouites affectionnent particulièrement le pèlerinage de Puri, sur la côte du golfe du Bengale ; les fervents de Rama vont à Ramasvaram, à l'extrême sud de la péninsule ; les çivaïtes à Madurai, mais surtout à Bénarès.

Dans le bouddhisme, l'habitude fut prise rapidement de visiter les lieux illustrés par la vie et la prédication du Bouddha Çakyamuni, en particulier son lieu de naissance, dans le Népal ; Boddh Gaya, où il reçut l'illumination ; le parc des Gazelles, près de Bénarès, où il révéla pour la première fois la « Bonne Loi » ; et Kusinara, où il entra dans le nirvana. Quand le bouddhisme eut atteint la Chine, des fidèles chinois n'hésitèrent pas à entreprendre des milliers de kilomètres pour aller se recueillir dans ces sites de l'Inde du Nord. Les plus célèbres de ces pèlerins chinois furent Fahien, qui voyagea en Inde de 399 à 414, et, plus tard, dans la première moitié du VIIe s., Hiuan-tsang. Tous deux rapportèrent en Chine des manuscrits bouddhistes.

PÈLERINS (pères), Pilgrim Fathers. Nom donné, à partir du XVIIIe s., aux 102 colons anglais qui, partis d'Angleterre le 16 sept. 1620 sur le *Mayflower*, débarquèrent sur la côte américaine le 9 nov. suivant et fondèrent peu après la colonie de Plymouth (Massachusetts). Parmi ces colons se trouvaient trente-cinq membres de l'Église anglaise séparée de Leyde ; les autres appartenaient à l'Église anglicane. D'abord connus sous le nom de *Forefathers* (ancêtres) et de *Saints*, ils ne reçurent celui de « pèlerins » qu'en 1798.

PELLOUTIER Fernand (* Paris, 1.X.1867, † Sèvres, 13.III.1901). Syndicaliste français. Il se sépara de J. Guesde et du marxisme pour évoluer vers l'anarchisme libertaire. En 1894, il fut nommé secrétaire de la Fédération des Bourses du travail ; en sept ans, il fit passer le nombre des Bourses du travail de trente-trois à quatre-vingt-une. Il fit prédominer dans cette organisation les thèses de l'autonomie ouvrière, de l'action unitaire du prolétariat et de l'importance de la formation économique des ouvriers.

PELLOUX Luigi (* La Roche, Savoie, 1er.V.1839, † Bordighera, 1924). Général et homme politique italien. Il participa à toutes les campagnes militaires du Risorgimento (v.), entra au Parlement en 1880, fut ministre de la Guerre (1891/93 et 1896/97) et joua un rôle important dans l'organisation de l'armée du royaume unifié. À la suite des troubles sociaux de 1898, il fut mis à la tête du gouvernement, tenta de réduire les libertés de presse et de réunion, mais se heurta à l'obstruction parlementaire de la gauche.

PÉLOPIDAS († Cynocéphales, 364 av. J.-C.). Général thébain. D'une des familles les plus riches de Thèbes, ami d'Épaminondas, il s'enfuit à Athènes après la prise de la Cadmée par les Spartiates et l'institution du régime des oligarques (382). Trois ans plus tard, par un audacieux coup de main, il chassa les occupants de Thèbes, où il rétablit la démocratie (379). Il fut ensuite, avec Épaminondas, le principal artisan de l'hégémonie thébaine et participa à la bataille de Leuctres (371). Il conduisit plusieurs expéditions en Thessalie contre le tyran Alexandre de Phères (369) ; fait prisonnier, il fut délivré par Épaminondas et vainquit Alexandre de Phères à Cynocéphales, mais trouva la mort dans cette bataille.

PÉLOPONNÈSE, c'est-à-dire *île de Pélops*, héros mythologique, fils de Tantale, roi de Phrygie. Vaste presqu'île de la Grèce méridionale, coupée de nombreuses montagnes. On la divise généralement en six parties : l'Achaïe au N., l'Argolide au N.-E., l'Arcadie au centre et à l'E., la Laconie au S.-E., la Messénie au S.-O., l'Élide au N.-O. Dans la première moitié du IIe millénaire av. J.-C., le Péloponnèse fut occupé par des populations indo-européennes identiques aux Achéens qui fondèrent au N.-E. de la péninsule la civilisation mycénienne (v.). Elle devait disparaître après la destruction des grands centres palatiaux au XIIe s. av. J.-C. Les héritiers des Mycéniens se maintinrent surtout en Arcadie, en Élide et en Achaïe, tandis que le reste de la péninsule adoptait des traditions doriennes. À partir du VIIIe s., l'histoire du Péloponnèse est dominée par l'ascension de Sparte (v.), qui soumit les Messéniens (VIIe s.) et prit la tête d'une confédération (*symmachie*), appelée aujourd'hui ligue Péloponnésienne (VIe/IVe s. av. J.-C.). Celle-ci fut engagée contre Athènes dans la guerre du Péloponnèse (v. ATHÈNES. La guerre du Péloponnèse). L'hégémonie de Sparte fut brisée par Thèbes à la bataille de Leuctres (371), et le Thébain Épaminondas fit quatre campagnes dans le Péloponnèse (370/362). Malgré la victoire de Philippe à Chéronée (338), Sparte fut une des rares cités à poursuivre la résistance à la Macédoine. Vers le milieu du IIIe s. av. J.-C., la ligue Achéenne s'assura la prédominance. D'abord alliée aux Macédoniens contre Sparte, elle passa du côté de Rome lors de la seconde guerre de Macédoine (200/197), et, en 146 av. J.-C., le Péloponnèse, avec le reste de la Grèce, fut réduit en province romaine sous le nom d'Achaïe.

Dans l'Empire d'Orient, la péninsule forma avec l'île de Crète le *thème* du Péloponnèse, qui avait pour chef-lieu Corinthe. À la suite de la quatrième croisade et de la prise de Constantinople (1203), Venise s'assura dans le Péloponnèse les places de Coron et de Modon, plus tard de Nauplie et d'Argos, cependant que les croisés français fondaient en 1204 la principauté d'Achaïe ou de Morée, dont les premiers souverains appartinrent à la famille Villehardouin ; mais la reconquête de cette principauté franque par les Byzantins commença dès le début du règne de Michel VIII Paléologue (v.), qui se fit céder en 1262 les trois places de Monemvasie, Maïna et Mistra, puis reprit l'Arcadie et la Laconie ; vers 1430, toute la principauté d'Achaïe était repassée sous l'autorité byzantine. Occupé par les Turcs de 1463 à 1479, le Péloponnèse, connu désormais sous le nom de Morée, fut repris par Venise en 1687, mais reperdu en 1714 et cédé définitivement à la Porte par le traité de Passarowitz (1718). Pendant la guerre de l'Indépendance grecque (1821/28), la Morée souffrit beaucoup des ravages commis par les Turcs et les Égyptiens ; mais, en 1828, l'expédition française du maréchal Maison mit fin aux massacres et délivra la Morée, qui est restée depuis lors à la Grèce.

PÉLOPONNÈSE (guerre du, 431/404 av. J.-C.). Conflit général du monde grec à la fin du Ve s. av. J.-C. qui mit aux prises Sparte et Athènes ainsi que leurs alliés. Voir ATHÈNES. La guerre du Péloponnèse.

PENDJAB. Région du nord-ouest de l'Inde et du Pakistan occidental, formant entre l'Indus et la Jumna une vaste plaine arrosée par les rivières Jhelum, Chenab, Ravi, Sutlej et Beas (d'où le nom de *Pendjab*, « pays des cinq rivières »). Le Pendjab fut la première région de l'Inde occupée par les Aryens (v.). Après la campagne d'Alexandre le Grand (326 av. J.-C.) se succédèrent les envahisseurs venus de l'Ouest et du Nord. Elle fut englobée dans l'Empire maurya (v.) (IVe/IIe s.), soumise à l'influence des Grecs de Bactriane (v.), puis comprise dans le royaume indo-scythe des Kouchans (50 av./220 apr. J.-C.). Les musulmans en firent la conquête du VIIIe au XIIe s., mais ne parvinrent jamais à imposer l'hégémonie de l'islam dans le Pendjab oriental. Dévasté par les raids d'Houlègou (1245) et de Tamerlan (1398), le Pendjab fut conquis par Baber en 1526. Il connut encore les invasions de Nadir Chah (1739) et de l'Afghan Ahmed Chah (1756/61). Menacé de désintégration, le Pendjab fut réorganisé par la secte des sikhs (v.) dont le chef, Ranjit Singh, fut reconnu raja de Lahore en 1798 : ce n'est qu'après deux guerres difficiles (1845/46, 1848/49) que Lord Dalhousie réussit à annexer le Pendjab à l'Inde britannique.

Intégrés à l'armée des Indes, les sikhs en devinrent le corps d'élite. En 1947, le Pendjab fut divisé entre l'Inde et le Pakistan, sur des critères confessionnels. Le Pendjab indien fut lui-même divisé, en 1966, en deux États, l'un de langue pendjabi et peuplé en majorité de sikhs (Pendjab actuel), l'autre qui prit le nom d'Haryana, de langue hindi. Les aspirations des sikhs à l'autonomie s'accentuèrent, à partir de 1973. En juin 1984, la tension atteignit son point culminant à la suite de l'assaut donné par les forces fédérales contre le temple d'Amritsar où s'étaient retranchés plusieurs centaines d'extrémistes sikhs. En représailles, un sikh de la garde personnelle d'Indira Gandhi (v.) abattit le Premier ministre, le 31 oct. Une vague d'émeutes submergea l'Inde, dont plusieurs milliers de sikhs furent victimes. Rajiv Gandhi, succédant à sa mère à la tête de l'État indien, parvint à calmer les passions : en sept. 1985, les élections au Pendjab donnaient la majorité à l'Akali Dal, parti sikh modéré. L'accord conclu en 1985 entre Rajiv Gandhi et le leader sikh modéré, puis les élections qui suivirent n'ont pas empêché le Pendjab de sombrer dans la guerre civile. Ne pouvant laisser se développer un mouvement séparatiste dans une zone frontalière, Delhi plaça l'État sous administration directe en 1987. Incapable de trouver une solution politique à la crise, le gouvernement central eut recours à la répression pour venir à bout du terrorisme sikh. Le processus électoral fut cependant restauré en 1992 avec la tenue d'élections locales qui connurent un très fort taux de participation. Mais l'attentat qui coûta la vie au Premier ministre de l'État et à vingt autres personnes, en août 1995, semblait contredire cette apparence de retour au calme. L'arrivée au pouvoir en févr. 1997 d'un gouvernement de coalition entre l'Akali Dal et le Bharatiya Janata Party (BJP, droite nationaliste hindoue) améliora la situation, sans faire cesser tout à fait les violences. Le massacre de trente-cinq sikhs au Cachemire voisin en mars 2000 raviva les tensions, tandis que l'agitation se communiquait au Pendjab pakistanais.

PENN William (* Londres, 14.X.1644, † Ruscombe, Berkshire, 30.VII.1718). Quaker anglais. Fondateur de la colonie de Pennsylvanie (1682). Voir QUAKERS et PENNSYLVANIE.

PENNSYLVANIE, *Pennsylvania*. État du nord-est des États-Unis ; capitale *Harrisburg*, villes principales *Philadelphie* et *Pittsburgh*. Cette région fut d'abord colonisée par les Suédois, qui fondèrent Uppland (auj. Chester) en 1644 ; elle passa ensuite aux Hollandais (1655), qui furent chassés par les Anglais en 1664. Le quaker William Penn s'en fit attribuer la propriété par une charte de 1681, et, l'année suivante, il fonda la colonie de Pennsylvanie et la ville de Philadelphie (1682). Placée par William Penn sous le signe de l'amour fraternel, la Pennsylvanie devint un refuge pour les persécutés : Penn signa avec les Indiens un traité qui fut scrupuleusement respecté ; il abolit l'esclavage et donna à la colonie une Constitution qui devait inspirer plus tard celle des États-Unis. Peuplée au cours du XVIIIe s. par de nombreux immigrants protestants anglais, allemands, hollandais, français, la Pennsylvanie prit une part active au mouvement d'indépendance et fut le théâtre des batailles importantes de Brandywine, Germantown et Valley Forge. Les premier et deuxième Congrès continentaux (1774, 1775/81) se tinrent à Philadelphie. La déclaration d'Indépendance y fut signée (4 juill. 1776) et Philadelphie devint la capitale des États-Unis de 1790 à 1800. Dans les années 1785/1800, la vie de l'État fut troublée par des querelles de frontières avec ses voisins (notamment le Connecticut, à propos de la vallée du Wyoming) et par des mouvements populaires ayant pour cause les difficultés économiques et la fiscalité fédérale (rébellion du whisky, 1794 ; rébellion de John Fries, 1798). En 1812, la capitale de l'État fut fixée à Harrisburg. Fidèle à l'Union durant la guerre de Sécession, la Pennsylvanie vit la défaite de Lee à Gettysburg (1863). Dans les années 1860 a commencé l'essor industriel de la Pennsylvanie. L'État fut le berceau du grand capitalisme nord-américain.

PENSIONNAIRE. Dès le XVe s., le nom de *pensionnaire* fut donné à des magistrats chargés de représenter certaines villes des Pays-Bas aux réunions des états provinciaux. De 1586 à 1619, l'« avocat » de Hollande Oldenbarnevelt (v.), par son influence personnelle, contrôla bientôt toute la vie politique des Provinces-Unies. Il reçut le titre de « pensionnaire » *(raadpensionaris)*. Il devint traditionnel que le pensionnaire de Hollande fût le « grand pensionnaire » des Provinces-Unies. Cette charge équivalait à celle de Premier ministre ; sa durée était de cinq ans, mais le grand pensionnaire pouvait être réélu. Voir PAYS-BAS. La fondation des Provinces-Unies (1579/1648).

PÉPI II. Roi d'Égypte (vers 2270/2200 av. J.-C.). Voir ÉGYPTE.

PÉPIN le Vieux ou **de Landen** († 639). Maire du palais (615/40). D'une famille originaire de la Hesbaye, il possédait de vastes domaines dans la région comprise entre le Brabant et la Moselle. Il était un des chefs de l'aristocratie austrasienne et devint maire du palais sous Clotaire II et Dagobert Ier (v.) (615/40). Il maria sa fille Begga à Anségise, fils de son ami st Arnoul, évêque de Metz (vers 635). De cette union devaient naître la maison des Pippinides et la dynastie carolingienne.

PÉPIN le Jeune ou **de Herstal** († Jupille, 16.XII. 714). Petit-fils de Pépin le Vieux, fils d'Anségise et de Begga, maire du palais d'Austrasie vers 680. Battu par le Neustrien Ébroïn à Leucofao (680), il fut sauvé par la mort de son ennemi et prit sa revanche sur les Neustriens à Tertry, près de Péronne, en 687. Il réunit alors les trois royaumes francs d'Austrasie, Neustrie et Bourgogne, et, tout en laissant régner les Mérovingiens, il s'assura le contrôle du gouvernement, des finances, de l'armée et prit le titre de *dux et princeps Francorum*. Sa résidence, fixée à Herstal, puis à Jupille, dans la vallée de la Meuse, symbolise l'orientation de sa politique vers la Germanie. Il refoula les Frisons au N. du Rhin et seconda les efforts missionnaires de st Willibrord ; il lutta aussi contre les Alamans et leur imposa une sorte de protectorat (712). Il fut le père de Charles Martel.

PÉPIN le Bref (* Jupille, 714, † Saint-Denis, 24.IX. 768). Maire du palais (714/51), puis roi des Francs (752/68). Petit-fils de Pépin le Jeune et fils cadet de Charles Martel et de Rotrude. Avec l'appui du Saint-Siège, depuis longtemps favorable aux Pippinides et qui rendait grâce à Pépin de la réorganisation de l'Église des Gaules (conciles de Leptines, 743, et de Soissons, 744), Pépin déposa pour incapacité le dernier Mérovingien (751). Au champ de mai de Soissons, il se fit proclamer roi des Francs et reçut le sacre royal des mains du pape venu solliciter son aide. Il s'acquitta aussitôt de sa dette envers l'Église par deux expéditions en Italie (754 et 756) contre les Lombards, auxquels il enleva l'exarchat de Ravenne (v.) et la Pentapole. Sacré de nouveau par le pape Étienne II et pourvu du titre de « patrice des Romains » (754), il donna à la papauté les territoires pris aux Lombards, qui constituèrent l'embryon des États pontificaux (v.) (*Donation de Pépin*, 756). Ainsi se trouvait solidement scellée l'alliance de la royauté franque et du Saint-Siège. Pépin le Bref poursuivit la lutte sur toutes les frontières de l'Empire : il battit les Saxons et atteignit la Weser, réduisit en vassalité Tassilon de Bavière, reprit Narbonne et la Septimanie aux Arabes, écrasa en cinq campagnes (760/68) la révolte des Aquitains. Vrai fondateur de dynastie, Pépin le Bref avait largement ouvert la voie à la restauration impériale poursuivie par son fils, Charlemagne.

PÉPIN (* 777, † Milan, 8.VII.810). Roi d'Italie (781/810). Second fils de Charlemagne et d'Hildegarde, d'abord appelé Carloman, il fut sacré « roi des Lombards » en 781 par le pape Hadrien Ier. Il se signala sous les ordres de son père en combattant les Avars (796). Au partage de 806, il reçut de Charlemagne, outre le titre de roi d'Italie, la Bavière et l'Alémanie.

PÉPIN II (* vers 823, † Senlis, après 864). Roi d'Aquitaine (838/52). Fils et successeur de Pépin Ier, il vit son grand-père, Louis le Pieux, attribuer ses États à son fils préféré, Charles le Chauve. Allié contre ce dernier à Lothaire, il fut battu avec celui-ci à Fontaine (25 juin 841) et dépouillé de nouveau de l'Aquitaine au traité de Verdun (843). Il réussit cependant à s'y maintenir et força Charles à le reconnaître (845). Mais Charles s'empara de Toulouse (849) et de Pépin lui-même (852). Évadé, Pépin s'allia aux Normands et finit en aventurier : repris par Charles le Chauve en 864, il fut condamné à mort, puis gracié, et finit ses jours dans la prison d'un monastère de Senlis.

PERDICCAS († 321 av. J.-C.). Général macédonien. Lieutenant d'Alexandre, il reçut l'anneau de ce prince mourant, ce qui semblait le désigner à sa succession. Il fut un des quatre régents nommés à la mort du conquérant, partagea les provinces entre les diadoques, mais tenta de maintenir à son profit une unité supérieure et, dans ce dessein, épousa Cléopâtre, sœur d'Alexandre. Inquiets de ses ambitions, les diadoques, à l'exception d'Eumène, s'unirent contre lui, et Perdiccas fut assassiné par un groupe d'officiers révoltés alors qu'il marchait contre Antigone et Ptolémée.

PÈRE DUCHESNE (le). Titre de plusieurs journaux pamphlétaires français ; le plus célèbre a été celui d'Hébert fondé en nov. 1790, et marqué par son extrémisme révolutionnaire. Voir **HÉBERT**.

PERES Shimon, S. Persky, dit (Vichneva, 1923, Russie blanche sous administration polonaise). Homme politique israélien. Ses parents s'installèrent en Palestine dès 1934. Il fit carrière dans les rangs du parti travailliste et obtint divers postes ministériels de 1959 à 1974, dont celui de la Défense. Il accéda à la direction du parti travailliste en 1977. Premier ministre par intérim la même année, après la démission d'Yitzhak Rabin, il élabora, en 1984, une formule d'union nationale qui lui valut de rester deux ans au pouvoir avant de s'effacer devant Yitzhak Shamir, chef de la droite, et de prendre le ministère des Affaires étrangères. En juill. 1992, il fut nommé chef de la diplomatie dans le gouvernement travailliste d'Y. Rabin. Partisan d'une démarche de paix auprès du peuple palestinien, il mena à Oslo des négociations secrètes avec l'OLP (v.). Celles-ci aboutirent, en sept. 1993, à la signature de la déclaration de principes israélo-palestinienne à Washington, et, en mai 1994, aux accords d'autonomie du Caire. Il reçut, avec Yasser Arafat et Yitzhak Rabin, le prix Nobel de la paix en déc. 1994. Il remplaça Y. Rabin au poste de Premier ministre après l'assassinat de ce dernier, en oct. 1995. Il conduisit son parti aux élections de mai 1996 et perdit face au Likoud de Benjamin Netanyahou. En juin 1997 il fut remplacé à la tête du parti travailliste par Ehoud Barak. Voir **ISRAËL (État d')**.

PÈRES DE L'ÉGLISE. Le nom de *Pères* était réservé à l'origine aux chefs des Églises, aux évêques, dépositaires de l'autorité disciplinaire aussi bien que doctrinale. Mais, à partir du Ve s., il fut réservé de préférence aux défenseurs de la foi contre les erreurs doctrinales, à tous ceux dont l'œuvre pouvait faire ses preuves d'ancienneté, d'orthodoxie et d'approbation de l'Église. On considère généralement que l'époque de la patristique s'achève au Ve s. et l'on distingue dans la patristique les périodes suivantes : les Pères apostoliques des I[e]/IIe s. (la *Didaché*, Clément de Rome, Ignace d'Antioche, Polycarpe, Hermas) ; les Pères apologistes du IIe s. (Justin, Tatien, Athénagore, Irénée, etc.) ; les Pères du IIIe s. (Clément d'Alexandrie, Origène, Hippolyte, Tertulier, Cyprien) ; le « grand siècle » de la patristique, de 300 à 430 environ (représenté chez les Grecs par Athanase, Basile, Grégoire de Nysse, Grégoire de Nazianze, Jean Chrysostome, et chez les Latins par Hilaire de Poitiers, Ambroise, Jérôme et Augustin).

PÉREZ DE CUÉLLAR Javier (Lima, 19.I.1920). Homme politique et diplomate péruvien. Sous-secrétaire général de l'ONU de 1979 à 1981, il en devint secrétaire général de janv. 1982 à janv. 1992. Il fut le premier Latino-Américain à occuper ce poste.

PERGAME, *Pergamon*. Ancienne ville d'Asie Mineure, en Mysie, au confluent du Caïque et du Cétios, au N. de Smyrne et à 25 km environ de la mer Égée. Fondée, selon la tradition, par un fils de Pyrrhos et Andromaque, ou par des Grecs d'Épidaure, elle resta un point d'appui fortifié perse du VIe au IVe s., appartenant peut-être au domaine donné par le roi Xerxès vers 480 av. J.-C. à Démarate (ou à Gongylos d'Érétrie). Mais elle n'acquit de l'importance qu'au début du IIIe s. av. J.-C. Lysimaque, un des généraux d'Alexandre, y entreposa son trésor, dont il confia la garde au stratège Philétaire. À sa mort (281 av. J.-C.), celui-ci prit son indépendance et fonda l'État pergaménien.

Ses successeurs, Eumène Ier (263/241) et Attale Ier (qui prit le titre royal, 241/197) agrandirent leur territoire aux dépens des Séleucides (v.). Menacés par l'ambition de Philippe V de Macédoine, qui avait des visées sur les Détroits et l'Asie Mineure, ils s'allièrent à Rome ; Eumène II (197/159) appuya également les Romains dans la guerre contre le Séleucide Antiochos III, et, au traité d'Apamée (188 av. J.-C.), Pergame reçut de Rome une grande partie de l'Asie Mineure, de la Troade au Taurus, de la Phrygie à Telmessos ; mais l'État pergamien resta une puissance essentiellement continentale. Son seul port important était Attalia, sur la côte de Lycie, les villes grecques des rives de l'Égée conservant leur indépendance.

Depuis la victoire d'Attale Ier sur les Galates (240), Pergame était devenue une des grandes capitales du monde hellénistique. La dynastie des Attalides voulut rivaliser avec les Ptolémées d'Égypte : la bibliothèque de Pergame, riche de 400 000 volumes, était la deuxième du monde hellénistique, après celle d'Alexandrie (en réponse à l'interdiction d'exportation de papyrus par les Lagides, les Attalides favorisèrent la nouvelle industrie du parchemin). L'économie pergamienne était en grande partie contrôlée par l'État ; les industries du parchemin, des textiles, des parfums étaient des monopoles royaux. Les villes étaient soumises à de fortes contributions, mais la capitale conservait son autonomie et le roi n'y était, théoriquement, qu'un simple citoyen. Les Attalides pratiquèrent un large mécénat, dont bénéficièrent surtout les érudits, les savants, les ingénieurs ou des cités comme Athènes. Pergame fut léguée à Rome par son dernier roi, Attale III, qui n'avait pas eu d'enfant (133). Elle devint, en 129 av. J.-C., la capitale de la province romaine d'Asie, mais déclina à partir du IIIe s. de notre ère.

PÉRIANDRE, Périandros. Tyran de Corinthe de 627 à 585 av. J.-C. Successeur de son père Cypsélos, il renforça la tyrannie corinthienne en appuyant son pouvoir sur une garde personnelle. Aristote dit qu'il éleva à la hauteur d'un système l'art de gouverner despotiquement. Pour régler le problème agraire et le servage pour dettes, il interdit l'achat d'esclaves, obligea les paysans à rester sur leurs terres et entreprit une grande politique colonisatrice (fondation d'Apollonia, d'Épidamne et de Potidée) ; il installa en outre un de ses fils à Corcyre. Sous son gouvernement, Corinthe étendit son hégémonie sur toute la côte occidentale de la Grèce et de l'Illyrie. Il développa le commerce et l'industrie, et, peut-être pour favoriser l'expansion économique, aurait renoncé à prélever l'impôt (*eisphora*). On lui reprocha ses cruautés, mais il fut un protecteur des arts et des sciences, et les Grecs le mirent au rang des Sept Sages. Il eut pour successeur son neveu Psammétique, qui fut renversé en 583 par une révolte aristocratique.

PÉRICLÈS, Périklês (* Athènes, vers 495, † Athènes, 429 av. J.-C.). Stratège et homme politique athénien. Son père Xanthippe avait défait la flotte perse à la bataille de Mycale (479), au cours des guerres médiques, et par sa mère il descendait de la famille des Alcméonides, une des plus nobles d'Athènes, qui avait donné au peuple (*dêmos*) plusieurs de ses chefs. Il s'imposa vite à la tête des démocrates (461), et ne cessa de dominer la politique athénienne jusqu'à sa mort, par son intelligence et son éloquence, légendaire chez les Anciens.

De 443 à 429, les fonctions annuelles de stratège lui furent renouvelées, ce qui lui assura une primauté à la fois politique et militaire. Son « règne » représente l'apogée d'Athènes, aussi bien que celui de la démocratie dans cette cité. Il aida Éphialtès à limiter les pouvoirs de la vieille assemblée aristocratique qu'était l'Aréopage, et favorisa la participation des citoyens les plus pauvres à la vie politique. Mais les bénéfices de la démocratie étaient réservés aux citoyens mâles (40 000 hommes sur une population qui avoisinait 400 000 personnes). En étaient donc exclus les esclaves, et, d'une manière plus stricte que dans le passé, les métèques (étrangers vivant à Athènes).

Périclès se soucia aussi de maintenir l'autorité d'Athènes sur ses alliés. Il semble bien que son influence ait contribué au durcissement de la ligue de Délos, devenue un simple instrument de la politique athénienne pour son expansion en mer Égée au détriment de la Perse et de l'autonomie des Grecs. Cette politique impérialiste, victorieuse contre les Perses, entraîna Athènes dans une rivalité permanente avec Sparte, jusqu'à un inévitable conflit qui fut la guerre du Péloponnèse (431/404, v. **Athènes**). Périclès mourut de la peste au début de cette guerre qui devait se terminer par une défaite. Mais le « siècle de Périclès » (460/430) brille d'un éclat unique dans la littérature et dans les arts.

PERIER Casimir (* Grenoble, 21.X.1777, † Paris, 16.V.1832). Homme politique français. D'une riche famille de la bourgeoisie commerçante grenobloise, il était le fils de Claude Perier, l'un des fondateurs de la Banque de France. D'abord officier du génie, puis banquier et industriel, il fut élu en 1817 député de Paris et devint l'un des chefs de l'opposition parlementaire sous la Restauration. En 1830, il se rallia à la monarchie de Juillet, devint président de la Chambre, puis succéda à Laffitte comme chef du gouvernement avec le portefeuille de l'Intérieur (13 mars 1831). Bien qu'il eût proclamé le principe de la non-intervention, il fit entrer les troupes françaises en Belgique (v.) et occupa Ancône (v. **Pontificaux, États. La fin des États pontificaux**). Tout en satisfaisant les revendications de la bourgeoisie (réorganisation de la garde nationale, abaissement du cens électoral, abolition de l'hérédité de la pairie), il restaura avec énergie l'autorité gouvernementale et réprima les troubles révolutionnaires (insurrection des canuts de Lyon, nov. 1831). Il mourut du choléra après une visite à l'Hôtel-Dieu auprès des victimes de l'épidémie. Son fils et son petit-fils, qui jouèrent également un rôle politique important, prirent le nom de Casimir-Perier.

PERÓN Juan Domingo (* Lobos, Buenos Aires, 8.X.1895, † Buenos Aires, 1er.VII.1974). Homme politique argentin. Il fut l'un des chefs du coup d'État militaire du 4 juin 1943, puis acquit comme ministre du Travail, en 1944, une grande popularité. Élu président de la République en 1946, il entreprit une transformation sociale radicale (nationalisations, sécurité sociale, retraite, vote des femmes), soutenue par une intense propagande dirigée par son épouse **Eva Duarte** (* 1919, † 1952). Devant l'échec économique de cette politique coûteuse, accompagnée d'une corruption grandissante, l'armée, soutenue par l'Église, hostile aux mesures de laïcisation, mit fin à l'expérience par le coup d'État du général Leonardi. Mais le péronisme ou « justicialisme », doctrine populiste s'inspirant du fascisme italien (Perón fut l'allié de l'Axe pendant la Seconde Guerre mondiale et se réfugia en Espagne franquiste après son éviction), conserva de nombreux partisans et un ancrage social très fort. Il permit le retour à la présidence de Perón lui-même (1973), de sa troisième femme (1974/76) et du candidat péroniste

Carlos Menem (v.) (1989/99). Voir ARGENTINE. L'Argentine contemporaine.

PÉRONNE (entrevue de, oct. 1468). Entrevue entre Louis XI et le duc de Bourgogne, Charles le Téméraire. Désireux de revenir sur les concessions que la ligue du Bien public lui avait arrachées au traité de Conflans (1465), Louis XI se rendit à Péronne pour négocier avec le duc, tout en incitant secrètement les Liégeois à se révolter contre celui-ci. Au cours de l'entrevue, le Téméraire apprit l'insurrection de Liège et découvrit le double jeu du roi. Le Téméraire retint Louis XI prisonnier et lui arracha un traité exemptant la Flandre de la juridiction du parlement de Paris ; puis il obligea le roi à prendre part avec lui à la répression de la révolte des Liégeois, qui avaient imprudemment compté sur l'appui du roi de France.

PÉROU, *Perú*. État de l'Amérique du Sud, borné par l'océan Pacifique, l'Équateur, la Colombie, le Brésil, la Bolivie et le Chili ; capitale *Lima*. Les premières traces de l'homme sur l'actuel territoire péruvien se situeraient vers 10000/8000 av. J.-C. La côte du Pérou a connu plusieurs civilisations néolithiques sans céramique, dont la mieux connue jusqu'à présent est celle de Huaca Prieta, dans la vallée de Chicama. Par la suite se développèrent des civilisations beaucoup plus évoluées : sur la côte Nord, celles des Mochicas et des Chimús, dans le Sud, celles de Nazca (v.) et de Tiahuanaco.

Le Pérou fut ensuite le centre de l'empire des Incas (v.). Cet empire devait être renversé en 1532/33 par une petite armée d'aventuriers espagnols commandés par Pizarre (v.). C'est depuis le Pérou que fut organisée la conquête des territoires formant aujourd'hui l'Équateur, la Colombie et le Chili. La vice-royauté du Pérou, créée en 1543 et qui eut pour capitale Lima (fondée en 1535), comprit d'abord toute l'Amérique du Sud espagnole, avec les *audiencias* de Lima, Panamá, Quito, Chuquisaca et Santiago ; elle fut par la suite considérablement diminuée par la création des vice-royautés de Nouvelle-Grenade (1739), du Río de la Plata (1776), et de la capitainerie générale du Chili (1742). Le système de colonisation espagnole, organisé par les vice-rois Andrès Hurtado de Mendoza (1556/61) et Francisco de Toledo (1569/81), fixait le tribut imposé aux Indiens et soumettait un sur sept de ces derniers au régime de la *mita*, travail forcé – généralement dans les mines. Cette dernière disposition donna lieu à des abus énormes : du fait des conditions de travail déplorables, la population du Pérou ne cessa de décroître jusqu'à la fin du XVIIe s., tandis que l'exploitation minière (gisement de Potosí surtout) faisait affluer vers la métropole d'immenses quantités d'argent. Mais la fuite des Indiens vers les villes, où la *mita* n'existait pas, et les procédés archaïques d'exploitation provoquèrent, au XVIIIe s., une grave crise économique.

En 1778, le gouvernement espagnol dut accorder la liberté du commerce. Les Indiens tentèrent de secouer la servitude sous la conduite d'un descendant présumé des souverains incas, Tupac Amaru ; cette révolte, qui s'accompagna de nombreux massacres, fut réduite (1780/83), et le Pérou, qui était depuis le XVIe s. le centre de la domination espagnole en Amérique du Sud, fut la dernière colonie à entrer dans le mouvement d'indépendance. San Martín (v.) proclama l'indépendance à Lima (28 juill. 1821), mais il se retira en 1822 devant Bolívar (v.) et les troupes du vice-roi espagnol se virent infliger par Sucre une défaite décisive à Ayacucho (9 déc. 1824). En 1825, une scission sépara le Haut-Pérou fidèle à Bolívar, et qui prit le nom de Bolivie, et le Bas-Pérou, qui conserva l'ancien nom.

Pendant tout le XIXe s., la société péruvienne resta dominée par une oligarchie de puissants propriétaires terriens ; cependant, la dictature de Ramón Castilla (1845/51, 1855/62) imposa l'abolition de l'esclavage des Noirs, qui avaient été amenés au Pérou depuis le XVIe s., et supprima le tribut des Indiens. À partir de cette époque, l'exploitation du guano donna un nouvel essor à la vie économique, mais le Pérou resta en proie à la succession des coups d'État et des dictatures. La guerre du Pacifique (1879/83), qui opposa le Pérou et la Bolivie au Chili, se termina par une victoire chilienne : au traité d'Ancón (20 oct. 1883), le Pérou dut abandonner les provinces de Tacna et d'Arica, riches en nitrates : cette cession donna lieu entre le Pérou et le Chili à de longs différends qui ne furent résolus qu'en 1929 par la rétrocession au Pérou de la province de Tacna.

La reconstruction du pays fut lente et se fit avec l'apport de capitaux étrangers (Peruvian Corporation). La dictature d'Augusto Leguia (1908/12, 1919/30) fut marquée par d'importants progrès économiques réalisés grâce à des emprunts contractés aux États-Unis, par un développement de la législation sociale et de l'instruction publique, mais aussi par une grave corruption. En 1924, Haya de la Torre fonda en exil l'APRA (*Alianza Popular Revolucionaria Americana*), mouvement progressiste qui trouva rapidement une puissante implantation chez les étudiants et chez les Indiens. Le problème majeur du Pérou contemporain est en effet la condition misérable de la plupart des Indiens qui représentent près de la moitié de la population, mais qui sont restés très longtemps en marge de la nation.

La Constitution de 1933, plusieurs fois amendée depuis lors, réservait le droit de suffrage aux citoyens alphabétisés, qui ne formaient encore, dans les années 1960, qu'un tiers environ de la population adulte. L'APRA, qui avait fait des progrès importants, fut mise hors la loi en 1933 par Oscar Benavides, président jusqu'en 1939 (avec des pouvoirs dictatoriaux à partir de 1936). De nouveau autorisée en 1945, l'APRA soutint le président José Luis Bustamente (1945/48) mais celui-ci, incapable de maintenir l'équilibre entre les conservateurs et les apristes, fut renversé (oct. 1948) par le coup d'État militaire du général Odria, qui établit une dictature de droite (1948/56), interdit l'APRA et le parti communiste.

Après le retour des civils en 1956, l'APRA redevint légale, mais son évolution conservatrice l'éloignait des aspirations des plus défavorisés, des Indiens notamment. Les guérillas paysannes renforcèrent le rôle et le pouvoir des militaires. En oct. 1968, Fernando Belaunde Terry, modéré, président depuis 1963, fut renversé par le général Velasco Alvarado. Les États-Unis interrompirent leur aide au Pérou dès que le nouvel homme fort, considéré comme progressiste, se fut opposé à leurs intérêts économiques. Velasco Alvarado, qui prétendait rejeter aussi bien le capitalisme que le communisme, se rapprocha du Chili d'Allende, de Cuba, de la Chine et de l'URSS, nationalisa les banques, tenta une réforme agraire et un gros effort d'industrialisation. L'isolement économique croissant accrut les tensions sociales, l'armée répondant aux revendications par la force. Les émeutes populaires de 1975 provoquèrent la chute d'Alvarado et l'état d'urgence fut proclamé en 1976. Les civils ne revinrent au pouvoir qu'après la grève générale de 1979. L'ancien président de centre droit Belaunde Terry, de nouveau mandaté, échoua à redresser l'économie et à vaincre la guérilla du *Sentier lumineux*. Il prépara le retour au pouvoir de l'APRA, qui avait su se donner une nouvelle image avec son jeune dirigeant Alan García, élu président de la République en 1985, à l'âge de trente-six ans. Celui-ci allait décevoir les espoirs que les Péruviens avaient mis en lui. Diverses mesures hasardeuses (notamment la limitation brutale du remboursement de la dette extérieure, en 1985, qui provoqua la suspension des prêts du FMI, et la tentative de nationalisation du secteur bancaire, en 1987) lui firent perdre tout crédit, à droite comme à gauche. En 1989, le pays connaissait la crise économique la plus grave de son histoire marquée par une hyperinflation, une chute du PNB et du pouvoir d'achat, tandis que se développait le trafic de drogue dans un pays qui assurait 60 % de la production mondiale de feuilles de coca. La guérilla du Sentier lumineux, contrôlait un quart du territoire (au prix de 14 000 morts en dix ans).

Déçus par les partis politiques, les Péruviens élurent à la présidence, en 1990, un indépendant, Alberto Fujimori. Le nouveau gouvernement réussit dès 1991 à juguler l'hyperinflation, grâce à l'application d'un programme d'un libéralisme économique brutal qui engendra de nombreuses grèves et renforça en milieu urbain le Sentier lumineux. Le Parlement refusant d'augmenter les pouvoirs de l'exécutif, Fujimori, soutenu par l'armée, proclama le 5 avr. 1992 la dissolution du Parlement, la suspension de la Constitution et la reprise en main du pouvoir judiciaire. S'octroyant les pleins pouvoirs, Fujimori chargea l'armée et les services secrets commandés par Vladimiro Montesinos d'éradiquer les mouvements de guérilla (le Sentier lumineux et le mouvement révolutionnaire Tupac Amaru). La situation des droits de l'homme se détériora fortement mais l'arrestation, en sept. 1992, du chef du Sentier lumineux, Abimaël Guzman, renforça la popularité du chef de l'État qui réussit à faire adopter de justesse, par référendum, en déc. 1993, une nouvelle Constitution lui permettant de briguer un nouveau mandat en 1995. En janv. et févr. 1995, un bref conflit frontalier opposa le Pérou à l'Équateur. S'il fallut attendre 1998 pour que cette querelle vieille de 56 ans prît fin, Fujimori fut accusé de l'avoir réactivée dans une optique nationaliste, à l'approche de l'élection présidentielle d'avr., qu'il remporta dès le premier tour. Malgré la « victoire » du président lors de la prise d'otages à l'ambassade du Japon, par le Tupac Amaru, en 1997, la politique de Fujimori continua d'être fortement contestée. Sa réussite économique fut aussi handicapée par une série de catastrophes naturelles, un terrible séisme au sud du pays (nov. 1996), des inondations dramatiques (févr. 1997) et les ravages climatiques d'El Niño (1998). En 1999, après avoir procédé à un remaniement du gouvernement qui fit accéder Joy Way Rojas au poste de Premier ministre, il annonça sa décision de briguer un mandat supplémentaire. L'élection présidentielle de mai 2000, qui opposait au président Fujimori un candidat d'origine indienne, Alejandro Toledo (centre gauche), se déroula dans de telles conditions que ce dernier refusa de participer à un second tour. A. Fujimori fut donc réélu à la tête de l'État faute d'un autre candidat et investi en juill. 2000 dans un climat de violence et de répression. Mais, déstabilisé par l'opposition d'une partie de l'armée et par les révélations de V. Montesinos sur l'étendue de la corruption et de la fraude électorale, Fujimori fut destitué en nov. 2000.

Quechua formé aux États-Unis, Alejandro Toledo, élu avec 52 % des voix, a été le premier président d'origine indienne dans un pays qui ne compte pourtant que 15 % de Blancs. En poursuivant la politique libérale de son prédécesseur et l'assainissement de l'économie, il a obtenu une réelle croissance économique et le Pérou a enregistré en 2002 son premier excédent commercial depuis 1990. Sa lutte pour l'éradication de la culture du coca lui a assuré la bienveillance des États-Unis mais aussi l'hostilité souvent violente des paysans producteurs. La situation sociale très préoccupante (la moitié des Péruviens vivait en dessous du seuil de pauvreté) et la résurgence en 2003 des activités du Sentier lumineux ont par deux fois abouti à la proclamation de l'état d'urgence (juill. 2002, mai 2003). Toledo, qui avait proposé un « Accord national », sorte d'union sacrée pour la démocratie, a nommé en juill. 2003 un nouveau Premier ministre, Beatriz Merino.

PERSE. Province de l'O. du plateau iranien, berceau de la dynastie des Achéménides ; le terme de Perse a été appliqué à l'ensemble de l'État qui occupait le plateau iranien. Voir **IRAN**.

PERSÉE (* vers 212, † Alba Fucens, vers 165 av. J.-C.). Roi de Macédoine (179/168). Fils et successeur de Philippe V, il tenta de rétablir l'influence macédonienne en Grèce et consacra tous ses efforts à la guerre de revanche contre les Romains. Informée de ses menées secrètes par Eumène II de Pergame, Rome engagea la guerre contre lui en 171. Après deux victorieuses campagnes, Persée fut complètement battu par Paul Émile à Pydna (168), fait prisonnier et amené à Rome, où il figura avec sa famille au triomphe du vainqueur. Il mourut en captivité. La Macédoine tomba sous la domination de Rome et devint une province romaine en 146 av. J.-C.

PERSHING John Joseph (* Linn Country, Missouri, 13.IX.1860, † Washington, 15.VII.1948). Général américain. Sorti de West Point, il prit part à la guerre hispano-américaine de 1898 et à la pacification des Philippines (1900/04). En 1917, il fut mis à la tête du corps expéditionnaire américain envoyé sur le front français et intégré par Foch ; il participa, au bois Belleau, à Soissons et à Saint-Mihiel, à la victoire finale de 1918. Il fut ensuite chef d'état-major général (1921/24).

PERSSON Göran (Vingaaker, Sömland, 20.I.1949). Homme politique suédois. Göran Persson débuta sa carrière au sein du parti social-démocratique (SAP) en 1971, et en devint le président en 1992. Député depuis 1979, maire de Katrineholm (Södermanlands, 1985/88), il devint ministre de l'Éducation (1989/91), puis ministre des Finances (1994/96), où il lança une politique d'assainissement des dépenses publiques. Nommé Premier ministre en mars 1996 et reconduit en 1998, il diminua notamment les prestations sociales de l'État, l'aide publique au développement et concentra l'action de son gouvernement sur l'éventuelle adhésion de la Suède à l'UEM. Voir **SUÈDE**. Naissance de la démocratie suédoise.

PERTINI Alessandro (* Stella, Ligurie, 25.IX.1896, † Rome, 24.II.1990). Homme politique italien. Il adhéra au parti socialiste italien (PSI) dès 1918 et connut, sous le régime fasciste, la prison et la clandestinité. Devenu secrétaire général du PSI, il fut président de la Chambre des députés de 1968 à 1976, puis président de la République de 1978 à 1985. Voir **ITALIE**. La vie politique après 1945.

PESETA. Unité monétaire de l'Espagne depuis 1868. En juin 1989, la peseta entra dans le Système monétaire européen et subit plusieurs dévaluations à partir de sept. 1992. Au 1er janv. 2002, elle a disparu au profit de la monnaie unique de l'Union européenne, l'euro. L'Espagne fait ainsi partie des douze pays fondateurs de la zone euro. Voir **ESPAGNE**.

PESTE. Le nom de *peste* fut donné, dans l'Antiquité, à toutes sortes de maladies épidémiques qui firent un grand nombre de victimes. On ne sait si la fameuse épidémie, qui ravagea Athènes à plusieurs reprises entre 430 et 427 av. J.-C., durant la guerre du Péloponnèse, était vraiment la peste. La première épidémie indiscutable de peste fut celle qui atteignit Constantinople en 542 de notre ère et qui, pendant cinquante ans, étendit ses ravages sur les deux rives, européenne et africaine, de la Méditerranée.

La peste noire

La deuxième grande épidémie de peste en Europe fut la *peste noire* qui sévit de 1347 à 1351. Des découvertes faites par des archéologues russes ont montré qu'elle eut son foyer en Asie centrale, d'où elle se répandit vers la Chine, vers l'Inde et vers l'Europe. Dès 1338/39, elle faisait ses premières victimes en Asie centrale. En 1347, elle décima l'armée de la Horde d'Or, qui assiégeait le comptoir génois de Calfa, en Crimée. La même année, elle faisait son apparition en Sicile ; en 1348, elle commença à désoler Florence (on lui donna aussi le nom de *peste de Florence*), diverses villes d'Italie, la France et l'Espagne ; en 1349, elle s'étendit sur l'Allemagne, l'Europe centrale et atteignit l'Angleterre. Ses ravages furent particulièrement terribles en Toscane, dans le N. de l'Espagne et dans le midi de la France. On estime que la peste noire fit environ 25 millions de victimes en Europe et autant en Asie.

Autres épidémies de peste

On peut citer la peste de 1466, qui ravagea la Thessalie, la Macédoine, la Thrace et Constantinople ; la peste de Venise (1478) ; la peste de Londres (1664/65) qui fit environ 100 000 victimes sur une population de 460 000 habitants ; la peste de Marseille (1720/22) qui fit environ 40 000 victimes mais fut la dernière de l'Europe occidentale. La dernière épidémie importante en Europe eut lieu en Russie, sur les rives de la Volga, en 1878/79. De brèves reprises se produisirent à Paris en 1920 et à Alger en 1930 et 1944. Mais l'Asie, jusqu'à une date récente, a continué à souffrir beaucoup de cette maladie. L'épidémie de Canton (1894) fit de 80 à 100 000 victimes. En Inde, plus de 9 millions d'êtres humains moururent de la peste entre 1896 et 1917. On n'enregistre plus aujourd'hui qu'un millier de cas de peste dans le monde, chaque année.

PÉTAIN Henri Philippe Omer (* Cauchy-la-Tour, Pas-de-Calais, 24.IV.1856, † Port-Joinville, île d'Yeu, 23.VII.1951). Maréchal de France et homme politique français. Né dans une famille d'agriculteurs aisés, saint-cyrien, il n'était que colonel en 1914, car il était connu comme partisan d'une stratégie défensive, position alors hérétique parmi les officiers français. La guerre venue, il montra de grandes qualités de chef :

commandant d'armée dès 1915, il fut chargé, en 1916, du secteur de Verdun, dont il dirigea la défense. Après l'échec des offensives de Nivelle (v.), il fut nommé à la tête des armées françaises, réprima avec une relative modération des mutineries, et sut rétablir le moral des troupes en prêtant attention aux conditions de vie du soldat. Mais Foch (v.) lui fut préféré comme généralissime des armées alliées au printemps 1918. Quand vint l'armistice, il était un des officiers les plus glorieux (maréchal en nov. 1918), avec l'image d'un chef humain, sachant ménager la vie de ses hommes. Entre les deux guerres, il resta partisan de la défensive, et le colonel de Gaulle (v.) ne parvint pas à le convertir à une stratégie offensive appuyée sur les chars. Son soutien était recherché : le radical de droite Doumergue fit de lui son ministre de la Guerre en 1934, et le radical de gauche Daladier le nomma ambassadeur à Madrid auprès de Franco.

Le 18 mai 1940, après l'invasion de la France, la situation militaire était devenue critique ; Paul Reynaud (v.) se l'adjoignit comme vice-président du Conseil. À l'heure de la défaite, Pétain, soutenu par Weygand (v.), et contre Reynaud, prit position pour un armistice. Président du Conseil le 16 juin, il annonça le lendemain la demande d'un armistice, qui fut signé le 22. Il nomma Pierre Laval ministre d'État, et celui-ci négocia avec les parlementaires le changement de régime. Le 10 juillet, le Parlement réuni en Assemblée nationale à Vichy, lui donna à une écrasante majorité « tous pouvoirs... à l'effet de promulguer... une nouvelle Constitution de l'État français (v.) ». Incapable, vu son grand âge, de diriger effectivement les affaires, Pétain délégua ses pouvoirs à des vice-présidents du Conseil, qui furent successivement : Laval (v.) (jusqu'en déc. 1940) ; après le court intermède Flandin (v.), l'amiral Darlan (v.) (févr. 1941/avr. 1942) et à nouveau Laval (avr. 1942). Mais la Révolution nationale (v.) qui se présentait comme un retour aux sources de la grandeur du pays, aux valeurs et institutions qui avaient fait la France (« famille, terre, hiérarchies naturelles ») revêtit très vite des aspects intolérables : poursuite pour trahison, au procès de Riom (v.), des responsables politiques et militaires d'avant-guerre, mesures antisémites – prises d'abord en l'absence de toute pression allemande –, destruction de toute institution démocratique ou représentative, épuration de la fonction publique... Bien plus, la « collaboration » (v.) évoquée par Pétain après l'entrevue de Montoire (v.), et qui avait pour but d'obtenir pour la France un traitement de faveur de la part d'une Allemagne victorieuse, n'évita pas au pays l'exploitation, le pillage et les pénuries. À l'automne 1942, avec l'occupation de la « zone libre », la souveraineté de l'État français n'était plus qu'une apparence.

Le 20 août 1944, les Allemands emmenèrent Pétain à Sigmaringen. Apprenant que son procès allait s'ouvrir à Paris, il passa en Suisse et se rendit aux autorités françaises. Devant la Haute Cour, il prononça une courte déclaration, puis se tut. Sa condamnation à mort fut commuée par de Gaulle en détention à vie. Voir **France.** Le gouvernement de Vichy et la collaboration, **État Français** et **Collaboration.** La collaboration en France.

PÉTION, Anne Alexandre Sabès, dit (* Port-au-Prince, 2.IV.1770, † Port-au-Prince, 29.III.1818). Homme politique haïtien. Fils d'un riche colon et d'une métisse, il prit le nom de *Pétion* en hommage à Pétion de Villeneuve (v.). Officier dans l'armée française, puis dans celle d'Haïti, adjudant général en 1797, il finit par se déclarer contre Toussaint Louverture, se réfugia en France (1801), puis revint comme colonel avec l'armée du général Leclerc envoyée pour réduire Haïti (1802). Après l'arrestation de Toussaint Louverture, il repassa du côté des insurgés, réussit à éliminer successivement Dessalines et Christophe, proclama la république d'Haïti et prit le titre de président (1807). Sa charge lui fut ensuite conférée à perpétuité, avec le droit de désigner son successeur.

PÉTION DE VILLENEUVE Jérôme (* Chartres, 3.I.1756, † près de Saint-Émilion, Gironde, printemps 1794). Homme politique français. Fils d'un procureur, il devint avocat à Chartres et fut élu député du tiers aux États généraux (1789). Ardent républicain, membre du club des Jacobins, où on l'appelait « Pétion le Vertueux », il fut chargé avec Barnave et Latour-Maubourg de ramener Louis XVI de Varennes (juin 1791) ; il s'acquitta de cette mission avec une brutale grossièreté et demanda la mise en jugement du roi. Élu maire de Paris (14 nov. 1791), il fut quelque temps l'idole du peuple, seconda les insurrections des 20 juin et 10 août 1792 et laissa se dérouler sans intervenir les massacres de Septembre. Il devint le premier président de la Convention (20 sept. 1792), mais, lors du procès de Louis XVI, son vote en faveur de l'appel au peuple et du sursis commença à le rendre suspect. Proscrit avec les Girondins le 2 juin 1793, il se réfugia à Caen, tenta de soulever la Normandie, puis passa dans le Bordelais, où il se suicida en même temps que son compagnon Buzot.

PETITE-ENTENTE. Nom donné à l'alliance de défense mutuelle qui unit, entre les deux guerres mondiales, la Tchécoslovaquie, la Yougoslavie et la Roumanie. Dès le 14 août 1920, la Yougoslavie et la Tchécoslovaquie signèrent le traité de Belgrade, puis la Roumanie se joignit à elles par des traités signés en avr. et en juin 1921. La Petite-Entente, soutenue par la France, suscita l'hostilité de l'Italie de Mussolini. Elle essaya de se renforcer après l'avènement de Hitler et signa un accord de non-agression avec l'URSS (4 juill. 1933). Elle fut affaiblie par la disparition du roi Alexandre de Yougoslavie (1934) et par la politique hésitante de la France. Dès 1936, la Yougoslavie, qui souhaitait se rapprocher de l'Allemagne et de l'Italie, reprit sa liberté d'action. Les accords de Munich (1938) devaient consommer la ruine de la Petite-Entente.

PETKOV Nikolaj (* 1893, † Sofia, 23.IX.1947). Homme politique bulgare. Fils de Dimitri Petkov, qui était président du Conseil lorsqu'il fut assassiné par un fou en 1907, il fut élu député agrarien en 1936 et combattit la dictature royale de Boris III. Arrêté en 1941, il s'évada, et, comme chef du parti agrarien, il devint vice-président du gouvernement du « Front de la patrie » qui prit le pouvoir en sept. 1944. Il se rendit à Moscou pour signer l'armistice et maintint la coalition avec les communistes lors des élections de nov. 1945 et d'oct. 1946. Le gouvernement communiste, voulant éliminer toute opposition constitutionnelle, lui intenta un procès en trahison et il fut pendu en dépit des protestations des pays occidentaux.

PETLIOURA Simon Vassilievitch (* Poltava, 17.V. 1879, † Paris, 25.V.1926). Homme politique ukrainien. D'une famille de Cosaques, il fut un des fondateurs du parti social-démocrate ukrainien (1905) et milita également dans le mouvement autonomiste. Après avoir servi comme officier durant la guerre mondiale, il forma une légion ukrainienne et devint ministre de la Guerre du premier gouvernement ukrainien indépendant (juin 1917). En nov. 1918, après le départ des troupes allemandes, il instaura un directoire de l'Ukraine et devint *hetman* de l'armée ukrainienne qui combattit les bolcheviks. Cependant, Petlioura ne put s'entendre longtemps avec le chef des armées blanches, Denikine, qui voulait une Russie une et indivisible. Il s'allia alors avec les Polonais (avr. 1920), mais ceux-ci durent évacuer Kiev (mai 1920). Réfugié à Paris en 1921, Petlioura fut assassiné par le Juif russe Schwarzbard, qui lui reprochait les pogroms accomplis en Ukraine en 1918 dans lesquels Petlioura n'avait eu aucune part.

PETOEFI ou **PETÖFI Sándor** (* Kiskőrös, 1er.I.1823, † Segesvar, 31.VII.1849). Poète hongrois. Il conquit la célébrité dès son premier volume de poésies, en 1844. En mars 1848, il déclencha le soulèvement de la jeunesse de Pest par son chant national, *Debout Magyar !* Engagé dans l'armée révolutionnaire, il devint aide de camp du général Bem et fut tué à la bataille de Segesvar (le bruit courut longtemps en Hongrie qu'il avait survécu et était détenu par les Russes en Sibérie). Il est resté le poète national de la Hongrie.

PEULS. Peuple de l'Afrique occidentale. Présents dans de nombreuses régions du sud du Sahel, les Peuls furent islamisés essentiellement au XVIIe s., époque à laquelle des Peuls du Macina créèrent le royaume du Fouta-Djalon. Au XVIIIe s., d'autres royaumes peuls se formèrent, en particulier le Fouta-Toro au Sénégal.

Au XIXe s., ils menèrent des guerres saintes, qui devaient bouleverser l'Afrique occidentale. **Ousmane dan Fodio** (* 1754, † 1818), né dans une famille peule originaire du Fouta-Toro mais installée dans les pays haoussas (Nigeria), après avoir acquis une grande réputation de prédicateur et de mystique, se proclama commandeur des croyants en 1804. Rassemblant des guerriers venus de tous les pays peuls, il fit, de 1804 à 1809, la conquête des États haoussas et fonda l'Empire peul de Sokoto (du nom de sa capitale). Cet État théocratique, régi par la loi coranique, s'étendait sur presque tout le territoire compris entre le Niger à l'O. et le lac Tchad à l'E. Chaque province de l'Empire, gouvernée par un émir, jouissait d'une grande indépendance. Les révoltes furent nombreuses, et le royaume de Sokoto passa sous le protectorat britannique en 1885. Au Macina, un autre royaume peul théocratique fut fondé en 1818 par Cheikou Amadou, qui vainquit les Bambaras de Ségou et s'empara de Tombouctou (1826) ; mais cet État fut détruit par le Toucouleur El-Hadj Omar en 1862. Dès 1895, les Peuls du Macina et du Fouta-Djalon étaient soumis par la France.

PEUPLES DE LA MER. Nom donné à divers peuples de Méditerranée orientale qui entamèrent un vaste mouvement de migration d'ouest en est à la fin du XIIIe et au XIIe s. avant notre ère. Leur apparition causa de grands bouleversements dans l'ancien Orient, en particulier des destructions à Chypre et l'anéantissement d'Ougarit (vers 1185 av. J.-C.). Il est encore très difficile de distinguer les divers peuples groupés sous ce terme, car ils entraînaient avec eux une partie de la population des régions qu'ils traversaient. C'est ainsi que la destruction de l'Empire hittite a été également l'œuvre des Phrygiens, des Gasga et des Moushki (vers 1190 av. J.-C.). À deux reprises, l'Égypte pharaonique dut repousser des invasions de Peuples de la Mer : sous Merneptah (vers 1208) et sous Ramsès III (vers 1178). Parmi les peuples mentionnés à ce propos par les sources égyptiennes, on trouve, semble-t-il, les Tyrrhéniens, les Lyciens, les Sardes, les Sicules (Siciliens), les Philistins (v.). Les Égyptiens comptaient aussi les Achéens parmi les Peuples de la Mer.

PEUTINGER Konrad (* Augsbourg, 15.X.1465, † Augsbourg, 28.XII.1547). Humaniste allemand. Il est connu par la **Table de Peutinger**, carte des itinéraires routiers de l'Empire romain. Découverte à Spire en 1494 elle lui fut léguée par Conrad Celtis. Il s'agit probablement d'une copie médiévale faite vers 1265 par un moine de Colmar d'un original romain du IIIe ou du IVe s.

PFLIMLIN Pierre (* Roubaix, 5.II.1907, † Strasbourg, 27.VI.2000). Homme politique français. Il fut l'un des dirigeants du MRP, député depuis 1945, et occupa plusieurs postes ministériels sous la IVe République. Investi de la présidence du Conseil en 1958, en pleine sécession des militaires d'Alger, il fut réduit à légaliser leur coup de force en donnant les pleins pouvoirs au général Salan (v.) à Alger. Peu de temps après, il transmettait le pouvoir à de Gaulle (28 mai) et entrait dans son gouvernement. Il se sépara des gaullistes en 1962, en désaccord avec leur politique européenne, mais se rallia lors de la crise de mai 1968. Ce partisan de l'Europe présida le Parlement européen (1984/87), où il entra dès sa création en 1979, et fut maire de Strasbourg de 1959 à 1983. Voir **France.** La IVe République.

PHALANGE ESPAGNOLE, *Falange Española*. Organisation politique espagnole fondée en 1933 par José Antonio Primo de Rivera. Voir **Espagne.** D'Alphonse XIII à la guerre civile. La guerre civile.

PHARISIENS, de l'hébreu *pérouschim*, « séparés ». Secte religieuse juive apparue au IIe s. av. J.-C., et contemporaine de Jésus. Voir **Juif (histoire du monde).** Du retour de l'Exil à la seconde destruction de Jérusalem.

PHARNACE II (* 97, † 47 av. J.-C.). Roi du Bosphore Cimmérien (63/47). Fils de Mithridate VI Eupator (v.), il accula celui-ci au suicide en le trahissant pour les Romains, qui le récompensèrent en lui donnant le royaume du Bosphore, avec le titre d'ami et d'allié du peuple romain (63 av. J.-C.). En 48, il profita de la guerre civile entre César et Pompée pour mener une politique indépendante, tenta de se rétablir dans les anciens États de son père, conquit presque tout le Pont (v.) et la Cappadoce et battit Domitius Calvinus et les Galates alliés de Rome. Devant cette menace inattendue, César dut quitter brusquement l'Égypte, et, après une campagne de quelques jours, il écrasa Pharnace II à Zéla (juin 47). César annonça son succès à Rome par cette formule devenue célèbre : *veni, vidi, vici*. Rentré dans le Bosphore, Pharnace fut tué peu après par ses sujets.

PHÉNICIE. Ancienne contrée du Proche-Orient, aujourd'hui partagée entre le Liban, la Syrie et Israël. Serrée entre la chaîne du Liban et la plaine côtière, de la cité d'Ougarit, au N., à la cité de Dor, au S., la Phénicie a été une des régions habitée par les Cananéens (v.). Le nom même de Phénicien vient probablement du grec *phoinix*, qui a le double sens de palmier et de « (couleur) pourpre », le mot s'appliquant donc à des populations célèbres pour les teintures de pourpre de leurs tissus vendus dans toute la Méditerranée.

Les Phéniciens dans l'histoire

Les Phéniciens n'ont jamais cessé d'être un peuple d'agriculteurs et de forestiers, dont la religion a conservé un caractère agraire fortement marqué. Des forêts du Liban, aux essences variées, mais dont les cèdres étaient les plus connus, ils ont tirés des matériaux recherchés dans tout l'Orient ; au IIIe millénaire av. J.-C., Byblos expédiait déjà des bois flottés vers les côtes égyptiennes.

Au IIe millénaire av. J.-C., la Phénicie a vécu sous la tutelle de l'Égypte, au S., et sous celle du monde hittite, au N. Puis les invasions des Peuples de la Mer, au XIIe s., qui provoquèrent la destruction de l'Empire hittite et celle de la ville d'Ougarit vers 1180 av. J.-C., ont également marqué le recul de l'Égypte qui a dû défendre les abords du delta du Nil sous le règne de Ramsès III et tolérer l'installation des Philistins sur les côtes de Palestine. À une époque où l'Assyrie était elle-même assaillie dans une lutte à mort par les peuples araméens, les villes du littoral phénicien ont trouvé une liberté d'action jusque-là inconnue, d'autant que les Peuples de la Mer avaient contribué à la ruine du monde grec mycénien et que la Méditerranée s'ouvrait devant les navigateurs d'Arad, Byblos, Sidon et Tyr, des villes qui avaient échappé à la ruine. Du XIe au VIIIe s., les Phéniciens ont dominé les mers, de la côte du Liban à l'Atlantique, emportant les produits finis des ateliers de l'Orient (parmi lesquels les précieux tissus teints de pourpre) et rapportant les minerais de l'Occident (l'étain et l'argent) ainsi que des produits exotiques. L'expansion de cette activité commerciale, soutenue par le travail des ateliers artisanaux, a provoqué une rapide évolution dans les institutions de ces cités-États : les rois qui les gouvernaient ont vu leurs pouvoirs progressivement limités par une oligarchie d'armateurs, d'artisans et de marchands.

Sous Hiram Ier (969/931), Tyr devint l'allié du royaume de Salomon, auquel les Phéniciens envoyaient matériaux et techniciens pour la construction du Temple, ainsi que navires et équipages pour une expédition dans la mer Rouge. Cette politique fut poursuivie au IXe s. av. J.-C. par Itobaal de Tyr vers 878/847, qui maria sa fille Jézabel à Achab d'Israël, union de laquelle naquit Athalie, future femme de Joram, roi de Juda. Les Israélites subirent alors l'influence profonde des cultes cananéens venus de Phénicie. À partir du VIIIe s., la Phénicie se trouva de nouveau sous la menace des Empires asiatiques. En 742, Hiram II de Tyr dut payer tribut à Tiglatpiléser III, roi d'Assyrie, qui étendit sa tutelle sur toute la Phénicie au cours des années suivantes. En face du péril assyrien, Tyr et Sidon essayèrent de s'unir, mais les révoltes, qu'encourageait l'Égypte, attirèrent sur les Phéniciens de terribles représailles. Prise en 701, Tyr se vit imposer un lourd tribut en 672, avant d'être à nouveau investie en 662 : Sidon, quant à elle, fut rasée par Assarhaddon dès 676.

Après la mort d'Assourbanipal, vers 627 av. J.-C., la Phénicie connut une quarantaine d'années paisibles, insuffisantes toutefois pour reconquérir son hégémonie maritime maintenant concurrencée par l'essor maritime des cités grecques, d'autant plus que d'autres grandes puissances succédaient au maître assyrien. Vainqueur de l'Assyrie, l'Empire néobabylonien reprit sa politique de conquête. Après un siège de treize ans, Nabuchodonosor II s'empara de Tyr (573). En 539, les Phéniciens accueillirent de nouveaux maîtres, les Perses, dont ils demeurèrent de loyaux sujets, et leur flotte servit Xerxès contre la Grèce. Lors de l'invasion des armées d'Alexandre, la

Phénicie se soumit, à l'exception de Tyr, que le conquérant macédonien ne réduisit qu'au terme d'un terrible siège de huit mois (332). La ville fut traitée avec une extrême rigueur et la plupart de ses habitants vendus comme esclaves. Disputée ensuite entre les Séleucides et les Lagides, la Phénicie fut incluse en 64 av. J.-C. dans la province romaine de Syrie.

L'expansion maritime et commerciale

On peut être tenté de qualifier l'activité maritime des cités phéniciennes avec leur corollaire, la fondation d'un certain nombre d'établissements outre-mer, d'essor colonial, à l'image de l'expansion grecque en Méditerranée à partir du VIIIe s. av. J.-C. On compte quelques fondations de cités phéniciennes appelées à un développement important : le cas de Carthage, probablement fondée en 814, est à ce titre exemplaire. Mais, dans la plupart des cas, les navigateurs phéniciens ont installé des escales et des comptoirs le long des côtes, lieux de relâche et de ravitaillement pour les navires qui se déplaçaient le plus souvent en vue des côtes ; les cités phéniciennes, à de rares exceptions près, n'ont pas eu à résoudre de problème de surpopulation, ni de problèmes sociaux exigeant le départ des cadets de famille pour résoudre les difficultés que soulevait la possession des domaines.

L'installation de comptoirs outre-mer s'est d'abord développée en Méditerranée orientale, sur les côtes de Chypre, de Crête et de la mer Égée. Puis, dans leurs navigations vers l'Occident, les Phéniciens ont jalonné de comptoirs les côtes de l'Afrique du Nord, de la Sicile, de la Sardaigne, des Baléares et de l'Espagne méridionale. Mais les pionniers qui les avaient précédés avaient déjà installé leur premier établissement à Gadès, aujourd'hui Cadix, au XIIe s. av. J.-C.

L'alphabet phénicien

Le caractère pratique des Phéniciens s'est affirmé dans un domaine capital, celui de l'écriture. Après que leurs ancêtres cananéens eurent inventé le principe de l'alphabet phonétique (cunéiforme alphabétique d'Ougarit, XIVe/XIIIe s.), ils simplifièrent encore le système par l'adoption d'une écriture linéaire réduite à vingt-deux signes, qui ne notaient que les consonnes, et non les voyelles ; le premier témoignage que nous en ayons date du Xe s. av. J.-C. Adapté par les Grecs, transmis ensuite aux Romains par l'intermédiaire des Étrusques, il devait être à l'origine de tous les alphabets occidentaux.

PHILIPPE

ALLEMAGNE

PHILIPPE DE SOUABE (* vers 1177, † Bamberg, 21.VI.1208). Empereur germanique (1198/1208). Fils puîné de Frédéric Ier Barberousse, il fut d'abord destiné à l'Église et devint évêque de Würzburg (1190), puis revint à l'état séculier et reçut de son frère Henri VI la Toscane (1195), puis la Souabe (1196). Marié en 1197 à Irène, fille de l'empereur byzantin Isaac Ange, il s'efforça, à la mort d'Henri VI, d'assurer la succession impériale à son jeune neveu, le futur Frédéric II, puis il se fit élire lui-même empereur par les gibelins (1198), se trouvant ainsi en compétition avec l'élu des guelfes, Othon IV, qui avait l'appui du Saint-Siège. Au cours de la guerre civile qui suivit, Philippe eut constamment le dessus, et il allait triompher définitivement de son rival, lorsqu'il fut assassiné par le comte palatin Othon de Wittelsbach, qu'il avait offensé en lui refusant la main de sa fille.

BOURGOGNE

PHILIPPE II le Hardi (* Pontoise, 17.I.1342, † Halle, Brabant, 27.IV.1404). Duc de Bourgogne (1364/1404). Quatrième fils du roi de France Jean II le Bon et de Bonne de Luxembourg. Il reçut en apanage le duché de Bourgogne, inaugurant ainsi la dernière dynastie ducale bourguignonne. Son mariage avec Marguerite de Male (1369) lui valut, à la mort de son beau-père, Louis de Male (1384), de recueillir le comté de Flandre. Dans cette région, il sut oublier qu'il était prince français pour ne penser qu'aux intérêts de ses sujets flamands : il signa avec les Gantois révoltés la paix de Tournai (18 déc. 1385), qui leur accordait une amnistie entière et garantissait leurs libertés. À la mort de son frère aîné, le roi de France Charles V (1380), il devint régent avec ses frères, les ducs d'Anjou et de Berry, comme oncles et tuteurs du jeune roi Charles VI. Écarté du pouvoir en 1388 sous l'influence de Louis d'Orléans, frère de Charles VI, il se consacra à l'administration de ses États bourguignons et flamands, mais revint au gouvernement dès le début de la démence du roi (1392) et s'opposa jusqu'à sa mort à Louis d'Orléans. Grand politique, Philippe le Hardi poursuivit avant tout des fins dynastiques personnelles. Il eut pour successeur en Bourgogne son fils aîné, Jean sans Peur.

PHILIPPE III le Bon (* Dijon, 31.VII.1396, † Bruges, 15.VI.1467). Duc de Bourgogne (1419/67). Fils de Jean sans Peur, il fit signer à Charles VI le traité de Troyes, qu'il avait personnellement négocié et qui faisait du roi Henri V d'Angleterre le régent et l'héritier du royaume de France (1420). Il se réconcilia avec Charles VII par le traité d'Arras (1435), qui privait ainsi le roi d'Angleterre de son allié le plus précieux. Désormais allié du roi de France, il étendit la domination bourguignonne sur les Pays-Bas, étouffant les libertés communales (Gand, 1453) et créant des États-Généraux liés au gouvernement central. Il protégea les artistes, les poètes et les musiciens. Il fut le père de Charles le Téméraire.

ESPAGNE

PHILIPPE Ier le Beau (* Bruges, 22.VII.1478, † Burgos, 25.IX.1506). Souverain des Pays-Bas (1482/1506) et roi de Castille (1504/06). Fils de l'archiduc Maximilien et de Marie de Bourgogne, il n'avait que quatre ans à la mort accidentelle de sa mère (1482) ; il lui succéda dans les Pays-Bas, vestige des anciens États bourguignons de Charles le Téméraire, mais c'est son père, Maximilien de Habsbourg, qui exerça la régence. Il régna personnellement à partir de 1494. Il épousa en oct. 1496 la fille de Ferdinand d'Aragon et d'Isabelle de Castille, Jeanne la Folle, héritière de l'Espagne et du royaume de Naples. La reine Isabelle étant décédée en 1504, Philippe lui succéda en Castille, malgré l'opposition de son beau-père, Ferdinand. Il eut six enfants, dont les empereurs Charles Quint et Ferdinand Ier.

PHILIPPE II (* Valladolid, 21.V.1527, † Escurial, 13.IX.1598). Roi d'Espagne (1556/98). Déjà roi de Naples et souverain des Pays-Bas, il devint roi d'Espagne à l'abdication de Charles Quint, son père (1556), l'Autriche et la couronne impériale étant attribuées à son oncle Ferdinand Ier. Ses États étaient immenses, englobant, outre l'Espagne, la majeure partie de l'Italie, la Franche-Comté, les Pays-Bas, les territoires d'Amérique et les Philippines. Philippe II fit même occuper le Portugal lorsque la dynastie d'Aviz s'éteignit. Austère, religieux jusqu'au fanatisme, il considérait sa fonction de monarque comme une mission divine.

Malgré les moyens énormes dont il disposait – la meilleure armée d'Europe et les métaux précieux du Nouveau Monde –, Philippe II essuya de sérieux échecs. Certes, il assura la maîtrise définitive de l'Espagne en Italie au détriment de la France (traité du Cateau-Cambrésis, 1559) ; son demi-frère don Juan d'Autriche remporta sur les Turcs l'éclatante victoire de Lépante (7 oct. 1571), mais Philippe II ne put liquider la puissance barbaresque en Méditerranée occidentale. Son absolutisme catholique entraîna le soulèvement des provinces du nord des Pays-Bas, et le régime de terreur instauré par le duc d'Albe n'aboutit qu'à la sécession de ces provinces et à la formation des Provinces-Unies (pacification de Gand, 1576). La maîtrise de l'Atlantique lui échappa sans retour avec la destruction de l'Invincible Armada (v.). Son intervention dans les affaires françaises, à la faveur des guerres de Religion, se solda aussi par un échec, et Philippe II dut finalement reconnaître Henri IV.

Au-delà de ces déboires extérieurs, le règne de Philippe II amorça le déclin économique de l'Espagne. Mais ce fut aussi le début du « Siècle d'or » (v.) de la civilisation espagnole.

PHILIPPE III (* Madrid, 14.IV.1578, † Madrid, 31.III. 1621). Roi d'Espagne (1598/1621). Voir **Espagne**.

PHILIPPE IV (* Valladolid, 8.IV.1605, † Madrid, 17.IX.1665). Roi d'Espagne (1621/65). Voir **Espagne**.

PHILIPPE V (* Versailles, 19.XII.1683, † Madrid, 9.VII.1746). Roi d'Espagne (1700/46). Petit-fils du roi de France Louis XIV, il porta d'abord le titre de duc d'Anjou ; il devint roi d'Espagne en vertu du testament du roi d'Espagne Charles II, mort sans descendance, et fut le premier de la dynastie des Bourbons d'Espagne. Son accession au trône déclencha la guerre de la Succession d'Espagne (v.) (1701/14). Il ne fut reconnu par l'Europe qu'au traité d'Utrecht (1713). Une Quadruple-Alliance se forma ensuite contre lui, regroupant la France, l'Angleterre, l'Autriche et la Hollande, et Philippe V dut renoncer formellement à la couronne de France (1720). À la fin de son règne, il engagea l'Espagne dans la guerre de la Succession d'Autriche (v.).

FRANCE

PHILIPPE Ier (* 1052, † Melun, juill. 1108). Roi de France (1060/1108). Fils d'Henri Ier et d'Anne de Kiev, il fut sacré à Reims du vivant de son père (1059) et lui succéda l'année suivante, à l'âge de sept ans, sous la tutelle de son oncle Baudoin V, comte de Flandre. Dans les querelles qui suivirent la mort de celui-ci, Philippe Ier intervint en Flandre pour soutenir la candidature d'Arnould III, mais il fut vaincu au mont Cassel par Robert le Frison (1071). Inquiété par la puissance des ducs normands, qui venaient de conquérir l'Angleterre (1066), il suscita la révolte de Robert Courteheuse contre son père Guillaume le Conquérant (1078) ; ce dernier envahit le Vexin, mais Philippe fut sauvé par la mort de Guillaume (1087). Philippe Ier s'attira des difficultés avec le Saint-Siège à cause de ses mariages : en 1091, il répudia sa première femme, Berthe de Hollande, pour épouser Bertrade de Montfort, femme de Foulques, comte d'Anjou, qu'il avait enlevée à son mari. Excommunié par Urbain II en 1095, il resta dix ans sous le poids de cette sentence qui l'empêcha de prendre part à la première croisade ; il dut finalement s'humilier devant Pascal II pour obtenir l'absolution (1105). Dès 1099, il avait associé à la couronne son fils, le futur Louis VI le Gros. Philippe Ier avait réuni à la couronne le Gâtinais (1068), le Vexin (1082) et la vicomté de Bourges (1100).

PHILIPPE II Auguste (* Paris, 21.VIII.1165, † Mantes, 14.VII.1223). Roi de France (1180/1223), fils et successeur de Louis VII, il n'avait que quinze ans à son accession au trône. Il consolida son autorité royale en combattant les barons emmenés par le régent Philippe d'Alsace, fit reconnaître ses droits et soutint Richard Cœur de Lion contre Henri II (1187/89). Puis il partit, aux côtés de Richard Cœur de Lion, pour la troisième croisade (v.). Il le laissa continuer seul la guerre contre les infidèles, et rentra en 1191. Au retour de Richard, la guerre contre les Plantagenêts reprit. La mort de son adversaire et l'avènement du médiocre Jean sans Terre (1199) lui donnèrent l'occasion, en 1203, de confisquer tous les domaines français des Plantagenêts (à l'exception de la Guyenne) (Normandie, Anjou, Touraine, Maine et Poitou). Philippe Auguste vainquit à Bouvines (1214), les princes coalisés contre lui (Othon de Brunswick, les comtes de Boulogne et de

Flandre). Ses victoires renforcèrent l'autorité royale et Philippe Auguste développa le rôle des baillis, officiers royaux dont les compétences dépassèrent peu à peu le cadre étroit du domaine ; il fortifia et embellit Paris. Il ne prit pas de part active à la croisade des albigeois (v.) qui se déroula sous son règne. Le pape Innocent III refusa de reconnaître son mariage avec Agnès de Méran, et la répudiation d'Isambour de Danemark, épousée en 1193, après la mort de sa première femme Isabelle de Hainaut (1190). Son fils Louis VIII lui succéda. Voir **France.** L'apogée de la monarchie médiévale.

PHILIPPE III le Hardi (* Poissy, 30.IV.1245, † Perpignan, 5.X.1285). Roi de France (1270/85). Fils de Louis IX et de Marguerite de Provence, il avait accompagné son père à la croisade et fut proclamé roi devant Tunis. Il se hâta de conclure avec les Maures une trêve de dix ans, qui lui permit de revenir en France. En 1271, il hérita de son oncle Alphonse de Poitiers le comté de Toulouse, le Poitou et l'Auvergne, qu'il incorpora au domaine royal, ainsi que le Perche et le comté d'Alençon, hérités de son frère Pierre (1283), les comtés de Nemours et de Chartres, achetés en 1274 et 1284 ; en revanche, il céda au pape Grégoire X le comtat Venaissin (1274). Il soutint la politique sicilienne de son oncle Charles d'Anjou ; après le massacre des Vêpres siciliennes (1282), le pape excommunia Pierre III d'Aragon, considéré comme l'instigateur de l'attentat, et donna son royaume à Charles de Valois, fils de Philippe le Hardi. Ce dernier engagea donc la guerre contre l'Aragonais, attaqua sans succès la Catalogne et mourut peu après d'une épidémie à Perpignan. Il fut d'abord marié à Isabelle d'Aragon, dont il eut Philippe IV le Bel, puis à Marie de Brabant.

PHILIPPE IV le Bel (* Fontainebleau, 1268, † Fontainebleau, 29.XI.1314). Roi de France (1285/1314). Il était le fils de Philippe III le Hardi, et le petit-fils de Saint Louis. Son règne est important, non pas tant à cause des agrandissements qu'il assura au domaine royal (la Champagne), mais par la nouvelle conception du pouvoir royal qu'il commença à imposer sous l'influence du droit romain renaissant. Philippe IV adopta la doctrine des « légistes », pour lesquels le roi est maître et souverain dans l'ordre temporel, et ne peut accepter aucune limitation à son autorité, rejetant toute suprématie pontificale dans son domaine et toute exemption du clergé. D'où son conflit avec Boniface VIII, qui voulait maintenir la vieille doctrine de la suprématie pontificale. Philippe IV mena ce conflit avec une énergie extrême. Il en appela contre le pape aux états généraux de la population du royaume, qui furent réunis pour la première fois (avr. 1302). Il s'en prit à la personne du pape (attentat d'Anagni, organisé par le légiste Guillaume de Nogaret, sept. 1303). Philippe IV fit élire un pape français, Clément V, qui vint placer la papauté sous la tutelle du roi de France, à Avignon (1309).

L'État qui s'affirmait avait besoin d'argent. Philippe IV multiplia les mutations monétaires, confisqua les biens des Juifs, des marchands lombards, il s'attaqua à l'ordre des Templiers (v.), puissant et riche, le fit supprimer par Clément V, et s'empara d'une partie de sa fortune.

PHILIPPE V le Long (* 1294, † Longchamp, 3.I.1322). Roi de France (1317/22). Deuxième fils de Philippe le Bel et de Jeanne de Navarre, il fut chargé de la régence à la mort de son frère Louis X (5 juin 1316), qui laissait enceinte la reine Clémence de Hongrie. Le fils posthume de Louis X, Jean Ier, n'ayant vécu que cinq jours, Philippe se fit hâtivement sacrer roi (9 janv. 1317), malgré l'opposition de plusieurs princes du sang qui voulaient placer sur le trône la fille de Louis X, Jeanne. Philippe réunit les états généraux, qui se prononcèrent en sa faveur (1317) et déclarèrent les femmes incapables de succéder au trône de France (onze ans plus tard, ce même principe de la masculinité de la succession devait assurer l'avènement de Philippe VI de Valois). En 1320, Philippe V mit fin à l'impopulaire guerre de Flandre, et son règne ne fut plus troublé que par une agitation des pastoureaux (v.) du Midi. Philippe se consacra au renforcement de l'administration intérieure, développa les milices urbaines, à la tête desquelles il mit des officiers royaux, régla la fabrication des monnaies, amorça une unification des poids et mesures et déclara inaliénable le domaine de la Couronne. Il prit des mesures sévères contre les Juifs, restreignit la circulation des lépreux, qu'on accusait d'empoisonner les fontaines, et favorisa la répression des hérétiques du Midi par l'Inquisition. Marié à Jeanne de Bourgogne, il mourut sans enfants mâles, et son frère Charles IV monta sur le trône, sans souci des filles de Philippe V.

PHILIPPE VI DE VALOIS (* 1293, † Nogent-le-Roi, 22.VIII.1350). Roi de France (1328/50). Fils de Charles de Valois, frère de Philippe le Bel et de Marguerite de Sicile, petit-fils de Philippe III le Hardi, il fut nommé régent à la mort de Charles IV, dont la femme était enceinte. Cette princesse ayant mis au monde une fille, Philippe de Valois fut reconnu comme roi par les pairs et les barons (1328), malgré Édouard III, roi d'Angleterre, qui prétendait à la couronne de France du chef de sa mère Isabelle, fille de Philippe IV, et de Philippe d'Évreux, lui aussi petit-fils de Philippe III, mais par les femmes. Après la victoire de Philippe VI sur les Flamands à Cassel (1328) et plus encore après la confiscation de la Guyenne (1337), Édouard III se proclama lui aussi roi de France (1340) ; ce fut le début de la guerre de Cent Ans (v.), qui s'ouvrit par la défaite de Crécy (1346) et la prise de Calais (1347). Une trêve fut signée peu après et Philippe mourut avant la reprise des hostilités, mais après avoir vu un autre fléau s'abattre sur le royaume, la peste noire (v.) (1348). Malgré ces revers, Philippe laissait le domaine de la Couronne agrandi : à son avènement, il y avait ajouté les comtés de Valois, de Chartres, d'Anjou et du Maine, apanages de sa maison ; puis, par transaction avec Jeanne de Navarre et Philippe d'Évreux, la Champagne et la Brie (1329) ; par achat à Jacques II de Majorque, la seigneurie de Montpellier (1349) ; enfin, il avait acquis de Humbert II le Dauphiné. Philippe VI eut pour successeur son fils aîné, Jean II le Bon.

MACÉDOINE

PHILIPPE II (* vers 382, † Aigai, août 336 av. J.-C.). Roi de Macédoine (359/336). Il s'empara du pouvoir à la mort de son frère Perdiccas III, réorganisa le gouvernement et les finances, remania son armée en créant une cavalerie lourde aux côtés de la phalange macédonienne ; malgré l'opposition de Démosthène et en dépit d'un échec aux Thermopyles (352), la soumission des cités grecques fut achevée par l'écrasement d'Athènes et de Thèbes à Chéronée en 338. Philippe mourut de la main d'un de ses officiers alors qu'il s'apprêtait à engager les troupes de la ligue panhellénique, qu'il avait créée, dans une grande expédition contre les Perses. Son fils Alexandre le Grand réalisa son projet de conquête de l'Asie aux dépens des Barbares. Voir **MACÉDOINE.**

PHILIPPE V (* 238, † Amphipolis, 179 av. J.-C.). Roi de Macédoine (221/179). Fils de Démétrios II, successeur d'Antigone III Dôsôn, il vainquit la ligue Étolienne (v. **ÉTOLIE**), (paix de Naupacte, 217), puis tenta d'établir son hégémonie dans l'Adriatique, mais se heurta aux Romains et s'allia avec Hannibal. Rome, alliée aux Étoliens, à Pergame, à Sparte, engagea contre lui la première guerre de Macédoine (215/205 av. J.-C.). De nouveau vainqueur des Étoliens, il fit reconnaître ses accès à l'Adriatique par le traité de Phoinikê (205). Dans la deuxième guerre de Macédoine (200/196), Philippe, aux prises avec une coalition générale, fut finalement vaincu à Cynoscéphales par Flamininus (197), et la Grèce fut libérée de la domination macédonienne (jeux Isthmiques de 196). Contraint de livrer sa flotte et de payer une lourde indemnité, Philippe V prépara une guerre de revanche, qui, après sa mort, fut menée sans succès par son fils, Persée.

PHILIPPE ÉGALITÉ (* 13.IV.1747, † 6.XI.1793). Prince français. Voir **ORLÉANS.** Louis Philippe Joseph, duc d'.

PHILIPPINES. Archipel de la Malaisie, comprenant plus de 7 000 îles dont les principales sont Luçon, Mindanao et Palauan. Habitées par des populations d'origine malaise venues dans l'archipel longtemps avant notre ère, les Philippines passèrent en partie sous l'influence de l'islam au XIVe s. Magellan les découvrit le 16 mars 1521 et fut tué peu après dans l'île de Mactan (27 avr.). En 1543, Villalobos les visita à son tour et les baptisa en l'honneur de l'infant Philippe (futur Philippe II). La colonisation espagnole, inaugurée en 1565, devait durer plus de trois siècles. Manille, fondée en 1571, fut érigée en évêché (1681), puis en archevêché (1695). Durant les XVIIe/XVIIIe s., les Philippines servirent de base pour les missions en Indochine, en Chine et au Japon. Administrativement, les Philippines espagnoles dépendaient du vice-roi du Mexique ; c'est pourquoi, chaque année, partait le « galion de Manille » à destination de l'isthme de Panamá. La colonie prospéra ; une rapide et importante immigration chinoise, à partir du XVIIe s., provoqua à plusieurs reprises des troubles, suivis de massacres par les Espagnols (1603, 1639, 1662), et la plupart des Chinois furent finalement expulsés à la fin du XVIIIe s. La toute-puissance tyrannique de l'Église et les excès de la fiscalité espagnole ne cessèrent d'entretenir un profond mécontentement chez les Philippins. De nombreuses révoltes eurent lieu au cours du XIXe s., notamment en 1872 et en 1896. L'insurrection se ralluma durant la guerre hispano-américaine de 1898, après la destruction de la flotte espagnole par l'amiral Dewey dans la baie de Manille (1er mai 1898). Au traité de Paris (10 déc. 1898), l'Espagne dut céder les Philippines aux États-Unis contre une indemnité, mais le chef du mouvement d'indépendance philippin, Emilio Aguinaldo, qui avait proclamé la république, continua la guerre contre les Américains jusqu'en 1901.

De 1898 à 1946, les Philippines restèrent sous la domination des États-Unis : le *Jones Act* de 1916 leur reconnut un gouvernement autonome, et, en 1934, le Congrès américain s'engagea à donner l'indépendance aux Philippines dans un délai de dix années. Dès 1935, les pouvoirs du gouvernement local furent considérablement étendus et les Philippines se donnèrent un président élu, Manuel Quezón, chef du parti nationaliste. La colonisation américaine, par de gros investissements, développa considérablement l'exploitation des richesses agricoles, et 75 % des exportations allaient vers les États-Unis ; mais la situation sociale restait précaire, les terres appartenant à une infime minorité de propriétaires fonciers, les *compradores*, alors que les paysans étaient réduits à une condition proche du servage.

Débarqués dans l'archipel dès le 10 déc. 1941, les Japonais se heurtèrent à l'énergique résistance de MacArthur, qui réussit à se maintenir dans la presqu'île de Bataan jusqu'au 10 avr. 1942 et à Corregidor jusqu'au 7 mai 1942 qu'il quitta en déclarant : « Je reviendrai » (« *I shall return* »). Une minorité de Philippins seulement collabora avec les Japonais, qui se faisaient les champions du nationalisme asiatique mais montraient aussi des exigences de conquérants. De nombreux maquis s'organisèrent dans les montagnes de Luçon, les uns encadrés par des officiers américains et philippins, les autres animés par des militants communistes sous le commandement de Luis Taruc. Le président Quezón avait transporté le gouvernement philippin en exil aux États-Unis, et il obtint de Roosevelt, en 1943, l'engagement que les Philippines deviendraient indépendantes après le départ des Japonais. La reconquête de l'archipel, commencée par la bataille de Leyte, fut menée par MacArthur d'oct. 1944 à juill. 1945.

Le 4 juill. 1946, les Philippines accédèrent à la pleine souveraineté, des accords spéciaux assurant cependant aux Américains une situation privilégiée (jusqu'en 1974) et la disposition de bases militaires. Les États-Unis fournirent l'aide nécessaire pour la reconstruction économique du pays, par le *Philippine Trade Act* et le *Philippine Rehabilitation Act* (avr. 1946). Cependant, le mouvement de résistance communiste des Huks avait refusé de deposer les armes à la fin de la guerre contre le Japon ; le gouvernement dut mener une lutte sévère contre les guérillas révolutionnaires dans les provinces centrales de Luçon, et l'insurrection ne fut définitivement brisée qu'en 1954 par Ramón Magsaysay, ancien ministre de la Défense devenu, avec l'appui du parti nationaliste, président de la République (1953/57). En politique étrangère, les Philippines restèrent étroitement alliées aux États-Unis, avec lesquels fut conclu un traité de défense (1951) ; elles adhérèrent à l'OTASE (1954). À l'intérieur, le parti nationaliste, qui avait entrepris une politique de réformes économiques et sociales, resta au pouvoir sous la présidence de Carlos Garcia (1957/61). Aux élections de nov. 1961, Garcia fut battu par Diosdado Macapagal, candidat des libéraux, mais les nationalistes conservèrent le contrôle des deux Chambres. Ils reconquirent la présidence en 1965 avec Ferdinand Marcos, qui fut réélu en 1969. Marcos, en 1972, proclama la loi martiale, en raison des guérillas de la NAP (Nouvelle armée du peuple) et du Front national de libération moro, dans les îles du Sud.

Mais le régime népotique et corrompu de Marcos fut finalement balayé en 1986 par un vaste mouvement populaire né en 1983 après l'assassinat de Benigno Aquino, principal dirigeant de l'opposition. La diplomatie américaine, en partie responsable de la longévité politique de Marcos, reporta son soutien sur Cory Aquino, veuve du dirigeant assassiné et plébiscitée par les Philippins. Celle-ci rétablit la démocratie par un référendum constitutionnel en 1987, suivi d'élections en 1988. Elle favorisa aussi le retour de l'oligarchie terrienne, évincée par Marcos au bénéfice des militaires, et la réforme agraire annoncée semblait rencontrer quelques difficultés. En 1988, le vice-président Laurel rejoignit l'opposition. La nouvelle démocratie philippine restait sous l'étroite surveillance d'une armée très puissante : six tentatives de coup d'État – dont la plus grave, en déc. 1989, ne fut maîtrisée qu'avec l'aide de l'aviation américaine –, ont ébranlé le régime dont l'Église restait le plus ferme soutien. Critiquée pour sa faiblesse à l'égard des clans traditionnels (10 000 planteurs possédaient 80 % des terres en 1990), C. Aquino ne put achever la réforme agraire de 1988. Elle choisit son ministre de la Défense, le général Fidel Ramos, comme candidat à la présidence de la République pour les élections de juin 1992. Élu avec moins de 25 % des voix (sept autres candidats s'étant présentés), celui-ci sut mener une politique de réconciliation nationale et remporta les législatives de mai 1995 grâce au plan de développement et de lutte contre la pauvreté, dit « Philippines 2000 » lancé en janv. 1993. L'économie philippine connut à partir de 1995 un taux de croissance supérieur à 5 %. Par ailleurs, le gouvernement et le Front national de libération moro (FNLM) signèrent, en sept. 1996, un accord qui devait mettre fin à la rébellion musulmane de Mindanao. En nov. 1997, le Front moro islamique de libération (MLF) accepta à son tour un accord de cessez-le-feu avec le gouvernement de Manille.

L'élection présidentielle de mai 1998, à laquelle, selon la Constitution, le président Ramos ne pouvait se présenter, vit la victoire de Joseph Estrada. À partir de nov. 1999, de nouveaux groupes armés firent parler d'eux, comme l'Armée du prolétariat révolutionnaire (RPA) et, surtout, le groupe islamiste et séparatiste Abu Sayaf (« porteurs de sabre ») qui enleva dix touristes sur l'île de Sidapan, le 23 avr. 2000, avant de les transférer sur celle de Jolo. Leur libération, à partir du mois d'août grâce à une médiation libyenne, constitua un revers pour le président J. Estrada, partisan de la manière forte. Pour faire face à des accusations de favoritisme, de faiblesse et de corruption, celui-ci procéda à un remaniement ministériel en janv. 2000, mais le Sénat engagea une procédure de destitution contre lui en nov. suivant. L'ajournement de cette procédure, en janv. 2001, provoqua d'immenses manifestations de protestation dont l'importance décida les responsables de l'armée à retirer leur soutien à J. Estrada contraint à la démission (20 janv.) et remplacé aussitôt à la magistrature suprême par la vice-présidente, Gloria Macapagal Arroyo. La nouvelle présidente était la fille de l'ancien président Macapagal (1961/65) ; son parti, la Coalition de pouvoir du peuple, a gagné les élections législatives, le 14 mai. En août 2001, un nouveau cessez-le-feu a été conclu entre le Front moro islamique de libération et le gouvernement philippin grâce à l'entremise de la Malaisie. Depuis févr. 2002, 650 soldats américains sont venus appuyer dans le sud du pays le combat de l'armée philippine contre le groupe Abu Sayaf, accusé par Washington d'être lié au réseau d'Al Qaida. Le gouvernement philippin s'est engagé à limiter le blanchiment de l'argent (2003) et a publié un plan de lutte contre l'évasion fiscale. Le régime avait le soutien de l'armée, de l'Église catholique, des milieux d'affaires et des classes moyennes, mais en 2002, Gloria Arroyo a annoncé qu'elle ne serait pas candidate aux élections présidentielles de mai 2004. Dans un pays où le tiers des habitants vit avec moins d'un dollar par jour, où la population double tous les 30 ans, où le clientélisme est très fort, le refus de véritables réformes politiques et sociales interdit toute véritable stabilisation. Le 27 juill. 2003, une mutinerie a été réprimée à Manille et l'insécurité reste très forte.

PHILISTINS. Ancien peuple non sémitique de la Palestine, qui a donné son nom à ce pays. Les Philistins furent mentionnés pour la première fois dans les sources égyptiennes comme un des Peuples de la Mer, qui tentèrent d'envahir l'Égypte sous le règne de Ramsès III (début du XIIe s. av. J.-C.). D'après la tradition biblique, ils vinrent de Caphtor (Crète) en Palestine. Ils étaient groupés en une confédération de cinq villes, la Pentapole : Gaza, Ascalon, Ashdod, Gat et Éqrôn. Installés sans doute en Palestine avec l'accord des Égyptiens, ils ne tardèrent pas à entrer en conflit avec les Israélites. D'abord victorieux, ils occupèrent une partie des collines de Judée. Saül (vers 1030/1010 av. J.-C.) repoussa plusieurs de leurs offensives, mais c'est finalement David (vers 1010/970) qui réussit à les vaincre et à les soumettre. Lors de la séparation des royaumes d'Israël et de Juda, les Philistins reprirent leur indépendance. Vers la fin du VIIIe s., ils passèrent sous la domination assyrienne. Desservis par la Bible, les Philistins sont encore très mal connus. On leur attribue un type de poterie (XIIe/XIe s.) dont des spécimens ont été retrouvés à Gaza, à Ascalon, dans le Néguev, à Megiddo et même à Chypre. En revanche, on ne connaît encore aucun document en langue philistine. Leur religion reste aussi mystérieuse.

PHILOPŒMEN (* Mégalopolis, Arcadie, vers 253, † Messène, 182 av. J.-C.). Général grec. Stratège de la ligue Achéenne (208/183 av. J.-C.). Voir **ACHAÏE**.

PHOCION, Phôkiôn (* vers 402, † Athènes, 318 av. J.-C.). Général et homme politique athénien. Phocion, auquel sa probité et sa vie austère donnaient un grand prestige chez les Athéniens, s'opposait, comme Eschine et Isocrate, à la politique de résistance prônée par Démosthène : il se rendait compte qu'Athènes n'était pas assez forte pour lutter contre Philippe et qu'elle s'exposait inutilement en se déclarant son ennemie. Les appels de Phocion à la raison l'emportèrent après la vaine révolte de la Grèce et le sac de Thèbes (335) : Phocion fut alors député vers Alexandre, dont il gagna l'estime. À la mort d'Alexandre (323), il ne put empêcher Athènes de se révolter de nouveau et réussit, après la guerre lamiaque et la défaite de Crannon, à obtenir des conditions modérées d'Antipater. De 321 à 319, il gouverna Athènes avec Démade, mais, après l'occupation de la ville par Polyperchon, la démocratie restaurée condamna à mort cet octogénaire.

PHOTIUS ou **PHOTIOS** (* Constantinople, vers 820, † vers 891). Patriarche de Constantinople. Jouissant d'une réputation de savant (sa bibliothèque témoigne en effet d'une très vaste culture), il fut ambassadeur en Perse (838). L'empereur Michel III le nomma patriarche de Constantinople après avoir déposé le patriarche Ignace (858). Un concile réuni à Rome par le pape Nicolas Ier en 863 annula les effets du concile de Byzance de 861 qui avait légitimé Photius. Ce dernier, qui soulignait les divergences entre Grecs et Latins, notamment l'insertion du *filioque*, à propos du Saint-Esprit, dans le *Credo*, refusa de se soumettre, convoqua un concile à Byzance en 867 et prononça la déposition du pape Nicolas Ier. Chassé par l'usurpateur Basile le Macédonien de 867 à 877, Photius fut excommunié en 881 par le pape Jean VIII, puis banni par l'empereur Léon VI le Philosophe (886). Ce premier schisme byzantin, dit de Photius, fournit les fondements théologiques du schisme d'Orient. Voir **ÉGLISE ORTHODOXE** et **BYZANTIN (Empire)**.

PHRAATE. Nom de cinq rois arsacides des Parthes, parmi lesquels :

Phraate IV (37/32 av. J.-C.). Il monta sur le trône en assassinant son père, Orodès, qui venait d'être vaincu par Ventidius, général de l'armée d'Antoine. Le gouvernement autoritaire de Phraate provoqua chez les Parthes une révolte conduite par Tiridate II et Phraate fut contraint de se réfugier dans l'extrémité orientale de son royaume. En 30 av. J.-C., grâce à l'appui des Scythes, il parvint à éliminer Tiridate, qui se réfugia chez les Romains, en emmenant un des fils de Phraate. Désireux d'arriver à un *modus vivendi* pacifique avec les Parthes, Auguste renvoya sans rançon le jeune prince à son père (25 av. J.-C.) et, cinq ans plus tard, Phraate fit la paix avec Rome en restituant à Auguste les aigles et les prisonniers que les Parthes, trente-trois ans auparavant, avaient pris à l'armée de Crassus, lors de la bataille de Carrhae. Les Parthes reconnurent le protectorat romain sur l'Arménie et l'Ostoène.

PHRYGIENS. Ancien peuple de l'Asie Mineure qui avait son centre au cœur de l'Anatolie, dans la grande boucle du Sangarios (auj. Sakarya), où se trouvaient ses deux principales villes, *Gordion*, sur le Sangarios, et une cité dont le nom ancien est inconnu et qu'on appelle la *ville de Midas* (près de l'actuelle Yazilikaya). Les Phrygiens parlaient une langue indo-européenne. D'après Hérodote (VII, 73), ils portèrent d'abord le nom de *Briges* et séjournèrent en Macédoine avant de passer en Asie. Il se peut qu'ils aient fait partie du vaste mouvement migratoire qui toucha le monde égéen, l'Asie mineure et l'Orient vers 1300/1200 av. J.-C. et que les Égyptiens désignaient sous le nom collectif de Peuples de la Mer. Ils participèrent à la ruine de l'Empire hittite et fondèrent un royaume qui s'étendait, à la fin du XIIe s., sur toute l'Anatolie. À la fin du VIIIe s. avant notre ère, les conquêtes assyriennes rejetèrent définitivement les Phrygiens à l'O. de l'Halys (l'actuel Kizil Irmak).

L'histoire intérieure des Phrygiens n'est guère connue que par des légendes. Leurs rois s'appelaient tantôt Gordias, tantôt Midas. L'un des Midas, qu'on fait régner entre 725 et 676 av. J.-C., s'acquit une grande réputation chez les Grecs, en raison de ses richesses ; il offrit son trône royal au temple de Delphes, sans doute pour obtenir l'appui des Grecs contre les Cimmériens, dont l'invasion, en 676, porta à la puissance phrygienne un coup dont elle ne se releva pas. Il semble d'ailleurs que les structures politiques du pays furent toujours fragiles ; la Phrygie constituait une confédération de tribus et un pouvoir centralisé ne put jamais s'y imposer. Dans la seconde moitié du VIIe s., les Phrygiens passèrent de plus en plus sous la domination des Lydiens. À la chute de Crésus, ils furent annexés à l'Empire perse (546 av. J.-C.) et envoyèrent des contingents à l'armée levée par Xerxès contre les Grecs. En 334, leur pays fut envahi par Alexandre. La Phrygie occidentale, comprise d'abord dans le royaume séleucide, fut annexée au IIe s. par Pergame ; la Phrygie orientale, entre le Sangarios et l'Halys, fut occupée vers 275 av. J.-C. par des envahisseurs celtes, les Galates. La Phrygie occidentale fut annexée à la province romaine d'Asie à la fin du IIe s. ; en 25 av. J.-C., la Galatie devint à son tour province romaine. Au IVe s. de notre ère furent formées deux provinces de Phrygie : la *Phrygie Salutaire*, à l'E. (capitale *Synada*), et la *Phrygie Pacatienne*, à l'O. (capitale *Laodicée*).

PHYSIOCRATES. École d'économistes français dont les travaux se développèrent pendant une vingtaine d'années, entre 1756 et 1780. Son fondateur fut un médecin de Louis XV et de Mme de Pompadour, François Quesnay (v.) qui exposa sa doctrine sous forme d'articles dans l'*Encyclopédie* (articles *Fermiers* et *Grains*, 1756/57) et dans ses *Maximes générales du gouvernement économique d'un royaume agricole* (1760). Les autres représentants de l'école furent le marquis de Mirabeau, père de l'orateur ; Lemercier de La Rivière, auteur de *L'Ordre naturel et essentiel des sociétés politiques* (1777) ; Dupont de Nemours (v.) qui donna le nom de l'école avec sa *Physiocratie ou Constitution essentielle du gouvernement le plus avantageux au genre humain* (1768) ; Le Trosne, l'abbé Baudeau, et surtout Turgot (*Réflexions sur la formation et la distribution des richesses*, 1766) qui s'efforça de faire passer leurs idées dans la politique française.

La conception fondamentale des physiocrates est celle de l'« ordre naturel ». Pour préciser cet ordre naturel, réalisable et non réalisé, les physiocrates s'efforcèrent – et ils furent en cela des précurseurs – de donner une vue d'ensemble du circuit économique : ils ont dégagé la notion de « produit net », qui est pour eux l'excédent de la richesse obtenue par des actes de production sur la richesse dépensée à l'occasion de cette production. Pour les physiocrates, l'agriculture seule donne un produit net : le laboureur récolte plus de blé qu'il n'en a consommé pour les semailles et pour sa nourriture de l'année. D'où une division de la société en trois classes : la classe *productrice*, celle des agriculteurs (auxquels on peut joindre les pêcheurs, les mineurs) ; la classe *stérile*, celle des commerçants, des industriels, des médecins, avocats..., dont le travail ne fait que modifier et transformer les produits déjà créés par la classe productive ; enfin, la classe des propriétaires fonciers, qui sont les « premiers préparateurs et conservateurs de la culture ».

Conformément à ces théories, les physiocrates contribuèrent à la révolution agricole qui se manifesta à la fin du XVIIIe s. ; ils favorisèrent les progrès de la grande culture par des améliorations techniques (outillage, engrais), et s'opposèrent à la tradition mercantiliste issue de Colbert. Le programme des physiocrates inspira les utiles réformes de Turgot, qui institua en 1774 la liberté du commerce des grains et tenta, deux ans plus tard, d'instituer aussi la liberté du travail en supprimant les corporations (1776). Mais cette dernière réforme ne devait être réalisée que par la Révolution.

PIAST. Première dynastie des princes et rois de Pologne, qui fut fondée par Mieszko Ier et régna de 960 à 1386. Voir **Pologne.** La Pologne des Piast (jusqu'à 1386).

PICARDIE. Ancienne province et grand gouvernement de France qui avait pour capitale *Amiens* ; elle correspondait au territoire du département de la Somme, d'une partie des départements de l'Aisne et de l'Oise, ainsi que la bande côtière du Pas-de-Calais. Habitée au temps de César par les Morins, les Ambiens, les Véromanduens, les Bellovaques et les Suessions, elle fut incluse par les Romains, au début de l'Empire, dans la province de Belgique, avant d'appartenir, à partir du IVe s., à la Belgique IIe. Les Francs s'en emparèrent au Ve s. La région se couvrit bientôt d'importants monastères : Centula ou Saint-Riquier (625/50), Saint-Quentin (650), Corbie (657), Péronne (660), Saint-Vaast d'Arras (660). La Picardie, dont le nom n'apparaît pas avant le XIIIe s., forma, à la fin de l'époque carolingienne, divers comtés (Ponthieu, Boulogne, Amiens, Vermandois, Soissons...), qui relevaient de la Flandre. Elle était, au Moyen Âge, une riche terre à blé, mais bénéficia aussi des courants commerciaux qui firent la prospérité flamande et connut à partir du XIIe s. un puissant essor communal.

L'influence française devint prédominante en Picardie à partir de Philippe Auguste, et la région était déjà presque entièrement réunie au domaine royal lorsqu'elle subit l'invasion anglaise, au début de la guerre de Cent Ans (bataille de Crécy, 1346). Au XVe s., elle passa aux Bourguignons, qui s'en firent céder la plus grande partie par le traité d'Arras (1435), mais Louis XI l'annexa définitivement à la France après la mort de Charles le Téméraire (1477). Cependant, jusqu'au traité des Pyrénées (1659), la Picardie devait rester une marche frontière, et elle eut beaucoup à souffrir, au XVIe et au XVIIe s., des guerres avec les Espagnols.

La Picardie fut de nouveau un champ de batailles durant les deux guerres mondiales. Après les batailles de l'Artois (1915, 1917) et de la Somme (1917), la bataille de Picardie commença le 21 mars 1918 par l'offensive d'une soixantaine de divisions allemandes sur un front de 80 km, entre Arras et La Fère, à la charnière des troupes françaises et britanniques. L'objectif initial de Ludendorff, qui était de percer au N. de la Somme afin d'acculer les Anglais à la mer, fut changé au cours de l'opération et reporté sur Amiens. Le 27 mars, la percée allemande au S. de la Somme atteignait Montdidier, et les abords d'Amiens étaient bientôt menacés. Dans cette situation dramatique, les Alliés, à la conférence de Doullens (26 mars), décidèrent de confier à Foch le commandement suprême. Dès les premiers jours d'avr., l'offensive allemande en Picardie était arrêtée. Le saillant de Montdidier devait être réduit à la suite de la grande attaque britannique lancée par Haig le 8 août 1918 – « le jour noir de l'armée allemande », devait dire plus tard Ludendorff. En 1940, c'est encore sur la Somme et sur l'Aisne que Weygand tenta d'établir l'ultime ligne de résistance française, qui fut emportée par l'attaque allemande déclenchée le 5 juin.

PICCOLOMINI. Famille noble de Sienne, qui dirigea quelque temps la République après les Petrucci (1538/41). Elle a donné à l'Église deux papes (Pie II et Pie III) et à l'Empire un célèbre général : **Ottavio Piccolomini** (* Florence, 1599 ou 1600, † Vienne, 11.VIII. 1656). Arrière-petit-fils d'une sœur du pape Pie II, il entra au service de l'Espagne en 1616, combattit en Lombardie, puis conduisit à Ferdinand II un corps auxiliaire toscan et prit part à la bataille de la Montagne Blanche (1620). Devenu l'un des principaux lieutenants de Wallenstein, il commanda la cavalerie à Lützen (1632), puis trahit Wallenstein en révélant ses projets à l'empereur : il contribua ainsi à l'assassinat de son chef (1634) et reçut une partie de ses domaines. Piccolomini commanda une aile à Nördlingen (1634), envahit la Picardie (1636), battit les Français à Thionville (1639), mais fut lui-même vaincu par Tortensson près de Breitenfeld (1642). Commandant aux Pays-Bas (1644/47), il fut rappelé en Allemagne en 1648 avec le titre de feld-maréchal, participa comme plénipotentiaire autrichien aux négociations de paix de Nuremberg (1649/50) et fut fait prince du Saint Empire en 1650.

PICHEGRU Charles (* Les Planches, près d'Arbois, Jura, 16.II.1761, † Paris, 6.IV.1804). Général français. Il combattit brillamment dans l'armée du Rhin, connut une ascension rapide grâce à la protection des Jacobins et de Saint-Just et succéda à Hoche à la tête de l'armée du Nord en févr. 1794. Il s'empara des Pays-Bas et de la Hollande (1794/95) et fit saisir par un escadron de hussards la flotte hollandaise bloquée par les glaces au Texel (janv. 1795). Revenu à Paris, il réprima une insurrection dirigée contre la Convention (12-Germinal, 1er avr. 1795), puis prit le commandement de l'armée de Rhin-et-Moselle. C'est alors qu'il se laissa séduire par les offres du prince de Condé. Le Directoire soupçonnant sa trahison lui ôta son commandement (mars 1796) ; élu au Conseil des Cinq-Cents (avr. 1797), il prit la tête de l'opposition royaliste. Déporté en Guyane après le 18-Fructidor (1797), il parvint à gagner l'Angleterre, vint secrètement à Paris dans les premiers jours de 1804 avec Cadoudal et d'autres conspirateurs royalistes, mais fut trahi par un ami et enfermé au Temple : au bout de trois semaines de captivité, on le trouva étranglé dans sa cellule.

PICTES. Nom donné, du IIIe au IXe s., aux habitants des basses terres de l'Écosse, entre le Firth of Forth et le Pentland Firth. Leur origine reste mystérieuse, et l'on ne sait s'ils étaient des Celtes ou des descendants de populations préceltiques et non indo-européennes. Ils constituèrent pour la Bretagne romaine de redoutables voisins.

PIE

PIE II, Enea Silvio Piccolomini, en lat. **Æneas Sylvius Piccolomineus** (* Corsignano, près de Sienne, 18.X.1405, † Ancône, 14/15.VIII.1464). Pape (1458/64). Humaniste et homme d'Église italien, secrétaire de l'antipape Félix V, il se fit l'avocat des théories conciliaires (prônant la primauté du concile des évêques sur le pape) contre le pape légitime Eugène IV. Puis l'empereur Frédéric III fit de lui son secrétaire et le nomma poète impérial. C'est alors qu'il écrivit son roman licencieux *Euryalus et Lucrèce* (1444). Sous l'influence de st Bernardin de Sienne, il réforma sa vie et fut ordonné prêtre (1446). Évêque de Trieste en 1447, cardinal en 1456, il fut élu pape deux ans plus tard. Il lutta alors contre les théories conciliaires qu'il avait auparavant défendues. Après la prise de Constantinople, il tenta d'entraîner une croisade des princes chrétiens contre Mahomet II.

PIE IV, Gian Angelo Medici ou **Medighino** (* Milan, 31.III.1499, † Rome, 9.XII.1565). Pape (1559/65). D'une famille milanaise qui n'avait rien de commun avec les Médicis de Florence, il fit des études de médecine et de droit, devint archevêque de Raguse (1545), cardinal (1549) et légat en Romagne. Successeur de Paul IV, il fit immédiatement arrêter et juger les neveux de ce dernier, les Carafa, accusés d'assassinats et de déprédations : deux d'entre eux furent décapités. Après huit ans d'interruption, il reprit le concile de Trente (1562/63) dont il publia les décrets (1564). Il fit réviser l'Index (1564), publia la *Confessio Fidei Tridentina*, qui porte son nom, prépara l'édition du premier catéchisme romain et réforma le Sacré Collège. Pendant tout son pontificat, il fut assisté par son neveu, un des grands saints de la réforme catholique, Charles Borromée. Pour mettre en échec le protestantisme en Allemagne, en Autriche et en Hongrie, il autorisa dans ces pays la communion sous les deux espèces (1564), mais cette mesure fut abolie par ses successeurs.

PIE V saint, **Antonio Michele Ghislieri** (* Bosco, Piémont, 17.I.1504, † Rome, 1er.V.1572). Pape (1566/72). Entré chez les dominicains à l'âge de quatorze ans, moine savant et austère, il fut très en faveur sous Paul IV, qui le fit cardinal (1557) et inquisiteur général (1558). Il succéda à Pie IV le 7 janv. 1566, et son pontificat, quoique assez bref, marqua une étape importante dans la réforme catholique. Pie V s'appliqua à la stricte exécution des décrets du concile de Trente : il publia le Catéchisme romain (1566) et de nouvelles éditions du bréviaire (1568) et du missel (1570). Il montra l'importance qu'il attachait à la rigueur théologique en proclamant st Thomas d'Aquin docteur de l'Église (1567). Son caractère intransigeant le poussa à prononcer l'excommunication contre la reine Élisabeth, qui n'eut d'autre effet que d'aggraver la situation des catholiques anglais (1570). Le grand événement de son règne fut la Sainte Ligue formée avec Venise et l'Espagne contre les Turcs, qui aboutit à la victoire de don Juan d'Autriche à Lépante (7 oct. 1571). Pie V fut canonisé en 1712.

PIE VI, Giannangeli Braschi (* Cesena, 27.XII. 1717, † Valence, France, 29.VIII.1799). Pape (1775/99). Employé à la curie depuis 1740, trésorier de Clément XIII (1766) et cardinal en 1773, il succéda à Clément XIV le 15 févr. 1775. Il eut à faire face, en pays germaniques, à la crise du josephisme (v. **JOSEPH II**). Vis-à-vis de la France, Pie VI, à propos de la Constitution civile du clergé (12 juill. 1790), montra d'abord une attitude hésitante qui plongea dans la confusion le clergé français et Louis XVI lui-même ; il laissa le roi signer la Constitution (24 août 1790) et ce fut seulement le 10 mars 1791, par le bref *Aliquantum*, qu'il porta contre celle-ci une condamnation officielle. La France révolutionnaire annexa Avignon et le comtat Venaissin. Bien que Pie VI eût fini par reconnaître la République par la bulle *Pastoralis Sollicitudo* (5 juill. 1796), les États pontificaux furent envahis par Bonaparte, et le pape dut céder une grande partie de son territoire (légations de Romagne, de Bologne et de Ferrare) au traité de Tolentino (19 févr. 1797). Après l'assassinat à Rome du général Duphot, le général Berthier entra à Rome, proclama la République romaine (15 févr. 1798) et fit prisonnier Pie VI (20 févr.) qui fut déporté en France, où il mourut.

PIE VII, Gregorio Luigi Barnaba Chiaramonti (* Cesena, 14.VIII.1740, † Rome, 20.VIII.1823). Pape (1800/23). Cardinal en 1785, il succéda à Pie VI, héritant de la lourde tâche des relations avec la France révolutionnaire (et bientôt impériale). Il négocia le concordat de 1801 avec Bonaparte, sacra celui-ci empereur en 1804, mais s'opposa très vite à la politique napoléonienne ; l'Empereur répliqua en faisant occuper les États pontificaux (1808) et en forçant Pie VII, retenu captif, à signer à Fontainebleau un nouveau concordat (1812), presque aussitôt désavoué par le pape. Rentré en 1814 dans ses États restaurés, Pie VII se montra très généreux avec la famille de son persécuteur, accueillant à Rome la mère et l'oncle de l'ex-empereur. Après avoir rétabli la Compagnie de Jésus, il s'employa à la réorganisation de l'Église en Europe par divers concordats et s'opposa à l'agitation libérale qui naissait en Italie (condamnation des carbonari et des sociétés secrètes, 1821).

PIE IX, Giovanni Maria Mastai Ferretti (* Senigallia, Marches, 13.V.1792, † Rome, 7.II.1878). Pape (1846/78). Évêque d'Imola en 1832, cardinal en 1840, élu pape en 1846, il libéralisa d'abord le régime pontifical et donna de grands espoirs au mouvement patriotique italien. Mais, en 1848, son refus d'entrer en guerre contre l'Autriche retourna contre lui l'ardeur révolutionnaire. Fuyant le peuple romain révolté (nov. 1848), il en appela aux puissances européennes pour écraser la République romaine (v. **ROMAINE, République**). Rentré à Rome en 1850, il se retourna contre le libéralisme du monde moderne. Il promulgua les dogmes de l'Immaculée Conception (1854), et de l'infaillibilité pontificale (1870) et condamna l'ensemble des idéologies modernes par l'encyclique *Quanta Cura* et le *Syllabus errorum* (Catalogue des erreurs) en déc. 1864. Quand, en sept. 1870, les troupes piémontaises furent entrées dans Rome et que le peuple romain eut voté son rattachement au royaume d'Italie, Pie IX refusa la « loi des Garanties » que lui offrait l'État italien, laissant ainsi ouverte la « Question romaine ». Voir **PONTIFICAUX (États)**.

PIE X saint, **Giuseppe Melchior Sarto** (* Riese, prov. de Trévise, 2.VI.1835, † Rome, 20.VIII.1914). Pape (1903/14). Évêque de Mantoue en 1884, cardinal et patriarche de Venise en 1893, il fut élu pape contre Rampolla, secrétaire d'État de Léon XIII, auquel l'Autriche-Hongrie s'opposait absolument. Il fit procéder à la réforme du droit canon et de la liturgie et encouragea la fréquentation des sacrements. Devant la politique de l'État français au moment de la séparation de l'Église et de l'État (v.) (1905), il imposa aux catholiques français une attitude de séparation absolue ; considérant comme dangereuses certaines tendances démocrates-chrétiennes, il condamna *Le Sillon* (v.) et imposa aux prêtres un serment antimoderniste (1910).

PIE XI, Achille Ratti (* Desio, près de Monza, 31.V.1857, † Rome, 10.II.1939). Pape (1922/39). Préfet de la bibliothèque Ambrosienne en 1907, nonce à Varsovie (1918/21), il fut nommé cardinal-archevêque de Milan et élu pape en 1922. Son pontificat fut celui des missions (v.) évangélisatrices et de la formation des clergés indigène et des concordats (v.) avec les États. Il signa le traité du Latran avec l'État italien, représenté par Mussolini (1929). Dans les affaires politiques, il rappela les principes de la foi chrétienne pour la préservation de la dignité de l'homme : Pie XI condamna l'*Action française* en 1926, mais conclut un concordat avec von Papen, en 1933, avant de rejeter le national-socialisme (« néopaganisme de la haine ») par l'encyclique *Mit Brennender Sorge* (« Dans une brûlante inquiétude ») en même temps que le communisme athée en 1937 (encyclique *Divini Redemptoris*) ; en 1938, il établit des relations diplomatiques entre le Vatican et l'Espagne de Franco, dont il soutint la « croisade » dès 1936.

PIE XII, Eugenio Pacelli (* Rome, 2.III.1876, † Castel Gandolfo, 9.X.1958). Pape (1939/58). Nonce apostolique en Allemagne, il noua des liens étroits avec les hommes du parti catholique du Centre (v. **Centre allemand**). Cardinal en 1930, puis secrétaire d'État de son prédécesseur Pie XI, il fut l'artisan du concordat de 1933 avec von Papen, avant d'être légat pontifical en Amérique et en Europe (1934/38). Devenu pape dans l'imminence de la guerre, Pie XII fut le rédacteur des textes condamnant le nazisme et le communisme, responsable des persécutions antichrétiennes en Union soviétique, puis en Europe et en Chine après la guerre. En 1950, il proclama le dogme de l'Assomption. Sa prudence devant les persécutions dont les Juifs furent victimes a suscité de très vives controverses.

PIECK Wilhelm (* Guben, Brandebourg, 3.I.1876, † Berlin, 7.IX.1960). Homme politique allemand. Ouvrier, il milita dans la social-démocratie à partir de 1894, appartint à l'aile gauche du parti avec Liebknecht et Rosa Luxemburg, adhéra au groupe Spartakus dès sa création et fut un des fondateurs du parti communiste allemand (1918). Député au Landtag de Prusse, puis au Reichstag (1928), il émigra en 1933, présida la conférence de Bruxelles où furent étudiées les causes de la prise du pouvoir par Hitler (1935) et, en 1939, gagna l'URSS. Rentré à Berlin avec les Russes en mai 1945, il fut élu coprésident, avec Grotewohl, du parti socialiste unifié (1946) et devint président de la République démocratique allemande (1949). À sa mort, la présidence de la République fut supprimée et remplacée par un « Conseil d'État ».

PIÉMONT, *Piemonte*. Région du nord-ouest de l'Italie, comprise entre les Alpes, le Tessin et l'Apennin. Le Piémont correspond à la partie occidentale de la Gaule Transpadane et à la partie septentrionale de la Ligurie antique. D'abord divisé entre les marquisats de Suze, d'Ivrée, de Saluces et de Montferrat, il passa au XIe s. à la maison de Savoie, mais ne fut définitivement rattaché à la Savoie qu'en 1418 (v. **Savoie**). De 1796 à 1814, il fut occupé par les Français et forma les départements de la Doire, du Pô, de la Stura, de la Sesia et de Marengo. Le Piémont fut l'instigateur de l'unité italienne.

PIERLOT Hubert, comte (* Cugnon, 1883, † Bruxelles, 1963). Homme politique belge. Professeur de droit, sénateur chrétien-social (1926/46), Premier ministre en 1939, il se réfugia en France avec son gouvernement après la capitulation belge (28 mai 1940), puis gagna l'Angleterre, où il dirigea pendant toute la guerre le gouvernement en exil. En 1944, il mena à Londres les négociations qui préparèrent le Benelux. Rentré à Bruxelles en sept. 1944, il quitta le pouvoir en 1945.

PIERRE

SAINT

PIERRE saint (* Bethsaïde, Galilée, † Rome ?, vers 64 ou 67). Apôtre. Habitant de Capharnaüm, sur le lac de Génésareth, où il vivait de la pêche, il devint le disciple de Jésus. Jésus lui confirma après la Résurrection sa charge de pasteur universel (*Jean*, XXI, 15-18 ; mais l'authenticité des divers passages de l'Évangile sur la primauté de Pierre a été contestée par de nombreux critiques modernes). Le jour de la Pentecôte, Pierre prit la parole devant les Juifs et fit de nombreuses conversions. C'est lui également qui baptisa le premier païen, le centurion Corneille. Vers 48/49, il prit part au concile de Jérusalem, où il soutint Paul et Barnabé contre les judaïsants. À partir de cette date, il n'est plus fait mention de Pierre dans les *Actes des Apôtres*. Son martyre à Rome, sur lequel sont fondés les privilèges du siège romain, est attesté dès la fin du Ier s. dans une lettre de Clément de Rome aux Corinthiens. L'emplacement de son tombeau (Confession de st Pierre) au Vatican a été l'objet de pèlerinage dès la fin de l'Antiquité.

ARAGON

PIERRE II (* 1174, † Muret, 12.IX.1213). Roi d'Aragon (1196/1213). Fils et successeur d'Alphonse II, il étendit son autorité sur toute la Catalogne et acquit par mariage le comté de Montpellier. En 1204, il se fit couronner à Rome par Innocent III, auquel il prêta hommage de vassalité. Avec Alphonse VIII de Castille et Sanche VII de Navarre, il remporta sur les Almohades (v.) la grande victoire de Las Navas de Tolosa (v.) (1212), puis se porta au secours de son beau-frère Raymond VI, comte de Toulouse, lors de la croisade contre les albigeois (v.) et fut tué à la bataille de Muret (1213).

PIERRE III le Grand (* 1239, † Villafranca del Panadés, Catalogne, 10.XI.1285). Roi d'Aragon (1276/85) et roi de Sicile sous le nom de **Pierre Ier** (1282/85). Fils de Jacques Ier, il acquit des droits sur les anciennes possessions des Hohenstaufen en Italie par son mariage avec Constance, fille de Manfred, roi de Sicile, et héritière des Hohenstaufen (1262). Il accueillit à la cour d'Aragon les chefs siciliens dressés contre la tyrannie angevine, tels Roger de Lauria et Jean de Procida, et fut l'instigateur des Vêpres siciliennes (v.) (30 mars 1282), qui renversèrent la domination française. Le 4 sept. 1282, il s'emparait du pouvoir à Palerme et prit en Sicile le nom de Pierre Ier. Charles d'Anjou obtint du pape Martin IV l'excommunication de Pierre III et organisa une croisade d'Aragon (1284/85), qui se termina par la victoire complète de l'Aragonais. Pierre III avait fait de l'Aragon la première puissance de la Méditerranée occidentale, et c'est avec lui que commença l'intrusion espagnole dans les affaires italiennes. En Aragon, il se trouva aux prises avec l'opposition de la noblesse et des villes, qui obtinrent de lui le Grand Privilège de 1283.

PIERRE IV le Cérémonieux (* Balaguer, 1319, † Barcelone, 5.I.1387). Roi d'Aragon (1336/87). Fils et successeur d'Alphonse IV, il enleva Majorque et le Roussillon à son cousin Jacques II (1344), écrasa la rébellion de la noblesse aragonaise à Épila (1348), battit les Génois et mit la main sur la Sardaigne (1354), enfin soutint Henri de Trastamare contre Pierre le Cruel, avec lequel il s'allia ensuite (1369) dans l'espoir d'obtenir une partie du royaume de Castille. Prince cultivé, il fonda l'université de Huesca.

BRÉSIL

PIERRE Ier (* Queluz, près de Lisbonne, 12.X.1798, † Lisbonne, 24.IX.1834). Empereur du Brésil (1822/31) et roi de Portugal (sous le nom de **Pierre IV**, 1826). Fils de Jean VI de Portugal, il se réfugia au Brésil avec sa famille lors de l'invasion française (1807), et son père, rentrant en 1821 au Portugal, le nomma régent du Brésil. Voyant que le gouvernement de Lisbonne s'apprêtait à réduire de nouveau le Brésil au rang de colonie, il prit la tête de la révolution nationale, fit proclamer l'indépendance (1822) et devint empereur constitutionnel. Il ne put empêcher la sécession de l'Uruguay (1825/28). Son père étant mort en 1826, il avait hérité de la couronne de Portugal, mais il abdiqua immédiatement en faveur de sa fille en bas âge, Marie (Maria da Gloria). Malgré son patriotisme brésilien, Pierre Ier ne sut pas se faire aimer de son peuple, et, à la suite de l'émeute de la « nuit des Carafes » (13 mars 1831), il abdiqua en faveur de son fils Pierre II (7 avr.). Il entreprit alors de reconquérir le Portugal sur l'usurpateur Michel et restaura sa fille Maria da Gloria ou Marie II (1834).

PIERRE II (* Rio de Janeiro, 2.XII.1825, † Paris, 5.XII.1891). Empereur du Brésil (1831/89). Fils et successeur de Pierre Ier, il régna jusqu'en 1840 sous la tutelle de Bonifacio de Andrada e Silva. Il mena avec le Paraguay et l'Uruguay une guerre victorieuse contre le dictateur argentin Rosas (v.) (1851/52), puis fut l'allié de l'Argentine et de l'Uruguay contre le dictateur paraguayen Francisco Solano López (1865/70). Prince cultivé, philosophe et savant, très influencé par le positivisme, Pierre II s'attira l'hostilité de l'Église en protégeant la franc-maçonnerie ; il sécularisa les cimetières, établit le mariage civil et interdit aux Brésiliens d'entrer dans un ordre religieux. Sa décision d'abolir l'esclavage (1888) dressa contre lui les riches planteurs de café, et un soulèvement militaire força Pierre II à abdiquer (15 nov. 1889) et à se réfugier en Europe. Le Brésil devint une république.

BRETAGNE

PIERRE Ier DE DREUX, dit **Mauclerc** (* 1190, † en mer, 1250). Duc de Bretagne (1213/37). Fils de Robert II, comte de Dreux, et petit-fils de Louis VI le Gros, il devint régent et duc de Bretagne par son mariage (1213) avec Alix, fille de Gui de Thouars, sœur et héritière d'Arthur Ier de Bretagne. Ses querelles avec le clergé lui valurent l'excommunication (1217) et son surnom de Mauclerc. Allié fidèle du roi de France Louis VIII, il ne tarda pas à reprendre la traditionnelle politique bretonne d'alliance avec l'Angleterre. Après avoir appelé Henri III, qui débarqua à Saint-Malo, il entra dans la ligue des seigneurs contre Blanche de Castille, et, vaincu, il dut abandonner le pouvoir à son fils, Jean Ier le Roux (1237). Il se croisa deux fois (1240 et 1247) et fut fait prisonnier avec Saint Louis en Égypte. Il mourut alors qu'il rentrait de sa seconde expédition.

CASTILLE

PIERRE le Cruel (* Burgos, 30.VIII.1334, † Montiel, 23.III.1369). Roi de Castille et León (1350/69). Pendant tout son règne, il fut aux prises avec la contestation de son demi-frère, Henri de Trastamare, soutenu par la France et par l'Aragon, alors que Pierre avait l'appui des Anglais. Il dut aussi lutter contre son autre frère, Frédéric, qu'il fit assassiner en 1358, un meurtre qui lui valut son surnom. Avec l'appui de Pierre IV d'Aragon, Henri de Trastamare, qui s'était réfugié en France, tenta de prendre le pouvoir avec l'aide des Grandes Compagnies (v.) dont Charles V s'était débarrassé en les envoyant en Castille sous le commandement de Du Guesclin (1366). Pierre le Cruel réussit à obtenir l'aide du Prince Noir (v.), gouverneur de Guyenne, et il remporta sur Henri et Du Guesclin la victoire de Nájera (3 avr. 1367). Mais le Prince Noir finit par l'abandonner, et Pierre fut définitivement vaincu à Montiel (14 mars 1369).

CONSTANTINOPLE

PIERRE DE COURTENAY (* vers 1167, † vers 1219). Empereur latin de Constantinople (1216/17). Comte d'Auxerre et de Nevers, petit-fils de Louis VI le Gros et cousin germain de Philippe Auguste, il fut appelé à succéder à son beau-frère, Henri de Hainaut (1216). Sacré à Rome, il ne put même pas atteindre Constantinople, car, trahi par les Vénitiens, il fut fait prisonnier par Théodore Ange et les Grecs d'Épire ; il mourut captif.

MONTÉNÉGRO

PIERRE Ier PETROVITCH NJEGOCH (* Njegoch, vers 1747, † Cetinje, 30.X.1830). Prince-évêque de Monténégro (1782/1830). Successeur de son oncle Sava, il s'allia avec la Russie et l'Autriche contre les Turcs (1788) et triompha de son vieil ennemi, le pacha de Scutari, en 1796. Quand les Français occupèrent les Provinces Illyriennes, il apporta son aide à l'Angleterre, s'empara des bouches de Catarro (Kotor) en 1813, mais fut frustré de cette conquête au profit de l'Autriche (1815).

PIERRE II PETROVITCH NJEGOCH (* Njegoch, 13.XI.1813, † Cetinje, 31.X.1851). Dernier prince-évêque de Monténégro (1830/51). Neveu et successeur de Pierre Ier, il centralisa le gouvernement, créa des écoles et écrivit des poèmes épiques et patriotiques.

PORTUGAL

PIERRE II (* Lisbonne, 26.IV.1648, † Lisbonne, 9.XII.1706). Roi de Portugal (1683/1706). Troisième fils de Jean IV, il s'allia à sa mère et à sa belle-sœur, la reine Marie de Savoie, pour détrôner son frère, l'incapable Alphonse VI (1667). Il se proclama régent et, dès l'année suivante, épousa sa belle-sœur, dont il avait fait annuler le mariage. Il fit reconnaître l'indépendance du Portugal par l'Espagne (1668), régla les différends avec la Hollande au sujet des Indes orientales (1669) et prit le titre de roi à la mort de son frère (1683). Durant la guerre de la Succession d'Espagne (v.), il se déclara d'abord pour la France, puis confirma l'alliance traditionnelle du Portugal et de l'Angleterre par le traité Methuen-Alegrete (27 déc. 1703), lequel accordait des tarifs privilégiés à l'exportation des vins portugais en Angleterre et des laines anglaises au Portugal.

RUSSIE

PIERRE Ier ALEXEÏEVITCH le Grand (* Moscou, 9.VI.1672, † Saint-Pétersbourg, 8.II.1725). Empereur de Russie (1682/1725). Fils d'Alexis Ier, il succéda à Fédor III, partageant le pouvoir avec son demi-frère, Ivan V. Il élimina la régente Sophie, sa demi-sœur (1689), et détint seul le titre de tsar à la mort d'Ivan. En 1698, il écrasa la révolte de la garde des tsars (streltsy). Il fit de la Russie une grande puissance, dotée d'une armée organisée à l'allemande et d'une marine capable d'affronter la Suède de Charles XII dans la grande guerre du Nord (v.) et de la vaincre (Poltava, 1709). Au traité de Nystad (1721), il se vit reconnaître l'Ingrie, l'Estonie, la Livonie et une partie de la Carélie. Il parvint ainsi à ouvrir une fenêtre sur l'Europe et la mer et installa sa capitale à Saint-Pétersbourg (qu'il avait fondée en 1703). Il échoua toutefois à ouvrir à la Russie un accès à la mer Noire, contrôlée par les Turcs : en 1711, il dut restituer Azov, qu'il leur avait enlevée en 1696.

À l'intérieur, il réforma l'administration, centralisa et renforça le pouvoir en anoblissant les fonctionnaires, créant ainsi une nouvelle aristocratie toute dévouée à l'État ; il contrôla l'Église russe en remplaçant le patriarcat de Moscou par le Saint-Synode (1721) ; il s'efforça d'améliorer l'enseignement universitaire (mais ne fit rien pour le primaire et le secondaire) et d'occidentaliser les mœurs (les vêtements, le calendrier, l'alphabet). Ses réformes économiques (dont l'extension du servage au domaine industriel) donnèrent un remarquable essor au commerce et à l'industrie. Sa pratique despotique de gouvernement révolta nombre de ses contemporains, dont son propre fils Alexis, qu'il fit torturer à mort (1718), mais l'essentiel de ses réformes lui survécut, ce qui fit de Pierre le Grand le modèle russe du réformateur et l'initiateur de l'occidentalisation du pays. Sa seconde épouse lui succéda sous le nom de Catherine Ire. Voir RUSSIE. La naissance de la Russie moderne.

PIERRE II Alexeïevitch (* Saint-Pétersbourg, 23.X.1715, † Saint-Pétersbourg, 29.I.1730). Empereur de Russie (1727/30). Petit-fils de Pierre Ier, fils du tsarévitch Alexis qui avait été exécuté en 1718, il fut désigné comme successeur par Catherine Ire, veuve de Pierre le Grand. Âgé de douze ans, il fut d'abord sous la tutelle de Menchikov (v.), lequel fut renversé en sept. 1727 par les Dolgorouki ; il allait épouser une princesse de cette famille, lorsqu'il mourut de la variole. Il eut pour successeur Anne, duchesse de Courlande, fille d'Ivan V, demi-frère de Pierre le Grand. Avec Pierre II s'éteignit la ligne mâle des Romanov (v.).

PIERRE III Fedorovitch (* Kiel, 21.II.1728, † Ropcha, près de Peterhof, 17.VII.1762). Empereur de Russie (1762). Voir CATHERINE II de Russie.

SERBIE ET YOUGOSLAVIE

PIERRE Ier (* Belgrade, 11.VII.1844, † Topchider, près de Belgrade, 16.VIII.1921). Roi de Serbie (1903/18), puis roi des Serbes, Croates et Slovènes (1918/21). Fils d'Alexandre Karageorgevitch, il dut s'exiler à la chute de son père (1858). Élevé en France, il servit dans l'armée française durant la guerre de 1870, puis prit part à l'insurrection de la Bosnie contre les Turcs en 1875. Après la révolution qui mit fin à la dynastie des Obrenovitch, il fut appelé au pouvoir (11 juin 1903) et élu par l'Assemblée nationale serbe (15 juin). Son ministre Pachitch (v.) fonda la politique de la Serbie sur l'alliance russe et la lutte contre l'Autriche-Hongrie. Durant la guerre de 1914, Pierre Ier, déjà malade, confia la régence à son fils Alexandre.

PIERRE II (* Belgrade, 6.IX.1923, † Los Angeles, 5.XI.1970). Roi de Yougoslavie (1934/41). Fils aîné et successeur d'Alexandre Ier et de Marie de Roumanie, il fut élevé en Angleterre. Après l'assassinat de son père, son oncle, le prince Paul, exerça seul la régence. À la suite de l'adhésion de la Yougoslavie au pacte tripartite (v.) (25 mars 1941), un coup d'État militaire hostile à l'Axe renversa le régent et porta au pouvoir le roi Pierre II (27 mars). Mais l'invasion de la Wehrmacht lui fit perdre son trône dès le mois d'avr., et il dut se réfugier à Londres. Sa dynastie fut déclarée déchue par l'Assemblée nationale yougoslave en nov. 1945.

PIERRE l'Ermite ou **d'Amiens** (* Amiens, 1050 ?, † Neufmoutier, près de Huy, 8.VII.1115). Religieux français. Voir CROISADES. Première croisade (1096/99).

PIERRE TAILLÉE. Outil façonné sur galet ou sur une roche anguleuse, à partir desquels ont été extraits plusieurs éclats. Voir **OUTILS ET ARMES DE LA PRÉHISTOIRE.**

PIÉTISME. Le piétisme fut, au XVIIIe s. un renouveau sentimental du protestantisme qui se développa à la fois contre l'indifférentisme théologique et le rationalisme déiste, et contre le dogmatisme de l'Église officielle. Voir **PROTESTANTISME.** L'Église d'Angleterre et les « dissidents » anglo-saxons.

PILATE Ponce, Pontius Pilatus (Ier s. apr. J.-C.). Cinquième procurateur (ou préfet) romain de Judée, de 26 à 36 apr. J.-C. Dès le début de son gouvernement, il heurta le sentiment religieux juif en faisant défiler dans Jérusalem les troupes romaines toutes enseignes déployées, puis il prescrivit de puiser dans le trésor du Temple pour construire un aqueduc, ce qui provoqua un incident sanglant. Après avoir été déclaré coupable et condamné à mort par le sanhédrin, Jésus fut amené devant Pilate, qui pouvait seul autoriser une exécution. Pour ne pas créer un nouvel incident avec les Juifs, le procurateur leur abandonna Jésus. Ayant fait massacrer des Samaritains, il dut, en 36, sur une plainte des notables de la Samarie, venir s'expliquer à Rome, et il fut destitué. Selon Eusèbe il se serait suicidé ; selon d'autres traditions, il aurait été exilé à Vienne, en Gaule ; selon d'autres encore, il se serait converti au christianisme et aurait péri dans la persécution de Néron (l'Église copte le révère comme un martyr). Les *Actes de Pilate* ou *Évangile de Nicodème* sont un apocryphe du IVe s. qui raconte le jugement, la mort et la résurrection du Christ.

PILSUDSKI Joszef (* Zulowo, Lituanie, 5.XII.1867, † Varsovie, 12.V.1935). Maréchal et homme politique polonais. Fondateur du parti socialiste polonais (1892), il devint en 1894 rédacteur en chef du journal socialiste clandestin *Robotnik*. Son nationalisme l'emporta bientôt sur son socialisme. En 1908, il entraîna des troupes paramilitaires polonaises destinées à combattre la Russie, constitua un Conseil national suprême à Cracovie en 1914 et créa une légion polonaise qui lutta aux côtés des Autrichiens. Après avoir été interné à Magdebourg par les Allemands, auxquels il s'était opposé en 1917, il rentra à Varsovie, en nov. 1918, où il prit le commandement des armées ; il dirigea en 1920/21 la guerre contre les bolcheviks et rétablit la situation à Varsovie (août 1920). Après s'être retiré en 1923, il s'empara du pouvoir par le coup d'État du 12 mai 1926 et exerça sa dictature jusqu'à sa mort, cumulant les fonctions de chef d'État, de ministre de la Guerre (1926/35) et de Premier ministre (1926/28 et 1930). Son régime détacha la Pologne de la France pour la rapprocher de l'Allemagne, avec laquelle fut signé le pacte de non-agression du 26 janv. 1934.

PINAY Antoine (* Saint-Symphorien-sur-Coise, 30.XII.1891, † Saint-Chamond, Loire, 13.XII.1994). Homme politique français. Industriel, maire de Saint-Chamond dès 1929, il fut élu député en 1936 comme radical indépendant, puis devint sénateur de la Loire en 1938. En juill. 1940, il vota les pleins pouvoirs au maréchal Pétain, et, en 1941, il fut nommé membre du Conseil national ; sa participation à la Résistance le fit relever de l'inéligibilité dès 1945. Membre de la seconde Assemblée constituante (1946), puis député de la Loire à l'Assemblée nationale (1946/58), il fut un des chefs du groupe des indépendants. Secrétaire d'État aux Affaires économiques dans le cabinet Queuille (sept. 1948/oct. 1949), il devint ministre des Travaux publics dans le gouvernement Pleven (juill. 1950) et conserva ce poste dans divers autres cabinets jusqu'en févr. 1952.

Nommé Premier ministre en 1952 par Vincent Auriol (v.) il remit en ordre les finances publiques, lança l'emprunt Pinay avec succès (20 mai) et créa une échelle mobile des salaires (8 juill.) ; son ministère fut marqué par les accords de Bonn et de Paris (25/26 mai), mais aussi par l'aggravation de la guerre d'Indochine et de la situation politique en Afrique du Nord. Abandonné par le MRP, il fut mis en échec sur les réformes de l'impôt foncier et de la Sécurité sociale et donna sa démission (23 déc. 1952). Ministre des Affaires étrangères dans le second cabinet Edgar Faure (févr. 1955/janv. 1956), Pinay mit fin à la crise marocaine en imposant le retour du sultan Mohammed Ben Youssef (accords de La Celle-Saint-Cloud, nov. 1955). Président désigné après la chute du cabinet Bourgès-Maunoury, il se vit refuser l'investiture (18 oct. 1957).

Après le putsch d'Alger (13 mai 1958), sa visite à de Gaulle, à Colombey-les-Deux-Églises (22 mai), ouvrit le dialogue entre la IVe République agonisante et le Général. Ministre des Finances dans le cabinet de Gaulle (juin 1958/janv. 1959), il attacha son nom au « plan PinayRueff », qui redressa la situation financière de la France (déc. 1958). Resté ministre des Finances dans le cabinet Debré formé en janv. 1959, il se trouva bientôt en désaccord avec la politique européenne et économique du général de Gaulle et donna sa démission en janv. 1960. Il se tint dès lors à l'écart de la vie politique.

PINOCHET UGARTE Augusto (Valparaiso, 25.XI.1915). Général et homme politique chilien. Nommé chef d'état-major de l'armée par le gouvernement Allende (1972), puis commandant en chef en 1973, il déclencha la même année le coup d'État contre Allende (v.) et établit une dictature militaire. En déc. 1974, il prit le titre de président de la République, fit légitimer cette fonction par référendum en 1977 et légalisa son maintien au pouvoir par une nouvelle Constitution en 1981. En 1988, un nouveau référendum vit, cette fois, la victoire de ses opposants. Il devenait donc inconstitutionnel pour lui de briguer un nouveau mandat à la présidentielle de 1989. Après la victoire de Patricio Aylwin à l'élection présidentielle, il conserva le commandement en chef des armées jusqu'en mars 1998. En nov., deux juges espagnols, se fondant sur des accusations transmises par des associations de victimes espagnoles et chiliennes, demandèrent son extradition pour crimes politiques ; il fut arrêté dans une clinique de Londres et assigné à résidence. La Haute Cour de Londres rejeta son immunité parlementaire et autorisa son extradition vers l'Espagne, mais sa mauvaise santé lui valut de retourner au Chili en mars 2000. La Cour suprême du Chili leva son immunité parlementaire en août 2000 si bien qu'il fut inculpé et assigné à résidence le 1er déc. 2000. Mais en juill. 2002, en le déclarant inapte à assurer sa défense, elle mit un terme à toutes les poursuites.

PIPPINIDES. Famille franque d'Austrasie d'où est issue la dynastie des Carolingiens. Voir CAROLINGIENS et PÉPIN.

PISE, *Pisa*. Ville d'Italie (Toscane), sur l'Arno. Dans l'Antiquité *Pisae*, cité d'origine étrusque, colonie romaine en 180 av. J.-C., municipe à l'époque d'Auguste sous le nom de *Julia Pisana*, elle perdit toute importance à l'époque barbare. Mais la position abritée de son port, à 10 km de l'estuaire de l'Arno, lui donna un nouvel essor dès que reprirent les relations commerciales maritimes avec l'Orient, au Xe s. Elle devint alors une puissante république marchande, rivale de Gênes et de Venise ; elle lutta victorieusement contre les Sarrasins, qu'elle chassa de la Sardaigne dès le début du XIe s. et dont elle détruisit une flotte à Palerme, en 1063. Établis en Corse (1092), les Pisans s'emparèrent aussi des Baléares (1114), et leur flotte joua un grand rôle au cours des croisades. Mais Pise, ville ardemment gibeline, commença à décliner après la fin des Hohenstaufen ; Gênes et l'Aragon soumirent la ville à une rude concurrence pour le contrôle de la Méditerranée occidentale : les Génois brisèrent sa puissance navale à la bataille de la Meloria (1284) et lui enlevèrent la Corse (1300), tandis que la Sardaigne passait à l'Aragon (1325). Menacée sur terre par la coalition des guelfes de Toscane (Florence, Pistoia, Lucques, Sienne), déchirée par des luttes intérieures (épisode d'Ugolini de' Gherardesca), Pise finit par passer aux Visconti de Milan (1399), qui la vendirent à Florence ; mais la ville ne voulut pas se soumettre et soutint avec héroïsme un siège célèbre (1405/06). Vaincue, elle resta sous la tutelle florentine, bien que l'expédition de Charles VIII en Italie lui eût rendu quelque temps son indépendance (1494/1509).

L'essor de Livourne, qui commença au XVe s., acheva de ruiner la prospérité maritime de Pise. La ville déclina pour n'être plus qu'une paisible cité universitaire provinciale. Après 1814, Pise partagea le sort de la Toscane, avec laquelle elle fut annexée au royaume d'Italie en 1860.

PISISTRATE, Péisistratos († Athènes, 528/527 av. J.-C.). Tyran athénien. Chef de la faction des Diacriens (« gens des collines »), et avec l'appui du peuple et des paysans pauvres opposés aux riches propriétaires, il s'empara de l'Acropole et instaura la tyrannie (561). Deux fois renversé et exilé (556 et 546 ou 541), il se rétablit définitivement en 534 ; il laissa subsister les magistratures, dans lesquelles il plaça ses proches, résolut la question agraire, peut-être en accordant des prêts aux paysans, créa la première bibliothèque publique et développa le commerce. La tyrannie se maintint à Athènes avec ses fils Hipparque et Hippias (les « Pisistratides ») jusqu'en 510 et fut renversée par les Alcméonides. Voir ATHÈNES. L'élaboration de la démocratie athénienne.

PITHÉCANTHROPE. Nom donné par le médecin et anatomiste néerlandais Eugène Dubois (v.) au premier homme fossile, baptisé *Pithecanthropus erectus*, et découvert en 1891 à Trinil, au bord de la rivière Solo, sur l'île de Java. Par la suite, d'autres restes d'individus furent découverts sur cette île (Sambungmacan, Ngawi et Ngandong). En 1939, F. Weidenreich et G. von Koenigswald regroupèrent les Sinanthropes (v.) et les Pithécanthropes dans une seule et même espèce *Homo erectus*. Ces hominidés (v.) avaient une taille de 1,70 m environ, une capacité crânienne de 800 à 1 250 cm^3, des arcades sourcilières proéminentes formant une véritable visière frontale. Ces *Homo erectus* étaient présents à Java, il y a au moins un million d'années.

PITT William, Ier comte de Chatham, dit **le Premier Pitt** (* Londres, 15.XI.1708, † Hayes, Kent, 11.V.1778). Homme politique anglais. Petit-fils de Thomas Pitt, gouverneur de Madras, il entra aux Communes en 1735, et se mit rapidement à la tête des jeunes whigs (v.), les « patriotes », qui critiquaient la politique menée par Walpole ménageant la France et l'Espagne. Pitt fut un des premiers hommes d'État britanniques à comprendre clairement que l'avenir de la puissance du pays se trouvait dans la création d'un empire colonial, et il mena une lutte acharnée contre Walpole (v.). Un puissant courant d'opinion le porta au pouvoir en 1757, au moment où la Grande-Bretagne connaissait des heures sombres, au début de la guerre de Sept Ans (v.) et il fut le véritable chef du second cabinet Newcastle. Il mena énergiquement la guerre sur le continent et assura la victoire britannique aux Indes et au Canada. Mais il dut démissionner devant l'hostilité du nouveau roi George III (1761). Il forma un second cabinet (1766/68), mais, malade, il dut abandonner ses fonctions. À sa mort, son tombeau fut placé dans l'abbaye de Westminster.

PITT William, dit **le Second Pitt** (* Hayes, Kent, 28.V.1759, † Futney, Londres, 23.I.1806). Homme politique anglais, fils du Premier Pitt. Formé à la politique par son père, il entra aux Communes dès 1781, devint membre du cabinet l'année suivante, et fut appelé comme Premier ministre le 18 déc. 1783. Il devait gouverner la Grande-Bretagne jusqu'en 1801. Pendant une dizaine d'années, il se consacra essentiellement à une œuvre de réforme intérieure. Il assainit les finances, créa une caisse d'amortissement de la dette, orienta le pays vers le libre-échange. Il réforma également l'administration coloniale et s'efforça d'améliorer la situation des catholiques irlandais, mais ne parvint pas à transformer le système électoral.

D'abord indifférent au développement de la Révolution française, il prit conscience du danger lorsque les Français occupèrent les bouches de l'Escaut. Il entreprit alors une lutte intransigeante contre les idées révolutionnaires, suspendit à cette fin les libertés publiques et soutint financièrement les ennemis de la France sur le continent. Il démissionna en mars 1801, George III s'opposant à l'émancipation des catholiques. Au cours d'un second ministère (1804/06), il forma contre la France la troisième coalition, avec l'Autriche et la Russie.

PI Y MARGALL Francisco (* Barcelone, 1824, † Madrid, 1901). Homme politique espagnol. Publiciste anticlérical, député de Barcelone en 1869, il devint le chef des fédéralistes et fut élu président de la République en 1873. Cependant, il se trouva vite dépassé par le fédéralisme des communes, qui se proclamèrent indépendantes (mouvement séparatiste de Carthagène), et, plutôt que de sévir, il préféra laisser sa place à Salmerón.

PIZARRE, Francisco Pizarro, en français (* Trujillo, Estrémadure, vers 1475, † Cuzco, 26.VI.1541). Conquistador espagnol. Ayant obtenu l'appui de Charles Quint pour son projet de conquête de l'Amérique du Sud, il conquit le Pérou avec son compagnon d'armes Diego de Almagro. Cupide et cruel, il détruisit l'Empire inca, la plus prestigieuse des civilisations précolombiennes, s'empara de l'empereur Atahualpa et l'assassina (29 août 1533), après lui avoir fait payer une énorme rançon. Il fonda Lima (janv. 1535), dont il voulait faire le siège de son gouvernement. En désaccord avec Almagro sur le partage des conquêtes, il le laissa exécuter par son frère Hernando (v.) (538) et fut tué à son tour par le fils d'Almagro.

PIZARRE Gonzalo (* vers 1502, † Jaquijaguana, près de Cuzco, 10.IV.1548). Conquistador espagnol, frère de Francisco Pizarre, il mena en 1539/42 la terrible expédition à l'E. de la cordillère des Andes au cours de laquelle Francisco de Orellana découvrit le cours supérieur de l'Amazone ; parti avec 350 hommes, Pizarre ne revint à Quito qu'avec quatre-vingt-dix compagnons. Son frère ayant été assassiné entre-temps, Gonzalo prit bientôt la tête de la révolte contre le vice-roi chargé de faire appliquer les « Nouvelles Lois » en faveur des Indiens ; il entra à Lima (28 oct. 1544), battit et tua le vice-roi à Añaquito (18 janv. 1546), mais se vit abandonné par certains de ses compagnons, fut vaincu à son tour par les troupes royales, fait prisonnier et décapité.

PIZARRE Juan (* 1505, † Cuzco, 1536). Conquistador espagnol, frère de Francisco Pizarre, il prit part à la conquête du Pérou, fut nommé gouverneur de Cuzco, mais trouva la mort en attaquant la forteresse indienne de Sacsahuamán.

PIZARRE Hernando (* vers 1508, † apr. 1560). Conquistador espagnol, frère de Francisco Pizarre, il joua également un grand rôle dans la conquête. Il battit Almagro, qu'il fit exécuter (1538), puis rentra en Espagne pour essayer de se justifier, mais, sans qu'aucune sentence régulière ait été portée contre lui, il resta emprisonné pendant vingt ans à la forteresse de Mecina del Campo (1540/60).

PLACARDS (affaire des). Le 18 oct. 1534 furent affichés dans plusieurs villes, notamment à Paris et à Amboise, où séjournait François Ier, des placards protestants intitulés *Articles véritables sur les horribles abus de la messe royale*. François Ier, très irrité de cet incident, fit opérer des arrestations et brûler des hérétiques ; il prit même un édit pour prohiber l'imprimerie, puis l'atténua en se contentant de défendre, sous peine de mort, d'imprimer aucun livre sans permission. Ces mesures inaugurèrent le début de la répression sanglante du protestantisme en France.

PLANTAGENÊT. Dynastie d'origine angevine qui régna sur l'Angleterre de 1154 à 1485. Voir ANGLETERRE.

PLASTIRAS Nikolaos (* Karditsa, Thessalie, 1884, † Athènes, 26.VII.1953). Général et homme politique grec. Colonel, il dirigea le mouvement révolutionnaire qui aboutit à l'abdication du roi Constantin (1922). L'échec de ses complots contre Metaxás l'obligèrent ensuite à s'exiler, et il resta en France jusqu'en 1944. Devant la guerre civile qui suivit la libération de la Grèce, du fait de l'agitation des partisans communistes, il accepta, à la demande des Anglais, de prendre la tête d'un gouvernement de coalition (janv./avr. 1945) et réprima vigoureusement l'insurrection de l'ELAS. Voir GRÈCE. La dictature de Metaxás.

PLATA (Río de la). Estuaire des fleuves Paraná et Uruguay, en Amérique du Sud. Découvert en 1516 par Juan Diaz de Solis, il fut ensuite exploré par Magellan (1520) et par Sébastien Cabot (1526/29), qui lui donna son nom actuel (« Rivière d'argent ») après avoir fait sur ses bords un butin considérable. Pedro de Mendoza y fonda le premier établissement espagnol, à Buenos Aires, en 1536. En 1778, les Espagnols détachèrent de la vice-royauté du Pérou de vastes territoires qui formèrent la vice-royauté du Río de la Plata, correspondant aux actuels États de Bolivie, du Paraguay, de l'Uruguay et, au N. de la république Argentine. Celle-ci porta d'abord le nom de Confédération du Río de la Plata.

PLÉBISCITE. Dans la **Rome** antique, le plébiscite était une loi votée par les comices tributes, sur la proposition des tribuns du peuple, par les seuls plébéiens et non par le *populus*, qui comprenait tous les ordres de la cité. Cependant, en 287 av. J.-C., les plébiscites purent être votés par les patriciens, qui participaient désormais aux comices tributes.

Dans la France révolutionnaire, l'institution du plébiscite s'inspirait des principes de Rousseau, lequel, n'acceptant qu'avec beaucoup de réserves le régime représentatif, prétendait le corriger par une consultation fréquente du peuple. Le plébiscite fut utilisé par Napoléon Ier (v.) et par Napoléon III (v.) comme un des principaux appuis de leur pouvoir personnel. C'est seulement au XXe s. qu'on établit une distinction entre le *plébiscite* (consultation sur un homme ou sur un régime pris dans l'ensemble de son action) et le *référendum* (v.) (consultation sur une mesure constitutionnelle ou législative).

PLEKHANOV Gheorghi Valentinovitch (* Goudalovka, gouv. de Tambov, 11.XII.1856, † Terijoki, Finlande, 30.V.1918). Philosophe et homme politique russe. Il traduisit en russe de nombreuses œuvres de Marx et d'Engels et acheva de gagner Lénine (v.) au marxisme (1895). Son premier grand ouvrage, *Essai sur le développement de la conception moniste de l'Histoire* (1895), devint, selon le mot de Lénine, « le livre de chevet des révolutionnaires russes ». En 1900, il collabora avec Lénine à la fondation de l'*Iskra*, et, au IIe congrès du parti social-démocrate à Bruxelles, en 1903, il s'opposa avec Lénine aux mencheviks. Mais l'échec de la révolution de 1905 commença à le séparer de Lénine, et il envisagea désormais la possibilité d'une collaboration avec la bourgeoisie en vue d'une révolution libérale qui préparerait l'avènement du socialisme. Rentré en Russie en mars 1917, il refusa le ministère du Travail et s'affirma, contre Lénine et Trotski, partisan de la défense nationale ; il dénonça le mouvement d'Octobre comme « blanquiste ».

PLEVEN René (* Rennes, 13.IV.1901, † Paris, 13.I.1993). Homme politique français. Dès juillet 1940, il rallia le général de Gaulle à Londres, ministre des Colonies dans le gouvernement provisoire de sept. 1944, puis des Finances jusqu'au départ du général de Gaulle (janv. 1946), député des Côtes-du-Nord (1945/73). Président du Conseil (juill. 1950/févr. 1951), il nomma de Lattre de Tassigny haut-commissaire et commandant supérieur des troupes en Indochine (v.). Il forma un second gouvernement (août 1951/janv. 1952), marqué par l'adoption de la loi Barangé sur les écoles libres (10 sept. 1951) et par la ratification de la Communauté européenne du charbon et de l'acier (CECA, 13 déc.). Ministre de la Défense nationale de 1952 à 1954 dans les cabinets Pinay, Mayer et Laniel, il fut l'inspirateur du projet de Communauté européenne de Défense. Dans l'opposition centriste au début de la Ve République, il rallia la majorité en mai 1968 et devint ministre de la Justice dans les cabinets Chaban-Delmas et Messmer (1969/73), jusqu'à son échec aux législatives de 1973. Voir **Européennes (institutions)**.

POBIEDONOSTSEV Konstantin Petrovitch (* Moscou, 12.XII.1827, † Saint-Pétersbourg, 23.III.1907). Homme politique russe. Professeur de droit à l'université de Moscou (1860/65), il fut, de 1865 à 1868, précepteur du futur Alexandre III, qu'il conquit entièrement à ses idées : convaincu de la mission universelle de la Russie, il ne voyait d'autre avenir pour celle-ci que sur la base de l'autocratie et de l'orthodoxie et considérait que les institutions occidentales, notamment l'institution du Parlement, « ce grand mensonge de notre siècle », ne pouvaient être greffées sur les traditions russes. Sénateur (1868) et membre du Conseil impérial (1872), il fut nommé en 1880 procurateur général du Saint-Synode et devint tout-puissant dès l'année suivante, lorsque son ancien élève, Alexandre III, monta sur le trône (1881). Pendant plus de vingt ans, jusqu'en 1905, Pobiedonostsev allait exercer une influence considérable, inspirant les mesures les plus impopulaires de l'autocratie, la politique de russification et d'intolérance orthodoxe dans les pays Baltes, en Finlande, en Ruthénie, en Pologne, ainsi que les pogroms, tandis qu'il s'efforçait d'éliminer du pouvoir tous les partisans de réformes. Après les désastres de 1905, il ne put cependant empêcher la convocation de la première douma (v.) et il se retira de la politique.

POHER Alain (* Ablon-sur-Seine, Val-de-Marne, 15.IV.1909, † Paris, 9.XII.1996). Homme politique français. Sénateur à partir de 1946, président du Parlement européen (1966), il succéda à Gaston Monnerville comme président du Sénat en oct. 1968. Président de la République par intérim après le départ du général de Gaulle (avr. 1969), il fut le principal adversaire de Georges Pompidou à l'élection présidentielle de juin 1969, mais n'obtint que 41,78 % des voix. Il fut de nouveau président de la République par intérim après la mort de Pompidou, en 1974.

En tant que président du Sénat, il fut le seul élu de haut rang à avoir détenu un mandat ininterrompu pendant les quatre premières présidences de la Ve République. Il céda sa place de président du Sénat à René Monory en oct. 1992.

POINCARÉ Raymond (* Bar-le-Duc, 20.VIII.1860, † Paris, 15.X.1934). Homme politique français. Il mena conjointement une brillante carrière d'avocat à Paris et d'homme politique, d'abord comme député de la Meuse, puis comme sénateur à partir de 1903. Plusieurs fois ministre (aux Finances en 1893 et 1894), il acquit une réputation de sérieux, de compétence, de ministre technicien capable de réconcilier les Français grâce à son patriotisme sourcilleux de Lorrain. De janv. 1912 à janv. 1913, il fut président du Conseil, ministre des Affaires étrangères, et il travailla à renforcer l'alliance russe et l'Entente cordiale. En janv. 1913, il fut élu président de la République. Les élections législatives d'avr./mai 1914 furent un échec pour la droite et Poincaré fut obligé de nommer à la tête du gouvernement un radical, Viviani. Lorsque éclata la crise finale qui conduira à la Grande Guerre, il était en voyage officiel en Russie, où il a peut-être fourni des assurances et des conseils au gouvernement tsariste qui l'encouragèrent à la décision fatale de mobilisation générale. Il anima ensuite l'Union sacrée, mais lorsque vinrent les difficultés de 1917, il fut obligé de nommer à la tête du gouvernement son vieil adversaire Clemenceau (v.). La victoire venue, il demanda, en vain, l'occupation définitive de la rive gauche du Rhin.

Déçu, Poincaré renonça à briguer un second mandat, redevint sénateur de la Meuse, et se fit au Parlement le défenseur d'une « application intégrale du traité de Versailles ». Président du Conseil de janv. 1922 à juin 1924, il voulut forcer l'Allemagne à payer les réparations et, pour faire pression sur elle, il fit occuper la Ruhr (janv. 1923). Mais cette politique de force échoua, car les Britanniques ne soutinrent pas la France, et les milieux financiers jouèrent contre le franc, qui s'effondra. La victoire du Cartel des gauches de 1924 sanctionna cet échec. Pourtant, cette même Assemblée le soutint dans un second gouvernement d'union nationale (moins les socialistes) qui fut le plus long de la IIIe République et qui rétablit la confiance, fit des économies, amortit la dette. Cette politique trouva son couronnement dans la création d'une nouvelle monnaie fondée sur l'or, le « franc Poincaré » (1928). Cette même année, Poincaré avait fait adopter la première grande loi d'assurance obligatoire pour la maladie, l'invalidité et la vieillesse. Malade, Poincaré démissionna en juill. 1929.

POISONS (affaire des). À la suite du procès de la marquise de Brinvilliers, qui avait tué par le poison plusieurs membres de sa famille (1676), on découvrit que des personnes appartenant aux milieux les plus divers (haute noblesse, bourgeoisie, gens du peuple) avaient habituellement recours à des marchands de poison, des diseuses de bonne aventure, des sorcières, des prêtres défroqués, pour la confection de poisons ou de drogues magiques, et pour la célébration de messes noires. L'affaire prit une telle ampleur qu'une *Chambre ardente* spéciale, qu'on appela *Cour des poisons*, fut constituée en avr. 1679 ; elle tint plus de 200 audiences, procéda à 800 interrogatoires, prononça trente-six condamnations à mort (trente-quatre furent exécutées), quatre condamnations aux galères et une trentaine de condamnations à des peines diverses. La principale accusée fut la Voisin (Catherine Deshayes, femme Monvoisin), qui fut brûlée en place de Grève le 22 févr. 1680. Les interrogatoires compromirent de nombreuses personnes de la cour, entre autres deux nièces de Mazarin (la comtesse de Soissons et la duchesse de Bouillon), la comtesse de Gramont, la vicomtesse de Polignac, le maréchal de Luxembourg, Racine, et jusqu'à la maîtresse du roi, Mme de Montespan. Louis XIV, s'effrayant de l'ampleur de l'affaire, fit suspendre la procédure publique, mais l'enquête continua. Mme de Montespan fut accusée par certains inculpés de s'être servie de drogues magiques pour gagner l'amour du roi et même d'avoir essayé d'empoisonner sa rivale, Mlle de Fontanges. Cette dernière imputation ne reposait sur rien de sérieux, mais il est certain que la Montespan fut en rapport avec la Voisin.

POISSY (colloque de, 9 sept./9 oct. 1561). Ce colloque réunit des théologiens catholiques (le cardinal de Lorraine, le général des jésuites Lainez) et protestants (Théodore de Bèze, Pierre Martyr), sous la présidence de Catherine de Médicis et de Michel de l'Hospital. On essaya de parvenir à un accord sur une formule ambiguë touchant l'Eucharistie, mais la Sorbonne la condamna. L'accord fut reconnu impossible, mais le colloque prépara l'édit de tolérance de janv. 1562.

POITIERS (bataille de, oct. 732). Victoire remportée par Charles Martel sur les musulmans en un lieu indéterminé, entre Poitiers et Tours. Au printemps 732, l'émir Abd er-Rahman, gouverneur d'Espagne, avait lancé un raid dans l'Aquitaine, détruisant sur son passage églises et monastères. Après avoir ravagé Saint-Hilaire de Poitiers, il marchait sur Tours, l'une des plus riches cités de la Gaule, lorsqu'il se trouva en présence de l'armée de Charles Martel, appelé au secours par le duc d'Aquitaine. Après une journée de combat, leur élan brisé, leur chef tué, les soldats musulmans abandonnèrent leur camp. Poitiers marqua l'arrêt de la grande poussée islamique à l'Ouest et conféra un immense prestige à la famille carolingienne. Cependant, les incursions musulmanes se poursuivirent pendant près d'un quart de siècle encore dans le sud de la France.

POITIERS (bataille de, 19 sept. 1356). Victoire remportée par l'armée anglaise du Prince Noir sur le roi de France, Jean II le Bon. Les archers anglais soutinrent le choc de la cavalerie noble, qui avait pour mission d'ouvrir la voie aux trois « batailles » françaises. Ils refluèrent sur la première « bataille » commandée par le dauphin (futur Charles V), lequel, sur l'ordre exprès du roi, dut quitter le combat. Le trouble gagna la deuxième « bataille », qui ne tarda pas à prendre la fuite. Le roi Jean, qui avait commis l'erreur fatale d'engager ses trois corps successivement, commandait la troisième « bataille ». Il s'avança, la hache à la main, à la tête de ses chevaliers, auxquels il donna ordre de combattre à pied. Mais cette masse compacte, dont les premiers rangs seuls pouvaient combattre, offrait une proie facile aux archers anglais. Jean le Bon, accompagné de son plus jeune fils, le futur duc de Bourgogne (Philippe le Hardi), paya jusqu'au bout de sa personne et fut blessé deux fois au visage avant de se rendre. La victoire du Prince Noir était complète ; les Français avaient 6 000 tués et 1 900 prisonniers, les Anglais 2 400 tués. La captivité du roi Jean le Bon et d'un grand nombre de nobles, dont plusieurs princes de sang, transformait pour la France la défaite en désastre.

POITOU. Ancienne province et grand gouvernement de France, qui a formé le département des Deux-Sèvres, de la Vienne et de la Vendée. Le Poitou, d'abord habité par les Celtes *Pictavi* ou *Pictones* (d'où son nom), fit partie sous les Romains de l'Aquitaine IIe, passa aux Wisigoths (Ve s.), puis aux Francs après la victoire de Clovis à Vouillé (507). Inclus au VIIIe s. dans le duché d'Aquitaine, le Poitou fut gouverné par les comtes de Poitiers, qui se le transmirent par héritage à partir de 840 et, dès la fin du IXe s., prirent le titre de ducs d'Aquitaine. Par les mariages d'Aliénor, héritière de Guillaume X d'Aquitaine, le Poitou passa, avec le reste de l'Aquitaine, d'abord au roi de France, Louis VII (1137), puis, en 1152, à Henri II Plantagenêt, qui devint roi d'Angleterre. Philippe Auguste confisqua le Poitou à Jean sans Terre (1203) et l'occupa (1205) ; en 1225, Louis VIII donna le Poitou en apanage à son cinquième fils, Alphonse, mais les Poitevins se révoltèrent et appelèrent à leur aide Henri III Plantagenêt, qui, vaincu par Saint Louis, dut renoncer formellement à ses droits par le traité d'Abbeville (1259). Rattaché à la Couronne par Philippe le Hardi en 1271, le Poitou fut conquis par le Prince Noir après la bataille de Poitiers (1356) et cédé à l'Angleterre par le traité de Brétigny (1360). Du Guesclin en fit la reconquête (1369/72), et, après être passé en apanage à Jean, duc de Berry, le Poitou fut définitivement réuni à la Couronne par Charles VII en 1422.

POLIGNAC Jules Auguste Armand Marie, prince de (* Versailles, 14.V.1780, † Paris, 29.III.1847). Homme politique français. Il fut emmené en émigration par ses parents dès 1789 et fut placé tout jeune auprès du comte d'Artois (Charles X), qui fit de lui son aide de camp. Comme son frère Armand, duc de Polignac, il participa à la conspiration de Cadoudal ; il ne fut condamné qu'à deux ans de prison, mais vit ensuite sa détention prolongée indéfiniment et s'évada en même temps que son frère, en 1813. Pair de France sous la Restauration, il fut appelé au ministère par Charles X et reçut d'abord le portefeuille des Affaires étrangères (8 août 1829), puis la présidence du Conseil (nov.). Le ministère Polignac valut à la France la conquête d'Alger (5 juill. 1830), mais les ordonnances du 26 juill., destinées à briser l'opposition libérale, déclenchèrent la révolution qui renversa les Bourbons.

POLISARIO (Front). Mouvement indépendantiste né sur le territoire de l'ancien protectorat espagnol du Rio de Oro, contre les prétentions du Maroc et de la Mauritanie. Voir SAHARA OCCIDENTAL.

POLK James Knox (* près de Pineville, Caroline du Nord, 2.XI.1795, † Nashville, 15.VI.1849). Homme politique américain. Avocat à Columbia (1820), il devint représentant du Tennessee (1825/39), fut le chef des démocrates jacksoniens et présida la Chambre des représentants de 1835 à 1839. Onzième président des États-Unis (1845/49), il mena la guerre contre le Mexique (1846/48), terminée par le traité de Guadelupe Hidalgo (2 févr. 1848) qui donna aux États-Unis la Californie, le Nouveau-Mexique, l'Arizona, le Nevada, l'Utah et une partie du Colorado et du Wyoming. Sa femme, fervente méthodiste, avait banni la danse et l'alcool de la Maison-Blanche.

POLO Marco (* Venise, 1254, † Venise, 8.I.1324). Voyageur et marchand italien. Encore adolescent, il accompagna son père, Niccolo et son oncle, Matteo dans un voyage qui les conduisit jusqu'en Asie centrale et en Chine, à la cour du Koubilaï Khan. Ils furent reçus chaleureusement par Koubilaï et celui-ci se prit particulièrement d'affection pour Marco, qui s'habitua rapidement à la langue et aux coutumes mongoles. Les Vénitiens séjournèrent pendant seize ans en Chine, et Marco fut chargé de nombreuses missions au Yunnan, aux confins du Tibet, en Cochinchine, en Birmanie. Pendant trois ans, il fut même gouverneur de Yangtcheou. En 1291, les voyageurs obtinrent enfin de Koubilaï l'autorisation de rentrer dans leur pays ; ils parvinrent à Venise vers la fin de 1295, ramenant avec eux des richesses considérables. En 1298, Marco arma à ses frais et commanda une galère à la bataille de Curzola, où le doge Dandolo fut vaincu par les Génois. Fait prisonnier, Marco Polo employa ses loisirs à dicter en français à un de ses compagnons de captivité la relation de ses voyages : *Le Livre de Marco Polo* connu aussi sous le nom de Livre des Merveilles.

POLOGNE, *Polska*. État de l'Europe centrale ; capitale *Varsovie*.

La Pologne des Piast (jusqu'à 1386)

Dans le bassin de la Vistule, occupé au début de l'ère chrétienne par des peuples germaniques qui se déplacèrent ensuite vers l'O. et le S.-O., apparurent vers 600 environ plusieurs tribus slaves occidentales, les Polanes, les Vislanes, les Poméraniens orientaux ou Cassubiens et les Mazoviens, qui devaient former la nation polonaise. Le premier fait connu de l'histoire de la Pologne est une rencontre entre le duc Mieszko (Miécislas) Ier et une armée allemande en 962. Considéré comme le fondateur de la dynastie des Piast, Mieszko Ier (vers 960/92) hérita de l'œuvre de ses prédécesseurs, qui avaient déjà su rassembler, autour du centre de Gniezno, l'embryon d'un État polonais fort de sa cohésion ethnique. Obligé de se reconnaître vassal et tributaire de l'empereur germanique Othon Ier, Mieszko comprit qu'il ne préserverait son État d'une colonisation allemande qu'en se ralliant à la civilisation chrétienne. Influencé par sa femme, qui était une princesse tchèque, il se convertit au christianisme en 966, fonda l'évêché de Poznan (968) et plaça la Pologne sous la protection du Saint-Siège.

Son fils, Boleslas Ier le Vaillant (992/1025), fit de grandes conquêtes à l'O. et à l'E.. Il s'empara de la Poméranie, de la Moravie, de la Silésie, de la Lusace, de la Bohême et, au cours de deux guerres, fit front contre l'empereur Henri II, qui dut lui reconnaître toutes ses annexions, excepté la Bohême (paix de Bautzen, 1018). À l'E., Boleslas Ier envahit la Russie rouge et occupa même Kiev pendant quelque temps. En l'an mille, il avait obtenu de l'empereur Othon III l'autorisation de fonder l'archevêché de Gniezno, assurant ainsi l'indépendance religieuse polonaise. Enfin, par le couronnement de 1025, il devint le premier roi de Pologne. Mais ses conquêtes furent presque entièrement perdues sous le règne de son fils, Mieszko II (1025/34), qui dut de nouveau prêter serment de fidélité à l'empereur (1032). À sa mort, une insurrection éclata, et son fils, Casimir Ier (1039/58), qui s'était réfugié en Allemagne, ne put recouvrer son trône qu'avec l'aide germanique. Boleslas II le Hardi (1058/79) restaura un temps la puissance de l'État polonais en se libérant de la double tutelle de l'aristocratie et de l'empereur ; son meilleur allié fut la papauté, et Grégoire VII lui confirma la couronne royale (1076). Mais l'assassinat de l'évêque de Cracovie, st Stanislas, obligea Boleslas à s'enfuir (1079), et la réaction nobiliaire ramena l'anarchie. L'ordre et l'unité furent rétablis par Boleslas III Krzywousty (1102/38), qui porta de nouveau l'État polonais sur la Baltique et sur l'Oder et repoussa l'empereur Henri V, qui tentait d'envahir la Silésie (1109). Maître de la Poméranie, il convertit les habitants païens de cette région avec l'aide de l'évêque Othon de Bamberg. Mais, en prenant la décision de diviser son royaume entre ses quatre fils, Boleslas III ouvrit une période d'effacement et d'anarchie qui devait durer près de deux siècles (1138/1305).

Pendant que la Pologne se divisait en plusieurs duchés gouvernés par des membres de la famille des Piast, la Silésie (1163) et la Poméranie (1181) furent annexées au Saint Empire. Au N., le duc polonais de Mazovie, aux prises avec les incursions incessantes des Prussiens et des Lituaniens païens, dut faire appel aux chevaliers de l'ordre Teutonique (1226). Ceux-ci occupèrent rapidement tout le territoire prussien des rives de la Baltique, constituant un État militaire qui devait se révéler particulièrement dangereux pour la Pologne. Celle-ci fut ravagée en 1241 par l'invasion des Mongols, que ne purent arrêter les efforts héroïques de la noblesse de Petite Pologne (région de Cracovie-Sandomierz) et du duc de Silésie, Henri II le Pieux. Mais cette période de décadence politique fut aussi marquée par l'essor de l'Église, et par le développement intense de la vie locale sous l'impulsion des évêques et de la petite noblesse terrienne, la *szlachta*. Pour mettre en valeur leurs territoires, les petits princes y appelèrent en grand nombre des paysans, des artisans, des commerçants allemands, qui hâtèrent l'occidentalisation du pays et firent prospérer l'activité économique urbaine. Les villes obtinrent des princes des chartes de franchise qui, presque toutes, se fondaient sur le droit germanique de Magdebourg, accordé à Thorn en 1231, à Poznan en 1253, à Cracovie en 1257, à Lublin en 1317...

Pendant que les princes Piast continuaient à se quereller, des aspirations à la réunification commencèrent à s'affirmer à la fin du XIIIe s. En 1291 et 1300, la Petite et la Grande Pologne (Cracovie et Gniezno) reconnurent comme souverain le roi de Bohême Wenceslas II, mais cette union polono-bohémienne se disloqua à la mort de Wenceslas III (1306). Déjà une réaction nationale se produisait autour d'un prince de la maison des Piast, Ladislas Lokiétek, duc de Cujavie, qui avait l'appui de la *szlachta* et du clergé, et aussi de la Hongrie et du Saint-Siège. Après des années de luttes, il réussit à se faire couronner roi de Pologne en 1320, sous le nom de Ladislas Ier. Ce n'était pourtant qu'une restauration partielle de l'ancien État polonais, car la Silésie et la Poméranie étaient devenues définitivement parties intégrantes du Saint Empire, et la Mazovie continuait à faire hommage au roi de Bohême. Ladislas Ier renforça du moins son autorité en battant l'ordre Teutonique à Plowce (1331). Son successeur, Casimir III le Grand (1333/70), fut le vrai restaurateur de la Pologne. Il fit des concessions à l'Ouest, dut abandonner à l'ordre Teutonique la Pomérélie (1343) – ce qui priva la Pologne de tout débouché maritime – et reconnut la suzeraineté de la Bohême sur la Silésie ; mais il trouva de larges compensations dans le Sud-Est, en annexant la Galicie, la Volhynie et la Podolie.

La Pologne faisait ainsi son entrée dans les anciens territoires de la Russie kiévienne ; dans toutes les régions annexées, le roi appela des immigrants allemands et les villes reçurent le droit de Magdebourg. Casimir III fut aussi un législateur (statut de Wislica, 1347), il s'efforça d'améliorer le sort des classes populaires (on le surnomma « le Roi des paysans »), favorisa l'industrie, l'expansion commerciale, accorda des privilèges aux Juifs, chassés du reste de l'Europe, et fonda l'université de Cracovie (1364). Mais Casimir III fut le dernier des Piast de Pologne. N'ayant pas d'enfants, il légua son royaume à son neveu, le roi angevin Louis de Hongrie (1370/82). Celui-ci mourut à son tour sans postérité mâle, et l'union avec la Hongrie fut rompue. Après un tumultueux interrègne de deux ans, les Polonais revinrent à la monarchie en acceptant pour reine la fille de Louis, Hedwige (1384). Deux ans plus tard, sur les instances de la noblesse, Hedwige épousa le grand-prince de Lituanie, Jagellon, qui fut élu conjointement roi de Pologne (1386) et rassembla ainsi, en une union personnelle, la Lituanie et la Pologne.

La Pologne des Jagellons (1386/1572)

Le royaume des Jagellons avait des dimensions considérables, puisqu'il comprenait, non seulement la Pologne, mais aussi la Russie blanche et une grande partie de l'Ukraine, avec Kiev. C'était la première puissance de l'Europe orientale. Monté sur le trône polonais sous le nom de Ladislas II Jagellon (1386/1434), le grand-prince de Lituanie se convertit au catholicisme et entraîna avec lui ses sujets. Désormais, le rôle que l'ordre Teutonique avait assumé depuis le début du XIIIe s. – couvrir l'Europe chrétienne contre les menaces de l'Est – passait à l'État polono-lituanien. Les Teutoniques n'entendaient pourtant pas se laisser évincer de la Baltique, mais Ladislas II leur infligea une terrible défaite à Tannenberg (15 juill. 1410), et, à la première paix de Thorn (1411), il leur enleva la Samogitie (partie occidentale de la Lituanie actuelle). Un de ses successeurs, Casimir IV (1447/92), recommença la guerre en 1454 ; après treize ans de luttes, il imposa à l'ordre Teutonique la seconde paix de Thorn (1466) ; avec Dantzig et la Poméranie orientale, la Pologne retrouvait une façade sur la Baltique ; les Teutoniques conservaient la Prusse-Orientale mais devaient se reconnaître vassaux des Jagellons.

Ces victoires durent être payées, à l'intérieur, par un affaiblissement de l'autorité monarchique. Démesurément étendu, luttant à l'O. contre l'influence germanique, à l'E. contre les princes russes orthodoxes et les Tatars et bientôt, au S.-E., contre les Turcs ottomans, l'État polono-lituanien n'était qu'un assemblage de seigneuries sans grande cohésion entre elles. D'âpres jalousies opposaient Polonais et Lituaniens, et, comme la couronne était élective en Pologne, les grands-princes héréditaires de Lituanie devaient faire d'importantes concessions à la noblesse pour assurer à leurs fils la succession polonaise. En 1454, les nobles obtinrent d'être consultés préalablement à toute nouvelle charge militaire ou financière (statuts de Nieszawa). En 1468, Casimir IV, dont les guerres avaient épuisé le trésor, fut forcé d'accorder des privilèges supplémentaires à l'aristocratie. À sa mort (1492), une puissante réaction aristocratique se produisit en Pologne et l'union polono-lituanienne fut momentanément rompue. Elle fut rétablie sous Alexandre Ier (1501/06) et même renforcée, car le Sénat de chacun des deux pays décida qu'à l'avenir le roi de Pologne serait toujours grand-prince de Lituanie. En fait, Alexandre Ier dut accorder à la noblesse l'établissement définitif d'une monarchie constitutionnelle.

Cependant, les derniers Jagellons faisaient encore grande figure parmi les princes européens. Sigismond Ier (1506/48), marié à la princesse milanaise Bona Sforza, fit de Cracovie un foyer de la Renaissance. À l'extérieur, il se laissa enlever Smolensk par les Moscovites (1514) mais réussit à étendre son influence sur la Moldavie ; il profita de la Réforme et de la sécularisation de l'ordre Teutonique par le grand maître Albert de Brandebourg pour étendre sa suzeraineté sur la Prusse-Orientale, érigée en duché héréditaire (1525). Son fils, Sigismond II Auguste (1548/72), porta à son apogée la puissance territoriale des Jagellons en annexant la Livonie et en faisant de la Courlande une principauté vassale (1561). La diète de Lublin (1569) prononça l'union indissoluble de la Pologne et de la Lituanie ; les deux pays eurent désormais une diète commune, tout en conservant leur armée, leur trésor et leurs lois particulières. À cette date, la Pologne était deux fois plus peuplée que la France, et son territoire, qui s'étendait de l'Oder jusqu'au-delà du Dniepr, des Carpates jusqu'au golfe de Riga, était deux fois plus grand que celui de la France actuelle. C'était un des pays les plus tolérants de l'Europe, où fleurissait l'humanisme (Copernic), où les Juifs trouvaient refuge, de même que les frères moraves (v.), où la diffusion des idées calvinistes et luthériennes contribuait encore à donner une extraordinaire animation à la vie intellectuelle.

La Pologne au XVIIe s.

Sigismond II Auguste avait essayé de renforcer l'autorité royale en exploitant les rivalités entre la grande et la petite noblesse. Mais il mourut sans enfants en 1572, et avec lui prit fin la dynastie des Jagellons. La diète de Varsovie (1573) consacra le caractère électif de la monarchie polonaise. Les largesses de l'ambassadeur de France contribuèrent à l'élection d'Henri de Valois (le futur roi de France Henri III). Son règne ne dura que quatorze mois (1573/74). Dès qu'il apprit la mort de Charles IX, Henri s'enfuit de Pologne pour aller régner en France. Malgré l'élection du prince de Transylvanie Étienne Báthory, il s'obstina cependant à ne pas renoncer à sa première couronne, ce qui entraîna une longue rupture des relations diplomatiques entre la France et la Pologne (elles ne furent reprises que sous Louis XIII).

Étienne Báthory (1575/86) fut un des plus remarquables rois de Pologne. Il continua la politique tolérante des Jagellons, notamment à l'égard des Juifs, qui eurent le privilège d'avoir une sorte de Parlement particulier. Pour maintenir la garde des frontières orientales, il organisa le corps des Cosaques de l'Ukraine. Il fit la guerre avec succès à Ivan le Terrible, poussa jusqu'à Pskov, et la paix de 1582 maintint la Russie à distance de la Baltique. Báthory mourut à son tour sans héritier. Les Polonais élirent comme roi un prince de la ligne catholique de la maison suédoise de Vasa, qui était un Jagellon par sa mère, Sigismond III (1587/1632). Dès son avènement, il se vit imposer des capitulations (*pacta conventa*) qui limitaient son pouvoir.

La Contre-Réforme, inaugurée par les jésuites dès le règne d'Étienne Báthory, prit de l'ampleur, et Sigismond III, fervent catholique, sévit contre les « dissidents », calvinistes et luthériens. Sigismond, qui ne renonça jamais à faire valoir ses droits sur le trône suédois contre les Vasa protestants, jeta la Pologne dans de longues et malheureuses guerres contre la Suède. L'enjeu de ces conflits était la maîtrise de la Baltique, mais la politique royale se heurtait aux intérêts de la grande aristocratie foncière, dont les domaines s'étendaient en Ukraine et qui, par conséquent, se souciait moins d'une expansion maritime que de la défense et de l'élargissement des frontières orientales. Gustave-Adolphe (v.) de Suède enleva à la Pologne la Livonie maritime (trêve d'Altmark, 1629), et, sous le règne de Ladislas IV (1632/48), la marine polonaise entra dans un déclin irrémédiable.

Le principal péril pour la Pologne se situait d'ailleurs à l'E., du côté de l'Empire moscovite. Les luttes qui opposèrent les boyards, après la disparition de Boris Godounov (v.) (1605), donnèrent l'occasion aux Polonais de pénétrer jusqu'au cœur de la Russie. Les troupes de Sigismond III occupèrent Moscou (1610/11), le fils de Sigismond, Ladislas, fut même élu tsar par les boyards, mais le soulèvement russe de 1612/13 contre l'occupation polonaise aboutit à l'éviction des étrangers et à l'avènement de la dynastie des Romanov (1613). En 1618, les Polonais arrivèrent encore sous Moscou et ils purent au moins conserver Smolensk. Mais cette grande politique orientale devait être réduite à néant par la révolte des Cosaques (1648/51). Pour faire rayonner le catholicisme dans les terres de l'Est, Sigismond III avait encouragé la création, au synode de Brest-Litovsk (1596), d'une Église uniate rassemblant les chrétiens de rite grec reconnaissant l'autorité de Rome. Cette poussée catholique en Ukraine, jointe à l'appétit de domination des grands propriétaires polonais, fit naître une opposition chez les Cosaques (v.). Sous la conduite de l'hetman Bogdan Chmielnicki, ils se soulevèrent contre la Pologne en 1648, reçurent l'aide des Tatars de Crimée et provoquèrent une révolte générale des paysans dans les provinces orientales. Le roi Jean II Casimir (1648/68) dut retirer ses troupes d'Ukraine et rétablir le clergé orthodoxe dans tous ses droits. Pendant dix-huit mois, Chmielnicki fut le maître de l'Ukraine. Mais, abandonné par les Tatars, battu par Jean Casimir à Berestechko (1651), il se résigna à soumettre l'Ukraine à Moscou (1654).

La monarchie polonaise menacée par le liberum veto

Par l'entremêlement des affaires ukrainiennes, baltes et allemandes, la Pologne allait se trouver aux prises avec une redoutable coalition réunissant les Russes, les Suédois et le Brandebourg. Elle abordait ce conflit dans des conditions dramatiques. La révolte des Cosaques avait eu pour contrecoup une nouvelle dégradation de l'autorité monarchique. En 1652 fut introduite pour la première fois la pratique du *liberum veto* : sous prétexte que tous les nobles polonais étaient absolument égaux entre eux, la diète, qui prétendait exercer la plus haute autorité, se réduisit elle-même à l'impuissance en décidant que tous ses décrets devraient être pris à l'unanimité ; ainsi, un seul député, en mettant son veto, provoquait la dissolution de la diète et le report des mesures envisagées à une nouvelle diète.

En 1654, l'armée moscovite envahit le territoire polonais, occupant Smolensk, Vitebsk, toutes les villes de la Russie blanche, puis la Lituanie. L'année suivante, Charles X Gustave de Suède attaqua à son tour la Pologne, qui, en quelques mois, fut submergée : Poznan, Varsovie, Cracovie tombèrent aux mains des Suédois (1656). Il y eut de nombreuses trahisons dans la grande noblesse, mais la paysannerie, la bourgeoisie des villes, la *szlachta* furent soulevées par un sursaut patriotique ; le monastère de Czestochowa, sous la direction de son prieur, opposa une belle résistance aux Suédois. Le roi Jean Casimir, qui avait dû s'enfuir en Silésie, s'allia avec les Habsbourg, cependant que les Russes, inquiets des conquêtes suédoises dans les provinces baltes, se retournaient contre Charles X. Finalement, la situation fut redressée, mais avec des pertes sévères : dès 1657, la Pologne dut renoncer à sa suzeraineté sur le duché de Prusse (Prusse-Orientale). À la paix d'Oliva (1660), elle abandonna à la Suède la Livonie intérieure, et Jean II Casimir dut abdiquer toute prétention au trône suédois. Enfin, par la trêve d'Androussovo (1667), la Pologne céda à la Russie Smolensk et toute l'Ukraine de la rive gauche du Dniepr, plus Kiev.

Jean II Casimir, qui avait vainement essayé d'abolir le *liberum veto* (1665), renonça au trône de Pologne dès 1668 et vint finir ses jours en France. Après son départ, une réaction nationale porta à l'unanimité sur le trône un noble polonais, dont le père s'était illustré contre les Cosaques, Michel Wisnowiecki (1669/73). Mais le trône polonais était maintenant devenu l'enjeu des intrigues des deux grandes puissances rivales en Europe, la France et les Habsbourg. Comme M. Wisnowiecki, qui se révéla d'ailleurs un souverain assez médiocre, s'appuyait sur l'alliance autrichienne, un parti profrançais se forma autour de Jean Sobieski, vainqueur des Turcs à Khotine (1673). Élu roi, Jean III Sobieski (1674/96), qui était tout imprégné de culture française, suivit d'abord les conseils de la diplomatie de Louis XIV, qui prétendait réconcilier la Pologne avec la Turquie pour mieux la brouiller avec Vienne. Mais cette politique était impopulaire, et les Turcs ne se montraient prêts à aucun arrangement. Aussi, quand les Turcs menacèrent Vienne, ce fut une flambée magnifique du vieil esprit de croisade dans la Pologne catholique : à la tête de l'armée polonaise, Jean III Sobieski obligea les Turcs à lever le siège de Vienne (1683), et il fut célébré dans toute l'Europe comme le sauveur de la chrétienté. De cet acte glorieux, la Pologne retira un prestige considérable, mais fort peu d'avantages matériels. Les Ottomans, affaiblis, durent lui restituer, à la paix de Karlowitz (1699), la Podolie et l'Ukraine ; mais à la puissance turque déclinante se substituait un danger autrement redoutable, l'Empire russe.

La décadence polonaise au XVIIIe s.

La succession de Jean III Sobieski donna lieu à une vive activité diplomatique française : le futur cardinal de Polignac, ambassadeur en Pologne, réussit à faire élire roi le prince de Conti, mais l'Électeur de Saxe, soutenu par l'Autriche, se fit couronner à Cracovie sous le nom d'Auguste II, avant que Conti ait eu le temps d'arriver. Cet incident provoqua une nouvelle rupture des relations entre la France et la Pologne (1697/1726). Le règne d'Auguste II (1697/1733) commença sous d'heureux auspices, avec la paix de Karlowitz. Mais, peu après, le roi, qui voulait gagner l'attachement de ses sujets polonais en reconquérant les provinces baltes perdues, se laissa entraîner à conclure une alliance avec le tsar Pierre le Grand et le Danemark contre le jeune roi de Suède Charles XII : ce fut l'origine de la grande guerre du Nord (v.) (1700/21). Elle fut particulièrement désastreuse pour la Pologne, que les divers belligérants, alliés ou ennemis, traitèrent sans aucun égard. La diète se rallia au vainqueur du moment. Charles XII, qui avait forcé Auguste II à se réfugier en Saxe, imposa l'élection d'un nouveau roi, Stanislas Leszczynski (1704/09). Mais après la défaite du roi de Suède à Poltava (1709), Stanislas fut chassé et Auguste II remonta sur le trône, au milieu d'un pays économiquement ruiné et plus que jamais en proie aux divisions politiques.

En vain Auguste II avait-il essayé d'assurer l'hérédité de la couronne au profit de la maison de Saxe (1719). À sa mort (1733), Stanislas Leszczynski, qui était devenu le beau-père de Louis XV, se fit de nouveau élire roi par la diète, avec l'appui de la famille Czartoryski. Aussitôt, la tsarine Anne envoya une armée contre lui et provoqua la réunion d'une pseudo-diète, qui proclama roi le nouvel Électeur de Saxe, Auguste III (1733/63). L'Autriche appuyant la Russie, et Louis XV son beau-père Stanislas, cette affaire dégénéra en une guerre de la Succession de Pologne (1733/38) (v. **SUCCESSION DE POLOGNE, guerre de la**). Le traité de Vienne (1738) fit de Stanislas un simple roi titulaire (en compensation, il obtint le duché de Lorraine), et Auguste III resta sur le trône de Pologne.

La situation du beau-père de Louis XV se trouvant assurée, la France se désintéressa du destin de la Pologne, et les gouvernements de Saint-Pétersbourg, de Vienne et de Berlin devaient largement profiter de cette abstention. Auguste III eut la sagesse de maintenir la Pologne dans la neutralité pendant la guerre de Sept Ans (v.). Aidé par les Czartoryski, il essaya de réformer la Constitution polonaise, dont le mécanisme était complètement bloqué par la pratique du *liberum veto* (à partir de 1736, aucune diète ne put parvenir à son terme normal). Mais les grandes familles défendaient aveuglément leurs « libertés » fondamentales. À la mort d'Auguste III (1763), Frédéric II et Catherine II signèrent aussitôt le traité de Saint-Pétersbourg (1764), par lequel ils convenaient d'imposer l'élection de Stanislas Poniatowski, un ancien favori de la tsarine, dont on escomptait la docilité. Élu roi sous la menace des troupes russes, Stanislas II Poniatowski (1764/95) prit son rôle au sérieux et appuya les réformes proposées par les Czartoryski, qui tendaient à restreindre le *liberum veto* et à redresser le gouvernement de l'État selon les principes du despotisme éclairé. Les nobles conservateurs répliquèrent en formant la confédération de Radom (1767) et appelèrent à l'aide les troupes russes, qui contraignirent les Polonais à conserver leurs « anciennes libertés ». Les patriotes s'insurgèrent dans la confédération de Bar (1768). Malgré un petit appui de la France et une diversion des Turcs (guerre russo-turque, 1768/74), les insurgés furent vaincus en 1772.

Les trois partages : 1772, 1793, 1795

Sur l'initiative de Frédéric II, la Prusse, la Russie puis l'Autriche se concertèrent pour procéder au *premier partage de la Pologne* (traités des 17 févr. et 5 août 1772) : la Russie s'empara de la Russie blanche, avec Vitebsk et Polotsk ; l'Autriche, de la Galicie, sauf Cracovie, mais avec Lwów et Tarnopol ; la Prusse, de la Prusse-Occidentale, moins Dantzig et Thorn. La Pologne, qui avait, en 1771, une superficie de 733 000 km^2 et environ 11 400 000 habitants, se trouvait amputée de 211 000 km^2 et d'environ 4 500 000 habitants. Cette humiliation provoqua un choc salutaire dans le pays. Le renouveau économique qui se développait sous le règne de Stanislas II Poniatowski s'accompagna d'un réveil moral et politique. L'instruction fut réorganisée sous l'impulsion de l'ordre des Piaristes et sous le contrôle d'une commission de l'éducation nationale – la Pologne agonisante fut ainsi le premier État d'Europe à posséder un ministère de l'Instruction publique. En 1788 se réunit une diète mémorable, qui devait siéger pendant quatre ans. Des nobles réformateurs, tels que Stanislaw Malachowski, Hugo Kollataj et Ignacy Potocki, réussirent, non sans difficulté, à faire adopter la Constitution du 3 mai 1791, qui déclarait la monarchie héréditaire, abolissait le *liberum veto*, accordait l'autonomie aux villes et ouvrait aux bourgeois les mêmes privilèges qu'à la noblesse.

Mais aussitôt, un groupe de nobles mécontents firent appel à la Russie et formèrent la Confédération de Targowica (mai 1792). Les troupes russes envahirent la Pologne. La Prusse se déclara solidaire de la Russie, et, malgré la résistance héroïque de la petite armée polonaise commandée par Jozef Poniatowski et par Kosciuszko, les troupes russes et prussiennes occupèrent toute la Pologne (début 1793). Cette intervention fut suivie d'un *deuxième partage* (23 sept. 1793), dont l'Autriche, alors occupée par la guerre contre la France, se trouva exclue : Catherine II annexa les provinces orientales, avec Minsk, l'Ukraine et la Podolie ; elle abandonna à la Prusse la Grande Pologne avec Kalisz, Dantzig, Thorn et Poznan. La Pologne perdait un territoire de 307 000 km^2, peuplé d'environ 3 millions d'habitants.

Acculés au désespoir, les Polonais se soulevèrent sous la direction de Kosciuszko, de Kollataj et d'Ignacy Potocki (23 mars 1794). Kosciuszko, qui avait pris le commandement militaire de l'insurrection, remporta d'abord de brillants succès contre les Russes, qui durent évacuer Varsovie et Vilna (avr. 1794). Mais les Prussiens et les Autrichiens vinrent au secours des Russes. Après un siège de plusieurs mois, Souvarov s'empara de Varsovie, et les Russes se livrèrent à un terrible massacre dans le faubourg de Praga. La défaite et la capture de Kosciuszko à Maciejowice (10 oct. 1794) portèrent un coup fatal au dernier mouvement d'indépendance. Les vainqueurs n'eurent plus qu'à procéder à un *troisième partage* de la Pologne (traités du 24 oct. 1795) : la Prusse obtint Varsovie et la Mazovie ; la Russie poussa ses frontières jusqu'au Niémen et au Boug, en annexant la Courlande, la Samogitie, la plus grande partie de la Lituanie, la Russie noire, la Polésie et la Volhynie ; l'Autriche dut se contenter de la Galicie occidentale, avec Cracovie, Lublin, Siedlce, Radom, Sandomierz. Stanislas II Auguste abdiqua et il mourut trois ans plus tard à Saint-Pétersbourg.

Du démembrement de la Pologne au congrès de Vienne (1795/1815)

À la suite du traité de Tilsit (7 juill. 1807), Napoléon Ier forma, avec des provinces enlevées à la Prusse, un grand-duché de Varsovie, qui ne comprenait d'abord que la Mazovie, la Cujavie, la Posnanie et une partie de la Petite Pologne ; après la paix de Schönbrunn (1809), le grand-duché fut agrandi avec des territoires ex-autrichiens (Cracovie, la Galicie occidentale, Lublin). Néanmoins, ce grand-duché ne comprenait que les deux cinquièmes de l'ancien royaume de Pologne, et Napoléon Ier, soucieux de ménager le tsar, se garda toujours de promettre le rétablissement de la Pologne ; il donna même à la Russie le territoire de Bialystok, que la Prusse avait annexé au partage de 1795, et Dantzig forma une république libre. Le grand-duché, que Napoléon confia à son allié, le roi de Saxe Frédéric Auguste Ier, reçut des lois inspirées par le Code civil français. La guerre contre la Russie (1812) fit naître d'immenses espoirs chez les Polonais, qui apportèrent à la Grande Armée un corps de près de 100 000 hommes. Le congrès de Vienne (1815) procéda à un quatrième partage de la Pologne, dont la Russie fut, une fois de plus, la principale bénéficiaire. La Prusse ne conserva que la Posnanie et la « Prusse-Occidentale » (Dantzig, Thorn) ; l'Autriche eut la Galicie et la Lodomérie, au S. de la Vistule et du San (mais Cracovie et ses environs devinrent une république libre) ; tout le reste de l'ancienne Pologne passa sous l'autorité du tsar.

La Pologne russe (1815/1914)

Les provinces les plus orientales (Lituanie, Biélorussie, ancienne Ukraine polonaise) furent purement et simplement incorporées à l'Empire russe. La Pologne centrale, avec Varsovie, dite « Pologne du Congrès », forma un royaume « à jamais uni à l'empire de Russie », mais possédant sa propre Constitution (25 nov. 1815), son gouvernement particulier (un Conseil d'État et une diète), son administration et son armée. Le catholicisme fut reconnu comme religion d'État, la tolérance étant garantie aux autres religions ; la liberté de la presse fut proclamée. L'armée polonaise fut placée sous le commandement du grand-duc Constantin, mais le premier vice-roi fut le général polonais Zajaczek, qui avait combattu dans les armées de Napoléon. Cependant les Polonais, surtout les officiers et les intellectuels, rêvaient toujours d'une véritable indépendance et ne tardèrent pas à se heurter à l'absolutisme russe. Des sociétés secrètes se formèrent. Les universités de Varsovie et de Vilna devinrent des foyers d'agitation libérale ; des étudiants furent déportés en Russie. La diète manifesta une ferme opposition aux injonctions du tsar.

Dans la nuit du 29 nov. 1830, une insurrection militaire éclata à Varsovie, et le grand-duc Constantin eut juste le temps de prendre la fuite. Toute la Pologne se souleva, et la diète proclama la déchéance des Romanov (v.). Mais la direction de l'insurrection souffrit des rivalités entre les chefs, dont beaucoup étaient incapables. En vain, les Polonais appelèrent-ils à leur aide l'Europe occidentale : l'opinion s'enflamma pour leur cause, surtout en France, mais les gouvernements ne bougèrent pas. Pour vaincre 80 000 insurgés, le tsar dut mettre en campagne plus de 110 000 hommes. Vainqueurs à Ostrolenka (mai 1831), les Russes s'emparèrent de Varsovie (8 sept.). La Pologne cessa vraiment alors d'exister comme nation. Tandis que quelque 10 000 patriotes s'exilaient en Suisse, en Belgique et surtout en France, le tsar abolit la Constitution de 1815, qui fut remplacée par un statut organique (26 fév. 1832). Les Russes entreprirent une destruction systématique de la nationalité polonaise. Les universités furent fermées, les étudiants envoyés en Russie, l'armée polonaise dissoute, les catholiques persécutés (et le pape Grégoire XVI, qui recherchait l'appui des puissances contre-révolutionnaires, alla jusqu'à condamner leur résistance au tsar, 9 juin 1832).

Sous le joug russe, les Polonais maintinrent d'ailleurs obstinément leur identité, même lorsqu'ils devaient servir dans l'administration du tsar. Devant cette opposition irréductible, le tsar Alexandre II (1855/81) prit quelques mesures de conciliation (rétablissement de l'université de Varsovie, création d'une Société d'agriculture) et s'appuya sur le parti modéré (Wielepolski), qui croyait possible une union loyale avec la Russie. Mais en févr./mars 1861, de grandes manifestations eurent lieu en Pologne pour commémorer la révolution de 1830/31, et les troupes russes tirèrent sur la foule. La Société d'agriculture fut dissoute. Manifestations, émeutes, représailles sanglantes se poursuivirent. Pour mettre fin à cette agitation, les autorités russes, sous prétexte de recrutement militaire, s'apprêtèrent à déporter toute la jeunesse nationaliste. L'insurrection éclata aussitôt, sous la direction d'un comité central clandestin, mais elle prit une tout autre forme qu'en 1831 : ne possédant plus d'armée régulière, les Polonais recoururent à la guérilla et combattirent par petites bandes armées, dans les bois et les campagnes, avec la complicité des paysans. Les Russes répandirent la terreur en brûlant, en pendant, en déportant. Quand l'insurrection fut matée (début 1864), le gouvernement du tsar prit de nouvelles mesures de rigueur : tout vestige de gouvernement local fut supprimé, le polonais aboli comme langue officielle, l'enseignement et la justice russifiés (1869/72), l'Église catholique soumise à de nouvelles brimades.

Pour affaiblir la noblesse indocile, la Russie imposa en 1864 une réforme agraire beaucoup plus radicale que ne l'avait été l'abolition du servage en Russie trois ans plus tôt : les paysans furent déclarés propriétaires des terres qu'ils occupaient, avec abolition de toutes corvées ou prestations. Mais les Russes firent aussi de grands efforts pour mettre en valeur le pays : dès 1851, les barrières douanières avaient été abolies entre la Russie et la Pologne russe, et celle-ci allait connaître une rapide progression économique (industries du charbon, de l'acier, des textiles). La résistance polonaise se cantonna désormais sur le plan légal : les écoles russifiées furent désertées, ce qui provoqua l'accroissement de l'analphabétisme dans les masses rurales, cependant que la jeunesse bourgeoise et noble recevait son instruction à la maison ou dans des institutions privées. Vers la fin du XIXe s., les Russes exploitèrent le panslavisme pour gagner une partie de l'opinion polonaise en orientant son ressentiment contre le germanisme ; en 1897 fut fondé le parti national démocrate de Roman Dmowski, qui rêvait d'une unité de tous les Polonais dans un cadre autonome, au sein de l'Empire russe. Mais ce mouvement n'eut qu'un succès très limité, et les mesures de libéralisation qui suivirent, en Pologne, la révolution russe de 1905 furent sans lendemain. À la veille de la Première Guerre mondiale, l'ennemi numéro un, pour les Polonais, restait le Russe.

La Pologne prussienne (1815/1914)

Les territoires dont la possession fut confirmée à la Prusse par le congrès de Vienne connurent d'abord un régime assez libéral. Un Polonais apparenté aux Hohenzollern, le prince Antoine Radziwill, fut nommé gouverneur de Posnanie. Les paysans de cette province furent affranchis du servage dès 1823. Mais après la grande insurrection de 1830/31 en Pologne russe, un fonctionnaire prussien, E. H. von Flottwell (1830/40), inaugura une politique de germanisation systématique ; la noblesse polonaise fut complètement exclue de l'administration de la Posnanie et des colons allemands furent installés dans cette région. Après 1840, le roi Frédéric-Guillaume IV revint à des mesures libérales, la noblesse et l'Église catholique purent se renforcer et le sentiment national polonais affirma sa vitalité. En 1846 éclata l'insurrection de Mieroslawski, qui fut impitoyablement réprimée. Des Polonais participèrent à la révolution de mars 1848 à Berlin, et Frédéric-Guillaume IV dut leur promettre l'autonomie et même la formation d'une armée nationale ; mais toutes ces concessions furent rapidement abolies.

Après une nouvelle période relativement libérale au début du règne de Guillaume Ier, Bismarck déclencha en 1872 le Kulturkampf (v.), qui, sous prétexte de réduire les prérogatives de l'Église catholique, lui servit à pratiquer une germanisation intensive. L'allemand fut imposé comme langue d'enseignement dès 1873, comme langue administrative en 1876 ; le polonais ne fut plus toléré que dans l'enseignement religieux, et, en 1900, le catéchisme même dut être fait en allemand. Les Polonais étaient menacés plus gravement encore dans la possession de leur sol, car le gouvernement de Berlin prit trois lois d'expropriation (1886, 1904 et 1908) pour installer des colons allemands dans les terres de l'Est. La résistance polonaise s'organisa remarquablement ; grâce à des fondations comme la Banque foncière de Poznan (1888), les propriétaires polonais purent racheter la plus grande partie des terres qu'ils avaient dû vendre aux Allemands, et la politique coercitive de Bülow (1900/09) ne fit que renforcer encore la solidarité entre nobles et paysans de Posnanie, dont la situation économique était très prospère.

La Pologne autrichienne (1815/1914)

Pendant tout le ministère de Metternich (1815/48), la Galicie, englobée dans l'empire des Habsbourg, fut soumise à un régime conservateur assez rude qui favorisait la haute aristocratie. Le gouvernement de Vienne exploitait les antagonismes sociaux ; il favorisa la révolte paysanne de févr. 1846 et en profita pour annexer la petite république indépendante de Cracovie. La révolution de 1848 inaugura une évolution qui devait se concrétiser par la réorganisation administrative de févr. 1861. La Pologne autrichienne devint, et de beaucoup, la portion la plus libre du pays démembré. L'université de Cracovie était un foyer de culture nationale ; l'administration, la justice, l'enseignement étaient entièrement aux mains des Polonais ; l'autonomie de la Galicie était assurée par la diète et par sa commission permanente placée sous la présidence d'un « maréchal du pays », qui était toujours un Polonais ; les intérêts galiciens étaient représentés dans le cabinet de Vienne par un ministre spécial ; les parlementaires polonais jouaient un rôle important au Parlement autrichien. En revanche, la Galicie autrichienne eut un développement économique inférieur à celui de la Pologne russe et resta une région essentiellement agricole. Le climat libéral qui y régnait en fit le refuge des Polonais qui rêvaient et travaillaient à la résurrection de leur pays.

La Pologne et la Première Guerre mondiale (1914/18)

Dès le mois d'août 1914, un Comité national suprême fut fondé en Galicie, et Pilsudski (v.) prit la tête de légions de volontaires polonais qui combattirent, aux côtés des Austro-Hongrois, contre les Russes. En Pologne russe, au contraire, les nationaux-démocrates de Dmowski se rallièrent au tsar, qui promit d'accorder aux Polonais, après les hostilités, l'unité et l'autonomie au sein de l'Empire russe. À l'été de 1915, toute la Pologne russe se trouva conquise par les Austro-Allemands. Le 5 nov. 1916, les puissances centrales décidèrent de transformer les territoires enlevés aux Russes en un royaume de Pologne indépendant. Cependant, les intentions des vainqueurs du moment semblaient suspectes. Pendant que certains éléments conservateurs de l'opinion polonaise se ralliaient nettement aux Austro-Allemands, Pilsudski cherchait un rapprochement avec les nationaux-démocrates, qui restaient hostiles aux Empires centraux. Quand les Allemands et les Autrichiens tentèrent d'incorporer dans leurs armées les légions polonaises, Pilsudski rompit avec le Conseil d'État provisoire installé dans le « royaume de Pologne » ; il fut alors arrêté par les Allemands (juill. 1917). Pendant ce temps, l'Empire des tsars s'était effondré, et Dmowski, le chef des nationaux démocrates, partisans de l'Entente (v.), vint installer à Paris son Comité national polonais, qui fut bientôt reconnu par tous les Alliés et recruta des volontaires qui combattirent sur le front français. En févr. 1918, quand les Empires centraux, pour ménager le mouvement national ukrainien, attribuèrent à l'Ukraine indépendante le pays de Chelm, la rupture avec l'opinion polonaise fut complète : les légions du général Haller, qui combattaient aux côtés des Austro-Allemands, se mirent à déserter ; elles furent désarmées, mais Haller réussit à gagner la France, et, en oct. 1918, il reçut le commandement en chef de l'armée de volontaires formée par le Comité national polonais.

La naissance de la nouvelle Pologne indépendante (1918/26)

Lors de la défaite allemande, Pilsudski, libéré par les Allemands, vint prendre le pouvoir à Varsovie (10 nov. 1918). Il forma d'abord un ministère présidé par un socialiste de ses amis mais dut tenir compte des volontés du Comité national de Paris, où les nationaux-démocrates étaient prédominants, et Paderewski (v.) devint président du Conseil. Après les élections de janv. 1919, la diète élut chef de l'État Pilsudski, qui conservait en outre le commandement en chef de l'armée et agissait, de fait, sans contrôle. Le traité de Versailles (28 juin 1919) posa les bases d'un règlement des frontières occidentales de la Pologne : pour donner à celle-ci un accès à la mer, il lui attribua la majeure partie de la Prusse-Occidentale (le fameux « corridor polonais »), mais Dantzig, qui était devenue au cours des siècles une ville majoritairement allemande, fut érigée en ville libre (solution déjà acceptée par Napoléon Ier en 1807) ; cependant, la Pologne y obtint des droits particuliers. La Posnanie, de population en majorité polonaise, fut également attribuée au nouvel État. Des plébiscites organisés sous contrôle international réglèrent le sort de divers territoires : en Prusse-Orientale, Marienwerder et Allenstein votèrent à une énorme majorité leur maintien dans le Reich (11 juill. 1920). En Haute-Silésie, le plébiscite du 20 mars 1921 donna également une forte majorité en faveur de l'Allemagne, mais la commission interalliée refusa de reconnaître ce résultat ; des heurts violents se produisirent entre Allemands et Polonais en mai 1921 ; finalement, la commission interalliée accorda à la Pologne la partie la plus riche de cette région industrielle, avec Beuthen et Kattowitz (oct. 1921). Le territoire de Teschen, au S.-E. de la Silésie, provoqua un violent conflit entre la Pologne et la Tchécoslovaquie et fut partagé entre les deux pays (juill. 1920) ; ce partage ne satisfit personne et assombrit d'une manière durable les rapports polono-tchèques.

Plus grave encore était le problème des frontières orientales : à la fin de 1918, quand les troupes allemandes évacuèrent l'Ukraine et la Pologne orientale, les troupes soviétiques réoccupèrent les territoires abandonnés, et, dès le début de 1919, elles atteignaient le Bug. Une contre-offensive menée à la fin de 1919 par l'armée polonaise de Pilsudski les rejeta loin en Biélorussie et en Ukraine ; alliés aux Ukrainiens de Petlioura (v.), les Polonais occupèrent Kiev (mai 1920), mais ils durent bientôt reculer devant l'Armée rouge, et, en juill. 1920, leur situation devint critique. La Pologne fit alors appel aux Alliés, et le ministre des Affaires étrangères anglais, Lord Curzon, proposa de fixer la frontière polono-russe sur une ligne, dite « ligne Curzon ». Cependant, les troupes soviétiques poursuivaient leur avance, non seulement pour occuper toute la Pologne, mais, au-delà, pour pénétrer jusqu'en Allemagne et y susciter un nouveau mouvement révolutionnaire. Vilna, Grodno, Brest-Litovsk, Bialystok tombèrent aux mains de l'Armée rouge (juill. 1920), et bientôt s'engagea la bataille de Varsovie (12/16 août 1920). Conseillé par une mission franco-anglaise que dirigeait le général Weygand (v.) Pilsudski déclencha une contre-offensive victorieuse, et les Soviétiques demandèrent un armistice dès le 12 oct. 1920. Le traité de Riga (18 mars 1921) fixa les frontières polono-soviétiques à environ 150/200 km à l'E. de la ligne Curzon. Vilna, que les Polonais avaient enlevée aux Lituaniens en oct. 1920, resta à la Pologne. La Constitution du 17 mars 1921, inspirée par la Constitution française de 1875, établit un régime démocratique et parlementaire. Se trouvant en opposition avec la droite (nationaux-démocrates), Pilsudski n'accepta pas la présidence de la République et démissionna même de son poste de chef d'état-major général (mai 1923). Dans les années qui suivirent, les divers gouvernements ne purent trouver un équilibre entre les nationaux-démocrates et les partisans de Pilsudski.

Du coup d'État de Pilsudski à la guerre (1926/39)
Les 12/14 mai 1926, Pilsudski, avec l'appui de l'armée, réussit un coup d'État. Il fit élire président de la République son ami Moscicki, se contentant pour lui-même des postes de ministre de la Guerre et d'inspecteur général de l'armée. En fait, Pilsudski devint le véritable chef de l'État, mais il dut faire face à la double opposition des nationaux-démocrates et de ses anciens amis socialistes. En oct. 1926, Pilsudski prit la tête du gouvernement et, soit dans ce poste, soit dans celui de ministre de la Guerre, il resta le maître de la Pologne jusqu'à sa mort (1926/35). Tout en conservant les apparences d'une démocratie parlementaire, la Pologne fut soumise à une dictature paternaliste, et les diverses oppositions furent muselées à partir de 1930. Une nouvelle Constitution, renforçant les pouvoirs présidentiels, fut promulguée le 23 avr. 1935. Pilsudski mourut moins de trois semaines plus tard, mais ses compagnons continuèrent à gouverner la Pologne jusqu'à la guerre de 1939. Moscicki restait président de la République, et les deux principales personnalités politiques furent, dans cette dernière période, le général Skladkowski-Slawoj, président du Conseil de mai 1936 à sept. 1939, et le maréchal Rydz-Smigly, inspecteur général de l'armée.

Le 26 janv. 1934, un pacte de non-agression d'une durée de dix ans fut signé entre la Pologne et l'Allemagne. Simultanément, Varsovie s'efforçait de maintenir des relations pacifiques avec l'URSS, et, en déc. 1934, le pacte polono-soviétique signé en 1932 fut renouvelé pour dix ans. En sept. 1938, la Pologne profita de l'affaire des Sudètes (v.), déclenchée par Hitler, pour annexer la partie tchécoslovaque du territoire de Teschen. L'entrée des Allemands à Prague (15 mars 1939) fut un terrible réveil pour les Polonais. Hitler commençait déjà à revendiquer Dantzig et à réclamer un droit de passage à travers le « corridor ». Le 31 mars 1939, Chamberlain déclara que le Royaume-Uni apporterait tout l'appui en son pouvoir à la Pologne si l'indépendance de celle-ci était menacée, et, le 6 avr., un accord anglo-polonais fut signé à Londres. Hitler répliqua en dénonçant le pacte de non-agression qui le liait à la Pologne (28 avr. 1939). La tension germano-polonaise à propos de Dantzig et du « corridor » ne cessa de s'aggraver au cours du printemps et de l'été 1939. Le pacte germano-soviétique du 23 août, qui comportait un accord secret en vue du partage de la Pologne, mit l'État polonais dans une situation désespérée. Mais les Polonais étaient pleins de confiance dans leur valeur militaire et ils se faisaient beaucoup d'illusions sur l'aide éventuelle de la France. Le gouvernement de Varsovie refusa de poursuivre les négociations avec Hitler, et, à l'aube du 1er sept. 1939, sans déclaration de guerre, la Wehrmacht envahit la Pologne par le nord, l'ouest et le sud.

Sous l'occupation allemande (1939/45)
Dès le 14 sept., Varsovie était complètement encerclée. Le 17, l'armée soviétique pénétra à son tour en Pologne orientale, achevant de désorganiser les dernières résistances. En moins d'un mois, la guerre se termina par la capitulation de Varsovie (27 sept.). Le gouvernement et le haut commandement polonais se réfugièrent en Roumanie. Pour soulager son alliée, la France n'avait pu exécuter qu'une brève offensive de quelques kilomètres dans la Sarre. La Pologne fut partagée entre l'Allemagne et l'URSS, selon une ligne qui suivait approximativement la ligne Curzon de 1920 et attribuait aux Soviétiques tous les territoires situés à l'E. du Bug, avec deux saillants, au N. et au S., formés par les régions de Bialystok et de Lwów. Toute la partie occidentale de la Pologne passa sous la domination allemande : Dantzig, la région de Thorn, la Posnanie, Lodz, la Haute-Silésie furent directement incorporés au Reich, le reste des territoires occupés par la Wehrmacht constituant le Gouvernement général de Pologne. La Pologne annexée par les Russes fut partagée entre les républiques de Biélorussie et d'Ukraine, et c'est Nikita Khrouchtchev qui fut chargé par Staline d'y établir le régime soviétique. Il procéda à une épuration systématique de l'ancien personnel politique et administratif ; de nombreux Polonais furent déportés à l'intérieur de l'URSS, des milliers d'officiers polonais, faits prisonniers par les Russes, devaient être massacrés par la police politique soviétique (v. **Katyn**).

Cependant, à la suite des victoires de la Wehrmacht en juin/juill. 1941, tout l'ancien territoire polonais tomba sous l'oppression hitlérienne. Le Gouvernement général fut confié à Hans Frank, qui était le représentant direct du Führer, ne dépendait que de lui, et cumulait les fonctions de chef des SS et de chef de la police. Des camps de concentration furent installés à Auschwitz et à Maïdanek. Dans les territoires directement annexés au Reich, environ un million de Polonais et de Juifs furent déportés et transférés dans le Gouvernement général, et ils furent remplacés par plus de 700 000 Allemands (en partie des Allemands des pays Baltes rapatriés en 1940 avec l'accord de l'URSS). Les Juifs du Gouvernement général furent rassemblés dans des villes ou des quartiers spéciaux ; ces ghettos étaient entourés de murs infranchissables et on ne pouvait y entrer qu'avec un laissez-passer. Mais, dès la fin de 1941, les autorités hitlériennes commencèrent le grand massacre des Juifs de Pologne, tantôt sur place, tantôt après déportation dans des camps d'extermination. Dans un sursaut désespéré, le ghetto de Varsovie se souleva en avr./mai 1943, mais fut complètement anéanti. On estime le nombre des Juifs polonais exterminés d'une manière ou d'une autre à plus de 3 millions ; en outre, 2 millions et demi de Polonais furent déportés en Allemagne comme travailleurs forcés.

Ce régime de terreur sans précédent provoqua une transformation dans la mentalité polonaise, et, dès lors, l'Allemand remplaça le Russe comme ennemi numéro un. La Pologne ne cessa d'ailleurs jamais le combat. Dès 1940, un gouvernement polonais se reconstitua en France, et le général Sikorski (v.) organisa une armée qui, après avoir combattu à Narvik et durant la campagne de France, réussit à passer en Angleterre avec le gouvernement en exil. Après l'attaque allemande contre l'URSS, Sikorski et Staline signèrent un accord militaire (déc. 1941) qui aboutit à la formation d'une nouvelle armée polonaise recrutée parmi les prisonniers de guerre des Soviétiques. Cette armée, organisée dans le Proche-Orient au cours de l'année 1942, participa à la campagne d'Italie (1944/45), sous le commandement du général Anders. La découverte du massacre de Katyn provoqua la rupture entre le gouvernement polonais de Londres et l'URSS (avr. 1943). Moscou recruta alors des forces polonaises, qui combattirent en Russie aux côtés de l'Armée rouge, puis encouragea la formation d'un Conseil national populaire (31 déc. 1943). Cet organisme, où les communistes jouaient un rôle prépondérant, prit ensuite le nom de Comité polonais de libération nationale (21 juill. 1944) et, grâce à l'avance des troupes soviétiques, put s'installer à Lublin en se proclamant seul gouvernement légal de la Pologne. Mais la force principale de la résistance polonaise, l'armée de l'intérieur commandée par le général Bor-Komorowski, ne reconnaissait que le gouvernement de Londres. Au moment où les troupes soviétiques atteignaient la Vistule, cette armée de l'intérieur déclencha une insurrection à Varsovie (1er août 1944). Staline ne put ou ne voulut pas secourir les résistants polonais, qui, après deux mois de combats héroïques, durent se rendre à la Wehrmacht (2 oct. 1944). Désormais, le champ se trouvait libre pour le comité de Lublin, qui, devenu gouvernement provisoire le 31 déc. 1944, s'installa dans les ruines de Varsovie après la prise de la ville par les troupes soviétiques (17 janv. 1945) et contrôla bientôt tout le territoire polonais.

La République populaire

À la conférence de Yalta (févr. 1945), les Alliés s'accordèrent à fixer les frontières orientales de la Pologne sur une ligne coïncidant approximativement avec la ligne Curzon. À la conférence de Potsdam (août 1945), il fut décidé que tous les territoires allemands situés à l'E. de la ligne Oder-Neisse (v.) seraient confiés à l'administration polonaise, les frontières définitives de l'Allemagne devant être fixées lors de la signature du traité de paix. À la suite des décisions prises par les Alliés à la conférence de Yalta (févr. 1945), un certain nombre de chefs polonais émigrés à Londres rentrèrent dans leur pays, et l'ancien comité de Lublin fut remanié sur une base plus large. Dès le lendemain de la Libération furent décidées d'importantes réformes économiques et sociales : nationalisation des grandes industries et des entreprises employant plus de cinquante ouvriers ; expropriation des grands domaines fonciers ; distribution de près de 6 millions d'hectares de terre aux paysans. Pour les élections de janv. 1947, le parti communiste (parti ouvrier polonais) et ses alliés (parti socialiste, parti paysan et parti démocratique) formèrent, selon la technique employée à l'époque dans toutes les futures démocraties populaires, un bloc unique, en face duquel la seule opposition appréciable était celle du parti paysan polonais de Mickolajczyk. Le « bloc démocratique » rassembla une majorité écrasante (plus de 80 % des suffrages) et forma un gouvernement dont les chefs étaient le socialiste Cyrankiewicz et le communiste Gomulka (v.). Ce dernier, qui joua un rôle prépondérant, était décidé à introduire dans son pays un régime socialiste et à maintenir des liens étroits avec l'URSS, mais c'était aussi un patriote qui tenait à conserver au gouvernement polonais toute sa liberté d'action, surtout à l'intérieur. Révoqué de son poste de secrétaire général du parti (sept. 1948), puis exclu du Bureau politique (nov. 1949), il fut arrêté en 1951, et l'on prépara son procès. Après son élimination, communistes et socialistes réalisèrent leur fusion dans un parti ouvrier unifié (déc. 1948) dont le secrétaire général fut le président Bierut, qui cumulait ainsi les pouvoirs essentiels.

L'alignement strict de la Pologne sur l'Union soviétique fut confirmé par la nomination au poste de ministre de la Défense du maréchal russe (d'origine polonaise) Rokossovski (nov. 1949). Enfin, le gouvernement entreprit la lutte contre l'Église catholique, dont l'influence avait toujours été considérable en Pologne : les écoles, les biens ecclésiastiques, les hôpitaux religieux furent nationalisés (1949) ; des centaines de prêtres furent arrêtés, cependant que les activités du groupe progressiste *Pax* étaient encouragées ; en sept. 1953, le cardinal primat de Pologne Wyszynski fut interné dans un monastère. Ces brimades émurent profondément l'opinion au moment où la réalisation du premier plan quinquennal (1950/55) suscitait un mécontentement croissant. Priorité absolue avait été donnée à l'industrie lourde au détriment du secteur agricole, qui supportait le poids des réquisitions de l'État, des prix fixés à un taux dérisoirement bas et d'une collectivisation centralisée qui se révélait un échec.

Dès la mort de Staline, des mesures de détente durent être prises, mais elles se révélèrent insuffisantes. Un fossé de plus en plus grand se creusait entre la classe ouvrière et paysanne et le pouvoir central. Le 28 juin 1956, une grève spectaculaire eut lieu à Poznan, et 50 000 ouvriers manifestèrent en réclamant l'amélioration de leur niveau de vie, des élections libres et le départ des troupes soviétiques. La direction communiste, décapitée par la mort récente de Bierut, était profondément divisée : alors qu'un groupe « dur », composé surtout d'anciens exilés en URSS, réclamait une répression accrue, la majorité des jeunes dirigeants estimait que Gomulka était le seul homme capable de sauver le régime et de lui rendre son prestige. L'URSS, d'abord menaçante, se rallia à cette solution après le voyage éclair de Khrouchtchev, Molotov, Kaganovitch et Mikoyan à Varsovie (19/20 oct. 1956). Un nouveau Politburo fut élu le 21 oct. par le Comité central et Gomulka fut nommé premier secrétaire du parti ; quelques semaines plus tard, Rokossovski abandonnait le ministère de la Défense et rentrait en Union soviétique.

Dans ses premiers mois de gouvernement, Gomulka prit des mesures de détente : abandon de la collectivisation forcée, dissolution de la plupart des coopératives agricoles, relâchement de la censure de la presse ; libération du cardinal Wyszynski (dès le 28 oct. 1956). En 1958, la Pologne accepta une aide financière importante des États-Unis. Cependant, inquiet de l'ampleur que risquait de prendre le mouvement de libéralisation, Gomulka marqua un raidissement dès 1958, lança de vives attaques contre les « révisionnistes », préconisa la reconstitution des coopératives agricoles, décida de supprimer l'enseignement religieux dans les écoles publiques (janv. 1959), inaugura dès 1963 une campagne contre les intellectuels. Les relations avec l'Église, encore très difficiles en 1966, lorsque le gouvernement polonais refusa de donner son accord à la venue du pape pour la célébration du millénaire de la Pologne, s'améliorèrent l'année suivante, et le Vatican nomma administrateurs apostoliques les évêques résidant dans les territoires enlevés à l'Allemagne. Le retour de Gomulka à une ligne dure s'accentua au début de 1968, alors que le mouvement de libéralisation déclenché en Tchécoslovaquie risquait de gagner rapidement la Pologne. Les manifestations étudiantes furent brisées avec rigueur ; une épuration fut entreprise.

À l'extérieur, l'étroit alignement de la Pologne sur l'Union soviétique se manifesta, en août 1968, par la participation des troupes polonaises à l'intervention du pacte de Varsovie en Tchécoslovaquie. L'année 1969 vit le début de la normalisation des relations avec l'Allemagne fédérale, le gouvernement Willy Brandt reconnaissant *de facto* la ligne Oder-Neisse comme frontière occidentale de la Pologne ; sur cette base fut conclu le traité germano-polonais du 18 nov. 1970. Cet accord devait permettre un règlement de la question des Allemands englobés en 1945 dans les nouvelles frontières de l'État polonais et aspirant à émigrer en Allemagne fédérale : déjà, en 1957/58, 220 000 d'entre eux avaient été autorisés à quitter la Pologne ; 60 000 autres purent partir entre 1970 et 1975 ; en août 1975, enfin, le gouvernement de Bonn obtint le retour d'un nouveau contingent de 125 000 Allemands au prix d'un lourd sacrifice financier.

En politique intérieure, la Pologne fut secouée par une nouvelle crise, à la fin de 1970, à la suite de l'annonce d'une très forte hausse des prix (30 % sur les produits alimentaires). Les 15/18 déc. 1970, de véritables révoltes de la faim éclatèrent à Gdansk (Dantzig), Gdynia, Szczecin (Stettin) ; les sièges du parti communiste et de la police furent attaqués par des foules d'ouvriers. Ces manifestations, bien que rapidement écrasées par l'action des chars, contraignirent Gomulka à démissionner (20 déc. 1970). Son successeur, Edward Gierek, qui était avant tout un technicien, prit des mesures efficaces pour améliorer les conditions de vie de la population.

Cependant, en 1976, de nouvelles hausses de prix devinrent inévitables. Une nouvelle vague de grèves et d'émeutes entraîna la chute d'E. Gierek, remplacé en sept. 1980 par Stanislas Kania. Le syndicat clandestin Solidarité (v.) animé par un ouvrier des chantiers Lénine à Gdansk, Lech Walesa (v.), fit plier le pouvoir et, pour la première fois dans un pays communiste, des syndicats libres furent autorisés. Ce succès fut de courte durée : en oct. 1981, l'aile dure du POUP (parti ouvrier unifié polonais), soutenue par Moscou, en appelait l'armée et, en déc., le général Jaruzelski (v.) prenait le pouvoir. Les syndicats libres furent interdits et L. Walesa arrêté de 1982 à 1983. De 1983 à 1986, Jaruzelski parvint à maintenir un délicat équilibre entre les revendications populaires, soutenues par l'Église polonaise, dont le poids restait considérable, et les exigences soviétiques. Il parvint même à faire admettre sa légitimité par les régimes occidentaux, qui accordèrent à la Pologne d'importants financements. Cependant, sans réforme profonde du système, cet afflux de capitaux ne suffit pas à contenir l'effondrement économique du pays et profita surtout à la « bourgeoisie rouge », aggravant encore les tensions sociales. De nouvelles grèves, en 1988, transformèrent L. Walesa en négociateur : le dirigeant syndicaliste obtint la tenue d'une Table ronde entre Solidarité et le pouvoir, qui fut ouverte en févr. 1989. Des élections y furent décidées, qui garantissaient aux communistes une majorité automatique et un poste de président de la République aux pouvoirs très étendus (Jaruzelski était élu à ce poste en juill. 1989, avec le soutien discret de Solidarité), mais le syndicat indépendant était à nouveau légalisé.

La révolution pacifique de Solidarité

Les élections de juin 1989, offrant pour la première fois en Pologne la possibilité de contester électoralement le pouvoir, allaient bouleverser les prévisions des négociateurs de la Table ronde, tant le crédit du POUP apparut faible dans l'opinion. Face à l'ampleur de la victoire électorale de l'opposition, Jaruzelski appela en août Tadeusz Mazowiecki, intellectuel catholique, membre du comité directeur de Solidarité, proche de la gauche anticommuniste et de la très puissante Église polonaise, à former le premier gouvernement à direction non communiste dans un pays de l'Est. Quatre ministres communistes et un vice-Premier ministre entrèrent cependant dans le cabinet de coalition.

Avec l'effondrement du communisme d'État en Europe de l'Est, à l'automne 1989, d'autres révolutions allaient soudain dépasser en audace la révolution polonaise, qui fut pourtant à l'origine de ce bouleversement historique. Mais les stratèges de Solidarité, alliant patience, modération et fermeté, étaient auparavant parvenus à paralyser toute nouvelle intervention militaire soviétique, voire tout recours durable à la violence d'État ; ils avaient même fait entrevoir aux dirigeants communistes, et pas seulement en Pologne, que la meilleure voie possible pour atténuer la sanction populaire qu'encourait leur échec, après quarante ans de pouvoir sans partage, était celle du compromis avec une opposition qu'ils auraient, quelques années plus tôt, noyée dans le sang.

En déc., enfin, le nouveau parlement polonais osait en finir avec un passé douloureux et abolissait le rôle dirigeant du parti communiste (en phase d'autodissolution), rétablissait la couronne sur le drapeau national, et décrétait la privatisation de l'économie dès le 1er janv. 1990. Le pays, en proie à l'hyperinflation et aux pénuries, et qui avait un besoin urgent de capitaux, obtenait ainsi l'aide du FMI et des capitales occidentales. Le nouveau gouvernement adopta un ambitieux plan de transition vers l'économie de marché, qui s'accompagnait d'un vaste programme de privatisations, étalé sur plusieurs années, ainsi que d'une réforme fiscale et d'une modernisation du système financier. Les premiers résultats de ce plan furent enregistrés dès 1993 : le pays renouait avec la croissance (4 %), l'inflation était tombée à 35 % et le secteur privé employait 60 % des salariés. Cependant, la libéralisation économique provoqua une grave crise sociale : en 1993, plus de 15 % de la population active était au chômage.

La Pologne du postcommunisme

La coupure entre le monde politique et la majorité de la population se manifesta, au gré des scrutins, par l'essor d'un courant populiste et la désaffection croissante d'une partie des Polonais à l'égard du nouveau régime. L'élection présidentielle de déc. 1990 fut remportée par Lech Walesa, au prix d'un affrontement entre les différents courants de Solidarité et surtout de l'émergence du populisme comme force politique. En oct. 1991, les élections législatives, au scrutin proportionnel intégral, ne mobilisèrent que 43 % des électeurs et consacrèrent l'émiettement de la représentation parlementaire, vingt-neuf partis accédant à la Diète. En deux ans, quatre Premiers ministres se succédèrent, la vie politique étant dominée par les partis du centre, pour la plupart issus de la décomposition de Solidarité.

Après la chute, en mai 1993, du gouvernement d'Hanna Suchocka, Lech Walesa provoqua de nouvelles élections. Une loi électorale ayant institué un seuil de 5 % des suffrages pour accéder à la Diète, ces élections se soldèrent par une nette victoire des ex-communistes, regroupés au sein d'une Alliance de la gauche démocratique, et de leurs alliés du parti paysan. Le nouveau gouvernement, conduit par le dirigeant agrarien Waldemar Pawlak, ne souhaitait pas revenir sur les réformes économiques. Les relations tendues entre le président Walesa et le nouveau gouvernement conduisirent, en févr. 1995, au remplacement de Pawlak par l'ex-communiste Jozef Olesky. La succession de crises politiques nuisit à l'image de Walesa qui fut défait à l'élection présidentielle, le 23 déc. 1995, remportée par l'ex-communiste Aleksander Kwasniewski. Après l'adoption d'une nouvelle Constitution par référendum en mai 1997, les élections législatives de sept. virent la victoire de l'Alliance électorale de Solidarité (AWS), regroupement de trente-huit partis et organisations de droite, qui dut cependant s'allier avec les partis du centre pour former un nouveau gouvernement, dont Jerzy Buzek fut le Premier ministre. Il s'employa à poursuivre le rapprochement avec l'Europe occidentale entamé en 1991 par l'adhésion au Conseil de l'Europe et le traité d'association avec l'Union européenne. En 1996 la Pologne entra à l'OCDE et adhéra à l'OTAN en mars 1999.

Les élections du 23 sept. 2001 ont représenté un tournant politique ; elles furent en effet marquées par le retour au pouvoir de l'Alliance de la gauche démocratique (LSD) postcommuniste, une victoire qui faisait suite à la réélection pour 5 ans du président Aleksander Kwasniewski (LSD), le 8 oct. 2000, alors que Lech Walesa n'obtenait que 1 % des voix et se retirait de la vie politique. Elles voyaient la quasi-disparition des deux forces politiques héritières du mouvement Solidarité et jusque-là prédominantes, l'AWS et l'UW de Bronislaw Geremek, ainsi que l'importante progression des forces populistes représentées par le mouvement Autodéfense (Samoobrona RP) d'A. Lepper et par une droite nationaliste violemment antieuropéenne. Le succès du LSD ne lui assurant pas la majorité à la Diète, le nouveau Premier ministre, Leszek Miller (LSD) entré en fonctions le 27 oct. 2001, a formé un gouvernement de coalition avec la petite Union du travail (UP) et avec le parti paysan polonais (PSL), qui obtint les portefeuilles de l'Agriculture et de l'Environnement. La nouvelle majorité a dû faire face à une situation économique qui, après 7 ans d'expansion (1994/2000), s'est fortement dégradée et a provoqué un très fort mécontentement social. Le taux de chômage atteignait encore 17 % en 2003. L'entrée dans l'Union européenne, effective au 1er mai 2004, a été préparée par 4 ans d'intenses négociations et, depuis 1989, par des aides à la restructuration économique (programme PHARE notamment). Elle devrait par la suite apporter au pays plus de 14 milliards d'aides et de subventions. Mais la réforme du secteur agricole (26 % de la population active, 6 % du PIB) n'a pas encore été entamée et s'annonce difficile ; en avr. 2003, la Diète a décidé d'encadrer la vente des terres agricoles aux étrangers. Enfin, si les tensions avec la Russie au sujet de l'enclave russe de Kaliningrad et avec l'Ukraine ont fini par trouver des solutions, les choix polonais de s'aligner ostensiblement sur les États-Unis dans la guerre en Irak ou d'acheter des avions de combat américains (F-16) plutôt qu'européens ont fortement compliqué les relations de la Pologne avec l'Allemagne et la France.

POL POT, « Frère n° 1 », pseudonyme de **SALOTH Sar** (* Kompong Thom, 19.V.1928, † Chong K'sam, 15.IV.1998). Homme politique cambodgien. Cousin du prince Sihanouk et ancien boursier du gouvernement français, il prit en 1962 la tête du parti communiste clandestin (*Pracheachou*). Principal dirigeant de la guérilla des Khmers rouges, il devint Premier ministre du Cambodge en 1976 et instaura un régime de terreur qu'il avait annoncé dans son « livre noir » et qui fit de 1 à 3 millions de morts. Condamné par contumace en 1979 pour cet « autogénocide », Pol Pot continua à diriger la guérilla menée par les Khmers rouges dans l'ouest du Cambodge. En juill. 1997, Pol Pot était condamné à la prison à vie par ses compagnons d'armes à l'issue d'un procès tenu à Anlong Veng, au N. du Cambodge.

POLYNÉSIE FRANÇAISE. Ex-territoire d'outre-mer français devenu collectivité d'outre-mer depuis le 28 mars 2003. Nom donné depuis 1957 aux anciens Établissements français de l'Océanie. La colonisation française dans les îles de l'Océanie fut préparée par l'action des missionnaires, en particulier des pères de Picpus, qui arrivèrent aux îles Gambier en 1831 et aux îles Marquises en 1838. La Polynésie française comprend : les îles Marquises, dont l'amiral Dupetit-Thouars prit possession au nom de la France en 1842 ; Tahiti et ses dépendances, qui devinrent un protectorat en 1843 et une colonie en 1880 ; les îles Gambier, protectorat depuis 1844, annexées en 1881 ; l'îlot inhabité de Clipperton, annexé en 1858 ; les îles Australes ou Tubuaï, protectorat depuis 1889, colonie depuis 1900, au total 118 îles. Organisés par un décret de 1885, les Établissements français de l'Océanie, qui s'étaient ralliés à de Gaulle dès 1940, devinrent un territoire d'outre-mer en 1946. Les indigènes avaient reçu le droit de vote dès mars 1945. En 1958, la Polynésie française demanda à conserver son statut de territoire d'outre-mer. Les ressources économiques de la Polynésie française consistent essentiellement dans la pêche, le coprah, la perliculture et le tourisme ; les îles Tuamotu produisent des phosphates. En 1963 fut créé en Polynésie, à Mururoa, le Centre d'expérimentation nucléaire du Pacifique, et depuis 1966 les expériences atomiques françaises n'ont pas cessé de soulever les protestations des pays de la région. Le CEP, après une brève reprise d'essais en 1995, fut démantelé entre 1996 et 1999. Mais les écologistes ont critiqué l'insuffisance de la décontamination des sites.

Depuis 1977, le statut de la Polynésie n'a cessé d'évoluer vers une autonomie interne accrue. Dotée en 1984 d'un drapeau et d'un hymne, elle disposait en tant que territoire d'outre-mer d'un gouvernement élu par son Assemblée territoriale. La loi constitutionnelle du 28 mars 2003, qui traitait également de la centralisation, réaffirma l'appartenance des collectivités d'outre-mer à la République française, mais reconnut aux anciens TOM un régime de « spécialité législative » (art. 74 de la Constitution). La loi du 29 janv. 2004 sur le statut polynésien distinguait donc, à côté du haut-commissaire représentant l'État, un exécutif confié à un président, élu pour 5 ans par l'Assemblée (en 2004, Gaston Flosse, apparenté UMP) et placé à la tête d'un gouvernement (10 ministres environ) appliquant les « lois du pays » et ayant pouvoir réglementaire (circulations maritime et routière). Une Assemblée élue pour 5 ans, votait ces « lois du pays » (fiscalité, droit minier, droit civil, droit du travail, emploi, entrée et séjour des étrangers sauf Européens, santé, urbanisme, environnement) et consultait pour cela un Haut Conseil, composé de sages.

POMBAL Sebastião José de Carvalho e Melo, marquis de (* Lisbonne, 13.V.1699, † Pombal, près de Coïmbre, 8.V.1782). Homme politique portugais. Ambassadeur à Londres (1738/43), ministre de la Guerre et des Affaires étrangères (1750). Premier ministre (1756/77), il resta le maître tout-puissant du Portugal jusqu'à la mort du faible Joseph Ier. Partisan du despotisme éclairé, il gouverna par les moyens les plus rigoureux, brisa la noblesse après la conspiration des Távoras (1758) et prononça l'expulsion des jésuites (1759). Il réforma les finances, encouragea l'agriculture, l'industrie, le commerce, créa des compagnies à monopole, dirigea avec vigueur la reconstruction de Lisbonne après le tremblement de terre de 1755. Victime d'une réaction à l'avènement de Marie Ire, il fut jugé et banni de la cour (1781).

POMPADOUR, Jeanne Antoinette Poisson, marquise de (* Paris, 29.XII.1721, † Versailles, 15.IV.1764). Dame française. Épouse du fermier général Le Normant d'Étioles, belle et spirituelle, elle se lia à des écrivains de renom tels que Fontenelle, Voltaire, Crébillon père. Maîtresse déclarée de Louis XV de 1745 à 1751, elle fut faite marquise et resta l'amie du roi jusqu'à sa mort. Amie des philosophes, des artistes et des écrivains, elle protégea les arts (manufacture de Sèvres) et les lettres (l'*Encyclopédie* en 1752). Son rôle politique semble avoir été exagéré : c'est un de ses favoris, Bernis, qui entreprit les premières négociations du fameux renversement des alliances de 1756 et elle ne fut certainement pas l'inspiratrice de la politique royale.

POMPÉE, Cneius Pompeius Magnus (* 106, † Péluse, 28.IX.48 av. J.-C.). Général et homme politique romain. Il soutint Sylla contre Marius et battit les partisans de ce dernier en Sicile et en Afrique (83). Il termina la guerre contre Sertorius (77/72) dans la péninsule Ibérique. Il pacifia le territoire et s'y assura des appuis solides. Sa popularité fut encore accrue par sa victoire sur Spartacus et son armée d'esclaves révoltés (71). Grâce à l'appui de la plèbe, il partagea, illégalement, le consulat avec Crassus. Une loi lui attribua des pouvoirs exceptionnels pour éliminer la piraterie qui ravageait la Méditerranée (67). À la suite du succès rapide de son intervention, il poursuivit son action en Orient. Il acheva la guerre contre Mithridate (66), conquit l'Asie Mineure, la Syrie et la Palestine, où il prit Jérusalem (63). De retour à Rome, mais bientôt relégué à l'écart par le Sénat, qu inquiétait son prestige, Pompée forma en 60, avec Crassus et César, le premier triumvirat, renouvelé en 55. La mort de Crassus en 53 laissa Pompée seul face à César. Alors que César était en Gaule, Pompée fut nommé seul consul en 52 et, en 50, il fit lancer un sénatus-consulte qui sommait César d'abandonner son armée, alors que lui-même gardait ses légions et ses provinces ; ce fut le signal de la guerre civile. Vaincu à Pharsale (48), Pompée se réfugia en Égypte, où le jeune Ptolémée XIII, craignant César, le fit assassiner.

POMPÉI, *Pompeii.* Ancienne ville d'Italie, en Campanie, au S.-E. de Naples, près du Vésuve. Construite sur un monticule de lave préhistorique, au N. de l'embouchure du Sarnus, dans le golfe de Naples, elle existait déjà au VIᵉ s. av. J.-C. Ses premiers habitants furent des Osques, puis elle passa sous l'influence des Grecs de Cumes et connut pendant quelque temps la domination étrusque. Vers la fin du Vᵉ s. av. J.-C., elle fut occupée par les Samnites. Les Romains tentèrent vainement de s'en emparer en 310 av. J.-C., mais Pompéi devint peu après l'alliée de Rome. Elle se révolta au moment de la guerre sociale, et Sylla l'assiégea en 89 av. J.-C. Devenue colonie romaine vers 80 av. J.-C., sous le nom de *Colonia Cornelia Veneria Pompeianorum* (du culte de Vénus Pompéienne), elle avait, au début de notre ère, l'aspect d'une cité hellénistique et elle servait de résidence d'été à de riches Romains. En 62, elle fut secouée par un tremblement de terre, puis restaurée. Les travaux de reconstruction n'étaient pas terminés, lorsque, le 24 août 79, elle fut surprise par une éruption du Vésuve et engloutie sous une pluie de cendres et de pierres. Des quelque 20 000 habitants que comptait alors Pompéi, certains eurent le temps de s'enfuir dans la campagne, mais la plupart d'entre eux périrent. Pline le Jeune (dont l'oncle, Pline l'Ancien, commandant la flotte de Misène, périt en portant secours aux rescapés) en a laissé le récit dans deux de ses lettres (VI, 16 et 20). La ville était recouverte d'environ 4 m de dépôts volcaniques ; des survivants réussirent à creuser des galeries dans cette masse et à récupérer les objets précieux qui se trouvaient dans certaines maisons restées intactes sous le dépôt. Longtemps encore après la catastrophe, on retira ainsi de Pompéi des objets, des blocs de marbre... Puis le site tomba dans l'abandon, et, sur le linceul de cendres qui enveloppait la ville, s'étendirent des champs cultivés, des vignobles.

Vers la fin du XVIᵉ s. les ruines furent signalées pour la première fois. Les premières recherches furent entreprises en 1748, et, en 1763, on acquit la certitude que la ville découverte était Pompéi. Ces premières fouilles (celles d'Herculanum avaient commencé dix ans plus tôt), pratiquées d'une manière assez désordonnée, passionnèrent l'Europe ; elles bouleversaient les connaissances de la vie quotidienne romaine, et elles contribuèrent beaucoup à la renaissance de l'antique dans l'Europe de la fin du XVIIIᵉ et du début du XIXᵉ s. Joseph Bonaparte et Murat, durant leur règne à Naples, firent poursuivre activement les fouilles, mais celles-ci ne furent menées d'une manière vraiment systématique et scientifique qu'à partir de 1860. À l'heure actuelle, plus d'un tiers de la ville antique a été dégagé.

Préservés par les dépôts volcaniques, les vestiges de Pompéi constituent un document incomparable sur le cadre de la vie dans une cité provinciale romaine au début de notre ère.

POMPIDOU Georges (* Montboudif, Cantal, 5.VII.1911, † Paris, 2.IV.1974). Homme politique français. Entré au cabinet du général de Gaulle (1944), maître des requêtes au Conseil d'État (1946), puis directeur de la banque Rothschild, il resta attaché pendant toute la IVᵉ République au général de Gaulle et devint l'un de ses plus proches conseillers. Directeur du cabinet du Général (juin 1958/janv. 1959), successeur de Michel Debré au poste de Premier ministre (1962/68), il régla la crise de mai 1968 par les accords de Grenelle et fut le principal artisan de la victoire électorale gaulliste de juin 1968. Pompidou sut cristalliser sur lui les espoirs de tous ceux qui aspiraient à un « changement dans la continuité » après le départ du Général. Il fut élu président de la République avec une partie des voix centristes (15 juin 1969). Il favorisa l'industrialisation accélérée du pays, donna son accord à l'entrée de la Grande-Bretagne dans le Marché commun (mai 1971) et affirma la prééminence politique absolue du président de la République. Il cacha la gravité de la maladie qui devait l'emporter et sa mort surprit les milieux politiques. Valéry Giscard d'Estaing fut élu à sa succession. Voir **FRANCE.** La présidence de Georges Pompidou.

PONDICHÉRY. Ville de l'Inde, sur la côte de Coromandel. Achetée en 1673 par François Martin, employé de la Compagnie des Indes orientales, elle fut occupée par les Hollandais de 1693 à 1699, mais rendue à la paix de Ryswick à François Martin, qui en fit le siège de la Compagnie des Indes orientales, jusqu'alors établie à Sourat (1701). Défendue victorieusement par Dupleix en 1748, elle tomba aux mains des Anglais par la capitulation de Lally-Tollendal en 1761, fut restituée aux Français par le traité de Paris (1763), mais subit de nouveau l'occupation britannique en 1778/83, 1793/1802 et 1803/16. Pondichéry fut transférée à l'Inde en 1954, avec les autres comptoirs français de l'Inde.

PONIATOWSKI Jozef Antoni, prince (* Vienne, 4.V.1763, † Leipzig, 19.X.1813). Officier polonais. Il servit d'abord dans l'armée autrichienne et fut aide de camp de Joseph II. Commandant en chef des troupes du Midi contre les Russes en 1792, il dut s'exiler mais rejoignit Kosciuszko en 1794 et défendit Varsovie. Réfugié ensuite à Vienne, puis dans ses domaines de Prusse, il fut nommé par Napoléon ministre de la Guerre du grand-duché de Varsovie (v.) (1807) et organisa une armée polonaise, qu'il commanda contre les Autrichiens en Galicie (1809). En 1812, il participa à la campagne de Russie à la tête du 5e corps d'armée et fut un des héros de la Moskova. Resté fidèle à Napoléon, il se distingua à Leipzig et fut fait maréchal de France sur le champ de bataille ; trois jours plus tard, chargé de protéger la retraite de l'armée et frappé de cinq blessures, il se noya en traversant l'Elster.

PONT. Nom donné dans l'Antiquité à une région septentrionale de l'Asie Mineure, bornée au N. par le Pont-Euxin, auquel elle a dû son nom, à l'E. par le Caucase et l'Arménie, au S. par la Cappadoce, à l'O. par la Paphlagonie. On y trouvait de nombreuses colonies grecques, fondées par Milet, parmi lesquelles Amisos, Side (plus tard Polémonion), Kérasos (plus tard Pharnakéia) et Trapézos. Le Pont fut englobé dans l'Empire perse vers 520 av. J.-C., mais dès la fin du Ve s., la région semble avoir joui d'une assez grande autonomie aux mains de satrapes dont le pouvoir était devenu héréditaire. L'un d'eux, Mithridate Ctistès, qui s'était soumis à Alexandre et l'avait appuyé dans sa guerre contre les Perses, força Antigone à reconnaître son indépendance et prit le titre de roi (301 av. J.-C.). Le royaume du Pont commença à s'étendre en Asie Mineure et atteignit son apogée avec Mithridate VI Eupator (vers 120/63 av. J.-C.), qui annexa le Bosphore, la Chersonèse Taurique, une partie de la Colchide et, pendant quelque temps, la Cappadoce et la Paphlagonie. Après de longues luttes, les Romains parvinrent enfin à vaincre Mithridate, et, à sa mort (63 av. J.-C.), le Pont fut réduit en province romaine, le Bosphore seul étant laissé à un fils de Mithridate, Pharnace (v.). Celui-ci, profitant de la guerre civile entre César et Pompée, restaura un instant l'indépendance du Pont, mais reperdit ses conquêtes (47 av. J.-C.). Cependant, la partie N.-E. du Pont forma un petit royaume, qui eut deux princes du nom de Polémon : ce *Pont Polémoniaque* fut réuni à l'Empire en 63 de notre ère.

PONTCHARTRAIN Louis, comte de (* Paris, 1643, † Jouars-Pontchartrain, 1727). Conseiller au parlement de Paris dès l'âge de dix-sept ans, il fit preuve de son habileté comme premier président au parlement de Bretagne (1677). Contrôleur général des Finances (1689/99), en même temps que secrétaire d'État à la Marine (1690/99) et à la Maison du roi (1690/99), il se trouva aux prises avec le déficit ; il multiplia les ventes d'offices et de titres de noblesse et, en 1695, créa la capitation, sur la base – fort injuste – du rang social, ce qui défigurait complètement le projet proposé par Vauban (v.). Après avoir terminé sa carrière comme chancelier de France (1699/1714), il se retira à l'Oratoire. Protecteur des lettres et des sciences, il fut l'ami de Boileau.

PONT-EUXIN, *pontos euxeinos*, c'est-à-dire « mer hospitalière ». Nom donné par les Grecs anciens, par antiphrase, à la mer Noire, dont ils redoutaient les brouillards et les tempêtes.

PONTIFICAUX (États), dits aussi **États de l'Église** ou **États du pape,** en lat. *Patrimonium Sancti Petri*, en ital. *Stato pontificio*. Nom donné aux territoires italiens soumis à l'autorité temporelle du pape (756/1870).

L'origine des États pontificaux (jusqu'au IXe s.)

Dès l'époque de Constantin, l'Église de Rome, par l'effet de dons et de legs des fidèles, possédait déjà des domaines importants, que la générosité des empereurs accrut encore. Les biens patrimoniaux du Saint-Siège s'étendaient, non seulement en Italie et dans les îles italiennes, mais en Dalmatie, en Gaule méridionale et en Afrique. Ces domaines formaient le « bien des pauvres » (*res pauperum*), mais le pape n'y exerçait légalement aucun droit de souveraineté politique. La « donation de Constantin », par laquelle cet empereur aurait accordé au pape Sylvestre Ier (314/35) la possession de Rome et de l'Italie, n'est qu'un apocryphe des VIIIe/IXe s. Cependant, au fur et à mesure que déclinait l'autorité de l'empereur byzantin en Italie, le pape se comportait, en face de la menace lombarde, comme un véritable souverain temporel dans le « duché de Rome ». Mais l'origine véritable de l'État pontifical remonte à l'alliance du Saint-Siège et des Carolingiens, scellée sous le pontificat d'Étienne II (752/57). Aux prises avec la politique agressive d'Aistolf, roi des Lombards, Étienne II franchit les Alpes et vint solliciter le secours de Pépin le Bref, qu'il sacra roi à Saint-Denis et auquel il donna le titre de « patrice des Romains » (754). En échange, Pépin s'engagea à faire « restituer » au pape l'ancien exarchat byzantin de Ravenne (v.) et la région située au S. de l'exarchat, qu'on appelait la Pentapole. En fait, ces territoires n'avaient jamais appartenu au Saint-Siège, qui se substituait ainsi à l'empereur byzantin. En deux campagnes (754 et 756), Pépin, descendu en Italie, enleva à Aistolf les territoires contestés et les confia au pape. Cette « donation de Pépin », qui s'ajouta au duché de Rome, fut l'embryon des États pontificaux.

Charlemagne, après avoir brisé définitivement la puissance lombarde (774), confirma la donation de Pépin. Les possessions pontificales furent limitées au duché de Rome, à la Sabine, à l'exarchat (plus Ferrare, Bologne, Imola et Faenza) et à la Pentapole (plus Ancône et Pérouse) ; elles coupaient en deux l'Italie centrale et se trouvaient reliées par une mince bande de territoire qui traversait l'Apennin. L'État pontifical devait théoriquement assurer l'indépendance du Saint-Siège, qui, juge de tous, ne devait être sujet de personne. Mais la position des papes, à Rome même, était extrêmement fragile, et ils ne pouvaient se passer de la protection du souverain franc.

Le pape Léon III (795/816), dès son avènement, prêta et fit prêter par le peuple romain serment de fidélité et de soumission à Charlemagne, auquel il envoya en hommage les clefs de saint Pierre et l'étendard de la ville de Rome. Le pontife ayant été l'objet d'un attentat de la part des neveux de son prédécesseur, Charles descendit en Italie à la fois pour restaurer le pontife, mais aussi pour affirmer son autorité sur celui-ci. Il fut couronné empereur en 800.

Les États pontificaux au Moyen Âge (IXe/XVe s.)
Au cours du IXe s., les États pontificaux furent exposés aux raids des Sarrasins, qui vinrent même piller la basilique Saint-Pierre en 856. Le pape Léon IV (847/55) fit entourer de remparts le Vatican et le quartier au-delà du Tibre (*civitas leonina*). Les papes crurent pouvoir profiter des difficultés impériales pour s'émanciper de la tutelle qui pesait sur eux depuis Charlemagne : en 875, Jean VIII donna la couronne impériale à Charles le Chauve, au mépris de l'ordre normal de succession, mais il obtint de Charles l'abandon de tous ses droits de suzeraineté sur Rome. C'était une politique à courte vue, car l'effondrement définitif des Carolingiens laissa les papes du Xe s. sans protection en face des menées des factions aristocratiques romaines (Tusculum, Crescenti). Une fois encore, l'État pontifical fut sauvé par l'intervention de la principale puissance temporelle de l'Occident. À l'appel du pape Jean XII, le roi Othon Ier de Germanie (v.) descendit en Italie et fut sacré empereur à Rome (962). De nouveaux engagements réciproques furent pris entre le pape et l'empereur et consignés dans le *Privilegium Othonis* (13 févr. 962). De nouveau, l'empereur exerça un droit de protection et de tutelle sur le Saint-Siège : Othon le Grand fit déposer Jean XII, qui l'avait trahi (nov. 963), puis il vint secourir Jean XIII, aux prises avec l'aristocratie romaine révoltée.

La plupart des empereurs allemands des Xe/XIe s. durent descendre en Italie pour protéger le pape contre les factions romaines. Ces interventions continuelles entraînèrent un assujettissement de la papauté à l'Empire. Vers le milieu du XIe s., les promoteurs de la réforme du clergé s'attachèrent d'abord à libérer la papauté : l'important décret de Nicolas II (1059) visait à libérer l'élection pontificale de l'ingerence de toute puissance séculière, n'accordant à l'empereur qu'un droit de confirmation. Cette lutte pour l'indépendance de l'Église prit plus de vigueur encore sous Grégoire VII (1073/85), et, de la longue querelle des Investitures (v.) (1074/1122), l'État pontifical sortit renforcé. Le Saint-Siège s'était d'abord opposé à la nouvelle puissance des Normands de Sicile (victoire de Robert Guiscard sur l'armée pontificale, 1053), mais Nicolas II comprit qu'une alliance avec les Normands pouvait contrebalancer l'influence impériale ; il se réconcilia avec eux (1059), et les Normands se reconnurent vassaux du pape. Mais les papes avaient toujours beaucoup de difficultés à se faire obéir à Rome même, où les souvenirs de la grandeur antique restaient vivants. De 1145 à 1155, Arnaud de Brescia souleva le peuple contre l'autorité temporelle des papes et fit de Rome une république. Cette crise ne put être résolue que par l'intervention armée de Frédéric Ier Barberousse. S'étant fait couronner empereur (juin 1155), Frédéric Ier montra bientôt qu'il entendait à son tour exercer une domination permanente sur le Saint-Siège et l'Italie.

Au cours de cette lutte du Sacerdoce et de l'Empire (v.) (XIIe/XIVe s.), les papes défendirent avant tout leur indépendance temporelle, leur libre gouvernement de Rome et des États pontificaux, condition de leur indépendance spirituelle. Alexandre III (1159/81) incarna aux yeux des Italiens la résistance à l'Empire germanique, généralement impopulaire : les expéditions de Frédéric Barberousse l'obligèrent à se réfugier en France (1162/65) ; il se vit opposer l'antipape Victor IV, mais réussit à faire reconnaître sa légitimité et favorisa la ligue des villes lombardes, qui infligèrent à l'empereur la défaite de Legnano (1176). Le principal enjeu territorial de cette lutte entre l'empereur et le pape était l'héritage de la comtesse Mathilde († 1115), qui avait légué au Saint-Siège tous ses États, comprenant, non seulement la Toscane, mais une grande partie de la Lombardie. Avec Innocent III (1198/1216), le conflit prit plus d'ampleur. Imbu de conceptions théocratiques, ce pape aspirait à soustraire complètement l'Italie à la domination impériale. Il fut soutenu dans cette entreprise par l'impératrice Constance, veuve de l'empereur Henri VI, qui l'aida à maintenir le royaume de Sicile dans la vassalité du Saint-Siège et lui confia la tutelle de son jeune enfant, le futur Frédéric II. Au cours du XIIe s., l'ancien exarchat de Ravenne (v.) et la Pentapole (marche d'Ancône) avaient pratiquement échappé à l'autorité pontificale. Innocent III réussit à recouvrer la marche d'Ancône, et il annexa le duché de Spolète (1198), dont il se fit reconnaître la possession par l'empereur Othon VI (1201). L'État pontifical connut de nouveaux périls au XIIIe s., du fait de l'empereur Frédéric II de Hohenstaufen. Grégoire IX (1226/41), reprenant la tradition d'Innocent III, excommunia l'empereur et organisa contre lui dans toute l'Italie un parti guelfe ; Frédéric II qui obtint la paix de San Germano (1230) reprit peu après la guerre, avec succès, mais Innocent IV (1243/54) le fit de nouveau condamner par le concile de Lyon (1245). À la mort de Frédéric II (1250) s'effondrèrent définitivement les ambitions des Hohenstaufen. L'indépendance des

États pontificaux était assurée, et Rodolphe de Habsbourg renonça formellement à tous les droits impériaux sur Rome (1274).

Rome, toujours en proie à des agitations violentes, restait un lieu peu sûr pour les papes, qui, aux XIIIe/XIVe s., n'y firent que de brefs séjours, préférant vivre à Anagni, Viterbe, Orvieto, Pérouse. Le mouvement des communes, le développement des *signorie* ne cessaient d'affaiblir l'autorité pontificale. Après l'attentat d'Anagni (1303) (v. **PHILIPPE IV le Bel**), la papauté fut forcée de quitter l'Italie, et Clément V vint fixer sa résidence en France, dans le comtat Venaissin, qui appartenait au Saint-Siège depuis la fin du XIIIe s. En 1309, Clément V s'installa à Vienne, puis à Avignon, qui fut achetée par les papes en 1348. Cette « captivité de Babylone » (1309/77) devait plonger les États pontificaux dans l'anarchie. Les Italiens étaient irrités de l'absence du pape, qui laissait le pouvoir à la noblesse divisée en deux clans, celui des Orsini et celui des Colonna, continuellement en lutte. Dans ce contexte troublé se situent les tentatives d'instauration d'une république romaine par Cola di Rienzo (1347 et 1354). Pour remettre de l'ordre en Italie, Innocent IV y envoya un homme énergique, le cardinal Albornoz, qui, en quelques mois, par la diplomatie et par la guerre, obligea les petits tyrans locaux à faire leur soumission, imposa au clergé le respect des règles canoniques et réorganisa la société civile par les *Constitutiones Aegidianae* (1357). De grandes mystiques, comme ste Catherine de Sienne, pressaient la papauté de revenir à Rome. Après une tentative infructueuse d'Urbain V, Grégoire XI s'y décida (janv. 1377), mais il mourut un an plus tard : ce fut le début du Grand Schisme (1378/1417), au cours duquel les papes de Rome s'opposèrent aux papes d'Avignon (v. **SCHISME D'OCCIDENT**). Cette nouvelle crise s'accompagna d'une dégradation de l'autorité pontificale en Italie même. Dans la plus grande partie des États pontificaux, le pape n'était plus qu'un souverain nominal : les Baglioni régnaient à Pérouse, les Malatesta à Rimini, les Bentivogli à Bologne, les Este à Ferrare...

De la Renaissance à la crise révolutionnaire (1447/1815)

L'élection de Nicolas V (1447) marqua la fin du Grand Schisme, et la papauté, définitivement réinstallée à Rome, rétablit fermement son autorité temporelle sur ses possessions italiennes. Pour donner une base plus solide à leur autorité, les papes confièrent des charges essentielles à des membres de leur famille, pratiquant ainsi un népotisme souvent scandaleux. Pour faire face à leurs besoins militaires, ils furent amenés à alourdir encore une fiscalité pontificale déjà très impopulaire. Leur cour se mit à rivaliser, pour le luxe et le faste, avec les autres cours italiennes.

Sous l'influence de ses neveux, Sixte IV (1471/84) se jeta dans les intrigues de la politique italienne : à Florence, il favorisa la conspiration des Pazzi contre les Médicis (1478) et ne sortit de la guerre contre Florence que pour se tourner contre Naples, puis contre Venise. Alexandre VI Borgia (1492/1503) se révéla un grand politique et un administrateur habile : son fils, César Borgia, conquit la Romagne (1501) et commença cette lutte contre les tyrannies locales que Jules II (1503/13) devait mener avec une énergie farouche. Tout en se faisant devant l'opinion italienne le champion de la lutte contre les « Barbares » (les Français), Jules II s'occupa avant tout de ses propres intérêts : il enleva la Romagne à César Borgia (1503), soumit Pérouse (1506), reprit aux Vénitiens Ravenne et Cervia (1509), fit l'acquisition de Bologne (1506), Modène et Reggio (1510), Parme et Plaisance (1512). Ces conquêtes ne furent pas toutes durables : Modène et Reggio durent être abandonnées aux Este (1527), Parme et Plaisance passèrent aux Farnèse (1545). Cependant, Jules II conserva la gloire d'avoir chassé les Français d'Italie. Léon X (1513/21) mena une politique de paix, mais Clément VII (1523/34), par son alliance avec François Ier, provoqua le terrible sac de Rome par les Impériaux (1527). Grégoire XIII (1572/85) et Sixte Quint (1585/90) unifièrent le gouvernement des États pontificaux ; le dernier sut remédier au désordre des finances et lutta impitoyablement contre le banditisme. Urbain VIII (1623/44) organisa la secrétairerie d'État.

Jusqu'à la Révolution française, les États pontificaux jouirent d'un calme relatif sous un gouvernement paternaliste. Le pape Pie VI (1775/99), qui n'avait pu empêcher l'Assemblée constituante d'annexer à la France Avignon et le comtat Venaissin (1791), se vit, en 1796, menacé dans ses États italiens. Le traité de Tolentino (19 févr. 1797) lui enleva les légations de Ferrare, Bologne et Romagne, qui furent rattachées à la République Cisalpine. En déc. 1797, le général français Duphot périt à Rome lors d'une émeute : Berthier occupa la Ville éternelle (10 févr. 1798) et proclama la déchéance du pape comme souverain temporel et l'institution de la République romaine (15 févr.). Alors que Pie VI était déporté à Sienne, puis à Valence, Rome fut soumise par les Français à un pillage méthodique. Chassée de Rome en sept. 1799, la France rétablit son hégémonie sur l'Italie après la victoire de Marengo (14 juin 1800), mais Bonaparte, qui voulait ménager le catholicisme, rendit les États pontificaux (moins les légations) au nouveau pape, Pie VII (1800/23). Celui-ci résistant à la politique impériale, Napoléon, pour renforcer le Blocus continental, réunit les États pontificaux à l'Empire français, où ils formèrent les départements de Rome et du Trasimène (1809/14). Pie VII rentra à Rome le 24 mai 1814. Au congrès de Vienne (1815), le cardinal Consalvi obtint la restauration de l'État pontifical (Avignon et le comtat Venaissin restèrent à la France ; l'Autriche, qui avait espéré se faire attribuer les légations, se contenta d'un droit d'occupation à Ferrare et à Comacchio).

La fin des États pontificaux (1815/70)

Dans la période de réaction qui suivit la chute de Napoléon, les États de l'Église connurent d'abord un régime relativement libéral. Le secrétaire d'État Consalvi procéda à des réformes administratives et judiciaires. L'activité croissante des sociétés secrètes amena Léon XII (1823/29) à gouverner avec rigueur (rétablissement de la juridiction ecclésiastique en matière civile, poursuite active des carbonari). À l'avènement de Grégoire XVI (1831/46), la Romagne et la marche d'Ancône étaient en pleine insurrection. Ce mouvement révolutionnaire (1830/32) ne put être écrasé que par des interventions autrichiennes, et la France, pour faire contrepoids, envoya une garnison à Ancône (1832/38). Pendant presque tout son pontificat, Grégoire XVI dut lutter contre l'agitation révolutionnaire. Ses soucis de souverain temporel l'amenèrent à prendre, comme chef de l'Église, une position antilibérale. Aux yeux des patriotes italiens, la papauté commença d'apparaître comme un des obstacles sur la route de l'unité. Pie IX (1846/78) fit d'abord naître de grands espoirs par ses réformes heureuses : amnistie à tous les prisonniers politiques, création d'un Conseil d'État composé de laïques, octroi d'une Constitution (mars 1848). Beaucoup d'Italiens, à la suite de Gioberti, imaginaient qu'une vaste confédération italienne allait voir le jour sous l'autorité morale du pape.

Mais Pie IX, effrayé par l'ampleur des mouvements révolutionnaires de 1848, n'osa pas prendre la tête de la lutte nationale contre l'Autriche. Tandis qu'il se réfugiait à Gaète, dans le royaume des Deux-Siciles, Mazzini et ses amis proclamèrent la République romaine (janv./juin 1849) ; elle devait être écrasée par les troupes françaises envoyées par Louis Napoléon, soucieux de donner des gages aux catholiques français. Pie IX, rétabli, imposa aux Romains un régime strictement théocratique. La guerre de 1859 provoqua une révolution patriotique dans la Romagne, qui, après un plébiscite, fut rattachée au Piémont (mars 1860). Pie IX organisa une petite armée de volontaires étrangers dont le commandement fut confié au général Lamoricière ; celui-ci fut vaincu par Cialdini à Castelfidardo (18 sept. 1860), et, à la suite de cette victoire, le Piémont annexa encore les Marches et l'Ombrie.

Le pape se trouvait réduit à la région de Rome, mais il bénéficia d'un nouveau revirement de Napoléon III, qui, pour ménager l'opinion catholique française, établit une garnison française à Rome et essaya de contenir par la voie diplomatique les aspirations du jeune royaume italien. Les troupes françaises, jointes aux zouaves pontificaux, arrêtèrent la tentative de Garibaldi à Mentana (nov. 1867), mais, quand elles eurent été retirées au début de la guerre franco-allemande, les Italiens envahirent les États pontificaux et entrèrent à Rome, qui capitula le 20 sept. 1870. Le plébiscite du 2 oct. ratifia à une majorité impressionnante (133 681 « non » contre 1 507 « oui ») l'annexion au royaume d'Italie. Pie IX refusa de reconnaître le fait accompli et se considéra désormais comme prisonnier au Vatican.

Pendant plus d'un demi-siècle, la « Question romaine » devait empoisonner la vie politique italienne : en 1874, Pie IX interdit aux catholiques italiens de participer aux élections comme candidats et comme votants, et cette consigne du *non expedit*, appliquée strictement jusque dans les premières années du XXe s., allait fausser la représentation parlementaire et compromettre l'avenir de la démocratie en Italie. Cette « Question romaine » ne fut définitivement réglée qu'en 1929, par les accords du Latran. Voir **VATICAN**.

POPIELUSZKO Jerzy (* Okopy, Poldachie, 14.IX. 1947, † Varsovie, 19.X.1984). Prêtre polonais. Il s'opposa au régime du général Jaruzelski (v.) en célébrant des messes, très populaires, à l'intention du syndicat indépendant Solidarité (v.). Il fut enlevé et assassiné par trois officiers de la Sécurité en oct. 1984. Ses obsèques rassemblèrent à Varsovie près d'un million de personnes.

POPULAIRE FRANÇAIS (parti), PPF. Organisation politique fondée en juin 1936 par Jacques Doriot, ancien dirigeant du parti communiste, qui entraîna avec lui un certain nombre d'adhérents de ce parti. Le PPF reçut l'adhésion de quelques intellectuels tels que Paul Marion et Pierre Drieu la Rochelle, qui contribuèrent à lui donner une orientation fasciste. Durant l'Occupation, le PPF devint un des principaux mouvements de la collaboration (v.), et une vive rivalité l'opposa au Rassemblement national populaire de Déat (v.). À la suite de leur chef, de nombreux militants s'engagèrent dans la Légion des volontaires français contre le bolchevisme (LVF).

POPULISTES, *narodniki*. Nom donné aux adhérents du premier grand mouvement révolutionnaire russe qui se développa entre 1870 et 1880. Le populisme prit naissance au milieu des déceptions qui suivirent l'abolition du servage par Alexandre II (1861). Cette mesure laissait en effet intacte la propriété foncière nobiliaire ; les paysans libérés avaient reçu un lot de terre inférieur en moyenne à celui qu'ils détenaient antérieurement ; en outre, ils étaient soumis à des obligations de rachat qui prolongeaient dans l'immédiat leur condition servile. Au lendemain de l'abolition, Herzen avait publié dans son *Kolokol* (1er juill. 1861) un article intitulé : « Que faut-il au peuple ? », et il répondait : « Tout simplement la terre et la liberté. » Ces deux mots : « terre et liberté » (*zemlia i volia*) devinrent la devise du mouvement populiste. Le but essentiel des populistes était de provoquer une libéralisation du régime tsariste par l'éveil politique des masses paysannes.

À une époque où le prolétariat ouvrier était encore très peu nombreux en Russie, on pouvait identifier la paysannerie avec l'ensemble du peuple (en russe *narod*). Les populistes attachaient une grande importance à l'organisation communautaire traditionnelle de la vie paysanne russe, le mir, et ils pensaient que la Russie pouvait passer directement du communisme agraire primitif au communisme moderne, sans avoir à franchir l'étape du capitalisme industriel. Dans leur idéologie assez vague, comme dans celle des slavophiles, on trouvait un fond messianique, une foi dans le destin privilégié du peuple russe. La révolution semblait toute proche, car ces *narodniki* étaient avant tout des intellectuels enthousiastes qui, dans un esprit de croisade, voulaient « aller au peuple » (*khozdénié v narod*), c'est-à-dire rompre avec leur passé bourgeois, avec leur situation sociale, pour rééduquer les paysans dans l'esprit du socialisme.

Le principal instigateur de ce mouvement fut P.L. Lavrov, dans ses *Lettres historiques* (1861/69). Le populisme atteignit son apogée vers 1873/75, quand de jeunes intellectuels pleins d'héroïsme et d'illusions « allaient au peuple », souvent habillés eux-mêmes en paysans, dans les villages de la Volga, du Don, du Dniepr. Cette campagne n'eut que des résultats assez médiocres, et souvent les paysans livraient leurs apôtres à la police. Plus d'un millier de populistes furent arrêtés, et l'instruction aboutit au procès des 50 (1877) puis à celui des 193 (1877/78).

À cette répression, les populistes répondirent par une action plus énergique. Dès 1876 fut fondée l'organisation secrète *Zemlia i Volia*, qui prépara des émeutes paysannes. Mais ses membres ne tardèrent pas à s'opposer sur les méthodes à suivre. Au congrès de Voronej (1879), l'organisation se scinda en deux : la fraction modérée (Plekhanov, Axelrod, Vera Zassoulitch, Deutsch) se regroupa autour de l'organe *Tchorny perediel* (*Le Partage noir*) et continua de s'en tenir à la propagande et à l'action politiques ; la fraction extrémiste (Jeliabov, Mikhaïlov, Frolenko, Figner, Sophia Perovskaïa) se regroupa dans la *Narodnaïa volia* et s'orienta vers l'action terroriste (v.). Cette scission devait conditionner tout l'avenir de la Russie révolutionnaire : une partie des chefs du *Tchorny perediel* passa au marxisme (entre autres, Plekhanov) et furent parmi les fondateurs de la social-démocratie en Russie, tandis que de la *Narodnaïa volia* devait sortir le socialisme révolutionnaire. Voir **Russie.** L'échec d'une politique de réformes : Alexandre II (1855/81).

PORTE-GLAIVE (chevaliers), *Schwertbrüderorden.* Ordre de chevalerie germanique fondé en 1202 à Dünamünde par l'évêque de Riga, Albert de Buxhövden, pour la conversion des païens de Livonie. Il fusionna en 1237 avec l'ordre des chevaliers Teutoniques. Voir **Livonie.**

PORTO RICO ou **PUERTO RICO.** Île des Grandes Antilles, située à l'E. de Saint-Domingue, dont elle est séparée par le canal de la Mona. Découverte par Christophe Colomb lors de son deuxième voyage, le 16 nov. 1493, elle fut nommée par lui *île de Saint-Jean-Baptiste* et déclarée possession espagnole. Explorée et colonisée à partir de 1508 par Ponce de León, qui fonda San Juan (1509), elle intéressa d'abord les Espagnols par ses ressources aurifères, vites épuisées, puis pour l'exploitation de la canne à sucre, le café, les épices. San Juan fut prise par les Anglais en 1595 et 1597 et, durant tout le XVIIe s., la carence de l'économie coloniale espagnole favorisa une importante contrebande anglaise. La population indienne autochtone ayant quasiment disparu dès le premier siècle de la colonisation, on la remplaça, à partir de 1513, par des esclaves noirs amenés d'Afrique. Restée fidèle à Madrid durant les guerres napoléoniennes, Porto Rico connut un renouveau économique au XIXe s. du fait de l'afflux des colons espagnols chassés du Mexique et de l'Amérique centrale par les mouvements d'indépendance. Après plusieurs révoltes, l'Espagne se décida à supprimer l'esclavage (1873) et à accorder l'autonomie à Porto Rico (1897). Mais, durant la guerre hispano-américaine, l'île fut occupée en oct. 1898 par les États-Unis, auxquels elle fut cédée par le traité de Paris (10 déc. 1898). Pourvue d'un gouverneur américain (1900), Porto Rico évolua peu à peu vers l'autonomie politique. Ses habitants reçurent la citoyenneté américaine (1917), puis le droit d'élire leur gouverneur (le premier gouverneur élu, en 1948, fut Luis Muñoz Marín). En 1952, Porto Rico cessa d'être une colonie pour devenir un « État libre associé » des États-Unis, jouissant de l'autonomie politique et culturelle. En déc. 1973, l'ONU vota une résolution affirmant « le droit inaliénable du peuple portoricain à l'autodétermination et à l'indépendance ».

Alors que 2 millions de Portoricains étaient établis aux États-Unis, la politique portoricaine se partagea entre le nouveau parti progressiste (PNP), qui souhaitait que Porto Rico devînt le cinquante et unième État américain, et le parti populaire démocratique (PPD), favorable au statu quo. L'échec du référendum lancé par le PNP en déc. 1998, puis l'accession au poste de gouverneur de Sila Maria Calderón, membre du PPD et première femme à occuper ces fonctions, semblaient éloigner l'option d'une réunion aux États-Unis. Le 1er mai 2003, les États-Unis quittèrent l'île de Vieques qu'ils occupaient depuis 1940.

PORT-ROYAL. Abbaye de femmes fondée en 1204 dans la vallée de Chevreuse, au S.-O. de Paris. Voir **Jansénisme.**

PORTUGAL. État de l'Europe méridionale qui occupe presque toute la partie occidentale de la péninsule Ibérique ; capitale *Lisbonne.*

Des origines à la fin du XIVe s.

La préhistoire du Portugal semble remonter à la période la plus ancienne du paléolithique (industries à bifaces dans la région de Lisbonne et sur la côte) ; au paléolithique moyen, les industries moustériennes ont laissé de nombreux vestiges près de Lisbonne et dans les grottes de la province d'Estrémadure ; le paléolithique supérieur a été marqué par l'art rupestre du Haut-Alentejo (abri de Vale de Junco, grotte de Santiago do Escoural). Au mésolithique, entre – 7500 et – 3300, se développa dans la vallée du Tage, au sud de Santarém, la culture de Muge, dont l'industrie se rattache au tardenoisien, et qui a laissé des amas de coquillages analogues à ceux du Danemark. À partir de la fin du IVe millénaire, et au IIIe millénaire, le territoire portugais, en particulier l'Alentejo, connut une belle floraison de monuments mégalithiques (v.) (dolmens, menhirs, cromlechs).

Trois siècles environ avant le début de notre ère, le pays était occupé par divers peuples celtes et ibériques avec lesquelles les Carthaginois avaient déjà noué des relations ; la plus importante était celle des Lusitaniens ; ceux-ci opposèrent une résistance farouche aux Romains et ne furent définitivement soumis qu'au milieu du Ier s. av. J.-C. D'abord compris dans l'*Hispania ulterior*, le pays entra en 27 av. J.-C. dans la province de *Lusitania*, créée par Agrippa, et qui s'étendait bien au-delà des actuelles frontières portugaises. Le christianisme pénétra en Lusitanie dès la fin du IIIe s.

L'invasion des Alains et des Suèves (début du Ve s.) fut suivie par celle des Wisigoths, qui, en 585, restèrent complètement maîtres du pays. Le territoire qui forme aujourd'hui le Portugal ne se distinguait en rien du reste du royaume wisigoth. Il fut conquis par les Arabes en 711, mais, dès la fin du IXe s., les rois des Asturies avaient libéré toute la region au N. de Douro. C'est vers le Xe s. que la région comprise entre le Douro et le Minho commença à être désignée sous le nom de *Terra portucallis*, de *Portus Calle*, nom romain de la ville de Porto, à l'embouchure du Douro. En 1064, les conquêtes de Ferdinand Ier de Castille portèrent les limites de cette *Terra portucallis* jusqu'au Mondego, et Alphonse VI, roi de León et de Castille, donna le « comté de Portugal » à son gendre, Henri de Bourgogne (1095). Le fils de ce dernier, Alphonse Ier le Conquérant (1128/85), se déclara indépendant du León après sa victoire d'Ourique sur les musulmans (25 juill. 1139), prit le titre de roi et plaça ses États sous la protection directe du Saint-Siège, auquel il s'engagea à payer un tribut annuel. Continuant à repousser les Maures, il entra à Lisbonne (oct. 1147). Son fils, Sanche Ier (1185/1211), attira des colons dans les pays reconquis et accorda de nombreuses franchises (*forais*) aux villes.

Le Portugal avait fait reconnaître son indépendance par le León, et, aux côtés des autres rois de la péninsule Ibérique, Alphonse II (1211/23) participa à la bataille de Las Navas de Tolosa (v.) (1212). Alphonse III, en soumettant l'Algarve (1250/52), libéra le sud du pays et donna au Portugal ses frontières actuelles ; pour apaiser l'animosité de la Castille, qui lui disputait la partie orientale de l'Algarve, il dut épouser Béatrice, fille d'Alphonse X, se mettant ainsi dans un cas de bigamie qui lui attira les foudres de l'Église. Sans se soucier de l'excommunication, il lutta contre la puissance du clergé en s'appuyant sur la bourgeoisie des villes, qui, pour la première fois, fut représentée aux Cortés de Leiria (1254).

Ce renforcement de l'autorité royale porta tous ses fruits sous le règne de son fils, Denis (1279/1325), qui favorisa la vie urbaine, l'industrie, le commerce, appela à son service un amiral génois pour créer une marine et fonda l'université de Lisbonne (1291). La lutte du pouvoir royal contre les nobles et le clergé se poursuivit sous les règnes d'Alphonse IV (1325/57) et de Pierre Ier (1357/67). Ferdinand Ier (1367/83) dut combattre pendant presque tout son règne contre la Castille : la péninsule Ibérique subissait en effet les contrecoups de la guerre de Cent Ans (v.) où, devenu une puissance maritime, le Portugal s'allia à l'Angleterre. La mort de Ferdinand ouvrit une grave crise dynastique : le roi ne laissait en effet qu'une fille, Béatrice, mariée à Jean Ier de Castille, allié de la France. Alors que la noblesse était favorable à la candidature castillane, la bourgeoisie se groupa autour d'un prince national, Jean, grand maître de l'ordre d'Aviz, bâtard de Pierre Ier et demi-frère de Ferdinand. Après deux années troublées, c'est lui qui fut désigné comme roi par les Cortés de Coïmbre (printemps 1385).

La dynastie d'Aviz et les conquêtes maritimes (1383/1580)

Peu après l'avènement de Jean Ier, le connétable Nuno Álvares Pereira, dont l'armée était renforcée par un corps d'archers anglais, mit la chevalerie castillane en déroute à la bataille d'Aljubarrota (14 août 1385). L'indépendance portugaise fut confirmée par l'alliance avec l'Angleterre, que scella le traité de Windsor (1386), et par le mariage de Jean Ier avec la fille de Jean de Gand (1387). Tous ces succès furent acquis en dépit de l'opposition de la noblesse et du clergé, qui regardaient la reine de Castille comme l'héritière légitime du trône. La dynastie d'Aviz devait donc s'appuyer surtout sur la bourgeoisie, et elle entreprit de créer une nouvelle noblesse recrutée parmi les fonctionnaires.

C'est pendant le règne de Jean Ier (1385/1433) que le Portugal commença sa grande aventure maritime et coloniale. L'expansion vers l'Afrique ne fut d'abord qu'un prolongement de la « Reconquête », et, dès 1415, les Portugais s'emparèrent du port marocain de Ceuta. Des expéditions plus lointaines furent préparées par un fils de Jean Ier, le prince Henri le Navigateur dans un dessein à la fois scientifique, missionnaire et mercantile. Henri lui-même ne prit part à aucun voyage, mais il fut l'inspirateur et l'organisateur des grandes découvertes portugaises du XVe s. Après avoir atteint Madère (vers 1418/20) et les Açores (vers 1432), les navires du Portugal doublèrent le cap Bojador (1434), abordèrent au Rio de Oro (1436), parvinrent à la baie d'Arguin (1443), aux îles du Cap-Vert (1444) et en Sierra Leone (avant 1460). L'expansion connut ensuite une pause, mais reprit avec une audace accrue sous Jean II (1481/95) et sous Manuel Ier le Grand (1495/1521). Diogo Cam découvrit l'embouchure du Congo (1484), et Bartolomeu Dias parvint en 1488 à la pointe méridionale de l'Afrique, qu'il appela cap des Tempêtes, mais que le roi Jean II préféra baptiser du nom de cap de Bonne-Espérance. Quand Christophe Colomb (v.), auquel le roi de Portugal avait refusé des vaisseaux, annonça, en 1493, qu'il avait atteint l'Inde par l'ouest (il s'agissait en fait de l'Amérique), Jean II se montra sceptique et prépara une expédition par la route orientale. Ce fut celle de Vasco de Gama, qui, parti de Lisbonne en juill. 1497, contourna pour la première fois le cap de Bonne-Espérance, longea la côte africaine de l'océan Indien, puis cingla franchement vers l'Est et atteignit Calicut, en Inde (1498) (v. DÉCOUVERTE DU MONDE).

Dès cette époque, Espagnols et Portugais rivalisaient pour obtenir la maîtrise absolue de la mer ; en 1454, le Portugal avait obtenu une sorte de monopole de la navigation le long des côtes occidentales de l'Afrique (bulle de Calixte III). En 1493, le pape Alexandre VI, à la demande des Rois Catholiques, traça au milieu de l'Atlantique une ligne de démarcation (méridien d'Alexandre VI), située à cent lieues à l'O. des îles du Cap-Vert ; la zone située à l'O. de ce méridien fut attribuée à l'Espagne, la zone orientale aux Portugais. Ceux-ci, mécontents de ce partage, obtinrent une importante rectification au traité de Tordesillas (7 juin 1494) : la zone attribuée au Portugal fut élargie jusqu'à une ligne passant à 370 lieues à l'O. des îles du Cap-Vert. Ce nouvel accord permit au Portugal de prendre possession du Brésil, que Cabral découvrit en avr. 1500. Manquant d'hommes, les Portugais ne purent créer à cette époque un véritable empire colonial, au sens moderne du mot. Ils se contentèrent d'aménager la route des Indes et s'efforcèrent d'éliminer le commerce arabe et vénitien de l'océan Indien. Le premier vice-roi de l'Inde portugaise, Francisco de Almeida (1505/09), définit une politique modeste qui limitait au minimum les établissements territoriaux. Ainsi furent installées les bases de Cochin (1502) et de Quiloa en Afrique orientale (1502). Almeida détruisit une flotte arabe à Diu (1509). Après un conflit avec Almeida, Albuquerque, qui avait des conceptions beaucoup plus ambitieuses, fut nommé vice-roi en 1509 ; dès l'année suivante, il fit la conquête de Goa, qui devint la principale place du Portugal en Asie. Il comprit que les routes commerciales devaient être appuyées, non par de simples comptoirs, mais par des établissements solidement fortifiés, capables de surveiller, non seulement le rivage, mais l'arrière-pays. Il s'empara de Malacca (1511), lança deux expéditions vers les Moluques, attaqua Aden (1513) et occupa Ormuz, dans le golfe Persique (1515).

Cependant, la colonisation portugaise ne put dépasser des ambitions commerciales et, en ce domaine, le système du monopole d'État appliqué par les fonctionnaires de la *Casa da India e da Guiné* à Lisbonne se révéla décevant. Les Portugais ne parvinrent pas à organiser sainement la distribution des richesses qu'ils recevaient. Lisbonne, qui fut pendant quelque temps le principal entrepôt des produits de l'Inde, déclina au fur et à mesure des progrès de la concurrence hollandaise, qui, elle, était animée par l'initiative privée.

Au moment où ce petit pays, aux prises avec le défi de l'aventure coloniale, aurait eu besoin de faire appel à toutes ses forces vives, les cadres de la monarchie portugaise commençaient à se scléroser. En 1525, Jean III décida de ne plus convoquer les Cortés que tous les dix ans. Entraîné par l'exemple des Rois Catholiques espagnols, Manuel Ier, en 1497, avait ordonné l'expulsion des Juifs, privant ainsi le pays de financiers et de commerçants qui allèrent mettre leurs compétences au service des Hollandais. En 1536, l'Inquisition fut introduite au Portugal, et, quatre ans plus tard, s'installèrent les premiers jésuites, qui contrôlèrent bientôt toute l'instruction publique. Le Portugal devint un des bastions de la Contre-Réforme (premier autodafé en 1540) ; le fanatisme religieux se répandit dans le pays, prenant pour victimes les Juifs et les musulmans convertis, qu'on soupçonnait de pratiquer leurs anciennes religions en secret. Tandis que les marchands portugais monopolisaient la traite des esclaves noirs, le roi Sébastien (1557/78) rêvait anachroniquement de croisade contre l'islam : après avoir longuement préparé son expédition, il débarqua au Maroc et fut vaincu et tué à la bataille d'Alcazar-Quivir (4 août 1578). La dynastie d'Aviz survécut encore pendant deux ans, avec l'oncle de Sébastien, le cardinal Henri. À la mort de ce dernier (31 janv. 1580), une demi-douzaine de prétendants au trône (entre autres, dom Antoine, prieur de Crato, bâtard d'un frère de Jean III) se présentèrent. Ce climat d'incertitude fut mis à profit par Philippe II d'Espagne, qui chargea le duc d'Albe d'occuper le Portugal (1580/81).

De l'union avec l'Espagne à la chute de la maison de Bragance (1580/1910)

Philippe II, neveu de Jean III de Portugal, feignit de se contenter d'une union personnelle des deux royaumes, comme celle qui avait uni la Castille et l'Aragon. Toute la haute administration du pays passa en fait aux mains d'Espagnols, et le Portugal subit les conséquences désastreuses des guerres de l'Espagne contre les Provinces-Unies. Les Hollandais firent chasser les Portugais du Japon, ils s'emparèrent de Ceylan et des Moluques ; ils furent même sur le point d'annexer le Brésil. Des révoltes contre la domination espagnole éclatèrent au Portugal en 1634 et 1637. Enfin, avec l'aide de Richelieu, la révolution triompha le 1er déc. 1640 et plaça sur le trône Jean IV, prince de la maison de Bragance (apparentée aux anciennes dynasties bourguignonnes). Après une longue guerre, au cours de laquelle les Portugais reçurent une aide anglaise (Charles II d'Angleterre épousa Catherine de Bragance en 1662), l'Espagne dut reconnaître l'indépendance du Portugal (traité de Lisbonne, 1668). Cette lutte contre l'Espagne provoqua un traumatisme durable dans la mentalité portugaise : par aversion pour la brève domination espagnole, le Portugal fut amené à rompre ses liens anciens avec la culture hispanique. Le souci d'affirmer sa particularité, sa différence, le jeta dans l'alliance anglaise, qui, scellée par le traité de Lord Methuen (27 déc. 1703), devait rester jusqu'au XXe s. la pierre angulaire de la politique étrangère du Portugal. Cette alliance fut surtout avantageuse pour les Anglais et se transforma en une mise sous tutelle économique et commerciale du pays, qui tirait cependant de grandes richesses du Brésil.

Au XVIIIe s., sous le règne de Joseph Ier (1750/77), le ministre Pombal (v.) entreprit une série de réformes dans l'esprit du « despotisme éclairé ». Il limita les privilèges accordés aux Anglais, ranima le commerce par la création de compagnies à charte (pour les vins et la pêche), créa des industries nouvelles (soie, coutellerie), réorganisa l'université de Coïmbre et donna un exemple aux autres États européens en prenant l'initiative de l'expulsion des jésuites (1759). Entraîné par l'alliance anglaise, le Portugal entra en guerre contre la France révolutionnaire dès 1793. Après la rupture de la paix d'Amiens, il essaya de garder sa neutralité ; Napoléon voulut le forcer à accepter le Blocus continental, puis, devant le refus des Portugais, il signa avec l'Espagne le traité secret de Fontainebleau (oct. 1807), qui préparait un partage du pays. Tandis que le prince régent (futur Jean VI) s'enfuyait vers le Brésil sur un navire anglais, les troupes françaises commandées par Junot pénétrèrent au Portugal (nov. 1807). Elles se heurtèrent au corps expéditionnaire de Wellington, et Junot dut se résigner à l'évacuation (capitulation de Cintra, 30 août 1808). L'offensive de Soult (1809) fut un nouvel échec. Celle de Masséna (1810/11) se brisa contre les lignes fortifiées que Wellington avait installées à Torres Vedras, au N. de Lisbonne, et, en mars 1811, les Français furent complètement chassés du Portugal.

Après la chute de Napoléon, le roi Jean VI décida de rester au Brésil, cependant que l'ambassadeur anglais Beresford assumait en fait le gouvernement du Portugal. Cette situation contribua à déclencher le mouvement révolutionnaire de Porto (août 1820), suivi de l'instauration d'un gouvernement constitutionnel qui fut accepté par Jean VI, enfin rentré au Portugal (1821). En son absence, le Brésil se proclama indépendant et se donna pour empereur le fils de Jean, Pierre Ier (oct. 1822). À la mort de son père (1826), Pierre Ier (Pierre IV au Portugal) nomma reine sa fille, Maria da Gloria, ne conservant pour lui-même que la couronne du Brésil. Par la Charte de 1826, il donna au Portugal un régime parlementaire imité de l'Angleterre. Nommé tuteur de la jeune reine, son oncle, dom Miguel, frère de Pierre Ier, s'empressa de la dépouiller, abolit la Charte (mars 1828) et établit à son profit une monarchie absolue (juin 1828). Les libéraux, qu'il persécutait se tournèrent vers Pierre Ier ; celui-ci revint du Brésil en 1831, et, avec l'aide de l'Angleterre, de la France et de l'Espagne, il força dom Miguel à abdiquer (traité d'Evora, 26 mai 1834) et établit sur le trône Maria da Gloria (Marie II), qui remit en vigueur la Charte de 1826. Aussitôt après la mort de son père, Marie II se trouva aux prises avec l'opposition radicale des « septembristes », qui voulaient substituer à la Charte la Constitution démocratique approuvée par Jean VI en 1821 (sept. 1836).

La vie politique fut marquée désormais par une extrême instabilité et par la dégradation du pouvoir royal (lutte de partis, pronunciamientos). Le règne de Louis Ier (1861/89) vit se développer une nouvelle expansion outre-mer, avec la colonisation systématique des possessions africaines (Angola, Mozambique). Mais les difficultés financières et économiques grandissantes rendaient la dynastie de Bragance de plus en plus impopulaire et favorisaient la montée des républicains. Après l'assassinat de Charles Ier et du prince héritier (1er févr. 1908), le roi Manuel II fut renversé par la révolution des 4/5 oct. 1910 et la république fut proclamée.

Les débuts de la République et le régime salazarien (1910/1974)

Les ouvriers, vite déçus, multiplièrent les grèves. Par ailleurs, de 1919 à 1926, le Portugal ne connut pas moins de seize coups d'État, dont les deux plus marquants furent ceux du général Pimenta de Castro (1915) et du général Paes (1917). Cependant, le Portugal, toujours lié à l'Angleterre, prit part à la Première Guerre mondiale (1916 à 1918) : des troupes portugaises combattirent contre les Allemands sur le front français et en Afrique. Après qu'une quarantaine de gouvernements se furent succédé en une quinzaine d'années, le régime démocratique fut renversé par le coup d'État militaire du général Gomes da Costa (28 mai 1926). Quelques semaines plus tard, le général Carmona passa au premier plan ; élu président de la République en mars 1928, il devait conserver cette fonction jusqu'à sa mort, en 1951.

Les caisses de l'État étaient vides, Carmona, en avr. 1928, fit appel à un professeur d'économie politique à l'université de Coïmbre, Antonio de Oliveira Salazar. Ministre des Finances avec des pouvoirs exceptionnels (1928), ministre des Colonies (1930), président du Conseil à partir de 1932, ministre des Affaires étrangères de 1936 à 1947, Salazar devait rester le maître réel du pays pendant quarante ans, jusqu'en 1968. Il établit son autorité en réalisant un remarquable redressement financier : le budget portugais fut équilibré pour la première fois depuis 1854. Nourri de doctrine catholique et très influencé par les idées de Maurras, il établit au Portugal un régime autoritaire et corporatiste (Constitution de 1933), de caractère paternaliste. Les partis politiques furent interdits. La presse resta soumise à la censure et l'éducation publique reçut une forte orientation idéologique. La police politique (la PIDE) exerça sa vigilance sur l'ensemble de la population. Le régime s'appuya étroitement sur l'Église catholique, qui obtint un concordat avantageux en 1940. Le Portugal se ferma pratiquement aux mouvements économiques internationaux, et le capitalisme portugais dut tourner principalement ses activités vers les colonies d'Afrique. Salazar réussit à accumuler des réserves importantes et à faire de l'escudo une monnaie particulièrement résistante. Mais sa politique, prudente à l'extrême, ne permit au Portugal qu'une croissance très modérée. À partir de 1960, l'émigration de la main-d'œuvre – légale ou clandestine – prit une ampleur considérable.

À l'extérieur, Salazar, favorable au mouvement franquiste, garda toujours une attitude très réservée à l'égard des dictatures fasciste et hitlérienne. Durant la Seconde Guerre mondiale, il adopta une attitude de neutralité plutôt favorable aux Alliés, qui purent installer des bases militaires aux Açores (1943). Le Portugal adhéra ensuite à l'OTAN (1949) et, fidèle à ses liens séculaires avec l'Angleterre, devint membre de l'Association européenne de libre-échange (1960). Considérant les possessions d'outre-mer comme des provinces portugaises inséparables de la métropole. Salazar se refusa toujours à toute décolonisation. Alors que, pour l'Angleterre et la France, les colonies ne représentaient qu'un secteur marginal de l'activité économique, pour le Portugal, du fait de la longue politique protectionniste de Salazar, elles gardaient une importance considérable. Impuissant à empêcher les troupes indiennes d'occuper Goa, Diu et Damão en déc. 1961, le régime salazarien réussit à contenir les guérillas qui, à partir de 1961/64, s'étaient développées d'abord en Angola, puis en Guinée et au Mozambique. Mais cette politique, qui devait peu à peu isoler internationalement le Portugal, exigea de ce petit pays un effort démesuré.

Frappé d'une congestion cérébrale, Salazar dut cesser d'exercer le pouvoir en sept. 1968 (il mourut en 1970), et la direction du gouvernement passa à Marcello Caetano qui procéda à une certaine libéralisation politique. Devant la poursuite de guerres coloniales sans issue, les jeunes officiers, mal payés et peu considérés, commencèrent à donner des signes d'agitation ; chargés de mener outre-mer une lutte à la fois militaire et politique, beaucoup d'entre eux avaient été imprégnés par l'idéologie marxiste des mouvements d'indépendance. Après l'échec d'une première sédition militaire (15/16 avr. 1974), une nouvelle rébellion, dirigée par un Mouvement des forces armées (MFA), s'assurait le contrôle de Lisbonne et renversait le régime salazariste (25 avr. 1974).

La « révolution du 25 avril »

Ce coup d'État avait été l'œuvre d'un groupe de colonels et d'officiers subalternes, mais le général Spinola, qui n'en avait pas eu l'initiative, y apporta la caution de son prestige en prenant la tête de la junte révolutionnaire. Renversant dans ses fondements le régime salazarien de l'« Estado novo », Spinola donna la liberté aux partis politiques et aux syndicats, abolit la censure, supprima la police politique, accorda une amnistie immédiate à tous les prisonniers politiques et annonça de prochaines élections au suffrage universel. Le 15 mai, il prit le titre de président de la République, tandis que se constituait un gouvernement comprenant principalement des communistes, des socialistes et des sociaux-démocrates du parti populaire démocratique (PPD). Devenu ministre des Affaires étrangères, le secrétaire général du parti socialiste, Mario Soares, ouvrit immédiatement des négociations avec les divers mouvements d'indépendance des possessions d'outre-mer ; la liquidation de l'ancien empire colonial portugais devait être accomplie avant la fin de 1975 (v. GUINÉE-BISSAU. CAP-VERT (îles du). SÃO TOMÉ. MOZAMBIQUE. ANGOLA. TIMOR. MACAO. GOA).

La « révolution des Œillets » ne s'accommoda pas longtemps du général Spinola, qui laissa la place aux militaires de gauche en sept. 1974 (Costa Gomez, président de la République, Vasco Gonçalves, président du Conseil). Les élections d'avr. 1975 donnèrent l'avantage au parti socialiste mais une crise s'ouvrit avec le parti communiste, crédité de 13 % des voix et bien organisé. En nov., les militaires modérés, dont le chef était Antonio Ramalho Eanes, épurèrent l'armée de ses éléments d'extrême gauche. Après les élections d'avr. 1976 et l'accession à la présidence de la République de Ramalho Eanes (1976/86), les socialistes constituèrent un gouvernement minoritaire mais homogène dirigé par Mario Soares. La destitution de Mario Soares, en janv. 1978, ouvrit une période d'instabilité politique. Devant la montée des tensions sociales, le président de la République décida de dissoudre l'Assemblée en janv. 1983 ; après les élections, M. Soares, allié cette fois au PSD (parti social-démocrate), forma un gouvernement de centre gauche et signa, le 1er janv. 1986, l'adhésion du Portugal à la CEE.

De 1986 à 1995, la situation politique s'est stabilisée ; la présidence de la République fut confiée à Mario Soares (mars 1986/1991 ; 1991/janv. 1996), tandis que les victoires du PSD aux législatives d'oct. 1985, de juill. 1987 et d'oct. 1991 permettaient à son leader, Anibal Cavaco Silva, et à son gouvernement de centre droit de rester au pouvoir de 1985 à 1995 et de redresser une situation économique catastrophique. En 1988, PSD et socialistes adoptèrent au Parlement une modification constitutionnelle qui effaçait les dernières barrières dressées par les révolutionnaires de 1974 contre la libéralisation. Les dénationalisations et la privatisation de l'information furent autorisées. À partir de 1991 le pays fut touché par la récession. De nombreuses grèves et manifestations éclatèrent à partir de 1992, témoignant de l'effritement de la popularité du gouvernement.

À partir de 1995, le pouvoir revint aux socialistes qui ont remporté les élections ; en oct., leur principal dirigeant, Antonio Gutteres, devint Premier ministre. Élu à la présidence de la République en janv. 1996, le maire socialiste de Lisbonne, Jorge Sampaio a vu son mandat renouvelé (1996/2001 puis 2001/06). Grâce à l'embellie économique qui dura de 1997 à 2000, le Portugal a pu se qualifier pour l'entrée dans la zone euro en mai 1998, tandis que le choix de Lisbonne pour l'Expo 98 permit, en partie avec l'aide des fonds structurels de l'Union européenne, de réaliser d'importantes infrastructures, comme le pont Vasco-de-Gama sur l'estuaire du Tage. Mais deux grands projets du gouvernement socialiste portant, l'un sur l'interruption volontaire de grossesse, et l'autre sur la mise en place à la demande des provinces du Nord, de gouvernements régionaux élus, furent rejetés par référendum. Le déficit budgétaire atteignait 4,2 % du PIB en 2001. Après la victoire du centre droit aux élections d'avril 2002, le nouveau gouvernement de Durao Barroso a mis en place une politique d'extrême rigueur budgétaire, afin de respecter le pacte européen de stabilité. Elle prévoyait la réduction de 40 000 postes de fonctionnaires d'ici 2006, des ventes du patrimoine de l'État, des privatisations et la libéralisation du travail. Le 10 déc. 2002, la CGTP (Confédération générale des travailleurs portugais) a déclenché la première grève générale depuis 12 ans. Mais l'élargissement de l'Union européenne aux pays défavorisés d'Europe orientale doit réduire le montant des aides structurelles destinées au Portugal, qui était jusqu'en 2004 le pays le plus pauvre de l'UE (67,3 % de la moyenne du PIB européen).

POSTES. Le mot de *postes* vient de ce que des relais de chevaux étaient placés (en latin *positi*) en certains lieux des voies romaines pour permettre l'acheminement des dépêches. Pendant toute l'Antiquité, les services postaux furent pratiquement réservés à l'État, au courrier du souverain et des hauts fonctionnaires. D'après Hérodote et Xénophon, des services de relais existaient dans l'Empire perse depuis le règne de Cyrus (v.). Dans le monde romain, un service des postes a existé à l'époque impériale. Les particuliers ne pouvaient en user qu'à la condition de posséder une licence écrite, qui était presque toujours refusée. Si l'on ne possédait pas de courriers personnels, il fallait avoir recours à des entreprises privées, qui acheminaient les lettres consciencieusement, mais fort lentement ; il fallait environ un mois pour faire parvenir une lettre de Rome à Lyon. Des postes officielles existèrent également dans l'Empire chinois (d'après Marco Polo, XIIIe s.) et dans l'Empire aztèque.

Louis XI organisa en **France** un réseau de relais à l'intention des courriers officiels. En 1576, Henri III créa des « messagers royaux » et les autorisa à se charger des paquets des particuliers. Des courriers partant et arrivant à jours fixes furent institués par Louis XIII en 1627 ; les tarifs furent fixés par un règlement, l'envoi de petites sommes (n'excédant pas 100 livres) fut autorisé. En 1653 fut instituée la *petite poste*, qui assurait la distribution des lettres à l'intérieur de Paris. Louvois confia la poste à un fermier général, et les arrêtés de 1681 tendaient à confier à ce dernier un monopole, qui ne devint effectif qu'après la Révolution, avec l'arrêté consulaire du 27 prairial an IX (16 juin 1801).

Le système des postes se développa rapidement au cours du XIXe s. À partir de 1829, le service postal fut obligé de desservir une fois par jour toutes les communes de France ; en 1879 fut créé le ministère des Postes et Télégraphes. Les usagers bénéficièrent d'une série d'innovations ; création du service des mandats (1817) ; du timbre-poste remplaçant l'ancienne tarification à la distance par un taux unique de 20 centimes sur tout le territoire de la France (1849) ; des objets avec valeur déclarée (1859) ; de la carte postale (1872, en Autriche dès 1869) ; du service du télégraphe (1878) ; des colis postaux (1881) ; des téléphones (1889) ; des envois contre remboursement (1892) ; des chèques postaux (1918). Un premier essai de poste aérienne fut essayé en France en 1913, entre Paris et Paulliac (Bordeaux) mais le service de la poste aérienne ne fut créé qu'en 1918.

En **Allemagne**, la famille de Thurn und Taxis, qui avait été chargée dès 1504 par Philippe le Beau, père de Charles Quint, d'établir un système de courriers entre les Pays-Bas, la cour de l'empereur Maximilien Ier et la cour d'Espagne, reçut de Rodolphe II la charge de maître général des postes impériales (elle devait conserver un certain contrôle sur les postes allemandes jusqu'à la guerre austro-prussienne de 1866). En 1871, les postes furent unifiées dans le nouvel Empire allemand.

En **Angleterre**, la création du service des postes remonte au règne de Charles Ier (1635). Ce service fut réorganisé en 1711 sous l'autorité d'un maître général de postes de Sa Majesté. Le premier système régulier de voitures postales (*mail coach*) fut introduit en 1784. Le timbre-poste en Angleterre, date de 1840 ; la poste aérienne de 1919.

Aux **États-Unis**, la poste apparut dans la colonie du Massachusetts dès 1639, mais c'est seulement en 1692 que fut établi un système postal commun à toutes les colonies anglaises d'Amérique du Nord. De 1737 à 1774, ce service fut dirigé par Benjamin Franklin. Aujourd'hui encore, en dehors de la poste officielle, existent en Amérique de nombreuses firmes postales privées.

Le transport du courrier par avion se développa à l'intérieur de chaque pays dans les années 1930 mais ne couvrit efficacement les relations internationales que dans les années 1950. Dans les années 1960, les services postaux aussi bien français qu'étrangers concentrèrent leurs efforts sur l'automatisation du tri postal. Cette évolution fut facilitée par la généralisation des codes postaux, institués en France en 1972. Le trafic postal connut une augmentation exponentielle après la guerre, surtout du fait du courrier d'entreprise qui, insignifiant en 1939, représentait 94 % des envois en 1994.

POSTUMUS Marcus Cassianus Latinius († Mayence, 267). Usurpateur romain au temps de Gallien, il commandait en Gaule depuis 257 et fut chargé de la défense du Rhin. S'étant fait proclamer empereur (261), il mit à mort Saloninus, fils de Gallien. Il finit par réunir sous son autorité la Gaule, la Germanie, la Bretagne et une partie de la péninsule Ibérique, refoula les Germains au-delà du Rhin et prit le titre de *Germanicus Maximus*. Son lieutenant Laelius ayant pris la pourpre à Mayence, il le battit et entra en vainqueur dans cette ville, mais fut tué par ses soldats, auxquels il avait refusé le droit de pillage.

POTEMKINE, Grigori Alexandrovitch, prince (* Tchiskhovo, gouv. de Smolensk, 27.IX.1739, † Skaliany, Bessarabie, 16.X.1791). Feld-maréchal et homme politique russe. Officier de la garde, il se distingua dans la première guerre russo-turque et devint en 1774 le favori en titre de Catherine II (v.), qui l'associa étroitement au gouvernement. Il dirigea la colonisation des steppes d'Ukraine, fit aménager les ports de Kherson (1778), Sébastopol (1783) et Nikolaïev (1789), commença la création de la flotte russe de la mer Noire et réalisa l'annexion de la Crimée (1783). Inquiété par ses projets de recréer l'Empire byzantin, le sultan déclencha alors les hostilités contre la Russie (seconde guerre russo-turque, 1787/91). Commandant en chef de l'armée, Potemkine, après deux campagnes indécises, s'empara enfin d'Otchakov (1788) et de Bender (1789), enleva la Bessarabie et s'établit à Iassi, exerçant contre les vaincus les plus grandes cruautés.

POTSDAM (conférence de, 17 juill./2 août 1945). Réunion tenue au Cecilienhof de Potsdam entre les chefs des trois grandes puissances victorieuses de l'Allemagne (États-Unis, URSS, Royaume-Uni), afin de préciser et de compléter les accords de la conférence de Yalta (v.).

POUDRES (conspiration des). Complot formé en Angleterre en 1605, sous le règne de Jacques Ier, par des sympathisants catholiques parmi lesquels R. Casteby, Winter, Th. Percy, J. Wright, Digby, Grant, Guy Fawkes, avec la complicité de plusieurs jésuites. Les conjurés se proposaient de faire périr le roi, ses ministres et tous les membres du Parlement à l'aide de trente-six barils de poudre cachés sous la salle des séances du Parlement et auxquels on devait mettre le feu le jour où le roi viendrait ouvrir la session. L'arrestation d'un des conspirateurs, Guy Fawkes, le 5 nov. 1605, fit avorter l'attentat et entraîna l'arrestation de ses complices.

POUGATCHEV Iemelian Ivanovitch (* Zimoveï–skaïa, vers 1742, † Moscou, 21.I.1775). Chef d'une très grande révolte paysanne du XVIIIe s. Cosaque du Don, il fut emprisonné comme « vieux-croyant ». Après sa libération, en se faisant passer pour le tsar Pierre III sauvé de la mort, il déclencha en sept. 1773 un puissant mouvement de protestation paysanne. Il rallia les Cosaques de l'Oural et du Don et les populations non russes de ces régions, Bachkirs et Kirghizes, qui combattaient le servage aux côtés des paysans russes. La révolte, partie de l'Oural, s'étendit à l'O. vers Tambov et Nijni-Novgorod, au N. jusqu'à la région de Perm, à l'E., jusqu'en Sibérie. Les révoltés, qui se livraient à des violences contre les propriétaires terriens, exigeaient la suppression du servage, du service militaire et des impôts et créèrent une cour et une administration propres aux régions qu'ils dominaient. Après la prise de Kazan par Pougatchev (24 juill. 1774), on put même craindre une révolte des serfs de Moscou. Mais Pougatchev qui manqua de résolution au moment décisif finit par être livré à Souvarov (v.) par ses compagnons, contre une somme de 100 000 roubles. Mis dans une cage de fer, il fut ramené à Moscou et décapité. Cette jacquerie inspira les réformes administratives de 1775, l'extension du servage à l'Ukraine et la suppression des dernières franchises cosaques (disparition de la Sietch des Cosaques Zaporogues (v.)).

POUJADE Pierre (* Saint-Céré, Lot, Ier.XII.1920, † La Bastide-L'Évêque, 27.VIII.2003). Homme politique français. Libraire-papetier à Saint-Céré, il fonda en 1953 l'Union de défense des commerçants et artisans de France (UDCA), contre les abus de la fiscalité et les contrôles économiques. Il obtint un important succès aux élections législatives du 2 janv. 1956, qui donnèrent à l'UDCA cinquante-deux élus. Ceux-ci formèrent au Parlement le groupe Union et Fraternité françaises. Mais le mouvement, en proie à des divisions intestines, retomba très rapidement, et Poujade lui-même fut battu à une élection partielle à Paris (janv. 1957). Poujade prit ensuite position en faveur de l'Algérie française, puis se rallia à la Ve République. Il entra au Conseil économique et social en 1984 et créa en sept. 1998 l'Union des professions indépendantes (UPI).

POUTINE Vladimir (Saint-Pétersbourg, 7.X. 1952). Homme politique russe. Après des études de droit, il fut enrôlé par le KGB et entra aux services de renseignements extérieurs en 1975, où il resta quinze ans. Officiellement, il quitta le KGB lors du « putsch » manqué d'août 1991. Adjoint au maire de Saint-Pétersbourg à partir de 1991, vice-maire de la ville en 1994, il s'installa à Moscou en 1996, en tant que conseiller de Boris Eltsine (v.). Devenu président du

FSB (ex-KGB) deux ans après, puis secrétaire du conseil de sécurité, il fut nommé Premier ministre par Boris Eltsine (le cinquième en l'espace d'un an et demi) en août 1999 et se chargea de rétablir l'autorité de l'État russe en menant une guerre sans merci contre la Tchétchénie (v.). Après la démission de Boris Eltsine en déc. 1999, il devint président par intérim, puis fut élu à cette fonction le 26 mars 2000, confirmant l'orientation autoritaire de sa politique. Avec une forte majorité, les élections présidentielles de mars 2004 l'ont confirmé à cette fonction.

P'OU-YI (* Pékin, 1906, † Pékin, 17.X.1967). Empereur de Chine (1908/12 et 1917) et du Mandchoukouo (1934/45). Neveu de l'empereur Kouang-siu il n'avait que deux ans lorsqu'il fut choisi par l'impératrice douairière Ts'eu-hi (v.) pour succéder à Kouang-siu (nov. 1908). Son père, le prince Tch'ouen, tout acquis aux idées traditionalistes, exerça la régence. Détrôné par Yuan Che-k'ai (v.), il signa son abdication (12 févr. 1912) et fut le dernier souverain de la dynastie mandchoue. On l'autorisa cependant à rester dans la cité impériale de Pékin et, dans la période d'anarchie qui suivit la mort de Yuan Che-k'ai, il fut rétabli sur le trône pendant douze jours (juill. 1917). Chassé de Pékin en 1924 par un des « seigneurs de la guerre », il se réfugia dans la concession japonaise de T'ien-tsin. Ayant fait la conquête de la Mandchourie (v.) (1931), les Japonais l'utilisèrent comme chef de l'État satellite du Mandchoukouo (1932), puis le firent couronner empereur du Mandchoukouo (1934). Son règne, qui fut tout nominal, prit fin avec la défaite japonaise. Tombé aux mains des Soviétiques (août 1945), il fut livré par eux aux communistes chinois (1950). Après avoir subi une « rééducation » politique dans un camp, il fut relâché en 1959 et travailla comme jardinier puis archiviste au ministère de la Culture. En 1965, il publia son autobiographie.

POZZO DI BORGO Charles André, comte (* Alata, près d'Ajaccio, 8.III.1764, † Paris, 15.II.1842). Homme politique russe, d'origine corse. Avocat à Ajaccio, il servit de secrétaire à Paoli (v.), représenta la Corse à l'Assemblée législative (1792), puis, ayant livré avec Paoli la Corse aux Anglais, il devint président du Conseil d'État corse (1793/96) et secrétaire d'État auprès du vice-roi Eliott. Obligé de s'enfuir au retour des Français (1796), il passa en 1803 au service de la Russie et fut l'un des adversaires les plus acharnés de son compatriote Napoléon. Écarté par Alexandre Ier sur la demande expresse qu'en fit Napoléon à Tilsit, il obtint pour l'Angleterre l'alliance de Bernadotte. Rappelé en Russie en 1813 et nommé général, il travailla en 1814 à la déchéance de Napoléon et fut envoyé par le tsar auprès de Louis XVIII, auquel il conseilla d'accepter de gouverner avec une charte. Délégué au congrès de Vienne, il devint ambassadeur russe à Paris (1815/34), où il exerça son influence contre les ultraroyalistes et la politique de Metternich. Il fut ensuite ambassadeur du tsar à Londres (1834/39) et revint terminer sa vie à Paris. On a publié sa *Correspondance diplomatique* avec Nesselrode (1890/97).

PRAGMATIQUE SANCTION. Nom donné à certaines ordonnances des rois de France, des empereurs germaniques et des rois d'Espagne, généralement rendues après consultation d'une assemblée et de plusieurs jurisconsultes.

Pragmatique sanction de Bourges, rendue par Charles VII le 7 juill. 1438. Dénonçant dès le préambule les abus de la papauté et proclamant la supériorité du concile sur le pape, elle déclarait applicables en France les canons des conciles de Constance et de Bâle limitant les pouvoirs du pape. Elle ordonnait la libre élection des évêques et des abbés par les chapitres et les monastères, supprimait les réserves, les grâces expectatives, les annates, limitait les appels en cour de Rome, restreignait les effets de l'excommunication et de l'interdit. Accueillie favorablement par l'Église de France et par le parlement, la pragmatique sanction de Bourges ne fut jamais approuvée par Rome ; les ducs de Bourgogne et de Bretagne refusèrent également de l'admettre et négocièrent des accords spécifiques avec la papauté. Elle resta en vigueur jusqu'au concordat de 1516, mais avec des fluctuations, en particulier sous le règne de Louis XI.

Pragmatique sanction de 1713, rendue le 19 avr. 1713 par l'empereur Charles VI. Elle établissait l'indivisibilité du patrimoine des Habsbourg en réglant la succession au trône impérial par ordre de primogéniture, même au profit d'une femme, ce qui aboutit ultérieurement à la désignation de Marie-Thérèse (née en 1717), fille aînée de Charles VI, comme héritière de ce dernier. Bien que Charles VI, au prix de grands sacrifices, eût réussi à faire garantir la pragmatique sanction de 1713 par les grandes puissances de l'Europe, cet acte fut contesté aussitôt après sa mort par l'Électeur de Bavière, la France et la Prusse, et il ne put être maintenu que par la guerre de la Succession d'Autriche (1740/48).

PRAGUE (coup de, 25 févr. 1948). Ensemble des opérations par lesquelles le parti communiste tchécoslovaque s'empara du pouvoir. Voir TCHÉCOSLOVAQUIE.

PRAGUE (défenestration de, 23 mai 1618). Acte de violence commis par les nobles de Bohême contre les représentants de l'empereur, lui-même roi de Bohême. Voir DÉFENESTRATION.

PRAGUE (printemps de, 8 avr./20 août 1968). Changement intervenu dans le gouvernement de la Tchécoslovaquie par l'action de communistes libéraux. Voir TCHÉCOSLOVAQUIE.

PRAGUERIE. Révolte féodale qui eut lieu en France en 1440 contre Charles VII et ainsi nommée en souvenir du soulèvement hussite à Prague. À la suite des réformes militaires de Charles VII et des efforts de centralisation du pouvoir royal, les nobles mécontents se groupèrent à l'instigation d'Alexandre, bâtard de Bourbon, et formèrent une ligue dont les chefs furent Jean II, duc d'Alençon, Charles Ier et Louis de Bourbon, La Trémoille et Dunois. On devait s'emparer du roi et proclamer à sa place le dauphin, futur Louis XI. L'entreprise, mal conduite, échoua sans effusion de sang. Le bâtard de Bourbon, principal coupable, fut arrêté, cousu dans un sac et noyé dans l'Aube ; le dauphin fut exilé dans le Dauphiné.

PRAIRIAL. Neuvième mois du calendrier révolutionnaire (20/21 mai-19/20 juin).

Loi du 22 prairial an II (10 juin 1794). Loi renforçant le régime de la Terreur, proposée par Couthon, porte-parole des robespierristes. Après l'élimination des hébertistes et des dantonistes (mars/avr. 1794), elle prévoyait que le Tribunal révolutionnaire, à moins d'une décision d'acquittement, ne prononcerait plus d'autre peine que la mort ; l'instruction préalable était supprimée et les accusés pouvaient être condamnés sans qu'on entendît de témoins, sans qu'un avocat les défendît. Un dernier article permettait au Comité de sûreté générale d'envoyer les conventionnels eux-mêmes à la mort sans que l'Assemblée fût avertie et consultée ; mais cet article, voté d'abord comme les autres, fut supprimé le lendemain.

Journées des 1er, 2 et 3 prairial an III (20, 21 et 22 mai 1795). Journées d'insurrection contre la Convention, provoquées par la misère et la famine qui accablaient le petit peuple. Entraînés par les sections jacobines de Paris, les émeutiers envahirent la salle de la Convention en demandant « du pain, la Constitution de 1793 et la liberté des détenus ». Un député, Féraud, fut tué, et sa tête présentée au président de la Convention, Boissy d'Anglas. Six députés montagnards, Romme, Goujon, Duroy, Duquesnoy, Bourbotte et Souvrany, constituèrent aussitôt, sous les yeux de la foule, un gouvernement provisoire. Mais, dans la soirée du 20, l'Assemblée fut dégagée par la garde nationale ; il fallut encore deux jours pour désarmer le faubourg Saint-Antoine. La Convention ordonna l'arrestation de treize de ses membres : les six députés cités plus haut, traduits devant une commission militaire, furent condamnés à mort (29 prairial, 17 juin). Ils tentèrent tous les six de se donner la mort en se frappant successivement du même couteau : Romme seul fut tué, les autres furent traînés agonisants à l'échafaud. Une sévère répression frappa les restes du parti jacobin, la garde nationale fut épurée, les sociétés populaires et les clubs furent fermés.

Coup d'État du 30 prairial an VII (18 juin 1798). Nom donné improprement, car les formes légales furent respectées, au remaniement intervenu dans la composition du Directoire sous la pression des conseils – et notamment des néo-Jacobins, qui avaient la majorité aux Cinq-Cents. Trois directeurs, Treilhard, La Révellière-Lépeaux et Merlin de Douai, connus pour leur opposition aux Jacobins, furent contraints de donner leur démission et remplacés par Gohier, Roger Ducos et le général Moulin.

PRÉCOLOMBIENNES (civilisations). Civilisations d'Amérique centrale et du Sud antérieures à leur « découverte » par Christophe Colomb. L'arrivée des conquistadores, au début du XVIe s., mit fin aux grandes civilisations précolombiennes. L'Empire aztèque, qui était en plein essor, s'écroula le 13 août 1521, lors de la prise de Mexico par Hernan Cortés (v.). Dans le Yucatán, les Mayas (v.) se soumirent à l'envahisseur vers 1540. En Amérique du Sud, Pizarre (v.) et ses 180 conquistadores profitèrent de la guerre fratricide qui opposait les deux fils de l'Inca pour les éliminer tous les deux, en 1533, et conquérir le vaste Empire inca (v.) qui s'étendait dans la région andine, du sud de la Colombie au centre du Chili.

Ces trois brillantes civilisations, interrompues brutalement en moins d'un demi-siècle, étaient les héritières des différentes cultures qui s'étaient développées en reprenant de nombreux éléments des civilisations antérieures. La datation des premières occupations du Nouveau Monde fut longtemps sujette à controverse. Cependant, à mesure que progressent les recherches archéologiques, l'origine des civilisations semble reculer de plus en plus loin dans le passé. L'histoire précolombienne de l'Amérique est aujourd'hui partagée en trois grandes périodes : époque préclassique (20000/2000 av. J.-C.), époque classique (250/950 apr. J.-C.), et époque postclassique (950/1500). Il est aujourd'hui certifié, par les découvertes de Tepexpan, que la vallée de Mexico était habitée vers 20000 av. J.-C. Venus d'Asie par le détroit de Bering, des tribus de chasseurs nomades ont pénétré en plusieurs vagues le continent américain dans le sens Nord-Sud. L'extrême sud du continent a été occupé dès 8700 av. J.-C. Les premières activités agricoles (maïs, courge, patate...) datent d'environ 4000 av. J.-C. Avec la poterie et les techniques du tissage, les pratiques agricoles ont gagné la plupart des peuples du continent américain dans les deux millénaires suivants. C'est toutefois en Amérique centrale, dans les États actuels de Tabasco et de Veracruz (centre-ouest du Mexique) que se manifesta, vers 1000 av. J.-C., la première civilisation urbaine du monde précolombien, la civilisation olmèque (v.). Originaires des jungles tropicales du Mexique oriental, les Olmèques ont rayonné jusqu'au début de notre ère dans les États actuels de Morelos et de Guerrero et le long du Pacifique jusqu'à Nicoya (actuel Costa Rica). Vivant dans d'importants centres urbains, ils ont édifié des pyramides (dont les principaux vestiges se trouvent sur les sites de Tres Zapotes et de La Venta) et sont passés maîtres dans l'art de la sculpture et de la ciselure. Ils ont été également les premiers à établir un calendrier. Tous ces traits se retrouvent avec des degrés de maîtrise et de développement différents dans les grandes civilisations précolombiennes.

En Amérique centrale, à l'époque classique, l'équilibre des ressources et de longues périodes de paix permirent l'éclosion des grandes civilisations. Du nord du Guatemala, berceau de leur civilisation, les Mayas ont rayonné jusqu'au Honduras et au Salvador, ainsi que dans la presqu'île du Yucatán (Mexique). La civilisation maya, apparue au début du IVe s., a connu son apogée entre les VIe et VIIe s., avant de décliner progressivement au IXe s. Les Mayas ont atteint un niveau de connaissance (écriture hiéroglyphique, arithmétique, astronomie) et artistique (architecture, sculpture, peinture) remarquable. Ils ont développé un sens du religieux et du sacré (dont atteste la présence des nombreux temples) resté jusqu'à nos jours ancré dans la population. Contemporaine des Mayas, la ville de Teotihuacán au N. de Mexico, a rayonné jusqu'au S. du Guatemala entre les IVe et VIIe s. Grande métropole théocratique, Teotihuacán a développé une religion dominée par les cultes rendus aux dieux de la nature (Soleil, Lune, pluie...).

L'histoire de la région fut, à partir du Xe s. apr. J.-C., profondément marquée par les invasions répétées de nomades venus du Nord. Les Toltèques (v.) s'installèrent à Tula, au N. de Mexico, et imposèrent leur civilisation guerrière. Sous leur influence, la pratique des sacrifices humains s'est répandue et l'aristocratie militaire a supplanté le clergé. La chute inexpliquée de Tula, en 1168, poussa les Toltèques vers le Sud, notamment au Yucatán, où ils donnèrent un nouvel essor à la civilisation maya.

D'autres vagues de « barbares » se succédèrent : les Otomis, les Tépanèques et les Chichimeques, qui comptaient dans leurs rangs des Aztèques. Grâce à leur force militaire, les Aztèques (v.) s'imposèrent aux différents peuples du Mexique. Ils adoptèrent les civilisations des peuples conquis et, en 1325, fondèrent leur capitale, Mexico-Tenochtitlán, au cœur de la région.

En Amérique du Sud, l'époque classique est surtout caractérisée par la maîtrise que certains peuples acquirent dans l'artisanat : orfèvrerie, poterie, tissage. À partir du VIIe s., des empires se sont formés et ont succédé à ces cultures régionales. La ville de Wari (Huari), au centre du Pérou, a étendu son influence vers le nord, le long de la côte péruvienne. La ville de Tihuanaco, qui occupa tout le bassin du lac Titicaca, le sud du Pérou et le nord du Chili, a connu un rayonnement encore plus important. Ces cités impériales unifièrent des cultures restées jusque-là régionales et leur donnèrent un nouvel élan. La disparition de ces civilisations, à la fin du Xe s., entraîna un retour des cultures plus locales. Les Chimús, originaires du centre du Pérou, tentèrent, autour de 1200 de réunifier la région, mais ce furent les Incas (v.) qui y parvinrent dans les siècles suivants. Leur premier souverain, Manco Cápac, connu aussi sous le nom d'Ayar Cápac, et issu, selon la mythologie, des eaux du lac Titicaca, aurait régné vers le XIIe s. Les Incas ont laissé le témoignage d'une grande civilisation dans toute la région andine. Ils réussirent à créer un empire qui, avec Cuzco pour capitale, s'étendait au XVe s. du nord de l'Équateur au centre du Chili. Tolérants à l'égard des cultes des peuples conquis, les Incas imposèrent à tous le culte du soleil. De nombreux vestiges subsistent de leur civilisation urbaine, ainsi que les restes d'un remarquable réseau routier, imparfaitement utilisé puisqu'ils ne connaissaient pas la roue. L'état des connaissances scientifiques des Incas est difficile à établir, car, à la différence des Aztèques et des Mayas, ils n'avaient pas de système d'écriture.

PRÉHISTOIRE. La préhistoire couvre la période du Quaternaire (v.) qui s'étend des origines de l'homme (v.), vers 3 millions d'années, aux « révolutions néolithiques » qui débutent au Proche-Orient vers 10 000 ans, et en Europe vers 6 000 ans av. notre ère. La préhistoire se divise en trois périodes principales qui se réfèrent à l'évolution des industries lithiques et des technologies : le paléolithique (v.), le mésolithique (v.) et le néolithique (v.). C'est à l'issue de cette dernière période que l'homme entre dans l'Histoire avec l'invention de l'écriture, il y a environ 5 000 ans. Voir OUTILS ET ARMES DE LA PRÉHISTOIRE.

PRÉMYSLIDES ou **PRZÉMYSLIDES.** Dynastie tchèque (VIIIe/XIVe s.). Voir BOHÊME.

PRESBOURG (TRAITÉ DE). Signé le 26 déc. 1805 entre Napoléon et François II, qui l'a paraphé comme « empereur d'Allemagne et d'Autriche », le traité donnait la Vénétie, l'Istrie et la Dalmatie à la France, et le Tyrol et le Trentin à la Bavière ; l'Autriche conservait Salzbourg.

PRESBYTÉRIANISME. Système ecclésiastique qui donne le gouvernement de l'Église à une série de conseils (consistoire, synodes, assemblée générale) composés de ministres du culte et de laïcs, tous réunis sur un pied de stricte égalité. Au point de vue spirituel, le presbytérianisme se situe dans la ligne directe du calvinisme : il considère que la Bible est la seule règle de foi et il n'admet que deux sacrements, le baptême et la cène. La plupart des Églises réformées d'Europe appartenant au courant calviniste reposent sur le système presbytérien. Cependant, le terme de *presbytérianisme* désigne plus spécialement le calvinisme anglo-saxon. Voir PROTESTANTISME.

PRÊT-BAIL (loi), *Lend-Lease Act.* Loi de défense des États-Unis promulguée le 11 mars 1941. Elle permettait au président Roosevelt d'aider la Grande-Bretagne sans entrer cependant dans la guerre mondiale, à laquelle se refusait encore une large partie de l'opinion publique américaine acquise à l'isolationnisme ; la loi prêt-bail autorisait la vente, la location ou le prêt de tout moyen de défense militaire à tout pays dont la défense serait jugée vitale pour celle des États-Unis. Des traités de prêt-bail furent ainsi conclus avec la Grande-Bretagne (23 févr. 1942) et avec l'URSS (11 juin 1942). Le montant total de l'aide prêt-bail dépassa 50 milliards de dollars ; de ce total, la Grande-Bretagne reçut environ 42 % et l'URSS 28 %.

PRÉVAL René (Port-au-Prince, 17.I.1943). Homme politique haïtien. Fils d'un ministre de Paul Magloire, il fit ses études en Belgique et choisit la voie de l'exil jusqu'en 1975. En 1986, après la chute des Duvalier, il regroupa autour de lui quelques personnalités qui intégrèrent le Mouvement d'action démocratique (MAD). Proche de Jean-Bertrand Aristide, il devint son Premier ministre en févr. 1991. Après le coup d'État militaire de sept. 1991, il rejoignit J.-B. Aristide à Washington en 1993. Celui-ci le chargea de gérer les fonds de l'aide internationale après l'intervention américaine de 1994, fonction stratégique qui lui permit d'être élu président de la République en déc. 1995. Son mandat prit fin en nov. 2000, lors d'un scrutin présidentiel entaché d'irrégularités et remporté par J.-B. Aristide. Voir HAÏTI. L'État d'Haïti.

PRÉVÔT. Les prévôts (du latin *praepositus : préposé*) étaient des agents du seigneur ou du roi chargés de rendre la justice et d'administrer les domaines. À partir du XIe s., les Capétiens s'efforcèrent d'enlever l'administration du domaine royal aux nobles pour la confier à des prévôts, généralement des roturiers aisés qui affermaient pour un prix fixé et pour une durée déterminée le droit de percevoir les revenus du roi dans l'étendue de leur circonscription ou *prévôté*. Cette pratique, avantageuse pour les finances royales, entraîna bientôt de graves abus. Dès la fin du XIIe s., les prévôts furent contrôlés par les baillis itinérants, puis, au cours du XIIIe s., par des baillis et sénéchaux installés à poste fixe.

Prévôt de Paris. Officier royal placé à la tête du Châtelet et chargé de représenter le roi dans la ville, vicomté et prévôté de Paris. À partir du XVIe s., les attributions du prévôt furent partagées entre le lieutenant civil, le lieutenant criminel et le lieutenant de police. Cependant, la charge de prévôt de Paris subsista jusqu'en 1792.

Prévôt de l'hôtel ou grand prévôt de France. Officier d'épée qui avait juridiction sur le Louvre et sur toute la Maison du roi, en quelque lieu où celle-ci se transportât. Il connaissait en premier ressort des causes civiles (l'appel était porté au grand conseil) et, en dernier ressort, des causes criminelles et de police en ce qui touchait les personnes de la suite de la cour.

Prévôt des marchands. Nom donné au chef de la municipalité de Paris jusqu'à la Révolution. À l'origine, le prévôt des marchands n'était que le chef la confrérie des Marchands de l'eau, qui, vers la fin du XIIIe s. était le corps professionnel le plus important de la capitale. Le prévôt des marchands formait avec un conseil de quatre échevins la municipalité, qui avait sous ses ordres dix sergents et collaborait avec le prévôt de Paris pour l'administration de la ville. Au Moyen Âge, le prévôt et les échevins jugeaient toutes les causes de commerce pour les marchandises expédiées par eau, les causes des officiers de la ville pour actes commis dans l'exercice de leur charge et les procès entre marchands et commis ; ils avaient la police de la navigation de la Seine, fixaient le prix des marchandises arrivées à Paris, ordonnaient les dépenses relatives à tous les édifices publics de la capitale, réglaient les cérémonies publiques et répartissaient l'impôt de la capitation. Le prévôt des marchands, s'appuyant sur le peuple, joua souvent un rôle important dans les troubles de Paris et tint en échec l'autorité royale. Après la révolte d'Étienne Marcel (v.), le roi s'employa à limiter les pouvoirs du prévôt des marchands. Louis XIV donna ses fonctions les plus importantes au lieutenant général de police. Parmi les prévôts des marchands restés célèbres, on peut citer au XIVe s., Étienne Marcel et Jean Juvénal des Ursins ; au XVIe s., Guillaume Budé et plusieurs membres de la famille de Thou ; au XVIIIe s., Charles Trudaine, Michel Étienne Turgot, La Michodière, Caumartin. Le dernier prévôt des marchands fut Jacques de Flesselles, entré en charge en 1788 et assassiné dans une émeute après la prise de la Bastille.

Prévôt des maréchaux. Sous l'Ancien Régime, officier de police militaire qui jugeait en dernier ressort et sans appel les crimes ou délits commis par les gens de guerre et les vagabonds (qui étaient souvent des soldats déserteurs), et également les *cas prévôtaux*, crimes graves commis sur les grands chemins. Ils étaient connus pour leur extrême sévérité.

PRIEUR DE LA CÔTE-D'OR, Claude Antoine Prieur-Duvernois, dit (* Auxonne, 22.XII.1763, † Dijon, 11.VIII.1832). Homme politique français. Fils d'un collecteur d'impôts, il était officier du génie avant la Révolution. Député de la Côte-d'Or à la Législative puis à la Convention, il vota la mort de Louis XVI sans appel ni sursis. Il fut chargé de plusieurs missions militaires et, lors d'une inspection des ports de la Manche, il fut arrêté par les fédéralistes (juin/juill. 1793). Entré au Comité de salut public (14 août 1793), il surveilla la fabrication du matériel de guerre, contribua à l'adoption du système métrique, à la fondation de l'École polytechnique, de l'Institut du Bureau des longitudes et du Conservatoire des arts et métiers. Après avoir siégé au Conseil des Cinq-Cents (1795/98), il se retira de la vie politique et fonda en Bourgogne une fabrique de papiers peints.

PRIEUR DE LA MARNE, Pierre Louis Prieur, dit (* Sommesous, Champagne, 1er.VIII.1756, † Bruxelles, 30.V.1827). Homme politique français. Avocat à

Châlons-sur-Marne, il fut élu député du tiers aux États généraux de 1789. Membre du club des Jacobins, il se montra un fougueux adversaire du clergé, demanda des mesures contre les émigrés et attaqua l'inviolabilité de Louis XVI après la fuite de Varennes. Député de la Marne à la Convention, il vota la mort du roi sans appel ni sursis. Inspirateur du décret sur la levée de 300 000 hommes (24 févr. 1793), il entra peu après au Comité de défense générale, puis au Comité de salut public (10 juill. 1793). Il effectua de nombreuses missions aux armées, contribua à la victoire remportée au Mans sur les vendéens (déc. 1793) et réorganisa l'escadre de Brest avec Jean Bon Saint-André (début 1794). Accusé d'avoir pris part à l'insurrection montagnarde du 12 germinal an III (1er avr. 1795), il dut se cacher pendant quelques mois. Ayant bénéficié d'une loi d'amnistie, il se tint désormais à l'écart de la politique et reprit sa profession d'avocat à Paris. Il fut exilé comme régicide en 1816.

PRIM Juan (* Reus, Catalogne, 6.XII.18.4, † Madrid, 30.XII.1870). Général et homme politique espagnol. Après s'être distingué dans les guerres carlistes, il participa en 1843 à l'insurrection contre Espartero et remporta, durant la guerre du Maroc (1859/60), la brillante victoire de Castillejos (1er janv. 1860). Fait marquis, il prit en 1862 le commandement du corps expéditionnaire espagnol au Mexique. Sa politique différa nettement de celle de Napoléon III ; il reconnut l'indépendance mexicaine et ordonna le retrait de ses troupes. Progressiste, il tenta, de 1864 à 1868, sept pronunciamientos, notamment celui du 22 juin 1866, à la suite duquel il dut fuir à l'étranger. Allié avec le général Serrano et l'amiral Topete, il réussit enfin, en sept. 1868, à renverser la reine Isabelle. Il prit, avec Serrano, la tête du gouvernement provisoire et fit écarter la république par la Constitution de 1869. Devenu président du Conseil, il se mit à la recherche d'un roi ; après le retrait de Léopold de Hohenzollern-Sigmaringen, il obtint l'acceptation d'Amédée, duc d'Aoste, fils du roi d'Italie. Mais il fut assassiné au moment où le souverain arrivait en Espagne.

PRIMATES. Ordre de mammifères actuels qui regroupe tous les singes et l'homme. Les primates apparaissent au Crétacé supérieur (vers 70/80 millions d'années). Ce sont de petits animaux primitifs qui ressemblent aux écureuils. Peu à peu, au cours de leur évolution, ils vont acquérir des mains et des pieds préhensiles avec le pouce opposable aux autres doigts, des ongles à la place des griffes, une vision tridimensionnelle dite stéréoscopique, un cerveau qui tend à être plus volumineux par rapport à la taille corporelle, autant de caractères qui leur permettent de se déplacer avec facilité dans les arbres. Les Anthropoïdes actuels comprennent trois super-familles : les Ceboidea (atèle, ouistiti), les Cercopithecoidea (mandrill, colobe) et les Hominoidea (gibbon, orang-outan, gorille, chimpanzé et homme). Le chimpanzé et l'homme ont un ancêtre commun que l'on doit rechercher parmi les primates du Miocène (v.) (période comprise entre 25 et 5 millions d'années).

PRIMATES DU MIOCÈNE. Les plus lointains ancêtres des Hominoidea actuels (super-famille comprenant le gibbon, l'orang-outan, le chimpanzé, le gorille et l'homme) ont été découverts pour la plupart en Afrique, au Kenya et en Ouganda, et sont datés du Miocène inférieur (entre 25 et 17 millions d'années) : *Morotopithecus, Proconsul* et *Afropithecus* sont frugivores, quadrupèdes et grimpeurs. Au Miocène moyen (entre 17 et 11 millions d'années), ils se raréfient avec *Kenyapithecus* et *Equatorius*, un phénomène qui s'accentue au Miocène supérieur (entre 11 et 5 millions d'années) avec *Samburupithecus*. C'est à la fin de cette période qu'émergent les hominidés avec *Orrorin* (v.), *Sahelanthropus* (v. **TOUMAI**) et Ardipithecus (v.).

À partir de 17 millions d'années, on les trouve en Europe et en Asie, jusqu'en Chine, où ils vivent dans un climat tropical propice à leur adaptation : *Griphopithecus, Dryopithecus, Oreopithecus, Ouranopithecus, Hispanopithecus, Ankarapithecus, Lufengpithecus*.

Le débat reste ouvert quant à l'identité de l'ancêtre des hominidés et les scientifiques avancent comme candidats plausibles des fossiles eurasiatiques, *Dryopithecus* et *Ouranopithecus* entre autres, ou africains *Samburupithecus* ou *Kenyapithecus*.

PRIMO DE RIVERA Miguel, marquis d'Estella (* Cadix, 8.I.1870, † Paris, 16.III.1930). Général et homme politique espagnol. Le 13 sept. 1923, il se rebella contre le gouvernement de Madrid, suspendit la Constitution et annonça la création d'un directoire militaire, que le roi accepta aussitôt. Primo de Rivera prononça la dissolution des Cortés, imposa aux provinces des gouverneurs militaires, soumit la presse à la censure. Ce coup d'État ne rencontra aucune opposition, tant l'opinion était lasse du parlementarisme. Le nouveau dictateur conquit un grand prestige en prenant personnellement la direction des opérations au Maroc et en pacifiant le Rif (1925). Trahie par les classes supérieures de la nation, la révolution nationale de Primo de Rivera échoua, et le dictateur prit l'initiative de se retirer (28 janv. 1930). Il s'exila à Paris et mourut moins de deux mois plus tard. Voir **ESPAGNE.** D'Alphonse XIII à la guerre civile.

PRJEVALSKI Nikolaï Mikhaïlovitch (* Kimborovo, gouv. de Smolensk, 1839, † Karakol, auj. Prjevalsk, 1888). Explorateur russe. Officier d'état-major, il effectua dans l'Asie centrale de 1871 à 1884 quatre expéditions qui furent d'une importance décisive pour la connaissance de la Mongolie orientale et méridionale, du désert de Gobi, du Turkestan et de la Dzoungarie et de tout le système orographique du Tibet central. Il fit connaître aux naturalistes le cheval sauvage (qui porte son nom) et le chameau sauvage, et constitua un herbier de 900 plantes.

PROBUS, Marcus Aurelius Valerius Probus (* Sirmium, 232, † Sirmium, 282). Empereur romain (276/82). Fils d'un tribun militaire, réputé honnête (d'où son surnom de *Probus*), il était arrivé aux plus hauts grades et commandait l'armée d'Orient, lorsque, à la mort de Tacite (276), les légions de Syrie le proclamèrent empereur. Il repoussa les Sarmates, battit les Isauriens, pacifia l'Égypte, protégea la frontière du Rhin contre les Alamans, la Rhétie contre les Vandales, et entra en triomphe à Rome en 281. Pour remédier à la crise économique et pour ne pas laisser les légions dans le désœuvrement, il employa celles-ci à la bonification des terres, à l'assèchement des marais, à l'ouverture de routes et de canaux. Mais les soldats, irrités d'être chargés de pareils travaux, s'insurgèrent et le mirent à mort alors qu'il faisait une tournée d'inspection à Sirmium.

PRODI Romano (Bologne, Émilie-Romagne, 1939). Homme politique italien. Professeur d'économie et de politique industrielle aux universités de Bologne et de Harvard. Démocrate-chrétien, Romano Prodi commença sa carrière politique en devenant ministre de l'Industrie dans le gouvernement Andreotti. Il dirigea entre 1982 et 1993 la principale holding publique italienne, l'Institut pour la reconstruction industrielle (IRI), où il lança et mena un vaste programme de privatisation des sociétés du groupe. À la suite de l'arrivée au pouvoir, en 1994, du Pôle des Libertés de Silvio Berlusconi, il prit la tête de l'Olivier, coalition de centre gauche, et devint Premier ministre après sa victoire aux élections législatives d'avr. 1996 à octobre 1998. En mars 1999, les chefs de gouvernement de l'Union européenne le mirent à la tête de la Commission européenne.

PROHIBITION. L'interdiction légale de la fabrication et de la vente des boissons alcoolisées fut réclamée dans la première moitié du XIXe s. aux États-Unis par des sociétés de tempérance d'inspiration protestante. Dès 1845, l'État du Maine édicta la prohibition. En 1869 fut fondé un parti de la prohibition, qui ne cessa de présenter des candidats aux élections présidentielles jusqu'en 1916. Le mouvement prohibitionniste prit une ampleur nationale grâce à la propagande de l'Anti-Saloon League, fondée en 1893. Au lendemain de la Première Guerre mondiale, 19 États avaient déjà institué la prohibition. En janv. 1919, la prohibition fut étendue à tous les États-Unis par le 18e amendement à la Constitution ; la fabrication, le transport et la vente de toute boisson contenant plus de 0,5 % d'alcool furent interdits. Aussitôt se développa une gigantesque contrebande, et tout le commerce des boissons tomba sous le contrôle des groupes criminels de *bootleggers* contre lesquels, malgré les exploits de policiers tels qu'Eliot Ness, l'État resta impuissant. L'abolition de la prohibition fut un article du programme électoral de F. D. Roosevelt en 1932 ; elle fut réalisée par le 21e amendement à la Constitution (ratifié le 20 févr. 1933).

PROKOP Andreas, dit **le Grand** (* vers 1380, † Lipany, 30.V.1434). Homme de guerre tchèque. Ancien prêtre, il devint, d'abord sous Zizka, un des plus redoutables chefs des hussites (v.) taborites. Après avoir battu les armées saxonnes et thuringeoises à Aussig (1426), il s'empara de Tchau (1427), menaça Presbourg, puis ravagea la Lusace, la Silésie, la Saxe et la Franconie (1429/30). En 1431, il infligea une cuisante défaite aux croisés allemands à Taus. En 1433, il parut au concile de Bâle, mais refusa tout accommodement ; les hussites modérés se détachèrent alors de lui, et il fut vaincu et tué en les combattant.

PROPHÈTES. Nom donné, dans la Bible, à des personnages considérés comme des « inspirés » et dont la mission était moins d'annoncer les événements à venir que de rappeler à leurs contemporains la grandeur de Dieu et la nécessité de la conversion. On distingue généralement : *a)* les grands prophètes : Isaïe, Jérémie (et son disciple Baruch), Daniel et Ézéchiel ; *b)* les douze petits prophètes : Osée, Joël, Amos, Abdias, Michée, Jonas, Nahum, Habacuc, Sophonie, Aggée, Zacharie et Malachie. Dans l'islam, les prophètes *(nabî)* sont les envoyés d'Allah chargés de rappeler l'humanité sur la voie divine. Les six principaux prophètes reconnus par les musulmans sont Adam, Noé (Nouh), Abraham (Ibrâhîm), Moïse (Mouça), Jésus (Iça) et Mahomet, qui est le « sceau des prophètes ».

PROTECTION SOCIALE. L'idée de garantir les travailleurs contre les risques sociaux suscita, dès l'Antiquité, des initiatives privées de toutes sortes, mais c'est seulement à la fin du siècle dernier, en Allemagne, que furent posées les premières bases d'un système de protection sociale d'État. Le mutualisme, système de garantie fondé sur l'entraide mutuelle, fut pratiqué dans les hétairies de la Grèce antique, puis à Rome dans les « collèges funéraires » et les « collèges d'artisans », au Moyen Âge et jusqu'à la fin du XVIIIe s. dans les corporations et les compagnonnages.

Dans l'Europe chrétienne, c'est l'Église qui avait en charge l'assistance sociale. Dès le IXe s. au moins, le secours aux pauvres fut organisé dans chaque paroisse ; un capitulaire de 818 avait ordonné qu'un quart des dîmes et la moitié des donations faites à la paroisse lui fussent consacrés. Chaque monastère accueillait un certain nombre de pauvres, qui vivaient en permanence au couvent, et par ailleurs faisait des distributions quotidiennes de vivres à des pauvres errants ; Saint-Riquier servait chaque jour plus de 500 repas ; Cluny réservait annuellement aux pauvres plus de 250 porcs salés. Les hôpitaux ou maisons-Dieu, créés par les évêques ou le clergé (jusqu'au XIe s.), par les seigneurs et les rois (à partir du XIIe s.), par les communes (à partir du XIVe s.), et tenus souvent par des ordres hospitaliers spécialisés, ne recevaient pas seulement des malades, mais aussi les infirmes et les vieillards.

C'est en Angleterre, au début du XVIIe s., par l'*Old Poor Law* de 1601, que fut proclamé pour la première fois le droit de tout indigent à l'assistance des pouvoirs publics. En France, l'ordonnance de Moulins (1566), qui autorisait chaque paroisse à percevoir une taxe des pauvres obligatoire, ne fut guère appliquée et, jusqu'au début du XIXe s., l'assistance releva presque exclusivement de la charité de l'Église (st Vincent de Paul) et des personnes privées. En détruisant les corporations et les institutions ecclésiastiques, la Révolution mit à bas l'ancien système d'assistance sans le remplacer par un système nouveau. La Constitution de 1793 proclama (art. 21) que « les secours publics sont une dette sacrée », que « la société doit la subsistance aux citoyens malheureux, soit en leur procurant du travail, soit en assurant les moyens d'exister à ceux qui sont hors d'état de travailler » – mais cette Constitution ne fut jamais appliquée. Le décret sur l'organisation d'une « Bienfaisance nationale » resta lui aussi lettre morte. En 1796, le Directoire décida la création dans chaque commune, mais sans caractère obligatoire, d'un Bureau de bienfaisance devant fournir l'assistance aux pauvres grâce à des dons privés et à une taxe nouvelle, le « droit des pauvres », perçue à l'entrée des théâtres et sur les autres distractions publiques. Les dépôts de mendicité, où l'on enfermait déjà au XVIIIe s. les vagabonds impénitents, furent réorganisés en 1808, à raison d'un dépôt dans chaque département. La loi de 1811 organisa l'assistance obligatoire pour les enfants abandonnés et les orphelins, et ce système fut ensuite étendu aux aliénés (1838), aux indigents malades (1893), aux vieillards, aux infirmes et aux incurables sans ressources (1905).

Bismarck, promoteur de la sécurité sociale au XIXe s. L'attitude générale du XIXe s. à l'égard des pauvres fut beaucoup plus dure que celle des siècles passés, où l'influence du message chrétien conservait une plus grande force. La philosophie du libéralisme, partant du principe que les chances sont égales pour tous et que la concurrence est la loi fondamentale de la vie économique et sociale, tendait à considérer la pauvreté comme une sorte de vice, comme la rançon de la paresse ou de l'imprévoyance. Ainsi, en Angleterre, le système d'assistance établi par les diverses *Poor Laws* des XVIIe et XVIIIe s. fut révisé dans un sens cruellement restrictif par la loi de 1834 qui, au nom du principe selon lequel l'assisté devait toujours avoir un « moindre avantage » *(less eligibility)* que l'homme capable de gagner sa vie, organisa le confinement des pauvres dans les *workhouses*. Pour remédier à leur isolement et à leur insécurité, les travailleurs recoururent au mutualisme, qui connut un rapide essor au XIXe siècle (vers 1870, les mutuelles françaises comptaient plus de 800 000 adhérents). En Prusse, ce furent les Caisses de mineurs *(Knappschaftkassen)* qui furent à l'avant-garde du mutualisme. Ces caisses, dont l'origine remontait au XVIe s., étaient parvenues, avec l'appui de l'État prussien, à imposer aux patrons des mines l'usage d'accorder à leurs ouvriers, en cas de maladie, les soins médicaux gratuits et le versement de leur salaire pendant un ou deux mois ; vers 1840, les *Knappschaftkassen* furent introduites dans les provinces rhénanes annexées par la Prusse à la suite du congrès de Vienne. Alors que les autres gouvernements européens considéraient encore toute initiative publique en matière d'assurances sociales comme attentatoire au principe du libéralisme, le gouvernement prussien décida la création obligatoire, dans les mines, les hauts fourneaux et les salines, de caisses régionales, dirigées par des comités d'employeurs et d'ouvriers. À partir de 1860, ce système fut imité par les autres États allemands.

Fidèle à cette tradition sociale prussienne, influencé par le groupe des théoriciens du socialisme d'État connus sous le nom de « socialistes de la chaire », soucieux aussi d'enrayer la montée du socialisme marxiste (v. SOCIALISME), Bismarck s'appuya sur les conservateurs et le Centre catholique pour doter l'Allemagne du premier système d'assurances sociales d'État. Furent votées successivement des lois instituant : 1° l'assurance maladie obligatoire, alimentée par des versements communs des patrons et des ouvriers (un tiers pour les premiers, deux tiers pour les seconds) (1883) ; à la veille de la Première Guerre mondiale, ce système comptait déjà près de 17 millions d'adhérents ; – 2° l'assurance accident (1884), alimentée entièrement par les versements des employeurs, obligatoire à l'origine dans une demi-douzaine d'industries seulement, mais rapidement étendue à la plupart des autres ainsi qu'au commerce et à l'agriculture ; – 3° l'assurance invalidité-vieillesse (1889), alimentée à parts égales par les employeurs et les salariés, l'État ajoutant annuellement 50 marks à chaque pension. Ce n'est que beaucoup plus tard, sous la république de Weimar, en 1927, que fut également institué en Allemagne un système d'assurance chômage.

Les lois bismarckiennes dotèrent le Reich d'un système de sécurité sociale comme il n'en existait nulle part ailleurs dans le monde de cette époque. En Angleterre, ce n'est qu'en 1908 que furent instituées les retraites pour la vieillesse, et encore restaient-elles facultatives. En 1911, on rendit obligatoire l'assurance maladie pour tous les travailleurs manuels âgés de seize à soixante-dix ans et pour les autres catégories de travailleurs gagnant moins de 160 livres par an ; les charges de cette assurance étaient supportées concurremment par les employeurs, les salariés et l'État. En 1911 également fut instituée une assurance chômage, limitée à l'origine au bâtiment, aux constructions navales et à la métallurgie.

La France de la IIIe République accusa, dans le domaine des assurances sociales, un retard considérable sur les grands pays voisins. Elle ne connut, jusqu'en 1928, qu'un seul système obligatoire, l'assurance invalidité-vieillesse, votée en 1910. C'est sous le ministère Poincaré, en 1928, que fut votée la grande loi des assurances sociales, établissant un système unique d'assurance obligatoire pour la maladie, l'invalidité et la vieillesse, alimenté par des versements fournis à égalité par les employeurs et les salariés, et par une subvention de l'État.

Développement de la sécurité sociale au XXe s.
À la suite de la grande crise économique des années 1930 et de la Seconde Guerre mondiale se forma le concept nouveau de « sécurité sociale », beaucoup plus étendu que celui d'« assurances sociales ». L'idée de « sécurité sociale » qui répondait aux aspirations des populations éprouvées par la crise et par la guerre, impliquait au contraire l'idée de garantir l'ensemble de la population contre les risques de toute nature et de permettre aussi une redistribution du revenu national au profit des plus nécessiteux. Le terme de « sécurité sociale » apparut pour la première fois dans une loi américaine d'août 1935, le *Social Security Act*, qui établit aux États-Unis un système d'assurance vieillesse obligatoire. Explicité dans le plan présenté en Angleterre par William Beveridge en 1942, le concept de sécurité sociale commença d'entrer dans les faits avec les lois canadienne et australienne de 1943 et les systèmes établis en France et en Grande-Bretagne en 1945/46.

L'ordonnance du 4 oct. 1945 institua en France la Sécurité sociale, organisation unique, qui devait regrouper tous les Français et intégrer progressivement dans un régime général commun les régimes spéciaux créés antérieurement. Ce projet unificateur n'a toujours pas été réalisé, et le système français de sécurité sociale est composé de régimes autonomes fonctionnant en marge du régime général, avec des règlements très différents et des variations considérables de prestations d'une profession à une autre. Les trois principales branches de la Sécurité sociale française sont : l'assurance maladie, qui rembourse en partie les dépenses de santé et qui est alimentée par les cotisations des employeurs et des salariés ; les prestations familiales, financées par les seuls employeurs pour les salariés, qui comprennent les allocations familiales, les allocations de salaire unique ou de la mère au foyer, les allocations prénatales, les allocations de maternité, les allocations logement ; l'assurance vieillesse, qui ouvre le droit à la retraite à des âges très divers selon les professions. Dès la fin des années 1960, la quasi-totalité des Français étaient couverts par la Sécurité sociale. Mais il en est résulté un accroissement des charges, qui pèsent sur les entreprises françaises plus lourdement que sur leurs concurrentes européennes.

En outre, le régime général de la Sécurité sociale accuse régulièrement d'importants déficits depuis deux décennies. Cette évolution résulte de l'augmentation des dépenses sociales dans un contexte de baisse de la croissance économique, de la diminution de la part des actifs dans la population, de l'allongement de la durée de la vie et de la plus grande technicité des soins médicaux. Il a donc fallu, à partir des années 1980, une augmentation des prélèvements obligatoires (institution de la CSG, contribution sociale généralisée, destinée à financer les déficits sociaux) ainsi que des hausses de cotisations, mais aussi plusieurs plans de maîtrise des dépenses de santé. En janv. 1994, fut introduite une réforme du mode de calcul des retraites, allongeant la durée des cotisations. Le plan Juppé (nov. 1995), prévoyant d'importantes modifications dans la gestion du système, se heurta à une forte opposition syndicale. Une nouvelle réforme du système était en cours en 2004.

PROTESTANTISME. Au sens religieux, le mot *protestant* fit son apparition à l'issue de la seconde diète de Spire (1529) ; les princes luthériens du Saint Empire y avaient « protesté », au sens ancien du terme, c'est-à-dire « promis solennellement » d'appeler à un concile général du décret de l'empereur après les décisions de la majorité catholique qui abrogeaient les libertés obtenues par les réformés à la première diète de Spire (1526).

La naissance du mouvement luthérien
Préparée par une douloureuse crise de conscience, la révolte du moine augustin Martin Luther (v.) éclata à l'occasion de l'affaire des Indulgences (v.). La veille de la Toussaint 1517, Luther afficha ses 95 thèses contre les indulgences à la porte de l'église du château de Wittenberg. Cette protestation eut un grand retentissement en Allemagne et valut à son auteur la sympathie des humanistes (Reuchlin, Ulrich von Hutten). Au cours des discussions, colloques et controverses qui se succédèrent, Luther eut affaire à des théologiens thomistes qui se montrèrent réfractaires à ces thèses. Ainsi, bien que les idées qu'il avait exprimées dans ses 95 thèses ne fussent nullement irréconciliables avec la doctrine de l'Église, Luther fut amené à rejeter toute autorité ecclésiastique pour ne plus s'en remettre qu'à la Bible (dispute de Leipzig avec le dominicain Johann Eck, juin/juill. 1519). Tandis que Rome le condamnait par la bulle *Exsurge Domine* (15 juin 1520), Luther développa sa doctrine dans ses trois ouvrages fondamentaux, les « grands écrits réformateurs ». Mis au ban de l'Empire (diète de Worms, avr. 1521), Luther trouva refuge à la Wartburg, sous la protection de l'Électeur Frédéric de Saxe ; c'est alors qu'il entreprit sa traduction allemande de la Bible, qui devait lier pour toujours la Réforme à la culture germanique. Pendant le séjour de Luther à la Wartburg (avr. 1521/mars 1522), un de ses disciples les plus radicaux, Karlstadt, imposa à Wittenberg la suppression

du célibat ecclésiastique, la sécularisation des biens religieux, l'abolition des images de saints et le remplacement de la liturgie catholique par une « messe évangélique » réduite à un sermon et à la communion sous les deux espèces.

Luther jugea ces mesures excessives, mais, à sa sortie de la Wartburg, il se trouva aux prises avec des problèmes plus brûlants. Les « pauvres chevaliers » de l'Allemagne du Sud (Franz von Sickingen, Ulrich von Hutten), qui avaient été parmi ses premiers partisans, profitèrent de la Réforme pour se jeter sur les possessions de l'archevêque de Trèves, mais ils furent écrasés par la haute noblesse (1523). Luther se détourna d'eux, de même qu'il condamna, en 1524/25, la guerre des Paysans (v.) inspirée par les doctrines communistes des anabaptistes (v.). Dans ces deux circonstances, Luther prit le parti des grands seigneurs allemands, ce qui eut des conséquences capitales pour l'avenir de la Réforme en Allemagne. Beaucoup de princes de l'Allemagne du Nord et du Centre se rallièrent au réformateur pour s'emparer des biens ecclésiastiques ; la plus importante de ces sécularisations fut opérée en 1525 par Albert de Brandebourg, dernier grand maître de l'ordre Teutonique (v.), qui s'assura la possession des immenses domaines de l'ordre et les transforma en duché héréditaire, le duché de Prusse. Dans les villes, souvent en lutte avec leurs évêques, Luther trouva aussi de fermes appuis : à Breslau, Erfurt, Magdebourg, Brême, Hambourg, mais également en Allemagne du Sud, à Nuremberg, à Constance... Les princes devaient jouer un rôle très important dans l'organisation de l'Église luthérienne. La première Église d'État fut mise sur pied en Saxe, en 1525, et l'exemple fut suivi par le landgrave de Hesse et par les autres princes. Brouillé avec les humanistes, qui ne voulaient pas rompre avec l'Église catholique et défendaient la liberté humaine (querelle avec Érasme 1524/25), Luther donna à son Église une nouvelle réglementation liturgique (1526). La doctrine luthérienne trouva son expression systématique dans divers formulaires importants : d'abord les deux *Catéchismes* de Luther lui-même (1529) ; puis la *Confession d'Augsbourg*, rédigée et lue par Melanchthon (v.) devant la diète d'Augsbourg (1530) ; les *Articles de Smalkalde* (1537) ; le *Livre de la concorde* (1580).

La Réforme en Allemagne et dans l'Europe du Nord

Du vivant même de Luther, des tendances doctrinales divergentes se firent jour : sur le problème moral, les radicaux, comme Agricola, s'opposèrent aux conciliateurs, restés plus proches de la tradition catholique, comme Melanchthon et Osiander ; le problème sacramentaire, d'autre part, opposa Luther au réformateur suisse Zwingli (v.) et à Bucer. Le luthéranisme ayant, dès 1525, noué des liens étroits avec les princes allemands, l'histoire de son développement au XVIe s. se confond en partie avec l'histoire politique de l'Allemagne. À la première diète de Spire (juin 1526), Ferdinand de Habsbourg, vicaire impérial pour Charles Quint, dut accorder aux protestants la liberté, pour chaque dynaste ou pour chaque ville, d'adopter la Réforme. Celle-ci fit de rapides progrès, et, quand la seconde diète de Spire (juin 1529) voulut supprimer les concessions accordées par la première, les villes et les princes luthériens émirent une « protestation » solennelle. Luther essaya cependant d'éviter la rupture complète avec l'empereur. C'est dans un esprit de conciliation que Melanchthon rédigea la *Confession d'Augsbourg*, lue devant la diète le 25 juin 1530 ; mais les théologiens catholiques refusèrent de l'accepter. Voyant Charles Quint décidé à des mesures de rigueur, les protestants formèrent la ligue de Smalkalde (v.) (1530), et l'empereur, absorbé par sa lutte contre François Ier, dut renoncer pour le moment à combattre le protestantisme (paix de Nuremberg, 1532).

Vers 1540, les luthériens prédominaient dans la plus grande partie de l'Allemagne, où seules la Bavière et quelques principautés ecclésiastiques constituaient encore de solides bastions catholiques. Ayant fait la paix avec François Ier (1544), Charles Quint put se retourner vers l'Allemagne, bien décidé à y rétablir le catholicisme : mais, dans la guerre de la ligue de Smalkalde (1546/55), les princes protestants, vaincus à Mühlberg (1547), purent cependant, avec l'aide de la France, tenir l'empereur en respect. La lutte se termina en 1555, par la paix d'Augsbourg, qui consommait la division religieuse de l'Allemagne et laissait à chaque prince le droit de choisir entre le catholicisme et le luthéranisme, et d'imposer dans ses États la religion de son choix (*cujus regio, ejus religio*).

D'Allemagne, le luthéranisme gagna l'Europe du Nord, du vivant même du réformateur.

Au **Danemark**, il se répandit entre 1520 et 1540, grâce aux efforts de l'ancien moine Hans Tausen, qui avait été étudiant à Wittenberg. Il rencontra les sympathies d'un haut clergé depuis longtemps politisé ; un symbole luthérien, la *Confessio Hafnica*, fut adopté en 1530. À la diète de Copenhague (1536), le roi Christian III introduisit officiellement la Réforme ; les biens des églises et des monastères furent confisqués ; un disciple de Luther, Bugenhagen, prépara la constitution et la liturgie de la nouvelle Église.

Comme la **Norvège** se trouvait alors sous la domination danoise, elle passa également au luthéranisme en 1537. Les activités catholiques furent progressivement interdites dans les deux pays : en 1624, la peine de mort fut édictée contre les prêtres catholiques, et, en 1683, on décida la confiscation des biens des Danois convertis à la religion romaine.

En **Suède**, la Réforme fut introduite par les frères Olaus et Laurentius Petri. Le nouveau roi, Gustave Vasa, rompit avec Rome à la diète de Västerås (1527), surtout pour briser l'influence et la puissance économique du clergé. Le luthéranisme ne pénétra que lentement en Suède, où l'Église réformée conserva l'épiscopat, le sacerdoce et la plupart des cérémonies liturgiques de la religion traditionnelle. Le passage à la Réforme fut ainsi progressif, et l'Église de Suède n'a jamais adopté officiellement l'épithète de « luthérienne ».

Évolution spirituelle du luthéranisme depuis le XVIIe s.

Le piétisme se développa en **Allemagne** dès la fin du XVIIe s. ; il mettait l'accent sur le sentiment religieux, la nécessité de la prière et la sanctification personnelle. Ses principaux représentants furent P.J. Spener, H. Francke et la communauté des frères moraves (v.) de Zinzendorf. Le piétisme joua en Allemagne un rôle analogue à celui du méthodisme (v.) dans les pays anglo-saxons. La diffusion du calvinisme, dans la seconde moitié du XVIe s., accentua encore l'émiettement religieux. Au XVIIe s., plusieurs conférences furent organisées pour rapprocher les deux confessions, mais sans succès. Conformément à l'organisation ecclésiastique fixée par Luther, ce furent les chefs d'État, détenteurs de l'autorité suprême dans les Églises, qui prirent l'initiative de réunir tous les protestants des diverses dénominations, au besoin par la force de la loi. Ces réunions eurent lieu en Prusse en 1817, dans le Nassau (1817), en Hesse (1823), en Anhalt (1827)... Elles se heurtèrent souvent à de vives résistances (vieux-luthériens). Après 1918, le régime de Weimar essaya de relâcher les liens. Le IIIe Reich soutint au contraire le mouvement des Chrétiens allemands, qui tenta d'infléchir la doctrine chrétienne dans le sens du racisme hitlérien. Mais les meilleures autorités spirituelles du luthéranisme animèrent la résistance dans le mouvement de l'Église confessante (*Bekennende Kirche*), fondé au synode de Barmen (mai 1934). Depuis 1945, un grand nombre de luthériens allemands se sont regroupés dans l'Église unie évangélique luthérienne d'Allemagne (*Vereinigte Evangelische Lutherische Kirche Deutschlands*, VELKD), tandis que l'Église évangélique d'Allemagne (*Evangelische Kirche Deutschlands*, EKD), constituée en 1948, rassemblait, mais en moins grand nombre, luthériens et autres réformés.

Au **Danemark**, après le déclin rationaliste du XVIIIe s., la renaissance luthérienne du siècle dernier fut l'œuvre de Grundtvig. Malgré les brimades de l'orthodoxie, il remit en valeur le sacramentalisme et donna un vif essor à l'enseignement populaire. L'influence de Kierkegaard et de Barth s'est accentuée à l'époque contemporaine. Bien que la Constitution de 1849 ait assuré la liberté religieuse, les catholiques restent, au Danemark, une infime minorité, et l'Église luthérienne est étroitement liée à l'État.

En **Norvège**, l'Église luthérienne, seule autorisée jusqu'en 1845, rassemble encore la quasi-totalité de la population. Jusqu'à la Seconde Guerre mondiale, elle fut étroitement soumise à l'État, mais les conditions créées par l'occupation allemande (au cours de laquelle l'Église, et en particulier l'évêque d'Oslo, Eivind Berggrav, joua un rôle important dans la Résistance) lui permirent de prendre plus d'indépendance. Les luthériens norvégiens ont mené depuis le XIXe s. un grand effort missionnaire, notamment en Afrique du Sud, à Madagascar, en Chine, en Inde.

En **Suède**, où une tentative de réunion avec Rome avait eu lieu sous le règne de Jean III (1569/92), l'Église adopta officiellement la Confession d'Augsbourg en 1593, mais elle a gardé jusqu'à nos jours, dans son organisation et sa liturgie, de fortes survivances catholiques. Le renouveau du XXe s. est représenté avant tout par les évêques N. Söderblom (qui a joué un grand rôle dans le mouvement œcuménique) et G. Aulen. L'Église de Suède rassemble nominalement 95 % de la population, mais la déchristianisation est, en fait, très étendue. D'après la Constitution de 1809, le roi et les membres du gouvernement doivent obligatoirement appartenir à l'Église de Suède.

En **Finlande** également, la quasi-totalité de la population appartient à l'Église luthérienne ; la succession apostolique, interrompue en 1884, a été rétablie par des évêques suédois et, en 1934, une intercommunion établie avec l'Église anglicane.

En dehors de ces pays, on trouve d'importantes communautés luthériennes aux États-Unis, en France, en Suisse et en Hongrie.

La Réforme en Suisse au XVIe s. Calvin à Genève

En 1519 la Réforme fut introduite en Suisse par Zwingli, prédicateur à Zurich. Zwingli se situait beaucoup plus près de l'humanisme que Luther, ce qui l'amena à être beaucoup plus radical dans les manifestations extérieures de sa réforme. La Réforme commençait à pénétrer dans le pays romand, qui ne faisait pas encore partie de la Confédération. Son premier propagateur dans cette région fut le Dauphinois Guillaume Farel, établi à Aigle à partir de 1526. Soutenu par les Bernois, il se livra à une prédication inlassable. Dès 1530, il rallia Neuchâtel à la Réforme, puis, avec Pierre Viret, il entreprit la conquête spirituelle de Genève (1532/33) : après la fuite de l'évêque, la ville devint une république, et le conseil des bourgeois genevois adopta solennellement la Réforme (21 mai 1536). Quand le duc de Savoie vint bloquer Genève, les Bernois se portèrent aussitôt au secours de leurs frères protestants ; ils conquirent Lausanne et tout le pays de Vaud, d'où le catholicisme fut éliminé (1536). Appelé par Guillaume Farel, Calvin vint s'établir à Genève en 1536 (v. SUISSE. La Réforme en Suisse. GENÈVE. L'adoption de la Réforme).

Diffusion et évolution du calvinisme depuis le XVIe s.

Le calvinisme, qui avait trouvé sa plus complète expression dogmatique dans la Seconde Confession helvétique (1566), allait surtout se distinguer par sa vitalité dans le domaine des œuvres (plus importantes que dans le luthéranisme, non à cause de leur valeur méritoire, mais comme manifestation de la prédestination) et par son organisation à la fois démocratique et aristocratique (gouvernement par les « anciens »), qui a pris dans les pays anglo-saxons le nom de presbytérianisme (v.). De Genève, le calvinisme rayonna largement sur la France.

En **Allemagne**, il a fait des progrès, notamment au Palatinat, dans le Nassau, mais a perdu du terrain devant le luthéranisme dès la fin du XVIe s. L'Électeur de Brandebourg, Jean Sigismond, adhéra au calvinisme (1613), mais il ne fit pas jouer dans ses États le principe *cujus regio, ejus religio*, et ses sujets restèrent luthériens. En Anhalt, en Hesse-Kassel, le souverain devint également calviniste, mais le luthéranisme conserva de fortes positions.

La **Bohême**, qui avait d'abord subi les influences germaniques luthériennes, fut pénétrée par les doctrines de Calvin au début du XVIIe s. et, lors de la révolte protestante contre l'empereur, c'est un calviniste, l'Électeur palatin Frédéric V, que les luthériens eux-mêmes placèrent à leur tête (1619).

En **Hongrie**, le calvinisme trouva son centre à Debrecen et son principal propagateur fut le pasteur Juhasz, surnommé Melius ; peu après 1550, il établit un système presbytérien synodal qui dure encore aujourd'hui ; le calvinisme, dont les principes avaient été proclamés dans la *Confessio hungarica* de 1557, submergea presque complètement le luthéranisme.

Dans les **Pays-Bas**, encore soumis, au XVIe s., à la domination espagnole, le luthéranisme n'eut jamais une grande influence, mais le calvinisme fit beaucoup d'adeptes dans les milieux populaires. Le pasteur wallon Guy de Bray formula la *Confessio belgica* (1561), qui fut confirmée par le premier synode national de Dordrecht (1578). Dans les provinces septentrionales qui ont formé les Pays-Bas actuels, la lutte pour la liberté religieuse s'est confondu avec la lutte nationale contre les Espagnols. Après la proclamation de l'Union d'Utrecht (1579), l'exercice du culte catholique fut interdit dans les nouvelles Provinces-Unies. Mais les théologiens calvinistes, dans les premières années du XVIIe s., furent profondément divisés par les discussions sur la prédestination, que les partisans d'Arminius atténuaient à l'extrême, alors que ceux de Gomarus la défendaient dans toute sa rigueur. Les « arminiens » ou « remontrants » furent en fin de compte condamnés par le synode de Dordrecht (1618/19) et leurs chefs furent exécutés ou durent s'exiler (Oldenbarnevelt). Le calvinisme le plus strict devint la religion nationale des Pays-Bas. L'Église et l'État ne furent séparés qu'en 1848.

En **Écosse**, où l'Église catholique souffrait, au XVIe s., d'abus particulièrement graves, le calvinisme fut introduit en 1560 par John Knox (v.).

En **Angleterre**, les doctrines de Calvin furent répandues sous le règne d'Élisabeth Ire par des ministres qui avaient dû s'exiler sur le continent durant la réaction catholique de Marie Tudor. On peut trouver l'influence de ces doctrines dans les Trente-Neuf Articles de 1563, mais les tendances antiépiscopales des calvinistes furent énergiquement combattues par le pouvoir royal. La persistance de l'influence calviniste se manifesta dans le presbytérianisme, chez les puritains (v.) et chez les autres non-conformistes (v.) ou « dissidents » anglo-saxons du XVIIIe s.

Aujourd'hui, les calvinistes prédominent toujours en Suisse, en Écosse, aux Pays-Bas ; ils forment le groupe le plus important des protestants français.

En France au XVIe s.

Les doctrines réformatrices, qui avaient pénétré en France dès les années 1520, bénéficièrent de la bienveillance active de la sœur du roi, Marguerite de Navarre. Dans le climat de désarroi qui suivit le désastre de Pavie (1525) et la captivité du roi en Espagne, la régente Louise de Savoie, sous la pression du parlement, prit les premières mesures répressives. Le cénacle de Meaux fut dispersé, Lefèvre d'Étaples dut s'enfuir. Le prêtre Jacques Pauvent (1526) et l'humaniste Berquin (1526) périrent sur le bûcher. Les novateurs trouvèrent asile auprès de Marguerite, à la petite cour navarraise de Nérac (v.). L'affaire des Placards (v.), en 1534, décida François Ier à sévir : une vingtaine d'hérétiques furent exécutés à Paris avec des raffinements de cruauté. Le roi parut ensuite vouloir revenir à la conciliation (édit de Coucy, 1535 ; édit de Lyon, 1536), mais l'édit de Fontainebleau (1er juin 1540) instaura une législation régulière pour réprimer l'hérésie. François Ier choisissait finalement le parti de la sévérité pour se faire pardonner les aspects insupportables aux catholiques de sa politique étrangère (alliance avec les protestants allemands et avec les Turcs). Les vaudois (v.) de la vallée de la Durance furent les victimes d'une véritable guerre d'extermination, et des bûchers s'élevèrent dans les divers points du royaume pour les protestants : on devait compter soixante-six exécutions de protestants sous François Ier et quatre-vingt-huit sous Henri II.

Malgré la persécution, la Réforme faisait des progrès : l'influence luthérienne resta très limitée en France, mais le calvinisme, à partir de 1540, se répandit dans toutes les couches de la société. On estime que, vers 1569, le calvinisme comptait dans ses rangs environ un tiers de la noblesse française. En 1563 huit évêques français avaient été invités à se rendre à Rome pour se justifier du soupçon d'hérésie. Sous François II, les protestants formèrent la conspiration d'Amboise (1560), qui échoua. Le colloque de Poissy (v.) (1561) leur laissa espérer la tolérance, que Catherine de Médicis leur accorda en effet par l'édit de Saint-Germain (17 janv. 1562). Mais le massacre de Wassy (1er mars 1562) déclencha les longues guerres de Religion (huit au total) qui, pendant plus de trente ans, opposèrent huguenots et catholiques, en jetant la France dans une terrible anarchie et en l'exposant à l'intervention des puissances étrangères.

Au cours de ces luttes entrecoupées de trèves, les calvinistes organisèrent leurs Églises dans le cadre d'un véritable État protestant dont l'extension géographique était extrêmement mouvante, mais qui possédait ses armées, son administration, ses assemblées générales et provinciales. Une série d'édits de pacification et de trêves (édits ou traités d'Amboise, 1563 ; de Longjumeau, 1568 ; de Saint-Germain, 1570) précédèrent l'édit de Nantes (v.) (1598), que le roi Henri IV, protestant converti, dut imposer, non sans difficulté, aux catholiques et aux protestants. Au principe allemand *cujus regio, ejus religio*, la France, en maintenant son unité politique, substituait une idée vraiment neuve en Europe, celle d'une certaine tolérance religieuse. Le catholicisme restait religion d'État, mais Henri IV reconnaissait, dans ses éléments essentiels, l'État protestant qui s'était constitué peu à peu au cours des guerres de Religion. Les calvinistes obtinrent des garanties territoriales (plus de cent places de sûreté, parmi lesquelles La Rochelle, Saumur, Montauban, Montpellier) ; ils gardèrent le droit de tenir leurs assemblées politiques, qui déléguaient de véritables ambassadeurs auprès du roi ; ils eurent même leurs tribunaux particuliers.

En France, du XVIIe s. à nos jours

Pour des raisons moins religieuses que politiques, Louis XIII et Louis XIV, soutenus jusque dans leurs erreurs par l'immense majorité de l'opinion publique, allaient s'efforcer de réduire à l'extrême la tolérance accordée par Henri IV. La résistance protestante, acharnée, soutenue d'ailleurs par l'Angleterre, fut finalement brisée par la prise de La Rochelle (1628). L'édit d'Alès ruina l'organisation politique protestante et la puissance militaire calviniste, mais confirma le régime de la tolérance religieuse (1629).

Cependant, les catholiques ne voyaient là qu'un compromis provisoire, et Louis XIV crut pouvoir rétablir par la force l'unité de foi. Dès 1665, le roi prit l'offensive contre « la religion prétendue réformée » en utilisant à la fois les moyens de séduction les plus grossiers (la « Caisse des conversions » de Pellisson) et les persécutions (v. DRAGONNADES). La révocation de l'édit de Nantes (1685) valut à Louis XIV un concert de louanges à peu près unanimes, mais le calvinisme résista héroïquement à la destruction de ses cadres ecclésiastiques. Tandis que de nombreux protestants choisissaient l'émigration (surtout en Prusse et en Hollande), ceux qui restèrent trouvèrent dans la persécution une ardeur nouvelle qui fit ses preuves dans la guerre des Cévennes et la révolte des camisards (v.). Sous l'impulsion d'Antoine Court, le protestantisme se réorganisa, dès les premières années du XVIIIe s., dans le midi de la France (« assemblées du Désert »). Une persécution sporadique devait pourtant continuer longtemps encore.

Après 1750, sous l'influence des idées nouvelles répandues par les philosophes (intervention de Voltaire dans l'affaire Calas) (v.), les textes répressifs furent peu à peu délaissés ; mais comme l'état civil appartenait alors à l'Église, les familles protestantes ne pouvaient faire légitimer leur mariage, leurs enfants ou leurs testaments. L'édit de tolérance de Louis XVI (29 nov. 1787) rendit l'état civil aux protestants, auxquels la Révolution apporta bientôt une liberté complète. Napoléon Ier, dans un esprit analogue à celui du concordat catholique de 1801, régla les rapports de l'État avec les protestants ; les ministres furent astreints au serment, aux prières publiques, mais reçurent un traitement de fonctionnaires. Bien que ne constituant en France qu'une minorité établie surtout à l'Est (Alsace et Lorraine), dans le Midi (Nîmes, Montpellier, région des Cévennes) et dans le Sud-Ouest (Bordeaux, La Rochelle), les protestants devaient jouer un rôle de plus en plus important au cours du XIXe s. Alors que beaucoup de catholiques, tout au long du XIXe s. et au début du XXe s., manifestaient leur hostilité à la démocratie et aux institutions républicaines, la plupart des protestants accueillaient avec sympathie les transformations politiques de la France ; certains d'entre eux (les Monod, Pressensé) furent parmi les plus ardents défenseurs de Dreyfus.

Dès le milieu du XIXe s., de fortes tendances se manifestèrent en faveur d'un rassemblement des Églises protestantes de France. Ce mouvement eut pour premiers animateurs Tommy Fallot, Vinet, Brant, Wilfrid Monod. En 1907, la Fédération protestante de France tint ses premières assises (le pasteur Bœgner devait en être le président de 1929 à 1961). Une union plus étroite fut réalisée à l'assemblée de Lyon (mai 1938), qui vit naître l'Église réformée de France (v. ŒCUMÉNISME).

L'Église d'Angleterre et les « dissidents » anglo-saxons

Préparée par plusieurs siècles de difficultés avec Rome, la Réforme ne fut d'abord, en Angleterre, qu'un schisme dont l'occasion fut le divorce d'Henri VIII, en 1533 (v. ANGLICANISME). Contre l'épiscopalisme se dressa alors l'opposition des presbytériens, des puritains et du congrégationalisme – ces trois tendances se recouvrant en partie les unes les autres. Persécutés par les premiers Stuarts, les « dissidents » (c'est-à-dire tous les chrétiens, catholiques exclus, qui n'appartenaient pas à l'Église anglicane) l'emportèrent lors de la révolution d'Angleterre, et l'Église anglicane fut abolie en 1643. Restauré en 1660, Charles II essaya d'abord d'amener les « dissidents » et l'épiscopat à une entente (conférence du Savoy, 1661), puis, cette tentative ayant échoué, il rétablit officiellement l'Église anglicane par l'Acte d'uniformité (1662). Après la révolution de 1688, le nouveau roi, Guillaume III, ramena enfin la paix entre anglicans et puritains par l'Acte de tolérance de 1689.

Pendant le XVIIIe s., cet antagonisme parut s'effacer, car le courant alors dominant était celui du latitudinarisme, qui, dans son indifférence aux dogmes, acheminait les esprits vers le déisme rationaliste. En réaction, se développèrent des mouvements piétistes comme le méthodisme et le mouvement des quakers (v.).

Au cours des XVIIe/XVIIIe s., les « dissidents » acquirent des positions très fortes dans les colonies anglaises d'Amérique (v. PURITAINS). Héritiers des anabaptistes (v.) allemands et hollandais, les baptistes, qui firent leur apparition en Angleterre vers 1612, connurent, à la fin du XVIIIe s., un puissant renouveau missionnaire sous la direction de William Carey. Les progrès de ce mouvement furent particulièrement spectaculaires aux États-Unis. Les mennonites, qui pratiquent l'objection de conscience, sont également issus de l'anabaptisme.

PROUDHON Pierre Joseph (* Besançon, 15.I.1809, † Paris, 19.I.1865). Philosophe français. Auteur dans son premier ouvrage *Qu'est-ce que la propriété ?* de la célèbre formule « la propriété, c'est le vol » par laquelle il reprochait aux propriétaires de percevoir un revenu sans travailler. Proudhon ne cessa de dénoncer les inégalités sociales à travers ses divers écrits. Tirant les conséquences pratiques de ses théories, il voulut fonder une « banque d'echange » pratiquant le crédit gratuit et dont la valeur des billets reposerait sur la garantie mutuelle. Il fut élu député à la Constituante (juin 1848), créa plusieurs journaux, fut condamné pour délit de presse et plusieurs fois emprisonné. Sa pensée, qui s'exprime dans de nombreux écrits, notamment *Du principe fédératif* (1863) et *Théorie de la propriété* (1865), a influencé tant les anarchistes (Bakounine, Kropotkine, Élisée Reclus) que les socialistes (Jaurès, Sorel) ; Marx répondit à sa *Philosophie de la misère* par *Misère de la philosophie*. Sur la fin de sa vie, Proudhon évolua vers le mysticisme, abandonna le combat politique et devint un ardent défenseur du pouvoir temporel des papes. On lui a aussi reproché de s'être opposé à l'émancipation des femmes.

PROVENCE. Ancienne province de France, bornée au N. par le Dauphiné et le comtat Venaissin, à l'E. par le Piémont et le comté de Nice, au S. par la Méditerranée, à l'O. par le Languedoc.

La Provence grecque et romaine

Habitée au début du Ier millénaire par les Ligures, la Provence fut peut-être visitée par des Phéniciens dès le XIe s. av. J.-C. Vers 600, des Grecs de Phocée fondèrent la ville de *Massalia* ou *Massilia* (Marseille), qui, à son tour, établit de nombreuses colonies sur la côte méditerranéenne : *Nikaia* (Nice), *Antipolis* (Antibes), *Athénopolis* (Saint-Tropez), *Olbia* (Hyères), *Tauroentum* (Bandol), *Kitharista* (La Ciotat) et, vers l'O., *Agatha* (Agde), ainsi que divers comptoirs jusqu'à l'embouchure de l'Èbre (Emporion). Par Marseille, la Provence et le monde méditerranéen se trouvaient en relations commerciales avec le monde celtique, tandis que de hardis marins massaliotes s'aventuraient jusque dans l'Atlantique (voyage de Pythéas, IVe s.). Menacés par une dangereuse coalition celto-ligure, les Marseillais firent appel aux Romains, avec lesquels ils avaient déjà combattu les Carthaginois. Après quatre ans de lutte (125/121), les Romains conquirent bientôt tout le pays des Alpes au Languedoc (Marseille conservant son indépendance). Aix (*Aquae Sextiae*) fut fondée dès 122, Narbonne en 118 et la région Conquise reçut le nom de province de Narbonnaise. Le consul Domitius Ahenobarbus commença, au-delà du Rhône, la *via Domitia*, en direction des Pyrénées. Bastion transalpin avancé contre les Barbares, la Provence vit la victoire de Marius sur les Teutons près d'Aix (102) et constitua une base de départ pour la conquête de la Gaule. Mais, durant la guerre civile, Marseille se prononça pour Pompée : assiégée et prise par César (49), elle perdit sa flotte et ses possessions extérieures. Les Romains établirent des colonies de vétérans à Arles, Fréjus, Avignon, Cavaillon, Apt, Carpentras... En 15 av. J.-C., Auguste fit de la partie alpestre de la Provence la province des Alpes-Maritimes.

Le christianisme, bien qu'il ait sans doute pénétré dans la région avant la fin du Ier s., fit des progrès assez lents. Au IVe s., cependant, Arles joue un grand rôle religieux (conciles de 314 et de 353) et bientôt politique, car c'est là qu'est venu s'installer le préfet des Gaules, fuyant Trèves exposée aux invasions.

La Provence dans le haut Moyen Âge

La Provence est aussi la première région d'Europe où fleurit le monachisme (abbayes de Saint-Victor de Marseille, de Lérins ; début Ve s.). Les Wisigoths ont assiégé Arles en 426, 430, 452, et, après la chute de l'Empire d'Occident (476), leur roi, Euric, s'est emparé de tout le pays, suivi par les Burgondes, les Ostrogoths (510) et, enfin, les Francs (536). Ceux-ci n'exercèrent qu'une autorité nominale sur la Provence, qui jouit aux VIe/VIIe s. d'une indépendance de fait et s'allia même aux Arabes contre Charles Martel qui soumit la Provence en la dévastant (736/39). Au traité de Verdun (843), la Provence échut à Lothaire, qui la laissa (855) à son troisième fils, Charles. Avec le Viennois, la Maurienne et le duché de Lyon, elle constitua alors le **royaume de Provence-Viennois** ou de **Bourgogne cisjurane** (855/63). À la suite des guerres provoquées par la succession de Charles de Provence, le beau-frère de Charles le Chauve, Boson, se fit proclamer roi à l'assemblée de Mantaille (879) et fonda le **second royaume de Provence** (879/933). Boson fut en butte à la coalition des rois carolingiens (l'empereur Charles le Gros se fit reconnaître roi de Provence en 884) mais il ne fut jamais éliminé. Son fils, Louis l'Aveugle (l'empereur Louis III), confia le gouvernement de la Provence à Hugues d'Arles, qui, partant pour l'Italie afin d'y soutenir ses prétentions impériales, céda le pays à Rodolphe II, roi de Bourgogne transjurane (934). Ainsi fut créé un nouveau **royaume de Bourgogne-Provence**, auquel on donna plus tard le nom de **royaume d'Arles**. Cet État, qui devait subsister jusqu'en 1032, s'étendait de la vallée supérieure de la Saône et de la Suisse occidentale à la Méditerranée ; à l'O., il comprenait aussi le Vivarais, le Forez et le Lyonnais.

En fait, les rois de Bourgogne ne se soucièrent guère de la Provence, où l'autorité réelle était détenue par les comtes d'Arles et d'Avignon. Le comte d'Avignon Guillaume, dit le Libérateur, descendant du roi Boson, délivra la Provence des Sarrasins, qui disposaient d'un repaire puissant à La Garde-Freinet (973), et fut le premier à s'intituler comte et même marquis de Provence. L'élimination des Sarrasins permit à la féodalité de faire des progrès rapides ; elle s'accompagna aussi d'un beau renouveau religieux (abbaye Saint-Victor de Marseille), d'un accroissement de la population et d'un réveil économique. En 1032, par le testament de Rodolphe III de Bourgogne-Provence, le royaume d'Arles se trouva réuni à l'Empire germanique ; mais, à l'exception de Frédéric II, les empereurs n'essayèrent guère de faire sentir leur autorité dans le pays, où les comtes de Provence se comportaient comme de véritables souverains indépendants.

Les comtes catalans de Provence (1113/1245)

À la suite de l'extinction des descendants mâles de Boson et du mariage de l'héritière de Provence, Douce, fille de Gerberge, comtesse d'Arles, avec Raymond Bérenger III, comte de Barcelone (1112), la Provence passa sous l'autorité de la dynastie catalane. Les comtes catalans virent se dresser contre eux divers compétiteurs : d'abord Alphonse Jourdain, comte de Toulouse, qui accepta le traité du 16 sept. 1125, par lequel la Provence fut partagée en deux (les territoires au N. de la Durance furent dévolus au comte de Toulouse et devinrent le *marquisat de Provence* ; le pays compris entre le Rhône, la Durance, les Alpes et la mer resta aux comtes catalans) ; puis les seigneurs des Baux, qui livrèrent pendant vingt ans contre Raymond Bérenger III les « guerres baussenques » (1142/62). À l'E., le comté de Forcalquier, qui s'était formé en 1053, mena lui aussi de vives luttes contre les comtes catalans, mais il devait être finalement réuni à la Provence en 1209. Le XIIe s. vit l'épanouissement de la vie municipale, qui prit, en Provence, la forme particulière des « consulats », adoptée successivement par Arles (1130), Avignon (1136), Nice (1144), Tarascon (1150), Marseille (1178)... L'émancipation des villes était une conséquence de la prospérité économique : Provence et Catalogne, étroitement unies, étaient devenues une grande puissance maritime et elles tirèrent de larges profits des croisades (auxquelles les comtes catalans, à la différence de leurs voisins de Toulouse, se gardèrent d'ailleurs de participer).

La Provence était un des pôles de la civilisation européenne, et son influence rayonnait sur la France, sur l'Italie, sur l'Espagne et jusque dans les régions rhénanes. L'énergie de Raymond Bérenger V (1209/45) réussit à préserver la plus grande partie de la Provence de la croisade contre les albigeois (v.) et de la ruée dévastatrice des « barons du Nord ». Cependant, Avignon fut réduite par le roi de France Louis VIII en 1226. La croisade eut la grave conséquence de substituer à l'influence lointaine du Saint Empire la présence proche et bientôt envahissante des Capétiens. En 1378 l'empereur Charles IV (qui s'était fait couronner en Arles en 1365) renonça formellement à sa suzeraineté sur la Provence, mais, en fait, celle-ci était passée sous l'influence française dès le milieu du XIIIe s.

Les comtes angevins de Provence (1246/1481)

Après la mort de Raymond Bérenger V, Blanche de Castille arrangea le mariage de son fils, Charles d'Anjou, frère de Saint Louis, avec Béatrice, fille et héritière du dernier comte catalan. La Provence passa ainsi à la maison d'Anjou, et elle se trouva mêlée aux aventures des princes angevins dans le royaume de Naples. Formé dans l'esprit centralisateur des Capétiens, Charles Ier d'Anjou (1246/85) porta de profondes atteintes aux libertés communales. Mais les Angevins devaient être bientôt absorbés par leurs préoccupations italiennes, et la Provence trouva dans cette situation des garanties d'indépendance et de prospérité. Sans doute les états de Provence, dont la première réunion connue date de 1286, furent-ils souvent mis à contribution pour fournir des subsides nécessaires aux guerres napolitaines, mais les marins marseillais bénéficiaient du trafic avec Naples ; le commerce et la banque florissaient, et la Provence, qui ne devait compter que sur elle-même, renforçait son administration autonome. Tous les comtes angevins ne se désintéressèrent pas de la Provence, et certains d'entre eux y jouirent d'une très grande popularité : Charles II le Boiteux (1285/1309), la reine Jeanne (1343/82), le roi René (1434/80). Ce dernier légua son comté (testament de 1474), non à son petit-fils, René II, duc de Lorraine, mais à son neveu, le faible Charles III (1480/81), ce qui facilite les entreprises du roi Louis XI. Peu après la mort de René, Louis XI fit envahir la Provence par des troupes françaises, qui brisèrent les tentatives de résistance des partisans « lorrains » de René II, et, à la mort de Charles III, le roi de France fut reconnu par les états d'Aix comme comte de Provence (janv. 1482).

L'intégration de la Provence dans la monarchie française

En 1487, la réunion définitive de la Provence à la France fut consacrée par un traité d'union, dans lequel le roi s'engageait solennellement à respecter l'autonomie provençale. Très vite cependant, la Provence fut soumise à l'œuvre monarchique d'unification et d'uniformisation : l'édit de Joinville (1535), en particulier, réglementa strictement les états de Provence et supprima un grand nombre de magistratures traditionnelles du comté ; l'ordonnance de Villers-Cotterêts (1539) imposa la rédaction en français des actes de justice ; les états de Provence furent convoqués pour la dernière fois en 1639, et, comme les autres provinces françaises, la Provence fut administrée à partir de Louis XIV par des intendants (1673). Ces mesures d'unification n'allèrent pas sans provoquer de vifs mécontentements. Le parlement d'Aix participa activement à la Fronde, et, de 1649 à 1653, la Provence fut en pleine agitation. Un parti de nobles rebelles se forma sous le nom de *sabreurs*, cependant que les Provençaux loyalistes envers la Couronne formaient le parti des *canivets*. Les Marseillais persistèrent longtemps dans leur opposition, et Louis XIV abolit leurs libertés municipales (1660). L'esprit d'indépendance provençal se manifesta encore, pendant la Révolution sous la forme du fédéralisme et, pendant le premier Empire, par une vive opposition à Napoléon Ier. Au XIXe s., Frédéric Mistral et le félibrige furent les inspirateurs d'une étonnante renaissance de la langue et de la littérature provençales.

PROVINCES-UNIES. État fédératif formé en 1579 par l'Union d'Utrecht conclue entre les cinq provinces de Hollande, Zélande, Utrecht, Gueldre et Frise, auxquelles s'ajoutèrent celle d'Overijsel, la même année, et celle de Groningue en 1594. La république des Provinces-Unies dura jusqu'en 1795. Voir **PAYS-BAS**.

PRUSSE, *Preussen*. Ancien État de l'Allemagne du Nord ; capitale *Berlin*. Le noyau originel de l'État prussien est le pays situé le long de la mer Baltique, entre la Vistule et le Niémen, qu'on appelait, jusqu'en 1945, la Prusse-Orientale. Ce pays, principal producteur de l'ambre de la Baltique, était habité au Ier s. de notre ère, d'après Tacite, par les *Aestii*. Aux IIe/IIIe s., il fut occupé par le peuple germanique des Goths, venu de Scandinavie, puis par un peuple balte, apparenté aux Lettons et aux Lituaniens, les Borusses ou Prussiens. Ce peuple guerrier, qui vivait essentiellement de la chasse, mais aussi de l'agriculture, était très attaché à ses cultes païens, et la caste sacerdotale y exerçait une grande influence. Les premières tentatives d'évangélisation des Prussiens furent des échecs : l'évêque Adalbert de Prague fut massacré en 997.

La Prusse et l'ordre Teutonique

Au début du XIIIe s., le moine cistercien Christian d'Oliva entreprit un nouvel effort missionnaire (en 1215, Innocent III lui donna le titre d'évêque de Prusse). Mais il rencontra une farouche résistance, et les tribus prussiennes envahirent le duché polonais de Mazovie, qui s'était constitué sur la moyenne Vistule, autour de Varsovie. Devant le danger, le duc Conrad de Mazovie fit alors appel à l'ordre Teutonique (v.), dont la mission originelle était de combattre les infidèles en Terre sainte. En 1226, le duc Conrad attribua aux Teutoniques le pays de Kulm (Chelmno), dont la possession fut confirmée à l'ordre par l'empereur Frédéric II. La conquête de la Prusse devait demander plus d'un demi-siècle (1230/83). Les progrès étaient consolidés au fur et à mesure par la construction de puissantes forteresses (Thorn, 1231 ; Marienwerder, 1232 ; Königsberg, 1257). En 1260 éclata une révolte générale des Prussiens, qui faillit renverser complètement les positions déjà acquises par l'ordre. Cependant, la pacification pouvait être considérée comme achevée à la fin du XIIIe s., et, en 1309, la maison mère des Teutoniques fut transportée en Prusse, à Marienburg. La « croisade de Prusse » demeura cependant un rendez-vous prisé des jeunes aristocrates de toute la chrétienté désireux de vivre une aventure qui tenait lieu de succédané de la véritable croisade.

De nombreux colons allemands furent amenés dans le pays ; bientôt se développèrent de florissantes villes commerciales, adhérentes de la Hanse (Dantzig, Elbing, Braunsberg, Königsberg, Kulm, Thorn). Au début du XVe s., l'État teutonique atteignit sa plus grande extension (il comprenait, outre la Prusse et la Pomérélie, tout le territoire des actuels États baltes) et, par son organisation politique et économique, il était l'un des États les plus modernes de l'Europe. Avec le concours de la Hanse, les Teutoniques rendirent prospère une région qui, à leur arrivée, était complètement sauvage. À cause de la résistance farouche des Prussiens, la germanisation avait été, au début, brutale et sanglante ; mais elle se poursuivit par l'union des colons allemands et des autochtones baltes. Cependant, l'ordre Teutonique restait rigoureusement fermé à tout ce qui n'était pas d'origine allemande. Parmi les colons allemands se développaient une noblesse laïque de propriétaires fonciers et une bourgeoisie urbaine qui ne subissaient pas sans irritation la tutelle des Teutoniques. Au XVe s., l'ordre qui jouissait d'une trop grande prospérité, laissa se relâcher sa discipline conventuelle. Le reste de l'Allemagne ne le soutenait pas et il présuma de ses forces en face du danger grandissant constitué par l'union polono-lituanienne (1386). Les Teutoniques, ayant attaqué le territoire polonais, subirent une grave défaite à la bataille de Tannenberg ou Grunwald (15 juill. 1410). À la deuxième paix de Thorn (1466), l'ordre dut abandonner à la Pologne la Pomérélie, la région de Marienburg, le pays de Kulm et l'Ermland, et, pour le reste de ses possessions de Prusse-Orientale, il dut reconnaître la suzeraineté polonaise. La Prusse se trouvait ainsi coupée du reste de l'Allemagne. Les territoires annexés par la Pologne prirent le nom de *Prusse royale* et la germanisation antérieure s'y trouva partiellement effacée.

Le duché de Prusse et la création de l'État brandebourgeois-prussien

Au début du XVIe s., la Prusse des Teutoniques essaya de secouer la domination polonaise (guerre de 1519/21), mais, cette fois encore, elle n'obtint aucune aide du pouvoir impérial. Le grand maître, qui était depuis 1511 Albert de Hohenzollern, Électeur de Brandebourg, se décida alors à une révision radicale de sa politique : en adhérant à la Réforme luthérienne (1525), il sécularisa le domaine de l'ordre et conclut avec le roi Sigismond de Pologne la paix de Cracovie, par laquelle la Prusse était transformée en un duché héréditaire sous la suzeraineté de la Pologne. Quand le fils et successeur d'Albert, le deuxième duc de Prusse, Albert Frédéric, qui était atteint d'aliénation mentale, mourut sans enfants en 1618, le duché de Prusse passa à son beau-frère, l'Électeur Jean Sigismond de Brandebourg. Ainsi se constitua de la manière la plus artificielle, par le jeu d'une succession dynastique, l'État brandebourgeois-prussien, qui devait prendre le nom de royaume de Prusse en 1701.

De l'électorat à la royauté (1618/1713)

En 1618, l'État brandebourgeois-prussien se composait donc de l'électorat de Brandebourg, du duché de Prusse et de divers territoires acquis en 1614 dans la région du Rhin inférieur (Clèves, Mark et Ravensberg). Cet État, sans solide consistance territoriale, n'était pas non plus pleinement indépendant, puisque les Hohenzollern étaient vassaux de l'empereur pour l'électorat de Brandebourg et vassaux du roi de Pologne pour le duché de Prusse. La guerre de Trente Ans (v.) devait être pour eux une terrible épreuve : protestants, ils ne pouvaient souhaiter la victoire complète des Habsbourg catholiques ; mais ils ne pouvaient non plus, en raison de la situation géographique du Brandebourg et de la Prusse, laisser la Suède de Gustave-Adolphe transformer la Baltique en un « lac suédois ». L'Électeur Georges-Guillaume (1619/40), combattant tantôt au côté de l'empereur, tantôt comme allié des Suédois, mena donc une politique sans grandeur mais dont son successeur, Frédéric-Guillaume Ier, sut tirer profit. Aux traités de Westphalie (1648), il obtint la Poméranie-Orientale, large façade sur la Baltique, les anciens évêchés de Minden et de Halberstadt et la succession du duché de Magdebourg (rattaché au Brandebourg en 1680).

Frédéric-Guillaume, dit le Grand Électeur (1640/88), fut le véritable fondateur du nouvel État prussien. Il créa une monarchie absolutiste, forgea une armée qui fut bientôt la première de l'Allemagne, développa considérablement le potentiel économique de son État en appelant en Brandebourg des colons hollandais et des réfugiés protestants français. Plein d'ambitions, il voulut même se doter d'une flotte de guerre et de comptoirs coloniaux en Guinée (1683). Sa politique continentale dénuée de scrupules et féconde en volte-face fut inspirée par l'idée invariable de donner plus de cohésion aux territoires artificiellement juxtaposés sous l'autorité des Hohenzollern. Intervenant dans la guerre entre la Suède et la Pologne, il obtint, à la paix de Wehlau (19 sept. 1657), l'abandon de la suzeraineté polonaise sur le duché de Prusse (confirmé à la paix d'Oliva, 1660). D'abord allié de la France, à laquelle le Brandebourg devait ses acquisitions de 1648, il abandonna l'alliance française lors de la guerre de Hollande (1672) et se retourna contre les Suédois : à la surprise générale, il battit leur armée, considérée encore comme une des premières de l'Europe, à la bataille de Fehrbellin (28 juin 1675), mais Louis XIV l'obligea à rendre ses conquêtes en Poméranie (1679). Il revint alors à l'alliance française (traité de Saint-Germain, 29 juin 1679), qu'il abandonna de nouveau six ans plus tard pour se rallier à la ligue d'Augsbourg (v.).

Ses succès militaires lui avaient valu une gloire immense en Allemagne, où les regards commençaient à se tourner vers le Brandebourg, qui apparaissait comme le champion du protestantisme germanique. À l'intérieur de ses États, le Grand Électeur avait brisé toutes les résistances provinciales et municipales à l'absolutisme ; de 1662 à 1672, il lui fallut employer les armes pour réduire l'opposition de la noblesse et de la bourgeoisie de Prusse-Orientale. Son fils, l'Électeur Frédéric III (1688/1713), ajouta le prestige extérieur à la puissance dont il avait hérité : contre la promesse d'appuyer l'empereur Léopold Ier dans la guerre de la Succession d'Espagne (v.), il se fit reconnaître « roi en Prusse » (le duché de Prusse étant extérieur aux limites du Saint Empire, cette dignité royale n'offusquait pas la souveraineté impériale). Le 18 janv. 1701, il se fit couronner à Königsberg sous le nom de Frédéric Ier.

La Prusse, grande puissance européenne (1713/86)

Au début du XVIIIe s., la Prusse contrastait avec le reste de l'Allemagne par son dynamisme. Le fils et successeur de Frédéric Ier, Frédéric-Guillaume Ier, dit le Roi-Sergent (1713/40), fut un artisan infatigable de la grandeur prussienne. Soumettant tous ses sujets, et jusqu'à sa propre famille, à un absolutisme de fer, il donna à la Prusse une administration modèle, et créa une centralisation étatique, alors même que ses possessions restaient disséminées à travers l'Allemagne. Pratiquant une politique d'économies sévères, il resta fidèle au colbertisme de ses prédécesseurs et le poussa jusqu'à la pratique de l'économie fermée ; pour développer l'agriculture, il installa de nouveaux colons dans les terres marécageuses de l'Est et il abolit complètement le servage sur toutes les terres de la Couronne. Mais l'armée devint l'objet de toutes ses prédilections : bien que la population de la Prusse ne dépassât pas, à cette époque, 2 millions d'habitants, les effectifs militaires furent portés à 83 000 hommes (la France, dix fois plus peuplée, avait alors une armée de 170 000 hommes). Cette armée fut encadrée par la noblesse terrienne prussienne.

Cependant, le Roi-Sergent ne tenait pas à se servir du puissant instrument de guerre qu'il avait forgé : la paix d'Utrecht (1713) lui permit d'acquérir la Gueldre ; la paix de Stockholm (1720) donna à la Prusse la Poméranie-Occidentale et Stettin.

Le grand duel de la Prusse et de l'Autriche occupa tout le règne de Frédéric II le Grand (1740/86) : ce fut la lutte du Nord contre le Sud, de la principale puissance protestante contre les Habsbourg catholiques, la lutte d'un État de population homogène, purement allemande, contre le vieil empire cosmopolite. Au milieu de l'Europe aristocratique et brillante du XVIIIe s., la Prusse constituait un phénomène extraordinaire par son caractère antique, spartiate ou romain, par cette alliance indissoluble d'un roi, d'une noblesse, d'une armée et d'un peuple. Frédéric II parvint à porter ses effectifs à 180 000 hommes, chiffre supérieur à celui de toutes les autres armées européennes de son temps. Avec l'aide de la France, il réussit, en deux guerres (1740/42 et 1744/45), à enlever la Silésie aux Habsbourg, mais il éveilla ainsi à Vienne une profonde rancœur qui fut à l'origine de la guerre de Sept Ans. Au cours de ce conflit, Frédéric II dut combattre à la fois les Autrichiens, les Français et les Russes. La Prusse connut des heures terribles, et, après la défaite de Kunersdorf (1759), l'occupation de Berlin par les Russes (1760), la reconquête de la Silésie par les Autrichiens (1761), l'œuvre des Hohenzollern parut près de sombrer. Mais le nouveau tsar, Pierre III, admirateur de la Prusse, retira ses troupes et lui rendit ses conquêtes (1762). En 1763 (traité de Hubertsburg), les Autrichiens durent reconnaître toutes les conquêtes de la Prusse, qui acquit définitivement la Silésie. Le premier partage de la Pologne (1772) permit à Frédéric, par l'annexion de l'Ermland et de la Prusse-Occidentale, de joindre ses possessions du Brandebourg et de l'ancien duché de Prusse. La Prusse devenait un État continental d'un seul tenant qui s'étendait de l'Elbe au Niémen. Mais ses territoires d'Allemagne occidentale (auxquels s'était ajoutée en 1744 la Frise orientale) restaient toujours séparés du gros des États prussiens.

Ruine et renaissance de l'État prussien (1786/1815)
L'absolutisme présentait un revers : dans un pays où tout reposait sur la discipline et la fidélité dynastique, un prince médiocre pouvait d'un coup tout ruiner. Or, Frédéric le Grand eut deux successeurs médiocres : Frédéric-Guillaume II (1786/97) et Frédéric-Guillaume III (1797/1840). Avec le premier, l'armée prusienne connut l'humiliation de battre en retraite devant la canonnade de Valmy (1792). Cependant, en 1791, les Hohenzollern héritèrent des margraviats d'Ansbach et de Bayreuth ; en 1793/95, les deux derniers partages de la Pologne lui attribuèrent la Posnanie, toute la Pologne centrale avec Varsovie, ainsi que le territoire situé à l'E. de la Prusse-Orientale, jusqu'au Niémen. La Prusse quadruplait ainsi son territoire, mais ces acquisitions étaient dangereuses, car elles portaient sur des populations polonaises totalement étrangères au monde prussien.

La Prusse, après avoir signé avec la France le traité de Bâle (1795), se cantonna dans une prudente neutralité. Napoléon la traita d'abord avec la plus grande bienveillance : après le recez impérial de 1803, il lui donna, en compensation des petites possessions qu'elle avait perdues sur la rive gauche du Rhin, d'importants territoires en Allemagne centrale et du Nord (anciens évêchés de Hildesheim, de Paderborn, de Münster, ainsi qu'Eichsfeld et Erfurt) ; en 1805, il laissa même espérer à Frédéric-Guillaume III l'annexion du Hanovre. Napoléon, qui fut le premier artisan de l'unité allemande, posait ainsi les bases des revendications que la Prusse devait, en 1815, faire valoir avec succès sur l'Allemagne occidentale.

Mais Frédéric-Guillaume III, inquiet de la formation de la Confédération du Rhin, se rapprocha de la Russie et forma avec elle la quatrième coalition (1806). Après leurs victoires d'Iéna (v.) et d'Auerstedt (14 oct. 1806), les Français entrèrent à Berlin. À la conférence de Tilsit, Napoléon n'épargna aucune humiliation aux souverains de Prusse. Malgré les prières de la reine Louise, le traité de Tilsit (9 juill. 1807) enleva à la Prusse la moitié de son territoire ; il lui imposa une indemnité de guerre considérable (environ 360 millions de francs) et l'occupation par les troupes françaises. Ce désastre provoqua un choc salutaire et fut à l'origine d'une réforme intellectuelle, morale et politique à laquelle allaient concourir toutes les élites du pays. Après beaucoup d'hésitations, le pusillanime Frédéric-Guillaume III déclencha la « guerre de libération » (mars 1813). Conduite par Blücher et Gneisenau, l'armée prussienne joua un rôle décisif à la bataille de Leipzig (oct. 1813), puis dans la campagne de France de 1814 et enfin à Waterloo.

La Prusse créatrice de l'unité allemande (1815/71)
Au congrès de Vienne (1814/15), la Prusse perdit, à l'E., tout le bénéfice qu'elle avait tiré du troisième partage de la Pologne, et, des gains réalisés au deuxième partage, il ne lui resta que Dantzig, Thorn, Gnesen et Posen. En revanche, la Prusse reçut des compensations considérables en Allemagne occidentale : la Westphalie, la Ruhr, la Rhénanie, la Sarre passèrent sous la domination de Berlin, et ces régions devaient devenir, au XIXe s., la principale base, avec la Silésie, de la puissance industrielle de la Prusse. Celle-ci enserrait désormais comme dans un étau les petits États de l'Allemagne du Nord.

L'accroissement de la puissance prussienne allait ouvrir une nouvelle phase, celle de la rivalité entre Berlin et Vienne. Dès 1815, l'opinion patriotique allemande se tournait avec espoir vers Berlin. Elle fut cruellement déçue par Frédéric-Guillaume III. Le roi de Prusse, par crainte du libéralisme, aligna sa politique sur celle de Metternich et se contenta de jouer le second rôle dans la nouvelle Confédération germanique. La police prussienne poursuivit les « démagogues ». Hardenberg, qui avait tenté d'établir une monarchie constitutionnelle, dut s'effacer devant Wittgenstein, chef du parti seigneurial. L'intégration des nouvelles provinces occidentales, peuplées en majorité de catholiques, posait de graves problèmes.

Cependant, la bureaucratie accomplissait une grande œuvre administrative. La Prusse, dont le territoire ne possédait pas encore d'unité géographique du fait de l'écart entre ses territoires de l'Est et de l'Ouest, avait un intérêt capital à l'abolition des barrières douanières à l'intérieur de l'Allemagne : dès 1818, tous les tarifs douaniers des États prussiens furent unifiés, et, à partir de 1828, sous l'impulsion du ministre des Finances prussien von Motz, commença à s'échafauder le système du Zollverein, qui, en donnant à l'Allemagne son unité économique, constitua une étape capitale vers l'unité politique.

Frédéric-Guillaume IV (1840/61), dont l'esprit était encombré de chimères romantiques, montra dans les affaires politiques une grande irrésolution. Ses promesses non tenues contribuèrent à la révolution de mars 1848 à Berlin (v. **Révolutions de 1848/49**). Après de sanglants combats de rue entre les émeutiers et l'armée (18/19 mars), le roi céda brusquement, se mit à la tête du mouvement révolutionnaire, proclama que « la Prusse allait s'absorber dans l'Allemagne », appela un ministère libéral (Camphausen-Hansemann), promit une Constitution et une Assemblée élue au suffrage universel. Aussitôt le danger passé, il revint sur ces concessions, renvoya l'Assemblée et imposa par décret la Constitution conservatrice de févr. 1850, qui devait rester en vigueur jusqu'en 1918. Il refusa la couronne impériale qui lui était offerte (3 avr. 1849) : il ne voulait pas être l'élu du peuple allemand, mais des princes. Il laissa donc son ministre Radowitz travailler à une « Union allemande », qui était loin de répondre aux aspirations des patriotes allemands mais suffisait pour inquiéter le cabinet de Vienne. Sous la menace d'une guerre, la Prusse dut consentir à la reculade d'Olmütz (29 nov. 1850), dont le souvenir allait définitivement empoisonner les relations austro-prussiennes.

Dans les années suivantes, la réaction continua de triompher en Prusse avec le ministère Manteuffel. Mais Frédéric-Guillaume IV ayant complètement perdu la raison, son frère (le futur Guillaume Ier) dut prendre la régence (1858). En appelant au ministère le prince de Hohenzollern-Sigmaringen, il essaya de gouverner avec des libéraux modérés (ce fut la « Nouvelle Ère » (1858/62), mais la majorité libérale de la Chambre basse s'opposa à la grande réforme militaire défendue par le ministre de la Guerre, Roon. Devenu roi de Prusse, Guillaume Ier (1861/88) soutint personnellement Roon, mais la Chambre s'obstinait à refuser le budget et rejetait invariablement les projets de loi qui lui étaient soumis. Sur les conseils de Roon, le roi appela à la tête du ministère (sept. 1862) Otto von Bismarck (v.), qui imposa la réforme militaire d'où devait sortir l'armée prussienne des campagnes de 1866 et 1870 et trouva un artifice constitutionnel pour gouverner en se passant du Parlement.

Bismarck concentra tous ses efforts à la création de l'unité, sur la base de la Petite Allemagne, donc à l'exclusion de l'Autriche. Il s'assura l'amitié du tsar et la neutralité de Napoléon III. Après avoir conquis, avec le concours de l'Autriche, les provinces danoises du Schleswig-Holstein (1864), il tira le meilleur profit de cette opération (convention de Gastein, 20 août 1865), puis posa aux yeux de toute l'Allemagne la question de la réforme de la Confédération germanique de 1815. La guerre austro-prussienne de 1866 se termina par la défaite rapide de l'Autriche et de ses alliés : la victoire prussienne de Sadowa (3 juill. 1866) démontra l'efficacité de la réforme militaire de Roon et fut comme un coup de tonnerre qui ébranla l'Europe. À la paix de Prague (23 août 1866), Bismarck élimina l'Autriche des affaires allemandes par la dissolution de la Confédération germanique ; il se fit reconnaître le droit de réorganiser toute l'Allemagne au N. du Main ; le Schleswig-Holstein, le Hanovre, la Hesse électorale, le Nassau et Francfort furent annexés à la Prusse, et les autres États subsistant en Allemagne du Nord devinrent des satellites de Berlin. Ces victoires éclatantes firent cesser en Prusse toute opposition parlementaire ; le parti progressiste se scinda, et une fraction fonda le parti national-libéral, soutenu par les gros industriels, qui devait être le fidèle auxiliaire de Bismarck dans l'achèvement de l'unité. Cet ultime objectif fut atteint par la guerre franco-allemande de 1870/71 : le 18 janv. 1871, le jour anniversaire du couronnement du premier roi de Prusse, Guillaume Ier fut proclamé « empereur allemand » dans la galerie des Glaces du palais de Versailles. (v. **Allemagne.** De la crise de 1848 à l'unité.)

Dans l'Empire allemand (1871/1918)

En créant l'unité allemande, Bismarck n'envisageait nullement, comme jadis Frédéric-Guillaume IV, d'amener la Prusse à « s'absorber » dans l'Allemagne. Bien au contraire, il estimait que le maintien des traditions prussiennes était le meilleur garant de la solidité du nouveau Reich. Cependant, le roi de Prusse était devenu empereur allemand, et le président du Conseil de Prusse cumulait avec ses fonctions celles de chancelier fédéral. L'armée, la diplomatie et de nombreux secteurs de la vie économique relevaient désormais du gouvernement d'Empire. Cette évolution était condamnée par le parti conservateur, celui des hobereaux prussiens (les *Junker*), qui n'était pas loin de reprocher à Bismarck de trahir la Prusse éternelle au profit d'une vague réalité allemande. Ces conservateurs luttèrent contre la politique ecclésiastique de Bismarck, de même qu'ils se déchaînèrent contre les lois de 1872 et 1875 étendant l'administration autonome des régions rurales. En fait, l'importance de ces hobereaux terriens ne cessait de décliner ; ils avaient perdu le contrôle absolu de l'administration prussienne, qu'ils détenaient au début du XIXe s. Mais ils jouissaient d'une influence politique disproportionnée grâce à un système de représentation en trois classes qui perpétuait à la Chambre basse la prédominance de la noblesse. Bismarck lui-même jugeait ce système aberrant, mais il se garda d'y toucher, car, à partir de 1880, il lui fallut s'appuyer sur les conservateurs. Après le départ de Bismarck, l'opposition conservatrice s'affirma avec violence contre Caprivi (1890/94), et, en dépit de toutes les tentatives de réformes, le système des trois classes devait subsister jusqu'à la fin de l'époque impériale.

D'ailleurs, plus encore qu'au Parlement, la puissance des *Junker* s'affirmait dans l'armée. Celle-ci possédait en Prusse des privilèges considérables, car l'empereur lui-même la considérait comme la base de sa puissance souveraine. L'armée prussienne était encore animée, au début du XXe s., de l'esprit d'un ordre de chevalerie du Moyen Âge.

Après 1918

Aux prises avec le mouvement communiste, le socialiste Ebert dut lier partie avec les officiers, et cette connivence initiale allait peser lourdement sur les destinées de la république de Weimar. La Prusse fut amputée par le traité de Versailles d'une partie de la Silésie, de la Posnanie, de la Prusse-Occidentale, de Dantzig, de Memel et du Schleswig septentrional. La Constitution du 30 nov. 1920 fit de la Prusse, au sein de la République allemande, un État libre pourvu d'un régime parlementaire ; le suffrage universel fut enfin établi. Dans l'Allemagne du Sud et en Rhénanie, la défaite fit naître des mouvements de réaction contre le prussianisme, mais, après l'échec du putsch hitlérien de Munich et l'occupation de la Ruhr par les Français (1923), Berlin reprit toute son autorité sur l'Allemagne. De 1918 à 1932, la Prusse fut gouvernée constamment par les sociaux-démocrates (Otto Braun et Severing), alors que, dans le reste de l'Allemagne, les élections successives faisaient apparaître un glissement continu vers le centre et la droite. La Prusse fut aussi un des plus fermes bastions de la résistance à l'hitlérisme, qui ne commença à faire des progrès à Berlin qu'à partir de 1936.

Après l'avènement de Hitler (30 janv. 1933), Goering fut nommé ministre de l'Intérieur prussien et, le 11 avr. 1933, président du Conseil de Prusse. Quelques mois plus tard, dans le cadre de la grande entreprise de nivellement (*Gleichschaltung*) de l'Allemagne, la vieille Prusse disparut comme État et fut divisée, comme le reste du territoire allemand, en *Gau*. Dès 1945, la plus grande partie de la Prusse-Orientale, avec Königsberg, fut annexée à l'URSS, et les autres territoires prussiens à l'E. de l'Oder passèrent sous administration polonaise. Enfin, comme Hitler l'avait déjà fait dès 1933, le Conseil de contrôle allié, par une décision du 25 févr. 1947, prononça symboliquement la dissolution de l'État de Prusse.

PSAMMÉTIQUE Ier. Roi d'Égypte (664/610 av. J.-C.). Prince de Saïs, dans le Delta, et lointain descendant du fondateur de la XXIVe dynastie, il fut le deuxième pharaon de la XXVIe dynastie. Avec l'aide de mercenaires grecs, phéniciens et juifs, il refit l'unité de l'Égypte, qu'il affranchit de la tutelle de l'Assyrie. Son règne marque le début d'une certaine ouverture sur l'extérieur, avec l'installation du comptoir grec de Naucratis.

PSAMMÉTIQUE III. Septième et dernier roi d'Égypte de la XXVIe dynastie (526/525 av. J.-C.). Il fut battu et fait prisonnier à Péluse par Cambyse, qui le fit mettre à mort. L'Égypte passa alors sous la domination perse.

PTOLÉMÉE

PTOLÉMÉE Ier Sôter, c'est-à-dire ***le Sauveur*** (* vers 367, † 283 av. J.-C.). Roi d'Égypte (305/283). Né en Macédoine, fils de Lagos, noble Macédonien, d'où le nom de *Lagides* (v.) donné à la dynastie qu'il fonda. Général d'Alexandre, il suivit le conquérant en Asie et fut un des trois officiers qui lui sauvèrent la vie chez les Oxydraques. À la mort d'Alexandre (323), il reçut l'Égypte et établit sa capitale à Alexandrie, où il installa le tombeau de son ancien maître. Après avoir éliminé le satrape Cléomène, qu'on lui avait donné comme adjoint, il s'allia aux autres diadoques contre Perdiccas, qui trouva la mort en envahissant l'Égypte (321), puis contre Antigone Monophtalmos. En 312, il battit le fils de celui-ci, Démétrios Poliorcète, à Gaza, et s'empara de la partie méridionale de la Syrie. Dès cette époque, il inaugura un impérialisme maritime dont la première tentative fut brisée par le désastre de sa flotte à Salamine de Chypre (306). La bataille d'Ipsos et la mort d'Antigone (301) lui permirent en quelques années (300/294) d'établir la domination égyptienne sur la Palestine, la Cœlé-Syrie, Chypre, et de s'étendre vers l'O. en Libye et en Cyrénaïque. Dès 305, il avait pris le titre de roi et renoué avec la tradition des pharaons égyptiens en instituant le culte dynastique du roi-sauveur *Sôter*. D'Alexandrie, il commença à faire la plus belle ville de l'Orient hellénistique, y attira des lettrés et des savants grecs pour lesquels il fit créer le Musée, c'est-à-dire un bâtiment voué aux Muses, protectrices des Sciences et des Lettres. En 285, ayant écarté son fils aîné Ptolémée Kéraunos, il associa au trône Ptolémée II Philadelphe, le fils qu'il avait eu de sa seconde épouse, Bérénice, et mourut deux ans plus tard.

PTOLÉMÉE II Philadelphe (* Cos, 308, † 246 av. J.-C.). Roi d'Égypte (285/246). Fils et successeur de Ptolémée Ier, il dut son surnom (« Qui aime sa sœur ») à son mariage avec sa sœur, Arsinoé, pratique qui devint coutumière dans la dynastie des Lagides (v.), affirmant ainsi la continuité avec certaines traditions pharaoniques. En politique extérieure, il orienta délibérément l'Égypte vers l'hégémonie maritime déjà recherchée par son père, mena victorieusement deux guerres contre Antiochos Ier, puis Antiochos II, auquel il fit épouser sa fille Bérénice. Il se présenta dans la mer Égée comme le défenseur de la liberté des Hellènes contre la Macédoine. En 273, il conclut un pacte d'amitié avec Rome. À l'intérieur, son règne donna à la monarchie lagide ses caractères distinctifs : monopole royal sur l'économie du pays, considéré comme la propriété personnelle du souverain et dont les terres sont affermées aux indigènes travaillant sous le contrôle des Grecs qui détiennent tous les postes clés de l'administration. Comme son père, Ptolémée Philadelphe s'efforça d'attirer en Égypte l'élite du monde grec. Sous son règne, des Juifs traduisirent en grec le texte de l'Ancien Testament (version des Septante) ; il poursuivit l'édification de la bibliothèque qu'avait commencée son père. D'abord marié à la fille de Lysimaque, Arsinoé, il l'exila pour épouser, vers 278, une autre Arsinoé, sa sœur aînée.

PTOLÉMÉE III Évergète Ier, c'est-à-dire ***le Bienfaiteur*** (* vers 283, † 221 av. J.-C.). Roi d'Égypte (246/221). Fils et successeur de Ptolémée II, il put s'intituler « maître de la Méditerranée et de la mer des Indes » et porta en effet à son apogée l'empire maritime lagide. Ayant réuni à l'Égypte le royaume de Cyrène, dont l'héritière était devenue sa femme, il engagea la lutte, pour secourir et défendre les droits de son neveu, fils de sa sœur Bérénice et d'Antiochos II, contre Séleucos II Callinicos, roi de Syrie, et sa mère Laodice, première épouse répudiée d'Antiochos II. Il put, au terme de la troisième guerre de Syrie (v.) (ou guerre de Laodice, 246/241), conserver la Syrie (sauf Damas et Antioche), la Cilicie, la Pamphylie, Chypre, la Carie, l'Ionie, la Chersonèse de Thrace, les îles du nord de l'Égée, s'assurant ainsi le contrôle absolu de la Méditerranée orientale et, par la Chersonèse de Thrace, de la mer Noire. Au cours de ses campagnes, il avait pénétré jusqu'en Perse, d'où il rapporta les idoles d'époque pharaonique qui avaient été enlevées par Cambyse et Darius (c'est ce qui lui valut son surnom).

PTOLÉMÉE IV Philopator (* vers 238, † vers 205 av. J.-C.). Roi d'Égypte (221/205). Fils et successeur de Ptolémée III, il reçut son surnom de Philopator (« l'Ami de son père ») par ironie, car il était soupçonné de l'avoir empoisonné. Jeune, il fit également mourir Arsinoé, sa sœur et femme, et plusieurs membres de sa famille afin de se débarrasser d'éventuels prétendants. Sous l'influence de ses ministres, Agathocle et Sosibe, qui exerçaient la réalité du pouvoir, il adopta une attitude défensive en face du Séleucide Antiochos III le Grand. Dans la quatrième guerre de Syrie (221/217), il perdit en 219 Séleucie de Piérie, important port sur l'Oronte, mais sa victoire de Raphia (217) lui permit de reprendre à Antiochos III la Cœlé-Syrie (la Palestine et le sud de l'actuel Liban), à l'exception de Séleucie, sur l'Oronte.

PTOLÉMÉE V Épiphane, c'est-à-dire ***qui se révèle*** (* vers 210, † 180 av. J.-C.). Roi d'Égypte (vers 205/180). Âgé de cinq ans à la mort de son père Ptolémée IV, il fut dominé par les régents Agathocle, Sosibe, Tlépomène. Antiochos III le Grand attaqua l'Égypte dès 204 et, par sa victoire au mont Panion (200), s'empara de toute la Syrie, puis de la Palestine et des possessions lagides en Asie Mineure, déjà occupées par Philippe V de Macédoine (198/197). Cet effondrement de l'Empire lagide à la suite de la cinquième guerre de Syrie s'accompagna, durant tout le règne, de révoltes indigènes qui ne furent matées qu'avec le concours de mercenaires grecs. Pour consolider son trône, les régents avaient confié au Sénat romain la tutelle du jeune roi. Il mourut empoisonné.

PTOLÉMÉE VI Philométor, c'est-à-dire ***qui aime sa mère*** (* vers 186, † 145 av. J.-C.). Roi d'Égypte (vers 180/145). Fils et successeur de Ptolémée V, âgé de six ans à son avènement au trône, il eut pour régente sa mère Cléopâtre Ire, princesse séleucide. Pour mieux défendre le trône lagide contre les ambitions d'Antiochos IV, on associa à Philométor son frère, Ptolémée le Jeune (futur Ptolémée VIII). Le Séleucide envahit cependant l'Égypte, fit prisonnier Ptolémée VI, mais dut se retirer sur l'injonction des Romains (sixième guerre de Syrie, 170/168). En 164/163, Ptolémée VI fut renversé par une révolte fomentée par son frère, mais fut rétabli par le Sénat romain. Après 152, voulant profiter des querelles dynastiques qui troublaient la Syrie, il fit successivement alliance avec Alexandre Balas et Démétrios II Nicator. Il remporta sur Balas la victoire de l'Oronte, près d'Antioche, mais périt de ses blessures.

PTOLÉMÉE VIII Évergète II, d'abord **Ptolémée le Jeune.** Roi d'Égypte (170/163 et 145/116 av. J.-C.). Frère de Ptolémée VI, il accéda à la corégence afin de faire face à Antiochos IV de Syrie (170). Il partagea le trône avec Ptolémée VI et avec sa sœur Cléopâtre II, qui était aussi l'épouse de Ptolémée VI. Mais les deux frères ne tardèrent pas à se quereller et ils firent appel à l'arbitrage de Rome, qui décida que Ptolémée le Jeune régnerait sur la Cyrénaïque, constituée en royaume séparé (163). En 154, il tenta vainement d'enlever Chypre à son frère. À la mort de Ptolémée VI, il remonta sur le trône d'Égypte sous le nom de Ptolémée VIII Évergète II, mais Cléopâtre II tenta de lui opposer le fils de Ptolémée VI, Ptolémée VII Néos Philopator (145). Pour éliminer son neveu, Ptolémée VIII épousa alors sa sœur et belle-sœur, Cléopâtre II, puis la fille de celle-ci, Cléopâtre III, mais sans répudier la mère. Une âpre rivalité opposa les deux reines, et Cléopâtre II réussit à exercer seule le pouvoir lorsque Ptolémée et Cléopâtre III durent fuir une révolte à Alexandrie.

PTOLÉMÉE XII Philadelphe, Néos Dionysos, dit parfois **Nothos,** c'est-à-dire ***le Bâtard,*** ou encore **Aulète,** c'est-à-dire ***le Joueur de flûte*** († 51 av. J.-C.). Roi d'Égypte (80/58 et 55/51). Fils naturel de Ptolémée IX Sôter II, il fut mis sur le trône par les Alexandrins à la mort de Ptolémée XI Alexandre II (80), mais ne fut pas reconnu par les Romains. Craignant de voir ceux-ci appliquer le testament de Ptolémée XI, en vertu duquel l'Égypte était léguée à Rome, il chercha à obtenir la reconnaissance du Sénat romain en versant des sommes considérables aux gens influents à Rome, dont Pompée et César. La passivité avec laquelle il laissa les Romains s'emparer de l'île de Chypre, où régnait son frère, augmenta la haine que lui vouaient les Égyptiens ; ils le chassèrent en 58. Réfugié à Rome, il se plaça sous la protection du Sénat, puis acheta les services de Gabinius, gouverneur romain de Syrie et partisan de Pompée, qui le rétablit sur son trône après trois ans d'exil (55). Protégé par une garnison romaine, il régna trois ans encore, laissant le trône à un fils en bas âge, Ptolémée XIII, et à Cléopâtre VII (la grande Cléopâtre).

PTOLÉMÉE XIII Philopator (* vers 61, † 47 av. J.-C.). Roi d'Égypte (51/47). Fils et successeur de Ptolémée XII, il fut marié à sa sœur, Cléopâtre VII, mais celle-ci ayant voulu exercer seule l'autorité, les tuteurs du jeune roi, Pothin et Achillas, excitèrent contre elle une sédition et la forcèrent à se réfugier en Syrie (48). Toujours conseillé par Pothin et Achillas (il avait alors treize ans), il consentit à l'assassinat de Pompée (48), sans s'attirer pour autant la faveur de César, qui, s'interposant entre Cléopâtre et lui, imposa le retour au pouvoir de la reine, devenue sa maîtresse. Ptolémée XIII prit alors les armes, mais fut battu et périt dans les combats.

PUEBLOS (Indiens). Indiens du sud-ouest des États-Unis dont les principales tribus sont les Hopis de l'Arizona et les Zuñis du Nouveau-Mexique. Établis dans cette région depuis plus de deux mille ans, les Pueblos occupaient avant 1300 un territoire beaucoup plus étendu, mais la sécheresse et les invasions des Navajos et des Apaches les obligèrent à en abandonner une partie. Au moment de la conquête du Mexique par les Espagnols, les Pueblos continuaient à maintenir la plus haute civilisation indienne du Mexique septentrional. En 1540, les Espagnols commencèrent à pénétrer dans leurs territoires et y fondèrent des colonies à partir de 1598. Mais les Pueblos opposèrent une tenace résistance et, dans un soulèvement général, ils chassèrent les Espagnols (1680). Ils ne furent de nouveau soumis qu'après 1690.

PUNIQUES (guerres). Nom donné aux trois guerres (264/241 ; 218/201 ; 149/146 av. J.-C.) qui opposèrent les Carthaginois (*Poeni*) aux Romains. Voir **ROME** et **CARTHAGE**.

PURGATORIUS. Nom de genre donné à un petit primate du Paléocène (période comprise entre 65 et 56 millions d'années) qui représente l'ancêtre possible de tous les primates modernes. Il a été découvert en Amérique du Nord, dans le Dakota, sur un site appelé la « Colline du purgatoire », d'où son nom.

PURITAINS. Nom donné aux membres de la tendance la plus radicale du protestantisme anglo-saxon aux XVIe/XVIIe s.

Les puritains d'Europe.

Les puritains firent leur apparition en Angleterre au début du règne d'Élisabeth Ire, dans les années 1560. Sous Henri VIII, l'Église d'Angleterre, en rupture avec le pape, avait maintenu sa doctrine catholique traditionnelle. Mais les idées calvinistes avaient fait de rapides progrès sous le règne d'Édouard VI (1547/53) et, durant la réaction catholique de Marie Tudor (1553/58), elles avaient reçu l'auréole de la persécution.

En 1559, l'Acte de suprématie et l'Acte d'uniformité avaient rétabli l'Église anglicane, étroitement soumise à l'autorité royale et à un épiscopat que la reine avait complètement renouvelé pour faire de lui un instrument docile. Dans le bas clergé et dans la classe moyenne des commerçants commença à se développer un mouvement d'opposition : à l'Église d'État élisabéthaine, on opposait le système calviniste du presbytérianisme (v.) ; on réclamait aussi une liturgie plus simple et plus *pure* – et ce fut, à l'origine, la revendication essentielle du puritanisme. Le puritanisme bénéficia d'abord de la tolérance de l'archevêque de Canterbury, Edmund Grindal. Mais, en 1583, son successeur John Whitgift prit des mesures de répression contre les synodes que les puritains organisaient dans certains comtés. L'opposition puritaine s'exprima avec violence dans des pamphlets anonymes, les *Marprelate Tracts* (1588/89). En 1593, le pouvoir prit une loi punissant d'emprisonnement toute personne qui se dérobait au culte anglican, et de bannissement tous ceux qui refusaient de faire profession de « conformité ».

Les puritains, convaincus de la justice de leur cause, accueillirent avec espoir l'avènement de Jacques Ier, qui, dans ses États d'Écosse, avait accepté depuis longtemps le presbytérianisme. Ils publièrent la *Millenary Petition*, ainsi nommée parce qu'elle reçut les signatures de 1 000 ministres du culte ; elle provoqua la réunion de la conférence de Hampton Court (1604) ; mais le roi repoussa durement le presbytérianisme par ces mots, qui restèrent sa maxime de politique religieuse : *No bishop, no king !* (Pas d'évêque, pas de roi !) De nombreux puritains commencèrent alors à émigrer dans les Provinces-Unies, à Amsterdam et à Leyde. Ceux qui restèrent en Angleterre menèrent, sous le règne de Charles Ier, une lutte ardente contre l'épiscopalisme et, bientôt, contre la monarchie elle-même. Alliés aux presbytériens écossais et majoritaires dans le Long Parlement, ils imposèrent, à l'assemblée de Westminster, l'abolition de la hiérarchie épiscopale (1643), et le roi dut faire exécuter leur principal adversaire, l'archevêque Laud, chef de la Haute Église. L'institution de la République (1649) fut le triomphe des puritains anglais, dont un des principaux porte-parole était le grand poète Milton. Mais ces élites marchandes et urbaines ne tardèrent pas à se diviser et ils ne parvinrent pas à réorganiser l'État. La restauration de 1660 marqua la fin de la « révolution puritaine ». Charles II rétablit l'anglicanisme, et ce fut seulement après la révolution de 1688 que l'État assura un régime de tolérance aux puritains comme à tous les autres « dissidents », catholiques exceptés.

Les puritains en Amérique. Puritanisme et capitalisme.

Au cours du XVIIe s., beaucoup de puritains, fuyant l'intolérance des Stuarts, avaient préféré émigrer dans les colonies d'Amérique. Le puritanisme devait jouer un rôle capital dans la formation morale des futurs États-Unis. Les Pères pèlerins (v.), débarqués du *Mayflower*, fondèrent à la fin de 1620 la colonie de Plymouth, et le Massachusetts devint un véritable État puritain, organisé sur des bases théocratiques. Dans cette nouvelle Sion, la minorité des « saints », qui seule constituait l'Église, était rigoureusement séparée de la masse des non-régénérés ; elle possédait seule les droits politiques, mais elle imposait à tous le respect d'une étroite et intransigeante orthodoxie. Aucune idée de tolérance n'existait dans ces colonies puritaines : comme l'État s'identifiait à l'Église (gouvernée selon le système presbytérien), quiconque était condamné par l'Église se trouvait retranché *ipso facto* de la société civile. Toute la vie publique et privée était enserrée dans une réglementation minutieuse ; un climat d'austérité pesait sur toute la société ; les divertissements les plus innocents devenaient suspects, on punissait sans pitié les contrevenants, on faisait la « chasse aux sorcières ». Ce rigorisme provoqua de nombreuses sécessions : celle de Roger Williams et de ses disciples, qui durent aller s'établir dans le Rhode Island (1636), fut la plus importante. Entre 1640 et 1660, on persécuta les déviationnistes divers, baptistes et quakers (v.) notamment. Cependant, le nombre croissant des nouveaux arrivants rendait de plus en plus difficile le maintien de la théocratie, et celle-ci disparut lorsque Londres donna une nouvelle charte au Massachusetts (1691). L'influence des puritains fut prédominante dans toute la Nouvelle-Angleterre, mais le régime établi dans le Rhode Island et le Connecticut fut beaucoup plus libéral.

Habitués à discuter en commun des intérêts de l'Église et de l'État, les puritains formèrent le nouveau continent à la pratique du gouvernement libre et de la démocratie oligarchique. Comme l'a montré le sociologue allemand Max Weber, la doctrine de la prédestination donne au fidèle un sentiment intense de solitude intérieure ; elle provoque un « désenchantement du monde », qui, dès lors, peut devenir le champ de la conquête économique et technique. Le puritain trouvera la certitude de sa prédestination dans l'efficacité de son travail incessant et dans la réussite de ses entreprises professionnelles. Et, comme sa morale lui interdit la jouissance des biens de ce monde, le puritain est amené à accumuler son capital, à investir pour produire plus encore et s'assurer ainsi une preuve plus éclatante de son salut. Le puritanisme apparaît comme un facteur essentiel dans la formation de la mentalité capitaliste anglo-saxonne.

PYRAMIDE. Monument à base carrée et aux quatre faces triangulaires se rejoignant au sommet qui doit son nom aux anciens Grecs. Ces derniers auraient donné par dérision le nom de pyramis, une sorte de gâteau au miel, aux prestigieux tombeaux que les rois d'Égypte élevèrent entre la IIIe et la XIIIe dynastie. Certaines reines furent également inhumées dans des pyramides, mais de petites dimensions, près de celle de leur époux. La pyramide fut aussi adoptée au Soudan où elle abrita les dépouilles des souverains des royaumes de Napata et de Méroé (650 av. J.-C./vers 500 ap. J.-C.).

En Égypte, la première pyramide fut l'œuvre du pharaon Djéser (2675/2656) de la IIIe dynastie (2675/2625) et de son architecte Imhotep qui fut divinisé à la Basse Époque (664/332). À Sakkarah (v.), le souverain fit d'abord construire un mastaba (v.), qui fut agrandi puis surélevé et doté d'abord de quatre puis de six degrés, en retrait les uns sur les autres, se transformant ainsi en une pyramide de 60 m de hauteur. Au début de la IVe dynastie (2625/2510), le roi Snéfrou (2620/2590), qui érigea trois pyramides, une à Meïdoum et deux sur le site de Dahchour, hautes d'une centaine de mètres de hauteur, opéra la transition vers la pyramide à faces lisses. À Meïdoum, le roi fit élever une pyramide à huit degrés avant d'abandonner cette nécropole pour se livrer à une nouvelle expérience à Dahchour qui n'aboutit pas au résultat escompté. En effet, à cause de défauts de construction qui entraînaient des tassements et des fissures dans les chambres intérieures, les bâtisseurs durent changer l'angle des pentes de la pyramide ; cette rupture de la ligne des arêtes a fait donner à cette pyramide l'épithète de rhomboïdale. Snéfrou retourna alors à Meïdoum où il fit recouvrir sa pyramide d'un parement pour lui donner des faces lisses. Mais, le monument, qui a aujourd'hui la forme d'une tour, s'écroula en partie dès l'Antiquité. En même temps, qu'il reprenait les travaux à Meïdoum, Snéfrou faisait dresser une troisième pyramide au nord de Dahchour, surnommée la pyramide rouge, où il fut sans doute inhumé. Parfaitement réussie, ce fut la première vraie pyramide à faces lisses. Khéops (2590/2567) tira la leçon des expériences de son père Snéfrou et réalisa la pyramide la plus haute d'Égypte, à la forme géométriquement parfaite, sur le site de Gizèh, aujourd'hui près du Caire. Pendant une vingtaine d'années, les ouvriers déplacèrent quelque 2 300 000 blocs de pierre pesant 2,5 tonnes en moyenne pour bâtir une pyramide de 230,33 mètres de côté à la base, haute de 146,59 m (aujourd'hui 137 m). Khéphren (2558/2532) et Mykérinos (2532/2504) imitèrent son exemple à Gizèh, Mykérinos ramenant toutefois le monument à des dimensions plus modestes avoisinant les 65 m de hauteur qui seront celles des pyramides ultérieures. Au Moyen Empire (2046/1710), à partir de Sésostris II (1882/1872), le noyau des pyramides ne fut plus construit en pierre mais en briques de terre crue, mais il resta couvert d'un beau parement de calcaire blanc. Les pyramides d'Égypte, qui ont servi longtemps de carrières, conservent très peu de traces de ce revêtement.

Les immenses appartements souterrains de la pyramide de Djéser, formés de chambres, magasins, couloirs, escaliers et puits – dont un, profond de 28 m, donnait accès à la salle du sarcophage – et répartis sur deux niveaux couvraient une longueur totale de 5,7 km. Ils font de cette structure la plus complexe de toute l'histoire des pyramides égyptiennes. Les successeurs de Djéser simplifièrent considérablement les aménagements internes de la pyramide. Celle de Khéops, par exemple, se compose d'une grande galerie surmontée d'un magnifique plafond en encorbellement menant à la chambre du sarcophage de deux autres salles et des couloirs les desservant. Au Moyen Empire, l'intérieur se compliqua à nouveau pour égarer les voleurs, le système de herses et bouchons mis au point sous l'Ancien Empire pour décourager les pillards s'étant révélé une protection insuffisante. Malgré ces efforts, aucune pyramide royale n'échappa au pillage. À la fin de la Ve dynastie (2500/2350) et sous la VIe dynastie (2350/2200), l'intérieur des pyramides fut décoré des *Textes des Pyramides*, garantissant la renaissance et la survie du pharaon dans l'au-delà. Leurs formules expliquent le symbolisme de la pyramide qui était assimilée à un escalier, pour la pyramide à degrés, et aux rayons pétrifiés du soleil, pour la pyramide lisse. L'âme du roi les gravissait pour monter au ciel et naviguer en compagnie de Rê, le dieu solaire.

La pyramide, qui servait de caveau, n'était pas un élément isolé, mais elle dominait un vaste complexe funéraire. À partir de la IVe dynastie, il se composa d'un temple bas ou temple de la vallée où se déroulait la momification, proche du Nil ou d'un canal, une chaussée montante reliant ce monument au reste de l'ensemble architectural et un temple funéraire voué au culte royal.

L'érection des pyramides suscite toujours maintes interrogations et a fait germer les hypothèses les plus extravagantes. D'après les vestiges découverts près des pyramides et d'après les échafaudages, en partie conservés, qui furent élevés contre le Ier pylône du temple de Karnak plus de deux mille ans après la construction de la pyramide de Khéops, il est certain que les Égyptiens comme ils l'ont toujours fait au cours de leur histoire, ont utilisé des rampes et des échafaudages de briques crues. Mais quelle forme empruntaient exactement ces rampes et ces échafaudages ? Voilà ce que l'on ignore encore.

Au Mexique, les civilisations précolombiennes élevèrent, à Teotihuacán, au nord de Mexico, à Tenochtitlán (ancienne capitale des Aztèques remplacée par l'actuelle Mexico), à El Tajín, sur la côte Atlantique ou encore dans le Yucatán, des pyramides à gradins qui servaient de support à des temples. Certaines d'entre elles, comme la pyramide du roi Pacal (mort en 692 apr. J.-C.) à Palenque, eurent aussi une vocation funéraire.

PYRÉNÉES (traité des). Traité signé le 7 nov. 1659 dans l'île des Faisans, sur la Bidassoa, par Mazarin et don Luis de Haro, Premier ministre du roi d'Espagne Philippe IV. Il mettait fin à la guerre franco-espagnole qui durait depuis 1636. Vaincue à la bataille des Dunes (1658), l'Espagne traitait à des conditions assez désavantageuses. Elle cédait à la France le Roussillon et la Cerdagne, l'Artois (sauf Saint-Omer et Aire), ainsi que plusieurs places de Flandre et du Nord-Est : Gravelines, Saint-Venant, Landrecies, Le Quesnoy, Thionville, Montmédy, Marienbourg, Philippeville. La Lorraine était rendue au duc Charles IV, sous condition que ses villes seraient démantelées ou occupées par des garnisons françaises et qu'une route vers l'Allemagne serait cédée à la France en toute souveraineté (le duc refusa d'accepter ces conditions, et la Lorraine resta occupée par les troupes françaises jusqu'en 1698). Condé obtint son pardon et fut rétabli dans ses biens et ses honneurs. Louis XIV épousa l'infante Marie-Thérèse, qui reçut une dot de 500 000 écus d'or, contre laquelle elle s'engageait à renoncer pour elle et ses descendants à toute prétention sur la succession d'Espagne. Ce traité consacrait la fin de l'hégémonie espagnole en Europe.

PYRRHUS, Pyrrhos (* vers 319, † Argos, 272 av. J.-C.). Roi d'Épire (295/272), fils d'Éacidas, roi d'Épire. Il parvint, en 295, à se rétablir dans son royaume grâce à Ptolémée Ier Sôter, roi d'Égypte, qui lui fournit des troupes. Après une première tentative d'annexion de la Macédoine (288/285), Pyrrhus se porta au secours de Tarente contre les Romains et débarqua en Italie avec une importante armée ; ses éléphants lui donnèrent la victoire à Héraclée (280) et Ausculum (279), mais ses pertes furent si élevées qu'on en a jugé le prix excessif – d'où l'expression « victoire à la Pyrrhus ». Après avoir conquis la Sicile (277) sur les Carthaginois, qui s'étaient alliés contre lui aux Romains, il fut battu à Bénévent par Curius Dentatus, en 275, et rentra en Épire. Il s'attaqua une nouvelle fois à la Macédoine, qu'il soumit (274). Il fut tué lors de la prise d'Argos, après avoir tenté de rétablir Cléonyme à Sparte. On considère généralement que les qualités politiques de Pyrrhus, qui ne sut pas choisir entre un Empire oriental et l'Italie, n'étaient pas à la hauteur de ses talents militaires.

PYTHÉAS (Massalia, Marseille, IVe s. av. J.-C.). Navigateur et géographe grec. Il fut le grand découvreur du nord de l'Europe. Ayant franchi le détroit de Gibraltar, il atteignit l'île d'Ouessant, parvint aux mines d'étain de Cornouailles, fit probablement la circum-navigation de la (Grande-) Bretagne et, au N., de l'Écosse, recueillit des renseignements sur une certaine « île de Thulé » (l'Islande ou la Norvège). Lors d'un second voyage, il retraversa la Manche et longea les côtes de l'Europe septentrionale jusqu'à la rivière « Tanaïs » (peut-être la Vistule). Pythéas fut aussi un remarquable astronome : il sut calculer la latitude de Marseille à quelques minutes près, observa que l'étoile Polaire n'était pas située au pôle, signala le premier les rapports entre les marées et le mouvement de la Lune. Voir DÉCOUVERTE DU MONDE. Des Crétois aux croisades.

Q

QATAR El-. Émirat indépendant de la rive arabique du golfe Persique, dont le territoire occupe une péninsule complètement désertique à l'E. de Bahreïn et confinant, au S., avec l'Arabie Saoudite et Abou Dhabi (Émirats arabes unis) ; capitale *Doha*. Pendant des siècles, le Qatar vécut essentiellement de la pêche et du commerce des perles. En 1803, la population passa sous l'influence religieuse des wahhabites. Longtemps tributaire de la Perse, le Qatar fut occupé par les Turcs en 1871, mais, en 1896, la dynastie régnante des Thani se plaça, en dépit des protestations de la Porte, sous le protectorat britannique, qui fut confirmé et étendu en 1916. En 1935, une concession pétrolière valable pour soixante-quinze ans y fut acquise par l'Anglo-Iranian Co, puis transférée à la Petroleum Development (Qatar), laquelle devint, en 1952, la Qatar Petroleum Co, contrôlée par l'Iraq Petroleum Co. Le pétrole fut découvert dès 1940, mais, du fait de la guerre, l'exploitation ne commença qu'en 1949.

Le Qatar, ayant renoncé à se joindre à la Fédération des Émirats arabes unis, se proclama indépendant le 1er sept. 1971. L'émir Ahmed ben Ali (1960/72) fut renversé, le 22 févr. 1972, par son cousin, Cheikh Khalifa ben Hamad al-Thani. Les ressources pétrolières, qui ont fait du Qatar le pays le plus riche du monde par habitant, ont été nationalisées en 1974. La production, qui dépassait 27 millions de tonnes en 1973, n'atteignait plus que 16 millions en 1986. Mais les réserves de pétrole s'élevaient à 430 millions de tonnes pour une population qui, immigrés inclus (70 %), ne comptait, en 1986, que 372 000 habitants. Pour tenir compte de la baisse des revenus pétroliers, l'émir réduisit les dépenses de l'État de 30 %, expulsa 50 000 travailleurs étrangers, accrut l'extraction pétrolière et gazière, inaugura la raffinerie d'Oumm Saïd, mais suspendit certains grands chantiers. Pendant la seconde guerre du Golfe, le Qatar participa à la coalition anti-irakienne. Mais en 1992, des incidents l'opposèrent à Bahreïn et à l'Arabie Saoudite. Le 27 juin 1995, à la suite d'une révolution de palais, l'émir du Qatar fut détrôné par son fils aîné, le prince héritier Cheikh Hamad Ben Khalifa al-Thani, partisan d'une politique de plus grande indépendance à l'égard de l'Arabie Saoudite. Le nouveau souverain a choisi de fonder un nouvel essor économique sur l'industrie gazière et notamment sur l'exploitation du colossal gisement de gaz naturel *off shore* (North Dome Shield) qui constituerait la troisième plus importante réserve mondiale de gaz naturel après celles de Russie et d'Iran. La modernisation du pays est passée par la privatisation du secteur énergétique achevée en mai 2003 et par un début de démocratisation. En avr. 2003, une Constitution approuvée par référendum a institué une séparation des pouvoirs, grâce à une assemblée dont 30 membres sur 45 sont élus au suffrage universel direct. La petite chaîne de télévision quatarie Al-Jazira fondée en 1996 est devenue avec 40 millions de téléspectateurs un acteur important de l'information mondiale. Le Qatar, qui a signé un accord de défense avec le Royaume-Uni en 1996, se présentait comme l'un des principaux alliés des États-Unis dans la région et a tenté un rapprochement diplomatique avec Israël.

QIAO SHI, de son vrai nom **Jiang Zhitong** (Dinghai, province du Tchekiang, 25.XI.1924). Homme politique chinois. Membre des services spéciaux du PCC (1963/82), il fut nommé chef de l'administration du Comité central (1983), du département de l'Organisation (1984), puis de la Justice et de la police armée (1985), membre du Comité permanent du bureau politique (1987) et président du Comité permanent de l'Assemblée nationale (1993). Son rôle d'arbitre lors de la crise de 1989 fit de lui l'un des hommes clés du régime. Il fut pourtant évincé du paysage politique en sept. 1997 lors du XVe Congrès du PCC, ce qui permit à Jiang Zemin d'asseoir sa position de numéro un.

QOUTB ed-din AIBAK. Sultan de Delhi (1206/10). Esclave d'origine turque, il fut nommé vice-roi des possessions indiennes de Mohammed de Ghor et obtint une large autonomie en 1192. À la mort de Mohammed de Ghor, il fonda le sultanat de Delhi, qui devait durer jusqu'en 1526.

QUAKERS. Nom donné communément aux membres de la Société des Amis, *Society of Friends*, fondée par George Fox en 1668. Les quakers furent un des principaux « mouvements de réveil » du protestantisme anglo-saxon aux XVIIe/XVIIIe s. S'estimant appelé à une mission de réformateur religieux, Fox, à partir de 1646, se mit à parcourir une Angleterre agitée par les querelles ecclésiastiques entre puritains et anglicans. Il s'attaquait aux uns et aux autres en leur reprochant de scléroser le christianisme. Fox rejetait tout dogme, tout culte, toute hiérarchie, proclamait la fraternité et l'égalité entre tous les hommes, prêchait contre la guerre, les procès, les impôts. Insulté, persécuté, emprisonné à plusieurs reprises, haï de tous les partis, Fox rassembla autour de lui d'ardents prosélytes. Dans leurs réunions, chacun manifestait l'illumination intérieure par des discours improvisés, mais aussi par des gestes, par des tremblements d'enthousiasme (d'où le nom de *quakers*, « trembleurs », donné aux membres de cette secte). En 1668, Fox donna une sorte de constitution aux quakers en fixant sa *Règle pour la tenue des réunions*. Apôtre infatigable, il entreprit des voyages missionnaires en Irlande, aux Antilles, en Amérique du Nord, en Hollande, tandis qu'un de ses disciples, Robert Barclay, exposait —sa doctrine dans sa *Theologiae verae christiannae apologia* (1676).

Le mouvement des quakers s'est développé surtout en Amérique grâce à William Penn qui fonda en 1682 la colonie de Pennsylvanie (v.). Les quakers, qui s'attirèrent maintes difficultés avec les autorités à cause de leur refus du service militaire et du serment, se sont toujours distingués par leur esprit de tolérance et par leurs œuvres sociales et éducatives. Ils luttèrent pour les droits de l'homme, pour la dignité de la femme, furent au premier rang de l'antiesclavagisme et sont restés avant tout les apôtres de la paix. Leurs comités américains et anglais furent honorés du prix Nobel de la paix en 1947.

QUARANTE (tribunal des) ou **QUARANTIA**. Tribunal de la République de Venise, composé de quarante membres. Il y avait trois *quarantie :* la première (1179) jugeait en appel sur les sentences rendues par les magistrats de la ville ; la deuxième (XIVe s.) connaissait de tous les crimes, à l'exception des crimes d'État, lesquels étaient réservés au Conseil des Dix ; la troisième (1492) était un tribunal d'appel des sentences des magistrats *extra muros*.

QUATERNAIRE. Période de temps géologique comprise entre 1,75 million d'années et le présent. Elle succède à la période du Tertiaire (entre 65 et 1,75 millions d'années), Tertiaire et Quaternaire formant l'ère du Cénozoïque.

Le Quaternaire est lui-même subdivisé en deux époques : le Pléistocène (entre 1,75 million d'années et 10 000 ans) et l'Holocène (entre 10 000 ans et le présent). Ces époques ont été marquées par l'évolution des hominidés (v.), avec l'apparition des premières espèces du genre humain (*Homo habilis, Homo rudolfensis*), et surtout *Homo ergaster* qui, vers 1,8 million d'années, est le premier à migrer hors d'Afrique ; l'apparition des premières industries et leur perfectionnement ; l'utilisation du feu ; le langage ; la naissance d'*Homo sapiens* ; l'agriculture et l'élevage (v. **NÉOLITHIQUE**) et l'entrée de l'homme dans l'histoire avec l'invention de l'écriture. Voir **OUTILS ET ARMES DE LA PRÉHISTOIRE** et **HOMME (origines de)**.

QUATORZE POINTS (les). Déclaration sur les buts de guerre des Alliés faite en quatorze points par le président des États-Unis, Thomas Woodrow Wilson, dans un discours prononcé le 8 janv. 1918. Voir **WILSON Thomas Woodrow**.

QUÉBEC (acte de, 22 juin 1774). Aménagement libéral du statut des Canadiens français, après la perte du Québec par la France (1763). Voir **CANADA. Le Canada anglais**.

QUÉBEC (province du ou **de).** La plus vaste des dix provinces de la Confédération canadienne, le Québec est peuplé en majorité de Canadiens francophones. De 1791 à 1867, date de son entrée dans la Confédération, elle a porté le nom de Bas-Canada. Dans cette province, où 120 000 Français catholiques et en majorité agriculteurs devaient coexister avec 10 000 Britanniques protestants qui monopolisaient la finance et le grand commerce, les luttes politiques se doublèrent, dès 1820, d'un violent antagonisme ethnique. La grave crise agricole des années 1830 envenima le conflit. Après avoir organisé une campagne de boycottage économique, Papineau et les « patriotes » passèrent à la révolte ouverte ; mais ce mouvement fut écrasé et ses chefs furent arrêtés ou durent se réfugier aux États-Unis (1837). L'Angleterre envoya alors au Québec un gouverneur muni de pouvoirs exceptionnels, Lord Durham. Pour placer les Canadiens francophones dans une position minoritaire et faciliter leur assimilation, Lord Durham préconisa la réunion du Bas-Canada avec le Haut-Canada presque entièrement peuplé de Britanniques. Cette union fut réalisée en 1840, sur une base inégalitaire (le Bas-Canada, bien que plus peuplé, avait le même nombre de députés que le Haut-Canada ; le français n'était plus reconnu comme langue officielle). Ce régime n'eut d'autre résultat que de tendre les rapports entre les deux communautés. Aussi l'établissement de la Confédération (1867), en rendant au Québec sa particularité, fut-il bien accueilli des Canadiens francophones.

Dans les années 1890, le problème des écoles françaises et des droits des catholiques romains dans les provinces du Centre (Manitoba, Ontario) provoqua de nouvelles manifestations de la rivalité entre Canadiens francophones (dirigés alors par Honoré Mercier) et anglophones. Plus grave fut la question de la conscription : durant les deux guerres mondiales, les Canadiens francophones s'opposèrent à la mobilisation et à l'envoi de leurs soldats sur les théâtres d'opérations d'outre-mer. Les lois sur la conscription furent néanmoins imposées par la majorité britannique, mais elles laissèrent des rancœurs au Québec.

La particularité québécoise

En politique intérieure, les conservateurs furent prédominants jusqu'en 1897, puis le parti libéral de 1897 à 1936, et l'Union nationale de 1936 à 1960 (sauf pendant la période 1939/44, où les libéraux revinrent au pouvoir). La période de l'après-guerre fut dominée par la personnalité de Maurice Duplessis, chef de l'Union nationale. À sa mort, les libéraux reprirent le gouvernement et voulurent entreprendre, avec Jean Lesage (1960/66), une « révolution tranquille ».

Cependant, le Québec entrait dans une période de mutation radicale. L'Église catholique, jusqu'alors prépondérante en tous les domaines, et dont on a pu dire qu'elle exerçait une véritable théocratie, connut, à la suite du concile Vatican II, une désintégration brutale. Tandis que l'enseignement, les mœurs, la vie quotidienne se sécularisaient rapidement, le Québec, après avoir été pendant des siècles une région essentiellement agricole, devenait une province puissamment industrialisée, la deuxième du Canada après l'Ontario.

Le fait que la quasi-totalité du capital industriel se trouvait entre des mains anglo-saxonnes (Anglais, Canadiens anglais, Américains) donna un nouvel essor au particularisme québécois. Le parti libéral québécois, créé en 1955, partageait, dans le domaine économique, les options néolibérales du parti libéral fédéral, mais, au début des années 1960, sous la direction de Jean Lesage, son programme était favorable au nationalisme. Son évolution progressive vers le fédéralisme amena le développement d'un courant extrémiste qui prétendait conquérir par la violence l'indépendance du Québec ; en 1963 se constitua dans la clandestinité un Front de libération du Québec (FLQ), de tendance d'extrême gauche. Aux élections de juin 1966, les libéraux furent battus par l'Union nationale ; son chef, Daniel Johnson, devint Premier ministre (1966/68) et résuma son orientation nationaliste dans la formule : « égalité ou indépendance ». Il noua des relations étroites avec le général de Gaulle, et celui-ci, venu en visite officielle au Canada, apporta un appui retentissant à la cause du « Québec libre » par son discours de Montréal (24 juill. 1967).

Le progrès de l'idée « indépendantiste » fut marqué par la création, en oct. 1968, du parti québécois (PQ), qui, sous la conduite de René Lévesque, rassemblait les diverses formations séparatistes. Pour éviter la sécession du Québec, Pierre Elliott Trudeau, Premier ministre libéral du Canada à partir de 1968, résolut d'instituer le bilinguisme intégral dans la fédération et, le 8 juill. 1969, le français fut élevé au rang de langue officielle, à l'égal de l'anglais, à tous les niveaux d'emploi. Cette politique favorisa le parti libéral ; sous la direction de Robert Bourassa, il battit l'Union nationale et revint au pouvoir en avr. 1970. En oct. 1970, le ministre du Travail, Pierre Laporte, fut enlevé et assassiné par le Front de libération du Québec.

En mai 1974, R. Bourassa fit du français la seule langue officielle de la province. C'était cependant insuffisant pour répondre aux aspirations nationales des Québécois, qui portèrent au pouvoir, aux élections de nov. 1976, le parti québécois de R. Lévesque. L'indépendance fut pourtant rejetée par 60 % des votants au référendum du 20 mai 1981. Le PQ se divisa entre indépendantistes et « réalistes », partisans de l'« étapisme » de R. Lévesque. La rupture fut consommée au congrès du parti, en janv. 1985, et R. Lévesque démissionna. Aux élections de déc. 1985, la victoire revint au parti libéral de R. Bourassa.

Entre-temps, P.E. Trudeau, le Premier ministre fédéral, était parvenu à « rapatrier » l'Acte de Constitution (v. CANADA), malgré l'opposition de la province québécoise. En 1987, R. Bourassa signa avec le pouvoir fédéral les accords du lac Meech, qui devaient permettre l'adhésion du Québec à la nouvelle Constitution canadienne, tout en faisant reconnaître comme une « société distincte » la province francophone. Ces accords, pour avoir force de loi, devaient néanmoins être ratifiés (avant juin 1990) par les autres États. L'ancien Premier ministre, Trudeau, et les provinces du Manitoba et du Nouveau-Brunswick s'opposaient à cette ratification. Le 15 déc. 1988, la spécificité francophone, garantie depuis 1977 par la Charte du français (loi 101), fut abrogée et l'affichage bilingue redevint obligatoire. Cependant, le processus constitutionnel tourna court devant le refus du Manitoba et de Terre-Neuve de ratifier les accords du lac Meech. Le projet suivant, l'accord de Charlottetown, qui réduisait les concessions faites au Québec par les provinces anglophones, fut rejeté lors du référendum du 26 oct. 1992, à la fois par les Québécois et par l'ensemble des Canadiens. Dès lors, la crise constitutionnelle se conjugua avec la récession économique canadienne pour redonner de l'attrait au programme souverainiste du parti québécois (PQ) qui remporta les élections provinciales de sept. 1994, confiant à son nouveau dirigeant, Jacques Parizeau (v.), le poste de Premier ministre de la province. En oct. 1995, ce dernier organisa un nouveau référendum sur l'indépendance du Québec, qui fut rejetée à une très faible majorité. Suite à cet échec, J. Parizeau fut remplacé au poste de Premier ministre par Lucien Bouchard, également du PQ, et confirmé à ce poste après les élections générales de nov. 1998. En août 1998, le gouvernement du Québec rejeta le jugement de la Cour suprême du Canada, selon lequel la province francophone ne disposait pas du droit à déclarer unilatéralement son indépendance. Cet arrêt, qui imposait également au gouvernement fédéral l'obligation de négocier, poussa ce dernier à adopter, en mars 2000, une loi sur la « clarté », qui rendait nécessaire son aval pour tout projet de référendum souverainiste et lui donnait même le pouvoir, en cas de succès de ce référendum, de déclarer la majorité obtenue insuffisante. Le Québec s'opposa à cette loi.

Déçu, L. Bouchard démissionna de ses fonctions de Premier ministre et de chef du parti québécois en janv. 2001.

Il fut remplacé en mars 2001 par B. Landry, autre « souverainiste », ex-ministre du Développement. Depuis 1976, celui-ci a été l'instigateur de la spectaculaire renaissance industrielle que la Province, et notamment le Grand Montréal (3,2 millions d'hab.), a connue grâce à l'essor des nouvelles technologies. Le principal défi dans le cadre de l'ALENA est désormais l'attirance du modèle américain.

QUÉBEC (ville de). Ville du Canada, capitale de la province du Québec, sur un escarpement dominant le Saint-Laurent, 69 000 hab. en 1900, 275 000 en 1950, 700 000 en 2000. Elle a pour origine le village indien de Stadacona, visité par Jacques Cartier en 1535. En juill. 1608, Champlain y fonda un établissement, et Québec devint le centre du commerce et de la civilisation française en Amérique. En 1635 un collège de jésuites y était fondé. En 1674 fut érigé l'évêché de Québec. Québec passa définitivement sous la domination anglaise par le traité de Paris (1763). Elle devint en 1791 la capitale du Bas-Canada et le siège du gouvernement représentatif en 1867, puis la capitale de la province du Québec.

Conférences de Québec. Deux conférences se tinrent à Québec au cours de la Seconde Guerre mondiale : la première (11/24 août 1943) réunit Roosevelt, Churchill, le Premier ministre canadien Mackenzie King et le ministre des Affaires étrangères chinois Song, qui se mirent d'accord sur le futur débarquement en Europe et l'ouverture d'un troisième front en Chine et en Birmanie ; la seconde conférence de Québec (13/17 sept. 1944) réunit Roosevelt et Churchill, qui examinèrent notamment les problèmes de la lutte contre le Japon et de l'occupation prochaine de l'Allemagne.

QUESNAY François (* Méré, près de Montfort-l'Amaury, 4.VI.1694, † Paris, 16.XII.1774). Économiste français. Il étudia la médecine et la chirurgie, commença à pratiquer à Mantes en 1718 et acquit bientôt une réputation qui lui permit de venir s'installer à Paris dès 1727. Secrétaire perpétuel de l'Académie de chirurgie (1737), il devint chirurgien ordinaire, puis médecin consultant du roi (1752). Protégé de Mme de Pompadour, ami de Gournay, du marquis de Mirabeau, de Dupont de Nemours, Quesnay est surtout connu comme le chef de l'école des physiocrates (v.). Il commença d'exposer ses idées sur l'économie politique dans des articles qu'il donna à l'*Encyclopédie* (articles « fermier » et « grains ») et fit paraître son *Tableau économique* (1758), suivi par les *Maximes générales du gouvernement économique d'un royaume agricole* (1760). Mais son action s'est surtout exercée par ses entretiens avec ses disciples.

QUEUILLE Henri (* Neuvic-d'Ussel, Corrèze, 31.III.1884, † Paris, 15.VI.1970). Homme politique français. Député radical-socialiste, il fut, à partir de 1924, plusieurs fois ministre sous la IIIe République, à des postes techniques, notamment l'Agriculture (1924/25, 1926/28, 1930, 1932/34, 1938/40). Président du Conseil de sept. 1948 à oct. 1949, il constitua un ministère de la « troisième force », qui dut faire face à de violentes grèves déclenchées par les communistes (oct./nov. 1948) ; il signa un accord franco-vietnamien qui reconnaissait pratiquement l'indépendance du Viêt-nam (mars 1949) et apporta l'adhésion de la France au pacte Atlantique (avr.) Apprécié pour ses qualités de médiateur parlementaire, Queuille revint quelque temps à la tête du gouvernement (mars/juill. 1951) pour préparer les élections législatives de juin 1951.

QUEZÓN Manuel Luis (* Baler, Tayabas, 19.VIII. 1878, † New York, 1er.VIII.1944). Homme politique philippin. Après avoir participé à l'insurrection anti-américaine de 1898, il fut la principale personnalité de l'Assemblée nationale élue en 1907 et fut nommé délégué à Washington (1909/16). Ayant réussi à obtenir des États-Unis la *Jones Law* de 1916, qui accordait l'autonomie interne aux Philippines, il devint président du Sénat (1916/35) et consacra tous ses efforts à la conquête pacifique de l'indépendance. À la suite de la victoire électorale des nationalistes, il devint le premier président de la république des Philippines (1935/44). Loyal collaborateur des Américains, il se réfugia aux États-Unis lors de l'invasion japonaise (1942) et forma un gouvernement en exil.

QUIÉTISME. Doctrine mystique de la fin du XVIIe s. qui, en réaction contre la sécheresse de l'ascèse janséniste, recherchait la familiarité de l'âme avec Dieu dans l'abandon du « pur amour », jusqu'au désintéressement absolu, même du salut personnel. Voir **ÉGLISE CATHOLIQUE**.

QUISLING Vidkun (* Fryrerdal, Telemark, 18.VII. 1887, † Oslo, 24.X.1945). Homme politique norvégien. Ministre de la Guerre (1931/33), il devint président du Conseil sous l'occupation allemande (1942). Voir **COLLABORATION** et **NORVÈGE**.

QUMRAN ou **KIRBET QUMRAN.** Lieudit en Palestine, à l'extrémité N.-O. de la mer Morte, où furent découverts à partir de 1947, les Manuscrits dits de la mer Morte. Voir **MANUSCRITS DE LA MER MORTE**.

R

RAAB Julius (* Sankt Pölten, Basse-Autriche, 29.XI. 1891, † Vienne, 8.I.1964). Homme politique autrichien. Membre du parti chrétien-social, il fut ministre du dernier cabinet précédant l'Anschluss, en 1938. Chancelier de 1953 à sa démission, en 1961, il négocia, en 1955, le traité d'État avec les vainqueurs de la Seconde Guerre mondiale.

RABIN Yitzhak (* Jérusalem, 1er.III.1922, † Tel-Aviv, 4.XI.1995). Général et homme politique israélien. Chef d'état-major de l'armée israélienne (1964/68), il fut l'artisan de la victoire de son pays dans la guerre de 1967. Ambassadeur à Washington (1968/73), il fut élu en 1973 député travailliste à la Knesset et devint ministre du Travail dans le cabinet Golda Meir. Il succéda à Golda Meir comme chef du parti travailliste (avr. 1974) et comme chef du gouvernement israélien (31 déc. 1973/avr. 1977).

Accusé de fraude fiscale, Yitzhak Rabin dut céder la direction du gouvernement à Shimon Peres. Il resta cependant membre du Parlement. En 1981, il accepta de se réconcilier avec son successeur et de figurer dans le « cabinet fantôme » de l'opposition comme un éventuel ministre de la Défense. Après la seconde défaite électorale de l'Alliance socialiste israélienne (Maarakh) face au Likoud conservateur en juin 1981, Y. Rabin redevint une personnalité très écoutée du parti travailliste. Ministre de la Défense de plusieurs cabinets d'union nationale (1984/90), il tenta vainement de mettre fin à l'Intifada de déc. 1987 par la répression. Premier ministre après les élections de juin 1992, et convaincu de l'inefficacité de la solution militaire, il s'engagea dans la voie de la conciliation. Signataire des accords de Washington (13 sept. 1993) et colauréat du prix Nobel 1994, il fut assassiné par un extrémiste israélien hostile au processus de paix.

RADAMA Ier (* 1791, † 1828). Roi de Madagascar (1810/28). Voir MADAGASCAR. L'époque précoloniale.

RADETZKY Joseph, comte von Radetz (* Trebnitz, Bohême, 2.XI.1766, † Milan, 5.I.1858). Feld-maréchal autrichien. Entré dans l'armée à dix-huit ans, il combattit d'abord contre les Turcs (1788/89), puis contre la France, et se distingua aux batailles de la Trébie, Novi, Hohenlinden et Wagram. Chef d'état-major de Schwarzenberg à Leipzig (1813), il devint en 1831 commandant en chef des troupes autrichiennes dans le royaume lombard-vénitien et reçut en 1836 le bâton de feld-maréchal. Surpris en 1848, à quatre-vingt-deux ans, par la révolution italienne, il fut d'abord chassé de Milan. Reprenant peu après l'initiative des opérations, il battit les Piémontais à Custozza (25 juill. 1848), rentra à Milan, puis remporta une seconde victoire décisive à Novare (23 mars 1849) et réoccupa Venise (22 août 1849), replaçant ainsi toute la Lombardie et la Vénétie sous la domination autrichienne. Il resta gouverneur de ces régions jusqu'en 1857.

RADHAKRISHNAN Sarvepalli (* Tiruttani, Andhra Pradesh, 5.IX.1888, † Madras, 17.IV.1975). Homme politique et philosophe indien. Professeur de philosophie en Inde britannique, il fit des cours sur les religions orientales à Oxford (1936/52) et occupa les fonctions de vice-chancelier et de chancelier des universités de Bénarès et Delhi. Entré dans la politique après l'indépendance, il fut ambassadeur de l'Inde à Moscou (1949/52), puis vice-président (1952/62) et président (1962/67) de la République indienne.

RADICALISME. Le terme *radical* apparut dans un sens politique pour la première fois en Angleterre. En 1797, Charles James Fox, adversaire de Pitt, se prononça pour une « réforme radicale », à commencer par l'élargissement du corps électoral. Le radicalisme anglais du XIXe s. concentra donc son action sur la conquête du suffrage universel et l'abolition des privilèges de l'oligarchie dirigeante, sans jamais se constituer en véritable parti. Il s'agissait d'un état d'esprit, qui se manifesta par intermittences, entre 1815 et 1832, dans les « clubs Hampden » et dans les campagnes d'orateurs populaires comme Henry Hunt et Cobbett. Après la première réforme électorale de 1832, jugée insuffisante, le radicalisme anglais trouva son expression dans le chartisme (v.), puis dans le « libéralisme avancé » de Cobden (v.). La réforme électorale de 1867 permit l'entrée à la Chambre des communes de représentants des *trade-unions*, qui se qualifièrent de « radicaux » jusqu'en 1980 environ. À la fin de l'époque victorienne, Joseph Chamberlain fut le chef du « radicalisme de Birmingham », qui se définissait comme protectionniste et impérialiste. De 1905 à 1912, le radicalisme anglais connut son dernier souffle avec les réformes sociales de Lloyd George, qui se heurtèrent à la Chambre des lords. Les pouvoirs de celle-ci furent alors réduits.

Le radicalisme trouva une autre terre d'élection en Suisse à partir de 1830, sous l'influence de réfugiés politiques italiens (Mazzini), allemands et polonais. Appuyés sur les classes populaires, les radicaux manifestaient des tendances autoritaires et égalitaires, favorables à la centralisation de la Confédération et à la limitation de la souveraineté cantonale (réformes constitutionnelles de 1848 et 1874). Ils luttaient contre le cléricalisme catholique et ces mesures furent à l'origine de la guerre du Sonderbund (v.). De 1848 à 1891, les radicaux furent le seul parti gouvernemental, occupant les sept sièges du Conseil fédéral où ils conservèrent la majorité absolue jusqu'en 1919. Depuis 1959, ils n'y occupent plus que deux sièges. Leurs bastions sont les cantons de Vaud, de Lucerne et de Zurich.

RADICAUX. C'est au début de la monarchie de Juillet que le terme « radicaux » qualifia les républicains intransigeants qui voulaient une transformation complète de l'ordre politique dans le sens démocratique. Le chef de cette tendance, dans les années 1840, fut Ledru-Rollin, qui mena une active campagne pour l'instauration du suffrage universel. Un nouveau radicalisme apparut vers 1860, dans l'opposition républicaine au second Empire. Il était représenté par des hommes qui jouèrent un grand rôle dans les débuts de la IIIe République (Gambetta, Pelletan, Allain-Targé, Clemenceau), mais aussi par des universitaires (Renouvier, Buisson, Vacherot, J. Simon). La principale revendication de ce radicalisme était toujours démocratique ; au point de vue social, les radicaux montraient beaucoup de méfiance à l'égard des théories socialistes et défendaient la propriété individuelle comme garantie de la liberté du citoyen.

Le radicalisme français se manifesta pour la première fois officiellement dans le « programme démocratique radical » de Belleville, formulé en avr. 1869 par Gambetta. Ce programme comprenait notamment « l'application la plus radicale du suffrage universel » ; la liberté de la presse ; la liberté d'association ; la suppression du budget des cultes et la séparation des Églises et de l'État ; l'instruction primaire laïque, gratuite et obligatoire ; la suppression des armées permanentes... Après la guerre de 1870 et la Commune, Gambetta choisit le camp des républicains opportunistes mais Clemenceau reprit le programme de Belleville, avec lequel il mena les radicaux aux élections de 1881. Les radicaux eurent alors une quarantaine d'élus, portés par une clientèle petite-bourgeoise et urbaine, surtout à Paris. Ils se situaient à l'extrême gauche, et leur opposition à la République opportuniste amena certains d'entre eux (Naquet, Rochefort) à rallier le boulangisme.

Jusqu'à l'affaire Dreyfus, les radicaux se tinrent à l'écart du pouvoir, mais ils apportèrent leur soutien aux ministères de concentration républicaine. Ils approuvèrent les grandes lois laïques des années 1880, d'ailleurs inspirées par des hommes tels que F. Buisson, étroitement liés à la fois à la franc-maçonnerie et au radicalisme. Dès cette époque, l'anticléricalisme figurait au premier plan de leur programme : le radicalisme apparaissait comme l'expression politique du courant philosophique positiviste du XIXe s. Il progressa parallèlement à la franc-maçonnerie, la Ligue de l'enseignement et, plus tard, la Ligue des droits de l'homme. Le boulangisme lui enleva ses électeurs populaires parisiens, mais, à partir de 1890, il mena rapidement la conquête des petits notables provinciaux, et des petits propriétaires ruraux. Les luttes de l'affaire Dreyfus furent l'étape décisive dans l'ascension du radicalisme, qui, après la chute de la coalition modérée dirigée par Méline (1896/98), devint le ciment de l'union des forces républicaines.

Les élections de 1898 firent la preuve des progrès réalisés par les radicaux, qui quadruplèrent leurs voix, notamment dans le Sud-Ouest. C'est dans cet élan que fut fondé, en juin 1901, le parti républicain radical et radical-socialiste. L'épithète de « socialiste » pouvait surprendre venant d'un parti qui, dans son programme de 1907, se proclamait « résolument attaché au principe de la propriété individuelle » ; dans le domaine économique et social, les radicaux n'en réclamaient pas moins l'impôt sur le revenu, la lutte contre les monopoles capitalistes, le rachat des chemins de fer, la nationalisation des sources d'énergie et une législation d'assistance ouvrière, tout en exprimant leur aversion profonde pour le collectivisme, qui engendre « la neutralisation des initiatives et la restriction de l'effort humain ».

Le « radicalisme » du parti se manifesta surtout dans l'anticléricalisme et dans un goût prononcé pour la phraséologie jacobine. Grands vainqueurs aux élections de 1902 (230 députés), les radicaux, avec le ministère Combes (1902/05), réalisèrent intégralement le programme de laïcité (séparation des Églises et de l'État, 1905). Ils participèrent désormais, tantôt à la tête du gouvernement, tantôt dans des postes clés, à presque tous les cabinets de la IIIe République. Grâce à leurs positions locales, ils s'assuraient la prédominance au Sénat. À la Chambre des députés, leur groupe, qui comprenait de 100 à 170 membres, occupait au centre de l'assemblée une position privilégiée, et sa participation à la majorité était souvent indispensable. Cette place exceptionnelle dans l'éventail politique français, le parti radical la devait non seulement à ses chefs (Combes, Clemenceau, Caillaux, Herriot,

Steeg, les frères Sarraut, Daladier), à ses influents journaux régionaux (telle *La Dépêche de Toulouse*), mais surtout à l'étendue et à la souplesse de son implantation locale : d'un certain point de vue, le parti radical représentait exactement les aspirations des « Français moyens » (l'expression est d'Édouard Herriot) de la première moitié du XXe s. avec la coexistence assez contradictoire d'un goût du patriotisme et de l'autorité (Clemenceau) et d'un individualisme farouche (Alain).

« La France entière est radicale », constatait mélancoliquement Barrès en 1908. Cette certitude encourageait les chefs du parti à se maintenir au pouvoir par tous les artifices de la tactique parlementaire, et notamment par l'utilisation systématique des majorités de rechange. Vainqueurs avec le Cartel des gauches aux élections de mai 1924, les radicaux se rallièrent deux ans plus tard à l'Union nationale présidée par Poincaré. De même, après avoir constitué l'aile droite du Front populaire, ils provoquèrent l'effacement définitif de Blum (avr. 1938) et gouvernèrent avec les modérés (cabinet Daladier, 1938/40), jusqu'à la défaite de 1940.

Les radicaux depuis 1940

Aux yeux de l'opinion publique, les radicaux portaient ainsi la principale responsabilité de la politique qui avait conduit à l'effondrement de la IIIe République : le 10 juillet 1940, lors de la réunion de l'Assemblée nationale à Vichy, treize députés radicaux-socialistes seulement sur 111 votèrent contre l'attribution des pouvoirs constitutionnels au maréchal Pétain. Cependant, les principaux dirigeants du parti adoptèrent une attitude nettement hostile au régime de Vichy : Daladier et Herriot furent arrêtés, Jean Zay assassiné par la Milice, Queuille et Mendès France firent partie du comité d'Alger. Néanmoins, aux élections du 21 oct. 1945, les radicaux connurent un grave échec (6,8 % des voix au lieu de 14,6 % en 1936). En luttant contre le tripartisme, le parti radical commença une lente remontée. Les élections de 1951 lui donnèrent soixante-douze élus, mais ce succès n'avait pu être obtenu qu'au prix d'une grave altération de la doctrine radicale traditionnelle. Les radicaux apparaissaient désormais beaucoup plus proches du MRP et des modérés que de la gauche. Une tentative de retour à un « jacobinisme » adapté aux problèmes modernes fut opérée à partir de 1953 par Pierre Mendès France ; d'abord couronnée de succès (congrès extraordinaire de mai 1955), elle se heurta à l'opposition d'éléments modérés, qui furent exclus du parti (Edgar Faure, Martinaud-Deplat). Les élections de janv. 1956 furent un échec pour le parti radical rénové, qui avait fait campagne avec le Front républicain. Mendès France dut abandonner la vice-présidence de son parti (mai 1957), avant d'en être exclu (1959). Par la suite, l'opposition au gaullisme provoqua un nouveau réveil « jacobin » dans le vieux parti radical, qui, sous la direction de René Billières, forma en 1965, avec les socialistes SFIO et les clubs de la gauche, la Fédération de la gauche démocrate et socialiste.

Après l'évanouissement de celle-ci, en 1968, J.-J. Servan-Schreiber accéda au poste de secrétaire général (oct. 1969). En nov. 1971, le parti radical rejoignit les centristes dans le Mouvement réformateur ; mais une fraction importante des parlementaires et des notables du parti refusait de suivre Servan-Schreiber et constituait un mouvement des radicaux de gauche (MRG).

Le parti radical, dit désormais *valoisien* soutint la candidature de V. Giscard d'Estaing aux élections de 1974 et obtint deux postes ministériels dans le gouvernement de J. Chirac. En 1978, il s'unit au parti républicain et au CDS au sein de l'UDF, elle-même composante de la majorité de droite. Mais il n'obtint que deux députés aux élections de juin 1981.

Le MRG connut une brève crise en mars 1978, quand son président Robert Fabre démissionna. À l'élection présidentielle de mai 1981, le MRG soutint la candidature de François Mitterrand et obtint treize sièges de députés dans la majorité de gauche issue des élections législatives de juin. Ses chefs de file, Maurice Faure, Michel Crépeau, Roger-Gérard Schwarzenberg, Jean-Michel Baylet, participèrent aux ministères formés par P. Mauroy et L. Fabius.

Aux élections législatives de 1986, les radicaux de gauche n'obtenaient que 107 754 voix (0,38 %), puis 279 316 (1,14 %) à celles de 1988. Maurice Faure, François Doubin et J.-M. Baylet représentèrent le MRG et furent rejoints par le radical M. Durafour dans les ministères d'ouverture qui suivirent la réélection de F. Mitterrand en 1988. En févr. 1993, l'adhésion du très médiatique Bernard Tapie, ministre de la Ville, redonna de la vigueur au parti rebaptisé Radical en nov. 1994. Apparaissant comme une alternative au parti socialiste en perte de vitesse, la liste du MRG obtint 12 % des voix aux européennes de juin 1994. Les velléités d'autonomie de Radical par rapport aux socialistes furent cependant annihilées par l'exclusion du champ politique de B. Tapie, mis en examen dans de nombreuses affaires ; les radicaux choisirent alors en Bernard Kouchner un autre porte-parole médiatique. En sept. 1996, Radical devint le parti radical-socialiste (PRS). Aux élections législatives anticipées de mai-juin 1997, le PRS remporta quatorze sièges et, à la suite de la victoire électorale de la gauche, trois membres du PRS entrèrent dans le gouvernement de Lionel Jospin. En 1998, le PRS prit le nom de parti radical de gauche (PRG) et l'adhésion de Bernard Kouchner au parti socialiste la même année ramena à deux le nombre des ministres radicaux. En 2002, la candidate PRG à la présidence, Christiane Taubira, obtint 2,32 % des voix. La même année, lors de son 103e congrès, le parti républicain radical et radical-socialiste rejoignit l'UMP, nouvelle formation de la droite parlementaire.

RADOWITZ Joseph Maria von (* Blankenburg am Harz, 6.II.1797, † Berlin, 25.XII.1853). Général et homme politique prussien. D'une famille hongroise catholique, il entra en 1823 au service de la Prusse et devint la personnalité la plus marquante de l'entourage conservateur de Frédéric-Guillaume IV. Il poussa Frédéric-Guillaume IV à prendre la tête du mouvement unitaire allemand et établit en 1847 un plan de réforme de la Confédération qui suscita l'opposition de l'Autriche. Après que Frédéric-Guillaume IV eut refusé la couronne impériale que lui offraient les libéraux allemands du Parlement de Francfort (avr. 1849), il conseilla au roi de continuer à travailler à l'unité allemande en prenant la tête des divers princes : ce fut l'Union allemande d'Erfurt (mars 1850). Mais cette politique se heurta à l'opposition de Vienne, et Radowitz, devenu ministre des Affaires étrangères de Prusse (sept./nov. 1850), dut démissionner. Bismarck reprit plus tard ses projets et les mena à bonne fin.

RAFSANDJANI Ali Akbar Hashémi (Rafsandjan, Iran, 1934). Religieux et homme politique iranien. Ce disciple de R. Khomeyni connut la prison (1975/78) sous le régime du chah. Membre du Conseil de la révolution islamique, il fit office de ministre de l'Intérieur. Président du Parlement (1980/89), il fut élu président de la République islamique après la mort de R. Khomeyni, en 1989. À l'expiration de son second mandat, en mai 1997, il quitta le pouvoir.

RAHMAN Mujibur cheik (* Tongipara, district de Faridpur, 17.III.1920, † Dacca, 15.VIII.1975). Homme politique bengali. Secrétaire général de la ligue Awami à partir de 1952, il combattit pour l'autonomie du Bengale (Pakistan-Oriental), et fit des séjours de plusieurs années en prison. Aux élections de déc. 1970, son parti triompha en obtenant la quasi-totalité des sièges au Bengale et la majorité au Parlement central. Mais le président Yahya Khan se refusa à toute concession aux Bengalis. Après l'indépendance du Bangladesh, Mujibur Rahman, libéré par les Pakistanais, devint le premier président du nouvel État (janv. 1972). Les accusations de corruption lancées contre les dirigeants de son parti l'amenèrent à établir un régime dictatorial (oct. 1974). Il fut renversé par un coup d'État qui lui coûta le pouvoir et la vie.

RAIS ou **RETZ Gilles de** (* Champtocé, Anjou, automne 1404, † Nantes, 26.X.1440). Maréchal de France. Après avoir servi Jean V de Bretagne contre la maison de Blois, il épousa en 1427 la cause de Charles VII et accompagna constamment Jeanne d'Arc depuis le siège d'Orléans jusqu'à la capture de la Pucelle par les Anglais. Charles VII l'avait fait maréchal de France en 1429. Vers 1434, il se retira complètement de la vie publique, et, dans son château de Tiffauges (Vendée), il se mit à mener la vie la plus fastueuse. En 1435, sa famille lui fit interdire par le roi de continuer à vendre ses domaines. Il chercha alors des ressources dans l'alchimie, avec l'aide d'un clerc, Francesco Prelati (1438). S'adonnant désormais à la magie noire, il en serait venu à sacrifier au démon des enfants et des adolescents, par centaines, selon la légende. Arrêté pendant l'été 1440, traduit devant des juges religieux et civils, Gilles de Rais reconnut ses crimes et montra les signes d'un sincère repentir avant son exécution.

RAJASTHAN. État de l'Inde du Nord-Ouest. Voir RAJPOUTES.

RAJPOUTES. Peuple guerrier qui domina à partir du VIIe s. apr. J.-C. les régions de l'Inde du Nord-Ouest, formant aujourd'hui l'État du Rajasthan. Les Rajpoutes, de *rajapoutra*, « fils de roi », formèrent de nombreuses principautés hindoues, souvent en guerre les unes contre les autres. Au début du XIIe s., les trois principaux États rajpoutes étaient ceux de Delhi, d'Ajmer et de Kanauj. Le clan des Chauhan fit l'unité des royaumes de Delhi et d'Ajmer. Son chef, Prithviraj (Prithwi Raja), fut le héros de la résistance hindoue à l'invasion musulmane de Mohammed de Ghor. En 1191, à la première bataille de Taraïn, il repoussa Mohammed de Ghor. Mais, l'année suivante, le conquérant musulman apparut de nouveau dans l'Hindoustan, avec une armée que les chroniqueurs évaluent à 120 000 cavaliers. Prithviraj lança un appel à tous les princes rajpoutes voisins. La plupart envoyèrent des troupes, mais le puissant roi de Kanauj, brouillé avec Prithviraj, resta neutre. Prithviraj fut battu et tué à la seconde bataille de Taraïn (1192), et cette défaite fut suivie de l'établissement définitif de la domination musulmane dans l'Inde du Nord.

Plutôt que de se soumettre, les Rajpoutes préférèrent se retirer dans le désert de Thar, au S. de l'Indus, qui constitue la plus grande partie de l'État actuel du Rajasthan. Pendant trois siècles, ils continuèrent à défier les musulmans, mais Baber écrasa à Khanoua la coalition rajpoute dirigée par Rana Sanga (16 mars 1527). La soumission des Rajpoutes aux Grands Mogols fut facilitée par la politique tolérante d'Akbar, qui maria plusieurs de ses enfants à des princes rajpoutes. Mais l'intolérance d'Aurengzeb provoqua une grande révolte des Rajpoutes, qui ravagèrent les provinces musulmanes du Malwa (1680/81). À la fin du XVIIIe s., ce grand peuple, déjà en pleine décadence, n'opposa guère de résistance à l'invasion des Marathes. Passés en 1818 sous le protectorat britannique, les Rajpoutes restèrent fidèles à l'Angleterre durant la révolte des cipayes. Après l'indépendance de l'Inde, les États rajpoutes furent fondus dans le nouvel État du Rajasthan (capitale Jaipur).

RÁKÓCZY Ferenc ou **François II** (* Borsi, 27.III. 1676, † Rodosto, 8.IV.1735). Homme politique hongrois. Il prit la tête de l'insurrection hongroise contre les Habsbourg en 1703 et conquit toute la Hongrie orientale jusqu'au Danube. Proclamé prince de Transylvanie par la diète de Gyulafehervar (auj. Alba Julia, juill. 1704), puis régent de Hongrie (sept. 1705), il proclama la déchéance des Habsbourg (1707). Battu à Trencsén (1708), il ne put empêcher Alexandre Károlyi de faire la paix avec l'empereur (1711), à laquelle il refusa lui-même de souscrire, recherchant l'aide de Pierre le Grand, puis élevant de vaines protestations à la paix d'Utrecht. Il passa le reste de sa vie en exil. Il est considéré en Hongrie comme un héros national.

RÁKOSI Mátyás (* Ada, 14.III.1892, † Gorki, 5.II. 1971). Homme politique hongrois. Il adhéra tout jeune au parti social-démocrate. Prisonnier de guerre en Russie durant la Première Guerre mondiale, il se rallia au bolchevisme et participa au gouvernement de Béla Kun (1919). Emprisonné presque continuellement à partir de 1925, il fut échangé en 1940 contre des drapeaux hongrois pris par les Russes en 1849 et put gagner Moscou. Revenu en Hongrie avec les troupes soviétiques, il devint vice-président du Conseil (1945) et secrétaire général du parti communiste. Représentant de la stricte orthodoxie stalinienne, il contribua à la chute du « titiste » Rajk (1949) et aux mesures de collectivisation de l'agriculture. Président du Conseil en août 1952, il dut abandonner ce poste en juill. 1953, après la mort de Staline, et Khrouchtchev l'élimina du secrétariat général du parti (juill. 1956). Lors de la révolution de Budapest (oct. 1956), il se réfugia en URSS, où il apprit son exclusion du parti (1962).

RALEGH ou **RALEIGH sir Walter** (* Hayes, Devonshire, 1552, † Londres, 29.X.1618). Homme politique, explorateur et écrivain anglais. Favori de la reine Élisabeth Ire, il combattit en France aux côtés des huguenots (1569/75) et prit part à l'écrasement de la révolte irlandaise (1580/81). À partir de 1584, il organisa plusieurs expéditions vers l'Amérique du Nord où il fonda la Virginie (1585). En 1595, il conquit l'île de la Trinité et remonta l'Orénoque. Tombé en disgrâce à l'avènement de Jacques Ier (1603), il fut accusé de conspiration et condamné à mort. Prisonnier pendant douze ans (1604/16) à la Tour de Londres, il voulut entreprendre une nouvelle expédition vers les Indes occidentales en 1617, mais Jacques Ier le fit de nouveau arrêter et, cette fois, fit exécuter la sentence de mort prononcée contre lui en 1604. On attribue à Ralegh l'introduction du tabac et de la pomme de terre dans les îles Britanniques.

RALLIEMENT. Nom donné à l'orientation nouvelle que le pape Léon XIII conseilla aux catholiques français en leur demandant d'accepter la République comme « le gouvernement actuel de leur nation ». Il prit la forme du célèbre « toast d'Alger », porté par l'archevêque Lavigerie à la flotte française de Méditerranée, le 12 nov. 1890, confirmé par l'encyclique *Au milieu des sollicitudes* (16 févr. 1892). Le ralliement, se heurtant à la majorité des catholiques et du clergé français, ne produisit pas les effets escomptés : les luttes de l'affaire Dreyfus opposèrent de nouveau beaucoup de catholiques nationalistes aux républicains avancés. C'est cependant dans la ligne du ralliement que put commencer à se développer le mouvement de démocratie chrétienne.

RAMA. Nom porté par tous les souverains qui ont régné sur la Thaïlande depuis 1782. Voir **Thaïlande**.

RAMADAN. Neuvième mois de l'année musulmane, durant lequel le Coran aurait été révélé aux hommes. Le croyant procède à un jeûne absolu entre le moment où l'aube permet de « distinguer le fil blanc du fil noir » et le coucher du soleil. Le ramadan impose une abstention totale de nourriture et de boisson pendant le jour, de tabac, de parfums et de relations sexuelles. Tous les musulmans ayant atteint la puberté y sont astreints, avec certains « allégements » réservés aux gens âgés, aux malades, aux femmes enceintes et aux voyageurs.

RAMADIER Paul (* La Rochelle, 17.V.1888, † Rodez, 14.X.1961). Homme politique français. Maire (1919), puis député (1928) de Decazeville, il devint sous-secrétaire d'État dans le premier cabinet de Front populaire. Ministre du Travail en 1938, il donna sa démission pour protester contre les menaces pesant sur la loi des quarante heures. En 1940, il fit partie des parlementaires qui refusèrent la délégation des pouvoirs à Pétain. Il participa à la Résistance dans le Rouergue et fut ministre du Ravitaillement dans le premier ministère de Gaulle (1944/45). Réélu maire et député socialiste de Decazeville à la Libération, il fut garde des Sceaux en déc. 1946, avant de former son propre cabinet en janv. 1947, reconduisant tout d'abord la coalition tripartite (MRP, SFIO, communistes). Mais, les communistes se refusant à accepter le blocage des salaires et à voter les crédits militaires pour l'Indochine, il prit la responsabilité de les écarter de son ministère, provoquant ainsi le premier grand tournant de l'histoire de la IVe République. En butte à une forte hostilité au sein même de son parti, il démissionna en nov. 1947. Il fut de nouveau ministre dans les cabinets Queuille (1948/49) et Mollet (1956/57).

RAMOS Fidel (Váldez), « *Eddie* » (Lingayen, 18.III.1928). Officier et homme politique philippin. Cousin de Ferdinand Marcos et diplômé de l'académie militaire américaine de West Point, il fut nommé chef d'état-major de l'armée philippine en 1986. Rallié à Cory Aquino en févr. 1986, il devint son ministre de la Défense en janv. 1988. Élu président de la République avec moins d'un quart des voix en juin 1992, il parvint à des accords de cessez-le-feu avec les rebelles musulmans de Mindanao, les guérillas communistes et l'extrême droite militaire (RAM). Son plan « Philippines 2000 » permit une réforme structurelle de l'économie et un retour à la croissance. En 1997, il quitta à contrecœur la présidence.

RAMSÈS Ier. Roi d'Égypte (vers 1295/1294 av. J.-C.). Général originaire de Tanis, dans le Delta, ministre, il fut choisi par Horemheb comme successeur. Fondateur de la XIXe dynastie, il associa aussitôt au pouvoir son fils, le futur Séthi Ier. C'est sous son règne que fut commencée la grande salle hypostyle de Karnak.

RAMSÈS II. Roi d'Égypte de la XIXe dynastie (vers 1279/1212 av. J.-C.). Il poursuivit avec la puissante armée forgée par son père Séthi Ier la lutte contre la monarchie hittite, pour la possession de la Syrie. Les Hittites suscitèrent contre lui la coalition de nombreux peuples sur lesquels, en dépit de sa bravoure personnelle, il ne put remporter une victoire décisive à la bataille de Kadesh (vers 1274). À la suite de nouvelles campagnes, il pacifia la Palestine et les régions voisines. Une dizaine d'années plus tard, la conquête du Mitanni par le roi d'Assyrie poussa Égyptiens et Hittites à conclure un véritable traité d'assistance mutuelle (vers 1258), qui assura la paix de l'Égypte pendant la suite du long règne de Ramsès II. Le roi fut également un grand bâtisseur, sans que l'on puisse lui attribuer tous les monuments marqués à son nom, car il n'hésitait pas à s'approprier le travail de ses prédécesseurs. Il fut sûrement le constructeur d'un temple funéraire à Abydos et des deux temples rupestres à Abon Simbel, dont l'un est orné de quatre statues colossales le représentant ; il acheva la salle hypostyle de Karnak, ajouta au temple de Louxor la cour antérieure et deux obélisques (dont celui qui se dresse place de la Concorde, à Paris), entreprit l'édification d'une nouvelle capitale, Pi-Ramsès, dans le Delta, berceau de la dynastie.

RAMSÈS III. Roi d'Égypte (vers 1186/1154 av. J.-C.). Deuxième pharaon de la XXe dynastie, fils de Sethnakht, qui avait chassé le chancelier syrien, Bai, qui avait usurpé le pouvoir. Associé au trône durant le bref règne de son père Sethnakht, il trouva l'Égypte gravement menacée. Après avoir rejeté les Libyens qui menaçaient Memphis (1181, 1175), il réussit à contenir les Philistins et les Peuples de la Mer sur la frontière palestino-syrienne, avant d'infliger à leur flotte une défaite navale décisive dans la bouche orientale du Nil (1178). Ces victoires restèrent cependant fragiles : tandis qu'à l'O. se poursuivaient les installations de Libyens dans la vallée du Nil, les efforts de Ramsès III pour rétablir l'hégémonie égyptienne en Syrie aboutirent à un échec. À l'intérieur, les difficultés politiques et économiques provoquèrent le limogeage du ministre Athribis et la grève des ouvriers de Deir el-Médineh. À la fin de son règne, Ramsès III dut faire face à un complot auquel furent mêlés des membres de sa famille. Il avait agrandi Karnak, restauré Louxor et fait construire à Thèbes le temple de Médinet Habou, dont les bas-reliefs évoquent la victoire égyptienne sur les Peuples de la Mer.

RANAVALONA. Nom porté par plusieurs reines de Madagascar. Voir MADAGASCAR.

RANJIT SINGH (* Gujranwala, Pendjab, 2.XI.1780, † 27.VI.1839). Fondateur du royaume sikh unifié du Pendjab (1798). Voir PENDJAB.

RAO Narasimha (Andhra Pradesh, 28.V.1921). Homme politique indien. Il adhéra au parti du Congrès pendant la lutte pour l'indépendance et commença sa carrière politique à l'assemblée législative de l'Andhra Pradesh. Proche d'Indira Gandhi, il occupa, à partir de 1980, plusieurs fonctions ministérielles. L'assassinat de Rajiv Gandhi, le 21 mai 1991, le ramena à la vie publique, qu'il avait quittée depuis peu. Nommé Premier ministre le 21 juin 1991, il fut le premier représentant du sud du pays à occuper cette fonction. Il mena la modernisation et la libéralisation de l'économie indienne, mais il ne sut pas résister à la montée du nationalisme hindou du BJP. Aux élections de mai 1996, le Congrès fut laminé, mettant un terme au mandat de N. Rao.

RAOUL ou **RODOLPHE de Bourgogne** († Auxerre, 936). Roi de France (923/36). Fils de Richard, duc de Bourgogne, duc lui-même en 921, il était le gendre de Robert Ier, duc de France, qui avait été reconnu roi après la déposition de Charles de Simple. Élu roi à la mort de Robert (923), il eut longtemps à combattre les grands vassaux, puis repoussa les incursions hongroises (926/27) et normandes (930).

RAPALLO (traité de, 16 avr. 1922). Il fut signé par l'Allemagne et l'URSS au cours de la conférence économique internationale de Gênes (avr./mai 1922) par Rathenau et Tchitcherine. Les deux pays renonçaient réciproquement à leurs réparations de guerre, décidaient la reprise des relations diplomatiques, l'ouverture de négociations économiques et une consultation permanente sur les grands problèmes économiques internationaux.

RAS EL-KHEYMA, *Raj al-Khaïmah*. Émirat membre des Émirats arabes unis (v.).

RAS SHAMRA, *cap du Fenouil*. Emplacement du site archéologique de la ville antique d'Ougarit. Le tell (« hauteur » en arabe) de Ras Shamra se trouve à 1 km de la côte syrienne, à 10 km au N. de Lattaquié. En 1929, l'équipe de Claude Schaeffer y entreprit des fouilles, qui mirent progressivement au jour les vestiges : une acropole, des temples (de Baal et de Dagon), une bibliothèque religieuse, des quartiers résidentiels et artisanaux, un port de mer... Les traces d'occupation humaine remontent au VIIIe millénaire av. J.-C. Florissante au IIe millénaire, la cité fut détruite en 1100 environ. Les archives trouvées dans le palais royal constituent la principale source de connaissance de la civilisation syro-palestinienne pour cette période et représentent, en dehors du texte biblique, notre seul accès à la religion cananéenne au IIe millénaire av. J.-C. Carrefour maritime et commercial entre la Mésopotamie, les pays hittites, l'Égypte, Chypre et les principautés grecques, Ougarit (v.), qui fut pendant des siècles un port cosmopolite, mêla les apports de toutes ces civilisations. Ses scribes y ont mis au point le premier alphabet de l'histoire humaine, composé de 30 signes tracés dans l'argile en caractères cunéiformes.

RASKOLNIKI, c'est-à-dire *schismatiques* ou **STAROVIÉRI** ou **STAROOBRIADTSI,** c'est-à-dire *vieux-croyants.* Noms donnés aux dissidents de l'Église orthodoxe russe qui refusèrent, dans la mouvance de l'archiprêtre Avvakoum, d'accepter les réformes liturgiques introduites par le patriarche Nikon au XVIIe s. Excommuniés en 1667, les raskolniki, qui avaient une grande influence dans les régions enclavées du nord et de l'est de la Russie, résistèrent pendant des siècles à toutes les persécutions. Les réformes de Pierre le Grand renforcèrent encore leur opposition, et ils regardèrent ce tsar comme l'antéchrist, responsable de l'occidentalisation de la Russie. Ils se divisèrent en deux groupes : les *popovtsi*, qui réussirent, au XIXe s., à établir un épiscopat ; les *bezpopovtsi*, qui renoncèrent au sacerdoce comme aux sacrements. De nombreuses sectes annexes se formèrent, souvent extravagantes (castrats, buveurs de lait). Les popovtsi furent reconnus par l'État en 1881.

RASMUSSEN Poul Nyrup (Esbjerg, Ribe Vejle, 15.VI.1943). Homme politique danois. Après des études d'économie, Poul Rasmussen devint membre du parti social-démocrate (PSD) et directeur de l'Union des syndicats danois (1971/86). Député à partir de 1988, il devint président du PSD en 1992 et y imposa une ligne modérée et proeuropéenne. Premier ministre à partir de janv. 1993, dirigeant plusieurs coalitions de centre gauche, il proposa des plans pour l'emploi qui contribuèrent à réduire le taux de chômage de moitié en cinq ans. Il eut cependant à affronter, en 1998, un grave conflit social, qui mit 500 000 salariés en grève. Le 28 septembre 2000, il subit l'échec du référendum sur l'adhésion danoise à l'euro, qu'il soutenait personnellement. En novembre 2001, son homonyme Anders Fogh Rasmussen, du parti libéral, lui succéda au poste de Premier ministre.

RASPAIL François Vincent (* Carpentras, 29.I.1794, † Arcueil, 8.I.1878). Chimiste et homme politique français. Cet ancien professeur de théologie se consacra en autodidacte à l'étude des sciences. Fondateur de la cytochimie, anticipation géniale précédant de quarante ans la doctrine microbienne, il s'attira l'hostilité des milieux officiels par sa pratique de la médecine sociale. Très populaire, il participa à toutes les luttes républicaines de son temps. Blessé durant les journées de juill. 1830, il prit encore une part active à la révolution de Février 1848 et proclama la république à l'Hôtel de Ville. Arrêté en mai, il fut maintenu en prison même après son élection comme député de Paris, en sept. 1848, et sa candidature à la présidence de la République en déc. Il ne fut libéré qu'en 1853 ; banni, il se réfugia en Belgique pendant dix ans. Député du Rhône en 1869, il vota contre la déclaration de guerre à l'Allemagne, mais se tint à l'écart de la Commune, tout en fustigeant la répression versaillaise. De nouveau interné par les tribunaux de l'Ordre moral (1874), il fut élu député de Marseille en 1877.

RASPOUTINE Grigori Iefimovitch (* Prokrovskoïe, près de Tioumen, Sibérie, vers 1872, † Petrograd, 30.XII.1916). Moine et aventurier russe. Paysan illettré, jouissant d'une réputation de mystique et de thaumaturge, il fut introduit, vers 1905, dans l'intimité de la famille impériale et réussit à atténuer les souffrances du tsarévitch Alexis qui était atteint d'hémophilie. La tsarine Alexandra Fédorovna lui voua une confiance absolue et le considéra comme un « messager de Dieu ». Raspoutine exerça dès lors une puissante influence occulte et imposa ses protégés aux plus hauts postes de l'Église. Ses orgies et ses débauches avec des femmes de la haute société furent dénoncées par des hommes politiques tels que Stolypine et Kokovtsov. Le tsar tint désormais le moine à distance. Durant la Première Guerre mondiale, l'opinion publique accusa Raspoutine d'être un agent de l'Allemagne (ce qui n'a jamais pu être prouvé). Après avoir déjà échappé à plusieurs attentats, il fut victime d'un complot. Empoisonné au cours d'un dîner, puis achevé de deux coups de revolver, il fut jeté dans les eaux de la Neva. Les activités de ce personnage ténébreux contribuèrent beaucoup au discrédit de la monarchie des tsars.

RASSEMBLEMENT DÉMOCRATIQUE AFRICAIN (RDA). Parti politique fondé en oct. 1946 en Afrique-Occidentale française par Félix Houphouët-Boigny et G. d'Arboussier. D'abord rival du parti socialiste de Lamine-Gueye, le RDA s'apparenta au parti communiste. Les élections pour l'Assemblée nationale de 1956 montrèrent les progrès du mouvement, dont les élus passèrent de deux à sept. En 1951, le RDA avait rompu toute attache avec les communistes, et Houphouët-Boigny devint ministre dans le cabinet Guy Mollet en 1956. En 1957, au congrès de Bamako, le RDA se prononça pour le maintien de l'Afrique noire dans l'Union française, mais les élections de sept. 1958 marquèrent son éclatement. Le vice-président du RDA, Sékou Touré, fit campagne pour l'indépendance complète de la Guinée. Houphouët-Boigny, qui souhaitait que chacun des nouveaux États africains entretînt des relations directes avec la France, dut résister aux fortes tendances fédéralistes qui amenèrent la création de l'éphémère Fédération du Mali. En Côte-d'Ivoire, le RDA prit le nom de parti démocratique de la Côte-d'Ivoire ; dirigé par Houphouët-Boigny, il resta le parti unique de cet État jusqu'en 1990, date de la reconnaissance du multipartisme.

RASSEMBLEMENT DU PEUPLE FRANÇAIS (RPF). Mouvement politique fondé le 14 avr. 1947 par le général de Gaulle à la suite des manifestations de Bruneval (30 mars 1947) et de Strasbourg (7 avr. 1947). À côté du secrétaire général, Jacques Soustelle, se retrouvèrent des personnalités telles que R. Capitant, L. Terrenoire, A. Malraux ; les cadres du mouvement étaient formés en grande partie par d'anciens combattants des Forces françaises libres et des réseaux de la Résistance, mais le RPF accueillit aussi dans ses rangs des hommes issus de la droite traditionnelle et d'anciens fidèles du maréchal Pétain. Le programme du RPF était axé essentiellement sur la réforme de l'État, selon les principes posés dès 1946 dans le discours de Bayeux, ainsi que sur l'anticommunisme ; dans le domaine social, sur l'alliance capital-travail, qui annonçait le thème futur de la participation ; dans le domaine colonial, sur le maintien absolu de la souveraineté française dans les territoires d'outre-mer. Dénoncé comme « fasciste » par les dirigeants de la IVe République, le RPF remporta un grand succès aux élections municipales d'oct. 1947. Il obtint la majorité au conseil municipal de Paris et enleva les mairies de Marseille, Bordeaux, Lille, Strasbourg, Rennes et de nombreuses autres grandes villes. Cependant, aux élections législatives de juin 1951, la vague gaulliste reflua : le RPF n'obtenait que 22 % des voix, ce qui lui assura toutefois plus de 110 députés. L'arrivée au pouvoir d'Antoine Pinay (mars 1952) provoqua un éclatement dans le groupe parlementaire RPF. Déçu par les défections, de Gaulle rendit leur liberté aux élus RPF (6 mai 1953) ; ceux-ci formèrent alors le groupe des républicains sociaux et participèrent aux gouvernements de la IVe République. Les élections d'avr. 1956 marquèrent l'effondrement définitif du RPF, avec 5,5 % des voix. Après 1958, les gaullistes se regroupèrent dans l'UNR. Voir **Union des démocrates pour la République**.

RASSEMBLEMENT POUR LA RÉPUBLIQUE (RPR). Parti politique français fondé par Jacques Chirac le 5 déc. 1976. Le RPR, qui a pris la suite de l'Union des démocrates pour la République (UDR) (v.), se donnait pour ambition immédiate de préparer les élections municipales et législatives de 1977/78 et de battre la coalition des socialistes et des communistes. Il entendait d'autre part affirmer la permanence du gaullisme comme force essentielle de la majorité. Les principaux points de son programme étaient : le développement de la défense nationale, fondée sur la dissuasion nucléaire, le refus d'une Europe « supranationale », la réforme de l'entreprise par le développement de la participation à l'organisation du travail et aux bénéfices, la réforme de la fiscalité (introduction de l'impôt sur la fortune), la promotion d'une « démocratie du quotidien ». Jacques Monod fut nommé secrétaire général du RPR.

Parti de la majorité de droite au Parlement, le RPR refusa pourtant au Premier ministre Raymond Barre le rôle de coordination et d'animation de cette majorité. Aux élections législatives de mars 1978, le RPR mena une campagne autonome, alliant de violentes attaques contre le programme commun de la gauche et une appréciation sans complaisance de l'action gouvernementale de Raymond Barre. Cette stratégie eut des résultats ambigus : tout en restant le principal groupe du Palais-Bourbon, avec 155 sièges contre 119 à l'UDF et 14 aux modérés « non inscrits », le RPR perdait 28 sièges par rapport à l'UDR en 1973. Les élections européennes de 1979 se traduisirent par un nouveau tassement de l'audience du RPR, qui tomba à 16,5 % des voix, tandis que l'UDF en réunissait 27,6 %. En 1979, Bernard Pons succéda à J. Monod au poste de secrétaire général. À l'élection présidentielle de mai 1981, Jacques Chirac se présenta au premier tour contre le président sortant, Valéry Giscard d'Estaing, et contre le candidat de la gauche unie, François Mitterrand. Il obtint un résultat honorable, avec 5 138 571 voix, soit 18 %. Son désistement tiède pour la candidature de V. Giscard d'Estaing au second tour contribua au succès de F. Mitterrand. Aux législatives de juin 1981, le RPR perdit 70 sièges face au raz-de-marée socialiste. Mais dans les deux années qui suivirent, le RPR se montra le parti le plus combatif de l'opposition parlementaire de droite. En nov. 1984, B. Pons fut remplacé par Jacques Toubon. Après la victoire de la droite aux législatives de mars 1986, J. Chirac, chef du RPR, accepta de diriger un gouvernement de « cohabitation » avec un président de la République élu par la gauche. Un programme libéral fut appliqué, mais cette expérience fut interrompue par la réélection de F. Mitterrand, contre J. Chirac, à la présidentielle de mai 1988, suivie de législatives anticipées, en juin, qui donnèrent la majorité à la gauche. Le RPR, avec 19,18 % des voix au premier tour, redevenait le premier parti de l'opposition. Alain Juppé succéda à Jacques Toubon au poste de secrétaire général. Aux municipales de 1989, le RPR connaissait un nouveau recul et perdait une partie des villes gagnées en 1983 (malgré la réélection de J. Chirac à Paris et la victoire de Michel Noir à Lyon). Après ces défaites, Charles Pasqua et Philippe Séguin, maire d'Épinal, contestèrent la domination de J. Chirac sur le parti.

En 1992, le RPR se divisa profondément sur la question européenne : tandis que J. Chirac et A. Juppé soutenaient la ratification du traité de Maastricht, P. Séguin, C. Pasqua et de nombreux parlementaires RPR défendirent le « non » au référendum. La victoire de la droite aux législatives de 1993 permit au RPR d'obtenir 240 députés. En 1994, J. Chirac abandonna la présidence du parti à A. Juppé pour se consacrer à la campagne présidentielle. Le Premier ministre É. Balladur se présenta également, obligeant ainsi les membres du RPR à choisir entre les deux candidats issus du parti. Victorieux en mai 1995, J. Chirac devint le premier président gaulliste depuis Georges Pompidou. Profondément déstabilisé par la défaite de la droite aux élections législatives anticipées de mai-juin 1997, à l'issue desquelles il n'obtint que 140 députés, le RPR se donna un nouveau président en juill. 1997 en la personne de P. Séguin.

La proximité des élections européennes de 1999 suscita une série de difficultés pour le RPR : en avr., P. Séguin, mal vu par l'Élysée, démissionna et fut remplacé par Nicolas Sarkozy ; en juin, C. Pasqua quitta le RPR pour fonder, avec Philippe de Villiers, le Rassemblement pour la France (RPF). Obtenant un score inférieur à celui du RPF aux européennes, le RPR se donna, en nov. 1999, Michèle Alliot-Marie comme présidente. Cependant, d'autres complications se présentèrent : exclusion et dissidence du maire de Paris, Jean Tiberi ; nombreuses mises en examen pour corruption d'anciens proches du chef de l'État, J. Chirac, lui-même se trouvant de plus en plus souvent cité dans ces affaires. En mars 2001, la perte des mairies de Paris et de Lyon n'empêcha pas le RPR de se maintenir dans l'ensemble de ses bastions. Le 5 mai 2002, J. Chirac était réélu avec 82,21 % des voix au second tour, contre le candidat d'extrême droite Jean-Marie Le Pen. En novembre, le congrès de fondation de l'Union pour un mouvement populaire (UMP) entérina la fusion du RPR et de Démocratie libérale, rejoints par de nombreux membres de l'UDF.

RASTADT (traité de, 6 mars 1714). Un des traités qui mirent fin à la guerre de la Succession d'Espagne. Il fut signé entre la France et l'Autriche à la suite des conversations menées depuis nov. 1713 entre Villars et le Prince Eugène. Voir **UTRECHT, traités d', (1713/15)**.

RATHENAU Walther (* Berlin, 29.IX.1867, † Berlin, 24.VI.1922). Homme politique allemand. En 1916, il dirigea l'Office des matières premières et, pour assurer la survie de l'économie allemande menacée par le blocus allié, il institua un « socialisme de guerre », subordonnant toute l'organisation économique et sociale aux besoins de l'État. Il prit position dès le début de la république de Weimar pour une reprise des relations avec les Alliés et pour une exécution des réparations de guerre imposées à l'Allemagne (*Erfüllungspolitik*). Ministre de la Reconstruction (1921), puis des Affaires étrangères (1922), il représenta l'Allemagne à la conférence de Gênes et signa avec Tchitcherine l'accord de Rapallo (16 avr. 1922), qui rompait l'isolement diplomatique de l'Allemagne. Poursuivi par la haine des nationalistes, il fut assassiné par deux membres de l'organisation secrète « Consul ».

RATTAZZI Urbano, comte (* Alexandrie, Piémont, 29.VII.1808, † Frosinone, 5.VI.1873). Homme politique piémontais et italien. Avocat, chef du centre gauche, il fut, avec Cavour, le principal artisan du *connubio* (« mariage ») de la droite et de la gauche et devint président de la Chambre de Piémont-Sardaigne en 1852. Ministre de la Justice (1853/55), puis ministre de l'Intérieur (1855/58), il présenta plusieurs lois anticléricales. Premier ministre (1859/60, 1862, 1867), il annexa Parme et Modène (1860), puis encouragea les entreprises subversives de Garibaldi en Sicile et contre Rome.

RAU Johannes (Wuppertal, 16.I.1931). Homme politique allemand. Il fut pendant vingt ans ministre-président de Rhénanie-du-Nord-Westphalie, le *Land* le plus peuplé d'Allemagne. Membre du parti social-démocrate (SPD), il se présenta sans succès à la chancellerie en 1986, puis à l'élection présidentielle de 1994. Il fut élu président le 23 mai 1999.

RAVACHOL, François Claudius Kœnigsten, dit (* Saint-Chamond, 14.X.1859, † Montbrison, 11.VII.1892). Anarchiste français. Ouvrier teinturier, il commit de nombreux attentats à Paris et dans le centre de la France. Il fut arrêté, mais, la veille de sa comparution devant les assises, ses amis firent sauter le restaurant Véry, à Paris (25 avr. 1892). Condamné aux travaux forcés à Paris, Ravachol fut transféré à Montbrison pour répondre d'autres crimes, puis fut condamné à mort et exécuté. Il accueillit la sentence au cri de « Vive l'anarchie ! ».

RAVAILLAC François (* Touvre, près d'Angoulême, 1578, † Paris, 27.V.1610). Régicide français. Exalté par des libelles qui, reprenant des théories du temps des guerres de Religion, justifiaient le régicide, il se rendit à pied à Paris, croyant sauver la France et la religion en assassinant Henri IV. Le 14 mai 1610, après avoir entendu la messe, il suivit le carrosse royal, qui sortait du Louvre ; profitant d'un embarras de circulation dans la rue de la Ferronnerie, il frappa le roi de deux coups de couteau. Il fut exécuté dans d'affreuses tortures, jurant n'avoir pas de complices.

RAVENNE (bataille de, 11 avr. 1512). Victoire des Français, commandés par Gaston de Foix, sur les Espagnols et les troupes du pape Jules II ; elle fut assombrie par la mort de Gaston, tué au cours de l'action. Les Français, affaiblis, durent ensuite évacuer le Milanais.

RAVENNE (exarchat de). Principale province de l'Italie byzantine, qui s'étendait entre les Apennins et l'Adriatique, depuis l'embouchure de l'Adige au N. jusqu'au duché de Spolète au S., et comprenait également les possessions byzantines de Vénétie et d'Istrie. Constitué en 568 en réponse à la menace lombarde, l'exarchat se caractérisait par la réunion dans les mains de l'exarque des pouvoirs civils et militaires. Il fut souvent agité par des soulèvements que provoquait la politique fiscale et religieuse des empereurs byzantins. Le roi des Lombards, Aistolf, s'en empara en 752, mais fut forcé, après deux expéditions de Pépin le Bref, de le céder au Saint-Siège (traité de Pavie, 756). L'exarchat de Ravenne constitua ainsi le noyau des États pontificaux.

RAVENSBRÜCK (camp de). Camp de concentration nazi installé au début de la Seconde Guerre mondiale dans le Mecklembourg. Il était réservé aux femmes (déportées politiques et du travail, prostituées, dames de l'aristocratie allemande emprisonnées après le 20 juill. 1944). Beaucoup de Polonaises y furent déportées et certaines d'entre elles furent soumises à d'atroces expériences médicales, pratiquées par le Dr Karl Gebhardt, ami de Himmler.

RAWLINGS Jerry (Accra, 1947). Homme politique ghanéen. Chef de l'État de 1981 à 2000. Voir **GHANA**.

RAYMOND IV, dit **Raymond de Saint-Gilles** (* Toulouse, 1042, † Tripoli, Syrie, 28.II.1105). Comte de Toulouse (1093/1105). Voir **CROISADES, Première croisade (1096/99)**.

RAYMOND VI (* Toulouse, 27.X.1156, † Toulouse, août 1222). Comte de Toulouse (1194/1222). Il participa d'abord à la croisade lancée par le pape Innocent III contre ses vassaux accusés d'hérésie (v. **ALBIGEOIS**), mais changea de camp. Après la défaite de son allié Pierre II d'Aragon à la bataille de Muret (sept. 1213), Toulouse dut se rendre à Simon de Montfort au bout d'un siège de deux ans (1215). Son comté ayant été attribué au vainqueur, Raymond VI vint à Rome implorer la protection du pape, qui s'efforça de concilier droit de conquête et droit héréditaire. Raymond VI, réfugié quelque temps en Angleterre, réussit à se rétablir dans sa capitale en 1217, et il mena aussitôt une vigoureuse offensive contre Simon de Montfort († 1218) et contre la nouvelle croisade dirigée par le futur Louis VIII de France. À sa mort, Raymond VI avait reconquis la plus grande partie de ses domaines.

RAYMOND VII (* Beaucaire, juill. 1197, † Millau, 27.IX.1249). Comte de Toulouse (1222/49). Fils et successeur de Raymond VI, il chassa Amaury de Montfort, fils de Simon, de Carcassonne (1224), mais ne put faire face à la croisade conduite par Louis VIII (1226/28). Désireux de se réconcilier avec l'Église, Raymond VII signa alors le traité de Paris (12 avr. 1229), par lequel il cédait presque tout le Languedoc et l'albigeois au roi de France et donnait sa fille Jeanne à Alphonse, frère de Saint Louis, qui lui succéderait. Il dut d'autre part fonder l'université de Toulouse (1229), quartier général de la lutte contre l'hérésie. Par la suite, Raymond VII tenta vainement, avec l'aide d'Henri III d'Angleterre, d'annuler les effets du traité qu'il avait signé. À sa mort, le comté de Toulouse perdit son indépendance et fut rattaché au domaine royal.

RAYMOND BÉRENGER V (* 1204, † Aix-en-Provence, 19.VIII.1245). Comte de Provence (1204/45). Il rétablit son autorité sur le comté par une politique prudente, appuyée sur la papauté. Ayant pris position contre les albigeois, il se trouva en butte aux menées des comtes de Toulouse. Raymond Bérenger obtint la soumission de Brignoles, Tarascon, Nice, Arles ; il participa avec Louis VIII à la prise d'Avignon (1226) et, en 1243, il réussit même à imposer sa suzeraineté nominale sur Marseille, qui s'était pourtant donnée au comte de Toulouse. Son règne vit les progrès de la centralisation administrative par l'extension des pouvoirs des *bailes*, véritables représentants du pouvoir comtal. Il consolida cette œuvre réorganisatrice en s'assurant, notamment contre l'empereur Frédéric II, l'alliance des plus grands souverains de l'Occident par les mariage de ses filles avec le roi de France Saint Louis, avec Henri III d'Angleterre et avec Richard de Cornouailles, futur roi des Romains. À sa mort, il laissait la Provence à sa quatrième fille, Béatrice, qui épousa Charles d'Anjou (1246), frère de Saint Louis.

RAZINE Stenka (* Zimoveïskaïa, sur le haut Don ?, † Moscou, 16.VI.1671). Chef cosaque. Cosaque du Don, il commença à faire parler de lui en 1667, à une époque où l'afflux de nombreux paysans, qui avaient fui le joug des propriétaires fonciers en Pologne méridionale et dans les régions centrales de la Russie, provoquait une grave crise sociale dans les régions du Don. Se mettant à la tête d'un groupe de ces déracinés, il alla fonder de nouveaux établissements cosaques sur la Volga et se livra à une série de pillages contre les postes russes et les comptoirs persans de la Caspienne. Peu à peu, son mouvement fit boule de neige, entraînant des paysans, des déserteurs et des prisonniers libérés. En 1670, Stenka Razine s'empara de Tsaritsyne, d'Astrakhan, de Saratov, massacrant les propriétaires fonciers, les bourgeois et les fonctionnaires tsaristes. La révolte cosaque se transformait en un soulèvement paysan contre la rapacité des boyards. Cependant, l'armée du tsar, commandée par le prince Iouri Baryatinski, infligea aux bandes de Stenka Razine une défaite décisive devant Simbirsk (oct. 1670). Capturé peu après par l'aristocratie cosaque, Razine fut livré aux Russes et écartelé.

REAGAN Ronald (* Kilton, Illinois, 6.II.1911, † Los Angeles, 5.VI.2004). Homme politique américain. D'abord comédien à Hollywood et présentateur à la télévision, il fut élu gouverneur républicain de Californie en 1967. Réélu à cette fonction en 1973, il postula à l'investiture républicaine pour la présidentielle de 1976, mais fut distancé par Gerald Ford. En 1980, il fut choisi pour affronter le président démocrate sortant, Jimmy Carter, et fut élu à la présidence des États-Unis, l'électorat voyant en lui un homme capable de restaurer la puissance américaine mise à mal par la crise économique et par les déboires de la politique extérieure. Il démontra que le durcissement de la politique extérieure américaine, sur le plan défensif au moins, n'était pas contradictoire avec la paix. Il put, sans provoquer de crise internationale, intervenir contre le régime procubain de la Grenade en 1983. Au-delà du périmètre américain, toutefois, la politique extérieure de Reagan resta très mesurée. Au plan intérieur, il appliqua résolument les préceptes économiques libéraux dont il se réclamait, sans pour autant parvenir à réduire les dépenses budgétaires, alourdies par un programme d'armement très coûteux, notamment pour l'Initiative de défense stratégique (IDS), ou « Guerre des étoiles ». Il parvint à restaurer la confiance en l'économie américaine et son premier mandat fut marqué par une spectaculaire remontée du dollar. Réélu en 1984, il parvint à régler en 1987, avec le président soviétique Mikhaïl Gorbatchev la grave crise des euromissiles (v.), qui se conclut par le premier accord de désarmement nucléaire jamais signé. Les profondes transformations sociales et économiques qu'il réalisa dans son pays rencontrèrent l'assentiment des électeurs et son vice-président George Bush fut élu à sa succession en 1988. Voir **États-Unis d'Amérique**. L'ère libérale.

RÉCARÈDE Ier le Catholique († Tolède, 601). Roi des Wisigoths d'Espagne (586/601). Il unifia son royaume sous l'égide de l'Église catholique, lors du IIIe concile de Tolède (589). Voir **Wisigoths**.

RECÈS IMPÉRIAL DE 1803, *Reichsdeputationshauptschluss*. Acte par lequel la diète germanique de Ratisbonne, le 25 févr. 1803, consomma l'effondrement du Saint Empire germanique. Voir **Allemagne**. L'Allemagne et la Révolution française.

RECONQUÊTE, *Reconquista*. Nom donné à la lutte que menèrent, au Moyen Âge, les royaumes chrétiens d'Espagne pour chasser les Maures de la péninsule Ibérique. Commencée par la victoire symbolique de Covadonga (722), marquée par le tournant de la bataille de Las Navas de Tolosa (1212), la Reconquête était pratiquement terminée en 1270 ; les musulmans ne conservaient plus alors que Grenade, dont les Rois Catholiques s'emparèrent en 1492. La Reconquête ne fut pas pour autant une préfiguration de l'unité espagnole, car les différents royaumes chrétiens combattirent le plus souvent en ordre dispersé. Voir **Espagne**. L'invasion arabo-berbère et le début de la Reconquête (711/12700). Du morcellement à l'unité politique (1270/1479).

RÉDUCTIONS. Au Paraguay, nom donné aux centres de regroupement des Indiens Guaranis convertis et organisés par les jésuites. Voir **Paraguay**. Les « réductions » du Paraguay.

RÉFÉRENDUM. Consultation directe du peuple sur une mesure constitutionnelle ou législative, en régime démocratique.

En France, le référendum, longtemps confondu avec le plébiscite (v.), ne fut pas retenu par la IIIe République. Après 1945, la procédure du référendum fut adoptée afin de régler le problème constitutionnel. La Constitution de 1958, élaborée sous l'inspiration du général de Gaulle, prévoyait (art. 11) le recours au référendum sur une initiative gouvernementale ou parlementaire dans trois cas précis : l'organisation des pouvoirs publics ; les accords conclus avec la Communauté (v.) ; les traités ayant des incidences sur le fonctionnement des institutions.

En Grande-Bretagne, où la suprématie du Parlement est quasi absolue, la procédure référendaire avait été envisagée dès 1894 pour l'octroi du *Home Rule* à l'Irlande (v.), mais elle n'a été utilisée, pour la première fois et à la demande du parti travailliste au pouvoir, qu'en 1975 pour juger de l'adhésion à la CEE et en 1979 à propos du projet de *devolution* (régionalisation) en Écosse et au pays de Galles.

En Italie, le référendum est possible (sauf en matière fiscale ou diplomatique) quand 500 000 électeurs ou 5 conseils régionaux le demandent.

En Suisse, il suffit depuis 1891 de réunir 50 000 signatures pour obtenir l'organisation d'un référendum sur une loi, dans un délai de 90 jours après son adoption par le Parlement. Voir **France**. IVe République (1946/58). Ve République. Le premier septennat (1958/65). **Italie**. La vie politique après 1945. **Suisse**. De la Constitution de 1848 à nos jours. **Plébiscite**.

RÉFORME CATHOLIQUE ou **CONTRE-RÉFORME**. Noms donnés au renouveau de l'Église catholique qui se réforma, en réaction contre les progrès du protestantisme, à partir du milieu du XVIe s. Au XVe s., des précurseurs, prêtres zélés comme les grands prédicateurs Vincent Ferrier, Bernardin de Sienne, Jean de Capistran, fondateurs d'ordre comme François de Paule, entreprirent la régénération de leur milieu, avec des effets partiels et éphémères. Savonarole, exaspéré par la carence et les scandales du Saint-Siège, était allé jusqu'à la révolte à Florence.

Au XVIe s., la Réforme catholique se manifesta d'abord par le renouveau des ordres religieux : les capucins (1525) naquirent d'une volonté de retour intégral à la règle franciscaine. Plus importante fut l'apparition des « clercs réguliers », prêtres liés par des vœux et vivant en commun mais dispensés de l'office du chœur, ce qui leur permettait de se consacrer entièrement à l'apostolat, à l'enseignement et aux soins des malades, à l'instar des barnabites (1530). Vers la même époque, l'enseignement féminin commença à se développer avec les ursulines (1535). Dans un cadre plus souple, l'Oratoire de Philippe Néri apporta une contribution importante au renouveau du clergé. Mais l'instrument par excellence de la Réforme catholique fut l'ordre des Jésuites (v.), approuvé par le pape Paul III en 1540.

Cette action dispersée des congrégations religieuses prépara l'action de la papauté, qui commença vers 1540 avec Paul III pour s'épanouir sous les pontificats de Paul IV, Pie V et Sixte Quint. L'Église se tint d'abord sur la défensive (fondation de l'Inquisition romaine, du Saint-Office, 1542/43 ; publication de l'Index, 1559), mais le concile de Trente (v.) (1545/63) fut le grand concile réformateur que la

dant au nouveau régime d'opérer les premières rafles dans les milieux communistes et antifascistes et d'ouvrir les premiers camps de concentration.

RELIGION (guerres de). En France, nom donné aux huit guerres qui opposèrent catholiques et protestants, dans la seconde moitié du XVIe s.

La **première guerre** (1562/63) débuta par le massacre de Wassy, mené par le duc François de Guise. Marquée par la défaite protestante de Dreux (19 déc. 1562), elle se conclut par l'édit d'Amboise, qui autorisait le culte protestant dans certains lieux. La **deuxième guerre** (1567/68) commença le 28 sept. 1567, par la vaine tentative des protestants d'enlever le jeune Charles IX. Après la défaite protestante de Saint-Denis (10 nov.), la paix de Longjumeau (23 mars 1568) reprit les termes d'Amboise. La **troisième guerre** (1568/70) culmina lors des batailles de Jarnac (13 mars 1569), où Condé trouva la mort, et de Moncontour (3 oct.). La paix de Saint-Germain y mit fin (8 août 1570) en accordant aux protestants l'exercice du culte dans deux villes par province et en leur garantissant quatre places de sûreté pendant deux ans. Le 24 août 1572, le massacre de la Saint-Barthélemy déclenchait la **quatrième guerre** (1572/73) qui s'acheva avec l'édit de Boulogne (11 juill. 1573). La **cinquième guerre** (1574/76) vit la participation de François d'Alençon, héritier présomptif du trône, à la tête des « malcontents », contre son frère Henri III. La paix de Beaulieu, ou paix de Monsieur (6 mai 1576), y mit fin. Favorable aux protestants, elle provoqua la formation de la Ligue catholique, menée par Henri de Guise. Lors de la **sixième guerre** (1576/77), le duc d'Alençon combattit aux côtés des troupes royales. La paix de Bergerac (17 sept. 1577) restreignit largement les libertés des protestants. Lors de la **septième guerre** (1579/80), Henri de Navarre prit Cahors, et l'édit de Fleix (26 nov. 1580) confirma les termes de Bergerac. La **huitième guerre** (1585/98), ou *guerre des trois Henri* (Henri III, Henri de Navarre, Henri de Guise), fut une guerre de succession contre le huguenot Henri de Navarre. Son abjuration de la foi protestante (25 juil. 1593), son sacre à Chartres (27 févr. 1594) et la publication de l'édit de Nantes (30 avr. 1598) mirent fin à près de quarante années de troubles civils. Voir FRANCE. Les guerres de Religion et la pacification sous Henri IV.

RÉMI ou **RÉMY** saint (* Laon, vers 437, † Reims, vers 533). Prélat franc. Fils du comte de Laon, il devint évêque de Reims à l'âge de vingt-deux ans. Il baptisa à Reims Clovis avec un grand nombre de ses guerriers (3 000 selon Grégoire de Tours). La date traditionnellement retenue pour ce baptême est 496, mais il s'accomplit plus probablement en 498 ou 499. Rémi organisa des missions chez les Morins et les Burgondes ariens, et il fonda les évêchés de Laon, Cambrai, Arras et Thérouanne.

RENAISSANCE, de l'italien *Rinascitá*, qui signifie « résurrection ». Mouvement de transformation de la civilisation européenne, né en Italie au XVe s., puis étendu à toute l'Europe dans le siècle suivant dont il a modifié la vie artistique, intellectuelle et morale. L'humanisme en est inséparable, c'est-à-dire une nouvelle vision de l'homme qui repose sur la « Résurrection » de la pensée et de la civilisation de l'Antiquité gréco-latine, que les hommes de la Renaissance ont tenté de concilier avec l'héritage de quinze siècles de christianisme.

Par extension, les historiens emploient le mot de Renaissance pour désigner des moments où l'étude des données de la civilisation gréco-latine a été reprise après des siècles d'effacement. **La Renaissance carolingienne**, par exemple, entre 775 et 875, a reposé sur la volonté de Charlemagne et de ses successeurs d'assurer une meilleure formation au clergé et aux élites sociales, par l'étude des œuvres venues du monde de l'Antiquité classique. Éginhard, ami et conseiller de Charlemagne, a été le meilleur représentant de cette volonté de renaissance intellectuelle. Le travail des érudits, qui ont alors recueilli et multiplié (par des copies) les exemplaires des manuscrits qui avaient survécu au naufrage du monde romain antique, a été un relais capital pour la sauvegarde matérielle du patrimoine venu de l'Antiquité classique.

RENÉ Ier le Bon (* Angers, 16.I.1409, † Aix-en-Provence, 10.VII.1480). Duc de Bar (1430/80), duc de Lorraine (1431/53), duc d'Anjou et comte de Provence (1434/80), roi titulaire de Naples. Duc de Lorraine par son mariage avec la fille de Charles II de Lorraine il lutta contre Antoine de Vaudémont, neveu de Charles, qui contestait ses droits. Fait prisonnier à la bataille de Bulgnéville (1431), René ne fut libéré qu'en 1437. Duc d'Anjou et comte de Provence en 1434, il devint héritier, par Jeanne II, du royaume de Naples en 1438. Il partit en Italie pour tenter de s'opposer aux prétentions d'Alphonse V d'Aragon sur le royaume sicilien, mais fut vaincu en 1442. René soutint ensuite le roi de France Charles VII contre les Anglais auxquels il livra bataille pour reconquérir le Maine (1448). En 1453, à la mort de son épouse, il dut céder à son fils le duché de Lorraine et, en 1473, Louis XI le déposséda de l'Anjou. René se résigna à vivre à Aix-en-Provence, entouré d'une cour d'artistes et de savants. Moins de deux ans après la mort de René, Louis XI réunit la Provence à la France. Voir PROVENCE.

RENÉ II (* 1451, † Fains, 1508). Duc de Lorraine (1473/1508) et duc de Bar (1480/1508). Petit-fils de René 1er le Bon par sa mère, il succéda en Lorraine à son cousin Nicolas (1473). Dépouillé par Charles le Téméraire (1475), il obtint l'aide des Suisses, se rétablit à Nancy en 1476 et y soutint un siège où le Téméraire trouva la mort (janv. 1477). Frustré de l'héritage de la Provence, il tenta vainement de contester les droits de Charles III du Maine qui était appuyé par Louis XI (1480).

RENÉE DE FRANCE (* Blois, 25.X.1510, † Montargis, 12.VI.1575). Duchesse de Ferrare. Seconde fille de Louis XII et d'Anne de Bretagne, elle épousa en 1528 Hercule d'Este, qui devint duc de Ferrare, sous le nom d'Hercule II, en 1534. Princesse lettrée, elle se rallia à la Réforme en 1540. Sa brillante cour devint un lieu d'asile pour les intellectuels protestants : Marot y fut accueilli en 1535 et devint secrétaire de la duchesse, Calvin y séjourna en 1536. Son mari alla jusqu'à la faire incarcérer pendant quelques jours pour hérésie en 1554. Devenue veuve en 1559, elle rentra en France pour échapper à l'hostilité de son fils, Alphonse II, et s'établit à Montargis. Durant les guerres de Religion, son château fut plusieurs fois attaqué par les catholiques.

RENNER Karl (* Unter-Tannowitz, auj. Dolni-Dunajovice, Moravie, 14.XII.1870, † Döbling, près de Vienne, 31.XII.1950). Homme politique autrichien. Il se rallia jeune au parti social-démocrate, fut élu député au Reichsrat en 1907 et devint le premier chancelier de la République autrichienne (nov. 1918/juin 1920). Il se montra favorable à l'union de l'Autriche avec une Allemagne démocratique mais dut y renoncer par le traité de Saint-Germain (sept. 1919). Président du Conseil national (1931/33), il fut arrêté un moment par Dollfuss en 1934. Après l'Anschluss (1938), les autorités hitlériennes, reconnaissantes de son ancienne prise de position, ne l'inquiétèrent pas. Avec l'approbation des Soviétiques, il redevint chancelier le 29 avr. 1945, fut élu président de la République au mois de déc. suivant et conserva cette fonction jusqu'à sa mort.

RÉPUBLICAIN (parti, en France). Jusqu'à la création, en 1901, du parti républicain radical et radical-socialiste (v. RADICAUX), il n'y eut pas, en France, de grands partis républicains portant ce nom et organisés à l'échelle nationale. Sous le nom de *parti républicain*, on désigne cependant l'ensemble des activités dispersées des républicains au cours du XIXe s.

Les républicains sous la Restauration (1814/30)

En 1814 et en 1815, dans le vide produit par l'écroulement de l'Empire, personne, même parmi les anciens conventionnels ralliés à Napoléon, n'avait osé prononcer le mot de République. Sous la Restauration, l'idée républicaine se développa lentement, clandestinement, dans les sociétés secrètes, notamment chez les carbonari.

Mais la principale force d'opposition aux Bourbons, l'armée et les soldats de l'ancienne armée, était avant tout bonapartiste. Cependant, le parti républicain gagnait des adeptes chez de jeunes gens liés aux sociétés secrètes (Buchez, Trélat, Pierre Leroux), chez des étudiants et des ouvriers. Ce n'était qu'une faible minorité, et, lors de la révolution de Juillet 1830, les orléanistes n'eurent aucune difficulté à confisquer le mouvement populaire en faveur de Louis-Philippe.

Sous Louis-Philippe (1830/48)

Sous la monarchie de Juillet, l'opposition républicaine grandit et apparut au grand jour. Elle se manifesta violemment par les grandes insurrections de Paris et de Lyon (1832/34), par des associations telles que la Société des Amis du peuple et la Société des Droits de l'homme, par des journaux comme *La Réforme* et *Le National*. Les principaux chefs du parti républicain à cette époque ont été Armand Carrel, Ledru-Rollin, Garnier-Pagès, Barbès, Blanqui, Raspail, Michel de Bourges, Étienne Arago, Pierre Leroux. Comme il devenait impossible de se dire républicain, on s'affirma « radical », c'est-à-dire partisan de réformes « radicales ». À cause du cens électoral élevé, l'opposition républicaine au Parlement était inexistante. Dans le pays, la lutte se concentra sur la « réforme » électorale, c'est-à-dire l'extension du suffrage universel, obstinément refusée par Guizot.

L'échec de la IIe République (1848/51)

En févr. 1848, la République s'imposa d'elle-même. Tout le monde se rallia, les paysans comme les ouvriers, les bourgeois voltairiens comme les prêtres, qui bénissaient les « arbres de la Liberté ». Mais des aspirations inconciliables furent fatales à la IIe République.

Aux excès des émeutiers de juin 1848, la République répondit par une répression impitoyable : le régime avait perdu l'appui des masses populaires. Il semblait toujours peu sûr aux propriétaires et les élections de mai 1849 virent le triomphe du « parti de l'Ordre ». Cette majorité conservatrice se déconsidéra en votant des lois restreignant la liberté de la presse et privant du droit de vote beaucoup d'électeurs populaires. Plusieurs chefs républicains furent déchus de leur mandat, arrêtés ou contraints de fuir à l'étranger. Quand Louis Napoléon Bonaparte fit son coup d'État (2 déc. 1851), la République était déjà morte, et les masses populaires n'intervinrent pas contre l'instauration du pouvoir personnel.

Sous le second Empire (1852/70)

Pendant les premières années du second Empire, l'opposition républicaine fut réduite au silence en France. Mais elle s'exprimait avec éloquence depuis l'exil, surtout par la grande voix de Victor Hugo. Électoralement, le parti républicain n'eut que des succès restreints. Toutefois, pendant tout le second Empire, il accomplit une action efficace. Exclu de la vie politique active, il entreprit la conquête des consciences. Au cours de cette période, la mentalité républicaine se transforma profondément : la plupart des hommes de 1848 avaient été déistes, spiritualistes, parfois même liés activement au catholicisme. La nouvelle génération républicaine s'affirma au contraire positiviste et scientiste. L'orientation conservatrice prise par Pie IX (*Syllabus*, 1864) rendait incompatibles l'Église et les idées libérales. Le parti républicain devint donc résolument anticlérical. Il plaça au premier plan de ses revendications la séparation de l'Église et de l'État et la laïcité de l'enseignement. Le parti avait pour principale clientèle les ouvriers et les artisans des grandes villes, mais, dans ses cadres, c'était essentiellement un parti bourgeois. À côté d'un patriciat à la fortune bien assise (Ferry, Scheurer-Kestner, Floquet, Cavaignac), on y trouvait des célébrités du barreau (Jules Favre, Marie, Grévy, Ernest Picard, Gambetta), des médecins (Clemenceau)... La composition de cette élite dirigeante se refléta dans le programme du parti républicain en 1870, dont les revendications étaient strictement politiques : garanties de la liberté individuelle, des libertés de presse, de réunion, d'association ; garantie de l'indépendance judiciaire ; suffrage universel ; décentralisation ; suppression des armées permanentes. Jusque dans le programme radical de Belleville (v.) (1869), les revendications sociales étaient absentes. Ainsi se préparait, déjà sous Napoléon III, la rupture entre républicains et socialistes qui apparut avec la Commune.

De l'opportunisme à la victoire des républicains (1870/89)
Maîtres du pouvoir après le désastre de Sedan et la révolution du 4 sept. 1870, les républicains modérés (Favre, Grévy, Ferry, Simon, Gambetta) furent largement distancés aux élections de févr. 1871 par les monarchistes (légitimistes et orléanistes), élus de la France provinciale et rurale. Mais le parti républicain bénéficia du désaccord entre légitimistes et orléanistes. Les anciens républicains doctrinaux réalisèrent que le régime républicain ne pourrait s'installer qu'en faisant des concessions. Gambetta se fit le champion de l'opportunisme : au cours de nombreuses tournées en province, il gagna peu à peu à la République les « nouvelles couches » : paysans, notables locaux, membres des professions libérales.

La « République opportuniste » (1879/98) fut essentiellement une République d'affaires, conservatrice et laïque. Pour s'allier durablement avec le centre gauche, les opportunistes renoncèrent temporairement aux points les plus hardis du programme de Belleville (suppression des armées permanentes, élection des magistrats, séparation de l'Église et de l'État) ; en échange, les anciens orléanistes leur donnèrent toute liberté d'action dans le domaine de la laïcité scolaire. Cependant, l'opinion républicaine n'assistait pas indifférente à ces arrangements : les élections de 1885 furent une sérieuse défaite pour les opportunistes et virent les progrès importants de l'aile gauche (socialistes, radicaux-socialistes, radicaux) Le parti républicain, divisé, fut secoué par la crise boulangiste, mais il refit son unité, et les élections de sept./oct. 1889, qui donnèrent 366 sièges aux républicains contre 210 aux conservateurs, marquèrent l'établissement définitif de la République en France. La politique du « ralliement », définie par le cardinal Lavigerie en 1890, acheva de désorganiser l'opposition conservatrice et antirépublicaine ; un certain nombre de monarchistes (A. de Mun, J. Piou, E. Lamy) se rallièrent au régime républicain (fondation de l'Action libérale, 1893). Dès lors, le parti républicain se disloqua en familles particulières (socialistes, radicaux-socialistes, radicaux, républicains de gauche, républicains progressistes...).

Un parti républicain fut fondé le 19 mai 1977 à Fréjus. Il succédait à la Fédération nationale des républicains indépendants fondée et présidée par Valéry Giscard d'Estaing. Celui-ci étant devenu président de la République en 1974, il s'agissait de créer dans la majorité de droite un soutien à l'action présidentielle. Le parti républicain fut d'abord dirigé par Jean-Pierre Soisson, puis par J. Blanc. Renforcé à l'issue des élections législatives de 1978, il s'efforça d'être l'élément moteur de l'Union pour la démocratie française (UDF), laquelle, regroupant les formations non gaullistes de la majorité, permit au président V. Giscard d'Estaing de « gouverner au centre ». Après la victoire de François Mitterrand à l'élection présidentielle du 10 mai 1981, le parti républicain subit, avec l'ensemble de l'UDF, un recul sévère, passant de 65 à 32 sièges. En 1982, il se donna un nouveau secrétaire général, François Léotard. Plusieurs responsables du PR participèrent à l'expérience de « cohabitation » du gouvernement de Jacques Chirac de 1986 à 1988. Lors des présidentielles de 1995, le parti républicain soutint fermement la candidature d'Édouard Balladur. À l'issue du scrutin, les dirigeants du PR se retrouvèrent donc en situation délicate avec le nouveau président J. Chirac, situation aggravée par des accusations de financement occulte et de corruption du parti. En juin 1997, le PR changea de dénomination pour adopter celle de *Démocratie libérale* (DL) et élut à sa tête Alain Madelin qui amena son parti à se séparer de l'UDF en mai 1998.

RÉPUBLICAIN (parti, aux États-Unis), *Republican Party*. Nom de l'un des deux grands partis politiques des États-Unis. Le premier parti « républicain », fondé à la fin du XVIIIe s. par Jefferson, n'a rien de commun avec l'actuel parti républicain ; il donna naissance, vers 1828, au parti démocrate. Le parti républicain fondé en 1854 se rattache, au contraire, à la tradition politique des adversaires de Jefferson, comme Hamilton, qui aspiraient à un renforcement du pouvoir fédéral. Ce nouveau parti républicain se constitua au moment où la question de l'esclavage était passée au premier plan de la politique américaine. À la convention nationale de Philadelphie (17 juin 1856), il adopta un programme nationaliste et antiesclavagiste qui déniait au Congrès le droit de reconnaître l'esclavage dans un territoire et proclamait que le Congrès devait abolir l'esclavage dans tous les territoires où il existait déjà. Dans le domaine économique, le parti républicain s'affirmait protectionniste et se prononçait pour la construction de chemins de fer transcontinentaux : ces deux revendications lui valurent l'appui des industriels du Nord-Est.

Aux élections de 1860, la victoire du candidat républicain Abraham Lincoln (v.) provoqua la sécession des États du Sud. Durant la guerre de Sécession, les démocrates favorables au maintien de l'Union, tel Andrew Johnson, firent cause commune avec les républicains. Vice-président sous Lincoln, Johnson accéda à la présidence après l'assassinat de celui-ci, mais sa modération à l'égard du Sud vaincu dressa contre lui les républicains radicaux comme Thaddeus Stevens. Après Grant, le parti républicain se maintint au pouvoir avec Hayes, Garfield et Arthur (1877/85) et y revint avec Harrison (1889/93). En 1896, les républicains firent campagne pour une intervention à Cuba, et la présidence républicaine de McKinley (1897/1901) fut marquée notamment par la guerre hispano-américaine. Avec Theodore Roosevelt et W.H. Taft, les républicains restèrent au pouvoir jusqu'en 1913. Conformément aux visées impérialistes de son parti, Roosevelt appliqua en Amérique centrale la politique du « gros bâton » ; à l'intérieur, il multiplia les interventions du pouvoir fédéral contre les trusts, tout en restant étroitement lié aux grandes affaires. Réélu en 1905, T. Roosevelt fit passer son candidat, Taft, à la convention de Chicago (juin 1908) ; mais, en 1912, n'ayant pu obtenir la nomination de son parti, il se présenta comme candidat « progressiste » contre Taft et entraîna ainsi la victoire du démocrate Wilson (1913).

Cependant, la majorité du pays restait foncièrement fidèle au parti républicain, qui occupa de nouveau la présidence, de 1921 à 1933, avec Harding, Coolidge et Hoover. Les tendances dominantes du parti, à cette époque, étaient isolationnistes, prohibitionnistes et même xénophobes. Hoover, faute d'avoir su prendre à temps les mesures radicales qui s'imposaient, ne put juguler la crise de 1929, et les élections de 1932 virent le triomphe des démocrates avec F.D. Roosevelt. La puissante personnalité de ce dernier permit le maintien des démocrates au pouvoir pendant vingt ans (1933/53).

À la convention de Chicago (juill. 1952), le parti républicain désigna comme candidat le chef militaire prestigieux de la Seconde Guerre mondiale, Dwight D. Eisenhower, qui triompha aisément aux élections de 1952 et 1956. Depuis la Seconde Guerre mondiale, les républicains avaient abandonné leur isolationnisme. Sous les deux présidences d'Eisenhower (1953/61), les États-Unis ne cessèrent d'étendre leur action dans le monde. Aux élections de 1960, le candidat républicain, Richard M. Nixon, fut battu d'extrême justesse par John F. Kennedy. Cette défaite provoqua une crise grave dans le parti républicain. En 1964, Barry Goldwater, par l'extrémisme de ses positions, fit subir au parti sa plus grande défaite depuis 1936, face à L.B. Johnson, président sortant. Réorganisé par Ray Bliss, le parti conduisit R. Nixon à la victoire aux présidentielles de 1968 et 1972. L'affaire du Watergate et la médiocrité du suppléant de Nixon, Gerald Ford, obligèrent les républicains à céder le pouvoir au démocrate Jimmy Carter en 1976.

En 1980, les républicains revinrent aux affaires avec R. Reagan, réélu en 1984, et George Bush, en 1988. Mais alors que les Américains continuaient de choisir un conservateur à la Présidence, ils votaient majoritairement démocrate pour les représenter aux Assemblées. R. Reagan perdit en 1986 la majorité au Sénat, alors que la Chambre des représentants échappait aux républicains depuis longtemps déjà. Les conséquences sociales de la politique libérale menée par les présidents républicains favorisèrent la victoire du candidat démocrate Bill Clinton en 1992. Mais, aux élections législatives de 1994, les républicains remportèrent, pour la première fois depuis quarante ans, la majorité absolue à la fois au Sénat et à la Chambre des représentants. Cette victoire masquait cependant la division des républicains entre une tendance ultraconservatrice, menée par Newt Gingrich, président de la Chambre des représentants, et une aile plus modérée. En 1996, le parti républicain renouvela son bon score de 1994 aux élections législatives. Après avoir perdu la présidentielle de 1996, le parti républicain conserva la majorité à la Chambre des représentants en sept. 2000, mais les scores étaient si serrés au Sénat et pour la présidentielle que les résultats ne furent connus que plusieurs semaines plus tard. Le républicain George W. Bush accéda à la Maison-Blanche, à la suite de l'interruption par la Cour suprême du recomptage des voix dans l'État de Floride tandis qu'au Sénat, le parti républicain bénéficia d'une voix de plus que son adversaire. Il perdit cette courte avance en mai 2001, à l'occasion de la défection d'un de ses membres.

RÉPUBLIQUE (Ire). Régime sous lequel vécut la France du 21 sept. 1792 au 18 mai 1804. La Ire République exista en fait dès le 10 août 1792, date à laquelle l'Assemblée législative décréta que Louis XVI, chef du pouvoir exécutif, était suspendu de ses fonctions. Dès son entrée en session (21 sept. 1792), la Convention proclama sans débat l'abolition de la royauté. Le lendemain, Billaud-Varenne fit voter que tous les décrets seraient datés désormais de l'an I de la République. Le 23 sept. 1792, la République fut déclarée « une et indivisible ». Le régime républicain a pris fin avec le sénatus-consulte du 18 floréal an XII (de la République), soit le 18 mai 1804, ratifié par le plébiscite de nov. 1804.

RÉPUBLIQUE (IIe). Régime sous lequel vécut la France du 25 févr. 1848 au 2 déc. 1852. La IIe République succéda à la monarchie de Juillet renversée par la révolution de févr. 1848 (v. **Révolutions de 1848/49**). Elle fut proclamée dans la nuit du 24 au 25 févr. par un décret du gouvernement provisoire mis en place au cours de l'émeute. Le coup d'État du 2 déc. 1851 mit fin, en fait, à la IIe République, situation confirmée par la nouvelle Constitution du 14 janv. 1852. Mais le second Empire a été institué par le sénatus-consulte du 7 nov. 1852, ratifié par le plébiscite du 20 nov. suivant.

RÉPUBLIQUE (IIIe). Régime sous lequel vécut la France du 4 sept. 1870 au 10 juill. 1940. La IIIe République fut fondée par la révolution du 4-Septembre (v. **Septembre 1870**), qui éclata à Paris à la nouvelle de la capitulation de Sedan. Gambetta et Jules Favre proclamèrent la république à l'Hôtel de Ville et formèrent un gouvernement provisoire qui prit le nom de gouvernement de la Défense nationale. La IIIe république a disparu le 10 juill. 1940, lorsque les parlementaires, réunis à Vichy en Assemblée nationale, ont voté une délégation de « tous pouvoirs [...au] maréchal Pétain, à l'effort de promulguer [...] une nouvelle Constitution de l'État français ».

RÉPUBLIQUE (IVe). Régime sous lequel vécut la France, de 1946 à 1958. Après la démission du général de Gaulle (janv. 1946), une nouvelle Constitution dut être soumise au vote des Français à deux reprises, finalement adoptée le 13 oct. 1946. Le 16 janv. 1947, Vincent Auriol fut élu président de la République. La IVe République disparut de fait dans la crise ouverte par l'insurrection d'Alger, le 13 mai 1958, suivie de l'investiture du général de Gaulle comme chef du gouvernement (1er juin 1958). Officiellement, elle dura jusqu'à l'installation du général de Gaulle comme président de la nouvelle République, le 8 janv. 1959.

RÉPUBLIQUE (Ve). Régime sous lequel vit la France depuis le 8 janv. 1959. La Constitution de la Ve République fut approuvée par plus de 79 % des Français au référendum du 28 sept. 1958 ; cette Constitution fut modifiée par le référendum du 28 oct. 1962, où une majorité de 62 % des voix approuva l'élection du président de la République au suffrage universel.

RÉPUBLIQUE ARABE UNIE (RAU). État formé le 1er févr. 1958 par l'union de l'Égypte et de la Syrie. Cette union fut approuvée à près de 100 % par un référendum organisé dans les deux pays, le 21 févr. 1958. Le 8 mars 1958, la RAU et le Yémen formèrent la *Fédération des États arabes unis*, mais les liens avec le Yémen étaient plus lâches que ceux qui unissaient la Syrie et l'Égypte. Après le coup d'État militaire de sept. 1961, la Syrie se retira de la République arabe unie, bientôt imitée par le Yémen ; mais l'Égypte garda ce nom jusqu'au 2 sept. 1971. Voir **Égypte.** L'Égypte nassérienne.

RÉPUBLIQUE DÉMOCRATIQUE ALLEMANDE (RDA). État allemand souverain, créé le 30 mai 1949, couramment désigné par le terme d'« Allemagne de l'Est ». Voir **Allemagne.** République démocratique allemande (RDA).

RÉPUBLIQUE FÉDÉRALE D'ALLEMAGNE (RFA). État allemand souverain, créé le 23 mai 1949, couramment désigné par le terme d'« Allemagne de l'Ouest ». Voir **Allemagne.**

RÉPUBLIQUE SUD-AFRICAINE. Voir **Sud-Africaine (République).**

REQUESÉNS Y ZÚÑIGA Luis de (* Barcelone, 1528, † Bruxelles, 5.III.1576). Diplomate et homme politique espagnol. Gouverneur des Pays-Bas (1573/76). Voir **Pays-Bas.** Des ducs de Bourgogne aux Habsbourg d'Espagne.

RÉSISTANCE. Nom donné à l'ensemble des actions menées en Europe pendant la Seconde Guerre mondiale contre le régime hitlérien et l'occupation allemande.

En Europe occidentale

À l'été 1940, l'Allemagne occupait le Danemark, la Norvège, les Pays-Bas, la Belgique et le nord de la France. Les premières activités de la Résistance, dans la plupart de ces pays, se manifestèrent vers la fin de 1940. Seul, le **Danemark** bénéficia, jusqu'en 1943, d'un traitement privilégié en conservant son roi, son gouvernement démocratique et des élections libres. En avr. 1942, le leader conservateur Christmas Møller réussit à s'enfuir à Londres, où il prit la tête d'un comité de « Danois libres ». Les actes de sabotage s'étant multipliés durant l'été 1943, les Allemands désarmèrent l'armée danoise, supprimèrent les libertés politiques et placèrent le roi sous surveillance dans son palais (29 août 1943). La Résistance s'organisa alors sous la direction d'un « Conseil de la liberté » (sept. 1943) : elle se manifesta surtout par d'imposants mouvements de grève (grève générale de Copenhague, juin 1944).

En Norvège, le roi Haakon VII et son gouvernement s'étaient réfugiés en Angleterre en juin 1940. Soumis au commissaire du Reich Terboven, puis au gouvernement du collaborationniste Quisling, les Norvégiens adoptèrent, dans leur grande majorité, une attitude antiallemande. La Résistance, en contact étroit avec Londres, ne se livra pas à des opérations de guérilla, mais fit un travail actif de renseignements et de sabotages. Fin 1943, d'importantes manifestations eurent lieu à l'université d'Oslo, et 1 500 étudiants et professeurs furent arrêtés.

Aux Pays-Bas, la reine et son gouvernement étaient partis pour Londres en juin 1940. Les nazis, qui considéraient le pays comme une terre germanique, encouragèrent le parti national-socialiste néerlandais (NSB) de Mussert. Cependant, dès 1940, d'anciens officiers de l'armée régulière créèrent des réseaux de renseignements en liaison avec Londres, qui, de son côté, envoya des agents parachutés. La résistance spontanée des Néerlandais s'exprima d'autre part dès le début de l'année 1941 par ces manifestations de protestation et par des grèves qui éclatèrent souvent à la suite des déportations de Juifs. À partir de 1942, les nazis commencèrent à fusiller des otages, mais les organisations de Résistance se renforcèrent et se rassemblèrent, en juin 1944, sous l'autorité d'un Grand Comité conseiller de la Résistance, (*Grote Advies Commissie der Illegaliteit*). Les forces de l'intérieur apportèrent une aide importante aux opérations alliées durant la bataille d'Arnhem (sept. 1944).

En Belgique, le roi Léopold III, après la reddition de l'armée belge, se considéra comme prisonnier et refusa de former un gouvernement collaborationniste. Réfugié à Londres, le gouvernement Pierlot reconstitua, avec les débris de l'armée belge échappés à la capitulation de 1940, une force militaire que vinrent grossir les Belges qui, par la France et l'Espagne, réussirent à rallier Londres. La Résistance belge ne se manifesta guère par des maquis (sauf quelques-uns dans les forêts ardennaises), mais par des actes de sabotage, par des services de renseignements, par des réseaux qui facilitaient l'évasion des soldats alliés prisonniers, par la diffusion des journaux clandestins. En juin 1944, toutes les forces de la résistance armée furent réunies dans les Forces belges de l'intérieur (FBI).

En Italie, la Résistance prit la suite de la résistance antifasciste, qui remontait aux débuts du régime de Mussolini. La propagande communiste clandestine était déjà très active et l'organe communiste clandestin *L'Unità* commença à circuler à partir de juin 1942. En mars 1943, plus de 100 000 ouvriers se mirent en grève à Turin, bientôt imités par plus de 130 000 ouvriers milanais. Après la chute de Mussolini (25 juill. 1943), l'Italie se trouva coupée en deux, le Nord et le Centre de la péninsule restant occupés par les Allemands, le Sud étant déjà conquis par les Alliés. Le gouvernement royal de Badoglio, réfugié dans le Sud, déclara la guerre au Reich, alors que, dans le Nord, Mussolini, sous la pression des nazis, organisait un nouvel État fasciste, la République sociale de Salo. La Résistance ne se manifesta guère dans le Centre de la péninsule, ni lors du débarquement allié d'Anzio (janv. 1944), ni même après l'occupation de Rome par les Alliés (juin 1944). Elle fut au contraire très active dans le Nord, où elle trouva ses cadres parmi les militants du parti communiste et du parti d'Action, et ses combattants parmi les soldats démobilisés lors de l'armistice de sept. 1943, chez les jeunes gens qui prenaient le maquis pour échapper à l'enrégimentement dans les nouvelles forces fascistes, et, en général, dans les classes populaires paysannes et surtout ouvrières. En milieu urbain, la Résistance fut surtout l'œuvre des communistes, qui formèrent les Groupes d'action patriotique (GAP) et les Escouades d'action patriotique (SAP). Dans les régions rurales, les partisans furent organisés en brigades de 100 à 300 hommes, pour la plupart caractérisées politiquement : brigades communistes Garibaldi, brigades socialistes Matteotti, brigades Justice et Liberté du parti d'Action. De nouvelles grèves éclatèrent dans le Nord en mars et en juin 1944. En déc. 1944, à la suite d'un accord entre les partisans, d'une part, les autorités militaires alliées et le gouvernement royal de Badoglio, d'autre part, toutes les forces de partisans furent placées sous l'autorité du Comité de libération nationale de la Haute-Italie (CLNAI) ; la direction militaire du commandement supérieur des partisans fut confiée au général Raffaele Cadorna. Au printemps 1945, lors de l'ultime offensive alliée, le CLNAI ordonna l'insurrection générale des partisans. Ceux-ci se rendirent maîtres de la plupart des grandes villes du Nord avant l'arrivée des troupes alliées. Ils exécutèrent Mussolini et les « hiérarques » fascistes.

La Résistance française. La France libre

Le général de Gaulle arriva à Londres le 18 juin 1940 afin de poursuivre la lutte aux côtés de l'Angleterre. Le soir même, et les jours suivants, il prononça au micro de la BBC plusieurs allocutions appelant les Français à la résistance et à la désobéissance aux ordres du gouvernement Pétain. Reconnu par Churchill comme « chef des Français libres » (28 juin), de Gaulle signa, le 7 août, un accord avec le gouvernement britannique. Celui-ci s'engageait à « assurer la restauration intégrale de l'indépendance et de la grandeur de la France », autorisait la constitution d'une force française composée de volontaires, sous le commandement suprême du général de Gaulle, lequel acceptait les directives générales du commandement britannique ; il autorisait également le général de Gaulle à créer un organisme civil nécessaire à l'organisation de sa force.

Le premier groupe de ces Français libres fut constitué par des marins qui avaient réussi à s'échapper des ports français, par des évacués de Norvège et de Dunkerque, par quelques éléments d'infanterie coloniale venus de Syrie. À la fin de juill. 1940, les forces de la France libre comprenaient environ 7 000 hommes, une petite flottille d'avisos, de sous-marins et de bâtiments de commerce, ainsi que quelques avions. Parmi les premières personnalités ralliées à de Gaulle se trouvaient les généraux Catroux et Legentilhomme, des officiers tels que Larminat, Kœnig, d'Estienne d'Orves, Hauteclocque (Leclerc), Dewavrin (Passy), Magrin-Verneret (Monclar), Messmer, Clostermann, le juriste Cassin, des administrateurs tel René Pleven, enfin des journalistes (M. Schumann, J. Marin, J. Oberlé, A. Labarthe) qui constituèrent, à la BBC, l'équipe de l'émission « Les Français parlent aux Français ». Le gouvernement du maréchal Pétain fit condamner à mort par contumace le général de Gaulle (2 août 1940).

Le premier souci des Français de Londres fut de faire entrer sous leur autorité les territoires d'outre-mer. L'Afrique-Équatoriale française se rallia à de Gaulle (26/28 août 1940), imitée au mois de sept. par les Établissements français de l'Océanie, les comptoirs de l'Inde et les Nouvelles-Hébrides. La résolution du gouverneur général de l'Afrique-Occidentale, Boisson, fit échouer la tentative du général de Gaulle sur Dakar (23/25 sept. 1940), et les Français libres ne purent se rendre maîtres du Gabon qu'après de violents combats avec les Français de Vichy (oct./nov. 1940). Dès la fin de 1940, des contingents de soldats français étaient engagés aux côtés des Anglais dans la campagne de Libye (v.) et dans la campagne d'Éthiopie. En janv./mars 1941, la colonne Leclerc, remontant du Tchad, se mit à harceler les garnisons italiennes du Fezzan, avant de s'emparer de Koufra (1er mars 1941).

L'année 1941 vit une crise aiguë dans les rapports entre de Gaulle et Churchill. Le chef de la France libre s'efforçait en effet de déborder les limites fixées à son action par l'accord franco-anglais du 7 août 1940. De Gaulle voulait donner à son mouvement un caractère politique et constituer un véritable gouvernement français en exil reconnu par les Alliés. Une telle ambition se heurtait à la méfiance de Churchill et à l'opposition décidée de Roosevelt, bien que les États-Unis ne fussent pas encore entrés dans la guerre. Jusqu'en 1943, en effet, de Gaulle ne fut entouré d'aucune personnalité politique de premier plan. Sa représentativité apparaissait donc fort contestable aux gouvernements alliés. En outre, les États-Unis avaient reconnu le gouvernement de Vichy et considéraient de Gaulle comme un aspirant dictateur.

De Gaulle n'en constitua pas moins le Comité national de la France libre (24 sept. 1941), qui était l'embryon d'un gouvernement. Reconnu quelques jours après par l'URSS, c'est vers la Résistance métropolitaine qu'il se tourna. Simultanément, l'action de la France libre ne cessait de s'étendre sur les théâtres d'opérations militaires. Au cours des années 1941 et 1942, les FFL se renforcèrent considérablement : elles se distinguèrent notamment en Libye par leur défense de Bir Hakeim (mai/juin 1942). Mais l'occupation de Madagascar par les Anglais (mai 1942) suscita de nouvelles difficultés entre le gouvernement britannique et de Gaulle qui fut tenu par les Américains complètement à l'écart de la préparation du débarquement allié en Afrique du Nord (nov. 1942).

La France libre à partir de 1942

Le général de Gaulle eut les plus grandes difficultés à s'établir en Afrique du Nord, où les Américains, après l'assassinat de l'amiral Darlan (24 déc. 1942), apportèrent leur soutien au général Giraud, nommé haut-commissaire. En mars 1943, Churchill refusait encore à de Gaulle l'autorisation de se rendre en Afrique du Nord. C'est la Résistance intérieure qui, finalement, fit pencher la balance en faveur de Charles de Gaulle. Celui-ci, au cours de l'année 1942, avait entrepris, par l'intermédiaire de Jean Moulin, une vaste offensive de ralliement auprès des milieux politiques et syndicalistes de la France occupée. Alors que Giraud rassemblait derrière lui des Français antiallemands mais favorables à l'esprit de la « Révolution nationale », de Gaulle, par son opposition radicale à tout ce que représentait Vichy, devenait l'espoir, tant des anciens parlementaires de la IIIe République hostiles à Pétain que des jeunes chefs qui s'affirmaient dans la Résistance métropolitaine. Il vit ainsi arriver vers lui des personnalités radicales et socialistes telles que Mendès France, A. Philip, Queuille, V. Auriol, J. Moch, mais aussi des communistes (F. Grenier), fidèles à la ligne du gouvernement soviétique qui avait reconnu officiellement le Comité national de la France libre. La constitution, rue du Four, du Conseil national de la Résistance (27 mai 1943) montra l'ampleur des progrès du gaullisme dans la métropole. Et le CNR trancha le différend de Gaulle-Giraud en confiant au premier la direction politique, au second les affaires militaires.

À la fin de mai 1943, de Gaulle arriva à Alger. Il constitua (3 juin 1943) le Comité français de libération nationale (CFLN), puis s'employa à écarter Giraud de la coprésidence de cet organisme (oct. 1943) et de son poste de commandant en chef (avr. 1944). Au printemps 1944, de Gaulle apparaissait ainsi comme le chef de toute la Résistance. Le CFLN, qui, à côté de gaullistes de la première heure (Catroux, Pleven, Diethelm), comprenait des personnalités de l'ancien régime républicain (Mendès France, Le Trocquer, R. Mayer, Jacquinot), des communistes (Billoux, Grenier) et des représentants de la Résistance intérieure (d'Astier de La Vigerie, A. Tixier, H. Frenay...), s'érigea en « gouvernement provisoire de la République française » (3 juin 1944) et, par la création à Alger d'une Assemblée consultative provisoire (sept. 1943), se donna l'allure d'un véritable gouvernement démocratique, émanant de la représentation nationale. Toutefois, les « trois Grands » (États-Unis, Grande-Bretagne, URSS) ne le reconnurent qu'en juill. 1944. Le CFLN put mettre sur pied, dès 1943, de véritables armées qui participèrent à la reconquête de la Tunisie et à la campagne d'Italie, puis au débarquement allié en Provence (août 1944). Les troupes françaises furent présentes lors de la bataille de Normandie ; à force de négociations avec les Américains, la division Leclerc (2e DB), intégrée dans le 5e CA américain, entra la première dans Paris au soir du 24 août 1944.

La Résistance intérieure en France

À côté de cette résistance « gaulliste », d'autres mouvements s'étaient développés dès la fin de 1940, auxquels vint s'adjoindre, à partir de juin 1941, la force de la résistance communiste, qui réussit à conserver jusqu'au bout son indépendance de fait.

La zone Sud de la métropole n'ayant été occupée par les Allemands qu'en nov. 1942, les mouvements de résistance qui s'y formèrent dès l'été 1940 prirent tout de suite un caractère fortement politique. Dès ses débuts, cette résistance se dressa autant contre le régime conservateur de Vichy que contre les Allemands. Le 12 août 1940, Henri Frenay publia son premier manifeste, puis il fonda le *Mouvement de libération nationale*, qui, en 1941, fusionna avec divers groupes pour former le mouvement *Combat* (Frenay, C. Bourdet, F. de Menthon, P.H. Teitgen, G. Bidault, R. Roure). Parmi les autres mouvements importants de la zone Sud, il faut citer *Libération* (nov. 1940) et *Francs-Tireurs* (1941). Ces groupes trouvèrent leurs premiers cadres parmi les membres des professions libérales, les universitaires, les syndicalistes, majoritairement socialistes ou démocrates-chrétiens. En dehors de l'organisation de filières d'évasion vers la Suisse ou l'Espagne, la Résistance de la zone Sud, jusqu'en 1942, ne put avoir beaucoup d'activités pratiques. En revanche, elle se livra à un travail important d'élaboration doctrinale, à la conception d'une République nouvelle, démocratique et sociale, presque aussi différente de la IIIe République que du régime de Vichy. Une presse clandestine, sous la forme encore très modeste de simples feuilles ronéotypées, fit son apparition durant l'hiver 1940/41.

Dans la zone Nord occupée, les conditions étaient bien différentes ; aussi la Résistance y prit-elle, dès le début, un caractère militaire : espionnage et sabotage. En oct. 1940, des saboteurs furent fusillés par les Allemands. À la différence encore de ce qui se passait en zone Sud, cette Résistance fut, à partir de 1940, en contact avec Londres et avec de Gaulle. Le 2e bureau des FFL commença à monter ses réseaux de renseignements avec des agents envoyés d'Angleterre (entre autres, l'officier de marine d'Estienne d'Orves). En oct. 1941 fut créé à Londres le Bureau central de renseignement et d'action militaire ou BCRA (Passy, Soustelle), qui, en liaison étroite avec les services britanniques, coordonna les services de renseignements de la France métropolitaine, puis assura les envois d'hommes, d'argent et de matériel à la Résistance. Le colonel Rémy (Gilbert Renault) fonda l'important réseau de renseignements « Confrérie Notre-Dame ». Les premiers mouvements de zone Nord comptèrent parmi leurs cadres une proportion importante d'anciens officiers. À l'exception de *Libération-Nord*, qui groupait en majorité des socialistes, ils étaient pour la plupart apolitiques. Les plus importants de ces mouvements, en dehors du petit groupe des intellectuels du musée de l'Homme, apparu en juill. 1940, furent l'*Organisation civile et militaire* (OCM), *Ceux de la Résistance, Ceux de la Libération, Défense de la France*.

Des journaux clandestins commencèrent à circuler, mais l'esprit de résistance était surtout entretenu par l'écoute de la radio anglaise, interdite par les autorités d'occupation. L'effet psychologique de cette guerre des ondes devait être considérable, surtout après 1943, lorsque la propagande nazie s'efforça de cacher l'ampleur des reculs de la Wehrmacht. Par des « messages personnels », la BBC restait en contact avec les organisations résistantes.

Mais, à la fin de juin 1941, la résistance communiste fit son apparition. Tant que l'URSS avait été l'alliée de l'Allemagne hitlérienne, la plupart des militants communistes avaient adopté un profil bas à l'égard des occupants. Après le début de l'agression hitlérienne contre l'Union soviétique (22 juin 1941), les communistes s'engagèrent dans la Résistance avec discipline et avec une résolution farouche. Leur principal organisme fut le *Front national*, dont les postes de commande étaient entre les mains de militants du parti, mais qui s'efforça de rallier des hommes de tendances très diverses, y compris d'anciens pétainistes. Sans communications avec Londres, les résistants communistes se détournèrent du travail de renseignement. Leur action tendit à placer l'armée d'occupation dans une situation d'insécurité permanente, afin d'amener les Allemands à prendre des mesures de plus en plus rigoureuses et à créer ainsi une rupture irréparable entre eux et la population. Le premier attentat contre un militaire allemand fut commis à Paris, le 21 août 1941, par le militant communiste Fabien.

Les Allemands réagirent par la terreur et fusillèrent des otages. Le 29 août suivant, d'Estienne d'Orves et deux autres Français furent exécutés pour espionnage. Particulièrement tragiques furent les fusillades de Châteaubriant, en Bretagne, ordonnées le 22 oct. 1941, en réplique au meurtre du commandant allemand de Nantes. À Paris, au Mont-Valérien, de nombreuses exécutions d'otages eurent lieu également. En même temps, les Allemands commencèrent à déporter les résistants, et l'année 1941 fut marquée par les deux premières rafles de Juifs. Dans ces circonstances, la position de Vichy devenait de plus en plus intenable : des tribunaux français d'exception, dits « sections spéciales », furent créés pour la répression anticommuniste ; le ministre de l'Intérieur de Vichy, Pucheu, se trouva même associé aux exécutions de Châteaubriant. Ainsi, au bout de quelques mois à peine, les méthodes d'action communistes se révélèrent particulièrement efficaces : elles avaient acculé les autorités d'occupation à une répression aveugle et elles forçaient le gouvernement de Vichy à se déconsidérer en aidant les Allemands dans la répression.

Mais, à Londres, le général de Gaulle n'entendait pas laisser ainsi passer la Résistance intérieure sous le contrôle exclusif des communistes. À partir de déc. 1941, par l'intermédiaire de Jean Moulin, de Gaulle s'employa à resserrer les liens entre Londres et les mouvements de la métropole. Il obtint ainsi le ralliement d'Henri Frenay (*Combat*) et d'Emmanuel d'Astier de La Vigerie (*Libération*). Les trois grands mouvements résistants de la zone Sud furent unis dans les *Mouvements unis de la Résistance* (*MUR*), qui gênèrent considérablement les progrès dans cette région du *Front national* communisant. À partir de 1943, de Gaulle s'appuya délibérément sur la Résistance intérieure pour faire la preuve de sa représentativité aux yeux des Alliés face à Giraud. Cette tactique compliqua encore les problèmes qui se posaient à la Résistance : en effet, par l'intermédiaire de Jean Moulin, de Gaulle imposa la reconstitution des partis démocratiques de la IIIe République, qui avaient à ses yeux l'avantage d'être connus des Alliés. Sous la pression gaulliste, le CNR comprit, à côté des représentants des divers mouvements résistants (*Front national, Ceux de la Libération, Ceux de la Résistance, Libération-Nord, Libération-Sud, OCM, Combat, Francs-Tireurs*), des représentants des organisations syndicales, des délégués du parti communiste, du parti socialiste, du parti radical, des démocrates populaires et de la droite conservatrice.

La Résistance à partir du printemps 1943

Au printemps de 1943, les premiers maquis commençaient à se former avec des jeunes gens qui fuyaient le Service du travail obligatoire en Allemagne (STO). Ces maquis s'implantèrent surtout dans les régions difficilement accessibles du Massif central, du Sud-Est, de l'Est, et aussi dans le Sud-Ouest. On a estimé le nombre des maquisards, en 1944, à 30 ou 40 000. Contre les maquis, Vichy lança les forces de la Milice, les gardes mobiles, des forces de répression qui opéraient tantôt seules, tantôt en liaison avec la police allemande et les SS. Des régions entières devinrent des zones de guerre civile où tortures et atrocités contre les résistants se multiplièrent. Malgré la formation du CNR (dont le premier président, Jean Moulin, fut arrêté le 21 juin 1943), l'unification de la Résistance ne se fit que très imparfaitement. Au début de 1944, les MUR se fondirent avec les mouvements *Résistance, Défense de la France, Lorraine* et *Voix du Nord* pour former le *Mouvement de la libération nationale* (*MLN*), qui devint la principale organisation non communiste de la Résistance. Sur le plan militaire, on distinguait l'*Armée secrète* (*AS*) et l'*Organisation de résistance de l'armée* (*ORA*), encadrées par d'anciens officiers et sous-officiers de l'armée régulière, d'une part, les *Francs-Tireurs et Partisans* (*FTP*), à prédominance communiste, d'autre part. Selon leurs affinités ou selon la situation locale, les maquis se rattachèrent à l'une de ces organisations. Les envois d'armes effectués depuis Londres n'allaient pas sans discrimination politique, généralement au détriment des FTP. En mars 1944 furent constituées, sous le commandement du général Kœnig, les *Forces françaises de l'intérieur* (*FFI*), qui regroupèrent l'AS, l'ORA, les maquis et les FTP. En outre, l'accord s'était fait sur le programme du CNR (15 mars 1944), qui réclamait, non seulement une sévère épuration, mais des réformes de structures radicales de l'économie.

En dépit du manque d'armes, FFI et FTP passèrent à l'action dès le débarquement allié en Normandie (6 juin 1944). Dans le plan allié, leur rôle consistait essentiellement à entraver, sur les arrières du front, les communications routières, ferroviaires, téléphoniques et télégraphiques de la Wehrmacht. Ainsi la division SS Das Reich, qui perpétra les massacres de Tulle et d'Oradour-sur-Glane (juin 1944), fut-elle soumise à un harcèlement incessant. Entre juin et août 1944, 1 800 locomotives et plus de 6 000 wagons furent immobilisés par l'action de la Résistance. Dans le Sud-Est, où le débarquement allié de Provence ne se produisit que le 15 août 1944, les maquisards prirent des initiatives qui dépassaient de beaucoup les plans élaborés à Londres. Ceux du Vercors, qui combattaient depuis le début de juin, furent exterminés ou dispersés à la fin de juill. 1944, à la suite d'opérations aéroportées menées par des unités SS. D'autres réussirent cependant, comme les maquisards de la Haute-Loire (Mont-Mouchet), à immobiliser des troupes allemandes qui eussent été précieuses sur le front de Normandie. Dans le Dauphiné, les Alpes de Provence, la vallée du Rhône, l'action des FFI facilita l'avance des armées débarquées sur la côte méditerranéenne. Dans le Centre et le Sud-Ouest, évacués par les troupes allemandes, FFI et FTP substituèrent le gouvernement révolutionnaire des comités de libération aux autorités de Vichy.

À Paris, l'insurrection, préparée par la grève de la police, commença le 19 août 1944, mais la garnison allemande, sous les ordres de von Choltitz, résista jusqu'à la capitulation du 25 août 1944. Le 25 août, de Gaulle était bien décidé à ne pas laisser s'instaurer en France un pouvoir insurrectionnel issu directement de la Résistance. Le rôle de celle-ci, à ses yeux, avait été de concourir à la Libération, non de faire une révolution. Le jour même de son arrivée, à l'Hôtel de Ville, il écarta nettement le patronage que tentaient de lui imposer les chefs du CNR et de la Résistance. Au cours des trois mois qui suivirent, de Gaulle l'emporta face à la fraction politiquement la plus avancée de la Résistance. Les FFI furent dirigés vers les « poches » allemandes de l'Atlantique ou intégrés dans la Ire armée (de Lattre de Tassigny). L'action du général fut facilitée par les directives que les communistes français recevaient de Staline, hostile à tout coup d'État en Europe occidentale qui aurait pu le séparer de ses alliés anglo-américains. En échange de l'amnistie accordée à Maurice Thorez, les « milices patriotiques » issues de la résistance communiste furent dissoutes dès le 28 oct. 1944.

Les hommes de la Résistance jouèrent un grand rôle dans la vie politique française de l'après-guerre, mais individuellement. Quant aux formations politiques de la Résistance, comme le Front national et le Mouvement de libération nationale, elles ne tardèrent pas à se désagréger. Les élections d'oct. 1945 marquèrent la résurrection des partis.

La Résistance en Europe orientale

En 1939, la **Tchécoslovaquie** était passée sous la domination allemande. Les oppositions entre Tchèques et Slovaques furent exploitées et aboutirent à la formation d'un État slovaque, dont la résistance ne se développa que dans les dernières années de la guerre, sous direction communiste. Un soulèvement de partisans eut lieu en août 1944, à l'approche des armées soviétiques, mais il fut écrasé par les Allemands deux mois plus tard. Parallèlement, un gouvernement tchécoslovaque s'était reconstitué à Londres, sous la présidence de Benès, en 1940. Il resta en liaison radio avec d'anciens militaires qui, dans le « protectorat de Bohême-Moravie », avaient créé des réseaux de renseignements et de sabotage. La principale action de la Résistance tchèque –l'attentat mortel contre le protecteur SS Heydrich (mai 1942) – fut exécutée par des agents tchèques parachutés d'Angleterre. Les SS y répliquèrent par le massacre de Lidice.

La Pologne, à la fin de sept. 1939, fut partagée entre l'Allemagne et l'URSS. Mais un gouvernement polonais, sous la présidence du général Sikorski, fut reconstitué en France en 1939, et il passa à Londres en 1940. Avec des Polonais qui avaient réussi à fuir leur pays occupé ou qui résidaient déjà en Europe occidentale, une armée polonaise fut rapidement mise sur pied. Elle fut engagée dans la campagne de France en juin 1940, puis participa aux côtés des Anglais à la guerre de Libye. Après l'attaque allemande contre l'URSS (juin 1941), Staline libéra les soldats polonais tombés aux mains de l'armée soviétique en 1939 (mais un grand nombre d'officiers polonais avaient été sommairement exécutés à Katyn (v.). Ces prisonniers libérés formèrent, sous le commandement du général W. Anders, de nouvelles armées qui participèrent brillamment à la campagne d'Italie puis, de Normandie (1944/45). Au début de 1945, le gouvernement polonais de Londres avait sous ses ordres près de 200 000 soldats. En Pologne dès la fin de 1939, de petits groupes de résistance s'étaient formés ; en janv. 1940, ils fusionnèrent en une organisation unique, auprès de laquelle le gouvernement polonais de Londres envoya un délégué. Après l'entrée en guerre de l'URSS, la découverte du massacre de Katyn provoqua la rupture des relations entre le gouvernement polonais de Londres et Moscou (avr. 1943), et aboutit à la formation de deux mouvements de résistance polonais. À la fin de 1943 fut formé un Conseil national populaire, prosoviétique, où les communistes jouaient un rôle prépondérant ; il prit le nom de Comité polonais de libération nationale en juill. 1944. Au printemps de 1944, le gouvernement polonais de Londres avait, de son côté, renforcé l'organisation de la Résistance intérieure. Son délégué en Pologne, Jan S. Jankowski, fut nommé Premier ministre adjoint (avr. 1944) ; il constitua un Conseil des ministres de l'intérieur, assisté d'un Conseil de l'union nationale, qui comprenait des représentants de tous les partis politiques, sauf les communistes. La Résistance armée prit le nom d'Armée de l'intérieur : elle eut pour chef le général Stefan Rowecki, dit Grot, puis, après l'arrestation de celui-ci, au début de 1944, le général Bor Komorowski. Le 1er août 1944, celui-ci déclencha l'insurrection de Varsovie, mais la Résistance polonaise ne reçut aucune aide des armées soviétiques, pourtant parvenues sur la rive droite de la Vistule, et, après soixante-trois jours de combats héroïques, elle fut finalement écrasée, comme l'avait été, au printemps 1943, le ghetto juif qui s'était insurgé (v. VARSOVIE). Cette élimination par la Wehrmacht de la Résistance non communiste laissa le champ libre au comité prosoviétique de Lublin (v.), qui s'érigea en gouvernement provisoire à la fin de 1944.

La Yougoslavie fut un des pays occupés où la Résistance fut la plus active. La péninsule balkanique, avec son relief montagneux, avec un réseau routier et ferroviaire peu développé, se prêtait particulièrement bien aux opérations de guérilla. Après la foudroyante offensive de la Wehrmacht dans les Balkans (avr./mai 1941), le territoire yougoslave fut partagé entre plusieurs États : la Croatie, qui englobait également la Bosnie, passa sous la dictature du chef fasciste des oustachis, Ante Pavelic ; la Serbie fut administrée par le gouvernement fantoche du général Neditch ; l'Italie avait annexé une partie de la Slovénie, la côte et les îles dalmates. En Croatie, les hommes de Pavelic se livrèrent à des massacres systématiques de Serbes qui se réfugièrent dans les montagnes et les forêts. En Serbie et en Herzégovine, le colonel D. Mihaïlovitch constitua dès le début de l'été 1941, avec des débris de l'armée régulière, des forces de guérilla qui prirent le nom de *tchetniks*, d'inspiration monarchiste. Mais, vers la même époque, apparaissait une autre force de résistance, celle des *partisans*, levée par le chef communiste croate Josip Broz, dit Tito. Dès la fin de 1941, ces deux groupes se livraient une guerre ouverte. Les tchetniks de Mihaïlovitch étaient en majeure partie des Serbes anticommunistes. Les partisans de Tito se recrutaient, au contraire, principalement parmi les minorités (Croates, Bosniaques, Monténégrins), et, s'ils ouvraient leurs rangs à des hommes de tous les partis, même à d'anciens fonctionnaires de la monarchie, leur encadrement supérieur était tenu fermement par des communistes. Les tchetniks commencèrent à collaborer avec les Italiens contre les partisans titistes non serbes. Tito prêchait au contraire l'union de tous les Slaves du Sud pour la lutte contre l'occupant allemand et la création d'une Yougoslavie fédérale, démocratique et sociale. Tandis que les partisans déployaient une activité sans cesse accrue, les tchetniks s'enlisèrent dans l'inaction et dans la collaboration avec l'Axe, et ils furent désertés par leurs éléments les plus dynamiques, qui rallièrent Tito. Parmi les chefs alliés, Churchill fut le premier à donner sa confiance et son aide à Tito, qui commença à recevoir un matériel important après l'ouverture du front d'Italie (1943). À cette époque, les partisans contrôlaient déjà de vastes territoires en Bosnie. Hitler se trouva amené à détourner des unités allemandes vers la Yougoslavie. Après la défection de l'Italie (sept. 1943), la Wehrmacht dut prendre seule en main la lutte contre les partisans. Durant l'hiver 1943/44, une grande opération fut menée, pour en finir avec

Tito, par dix-huit divisions allemandes, neuf divisions bulgares et les forces locales des oustachis et des milices serbes de Neditch. L'organisation de Tito, qui comprenait, depuis la fin de 1942, une administration civile et, depuis 1943, une Assemblée nationale et un gouvernement provisoire, échappèrent de peu à l'anéantissement. Les partisans prirent cependant une part prépondérante à la libération de Belgrade (oct. 1944), et, durant tout l'hiver 1944/45, ils ne cessèrent de harceler les forces de la Wehrmacht qui faisaient retraite vers l'Allemagne. Grâce aux luttes qu'il avait menées, Tito put mettre sur pied un communisme national, qui, très tôt, affirma son indépendance à l'égard de l'URSS. L'ancien chef des tchetniks, Mihaïlovitch, accusé de collaboration avec l'Axe, fut condamné à mort et exécuté en juill. 1946.

En Grèce comme en Yougoslavie, la Résistance se partagea en deux grandes organisations, l'une communisante, l'EAM-ELAS (Front de libération nationale et Armée nationale populaire de libération), l'autre anticommuniste et fidèle au gouvernement royal réfugié au Caire, l'EDES (Armée nationale démocratique grecque). Mais, à la différence de ce qui se passa en Yougoslavie, les résistants anticommunistes ne collaborèrent jamais avec l'Axe. Voir GRÈCE. La dictature de Metaxás.

En URSS, la guerre de partisans avait des précédents historiques (notamment lors de la campagne de 1812) et, surtout, elle avait toujours tenu une place particulière dans la stratégie révolutionnaire. En 1919, l'activité des partisans bolcheviks sur les arrières de l'armée blanche de Koltchak avait beaucoup contribué à la désorganisation de celle-ci. C'est le 3 juill. 1941 que Staline lança l'ordre de constituer des unités de partisans. Soumis à une discipline très sévère, ils étaient placés sous un commandement suprême installé à Moscou, qui comprenait le maréchal Vorochilov, le général Ponomarenko et N. Khrouchtchev, chef des partisans d'Ukraine. Leur activité s'exerça surtout en Biélorussie et en Ukraine septentrionale : elle connut son intensité maximale au printemps 1943, et le nombre des partisans atteignit à cette époque environ 200 000 hommes. Le rôle des partisans était de fixer les forces de la Wehrmacht, de désorganiser leurs communications, puis de coopérer directement avec l'offensive soviétique en prenant les Allemands à revers. Selon les données soviétiques, le commandement allemand se trouva obligé, en 1943, de consacrer à la lutte contre les partisans plus de 400 000 hommes, dont la direction avait été confiée au général SS von dem Bach-Zelewski. De 1941 à 1943, les partisans soviétiques auraient tué plus de 300 000 soldats allemands, détruit plus de 1 000 chars et auto-mitrailleuses, 378 canons, 4 000 camions, détruit plus de 3 000 ponts et fait dérailler environ 3 000 trains ennemis. Dans leurs luttes sans merci contre les partisans, les unités allemandes commirent de nombreux crimes de guerre ce qui ne fit que renforcer la détermination de la population civile.

La Résistance allemande

En Allemagne, la résistance au régime hitlérien commença dès l'avènement du national-socialisme, en 1933. Elle fut d'abord l'œuvre des communistes et des sociaux-démocrates, qui distribuèrent des journaux clandestins (plus d'un million et demi d'exemplaires saisis en 1936) ; elle vint aussi des Églises (protestations des prélats catholiques Faulhaber et Galen, du pasteur protestant Niemöller). À partir de 1938, après que le régime hitlérien se fut assuré du contrôle absolu du commandement de l'armée, la Résistance s'organisa dans les milieux conservateurs autour de l'ancien chef d'état-major général, Beck, et de l'ancien bourgmestre de Leipzig, Goerdeler ; elle rallia bientôt des diplomates, des professeurs, des économistes (von Hassel, von der Schulenburg, Popitz, A. Haushofer, le fils du géopoliticien), mais surtout des officiers (von Hammerstein, von Witzleben, plus tard Speidel, von Stauffenberg, von Kluge, Rommel). Très important également fut le « cercle de Kreisau », qui comptait parmi ses membres quelques-uns des plus grands noms de l'aristocratie prussienne (H. von Moltke, P. Yorck von Wartenburg...). Ces résistants allemands envoyèrent des délégués en Suisse et en Suède et entrèrent en contact avec les Alliés : ils essayèrent vainement d'obtenir de ces derniers des engagements sur le sort futur de l'Allemagne. Quand les Anglo-Américains décidèrent d'exiger de l'Allemagne une capitulation sans condition (janv. 1943), la Résistance allemande reçut un coup très dur.

Cependant, de nombreux attentats furent préparés par les militaires contre Hitler au cours de l'année 1943, mais ils échouèrent tous. La Résistance communiste se manifesta par le réseau de la Rote Kapelle (août 1942). En févr. 1943 eut lieu une grande manifestation des étudiants de Munich, qui aboutit à l'exécution des membres du groupe de la Rose blanche (Hans et sa sœur Sophie Scholl). À Moscou, d'anciens chefs communistes allemands avaient formé un Comité de l'Allemagne, auquel se rallièrent plusieurs officiers généraux prisonniers des Russes, entre autres le maréchal von Paulus, défenseur de Stalingrad. Mais l'action la plus importante de la Résistance en Allemagne fut le coup d'État manqué du 20 juill. 1944 : la bombe déposée au quartier général de Hitler, à Rastenburg, ne blessa que légèrement le Führer. Les actions déclenchées à Berlin et à Paris par des officiers généraux furent rapidement jugulées. Une terrible répression qui fit plusieurs milliers de victimes s'abattit sur les conjurés et leurs amis. Quelques-uns des plus grands chefs militaires allemands furent exécutés ou se suicidèrent (Witzleben, Kluge, Beck, Rommel, Canaris) et la Résistance allemande fut décapitée.

RESTAURATION. Nom donné au régime sous lequel vécut la France pendant les règnes de Louis XVIII et de Charles X, de 1814 à 1830. Comme ce rétablissement de la monarchie française au profit des Bourbons fut coupé par la période des Cent-Jours (v.), on distingue la *première Restauration* (du 5 avr. 1814 au 20 mars 1815) et la *seconde Restauration* (du 28 juin 1815 au 29 juill. 1830). Voir les articles FRANCE. La Restauration, LOUIS XVIII et CHARLES X.

RESTAURATION. Dans l'histoire britannique, nom donné au rétablissement des Stuarts sur le trône d'Angleterre (1660) et à la période allant de 1660 à 1688. Voir GRANDE-BRETAGNE. La restauration des Stuarts.

RETHONDES. Localité de France, à l'E. de Compiègne, sur l'Aisne. Aux environs, dans une clairière de la forêt de Compiègne, furent signés les armistices qui mirent fin, en 1918, aux hostilités de la Première Guerre mondiale sur le front occidental et, en 1940, à la campagne de France.

Armistice du 11 nov. 1918. Sur l'avis du haut commandement allemand, le gouvernement Max de Bade, dès le 4 oct., avait demandé la paix au président Wilson. Les alliés de l'Allemagne s'effondraient l'un après l'autre. À l'intérieur, la mutinerie des marins de Kiel (3 nov.) déclenchait un mouvement révolutionnaire qui se propagea rapidement et entraîna l'abdication de l'empereur (9 nov.). Depuis la veille, les négociateurs allemands, conduits par Erzberger, avaient pris contact avec Foch, dans le wagon-salon du généralissime, à Rethondes. La révolution enleva toute marge de manœuvre au gouvernement allemand et permit à Foch d'imposer ses conditions. Signé le 11 nov. 1918, à 5 h 15 du matin, l'armistice entra en vigueur à 11 heures. Les Allemands acceptaient des livraisons considérables de matériel de guerre, de wagons et de locomotives ; ils libéraient sans réciprocité les prisonniers alliés ; ils devaient évacuer sous quinze jours les territoires envahis à l'O. et l'Alsace-Lorraine ; sous trente jours, la rive gauche du Rhin, une bande de territoire large de 10 km à l'E. du Rhin et des demi-cercles de 30 km de rayon autour des trois têtes de pont de Cologne, Coblence et Mayence. Les traités de Brest-Litovsk et de Bucarest étaient annulés.

Armistice du 22 juin 1940. Après la rupture des lignes françaises sur la Somme et l'évacuation de Paris, le commandant en chef français, Weygand, lors des Conseils des ministres qui se tinrent à Candé, près de Tours, les 12 et 13 juin 1940, réclama la conclusion immédiate d'un armistice ; sa demande fut appuyée par le maréchal Pétain. Le président du Conseil, Paul Reynaud, préconisait, au contraire, la poursuite de la lutte par le gouvernement français, éventuellement hors de la métropole. Cette rupture de l'unité gouvernementale s'accentua encore lors du Conseil des ministres qui se tint à Bordeaux, le 15 juin : Reynaud proposa la capitulation de l'armée, acte purement militaire qui n'engageait pas le gouvernement, qui poursuivrait la lutte en Afrique du Nord et dans l'Empire, aux côtés des Britanniques. Weygand et Pétain s'opposèrent vivement à cette proposition, jugeant qu'une capitulation serait déshonorante pour l'armée et, d'autre part, que le premier devoir du gouvernement était de continuer à partager l'épreuve des Français de la métropole. L'offre d'union indissoluble entre la France et l'Angleterre, faite par Churchill le 16 juin, se heurta au scepticisme de la majorité des membres du cabinet.

Reynaud démissionna dans la soirée du 16 juin, et le maréchal Pétain prit aussitôt la présidence du Conseil. Son premier acte fut de demander aux gouvernements allemand et italien les conditions d'un arrêt des hostilités. La délégation française, conduite par le général Huntziger et Léon Noël, fut amenée le 21 juin à Rethondes, dans l'ancien wagon de Foch, où avait été signé l'armistice du 11 nov. 1918. Les conditions allemandes furent communiquées aux Français en présence de Hitler et de Goering, et la convention d'armistice franco-allemande fut finalement signée par le général Huntziger et le général Keitel le 22 juin 1940, à 18 h 35. Le 24 juin, la convention d'armistice franco-italienne était signée à Rome. Ces armistices prévoyaient essentiellement l'occupation de toute la France de l'Est, du Nord et de l'Ouest par les troupes allemandes, le Centre et le Sud constituant une zone libre correspondant environ aux 2/5 du territoire. Le gouvernement français restait libre de choisir son siège soit dans cette zone libre, soit à Paris. L'entretien des troupes d'occupation (400 millions de francs par jour) était à la charge de la France. Les forces armées françaises devaient être désarmées et démobilisées, à l'exception d'un contingent nécessaire au maintien de l'ordre intérieur. Le gouvernement français s'engageait à livrer les réfugiés allemands désignés par le gouvernement du Reich et se trouvant sur son territoire. En revanche, la France avait obtenu que sa flotte de guerre, rassemblée, démobilisée et désarmée, ne serait pas utilisée par les Allemands. La France conservait ses colonies, qui ne devaient pas être occupées.

RETZ, Jean François Paul de Gondi, cardinal de (* Montmirail, 19.IX.1613, † Paris, 24.VIII.1679). Fils d'Emmanuel de Gondi, général des galères sous Louis XIII. Il participa ardemment à la Fronde, organisa la journée des Barricades et contribua à l'exil de Mazarin (1651). Mazarin l'emprisonna dès son retour en 1652, alors que Retz venait d'être nommé cardinal (il fut nommé archevêque de Paris pendant son emprisonnement, grâce aux intrigues de ses amis). Retz réussit à s'évader et s'exila (1654). Il ne rentra en France qu'après la mort de Mazarin (1661), abandonnant l'archevêché de Paris en échange de riches bénéfices ecclésiastiques (abbaye de Saint-Denis). Louis XIV lui confia quelques missions diplomatiques. Il a laissé des *Mémoires* qui sont un témoignage précieux sur la période de la Fronde.

RÉUNION (la). Île de l'archipel des Mascareignes, dans l'océan Indien, à l'E. de Madagascar. Découverte le 9 févr. 1513 par le Portugais Pedro de Mascarenhas, cette île ne fut pas tout de suite colonisée. La France en prit possession en 1638, et le gouverneur de Madagascar y installa en 1643 douze déportés. La colonisation fut alors entreprise, et l'île prit le nom d'*île Bourbon*. La Compagnie des Indes orientales en reçut la concession en 1664. En 1717, la population ne comptait encore que 2 000 habitants (dont 1 100 esclaves noirs et malgaches). Au XVIIIe s., le développement de la culture du café intensifia la traite des Noirs, et l'île Bourbon comptait plus de 60 000 habitants en 1789. Rebaptisée *île de la Réunion* en 1793, elle fut occupée par les Anglais de 1810 à 1815 ; l'esclavage y fut aboli, comme dans les autres colonies françaises, en 1848. Depuis 1946, la Réunion est un département français d'outre-mer. Le statut de région lui fut donné en 1973. À la fin du XXe siècle, elle se trouvait dans une situation difficile, avec un chômage touchant plus d'un tiers de la population.

RÉUNIONS (politique des). Politique d'expansion territoriale sur les frontières de l'Est poursuivie en pleine paix par Louis XIV, après le traité de Nimègue (1678). Inaugurée par Croissy, secrétaire d'État aux Affaires étrangères, cette politique consistait à exploiter les clauses imprécises des traités qui cédaient des territoires et des villes « avec leurs dépendances ». Louis XIV créa dans le parlement de Metz, dans le conseil souverain de Brisach et dans le parlement de Besançon des « chambres de réunion » chargées de rechercher les terres et fiefs qui avaient relevé des Trois-Évêchés, des villes d'Alsace ou de Franche-Comté, afin de prononcer, par arrêts de justice, leur réunion à la Couronne, exploitant ainsi la complexité du régime féodal de ces régions. Ces chambres adjugèrent ainsi à la France des terres, villes et villages qui appartenaient à l'Électeur de Trèves, à l'Électeur palatin, au roi de Suède, à l'évêque de Spire, au duc de Wurtemberg... Sans tenir compte des protestations de la diète germanique de Ratisbonne, Louis XIV, en sept. 1681, concentra en Alsace près de 30 000 hommes, qui investirent Strasbourg et sommèrent la ville de reconnaître pour maître le roi de France, en vertu d'un arrêt du parlement de Brisach ; la municipalité dut s'incliner, et, le 8 oct. 1681, Louis XIV fit son entrée dans Strasbourg. L'Allemagne, où la France avait compté jusqu'alors tant d'alliés et de clients, se groupa presque tout entière contre Louis XIV dans la guerre de la ligue d'Augsbourg (1689/97). Au traité de Ryswick (1697), Louis XIV dut restituer toutes les « réunions », sauf celles d'Alsace.

RÉVOLUTION D'ANGLETERRE (première). Nom donné à la révolution qui amena l'exécution de Charles Ier (1649) et l'établissement d'un nouveau régime, le Commonwealth, rapidement passé sous l'autorité absolue de Cromwell. En Angleterre, on lui donne les noms de « Guerre civile » (*Civil War*) et de « Révolution puritaine » (*Puritan Revolution*). Voir GRANDE-BRETAGNE. Les premiers Stuarts et l'échec de l'absolutisme. La dictature de Cromwell.

RÉVOLUTION D'ANGLETERRE (seconde). Nom donné aux événements de 1688/89 qui amenèrent la chute de Jacques II et l'avènement sur le trône d'Angleterre de Guillaume III d'Orange. En Angleterre, on appelle cette révolution la « Révolution glorieuse » (*Glorious Revolution*). Voir GRANDE-BRETAGNE. La restauration des Stuarts.

RÉVOLUTION BRABANÇONNE. Nom donné au soulèvement des Belges contre la politique centralisatrice autrichienne, en 1789/90. À partir de 1780, Joseph II, fidèle aux principes du despotisme éclairé, avait introduit dans les Pays-Bas autrichiens une série de réformes religieuses (liberté de culte aux protestants, 1781 ; suppression des couvents contemplatifs, 1783 ; suppression des séminaires, 1786) et politiques (remplacement des trois conseils collatéraux par un Conseil du gouvernement général, 1787). Ces réformes, jugées attentatoires aux libertés traditionnelles, entraînèrent le « mouvement patriote », dont les principaux chefs furent Van der Noot et François Vonck. Joseph II répliqua en envoyant dans les Pays-Bas le comte de Trauttmansdorff, revêtu de pleins pouvoirs et appuyé par des troupes. Les états de Brabant prirent la tête de la résistance, d'où le nom de *Révolution brabançonne* donné à ce mouvement. Joseph II cassa la vieille charte des franchises du Brabant, la Joyeuse Entrée (juin 1789). Cet acte déclencha la révolution. Une petite armée de patriotes battit à Turnhout (24 oct 1789) l'armée autrichienne, qui évacua le pays. Van der Noot fit proclamer par les États provinciaux la création des États belgiques unis (10 janv. 1790). Mais un vif antagonisme opposait les conservateurs, partisans de Van der Noot, et les progressistes, partisans de Vonck. Ces derniers furent persécutés, et les États belgiques unis ne tardèrent pas à sombrer dans l'anarchie. Le nouvel empereur, Léopold II, n'eut pas de mal à restaurer son autorité (oct. 1790), et il se concilia les populations en abolissant une partie des réformes de son prédécesseur.

RÉVOLUTION CULTURELLE. Mouvement des Gardes rouges chinois, inspiré par Mao Tsé-toung, qui souleva la jeunesse contre les « révisionnistes » (été 1966/automne 1968). Voir CHINE. La révolution culturelle et ses suites.

RÉVOLUTION FRANÇAISE. Nom donné aux mouvements révolutionnaires qui se succédèrent en France de l'ouverture des États généraux (5 mai 1789) au coup d'État du 18-Brumaire (9 nov. 1799). Elle se divise en quatre grandes périodes : l'Assemblée constituante, l'Assemblée législative, la Convention nationale et le Directoire. Voir **France**.

RÉVOLUTION INDUSTRIELLE. Ensemble de mutations techniques, économiques et sociales qui provoquèrent l'entrée de l'Angleterre (et, plus tardivement de la France et de l'Europe) dans l'âge industriel, à partir de 1760. Voir **Industrielle (révolution)**.

RÉVOLUTION NATIONALE. Nom donné par le maréchal Pétain (message du 8 oct. 1940) à l'œuvre de réformes que l'État français voulait entreprendre au lendemain de la défaite de 1940. Voir **État français**.

RÉVOLUTIONS DE 1848/49. Les révolutions qui secouèrent la France, l'Europe centrale et l'Italie en 1848 eurent des causes économiques, sociales et politiques. Elles furent précédées par la crise économique de 1846/47, qui, ressentie dans presque toute l'Europe, ruina de nombreux paysans, provoqua beaucoup de faillites dans le petit commerce et priva d'emploi des centaines de milliers d'ouvriers. Cependant, dans les révolutions de 1848, la question sociale ne joua un rôle vraiment important qu'en France, seul pays continental, quoique très en retard sur l'Angleterre, déjà engagé dans l'économie industrielle. En Autriche, en Allemagne, en Italie, où le prolétariat était encore peu développé, les révolutions furent surtout politiques, exprimant les aspirations libérales et nationales de la bourgeoisie.

Plusieurs pays restèrent en dehors de l'agitation : la Russie autocratique du tsar Nicolas Ier ; l'Angleterre, où le gouvernement réprima sans difficulté la dernière grande manifestation chartiste (avr. 1848) et écrasa la révolte irlandaise de Mitchell et Smith O'Brien (juin/août 1848) ; la Belgique, où le Premier ministre libéral Rogier fit abaisser le cens électoral (28 févr. 1848) et remédia au chômage en lançant un grand programme de travaux publics ; les Pays-Bas, enfin, où une révision constitutionnelle (oct. 1848) étendit les pouvoirs du Parlement et institua la responsabilité ministérielle.

Le « printemps des peuples » (janv./juin 1848)

En Italie, la crise révolutionnaire avait commencé en 1846. L'élection du pape Pie IX (juin 1846), réputé libéral, avait fait naître de grands espoirs chez les patriotes italiens, qui voyaient en lui un fédérateur possible de la péninsule. D'autres militants du Risorgimento se tournaient vers le Piémont, où le roi Charles-Albert libéralisait la censure et le droit de réunion publique (oct. 1847). Les souverains des petites principautés mettaient tous leurs espoirs dans l'appui de l'Autriche. Metternich fit ainsi occuper Ferrare (oct. 1847), mais des émeutes antiautrichiennes éclataient partout. Dans le royaume des Deux-Siciles, l'un des bastions du conservatisme, Palerme entra en révolution le 12 janv. 1848, et le mouvement étendit rapidement à Naples ; privé de l'appui de l'Autriche par le refus de Pie IX de laisser les troupes autrichiennes traverser les États pontificaux, le roi Ferdinand II se résigna à octroyer aux Napolitains une Constitution (10 févr. 1848) : ce fut la première victoire révolutionnaire de 1848. Une semaine plus tard, la Toscane obtenait à son tour une Constitution. En Piémont, Charles-Albert promulguait, le 4 mars 1848, le Statut constitutionnel (*Statuto*) qui lui valut une grande popularité chez tous les libéraux italiens. Le pape suivait son exemple et établissait une Assemblée élue dans les États pontificaux (14 mars).

Mais l'insurrection parisienne de Février 1848 eut un retentissement européen beaucoup plus profond. À la fin du règne de Louis-Philippe, la crise économique et financière se doublait d'une crise politique provoquée par le maintien d'un régime censitaire qui faisait du pouvoir politique un monopole de la bourgeoisie la plus riche. Guizot, Premier ministre de Louis-Philippe, répondait par un refus aux revendications électorales et parlementaires de l'opposition : l'abaissement du cens et l'incompatibilité entre le mandat de député et l'exercice des fonctions publiques. Comme la liberté de réunion publique n'existait pas, l'opposition déclencha au début de l'été 1847 la campagne des Banquets. Le 14 févr. 1848, Guizot fit interdire un banquet prévu à Paris. Le 22 févr., alors que gouvernement et opposition hésitaient devant l'épreuve de force, étudiants et ouvriers prirent l'initiative en se livrant à des manifestations au quartier Latin, à la Madeleine et sur les Boulevards. Le gouvernement, qui, jusqu'alors, avait maintenu l'ordre en s'appuyant sur la seule armée, commit l'imprudence de mobiliser la garde nationale, composée de bourgeois parisiens majoritairement acquis aux projets de réforme électorale. Le 23 févr. au matin, la garde nationale adoptait une attitude le plus souvent hostile à l'armée et au gouvernement, en criant : « À bas Guizot ! Vive la réforme ! »

Louis-Philippe renvoya Guizot (23 févr.) et entreprit de former un nouveau ministère. Cette nouvelle fut accueillie avec une grande joie à Paris, lorsqu'un incident sanglant déclencha la véritable révolution : au soir du 23, devant le ministère des Affaires étrangères, alors boulevard des Capucines, un coup de feu parti de la foule déclencha le tir des soldats qui gardaient le bâtiment : une vingtaine de manifestants furent tués. Pendant toute la nuit, on promena leurs corps à travers Paris, à la lueur des torches ; au matin du 24, plus d'un millier de barricades se dressaient dans la capitale. Louis-Philippe disposait de forces suffisantes pour rétablir son autorité, et l'armée de Paris venait d'être confiée au maréchal Bugeaud ; cependant, le roi recula devant la perspective d'un bain de sang et crut apaiser l'insurrection en annonçant la formation d'un ministère de centre gauche Thiers-Odilon Barrot, mais se résigna trop tard à accepter la dissolution de la Chambre. Après avoir vainement essayé de ranimer le loyalisme de la garde nationale, qui l'accueillit dans la cour des Tuileries aux cris de :

« Vive la réforme ! », il abdiqua en faveur de son petit-fils, le comte de Paris, et prit la fuite en voiture, avec la reine ; il réussit, sous un déguisement, à gagner Le Havre, puis l'Angleterre. Tandis que la foule envahissait et saccageait les Tuileries, la duchesse d'Orléans se rendit courageusement à la Chambre des députés pour essayer de sauver la monarchie en se faisant donner la régence. Mais cette manœuvre fut devancée par les chefs républicains, qui firent envahir la salle du Palais-Bourbon par les émeutiers. Sur la proposition de Lamartine, de Ledru-Rollin et de Dupont de l'Eure, un gouvernement provisoire fut nommé par acclamation ; il s'adjoignit ensuite les membres d'un autre gouvernement formé simultanément à l'Hôtel de Ville. Au soir du 24 févr. 1848, la révolution était terminée, la Chambre dissoute, et un décret publié dans la nuit proclamait la république.

La nouvelle de la révolution parisienne déclencha aussitôt des troubles en Allemagne : dès les premiers jours de mars, l'agitation s'étendit dans le Wurtemberg, la Hesse-Darmstadt, le Nassau. À Paris, les républicains les plus avancés, comme Louis Blanc et Ledru-Rollin, voulaient que la France exportât sans tarder sa révolution à travers l'Europe. Résolument pacifiste, Lamartine s'efforça de rassurer les puissances étrangères par sa circulaire du 4 mars : la proclamation de la République française n'était « un acte d'agression contre aucune forme de gouvernement dans le monde » ; les traités de 1815 étaient résiliés en droit mais respectés en fait ; cependant, la France promettait son appui aux peuples en lutte pour leur indépendance. Les contradictions du nouveau pouvoir français apparaissaient déjà au grand jour.

Cependant, la contagion révolutionnaire gagna rapidement toute l'Europe centrale. En Hongrie, dès le 3 mars, Kossuth dénonçait la domination autrichienne et réclamait la formation d'un gouvernement hongrois responsable. À Prague, on réclamait l'égalité entre Tchèques et Allemands. L'événement décisif fut la révolution de Vienne (13 mars 1848), qui provoqua la chute de Metternich : le vieux ministre, qui incarnait la politique de la Sainte-Alliance menée depuis 1815, dut prendre la fuite, caché dans une voiture de blanchisseuse. En quelques jours, les Autrichiens obtinrent du faible Ferdinand Ier la liberté de la presse, la formation d'une garde nationale bourgeoise et une Constitution (25 avr.) ; les Hongrois se donnèrent un ministère parlementaire (22 mars) et firent reconnaître leur autonomie par Vienne (statut du 11 avr.) ; les Tchèques obtinrent la Charte de Bohême (8 avr.) et les Croates formèrent un comité national sous la direction du ban Jelacic.

En Italie, la nouvelle de la chute de Metternich provoqua l'insurrection du royaume lombard-vénitien. Après une sanglante bataille (les « Cinq Jours » de Milan, 18/22 mars 1848), Radetzky, commandant en chef autrichien, dut évacuer Milan. À Venise, Daniele Manin proclama la république (22 mars). Le même jour, le roi de Piémont, Charles-Albert, déclenchait la guerre de l'indépendance contre l'Autriche se posant ainsi en champion de la cause nationale. Sous la pression des libéraux, le grand-duc de Toscane et Ferdinand II de Naples entrèrent à leur tour dans la guerre nationale et envoyèrent des contingents à Charles-Albert.

La révolution de Berlin (18/21 mars 1848) obligea Frédéric-Guillaume IV à accorder une Constitution (18 mars), à instituer la liberté de la presse, à former un ministère libéral, à convoquer une Assemblée élue au suffrage universel, enfin à épouser la cause de l'unité allemande en se rangeant derrière le nouveau drapeau national noir, rouge et or. Dans le même temps, la Bavière devenait également une monarchie constitutionnelle, à la suite de l'abdication de Louis Ier (20 mars). En Allemagne comme en Italie, l'aspiration nationale était inséparable de la poussée libérale. Dès le 5 mars, des patriotes libéraux de l'Allemagne du Sud s'étaient réunis à Heidelberg pour préparer la convocation d'une Assemblée nationale allemande. Après les travaux du Parlement préparatoire ou *Vorparlament* (31 mars/2 avr.), une Assemblée nationale constituante élue par tous les Allemands se réunit à Francfort (18 mai) (v. **Francfort, parlement de**) ; elle entreprit de doter l'Allemagne d'un pouvoir supérieur aux États dynastiques, et, en juin, elle nomma un « régent d'Empire » et un gouvernement commun à toute l'Allemagne. Pendant ce temps, la révolution s'était rallumée à Vienne (15 mai 1848), obligeant l'empereur et sa famille à s'enfuir et imposant la réunion d'une Assemblée constituante élue au suffrage universel.

La réaction (juin 1848/août 1849)

En moins de six mois, tout le système politique établi en Europe centrale par le congrès de Vienne s'était effondré.

Pourtant, dès la fin du printemps 1848, commença un reflux général des mouvements libéraux et nationaux. En France, dans le climat trompeur d'euphorie et de fraternité qui avait suivi la révolution de Février on vit rapidement s'opposer la province et Paris, les républicains modérés et les socialistes. Ces derniers, conscients de ne représenter qu'une minorité du pays, essayèrent vainement de faire ajourner les élections au suffrage universel. Celles-ci eurent lieu le 23 avr. 1848, et le poids prépondérant des masses paysannes donna une victoire décisive aux modérés. La crise économique persistante, la montée du chômage, la dissolution des Ateliers nationaux provoquèrent la grande insurrection ouvrière de juin 1848. Pour la briser, le gouvernement eut recours à l'armée et confia des pouvoirs dictatoriaux au général Cavaignac (v. **Juin 1848**). Les sanglantes journées de Juin engagèrent la IIe République sur la voie de la réaction : le mouvement socialiste fut brisé, les ouvriers se détournèrent du régime, clubs et journaux populaires disparurent, les libertés de presse et de réunion furent réduites, et Louis Napoléon Bonaparte, élu triomphalement président de la République (déc. 1848).

En ce même mois de juin 1848, la monarchie des Habsbourg se redressait grâce à l'appui de l'armée. Radetzky faisait écarter tous pourparlers d'armistice en Italie, car il sentait la fragilité de la coalition italienne conduite par le roi Charles-Albert. Elle était affaiblie par le pape Pie IX, qui, dès le 29 avr., avait réprouvé la guerre contre l'Autriche, puissance catholique ; par le roi des Deux-Siciles, Ferdinand II, qui réussit une contre-révolution dans ses États (15 mai), massacrait les libéraux et rappelait ses troupes ; par les ambitions du Piémont, qui inquiétait nombre de patriotes italiens en procédant à l'annexion de Parme, Plaisance, Modène (juin), puis de la Lombardie et de Venise (juill.) ; par les médiocres compétences militaires de Charles-Albert, qui ne remporta contre les Autrichiens que des succès mineurs (Goito, 30 mai) et perdit un temps précieux. Radetzky passa alors à l'offensive et écrasa les Piémontais à Custozza (23/25 juill.). Charles-Albert dut abandonner Milan (5 août), et, par l'armistice de Vigevano (9 août), il rendit toute la Lombardie-Vénitie aux Autrichiens ; seule Venise, sous la dictature de Manin, poursuivit une héroïque résistance qui se prolongea jusqu'en août 1849.

En Bohême, la révolte de Prague, déclenchée dans le climat d'exaltation du congrès panslave, fut écrasée par le prince de Windischgrätz : celui-ci, après que sa femme eut été tuée par les émeutiers, soumit la ville à un bombardement, obligea les Praguois à capituler sans condition (17 juin 1848) et établit en Bohême un régime de dictature militaire.

Cependant, l'Assemblée constituante autrichienne s'était réunie à Vienne (22 juill.) et avait voté l'abolition du régime féodal. La ville était pratiquement aux mains des démocrates les plus radicaux, qui avaient partie liée avec les démocrates hongrois (Kossuth). À l'annonce du départ de troupes autrichiennes pour la Hongrie, la troisième révolution de Vienne éclata (6 oct.) ; le comte Theodor Latour, ministre de la Guerre, fut abattu par les émeutiers et pendu à un réverbère. Le gouvernement impérial, réfugié à Olmütz, fit alors bloquer la capitale par trois armées. Les Hongrois, venus au secours des insurgés viennois, furent repoussés à Schwechat (30 oct.). Vienne, soumise à un bombardement, fut prise d'assaut le 31 oct. 1848. Windischgrätz fit exécuter sommairement plusieurs chefs révolutionnaires, parmi lesquels Robert Blum, député au Parlement de Francfort. Devenu Premier ministre, le prince de Schwarzenberg employa toute son énergie au rétablissement de l'autorité impériale : il fit abdiquer le médiocre Ferdinand Ier et servit de mentor au nouvel empereur, François-Joseph, âgé alors de dix-huit ans (déc. 1848). La Constituante fut dissoute et l'instauration du régime constitutionnel ajournée *sine die*.

Le redressement de l'Autriche encouragea le roi de Prusse, Frédéric-Guillaume IV, qui n'avait accepté qu'à contrecœur les réformes du mois de mars précédent, à en finir lui aussi avec ses libéraux. Comme à Paris et à Vienne, l'armée fournit le bras de la contre-révolution : le ministère Brandenburg fit mettre Berlin en état de siège (nov. 1848) et exila en province la Constituante prussienne, qui fut dissoute peu après. Le 6 déc., Frédéric-Guillaume octroyait à son peuple une Constitution qui, établissant formellement le suffrage universel pour les élections à la Chambre des députés, sauvegardait en fait, par l'institution de trois collèges électoraux, la suprématie des électeurs les plus riches ; le principe de la responsabilité ministérielle devant le Parlement n'était pas reconnu, le roi continuait de choisir les ministres à son gré et à gouverner par ordonnances dans l'intervalle des sessions parlementaires.

En Italie, la défaite de Custozza avait porté une grave atteinte au prestige de la maison de Savoie. À Rome, le pape Pie IX avait trahi beaucoup d'espoirs en refusant la guerre contre les Autrichiens. Après l'assassinat de son ministre Rossi (15 nov. 1848), il fut contraint par une émeute de s'enfuir à Gaète, sous la protection du roi des Deux-Siciles. Une Assemblée constituante se réunit à Rome, proclama la république (9 févr. 1849) et confia le pouvoir à un triumvirat animé par Mazzini. Quelques jours plus tard, la république était également proclamée en Toscane. Charles-Albert crut que l'heure était venue de reprendre la guerre contre l'Autriche (20 mars) ; mais après trois jours seulement de campagne, l'armée piémontaise fut définitivement éliminée par Radetzky, vainqueur à Novare (23 mars 1849). Charles-Albert abdiqua en faveur de son fils, Victor-Emmanuel II.

Facilement victorieux en Italie, les Autrichiens durent mener une longue guerre pour réduire les Hongrois. Maître de Budapest dès le 5 janv. 1849, vainqueur des Hongrois à Kapolna (26/27 févr.), Windischgrätz dut alors faire face à une puissante contre-offensive : battus à Gödöllö (7 avr.), les Autrichiens durent évacuer presque toute la Hongrie. Kossuth proclama l'indépendance de la Hongrie et la déchéance des Habsbourg (14 avr.). Mais, vers la mi-juin, la Hongrie fut envahie du N. et de l'O. par les forces russes et autrichiennes alliées ; l'armée magyare, commandée par Arthur Görgey, subit une défaite décisive à Temesvár (9 août 1849), et Görgey dut mettre fin à la résistance (capitulation de Vilagos, 13 août). Retombée sous la domination des Habsbourg, la Hongrie fut soumise par Haynau à une sévère répression.

En Allemagne, le Parlement de Francfort, longtemps divisé entre partisans de la « Grande Allemagne » (avec l'Autriche) et de la « Petite Allemagne » (unie autour de la Prusse) avait fini par adopter la Constitution du 27 mars 1849, qui faisait de l'Allemagne un État fédéral sous la conduite d'un empereur héréditaire. Élu empereur par l'Assemblée (28 mars), le roi de Prusse finit par refuser la couronne impériale (27 avr.) parce qu'il ne voulait pas tenir son pouvoir d'une assemblée élue et parce qu'il avait peur des réactions autrichiennes. Devant l'effondrement du rêve unitaire allemand, les démocrates les plus radicaux provoquèrent des soulèvements désespérés en Saxe, au Palatinat et dans le pays de Bade (mai). L'armée prussienne rétablit rapidement l'ordre dans toutes les régions soulevées. L'Assemblée de Francfort, qui n'était plus qu'un « Parlement croupion », essaya de survivre en s'installant à Stuttgart ; le 18 juin 1849, elle fut dispersée sans ménagement par la police wurtembergoise. La révolution allemande était finie.

La IIe République française, où le « parti de l'Ordre » triompha des républicains modérés aux élections de mai 1849, contribua de son côté à la défaite des dernières forces révolutionnaires. Pour restaurer le pape Pie IX, une expédition française, commandée par le général Oudinot, vint mettre le siège devant Rome, défendue par Garibaldi (juin 1849) ; au bout d'un mois de résistance, Garibaldi dut abandonner la ville bombardée, où les Français rétablirent l'autorité pontificale (3 juill.). Enfin, Venise, assiégée depuis un an par les Autrichiens, bombardée par terre et par mer, ravagée par le choléra, succombait à son tour (28 août 1849).

RÉVOLUTIONS RUSSES DE 1905 ET 1917. Mouvements révolutionnaires qui obligèrent le régime tsariste à se libéraliser (1905) puis à disparaître (mars 1917). La révolution d'Octobre (1917) porta les Bolcheviks au pouvoir. Voir **Russie**.

REWBELL Jean François (* Colmar, 8.X.1747, † Colmar, 23.XI.1807). Homme politique français. Bâtonnier du barreau de sa ville natale, il devint député aux États généraux (1789) et siégea à la Convention avec la Montagne. Il se signala par sa haine contre Louis XVI et remplit des missions aux armées, à Mayence et dans la Vendée. Rallié aux thermidoriens, il devint l'un des cinq directeurs (oct. 1795), chargé des Affaires étrangères, de la Justice et des Finances. Devant la recrudescence de l'agitation royaliste, il organisa avec Barras et La Revellière-Lépeaux le coup d'État du 18-Fructidor (4 sept. 1797). Il abandonna la vie politique après le 18-Brumaire.

REXISME. Mouvement politique belge d'extrême droite, sous la direction de Léon Degrelle. Voir **Collaboration**.

REYNAUD Paul (* Barcelonnette, Alpes-de-Haute-Provence, 15.X.1878, † Paris, 21.IX.1966). Homme politique français. Député du Bloc national en 1919, plusieurs fois ministre entre 1930 et 1932, en particulier ministre des Finances, il ne put faire accepter ni sa stratégie économique ni ses conceptions militaires. Il devint garde des Sceaux, puis ministre des Finances du cabinet Daladier (1938), avec lequel il tenta, trop tard, de préparer la France à une économie de guerre. Il accepta la présidence du Conseil en mars 1940, remplaça Gamelin par Weygand et appela Pétain à la vice-présidence du Conseil dans l'espoir de résister à l'invasion allemande. Aussi démissionna-t-il en juin, quand la majorité de son cabinet se prononça en faveur de l'armistice ; il fut remplacé par Pétain. Arrêté en sept., traduit devant la cour de Riom, emprisonné, il fut déporté en Allemagne (1942). Libéré en 1945 par les troupes américaines, il fut député du Nord de 1946 à 1962 et de nouveau ministre des Finances en 1948. Il soutint le retour de De Gaulle au pouvoir en 1958, mais prit, dès 1960, ses distances avec le gaullisme, qu'il jugeait trop antieuropéen.

RHEE Syngman (* près de Wanghae, 26.IV.1875, † Honolulu, 19.VII.1965). Homme politique coréen. Il milita dès sa jeunesse dans le mouvement nationaliste et fut emprisonné de 1897 à 1904. Après sa libération, converti au christianisme, il alla faire ses études supérieures aux États-Unis. Rentré en Corée en 1910, il ne put supporter la domination japonaise et revint en 1912 aux États-Unis, où, pendant plus de trente ans, il mena une propagande infatigable en faveur de l'indépendance coréenne. Retourné dans son pays en 1945, il fut élu président de la République en Corée du Sud en 1948 et gouverna dictatorialement, avec l'appui des États-Unis. Durant la guerre de Corée, son attitude intransigeante l'opposa même, à plusieurs reprises, à Washington et à l'ONU. Se refusant toujours à toute concession, il fut contraint de démissionner en avr. 1960 et il se retira à Hawaii.

RHÉNANIE, *Rheinland.* Région historique de l'Allemagne, s'étendant de part et d'autre du Rhin, entre la frontière française et la frontière belgo-néerlandaise. Au Moyen Âge, cette région d'intense activité commerciale, spirituelle et artistique, se divisa en de nombreuses principautés ecclésiastiques et laïques. Les principales étaient les électorats du Palatinat, de Mayence et de Trèves, le duché de Juliers, les comtés de Clèves et de Berg. Les deux principales places de la Hanse en Rhénanie étaient Cologne et Wesel.

Les traités de Westphalie (1648) et de Nimègue (1678) permirent à la France de s'installer en Alsace et dans le Palatinat : Louis XIV essaya d'augmenter ces conquêtes par la politique des « réunions » (v.), qui échoua. Au cours du XVIIIe s., l'influence intellectuelle et artistique de la France fut considérable en Rhénanie, et cette circonstance favorisa d'abord la politique impérialiste de la Révolution française. Dans son célèbre rapport de févr. 1793, Carnot affirma que « les limites anciennes et naturelles de la France sont le Rhin, les Alpes et les Pyrénées ; les parties qui en ont été démembrées ne l'ont été que par usurpation ». La Convention fit sienne cette doctrine des « frontières naturelles ». Les armées françaises ayant conquis la rive gauche du Rhin en 1794, la République fit reconnaître son droit d'annexer cette région d'abord par la Prusse (traité de Bâle, 1795), puis par l'Autriche (traité de Campoformio, 1797). Au traité de Lunéville (1801), toute la rive gauche du Rhin passa sous la domination française et fut organisée en quatre départements français.

Cette unification de la Rhénanie permit, au congrès de Vienne, en 1815, d'adjuger presque toute la région à la Prusse, qui créa la province de Prusse-Rhénane (*Rheinprovinz*). L'établissement de la bureaucratie autoritaire prussienne rencontra quelques difficultés, notamment dans le domaine religieux. Mais la Rhénanie connut au XIXe s. un extraordinaire développement industriel qui fit d'elle la région la plus prospère d'Allemagne.

Le traité de Versailles (1919) imposa à l'Allemagne la démilitarisation de la Rhénanie et pour une durée de quinze ans l'occupation alliée de la rive gauche du Rhin et, sur la rive droite, des têtes de pont de Kehl, Mayence, Coblence et Cologne. À la suite du retard de l'Allemagne dans le paiement des réparations, Poincaré qui réclamait l'exécution du traité dans toute sa rigueur, ordonna l'occupation de la Ruhr (janv. 1923). En Rhénanie, le général Mangin et le haut-commissaire français Tirard s'efforcèrent de susciter des mouvements séparatistes. En oct. 1923, des putschs séparatistes, appuyés par les autorités françaises et belges, eurent lieu à Aix-la-Chapelle, Bonn, Cologne, Mayence, mais rencontrèrent l'opposition de la majorité de la population. Une tentative analogue dans le Palatinat se termina par le massacre de Pirmasens (12 févr. 1924). L'échec du mouvement séparatiste ruina toutes les espérances de la France en Rhénanie. La France, en adhérant au plan Dawes, accepta le principe de l'évacuation de la Ruhr, effectif en août 1925. À la suite des garanties fournies par le pacte de Locarno (16 oct. 1925), la zone Nord de la Rhénanie fut évacuée en janv. 1926, et, après l'acceptation du plan Young, les troupes françaises évacuèrent le reste de la Rhénanie au cours de l'été 1930. Le plébiscite du 13 janv. 1935 rendit la Sarre au Reich. Invoquant comme prétexte la conclusion du pacte franco-soviétique de 1935, Hitler, le 7 mars 1936, ordonna la remilitarisation de la Rhénanie. Conquise par les Anglo-Américains au printemps 1945, la Rhénanie fut occupée par les armées britannique et française, puis partagée au sein de la République fédérale entre les États de Rhénanie du Nord-Westphalie, Rhénanie-Palatinat et Sarre.

RHODE ISLAND. État du nord-est des États-Unis ; capitale *Providence*. La colonie de Rhode Island fut fondée par des dissidents religieux exclus des communautés puritaines du Massachusetts : Roger Williams et ses disciples s'établirent à Providence en 1636, William Coddington, Anne Hutchinson et d'autres puritains à Portsmouth en 1638. Par la charte royale de 1663, la colonie se vit garantir la liberté religieuse. Au cours du XVIIIe s., les restrictions commerciales imposées par le gouvernement britannique provoquèrent un mécontentement qui se traduisit, en juin 1772, par l'incendie du navire anglais *Gaspee* par les colons. Le Rhode Island proclama son indépendance en mai 1776. Les Anglais se rendirent maîtres de Newport en 1778, mais ils en furent chassés en oct. 1779, et ce port devint la base de la flotte française envoyée au secours des insurgés américains. Après la fin de la guerre d'Indépendance, de crainte de voir s'instaurer un pouvoir fédéral fort, l'ancienne colonie n'envoya pas de délégués à la convention constitutionnelle de Philadelphie (1787), et c'est seulement en mai 1790 qu'elle ratifia la Constitution fédérale. Elle continua à se gouverner selon la charte royale de 1663. La campagne en faveur d'une réforme constitutionnelle, animée par Thomas W. Dorr, aboutit à une véritable rébellion (1842). Une Constitution plus libérale entra en vigueur en 1843, mais c'est seulement en 1928 que toutes les limitations imposées à l'exercice de la démocratie furent abolies dans le Rhode Island.

RHODES, *Rhodos*. Île grecque de la mer Égée, près de la côte sud-ouest de l'Asie Mineure. Après avoir été marquée par la civilisation mycénienne, elle fut colonisée par des Doriens aux Xe/IXe s. av. J.-C. L'île fut partagée entre les cités de Lindos (à l'E.), Ialysos (au N.) et Camiros (au N.-O.). Les Rhodiens fondèrent des colonies, non seulement près de leur île, en Lycie et Cilicie, mais également en Italie (Elpiai, en Apulie), en Sicile (Géla), dans les îles Lipari et en Espagne (Rhodê). Au cours du Ve s. av. J.-C., Rhodes fit d'abord partie de la Confédération athénienne, puis elle rompit avec Athènes (412) et ouvrit ses ports à la flotte lacédémonienne. En 408, à la pointe nord de l'île, fut fondée la nouvelle capitale, Rhodes, construite sur un plan régulier attribué à Hippodamos de Milet. Au cours du IVe s., Rhodes vécut sous la domination tantôt de Sparte, tantôt d'Athènes, tantôt des dynastes de Carie (Mausole). Après avoir fait sa soumission à Alexandre le Grand (332), Rhodes expulsa la garnison macédonienne à la mort du conquérant, et elle résista au siège de Démétrios Poliorcète (305/304). C'est en souvenir de cette résistance que les Rhodiens édifièrent près de leur port le fameux Colosse de Rhodes, statue d'Hélios (vers 283 av. J.-C.), en bronze, qui fut abattue par un tremblement de terre vers 228 av. J.-C. Le Colosse de Rhodes était compté parmi les Sept Merveilles du monde.

Rhodes se tint à l'écart des conflits entre les États hellénistiques, s'attachant seulement à s'assurer la liberté des routes maritimes et dominant le trafic maritime de la Méditerranée orientale. Alliée des Romains, elle conserva longtemps une indépendance prospère, mais Rome la punit de son attitude ambiguë dans la seconde guerre de Macédoine (168) en créant le port franc de Délos qui attira désormais l'essentiel du trafic. Le grand tremblement de terre de 155 de notre ère accentua son déclin. Cependant, Dioclétien fit de la ville de Rhodes le chef-lieu de la province romaine des Îles. Rhodes fut également un foyer intellectuel et artistique : ses écoles de peinture et de sculpture étaient renommées, et plus encore peut-être ses écoles de rhéteurs, dont le plus connu, au Ier s. av. J.-C., était Apollonios Molon, le maître de Cicéron.

Passée dans l'Empire byzantin, l'île connut plusieurs invasions arabes aux VIIe/VIIIe s. Des marchands italiens (surtout vénitiens) s'y établirent à partir de la fin du XIe s. Les hospitaliers de Saint-Jean de Jérusalem, chassés de Palestine, s'emparèrent de Rhodes en 1309 ; ils repoussèrent les attaques des Turcs en 1444 et 1480, mais, en 1522, assiégés par Soliman le Magnifique et des forces turques considérables, ils durent accepter une capitulation honorable. L'île passa désormais sous la domination ottomane et connut un long déclin. Les Italiens s'en emparèrent en 1912 et en firent la capitale de leurs possessions du Dodécanèse. En 1947, ils durent céder Rhodes à la Grèce.

RHODES Cecil John (* Bishop's Stortford, Hertfordshire, 5.VII.1853, † Muizenberg, colonie du Cap, 26.III.1902). Homme d'affaires et colonisateur britannique. Il immigra en Afrique du Sud en 1870 et s'assura le monopole de la production du diamant dans le Kimberley, puis étendit ses affaires au Transvaal. Député à l'Assemblée du Cap en 1881, il convainquit Londres d'établir son protectorat sur le Bechuanaland (1884). Il lui fallut vaincre les peuples matabélé et machona pour coloniser le vaste territoire qu'il baptisa de son nom (Rhodésie), et dont la pacification ne fut achevée qu'en 1897. Premier ministre de la colonie du Cap (1890/96), il chercha à soulever les nombreux Anglais établis au Transvaal afin de contraindre les colons néerlandais à entrer dans une fédération sud-africaine britannique. Après l'échec d'un raid contre Jameson en 1895, il dut renoncer à toutes ses fonctions politiques mais participa encore activement à la guerre contre les Boers.

RHODÉSIE, *Rhodesia*. Ensemble de territoires d'Afrique orientale constitué en 1895 et partagé entre deux Rhodésies en 1911. Voir ZIMBABWE.

RHODÉSIE DU NORD. État issu de la fédération de Rhodésie et du Nyassaland, indépendant en 1964 sous le nom de Zambie. Voir ZAMBIE.

RHODÉSIE DU SUD. État issu de la fédération de Rhodésie et du Nyassaland, indépendant en 1980 sous le nom de Zimbabwe. Voir ZIMBABWE.

RHODÉSIE ET DU NYASSALAND (fédération de). Fédération constituée de 1953 à 1963 par les deux Rhodésies et le Nyassaland. Voir ZIMBABWE.

RIBBENTROP Joachim von (* Wesel, Rhénanie, 30.IV.1893, † Nuremberg, 16.X.1946). Homme politique allemand. Il adhéra au parti national-socialiste en 1932. En 1933, il fut appelé au gouvernement par Hitler, et y créa le « Bureau Ribbentrop », service parallèle de renseignements chargé de rapprocher l'Allemagne de la Grande-Bretagne, qui aboutit au traité naval anglo-allemand de 1935, qui permettait la reconstitution de la flotte de guerre du Reich. En 1936, il fit adhérer le Japon au pacte Antikomintern, remplaça von Neurath au ministère des Affaires étrangères en 1938 et conserva cette fonction jusqu'à la chute de Hitler. Il signa également avec l'Italie le « pacte d'acier » et avec l'Union soviétique le pacte de non-agression d'août 1939. Jugé à Nuremberg, il fut condamné à mort et exécuté.

RIBOT Alexandre Félix Joseph (* Saint-Omer, 7.II.1842, † Paris, 13.I.1923). Homme politique français. Député du Pas-de-Calais, chef des républicains modérés, il fut le négociateur de l'alliance franco-russe en tant que ministre des Affaires étrangères (1890/93). Cinq fois président du Conseil et plusieurs fois ministre entre 1893 et 1917, son premier cabinet fut victime de l'affaire du canal de Panamá (v.) ; ministre des Finances de 1914 à 1917, Ribot dirigea le gouvernement pendant « l'année trouble », de mars à sept. 1917.

RICARDO David (* Londres, 19.VI.1772, † Londres, 11.VIII.1823). Économiste anglais. Courtier à la Bourse, il réalisa bientôt une fortune considérable, commença à publier des écrits d'économie politique en 1809, mais ne conquit la célébrité qu'avec la parution de ses *Principles of Political Economy and Taxation* (1817). Cet ouvrage eut une influence durable. Élu membre des Communes en 1819, Ricardo fonda en 1821 le Club d'économie politique, qui fut sans doute la première des sociétés d'études économiques. Ricardo a été, avec Malthus, le principal représentant des libéraux pessimistes. Voir LIBÉRALISME. Le libéralisme économique.

RICASOLI Bettino, baron (* Florence, 9.III.1809, † château de Brolio, Toscane, 23.X.1880). Homme politique italien. Premier ministre après la mort de Cavour (juill. 1861/mars 1862), puis de juin 1866 à avril 1867, il signa la paix de Vienne (oct. 1866), qui donnait la Vénétie à l'Italie.

RICHARD Ier Cœur de Lion (* Oxford ou Woodstock, 8.IX.1157, † Châlus, Limousin, 6.IV.1199). Roi d'Angleterre (1189/99). Troisième fils d'Henri II et d'Aliénor d'Aquitaine. Élevé dans les domaines continentaux des Plantagenêts, Richard fut investi de l'Aquitaine par son père. À peine devenu roi, il partit pour la troisième croisade (v.) aux côtés du Capétien Philippe Auguste, ce qui permit une trêve entre les deux dynasties rivales. Après avoir négocié avec Saladin le droit des chrétiens à se rendre en pèlerinage à Jérusalem (1192), il décida de rentrer en Angleterre, mais, sur la route du retour, fut fait prisonnier par le duc d'Autriche, qui le livra à l'empereur Henri VI (1193). Richard ne rentra en Angleterre que l'année suivante, après le versement d'une rançon, et reprit possession du trône dont s'était emparé son frère Jean sans Terre pendant son absence, avec la complicité du roi de France Philippe Auguste. La suite du règne de Richard Ier ne fut qu'une lutte incessante sur le territoire français après la tentative faite par Philippe Auguste de conquérir la Normandie (1195). Richard fut tué devant le château de Châlus, dans le Limousin. La couronne revint cette fois légitimement à son frère Jean sans Terre, Richard étant mort sans héritier.

RICHARD II (* Bordeaux, 6.I.1367, † Pontefract Castle, 14.II.1400). Roi d'Angleterre (1377/99). Fils du Prince Noir et de Jeanne de Kent, il succéda à son grand-père Édouard III en juin 1377. Durant sa minorité, le détenteur réel du pouvoir fut son oncle Jean de Gand. Richard put assurer à l'Angleterre quelques années de paix et de prospérité ; il désirait terminer à l'amiable les hostilités avec la France et, après son mariage avec Isabelle, fille de Charles VI, en 1396, les deux royaumes négocièrent en vue d'un traité de paix définitif. Résolu à régner désormais en monarque absolu, il fit arrêter en juill. 1397 trois lords du Parlement, parmi lesquels Thomas de Woodstock, duc de Gloucester, qui fut assassiné dans sa prison. Dans les mois qui suivirent, le despotisme royal ne cessa de s'aggraver, et de nombreux nobles furent emprisonnés ou bannis. L'un d'eux, Henri de Lancastre, fils de Jean de Gand et cousin de Richard II, profita d'une expédition du roi en Irlande pour débarquer en Angleterre (4 juill. 1399), força Richard à abdiquer en sa faveur et monta sur le trône sous le nom d'Henri IV (29 sept.). D'abord enfermé à la Tour de Londres, Richard fut condamné par le Parlement à la détention perpétuelle. On le transféra au château de Pontefract, où il périt peu après, peut-être assassiné sur l'ordre d'Henri IV, ou pour s'être laissé mourir de faim.

RICHARD III (* Fotheringhay Castle, 2.X.1452, † Bosworth, 22.VIII.1485). Roi d'Angleterre (1483/85). Fils cadet de Richard d'York, il acquit une puissance considérable lorsque son frère devint roi sous le nom d'Édouard IV (1461). À la mort de son frère (avr. 1483), il se proclama lui-même régent et protecteur de son neveu, le jeune Édouard V, qu'il séquestra à la Tour de Londres avec son frère, le petit duc d'York. Il fit alors déclarer leur naissance illégitime, fut désigné comme roi par le Parlement et couronné (juin 1483). Les « enfants d'Édouard » furent sans doute mis à mort sur son ordre. Lorsque Henri Tudor, héritier des Lancastre, débarqua en Angleterre (7 août 1485), Richard III, abandonné par son royaume, fut rapidement battu et tué à la bataille de Bosworth. Il fut le dernier roi de la maison d'York et de la dynastie angevine des Plantagenêts ; à sa mort, l'avènement d'Henri Tudor (Henri VII) termina la guerre des Deux-Roses.

RICHELIEU. Famille noble du Poitou qui possédait depuis la fin du XVe s. la terre de Richelieu, au S.-E. de Chinon.

RICHELIEU, Armand Jean du Plessis, cardinal duc de (* Paris, 5 ou 9.IX.1585, † Paris, 4.XII.1642). Prélat et homme politique français. Évêque de Luçon en 1606, délégué du clergé aux états généraux de 1614, il s'y fit remarquer par la régente Marie de Médicis et par Concini, et fut nommé secrétaire d'État à l'Intérieur et à la Guerre (1616). La mort de Concini et la disgrâce de la reine mère le firent exiler. Pourtant, il parvint à réconcilier Louis XIII et sa mère, fut fait cardinal. Il sut gagner la confiance du roi, qui le fit entrer à son Conseil en avr. 1634.

Devenu rapidement le chef du Conseil, il mit en œuvre une politique intérieure de restauration de l'autorité royale sur la noblesse et le particularisme protestant, et, à l'extérieur, d'opposition aux Habsbourg d'Espagne et d'Autriche. Le péril huguenot fut définitivement écarté après la capitulation de La Rochelle (oct. 1628) et la paix d'Alès (v.) (juin 1629) qui enleva aux protestants leurs places fortes, mais leur garantit le libre exercice du culte et l'égalité civile. Richelieu dut se garder des intrigues du « parti dévot », opposé à sa politique antiespagnole. Il en triompha à l'occasion de la journée des Dupes. Contre les nobles les plus puissants, il fallut parfois des campagnes militaires pour réprimer leurs révoltes (Montmorency, oct. 1632). Tout le temps de son ministère, il dut lutter contre les intrigues du frère du roi, Gaston d'Orléans (exécution de Cinq-Mars et de Thou en 1642). Richelieu contra la puissance des Habsbourg grâce à l'alliance conclue avec le roi de Suède Gustave-Adolphe, et en soutenant les princes protestants allemands contre l'empereur, dans le contexte de la guerre de Trente Ans. En 1636, les Espagnols prenaient Corbie, menaçant Paris. Mais la situation se rétablit progressivement, avec les succès des alliés protestants et les victoires françaises (Rocroi, mai 1643). À la mort du cardinal, la France se trouvait dans une position favorable en face des Habsbourg, position consolidée par son successeur Mazarin.

Grand politique, Richelieu se préoccupa aussi des conditions de la grandeur de la France : il favorisa le commerce lointain, créa une marine et jeta les bases d'un empire colonial (au Canada surtout). Il voulut aussi organiser la vie intellectuelle et littéraire, en fondant l'Académie française (1635). Le prix de sa politique fut élevé. La misère des paysans accablés d'impôts se traduisit par de violentes révoltes, durement réprimées : croquants du Limousin (1637) et va-nu-pieds de Normandie (1639).

RICHELIEU, Louis François Armand de Vignerot du Plessis, duc de (* Paris, 13.III.1696, † Paris, 8.VIII.1788). Maréchal de France. Petit-neveu du cardinal de Richelieu. Il contribua à la victoire de Fontenoy sur les Anglais (1745), leur ravit Port-Mahon

(1756) et conquit le Brunswick et le Hanovre pendant la guerre de Sept Ans (1757). Il fut l'ami et le protecteur de Voltaire.

RICHELIEU, Armand Emmanuel du Plessis, duc de, (* Paris, 25.IX.1766, † Paris, 17.V.1822). Petit-fils de Louis de Vignerot du Plessis. Homme politique français. Émigré en 1790, il se distingua dans l'armée russe contre les Turcs et fut nommé gouverneur de la province d'Odessa (1803/14), qui lui dut son premier essor. Rentré en France en 1814, il devint en sept. 1815 Premier ministre et ministre des Affaires étrangères, et signa le second traité de Paris (nov. 1815). Au congrès d'Aix-la-Chapelle (1818), il obtint l'évacuation totale des troupes étrangères, et, fort de ce résultat, se retira du ministère. Rappelé après l'assassinat du duc de Berry (1820/21), il se refusa à faire une politique de réaction violente et se contenta de mesures modérées qui dressèrent contre lui aussi bien les ultras que les libéraux. Il démissionna en déc. 1821.

RIDEAU DE FER. Expression employée pour la première fois par Winston Churchill dans le discours qu'il prononça au Westminster College de Fulton (Missouri), le 5 mars 1946, pour désigner la coupure absolue établie au lendemain de la Seconde Guerre mondiale entre la zone d'influence soviétique en Europe orientale et les pays de l'Europe occidentale. Voir GUERRE FROIDE.

RIDGWAY Matthew Bunker (* Fort Monroe, Virginie, 3.III.1895, † Faischapel, Pennsylvanie, 26.VII. 1993). Général américain. Sorti de West Point, il fut, durant la Seconde Guerre mondiale, commandant de la 82e division aéroportée (1942/44) et prit part le 6 juin 1944 aux opérations du débarquement allié en Normandie. Commandant de la VIIIe armée américaine en Corée (1950/51) puis de toutes les forces des Nations unies, il succéda à Eisenhower au commandement suprême des forces alliées en Europe (1952/53). Il fut l'objet d'une violente campagne de la propagande communiste, qui l'accusait, sans fondement, d'avoir utilisé en Corée des armes bactériologiques. Chef d'état-major de l'armée américaine (1953/55), il prit sa retraite en 1955.

RIEGO Y NUÑEZ Rafael del (* Santa Maria de Tuña, Asturies, 1785, † Madrid, 7.XI.1823). Général et homme politique espagnol. Fait prisonnier par les Français en 1808, il fut gagné aux idées libérales durant sa captivité. Devenu lieutenant-colonel du régiment des Asturies, il fut l'un des principaux chefs de la conspiration de Cadix en 1819 et proclama à Cabezas la Constitution des Cortés de 1812 (1er janv. 1820). Ferdinand VII nomma Riego capitaine général de l'Aragon, puis le fit révoquer en 1821. Il fut alors élu aux Cortés par les « exaltés » (1822). À l'arrivée des troupes françaises que Ferdinand avait appelées au secours, il tenta vainement de résister, fut arrêté et pendu dans des conditions ignominieuses.

RIEL Louis (* Saint-Boniface, Manitoba, 22.X.1844, † Regina, 16.XI.1885). Révolutionnaire canadien. Métis canadien français, il prit en 1869 la tête de la résistance des métis de la rivière Rouge, inquiétés par le lotissement des anciens territoires de la Compagnie de la Baie d'Hudson. Il s'empara de Fort Garry (Winnipeg) et établit un gouvernement provisoire dont il prit la présidence. Ses violences (notamment l'exécution de Thomas Scott) provoquèrent l'intervention des troupes fédérales, et il dut se réfugier aux États-Unis en 1873. Mis hors la loi, il ne put prendre possession du siège auquel il avait été élu au Parlement canadien, et il devint citoyen américain en 1883. En juin 1884, il fut rappelé au Canada par la révolte des métis du Saskatchewan et, avec l'appui des Indiens, il forma un nouveau gouvernement rebelle. Capturé par les troupes fédérales, il fut condamné à mort et pendu.

RIENZO Cola di (* Rome, vers 1313, † Rome 8.X.1354). Homme politique italien. Il s'empara de Rome en mai 1347, avec l'approbation du pape d'Avignon Clément VI, et voulut étendre la République romaine, débarrassée de son aristocratie, à l'ensemble de la péninsule. Ce projet inquiéta la papauté, tandis que le peuple romain souffrait de l'augmentation des impôts, due aux fastes du tribun, et que l'aristocratie préparait sa revanche. Le légat pontifical rétablit l'ordre seigneurial en déc. Cola di Rienzo tenta vainement d'obtenir le soutien de l'empereur Charles IV. Le pape Innocent VI le rappela à Rome en 1354 ; mais le peuple se souleva contre sa dictature et le mit à mort.

RIF (guerre du, 1921/26). Guerre qui opposa les troupes espagnoles et françaises aux tribus berbères des montagnes du nord du Maroc, opposées à la pénétration européenne. En 1920, l'ancien cadi de Melilla, Abd el-Krim, ayant eu des difficultés avec les autorités espagnoles de Melilla, se retrancha à Ajdir, près d'Alhucemas, et souleva la tribu des Beni Ourriagel. Une armée espagnole de 20 000 hommes, envoyée pour réprimer ce mouvement, subit un terrible désastre à Anoual (21 juill. 1921). Cet événement provoqua une grande émotion en Espagne et permit à Abd el-Krim de proclamer la république du Rif, soutenue internationalement par le Komintern, le PCF et de nombreux nationalistes du monde arabe. Malgré l'envoi de quelque 140 000 hommes de renfort, les Espagnols durent renoncer à se maintenir dans l'arrière-pays et se replièrent sur Tétouan. Au printemps 1925, les Rifains s'attaquèrent aux postes du Maroc français et Taza ne fut sauvée que de justesse. Envoyé au Maroc en juill. 1925, le maréchal Pétain provoqua une action concertée franco-espagnole. Tandis que 160 000 Français attaquaient Abd el-Krim par le sud, le dictateur espagnol Primo de Rivera dirigeait le débarquement d'Alhucemas (8 sept. 1925) et s'emparait d'Ajdir (2 oct.). En mai 1926, Abd el-Krim fit sa reddition aux troupes françaises. Mais le Rif ne fut définitivement pacifié que l'année suivante. La région se souleva à nouveau au début de l'indépendance marocaine (1956).

RIFT AFRICAIN. Structure géologique qui résulte d'un écartement de deux plaques tectoniques. Au milieu, se trouve un fossé d'effondrement et sur les côtés un système de failles et de falaises. En Afrique orientale, le rift, dont on peut dater les premiers signes d'activité vers 20 millions d'années, s'étend du nord au sud, sur plus de 2 000 km, de l'Éthiopie au Malawi. Les phénomènes éruptifs liés à l'effondrement du rift ont engendré un volcanisme très intense (aujourd'hui encore les massifs volcaniques du mont Kenya et du Kilidmanjaro culminent à plus de 5 000 mètres). Ce rift aurait joué un rôle majeur dans l'évolution de l'homme, des grands singes et de leurs ancêtres, comme une barrière géographique qui a isolé les populations. La plupart des sites à hominidés (v.) d'Afrique de l'Est sont des bassins sédimentaires (dépôts de lacs ou de rivières) situés le long du rift (Omo, Nachukui, Oldoway, Koobi-Fora, Malema). Les productions volcaniques (laves, poussières, etc.) qui se sont déposées dans ces bassins sont utilisées pour les datations (v.) radiométriques des gisements. On connaît de nombreux hominidés à l'est du rift appartenant aux genres *Australopithecus* (v.), *Ardipithecus* (v.), *Orrorin* (v.) et *Kenyanthropus*, tandis qu'à l'ouest, seuls *Australopithecus bahrelghazali* (v. ABEL) et *Sahelanthropus tchadensis* (v. TOUMAÏ) ont été découverts.

RIJEKA, *Fiume* en italien. Ville de Croatie, port sur la côte orientale de l'Istrie. D'origine vénitienne, mentionnée pour la première fois au XIIIe s., elle fut achetée par les Habsbourg en 1471 et annexée en 1779 au royaume de Hongrie. Après l'écroulement de la monarchie austro-hongroise (1918), Rijeka fut disputée entre la Yougoslavie et l'Italie. Le poète D'Annunzio, à la tête d'un corps franc, s'empara de la ville le 12 sept. 1919. Déclarée État indépendant par le traité de Rapallo (12 nov. 1920), Rijeka fut rattachée à l'Italie par le traité italo-yougoslave de Rome (1924). Le 3 mai 1945, les Yougoslaves occupèrent Fiume. En 1947, le traité de Paris leur en reconnut la possession.

RIMINI. Ville d'Italie, en Romagne, sur l'Adriatique. Dans l'Antiquité *Ariminum*, ville des Sénons, colonie romaine en 268 av. J.-C., elle prit une grande importance stratégique comme point de jonction de la via Flaminia et de la via Aemilia. César s'en empara après avoir franchi le Rubicon. Elle conserve de son passé romain l'arc d'Auguste (27 av. J.-C.) et le pont de Tibère, sur la Marecchia. Dans le haut Moyen Âge, Rimini, après avoir passé successivement aux mains des Byzantins, des Goths, des Lombards, des Francs, fut incluse dans les États pontificaux. Commune libre à partir du XIIe s., elle fut déchirée par les luttes entre les gibelins et les guelfes. Ces derniers avaient pour chefs les Malatesta, qui furent reconnus comme podestats en 1239 et comme seigneurs de la ville en 1334. Ils régnèrent sur la ville et une partie de la Romagne jusqu'en 1500.

RIO DE JANEIRO (traité de, 2 sept. 1947). Traité signé par les représentants de tous les États du continent américain, à l'exception du Canada, du Nicaragua et de l'Équateur. Répudiant le recours à la force et faisant aux contractants une obligation de résoudre pacifiquement leurs différends ou d'en référer à l'ONU, ce traité prévoyait d'autre part une « légitime défense collective » si l'un des États signataires venait à être attaqué.

RIO DE ORO. Ancienne possession espagnole sur la côte d'Afrique occidentale riveraine du Maroc, de l'Algérie et de la Mauritanie. Voir SAHARA OCCIDENTAL.

RIOM (procès de). Nom donné au procès qui se déroula, à partir du 10 févr. 1942, devant la Cour suprême de justice instituée par l'acte constitutionnel n° 5 du 30 juill. 1940. Devaient y jugés les anciens ministres L. Blum, É. Daladier, G. La Chambre, ainsi que le général Gamelin et le contrôleur général Jacomet, poursuivis pour avoir « trahi les devoirs de leur charge » et entraîné la défaite de mai/juin 1940. Quatre mois avant l'ouverture du procès, le 15 oct. 1941, un « Conseil de justice politique », nommé par Pétain lui-même, condamna préventivement Daladier, Blum et Gamelin à la détention au fort du Pourtalet. Ils comparurent néanmoins devant la cour de Riom, où les débats se déroulèrent avec une liberté d'expression totale. Les accusés se défendirent en mettant en cause les responsabilités militaires de Pétain entre les deux guerres, comme ministre de la Défense nationale ou comme membre du Conseil supérieur de la guerre. Hitler manifesta son irritation face à la tournure des débats, et l'ambassadeur Abetz exigea la suspension du procès, qui prit fin sans conclusion le 11 avr. 1942 et ne fut jamais repris.

RIOURIK († 879). Prince varègue. Il doit sans doute être identifié au Normand Rœrek, qui, après avoir ravagé la région parisienne et les côtes anglaises, avait regagné le Danemark. Il s'établit à Novgorod vers 860 et on le considère traditionnellement comme le fondateur de l'État russe.

RISORGIMENTO. Terme italien signifiant « résurrection », qui fut employé pour caractériser le mouvement littéraire, philosophique et politique orienté vers la conquête de la liberté et de l'unité italiennes aux XIXe s. La période du Risorgimento va de 1815 à 1870. Voir ITALIE.

RITES CHINOIS (querelle des). Querelle qui opposa entre eux les missionnaires catholiques des XVIIe et XVIIIe s. à propos des méthodes d'apostolat à utiliser à l'égard des Chinois. Fondateur des missions jésuites en Chine, le père Matteo Ricci, arrivé dans le pays en 1582, s'était vite rendu compte que, dans cette civilisation millénaire, la religion chrétienne ne pourrait s'implanter sans respecter les rites accomplis en l'honneur de Confucius et des ancêtres. Après la mort du père Ricci (1610), cette attitude fut respectée par les autres missionnaires jésuites, et le christianisme connut de brillants succès au XVIIe s. Mais, à partir de 1631, d'autres missionnaires, dominicains, franciscains, augustins se prononcèrent unanimement contre les tolérances accordées par les jésuites. Le dominicain Juan Bautista de Morales, expulsé de Chine, soumit au Saint-Siège un rapport contre les rites chinois, qui furent condamnés comme superstitieux par Innocent X (12 déc. 1645). Les jésuites déléguèrent à Rome le père Martini, qui obtint d'Alexandre VII, en 1656, un nouveau décret tolérant l'hommage à Confucius comme « un culte purement civil et politique ».

La querelle fut rouverte en 1693, quand Mgr Maigrot, des Missions étrangères de Paris, vicaire apostolique au Foukien, édicta un mandement qui interdisait aux chrétiens les rites chinois. Par un décret de 1704, le Saint-Office condamna les méthodes des jésuites. Le légat pontifical Thomas de Tournon, envoyé en Chine en 1705, fit preuve de la plus grande ignorance des choses du pays et commit tant de maladresses qu'il fut expulsé par l'empereur K'ang-hi (1706). Furieux de son aventure, il pressa pour une nouvelle condamnation des rites, que le pape Clément XI prononça par la bulle *Ex Illa Die* (19 mars 1715). L'empereur répliqua en interdisant la prédication du christianisme (1717) et en ordonnant l'expulsion de tous les missionnaires, sauf les jésuites (1724). La querelle se termina par la bulle *Ex Quo Singulari Providentia* (11 juill. 1742) de Benoît XIV, qui condamnait une nouvelle fois les rites et exigeait des missionnaires jésuites la prestation d'un serment qui les proscrive. C'est seulement le 8 déc. 1939 que Pie XII autorisa de nouveau les chrétiens chinois à pratiquer leurs rites ancestraux. Mais, dix ans plus tard, le communisme triomphait en Chine et proscrivait l'ensemble des cultes.

RIVADAVIA Bernardino (* Buenos Aires, 20.V.1780, † Cadix, 2.IX.1845). Homme politique argentin. Membre du triumvirat révolutionnaire en 1811, il fut chargé d'aller plaider en Europe la cause de l'indépendance de son pays. Ministre des Affaires étrangères (1821/24), il fut élu président de la République en 1826 et fit voter une Constitution centralisatrice qui souleva l'opposition des provinces. Les troubles intérieurs s'ajoutant aux déconvenues de la guerre contre le Brésil, il démissionna en 1827. Banni en 1834, il s'exila en Espagne.

RIVAROL Antoine, dit **chevalier de Parcieux** et **comte de** (* Bagnols-sur-Cèze, Gard, 26.VI.1753, † Berlin, 4.IV.1801). Écrivain français. Il se fit connaître en 1784 par son *Discours sur l'universalité de la langue française*, qui fut couronné par l'académie de Berlin et qui valut à son auteur une renommée européenne. Au début de la Révolution, il se fit le champion de la monarchie et exerça sa verve dans le *Journal politique national*, puis dans les *Actes des Apôtres*. Il publia en 1790 un *Petit Dictionnaire des grands hommes de la Révolution*. Émigré en juin 1792, il vécut à Bruxelles, en Hollande, à Londres, à Hambourg, avant de se fixer à Berlin, recevant des pensions des royalistes et du comte de Provence, et continuant à rédiger de vifs pamphlets.

RIVOLI. Localité d'Italie du Nord, près de l'Adige, au N.-O. de Vérone. Bonaparte y remporta sur les Autrichiens la bataille décisive de la première campagne d'Italie, qui entraîna la chute de Mantoue (14/15 janv. 1797). Masséna, qui s'y distingua, fut fait plus tard *duc de Rivoli*.

ROBERT

CONSTANTINOPLE

ROBERT DE COURTENAY († en Morée, début 1228). Empereur latin de Constantinople (1221/28). Voir **Constantinople (Empire latin de)**.

ÉCOSSE

ROBERT Ier BRUCE (* 11.VII.1274, † château de Cardross, sur le Firth of Clyde, 7.VI.1329). Roi d'Écosse (1306/29). Voir **Écosse**. Long différend avec l'Angleterre.

ROBERT II STUART (* 2.III.1316, château de Dundonald, † Ayrshire, 19.IV.1390). Roi d'Écosse (1371/90). Fils de Walter Stewart et petit-fils de Robert Ier Bruce par sa mère, il tint les rênes de l'État pendant la captivité de son oncle David II Bruce ; à la mort de ce dernier, en févr. 1371, il monta sur le trône et fonda la dynastie des Stuarts. Malgré ses intentions pacifiques, il dut faire face à deux invasions anglaises (1384 et 1385), mais il remporta sur les Anglais la victoire d'Otterburn (1388).

FRANCE

ROBERT le Fort († Brissarthe, près d'Angers, 15.IX.866). Comte d'Anjou et de Blois, marquis de Neustrie, il est le premier ancêtre connu de la dynastie capétienne. Il appartenait probablement à l'une de ces familles saxonnes que Charlemagne avait transplantées en Gaule. Il s'illustra en défendant contre les Normands la région de la Loire. Il soutint d'abord Pépin d'Aquitaine et Louis le Germanique contre Charles le Chauve, puis se réconcilia avec ce dernier, qui lui donna l'Anjou (864). Fermement établi entre Seine et Loire, il étendit la puissance de sa maison vers la Bourgogne, tout en luttant infatigablement contre les Normands ; il remporta une dernière victoire contre eux, à Brissarthe, mais fut tué dans le combat.

ROBERT Ier (* vers 865, † Soissons, 15.VI.923). Roi de France (922/23). Deuxième fils de Robert le Fort et frère d'Eudes, il reconnut d'abord le Carolingien Charles le Simple et négocia le traité de Saint-Clair-sur-Epte avec les Normands (911). En 914, il obtint de Charles la survivance de tous ses fiefs en faveur de son fils, Hugues. Puis, ayant peu à peu isolé le Carolingien, il forma une conspiration, fit proclamer la déchéance de Charles le Simple et se fit élire et sacrer roi à Reims (29 juin 922). Il fut tué un an plus tard en livrant bataille à Charles le Simple, dont la défaite fut assurée par le fils de Robert, Hugues le Grand.

ROBERT II le Pieux (* Orléans, vers 970, † Melun, 20.VII.1031). Roi de France (996/1031). Fils d'Hugues Capet et d'Adélaïde de Poitou, il fut associé au trône par son père en 988. Le pape Grégoire V l'excommunia en 989 pour avoir répudié sa première femme Rosala, fille du roi d'Italie, et avoir épousé Berthe de Bourgogne, qui lui apportait des droits sur le duché. Robert II se sépara finalement de Berthe en 1003 et épousa alors Constance de Provence, fille du comte de Toulouse, unissant ainsi le nord et le sud de la France. Durant son règne, il défendit l'exigu domaine capétien, et vécut les débuts de la royauté sacrale : il fut le premier roi à opérer des miracles. Après sa mort, la Bourgogne fut à nouveau séparée du domaine royal.

NAPLES et SICILE

ROBERT Guiscard, c'est-à-dire **l'Avisé** (* vers 1015, † Céphalonie, 17.VII.1085). Comte d'Apulie (1057/59), duc de Pouille, de Calabre et de Sicile (1059/85). Fils du seigneur normand Tancrède de Hauteville. Vers 1046, il rejoignit ses frères, mercenaires au service des Byzantins en Italie du Sud. Robert conquit les provinces grecques d'Italie méridionale et, investi par le pape Nicolas II des duchés de Pouille, Calabre et Sicile, alors sous domination sarrasine, il chassa définitivement les Byzantins (prise de Bari, 1071) et conquit la Sicile sur les Arabes un an plus tard, créant ainsi l'État normand d'Italie du Sud. Robert Guiscard voulut ensuite s'attaquer à l'Empire d'Orient (1081) et poussa ses troupes jusqu'en Thessalie, mais dut revenir en Italie pour délivrer le pape Grégoire VII, assiégé par l'empereur Henri IV (1084). Robert Guiscard mourut peu après, devant Céphalonie, alors qu'il tentait une seconde expédition contre Byzance.

ROBERT D'ANJOU le Sage (* vers 1275, † Naples, 19.I.1343). Duc d'Anjou, comte de Provence et roi de Naples (1309/43). Voir **NAPLES (royaume de)**.

NORMANDIE

ROBERT Ier le Magnifique († Nicée, 22.VII.1035). Duc de Normandie (1027/35). Voir **NORMANDIE**.

ROBERT II Courteheuse, c'est-à-dire **Courtecuisse** (* vers 1054, † Cardiff, 3.II ? 1134). Duc de Normandie (1087/1106). Fils aîné de Guillaume le Conquérant, il se révolta contre son père en 1078 pour le forcer à lui céder le duché de Normandie, où il fut reconnu à la mort de Guillaume (1087). Il disputa ensuite, mais sans succès, la couronne d'Angleterre à son frère cadet, Guillaume le Roux (défaite de Rochester, 1089). Parti pour la première croisade (1096/1100), il se couvrit de gloire à la prise d'Antioche et à l'assaut de Jérusalem, mais, en son absence, il fut frustré du trône anglais par son deuxième frère, Henri Ier Beauclerc (1100). Henri débarqua même en Normandie et, vainqueur à Tinchebray (28 sept. 1106), il s'empara de Robert, qui resta enfermé au château de Cardiff jusqu'à sa mort, soit pendant vingt-huit ans.

ROBERTIENS. Nom donné aux descendants de Robert le Fort. Voir **CAPÉTIENS**.

ROBERTS Frederick Sleigh, 1er comte Roberts de Kandahar (* Cawnpore, Inde, 30.IX.1832, † Saint-Omer, 14.XI.1914). Maréchal britannique. D'une famille anglo-irlandaise d'officiers, il passa par l'école de Sandhurst et se distingua, durant la guerre afghane de 1879/80, par une marche mémorable de Kaboul vers Kandahar, dont il dégagea la garnison assiégée (août 1880). Il accomplit la plus grande partie de sa carrière dans l'armée des Indes et fut fait maréchal en 1895. En déc. 1899, à la suite des succès des Boers, il prit le commandement en chef dans la guerre du Transvaal, avec Kitchener comme chef d'état-major. Il s'empara de Bloemfontein, puis de Pretoria (5 juin 1900), et conclut victorieusement la guerre. Commandant en chef de l'armée anglaise (1900/04), il engagea ensuite une ardente campagne en faveur de l'institution du service militaire obligatoire. Il mourut au début de la Première Guerre mondiale, alors qu'il inspectait des divisions indiennes sur le front français.

ROBESPIERRE Maximilien Marie Isidore de (* Arras, 6.V.1758, † Paris, 28.VII.1794). Homme politique français. Né d'une famille de petite noblesse, avocat à Arras, puis juge au tribunal épiscopal, il se passionna pour les idées de Rousseau. En 1789, il représenta le tiers état de l'Artois aux États généraux. Sous la Législative, il exerça une influence croissante au sein du club des Jacobins et prit clairement parti contre la guerre. Élu député de Paris à la Convention (sept. 1792), il s'imposa rapidement comme l'un des chefs des Montagnards, joua un rôle clé dans le procès de Louis XVI. Après avoir obtenu la chute des Girondins, en mai 1793, puis la promulgation de la loi des Suspects en sept., en raison de la trahison de Dumouriez, il entra au Comité de salut public. Pendant presque un an, il exerça une sorte de dictature à la tête du gouvernement révolutionnaire, et dirigea la Terreur (v.). Pour imposer un idéal révolutionnaire qu'avec Saint-Just il prétendait incarner, il élimina tour à tour les extrémistes sans-culottes des sections parisiennes (hébertistes et « enragés »), en mars 1794, puis les « indulgents » dirigés par Danton, en avr. Les principes vertueux qui lui avaient valu le surnom d'« Incorruptible », purent alors s'exprimer dans les rites d'une nouvelle religion, le culte de l'Être suprême. Mais cette apothéose précéda de peu sa chute. Robespierre fut renversé par une coalition de conventionnels en juill. 1794 (v. THERMIDOR) et monta sur l'échafaud avec ses fidèles (dont son frère Augustin, Saint-Just et Couthon).

ROB ROY, c'est-à-dire **Robert le Rouge, Robert MacGregor,** dit (* Buchanan, 1671, † Balquhidder, 28.XII.1734). Aventurier écossais. Chef du clan turbulent des MacGregor, il forma une bande de serviteurs armés pour défendre ses troupeaux. En 1712, ruiné par une spéculation malheureuse, il se couvrit du drapeau de la rébellion jacobite, et se mit à vivre en hors-la-loi, ravageant les domaines des propriétaires, tout en faisant figure aux yeux du peuple de héros de l'indépendance écossaise. Il fit sa soumission en 1727 et mourut paisiblement dans son lit. Ses aventures ont inspiré à Walter Scott son roman *Rob Roy* (1818).

ROCA Julio Argentino (* Tucumán, juill. 1843, † Buenos Aires, 1914). Général et homme politique argentin. Ministre de la Guerre (1879) il fut à deux reprises président de la République (1880/86 et 1898/1904) : il mena une politique fédéraliste, donna au pays un grand essor économique et régla par la médiation britannique les disputes de frontière entre le Chili et l'Argentine (1902).

ROCARD Michel (Courbevoie, 23.VIII.1930). Homme politique français. Avec Édouard Depreux et Pierre Mendès France, il créa le parti socialiste autonome, qui s'associa à l'Union de la gauche socialiste pour fonder en 1960 le parti socialiste unifié (PSU), dont il fut le secrétaire général de 1967 à 1973. Candidat à l'élection présidentielle de 1969, il n'obtint que 3,61 % des suffrages exprimés. Député des Yvelines et maire de Conflans-Sainte-Honorine, il rejoignit le PS et devint, en févr. 1975, membre de son bureau exécutif. Il occupa divers postes dans les gouvernements de P. Mauroy et L. Fabius (1981/85). En avr. 1985, opposé à l'adoption par le gouvernement d'une représentation proportionnelle (partielle) aux élections législatives de 1986, M. Rocard donna sa démission. Après la victoire de François Mitterrand à l'élection présidentielle de mai 1988, il fut nommé Premier ministre. Partisan de l'« ouverture », il associa plusieurs ministres centristes à son gouvernement. Il prit personnellement part au règlement du problème de Nouvelle-Calédonie et fit, en nov 1988, approuver par référendum les accords de Matignon entre indépendantistes et loyalistes. Il créa le revenu minimum d'insertion (RMI) et fonda, en déc. 1989, le Haut Conseil de l'intégration des immigrés. En nov. 1990, il mit en chantier une réforme de la fiscalité qui instituait une contribution sociale généralisée (CSG) destinée à combler le déficit de la Sécurité sociale. Michel Rocard fut contraint à la démission par le président de la République, le 15 mai 1991. En avr. 1993, il fut élu à la direction du PS, qui venait de subir une cuisante défaite aux législatives, et fut contraint de démissionner à la suite de l'effondrement du PS aux élections européennes de juin 1994, ce qui mit un terme à ses ambitions présidentielles. Il se consacra dès lors à son mandat de député européen.

ROCHAMBEAU, Jean-Baptiste Donatien de Vimeur, comte de (* Vendôme, 1er.VII.1725, † Thoré, près d'Orléans, 10.V.1807). Maréchal de France. Entré dans l'armée en 1742, il se distingua au siège de Maastricht, puis à la prise de Minorque (1756). Nommé lieutenant général, il commanda en 1780 le corps de 6 000 hommes envoyé par la France à l'aide des colons américains révoltés. Après avoir débarqué à Newport, il fit sa jonction avec Washington sur l'Hudson et contribua à la prise de Yorktown (1781). Après son retour en France (1783), il fut nommé gouverneur de Picardie et d'Artois et reçut en 1791 le bâton de maréchal. Mais à la tête de l'armée du Nord, il ne put y établir la discipline et fut remplacé par Luckner (1792). Arrêté sous la Terreur, il allait monter sur la charrette qui devait le conduire à la guillotine, lorsque, la voiture étant pleine, il fut renvoyé au lendemain : la chute de Robespierre le sauva.

ROCHAMBEAU, Donatien Marie Joseph de Vimeur, vicomte de (* Rochambeau, près de Vendôme, 1750, † Leipzig, oct. 1813). Général français, fils de Jean-Baptiste Donatien de Vimeur, comte de Rochambeau. Il fut envoyé à Saint-Domingue en 1792, puis à la Martinique ; il chassa les Anglais de cette île (1793), mais dut capituler l'année suivante. Successeur de Leclerc à Saint-Domingue (1802), il dut se rendre aux insurgés, qui le livrèrent aux Anglais. Libéré en 1811, il fut tué à la bataille de Leipzig.

ROCHEFORT, Victor Henri, marquis de Rochefort-Luçay, dit **Henri** (* Paris, 31.I.1830, † Aix-les-Bains, 1er.VII.1913). Journaliste et homme politique français. Son opposition à l'Empire s'exprima dans *La Lanterne*, créée en 1868, ce qui lui valut d'être emprisonné en 1869, mais aussi d'être élu député républicain de Paris la même année. Libéré en sept. 1870, il fut membre du gouvernement de la Défense nationale, dont il démissionna rapidement, combattit le gouvernement de Versailles, mais ne participa pas à la Commune. Il fut cependant condamné à la déportation en Nouvelle-Calédonie en 1871. Évadé en 1874, il ne revint en France qu'après l'amnistie de 1880, fonda *L'Intransigeant*, avant de se jeter dans l'aventure boulangiste. Condamné par contumace à la déportation perpétuelle en 1889, amnistié en 1895, il rejoignit bientôt les rangs nationalistes et antidreyfusards.

ROCHELLE (La). Ville de France, préfecture de la Charente-Maritime, port sur l'Atlantique. Mentionnée pour la première fois au début du XIe s. sous le nom de

Rupella, elle passa aux rois d'Angleterre par le mariage d'Henri II et d'Aliénor d'Aquitaine, mais Louis VIII s'en empara en 1224, et elle resta française jusqu'au traité de Brétigny (1360). Rendue alors aux Anglais malgré les protestations de ses magistrats, elle participa à sa libération (1372) et reçut de Charles V d'importants privilèges qui lui accordèrent les avantages d'une véritable république autonome. Au XVIe s., La Rochelle devint un des bastions du protestantisme ; elle soutint victorieusement un siège de huit mois (1573) et fut la plus forte des places de sûreté accordées par l'édit de Nantes aux huguenots (1598). Louis XIII l'assiégea en vain en 1622, mais Richelieu résolut de s'en emparer à tout prix, et dirigea personnellement les travaux du **siège de La Rochelle**, commencé le 10 août 1627 : la ville fut entourée d'une tranchée fortifiée de 12 km, et le port fut fermé par une digue longue de 1 500 m et large de 8 m. Cependant, sous la conduite de leur maire Guiton, les Rochelais résistèrent pendant quatorze mois, et la famine seule les obligea à capituler (29 oct. 1628). Les fortifications furent rasées et la ville perdit ses privilèges.

ROCKINGHAM, Charles Watson Wentworth, 2e marquis de (* 13.V.1730, † 1er.VII.1782). Homme politique anglais. Chef de l'opposition whig à la politique de George III, il forma en 1765/66 un ministère de coalition qui s'efforça d'améliorer les relations avec les colonies américaines en abrogeant la loi du Timbre. Mais les intrigues secrètes de la cour et la défection du duc de Grafton l'obligèrent à se retirer (août 1766). Il reprit la tête de l'opposition contre la politique désastreuse de Lord North. Il revint au pouvoir en mars 1782 avec Fox et Shelburne, mais mourut quelques mois plus tard.

ROCROI (bataille de, 18/19 mai 1643). Victoire française sur les troupes espagnoles, dans les Ardennes. Condé, alors âgé de vingt-trois ans, décida de dégager la ville de Rocroi assiégée. Après avoir fait passer son armée par un défilé, il fit irruption dans la plaine, mit en déroute par une charge de cavalerie l'aile gauche des Espagnols, puis se retourna vers leur aile droite, et la disloqua à son tour. Enfin, le carré de 9 000 fantassins espagnols, formés en *tercios*, fut anéanti après une résistance acharnée. Les Espagnols perdirent 15 000 hommes (sur 26 000), tués ou prisonniers, leur général, leur artillerie. La victoire de Rocroi eut un retentissement considérable ; elle mit fin à la réputation d'invincibilité de la « redoutable infanterie d'Espagne » ; elle était aussi la première grande victoire remportée depuis un siècle par une armée française sur une armée étrangère.

RODOLPHE

ALLEMAGNE

RODOLPHE Ier DE HABSBOURG (* Limburg, 1er.V.1218, † Spire, 15.VII.1291). Empereur germanique (1273/91). Devenu par mariage et par héritages un des princes les plus puissants de l'Allemagne du Sud, il fut élu roi de Germanie le 1er oct. 1273 et couronné empereur à Aix-la-Chapelle trois semaines plus tard, ce qui mit fin au Grand Interrègne. En bonnes relations avec le pape Grégoire X, il travailla à la restauration de la puissance impériale, mais ne put entraver l'émancipation des grandes principautés germaniques. Son règne fut surtout marqué par la lutte contre Ottokar II de Bohême, qu'il finit par vaincre et tuer au Marchfeld, près de Dürnkrut (26 août 1278). Devenu veuf, Rodolphe épousa, en 1284, Isabelle de Bourgogne, afin d'affirmer les droits de l'Empire sur le royaume d'Arles, mais il ne put assurer à son fils Albert la succession impériale. En revanche, il laissa à sa maison l'Autriche et la Styrie et fut ainsi le vrai fondateur de la puissance des Habsbourg.

RODOLPHE II DE HABSBOURG (* Vienne, 18.VIII.1552, † Prague, 20.I.1612). Archiduc d'Autriche, empereur germanique (1576/1612). Fils de Maximilien II, il fut élevé à la cour espagnole de Philippe II, couronné roi de Hongrie (1572) et de Bohême (1575), avant d'être élu roi de Germanie (27 oct. 1575) et couronné empereur. Il protégea activement la Réforme catholique et l'œuvre des jésuites, mais assura aux protestants de Bohême la liberté du culte par sa « lettre de majesté » de 1609. Rodolphe II vécut de plus en plus reclus dans son château du Hradschin, à Prague ; il avait la passion des sciences et des arts et pratiqua lui-même l'alchimie, il accueillit à sa cour les astronomes Tycho Brahe et Kepler. Profitant de son incapacité politique, son frère Matthias se fit d'abord céder le gouvernement de l'Autriche, de la Hongrie et de la Moravie (1608), puis fit prononcer sa déchéance par les états de Bohême (1611) et se fit élire roi.

AUTRICHE

RODOLPHE DE HABSBOURG (* chateau de Laxenburg, près de Vienne, 21.VIII.1858, † Mayerling, 30.I.1889). Archiduc héritier d'Autriche. Fils unique de l'empereur François-Joseph et de l'impératrice Élisabeth, il reçut tout jeune une rude éducation militaire, mais acquit également une vaste culture politique. Francophile et adversaire de la Prusse, il s'opposa à plusieurs reprises à la politique étrangère de son père et rêvait de bâtir un jour un empire fédéraliste et libéral. Marié en 1880 à la princesse Stéphanie de Belgique, épouse qui ne put lui donner d'héritier, il se jeta dans une vie de plaisirs et d'aventures galantes. On le retrouva mort dans le pavillon de chasse de Mayerling, gisant à côté de sa très jeune maîtresse, Marie Vetsera : toute incertitude est aujourd'hui dissipée sur l'« énigme » de cette mort, due à un double suicide. Mais le secret dont la cour de Vienne entoura l'enquête a donné lieu à de nombreuses interprétations. Sa mort fit de son cousin François-Ferdinand l'héritier du trône des Habsbourg.

ROGER Ier (* en Normandie, 1031, † Mileto, Calabre, 22.VI.1101). Grand comte de Sicile (1062/1101). Voir **Sicile**.

ROGER II (* vers 1095, † Palerme, 26.II.1154). Grand comte (1101/30), puis roi (1130/54) de Sicile. Fils et successeur de Roger Ier, il entreprit l'unification de toutes les possessions normandes d'Italie. Le pape Honorius II ayant tenté d'empêcher ses progrès en prêchant une croisade contre lui, il soutint l'antipape Anaclet II et se fit couronner par lui roi de Sicile, à Palerme, en 1130. Il ajouta encore à ses États Capoue (1136), le duché de Naples et les Abruzzes (1140). En 1139, il réussit à faire prisonnier le pape Innocent II, qu'il força à reconnaître son titre royal. Il entra ensuite en lutte contre les Byzantins, fit ravager par sa flotte les côtes de Dalmatie et d'Épire, s'empara de Corfou (1146) et mit Corinthe et Athènes au pillage. Traversant la Méditerranée, il porta la guerre contre les sarrasins en Afrique (1147/52). La cour de Roger II fut une des plus brillantes de l'Europe du XIIe s. : prince éclairé et tolérant, Roger laissa s'épanouir une belle civilisation mêlée d'éléments arabes et grecs.

ROGIER Charles (* Saint-Quentin, France, 17.VIII.1800, † Bruxelles, 27.V.1885). Homme politique belge. Il prit part à la révolution de 1830 et fut membre du gouvernement provisoire en 1831. Partisan de la monarchie constitutionnelle, rallié à Léopold Ier, il fut ministre de l'Intérieur (1832/34), des Travaux publics (1840/41), et prit la tête d'un gouvernement libéral (1847/52) où figurait Frère-Orban. Son cabinet stimula l'économie belge par une politique libre-échangiste et assainit la vie sociale. Ses lois sur l'enseignement, d'inspiration anticléricale, provoquèrent cependant une agitation politique. Le second ministère libéral Rogier-Frère-Orban poursuivit (1857/68) la même orientation que le précédent. En 1868, Rogier s'effaça devant Frère-Orban.

ROH Tae-woo, Noh Taewoo (Dalsung, 4.XII.1932). Président de la Corée du Sud de 1988 à 1993. Étudiant à l'Académie militaire sud-coréenne avec Chun Doohwan, il devint général et participa au coup d'État qui porta ce dernier au pouvoir en 1979/80. Il lui succéda en déc. 1987 et appliqua les principes démocratiques définis dans son « manifeste en huit points ». La révision de la Constitution en févr. 1988 fut suivie par une libéralisation de la presse et du statut de l'opposition. Poursuivant la politique de promotion internationale de la Corée du Sud, il permit un rapprochement avec le gouvernement nord-coréen. Ayant perdu la majorité aux législatives de mars 1992, il choisit Kim Young-sam comme successeur. Accusé de corruption, il fut arrêté en nov. 1995 et fut, par ailleurs, condamné en août 1996 à vingt-deux ans et demi de prison pour son rôle dans le coup d'État de 1979.

ROHAN. Ancienne famille de Bretagne, issue des vicomtes de Rennes. Cette maison a formé plusieurs branches, dont les principales sont celles de Guéménée, Montbazon, Soubise, Chabot et Gié.

Durant les guerres de Religion, les Rohan luttèrent contre la Ligue, et plusieurs d'entre eux adhérèrent au protestantisme.

ROHAN Henri, vicomte puis (1603) **duc de** (* 1579, † 13.IV.1638). Il épousa en 1605 la fille de Sully et devint, après la mort d'Henri IV, le chef du parti protestant en France. Il soutint trois guerres contre Louis XIII (1620/22, 1625/26 et 1627/29) mais, après la prise de La Rochelle, il dut quitter la France. Rentré en grâce, il servit quelque temps la politique de Richelieu en Suisse et termina sa carrière au service du duc Bernard de Saxe-Weimar.

ROHAN Louis René Édouard, prince de Rohan-Guéménée, cardinal de (* Paris, 25.VII.1734, † Ettenheim, Bade, 17.II.1803). Prélat français. Voir **Collier (affaire du)**.

RÖHM Ernst (* Munich, 28.XI.1887, † Munich, 30.VI.1934). Homme politique allemand. Chef d'état-major des SA (1930/34). Voir **National-socialisme** et **SS**.

ROI. La royauté a existé dans presque tous les pays du monde. À l'origine, elle était d'essence religieuse : le roi était généralement considéré comme le « nourricier » de son peuple et, investi d'un caractère sacré, soumis à de nombreux interdits. Il pouvait être rituellement mis à mort.

Dans l'Orient ancien

En Mésopotamie, dans les civilisations sumérienne, akkadienne et assyro-babylonienne, le souverain a toujours été considéré comme une personne exceptionnelle, mais jamais divinisé : le roi est resté le vicaire des dieux, leur représentant dans le royaume. Dans l'Égypte ancienne, au contraire, le pharaon, fils des dieux et dieu lui-même, était promis à une éternité bienheureuse, puisque la mort lui faisait rejoindre le monde des dieux. Sa nature divine suffisait à justifier qu'il fût le maître de tous les êtres et de toutes les choses et que son pouvoir fût absolu pourvu qu'il fût inspiré par l'esprit de justice.

Les réalités concrètes de la vie d'un royaume ont toujours contrarié l'exercice de la puissance royale, ainsi que des institutions sociales dont on imaginait toujours qu'elles venaient du fond des âges. Ainsi, chez les Hittites, le roi devait consulter le conseil de la grande noblesse terrienne pour les grandes décisions. En Inde, la puissance des brahmanes empêchait les rois de s'assurer la prédominance religieuse, tandis que le système des castes était un obstacle à la concentration du pouvoir politique. En Perse, le Grand Roi était un souverain absolu, mais l'immensité de leur empire obligea les Achéménides à confier les pouvoirs civils et militaires à des gouverneurs de province, les satrapes (v.), qui se comportaient généralement comme des potentats locaux.

Dans l'Antiquité classique

En Grèce, le roi de l'époque mycénienne fut d'abord un monarque guerrier assisté mais aussi limité par des seigneurs riches en terres et en troupeaux. À l'époque homérique (IXe/VIIIe s.), le pouvoir des rois était déjà très affaibli. À partir de la fin du VIIIe s., la monarchie déclina en Grèce, supplantée par une aristocratie terrienne. Elle ne fut plus viagère, mais annuelle, et ne fut plus réservée à une seule famille, mais partagée entre plusieurs aristocraties terriennes. Au Ve s., la royauté avait disparu de presque tout le monde grec. Sparte conserva deux rois, issus l'un de la famille des Agiades, l'autre de celle des Eurypontides. Leur fonction était représentative en temps de paix, mais, en temps de guerre, ils commandaient l'armée, avec les pleins pouvoirs. Les rouages du gouvernement restaient cependant entre les mains des éphores (« surveillants »), qui pouvaient traduire les rois en justice. En Macédoine, la royauté reposait sur une base quasi féodale, le roi était entouré de ses « compagnons » (*hétairoi*), mais les conquêtes d'Alexandre se traduisirent par un retour à la conception orientale de la monarchie. L'époque hellénistique fut celle des monarchies des Lagides, des Séleucides, des Antigonides et des Attallides. À l'exception des Lagides en Égypte, qui se proclamèrent descendants des pharaons, et préservèrent, vis-à-vis des indigènes, la conception traditionnelle de la monarchie d'essence divine, les autres rois grecs se présentèrent comme des hommes exceptionnels, portant des épithètes (Sauveur, Bienfaiteur...) qui les distinguaient du commun de l'humanité ; mais ne signifiait pas qu'ils fussent des dieux.

D'après la tradition, Rome fut d'abord gouvernée par sept rois, dont les quatre premiers au moins sont légendaires. Le roi romain disposait d'un pouvoir fort dans les domaines religieux, politique, militaire, judiciaire, mais il était choisi par le Sénat et élu par les comices curiates. Après la chute des Tarquins, des magistrats élus assurèrent ses charges politiques et religieuses. Quand, après J. César, Auguste rétablit en fait le pouvoir monarchique, il conserva les formes républicaines et se contenta des titres d'*imperator* et de *princeps* (« prince », c'est-à-dire « premier »).

À l'instar de ce qui s'était passé avec les monarchies hellénistiques, un culte impérial est apparu, dès Auguste, auquel les habitants de l'Empire adhérèrent sincèrement : Auguste et ses successeurs n'étaient pas traités comme des dieux vivants ; les fidèles rendaient un culte à leur *genius*, la part de divinité qui les animait et qui faisait d'eux les bienfaiteurs de leurs peuples. Très tôt, en revanche, il a été admis que l'empereur défunt passât au rang des dieux et que des temples et des prêtres leur fussent consacrés.

Dans l'Europe chrétienne

En 752, Pépin le Bref fit consacrer son usurpation du trône aux dépens des Mérovingiens, en demandant l'onction sainte à st Boniface, apôtre de Germanie, puis, deux ans plus tard, au pape Étienne II. Tiré de l'exemple de David, roi d'Israël, qui reçut l'onction sacrée du prophète Samuel, le sacre fit de la monarchie carolingienne un ministère quasi religieux. Charlemagne s'intitula « roi des Francs par la grâce de Dieu », et son couronnement impérial par Léon III, à Rome (Noël 800), fit de lui le seul chef au temporel, comme le pape au spirituel. Mais la fragilité de l'idée d'État, le maintien de l'élection, les aliénations de terres au profit des grands et les partages successoraux eurent raison des principes grandioses de la monarchie carolingienne. À partir de 888, les derniers Carolingiens alternèrent sur le trône avec les Robertiens, connus sous le nom de Capétiens à partir de l'avènement d'Hugues Capet (987). Par leurs diverses branches, les Capétiens se succédèrent sur le trône de France pendant plus de huit cents ans. La monarchie française leur doit ses principaux traits : le sacre a permis au roi de se hausser au-dessus des seigneurs, même les plus puissants. On lui attribua des pouvoirs miraculeux, comme la guérison des écrouelles. Mais les Capétiens s'appuyèrent aussi sur le droit féodal, faisant reconnaître à partir du XIIe s. qu'ils étaient des suzerains, c'est-à-dire les seigneurs suprêmes du royaume, et surtout, ils assurèrent leur succession héréditaire. Hugues Capet, quelques mois après son élection, se hâta de faire élire et sacrer son fils. À l'avènement de Philippe Auguste (1180), le principe de l'hérédité n'était plus contesté. L'exclusion des femmes du trône de France s'imposa à trois reprises entre 1316 et 1328 (v. **Cent Ans, guerre de**. La première guerre) puis fut justifiée au milieu du XIVe s. par la loi salique. La continuité monarchique par l'hérédité fut encore renforcée par le droit élaboré par les légistes français. Il fut admis que l'héritier devenait roi dès la mort de son prédécesseur, comme l'illustre la formule : « Le roi est mort, vive le roi ! ». Le roi de France ne reconnaissait d'autorité au pape que dans le domaine spirituel. En vertu de son sacre, unique en Europe, il affirmait tenir son pouvoir directement de Dieu, et n'avoir de comptes à rendre qu'à Dieu.

Dans le Saint Empire (v.), le principe électif fut maintenu. Une fois élu, le souverain prenait le titre de *roi de Germanie*, puis celui d'empereur après son couronnement à Rome, distinction qui disparut au début XVIe s., lorsque les souverains germaniques renoncèrent au couronnement. En 1508, Maximilien Ier prit le premier le titre d'« empereur élu des Romains toujours auguste, roi de Germanie ». En 1701, l'Électeur de Brandebourg acquit le titre de « roi *en* Prusse », devenu rapidement « roi de Prusse ». En 1806, les Électeurs de Saxe, de Bavière et de Wurtemberg prirent le titre royal, reconnu également en 1815 par le congrès de Vienne aux souverains des Pays-Bas et du Hanovre.

Dès la fin du Moyen Âge, avec le déclin de la féodalité, l'autorité royale se renforça partout en Europe (sauf en Allemagne), et la doctrine du droit divin des rois commença à se développer. Elle connut son apogée avec Jacques Ier en Angleterre, les Habsbourg d'Espagne, et surtout Louis XIV en France. Cependant, après la révolution de 1688, l'Angleterre vit se mettre en place une monarchie représentative, qui devint un modèle à l'étranger, notamment chez les constituants français de 1791. En 1815, Louis XVIII tenta de concilier les traditions de l'ancienne monarchie avec certains principes acquis par la Révolution : la France fit l'expérience de la monarchie représentative, les ministres demeurant responsables devant le roi seulement. La sécularisation de la royauté française fut achevée sous la monarchie de Juillet, avec la disparition de l'affirmation de son origine de droit divin et du sacre à Reims, remplacé par un serment devant la Chambre. Les dernières monarchies européennes traditionnelles (Allemagne, Autriche-Hongrie, Russie) disparurent après la Première Guerre mondiale.

En Europe, la monarchie a disparu en Grèce en 1973, est reparue en Espagne en 1975, s'est maintenue en Grande-Bretagne, en Belgique, aux Pays-Bas, dans les pays scandinaves. En Afrique, elle subsiste au Maroc, au Swaziland et au Lesotho ; en Asie, au Népal, en Thaïlande, au Bhoutan, et dans divers archipels d'Océanie. Au Cambodge, le roi Norodom Sihanouk, destitué en 1961, a retrouvé ses fonctions en 1991. Au Moyen-Orient, Arabie Saoudite et Jordanie sont dirigées par des rois. D'autres États ont des régimes de type monarchique : les émirats de Bahreïn, du Koweït, du Qatar, les sultanats d'Oman et de Brunei, l'Empire japonais, le grand-duché du Luxembourg, la principauté de Monaco. La Malaisie et les Émirats arabes unis, fédérations de monarchies, sont dirigés par un chef d'État choisi par ses pairs, pour une durée limitée. Le souverain britannique est en outre le souverain de plusieurs États du Commonwealth (v.).

ROLAND (†15.VIII.778). Préfet de la marche de Bretagne sous Charlemagne, il trouva la mort dans une embuscade des Basques au défilé de Roncevaux (15 août 778). Cet épisode historique est connu par les *Annales royales* de 778 et par la *Vita Caroli* d'Eginhard, composée vers 830. Roland devint par la suite le héros légendaire de *La Chanson de Roland*, l'une des plus anciennes (vers 1095/1100) et la plus belle des chansons de geste françaises ; dans cette œuvre, les événements sont profondément transformés, les Basques chrétiens sont devenus des Sarrasins, et Roland est le neveu de Charlemagne.

ROLAND DE LA PLATIÈRE Jean Marie (* Thizy, Rhône, 18.II.1734, † Bourg-Beaudouin, près de Rouen, 15.XI.1793). Homme politique français. Fondateur du club des Jacobins lyonnais et époux de Manon Roland. Ministre de l'Intérieur en mars 1792, il fut renvoyé en juin et réinvesti par la Législative après le 10 août, jusqu'en janv. 1793. Ses protestations contre les massacres de Septembre lui valurent la haine des Montagnards. Il s'enfuit pour échapper aux décrets d'accusation contre les Girondins et se donna la mort quand il apprit l'exécution de sa femme.

ROLAND DE LA PLATIÈRE Marie-Jeanne Phlipon, dite **Manon Roland,** (* Paris, 17.III.1754, † Paris, 8.XI.1793). Femme politique française. Mariée à Roland en 1780, sur lequel elle exerça un grand ascendant, elle fit de son salon, à partir de 1791, le centre du parti girondin et exerça le pouvoir par l'entremise de son mari, ministre de l'Intérieur. Plus haïe encore que celui-ci par la Montagne, elle fut arrêtée en 1793, passa cinq mois en prison, avant d'être jugée par le Tribunal révolutionnaire et guillotinée avec les chefs girondins.

ROLLON, Rolf, Robert (* vers 860, † vers 933). Premier duc de Normandie (911/33). Voir **Normands**.

ROMAIN Ier LÉCAPÈNE († île de Proti, Propontide, 948). Empereur byzantin (920/44). D'une famille arménienne obscure, il devint grand amiral sous Constantin VII Porphyrogénète grâce à l'impératrice mère Zoé, dont il était l'amant. Il s'imposa comme tuteur du jeune empereur, auquel il fit épouser sa fille, Hélène, fut associé à l'Empire en 919 et ne tarda pas à éliminer Constantin VII Porphyrogénète. Il réussit à briser l'élan des Bulgares en soutenant contre eux les progrès des Serbes, puis fit la paix avec eux en donnant à leur tsar, Pierre, la main de sa petite-fille, Marie (927). Il eut aussi à lutter contre les Magyars, auxquels il fit des concessions, et contre les Russes d'Igor, dont la flotte fut détruite sous les murs de Constantinople en 941. À l'intérieur, il prit des mesures pour limiter la grande propriété et la puissance foncière des monastères. Romain Ier fut détrôné en 944 par ses propres fils et relégué dans un couvent. Constantin VII reprit le pouvoir et châtia les fils de Romain Ier.

ROMAINE (Question). Nom donné, au XIXe s., au problème posé par la survivance des États pontificaux dans une Italie en quête d'unité nationale. Voir **Pontificaux (États)**. Fin des États pontificaux.

ROMAINE (République). La République romaine antique est traitée à l'article Rome.

Il y eut au XIXe s. deux épisodes républicains à Rome, l'un et l'autre de courte durée. La première République romaine correspond à l'occupation de la ville par les troupes françaises (15 févr. 1798), après la mort du général Duphot, tué par les troupes pontificales (déc. 1797), tandis que le pape Pie VI était emmené à Pise, puis déporté en France. Mais ce régime, dirigé par un gouvernement fantoche aux ordres des Français, qui pillaient les trésors artistiques de la ville, se rendit bientôt odieux aux Romains, qui accueillirent avec enthousiasme les troupes napolitaines de Mack (nov. 1798). La République fut provisoirement restaurée en déc., après la victoire de Championnet sur Mack (Civita Castellana), puis disparut définitivement en sept. 1799, lorsque les Austro-Russes chassèrent les Français d'Italie. De 1808 à 1814, Rome fut à nouveau occupée par les Français, cette fois comme seconde capitale de l'Empire napoléonien, et le prince héritier reçut le titre de « roi de Rome ».

De 1814 à 1848, le régime absolutiste pontifical fut rétabli, avec quelques réformes. En 1848, le refus du pape Pie IX de soutenir la révolution italienne décida les démocrates à passer à l'action violente. Après l'assassinat du comte Rossi, chef du gouvernement pontifical (15 nov. 1848), un soulèvement éclata à Rome et Pie IX se réfugia à Gaète, sous la protection du roi de Sicile. Une Assemblée constituante, élue au suffrage universel, proclama la papauté déchue du gouvernement temporel et l'établissement de la seconde République romaine (9 févr. 1849). Le pouvoir exécutif fut confié à un triumvirat formé de Mazzini, d'Armellin et de Saffi. Menacée par les Autrichiens, la République romaine fut abattue par le prince-président Louis Napoléon (futur Napoléon III), qui, s'appuyant sur le parti de l'Ordre de l'Assemblée législative française, ordonna au corps expéditionnaire français d'Oudinot de s'emparer de Rome. Après une résistance d'un mois, la République romaine succomba (2 juill. 1849), et Pie IX rentra dans sa ville l'année suivante.

ROMAINS (roi des). Titre porté par l'héritier présomptif du titre impérial, à partir du XVe s. Voir **Germanie (royaume de)**.

ROMAN Petre (Bucarest, 22.VI.1946). Homme politique roumain. Membre du Front de salut national (FSN), il fut nommé Premier ministre par le président intérimaire Ion Iliescu en déc. 1989. Les manifestations des mineurs contre ses ébauches de réformes capitalistes le contraignirent à la démission le 29 sept. 1991. Élu président du FSN en mars 1992, il fut en désaccord croissant avec le président Iliescu, ce qui le rapprocha de l'opposition. Appréciée en Occident, la démarche de Petre Roman fut désavouée par les électeurs au scrutin de sept. 1992. Il fut cependant élu président du Sénat en nov. 1996 et, en 1998, il encouragea les sociaux-démocrates roumains à quitter le gouvernement de Victor Ciorbea.

ROMANOV. Famille russe qui régna sur la Russie de 1613 à 1917. Son premier ancêtre connu est Andreï Ivanovitch Kobyla ou Kambila, fils d'un prince lituanien qui se réfugia en Russie et se convertit au christianisme (milieu du XIVe s.). La famille doit le nom sous lequel elle resta connue dans l'Histoire à Roman Iourevitch († 1543), dont la fille, Anastasie, épousa en 1547 le tsar Ivan IV le Terrible. Le frère d'Anastasie, Nikita Romanovitch, fut le tuteur du fils d'Ivan IV, Fédor Ier († 1598), dernier tsar de la maison de Riourik, mais il se laissa éliminer par Boris Godounov. Ayant été élu tsar à la mort de Fédor, Boris obligea le fils aîné de Nikita à se faire moine sous le nom de Philarète (v. **Romanov Fédor Nikitich**). Mais les membres de la famille Romanov jouèrent un rôle actif dans l'opposition contre Boris Godounov, puis contre Vassili Chouiski. Le 3 mars 1613, le *Zemski Sobor* (Assemblée de la Terre), qui voulait un souverain d'origine russe, élut comme tsar le fils de Philarète Romanov, Michel. La dynastie des Romanov, au sens strict, finit en 1762, à la mort de la tsarine Élisabeth, qui ne laissa pas d'enfant. Elle fut remplacée par la dynastie de Holstein-Gottorp, en la personne de Pierre III, qui était par sa mère le petit-fils de Pierre le Grand. Cette nouvelle maison de Holstein-Gottorp-Romanov fut écartée du pouvoir par la révolution de févr. 1917, et le dernier tsar, Nicolas II, fut assassiné avec sa femme et ses enfants par les bolcheviks en juill. 1918. Cependant, des membres de la famille Romanov réussirent à quitter la Russie : après la mort de Nicolas II, le prétendant à la couronne fut le grand-duc Cyrille (* 1876, † 1938), petit-fils d'Alexandre II, puis son fils, Vladimir (* 1917, † 1992). Marie, la fille de Vladimir, a fait figure de prétendante, jusqu'à la majorité de son fils Georges (* 1981).

ROMANOV Fédor Nikitich, en religion **Philarète** (* vers 1553, † Moscou, 1er.X.1633). Patriarche de Moscou. Fils aîné de Nikita Romanovitch Romanov et cousin de Fédor Ier, dernier tsar de la maison de Riourik, il se distingua d'abord comme soldat et comme diplomate. À la mort de Fédor Ier (1598), le peuple souhaitait le voir monter sur le trône, mais il fut évincé par Boris Godounov, qui l'obligea à entrer en religion et le relégua dans un monastère. Libéré par le premier des faux Dimitri en 1606, il devint métropolite de Rostov. Envoyé en mission par les boyards de Moscou auprès de Sigismond III de Pologne, il fut retenu prisonnier par les Polonais de 1611 à 1619, mais, pendant cette captivité, son fils, Michel, fut élu comme tsar (1613). Rentré en Russie, il devint aussitôt patriarche de Moscou et partagea désormais le gouvernement du pays avec son fils.

ROME. Nom du plus grand des États de l'Antiquité, qui, d'abord simple cité-État limitée au Latium, étendit progressivement sa domination à toute l'Italie, puis au monde méditerranéen et à l'Europe occidentale.

Les origines légendaires

Connus seulement par des sources écrites très tardives (les plus anciennes annales des pontifes ne datent que du début du IIIe s. av. J.-C.), les débuts de Rome forment une histoire légendaire qui prit sa forme définitive chez les écrivains latins et grecs de la fin de la République et du début de l'Empire : Diodore de Sicile, Virgile, Tite-Live, Denys d'Halicarnasse, Plutarque. La tradition, en prenant pour base les travaux de Varron, contemporain de César, retient pour la fondation de Rome la date de 753 av. J.-C.

Selon la légende, après la guerre de Troie et la chute de cette cité (XIIe s. av. J.-C. ?), le Troyen Énée, fils d'Anchise et de la déesse Vénus, vint s'établir sur les bords du Tibre, où il épousa la fille du roi Latinus, qui descendait lui-même de Saturne. En l'honneur de son beau-père, Énée donna à son peuple le nom de *Latins*. Son fils, Ascagne ou Iule, fonda la ville d'Albe la Longue, qui devint la capitale du Latium. Il fut la souche d'une dynastie albaine qui se perpétua pendant quelque trois siècles jusqu'au conflit de succession qui opposa les frères Numitor et Amulius. Ce dernier détrôna Numitor et, pour priver celui-ci de toute postérité, il fit entrer la fille de Numitor, Rhea Silvia, dans l'ordre des Vestales, voué au célibat et à la chasteté. Mais le dieu Mars vint s'unir à Rhea Silvia, et celle-ci donna naissance à deux jumeaux, Romulus et Remus. Amulius fit abandonner les enfants sur les eaux du Tibre en crue ; mais le flot déposa leur berceau au pied du mont Palatin. Nourris par la fameuse louve dans la grotte du Lupercal, les jumeaux furent ensuite recueillis par un couple de bergers. Devenus adolescents, Romulus et Remus rétablirent leur grand-père Numitor sur le trône d'Albe. Puis ils décidèrent de fonder une nouvelle ville sur le site miraculeux du Palatin. Désigné par le sort comme fondateur et roi, Romulus traça à la charrue le sillon marquant l'enceinte de la cité ; son frère Remus ayant, par bravade, franchi cette limite sacrée et inviolable, Romulus le tua.

Premier roi de Rome (753/715 av. J.-C.), Romulus se donna pour conseil un sénat de cent *patres*. Pour peupler la nouvelle cité, il fit procéder à l'enlèvement des Sabines. Dans la guerre qui s'ensuivit, les Sabins s'emparèrent, grâce à la trahison de la vestale Tarpeia, de la citadelle du Capitole ; mais l'intervention des Sabines amena la réconciliation et la fusion des Sabins et des Romains en un seul peuple, les Quirites. Romulus divisa la population en trente curies et en trois tribus, les Ramnes, les Tities et les Luceres. Après sa mort, trois rois furent choisis successivement par le Sénat ou par le peuple : Numa Pompilius (715/672), qui organisa le sacerdoce et la vie religieuse ; Tullus Hostilius (672/640), qui triompha d'Albe (épisode des Horaces et des Curiaces) ; Ancus Martius (640/616), roi bâtisseur et conquérant, qui étendit l'influence de Rome en créant le port d'Ostie, à l'embouchure du Tibre, et en battant les Latins, auxquels il accorda ensuite le droit de cité.

À la mort d'Ancus Martius, un coup d'État porta au pouvoir le tuteur de ses enfants, Tarquin l'Ancien (616/578 av. J.-C.), qui fut le premier d'une série de trois rois étrusques. Tarquin fit de grands travaux à Rome (création du Forum, des égouts, du temple de Jupiter Capitolin), doubla le nombre des sénateurs, renforça l'armée, remporta des victoires sur les Latins, les Sabins et les Étrusques. Assassiné par des descendants d'Ancus Martius, il fut remplacé par Servius Tullius (578/534), auquel la tradition attribue la création d'une nouvelle enceinte englobant les sept collines et surtout la division du peuple en cinq classes, sur la base de la fortune (« Constitution servienne »), système qui permettait, pour les besoins militaires, d'intégrer de nouveaux citoyens et qui accordait la prépondérance aux plus riches. Cette organisation a donné naissance aux comices centuriates. Il fut assassiné à l'instigation de son propre gendre et successeur, Tarquin le Superbe (534/509). Celui-ci poursuivit les grands travaux de ses prédécesseurs, acheva la construction du temple de la Triade capitoline et l'égout (*Cloaca maxima*) qui assécha le Forum, mena des guerres victorieuses contre les Latins ; mais il réduisit le Sénat à l'impuissance et gouverna par l'arbitraire et la violence. Son fils, Sextus, ayant outragé la femme d'un de ses parents, Lucrèce, les patriciens romains, conduits par Brutus, soulevèrent le peuple : Tarquin et sa famille durent se réfugier en Étrurie, et la République fut proclamée (509).

Hypothèses sur les origines véritables

L'étude critique des légendes traditionnelles peut permettre de reconstituer dans ses traits généraux l'histoire primitive de Rome. Dans la fertile plaine du Latium, le site de Rome, avec ses collines dominant le Tibre, offrait une intéressante position stratégique. On y a retrouvé des traces d'occupation humaine remontant au IIe millénaire av. J.-C. L'archéologie confirme la légende en situant l'apparition de Rome au VIIIe s. av. J.-C. À cette date, en tout cas, existait déjà, sur la pente O. du Palatin, le village latin du Germal, qu'on peut identifier avec le village de Romulus. Au VIIe s., de nouveaux villages latins s'établirent sur le Palatin, l'Esquilin, le Coelius, et d'autres, probablement sabins, sur le Quirinal et le Viminal. Après une première fédération des deux villages latins du Palatin (Germal et Palatual), sept villages latins formèrent une ligue aux liens très lâches, la fédération septimontiale (*Septimontium*). Il est probable que le Septimontium subit la domination des Sabins (les rois sabins de l'histoire légendaire), mais il n'est pas sûr qu'il ait eu dans la chute d'Albe le rôle décisif que lui attribue la légende.

À la fin du VIIe s., les Étrusques envahirent le Latium ; ce sont eux qui furent les véritables fondateurs de Rome et qui réunirent les petits villages latins en une seule ville. Ils placèrent Rome à la tête des villes latines, et l'on peut leur reconnaître les conquêtes que leur attribue la légende. Ces rois étaient en fait des « tyrans », au sens grec du mot. Il existait sans doute, à côté du tyran étrusque qui détenait la plénitude du pouvoir exécutif, une assemblée curiate qui avait un rôle purement consultatif, et un Conseil du roi, un sénat, composé des chefs des principales familles ou *gentes*. En dehors de ces familles existait, sur le territoire romain, une plèbe dont les origines prêtent à de nombreuses hypothèses. Les historiens modernes contestent à Servius Tullius la paternité de la Constitution servienne (v. **Servius Tullius**), qui aurait fait entrer la plèbe dans la cité romaine. En revanche, cette insertion de la plèbe fut bien l'œuvre des rois étrusques. Dans ce contexte, la révolution de 509 a pris l'aspect d'une double réaction ethnique et sociale : révolte des Latins contre des maîtres étrangers ; revanche des patriciens, qui tiraient leur puissance de la propriété foncière, sur la plèbe, dont les activités artisanales et commerciales étaient liées à la domination étrusque.

Débuts de la République. Conquête de l'Italie (509/264 av. J.-C.)

La révolution de 509 aboutit à l'instauration d'une république aristocratique, dominée par les patriciens. Le pouvoir royal fut morcelé entre plusieurs magistrats : les pouvoirs politique et militaire furent confiés à deux *préteurs*, appelés ensuite *consuls*, élus chaque année par le peuple dans les comices centuriates et ratifiés par le Sénat ; en cas de crise grave, le Sénat pouvait demander l'institution d'un commandement unique, qui était confié pour six mois à un dictateur muni des pleins pouvoirs. Les fonctions religieuses du roi furent dévolues en partie aux magistrats et en partie à un prêtre, le *rex sacrorum*, qui ne devait exercer aucune autre fonction.

Au lendemain de l'avènement de la République, Rome se trouvait menacée par ses voisins immédiats : au N., les Étrusques ; à l'E. et au S.-E., des populations de montagnards, Èques, Herniques et Volsques, toujours prêts à faire dans la plaine des incursions dévastatrices ; enfin, à l'intérieur même du Latium, les Latins, qui supportaient avec impatience l'hégémonie romaine. Au cours des Vᵉ et IVᵉ s., la petite République romaine dut mener des guerres défensives incessantes pour sauvegarder son existence même. L'armée romaine était une armée de paysans-citoyens, qui acquit rapidement des qualités incomparables de discipline et de ténacité. Deux ans seulement après la révolution de 509, les Étrusques menés par leur roi Porsenna réussirent même à occuper momentanément la ville (vers 504) ; ils furent cependant refoulés à la suite des exploits légendaires d'Horatius Coclès, de Mucius Scaevola et de Clélie. Vainqueurs des Latins à la bataille du lac Régille (496 ?), les Romains avaient besoin de leur appui pour résister à la pression des Volsques et des Èques ; par le *Fœdus Cassianum* de 493 (?), ils reconnurent aux Latins un droit de partage égal du butin et des conquêtes. Après avoir repoussé à grand-peine les Volsques (épisode de Coriolan, 491 ?), les Romains menèrent contre les Èques une campagne au cours de laquelle s'illustra le dictateur Cincinnatus, incarnation du soldat-paysan de cette époque (458). Au cours de ces luttes, l'hégémonie romaine sur la Ligue latine (v. LATIUM) s'affermit. Cependant, à moins de 10 km au N. de Rome, les Étrusques de Véies tenaient solidement la tête de pont de Fidènes, empêchant ainsi toute pénétration romaine dans la vallée du Tibre. Il fallut aux Romains quatre-vingts ans de luttes pour faire tomber une barrière aussi proche : la première guerre contre Véies (482/474) resta sans résultat (épisode des Fabii), Fidènes ne fut détruite par les Romains qu'en 425, et Véies ne fut enfin prise, par le dictateur Camille, qu'en 396, après dix ans de siège.

Juste après cette victoire, des Celtes, établis vers 400 av. J.-C. dans la vallée du Pô, lancèrent un raid contre Rome, laquelle fut occupée et incendiée (vers 386). Cependant, Rome se releva rapidement, mais le raid de 390 avait provoqué une révolte générale contre Rome dans le Latium, où les Romains ne mirent pas moins de trente ans à rétablir leur hégémonie. Vers le sud, un nouveau péril se dessinait avec la descente massive, dans la riche et fertile Campanie, de montagnards des Abruzzes, les Samnites. Alliés des Samnites depuis 354, les Romains furent cependant amenés à leur faire la guerre lorsque Capoue, attaquée par les Samnites, ne trouva d'autre recours que de se donner entièrement à Rome (343 av. J.-C.). Victorieuse dans la première guerre samnite (343/341), Rome dut faire face à une nouvelle révolte des Latins, qui, cette fois, furent complètement soumis, virent leur ligue dissoute, mais reçurent presque tous les droits de la citoyenneté romaine (338). Désormais maîtres absolus du Latium, les Romains menèrent la deuxième guerre samnite (327/304, v. SAMNITES), au cours de laquelle ils subirent de graves revers (les fourches Caudines, 321) et durent faire face à une coalition de tous les peuples de l'Italie centrale, mais qui s'acheva cependant par l'établissement de leur hégémonie sur toute la Campanie. La troisième guerre samnite (299/290) vit la victoire définitive des Romains, devant lesquels s'ouvrit la route de l'Italie du Sud. Les Romains, au début du IIIᵉ s. av. J.-C., entraient ainsi en contact avec les peuples de la Grande-Grèce. En 282 commença leur conflit avec Tarente, cité grecque qui appela à son aide Pyrrhus, roi d'Épire qui, débarqué en Italie avec une armée de 25 000 hommes et des éléphants, battit l'armée romaine à Héraclée (280) et à Ausculum (279), mais fut vaincu à Bénévent (275), par Curius Dentatus, et retourna en Grèce. Maîtres de Tarente en 272, les Romains, deux ans plus tard, occupèrent Rhégion, à l'extrême pointe de la botte italique. Toute la péninsule se trouvait désormais sous leur domination.

Celle-ci prenait, selon les peuples et les régions, des formes très diverses. L'Italie romaine constituait alors un réseau très complexe de liens plus ou moins souples tissés entre Rome et les autres peuples, les autres « cités », entrés dans son alliance ou soumis par elle. Le territoire romain proprement dit correspondait approximativement aux provinces italiennes actuelles du Latium, de la Campagnie, de l'Ombrie et des Marches. Le reste de l'Italie se composait soit de cités sujettes, qui, conquises de vive force, payaient à Rome un tribut, soit de villes « alliées », qui étaient liées aux Romains par un traité et conservaient une autonomie plus ou moins grande. Par ailleurs, les

Romains, dès l'origine, avaient fondé de nombreuses colonies en territoire italien.

La politique intérieure jusqu'aux guerres puniques

La réaction patricienne inaugurée par la révolution de 509 se renforça pendant toute la première moitié du ve s. av. J.-C. Les grandes familles, les *gentes*, qui disposaient à la fois de la richesse foncière et du pouvoir politique, religieux et judiciaire, et s'appuyaient en outre sur un nombre important de clients, dépouillèrent de ses droits une plèbe qui avait perdu avec le roi son protecteur naturel. La réaction prit la forme de sécessions (la plèbe abandonnait la cité) dont la plus fameuse fut la sécession sur l'Aventin, en 494, et le conflit ne fut momentanément réglé que par l'institution de magistrats spéciaux et inviolables, les tribuns de la plèbe. Sous l'autorité de ces chefs, la plèbe développa son organisation, facilitée par le premier développement commercial de Rome et surtout par les besoins militaires de la cité.

C'est au cours du ve s. que furent vraiment mises en place les réformes attribuées par la légende au roi Servius Tullius. Elles favorisèrent l'intégration progressive à la classe dirigeante des éléments les plus aisés de la plèbe, qui, d'une part, formèrent une infanterie lourde à côté de la cavalerie patricienne et, d'autre part, participèrent davantage au pouvoir politique par la répartition nouvelle des citoyens en classes déterminées par la fortune. La loi des Douze Tables, rédigée par les décemvirs (451/449), fut la première loi romaine écrite, commune aux patriciens et aux plébéiens. Cependant, le patriciat déploya tous ses efforts pour freiner cette évolution, par exemple en faisant interdire les mariages mixtes. En 444, les patriciens refusèrent l'accès du consulat aux plébéiens ; en compensation, ils durent accorder à la plèbe une nouvelle magistrature, le tribunat militaire à pouvoir consulaire, mais ils se réservèrent jalousement deux autres nouvelles magistratures, la censure et la préture. L'expansion de la puissance romaine contribuait cependant à étendre le pouvoir économique des plébéiens, qui participaient à l'exploitation des terres conquises et profitaient, après la chute de Véies (395), de l'ouverture des échanges commerciaux avec la vallée du Tibre. La politique ségrégationniste du patriciat s'en alla peu à peu en lambeaux : dès 445 av. J.-C., la *lex Canuleia* autorisa les mariages entre patriciens et plébéiens ; puis les magistratures s'ouvrirent l'une après l'autre à la plèbe. En 300 av. J.-C., l'égalité complète régnait entre tous les citoyens libres de Rome, mais il s'agissait d'une égalité formelle. Une aristocratie nouvelle (la *nobilitas*), constituée de patriciens et de plébéiens riches, monopolisait en fait toutes les magistratures, car le système de vote, dans les assemblées populaires, assurait la prépondérance de la fortune.

La conquête du bassin de la Méditerranée (264/132 av. J.-C.)

La conquête de l'Italie s'était faite sans plan d'ensemble, à la suite d'une série de guerres essentiellement défensives. De même, la lutte contre Carthage ne fut pas l'effet d'une entreprise longuement mûrie de domination de la Méditerranée occidentale, mais une nécessité imposée aux Romains par la géopolitique. Dès lors qu'ils étaient apparus sur le détroit de Messine, face au rivage de la Sicile, les Romains devenaient les rivaux des Carthaginois, qui, dans le cours du ve s., avaient étendu leurs positions en Sicile. Jusqu'alors, les rapports entre Carthage et Rome avaient été bons : les deux puissances avaient signé des traités commerciaux en 348 et en 323, et elles s'étaient retrouvées alliées contre l'invasion de Pyrrhus d'Épire.

En 264, c'est après beaucoup d'hésitations de la part du Sénat que les Romains, répondant à l'appel des mercenaires mamertins aux prises avec Hiéron II de Syracuse, intervinrent en Sicile, ce qui déclencha la première guerre punique (264/241). Ils y firent leur apprentissage de la guerre navale et c'est sur mer, aux îles Aegates (241), qu'ils remportèrent la victoire décisive qui mit fin au conflit. Rome annexa la Sicile (241), puis la Sardaigne et la Corse (238), qui devinrent, en 227, les premières « provinces » romaines. La politique romaine restait cependant guidée par une grande prudence, et le Sénat romain refusa d'intervenir lorsque Carthage se trouva aux prises avec la révolte de ses mercenaires (240/237). De même, l'expansion romaine vers le Nord, dans les années 230/222, fut dictée par un souci défensif : pour éliminer les pirates de l'Adriatique, les légions prirent pied en Illyrie (229/228) ; pour supprimer les bandes celtes qui menaçaient l'Étrurie, la vallée du Pô fut partiellement occupée (222).

La deuxième guerre punique (218/201), provoquée par l'expansion carthaginoise en Espagne et par l'attaque d'Hannibal contre Sagonte, fit connaître à la République romaine les heures les plus tragiques de son histoire ; pendant quinze ans, l'Italie fut envahie et systématiquement ravagée par l'armée carthaginoise, qui remporta sur les Romains les deux écrasantes victoires de Trasimène (217) et de Cannes (216). Mais Rome, montrant une admirable ténacité sous l'impulsion du parti sénatorial (Fabius Cunctator) réussit peu à peu à isoler et à user son adversaire. Après avoir conquis l'Espagne (218/206), les Romains, commandés par Scipion, débarquèrent en Afrique et remportèrent sur Hannibal une victoire décisive à Zama (202 av. J.-C.). Carthage ne put obtenir la paix qu'aux conditions les plus dures. Rome devenait la première puissance de la Méditerranée occidentale.

C'est seulement après cette guerre que la République entra dans sa phase impérialiste, sous l'influence d'une sorte de parti militaire animé par les Scipions. Déjà, pendant le conflit avec les Carthaginois, Rome était intervenue en Grèce pour briser l'alliance entre Philippe V de Macédoine et Hannibal (première guerre de Macédoine, 215/205). Après la défaite de Carthage, les Romains engagèrent immédiatement une deuxième guerre contre la Macédoine (200). À la bataille de Cynoscéphales (197), la légion romaine écrasa la phalange macédonienne ; Flamininus put ainsi proclamer la « liberté » des cités grecques aux jeux Isthmiques de 196. Mais Rome, en avançant vers l'Orient, se heurta à un adversaire plus redoutable, le Séleucide Antiochos III, qui régnait sur la Syrie et l'Asie Mineure, et qui donnait asile à Hannibal. Ayant envahi la Grèce, Antiochos III fut vaincu par les Romains aux Thermopyles (191), rejeté en Asie et à nouveau battu, près de Smyrne, à Magnésie du Sipyle, par les Scipions (190 ou 189). À la paix d'Apamée (188), Rome dépouillait le Séleucide de toutes ses possessions d'Asie Mineure, qui allaient grossir le royaume de Pergame, allié des Romains et imposaient au vaincu une énorme indemnité de guerre. La Macédoine, qui, sous le roi Persée, avait tenté de reprendre la lutte, fut définitivement éliminée par la victoire de Pydna, où Paul Émile s'empara d'un butin d'une ampleur sans précédent (168 av. J.-C.). À la révolte des Grecs, qui éclata vingt ans plus tard, le consul Mummius répondit par la destruction de Corinthe, en 146, la même année qui vit la fin de la troisième guerre punique et la ruine définitive de Carthage ; la ville fut rasée, et le territoire carthaginois réduit en province romaine, de même que la Grèce et la Macédoine. En Espagne, la longue résistance des montagnards et des paysans celtibères fut réduite par la prise et la mise à sac de Numance (133). Rome était devenue la maîtresse incontestée de toute la Méditerranée, que déjà les Romains appelaient « notre mer », *mare nostrum*.

La crise du régime républicain

Les grandes conquêtes rompirent l'équilibre social et spirituel de l'ancienne Rome républicaine. Dès le IIIe s. av. J.-C., l'hellénisme s'introduisit par l'intermédiaire de la Grande-Grèce et trouva son principal foyer romain dans le cercle des Scipions. Caton l'Ancien, censeur en 184, et chef des vieux Romains traditionalistes, tenta vainement de réagir contre cette invasion de la licence et du luxe venus d'Orient. Rome devint fabuleusement riche : les produits les plus rares de l'Orient, les œuvres d'art de la Grèce, les métaux d'Espagne, les bêtes et les plantes étranges de l'Afrique, les céréales des provinces s'acheminaient vers elle en même temps que des milliers d'esclaves, et aussi des rhéteurs, des philosophes, des prêtres, des médecins et des pédagogues qui jouèrent un rôle essentiel dans la vie culturelle. À la suite des légions, Rome lança à travers le monde méditerranéen ses percepteurs d'impôts, ses financiers, ses entrepreneurs de travaux publics. À côté de la *nobilitas* sénatoriale, dont la puissance était d'origine terrienne et à laquelle la loi Claudia de 219 avait interdit de s'occuper d'industrie et de commerce, grandit une classe nouvelle d'hommes d'affaires et de capitalistes, les *chevaliers*. Mais la classe rurale, où se recrutait toujours le gros de l'armée, ne bénéficia guère de ces avantages : le blé de Sicile, d'Asie Mineure et d'Afrique afflua à Rome. Toute une paysannerie ruinée commença à s'entasser à Rome, où elle grossit la masse de l'*infima plebs*, composée d'hommes libres mais sans source de revenus. Cette prolétarisation de la classe paysanne correspond à une extension de la grande propriété, fondée sur le travail des esclaves. Dès la fin du IIe s. av. J.-C., sur 400 000 citoyens romains, 2 000 seulement étaient encore propriétaires ruraux. Cette plèbe inoccupée n'était plus qu'une masse électorale que se disputaient les ambitieux et que l'État prenait à sa charge (vers 70 av. J.-C., 320 000 personnes environ vivaient des distributions de blé gratuites), lui offrant des jeux, des représentations théâtrales, des fêtes. À cette crise sociale s'ajouta une crise politique : l'ancienne cité-État n'était plus à la mesure des responsabilités impériales ; l'absence de bureaux et d'administrations facilitait les entreprises des aventuriers qui mettaient les provinces au pillage. Pour régler le problème agraire, les deux frères Tiberius et Caius Gracchus essayèrent d'imposer, de 133 à 121, diverses réformes, qui se heurtèrent à l'opposition de l'oligarchie sénatoriale. Mais la guerre en Afrique contre Jugurtha (112/105) étala la corruption de la *nobilitas* et fit surgir un homme nouveau, Marius, simple chevalier d'Arpinum, que le parti populaire imposa comme consul (107). À l'ancienne armée de citoyens, Marius substitua une armée de volontaires, attirés par la solde et par des promesses de distribution de terres. Cette nouvelle armée de pauvres, liée corps et âme à ses chefs, Marius, Pompée ou César, devint une menace permanente pour l'État oligarchique et la République.

L'âge des guerres civiles

À l'aube du Ier s. av. J.-C., deux candidats au pouvoir absolu, Marius (qui s'appuyait sur le parti populaire) et Sylla (qui se posait en défenseur de l'oligarchie sénatoriale), se dressèrent l'un contre l'autre en se livrant à de sanglantes proscriptions. Sylla finit par l'emporter et, pendant trois ans (82/79), exerça à Rome un pouvoir monarchique déguisé qui mécontenta autant le Sénat que le parti populaire. En 79, Sylla abdiqua ; il mourut l'année suivante, laissant l'oligarchie se rétablir au pouvoir.

Au cours de ces luttes intérieures, Rome ne cessa de se battre sur des fronts multiples : de 90 à 88, la *guerre sociale* l'opposa à ses alliés (*socii*) d'Italie, qui réclamaient l'égalité politique avec les Romains et finirent par l'obtenir (loi Julia, 90). De 88 à 63, les longues guerres contre Mithridate, roi du Pont, laissèrent Rome maîtresse de l'Asie Mineure et de la Syrie. La révolte de Sertorius en Espagne (80/72) et le soulèvement des esclaves commandés par Spartacus (73/71) contribuèrent à l'ascension de Pompée, qui obtint les pleins pouvoirs pour combattre les pirates méditerranéens (67) et Mithridate. Ainsi la guerre continuelle obligea le Sénat lui-même à bousculer les traditions politiques, tandis que se succédaient les scandales financiers (affaire Verrès, vers 70) et les complots (conjuration de Catilina, vers 63)

Vainqueur de Mithridate et rentrant d'Orient couvert de gloire à la fin de l'année 62, Pompée n'osa tenter le coup de force militaire qui lui eût assuré la dictature. Mais, malgré les efforts de Cicéron, qui rêvait de faire l'union des possédants dans une république opportuniste, l'oligarchie paraissait désarmée en face de l'alliance de trois grands ambitieux, Crassus, Pompée et César dans le premier *triumvirat* (60 av. J.-C.). César, chef du parti populaire, entreprit lucidement, tenacement, la marche vers le pouvoir. Consul en 59, il se fit donner, pour conquérir les Gaules (v. **Gaules, guerre des**) (58/51), une armée qu'il jeta plus tard contre le régime. Pendant son absence, la République achevait de sombrer dans l'anarchie : les bandes de Clodius et de Milon se livraient des combats de rue dans Rome. Acculé aux derniers expédients, le Sénat, à l'instigation notamment de Cicéron, se résolut alors à se rapprocher de Pompée, qui paraissait le seul homme capable de résister à César.

Vainqueur de Vercingétorix (Alésia, 52), César reparut en Italie du Nord à la tête de son armée à la fin de l'année 50. Il passa le Rubicon, se rendit maître de l'Italie, tandis que Pompée et l'armée sénatoriale se repliaient en Grèce. C'est le début d'une guerre civile de quatre ans (49/45). César écrasa Pompée à Pharsale en Thessalie (48), puis poursuivit les républicains sur toutes les rives de la Méditerranée. En Égypte, où Pompée avait trouvé une mort lamentable, César imposa au pouvoir sa maîtresse Cléopâtre, puis il remporta sur les pompéiens d'Afrique la victoire de Thapsus (46) et mit fin à la guerre en battant les fils de Pompée à Munda, en Espagne (45). Il était dès lors le maître absolu du monde romain : soutenu par le peuple et l'armée, il domestiqua le Sénat en le peuplant d'hommes à lui, mais il se montra clément à l'égard de ses adversaires, dédaigna de gouverner par la violence, réprima le luxe des riches et prépara l'intégration du prolétariat dans l'État totalitaire par des distributions de terres et par la mobilisation des chômeurs pour de grands travaux publics (aménagement du port d'Ostie, assèchement des marais Pontins...). Sans toucher à la façade républicaine de l'État, César cumula la puissance tribunitienne, la préfecture des mœurs et le consulat pour dix ans (46), la dictature pour dix ans, le titre d'*imperator* (45), enfin la dictature perpétuelle (44). Rome semblait évoluer vers une restauration monarchique, seule capable d'unifier et de métamorphoser la vieille cité romaine en un véritable État impérial. Mais une conjuration se forma, dirigée par Brutus et Cassius, et, le 15 mars 44, le dictateur fut assassiné au cours d'une séance du Sénat.

Ce meurtre valut à Rome de nouvelles guerres civiles. Après la mort de César, les débris de l'oligarchie républicaine n'osèrent s'emparer du pouvoir, et deux hommes prétendirent l'héritage du dictateur : son principal lieutenant, Antoine et son fils adoptif, Octavien (Octave). D'abord adversaires (guerre de Modène, 43), Octave et Antoine se réconcilièrent et formèrent avec Lépide le second triumvirat. Ils décimèrent le parti républicain par de sanglantes proscriptions dans lesquelles périt Cicéron (43) et, à la paix de Brindes (40), ils se partagèrent le monde romain : à Antoine l'Orient, à Octave l'Occident avec l'Italie, à Lépide l'Afrique. En 36, Lépide fut déposé et Octave et Antoine se faisaient face. Mais Antoine, devenu l'amant de la reine d'Égypte Cléopâtre, songeait à la reconstitution d'un grand empire oriental, alors qu'Octave, incarnait l'idée romaine. En 32, le Sénat déclara la guerre à la reine d'Égypte : vaincus à la bataille navale d'Actium (31), Cléopâtre et Antoine se suicidèrent. L'Égypte fut annexée et réduite en province : ce fut la fin des guerres civiles, mais aussi la fin de la République.

Auguste et les débuts du principat (29 av./96 apr. J.-C.)

Octave, qui, au cours de la lutte, s'était fait prêter serment de fidélité par l'Italie et par les provinces d'Occident, honoré en 27 du titre d'auguste (*augustus*), dont il fit son nom, institua peu à peu le nouveau régime impérial. Déjà déclaré inviolable (36) et reconnu comme *prince du Sénat* (28, d'où le nom de *principat* donné au régime), il reçut en 23 la puissance tribunitienne à vie et vit son *imperium proconsulare* étendu à toutes les provinces ; en 19, il fut nommé préfet des mœurs ; en 12, grand pontife, ce qui ajoutait à son pouvoir politique celui de chef religieux ; enfin, en l'an 2 av. J.-C., il se fit proclamer *Père de la patrie*. Son pouvoir s'exerçait directement par de hauts fonctionnaires qui ne dépendaient que de lui seul (préfets du prétoire, de l'annone, des vigiles), et certaines provinces, encore mal soumises, furent placées sous l'autorité de gouverneurs nommés par le prince. Et cependant, cet Empire n'osa pas dire son nom : bien que l'empereur fût le maître de la justice, des finances et de l'armée, la fiction de l'État républicain subsista. Les comices devaient être encore réunies, et les magistrats furent nommés jusqu'à l'époque byzantine. Au début de l'Empire, la puissance romaine s'étendait sur toutes les rives de la Méditerranée ; en Europe continentale, l'armée fut ramenée derrière le Rhin, l'Empire borda les frontières du Rhin et du Danube, mais les tentatives faites sous Auguste pour atteindre la frontière de l'Elbe se soldèrent par la défaite de Varus dans la forêt de Teutoburg en 9 apr. J.-C.. En Orient, qui restait de langue et de culture grecques, la puissance était arrêtée par celle des Parthes (v. **Perse**), qui avaient infligé à Crassus le terrible désastre de Carrhae (53 av. J.-C.) : en 20 av. J.-C., un accord entre les deux Empires fixa la frontière sur l'Euphrate supérieur et moyen.

Une véritable administration impériale fut mise en place : les provinces, abandonnées sous la République au pillage des promagistrats et des fermiers d'impôts, dépendirent étroitement de l'empereur, mais Rome favorisa la promotion des élites provinciales. À l'abri de la paix romaine se constitua un véritable marché commun méditerranéen et européen, où les échanges bénéficiaient de la sécurité des mers et de l'admirable réseau des voies impériales. Même le sort des esclaves s'améliora, grâce à l'influence du stoïcisme et à la prospérité économique : les affranchissements furent si nombreux au début de l'Empire que l'État dut prendre des mesures pour les restreindre. Les affranchis jouèrent un grand rôle dans le gouvernement impérial.

Sur le plan moral et religieux, Auguste se fit le restaurateur de la religion et de la famille : reconstruction des temples, retour aux vieilles pratiques rituelles, réformes des confréries mais surtout, instauration des cultes à signification dynastique (Venus Genitrix, Mars Ultor, Apollon Palatin), préludant ainsi à cette innovation de génie, le culte impérial, qui fut réellement populaire et suscita dans de nombreuses régions de l'Empire un véritable enthousiasme.

À Auguste succédèrent les souverains de la dynastie julio-claudienne (de 14 à 68 apr. J.-C.). L'histoire de ces empereurs a certainement été altérée par des historiens tels que Suétone et Tacite qui appartenait eux-mêmes à l'opposition sénatoriale, durement traitée par les empereurs. En fait, en dépit des crimes, des débauches ou des folies qu'on leur attribua, les règnes de Tibère (14/37 apr. J.-C.), de Caligula (37/41), de Claude (41/54) et de Néron (54/68) furent marqués par une remarquable administration de l'Empire, par la romanisation des provinces et par d'importants succès militaires (victoire de Germanicus sur les Germains, 14/16 ; soumission de la Mauritanie, 41/42 ; conquête de la (Grande-) Bretagne, 43/47 ; victoire sur les Parthes, 58/66). Après la brève guerre civile (68/9) qui suivit la chute de Néron, un légat victorieux, membre de la famille italienne des *Flavi*, Vespasien (69/79), fonda la nouvelle dynastie des Flaviens (69/96). Vespasien, souverain économe et bâtisseur, donna une nouvelle vitalité au Sénat en y faisant entrer de nombreux provinciaux. Son fils, Titus (79/81), qui avait écrasé la révolte des Juifs (destruction de Jérusalem, 70), fut considéré, durant son court règne, comme un excellent prince ; le règne de Domitien (81/96) vit l'agrandissement de la province de Bretagne jusqu'à l'Écosse, le début de la construction du *limes* (la frontière fortifiée) (v.) germanique et l'annexion des champs Décumates, entre Rhin et Danube (89/90). Domitien finit assassiné. Ses excès avaient fait naître une défiance à l'égard du principe héréditaire, et c'est par le moyen de l'adoption ou de l'association à l'Empire, du vivant même du souverain, que fut généralement assurée désormais la continuité du pouvoir.

Le siècle des Antonins et l'anarchie militaire (96/284)

La dynastie des Antonins (96/192) porta l'Empire à son apogée. Après Nerva (96/8), Trajan (98/117) donna au monde romain sa plus grande extension, au-delà du Danube par la conquête de la Dacie (101/07), en Orient par l'annexion de l'Arabie Pétrée, de la Mésopotamie et de l'Arménie (107). Cet Espagnol favorisa lui aussi la promotion politique des provinciaux et laissa le souvenir du meilleur des empereurs. Son successeur, Hadrien (117/138), un autre Espagnol, homme de grande culture, établit définitivement le Conseil du prince ; partisan d'une politique de paix, il abandonna une partie des conquêtes orientales de Trajan (Arménie, Mésopotamie), mais renforça la protection de l'Empire (mur d'Hadrien en Bretagne, *limes* de Germanie Supérieure, fortification des frontières de Syrie et d'Afrique du Nord).

Empereurs philosophes, Antonin le Pieux (138/61) et son fils adoptif Marc Aurèle (161/80) ont incarné l'épanouissement de la paix romaine, pourtant déjà menacée en Orient par les Parthes et par les Germains, dont les vagues commençaient à battre les frontières du Danube. Un grand siècle s'acheva avec Commode, fou dangereux, qui finit assassiné dans une conjuration inspirée par sa favorite, Marcia (192).

En cette fin du IIe s. apparurent les premiers symptômes de crise économique, surtout en Italie, où les campagnes étaient désertées, où de nombreuses terres retournaient en friche et où l'industrie, qui s'était développée considérablement depuis Auguste, ne trouvait plus de débouchés suffisants. À partir de Trajan, les Antonins s'orientèrent vers une politique interventionniste croissante, amenant peu à peu la transformation du principat en un État totalitaire dans le cours du IIIe s. La chute de Commode ouvrit une période de chaos au cours de laquelle les militaires se disputèrent le pouvoir. Pertinax régna trois mois avant d'être assassiné (193) ; l'Empire fut alors mis aux enchères par les prétoriens (la garde personnelle de l'empereur) et acheté par un richissime sénateur, Didius Julianus, bientôt éliminé par Septime Sévère (193/211), Africain marié à une Syrienne, qui créa la nouvelle dynastie des Sévères (193/235). Ce soldat remporta de beaux succès sur les Parthes (reconquête de la Mésopotamie, 199), mais, pour surmonter la crise économique, il n'hésita pas à bousculer les traditions romaines. L'État multiplia ses interventions, obligea les propriétaires à garantir sur leurs biens la rentrée des impôts globaux, enserra toute la vie économique dans un réseau de corporations aux règlements uniformisés, fit passer sous son contrôle les manufactures... Le fils et successeur de Septime Sévère, Caracalla (211/17), en accordant la citoyenneté romaine à tous les habitants libres de l'Empire, poursuivit cette politique d'uniformisation. Après le règne extravagant d'Élagabal (218/22), grand prêtre de Baal, puis celui de Sévère Alexandre (222/35), chef de guerre timoré, massacré par ses soldats, commença une longue période d'anarchie militaire (235/70).

Tandis que les armées ou les prétoriens faisaient et défaisaient les empereurs, les frontières furent franchies par les Barbares, l'empereur Valérien fut pris et supplicié par les Perses Sassanides (260), des empires provinciaux autonomes se constituèrent (notamment en Gaule), enfin l'Empire était moralement menacé à l'intérieur par l'extension du christianisme (persécution de Dèce, 250). Cependant, le redressement s'amorça avec deux empereurs illyriens, Claude II le Gothique (268/70) et Aurélien (270/75) : une formidable invasion des Goths fut arrêtée dans les Balkans (269), et Aurélien, en abandonnant la Dacie, réussit à maintenir la frontière du Danube ; en Orient, il détruisit le royaume de Palmyre constitué par la reine Zénobie (273). Mais l'Empire vécut désormais sous la menace des Barbares, ce qui incita Aurélien à pourvoir Rome d'un nouveau mur d'enceinte. C'est un autre Illyrien, Dioclétien (284/305), soldat énergique et intelligent, qui acheva la restauration impériale en menant à leur aboutissement toutes les tendances centralisatrices et étatiques qui s'étaient développées au cours du IIIe s.

L'Empire totalitaire, païen et chrétien (284/395)

À partir de Dioclétien, le prince devint un monarque absolu, considéré comme divin et sacré, entouré par un cérémonial de cour oriental et dont toutes les décisions revêtaient le même caractère sacré. Le Sénat n'existait plus que pour la forme, et les magistratures étaient devenues purement honorifiques. Dioclétien égalisa et unifia le droit (Code grégorien de 291, Code hermogénien de 295). La distinction entre provinces sénatoriales et provinces impériales fut abolie : toutes les provinces dépendaient de l'empereur. Mais c'est surtout dans le domaine économique que se fit sentir l'autocratie impériale agissant au nom de l'*utilitas publica* : les professions et fonctions devinrent héréditaires et durent être exercées sans changer de lieu ; les colons ne pouvaient abandonner leur terre... ; les prix, qui étaient montés de 1 000 % entre 256 et 280, firent l'objet de taxations sévères.

Le règne de Dioclétien marqua également un tournant capital parce qu'il vit l'institution de la tétrarchie (285/93) : le monde romain étant trop vaste en face de la menace des Barbares, Dioclétien, pour faciliter la défense des frontières, partagea l'Empire d'abord en deux, puis en quatre : deux *augustes*, Dioclétien lui-même et Maximien, et deux *césars* (adjoints des précédents et leurs successeurs), Galère et Constance Chlore.

Dioclétien abdiqua en 305 et assista à l'échec complet de la tétrarchie. Après des luttes furieuses, Constantin, fils de Constance Chlore, devint le maître de l'Occident (victoire du pont Milvius, près de Rome, sur Maxence, fils de Maximien, 312). Il partagea d'abord le pouvoir avec Licinius, qui régna sur l'Orient, mais, en 324, Licinius fut battu et l'unité de l'Empire reconstituée. Le fait essentiel du règne de Constantin (325/37) a été la conversion du souverain au christianisme : l'édit de Milan (313) accorda la tolérance à l'Église, mais, très rapidement, le christianisme devint l'objet d'une protection particulière. Le transfert de la capitale à Constantinople (330) marqua ce début d'une ère nouvelle. Mais Constantin ne se contenta pas de protéger, il intervint dans la vie même de l'Église, en présidant le premier concile de Nicée (325).

Après l'échec de la tentative de restauration païenne entreprise par l'empereur Julien (361/63), le règne de Théodose (379/95) consacra la christianisation définitive de l'Empire en faisant du christianisme une religion d'État : dès 380, tous les actes extérieurs du culte païen furent interdits, et l'édit de Milan de 382 supprima les vestales et les prêtres romains et confisqua les biens des temples. La politique chrétienne des empereurs souleva une forte résistance dans les milieux dirigeants romains et la masse paysanne resta plus longtemps encore rebelle à la foi du Christ. Religion de salut universel, transcendant les peuples et les civilisations particulières, le christianisme fut incapable de faire l'union de l'Empire en face des Barbares. Jamais, pourtant, la menace n'avait été plus grande : en écrasant les Alamans près de Strasbourg (357), Julien avait sauvé une fois encore la frontière du Rhin ; le règne brillant de Valentinien Ier (364/75) vit la reconquête de la Bretagne (369) et de la Mauritanie (375). Mais l'invasion des Huns en Europe précipita par contrecoup l'entrée massive des Germains dans l'Empire romain.

La dislocation de l'Empire (395/476)

À la mort de Théodose (395), l'unité de l'Empire fut définitivement brisée. Depuis le début du IVe s., Rome avait été obligé d'accepter des barbares en deçà de ses frontières ; installés comme « fédérés », ils devenaient à leur tour des défenseurs de l'Empire contre de nouveaux envahisseurs. Mais la ruée des Germains ne pouvait plus être contenue. En 406, la frontière du Rhin fut percée, et Suèves, Vandales, Burgondes envahirent la Gaule. Le chef des Wisigoths, Alaric, après avoir ravagé les Balkans et la Grèce, s'empara de Rome en 410. Les Vandales s'établirent en Espagne, avant de passer en Afrique du Nord (429) et de se rendre maîtres de la Méditerranée occidentale, tandis qu'un royaume wisigothique s'installait dans le sud-ouest de la Gaule (414). L'invasion d'Attila et des Huns fut brisée par Aetius aux champs Catalauniques (451), mais les Vandales, débarqués en Italie, mirent Rome au pillage (455) et, en 476, le chef des Hérules, Odoacre, déposa le dernier empereur romain d'Occident, Romulus Augustule, et renvoya les insignes impériaux, en marque d'hommage, à l'empereur d'Orient, dont les successeurs régnèrent à Constantinople jusqu'en 1453 (sur toute cette dernière période, voir **INVASIONS GERMANIQUES**).

ROME (traité de). Traité signé à Rome le 25 mars 1957 entre la France, l'Allemagne, l'Italie, la Belgique, les Pays-Bas et le Luxembourg, qui institua la Communauté économique européenne (CEE). Un autre traité de Rome, signé le même jour entre les mêmes États, instituait une Communauté européenne de l'énergie atomique. Voir **Européennes (institutions)**.

ROME (roi de). Fils de Napoléon Ier et de Marie-Louise (* Paris, 20.III.1811, † Schönbrunn, 22.VII. 1832). Voir **Napoléon II**.

ROMMEL Erwin (* Heidenheim, Wurtemberg, 15. XI.1891, † près de Herrlingen, près d'Ulm, 14.X. 1944). Feld-maréchal allemand. Combattant de la Première Guerre mondiale, il adhéra au national-socialisme et fut membre des SA. Il joua un rôle important dans la campagne de France, avant de prendre la tête de l'Afrikakorps et des forces de l'Axe en Cyrénaïque (1941). Il déclencha en mai 1942 la grande offensive qui mena les Allemands jusqu'à El-Alamein, mais, à partir d'oct. 1942, il fut repoussé par Montgomery jusqu'en Tunisie qu'il quitta en mars 1943. Dépêché sur le front de l'Ouest en 1944, conscient de la défaite prochaine de l'Allemagne, il se donna la mort, semble-t-il, après avoir été compromis dans le complot des généraux contre Hitler.

ROMULUS († 715 av. J.-C. ?). Fondateur et premier roi légendaire de Rome, à qui était rendu un culte, sous le nom de Quirinus, après sa disparition mystérieuse lors d'un orage, au cours d'une cérémonie religieuse. Voir **Rome**. Les origines légendaires.

ROON Albrecht, comte von (* Pleushagen, près de Kolberg, 30.IV.1803, † Berlin, 23.II.1879). Feld-maréchal et homme politique prussien. Ministre de la Guerre (1859/73) et Premier ministre (1873). Voir **Prusse**. La Prusse créatrice de l'unité allemande.

ROOSEVELT Theodore (* New York, 27.X.1858, † Sagamore Hill, New York, 6.I.1919). Homme politique américain. Il s'illustra à Cuba en 1898, dans la guerre hispano-américaine, ce qui lui valut une grande popularité. Élu gouverneur de New York (1898/1900), il devint vice-président des États-Unis en 1900, et succéda à McKinley, assassiné en 1901. Réélu en 1904, il mena la lutte contre les trusts et le grand capitalisme. Mais sa politique extérieure, dite du « gros bâton », fut toute impérialiste, notamment en Colombie, où il fomenta la sécession du Panamá pour obtenir la concession du canal. Contrevenant aux principes de la doctrine Monroe, Roosevelt intervint dans la politique internationale, ce qui lui valut le prix Nobel de la paix en 1906 pour sa médiation dans le conflit russo-japonais et son intervention en faveur du Tribunal international de La Haye. En 1908, Roosevelt s'effaça devant Taft, mais se présenta contre lui en 1912, provoquant une scission au sein du parti républicain, ce qui favorisa l'élection du démocrate Wilson, dont Roosevelt combattit la neutralité jusqu'à l'entrée en guerre des États-Unis aux côtés des Alliés en 1917.

ROOSEVELT Franklin Delano (* New York, 20.I.1882, † Warm Springs, 12.IV.1945). Homme politique américain, cousin de Theodore Roosevelt. Après des études à Harvard et à Columbia, il devint avocat en 1904, se lança dans la politique et fut élu sénateur démocrate de l'État de New York. En 1913, Wilson fit de lui son secrétaire adjoint à la Marine, jusqu'en 1920. Cette même année, candidat à la vice-présidence, il fut emporté par le raz de marée républicain. En 1921, il subit une grave attaque de poliomyélite qui le laissa paralysé des deux jambes, mais il fit face à la maladie. Élu en 1928 gouverneur de l'État de New York, il utilisa les faibles moyens, dont il disposait pour lutter contre la crise, ce qui lui valut autorité et prestige.

C'est un homme politique consommé qui accéda au pouvoir suprême en mars 1933. Son cabinet ainsi que le groupe de conseillers dont il s'entoura, le *brain trust*, reflétaient des options politiques et économiques très variées. Excellent orateur, il utilisa aussi à merveille la radio pour expliquer sa politique à l'opinion, dans ses « causeries au coin du feu ». Les Américains lui renouvelèrent leur confiance par trois fois, en 1936, 1940 et 1944. Il mourut au début de son quatrième mandat.

Le *New Deal* qu'il lança à partir de 1933 ne parvint que partiellement à surmonter la Dépression. Certaines des mesures prises alors furent pérennisées : aide aux chômeurs, soutien des prix agricoles, surveillance des activités boursières... Mais les présidences de F. Roosevelt furent surtout importantes par le poids nouveau qu'elles donnèrent à la fonction présidentielle. En ce sens, Roosevelt est souvent considéré comme un second fondateur du système politique américain.

Plus contestée, l'œuvre de Roosevelt dans le domaine extérieur n'en fut pas moins considérable. Avec lui, les États-Unis, jusqu'alors de tradition isolationniste, tirèrent les conséquences politiques et internationales de leur suprématie économique et prirent en main leur destin de première puissance mondiale. Leur entrée en guerre aux côtés des démocraties européennes contre les régimes de l'Axe décida du sort du plus grand conflit de l'Histoire. Voir **Guerre mondiale 1939/45**.

ROSAS Juan Manuel de (* Buenos Aires, 30.III. 1793, † Swathling, près de Southampton, 14.III.1877). Homme politique argentin. Chef des fédéralistes depuis 1828, il fut proclamé à la faveur d'une guerre civile gouverneur de Buenos Aires (1829) et se fit donner en 1835 des pouvoirs dictatoriaux avec lesquels il gouverna par la terreur pendant dix-sept ans. Beaucoup d'opposants ayant fui en Uruguay, Rosas vint mettre le siège devant Montevideo (1843), mais, ses exactions s'étant étendues à des ressortissants européens, l'Angleterre et la France décidèrent d'intervenir et firent le blocus de Buenos Aires (1845/47). En 1849, Rosas réussit pourtant à imposer un dur traité à l'Uruguay. Mais un soulèvement se déclencha dans les provinces d'Entre Rios et de Corrientes, sous la direction d'Urquiza, qui reçut l'appui du Brésil et du Paraguay. Vaincu à la bataille de Monte Caseros (3 févr. 1852), Rosas dut s'enfuir et se réfugia en Grande-Bretagne. L'Argentine le condamna à mort par contumace en 1861.

ROSEBERY, Archibald Philip Primrose, 5e comte de (* Londres, 7.V.1847, † Epsom, 21.V.1929). Homme politique britannique. Membre de la Chambre des lords (1868), ce grand seigneur richissime (grâce à son mariage avec Hannah Rothschild, 1878) devint un des chefs du parti libéral. Ministre des Affaires étrangères sous Gladstone en 1886 et 1892/94, il fut un artisan de la politique coloniale en Égypte. Chef de la fraction impérialiste des libéraux, il se sépara de Gladstone, et devint Premier ministre (mars 1894/juin 1895). Il fut ensuite l'adversaire de Lloyd George, qu'il combattit vigoureusement à propos de la guerre des Boers, du budget de 1909 et de la réforme parlementaire de 1911.

ROSENBERG Alfred (* Reval, Estonie, 12.I.1893, † Nuremberg, 16.X.1946). Théoricien et homme politique allemand. Voyant dans la crise de l'Europe contemporaine le résultat d'une conspiration occulte des Juifs et des francs-maçons, il devint un des militants les plus convaincus du national-socialisme naissant. Rédacteur en chef du *Völkischer Beobachter*, dès 1921, il participa aux côtés de Hitler au coup d'État manqué de Munich (nov. 1923). En 1930, il fonda la revue *Nationalsozialistische Monatshefte* et, la même année, publia son principal ouvrage, *Der Mythus des 20. Jahrhunderts* (« Le Mythe du XXe s. ») synthèse de ses théories racistes. En 1933, Rosenberg fut écarté des postes ministériels et dut se contenter de diriger les services de politique étrangère du parti. En 1941, il fut nommé ministre pour les Territoires occupés de l'Est, ce qui le rendit responsable des exactions commises en URSS et lui valut d'être traduit devant le tribunal de Nuremberg. Il fut condamné à mort et pendu.

ROSENBERG (affaire). En avr. 1951, les époux Julius (* 1916) et Ethel Rosenberg (* 1918), tous deux ingénieurs, furent condamnés à mort aux États-Unis pour avoir livré aux Soviétiques des documents relatifs aux secrets atomiques américains durant la Seconde Guerre mondiale ; la culpabilité des accusés, qui niaient avec énergie, ne fut jamais totalement prouvée. Malgré une vaste campagne d'opinion, en partie entretenue par les communistes, malgré les interventions de Pie XII ou Albert Einstein, les époux Rosenberg furent exécutés le 19 juin 1953.

ROSSEL Louis Nathaniel (* Saint-Brieuc, 9.IX.1844, † Satory, 28.XI.1871). Officier français, officier du génie à sa sortie de l'École polytechnique. Capitaine en 1870, il voulut, à l'annonce de la prochaine capitulation de Metz, décider le général Clinchant à tenter une sortie, en vain. Il réussit à s'enfuir de la ville assiégée et rejoignit le gouvernement à Tours. Décidé à se battre jusqu'au bout, il se rallia à la Commune (20 mars 1871), devint chef de la 17e légion de la garde nationale, puis chef d'état-major général, mais ses efforts pour imposer la discipline (création d'une cour martiale) provoquèrent les protestations des communards, et il dut démissionner (26 avr.). Nommé peu après délégué provisoire à la Guerre, il ne réussit pas mieux à organiser les insurgés en une véritable armée, adressa à la Commune – et rendit publique – une lettre de démission insolente (9 mai) et fut arrêté. Il s'évada, se laissa arrêter par les versaillais, fut condamné à mort et exécuté.

ROTHSCHILD. Famille de banquiers d'origine juive allemande, qui doit son nom à l'enseigne de la maison de Francfort, berceau de la famille : *Zum rothen Schilde*, « Au bouclier rouge ». **Meyer Amschel Rothschild** (* Francfort-sur-le-Main, 23.II.1743, † Francfort, 19.IX. 1812) en fut le fondateur, négociant, entre 1804 et 1812, des emprunts essentiels pour le Danemark et rendant d'importants services à l'Angleterre et aux alliés contre la France. Ses cinq fils furent anoblis par l'empereur d'Autriche en 1815, puis faits barons en 1822. L'aîné, **Amschel Meyer Rothschild** (* Francfort, 12.VI.1773, † 1855) dirigea la maison de Francfort. **Salomon** (* 1774, † 1855) établit en 1821 la branche viennoise, **Nathan** (* 1777, † 1836) s'établit en Angleterre et spécula brillamment sur la bataille de Waterloo. La maison lui doit sa puissance européenne. **Charles** (* 1788, † 1855) fonda la branche napolitaine et **Jacob**, ou **James** (* 1792, † 1868), la branche parisienne, devenant le banquier de Louis XVIII, Charles X et Louis-Philippe. Son fils, **Alphonse** (* 1827, † 1905), naturalisé français, devint régent de la Banque de France en 1855. La position de la maison grandit encore sous le second Empire. À partir de 1905, le chef de la branche française fut **Édouard** (* 1868, † 1949). Ses trois fils Guy (* 1909), Alain (* 1910) et Élie (* 1917) lui succédèrent. Nationalisée en 1982, la banque Rothschild est devenue l'Européenne de banque.

En Grande-Bretagne, le fils de Nathan, **Lionel Nathan** (* 1808, † 1879), pionnier de l'émancipation des Juifs anglais, fut le premier israélite à siéger au Parlement britannique : élu en 1847, il ne put siéger qu'en 1858, lorsque fut levée l'incapacité politique des Juifs. Son fils, **Nathan Meyer** (* 1840, † 1915), fut le premier Juif élevé à la pairie (1885). La famille fut par ailleurs un puissant soutien au sionisme : **Edmond de Rothschild** (* 1845, † 1934), de la branche française, consacra 70 millions de francs-or à l'aide des communautés juives de Palestine.

ROUGET DE LISLE Claude Joseph (* Lons-le-Saunier ; 10.V.1760, † Choisy-le-Roi, 26.VI.1836). Officier français. Capitaine du génie à Strasbourg en 1792, il composa, à la suite de la déclaration de guerre à l'Autriche, le *Chant de guerre pour l'armée du Rhin*, qu'il fit entendre chez le maire Dietrich (26 avr. 1792). Cet hymne, adopté par les volontaires marseillais, prit le nom de *Marseillaise* (v.) et devint l'hymne national de la France. Arrêté en 1793, Rouget de Lisle fut sauvé de la guillotine par la chute de Robespierre. Il combattit sous Hoche en Vendée et fut blessé à Quiberon (1795). Il démissionna de l'armée en 1796, et ne reçut aucun secours de Napoléon ; c'est seulement sous le règne de Louis-Philippe que lui fut accordée une pension.

ROUHER Eugène (* Riom, 30.XI.1814, † Paris, 3.II.1884). Homme politique français. Orléaniste jusqu'en 1848, député républicain à la Constituante et à la Législative (1848/49), il fut ministre de la Justice (1849/51) et se rallia au parti de l'Ordre, dans le sillage de Morny. D'abord ministre du Commerce, de l'Agriculture et des Travaux publics (1855/63), il fut un fidèle exécutant de la politique de Napoléon III à la tête du gouvernement (1863/69). Il se montra hostile à toute libéralisation du régime. Il tenta de reconstituer un parti bonapartiste en 1874.

ROUM ou **RUM (sultanat de).** Nom donné au sultanat seldjoukide créé à la fin du XIe s. autour de la ville de Konya, en Asie Mineure. Voir TURCS. Les Seldjoukides.

ROUMANIE, *Romania*. État de l'Europe du Sud-Est ; capitale *Bucarest*. La Roumanie, où l'on a retrouvé des vestiges d'industries du paléolithique inférieur, vit s'épanouir, aux Ve/IVe millénaires avant notre ère, plusieurs cultures néolithiques et chalcolithiques, celles de Boian, Gumelnitza, Cucuteni. La phase du chalcolithique est représentée principalement à Cotsofeni, vers 2000 av. J.-C. Les cultures du bronze (Sarata-Monteoru, Tei) atteignirent leur apogée vers le milieu du IIe millénaire. Le fer fit son apparition vers le XIIe s. avant notre ère.

Les origines de la nation roumaine

La Roumanie actuelle rattache ses origines à l'ancienne Dacie, conquise puis érigée en province romaine par Trajan, en 107 apr. J.-C. L'objectif des Romains était d'exploiter les gisements d'or et, en fondant des colonies peuplées de vétérans dans cette région, de protéger la frontière du Danube contre les invasions barbares. Cette province, plus petite que la Roumanie actuelle, s'étendait, au N. du Danube, de la Tisza à l'Olt, en englobant les régions montagneuses de la Transylvanie. À l'arrivée des Romains, le pays était habité par des populations d'origines diverses, principalement des Gètes, très proches des Thraces, mais aussi des peuples des anciens « empires des steppes » (Cimmériens, Scythes, Sarmates) et des Celtes. Au VIIe s. av. J.-C., les Grecs avaient commencé à coloniser la Dobroudja, région côtière de la mer Noire : des Milésiens à *Tomoi* (Constantza), des Mégariens à *Callatis* (Mangalia), qui devint le principal port d'exportation des céréales. Au Ier s. av. J.-C., sous la conduite de Burebista, des populations thraco-gètes fondèrent un ensemble politique auquel les Romains donnèrent le nom de Dacie et qu'ils conquirent de 101 à 106. Outre leurs colonies militaires du Banat, de la Transylvanie et de l'Olténie actuels, les Romains possédaient la Dobroudja, qui formait une partie de la province de Mésie-Inférieure. Leurs principaux établissements étaient, sur la côte, les deux anciens ports grecs de *Tomis-Constantiana* (Constantza) et de *Callatis* et, à l'intérieur, dans la grande boucle du Danube, le camp militaire de *Trœsmis* (près de Braila). Mais la domination romaine en Dacie ne dura guère plus d'un siècle et demi : vers 271, sous la pression des Goths, Aurélien dut prendre la décision de ramener les légions sur la rive droite du Danube. Pendant près de mille ans, l'ancienne Dacie fut soumise à des vagues successives d'envahisseurs : les Goths (IIIe/IVe s.), les Gépides (IVe/Ve s.), les Huns (IVe/Ve s.), les Avars (VIe/VIIe s.), les Bulgares (VIIe/IXe s.), les Petchenègues (IXe/XIe s.), les Coumans (XIe/XIIIe s.).

Cette période confuse a donné lieu à des hypothèses historiques contradictoires. Les historiens roumains affirment en général que le départ des légions romaines, vers 271, fut un mouvement purement militaire et que la population romanisée de l'ancienne Dacie se maintint dans le pays, puis, devant les invasions barbares, se réfugia dans les montagnes de Transylvanie ; vers la fin du XIIIe s., après la dernière des Grandes Invasions, celle des Mongols (1241), cette population, qui avait conservé dans l'essentiel sa langue romane, serait redescendue dans les plaines. À cette thèse de la continuité du peuplement roumain s'oppose celle de nombreux historiens allemands, hongrois et slaves selon lesquels toute la population de la Dacie romaine aurait suivi les légions au S. du Danube après 271. Les recherches archéologiques et toponymiques confirment plutôt la première thèse. En tout cas, c'est seulement à la fin du XIIIe s. que les documents attestent la présence des Roumains dans les deux plaines formant la périphérie du massif montagneux de la Transylvanie : au S., entre les montagnes et le Danube, la Valachie ; plus au N., entre les Carpates et le Pruth, la Moldavie. Ces Roumains parlaient une langue dérivée du latin, avec d'importants apports slaves ; ils avaient été convertis par les Bulgares, vers le IXe s., à la religion grecque orthodoxe.

Des principautés danubiennes à la naissance de l'État roumain moderne (XIVe/XIXe s.)

Le peuple roumain ne réalisa son unité politique qu'au XIXe s. Jusque-là, son histoire est celle des deux principautés de Valachie et de Moldavie, qui, l'une et l'autre, furent soumises à la domination turque, à l'administration des Grecs phanariotes (de Constantinople) appointés par la Porte et, à partir de la fin du XVIIIe s., aux visées de la Russie.

La **principauté de Valachie** fut constituée vers 1330 par Bessarab Ier. Vassale de la Hongrie, elle lutta pour s'émanciper, mais, à la fin du XIVe s., elle fut menacée par les Turcs ottomans. Mircea l'Ancien (1386/1418) aida les Serbes par des contingents valaques qui prirent part à la grande bataille de Kossovo contre les Turcs (1389), et il participa à la croisade chrétienne qui fut écrasée à Nikopol (1396). En 1417, la Valachie dut reconnaître la suzeraineté ottomane, mais elle conserva son autonomie interne, sa dynastie et sa religion chrétienne. Dans les luttes qui suivirent entre la Turquie et la Hongrie, les voïvodes (gouverneurs militaires) de Valachie combattirent, selon leurs intérêts, tantôt avec l'un, tantôt avec l'autre des adversaires. Les souverains les plus importants de cette période furent Vlad IV (1456/62), qui dut à ses cruautés le surnom d'Empaleur, et Bessarab III Neagoe (1512/21). Malgré leur énergie, la domination turque s'appesantit sur le pays, surtout après la défaite hongroise de Mohács (1526). D'immenses espoirs furent éveillés par les succès de Michel le Brave (1593/1601), qui, après avoir réussi à chasser les Turcs (1594/97), conquit la Transylvanie (1599), puis constitua pour la première fois l'union de tous les Roumains en annexant la Moldavie (1600). Mais Michel le Brave fut assassiné l'année suivante, et ces heures de gloire furent sans lendemain immédiat. Au XVIIe s., Matei Bessarab (1632/54) remporta encore des succès contre les Turcs et la publication d'un code (le *Pravila*) lui donna une réputation de grand législateur. Avec l'exécution par les Turcs du voïvode Constantin Brancovan (1714), la Valachie perdit ses derniers vestiges d'indépendance. Les sultans ottomans la firent administrer par des hospodars (vassaux du sultan) choisis parmi les Grecs phanariotes, qui achetaient leur charge et livraient le pays à un pillage systématique.

La **principauté de Moldavie** avait eu, jusqu'à cette époque, des destinées sensiblement différentes de celles de la Valachie. Fondée en 1359 par Bogdan Ier, la Moldavie passa rapidement sous l'influence de la Pologne, et Alexandre le Bon (1400/32), qui accomplit une œuvre importante dans les domaines de l'administration, de l'enseignement, de l'organisation militaire, reconnut officiellement la suzeraineté polonaise. La principauté était également l'objet des visées des Turcs ; en 1455, elle dut payer un tribut au sultan. Étienne VI le Grand (1457/1504) fut un des plus redoutables adversaires des Ottomans. Monté sur le trône de Moldavie quatre ans seulement après la chute de Constantinople, il consacra tous ses efforts au redressement de la puissance chrétienne en face des Turcs. Après s'être emparé de la Transylvanie (1469), de la Valachie (1471/75), il remporta de grandes victoires sur les Turcs et fut salué par le pape Sixte IV du titre d'« athlète du Christ ». Il dut cependant faire hommage à Casimir IV de Pologne (1484), mais, en 1499, il fit reconnaître par la Pologne et la Hongrie l'indépendance de la Moldavie. Après sa mort, les Turcs reprirent l'avantage. Le fils et successeur d'Étienne le Grand, Bogdan III, dut recommencer à payer le tribut à la Porte en 1511, et les voïvodes devinrent bientôt des jouets entre les mains des sultans. Au XVIIe s., Constantinople choisit elle-même les princes de Moldavie parmi des familles grecques ou albanaises présumées sûres. À partir de 1711, la Moldavie, comme la Valachie, fut gouvernée par des Grecs phanariotes aux ordres du sultan (la plupart furent des membres des familles Mavrocordato et Ypsilanti).

À partir de la seconde moitié du XVIIIe s., l'influence russe ne cessa de grandir dans les deux provinces danubiennes. En 1769/70, les troupes de Catherine II occupèrent la Moldavie et la Valachie. Le traité de Kütchük-Kaïnardji (1774) les restitua à la Porte, mais celle-ci dut accorder des libertés politiques aux Roumains ; la Bucovine, au N. de la Moldavie, fut annexée par l'Autriche. La Russie occupa encore la Moldavie en 1788/92, et, par la paix de Iassi (janv. 1792), elle accentua son protectorat sur les principautés chrétiennes. L'occupation russe de 1806/12 laissa de fâcheux souvenirs dans les deux principautés (pillages, réquisition de travailleurs, déportations en Sibérie), et, à la paix de Bucarest (1812), le tsar se fit donner le sud-est de la Moldavie, la Bessarabie. Déçus par les Russes, les Roumains se retournèrent vers les Grecs, et, lors du soulèvement d'Alexandre Ypsilanti (1821), les Turcs furent très inquiets d'une collusion gréco-roumaine. Pour l'éviter, ils supprimèrent le régime phanariote et désignèrent des princes d'origine roumaine, Ion Sturdza en Moldavie et Grégoire Ghika en Valachie.

Dans les années 1830/48, alors que les provinces danubiennes étaient régies par la Constitution dite *Règlement organique* de 1831/32, l'élite de la jeunesse roumaine se tourna de plus en plus vers la France libérale ; de nombreux intellectuels vinrent faire leurs études à Paris, et, en 1848, éclata en Moldavie et en Valachie un mouvement à la fois national et libéral, qui fut réprimé par les Turcs et les Russes. Occupées par les Russes jusqu'en 1851, puis par les Autrichiens (1854/57), les provinces danubiennes, après la guerre de Crimée, furent replacées par le traité de Paris (1856) sous la suzeraineté turque ; la garantie collective des puissances mit fin au protectorat de fait de la Russie. La convention de Paris (août 1858) stipula que les deux provinces devaient rester séparées, car l'Autriche ne souhaitait nullement une réunion qui aurait préludé à la fondation d'une « Grande Roumanie » qui pouvait rassembler les Roumains de Transylvanie, de Bucovine et du Banat, pays sous domination autrichienne. Mais Napoléon III suggéra aux deux provinces de voter pour le même gouverneur, et c'est ainsi que l'unité de la Roumanie fut réalisée, sinon en droit, du moins de fait par l'élection d'Alexandre Cuza comme hospodar de Valachie et de Moldavie (17 janv. 1859).

Jusqu'à la Première Guerre mondiale (1859/1918)

Proclamée en déc. 1861 et reconnue par les puissances européennes et par la Porte, l'unité du nouvel État fut vite menacée par l'instabilité ministérielle. Le prince Cuza établit un régime plus autoritaire en mai 1864, mais une conspiration le força à abdiquer (févr. 1866). Le gouvernement provisoire appela sur le trône le prince Charles de Hohenzollern-Sigmaringen, qui, dès son avènement, promulgua une Constitution libérale (juill. 1866). Durant la guerre russo-turque de 1877/78, la Roumanie, sous la direction du grand ministre libéral Ion Bratianu, se rangea aux côtés de la Russie, et ses armées prirent une part importante à la victoire russe. Mais les Russes forcèrent leurs alliés roumains à la restitution de la Bessarabie méridionale, en échange de la Dobroudja. Le congrès de Berlin (1878) consacra l'indépendance complète de la Roumanie. De 1876 à 1888, Bratianu resta le maître incontesté de la Roumanie. Il érigea celle-ci en royaume (mars 1881), entreprit de grands travaux (chemins de fer, routes, ponts, canaux) et assura la défense du pays par de puissantes fortifications. Après la défaite électorale et la retraite de Bratianu (1888) l'alternance politique entre conservateurs et libéraux fonctionna jusqu'à la Première Guerre mondiale. En 1907 avait eu lieu la première des grandes émeutes paysannes antisémites qui troublèrent la Roumanie jusqu'en 1940.

En politique étrangère, le roi Charles Ier avait conclu en 1883 une alliance secrète avec l'Allemagne et l'Autriche-Hongrie. Cette alliance, plusieurs fois renouvelée, resta la base de la politique roumaine jusqu'à la Première Guerre mondiale, mais elle n'était pas unanimement populaire dans le pays surtout auprès des élites roumaines, qui continuaient à se nourrir de culture française. Le rêve d'une Grande Roumanie, englobant les frères de Transylvanie et du Banat, entretenait en outre des sentiments hostiles aux Habsbourg. La question de la Dobroudja constituait également une pomme de discorde entre la Roumanie et la Bulgarie, qui jouissait de l'appui de Berlin et de Vienne. Lors de la première guerre balkanique, la Roumanie, tout en se tenant en dehors des hostilités, exigea de la Bulgarie une rectification de frontières en Dobroudja. N'ayant pas obtenu une satisfaction suffisante, elle attaqua la Bulgarie en juill. 1913, lors de la seconde guerre balkanique, et, au traité de Bucarest (10 août 1913), elle obtint la Dobroudja méridionale.

Au début de la Première Guerre mondiale, le gouvernement roumain, s'opposant à Charles Ier, qui mourut quelques semaines plus tard, refusa de faire jouer l'alliance avec les puissances centrales. Le libéral Ionel Bratianu, qui était Premier ministre, proclama d'abord la neutralité, puis engagea des négociations avec les Alliés. Le nouveau roi, Ferdinand Ier (1914/27), nourrissait lui aussi des sympathies pour les Alliés. Le 27 août 1916, la Roumanie déclara la guerre à l'Autriche-Hongrie, mais l'armée roumaine, rapidement bousculée, dut évacuer Bucarest dès le mois de déc. et se retira sur le Siret, tandis que le roi et le gouvernement s'installaient à Iassi. La révolution russe de 1917 rendit la résistance roumaine sans espoir : le roi dut appeler un ministère proallemand et signa avec les puissances centrales le traité de Bucarest (7 mai 1918), qui laissait subsister un État roumain, mais amputé de la Dobroudja, annexée par la Bulgarie. En nov. 1918, la Roumanie rentra cependant dans la guerre et put ainsi bénéficier largement de la victoire des Alliés.

La Roumanie d'une guerre à l'autre

L'effondrement des Habsbourg permit la création de la Grande Roumanie. Après la Bucovine (nov. 1918), la Bessarabie et la Transylvanie, en déc. 1918, demandèrent leur réunion à la Roumanie. Le gouvernement communiste hongrois de Béla Kun commit l'imprudence, au printemps 1919, d'engager les hostilités contre la Roumanie ; les troupes roumaines prirent l'offensive et occupèrent Budapest d'août à nov. 1919. Les traités de Saint-Germain (10 sept. 1919) et de Trianon (4 juin 1920) consacrèrent la naissance de la Grande Roumanie, qui comprenait 295 000 km^2 et 16 300 000 habitants contre 138 000 km^2 et 7 500 000 habitants en 1914. Le 15 oct. 1922, à Alba Iulia, en Transylvanie, Ferdinand fut couronné solennellement roi de la nouvelle Roumanie unie. Cet agrandissement n'allait pas sans périls : l'annexion de la Bessarabie mina les rapports entre la Roumanie et l'URSS, avec qui les relations diplomatiques ne furent établies qu'en 1934. En Transylvanie et dans le Banat se posait le problème des minorités hongroises, rendu plus aigu encore par la politique centralisatrice suivie à partir de 1922 par le gouvernement de Bratianu.

Toute la politique étrangère roumaine, après la Première Guerre mondiale, fut inspirée par le souci de maintenir le *statu quo* territorial. Après avoir signé un traité avec la Pologne (1921), le gouvernement roumain échafauda avec la Tchécoslovaquie et la Yougoslavie le système de la Petite-Entente, renforcée par des alliances avec la France (1926), avec l'Italie (1927) et par son action infatigable à la SDN. À l'intérieur, les conservateurs, qui avaient été les champions d'une politique proallemande, se trouvaient déconsidérés, mais, en face des libéraux, apparurent de nouveaux partis. Le plus important fut le parti national populaire d'I. Maniu, qui devint en 1926 le parti national paysan, de beaucoup le plus influent. Néanmoins, le chef des libéraux, Bratianu, resta presque continuellement au pouvoir de 1922 à 1928 et il favorisa son camp par la loi électorale de 1926, qui attribuait la majorité absolue des sièges au Parlement au parti qui obtiendrait 40 % des voix. Les élections de 1927 furent truquées par le gouvernement, et le parti paysan, en dépit de son rayonnement, n'obtint qu'environ 22 % des voix. À ces facteurs d'instabilité s'ajoutaient l'action souterraine, encore restreinte, du parti communiste (déclaré illégal en 1924), l'antisémitisme largement répandu dans la population, enfin les difficultés dynastiques, l'héritier du trône, Charles, ayant été contraint à l'exil par son père, pour s'être séparé de sa femme.

À la mort de Ferdinand (juill. 1927), le Conseil de régence ordonna des élections libres, qui donnèrent cette fois une majorité écrasante au parti paysan de Maniu (déc. 1928). Mais Maniu, en désaccord avec les régents, provoqua le retour d'exil de Charles, qui fut proclamé roi en juin 1930 sous le nom de Charles II. Le nouveau souverain était décidé à briser les partis politiques et à imposer son gouvernement personnel. La campagne d'agitation du mouvement fasciste et antisémite fondé par Codreanu, la Garde de fer, qui remporta ses premiers succès électoraux en 1932, facilita ses desseins. Après l'assassinat du Premier ministre Ion Duca (déc. 1933), le libéral Tataresco essaya vainement de dissoudre la Garde de fer. Il subit un grave échec aux élections de 1937, tandis que les fascistes obtenaient 16 % des voix. Le roi Charles appela alors au gouvernement le poète antisémite O. Goga. Pendant quelques semaines, la Roumanie fut le théâtre de véritables pogroms. Profitant de ces troubles, Charles II, en févr. 1938 abolit le système parlementaire et instaura une dictature royale. Codreanu fut emprisonné, puis abattu sommairement par la police. En déc. 1938, le roi institua une sorte de parti unique, le Front de la renaissance nationale. Mais la Garde de fer poursuivit son activité terroriste (assassinat du Premier ministre Calinesco, sept. 1939). Pendant ce temps, la Roumanie voyait s'effondrer le système de sa politique étrangère : la disparition de la Tchécoslovaquie (mars 1939) mit fin à la Petite-Entente, et la Roumanie se trouva isolée en face de l'Allemagne hitlérienne alliée à l'URSS depuis le pacte d'août 1939.

Dès la défaite française de juin 1940, l'influence allemande s'exerça directement jusque dans la politique intérieure roumaine : Charles II dut faire appel à un cabinet proallemand, dont fit partie le nouveau chef de la Garde de fer, Horia Sima. En juin 1940, avec l'accord de l'Allemagne, l'URSS annexa la Bessarabie et la Bucovine. Pour satisfaire leurs alliés hongrois, le Reich et l'Italie imposèrent ensuite à la Roumanie l'arbitrage de Vienne (30 août 1940), qui rendit à la Hongrie la Transylvanie septentrionale ; Bucarest dut également rendre la Dobroudja méridionale à la Bulgarie. Ces amputations soulevèrent dans le pays une profonde colère, et le roi Charles II, complètement déconsidéré, abdiqua le 6 sept 1940 en faveur de son fils, Michel. Le général Antonesco se fit donner les pleins pouvoirs, proclama la Roumanie « État national légionnaire » et, le 23 nov. 1940, adhéra au pacte tripartite. Les hommes de la Garde de fer massacrèrent des personnalités politiques de l'ancien régime, mais Antonesco réussit à obtenir l'appui des Allemands et il se débarrassa de ces forcenés (janv. 1941). Le régime fut désormais essentiellement militaire. Entré en guerre aux côtés de l'Allemagne contre l'URSS (juin 1941), Antonesco connut d'abord une réelle popularité grâce à la reconquête de la Bessarabie et à l'annexion de la « Transnistrie » (entre Dniestr et Boug), avec Odessa. Mais les pertes subies par l'armée roumaine à partir de 1942 et le désastre de Stalingrad amenèrent un revirement de l'opinion. Les anciens chefs du parti paysan et des libéraux, Maniu et D. Bratianu, commencèrent à nouer des contacts avec les Occidentaux et à faire pression sur le roi Michel. Celui-ci, par un véritable coup d'État, limogea Antonesco (23 août 1944), alors que les armées soviétiques étaient déjà entrées en Roumanie. L'armistice fut signé à Moscou le 12 sept. et la Roumanie reprit les armes, mais cette fois contre l'Allemagne. Le traité de paix du 10 févr. 1947 l'obligea à renoncer à la Bessarabie et à la Bucovine du Nord au profit de l'URSS, à la Dobroudja méridionale au profit de la Bulgarie, et lui imposa des réparations de guerre ; en revanche, il lui assura la restitution par la Hongrie de la Transylvanie septentrionale. Après trois gouvernements militaires de brève durée fut formé, en mars 1945, sous la pression soviétique, un gouvernement dans lequel étaient représentés tous les partis du Front national démocratique sous la direction d'un sympathisant communiste, Petru Groza, chef d'un petit mouvement appelé le Front des laboureurs. Les élections du 19 nov. 1946 donnèrent au bloc des partisans gouvernementaux plus de 70 % des voix et 348 des 414 sièges du Parlement. Dans le nouveau gouvernement, les communistes s'assurèrent la plupart des postes clés. Dans les mois qui suivirent, les communistes s'employèrent à provoquer une scission chez les sociaux-démocrates, puis à liquider toute opposition : dès août 1947, le parti paysan fut interdit et son chef, Maniu, condamné à la détention perpétuelle (nov. 1947) ; Tataresco dut démissionner du ministère des Affaires étrangères et fut remplacé par la militante communiste Ana Pauker (nov. 1947) ; Petrescu, chef des socialistes anticommunistes, fut également éliminé. Enfin, le roi Michel dut abdiquer (30 déc. 1947) et partit pour l'exil.

La République populaire roumaine

Les chefs politiques hostiles au communisme et le roi une fois évincés, la Roumanie nouvelle s'aligna rapidement sur l'URSS, avec laquelle elle fut liée, dès févr. 1948, par un traité d'amitié et d'assistance mutuelle. Après la fusion des restes du parti social-démocrate et des communistes dans le nouveau parti des travailleurs roumains (févr. 1948), des élections furent organisées qui donnèrent la quasi-totalité des sièges au Front démocratique conduit par les communistes (28 mars 1948). Le mois suivant fut proclamée la République populaire roumaine (*Republica populara romina*). Diverses purges éliminèrent plusieurs dirigeants du parti communiste (Patrascanu en 1948, Ana Pauker en

1952), et Groza, qui dirigeait le gouvernement depuis 1945, fut remplacé en 1952 par Gheorghiu-Dej, qui profita du conflit idéologique entre Moscou et Pékin pour engager le pays, dès 1961, dans la voie du « communisme national ». Cette indépendance par rapport aux métropoles politiques fut maintenue par Chivu Stoica (1965/67) ; elle gagna le domaine des relations économiques et diplomatiques avec l'Ouest sous Nicolae Ceausescu, qui avait refusé, en 1968, que les troupes roumaines se joignissent à celles du pacte de Varsovie pour réprimer la Tchécoslovaquie.

Mais la dictature du régime n'en était pas atténuée pour autant en Roumanie même, où les choix économiques du « Conducator » privèrent peu à peu le pays des bénéfices d'une période de croissance commencée dès avant la guerre. En 1972, la Roumanie, qui souhaitait devenir économiquement indépendante de Moscou, adhéra au FMI et obtint des crédits importants. Face au remboursement d'une dette dont les intérêts étaient en hausse, Ceausescu refusa d'appliquer les mesures préconisées par le FMI et décida de restreindre la demande intérieure en donnant toute priorité aux exportations, quelles qu'en soient les conséquences pour le niveau de vie. Pour pallier les déficiences d'une agriculture sacrifiée à la fièvre industrielle depuis la naissance du régime et qui n'était plus capable d'assurer l'autosuffisance alimentaire, des remèdes autoritaires furent administrés : depuis 1988, la création de centres agro-industriels visait à restructurer l'agriculture, mais aussi à assimiler brutalement la minorité hongroise de Transylvanie (v.). La révolte grondait (répression de l'insurrection de Brasov en 1987) au sein d'une population privée du nécessaire et qui ne supportait plus la dictature d'une bureaucratie népotique (une vingtaine de membres de la famille Ceausescu occupaient des postes clés).

Restant, jusqu'en 1989, en dehors de la vague de réformes touchant ses voisins, la Roumanie fut le théâtre de la révolution la plus controversée du Bloc socialiste. Les émeutes de Timisoara déclenchèrent, en déc. 1989, un mouvement révolutionnaire visant à renverser le régime et surtout le chef de l'État. Lâché par l'armée et le Comité central, Nicolae Ceausescu s'enfuit en hélicoptère de l'immeuble du Comité le 22 déc., avant d'être arrêté, puis exécuté, avec sa femme Elena, le 25 déc. 1989.

La Roumanie postcommuniste

Un Front de salut national fut formé pour prendre la relève : Ion Iliescu fut nommé président par intérim et Petre Roman Premier ministre. Le nouveau pouvoir conforta son assise aux élections présidentielle et législatives de mai 1990. En sept. 1991, une manifestation des mineurs entraîna la démission de P. Roman, remplacé par Theodor Stolojan. Les élections locales de févr. 1992 mirent en lumière les progrès de l'opposition. Iliescu fut pourtant réélu en sept. 1992 grâce aux voix des nationalistes. La participation d'anciens hauts responsables de l'ère Ceausescu au gouvernement de Nicolae Vacaroiu en oct. 1992 illustra combien la rupture avec l'ancien personnel politique restait incomplète. La transition vers l'économie de marché demeurait la ligne du gouvernement, mais les privatisations piétinaient et le taux d'inflation (300 %) était le plus élevé d'Europe. La récession perdurant, un vaste mouvement de grève traversa le pays en août, puis en nov. 1993. Minoritaire au Parlement, le parti de la démocratie sociale (PDSR) du président dut donc s'allier, en janv. 1994, aux nationalistes de l'Unité nationale et de *Romania Mare* (« Grande Roumanie »), le parti d'extrême droite de Vadim Tudor. L'image de la Roumanie, bonne dernière dans le processus de transition économique, suspectée de dérives nationalistes et de corruption endémique, se dégrada. Le régime fut accusé de violer l'embargo décrété en mai 1992 contre la Serbie, de faire preuve d'irrédentisme face à la Moldavie voisine (République indépendant depuis 1991, constituée pour la plus grande partie de son territoire par l'ex-Bessarabie) et de persécuter sa population tzigane. L'entrée de la Roumanie au Conseil de l'Europe fut, pour ces motifs, retardée jusqu'en oct. 1993. La Roumanie, soucieuse d'améliorer ses rapports avec l'Ouest, fut en revanche le premier pays ex-communiste à signer le traité de « Partenariat pour la paix » avec l'OTAN le 26 janv. 1994. En nov. 1996, les élections législatives et présidentielle furent remportées par l'opposition démocrate-chrétienne.

Emil Constantinescu devint président de la République et Victor Ciorbea Premier ministre. Mais en janv. 1998, les sociaux-démocrates, emmenés par Petre Roman, quittèrent la coalition gouvernementale ; deux mois plus tard, V. Ciorbea démissionna et fut remplacé par le chrétien-démocrate Radu Vasile. Fin 1998, tandis que l'inflation faisait rage, les entreprises d'État travaillaient à perte, l'économie parallèle prospérait et le mécontentement de la population allait grandissant. En janv. 1999, les mineurs marchèrent à nouveau sur Bucarest ; ils protestaient contre la fermeture des mines et réclamaient la démission du gouvernement. Des tensions dans la coalition au pouvoir aboutirent, en déc. 1999, à la démission du gouvernement et au limogeage de Radu Vasile. Il fut remplacé par Mugur Isarescu, ancien gouverneur de la Banque centrale. Ces manœuvres politiques contribuèrent à faire baisser la popularité de la coalition au pouvoir, et les élections générales de nov. 2000 furent marquées par une montée de l'extrême droite, le parti *Romania Mare* devenant le second du pays, derrière le parti de la démocratie sociale d'Ion Iliescu, qui retrouva alors le poste de président de la République, tandis qu'Adrian Nastase, du même parti, était nommé Premier ministre.

Malgré le manque d'enthousiasme manifesté par les pays membres de l'UE, les négociations d'adhésion à l'Union européenne s'ouvrirent en févr. 2000.

En décembre 2002, l'adhésion de la Roumanie à l'UE fut reportée, avec celle de la Bulgarie à 2007.

ROUMÉLIE. Dans l'ancien Empire ottoman, nom donné à la Turquie d'Europe, à l'exception de la Bosnie, de la Hongrie, de l'Albanie, de la Morée et des îles grecques.

En 1878, le congrès de Berlin, divisant la « Grande-Bulgarie » que la Russie avait tenté de créer, fit de la **Roumélie orientale**, limitée au N. par le Balkan, une province autonome de l'Empire ottoman sous un gouverneur général chrétien. À la suite d'une insurrection populaire, en 1885, le prince Alexandre de Bulgarie devint le souverain de la Roumélie-Orientale sous la suzeraineté turque. La Roumélie-Orientale fut définitivement réunie à la Bulgarie en 1908.

ROUPIE. Unité monétaire de l'Inde, de l'Indonésie, du Népal, du Pakistan, du Sri Lanka et, sous le nom de taka, du Bangladesh. La roupie remonte à l'Antiquité ; les pièces les plus anciennes ont été en argent, puis en or et en cuivre. Longtemps concurrencée par d'autres monnaies, la roupie ne devint la monnaie unique du sous-continent indien que sous l'Empire britannique.

ROUSSILLON. Province du nord de la Catalogne, devenue française, qui a formé le département des Pyrénées-Orientales. Le Roussillon, qui doit son nom à sa capitale antique, *Ruscino*, fit partie sous les Romains de la Narbonnaise. Occupé par les Arabes en 720, il fut reconquis par Pépin le Bref en 759 et devint un comté héréditaire ; le dernier comte légua le Roussillon à Alphonse II d'Aragon (1172). Engagé à Louis XI par Jean II d'Aragon pour 300 000 écus d'or, il appartint à la France de 1462 à 1492, et fut restitué par Charles VIII à Ferdinand le Catholique. Les troupes françaises en firent la conquête de 1640 à 1642 et le traité des Pyrénées en garantit la possession définitive à la France (1659).

ROUTSKOÏ Alexandre (Kursk, Ukraine, 16.IX.1947). Militaire et homme politique russe. Issu du courant modéré du PCUS, il fut l'un des artisans de l'ascension de Boris Eltsine, dont il devint le vice-président en août 1991. Suspendu par Eltsine, Routskoï prit la tête de l'insurrection des parlementaires en sept. 1993. Emprisonné, il fut amnistié par la Douma en févr. 1994.

ROUVIER Maurice (* Aix-en-Provence, 17.IV.1842, † Neuilly, 7.VI.1911). Homme politique français. Député (1871/1903), puis sénateur (1903/11), il commença sa carrière aux côtés de Gambetta. Sept fois ministre des Finances, président du Conseil de juin à déc. 1887, il fut gravement compromis dans le scandale de Panamá (déc. 1892) et resta exclu du pouvoir jusqu'à Combes, qui, voulant mettre à profit ses relations avec la haute banque, le reprit comme ministre des Finances (1902/05). Il succéda à Combes à la tête du gouvernement (janv. 1905/févr. 1906) fit voter la loi de séparation des Églises et de l'État (9 déc. 1905) et, pour régler le différend franco-allemand sur le Maroc, accepta la réunion de la conférence d'Algésiras.

ROYAUME-UNI DE GRANDE-BRETAGNE ET D'IRLANDE, *United Kingdom of Great Britain and Ireland.* Nom officiel du royaume formé par l'union de la Grande-Bretagne et de l'Irlande (Acte d'union de 1800). Après la création de l'État libre d'Irlande (1922), le nom de *Royaume-Uni de Grande-Bretagne et d'Irlande du Nord* fut adopté par le Parlement en 1927. L'abréviation usuelle est *UK.* Voir l'histoire du Royaume-Uni aux articles **ANGLETERRE**, **ÉCOSSE**, **GALLES (pays de)**, **IRLANDE** et **GRANDE-BRETAGNE**.

ROYAUMES COMBATTANTS, *Tchan kouo.* Dans l'histoire chinoise, la période des *Royaumes combattants* s'étend du début du Ve s. à 221 av. J.-C., date à laquelle Ts'in Che Houang-ti fonda l'Empire chinois. Les invasions des nomades de l'Ouest au VIIIe s. av. J.-C. et l'affaiblissement de la dynastie des Tcheou aboutirent au chaos féodal. On compta jusqu'à cent soixante-dix principautés rivales, mais, vers le milieu du IVe s. av. J.-C., il ne restait plus en présence que sept États importants, dont les princes, sans se soucier des derniers Tcheou, prirent eux-mêmes le titre de roi. Au IIIe s. av. J.-C., le royaume de Ts'in submergea les autres Royaumes combattants et rétablit l'unité en fondant l'Empire. Voir **CHINE**. Des origines à la fin des Tcheou.

ROYER-COLLARD Pierre Paul (* Sompuis, Marne, 21.VI.1763, † Châteauvieux, près de Saint-Aignan, Loir-et-Cher, 4.IX.1845). Homme politique français. Secrétaire de la Commune (1790/92), il se retira après le 10-Août et dut se cacher pendant la Terreur. Membre du Conseil des Cinq-Cents (1797), il fut expulsé comme modéré au 18-Fructidor. Sous l'Empire il abandonna la politique et devint professeur d'histoire de la philosophie moderne à la Sorbonne (1811/14). Sous la Restauration, il fut élu député de la Marne et devint président de la commission d'Instruction publique (1815/20), créa les chaires d'histoire dans les universités, puis démissionna de ce poste lorsque les ultras parvinrent au pouvoir.

RÚA Fernando de la (Cordoba, 15.IX.1937). Homme politique argentin. Étudiant au lycée militaire, il adhéra, en 1955, à l'Union civique radicale (UCR) et intégra le gouvernement d'Arturo Illia (1963/66), qui fut renversé par un coup d'État militaire. En 1973, il fut élu sénateur de Buenos Aires. Au sein de l'Alliance d'opposition, Fernando de la Rúa devint ensuite maire de Buenos Aires en 1996. Élu président de la République en 1999, il mena face à la crise financière du pays une politique d'austérité budgétaire, recommandée par le FMI, qui eut de graves conséquences sur le niveau de vie des Argentins. En déc. 2001, au plus fort de la crise, des émeutes urbaines obligèrent son gouvernement à démissionner. Fernando de la Rúa décréta l'état de siège et, le 20 déc., annonça sa démission.

RUANDA-URUNDI. Ancien territoire sous mandat belge de l'Afrique centrale, situé à l'E. des lacs Kivu et Tanganyika. Les royaumes du *Rwanda*, au N., et du *Burundi*, au S., furent fondés vers les XIVe/XVe s. par des Tutsis, d'origine nilotique, qui imposèrent leur domination aux Hutus. Incorporés en 1898 dans l'Afrique-Orientale allemande, occupés en 1916 par les troupes belges, ils furent enfin confiés à la Belgique en 1923 comme mandat de la SDN sous le nom de *Ruanda-Urundi*. Réunis par des liens politiques et économiques étroits au Congo belge, ils conservèrent cependant leur autonomie administrative et leurs structures traditionnelles. Les Hutus commencèrent à s'affirmer dans les années 1950 et furent à l'origine du coup d'État de janv. 1961, à la suite duquel fut prononcée la déchéance du *mwami* (souverain tutsi traditionnel) et instaurée la république. Dans un contexte de fortes tensions ethniques, le Rwanda et le Burundi commencèrent à se séparer à la suite des élections de sept. 1961, qui virent la victoire des Hutus au Rwanda et des Tutsis au Burundi. Les deux États devinrent indépendants le 1er juill. 1962. Voir **Rwanda** et **Burundi**.

RUBICON. Petit fleuve côtier d'Italie, tributaire de l'Adriatique, sans doute le Fiumicino ou le Pisciatello actuels, marquant la frontière entre la Gaule cisalpine et l'Italie. Le passage du Rubicon par César à la tête de ses troupes fut l'expression de sa révolte contre Pompée, alors consul, et les sénateurs, marquant le début de la guerre civile (nuit du 10 au 11 janv. 49 av. J.-C.).

RUDINI Antonio, marquis de Starabba (* Palerme, 6.IV.1839, † Rome, 7.VIII.1908). Homme politique italien. Élu député, il siégea dans l'opposition de droite et lutta farouchement contre Crispi, auquel il succéda comme Premier ministre (1891/92), mais dont il prolongea la politique étrangère en renouvelant la Triplice (1891). Revenu dans l'opposition, il combattit la politique coloniale de Crispi et, après le désastre d'Adoua (mars 1896), il remplaça une seconde fois son adversaire et conclut la paix avec l'Éthiopie (oct. 1896). Jusqu'à la fin de juin 1898, il présida quatre cabinets successifs, mais dut finalement se retirer à la suite des violents mouvements sociaux (notamment à Milan, 6/9 mai 1898).

RUGOVA Ibrahim (Istok, Kosovo, 1944). Homme politique kosovar. Docteur en littérature, il fut nommé à la tête de l'Union des écrivains du Kosovo en 1988, puis président de la Ligue démocratique du Kosovo, le principal parti de la communauté albanaise. Après que le Kosovo eut perdu son statut d'autonomie en 1989, il fut élu « président » de la région en 1992, à l'issue d'élections dénoncées par Belgrade. Partisan d'une solution pacifique de la question kosovare, il devint l'interlocuteur de la communauté internationale. Pendant l'intervention de l'OTAN en Yougoslavie (1999), il apparut sur les écrans de télévision aux côtés de S. Milosevic, provoquant l'étonnement de ses partisans. Après avoir boycotté le premier Conseil transitoire du Kosovo, il accepta d'y siéger, avec l'UCK (Armée de libération du Kossovo), en août 1999. Le 4 mars 2002, le Parlement du Kosovo le choisit comme président de la province autonome placée sous administration internationale. Voir **Kosovo**.

RUHR. Rivière d'Allemagne occidentale, affluent du Rhin (rive droite). Elle a donné son nom à la région houillère et industrielle qu'elle traverse. Le développement industriel de la région commença avec l'installation de Krupp à Essen (1811). La seconde moitié du XIXe s. vit se constituer dans la Ruhr des entreprises gigantesques, qui possédaient à la fois des mines de charbon et des usines sidérurgiques, et, de plus, contrôlaient étroitement les activités similaires en Lorraine annexée (1871). Cette concentration était un trait caractéristique de l'économie de la Ruhr. Les entreprises de la Ruhr jouaient aussi un rôle de pionniers en matière de politique sociale et leurs ouvriers furent les premiers, à la suite d'une grande grève, à obtenir la journée de huit heures (1905).

L'occupation de la Ruhr (1923/25)

Après le traité de Versailles, à la suite des retards de l'Allemagne dans l'acquittement des réparations, les troupes françaises et belges occupèrent les villes de Düsseldorf, Duisburg et Ruhrort (mars 1921). Au cours de l'année 1922, l'Allemagne, en proie à une inflation croissante demanda aux Alliés l'octroi d'un moratoire.

En France, Poincaré voulait « faire payer le Boche » et subissait les pressions des industriels de Lorraine, qui convoitaient le charbon de la Ruhr. Il exigea la saisie de gages productifs, ce qui entraîna l'échec des conférences de Londres (déc. 1922) et de Paris (janv. 1923). Abandonnée par l'Angleterre mais soutenue par la Belgique, la France procéda à partir du 11 janv. 1923 à l'occupation des principaux centres de la Ruhr (Essen, Bochum, Dortmund, Gelsenkirchen). Le gouvernement allemand répliqua en organisant la « résistance passive », et, le 22 janv., la grève générale fut déclenchée dans la Ruhr. Cependant, le bassin houiller et sidérurgique ayant été complètement isolé par les troupes franco-belges, les usines du Reich manquèrent vite de charbon et de matières premières. Après la démission du chancelier Cuno, le nouveau gouvernement allemand, présidé par Stresemann, dut mettre fin à la « résistance passive » (26 sept. 1923). Alors qu'en France l'action de Poincaré était vivement contestée par la gauche, en Allemagne elle fournissait un excellent thème de propagande aux nationalistes (v. **Hitler**). À la suite de la défaite électorale de Poincaré et des partisans du Bloc national aux élections de mai 1924, le nouveau gouvernement Herriot donna son adhésion au plan

Dawes pour le règlement des réparations (août 1924). La Ruhr fut évacuée progressivement d'oct. 1924 à juill. 1925.

Après la Seconde Guerre mondiale

En 1945, la Ruhr fut incluse dans la zone d'occupation britannique, et les Alliés proclamèrent d'abord leur intention de briser les cartels industriels, de démanteler certaines entreprises et de maintenir la production à un niveau fixé par les autorités victorieuses. Mais alors que l'Union soviétique voulait conserver le bassin à l'Allemagne en maintenant le contrôle international des industries, la France voulait que la Ruhr fût détachée du Reich. La guerre froide obligea les Occidentaux à créer en avr. 1949 l'Autorité internationale de la Ruhr, pour assurer un contrôle conjoint des États-Unis, de l'Angleterre, de la France et du Benelux sur la production de la Ruhr ; elle perdit sa raison d'être et disparut lors de la création de la Communauté européenne du charbon et de l'acier, en 1952. La pleine restauration de la souveraineté allemande sur la Ruhr eut lieu avec la signature des accords de Londres et de Paris (oct. 1954).

RUMOR Mariano (* Vicence, 6.VI.1915, † Vicence, 23.I.1990). Homme politique italien. D'abord professeur de lycée, il entra dans la vie politique au lendemain de la guerre. Membre de la démocratie chrétienne, il fut un des créateurs des ACLI. Ministre à plusieurs reprises entre 1960 et 1963, il devint en 1964 secrétaire de la Democrazia cristiana et favorisa l'ouverture à gauche. Président du Conseil, dirigeant trois cabinets consécutifs de déc. 1968 à juill. 1970, il dut faire face aux violents troubles sociaux et gauchistes qui, en 1969, brisèrent l'élan de l'économie italienne. Dans son quatrième gouvernement (juill. 1973/nov. 1974), il fut confronté à la montée de la violence et du terrorisme, à la crise pétrolière, aux secousses politiques provoquées par le référendum sur le divorce.

RUNDSTEDT Gerd von (* Aschersleben, Saxe, 12.XII.1875, † Hanovre, 24.II.1953). Feld-maréchal allemand. Chef de l'offensive allemande de mai 1940 sur Amiens et Dunkerque, il combattit ensuite sur le front russe, remportant d'importantes victoires ; il donna sa démission en nov. 1941 pour ne pas participer à l'offensive d'automne, qu'il désapprouvait. Commandant supérieur du front occidental en 1944, il dirigea la dernière offensive allemande dans les Ardennes. Interné à la fin de la guerre par les Anglais, il fut libéré en 1949.

RUPERT, Robert de Bavière, dit **le Prince** (* Prague, 18.XII.1619, † Spring Gardens, Londres, 29.XI.1682). Général et amiral britannique. Fils de l'Électeur palatin Frédéric V, il était par sa mère, Élisabeth Stuart, le petit-fils de Jacques Ier d'Angleterre. Il prit part à la guerre de Trente Ans contre les Impériaux, puis, en 1642, il vint mettre son épée au service de son neveu Charles Ier. Il fut, à la tête des troupes royales, un des principaux généraux de la guerre civile anglaise et remporta une série de succès avant d'être battu à Marston Moor (1644) et à Naseby (1645). Privé de commandement en 1645, il vécut en France et en Allemagne jusqu'à la restauration de Charles II, et fut alors comblé d'honneurs et nommé amiral.

RUSSELL John, 1er comte Russell (* Londres, 18.VIII.1792, † Pembroke Lodge, Richmond Park, 28.V.1878). Homme politique anglais. Chef du parti whig, il fit adopter la réforme parlementaire de 1832, soutint l'émancipation des catholiques ainsi que diverses mesures libérales. Succédant à Peel au poste de Premier ministre (1846/52), il pratiqua une politique libre-échangiste. Dans le cabinet Aberdeen (1852/55), il fut l'artisan de l'expédition de Crimée, dont les difficultés provoquèrent sa démission ; il fut ensuite ministre des Affaires étrangères dans le cabinet Palmerston (1859/65), avant de revenir brièvement au pouvoir (1865/66).

RUSSELL Bertrand Arthur William, 3e comte Russell (* Chepstow, Monmouthshire, 18.V.1872, † Plas-Penrhyn, pays de Galles, 3.II.1970). Petit-fils de John Russel, mathématicien et philosophe anglais, il adopta des positions pacifistes pendant la Première Guerre mondiale et fut emprisonné pendant six mois en 1918. Il fut toutefois partisan de la guerre contre Hitler. En 1958, il lança une grande campagne contre l'armement nucléaire, puis créa un « tribunal », inspiré de celui de Nuremberg, pour dénoncer les « crimes de guerre » de l'armée américaine au Viêt-nam (1967).

RUSSIE. État de l'Europe et de l'Asie ; capitale *Moscou.*

Cet article rassemble l'histoire de l'ancienne Russie, de la Russie unitaire des tsars, de l'URSS et de la Russie postsoviétique.

Les origines de la Russie (jusqu'au IXe s.)

Dans la préhistoire, au paléolithique, la plus grande partie du territoire européen de l'URSS fut recouvert par les glaciers à leur extension maximale. Les premières traces d'industrie humaine – chelléen et acheuléen – se trouvent en Arménie (Satani-Dar) et dans la vallée du Dniepr (Louka-Vroublevetskaia). Dans les régions riveraines de la mer Noire, l'homme de Néandertal a occupé de nombreuses stations. Le paléolithique supérieur est abondamment représenté en Ukraine (Mezine, Pouchkari), et en Russie méridionale (Gagarino, Kostienki, Borchevo). En Ouzbékistan, la station de Techik-Tach a livré une sépulture néandertalienne. En Sibérie, le paléolithique supérieur est surtout connu par les cultures de l'Angara, près du lac Baïkal (Afontova Gora, Malta, Bouriet). Dans la vallée de l'Ienisseï, on assiste, du IIIe millénaire aux deux premiers siècles de notre ère, à un développement culturel ininterrompu qui va du néolithique (Afanassievo) au bronze (Andronovo, puis Karasuk, IIe/Ier millénaire) et au fer (Tagar récent, Tachtyk). Dans la partie européenne de l'ancienne URSS, la néolithisation s'est développée au IIIe millénaire à partir des régions méridionales (Balkans, Caucase, Turkménistan) qui se trouvaient en relation avec les civilisations du Proche-Orient et de l'Égée. Les principales civilisations néolithiques sont celles de Fatianovo, en Russie centrale, et de Tripolje, en Ukraine. Le métal est déjà abondant au milieu du IIIe millénaire dans la civilisation à tumulus (kourganes) du Kouban. La métallurgie du bronze se développe à Fatianovo.

Au Ier millénaire avant notre ère, les steppes de la Russie méridionale et de l'Ukraine voient se succéder la domination de plusieurs peuples nomades : les Cimmériens, jusqu'au VIIe s. av. J.-C. ; les Scythes, qui couvrent un vaste domaine s'étendant du Caucase à la région de Kiev ; les Sarmates, à partir de 200 environ av. J.-C. Les rives de la mer Noire sont colonisées par les Grecs à partir du VIIe s. av. J.-C. En ce Ier millénaire avant notre ère, les premières tribus slaves, encore à un stade très primitif de civilisation, font leur apparition entre la Vistule et le Dniepr.

Au début du IIIe s. de notre ère, les Goths, descendus de la région de la Vistule, pénétrèrent dans la Russie méridionale, où ils fondèrent un empire détruit par l'invasion des Huns (375) ; les Avars (vers 560) et les Khazars leur succédèrent, dont le territoire s'étendit du Dniepr à la mer Caspienne (VIIe/Xe s.). Toute la zone septentrionale, des forêts de la Baltique à la Moskva et à l'Oural, était occupée par des tribus finnoises. Les Slaves orientaux, qui s'étaient séparés des autres Slaves vers le IIIe s., atteignirent aux environs de 600 les régions de la Dvina, du Volkhov, de la haute Volga. Pour assurer leur défense contre les Khazars et contre les Bulgares de la Kama, les Slaves louaient les services d'aventuriers scandinaves, à la fois commerçants et guerriers, qui, à travers leur territoire, en suivant la route des lacs et des cours d'eau jusqu'au Dniepr, assuraient les relations commerciales entre la Baltique et le monde byzantin. Ces Scandinaves, frères des Normands (v.) qui, à la même époque, ravageaient les côtes de l'Europe occidentale, sont connus dans l'histoire russe sous le nom de *Varègues* ou de *Rous* (ce dernier nom venant probablement de *Ruotsi*, terme par lequel les Finnois désignaient les Scandinaves de l'autre rive de la Baltique). C'est de leur apparition que date l'histoire politique de la Russie.

La Russie kiévienne (IXe/XIIe s.)

La première base des Varègues en Russie fut la région de Novgorod, entre les lacs Ladoga et Ilmen. Le premier prince (*kniaz*) de Novgorod fut Riourik (Roerek), tandis que d'autres Varègues s'imposaient à Kiev, débouchaient en mer Noire et menaçaient même Constantinople. La formation de l'État russe s'inscrit ainsi dans le cadre beaucoup plus vaste des invasions des Normands par toutes les voies maritimes de l'Europe occidentale et orientale. En dirigeant les expéditions militaires auxquelles des Slaves prenaient part, les Varègues firent naître peu à peu un État de la masse confuse des petits clans slaves.

La fusion entre Slaves et Varègues dut commencer très tôt par des mariages, par l'entrée des membres de l'aristocratie indigène dans les *droujina* (conseil du prince), et le terme de *Rous* finit par désigner tout le système politique, économique et militaire qui s'allongeait le long du Dniepr jusqu'à la région des lacs. À partir de 882, la capitale de cet État russe fut établie à Kiev, qu'Oleg (Helgi), successeur de Riourik, venait d'enlever à un autre chef varègue. Au cours du Xe s., Oleg et ses premiers successeurs, Igor (Ingvar), Olga (Helga), Sviatoslav, déployèrent une activité incessante, menant cinq expéditions contre Byzance, repoussant les Petchenègues, étendant vers le Sud-Ouest leur influence dans les Balkans, tandis qu'à l'Est ils ruinaient le royaume bulgare de Volga-Kama et l'empire des Khazars. La fusion entre Varègues et Slaves s'accomplit rapidement, et Sviatoslav (vers 964/72), fut le premier prince de Kiev à porter un nom slave.

La route du Dniepr ne charriait pas seulement toutes sortes de richesses commerciales, elle ouvrait aussi la Russie aux influences culturelles et religieuses de Byzance. Olga fut la première de la lignée de Riourik à recevoir le baptême (vers 955) ; elle fut solennellement accueillie à Byzance en princesse chrétienne et elle demanda à l'empereur germanique Othon Ier de lui envoyer des prêtres. Une réaction païenne se produisit sous le règne de Sviatoslav, mais Vladimir Ier le Grand (980/1015) épousa la sœur des empereurs d'Orient Basile II et Constantin VIII ; il se fit baptiser à Kiev vers 988 et le christianisme grec commença à se répandre dans la Russie kiévienne. Rattachée au patriarcat de Constantinople (1037), l'Église russe, pendant près de deux siècles, eut presque uniquement des Grecs comme évêques, mais son caractère russe s'affirmait dans la composition d'un bas clergé local, dans l'emploi du slave comme langue liturgique et dans l'accession du Russe Hilarion au siège métropolitain de Kiev (1051). Comme dans l'Empire byzantin, le monachisme connut une extraordinaire floraison en Russie.

Vénéré plus tard par la Russie chrétienne sous le nom de st Vladimir, l'initiateur de la conversion des Russes mourut en 1015. Chacun de ses nombreux fils se tailla une principauté personnelle : Sviatopolk, gendre du roi de Pologne Boleslas Ier le Brave, fit assassiner en 1016 ses frères Boris, prince de Rostov, et Gleb, prince de Mourom, et usurpa Kiev. Son frère Iaroslav, avec l'aide de renforts scandinaves, le battit sur l'Alta et se rendit maître de Kiev (1019). Mais Iaroslav dut encore surmonter l'opposition de son cadet Mstislav, prince de Tmoutorakan (sur la mer d'Azov), avant de pouvoir rétablir l'unité, en 1036. Après cette crise, la Russie kiévienne connut son apogée jusqu'à la mort de Iaroslav (1054).

Le déclin suivit rapidement cet apogée. Iaroslav, qui avait mérité son surnom de Sage, fut le dernier grand-prince à régner réellement sur tout l'État de Kiev. Sa mort, qui arriva à l'heure où la Russie était menacée par de nouveaux nomades turcs, les Polovtses ou Coumans, ouvrit une période de guerres incessantes entre ses descendants. Le trône de Kiev devint l'objet d'âpres compétitions et ce furent les gens de Kiev eux-mêmes qui tranchèrent le débat, sans s'occuper d'aucune loi de succession, en appelant comme grand-prince celui qui leur semblait, à juste titre, le plus capable, Vladimir Monomaque (1113/25). Ce ne fut qu'un répit et, après Monomaque, Kiev ne cessa de changer de mains. Le démembrement de la Russie kiévienne fit apparaître de nombreuses principautés ou républiques libres. En 1169, le prince de Souzdal, André Bogolioubski, prit Kiev et la mit à sac.

Le morcellement féodal au XIIe s.

Au N., le développement de Novgorod, centre artisanal et commercial, préfigura celui des villes germaniques et baltiques de la Hanse. Au contraire, sur les confins de la Pologne, dans la principauté de Galicie-Volhynie, se développa de bonne heure la grande propriété foncière des boyards, héritiers des *droujina* varègues. C'est la principauté de Souzdal, constituée vers la fin du XIe s. sur les terres les plus avancées de la Russie kiévienne, entre l'Oka et la haute Volga, qui joua dans l'histoire russe un rôle capital. Elle constitua le noyau de l'État moscovite qui refit, à partir du XIVe s., l'unité de la Russie.

Sous le joug des Mongols

Au XIIIe s. commença pour la Russie la grande épreuve des invasions et de l'occupation des Mongols, que les anciens historiens russes appellent les Tatars. Après un premier raid en 1223, au cours duquel ils remportèrent la victoire de la Kalka, près de la mer d'Azov, les Mongols reparurent en Russie après la mort de Gengis Khan, en 1236. Après le royaume bulgare de la Volga, les Mongols détruisirent la principauté de Riazan, brûlèrent Moscou (1237), ravagèrent la principauté de Souzdal et le territoire de Novgorod, puis s'emparèrent de Kiev (1240). Les dévastations furent terribles et des régions entières devinrent désertes. Toute la Russie méridionale et orientale se trouva attirée de force vers l'Asie et forma un État mongol, le khanat de la Horde d'Or, dont le centre se trouvait dans la région de la Volga inférieure. Au N., les principautés russes, saccagées, purent survivre, mais sous la suzeraineté mongole. La perception du tribut (en nature, puis en argent) donna d'abord lieu aux pires exactions, puis les khans mongols laissèrent les princes, devenus leurs vassaux, faire eux-mêmes le prélèvement sur leurs sujets. Même quand la Horde d'Or se fut définitivement convertie à l'islam, au début du XIVe s., la religion orthodoxe ne fut jamais persécutée. La Russie, tout en subissant une réelle orientalisation, put ainsi conserver ses caractères culturels et religieux essentiels.

À la menace de l'Asie s'ajoutait une menace de l'Occident. Le morcellement politique, entretenu par les khans mongols, excita les ambitions germaniques. Depuis les pays Baltes, les chevaliers Porte-Glaive et les Scandinaves tentèrent d'envahir l'État de Novgorod. Le prince Alexandre Iaroslavitch, qui reçut le surnom de Nevski à la suite de la défaite qu'il infligea aux Suédois sur la Neva en 1240, écrasa deux ans plus tard l'armée des chevaliers Teutoniques à la « bataille de la Glace », qui se livra sur les eaux gelées du lac Peïpous (1242). Le prince de Moscou Iouri (1303/25) se lia étroitement aux Mongols en épousant Kontchaka, la sœur du khan ouzbek ; il acheta à ce dernier le titre de grand-prince. Son frère, Ivan Ier Danilovitch (1328/40), allié aux Mongols, ravagea le pays de Tver, imposa sa tutelle à Riazan et à Souzdal, et fut chargé par le khan de percevoir le tribut sur tous les autres princes russes, ce qui assurait déjà à Moscou une position d'hégémonie. Plusieurs facteurs concouraient au renforcement de l'État moscovite : fuyant le joug direct des Mongols, des populations du sud de la Russie avaient gagné les régions mieux protégées de l'Oka et de la Volga ; la principauté de Moscou était un pays neuf, où l'autorité du souverain ne se heurtait à aucune tradition municipale ; enfin et surtout, les princes moscovites bénéficièrent de l'appui de l'Église, qui avait toujours favorisé la constitution d'un État centralisé où elle pourrait jouer un rôle de premier plan, aux côtés du pouvoir temporel. En 1326, le métropolite de Vladimir, qui incarnait depuis la chute de Kiev l'unité spirituelle de la Russie, vint fixer son siège à Moscou, qui devint, de fait, capitale politique et religieuse.

La formation de l'État russe centralisé jusqu'au règne d'Ivan le Terrible (1462/1584)

Sous le règne d'Ivan III (1462/1505), les grands-princes de Moscou commencèrent à substituer au régime de la suzeraineté celui de l'annexion. La réunion des terres russes autour de Moscou fut une œuvre immense, qui resta pendant longtemps presque inaperçue du monde occidental. Après l'annexion des principautés de Iaroslavl (1463) et de Rostov (1474), Ivan III profita des conflits qui, à Novgorod, opposaient les patriciens au peuple urbain et rural. Ivan III, bénéficiant de l'appui de la population, conquit la ville de Novgorod en 1471 et annexa son territoire en 1478 ; la plupart des patriciens furent mis à mort ou déportés en Russie orientale. Dans les années suivantes, Moscou engloba Tver (1485), Pskov (1510) et Riazan (1521). Le souverain moscovite, qui portait déjà le titre de « grand-prince de toute la Russie », déployait une activité égale contre les ennemis de l'extérieur. Dès 1476, il avait suspendu le paiement du tribut à la Horde d'Or. En 1480, une imposante armée mongole marcha vers Moscou, mais elle renonça à livrer bataille et battit en retraite : la Russie était définitivement délivrée du joug tatar. Plus redoutable était l'État lituanien, qui s'avançait presque aux portes de Moscou, jusqu'à l'Oka et à la ville de Viazma. Les campagnes d'Ivan III de ce côté restèrent indécises, mais son fils et successeur, Vassili III (1505/33), après plus de quinze ans de guerre, réussit à recouvrer Smolensk (1522).

La Russie sortait de son isolement, nouait des relations diplomatiques avec la Perse, la Turquie, la Suède, l'empereur germanique, Venise et le Saint-Siège. Marié en 1472 à Sophie Paléologue, nièce du dernier empereur de Constantinople, Ivan III s'affirmait comme l'héritier des *basiles* byzantins, et ses théologiens élaboraient pour lui une théorie de la monarchie de droit divin qui faisait du grand-prince le chef et le défenseur de la religion orthodoxe. Cependant, les « autocrates » de Moscou rencontraient de fortes résistances au sein même de leur État : pour briser la puissance des grands boyards, ils créèrent une petite noblesse terrienne et militaire, qu'il fallut pourvoir de domaines et de main-d'œuvre paysanne stable – ce fut l'origine du servage.

Cette évolution s'accéléra dramatiquement sous Ivan IV le Terrible (1533/84). Monté sur le trône à l'âge de trois ans, Ivan passa sa jeunesse sous la tutelle des boyards, qui dominaient l'État par leur influence directe dans le palais, par la *douma* (conseil). Cependant, Ivan avait été formé à une tout autre conception du pouvoir – celle de l'autocratie d'origine divine –, par Macaire, le métropolite de Moscou. Décidant dès l'âge de seize ans de gouverner par lui-même, il se fit sacrer en 1547 et prit le titre de *tsar*, transcription russe du *caesar* latin, affirmant ainsi solennellement la continuité de la monarchie moscovite avec la tradition impériale byzantine. Ivan entreprit immédiatement une vaste réorganisation administrative, législative, ecclésiastique, militaire (création du corps des *streltsy*, embryon d'armée régulière), et il chercha le concours actif du peuple en convoquant, en 1549, le premier *Zemski Sobor*, Assemblée de la terre, réunissant les propriétaires fonciers, la noblesse de cour, le haut clergé et les marchands des villes. La puissance des khans mongols fut encore affaiblie par la prise de Khazan (1552) et d'Astrakhan (1556). L'État russe débouchait désormais sur la Caspienne, entrait pour la première fois en contact direct avec la puissance ottomane et voyait aussi s'ouvrir devant lui, au-delà de l'Oural, les immenses étendues de la Sibérie, dont la colonisation commença dans les années 1580/90. Le tsar Ivan chercha aussi à entrer en relations commerciales avec l'Angleterre par Arkhangelsk et la mer Blanche, mais le débouché naturel de la Russie vers l'O. était la mer Baltique. De ce côté, le tsar allait se trouver aux prises avec l'État polono-lituanien, plus puissant que jamais depuis l'Union de Lublin (1569). La longue guerre de Livonie (1558/83) se termina par un échec de la Russie, assaillie par une coalition de Suédois, de Lituaniens, de Polonais, de Turcs et de Tatars : le tsar ne fut sauvé que par la médiation du pape Grégoire XIII, qui imposa la paix à la Pologne.

À l'intérieur, la réforme essentielle fut, en 1564, le partage des terres russes en deux parties : l'*opritchnina*, sorte de domaine réservé, d'« apanage du tsar », et le *zemstchina*, qui gardait son administration traditionnelle par les conseils de boyards. L'incorporation des terres à l'*opritchnina* se fit dans un climat de terreur, par l'expulsion impitoyable ou par l'extermination des boyards, cependant que la population paysanne était réduite au servage sous la coupe de la nouvelle petite noblesse toute dévouée au tsar.

Le « temps des Troubles » et l'avènement des Romanov (1584/1613)

Cette transformation ne se fit pas sans résistances. Ivan laissait le trône à un enfant, Fédor Ier (1584/98), mais le beau-frère du tsar, Boris Godounov, s'empara de la régence avant de se faire lui-même proclamer tsar (1598/1605). Il poursuivit la politique d'Ivan le Terrible en s'appuyant sur l'Église (érection du patriarcat de Moscou, 1589) et sur la petite noblesse (renforcement du servage, 1597), mais on l'accusait d'avoir assassiné le légitime héritier au trône, le tsarévitch Dimitri, frère de Fédor. En 1604 apparut un faux Dimitri, qui, à la tête de détachements polonais et cosaques, marcha sur Moscou, où il entra peu après la mort de Boris et s'arrogea le trône (juin 1605). Il obtint l'appui des boyards, mais aussi du peuple, auquel il rendit des libertés. Ce n'était pourtant qu'un fantoche entre les mains des Polonais et il fut bientôt tué au cours d'un soulèvement des Moscovites (mai 1606). L'ancienne dynastie étant éteinte depuis la mort de Fédor Ier, les boyards firent nommer tsar un des leurs, Vassili Chouiski (1606/10), qui accorda aussitôt à la grande noblesse des pouvoirs considérables. Les exactions des boyards provoquèrent des soulèvements paysans dans de nombreuses régions de la Russie. Un second faux Dimitri surgit en 1607, soutenu lui aussi par les Polonais, qui ne songeaient qu'à tirer avantage du « temps des Troubles » que traversait la Russie. Réduit aux abois, Chouiski appela à l'aide les Suédois, ce qui provoqua aussitôt l'intervention ouverte de la Pologne. Le roi de Pologne, Sigismond III Vasa, pénétré d'un esprit de croisade catholique, s'empara de Moscou et, avec l'appui de certains boyards, fit proclamer tsar son fils Ladislas. De toutes parts, des soulèvements éclatèrent. Des milices populaires, sous le commandement du prince Pojarski et d'un homme du peuple, l'échevin Minine, finirent par chasser les Polonais de Moscou (nov. 1612). Convoqué par Pojarski, un *Zemski Sobor* décida d'exclure du trône de Moscou tout étranger et choisit pour tsar Michel Romanov, fils du futur patriarche Philarète, qui avait joué un rôle actif dans la lutte contre Boris Godounov, puis contre les Polonais (3 mars 1613). La dynastie des Romanov (v.) allait régner sur la Russie jusqu'à la révolution de 1917.

Les premiers Romanov (1613/89)

Les premiers souverains de la nouvelle dynastie (Michel, 1613/45 ; Alexis, 1645/76 ; Fédor III, 1676/82) surent consolider l'État, gravement ébranlé par le « temps des Troubles ». Au prix d'importantes concessions territoriales, Michel fit la paix, en 1617, avec la Suède (traité de Stolbovo : abandon de la Carélie), en 1634, avec la Pologne (traité de Polianov : abandon de Smolensk). Dans la seconde moitié du siècle, la Russie put mener une politique étrangère plus active. Profitant du soulèvement des Cosaques Zaporogues contre la Pologne, elle prit les Cosaques sous sa protection (traité de Pereiaslav, 1654), et, à la paix d'Androussovo (1667), elle se fit céder par les Polonais Smolensk et l'Ukraine de la rive gauche du Dniepr, plus Kiev.

Moscou, avançant vers le S.-O., faisait sentir son influence en Moldavie et se heurtait pour la première fois à l'Empire ottoman (guerre de 1676/81). L'économie russe se développait, en partie grâce à des techniciens étrangers (surtout allemands). L'agriculture conquérait de nouvelles terres dans la région de la Volga et en Sibérie. La production manufacturière faisait son apparition dans les forges de Toula, dans les verreries et les fabriques d'armes de Moscou... Cependant, le poids du servage était encore renforcé par le code de 1649, et le mécontentement populaire s'exprima dans les révoltes des villes (à Moscou, à Novgorod, à Pskov, 1648/50) et dans la grande insurrection paysanne de Stenka Razine (1667/71).

Les affaires religieuses étaient une nouvelle source de troubles. À la suite de ses premiers contacts avec l'Occident, la Moscovie prenait conscience de son retard intellectuel. Dans l'Église, où se concentrait encore toute la vie culturelle, apparut un parti réformateur dont le chef était Nikone, métropolite de Novgorod et patriarche de Moscou. Le remaniement des livres et des usages liturgiques provoqua le schisme (*raskol*) des « vieux-croyants » (v. **Raskolniki**). Toutes ces manifestations étaient le signe de la mutation proche de toute une société qui sortait de son isolement. L'ancienne classe des boyards, bien qu'encore influente, ne cessait de perdre du terrain. Pour clore définitivement l'ère médiévale, une nouvelle série de réformes radicales était nécessaire, et seule une main de fer pouvait briser les oppositions multiples. En 1682, après la mort de Fédor III, les grandes familles (Narychkine, Miloslavski) rivalisèrent âprement autour du pouvoir. Les prétoriens, les *streltsy*, imposèrent deux tsars, Ivan V et Pierre Ier, sous la régence de leur sœur aînée, Sophie (1682/89). Celle-ci réduisit les *streltsy* à l'obéissance et tenta de confisquer le pouvoir pour elle-même, mais le jeune Pierre le Grand la renversa par un coup d'État militaire et commença son règne personnel.

La naissance de la Russie moderne : le règne de Pierre le Grand (1682-89/1725)

Tsar révolutionnaire, Pierre le Grand entreprit d'intégrer la Russie dans le système politique européen et de l'amener, en quelques années, au niveau de développement culturel et économique du reste de l'Europe. Il fit deux voyages d'étude en Occident, appela en Russie des savants, des artistes, des ingénieurs, des officiers de divers pays d'Europe, força l'aristocratie à envoyer ses fils apprendre à l'étranger, encouragea la traduction des livres, fonda des écoles secondaires et spécialisées. Après avoir définitivement brisé les *streltsy* (1698), il mit sur pied une véritable armée permanente (plus de 160 000 hommes en 1724) et construisit une flotte dans les ports qu'il venait de conquérir sur la Baltique. L'administration fut complètement réorganisée sur une base centralisatrice, la vieille *douma* des boyards faisant place à un Sénat dont les membres furent nommés directement par le tsar ; les grandes affaires de l'État étaient confiées à des collèges, équivalents de nos ministères, l'Empire divisé en gouvernements et en provinces. Pierre Ier institua aussi une police secrète d'État, dotée de pouvoirs discrétionnaires, qui lui permettait d'emprisonner ou d'exiler sans jugement les opposants. Les boyards furent relégués hors des grands postes de l'État et l'institution du *tchin* (rang), définie dans la Table des quatorze rangs de 1722, créa une nouvelle noblesse de fonctionnaires.

L'intervention systématique de l'État donna un puissant essor à l'économie, surtout à l'industrie. Pour mener à bien, en un temps record, d'immenses travaux publics (construction de forteresses, de canaux, de navires, aménagement de la nouvelle capitale, Saint-Pétersbourg, fondée en 1703) et pour fournir à bon marché de la main-d'œuvre aux manufacturiers, Pierre le Grand alourdit encore sur la Russie l'emprise du servage. L'oukase de 1721 permit de vendre les paysans sans terre, à l'égal de toute autre marchandise, aux patrons et aux marchands. La réforme de Pierre le Grand n'intéressa et n'entraîna vraiment que les classes supérieures ; elle plaqua sur la vieille Russie souffrante et immobile une Russie autocratique et européanisée et brisa ainsi l'unité du peuple russe.

Le règne de Pierre le Grand marqua la naissance de la Russie comme grande puissance européenne. En politique étrangère, le grand dessein du tsar fut la conquête d'un large accès à la mer. À peine au pouvoir, il avait enlevé Azov aux Turcs (1696), mais c'est vers la Baltique que Pierre fit porter son principal effort. La fondation (en 1703) d'une nouvelle capitale, Saint-Pétersbourg, sur les rives du golfe de Finlande, était un défi à la Suède, alors maîtresse incontestée des eaux baltes. Dans la grande guerre du Nord (1700/21), le tsar eut à faire face au plus grand homme de guerre de l'époque, le roi de Suède Charles XII. Les armées suédoises envahirent la Russie et pénétrèrent jusqu'en Ukraine, où les Cosaques de Mazeppa se joignirent à elles. Vainqueur de Charles XII à Poltava (1709), Pierre en profita pour s'emparer de positions clés sur la Baltique (Vyborg, Reval, Riga), mais, en 1711, il se trouva aux prises avec les Turcs, entraînés dans la guerre par Charles XII. Cerné sur le Prut, il fut trop heureux de s'en tirer par la restitution d'Azov (traité du Prut, 21 juill. 1711). Revenu vers la Baltique, il accumula les succès contre les Suédois : les troupes russes firent la conquête de l'Estonie et de la Livonie, pénétrèrent en Finlande, en Poméranie, au Mecklembourg. La paix de Nystad (30 août 1721) élargit considérablement la « fenêtre » de la Russie vers l'Occident en lui donnant tout le rivage de la Baltique depuis l'isthme de Carélie jusqu'à Riga. La Russie remplaçait la Suède comme première puissance du Nord. Du côté de l'Asie, sa puissance s'étendait désormais jusqu'au Pacifique (depuis 1645) : la colonisation de la Sibérie s'était poursuivie sans relâche au cours du XVIIe s. et, si le traité de Nertchinsk (1689) avait laissé à la Chine tout le bassin de l'Amour, cette renonciation territoriale était compensée par l'ouverture de relations commerciales avec l'Empire chinois (1697). En 1722/23, Pierre mena une « campagne persane » qui aboutit à l'annexion des côtes occidentales et méridionales de la Caspienne (Bakou).

Les successeurs de Pierre le Grand (1725/62)

Le tsarévitch Alexis ayant pris la tête des adversaires des réformes, Pierre le fit périr (1718). Il décida en 1722 que le tsar régnant aurait le droit de nommer à son gré son successeur, et ce fut sa propre femme qu'il désigna. Avec l'aide de Mentchikov, Catherine Ire (1725/27) fut couronnée impératrice. Elle garda auprès d'elle le ministre de son mari, qui devint l'âme du « Haut Conseil secret », et tous deux continuèrent pendant quelque temps la politique de Pierre. À la mort de Catherine, le trône passa à Pierre II (1727/30), petit-fils de Pierre le Grand, qui n'était encore qu'un enfant. Les Dolgorouki, adversaires des réformes, éliminèrent Mentchikov, qui fut déporté en Sibérie. Pour marquer symboliquement le retour à l'ancien régime, le tsar quitta Saint-Pétersbourg pour Moscou. Pierre II ayant été enlevé à l'âge de quinze ans par la variole, le Haut Conseil secret désigna comme impératrice la duchesse de Courlande, nièce de Pierre le Grand, Anna Ivanovna (1730/40). Malgré cette tentative pour limiter le pouvoir impérial au profit de la haute aristocratie, Anna rétablit l'autocratie. Le Haut Conseil secret fut supprimé, la cour revint à Saint-Pétersbourg, et l'impératrice, qui se méfiait des boyards, confia le pouvoir à des étrangers, baltes et allemands, tels que Biron et Münnich, qui se rendirent rapidement odieux par leur arrogance et leurs dilapidations.

La Russie continuait cependant ses progrès. Premier producteur de fonte en Europe, elle développait ses échanges extérieurs (premier traité de commerce avec l'Angleterre, 1734). Münnich reprenait Azov aux Turcs. Anna, au moment de mourir, se donna comme héritier son petit-neveu, Ivan VI (1740/41), un nouveau-né, ce qui laissait en fait le pouvoir à Biron. Mais la noblesse russe, lasse de l'ingérence des étrangers, fit une révolution de palais qui mit sur le trône une vraie Russe, la fille de Pierre le Grand, Élisabeth Petrovna (1741/62). Ce règne fut marqué par une réaction aristocratique : sous le prétexte d'éliminer « les Allemands », la noblesse se fit concéder d'importants privilèges. Le commerce bénéficia de l'abolition des droits de douane intérieurs (1753) ; la métallurgie continuait à se développer, surtout dans l'Oural ; dans le centre du pays (régions de Moscou, Vladimir, Iaroslavl, Kostroma) prospérait une industrie employant une main-d'œuvre salariée libre ; l'industrie et le petit commerce rural prenaient un grand essor.

La Russie jouait maintenant un rôle de premier plan dans la politique européenne. Partisan de l'alliance autrichienne contre la Prusse, le chancelier Bestoujev-Rioumine engagea la Russie dans la guerre de Sept Ans. La mort d'Élisabeth (janv. 1762) sauva Frédéric II de Prusse de la catastrophe. Celle-ci avait choisi comme successeur son neveu, prince de la maison de Holstein-Gottorp – et, par sa mère, petit-fils de Pierre le Grand –, Pierre III (1762). Admirateur de la Prusse et complètement étranger, hostile même à la Russie, il se hâta de faire la paix avec Frédéric II puis essaya de gagner la noblesse par son « manifeste sur les libertés nobiliaires » où il affranchissait les nobles du service de l'État, mais s'aliéna l'Église orthodoxe en soutenant les *raskolniki*. Sa femme, également allemande (Catherine d'Anhalt-Zerbst), s'appliquait au contraire à se montrer russe et orthodoxe de cœur. À la suite d'un coup d'État militaire monté par son amant Grigori Orlov et par son frère Alexis, Catherine s'empara du pouvoir et fit assassiner son mari (juill. 1762).

Le despotisme éclairé de Catherine II (1762/96)

Le règne de Catherine II (1762/96) fut la seconde étape dans l'établissement de l'autocratie russe. Son « despotisme éclairé », vanté un peu trop vite par les philosophes d'Occident, ne fut guère plus qu'un despotisme tout court. Les paysans ne furent enlevés à l'Église que pour devenir des paysans d'État, ce qui n'améliorait guère leur condition (1764). Des oukases renforcèrent le servage qui fut introduit en Ukraine, qui jusqu'alors l'ignorait (1783). Ces nouvelles mesures provoquèrent le soulèvement de Pougatchev (1773/75), qui entraîna les paysans de la Volga et de l'Oural en se faisant passer pour le tsar Pierre III. Ce fut la plus grande des révoltes paysannes qu'ait connues la Russie. Elle fut férocement réprimée, et l'État étendit encore les pouvoirs politiques des propriétaires fonciers par la création, dans les gouvernements et les districts, d'assemblées de la noblesse présidées par un « maréchal de la noblesse », 1775.

Comme Pierre le Grand, Catherine II se désintéressa désormais du sort du peuple russe. Elle chercha avec plus de succès la gloire militaire. Après avoir imposé son ancien amant Stanislas Poniatowski sur le trône de Pologne (1763), Catherine s'allia avec Frédéric II et prépara le démembrement de l'État polonais, qui fut consommé en trois partages (1772, 1793 et 1795). La première guerre russo-turque (1768/74) vit la flotte russe de la Baltique contourner toute l'Europe, apparaître en mer Égée et infliger un désastre à la flotte ottomane devant Tchesmé (1770). La paix de Kütchük-Kaïnardji (1774) assura à la Russie Azov, Kertch, l'embouchure du Dniepr, les districts du Kouban et du Térek, le droit de libre navigation en mer Noire et dans les Détroits ; Catherine se fit en outre reconnaître la protection des chrétiens orthodoxes de l'Empire ottoman, ce qui offrit au tsar un prétexte permanent d'intervention dans les affaires intérieures turques. Peu après fut fondée la flotte russe de la mer Noire (1779), et la Crimée, enlevée à la tutelle turque par le traité de Kütchük-Kaïnardji, fut purement et simplement annexée par la Russie (1783). La seconde guerre russo-turque (1787/92), marquée par la prise d'Otchakov (1788) et d'Ismaïl (1790), permit aux Russes de porter leur frontière jusqu'au Dniestr. La façade russe sur la mer Noire ne cessait de s'élargir. Le grand port d'Odessa fut fondé en 1796. La pénétration dans le Caucase s'accentua avec l'établissement d'un protectorat sur la Géorgie (1783, annexion en 1801). En Extrême-Orient, la colonisation russe s'étendait au continent américain (Chelekhov en Alaska, 1784 ; fondation de la Compagnie russo-américaine, 1799).

La Révolution française trouva en Catherine II une adversaire résolue. La tsarine montra un regain de sévérité à l'égard de toute idée libérale : Raditchev, qui avait stigmatisé la condition misérable des paysans dans son *Voyage de Saint-Pétersbourg à Moscou* (1790), fut condamné à mort et, par grâce, déporté en Sibérie. L'éducateur franc-maçon Novikov fut enfermé dans la forteresse de Schlüsselburg. Catherine II, la disciple des philosophes, la « Sémiramis du Nord » laissait la Russie plus puissante que jamais, après avoir englouti la moitié de la Pologne et asservi 800 000 nouveaux paysans libres.

Réformes et réaction : Paul Ier et Alexandre Ier (1796/1825)

Trop longtemps tenu à l'écart par sa mère, Paul Ier (1796/1801) n'avait pas l'envergure d'un grand homme d'État. Il admit les serfs à prêter le serment de fidélité, réduisit leurs corvées à trois jours par semaine, mais en même temps il transforma une foule de paysans libres en serfs d'État, qu'il distribua par milliers à ses favoris. Il accorda la liberté de culte aux *raskolniki*, mais soumettait la presse à une sévère censure, interdisait les publications étrangères, réorganisait la police secrète. Entré dans la deuxième coalition contre la France révolutionnaire (succès de Souvarov en Italie et en Suisse, 1799), Paul Ier se rapprocha ensuite de Bonaparte. Le tsar s'apprêtait à déclencher la guerre contre l'Angleterre, mais les militaires, mécontents de ses manières tyranniques, et les grands propriétaires, lésés par l'arrêt des exportations vers les îles Britanniques, formèrent une conspiration dans laquelle entra le propre fils de Paul Ier, Alexandre : dans la nuit du 23 au 24 mars 1801, le tsar fut étranglé dans sa chambre.

Alexandre Ier (1801/25) lui succéda aussitôt, car la succession par ordre de primogéniture, abolie par Pierre le Grand, avait été rétablie en 1797. Alexandre subit d'abord l'influence d'amis de jeunesse acquis aux idées constitutionnelles anglaises (le « Comité secret », 1801/03). L'oukase de 1803, qui permit aux propriétaires fonciers de libérer à leur gré leurs serfs avec un lot de terre, contre paiement d'un rachat, ne donna effectivement la liberté qu'à 47 000 serfs. La politique de réformes parut prendre un nouveau départ, en 1809, avec Speranski, qui projetait de créer des assemblées représentatives, nationales, provinciales et locales, élues selon un mode de suffrage censitaire et très restrictif. Face à cette timide tentative de régime constitutionnel, la caste conservatrice se déchaîna contre Speranski, qui, sous un futile prétexte, fut exilé en Sibérie (1812).

La politique européenne contribuait d'ailleurs à détourner Alexandre Ier de ses velléités libérales. Ayant renoncé à l'alliance française inaugurée par son père, il se joignit en 1805 à la troisième coalition (v. **Coalition, guerres de**). La défaite des troupes coalisées à Austerlitz (1805), l'effondrement de la Prusse, la défaite russe de Friedland (1807), l'arrivée de la Grande Armée aux frontières de la Russie décidèrent le tsar à traiter à Tilsit (v.). En fait, la Russie se trouva engagée dans le système du Blocus continental, ruineux pour son commerce. Dès la nouvelle entrevue des deux empereurs à Erfurt (oct. 1808, v.), le climat diplomatique, si chaleureux à Tilsit, parut sensiblement refroidi. Pendant ce temps, le tsar faisait la guerre aux Suédois, qui durent lui abandonner la Finlande, annexée comme grand-duché à l'Empire russe (1809). La création par Napoléon du grand-duché de Varsovie (v. **Pologne**) exaspéra Alexandre Ier. À partir de 1810, les relations devinrent franchement mauvaises entre les deux empires. La Russie sortit du Blocus continental, frappa de droits prohibitifs les marchandises françaises, concentra des armées dans ses provinces occidentales. Napoléon prit les devants, et, le 24 juin 1812, la Grande Armée passa le Niémen (v. **Russie, campagne de, juin/déc. 1812**).

Le rôle prépondérant de la Russie dans la victoire des Alliés assura au tsar Alexandre une influence particulière lors du règlement de la paix. Entré à Paris en 1814, il protégea la capitale et favorisa la restauration des Bourbons. Au congrès de Vienne, il se fit attribuer toute la Pologne orientale et centrale (avec Varsovie). Il avait accordé une Constitution au « royaume de Pologne », et il en promettait une à la Russie. Les peuples chrétiens balkaniques de l'Empire ottoman tournaient vers lui leurs espérances depuis les succès russes dans la guerre de 1806/12 contre la Turquie : au traité de Bucarest, le tsar s'était fait le garant de l'autonomie des principautés danubiennes et de la Serbie, tout en obtenant pour la Russie la cession de la Bessarabie (1812). Cependant, lorsque les Grecs commencèrent à se soulever, lorsque Ypsilanti essaya d'entraîner les Roumains contre le sultan, Alexandre Ier renia soudain la cause hellène et se fit le champion de la légitimité et des pouvoirs établis (congrès de Laibach, 1821). Car la situation était devenue grave en Russie et le tsar, dans son propre pays, devait faire face à une agitation révolutionnaire.

En dépit des promesses impériales pendant la guerre, aucun progrès ne s'annonçait pour le peuple russe. Les paysans d'État, transformés en colons militaires et soumis à un régime de caserne, se révoltaient (1818/19). Dans l'armée se formaient des sociétés secrètes de jeunes officiers libéraux (Société du Nord à Saint-Pétersbourg, Société du Sud à Kiev). La rébellion du régiment Semionovski (1820) décida Alexandre à revenir à l'autocratie pure. Son favori, le général Araktcheïev, se fit l'agent du lourd despotisme qui marqua les dernières années du règne (période de l'« araktcheïevtchina », 1820/25). Cette accentuation des tendances réactionnaires du pouvoir poussa les jeunes officiers de l'opposition vers le radicalisme. C'est au milieu des préparatifs d'une véritable révolution qu'Alexandre Ier mourut subitement (1er déc. 1825).

Nicolas Ier : réaction politique et réformes sociales (1825/55)

Précipitant le mouvement prévu, le groupe des officiers révolutionnaires (Ryleïev, Pestel, Mouraviov-Apostol...) déclencha la révolte dite des « décabristes » (v.), qui fut facilement écrasée parce qu'elle était toute nobiliaire et militaire, et que ses chefs n'essayèrent pas d'entraîner les masses. Frère et successeur d'Alexandre, Nicolas Ier (1825/55) conclut qu'il devait désormais se méfier de la noblesse, et il chercha son appui dans une bureaucratie centralisée et tracassière. La Russie tsariste devint un État policier, presque hermétiquement fermé au monde extérieur.

Nicolas Ier n'était cependant pas un réactionnaire aveugle. Avec l'aide de Speranski, revenu de Sibérie, il donna à l'autocratie ses bases légales en publiant un code général des lois russes depuis le XVIIe s. (1832). Comme les révoltes rurales se multipliaient, il prit des mesures en faveur des serfs et des paysans : protection des paysans de l'État contre l'arbitraire des fonctionnaires, interdiction aux nobles non propriétaires d'acquérir des serfs, permission aux propriétaires fonciers de céder aux serfs, par contrat, des parcelles en jouissance à vie. Ces améliorations étaient dictées par des exigences économiques, car il apparaissait de plus en plus que le servage ralentissait le développement de la Russie.

La multiplication des doctrines révolutionnaires attira naturellement une implacable répression du pouvoir. Dès 1847, Herzen fut obligé de se réfugier à l'étranger, d'où il publia des séries de pamphlets et de journaux (entre autres, le *Kolokol*) qui, introduits clandestinement en Russie, entretenaient la fermentation des esprits. En 1849, la police démantela le cercle révolutionnaire de Petrachevski, auquel appartenait Dostoïevski, envoyé avec ses camarades, après un simulacre d'exécution capitale, au bagne de Sibérie.

Avec un net retard sur l'Occident, la Russie des années 1840/60 entrait dans la grande révolution industrielle. Le développement de la production (2 400 entreprises industrielles en 1804, plus de 15 000 en 1860) et des échanges (premier chemin de fer en 1837, ligne Saint-Pétersbourg-Moscou en 1851) mettait en question les bases traditionnelles de l'économie féodale. Le capitalisme naissant avait besoin de main-d'œuvre, mais le servage, qui fixait le travailleur au sol et entretenait des habitudes de routine et de basse productivité, empêchait encore la reconversion nécessaire. Il fallait donc abolir cette institution qui paralysait l'évolution socio-économique du pays.

L'échec d'une politique de réformes : Alexandre II (1855/81)

Profitant de l'ébranlement provoqué par les défaites de la guerre de Crimée, le tsar Alexandre II (1855/81) entreprit, de 1857 à 1859, une vaste consultation de la noblesse russe. Le servage fut finalement aboli par la loi du 3 mars (19 févr.) 1861. Cette mesure libéra environ 47 millions de paysans (25 millions appartenant à l'État, 22 millions aux propriétaires privés), mais elle n'améliora guère leur sort. La loi de 1861 ne donnait en effet aux paysans que la liberté personnelle, sans droit à la terre. Les paysans libérés devaient obligatoirement racheter la terre aux propriétaires. Or les lots furent insuffisants (3 ha et demi en moyenne) si bien que les 2/5 de la terre, souvent les meilleurs terrains, occupés avant la réforme par les paysans, restèrent aux propriétaires fonciers ; d'autre part, les lots durent être payés bien au-dessus de leur valeur réelle ; enfin les lots que les paysans ne pouvaient racheter immédiatement furent achetés, avec des prêts de l'État, par la commune rurale, de telle sorte que les anciens serfs, jusqu'à ce qu'ils pussent s'acquitter, passèrent simplement de la tutelle du seigneur à celle de la commune (v. **Mir**), qui était solidairement responsable devant l'État de la dette de tous ses membres. Les paiements de rachat se prolongèrent jusqu'en 1907 ! En bien des cas, l'abolition du servage aboutit à une aggravation de la condition populaire.

Alexandre II, dans l'élan de la loi de 1861, poursuivait néanmoins une vaste réforme administrative. La puissance absolue de la noblesse dans les assemblées locales fut abolie en 1864 par la création des *zemstvos*, où toutes les classes étaient représentées ; la justice fut réorganisée la même année (abolition des châtiments corporels, suppression des tribunaux de caste, introduction du jury) ; enfin, un effort considérable fut accompli dans le domaine de l'instruction publique (création de nouvelles universités ; accès des femmes aux études secondaires et supérieures ; augmentation du nombre de lycées de 88 à 280). Malheureusement, toutes ces réformes étaient à la fois trop soudaines, trop tardives et incomplètes. Elles ne pouvaient faire oublier la permanence de l'autocratie, qui venait encore de se révéler lors de la répression sanglante de l'insurrection polonaise de 1863

À la faveur du relâchement de la censure, depuis le début du règne d'Alexandre II, les journaux s'étaient multipliés. Un nouveau radicalisme, scientiste, matérialiste, « nihiliste », se développait dans une jeune génération qui rêvait d'une rupture totale avec le passé. Bakounine et Netchaïev se firent les théoriciens de l'action violente. Cependant les révolutionnaires des années 1860/80 restaient encore fidèles au socialisme utopique.

Pour un Tchernitchevski, pour un Lavrov, la grande tâche de l'heure était d'éduquer le peuple des campagnes. C'est à cet apostolat messianique que se consacrèrent les populistes à partir de 1870 Le succès fut à peu près nul : les paysans accueillaient avec méfiance ces intellectuels idéalistes habillés en hommes du peuple et, souvent, ils les dénonçaient à la police (grands procès de 1877/78). Les partisans de la violence prirent alors le dessus : dès 1876, une jeune étudiante, Vera Zassoulitch, tira sur le chef de la police de Saint-Pétersbourg, Trepov, qui avait torturé des révolutionnaires détenus ; en avr. 1879 l'étudiant A.K. Soloviev tira cinq coups de revolver sur Alexandre II ; quelques mois plus tard, une explosion faillit faire sauter le train impérial ; en févr. 1880, la salle à manger du palais d'Hiver fut détruite par une autre explosion. Ce développement de l'action terroriste avait provoqué une scission au sein de l'organisation populiste *Zemlia i Volia*. Les tenants de la violence, groupés dans la *Narodnaïa Volia* décidèrent de frapper encore à la tête : au moment où Alexandre II s'apprêtait à donner son approbation aux réformes constitutionnelles préparées par Loris-Melikov, il tomba, au milieu de sa capitale, déchiqueté par les bombes des terroristes (13 mars 1881).

L'impérialisme russe en Europe et en Asie : la question d'Orient (1825 /1878)

Répressive à l'intérieur, la politique de Nicolas Ier fut agressive à l'extérieur. « Gendarme de l'Europe », Nicolas Ier courut en 1849 au secours des Autrichiens pour écraser l'indépendance hongroise ; et, au sein même de l'Empire russe, il exerça une répression impitoyable contre le soulèvement de la Pologne (v.) en 1830/31. Son fils, Alexandre II, montra la même rigueur en 1863.

La Russie poursuivait son expansion en Asie. En Transcaucasie, elle enleva à la Perse les Khanats d'Erivan et de Nakhitchevan (1828), écrasa les musulmans du Daghestan (1830) et, pendant plus de trente ans (1830/64), elle poursuivit la conquête du Caucase contre les montagnards de Chamil. En Asie centrale, où la rivalité anglo-russe était très âpre, le Turkestan occidental fut soumis entre 1853 et 1876. L'expansion se poursuivait également en Extrême-Orient par la mise en valeur de la Sibérie (v.), par l'annexion sur la Chine de la région de l'Amour et de la région côtière du Pacifique (1858/60), par la fondation du port de Vladivostok (1860) et, en 1875, par l'acquisition de la partie nord de l'île de Sakhaline. En revanche, l'Alaska fut vendu aux États-Unis en 1867. Le grand souci de la politique russe, pendant tout le XIXe s., fut cependant avant tout la question d'Orient.

Dans la crise de l'indépendance grecque, le tsar Nicolas Ier agit d'abord de concert avec les grandes puissances (participation de la flotte russe à la bataille de Navarin, oct. 1827), puis il déclencha seul une guerre contre la Turquie (avr. 1828). Au traité d'Andrinople (14 sept. 1829), la Russie obtint des agrandissements dans le Caucase, l'accès aux bouches du Danube, l'autonomie des principautés danubiennes et de la Serbie, l'affranchissement complet de la Grèce et, surtout, l'ouverture définitive des Détroits aux bâtiments de commerce russes.

Jugeant la Turquie suffisamment affaiblie, Nicolas Ier changea d'attitude, et il se posa en protecteur de la Porte contre Méhémet-Ali, pacha d'Égypte. À l'approche des troupes égyptiennes, la flotte et les troupes russes occupèrent le Bosphore (printemps 1833). Par le traité d'Unkiar-Skelessi (8 juill. 1833), la Russie obtint la fermeture des Détroits aux navires de guerre étrangers donc aux navires anglais, à l'exception des bâtiments russes. Cependant, durant la crise orientale de 1839/40, le cabinet de Saint-Pétersbourg dut s'aligner sur le concert européen. La Russie fut la grande perdante dans cette affaire, car l'Angleterre réussit à imposer la convention des Détroits (v.) (15 juill. 1841), laquelle interdisait l'accès des Dardanelles et du Bosphore à tous les navires de guerre étrangers, sans exception.

La question d'Orient provoqua une nouvelle tension en 1853, lorsque Nicolas Ier prétendit exercer seul la protection des Lieux saints en invoquant les traités de Kütchük-Kaïnardji (1774) et d'Andrinople (1829). Un ultimatum russe ayant été repoussé par la Porte (mai 1853), le tsar fit occuper les provinces danubiennes (juin 1853), puis déclara la guerre à la Turquie (1er nov.). Cette intervention brutale décida la France et l'Angleterre, en mars 1854, à commencer la guerre de Crimée. Malgré l'héroïque résistance de Sébastopol, la Russie dut demander la paix. Le traité de Paris (30 mars 1856) lui enleva l'accès aux bouches du Danube et la Bessarabie méridionale ; les Détroits restèrent fermés et, en outre, furent démilitarisés ; la mer Noire fut neutralisée et la Russie perdait le droit d'y entretenir une flotte de guerre ; le privilège russe de protection sur les chrétiens de l'Empire ottoman était remplacé par une garantie internationale.

À la faveur de la défaite française dans la guerre de 1870, la Russie obtint la révision du traité de Paris : la conférence de Londres (mars 1871) rouvrit les Détroits aux navires de guerre et abrogea la neutralisation de la mer Noire. Soucieux, après sa victoire et la fondation de l'Empire allemand, de maintenir le *statu quo* en Europe, Bismarck travailla à rapprocher la Russie et l'Autriche-Hongrie, dont les intérêts s'opposaient dans les Balkans. En oct. 1873 fut conclue la première alliance des Trois-Empereurs (Guillaume Ier d'Allemagne, François-Joseph d'Autriche-Hongrie et Alexandre II de Russie). Cependant, en 1875, la question d'Orient reprit de l'acuité, en raison de l'agitation des peuples slaves des Balkans contre les Turcs.

En dépit des menaces brandies par le cabinet britannique de Disraeli, qui soutenait la Turquie, le tsar Alexandre invoqua dans un discours retentissant la « mission sacrée » de la Russie (nov. 1876), et, le 24 avr. 1877, la Russie déclara la guerre à la Turquie. Les troupes russes rencontrèrent une résistance imprévue. Les Turcs se défendirent avec acharnement dans les Balkans ; en Arménie, ils réussirent à repousser Loris-Melikov devant Kars. Ce fut seulement au cours de la dure campagne d'hiver 1877/78 que les Russes purent remporter des succès décisifs. Plevna enfin tombée (10 déc. 1877), ils entrèrent à Andrinople (20 janv. 1878), et, comme leurs troupes avançaient vers Constantinople, la Porte demanda l'arrêt des hostilités.

Bismarck s'entremit et, pendant l'été 1878, réunit le congrès de Berlin. La Turquie était sauvée, le projet russe de création d'une « Grande-Bulgarie » était rejeté par les puissances, et l'Autriche-Hongrie s'avançait dans les Balkans par l'occupation de la Bosnie-Herzégovine. Les Russes obtenaient, il est vrai, la Bessarabie méridionale et la confirmation de leurs conquêtes en Arménie (Kars, Batoum). Mais ils se sentaient isolés en Europe.

La politique étrangère (1878/1905) : l'alliance franco-russe et la guerre russo-japonaise

Malgré la colère ressentie par l'opinion russe contre Bismarck à la suite du congrès de Berlin, Alexandre III, qui venait d'accéder au pouvoir, dut conclure une nouvelle alliance des Trois-Empereurs (juin 1881). Pourtant, la rivalité de l'Autriche-Hongrie et de la Russie s'affirma de nouveau en 1885, lorsque les Bulgares tentèrent de reconstituer la « Grande-Bulgarie » de San Stefano (guerre bulgaro-serbe, 1885/86). Contraint de choisir entre ses deux alliés, Bismarck négligea les Autrichiens et offrit à Alexandre III le traité de réassurance de 1887. La Russie obtenait l'appui de l'Allemagne en Bulgarie et sur les Détroits ; elle s'engageait à rester neutre en cas d'attaque de l'Allemagne par la France. Mais l'arrivée au pouvoir de Guillaume II et l'élimination de Bismarck (mars 1890) changèrent complètement les rapports germano-russes : le traité de réassurance, jugé contraire à l'esprit de l'alliance germano-autrichienne, ne fut pas renouvelé par le chancelier Caprivi. De nouveau isolée en Europe, la Russie se tourna vers la France, qui essayait de se rapprocher d'elle depuis quelques années déjà. À la suite d'une visite du général de Boisdeffre en Russie, une convention militaire fut signée le 18 août 1892. Elle créait une alliance défensive en cas d'attaque allemande contre la France et d'attaque allemande ou autrichienne contre la Russie. Le tsar attendit encore près d'un an et demi avant de ratifier cette convention (déc. 1893), mais l'arrivée de la flotte russe à Toulon (oct. 1893), les visites de Nicolas II à Paris (1896), du président Félix Faure à Saint-Pétersbourg (1897), déchaînaient en France un immense enthousiasme qui n'était troublé que par l'opposition résolue des socialistes, indignés de voir la République s'allier avec un régime autocratique. En 1899, la portée de l'alliance franco-russe fut même élargie, non plus seulement au seul « maintien de la paix », mais à « l'équilibre des forces européennes ».

Pendant ce temps, la Russie s'employait dans les Balkans à apaiser ses différends avec l'Autriche (rencontres de François-Joseph et de Nicolas II, 1897 et 1902). En fait, le gouvernement tsariste, rassuré par l'alliance avec la France, se détournait de l'Europe pour se concentrer vers l'Extrême-Orient et participer au dépeçage de la Chine. La Russie, qui poursuivait activement la construction du Transsibérien, n'était guère satisfaite de sa base de Vladivostok. Elle avait jeté son dévolu sur Port-Arthur, dans la presqu'île du Liao-tong, à l'entrée de la mer Jaune. C'était s'opposer directement aux visées japonaises. Vainqueur de la Chine dans la guerre de 1894/95, le Japon s'était fait céder la presqu'île du Liao-tong par le traité de Shimonoseki (avr. 1895). Soutenue par l'Allemagne et par la France, la Russie obligea les Japonais à lâcher cette proie, et, lors de l'établissement des concessions chinoises, en 1898, c'est elle qui obtint la possession de Port-Arthur. Voulant faire de Port-Arthur le terminus du Transsibérien, la Russie occupa la Mandchourie sous prétexte de protéger militairement ses voies ferrées (1900). Mais la vieille rivalité anglo-russe, qui s'était encore manifestée en 1884/85 lors de l'occupation russe de Merv, en Afghanistan, aboutit à la conclusion d'une alliance anglo-japonaise (janv. 1902).

Commencée par l'attaque surprise des torpilleurs nippons dans la rade de Port-Arthur (févr. 1904), la guerre russo-japonaise fut désastreuse pour la Russie et révéla au grand jour l'impréparation militaire et la déliquescence de l'État tsariste. Pour la première fois, un peuple asiatique triomphait d'une nation européenne. Au traité de Portsmouth (5 sept. 1905), conclu par la médiation des États-Unis, la Russie dut abandonner Port-Arthur, le chemin de fer sud-mandchourien, la moitié méridionale de l'île Sakhaline et reconnaître la liberté d'action du Japon en Corée. Ce traité n'était pas désastreux, car les positions russes en Extrême-Orient (avec Vladivostok) subsistaient pour l'essentiel. Mais les répercussions morales de la défaite furent considérables, et l'Empire des tsars, épuisé, se trouvait en proie à une véritable révolution.

Le développement du capitalisme et la montée du mouvement révolutionnaire de 1881 à 1905

Monté sur le trône après l'assassinat de son père par les terroristes, Alexandre III (1881/94) annula les réformes constitutionnelles préparées par Loris-Melikov et proclama dans un manifeste son intention de défendre l'autocratie. Sous Pobiedonostsev, principal conseiller du tsar, et du comte Tolstoï, ministre de l'Intérieur, la Russie connut une réaction nobiliaire et nationaliste et de sanglants pogroms éclatèrent contre les Juifs. La révision du statut des *zemstvos* assura à la noblesse terrienne la suprématie absolue dans les assemblées locales (1890). On fonda une Banque des nobles (1885) pour renforcer le pouvoir économique de la classe privilégiée. De nouvelles lois aggravèrent la censure et le contrôle étatique et policier sur les universités. La toute-puissance de la bureaucratie s'exerça également contre tous les allogènes de l'Empire : minorités religieuses (luthériens, catholiques) ou nationales (russification intensive de la Pologne, des pays Baltes, de la Finlande). Les victimes les plus touchées furent les Juifs, car le gouvernement s'efforçait systématiquement de détourner sur eux la colère provoquée par le malaise social.

Cette étreinte de fer que l'autocratie faisait peser sur la Russie ne se relâcha en rien à l'avènement de Nicolas II (1894/1917). Cependant, sous l'impulsion du ministre Witte (1892/1903), la Russie se modernisait à un rythme accéléré. Pratiquant une politique systématique d'emprunts et d'appels aux investissements de l'étranger (au début du XXe s., plus du tiers des actions des sociétés anonymes étaient entre les mains d'Occidentaux), le gouvernement developpait les chemins de fer (3 800 km de voies ferrées en 1865, environ 25 000 en 1900), la flotte fluviale (quadruplée entre 1868 et 1895), mettait en valeur de nouvelles régions industrielles (Donetz), protégeait l'industrie russe par des tarifs protectionnistes (1891), créait des écoles professionnelles et stabilisait la monnaie en rattachant le rouble à l'étalon-or (1897). Ce développement du capitalisme en Russie, à partir des années 1880, fut caractérisé par la prédominance de l'industrie lourde et, donc, par la concentration des ouvriers dans de grandes entreprises.

Ce prolétariat était constitué essentiellement par la masse des petits paysans ruinés par le développement du capitalisme agraire au cours de la seconde moitié du XIXe s. Cette désagrégation du paysannat russe fut un des aspects essentiels de la crise sociale du tsarisme finissant. La condition du prolétariat ouvrier était pire que partout ailleurs en Europe. Aussi les grèves ouvrières se multiplièrent-elles à partir de 1880, bien que le gouvernement fît de chaque grève un délit. Ce n'est qu'en 1897, à la suite de deux grandes grèves qui venaient de se produire à Saint-Pétersbourg, que le gouvernement publia la première loi sociale : dans les industries textiles, la journée légale de travail, qui était alors de quatorze heures, fut ramenée à onze heures et demie.

Les idées de Marx avaient commencé de se répandre en Russie assez tardivement, après la fondation par Plekhanov, émigré à Genève, du groupe de l'Émancipation du travail (1883). Ce sont les mêmes idées que Lénine développa avec plus de rigueur dans son livre *Le Développement du capitalisme en Russie* (1896/99). En 1895, Lénine avait créé à Saint-Pétersbourg l'Union de lutte pour la libération de la classe ouvrière, embryon du parti ouvrier social-démocrate russe fondé au congrès de Minsk (mars 1898), scindé à partir de 1903 (congrès de Bruxelles et de Londres) entre bolcheviks (majoritaires) et mencheviks (minoritaires). Les premiers, menés par Lénine, soutenaient la formation d'un parti limité aux « professionnels de la Révolution », les seconds prônaient au contraire un parti largement ouvert. De leur côté, les multiples groupes issus du populisme faisaient leur union, en 1902, dans le parti socialiste-révolutionnaire, dont la tactique de prédilection fut le terrorisme individuel.

La révolution de 1905

L'aggravation de la crise sociale, à la suite de la famine de 1891/92 puis de la grave récession des années 1900, suscita une vive effervescence dans les assemblées locales et provinciales. Dans la bourgeoisie libérale, l'opposition à l'autocratie s'exprima par l'Union des constitutionnalistes des *zemstvos* (1903) et par l'Union de libération de P. Strouvé (1904) ; ces éléments devaient se fondre peu après dans le parti constitutionnel-démocrate (KD). La révolution de 1905 commença, après les premiers désastres de la guerre russo-japonaise, par une démonstration pacifique de 100 000 grévistes et pétitionnaires, qui, conduits par le pope Gapone, sans armes, portant des icônes et des portraits du tsar, marchèrent, dans l'intention de présenter une supplique à Nicolas II, sur le palais d'Hiver, où ils furent reçus par des salves qui firent des centaines de morts et des milliers de blessés : ce fut le « Dimanche rouge » de Saint-Pétersbourg (22 janv. 1905, selon notre calendrier grégorien). La révolution de 1905 ne suivit aucune direction d'ensemble, mais fut plutôt la coïncidence d'une foule de mouvements locaux : grèves ouvrières, révoltes paysannes, mutinerie du cuirassé *Potemkine* (juin/juill.), congrès illégaux d'intellectuels, de membres de professions libérales et d'ingénieurs...

Effrayé par l'ampleur du mouvement, le gouvernement tsariste, qui était en train de négocier la paix avec le Japon, annonça le 19 août la création d'une Assemblée ou *douma*, uniquement consultative et sans débats publics. Cette concession dérisoire ne pouvait suffire à ramener le calme. Le 20 oct. 1905 commença la grève des cheminots, qui dégénéra en grève générale. En même temps faisait son apparition une organisation politique révolutionnaire d'un type nouveau : le *soviet* ou conseil d'ouvriers. Le soviet de Saint-Pétersbourg fut créé le 26 oct., et des conseils analogues, où les bolcheviks voyaient l'« expression politique du pouvoir ouvrier » et les agents de la prochaine insurrection, se formèrent à Moscou, Kiev, Rostov-sur-le-Don, Odessa, Bakou, Smolensk, Samara... Sous la pression des événements, Nicolas II dut publier le manifeste du 30 oct. 1905, par lequel il octroyait à ses sujets les libertés de conscience, de réunion, de parole et de presse, d'association, et érigeait la douma en Assemblée législative élue. Cependant, l'effervescence révolutionnaire ne tomba pas. Si les partis libéraux, bourgeois, constitutionnels-démocrates et octobristes (parti libéral fondé le 30 oct. 1905) se ralliaient à la monarchie constitutionnelle, si les mencheviks, qui prédominaient au soviet de Saint-Pétersbourg, se montraient hésitants, en revanche, bolcheviks et socialistes-révolutionnaires étaient résolus à boycotter les élections à la douma. Des mutineries militaires éclataient à Kronstadt et dans la flotte de la mer Noire. Dans les grands centres industriels, les soviets préparaient l'insurrection.

Cependant, dès la fin de 1905, le gouvernement, à la tête duquel Nicolas II avait rappelé Witte, limitait sous divers prétextes les libertés octroyées par le manifeste du 30 oct., interdisait les grèves dans les entreprises déclarées d'utilité nationale... Les membres du soviet de Saint-Pétersbourg furent dispersés, et le prolétariat de la capitale ne réagit que par une grève courte et partielle (déc. 1905). Plus grave fut la grève générale de Moscou, qui, commencée le 20 déc., se transforma en une insurrection armée qui dura dix jours. Au début de 1906, l'échec de la révolution était évident. Lénine avait voulu isoler la bourgeoisie libérale par l'accord étroit du prolétariat ouvrier et de la paysannerie, mais la petite paysannerie, malgré son opposition aux grands propriétaires fonciers, hésitait encore à se dresser contre le tsar, et elle était restée dans son ensemble assez passive ; l'armée, surtout composée de paysans, était demeurée, elle aussi, fidèle au tsar, malgré quelques séditions isolées ; quant à la bourgeoisie, effrayée par la révolution populaire, elle s'était satisfaite des premières concessions accordées par le pouvoir.

Redressement temporaire et chute du tsarisme (1906/17)

La première douma (mai/juill. 1906) et la deuxième douma (févr./juin 1907), où la gauche (constitutionnels-démocrates, puis socialistes) était majoritaire, furent l'une et l'autre dissoutes. L'énergique Stolypine, appelé au pouvoir par le tsar en juill. 1906, promulgua une nouvelle loi électorale, contraire à la Constitution parce que non consentie par la douma, qui restreignait considérablement le corps électoral : ce furent donc la droite et la noblesse foncière qui dominèrent les troisième (nov. 1907/juin 1912) et quatrième doumas (nov. 1912/févr. 1917). Stolypine, qui fut le plus lucide des derniers serviteurs du tsarisme, voulut donner une nouvelle assise sociale à l'autocratie en créant une classe de paysans riches qui se serait alliée à la noblesse et à la haute bourgeoisie. Diverses lois permirent aux paysans de sortir de la communauté rurale du *mir* et de réclamer la cession de leur lot. De 1907 à 1916, plus de 2 millions de paysans sortirent ainsi de la commune rurale, mais plus de la moitié d'entre eux revendirent leur lot de terres à vil prix aux *koulaks*, les paysans riches, et abandonnèrent la campagne pour les grandes villes industrielles. Les réformes de Stolypine consommèrent donc la désagrégation de la paysannerie russe, à l'inverse du but recherché.

Dans l'immédiat, l'extension de la propriété agricole se traduisit par un élargissement du marché intérieur qui profita beaucoup à l'industrie russe. Les progrès industriels furent particulièrement rapides à partir de 1909. La politique de Stolypine, continuée, après l'assassinat de ce dernier (oct. 1911), par l'habile financier Kokovtsev, fit aussi un effort très important dans le domaine de l'instruction publique. Cependant, à la veille de la Première Guerre mondiale, la Russie était encore très en retard sur les autres grandes nations industrielles ; la France avait une production industrielle globale quadruple de celle de la Russie ; en 1870, la production russe atteignait à peine 16,7 % de la production des États-Unis ; en 1913, 12,5 %. Son commerce ne représentait que 3,90 % du commerce mondial.

À partir de 1905, la politique étrangère de la Russie connut un regain d'activité en Europe. Stolypine et Isvolski (ministre des Affaires étrangères, de 1906 à 1910, puis ambassadeur à Paris, de 1910 à 1917) lui donnèrent une orientation délibérément expansionniste. Après l'échec d'une tentative allemande pour rompre l'alliance franco-russe (entrevue de Guillaume II et de Nicolas II à Björkö, 23 juill. 1905), la France s'employa à rapprocher ses deux alliées, l'Angleterre et la Russie. Inquiète des armements navals de l'Allemagne, l'Angleterre se montra favorable aux initiatives françaises, et, par la convention de Saint-Pétersbourg (31 août 1907), les Anglais et les Russes réglèrent leurs différends à propos de l'Iran (qui fut partagé en deux zones d'influence), de l'Afghanistan (que la Russie reconnut comme zone d'influence britannique) et du Tibet. L'alliance franco-russe se transforma ainsi en une Triple-Entente.

Tenu en échec en Extrême-Orient par les Japonais, l'impérialisme russe s'était retourné vers les Balkans, ce qui fit renaître la rivalité austro-russe. Dans la crise bosniaque de 1908/09, le gouvernement tsariste, sous la menace de l'Allemagne, fut contraint d'accepter l'annexion de la Bosnie-Herzégovine par l'Autriche-Hongrie, et il dut apaiser ses alliés serbes. Ayant refait ses forces et réorganisé son armée, la Russie s'assura une revanche en 1912 en patronnant l'entente balkanique (Serbie, Bulgarie, Grèce), qui, après la première guerre balkanique (oct. 1912/mai 1913), aboutit à la disparition presque complète de la Turquie d'Europe. Depuis 1911, on assistait à l'intérieur du pays à un réveil du mouvement révolutionnaire. Le massacre, par la troupe tsariste, des ouvriers des mines de la Lena (avr. 1912) avait provoqué une immense protestation dans le prolétariat. En automne 1912, aux élections à la quatrième douma, les bolcheviks obtinrent la majorité des suffrages ouvriers. Une guerre pouvait permettre d'étouffer, au nom des exigences de la défense nationale, la propagande révolutionnaire. Dès les premiers jours de la crise ouverte par l'assassinat de l'archiduc héritier d'Autriche-Hongrie à Sarajevo (28 juin 1914), le gouvernement tsariste se montra résolu à ne rien céder. Invoquant l'impossibilité technique de procéder à une mobilisation partielle, l'état-major russe exigea la mobilisation générale, dès le 30 juill. : ce fut la première de toutes en Europe et elle entraîna celle de l'Autriche (31 juill.), puis celles de l'Allemagne et de la France (1er août)

Mais la Russie était loin d'être prête militairement. Capable de mobiliser des masses d'hommes considérables, elle manquait de véhicules automobiles, de grosse artillerie et même de fusils et de cartouches ; l'intendance était profondément désorganisée, les transports ferroviaires insuffisants. La victoire de Hindenburg à Tannenberg (fin août 1914) dégonfla la mythe du « rouleau compresseur » russe. L'entrée en guerre de la Turquie (nov. 1914) coupa la Russie de la Méditerranée, et l'unique voie de communication avec ses alliés anglais et français qui voulaient lui livrer du matériel de guerre fut désormais la route difficile de l'océan glacial Arctique. Les offensives austro-allemandes de 1915/16 chassèrent complètement les armées tsaristes de la Pologne et de la Lituanie. La contre-offensive russe de Broussilov en Galicie, lancée au début de juin 1916, s'épuisa rapidement n'obtint pas l'effondrement de l'Autriche-Hongrie, mais soulagea Français, Anglais et Italiens en raison de l'envoi de réserves autrichiennes et allemandes vers le front russe.

La Russie paya ses défaites militaires d'un prix terrible : de 1914 à 1917, elle ne comptait pas moins de 2 millions et demi de morts. La situation intérieure était catastrophique. La guerre ruinait encore davantage les masses paysannes. La faim, le manque de charbon, l'inflation sévissaient dans les villes ; les grèves se multiplièrent ; l'opinion publique perdait de plus en plus confiance dans le gouvernement et surtout dans le tsar et la famille impériale. On soupçonnait l'impératrice, d'origine allemande, de trahir les intérêts de la Russie. On s'indignait de l'influence scandaleuse exercée par le moine Raspoutine, qui fut finalement assassiné par des membres de l'aristocratie (nuit du 30 au 31 déc. 1916). Le mécontentement gagnait de larges couches de la bourgeoisie.

La « révolution de Février » et l'installation du gouvernement (mars/avr. 1917)

Au début du mois de mars 1917 commença la première phase de la révolution (appelée « révolution de Février », en raison des treize jours de décalage des calendriers). Le 8 mars (23 févr.), à l'occasion de la journée internationale des Femmes, des grèves et des manifestations se déclenchèrent à Petrograd (depuis 1914, la capitale avait changé son ancien nom de Saint-Pétersbourg, de consonance germanique). Le mouvement fut lancé par les ouvriers des usines Poutilov, et dès le 9 mars, 200 000 travailleurs étaient déjà en grève dans la capitale. Le froid extrême rendait l'approvisionnement encore plus difficile, et la foule réclamait du pain. Le 12 mars fut une journée décisive : la garnison de Petrograd passa du côté de l'insurrection, le soviet ouvrier de la capitale tint sa première séance, tandis que la douma créait un Comité exécutif provisoire où dominaient des libéraux conservateurs (Rodzianko, Choulguine, Milioukov), mais où le socialisme modéré était également représenté par Kerenski et Troudovik. À la suite de négociations entre le Comité exécutif de la douma et le soviet de Petrograd fut créé un gouvernement provisoire présidé par le prince Lvov (15 mars). Deux représentants de ce gouvernement se rendirent aussitôt à Pskov, au quartier général des armées du Nord, où se trouvait le tsar Nicolas II ne fit pas de difficultés pour abdiquer (le 15 mars, à minuit), et son frère, le grand-duc Michel refusa le trône : ce fut la fin de la dynastie des Romanov.

À Petrograd, deux autorités se trouvaient face à face : le gouvernement provisoire et le soviet des ouvriers et des soldats, où les diverses tendances socialistes (socialistes-révolutionnaires, mencheviks bolcheviks – ces derniers désormais minoritaires) étaient représentées. La question de la guerre creusa rapidement le fossé entre le gouvernement provisoire et le soviet. La « révolution de Février » avait été accueillie avec sympathie par les démocrates et les socialistes français. Les chefs de la SFIO, Jules Guesde, Marcel Sembat, Albert Thomas, avaient adressé un chaleureux télégramme de félicitations à Kerenski, devenu ministre de la Justice (31 mars). Le nouveau ministre des Affaires étrangères, Milioukov était un patriote résolu, qui entendait poursuivre la guerre en lui assignant les objectifs traditionnels de l'impérialisme russe.

Le soviet commença une campagne contre le gouvernement provisoire en réclamant une paix sans annexion ni indemnités, la redistribution de la terre aux paysans et l'amélioration du sort de la classe ouvrière. Par l'ordre du jour n° 1 à l'armée (27 mars) le soviet de Petrograd demanda la création, dans toutes les unités militaires, de conseils, composés de représentants élus des soldats, qui détiendraient l'autorité politique, la discipline militaire traditionnelle ne s'exerçant plus que dans le cadre strict des heures de service. Cet ordre, qui fut largement exécuté, brisa évidemment tout ce qui pouvait rester d'élan guerrier dans l'armée russe. Sous la pression du soviet, le gouvernement provisoire prit diverses mesures démocratiques : amnistie générale, garantie de l'autonomie à la Finlande (1er avr.), fixation de la journée de travail à huit heures et abolition de la peine de mort (6 avr.), annonce d'une réforme agraire (14 avr.), octroi de l'électorat et de l'éligibilité aux femmes (15 avr.).

Lénine, Kerenski, Kornilov (avr./oct. 1917)

Mais le grand événement de cette période fut l'arrivée de Lénine à Petrograd (16 avr.). Réfugié en Suisse depuis le début de la guerre, le chef bolchevique revint avec un groupe de quelque 200 émigrés. Le lendemain même de son retour (17 avr.), Lénine présenta aux bolcheviks les fameuses « Thèses d'avril ». Sa grande habileté fut de dramatiser et de radicaliser la situation en dénonçant le gouvernement provisoire comme l'expression de la bourgeoisie impérialiste, les socialistes-révolutionnaires et les mencheviks du soviet comme les instruments de cette bourgeoisie. Les bolcheviks ne représentaient encore qu'une force presque insignifiante : leur influence, à peu près nulle chez les soldats, était plus importante chez les ouvriers, bien que la masse restât avec les socialistes-révolutionnaires. En mars 1917, le parti bolchevique ne comptait encore que 24 000 adhérents, dont 2 000 à Petrograd et 600 à Moscou.

Alors que le gouvernement provisoire reportait le règlement de tous les grands problèmes intérieurs au retour de la paix, Lénine entreprit la conquête des masses par un programme qui réclamait tout, et tout de suite : tout le pouvoir aux soviets, la paix immédiate, la terre aux paysans, le contrôle des ouvriers sur la production et la répartition des produits... Ces « Thèses d'avril », que le vieux marxiste Plekhanov qualifiait de « délire », provoquèrent, par leur extrémisme, un véritable scandale chez les mencheviks, et les bolcheviks eux-mêmes furent assez décontenancés. Le problème de la poursuite de la guerre continuait à diviser les esprits. Le 22 avr., dans une déclaration sur ses buts de guerre, le gouvernement provisoire dut renoncer solennellement aux objectifs impérialistes. Mais Milioukov, en transmettant le texte de cette déclaration, donna l'assurance aux Alliés que le gouvernement resterait fidèle à tous les engagements pris par le tsarisme (1er mai). On assista alors, dans le soviet de Petrograd, à une véritable explosion de haine contre Milioukov, dont la démission fut obtenue par une grande manifestation d'ouvriers et de soldats.

Le prince Lvov forma un nouveau gouvernement avec la participation du socialiste-révolutionnaire Tchernov et du menchevik Tsereteli (18 mai). Devenu ministre de la Guerre, Kerenski passa au premier plan. Tandis que le ministre des Affaires étrangères, Terechtchenko, essayait vainement d'obtenir des Alliés une révision générale des buts de guerre, Kerenski s'efforçait de rétablir la discipline dans l'armée. Cependant, l'offensive russe en Galicie (juill. 1917) fut un échec, et de nombreuses unités refusèrent de combattre. Cette malheureuse tentative suscita à Petrograd une psychose de trahison : le gouvernement provisoire favorisa une campagne contre le « complot bolchevique » et accusa Lénine et ses amis d'être des agents de l'Allemagne. Les 16/17 juill. eut lieu dans la capitale une insurrection d'ouvriers en armes et de soldats insurgés sous le mot d'ordre : « Tout le pouvoir aux soviets ! » Mais Lénine jugea qu'il était encore trop tôt pour agir et, à la dernière minute, l'action décisive fut décommandée. Le gouvernement provisoire lança des mandats d'arrêt contre les dirigeants bolcheviques (auxquels venait de se joindre Trotski), et Lénine dut se réfugier dans la clandestinité en Finlande. Les bolcheviks, qui ne représentaient qu'environ un huitième des délégués au premier congrès des soviets et des députés ouvriers qui s'était tenu à Petrograd en juin/juill., perdirent encore du terrain.

Le 20 juill., le prince Lvov ayant démissionné, un troisième gouvernement provisoire se constitua sous la présidence de Kerenski. Celui-ci dut faire face à l'agitation des minorités nationales (les Ukrainiens avaient proclamé leur indépendance le mois précédent). Pour consolider le régime, il convoqua à Moscou une Conférence d'État, qui comprenait quelque 2 500 délégués, anciens membres des quatre doumas, représentants des soviets, des syndicats, des professions... (25/28 août 1917). Les bolcheviks n'étaient pas représentés à cette conférence, mais ils continuaient à mener une propagande active en faveur de la paix immédiate. À l'opposé, les démocrates modérés, qui voulaient que la Russie continuât énergiquement la guerre, mettaient leurs espoirs dans le nouveau commandant en chef de l'armée, le général Kornilov. Après l'occupation de Riga par les Allemands (3 sept. 1917), ce dernier, jugeant que la catastrophe militaire était imminente, réclama les pleins pouvoirs, et, comme Kerenski décidait sa révocation, le général fit marcher des troupes contre Petrograd (7/13 sept.). Affolé, Kerenski appela à son aide le soviet et les ouvriers. De sa retraite de Finlande, Lénine donna l'ordre aux bolcheviks de prendre à tout prix la tête de la résistance contre le putsch militaire. Haranguées dans les faubourgs de Petrograd par des orateurs des soviets, les troupes de Kornilov abandonnèrent leur chef et passèrent à la révolution.

Kerenski proclama la république (14 sept.), mais les grands bénéficiaires de cette aventure avaient été les bolcheviks, qui apparaissaient désormais comme les seuls défenseurs authentiques de la révolution. La sédition de Kornilov donna un nouvel essor au bolchevisme, qui exploita désormais à fond la menace d'un coup d'État militaire, et elle montra la faiblesse du gouvernement provisoire. Le 13 sept., le soviet de Petrograd se rangea aux côtés des bolcheviks, et le soviet de Moscou fit de même cinq jours plus tard. Tandis que Kerenski savourait ce qu'il considérait comme son triomphe sur la rébellion de Kornilov, les bolcheviks préparaient activement ce qui était, à leurs yeux, la partie décisive : l'insurrection contre le gouvernement provisoire. Kerenski avait convoqué une

« Conférence démocratique » (27 sept.), puis un conseil de la République ou « Préparlement » (20 oct.), mais les bolcheviks, sur l'ordre de Lénine, s'en retirèrent dès la première séance. Trotski, président du soviet de Petrograd depuis le 6 oct., mettait sur pied un Comité militaire révolutionnaire. Malgré l'opposition de Kamenev et de Zinoviev, Lénine, revenu clandestinement à Petrograd, fit adopter le 23 oct., par le Comité central du parti bolchevique, l'ordre du jour sur la préparation immédiate de l'insurrection armée.

La « révolution d'Octobre » à Petrograd (6/8 nov. 1917)

La préparation de l'insurrection se fit presque au grand jour, sous la direction de Trotski (Lénine étant reparti en Finlande après la réunion du Comité central). Dès le mois d'avr., le soviet avait constitué sa propre force armée, les « gardes rouges », composée d'ouvriers enthousiastes mais assez mal entraînés. Les mesures du Comité révolutionnaire militaire (créé officiellement le 25 oct.) furent couvertes sous prétexte de renforcer la défense de la capitale contre un coup de main militaire analogue à celui de Kornilov ou même contre une éventuelle avance des troupes allemandes. Kerenski sous-estima complètement la capacité d'organisation des bolchevicks. Les agitateurs purent se livrer auprès des soldats de la garnison de Petrograd à une propagande accrue sur les thèmes désormais familiers : « paix immédiate », « la terre aux paysans », « tout le pouvoir aux soviets ». Le 26 oct., les marins de Kronstadt leur étaient acquis. Les troupes de Petrograd, qui étaient depuis longtemps en pleine anarchie et qui craignaient d'être envoyées au front par le gouvernement provisoire, se rallièrent également, en presque totalité, le 31 oct.

Le plan de l'insurrection fut dressé par un ancien officier, révoqué en 1905, longtemps menchevik et rallié aux bolcheviks depuis la sédition de Kornilov, Antonov-Ovseenko (qui disparut en 1938 dans les purges staliniennes). Ce plan prévoyait, outre des actions locales opérées par les gardes rouges ou les soldats ralliés à proximité de leurs usines ou de leurs casernes, l'occupation de toute la partie centrale de la ville, avec la poste principale, le central téléphonique, la forteresse Pierre-et-Paul, les palais Marie et de Tauride et surtout le palais d'Hiver, où siégeait le gouvernement provisoire. Le 29 oct., Lénine, revenu à Moscou, avait pris la parole dans une réunion élargie du Comité central, mettant ses amis devant ce dilemme : « Ou bien la dictature militaire de Kornilov, ou bien la dictature du prolétariat. » Cependant, Zinoviev et Kamenev continuaient d'affirmer que l'insurrection conduirait au désastre : ils allèrent même jusqu'à publier dans un journal menchevik une lettre révélant le projet d'insurrection, mais Lénine ne put obtenir leur exclusion. Kerenski, inquiet, prit alors des mesures qui permirent aux bolcheviks de dénoncer une attaque des forces contre-révolutionnaires et de justifier leur coup de force devant le peuple comme un acte de légitime défense. À l'aube du 6 nov. (24 oct.), la police tenta de fermer l'imprimerie de l'organe bolchevique *Rabotchi Pout* (qui remplaçait alors la *Pravda*). Aussitôt le Comité révolutionnaire militaire publia une proclamation affirmant que « les ennemis du peuple avaient pris l'offensive », que « la contre-révolution avait relevé sa tête criminelle » et que, en conséquence, toutes les forces du soviet étaient mobilisées.

L'action commença dans la nuit des 6/7 nov. (24/25 oct.). Depuis vingt-quatre heures déjà, l'Arsenal et la forteresse Pierre-et-Paul étaient entre les mains de troupes ralliées au soviet, de telle sorte que celui-ci était largement pourvu en armes et en munitions. Le 7 nov., entre 2 et 5 heures du matin, les bureaux de poste, les centrales électriques, les gares, les châteaux d'eau, le palais de Tauride, enfin le central téléphonique furent occupés sans résistance. Au matin, les troupes du Comité révolutionnaire militaire étaient maîtresses de la ville et elles y faisaient régner un calme discipliné qui surprit tous les correspondants de presse étrangers. Kerenski venait de quitter la capitale pour aller chercher sur le front des troupes fidèles, mais le gouvernement provisoire continuait à siéger au palais d'Hiver, défendu par une petite force dérisoire de Cosaques, d'élèves officiers et de volontaires féminines : en tout, 1 300 soldats.

Malgré leur supériorité numérique, les forces bolcheviques n'osèrent pas donner l'assaut au palais, qui ne se rendit que la nuit suivante, à 2 h 10, après que le croiseur *Aurora* eut tiré dans sa direction une trentaine d'obus. Les membres du gouvernement provisoire furent arrêtés. Les défenseurs du palais d'Hiver, y compris les femmes, furent aussitôt libérés sans violences, tandis que le palais était mis à sac et que les vainqueurs buvaient joyeusement dans les caves de l'ancienne résidence des tsars. Quelques heures plus tôt, à l'institut Smolnyï, s'était ouvert le IIe congrès des soviets de Russie. Socialistes révolutionnaires et mencheviks y protestèrent contre le coup de force qui était en train de s'accomplir et quittèrent la salle geste théâtral qui n'eut d'autre résultat que d'éliminer toute opposition aux bolcheviks et de laisser le pouvoir absolu à Lénine.

L'établissement du pouvoir soviétique et la paix de Brest-Litovsk (nov. 1917/mars 1918)

Conformément à sa promesse, Lénine déclara que le gouvernement appartenait désormais aux soviets. Le 8 nov. fut constitué un Conseil des commissaires du peuple, composé de Lénine à la présidence, de Rykov à l'Intérieur, de Milioutine à l'Agriculture, de Trotski aux Affaires étrangères, de Lounatcharski à l'Instruction publique, de Staline aux Nationalités, la Guerre et la Marine étant dirigées par un comité de trois membres parmi lesquels Antonov-Ovseenko. Lénine fit aussitôt adopter par le congrès des soviets les deux grands décrets « sur la paix » et « sur la terre ». Le gouvernement soviétique invitait toutes les nations belligérantes et leurs gouvernements à ouvrir sans délai les négociations d'une juste paix démocratique, c'est-à-dire sans annexion et sans indemnités de guerre ; il proclamait l'annulation des traités secrets et l'abolition de la diplomatie secrète. Plus important encore fut le décret sur la terre, qui proclamait l'abolition immédiate de la propriété foncière, sans indemnité, la confiscation des terres de la famille impériale, des églises et des monastères (8 nov.).

La révolution soviétique triompha à Moscou après dix jours de combats (7/16 nov.), puis dans toutes les grandes villes du centre, ainsi qu'à Bakou, à Tachkent... Kerenski, qui avait mobilisé les Cosaques du général Krasnov, fit une tentative pour reprendre Petrograd, mais les gardes rouges et les matelots de la flotte le repoussèrent (12/14 nov.), et il s'enfuit de Russie. Au grand quartier général, la résistance fut brisée le 20 nov. et le commandant en chef Doukhonine fut massacré par la troupe. Au même moment commençaient les pourparlers avec l'Allemagne et l'Autriche-Hongrie pour la conclusion d'un armistice. En quelques semaines, l'Empire russe parut sur le point de se démembrer. La Finlande proclama son indépendance (6 déc.). L'Ukraine était déjà indépendante de fait depuis plusieurs mois, mais Lénine, tout en professant la doctrine du droit des nationalités non russes à l'autodétermination, ne pouvait admettre qu'un gouvernement contre-révolutionnaire se constituât en Ukraine : à la *rada* (Assemblée) nationale ukrainienne, il opposa un gouvernement bolchevique ukrainien, qui s'établit à Kharkov (déc. 1917), et les troupes soviétiques, allant de l'avant, s'emparèrent de Kiev en févr. 1918.

Dans les premiers jours de l'établissement du pouvoir soviétique, la presse bourgeoise fut interdite, mais les journaux socialistes-révolutionnaires et mencheviks purent continuer à paraître et à manifester leur opposition. Cependant, dès la fin de l'année 1917, les bolcheviks resserrèrent leur emprise sur les territoires qu'ils contrôlaient : une police politique ou Tchéka (v.) fut créée le 7 déc. ; le 20 déc. parut un décret interdisant la grève. Des élections avaient été décidées, peu avant la révolution d'Octobre, par le gouvernement provisoire. Leur résultat fut extrêmement décevant pour Lénine, car les bolcheviks n'obtenaient que 168 sièges contre 419 aux socialistes-révolutionnaires, 18 aux mencheviks, 17 aux constitutionnels-démocrates et à la droite, et 81 divers. Lénine profita d'abord de la scission des socialistes-révolutionnaires, dont la fraction d'extrême gauche rallia les bolcheviks ; puis il affirma que le pouvoir des soviets, organe de la révolution, était supérieur à celui de l'Assemblée élue. L'Assemblée constituante tint une unique séance (18 janv. 1918) et, comme elle refusait de se démettre elle-même de ses pouvoirs au profit des soviets, elle fut dissoute dès le lendemain. Toute opposition légale au régime bolchevique était désormais impossible.

Le Conseil des commissaires du peuple prit peu après plusieurs mesures importantes : création de l'Armée rouge (28 janv.), annulation des dettes et des emprunts à l'étranger (5 févr.), adoption du calendrier occidental (8 févr., en vigueur à partir du 14 févr.). Dès la mi-décembre, un armistice avait été conclu à Brest-Litovsk entre la Russie des soviets et les puissances centrales et, depuis, les pourparlers se poursuivaient en vue de la signature du traité de paix. Malgré l'opposition de Trotski et de plusieurs commissaires du peuple, qui étaient favorables à une « guerre révolutionnaire », Lénine maintenait la nécessité de la paix immédiate et le déclenchement d'une nouvelle offensive allemande (18 févr. 1918) précipita la décision finale. Le traité de Brest-Litovsk (v.) (3 mars 1918) était désastreux pour la Russie, qui perdait toute la Pologne, la Lituanie, les pays Baltes, une partie de la Biélorussie, cédait Batoum, Kars et Ardahan à la Turquie, reconnaissait l'indépendance de la Finlande et de l'Ukraine, se voyait ainsi privée de 90 % de sa production houillère, de 70 % de sa métallurgie, de 55 % de ses richesses agricoles. La Russie des soviets était désormais, en Europe, plus petite que la Moscovie à l'avènement d'Ivan le Terrible.

Cette paix, qui permettait à quarante divisions austro-allemandes d'être distraites du front oriental et dirigées vers l'ouest, fut naturellement regardée comme une trahison par les Alliés, qui apportèrent leur soutien à toutes les forces contre-révolutionnaires. Le transfert de la capitale à Moscou (12 mars 1918) parut, aux yeux de l'Occident, le symbole d'une régression de la Russie.

La guerre civile : l'assaut des armées blanches (1918/19)

La paix de Brest-Litovsk provoqua une crise au sein même du gouvernement soviétique. Les socialistes-révolutionnaires de gauche, qui en faisaient partie depuis la fin de déc. 1917, s'opposaient déjà aux activités policières de la Tchéka. Après Brest-Litovsk, ils refusèrent de partager la responsabilité de la capitulation de la Russie et démissionnèrent (19 mars 1918). L'opposition socialiste-révolutionnaire de gauche se manifesta par l'assassinat de l'ambassadeur allemand Mirbach (6 juill.), par une mutinerie, qui fut écrasée, à Moscou (6/7 juill.) et par un attentat manqué contre Lénine (30 août). Dès l'été 1918, les bolcheviks se trouvaient donc aux prises avec une double menace intérieure : celle des socialistes-révolutionnaires et celle de la droite contre-révolutionnaire.

Dès la fin de 1917, Kornilov et d'autres officiers avaient formé dans le Kouban une « armée des volontaires ». En Ukraine, l'hetman (commandant en chef de l'armée) Skoropadski avait pris le pouvoir avec l'appui des Allemands (avr. 1918). En Transcaucasie se constituèrent les trois républiques indépendantes de Géorgie, d'Azerbaïdjan et d'Arménie (mai 1918). Enfin, les Alliés essayaient de prendre des gages : les Anglais débarquèrent à Mourmansk (mars) puis à

Arkhangelsk (août), les Japonais occupèrent Vladivostok (avr.). La brigade tchécoslovaque, formée en Russie en 1916 pour prendre part à la guerre contre l'Autriche, engagea la lutte et prit le contrôle du Transsibérien (mai/juin 1918). Des gouvernements antibolcheviks se constituèrent : l'un à Omsk, en Sibérie ; l'autre, de tendance socialiste-révolutionnaire, à Samara, dans l'Oural. De la Volga au Pacifique, un immense territoire échappait désormais aux soviets. Dans le Sud, les gardes blancs de Krasnov et de Denikine marchaient vers Tsaritsyne.

Les bolcheviks, dont la situation semblait presque désespérée, déclenchèrent la « terreur rouge » contre les opposants de gauche et de droite : Nicolas II, l'impératrice, leurs cinq enfants et leurs domestiques furent massacrés à Iekaterinbourg dans la nuit de 16 au 17 juill. 1918, alors que les gardes blancs approchaient de la ville. Dans les deux camps, la guerre civile fut menée avec férocité. Mais un chef de guerre extraordinaire se révéla du côté bolchevique, Trotski. De l'Armée rouge, qui n'était à l'origine qu'une cohue de soldats improvisés, nourris depuis des mois de slogans pacifistes, il fit une force sévèrement disciplinée qui, dès 1919, se révéla nettement supérieure aux armées blanches qu'elle avait à combattre. Par son éloquence infatigable et par les preuves qu'il ne cessait de donner de son courage personnel, Trotski était un entraîneur d'hommes, mais il possédait aussi les qualités d'un organisateur. Malgré l'opposition de nombreux dirigeants bolcheviques, il imposa l'entrée dans le commandement de l'Armée rouge d'anciens officiers supérieurs du tsar qui s'étaient ralliés à la révolution. À ces représentants de la vieille caste militaire, il amalgama des hommes sortis du rang. De jeunes chefs tels que Toukhatchevski, Boudienny, Vorochilov, Blucher se révélèrent les dignes émules des généraux de la Révolution française.

Chez les Blancs, la conférence d'Oufa (sept. 1918) amena l'unification des efforts contre le bolchevisme : un Directoire panrusse de cinq membres, dans lequel collaboraient un socialiste-révolutionnaire comme Avksentiev et un nostalgique de la monarchie comme le général Alexeïev, se vit reconnaître l'autorité suprême, mais il fut renversé dès le mois de nov. suivant par son ministre de la Guerre, l'amiral Koltchak, qui établit sa dictature. L'effondrement de l'Allemagne et la victoire des Alliés eurent des conséquences sur la situation en Russie. En Ukraine, Skoropadski, l'homme des Allemands, dut s'effacer, et la confusion fut bientôt à son comble : au gouvernement nationaliste ukrainien de Petlioura s'opposaient un gouvernement soviétique présidé par Rakovski et le pouvoir russe blanc du général Denikine. Les escadres alliées apparurent en mer Noire pour soutenir les contre-révolutionnaires (nov. 1918). L'Armée rouge s'empara de Kiev (févr. 1919), mais en fut chassée, l'été suivant, par l'offensive de Denikine. À la fin d'août 1919, les Blancs étaient maîtres de presque toute l'Ukraine, et ils marchaient vers Moscou, s'emparant de Koursk (21 sept. 1919) et d'Orel (13 oct.). Wrangel, l'adjoint de Denikine, avait pris Tsaritsyne (juin 1919).

La guerre civile : la victoire de l'Armée rouge (1920)

Mais l'effort des Blancs commençait à s'épuiser et la discorde sévissait dans leur commandement, quand l'Armée rouge, avec la cavalerie de Boudienny, passa à la contre-offensive. Kharkov et Kiev furent reconquises à la mi-décembre, Rostov tombait à son tour aux mains des bolcheviks le 8 janv. 1920, et Denikine, découragé, quittait bientôt la Russie, en laissant son commandement à Wrangel. Cependant, les bolcheviks devaient aussi faire face aux Polonais. Après la défaite des armées de Guillaume II, les troupes soviétiques avaient commencé à réoccuper les territoires cédés lors de la paix de Brest-Litovsk. L'objectif de cette opération n'était pas seulement de ramener les frontières de la Russie à celles de 1914, mais, en marchant « sur le cadavre de la Pologne » (Toukhatchevski), de tendre la main à la révolution allemande. À la fin de 1919, une contre-offensive du commandant en chef polonais Pilsudski avait rejeté l'Armée rouge loin en Biélorussie et en Ukraine. Les bolcheviks demandèrent l'arrêt des hostilités, mais Pilsudski s'allia avec le chef ukrainien Petlioura et crut l'occasion propice au rétablissement de la « Grande Pologne » du XVIe s., englobant l'Ukraine et la Lituanie. Les troupes polonaises entrèrent ainsi à Kiev (mai 1920), mais elles ne purent s'y maintenir que deux semaines. Au début de l'été 1920, la situation devint critique pour les Polonais et l'Armée rouge approcha de Varsovie. Au cours d'une grande bataille (août 1920), Pilsudski sauva sa capitale et son pays, mais la Pologne n'aspirait plus qu'à la paix. Au traité de Riga (18 mars 1921), le gouvernement soviétique lui abandonna une grande partie de la Biélorussie ainsi que l'Ukraine occidentale.

Ces sacrifices étaient compensés par l'établissement définitif du régime des soviets en Ukraine, où toute résistance des gardes blancs avait cessé à l'été 1920. Dans la région de la Baltique, la situation se stabilisa également au cours de l'année 1920, le gouvernement soviétique ayant reconnu l'indépendance des républiques de Lituanie, de Lettonie et d'Estonie. Au N., les Anglais avaient évacué Mourmansk et Arkhangelsk en sept./oct. 1919. En Sibérie, l'amiral Koltchak avait déclenché une grande offensive au début de 1919 et s'approcha de la Volga. Mais sa dictature le rendait de plus en plus impopulaire. Beaucoup de socialistes-révolutionnaires rallièrent les rangs des gardes rouges. D'autres, lorsque l'Armée rouge commença sa contre-offensive (reconquête d'Omsk, nov. 1919), provoquèrent des rébellions sur les arrières de Koltchak. Tombé entre leurs mains, ce dernier fut livré aux bolcheviks, qui l'exécutèrent sommairement (févr. 1920). En 1920/21, le gouvernement soviétique établit son autorité, le plus souvent par la force, sur les républiques de Transcaucasie. La guerre civile se terminait ainsi par la victoire complète du régime soviétique, mais elle s'était accompagnée d'un cortège effroyable de massacres, de famines, d'épidémies, et l'on estime à environ 6 millions le nombre de personnes qui y trouvèrent la mort. De plus, un million et demi de Russes, fuyant la révolution, s'étaient réfugiés à l'étranger, pour la plupart en Europe occidentale.

Les problèmes politiques sous Lénine (1917/24)
Dès le 15 nov. 1917, le Conseil des commissaires du peuple avait adopté la « Déclaration des droits des peuples de la Russie », qui proclamait l'égalité et la souveraineté des divers peuples de l'ancien Empire russe, leur droit à disposer d'eux-mêmes jusqu'à se séparer pour former des États indépendants, l'abolition de tous les privilèges nationaux et le libre développement de toutes les minorités. Dans la pratique, Lénine n'accepta le droit des peuples à l'autodétermination que dans la mesure où les peuples se rallièrent au bolchevisme. L'idée d'une substitution d'un système fédératif à l'ancien État unitaire et centralisé des tsars n'en était pas moins lancée et inspira le développement constitutionnel de l'État soviétique. Celui-ci fut, dans son principe, une fédération de conseils ou soviets ouvriers et paysans.

La première des républiques socialistes soviétiques fédératives fut celle de Russie, dont la Constitution, adoptée le 10 juill. 1918 par le Ve congrès des soviets de Russie, servit de modèle à toutes les autres. Dans les années 1920/22, des traités fédéraux furent conclus entre les républiques de Russie, de Biélorussie, de Transcaucasie, d'Ukraine, et, le 30 déc. 1922, fut créée l'Union des Républiques socialistes soviétiques (URSS). La première Constitution de l'URSS (31 janv. 1924) conférait l'autorité fédérale suprême au Congrès des soviets de l'URSS, dont l'agent exécutif était le Comité central exécutif (*Tsik*), sorte de Parlement à deux Chambres (Soviet de l'Union et Soviet des nationalités), le pouvoir réel étant exercé par le présidium du Comité exécutif et par le Conseil des commissaires du peuple, nommés l'un et l'autre par le Comité central exécutif. Le pouvoir fédéral avait la direction des affaires étrangères, des forces armées, des transports et des postes ; il élaborait les principes de base de la politique financière et économique, chaque république pouvant exercer son autorité dans l'application de ces principes. Les républiques étaient également souveraines dans les domaines de la justice, de l'instruction publique, de la santé et de la sécurité sociale.

En fait, le véritable lien de la fédération résidait dans le parti, qui, au VIIe congrès (mars 1918), avait pris le nom de parti communiste (bolchevique). Son organisation ne se confondait pas avec celle de l'État soviétique, mais, à tous les étages, il était présent, jouant un rôle d'inspiration, d'animation et de surveillance. Ce parti, qui comptait encore assez peu de membres (1 400 000 adhérents en 1928), devait constituer l'élite, la nouvelle aristocratie du régime – mais une aristocratie qui, du moins à l'époque héroïque de la construction du socialisme, avait plus de devoirs que de privilèges, et dont tous les membres, si haut placés qu'ils fussent, restaient soumis au contrôle de la base et étaient à tout instant révocables. Le régime soviétique inaugura ainsi la formule du parti unique comme instrument de participation des masses à la vie politique et de renouvellement permanent des élites dirigeantes. Lénine, qui fit à maintes reprises des concessions dans le domaine économique, se refusa toujours à envisager le moindre adoucissement à la dictature du parti, baptisée « dictature du prolétariat ».

Ce qui, dès l'époque de Lénine, ne pouvait en aucun cas être remis en question, c'était la structure même du régime soviétique. Par son prestige, Lénine jouissait d'une situation exceptionnelle, et personne n'eût songé à le limoger. À maintes reprises, il s'était trouvé en conflit avec certains de ses compagnons et il n'avait pas fait prévaloir ses vues sans difficulté. Il manifestait, en revanche, une intolérance impitoyable à l'égard de tous les adversaires du parti. Lénine eût peut-être réprouvé la dictature stalinienne, mais il contribua à la préparer en fondant l'éthique communiste sur le mépris des valeurs universelles, sacrifiées au nom des exigences de la lutte des classes.

Dès son avènement, le régime soviétique avait pris des mesures capitales en faveur de l'émancipation concrète d'un peuple qui avait, en 1917, plusieurs siècles de retard sur l'évolution sociale et humaine de l'Occident. Particulièrement impressionnante fut l'œuvre réalisée sans retard dans le domaine de l'instruction publique, malgré la guerre civile et les conditions économiques tragiques de la Russie des années 1917/25. Après la séparation de l'école et de l'Église (5 févr. 1918), la priorité fut donnée à la disparition de l'analphabétisme dans la population. Le décret du 26 déc. 1919 ordonna que toute la population illettrée entre huit et cinquante ans apprît à lire et à écrire soit en russe, soit dans une des langues des minorités.

Difficultés économiques et politique étrangère sous Lénine
Aussitôt après la révolution, les dirigeants soviétiques entreprirent la construction immédiate du socialisme. La nationalisation des grands domaines fonciers fut suivie par l'introduction du contrôle ouvrier sur la production (nov. 1917), par la nationalisation des banques (14 déc. 1917), des branches essentielles de l'industrie, du commerce extérieur (4 mai 1918) et du commerce intérieur (21 oct. 1918). À cette époque, plus des 3/4 de la population russe travaillaient à la campagne. Le régime soviétique prétendit introduire la lutte des classes à la campagne en divisant plus ou moins arbitrairement la classe agricole en paysans riches (*koulaks*), paysans moyens (*seredniaks*) et paysans pauvres (*bedniaks*). Au contraire, la paysannerie fit son union contre les prélèvements forcés en nature ordonnés par le gouvernement. Le « communisme de

guerre » (1919/20) tendait en effet à supprimer complètement le commerce « bourgeois » (et son instrument, la monnaie) pour le remplacer par « un échange d'État » entre la ville et la campagne. Les faits démentirent ces théories. Les prélèvement agricoles, qui passèrent d'environ 800 000 t en 1917/18 à environ 3 200 000 t en 1919/20, dégoûtèrent les paysans de travailler et les amenèrent à cacher leurs récoltes et à diminuer les surfaces cultivées.

La situation de l'industrie n'était pas meilleure : une organisation rigide et militarisée fixait l'ouvrier à son usine. La promotion ouvrière au sein du parti communiste, dans les cadres administratifs de l'État nouveau ou de l'Armée rouge, avait décapité la masse des travailleurs de son élite professionnelle. Le rendement était des plus médiocres : en 1920, le volume de la production industrielle représentait moins de 14 % de celui de 1913, et l'industrie employait 43 % seulement du nombre des ouvriers d'avant guerre. Cette situation tragique n'était pas due seulement aux erreurs de la direction économique soviétique : la guerre civile, les dévastations subies, les amputations énormes de territoires, les épidémies, le blocus allié, l'arrêt complet du commerce extérieur y contribuaient largement. Toute la paysannerie moyenne menaçait de se soulever contre les soviets. Des rébellions rurales se produisaient un peu partout, notamment dans le gouvernement de Tambov, malgre la répression de la Tchéka. Comme le pain manquait dans les grandes villes, l'agitation gagnait le monde ouvrier et l'armée (mutinerie de Kronstadt, févr./mars 1921).

Pour sauver le régime soviétique, Lénine fit brusquement marche arrière et, par la loi du 21 mars 1921, il inaugura la Nouvelle Politique économique ou NEP (v.), retour partiel vers la propriété privée et les méthodes de l'économie capitaliste. La période de la NEP dura jusqu'en 1928. Elle se traduisit immédiatement par une amélioration de la situation agricole : les prélèvements d'État furent remplacés par un impôt en nature, les propriétaires eurent le droit de vendre librement leurs excédents, la réapparition du commerce libre entraîna celle de la monnaie et des opérations de crédit (automne 1921), l'impôt en nature fut même abaissé pour l'année 1921/22, les exportations augmentèrent de 250 % en 1922/23 et doublèrent de nouveau en 1923/24. La crise persistait cependant dans l'industrie, entravée par le mauvais rendement de la main-d'œuvre et par l'onéreux bureaucratisme. L'écart croissant entre les prix industriels élevés et les prix agricoles abaissés amena Trotski à lancer la formule : « Il faut fermer les ciseaux. » Cette crise « des ciseaux » fut surmontée par une baisse autoritaire des objets manufacturés, par une révision des dépenses des industries d'État, par des achats du commissariat au Commerce extérieur, qui reprit les exportations de blé à destination des anciens clients de la Russie.

Mais la réalisation de la NEP créait des conflits au sein de la direction communiste : Trotski, Kamenev, Zinoviev se faisaient les porte-parole des ouvriers mécontents des compressions dans les industries d'État et ils dénonçaient les profiteurs de la NEP : les koulaks et la nouvelle bourgeoisie enrichie par le commerce libre. L'autorité personnelle de Lénine et la crainte de rompre l'unité du parti apaisèrent ces différends.

En politique étrangère, la Russie soviétique était passée peu à peu des rêves de la révolution mondiale aux préoccupations d'un État national. Par le Komintern, créé en 1919, et organisé depuis Moscou d'une manière autoritaire et centralisatrice, l'URSS disposait déjà dans de nombreux pays du monde de l'appui de partis communistes qui voyant en elle « la patrie du socialisme », étaient prêts à soutenir sans discussion sa politique. Cependant, les communistes restaient partout minoritaires en face des sociaux-démocrates, et les mouvements révolutionnaires d'Allemagne et de Hongrie avaient échoué dès 1919/20. Les théories de Troski sur la « révolution permanente » étaient démenties par les faits, et Lénine s'engagea dès lors dans la voie de la construction du socialisme dans un seul pays, que Staline poursuivit systématiquement. En 1921/22, l'URSS signa une série d'accords de bon voisinage (avec la Perse, l'Afghanistan, la Turquie, la Pologne...). Bien que le gouvernement soviétique n'eût toujours pas été reconnu par la plupart des grandes puissances, il fit sa rentrée diplomatique à la conférence de Gênes (avr. 1922) et inquiéta l'Europe en signant avec l'Allemagne le traité de Rapallo (v.). Jusqu'à l'avènement de Hitler (1933), l'Allemagne et l'URSS collaborèrent secrètement dans le domaine militaire. En 1924/25, de nouveaux pas furent franchis par le rétablissement des relations diplomatiques avec l'Angleterre, l'Italie, l'Autriche, les pays scandinaves, la Chine, la France, le Japon. Les capitales occidentales découvrirent avec étonnement les grands diplomates soviétiques comme Tchitcherine. La politique de la NEP avait assez rapidement ressoudé l'union des ouvriers et des paysans, et la mort de Lénine (21 janv. 1924) causa un deuil immense. Le corps du grand chef révolutionnaire fut embaumé et placé dans un mausolée, sur la place Rouge.

L'URSS sous Staline : la dictature (1925/41)

Aussitôt Lénine disparu, une âpre lutte pour le pouvoir s'engagea au sein de la direction communiste. Le chef bolchevique le plus prestigieux était désormais Trotski, organisateur de la révolution d'Octobre et de l'Armée rouge, mais Staline, secrétaire général du parti depuis 1922, avait déjà concentré dans ses mains un pouvoir immense. Un peu en arrière-plan, mais lui aussi plein d'ambitions, se trouvait Zinoviev, le président du Komintern.

L'ascension de Staline fut d'autant plus remarquable que, jusqu'en 1941, il n'occupa aucun poste officiel dans la hiérarchie de l'État soviétique. Mais la situation en URSS était telle, dès la mort de Lénine, que le secrétaire général du parti était en fait le maître du régime. C'est en contrôlant l'appareil du parti, en plaçant à tous les échelons des hommes à lui, que Staline, tout en se contentant d'abord d'un rôle en apparence effacé, s'assura en quelques années le pouvoir suprême. Pas plus que Trotski, ni Zinoviev ni Kamenev, qui, au début, formèrent avec Staline la « troïka » antitrotskiste, ne se rendirent compte à temps de ce patient travail de sape. La controverse entre Trotski et la « troïka » tourna surtout autour de la doctrine trotskiste de la révolution permanente. Trotski ne pouvait se résoudre aux sacrifices impliqués par la construction du socialisme dans un seul pays, dont Staline était le champion.

Tandis que Trotski, sans voir que Staline était son plus dangereux adversaire, lançait contre Zinoviev et Kamenev, en oct. 1924, ses *Leçons d'Octobre*, Staline procédait à une sévère épuration des cellules communistes de Moscou. À la faveur de la mort mystérieuse de Frounze (oct. 1925), il s'assura en outre le contrôle de l'Armée rouge, par l'intermédiaire de son fidèle Vorochilov. Désabusés, Zinoviev et Kamenev se rallièrent à Trotski pour former une seconde « troïka », dite « Nouvelle Opposition » ou NOP, mais Staline s'appuya sur les éléments « droitiers » du Politburo (Boukharine, Rykov, Tomski). Exclu du Politburo dès oct. 1926, Trotski fut exclu du parti en nov. 1927, en même temps que Kamenev et Zinoviev, qui demandèrent humblement leur réintégration. Exilé au Kazakhstan en janv. 1928, puis expulsé d'URSS en janv. 1929, Trotski tomba en 1940 sous les coups d'un agent stalinien.

En 1929, lors de la liquidation des koulaks, Staline se retourna contre les droitiers qui l'avaient aidé dans sa lutte contre Trotski. Venu au pouvoir grâce à l'appareil du parti, il fonda désormais son autorité sur la terreur policière et paralysa la direction du parti. La Tchéka, devenue en 1922 la Guépéou et rebaptisée plus tard NKVD, étendit son pouvoir tentaculaire sur tout l'État soviétique, où elle formait elle-même un État indépendant, contre lequel tout recours était impossible. Forte de près de 300 000 hommes en 1937, elle cumulait des pouvoirs policiers et judiciaires, jugeait à huit clos et sans appel, prononçait la mort, la déportation ou la prison perpétuelle... Dès le début des années 1920, l'URSS avait été la première nation d'Europe à mettre sur pied un système concentrationnaire, qui détenait, vers 1935, de 6 à 10 millions d'individus ; c'est avec cette main-d'œuvre misérable que furent exécutés plusieurs des grands travaux des plans quinquennaux, entre autres le canal mer Blanche-Baltique.

L'assassinat de Kirov (1er déc. 1934) fournit à Staline le prétexte pour déclencher les « grandes purges » au cours desquelles disparut la quasi-totalité de la vieille garde bolchevique. Au cours d'une série de procès qui se déroulèrent à Moscou de 1936 à 1938, l'opinion mondiale stupéfaite vit ces vieux révolutionnaires s'accuser eux-mêmes des crimes les plus invraisemblables.

Cependant, cette hécatombe, qui s'étendait à tous les échelons locaux du parti et à toute la population, fit sans doute plus d'impression à l'étranger qu'en URSS même, où le peuple vivait dans l'enthousiasme des succès des plans quinquennaux dont la propagande du régime attribuait tout le mérite à Staline. Celui-ci était devenu l'objet d'un « culte de la personnalité » délirant, et son nom n'apparaissait guère sans être précédé de l'épithète « génial ». Sous sa direction de fer, l'URSS avait en effet accompli des progrès qui lui firent franchir, en l'espace de quinze ans, toutes les premières étapes de la révolution industrielle.

L'essor économique jusqu'à la guerre

Vers 1926, la production agricole et industrielle de l'URSS avait approximativement retrouvé son niveau d'avant-guerre – réussite remarquable, si l'on songe à la situation de la Russie au lendemain de la guerre civile, mais qui faisait cependant de l'URSS un pays encore très en retard sur les pays capitalistes. Par le volume de sa production industrielle, l'URSS ne se plaçait encore qu'au cinquième rang dans le monde et au quatrième en Europe. Le fait le plus frappant était le contraste entre les progrès de l'industrie (dont la production globale dépassait de 11 % en 1927 celle de 1913) et la stagnation de l'agriculture. En vertu de la politique de la NEP, qui fut officiellement en vigueur jusqu'en 1928, l'agriculture soviétique restait fondée sur un extrême morcellement des parcelles paysannes et sur les méthodes arriérées de la petite culture (on ne comptait pas moins de 25 millions de petites exploitations agricoles). L'industrie, au contraire, était déjà socialisée à plus de 80 %.

L'introduction dans l'agriculture des techniques modernes à grand rendement supposait le passage à de grandes exploitations – c'est-à-dire, selon les conceptions idéologiques des dirigeants soviétiques, la collectivisation de l'agriculture dans des kolkhozes et des sovkhozes. C'est donc pour des raisons essentiellement techniques, dans le but d'améliorer la production, que fut décidée la « liquidation des koulaks », c'est-à-dire des paysans aisés. Malgré l'opposition des « droitiers » Boukharine et Rykov, la disparition des koulaks comme classe fut ordonnée au début de 1930. Elle se fit dans des conditions tragiques, des commandos spéciaux arrivant dans les villages et, généralement de nuit, fusillant ou déportant les koulaks et leurs familles ; les victimes se comptèrent par millions d'autant qu'une famine organisée par le pouvoir décima la population de l'Ukraine. Cette « liquidation » entra dans le cadre d'une collectivisation générale de l'agriculture. La paysannerie opposa une résistance totale à cette mesure, qui fut d'abord appliquée par les moyens les plus violents. Plutôt que de livrer leurs bêtes au kolkhoze, beaucoup de paysans préférèrent les abattre, et la collectivisation fut désastreuse pour l'élevage russe. Cependant, dès la fin de 1932, 61,5 % des foyers paysans, représentant 77,7 % de la superficie ensemencée, avaient été collectivisés, et, en 1939, le secteur collectivisé représentait presque 97 % de l'agriculture soviétique. Mais l'agriculture demeura le point faible de l'économie soviétique.

Beaucoup plus spectaculaires furent les réalisations dans le domaine de l'industrie. En deux plans quinquennaux (1928/32, 1933/37), l'Union soviétique devint une puissance industrielle de premier plan. Lénine avait lancé le slogan : « Le communisme, c'est le pouvoir soviétique plus l'électrification du pays entier. » En 1925/26 furent mises en exploitation les centrales de Chatoura, de Tachkent, d'Érevan, de Volkhov, et, dès cette époque, la production d'énergie électrique dépassait de deux fois et demie celle de 1913. La préparation des plans quinquennaux fut l'œuvre du Gosplan, créé en 1921. Le premier plan quinquennal donna la priorité à l'industrie lourde (78 % des investissements totaux). Ce plan, qui avait pour but à la fois de rattraper les pays capitalistes les plus avancés, d'accélérer l'édification du socialisme et d'assurer à l'URSS son indépendance industrielle, fut réalisé dans un immense enthousiasme, auquel contribuèrent la propagande par l'exemple des équipes de « travailleurs de choc » et la propagande écrite des littérateurs du plan quinquennal. Le peuple soviétique, saisi d'une sorte d'ivresse prométhéenne, commença à se gorger de statistiques, de chiffres astronomiques, de prévisions qu'on ne doutait pas de dépasser largement. Tandis que la région du Donbass dans la boucle du Don, conservait sa suprématie traditionnelle, de nouvelles zones d'industrie lourde furent créées dans l'Oural (combinat métallurgique de Magnitogorsk), dans le bassin houiller du Kouzbass, en Sibérie, et, en Extrême-Orient, dans la région de l'Amour. Le taux d'accroissement annuel prévu (21 %) fut dépassé (21,6 %).

Le deuxième plan quinquennal fut, en comparaison, moins ambitieux, le rythme d'accroissement n'étant plus que de 13 à 14 % par an, et il porta moins sur l'industrie lourde et davantage sur les biens de consommation. L'émulation socialiste connut un nouvel essor avec le stakhanovisme. C'est au cours de ce plan que furent aménagés, entre autres, les canaux mer Blanche-Baltique, Moskova-Volga, et le métro de Moscou.

L'URSS avait ainsi conquis son indépendance économique et devenait, après les États-Unis et l'Allemagne, la troisième puissance industrielle du monde. Cependant, le niveau de production par tête d'habitant restait encore très inférieur à celui des autres pays industriels : 3,4 fois moins que celui des États-Unis, 2,7 fois moins que celui de l'Angleterre, deux fois moins que celui de l'Allemagne et un peu moins que celui de la France. L'industrie lourde avait été systématiquement favorisée et, par rapport à elle, la part de l'industrie productrice de biens de consommation ne cessait de diminuer. Aussi les extraordinaires progrès réalisés dans la période des premiers plans quinquennaux ne se traduisirent-ils pas par un accroissement du niveau de vie de la population, qui diminuait au contraire depuis 1928. Les salaires soviétiques, qui présentaient d'énormes inégalités, si l'on considérait ceux des hauts fonctionnaires de l'administration, de l'armée et de la police, et ceux de la masse ouvrière, ne pouvaient, dans leur ensemble, être comparés aux salaires occidentaux, car les prix restaient très élevés.

Mais le régime stalinien avait fait un effort considérable dans les domaines social et culturel. Le travailleur soviétique bénéficiait de garanties d'emploi et d'un système de sécurité sociale qui n'avaient d'équivalents dans aucun des grands pays capitalistes. Le chômage, qui sévissait dans les démocraties occidentales, était inconnu en URSS. L'enseignement continuait à progresser après la loi de 1930 sur l'instruction primaire obligatoire. L'analphabétisme avait pratiquement disparu de l'URSS. À l'égard des nationalités, la politique du stalinisme revêtit un double aspect : d'une part, elle écrasa impitoyablement toute velléité sécessionniste (exécution de l'élite ukrainienne dans les années 1930), mais, d'autre part, elle favorisa la promotion de nombreuses minorités asiatiques. Le nombre des républiques fédérées s'accrut. La Constitution de 1936 remplaça l'élection indirecte, jusqu'alors en vigueur, par l'élection directe au Soviet suprême (qui avait remplacé le Congrès des soviets) ; elle donna aussi, pour la première fois, une existence constitutionnelle au parti communiste, qui devint officiellement un rouage de l'État. Dans le domaine religieux, la politique répressive, inaugurée dès l'époque de la guerre civile, se poursuivit jusqu'à la guerre mondiale, mais une évolution générale du régime se manifesta dès les années 1930 à l'égard de la vie familiale très marquée par le problème des logements, dramatiquement insuffisants (restriction du divorce, interdiction de l'avortement) et du passé de la Russie (premières réhabilitations de grandes figures telles qu'Ivan le Terrible ou Pierre le Grand).

La politique étrangère sous Staline (1925/41)

Face au monde extérieur, l'URSS mena sa politique sans se soucier des réactions des communistes étrangers, qui se trouvaient mis brutalement devant le fait accompli (par exemple, lors de la signature du pacte germano-soviétique de 1939). Poursuivant ses efforts pour rétablir des relations normales avec les puissances « capitalistes », l'URSS n'avait pas renoncé aux objectifs de la révolution mondiale. Sa politique étrangère restait déterminée par la perspective d'un inévitable affrontement avec le reste du monde.

En soutenant la révolution chinoise (nationaliste) de Sun Yat-sen, les Soviétiques cherchèrent à s'assurer des positions essentielles en Asie, mais leurs relations avec les nationalistes chinois furent rompues en 1927. À l'O., malgré la reprise des relations diplomatiques, les grandes puissances, inquiètes de l'influence communiste, continuaient à tenir l'URSS en dehors du concert des nations. Les dirigeants communistes nationaux, formés au moule du stalinisme, se refusaient à toute collaboration avec les sociaux-démocrates, ce qui contribua aux progrès de Hitler en Allemagne. L'avènement du national-socialisme dans ce pays (janv. 1933) provoqua un profond changement politique, à la fois de la part de Staline et de la part des démocraties occidentales. Celles-ci cherchaient à se préserver d'une nouvelle expansion allemande et se montrèrent soudain mieux disposées à l'égard de Moscou. L'URSS fut admise à la SDN (18 sept. 1934) et elle signa des pactes d'assistance mutuelle avec la France (2 mai 1935) et avec la Tchécoslovaquie (16 mai 1935). Les États-Unis se décidèrent enfin à reconnaître le gouvernement soviétique (nov. 1933).

Le communisme international, renonçant à son isolement, se mit à prêcher, au nom de l'antifascisme, l'unité d'action avec les socialistes et même avec les partis bourgeois démocratiques. Au cours de la guerre civile d'Espagne (1936/39), l'URSS, bien que représentée au « Comité de non-intervention », envoya un matériel important et des spécialistes militaires aux républicains, une aide qu'elle fit payer très cher. Cependant, les procès de Moscou (1936/38) avaient scandalisé la majorité de l'opinion occidentale, et les gouvernements français et britannique témoignaient beaucoup de méfiance à l'URSS.

Après les accords de Munich (v.), Staline, craignant que les Occidentaux ne finissent par laisser les mains libres à Hitler pour une grande guerre à l'Est, changea de nouveau d'attitude et, en avr. 1939, commença à faire des avances à l'Allemagne hitlérienne. Tout en faisant traîner les négociations avec les missions militaires franco-britanniques qui s'étaient rendues à Moscou, Staline poursuivit secrètement les pourparlers avec l'Allemagne, et, le 23 août 1939, à la stupeur du monde entier, fut signé au Kremlin le pacte de non-agression germano-soviétique, auquel était attaché un protocole secret prévoyant le démembrement de la Pologne entre l'Allemagne et l'URSS.

Alors que la Pologne était déjà rompue sous les coups de la Wehrmacht, les troupes soviétiques la prirent à revers (17 sept. 1939) et, selon les accords passés avec l'Allemagne, annexèrent toute la partie orientale du pays. Le 30 nov. 1939, sans déclaration de guerre, l'aviation soviétique bombarda plusieurs villes de Finlande, dont Helsinki, tandis que l'Armée rouge franchissait la frontière. Les forces soviétiques rencontrèrent une résistance imprévue et piétinèrent pendant plus de trois mois dans l'isthme de Carélie avant de pouvoir atteindre les faubourgs de Vyborg. La Finlande dut cependant signer la paix (12 mars 1940) et céder à l'URSS la base navale de Hangö et l'isthme de Carélie. Tout en livrant au Reich de précieuses matières premières, Staline exerçait sur les Allemands une sorte de chantage qui lui permit, pendant l'été 1940, d'annexer les pays Baltes (Estonie, Lettonie, Lituanie) et de reprendre la Bessarabie aux Roumains. Le traité de Brest-Litovsk se trouvait ainsi effacé. À l'égard de Hitler, Staline s'abandonnait à une surprenante confiance, mais, dès l'été 1940, le Führer avait ordonné la préparation du plan « Barberousse » d'agression contre l'Union soviétique. Du moins Staline réussit-il à s'assurer la paix en Extrême-Orient par un pacte de non-agression avec le Japon (13 avr. 1941).

La « grande guerre patriotique » (1941/45)

Surprise par l'attaque hitlérienne du 22 juin 1941, l'URSS connut d'abord de terribles revers. La Wehrmacht avait déjà deux ans d'expérience de la guerre de mouvement moderne et au cours des campagnes de 1941/42, les Allemands conquirent les pays Baltes, la Biélorussie, l'Ukraine, la Crimée, la région industrielle du Donbass, une partie des bassins pétrolifères du Caucase. Ils atteignirent au nord Leningrad, qui fut encerclée, au sud, la boucle de la basse Volga. Cependant, au cours de l'hiver 1941/42, ils furent repoussés devant Moscou. La politique d'exploitation systématique et de terreur exercée par les nazis sur les populations occupées contribua à rallier le peuple tout entier autour de Staline, qui avait pris la tête d'un Conseil de défense (30 juin) et s'était fait nommer généralissime (oct. 1941).

Staline donna à la guerre un caractère plus patriotique que révolutionnaire. La propagande exalta les héros et les grands chefs de guerre du passé, Alexandre Nevski, Dimitri Donskoï, Souvarov, Koutouzov... Pour la défense de la patrie soviétique, Staline n'hésita pas à mobiliser la religion elle-même : une sourdine fut mise au mouvement des « Sans-Dieu », et, en sept. 1943, le métropolite de Moscou, qui reprit ensuite le titre de « patriarche de toutes les Russies », fut reçu solennellement au Kremlin. Grâce à son étatisation, l'industrie soviétique, repliée en Oural et en Sibérie, put se convertir rapidement vers la production de guerre.

L'URSS reçut une aide considérable des États-Unis et de l'Angleterre, qui lui firent parvenir du matériel soit par l'Iran (occupé par les Anglais et les Soviétiques en août 1941), soit par les routes maritimes de l'océan Arctique et de l'océan Pacifique. Dès juill. 1941 avait été signée une déclaration d'assistance mutuelle anglo-soviétique, remplacée, en mai 1942, par un traité d'assistance mutuelle valable pour une durée de vingt ans. Le président Roosevelt étendit à l'URSS le bénéfice de la loi prêt-bail. Réclamant à ses alliés l'ouverture d'un « second front » en Europe occidentale, Staline leur fit quelques concessions en dissolvant le Komintern (mai 1943), (v. **INTERNATIONALE, IIIe**) et en rétablissant des relations avec le gouvernement polonais de Londres, avant la nouvelle rupture avec les Polonais au printemps 1943, après la découverte du charnier de Katyn (v.).

Après les premières défaites, le peuple soviétique se ressaisit et se mit à lutter, soit au front, soit dans les unités de partisans, soit dans les usines de l'arrière, avec un acharnement héroïque. De nouveaux chefs militaires se révélèrent (Joukov, Koniev, Rokossovski, Tolboukine, Bagramian). La défense victorieuse de Stalingrad (sept. 1942/févr. 1943) fut le tournant décisif de la guerre. La dernière offensive allemande fut brisée dans la région de Koursk (juill./août 1943), et, à la fin de 1943, l'armée soviétique avait libéré le Caucase, tout le bassin du Donetz et la plus grande partie de l'Ukraine. Au cours de l'année 1944, le territoire de l'URSS fut complètement reconquis, cependant que les troupes soviétiques déferlaient sur la Pologne, la Roumanie, la Bulgarie et la Yougoslavie. L'ultime offensive, commencée en janv. 1945, porta l'Armée rouge jusqu'à Budapest, Vienne et Berlin, où l'armistice fut signé le 9 mai 1945.

L'URSS avait porté le principal poids humain de la lutte contre l'Allemagne : ses pertes s'élevaient à au moins 20 millions de morts (dont la moitié de civils). Aussi, au cours des grandes conférences qui avaient réuni les chefs alliés, à Téhéran (nov./dec. 1943), à Yalta (févr. 1945), à Potsdam (juill. 1945), sa voix s'était fait entendre avec une force grandissante. Moins de trente ans après la paix de Brest-Litovsk, Staline dépassa tous les objectifs jamais atteints par les tsars. En 1945, l'URSS annexa définitivement l'isthme de Carélie (avec Vyborg), les pays Baltes, une partie de la Prusse-Orientale (avec Königsberg, qui devint Kaliningrad), la Pologne orientale, l'Ukraine subcarpatique, la Bessarabie et la Bucovine septentrionale. Ses troupes occupaient le reste de la Pologne, l'Allemagne de l'Est, la Tchécoslovaquie, une partie de l'Autriche et toute la péninsule balkanique (à l'exception de la Grèce). En Extrême-Orient, l'URSS, qui avait déclaré à la dernière heure la guerre au Japon (9 août 1945), récupérait toutes les positions perdues en 1905. Après avoir pris part à la conférence de Dumbarton Oaks (août/oct. 1944), elle signa à San Francisco la Charte des Nations unies (juin 1945) et devint un des membres permanents du Conseil de sécurité.

La fin de la période stalinienne (1945/53)

La division entre les Alliés suivit rapidement la fin des hostilités. Elle se manifesta dès la fin de 1945 à propos des réparations allemandes. Quand l'URSS essaya d'étendre son contrôle sur le nord-ouest de l'Iran (nov. 1945/mars 1946), puis réclama à la Turquie la révision de la convention des Détroits (été 1946), elle se heurta directement aux États-Unis. La conférence de Moscou sur les réparations (mars/avr. 1947) fut un échec : les politiques allemandes des Soviétiques et des Occidentaux devenaient de plus en plus divergentes. L'URSS refusa de bénéficier du plan Marshall (juill. 1947). Peu après, en oct. 1947, elle reconstitua l'Internationale communiste sous le nom de Kominform (v. Internationale, IIIe). Le blocus par les Soviétiques des secteurs occidentaux de Berlin (avr. 1948) marqua la rupture définitive entre les vainqueurs de l'Allemagne et le début de la « guerre froide ».

L'URSS avait eu le temps de consolider ses bastions en Europe orientale en imposant à la Roumanie, à la Bulgarie, à la Hongrie, à la Pologne, enfin à la Tchécoslovaquie (« coup de Prague », 25 févr. 1948) des régimes de « démocratie populaire ». En France et en Italie, de puissants partis communistes soutenaient sans réserve la politique étrangère soviétique. De nouveaux progrès furent réalisés en Extrême-Orient grâce à la victoire des communistes chinois sur Tchang Kaï-chek (1949), suivie par la conclusion d'un traité d'alliance sino-soviétique (févr. 1950). L'URSS, qui disposait des plus puissantes armées classiques du monde, rattrapa son retard sur les États-Unis dans le domaine atomique (annonce de la première explosion d'une bombe A soviétique : 23 sept. 1949). Cependant, une première faille se produisit dans le bloc communiste lorsque Tito, seul chef communiste à être parvenu au pouvoir sans l'aide de l'Armée rouge rompit avec Staline (juin 1948). La Yougoslavie fut aussitôt exclue du Kominform, et l'union des démocraties populaires se resserra autour de l'URSS dans la lutte contre le « titisme », dont les représentants présumés dans les démocraties populaire furent impitoyablement épurés.

En dépit du ton extrêmement violent de la propagande soviétique contre les États-Unis et les Occidentaux, Staline observa toujours une grande prudence, car son pays avait avant tout besoin de la paix pour réparer ses ruines. Après l'établissement d'un « pont aérien » américain, les Soviétiques levèrent le blocus de Berlin (mai 1949). Quand se déclencha la guerre de Corée (juin 1950), l'URSS assista passivement à l'intervention des forces des États-Unis et de l'ONU.

À l'intérieur, la reconstruction économique s'opéra au cours des quatrième (1946/50) et cinquième (1951/55) plans quinquennaux. La progression reprit, et, en 1950, le niveau global de l'industrie dépassait de près de 48 % celui d'avant-guerre. Le retour à la paix n'amena aucune libéralisation du régime stalinien. Plusieurs peuples de l'Union, accusés de collaboration avec les occupants allemands, perdirent leur autonomie administrative et furent déportés massivement en Sibérie : Karatchaïs, Tchétchènes et Ingouches au Caucase, Tatars de Crimée et Kalmouks du bassin de la Volga. L'exaltation patriotique des années de guerre fut maintenue, et l'on assista même à un net renforcement de l'élément russe dans l'Union. La propagande antireligieuse ne retrouva pas son intensité d'avant 1941, et l'Église orthodoxe, d'ailleurs d'une grande docilité, continua à jouir d'une liberté relative. En revanche, dans les régions annexées à l'O., l'Église gréco-catholique fut complètement anéantie. La propagande officielle se déchaîna également contre le sionisme, et le gouvernement empêcha l'émigration des Juifs de l'URSS vers Israël.

Le raidissement fut particulièrement net dans le domaine de la culture. Les écrivains furent mobilisés, comme tous les autres travailleurs, au service de la construction du socialisme. Depuis 1934, au premier Congrès des écrivains soviétiques, avait été définie la doctrine du « réalisme socialiste », qui imposait à la création artistique une étroite conformité avec la ligne du parti. Cette esthétique resta en vigueur jusqu'à la mort de Staline. Elle inspira les œuvres patriotiques des années de guerre (Simonov, Ehrenburg, Leonov, Cholokhov) et fut encore renforcée après 1945, lorsque Jdanov devint un véritable dictateur de la culture. Des campagnes furent organisées contre le « cosmopolitisme », c'est-à-dire l'imitation des modèles occidentaux. L'intervention de l'État se manifesta aussi bien dans la littérature que dans les arts, dans la musique même, tandis que Lyssenko, sous prétexte d'accorder la génétique avec le matérialisme dialectique, faisait condamner les thèses de Mendel et déclenchait une épuration contre les savants fidèles à la génétique classique. En janv. 1953 fut révélé un complot des « blouses blanches » dans lequel furent impliqués de nombreux médecins, presque tous d'origine juive. Cette affaire, qui s'accompagnait d'un redoublement de la propagande antisioniste, semblait annoncer une vague de purges analogues à celles de 1936/38, avortée par la mort de Staline (5 mars 1953).

L'URSS sous Malenkov et Khrouchtchev : la déstalinisation (1953/64)

Malenkov fut nommé président du Conseil des ministres, mais Nikita Khrouchtchev, premier secrétaire du parti communiste d'Ukraine (1938), puis organisateur de la lutte des partisans au cours de la Seconde Guerre mondiale, s'imposa en s'assurant le contrôle de l'appareil du parti : moins de quinze jours après la mort de Staline, il remplaça Malenkov comme secrétaire du Comité central du parti.

Commencée par l'abandon des poursuites relatives au complot des « blouses blanches » (avr. 1953), la réaction contre le stalinisme se confirma par l'élimination de Beria, chef de la police et proche de Staline (juin 1953) et par les premières ouvertures de Moscou à Tito. À l'abaissement de la police, correspondait une restauration de l'hégémonie du parti, dont Khrouchtchev fut nommé premier secrétaire en sept. 1953. En août 1954, Khrouchtchev lança un grand projet sur la mise en valeur de près de 60 millions d'hectares de terres vierges dans l'Oural, en Sibérie occidentale, dans le Kazakhstan, effort considérable qui exigeait, contrairement aux plans de Malenkov, une nouvelle mobilisation prioritaire de l'industrie lourde pour la fabrication des tracteurs des machines agricoles des engrais... Vigoureusement attaqué par Khrouchtchev devant le Comité central, Malenkov dut se retirer en févr. 1955.

Au XXe congrès du parti (févr. 1956), Khrouchtchev apparut nettement comme le nouveau personnage dominant de l'URSS. Il s'y présenta habilement comme l'homme du parti, de la revanche du parti, et fit condamner le « culte de la personnalité » dont Staline avait été l'objet. Le XXe congrès marqua un tournant capital de l'histoire de l'URSS et du communisme mondial, car il lança la campagne de « déstalinisation ». Dans la nuit du 24 au 25 févr. 1956, au cours d'une séance spéciale à huis clos, Khrouchtchev présenta un rapport dans lequel il dénonçait vigoureusement et de façon détaillée les crimes de Staline, le régime de terreur qu'il avait fait peser sur les dirigeants du parti, les méfaits de sa police politique, sa croyance en son infaillibilité dans tous les domaines, ses erreurs lors du déclenchement de l'agression hitlérienne, ses fautes stratégiques pendant la guerre mondiale.

Ce rapport, rapidement connu en Occident, provoqua un immense ébranlement en URSS, dans les démocraties populaires et dans les divers partis communistes du monde entier. Le corps de Staline fut enlevé du mausolée de la place Rouge ; son nom disparut presque complètement des manuels d'histoire et des encyclopédies soviétiques, et toute son œuvre fut attribuée à l'action du parti. Le nom même de la ville de Stalingrad, chargé pourtant de souvenirs héroïques, fut remplacé par celui de Volgograd. Dès 1956, alors que des amnisties avaient déjà libéré un assez grand nombre de prisonniers politiques, les camps de concentration furent officiellement abolis et remplacés par des « colonies de rééducation par le travail ». D'anciens condamnés furent réhabilités. En 1957 furent promulguées diverses lois relatives à la décentralisation administrative et à la réforme du système judiciaire. L'organisation centrale de la police politique fut supprimée en 1960, ce qui ne signifiait nullement pour autant la suppression de cette police.

Les conséquences de la déstalinisation furent considérables dans les relations de l'URSS avec les démocraties populaires et avec le monde occidental. La visite de Boulganine et Khrouchtchev à Belgrade (mai 1955) et la normalisation des relations avec Tito montrèrent que l'URSS se résignait désormais à des concessions au « communisme national ». Mais, en même temps, il lui fallait contenir les forces centrifuges qui, dès juin 1953, avaient provoqué la révolte ouvrière de Berlin-Est, puis soulevaient les travailleurs polonais de Poznan (juin 1956) et la population de Budapest (oct. 1956). Tous ces mouvements furent impitoyablement réprimés.

Politiques étrangère et économique sous Khrouchtchev

À l'égard du monde capitaliste, Khrouchtchev, au XXe congrès, avait défini la nouvelle politique soviétique par le terme de « coexistence pacifique », celle-ci n'impliquant aucun renoncement à la lutte idéologique et à la subversion interne des États bourgeois ; l'URSS entendait seulement affirmer par là que le triomphe mondial du communisme pouvait être obtenu sans recours à la guerre. En fait, la politique étrangère de

Moscou n'évolua qu'assez lentement. Les Soviétiques, qui possédaient la bombe H depuis août 1953, ripostèrent à l'entrée de l'Allemagne fédérale dans l'OTAN par la création du pacte de Varsovie (mai 1955). La conférence des Quatre Grands à Genève (juill. 1955), la première de ce genre depuis 1947, fut un signe de détente mais n'aboutit à aucun résultat concret.

Poursuivant sa conquête du pouvoir en s'appuyant sur l'armée, représentée par le maréchal Joukov, Khrouchtchev, en juin 1957, faisait exclure de la direction soviétique Molotov, Malenkov et Kaganovitch, accusés d'avoir constitué un « groupe anti-parti ». Puis Khrouchtchev se retourna contre Joukov, qui perdit le ministère de la Défense (oct. 1957). Enfin, en mars 1958, Khrouchtchev éliminait Boulganine et lui succédait comme président du Conseil des ministres, tout en restant secrétaire du parti.

La période khrouchtchévienne vit l'URSS remporter des succès spectaculaires dans le domaine de la conquête de l'espace. À chacune des premières étapes de cette conquête, les Soviétiques devancèrent les Américains en lançant le premier satellite artificiel, Spoutnik I (4 oct. 1957), puis le premier voyageur de l'espace, la chienne Laïka, à bord de Spoutnik II (3 nov. 1957), puis le premier homme dans l'espace, Iouri Gagarine, à bord de Vostok I (12 avr. 1961). Mais ces réussites de prestige ne traduisaient pas l'état véritable de l'économie soviétique. L'extrême centralisation se traduisait par de très mauvais rendements dans l'agriculture et par des déficits considérables dans l'industrie. Le sacrifice radical de la consommation des particuliers, possible dans le cadre de la dictature stalinienne, devenait beaucoup plus difficile dans le climat de la déstalinisation. Cependant, les structures de l'économie soviétique n'évoluèrent qu'avec une extrême lenteur

Jusqu'en 1960, Khrouchtchev essaya de perpétuer le système stalinien, Malenkov ayant été éliminé. Faute d'investissements suffisants, il fallut, dès 1957, abandonner le sixième plan quinquennal lancé l'année précédente. Un plan septennal fut approuvé en janv. 1959 par le XXIe congrès du parti, et Nikita Khrouchtchev annonça bruyamment qu'il devait permettre à l'URSS de dépasser rapidement la production agricole des États-Unis par tête d'habitant. En fait, dès l'automne 1960, Khrouchtchev dut reconnaître que la situation de l'agriculture était alarmante. Dans les années 1963/65, l'URSS dut procéder à des achats massifs de blé aux États-Unis et au Canada. Dans le domaine de l'industrie, la situation n'était pas meilleure.

Ces difficultés internes contribuèrent, en politique étrangère, à faire entrer la politique de « coexistence pacifique » dans une phase active. Sans doute l'URSS ne renonçait-elle nullement à étendre son influence aux dépens des Occidentaux, en particulier en Égypte, où elle accorda au colonel Nasser, à partir de 1958, une aide financière et militaire sans cesse croissante. Mais le dialogue direct avec les États-Unis fut ouvert en sept. 1959 par la visite de Khrouchtchev aux États-Unis et sa rencontre avec Eisenhower à Camp David. Cependant, le survol du territoire soviétique par un avion espion américain U 2 (mai 1960) fit avorter la conférence au sommet qui devait avoir lieu à Paris. La rencontre Khrouchtchev-Kennedy à Vienne (juin 1961) resta sans résultat et Khrouchtchev déclencha en juill. 1961 une nouvelle crise de Berlin (construction du « mur de la honte »). Mais cette crise entrait dans le cadre d'une offensive psychologique destinée à sonder la résolution réelle des États-Unis. Lorsque le président Kennedy, après l'installation de fusées soviétiques à Cuba, se montra prêt à assumer toutes les conséquences, y compris nucléaires, d'une épreuve de force, Khrouchtchev fit aussitôt marche arrière et retira ses fusées (oct. 1962, v. **Cuba, crise de**).

Dans la période qui avait suivi immédiatement la mort de Staline, les relations sino-soviétiques étaient restées très amicales : l'URSS avait restitué à la Chine la base de Port-Arthur (1954), avait accordé à Pékin de nouveaux crédits, et s'était engagée à aider les savants chinois dans leurs recherches atomiques. Les Chinois assistèrent sans protester à la « déstalinisation », mais la politique de « coexistence pacifique », érigée en doctrine par Khrouchtchev, leur apparut très tôt comme une forme de « révisionnisme ». En 1959, Moscou, inquiet du radicalisme de Pékin, annulait l'accord atomique soviéto-chinois. En 1962, Pékin critiqua vivement l'attitude de Khrouchtchev dans l'affaire des fusées de Cuba en l'accusant d'avoir cédé successivement à l'« aventurisme » au « capitulationnisme ». Dès le milieu de 1963, les positions chinoise et soviétique étaient devenues totalement inconciliables, et la rupture entre Moscou et Pékin se trouva bientôt consommée.

Une opposition à Khrouchtchev grandissait dans le Comité central et dans le présidium du Soviet suprême. On lui reprochait non seulement ses échecs économiques et sa politique étrangère aventureuse, mais ses outrances verbales, qui envenimaient le conflit avec les Chinois, et surtout d'avoir tenté de rétablir à son profit le « culte de la personnalité ». Le 14 oct. 1964, Khrouchtchev fut brusquement destitué de toutes ses fonctions dans le gouvernement et le parti.

L'URSS sous Brejnev (1964/82) : la crise du communisme international et la contestation

Après la chute de Khrouchtchev, la direction devint effectivement collective et traduisit un équilibre entre les diverses tendances. Brejnev devint premier secrétaire du Comité central et Kossyguine président du Conseil des ministres ; Gromyko resta à la tête du ministère des Affaires étrangères, où, après un bref passage de Chepilov, il avait succédé à Molotov en févr. 1957. Le poste de secrétaire général du parti, qui avait été supprimé après la mort de Staline, fut rétabli au profit de

Brejnev, lequel s'affirma comme le numéro un dans la hiérarchie soviétique.

Les principaux problèmes qui se posaient à la nouvelle direction étaient la crise chinoise, ses conséquences pour la position de l'URSS dans le monde et pour l'évolution du communisme international, et la situation économique intérieure. À partir de 1966, les dirigeants soviétiques commencèrent à se livrer à des attaques violentes contre la Chine, qui entrait dans sa « révolution culturelle ». Les dirigeants de Pékin ne se contentaient pas seulement de dénoncer le « révisionnisme » de la « clique Khrouchtchev-Brejnev », ils s'efforçaient de saper la position de l'URSS dans le mouvement communiste mondial (l'Albanie se ralliait à Pékin et se retirait du Comecon et du pacte de Varsovie) et dans le tiers monde. La Chine populaire dénonçait désormais l'URSS comme une puissance impérialiste aussi redoutable que les États-Unis. Voyant en elle l'héritière de l'Empire des tsars, elle revendiquait les territoires que celui-ci lui avait arrachés au XIXe s. En 1969, de graves incidents frontaliers éclatèrent entre troupes chinoises et soviétiques dans les secteurs de l'Amour et de l'Oussouri.

Dès 1970, il apparaissait bien que si l'Union soviétique restait un grand exemple pour les communistes du monde entier, elle n'était plus considérée comme le seul modèle possible ni, surtout, comme l'infaillible autorité dont les commandements devaient être suivis sans discussion. Le signe le plus grave de cette crise de l'hégémonie moscovite fut, en Tchécoslovaquie, l'éclosion du « printemps de Prague » (janv./août 1968). Après avoir essayé de recourir à la négociation, les Soviétiques lancèrent leurs troupes et celles de leurs alliés du pacte de Varsovie (Albanie et Roumanie exceptées, qui s'y refusèrent) sur la Tchécoslovaquie (août 1968). Cette intervention permit à l'URSS de maintenir intact son glacis en Europe centrale, mais elle aggrava les tensions dans le communisme international.

En URSS même, un mouvement de contestation d'une ampleur sans précédent depuis l'instauration du régime soviétique se développa chez les intellectuels au milieu des années 1960. Les lourdes peines de prison infligées aux écrivains Iouri Daniel et Andreï Siniavski (1966) n'eurent aucun effet dissuasif. Toute une littérature de livres et de journaux clandestins dactylographiés et ronéotypés (*samizdat*) commença à circuler dans les milieux intellectuels. À la tête de ce mouvement se placèrent deux hommes très différents : l'écrivain Alexandre Soljenitsyne, qui, au nom d'une sorte de nationalisme mystique russe, mettait en accusation, non seulement le stalinisme et ses séquelles, mais les fondements mêmes du communisme marxiste, et le physicien Andreï Sakharov, l'un des créateurs de la bombe atomique soviétique, qui, sans mettre en question le socialisme, dénonçait les atteintes aux droits de l'homme en régime soviétique. Alexandre Soljenitsyne fut expulsé d'URSS en 1974 ; Sakharov fut interdit de séjour à Moscou et ne put aller recevoir à Oslo le prix Nobel de la paix qui lui était attribué en 1975. Le développement au grand jour d'une opposition intellectuelle était un phénomène nouveau en URSS, mais l'opposition n'avait encore, semble-t-il, que très peu d'écho dans les masses ; celles-ci montraient plutôt des signes d'indifférence idéologique et de dépolitisation.

L'URSS sous Brejnev : détente et renforcement de la puissance militaire

La signature, en août 1963, du traité de Moscou sur l'arrêt des explosions nucléaires non souterraines fut suivie de négociations qui permirent aux Soviétiques et aux Américains de mettre au point le traité de non-dissémination des armes nucléaires, ratifié en 1969. Tout en apportant une aide militaire aux Nord-Vietnamiens, les Soviétiques évitèrent tout affrontement direct avec les États-Unis au cours de la guerre du Viêt-nam. Malgré leur soutien actif à l'Égypte nassérienne et aux pays arabes, c'est la voie de la concertation avec les Américains qu'ils choisirent lors de la guerre israélo-arabe de 1967 (entrevue Johnson-Kossyguine à Glassboro, juin 1967). Moscou et Washington conclurent en outre de nombreux accords sur la limitation des systèmes de missiles antibalistiques, sur la prévention d'une guerre nucléaire par contacts directs entre les deux gouvernements, sur la coopération spatiale (premier rendez-vous spatial américano-soviétique, juill. 1975).

En Europe, l'URSS avait inauguré, dès la visite de Khrouchtchev à Paris, en mars 1960, une politique de coopération qui ne cessa plus de se développer. Moscou modifia sa politique à l'égard de l'Allemagne fédérale à la suite des initiatives diplomatiques de Willy Brandt ; celui-ci, reconnaissant *de facto* les frontières de 1945, signa un traité avec l'URSS (août 1970), ce qui ouvrit la voie à un accord des quatre Grands sur le problème de Berlin (sept. 1971) et à une certaine normalisation des rapports entre les deux Allemagnes. Enfin, en août 1975, Brejnev obtint, après de longs efforts, la réunion de la conférence d'Helsinki, où tous les États européens, ainsi que les États-Unis et le Canada, décidèrent de consacrer le *statu quo* en Europe. L'URSS obtenait apparemment un succès incontestable, en faisant confirmer par les Occidentaux ses positions acquises en 1945 et son hégémonie sur l'Europe orientale.

Mais les engagements moraux pris à Helsinki sur le respect des droits de l'homme et des libertés fondamentales, et la non-intervention dans les affaires des autres États, allaient devenir une arme de plus en plus efficace dans la lutte des intellectuels et des « dissidents » du monde soviétique, dont l'action courageuse mina progressivement les positions morales du bloc de l'Est. La politique extérieure de Brejnev, symbolisée par les accords de limitation de désarmement conclus avec Nixon (Salt 1), connut un durcissement certain face aux présidents Ford et Carter, du fait notamment de l'insistance nouvelle de Washington sur les droits de l'homme.

En fait, les dirigeants soviétiques avaient adopté, en politique extérieure, les règles du jeu des superpuissances. S'ils ne cachaient pas leur satisfaction de voir le camp adverse affaibli par des difficultés internes, ils se gardaient toujours de trop pousser leur avantage, de crainte d'entrer dans une phase dangereuse. Et s'ils cherchaient constamment à progresser dans le tiers monde, ils s'en tenaient, sur le vieux continent, au partage opéré à Yalta. Souvent présentée avec des accents révolutionnaires, la politique étrangère de l'URSS manifestait encore, le plus souvent, un certain conservatisme.

Tandis que la diplomatie soviétique continuait à se réclamer de la détente – notion jamais clairement définie –, l'appareil militaire Sovietique atteignit alors le maximum de sa puissance 190 divisions, 7 400 avions de combat, 206 sous-marins, 5 000 têtes nucléaires lançables par des missiles. C'était encore « l'équilibre de la terreur ». Mais l'installation des fusées à moyenne portée SS 20, en Europe centrale provoqua une décision de l'OTAN lourde de conséquences : des fusées Pershing II à longue portée et des missiles de croisière à portée moyenne seraient braqués sur l'URSS à partir de févr. 1983 si un accord sur la limitation de ces euromissiles n'était trouvé d'ici là. Mais bien avant cette échéance, Leonid Brejnev, dans les derniers jours de 1979, avait pris l'initiative d'intervenir militairement en Afghanistan. Non seulement l'armée soviétique devait s'y enliser, mais son intervention fut condamnée par l'ONU, par les États musulmans, et favorisa les campagnes d'opinion contre l'URSS. L'attitude américaine, conciliante sous le président J. Carter, changea totalement avec l'arrivée au pouvoir du républicain Ronald Reagan en nov. 1980. Sans doute allait-il appartenir au successeur de L. Brejnev, mort le 10 nov. 1982, d'en tirer les conséquences.

De Youri Andropov à Mikhaïl Gorbatchev

Ce fut Youri Andropov, soixante-huit ans, directeur du KGB, qui fut choisi pour succéder à Leonid Brejnev, éclipsant Constantin Tchernenko. On prêta aussitôt à Y. Andropov l'intention de restituer son efficacité à la machine économique soviétique, de rendre plus dynamiques les rouages de l'État, de combattre la corruption et le népotisme. Secrétaire général du PCUS le 12 nov. 1982 sur proposition de son rival, C. Tchernenko, puis chef de l'État le 16 juin 1983, Y. Andropov n'eut pas le temps de transformer l'environnement politique.

En politique extérieure, on nota d'abord quelques velléités de changement. On crut notamment, fin 1982, à une certaine évolution en Afghanistan et à la possibilité d'une normalisation sino-soviétique. Mais le 25 mars 1983, Andreï Gromyko, maître de la politique extérieure depuis longtemps, fut nommé premier vice-président du gouvernement et s'employa à raidir la diplomatie soviétique. Au même moment, des rumeurs commencèrent à percer à propos de l'aggravation de l'état de santé de Y. Andropov. Tandis que, conformément aux décisions de 1979, l'OTAN s'apprêtait, en 1983, à installer en Europe occidentale des fusées Pershing II et des missiles de croisière, la tension devint très vive entre Moscou et Washington le 1er sept., un Boeing 747 sud-coréen transportant 269 civils fut abattu sous prétexte d'espionnage par un avion de chasse soviétique au-dessus de l'île Sakhaline ; le 23 nov., l'URSS interrompit les négociations de Genève sur les euromissiles, puis, le 8 déc., les négociations Start sur les armements intercontinentaux. Elle ne sut pas pour autant utiliser à son profit le mouvement pacifiste développé dans les pays occidentaux, particulièrement en Allemagne fédérale.

À la mort de Y. Andropov, le 9 févr. 1984, C. Tchernenko, soixante-douze ans, fut appelé à lui succéder. Personnalité plutôt effacée, devant toute sa carrière à L. Brejnev, sans envergure internationale, il apparut comme un homme de transition. Visiblement déjà malade, il poursuivit la voie du raidissement politique. Les plus hautes interventions en faveur des époux Sakharov, y compris celle de François Mitterrand à Moscou même, n'eurent aucun effet ; l'armée soviétique intensifia à la fois sa présence et ses actions militaires en Afghanistan ; l'URSS boycotta – et tous ses alliés avec elle, exception faite de la Roumanie et de la Yougoslavie – les jeux Olympiques de Los Angeles en 1984. Sans que l'on puisse parler véritablement d'une reprise des négociations entre l'URSS et les États-Unis, l'automne 1984 fut cependant marqué par la première rencontre d'un haut dirigeant soviétique avec le président R. Reagan, lors de la visite d'A. Gromyko en sept. à Washington.

Après la mort de C. Tchernenko, le 10 mars 1985, l'appareil du parti porta au pouvoir un homme de cinquante-quatre ans, Mikhaïl Gorbatchev, jusque-là responsable de l'agriculture au sein du Comité central (depuis 1978), et membre du Bureau politique (depuis 1980). Il s'attribua la direction des Affaires étrangères puis il concentra bientôt entre ses mains l'essentiel du pouvoir, succédant à A. Gromyko au poste de président du présidium du Soviet suprême, en oct. 1988, et entreprit des réformes radicales.

De la perestroïka à l'éclatement de l'URSS

L'essoufflement de l'économie soviétique dans la course aux armements imposait une pause et une restructuration de l'activité économique. Cette restructuration, la *perestroïka*, se déroula en trois phases et s'étendit bien au-delà du seul secteur économique. La première étape fut consacrée à une accélération de l'activité, passant par la modernisation de l'appareil productif. La deuxième phase de la perestroïka, baptisée *glasnost*, « transparence », visait à ouvrir le système à la critique et à y introduire la publicité de l'information. Elle permit de réviser certaines falsifications et illusions doctrinales entremêlées depuis plus de cinquante ans.

La dernière étape avait pour objectif la démocratisation du système que M. Gorbatchev entendait convertir au « règne de la loi ». Gorbatchev introduisit des réformes politiques majeures, comme la création d'un Congrès des députés du peuple. Ainsi les premières élections ouvertes aux candidatures multiples eurent-elles lieu en mars 1989. De nombreux dignitaires du parti durent céder la place à des réformistes. À Moscou, Boris Eltsine, qui avait fait campagne contre les privilèges du parti et pour le pluripartisme, remporta l'élection contre le candidat officiel avec 90 % des suffrages. Sur le plan diplomatique aussi, M. Gorbatchev imposa un style nouveau et se fit l'artisan du dégel des relations américano-soviétiques. En déc. 1987, il signa avec Ronald Reagan un premier accord de désarmement simultané. Il désengagea l'URSS d'Afghanistan, d'Éthiopie et d'Angola en 1988.

En fait, le gigantesque processus de réorganisation engagé par Gorbatchev ne sauva pas l'URSS du déclin, dans un contexte européen totalement bouleversé par la chute du « mur de Berlin » le 27 nov. 1989, et l'effondrement des États-satellites de l'URSS qui s'ensuivit. Outre la faillite de l'économie, que les réformes ne parvenaient pas à enrayer, et la ruine des fondements idéologiques du système, la question des nationalités s'imposa comme le troisième facteur, et le plus décisif, de l'effondrement de l'URSS. En effet, un bras de fer s'engagea entre les républiques de l'URSS, qui proclamèrent l'une après l'autre leur souveraineté, et le pouvoir central. En janv. 1991, Moscou envoya des troupes pour rétablir l'ordre dans les pays Baltes. Bien que l'intervention sanglante des chars soviétiques à Vilnius, en Lituanie, n'eût rencontré qu'une faible réprobation de l'opinion internationale, préoccupée avant tout par la crise du Golfe, les pays Baltes refusèrent de participer au référendum sur le « *maintien d'une union rénovée* » proposé par Gorbatchev. Sur l'ensemble de l'URSS, le « oui » l'emporta pourtant à 76 %.

Pris entre les conservateurs du parti et les démocrates, le secrétaire général du PCUS ralentit le rythme des réformes sans y mettre un terme. Or, l'opposition libérale gagnait du terrain. Ainsi B. Eltsine, devenu un véritable leader charismatique depuis son départ du parti en juin 1990, fut-il élu à la présidence de la Fédération de Russie le 12 juin 1991. Signe avant-coureur de l'effondrement de l'Union soviétique, les habitants de Leningrad décidèrent le même jour de rebaptiser la ville Saint-Pétersbourg.

Craignant la dislocation prochaine de l'URSS, la vieille garde communiste décida de renverser M. Gorbatchev, qu'elle jugeait incapable d'empêcher l'implosion. Après l'avoir déposé et placé en résidence surveillée, des putschistes envoyèrent chars et blindés autour des points stratégiques de la capitale. Tout d'abord passive, la population, notamment moscovite, se mobilisa derrière B. Eltsine, qui réclamait le retour de M. Gorbatchev. Mal préparé, le putsch se solda par un piteux échec.

Les jours de M. Gorbatchev à la tête de l'URSS étaient cependant comptés. Son action ultérieure se concentra sur les questions institutionnelles –l'autodissolution du PCUS, du Soviet suprême, des Komsomols et du KGB – mais ne put empêcher l'éclatement de l'Empire soviétique. Désireux de prendre de vitesse M. Gorbatchev, B. Eltsine organisa à Minsk une réunion des présidents des trois républiques slaves (Russie, Ukraine et Bielorussie). Le 8 déc. 1991, B. Eltsine, Leonid Kravtchouk et Stanislas Chouchkevitch constatèrent que « *l'URSS avait cessé d'exister* » et entreprirent de la remplacer par une Communauté d'États indépendants (CEI, v.) dont la teneur restait à définir. M. Gorbatchev n'eut d'autre choix que de confirmer la dissolution de l'Union soviétique en démissionnant de sa fonction de président de l'URSS le 25 déc. 1991.

La disparition de l'une des deux superpuissances marqua la fin « officielle » de la guerre froide et produisit un véritable vide stratégique, puisque les relations internationales ne s'organisaient plus autour de l'opposition Est-Ouest. L'URSS laissait également derrière elle un potentiel de risques écologiques très élevés. En effet, l'explosion, en avr. 1986, d'un des réacteurs de la centrale nucléaire de Tchernobyl en Ukraine (pourtant considérée comme l'une des plus sûres d'URSS) avait révélé à l'opinion internationale l'état de délabrement des installations soviétiques. La planification avait, elle aussi, causé des ravages sur l'environnement, tel que l'assèchement de la mer d'Aral par l'irrigation nécessaire à la monoculture du coton, imposée à la région de son bassin.

Le bilan de l'URSS paraissait donc particulièrement négatif, tant au plan écologique qu'économique. En 1991, le revenu par habitant des Soviétiques était de l'ordre du dixième de celui des Américains. L'effondrement du système fit voler en éclats les « acquis sociaux de la révolution » (gratuité des soins, du logement, faible coût des denrées de base) et aggrava encore la situation des Russes, dont les conditions de vie se dégradèrent rapidement et dont l'espérance de vie se mit à baisser notablement.

La Fédération de Russie

B. Eltsine tenta d'imposer la Fédération de Russie comme l'héritière de l'URSS sur le plan diplomatique. Ainsi la Russie reprit-elle le siège de l'Union soviétique au Conseil de sécurité des Nations unies en déc. 1991.

La Russie poursuivit une coopération économique très étroite avec les pays membres de la CEI, le rouble restant la monnaie de référence dans ces pays. L'interventionnisme russe se manifesta à plusieurs reprises. Ainsi, en Crimée, Moscou montra une extrême fermeté quant au partage de la flotte de la mer Noire avec l'Ukraine. En Europe centrale et orientale, Moscou entendit conserver un droit de regard. Ainsi, craignant que la Russie ne fût coupée du reste de l'Europe, B. Eltsine s'opposa à l'adhésion des ex-pays de l'Est à l'OTAN et souffla aux Américains l'idée d'un « *partenariat pour la paix* » associant tous les pays de l'ancien bloc communiste, Russie comprise, à ceux de l'Alliance atlantique. Si la Russie put se prévaloir d'un statut international de grande puissance, ce fut essentiellement grâce à l'appui quasi inconditionnel des États-Unis. Cependant, le retour de la Russie sur la scène internationale ne fut pas entièrement couronné de succès. Ainsi, Moscou ne parvint pas à s'imposer comme un médiateur crédible au Proche-Orient. En revanche, ses liens privilégiés avec les Serbes qui permirent ce jouer un rôle majeur dans le conflit bosniaque.

Toutefois, la situation intérieure de la Russie appela le président à privilégier les questions internes. Ainsi, dès son accession au pouvoir en juin 1991 B. Eltsine se fixa deux objectifs majeurs : la démocratisation de la Russie et le passage à l'économie de marché. Dès janv. 1992, la majorité des prix à la consommation furent libéralisés. Le Premier ministre Egor Gaïdar engagea une thérapie de choc consistant en un vaste programme de privatisations et de rigueur monétaire. La mise en œuvre de cette politique de réformes radicales fut entravée par une profonde crise institutionnelle qui opposa le pouvoir exécutif au pouvoir législatif. En effet, B. Eltsine cherchait à remplacer la Constitution, héritée de l'ère brejnévienne, pour instaurer un régime résolument présidentiel. En déc. 1992, l'opposition des conservateurs – les néocommunistes et les nationalistes groupés dans une coalition « rouge-brun » anti-Eltsine – contraignit le président à sacrifier son Premier ministre et à nommer à sa place Victor Tchernomyrdine. Ce dernier continua la politique de réformes engagée, mais de façon beaucoup plus modérée.

L'affrontement entre le Parlement et le président se durcit au printemps 1993. B. Eltsine décida de gouverner par décret et d'organiser un référendum pour asseoir son autorité. Le 25 avr. 1993, plus de 58 % des Russes lui accordèrent leur confiance et près de 53 % approuvèrent sa politique économique et sociale. Fort de ce plébiscite, B. Eltsine présenta un projet de Constitution donnant plus de pouvoir au président et décréta la dissolution du Congrès des députés du peuple (21 sept.), violant ainsi la Constitution en vigueur. Le Parlement répliqua en prononçant la destitution de Boris Eltsine et son remplacement par le vice-président Alexandre Routskoï. Les députés conservateurs décidèrent d'occuper la Maison-Blanche, le siège du Parlement. Des affrontements violents eurent lieu à Moscou entre les forces de l'ordre et des manifestants procommunistes. B. Eltsine mit fin à cette crise en faisant donner l'assaut contre le Parlement (4 oct.). Les insurgés furent arrêtés et un bilan officiel fit état de 150 victimes.

S'il porta gravement atteinte à son image, tant en Russie qu'à l'étranger, cet épisode permit au président Eltsine d'éliminer l'opposition. Il put ainsi organiser un référendum sur son projet de Constitution. Ce dernier fut adopté par 58 % des votants, le 12 déc. 1993. Ce succès fut cependant terni par le faible score de ses partisans aux élections législatives organisées le même jour. En effet, la liste « Choix de la Russie » menée par Egor Gaïdar n'emporta que 15 % des voix. Les bons résultats des communistes, qui emportèrent plus de 12 % des voix, constituèrent l'autre surprise de ce scrutin. Ce fut le parti de l'ultranationaliste Vladimir Jirinovski, le parti libéral démocrate, qui s'imposa comme la première force politique, avec près de 23 % des suffrages.

Si la nouvelle Constitution donnait à B. Eltsine de larges pouvoirs, les résultats des élections de déc. amenèrent le président à infléchir sa politique et à prôner une voie médiane, la recherche d'un équilibre entre « *le rythme des réformes et leur coût social* ». La libéralisation de l'économie avait en effet porté aux structures de la société russe une atteinte profonde. Les catégories sociales à revenu fixe furent les plus gravement touchées par l'inflation. Dépassant les 2 000 % en 1992 et les 800 % en 1993, la hausse des prix se ralentit en 1994 pour se situer autour de 220 %. La stabilisation était donc en bonne voie, mais l'économie souffrait d'autres maux, comme la dérive mafieuse de l'économie russe, perçue comme l'une des conséquences de son ouverture au capitalisme. Si les pénuries et les longues files d'attente furent supprimées, les Russes disposaient rarement de l'argent nécessaire pour acheter les biens de consommation à présent disponibles. Bien que résignée, la majorité de la population russe reprochait à B. Eltsine de ne pas avoir tenu ses promesses d'un passage rapide et sans douleur à l'économie de marché. Alors que, à l'approche des élections législatives prévues pour déc. 1995, il n'était crédité que d'un taux d'opinion favorable de 10 %, B. Eltsine espéra restaurer sa popularité et prévenir d'autres tentations séparatistes par une démonstration de force contre les sécessionnistes tchétchènes.

En nov. 1991, la Tchétchénie, république musulmane membre de la Fédération de Russie, avait proclamé unilatéralement son indépendance et B. Eltsine n'avait pu y décréter l'état d'urgence en raison de l'opposition du Soviet suprême. Or, les risques de désagrégation de la Fédération de Russie s'étaient accrus depuis que l'URSS avait cessé d'exister. Aussi B. Eltsine décida-t-il de rétablir l'ordre en Tchétchénie en envoyant des troupes et des chars russes jusqu'à la capitale, Grozny. Mais la population tchétchène fit bloc derrière son président, Djokhar Doudaïev, et les rebelles opposèrent une vigoureuse résistance, si bien que l'armée russe, sans prendre l'avantage, s'enlisa dans un conflit vivement contesté tant en Russie qu'en Europe occidentale. Ce coup de force suivi d'une défaite humiliante isola davantage le président russe, lui fit perdre le soutien des démocrates et ternit son image en Occident.

La nostalgie de la grandeur et de la puissance soviétiques, le désarroi né des difficultés économiques et de l'insécurité amenèrent un grand nombre de Russes à voter, lors des législatives de 1995, en faveur du parti communiste qui, mené par Guennadi Ziouganov, obtint près de la moitié des sièges à la Douma, devançant la formation V. Jirinovski et le parti gouvernemental, « Notre maison la Russie ». En mars 1996, la grande majorité des députés déclara nul l'accord de Minsk qui avait mis fin à l'existence de l'URSS. Contraint de donner des gages aux conservateurs, B. Eltsine radicalisa sa politique et fit preuve d'autoritarisme sur les plans intérieur et extérieur : le ministre des Affaires étrangères Andreï Kozirev, jugé trop « pro-occidental », fut remplacé en janv. 1996 par Evgueni Primakov, ancien du KGB. Malgré la poursuite des combats en Tchétchénie, la Russie fut admise au Conseil de l'Europe en janv. 1996 et bénéficia d'un prêt du FMI, d'un montant record, ainsi que d'une remise de sa dette. Les Occidentaux préféraient soutenir B. Eltsine que voir les communistes revenir au Kremlin.

En juill. 1996, B. Eltsine, malgré une santé défaillante, fut réélu au second tour à la tête de la Fédération de Russie, après le ralliement du général Lebed qui, arrivé troisième au premier tour, fut nommé conseiller du président pour la Tchétchénie. Après avoir mis fin à la guerre contre les Tchétchènes en concluant un accord avec le dirigeant indépendantiste Zemlikhan Iandarbaïev, A. Lebed fut limogé en oct. 1996 à la suite d'un conflit avec le ministre de l'Intérieur. Par ailleurs, un remaniement ministériel marqua la victoire des réformateurs en faisant accéder au poste de vice-Premier ministre le jeune libéral Boris Nemtsov. En juill. 1997, la Russie signa avec la Tchétchénie et l'Azerbaïdjan, puis avec le Kazakhstan l'année suivante, d'importants accords sur le partage et la circulation du pétrole de la mer Caspienne. Cependant, le pays fut victime d'une grave crise financière en août 1998 et, dès le 16 août, le Premier ministre par intérim S. Kirienko dut annoncer le défaut de paiement de la dette publique interne, un moratoire sur la dette extérieure et la dévaluation du rouble, ce qui compliqua les rapports avec le FMI. Ce krach financier provoqua le remplacement du Premier ministre par Evgueni Primakov qui, dès son investiture à la Douma, prit des mesures d'urgence : émission monétaire pour sauver les banques et restauration des monopoles d'État sur l'alcool et le tabac. Le début de l'année 1999 fut marqué par les affrontements entre le président Eltsine et le Premier ministre E. Primakov, qui avait préparé son offensive en lançant une campagne anticorruption qui visait entre autres l'entourage et la famille d'Eltsine. Ce conflit aboutit au limogeage de E. rimakov en mai 1999 et à son remplacement par Sergueï Stepachine, juste avant que ne s'ouvre une procédure de destitution contre le président Eltsine. Simultanément, les tensions avec l'OTAN s'exacerbèrent, au printemps 1999, à l'occasion de l'intervention de l'Alliance atlantique au Kosovo et des bombardements sur la Serbie. L'été 1999, une suspension des prêts du FMI, à la suite d'un audit consacré à la disparition de centaines de millions de dollars, fut suivie d'une intervention dans la république du Daghestan, membre de la Fédération de Russie et voisine de la Tchétchénie, où le chef islamiste tchétchène Chamil Bassaiev tentait d'organiser un soulèvement antirusse. En août, B. Eltsine limogea le Premier ministre et le remplaça par Vladimir Poutine, ancien du KGB et chef des services secrets. Fin août et début sept., une vague d'attentats frappa Moscou et le Daghestan. Ils furent l'occasion pour la Russie d'entamer en sept. 1999 une deuxième guerre de Tchétchénie, présentée comme une opération de police. L'offensive jeta sur les routes des dizaines de milliers de civils tchétchènes qui fuyaient vers l'Ingouchie. Contrairement à ce qui s'était passé lors de la précédente guerre, la popularité du Premier ministre bénéficia largement du conflit. Tandis que les forces russes bombardaient Grozny, et bloquaient la frontière avec l'Ingouchie, B. Eltsine refusa, au sommet de l'OSCE de nov. 1999, d'ouvrir des négociations en Tchétchénie. Les législatives de déc. donnèrent au pouvoir une majorité stable à la Douma. Le 31 déc. 1999, B. Eltsine démissionna, nommant V. Poutine président par intérim. Début févr. 2000, les troupes russes entrèrent dans Grozny en ruine et, à la fin du mois, Médecins du monde dénonça leurs exactions. L'élection présidentielle anticipée de mars 2000 confirma V. Poutine à la présidence de la République, tandis que les autres candidats parlaient de fraude électorale.

Le Conseil de l'Europe suspendit le mois suivant le droit de vote de la délégation russe pour dénoncer les exactions en Tchétchénie, mais aucun pays ne put se résoudre à des sanctions plus fermes, au moment où la Douma examinait et ratifiait le traité de désarmement nucléaire Start II et le traité d'interdiction complète des essais nucléaires (TICEN) puis, en mai, le traité de non-prolifération (TNP). V. Poutine entama une profonde réforme de la Fédération, visant à renforcer le contrôle du pouvoir central, « vertical » : création de sept grandes régions, chacune dirigée par un représentant spécial du président, et réduction des prérogatives des autorités locales. Par ailleurs, il plaça la Tchétchénie sous son administration directe avant d'y nommer, en juin 2000, un administrateur provisoire. L'été 2000, commencé par une campagne judiciaire contre les grands groupes industriels et financiers, vit une soudaine baisse de la popularité du président, mise à mal par la manière dont il géra deux crises symptomatiques de la décrépitude des équipements du pays : le naufrage d'un sous-marin nucléaire, le *Koursk*, en mer de Barents, et l'incendie de la tour de télévision à Moscou. Le président russe s'efforça dès lors de retrouver son autorité, en exerçant de fortes pressions sur les médias, comme la chaîne de télévision indépendante TV6, placée sous liquidation en janv. 2002. Les attentats tchétchènes se multiplièrent : le 19 août 2002, un hélicoptère de transport militaire russe était abattu au-dessus de Grozny (115 morts) ; le 23 oct., une spectaculaire prise de 750 otages dans un théâtre de Moscou, pendant trois jours, s'achevait par un bilan de plus de 100 morts. Le 6 févr. 2004, un attentat visait le métro de Moscou (40 morts). Dans ce contexte, en dépit des bons résultats économiques depuis 2000, la campagne présidentielle, à laquelle se présentait V. Poutine, fut dépourvue d'enjeu tant le résultat semblait attendu.

RUSSIE (campagne de, juin/déc. 1812). Campagne menée contre la Russie par Napoléon Ier. De nombreuses raisons contribuèrent à la ruine de l'alliance que Napoléon et le tsar Alexandre avaient conclue à Tilsit (1807) et renouvelée à Erfurt (1808). Napoléon, absorbé par les affaires d'Espagne, avait dû renoncer aux grands projets d'expédition en Asie et au partage de l'Empire ottoman, désiré par le tsar. Le Blocus continental était ruineux pour les producteurs agricoles et les commerçants russes ; par l'oukase du 31 déc. 1810, Alexandre ouvrit ses ports au commerce des neutres et aux marchandises britanniques, et taxa les importations françaises. Le remariage de Napoléon Ier avec Marie-Louise et son alliance avec l'Autriche, l'annexion à l'Empire français du duché d'Oldenburg, qui appartenait au beau-frère du tsar, l'inquiétude des Russes devant l'extension du grand-duché de Varsovie contribuèrent également à rendre le conflit inévitable.

Napoléon rassembla la plus grande armée qu'on eût jamais encore vue en Europe : au total, plus de 600 000 hommes. Sur ce nombre, on ne comptait guère plus de 200 000 Français, le reste étant composé de Polonais, d'Allemands, d'Autrichiens de Suisses, de Hollandais, d'Italiens. La Grande Armée était devenue une véritable armée europeenne, mais ses contingents étaient de valeur et de loyauté très inégales. Napoléon croyait que quelques semaines lui suffiraient pour écraser l'armée russe et contraindre le tsar à la paix. Il bénéficiait, au départ, d'une écrasante supériorité numérique, les Russes n'ayant à lui opposer que trois armées fort distantes l'une de l'autre et totalisant 230 000 hommes.

L'entrée en Russie

Les 24/26 juin 1812, la Grande Armée franchit le Niémen à Kovno (Kaunas). Progressant à marches forcées, malgré une forte chaleur qui fatiguait les troupes et décimait les chevaux, Napoléon voulait séparer la Ire (Barclay de Tolly) et la IIe (Bagration) armées russes ; mais le commandement russe, du fait de son infériorité numérique, par la force des choses et non par l'application d'un plan longuement élaboré, se trouva amené à adopter une stratégie de retraite continue qui entraîna les Français de plus en plus loin à l'intérieur des terres. Après une bataille qui coûta 15 000 hommes à la Grande Armée, les Russes parvinrent encore à s'échapper à Smolensk (16/19 août). Les soldats devaient de plus en plus vivre sur le pays, mais pillages et exactions suscitaient contre les envahisseurs une haine populaire qui donna aux opérations le caractère d'une guerre patriotique. Avec l'appui de la masse paysanne, l'armée du tsar pratiquait la tactique de la terre brûlée et faisait le vide derrière elle.

Pour satisfaire son entourage, qui ne pouvait admettre qu'on abandonnât Moscou sans livrer bataille, le tsar remplaça Barclay de Tolly par le vieux et très populaire Koutouzov (17 août). Celui-ci tenta d'arrêter les Français sur la Moskova, à Borodino. Après une bataille d'un acharnement inouï, au cours de laquelle les Russes perdirent 50 000 hommes et les Français 30 000, Napoléon força le passage, mais sans parvenir à l'anéantissement de l'ennemi (7 sept.). Affaiblie depuis le début de la campagne par la disparition de 180 000 hommes, morts, prisonniers ou déserteurs, la Grande Armée fit son entrée dans Moscou le 14 sept. 1812. Dès le lendemain se déclencha l'incendie qui, pendant quatre jours, détruisit les trois quarts de la cité. Mais l'occupation de la capitale historique et religieuse de la Russie n'amena pas le tsar à traiter. Les forces de Koutouzov, qui restaient aux abords de Moscou, ne cessaient de se renforcer avec l'arrivée de l'armée du Danube (Tchitchagov), d'unités de Cosaques, et des troupes fournies par la levée en masse. Bien qu'ayant trouvé à Moscou d'importants approvisionnements, Napoléon ne pouvait songer à y prendre ses quartiers d'hiver, car les Russes le menaçaient d'encerclement.

La retraite

Le 19 oct., il commença sa retraite avec 95 000 combattants et 40 000 employés. Il comptait revenir à Smolensk par la route de Kalouga, qui traversait un pays encore épargné par la guerre. Mais la route de Kalouga resta aux mains de Koutouzov, et la Grande Armée dut reprendre l'itinéraire qu'elle avait suivi deux mois plus tôt et où elle ne trouva que dévastations. Aux tourments de la faim, au harcèlement incessant des Cosaques et des partisans s'ajoutèrent, à partir du 7 nov., les rigueurs d'un hiver exceptionnellement précoce et froid, au cours duquel la température descendit jusqu'à – 30 °C. Napoléon força le passage du Dniepr à Krasnoïe (15/17 nov.), mais Ney, deux jours plus tard, y laissa plus de 20 000 hommes. Malgré la carence de Schwarzenberg, qui, à la tête du corps autrichien, semblait déjà faciliter l'action des Russes, une nouvelle menace d'encerclement fut écartée grâce au passage de la Berezina (26/29 nov.), qui coûta encore 30 000 hommes.

Le 29e *Bulletin de la Grande Armée*, daté de Molodetchno, le 3 déc. 1812, révéla à la France l'étendue du désastre. Deux jours plus tard, Napoléon remettait le commandement à Murat et se hâtait de regagner la France pour y reconstituer des troupes. Peu après, la Grande Armée repassait le Niémen. Elle ne comprenait qu'un peu plus de 10 000 hommes. De la campagne de Russie ne revinrent au total que 110 000 hommes ; Napoléon avait perdu 500 000 hommes. Mais les Russes étaient dans un état presque aussi pitoyable, ayant perdu, depuis Moscou, quelque 70 % de leurs effectifs.

RUSSO-JAPONAISE (guerre, 1904/05). Conflit résultant de la rivalité de la Russie et du Japon en Mandchourie et en Corée. Depuis 1895, l'impérialisme russe avait réalisé d'importants progrès en Extrême-Orient : après avoir contraint le Japon à renoncer à la plupart de ses conquêtes sur la Chine (1895), la Russie s'était fait céder la concession du chemin de fer de l'Est chinois à travers la Mandchourie (1896), puis la presqu'île du Liao-tong, où fut aménagée la base de Port-Arthur (1898). Enfin, profitant de l'insurrection des Boxers (1900), la Russie occupa militairement la Mandchourie et maintint ses troupes après la fin des troubles. Le Japon, soutenu par l'Angleterre et les États-Unis, essaya d'obtenir des Russes un partage à l'amiable des zones d'influence en Extrême-Orient.

La Russie s'étant refusée à toute concession, la flotte japonaise attaqua, sans déclaration de guerre, la flotte russe à Port-Arthur et s'assura rapidement la maîtrise de la mer (8/9 févr. 1904). La base de Port-Arthur se rendit aux Japonais le 2 janv. 1905. En Mandchourie, les Russes furent battus sur le Yalou (1er mai 1904), à Liao-yang (24 août/5 sept.), sur le Chaho (5/18 oct. 1904) et, enfin, à la bataille de Moukden (21 févr./10 mars 1905), qui entraîna le repli général des Russes vers le Nord. La flotte russe de l'amiral Rojdestvenski, partie de la Baltique, n'arriva en Extrême-Orient qu'au bout de huit mois, pour être anéantie par l'amiral Tôgô à la bataille de Tsushima (27 mai 1905). En proie à de graves difficultés intérieures, la Russie dut accepter les offres de médiation du président américain Theodore Roosevelt. Au traité de Portsmouth (5 sept. 1905), elle céda au Japon Port-Arthur et la presqu'île du Liao-tong, ainsi que la moitié sud de Sakhaline ; elle évacuait la Mandchourie et reconnaissait le protectorat japonais sur la Corée. Première victoire d'une puissance asiatique sur une puissance européenne moderne, la guerre russo-japonaise eut des répercussions considérables : elle marquait l'avènement du Japon comme grande puissance ; en Russie, les défaites militaires contribuèrent à l'explosion de la révolution de 1905.

RUTHÈNES. Ce nom désignait, à l'origine, tous les Ukrainiens. À la fin du XIXe s., dans la monarchie austro-hongroise, le terme de *Ruthènes* était réservé aux populations de l'Ukraine subcarpatique, qui s'étaient réunies religieusement à Rome en 1596 pour former l'Église ruthène uniate (v. UNIATES) de rite oriental ; cette Église comptait environ 5 millions de fidèles en 1937, mais, après 1945, les diverses Églises ruthènes des démocraties populaires furent contraintes d'adhérer à l'orthodoxie.

La Ruthénie hongroise, appelée par les Tchèques *Russie subcarpatique* et par les Russes *Ukraine carpatique*, détachée en 1919 de la Hongrie et attribuée à la Tchécoslovaquie, rendue à la Hongrie en nov. 1938, annexée par l'URSS en juin 1945, fait partie de l'Ukraine depuis l'éclatement de l'URSS (1991).

RÜTLI ou **GRÜTLI.** Site de Suisse (canton d'Uri), près du lac des Quatre-Cantons qui, selon la légende, accueillit Werner Stauffacher (de Schwyz), Walter Fürst (d'Uri) et Arnold an der Halden du Melchthal (d'Unterwald), qui jurèrent de délivrer leur pays de la tyrannie des baillis nommés par les Habsbourg. Ce serment du Rütli, fut suivi par l'épisode célèbre et largement légendaire de Guillaume Tell, et par un événement bien historique, la conclusion du pacte du 1er août 1291, qui est considéré comme l'acte de fondation de la Confédération helvétique. La date du 1er août a été choisie comme fête nationale de la Suisse.

RUYTER Michael Adriaanszoon de (* Flessingue, 24.III.1607, † Syracuse, Sicile, 29.IV.1676). Amiral néerlandais. De famille pauvre, il fut mousse à l'âge de onze ans. Capitaine en 1635, il reçut le commandement d'une escadre dans la première guerre contre l'Angleterre (1652/54). Envoyé ensuite au secours du Danemark, il battit à deux reprises la flotte suédoise (1659) et fut anobli par le roi de Danemark. Dans la deuxième guerre anglo-hollandaise (1665/67), il vainquit Monk et le Prince Rupert au large de Dunkerque (1er/4 juin 1666) ; l'année suivante, il remonta la Tamise, semant la panique à Londres (juin 1667). Le 28 mai 1672, à Solebay, il battit encore la flotte franco-anglaise. Ruyter passa en Méditerranée à la fin de 1675 pour se porter à l'aide des Espagnols. Il livra bataille à Duquesne au large d'Augusta, fut vaincu et mortellement blessé (22 avr. 1676) ; il expira une semaine plus tard à Syracuse.

RWANDA (république du). État de l'Afrique orientale, situé entre le lac Kivu et le fleuve Kagera ; capitale *Kigali*. Après avoir fait partie du Ruanda-Urundi sous mandat belge, le Rwanda se constitua en république à la suite du coup d'État de janv. 1961 et obtint sa pleine indépendance, en même temps que le Burundi, le 1er juill. 1962. Les Hutus, largement majoritaires au Rwanda (plus de 90 % de la population), mais dominés pendant des siècles par les Tutsis, massacrèrent ces derniers, qui trouvèrent refuge dans les pays voisins, au Congo-Kinshasa (futur Zaïre), au Burundi, en Ouganda. Le Rwanda, sous la présidence de Georges Kayibanda, opta pour une étroite coopération avec la Belgique et les pays occidentaux. Un coup d'État porta l'armée au pouvoir, le 5 juill. 1973, sous la présidence du général Habyarimana, réélu en déc. 1988 avec plus de 99 % des voix. Le régime de Habyarimana s'efforça de mener une politique « de réconciliation nationale », très limitée dans la pratique, mais qui suscita de violentes réactions de la part de certains Hutus. Il mena une importante politique de développement agricole.

Attaqué à partir de l'Ouganda par le Front patriotique rwandais (FPR), émanation des réfugiés tutsis, le régime de Habyarimana fut obligé, en 1992 d'intégrer l'opposition dans le gouvernement et d'accepter le retour de 250 000 réfugiés. Un accord de paix, signé le 4 août 1993 à Arusha, n'empêcha pas la poursuite du conflit qui opposait le FPR à l'armée gouvernementale, les Forces armées rwandaises (FAR), équipées et conseillées par la France jusqu'en 1993. L'assassinat, le 6 avr. 1994, du président Habyarimana servit de déclencheur à un véritable génocide, perpétré par des milices et par les FAR sur près d'un million de Tutsis et de Hutus modérés. Une force de l'ONU (MINUAR), mais aussi des contingents belges et français présents sur place n'arrivèrent pas à rétablir l'ordre. Dans le même temps, 2 millions de réfugiés hutus, craignant les représailles des Tutsis, fuyaient vers le sud-ouest du pays. Alors que les troupes du FPR prenaient Kigali, le 4 juill. 1994, la France et les États-Unis envoyèrent des troupes pour protéger les réfugiés Hutus, avec un succès mitigé. Décimés par le choléra dans les camps à la frontière du Zaïre, ceux-ci refusèrent cependant le retour vers leurs régions d'origine, proposé par le FPR à l'automne 1994. En oct. 1996, le Rwanda soutint, avec les États-Unis et l'Ouganda, la rébellion de l'Alliance des forces démocratiques pour la libération du Congo (AFDL) de Laurent-Désiré Kabila au Zaïre. En 1997, la situation du Rwanda était marquée par le retour des réfugiés hutus exilés dans l'ex-Zaïre devenu République démocratique du Congo (RDC), et en Tanzanie et par les premiers jugements de responsables du génocide par le Tribunal pénal international pour le Rwanda (TPIR). En 1998, la recrudescence des violences entre les Hutus et le FPR, mais aussi la condamnation à mort par les autorités de vingt-deux personnes accusées d'avoir participé au génocide de 1994 firent planer la menace d'une nouvelle guerre civile. En sept. 1998, Jean Kambada, Premier ministre pendant les massacres, fut condamné à la réclusion à perpétuité par le TPIR. La même année, le Rwanda, allié à l'Ouganda, appuya militairement la rébellion des Tutsis contre L.-D. Kabila, que ces deux pays avaient pourtant contribué à porter au pouvoir en 1997. Mais le Rwanda et l'Ouganda commencèrent à s'affronter en RDC. Des pourparlers de paix eurent lieu en sept. 2000 entre les deux anciens alliés.

Sur le plan intérieur, Pierre-Célestin Rwigema, Premier ministre depuis 1995, à peine reconduit dans ses fonctions, se vit à nouveau menacé d'inculpation pour participation au génocide et dut démissionner en févr. 2000, suivi peu après par le président de la République Pasteur Bizimungu. Le général-major Paul Kagamé, candidat du FPR, fut élu à la présidence par l'Assemblée en avr. 2000. En juin 2002, la cour d'assises de Bruxelles condamnait quatre personnes, en vertu de sa « compétence universelle » en matière de génocide, à des peines allant de 10 à 12 ans de prison. Le 14 août, l'ancien président Bizimungu, arrêté en Ouganda, fut transféré au TPIR. En politique étrangère, une solution fut trouvée au conflit en RDC : le 30 juill. 2002, par l'accord de paix signé à Pretoria avec Joseph Kabila, fils et successeur de Laurent-Désiré Kabila, P. Kagamé s'engageait à retirer les troupes rwandaises présentes en RDC. Le 26 mai 2003, les Rwandais approuvèrent à 93 % la nouvelle Constitution du pays, et votèrent en octobre lors d'élections multipartites, où des irrégularités furent cependant constatées.

RYSWICK (traités de). Traités signés à Ryswick, village de Hollande, au S. de La Haye, entre la France d'une part, l'Angleterre, les Provinces-Unies, l'Espagne et l'Empire des Habsbourg d'autre part (20 sept. et 30 oct. 1697) ; ils mirent fin à la guerre de la ligue d'Augsbourg. Louis XIV rendait à l'Angleterre, aux Provinces-Unies et à l'Espagne, toutes les conquêtes faites depuis le traité de Nimègue (1678) et consentait que les principales places des Pays-Bas fussent occupées par des garnisons hollandaises ; il reconnaissait Guillaume III comme roi d'Angleterre et promettait de ne donner aucune assistance aux jacobites. La France rendait par ailleurs à l'Empire toutes les villes acquises depuis le traité de Nimègue au titre de la politique des « Réunions » (v.), sauf Strasbourg, et abandonnait toutes les têtes de pont qu'elle avait sur la rive droite du Rhin. Ces traités consommaient l'échec de la politique impérialiste de Louis XIV.

RYUKYU. Archipel séparant la mer de Chine et l'océan Pacifique, situé entre Taiwan et l'île japonaise de Kyushu. Les îles Ryukyu formèrent longtemps un royaume indépendant, qui devint tributaire de la Chine au XIVe s. et du Japon au XVIIe s. Le Japon les annexa en 1874. La principale de ces îles, Okinawa, fut conquise par les Américains en avr./juin 1945. Les Ryukyu furent placées sous administration civile américaine à la suite du traité de paix de San Francisco (1951) et progressivement restituées au Japon entre 1953 et 1972. Cependant, au début des années 1970, la Chine populaire commença à affirmer sa souveraineté sur l'archipel. Ce litige demeure depuis un problème épineux, notamment pour la délimitation des droits maritimes du Japon et de la Chine.

S

SA, abréviation de **Sturm Abteilung**, c'est-à-dire ***section d'assaut.*** Formations paramilitaires du parti national-socialiste allemand. Voir ALLEMAGNE, NATIONAL-SOCIALISME et **SS**.

SABA (la reine de). D'après la Bible (I Rois, x), reine du pays de Saba qui «vint des extrémités de la terre» (en fait, de l'actuel Yémen) pour voir le roi Salomon, auquel elle apporta des présents. Dans la tradition islamique, elle porte le nom de *Balkis*. Dans la tradition éthiopienne, la reine, appelée Makéba, venait d'Abyssinie. Elle revint dans son pays en attendant un enfant de Salomon. Ce fut un fils, Ménélik, qui introduisit le judaïsme dans son pays. Voir SABÉENS.

SABÉENS. Peuple établi à l'époque préislamique dans le sud-ouest de l'Arabie (région du Yémen actuel). Le pays de Saba est mentionné à plusieurs reprises dans la Bible (épisode de la reine de Saba) (v.), et il était connu également des géographes grecs et romains. En 24 av. J.-C., une expédition romaine, sous le commandement de Marcus Aelius Gallus, fut envoyée dans cette région, mais elle ne donna aucun résultat. À cette époque, les Sabéens avaient été dépouillés de leur suprématie au profit des Himyarites (v.). Ce peuple a laissé de nombreuses inscriptions, qui présentent de grandes difficultés d'interprétation. Les historiens datent les plus anciennes du VIIIe s. av. J.-C. Les Sabéens étaient de langue sémitique. Ils avaient leur capitale à Mariaba (auj. Ma'rib, dans les montagnes du Yémen, au N.-E. de Sanaa). Leur position géographique à l'entrée de la mer Rouge leur permit de monopoliser longtemps le commerce des aromates et des épices de l'Orient vers la Méditerranée. Ils disparurent de l'Histoire au VIe s. de notre ère.

SABINS, *Sabini*. Ancien peuple de l'Italie centrale qui était établi au N.-N.-E. de Rome et avait pour principaux centres *Reate* (Rieti) et *Nursia* (Norcia). D'après les traditions légendaires sur les origines de Rome, ils déclarèrent la guerre aux Romains à la suite de l'enlèvement des Sabines par Romulus et ses compagnons. Romulus l'emporta d'abord et rapporta à Rome les premières dépouilles opimes ; mais, à la suite de la trahison de Tarpeia, les Sabins s'emparèrent de la citadelle romaine. Sur l'intervention des Sabines, Romulus et le roi sabin Tatius conclurent alors un accord : Sabins et Romains ne formèrent plus qu'un peuple, et les deux chefs partagèrent le pouvoir. Peu après, Tatius fut assassiné et Romulus gouverna seul. Après lui, régnèrent Numa Pompilius, Sabin, Tullus Hostilius, Latin, et Ancus Martius, Sabin. Il est difficile de dégager les éléments historiques contenus dans cette légende. Peut-être faut-il voir des Sabins dans les nouveaux venus qui, au VIIe s. av. J.-C., s'installèrent sur l'Esquilin et le Quirinal ; à la différence des Latins, qui pratiquaient l'incinération, ils inhumaient les défunts. Ces Sabins auraient imposé leur hégémonie à la ligue latine du Septimontium, mais peut-être aussi les deux populations s'unirent-elles volontairement ; en ce cas, le fameux enlèvement des Sabines n'aurait été que l'écho de la cérémonie normale du mariage qui conservait encore symboliquement le caractère d'un rapt primitif.

L'empreinte laissée par les Sabins dans la civilisation romaine fut profonde, ce que suggère d'ailleurs la tradition légendaire qui fait de Numa Pompilius l'organisateur de la vie religieuse. Le nom de *Quirites*, que les citoyens de Rome portaient lorsqu'ils étaient dans la ville, vient de Cures, l'une des principales cités des Sabins. Le nom de Quirinus, qui était celui du dieu sabin de la Guerre, fut donné à Romulus divinisé. La gens Claudia, qui devait jouer un rôle si important dans toute l'histoire romaine, était d'origine sabine. Au cours du Ve s., les montagnards de la Sabine menacèrent Rome à plusieurs reprises, et ils auraient même occupé le Capitole. Ils ne furent définitivement soumis qu'en 290 av. J.-C., par Curius Dentatus, et reçurent peu après la pleine citoyenneté romaine. Voir ROME. Les origines légendaires.

SACCO ET VANZETTI (affaire). Aux États-Unis, en 1921, la cour du Massachusetts condamna à mort deux Italiens immigrés, Nicola Sacco (* 1891) et Bartolomeo Vanzetti (* 1888), accusés du meurtre du caissier et du gardien d'une usine de Braintree. Il apparut rapidement que la décision du tribunal avait été influencée par le fait que Sacco et Vanzetti étaient connus comme anarchistes. Malgré un puissant mouvement d'opinion publique, aux États-Unis comme à l'étranger, les deux condamnés furent exécutés, le 22 août 1927.

SACERDOCE ET DE L'EMPIRE (LUTTE DU). Conflit qui opposa le Saint-Siège aux empereurs germaniques, aux XIIe et XIIIe s. Après que le concordat de Worms (1122) eut mis fin à la querelle des Investitures (v.), la question capitale restait de savoir à qui devait appartenir la domination universelle : au pouvoir spirituel ou au pouvoir temporel, au pape ou à l'empereur.

À la théorie pontificale, qui attribuait au pape le rôle supérieur de guide de la chrétienté et au pouvoir spirituel la prééminence sur le pouvoir temporel (théocratie), les empereurs opposaient une doctrine inverse, qui s'appuyait à la fois sur l'héritage franc et sur le droit romain, dont l'étude avait commencé dès le XIe s.

L'échec de Frédéric Barberousse

L'impuissance de la papauté à maîtriser, à Rome même, la révolte d'Arnaud de Brescia, fournit à l'empereur Frédéric Ier Barberousse (1152/90) le prétexte de sa première intervention en Italie. Après avoir fait exécuter Arnaud de Brescia (v.), il rétablit le pape Adrien IV, qui le couronna empereur (18 juin 1155). Descendu l'année suivante en Italie, Frédéric Barberousse groupa les villes qui lui étaient fidèles (Brescia, Crémone, Parme, Plaisance) dans la ligue de Pavie, et il rappela énergiquement la suprématie de l'Empire à la diète de Roncaglia (nov. 1158). À la mort d'Adrien IV (1159), la majorité des cardinaux élut comme nouveau pape le cardinal Roland Bandinelli, qui prit le nom d'Alexandre III. Comme celui-ci lui avait déjà nettement marqué son hostilité, l'empereur fit reconnaître l'antipape Victor IV au synode de Pavie (1160) : c'était désormais la lutte ouverte entre le Sacerdoce et l'Empire. Jusqu'en 1177, l'Occident devait être divisé en deux camps, les rois d'Angleterre et de France continuant à reconnaître Alexandre III. Le pape avait aussi pour alliés le roi de Sicile et surtout la plupart des villes italiennes du Nord, qui, jugeant leurs libertés municipales menacées par les prétentions impériales, et nullement intimidées par la destruction de Milan (1162), formèrent contre l'empereur la première Ligue lombarde (1167). Une puissante forteresse, nommée Alexandrie en l'honneur du pape, fut construite dans le Piémont. Mis en échec par cette place lors de sa cinquième expédition en Italie, Frédéric Barberousse se vit infliger par la Ligue lombarde une défaite décisive à Legnano (29 mai 1176). Il dut conclure avec le pape la paix de Venise, dont la signature s'accompagna d'un cérémonial humiliant pour le pouvoir impérial (juill. 1177) ; les villes lombardes firent reconnaître leurs libertés communales par la paix de Constance (juin 1183). Cependant, avant de mourir, en 1190 à la croisade, Barberousse eut le temps de préparer l'encerclement de la puissance pontificale par le sud, en mariant son fils, Henri VI, déjà couronné roi d'Italie, à l'héritière du royaume normand de Sicile.

Innocent III et la fin des Hohenstaufen

Henri VI (1190/97) porta la puissance des Hohenstaufen (v.) à son apogée. Couronné empereur à Rome par le pape Célestin III (1191), puis roi de Sicile à Palerme (1194), il investit son frère Philippe de Souabe de l'héritage de la comtesse Mathilde de Toscane et plaça des barons allemands à la tête des duchés d'Ombrie, de Romagne et d'Ancône. Il rêvait en outre d'échapper à l'assujettissement du couronnement impérial en rendant l'empire héréditaire au profit de son fils, le futur Frédéric II. Son aspiration ultime était d'édifier un nouvel Empire à la fois germanique et méditerranéen qui eût pris la relève de l'Empire byzantin déclinant. Mais Henri VI mourut à trente-deux ans, peu avant l'avènement d'un des papes les plus énergiques de l'Histoire, Innocent III (1198/1216). Celui-ci sut profiter de la situation chaotique où était tombé l'Empire, livré à la compétition du gibelin Philippe de Souabe et du guelfe (v.) Othon de Brunswick. Tuteur du jeune Frédéric, il s'empressa de mettre la main sur toutes les terres d'Empire en Italie ; pour faire échec aux Hohenstaufen, il apporta son appui à Othon de Brunswick, mais en exigeant de lui l'abandon des traditionnelles prétentions des empereurs (traité de Neuss, 1201). Cependant, à peine couronné empereur (1209), Othon voulut à son tour conquérir l'Italie, et Innocent III fut obligé de miser désormais sur l'héritier des Hohenstaufen, le fils d'Henri VI, Frédéric.

Couronné roi dès 1212 et empereur en 1220, Frédéric II, qui avait d'abord confirmé les abandons du traité de Neuss et promis de ne pas réunir la Sicile à l'Empire, ne tarda pas à décevoir les espérances pontificales. Fils de Constance de Sicile, ce prince plus méditerranéen que germanique tenait à l'Italie, non pas seulement en vertu de la théorie de l'empire universel, mais par les fibres les plus profondes de son être. Excommunié en sept. 1227 pour avoir tergiversé à tenir sa promesse de partir en croisade, Frédéric II ne fit qu'un court séjour en Palestine. Relevé de l'excommunication par le pape Grégoire IX après la paix de San Germano (13 juill. 1230), il se rapprocha pendant quelques années du Saint-Siège, qui lui savait gré du zèle qu'il mettait à pourchasser les hérétiques. En 1236 commença une nouvelle descente allemande en Italie ; l'armée de la seconde Ligue lombarde fut écrasée par les troupes impériales à Cortenuova (27 nov. 1237), et Frédéric II n'hésita pas à disposer de la Sardaigne, fief pontifical, en faveur de son fils Enzio. Grégoire IX répliqua en lançant contre lui une nouvelle excommunication (mars 1239), mais le pape mourut en 1241, et, pendant quelques années, Frédéric parut triompher. Cependant, le pape Innocent IV (1243/54), en dépit de ses anciens liens d'amitié avec l'empereur, reprit dès son avènement la lutte pour la liberté de l'Église. Forcé de s'exiler d'Italie, il convoqua à Lyon le XIIIe concile œcuménique et prononça solennellement la déposition de l'empereur (17 juill. 1245).

Poursuivi avec acharnement par le pape, Frédéric II vit son pouvoir s'effriter rapidement ; en Allemagne, il fut abandonné par la quasi-totalité de l'épiscopat, et des prétendants suscités par Innocent IV réclamèrent le trône de Germanie ; en Italie, Parme se révolta et des complots se nouèrent à la cour même de l'empereur. Celui-ci mourut brusquement en déc. 1250. Mais c'est la lignée des Hohenstaufen que le Saint-Siège voulait maintenant anéantir : alors que l'Allemagne sombrait dans l'anarchie du Grand Interrègne (1254/73), Urbain IV donnait le royaume de Sicile à Charles d'Anjou, frère de Saint Louis, et lançait une croisade qui aboutissait à la mort de Manfred, bâtard de Frédéric II (1266), et, deux ans plus tard, à l'exécution du dernier Hohenstaufen, Conradin, par les Angevins, avec l'approbation au moins tacite du pape Clément IV. La papauté était donc victorieuse, mais le conflit entre pouvoir spirituel et pouvoir temporel allait se reproduire en des termes à peu près identiques lors de l'affrontement entre Boniface VIII et le roi de France Philippe IV le Bel. Voir **Investitures (querelle des)**.

SACRÉES (guerres). Dans l'histoire de la Grèce ancienne, nom donné à des guerres qui eurent officiellement pour but de défendre le sanctuaire de Delphes ; en fait, elles furent provoquées par la rivalité des Thébains et des Thessaliens d'une part, des Phocidiens dont le territoire environnait le site de Delphes, de l'autre, et, à travers le jeu des alliances, celle des grandes puissances du monde grec, pour le contrôle du temple d'Apollon.

La première guerre sacrée (vers 595/586 av. J.-C.) se termina par la défaite de la cité phocidienne de Kirrha (ou Krisa), qui rançonnait les fidèles se rendant au temple ; Kirrha fut rasée.

La deuxième guerre sacrée (448/447 av. J.-C.), provoquée par l'occupation du sanctuaire de Delphes par les Phocidiens, s'élargit bientôt en une lutte entre Sparte et Athènes. Sparte chassa les Phocidiens, et Thèbes réussit à vaincre Athènes à la bataille de Coronée (447).

La troisième guerre sacrée (356/346 av. J.-C.) éclata parce que des Phocidiens avaient labouré des terres consacrées à Apollon. Accusés par les Thébains devant le conseil des amphictyons (voir **Delphes**), les Phocidiens furent condamnés à une forte amende ; ils ripostèrent en pillant les richesses du temple de Delphes, et, avec celles-ci, ils constituèrent une armée de mercenaires. Leur intervention en Thessalie en faveur des tyrans de Phères provoqua la riposte de Philippe de Macédoine, qui se présenta en vengeur d'Apollon, ravagea la Phocide et se fit donner les sièges des Phocidiens au conseil amphictyonique (346) ce qui lui permit désormais d'intervenir directement dans les affaires de la Grèce. Considérée par rapport à l'histoire de l'hégémonie macédonienne sur la Grèce, cette guerre est parfois appelée *première guerre sacrée.*

La quatrième guerre sacrée (339/338) eut pour origine un sacrilège des Locriens d'Amphissa, près de Delphes, qui avaient cultivé des territoires consacrés à Apollon. Les amphictyons ordonnèrent le châtiment des Locriens et chargèrent de cette exécution Philippe de Macédoine, qui en profita pour envahir la Béotie, alliée avec Athènes des Locriens : après la victoire de Philippe à Chéronée (338), la Grèce passa sous l'hégémonie macédonienne.

SADATE Anouar el- (* Mit-Aboul-Kom, Ménoufièh, 25.XII.1918, † Le Caire, 6.X.1981). Homme politique égyptien. Emprisonné pendant la Seconde Guerre mondiale pour son action au sein du groupe des militaires nationalistes contre les Britanniques, il fut ensuite du groupe des « officiers libres » qui renversa la monarchie égyptienne en 1952. Secrétaire général (1957/61) de l'Union nationale (parti unique), puis président de l'Assemblée nationale (1961/69), vice-président de la République en 1969 et principal collaborateur de Nasser, il succéda au Raïs en 1970. L'année suivante, Sadate élimina les nassériens hostiles à sa volonté de rapprochement avec les puissances occidentales. Mais les succès égyptiens dans la guerre du Kippour (v. **Israélo-arabes, guerres**) (1973) et la réouverture du canal de Suez (1975) renforcèrent son prestige. Rompant avec l'hostilité systématique du monde arabe envers Israël, Sadate se rendit à Jérusalem en 1977, ce qui permit les accords de Camp David (v.) et lui valut le prix Nobel de la paix en 1978. Ce retournement diplomatique fondamental ainsi que la libéralisation économique furent approuvés par les Égyptiens (référendum d'avr. 1979, plébiscite de sept. 1981), mais les capitales arabes rompirent avec l'Égypte. Sadate fut assassiné par un commando militaire de radicaux islamistes. Hosni Moubarak lui succéda aussitôt.

SÁ DE BANDEIRA, Bernardo de Sá Nogueira, marquis (* Santarém, 26.IX.1795, † Lisbonne, 6.I. 1876). Homme politique portugais. Partisan de Pierre IV, il fut ministre de la Marine (1832/33 et 1835/36) et défendit Lisbonne contre dom Miguel. Banni en 1846 comme adversaire de Saldanha, il revint peu après et devint le chef de l'opposition. Ministre de la Marine (1856/59), puis de la Guerre (1860/64), il fut ensuite chef du gouvernement (1868/69 et 1870/71). Voir **Portugal**.

SADOWA. Village de Bohême, près de Königgrätz (Hradec Kralové), à environ 110 km à l'E. de Prague. C'est là que se déroula la principale bataille de la guerre austro-prussienne de 1866.

Le commandant en chef autrichien Benedek, qui, après les échecs de ses avant-gardes, avait l'intention de se replier sur la Moravie, n'engagea le combat que sur un ordre formel de l'empereur François-Joseph. À l'aube du 3 juill. 1866, il avait disposé ses 208 000 hommes dans une position assez favorable, dominant la Bistritz, avec son aile droite sur la Trotina et adossée à l'Elbe. Du côté prussien convergeaient vers Sadowa, d'une part l'armée de l'Elbe et la Ire armée, venant de l'Ouest, d'autre part la IIe armée, sous le commandement du prince royal de Prusse, venant de Graz. La jonction de ces deux forces faillit ne pas s'opérer à temps, et Bismarck connut des moments angoissants lorsque, l'attaque de front du prince de Prusse Frédéric-Charles ayant été arrêtée par l'artillerie autrichienne, cinq heures s'écoulèrent sans que les Prussiens aient pu marquer aucun progrès. C'est l'irruption du prince royal de Prusse sur l'aile droite autrichienne qui permit de lancer une attaque générale qui disloqua le dispositif de Benedek. Les Autrichiens battirent en retraite dans le désordre, laissant 19 000 morts et 22 000 prisonniers. Mais les Prussiens, dont la victoire était due surtout à la supériorité de leur fusil à aiguille, et qui avaient perdu 9 000 hommes, étaient trop épuisés pour se lancer immédiatement à la poursuite de l'adversaire. L'Autriche demanda cependant l'armistice, qui fut signé à Nikolsburg (22 juill.)

La victoire prussienne causa une vive surprise en Europe, notamment en France, et fit l'effet d'un coup de tonnerre annonciateur de plus grandes entreprises militaires. Les Allemands donnent à cette bataille le nom de *bataille de Königgrätz*.

SAFFAH, c'est-à-dire *le Sanguinaire*, **Abou el-Abbas Abdullah** (* vers 720, † el-Anbar, 754). Premier calife abbasside (750/54). En 748, lorsque son frère Ibrahim eut été fait prisonnier par les Omeyyades, il prit la tête de la révolte des Abbassides, se fit proclamer calife dans la mosquée de Koufa (749), et, en 750, après sa victoire sur le Grand Zab, en Irak septentrional, il renversa définitivement les Omeyyades et ordonna le massacre de tous les survivants de cette famille. Il établit ensuite sa capitale à el-Anbar, sur le haut Euphrate.

SAFFARIDES. Dynastie persane qui régna sur l'Iran oriental au IXe s. Voir **Iran**.

SAGASTA Práxedes Mateo (* Torrecilla en Cameros, prov. de Logroño, 21.VII.1828, † Madrid, 5.I.1903). Homme politique espagnol. Ingénieur et professeur dans une école technique de Madrid, il entra en 1854 dans le comité révolutionnaire de Zamora et fonda le journal progressiste *La Iberia*. Plusieurs fois contraint à l'exil, condamné à mort par contumace, il devint ministre de l'Intérieur à la suite de la révolution de 1868. Président du Conseil (1872, 1874), il se rallia dès 1875 à Alphonse XII et fut plusieurs fois Premier ministre (1881/83, 1885/90, 1892/95, 1897/99, 1901/02) : sa carrière se solda par une série d'échecs à l'intérieur comme à l'extérieur, et il ne sut empêcher la désastreuse guerre avec les États-Unis de 1898.

SAHARA. Région désertique, la plus vaste du monde, qui s'étend de l'Atlantique à la mer Rouge. Avant de devenir un désert, le Sahara a connu plusieurs périodes humides. C'était une région relativement peuplée au paléolithique inférieur ; on a retrouvé des vestiges de la « pebble culture » et de l'acheuléen dans la région de la Saoura, des outillages acheuléens au N.-O. du Hoggar, dans le Tassili des Ajjer et en Cyrénaïque. L'*homme d'Asselar*, découvert en 1927 dans la vallée asséchée du Tilemsi (Mali), était néolithique ; il présente des caractères qui le rapprochent des Bantous et Hottentots actuels.

La dernière phase humide du Sahara aurait commencé vers 8000 environ avant le début de notre ère. L'assèchement, commencé au début du VIe millénaire, fut très lent jusque vers 2500 av. J.-C. Il y a encore sept mille ans, le Sahara possédait une végétation de savane, et une abondante faune de type tropical vivait à quelque 600 km au N. de Tombouctou : rhinocéros, éléphants, hippopotames, girafes, crocodiles, tortues, poissons.

Le Sahara néolithique a laissé un nombre considérable de vestiges industriels, pointes de flèches, haches polies, grands couteaux de silex, harpons, et surtout des milliers de gravures et de peintures rupestres. Cet art pariétal est encore de datation difficile, mais ses premières manifestations ne semblent pas antérieures au VIe millénaire. On distingue trois grands types de « civilisations » sahariennes :

a) la « civilisation » des Chasseurs ou des Bubales, ainsi nommée parce que ses artistes ont représenté une espèce animale aujourd'hui disparue, le grand buffle antique ou bubale (*Bubalus antiquus*), à côté d'autres animaux sauvages, et de personnages humains très schématisés, à tête ronde, armés de bâtons, d'arcs et de lances. Les principales traces de cette civilisation se trouvent dans le Sud-Oranais, dans la région de l'oued Djaret et au N.-O. du Tassili des Ajjer, dans le Tibesti ;

b) la « civilisation » des Pasteurs de bovidés ; ceux-ci seraient venus de l'Est vers 4000 av. J.-C., avec des troupeaux de moutons et de bœufs à grandes cornes pour s'installer du Tibesti au Hoggar ; la polychromie a fait alors son apparition ; aux scènes de chasse se sont ajoutées des peintures d'animaux domestiques et de curieux béliers figurés avec un disque entre les cornes.

c) l'époque des Libyens et des Berbères, qui ont introduit le cheval au Sahara vers 2000 av. J.-C. ; au cours du Ier millénaire avant notre ère se sont multipliées les représentations de chevaux tirant des chars de guerre. Le dromadaire ne devait être connu au Sahara qu'au temps des Romains.

L'assèchement saharien, qui s'aggrava brutalement dans la seconde moitié du IIIe millénaire, finit par provoquer une coupure entre le Maghreb et l'Afrique noire. Cependant, à l'époque phénicienne, les Garamantes du Fezzan maintenaient par leurs caravanes des contacts fructueux entre l'Afrique noire et les ports libyens. En 21 av. J.-C., le gouverneur romain de la Tunisie, Cornelius Balbus, s empara de Djerma, la capitale des Garamantes (lesquels étaient probablement les ancêtres des Touaregs). Vers le IXe s. apr. J.-C., les Berbères se convertirent à l'islam, et, dès lors, les relations commerciales entre le Soudan et les pays musulmans de la Méditerranée devinrent très actives. À travers le Sahara, le trafic caravanier amenait l'or, l'ivoire et les esclaves noirs de l'Afrique intérieure.

C'est au début du XIXe s. que les premiers Européens explorèrent le Sahara. Après la conquête de l'Algérie, l'exploration du Sahara fut essentiellement l'œuvre des Français. Les oasis de Laghouat et de Ghardaia furent occupées en 1852, Touggourt et Ouargla en 1854. La soumission des Touaregs fut entreprise au début du XXe s.

Dans les années 1950, la prospection pétrolière fut menée très activement au Sahara, et la production de pétrole commença en 1956 au Sahara algérien (Hassi-Messaoud, Edjelé, Zarzaïtine), en 1961 en Libye. Dans les années 1970, le colonel Kadhafi a conçu le projet de réunir l'ensemble des régions sahariennes sous son autorité, se heurtant ainsi à la plupart des pays voisins.

SAHARA OCCIDENTAL. Ancienne province espagnole d'Afrique, sur la côte atlantique, enclavée entre le Maroc, l'Algérie et la Mauritanie et située à environ 150 km des îles Canaries ; capitale *Aaiun*. Aux XIVe et XVe s., le littoral de cette région, peuplée de Berbères Sanhadja, fut reconnu par des marins espagnols et portugais. L'occupation espagnole commença au Rio de Oro en 1884, mais ne fut achevée que dans les années 1930. En 1958, après la rétrocession au Maroc indépendant de Cap-Juby (Tarfaya), la colonie du Sahara espagnol fut transformée en province espagnole. Désertique et peuplée de nomades, elle n'offrait guère qu'un intérêt stratégique jusqu'à la découverte des considérables gisements de phosphates de Sebjet el-Hamra. Alors que le gouvernement de Madrid faisait des investissements importants dans la province, le statut du Sahara espagnol, dont la population de nomades était très diversement estimée entre 100 000 et un million d'âmes, était mis en cause par les pays arabes voisins. Le Maroc et la Mauritanie revendiquaient le territoire comme leur appartenant et l'Algérie soutenait la lutte du Front populaire de libération de Saguiel-Hamra et de Rio-de-Oro (Front Polisario), qui réclamait l'indépendance totale. Sans plus attendre, 350 000 Marocains, volontaires de la « marche verte », occupaient symboliquement la partie nord du Sahara occidental en nov. 1975 (v. MAROC). Par l'accord de Madrid, dès le 14 nov. 1975, l'Espagne consentait à se retirer du territoire dans un délai de trois mois et demi et de confier son ancienne province du Sahara conjointement à la Mauritanie et au Maroc. Mais cet accord fut récusé par l'Algérie et par le Front Polisario qui proclama une République arabe sahraouie (14 avr. 1976). En 1979, la Mauritanie, affaiblie par la lutte contre le Polisario, renonça à ses prétentions sur le territoire.

La lutte entre la guérilla sahraouie et le pouvoir marocain n'a cessé depuis, amplifiée par les échecs successifs des négociations (1988, 1989 et 2000).

SAHRAOUIS. Population nomade habitant le Sahara occidental. Voir SAHARA OCCIDENTAL.

SAÏD Pacha, Mohammed (* Le Caire, 1822, † Alexandrie, 18.I.1863). Vice-roi d'Égypte (1854/63). Quatrième fils de Méhémet-Ali et d'une mère circassienne, il fut élevé à l'européenne. Il réforma l'administration de l'Égypte, réorganisa le recrutement de l'armée et la fiscalité, supprima l'esclavage (1856) et favorisa les entreprises européennes (construction du chemin de fer Alexandrie-Le Caire, creusement du canal de Suez...).

SAIGÔ TAKAMORI (* Kagoshima, 7.XII.1827, † près de Kagoshima, 14.IX.1877). Samouraï japonais. Membre de la caste guerrière et du clan de Satsuma, il prit part à la révolution de 1868, qui renversa le shôgunat des Tokugawa et rétablit le pouvoir impérial. Mais il ne put accepter les mesures antiféodales décidées au début de l'ère Meiji ni l'ouverture du Japon à l'étranger. Il prit la tête de la « rébellion de Satsuma » (janv./sept. 1877), mais celle-ci fut écrasée par la nouvelle armée moderne, et Saigô Takamori se suicida. Son frère **Saigô Tsugumichi** (* 1843, † 1902), resta au contraire fidèle au nouveau régime, et, comme ministre de la Marine (1885/86, 1887/98), fut un des créateurs de la puissance navale japonaise.

SAINT-BARTHÉLEMY (la). Nom donné au massacre des protestants qui se déroula à Paris, sous le règne de Charles IX, dans la nuit du 23 au 24 août 1572, et en province dans les jours suivants. La Saint-Barthélemy eut pour origine le retournement complet de situation qui suivit la paix de Saint-Germain (1570), laquelle avait été particulièrement favorable aux protestants. Charles IX et Catherine de Médicis tentèrent alors d'inaugurer une grande politique de réconciliation, d'abord au sein de la famille royale, afin de préparer la transmission éventuelle de la couronne au protestant Henri de Navarre (Henri IV), si le roi et ses jeunes frères mouraient sans enfants. L'ancien chef des rebelles, l'amiral Gaspard de Coligny, parut à la cour et y prit tout de suite une grande influence : il inclina Charles IX vers une alliance avec le prince d'Orange contre Philippe II, et un mariage entre Élisabeth d'Angleterre et le duc d'Anjou ou le duc d'Alençon fut même ébauché. La guerre contre l'Espagne et la conquête éventuelle de la Flandre devaient détourner les Français de la guerre civile. Le premier signe de cette réconciliation devait être le mariage d'Henri de Navarre.

Cependant, dans tout les pays, et surtout à Paris, s'annonçait une puissante réaction catholique, dirigée par les Guise, qui essayèrent de faire assassiner Coligny le 22 août 1572. Catherine de Médicis se rendait compte des dangers d'une guerre contre l'Espagne ; en poursuivant la politique de ménagements avec les protestants, elle voyait surtout que les Valois risquaient d'être renversés par les Guise, soutenus par la majorité de l'opinion publique. Dans cette extrémité, le roi n'avait plus d'autre ressource que de devancer les Guise et de frapper lui-même le parti protestant à la tête pour empêcher l'organisation d'un grand parti catholique contre la monarchie. Charles IX consentit donc au massacre. La populace parisienne, qui était déjà dans un état d'extrême agitation, fut alertée par le tocsin de Saint-Germain-l'Auxerrois. Le massacre fit plus de 3 000 victimes (parmi lesquelles l'amiral de Coligny), et l'on tua les protestants jusque dans le Louvre. Charles IX réussit à sauver son beau-frère, Henri de Navarre, et Condé. Les tueries se poursuivirent dans les provinces jusque dans les premiers jours d'oct.

Le parti protestant était en partie décapité, mais ses éléments les plus durs purent se réfugier dans l'Ouest, près de La Rochelle, et dans le Midi. La Saint-Barthélemy a soulevé peu de réprobation dans l'Europe de ce temps, à l'exception des princes allemands luthériens qui manifestèrent leur indignation.

SAINT-CHRISTOPHE, *Saint Christopher* ou *Saint Kitts*. Groupe de deux îles des Antilles anglaises (Leeward Islands), au N.-O. de la Guadeloupe. Découverte en 1493 par Christophe Colomb (d'où son nom), elle fut colonisée simultanément par les Français et les Anglais de 1625 à 1713, puis fut cédée en entier à l'Angleterre par le traité d'Utrecht. Associée au Commonwealth en 1967, elle accède à l'indépendance le 19 sept. 1983 et devient, sous le nom de Saint Kitts et Nevis, le 171e État indépendant et le 158e membre de l'ONU.

SAINT-CLAIR-SUR-EPTE (traité de, 911). Il fut signé entre Charles le Simple (v.) et Rollon (v.) qui reçut toute la Normandie à l'O. de l'Epte. En échange, il fit hommage à Charles le Chauve et consentit à se faire chrétien.

SAINT-DOMINGUE. De la fin du XVe s. au XIXe s., nom de l'île la plus vaste des Grandes Antilles, actuellement Haïti. Voir **Haïti** et **Dominicaine (république)**.

SAINTE-ALLIANCE. Le nom de *Sainte-Alliance* est donné habituellement, mais à tort, à l'organisation de sécurité collective en Europe échafaudée en 1815 par les puissances victorieuses de Napoléon Ier et, par extension, à la politique réactionnaire pratiquée par certaines de ces puissances de 1815 à 1848. En fait, la Sainte-Alliance fut un pacte mystique signé à Paris, le 26 sept. 1815, par le tsar de Russie Alexandre Ier, l'empereur d'Autriche François Ier et le roi de Prusse Frédéric-Guillaume III. Inspiré par le tsar Alexandre, qui se trouvait lui-même depuis quelque temps sous l'influence piétiste de Mme de Krüdener, ce pacte, conclu « au nom de la Très Sainte et Indivisible Trinité », marquait la réunion symbolique de trois puissances, orthodoxe, catholique et protestante, qui affirmaient que « les préceptes de la justice, de la charité chrétienne et de la paix... devaient avoir une influence immédiate dans les conseils des princes et guider tous leurs pas ». Cette Sainte-Alliance reçut ensuite l'adhésion de tous les princes européens, à l'exception du prince régent d'Angleterre, du pape (qui ne voulait pas s'associer avec des hérétiques) et du sultan (qui ne fut pas invité à s'y joindre, puisqu'il était musulman). Les ministres de l'époque ne prirent guère au sérieux les rêveries mystico-politiques du tsar Alexandre. Metternich, qui est resté dans l'Histoire comme l'homme de la Sainte-Alliance, qualifiait le traité de « rien sonore », et le ministre anglais Castlereagh y voyait « un monument de sublime mysticisme et d'insanité ».

En fait, la base solide du maintien de l'union entre les Alliés fut la Quadruple-Alliance du 20 nov. 1815, qui renouvelait le pacte de Chaumont conclu le 9 mars 1814, avant la chute de Napoléon, entre la Russie, l'Autriche, la Prusse et l'Angleterre. Par cette alliance, les puissances victorieuses voulaient avant tout se prémunir contre de nouvelles entreprises guerrières de la France, où la monarchie des Bourbons restaurés leur semblait fragile. En même temps, le maintien de la paix leur apparaissait lié à la solidarité des trônes et au maintien du *statu quo* en Europe. Les puissances prirent donc l'habitude de se concerter afin de se prêter assistance en cas de besoin : ce fut la « politique des Congrès » (Aix-la-Chapelle, 1818 ; Karlsbad, 1819 ; Vienne, 1820 ; Troppau, 1820 ; Laibach, 1821 ; Vérone, 1822).

La Sainte-Alliance décida des interventions contre les mouvements révolutionnaires de Naples et du Piémont (1821), et d'Espagne (1823). Mais bientôt des divergences apparurent entre les Alliés. L'Angleterre, maîtresse des mers, entendait bien limiter l'action de la Sainte-Alliance au continent européen et empêcha toute intervention contre les mouvements d'indépendance des colonies espagnoles d'Amérique ; en 1827, la Russie, l'Angleterre et la France s'associèrent pour soutenir la Grèce révoltée contre les Turcs, alors que Metternich y était défavorable. La France, qui avait été admise officiellement dans la Sainte-Alliance au congrès d'Aix-la-Chapelle (1818), s'en retira définitivement après la révolution de 1830. Mais c'est encore dans l'esprit de la Sainte-Alliance que la Prusse manifesta son hostilité à l'insurrection polonaise contre les Russes en 1831, et que les troupes du tsar intervinrent contre le mouvement d'indépendance hongroise en 1849.

La Sainte-Alliance n'avait pas réussi à étouffer le mouvement libéral européen, mais elle élimina pour près d'un demi-siècle (jusqu'à la guerre de Crimée, 1854) les conflits entre grandes nations européennes.

SAINTE-HÉLÈNE, Saint Helena. Île de l'Atlantique Sud, située à 1 850 km de la côte occidentale de l'Afrique. Découverte par le navigateur portugais João da Nova Castella le 21 mai 1502, jour de la Sainte-Hélène, elle fut occupée pendant quelque temps par les Hollandais (1645/51), puis la Compagnie anglaise des Indes orientales y créa un établissement en 1659. Par les chartes de 1661 et 1673, elle en obtint la propriété exclusive. En 1676/78, l'astronome Halley vint y faire des observations scientifiques. L'île, dont la moitié de la population était composée, à la fin du XVIIe s., d'esclaves noirs, reçut également, à partir de 1810, des Chinois employés de la Compagnie. En 1834, Sainte-Hélène devint colonie de la Couronne. Depuis le début de l'établissement des Britanniques, l'île avait été une étape importante sur la route des Indes. L'apparition des navires à vapeur inaugura un déclin qui devint définitif après l'ouverture du canal de Suez (1869). Durant la guerre des Boers (v.), les Anglais internèrent plusieurs milliers de prisonniers à Sainte-Hélène. L'île retrouva une importance stratégique pendant la Seconde Guerre mondiale.

Napoléon à Sainte-Hélène. À l'aube du 15 juill. 1815, Napoléon Ier, vaincu à Waterloo et n'ayant pu, comme c'était sa première intention, passer en Amérique, se livra aux Anglais et monta à bord du *Bellerophon*, qui se trouvait dans la rade de Rochefort. La nouvelle de cette reddition provoqua un émoi considérable à Londres. Tandis que la presse libérale d'opposition commençait une campagne en faveur d'un traitement honorable de l'ex-Empereur, la presse conservatrice se déchaînait contre le « fléau de l'humanité ». Dans ce dernier camp, les uns voulaient livrer Napoléon à une exécution sommaire (comme l'avait demandé Blücher) (v.), d'autres préconisaient de le remettre à la justice des Bourbons, et un certain Goldsmith avança même l'idée de constituer un grand tribunal européen. Devant ce déchaînement des passions, le Premier ministre anglais, Lord Liverpool, se rallia à une solution relativement modérée en décidant que Napoléon serait détenu dans une possession britannique : l'endroit choisi fut l'île de Sainte-Hélène. Juridiquement, Napoléon était considéré comme le prisonnier de guerre des quatre grandes puissances (Angleterre, Autriche, Prusse, Russie), et sa garde était spécialement confiée au gouvernement britannique.

Mort le 5 mai 1821, Napoléon y fut enterré. Son corps fut exhumé le 15 oct. 1840 par le prince de Joinville et ramené en France, où ses funérailles solennelles eurent lieu le 15 déc., aux Invalides.

SAINTE-LUCIE, *Saint Lucia*. Île des Antilles (îles du Vent), au S. de la Martinique. Découverte vers 1500, elle fut colonisée par la France à partir de 1650. Disputée entre Français et Anglais au cours du XVIIIe s., elle devint colonie de la Couronne en 1814. Après avoir fait partie de la Fédération des Antilles britanniques (1958/62), elle reçut en 1967 sa pleine autonomie, dans un statut d'association avec le Royaume-Uni.

Elle accéda à l'indépendance le 22 févr. 1979, dans le cadre du Commonwealth. Le parti travailliste de Kenny Anthony, Premier ministre depuis 1987, tente de diversifier l'agriculture, régulièrement menacée par les cyclones, tel *Lenny* en nov. 1999, mais aussi par la concurrence des grandes compagnies américaines qui luttent pour contrôler le marché mondial de la banane.

SAINT EMPIRE ROMAIN GERMANIQUE, Sacrum Romanum Imperium Nationis Germanicae, Heiliges römisches Reich deutscher Nation. Nom donné, à partir du XVe s., à l'empire d'Europe centrale fondé en 962 par Othon Ier le Grand et dissous en 1806. Il a connu diverses appellations au cours des siècles : le terme de *Saint Empire romain* n'apparut qu'en 1254, celui de *Saint Empire* en 1157, celui d'*Empire romain* en 1034, celui d'*empereur romain* à la fin du Xe s., sous le règne d'Othon II.

L'Empire des Othons (962/1024)

La fondation du Saint Empire eut lieu à peine un demi-siècle après l'extinction des Carolingiens de Germanie, en 911. À cette date, les Allemands avaient affirmé pour la première fois leur particularité en appelant à la dignité royale, non le Carolingien de « Francie occidentale », Charles le Simple, mais le duc de Franconie, Conrad. À la mort de ce dernier, en 919, la maison de Saxe accéda au trône avec Henri Ier l'Oiseleur. Mais la grande figure de Charlemagne et l'idée carolingienne d'un empire multinational fondé sur la compénétration du pouvoir politique et du pouvoir spirituel n'étaient nullement tombées dans l'oubli. Vainqueur des invasions hongroises au Lechfeld (955) (v.), organisateur des marches orientales germaniques, évangélisateur des Slaves, médiateur en France dans les querelles entre Louis IV d'Outremer et Hugues le Grand, pacificateur de l'Italie contre les ambitions de Bérenger d'Ivrée, Othon Ier (936/73), le fils d'Henri l'Oiseleur, apparaissait bien, avant même que le pape ne lui offrît la couronne impériale, comme un monarque universel, d'autant plus prestigieux que la Francie occidentale était en pleine déliquescence. C'est sur l'Église qu'il s'appuya pour tenir en respect les princes laïques : ainsi, il intervenait dans les nominations des évêques et des abbés, et leur remettait, en exigeant d'eux un serment, les *regalia*, l'ensemble des bénéfices et des droits qui constituaient le temporel de l'évêché ou de l'abbaye.

L'occasion s'offrit à Othon Ier d'intervenir beaucoup plus directement encore dans la vie de l'Église. Attaqué par Bérenger d'Ivrée, le pape Jean XII fit appel à lui pour protéger le Saint-Siège. Ayant franchi les Alpes, Othon vint à Rome, où le pape lui imposa la couronne impériale (2 févr. 962). Le privilège othonien du 13 févr. confirma au pape le Patrimoine de Saint-Pierre, mais en échange renforça encore le droit de contrôle impérial sur l'élection pontificale, déjà acquis en 824 par Louis le Pieux. Dès ses débuts, le nouvel Empire se présentait donc comme une renaissance carolingienne, mais sa création répondait chez Othon Ier à une politique réaliste et rigoureuse : c'est pour être vraiment maître de l'Église allemande, l'un des piliers essentiels de son autorité, que le roi de Germanie devait l'être aussi de la papauté.

C'est d'une main ferme que les Othons exercèrent leur tutelle sur le Saint-Siège. Les Romains durent promettre de ne pas élire un pape sans avoir obtenu l'assentiment impérial ; Othon Ier noya dans le sang leur révolte de 964 et finalement fit exclure tout à fait le peuple de l'élection. L'empereur entendait avoir un homme sûr à la tête de l'Église. En 963, il avait fait déposer Jean XII et élire le premier antipape impérial, Léon VIII. Othon II imposa sur le siège pontifical son propre chancelier, Jean XIV (983). Othon III donna la tiare successivement à son cousin (Grégoire V, 996) et à son ancien précepteur (Sylvestre II, 999). C'est sous ce règne (983/1002) que s'épanouirent pleinement les virtualités politico-mystiques de l'idée impériale : Othon III voulut être un véritable « empereur romain ». Il établit sa capitale à Rome, où il vécut dans son palais de l'Aventin, entouré d'un cérémonial copié sur celui de la cour de Byzance, et rêvant à une *renovatio imperii Romanorum*, à un nouvel empire des Romains qui aurait rassemblé la totalité du monde connu sous la direction de l'empereur et du pape. Mais, dès cette époque, l'Empire se révélait difficile à maîtriser sur ses deux versants : si l'empereur s'établissait en Italie, comme Othon III, les intérêts de l'Allemagne risquaient d'être négligés ; s'il consacrait ses principaux efforts à l'Allemagne, comme Henri II (1002/24), il avait à faire face à des révoltes nationales italiennes (Arduin d'Ivrée, 1002) et aux tumultes des factions romaines (Crescentii contre comtes de Tusculum).

Papauté et Empire sous les Saliens et les Hohenstaufen (1024/1254)

La dynastie franconienne ou salienne qui accéda au trône en 1024 après la dynastie saxonne reprit à l'égard de l'Église allemande la politique des Othons. Pour faire échec à la grande féodalité laïque, Conrad II (1024/39) dut s'appuyer sur la petite noblesse – d'où la nouvelle extension du féodalisme et l'amenuisement du pouvoir impérial – et sur la féodalité ecclésiastique – d'où la corruption croissante de l'Église allemande, avec des évêques et des abbés qui n'étaient plus que de purs féodaux et qui recevaient désormais tout de l'empereur, non seulement le fief, mais le pouvoir spirituel lui-même par la remise de la crosse et de l'anneau. Sous la minorité d'Henri IV (v.), entre 1056 et 1066, ces prélats mondains, avec à leur tête Annon, archevêque de Cologne, et Adalbert, archevêque de Hambourg-Brême, confisquèrent le pouvoir à leur profit et mirent au pillage les domaines impériaux.

Le XIe s., au contraire, voit s'annoncer à partir de Léon IX (1049/54) le grand redressement ecclésiastique qui, du pape Grégoire VII (1073/85), a gardé le nom de « réforme grégorienne ». En 1059, le pape Nicolas II avait pris un décret qui assura la liberté des élections pontificales. Grégoire VII voulut aller plus loin en libérant les évêques eux-mêmes de la tutelle impériale. (v. **INVESTITURES, querelle des**).

Suivit la période de la « lutte du Sacerdoce et de l'Empire » qui se joua entre la dynastie des Hohenstaufen (1138/1254) et une série de grands papes dominée par la figure d'Innocent III. (v. **SACERDOCE ET DE L'EMPIRE (lutte du)** et **HOHENSTAUFEN**).

Le déclin de la puissance impériale (XIIIe/XVIe s.)

La lutte du Sacerdoce et de l'Empire s'acheva par l'effondrement des Hohenstaufen, avec la mort de son dernier représentant, Conradin (1268), cependant que l'Allemagne sombrait pendant une vingtaine d'années (1254/73) dans une période d'anarchie connue sous le nom de « Grand Interrègne ». La désagrégation de l'Allemagne a commencé bien avant la défaite finale des Hohenstaufen, dont elle est la cause ; et, par une évolution progressive, arrêtée sous Frédéric Barberousse et accélérée sous Frédéric II, tout le pouvoir réel, la justice, l'armée, les douanes, les péages, le droit de lever l'impôt et de battre monnaie, est passé aux princes territoriaux, l'Empire se réduisant de plus en plus à n'être qu'une majestueuse abstraction.

Les Électeurs (*Kurfürsten*) ont pris grand soin d'empêcher la reconstitution d'une dynastie impériale : de 1245 à 1378, ils n'ont jamais choisi deux fois de suite le souverain dans la même famille. Par la Bulle d'or (v.) (1356), publiée un an après son couronnement à Rome, l'empereur Charles IV (v.) codifie la Constitution impériale, et notamment l'élection : alors que les droits des princes sont largement reconnus et confirmés, plus aucune mention n'est faite de l'approbation pontificale. Ce n'est donc plus le couronnement qui fait l'empereur, mais l'élection. La Bulle d'or offrait aux électeurs des honneurs et des privilèges considérables, dans le but de raffermir l'Empire ; elle déclarait notamment que les principautés électorales ne pouvaient être partagées ni démembrées, et qu'elles passaient en ligne directe aux aînés. Quant à l'empereur, pratiquement sans pouvoir parce que dépourvu d'une armée et de finances solides, il ressemblait moins à un monarque qu'au président d'honneur d'une république aristocratique.

À partir de 1440, la dynastie de Habsbourg (v.) est demeurée sans interruption (si l'on excepte Charles VII de Wittelsbach, 1742/45, qui a été contesté) à la tête du Saint Empire, jusqu'à sa disparition, en 1806. Le titre impérial n'en demeurait pas moins prestigieux, comme l'attesta l'âpreté de la compétition qui opposa lors de l'élection de 1519 François Ier à Charles Quint.

Mais la Réforme affaiblit encore davantage le Saint Empire, qui y perdit la dernière unité qui lui restait encore, l'unité religieuse. Les princes protestants formèrent contre l'empereur la ligue de Smalkalde (v.) ; ils renforcèrent leur puissance, et, partant, leur indépendance, en sécularisant les biens ecclésiastiques ; ils n'hésitèrent pas à s'allier à l'étranger, et d'abord au principal ennemi de l'empereur, le roi de France. Cette intervention étrangère dans la vie de l'Empire fut légalisée au XVIIe s. par les traités de Westphalie (v.). Lorsque Joseph II (v.) en 1781, tenta de réformer le vieil édifice impérial, il se heurta aussitôt à l'opposition de la Prusse, qui forma contre lui une ligue des Princes. Les conquêtes de la France révolutionnaire portèrent le coup de grâce au Saint Empire : l'empereur François II, qui, sous la pression de Bonaparte, avait dû promulguer le recès impérial de 1803 (v. **Recès**), adopta dès 1804 le titre d'*empereur héréditaire d'Autriche* (sous le nom de François Ier) ; à la suite de la création de la Confédération du Rhin (v.), il renonça, le 6 août 1806, à l'ancien titre impérial et prononça en même temps la dissolution du Saint Empire. Voir **Allemagne.** L'Allemagne et la Révolution française.

SAINT-GALL, *Sankt Gallen.* Ville et canton du nord-est de la Suisse, près du lac de Constance. **L'abbaye de Saint-Gall** fut fondée vers 750 sur l'emplacement de la cellule et du tombeau de l'ermite st Gall, ancien compagnon du grand moine missionnaire irlandais st Colomban. Devenus princes du Saint Empire en 1206, les abbés de Saint-Gall délaissèrent de plus en plus la vie spirituelle pour les entreprises politiques et militaires. Voir **Suisse.**

SAINT-GERMAIN-EN-LAYE (paix de, 8 août 1570). Paix par laquelle Catherine de Médicis mit fin à la troisième guerre de Religion. Voir **Religion (guerres de).** La troisième guerre de religion.

SAINT-GERMAIN-EN-LAYE (traité de, 10 sept. 1919). Il fut signé entre les Alliés et l'Autriche après la Première Guerre mondiale. Il démembra les anciennes possessions allemandes des Habsbourg en attribuant le Tyrol du Sud et le Trentin à l'Italie, le pays des Sudètes à la Tchécoslovaquie, la Carniole, la Styrie du Sud et une petite partie de la Carinthie à la Yougoslavie (l'autre partie, beaucoup plus large, fut donnée à l'Autriche après le plébiscite qui eut lieu le 10 oct. 1920). L'union de l'Allemagne et de l'Autriche (*Anschluss*) était interdite sans le consentement unanime de la Société des nations. Les forces militaires autrichiennes étaient limitées à une armée de métier de 30 000 hommes. En outre, l'Autriche fut contrainte de reconnaître sa responsabilité dans le déclenchement de la guerre et de payer des réparations. Ce traité fut à l'origine de la crise autrichienne et de la crise des Sudètes en 1938.

SAINT-JACQUES-DE-COMPOSTELLE, *Santiago de Compostela.* Ville du nord-ouest de l'Espagne, en Galice, près de La Corogne. D'après une tradition espagnole qui n'apparaît pas avant le VIIe s., le corps de st Jacques le Majeur, martyrisé à Jérusalem peu après Jésus, aurait été amené en Espagne, où l'apôtre aurait prêché l'Évangile. Cette mission de st Jacques en Espagne n'est certainement qu'une légende, mais il est possible que les restes présumés de l'apôtre aient été effectivement apportés en Espagne, à une date inconnue. Ils auraient été découverts miraculeusement dans la première moitié du IXe s., grâce à une étoile (*campus stellæ*, « champ de l'étoile », d'où Compostelle). Sur le tombeau présumé de l'apôtre, le roi Alphonse II des Asturies fit immédiatement élever une église qui fut détruite par les Arabes (997) et remplacée par une cathédrale romane, commencée en 1078. Devenue le siège d'un évêché au IXe s., Saint-Jacques-de-Compostelle attira des foules immenses de pèlerins venus de toute l'Europe. Cachées en 1589 pour être soustraites à un pirate anglais, les reliques de st Jacques ne furent retrouvées qu'en 1879 et se trouvent aujourd'hui dans la crypte de la cathédrale.

SAINT-JEAN-DE-JÉRUSALEM (hospitaliers de). Premier nom de l'ordre hospitalier et militaire de Rhodes puis de Malte. Voir **Malte (ordre de).**

SAINT-JUST Louis Antoine Léon (* Decize, Nièvre, 25.VIII.1767, † Paris, 28.VII.1794). Homme politique français. Admirateur inconditionnel de Robespierre, élu député de l'Aisne à la Convention en 1792, il siégea dans les rangs de la Montagne ; c'est lui qui réclama la tête de Louis XVI. Entré au Comité de salut public en mai 1793, il participa activement à la chute des Girondins. Il institua les représentants en mission chargés de contrôler les opérations militaires et joua lui-même un rôle sur le front des armées du Rhin et du Nord ; son énergie et son talent d'organisateur sauvèrent des situations compromises. Partisan d'un gouvernement révolutionnaire autoritaire s'imposant au besoin par la terreur, il s'efforça de lui donner des bases sociales égalitaires (décrets de Ventôse – févr./mars 1794). Il participa activement à l'élimination des hébertistes et des dantonistes. Arrêté le 9-Thermidor (v.), il fut guillotiné avec Robespierre.

SAINT KITTS ET NEVIS. État indépendant situé au N.-O. de la Guadeloupe, et anciennement nommé Saint-Christophe. Voir **Saint-Christophe.**

SAINT-LAURENT Louis Stephen (* Compton, Québec, 1er.II.1882, † Québec, 25.VII.1973). Homme politique canadien. Avocat célèbre, il entra dans le gouvernement fédéral, comme ministre de la Justice, en déc. 1941 et il s'efforça de convaincre les Canadiens français d'accepter la conscription. Représentant du Canada à la conférence de San Francisco (1945), il devint secrétaire d'État aux Affaires étrangères (1946/48). Devenu le principal leader du parti libéral, il succéda à Mackenzie King (v.) comme Premier ministre (1948/57), fut un des fondateurs de l'OTAN et maintint fermement les liens avec le Commonwealth, tout en assurant à son pays une plus grande autonomie. En 1949, il réalisa l'union de Terre-Neuve et du Canada. Son parti ayant été battu de justesse aux élections de juin 1957, il abandonna le pouvoir et fut remplacé par Lester Pearson (v.) à la tête du parti libéral. Voir **Canada.** Le Dominion canadien.

SAINT-MARIN (république de), ***San Marino.*** Petite république indépendante enclavée dans le territoire italien, au S. de Rimini ; capitale *Saint-Marin.* D'après la légende, elle aurait été fondée au IVe s. par l'ermite st Marin, un ancien tailleur de pierre dalmate. En fait, c'est seulement en 755 qu'on trouve la première mention d'un *Castellum sancti Marini.*

Donnée en 1125 par le pape à l'évêque de Montefeltro, Saint-Marin réussit à s'émanciper dans le courant du XIIIe s. et devint une république gibeline (v. **Guelfes** et **Gibelins**) ce qui lui valut d'être frappée d'interdit par le Saint-Siège, 1247/49. Au XIVe s., elle se plaça sous la protection des seigneurs de Montefeltro, qui devaient devenir ducs d'Urbin. C'est au cours du XVe s. que fut constitué le Grand Conseil de soixante membres, qui se recruta d'abord par cooptation, et dans lequel étaient représentés à parts égales les nobles, les bourgeois et les paysans. Après avoir longtemps résisté aux Malatesta, Saint-Marin fut prise un court moment par César Borgia en 1503. En 1739/40, le cardinal Alberoni tenta vainement de la priver de son indépendance, qui avait été reconnue par le Saint-Siège en 1631 et qui fut respectée par Napoléon. Au cours du XIXe s., Saint-Marin devint un petit bastion de révolutionnaires, et Garibaldi y trouva refuge en 1849. En 1862, le nouveau royaume d'Italie, respecta son indépendance. Le suffrage universel y fut introduit en 1909 (pour les femmes en 1960). Saint-Marin accueillit plus de 100 000 réfugiés pendant la guerre de 1939/45. Aujourd'hui, la ressource essentielle de ce petit pays, qui n'est pas membre de l'Union européenne, est le tourisme.

SAINT-PIERRE-ET-MIQUELON. Archipel français de l'Atlantique Nord, près de la côte de Terre-Neuve. Principale localité *Saint-Pierre.* Fréquentées par des pêcheurs français dès le XVIe s., colonisées par la France au XVIIe s., ces îles furent cédées à l'Angleterre au traité d'Utrecht (1713). Restituées à la France en 1763, elles furent de nouveau occupées par les Anglais de 1778 à 1783 et de 1793 à 1814. Dépendantes du gouverneur pétainiste des Antilles dès 1940, elles passèrent à la France libre le 24 déc. 1941 avec l'arrivée de l'amiral Muselier. En 1946, elles devinrent territoire français d'outre-mer, puis département d'outre-mer en juill. 1976.

En 1985, elles ont pris le statut de collectivité territoriale, ce qui leur permit d'échapper aux réglementations communautaires en matière de pêche.

SAINT-SIMON, Louis de Rouvroy, duc de (* Paris, 15.I.1675, † Paris, 2.III.1755). Homme politique, diplomate et mémorialiste français. Appartenant à une famille noble des plus anciennes, il tenta de jouer un rôle politique à la cour, malgré l'hostilité que manifestait Louis XIV à ses projets de rendre à la noblesse sa grandeur passée. Saint-Simon reporta sur l'héritier du trône, le duc de Bourgogne, des espoirs que la mort de celui-ci, en 1712, devait ruiner. À la mort du roi, il accéda au Conseil de régence (1715), puis fut ambassadeur en Espagne en 1721. Mais ce rôle politique bien limité prit fin avec la mort du Régent (1723), qui était son ami d'enfance. Saint-Simon se consacra dès lors entièrement à la rédaction de ses *Mémoires*, qui brossent un tableau sans complaisance des dernières années du règne de Louis XIV et de la Régence. Ces textes, véritables brûlots contre l'absolutisme, restèrent inconnus du public ; le manuscrit fut saisi en 1760, les premiers extraits ne furent publiés qu'en 1788, et la première édition complète ne parut qu'en 1829/31.

SAINT-SIMON, Claude Henri de Rouvroy, comte de (* Paris, 17.X.1760, † Paris, 19.V.1825). Petit-cousin du mémorialiste Louis de Saint-Simon, il participa à la guerre d'Indépendance américaine (1779/83), prit parti pour la Révolution et abandonna son titre nobiliaire. D'heureuses spéculations sur les biens nationaux lui permirent cependant de reconstituer une fortune qu'il dilapida par la suite. Après avoir repris entièrement ses études à l'École de médecine et à l'École polytechnique, il consacra sa vie à l'élaboration de sa doctrine, mais tomba dans le plus grand dénuement et tenta de se suicider en mars 1823. Grâce à la générosité du banquier juif Olinde Rodrigues, il connut la tranquillité à la fin de sa vie, entouré de ses disciples. Parmi les œuvres de Saint-Simon, citons *De la réorganisation de la société européenne* (1814), *Du système industriel* (1821/22), *Le Nouveau Christianisme* (1825). Voir **Saint-simonisme.**

SAINT-SIMONISME. Doctrine économique, politique et sociale qui fut à l'origine de plusieurs courants importants de la pensée et de l'économie du XIXe s. et fondée par Claude Henri de Rouvroy, comte de Saint-Simon (v.). Dans sa doctrine, Saint-Simon oppose les « producteurs » aux « oisifs ». Seuls les premiers sont en mesure de diriger la politique au sein d'un gouvernement organisé sur des bases uniquement économiques. Ses disciples, au nombre desquels figurèrent Augustin Thierry et Auguste Comte notamment, accentuèrent les tendances socialistes de la pensée saint-simonienne, remirent en question la propriété privée, dénoncèrent « l'exploitation de l'homme par l'homme » (la formule est saint-simonienne), puis se constituèrent en secte prônant la fraternité et la libération sexuelle. Le saint-simonisme devait avoir une grande influence dans le domaine des idées (positivisme, socialisme) (v.), mais aussi par les entreprises des saint-simoniens (tels que Lesseps, Michel Chevalier ou les banquiers Pereire) : percement de l isthme de Suez, développement des chemins de fer, travaux publics, rôle des banques dans le développement industriel et libre-échangisme.

SAINT-VINCENT, *Saint-Vincent-et-les-Grenadines.* Île des Antilles, entre Sainte-Lucie et Grenade. Découverte par Christophe Colomb en 1498, l'île de Saint-Vincent devint colonie britannique en 1783. Indépendante en oct. 1979 avec certaines îles Grenadines (Bequia, Moustique, Canouan, Mayreau, Prune, Petit-Saint-Vincent, Union), elle est membre du Commonwealth. Malgré la réforme agraire et le programme de développement rural engagés à la fin des années 1980 pour diversifier une agriculture dominée par la banane, l'économie de Saint-Vincent reste archaïque et le gouvernement lutte avec peine contre la culture du chanvre indien, ressource unique des paysans les plus pauvres.

SAIONJI KINMOCHI prince (* Kyôto, 1849, † 24.XI.1940). Homme politique japonais. Premier ministre de 1906 à 1908 et de 1911 à 1912, il nationalisa les chemins de fer (mars 1906), conclut des traités avec la France et la Russie (1907), établit le protectorat japonais sur la Corée (25 juill. 1907) et lança en 1912 un grand programme d'armements navals. En 1919, il dirigea la délégation japonaise à la conférence de la paix, à Versailles. Il resta jusqu'à sa mort un conseiller impérial (*Genrô*) et s'opposa toujours à la montée du parti militaire. Voir JAPON. Un État moderne.

SAKHAROV Andreï Dimitrievitch (* Moscou, 21.V.1921, † Moscou, 14.XII.1989). Physicien soviétique, grande figure de la dissidence. Il joua un rôle de premier plan dans la mise au point de l'arme nucléaire soviétique, dont les premiers essais eurent lieu en 1953. Cette réussite lui valut d'entrer à l'Académie des sciences la même année ; cependant, il réclama rapidement la limitation des armements nucléaires. Dès 1966, il demanda la déstalinisation effective de son pays et du parti ; son ouvrage *La Liberté intellectuelle en URSS et la Coexistence pacifique*, paru à l'étranger en 1968, le fit passer au premier plan de l'opposition au régime. Tout comme Soljenitsyne, il dénonça les camps de travail, les internements arbitraires et autres violations de la Constitution soviétique et des Droits de l'homme. Prix Nobel de la paix en 1975, il ne fut pas autorisé à aller recevoir sa distinction à Oslo. Assigné en résidence à partir de 1980, il ne fut pas libéré avant l'arrivée de Gorbatchev au pouvoir, malgré la pression de l'opinion internationale et une grève de la faim, en 1984. À la suite de la révision constitutionnelle de 1989, il fut candidat au Congrès, obtint l'investiture de l'Académie des sciences, malgré une forte obstruction procédurière, et fut élu député.

SAKKARAH. Ancienne nécropole égyptienne, près de Memphis, à environ 25 km au S. du Caire. Les souverains de l'Ancien Empire y firent construire leurs tombaux dès le début des temps historiques (Aha, de la Ire dynastie). Ces premières tombes royales étaient surmontés de mastabas, des monuments dont le nom signifie en arabe « banc » ou « estrade ». Djéser, pharaon de la IIIe dynastie (vers 2667/48), inventa avec son architecte Imhotep un nouveau type de sépulture : sa pyramide à degrés, haute d'environ 60 m sur une base de 109 m sur 120 m, est la plus ancienne des pyramides. Dans les environs se trouvent la pyramide inachevée de Sekhemkhet, successeur immédiat de Djéser ; la pyramide d'Ounas, dernier roi de la Ve dynastie (vers 2375/45), où l'on a découvert les plus anciens « Textes des pyramides », inscriptions gravées destinées à préserver le roi défunt dans la vie de l'au-delà ; et de nombreux mastabas de dignitaires de la cour et de hauts fonctionnaires des XXIVe/XXIIIe s. avant notre ère (notamment ceux de Ti, de Ptahhotep, de Méra). À peu près délaissée au Moyen Empire, Sakkarah, à partir du Nouvel Empire, est devenu le lieu d'ensevelissement des taureaux Apis, assimilés au dieu Ptah. Leur nécropole a reçu le nom de Serapeum.

SALADIN, Sala ed-Din Yousouf ibn-Ayyoub (* Takrit, Mésopotamie septentrionale, 1137, † Damas, 4.III.1193). Sultan ayyoubide d'Égypte (1171/93) et de Syrie (1174/93). Général d'origine kurde, il accompagna son oncle Chirkouh lors d'une expédition en Égypte. À la mort de ce dernier, il lui succéda au poste de vizir (1169), ce qui le rendit pratiquement maître de l'Égypte. Il se proclama sultan en 1171 et entreprit de rassembler les terres morcelées de l'islam en un seul État. Il infligea de lourdes défaites aux croisés de la troisième croisade. Fin politique, grand guerrier, il se consacra au redressement du monde musulman et à la régénération de la doctrine sunnite. Il reste l'une des grandes figures de l'islam. Voir CROISADES (Troisième croisade) et AYYOUBIDES.

SALAMINE, *Salamis.* Île grecque du golfe d'Égine, sur la côte ouest de l'Attique. Indépendante jusque vers 632 av. J.-C., puis disputée entre Athènes et Mégare, elle revint aux Athéniens au temps de Solon (612 av. J.-C.), puis définitivement après l'expédition du tyran athénien Pisitrate contre Mégare (vers 565 ?), et fut peuplée de colons athéniens, les clérouques, à la fin du VIe s.

Bataille de Salamine (29 sept. 480 av. J.-C.). Bataille navale décisive de la seconde guerre médique livrée entre la flotte grecque et la flotte perse. L'armée perse de Xerxès (v.) ayant forcé le passage des Thermopyles (v.), la flotte grecque, qui s'était d'abord rassemblée dans la baie de l'Artémision, au N. de l'Eubée, se replia sur le golfe Saronique, pour rétablir le contact avec le gros des forces terrestres grecques, massées dans l'isthme de Corinthe. Elle se regroupa dans le détroit très exigu de Salamine. Tandis que l'armée du Grand Roi occupait l'Attique et Athènes, la flotte perse vint mouiller à Phalère. Elle était au moins deux fois plus importante que la flotte grecque, laquelle comptait environ 350 navires. Les Athéniens firent adopter la décision de livrer sans tarder le combat décisif : Thémistocle (v.), en faisant parvenir à Xerxès la fausse nouvelle d'une fuite des Grecs, réussit à attirer la lourde flotte perse dans les passes étroites de Salamine, où elle pouvait difficilement se déployer. La flotte perse, incapable de manœuvrer dans ce chenal, fut en grande partie détruite. Voir **MÉDIQUES (guerres)**.

SALAN Raoul (* Roquecourbe, Tarn, 10.VI.1899, † Paris, 3.VII.1984). Général français. Il fit la plus grande partie de sa carrière en Indochine où il succéda notamment à de Lattre comme commandant en chef (1952/53) ; il avait servi sous ses ordres durant la campagne de la Ire armée (1944/45), en France et en Allemagne. Nommé commandant en chef en Algérie (1956), attaché au maintien du pays sous l'autorité française, il favorisa le retour au pouvoir du général de Gaulle, qu'il croyait partisan d'une « Algérie française ». De Gaulle confia à Salan tous les pouvoirs civils et militaires à Alger, puis le nomma inspecteur de la Défense et, enfin, gouverneur militaire de Paris (févr. 1959). En 1960, ayant pris sa retraite, Salan rendit public son désaccord avec la politique algérienne du gouvernement gaulliste ; il s'enfuit en Espagne, puis tenta un putsch à Alger, le « putsch des généraux » (21 avr. 1961), avec Challe, Zeller et Jouhaud. Après l'échec de cette tentative, il prit la tête de l'OAS. Arrêté en avr. 1962, il fut condamné à la détention perpétuelle, mais libéré en juin 1968.

SALANDRA Antonio (* Troia, prov. de Foggia, 13.VIII.1853, † Rome, 9.XII.1931). Homme politique italien. Professeur de droit, député libéral à partir de 1886, il commença sa carrière politique à l'ombre de Sonnino (v.). Déjà plusieurs fois ministre, conservateur, il remplaça Giolitti à la tête du gouvernement (mai 1914). Malgré sa décision initiale de neutralité et le désir de paix de la majorité des Italiens, il prépara l'intervention de son pays aux côtés des Alliés. Il envoya son ministre des Affaires étrangères, Sonnino, signer le traité secret de Londres (26 avr. 1915) et abandonna la rue aux manifestations des nationalistes, menaçant de démissionner pour obtenir enfin la déclaration de guerre aux puissances centrales (24 mai 1915). Mais les succès autrichiens sur le plateau d'Asegio l'obligèrent à démissionner (mai 1916). Lors de la marche sur Rome, le roi essaya d'opposer aux fascistes un gouvernement Salandra qui ne put réussir à se constituer, et Salandra lui-même dut conseiller d'appeler au pouvoir Mussolini (29 oct. 1922). Voir **ITALIE**.

SALAZAR Antonio de Oliveira (* Santa Comba Dão, prov. de Beira, 28.IV.1889, † Lisbonne, 27.VII.1970). Homme politique portugais. Il fut élu député en 1921, mais, n'éprouvant que répulsion pour la politique parlementaire, il n'occupa même pas son siège. À la suite du putsch militaire des généraux Gomez da Costa et Carmona (28 mai 1926), il fut appelé à redresser la situation économique désastreuse du pays, mais il renonça quelques jours plus tard à cette mission, car on lui refusait les pleins pouvoirs. Rappelé comme ministre des Finances en avr. 1928, il réussit à équilibrer le budget (ce qui ne s'était plus vu au Portugal depuis 1854) et à stabiliser la monnaie. Président du Conseil depuis 1932, il a gouverné le Portugal pendant trente-six ans. Habile technicien financier et économique, Salazar réussit à donner au Portugal une relative prospérité qui fit longtemps supporter l'aspect dictatorial et policier du régime. Après avoir proclamé sa neutralité en 1939, il mit les Açores à la disposition des Alliés (1943) et intégra le Portugal dans l'Alliance atlantique (1949). Frappé d'une hémorragie cérébrale en sept. 1968, il dut abandonner la direction des affaires à son ancien collaborateur, Marcello Caetano. Le régime fondé par Salazar fut renversé par la révolution déclenchée en avr. 1974. Voir **PORTUGAL**.

SALDANHA OLIVEIRA E DAUN João Carlos, duc de (* Arinhaga, 17.II.1790, † Londres, 21.XI.1876). Homme politique portugais. Petit-fils de Pombal (v.) par sa mère, il servit au Brésil de 1817 à 1822, puis prit une part décisive dans la lutte contre dom Miguel, qu'il contraignit par ses succès militaires à signer la convention d'Evora Monte (mai 1834) et à quitter le Portugal. Nommé maréchal, il dirigea le gouvernement en 1835, mais dut s'exiler en Angleterre (1836/46). Revenu dans son pays, il fut plusieurs fois Premier ministre (1846/49, 1851/56, 1870/71) et prit des mesures libérales, dont la plus importante fut l'élargissement du corps électoral par l'abaissement du cens (1852). Voir **PORTUGAL**.

SALENGRO Roger (* Lille, 1890, † Paris, 17.XI. 1936). Homme politique français. Militant socialiste (SFIO), conseiller municipal en 1919 puis maire de Lille en 1925, député du Nord en 1928, il devint, sous le Front populaire (v.), ministre de l'Intérieur, où il eut une grande influence (il fut notamment l'un des initiateurs des accords Matignon). En août 1936, l'hebdomadaire d'extrême droite *Gringoire* entama contre lui une virulente campagne en affirmant que le ministre socialiste avait été condamné à mort par contumace pour désertion par un conseil de guerre en 1916. Il fut démontré que Salengro n'avait franchi les lignes ennemies qu'avec l'accord de ses chefs, pour aller chercher le cadavre de l'un de ses compagnons, et qu'il avait été alors fait prisonnier par les Allemands (6 oct. 1915). Mais la campagne de presse se prolongea pendant plusieurs mois, et Salengro, déjà déprimé par la mort récente de sa femme, se suicida.

SALINAS DE GORTARI Carlos (Mexico, 3.IV. 1948). Homme politique mexicain. Membre du PRI, ministre du Budget de 1982 à 1988, il fut élu de justesse à la présidence en 1988 et continua à appliquer avec succès la politique néolibérale qu'il avait mise en place sous le gouvernement précédent. Il quitta le pouvoir en 1994, au terme de son mandat. Mis en cause notamment dans plusieurs assassinats politiques, il prit la fuite en 1995. Voir **Mexique**.

SALIQUE (loi). Recueil des coutumes des Francs Saliens. Le texte primitif fut sans doute rédigé sous le règne de Clovis, mais fut remanié à diverses reprises ; la dernière révision, dite *Lex salica emendata*, date de Charlemagne. Pour les deux tiers de ses titres, la loi salique contient des tarifs de compositions légales (*wergeld*) ; elle renferme aussi des règles de procédure et quelques titres concernant le droit privé. C'est le cas du célèbre titre *de alodis*, qui exclut les femmes de la succession à la terre des ancêtres (*terra salica*), car les femmes, en se mariant, quittent leur famille pour entrer dans celle de leur époux. Ce titre de la loi salique, qui ne réglait que les successions privées et non la succession au trône, ne fut jamais invoqué au Moyen Âge, par exemple à l'avènement de Philippe V (1316) et à celui de Philippe VI (1328), pour justifier le principe de masculinité, qui joua encore à la mort de Charles VIII et à celle de Louis XII. La première mention de la « loi salique » à propos de la vocation au trône se trouve seulement après 1358, dans un mémoire envoyé par le chroniqueur Jean Lescot au roi Jean le Bon et à son fils, le régent Charles, pour soutenir leur légitimité contre les prétentions anglaises à la couronne de France. Le 28 juin 1593, le parlement, pour arrêter toute tentative de porter sur le trône de France l'infante d'Espagne Isabelle, fille de Philippe II d'Espagne (v.), qui descendait par sa mère d'Henri II, rendit l'arrêt dit de la loi salique, qui rappelait le principe traditionnel de masculinité.

SALISBURY, Robert Arthur Talbot Gascoyne-Cecil, 3e marquis de (* Hatfield, 3.II.1830, † Hatfield, 22.VIII.1903). Homme politique anglais. Député conservateur aux Communes en 1853, il passa à la Chambre des lords en 1868, après avoir hérité du titre de marquis. Il prit la tête de l'opposition à Gladstone (v.). Chef du gouvernement conservateur (1885/86, 1886/92 et 1895/1900), il n'apportade solution ni à la crise irlandaise ni à la crise sociale, mais, sur le plan extérieur, imposa le « splendide isolement » de la Grande-Bretagne impérialiste : annexion de la Birmanie (1886), acquisition de la Rhodésie et du Nyassaland (1891), de l'Ouganda (1894). L'incident de Fachoda (v.) (1898), qui faillit provoquer une guerre avec la France, fut un succès pour Salisbury, qui fit reculer la diplomatie française. La guerre des Boers (v.) en Afrique du Sud (1899/1902), commencée par son gouvernement, valut à l'Angleterre l'annexion du Transvaal et de l'Orange.

SALLAL Abdullah al- (* en Irak, 1917, † 5.III.1994) Homme politique et militaire yéménite. Voir **Yémen et Yémen du Nord**.

SALMANASSAR. Nom de cinq rois d'Assyrie. Voir **Assyrie.**

SALO. Ville d'Italie (Lombardie), sur la rive ouest du lac de Garde. De sept. 1943 à mars 1945, elle fut le siège du gouvernement de la République sociale italienne fondée par Mussolini après sa libération du Gran Sasso.

SALOMON, *Chélômôh*. Roi d'Israël (vers 970/31 av. J.-C.). Selon la Bible, il était le fils de David et de Bethsabée ; il consolida le royaume de David, construisit le Temple et le palais royal de Jérusalem, et renforça l'armée. Il ouvrit Israël à l'influence étrangère par son mariage avec la fille du pharaon égyptien de Tanis, par des expéditions commerciales lointaines avec une flotte construite et équipée par Tyr, qui rapporta d'immenses richesses, et par l'influence des femmes non juives de sa cour ; il accueillit à Jérusalem la reine de Saba (v.), qui lui a donné un fils (Ménélik) et a étendu en Afrique l'influence du judaïsme (selon la légende éthiopienne). Cependant, le poids grandissant des impôts, le développement des cultes « idolâtres », les querelles dynastiques provoquèrent la séparation entre les royaumes de Juda et d'Israël aussitôt après sa mort en 931. La tradition lui attribue la rédaction du *Cantique des Cantiques*, des *Proverbes* et de l'*Ecclésiaste*, contenus dans la Bible, et du *Livre de la Sagesse*. Voir **Israël (Histoire du peuple d'). Des origines à la scission des royaumes d'Israël et de Juda.**

SALOMON (îles), *Solomon Islands*. État d'Océanie, formé par la plupart des îles Salomon ; capitale *Honiara*. Cet archipel est formé par une chaîne d'îles volcaniques et d'atolls s'étendant sur 1 500 km environ dans le Pacifique du Sud-Ouest, à l'E. de la Nouvelle-Guinée et au N. de l'Australie. Les principales de ces îles sont : Bougainville, Guadalcanal, les îles Santa Cruz, la Nouvelle-Géorgie, Choiseul et Santa Isabella. Découvert en 1567 par l'Espagnol Alvaro de Mendaña, puis délaissé, l'archipel fut redécouvert par l'Anglais Ph. Carteret en 1767 et par le Français Bougainville en 1768. Les Allemands s'y établirent en 1886, les Anglais en 1893, et un traité signé en nov. 1899 fit passer l'ensemble de l'archipel à l'Angleterre, à l'exception de Buka et de Bougainville, qui restèrent allemandes jusqu'à la Première Guerre mondiale et furent placées en 1920 sous mandat australien. La bataille que se livrèrent Japonais et Américains à Guadalcanal en 1942 marqua un tournant dans la Seconde Guerre mondiale.

L'archipel, amputé de l'île de Bougainville, qui fut rattachée à la Papouasie-Nouvelle-Guinée, devint un État indépendant le 7 juill. 1978, au sein du Commonwealth. Des tensions ethniques ont éclaté à la fin des années 1990 ; elles entraînèrent en juin 2000 la démission de Bartholomew Ulufa'alu, Premier ministre depuis 1997. Il fut remplacé par Mannesseh Sogarave.

SALT (accords), abréviation de **Strategic Armements Limitation Talks,** *négociations sur la limitation des armements stratégiques.* Inscrites dans le processus de non-prolifération nucléaire (v.), ces négociations aboutirent à deux accords, signés par l'URSS et les États-Unis le 26 mai 1972 (SALT I) et le 18 juin 1979 (SALT II). Mais, consacrés à la limitation des missiles de longue portée des deux grandes puissances, ils ne sécurisaient pas l'Europe occidentale face à l'URSS. C'est le traité FNI (v.) qui régla la question des missiles de portée intermédiaire. Le désarmement nucléaire fut réglé par les accords START (v.).

SALVADOR, ***Republica de El Salvador.*** État de l'Amérique centrale ; capitale *San Salvador*. Parti du Guatemala, le conquistador espagnol Pedro de Alvarado entreprit en 1523 la soumission des Indiens autochtones de cette région et fonda les villes de San Salvador (1528) et de Sonsonate. Après avoir fait partie de la capitainerie générale du Guatemala, le Salvador se déclara indépendant de l'Espagne en sept. 1821, fit quelque temps partie de l'Empire mexicain d'Iturbide (1824), puis entra dans la Confédération d'Amérique centrale (1825/38). L'indépendance définitive fut proclamée en 1841. Comme la plupart des États latino-américains, le Salvador connut une longue période d'instabilité politique et de dictatures militaires, dont la plus longue fut celle du général Maximiliano Hernandez Martínez (1931/44), qui réprima en 1932 une révolte paysanne (30 000 morts).

L'oligarchie foncière s'opposa en 1975 à une tentative de réforme agraire. Une vive agitation s'ensuivit chez les paysans, soutenus par l'Église. Les troubles dégénérèrent en une longue guerre civile qui fit des dizaines de milliers de victimes ; le Front Farabundo Marti de libération nationale (FMLN), marxiste, mêlant trotskistes et communistes dissidents, fondé en 1980, était le principal groupe armé. La même année, l'assassinat de Mgr Romero par des terroristes de droite, les « escadrons de la mort », milices privées au service de l'oligarchie foncière, accentua l'engagement des prêtres aux côtés des opprimés.

Après une période de gestion démocrate-chrétienne (Napoleón Duarte, 1980/88), Alfredo Cristiani, de l'Arena (Alliance républicaine nationaliste), parti d'extrême droite soupçonné de complicités avec les « escadrons de la mort », remporta les élections présidentielles (1988). Il accepta des négociations sous l'égide de l'ONU, qui aboutirent, le 16 janv. 1992, à la signature des accords de paix de Chapultepec, ce qui permit le désarmement et la transformation du FMLN en parti politique, ainsi que l'épuration de l'armée. Dans les années 1990, l'Arena s'est maintenu au pouvoir malgré une diminution de ses performances électorales, alors que le poids politique du FMLN n'a cessé de croître. Malgré l'élection du candidat de l'Arena Francisco Flores aux présidentielles de 1999, le FMLN est devenu le premier parti du pays aux législatives de mars 2000.

SALYENS. Peuple gaulois installé au IIe s av. J.-C. au S. de la Durance et à l'E. du Rhône. Voir **ENTREMONT.**

SAMANIDES. Dynastie persane qui régna en Transoxiane et au Khorassan de 872 à 1000 environ. Voir **IRAN.** La Perse sous les Arabes les Turcs et les Mongol (651/1501).

SAMNITES. Ancien peuple de l'Italie centrale, d'origine indo-européenne, de langue osque et d'origine sabine. Ils habitaient le Samnium, région montagneuse et pauvre des Apennins, à l'E. du Latium et au N. de la Campanie où ils vivaient essentiellement de l'élevage. Ils n'avaient pas de villes à proprement parler, mais seulement de puissantes forteresses qui servaient de refuges aux hommes et aux troupeaux en cas de danger : les principaux de ces *oppida* étaient *Bovianum, Aufidena, Treventum, Maleventum* (Bénévent), *Caudium.* Attirés naturellement vers les riches plaines côtières des versants adriatique et tyrrhénien des Apennins, ils parurent en Apulie à la fin du VIe s. av. J.-C., puis en Campanie au cours du Ve s.

En 354, les Samnites s'allièrent avec les Romains contre les Latins ; mais en 343, lorsque ces montagnards attaquèrent Capoue, Rome n'hésita pas à briser l'alliance, et **la première guerre samnite** (343/41) se termina par une victoire romaine grâce au tribun militaire Publius Decius Mus, suivie de la fondation des premières colonies romaines en territoire samnite (Cales, 337 ; Fregellae, 328).

Les incidents de Naples et de Fregellae – cette dernière place occupait une position stratégique au passage du Latium à la Campanie par la trouée du Liris – déclenchèrent **la deuxième guerre samnite** (327/04) : Rome comprit qu'elle ne pouvait se contenter de chasser les Samnites des plaines, mais qu'elle devait les soumettre dans leurs montagnes mêmes. En 321 av. J.-C., les Romains subirent l'humiliante défaite des fourches Caudines et durent sans doute abandonner Fregellae aux Samnites. Mais les combats reprirent dès 314. Rome se trouvait cette fois devant une vaste coalition italienne rassemblant, aux côtés des Samnites, les Étrusques, les Ombriens, les Marses et Pélignes, les Salentins, les Herniques. Cette coalition fut brisée par les victoires de Fabius Rullianus sur les Étrusques à Sutrium et dans la forêt Ciminienne, sur les Ombriens à Pérouse ; par celles de Papirius Cursor sur les Étrusques près du lac Vadimon et de Bubulcus sur les Samnites à Longula.

La troisième guerre samnite (299/90 av. J.-C.) fut marquée par la victoire décisive des Romains à Sentinum (295). Rome occupa le Samnium, le Picenum et la Sabine, et put ainsi poursuivre sa marche en avant vers le Sud. Cependant, le farouche esprit d'indépendance des Samnites survécut longtemps encore : lors de la guerre sociale, les Samnites furent au premier rang des rebelles (91/88 av. J.-C.).

SAMOA (îles). Archipel de la Polynésie, dans l'océan Pacifique, situé à environ 4 000 km au S. des îles Hawaii et à environ 3 000 km au N. de la Nouvelle-Zélande. Découvertes en 1722 par le Hollandais Roggeveen, ces îles volcaniques furent visitées par Bougainville (v.) en 1768 et reçurent de lui le nom d'« îles des Navigateurs ». En 1787, plusieurs membres de l'expédition française de La Pérouse furent massacrés par des indigènes de Tutuila. À partir de 1830, des missionnaires anglais entreprirent l'évangélisation des populations polynésiennes de l'archipel.

Après 1870, les Samoa devinrent l'enjeu d'une rivalité entre l'Allemagne, les États-Unis et la Grande-Bretagne. L'Angleterre s'étant retirée de cette région, un partage fut décidé entre l'Allemagne et les États-Unis au traité de Berlin (2 déc. 1899). L'Allemagne obtint la partie occidentale de l'archipel (îles Savaï, Upolu...) et les États-Unis la partie orientale (îles Tutuila, Tau...). Les Samoa américaines obtinrent une Constitution en 1960, révisée en 1966, qui leur assure une certaine autonomie législative, avec un parlement bicaméral. Après la Première Guerre mondiale, les Samoa allemandes, occupées par les troupes néo-zélandaises à la fin du mois d'août 1914, furent placées sous mandat de la SDN confié à la Nouvelle-Zélande (1920).

SAMOA OCCIDENTALES, *Samoa i sisifc.* État du Pacifique Sud, composé de la partie occidentale des îles Samoa qui obtint de la Nouvelle-Zélande son indépendance en 1962 ; capitale *Apia*. Premier État indépendant de Polynésie, les Samoa occidentales, entrées dans le Commonwealth en 1970 et à l'ONU en 1976, réalisèrent une synthèse originale de la démocratie parlementaire et des traditions politiques locales. Les clans et les Églises (protestante et catholique) exerçaient cependant une pression considérable sur une population dont le droit de vote était extrêmement limité. Cela créa une instabilité politique qui vit, en 1980, les îles changer quatre fois de Premier ministre en moins d'un an. Une nouvelle Constitution, adoptée en 1991, associa l'ensemble de la population en réservant des sièges pour les non-insulaires, mais conserva aux chefs coutumiers l'essentiel du pouvoir. Pays pauvre, les Samoa vivent essentiellement de la culture du coprah, activité fréquemment menacée par les cyclones, mais aussi du tourisme et des aides de la Nouvelle-Zélande. En 1997, les Samoa occidentales prirent le nom de *Samoa*.

SAMORY TOURÉ (* près de Kankan, Guinée, vers 1835, † N'Djolé, Gabon, 2.VI.1900). Chef soudanais. Guerrier mandingue, il s'imposa en 1870 comme roi de Bissandougou, en Guinée, où il fonda un État islamique fortement centralisé, pourvu d'une administration efficace et d'une armée de métier ravitaillée en armes modernes par les commerçants maures du Sénégal et par des trafiquants anglais. Repoussé à partir de 1886 par les Français vers la Côte-d'Ivoire, il fixa sa nouvelle capitale à Dabakala et détruisit l'importante cité commerciale de Kong (1895). Battu par le capitaine Gouraud près de Nzo, le 29 sept. 1898, il fut déporté au Gabon, où il tenta de se suicider mais guéri de ses blessures, il mourut cependant peu après. Sa chute fit passer tout le Soudan occidental sous l'autorité française. Voir SOUDAN FRANÇAIS.

SAMOTHRACE, *Samothraki.* Île grecque de la mer Égée, près des côtes de la Thrace, entre Thasos et Imbros. Elle était célèbre dans l'Antiquité par le culte à mystères des Cabires, d'origine asiatique ou préhellénique, et on la considérait comme une île sacrée. Indépendants jusqu'aux guerres médiques (v.), les Samothraciens furent soumis par les Perses, peut-être vers 512, puis entrèrent dans la Confédération athénienne (v. ATHÈNES. L'apogée d'Athènes au Ve s. av. J.-C.). Occupée par Philippe II, elle resta à la Macédoine (v.) jusqu'à la défaite de Persée (168 av. J.-C.). Les Romains lui laissèrent d'abord son indépendance. Elle passa ensuite à l'Empire d'Orient (jusqu'en 1204), aux Vénitiens, puis, en 1355, à la famille génoise des Gattilusi, avant d'être conquise par les Turcs en 1457. Elle se souleva en 1821 lors de la guerre d'Indépendance grecque, mais les Turcs exterminèrent presque entièrement la population, et Samothrace demeura sous leur suzeraineté jusqu'en 1912. Les premières fouilles archéologiques, menées par les Français, amenèrent en 1863 la découverte de la célèbre *Victoire de Samothrace* (vers 200 av. J.-C.), aujourd'hui conservée au Louvre.

SAMOUDRAGOUPTA. Souverain indien (vers 335/75). Deuxième roi de la dynastie des Goupta, fils et successeur de Chandragoupta Ier, il fut un grand conquérant dont les hauts faits sont consignés dans l'inscription gravée sur un pilier d'Allahabad. Il mena une vaste expédition dans le Deccan, imposa son autorité sur l'Inde centrale et réduisit au tribut les souverains de l'Assam et du Népal. Son empire réel s'étendait sur tout le bassin gangétique. Pour consacrer sa dignité de « souverain universel », il restaura le vieux rite brahmanique de l'*açvamedha* (sacrifice du cheval). Voir INDE.

SAMOURAÏS. C'est à partir de la fin du XIIe s., lorsque le pouvoir impérial au Japon devint purement nominal et fut remplacé par le régime du shôgunat, que les samouraïs (ou *samurai*) firent leur apparition comme une classe organisée. Ces anciens colons-soldats, abandonnant aux serfs la culture des terres, devinrent des soldats héréditaires au service des *daimyô* (seigneurs féodaux). Esclaves d'un rigide code de l'honneur, le *bushidô*, les samouraïs vouaient à leur seigneur une fidélité inconditionnelle. À partir du

XVIIe s., lorsque le shôgunat des Tokugawa eut rétabli l'ordre, les samouraïs devinrent une caste parasite ; ils avaient perdu leur fonction guerrière, mais constituèrent peu à peu les cadres de l'administration shôgunale puis impériale. Ainsi la révolution de 1868, qui inaugura l'occidentalisation et la modernisation du Japon, fut facilitée par l'engagement de jeunes samouraïs qui contribuèrent à l'application des réformes.

SAMPAIO Jorge (Lisbonne, 18.IX.1939). Homme politique portugais. Jorge Sampaio entra en politique leader des mouvements étudiants de 1961/62. Avocat, il s'engagea dans la défense des prisonniers politiques sous la dictature de Salazar et participa à divers mouvements de gauche. Après la révolution des Œillets, il adhéra au parti socialiste (PSD) en 1978 et devint député à partir de 1979. Nommé secrétaire général du PSD (1989), élu maire de Lisbonne (1989/96), il fut élu président de la République en janv. 1996 puis réélu en janv. 2000. Voir **PORTUGAL**. La « Révolution du 25 avril ».

SAMUEL (XIe s. av. J.-C.). Dernier juge d'Israël, selon la tradition biblique. De la tribu de Lévi, consacré au service de Dieu dès sa naissance et élevé dans le sanctuaire de Silo, il battit les Philistins (v.) à Maspha. Il fit renoncer le peuple au culte des idoles et fonda les premières écoles de prophètes. Devenu vieux, il donna pour juges à Israël ses deux fils, qui laissèrent s'établir la corruption. Le peuple réclama alors un roi, et Samuel, après avoir résisté à cette demande, ou à la suite d'une révélation divine, donna l'onction royale à Saül et fut ainsi le fondateur de la monarchie israélite. Il abdiqua alors la fonction de juge, mais conserva une grande influence religieuse et fut le conseiller de Saül. Estimant que celui-ci avait commis des erreurs, il conféra secrètement l'onction royale à David. Voir **ISRAËL (Histoire du peuple d')**. Des origines à la scission des royaumes d'Israël et de Juda.

SAMUEL. Tsar de Bulgarie (980/1014). Après le morcellement féodal et les succès byzantins du milieu du Xe s., il réussit à reconstituer un Empire bulgare qui s'étendait sur toute la largeur de la péninsule balkanique, du Danube à l'Adriatique. Mais il trouva un adversaire redoutable dans l'empereur d'Orient Basile II. Après une guerre sauvage, les Byzantins remportèrent une victoire décisive près de Plovdiv, et Basile II fit crever les yeux aux 15 000 prisonniers bulgares, qu'il renvoya ainsi à leur tsar ; celui-ci mourut peu après de chagrin (1014).

SANCHE, SANCHO

ARAGON

SANCHE Ier Ramirez (* 1043, † Huesca, 1094). Roi d'Aragon (1063/94). Fils et successeur de Ramire Ier d'Aragon, il régna sur l'Aragon, à partir de 1063, conquit Barbastro (1064) et usurpa en 1076 la couronne de Navarre ; il régna sur ce pays sous le nom de Sanche V. Il fut tué au siège de Huesca.

NAVARRE

SANCHE III Garcia le Grand (* vers 970, † 18.X.1035). Roi de Navarre (1001/35). Fils et successeur de Garcia III, il épousa la fille du comte de Castille et, à la mort de son beau-frère Garcia II Sánchez, il s'empara de la Castille (1029), qu'il donna en apanage à son fils, Ferdinand Ier. Il maria ce dernier à Sancha, héritière de León, et prépara ainsi la réunion des deux royaumes qui se réalisa deux ans après sa mort, en 1037. Ses États englobaient à la fin de son règne presque toute l'Espagne chrétienne, mais, par testament, Sanche les partagea entre ses quatre fils : Garcia IV Sánchez (Navarre), Ferdinand Ier (Castille), Ramire Ier (Aragon) et Gonzalve (Sobrarbe et Ribagorza).

PORTUGAL

SANCHE Ier (* Coimbra, 1154, † Coimbra, 26.III.1211). Roi de Portugal (1185/1211). Aidé par une flotte de croisés germaniques et scandinaves qui faisaient route vers la Palestine, il reprit aux musulmans la ville de Silves (1189), mais la reperdit deux ans plus tard. Ses efforts en faveur de la mise en valeur agricole et urbaine du pays par l'appel à des immigrants lui valurent le surnom de *povoador* (« colonisateur »). Ses conflits avec les évêques de Coimbra et de Porto le firent excommunier par Innocent III, mais il mourut réconcilié avec l'Église.

SANCHE II (* Coimbra, vers 1207, † Tolède, 4.I.1248). Roi de Portugal (1223/48). Petit-fils de Sanche Ier, il poursuivit la Reconquête, mais, ayant violé les immunités ecclésiastiques, il fut déposé par Innocent IV le 24 juill. 1245. Il disputa vainement le trône à son frère cadet Alphonse, qui avait été désigné pour le remplacer, et dut se réfugier en Castille.

SANDINO Auguste César (* Niquinohomo, 1894, † Managua, 21.III.1934). Révolutionnaire nationaliste nicaraguayen. Il participa en 1926 à la guerre civile qui opposait l'armée libérale de J.M. Moncada, partisan du vice-président constitutionnel J.B. Sacasa, au président conservateur Adolfo Diaz, soutenu par l'intervention des troupes américaines. En mai 1927, Moncada accepta une paix de compromis qui le fit président de la République (1928/32). Refusant l'accord, Sandino prit la tête de quelques dizaines de Blancs et de 600 Indiens. Cette « Armée de la défense de la souveraineté du Nicaragua » mena pendant plusieurs années un combat de guérilla contre des forces très supérieures en nombre et en armement, réussissant à contrôler la zone frontière avec le Honduras. Alors qu'il avait été invité à Managua par Sacasa, devenu président de la République, il fut arrêté sur l'ordre du chef de la Garde nationale, Anastasio Somoza Garcia, et fusillé. La guerre entre somozistes et sandinistes commençait et se poursuivit durant des années. En 1956, Anastasio Somoza, devenu président de la

République, fut assassiné par un sandiniste ; les sandinistes finirent par s'emparer du pouvoir en 1979. Voir **NICARAGUA.**

SAN FRANCISCO (traité de, 8 sept. 1951). Traité de paix signé à la suite de la Seconde Guerre mondiale entre le Japon et quarante-huit nations (l'Inde, la Birmanie, la Chine nationaliste signèrent des traités de paix séparés en 1952 et 1954). Le Japon reconnaissait l'indépendance de la Corée et renonçait à tous ses droits sur Formose, les Kouriles et le sud de Sakhaline ; il entérinait la tutelle des États-Unis, au nom de l'ONU, sur les archipels ex-japonais du Pacifique. Le traité laissait au Japon le droit d'assurer sa défense individuellement et dans un système d'alliance ; mais les troupes américaines devaient rester au Japon aussi longtemps que celui-ci ne serait pas en mesure d'assurer effectivement cette défense ; le Japon s'engageait à ne pas permettre à d'autres troupes étrangères de stationner sur son sol sans l'accord des États-Unis.

SANGNIER Marc (* Paris, 3.IV.1873, † Paris, 28.V. 1950). Homme politique français. Voir **SILLON.**

SANHÉDRIN. Sénat et haute cour de justice des Juifs, qui siégeait à Jérusalem. Son nom est la forme araméïsée du grec *sunédrion* (conseil, assemblée, tribunal). Le sanhédrin, que la tradition rabbinique prétend faire remonter à Moïse, ne date en fait que de l'époque de la domination des Séleucides. Antiochos III le Grand lui reconnut l'autorité dans les questions d'ordre religieux et civil, mais il ne prit toute sa puissance que sous les Romains, qui ne voulaient pas se mêler des affaires intérieures des Juifs. Composé de soixante-dix membres et d'un président qui portait le titre de *nasi* (prince), le sanhédrin comprenait en son sein les chefs des familles sacerdotales, l'aristocratie laïque et les scribes ou docteurs de la Loi. Sa juridiction s'exerçait théoriquement sur tous les Juifs, même ceux de la Diaspora ; en fait, elle était limitée à la Judée. Haute cour de justice, le sanhédrin prononçait des sentences qui étaient immédiatement exécutoires et sans appel (sauf lorsqu'il s'agissait de la peine de mort, qui devait être confirmée par le procurateur romain). C'est le sanhédrin qui prononça la condamnation à mort de Jésus. Cette institution ne survécut pas à la destruction de Jérusalem (70 apr. J.-C.).

En 1806, à l'instigation de Napoléon Ier, fut convoqué un **grand sanhédrin**, assemblée de notables des communautés de France et d'Italie, composée comme l'ancien sanhédrin de Jérusalem de 71 membres (quarante-cinq rabbins et vingt-six laïcs). Cette assemblée délibéra sur les diverses questions concernant la condition juridique des Juifs de l'Empire, les résultats de ses travaux furent consacrés par les décrets relatifs aux Juifs du 17 mars 1807. Voir **JUIFS. L'émancipation des Juifs dans les pays occidentaux.**

SANKARA Thomas (* Haute-Volta, 21.XII.1949, † Ouagadougou, 15.X.1987). Militaire et homme politique burkinabé. Premier ministre contesté de janv. à mai 1983, il fut arrêté puis il prit la tête du coup d'État de 1983. À la tête d'un Conseil national de la révolution, il engagea alors son pays, rebaptisé Burkina Faso, sur la voie de la révolution sociale. Il mourut lors du coup d'État de Blaise Compaoré le 15 oct. 1987.

SAN MARTÍN José de (* Yapeyú, Corrientes, 27.II. 1778, † Boulogne-sur-Mer, 17.VIII.1850). Général et homme politique latino-américain. Fils d'un colonel espagnol, il fit ses études au collège des Nobles de Madrid et servit comme officier espagnol, notamment dans la guerre contre Napoléon, jusqu'en 1811. Après avoir été initié à la franc-maçonnerie en Angleterre, il rentra à Buenos Aires et fonda en 1812 la loge du Lautaro, qui devait jouer un grand rôle dans l'indépendance de l'Argentine (v.). Il organisa à l'européenne l'armée des insurgés, puis prépara et dirigea avec O'Higgins la campagne de libération du Chili. Franchissant les Andes au col d'Uspallata, à 4 000 m d'altitude, en janv. 1817, il remporta sur les Espagnols les victoires décisives de Chacabuco (12 févr. 1817) et de Maipú (5 avr. 1818) et assura l'indépendance du Chili (v.). Transporté par l'escadre de Cochrane au Pérou, il fit la conquête de ce pays de 1819 à 1821, força le vice-roi à évacuer Lima sans combat, proclama l'indépendance du Pérou (28 juill. 1821) (v.) et fut élu « protecteur » (3 août 1821). Il songea sans doute à se faire proclamer empereur de tous les territoires qu'il avait libérés, mais, à la suite de sa rencontre avec Bolívar à Guayaquil (juill. 1822), il comprit qu'il ne pourrait réaliser cette ambition, d'autant plus qu'une faction hostile s'était soulevée à Lima pendant son absence. Dès le 20 sept. 1822, il renonça au pouvoir, revint en Europe, où il se retira à Bruxelles, puis en France.

SAN REMO (conférence de, 18/26 avr. 1920). Elle réunit les chefs des gouvernements français, anglais et italien (Millerand, Lloyd George, Nitti), au sujet de l'exécution du traité de Versailles. Elle refusa à l'Allemagne une armée de 200 000 hommes (au lieu des 100 000 prévus par le traité). Elle prépara le traité de Sèvres avec la Turquie et attribua à la France le mandat sur la Syrie.

SAN STEFANO (traité de). Traité signé entre la Russie et la Turquie, le 3 mars 1878, au village de San Stefano (auj. *Yesilköy*), près d'Istanbul. Il mettait fin à la guerre russo-turque commencée en avr. 1877. La Russie victorieuse imposait des conditions particulièrement dures à son adversaire : en Arménie, la Turquie devait céder Kars et Batoum ; en Europe, la Russie obtenait la Dobroudja, qu'elle échangeait avec la Roumanie contre la Bessarabie méridionale ; la Serbie et le Monténégro recevaient quelques avantages territoriaux, mais surtout la Russie imposait la création d'une *Grande-Bulgarie* indépendante, allant du Danube à la mer Égée et d'Andrinople à la frontière serbe. Ces exigences équivalaient à un démembrement de la Turquie d'Europe, coupée en plusieurs tronçons.

Le traité de San Stefano souleva immédiatement l'opposition de l'Autriche-Hongrie (qui n'avait pas obtenu la Bosnie-Herzégovine, qu'elle convoitait) et de l'Angleterre (qui voyait dans la Grande-Bulgarie un simple État satellite permettant à la Russie d'accéder enfin aux Détroits et à la Méditerranée). À la suite d'une vive tension anglo-russe, le congrès de Berlin (juin/juill. 1878) révisa le traité de San Stefano et imposa un règlement des problèmes balkaniques qui limitait momentanément les ambitions slaves. Les Bulgares en ressentirent une vive amertume : leur participation aux deux guerres mondiales devait être essentiellement inspirée par le désir de récupérer les frontières de la Grande-Bulgarie du traité de San Stefano. Voir TURQUIE. La question d'Orient.

SANS-CULOTTES. Nom donné par mépris, au début de la Révolution, aux manifestants populaires qui portaient non pas la *culotte*, considérée comme un symbole de l'Ancien Régime, mais le *pantalon* long à rayures. Les révolutionnaires reprirent ensuite ce nom avec fierté. – Le parti montagnard fit appeler **sans-culottides** les fêtes qui se célébraient pendant les cinq jours complémentaires qui terminaient l'année du calendrier républicain.

SANTA ANNA Antonio López de (* Jalapa, 21.II. 1794, † Mexico, 20.VI.1876). Homme politique mexicain. Il participa à la guerre d'indépendance aux côtés d'Iturbide, qu'il avait rallié en 1821, mais s'opposa au sacre impérial de celui-ci (1823). Après la chute d'Iturbide, Santa Anna porta Guerrero à la présidence de la République, puis Bustamante, avant de se faire élire lui-même président en 1833. Sa politique centralisatrice provoqua la sécession du Texas en 1836 ; Santa Anna prit Alamo mais fut écrasé par les Texans à San Jacinto (21 avr. 1836) et fait prisonnier ; il parvint à s'évader quelques mois plus tard. Il défendit Veracruz contre les Français en 1838 et, en 1841, renversa Bustamante. En 1844, abandonné par l'armée, il dut quitter le pouvoir. Après avoir participé à la lutte contre les États-Unis (1846/47), il fut élu « dictateur à vie », après la révolution de 1853. Il fut évincé en 1855 par les libéraux d'Álvarez. Après l'exécution de l'empereur Maximilien (1867), qu'il avait accepté de servir, il tenta une nouvelle fois de reprendre le pouvoir mais fut fait prisonnier et condamné à mort. Juárez le gracia. Voir MEXIQUE. De l'indépendance à la chute de Porfirio Diaz (1821-1911).

SANTER Jacques (Wasserbillig, 18.IV.1937). Homme politique luxembourgeois. Catholique pratiquant, il milita au sein du parti des chrétiens-sociaux, dont il devint le secrétaire général en 1973. Jacques Santer aborda les questions européennes comme député au Parlement de Strasbourg de 1975 à 1979. À partir de 1984, il occupa sans discontinuer le poste de Premier ministre au sein de gouvernements de coalition. Homme de compromis, il succéda à Jacques Delors à la tête de la Commission de l'Union européenne en janv. 1995. En mai 1999, une polémique portant sur la gestion financière de la Commission européenne provoqua la démission collective des commissaires européens et de leur président Jacques Santer, remplacé alors par Romano Prodi.

SÃO TOMÉ ET PRÍNCIPE. État africain formé par deux îles du golfe de Guinée, au large de l'Afrique occidentale, São Tomé et Príncipe ; capitale *São Tomé.* Découvertes par les Portugais vers 1470 et probablement inhabitées à cette date, ces îles furent peuplées à partir de 1493 par des criminels, puis érigées en colonie en 1522. L'exploitation de la canne à sucre s'y développa, mais les îles, étape sur la route des Indes, furent aussi un centre important de la traite des Noirs. Elles furent occupées par les Hollandais de 1641 à 1644. À la fin du XIXe s., leur économie, longtemps déclinante, prit un nouvel essor avec l'introduction du cacao. En 1951, São Tomé et Príncipe devinrent, comme les autres colonies portugaises, une province portugaise d'outre-mer. À la suite de la chute du régime salazariste, elles obtinrent leur indépendance le 12 juill. 1975.

La ressource essentielle du pays étant la culture du cacao – pour l'exportation –, la chute de ses cours accrut la dépendance du pays à l'égard de l'aide internationale. La démocratisation du régime se concrétisa par l'adoption, en 1990, d'une Constitution multipartite et par l'organisation, l'année suivante, d'une élection présidentielle libre, remportée par Miguel Trovoada, candidat de l'opposition. Cette récente démocratisation fut fragilisée par une grave crise économique et sociale. En 1988, le pays était le plus endetté d'Afrique, malgré une sévère politique de restructuration et l'aide du FMI. Cette situation favorisa en 1988 le retour au pouvoir du Mouvement de libération de São Tomé et Príncipe (MLSTP), l'ancien parti unique qui dirigea le pays jusqu'en 1991.

SAOUDITE (Arabie). État occupant la plus grande partie de la péninsule Arabique, de la mer Rouge au golfe Persique. Voir ARABIE SAOUDITE.

SAPOR ou **SHAPOUR Ier.** Roi sassanide de Perse (241/72). Fils et successeur d'Ardachir Ier, il conforta les frontières orientales de l'Empire et se retourna, à l'ouest, contre la puissance romaine. L'empereur Philippe l'Arabe dut lui abandonner l'Arménie et la Mésopotamie en 244. Sapor/Shapour envahit la Syrie et la Cappadoce, captura l'empereur Valérien (260), qui commandait l'armée romaine d'Orient, et le garda en captivité jusqu'à la mort. Les souverains de Palmyre, alliés de Rome, le refoulèrent et lui reprirent la Mésopotamie (264). Sapor/Shapour Ier donna à la monarchie sassanide ses caractères définitifs et consacra le mazdéisme (v.) religion d'État.

SAPOR ou **SHAPOUR II.** Roi sassanide de Perse (309/79). Arrière-petit-fils de Sapor/Shapour Ier, il réaffirma sa domination sur le royaume des Kouchâns à l'est et livra aux Romains trois guerres (337/50, 359/61 et 371/76) qui portèrent à son apogée la puissance sassanide. L'empereur Julien fut tué en le combattant et son successeur Jovien dut abandonner à la Perse les conquêtes de Dioclétien (Arménie et nord-est de la Mésopotamie). Le règne de Sapor/Shapour II fut marqué par la lutte contre le christianisme auquel se ralliait l'Empire romain et par un renforcement du mazdéisme (v.) officiel.

SARADJOGLOU Sükrü (* Ödemis, près de Smyrne, 1887, † Istanbul, 27.XII.1953). Homme politique turc. Directeur de l'École de commerce de Smyrne, il rallia le mouvement de Moustafa Kémal, fut ministre des Finances dans le cabinet Ismet Pacha (1927/30) et procéda à la stabilisation de la monnaie turque. Ministre de la Justice (1933), puis des Affaires étrangères (1938/42), il réussit à maintenir la neutralité turque au début de la Seconde Guerre mondiale ; devenu président du Conseil (1942/46), il voulait préserver la Turquie des ambitions soviétiques sur les Détroits, et déclara la guerre au Reich et au Japon (févr. 1945). Il se retira de la vie politique en 1950. Voir TURQUIE. La Turquie contemporaine (depuis 1938).

SARAGAT Giuseppe (* Turin, 12.IX.1898, † Rome 12.VI.1988). Homme politique italien. Il s'exila sous le fascisme de 1926 à 1943 et participa en 1930 à la réunion de toutes les tendances socialistes de l'émigration. Président de l'Assemblée constituante (1946/47), il provoqua une scission du parti socialiste italien (1947) et prit la tête des sociaux-démocrates au sein du parti socialiste des travailleurs italiens, puis, en 1952, dans le parti social-démocrate italien (PSDI), dont il fut secrétaire général jusqu'en 1963. Plusieurs fois ministre, il approuva l'adhésion italienne au pacte atlantique (1949) et fut vice-président du Conseil (1954/57). Battu par Segni à l'élection présidentielle de 1962, il fut ministre des Affaires étrangères de Fanfani et Moro (1962/64), avant d'être élu président de la République (1964/71) après la démission de Segni.

SARAJEVO. Capitale de la Bosnie-Herzégovine (v.), sur la Miljacka. Elle se développa autour d'un camp militaire établi par le sultan Mahomet II en 1463. Appelée *Bosna-Seraï* au temps de la domination turque, elle fut jusqu'en 1878 la résidence du pacha de Bosnie. Les troupes du Prince Eugène l'occupèrent le 21 oct. 1697. À la suite du congrès de Berlin, qui plaça la Bosnie-Herzégovine sous l'occupation militaire de l'Autriche-Hongrie (1878), elle devint le siège du gouvernement militaire austro-hongrois. Le 28 juin 1914, l'archiduc héritier François Ferdinand et sa femme y furent assassinés par un terroriste serbe, Gavrilo Princip, membre de l'organisation secrète Mlada Bosna, qui recevait ses armes de l'association nationaliste serbe de la Main noire. Ce crime fut l'étincelle qui déclencha la Première Guerre mondiale.

Capitale de la République yougoslave de Bosnie-Herzégovine depuis 1945, Sarajevo fut, en 1984, le siège des jeux Olympiques d'hiver. En 1992, dès la proclamation de l'indépendance de la Bosnie-Herzégovine, la ville, capitale du nouvel État, fut attaquée et assiégée par les forces fédérales de Yougoslavie, dominées par les Serbes. Soumis aux tirs des *snipers* (tireurs isolés) et aux bombardements des Serbes de Bosnie, les habitants de la ville, musulmans, Croates et Serbes confondus, combattirent ensemble l'agresseur. Malgré la présence de 3 000 soldats de l'ONU, la ville fut assiégée pendant vingt-deux mois, d'avr. 1992 à févr. 1994 et devint le symbole de la guerre en ex-Yougoslavie. En févr. 1994, l'OTAN réussit à imposer aux forces serbes de se redéployer au-delà d'un périmètre de 20 km autour de la ville. Suivant les accords de paix, les forces serbes durent évacuer en 1996 les quartiers qu'elles contrôlaient, ce qui provoqua l'exode d'une grande partie des habitants serbes.

SARDAIGNE, ***Sardegna.*** Grande île italienne de la Méditerranée, au S. de la Corse. Habitée au début du IIIe millénaire (culture d'Ozieri), elle entretint très tôt d'actives relations avec l'Espagne. L'apogée de la civilisation du bronze (vers 1200/700 av. J.-C.) s'y manifeste par de nombreux monuments (dolmens, tombes des géants, bétyles) qui témoignent d'une vie religieuse développée, et par un type original de construction dont l'élément fondamental est le *nouraghe*, tout en forme de tronc de cône, en grosses pierres appareillées sans ciment. Les Phéniciens établirent en Sardaigne plusieurs comptoirs importants : *Nora Sulcis, Caralis* (Cagliari), *Tharros* (Torre di San Giovanni), mais ils se heurtèrent bientôt à la concurrence des Phocéens, qui fondèrent *Olbia* (Terranova). La victoire de la coalition punico-étrusque sur les Phocéens à Alalia (535) fit passer la Sardaigne dans la zone d'influence carthaginoise. Mais les Romains s'attaquèrent à l'île dès 259 av. J.-C., dont ils s'emparèrent après la guerre des Mercenaires (238). La Sardaigne et la Corse formèrent ensemble la deuxième « province » romaine (après la Sicile). La pacification fut cependant très difficile : elle semblait achevée en 27 av. J.-C., lorsque la Sardaigne, détachée administrativement de la Corse, fut érigée en province sénatoriale, mais, vers 66 de notre ère, on dut la transformer en province impériale, occupée par les légions. En raison des fièvres qui y sévissaient, l'île formait un séjour peu enviable et elle servit, aux IIe/IIIe s., de lieu de déportation (notamment pour les chrétiens) : les condamnés étaient employés au travail des mines.

Occupée vers 436 par les Vandales, qui y déportèrent des évêques d'Afrique, elle fut reconquise par le général byzantin Bélisaire en 534, mais les Byzantins ne purent empêcher les Arabes de s'y installer solidement, au milieu du VIIIe s. C'est après une lutte de vingt ans que les Sardes, aidés de Pise et de Gênes, parvinrent à délivrer leur île (1022). Génois et Pisans tentèrent alors de se partager la Sardaigne, les premiers au N., les seconds au S. (1175). Les Pisans reçurent l'aide de l'empereur Frédéric II, dont le fils, Enzio, fut proclamé en 1242 roi de Sicile. À la chute des Hohenstaufen, Pise fut chassée par les Génois, vainqueurs à la bataille navale de la Meloria (1284). En 1297, le pape Boniface VIII attribua la souveraineté de la Sardaigne à l'Aragon, qui prit effectivement possession de l'île en 1325.

La Sardaigne passa ensuite à l'Espagne, qui la conserva jusqu'au traité d'Utrecht (v.) (1713), lequel la donna à l'Autriche. En 1720, l'empereur Charles VI, désireux de reconstituer le royaume de Naples, échangea la Sardaigne avec le duc de Savoie, contre la Sicile. Ainsi naquirent les États sardes ou royaume de Sardaigne, réunissant l'île et les possessions continentales de la maison de Savoie (v. **Savoie**). En 1861, la Sardaigne fut intégrée au nouveau royaume d'Italie. Elle constitue depuis 1948 une région autonome de la République italienne, avec son Assemblée régionale et son gouvernement particulier.

SARDANAPALE. Roi d'Assyrie légendaire, mentionné par les historiens grecs. Ayant été assiégé dans Ninive par les Mèdes, et se voyant perdu, il aurait fait brûler son palais et se serait jeté lui-même dans l'immense bûcher, avec ses femmes et ses trésors. La légende de Sardanapale identifie vraisemblablement deux événements distincts mais presque contemporains : la révolte de Shamash-Shoum-Oukîn, roi de Babylone, contre son frère Assourbanipal, roi d'Assyrie (652/48) ; cette révolte attira sur Babylone une féroce répression et se termina par le suicide de Shamash-Shoum-Oukîn dans son palais incendié ; et, d'autre part, la prise de Ninive par Nabopolassar gouverneur du Pays de la Mer (Sumer), allié des Mèdes, en 612 av. J.-C.

SARGON l'Ancien, Sharroum-kin. Fondateur de la dynastie d'Akkad (v. **Akkadiens**) (vers 2334/2279 av. J.-C.). Grand conquérant, il renversa l'Empire sumérien (v. **Sumériens**) de Lougalzagesi et étendit sa domination du golfe Persique à la Cappadoce, et de l'Élam à la Syrie. Mais son œuvre brillante et rapide, fut menacée vers la fin de son règne par plusieurs révoltes, qui continuèrent jusqu'au règne de son petit-fils, Naram-Sin (XXIIIe s.).

SARGON Ier. Roi d'Assyrie (v.)(milieu du XIXe s. av. J.-C.). Il étendit son influence jusqu'à la Cappadoce.

SARGON II. Roi d'Assyrie (v.) (721/05 av. J.-C.). Il succéda à Salmanassar V sur le trône d'Assyrie, s'empara de Samarie et détruisit le royaume d'Israël (721) ; une grande partie de la population fut déportée et remplacée par des colons du sud de la Mésopotamie. Sargon dut faire face à une coalition de princes syriens et de l'Égypte, qu'il affronta à Qarqar et vainquit à Raphia (720). En 717, il annexa Karkemish, puis réduisit les principautés néohittites du Taurus et s'empara du royaume d'Ourartou en 714. Il put alors se retourner contre la Babylonie révoltée (710), puis vaincre les Philistins et soumettre Chypre au paiement d'un tribut. Au sommet de sa puissance, il se fit construire un nouveau palais dans sa nouvelle capitale, Doûr-Sharroukîn (actuelle Khorsabad). Mais, à peine eut-il le temps de l'inaugurer qu'il périt lors d'une campagne en Anatolie. Son fils Sennachérib sut maintenir l'autorité de la nouvelle dynastie sur le vaste empire assyrien.

SARMATES. Peuple iranien qui formait une confédération de tribus et auquel se rattachaient également les Roxolans, les Alains (v.) et les Iazyges. Par leur langue, leur genre de vie et leurs techniques guerrières, ils étaient très proches des Scythes. D'abord établis en Asie centrale, au N. de la mer d'Aral, ils se mirent en marche vers l'Ouest au VIe s. av. J.-C., et, à partir du IVe s., ils soumirent à une pression croissante les Scythes du Kouban et de l'Ukraine, qu'ils refoulèrent peu à peu vers la Crimée, avant de les absorber complètement. Vers le Ier s. av. J.-C. commencèrent de nouvelles migrations : les Roxolans pénétrèrent dans les régions danubiennes ; les Iazyges se fixèrent un moment entre le Danube et la Tisza ; les Sarmates pénétrèrent en Mésie (v.) et en Dacie (v.) où ils se heurtèrent aux Romains. Les migrations des Goths (IIIe s. apr. J.-C.), puis des Huns (IVe s.), anéantirent les Sarmates.

SARMIENTO Domingo Faustino (* San Juan de la Frontera, 14.II.1811, † Asunción, Paraguay, 11.IX. 1888). Homme politique argentin. Fils d'un Chilien fixé en Argentine, il s'exila pendant la dictature de Rosas et s'établit au Chili. Passionné par les questions d'éducation (on l'a surnommé « le maître d'école »), il séjourna aux États-Unis et fut conquis par le système pédagogique et politique américain. Il publia des ouvrages et des journaux scolaires et fonda en 1842, au Chili, la première école normale d'Amérique latine.

Après plusieurs tentatives malheureuses, il rentra enfin en Argentine, à la chute de Rosas (1852), et devint directeur de l'Instruction publique. Principal chef des démocrates « conciliateurs », il contribua à l'accord de nov. 1859 qui fit rentrer Buenos Aires dans la confédération. Ambassadeur au Chili (1864), puis aux États-Unis (1865), il fut élu président de la République, comme successeur de Mitre, sans avoir posé sa candidature. Durant son mandat (1868/74), il termina la guerre contre le Paraguay (1870), favorisa le grand mouvement d'immigration qui devait mettre fin à l'ère créole et se consacra surtout au développement de l'enseignement, sur le modèle américain.

SARNEY José (Pineiro, 30.IV.1930). Homme politique brésilien. Membre du parti gouvernemental, l'ARENA, il fut élu à trois reprises député, puis gouverneur de sa province d'origine, le Maranhao (1965/70).

Dirigeant du PDS, avatar modéré de l'ancienne ARENA, depuis 1980, il s'opposa, en 1984, à la candidature présidentielle d'un des hommes forts du régime, Paulo Salim Maluf, et rejoignit le candidat de l'opposition, Tancredo Neves, dont il devint le colistier. Élu vice-président en janv. 1985, il prêta serment pour l'investiture présidentielle, à la place de Neves, décédé un mois après son élection. Il resta au pouvoir jusqu'en 1989.

SARRASINS. Nom donné par les chrétiens du Moyen Âge à tous les musulmans, Arabes, Berbères ou autres. Il viendrait du nom d'une peuplade d'Arabie, lui-même issu de l'arabe *charqiyin*, « orientaux ».

SARRAUT Albert (* Bordeaux, 28.VII.1872, † Paris, 26.XI.1962). Homme politique français. Député, puis sénateur radical-socialiste, gouverneur de l'Indochine (1911/14, 1916/19), il était considéré comme un spécialiste des questions d'outre-mer et fut à plusieurs reprises ministre des Colonies (1920/24, 1932/33). Ministre de l'Intérieur dans le cabinet d'union nationale de Poincaré (1926/28), il fut deux fois président du Conseil (oct./nov. 1933, janv./juin 1936). Son second cabinet fut marqué, à l'extérieur, par la remilitarisation de la Rhénanie (v.), à l'intérieur, par la dissolution des ligues d'extrême droite et par la victoire du Front populaire aux scrutins des 26 avr. et 6 mai 1936. Sarraut continua à faire partie des divers gouvernements qui se succédèrent jusqu'à la défaite de 1940. Sous la IVe République, il fut élu en 1951 président de l'Assemblée de l'Union française.

SARRE, *Saarland.* Land et région minière et industrielle de l'Allemagne occidentale, au N. de la Lorraine et à l'E. du Luxembourg. En 1794, Sarrebruck fut annexé par la France, et sous la Révolution et le premier Empire exista un département français de la Sarre (1795/1814), qui comprenait, outre la Sarre actuelle, les villes de Trèves et de Prüm. La France, qui avait gardé Sarrelouis et Sarrebruck au premier traité de Paris (1814), les perdit en 1815. Toute la Sarre passa alors à la Prusse et fut incluse en 1824 dans la province de Rhénanie. La Sarre ne constitue une réalité politique que depuis le traité de Versailles (1919).

Le développement industriel de la région ne commença vraiment qu'après 1871, simultanément avec l'exploitation des mines de charbon. Au lendemain de la Première Guerre mondiale, Clemenceau réclama l'annexion de la Sarre à la France, mais se heurta au président Wilson : le traité de Versailles (art. 49 à 50) plaça pour une durée de quinze ans le territoire de la Sarre sous l'administration de la SDN, mais transféra la propriété des mines de charbon à la France, à titre de dommages de guerre ; au terme de ce délai de quinze années (qui commençait le 10 janv. 1920), les habitants de la Sarre devaient être consultés sur le maintien de l'administration internationale ou le rattachement à l'Allemagne ou à la France. Au plébiscite du 13 janv. 1935, organisé sous le contrôle de la SDN, les Sarrois se prononcèrent, à une majorité de 90,5 %, en faveur du rattachement au Reich, qui devint effectif le 1er mars 1935 ; conformément aux dispositions du traité de Versailles, l'Allemagne racheta les mines de charbon sarroises à la France.

Comprise en 1945 dans la zone d'occupation française, la Sarre fut pratiquement séparée de l'Allemagne et pourvue en 1947 d'un gouvernement particulier, la France étant chargée de la Défense et des Affaires étrangères. La France avait obtenu un rapprochement économique avec la Sarre par la création d'une union douanière en 1948 et l'obtention d'un bail de 50 ans sur les charbonnages sarrois en 1950. Cependant, la question sarroise constituait un des principaux obstacles au rapprochement franco-allemand et à la construction européenne. Lors du référendum du 23 oct. 1955, les Sarrois rejetèrent tout compromis (accords Mendès France/Adenauer du 23 oct. 1954) et demandèrent le rattachement de la Sarre à l'Allemagne. Conformément aux accords Mollet-Adenauer (4 juin 1956), la Sarre fut rattachée le 1er janv. 1957 à la RFA. L'intégration économique de la Sarre à l'Allemagne fut achevée dès le 6 juill. 1959.

SARRIEN Jean Marie Ferdinand (* Bourbon-Lancy, 25.X.1840, † Paris, 28.XI.1915). Homme politique français. Député radical (1876), il exerça diverses fonctions ministérielles avant d'accéder à la présidence du Conseil (mars/oct. 1906). Son cabinet, dans lequel Briand et Clemenceau furent pour la première fois ministres, fut marqué à l'intérieur par l'arrêt de la Cour de cassation annulant la condamnation de Dreyfus ; à l'extérieur, par la conférence d'Algésiras.

SARTZETAKIS Christos (Salonique, 6.IV.1929) Homme politique grec. Juge d'instruction, célèbre pour son courage et son intégrité, il fut arrêté à plusieurs reprises pendant la dictature des colonels. Soutenu par le PASOK (socialiste), il fut élu président par le Parlement, pour un mandat de cinq ans, le 29 mars 1985. En 1990, il céda la place à Constantin Caramanlis (v.).

SASSANIDES. Dynastie perse qui, après la ruine de l'empire des Parthes (v. PARTHIE), fonda en 224 de notre ère un nouvel empire qui fut détruit par les Arabes en 651. À la différence des Arsacides, qui s'étaient montrés volontiers ouverts à l'hellénisme, les Sassanides voulurent rompre avec la période hellénistique et renouer avec les traditions des Achéménides (v.). Leur monarchie centralisée trouva son unité mystique dans la religion iranienne, le mazdéisme zoroastrien (v.). Les plus grands souverains de cette dynastie, qui mena de longues luttes contre les Romains et les Byzantins, furent Sapor/Shapour Ier, Sapor/Shapour II, Chosroès Ier et Chosroès II. Voir ces noms et IRAN. L'empire des Sassanides (224/651).

SASSOU-NGUESSO Denis (Edou, 1943). Homme politique congolais. Juste après l'indépendance du Congo, il s'est engagé en 1961 dans l'armée. Marxiste, il participa activement au soulèvement qui renversa le régime de l'abbé Fulbert Youlou en août 1963, puis, en 1968, au mouvement insurrectionnel qui porta au pouvoir le commandant Marien Ngouabi. Cofondateur en 1969 du parti congolais du travail (PCT), il prit la tête, en 1979, d'un mouvement d'opposition à Joachim Yhombi-Opango, qui démissionna de ses fonctions de chef d'État. En mars 1979, D. Sassou-Nguesso fut porté à la présidence du parti et, conformément à la Constitution, devint président de la République populaire du Congo. Il dirigea le pays de 1979 à 1992, date à laquelle il fut battu à l'élection présidentielle par Pascal Lissouba. Victorieux de la guerre civile de 1997, il se fit proclamer chef de l'État (oct. 1997) et forma un gouvernement d'union nationale. Voir CONGO.

SATÔ Eisaku (* Tabuse, 27.III.1901, † Tôkyô, 2.VI.1975). Homme politique japonais. Fils d'un brasseur de saké, d'une famille d'anciens samouraïs, il fit une brillante carrière dans la haute administration et le parti libéral. Pourvu d'un poste ministériel par l'administration américaine d'occupation en 1947, il fut élu député libéral en 1949 et joua un rôle politique de plus en plus important, dans le sillage de Shigeru Yoshida (v.). Chef du parti libéral-démocrate et Premier ministre de nov. 1964 à juin 1972, il normalisa les relations avec la Corée du Sud et renouvela en 1970 le traité d'alliance avec les États-Unis, qui lui accordèrent la rétrocession d'Okinawa ; sous son administration, le Japon connut une expansion économique sans précédent. Il reçut en 1974 le prix Nobel de la paix.

SATRAPES. Nom donné, dans l'Empire perse achéménide, aux gouverneurs de provinces. Leur autorité s'exerçait en matière administrative, judiciaire et militaire. Darius Ier avait divisé l'Empire en vingt satrapies. Comme les satrapes, peu nombreux et pourvus de vastes gouvernements, pouvaient être tentés de prendre leurs distances avec le pouvoir central, Darius avait organisé un corps spécial de courriers et, semble-t-il, d'inspecteurs royaux, chargés non seulement de transmettre rapidement les instructions du roi et de contrôler leur bonne application, mais encore de surveiller les satrapes. Les satrapes devaient fournir régulièrement un tribut en argent ou en nature au trésor royal. Leur richesse, considérable, provenait des domaines que leur distribuait le souverain dans leur satrapie. Les satrapes disposaient d'une grande marge de manœuvre, ce qui a pu donner à penser qu'ils étaient quasiment indépendants. En réalité, risquant la destitution à tout moment, leur politique visait toujours à conserver la faveur du roi, souvent au prix d'âpres rivalités avec leurs collègues. Rares furent les révoltes de satrapes. Dans l'empire d'Alexandre le Grand, la satrapie resta l'organisation locale, mais Alexandre enleva aux satrapes leurs pouvoirs militaires. Il en fut de même dans la monarchie des Séleucides. Voir IRAN. L'empire de Darius.

SAÜL. Premier roi d'Israël (vers 1030/10 av. J.-C.), selon la tradition. Membre de la tribu de Benjamin, il se distingua par un heureux coup de main contre le poste philistin de Guibéa. Pressé de désigner un roi, soit par les Hébreux, soit par Dieu lui-même, le juge Samuel (v.) choisit Saül et lui conféra l'onction. Ainsi, la royauté israélite présenta dès sa naissance un caractère religieux. Le règne de Saül fut marqué par d'incessantes guerres contre les Philistins (v.), les Moabites, les Ammonites, les Édomites et les Amalécites. Mais Saül ayant voulu s'émanciper de la tutelle sacerdotale et agir de sa propre autorité, Samuel se sépara de lui et se rapprocha du jeune David. Celui-ci, appelé à la cour de Saül, distrayait le roi de sa mélancolie en jouant de la harpe. Il devint l'ami du fils de Saül, Jonathan, et épousa sa fille, Michol. Mais, soupçonnant David de vouloir lui ravir le trône, Saül tenta à plusieurs reprises de le faire périr. David finit par se réfugier chez les Philistins. Ceux-ci remportèrent sur Saül une victoire complète à Gelboé : ayant perdu au cours de la bataille trois de ses fils, y compris Jonathan, Saül se perça de son épée. David lui succéda. Voir ISRAËL **(Histoire du peuple d')**. Des origines à la scission des royaumes d'Israël et de Juda.

SAVARY Anne Jean Marie René, duc de Rovigo (* Marcq, Ardennes, 26.IV.1774, † Paris, 2.VI.1833). Général et homme politique français. Aide de camp de Desaix (v.) en Égypte et à Marengo, puis aide de camp de Bonaparte, nommé colonel de la gendarmerie d'élite consulaire (1801), il joua auprès de son maître un rôle de chef de la police secrète et fut chargé de procéder à l'exécution du duc d'Enghien (v.) (20 mars 1804). Général de division en 1805, il se distingua dans les campagnes d'Allemagne et de Pologne (1806/07) et, après Friedland, fut fait duc de Rovigo (1808). Envoyé en Espagne, il décida Charles IV et Ferdinand à se rendre au guet-apens de Bayonne (1808) et conserva le commandement en chef de l'armée d'Espagne jusqu'à l'arrivée du roi Joseph Bonaparte. Successeur de Fouché au ministère de la Police (1810), il ne sut pas prévenir la conspiration de Malet (v.) (1812), mais resta jusqu'au bout fidèle à l'Empereur. La monarchie de Juillet le rappela à l'activité, et il fut nommé commandant en chef en Algérie (1831/33).

SAVOIE. Région du sud-est de la France, dans les Alpes, s'étendant le long de la frontière italienne, du lac Léman jusqu'à l'Arc. Peuplée vers le milieu du Ier millénaire avant notre ère par les tribus celtes des Allobroges (v.), des Centrones, des Nantuates, des Veragri, elle fut soumise par les Romains en 121 av. J.-C., mais la pacification de ce pays montagneux ne fut achevée qu'à l'époque d'Auguste. D'abord comprise dans les provinces de Narbonnaise et des Alpes-

Graies-et-Pennines (Ier/IIIe s.), elle fut partagée, après la réorganisation de Dioclétien, entre les provinces des Alpes-Graies-et-Pennines, de Narbonnaise IIe et de Viennoise. Le nom de *Sapaudia*, d'où dérive le nom actuel, n'apparaît que dans la seconde moitié du IVe s. Envahie par les Burgondes (v.) en 443, la Savoie passa ensuite dans le royaume franc (532), puis, au traité de Verdun(843), dans le royaume de Lothaire. Elle fit partie du royaume de Bourgogne (888) et, à la suite de la renonciation de Rodolphe III, elle fut réunie au Saint Empire romain germanique par Conrad II le Salique (1032). Dès cette époque, le seigneur le plus puissant de la région était le comte Humbert Ier aux Blanches-Mains, chef historique de la maison de Savoie (v.). Annexée par la France en 1796, la Savoie forma jusqu'en 1814 le département du Mont-Blanc et une partie de celui du Léman. À la chute de Napoléon, elle fut restituée à ses anciens souverains, mais elle revint à la France par le traité de Turin (24 mars 1860), cession confirmée par un plébiscite des habitants. La Savoie forme depuis lors les départements français de Savoie et de Haute-Savoie.

SAVOIE (maison de). Famille qui régna depuis le XIe s. sur la Savoie et le Piémont et, de 1861 à 1946, sur l'Italie.

D'origine incertaine, issue soit d'une famille locale gallo-romaine, soit d'une famille comtale venue de la Champagne et de la Bourgogne, la maison de Savoie n'apparaît avec certitude que dans la première moitié du XIe s., avec Humbert Ier aux Blanches-Mains († vers 1056). Ayant aidé Rodolphe III de Bourgogne, puis l'empereur Conrad le Salique, Humbert étendit ses possessions sur une partie de la Maurienne, du Chablais, de la Tarentaise ; il prit pied au Piémont, dans le Val d'Aoste. Par son mariage avec Adélaïde de Suse, Odon Ier, fils et second successeur d'Humbert Ier, acquit le marquisat de Turin (avec Suse, Ivrée et Pignerol). Gardienne des « monts », des cols du Mont-Cenis et du Saint-Bernard, la maison de Savoie jouissait d'une position privilégiée entre la France, l'Allemagne et l'Italie, mais, pour sauvegarder son indépendance, elle dut maintes fois changer de parti, d'abord durant les luttes médiévales entre l'Empire et le Saint-Siège, puis, à partir du XVIe s., au cours des guerres de la France contre les Habsbourg. Cette politique changeante permit aux comtes de Savoie d'étendre peu à peu leurs possessions. Humbert III (1148/89) soutint le pape contre l'empereur Frédéric Ier Barberousse. Son successeur, Thomas Ier (1189/1233), acquit de nouveaux territoires dans le Piémont, s'installa dans le pays de Vaud et le Valais. À sa mort, ses possessions furent partagées : Thomas II obtint le Piémont, qui ne fut définitivement réuni aux autres États de la maison de Savoie qu'en 1418.

Au XIVe s., les comtes de Savoie, qui avaient reçu de l'empereur Charles IV le titre de « vicaires impériaux » du royaume d'Arles, se tournèrent surtout vers l'Italie. Amédée VI (1343/83), ayant signé avec la France un traité qui fixait les limites de la Savoie et du Dauphiné (1355), poursuivit l'acquisition du pays de Vaud et du Valromey, et intervint aussi à plusieurs reprises dans les querelles italiennes. Son successeur, Amédée VII (1383/91), acquit le comté de Nice. Amédée VIII (1391/1440) fait duc de Savoie par l'empereur Sigismond (1416), réincorpora définitivement le Piémont, acheta le comté de Genevois, annexa Verceil (1427) et obtint la suzeraineté sur le Montferrat ; par les *Statuts* ou *Réformes universelles de Savoie* (1430), il travailla à l'unification législative de ses États. Il fut même pape sous le nom de Félix V (1440/49).

Du XVe au XVIIe s.

Après quatre siècles de progrès continus, la maison de Savoie connut un grave déclin entre 1440 et 1550, alors qu'elle était menacée par les visées françaises en Italie et par la Réforme helvétique. Bernois, Valaisans et Fribourgeois acquirent des territoires considérables aux dépens du duché de Savoie, et tout le bassin du Léman devint suisse (1536). La Savoie fut occupée presque totalement par la France, qui voulait s'assurer les cols des Alpes pour ses descentes en Italie, mais Charles III réussit à conserver Nice, Coni, Asti, Verceil et Fossano. Son successeur, Emmanuel-Philibert (v.), ne put entrer en possession du reste de ses États, mais, à la tête de l'armée espagnole, il remporta sur les Français la grande victoire de Saint-Quentin (1557). Au traité du Cateau-Cambrésis (1559), il obtint la restitution de ses territoires cisalpins, puis, aux traités de Lausanne (1564) et d'Évian (1569), il força Bernois et Valaisans à lui rendre le pays de Gex, le Genevois (sans Genève) et le Chablais. En Italie, il acquit Tende (1575) et Oneglia (1576). C'est lui encore qui établit la capitale de la Savoie à Turin (1562) et qui instaura une monarchie absolue favorable à la Réforme catholique.

Son successeur, Charles-Emmanuel Ier (1580/1630), dut céder à la France, par le traité de Lyon (1601), le pays de Gex, le Valromey, la Bresse et le Bugey, mais il se fit confirmer la possession de Saluces dans le Piémont, qu'il avait conquis en 1588 ; en revanche, son expédition contre Genève (nuit de l'« Escalade », 11/12 déc. 1602) échoua. S'étant allié avec l'Espagne, Charles-Emmanuel Ier avait vu ses États envahis par les armées françaises, mais son fils, Victor-Amédée Ier (1630/37), en se rapprochant de Richelieu, réussit à redresser la situation ; il céda Pignerol à la France, mais obtint une partie du Montferrat (1631). Après lui, la maison de Savoie tomba sous une sorte de protectorat français.

Pour recouvrer son indépendance, Victor-Amédée II (1675/1730) entra en 1690 dans la Grande Alliance de La Haye contre Louis XIV. Après l'occupation de ses États par Catinat (1694), il fut contraint de revenir à l'alliance française (1696), mais il la rompit de nouveau en 1703, durant la guerre de la

Succession d'Espagne. Le Piémont fut de nouveau envahi par les Français, puis délivré par la victoire du Prince Eugène à Turin (1706).

La maison de Savoie et l'unité italienne

À la paix d'Utrecht (1713), la maison de Savoie obtint le Montferrat, qu'elle convoitait depuis longtemps, une partie du Milanais (Alexandrie) et le royaume de Sicile, qu'elle fut bientôt obligée par les grandes puissances d'échanger contre la Sardaigne (1720). Portant désormais le titre de « rois de Sardaigne », les princes de cette maison, combattant d'abord aux côtés de la France dans la guerre de la Succession de Pologne (v.), puis aux côtés de l'Autriche dans la guerre de la Succession d'Autriche (v.), élargirent leurs possessions lombardes en 1738 et en 1748. Sous le règne de Charles-Emmanuel III (1730/73), les États sardes bénéficièrent des réformes du « despotisme éclairé ».

D'esprit plus traditionaliste, Victor-Amédée III (1773/96) posa cependant les bases de la puissance militaire piémontaise. Adversaire résolu de la Révolution française, il accueillit dans son pays de nombreux émigrés et, dès 1792, fut attaqué par la France, qui annexa Nice et la Savoie. Après avoir résisté pendant quatre ans sur les Alpes, les troupes piémontaises furent bousculées par Bonaparte en 1796, et Victor-Amédée mourut peu après avoir dû signer l'armistice de Cherasco (28 avr. 1796). Son successeur, Charles-Emmanuel IV (1796/1802), se retira en Sardaigne (1798), tandis que les possessions continentales de la maison de Savoie étaient occupées, puis annexées (1799) par la France. Victor-Emmanuel Ier (1802/21), qui s'était maintenu en Sardaigne durant toute l'époque napoléonienne, rentra en possession de ses États en 1815 et obtint en outre le grand port de Gênes.

À partir de ce moment, l'histoire de la maison de Savoie se confondit de plus en plus avec celle de l'Italie. La période d'annexion française avait donné une grande vigueur aux idées libérales, qui ne cessèrent de se répandre dans la bourgeoisie et inspirèrent les sociétés secrètes du carbonarisme. Les révoltes de Turin et d'Alexandrie (janv./mars 1821) obligèrent Victor-Emmanuel Ier à abdiquer (13 mars 1821) en faveur de son frère, Charles-Félix (1821/31). Le nouveau souverain étant absent, la régence fut donnée à Charles-Albert, de la branche cadette des Savoie-Carignan. Mais les mesures libérales prises par le régent furent aussitôt abolies par Charles-Félix, qui s'appuyait sur les troupes autrichiennes ; celles-ci écrasèrent les révolutionnaires piémontais près de Novare (8 avr. 1821) et entrèrent à Turin.

Charles-Albert passa lui-même à la réaction et, devenu roi (1831/49), s'opposa d'abord à toutes les tentatives libérales. Mais il réalisa en même temps une œuvre importante de réorganisation administrative et militaire, tandis que le Piémont devenait la principale région industrielle de l'Italie et apparaissait de plus en plus aux patriotes italiens comme la seule puissance capable de prendre la tête de la lutte libératrice contre l'Autriche. Les forces libérales de la péninsule se trouvant ainsi les alliées naturelles du Piémont, Charles-Albert fut amené à réviser son système politique. Le 5 mars 1848, il publia le Statut fondamental, qui établissait une monarchie constitutionnelle et parlementaire (dont les premiers chefs de gouvernement furent Balbo et Cavour) (v.), puis, à l'appel des Lombards révoltés, il engagea la guerre contre l'Autriche. Vaincu l'année suivante à Novare (23 mars 1849), il abdiqua sur le champ de bataille en faveur de son fils, Victor-Emmanuel II (1849/78). Celui-ci, bien que jaloux de ses prérogatives royales, sut faire confiance à Cavour, qui, tout en faisant du Piémont un État moderne, sut obtenir l'alliance de Napoléon III et préparer patiemment la naissance du nouveau royaume d'Italie.

Le 17 mars 1861, Victor-Emmanuel II fut proclamé « roi d'Italie par la grâce de Dieu et la volonté de la nation ». Il eut pour successeurs Humbert Ier (1878/1900) et Victor-Emmanuel III (1900/46). Le long soutien donné par ce dernier au fascisme fit perdre à la maison de Savoie l'appui d'une grande partie du peuple italien : le retournement du 25 juill. 1943 (arrestation de Mussolini sur l'ordre du roi) vint beaucoup trop tard. Dans l'espoir de sauver la monarchie, Victor-Emmanuel III abdiqua en faveur de son fils, Humbert II (9 mai 1946). Mais le plébiscite du 2 juin 1946 condamna la monarchie. Voir ITALIE.

SAVONAROLE Jérôme, Girolamo Savonarola (* Ferrare, 24.IX.1452, † Florence, 23.V.1498). Prédicateur et réformateur italien. Moine dominicain dont les prédications s'attaquaient aux vices du clergé, à la corruption des mœurs et à la Renaissance païenne, il eut un grand ascendant sur le peuple de Florence. Quand les Français envahirent la Toscane en 1494, il souleva le peuple contre les Médicis, tenta de faire intervenir le roi de France Charles VIII contre la Rome corrompue des Borgia, et devint le véritable chef de la nouvelle République florentine théocratique (1494/98) : Jésus-Christ fut proclamé roi du peuple florentin en 1495. En 1497, pendant le carême, Savonarole organisa l'autodafé des livres de Boccace et de Pétrarque, ainsi que de tout ce qui pouvait rappeler le luxe de l'ancienne Florence. Ses réformes se heurtèrent à Rome au pape Alexandre VI qui l'excommunia. Savonarole fut livré à Rome par la bourgeoisie florentine, torturé et exécuté comme hérétique. Voir FLORENCE.

SAXE, *Sachsen.* Nom commun à de nombreux États ou provinces qui se sont succédé dans l'histoire de l'Allemagne, sur un vaste territoire compris entre l'Ems et l'Oder. Land d'Allemagne, dans le sud-est de l'ancienne RDA.

Les Saxons (IIe/IXe s.)

Ce peuple germanique, mentionné pour la première fois par Ptolémée (IIe s. apr. J.-C.), et sans doute apparenté aux Chauques, était établi à l'origine sur les côtes de la mer du Nord, au N. des bouches de l'Elbe. À la fin du IIIe s., il s'étendait dans toute l'Allemagne du Nord-Ouest, jusqu'en Frise. Grands pirates, les Saxons ravageaient les côtes de la (Grande-) Bretagne et celles de la Gaule ; ils firent même des incursions dans l'Atlantique, à l'embouchure de la Loire. À partir du Ve s., certains de leurs groupes vinrent s'établir dans le sud-est de la (Grande-) Bretagne, à côté des Jutes et des Angles (v. **ANGLETERRE**), tandis que leurs frères restés en Germanie, les « Vieux Saxons », progressaient au VIe s. jusqu'au Harz et à l'Eichsfeld. Très attachés à la religion et aux traditions germaniques, les Saxons furent soumis au tribut par Charles Martel en 738, mais constituaient cependant une menace permanente pour la stabilité de la puissance franque dans les régions rhénanes.

Charlemagne entreprit de les soumettre, mais il dut guerroyer plus de trente ans (772/804), au cours desquels il rencontra une résistance acharnée : les deux premières campagnes franques (772 et 775) qui s'étaient accompagnées d'une évangélisation forcée (baptêmes de Paderborn, 777), furent remises en question par le soulèvement général des Saxons dirigé par le Westphalien Widukind (778). Les armées carolingiennes subirent un dur échec au mont Suntal (782), mais les méthodes sanglantes de Charlemagne (massacre de Verden) finirent par triompher : en 785, Widukind fit sa reddition et se laissa baptiser. Charlemagne publia alors le premier Capitulaire saxon (785), qui établissait le christianisme obligatoire, sous peine de mort. Cependant, les combats se poursuivirent pendant vingt ans encore : Charlemagne dut procéder à des confiscations et à des déportations massives de Saxons en France, et la pacification ne fut vraiment achevée qu'en 804. Huit évêchés furent fondés en pays saxon, entre autres ceux d'Osnabrück, Brême, Paderborn, Münster. Le régime d'occupation militaire se relâcha peu à peu, et les Saxons, convertis au christianisme, purent continuer à vivre selon leurs coutumes traditionnelles, qui furent codifiées dans la *Lex Saxonum*. Une dernière rébellion païenne eut lieu en 841/42, mais elle fut réprimée par Louis le Germanique.

Le premier duché de Saxe (843/1180)

À la suite du traité de Verdun (843), les Saxons furent intégrés au royaume de Germanie. Sous la dynastie des Liudolfinges (v. 850/960) se constitua le duché de Saxe, qui s'étendait de l'Ems à l'Elbe et de la mer du Nord à la Thuringe. La maison de Liudolf accéda au trône de Germanie en 919, avec Henri Ier l'Oiseleur (v.), et donna après celui-ci quatre empereurs à l'Allemagne : Othon Ier le Grand, Othon II, Othon III et Henri II (voir ces noms), « empereurs saxons ». Mais Othon le Grand, parvenu à l'Empire et ne pouvant s'occuper de son duché, délégua en 960 son autorité à son vassal Herman Billung. La maison de Billung (960/1106) entreprit de coloniser et de christianiser les Slaves de la rive droite de l'Elbe ; à son extinction, l'empereur Henri V donna le duché de Saxe à Lothaire de Supplinburg (1106/37), qui, devenu à son tour empereur sous le nom de Lothaire II, légua la Saxe aux héritiers des Billung, les Welfs (ou Guelfes) de Bavière, représentés par Henri le Superbe (1137). Le fils de ce dernier, Henri le Lion (1139/80), porta à son apogée la puissance du duché de Saxe, qu'il élargit vers le Mecklembourg, la Poméranie occidentale et le Holstein ; mais sa politique séparatiste fut brisée par l'empereur Frédéric Ier Barberousse.

Henri ayant été mis au ban de l'Empire, l'immense duché de Saxe fut démembré en de nombreux fiefs. Henri le Lion (qui s'était exilé en Angleterre) ne conserva que le Brunswick et la région de Lüneburg. Le titre de duc de Saxe fut donné, avec les petits territoires de Wittenberg et de Lauenburg, à un fils du margrave de Brandebourg Albert l'Ours, Bernard d'Anhalt († 1212). En 1260, à la mort du successeur de Bernard, Albert Ier, le duché de Saxe fut partagé entre les deux héritiers et forma ainsi les duchés de Saxe-Lauenburg et de Saxe-Wittenberg. Les deux familles se disputèrent la dignité électorale, qui, par la Bulle d'or de 1356 (v.), fut attribuée à la ligne ascanienne de Saxe-Wittenberg. Cette ligne s'éteignit en 1423. L'empereur Sigismond, refusant de transférer la dignité électorale à la maison de Saxe-Lauenburg, l'accorda à la maison de Wettin, qui régnait sur le margraviat de Meissen (Misnie).

La Saxe électorale (1423/1806)

Cette nouvelle Saxe électorale, qui devait devenir plus tard le royaume de Saxe, avait pour noyau la marche de Misnie, un pays qui s'étendait au N. de l'Erzgebirge, de part et d'autre de l'Elbe. Cette région, à l'origine peuplée de Slaves, fut complètement germanisée. Au XIIIe s., le margraviat de Misnie s'accrut de la Thuringe. Frédéric le Querelleur, margrave de Misnie depuis 1407 et fondateur de l'université de Leipzig (1409), dut son accession à l'électorat à l'aide qu'il avait apportée à l'empereur Sigismond contre les hussites (v.). Le nom de Saxe fut désormais réservé aux possessions des Wettin (1423).Au partage de Leipzig (1485), ces possessions furent divisées entre deux frères, Ernest et Albert, héritiers de Frédéric II le Placide : avec la dignité électorale, Ernest reçut l'ancienne Saxe-Wittenberg et la plus grande partie de la Thuringe ; Albert garda la Misnie, la région de Leipzig et la Thuringe septentrionale. À partir de cette date, la Saxe fut partagée entre les lignes Ernestine et Albertine.

Lors de la Réforme, l'Électeur saxon Frédéric III le Sage (1486/1525) joua un rôle de premier plan dans les affaires religieuses de l'Allemagne. Fondateur de l'université de Wittenberg (1502), il ne cessa de protéger Luther, auquel il donna asile à la Wartburg. Son successeur, Jean le Constant (1525/32), après avoir écrasé la révolte des Paysans (v.), établit la Réforme dans ses États et forma avec Philippe de Hesse, contre l'empereur, la ligue de Smalkalde (v.). À la tête des armées de cette ligue, Jean-Frédéric Ier le Magnanime (1532/47) fut battu et fait prisonnier par Charles Quint à la bataille de Mühlberg (24 avr. 1547). Il dut signer la capitulation de Wittenberg, qui transférait la dignité électorale et toute la partie orientale de l'électorat au duc Maurice, de la ligne Albertine, lequel avait eu l'habileté de prendre le parti de l'empereur (1548).

Maurice, le nouvel Électeur de Saxe (1547/53), n'avait soutenu Charles Quint que par intérêt politique, et il était protestant, comme son cousin dépossédé. Pour conserver ses nouveaux domaines, il ne tarda pas à s'allier avec les autres princes protestants et, en 1552, il se souleva avec succès contre Charles Quint, auquel il arracha la paix de Passau. Considérablement enrichi par la confiscation des abbayes, il organisa remarquablement l'administration de ses États, développa l'enseignement et l'industrie (début de l'extraction du charbon saxon). Auguste Ier (1553/86) continua cette politique, tout en se montrant farouchement intolérant en matière religieuse : ardent luthérien, il voulut, par les moyens les plus rigoureux, extirper le calvinisme de ses États. Il annexa les évêchés de Merseburg, Naumburg et Meissen, mais, dans sa politique allemande, il commença de se rapprocher de l'empereur, et ses successeurs suivirent ou non la même orientation. Cette versatilité eut pour résultat de livrer la Saxe aux ravages successifs des Impériaux et des Suédois. Le pays fut un des plus éprouvés par la guerre de Trente Ans.

À la paix de 1648, la Saxe obtint cependant la Lusace, mais son influence avait considérablement décru en Allemagne, et c'est le Brandebourg qui prit désormais la tête des puissances protestantes germaniques. L'expansion en Allemagne leur étant désormais interdite par la puissance grandissante du Brandebourg, les Électeurs de Saxe tournèrent leurs ambitions vers la Pologne. Pour devenir roi de ce pays, Frédéric-Auguste Ier (1694/1733), connu en Pologne sous le nom d'Auguste II (1697/1733), se convertit au catholicisme (1697). Il gouverna en souverain absolu et entraîna la Saxe dans la guerre polonaise contre Charles XII, coûteuse à la fois en hommes et en argent. Son successeur, Frédéric-Auguste II (Auguste III de Pologne, 1733/63), d'abord adversaire de Marie-Thérèse, se laissa entraîner par son ministre et favori Brühl dans l'alliance autrichienne et dans une politique antiprussienne qui attira de nouveaux malheurs sur la Saxe. Durant la guerre de Sept Ans, le pays fut dévasté et occupé par les troupes de Frédéric II, tandis que le roi et son gouvernement s'étaient réfugiés en Pologne.

Frédéric-Auguste III (1763/1827, à partir de 1806 roi sous le nom de Frédéric-Auguste Ier) accomplit un redressement remarquable dans tous les domaines (administration, économie, enseignement, armée). Dans sa politique étrangère, il se rapprocha de la Prusse et se prononça contre l'Autriche dans l'affaire de la succession bavaroise (1777) (v. **Bavière**). Il entra en 1792 dans la lutte contre la France, mais se tint dans une prudente réserve jusqu'en 1806. Les troupes saxonnes ayant été vaincues aux côtés des Prussiens à Iéna (14 oct. 1806), Frédéric-Auguste s'empressa de signer la paix de Poznan (11 déc. 1806). Napoléon le traita avec une grande générosité ; il lui accorda la dignité royale, plusieurs territoires prussiens et, en 1807, le gouvernement du grand-duché de Varsovie. La Saxe entra dans la Confédération du Rhin (v.). Le nouveau roi resta jusqu'au bout le fidèleallié de Napoléon : les troupes saxonnes participèrent à la campagne de Russie, mais aussi aux premières batailles de la campagne d'Allemagne ; à Lützen (2 mai 1813), elles combattirent encore aux côtés des Français. Mais l'opinion publique ne suivait plus le souverain : à la bataille de Leipzig (18 oct. 1813), les troupes saxonnes firent volte-face et passèrent du côté des Alliés. Le roi de Saxe fut fait prisonnier et, pendant plus d'un an, ses États furent administrés par les Russes, puis par les Prussiens.

La Saxe depuis 1815

Si, au congrès de Vienne (1815), Frédéric-Auguste Ier conserva son titre royal, la Prusse annexa la plus grande partie du territoire saxon. Le roi Antoine (1827/36) institua en 1831 un système comportant deux Chambres, en partie élues, et un ministère responsable. L'entrée de la Saxe dans le Zollverein, en 1833, donna un nouvel essor à l'économie et au commerce. En mars 1848, le roi Frédéric-Auguste II (1836/54) appela un ministère libéral, mais son refus d'approuver la Constitution votée par le Parlement de Francfort (v.) provoqua la sanglante insurrection de mai 1849, qui fut écrasée par les troupesprussiennes. À l'intérieur, la Saxe revint à un régime conservateur ; à l'extérieur, sous l'influence du ministre Beust, elle prit une attitude favorable à l'Autriche et hostile à la Prusse. Vaincue par les troupes prussiennes dans la guerre de 1866, elle dut entrer dans la Confédération de l'Allemagne du Nord (v.), puis dans l'Empire allemand (1871).

Dans le dernier quart du XIXe s., le développement rapide de l'industrie saxonne s'accompagna d'une puissante poussée de la social-démocratie. Pour essayer de briser celle-ci, tous les partis centristes et conservateurs s'entendirent et firent voter la loi électorale profondément injuste de 1896. Les villes n'ayant pratiquement plus de représentation, les sociaux-démocrates perdirent toute influence au Parlement saxon, alors qu'au Reichstag, qui était élu selon les lois impériales, la « Saxe rouge » était représentée, en 1903, par vingt-deux députés sociaux-démocrates sur 23. Cette situation paradoxale entretint une agitation permanente en Saxe jusqu'à la révolution de 1918.

Après l'abdication du roi Frédéric-Auguste III (9 nov. 1918), la Saxe devint un État libre au sein de la République et se donna une Constitution démocratique et parlementaire (1er nov. 1920). Une coalition des socialistes et des communistes porta au pouvoir le ministère Zeigner, mais celui-ci fut renversé par une intervention du gouvernement de

Berlin, en automne 1923. Le national-socialisme resta toujours minoritaire en Saxe, mais après l'avènement de Hitler (janv. 1933), la Saxe, comme tous les autres États allemands, perdit les derniers vestiges de son autonomie et fut placée sous l'autorité d'un *Reichsstatthalter*. Durant la Seconde Guerre mondiale, la Saxe fut ravagée par les bombardements de l'aviation alliée (destruction de Dresde, 13/14 févr. 1945). Conquise par les troupes soviétiques en avr./mai 1945, elle fut intégrée à la République démocratique allemande (RDA). En 1990, le Land de Saxe fut reconstitué. (v. **ALLEMAGNE**).

Les principautés saxonnes

À la suite des nombreux partages intervenus depuis la fin du XVIe s. dans les possessions de la lignee Ernestine (privée du titre électoral en 1547), diverses principautés saxonnes devaient se constituer et notamment : le duché de **Saxe-Cobourg-et-Gotha**, en Thuringe, a pour origine la principauté de Saxe-Cobourg, constituée en 1572, rattachée ensuite à la Saxe-Gotha. Les deux anciennes principautés de Cobourg et de Gotha conservèrent leur autonomie et leurs institutions particulières. Le duc Ernest II (1844/93), libéral et favorable à l'unité allemande, s'allia avec la Prusse en 1866, entra en 1867 dans la Confédération de l'Allemagne du Nord et en 1871 dans l'Empire allemand. En 1873/74, une complète unité fut établie entre Cobourg et Gotha. Au cours du XIXe s., la maison de Saxe-Cobourg-et-Gotha donna des souverains à de nombreux États européens : à la Belgique (Léopold Ier et ses descendants), à la Grande-Bretagne (le prince Albert, époux de la reine Victoria), au Portugal (Ferdinand et ses descendants, qui ont régné de 1836 à 1910), à la Bulgarie (Ferdinand Ier et ses descendants, qui ont régné de 1887 à 1946). Après la chute de la dynastie (nov. 1918), Gotha fut incorporé à la Thuringe et Cobourg à la Bavière ; le duché de **Saxe-Weimar**, en Thuringe, était le plus important des États constitués en 1566, lors du premier partage des possessions de la lignée Ernestine en Thuringe. Il s'accrut en 1644 de la Saxe-Eisenach, qui avait été constituée en principauté indépendante en 1572. Partagé à la fin du XVIIe s. entre les branches de Saxe-Weimar, Saxe-Eisenach et Saxe-Iéna, le duché fut réunifié en 1741. Il connut son apogée sous le règne de Charles-Auguste (1758/1828), qui fut le protecteur de Wieland, de Herder, de Goethe, de Schiller, et qui fit de Weimar le plus brillant foyer spirituel de l'Allemagne. Depuis la réunion de 1741, le duché avait pris le nom de Saxe-Weimar-Eisenach. En 1815, Charles-Auguste obtint le titre de grand-duc et quelques accroissements de territoire. Charles-Alexandre (1853/1901) reprit la politique de mécénat de son grand-père. Ami de la Prusse, il entra en 1867 dans la Confédération de l'Allemagne du Nord (v.), puis, en 1871, dans l'Empire allemand. Le dernier grand-duc abdiqua en nov. 1918 et, en 1920, la Saxe-Weimar-Eisenach fut intégrée à l'État de Thuringe.

Le terme de Saxe entre également dans les organisations suivantes :

Saxe prussienne. Province formée en 1816 avec les territoires déjà prussiens (Altmark, Magdebourg-Halle, Halberstadt) et des territoires annexés après le congrès de Vienne (Wittenberg, Torgau, Merseburg, Naumburg...). Cette province a disparu en 1945.

Saxe-Anhalt. Land d'Allemagne, dans l'ouest de l'ancienne RDA ; capitale *Magdebourg*. Formé en 1947 de l'Anhalt et de régions prussiennes, il fut intégré à la RDA en 1949, dissous en 1952, puis reconstitué en 1990, après la réunification de l'Allemagne.

Basse-Saxe. Land d'Allemagne, entre l'Elbe et la frontière néerlandaise ; capitale *Hanovre*. Vaste région de plaines aux sols pauvres, la Basse-Saxe, qui recouvre principalement les territoires de l'ancien Hanovre, a connu, depuis sa création en tant que Land en 1946, un développement moins rapide que celui du reste de l'Allemagne.

SAXE, Maurice, comte de, dit **le Maréchal de** (* Goslar, 26.X.1696, † Chambord, 30.XI.1750). Maréchal de France. Fils naturel d'Auguste II, électeur de Saxe et roi de Pologne. Au service de la France depuis 1720, il combattit sous Berwick à l'armée du Rhin (1733/34), puis devint lieutenant général (1736). Durant la guerre de la Succession d'Autriche (v.), en 1741, il commanda l'aile gauche de l'armée envoyée en Bohême sous les ordres de Belle-Isle, s'empara de Prague par surprise (19 nov. 1741), puis d'Eger (19 avr. 1742). Promu maréchal de France (mars 1743), considéré comme un des plus grands hommes de guerre de son temps, il remporta sur les Anglais la victoire de Fontenoy (1745), qui lui valut le domaine de Chambord. Il fut encore vainqueur à Rocour (1746), à Lawfeld (1747), s'empara de Bergen op Zoom et contribua, par ces succès, à la conclusion de la paix d'Aix-la-Chapelle. Voir **SAXE**. Les Saxons (IIe/IXe s.).

SCALFARO Oscar Luigi (Novara, Piémont, 9.IX.1918). Homme politique italien. Député démocrate-chrétien, il occupa divers postes ministériels à partir de 1946, notamment ceux de l'Instruction publique et de l'Intérieur. Personnage austère et réputé intègre, il fut président de la République (mai 1992/mai 1999) et fut remplacé par Carlo Azeglio Ciampi.

SCELBA Mario (* Caltagirone, Sicile, 5.IX.1901, † Rome, 29.X.1991). Homme politique italien. Député depuis 1945, il devint le chef de la droite de la démocratie chrétienne. Ministre de l'Intérieur (1947/53), il réprima avec énergie l'agitation communiste de 1947. Président du Conseil (mars 1954/juin 1955), il conclut l'accord de Londres (oct. 1954), qui réglait le problème de Trieste. Il fut encore ministre de l'Intérieur dans le cabinet Fanfani (1960/62), puis président du Parlement européen (1969/71).

SCHACHT Horace Greeley Hjalmar (* Tingleff, Schleswig, 22.I.1877, † Munich, 4.VI.1970). Financier et homme politique allemand. Président de la Reichsbank de 1923 à 1930, il réussit à sauver l'économie allemande d'une crise désastreuse, stabilisant le mark et rétablissant la balance commerciale. Bien que dépourvu de sympathie pour l'hitlérisme, il favorisa le financement du réarmement comme président de la Reichsbank (deuxième mandat, 1933/39), et ministre de l'Économie (1934/37). Il conserva le titre de ministre sans portefeuille jusqu'en 1943, mais fut interné en 1944 pour avoir participé à la conjuration contre Hitler. Il fut acquitté par le tribunal de Nuremberg en 1946.

SCHÄRF Adolf (* Nikolsburg, Moravie, 20.IV.1890, † Vienne, 28.II.1965). Homme politique autrichien. Avocat et dirigeant social-démocrate dans les années 1920 et 1930, proche de la résistance au nazisme, il fut plusieurs fois emprisonné pendant la Seconde Guerre mondiale. Président du parti socialiste après la guerre, il fut président de la République de 1957 à 1965.

SCHEEL Walter (Solingen, 8.VII.1919). Homme politique allemand. Député libéral en 1953, il fut ministre de la Coopération sous Adenauer et Erhard (1961/66), puis opéra le retournement des alliances de son parti pour le rapprocher des socialistes. La nouvelle coalition l'ayant emporté aux élections de 1969, il devint vice-chancelier de Willy Brandt, avec lequel il mena la politique d'« ouverture à l'Est », puis fut président de la République fédérale (1974/79).

SCHEIDEMANN Philipp (* Kassel, 26.VII.1865, † Copenhague, 29.XI.1939). Homme politique allemand. Député social-démocrate depuis 1903, il fut un des chefs de la tendance majoritaire qui appuya le gouvernement impérial pendant la Première Guerre mondiale. Devant l'agitation ouvrière, il contribua cependant à la chute de Bethmann-Hollweg (1917) (v.). Membre du gouvernement depuis oct. 1918, c'est lui qui proclama à Berlin la république allemande, le 9 nov. 1918. Chef du gouvernement (févr./juin 1919), il collabora avec la Reichswehr et les corps francs pour écraser la révolution communiste (combats de mars 1919 à Berlin), fit campagne contre la signature du traité de Versailles et démissionna (20 juin 1919). Bourgmestre de Kassel (1920/25), il s'exila à l'avènement de Hitler.

SCHENGEN (accord de). Accord entre des pays de l'Union européenne, concernant la circulation des personnes. L'accord fut conclu en juin 1985 à Schengen, au Luxembourg, entre la France, l'Allemagne, la Belgique, les Pays-Bas et le Luxembourg, rejoints en 1990 par l'Italie, en 1991 par l'Espagne et le Portugal, en 1995 par l'Autriche, en 1996 par les cinq pays de l'Union nordique (Danemark, Suède, Finlande, Norvège et Islande – ces deux derniers pays, non-membres de l'UE, ayant signé un accord de coopération avec les États de l'espace Schengen), en 1997 par la Grèce. Il permettait la libre circulation des personnes dans les pays signataires, et liait celle-ci à la coordination des politiques nationales en matière d'immigration et de droit d'asile ainsi qu'au renforcement de la coopération policière entre les États. L'accord entra en vigueur le 26 mars 1995 entre l'Allemagne, la France, l'Espagne, le Portugal et les pays du Benelux. Étendu aux pays de l'Union européenne – Irlande et Royaume-Uni exceptés –, plusieurs fois retardé, notamment par la France en 1995/96, il connut une application graduelle à partir de 1995.

SCHISME D'OCCIDENT (le Grand). Schisme qui divisa l'Église catholique romaine de 1378 à 1417. À la mort de Grégoire XI, qui avait mis fin à la « captivité d'Avignon » (1309/78) (v. AVIGNON) en revenant dans la Ville éternelle, le peuple romain, exigeant un pape italien, avait imposé aux cardinaux l'élection de l'archevêque de Bari, qui prit le nom d'Urbain VI (8 avr. 1378). Très austère, mais d'un caractère déséquilibré et violent, le nouveau pape ne tarda pas à susciter une opposition chez les cardinaux. Treize d'entre eux, la plupart français, se réunirent secrètement à Fondi et élurent un autre pape, le Français Robert de Genève, qui prit le nom de Clément VII (sept. 1378). Ce dernier obtint l'adhésion de la France et des puissances francophiles, la Castille, le Portugal et l'Écosse. Mais, dans le contexte de la guerre de Cent Ans, la question pontificale devint un conflit politique, et l'Angleterre, imitée par l'Empire, la Flandre, les États scandinaves, la Hongrie et l'Italie, se déclara pour Urbain VI. La chrétienté se trouva ainsi divisée. Ste Catherine de Sienne et ste Brigitte se rallièrent au pape italien ; st Vincent Ferrier et le bienheureux Pierre de Luxembourg, au pape français. Chaque pape, après avoir excommunié son rival, se constitua un Sacré Collège de cardinaux et une administration particulière.

Au pape de Rome succédèrent Boniface IX (1389/1404), Innocent VII (1404/06) et Grégoire XII (1406/15) ; au pape de France, qui avait rétabli son siège à Avignon, succéda Benoît XIII (1394/1417). Dès le début du schisme, des efforts furent entrepris pour revenir à l'unité : le clergé français suggéra en 1394 que les deux pontifes devaient abandonner la tiare et qu'il fallait procéder ensuite à une nouvelle élection (*voie de cession*). Mais toute tentative de conciliation échoua, en raison de la mauvaise volonté des deux pontifes. Cardinaux romains et cardinaux d'Avignon, réunis à Livourne en juin 1408, décidèrent alors de convoquer le concile de Pise (1409). Cette assemblée ne réussit qu'à créer un troisième pape, Alexandre V (1409/10), qui trouva un successeur en la personne de Jean XXIII. Le pape de Pise rallia à lui la France, l'Angleterre et l'Empire ; le pape d'Avignon conserva l'Espagne et l'Écosse, tandis que la plus grande partie de l'Italie restait fidèle au pape de Rome.

L'intervention de l'empereur Sigismond hâta le dénouement de cette crise sans précédent dans l'Église. Il imposa à Jean XXIII la réunion du concile de Constance (1414), qui déposa Jean XXIII (mai 1415) et obtint l'abdication de Grégoire XII (juill. 1415). En revanche, le pape d'Avignon, Benoît XIII, refusa de céder à toutes les pressions et son successeur, qui prit le nom de Clément VIII, n'abandonna ses prétentions qu'en 1429. Mais l'unité du catholicisme avait été reconstituée dès nov. 1417 par l'élection de Martin V.

Le Grand Schisme eut des conséquences graves pour l'Église : il favorisa la naissance d'hérésies anarchiques comme celle de Wyclif (v.) et de Jean Hus (v.), qui remirent en question, non seulement le pouvoir pontifical, mais aussi l'organisation hiérarchique de l'Église et les sacrements. Les droits du Saint-Siège furent également menacés par la théorie conciliaire qui s'affirma au concile de Constance (v.) ; défendue surtout par deux théologiens français, Pierre d'Ailly et Gerson, cette théorie affirmait la supériorité du concile général sur le pape (sessions IV et V du concile, 1414). L'Église moderne ne reconnaît comme légitimes que les papes de Rome (Urbain VI, Boniface IX, Innocent VII, Grégoire XII) ; les papes d'Avignon et les papes de Pise sont considérés comme des antipapes.

SCHLEICHER Kurt von (* Brandebourg, 7.IV.1882, † Neu Babelsberg, Berlin, 30.VI.1934). Général et homme politique allemand. Intermédiaire entre le monde des finances et l'armée, proche de la famille Hindenburg, il fut nommé chef de la section politique de l'armée en 1928. Il favorisa le « ministère des barons » de von Papen (v.), où il obtint le statut de ministre, et mena les négociations secrètes avec Hitler, sans parvenir à convaincre celui-ci de participer au gouvernement von Papen. Schleicher succéda lui-même à von Papen en déc. 1932, mais dut démissionner en janv. 1933 et s'effacer devant Hitler. Il fut assassiné avec sa femme par les nazis. Voir **Longs Couteaux (nuit des)**.

SCHLESWIG-HOLSTEIN. Région de l'Allemagne du Nord, occupant la partie méridionale de la péninsule du Jutland, et formant aujourd'hui un Land. Cette région comprend les anciens duchés de Schleswig (au N. de l'Eider), de Holstein (au S.) et de Lauenburg (au S.-E.). Aux premiers siècles de notre ère, elle était occupée par des peuples germaniques, les Saxons (v.) et les Angles (v.), qui envahirent la (Grande-) Bretagne à partir du ve s. Au début du IXe s., le Holstein fut conquis par Charlemagne, mais les Danois arrêtèrent l'expansion des Francs et, en 811, signèrent avec l'Empire carolingien un traité qui fixait sur l'Eider la frontière méridionale du Danemark, englobant ainsi dans les possessions danoises tout le Schleswig (en danois *Sleswig*). Pour protéger cette frontière contre les Allemands, les Danois construisirent la ligne fortifiée du Dannewerk. Cependant, vers 975, l'empereur Othon II réussit à créer au N. de l'Eider, jusqu'à la Schlei, une marche du Schleswig, que Conrad II dut abandonner aux Danois en 1027.

Vers 1115 fut créé, au profit d'une branche collatérale de la famille des rois de Danemark, le duché de Schleswig, qui, après l'extinction de sa dynastie ducale (1375), passa en 1386, comme fief danois, aux comtes de Holstein, de la maison allemande de Schauenburg. Dès lors, les destinées du Schleswig et du Holstein furent étroitement unies. En 1460, après l'extinction de la dynastie de Schauenburg, les états choisirent pour souverain le roi Christian Ier de Danemark, qui prit l'engagement que les deux duchés ne seraient jamais séparés. Mais en dépit de l'union personnelle avec le Danemark, le Schleswig et le Holstein (ce dernier duché restait terre d'Empire) étaient déjà profondément germanisés. Au hasard des partages dynastiques, cette unité se trouva menacée au XVIIIe s. Mais quand le grand-duc et futur tsar Paul Ier tenant du titre de Holstein-Gottorp, abandonna toute la « part ducale » au roi de Danemark Christian VII, en échange de l'Oldenburg, les deux duchés se trouvèrent de nouveau réunis sous l'autorité de la couronne danoise, mais ils ne furent pas annexés au Danemark et conservèrent leur statut particulier.

Ce statut fut maintenu par le congrès de Vienne (1815) (v.) ; le Holstein et le Lauenburg, qui avaient été terres d'Empire, entrèrent dans la Confédération germanique (v.), mais non le Schleswig. Cependant, les rois de Danemark s'efforcèrent de séparer le Schleswig, peuplé partiellement de Danois, du Holstein, qui était complètement allemand ; un parti de « Danois de l'Eider » voulait faire de l'Eider, limite méridionale du Schleswig, la frontière du royaume de Danemark. Ces tentatives d'incorporation se heurtèrent à la résistance des Allemands du Schleswig. En mars 1848, le roi Frédéric VII ayant proclamé le Schleswig partie intégrante du Danemark, les Allemands se soulevèrent et demandèrent l'aide de la Prusse. Chassés d'abord du Schleswig par le général prussien Wrangel, les Danois furent ensuite vainqueurs des insurgés à Fredericia (juill. 1849) et à Idstedt (juill. 1850). Le protocole de Londres (8 mai 1852) termina ce premier conflit en faveur du Danemark, qui recouvra les deux duchés, mais dut reconnaître leur autonomie ; le problème de la succession fut réglé au profit de la ligne collatérale de Glücksburg, laquelle monta sur le trône avec Christian IX, lorsque Frédéric VII mourut sans enfants (1863).

Peu après son avènement, Christian IX promulgua une nouvelle Constitution en la déclarant applicable tant au Schleswig qu'au Danemark (18 nov. 1863). A l'instigation de Bismarck, la Prusse et l'Autriche, considérant que le protocole de Londres était violé, déclenchèrent la guerre contre le Danemark, dite « guerre des Duchés » (1er févr. 1864) (v.). Les troupes danoises furent rapidement battues et, par le traité de

Vienne (30 oct. 1864), le roi de Danemark abandonna tous ses droits sur les duchés en faveur de l'empereur d'Autriche et du roi de Prusse. Mais l'administration commune des duchés par les Prussiens et les Autrichiens ne tarda pas à donner lieu à des frictions. La convention de Gastein (14 août 1865) attribua à l'Autriche l'administration du Holstein, à la Prusse l'administration du Schleswig et la possession du Lauenburg et de Kiel. Victorieuse de l'Autriche à Sadowa, la Prusse, à la paix de Prague (23 août 1866), se fit céder les deux duchés qui, avec le Lauenburg, formèrent la province prussienne du Schleswig-Holstein. Malgré une germanisation intense, la minorité danoise poursuivit sa résistance durant toute l'ère wilhelmienne. En vertu des articles 109-114 du traité de Versailles (1919), des plébiscites, organisés en févr./mars 1920, permirent au Schleswig septentrional de faire retour au Danemark. Durant la Seconde Guerre mondiale, l'Allemagne, ayant occupé tout le Danemark (avr. 1940), réannexa le nord du Schleswig, mais la frontière de 1920 fut rétablie en 1945. Compris en 1946 dans la zone d'occupation britannique, le Schleswig-Holstein devint en 1949 un Land de la République fédérale.

SCHLÜTER Poul (Tønder, 3.IV.1929). Homme politique danois. Avocat, militant conservateur, député en 1964, il devint président de son parti en 1974. Partisan de l'OTAN et de l'Union européenne, Premier ministre de 1984 à 1993, il dirigea plusieurs coalitions minoritaires de centre droit et fut contraint de démissionner en janv. 1993, après une controverse concernant l'accueil de réfugiés tamouls. Il abandonna également la présidence de son parti en sept. 1993. Voir DANEMARK. La démocratie danoise depuis le XIXe s.

SCHMERLING Anton, chevalier von (* Vienne, 23.VIII.1805, † Vienne, 23.V.1893). Homme politique autrichien. Député à l'Assemblée nationale de Francfort (1848/49) (v.), il y fut le porte-parole des partisans de la Grande Allemagne et adversaires de la Prusse. Chef du gouvernement et ministre de la Justice de juill. à déc. 1848, il eut de nouveau le portefeuille de la Justice de 1849 à 1851. Nommé ministre d'État en déc. 1860, il eut en fait la direction de toute la politique intérieure autrichienne et fit adopter par François-Joseph les idées centralisatrices : espérant triompher des particularismes nationaux de l'Empire par le libéralisme, il rédigea la patente du 26 févr. 1861, qui ôtait tout pouvoir aux diètes provinciales et transformait le Reichsrat en un Parlement composé de deux Chambres, Chambre des seigneurs et Chambre des députés. Mais cette patente se heurta à la résistance des minorités (en particulier des Hongrois), qui refusèrent d'envoyer des députés au Reichsrat. Schmerling tenta de briser par la force cette opposition en dissolvant la diète hongroise. Mais il dut se retirer en juill. 1865, et François-Joseph engagea avec les Hongrois les négociations qui aboutirent au compromis dualiste de 1867. Voir AUTRICHE. L'Autriche chassée de l'Allemagne et de l'Italie (1806/66).

SCHMIDT Helmut (Hambourg, 23.XII.1918). Homme politique allemand. Député du parti social-démocrate au Bundestag en 1953, il prit la tête du groupe parlementaire de ce parti. Hostile à l'alliance électorale avec les libéraux, il refusa un poste ministériel dans la « grande coalition » dirigée par Kiesinger. Ministre de la Défense dans le cabinet Brandt (1969/72), il demanda l'installation sur le sol allemand de vecteurs d'armes nucléaires américaines. Ministre des Finances en juill. 1972, il remplaça Willy Brandt comme chancelier fédéral (mai 1974). Ses mesures d'austérité réussirent à ramener l'inflation à moins de 5 %, mais entraînèrent un chômage important. Réélu à la chancellerie le 5 oct. 1980, il dut faire face à la division des sociaux-démocrates à propos de la construction de centrales nucléaires et de l'installation par l'OTAN, en Allemagne fédérale, de fusées Pershing II et de missiles de croisière. Le chômage augmenta jusqu'à toucher près de 2 millions de personnes en 1982 et, en 1983, H. Schmidt fut renversé après que les libéraux, membres de la coalition gouvernementale depuis 1976, eurent fait alliance avec les chrétiens-démocrates. Son isolement au sein de la social-démocratie se confirma lorsqu'en nov. 1983 il approuva au Bundestag l'installation des missiles de l'OTAN, tout en s'abstenant au moment du vote.

SCHNEIDER Eugène (* Bidestrott, près de Dieuze, 29.III.1805, † Paris, 27.XI.1875). Industriel français. Avec son frère **ADOLPHE SCHNEIDER** (* 1802, † 1845), il reprit en 1836 l'ancienne fonderie royale du Creusot, dont il fit le grand centre métallurgique français du XIXe s. Il construisit la première locomotive à vapeur française (1838), inventa l'« acier Schneider », et s'orienta vers la construction du matériel de guerre ; les usines du Creusot fabriquèrent les premiers blindages de la marine de guerre, mais, en 1870, les canons Schneider se révélèrent nettement inférieurs aux canons Krupp. Trop compromis avec le régime impérial, Eugène Schneider abandonna la vie politique au début de la IIIe République ; toutefois, les intérêts de la firme continuèrent à être bien représentés auprès du pouvoir par son gendre, Desseilligny, qui devint ministre des Travaux publics en 1873. **HENRI SCHNEIDER** (* 1840, † 1898), fils d'Eugène, développa particulièrement la production d'armement et, de 1885 à 1914, Schneider exporta 45 000 canons, la moitié de sa production. Député républicain de Saône-et-Loire, Henri Schneider se distingua par ses initiatives paternalistes, tout en se montrant un patron de combat opposé à toute intervention de l'État dans les problèmes sociaux, à la réglementation du travail des femmes et des enfants, à la limitation de la journée de travail, etc. Après lui, la firme fut dirigée par son fils, **EUGÈNE SCHNEIDER** (* 1868, † 1942), et son petit-fils, **CHARLES SCHNEIDER** (* 1898, † 1960).

SCHOELCHER Victor (* Paris, 21 VII.1804, † Houilles, Yvelines, 26.XII.1893). Homme politique français. Ardent républicain, sous-secrétaire d'État dans le gouvernement de 1848, il fit décréter l'abolition de l'esclavage (v.) dans les colonies françaises (27 avr. 1848). Exilé en Angleterre durant le second Empire, il rentra à Paris après le 4 sept. 1870, fut élu député de la Martinique à l'Assemblée nationale (1871) et devint sénateur inamovible en 1875.

SCHOLLAERT François (* Wilsele, près de Louvain, 19.VIII.1851, † Sainte-Adresse, 1917). Homme politique belge. Avocat, député catholique depuis 1888, il appartenait à la tendance démocratique des « jeunes cléricaux ». Après avoir été ministre de l'Instruction publique (1895/97), il devint président de la Chambre puis chef du gouvernement (janv. 1908/juin 1911). Il fit voter la réunion du Congo à la Belgique (1908) et institua le service militaire « personnel », qui appelait à l'armée un fils par famille (1909).

SCHRÖDER Gerhard (Mossenberg, 7.IV.1944). Homme politique allemand. Il quitta l'école à quatorze ans mais suivit des cours du soir et étudia le droit. Il entra au parti social-démocrate (SPD) en 1963 et devint avocat en 1976. Élu député au Bundestag en 1980, il fut élu à la présidence du Land de Basse-Saxe en 1990, mais ne parvint pas, en 1993, à être porté à la tête de son parti. Lors des élections législatives de 1998 cependant, il fut le candidat du SPD (allié aux Verts), dont la victoire lui ouvrit la succession de Helmut Kohl à la chancellerie, le 27 oct. 1998. Il y a été reconduit en 2002. Il a quitté la présidence du SPD en févr. 2004.

SCHUMACHER Kurt (* Kulm, Westphalie, 13.X.1895, † Venusberg, près de Bonn, 20.VIII. 1952). Homme politique allemand. Fils de commerçant, engagé volontaire pendant la Première Guerre mondiale, où il fut grièvement blessé, il devint membre du Conseil des ouvriers et des soldats de Berlin lors de la révolution de nov. 1918. Rédacteur d'un journal social-démocrate de Stuttgart à partir de 1920, député social-démocrate au Parlement du Wurtemberg de 1924 à 1930, il professait un socialisme qui s'inspirait de Fichte et de Lassalle beaucoup plus que de Marx. Élu député au Reichstag en 1930, il fut interné dans un camp de concentration durant presque toute la période du IIIe Reich. En 1945, il reconstitua à Hanovre le parti social-démocrate, dont il fut président de 1946 à sa mort. Très hostile au communisme, il lui opposait sa conception d'un socialisme national et démocratique. Député au Bundestag dès le début de la République fédérale (1949), il posa sans succès sa candidature à la présidence de la République (sept. 1949). Soucieux avant tout de préserver l'unité allemande, il combattit âprement la politique d'Adenauer, qui voulait intégrer la RFA dans l'Europe occidentale et le système militaire atlantique.

SCHUMAN Robert (* Luxembourg, 29.VI.1886, † Scy-Chazelles, Moselle, 4.IX.1963). Homme politique français. Député (1919/40), il fit partie des gouvernements Reynaud et Pétain en 1940, mais démissionna et s'opposa rapidement aux autorités allemandes. Déporté, il s'évada en 1942 et rejoignit Londres. Après la guerre, ce démocrate-chrétien cofonda avec Georges Bidault (v.), le MRP (v. DÉMOCRATIE CHRÉTIENNE. France). Ministre des Finances dans le gouvernement Bidault (juin/nov. 1946), il succéda à Ramadier à la présidence du Conseil (nov. 1947/juill. 1948) et fit adopter le plan Marshall (avr. 1948) ; à l'extérieur, il reconnut l'indépendance du Viêt-nam dans le cadre de l'Union française et amorça une politique de rapprochement avec l'Allemagne occidentale par l'abandon du contrôle de la Ruhr. Ministre des Affaires étrangères (juill. 1948/janv. 1953), Robert Schuman fut, avec Jean Monnet, le principal artisan de la construction d'une Europe unie : le 9 mai 1950, il lança le plan Schuman, qui offrait à tous les pays d'Europe de placer la production du charbon et de l'acier sous une haute autorité commune, ce qui fut accepté par l'Allemagne, la Belgique, l'Italie, le Luxembourg et les Pays-Bas (Communauté européenne du charbon et de l'acier, 18 avr. 1951), mais non par l'Angleterre ; ces pays constituèrent « l'Europe des Six » (v. EUROPÉENNES, institutions). Le 27 mai 1952, Schuman signa à Paris un deuxième traité prévoyant la formation d'une armée européenne intégrée (Communauté européenne de défense), mais ce projet se heurta à l'opposition des communistes et des gaullistes. Il fut encore ministre de la Justice d'Edgar Faure (1955/56), puis se consacra à l'unité européenne, comme président du Mouvement européen (1955) et président de l'Assemblée parlementaire européenne de Strasbourg (1958/60).

SCHUSCHNIGG Kurt von (* Riva, sur le lac de Garde, 14.XII.1897, † Innsbrück, 18.XI.1977). Homme politique autrichien. Successeur de Dollfuss à la Chancellerie en janv. 1932, il s'efforça de maintenir l'indépendance de l'Autriche face à l'Allemagne nationale-socialiste. Par l'accord du 11 juill. 1936, il obtint de Hitler une promesse de non-intervention dans les affaires autrichiennes, mais se vit imposer par ce dernier des mesures d'amnistie en faveur des nazis d'Autriche et la nomination de leur principal chef, Seyss-Inquart, au ministère de l'Intérieur. Après une ultime tentative de résistance par un plébiscite sur le maintien de l'indépendance autrichienne (mars 1938), il donna sa démission à la suite d'un ultimatum de Hitler, tandis que les premiers soldats de la Wehrmacht pénétraient en Autriche. Il fut détenu par les Allemands jusqu'en 1945.

SCHÜSSEL Wolfgang (Vienne, 7.VI.1945). Homme politique autrichien. Après des études de droit, il devint en 1969 secrétaire du groupe parlementaire conservateur, l'ÖVP. Élu à la Chambre en 1979 et nommé ministre de l'Économie en 1989, il se heurta aux réticences de ses partenaires sociaux-démocrates (SPÖ), qui freinèrent sa politique de privatisation. En revanche, son engagement en faveur de l'entrée de l'Autriche dans l'Union européenne puis de sa participation à la monnaie unique fut remarqué. En 1995, il succéda à la fois à Erhard Busek, devenant chef de l'ÖVP et vice-chancelier, et à Aloïs Mock, ministre des Affaires étrangères. Provoquant des élections anticipées la même année, il tenta de mettre fin à la coalition historique avec les sociaux-démocrates, qui fut cependant reconduite, faute de majorité en faveur de l'un des deux partis. En févr. 2000, ce fut avec le soutien du parti libéral (FPÖ, droite nationaliste et xénophobe), conduit par Jörg Haider, que Wolfgang Schüssel devint chancelier, succédant ainsi à Viktor Klima (SPÖ).

SCHWEITZER Albert (* Kaysersberg, Haut-Rhin, 14.I.1875, † Lambaréné, Gabon, 4.IX.1965). Pasteur, médecin et organiste français. Il fut d'abord prédicateur à l'église Saint-Nicolas de Strasbourg (1899/1912), organiste et professeur de théologie à la faculté protestante de Strasbourg (1902/12). Puis, devenu médecin, il fonda au Gabon l'hôpital de Lambaréné (1913). Arrêté par les Français en 1917 et ramené en Europe, il revint à Lambaréné en 1924. Son rayonnement spirituel mondial et son dévouement aux Africains lui valurent, en 1952, le prix Nobel de la paix.

SCIPIONS (les). Célèbre famille de la Rome antique, qui faisait partie de la gens Cornelia.

Publius Cornelius Scipio Africanus, Scipion l'Africain (* 235 ?, † Literne, 183 av. J.-C.). Proconsul en Espagne (211), il s'empara de Carthagène (209), battit Hasdrubal à Bétule (209) et réussit à chasser les Carthaginois d'Espagne (206). Consul en 205, il fit adopter son projet de guerre en Afrique. Avant d'entreprendre cette expédition, il réussit à gagner à la cause romaine le roi numide Massinissa et, avec l'aide de ce dernier, il bloqua Carthage. En 202, Scipion remporta sur Hannibal la victoire décisive de Zama, qui mit fin à la deuxième guerre punique (v.). Censeur et prince du Sénat en 199, consul en 194, il accompagna son frère Lucius en Asie (Syrie) et dirigea la campagne contre le roi syrien Antiochos III. À son retour (187), il se heurta à l'opposition de Caton, qui l'accusa d'avoir détourné une partie de l'indemnité de guerre versée par le Séleucide (v.). Rappelant ses exploits à Zama, Scipion fut acquitté, mais se retira désormais de la vie publique.

Publius Cornelius Scipio Aemilianus, Scipion Émilien, dit le **Second Africain** ou **le Numantin** (* vers 185, † 129 av. J.-C.). Fils de Paul Émile, il fut adopté par un fils de Scipion l'Africain. Tribun militaire en Espagne, puis consul, il se distingua en Afrique au siège de Carthage (149/48), donna l'assaut décisif à la ville et la fit raser en 146. Il réussit à s'emparer de Numance (133), mettant ainsi un terme aux guerres contre les Celtibères. Bien que d'esprit libéral, il entra en conflit avec les réformateurs, s'opposa aux lois agraires et approuva publiquement le meurtre de Tiberius Gracchus. Il a été le centre d'un groupe d'intellectuels qui a contribué à la pénétration de la culture grecque dans le monde romain.

SCRUTIN. Voir **DROIT DE VOTE.**

SCYTHES. Peuple iranien d'abord établi dans l'Asie centrale. Il émigra au VIIIe s. av. J.-C. vers le Kouban et l'Ukraine méridionale, ravagea l'Assyrie et l'Asie Mineure au cours du VIIe s. et, un peu plus tard, lança des raids jusque dans les Balkans. D'autres Scythes, appelés par les Perses *Sakas* ou *Çakas* (Saces), se manifestèrent sur les confins de l'Iran et de l'Inde à partir du VIe s. av. J.-C. La civilisation des Scythes, longtemps connue presque uniquement par le témoignage d'Hérodote dans ses *Histoires* (livre IV), a été mieux mise en lumière au XXe s. par les recherches archéologiques menées dans leurs grandes tombes sous tumulus, ou *kourganes*, nombreuses dans la région de l'Altaï et surtout en Russie méridionale, en Ukraine et au Kouban.

Pasteurs nomades, les premiers Scythes avaient vraisemblablement pour habitat la région de la mer d'Aral, à l'E. de la Caspienne. À la suite de mouvements de peuples dans l'Asie centrale, peut-être d'un reflux vers l'Ouest des Hiong-nou (v.), la plupart des Scythes durent se mettre en marche vers l'Ouest. Cavaliers de premier ordre et archers redoutables, ils firent leur apparition, en plusieurs groupes, à la fin du VIIIe s. av. J.-C., au N. du Caucase (Kouban), en Iran septentrional (région du lac d'Ourmia, Azerbaïdjan perse) et en Arménie (Ourartou). Cette région, où les Scythes se mêlèrent plus qu'ils ne se heurtèrent aux Cimmériens (v.), correspond à la « Vieille Scythie » d'Hérodote. Tandis qu'une partie des Scythes poussait jusqu'en Ukraine méridionale, où ils commencèrent à se sédentariser, d'autres groupes s'infiltraient en Anatolie (679/76) et sur le plateau iranien et imposaient leur domination aux Mèdes (v. **MÉDIE**) (vers 653) ; ils ravagèrent l'Assyrie, pénétrèrent en Syrie et en Palestine, jusqu'aux confins de l'Égypte (vers 627). Mais, repoussés d'Iran par les Mèdes, ils se replièrent au nord du Caucase et entre la Caspienne et le lac Balkhach (Scythes d'Asie). À la fin du VIIe s. av. J.-C., la phase des invasions scythes en Asie antérieure était terminée. Cependant, à partir de l'Ukraine méridionale, des bandes scythes, franchissant le Dniestr, parvenaient sur le cours inférieur et moyen du Danube ; vers 500, une nouvelle poussée amenait des Scythes jusqu'en Europe centrale, entre l'Oder et l'Elbe (kourgane de Vettersfelde) ; d'autres parvenaient jusqu'en Bavière et en Italie du Nord, entrant ainsi en contact avec la civilisation de Hallstatt.

La base de la puissance scythe restait les plaines de la Russie méridionale, au N. de la mer Noire, entre le

Dniestr et le Caucase et jusqu'à Kiev et à Voronej. Les Scythes se trouvaient ainsi au contact des colonies grecques établies aux bouches du Dniepr et en Crimée. C'est en visitant la colonie grecque d'Olbia, vers le milieu du Ve s., qu'Hérodote recueillit sur les Scythes les renseignements qu'il a consignés dans ses *Histoires*. En dépit de leur sédentarisation partielle, voire d'un début d'hellénisation pour certains d'entre eux (les Hellénoscythes ou Mixhellènes d'Hérodote), les Scythes, au Ve s. av. J.-C., avaient conservé toutes leurs traditions guerrières de cavaliers. Lorsque Darius Ier, roi de Perse, avait tenté, vers 513, d'envahir la Scythie danubienne, il avait essuyé une grave défaite.

La religion des Scythes, empreinte de chamanisme, était tournée essentiellement vers la vénération des forces naturelles et connaissait aussi divers dieux, en particulier une Grande Déesse, Tabiti. L'exploration des *kourganes*, dont les plus riches sont ceux des Scythes Royaux dans la région du Dniepr (Solokhà) et en Crimée orientale (Koul-Oba), a mis au jour des armes, des ustensiles et des pièces d'orfèvrerie qui sont le seul témoignage direct qu'ait laissé ce peuple sans écriture. L'art scythe est un art essentiellement animalier, d'une puissante originalité, qui a subi une profonde hellénisation à la fin du Ve et au IVe s. av. J.-C.

Alors que cet art atteignait à son point suprême de richesse et de raffinement, les Scythes de Russie méridionale subissaient déjà la pression d'un nouveau peuple venu d'Asie, les Sarmates, qui les réduisirent peu à peu à la Crimée. Dès le IIe s. de notre ère, les Scythes avaient complètement disparu comme peuple organisé.

Les Scythes d'Asie ou *Sakas* (Saces), refoulés dans le Turkestan occidental, en furent chassés à la fin du VIe s. av. J.-C. par les nomades massagètes ; battus par Darius Ier (vers 522), ils furent établis dans deux satrapies perses septentrionales, avant d'en être délogés dans la première moitié du IIe s. av. J.-C. par les Yue-tche (v.). Descendant vers le Sud, ils enlevèrent aux Grecs le royaume de Bactriane (vers 130 av. J.-C.). De nouveau chassés par les Yue-tche, ils étaient installés, au début du Ier s. avant notre ère, dans le Gandhara (région de Peshawar), où régna, vers 95/75 av. J.-C., leur grand roi Moga ou Maues. À cette époque, les Sakas avaient subi de façon très profonde l'empreinte de l'hellénisme. Vers le début de notre ère, les Sakas dominaient tout le Pendjab, et leur empire s'étendait au sud jusqu'à la Narbada. Mais ils furent ensuite supplantés par les Kouchans, du peuple des Yue-tche.

SÉBASTIEN (* Lisbonne, 20.I.1554, † Alcazar-Quivir, 4.VIII.1578). Roi de Portugal (1557/78). Voir **Portugal**. La dynastie d'Aviz et les conquêtes maritimes (1383/1580).

SÉBASTOPOL (siège de, sept. 1854/sept. 1855). Ce fut le principal épisode de la guerre de Crimée : la place, défendue par un officier russe de grande valeur, Todleben, fut investie après la victoire de l'Alma (20 sept. 1854) par les forces alliées (Français, Anglais, Turcs puis Piémontais), dont l'effectif atteignait 220 000 hommes, mais qui furent beaucoup éprouvés par le froid, le mauvais ravitaillement et une épidémie de choléra. Après tout un hiver de piétinement, l'assaut fut mené sous les ordres de Pélissier : après la prise du Mamelon-Vert (7 juin 1855) et la défaite des Russes à Traktir, sur la Tchernaïa (16 août), Mac-Mahon s'empara de la tour Malakov (8 sept.) et les Russes évacuèrent la ville, qui fut occupée par les Alliés le 10 sept. 1855.

SÉCESSION (guerre de), ***Civil War.*** Guerre civile qui déchira les États-Unis de 1861 à 1865, en opposant les États du Nord (Union) et les États du Sud (confédérés). Outre la question de l'esclavage, ses origines tiennent à des divergences croissantes entre le Nord et le Sud, dans les domaines économique, social et politique. Alors que le Nord s'industrialisait rapidement, surtout depuis la guerre de 1812, le Sud restait exclusivement agricole, et son économie était fondée sur la monoculture du coton, reposant sur l'esclavage. Soucieux de se préserver de la concurrence des industries européennes, les manufacturiers du Nord faisaient pression sur le Congrès pour maintenir une politique douanière protectionniste, tandis que le Sud, que la monoculture orientait entièrement vers l'étranger, aspirait au contraire à une économie libre-échangiste. Cette divergence dégénéra en une controverse sur les droits respectifs de l'État fédéral et des États : ainsi la Caroline du Sud proclama la nullité de la loi protectionniste de 1832. La réaction énergique du président Jackson arrêta net la sécession, et le conflit s'apaisa momentanément par le compromis de 1833, mais il laissa de profondes rancœurs.

La question de l'esclavage (v. **Noirs américains** et **Esclavage**) était encore plus grave : l'esclavage était en effet « la clé de voûte de toute l'économie du Sud (et) sa suppression eût entraîné le morcellement de la propriété, la ruine matérielle des planteurs et aussi l'effondrement de cette société qui leur semblait préserver des valeurs de civilisation supérieures à celles des Yankees » (René Rémond). De part et d'autre se manifestait une égale intransigeance, et l'élection à la présidence de l'antiesclavagiste Lincoln, avec seulement 39,79 % des voix, grâce à la division des démocrates, précipita la sécession des États du Sud. C'est la Caroline du Sud qui en prit l'initiative, en déc. 1860, suivie de dix États sudistes : Mississippi, Floride, Alabama, Géorgie, Louisiane, Texas, Virginie, Arkansas, Caroline du Nord et Tennessee, qui se groupèrent en une Confédération de onze États sous la présidence de Jefferson Davis (v.).

Quatre ans d'hostilités

Les hostilités s'ouvrirent par l'initiative des sudistes, le général confédéré Pierre Beauregard ayant attaqué le 12 avr. 1861 la garnison fédérale de Fort Sumter, près de Charleston. Les premières années de la guerre furent marquées par des victoires du Sud. Beauregard remporta la première bataille de Bull Run (21 juin 1861). Lee repoussa la menace de McClellan sur Richmond au cours d'une grande bataille de sept jours (26 juin/2 juill. 1862), puis remporta sur les nordistes les victoires de Fredericksburg (13 déc. 1862) et de Chancellorsville (2/4 mai 1863). Ces succès initiaux ne suffisaient cependant pas à renverser le rapport des forces, qui était écrasant pour le Sud : 9 millions d'habitants (dont près de 4 millions d'esclaves noirs) contre 22 millions au Nord, qui possédait en outre tous les grands centres industriels, les ports les plus actifs, un réseau ferroviaire déjà développé et des ressources financières considérables. En 1863, Lee tenta à nouveau d'envahir le Nord et fit peser une grave menace sur Washington, mais il subit une défaite décisive à Gettysburg (1er/3 juill. 1863), dans la plus grande et la plus terrible bataille de la guerre.

L'initiative passa désormais au Nord : la flotte fédérale bloquait les côtes du Sud, et l'amiral D.G. Farragut s'était emparé du port de La Nouvelle-Orléans dès le 28 avr. 1862, après une bataille navale qui vit la fin des navires de bois et l'apparition des cuirassés (*monitors*). Mais c'est à l'Ouest que la guerre fut perdue par les confédérés : la ligne de défense sudiste dans le Kentucky avait été brisée dès févr. 1862 par la victoire de Grant à Fort Donelson ; Nashville et Memphis tombèrent aux mains des nordistes en juin, et Grant mena dans la vallée du Mississippi sa victorieuse campagne de Vicksburg (nov. 1862/juill. 1863), isolant les États confédérés de l'Ouest. Après sa victoire de Chattanooga (25 nov. 1863), qui livra aux nordistes tout le Tennessee, le général Sherman, commandant de l'armée fédérale de l'Ouest, s'empara le 2 sept. 1864 d'Atlanta, centre de tout le réseau de communication du Sud. Dévastant la Géorgie, Sherman accomplit alors une audacieuse marche de 460 km en vingt-quatre jours et atteignit la côte à Savannah (10 déc. 1864), puis s'empara de Charleston (févr. 1865), remonta vers le Nord, battit Johnston à Bentonville (mars 1865) et prit à revers les forces confédérées du Nord. Après la victoire du général nordiste Sheridan à Five Forks (1er avr. 1865), les confédérés durent évacuer Richmond. Toute retraite lui étant fermée, Lee se rendit à Grant par la capitulation d'Appomattox, en Virginie (9 avr. 1865), qui mit fin à la guerre de Sécession (les dernières troupes sudistes capitulèrent à la fin du mois de mai).

Ce conflit, qui fit 359 000 victimes dans les rangs nordistes et 258 000 chez les confédérés, constitue, au point de vue militaire, la première des guerres modernes, par les effectifs considérables engagés, par le rôle important joué par le matériel, par la mobilisation totale, à la fois militaire, civile et économique, à laquelle avaient procédé les deux camps. Sur les conséquences de la guerre de Sécession dans l'histoire américaine, voir **ÉTATS-UNIS**. De la « Reconstruction » à l'expansion (1865/1921).

SECTION FRANÇAISE DE L'INTERNATIONALE OUVRIÈRE (SFIO). Parti socialiste d'inscription marxiste fondé en 1905 et transformé en 1969 en un nouveau parti socialiste (PS). Voir **SOCIALISME**. Le socialisme français jusqu'à la Première Guerre mondiale.

SÉCURITÉ SOCIALE. Système d'assurances couvrant l'ensemble d'une population. Voir **PROTECTION SOCIALE**.

SEDAN (batailles de). Durant **la guerre de 1870**, l'armée de Châlons, sous le commandement de Mac-Mahon et en présence de Napoléon III, fut battue par les Prussiens en plusieurs sanglantes batailles (notamment à Beaumont, 30 août) et rejetée sur la place de Sedan. Le 2 sept. 1870, l'empereur se rendit au roi de Prusse, et la capitulation, signée au château de Bellevue, livra aux Prussiens 83 000 prisonniers, 70 mitrailleuses et plus de 500 pièces d'artillerie. Dès qu'elle fut connue à Paris, la nouvelle du désastre de Sedan provoqua la chute du régime impérial et la proclamation de la République (4 sept.).

En **1940**, la région de Sedan vit un nouvel effondrement de l'armée française. Le plan allemand, élaboré par Hitler et par von Manstein, prévoyait une audacieuse percée des Panzer à travers le terrain montueux et boisé de l'Ardenne belge, réputée impénétrable à des engins motorisés et cuirassés, afin de séparer en deux tronçons les armées alliées. Le 10 mai 1940, celles-ci avaient exécuté la manœuvre Dyle en portant le gros de leurs forces vers la Belgique, laissant exposé le pivot de cette manœuvre qui se trouvait précisément sur la Meuse, dans la région de Sedan. Par l'action massive de l'aviation allemande (attaques en piqué des stukas), les défenses insuffisantes de la IIe armée française furent littéralement pulvérisées. Le soir du 13 mai, les Allemands avaient établi trois têtes de pont sur la Meuse, à Dinant (Schmidt), à Monthermé (Reinhardt) et à Iges, au N. de Sedan (Guderian). L'élargissement de la rupture se poursuivit dans les deux jours suivants, et, le 15 mai, le corps de Guderian, atteignant Signy-l'Abbaye, séparait la IXe et la IIe armée française. Malgré la belle résistance de la 3e DIM à Stonne et de la Ire DIC à Beaumont, au S. de Sedan, la masse blindée allemande déferlait déjà vers l'Ouest et, dans sa course à la mer, atteignait Abbeville dès le 20 mai, consommant ainsi l'encerclement de toutes les forces alliées du Nord.

SÉDÉCIAS. Dernier roi de Juda (597/86 av. J.-C.). Fils de Josias, placé sur le trône par Nabuchodonosor II, roi d'Assyrie, il se révolta contre ce dernier. Après deux ans de siège, Nabuchodonosor s'empara de Jérusalem (587), fit égorger tous les fils de Sédécias dont il fit crever les yeux et le déporta avec les siens à Babylone (586). Ce fut la fin de la royauté israélite.

SÉE Camille (* Colmar, 1827, † Paris, 1919). Homme politique français. Député de la gauche républicaine et ami de Jules Ferry, il fut à l'origine de la fondation des lycées de jeunes filles (1880) et de l'École normale supérieure de Sèvres (1881).

SÉFÉVIDES. Dynastie qui régna sur la Perse de 1501 à 1736. Gouverneurs d'Ardabil, dans l'Azerbaïdjan, les Séfévides descendaient d'un chef religieux très vénéré, Safi al-Din (* 1252, † 1334), et prétendaient faire remonter leur généalogie jusqu'à Ali, le quatrième calife cousin et gendre de Mahomet. Champions du chiisme (v. **CHIITES**), fondateurs d'une véritable théocratie militaire, ils avaient étendu leur influence dans la Perse du Nord-Ouest et dans l'Anatolie orientale. Montée sur le trône avec Ismaïl Ier, la dynastie fit du chiisme la religion nationale de la Perse ; d'âpres luttes, à la fois religieuses et politiques, l'opposèrent aux Ottomans. Elle atteignit son apogée au début du XVIIe s., avec Abbas Ier. Cette dynastie fut renversée en 1736 par Nadir Chah. Voir **IRAN.** La Perse séfévide (1501/1736).

SEGNI Antonio (* Sassari, Sardaigne, 2.II.1891, † Rome, 1er.XII.1972). Homme politique italien. Professeur de droit, il devint recteur de l'université de Sassari (1946/53). Militant d'action catholique, il fut, dans la clandestinité, en 1942, un des organisateurs de la Democrazia cristiana. En 1945, sous-secrétaire d'État dans le cabinet Bonomi, il contribua à l'élaboration de la loi sur l'autonomie régionale de la Sardaigne. Ministre de l'Agriculture (1946/51), puis de l'Éducation nationale (1951/54), dans les cabinets De Gasperi, puis président du Conseil (1955/56 et 1959/60) et ministre des Affaires étrangères dans des gouvernements Fanfani (1960/62 et 1962), il fut élu président de la République en mai 1962 par une majorité de centre droit, contre Saragat, que soutenait la gauche. Frappé d'une hémorragie cérébrale, il dut abandonner le pouvoir en déc. 1964, et Saragat fut élu pour lui succéder.

SÉGOU (royaume de). Royaume bambara fondé vers 1650 et détruit en 1861 par El-Hadj Omar. Voir **BAMBARAS.**

SÉGRÉGATION. La ségrégation consiste à séparer les personnes de races ou de religions differentes habitant dans un même pays en frappant tel groupe de certaines incapacités politiques ou sociales (restrictions du droit de vote, interdiction de l'accès dans les lieux publics, les écoles, etc.) ou en obligeant ce groupe à résider dans des lieux déterminés. On trouve à toutes les époques de l'histoire et sur tous les continents des exemples de ségrégation. Avec le système des castes, les dirigeants indiens ont établi au IIe millénaire av. J.-C., un ségrégationnisme radical qui devait subsister jusqu'au XXe s. Les Mongols, les Aztèques pratiquèrent également la ségrégation à l'égard des peuples vaincus. En Europe occidentale, les esclaves de la Grèce et de la Rome antique, privés de toute personnalité juridique, étaient soumis à un régime ségrégationniste, comme le furent les Juifs (v.) du Moyen Âge, confinés dans des ghettos. À partir des lois de Nuremberg de 1935, le IIIe Reich pratiqua lui aussi la ségrégation à l'égard des Juifs, qui se virent interdire le mariage et même les relations sexuelles avec les « aryens », l'accès à certaines professions ou aux magasins en dehors de certaines heures, qui furent soumis ensuite au port d'un signe distinctif et qui, enfin, dans les pays conquis par la Wehrmacht dans l'Europe de l'Est, furent rassemblés dans des ghettos avant d'être exterminés. Les États collaborationnistes, à l'instar de la France de Vichy, adoptèrent la même politique de ségrégation antisémite, qui eut pour conséquence de faciliter la politique d'extermination organisée par les nazis. Aujourd'hui, la ségrégation raciale n'existe plus en Europe et la plupart des pays ont une législation qui réprime les attitudes ségrégationnistes.

Sur la ségrégation aux États-Unis, voir **NOIRS AMÉRICAINS**, **APARTHEID**, **BANTOUSTANS** et **SUD-AFRICAINE (République)**.

SÉGUIER Pierre (* Paris, 28.V.1588, † Paris, 28.I.1672). Intendant de Guyenne (1621), il devint en 1624 président à mortier au parlement de Paris. Très estimé par Louis XIII, il fut nommé garde des Sceaux (1633), puis chancelier de France (déc. 1635). Il s'opposa parfois à Richelieu, mais instruisit le procès de Cinq-Mars et montra toujours un attachement absolu à l'autorité royale. Aussi, durant la Fronde, le gouvernement, dans un désir de conciliation, dut lui enlever les Sceaux (1651), qui lui furent rendus en 1656. Il présida la commission chargée de juger Fouquet et se signala par sa partialité acharnée à l'égard du surintendant. Il participa à l'élaboration des ordonnances de 1669/70 connues sous le nom de *Code Louis*.

SÉGUIN Philippe (Tunis, 21.IV.1943). Homme politique français. Élu député RPR des Vosges en 1978 et maire d'Épinal en 1983, il fut nommé ministre des Affaires sociales dans le gouvernement Chirac de 1986/88. Président de l'Assemblée nationale (1993/97), il réforma le fonctionnement du Parlement (1995). Figure non conformiste du RPR par son opposition au traité de Maastricht en 1992 et sa critique du gouvernement Juppé, il en fut néanmoins le président (1997/99). Candidat du RPR aux municipales parisiennes de 2001, il échoua face au socialiste Bertrand Delanoé.

SEIGNEURIE. Élément fondamental de la société du Moyen Âge, la seigneurie est d'abord une réalité économique, un territoire dont les habitants sont les sujets d'un propriétaire qui tire ses revenus de la seigneurie par prélèvement sur les produits du sol, et qui, représentant le bien commun, ajoute à ses fonctions de chef économique celles qui incombent à l'État : défense, police, administration, justice. Ainsi la société se caractérise par la dissémination de l'autorité temporelle entre des seigneuries autonomes, faisant figure de petits États. Celles-ci sont d'étendue et de puissance très variables. Insérées dans le système féodal (v. **FÉODALITÉ**), elles se présentent habituellement comme des fiefs, formant une hiérarchie au sommet de laquelle se trouvent les seigneuries titrées, duchés, comtés, vicomtés, baronnies ; cependant, la seigneurie type est la *châtellenie*, qui ne compte qu'un château mais peut se subdiviser en seigneuries de moindre importance, nées le plus souvent des partages successoraux. Il y avait également de nombreuses seigneuries ecclésiastiques appartenant aux évêques, abbés, prieurs, chapitres, qui y exerçaient un pouvoir temporel distinct de leur pouvoir spirituel. Les habitants de la seigneurie appartenaient à des classes sociales diverses : vassaux nobles, qui étaient les auxiliaires directs du châtelain pour la défense et l'administration de la terre ; vilains ou paysans libres ; serfs, qui appartenaient au châtelain ou à ses vassaux ; clercs, qui relevaient uniquement de l'autorité et des tribunaux ecclésiastiques.

Authentique chef temporel, le seigneur disposait du droit de guerre et, soit pour défendre sa terre, soit pour mener une guerre privée avec son lignage, il avait le droit d'exiger un service militaire qui incombait théoriquement à tous, mais en fait n'était dû que par les vassaux nobles (v. **OST**). Le seigneur exerçait la justice sur sa terre ; presque toutes les seigneuries possédaient la « basse justice », concernant les délits non punis de mort et les affaires civiles les moins importantes ; la « haute justice », qui impliquait la plénitude de juridiction au criminel comme au civil, n'appartenait à l'origine qu'aux comtes mais, peu à peu, elle fut largement usurpée par les vicomtes, barons et châtelains. La cour seigneuriale était présidée par le seigneur lui-même ou par son représentant, prévôt, bailli, sénéchal. Enfin, le seigneur dirigeait toute la vie économique de la seigneurie, dont il tirait des ressources nombreuses et variées.

On retrouve dans la seigneurie médiévale les éléments du domaine de l'époque franque, en particulier la division entre un domaine réservé par le seigneur et cultivé sous sa direction immédiate par les corvées des tenanciers serfs et roturiers *(domaine réservé, réserve seigneuriale)*, et un domaine concédé à des paysans qui devaient, outre un certain nombre de corvées, une redevance fixe ou proportionnelle à la récolte, le *cens*. Ce domaine concédé comprenait la plus grande partie des terres labourables de la seigneurie ; les terres vagues et les bois étaient abandonnés à l'usage de tous, mais le seigneur se réservait le monopole de la chasse. Il jouissait en outre de nombreux droits : taxes sur les ventes et la consommation de certaines denrées, sur les ventes dans les foires et les marchés, péages, banalités, banvin. Il percevait des impôts directs, dont les principaux étaient la taille et les aides. Certains hauts seigneurs usurpèrent l'ancien droit régalien de battre monnaie.

À la fin du Moyen Âge, du fait des progrès du pouvoir royal, particulièrement en France, la seigneurie avait perdu ses attributions politiques ; le droit de guerre privée avait été aboli, et, des autres éléments de souveraineté, ne subsistaient plus que des vestiges, pour la haute justice, par exemple. Beaucoup de droits féodaux étaient devenus symboliques, mais les seigneurs tenaient d'autant plus à leur conservation que leur puissance réelle s'effritait ; ces droits ne devaient disparaître qu'à la Révolution (nuit du 4 août 1789).

SEIPEL Ignaz (* Vienne, 19.VII.1876, † Pernitz, Basse-Autriche, 2.VIII.1932). Homme politique autrichien. Protonotaire apostolique, il fut élu député chrétien-social en 1919 et présida son parti de 1921 à 1929. Jouissant d'une grande autorité morale, il fut appelé au pouvoir en 1922, alors que l'Autriche était au bord de la guerre civile. Mgr Seipel mit fin à l'inflation et à la crise économique, avec l'aide des capitaux étrangers qu'il obtint après avoir placé l'Autriche sous la tutelle de la SDN (protocole de Genève, 4 oct. 1922). Grièvement blessé dans un attentat le 1er juin 1924, il dut se retirer pendant deux ans. Revenu au pouvoir et assuré d'une majorité par les élections de 1927, il mena la lutte contre les socialistes (notamment en s'appuyant sur les Heimwehren, milices d'extrême droite). Son action à la chancellerie avait bien préparé le régime autoritaire de Dollfuss, qui lui succéda lorsqu'il démissionna pour raison de santé, en 1929.

SÉKOU TOURÉ (* Faranah, 1922, † Cleveland, Ohio, 26.III.1984). Homme politique guinéen. Voir **TOURÉ**.

SELDJOUKIDES. Dynastie turque qui exerça son autonomie au Proche-Orient du Xe au XIIIe s. Elle remonte à Seldjouk, mais son vrai fondateur fut Toghroul Beg (v.) qui, maître de l'Iran en 1051, entra à Bagdad en 1055, renversa les Bouyides et s'imposa comme vicaire temporel du calife abbasside, lequel lui donna le titre de sultan. La seconde moitié du XIe s. fut l'époque des « grands Seldjoukides » : Alp Arslan (1063/72) et Malik Chah (1072/92). Après avoir enlevé aux Byzantins presque toute l'Asie Mineure, ils régnèrent de la mer Égée au Turkestan. Mais le nomadisme et l'esprit de clan des Turcs primitifs constituaient des facteurs de dissolution interne. À la mort de Mali Chah (1092), l'Empire seldjoukide fut démembré entre ses divers héritiers, qui créèrent des sultanats dans le Khorassan, en Perse, en Syrie, en Asie Mineure. Le sultanat de Perse connut son apogée sous Sandjar (1096/1157), mais fut submergé par les princes de Khorezm en 1194. Le sultanat d'Asie Mineure, dit « sultanat de Roum » (parce qu'il avait été enlevé aux « Romains », c'est-à-dire aux Byzantins), subit à la fin du XIe s. l'invasion des croisés, mais il connut un brillant redressement sous Kaïkobad Ier (1219/37). Ébranlé par les Mongols (1243), il passa au XIVe s. aux Ottomans. Voir **TURCS. Les Seldjoukides** (Xe/XIIIe s.)

SÉLEUCIDES. Dynastie hellénistique qui régna sur la Syrie et sur une grande partie de l'Asie antérieure de 305 à 64 av. J.-C. Son fondateur, le diadoque macédonien Séleucos Ier, d'abord gouverneur de la Babylonie, entreprit, après la défaite d'Antigone Monophtalmos (v.) et le nouveau partage des conquêtes d'Alexandre (312), de reconstituer à son profit l'Empire perse du temps des Achéménides (v.). Son empire s'étendit, au faîte de sa puissance, comme celui de Darius, dela Méditerranée jusqu'à l'Indus et comprit toute l'Asie Mineure, la Syrie, la Mésopotamie et la Perse. Mais il se trouva écartelé entre deux attractions opposées : celle de la Méditerranée, et celle de l'Asie. C'est d'abord vers l'Est que se tourna Séleucos Ier, quand il établit sa capitale à Séleucie du Tigre, près de Babylone, point de départ, par le golfe Persique, des routes commerciales vers l'Asie centrale et vers l'Inde. Mais son expédition sur l'Indus se heurta à Chandragoupta (v.), fondateur de la dynastie indienne des Maurya. Séleucos préféra traiter avec le souverain indien (envoi de l'ambassadeur grec Mégasthénès) et se retourna en hâte vers l'Occident, où Antigone menaçait de nouveau ses relations vitales avec la Grèce. La fondation d'une nouvelle capitale, Antioche (300) de Syrie, avec le port de Séleucie de Piérie, marquait le souci du souverain de resserrer le contact avec la Méditerranée.

Après la mort de Séleucos Ier (281) apparut, au S., une nouvelle menace, celle des Lagides d'Égypte. Jusqu'à la fin du IIIe s. av. J.-C., les Séleucides et les Lagides devaient se disputer la Coélé-Syrie (Liban et Palestine). Obligés de faire front dans toutes les directions, les Séleucides, dont la puissance avait son centre en Syrie, perdirent peu à peu les territoires les plus éloignés. À l'E., la Sogdiane, la Bactriane et la Parthie se rendirent indépendantes dès la seconde moitié du IIIe s. À l'O., en Asie Mineure, le Pont, la Bithynie (c'est-à-dire les côtes de la mer Noire) échappèrent complètement à la domination des Séleucides ; ceux-ci durent céder la Phrygie septentrionale aux Galates et ils ne purent empêcher la formation des nouveaux royaumes indépendants de Pergame, de Cappadoce, puis d'Arménie. Mais l'Empire séleucide connut une brillante renaissance sous le règne d'Antiochos III le Grand (223/187). Celui-ci occupa l'Arménie et la Médie, imposa sa suzeraineté aux Parthes et aux souverains grecs de Bactriane, pénétra jusqu'en Inde (212/05), chassa les Lagides de la Coélé-Syrie, puis se retourna vers la mer Égée, parut sur les Détroits (197) et faillit un moment devenir le maître de la Grèce (192). Mais les Romains le battirent aux Thermopyles (191), et, repassé en Asie, Antiochos III vit son armée écrasée à Magnésie du Sipyle (189). Ces défaites lui firent perdre toutes ses conquêtes en Asie Mineure (traité d'Apamée, 188) et la monarchie séleucide fut suivie par l'énorme indemnité de guerre exigée par Rome. Rejeté en deçà du Taurus, sous la garde vigilante du royaume de Pergame, allié des Romains, l'Empire séleucide, avec Antiochos IV (175/164/63), réussit cependant à maintenir son autorité sur les provinces orientales et tourna ses visées contre l'Égypte. En 169/68, Antiochos IV se rendit maître du Delta, mais une nouvelle intervention romaine l'obligea à se replier. La Judée, base de départ des conquêtes vers le Nil, se souleva contre le parti des Juifs hellénistes, soutenu par Antiochos IV. Dès lors, les Séleucides durent renoncer à de nouvelles conquêtes. Vers 140, ils étaient déjà chassés, non seulement de la Perse, mais aussi de la Babylonie par les Parthes, de la Palestine par les Asmonéens, et même, temporairement, de la Syrie par l'usurpateur Tryphon. Après une brève reprise en main par Antiochos VII (138/29), l'Empire séleucide s'affaiblit, la dynastie se déchirant dans des rivalités incessantes. Il prit fin avec l'annexion de la Syrie par les Romains, en 64 av. J.-C.

Malgré leur échec politique, les Séleucides ont joué un rôle capital dans la diffusion de l'hellénisme au Proche-Orient, vers l'Asie centrale et vers l'Inde. Dans leur administration, ils renouèrent avec les traditions perses (découpage de l'empire en satrapies, plus petites et plus nombreuses d'ailleurs qu'au temps de Darius), mais restèrent toujours des princes grecs. C'est par une intense urbanisation qu'ils essayèrent de contrôler en les hellénisant leurs territoires si vastes et si divers. Ils fondèrent des dizaines de villes grecques en Syrie (Antioche, Laodicée, Séleucie de Piérie, Béroé, Apamée), en Mésopotamie (Édesse, Nisibe, Doura-Europos, Séleucie du Tigre), en Palestine, en Susiane, en Médie, en Bactriane... Ces villes, qui étaient à la fois des postes militaires, des centres commerciaux et des foyers de culture par l'institution du gymnase possédaient une campagne (*chôra*) répartie entre des villages indigènes et des domaines agricoles attribués à des colons grecs ; elles étaient dotées d'institutions civiques et jouissaient d'une large autonomie comme toutes les cités grecques.

SÉLEUCOS Ier Nicator, c'est-à-dire *le Vainqueur* (* vers 358, † près de Lysimachéia, 281 av. J.-C.). Roi séleucide (305/281). Il fut l'un des meilleurs officiers d'Alexandre et reçut la Babylonie lors du second partage de l'empire, en 321. Chassé de sa province en 316 par Antigone Monophtalmos (v.), il se réfugia en Égypte. Rentré à Babylone en 312 après la victoire de Ptolémée à Gaza, il entreprit de reconstituer à son profit l'ancien Empire perse, mais se heurta, en Inde, à Chandragoupta (v.). Séleucos, qui s'était proclamé roi vers 305, fondant ainsi la dynastie des Séleucides (v.), déplaça le centre de gravité de son empire vers Antioche (fondée en 300), à proximité de la Méditerranée, sur laquelle il entendait établir son hégémonie. Mais il se posait en rival des Ptolémées d'Égypte. Il fit prisonnier Démétrios Poliorcète (v.), venu se réfugier en Asie après ses échecs en Égée (286), occupa la plus grande partie de ses possessions d'Asie, et se proclama roi de Macédoine après avoir battu Lysimaque (v.) à

Couropédion (281). Il résolut alors de conquérir la Grèce mais fut assassiné par Ptolémée Kéraunos.

SÉLEUCOS II Callinicos, c'est-à-dire ***le Grand Glorieux.*** Roi séleucide (246/25 av. J.-C.). Fils d'Antiochos II, il mena contre l'Égypte la troisième guerre de Syrie, dite de Laodice (246/41 av. J.-C.). Il vit son royaume envahi et pillé par Ptolémée III, qui poussa jusqu'en Babylonie et lui enleva la Syrie septentrionale (avec le grand port militaire de Séleucie de Piérie) ainsi que toutes les côtes méridionales de l'Asie Mineure jusqu'à Éphèse. À la suite de ce désastre, son frère, Antiochos Hiérax, lui fut imposé comme corégent en Asie Mineure ; il se révolta aussitôt et lui arracha définitivement cette région (241/39) (qui tomba peu après aux mains d'Attale Ier de Pergame), cependant que les satrapies orientales, coupées de la Mésopotamie par la mainmise des Parthes sur le cœur du plateau iranien, se détachaient de lui.

SÉLIM Ier l'Inflexible ou **le Cruel** (* Amasya, vers 1470, † Constantinople, 20.IX.1520). Sultan ottoman (1512/20). Troisième fils de Bayézid II, il vit celui-ci désigner comme successeur son frère Ahmed, mais il se révolta à plusieurs reprises, avec l'appui des janissaires, et força Bayézid à abdiquer en sa faveur (25 avr. 1512).

Ayant consolidé son autorité en exterminant ses deux frères et ses cinq neveux, il garantit la paix en Occident par des traités avec la Hongrie, Venise et Raguse et se tourna contre les Séfévides (v.) chiites (v.) de Perse. En 1513, il fit massacrer 40 000 chiites de son empire, puis, au nom de l'orthodoxie sunnite (v.), il mena la guerre sainte contre le chah Ismaïl Ier, qui fut écrasé par l'armée turque à Tchaldiran (23 août 1514). Entré peu après à Tabriz, capitale des Séfévides, Sélim occupa le Kurdistan et la Haute-Mésopotamie, puis il entreprit la conquête de la Syrie (1516), écrasa les mamelouks à la bataille du mont Mokattam (22 janv. 1517) et fit son entrée au Caire. Il ramena à Constantinople le dernier calife abbasside, el-Moutawakkil, qui aurait renoncé en sa faveur au califat. Ayant placé ainsi la Syrie et l'Égypte sous la domination ottomane, Sélim préparait une expédition contre Rhodes, lorsqu'il mourut brusquement.

SÉLIM III (* Constantinople, 1761, † Constantinople, 1808). Sultan ottoman (1789/1807). Voir TURQUIE. La question d'Orient.

SÉMINOLES. Tribu indienne d'Amérique du Nord qui appartenait au groupe des Natchez-Muskogee. Au début du XVIIIe s., ils se séparèrent de la confédération des Creeks et vinrent s'établir en Floride. Leurs pillages dans les plantations des colons de Géorgie provoquèrent une expédition américaine commandée par Jackson (1817/18). Après l'annexion de la Floride par les États-Unis, les Séminoles signèrent le traité de 1832, par lequel ils s'engageaient à se retirer à l'O. du Mississippi ; mais nombre d'entre eux, sous la conduite d'Osceola, refusèrent d'appliquer ce traité. Au terme de longues guerres (1835/42), ils furent vaincus par les Américains et installés dans des réserves. Voir INDIENS.

SÉMIRAMIS. Reine légendaire d'Assyrie. Selon des traditions perses rapportées par Crésias et Diodore de Sicile, elle fut la femme du roi Ninos et, après sa mort, elle gouverna l'Assyrie pendant quarante-deux ans. On lui attribue dans ces récits la conquête de l'Arménie, de l'Égypte et de l'Arabie, d'une partie de la Libye et de l'Éthiopie et de toute l'Asie jusqu'à l'Indus. Elle avait aménagé les fameux jardins suspendus de Babylon. La légende de Sémiramis aurait été inspirée par la reine assyrienne Sammouramat, bien historique celle-ci, qui fut régente pendant la minorité de son fils Adad-Nidari III, de 810 à 805 av. J.-C.

SÉNAT. Dans divers États de l'Antiquité et des Temps modernes, assemblée politique généralement composée d'hommes mûrs (le mot latin *senatus* a la même racine que *senex*, vieillard) et représentant l'élément aristocratique ou conservateur de l'État. Dans la Grèce antique, le rôle du sénat fut tenu à Athènes par l'aréopage, à Sparte par la gérousia. Le Sénat, qui constitua un des organes essentiels du gouvernement de la Rome antique, existait dès l'époque royale. Il assurait l'interrègne *(interregnum)* à la mort du roi ; il ratifiait, par l'*auctoritas patrum* (« l'autorité des pères », c'est-à-dire des sénateurs) certaines décisions des comices.

Le Sénat romain

Le Sénat romain au début de la République

Sous la République, le Sénat devint la plus haute autorité de Rome. Composé à partir du IIe s. av. J.-C. de tous les anciens magistrats, il devint une assemblée d'hommes d'expérience, auxquels le peuple avait jadis confié le pouvoir, et qui jouissaient souvent d'un grand prestige. Conçu au départ comme une simple assemblée consultative, il vit ses prérogatives s'étendre aux domaines législatif (*sénatus-consultes* : avis ayant force de loi), financier (contrôle du budget et de l'impôt) et judiciaire.

À partir de la deuxième guerre punique, le Sénat dirigea de plus en plus la politique étrangère de Rome ; il désignait et recevait les ambassadeurs, menait les négociations avec les puissances, statuait dans les différends de Rome avec les provinciaux ou les alliés. Grâce au contrôle des finances, le Sénat tenait les magistrats en tutelle ; il pouvait prolonger une magistrature *(prorogatio imperii)* ; il désignait les gouverneurs des provinces et, chaque année, attribuait les deux provinces consulaires aux consuls sortants.

Les sénateurs jouissaient de prérogatives et d'honneurs. Ils avaient droit à la tunique à bande de pourpre verticale *(laticlave)* et à la toge prétexte, à la chaise curule, aux meilleures places dans les lieux publics, dans les théâtres et au cirque. Lorsqu'un sénateur mourait, sa famille conservait le titre sénatorial. Au cours du IIe s. av. J.-C., l'oligarchie sénatoriale accapara d'immenses domaines agricoles en Italie et elle fut la principale responsable de la ruine des petits propriétaires. Cependant, depuis 218 av. J.-C., une loi interdisait aux sénateurs le commerce et l'industrie. Aussi l'oligarchie sénatoriale vit se former en face d'elle une riche bourgeoisie d'« hommes nouveaux », dits « chevaliers » parce que leur fortune leur permettait (théoriquement) de servir dans la cavalerie. Ils dédaignaient la politique pour se livrer aux activités plus fructueuses du grand négoce, de la ferme des impôts dans les provinces, des travaux publics, etc. Au cours des luttes du Ier s. av. J.-C., cet ordre équestre volontiers démagogue, s'allia souvent avec les chefs populaires contre l'oligarchie sénatoriale. L'impuissance de celle-ci à résoudre la question agraire et à diriger la grande mutation qui devait adapter les institutions romaines, faites pour une cité-État, aux nouvelles tâches impériales, fut la cause du déclin du Sénat à partir de la fin du IIe s. av. J.-C.

Le déclin du Sénat sous la République et l'Empire

Au siècle suivant, apparut la menace des chefs militaires. Dans l'atmosphère anarchique des guerres civiles du milieu du Ier s. av. J.-C., le Sénat devint le jeu des luttes auxquelles se livraient les membres du premier triumvirat (v. **Rome**. L'âge des guerres civiles). Après sa victoire, César entreprit de le réformer en profondeur : le Sénat fut réduit à un rôle purement consultatif et dut s'ouvrir à des hommes originaires des provinces et aux représentants de toutes les classes possédantes. L'évolution amorcée au début de la République, qui substituait l'argent à la naissance comme principe de hiérarchie sociale, se poursuivait.

Sous l'Empire, le Sénat cessa d'être le principal acteur de la vie politique romaine. Malgré les apparences – l'empereur portait le titre de « prince du Sénat » –, celui-ci était désormais au service du pouvoir impérial. Auguste créa un « ordre sénatorial » *(ordo senatorius)*, qui regroupait des personnes estimables, ayant rendu des services militaires et possédant au moins un million de sesterces. Il imposa à l'assemblée de tenir deux séances obligatoires par mois, auxquelles tous les sénateurs devaient assister, sous peine d'amende.

Pendant les deux premiers siècles de notre ère, il y eut un partage inégal du pouvoir entre l'empereur et le Sénat, en matière législative et financière. Mais le Sénat ne pouvait s'opposer aux choix politiques de l'empereur. Légalement, le nouveau *princeps* devait être choisi par le Sénat ; en fait, la plupart des successeurs d'Auguste furent choisis par leurs prédécesseurs, ou imposés par les légions ou la garde prétorienne. À la fin du IIIe s., le Sénat avait perdu toute autorité réelle et, tout en conservant un grand prestige social, il n'était plus que le conseil municipal de Rome. C'est en 580 qu'on trouve la dernière mention du Sénat romain.

Le Sénat en France

Le Sénat sous le Consulat et le premier Empire

Par la Constitution de l'an VIII (1799), le Consulat créa en France un *Sénat conservateur* qui devait être la première Assemblée politique pendant le consulat et le premier Empire. Bonaparte en fit un instrument à son service en accordant à ses membres un traitement élevé et en permettant aux princes français et aux grands dignitaires d'en devenir membres de droit. Ainsi contrôlé, le Sénat vit s'étendre ses pouvoirs constitutionnels et légitima Bonaparte dans sa marche vers l'Empire : les sénatus-consultes, notamment, permettaient aux sénateurs d'interpréter la Constitution. En 1814, le Sénat ne put survivre en tant que corps et fut supprimé par la promulgation de la Charte.

Le Sénat sous le second Empire

Au lendemain du coup d'État bonapartiste du 2 décembre 1851, le Sénat fut restauré (Constitution du 14 janv. 1852). Ses membres étaient nommés à vie par l'empereur, qui désignait également, chaque année, le président et le vice-président du Sénat. Les principales attributions du Sénat étaient la garde de la Constitution, la législation et l'administration coloniales. Aussi soumis que son prédécesseur du premier Empire, le Sénat resta fidèle à l'empereur : lors de la révolution du 4 sept. 1870, il donna un dernier témoignage d'adhésion à l'empereur et au prince impérial et fut immédiatement dissous par le gouvernement provisoire.

Le Sénat sous la IIIe République

La Constitution de 1875, votée par une assemblée à majorité conservatrice, rétablit le Sénat, mais en le rendant électif et renouvelé par tiers tous les trois ans ; ses électeurs étaient les délégués des communes regroupées en collège électoral. Représentant, par son mode d'élection, de la France rurale et conservatrice, le Sénat devait jouer un rôle important pendant toute la IIIe République : réuni à la Chambre des députés pour former l'Assemblée nationale, il participait à l'élection du président de la République ; il avait, en matière législative, les mêmes pouvoirs que la Chambre des députés (sauf en matière financière) ; son avis était nécessaire pour la dissolution de la Chambre ; il pouvait être constitué en Haute Cour.

Le Sénat sous la Ve République

Supprimé en 1946, il fut rétabli en 1958 ; il est élu comme son prédécesseur par un collège où se retrouvent notables politiques et délégués des conseils municipaux. Dans l'esprit des auteurs de la Constitution, le Sénat devait jouer un rôle important dans le nouveau régime et constituer un appui pour le président de la République en cas de conflit entre celui-ci et l'Assemblée nationale. Du fait de l'élection au suffrage indirect, les notables locaux, que la vague gaulliste éliminait à l'Assemblée nationale, réussirent dès les élections de 1959 à se maintenir au Sénat qui devint un centre d'opposition à l'évolution de la Ve République. Fidèle à sa tradition conservatrice, le Sénat est entré dans l'opposition à l'arrivée de la gauche au pouvoir en 1981 et s'est opposé, par la voix de son président A. Poher (v.), à F. Mitterrand sur un projet d'élargissement du référendum. Il est actuellement présidé par Christian Poncelet.

Le Sénat des États-Unis

Le Sénat américain, institué par l'article 1er de la Constitution de 1787, est l'une des deux Chambres du Congrès. Considéré comme la Chambre haute, il a pour fonction de sauvegarder les droits de chacun des États composant la fédération. Aussi tous les États, quelle que soit leur population, sont-ils représentés chacun par deux sénateurs qui sont élus depuis 1913 au suffrage universel direct. Les sénateurs américains, qui doivent être âgés de trente ans, être citoyens des États-Unis depuis au moins neuf ans et avoir leur résidence dans l'État qu'ils représentent, sont élus pour six ans. Le Sénat est renouvelable par tiers tous les deux ans. Il est présidé par le vice-président des États-Unis, qui ne participe pas aux délibérations. Le Sénat a les mêmes pouvoirs législatifs que la Chambre des représentants, mais il n'a pas l'initiative en matière financière. Il doit ratifier tous les traités et toutes les décisions présidentielles importantes.

Le Sénat italien

Il est élu pour cinq ans sur une base régionale, au suffrage universel et direct des électeurs âgés de plus de vingt-cinq ans ; l'âge d'éligibilité au Sénat est de quarante ans. Le Sénat partage avec la Chambre des députés le pouvoir législatif ; réuni avec la Chambre, il élit le président de la République. De 1948 à 1953, le Sénat italien compta parmi ses membres une centaine de sénateurs de droit, non élus (anciens présidents du Conseil, anciens présidents de la Chambre, anciens députés emprisonnés au temps du fascisme, etc.). Aujourd'hui, les anciens présidents de la République sont encore sénateurs de droit et à vie.

SÉNÉGAL. État de l'Afrique occidentale ; capitale *Dakar*. Au IXe s., la basse vallée du Sénégal était le centre du royaume toucouleur de Tekrour, converti à l'islam au début du XIe s. Soumis au XIVe s. à la suzeraineté de l'empire du Mali, le royaume de Tekrour, devenu le Fouta, ne put empêcher l'émancipation des royaumes Sérère et Ouolof, situés sur la côte atlantique. Au XVIe s., le Fouta passa sous l'autorité de la dynastie peule païenne des Déniankés ; celle-ci fut renversée au XVIIIe s., et le Fouta devint alors une sorte de théocratie musulmane. Les peuples Ouolof et Sérère se partagèrent dès le XVIe s. entre plusieurs petits États.

Au cours du XVe s., les premiers navigateurs portugais commencèrent à explorer l'embouchure du Sénégal. En 1624, des marchands dieppois et rouennais, attirés par les profits du commerce des esclaves, fondèrent la compagnie du Sénégal et de Gambie, qui devint en 1634 la Compagnie du cap Vert et obtint le monopole de la traite. Saint-Louis du Sénégal fut fondé en 1659, et les Français s'établirent également à Gorée. Ces postes furent cédés en 1664 à la Compagnie des Indes occidentales, puis aux diverses Compagnies du Sénégal (1673/1702), enfin à la Compagnie des Indes orientales, sous laquelle ils prospérèrent grâce à la traite des Noirs. En 1758, les Anglais chassèrent les Français du Sénégal, qu'ils se firent céder (sauf Gorée) par le traité de 1763. La France se rétablit à Saint-Louis en 1779. Repris par les Anglais en 1809, le Sénégal fut restitué en 1814 à la France, qui n'en reprit possession qu'en 1817.

À partir de 1854, un nouvel et décisif essor fut donné par Faidherbe (v.), qui fut le véritable fondateur de la colonie. Disposant seulement de quelques compagnies d'infanterie de marine, Faidherbe, gouverneur de 1854 à 1861 et de 1863 à 1865, battit le chef toucouleur El-Hadj Omar, qui avait assiégé le fort français de Médine, sur le haut Sénégal. Il établit la liaison entre Saint-Louis et Gorée, créa Dakar (1857) et Rufisque, refoula les Maures au N. du fleuve Sénégal (1858), développa la culture de l'arachide, fonda des écoles, enrôla les premiers tirailleurs sénégalais. Lui succédèrent de grands coloniaux tels que Gallieni et Borgnis-Desbordes, qui ouvrirent la route vers le Niger. En 1903, Dakar devint la capitale de l'Afrique-Occidentale française. Durant les deux guerres mondiales, les troupes sénégalaises, célèbres par leur loyauté et leur bravoure, servirent en France dans les secteurs les plus difficiles.

L'évolution du Sénégal vers l'indépendance commença après la conférence de Brazzaville (1944) et la création de l'Union française (1946), laquelle fut largement inspirée par le député sénégalais Léopold Sédar Senghor (v.), intellectuel et poète, l'un des chefs les plus prestigieux de la nouvelle Afrique. À la suite du référendum du 28 sept. 1958, le Sénégal devint une république autonome au sein de la Communauté française (25 nov. 1958). Il forma avec le Soudan la Fédération du Mali, qui, constituée en avr. 1959, devint pleinement indépendante en juin 1960, mais se disloqua en août 1960, le Sénégal reprenant son indépendance. Senghor fut alors élu président de la République (sept. 1960). En déc. 1962, il élimina son ancien compagnon, Mamadou Dia, qui, après une tentative de coup d'État, fut condamné à la détention perpétuelle. Senghor concentra désormais entre ses mains tous les pouvoirs. Malgré la Constitution du 3 mars 1963 qui prévoyait le pluripartisme, de 1966 à 1974, l'Union progressiste sénégalaise (UPS) fut le parti unique, étroitement lié au syndicat unique, la Confédération nationale des travailleurs du Sénégal (CNTS). Le président Senghor put ainsi résister aisément aux émeutes de déc. 1963 et de juin 1968, ainsi qu'à la contestation étudiante du printemps 1971. À partir de 1974, le président déclencha un processus de libéralisation politique : après Mamadou Dia, gracié en mars 1974, les derniers prisonniers politiques furent libérés par la loi d'amnistie du 16 mars 1976 et recouvrèrent leurs droits civiques. La révision constitutionnelle du 17 mars 1976 permit l'émergence au Sénégal de trois partis politiques. L'UPS seule eut droit à l'appellation de « socialiste et démocratique ». Le parti démocratique sénégalais (PDS), fondé en 1974 par Abdoulaye Wade (v.), prit l'étiquette de « libéral démocratique ». En août 1976, le parti africain de l'indépendance (PAI), qui, de tendance procommuniste, avait été dissous en 1960, put se reconstituer légalement. En politique étrangère, le président Senghor s'est toujours efforcé de jouer un rôle modérateur, et il a maintenu avec la France des liens étroits de coopération.

En démissionnant, le 31 déc. 1980, L. S. Senghor transmit le pouvoir à son Premier ministre, Abdou Diouf. La démocratisation du régime se mit alors difficilement en place, dans un contexte de grave crise économique et sociale et de tensions ethniques. Le pouvoir d'Abdou Diouf et du parti socialiste fut confirmé aux élections de 1983 et de 1988, mais de fortes tensions subsistaient : grèves étudiantes de 1987, proclamation de l'état de siège en 1988 (avec l'emprisonnement d'Abdoulaye Wade), émeutes xénophobes sanglantes contre les Mauritaniens (1989).

En Casamance, où un mouvement indépendantiste, le Mouvement des forces démocratiques de Casamance (MFDC), avait pris les armes en 1983, les combats se sont poursuivis malgré la signature de deux accords de cessez-le-feu, en mai 1991 et en juill. 1993. L'armée sénégalaise a lancé plusieurs attaques contre la Guinée-Bissau voisine, soutien principal des indépendantistes : la capitale de la Casamance, Ziguinchor, a été plusieurs fois bombardée (juin 1999 et juill. 2000). Dans le même temps, la situation politique intérieure continuait de se dégrader : malgré la participation de l'opposant A. Wade à un gouvernement d'union nationale, en 1991 et 1992, le président Abdou Diouf est demeuré fortement contesté. Sa victoire à l'élection présidentielle et celle de son parti aux législatives de 1993 donnèrent lieu à de nouvelles accusations de fraude. De plus, le Sénégal dut faire face à la suspension de l'aide de la Banque mondiale, qui jugeait la politique économique du pays trop laxiste, ainsi qu'à la dévaluation du franc CFA, qui, en févr. 1994, provoqua de violentes émeutes à Dakar. De nouveau inquiété par le pouvoir à la suite de ces émeutes, A. Wade réussit cependant à négocier l'intégration de son parti, le parti démocratique sénégalais, à un nouveau gouvernement d'ouverture formé en mars 1995. Les élections présidentielles de févr. et mars 2000 ont vu la victoire inattendue d'Abdoulaye Wade. La passation des pouvoirs avec l'ancien président s'est passée sans heurt. Sept formations politiques différentes et des personnalités de la société civile ont été appelées à former le nouveau gouvernement. La nouvelle Constitution de 2001 réduit le mandat présidentiel à 5 ans.

SÉNÈQUE, Lucius Annaeus Seneca (* Cordoue, vers 2 av. J.-C., † Rome, 65 apr. J.-C.). Homme politique et philosophe romain. Il fut exilé en Corse (41/49), alors qu'il était questeur, par l'empereur Claude, poussé par les intrigues de son épouse Messaline. En 49, Agrippine, la nouvelle femme de Claude, rappela Sénèque, le fit nommer préteur et lui confia l'éducation du jeune Néron. Sénèque fut nommé consul en 57, mais tomba en disgrâce en 62, peut-être pour avoir voulu tempérer le despotisme de l'empereur. Néron, le soupçonnant de conspiration, lui ordonna de se suicider, et Sénèque se fit ouvrir les veines, illustrant dans la mort la pensée stoïcienne qu'il avait exprimée par ses écrits.

SENGHOR Léopold Sédar (* Joal, près de Dakar, 9.X.1906, † Verson, Calvados, 20.XII.2001). Homme politique et écrivain sénégalais. Député à l'Assemblée constituante (1945), puis à l'Assemblée nationale française (1946/58), ce poète, auteur d'une importante œuvre en langue française, fut le père de l'indépendance sénégalaise tout en restant favorable au maintien des liens avec la France. Il fonda, avec Mamadou Dia, l'Union progressiste sénégalaise (UPS) et, s'opposant à la « balkanisation de l'Afrique », fut l'un des inspirateurs de la Fédération du Mali (avr. 1959/août 1960). Après l'éclatement de celle-ci, il fut élu premier président de la république du Sénégal (sept. 1960) et élimina Mamadou Dia qui avait tenté un coup d'État (déc. 1962). Il concentra alors tous les pouvoirs entre ses mains. Après la modification de la Constitution, en 1976, un multipartisme limité fut instauré. Le 31 déc. 1980, Senghor démissionna volontairement au profit de son Premier ministre, Abdou Diouf. Voir **SÉNÉGAL**.

SENNACHÉRIB. Roi d'Assyrie (704/681 av. J.-C.). Fils et successeur de Sargon II, il mit plusieurs années à réprimer le soulèvement général qui suivit l'assassinat de son père : il soumit d'abord Babylone et y installa comme roi Bêl-ibni, natif de la cité, puis, peu après, son propre fils aîné. Puis il se retourna contre une coalition des Phéniciens et de principautés de Syrie, qui firent appel à l'Égypte. Sa victoire d'Eltekeh contre les coalisés (701) lui rendit le contrôle de la Syrie. Il tenta ensuite d'envahir l'Égypte, mais, au dire d'Hérodote, son armée aurait été arrêtée à Péluse par une nuée de rats. Pendant ce temps, la Babylonie se soulevait de nouveau, et le roi Mérodach Baladan II réussit à se rétablir. En 689, Sennachérib s'empara de Babylone, qu'il livra aux flammes. Il fut sans doute assassiné par un de ses fils à Ninive en 681, alors qu'il priait dans le temple de Nabou.

Un autre de ses fils, Assarhaddon, réussit à imposer son autorité et lui succéda.

SÉNOUSSIS. Membres de la confrérie musulmane de la *Senoussiya*, fondée par **Mohammed ibn Ali es-Senoussi** (* douar Torch, près de Mostaganem, vers

1792, † Djaraboud, 1859). Celui-ci, qui aurait appartenu à une vieille famille de l'aristocratie arabe d'Espagne, fit ses études à Fès puis partit pour La Mecque, où il séjourna de 1830 à 1843. Il s'y imprégna des idées de réforme puritaine qui soufflaient alors dans le monde islamique et s'établit ensuite en Cyrénaïque, où il fonda en 1843 la première « zaouïa » de son ordre, au djebel Akhdar. Hostile aux chrétiens, la confrérie des Sénoussis établit son centre en 1855 à Djaraboud, oasis et carrefour de caravanes du désert libyque, à 300 km au S. de Tobrouk, puis elle étendit rapidement son influence sur tout le Sahara oriental. Après sa mort, son œuvre fut continuée par son fils aîné, Ahmed el-Mahdi, puis par le neveu de celui-ci, Ahmed el-Charif.

Les Sénoussis menèrent la guerre contre la France aux confins du Sud tunisien, puis contre les Italiens, qui avaient occupé la partie côtière de la Libye après la guerre italo-turque de 1911/12. En 1918, le chef de la confrérie se réfugia à Constantinople. Achevant la pacification de la Libye, l'Italie fasciste occupa l'oasis de Koufra en 1931 et mit fin ainsi à la puissance sénoussie. Mais durant la Seconde Guerre mondiale, l'Angleterre traita avec les Sénoussis de Cyrénaïque et leur promit que leur pays ne retomberait pas sous l'autorité italienne ; en 1949, avec l'accord des Britanniques, la Cyrénaïque fut érigée en royaume musulman héréditaire au profit du chef de la confrérie des Sénoussis, Mohammed Idris es-Senoussi, qui devint roi de Libye en 1951 ; il fut déposé par le coup d'État de 1969, mais on retrouve l'empreinte de l'inspiration rigoriste du sénoussisme dans les idées de son successeur à la tête de l'État libyen, le colonel Kadhafi.

SENTIER LUMINEUX (le), *Senderoso luminoso.* Mouvement révolutionnaire maoïste péruvien. Fondé en 1970 par Abimaël Guzman, en référence à la doctrine de José Carlos Mariatégui (fondateur du parti communiste péruvien), le Sentier lumineux commença la lutte armée contre l'État en 1980. Il s'implanta dans le Huallaga, contrôlant la culture de la coca, qui devint, au milieu des années 1980, sa principale source de revenus. Multipliant les attentats, le Sentier lumineux entraîna le Pérou dans une escalade de violence qui fit plus de 26 000 morts, entre 1980 et 1992. Depuis l'arrestation et l'emprisonnement de Guzman et de ses principaux lieutenants, en sept. 1992, les attaques terroristes ont sérieusement décliné.

SÉOUD. Nom des princes de la dynastie wahhabite de Riyad et de Dariyya, qui règne sur l'Arabie Saoudite.

Le premier ancêtre connu de cette dynastie est **Séoud ibn-Mohammed ibn-Moukarin** († 1735), chef d'une des tribus de l'importante Fédération des Anazas, qui régnait à Dariyya, oasis du Nedjd. En 1740, son fils, **Mohammed Ibn Séoud** (1735/65) s'allia avec Abd el-Wahhab, fondateur du wahhabisme (v.) ; il se convertit avec son peuple à cette doctrine, qu'il répandit dans les tribus avoisinantes. Ses fils et petits-fils, dans la seconde moitié du XVIIIe s., propagèrent énergiquement le wahhabisme dans tout le Moyen-Orient jusqu'en Syrie. Mais le sultan turc envoya contre les wahhabites le gouverneur d'Égypte Méhémet-Ali, qui leur reprit Médine et La Mecque, puis Riyad (1819). Au milieu du XIXe s., les Séoud se rétablirent et, à partir de leur capitale, Riyad, développèrent le wahhabisme, notamment dans le Nedjd. À partir des années 1880, les Séoud se virent menacés par la famille vassale des Ibn Rachid, qui renversa l'émir saoudien Abd Allah en 1884 et prit le pouvoir.

Abd el-Rahman, frère d'Abd Allah, tenta vainement de chasser les Ibn Rachid. Vaincu dans le djebel Chammar (1891), il dut se réfugier à la cour des émirs de Koweït, en compagnie de son tout jeune fils, qui restaura la puissance saoudite sous le nom de :

Abd el-Aziz III ibn Séoud (* Riyad, Nedjd, vers 1880, † Riyad, 9.XI.1953). Élevé à la cour du Koweït, il prit très tôt la tête de la rébellion contre les Ibn Rachid, reprit Riyad en 1902, puis se proclama émir du Nedjd et imam des wahhabites en 1904. Il se ménagea un accès à la mer en ravissant aux Turcs le port d'El-Katif, en 1913. Profitant de l'aide que la Grande-Bretagne lui avait accordée au début de la Première Guerre mondiale, il détruisit la puissance des Ibn Rachid en 1921, puis se tourna contre les Hachémites (v.), qu'il chassa de La Mecque en 1924, reconquit Médine (1925), se fit proclamer roi du Hedjaz et du Nedjd (1926). Quand il se fit proclamer roi de l'Arabie Saoudite (v.) en 1932, son royaume s'étendait du golfe d'Akaba au golfe Persique et à Koweït. À l'intérieur, son autorité continua à s'appuyer fermement sur la confrérie wahhabite. Les richesses dues à l'exploitation des ressources pétrolières lui permirent d'entamer la modernisation du pays.

Abd el-Aziz IV ibn Séoud ou **Séoud IV** (* Koweït, 1902, † Athènes, 23.II.1969). Fils du précédent, il fut désigné comme prince héritier dès 1933 et comme président du Conseil en 1953. Devenu roi, il fit d'importants efforts dans le domaine de l'enseignement, fonda la première université laïque (1957) et les premières écoles de filles (1959). En politique extérieure, il maintint, comme son père, des relations amicales avec les États-Unis. Cependant, en 1958, il dut déléguer la totalité du pouvoir exécutif à son frère Fayçal, qui le déposa et lui succéda en nov. 1964. Voir **ARABIE SAOUDITE.**

SÉPARATION DE L'ÉGLISE ET DE L'ÉTAT. Au XIXe s., les premiers partisans de la séparation de l'Église et de l'État furent les catholiques ultramontains du groupe de Lamennais et de *L'Avenir*, qui voulaient ainsi assurer l'indépendance de l'Église à l'égard du pouvoir politique. L'émancipation des catholiques anglais (1829) montrait ce que l'Église pouvait obtenir en se réclamant, elle aussi, du principe de liberté. Mais ces idées furent condamnées par Grégoire XVI dans l'encyclique *Mirari vos* (15 août 1832).

Durant tout le XIXe s., le Saint-Siège devait se montrer l'adversaire résolu de la séparation de l'Église et de l'État. Le grand mouvement vers la laïcité (v.) s'amorça avec les décrets de Ferry sur l'enseignement (1880/82) et les mesures de Waldeck-Rousseau et de Combes à l'encontre des congrégations ; il se poursuivit par la rupture des relations diplomatiques avec le Vatican (juill. 1904) sous le ministère Combes.

Rapportée par Aristide Briand, la loi de séparation, qui rompait le concordat de 1801, fut adoptée par la Chambre le 3 juill. 1905, puis par le Sénat et promulguée le 9 déc. 1905. Elle proclamait que la République assure la liberté de conscience et garantit le libre exercice du culte ; que la République ne reconnaît, ne salarie ni ne subventionne aucun culte ; que le concordat napoléonien et les articles organiques étaient donc abrogés ; que les biens ecclésiastiques étaient et demeuraient propriété de l'État, mais que les édifices du culte étaient confiés à des « associations cultuelles » élues par les fidèles et formées d'une majorité de laïcs ; les autres bâtiments, tels que palais épiscopaux et séminaires, n'étaient à la disposition du clergé que pour une brève période. Alors que protestants et israélites acceptaient cette loi, l'Église catholique adopta une attitude de résistance.

En Angleterre, aux États-Unis, au Brésil, dans d'autres pays, les catholiques vivaient pourtant déjà dans un régime de séparation et s'en accommodaient. Mais, en France, la loi de séparation avait été votée dans un climat passionnel qui en dénaturait le sens ; elle apparaissait aux yeux des chefs de la « République dreyfusienne », comme une victoire décisive du laïcisme. La séparation fut condamnée par Pie X dans l'encyclique *Vehementer nos* (11 févr. 1906), et, en dépit de l'appel conciliant d'un groupe de personnalités laïques qu'on surnomma les « cardinaux verts », le pape repoussa également les associations cultuelles par l'encyclique *Gravissimo Officii* (10 août 1906). Cependant, le gouvernement français soumettait les biens des églises à des inventaires qui donnèrent lieu à des manifestations retentissantes.

Après l'apaisement des passions anticléricales, auquel contribua l'« Union sacrée » de 1914/18, l'Église de France et le gouvernement aboutirent enfin, en 1924, à un accord comportant la création d'« associations diocésaines », qui, à la différence des associations culturelles proposées en 1905, devaient fonctionner sous le contrôle de la hiérarchie.

SEPT ANS (guerre de). Guerre européenne qui dura de 1756 à 1763 et qui eut pour causes : a) l'inquiétude de l'Autriche devant les progrès de la Prusse et sa volonté de reprendre la Silésie (v.) dont Frédéric le Grand s'était emparé en 1740 ; b) la rivalité franco-anglaise aux colonies, en Amérique du Nord et en Inde. Préparant leur revanche sur la Prusse, Marie-Thérèse et son ministre Kaunitz (v.) s'assurèrent dès 1746 l'alliance de la Russie, puis s'efforcèrent d'obtenir un rapprochement avec la France, qui, dans la guerre de la Succession d'Autriche (1740/48), avait « travaillé pour le roi de Prusse ». C'est l'Angleterre qui prit l'initiative des hostilités, à partir de juill. 1755, en saisissant dans différents ports 300 vaisseaux de commerce français et en internant leurs équipages. Peu après, Frédéric II signa avec l'Angleterre le traité de neutralité de Westminster (16 janv. 1756), et la France, isolée, n'eut plus qu'à se retourner vers l'Autriche : ce fut le « renversement des alliances » consacré par le traité de Versailles (1er mai 1756).

La guerre mit ainsi aux prises, d'une part la France et l'Autriche avec leurs alliées, Russie, Saxe, Suède et Espagne, d'autre part l'Angleterre, la Prusse et le Hanovre. En Europe, Frédéric le Grand prit l'offensive en août 1756, envahit la Saxe (oct. 1756) et la Bohême (printemps 1757), mais fut battu par Daun à Kolin (18 juin 1757) et dut évacuer la Bohême, tandis que les Russes envahissaient l'Est de la Prusse. Cependant, le roi de Prusse remporta trois grandes victoires : sur les Français à Rossbach (5 nov. 1757), sur les Autrichiens à Leuthen (5 déc. 1757) et sur les Russes à Zorndorf (25 août 1758). Mais accablé par la supériorité numérique de ses adversaires, Frédéric fut battu par les Austro-Russes à Kunersdorf (12 août 1759) et, malgré sa victoire de Torgau (3 nov. 1760), il se trouvait dans une situation presque désespérée lorsqu'il fut sauvé par la mort de la tsarine Élisabeth (5 janv. 1762) : le nouveau tsar, Pierre III, tout allemand et grand admirateur de Frédéric II, se hâta de signer la paix avec la Prusse (5 mai 1762), et la Suède imita son exemple. Par sa victoire de Burkersdorf (21 juill.), Frédéric réussit à reconquérir presque entièrement la Silésie.

Sur mer et dans les colonies, la guerre avait commencé fâcheusement pour les Anglais (occupation de Port-Mahon, aux Baléares, par le duc de Richelieu, 1756). Mais à partir de 1757, l'Angleterre, sous la conduite du premier Pitt (v.), connut un puissant sursaut national : la mort de Montcalm (v.) et la capitulation de Québec (1759) marquèrent la fin du Canada français, et la capitulation de Lally-Tollendal à Pondichéry consomma la fin de l'Inde française (1761). Cependant, le duc de Choiseul, chef de la politique étrangère française, réussit à faire entrer l'Espagne dans la coalition en concluant le pacte de Famille des Bourbons, et l'Angleterre, inquiète, préféra ne pas pousser plus loin ses avantages.

La guerre de Sept Ans prit fin par deux traités : la paix de Paris (10 févr. 1763) confirma la ruine du premier empire colonial français. La France cédait à l'Angleterre, le Canada, le golfe du Saint-Laurent, la partie Est de la Louisiane, plusieurs îles des Antilles, le Sénégal et presque toutes ses possessions de l'Inde ; la Louisiane au-delà du Mississippi était abandonnée à l'Espagne en compensation de la Floride, annexée par l'Angleterre. En Europe, la paix de Hubertsburg (15 févr. 1763) confirma à la Prusse la possession définitive de la Silésie. Ainsi la guerre de Sept Ans marquait-elle l'avènement de la Prusse comme grande puissance européenne, et l'avènement de l'Angleterre comme première puissance coloniale mondiale.

SEPTANTE (version des). Nom donné à la plus célèbre des traductions grecques de l'Ancien Testament, qui, d'après une tradition juive rapportée par Philon le Juif, aurait été faite sur l'ordre de Ptolémée II Philadelphe (285/46 av. J.-C.), pour la bibliothèque d'Alexandrie, par soixante-douze traducteurs juifs. On estime généralement que cette traduction s'étala sur une période beaucoup plus longue, au moins jusqu'à la moitié du IIe s. av. J.-C. La traduction des Septante marque une date importante dans l'histoire du judaïsme, car c'est grâce à elle que ceux des Juifs de la Diaspora qui s'étaient profondément hellénisés purent conserver un contact avec leurs Écritures. Voir **BIBLE.**

SEPTEMBRE 1792 (massacres de). Exécutions sommaires qui eurent lieu à Paris et en province du 2 au 9 sept. 1792. À la suite du 10 août 1792, l'armée prusienne avait commencé l'invasion de la France sans rencontrer de résistance sérieuse : après Longwy (23 août), Verdun se rendit sans combat (2 sept.). Pris d'affolement, les chefs de la Commune parisienne, se voyant menacés par l'Assemblée elle-même, appelèrent la populace aux massacres des suspects qui s'entassaient dans les prisons. Marat, le journaliste de *L'Ami du peuple*, fit placarder des affiches réclamant une justice populaire expéditive (1er sept.). Des listes de proscription furent imprimées, des tueurs recrutés à raison de 6 francs par jour et le vin à discrétion. Les massacres eurent lieu principalement à l'Abbaye, à la Force, aux Bernardins, à Bicêtre et aux Carmes. La plupart des victimes (environ 1 100 au total) furent des nobles et des prêtres réfractaires, mais aussi des filles publiques et des condamnés de droit commun. La princesse de Lamballe (v.) fut tuée et sa tête fut portée au bout d'une pique sous les fenêtres de la reine, au Temple. D'autres massacres eurent lieu à Versailles, à Reims, à Meaux, à Lyon, à Caen. Danton, ministre de la Justice, à qui incombait la garde des prisonniers, ne fit rien pour les protéger.

SEPTEMBRE 1870 (révolution du 4). Nom donné aux événements qui mirent fin au second Empire. Quand la nouvelle de la capitulation de Sedan (v.) fut connue à Paris, le 3 sept. 1870, le Corps législatif voulut assumer le pouvoir. Les députés républicains réclamaient la déchéance de Napoléon III et de sa dynastie, mais ils hésitaient à proclamer la république, de peur que celle-ci ne parût la fille de la défaite. Les meneurs républicains, tels que Blanqui, Delescluze, qui se méfiaient des parlementaires, préparèrent une manifestation populaire. Le dimanche 4 sept., la séance du Corps législatif fut interrompue vers 14 heures par la foule qui envahit les tribunes du Palais-Bourbon. Se sentant dépassé par les émeutiers, Gambetta prononça la déchéance de la dynastie impériale, puis se rendit à l'Hôtel de Ville, où, à 16 heures, il proclama la république. À la même heure, la république était également proclamée à Lyon, à Bordeaux, à Versailles. Un gouvernement de la Défense nationale fut constitué, sous la présidence du général Trochu (v.). Un de ses premiers décrets abolit le Sénat et prononça la dissolution du Corps législatif. L'impératrice régente n'abdiqua pas, mais se réfugia en Angleterre. La « journée révolutionnaire » du 4-Septembre s'était déroulée sans effusion de sang.

SEPTIMANIE ou **GOTHIE.** Partie de la Gaule méridionale conservée par les Wisigoths après la bataille de Vouillé (507) ; cette région s'étendait entre le Rhône et les Pyrénées et correspondait approximativement aux départements du Gard, de l'Hérault, de l'Aude et des Pyrénées-Orientales ; elle tirait son nom des 7 villes principales qui y étaient comprises (Narbonne, Agde, Béziers, Maguelonne, Carcassonne, Elne, Lodève). Occupée dès 719 par les Arabes, la Septimanie fut reconquise par Charles Martel et Pépin le Bref, et réunie à l'Empire franc en 759. Elle prit alors le nom de *marche* ou de *duché de Septimanie* ou *de Gothie.* Au Xe s., la Septimanie passa aux comtes de Toulouse, qui la gardèrent de 918 à 1229 ; elle fut, à cette date, réunie à la Couronne.

SEPTIME SÉVÈRE, Lucius Septimius Severus (* Leptis Magna, Afrique, 11.IV.146, † *Eboracum*, auj. York, 4.II.211). Empereur romain (193/211). Africain de Tripolitaine (v.), il appartenait à une famille de chevaliers aisés et il étudia la philosophie à Athènes et le droit à Rome ; cependant, il n'eut jamais qu'un vernis de culture latine. Après avoir fait une carrière de haut fonctionnaire en Sardaigne, en Afrique et en Syrie, il commandait les légions d'Illyrie quand l'empereur Pertinax fut assassiné (193). Proclamé empereur par ses soldats, il élimina successivement ses compétiteurs Didius Julianus, Pescennius Niger et Albinus, se trouva seul maître en 197 et mit un terme à l'anarchie qui se prolongeait depuis la mort de Commode (192). S'appuyant sur l'armée (« Donnez de l'argent aux soldats, disait-il, et moquez-vous du reste ! »), il gouverna Rome en monarque absolu, bousculant les formes traditionnelles et menant une politique antisénatoriale. Pour remédier à la crise économique, il recourut à un dirigisme qui ne devait plus cesser de s'apesantir jusqu'à Dioclétien. L'augmentation des postes de procurateurs et la multiplication des bureaux marquèrent l'essor de la bureaucratisation de l'État. Excellent homme de guerre, Septime Sévère fut presque continuellement en guerre. Il battit à plusieurs reprises les Parthes et leur enleva la Mésopotamie (199/201). En 208, il entreprit une expédition en (Grande-) Bretagne, afin de repousser vers le Nord, les Calédoniens ; au nord du mur d'Hadrien, il fit construire entre le Firth of Forth et le Firth of Clyde le *mur de Sévère*. L'empereur mourut au cours de cette expédition. Marié à la Syrienne Julia Domna, fille du grand prêtre d'Émèse, Sévère eut deux fils, Caracalla et Géta, auxquels il laissa l'empire indivis.

SERBIE, *Srbija.* Ancien royaume de la péninsule balkanique, aujourd'hui l'une des républiques de la Fédération yougoslave ; capitale *Belgrade*.

La Serbie médiévale

Occupé dans l'Antiquité par des populations illyriennes et thraces, le territoire actuel de la Serbie fut intégré en 29 av. J.-C. à la province romaine de Mésie et forma, après la réforme de Dioclétien (fin du IIIe s.), la province de Mésie supérieure (diocèse de Dacie au IVe s.). Au VIIe s., cette région fut envahie par les Serbes, peuple slave descendu de la Galicie orientale et auquel l'empereur Héraclius permit vers 630 de s'établir sur un territoire dépeuplé par les Avars (v.). Vassaux des empereurs d'Orient, les Serbes se différencièrent nettement des Croates par leur conversion au christianisme byzantin (vers 875) et par l'adoption de l'alphabet cyrillique. Menacés par les Bulgares, qui réussirent à les soumettre entre 923 et 927, les Serbes recoururent à l'alliance byzantine, et, après la fin du premier Empire bulgare (1014), ils repassèrent sous la suzeraineté des empereurs de Constantinople. Pendant le XIIe s., la Serbie engagea la lutte pour son indépendance nationale contre Byzance : la dynastie des Nemanjides, fondée en 1159, réussit à s'émanciper des empereurs dès 1180 et, avec Étienne Ier Nemanjic, prit en 1217 le titre royal, qui lui fut confirmé par le pape Honorius III.

La Serbie médiévale atteignit son apogée sous le règne d'Étienne IX Douchan (1331/55) ; celui-ci, par son mariage avec la sœur du tsar de Bulgarie, réduisit pratiquement ce pays en vassalité ; il étendit sa domination sur toute la Macédoine, à l'exception de Salonique (1342/45), sur l'Albanie, sur l'Épire, et, en 1346, se fit couronner à Skoplje « empereur des Serbes et des Romains (c'est-à-dire des Grecs) ». Il se prépara à faire la conquête de Constantinople et, dans ce dessein, chercha à s'allier tantôt avec Venise, tantôt avec les Turcs ; mais il mourut au moment où il allait mettre son grand projet à exécution. La « Grande Serbie » médiévale ne lui survécut pas, car un danger nouveau, celui des Turcs, était apparu dans les Balkans. À partir de 1371, le sultan ottoman Mourad Ier entreprit la conquête de la Serbie et de la Bulgarie. Serbes et Bulgares alliés remportèrent une victoire sur les Turcs en Bosnie (1387) ; mais deux ans plus tard, la Serbie succombait à la bataille de Kossovo (20 juin 1389). Pendant plus d'un demi-siècle, quelques principautés serbes poursuivirent encore une lutte inégale, dont un des héros fut Georges Brankovitch, despote de Serbie (1427/56). Mais à partir de 1459, les Turcs étaient maîtres de toute la Serbie, à l'exception de Belgrade, qui fut prise à son tour en 1521.

Le réveil de la Serbie au XIXe s.

Pendant près de trois siècles, le peuple serbe dut subir une tyrannie très dure ; beaucoup de grandes familles serbes furent exterminées, le peuple réduit en servitude et des milliers d'enfants enlevés pour être élevés dans l'islam et enrégimentés dans le corps des janissaires. Les premiers signes du déclin de l'Empire turc et les victoires du Prince Eugène, au début du XVIIIe s., firent renaître l'espoir chez les Serbes : au traité de Passarowitz (1718), les Turcs cédèrent à l'Autriche le nord de la Serbie, avec Belgrade, mais les Autrichiens durent restituer cette région au sultan en 1739. Le soulèvement national serbe commença en 1804 sous la direction de Karageorges, qui s'empara de Belgrade (1807) et se proclama prince de Serbie (1808/13). Au traité de Bucarest (1812), les Russes et les Autrichiens forcèrent le sultan à accorder une certaine autonomie aux Serbes, mais la Turquie ne respecta pas ses engagements. Karageorges ayant dû fuir en Autriche, la direction du mouvement d'indépendance passa en 1815 à Miloch Obrénovitch. La rivalité entre les Obrénovitch et les Karageorgévitch (v.) marqua toute la vie serbe du XIXe s. Miloch, ayant assassiné Karageorges, se fit reconnaître comme prince héréditaire par l'Assemblée nationale serbe ou Skouptchina (18 nov. 1817). Sous la pression des puissances européennes, la Turquie fut amenée à s'incliner devant la réalité serbe : le traité d'Andrinople (1829) garantit l'autonomie de la Serbie, et, par le hatti-chérif du 12 déc. 1830, la Serbie fut reconnue comme une principauté autonome sous l'autorité de Miloch ; les propriétaires turcs durent y abandonner leurs domaines et les troupes ottomanes furent concentrées dans quelques garnisons.

Au cours de son premier règne (1817/39), Miloch Obrénovitch essaya de gouverner tyranniquement, mais la Skouptchina lui imposa une Constitution (1835) ; puis le sultan et les Russes le soumirent au contrôle d'un Conseil d'État oligarchique (1838). Miloch préféra abdiquer (13 juin 1839), et son fils, Michel Obrénovitch (1839/42), dut bientôt prendre la fuite. La Skouptchina élut alors comme prince héréditaire Alexandre Karageorgévitch (1842/58), qui laissa gouverner l'oligarchie. Cette période vit le début de la modernisation de la Serbie (fondation de l'Académie des sciences, 1841, et de l'université de Belgrade, 1844), cependant que le ministre Garachanine échafaudait le plan ambitieux d'une fédération de tous les Slaves du Sud libérés des Turcs et rassemblés sous la direction de la Serbie. Par le traité de Paris (1856), celle-ci obtint que son autonomie fût placée sous la garantie collective des puissances. Après l'abdication d'Alexandre Karageorgévitch (déc. 1858), la Skouptchina rappela le vieux Miloch Obrénovitch, qui commença un second règne (1858/60), marqué surtout par les vengeances qu'il tira de ses ennemis. À sa mort, son fils Michel revint à son tour sur le trône (1860/68). Appelé à la tête d'un gouvernement conservateur, Garachanine prépara activement la guerre libératrice contre les Turcs, introduisit le service militaire et dota l'armée d'une artillerie puissante. À la suite du bombardement de Belgrade par les Turcs (juin 1862), la Serbie, aidée par les Puissances, obtint que son territoire fût complètement évacué par les troupes ottomanes (avr. 1867). Simultanément, elle nouait des alliances secrètes avec le Monténégro, le Comité révolutionnaire bulgare, la Grèce et la Roumanie. La guerre, retardée par l'assassinat de Michel Obrénovitch (10 juin 1868) et par l'avènement d'un enfant, Milan Obrénovitch (1868/89), éclata enfin, sur l'initiative de Belgrade, le 30 juin 1876, à la suite de l'insurrection de la Bosnie-Herzégovine. Les Serbes, commandés par le général russe Tchernaïev, furent complètement battus, mais reprirent les hostilités à la fin de 1877, alors que les Turcs se trouvaient aux prises avec les Russes. Le congrès de Berlin (1878) accorda à la Serbie son indépendance complète ; mais Belgrade fut déçue de n'obtenir que de maigres gains territoriaux (Nis, Pirot, Leskovac, Vranje) et de voir la Bosnie-Herzégovine lui échapper pour tomber sous l'occupation austro-hongroise.

Pour réaliser ses visées expansionnistes, la Serbie rechercha d'abord l'appui de l'Autriche, qui permit à Milan de changer son titre de prince en celui de roi (1882). En 1885, à la suite de la réunion de la Bulgarie et de la Roumélie-Orientale (v.), les Serbes déclenchèrent la guerre contre les Bulgares, mais ils furent vaincus à Slivnitza (17 nov. 1885) et ne furent sauvés de l'invasion que par l'intervention diplomatique autrichienne. Les nationalistes se divisèrent en deux tendances, l'une proautrichienne, l'autre favorable à l'alliance avec la Russie. Contraint d'accepter la Constitution de janv. 1889, qui faisait de la Serbie une monarchie parlementaire, Milan abdiqua (6 mars 1889) et fut remplacé par son fils, Alexandre Obrénovitch (1889/1903). Le début du nouveau règne fut marqué par la lutte entre les libéraux et les radicaux ; avec l'appui de ces derniers, le jeune roi établit son pouvoir personnel par le coup d'État du 13 avr. 1894, puis, sur les conseils de son père Milan, il rompit avec les radicaux et, en mai 1894, revint à la Constitution conservatrice de 1869. Son mariage avec l'aventurière Draga Machin (1899) lui attira de nouveaux opposants. La Serbie connut bientôt une véritable crise de régime, résolue tragiquement par l'assassinat du dernier Obrénovitch et de sa femme, à la suite d'une conjuration militaire qui avait eu pour inspirateurs les Karageorgévitch (11 juin 1903).

De la Serbie à la Yougoslavie

À partir des années 1890, la Serbie se rapprocha de plus en plus étroitement de la Russie et se posa de nouveau en champion de l'indépendance de tous les Slaves du Sud, ce qui la rendait suspecte à la fois à l'Autriche-Hongrie et à la Turquie. L'avènement au trône de Pierre Ier Karageorgévitch (1903/21) ne changea pas ces données fondamentales. Sous la direction du ministre Pachitch, la politique de Belgrade devint de plus en plus ouvertement antiautrichienne, et la guerre faillit même éclater dès 1908, lors de l'annexion de la Bosnie-Herzégovine par l'Autriche. Mais la réaction énergique de Berlin et de Vienne calma momentanément l'effervescence des nationalistes de Belgrade. La Serbie n'en restait pas moins un foyer d'agitation permanente dans les Balkans, et l'activité de ses organisations terroristes, comme la Main noire, s'étendait en territoire autrichien et turc. Les guerres balkaniques de 1912/13 permirent à la Serbie, victorieuse des Turcs puis des Bulgares, d'annexer la plus grande partie de la Macédoine. La complicité directe du gouvernement serbe dans l'attentat de Sarajevo n'a jamais été prouvée, mais les liens entre la Main noire et les assassins de l'archiduc héritier d'Autriche-Hongrie ne font pas de doute ; on sait que ce crime (28 juin 1914) fut l'étincelle de la Première Guerre mondiale. Les Serbes ayant refusé d'accepter intégralement le très dur ultimatum autrichien du 23 juill., l'Autriche-Hongrie leur déclara la guerre (28 juill. 1914).

Envahie par les armées autrichiennes, la Serbie résista d'abord avec succès (bataille du Roudnik, automne 1914), mais succomba après l'entrée en guerre de la Bulgarie et fut complètement occupée (oct./déc. 1915). L'effondrement des puissances centrales et le démembrement de l'Autriche-Hongrie permirent en 1918 à la Serbie de réaliser ses ambitions en réunissant tous les Slaves du Sud dans un nouvel État qui prit d'abord le nom de *royaume des Serbes, Croates et Slovènes* (1918), puis celui de *Yougoslavie* (1929). La prédominance politique des Serbes et la politique centralisatrice de Belgrade constituèrent rapidement une menace pour l'existence de la Yougoslavie et favorisèrent le développement de mouvements autonomistes, notamment chez les Croates (v. **YOUGOSLAVIE**). Après leur campagne victorieuse dans les Balkans (avr. 1941), les Allemands démembrèrent la Yougoslavie et reconstituèrent un État serbe limité à ses frontières de 1878 et placé sous le gouvernement du général Néditch. La défaite hitlérienne permit à Tito de relever la Yougoslavie, mais cette fois sur la base d'une république populaire fédérale où l'élément serbe n'était plus absolument prédominant.

L'éclatement de la Yougoslavie

Le nationalisme serbe trouvait dans l'autonomie des Albanais du Kosovo (v.) un puissant ferment. D'importantes manifestations, à partir de 1988, et des pressions dans la République fédérale permirent, en 1989, la réintégration du Kosovo dans la République serbe, au prix d'un conflit violent avec la minorité albanaise. La gravité de cette crise engageait l'ensemble du système fédératif. Ardent défenseur de la Fédération yougoslave, le pouvoir serbe s'opposa aux velléités séparatistes de la Slovénie, puis de la Croatie. Lorsque ces deux républiques proclamèrent leur indépendance en juin 1991, la Serbie soutint l'intervention de l'armée fédérale en Krajina et en Slavonie. Belgrade apporta, dès avr. 1992, son soutien aux Serbes de Bosnie qui refusaient la sécession de la Bosnie-Herzégovine. Seule République, avec le Monténégro, à faire encore partie de la Fédération en avr. 1992, la Serbie forma alors, avec son petit allié, une nouvelle « Fédération de Yougoslavie », qui ne fut pas reconnue par la communauté internationale. L'objectif des dirigeants serbes et du président Slobodan Milosevic était de mettre en place une « grande Serbie » qui aurait compris les territoires occupés par les populations serbes de Croatie et de Bosnie. Tenu dès lors pour le principal responsable du conflit yougoslave, le régime de Belgrade fut soumis à un embargo strict décidé par l'ONU en mai 1992. La Serbie, alors que le conflit en Bosnie s'enlisait, chercha à partir d'août 1994 à réintégrer la communauté internationale en se détachant progressivement des Serbes de Bosnie. Au cours de l'année 1995, la Serbie participa aux négociations sur la Bosnie et le Conseil de sécurité de l'ONU vota, en nov., la fin des sanctions à l'encontre de la Serbie. Malgré une opposition grandissante, S. Milosevic et le parti socialiste serbe (SPS, qui le soutenait) se maintinrent au pouvoir aux élections de 1997.

Les élections de mai 1998 au Monténégro, qui virent la victoire de l'opposition libérale à S. Milosevic, ont séparé un peu plus les deux derniers membres de la Fédération yougoslave, tandis que dans la province serbe du Kosovo, la minorité albanaise se donnait un Parlement et que les forces de l'Armée de libération du Kosovo (UCK) entraient en insurrection ouverte. Les exactions des forces serbes durant la répression au Kosovo, en 1998 et 1999, suivies du refus de S. Milosevic de se soumettre aux exigences de l'OTAN, débouchèrent, en mars 1999, après l'échec des négociations organisées en France, à Rambouillet, sur l'attaque de la Serbie par les forces de l'Alliance atlantique, sans qu'elles aient obtenu de mandat de l'ONU. La police serbe et l'armée yougoslave reprirent alors leurs opérations contre les Albanais du Kosovo, accompagnées d'une politique de terreur systématique, provoquant l'exode massif de ces derniers vers les pays voisins. Le Tribunal pénal international pour l'ex-Yougoslavie (TPY) estima à 10 000 le nombre des victimes des forces serbes au Kosovo. Après onze semaines de bombardements, le président Milosevic, inculpé en mai 1999 pour crime contre l'humanité, finit par céder en juin en acceptant les conditions du G-8 (groupe des sept pays les plus industrialisés plus la Russie), qui reprenaient dans des termes nuancés celles de l'OTAN. Une semaine plus tard, une puissante force internationale, autorisée par l'ONU, la Force de paix du Kosovo (KFOR), se déploya au Kosovo, placé sous l'administration provisoire de l'ONU. Le retrait des forces serbes entraîna l'exode de la population civile serbe, qui craignait des représailles de la part des Albanais, et s'accompagna d'une répression accrue contre les partis d'opposition et les médias indépendants. Toutefois, en juill. 2000, un amendement à la Constitution yougoslave, qui instaurait l'élection du président au suffrage universel, conçu à l'origine pour permettre à S. Milosevic de conserver ce poste, allait précipiter la chute du régime. L'élection présidentielle du 24 sept. 2000 permit à l'opposition, regroupée au sein de l'Opposition démocratique serbe (ODS, dix-huit partis), de proclamer sur la base de résultats partiels l'élection de son candidat, Vojislav Kostunica, anticommuniste et nationaliste de longue date. La résistance du pouvoir provoqua grèves et manifestations qui culminèrent le 5 oct. 2000 à Belgrade lorsque la foule investit le Parlement fédéral et mit le feu aux locaux de la RTS, la télévision officielle, sans rencontrer de véritable résistance. V. Kostunica fut alors reconnu comme président de la Fédération. En 2001, Milosevic fut livré au Tribunal pénal international de La Haye. En 2003, la Serbie forma une entité nouvelle avec le Monténégro.

SERRANO Y DOMÍNGUEZ Francisco (* Arjonilla, prov. de Jaén, 17.IX.1810, † Madrid, 26.XI.1885). Général et homme politique espagnol. Il fut d'abord favori d'Isabelle II qui le nomma ministre de la Guerre en 1843, puis le fit gouverneur de Cuba (1857) et enfin grand d'Espagne et comte de la Torre (1862). Adversaire de la politique de Narváez, il fut arrêté et déporté aux Canaries par le successeur de celui-ci, González Bravo (juill. 1868) ; libéré quelques semaines plus tard par la flotte insurgée, il dirigea avec Prim la révolution de sept. 1868, battit les troupes royales au pont d'Alcolea (19 sept.) et contraignit à l'exil la reine Isabelle. Chef du gouvernement provisoire, puis régent (juin 1869/janv. 1871), il fut nommé président du Conseil par le roi Amédée et commanda dans les guerres carlistes de 1872 et 1874. À la démission de Castelar, il s'empara de la dictature (janv./déc. 1874), puis il finit par se rallier à Alphonse XII, qui l'envoya comme ambassadeur à Paris (1883/84).

SERVAGE. Le servage est une condition intermédiaire entre l'esclavage, tel qu'il fut pratiqué dans l'Antiquité ou dans les colonies européennes d'Amérique à partir du XVIe s., et la condition libre : d'une part, le serf n'est pas son propre maître et il dépend d'une autre personne, – mais d'autre part, il ne dépend pas de son maître comme une chose ou un animal et il jouit d'une certaine protection légale. Dans la plupart des cas, le servage s'est accompagné de l'attachement à la terre.

Les origines du servage dans l'Antiquité

La Grèce antique a offert, à côté de l'esclavage, des exemples de servage. Le plus caractéristique est celui des hilotes à Sparte. À l'époque hellénistique, dans les grandes monarchies des Ptolémées d'Égypte et des Séleucides, les Grecs ne réduisirent pas les indigènes en esclavage, mais ils leur imposèrent une sujétion héréditaire et l'attachement à la terre. Cette institution orientale est sans doute à l'origine du *colonat*, qui se répandit dans le monde romain à partir du IIIe s. de notre ère. À part des esclaves et des hommes libres se forma alors une catégorie de plus en plus importante de demi-libres. Le colonat apparut d'abord en Asie, en Égypte, en Afrique du Nord, en Gaule, puis en Italie à partir du IVe s. Probablement descendants d'esclaves ruraux fixés héréditairement à la terre comme petits cultivateurs, les colons se voyaient assigner de petites exploitations découpées dans les grands domaines. Hommes libres, possédant la puissance paternelle, le droit de tester, etc., les colons étaient cependant fixés à la terre qui leur avait été attribuée (vers la fin du IVe s., leurs enfants n'eurent pas le droit de quitter leur lieu d'origine, et le colonat devint ainsi héréditaire). S'ils abandonnaient leur terre, le maître pouvait les poursuivre et les ramener de force comme des esclaves fugitifs. En revanche, le colon ne pouvait se voir enlever sa terre ; il devait au maître des redevances, ainsi que des corvées de travail sur les terres exploitées directement par le maître, mais il gardait les autres produits de sa culture et était ainsi enclin à produire par intérêt personnel. Sous le Bas-Empire, le colonat ne cessa de s'étendre, mais la condition des colons devint de plus en plus dure, car le manque de main-d'œuvre se faisait cruellement sentir. Pour fixer plus solidement le colon à la terre, on lui interdit bientôt d'épouser une personne libre, puis une personne habitant un autre domaine (Ve s.). Pour les empêcher de fuir, on rendit les colons solidaires les uns des autres : si l'un disparaissait, les autres étaient condamnés à l'amende ou à la prison.

Le servage en France

Les conquérants germaniques maintinrent le système du colonat qu'ils avaient trouvé solidement implanté dans les territoires romains. À l'époque mérovingienne, la condition des esclaves et celle des demi-libres se rapprochèrent de plus en plus. Le servage s'installa définitivement à l'époque carolingienne (VIIIe/IXe s.) qui, sous l'influence de l'Église, vit disparaître presque complètement l'esclavage. Dans les conditions périlleuses où se constitua la féodalité (v.), la petite propriété ne pouvait plus se maintenir : les hommes libres mais pauvres étaient obligés de se « recommander » à quelque puissant du voisinage, seigneur ou abbé, et, très rapidement, ils devenaient à leur tour des serfs. Essentiellement, l'hommage du serf à son maître ne différait pas de l'hommage du vassal à son suzerain. Entre le serf et le reste de la société médiévale n'exista jamais la même coupure absolue que, dans l'Antiquité, entre les hommes libres et les esclaves.

En général, le serf était établi sur une tenure rurale (manse), dite « tenure servile », qui n'était pas héréditaire en principe mais qui l'était en fait. Le serf devait à son maître les redevances et services habituels de tous les tenanciers, mais il supportait en outre des charges et des incapacités particulières : il ne pouvait ni quitter sa tenure ni la vendre ; il payait généralement une taxe personnelle de quatre deniers ; il était taillable et corvéable à merci. Le serf souffrait de nombreuses incapacités civiles et religieuses : la plus grave était la mainmorte (v.), qui lui enlevait pratiquement le droit de tester ; il ne pouvait épouser qu'une serve de la même seigneurie que lui ; il ne pouvait porter témoignage contre un homme libre, ni entrer dans le clergé sans l'assentiment de son maître.

Il faut souligner cependant que la condition du serf médiéval fut toujours bien meilleure que celle de l'esclave antique : le serf avait une personnalité reconnue, son mariage était légal, il pouvait exercer tous ses droits familiaux ; il était libre de cultiver sa tenure, de posséder des biens, d'en user de son vivant à son gré, une fois les redevances payées ; le maître n'avait pas sur lui droit de vie et de mort ; il ne pouvait séparer le serf des siens ni de sa tenure.

Le servage disparut d'ailleurs assez rapidement dans la plupart des régions de France dès que s'amorça, au lendemain de l'an mille, le renouveau économique. L'augmentation de la population paysanne et l'essor de la vie urbaine firent diminuer les besoins de main-d'œuvre à la campagne. Au XIIIe s., beaucoup de seigneurs créèrent des « villes neuves » et y attirèrent des serfs qui obtinrent rapidement leur liberté. Sous l'influence de l'Église se multipliaient les affranchissements individuels et collectifs, que les serfs achetaient avec des sommes souvent importantes. Le pouvoir royal joua un grand rôle dans l'affranchissement des serfs : en 1315, le roi offrit, moyennant rachat, la liberté à tous les serfs du domaine royal. Au XVIIe s., le servage n'existait plus que dans quelques provinces (Nivernais, Bourbonnais, Franche-Comté). Par l'édit d'août 1779, Louis XVI affranchit gratuitement les derniers serfs du domaine royal, interdit de poursuivre les serfs fugitifs et invita les seigneurs à affranchir leurs serfs. Les derniers vestiges du servage disparurent avec la Révolution de 1789.

Le servage en Europe

Le servage, qui s'était répandu dans toute l'Europe du Moyen Âge, disparut complètement en Angleterre au début du XVIIe s., mais il se maintint en Écosse, sous une forme atténuée, jusqu'à la fin du XVIIIe s. Dans la plus grande partie de l'Italie, il n'y avait plus de serfs dès le XVe s., mais c'est seulement en 1762 que le roi de Sardaigne abolit officiellement le servage dans ses États. Au Danemark, l'abolition du servage fut réalisée en 1699 ; dans les États autrichiens, par l'empereur Joseph II, en 1781/82.

En Prusse, le servage s'était développé à partir du XIVe s., lorsque diminua l'afflux des colons vers les terres de l'Est et que le besoin de main-d'œuvre se fit gravement sentir. Au XVIe s., en Prusse-Orientale, en Poméranie et dans les régions situées au-delà de l'Oder, la noblesse avait confisqué la plupart des tenures rurales occupées par les descendants des colons, et la quasi-totalité de la paysannerie se trouvait réduite en servitude. On distinguait cependant le servage proprement dit *(Leibeigenschaft)* et la « sujétion héréditaire » *(Erbunterthänigkeit)* des tenanciers attachés à une terre qu'ils n'avaient la possibilité ni de vendre ni d'hypothéquer. Le mouvement d'émancipation fut inauguré par le « Roi-Sergent », Frédéric-Guillaume Ier, qui, en 1719, abolit le servage dans les terres de la Couronne et entreprit d'adoucir le sort des tenanciers héréditaires. Ces réformes furent poursuivies par Frédéric II, qui interdit aux seigneurs d'usurper les tenures paysannes libres (1749) et transforma en tenanciers libres les serfs des territoires polonais annexés en 1772. Les actes décisifs furent accomplis par les grands réformateurs Stein et Hardenberg, en 1807 et en 1811.

En Pologne et **en Russie**, les paysans étaient restés libres pendant tout le Moyen Âge. Ils ne tombèrent dans le servage qu'à la fin du XVe s. en Pologne, au début du XVIIe s. en Russie. Dans ce dernier pays, l'instauration du servage eut pour cause l'extension considérable de la colonisation au N. et à l'E., le manque de main-d'œuvre et l'affirmation de l'État centralisé : pour faire échec aux grands boyards qui menaçaient son autorité, Ivan IV le Terrible voulut constituer une classe de petits seigneurs tout dévoués au tsar et pourvue de domaines ruraux sur lesquels il fallait stabiliser la population paysanne. En 1597, on décréta que les paysans serfs seraient obligés de rester dans la condition serve jusqu'à la mort de leur maître. De nouvelles mesures légalisant le servage furent prises en 1607 et en 1649 : l'état de serf fut déclaré héréditaire ; les paysans perdaient la propriété de leurs biens et jusqu'à celle de leurs vêtements. À partir de 1682, on put même vendre des paysans sans leur terre : le trafic des serfs commença, et les « têtes de serfs » se mirent à circuler comme monnaie. Les serfs se virent en outre privés du droit d'asile dans les églises ; le *knout*, réservé jusqu'alors aux esclaves, put leur être appliqué. La situation ne cessa d'empirer au cours du XVIIIe s. où les serfs constituaient alors environ la moitié de la population russe ; ils ne jouissaient d'aucun droit, subissaient les violences et l'arbitraire de leurs maîtres, pouvaient être condamnés au travail dans les mines ou à la déportation en Sibérie. De nombreuses révoltes paysannes éclatèrent la plus grave, qui prit la forme d'une véritable guerre civile, fut celle de Pougatchev (1773/75). Le servage ne fut aboli en Russie que sous le règne d'Alexandre II, par l'oukase du 19 févr. 1861. Environ 22 millions de paysans furent ainsi affranchis, mais leur sort ne s'améliora guère : en effet, les serfs libérés reçurent un lot de terre inférieur à celui qu'ils occupaient précédemment ; d'autre part, ils durent payer la terre à un prix bien supérieur à sa valeur réelle ; enfin, les propriétaires terriens durent vendre une partie de leurs terres non pas aux paysans individuellement mais à la commune rurale, et, bien souvent, les paysans libérés passèrent simplement de la tutelle du seigneur à celle de la commune (*mir*).

SERVET, Miguel Serveto, dit **Michel** (* Tudela, Navarre, 1509 ou 1511, † Champel, près de Genève, 27.X.1553). Médecin et théologien espagnol. Après avoir fait ses études à Saragosse et à Toulouse, il voyagea en Italie et en Allemagne, où il rencontra Melanchthon (v.) et Bucer. Cependant, dès son premier traité, *De Trinitatis erroribus libri VII* (1531), il se sépara des autres réformateurs par ses conceptions antitrinitaires et panthéistes, qui scandalisèrent les protestants. En 1536, il vint à Paris pour y faire ses études de médecine, puis alla exercer son art à Vienne, en Dauphiné, où il devint le médecin de l'archevêque, qui ne se doutait pas de ses idées. Servet entra secrètement en correspondance avec Calvin, qui, non seulement désapprouva ses idées, mais le dénonça par un intermédiaire à l'archevêque de Vienne. Emprisonné, Servet réussit à s'échapper, mais il eut le tort de se réfugier à Genève, où il comptait peut-être sur l'appui des « vieux Genevois » opposés au théologien français. Calvin le fit arrêter et, après un procès de deux mois, Servet fut brûlé vif. Son principal ouvrage, *Christianismi restitutio* (1553), révèle un des esprits les plus radicaux du XVIe s. Géographe, auteur d'une édition estimée de Ptolémée, Servet fut aussi un grand médecin, et on lui attribue les analyses de la circulation du sang.

SERVICE DU TRAVAIL OBLIGATOIRE (STO). Service institué par le gouvernement de Vichy, le 2 févr. 1943, sous la pression des Allemands, afin de fournir de la main-d'œuvre aux usines du Reich, mais aussi pour essayer de limiter le prélèvement des ouvriers par rafles. Du fait de l'importance du nombre de réfractaires dont beaucoup rejoignirent les maquis, 170 000 travailleurs seulement, sur les 700 000 réclamés par le gauleiter Sauckel, partirent en Allemagne au titre du STO. Malgré la suspension de tout nouveau départ obtenue par Laval en oct. 1943, les rafles policières se poursuivirent et la France fut, parmi les pays occupés, le plus grand fournisseur de main-d'œuvre à l'Allemagne. De juin 1942 à juill. 1944, 641 500 travailleurs français partirent pour l'Allemagne, (le Reich en avait exigé 2 060 000). D'autre part, sur près de deux millions de prisonniers de guerre français à l'armistice de 1940, un million d'entre eux furent employés comme travailleurs.

SERVIUS TULLIUS. Sixième roi de Rome (578/34 av J.-C.). La tradition a attribué à Servius Tullius, roi étrusque, une série de réformes capitales qui sont probablement postérieures : il divisa la cité en quartiers et en tribus territoriales. Par ailleurs, il abolit les privilèges politiques attachés à la naissance et fonda la hiérarchie des citoyens sur leur fortune (*Constitution servienne*). Le peuple fut réparti en cinq classes, d'une façon qui donnait la prééminence aux grands propriétaires, et chaque classe fut divisée en centuries. Cette organisation dite « centuriate » était d'abord militaire, mais c'est d'elle que sortirent peu à peu les comices centuriates, assemblée politique du peuple romain, chargée notamment d'élire les magistrats supérieurs. La date exacte de la Constitution servienne reste très controversée : une répartition censitaire des citoyens, attestée chez les Étrusques, a pu apparaître à Rome dès le VIe s. av. J.-C. Servius Tullius aurait également réalisé de grands travaux publics et agrandi la ville qu'il protégea par des remparts de pierre.

SÉSOSTRIS, Sénousret. Nom de trois rois d'Égypte de la XIIe dynastie, au Moyen Empire.

Sésostris Ier. Roi vers 1962/28 av. J.-C. Il était le fils d'Amenemhat Ier, qui l'associa peut-être au trône. À la mort de son père, renversé par une conspiration de palais, il se trouvait à la tête de l'armée en Libye, mais revint en Égypte et prit le pouvoir. Il mena la conquête de la Nubie jusqu'à la troisième cataracte et assura la sécurité des mines du Sinaï. Pour éviter toute vacance du pouvoir, il associa son fils aîné au trône, et cet exemple fut suivi par ses successeurs.

Sésostris II. Petit-fils du précédent, il régna de 1895 à 1878 environ av. J.-C.

Sésostris III. Fils et successeur de Sésostris II, il laissa un prestigieux souvenir dont les historiens grecs Hérodote et Diodore de Sicile se sont fait l'écho. Grand administrateur et conquérant, il fut le premier souverain égyptien à mener une véritable guerre en Palestine et reprit la conquête de Nubie.

Le Sésostris des historiens grecs est un personnage légendaire : on l'a d'abord identifié à Ramsès II, de la XIXe dynastie. En fait, il correspond aux pharaons Sésostris (Sénousret) II et III, qui ont été fondus par les Grecs en un seul personnage dont on fit le type du conquérant égyptien, en lui attribuant les conquêtes, bien postérieures, des XVIIIe et XIXe dynasties.

SÉTHI ou **SÉTI.** Nom de deux rois d'Égypte de la XIXe dynastie.

Séthi Ier. Roi de 1318/04 environ av. J.-C., il fut le fils et le successeur de Ramsès Ier, qui l'associa au trône de son vivant. Il reprit la politique de conquête en Asie, combattit les Hittites (v.), mais sans réussir à briser les forces de cet adversaire ; il reprit pied cependant en Palestine et en Syrie. À l'O., il eut à contenir les Libyens. En matière religieuse, il pratiqua une politique d'équilibre entre le Nord et le Sud, réalisa plusieurs programmes de construction, dont son temple funéraire à Abydos. Son tombeau est un des plus magnifiques de ceux de la vallée des Rois. Il est le père de Ramsès II.

Séthi II. Roi vers 1226 av. J.-C., il fut l'avant-dernier souverain de la XIXe dynastie. Sans doute légitime, il monta sur le trône en renversant l'usurpateur Amenmès.

SÉVÈRE ALEXANDRE, Marcus Aurelius Severus Alexander (* en Phénicie, vers 209, † près de Mayence, 235). Empereur romain (222/35). Cousin et successeur d'Élagabal, cet Oriental est encensé par la plupart des sources anciennes. Après les coups d'État militaires qui suivirent la mort de Septime Sévère, il ne réussit pas à rétablir un régime civil stable et à rendre au Sénat la direction des affaires. Malgré son aversion pour la guerre, Sévère Alexandre dut lutter contre la Perse et réussit à refouler les armées d'Ardachir Ier (231/33). En 234, l'empereur dut accourir sur le Rhin, que les Germains venaient de franchir. Répugnant à combattre, il tenta d'acheter la paix à l'ennemi, mais les légions indignées se révoltèrent et le massacrèrent.

SÈVRES (traité de, 10 août 1920). Traité signé au lendemain de la Première Guerre mondiale entre les Alliés et la Turquie, alliée de l'Allemagne. Il attribuait à la Grèce la Thrace, les îles d'Imbros et de Ténédos, Smyrne et une grande partie des provinces égéennes de la Turquie ; la Syrie, la Mésopotamie, l'Arabie et l'Arménie étaient détachées de la Turquie, les Détroits démilitarisés, ouverts à la navigation et placés sous la surveillance d'une commission des Détroits ; un Kurdistan autonome devait être créé ; la possession du Dodécanèse et notamment de Rhodes était confirmée à l'Italie ; les capitulations étaient rétablies et aggravées. Voir TURQUIE. La fin de l'Empire ottoman (1878/1923).

SEYCHELLES (îles). Archipel de quatre-vingt-douze îles volcaniques situé à environ 1 100 km au N.-E. de Madagascar. Découvertes par les Portugais en 1505, ces îles furent visitées en 1609 par un navire de la Compagnie britannique des Indes, puis occupées par les Français en 1742. D'abord appelées « La Bourdonnais », en l'honneur de Mahé de La Bourdonnais (v.), elles doivent leur nom actuel à l'intendant Moreau de Séchelles, qui les administra et entreprit leur mise en valeur dans la seconde moitié du XVIIIe s. Âprement disputées entre Anglais et Français à partir de 1794, elles furent définitivement occupées par les Anglais en 1810, qui s'en firent confirmer la possession au traité de Paris (1814). Dépendance de la colonie britannique de l'île Maurice à partir de 1810, les Seychelles devinrent colonie de la Couronne en 1903. En 1970, elles accédèrent à l'autonomie interne et devinrent un État indépendant le 28 juin 1976.

Les premières élections pluralistes, en juill. 1993, confirmèrent France-Albert René au poste de président, qu'il occupait depuis 1977. L'économie, centrée sur le tourisme, reste fragile.

SEYMOUR Edward (* vers 1506, † 1552). Comte de Hertford (1537), puis duc de Somerset (1547), il commanda les troupes en Écosse (1544), puis remporta des succès en France (1545/46). À la mort d'Henri VIII, il devint membre du Conseil de régence durant la minorité d'Édouard VI, se fit nommer « protecteur » et accapara tout le pouvoir. Il pressa l'évolution de l'Angleterre vers le protestantisme et, avec Thomas

Cranmer, introduisit le *Book of Common Prayer*. Renversé par John Dudley (v.), il finit sur l'échafaud.

SEYSS-INQUART Arthur (* Stannern, près d'Iglau, Moravie, 22.VII.1892, † Nuremberg, 16.X.1946). Homme politique allemand. Né dans l'empire des Habsbourg, avocat à Vienne, il fut tout jeune un partisan résolu de l'Anschluss (rattachement de l'Autriche à l'Allemagne). Entré en contact avec le gouvernement hitlérien, il fut imposé à Schuschnigg (par la pression de l'Allemagne) comme ministre de l'Intérieur et de la Sécurité (15 févr. 1938). À la démission de Schuschnigg, il devint chancelier d'Autriche au moment de l'entrée des troupes du Reich en Autriche (11 mars 1938). Après la proclamation de l'Anschluss, il reçut le titre de gouverneur (Reichsstatthalter), puis devint ministre sans portefeuille (mai 1939). Représentant du gouverneur général de Pologne à Cracovie (automne 1939), il fut nommé le 18 mai 1940 commissaire du Reich dans les Pays-Bas et, à ce titre, il porta la responsabilité des exactions et des déportations qui eurent lieu jusqu'en 1945. Traduit devant le tribunal de Nuremberg, il fut condamné à mort et exécuté.

SEZER Ahmet Necdet (Afyon, IX.1941). Magistrat et homme politique turc. Après une carrière de magistrat, il fut membre de la Cour constitutionnelle en 1988, avant d'en devenir le président en 1998. Partageant avec les militaires un attachement fervent aux valeurs républicaines et laïques, il a notamment présidé à la dissolution du Réfah (parti de la prospérité, islamiste) en 1998. Ce défenseur des droits de l'homme a plaidé en faveur de réformes démocratiques. Il fut élu président de la République par le Parlement le 5 mai 2000.

SFIO. Section française de la (IIe) Internationale ouvrière. Voir **SOCIALISME.**

SFORZA. Célèbre famille italienne qui régna sur le duché de Milan de 1450 à 1535.

Fils naturel du condottiere **Jacopo Muzio** ou **Giacomuzzo Attendolo**, dit **Sforza**, qui combattit pour Florence, pour le pape, puis pour Jeanne II de Naples, **Francesco Ier Sforza** (* 1401 † 1466), duc de Milan en 1450, dut à sa valeur militaire d'être très recherché par les princes italiens. Il acquit une grande puissance en servant successivement des camps opposés. En 1434, il enleva la marche d'Ancône au pape Eugène IV, puis Pesaro en 1443. Devenu duc de Milan à la mort de son beau-père, Filippo Maria Visconti, il étendit son autorité sur toute la Lombardie et devint de fait l'arbitre de la politique en Italie après s'être allié à Cosme de Médicis et à Louis XI, qui lui abandonna Gênes et Savone en 1464.

Galeazzo Maria Sforza (* 1444, † 1494). Fils aîné et successeur de Francesco Ier, duc de Milan de 1466 à 1476. Il fut un prince typique de la Renaissance italienne, grand amateur d'art et protecteur de Bramante, d'une grande prodigalité, débauché et cruel. Un complot républicain mit fin à ses jours.

Ludovico Sforza, dit **il Moro, le More** (* 1451, † Loches, 17.V.1508). Frère de Galeazzo Maria ; il s'empara du pouvoir en 1480 mais ne devint duc de Milan qu'en 1494. Il appela le roi de France Charles VIII à son aide contre les Aragon, mais le futur Louis XII ayant fait valoir ses droits d'héritier des Visconti sur Milan, Ludivico se retourna contre les Français. Chassé de Milan en 1495, revenu en 1496, chassé de nouveau en 1500, il fut livré par les Suisses à Louis XII, qui l'interna à Loches, où il mourut. Prince fastueux, il avait protégé Bramante et Léonard de Vinci.

SHABA. Nom donné de 1972 à 1997 à la province congolaise du Katanga. Voir **KATANGA** et **CONGO (République démocratique du).** Le Congo belge.

SHAFTESBURY, Anthony Ashley Cooper, 1er comte de (* Wimborne Saint Giles, Dorsetshire, 22.VII.1621, † Amsterdam, 21.I.1683). Homme politique anglais. D'abord royaliste, il passa en 1644 dans le camp des Parlementaires, fut nommé par Cromwell conseiller d'État (1653) ; détestant toute forme d'autocratie, il se tint dès 1655 dans l'opposition, noua des intelligences avec Charles II exilé et contribua beaucoup à la Restauration (1660). Au retour du roi, il fut nommé chancelier de l'Échiquier, montra une grande modération dans le procès des régicides et poussa à la guerre contre la Hollande. Membre du ministère de la Cabale et lord chancelier en 1672, il soutint le *Test Act* dirigé contre les catholiques et se brouilla avec le roi (1673). Devenu l'un des chefs les plus violents de l'opposition, il se complut à répandre des bruits alarmants de complots « papistes », fut enfermé à la Tour de Londres en 1677, mais revint au pouvoir en avr. 1679 à la faveur de l'émotion provoquée par l'affaire de Titus Oates (v. **GRANDE-BRETAGNE.** La restauration des Stuarts). Il poursuivit implacablement ses ennemis et s'attaqua même à l'héritier au trône, le duc d'York, futur Jacques II, suspect de complaisances catholiques : il fit passer aux Communes un *bill* d'exclusion contre ce prince, mais ne put le faire adopter par les lords et fut renvoyé. Comme son opposition redoublait, il fut de nouveau arrêté (1681) et inculpé de haute trahison, mais le jury l'acquitta. Entré peu après dans la conspiration de Monmouth, il dut s'enfuir en Hollande (déc. 1682), où il mourut le mois suivant.

SHAGARI Shehu Alhaji (Yabo, État de Sokoto, 25.V.1925). Homme politique nigérian. Haoussa musulman, il fut professeur de sciences et milita au sein du *Northern People Congress*. Conservateur, il participa, en 1978, à la création du parti national. Vainqueur des élections d'août 1979, il accéda à la présidence en oct. Réélu en août 1983, il fut néanmoins renversé par un coup d'État militaire en déc. et emprisonné jusqu'en 1986. Voir **NIGERIA.**

SHAMIR Yitzhak (Pologne, 1915). Homme politique israélien. Immigré en Palestine dès 1935, il milita dans l'aile la plus dure du sionisme, participa à la création du Lehi (plus tard, groupe Stern), spécialisé dans le terrorisme antibritannique ou antiarabe. Il fut arrêté à plusieurs reprises et déporté en Érythrée (1946). Il revint en Israël en 1948, mais, pour échapper aux poursuites de la police de son propre pays, s'engagea dans les services spéciaux (1955). Revenu à la vie civile, il devint l'adjoint de Menahem Begin, fut élu à la Knesset en 1973 et devint président de cette Assemblée en 1977. Ministre des Affaires étrangères en 1979, il critiqua les accords de Camp David, œuvre de son prédécesseur Moshe Dayan, et approuva l'invasion du Liban par Israël en 1982. Après la démission de M. Begin (1983) et les élections de 1984 qui s'ensuivirent, il consentit au nom du Likoud, parti conservateur, au gouvernement d'unité nationale avec les travaillistes, dont les clauses lui permirent de devenir Premier ministre en 1986. Aux élections de 1988, il conserva ce poste pour un nouveau mandat de quatre ans. Il se résolut à la négociation avec les Arabes dans le cadre de la conférence de Madrid, en oct. 1991, seulement sous la pression américaine. Défait aux élections de juin 1992, il fut remplacé par Yitzhak Rabin, plus favorable au processus de paix.

SHARETT, Moché Shertock, dit (* Kherson, Ukraine, 15.X.1894, † Jérusalem, 7.VII.1965). Homme politique israélien. Militant du parti socialiste Mapaï, il fut placé à la tête du département politique de l'Agence juive. Après la fondation de l'État d'Israël, il essaya vainement de nouer des contacts avec les dirigeants arabes. Président du Conseil de 1953 à 1955, il resta ministre des Affaires étrangères jusqu'en juin 1956, mais sa volonté obstinée de trouver un règlement pacifique au conflit avec les États arabes l'opposa à Ben Gourion, et il se retira peu avant l'agression israélienne sur le canal de Suez.

SHARON Ariel, né **Ariel Sheinerman** (Kefar Mala, 1928). Officier et homme politique israélien. Né en Palestine dans une famille originaire d'Europe centrale, il fit carrière dans l'armée, qu'il rejoignit à dix-sept ans et où il parvint au grade de général. Devenu ministre de la Défense, il prépara et conduisit en 1982 l'intervention israélienne au Liban, au cours de laquelle se déroulèrent les massacres de Palestiniens dans les camps de Sabra et Chatila (perpétrés par des milices libanaises en sept. 1982), dont il porte, selon une commission d'enquête officielle, une part de « responsabilité indirecte ». Ministre de la Construction de 1990 à 1992, il favorisa une politique de colonisation sans précédent depuis la conquête des territoires occupés. En 1999, après la défaite électorale de Benjamin Netanyahou, il fut élu à la tête du Likoud. Le 28 sept. 2000, sa visite à l'Esplanade des mosquées à Jérusalem, perçue par les Palestiniens comme une provocation, fut l'ultime déclencheur de la « seconde Intifada » (v.). La remise en jeu du poste de Premier ministre par Ehoud Barak se solda, en févr. 2001, par l'élection d'Ariel Sharon à une majorité écrasante (62,5 % des suffrages).

SHAWNEES (Indiens). Tribu indienne d'Amérique du Nord, du groupe des Algonquins. Ils étaient d'abord établis dans la région de New York, de la Pennsylvanie et de l'Ohio, mais furent ensuite refoulés vers l'Ouest. Ils apportèrent leur aide aux Français contre les Anglais. Par le traité de Gretenville (1795), ils se retirèrent encore plus vers l'Ouest et ils établirent alors leur principal centre à Tippecanoe, dans l'Indiana, sous la conduite du prophète Shawnee et de son frère Tecumseh (v.), qui prêchaient une complète opposition aux modes de vie des Blancs. Leur capitale fut détruite par William Henry Harrison après la bataille de Tippecanoe (1811). Les derniers groupes de Shawnees vivent aujourd'hui dans les réserves de l'Oklahoma. Voir **Indiens**.

SHERMAN WILLIAM TECUMSEH (* Lancaster, Ohio, 8.II.1820, † New York, 14.II.1891). Général américain nordiste. Il se distingua à la tête du 15ᵉ corps de l'armée du Tennessee aux batailles de Vicksburg et de Chattanooga (1863). Nommé commandant de l'armée du Sud-Ouest en mars 1864, il enleva Atlanta aux sudistes (2 sept.) et livra la ville aux flammes (nov.). Il entreprit alors sa fameuse marche vers la mer à travers la Géorgie, dévastant tout sur son passage, et, après avoir fait parcourir à 65 000 hommes près de 500 kilomètres en vingt-quatre jours, il atteignit Savannah (10 déc. 1864). Remontant ensuite vers le Nord pour prendre à revers les forces sudistes, il répandit de nouveau la destruction en Caroline du Sud et força à la reddition l'armée de Johnston (26 avr. 1865). Après la guerre, il resta dans l'armée, dont il fut commandant en chef de 1869 à 1883.

SHÉSHONK Ier ou **CHÉCHANK.** Roi d'Égypte (vers 945/24 av. J.-C.). Chef militaire d'origine libyenne, établi à Boubastis, dans le Delta. Il fonda la XXIIᵉ dynastie (libyenne), qu'il légitima en épousant la fille de Psousennès II, dernier pharaon de la XXIᵉ dynastie, et en installant un autre de ses fils comme grand prêtre d'Amon, à Thèbes. Il rétablit momentanément la domination égyptienne sur la Palestine.

SHIMONOSEKI (traité de, 17 avr. 1895). Ce traité mit fin à la première guerre sino-japonaise. Voir **Japon**. Un État moderne.

SHINTÔ. Religion du Japon, de caractère animiste. Elle reconnaît des milliers de dieux (les *kami*) et trois divinités suprêmes qui sont, elles aussi, des personnifications des forces naturelles : la déesse du Soleil, Amaterasu-Omikami, le dieu de la Lune, Tsukiyomi, et le dieu des Océans et des Tempêtes, Susanowo. Au mythe solaire d'Amaterasu se rattache le mythe de la divinité impériale, le premier empereur légendaire du

Japon, Jimmu Tenno, étant considéré comme le descendant direct d'Amaterasu. Transmises pendant des siècles oralement, les traditions religieuses japonaises ne furent mises par écrit qu'à partir du VIIe s. de notre ère, dans deux récits historico-légendaires, le *Kojiki* (commencé vers 680) et le *Nihongi* (720). Plus tard furent composés des recueils de lois politiques et religieuses : le plus important est l'*Engishiki* (vers 900/30).

Dès le VIIIe s., le shintô (ce mot signifie en japonais la « Voie des *kami* ») fut étroitement lié à l'État. Mais cette religion rudimentaire ne pouvait résister à l'intrusion du bouddhisme. Il en résulta une sorte de syncrétisme bouddhiste-shintoïste, le ryobushintô, qui devait rester pendant un millénaire (VIIIe/XIXe s.) la religion officielle du Japon, le bouddhisme lui-même poursuivant par ailleurs son évolution dans les sectes. Au XVIIIe s. s'affirma une réaction contre ce syncrétisme, une volonté de retour aux authentiques traditions nationales. Cette réaction fut l'œuvre d'un groupe d'érudits, les wagakusha, dont le chef de file fut Motoori Norinaga, auteur de nombreux ouvrages, entre autres du *Kojikiden* ou *Explication du Kojiki*. En exaltant le lointain passé japonais et l'origine divine des empereurs, Motoori et ses disciples préparèrent la chute du shôgunat et la révolution nationale de 1868. Celle-ci fut suivie par un puissant renouveau du shintoïsme, aux dépens du bouddhisme, entre 1868 et 1884. Le shintô fut proclamé religion d'État et le bouddhisme expulsé des sanctuaires shintoïstes. Cependant, la protection de l'État ne pouvait compenser la carence du shintô dans le domaine métaphysique, et le bouddhisme, qui avait fait depuis mille ans l'éducation de l'âme japonaise, ne pouvait être ainsi aboli.

À partir de 1884, la politique impériale en matière de religion se fit plus souple. Tandis que la grande majorité des Japonais restait attachée au bouddhisme, on institua un shintô d'État, qui n'est pas à proprement parler une religion, mais un ensemble de rites et un mouvement national exprimant la fidélité du peuple à l'empereur et aux traditions du Japon. Jusqu'en 1945, tous les Japonais, quelle que fût leur religion personnelle, étaient tenus d'adhérer à ce shintô d'État. D'autre part subsistait un shintô purement religieux, qui s'exprimait dans des sectes apparues dans la première moitié du XIXe s. (Kurozumi Kyo, Konko Kyo et Tenri Kyo). Le shintô d'État avait été un puissant inspirateur du patriotisme japonais. Après la défaite de 1945, parmi les mesures imposées par l'occupant américain, figurèrent l'abolition du shintô d'État et la renonciation solennelle de l'empereur à sa dignité sacrée (1946). Le shintô continue cependant à faire preuve d'une puissante vitalité.

SHOAH. Ce mot hébreu qui signifie « massacre », « catastrophe », est le plus couramment utilisé en Europe et en Israël pour nommer le génocide des Juifs européens pendant la Seconde Guerre mondiale ; les Américains usent du mot « holocauste », parfois critiqué au nom de l'exactitude historique (le sacrifice total d'un animal parce qu'il était entièrement brûlé). La Shoah est la conséquence d'un génocide, c'est-à-dire la destruction méthodique, planifiée et organisée de tout un peuple. L'Allemagne hitlérienne puis les pays annexés (Autriche, Sudètes, Tchécoslovaquie, puis Pologne), ou occupés (France, Belgique, Pays-Bas, Grèce, Italie...) connurent la persécution, puis la recherche de l'extermination de leur population juive. La conférence de Wannsee (20 janv. 1942) marqua pour les hauts responsables nazis le début officiel de « la solution finale du problème juif ». En fait, l'extermination systématique avait été pratiquée dès l'invasion de l'Union soviétique, le 22 juin 1941.

Dans l'est de l'Europe, l'extermination des Juifs prit la forme d'exécutions de masse par des unités SS qui suivaient la progression de la Wehrmacht. On estime à 1,3 million le nombre de Juifs massacrés par les groupes mobiles d'extermination *(Einsatzgruppen)*, dont l'activité fut particulièrement intense dans la seconde moitié de 1941.

Dès la fin de 1941 débuta une autre phase du plan d'extermination des Juifs, le gazage. Les populations juives de l'Europe entière furent déportées dans six camps d'extermination, tous situés en Pologne : Auschwitz, Belzec, Kulmhof (Chelmo), Majdanek (Lublin), Sobibor, Treblinka. De plus, des camps de concentration furent bâtis dès 1936 en Allemagne (dix) et dans les zones occupées ou non en Autriche (un), en Yougoslavie (trois), en Pologne (trois) et en France (un), où les internés, les Juifs tout particulièrement, furent soumis aux travaux forcés, torturés et assassinés.

On estime le nombre des victimes juives entre 5 et 6 millions, dont 3 millions dans les camps de la mort et au moins 800 000 dans les camps ou les ghettos, du fait de la faim, des épidémies et des exécutions sommaires. Voir **JUIFS**. L'après-Shoah et la création de l'État d'Israël.

SHÔGUNAT. Nom du régime politique du Japon de 1192 à 1867. Voir **JAPON**. Le Japon féodal. Le shôgunat d'Edo.

SHÔTOKU TAISHI (* 574, † 622). Régent du Japon (593/621). Neveu de l'impératrice Suiko, il joua un rôle capital dans le développement de la civilisation japonaise en ouvrant celle-ci aux influences chinoises, en favorisant la pénétration du bouddhisme et en créant au Japon un État centralisé, d'après le modèle impérial chinois. Il promulgua un code de lois en dix-sept articles (604) et fit construire de nombreux temples et monastères bouddhiques.

SHRIVIJAYA, *Çrivijaya*. Royaume d'Indonésie, de la fin du VIIe s. au XIVe s. Dans sa plus grande extension, il englobait la partie occidentale de Java, Sumatra et la péninsule de Malaisie : il connut sa plus grande prospérité du IXe au XIe s., sous la dynastie des Çailendra, à qui l'on doit en particulier les vastes monuments bouddhiques de Java, tels ceux de Boroboudour et de Kalasan. Le royaume de Shrivijaya perdit Java au XIe s. et passa sous la domination des souverains Cholas ; il perdit la péninsule malaise au XIIIe s. sous les coups des Thaïs ; la perte de Sumatra en 1377 marqua son anéantissement.

SIAM. Ancien nom de la Thaïlande, du XVIe s. jusqu'en 1938. Voir **THAILANDE.**

SIBÉRIE, *Sibir.* Partie orientale de la Fédération de Russie qui s'étend sur toute la partie septentrionale de l'Asie, de l'Oural au Pacifique et de l'Arctique à la Mandchourie et à la Mongolie.

On ne connaît pas en Sibérie de paléolithique inférieur certain. On connaît, en revanche, des sites moustériens bien attestés et de nombreux sites du paléolithique supérieur. Le site d'Afontova Gora, dans les terrasses de l'Ienisseï, daté de – 20 000 ans environ, a livré une industrie lithique sur éclats avec des discoïdes parfois polis, ainsi qu'une industrie osseuse et des restes humains. On situe aux IVe/IIIe millénaires les cultures de chasseurs et de pêcheurs de la région d'Irkoutsk (vallées de l'Angara et de la Lena). Dans la région du haut Ienisseï, les pasteurs néolithiques d'Afanasievo (vers 3000/1700) ont élevé des bœufs, des chevaux et des moutons. Au chalcolithique, les artisans de Glaskovo (vers 1700/1200), près d'Irkoutsk, fabriquaient de beaux objets de parure en jade qui connurent une large diffusion en Chine. Le cuivre a fait son apparition vers – 2000, dans la région de Minoussinsk (Altaï).

Au cours du Ier millénaire av. J.-C., la Sibérie méridionale était parcourue par des peuples nomades qui menacèrent à plusieurs reprises les empires de Chine, de l'Inde, de la Perse et de l'Europe orientale. C'est depuis la Sibérie que les Hiong-nou (v.) ont lancé leurs attaques contre la Chine, que les Scythes envahirent le plateau iranien, l'Asie Mineure et la Russie méridionale, c'est de Sibérie que partirent plus tard les invasions des Alains, des Huns, des Avars. À partir des VIe/VIIe s. de notre ère, tout le sud de la Sibérie fut dominé par les Turcs, que les Mongols supplantèrent complètement au XIIIe s., après avoir détruit le royaume des Kara-Kitaï, qui s'étendait de l'Altaï à la mer d'Aral. La partie orientale de la Sibérie était directement soumise au grand khan ; la partie centrale faisait partie du khanat de Djaghataï ; la partie occidentale passa sous la domination de la Horde d'Or.

La colonisation de la Sibérie durant la période tsariste

À la fin du XIe s., des marchands russes de Novgorod s'étaient aventurés en Sibérie, jusqu'à l'Ob, en quête de fourrures. Mais la colonisation de la Sibérie par les Russes ne commença que dans le dernier quart du XVIe s., après le rattachement de la région de la basse Volga à la Russie (vers 1552/57). La pénétration russe fut facilitée par la rivalité entre les Chaïbanides ouzbeks et les princes de Sibir, qui descendaient les uns et les autres des anciens rois mongols. En 1556, le prince de Sibir, Yadigar, fit appel à l'aide d'Ivan le Terrible et reconnut la suzeraineté du tsar moscovite. La famille des Stroganov, marchands et industriels russes qui, depuis le milieu du XVIe s., possédaient des mines, des entreprises et des domaines importants dans l'ouest de l'Oural, joua un rôle important dans les premiers efforts de russification de la Sibérie. Les Stroganov montèrent l'expédition cosaque de Yermak (1581/84), qui aboutit à l'écrasement du khanat de Sibérie. À la fin du XVIe s., les Ouzbeks furent également battus sur l'Ob, ce qui ouvrit la voie à l'expansion russe. Vers 1645, les Russes atteignirent le Pacifique (Okhotsk). Ils commencèrent à descendre le fleuve Amour, mais ils se heurtèrent dans cette région à la Chine des Mandchous et durent signer le traité de Nertchinsk (6 sept. 1689) qui laissait à la Chine tout le bassin de l'Amour et fixait la frontière des deux empires au confluent de la Chilka et de l'Argoun. Ce n'est qu'au milieu du XIXe s., par les traités d'Aigun (1858) et de Pékin (1860), que les Russes purent enfin occuper les régions situées au N. de l'Amour et à l'E. de l'Oussouri ; le port de Vladivostok fut fondé en 1860. Dans le N., l'explorateur S. Dejnev avait traversé le détroit de Béring dès 1648, et la péninsule du Kamtchatka fut annexée en 1699. La colonisation agricole commença à faire des progrès au cours du XVIIIe s., l'exploitation minière à la fin du même siècle.

Dès le début de la conquête, les tsars avaient fait de la Sibérie un lieu de déportation pour les condamnés de droit commun, les suspects politiques et les dissidents religieux (v. **RASKOLNIKI**). L'essor de la colonisation se situe après la construction du chemin de fer transsibérien (1891/1904). Dans le cadre des réformes de Stolypine, de grandes facilités furent accordées aux immigrants (plus de 3 millions entre 1905 et 1914).

La Sibérie soviétique

La Sibérie a joué un grand rôle dans la guerre civile de 1918/20. Les gardes blancs y prirent le pouvoir en nov. 1918, avec à leur tête l'amiral Koltchak, qui se proclama régent de toute la Russie. Après la défaite et la mort de celui-ci (1920), fut constituée, en avr. 1920, une république d'Extrême-Orient, sorte d'État-tampon entre l'Union soviétique et le Japon, dont les troupes se trouvaient à Vladivostok. Cette république, sans engager le gouvernement de Moscou, fit une politique soviétique, chassa les gardes blancs de l'Extrême-Orient, et les Japonais durent abandonner Vladivostok (25 oct. 1922). Le 15 nov. suivant, elle fut réunie à la République socialiste fédérative soviétique de Russie.

Sous le régime soviétique, la Sibérie entra, à partir du premier plan quinquennal, dans sa phase d'expansion industrielle. Cependant, la mise en valeur de cette immense région s'est constamment heurtée à des difficultés graves : sous-population, insuffisance de main-d'œuvre, nécessité d'un surinvestissement en raison de conditions d'exploitation difficiles. Durant la période stalinienne, la Sibérie, comme au temps des tsars, servit de lieu de déportation pour des millions de détenus politiques.

À partir de 1984, le chemin de fer Baïkal-Amour-Magistral, dit « BAM », a doublé le Transsibérien. Long de 4 300 km, il joint Taychet en Asie centrale à Sovetskaya au bord de la mer du Japon, face à l'île de Sakhaline. Les Soviétiques ont par ailleurs renforcé leur potentiel stratégique en Sibérie extrême-orientale : déploiement de SS 20, installation d'un dispositif militaire dans l'île de Sakhaline et dans l'archipel des Kouriles, où une nouvelle base de sous-marins a été installée ; pour la première fois en 1981, la flotte soviétique a manœuvré en mer du Japon. Au-delà du contrôle de ces bassins maritimes étroits, l'URSS, à travers la Sibérie, a cherché à monter une garde vigilante à l'égard de la Chine et à obtenir une place sur l'immense échiquier du Pacifique. Cette préoccupation est aussi celle des dirigeants de la Fédération de Russie, à la fois désireux d'établir des relations de coopération avec les États asiatiques voisins et d'éviter toute atteinte à la souveraineté nationale. Moscou souhaite ainsi une aide du Japon pour exploiter le potentiel énergétique sibérien, mais se refuse, en revanche, à tout compromis sur le statut des îles Kouriles. Ce même dilemme caractérise ses relations avec la Chine. Si la Russie s'inquiète de l'influence grandissante de Pékin dans les régions orientales de l'ex-URSS, elle cherche par ailleurs à profiter du dynamisme économique et commercial chinois. Le poids démographique de la Chine sert en outre la Sibérie, qui compense, par la venue de travailleurs frontaliers, le retour des Russes vers leurs régions d'origine. Après la dislocation de l'URSS, les dirigeants locaux ont réclamé une plus grande autonomie dans la gestion des richesses et des budgets de leur région, multipliant, entre 1991 et 1993, les projets de « républiques sibériennes ».

SICILE, *Sicilia*. Île italienne, de forme triangulaire (ce qui lui fit donner par les Grecs le nom de *Trinacria*), située à la pointe de l'Italie péninsulaire dont elle est séparée par le détroit de Messine ; capitale *Palerme*.

Préhistoire et Antiquité

On a trouvé en Sicile des traces du paléolithique supérieur (grotte de San Teodoro, près de Messine ; gravures rupestres d'Addaura, près de Palerme, et sur l'île de Levanzo, à l'extrême O.). Dès la première moitié du Ve millénaire, la culture de Stentinello, avec ses villages fortifiés, représente le néolithique ancien et moyen. Après les Cyclopes et les Lestrygons légendaires, les Anciens mentionnaient comme premiers habitants de l'île les Sicanes, qui seraient venus d'Espagne (IIIe millénaire). Un millénaire plus tard, les Sicanes auraient été repoussés vers l'ouest par de nouveaux envahisseurs, les Sicules, venus d'Italie centrale, et qui étaient peut-être des Indo-Européens. Un troisième peuple, les Élymes, auxquels on a assigné une origine troyenne (plus probablement africaine), s'installa à l'extrémité occidentale de l'île, dans la région de Segeste et du mont Éryx. La civilisation de Castellucio, qui correspond à la première période « sicule », est celle du bronze ancien (vers 1800/1400 av. J.-C.), caractérisée par des tombes de forme ovale creusées dans le roc et souvent précédées d'un couloir. Thapsos, près de Syracuse, est le principal centre du bronze moyen (vers 1400/1000 av. J.-C.), qui a entretenu des relations commerciales suivies avec la Grèce mycénienne.

Les Phéniciens furent les premiers à fonder des comptoirs dont le plus important a été Panormos (Palerme), puis la colonisation grecque commença vers la fin du VIIIe s. av. J.-C. Plusieurs cités grecques ont participé à la fondation de nombreuses cités : Chalcis (en Eubée) pour Naxos et Catane, – Corinthe, pour Syracuse – Mégare pour Megara Hyblaea puis Sélinonte, – Rhodiens et Crétois pour Géla puis Agrigente. Rapidement, ces cités ont à leur tour essaimé sur les côtes de l'île, créant les cités de Zancle (Messine) et de Rhégion (Reggio), ainsi que la cité d'Himère, la seule de la côte N. de l'île. La prépondérance appartint d'abord à Agrigente et à Géla, puis elle passa à Syracuse au début du Ve s. av. J.-C. Dans toutes les villes de Sicile, aux Ve/IVe s., s'établit la tyrannie, qui stimula l'activité économique, attira philosophes, écrivains et artistes, mais mena une politique agressive qui provoqua l'intervention des Carthaginois. Les tyrans de Syracuse ont dominé la vie de la Sicile par l'ampleur de leur politique et exercé parfois une véritable hégémonie : Gélon et Hiéron Ier au Ve s. ; Denys l'Ancien, Denys le Jeune et Agathocle au IVe s. ; Hiéron II au IIIe s. Pendant deux siècles, une alternance de victoires et de défaites marqua la lutte entre Carthage et les cités grecques. Ni l'écrasante victoire de Gélon de Syracuse à Himère, en 480, ni celles de Denys l'Ancien, à la fin du Ve s., ni l'audace d'Agathocle de Syracuse qui porta la guerre en Afrique, de 310 à 307, n'eurent de résultat durable.

Cette longue rivalité gréco-carthaginoise donna aux Romains l'occasion d'intervenir en Sicile. Après la première guerre punique, Carthage dut abandonner tous ses droits à Rome, et la Sicile devint la première province romaine (241). Le dernier épisode de l'indépendance syracusaine fut la révolte de la ville contre Rome, à la mort de Hiéron II (215). Après un long siège, elle fut prise par Marcellus (212 av. J.-C.) et ruinée par les pillages. Mais la Sicile, profondément hellénisée, devait prospérer sous la domination romaine.

Byzantins, Arabes, Normands

À l'époque des invasions, l'île, dévastée d'abord par les Vandales, soumise aux Ostrogoths en 491, fut reconquise par l'expédition byzantine de Bélisaire

(535). La domination byzantine, qui dura près de trois siècles, renforça encore l'élément grec. Mais la fidélité de l'Église sicilienne au siège de Rome provoqua une révolte contre l'autorité impériale lors des querelles de l'iconoclasme (726) ; l'Église fut alors rattachée au patriarcat de Constantinople et la Sicile complètement intégrée dans l'Empire d'Orient. Aussi les Arabes ne rencontrèrent-ils pas de résistance de la population lorsqu'ils entreprirent la conquête de l'île, en 827. Maîtres de Palerme (831) et de Syracuse (878), ils dominaient complètement l'île au début du xe s. Un grand nombre de chrétiens se convertirent à l'islam, cependant qu'affluaient d'Afrique les immigrants arabes et berbères. Comme dans les autres pays conquis par les musulmans, le christianisme bénéficia d'une large tolérance. Le commerce, l'agriculture, les sciences s'épanouirent à nouveau. Passée en 909 de la suzeraineté des Aghlabides à celles des Fatimides, la Sicile musulmane conquit son indépendance de fait dès le milieu du xe s. Les Byzantins, reconnaissant l'impossibilité d'une reconquête de l'île, donnèrent à leurs possessions d'Italie continentale le nom de « Sicile d'en decà du détroit », d'où le nom de royaume des Deux-Siciles qui désigna plus tard le royaume de Naples.

Ce furent des aventuriers normands qui chassèrent les Arabes de la Sicile : après trente ans de luttes, Roger Ier, frère de Robert Guiscard, resta maître de l'île (1091). Son fils, Roger II, devint le premier roi de Sicile, Apulie et Calabre, sous la suzeraineté nominale du Saint-Siège (1130). À la suite du mariage de la reine Constance avec l'empereur Henri VI (1186), la Sicile passa aux Hohenstaufen (1194). Résidence favorite de l'empereur Frédéric II (1197/1250), elle fut alors un brillant foyer de civilisation. La cour de Frédéric fut un lieu important de rencontre et de dialogue entre les cultures chrétienne, occidentale, juive, grecque et arabe. Le Saint-Siège, en lutte contre les Hohenstaufen, donna l'investiture du royaume de Sicile au prince français Charles Ier d'Anjou (1265), mais la domination française fut bientôt impopulaire et se termina par le massacre des Vêpres siciliennes (1282). La Sicile passa alors à la maison d'Aragon, qui avait préparé l'éviction des Angevins.

Périodes moderne et contemporaine

L'île se trouva séparée de la partie continentale du royaume de Naples, où la maison d'Anjou réussit à se maintenir jusqu'en 1442, mais Alphonse V d'Aragon, définitivement vainqueur des Angevins, réunifia le royaume de Naples. À la paix d'Utrecht, la Sicile devint un royaume indépendant au profit des ducs de Savoie (1713), mais ceux-ci furent obligés de la céder à l'Autriche en 1718 (ils reçurent en échange la Sardaigne). Après la guerre de la Succession de Pologne, Naples et la Sicile passèrent aux Bourbons d'Espagne (1735). Quand ceux-ci furent chassés de leurs États péninsulaires par les armées de la Révolution française et de Napoléon, ils se réfugièrent en Sicile, où ils se maintinrent sous la protection anglaise jusqu'en 1814. Jusqu'alors, la Sicile avait toujours bénéficié d'une relative autonomie. Mais les Bourbons, rétablis à Naples, proclamèrent en 1816 le royaume unitaire des Deux-Siciles, et l'île fut désormais soumise à une administration centralisatrice. Le mécontentement grandit dans la population : après les deux révolutions avortées de 1820/21 et de 1848/49, les Siciliens accueillirent avec joie les Mille de Garibaldi qui débarquèrent à Marsala, le 11 mai 1860. Après la constitution d'un gouvernement provisoire à Palerme, la Sicile servit de base à Garibaldi pour la conquête de Naples, et les Siciliens demandèrent par un plébiscite leur entrée dans le nouveau royaume d'Italie. L'île devait cependant rester un foyer d'agitation jusqu'à l'époque contemporaine ; elle connut des mouvements séparatistes et souffrit du brigandage et des activités de la Mafia. En juill.août 1943, la Sicile fut le premier territoire européen conquis par les armées alliées. Sa perte incita le gouvernement italien à demander l'armistice, en sept. 1943. En 1948, la République italienne reconnut à la Sicile un statut d'autonomie.

SICILES (royaume des Deux-). Nom donné à partir de 1816 au royaume de Naples. Voir **Naples (royaume de)**.

SIDMOUTH, Henry Addington, vicomte (* Londres, 30.V.1757, † Londres, 15.II.1844). Homme politique anglais. À la demande de Pitt, il succéda à ce dernier comme Premier ministre (1801/04) et signa la paix d'Amiens avec la France (1802). Secrétaire à l'Intérieur dans le cabinet Liverpool (1812/21), il se fit haïr à cause des mesures répressives qu'il prit en 1817 et 1819.

SIÈCLE D'OR ESPAGNOL, *siglo de oro*. Période de l'histoire espagnole qui couvre 150 ans, du milieu du XVIe s. à la fin du XVIIe s., et qui correspond aux règnes des quatre derniers Habsbourg d'Espagne : Philippe II (v.) (1556/98) ; Philippe III (v.) (1598/1621) ; Philippe V (v.) (1621/65) ; et Charles II (v.) (1665/1700). Le Siècle d'or espagnol est marqué par une ambivalence fondamentale : période de grandeur, qui voit l'apogée de l'hégémonie espagnole en Europe (XVIe s.), c'est aussi une période de déclin politique qui ira s'aggravant tout au long du XVIIe s. Voir **Espagne.** L'Espagne, grande puissance européenne et mondiale. Les Habsbourg espagnols au XVIIe s.

SIEGFRIED (ligne). Durant la Première Guerre mondiale, position fortifiée allemande établie de la Scarpe, à l'E. d'Arras, jusqu'à l'Aisne, au N.-O. de Reims. En mars 1918, elle servit de base de départ de la dernière grande offensive allemande.

Au printemps 1936, Hitler décida la construction sur la frontière allemande, face à la France, d'un ensemble fortifié allant du Luxembourg à la frontière suisse. Cette ligne Siegfried ou *Westwall* (« mur de l'Ouest ») fut achevée par l'organisation Todt dès mai

1938, mais elle était loin de présenter l'importance de la ligne Maginot, dont la construction avait été entreprise antérieurement. Cependant, le commandement français, lors de son offensive dans la Sarre, en sept. 1939, renonça à l'attaquer. Les premiers ouvrages de la ligne Siegfried furent emportés par les soldats américains en oct. 1944 près d'Aix-la-Chapelle. De durs combats se poursuivirent sur la ligne Siegfried jusqu'en mars 1945. Le 25 mars 1945, toute la rive gauche du Rhin était aux mains des Alliés.

SIENNE, *Siena*. Ville de l'Italie centrale, en Toscane. Ancienne colonie romaine fondée par Auguste sous le nom de *Sena Julia*, elle s'émancipa de la tutelle de ses évêques au XIIe s. et devint une république puissante, gouvernée par ses consuls. Au XIIIe s., elle se plaça à la tête des villes gibelines de Toscane et infligea à sa rivale Florence une grave défaite à Montaperti (4 sept. 1260). Mais la ville fut longtemps troublée par d'âpres luttes intestines. À la fin du XIIe s., les consuls avaient été remplacés par un podestat ; en fait, les nobles, les *magnati*, s'étaient emparés du gouvernement, mais ils furent renversés en 1277 par une oligarchie marchande ; celle-ci forma un conseil des Neuf (les *Nove*), sous le gouvernement duquel Sienne connut la tranquillité et la prospérité de 1287 à 1355. L'école artistique siennoise brilla au plus haut point de la fin du XIIe à la fin du XIVe s.

La révolte à la fois populaire et nobiliaire qui mit fin, en 1355, au conseil des Neuf ouvrit pour Sienne une nouvelle période d'instabilité qui lui fit perdre définitivement son hégémonie en Toscane. Au XIVe et au XVe s., Sienne donna à la chrétienté deux personnalités remarquables : ste Catherine (dite de Sienne), inlassable dans sa démarche pour reconstituer l'unité de l'Église au temps de la papauté d'Avignon, et Bernardin, considéré comme le plus grand prédicateur du Moyen Âge. De 1487 à 1512, Sienne connut la tyrannie brillante de Pandolfo Petrucci qui tenta de créer une dynastie analogue à celle des Médicis à Florence. En 1524, les Siennois, pour échapper à la domination des Petrucci, se placèrent sous la protection de Charles Quint. Vite révoltés contre l'empereur ils appelèrent les Français à leur aide. Mais la ville fut assiégée et prise par les Espagnols (1555), malgré la défense de Monluc, et absorbée dans le duché de Toscane.

SIERRA LEONE. État de l'Afrique occidentale, sur la côte atlantique, entre la république de Guinée et le Liberia ; capitale *Freetown*. Habitée par des tribus bantoues, les Buloms, (les Temnés, puis les Mendes), cette région fut découverte en 1462 par le Portugais Piedro de Cintra et reçut le nom de *Serra do Leao* (ce qui signifie « Montagne du Lion »). Au XVIIe et au XVIIIe s., le pays fut la proie des négriers jusqu'à la création, en 1787, de la Compagnie du Golfe de Saint-George, société antiesclavagiste anglaise, qui acheta un territoire aux chefs africains afin d'y installer des esclaves libérés. En 1792, plus d'un millier d'esclaves noirs libérés après avoir pris part aux côtés des Anglais à la guerre d'Amérique purent être installés en Sierra Leone. En 1808, la Sierra Leone devint colonie britannique ; les Anglais en firent la base de leurs patrouilles contre les négriers le long des côtes africaines, et la population de la colonie ne cessa de s'accroître d'esclaves ainsi délivrés. Dans les dernières années du XIXe s., l'Angleterre établit son autorité sur les chefferies de l'intérieur, qui furent réunies à la colonie en 1898.

Le 27 avr. 1961 fut proclamée l'indépendance de la Sierra Leone ; le nouvel État dut faire face à de difficiles problèmes posés par le grand nombre des ethnies et surtout par la position privilégiée que s'étaient acquise les « Créos », descendants des anciens esclaves ramenés du Nouveau Monde à partir de la fin du XVIIIe s. Le pays connut plusieurs putschs militaires en 1967 et 1968 et le Premier ministre Sinka Stevens, appuyé par les Créos, s'efforça d'apaiser les disputes tribales ; en déc. 1969, il nationalisa les mines de diamant, principale richesse du pays, et, face à la succession de complots, il proclama l'état d'urgence en sept. 1970. Allié étroitement à son voisin guinéen Sékou Touré, S. Stevens proclama la république en avr. 1971. Sous sa direction, la Sierra Leone a recherché l'amitié des pays socialistes, d'abord de l'Union soviétique, puis de la Chine. Stevens fit adopter, d'abord par le Parlement, puis, en mai 1978, par un référendum qui fut très contesté, une réforme constitutionnelle instituant un régime à parti unique.

Alors que le pays connaissait régulièrement des troubles – notamment estudiantins – durement réprimés, la situation économique ne cessait de se dégrader. Les exportations de cacao et de café étaient en baisse. En 1985, le chef de l'armée, le général Momoh, dauphin désigné de Stevens, devint président de la République. Touchée par la guerre civile du Liberia voisin (1989), d'où arrivaient de nombreux réfugiés, la Sierra Leone fut à son tour le théâtre d'une guerre civile, animée par le Front révolutionnaire uni (RUF), allié du Liberia rebelle de Charles Taylor.

Malgré l'introduction du multipartisme en août 1991, suivit une longue période de troubles militaires et politiques, au cours de laquelle s'affrontèrent violemment les partisans du nouveau président Ahmed Tejan Kabbah (élu en 1996) et ceux de Foday Sankoh, chef du RUF. La présence de troupes mandatées par la communauté internationale (l'ECOMOG, dirigée par le Nigeria, puis les casques bleus à partir de 1999) ne put empêcher les cruelles exactions des rebelles du RUF contre les populations civiles, ni la prise d'otages de casques bleus en mai 2000.

Le même mois, peu de temps après l'arrivée de renforts britanniques, F. Sankoh ainsi que plusieurs responsables du RUF furent arrêtés à Freetown et, trois mois plus tard, le Conseil de sécurité de l'ONU approuva la création d'un tribunal international pour juger les crimes contre l'humanité en Sierra Leone. Cependant, les rebelles tenaient encore la moitié du pays et les combats reprirent dès que les forces de l'ONU approchèrent des mines de diamants. Le gouvernement et le RUF, privés du secours du Liberia, signèrent en nov. 2000 une nouvelle trêve ; A. Kabbah fut réélu en mai 2002.

SIEYÈS Emmanuel Joseph, comte, dit **l'abbé Sieyès** (* Fréjus, 3.V.1748, † Paris, 20.VI.1836). Homme politique français. Entré dans les ordres sans réelle vocation, il attira l'attention par son célèbre *Qu'est-ce que le tiers état ?* (janv. 1789) et fut élu par la ville de Paris député du tiers aux États généraux. Il fut l'un des instigateurs de la réunion des trois ordres et rédigea le serment du Jeu de paume (20 juin 1789). Favorable à la Constitution civile du clergé, il refusa cependant d'être évêque constitutionnel de Paris (mars 1791). Député à la Convention, il vota la mort de Louis XVI. Après la chute de Robespierre, il devint membre du Comité de salut public, puis président de la Convention (1795). Adversaire de la Constitution de l'an III, il refusa de faire partie du Directoire lors de sa création, mais exerça une grande influence au Conseil des Cinq-Cents ; il entra finalement au Directoire en mai 1799. Pensant que seule une dictature militaire pouvait permettre de conserver les conquêtes politiques de la Révolution, il fit appel à Bonaparte et fut ainsi le principal artisan du 18-Brumaire ; Sieyès entra dans la commission consulaire provisoire (nov./déc. 1799). Bonaparte lui confia la préparation de la Constitution de l'an VIII, mais s'empressa de la détourner à son profit (déc. 1799). Comte d'Empire en 1809, Sieyès siégea à la Chambre des pairs durant les Cent-Jours. Réfugié à Bruxelles en 1815, il fut proscrit comme régicide et ne rentra en France qu'en 1830.

SIGEBERT Ier († Vitry, Artois, 575). Roi d'Austrasie (561/75). Troisième fils de Clotaire Ier, il épousa en 566 Brunehaut, fille du roi des Wisigoths. Ce mariage excita la jalousie de son frère et rival Chilpéric Ier, roi de Neustrie, qui épousa aussitôt la sœur de Brunehaut, Galswinthe, mais la laissa assassiner par sa maîtresse Frédégonde. Ce crime provoqua une furieuse lutte entre Brunehaut et Frédégonde. Engageant la guerre contre son frère, Sigebert lui enleva presque tous ses États et le réduisit à s'enfermer dans Tournai. Les Neustriens se décidèrent alors à le reconnaître pour roi, mais Sigebert fut assassiné, alors que ses nouveaux sujets l'élevaient sur le pavois.

SIGISMOND

en allemand Sigmund, en polonais Zygmunt.

ALLEMAGNE

SIGISMOND (* Nuremberg, 14.II.1368, † Znaim, 9.XII.1437). Empereur germanique (1411/37). Fils cadet de l'empereur Charles IV, il reçut en 1378 la marche de Brandebourg et devint roi de Hongrie par son mariage avec la reine Marie, fille de Louis le Grand (1387). Il dut combattre contre les Turcs, qui lui infligèrent une sévère défaite à Nikopol (28 sept. 1396). Après la mort de l'empereur Robert de Palatinat (1410), il entra en compétition pour le trône impérial avec Josse de Moravie, mais celui-ci mourut subitement et Sigismond fut choisi à l'unanimité par les Électeurs (21 juill. 1411) et couronné roi de Germanie en 1414, à Aix-la-Chapelle. Son couronnement impérial n'eut lieu qu'en mai 1433, à Rome. Soucieux de mettre fin au Grand Schisme, il appuya les efforts du pape de Pise, Jean XXIII, et joua un rôle de premier plan au concile de Constance (1414/18) ; il accorda un sauf-conduit à Jan Hus pour venir se défendre devant le concile, mais quand Hus eut été condamné par les pères conciliaires, il ne l'en fit pas moins exécuter sur le bûcher (1415), ce qui provoqua le soulèvement religieux et national des hussites en Bohême. Sigismond fut le dernier empereur de la dynastie de Luxembourg.

BOURGOGNE

SIGISMOND saint († Coulmiers, près d'Orléans, 523). Roi des Burgondes (516/23). Arien, il fut converti au catholicisme par st Avit (vers 501), épousa Alemberge, fille de Théodoric, roi d'Italie, et succéda à son père en 516. Il autorisa aussitôt l'exercice de la religion catholique dans ses États et, en 517, fonda le grand monastère de Saint-Maurice d'Agaune, dans le Valais. Il ajouta foi aux calomnies de sa seconde femme et, croyant que son fils Sigeric complotait contre lui, il le fit étrangler en sa présence (522). Pris de remords, il courut faire pénitence à l'abbaye d'Agaune, mais les Bourguignons, indignés par son crime, se donnèrent à Clodomir, roi d'Orléans, fils de Clovis. Celui-ci réussit à s'emparer de Sigismond et le fit mettre à mort avec sa femme et ses autres fils. Sigismond fut par la suite vénéré comme un saint, et l'empereur Charles IV fit transporter ses reliques à Prague.

POLOGNE

SIGISMOND Ier JAGELLON le Vieux ou **le Grand** (* Kozienice, 1467, † Cracovie, 1er.IV.1548). Roi de Pologne (1506/48). Voir POLOGNE. La Pologne des Jagellons.

SIGISMOND II AUGUSTE JAGELLON (* Cracovie, 1er.VIII.1520, † Knyszyn, près de Bialystok, 7.VI. 1572). Roi de Pologne (1548/72). Voir POLOGNE. La Pologne des Jagellons.

SIGISMOND III VASA (* Griepsholm, 20.VI.1566, † Varsovie, 30.IV.1632). Roi de Pologne (1587/1632) et roi de Suède (1592/99). Fils du roi de Suède Jean III, neveu de Sigismond II par sa mère, il fut élevé dans le catholicisme. L'influence du chancelier Jan Zamoyski le fit élire roi de Pologne en 1587. Il devint également roi de Suède en 1592, à la mort de son père, mais ses sympathies pour le catholicisme le firent déposer en 1599, et il fut remplacé par son oncle, proclamé roi de Suède en 1604 sous le nom de Charles IX. En Pologne même, le zèle religieux du roi et ses persécutions contre les protestants provoquèrent de nombreux conflits avec la diète. En 1606, le palatin Zebrzydowski se révolta vainement contre l'absolutisme royal. Profitant des troubles intérieurs de la Russie, Sigismond fit élire tsar son propre fils, Ladislas (1610), occupa Moscou (1610/12), mais fut finalement chassé par Pojarski. Il fit ensuite la guerre contre son neveu Gustave II Adolphe de Suède (1621/29) : il perdit sa flotte et la plus grande partie de la Livonie, et dut signer la trêve d'Altmark (1629). Ses deux fils, Ladislas (IV) et Jean-Casimir, lui succédèrent sur le trône de Pologne.

SIHANOUK Norodom (Phnom Penh, 31.X. 1922). Roi du Cambodge (1941/55) et homme politique cambodgien. Voir **NORODOM SIHANOUK**.

SIKHS. Membres d'une secte religieuse indienne, fondée par Nanak (* 1469, † 1538), réformateur religieux qui voulait unir les croyants de l'Inde, hindous et musulmans, dans une foi monothéiste non idolâtre. C'est surtout par ce monothéisme rigoureux que les croyances des sikhs se distinguent de celles des hindous. À la mort de Nanak, le petit groupe de ses disciples se rassembla sous l'autorité de *gurus*. Le quatrième guru, Ram Das (1574/81), commença, sur un terrain qui lui avait été donné par l'empereur Akbar, la construction du temple d'or d'Amritsar ; cet édifice fut achevé par son fils, Arjun Dev (1581/1606), à la fois administrateur et poète, véritable prêtre-roi. Après la mort d'Akbar (1605) qui s'était montré tolérant, les sikhs furent persécutés par les empereurs mogols, et Arjun Dev finit sa vie dans une prison musulmane. Son fils, Har Govind (1606/45), menant la guérilla contre les troupes de Jahangir, inaugura la transformation de la secte, qui fut achevée par le dixième guru, Govind Raï (1675/1708). Celui-ci ne se contenta pas de tenir en échec les troupes de l'empereur Aurengzeb, il organisa les sikhs en une communauté solidement unie exigeant le sacrifice absolu de l'individu : les castes et toutes les divisions sociales traditionnelles furent abolies, pour faire place à l'élite militaire des *khalsa* (« les purs »), dont les membres étaient recrutés par initiation et soumis à la discipline la plus sévère. Govind Raï fit ainsi des sikhs une redoutable théocratie militaire. Voir **PENDJAB**.

SIKKIM. État de l'Union indienne situé dans l'Himalaya oriental, entre le Népal, la Chine (Tibet) et le Bhoutan ; capitale *Gangtok*. Les habitants originels du pays, Lepchas et Bhotias, dont la religion se rattache au bouddhisme tibétain, ne forment plus aujourd'hui qu'un quart environ de la population à la suite de l'immigration massive de Népalais hindouistes. Dès le milieu du XVIIe s., le Sikkim était entré dans la sphère spirituelle tibétaine ; le lamaïsme était devenu religion d'État et, jusqu'à nos jours, le pays fut gouverné par une dynastie de rajas d'origine tibétaine portant le titre de *chogyal*. À la suite d'incursions népalaises, le chogyal rechercha en 1816 la protection des Anglais, auxquels il céda Darjeeling en 1839. Le traité de 1861 établit formellement le protectorat anglais, lequel fut reconnu en 1890 par la Chine. Après la fin de l'Empire britannique des Indes, ce protectorat fut transféré, par le traité du 5 déc. 1950, à l'Inde indépendante, qui se fit attribuer la responsabilité de la Défense, des Affaires étrangères et des Transports. À partir de 1962, la tension sino-indienne donna une importance stratégique nouvelle au Sikkim. Au terme d'un long conflit politique entre le chogyal et la majorité népalaise de la population, celle-ci, appuyée par l'Inde, imposa la fin de la monarchie et le rattachement du Sikkim à l'Union indienne (15 avr. 1975).

SIKORSKI Wladyslaw (* Tuszow, près de Sandomir, 21.V.1881, † Gibraltar, 4.VII.1943). Général et homme politique polonais. Officier dans l'armée austro-hongroise, il combattit durant la Première Guerre mondiale dans la légion polonaise formée par Pilsudski contre les Russes. En 1920, il se distingua contre les bolcheviks devant Varsovie, ce qui lui valut un grand prestige, et, en 1922, il fut nommé chef d'état-major général. Président du Conseil (1922/23), puis ministre de la Guerre (1924/25), il quitta l'armée et la politique après le coup d'État de Pilsudski et se consacra à des travaux d'histoire militaire. Adversaire de la politique germanophile poursuivie par Beck, il devint, à la fin de 1939, chef du gouvernement polonais exilé en France, puis à Londres. Après le massacre de Katyn, en 1943, il s'opposa au gouvernement de Moscou. Quelques mois plus tard, alors qu'il revenait d'une inspection dans le Proche-Orient, son avion s'écrasa au départ de Gibraltar.

SILÉSIE, en allemand *Schlesien*, en polonais *Slask*. Région d'Europe centrale, située à l'E. des monts de Bohême et baignée par l'Oder. Elle doit son nom aux *Silingae*, peuple germanique de la famille des Vandales qui était établi dans ce pays avant les Grandes Invasions. Après leur départ vers l'Ouest, la Silésie fut occupée par des Slaves (vers 500), fit partie de la Grande-Moravie, puis, à partir des dernières années du Xe s., de la Pologne. Grâce à la protection de l'empereur Frédéric Ier Barberousse, diverses principautés gouvernées par des membres de la famille polonaise des Piast, se constituèrent en Silésie (1163), mais les discordes entre les Piast silésiens favorisèrent les ambitions de la Bohême, dont la suzeraineté fut étendue sur la Silésie presque tout entière dès 1327. Après l'accession des Habsbourg au trône de Bohême (1526), la Silésie devint en fait une province autrichienne, bien que diverses principautés Piast (Liegnitz, Brieg, Wohlau) eussent subsisté jusqu'en 1675.

La Réforme fit en Silésie de nombreuses conversions, et le problème religieux fut une source de difficultés avec les Habsbourg catholiques. La Prusse devait profiter de cette situation : à la mort de l'empereur Charles VI, le roi de Prusse Frédéric II fit valoir les droits que les Hohenzollern prétendaient tenir sur la Silésie d'une donation faite en 1537 à l'Électeur de Brandebourg par le duc de Liegnitz, en cas d'extinction de sa dynastie. Envahissant brusquement la Silésie (déc. 1740), Frédéric, allié de la France, bouscula les Autrichiens à Mollwitz (10 avr. 1741) et Chotusitz (17 mai 1742) : cette première guerre de Silésie (1740/42) se termina par le traité de Berlin (28 juill. 1742), qui donnait à la Prusse toute la Silésie jusqu'à l'Oppa, ainsi que le comté de Glatz. Après la deuxième guerre de Silésie (1744/45), la possession de cette province fut confirmée à Frédéric par la paix de Dresde (25 déc. 1745), mais l'Autriche ne pouvait se résoudre définitivement à sa perte. La troisième guerre de Silésie (1756/63), qui s'insère dans le cadre général de la guerre de Sept Ans, se termina par l'annexion définitive de la Silésie à la Prusse, l'Autriche ne gardant que la Silésie autrichienne (les régions de Troppau et de Teschen).

Agrandie en 1815 de la plus grande partie de la Haute-Lusace saxonne, la Silésie devint, à la fin du XIXe s., une des plus importantes régions industrielles de l'Europe. À la suite des traités de Versailles et de Saint-Germain (1919/20), la plus grande partie de l'ancienne Silésie autrichienne, avec Troppau, fut attribuée à la Tchécoslovaquie. Par ailleurs, la Pologne revendiquait la Haute-Silésie, autour de Katowice, à laquelle son bassin houiller et ses industries lourdes et chimiques donnaient un grand prix. Malgré le plébiscite du 20 mars 1921 qui fut favorable à l'Allemagne à une majorité de 60 % contre 40 % à la Pologne, celle-ci obtint un partage de la Haute-Silésie (oct. 1921) et reçut la partie la plus riche, avec Katowice. À la suite des accords de Munich (sept. 1938), la Silésie tchécoslovaque fut rattachée à l'Allemagne, en même temps que le pays des Sudètes. En 1939, après sa victoire en Pologne, le Reich réannexa toute la Haute-Silésie. Conquise par l'Armée rouge de janv. à avr. 1945, la Silésie fut attribuée à la Pologne par la conférence de Potsdam (juill./août 1945).

SILLON. Mouvement social chrétien français qui se développa avant la Première Guerre mondiale, sous la direction de Marc Sangnier. Il eut pour origine les réunions tenues à partir de 1893 dans la crypte du collège Stanislas, à Paris, par Sangnier et d'autres élèves de cet établissement. En 1894 fut fondée une petite revue, *Le Sillon*. Sangnier et ses amis se situaient dans le courant lancé par Léon XIII avec sa politique du « ralliement » et l'encyclique *Rerum Novarum* (1891) ; ils pensaient que le catholicisme pouvait se réconcilier avec le régime républicain et qu'il devait se tourner vers le peuple et faire devant lui le témoignage de son efficacité en multipliant les œuvres d'enseignement, d'assistance et d'entraide. Animé par une générosité ardente, le Sillon apportait des sentiments et des dévouements plutôt qu'une doctrine ; il multiplia les réunions publiques, avec l'appui de la « jeune Garde », sorte de service d'ordre accoutré d'un curieux uniforme noir et blanc ; à la petite revue originelle s'ajouta en 1904 l'hebdomadaire *L'Éveil démocratique*, qui tirait à 50 000 exemplaires.

Avec le succès, les tendances politiques du Sillon se marquèrent de plus en plus. En 1906, dans une lettre à *La Croix*, Sangnier proclamait : « Le Sillon a pour but de réaliser en France la République démocratique. » Il affirmait encore que la démocratie est « la forme de gouvernement la plus favorable à l'Église », que « le Christ Jésus seul a fondé et que lui seul maintient le principe démocratique ». Au lendemain de l'expulsion des congrégations et de la loi de séparation des Églises et de l'État, de telles idées étaient odieuses à la grande majorité des catholiques français. Le Sillon subit, d'autre part, les attaques de l'Action française (Maurras publia en 1906 son *Dilemme de Marc Sangnier*). Inquiet de voir le Sillon confondre de plus en plus le religieux et le politique, Pie X, personnellement très hostile aux idées démocratiques, condamna le mouvement dans une lettre aux évêques de France (25 août 1910), en reprochant aux sillonnistes de détourner la doctrine de la « démocratie chrétienne » formulée par Léon XIII, de prêcher le « nivellement des classes » et de « convoyer le socialisme, l'œil fixé sur une chimère ». Sangnier et ses amis se soumirent immédiatement. Malgré sa durée éphémère, le Sillon devait laisser un profond souvenir, et l'évolution de l'Église de France après la condamnation de l'Action française (1926) est due pour une large part à la persistance des idées sillonnistes.

SIMÉON Ier le Grand ou **le Magnifique** († 27.V. 927). Tsar des Bulgares (893/927). Fils de Boris Ier, il fut élevé en otage à Constantinople, où il acquit une forte culture classique. Appelé sur le trône par son père, qui s'était retiré dans un monastère, il rêvait de se faire couronner empereur à Constantinople et engagea aussitôt la lutte contre le souverain byzantin, Léon VI le Sage. Celui-ci ayant fait appel aux Magyars, qui envahirent le nord de la Bulgarie, Siméon s'assura de son côté l'alliance des Petchenègues, battit les Grecs et parvint sous les murs de Constantinople : Léon VI dut demander la paix et payer un tribut (904). Comme les ambitions de Siméon n'étaient pas encore satisfaites, les Byzantins lui cédèrent une partie de la Macédoine septentrionale, mais le tsar bulgare reprit la guerre contre le jeune Constantin VII Porphyrogénète, remporta la grande victoire d'Anchialos (917), s'empara d'Andrinople (922) et vint de nouveau assiéger Constantinople. Mais, se voyant menacé à l'arrière par les Serbes et n'ayant pu obtenir l'alliance des Arabes, il se contenta, après une entrevue avec Romain Lécapène, d'obtenir des Byzantins un nouveau tribut et il se retira (924). Siméon le Grand fut un protecteur des lettres et des arts : de sa nouvelle capitale, Preslav, il fit un centre intellectuel brillant. Son règne marque l'apogée de la « Grande-Bulgarie » médiévale. Voir **BULGARIE**.

SIMITIS Constantin (Athènes, 23.VI.1936). Homme politique grec. Avocat, puis professeur de droit, Constantin Simitis dut fuir le régime des colonels et se réfugia en Allemagne. Membre fondateur du Mouvement panhellénique des socialistes (PASOK), il fut plusieurs fois ministre entre 1980 et 1992. Chef du courant rénovateur du PASOK, il fut nommé Premier ministre en janv. 1996, après la démission d'Andréas Papandréou. Il appliqua une politique économique de rigueur afin d'amener la Grèce à respecter les critères de convergence du traité de Maastricht et à intégrer la zone euro. Il engagea une politique de détente dans les rapports avec la Turquie et fut réélu en avr. 2000. Voir **GRÈCE**.

SIMON Jules (* Lorient, 31.XII.1814, † Paris, 8.VI. 1896). Homme politique français. Député des Côtes-du-Nord en 1848, il siégea avec la gauche modérée et refusa de prêter serment à Napoléon III. Opposant à l'Empire, il fut élu au Corps législatif en 1863. Devenu l'un des chefs les plus populaires du parti républicain, il fut ministre de l'Instruction publique dans le gouvernement de la Défense nationale, puis dans le gouvernement de Thiers (sept. 1870/mai 1871), mais il dut démissionner devant l'opposition des cléricaux. Directeur du journal *Le Siècle* (1874) et sénateur inamovible (1875), il représentait en face de Gambetta l'aile modérée du parti républicain. Président du Conseil (déc. 1876/mai 1877), il procéda à une vaste épuration parmi les préfets et les magistrats, ce qui lui valut l'hostilité de Mac-Mahon. Ardent défenseur de la liberté, même pour ses adversaires, il fit rejeter par le Sénat, en 1880, le fameux article 7 de Jules Ferry, qui voulait interdire l'enseignement aux congrégationnistes non autorisés.

SINAÏ. Péninsule montagneuse de l'Égypte, au N. de la mer Rouge. Peuplé à partir du paléolithique, le Sinaï fit dès le Haut-Empire partie de l'Égypte, qui y exploitait ses mines de cuivre et de diamants. Selon le texte biblique, les Hébreux, venant d'Égypte, le traversèrent en suivant approximativement les côtes de la mer Rouge ; c'est au mont Sinaï (Jabal Musa) que Moïse aurait reçu les tables de la Loi. Après le déclin de l'Empire égyptien, le Sinaï passa sous le contrôle des Nabatéens (v.) de Petra, mais les Romains y établirent leur autorité au Iᵉʳ s. de notre ère. Les souvenirs bibliques attirèrent au Sinaï, à partir du IVᵉ s., de nombreuses colonies monastiques chrétiennes. La plus célèbre fut celle de l'abbaye Sainte-Catherine, fondée par Justinien en 527, au pied du Jabal Musa ; respectée par l'islam, elle a subsisté jusqu'à nos jours et, depuis le XVIᵉ s., constitue à elle seule une Eglise orthodoxe autonome. Occupé en 1517 par les Ottomans, le Sinaï continua d'être reconnu comme partie intégrante de l'Égypte ; les Turcs l'envahirent durant la Première Guerre mondiale, en 1915/16, mais la péninsule fut dégagée par la victoire britannique de Rafah, en 1917. Occupé par les Israéliens durant la guerre de 1956, le Sinaï fut ensuite neutralisé par la force de police internationale de l'ONU. En juin 1967, la péninsule fut de nouveau envahie par l'armée israélienne, qui l'occupa entièrement jusqu'au canal de Suez. Une force d'urgence des Nations unies (FUNU) s'installa au Sinaï après la guerre du Kippour (v.) en 1973. Décidée à Camp David (v.), son évacuation fut achevée le 25 avr. 1982.

SINANTHROPE. Nom donné aux premiers *Homo erectus* découverts en Chine à partir de 1921. Les Sinanthropes, également appelés « hommes de Pékin », ont été extraits de la grotte de Chou-k'ou-tien (ou Chou-k'ou-tien), dans le N.-O. de la Chine. C'est en 1927, alors qu'ils n'étaient encore connus que par trois dents, que ces fossiles reçurent de Davidson Black, un anatomiste canadien, le nom de *Sinanthropus pekinensis*, nom d'espèce aujourd'hui désuet. Peu après, en 1928 et 1929, on découvrit les premiers fragments de crâne et la première calotte crânienne. Des fouilles méthodiques furent poursuivies par P. Teilhard de Chardin, W. C. Pei et C. Young qui mirent au jour les restes de plus d'une quarantaine d'individus, hommes, femmes et enfants (ces fossiles ont tous disparu au cours de la Seconde Guerre mondiale). En 1939, F. Weidenreich et G. von Koenigswald regroupèrent les Sinanthropes et les Pithécanthropes (v.), très similaires par leur morphologie, dans une seule et même espèce, *Homo erectus*. Les dépôts de Chou-k'ou-tien, datés entre 500 000 ans et 240 000 ans, ne sont pas les plus anciens. On a découvert, entre 1985 et 1988, dans la grotte de Longgupo, dans le S. de la Chine, une mandibule avec une seule dent et de possibles outils datés de 1,9 million d'années. Bien que les découvreurs aient attribué ce fossile au genre *Homo*, son statut humain reste contesté. D'autres sites, plus récents (Pléistocène moyen), ont également fourni des dents et des outils (Lantian, Yuanmou). Les Sinanthropes sont aujourd'hui considérés comme des *Homo erectus* archaïques. Leur capacité crânienne est proche de 1 000 cm^3 ; certains spécialistes estiment, d'après l'étude anatomique de la boîte crânienne, et d'après la reconstitution du larynx, qu'ils utilisaient un langage articulé ; ils côtoyaient le plus grand des singes, le gigantopithèque ; ils connaissaient l'usage du feu, la cuisson de la viande, et leurs vestiges sont associés à une industrie de choppers (outils façonnés par l'enlèvement d'éclats sur une seule face d'un galet).

SINDHIA. Dynastie marathe de l'Inde, qui régna sur le Gwalior aux XVIIIᵉ s. et XIXᵉ s. Voir **MARATHES**.

SINGAPOUR, *Singapore*. État insulaire de l'Asie du Sud-Est, au S. de la péninsule malaise. L'île fut achetée en 1819 au raja de Johore (aujourd'hui en Malaisie) par sir Stamford Raffles pour la Compagnie anglaise des Indes orientales. Érigée en port franc par Raffles, qui veilla à son premier essor jusqu'en 1823, Singapour fut rattachée en 1826 à la colonie britannique des Straits Settlements (v.), qui resta administrée jusqu'en 1867 par le gouverneur général des Indes. Après la conquête de la Malaisie, les Japonais s'en emparèrent, sans grandes difficultés (15 févr. 1942), firent 70 000 prisonniers et l'occupèrent jusqu'à la fin de la Seconde Guerre mondiale. À la dissolution des Straits Settlements (1946), Singapour devint une colonie de la Couronne. L'Angleterre lui accorda son autonomie au sein du Commonwealth en 1959. Singapour entra dans la Fédération de Malaisie en sept. 1963 (v. **MALAISIE. De la Malaisie à Malaysia**). Mais l'antagonisme, entretenu dans un contexte de guérilla communiste chinoise, entre la population chinoise et les Malais provoqua des heurts violents, notamment pendant l'été 1964.

Le 8 août 1965, Singapour fut exclue de la Fédération de Malaisie et devint pleinement indépendante. À la tête du pays depuis 1959, Lee Kuan Yew (v.), chef du Parti d'action du peuple (PAP), fit de Singapour, alors quatrième port du monde, un des principaux centres industriels de l'Asie. Une politique volontaire de développement des infrastructures publiques et de généralisation de l'éducation dota le pays d'une économie dynamique. Ayant bénéficié, dans les années 1960, de nombreuses délocalisations décidées par des multinationales, Singapour, qui investit elle-même, au cours des années 1980, 27 milliards de dollars à l'étranger, sous-traita désormais ses activités de montage en Malaisie et en Indonésie. Un quart de la population active travaillait dans la finance, faisant de Singapour un des premiers marchés mondiaux. De 1965 à 1995, le PNB par habitant avait été multiplié par dix et Singapour fut le pays qui se redressa le plus rapidement de la crise asiatique de 1997.

Ce développement économique foudroyant se fit cependant au détriment des libertés syndicales et politiques. Le droit de grève était inexistant, la population encadrée, y compris dans le domaine des mœurs, et les médias contrôlés. À de nombreuses reprises, le gouvernement sévit contre l'opposition, notamment en 1987, même si celle-ci gagnait de plus en plus d'audience. Mais elle restait sous-représentée au Parlement, du fait d'un système électoral verrouillé. Loin de s'assouplir, le régime reste dominé par le PAP, au pouvoir depuis 1959. En 1999, Sellapan Rama Nathan devint président sans consultation électorale, toutes les autres candidatures ayant été invalidées. Cela n'empêcha pas le pays d'obtenir un siège temporaire au Conseil de sécurité de l'ONU en oct. 2000.

SINGH Vishwanath Pratap (Allahabad, Uttar Pradesh, 25.VI.1931). Homme politique indien. Ministre des Finances de Rajiv Gandhi, il fut exclu du parti du Congrès en 1987 à la suite d'un désaccord avec le Premier ministre. Il prit sa revanche aux élections de déc. 1989 en battant R. Gandhi, qu'il remplaça à la tête du gouvernement, avec l'appui, sans participation, des communistes et des nationalistes hindous. Il entreprit d'appliquer aux « castes intermédiaires » la politique de recrutement par quotas en vigueur dans l'administration pour les « basses castes ». L'opposition farouche qu'il suscita chez les « hautes castes » – certains étudiants s'étant immolés à titre de protestation – provoqua son renvoi par le président Venkataram en nov. 1990.

SIN-KIANG, *Xinjiang* en pinyin. Région autonome ouïgoure de la Chine occidentale, appelée aussi « le Turkestan chinois ». Son nom, en mandarin, signifie « nouvelle frontière » ; capitale *Ouroumtsi (Urümqi)*. Composée de deux parties, au N. la Dzoungarie, pays de steppes, et au S. l'immense désert du Tarim, le Sin-kiang couvre le sixième de la Chine. En 1953, les minorités ouïgoures, kazakhes et tibétaines constituaient 90 % de la population du Sin-kiang, contre à peine 60 % en 1995. Pendant des siècles, le Sin-kiang a été l'intermédiaire entre l'Inde et la Chine (v. **SOIE, route de la**). Il fut longtemps le domaine des peuples de la steppe : Hiong-nou, Huns Hephthalites, Turcs, Ouïgours. Ces derniers y furent supplantés par les Mongols de Gengis Khan (XIIIe s.), auxquels succédèrent les Kalmouks. Malgré un intérêt manifesté dès le Ier s. av. J.-C., ce n'est qu'au XVIIe s., sous les premiers empereurs mandchous, que la Chine établit définitivement son hégémonie sur cette région, qui devint une province impériale en 1884. Le régime communiste en fit, en 1955, la « Région autonome ouïgoure du Sin-kiang », terre de défrichement et de développement qui possède d'importantes ressources de sous-sol, en particulier les plus riches gisements de pétrole de toute la Chine. Après les destructions causées par la Révolution culturelle, le Sin-kiang a connu de nombreux incidents nationalistes entre 1978 et 1981. Dans les années 1990, l'agitation a repris, sous l'influence de la guerre en Afghanistan et de l'accession à l'indépendance des trois républiques musulmanes de l'ex-URSS, contiguës à la région : le Kazakhstan, le Tadjikistan et le Kirgizhstan. De lourds problèmes demeurent aussi concernant le sous-développement du Sin-kiang par rapport au reste du pays.

SINN FÉIN, en gaélique *Nous-mêmes*. Mouvement nationaliste irlandais fondé en 1905 par le regroupement de diverses associations pour le renouveau de la culture celtique et d'organisations séparatistes sous la direction du journaliste Arthur Griffith (v.). Face au peu de concessions obtenues par le parti autonomiste, l'*Irish Parlementary Party* créé dès 1873, A. Griffith cherchait à obtenir le *Home Rule* (l'autonomie) pour l'Irlande. Il envisageait de faire adopter par la couronne britannique un système de double monarchie comparable à celui institué en Autriche-Hongrie après 1867. Progressivement, sous l'influence de jeunes militants nationalistes, le Sinn Féin adopta des positions radicalement indépendantistes et républicaines. Certains d'entre eux étaient également membres du groupe extrémiste clandestin de l'*Irish Republican Brotherhood*, qui fomenta, sous la direction de Patrick Pearse (1879/1916), la révolte de Pâques (1916) ; ce fut un échec. Mais l'exécution de ses principaux dirigeants retourna l'opinion irlandaise en faveur des nationalistes. Le Sinn Féin, dirigé à partir d'oct. 1917 par Eamon De Valera (v.), devint leur vitrine politique. Grands vainqueurs, en Irlande, des élections de déc. 1918, les députés du Sinn Féin s'érigèrent en parlement national irlandais ou *Dail Eireann*, et le parti s'engagea dans la lutte armée (1919/20). En 1922, la majorité des Irlandais acceptèrent la partition de l'île proposée par Londres, le Sud devenant un « État libre » doté d'un statut de dominion. Cependant, une partie de la branche armée du mouvement nationaliste, les « Irréguliers » de l'IRA (*Irish Republican Army*) (v.), emmenés par E. De Valera, s'opposèrent au traité. Les partisans du traité formèrent avec A. Griffith, le *Cumann nan Gaedheal* (Ligue des Gaëls) ; ceux de De Valera se regroupèrent après la guerre civile de 1922/23 dans le Fianna Fáil, acceptant finalement de participer à la vie politique de l'État libre ; à l'inverse, les éléments de l'IRA les plus radicaux demeurèrent dans le Sinn Féin. Depuis lors, le Sinn Féin a été présent en Irlande du Sud, où il n'a jamais rencontré qu'un faible écho électoral, comme en Irlande du Nord où il apparaît comme la façade politique de l'IRA. À l'imitation de l'IRA, il connut des divisions dans les années 1970, se scindant en Sinn Féin provisoire (*Provisional Sinn Féin*) majoritaire, et Sinn Féin officiel (*Official Sinn Féin, The Workers Party*), aux options plus marxistes. Le Sinn Féin issu du Sinn Féin provisoire fut légalisé en Irlande du Nord en 1974 et choisit la voie électorale à partir de 1981, année où il présenta Bobby Sands aux législatives (alors en grève de la faim, celui-ci mourut deux mois après son élection). Le Sinn Féin a joué un rôle important dans le processus de paix en Irlande du Nord à partir de 1993, sous l'impulsion de son président Gerry Adams, et il a approuvé les accords de paix de 1998. Deux ministres du Sinn Féin participèrent au gouvernement biconfessionnel d'Irlande du Nord de 1999. Voir **ULSTER** et **IRLANDE.** De la Réforme à l'indépendance

SINO-JAPONAISES (guerres). À propos de la guerre de 1894/95, voir **JAPON**. À propos de celle de 1937/45, voir **CHINE**.

SINOWATZ Fred (Neufeld an der Leitha, Burgenland, 5.II.1929). Homme politique autrichien. Membre du parti socialiste, il fut ministre de l'Enseignement de 1971 à 1983, date à laquelle il devint chancelier. Il démissionna en 1986, à la suite de l'élection de Kurt Waldheim à la présidence de la République.

SIONISME. Idéologie et mouvement politique visant à donner un État au peuple juif dispersé de la Diaspora, le sionisme prit son essor dans la seconde partie du XIXe s., à une époque où triomphait l'idée d'État-nation. Il fut renforcé par le constat d'échec dressé par une minorité de Juifs européens assimilés, qui voyaient leurs efforts d'intégration échouer face à la recrudescence de l'antisémitisme à partir de 1880. Ceux-ci reportèrent donc leurs espoirs sur un projet collectif, étatique et séparatiste. Étymologiquement, le mot « sionisme », créé en 1886 par Nathan Birnbaum, renvoie au terme biblique de Sion, qui désigne Jérusalem. Le journaliste juif viennois Theodor Herzl (v.) fut, à Paris, en 1895, le témoin de la dégradation du capitaine Dreyfus. Profondément marqué par cet événement, il rejoignit le mouvement sioniste de Moïse Hess (1821/75) et Léo Pinsker (1821/91), le structurant et lui donnant une nouvelle impulsion. En 1896, il publia *L'État des Juifs, essai d'une solution moderne du problème juif*. En 1897, un premier Congrès fut convoqué, à Bâle, débouchant sur la constitution d'une Organisation sioniste. Influencés par le nationalisme moderne, ses dirigeants se proposaient d'offrir un refuge aux Juifs de la Diaspora et conféraient à leur projet une dimension socialiste et communautaire de régénération par le travail manuel. La direction du mouvement rassemblait des intellectuels issus des classes moyennes, tandis que la majorité de ses membres étaient constituée par des Juifs pauvres d'Europe orientale désireux de fuir les persécutions.

À l'origine, le sionisme a occupé une place marginale par rapport aux tendances dominantes du judaïsme de l'époque, mais il contraignit très rapidement celles-ci à se définir par rapport à son discours. Malgré la fondation du parti *Mizrahi* en 1902, tentative de conciliation du judaïsme religieux avec l'idéologie sioniste, l'orthodoxie juive religieuse y restait fort hostile. Cependant, le sionisme trouva des appuis déterminants et, en premier lieu, un soutien financier majeur auprès de la grande bourgeoisie juive occidentale.

Une première tentative significative de retour en terre d'Israël eut lieu après le XVe s., lorsque les Séfarades expulsés d'Espagne cherchèrent à s'installer en territoire ottoman. Ce n'est cependant qu'en 1881 qu'une première vague d'immigration (*aliyah*) conduisit en Palestine les membres de l'organisation des « Amants de Sion », fuyant les pogroms d'Europe orientale. Mais l'aspiration au retour vers le berceau ancestral du peuple juif, la Palestine, n'était pas encore à ce moment une priorité définitive pour les dirigeants sionistes. T. Herzl tenta de négocier avec la « Sublime Porte » et le Kaiser l'obtention d'une aire géographique où établir un foyer national, embryon d'un futur État juif, mais sans succès. Après avoir envisagé successivement une installation en Amérique du Nord, en Argentine, à Chypre ou au Kenya, il se vit proposer une partie de l'Ouganda par la couronne britannique ;

le sionisme obtenait ainsi sa première reconnaissance internationale en 1903. En 1904, après la disparition de Herzl, le projet ougandais fut abandonné, sanctionnant l'échec, provisoire, du recours diplomatique. Le chimiste juif britannique Chaïm Weizmann (v.), futur premier président d'Israël, continua néanmoins d'incarner cette option au sein du mouvement. Émergèrent alors les sionistes dits « pratiques », élite intellectuelle des Juifs fuyant l'Europe centrale. Sous leur action, l'option palestinienne l'emporta définitivement. Ils firent le choix de s'infiltrer en Palestine par tous les moyens, afin d'y implanter une société juive, séparée des populations autochtones, fondée sur des institutions collectives essentiellement agricoles (*kibboutz*), dans l'optique égalitariste et socialisante des fondateurs du sionisme. David Ben Gourion (v.), arrivé en Palestine en 1907, peut être considéré comme l'archétype de ces pionniers socialistes de la seconde *aliyah*.

Au début du XXe s., l'immigration juive en Palestine, dotée d'institutions originales et d'une milice d'autodéfense, s'employa à créer une nation autosuffisante. L'observance de la règle du « travail juif », interdisant pour une entreprise juive d'employer de la main-d'œuvre non juive, et l'application d'une politique d'acquisition des terres par des voies légales évitèrent de faire des nouveaux venus une classe d'exploiteurs coloniaux. Néanmoins, tributaire de la mentalité coloniale occidentale qui a influencé ses principes de création, le sionisme négligea le problème de sa coexistence avec la population locale, en poursuivant sa politique de développement dans l'isolement. Seule l'extrême gauche du mouvement adopta une position alors marginale, appelant à la création d'un État binational marxiste regroupant Juifs et Arabes. Les élites arabes de Palestine, inquiètes des progrès de l'immigration juive, virent essentiellement dans le sionisme un agent de l'impérialisme occidental.

Le 2 nov. 1917, le soutien apporté par le gouvernement britannique à l'Organisation sioniste fut officialisé par la déclaration Balfour (v.) : promettant la création d'un « foyer national pour le peuple juif » dans une Palestine prise aux Ottomans, elle contredisait l'engagement contracté en 1916 par Londres auprès du chérif Hussein de La Mecque de créer un grand royaume en échange du déclenchement de la révolte arabe contre les Ottomans. Après l'instauration du mandat britannique sur la Palestine, en 1922, la puissance mandataire fit progressivement marche arrière devant l'opposition des Arabes palestiniens effrayés par les progrès du contrôle territorial sioniste et l'afflux d'immigrés juifs fuyant le nazisme (à partir de 1933) et les régimes antisémites d'Europe centrale. En 1936, le gouvernement britannique publia un Livre blanc qui prônait l'arrêt de l'immigration juive en Palestine, mais celle-ci se poursuivit de façon clandestine. Les dirigeants sionistes réagirent au Livre blanc en adoptant un nouveau système d'appropriation spatiale, créant des installations fortifiées sur les frontières de l'État juif potentiel, alors que la Grande-Bretagne envisageait un premier projet de partage de la Palestine, en 1937. De leur côté, les membres du *Betar*, créé par Zeev Jabotinsky, et dirigé par Menahem Begin (v.), projètaient de conquérir par la force, non seulement l'ensemble de la Palestine, mais également la Transjordanie. Après 1945, la libération des camps d'extermination contribua à modifier la position des puissances occidentales à l'égard de la création d'un État d'Israël. En raison de l'inspiration socialiste du mouvement sioniste, l'URSS lui était également favorable. Impuissants à endiguer l'arrivée massive de Juifs européens sortis des camps (v. **Exodus**) et à la recherche d'une terre d'asile, les Britanniques s'en remirent à l'ONU, dont le Conseil de sécurité décida, en 1947, la création de deux États en Palestine, l'un juif, l'autre arabe.

L'État d'Israël fut proclamé le 15 mai 1948. L'URSS ayant rompu avec Israël dès 1949, l'État hébreu se retrouva dans le camp occidental. En 1975, le sionisme fut assimilé par l'Assemblée générale de l'ONU à une forme de racisme. Dans un contexte international radicalement différent (essoufflement du tiers-mondisme, dislocation de l'URSS, guerre du Golfe), ce vote fut annulé par la même instance en 1991. Voir **Israël**.

SIOUX ou **DAKOTAS.** Nom donné à sept tribus d'Indiens d'Amérique du Nord appartenant à la même famille linguistique. D'abord établis dans la région des Grands Lacs, ils en furent chassés au XVIIe s. par les Ojibwas et allèrent vivre dans les grandes plaines de l'Ouest. En 1837, ils cédèrent aux États-Unis toutes leurs terres à l'E. du Mississippi, et en 1849/51 celles du Minnesota. Mais les annuités promises par les Blancs contre ces cessions ne furent pas versées, et, en 1862, les Sioux se livrèrent à un massacre des Blancs dans le Minnesota. Certains Sioux acceptèrent en 1867 de se retirer dans une petite réserve près de Yankton, mais d'autres groupes allèrent dans le Dakota du Nord, où les chercheurs d'or voulurent bientôt les obliger à céder leurs droits sur les Collines noires. Conduits par Sitting Bull, les Sioux entrèrent en guerre contre les Blancs ; en 1876, ils vainquirent et tuèrent le général Custer. Ils ne furent définitivement soumis qu'à la suite de l'expédition de Nelson A. Miles (1890/91). Voir **Indiens**.

SISSI (* 1837, † 1898). Impératrice d'Autriche-Hongrie. Voir **Élisabeth de Wittelsbach**.

SITTING BULL, c'est-à-dire *Taureau assis* (* Grand River, Dakota du Sud, vers 1834, † Fort Yates, Dakota du Nord, 15.XII.1890). Chef sioux, il remporta en 1876 sur les Américains la bataille de Little Bighorn, où le général Custer trouva la mort (25 juin 1876). Il se réfugia ensuite au Canada, où les autorités l'exhortèrent à faire sa reddition sur la promesse d'un pardon

(1880). Il fut tué ou assassiné au cours d'une nouvelle révolte des Sioux, en 1890.

SIX JOURS (guerre des, 5/10 juin 1967). Voir **Israélo-arabes (guerres)**.

SIXTE IV, Francesco Della Rovere (* Celle Ligure, près de Savone, 21.VII.1414, † Rome, 12.VIII.1484). Pape (1471/84). Voir **Pontificaux (États)**. De la Renaissance à la crise révolutionnaire.

SIXTE V, dit **Sixte Quint, Felice Peretti** (* Grottamare, près d'Ancône, 13.XII.1521, † Rome, 27.VIII. 1590). Pape (1585/90). Entré chez les franciscains de Montalto à l'âge de douze ans, prêtre en 1547, il se fit connaître comme prédicateur et professeur, et fut l'ami de st Ignace de Loyola et de st Philippe Neri. Général des franciscains en 1566, cardinal en 1570, évêque de Fermo (1571/77), il fut élu pape comme successeur de Grégoire XIII le 24 avr. 1585. Intelligent et énergique, il mit fin à l'anarchie qui régnait à Rome, n'hésita pas à faire pendre les brigands et même à exposer leurs têtes coupées à l'entrée du pont Saint-Ange. Grâce à une administration exemplaire, il put embellir Rome. Il réorganisa la curie, donna leur statut aux quinze congrégations romaines et fixa le nombre des cardinaux à soixante-dix. Dans sa politique européenne, il s'efforça de maintenir l'équilibre entre les puissances catholiques : s'il encouragea Philippe II contre les protestants d'Angleterre et de France, il traita favorablement Henri IV encore protestant et mit ainsi en échec les visées du roi d'Espagne sur la France.

SKANDERBEG ou **SCANDERBEG, Georges Castriota,** dit (* en Albanie, vers 1403, † Alessio, 17.I. 1468). Homme de guerre albanais. D'une famille princière d'origine serbe, il fut emmené en otage par les Turcs à l'âge de sept ans et élevé dans l'islam ; il devint le favori du sultan Mourad II. Il montra une grande valeur militaire et reçut des Turcs le nom d'*Iskander bey*, « le prince Alexandre ». À l'âge de quarante ans, au lendemain de la défaite des Turcs face aux Hongrois à Nis (1443), il déserta l'armée ottomane en emmenant avec lui 300 Albanais, revint au christianisme, s'empara de la forteresse de Kroya (Krujë), au N.-E. de Durazzo, et mena dès lors la guérilla contre les Turcs. En 1444, il fut proclamé prince par les Albanais. Ayant rassemblé une armée de 15 000 hommes environ, il tint en échec pendant plus de vingt ans les forces bien supérieures de Mourad II et de Mahomet II, bien qu'il n'eût jamais reçu une aide suffisante de ses alliés hongrois et vénitiens ni du pape. En 1461, il signa une trêve de dix ans avec les Turcs, mais reprit bientôt la lutte sur les instances de Pie II, qui essayait d'organiser une croisade générale contre les Turcs. Toujours invaincu, il mourut de maladie en 1468 ; l'Albanie fut alors facilement annexée par les Turcs.

SLAVES. Par leur nombre, les Slaves forment le plus important des groupes de peuples de la famille indo-européenne en Europe. Dans leur différenciation actuelle, les principaux peuples slaves sont : les Russes, les Biélorusses et les Ukrainiens (*Slaves orientaux*), les Polonais, les Tchèques et les Slovaques (*Slaves occidentaux*), les Slovènes, les Croates, les Serbes, les Macédoniens et les Bulgares (*Slaves du Sud*).

Les Slaves avant les migrations

Les origines des Slaves, comme celles des Germains, sont obscures. C'est vers le milieu du Ier millénaire av. J.-C. qu'on voit se dessiner les premières tribus slaves, dans une zone située au N.-E. des Carpates, entre la Vistule et le Dniepr. Les Slaves se trouvaient en contact, à l'O., avec les Germains, les Celtes, les Illyriens, au N., avec les Baltes, au N.-E., avec les Finno-Ougriens, à l'E., avec les Indo-Iraniens (Scythes), et ils subirent l'influence de ces divers peuples. Ils devaient conserver leur unité linguistique jusque vers le IXe s. de notre ère, donc plusieurs siècles après le début de leurs migrations.

L'installation des Slaves dans leur habitat actuel

Au IIe s. de notre ère, la plupart des tribus slaves étaient soumises par les Goths, qui se déplacèrent de la région de la Vistule vers la Russie méridionale ; à cette domination succéda, au IVe s., celle des Huns. Au VIe s., les Slaves apparaissent brusquement dans tous les récits des chroniqueurs occidentaux, mais les Goths et les Huns avaient certainement déjà entraîné une partie d'entre eux dans les régions balkaniques. Les premiers renseignements importants sur les Slaves ont été consignés par Procope et Jordanès, vers 550.

À la fin du VIe s., les Slaves étaient déjà établis en Slovaquie, en Bohême, en Carinthie, en Slovénie. À partir du règne de Justinien (518/65), le péril slave devint une constante de l'histoire byzantine. Traversant le Danube, les Slaves envahirent toute la péninsule balkanique, en direction de la Méditerranée ; ils submergèrent la Serbie actuelle (à partir de 580), la Grèce continentale (610) et la Croatie (vers 640). À l'O., dans la grande plaine allemande, les Slaves occupèrent les régions abandonnées par les Germains : leur avance extrême atteignit une ligne passant par Kiel, le cours inférieur de l'Elbe, Bamberg, Passau et Trieste. Très nombreux, les Slaves sont restés dispersés politiquement, ce qui explique que les Allemands, à partir du Xe s., purent les refouler peu à peu au-delà de l'Oder.

Les premiers États slaves furent constitués par des chefs étrangers : vers le milieu du VIIe s., le Franc Samo forma entre l'Oder et l'Elbe une confédération slave qui se disloqua aussitôt après sa mort (vers 660) ; dans les Balkans, les Bulgares, envahisseurs finno-ougriens apparus vers 660 sur le cours inférieur du Danube, soumirent les tribus slaves et leur imposèrent une solide organisation politique, à tel point que les Slaves de cette région perdirent leur nom et reçurent eux aussi le nom de Bulgares, tandis que l'élément bulgare, numériquement inférieur, se slavisait et abandonnait sa langue maternelle. Les populations slaves installées en Grèce furent soumises à de nombreuses expéditions militaires des empereurs byzantins ; celles du Péloponnèse et de l'Hellade s'hellénisèrent rapidement, mais, en Macédoine, les Slaves ont préservé leur culture.

Les Slaves orientaux avaient atteint vers les VIIe/VIIIe s., les régions de la Volga et du Don, mais ils se heurtèrent aux Khazars, installés autour de la mer d'Azov et sur la basse Volga. La fondation de l'État russe, vers 850/860, fut l'œuvre d'aventuriers normands, les Varègues, qui s'établirent à Novgorod (Holmgard), puis à Kiev (Känugard) (v. **Normands**, **Russie** et **Ukraine**).

Les Slaves occidentaux et les Slaves du Sud, séparés les uns des autres par les Hongrois depuis le IXe s., ne purent constituer, comme les Germains, un grand empire continental, ce qui affaiblit leur résistance aux attaques de leurs voisins : les Hongrois soumirent les Slovaques (XIe s.) et les Croates (XIIe s.), après avoir détruit le royaume slave de Grande-Moravie au début du Xe s. La Bohême fut intégrée au Saint Empire germanique dès le XIe s. De tous les Slaves occidentaux, seuls les Polonais réussirent à conserver longtemps leur autonomie, mais l'esprit d'indépendance slave s'affirma dans les prétentions politiques de l'aristocratie, qui finirent par paralyser le fonctionnement de l'État.

La conversion des Slaves au christianisme (IXe/XIe s.)

Le premier pays slave à se christianiser fut la Grande-Moravie, qui, à la fin du IXe s., englobait la Bohême et la Moravie proprement dite. L'évangélisation fut entreprise par des missionnaires francs venus de Ratisbonne et de Passau. Cependant, comme les progrès du christianisme allaient de pair avec ceux de la germanisation, les Moraves, soucieux de préserver une indépendance qu'ils sentaient déjà très menacée, firent appel à l'empereur de Constantinople, Michel III l'Ivrogne, qui envoya en mission, vers 863, les deux frères Cyrille et Méthode. Nés à Thessalonique, où les Slaves étaient nombreux, ces missionnaires parlaient le slave. Comme les Slaves ignoraient encore l'écriture, Cyrille et Méthode, arrivés en Moravie, créèrent l'alphabet dit *glagolitique*, fortement inspiré de l'alphabet grec, qui fut à l'origine de l'alphabet russe. Ils traduisirent les livres saints dans une langue dite « vieux slavon d'Église » et autorisèrent en Moravie une liturgie en slavon. Bien que Rome eût approuvé leur action et l'usage de la messe en slavon (868), l'influence germanique reprit l'avantage après la mort de Méthode (885). Revenant sur sa première décision, le Saint-Siège finit par imposer la liturgie latine, et la Bohême et la Moravie se trouvèrent rattachées à l'Église de Rome.

Les Bulgares, qui commencèrent à se convertir vers 864, essayèrent d'abord de fonder un patriarcat indépendant de Constantinople ; n'ayant pas reçu de Rome l'appui souhaité, ils se rallièrent au siège byzantin (870) et entraînèrent la conversion des Serbes. De même, l'Église russe, dès son origine (fin du Xe s.), se rattacha à Constantinople, et, après la fin de l'Empire byzantin (1453), lorsque le patriarche de Constantinople fut sous la domination des Ottomans, Moscou, consciente d'être désormais le rempart de l'orthodoxie, la « Troisième Rome », fut érigée à son tour en patriarcat (v. **Églises orthodoxes**. La conversion de la Russie). Comme la Pologne avait adhéré au christianisme romain (fin du Xe s.), le monde slave se trouvait coupé religieusement et culturellement en deux : d'une part, les Tchèques, les Slovaques, les Slovènes, les Polonais et les Croates catholiques ; d'autre part, les Serbes, les Macédoniens, les Bulgares et les Russes rattachés à l'Église grecque.

Slavisme et germanisme en Europe centrale

L'antagonisme millénaire du monde slave et du monde germanique a été un des faits essentiels de l'histoire européenne. Au début du IXe s., à l'époque de Charlemagne, la limite de l'Empire franc et des Slaves se situait sur l'Elbe et sur la Saale. Du N. au S., on trouvait, à l'E. de cette limite, divers peuples slaves déjà différenciés : près de la Baltique, les Obodrites (entre Elbe et Oder) et les Poméraniens (entre Oder et Vistule) ; les Wilzes et les Hévéliens, dans le Brandebourg ; les Sorabes en Lusace et les Daléminciens en Misnie ; les Polonais sur la Vistule... Des expéditions furent menées par les Francs contre les Hévéliens (789), les Sorabes (806) et les Obodrites (812), mais c'est seulement au Xe s. que les Germains entreprirent d'une manière systématique la reconquête des terres de l'Est qu'ils avaient abandonnées lors des Grandes Invasions. Un premier coup d'arrêt porté à l'expansionnisme germanique fut la défaite qu'Alexandre Nevski (v.) infligua aux chevaliers Porte-Glaive en 1252, suivie plus tard de celle que les Polonais infligèrent aux chevaliers Teutoniques à Tannenberg (1410). À la deuxième paix de Thorn (1466), la Prusse-Orientale passa sous la suzeraineté polonaise, mais les trois partages de la Pologne (1772/95) rendirent toute sa force à la présence allemande qui s'imposait désormais, au-delà de la Prusse-Orientale, à la Prusse-Occidentale, la Poznanie et la Galicie ; mais, à une Pologne affaiblie, ils substituaient sur la Vistule le puissant Empire russe (v. **Pologne**. Les trois partages).

Malgré la politique de répression à laquelle les tsars soumirent les Polonais pendant le XIXe s., les nationalités slaves de l'Europe centrale et des Balkans, soumises aux Autrichiens et aux Ottomans, tournèrent leurs espérances vers la Russie. Les Serbes et les Bulgares secouèrent eux-mêmes le joug turc au XIXe s. (v. ces pays). Après les guerres balkaniques de 1912/13 et l'effondrement de la Turquie d'Europe, les Slaves sous domination germanique et hongroise furent libérés à leur tour à la fin de la Première Guerre mondiale : les traités de 1919/20 consacrèrent l'apparition de nouveaux États slaves (Yougoslavie, Tchécoslovaquie, Pologne). Après l'entrée des Allemands à Prague (mars 1939), les Slaves subirent le plus gigantesque assaut germanique de toute leur histoire. En 1941/42, les armées allemandes occupèrent les régions les plus riches et les plus peuplées de la Russie d'Europe. En URSS occupée, comme en Pologne, dans le « protectorat de Bohême-Moravie » et en Yougoslavie, les Slaves, considérés par les théoriciens racistes du IIIe Reich comme une humanité inférieure, furent soumis à un traitement particulièrement dur. Bulgares et Slovaques furent les seuls Slaves alliés de l'Allemagne. Mais la victoire de l'URSS, en 1945, devait faire reculer l'Allemagne jusqu'à ses frontières du XIe s. (ligne Oder-Neisse, v.). En Silésie, en Poméranie orientale, en Prusse-Orientale, en Bohême, les populations allemandes ont été expulsées et remplacées par des populations slaves.

SLAVONIE. Région orientale de la Croatie, comprise entre la Save, la Drave et le Danube. La Slavonie fit partie, comme la Croatie, du royaume de Hongrie de 1102 à 1526. Dominée par l'Empire ottoman aux XVIe et XVIIe s., la région passa sous souveraineté autrichienne en 1699. En 1878, une partie des confins militaires, situés au sud de la région et peuplés de Serbes ayant fui la domination ottomane, fut rattachée à la partie slavone de la Croatie. Lors de la guerre serbo-croate de 1991, de violents combats opposèrent les Serbes de Slavonie orientale, alliés à l'armee fédérale yougoslave, aux forces et milices croates. La ville de Vukovar, assiégée pendant plusieurs mois, fut conquise par les Serbes en nov. La Slavonie orientale ne revint à la Croatie qu'en janv. 1998, après deux ans d'administration par l'ONU. Voir **YOUGOSLAVIE** et **CROATIE**.

SLOVAQUIE, *Slovensko.* État d'Europe centrale s'étendant, d'O. en E., entre la Morava et la Uh ; capitale *Bratislava.* Les Slovaques, peuple slave, s'établirent dans cette région aux VIe/VIIe s. de notre ère. Ils firent partie du royaume de Grande-Moravie (IXe s.), puis passèrent sous la domination hongroise au début du XIe s. C'est de cette époque que date leur séparation d'avec les Tchèques, qui devait s'accentuer au cours des siècles. Partagés depuis la Réforme en catholiques romains et en luthériens, les Slovaques commencèrent à manifester leurs aspirations nationales au XIXe s., sous l'influence du romantisme et du panslavisme. En 1848, ils demandèrent une certaine autonomie aux Hongrois révoltés contre les Habsbourg et, devant le refus de Kossuth, ils aidèrent le gouvernement de Vienne à écraser la révolte hongroise.

Durant la Première Guerre mondiale, Masaryk, chef de l'émigration tchèque, signa à Pittsburgh (États-Unis), le 30 mai 1918, une convention garantissant aux Slovaques l'autonomie interne au sein du nouvel État tchécoslovaque qui devait naître de l'effondrement prochain de l'Autriche-Hongrie. Mais cette promesse ne fut pas tenue, et le profond mécontentement des Slovaques devant la politique centralisatrice de Prague s'exprima par l'action du parti populiste, que dirigeaient les prêtres Hlinka et Jozef Tiso. Ce dernier, après les accords de Munich (sept. 1938), obtint, avec l'appui de l'Allemagne, l'autonomie interne de la Slovaquie (7 oct. 1938), et un gouvernement slovaque dirigé par Tiso s'installa à Bratislava. Destitué par le gouvernement de Prague le 9 mars 1939, Mgr Tiso proclama l'indépendance de la Slovaquie (14 mars 1939), qui se plaça peu après sous la protection de l'Allemagne hitlérienne tandis que les troupes allemandes entraient à Prague le 15 mars et que l'Allemagne constituait le protectorat de Bohême-Moravie. La Slovaquie participa, en 1939, à la campagne contre la Pologne, adhéra au pacte tripartite (nov. 1940) (v.), puis entra en guerre contre l'URSS. Mais au régime fascisant de Mgr Tiso s'opposa un puissant mouvement de résistance qui seconda activement l'Armée rouge en 1945. La Tchécoslovaquie fut alors reconstituée, mais cette fois sur la base d'une égalité des peuples tchèque et slovaque.

La Slovaquie obtint en 1946 une certaine autonomie (Conseil national slovaque, Conseil des commissaires), qui, après la crise du « printemps de Prague », fut étendue par la réforme constitutionnelle entrée en vigueur le 1er janv. 1969 ; les Slovaques, comme les Tchèques, obtinrent alors un véritable gouvernement régional, une assemblée régionale responsable, les compétences du gouvernement fédéral tchécoslovaque subsistant cependant dans les domaines communs de la vie politique, économique et sociale.

La démocratisation de la Tchécoslovaquie, après la « révolution de velours » de nov. 1989, fit resurgir les interrogations sur le rôle de la Slovaquie dans la Fédération. Les premières élections libres, en juin 1990 furent marquées par la victoire de la liste Public contre la Violence, homologue slovaque du Forum civique tchèque. À l'automne 1990, un débat s'engagea entre les partisans d'une « fédération souple » comme le Premier ministre slovaque, Vladimir Meciar, et les défenseurs du maintien d'un État unitaire. Victorieux des élections législatives de 1992, V. Meciar engagea les discussions avec le Premier ministre tchèque, Vaclav Klaus, sur les modalités d'une séparation et, le 1er janv. 1993, la république de Slovaquie devint indépendante.

Reconduit en 1994, il s'employa à normaliser les relations entre son pays et la Hongrie, qu'empoisonnait la question du statut de l'importante minorité magyare de Slovaquie (10 % de la population) : un accord garantissant une certaine autonomie aux minorités magyares fut signé en mars 1995. Les tentatives de Meciar pour museler la presse provoquèrent au printemps 1995, de vigoureuses manifestations de l'opposition. À l'expiration du mandat du président de la République Michal Kovac, en mars 1998, le pays entra dans une phase de blocage politique et Meciar, conformément à la Constitution, se vit confier tous les pouvoirs. Après l'échec de la coalition nationale populiste qu'il conduisait aux élections législatives de sept., il démissionna de toutes ses fonctions. Ses quatre années d'autoritarisme avaient conduit son pays à une impasse économique et à l'isolement diplomatique. Le nouveau gouvernement, dirigé par Mikulas Dzurinda, en faisant entrer dans son sein des représentants de la minorité hongroise, améliora les relations avec la Hongrie et relança le dialogue avec la République tchèque. Il fit passer une loi sur l'élection au suffrage universel du président de la République (et non plus par le Parlement) qui permit, en mai 1999, la victoire de Rudolf Schuster sur Meciar. Le plan d'assainissement de l'économie lancé par la coalition au pouvoir eut des résultats positifs, mais entraîna également une baisse sensible du niveau de vie. En juin 2003, la Slovaquie fut autorisée à intégrer l'Union européenne à partir du 1er mai 2004.

SLOVÉNIE, *Slovenja.* État de l'Europe centrale, né en 1991 de l'éclatement de la Yougoslavie, dont elle était la république la plus septentrionale ; capitale *Ljubljana.* C'est dans la seconde moitié du VIe s. que les Slovènes, peuple slave, vinrent s'établir dans cette région. Soumise à la suzeraineté de la Bavière en 745, la Slovénie fut envahie par les Magyars aux Xe/XIe s., puis peu à peu annexée par les Habsbourg à partir du XIIIe s. et fortement germanisée. Dans l'empire d'Autriche-Hongrie, les Slovènes étaient répartis entre les provinces de Carniole, de Styrie et de Carinthie. En nov. 1918, la Slovénie se réunit à la Serbie et aux autres Slaves du Sud pour former le royaume des Serbes, Croates et Slovènes, devenu en 1929 la Yougoslavie. Partagée en 1941 entre l'Allemagne et l'Italie, la Slovénie devint en 1945 une République autonome de la nouvelle Yougoslavie ; elle s'est agrandie de l'est de la Vénétie Julienne, enlevée à l'Italie (1945/47), et d'une partie de l'ancien territoire de Trieste (1954).

Lors de la chute des régimes communistes en Europe centrale, la Slovénie, la plus riche des républiques yougoslaves, fut la première à proclamer son droit à la sécession et, en avr. 1990, à organiser des élections libres remportées par des partis nationalistes se réclamant du libéralisme à l'occidentale. La proclamation de l'indépendance, le 25 juin 1991, le même jour que la Croatie, conduisit l'armée yougoslave, dominée par les Serbes, à occuper les frontières du pays avec l'Italie, l'Autriche et la Hongrie. Le pays, qui ne compte presque pas de minorités nationales, ne pouvait constituer un enjeu pour les nationalistes serbes. Aussi l'armée fédérale se retira-t-elle de Slovénie dès le mois de juill., à la suite de médiations organisées par la CEE. Son indépendance fut reconnue internationalement en janv. 1992. Elle est présidée depuis 1990 par l'ancien dirigeant communiste Milan Kucan. En nov. 1996, la formation politique au pouvoir, le parti démocrate libéral (LDS), remporta les élections législatives et reconduisit au poste de Premier ministre Janez Drnovsek qui vit son poste confirmé en 2000. Par ailleurs, lors du conflit au Kosovo, la Slovénie ouvrit son espace aérien à l'OTAN. Malgré ses contentieux économiques et frontaliers avec la Croatie, et une certaine réticence à ouvrir ses banques et ses entreprises aux capitaux étrangers, la Slovénie a obtenu, en nov. 1999, un satisfecit du FMI. Candidate à l'Union européenne depuis 1992, elle fut autorisée en juin 2003 à l'intégrer à partir du 1er mai 2004.

SMALKALDE (ligue de), *Schmalkaldischer Bund.* Ligue formée le 27 févr. 1531 entre divers villes et princes protestants d'Allemagne contre l'empereur Charles Quint, en riposte au recès impérial d'Augsbourg (19 nov. 1530) (v.) qui ordonnait la stricte application de l'édit de Worms, le rétablissement de l'autorité épiscopale et la restitution des biens ecclésiastiques confisqués. La ligue, qui avait pour animateurs l'Électeur de Saxe Jean-Frédéric et le landgrave Philippe de Hesse, réunissait également le Brunswick et le prince d'Anhalt, ainsi qu'une dizaine de villes, parmi lesquelles Strasbourg, Constance, Ulm, Magdebourg, Lübeck, Brême. Formée pour six ans, elle avait pour but la résistance à tout accroissement de la puissance impériale et la défense de la liberté religieuse. Elle s'allia en 1532 au roi de France, mais n'entra pas aussitôt en conflit ouvert avec Charles Quint, car celui-ci temporisait, dans l'espoir que le concile prévu trouverait une solution à la crise religieuse. En 1532, la paix de Nuremberg suspendit les décisions d'Augsbourg. Cependant, en 1534, la ligue n'hésita pas à rétablir par la force dans son duché le luthérien Ulrich de Wurtemberg, qui avait été chassé par les villes souabes, et l'empereur dut accepter le fait accompli. Mais la ligue ne mena jamais une opposition systématique à la politique de Charles Quint et elle resta neutre dans le conflit entre Charles et le duc de Clèves (1543). Après la conclusion de la paix avec François Ier (traité de Crépy-en-Laonnois, 18 sept. 1544), d'une trêve avec les Turcs, d'une alliance avec le pape Paul III (mai 1545) et d'un pacte secret avec le luthérien Maurice de Saxe, Charles Quint jugea l'heure venue d'imposer son autorité et de rétablir l'unité religieuse en Allemagne. Il mit au ban de l'Empire les deux chefs de la ligue, l'Électeur Jean-Frédéric de Saxe et le landgrave de Hesse.

SMITH Adam (* Kirkcaldy, Écosse, 5.VI.1723, † Édimbourg, 17.VII.1790). Économiste britannique. Pendant un séjour sur le continent, il se lia aux physiocrates (v.) français, en particulier à Turgot, et aux encyclopédistes (v.). Dans son ouvrage *Recherches sur la nature et les causes de la richesse des nations* (1776), il présenta des conceptions plus vastes que celles des physiocrates et notamment celle du travail comme véritable source de la richesse. Il posa les bases de la science économique. Les idées libérales de Smith, en faveur du libre-échange, contre le mercantilisme, se répandirent et triomphèrent rapidement dans un grand nombre de pays.

SMITH Ian Douglas (Selukwe, Rhodésie du Sud, 8.IV.1919). Homme politique du Zimbabwe. Il proclama unilatéralement l'indépendance de la Rhodésie (11 nov. 1965), en fit une république (1970) et resta Premier ministre du nouvel État jusqu'en 1979, où il défendit la suprématie des colons blancs. Voir **ZIMBABWE**.

SMUTS Jan Christiaan (* Bovenplaats, province du Cap, 24.V.1870, † Ireme, près de Pretoria, 11.IX.1950). Maréchal et homme politique sud-africain. Ami de Cecil Rhodes (v.), il servit d'intermédiaire, en 1899, entre le président du Transvaal, Kruger, et les Anglais. Déçu par ceux-ci, il les combattit pendant la guerre des Boers (1899/1902). Ministre de l'Intérieur à partir de 1910, commandant en chef des forces impériales d'Afrique australe durant la Première Guerre mondiale, il dirigea la conquête du Sud-Ouest africain allemand. Premier ministre d'Afrique du Sud (1919/24), il perdit les élections contre les nationalistes en raison de sa politique de collaboration avec les Anglais, mais rejoignit bientôt ses adversaires modérés pour former un nouveau « parti uni » et devint ministre de la Justice (1933/39). Il se déclara pour l'entrée en guerre de l'Union sud-africaine aux côtés de l'Angleterre, redevint Premier ministre (1939/48) et fut l'un des promoteurs des Nations unies. Battu par les nationalistes extrémistes du Dr Malan en 1948, il continua de lutter contre la ségrégation raciale. Voir **SUD-AFRICAINE (République)**.

SNÉFROU. Roi d'Égypte (vers 2630/2609 av. J.-C.). Fondateur de la IVe dynastie, peut-être fils naturel du dernier roi de la IIIe dynastie, il mena des expéditions en Libye, en Nubie et au Sinaï. En faisant élever les pyramides de Meïdoum et de Dahchour, il montra l'exemple à ses successeurs, Khéops (son fils), Khéphren et Mykérinos, futurs constructeurs des grandes pyramides.

SOARES Mario (Lisbonne, 7.XII.1924). Homme politique portugais. Il milita tout jeune dans les rangs socialistes contre le régime de Salazar ; arrêté en 1958 et déporté dans l'île de São Tomé jusqu'en 1968, il vécut ensuite en exil et fut élu secrétaire général du parti socialiste en 1973. Rentré au Portugal après la révolution d'avr. 1974, membre du gouvernement provisoire, il s'opposa aux tentatives de confiscation de la révolution par les communistes, devint Premier ministre en 1976, et se maintint à ce poste jusqu'en 1978. Les législatives anticipées de 1983 le ramenèrent aux affaires ; il put ainsi mettre en œuvre la politique d'austérité recommandée par le FMI et signer l'adhésion du Portugal à la Communauté économique européenne (12 juin 1985), avant de démissionner. Élu président de la République en mars 1986 et réélu en janv. 1991, il fut battu en janv. 1996 par Jorge Sampaio. Chargé en 1998 d'une mission d'information de l'ONU en Algérie, son rapport fut contesté par Amnesty International, qui le trouvait indulgent pour le régime. Il se présenta à la présidence du Parlement européen en juill. 1999 mais fut battu par Nicole Fontaine. Voir **PORTUGAL**.

SOCIALE (guerre). Dans la Grèce antique, nom donné à une guerre, appelée également « guerre des alliés », que Chio, Rhodes et Byzance, membres de la seconde confédération athénienne, soutinrent pour préserver leur autonomie menacée par Athènes (357/55 av. J.-C.). Athènes fut vaincue par ses anciens alliés, et sa défaite entraîna la disparition de la confédération. (v. **ATHÈNES**, la Macédoine et Rome).

Dans l'histoire romaine, nom donné à la guerre que les Italiens « alliés » de Rome entreprirent contre la République, qui leur refusait le droit de cité romaine (90/88 av. J.-C.) après de longues années où ils avaient manifesté leur loyauté. Les Romains, qui ne connurent longtemps, comme les Grecs, d'autre cadre politique que la cité-État, avaient en effet établi avec la plupart des villes italiennes des relations de cité à cité, définies par un traité faisant de ces villes des alliées (*socii*) du peuple romain. Il en résultait de graves inégalités entre les habitants de l'Italie, notamment dans le domaine de la législation agraire. Au cours du IIe s. av. J.-C., les causes de mécontentement s'étaient accumulées : à charges militaires égales, les Italiens recevaient une moindre part de butin, et des concessions de terres plus petites ; Rome s'ingérait de plus en plus dans leurs relations commerciales et dans leur politique monétaire ; la *lex Sempronia* de Tiberius Gracchus (133) les inquiéta plus encore, car les distributions de terres, réservées aux seuls citoyens romains, étaient en certains cas envisagées sur le sol des alliés. Pour juguler les tendances autonomistes qui se faisaient jour en Italie, le tribun M. Livius Drusus proposa, en 92 av. J.-C., de conférer la citoyenneté romaine à tous les alliés, mais il se heurta à l'opposition du Sénat et fut assassiné. À la suite des Marses et d'autres tribus du Samnium, les Italiens se soulevèrent ; ils voulaient constituer une confédération italique dont Corfinium eût été la capitale ; leurs principaux chefs étaient le Marse Q. Pompedius Silo et le Samnite C. Papius Mutilus. Mais, au cours de la lutte, Rome étendit progressivement le droit de cité romaine, d'abord à tous les Italiens qui ne s'étaient pas révoltés (*lex Julia*, 90), puis aux alliés révoltés qui se soumettraient dans les soixante jours (*lex Plautia Papiria*, 89). Grâce à ces mesures et aux succès militaires de Sylla, la guerre s'éteignit au bout de deux ans. L'extension du droit de cité romaine à la plus grande partie de l'Italie marqua une étape importante dans le passage de la cité-État à l'Empire.

SOCIAL-(ou SOCIAUX-) DÉMOCRATES (partis). Voir **SOCIALISME**. Le socialisme allemand des origines à 1918.

SOCIALISME. Ensemble des mouvements et des doctrines qui, hostiles au capitalisme, aux injustices engendrées par la libre concurrence et le laisser-faire, ont préconisé une réforme radicale des institutions économiques en vue d'assurer la répartition la plus égale possible des richesses.

Les premiers théoriciens du socialisme (jusqu'en 1848)

Le socialisme s'est d'abord élaboré en France, foyer des idées politiques révolutionnaires, et en Angleterre, où la révolution industrielle était plus avancée que partout ailleurs et où la misère ouvrière était aussi la plus grave dans la première moitié du XIXe s. La *Déclaration des droits de l'homme et du citoyen* (1789) avait proclamé que tous les hommes étaient égaux, mais cette égalité purement politique, qui laissait subsister l'inégalité des fortunes, avait permis à la bourgeoisie, enrichie par l'achat des biens nationaux, de mieux établir sa prééminence économique et sociale. Le monde ouvrier quant à lui s'était vu priver par la loi Le Chapelier (1791) et les décrets de Napoléon Ier de tous droits de coalition ou de grève. Sans doute, à l'époque de la Terreur, le gouvernement révolutionnaire était intervenu dans l'économie nationale pour essayer d'arrêter la misère croissante des plus pauvres ; mais ces mesures (loi sur l'accaparement, loi du maximum général) eurent plus de valeur symbolique que d'efficacité. Vers 1795/96, Gracchus Babeuf (v.) put réclamer une révolution sociale qui, en supprimant les classes et en établissant la communauté des biens, compléterait la révolution politique de 1789 : accusé de conspiration contre le Directoire, il fut guillotiné, et ses idées eurent un écho limité.

En Angleterre, où se développait rapidement la nouvelle société industrielle, des théoriciens comme Malthus (v.) et Ricardo (v.), sans abandonner le libéralisme, qui leur semblait, à tout prendre, meilleur qu'une intervention de l'État, commençaient à se détourner des illusions optimistes d'Adam Smith (v.). Dès le premier quart du XIXe s., la foi dans le laisser-faire, dans l'harmonie préétablie entre les intérêts individuels et l'intérêt général, était en recul. Pour le comte de Saint-Simon, fondateur du saint-simonisme (v.) et ancêtre du socialisme français, les premières réformes qui s'imposaient étaient l'élimination des oisifs, l'abolition de l'« exploitation de l'homme par l'homme », l'orientation de toutes les institutions sociales vers « l'amélioration de la classe la plus nombreuse et la plus pauvre ». Ses disciples allèrent plus loin en réclamant la suppression de la propriété privée et la distribution des moyens de production aux plus capables, par les soins de l'État. Pour fonder la nouvelle morale de la société industrielle, les saint-simoniens se mirent à prêcher une religion romantique dont le dogme essentiel était l'amour fraternel. C'est là un trait caractéristique de toute la première école socialiste, qu'on a appelée « utopique » parce qu'elle faisait d'abord référence à des idées morales, et qu'elle croyait pouvoir atteindre ses objectifs par les seules forces de l'esprit et de la volonté. La pensée de Charles Fourier (v.) était animée par l'idéal de l'épanouissement harmonieux des passions humaines ; celle de Proudhon (v.), par l'idéal de la justice et par la notion d'une conscience sociale qui, au cœur de chaque individu, était le germe d'une moralité supérieure.

Les débuts du socialisme marxiste

L'année 1848 fit naître, chez les socialistes, d'immenses espérances bientôt suivies de terribles déceptions. Après l'écrasement du mouvement ouvrier (journées de juin 1848), la IIe République s'orienta vers une politique de plus en plus conservatrice. Le socialisme utopique apparut dans son inefficacité. Sans doute Proudhon devait-il exercer encore une longue influence sur le mouvement ouvrier français : on retrouve sa passion de justice et de liberté, sa méfiance à l'égard de la démocratie parlementaire, sa haine de l'État dans le syndicalisme révolutionnaire des premières années du XXe s. Écrasée par une bourgeoisie impitoyable dans la défense de ses intérêts (les milliers d'exécutions qui accompagnèrent la répression de la Commune de Paris, en mai 1871, constituèrent longtemps le symbole de sa dureté), l'élite ouvrière allait retrouver confiance en elle-même soit par le radicalisme forcené de l'anarchisme, soit par le nouveau socialisme de Marx (v.) et Engels (v.) : socialisme « scientifique » parce qu'il ne faisait pas appel, comme ses prédécesseurs « utopiques », à des aspirations morales ou humanitaires ; il se donnait comme une interprétation rigoureuse de l'histoire et de l'évolution économique et sociale, d'après laquelle le prolétariat ouvrier devenait l'agent prédestiné de la destruction inévitable du capitalisme et de l'instauration d'une société communiste.

Le socialisme en Europe de l'Est

En Pologne, partagée jusqu'à la Première Guerre mondiale entre la Russie, l'Allemagne et l'Autriche-Hongrie, le « Proletaryat », premier parti socialiste, fut fondé à Varsovie en 1882 par L. Warynski ; proche du populisme russe, il fut dispersé dès 1885 par la police tsariste, et plusieurs de ses chefs furent condamnés à mort. Plusieurs autres groupes socialistes se formèrent, en Pologne russe et chez les Polonais émigrés, à partir de 1888 ; ils s'unirent en 1893 dans le **parti polonais socialiste (PPS)**, qui comptait dans son Comité central le futur maréchal Pilsudski (v.). Ce parti entendait mener de front la lutte sociale et la lutte pour l'indépendance nationale. Mais un courant socialiste de gauche, d'inspiration marxiste, et groupé autour de Rosa Luxemburg (v.), Leo Jogiches et Julian Marchelwski-Karski, soutenait, au contraire, que seul le maintien des liens avec la Russie pouvait permettre l'industrialisation du pays et le développement d'une puissante classe ouvrière. Cette tendance s'organisa dans la **social-démocratie du royaume de Pologne (SDKP)**

(1893), laquelle, après avoir fusionné avec les socialistes lituaniens, prit le nom de **social-démocratie du royaume de Pologne et de la Lituanie (SDKPL)** (1899) ; celle-ci, tout en conservant son autonomie, s'affilia en 1906 à la social-démocratie russe. En 1897, un troisième mouvement socialiste, réunissant uniquement des ouvriers juifs, fut formé sous le nom de *Bund*. Lors de la révolution de 1905, les trois partis lancèrent un appel à la grève générale ; après l'échec du soulèvement, des milliers de militants furent emprisonnés. Dans les années précédant la Première Guerre mondiale, le PPS, dirigé par Pilsudski, fit passer au premier plan la lutte pour l'indépendance nationale, que Pilsudski chercha à obtenir en combattant, de 1914 à 1917, aux côtés de l'Autriche, contre la Russie. En 1918, Pilsudski, en devenant chef de l'État, se sépara des socialistes. Le SDKPL et la gauche du PPS ayant fusionné pour constituer le parti communiste (déc. 1918), une opposition grandissante se développa entre les communistes et le PPS, lequel, en 1929, sous la dictature de Pilsudski, forma, avec des partis bourgeois, un bloc d'opposition du centre gauche, le Centrolew, qui lutta pour le rétablissement du régime parlementaire. Après la Seconde Guerre mondiale, le PPS, épuré de tous ses éléments anticommunistes, dut fusionner avec le parti ouvrier polonais (communiste) pour former le **parti unifié des travailleurs polonais (PZPR)** (déc. 1948).

En Hongrie, le parti socialiste (PSH) a été l'héritier du parti communiste, au pouvoir entre 1948 et 1989. Après 1968, la politique menée par le gouvernement s'est éloignée de plus en plus de l idéologie communiste affichée. En prenant, en oct 1989, le nom de socialiste, le parti entendait consacrer sa rupture avec le passé. Mais, en dépit de la présence en son sein de nombreux réformateurs, le PSH fut battu aux élections de mars 1990. Cependant, sous la férule de Gyula Horn, il parvenait à regagner en quatre ans une popularité qui lui permit de revenir au pouvoir en mai 1994. Mais il fut battu lors des législatives de 1998.

Dans la Russie tsariste, qui connaissait encore au XIXe s. un grand retard industriel, les révolutionnaires crurent longtemps qu'il était possible de passer de l'autocratie au socialisme en évitant l'étape du capitalisme. Les révolutionnaires russes des années 1860/70, tels que Tchernychevski et Tkatchov, défendirent cette idéologie d'un socialisme d'origine agraire, mais en insistant sur la nécessité de mobiliser les masses par la propagande et, éventuellement, de recourir à la violence. Pour Bakounine (v.), la libération de la Russie devait résulter de l'alliance des paysans et des hors-la-loi. Disciple de Bakounine, Netchaïev (v.) se fit le théoricien d'une révolution résolue à ne respecter aucun des principes légaux ou moraux de la civilisation bourgeoise. Toutes ces idées s'incarnèrent dans le populisme, mouvement d'intellectuels qui s'efforçaient de gagner la confiance de la paysannerie pour l'éclairer sur sa condition et de susciter en elle une volonté révolutionnaire. Une conjonction s'opéra entre le populisme et le nihilisme, qui préconisait l'action terroriste. Les deux tendances se retrouvèrent dans le groupe de la Narodnaïa Volia, lequel fut rapidement démantelé par la police, mais dont l'esprit se perpétua et inspira la création du **parti socialiste révolutionnaire (SR)**, fondé en 1901 par Tchernov, Avksentiev, Gotz et Guerchouni. Comme les populistes des années 1870/80, les socialistes révolutionnaires croyaient que la communauté agraire du mir pouvait devenir le creuset de la collectivisation du sol et l'embryon du socialisme. Ils tinrent une grande place dans la vie politique jusqu'à la révolution d'oct. 1917.

Le mouvement social-démocrate russe progressa parallèlement au capitalisme industriel. *Le Capital* de Marx avait été traduit en russe dès 1872 et la première organisation marxiste russe, le groupe de l'Émancipation du travail, fut fondée en 1883 à Genève par Plekhanov (v.). Celui-ci fit une critique serrée des thèses populistes et il accrédita parmi les révolutionnaires russes l'idée que seul le prolétariat pouvait jouer un rôle dirigeant dans la révolution future. À partir de 1887, divers cercles ouvriers social-démocrates se constituèrent à Saint-Pétersbourg, Moscou, Ivanovo-Voznesensk et Odessa. En 1895, à Saint-Pétersbourg, Lénine organisa l'Union de lutte pour la libération de la classe ouvrière ; en 1897, Trotski fonda à Nikolaiev l'Union ouvrière sud-russe. Le premier congrès du **parti ouvrier social-démocrate de Russie** eut lieu à Minsk en 1898. Le tournant capital de la social-démocratie russe fut le congrès de Bruxelles-Londres (juill./août 1903), où Lénine, qui voulait un parti fortement centralisé, composé de « révolutionnaires professionnels », fit prévaloir ses vues : ce fut l'origine de la scission entre bolcheviks (« majoritaires ») et mencheviks (« minoritaires »). L'histoire de la social-démocratie fut dominée, jusqu'en 1917, par la rivalité de ces deux tendances ; après s'être assuré une majorité éphémère au congrès de 1903, les bolcheviks (tout en gardant leur nom !) restèrent paradoxalement toujours minoritaires, et c'est par l'insurrection qu'ils s'emparèrent du pouvoir lors de la révolution d'Octobre.

Le socialisme français jusqu'à la Première Guerre mondiale

Le premier grand représentant du marxisme en France fut Jules Guesde (v.). Après avoir combattu les tenants de l'ancien socialisme français dans son journal *L'Égalité* (1877/78), il fit triompher ses idées au congrès de Marseille (1879). En 1880, J. Guesde et Paul Lafargue (gendre de Marx) fondèrent le **parti ouvrier français (POF)**, qui professait une doctrine marxiste rigide, préconisait la révolution et la dictature du prolétariat, mais manœuvrait avec souplesse et n'hésitait pas à collaborer avec d'autres partis sur le terrain électoral. Au congrès de Saint-Étienne (1882), un schisme se produisit entre J. Guesde et ses amis et la fraction « possibilité » de Paul Brousse, qui voulait s'en tenir au possible, en s'acheminant vers le socialisme par des mesures transitoires. Ces possibilistes fondèrent la **Fédération des travailleurs socialistes** (1884), de laquelle se détacha le groupe d'Allemane, qui prit le nom de **parti ouvrier socialiste révolutionnaire (POSR**, 1890). Le socialisme français de cette époque comprenait encore deux autres grandes tendances : les « blanquistes », groupés, à partir de 1898, avec Édouard Vaillant (v.), dans le **parti socialiste révolutionnaire (PSR)**, qui restait fidèle aux traditions de la Commune ; et les socialistes indépendants (Millerand, Jaurès), composés surtout d'intellectuels, de professeurs, d'avocats, qui s'efforçaient d'adapter le marxisme aux traditions de la France républicaine et admiraient l'efficacité réformiste du socialisme allemand.

Malgré leurs divisions, les socialistes firent d'importants progrès électoraux, passant de 175 000 voix et d'une douzaine de sièges de députés, en 1889 à 875 000 voix et à quarante-trois sièges en 1902. Cependant, l'affaire Dreyfus avait ajouté aux divergences entre les tendances socialistes : alors que les guesdistes refusaient de prendre part à une querelle qui divisait la bourgeoisie en deux camps, les socialistes indépendants (Jaurès, Millerand, Briand, Viviani) se ralliaient à la « défense républicaine » au nom des droits de l'homme. L'entrée de Millerand dans le cabinet Waldeck-Rousseau (juin 1899) parut scandaleuse à un grand nombre de socialistes. À la suite de ces événements, un premier regroupement des forces socialistes se produisit : après le congrès de Lyon (1901), les blanquistes de Vaillant et les guesdistes se réunirent pour former le **parti socialiste de France**, révolutionnaire et antiministériel ; au congrès de Tours (1902), les socialistes indépendants, les possibilistes et les allemanistes se regroupèrent dans le **parti socialiste français** de Jaurès, favorable à une alliance avec les radicaux et au soutien conditionnel de gouvernements bourgeois.

C'est sous la pression du congrès socialiste international d'Amsterdam (1904) que fut réalisée l'unification du socialisme français (avr. 1905). La déclaration commune qui donna naissance au **parti socialiste SFIO** (Section française de l'Internationale ouvrière) était d'inspiration nettement marxiste. Cependant, du fait de l'influence personnelle de Jaurès, c'est un révisionnisme humanitaire, fraternel et universaliste qui s'imposa peu à peu dans le parti socialiste unifié, où l'influence de J. Guesde ne cessait de baisser. Mais l'assassinat de Jaurès (31 juill. 1914) priva le socialisme français du seul homme qui eût peut-être été encore capable d'arrêter le fatal engrenage des mesures militaires. La majorité des socialistes se rallia à l'« Union sacrée » : Guesde, Sembat, Thomas participèrent aux gouvernements de guerre, mais, à partir de 1917, le parti revint à une certaine opposition parlementaire.

Le socialisme français durant l'entre-deux-guerres

Favorables à la révolution russe de févr. 1917, les socialistes français furent d'abord nettement hostiles à la révolution bolcheviste d'Octobre, suivie de la paix germano-russe de Brest-Litovsk. Cependant, après 1918, les partisans de la tendance bolcheviste gagnèrent rapidement du terrain ; ils marquèrent des points au congrès de Strasbourg (févr. 1920) et, en décembre 1920, ils l'emportèrent au congrès de Tours (v.), sous l'influence de Cachin (v.) et de Frossard (v.), qui revenaient de Moscou. Une scission se produisit : la majorité, qui garda le contrôle de l'organe du parti, *L'Humanité*, fondé par Jaurès, forma le parti communiste SFIC (Section française de l'Internationale communiste) ; la minorité resta attachée à la IIe Internationale, conserva le nom de parti socialiste SFIO et eut pour organe *Le Populaire*.

Durant les années 1920, la SFIO fit campagne pour des impôts spéciaux sur la fortune, de massives économies militaires, la nationalisation des monopoles et des services publics. En politique extérieure, elle se fit le champion du désarmement universel et s'opposa à la politique de force menée par Poincaré lors de l'occupation de la Ruhr (1923).

Le 6-Février amenant toutes les forces de gauche à se regrouper, communistes et socialistes signèrent un pacte d'unité d'action (juill. 1934), qui préluda à la formation du Front populaire. Aux élections de mai 1936, la SFIO, avec 1 955 000 voix, se trouvait légèrement en retrait par rapport à 1932, alors que les communistes avaient gagné plus de 700 000 voix. Mais la discipline de gauche, appliquée strictement par les électeurs communistes et partiellement par les radicaux, permit à la SFIO, passant de 132 à 149 sièges, de devenir le plus puissant parti de la coalition. Pour la première fois en France, Léon Blum constitua un gouvernement à direction socialiste, avec participation des radicaux et des socialistes indépendants. Cependant, dès juin 1937, Blum dut céder la direction du gouvernement aux radicaux. L'échec relatif du Front populaire fut suivi d'une lutte de tendances à l'intérieur de la SFIO (exclusion de la fraction « trotskiste » de Marceau Pivert, 1938). Après les accords de Munich (sept. 1938), les socialistes se divisèrent également sur la politique étrangère, les uns, avec Paul Faure, restant fidèles au pacifisme, les autres, avec Blum, acceptant la perspective d'une guerre avec l'Allemagne hitlérienne.

La défaite de 1940 provoqua l'effondrement de la direction socialiste, qui avait accepté, en 1939, la proscription des communistes décidée par le gouvernement Daladier : sur 126 parlementaires SFIO, 90 votèrent les pleins pouvoirs au maréchal Pétain. Parmi les réfractaires se trouvaient L. Blum, Marx Dormoy, Félix Gouin, Jules Moch, L. Noguères, A. Philip, Tanguy-Prigent. Tandis que quelques anciens chefs du parti, tels que P. Faure, se ralliaient à la « révolution nationale », de nombreux membres de la SFIO se retrouvèrent dans des organisations de résistance, notamment à Libération-Nord (Christian Pineau, J. Texcier, Louis Vallon) ; d'autres siégèrent au Comité français d'Alger (André Philip, André Le Troquer, A. Tixier).

Le socialisme français sous la IVe République

À partir de la Libération, les communistes supplantèrent les socialistes comme premier parti de la gauche. La SFIO refusa la réunification proposée par les communistes et, pour éviter de se trouver seule avec ces derniers, elle favorisa le système du « tripartisme », avec le MRP. En revanche, elle refusa la formule novatrice d'un vaste « travaillisme » français, et Guy Mollet, successeur de Daniel Mayer au secrétariat général, se voulut le gardien de la ligne idéologique dure d'un parti qui ne renonçait pas à l'idéologie marxiste et révolutionnaire.

Mais cette position théorique ne put résister au développement de la guerre froide, qui rejeta la SFIO vers l'atlantisme. C'est le socialiste Paul Ramadier qui prit l'initiative, en mai 1947, d'exclure du gouvernement les ministres communistes. La SFIO resta une des principales forces politiques de la IVe République : sauf de 1951 à 1956, elle participa à tous les gouvernements, collaborant avec les groupes du centre droit et de la droite. Elle exerça la direction des affaires avec Félix Gouin (janv./juin 1946), Léon Blum (déc. 1946/janv. 1947, cabinet socialiste homogène), P. Ramadier (janv./nov. 1947) et Guy Mollet (janv. 1956/mai 1957). Le premier président de la IVe République fut un socialiste, Vincent Auriol (1947/54). Le « tripartisme » étant mort avec le départ des communistes, les socialistes se firent les champions de la « troisième force » entre le communisme et le gaullisme. Jules Moch, ministre socialiste de l'Intérieur, réprima avec énergie les grandes grèves de 1947/48.

Séparée du MRP par la querelle de la laïcité à partir de 1951, profondément divisée par la question de l'armée européenne en 1954, la SFIO soutint Pierre Mendès France tout en refusant de participer à son ministère. Revenue au pouvoir en 1956, elle se laissa entraîner dans la guerre d'Algérie, menant une politique de répression et lançant le pays dans l'expédition de Suez (nov. 1956) ; en même temps, elle poursuivait la construction européenne (signature des traités de Rome, mars 1957), préparait l'émancipation de l'Afrique noire par la loi-cadre Defferre et faisait voter diverses mesures sociales (allongement des congés payés, création du Fonds vieillesse). Mais la politique suivie en Algérie avait créé un désarroi grandissant parmi les militants ; le parti, qui avait compté 280 000 adhérents en 1937, 350 000 en 1946, se trouvait, à la fin de la IVe République, réduit à environ 90 000 membres ; le nombre de ses électeurs avait diminué de plus de 1,2 million entre 1945 et 1956, tandis que le pourcentage de ses voix tombait de 23,4 % à 15,2 %.

Lors de la crise du 13 mai 1958, G. Mollet et V. Auriol, craignant une dictature militaire et refusant d'autre part une résistance populaire armée avec les communistes, se résignèrent au retour au pouvoir du général de Gaulle. Cependant, lors de l'investiture de ce dernier (1er juin 1958), le groupe parlementaire socialiste se partagea en deux tendances à peu près égales (42 voix pour de Gaulle, 49 voix contre). Trois socialistes, parmi lesquels G. Mollet, entrèrent dans le premier gouvernement du Général, qui associa ainsi les socialistes à la genèse de la Constitution de la Ve République. Cependant, en janv. 1959, la SFIO refusa de faire partie du cabinet Debré et, quelques mois plus tard, elle passait à l'opposition, tout en soutenant la politique algérienne du gouvernement lorsque celle-ci s'orienta nettement vers l'indépendance. G. Mollet réussit à sauver l'unité de son parti, malgré quelques dissidences qui aboutirent, en 1960, à la fondation du PSU, mais les élections de nov. 1962 mirent la SFIO au plus bas de son déclin, avec 12,5 % des voix et une perte de plus de 2 millions de suffrages par rapport à 1945.

François Mitterrand et le nouveau parti socialiste

À partir de 1961 se développa, sous l'impulsion de François Mitterrand et de plusieurs clubs (réunis en 1964 dans la Convention des institutions républicaines), une tentative de regroupement des forces de gauche non communistes. Le projet de « grande fédération » centriste de Gaston Defferre ayant échoué à la suite de l'opposition de G. Mollet (juin 1965), F. Mitterrand annonça sa candidature à la présidence de la République (où il allait obtenir, en déc. 1965, 45 % des suffrages) et, le 10 sept. 1965, réussit à mettre sur pied une **Fédération de la gauche démocrate et socialiste (FGDS)** regroupant la SFIO, le parti radical-socialiste, la Convention des institutions républicaines, divers autres clubs et l'UDSR. Cette Fédération, dont le programme ne présentait rien de spécifiquement socialiste, était avant tout une organisation de lutte contre le gaullisme ; grâce à son accord électoral avec le parti communiste, elle obtint 18,79 % des suffrages et 118 élus aux élections législatives de mars 1967. Cependant, lors de la crise de mai 1968, socialistes et communistes, d'abord surpris par l'ampleur du mouvement, ne réussirent pas à harmoniser leur attitude ; la proposition lancée par F. Mitterrand d'un gouvernement provisoire présidé par P. Mendès France rencontra l'hostilité du PC. Peu après le triomphe électoral de la majorité gaulliste, en juin 1968, la FGDS se disloqua.

À l'élection présidentielle de 1969, le candidat socialiste, G. Defferre, n'obtint que 5 % des voix. Au congrès d'Issy-les-Moulineaux (13 juill. 1969), la SFIO se transforma en un nouveau **parti socialiste (PS)**, dont le premier secrétaire était Alain Savary ; le mouvement confirmait son orientation résolue vers l'union de la gauche et sa répudiation de toute stratégie de « troisième force ». Au congrès d'Épinay (11/13 juin 1971), la Convention des institutions républicaines de F. Mitterrand rejoignit le nouveau parti ; soutenu par tous les adversaires de l'équipe Savary-Mollet, c'est-à-dire par les modérés (Defferre) et par la gauche du parti (le CERES), Mitterrand devint premier secrétaire. Il s'assignait pour tâche de ressouder l'union de la gauche, mais, en même temps, de « rééquilibrer » la gauche en faisant du PS une force comparable à celle du PC. Après avoir adopté son propre programme « Changer la vie » (convention de Suresnes, mars 1972), le PS conclut avec les communistes un programme commun de gouvernement (27 juin 1972). Le parti socialiste connut dès lors une progression constante que n'altéra pas la rupture de l'union de la gauche en 1977. Dans la foulée de la victoire de F. Mitterrand à l'élection présidentielle du 10 mai 1981, il obtint la majorité absolue. Devenu parti de gouvernement et parti du président, le PS eut à cœur de tenir ses nombreuses promesses électorales, mais dut agir dans le cadre d'une crise économique internationale dont il avait sous-estimé l'importance. Aux législatives de 1986, avec 31,04 % des voix, les socialistes subirent les effets d'un scrutin proportionnel qu'ils avaient institué et n'obtinrent que 206 députés. Rejetés dans l'opposition pendant le gouvernement Chirac, ils mirent tous leurs espoirs dans la présidentielle de mai 1988, que F. Mitterrand remporta largement. Les législatives anticipées de juin leur redonnèrent une majorité relative (34,76 % des voix au premier tour, mais 276 députés par le jeu du scrutin majoritaire établi par la droite). Michel Rocard fut appelé à former le gouvernement.

Au congrès de Rennes (mars 1990), l'affrontement des courants donna du PS une image de parti divisé. En janv. 1992, Pierre Mauroy, premier secrétaire depuis mai 1988, démissionna, faute d'avoir pu recréer l'unité du parti, et fut remplacé par Laurent Fabius. Après les législatives de 1993, le PS ne retrouva que soixante-dix députés et plusieurs de ses dirigeants furent battus. M. Rocard s'empara alors de la direction, afin d'asseoir sa légitimité comme candidat potentiel à l'élection présidentielle de 1995. Toutefois, après l'échec de la liste socialiste aux élections européennes de juin 1994 (14,5 %), il dut abandonner son poste au bénéfice d'un homme de l'appareil, Henri Emmanuelli. Les espoirs socialistes se tournèrent alors de plus en plus vers Jacques Delors. Ce dernier ayant renoncé à la compétition présidentielle en déc. 1994, les militants désignèrent Lionel Jospin comme candidat du parti. Se démarquant du mitterrandisme, accusé de faillite morale, Jospin arriva en tête du premier tour (23 %) et obtint un score honorable au second (47 %) face à Jacques Chirac. À la faveur des élections législatives anticipées de mai-juin 1997, qu'il remporta, le PS revint au pouvoir lorsque J. Chirac nomma L. Jospin au poste de Premier ministre. François Hollande prit alors la direction du parti. Après les élections présidentielles de 2002, qui virent l'échec de L. Jospin dès le premier tour, le PS entra dans l'opposition.

Le **parti socialiste unifié (PSU)**, qui resta en marge de cette union sur le programme commun, naquit le 3 avr. 1960 de la conjonction des diverses dissidences de la SFIO (Union de la gauche socialiste, parti socialiste autonome) et du parti communiste (Tribune du communisme). Animé de 1967 à 1973 par M. Rocard (qui se rallia ensuite au nouveau parti socialiste), il rassembla des socialistes, des chrétiens-progressistes, des marxistes-léninistes transfuges du PCF, des libertaires, des « gauchistes », et opta pour le « socialisme autogestionnaire ». Comptant moins de 10 000 adhérents, avec un fort contingent d'universitaires et d'étudiants, il recueillit 3,94 % des voix aux élections législatives de juin 1968 et 3,36 % des voix à celles de mars 1973. Sa sensibilité très vive au problème de l'autogestion l'empêcha d'adhérer au programme commun de la gauche, mais, dans sa grande majorité, il soutint la candidature de F. Mitterrand à l'élection présidentielle de 1974 et à celle de 1981. Après le succès de celui-ci, et après la victoire de la gauche aux élections législatives de juin 1981, Huguette Bouchardeau, secrétaire nationale du PSU, qui avait été elle-même candidate au premier tour de la présidentielle, où elle avait obtenu 321 344 voix, fut nommée en 1983 secrétaire d'État à l'Environnement et à la qualité de la vie dans le ministère P. Mauroy, puis ministre de l'Environnement dans le gouvernement de L. Fabius. En déc. 1988, l'ancien parti de M. Rocard décida, par 96 % des suffrages exprimés, lors de son 17e congrès, de se dissoudre et de fusionner en 1989 avec la Nouvelle Gauche, animée par Pierre Juquin, dissident communiste, qui avait obtenu 2,10 % des voix à la présidentielle de 1988.

Le socialisme allemand des origines à 1918

Jusqu'à la Première Guerre mondiale et la révolution russe de 1917, le socialisme allemand, à cause de ses positions doctrinales, de la puissance de son organisation, de son importance numérique, devait jouer un rôle directeur dans le mouvement socialiste mondial. En 1863, Ferdinand Lassalle créa à Leipzig l'**Association générale des travailleurs**, qui fut le premier parti socialiste organisé outre-Rhin. Lassalle (1825-64), (v.), qui créa la formule de la « loi d'airain des salaires », était avant tout un homme d'action : ses objectifs immédiats étaient l'intervention de l'État en faveur de la classe ouvrière, par la création de coopératives de production financées par des fonds publics, et, corollairement, l'institution du suffrage universel, qui permettrait aux travailleurs d'exercer sur l'État la pression nécessaire.

Parallèlement au mouvement de Lassalle, les idées marxistes progressèrent en Allemagne dans les années 1860, et, en 1869, grâce aux efforts de Wilhelm

Liebknecht (v.) et d'August Bebel (v.), fut créé le **parti ouvrier social-démocrate d'Allemagne**, d'inspiration marxiste. L'union avec les partisans de Lassalle fut réalisée au congrès de Gotha (mai 1875), au prix de concessions que Marx réprouva dans sa *Critique du programme de Gotha*. En dépit de sa phraséologie marxiste, la social-démocratie devint rapidement un parti parlementaire, qui s'appuya sur une administration fonctionnarisée, soucieuse avant tout d'efficacité et de rendement.

Au congrès de Halle (oct. 1890), le parti abandonna l'étiquette d'« ouvrier » pour prendre le nom de **parti social-démocrate d'Allemagne** ou **SPD** (*Sozialdemokratische Partei Deutschlands*). L'année suivante, au congrès d'Erfurt (v.) (14/20 oct. 1891), la doctrine du parti fut épurée des thèses lassalliennes acceptées par le programme de Gotha et fut ramenée à un marxisme strict. Cependant, la publication des *Prémisses du socialisme* d'Eduard Bernstein (v.), en 1899, ouvrit la crise du révisionnisme. Vivement attaqué par Karl Kautsky (v.) et Rosa Luxemburg au congrès de Lübeck (1901), condamné au congrès de Dresde (sept. 1903), le révisionnisme a cependant imprégné de plus en plus les cadres de la social-démocratie, surtout après l'échec électoral des socialistes en 1907. À partir de cette date, le parti s'engagea ouvertement dans la voie de l'intégration parlementaire et consacra ses efforts à faire adopter, par des voies légales, des réformes améliorant le niveau de vie de la classe ouvrière. Cette attitude répondait aux aspirations des travailleurs allemands : aux élections de janv. 1912, le SPD, avec 34,8 % des suffrages et 110 députés, s'affirma comme le premier parti d'Allemagne. Dès 1913, il donnait ses voix à un projet de prélèvement sur le capital destiné à couvrir les dépenses militaires croissantes. Le 4 août 1914, le groupe parlementaire du SPD vota à l'unanimité les crédits militaires et, comme les socialistes français, les socialistes allemands se rallièrent à une sorte d'union sacrée. Cependant, l'opposition à la guerre commença à se manifester en déc. 1914, avec Karl Liebknecht, qui fut le seul député socialiste au Reichstag à refuser les seconds crédits militaires. Autour de Liebknecht et de R. Luxemburg se forma une minorité de socialistes de gauche qui prit l'initiative d'une propagande clandestine contre la guerre (*Lettres de Spartakus*, à partir de janv. 1916) (v. SPARTAKUS). Après une scission de dix-huit députés dans le groupe parlementaire socialiste au Reichstag (24 mars 1916), après l'arrestation de Liebknecht au cours d'une manifestation contre la guerre à Berlin (1er mai 1916), la minorité de gauche décida au congrès de Gotha (6/8 avr. 1917), la création d'un nouveau parti, le **parti social-démocrate indépendant d'Allemagne** ou **USPD** (*Unabhängige Sozial-demokratische Partei Deutschlands*), auquel se rallia une grande partie des militants. En contraste avec la passivité des socialistes français, qui restèrent jusqu'au bout fidèles à l'« Union sacrée », les socialistes minoritaires allemands suscitèrent contre la guerre de puissantes grèves, à Berlin notamment, en avr. 1917 et en janv. 1918.

Le socialisme allemand dans la république de Weimar

À l'heure de la défaite militaire, les socialistes majoritaires entrèrent dans le dernier cabinet impérial, présidé par Max de Bade, mais, à partir du 4 nov. 1918, à la suite de la révolte des marins de Kiel, toute l'Allemagne passa rapidement entre les mains de conseils d'ouvriers et de soldats. Aussitôt connue l'abdication de Guillaume II, le socialiste majoritaire Philipp Scheidemann proclama la république à Berlin (9 nov. 1918) et un Conseil des commissaires du peuple fut mis sur pied avec trois socialistes majoritaires (Ebert (v.), Scheidemann (v.), Landsberg) et trois minoritaires (Haase, Dittmann, Barth). Craignant de voir l'Allemagne passer au bolchevisme, Ebert et les majoritaires s'allièrent secrètement à l'armée et s'efforcèrent de mettre fin aux interventions révolutionnaires des conseils. Alors que ceux-ci prétendaient s'adjuger le pouvoir, Ebert et ses amis firent décider l'élection d'une Assemblée nationale constituante et n'hésitèrent pas à briser dans le sang la tentative de putsch de la « division de marine populaire » (23/24 déc. 1918). Les trois « indépendants » (minoritaires) quittèrent alors le Conseil des commissaires du peuple (29 déc.), et les spartakistes fondèrent le parti communiste allemand (30 déc. 1918).

Dès le début de 1919, la rupture entre les socialistes majoritaires et les forces révolutionnaires était consommée. Responsable de l'armée, le ministre socialiste Gustav Noske collabora étroitement avec les chefs de la Reichswehr pour écraser la révolution communiste de Berlin (« semaine sanglante » de janv. 1919) et, au cours des mois suivants, pour éliminer toutes les autres tentatives révolutionnaires dans le reste du Reich, dont l'unité fut ainsi préservée. À partir de févr. 1919, les socialistes majoritaires inaugurèrent leur collaboration gouvernementale avec les partis bourgeois (*Zentrum* et démocrates). Ils jouèrent un rôle décisif dans la fondation de la république de Weimar, mais leur attitude équivoque favorisa la victoire des partis de droite aux élections de juin 1920. Au congrès de Berlin (4/7 déc. 1920), la majorité de l'USPD se rallia au parti communiste. Le SPD donna à la république de Weimar son premier président, Ebert (1919/25), mais, à la mort de ce dernier, le SPD ne put empêcher l'élection du maréchal Hindenburg (bien qu'il eût retiré son propre candidat en faveur du centriste Marx) et, en 1932, pour empêcher le succès de Hitler, il dut, au nom du moindre mal, faire voter pour Hindenburg. Cependant, en 1930 encore, la social-démocratie représentait la première force politique d'Allemagne, avec plus de 8,5 millions d'électeurs, près d'un million d'adhérents, les 2 millions de militants de sa formation de combat et l'appui des

8 millions de membres de la centrale syndicale ADGB, qui lui était étroitement liée. Cet immense appareil s'effondra en quelques semaines après la prise du pouvoir par Adolf Hitler. Le SPD essaya même d'obtenir la tolérance du régime nazi en rompant tout lien avec la IIe Internationale, en votant la « résolution de paix » de Hitler (17 mai 1933), en allant jusqu'à éliminer de sa direction ses membres juifs ; il n'en fut pas moins supprimé, trois mois après le parti communiste, le 22 juin 1933.

Le socialisme allemand depuis 1945

Après l'effondrement du IIIe Reich, le parti social-démocrate se reconstitua à l'Ouest dès avr. 1945, sous l'impulsion de Kurt Schumacher (v.), à l'Est en juin 1945, sous la direction d'Otto Grotewohl (v.). Ses destinées devaient être radicalement divergentes en zone soviétique et dans les zones occidentales. À l'Est, le SPD se prononça dès juin 1945 pour l'unité d'action avec les communistes, et les deux partis décidèrent, les 21/22 avr. 1946, de fusionner pour former le **parti socialiste unifié d'Allemagne** ou **SED** (*Sozialistische Einheitspartei Deutschlands*).

À l'Ouest, les socialistes, à la suite de Schumacher, rejetèrent toute union et toute alliance avec les communistes. Le SPD fut restructuré au congrès de Hanovre (9/11 mai 1946) et se donna pour président K. Schumacher. Les premières élections fédérales de 1949, en portant au pouvoir la CDU (démocrate-chrétienne), rejeta les socialistes dans une opposition qui se prolongea pendant dix-sept ans. En politique étrangère, le SPD se montra soucieux avant tout d'empêcher une division définitive de l'Allemagne ; c'est pourquoi il combattit la politique d'intégration européenne et atlantique menée par Konrad Adenauer. À l'intérieur, il s'orienta vers le travaillisme. Dans son nouveau programme de Bad-Godesberg (nov. 1959), le SPD répudia entièrement l'idéologie révolutionnaire et marxiste et accepta le régime de libre entreprise et de concurrence. Après la mort de Schumacher, la direction du parti fut exercée de 1952 à 1963 par Erich Ollenhauer et, à partir de 1964, par Willy Brandt (v.), qui s'était rendu célèbre comme bourgmestre de Berlin-Ouest.

En déc. 1966, les socialistes acceptèrent de participer, avec les démocrates-chrétiens et les libéraux, au gouvernement de « grande coalition » de K.G. Kiesinger. Grâce à l'appui des libéraux, ils réussirent, en 1969, à faire élire leur candidat, Gustav Heinemann, à la présidence de la République, puis à prendre la direction du gouvernement, qui leur fut confirmée par les élections fédérales de nov. 1972 ; pour la première fois dans l'histoire de la République fédérale, le SPD supplantait les chrétiens-démocrates (et obtenait 45,9 % des voix et 230 sièges, contre 44,8 % et 224 CDU-CSU sièges) à la CDU. Mais cette victoire, obtenue grâce au ralliement de nombreux suffrages bourgeois, confirmait le SPD, allié des libéraux au gouvernement, dans une orientation centriste et rassurante. La poussée de l'extrême gauche du parti, représentée par les *Jungsozialisten* (« Jusos »), était contenue énergiquement par W. Brandt au congrès de Hanovre (avr. 1973) et, dans le changement général des esprits en République fédérale, amorçait à partir de cette date une rapide décrue. Le remplacement de W. Brandt par Helmut Schmidt à la chancellerie, au printemps 1974, confirmait l'orientation du SPD vers un réalisme pragmatique. Aux prises avec la crise économique, les socialistes enregistraient, en 1974/75, une série de défaites aux élections régionales des *Länder*, ce qui les amena à resserrer leur coalition avec les libéraux en faisant à ceux-ci d'importantes concessions sur le problème de la cogestion. Aux élections fédérales du 3 oct. 1976, le SPD fut largement distancé par la CDU-CSU, mais la coalition socialo-libérale conserva la majorité et H. Schmidt demeura chancelier.

H. Schmidt fut réélu en 1980, mais des divisions surgirent dans la social-démocratie sur la politique à adopter à l'égard de l'Est, des États-Unis et du programme de l'OTAN. H. Schmidt fut mis en minorité par la défection des ministres libéraux, le 1er oct. 1982.

Le SPD mena dès lors une opposition sans grand relief. Il ne s'illustra que médiocrement en 1990 dans le processus rapide de l'unification allemande, au cours de laquelle il absorba son homologue est-allemand créé en 1989. Mené par Gerhard Schröder (v.) et Oskar Lafontaine, il remporta les législatives fédérales de sept. 1998 et G. Schröder accéda au poste de chancelier. À la suite de dissensions avec O. Lafontaine (démissionnaire de la présidence du SPD et du ministère des Finances), G. Schröder prit la présidence du SPD qu'il quitta en févr. 2004.

Le socialisme en Autriche

Les premières organisations socialisantes firent leur apparition dans l'empire des Habsbourg lors de la révolution de 1848. Au IXe congrès des travailleurs, en 1868, Hermann Hartung fit adopter un programme d'inspiration lassallienne. Les progrès de la social-démocratie autrichienne suivirent ceux du socialisme allemand. Les diverses tendances socialistes se réunirent au congrès de Hainfeld (30 déc. 1888 /1er janv. 1889) ; celui-ci adopta un programme marxiste qui fut confirmé au congrès de Vienne (1901). Le **parti social-démocrate des travailleurs d'Autriche** se donna en 1889 un organe de presse avec l'*Arbeiter Zeitung*. La personnalité dominante du parti à sa fondation était Viktor Adler. Les socialistes autrichiens adoptèrent un « programme des nationalités » qui prévoyait l'autonomie pour tous les peuples composant l'Autriche-Hongrie. Aux élections de mai 1907, les sociaux-démocrates, avec quatre-vingt-neuf mandats, devinrent le plus puissant parti du Parlement.

Après l'effondrement de 1918, les sociaux-démocrates, qui dominaient à Vienne et dans les centres industriels, parvinrent au pouvoir avec le chancelier Karl Renner (v.), mais en acceptant la collaboration avec les chrétiens-sociaux (1919/20). Les socialistes autrichiens étaient alors favorables à l'Anschluss, qui fut interdit par les Alliés. Rejetés dans l'opposition dès 1920, les socialistes conservèrent la municipalité de « Vienne la Rouge ». En 1924, ils constituèrent des formations d'assaut, le *Republikanischer Schutzbund* (Alliance de défense de la République), qui passa dans la clandestinité après sa dissolution par Dollfuss en 1933. Devant le renforcement de la dictature de Dollfuss, le parti déclencha une insurrection à Vienne, le 12 févr. 1934, mais il fut complètement écrasé après quatre jours de sanglants combats et frappé, ainsi que ses syndicats, d'interdiction légale. Il ne se reconstitua au grand jour que lors de la chute du nazisme, en avr. 1945.

Le socialiste K. Renner forma le premier gouvernement provisoire de la nouvelle Autriche avant d'être élu président de la République (1945/50). Comme la SPD allemande, le **parti socialiste autrichien** (*Sozialistische Partei Österreichs, SPÖ*) évolua vers le travaillisme. Jusqu'en 1966, il dut gouverner en coalition avec les populistes (ex-chrétiens-sociaux), mais il réussit à doter l'Autriche nouvelle d'un très large secteur nationalisé (fer, sidérurgie, pétrole, gaz naturel, industries chimiques) et d'organismes d'arbitrage des conflits sociaux qui fit pratiquement disparaître toute grève à partir de 1960. Rejetés dans l'opposition en 1966, les socialistes remportèrent les élections de 1970 et, pour la première fois dans l'histoire autrichienne, purent constituer, sous la direction de Bruno Kreisky, un gouvernement socialiste homogène.

Celui-ci gouverna jusqu'aux élections du 24 avr. 1983, où les socialistes perdirent la majorité absolue. B. Kreisky, alors âgé de soixante-douze ans, se retira. Avec 47,80 % des suffrages et 90 sièges, son parti restait le premier du pays, mais il dut faire alliance avec le petit parti libéral (douze sièges) pour garder le pouvoir. Après les élections de nov. 1986, le parti, affaibli, changea d'alliance et forma une « grande coalition » avec le parti conservateur. Cette coalition fut reconduite après les élections d'oct. 1990 et de déc. 1995. En févr. 2000, la droite autrichienne ayant préféré une alliance avec l'extrême droite, le FPÖ de Jörg Haider, les socialistes retournèrent dans l'opposition.

Le socialisme dans les pays scandinaves

Des partis socialistes se sont constitues au Danemark en 1880, puis en Norvège (1887), en Suède (1889), et en Finlande (1899).

Au Danemark, les socialistes, entrés au Parlement en 1884, devinrent le premier parti du pays en 1924, et leur chef, Thorwald Stauning (v.), dirigea le gouvernement de 1924 à 1926 et de 1929 à 1942. Après la Seconde Guerre mondiale, le parti social-démocrate réussit à conserver la direction du gouvernement de 1947 à 1967, de 1971 à 1973 et de 1975 à 1982 avec Anker Jorgensen. Obtenant près de 30 %, puis 37 % des suffrages en 1988 et en 1990, le parti social-démocrate restait la première formation politique du Danemark. En janv. 1993, son président, Poul Rasmussen, devenait Premier ministre à la tête d'une coalition de centre gauche reconduite en 1998 ; celle-ci perdit les élections de 2001.

En Suède, la social-démocratie, d'abord soumise à des influences lassalliennes, se rallia au marxisme en 1897. Les sociaux-démocrates entrèrent pour la première fois au Parlement en 1902 et ils siégèrent dans le cabinet d'union nationale constitué en 1917, durant la Première Guerre mondiale. À la tête du gouvernement avec Hjalmar Branting dès 1920/23, les sociaux-démocrates restèrent sans interruption au pouvoir de 1932 à 1976, avec P.A. Hansson (v.) (1932/46), Tage Erlander (v.) (1946/69) et Olof Palme (v.) (1969/76). Ils mirent en place un système de sécurité sociale remarquablement développé, mais au prix d'une fiscalité de plus en plus lourde qui leur fit perdre progressivement le soutien de la majorité de l'électorat.

Les sociaux-démocrates furent battus aux élections du 19 sept. 1976, mais ils revinrent au pouvoir après les élections générales du 19 sept. 1982 (45,6 % des suffrages). En 1986, leur dirigeant O. Palme, Premier ministre, fut assassiné dans des conditions mystérieuses. Ingvar Carlsson (v.) lui succéda. Le 31e congrès du parti social-démocrate, le 18 sept. 1990, cessait de s'opposer à l'adhésion de la Suède à la Communauté européenne, permettant au Premier ministre Carlsson de poser la candidature officielle de son pays en juill. 1991. Battus aux élections de 1991, les sociaux-démocrates gagnèrent celles de 1994 et eurent à gérer à la fois un énorme déficit des finances publiques, une situation économique aux difficultés persistantes et les conséquences de l'adhésion à l'Union européenne ; reconduits au pouvoir en 1998, ils tentèrent, sans succès, de convaincre l'opinion de l'intérêt de l'euro. Ils furent réélus en 2002.

En Norvège, le mouvement socialiste, qui prit le nom de **parti travailliste**, fit élire ses premiers députés aux élections de 1903. Il se rallia à la IIIe Internationale en 1919, mais, en 1923, il se sépara de Moscou, ce qui entraîna une scission de laquelle sortit le parti communiste norvégien ; le parti social-démocrate refusant l'adhésion au Komintern, s'était constitué en 1921 ; il se réunifia au parti travailliste en 1927. Les travaillistes, sous la direction de Nygaardsvold (qui se réfugia avec son gouvernement à Londres de 1940 à 1945), puis de Gerhardsen, furent constamment au pouvoir de 1935 à 1965. À partir de cette date, ils subirent un net recul et, en 1971, leur chef, Bratteli, ne put constituer qu'un cabinet de minorité.

Ils durent encore former des cabinets minoritaires en 1973 et en 1977, pratiquant une politique d'austérité qui mécontenta leurs électeurs. Leur chef de file, Odvar Nordli, céda son portefeuille de Premier ministre, le 6 févr. 1981, au nouveau chef du parti travailliste, Mme Gro Harlem Brundtland. Celle-ci dirigea des cabinets minoritaires, alternant toutefois avec les coalitions de centre droit de Kaare Willoch (1981/86) et de Jan Peder Syse (1988/89), tandis que le parti travailliste recueillait 38 à 40 % des suffrages aux élections législatives. En oct. 1996, Gro Harlem Brundtland quitta son poste de Premier ministre au profit d'un autre travailliste, Thorbjörn Jagland, qui dut démissionner après l'échec de son parti aux législatives d'oct. 1997. Cependant, en 2000, le social-démocrate Jens Stoltenberg accéda au poste de Premier ministre.

En Finlande, le mouvement socialiste, connu d'abord sous le nom de **parti ouvrier finnois** (1899), adopta en 1903 un programme marxiste et devint le parti social-démocrate ; en 1907, il constituait le principal parti du grand-duché, alors réuni à l'Empire russe. Réorganisé par Tanner en 1919, il assura la direction du gouvernement de 1926 à 1927 et de 1937 à 1939. Après la Seconde Guerre mondiale, le parti siégea dans les gouvernements de coalition. Aux élections de 1966, il redevint le premier parti finlandais et son chef, R. Paasio, prit la tête du gouvernement. Bien que les partis non socialistes eussent retrouvé la majorité en 1970, les sociaux-démocrates restèrent au ministère, dans des cabinets soit de coalition, soit de minorité, jusqu'en 1987, année où une coalition de centre droit parvint au pouvoir. Toutefois, aux élections de mars 1995, le parti social-démocrate obtenait 63 députés sur 200, son meilleur résultat depuis cinquante ans. Son président, Paavo Lipponen, était chargé de former le gouvernement. Deux sociaux-démocrates ont succédé au président Urho Kekkonen (v.) (1956/81), Mauno Koïvisto (1982/94) et Martti Ahtisaari (v.), premier président élu au suffrage universel en 1994. En 1999, P. Lipponen était reconduit au poste de Premier ministre et en 2000, la sociale-démocrate Tarja Halonen fut élue présidente de la République, première femme à ce poste dans l'histoire du pays.

Le socialisme en Suisse et en Belgique

Le socialisme suisse commença à se développer dans les années 1870, mais ne s'organisa définitivement en parti qu'en 1888 ; en 1904, au congrès de Zurich, il adopta un programme révisionniste, mais, au cours de la Première Guerre mondiale, il se rallia aux vues léninistes et déclencha une grève générale en nov. 1918. Les autorités prirent de rapides initiatives de réformes qui apaisèrent ce mouvement. Le parti revint à son réformisme et, en 1936, abandonna le principe de la dictature du prolétariat et se rallia à la politique de défense nationale. À côté des radicaux et des conservateurs, les socialistes forment un des trois grands partis suisses.

En Belgique, le **parti ouvrier belge (POB)**, de tendance marxiste, fut fondé en 1885 par César De Paepe. Pourvu d'un organe quotidien, *Le Peuple*, il fit de rapides progrès dans les centres industriels de Gand, Liège et Charleroi. Les socialistes luttèrent à la fois sur le plan social et sur le plan politique : les grandes grèves de 1886, 1891, 1893, obligèrent les catholiques à faire voter les premières lois sociales (1887) et à élargir peu à peu le corps électoral (loi sur la représentation proportionnelle, 1899). Mais le suffrage universel ne fut établi qu'en 1919, et les catholiques conservèrent la majorité absolue jusqu'à la Première Guerre mondiale. Cependant, dès 1894, vingt-huit socialistes siégeaient à la Chambre. Leur chef, Émile Vandervelde (v.), fut une personnalité de premier plan qui fut élu président de la IIe Internationale en 1900 ; en 1914, se ralliant à l'Union sacrée, il entra dans le gouvernement belge exilé au Havre. À partir de 1919, les socialistes devinrent le premier parti belge en face des catholiques. Sous la direction de Vandervelde, ils s'en tinrent à une ligne d'action plus proche du travaillisme anglais que du marxisme continental. Ils collaborèrent avec les catholiques dans les gouvernements Poullet-Vandervelde (1925/26) et Van Zeeland (1935/37), avant de diriger eux-mêmes le gouvernement avec P.H. Spaak (v.) (1938/39). La principale personnalité du socialisme belge dans les années 1930, Henri de Man, fut le théoricien d'un « néosocialisme » réformiste qui devait avoir une grande influence dans toute l'Europe occidentale. Mais celui-ci se rallia aux thèmes de l'« Europe nouvelle » sous l'Occupation, alors que la plupart des autres chefs socialistes gagnaient Londres ou militaient dans la Résistance. En 1945, le parti fut reconstitué sous le nom de **parti socialiste belge (PSB)**. Ardent partisan d'une politique européenne (rôle important du socialiste P.H. Spaak), il institua la Sécurité sociale (loi Van Acker, 1945), mais ne se montra guère enclin à des nationalisations. En revanche, les socialistes menèrent une campagne violente contre le retour de Léopold III ; défenseurs de la laïcité, ils consentirent cependant au « pacte scolaire » de 1958. En 1978, le PSB opéra une scission, entre socialistes francophones et néerlandophones. En 1987, pour la première fois depuis 1936, les socialistes flamands et francophones furent majoritaires aux élections législatives.

Le socialisme en Italie jusqu'en 1922

En Italie, le mouvement révolutionnaire ouvrier se rattacha longtemps à l'anarchisme de Bakounine, qui, lors de la scission de la Ire Internationale (1872), entraîna avec lui la section italienne. C'est seulement à partir de 1880 que des intellectuels tels que A. Labriola, professeur à l'université de Naples, et F. Turati commencèrent à répandre les idées marxistes. En 1882 fut fondé le **parti ouvrier italien** et le premier député socialiste, Andrea Costa, entra au Parlement. Le suffrage électoral censitaire, qui ne fut complètement aboli qu'en 1912, retarda longtemps les progrès du socialisme. Cependant, *Le Capital* de Marx fut traduit en italien en 1886 et, au congrès de Gênes (1892), se constitua, sur le modèle de la social-démocratie allemande, un **parti socialiste italien**, complètement dégagé des tentations de l'anarchisme. Ce parti déploya tout de suite une grande activité de propagande, avec ses revues *Critica sociale* et *La Lotta di classe*, qui préparèrent l'apparition du quotidien *Avanti !* (1896), d'abord dirigé par L. Bissolati.

Dans le parti s'opposaient alors une tendance révolutionnaire, conduite par E. Ferri, et une tendance réformiste, dont le chef était Bissolati. Au congrès de Rome (sept. 1900), l'influence de Turati évita de justesse une scission, mais l'unité ne fut maintenue qu'au prix d'un compromis qui affaiblit l'efficacité du parti. En fait, les réformistes semblaient triompher (congrès de 1902) et, en 1903, G. Giolitti put offrir aux socialistes une participation au cabinet, qui fut d'ailleurs refusée.

La guerre de Libye (1911/12) aggrava les divisions du mouvement socialiste italien : tandis que l'aile gauche révolutionnaire, dans laquelle commençait à s'affirmer Benito Mussolini, y était résolument hostile, les dirigeants réformistes (Bissolati Bonomi, Treves, Cabrini) appuyèrent le gouvernement, ce qui leur valut d'être exclus du parti au congrès de Reggio Emilia (juill. 1912). En juin 1914, les socialistes d'extrême gauche, tels que Mussolini et P. Nenni, déclenchèrent une agitation révolutionnaire dans les Marches et la Romagne, mais la guerre mondiale, en posant le problème de l'intervention de l'Italie, entraîna une nouvelle répartition des forces socialistes. Mussolini, qui dirigeait l'*Avanti !* depuis la fin de 1912, passa brusquement du pacifisme à un extrême bellicisme.

Cependant, durant toutes les hostilités, la majorité du parti socialiste conserva une attitude neutraliste, que semblèrent justifier les déceptions de l'après-guerre. Après les élections de 1919, avec 156 députés, les socialistes devinrent le premier parti du Parlement. D'abord rallié au bolchevisme et à la IIIe Internationale (congrès de Bologne, oct. 1919), le parti se scinda au congrès de Livourne (janv. 1921), qui fit apparaître trois tendances : les majoritaires (98 000 voix) ; à droite, les réformistes (14 500) ; à l'extrême gauche, les léninistes, conduits par Bordiga et Gramsci (58 000). Ces derniers quittèrent le parti pour fonder le parti communiste ; quant aux réformistes, ils furent exclus par le congrès de Rome (oct. 1922) et fondèrent un parti socialiste unitaire. En dépit de son importance numérique, le parti socialiste, par crainte des responsabilités du pouvoir, se trouva pratiquement paralysé pendant les années troubles qui préparèrent l'avènement du fascisme.

Le socialisme dans l'Italie contemporaine

Après l'avènement de Mussolini (oct. 1922), les socialistes se tinrent dans l'opposition. La nouvelle loi électorale ramena leurs élus à quarante-six en avr. 1924, et l'assassinat du socialiste G. Matteotti (juin 1924) prépara l'élimination complète du parti, qui fut interdit, avec les autres mouvements politiques non fascistes, en nov. 1926. Dans l'émigration, les tendances « majoritaire » et « réformiste » se réunifièrent (congrès de Paris, juill. 1930), puis le PSI conclut un pacte d'unité d'action avec les communistes (août 1934). Les dirigeants socialistes prirent une part active à la résistance contre le fascisme.

À l'approche de l'effondrement du fascisme L. Basso fonda à Milan le Mouvement d'unité prolétarienne qui, en juill. 1943, se réunit avec l'ancien parti socialiste pour former le parti socialiste italien d'unité prolétarienne.

Le congrès de Naples (sept. 1944) approuva l'unité d'action avec les communistes, qui fut donc renouvelée au congrès de Florence (avr. 1946), mais, à cette date, la tension était de plus en plus vive au sein du parti entre l'aile gauche et l'aile réformiste. La scission qui se produisit donna naissance à deux partis : *a)* les majoritaires, avec Nenni, reprirent le nom traditionnel de **parti socialiste italien** ou **PSI** (*Partito socialista italiano*). Le PSI, rejeté dans l'opposition en 1947, maintint d'abord l'unité d'action avec les communistes, ce qui lui valut de grandes déceptions électorales au scrutin de 1948. Au début des années 1950, de nombreuses tendances se firent jour, dont les deux principales étaient celle des « autonomistes », partisans, avec Nenni (v.), d'une plus grande autonomie à l'égard des communistes, et celle qui voulait maintenir les liens étroits avec le PCI. Au congrès de Rome (oct. 1963), la majorité du parti suivit Nenni pour une collaboration avec la démocratie chrétienne dans une formule de « centre gauche » ; la minorité, avec Basso et Vecchietti, fit alors scission et, en 1964, reconstitua un **parti socialiste italien d'unité prolétarienne (PSIUP)** ; *b)* Saragat (v.), avec les minoritaires du congrès de Rome de 1947, fonda un parti socialiste des travailleurs (PSLI), qui se réunit en 1951 avec les socialistes de droite du parti socialiste unitaire (PSU) pour former le parti socialiste-section italienne de l'Internationale socialiste (PSSIIS). En 1952, ce nouveau mouvement prit le nom de **parti socialiste démocratique italien** ou **PSDI** (*Partito socialista democratico italiano*). Les saragatiens, qui se réclamaient de la tradition réformiste de Bissolati et de Bonomi, devinrent les partenaires gouvernementaux de la démocratie chrétienne.

En déc. 1963, socialistes nenniens et socialistes saragatiens se retrouvèrent pour la première fois dans un cabinet de centre gauche dirigé par Aldo Moro (v.). Giuseppe Saragat devenu président de la République (1964/71), le PSI et le PSDI décidèrent, en oct. 1966, leur réunification dans le **parti socialiste unifié (PSU)**, avec P. Nenni comme président du parti et, comme cosecrétaires, De Martino et M. Tanassi. Mais le nouveau parti éclata en 1969 : on vit reparaître le PSI et le PSDI. Impressionné par la poussée communiste aux élections provinciales et municipales de 1975, le PSI provoqua la chute du cabinet Moro et les élections générales anticipées des 20/21 juin 1976 ; celles-ci firent apparaître une stagnation du PSI et une baisse sensible du PSDI. Refusant la poursuite de l'expérience de centre gauche, les socialistes laissèrent se constituer un cabinet démocrate-chrétien homogène.

Le 8 juill. 1978, le socialiste Alessandro Pertini (v.) remplaça le démocrate-chrétien G. Leone, démissionnaire, à la présidence de la République ; tandis que les ministères formés par des démocrates-chrétiens se succédaient, le PSI, aux élections législatives du 3 juin 1979 (les troisièmes en sept ans), n'arriva pas à dépasser les 10 %. Les socialistes participèrent au ministère Forlani du 18 oct. 1980 et obtinrent de bons résultats (14 %) aux élections communales et régionales du 21 juin 1981. Ils favorisèrent, le 28 juin, la venue au pouvoir de Giovanni Spadolini, le premier président du Conseil depuis la Libération qui ne fût pas démocrate-chrétien, mais républicain ; cependant, ils s'associèrent à la coalition qui soutint le vieux dirigeant démocrate-chrétien, A. Fanfani (v.), dans son ministère du 30 nov. 1982. Bettino Craxi (v.), secrétaire général du PSI, forma le gouvernement après les élections de juin 1983 et se maintint au pouvoir jusqu'en 1987. Avec 14,3 % des voix aux élections de 1988, le PSI progressait encore. Mais cette progression se ralentit (13,6 % aux élections de 1992 à l'issue desquelles le socialiste Giuliano Amato accéda à la présidence du Conseil), puis s'arrêta net devant l'évidence de la corruption du parti, exposée au grand jour par l'enquête « Mains propres ». Le PSI, dont l'ancien secrétaire général, B. Craxi, était en fuite en Tunisie, chuta à 2,2 % aux législatives de mars 1994 et à 1,8 % aux européennes de juin. Peu après, miné par les scandales et réalisant des scores électoraux dérisoires, le PSI disparaissait de la scène politique, la plupart de ses dirigeants et militants rejoignant le PDS (parti démocratique de gauche : refondation du parti communiste en 1991), devenu « démocrates de gauche » en 2000. Il abandonna officiellement la doctrine marxiste en 1997. Contrairement au PSI, les démocrates de gauche continuent de jouer un rôle politique important en Italie : leur secrétaire général Massimo D'Alema a dirigé le gouvernement de 1998 à 2000, et depuis 2001, l'ancien secrétaire général Walter Veltroni est maire de Rome.

Le socialisme en Espagne, au Portugal, aux Pays-Bas et dans les pays anglo-saxons

Le socialisme espagnol prit naissance à la fin des années 1840, sous l'influence des idées de Fourier. Mais, dans les groupes de la Ire Internationale constitués en 1869/70, c'est l'anarchisme socialiste de Bakounine qui fut prééminent. En 1872, à son congrès de Cordoue, la section espagnole de l'Internationale se rallia dans sa majorité au programme élaboré par Bakounine et prononça l'exclusion des marxistes. Ceux-ci se regroupèrent sous la conduite de Pablo Iglesias, un ouvrier typographe, et fondèrent dans la clandestinité, le 2 mai 1879, le **parti socialiste ouvrier espagnol** ou **PSOE** (*Partido socialista obrero español*), dont le programme fut approuvé par Marx et Engels. À ses débuts, il était composé essentiellement de travailleurs spécialisés de l'industrie et d'intellectuels. Devenu une organisation légale en 1882, le PSOE tint son premier congrès en 1888, à Barcelone ; la même année, ses groupes syndicaux fusionnèrent dans l'Union générale des travailleurs (*Union generale de trabajadores*), qui travailla en étroite collaboration avec le parti. Celui-ci évolua peu à peu du marxisme strict vers le réformisme et le parlementarisme (élection de Pablo Iglesias aux Cortés, 1910), ce qui provoqua, en réaction, la poussée de tendances anarcho-syndicalistes qui se rassemblèrent en une centrale syndicale autonome, la Confédération nationale des travailleurs (CNT), en 1910.

À son congrès d'avr. 1921, le PSOE décida, par 8 808 voix contre 6 025, de ne pas adhérer à la IIIe Internationale (Komintern) ; un petit nombre de militants firent scission et constituèrent, en avr. 1921, le parti communiste espagnol ; mais celui-ci n'eut qu'une influence restreinte jusqu'à la guerre civile de 1936, les tendances extrémistes du socialisme espagnol se portant plutôt vers l'anarchisme. Le PSOE toléra la dictature de Primo de Rivera (1923/30), et son principal dirigeant syndicaliste, Largo Caballero, fut même nommé conseiller d'État. Après l'établissement de la République, les socialistes furent majoritaires dans le cabinet Azaña (1931/33), mais ils subirent un grave recul aux élections de nov. 1933 ; sous l'impulsion de L. Caballero, partisan d'une tactique révolutionnaire, ils participèrent, avec les anarchistes et les communistes, à l'insurrection des Asturies (oct. 1934), qui attira sur le parti une répression menée par le gouvernement centriste de Lerroux. Membres du Front populaire, qui triompha aux élections de févr. 1936, les socialistes dirigèrent le gouvernement républicain durant la guerre civile, avec L. Caballero (sept. 1936), puis avec Negrín (mai 1937) ; ce dernier se rapprocha des communistes et élimina anarcho-syndicalistes et trotskistes. Après la victoire de Franco (mai 1939), le PSOE en exil établit son siège à Toulouse. Dirigé par Rodolfo Llopis, il se montra peu favorable à une unité d'action avec les autres tendances de l'opposition antifranquiste. À partir de la fin des années 1950, le groupe « historique » de Toulouse fut de plus en plus contesté par la tendance « intérieure » du socialisme clandestin en Espagne. Le groupe du professeur Tierno Galvan, constitué en 1954, se sépara en 1967 du PSOE pour créer le « parti socialiste de l'intérieur », lequel prit ensuite le nom de « parti socialiste du peuple ». Une nouvelle phase dans l'histoire du PSOE s'ouvrit en oct. 1974, au congrès de Suresnes, lorsque la tendance « intérieure », représentée par Felipe Gonzales (v.), prit la direction du parti, recevant l'appui de l'Internationale socialiste. En déc. 1976, le PSOE réunit à Madrid son premier congrès tenu en Espagne depuis la guerre civile ; réélu au poste de secrétaire général du parti, F. Gonzales y fit prévaloir une ligne modérée. La plupart des socialistes « historiques » qui avaient refusé le nouveau PSOE de Gonzales ont rejoint, avec Manuel Murillo, le mouvement social-démocrate d'Antonio Garcia López.

Le PSOE triompha largement aux élections législatives du 28 oct. 1982, obtenant 48,67 % des voix et 201 sièges sur 350 ; F. Gonzales forma le ministère. Aux législatives de 1986, le PSOE obtenait 44,06 % des voix ; Gonzales fut reconduit dans ses fonctions. Malgré la grève générale de 1988, le PSOE gagna avec 39,5 % des voix, les élections générales d'oct. 1989 et conserva, de justesse, la majorité absolue au Parlement. Aux élections de 1993, le PSOE, affaibli par de nombreux scandales, ne conserva le pouvoir qu'avec un gouvernement minoritaire. Et à l'issue des élections législatives anticipées de mars 1996, le PSOE perdit le pouvoir au profit du parti populaire (droite). En juin 1997, Joaquim Almunia remplaça F. Gonzalez au poste de secrétaire général du PSOE, puis céda à son tour ce poste à José Luis Rodriguez Zapatero après l'échec du parti aux législatives de mars 2000. Celui-ci remporta les élections de mars 2004.

Au Portugal, le **parti socialiste**, interdit sous le régime de Salazar, fut fondé en 1973 et dirigé par l'avocat Mario Soares (v.). Il sut, peu à peu, rallier à sa cause les classes moyennes et ouvrières qui s'étaient tournées, lors de la révolution des Œillets, vers l'extrême gauche. Le parti socialiste s'affirma ainsi, en 1975, comme la principale force politique du Portugal et gouverna à plusieurs reprises le pays, avec M. Soares comme Premier ministre (1976/79, 1983/85), sans toutefois obtenir la majorité absolue aux différentes élections législatives. À partir de 1985, il fut supplanté par le PSD et M. Soares, élu président en mars 1986, et réélu en janv. 1991, dut cohabiter avec un gouvernement de centre droit. Le **parti social-démocrate (PSD)**, parti politique de centre droit, fut fondé en 1974, au lendemain de la révolution des Œillets, par Francisco Sa Carneiro. À la mort de ce dernier, en 1980, le parti fut déchiré par une lutte de succession et, en 1985, Anibal Cavaco Silva réussit à s'imposer comme chef incontesté du PSD. Son parti obtint, aux législatives de 1985, la majorité relative et il fut nommé Premier ministre. De plus en plus populaire, Cavaco et son parti furent de nouveau victorieux aux législatives de 1987 et de 1991. Le parti socialiste remporta les élections législatives d'oct. 1995, puis l'élection présidentielle de janv. 1996. En oct. 1999, les élections législatives lui permirent de se maintenir au pouvoir. Aux élections de 2002, c'est le PSD qui revint au pouvoir avec José Manuel Durão Barroso.

Aux Pays-Bas, ce n'est qu'en 1939, juste avant la Seconde Guerre mondiale, qu'un parti socialiste réussit à participer à une coalition gouvernementale dominée par les partis confessionnels calviniste et catholique. Le **parti du travail (PVDA)**, d'orientation social-démocrate, se constitua en 1946. Proche de l'importante Fédération nationale des syndicats (FNV), il fournit plusieurs Premiers ministres de gouvernement de coalition, notamment en 1973 (Johannes Den Uyl), ainsi qu'en 1994 et 1998 (Wim Kok).

En Angleterre, le socialisme a connu un développement particulier et a subi assez peu l'influence du marxisme. Voir **TRAVAILLISTE (parti)**.

Aux États-Unis, deux partis socialistes se formèrent (1892 et 1901), mais ils n'eurent qu'une audience très limitée et peu durable.

Le socialisme au Proche-Orient et en Asie

En Israël, les partis les plus importants se réclament du socialisme ; on sait d'ailleurs que, dans l'État juif, la terre est considérée comme propriété commune et simplement affermée pour un bail d'une durée limitée ; les villages communautaires ou *kibboutzim* constituent l'élément le plus caractéristique de l'économie israélienne. Le premier kibboutz fut fondé en 1909, trois ans après que les plus anciens groupes d'inspiration socialiste, Poale Zion et Hapoel Hatzair, eurent fait leur apparition parmi les colons juifs de Palestine. De leur fusion naquit, en 1919, l'**Achdut Avoda**. En 1920 fut fondée la grande centrale ouvrière Histadrout. Le **Mapaï**, fondé en 1930 par David Ben Gourion (v.) et Levi Eshkol, est resté le premier parti d'Israël. L'Achdut Avoda, qui avait fusionné avec lui lors de sa fondation, s'en sépara en 1944 et, avec d'autres groupes de gauche, elle fonda en 1948 le parti des travailleurs unis ou **Mapam**. En 1965, le Mapaï rallia à lui l'Achdut Avoda, mais fut affaibli par la scission de Ben Gourion et de ses partisans, qui fondèrent un nouveau groupement socialiste, le **Rafi** ; mais une réunification intervint dès 1968, donnant naissance au parti travailliste.

Dans le monde arabe, les idées socialistes ne commencèrent à se répandre qu'à l'époque de la Première Guerre mondiale, en Égypte, avec les ouvrages de Salama Musah (*Socialisme*, 1913) et de Nicolas Hadad (*Le Socialisme*, 1920), tous deux publiés en arabe. Le mouvement socialiste arabe le plus important est le Baas ; fondé en 1943 en Syrie (v.) par Michel Aflak et Salah el-Bitar, il s'est également implanté en Irak (v.). Le nassérisme en Égypte, le destourisme en Tunisie, le Front de libération nationale en Algérie constituent les principales variantes d'un « socialisme arabe », allergique au marxisme, qui renoue plutôt avec une vieille tradition islamique d'exploitation communautaire et collective ; mais, dans sa première étape, ce socialisme est avant tout un nationalisme : la récupération de la terre et des richesses du sous-sol, sur les anciens colons ou les firmes occidentales, conditionne l'indépendance économique, sans laquelle l'indépendance politique ne serait qu'un leurre.

Au Japon, le socialisme remonte au début du XXe s., mais une rigoureuse répression légale l'empêcha longtemps de se développer. Il ne commença à prendre son essor qu'à partir de la fondation, en oct. 1926, du parti social-démocrate japonais, dont les animateurs furent I. Abe, K. Horie, S. Nishio, T. Katayama. Les socialistes obtinrent huit sièges aux élections de 1928, puis trente-six sièges en 1937, mais le régime militaire réduisit bientôt le parti à l'impuissance. Il se reconstitua après la défaite, en nov. 1945, sous le nom de « **parti socialiste du Japon** », avec Tetsu Katayama à sa tête. Ce dernier est devenu le premier chef de gouvernement socialiste japonais (1947/48). En 1960, le mouvement socialiste se divisa en deux partis : le plus radical conserva le nom de parti socialiste du Japon ; le réformiste fut le parti socialiste démocratique. Malgré cette faiblesse structurelle, le parti socialiste du Japon (PSJ) remporta les élections sénatoriales de juill. 1989 grâce à la popularité de sa nouvelle dirigeante, Mme Takako Doi. Il ne sut cependant pas capitaliser ce succès et ne fut que l'auxiliaire d'autres partis dans la défaite infligée au PLD (parti libéral-démocrate) aux législatives de juill. 1993. Comme ses alliés annonçaient une évolution jugée trop conservatrice, le PSJ quitta cette coalition pour se rapprocher un temps du PLD, avec lequel il forma, à l'été 1994, un nouveau gouvernement dirigé par le chef du PSJ, T. Murayama, entraînant une nouvelle scission du parti. Les législatives de 1996 virent la défaite du PSJ et de ses alliés au profit du PLD.

SOCIALISTE RÉVOLUTIONNAIRE (parti). Parti fondé en Russie en 1901, et qui eut un rôle politique important jusqu'à la révolution d'oct. 1917. Voir SOCIALISME. Le socialisme en Europe de l'Est.

SOCIÉTÉ DES NATIONS (SDN). Organisation internationale créée en 1920 pour le maintien de la paix mondiale et le développement de la coopération entre les peuples, qui tient son origine des quatorze points de Wilson. Ceux-ci furent adoptés par les Alliés (28 avr. 1919), et le pacte constitutif de la SDN fut incorporé en tête du traité de Versailles et des autres traités de paix. La SDN naquit officiellement lors de l'entrée en vigueur du traité de Versailles (10 janv. 1920), et son siège fut fixé en territoire neutre, à Genève. Aux trente-deux membres fondateurs s'ajoutèrent treize autres États neutres qui avaient été invités à se joindre à la SDN. Les nouvelles adhésions pouvaient être reçues par l'assemblée de la SDN, à la majorité des deux tiers. Le Sénat américain ayant refusé de ratifier le traité de Versailles, les États-Unis se tinrent à l'écart de la SDN, dont ils avaient été les instigateurs. L'Allemagne fut accueillie dans la SDN en 1926, la Turquie en 1932, l'URSS en 1934.

La SDN suscita de grandes espérances, auxquelles elle fut loin de répondre. À son actif, il faut mettre l'œuvre importante du Bureau international du travail, l'assistance aux réfugiés de Russie et de Turquie dans les années 1920, l'appui économique et financier apporté aux États danubiens issus des traités de 1919/20. Cependant, l'organisation se montra impuissante en face de tous les problèmes graves. Le retrait du Brésil (1926) fut suivi par celui du Japon, qui avait été condamné pour son agression en Mandchourie (1933), et par celui de l'Allemagne hitlérienne (1933). Les « sanctions » prononcées contre l'Italie lors de la guerre d'Éthiopie se révélèrent inutiles, et l'Italie quitta à son tour la SDN (1937), suivie de la Hongrie et de l'Espagne (1939). L'organisation internationale ne put qu'assister passivement au réarmement allemand (dès 1934), à la remilitarisation de la Rhénanie (1936), à la guerre sino-japonaise (1937), à la guerre civile espagnole (1936/39), à l'Anschluss (1938), au démembrement de la Tchécoslovaquie (1939), enfin au déclenchement de la Seconde Guerre mondiale. Depuis l'affaire des sanctions contre l'Italie, les grandes puissances ignoraient effectivement la SDN, et celle-ci ne joua aucun rôle important dans les négociations des années 1938/39. À la fin de 1939, lors de l'agression soviétique contre la Finlande, la SDN prononça l'exclusion de l'URSS. La SDN disparut officiellement en avr. 1946, après avoir transmis ses fonctions et ses biens à l'Organisation des Nations unies (v.).

SOGLO Nicéphore (Lomé, Togo, 29.XI.1934). Homme politique béninois. Après avoir été administrateur de la Banque mondiale, il fut nommé Premier ministre de son pays en 1990. En mars 1991, il remporta l'élection présidentielle avec plus de 67 % des suffrages, avant de quitter le pouvoir en avr. 1996, au profit de Mathieu Kérékou.

SOIE (route de la). Nom donné à la route caravanière qui, par le bassin du Tarim, mettait la Chine en rapports commerciaux avec le monde méditerranéen. De l'O., cette route partait d'Antioche, passait par Séleucie du Tigre, traversait l'Empire parthe par Ecbatane, Rages (Ragaï), Hécatompylos, gagnait ensuite Antioche de Margiane (Merv), puis, de Bactres (Balkh), en Sogdiane, elle aboutissait au double chapelet d'oasis qui, de Kachgar à l'O. au Lobnor à l'E., entoure le bassin du Tarim. Deux itinéraires étaient donc empruntés à partir de Kachgar : l'un, au N., passait par Axou, Koutcha et Karachar ; l'autre, au S. du Tarim, passait par Yarkand et Khotan. Les deux branches se rejoignaient ensuite pour gagner Lo-yang, capitale de l'empire des Han. Le contrôle du Tarim représentait ainsi une importance capitale pour l'Empire chinois, qui y avait établi son protectorat vers 100 av. J.-C., puis avait dû abandonner cette région aux Hiong-nou (v.) peu avant le début de notre ère. La reconquête du Tarim par l'empire des Han fut entreprise dans le dernier quart du Iᵉʳ s. apr. J.-C. par le général Pan Tch'ao et achevée vers 123/27. Un important commerce de la soie put dès lors se développer entre la Chine et l'Occident romain. C'est également par la route de la Soie que le bouddhisme, venu de l'Inde du Nord, pénétra en Chine, et que des influences hellénistiques et sassanides s'exercèrent sur l'art chinois Wei et T'ang (Ve/VIIe s.).

SOISSONS (royaume de). Nom d'un des quatre royaumes issus du démembrement des États de Clovis, en 511 ; il fut attribué au troisième fils de Clovis, Clotaire Ier. Il s'étendait depuis Soissons et Amiens à l'O. jusqu'au Rhin à l'E. et jusqu'à la Frise au N. Clotaire Ier y réunit successivement les trois autres royaumes francs et devint seul roi (558). Mais après sa mort (561), le royaume de Soissons se reforma au profit de l'un de ses fils, Chilpéric Ier. Voir **Neustrie**.

SOKOTO (royaume de). État théocratique fondé en 1809 par Ousmane dan Fodio et passé sous protectorat britannique en 1885. Voir **Peuls**.

SOLFERINO. Village d'Italie, en Lombardie, au N.-O. de Mantoue. Bataille livrée par l'armée franco-sarde de Napoléon III à l'armée autrichienne, commandée par l'empereur François-Joseph (24 juin 1859). Bien que François-Joseph ait finalement ordonné la retraite de ses troupes, la bataille ne fut pas décisive. Particulièrement sanglante, elle fit 17 000 morts franco-sardes et 22 000 morts autrichiens. Alarmé par ses pertes et inquiet d'une mobilisation prussienne sur le Rhin, Napoléon III préféra offrir aux Autrichiens l'armistice de Villafranca (11 juill. 1859), conclu à des conditions beaucoup moins favorables aux Italiens que celles qu'avaient prévues les accords de Plombières. Cavour, indigné, démissionna. C'est le carnage de Solferino qui inspira à Henri Dunant la fondation de la Croix-Rouge (1864).

SOLIDARITÉ, *Solidarnosc*. Syndicat polonais fondé à Gdansk en 1980, en pleine crise politique et sociale. Solidarité fut la première organisation ouvrière indépendante du pouvoir légalement reconnue par un État socialiste. Dirigé depuis sa fondation par L. Walesa (v.), le syndicat fut suspendu par le général Jaruzelski après l'instauration de l'état d'urgence en 1981, puis interdit en 1982. Nombre de ses dirigeants furent arrêtés ou réduits à la clandestinité, mais Solidarité continua à jouer un rôle central, avec le soutien de l'Église catholique, d'une grande partie de la population et de l'opinion internationale. L'État polonais dut le tolérer, et fut même contraint de recourir au prestige et à l'autorité de L. Walesa pour faire cesser les grandes grèves de 1988, en échange d'un compromis politique : de longues négociations, suivies d'élections, permirent, en 1989, la formation du premier gouvernement d'un pays de l'Est dirigé par un non-communiste, T. Mazowiecki, membre de la direction du syndicat. Voir **Pologne**. La révolution pacifique de Solidarité.

SOLIMAN II, surnommé par les Occidentaux **le Magnifique** et par les Turcs **Kanouni**, *le Législateur*, et **Asametleu**, *le Grand* (* vers 1495 † Szigetvár, Hongrie, 6.IX.1566). Sultan ottoman (1520/66). Chef de guerre mais aussi grand diplomate, il porta à son apogée l'Empire ottoman. Engageant la guerre contre la Hongrie, il s'empara de Belgrade en 1521, battit et tua le roi Louis de Hongrie à Mohács, et prit Buda (Budapest) en 1526, étendant la domination ottomane sur presque tout le territoire hongrois. Les Ottomans parvinrent jusqu'à Vienne dont ils commencèrent le siège (1529). Entre-temps, Soliman s'était emparé de Rhodes en 1522 ; à l'E., il avait conquis l'Azerbaïdjan, Tabriz et Bagdad en 1534, alors que les corsaires turcs ravageaient la Méditerranée et contrôlaient les rivages de l'Afrique du Nord, à l'exception du Maroc et de Tunis, reconquise par Charles Quint en 1536.

À la suite de la mort de Jean Zápolya, dont il avait précédemment soutenu les droits au trône de Hongrie contre Ferdinand d'Autriche (1529), Soliman annexa la Hongrie, y plaça un gouverneur turc et ne laissa que la Transylvanie au fils de Jean Zápolya. Après plusieurs années de guerre, Soliman et Ferdinand finirent par conclure une paix (1547) qui laissait la Hongrie occidentale à l'Autriche, en échange d'un important tribut annuel versé aux Ottomans. Ferdinand ne cessa de contester ce traité et le sultan menait encore campagne en Hongrie lorsqu'il mourut de maladie au siège de Szigetvár (Szeged).

SOLJENITSYNE Alexandre Issaïevitch (Kislovodsk, Caucase, 11.XII.1918). Écrivain russe. Arrêté par la police politique alors qu'il combattait sur le front de Prusse-Orientale pendant la Seconde Guerre mondiale, Soljenitsyne fut condamné, en 1945, à huit ans de travaux forcés et connut bagnes et camps de concentration, puis fut assigné à résidence au Kazakhstan en 1953. Il fut libéré en 1956 à la faveur de la déstalinisation et réhabilité l'année suivante. Ses premiers écrits furent publiés par la revue *Novy Mir*, mais ses premiers grands romans furent interdits. Après leur publication en Occident en 1968, il reçut le prix Nobel de littérature en 1970, mais ne put recevoir sa distinction à Stockholm. Exclu de l'Union des écrivains soviétiques en 1969, il fut déchu de sa nationalité et expulsé en 1974, alors qu'il s'apprêtait à publier en Occident *L'Archipel du Goulag*, terrible dénonciation de l'univers concentrationnaire soviétique. En 1989, l'Union des écrivains soviétiques, encouragée par la perestroïka de Gorbatchev, demandait sa réhabilitation totale et s'apprêtait à publier, dans le très officiel *Novy Mir*, une version non expurgée de *L'Archipel du Goulag*, déjà connu des Soviétiques par des publications clandestines. Soljenitsyne se réinstalla en Russie en 1994.

SOLON (* Salamine, vers 640, † vers 558 av. J.-C.). Homme politique athénien. Après avoir réussi à reprendre Salamine aux Mégariens (vers 612), Solon fut élu archonte en 594 et investi, sans doute, des pouvoirs exceptionnels d'un législateur. Il entreprit une vaste réforme sociale et, selon les théoriciens du IVe s. av. J.-C., politique : suppression du servage pour dettes, abolition des dettes et arrachage des bornes hypothécaires pour faire cesser la dépendance des paysans à l'égard de l'aristocratie des grands propriétaires (Eupatrides), comme salarié (*thète*) ou « sizenier » (*hectémore*, métayer qui ne conservait qu'une partie de la récolte), et de l'esclavage. Dans le domaine politique, on lui attribue la répartition du peuple athénien en quatre classes censitaires, toutes ayant cependant le droit de vote et l'accès au tribunal de l'héliée, qu'il avait institué. Il aurait réformé également le système monétaire et engagé Athènes dans le grand commerce maritime. Pisistrate, dont Solon se méfiait, continua cependant son œuvre. Solon fut mis au nombre des Sept Sages de la Grèce.

SOLUTRÉEN. Civilisation du paléolithique supérieur identifiée pour la première fois par E. Lartet et H. Christy en 1864 et définie par H. Breuil et D. Peyrony comme une industrie de transition entre l'aurignacien et le magdalénien. Le site éponyme est la station préhistorique de Solutré, près de Mâcon. Le solutréen, daté entre 20 000 et 16 000 ans avant notre ère, se caractérise par un outillage de lames de silex minces et très finement retouchées. On distingue 3 phases, avec à chaque fois des formes nouvelles venues s'ajouter aux anciennes : le solutréen ancien avec ses pointes « à face plane » (Laugerie-Haute) ; le solutréen moyen avec ses pointes « en feuilles de laurier » (Le Placard, Solutré) et le solutréen récent marqué par l'apparition des pointes « en feuilles de saule » et des aiguilles à chas. Ce type d'industrie est limité à la France, entre la Loire et les Pyrénées, et à la péninsule Ibérique. Cette culture a laissé un art pariétal d'une grande richesse esthétique.

SOMALIE. Région située à l'extrémité N.-E. de l'Afrique, entre le golfe d'Aden et l'océan Indien. Appelé dans l'Antiquité *Phun* ou *Punt*, ce pays fut visité à l'époque de la Ve dynastie par des Égyptiens en quête d'or, d'encens et d'ébène. Le peuple des Somalis, établi au moins depuis le haut Moyen Âge, est d'origine hamitique, et proche des Gallas et des Abyssins (v.). Au IXe s., les Arabes fondèrent le port de Zeïla, au S. de Djibouti, d'où ils menèrent peu à peu la colonisation de la côte, imposant l'islam aux populations danakiles et somalies (XIIIe s.). En 1527 des troupes de Danakils et de Somalis furent lancées contre l'Éthiopie par l'émir de Harrar, Mohammed Granye, et le royaume abyssin ne fut sauvé que de justesse par l'intervention des Portugais (1547). Profitant de ces luttes, les nomades païens gallas, venus de la région du lac Rodolphe et du sud-est de l'Éthiopie, s'installèrent dans les régions abandonnées par les Danakils et les Somalis. Les côtes somaliennes passèrent ensuite sous la suzeraineté des imams de Mascate (v. **OMAN**), dont les droits passèrent au sultan de Zanzibar (1814/66). La seconde moitié du XIXe s. vit se développer la colonisation européenne. Il faut dès lors distinguer :

La Somalie italienne, située en bordure de l'océan Indien et du golfe d'Aden. En 1869, la compagnie italienne Rubattino y avait acheté des terrains et commencé leur prospection. En accord avec l'Angleterre, cette région fut annexée et organisée en colonie à partir de 1882, et le protectorat italien fut officiellement établi sur la Somalie en 1887/89. Devenue colonie en 1905, la Somalie fut étendue vers le nord après la défaite du « Mullah fou » (Mohammed ben Abdullah Hassan) (1907/08), puis au sud, lorsque l'Angleterre céda à l'Italie le Transdjiouba (1924). Réunie en 1936 à l'Éthiopie pour former l'Empire italien d'Afrique-Orientale, la Somalie italienne fut conquise par les Anglais en 1941 et resta sous occupation britannique jusqu'en 1949. En 1950, l'ancienne Somalie italienne fut confiée par l'ONU en tutelle à l'Italie, laquelle s'engageait à accorder l'indépendance à ce pays en 1960. Voir ci-après, la république de Somalie.

La Somalie britannique, *British Somaliland*, située en bordure du golfe d'Aden, entre la Côte française des Somalis et la Somalie italienne. Cette région, soumise à l'Égypte depuis 1860, fut évacuée par les Égyptiens en 1884 et se plaça alors sous le protectorat des Anglais, qui occupèrent Berbera. Après plus de vingt ans de lutte, l'Angleterre réussit à réduire la rébellion du « Mullah fou », Mohammed ben Abdullah Hassan (1921). Occupée par les Italiens en août 1940, la Somalie britannique fut reconquise par les Anglais au printemps 1941. En juin 1960, l'Angleterre mit fin au protectorat et l'ancienne Somalie britannique forma avec la partie italienne la république de Somalie (v. ci-après).

La Côte française des Somalis, située sur le golfe d'Aden, bornée au N. et à l'O. par l'Éthiopie, au S.-E. par la république de Somalie, eut pour origine le poste d'Obock, que la France acheta en 1862 à des chefs danakils. En 1884, le protectorat français fut étendu sur les petits sultanats de Tadjoura et de Gobad, et, en 1888, fut créé le port de Djibouti. Devenue colonie en 1896, la Côte française des Somalis avait une population composée d'Issas (ou Somalis) pasteurs et nomades et d'Afars (ou Danakils) ; ces derniers furent favorisés par l'administration française. L'importance de la colonie tenait au port de Djibouti, escale vers l'Extrême-Orient et l'océan Indien, et débouché du chemin de fer d'Addis-Abeba, achevé en 1917. Revendiqué par l'Italie mussolinienne, le port de Djibouti fut soumis, après l'armistice de juin 1940, à un sévère blocus anglais ; en déc. 1942, la colonie se rallia à la France libre. En 1946, elle devint un territoire français d'outre-mer, et la loi-cadre de 1956 lui donna une certaine autonomie locale. Au cours des années 1960, la république de Somalie revendiqua le territoire. 60 % des habitants (essentiellement les Européens et les Afars) se prononcèrent pour le maintien dans la France au référendum de mars 1967. Pour souligner l'égalité des deux grands groupes ethniques, on donna à la Côte française des Somalis la dénomination de **Territoire français des Afars et des Issas**. Mais l'aspiration des Issas vers l'indépendance continuait à s'exprimer clandestinement dans le Front de libération de la Côte des Somalis (FLCS), créé en 1963, et légalement dans la Ligue populaire africaine pour l'indépendance (LPAI). En déc. 1975, le gouvernement français se résigna à reconnaître la vocation du territoire à l'indépendance, à la condition que celle-ci pose en principe le respect de toutes les communautés et ne soit pas le prélude à une annexion à la République démocratique de Somalie ; en outre, la France souhaitait conserver l'usage du port de Djibouti, base importante pour ses activités navales dans l'océan Indien. Un nouveau référendum conduisit à l'indépendance en 1977, sous le nom de république de Djibouti.

La **république de Somalie** fut constituée le 1er juill. 1960 par la réunion des anciennes Somalie italienne et Somalie britannique devenues indépendantes ; capitale *Mogadiscio*. Le nouvel État, dirigé par Abdirachid Ali Chermake, d'abord Premier ministre, puis, à partir de 1967, président de la République, entretint des relations assez difficiles avec ses voisins (Kenya, Éthiopie et Côte française des Somalis) du fait de la présence de quelque 350 000 Somaliens en dehors de ses frontières et des revendications du gouvernement de Mogadiscio en faveur d'une « Grande-Somalie ». Le président Chermake, dont l'autoritarisme rencontrait une opposition croissante, fut assassiné en oct. 1969. Moins d'une semaine plus tard, l'armée et la police s'emparaient du pouvoir et installaient un Conseil supérieur de la révolution présidé par le commandant en chef de l'armée, le général Siyad Barré (21 oct. 1969). La Somalie, devenue **République démocratique de Somalie**, constituait désormais un « État socialiste » (oct. 1970). En 1977, le gouvernement somalien créa un Front de libération de la Somalie occidentale pour soutenir les maquisards de la région éthiopienne de l'Ogaden, qui réclamaient le rattachement à la Somalie (v.). Son opposition à l'Éthiopie conduisit l'URSS, alliée de celle-ci, à fermer en 1977 la base aéronavale qu'elle avait ouverte en 1975 sur le port stratégique de Berbera. La Somalie se tourna alors vers les États-Unis qui y installèrent une modeste base en 1980. La guerre de l'Ogaden fut finalement gagnée par l'Éthiopie grâce à l'aide soviétique et à l'engagement de troupes cubaines.

La paix avec l'Éthiopie ne fut officiellement rétablie qu'en 1988, année qui vit renaître, au N. de la Somalie, la lutte armée du Mouvement national somalien (MNS), dominé par le clan Issa, contre le pouvoir central dictatorial incarné par Siyad Barré. Le nord du pays fut déserté par ses habitants dont des dizaines de milliers se réfugièrent en Éthiopie ; l'aide humanitaire devenait la principale ressource du pays. Une autre rébellion armée, celle du Congrès de Somalie unifié (CSU), dominé par le clan Hawiye, réussit à chasser du pouvoir S. Barré en janv. 1991. Au mois de mai, le MNS instaura dans le nord du pays, sur le territoire de l'ancienne colonie britannique, une **république du Somaliland** qui ne fut pas reconnue. Les combats entre partisans du MNS et partisans du CSU, autrefois alliés, ravagèrent le sud du pays, provoquant une terrible famine. Ce fut l'occasion d'une première opération humanitaire américaine, lancée par George Bush en août 1992. Créant un précédent, l'ONU invoqua un « droit d'ingérence humanitaire » pour intervenir militairement en Somalie, dans le but d'y rétablir la sécurité : 36 000 hommes débarquèrent (hiver 1992/93) sous supervision américaine. Ce fut un échec sanglant où 44 casques bleus (pakistanais et américains) furent tués. En 1995, les derniers casques bleus étaient évacués, et les combats reprirent de plus belle, malgré l'accord de paix signé en déc. 97 grâce à la diplomatie égyptienne. En août 2000 cependant, des élections furent organisées sous l'égide de l'Autorité intergouvernementale pour le développement (IGAD) basée à Djibouti et Abdulkassim Salat Hassan, ancien ministre de S. Barré, devint président. Mais, conséquence de cette longue guerre civile, la population somalienne reste gravement touchée par la famine, dans les régions restées instables que l'aide internationale ne peut atteindre.

SOMME (batailles de la). Durant la Première Guerre mondiale, la bataille de la Somme fut déclenchée par l'offensive que menèrent, de juill. à nov. 1916, les forces franco-britanniques pour percer le front de la IIe armée allemande (von Bülow), de part et d'autre de la Somme, entre Albert et Chaulnes. Le 1er juill. 1916, les forces alliées, avec Micheler (Xe armée franç.) et Fayolle (VIe armée franç.) au S., Rawlinson (IVe armée brit.), Gough (Ve armée brit.) et Allenby (IIIe armée brit.) au N., attaquèrent sur l'axe Bapaume-Cambrai, après sept jours de préparation d'artillerie. Bien que menée avec des forces considérables, l'offensive ne donna pas les résultats espérés et ne put pratiquer de brèche dans le front allemand : après vingt semaines de combat, les Alliés n'avaient créé dans le front ennemi qu'un saillant de 10 km de profondeur. Les pertes avaient été considérables : les Anglais perdirent 40 000 hommes le premier jour de l'offensive, et la bataille fit plusieurs centaines de milliers de morts et disparus dans les deux camps. C'est durant cette bataille que les Anglais firent pour la première fois l'essai des chars d'assaut, à Flers, au S. de Bapaume, le 15 sept. 1916. L'échec de l'offensive de la Somme marqua profondément l'opinion anglaise et coûta à Joffre son poste de général en chef.

Durant la Seconde Guerre mondiale, alors que la Wehrmacht poursuivait à Dunkerque la liquidation des forces alliées du Nord, le général Weygand constitua une ultime ligne de défense sur la Somme et sur l'Aisne. Mais les Allemands, disposant désormais d'une écrasante supériorité numérique en hommes et en matériel, percèrent le front le 5 juin 1940, avec leurs divisions blindées, à Amiens et à Péronne, malgré la résistance acharnée des troupes françaises ; Rommel atteignait la Seine dès le 9 juin, et, le 14 juin, la Wehrmacht entrait dans Paris.

SOMOZA. Famille nicaraguayenne qui a détenu constamment le pouvoir au Nicaragua, des années 1930 jusqu'en 1979. Voir **NICARAGUA**.

SONDERBUND (guerre du). Guerre qui opposa sept cantons catholiques suisses au reste de la Confédération en 1847. Par le pacte de 1815, chaque canton avait gardé son autonomie religieuse ; mais les radicaux anticléricaux désiraient l'unification de la Suisse et la constitution d'un gouvernement central. En 1832, le projet de révision du pacte fédéral s'était heurté à la résistance des trois cantons primitifs (catholiques) d'Uri, Schwyz et Unterwald, et avait été rejeté. Les radicaux prirent alors des mesures anticléricales dans les cantons où ils détenaient le gouvernement : en Argovie, qui était un canton mixte, la suppression des couvents fut décidée en 1841, en violation d'un article du pacte de 1815 qui garantissait l'existence des communautés religieuses. Les catholiques de Lucerne répliquèrent en appelant les jésuites et en leur confiant la direction de l'enseignement secondaire (1845) ; la majorité protestante de la Suisse vit dans cet acte une provocation, mais la diète ne pouvait intervenir, puisque les cantons avaient une entière souveraineté dans leurs affaires intérieures.

Les radicaux recoururent alors à la force : un corps de volontaires envahit le territoire de Lucerne, mais subit un échec lamentable (mars 1845) ; puis le chef des catholiques lucernois, le paysan Joseph Leu, fut assassiné (juill. 1845). Les cantons catholiques décidèrent alors de s'organiser pour se défendre eux-mêmes : le 11 déc. 1845, une confédération, appelée par leurs adversaires *Sonderbund* ou « alliance séparée », fut conclue entre les cantons de Lucerne, Uri, Schwyz, Unterwald, Zug, Fribourg et Valais. La majorité de l'opinion publique suisse exigea la dissolution du Sonderbund et l'expulsion des jésuites : la diète, où les radicaux majoritaires étaient assurés des voix de douze cantons, prononça la dissolution du Sonderbund (20 juill. 1847). Les cantons catholiques ayant refusé de se soumettre, les douze cantons majoritaires levèrent une armée de 50 000 hommes, commandés par le général Dufour. L'armée fédérale occupa militairement le canton de Fribourg (10 nov.), puis Lucerne (24 nov.) : en trois semaines, le Sonderbund fut vaincu. À la suite de cette guerre, les jésuites furent partout expulsés et le pacte de 1815 fut remplacé par la Constitution de 1848, qui étendait considérablement les pouvoirs de l'État fédéral.

SONG. Dynastie nationale chinoise, qui régna sur la Chine de 960 à 1276. Voir **CHINE**.

SONGGRAM Luang Pibul (* Bangkok, 14.VII. 1897, † Tôkyô, 1964). Maréchal et homme politique thaïlandais. Premier ministre de 1938 à 1944 et de 1947 à 1957. Voir **THAÏLANDE**.

SONNINO Giorgio Sidney, baron (* Pise, 11.III. 1847, † Rome, 24.XI.1922). Homme politique italien. Député de droite à partir de 1880, ministre des Finances sous Crispi (1893/96), il devint président du Conseil (1906, 1909/10). Ministre des Affaires étrangères de 1914 à 1919, il commença par marchander avec l'Autriche-Hongrie l'octroi de compensations, puis s'engagea vers l'intervention aux côtés des Alliés (1915). En 1919, à la conférence de la paix, il se heurta violemment à Wilson, qui refusait à l'Italie Fiume et la Dalmatie. Il quitta le pouvoir avec Orlando en juin 1919.

SONRHAÏ ou **SONGHAÏ.** Ancien royaume d'Afrique occidentale, qui s'étendait de part et d'autre de la grande boucle du Niger. Il fut fondé au VIIe s., par un chef berbère de Libye, Za el-Ayamen, qui, fuyant l'invasion arabe, s'établit à Koukia, à 150 km au S. de Gao. Vers 1010, les rois de Koukia s'installèrent à Gao et se convertirent à l'islam, mais la majorité de leurs sujets restèrent païens jusqu'à la fin du XVe s. Au XIe s., le royaume sonrhaï s'étendait le long du fleuve, de la région de Tombouctou à celle de Niamey, mais il passa, à la fin du XIIIe s., sous la suzeraineté de l'empire du Mali. La décadence de cet empire, au XVe s., permit la résurrection du royaume sonrhaï : en 1400, le roi ou *sonni* de Koukia, Ma Dogo, pilla la capitale malienne. Avec Sonni Ali ou Ali Ber (1464/92), le nouveau royaume sonrhaï connut un rapide essor. Il s'empara de Tombouctou, de Djenné et de la région des lacs, s'assura le contrôle des mines d'or du Bito et se rendit maître du Niger navigable. Mort au combat, il fut remplacé par un de ses généraux, Sarakollé Mohammed Touré (1493/1528), qui fonda la dynastie musulmane des Askia, sous laquelle le royaume sonrhaï se convertit complètement à l'islam et connut son apogée. Le Sonrhaï succomba finalement sous les coups du sultan marocain Ahmed el-Mansour, en 1591.

SOPHIE ALEXEÏEVNA (* Moscou, 1657, † monastère de Novodievitchiy, Moscou, 1704). Régente de Russie (1682/89). Fille du tsar Alexis, elle fut imposée comme régente par la révolte des streltsy (corps auxiliaires de l'armée) (v. **RUSSIE. Les premiers Romanov**) durant la minorité des deux cotsars, ses frères Ivan V et Pierre Ier. Elle réussit à imposer son autorité aux streltsy et fit exécuter un de leurs chefs, Khovanski. Aidée du prince Vassili Galitzine, elle persécuta les vieux-croyants et inaugura la politique de réformes que devait reprendre Pierre le Grand. En 1686, elle signa avec la Pologne une paix qui donna Kiev à la Russie ; mais elle ne réussit pas à enlever la Crimée aux Turcs. En Extrême-Orient, elle signa avec la Chine le traité de Nertchinsk (6 sept. 1698), qui donnait comme frontière extrême-orientale de la Russie le tracé du fleuve Amour. Sophie fut renversée en sept. par Pierre le Grand qui l'enferma dans un couvent.

SORCELLERIE. La croyance à la possibilité de mettre en œuvre, par certaines pratiques, des forces surnaturelles à des fins nuisibles se retrouve dans toutes les religions primitives. Mais on croyait aussi que les puissances démoniaques pouvaient s'emparer d'un être humain, parler par lui, agir en lui, « possession » qui affectait surtout les femmes. Ces sorcières étaient liées au démon par une union sexuelle, qui se manifestait par des signes physiques ou psychiques, par des dons divers (voyance, mauvais œil, don de jeter des sorts frappant bêtes et gens, pouvoir de se déplacer dans les airs, etc.). Comme l'étude scientifique des maladies nerveuses et psychiques n'a commencé qu'à une époque très récente, les hystériques, les épileptiques, les psychopathes divers étaient souvent considérés, jusqu'au XVIIIe s. encore, comme des « possédés », qui suscitaient autour d'eux terreur et aversion et se trouvaient exposés, en tant que créatures du démon, à subir des châtiments terribles.

Dans les sociétés antiques, le sorcier a eu sa place et son rôle, considérables, mais avec un statut toujours ambigu : exposé à la répression, et en même temps, instrument indispensable dans l'interprétation des signes où s'exprimait la volonté des dieux, et technicien compétent pour se la concilier, voire la contraindre. Les Grecs ont admis les talents des sorcières de Thessalie, mais ils pouvaient traduire devant les tribunaux des individus accusés d'impiété pour leurs pratiques magiques. À Rome, à l'époque impériale, la sorcellerie était durement réprimée, parce que la crainte des responsables était que le savoir des sorciers pût être efficace sur le destin des dirigeants, voire sur celui de l'empereur. Dans le monde juif, la sorcellerie était condamnée par la loi de Moïse (« Tu ne laisseras pas vivre la sorcière », Exode, XXII, 18), mais le roi Saül a consulté la sorcière d'Endor (I Samuel, XXVIII).

En Europe, la sorcellerie des peuples germaniques fut durement combattue par le christianisme naissant qui considérait que les pratiques (et les succès) des sorciers reposaient sur leur rapport avec le diable et les puissances qu'il animait. Mais c'est à partir du XIIIe s. que la sorcellerie devint un problème important dans l'Europe chrétienne, à la suite de la diffusion de la magie arabe et juive, et des hérésies cathare et albigeoise, qui conféraient au principe du Mal un rôle déterminant dans le gouvernement de ce monde ; au XIVe s., époque de guerres et de crises économiques, les maux multiples qui, avec la peste noire, accablèrent les populations, confirmèrent l'opinion publique dans la croyance que Satan était à l'œuvre sur la terre.

Les autorités ecclésiastiques qui, jusqu'alors, s'étaient plutôt efforcées d'empêcher ou de limiter les exécutions de sorciers et de sorcières, assumèrent désormais la responsabilité de la répression, qui fut confiée à l'Inquisition (v.). Le premier procès de sorcières officiel eut lieu à Trèves en 1235 et, en 1275, à Toulouse, fut brûlée la première sorcière dûment condamnée par les tribunaux ecclésiastiques. La sorcellerie était dorénavant assimilée à l'hérésie, et le pape Jean XXII, en 1330, donna une nouvelle impulsion à la chasse aux sorcières, relayé un siècle plus tard par la bulle papale d'Innocent VIII, *Summis desiderantes affectibus* (1484) : commença alors une persécution systématique.

Loin de tempérer les préjugés populaires sur la sorcellerie, la Réforme les aggrava plutôt en répandant une conception pessimiste de l'existence humaine sur la terre. Érasme et Luther croyaient profondément à la présence active du démon dans les âmes. Luther et Calvin réclamèrent des châtiments impitoyables pour toutes les personnes suspectes de sorcellerie, et cette tradition protestante se perpétua longtemps dans le puritanisme anglais et américain : en témoignent les nombreuses chasses aux sorcières, dont la plus célèbre eut lieu à Salem dans les colonies anglaises d'Amérique (1692).

Au XVIe s. cependant, commença à s'affirmer un courant de protestation contre la démonomanie. Son initiateur fut un médecin calviniste allemand attaché au duc de Clèves, Johann Weyer, auteur d'un ouvrage de démystification. Du côté catholique s'élevèrent les voix des jésuites Adam Tanner (1627) et Friedrich von Spee (1631), qui condamnèrent les cruelles procédures par lesquelles les prétendues sorcières étaient amenées aux aveux sous la torture. En France, le pouvoir royal reprit à l'Église l'instruction des procès de sorcellerie ; en 1672, les magistrats reçurent l'ordre de se montrer très circonspects envers les accusations de cet ordre, et les peines de mort pour sorcellerie furent commuées en bannissement. La chasse aux sorcières, qui avait déjà accusé un fort ralentissement dans les dernières années du XVIIe s., prit fin au siècle suivant, sous l'influence de la pensée rationaliste. Les dernières exécutions à la suite de procès de sorcellerie eurent lieu en Angleterre avant 1700, en France en 1718, en Allemagne en 1756.

SOREL Agnès (* Fromenteau, Touraine, vers 1422, † près de Jumièges, Normandie, 9.II.1450). Vers l'âge de vingt-deux ans, elle devint la maîtresse de Charles VII, auquel elle donna quatre filles. Première des grandes favorites de l'histoire française, elle fut comblée de cadeaux magnifiques par le roi, dont elle reçut entre autres le château de Beauté-sur-Marne, ce qui la fit surnommer par un jeu de mots « Madame de Beauté ». Son influence politique sur Charles VII paraît avoir beaucoup été exagérée ; peut-être a-t-elle contribué à maintenir l'énergie du roi dans les dernières années de la guerre contre l'Angleterre. Elle mourut subitement, peu après avoir donné le jour à son quatrième enfant, et on soupçonna le dauphin, futur Louis XI, de l'avoir fait empoisonner.

SOREL Georges (* Cherbourg, 2.XI.1847, † Boulogne-sur-Seine, 30.VIII.1922). Sociologue français. Influencé à la fois par Proudhon, Marx, Nietzsche et William James, il collabora assidûment à deux revues marxistes, *L'Ère nouvelle* (1893/94) et *Le Devenir social* (1895/97). Il fut un des premiers intellectuels à prendre position en faveur de Dreyfus, mais s'indigna bientôt de voir les socialistes français, à la suite de Jaurès, s'engager dans la voie du réformisme et de la légalité parlementaire. Sorel se fit le théoricien du syndicalisme révolutionnaire, opposé à la fois à l'État et aux partis : pour lui, l'organisation de l'économie devait être assurée par les ouvriers eux-mêmes, au moyen des syndicats absolument indépendants.

De 1906 à 1908, Sorel développa ces vues dans des articles du *Mouvement socialiste* de Lagardelle, et certains d'entre eux, remaniés, formèrent son livre le plus célèbre, *Réflexions sur la violence* (1908). Dans les années 1910, Sorel attira l'attention d'extrémistes venus d'un tout autre bord que le sien, les jeunes intellectuels de l'Action française, séduits par son opposition radicale à l'État démocratique. Ainsi l'influence de Sorel s'est-elle exercée à la fois sur la naissance du bolchevisme et sur celle du fascisme.

SOTO Hernando de (* Barcarrota, Badajoz, vers 1500, † sur les rives du Mississippi, 21.V.1542). Conquistador espagnol. Après avoir pris part aux expéditions de Pizarre et d'Almagro en Amérique du Sud (1532/34), il rentra en Espagne avec une importante fortune et obtint de Charles Quint l'autorisation de conquérir la Floride à ses propres frais. Débarqué avec ses compagnons le 25 mai 1539 dans la baie de Tampa, il renvoya ses navires à Cuba et explora le sud-est des États-Unis actuels jusqu'au Tennessee et à l'Oklahoma. Il fut sans doute le premier homme blanc à voir et à franchir le Mississippi (1541). Il mourut des fièvres sur les bords du fleuve, dans lequel il fut immergé.

SOUABE, *Schwaben*. Région historique de l'Allemagne du Sud-Ouest, comprise entre la Thuringe au N., la Bavière à l'E., la Forêt-Noire à l'O. et la Suisse au S. D'abord habitée par des Celtes, cette région fut occupée au Iᵉʳ s. av. J.-C. par le peuple germanique des *Suèves* (en allem. *Sweben*), qui lui a laissé son nom. Conquise par les Romains en 15 av. J.-C., elle forma la province de Rhétie. Au IIIᵉ s. de notre ère, les Suèves commencèrent à s'infiltrer vers le Sud, mais les éléments restés en arrière s'amalgamèrent à de nouveaux envahisseurs, les Alamans. Le duché d'Alémanie (VIᵉ/VIIIᵉ s.), sous la suzeraineté mérovingienne, comprenait toute la Suisse alémanique, l'Alsace, le sud du pays de Bade, le Wurtemberg et la Souabe bavaroise. Soumise par les Carolingiens (746), la Souabe perdit ses ducs, mais recouvra son indépendance à la faveur de la décadence impériale, au début du Xᵉ s. En 917, Henri Iᵉʳ l'Oiseleur dut reconnaître Burchard Iᵉʳ comme duc de Souabe, mais le duché ne cessa de changer de mains jusqu'au moment où il fut donné par l'empereur Henri IV à la famille de Hohenstaufen, qui le posséda de 1079 à 1268. C'est pourquoi on donne parfois à la maison de Hohenstaufen le nom de maison de Souabe, et le nom d'empereurs souabes aux souverains allemands de cette maison : Conrad III, Frédéric Iᵉʳ Barberousse, Henri VI, Philippe de Souabe, Frédéric II. Le duché de Souabe fut très diminué par les cessions que fut obligé de faire Philippe de Souabe (empereur de 1198 à 1208), soit pour conserver des partisans contre son compétiteur Othon IV de Brunswick, soit pour doter ses filles. Reconstitué à peu près dans son intégrité par l'empereur Frédéric II de Hohenstaufen, il fut encore démembré en 1250 à l'avènement de Conrad IV au trône. Après la mort de Conradin, dernier des Hohenstaufen, en 1266, la Souabe commença à se diviser entre de nombreuses seigneuries et villes libres. De 1488 à 1533 exista une Grande Ligue souabe, qui se joignit en 1499 à Maximilien contre les Suisses, mais ne connut que des revers ; cette ligue avait pourtant une puissante armée, qui contribua à la défaite des paysans dans la guerre des Paysans (v.).

SOUBISE, Benjamin de Rohan, seigneur de (* La Rochelle, 1583, † Londres, 9.X.1642). Fils de René II, vicomte de Soubise et frère d'Henri de Rohan, il fut, comme ce dernier, un des chefs du parti protestant sous le règne de Louis XIII. Nommé par l'assemblée protestante de 1621 commandant général des provinces de Poitou, Bretagne et Anjou, il défendit Saint-Jean-d'Angély contre l'armée royale (1621), menaça Nantes, mais dut passer en Angleterre en 1622. En 1625, il se jeta sur la flotte royale dans le port de Blavet, l'emmena à l'île de Ré et fut momentanément maître de la mer entre Nantes et Bordeaux. Lors du siège de La Rochelle, il tenta vainement avec Buckingham de secourir la ville (1628), refusa de profiter de la paix d'Alès et mourut à Londres, sans postérité.

SOUDAN (république du). État de l'Afrique du Nord-Est, situé au S. de l'Égypte et formé par l'ancien Soudan anglo-égyptien ; capitale *Khartoum*. Connues dans l'Antiquité sous le nom de Nubie, les régions qui forment aujourd'hui la république du Soudan furent évangélisées au VIᵉ s. et virent se constituer deux royaumes chrétiens : au N., le royaume de Dongola, qui réunissait Nobates et Makorites et s'étendait d'Assouan à Khartoum ; au S. de Khartoum, le royaume d'Aloa ou des Alodes. Vers 640, ces chrétientés de Nubie furent coupées du reste du monde chrétien à la suite de la conquête de l'Égypte par les Arabes. Mais ceux-ci ne firent d'abord en Nubie que des incursions sans lendemain. Vers 651/52, ils conclurent avec le roi de Dongola, Kalidourat, un traité qui resta en vigueur pendant six siècles. En dépit de leurs relations avec le patriarche monophysite d'Alexandrie, les deux royaumes nubiens souffrirent d'un isolement spirituel croissant ; leur résistance aux harcèlements continuels des Arabes nomades s'en trouva affaiblie. En 1315, le royaume de Dongola s'effondra, submergé à la fois par les Égyptiens, par les nomades et par l'islam. Le royaume chrétien d'Aloa, au S., réussit à tenir jusqu'au début du XVIe s., mais, en 1504, il fut soumis par Amara Dounkas, originaire du Bornou, qui fonda le royaume musulman des Foundj, dont la capitale fut établie à Sennar, sur le Nil Bleu. Le royaume foundj n'était qu'une confédération assez lâche, dont l'économie était essentiellement fondée sur le trafic des esclaves. À l'O., le Darfour était indépendant et il enleva le Kordofan aux Foundj au cours du XVIIIe s. La décadence du royaume foundj, ruiné par les luttes intestines, favorisa l'intervention de l'Égypte au S. de la deuxième cataracte.

Le khédive Méhémet-Ali envoya son fils Ismaïl faire la conquête du Soudan (1820/21). D'abord soumis à une rude administration militaire et à un système fiscal écrasant, le Soudan connut un régime meilleur à partir de 1826, sous le gouvernement d'Ali Kourchid Pacha. Khartoum fut fondée autour d'un camp militaire égyptien. La conquête égyptienne s'étendit en direction de la mer Rouge (annexion de la future province de Kassala, 1840 et du port de Souakin, 1846) et vers le Sud. Les régions méridionales étaient alors parcourues par des trafiquants d'esclaves sur lesquels le gouvernement égyptien jugea bon de s'appuyer : le plus célèbre d'entre eux, Zobéïr, fut nommé en 1873 gouverneur du Bahr el-Ghazal et il imposa son autorité dans le Darfour l'année suivante. L'Anglais Gordon, gouverneur de la province de l'Équateur (1877/79), maîtrisa une révolte du Darfour et lutta énergiquement contre le trafic des esclaves.

À partir de 1881, le Soudan fut en proie à l'agitation déclenchée par le Mahdi (v.), qui s'empara de Khartoum et tua Gordon en janv. 1885. Maîtres de tout le Soudan, le Mahdi et ses successeurs défièrent les armées anglo-égyptiennes pendant une quinzaine d'années. La puissance mahdiste fut finalement écrasée par la victoire de Kitchener à Omdurman (2 sept. 1898), et un condominium anglo-égyptien fut établi sur le Soudan par la convention du 19 janv. 1899. La frontière septentrionale du Soudan fut fixée sur le 22e parallèle, au N. d'Ouadi-Halfa. Au S., les Français avaient bien tenté de s'établir sur le Nil Blanc, mais l'incident de Fachoda (v.), qui avait provoqué une grave tension entre la France et l'Angleterre fut réglé par la déclaration franco-britannique du 21 mars 1899 : la France reconnaissait l'hégémonie anglaise sur le Nil

Le mouvement nationaliste fit son apparition dans les milieux d'officiers vers 1924. Après la Seconde Guerre mondiale, les nationalistes égyptiens réclamèrent avec insistance l'annexion du Soudan, mais les Soudanais eux-mêmes étaient divisés en une tendance favorable à la réunion de l'Égypte et une autre tendance aspirant à l'indépendance complète. En oct. 1951, le roi d'Égypte, Farouk Ier, abrogea unilatéralement les conventions passées avec l'Angleterre et se proclama roi du Soudan. Cependant, après le coup d'État de 1952, l'Égypte reconnut au Soudan le droit à l'autodétermination, et le Soudan devint une république indépendante le 1er janv. 1956.

L'armée prit le pouvoir en 1958. Plusieurs tentatives de retour au régime parlementaire échouèrent et un nouveau putsch eut lieu en 1969 en faveur du général Nimeiri, qui resta au pouvoir pendant vingt ans.

Au S. du pays, où se trouvent les principales richesses (pétrole et terres fertiles), les populations chrétiennes et animistes avaient déclenché, dès l'indépendance, une guerre civile séparatiste (Anyanya) qui dura jusqu'en 1972 et se termina par un accord préservant les intérêts et le particularisme du Sud. La réforme administrative de 1985, qui visait à séparer le Sud en trois régions, réactiva la guérilla. La même année, à Khartoum, une révolte populaire avait raison du régime dictatorial de Nimeiri. Sadek el-Mahdi, petit-fils du héros de la lutte contre les Britanniques, devint Premier ministre en 1986. Le régime parlementaire, soucieux de ménager les forces islamistes (maintien de la loi islamique, la *charia*) et l'armée, intensifia l'offensive contre les rebelles du Sud commandés par le colonel Garang, chef de l'Armée populaire de libération du Soudan (APLS). Les crues catastrophiques du Nil, en 1988, ajoutèrent aux violences de la guerre ; nombre d'habitants du Sud, chassés par la famine et les épidémies, se réfugièrent dans les pays voisins, et même à Khartoum, en pleine débandade économique (suspension de l'aide économique autre qu'humanitaire depuis 1986).

En juin 1989, Sadek el-Mahdi fut renversé par le général Omar el-Bechir, appuyé par Hassan el-Tourabi, fondateur du Front national islamique, lié aux Frères musulmans égyptiens. Une dictature militaire s'instaura, avec à sa tête le général Omar el-Bechir, et H. el-Tourabi obtint le poste de ministre de la Justice, ce qui donna au gouvernement une orientation délibérément islamique qui passait par la réduction de l'APLS de J. Garang, regroupement des rebelles chrétiens et animistes du Sud, appuyé par l'Ouganda et l'Éthiopie.

Par ailleurs, pour avoir soutenu S. Hussein pendant la guerre du Golfe (1991), le pays se trouva privé des subventions des monarchies du Golfe et des Occidentaux. Les difficultés économiques qui s'ensuivirent furent aggravées par la recrudescence des combats. On estime qu'entre 1982 et 1992 près d'un million de personnes avaient été tuées. Reconduit au pouvoir en 1996 puis en 2000, le général Omar el-Bechir adopta un régime démocratique de façade En 1998, il n'hésita pas à apporter son soutien militaire à Laurent-Désiré Kabila dans l'ex-Zaïre. En 2000, il finit par se séparer de l'islamiste H. el-Tourabi. Mais la guerre continue à faire rage au S., laissant la population en proie à une famine meurtrière.

SOUDAN FRANÇAIS. Colonie française du Haut-Sénégal-Niger, rebaptisée Soudan français de 1920 à 1958. Voir **Mali**.

SOUEÏ. Dynastie impériale qui régna sur la Chine de 581 à 618. Elle n'a compté que deux souverains, Yang-kien (v.) et son fils Yang-ti (v.). Après un morcellement de près de trois siècles, elle restaura l'unité de la Chine et rétablit l'hégémonie chinoise en Asie centrale. Elle fut remplacée par la dynastie des T'ang.

SOUHARTO, Suharto (Jogjakarta, Java, 28.II. 1921). Général et homme politique indonésien. Il combattit aux côtés des Japonais pendant la Seconde Guerre mondiale et participa ensuite à la guérilla contre les Hollandais qui tentaient de reconquérir l'Indonésie. Il se distingua dans la répression anticommuniste en 1948, puis contre le putsch communiste du colonel Untung en 1965. Il supplanta complètement Soukarno un an plus tard, devint président de la République en 1968 et fut cinq fois réélu depuis cette date (1973, 1978, 1983, 1989, 1993 et 1998). Alors que les accusations de népotisme se multipliaient, Souharto dut démissionner en mai 1998 et, le 26 juill. 2000, fut inculpé pour détournements de fonds et corruption. Fréquemment interrompu pour des raisons de santé, son procès reprit en nov. 2000.

SOUKARNO Ahmed (* Surabaya, Java, 6.VI.1901, † Djakarta, 21.VI.1970). Homme politique indonésien. Il milita dès sa jeunesse dans le mouvement nationaliste contre les Hollandais et, en 1927, fonda le parti national indonésien, fut plusieurs fois emprisonné et exilé par les autorités coloniales. En 1942, il était en résidence forcée depuis deux ans lorsque les Japonais le libérèrent et le nommèrent président du Conseil central de Java. Le 17 août 1945, il proclama l'indépendance de l'Indonésie et devint président de la République. Partisan d'une politique centralisatrice, il institua un régime de « démocratie dirigée », rassemblant nationalistes et communistes (1957). En 1960, il assuma seul tous les pouvoirs et se rapprocha de la Chine. Président à vie en 1963, il se laissa déborder par l'antagonisme entre l'armée et les communistes qui furent massacrés après l'échec du putsch du colonel Untung (1965), alors que Souharto, chef de l'armée, l'évinçait du pouvoir.

SOUKARNOPUTRI Megawati (Djakarta, 23.I. 1947). Femme politique indonésienne. Fille du premier président indonésien, Soukarno, elle prit en 1993 la tête du parti démocratique indonésien (PDI). Le président Souharto parvint à la faire démettre de ses fonctions trois ans plus tard. Après la chute de Souharto en 1998, M. Soukarnoputri forma le parti démocratique indonésien-Combat (PDI-P) et sa popularité lui permit de se présenter à l'élection présidentielle de 1999. Mais l'Assemblée indonésienne, essentiellement parce que la majorité des députés répugnait à voir une femme à la tête du plus grand État musulman du monde, lui préféra le musulman modéré Abdurrahman Wahid (v.), lettré coranique qui la désigna comme vice-présidente. À la suite de la destitution de celui-ci pour corruption, elle fut élue présidente le 23 juill. 2001.

SOULOUQUE Faustin Élie (* Petit-Goâve, vers 1789, † Petit-Goâve, 1867). Empereur d'Haïti sous le nom de Faustin Ier (1849/59). Esclave illettré, émancipé par le décret de 1790, il se distingua lors des révoltes de l'île, devint général et fut élu président en 1847. Deux ans plus tard, il se fit proclamer empereur (26 août 1849) sous le nom de Faustin Ier, s'entoura d'une cour nombreuse, fonda un ordre de noblesse, et fit régner la corruption et la terreur. Il tenta de s'emparer de la république Dominicaine, mais subit de cuisantes défaites et fut renversé par le général Geffrard (1859). Il se réfugia à la Jamaïque et ne rentra à Haïti que pour mourir.

SOULT, Nicolas Jean de Dieu, duc de Dalmatie (* Saint-Amans-la-Bastide, auj. Saint-Amans-Soult, Tarn, 29.III.1769, † Saint-Amans-la-Bastide, 26.XI. 1851). Maréchal de France. Engagé à seize ans dans l'armée royale, il se distingua durant la Révolution à l'armée du Rhin et en Belgique. Général de brigade en 1794, il s'illustra en Suisse et en Italie. Nommé maréchal lors de la grande promotion des maréchaux d'Empire en 1804, il décida de la victoire d'Austerlitz en s'emparant du plateau de Pratzen. Il se distingua ensuite à Iéna et à Eylau. Envoyé en Espagne, il contraignit les Anglais à se rembarquer à La Corogne, conquit le Portugal, mais dut se retirer devant Wellington. Il renversa la situation par sa victoire d'Ocaña (1809) ; en raison de désaccords avec Joseph Bonaparte, il quitta l'Espagne (1813), où il s'était enrichi par des pillages. Il combattit dans la campagne d'Allemagne et contre les armées anglo-espagnoles dans le midi de la France en 1814. À la première Restauration, il se rallia aux Bourbons, qui le firent pair de France et ministre de la Guerre. Durant les Cent-Jours, il revint à Napoléon. Banni après Waterloo, il rentra en France en 1819 et fut restauré dans toutes ses dignités. La monarchie de Juillet, qu'il accueillit avec chaleur, le nomma ministre de la Guerre (1830/31). Il fut trois fois président du Conseil (1832/34, 1839/40 et 1840/47), mais de manière toute nominale, Guizot exerçant la réalité du pouvoir ; il se retira pour raison de santé.

SOUNDIATA KEÏTA. Roi du Mali (1230/55). Voir **Mali (empire du)**.

SOUPHANOUVONG prince (* Louang Prabang, 12.VII.1912, † Vientiane, 9.I.1995). Homme politique laotien. Président de la République démocratique populaire du Laos de 1975 à 1986. Voir **Laos**.

SOUPPILOULIOUMA, le Grand Hittite. Roi des Hittites (vers 1353/22 av. J.-C.). Voir HITTITES. Naissance et progrès de l'État hittite.

SOUSTELLE Jacques (* Montpellier, 3.II.1912, † Neuilly-sur-Seine, 7.VIII.1990). Homme politique français. Membre du Comité de vigilance des intellectuels antifascistes, il collabora au journal L'*Humanité*, mais rompit avec les communistes lors du pacte germano-soviétique de 1939. Ayant rejoint Londres en 1940, il devint en 1942 commissaire à l'Information du comité gaulliste, puis en 1943, à Alger, directeur des services secrets et de contre-espionnage. Commissaire de la République à Bordeaux (1944), puis ministre des Colonies dans le cabinet de Gaulle (1945/46), il fut le principal organisateur du RPF et fut élu député du Rhône (1951/58). Considéré comme « libéral », il fut nommé par Mendès France gouverneur général de l'Algérie (janv. 1955), mais ses conceptions jacobines le rendirent vite favorable aux thèses de l'intégration, ce qui lui valut une grande popularité parmi les colons français d'Algérie. Son rappel par Guy Mollet, en févr. 1956, provoqua de violentes manifestations européennes à Alger. Il mena alors une très violente campagne contre toute politique d'« abandon » en Afrique du Nord et en faveur d'un appel au général de Gaulle. Lors de la crise du 13-Mai, il déjoua la surveillance de la police et réussit à gagner Alger ; il poussa militaires et colons à réclamer le retour au pouvoir du général de Gaulle. En juill. 1958, celui-ci le chargea du ministère de l'Information. Ministre délégué pour les départements sahariens dans le cabinet Debré (janv. 1959), Soustelle, opposé à la politique d'« autodétermination », quitta le gouvernement dès févr. 1960, après la semaine des barricades d'Alger, et prit bientôt nettement position contre de Gaulle. Fidèle à l'« Algérie française », il dut se réfugier en Italie de 1961 à l'amnistie de 1968. Réélu député du Rhône en 1973 et 1978.

SOUVANNA PHOUMA prince (* Louang Prabang, 7.X.1901, † Vientiane, 10.I.1984). Homme politique laotien. Premier ministre de 1951 à 1954, de 1956 à 1958, en 1960, et de 1962 à 1975. Voir LAOS.

SOUVAROV ou **SOUVOROV Alexandre Vassilievitch, comte Rymnikski,** puis **prince Italiiski** (* Moscou, 25.XI.1729, † Saint-Pétersbourg, 18.V.1800). Feld-maréchal russe. Entré dans l'armée à dix-sept ans, il se distingua durant la guerre de Sept Ans, combattit la révolte de Pougatchev (1774), écrasa une révolte des tribus caucasiennes en 1780 et fit la guerre aux Turcs (1773/74, 1787/89). Lors de la campagne de Bessarabie, il s'empara d'Ismaïl et en massacra les défenseurs (1790). Chargé, en 1794, de réprimer la révolte de la Pologne, il conquit Praga, faubourg de Varsovie, dont il tua tous les habitants (4 nov.), et entra dans Varsovie le 10 nov. Général favori de Catherine II, il fut envoyé par Paul Ier en Italie (1799), dont il chassa les Français en cinq mois, mais il ne put empêcher la défaite de Korsakov devant Masséna à Zurich (sept. 1799) et dut se replier vers le Vorarlberg. Rappelé à Moscou, il mourut peu après en disgrâce.

SOVIET. Mot russe signifiant « conseil ». L'idée des *soviets*, dans ses origines, ne doit rien aux théoriciens : elle naquit, lors des troubles de 1905, d'une volonté de permanence dans l'action ouvrière qui se manifesta par la constitution d'assemblées (*soviets*) de délégués d'usines. Le premier soviet de Russie fut élu au cours de la grève des 70 000 ouvriers du textile d'Ivanovo-Voznessensk, qui dura du 12 mai au 23 juin 1905. Au cours de la révolution de 1905, les soviets apparurent comme une organisation politique de masse, inconnue jusqu'alors. D'oct. à déc. 1905, des soviets furent ainsi créés à Moscou, Kiev, Rostov-sur-le-Don, Odessa, Nikolaïev, Bakou, Smolensk, Samara, Kostroma, Tver, Saratov... Simples organes de direction des grèves à l'origine, les soviets devinrent les organes de l'insurrection armée et, dès cette époque, les embryons d'un pouvoir révolutionnaire. Lénine voyait dans les soviets « l'expression politique du pouvoir ouvrier » et « le germe de la dictature prolétarienne et paysanne ». Mais, en 1905, le soviet de Saint-Pétersbourg était en grande majorité aux mains des mencheviks ; constitué le 13 oct., il fut dispersé par le gouvernement tsariste dès le 3 déc. et ses dirigeants furent arrêtés et déportés en Sibérie.

En 1917, le 27 févr. (12 mars), se constitua à Petrograd un soviet des députés ouvriers, qui imposa sa collaboration à la Douma. Des soviets analogues se constituèrent à Moscou (mars) et dans des milliers de villes et de villages de l'Empire. D'abord entre les mains des mencheviks et des sociaux-révolutionnaires, le soviet de Petrograd se rangea aux côtés des bolcheviks le 31 août (13 sept.), imité quelques jours plus tard par le soviet de Moscou. Après avoir été les organes de la révolution, les soviets devinrent la base de l'administration et de toute la vie politique de l'État communiste. Voir RUSSIE. La Révolution de 1905. La « révolution d'Octobre » à Petrograd (6/8 nov. 1917).

SPAAK Paul Henri Charles (* Bruxelles-Schaerbeek, 25.I.1899, † Bruxelles, 31.VII.1972). Homme politique belge. Député socialiste en 1932, il fut Premier ministre de mai 1938 à févr. 1939, après avoir été aux Transports et aux Affaires étrangères. Il gagna Londres en 1940 et resta à la tête de la diplomatie belge dans le gouvernement en exil. Il redevint Premier ministre de 1946 à 1949 et s'opposa au retour de Léopold III sur le trône. Président de la première session de l'ONU en 1946, il fut un ardent promoteur de la coopération internationale et de l'union européenne. Il fit adhérer la Belgique à l'OTAN (dont il fut secrétaire général de 1957 à 1961). Chef de la diplomatie belge de 1954 à 1957, il joua un rôle essentiel dans la négociation du traité de Rome. De nouveau aux Affaires étrangères de

1961 à 1965, il fut chargé de la décolonisation du Congo et fit échouer le projet gaulliste d'union politique européenne. En 1966, il abandonna la vie politique.

SPARTACUS (* en Thrace, † près du Silare, Lucanie, 71 av. J.-C.). Chef d'esclaves. Ancien berger devenu soldat dans un corps auxiliaire romain, il déserta, fut repris, réduit en esclavage et vendu comme gladiateur à un entraîneur de Capoue, Lentulus. En 73 av. J.-C., il s'évada avec soixante-dix compagnons, appela aux armes les esclaves et se retrancha avec une nombreuse troupe sur les pentes du Vésuve. Il battit plusieurs armées romaines mais se rendit compte qu'il ne pourrait se maintenir indéfiniment en Italie et tenta de se diriger vers les Alpes pour passer en Gaule ou en Germanie. Entraînant à sa suite plus de 70 000 anciens esclaves, il réussit à arriver en Gaule Cisalpine, mais ses hommes refusèrent d'aller plus loin, préférant continuer à piller l'Italie. Il renonça à l'idée de s'emparer de Rome et se décida à revenir en Italie méridionale. À Rome, l'alarme était si vive que Crassus, pour combattre Spartacus, reçut le pouvoir proconsulaire avec dix légions : refoulé dans le Brutium et cerné aux environs de Rhegium, Spartacus tenta vainement de passer en Sicile et, après avoir obtenu encore quelques succès, il voulut gagner Brindes pour franchir l'Adriatique, mais fut écrasé et tué par Crassus près du Silare. Pompée, qui acheva de nettoyer l'Italie des derniers groupes d'esclaves révoltés, s'attribua tout le mérite de la victoire.

SPARTAKUS (groupe). Fraction d'extrême gauche du parti social-démocrate allemand qui, pendant la Première Guerre mondiale, mena l'opposition à la « guerre impérialiste » et dénonça comme une trahison le ralliement des majoritaires du SPD à l'effort national. Les animateurs de cette tendance furent Karl Liebknecht, Rosa Luxemburg, Clara Zetkin et Wilhelm Pieck. En déc. 1915, Liebknecht et dix-neuf autres députés sociaux-démocrates refusèrent les nouveaux crédits militaires demandés par le gouvernement. Le 12 janv. 1916, Liebknecht fut exclu du groupe parlementaire social-démocrate. Le 27 janv. 1916 commença à paraître une série de tracts clandestins portant la signature de « Spartakus », qui devait donner son nom au groupe. Pendant la guerre, les spartakistes n'eurent qu'une influence restreinte, mais ils contribuèrent aux mouvements de grève qui se développèrent en 1916/17 dans divers centres industriels de l'Allemagne, notamment en avr. 1917, à Berlin. En avr. 1917, les spartakistes adhérèrent au nouveau parti social-démocrate de gauche, le parti social-démocrate indépendant d'Allemagne (USPD). Ralliés au bolchevisme après la révolution russe, les spartakistes tentèrent de donner une orientation soviétique à la révolution allemande de nov. 1918, mais ils se heurtèrent aux sociaux-démocrates majoritaires. En déc. 1918, ils fondèrent le parti communiste allemand, mais leurs deux principaux animateurs, K. Liebknecht et R. Luxemburg, furent assassinés à Berlin en janv. 1919.

SPARTE ou **LACÉDÉMONE,** *Spartê, Lakédaïmôn.* Cité de la Grèce antique, dans le Péloponnèse, sur l'Eurotas. En général, le nom de *Sparte* s'appliquait à la ville et à son aristocratie de citoyens ; le nom de *Lacédémone* s'appliquait à l'ensemble du territoire de Sparte.

La formation de la puissance spartiate

La ville de Sparte a été construite à l'extrémité septentrionale de la plaine de Laconie, traversée par le fleuve Eurotas, dans une vallée étroite enfermée par les chaînes du Parnon à l'E. et du Taygète à l'O. Elle était située à une cinquantaine de kilomètres de la mer. À l'époque mycénienne, avant la naissance de Sparte, cette plaine était dominée par les villes d'Amyklaï et de Thérapnê (c'est probablement sur ces dernières que régna le roi Ménélas, époux de la belle Hélène). De tradition dorienne (v. DORIENS), Sparte se constitua, vers la fin du IXe s. av. J.-C., par le regroupement (synœcisme) de quatre villages doriens. Puis les Spartiates, qui constituèrent une société militaire, dominèrent rapidement les localités voisines (IXe/début VIIIe s.), dont les habitants, exclus de l'organisation politique, furent réduits à des statuts inférieurs (périèques et hilotes).

Au cours du VIIIe s., Sparte assura sa prépondérance sur le Péloponnèse. L'étape décisive fut la conquête de la fertile Messénie, au S.-O. du Péloponnèse, menée au prix de deux guerres acharnées (vers 736/716 et 668/654). Dans cette lutte pour l'hégémonie, Sparte eut Argos comme principale rivale. À la fin du V. ^e^ s., les Spartiates, grâce à la formation d'une ligue Péloponnésienne, dominaient toute la presqu'île du Péloponnèse, à l'exception d'Argos et de l'Achaïe.

Les institutions de Sparte étaient déjà fixées et elles demeurèrent presque sans changement jusqu'à l'époque romaine. La tradition les attribuait à Lycurgue (v.), législateur mythique du IXe s. La population était divisée en trois catégories, très inégales en nombre et en droits. Au sommet se trouvait la minorité des citoyens, appelés Spartiates ou Égaux (*Homoioi*), qui avaient seuls part au gouvernement. La deuxième catégorie était celle des *périèques*, habitants des villages de la périphérie ; hommes libres, ils s'adonnaient au commerce et à l'industrie. La troisième catégorie était celle des *hilotes* (v.), probables descendants des anciennes populations, dites achéennes, soumises par les Doriens ; ils étaient la propriété de l'État, donc dépendants, mais ne pouvaient être vendus ni loués comme esclaves. Leur travail servait à l'entretien des citoyens dont le rôle, dans la cité, était essentiellement guerrier.

Depuis les origines, Sparte possédait deux rois, qui avaient des droits égaux, régnaient en même temps et se succédaient héréditairement au sein de deux familles ; leur rôle était militaire et religieux. Sparte combinait dans ses institutions des éléments d'oligarchie et de démocratie, même si les premiers l'emportaient : la réalité du pouvoir appartenait aux cinq éphores (les « surveillants ») et à la *gérousia*, conseil de trente membres âgés de plus de soixante ans. Quant à l'assemblée du peuple, l'*ecclésia*, parfois nommée *apella*, elle était composée de tous les Égaux, mais n'avait guère de pouvoir. Omniprésent et policier, l'État spartiate ne laissait que peu de place à la vie privée. Les citoyens, les Égaux voués entièrement à la vie militaire, étaient soumis de l'enfance jusqu'à l'âge de trente ans à une discipline très dure. La vie économique était étroitement contrôlée. La terre appartenait à l'État, qui distribuait à chaque famille un lot (*kléros*) suffisant pour vivre et entretenir un guerrier, avec son équipement ; ce domaine était indivisible, il ne pouvait être ni vendu ni légué, et, en principe, il y avait égalité absolue entre les domaines exploités chacun par des hilotes qui s'y trouvaient attachés. Sparte vivait en économie fermée, avec une monnaie de fer qui n'avait aucune valeur à l'extérieur.

Sparte dans le monde grec

Paradoxalement, cette cité toujours en armes se montra beaucoup moins expansionniste que la démocratique Athènes. Reconnue déjà comme la première puissance de la Grèce, elle ne participa pas à la victoire de Marathon, car ses troupes arrivèrent après la bataille (490). Dans la seconde guerre médique, en 480, Sparte obtint le commandement suprême de toutes les forces grecques. La troupe qu'elle envoya, sous les ordres de Léonidas, pour barrer le passage des Thermopyles, s'y fit tuer héroïquement ; à Salamine ce fut l'Athénien Thémistocle qui prit l'initiative. Du moins le Spartiate Pausanias (v.) eut-il la gloire d'achever la victoire grecque sur terre en battant Mardonios à Platées, en Béotie (479) (v. MÉDIQUES, guerres).

Tout le Ve siècle fut dominé par le conflit entre Sparte et Athènes. En 461, Athènes fit alliance avec Argos et Mégare contre les Spartiates. La paix de 446 établit une sorte d'équilibre entre la ligue Péloponnésienne et la ligue Athénienne de Délos. Athènes poursuivit cependant sa politique impérialiste, et Sparte apparut paradoxalement comme la protectrice des « libertés grecques » menacées par Athènes. La guerre du Péloponnèse, commencée en 431, se termina en 404 avec la prise d'Athènes par le Spartiate Lysandre (v.). Ce dernier installa à Athènes le régime des Trente Tyrans (v.) et, dans les autres cités, des gouvernements oligarchiques composés de dix hommes sûrs (décarchies) et surveillés par des gouverneurs spartiates, les *harmostes*. Mais à Sparte, le parti traditionaliste, antiexpansionniste, restait vigilant. D'ailleurs, l'autorité spartiate apparut bientôt beaucoup plus lourde encore que celle d'Athènes. Malgré les succès du roi spartiate Agésilas contre les Perses (396/394), Athènes, Thèbes, Argos, Corinthe formèrent une coalition contre Sparte. Celle-ci fut vaincue par Agésilas (394), mais les Athéniens reconstituèrent peu à peu leur puissance maritime. Les Spartiates revinrent alors à l'alliance avec les Perses, dont l'aide leur avait été précieuse à la fin de la guerre du Péloponnèse. Par la paix du Roi ou paix d'Antalcidas (386), Sparte sauva son hégémonie en Grèce, mais en cédant aux Perses toutes les villes grecques d'Asie. Cependant, l'hégémonie spartiate s'effondra sous les coups de Thèbes : le général thébain Épaminondas battit les Spartiates à Leuctres (371), puis fit quatre brillantes campagnes dans le Péloponnèse, libéra la Messénie (370/369), et mourut en battant une dernière fois les Spartiates à Mantinée (362).

Le déclin de Sparte

Ces défaites ruinèrent la structure sociale de Sparte dont le nombre des citoyens ne cessait de décliner ; il n'en subsistait plus, si l'on en croit les effectifs de la phalange, que 700 environ vers 340 av. J.-C. Depuis le début du IVe s., avec l'afflux de l'or perse dans la cité, un mouvement de concentration foncière se poursuivait au profit d'un groupe de plus en plus restreint de Spartiates, tandis que beaucoup perdaient leur citoyenneté, relégués au rang d'Inférieurs. Au IIIe s., deux tentatives de restauration de l'ordre ancien furent faites par les rois Agis IV (244/241) et Cléomène III (235/222). Mais ces réformes rencontrèrent des résistances à Sparte et éveillèrent l'inquiétude en Grèce : la ligue Achéenne appela la Macédoine à son aide, et Sparte fut écrasée à la bataille de Sellasie (222 av. J.-C.). Livrée aux factions, elle tomba ensuite sous les tyrannies de Machanidas (vers 211/206) et de Nabis (206/192), puis fut rattachée par Philopœmen à la ligue Achéenne (188) (v. ACHAÏE) et, enfin, intégrée à l'Empire romain comme cité libre et fédérée, ou peut-être comme confédération (146 av. J.-C.).

Dans la paix romaine, Sparte devint une ville assez florissante ; elle possédait un vaste et somptueux théâtre et elle avait conservé, notamment dans le domaine de l'éducation de la jeunesse, certaines de ses anciennes traditions. Dévastée par Alaric vers la fin du IVe s. de notre ère, elle ne fut plus connue, à l'époque byzantine, que sous le nom de *Lakédaimonia*. Comprise en 1204 dans la principauté latine de Morée ou d'Achaïe, elle fut de nouveau fortifiée par les Latins, puis abandonnée à partir de la fondation de Mistra (1248).

SPD, Soziale Partei Deutschlands. Parti socialiste allemand. Voir SOCIALISME. Le socialisme allemand des origines à 1918.

SPEER Albert (* Mannheim, 19.III.1905, † Londres 1981). Architecte et homme politique allemand. Il adhéra au parti national-socialiste en 1931 et, en 1934, Hitler confia à cet architecte l'organisation des grands rassemblements de l'Allemagne nazie, à Nüremberg notamment, et la construction des monuments grandioses du Reich, dont nombre furent abandonnés dès le début de la guerre ou détruits par les bombardements (Chancellerie de Berlin, détruite en 1945). Intime de Hitler, il succéda à Todt comme ministre de l'Armement (1942). Il se détacha du Führer en 1944 et envisagea même de l'éliminer. Membre du gouvernement Dönitz en 1945, il fut arrêté par les Alliés et traduit devant le tribunal de Nuremberg, où il accepta toutes ses responsabilités. Condamné à vingt ans de réclusion, il fut libéré de la prison de Spandau en 1966.

SPERANSKI Mikhaïl Mikhaïlovitch, comte (* Tcherkoutino, gouv. de Vladimir, 12.I.1772, † Saint-Pétersbourg, 23.II.1839). Homme politique russe. Fils d'un simple prêtre de campagne, il devint vers 1806 le principal conseiller d'Alexandre Ier, qui le chargea d'élaborer un projet de Constitution. Il fut à l'origine de la création d'un Conseil d'État qui devait examiner les lois avant leur promulgation et établir chaque année le budget (1810). Devenu Premier ministre de fait, comme secrétaire du Conseil d'État, il fit adopter ensuite le principe de la division des pouvoirs législatif et exécutif, institua des examens pour le recrutement des fonctionnaires et prépara même la rédaction d'un code civil et l'élection d'une douma. Ces projets, qui auraient fait de la Russie une monarchie constitutionnelle, soulevèrent une vive opposition, et Speranski, accusé de jacobinisme, fut exilé en 1812 à Nijni-Novgorod. Rappelé par Nicolas Ier en 1826, il fut placé à la tête de la section de législation de la chancellerie impériale et mena à bien la compilation du *Recueil complet des lois russes* (1832), qui resta la base juridique de l'Empire jusqu'en 1917. Voir RUSSIE. Réformes et réaction : Paul Ier et Alexandre Ier (1796/1825). Nicolas Ier : réaction politique et réformes sociales (1825/55).

SPINOLA Ambrogio, marquis de (* Gênes, 1569, † Castelnuovo Scrivia, 25.IX.1630). Général génois. D'une vieille famille qui avait joué un rôle dans les luttes civiles de Gênes aux XIVe et XVe s., il entra comme son frère au service de l'Espagne, pour laquelle il leva en Italie une armée de 9 000 hommes qu'il entretint à ses propres frais. En mai 1602, il se dirigea vers les Pays-Bas et se fit connaître comme un des plus grands capitaines de son temps en enlevant la place d'Ostende (22 sept. 1604), que l'archiduc Albert assiégeait en vain depuis plus de deux ans. Mais il ne réussit pas à remporter d'autres succès décisifs contre Maurice de Nassau, et les Espagnols se résignèrent à signer la trêve de Douze Ans (1609). À la reprise de la guerre, il fut nommé commandant général des troupes espagnoles aux Pays-Bas (1621), s'empara de Breda (mai 1625), puis fut envoyé au secours du duc de Savoie contre les Français et prit Casale Monferrato (1630). Il avait dépensé toute sa fortune pour entretenir ses troupes et ne put jamais obtenir de Madrid les subsides qu'il réclamait pour poursuivre les opérations.

SPÍNOLA Antonio Sebastião Ribeiro (* Estremoz, 11.IV.1910, † Lisbonne, 13.VIII.1996). Général et homme politique portugais. Nommé chef d'état-major adjoint des forces armées en 1973, il fut révoqué au début de 1974, après avoir exprimé son désaccord avec la politique coloniale du régime salazariste, poursuivie par Marcello Caetano, dans un livre où il se prononçait pour l'indépendance des colonies africaines et pour l'union de celles-ci avec le Portugal par des liens fédéraux. Sans avoir pris part directement au putsch du 25 avr. 1974, il fut placé à la tête de la junte militaire par les officiers qui venaient de renverser le régime de Caetano. Favorable à une démocratie à l'occidentale, il s'opposa rapidement aux officiers de tendances communistes ou gauchistes, qui mirent en échec son appel à la « majorité silencieuse » et le forcèrent à démissionner (30 sept. 1974). Voir PORTUGAL. La « révolution du 25 avril. ».

SRI LANKA. État insulaire de l'océan Indien, au S.-E. de l'Inde, appelé Ceylan jusqu'en 1972 ; capitale *Colombo*. Le premier fait important de l'histoire de Ceylan est la conquête de l'île, vers le milieu du V. e s. av. J.-C., par des Aryens de l'Inde, qui refoulèrent vers l'intérieur les premiers habitants de l'île, le peuple chasseur des Veddas. En 483 av. J.-C., le prince indien Vijaya fonda le premier royaume cinghalais, de civilisation hindouiste. Le bouddhisme fut introduit à Ceylan au IIIe s. av. J.-C. par des missionnaires envoyés par le grand empereur indien Açoka (v.). La capitale du bouddhisme cinghalais fut Anuradhapura, et Ceylan est restée jusqu'à nos jours le principal bastion du bouddhisme du Petit Véhicule (Théravada) (v. BOUDDHISME). Dans les premiers siècles de notre ère, Ceylan subit une série d'invasions des Tamouls de l'Inde méridionale, de religion hindouiste ; la plus importante fut, au XIe s., l'invasion du roi des Cholas, Rajaraja Ier, qui contraignit les Cinghalais à se réfugier dans la partie sud-ouest de l'île. Le redressement cinghalais s'affirma sous le règne de Parakrama Bahou Ier (vers 1155), mais un royaume tamoul subsista au nord de Ceylan.

Visitée régulièrement par des voyageurs arabes aux XIIe/XIIIe s., Ceylan commença à être colonisée en 1505 par les Portugais, qui y introduisirent le christianisme ; seul le royaume indigène de Kandy, dans le massif montagneux qui se trouve au centre de l'île, réussit à maintenir son indépendance jusqu'au début du XIXe s. Après une longue guerre, les Portugais furent chassés par les Hollandais en 1656, mais les Anglais réussirent, en 1795, à s'emparer de Ceylan, dont la possession leur fut reconnue par le traité d'Amiens (1802). Après un échec en 1803, l'Angleterre soumit en 1815 le royaume de Kandy.

Durant la période de domination britannique, la main-d'œuvre tamoule, importée de l'Inde pour travailler dans les grandes plantations, s'installa dans le pays. Ceylan devint indépendante le 4 févr. 1948, tout en restant membre du Commonwealth.

Le premier chef du gouvernement fut D.S. Senanayake, chef du parti national uni (UNP), mais cette organisation se scinda en 1951, et le chef des dissidents, Salomon Bandaranaike, fonda le parti de la liberté (SLFP), qui l'emporta aux élections de 1956. Bandaranaike mena une politique neutraliste, obligea les Anglais à abandonner leurs dernières bases militaires à Ceylan et décréta le cinghalais langue officielle unique (1956), ce qui provoqua un vif mécontentement dans la population tamoule. Un accord conclu en 1964 avec l'Inde posa le principe du rapatriement en Inde d'environ 500 000 Tamouls.

Assassiné en 1959 par un moine bouddhiste, S. Bandaranaike fut remplacé par sa femme, qui s'appuya sur le SLFP, victorieux aux élections de 1960. Alliée au parti trotskiste Lanka Sama Samaja (LSSP), Mme Sirimavo Bandaranaike pratiqua une politique socialiste ; les écoles et diverses industries furent nationalisées. Battue aux élections de 1965 par le parti national uni, modéré et pro-occidental, de Dudley Senanayake, Mme Bandaranaike prit sa revanche et obtint un triomphe électoral en mai 1970 à la tête d'une grande coalition de gauche groupant son propre parti, le SLFP, les trotskistes du LSSP et le parti communiste de tendance prosoviétique. En 1972, Ceylan adopta comme nom officiel son vieux nom sanskrit de *Sri Lanka* ; l'île resta membre du Commonwealth. En 1975, Mme Bandaranaike poursuivit sa politique de nationalisation des terres, des plantations de thé, d'hévéas et de cocotiers appartenant encore à des sociétés étrangères, britanniques pour la plupart. Cette politique, en période de crise mondiale particulièrement préjudiciable aux économies de grandes plantations, provoqua la défaite de la coalition de gauche aux élections de 1977. J.R. Jayawardene fit modifier la Constitution et devint président de la République en 1978 ; il restaura le libéralisme économique et dénationalisa. Empoisonnée par les violences dues au séparatisme tamoul, la vie politique se poursuivait dans l'alternance : à la présidence libérale de Ranasinghe Premadasa (1988/93), succéda la présidence de Sandrika Kumaratunga (fille de Salomon et Sirimavo Bandanaraike). Elle fut réélue en 1999 mais son parti, l'Alliance du peuple, n'obtint pas la majorité aux législatives d'oct. 2000 : elle dut former un gouvernement de coalition avec des Tamouls modérés et un parti musulman, tandis que les attentats suicide des tamouls continuaient.

Depuis 1983, la dissidence tamoule a dégénéré en véritable guerre, au point que l'armée indienne fut appelée en 1987 pour écraser la rébellion des Tigres de libération de l'Eelam Tamoul (LTTE), organisation tamoule indépendantiste basée dans le nord de l'île. De nouvelles garanties furent concédées aux Tamouls : un gouvernement tamoul modéré et doté d'une relative autonomie se constitua au N. sous la protection de l'armée indienne (1988) et la langue tamoule fut reconnue langue officielle.

Le retrait des troupes indiennes, en 1990, laissa le gouvernement seul face aux activistes tamouls. L'assassinat de personnalités politiques de premier plan, en particulier du président Premadasa, le 1er juin 1993, marqua l'échec de la politique de négociations engagée par le gouvernement. Malgré la reprise d'une partie de Jaffna au N. du pays par l'armée en oct. 1995, les combats se poursuivaient avec les séparatistes tamouls, qui lancèrent sur Colombo des actions terroristes en déc. 1995. Le gouvernement de Mme S. Kumaratunga se trouvait dans une impasse politique et militaire. En août 1998, l'état d'urgence fut décrété sur l'ensemble du territoire, la LTTE, soutenue par la puissante diaspora tamoule, continuant de mener une lutte sanglante pour l'indépendance. En déc. 1998, une importante opération militaire qui visait à ouvrir une route pour relier la péninsule de Jaffna au reste du pays échoua, alors que l'armée sri-lankaise avait engagé plus de 20 000 hommes. Les combats continuèrent d'affecter gravement les populations civiles. Les séparatistes de la LTTE profitèrent de la campagne présidentielle de déc. 1999 pour relancer l'offensive dans la péninsule de Jaffna et pour perpétrer une vague d'attentats, pendant laquelle la présidente elle-même fut blessée. En févr. 2002, le gouvernement signa un accord de paix avec les tamouls, levant notamment les sanctions économiques qui étaient imposées à leur région depuis sept ans.

SS, abréviation de **Schutzstaffel,** c'est-à-dire ***échelon de protection.*** Les SS, qui jouèrent à partir de 1933 un rôle sans cesse grandissant dans l'État hitlérien, eurent pour origine la petite garde personnelle de Hitler formée en 1922 sous le nom de *Sturm Abteilung* (« Troupe d'assaut », abrégé en SA) et qui prit part au putsch manqué de Munich en nov. 1923. En 1924, à sa sortie de la prison de Landsberg, Hitler comprit la nécessité de se prémunir contre les éléments anarchiques, nombreux dans les SA. C'est dans ces circonstances que naquirent officiellement les SS. Jusqu'en 1934, les SS ne furent qu'un groupe particulier des SA. D'abord placés sous le commandement de Josef Berchtold, ils reçurent un nouveau chef en la personne de Heinrich Himmler, nommé Reichsführer des SS le 6 janv. 1929. Renonçant à un accroissement trop rapide des effectifs, Himmler entreprit de faire des SS l'élite du mouvement nazi.

En 1930/31, les SS eurent à intervenir pour ramener à la discipline les SA de Berlin, mais, en janv. 1933, au moment de la prise du pouvoir, ils ne comptaient encore que 30 000 hommes. En juin 1934, les SS furent chargés d'opérer la grande purge des SA en exécutant leur chef Röhm et son état-major. Dès lors, la SS devint, en marge de l'armée et de la police régulière, la principale force d'intervention et de police du régime hitlérien. Les principaux chefs de la police reçurent des grades dans la SS (tel Müller, le chef de la Gestapo, qui était originellement un policier professionnel et non un militant hitlérien). En 1931 avait été constitué un service de renseignements SS, le *Sicherheitsdienst* (SD), sous la direction d'un ancien officier de marine, Reinhard Heydrich, qui devint le principal adjoint et, à certains égards, le rival de Himmler. Le SD fut lui aussi intégré à l'État hitlérien, comme service de renseignements et de contre-espionnage, exerçant ses activités aussi bien à l'intérieur qu'à l'extérieur de l'Allemagne. Enfin, depuis 1934, les SS avaient remplacé les SA dans la garde des camps de concentration.

C'est à partir de 1939 et à la faveur de la guerre que les SS acquirent une emprise absolue sur le Reich, puis sur toute l'Europe occupée. À partir du 27 sept. 1939, la police de sécurité (Gestapo) (v.), la police criminelle et le SD furent amalgamés dans un organisme unique, le *Reichssicherheitshauptamt* (« Service supérieur de la sécurité du Reich ») (RSHA), dont le chef fut Heydrich : ce service s'occupait aussi bien de la police que de la surveillance idéologique et de renseignements militaires. D'autre part, les SS eurent la haute main sur tout l'univers concentrationnaire, qui devint une véritable entreprise industrielle, car la SS louait à certaines firmes les travailleurs forcés dont elles avaient besoin ; dans les camps, des médecins SS se livrèrent à des expériences sur les déportés ; à partir de l'été 1941, c'est également la SS qui fut chargée de la « solution finale du problème juif », c'est-à-dire de l'extermination systématique des Juifs dans les camps spéciaux de Belsec, Sobibor et Treblinka, ouverts au printemps 1942. Mais l'aspiration suprême de Himmler était de s'assurer le contrôle de tous les domaines de l'activité du Reich : pour cela, il procéda par noyautage, accordant des grades honorifiques dans la SS à de hauts responsables.

Au début de la Seconde Guerre mondiale furent créées de véritables unités militaires SS, les *Waffen-SS*, qui s'affirmèrent rapidement comme les troupes d'élite du Reich et, à partir de 1941, attirèrent des volontaires étrangers. En 1945, les Waffen-SS comptaient plus de 600 000 hommes répartis en trente-huit divisions, dont plusieurs formées de volontaires étrangers : scandinaves, néerlandais et flamands (divisions « Wiking », « Nederland », « Nordland »), wallons (divisions « Wallonie », commandée par le collaborateur belge Léon Degrelle), français (division « Charlemagne »), italiens, hongrois, croates, serbes, albanais, tchèques, lituaniens, lettons, estoniens, russes, ukrainiens, caucasiens... Les SS jouèrent un rôle décisif dans la reprise de Kharkov (1943), dans la bataille des Ardennes (déc. 1944), dans la défense de Budapest, puis dans celle de Berlin, où les volontaires français de la « Charlemagne » comptèrent parmi les ultimes combattants autour du bunker de Hitler. À l'intérieur du Reich, la SS mit à profit l'échec du putsch du 20 juillet 1944 pour resserrer encore son emprise sur tous les rouages de l'État et pour décimer la caste des officiers. Elle fut ainsi jusqu'au bout l'instrument de ce que Rauschning avait appelé « la révolution du nihilisme ». Jugée en tant qu'organisation criminelle, la SS fut condamnée par le tribunal de Nuremberg en 1946.

SSEU-TCH'OUAN, *Sichuan* en pinyin. Province de la Chine centrale dont le nom signifie « quatre rivières » ; capitale *Tch'eng-tou* (*Chengdu*). Sinisée très tôt mais longtemps isolée du reste du continent, la région abrita entre le IIe et le IIIe s. un État indépendant fondé par la secte des Cinq Boisseaux de Riz. Le royaume de Shu, sur le territoire de l'actuel Sseu-Tch'ouan, fut occupé par l'État de Qin en 311. Point de passage obligatoire pour les relations N.-S. ou E.-O., le Sseu-Tch'ouan prospéra grâce au commerce. De la chute des Tang (907) à l'arrivée au pouvoir des Song (960), la province se constitua en royaumes indépendants. Tour à tour sous domination mongole (1253), Ming (1371), puis Qing (1646), la province constitua, au moment de l'invasion japonaise, une base de repli pour le Kouo-min-tang. Située au cœur du bassin rouge, la partie la plus peuplée du Sseu-Tch'ouan est un domaine céréalier très fertile. La partie occidentale est entourée de hautes chaînes montagneuses aux frontières du Tibet et du Yunnan. Favorisé par le programme de réformes mis en place en déc. 1978, le Sseu-Tch'ouan est la province natale de Teng Hsiao-ping. Voir CHINE.

SSEU-TCH'OUAN (royaume du), *Sichuan* en pinyin. L'un des « Trois Royaumes » entre lesquels la Chine fut partagée au IIIe s. de notre ère. Cet État, situé en Chine centrale, avait pour capitale Tch'eng-tou. Il fut fondé en 221 par un prince Han, Liou Pei, mais fut détruit en 263 par Sseu-ma Tchao, ministre de la dynastie Wei.

STADION Johann Philipp, comte von (* Mayence, 18.VI.1763, † Baden, près de Vienne, 15.V.1824). Homme politique autrichien. Ambassadeur à Stockholm, à Londres, à Berlin et, de 1803 à 1805, à Saint-Pétersbourg, où il négocia la troisième coalition contre la France, il fut nommé chancelier et ministre des Affaires étrangères en déc. 1805, après le traité de Presbourg. Il se mit à travailler à la revanche autrichienne, mais, resté un homme d'Ancien Régime, il ne sut pas réaliser les réformes profondes qui auraient renouvelé l'Empire et suscité un sursaut national. Sans s'être assuré d'alliance, il rouvrit la guerre en 1809, mais, après la défaite de Wagram, il dut céder la place à Metternich. Il fut, de 1815 à sa mort, ministre des Finances. Voir AUTRICHE. L'Autriche, carrefour de l'Europe. L'Autriche chassée de l'Allemagne et de l'Italie.

STALINE, Joseph (Iossif) Vissarionovitch Djougatchvili, dit (* Gori, Géorgie, 21.XII.1879, † Moscou, 5.III.1953). Homme politique soviétique. Fils d'un pauvre cordonnier, il entra au grand séminaire de Tiflis, mais en fut chassé parce que gagné aux idées révolutionnaires. Sa formation intellectuelle fut médiocre, il parlera et écrira toujours assez mal le russe et, à la différence des autres dirigeants révolutionnaires, il n'avait pratiquement aucune connaissance de l'étranger. Il adhéra très vite au parti social-démocrate, puis à sa fraction bolchevique, et mena la vie clandestine d'un agitateur. Il fut plusieurs fois arrêté, envoyé en Sibérie, mais s'évada. En 1905, il rencontra Lénine et devint un de ses inconditionnels. En 1912, il entra au Comité central du parti bolchevique. Lorsque éclata la révolution de févr./mars 1917, il se trouvait en Sibérie et fut libéré par l'amnistie décidée par le gouvernement provisoire. Il se rendit à Petrograd et donna au parti une direction hésitante. Mais l'arrivée de Lénine en avr. le remit à la place d'un simple exécutant.

Commissaire aux nationalités (1917/22), il fut désigné comme secrétaire du Comité central (avr. 1922), fonction en apparence modeste, mais en réalité capitale, car elle lui donnait la haute main sur l'appareil du parti, qui était en train de se bureaucratiser. Il parvint à empêcher la diffusion du *Testament politique* de Lénine, qui le critiquait sévèrement et, après la mort de celui-ci, il réussit assez facilement à évincer son rival le plus redoutable, Trotski, qu'il exila et fit plus tard assassiner en 1940. En 1929, il était le maître incontesté de l'URSS. Convaincu de la possibilité de construire le socialisme dans un seul pays, il lança l'URSS dans une collectivisation forcée, fit établir une planification lourde et bureaucratique, et impulsa une industrialisation rapide. Il terrorisa la population, notamment les paysans, sous couvert d'éliminer les « koulaks » (paysans aisés). Il purgea le parti et l'armée de ses adversaires réels ou supposés. Des millions de personnes furent exécutées ou déportées dans des camps de concentration et de travail forcé (*goulag*). Il organisa son propre culte, en URSS et à l'étranger.

Ignorant des réalités extérieures, il ne crut pas à un antagonisme profond entre les démocraties libérales et les dictatures fascistes. La conférence de Munich lui parut confirmer ces vues. Le pacte qu'il conclut avec Hitler rendit la guerre inévitable, et Staline resta sourd, à partir du début de 1941, aux avertissements qui lui annonçaient l'imminence d'une attaque nazie. Après quelques semaines de désarroi, il se ressaisit, se donna le titre de généralissime, et les victoires pratiquement ininterrompues, de Stalingrad jusqu'à Berlin, lui assurèrent un prestige immense : il était le « génial Staline », qui sur toute question avait des vues d'une profondeur insondable. Pourtant, jusque dans ses dernières années, il crut son pouvoir menacé, et le « complot des blouses blanches » qui éclata quelque temps avant sa mort laissa présager de nouvelles grandes purges.

Son corps embaumé rejoignit celui de Lénine dans le mausolée de la place Rouge. Il en fut retiré en 1961, au plus fort de la « déstalinisation » khrouchtchévienne. Voir **Russie.** L'URSS sous Staline.

STALINGRAD (bataille de, sept. 1942/févr. 1943). Lors de la seconde grande offensive de la Wehrmacht, durant l'été 1942, Stalingrad fut à plusieurs titres l'objet des attaques allemandes : la ville était devenue entre les deux guerres un grand centre d'industries métallurgiques d'équipement ; par sa situation géographique, elle commandait les relations entre le Caucase et le reste de l'URSS. Défendue par le général Tchouïkov, elle dut être conquise rue par rue, et les combats les plus sévères se livrèrent pour l'usine Octobre rouge, qui fut prise, perdue, puis reprise par la Wehrmacht (28 sept./4 oct.). À la fin d'oct. cependant, la plus grande partie de la ville, qui s'étendait sur près de 40 km le long de la Volga, était entre les mains des Allemands. Mais la VIe armée de von Paulus constituait une flèche avancée dans le système allemand et se trouvait donc exposée à une tentative d'encerclement. Le 19 nov., l'Armée rouge contre-attaqua au nord (Rokossovski) et au sud (Ieremenko) de Stalingrad, réalisant le 23 nov. l'encerclement complet de la VIe armée allemande. Le 31 janv. 1943, von Paulus signa sa capitulation, et les Soviétiques firent 90 000 prisonniers allemands dont 5 000 revinrent de captivité. La défaite de Stalingrad marqua pour l'Allemagne le tournant décisif de la Seconde Guerre mondiale, moins pour ses conséquences militaires immédiates que pour son retentissement psychologique, qui fut considérable et répandit dans le camp allié la certitude de la victoire finale.

STAMBOLISKI Alexandre (* Slavovica, 1er.IX. 1879, † près de Pozordjik, 12.VI.1923). Homme politique bulgare. Fils de paysan, il fit ses études d'ingénieur agronome en Allemagne et se lança dans l'agitation paysanne dès son retour en Bulgarie (1897). Fondateur de l'Union des paysans (1908), il fut emprisonné à cause de son opposition à la guerre (1915/18), puis, lorsque la Bulgarie fut contrainte de demander l'armistice, il tenta de proclamer la république, ce qui décida Ferdinand à abdiquer en faveur de son fils, Boris. Premier ministre dans la période de l'après-guerre (oct. 1919/juin 1923), il dut signer le traité de Neuilly (27 nov. 1919) et imposa une véritable dictature paysanne, au détriment du prolétariat urbain aussi bien que de la bourgeoisie. Sa politique de rapprochement avec la Yougoslavie lui valut la haine des nationalistes, qui le renversèrent par le coup d'État du 9 juin 1923. Il tenta de prendre la tête d'une résistance armée contre le nouveau régime, mais fut pris et immédiatement fusillé. Voir **Bulgarie.** La Bulgarie contemporaine.

STAMBOULOV Stéphane (* Tirnovo, 31.I.1854, † Sofia, 18.VII.1895). Homme politique bulgare. Fils d'un aubergiste, il commença ses études de théologie à Odessa, mais, craignant d'être exilé en Sibérie à cause de son activité politique, il se réfugia en Roumanie (1871), puis devint maître d'école dans sa ville natale (1872). Il fut un des chefs de l'insurrection de 1875/76 et occupa des fonctions durant l'occupation russe. Après l'indépendance de la Bulgarie (1878), il se fit avocat à Tirnovo, fut élu député libéral (1881) et président de la Chambre (1884). Régent après l'abdication d'Alexandre de Battenberg (août 1886), il appela sur le trône Ferdinand de Saxe-Cobourg-Gotha (juill. 1887), mais conserva en fait un pouvoir dictatorial jusqu'en 1894. Il donna à la Bulgarie une grande prospérité, mais supprima pratiquement toutes les libertés politiques, imposa au pays de lourds impôts et lutta contre les russophiles en cherchant une réconciliation avec la Turquie. À la suite d'un scandale privé, il fut renvoyé par Ferdinand, fut même jugé comme violateur des lois, mais acquitté (mai 1894). Toutefois, ses ennemis ne désarmèrent pas, et, un an plus tard, Stamboulov fut mortellement blessé dans un attentat.

STANISLAS Ier LESZCZYNSKI (* Lwow, 20.X.1677, † Lunéville, 23.II.1766). Roi de Pologne (1704/09, 1733/35). Malgré le soutien du roi de Suède Charles XII, qui l'avait imposé sur le trône de Pologne en 1704, il ne put se maintenir face à Auguste II après le désastre de Poltava (1709) et dut fuir la Pologne. Ayant rejoint Charles XII en Bessarabie, il fut fait prisonnier par les Turcs de 1713 à 1714. À sa libération, Charles lui donna la principauté de Deux-Ponts, qu'il dut abandonner à la mort du roi de Suède (1719). Exilé en France, il maria au roi Louis XV sa fille, Marie Leszczynska. À la mort d'Auguste II, la diplomatie française le poussa à renouveler sa candidature au trône de Pologne (1733) ; mais Auguste III bénéficiait du soutien des Russes, qui assiégèrent Stanislas dans Dantzig (1734). Il renonça à ses prétentions à la couronne mais garda le titre de roi, et le traité de Vienne lui accorda en dédommagement la souveraineté sur la Lorraine et le duché de Bar (1738). Il tint à Lunéville et à Nancy, à laquelle il donna quelques beaux monuments, une cour brillante et accueillante aux gens de lettres. Voir POLOGNE. La décadence polonaise au XVIIIe s.

STANISLAS II AUGUSTE PONIATOWSKI (* Wolczyn, 17.I.1732, † Saint-Pétersbourg, 12.II.1798). Dernier roi de Pologne (1764/95). Amant de la future Catherine II (1755), qui le fit nommer ambassadeur de Pologne à Saint-Pétersbourg (1757), il fut élu au trône de ce pays (1764) quand Catherine fut devenue impératrice de Russie. Il essaya alors de réformer l'État polonais, mais se heurta aux nobles ainsi qu'à la Prusse et à la Russie, qui n'entendaient pas tolérer un redressement de l'État polonais. Une ligue patriotique se forma (la Confédération de Bar, 1768), qui lutta à la fois contre Stanislas et contre les puissances étrangères interventionnistes. Mais les confédérés furent vaincus et, en 1772, la Russie, la Prusse et l'Autriche se partagèrent la Pologne. Dans ce qui restait du royaume, Stanislas tenta de reprendre sa politique de réformes ; il déclara la monarchie héréditaire, fit entrer la bourgeoisie dans la représentation nationale et améliora la condition paysanne. Mais les nobles mécontents se tournèrent encore une fois vers la Russie et formèrent la Confédération de Targowica (1792). La Pologne fut à nouveau partagée en 1793 entre la Prusse et la Russie et Stanislas dut abdiquer, le 27 nov. 1795, à la suite de l'échec de l'insurrection de Kosciuszko. Il s'ensuivit le troisième partage de la Pologne et la disparition de l'État polonais. Voir POLOGNE. La décadence polonaise au XVIIIe s. Les trois partages.

STANLEY, John Rowlands, puis **sir Henry Morton** (* Denbigh, pays de Galles, 10.VI.1841, † Londres, 10.V.1904). Journaliste et explorateur britannique. Volontaire dans l'armée, il se lança dans le journalisme à partir de 1865. Il fut chargé par le *New York Herald* de se rendre en Afrique orientale à la recherche de Livingstone (v.) dont on était sans nouvelles depuis 1866. Parti de Zanzibar le 21 mars 1871, il retrouva Livingstone en nov. suivant, puis explora avec lui les rives septentrionales du lac Tanganyika. Il fut à nouveau envoyé en Afrique centrale pour une deuxième expédition (1874/77) qui le vit traverser le continent d'est en ouest jusqu'aux bouches du Congo. Répondant à l'invitation du roi des Belges Léopold II, il entra au service du Comité d'études du Haut-Congo et remonta le cours du fleuve (1879/84). Il fut alors en rivalité avec le Français Savorgnan de Brazza (v.), mais son expédition permit néanmoins de jeter les bases du futur Congo belge. Il fut député unioniste aux Communes de 1895 à 1901.

START (accords), abréviation de **Strategic Arms Reduction Talks** (*Négociations sur la réduction des armes stratégiques*). Signés par l'URSS et les États-Unis le 31 juill. 1991 (START I), ils prévoyaient une réduction des armes nucléaires de 30 %. Malgré la non-ratification de START II (3 janvier 1993) par le Sénat américain, ils ont ouvert une nouvelle phase de la non-prolifération nucléaire (v.) qui se réduisait alors à une limitation de l'armement nucléaire. Voir **SALT (accords)** et **FNI (traité).**

STAUFFENBERG, Claus Schenk, comte von (* Jettingen, Augsbourg, 5.XI.1907, † Berlin, 20.VII. 1944). Officier allemand. Convaincu que la politique d'asservissement du peuple russe menée par Hitler était un crime et une erreur fatale, il se lia durant l'hiver 1941/42 au groupe de la résistance militaire. Nommé chef d'état-major du commandant en chef de l'armée intérieure, le général Fromm, le 11 juill. 1944, il eut accès aux conférences du grand quartier général à Rastenburg et put ainsi, le 20 juill., y déposer une bombe à retardement. Mais Hitler sortit indemne de l'explosion. Stauffenberg fut arrêté le soir même à

Berlin, alors qu'il pensait que l'attentat avait réussi et qu'il s'apprêtait à réaliser un coup d'État ; il fut fusillé immédiatement.

STAUNING Thorwald (* Copenhague, 26.X.1873, † Copenhague, 3.V.1942). Homme politique danois. Fondateur du parti socialiste (1910), il fut président du Conseil de 1924 à 1926 et de 1929 à 1942. Il réalisa d'importantes réformes sociales et, à l'extérieur, fonda la politique de son pays sur la base d'une neutralité absolue. Après l'occupation du Danemark par les Allemands (9 avr. 1940), il imposa au commandant de l'armée, le général Pryor, une attitude de non-résistance, mais réussit jusqu'à sa mort à préserver le Danemark des ingérences politiques de l'occupant.

STAVISKY Serge Alexandre (* Slobodka, près de Kiev, 20.XI.1886, † Chamonix, 8.I.1934). Célèbre escroc français d'origine russe. Malgré un passé judiciaire chargé, il réussit, grâce à des appuis parlementaires, à fonder, en 1931, le Crédit municipal de Bayonne, qui émit des bons à intérêt gagés sur des bijoux volés ou faux. À la suite d'un contrôle du ministère des Finances, le scandale éclata le 3 janv. 1934. La presse de droite antisémite (Stavisky était d'origine juive) s'empara du scandale et attaqua violemment le régime parlementaire. Stavisky se suicida le 9 janv., mais la rumeur courut qu'on l'avait tué pour l'empêcher de compromettre ses complices. L'Action française (v.) et les ligues d'extrême droite, ainsi que les anciens combattants, organisèrent de violentes manifestations à Paris sur le thème : « À bas les voleurs ! ». Le gouvernement Chautemps dut démissionner (27 janv.) et Daladier fut chargé de constituer le nouveau cabinet. La décision que prit Daladier de remplacer le préfet de police Chiappe, suspect de sympathie pour les ligues, fut l'étincelle qui déclencha la journée d'émeute des ligues du 6 févr. 1934. Le 17 janv. 1936, neuf des complices de Stavisky furent condamnés, dont deux parlementaires. L'affaire Stavisky avait ébranlé le régime parlementaire et ne cessa plus d'être utilisée contre la IIIe République.

STEEG Théodore (* Libourne, 1868, † Paris, 1950). Homme politique français. Parlementaire radical-socialiste à partir de 1904, gouverneur général de l'Algérie (1921), puis résident général au Maroc (1925/29), il fut président du Conseil pendant quelques semaines (13 déc. 1930/27 janv. 1931), puis ministre des Colonies avec Chautemps (1938) et membre du second cabinet Blum (1938).

STEFANOPOULOS Kostis (Patras, Achaïe, 1926). Homme politique grec. Avocat à partir de 1954, Kostis Stefanopoulos entra au parti de la Nouvelle Démocratie (ND) et fut élu député conservateur d'Achaïe de 1964 à 1975. Il occupa divers postes ministériels de 1974 à 1981, date de l'arrivée des socialistes au pouvoir (v. **Grèce**). En 1985, il créa le parti du renouveau démocratique (DIANA), avec des dissidents du ND. Il fut élu président de la République hellénique en mars 1996, et réélu en févr. 2000.

STEIN Karl, baron vom und zum (* Nassau an der Lahn, 26.X.1757, † château de Kappenberg, Westphalie, 29.VI.1831). Homme politique prussien. Directeur des mines et des usines de Westphalie (1784), appelé à Berlin en 1804 comme ministre du Commerce, de l'Industrie et des Douanes, il entreprit d'abattre les barrières douanières entre les provinces prussiennes et s'attaqua aux corporatismes qui entravaient le fonctionnement de l'industrie. Il déplut cependant à Frédéric-Guillaume III, qui le renvoya en janv. 1807. Rappelé en sept., après Tilsit (v.), il commença les grandes réformes d'où allait naître la Prusse moderne : abolition du régime séculaire des castes héréditaires et du servage, accès à la propriété terrienne pour les roturiers, aux activités de l'industrie et du commerce pour les nobles. Il réforma la vieille administration prussienne en lui adaptant les réformes de la Révolution française. Mais cette œuvre de réorganisation menée en quatorze mois inquiéta Napoléon, qui comprit que Stein préparait la guerre de revanche. Napoléon obtint du roi de Prusse la démission du ministre (24 nov. 1808).

Stein fut secrètement appelé par le tsar en mai 1812. Il convainquit celui-ci de poursuivre la guerre au-delà des frontières russes, puis décida Frédéric-Guillaume III à s'allier à la Russie contre Napoléon (traité de Kalisz, 28 févr. 1813). Président du Conseil d'administration central, il s'employa alors à subventionner les « guerres de libération ». Il favorisa la restauration des Bourbons, puis, déçu par le congrès de Vienne et désespéré de voir l'unité allemande repoussée à un avenir incertain, il abandonna la politique.

STERN (groupe). Organisation terroriste juive de Palestine, née en 1941 d'une scission de l'Irgoun. Le groupe, créé par Abraham Stern, fut en particulier responsable de plusieurs attentats contre les autorités britanniques de Palestine.

STILICON ou **STILICHON, Flavius Stilicho** (* vers 359, † Ravenne, 23.VIII.408). Général romain d'origine vandale. Maître de la milice (394) et marié à Séréna, nièce de Théodose, il fut chargé de la tutelle de ses fils, Honorius et Arcadius, qui régnèrent respectivement en Occident et en Orient. Il se heurta à Rufin, ministre d'Arcadius, qui persuada le Goth Alaric de se jeter sur l'Occident. Stilicon se débarrassa de Rufin, contint la poussée des Barbares et remporta sur Alaric, qui pénétrait dans la plaine du Pô, la victoire de Pollenza (403). Mais déjà les Ostrogoths marchaient sur l'Italie. À la tête de mercenaires wisigoths, alains et même huns, Stilicon vainquit les Ostrogoths à Fiesole (406), sauvant ainsi l'Italie pour la seconde fois. Son obstination à revendiquer la Macédoine et la Dacie altéra ses relations avec l'Empire d'Orient. L'accord passé avec les Goths d'Alaric, qui étaient restés en Grèce, apparut en outre comme une trahison de l'idée romaine. Dans le même temps, les Vandales avaient envahi la Gaule et l'armée s'inquiétait du recrutement croissant de mercenaires barbares. Pour éviter une grave sédition, l'empereur Honorius décida de sacrifier son beau-père Stilicon, qui fut assassiné en août 408. Sa mort marque la séparation définitive des deux parties de l'Empire romain.

STO. Abréviation de **Service du travail obligatoire** (v.).

STOFFLET Nicolas (* Lunéville, 1751, † Angers, 26.II.1796). Chef vendéen. Il fut l'un des chefs de l'insurrection vendéenne de 1793 et succéda à La Rochejacquelein en 1794. Voir **Vendée (guerres de)**.

STOLYPINE Piotr Arkadievitch (* Dresde, 14.IV. 1862, † Kiev, 18.IX.1911). Homme politique russe. Ministre de l'Intérieur en 1904, puis Premier ministre en juill. 1906, après la dissolution de la première douma, il accentua la répression contre-révolutionnaire et s'efforça de détourner le mécontentement populaire en favorisant les pogroms. Il convoqua une deuxième douma en févr. 1907, mais dut la renvoyer en juin, face à l'opposition des sociaux-démocrates. Au même moment, il publiait une loi électorale restrictive, qui diminuait le nombre des électeurs ouvriers et paysans et favorisait les propriétaires fonciers : ainsi fut élue la troisième douma (1907/12). À partir de nov. 1906, il entama une grande réforme agraire qui, selon lui, devait écarter le péril révolutionnaire. Cette réforme accéléra en fait le processus de concentration et de prolétarisation des campagnes. Le régime fondé par Stolypine donna, dans un premier temps, un puissant essor à l'économie russe, mais il s'était aliéné la noblesse réactionnaire par ses réformes, et la gauche par sa politique de répression. Il périt assassiné. Voir **Russie.** Redressement temporaire et chute du tsarisme.

STRAFFORD, Thomas Wentworth, 1er comte de (* Londres, 13.IV.1593, † Londres, 12.V.1641). Homme politique anglais. Député du comté du Yorkshire en 1614, sa fidélité au roi ne l'empêcha pas d'être souvent aux côtés de l'opposition contre Charles Ier. Ayant pris ses distances avec les opposants, il fut nommé par le roi président de la Cour du Nord en déc. 1628, puis lord député d'Irlande en 1632. Lors du soulèvement de l'Écosse en 1639, Charles Ier le chargea de réprimer la révolte. Cependant, la rébellion contre le roi gagnait l'Angleterre et, en nov. 1640, le Long Parlement accusa Strafford de trahison, considérant qu'il avait poussé le roi à des mesures illégales et arbitraires. Il fut condamné par les Lords et le roi le laissa décapiter.

STRAITS SETTLEMENTS, c'est-à-dire ***Établissements des Détroits.*** Ancienne colonie de la couronne britannique, formée, en 1867, d'îles du détroit de Malacca et de divers territoires de la péninsule malaise. Elle comprenait notamment Singapour, Malacca, Penang (qui avaient été gouvernées par la Compagnie des Indes orientales jusqu'en 1858, puis par l'Office des Indes), les îles Keeling ou îles Cocos (rattachées aux Straits Settlements en 1886) et Christmas (en 1889). Le régime colonial fut aboli en 1948, et les Straits Settlements entrèrent dans la Fédération malaise. Keeling et Christmas devinrent australiennes respectivement en 1955 et en 1958. Voir **Malaisie.** La colonisation européenne. De la Malaisie à la Malaysia.

STRASBOURG (serments de, 14 févr. 842). Les fils de Louis le Débonnaire, Charles le Chauve et Louis le Germanique, voulant contraindre leur frère Lothaire à un nouveau partage de l'Empire carolingien, s'allièrent contre lui et le battirent à Fontenay-en-Puisaye (841). L'année suivante, en présence de leurs armées, ils resserrèrent par un serment solennel une alliance qui aboutit ensuite au traité et au nouveau partage de Verdun (843). Pour être entendus chacun de l'armée alliée, Louis le Germanique prêta serment en roman, Charles le Chauve en tudesque ; en revanche, leurs soldats prêtèrent serment dans leur langue respective. Les textes de ces serments constituent les plus anciens témoignages des langues française et allemande.

STRESA (conférence de, 11/14 avr. 1935). À la suite de la dénonciation des clauses militaires du traité de Versailles par l'Allemagne (16 mars 1935), le président du Conseil français, Pierre Laval – qui venait de signer avec Mussolini les accords franco-italiens du 7 janv. 1935 –, provoqua la rencontre à Stresa des représentants des trois puissances alliées de la Première Guerre mondiale : l'Italie (Mussolini), le Royaume-Uni (Macdonald, J. Simon) et la France (Laval, Flandin). La déclaration commune fit apparaître la résolution des trois nations de s'opposer à toute nouvelle violation du traité de Versailles susceptible de mettre en danger la paix européenne. Ainsi se constitua un « front de Stresa » ; mais ce front fut rompu dès oct. 1935 par l'agression italienne contre l'Éthiopie et par l'adoption, par les démocraties occidentales, d'une politique de « sanctions » contre l'Italie qui rejeta Mussolini du côté de Hitler.

STRESEMANN Gustav (* Berlin, 10.V.1878, † Berlin, 3.X.1929). Homme politique allemand. Député au Reichstag en 1906, président du groupe national-libéral en 1917, il fonda le parti du peuple au lendemain de la défaite de 1918. Il forma un gouvernement de coalition groupant sociaux-démocrates et populistes en août 1923. Il mit fin à la résistance passive dans la Ruhr, s'appuya sur la Reichswehr pour réprimer les mouvements communistes et le putsch de Hitler à Munich, et amorça la stabilisation de la monnaie en créant une banque nationale centrale et en décidant l'émission d'un mark nouveau. Lâché par les socialistes, il dut démissionner en nov. 1923. Resté ministre des Affaires étrangères jusqu'à sa mort, il s'attacha à rétablir la situation diplomatique de son pays en menant avec Briand une politique de réconciliation et de paix. Malgré l'opposition de son propre parti, il fit adopter le plan Dawes (v.) sur le règlement des réparations (août 1924). Il obtint ensuite l'évacuation de la Ruhr par les troupes françaises (été 1925), signa le traité de Locarno (16 oct. 1925) par lequel l'Allemagne acceptait les frontières du traité de Versailles et fit entrer le pays à la SDN (sept. 1926). Il mourut de maladie après avoir signé le pacte Briand-Kellogg de renonciation à la guerre (27 août 1928) et adopté le plan Young (v.) à propos des réparations (accords de La Haye, 29 août 1929).

STROESSNER Alfredo (Encarnación, 3.XI.1912). Militaire et homme politique paraguayen. Auteur d'un coup d'État en 1954 et président de la République dictatoriale jusqu'en 1989 ; en exil depuis lors. Voir PARAGUAY.

STROGANOV. Famille de commerçants russes, mentionnée dès le XVe s., qui joua un rôle important dans la mise en valeur de l'Oural et de la Sibérie. Les trois frères Grigori, Iakov et Semen Stroganov obtinrent d'Ivan IV le Terrible d'importantes concessions de terres dans le nord de la Russie et dans l'Oural, avec toute facilité pour y attirer des colons et le droit de constituer des gardes armées pour les défendre. Ils exploitèrent des salines, des mines de fer, de cuivre, de plomb. C'est eux qui prirent l'initiative, en 1581, de l'expédition cosaque de Yermak, qui inaugura l'occupation de la Sibérie par les Russes. (v. SIBÉRIE. La colonisation de la Sibérie durant la période tsariste). Au début du XVIIe s., ils soutinrent activement l'instauration de la dynastie des Romanov. La famille fournit à l'histoire russe des administrateurs, des généraux et de nombreux mécènes.

STRUENSEE Johann Friedrich, comte von (* Halle, 5.VIII.1737, † Copenhague, 28.IV 1772). Homme politique danois. Fils d'un pasteur allemand, il devint médecin communal à Altona (1759), puis médecin personnel de Christian VII de Danemark (1768). Il ne tarda pas à dominer complètement l'esprit du jeune et faible souverain et devint l'amant de la reine Caroline-Mathilde. Avec l'appui de celle-ci, il renversa le ministre Bernstorff (1770) et fut nommé lui-même Premier ministre et comte (1771). Il accomplit une vaste œuvre réformatrice, dans l'esprit du despotisme éclairé, avec l'aide d'Enevold von Brandt. Affermissant le pouvoir royal en face de l'aristocratie, il imposa des économies sévères, abolit le servage, la torture, la prison pour dettes, et aussi les corporations, qui entravaient le développement de l'industrie. Cette véritable révolution lui valut la haine des nobles et du clergé, qui trouvèrent un puissant appui auprès de la reine douairière Juliana. En janv. 1772, le roi ordonna l'arrestation de Struensee et de la reine, qui avouèrent leurs relations coupables. La reine fut confinée dans la forteresse de Kronborg ; Struensee, accusé de complot contre le roi, fut condamné à mort et décapité, ainsi que son ami Brandt. Voir DANEMARK. Le « despotisme éclairé » du XVIIIe s.

STUART ou STEWART. Famille royale qui régna d'abord sur l'Écosse (1371/1714), puis sur toute la Grande-Bretagne (1603/1714). Les Stuarts qui régnèrent sur l'Écosse seule furent : Robert II (1371/90), Robert III (1390/1406), Jacques Ier (1406, 1424/37), Jacques II (1437/60), Jacques III (1460/88), Jacques IV (1488/1513), Jacques V (1513/42), Marie Stuart (1542/67). Les Stuarts qui régnèrent sur la Grande-Bretagne furent : Jacques Ier (VI en Écosse), 1603/25 ; Charles Ier, 1625/49 ; Charles II, 1660/85 ; Jacques II, 1685/88 ; Marie II, 1689/94 ; Anne, 1702/14.

Robert Stuart, 1er duc d'Albany († 1420). Fils de Robert II, il reçut la régence du trône d'Écosse en 1388, en raison du grand âge de son père, et il la conserva sous le règne de son frère aîné Robert III, malade. Chassé de 1399 à 1402 par son cousin David Stuart, il revint au pouvoir et fut encore régent sous le règne de Jacques Ier, retenu prisonnier en Angleterre.

Jacques Francis Édouard Stuart, dit le Chevalier de Saint-George (* Londres, 10.VI.1688, † Rome, 2.I.1766). Fils de Jacques II et de Marie de Modène, il n'avait que six mois lorsqu'il fut emmené en exil lors de la révolution de 1688. Exclu du trône par l'Acte d'établissement de 1701, il fut cependant, à la mort de son père, reconnu roi d'Angleterre, sous le nom de Jacques III, par Louis XIV (1703). Il servit dans les rangs français à Malplaquet contre les Anglo-Impériaux (1709). Ses espoirs de voir la reine Anne le nommer son successeur furent déçus par l'élévation au trône de George Ier de Hanovre (1714). En Écosse, ses partisans, qu'on appela les jacobites, se soulevèrent sous la conduite du comte de Mar ; lui-même débarqua en Écosse en déc. 1715, mais fut bientôt rejeté à la mer. La France lui étant fermée en vertu de la paix d'Utrecht, il se retira en Italie, où il épousa en 1719 la princesse Sobieski, qu'il ne tarda pas à abandonner pour la comtesse d'Inverness et d'autres maîtresses. Voir GRANDE-BRETAGNE. La Restauration des Stuarts. Les débuts du régime parlementaire.

STURE. Famille noble de Suède qui joua un rôle important dans l'histoire de ce pays aux XVe/XVIe s. Voir SUÈDE.

STÜRGKH Karl, comte von (* Graz, 30.X.1859, † Vienne, 21.X.1916). Homme politique autrichien. Ministre de l'Instruction publique (1908), puis Premier ministre (nov. 1911), il suspendit le Parlement à la faveur de la guerre mondiale, gouvernant par décrets et laissant en fait tout le pouvoir aux militaires. Il fut assassiné par le socialiste Friedrich Adler.

STURZO Luigi (* Caltagirone, Sicile, 26.XI.1871, † Rome, 8.VIII.1959). Homme politique italien. En janv. 1919, il fonda le parti populaire italien, dont il abandonna la direction en juill. 1923. Voir **DÉMOCRATIE CHRÉTIENNE**. En Italie.

SUAREZ GONZALEZ Adolfo (Cebreros, prov. d'Avila, 25.IX.1932). Homme politique espagnol. Issu de la Phalange, dont il fut vice-secrétaire général, puis secrétaire général de 1975 à 1976, Suarez fut nommé Premier ministre par le roi Juan Carlos en juill. 1976. Malgré son passé franquiste, il accéléra la libéralisation du régime. Il fonda, à la veille des élections de juin 1977, l'Union du centre démocratique (UCD), parti centriste prônant la réconciliation nationale. Reconduit dans ses fonctions, il fut l'artisan de l'adoption, par référendum, de la nouvelle Constitution en déc. 1978. Les dissensions au sein de l'UCD et les nombreuses critiques dont il fut l'objet l'amenèrent à démissionner de ses fonctions en janv. 1981. Il fonda un nouveau parti de centre gauche, le CDS, Centre démocratique et social, dont il assuma la présidence jusqu'en 1991.

SUCCESSION D'AUTRICHE (guerre de la, 1740/48). Guerre européenne qui éclata à la mort de l'empereur Charles VI. Celui-ci, en vertu de la pragmatique sanction de 1713 (v.), avait assuré la succession à sa fille aînée Marie-Thérèse ; mais les droits de celle-ci furent contestés par de nombreux princes, entre autres l'Électeur Charles-Albert de Bavière, Philippe V d'Espagne, Auguste III de Saxe et de Pologne, ainsi que par le roi de Prusse Frédéric II.

À la fin de 1740, Frédéric II lança ses troupes sur la Silésie. Charles-Albert, soutenu par la France, se fit élire empereur contre Marie-Thérèse sous le nom de Charles VII. Une vaste coalition antiautrichienne se forma, groupant la France, la Prusse, la Bavière, la Saxe et l'Espagne, alors que Marie-Thérèse bénéficiait seulement de l'appui de l'Angleterre et des Pays-Bas. Raffermissant par son énergie l'union des divers peuples soumis aux Habsbourg, Marie-Thérèse sut faire face à ses nombreux adversaires : écartant momentanément la menace de Frédéric II en cédant à celui-ci la Silésie (traité de Breslau, juin 1742), elle reconquit la Bohême sur les Français (déc. 1742), puis s'empara de la Bavière (1743) et menaça l'Alsace. Battue par les Anglo-Hanovriens à Dettingen (27 juin 1743), la France se trouva bientôt dans une situation critique, mais elle fut sauvée par une nouvelle intervention de Frédéric II, qui déclencha la seconde guerre de Silésie. Marie-Thérèse dut confirmer l'abandon de la Silésie par la paix de Dresde (déc. 1745), mais, quelques mois plus tôt, après la mort de Charles VII, elle s'était réconciliée avec le nouvel Électeur de Bavière et elle avait pu faire sacrer empereur à Francfort son mari François de Lorraine, sous le nom de François Ier.

La guerre se poursuivit avec la France, qui, à la suite de la victoire du maréchal de Saxe à Fontenoy (11 mai 1745), occupa les Pays-Bas autrichiens, puis envahit les Provinces-Unies (1747/48). À la paix d'Aix-la-Chapelle (18 oct. 1748), Marie-Thérèse obtint la reconnaissance universelle de la pragmatique sanction et conserva l'intégrité de ses territoires, à l'exception de la Silésie, cédée à la Prusse, et du duché italien de Parme-Plaisance, cédé aux Bourbons d'Espagne. La France ne tira aucun profit de ses dernières victoires ; elle restitua toutes ses conquêtes et avait, en somme, « travaillé pour le roi de Prusse ». Mais cette paix ne réglait ni l'antagonisme austro-prussien ni l'antagonisme franco-anglais, qui devaient bientôt conduire à la guerre de Sept Ans (1756/63) (v.).

SUCCESSION D'ESPAGNE (guerre de la, 1701/14). Guerre européenne qui éclata après la mort du roi d'Espagne Charles II, dernier des Habsbourg d'Espagne. Elle opposa principalement Louis XIV et l'empereur Léopold Ier, qui, tous deux, avaient épousé des sœurs de Charles II, et qui étaient tous deux des petits-fils de Philippe III d'Espagne. Louis XIV soutenait les droits de son petit-fils, Philippe d'Anjou, et Léopold Ier ceux de son fils, l'archiduc Charles (futur empereur Charles VI).

Charles II, maladif et ne pouvant avoir d'héritier, avait d'abord désigné pour lui succéder Joseph-Ferdinand, fils de l'Électeur de Bavière et petit-fils de l'empereur Léopold ; mais ce prince mourut en 1699. Louis XIV et sa femme avaient solennellement renoncé à leurs droits sur le trône espagnol, mais la diplomatie française obtint de Charles II la désignation comme successeur du petit-fils de Louis XIV, Philippe d'Anjou. Celui-ci arriva à Madrid au début de 1701 et fut couronné roi sous le nom de Philippe V ; il fut d'abord reconnu par toutes les puissances européennes, l'empereur excepté, à la condition que la France et l'Espagne s'engagent à ne jamais s'unir sous la même couronne. Mais l'ouverture de l'Empire colonial espagnol au commerce français souleva l'opposition de l'Angleterre et des Provinces-Unies : à l'instigation de Guillaume III fut ainsi formée la Grande Alliance de La Haye, vaste coalition groupant l'Angleterre, l'Empire, la Hollande, la plupart des princes allemands et, plus tard, le Portugal et la Savoie, contre Louis XIV et Philippe V, qui n'eurent guère comme alliée que la Bavière (sept. 1701).

Après quelques succès initiaux (1701/04), les Franco-Espagnols, malgré la valeur de généraux tels que Catinat, Vendôme et Villars, connurent une suite de désastres : tandis que Marlborough et le Prince Eugène les rejetaient en deçà du Rhin après la défaite de Höchstädt, en 1704, les Anglais s'installaient à Gibraltar (1704) et Philippe V était chassé de Madrid, où l'archiduc Charles fut proclamé roi (12 sept. 1706). En 1706, Marlborough, vainqueur de Villeroy à Ramillies, fit la conquête de la Belgique. L'hiver 1708/09 fut particulièrement dur pour la France envahie, où régnait la famine : Louis XIV voulut entamer des négociations de paix, à des conditions humiliantes, mais ses avances furent rejetées. Les Français firent alors un ultime effort : à Malplaquet (11 sept. 1709), Villars, bien que vaincu, réussit à arrêter les alliés. En 1710, vainqueur à Villaviciosa, le duc de Vendôme les chassa de Catalogne, mais le tournant de la guerre fut un coup de théâtre : la mort inopinée de l'empereur Joseph Ier, qui plaçait l'archiduc Charles sur le trône impérial, sous le nom de Charles VI. Les puissances craignirent de voir une reconstitution de l'empire de Charles Quint au profit de Charles VI, et l'Angleterre, où les tories avaient supplanté les whigs, se retira pratiquement de la coalition. Le dernier grand événement militaire fut la victoire de Villars à Denain (24 juill. 1712).

La guerre se termina par une série de traités signés à Utrecht (11 avr. 1713), Rastadt (7 mars 1714) (v. ces noms), Baden (7 sept. 1714), Anvers (ou « traité de la Barrière », 15 nov. 1715). Philippe V demeurait roi d'Espagne, mais la plupart des possessions espagnoles d'Europe (Naples, la Sicile, le Milanais, les Pays-Bas) furent cédées à l'empereur. L'Angleterre s'assura la possession de Gibraltar et de Minorque, ainsi que de nombreux avantages commerciaux et l'annexion des possessions françaises de Terre-Neuve et de l'Acadie, clés du Canada. La France maintenait ses frontières, mais dut laisser les places de la Barrière (Tournai, Ypres, Menin, Furnes, Warneton, Comines et le fort de Knokke) revenir aux Hollandais qui purent y maintenir des garnisons alors qu'elles appartenaient aux Pays-Bas espagnols cédés à l'empereur ; elle sortait de cette guerre économiquement épuisée. Les tentatives d'hégémonie européenne de Louis XIV étaient définitivement brisées.

SUCCESSION DE POLOGNE (guerre de la, 1733/38). Guerre européenne qui opposa la France, alliée de l'Espagne, à l'Autriche, à la Saxe et à la Russie. À la mort du roi de Pologne Auguste II (1733), son ancien compétiteur, Stanislas Leszczynski, devenu en 1725 le beau-père de Louis XV, essaya de remonter sur le trône avec l'appui de la France. Il fut élu par la majorité des nobles polonais, mais la minorité désigna le fils d'Auguste II, Auguste III, en faveur duquel l'empereur Charles VI et la Russie intervinrent aussitôt. Le ministre français Fleury dut se résoudre à la guerre, mais il s'efforça de la limiter et de ne pas inquiéter l'Angleterre. Stanislas fut chassé du trône dès 1734, mais la guerre continua encore sur le Rhin et en Italie, pour des raisons qui n'avaient plus rien à voir avec la Pologne. Enfin, le traité de Vienne (1738) procéda à un vaste échange de trônes : Stanislas perdit la Pologne mais reçut la Lorraine (qui devait, à sa mort, revenir à la France) ; François de Lorraine, époux de Marie-Thérèse et gendre de Charles VI, reçut la Toscane, que son ancien souverain, don Carlos, fils de Philippe V d'Espagne, quitta pour aller régner à Naples.

SUCRE Antonio José (* Cumaná, Venezuela, 3.II. 1795, † Berruecos, Colombie, juin 1830). Général vénézuélien. Après avoir servi sous les ordres de Miranda dans les premières campagnes de l'indépendance vénézuélienne, il combattit avec Bolívar. Général en 1813, il négocia avec les Espagnols un traité sur l'humanisation de la guerre. Commandant les troupes colombiennes envoyées en Équateur et au Pérou, il remporta les victoires de Yaguachi et de Pinchicha, qui libérèrent l'Équateur (1821), puis triompha des dernières forces espagnoles organisées en Amérique latine à Ayacucho (déc. 1824). En 1826, il fut élu président à vie du Haut-Pérou (Bolivie), mais abdiqua en 1828. Désigné comme député au Congrès constituant de Colombie, il fut assassiné alors qu'il se rendait à Quito. Chef militaire de premier ordre, mais aussi généreux et humain, il fut une des plus nobles figures des guerres d'indépendance hispano-américaines. La capitale constitutionnelle de la Bolivie, autrefois appelée *Chuquisaca* et *La Plata*, fut rebaptisée *Sucre* en son honneur.

SUD-AFRICAINE (République), *Republic of South Africa*. État de l'Afrique australe ; capitale administrative *Pretoria*, capitale législative *Le Cap*.

Des débuts de la colonisation à la guerre des Boers (XVIe/XIXe s.)

Le premier peuple connu dans cette région est celui des Bochimans, chasseurs qui furent rejoints, probablement vers le XIe s., par des pasteurs nomades, les Hottentots (ou Namas). À partir du XVIIe s., des peuples bantous (v.) (principalement Xhosas et Zoulous) s'établirent à leur tour. En 1488, le Portugais Bartolomeu Dias (v.) découvrit le cap de Bonne-Espérance, et, en 1498, Vasco de Gama (v.), en route vers l'Inde, aborda à la côte du Natal. Cependant, les Portugais n'essayèrent pas de se fixer en Afrique du Sud. Après une vaine tentative des Anglais (1620), ce fut seulement en 1652 que la Compagnie hollandaise des Indes orientales établit un centre de ravitaillement pour ses navires au Cap. Vers la même époque, pour constituer la main-d'œuvre de la colonie, on commença à importer des esclaves de l'Angola. Après la révocation de l'édit de Nantes (1685), un groupe de huguenots français réfugiés arriva au Cap, et, en 1707, la colonie comptait environ 1 700 personnes, qui avaient à leur service 1 100 esclaves. Des Javanais, des Malais, des Malgaches et des Indiens furent également expatriés en Afrique du Sud à partir de 1860 ; enfin, de nombreux métissages eurent lieu entre Blancs et Noirs. Alors qu'agriculteurs et viticulteurs s'implantaient dans la région du Cap, d'autres Blancs se faisaient pasteurs nomades et, poussant en diverses directions, enlevaient terres et bétail aux Hottentots. En 1713, les premiers contacts des Bantous avec les Blancs entraînèrent une terrible épidémie de variole qui les engagea à migrer vers l'Est.

Pour sauvegarder la route des Indes contre toute menace française, les Anglais occupèrent Le Cap (sept. 1795) ; ils le restituèrent aux Hollandais en 1803, à la suite du traité d'Amiens, le réoccupèrent en 1806 et s'en assurèrent définitivement la possession au traité de Paris (1814). Les Boers, qui avaient eu beaucoup à se plaindre de l'incurie de la Compagnie hollandaise, accueillirent d'abord assez bien la domination britannique, mais le début d'une importante immigration anglaise et surtout l'abolition de l'esclavage (1833) soulevèrent une vague de mécontentement.

Ce fut le début du Grand Trek boer (vers 1834/37), qui fit suite aux bouleversements sanglants que l'épopée zoulou de Tchaka (v. Zoulous) avait provoqués chez les Bantous. Fuyant l'administration britannique, quelque 12 000 Boers se mirent en route, à la recherche de nouvelles terres. Le premier groupe s'établit dans le Natal, sous la direction d'A. Pretorius. Attaqués par les Zoulous, les Boers les écrasèrent à Blood River (déc. 1838) et ils commencèrent à organiser une république du Natal, que l'Angleterre annexa en 1843. D'autres groupes, partis en direction du nord, fondèrent deux autres républiques boers : l'une entre le Vaal et le Limpopo, la première République sud-africaine (Transvaal actuel) ; la seconde entre le Vaal et l'Orange, l'État libre d'Orange. L'indépendance de ces États boers fut reconnue par les Anglais, respectivement en 1852 et 1854.

La coexistence entre Anglais et Boers était déjà difficile lorsque la découverte des diamants dans les rivières Orange et Vaal (1867) donna à l'Afrique du Sud une importance économique imprévue. Les Anglais, qui entendaient s'assurer le contrôle des gisements, annexèrent le Transvaal en janv. 1877, mais les Boers de cette région, conduits par Kruger (v.), Joubert et M.W. Pretorius, se révoltèrent et, en févr. 1881, battirent les troupes britanniques à Majuba Hill. Par les conventions de Pretoria et de Londres (1881/84), le Transvaal recouvra son autonomie sous la suzeraineté théorique de la couronne britannique. Cependant, l'exploitation des gisements de diamants du Kimberley (à partir de 1870) et la ruée vers l'or qui suivit, vers 1885, la découverte des immenses réserves d'or du Witwatersrand, au S. de Pretoria, accéléraient la transformation économique de l'Afrique du Sud. Un flot d'immigrants, surtout britanniques, que les Boers appelaient des *uitlanders* (étrangers), vint s'installer au Transvaal.

Président de cette république depuis 1883, Kruger essaya de maintenir la suprématie politique des « Afrikaners » en refusant le droit de vote aux uitlanders, mais il avait en face de lui le champion de l'impérialisme colonial anglais, Premier ministre de la colonie du Cap, Cecil Rhodes (v.), qui contrôlait en outre la plus grosse entreprise de prospection de diamants et de métaux précieux, la De Beers Consolidated Mines. En annexant le Zoulouland (1887), Rhodes ferma au Transvaal tout accès à la mer, puis il tenta de renverser Kruger en montant le raid de Jameson (déc. 1895/janv. 1896). Cette opération fut un échec, et Cecil Rhodes dut donner sa démission de Premier ministre du Cap. Kruger conclut une alliance militaire avec l'État libre d'Orange, et, comme les Anglais renforçaient leurs troupes, il leur envoya un ultimatum et leur déclara la guerre (12 oct. 1899). (v. Boers, guerre des).

Les débuts de l'Union sud-africaine (1899/1914)

Le traité de paix de Vereeniging (31 mai 1902) équivalait à une reddition pure et simple des Boers, qui durent accepter la souveraineté britannique, mais obtinrent l'amnistie, la reconnaissance de l'usage de leur langue et la promesse, pour une date indéterminée, d'une certaine autonomie politique.

Le premier haut-commissaire anglais, Milner, essaya d'imposer sans ménagement la domination britannique, mais cette politique aboutit rapidement à un échec. Le soulèvement des Herreros dans le Sud-Ouest africain allemand (1904) et une nouvelle révolte africaine au Natal (1906) firent comprendre aux Blancs la nécessité de s'unir en face des Noirs, qui représentaient alors près de 70 % de la population. Arrivé en Afrique du Sud en 1905, Lord Selborne accorda un gouvernement autonome au Transvaal et à la colonie d'Orange. Une convention constitutionnelle, réunie d'oct. 1908 à févr. 1909, prépara la naissance de l'**Union sud-africaine**, qui devint effective le 31 mai 1910. L'Union, qui avait pour souverain le roi d'Angleterre, représenté par un gouverneur général, recevait sa pleine autonomie interne, avec un système parlementaire bicaméral ; la langue néerlandaise (et l'afrikaans à partir de 1925) était reconnue comme langue officielle, sur un pied d'égalité avec l'anglais ; le siège du Parlement était établi au Cap, le siège du gouvernement à Pretoria.

Les Afrikaners étant nettement majoritaires dans la population blanche de l'Union, ce furent deux anciens chefs de la guérilla contre les Anglais, Louis Botha (v.) et James Hertzog, qui prirent la tête du pays. En avr. 1910, ils fondèrent le parti sud-africain, qui se donnait pour objectif de rassembler tous les Blancs, quelle que fût leur origine. Ce parti, qui avait pour adversaire un parti unioniste, purement britannique, remporta largement les premières élections, et Botha devint Premier ministre de l'Union (1910/19). Mais Hertzog, chef de la tendance conservatrice des Afrikaners, se sépara rapidement de lui et fonda, en 1914, le parti nationaliste, exclusivement boer.

Dès ses débuts, l'Union sud-africaine se trouva aux prises avec le problème racial. Les Blancs, qui détenaient le pouvoir politique et entendaient bien le conserver exclusivement, ne formaient qu'une petite minorité en face des Noirs, des métis et des Asiatiques. Les Sud-Africains d'origine indienne, frappés à partir de 1907 par les lois restrictives sur l'immigration, menèrent sous la conduite de Gandhi une campagne de « résistance passive » et, en juin 1914, obtinrent des concessions importantes. L'éveil politique des Bantous commença avec la fondation de l'African National Congress (ANC) (1912), laquelle passa d'ailleurs à peu près inaperçue. Le désir du gouvernement sud-africain était de confiner toute la population noire dans des réserves ; le *Natives Land Act* de juin 1913 interdit aux Noirs l'acquisition de terres en dehors des réserves.

De la Première Guerre mondiale à la victoire du parti nationaliste (1914/48)

En 1914, le gouvernement sud-africain, en dépit de l'opposition de Hertzog, se rangea aux côtés de l'Angleterre dans la guerre contre l'Allemagne. Son armée, commandée par Botha, s'empara du Sud-Ouest africain allemand (janv./juill. 1915), mais en Afrique-Orientale, le commandant allemand, von Lettow-Vorbeck, réussit à résister jusqu'à l'armistice de 1918. Des troupes sud-africaines combattirent également en Europe ; le général Smuts (v.) fit partie du cabinet de guerre britannique et, avec Botha, il participa à la signature du traité de Versailles (1919). L'ancien Sud-Ouest africain allemand fut confié en mandat à l'Union sud-africaine.

À la mort de Botha (août 1919), le général Smuts lui succéda comme Premier ministre et chef du parti sud-africain, mais, aux élections de juin 1924, il fut battu par une coalition du parti nationaliste et des travaillistes. Devenu Premier ministre (1924/39), Hertzog atténua quelque peu son programme originel et renonça à rompre les liens avec la Grande-Bretagne ; mais il affirma la personnalité « afrikaner » de l'Union, dont il fit reconnaître l'indépendance au sein du Commonwealth (statut de Westminster, 1931). Il renforça la législation raciale qui, depuis 1921, s'efforçait d'empêcher les Noirs de résider dans les villes où ils n'étaient pas employés. En 1926, le *Colour Bar Act* exclut les Noirs de presque tous les emplois qualifiés de l'industrie. La coalition nationaliste-travailliste ne résista pas aux conséquences de la grande crise économique mondiale. En mars 1933, Hertzog dut former un gouvernement national de coalition avec Smuts, et, en juin 1934, son parti nationaliste fusionna avec le parti sud-africain de Smuts pour former le parti uni national sud-africain (*United Party*). Mais une minorité d'Afrikaners intransigeants refusèrent cette union et formèrent, sous la direction du Dr Malan, un nouveau parti nationaliste.

La coalition gouvernementale se disloqua au début de la Seconde Guerre mondiale. Contre Hertzog, qui, comme en 1914, était partisan de la neutralité, Smuts, devenu Premier ministre (1939/48), obtint à une faible majorité l'entrée en guerre contre l'Allemagne. Les troupes sud-africaines devaient prendre une part importante aux opérations qui se déroulèrent en Éthiopie, en Afrique du Nord, en Italie, mais une forte opposition, sympathisant avec le national-socialisme, s'affirmait dans les milieux nationalistes.

À partir des années de guerre, l'Afrique du Sud connut une très rapide expansion économique. Mais cette expansion rendait plus aiguë la question raciale, car le développement de l'industrie, surtout à partir de 1945, avait provoqué un exode vers les villes, non seulement des « pauvres Blancs », mais aussi des Noirs. En 1951, en dépit de toutes les mesures de ségrégation déjà prises, plus d'un quart de la population noire habitait en milieu urbain. D'où une inquiétude croissante des Blancs, favorisant les progrès du parti nationaliste, résolument ségrégationniste, qui obtint la majorité absolue aux élections de mai 1948.

Les nationalistes au pouvoir et l'indépendance de la République

Premier ministre de 1948 à 1954, le Dr Malan, chef des nationalistes, appliqua aussitôt son programme d'« **apartheid** », qui se donnait pour objectif le « développement séparé des races ». Le gouvernement nationaliste entreprit en premier lieu d'établir une séparation aussi complète que possible entre les Blancs et les Noirs. En 1949, une loi prononça l'interdiction des mariages et même des relations sexuelles entre Blancs et Noirs. La ségrégation résidentielle fut établie par le *Group Areas Act* de 1951. Ces mesures ayant provoqué des manifestations et des émeutes, les libertés politiques furent sévèrement restreintes par les lois « sur la suppression du communisme » (1950), « sur la sécurité publique » (1953) et « sur les réunions subversives » (1956). Le Code du travail permit de reléguer les Noirs dans les emplois inférieurs et non spécialisés. La politique de l'apartheid fut poursuivie et même renforcée par les successeurs du Dr Malan, J.G. Strijdom (1954/58), H.F. Verwoerd (1958/66) et B.J. Vorster (1966/1978). En 1956, la ségrégation fut étendue aux universités, et, deux ans plus tard, le gouvernement créa des « collèges universitaires » bantous et indiens. Des efforts importants furent accomplis pour obtenir une centralisation industrielle permettant d'installer les travailleurs noirs loin des zones occupées par les Blancs.

À la suite du rapport de la Commission Tomlinson, il fut décidé en 1959, par la loi « sur la promotion de l'autonomie bantoue », de remplacer les réserves par huit régions noires séparées, appelées à se suffire économiquement et à se gouverner elles-mêmes, les **bantoustans** (ou *homeland*). Le Transkei, pays à la population bantoue homogène, à la limite de la province du Cap et du Natal, fut pourvu en 1959 d'un conseil dont le président était un Bantou et, en 1962, d'un Parlement particulier. La politique de développement séparé fut poursuivie dans les bantoustans, qui, dans les plans gouvernementaux, devaient représenter environ 13 % de l'ensemble du territoire sud-africain et accueillir la moitié de la population noire. Il était prévu que ces bantoustans devaient, tôt ou tard, accéder à l'indépendance.

La politique de l'apartheid, soutenue par la plus puissante des Églises protestantes, l'Église réformée néerlandaise (Nederduits Hervormde Kerk), ne rallia pas l'unanimité de la population blanche ; elle fut rejetée par la majorité des Blancs d'origine britannique et, sur le plan religieux, par la majorité des anglicans et des catholiques. Politiquement, l'opposition blanche à l'apartheid fut représentée par l'United Party et, d'une manière plus radicale, par le Progressive Party. Du côté des Noirs, la lutte fut menée par l'African National Congress, présidé à partir de 1952 par Albert Luthuli (v.) ; celui-ci prit l'initiative d'une campagne de « résistance passive », mais ne put empêcher le vote de la loi sur la sécurité publique. En 1959, une aile radicale se détacha du mouvement noir pour créer le Panafrican Congress, qui organisa de grandes manifestations contre le contrôle des laissez-passer ; l'une d'elles, à Sharpeville, près de Johannesburg, se termina dans le sang, après que les forces de l'ordre eurent ouvert le feu (21 mars 1960). L'apartheid rencontra aussi une vive opposition sur le plan international, tant au sein du Commonwealth qu'à l'ONU ; dès 1946, celle-ci émit son premier vote défavorable à la politique raciale de l'Union sud-africaine et essaya d'empêcher celle-ci d'annexer l'ex-Sud-Ouest africain allemand (v. **Namibie**). Répliquant aux critiques venues des membres du Commonwealth, le Premier ministre Verwoerd fit adopter par référendum (5 oct. 1960) la transformation de l'Union en une République sud-africaine complètement indépendante, qui fut proclamée officiellement le 31 mai 1961 ; en même temps, l'Afrique du Sud se retira du Commonwealth et rompit tout lien d'allégeance envers la couronne britannique. Les nationalistes augmentèrent encore leur représentation parlementaire aux élections de 1961 et 1966 et, après un léger recul aux élections de 1970, ils rétablissaient leur position en 1974. L'assassinat de Verwoerd par un déséquilibré blanc (13 sept. 1966) fut sans portée politique, et Vorster, son successeur, poursuivit la politique de l'apartheid. Frappée de sanctions économiques par l'ONU en 1962/63, la République sud-africaine, géant industriel de l'Afrique, vers laquelle les investissements étrangers continuaient d'affluer, et forte de son rôle indispensable comme exportateur d'or et d'uranium, ne devait guère souffrir d'un boycottage international qui fut peu observé.

Cependant, la politique d'apartheid, maintenue en théorie, s'atténua quelque peu à partir de 1970. Le gouvernement sud-africain dut admettre, en effet, que l'apartheid compromettait l'expansion économique, qui ne pouvait se poursuivre sans l'apport de la main-d'œuvre noire mieux formée. En 1973, les travailleurs noirs furent officiellement admis aux emplois qualifiés. Cette relative détente à l'intérieur s'accompagnait d'un changement dans les relations de la République sud-africaine avec divers États africains. Mais ces efforts de normalisation avec les États africains furent compromis par l'intervention des forces de Pretoria dans la guerre civile d'Angola (fin 1975), puis, en 1976, par les graves émeutes raciales de Soweto et de Johannesburg, qui furent suivies d'une vague d'arrestations. Poursuivant sa politique des bantoustans, la République sud-africaine donna, le 26 oct. 1976, son indépendance au Transkei.

En 1978, P.W. Botha, ministre de la Défense, succéda à J. Vorster comme Premier ministre. Résolu à rendre l'apartheid plus présentable pour les alliés occidentaux de son pays, il fit voter, en 1982, une nouvelle Constitution plus favorable aux Indiens et aux métis. Mais il perpétua la politique des bantoustans inaugurée par ses prédécesseurs : après le Transkei, le Bophuthatswana fut déclaré indépendant en 1977, puis le Venda en 1979 et le Ciskei en 1981. Cette indépendance toute formelle, qui faisait des Noirs sud-africains des étrangers dans leur propre pays, ne fut pas reconnue par l'ONU. En même temps qu'il s'efforçait de multiplier les petits « États noirs » faibles au sein d'un « État blanc » central tout-puissant, P. Botha tentait de déstabiliser les gouvernements des pays voisins hostiles à la politique de l'apartheid et y parvint souvent (expulsion des cadres de l'ANC réfugiés au Lesotho, au Swaziland et au Mozambique, trop vulnérables pour résister à la pression économique et militaire de l'Afrique du Sud). En Angola, en revanche, l'armée sud-africaine fut contrainte de se replier, en 1988, obtenant certes le retrait des troupes cubaines et de l'ANC, mais consentant, en même temps, à l'indépendance de la Namibie (v.). L'ANC n'en continuait pas moins d'étendre son influence, en Afrique du Sud, mais aussi dans le monde entier grâce à la figure emblématique de son chef historique, Nelson Mandela (v.), maintenu en prison depuis 1964.

L'opposition à l'apartheid n'était d'ailleurs plus l'affaire de l'ANC seule : en 1983, Allan Boesak, pasteur et président de l'Alliance mondiale des Églises réformées, créait l'UDF (*United Democratic Front*) ; Desmond Tutu (v.), évêque anglican noir, recevait en 1984 le prix Nobel de la paix ; les syndicats noirs, autorisés depuis 1979, menaient de grandes grèves, alors qu'une partie des milieux d'affaires estimaient l'apartheid contraire à la bonne marche de l'économie.

Les États-Unis et plusieurs pays occidentaux tentaient, en 1986, après la proclamation de l'état d'urgence, de faire pression sur Pretoria par des sanctions économiques.

L'Afrique du Sud multiraciale

En févr. 1989, P. Botha, malade et isolé au sein du parti national, dut abandonner la direction du gouvernement à F. De Klerk. Les élections de sept. ne donnèrent la majorité absolue au parti gouvernemental que d'extrême justesse, mais la personnalité du nouveau dirigeant blanc allait rapidement faire évoluer la situation : certaines lois d'apartheid particulièrement odieuses furent abolies, les système policier réformé, les principaux dirigeants de l'ANC libérés.

F. W. De Klerk abrogea les dernières lois ségrégationnistes et libéra les dirigeants de l'ANC emprisonnés, dont Nelson Mandela, détenu depuis vingt-sept ans (févr. 1990). Le gouvernement annonça l'ouverture de négociations avec l'ANC légalisé, dont N. Mandela prit la tête. La volonté de dialogue du gouvernement, symbolisée par l'abolition de l'apartheid (juin 1991), se concrétisa par la convocation, en déc. 1991, d'une conférence nationale à laquelle tous les partis furent invités, la CODESA, *Conference for a Democratic South Africa*. Celle-ci s'organisa rapidement autour de deux blocs, l'un favorable à l'avènement d'un État multiracial, constitué de l'ANC et du parti national, l'autre constitué de l'*Afrikaner Weerstand Beweging* (à dominante afrikaner) et de l'Inkatha (parti zoulou), favorables à la création d'États ethniques séparés. Alors que les sanctions internationales étaient levées, les partis extrémistes multipliaient les troubles, en particulier au Natal, majoritairement zoulou. Malgré ce développement de la violence et l'action d'une fraction de la police en faveur des extrémistes, un référendum organisé dans la communauté blanche vint, en mars 1992, approuver les évolutions démocratiques en cours. Une Constitution transitoire adoptée pour cinq ans garantit les droits de la minorité blanche et le caractère libéral du système économique. Préparées par un accord de gouvernement entre le parti national et l'ANC signé en févr. 1993, les premières élections démocratiques du pays se déroulèrent dans le calme en avr. 1994. L'ANC remporta 63 % des sièges et le parti national 20 %. L'Inkatha fut laminée au plan national mais obtint de bons scores au Natal. Couronnés par le prix Nobel de la paix 1993, N. Mandela, au poste de président, et F. De Klerk, à celui de deuxième vice-président, se partagèrent le pouvoir. Le maintien de dirigeants de l'ancien régime aux postes ministériels liés à l'économie apparut comme une garantie pour les investisseurs étrangers, qui restèrent pourtant timides. Le pays, profondément réorganisé, divisé en neuf provinces, – auxquelles furent réintégrés les bantoustans – disposant dorénavant de onze langues nationales, se heurtait à des défis économiques majeurs. En mai 1996, l'adoption par le Parlement d'une nouvelle Constitution mit fin à la période de transition et au gouvernement d'union nationale qui associait l'ANC et le parti national. Une commission « Vérité et Réconciliation » (TRC) fut chargée d'examiner les crimes commis pendant l'apartheid ; elle convoqua notamment, en 1998, l'ancien président P.W. Botha et Winnie Mandela (ancienne femme de N. Mandela) et remit à la fin de l'année un rapport qui n'épargnait pas l'ANC. Par ailleurs, la politique étrangère volontariste de l'Afrique du Sud suscitait une hostilité grandissante chez ses voisins qui la taxaient d'impérialisme. Ainsi, en sept. 1998, l'Afrique du Sud intervint au Lesotho voisin pour y rétablir l'ordre et instaura une autorité transitoire présidée par l'ambassadeur d'Afrique du Sud. Le 2 juin 1999 eurent lieu les deuxièmes élections législatives démocratiques. Elles attribuèrent la majorité des sièges à l'ANC et portèrent à la présidence un proche de N. Mandela, Thabo Mbeki (v.), qui renforça les pouvoirs de son poste tout en maintenant la plupart des anciens ministres, dont le chef de l'Inkhata à l'Intérieur. Adepte d'une politique très libérale, le nouveau gouvernement dut affronter, en août 1999, une importante contestation syndicale. Au début de l'année 2000, l'accord de libéralisation des échanges signé par l'Afrique du Sud et l'Union européenne entra en vigueur, alors que le pays continuait à lutter contre ses deux principaux fléaux, l'épidémie de sida et le chômage dans la jeunesse noire.

SUDÈTES, Sudeten. Nom donné, avant la Seconde Guerre mondiale, à tous les Allemands installés en Bohême dans les régions voisines de la frontière du Reich. Descendants de colons allemands appelés dans le pays à partir du XIIIe s. par les rois de Bohême, les Allemands Sudètes se trouvaient dans une situation précaire depuis le réveil du nationalisme tchèque au XIXe s. En 1919, ils demandèrent en vain leur rattachement à l'Allemagne, puis furent soumis à la pression des autorités tchécoslovaques. En 1938, on comptait environ 3 200 000 Sudètes en Tchécoslovaquie (dont la population totale était de 15 millions d'individus, avec environ 7 millions de Tchèques). Les revendications de cette importante minorité furent naturellement soutenues par Hitler et, en 1933, Konrad Henlein fonda le parti allemand des Sudètes, d'inspiration nationale-socialiste, qui obtint de grandes victoires électorales en 1935 et en mai 1938.

En dépit des instances de la France et de l'Angleterre, le gouvernement de Prague refusa d'accorder l'autonomie interne aux Sudètes ; d'où une grave crise qui mit en danger la paix européenne et ne fut résolue que par les accords de Munich (29/30 sept. 1938), aux termes desquels le territoire des Sudètes était rattaché au Reich. En 1945, ce territoire fut réuni de nouveau à la Tchécoslovaquie, qui expulsa la plupart des Allemands Sudètes (il en reste aujourd'hui de 160 000 à 200 000). À partir de 1989, la démocratisation de la Tchécoslovaquie a relancé les demandes d'indemnisation exprimées par les expulsés ou leurs héritiers, qui sont représentés, en Allemagne, par une puissante organisation, le *Landsmannschaft*. Cette question des Sudèdes assombrit, au milieu des années 1990, les relations entre l'Allemagne et la nouvelle République tchèque. Le président tchèque, Vaclav Havel, qui avait, en 1990, prononcé des excuses publiques pour l'expulsion des Allemands des Sudètes, exclut cependant, en 1995, tout dédommagement matériel ou financier. Cette position était confortée par un jugement, rendu en mars 1995 par la Cour constitutionnelle tchèque, qui confirma la légalité de la confiscation des biens des expulsés de 1945.

SUD-OUEST AFRICAIN. Ex-colonie allemande confiée sous mandat à l'Afrique du Sud, en 1920. Voir **Namibie**.

SUÈDE, *Sverige*. État de l'Europe septentrionale, occupant la partie orientale de la péninsule scandinave ; capitale *Stockholm*.

La formation du royaume suédois

Le peuplement de la Suède, qui s'est probablement opéré à partir de l'Europe occidentale, en suivant vers le nord le recul des glaces, a commencé avant – 10000 av. J.-C. ; les débuts du néolithique agricole se situent vers 4000 av. J.-C., et c'est vers 1800 av. J.-C. que la Suède méridionale entra dans l'âge du bronze. À la fin du Ier s. apr. J.-C., Tacite, dans sa *Germanie*, mentionne pour la première fois la Suède : à cette époque, celle-ci était habitée par des tribus germaniques, les Goths ou *Götar* au S., dans le Götaland, et les *Svear* plus au N., dans les régions avoisinant le lac Maelar. Au cours des premiers siècles de l'ère chrétienne, les tribus du Nord s'assurèrent peu à peu la suprématie. La Suède était alors gouvernée par des rois-prêtres, qui gardaient le sanctuaire d'Upsal ; mais le royaume consistait en fait en une fédération de principautés autonomes, sur laquelle l'autorité royale demeurait faible.

Du VIIIe au XIe s., la Suède connut une ère de rapide extension : les Vikings suédois parurent sur tous les rivages orientaux de la Baltique ; certains d'entre eux, connus sous le nom de Varègues (v. **Normands**), ouvrirent la route commerciale entre l'Occident et la Volga et fondèrent les principautés de Novgorod et de Kiev, qui furent à l'origine de l'État russe (entre 856 et 945). Au début du IXe s., le christianisme avait été introduit en Suède par st Anschaire (vers 829), mais il se heurta à de fortes résistances ; le premier roi chrétien fut Olav Skottkonung (début XIe s.), mais c'est seulement sous le règne d'Éric IX (1150/60) que l'Église fut définitivement établie, l'ancien sanctuaire païen d'Upsal devenant le siège archiépiscopal (1164).

La plus grande figure de l'histoire de la Suède médiévale est celle de Birger Jarl, qui n'eut que le titre de régent (1248/66), mais fut le fondateur de la dynastie des Folkung (v.). Il établit sa capitale à Stockholm et renforça la domination de la Suède sur la Finlande, où Éric IX avait déjà mené une croisade. À partir du règne de Magnus Ladulas (1275/90), la monarchie dut compter de plus en plus avec la puissance croissante du clergé et de la noblesse : les élections royales furent soumises à des règles fixes, et le souverain se vit adjoindre un Conseil, recruté dans les premières familles du royaume. Mais à côté de cette aristocratie de gros propriétaires fonciers apparaissait aussi une classe bourgeoise : la Suède était en relation avec la Hanse, dont un des principaux comptoirs se trouvait dans l'île de Gotland. L'expansion économique de la Hanse incita les États scandinaves au regroupement : en 1319, une union fut établie entre la Suède et la Norvège. En 1389, l'accession au trône de Suède de Marguerite de Waldemar, déjà reine de Danemark et de Norvège, amena la réunion des trois royaumes scandinaves, qui fut confirmée par un traité dit Union de Kalmar (v.) (1397).

La lutte pour l'indépendance nationale et la Réforme (XVe/XVIe s.)

Cette expérience devait aboutir à un échec : la politique antigermanique des rois danois portait tort à la Suède, laquelle avait besoin, pour écouler ses métaux, d'entretenir de bonnes relations avec la Hanse. En 1434, la population des districts miniers de Bergslagen se révolta contre les Danois sous la conduite d'Engelbrekt Engelbrektsson ; ce dernier convoqua à Arboga la première Assemblée nationale (*Riksdag*), où toutes les couches de la population furent représentées (janv. 1435). Mais Engelbrekt fut assassiné l'année suivante. Durant tout le XVe s. et le début du XVIe, la lutte pour l'indépendance nationale prit souvent la forme d'une lutte sociale, les Danois ayant rallié la majorité des nobles et du clergé à l'union, alors que le peuple, conduit par quelques nobles, résistait à l'étranger. À plusieurs reprises, la Suède réussit à reprendre une indépendance de fait sous des administrateurs particuliers : ainsi, entre 1448 et 1470, avec des intermittences, sous Karl Knutsson (Charles VIII) ; ainsi, de 1470 à 1497 et de 1501 à 1520, sous les régents de la famille Sture, qui menèrent des luttes continuelles contre les Danois.

En 1520, à la mort de Sten Sture le Jeune, le roi de Danemark Christian II fut sur le point d'anéantir l'indépendance suédoise ; il s'empara de la capitale et fit exécuter en masse les chefs de la résistance (« Bain de sang » de Stockholm, mai 1520), mais, durant l'hiver 1520/21, Gustave Vasa, un parent éloigné des Sture, prit la tête d'une nouvelle révolte en Dalécarlie, chassa les Danois et leurs « collaborateurs », tels que l'archevêque Trolle, et se fit élire roi de Suède par le Riksdag de Strangnas (juin 1523). Les compromissions de l'Église avec les Danois favorisèrent l'établissement de la Réforme en Suède : au Riksdag de Västeras (1527), les biens ecclésiastiques (qui représentaient plus de 20 % des richesses foncières du pays) furent pratiquement confisqués ; en 1571, l'Église suédoise se sépara de Rome et s'organisa en Église nationale ; en 1593, elle adopta la Confession d'Augsbourg (v.), et la Suède, depuis cette époque, est restée luthérienne.

L'apogée de la Suède, de Gustave-Adolphe à Charles XII

Avec Gustave Vasa (1523/60), Éric XIV (1560/68), Jean III (1568/92) et Charles IX (1604/11), la Suède commença à avoir une place prépondérante dans l'Europe septentrionale et, sous le règne de Gustave-Adolphe (1611/32), elle joua un rôle considérable dans la politique européenne. Gustave-Adolphe se donna pour mission d'affranchir complètement la Suède de l'emprise de ses voisins, le Danemark, la Pologne et la Russie ; mais il intervint aussi dans la guerre de Trente Ans, en se faisant le champion du protestantisme contre la maison d'Autriche (v. **Gustave II Adolphe**). La force politique et militaire de la Suède à cette époque tenait à ses structures sociales ; à la différence d'une grande partie de l'Europe, la Suède avait alors des paysans libres, intimement associés à la vie politique et qui fournissaient les soldats d'une armée nationale. Après plus de trente années de guerre (1611/48), la Suède devint maîtresse de la Baltique : en 1617, elle avait enlevé à la Russie la Carélie et l'Ingrie, qui s'ajoutaient à la Finlande, conquise dès le XIIe s. ; en 1629, elle enlevait la Livonie à la Pologne ; au traité de Bromsebrö (1645), elle se faisait céder par le Danemark les deux provinces norvégiennes de Jämtland et de Herjedalen, les îles de Gotland et Oesel, et obtenait en outre le libre passage dans le Sund ; enfin, les traités de Westphalie (1648) lui permirent de s'étendre sur les rives allemandes de la Baltique en annexant la Poméranie occidentale, les bouches de l'Oder et les évêchés de Wismar, Brême et Verden.

La fille de Gustave-Adolphe, Christine, protectrice de Descartes, qui avait eu la chance d'être servie par un grand ministre, Oxenstierna, abdiqua en 1654 au profit de son cousin, Charles X (1654/60), qui inaugura la nouvelle dynastie de Palatinat-Deux-Ponts, branche féminine de la maison de Vasa. Comme ses droits étaient contestés par Jean II Casimir, roi de Pologne, qui appartenait également à cette maison, Charles X engagea la guerre contre la Pologne et s'empara de Varsovie (1656), mais il vit se former contre lui une vaste coalition comprenant l'empereur, la Russie, le Danemark et les Provinces-Unies. La Suède se trouva dans une situation critique, mais Charles XI (1660/97) réussit à conserver les avantages acquis par les traités d'Oliva, de Copenhague et de Kardis (1660/61). La défaite infligée par les Prussiens aux Suédois à Fehrbellin (1675) n'entama pas non plus sérieusement les positions suédoises en Allemagne. Mais les longues guerres avaient épuisé le potentiel économique du pays : la Suède, qui commençait à se relever grâce aux réformes intérieures de Charles XI, avait besoin d'une longue période de paix que son nouveau souverain, Charles XII (1697/1718) ne lui donna pas. La Russie de Pierre le Grand, qui voulait reconquérir la rive orientale de la Baltique, réussit à monter contre la Suède une nouvelle coalition rassemblant Auguste II de Pologne et le Danemark. Charles XII, « l'Alexandre du Nord », déployant d'extraordinaires talents stratégiques, remporta d'abord contre ses divers adversaires ces succès foudroyants (v. **NORD**, guerre du), mais il fut finalement vaincu par Pierre le Grand à Poltava (8 juill. 1709), et, après sa mort, la Suède dut signer les traités de Stockholm (1719/20) et de Nystad (1721), qui la dépouillaient de presque toutes les conquêtes depuis la règne de Gustave-Adolphe.

L'Ère de la liberté

La période qui s'ensuivit a été appelée en Suède « l'Ère de la liberté » : la disparition de Charles XII fut en effet suivie d'une révolution constitutionnelle radicale qui réduisit à presque rien l'autorité royale au profit du Riksdag. L'établissement du régime parlementaire s'accompagna de violentes luttes de partis entre les Bonnets, « pacifistes », et les Chapeaux, partisans d'une politique extérieure expansionniste. Profitant de ces querelles intérieures, la Russie enleva sans difficulté la partie méridionale de la Finlande (traité d'Åbo, 1743) ; Gustave III libéra la Suède de l'ingérence russe (traité de Värelä, 1790), mais il mourut peu après, assassiné. Son successeur, Gustave IV (1792/1809), se laissa entraîner dans la lutte contre Napoléon et dut abandonner à la Russie le reste de la Finlande (1809). Les impératifs du commerce extérieur rendaient alors la Suède tributaire de l'Angleterre, et le Blocus continental décrété par Napoléon était une menace directe pour l'économie suédoise. Après sa défaite, Gustave IV fut déposé (1809) et l'on vota une nouvelle Constitution, encore actuellement en vigueur ; elle établissait un régime constitutionnel fondé sur l'équilibre des divers organes de gouvernement, le roi et son Conseil, le Riksdag (Parlement) et le corps des fonctionnaires. Le nouveau roi, Charles XIII (1809/18), n'ayant pas d'enfants, dut se choisir un successeur à l'extérieur : pour se ménager la France, il désigna comme prince royal un des maréchaux de Napoléon, Bernadotte. Celui-ci, n'obéissant plus qu'aux exigences des intérêts suédois, entra en 1813 dans la coalition contre Napoléon, ce qui valut à la Suède d'obtenir en 1815, en compensation de la perte de la Finlande, la Norvège, dont le Danemark, allié de la France, était dépouillé. La Norvège protesta et élut un roi particulier à l'Assemblée d'Eidsvoll (mai 1814), mais elle dut finalement accepter l'union, le *Riksdag* ayant reconnu son autonomie interne et sa Constitution. En revanche, le reste de la Poméranie suédoise fut attribué à la Prusse.

La naissance de la démocratie suédoise

En 1818, Bernadotte succéda sans difficulté à Charles XIII sous le nom de Charles XIV Jean (1818/44) (v.), fondant ainsi la dynastie qui a régné jusqu'à nos jours. Son attachement jaloux aux prérogatives royales créa entre le souverain et la représentation nationale une tension qui se poursuivit sous le règne d'Oscar Ier (1844/59). La principale réforme accomplie par Bernadotte fut la création de l'école primaire publique (1842). Sous Charles XV (1859/72), les libéraux obtinrent les importantes réformes constitutionnelles de 1865/66, qui transformèrent profondément la composition du Riksdag : à l'ancienne représentation en quatre ordres (noblesse, clergé, bourgeoisie, paysannerie) fut substitué un Parlement formé de deux Chambres, élues l'une au suffrage indirect par des assemblées locales, l'autre au suffrage direct censitaire, ce qui favorisait les paysans propriétaires mais laissait encore hors du corps électoral plus de 90 % de la population.

La base du régime démocratique fut étendue par la réforme électorale de 1907/09 et surtout par celle de

1918/21, qui institua le suffrage universel pour les hommes et pour les femmes.

Durant cette période, la Suède, qui était encore en 1850 un pays essentiellement agricole, connut aussi une profonde transformation économique et sociale. Le démembrement des anciennes communautés villageoises et l'accroissement démographique contribuèrent à la formation d'un prolétariat rural qui ne trouva longtemps d'autre issue que dans l'émigration vers l'Amérique. L'essor rapide de l'industrie provoqua un mouvement de concentration urbaine (la population des villes augmenta de 75 % entre 1870 et 1900) et la naissance d'un parti social-démocrate, dont le chef, Hjalmar Branting, fut le premier député socialiste élu, en 1896.

En 1905, les Suédois durent accepter la sécession de la Norvège, qui rompit l'union créée en 1814. Les débuts du règne de Gustave V (1907/50) furent marqués par la querelle entre conservateurs et libéraux sur la nécessité, dans l'Europe de la paix armée, d'accroître l'effort militaire suédois. Le roi favorisa les conservateurs, partisans d'une politique d'armements, et la Suède sut faire respecter sa neutralité durant la Première Guerre mondiale.

L'instauration du suffrage universel permit au parti socialiste, à la suite des élections de 1920, de devenir le premier parti du Riksdag. Branting, qui avait déjà été ministre pendant la guerre dans une coalition avec les libéraux, forma en 1920 le premier gouvernement social-démocrate homogène, et, à partir de 1932, les socialistes restèrent sans interruption au pouvoir, avec Per Albin Hansson (1932/46), Tage Erlander (1946/69) et Olof Palme (1969/76).

La position de neutralité de la Suède fut plus difficile à tenir dans la Seconde Guerre mondiale que dans la Première. Après avoir refusé en 1939 aux Alliés le transit de troupes destinées à aider la Finlande, elle dut accepter, en 1940/41, le passage de trains militaires allemands. Simultanément, elle accomplissait une œuvre humanitaire importante, accueillant des réfugiés norvégiens, juifs, baltes, et exerçant son influence, en 1945, pour sauver les détenus des camps de concentration. Entrée à l'ONU en 1946, puis dans l'OECE (1948), le Conseil de l'Europe (1949) et l'Association européenne de libre-échange (1959), la Suède, tenant à sa neutralité, resta en dehors de l'Alliance atlantique. Avec Olof Palme, à partir de 1969, une tendance plus radicale de la social-démocratie s'affirma au pouvoir tant à l'intérieur (mesures interventionnistes de l'État dans les affaires sociales et économiques) qu'à l'extérieur.

L'intermède centriste de Thorbjörn Fälldin, après la défaite socialiste de 1976, n'ayant pas entraîné de modification des acquis sociaux, O. Palme continua d'incarner le socialisme suédois, après son retour au pouvoir en 1982, jusqu'à son assassinat en févr. 1986 (l'enquête entraîna la démission de deux ministres de la Justice et le remplacement du chef de la police). Ingvar Carlsson (v.) succéda à O. Palme.

Le socialisme suédois battit jusqu'en 1990 des records de prélèvements obligatoires ; c'est en Suède que l'on trouvait le plus faible écart entre les revenus les plus hauts et les plus bas, et le plus faible taux de chômage. Ce socialisme, qui fit souvent figure de modèle, finit par se convertir aux thèses libérales, fin 1989, en faisant adopter une réduction de l'impôt sur le revenu au profit de la TVA. Les sociaux-démocrates durent céder le pouvoir, de 1991 à 1994, à une coalition de centre droit dirigée par Carl Bildt, avant qu'Ingvar Carlsson le reconquît, fin 1994. Sous son gouvernement, la Suède a ratifié par référendum son adhésion à l'Union européenne (1995). Il a été remplacé en mars 1996 par son ancien ministre des Finances, social-démocrate lui aussi, Göran Persson, dont le parti sortit vainqueur des législatives de sept. 1998. Toujours en dehors de l'Union économique et monétaire, les Suédois refusèrent l'euro lors du référendum de sept. 2003 (56 % de non).

L'année 1999 vit une vague d'attentats et d'agressions commis par des groupes néonazis, qui choquèrent profondément le pays et poussèrent le Premier ministre G. Persson à entamer une réévaluation publique du rôle de la Suède pendant la Seconde Guerre mondiale. Par ailleurs, la Suède a fait aboutir plusieurs projets importants : le parc nucléaire suédois a commencé à être démantelé, comme prévu depuis le référendum de 1980, avec le réacteur de Barsebäck ; l'État suédois a dénoué ses liens privilégiés avec l'Église luthérienne de Suède, qui était depuis 1544 la religion officielle des Suédois ; enfin, un pont-tunnel reliant le pays au Danemark a été inauguré en juill. 2000.

SUÈVES, Suebi ou **Suevi.** Peuple germanique établi à l'origine à l'E. de l'Elbe, entre la Havel et la Spree. À ce groupe appartenaient notamment les Semnons, les Hermundures, les Marcomans (v.) et les Quades. Au Ier s. av. J.-C., ils firent mouvement vers le sud-ouest, essayèrent de passer en Gaule, mais furent repoussés par César (58 av. J.-C.) et allèrent se fixer entre le Rhin et le Danube, dans la partie de l'Allemagne du Sud qui a gardé d'eux le nom de *Souabe*. Lors des Invasions, la plus grande partie des Suèves traversèrent la Gaule et passèrent en Espagne (409). Battus par les Vandales près de Mérida (vers 428/29), ils se réfugièrent en Galice, mais s'infiltrèrent aussi en Lusitanie et en Bétique ; leur roi Réchiaire se convertit au christianisme vers 448. Le royaume suève d'Espagne subsista jusque vers 585 et, à cette date, fut annexé par les Wisigoths.

SUEZ. L'isthme de Suez, qui relie l'Égypte à l'Asie antérieure en séparant la Méditerranée de la mer Rouge, a joué dès l'Antiquité un grand rôle dans les relations commerciales. À l'époque pharaonique, on eut l'idée d'aménager une voie navigable qui mettrait en communication soit les deux mers, soit la vallée du Nil et la mer Rouge. Il semble établi qu'au début du IIe millénaire av. J.-C., un canal reliait la branche pélusiaque du Nil au Grand Lac Amer, lui-même relié par un autre canal à la mer Rouge. Ce canal fut restauré par Xerxès (ve s. av. J.-C.), puis par les Ptolémées, mais, après la conquête arabe et la décadence des relations entre la Méditerranée et l'Orient, il fut laissé à l'abandon (viiie s. apr. J.-C.). L'établissement de liens directs entre l'Europe et l'Inde à partir de 1498 (v. **Gama Vasco de**) a reposé le problème du percement de l'isthme de Suez.

Ferdinand de Lesseps (v.), bénéficiant de l'amitié du vice-roi Saïd Pacha, entreprit enfin la réalisation du projet. Ayant obtenu une concession de quatre-vingt-dix-neuf ans (30 nov. 1854), il fonda la Compagnie universelle du canal maritime de Suez ; la concession devait partir de la date de l'ouverture du canal, et, à son expiration, le canal deviendrait la propriété du gouvernement égyptien ; les bénéfices seraient répartis à raison de 15 % à l'Égypte, de 10 % aux fondateurs et de 75 % à la Compagnie. Les travaux commencèrent le 25 avr. 1859. L'Angleterre s'ingénia à en contrarier l'aménagement, de crainte de voir la France prendre pied dans les pays du Levant et faire peser une menace sur la route des Indes. En dépit des difficultés, le canal fut inauguré le 17 nov. 1869. En nov. 1875, le cabinet Disraeli (v.) racheta au khédive Ismaïl (v.), gravement endetté, les actions qu'il possédait ; le gouvernement britannique devint ainsi le principal actionnaire. La convention de Constantinople (29 oct. 1888), signée par toutes les grandes puissances, donna son statut international au canal. En fait, l'Angleterre, maîtresse de l'Égypte depuis 1882, exerça jusqu'en 1956 un contrôle absolu sur le canal de Suez, dont la défense était assumée par les troupes britanniques.

L'Égypte du colonel Nasser obtint en juin 1956 l'évacuation complète de la zone du canal par les troupes britanniques. En quête de ressources pour la construction du grand barrage d'Assouan, Nasser annonça le 26 juill. 1956 la nationalisation du canal de Suez. Cette décision provoqua une vive réaction du cabinet britannique, mais aussi du gouvernement français, qui crut l'occasion venue d'en finir avec Nasser qui apportait son aide aux nationalistes algériens. À la suite d'un plan monté en commun par Londres, Paris et Tel-Aviv, les troupes israéliennes déclenchèrent une guerre contre l'Egypte (29 oct. 1956), et les Franco-Britanniques, sous prétexte de protéger le canal contre les belligérants, lancèrent leurs parachutistes sur Port-Saïd et Port-Fouad, qui furent aisément occupés. Cette action fut interrompue sous la pression de l'URSS et des États-Unis. L'ONU exigea le départ des forces franco-britanniques et apporta une aide technique pour déblayer le canal que les Égyptiens avaient obstrué en y coulant plusieurs navires. Il fut rouvert à la navigation le 29 mars 1957. L'accord de Rome (13 avr. 1958) assura aux actionnaires de la Compagnie universelle du canal maritime de Suez une indemnité.

Lors de la guerre des Six Jours en juin 1967, les troupes israéliennes atteignirent le canal, qui fut de nouveau fermé à la navigation. Les travaux de déblaiement ne commencèrent que près de sept ans plus tard, à la suite de l'accord de janv. 1974, par lequel les Israéliens acceptèrent de se retirer de la rive orientale du canal. Celui-ci fut rouvert à la navigation le 5 juin 1975. Mais, durant la longue période de sa fermeture, la flotte pétrolière mondiale s'était reconvertie en utilisant des pétroliers géants qui empruntaient la route du Cap. Depuis le 16 déc. 1987, les plus grands pétroliers du monde (500 000 t) peuvent passer par le canal qui a été totalement réaménagé.

SUFFRAGE UNIVERSEL. Droit de vote accordé à tous les citoyens sous réserve de conditions précisées par la loi. Voir **Droit de vote**.

SUFFRAGETTES. Nom donné aux Anglaises qui militèrent pour obtenir le droit de vote pour les femmes. Le premier mouvement de suffragettes avait été fondé en 1865 par R.M. Pankhurst ; après sa mort, sa veuve fonda en 1903 la Women's Social and Political Union (WSPU), dont sa fille, Mrs Emmeline Pankhurst, prit bientôt la direction. Elle orienta le mouvement vers l'action violente, à laquelle le gouvernement Asquith répondit par de nombreuses arrestations ; les suffragettes obtinrent enfin satisfaction par la loi de 1918, qui accordait le droit de vote à certaines catégories de femmes, et par celle de 1928, qui donnait aux femmes la complète égalité électorale avec les hommes (v. **Pankhurst**).

Un mouvement de suffragettes s'était développé aux États-Unis à partir de 1869 ; dans ce pays, le vote des femmes fut établi par le 19e amendement de la Constitution (1920). Voir **Féministes (mouvements)**.

SUFFREN DE SAINT-TROPEZ Pierre André de, dit bailli de Suffren (* château de Saint-Cannat, près d'Aix-en-Provence, 17.VII.1729, † Paris, 8.XII 1788). Amiral français. Entré dans les gardes de la marine en 1743, il servit jusqu'à la paix de 1748, puis passa dans l'ordre de Malte, où il devint commandeur et bailli. Revenu dans la marine royale en 1754, il fit partie de l'escadre de La Galissonière en Méditerranée où il contribua à la défaite des Anglais à Mahon (1756) mais fut fait prisonnier par ceux-ci l'année suivante. Durant la guerre de l'Indépendance américaine, il fit subir de graves dommages, à Porto Praya (îles du Cap-Vert), à l'escadre du commodore Johnstone (16 avr. 1781), puis arriva dans le golfe du Bengale où il infligea une série de défaites à l'amiral sir Edward Hughes et aux établissements anglais des côtes indiennes, apportant en même temps une aide importante au raja du Mysore (v.) Haïder Ali, allié de la France. Rentré en France à la paix de Versailles (1783), il fut fait vice-amiral. Il trouva la mort dans un duel avec le prince de Mirepoix. On a publié le *Journal de bord du bailli de Suffren dans l'Inde* (1888).

SUGER (* Saint-Omer ou Saint-Denis ou Toury, en Beauce, vers 1081, † Saint-Denis, janv. 1151). Moine français. De famille pauvre, placé à l'abbaye de Saint-Denis comme oblat vers l'âge de dix ans, il fut élevé par les moines en compagnie du futur roi Louis VI, dont il resta le conseiller. Il devint ainsi le familier du palais royal, accomplit pour Louis VI une importante mission auprès des papes Gélase II et Calixte II, puis fut élu abbé de Saint-Denis en 1122. Il veilla sur l'éducation du futur Louis VII, et, quand celui-ci, devenu roi, partit pour la deuxième croisade, Suger se vit confier la régence du royaume (1147/49). Il travailla au renforcement de l'autorité royale, à l'amélioration de la justice, et poussa les deux souverains dont il fut l'ami à encourager le mouvement communal, pour peu qu'il ne se développât pas dans les villes de leur domaine. Il fit reconstruire la basilique carolingienne de Saint-Denis, consacrée en 1144, dont le chevet est considéré comme le premier chef-d'œuvre de l'architecture gothique.

SUIKO. Première impératrice du Japon (592/628). Aidée de son neveu le prince héritier et régent Umayado (Shôtoku Taishi), elle favorisa l'introduction de la civilisation chinoise et du bouddhisme. En 607 fut envoyée en Chine la première ambassade japonaise. Suiko centralisa le gouvernement sur le modèle impérial chinois (Constitution des Dix-Sept Articles, 604). Voir JAPON. Jusqu'à la fondation du shôgunat.

SUISSE ou **CONFÉDÉRATION HELVÉTIQUE,** en allemand *Schweiz* ou *Schweizerische Eidgenossenschaft*, en italien *Svizzera* ou *Confederazione Svizzera.* État de l'Europe centrale ; capitale *Berne*.

Avant la Confédération (des origines au XIIIe s.)

Durant le paléolithique, une grande partie de la Suisse fut recouverte par la calotte glaciaire alpestre. Les premières traces de présence humaine, dans la région de Säntis, remontent cependant au paléolithique inférieur. Au paléolithique moyen se développa un moustérien alpin dont les vestiges industriels ont été retrouvés dans les grottes de Cotencher, de Drachenloch, de Wildkirchli ; par la suite, le magdalénien récent est représenté, près de Schaffhouse, dans la grotte Kesslerloch, où fut mis au jour un chef-d'œuvre de l'art préhistorique, le bâton percé « au renne broutant ». Un des principaux gisements mésolithiques est Birsmatten, dans le canton de Berne, où des industries apparentées au tardenoisien apparaissent vers le VIe millénaire. Le néolithique est marqué en Suisse par la présence de sites lacustres sur les bords des lacs de Pfäffikon (Robenhausen, près de Zurich, IVe millénaire, apparenté à la culture de Michelsberg), de Constance, de Neuchâtel (culture de Cortaillod, Ve/IIIe millénaires). C'est en Suisse, sur le lac de Neuchâtel, que se trouve la station éponyme de la civilisation celtique du second âge du fer, La Tène.

À l'époque des migrations des Cimbres (v.) et des Teutons (v.) (fin du IIe s. av. J.-C.), les Helvètes (v.), peuple venu du sud-ouest de l'Allemagne, commencèrent à s'établir en Suisse occidentale. En 58 av. J.-C., les Helvètes décidèrent d'aller chercher de nouvelles terres en Gaule méridionale pour fuir la menace des peuples germaniques. Ils partirent après avoir brûlé leurs villages. César saisit ce prétexte pour intervenir en Gaule ; il arrêta les Helvètes dans le Morvan et les obligea à regagner leurs montagnes (plus des deux tiers du peuple helvète périrent dans cette expédition). Dès le début de notre ère, tout le territoire actuel de la Suisse était passé sous la domination romaine. À l'O., l'Helvétie fut rattachée d'abord à la province de Belgique, puis à la Lyonnaise Ire ; les principales villes étaient *Aventicum* (Avenches) et *Augusta Rauricorum* (Augst, près de Bâle) ; Genève et Nyon étaient également des centres importants. La Suisse orientale faisait partie de la province de Rhétie, dont la capitale était *Curia* (Coire). Rapidement romanisée, traversée par les routes romaines du Grand-Saint-Bernard, du Splügen et du Septimer, la Suisse était protégée par le *limes* romain, qui resta une de ses constantes historiques, provoquant une coupure qui, même après les invasions, contribua à empêcher la partie germanique du pays de s'intégrer à l'Allemagne.

Au Ve s., le pays fut occupé par deux peuples germaniques, les Burgondes (v.) (dans la région du lac Léman et le Jura), qui se romanisèrent et se christianisèrent rapidement, et les Alamans (v.) (dans tout le reste de la Suisse), qui restèrent beaucoup plus longtemps païens et plus foncièrement germaniques. Les limites actuelles de la Suisse romande et de la Suisse alémanique correspondent approximativement à la frontière entre les Burgondes et les Alamans. Au début du VIIe s., le moine missionnaire irlandais Colomban commença l'évangélisation des Alamans, et, vers 750, fut fondée l'abbaye de Saint-Gall (v.), qui devait avoir un intense rayonnement durant tout le Moyen Âge.

Englobé entièrement dans le royaume franc au VIe s., le pays suisse fut de nouveau partagé, au IXe s., par des traités qui démembrèrent l'empire de Charlemagne. En 888 fut créé un royaume de Bourgogne, qui avait son centre en Suisse romande, mais, quand ce royaume fut réuni au Saint Empire, à la mort de Rodolphe II (1032), toute la Suisse passa dans la mouvance germanique. C'est seulement à cette époque qu'elle commença à se relever des ruines laissées par les Grandes Invasions. De nombreuses principautés laïques et ecclésiastiques apparurent. La plus importante fut celle des Zähringen, recteurs de Bourgogne de 1127 à 1218, qui fondèrent les villes de Fribourg (1178), de Berne (1191), de Thun, de Burgdorf... Au XIIe s., des villes comme Zurich et Bâle étaient des places commerciales très actives. À côté des Zähringen, qui s'éteignirent en 1218 et dont les biens furent partagés, montaient d'autres maisons féodales, celle des comtes de Lenzburg en Argovie, celle des comtes de Kyburg en Thurgovie, celle des comtes de Savoie, qui prenaient pied sur les deux rives du Léman, enfin celle des Habsbourg, qui s'assura l'hégémonie au cours du XIIIe s.

La lutte de la Confédération contre l'Autriche (XIIIe/XIVe s.)

Sur les bords du lac des Quatre-Cantons se trouvaient les « pays forestiers » (*Waldstätten*) d'Uri, Schwyz et Unterwald, nominalement soumis aux Habsbourg, qui rendaient la justice et prélevaient les impôts, mais formant en fait des petites communautés autonomes habituées à traiter leurs affaires dans des assemblées de tous les citoyens, les *Landsgemeinden*, qui existent encore aujourd'hui dans deux cantons suisses. Ces Waldstätten, qui se trouvaient au débouché de la route du Saint-Gothard, présentaient une grande importance économique. Menacés par l'autorité de plus en plus envahissante des Habsbourg, ils firent d'abord appel aux empereurs de la maison de Hohenstaufen (Frédéric II et ses successeurs), qui leur accordèrent le privilège de dépendre immédiatement de l'Empire (à Uri en 1231, à Schwyz en 1240).

L'élévation de Rodolphe de Habsbourg à l'Empire (1273) et le renforcement considérable de la maison de Habsbourg par l'annexion de l'Autriche (1278) firent redoubler les craintes des cantons forestiers, privés de leur protecteur impérial depuis la fin de la dynastie des Hohenstaufen. L'exemple de l'émancipation des communes italiennes put d'ailleurs contribuer à la naissance du mouvement d'indépendance suisse. Dans la tradition légendaire, ce mouvement est rattaché à l'épisode de Guillaume Tell (v.) en lutte contre les baillis du duc d'Autriche. Le fameux serment du Rütli (v.) n'est sans doute qu'une transposition romancée et tardive du pacte du 1er août 1291, par lequel les trois « cantons primitifs », Schwyz, Uri, Unterwald, firent le serment de se prêter assistance en cas d'attaque, de n'accepter aucun juge étranger à leurs vallées et de soumettre à l'arbitrage leurs conflits éventuels. Ce pacte fut l'acte de fondation de la Confédération suisse (dont la fête nationale a lieu le 1er août).

Les Habsbourg ayant été remplacés sur le trône impérial par Henri VII de Luxembourg, Uri et Schwyz firent confirmer leur immédiateté d'Empire, qui fut étendue à Unterwald (1309). Cependant, à la suite d'une attaque des Schwyzois contre la riche abbaye d'Einsiedeln (1313), le duc Léopold d'Autriche décida de châtier ces remuants montagnards, mais sa puissante armée fut complètement battue par les confédérés au Morgarten (v.) (15 nov. 1315). Peu après cette victoire, les cantons renouvelèrent et renforcèrent leur alliance par le pacte de Brunnen (9 déc. 1315). Le succès des cantons primitifs devait avoir un grand retentissement dans le pays, que de fortes limites naturelles (le Rhin, les Alpes, le Jura) inclinaient à une vie commune. Successivement Lucerne (1332), Zurich (1351), Glaris et Zoug (1352), puis Berne (1353), se sentant diversement menacés par les Habsbourg ou par des seigneurs locaux, conclurent avec les confédérés primitifs des alliances perpétuelles qui équivalaient à une adhésion.

Ainsi se forma la Confédération des huit cantons, qui n'était en aucune manière un État fédéral, car il n'y avait pas de gouvernement central, et chaque canton conservait son autonomie, son gouvernement et ses lois. Ce n'est que très lentement que la Suisse (qui doit son nom à Schwyz) évolua vers l'État fédéral proprement dit, qui ne fut constitué qu'au XIXe s. Cependant, l'unité fut resserrée par la lutte contre l'ennemi commun, les Habsbourg. Le duc Léopold III d'Autriche tenta vainement d'arrêter les progrès des confédérés. La chevalerie autrichienne fut surprise et écrasée à la bataille de Sempach, où Arnold de Winkelried s'illustra par son héroïsme (9 juill. 1386). Une nouvelle tentative des Habsbourg fut repoussée à Naefels par les gens de Glaris (9 avr. 1388). Se résignant, l'Autriche reconnut alors l'indépendance et les agrandissements de la Confédération, qui, en un siècle de luttes héroïques, avait conquis définitivement son droit à l'existence. La paix, signée en 1389, devait être renouvelée pour vingt ans en 1394 et pour cinquante ans en 1412. Elle prépara la « paix perpétuelle » de 1474, par laquelle la maison de Habsbourg renonça à tous ses droits et privilèges féodaux sur les confédérés.

L'extension de la Confédération et le rôle militaire des Suisses aux XVe/XVIe s.

La voie du Saint-Gothard ayant pour eux une importance vitale, les gens d'Uri débordèrent sur le versant sud des Alpes et, entre 1403 et 1439, ils se rendirent maîtres de l'Urseren et de la vallée tessinoise de la Leventina ; la place de Bellinzona, qui commandait le passage, fut achetée à son seigneur. En dépit de la paix qui venait d'être renouvelée avec l'Autriche en 1412, les confédérés, après quelques hésitations, répondirent à l'invitation de l'empereur Sigismond, qui, venant de mettre au ban de l'Empire le duc Frédéric IV d'Autriche, leur offrit de s'emparer de l'Argovie, possession des Habsbourg (1415). La plus grande partie de ce nouveau territoire passa à Berne ; Lucerne et Zurich élargirent également leurs possessions, et le reste de l'Argovie ainsi que la Thurgovie, enlevée également aux Habsbourg en 1460, furent divisés en « bailliages communs » administrés par tous les cantons (à l'exception de Berne et d'Uri). Dans ces bailliages, les populations conservaient leur anciennes libertés et franchises, mais elles devenaient les sujets de la confédération. Enfin, des alliances (qui préparèrent souvent l'entrée dans la Confédération) furent conclues entre un ou plusieurs cantons et Saint-Gall (1451), Appenzell (1452), Schaffhouse (1454), Rottweil (1463), Mulhouse (1466). Les « dizains » du Valais étaient également devenus des alliés depuis 1416/17 ; les Grisons, qui s'étaient groupés, entre 1367 et 1436, en trois ligues – la ligue Caldée ou de la Maison-Dieu, la ligue Grise et la ligue des Dix Juridictions –, conclurent à leur tour des alliances en 1497/98.

Malgré le « convenant de Sempach » (1393), qui établissait une sorte de loi militaire commune, les liens de la Confédération restaient assez lâches. La menace autrichienne disparue, des forces centrifuges mirent pour la première fois en péril la cohésion de la ligue. Le partage du comté de Toggenburg (1436) fut à l'origine du conflit entre Zurich et Schwyz. S'étant vu imposer la paix par les autres confédérés, qui soutenaient Schwyz (1440), Zurich n'hésita pas à s'allier avec l'Autriche (1442) : les sept autres cantons attaquèrent alors la ville et les troupes zurichoises furent mises en déroute près des murs de la cité, à Saint-Jacques (22 juill. 1443). Pour venir à bout des confédérés, l'empereur Frédéric III de Habsbourg, allié des Zurichois, fit appel à la France ; celle-ci lui envoya, sous le commandement du futur Louis XI, une armée de 30 000 « écorcheurs », qui s'apprêtaient à dévaster le pays suisse, mais furent arrêtés près de Bâle, sur la Birs, par une petite troupe de confédérés (26 août 1444). Épuisée par la guerre, Zurich signa enfin la paix, mais la ville ne put reprendre pleinement sa place dans la Confédération qu'en 1446.

De cette grave épreuve, l'union des Suisses sortit finalement renforcée. Leur puissance militaire était devenue considérable, car, appliquant le service militaire obligatoire pour tous les hommes de seize à soixante ans, ils étaient en mesure de lever une armée plus importante que celle du roi de France ou de l'empereur. Encore très pauvres, surtout dans les régions montagneuses, les cantons n'étaient pas capables de faire vivre toute leur population, et, dès cette époque, les Suisses, qui avaient impressionné toute l'Europe par leurs qualités guerrières, prirent l'habitude de s'engager comme mercenaires dans les armées européennes. François Ier eut jusqu'à 163 000 Suisses sous ses drapeaux, et la tradition du service à l'étranger se perpétua jusqu'à la fin du XVIIIe s.

Les armées suisses donnèrent une nouvelle preuve de leur valeur dans les guerres de Bourgogne. Épuisé financièrement par une nouvelle guerre contre la confédération, dite « guerre de Waldshut » (1468), le duc Sigismond d'Autriche avait dû céder en gage à Charles le Téméraire les possessions des Habsbourg en Forêt-Noire, en Brisgau et en Alsace. Cette expansion de la puissance bourguignonne éveilla de grandes inquiétudes dans la Confédération, et Louis XI n'eut pas de mal à entraîner les Suisses dans la lutte contre le Téméraire. Les villes de Mulhouse et de Bâle, qui avaient formé une ligue antibourguignonne avec plusieurs cités d'Alsace, appelèrent à l'aide les confédérés, qui déclarèrent la guerre aux Bourguignons (oct. 1474). Les Suisses devaient être les principaux artisans de la ruine du puissant duc de Bourgogne, avec d'autant plus de mérite que leur allié, Louis XI, ne tarda pas à les abandonner. En 1475, les Bernois se saisirent du pays de Vaud, qui appartenait à la maison de Savoie, alliée du Téméraire. Forcés ensuite de battre en retraite devant l'armée bourguignonne, ils laissèrent à Grandson (canton de Neuchâtel) une garnison que Charles fit entièrement massacrer, au mépris des termes de la capitulation. Arrivés au secours des Bernois, les confédérés prirent aussitôt leur revanche sur les Bourguignons, qui, après un bref combat, s'enfuirent de Grandson en laissant aux Suisses un butin considérable (2 mars 1476). Une nouvelle offensive de Charles le Téméraire contre Berne se solda par la défaite de Morat (21 juin 1476), qui porta un coup fatal à la puissance bourguignonne. Le Téméraire devait mourir quelques mois plus tard devant Nancy. Les Suisses n'eurent que quelques bribes des riches dépouilles de la Bourgogne. Avec l'aide de Louis XI, la Savoie recouvra la plus grande partie du pays de Vaud.

La Confédération fut même mise en péril par les querelles qui s'élevèrent lors du partage du butin de guerre. Entre les villes, où la richesse et le luxe se répandaient, et les pauvres cantons montagnards, les intérêts semblaient de plus en plus divergents. Quand Fribourg et Soleure demandèrent à entrer dans la Confédération, les Waldstätten craignirent d'être complètement débordés par les villes. Une nouvelle guerre civile était sur le point d'éclater lorsque, grâce à la médiation de l'ermite Nicolas de Flüe, les confédérés se rallièrent à un compromis, le « convenant de Stans » (1481) : Fribourg et Soleure furent admises comme des cantons confédérés, mais sans pouvoir mener une politique extérieure indépendante ; le partage du butin fut fait équitablement et les territoires enlevés aux Bourguignons (Orbe, Échallens, Morat, Grandson) devinrent des bailliages communs.

L'avènement définitif des Habsbourg sur le trône impérial, à partir du XVe s., allait amener la Confédération à se séparer de l'Empire, dont elle faisait encore nominalement partie. En cherchant à imposer aux Suisses des réformes centralisatrices, Maximilien Ier provoqua la guerre de Souabe (1499), où les confédérés eurent encore l'avantage : à la paix de Bâle, la séparation des pays suisses et des pays allemands devint définitive (elle ne devait toutefois être consacrée officiellement que par les traités de Westphalie, en 1648). Dès lors, tous les pays et les villes situés au S. du Rhin se tournèrent décidément vers la Confédération : après Soleure, ce furent Bâle et Schaffhouse (1501), puis Appenzell (1513), qui entrèrent parmi les confédérés. Cette ligue des XIII cantons (Schwyz, Uri, Unterwald, Lucerne, Zurich, Glaris, Zoug, Berne, Fribourg, Soleure, Bâle, Schaffhouse, Appenzell) ne devait plus varier jusqu'à la fin du XVIIIe s. Elle était complétée par des pays « alliés » (Grisons, Valais, Saint-Gall, Neuchâtel) et par des « bailliages communs » (Thurgovie, Argovie, Sargans, Gaster, vallées tessinoises...).

Cependant, la Confédération entreprit encore une dernière grande tentative de conquête étrangère, dans le cadre des guerres d'Italie. Afin d'obtenir l'appui des Suisses dans ses campagnes contre Milan, le roi de France Louis XII leur assura la possession des bailliages tessinois (Bellinzona, Lugano, Locarno), mais, comme la France mettait beaucoup de mauvaise grâce à tenir ses promesses, les Suisses, sous l'influence de Matthäus Schiner, évêque de Sion, changèrent de camp et s'allièrent au pape Jules II contre Louis XII (1510). Après avoir remporté une grande victoire à Novare (1513), ils chassèrent les Français du Milanais, tandis qu'une autre armée confédérée allait assiéger Dijon. Mais François Ier, par sa victoire de Marignan (13 sept. 1515), renversa la suprématie militaire suisse. La Confédération, renonçant désormais à toute grande politique étrangère, conclut une paix perpétuelle avec la France, laquelle lui garantit la possession des bailliages tessinois, lui accorda d'importants privilèges commerciaux, versa une indemnité de guerre et des pensions annuelles aux cantons, mais obtint le droit de lever en Suisse des mercenaires (1516).

La Réforme en Suisse

Préparée par l'humanisme, dont Bâle, avec Érasme et l'imprimeur J. Froben, fut un foyer important, la Réforme (v. PROTESTANTISME) commença d'être prêchée à Zurich par Zwingli (v.) en janv. 1519. À partir de 1525, Zurich adhéra complètement au protestantisme. Les idées nouvelles triomphèrent également à Bâle avec Œcolampade, à Berne avec Berthold Haller, à Schaffhouse, dans les villes alliées comme Saint-Gall, Bienne, Mulhouse, dans les bailliages communs d'Argovie, de Thurgovie, du Rheinthal, du Toggenburg (1527/29). En général, la Réforme l'emporta dans les villes, alors que les cantons ruraux et montagnards (les trois Waldstätten, Lucerne, Zoug, Soleure, Fribourg) restaient fidèles à la foi catholique et formaient, avec l'appui du pape, de l'empereur et de l'archiduc Ferdinand, une union chrétienne (1529). Le zèle expansionniste de Zwingli provoqua la « première guerre de Kappel » (1529), qui se termina par un compromis. Zwingli, mécontent, provoqua une nouvelle guerre, et les catholiques, qui avaient eu le temps de s'armer, écrasèrent l'armée zurichoise à la bataille de Kappel, où Zwingli trouva la mort (11 oct. 1531).

La paix qui suivit consacra la division religieuse de la Suisse : aux quatre cantons réformés (Zurich, Berne, Bâle et Schaffhouse) s'opposaient sept cantons catholiques (Uri, Schwyz, Unterwald, Lucerne, Zoug, Soleure et Fribourg), tandis que deux cantons étaient mixtes (Glaris et Appenzell). Moins peuplés que les cantons protestants, les cantons catholiques détenaient pourtant la majorité à la Diète fédérale. L'opposition des catholiques devait empêcher pendant longtemps tout élargissement de la Confédération. Genève, menacée par le duc de Savoie, s'était unie dès 1519/26 par des pactes de combourgeoisie avec Fribourg et Berne, mais elle ne put devenir officiellement suisse qu'en 1815. La Réforme, que l'apostolat de Farel (v.) et de Viret avait répandue dans le pays de Vaud et à Neuchâtel à partir de 1530, s'était définitivement établie à Genève en mai 1536. Pour débloquer la ville, assiégée par les Savoyards, les Bernois firent la conquête du pays de Vaud (1536), et la Suisse, s'étendant désormais sur toute la rive septentrionale du Léman, atteignit ainsi ses frontières actuelles à l'O. Devenue, avec Calvin, la métropole du protestantisme, Genève, restée indépendante, commença à exercer une influence européenne ; sa victorieuse résistance lors de la nuit de l'Escalade (11/12 déc. 1602) acheva de la libérer de l'emprise de la Savoie (v. GENÈVE).

Au contraire, en Suisse méridionale et orientale, la Contre-Réforme catholique se développait, sous l'impulsion de Charles Borromée, archevêque de Milan, dont la juridiction ecclésiastique s'étendait sur une partie du territoire de la Confédération. Du Collège helvétique, fondé par Borromée à Milan, partirent des missionnaires qui reconquirent presque entièrement au catholicisme Glaris, Appenzell et les Grisons ; une nonciature fut établie à Lucerne ; des collèges de jésuites s'ouvrirent à Lucerne et à Fribourg. Deux Suisses se distinguèrent particulièrement par leur zèle romain : Ludwig Pfyffer à Lucerne, qui joua également un rôle important dans les guerres de Religion en France et fut surnommé « le roi des Suisses », et Melchior Lussy dans les Waldstätten. Les luttes religieuses gardèrent une particulière acuité jusqu'à la fin du XIXe s.

La Suisse aux XVIIe et XVIIIe s.

Pendant la guerre de Trente Ans (1618/48), qui mit aux prises, dans toute l'Europe centrale, catholiques et protestants, les cantons restèrent en dehors du conflit, où la Confédération eût sans doute été démembrée. Cette neutralité se traduisit par l'accord de 1647, par lequel les confédérés prirent l'engagement de se défendre contre n'importe quel agresseur, sous la direction suprême d'un conseil composé de catholiques et de protestants. Aux traités de Westphalie (1648), grâce aux efforts du délégué suisse, Johann Rudolf Wettstein, bourgmestre de Bâle, l'empereur et les puissances européennes reconnurent solennellement l'indépendance de la Confédération. Les animosités religieuses n'avaient cependant pas disparu. Les protestants, plus riches, plus actifs que les catholiques, et deux fois plus nombreux, souffraient de leur représentation minoritaire à la Diète fédérale. Ce déséquilibre fut la cause des deux guerres religieuses de Villmergen : dans la première (1656), provoquée par les mesures de rigueur dont les réformés étaient l'objet à Schwyz, les protestants eurent le dessous ; dans la seconde (1712), qui eut pour origine le soulèvement des protestants du Toggenburg contre le prince-abbé de Saint-Gall, les troupes bernoises battirent les catholiques à Villmergen (25 juill. 1712), et la paix d'Aarau, qui suivit peu après, établit pour la première fois la liberté de croyance dans les bailliages communs.

Des centres industriels commençaient à se développer : Zurich (filature et tissage de la soie), Saint-Gall (broderie), Bâle (rubans), Genève et le Jura (horlogerie). L'arrivée de protestants français chassés par la révocation de l'édit de Nantes (1685) fut un sérieux appoint pour l'industrie suisse à ses débuts. L'écart entre les conditions de vie dans les villes et dans les campagnes s'accrut : vers le milieu du XVIIe s., des révoltes paysannes éclatèrent près de Lucerne, dans l'Oberland bernois, dans la campagne de Bâle. Cependant, une vie de société luxueuse et brillante allait s'épanouir, en particulier dans le pays de Vaud.

En Suisse romande, l'« esprit philosophique », en dépit de la méfiance des conservateurs religieux, trouva un terrain privilégié : la pensée de Rousseau, « citoyen de Genève », doit évidemment beaucoup à la tradition politique de son pays, et ce furent pour une bonne part des « idées suisses », issues du protestantisme mais aussi d'une vieille pratique de la démocratie, qui inspirèrent la Révolution française de 1789.

Pourtant, les XVIIe et XVIIIe s. virent dans toute la Suisse le déclin de l'influence des anciennes assemblées populaires, des *Landsgemeinden*, et le renforcement d'un système aristocratique qui permettait à une bourgeoisie de plus en plus fermée de monopoliser le pouvoir. Même dans les cantons ruraux, où les traditions se conservèrent pourtant mieux qu'ailleurs, toutes les charges politiques et administratives importantes, mal ou non rémunérées, devinrent le privilège de fait de quelques familles aisées qui se les transmettaient de père en fils. Les villes industrielles (Zurich, Bâle, Schaffhouse) étaient gouvernées par des corporations de métier dont l'accès devenait de plus en plus difficile. Dans d'autres villes, à Berne, à Fribourg, à Lucerne, à Soleure, un patriciat élitiste et efficace gouvernait sans plus consulter le peuple, s'efforçait de restreindre le nombre des « bourgeois » et possédait le contrôle absolu de conseils dont les membres étaient constamment réélus ou remplacés par des hommes appartenant aux mêmes familles. Les cantons continuaient à traiter leurs affaires d'une manière souveraine. La Diète n'avait rien d'un pouvoir fédéral et n'était qu'une « conférence d'ambassadeurs » dont les membres n'avaient aucun pouvoir de décision, mais devaient constamment en référer à leurs autorités cantonales. Dans ce pays, où les habitants parlaient quatre langues et se répartissaient en deux confessions religieuses toujours antagonistes, il n'existait pas d'armée fédérale, de monnaie, de système de poids et mesures, de tribunaux communs. Seule une petite élite de citoyens lucides, celle qui devait se regrouper à partir de 1761 dans la Société helvétique, comprenait la nécessité de donner à la Suisse une cohésion nouvelle à l'heure où l'absolutisme monarchique et le despotisme éclairé faisaient triompher la centralisation dans les grands États européens. Dans ces conditions, les résistances au régime oligarchique ne pouvaient être que locales, et c'est pour cette raison qu'elles connurent toutes l'échec : les plus importantes furent celle du major Davel, qui essaya de délivrer le pays de Vaud de la domination de Berne (1723) ; celle de Lorenz Zellweger à Appenzell (1733) ; celle de Péquignat à Bâle (1740). Les troubles de Genève, en 1707 lors de l'affaire Fatio, en 1762/68 à propos de J.-J. Rousseau, et en 1781/82, qui entraînèrent le renversement de l'aristocratie, et la proclamation de l'égalité de tous les citoyens, eurent un retentissement européen en raison du prestige spirituel de la ville.

La Suisse, la Révolution française et Napoléon

Dès 1790, les événements de Paris eurent des répercussions en Suisse. Quelques manifestations révolutionnaires furent rapidement réprimées par les cantons aristocratiques, mais de nombreux démocrates se réfugièrent en France, où ils fondèrent un Club helvétique. À Genève, un gouvernement révolutionnaire prit le pouvoir à la fin de 1792, et la ville connut la Terreur. La France, engagée depuis 1793 dans une politique de conquête, utilisa la propagande des réfugiés pour justifier son intervention militaire en Suisse. Sa pression ne cessait de s'accentuer sur les frontières de la Confédération : les possessions de l'évêché de Bâle avaient été annexées en 1793 et formèrent le département français du Mont-Terrible ; au traité de Campoformio (1797), Bonaparte enleva la Valteline aux Grisons pour la rattacher à la République Cisalpine, et la Confédération ne put que s'incliner devant le fait accompli. Mais le Directoire songeait déjà à occuper toute la Suisse, à la fois pour contrôler les cols alpestres, d'une importance militaire capitale en raison des opérations en Italie, et pour s'approprier le trésor des cantons.

La proclamation de l'indépendance du pays de Vaud, sous le nom de « République lémanique » (janv. 1798), fournit le prétexte de l'intervention militaire. Le Directoire annonça qu'il prenait les Vaudois sous sa protection. Une armée française, commandée par le général Ménard, occupa non seulement Lausanne, que les Bernois avaient évacuée, mais également Fribourg, Soleure et, enfin, Berne (5 mars 1798). Les petits cantons catholiques essayèrent de prolonger la résistance, notamment à Schwyz, avec Aloys de Reding, mais en vain : la Suisse orientale fut elle aussi occupée (mai 1798), comme Genève, et le Valais. L'insurrection qui éclata dans l'Unterwald (Nidwald), en sept. 1798, fut écrasée avec la dernière rigueur. C'était l'effondrement de l'ancienne Confédération des XIII cantons. Sur le modèle de la République française fut créée une « République helvétique une et indivisible », dont la Constitution, démocratique et centralisatrice, était l'œuvre du révolutionnaire bâlois Peter Ochs (v.). En fait, cette république n'était qu'un État fantoche, livré à l'exploitation des commissaires français, à l'occupation militaire, aux réquisitions et aux contributions extraordinaires. L'armée française, qui, presque partout, avait d'abord été bien accueillie de la population, s'en fit rapidement détester. La Suisse fut contrainte de renoncer à sa neutralité et d'entrer dans une alliance militaire avec la France. En mai 1799, elle devint un champ de bataille entre les armées françaises de Masséna et les armées austro-russes de Souvarov, qui laissèrent les campagnes dévastées.

Constatant l'échec de la République helvétique, où se déchiraient fédéralistes et unitaires, Bonaparte, ayant convoqué à Paris les représentants des cantons et ceux des partis politiques, imposa l'Acte de médiation du 19 févr. 1803. La Suisse redevenait une confédération, mais le nombre des cantons était porté à dix-neuf ; leurs frontières n'ont guère changé depuis lors. Aux treize anciens cantons venaient s'en ajouter six nouveaux (Saint-Gall, Grisons, Argovie, Thurgovie, Tessin et Vaud). Mulhouse, Genève, Bienne étaient annexées à la France, comme le fut, en 1810, l'éphémère république du Valais, devenue département français du Simplon. Les Grisons perdaient définitivement la Valteline. Enfin, Neuchâtel fut érigée en 1806 en principauté pour le maréchal Berthier. Chaque canton avait de nouveau son gouvernement. Un suffrage presque universel fut établi. Le pouvoir fédéral était renforcé par une armée et une monnaie communes, par une Diète fédérale, qui prenait ses décisions, non plus à l'unanimité, comme autrefois, mais à la majorité des trois quarts. À tour de rôle, six des anciens cantons (trois protestants : Berne, Bâle, Zurich – et trois catholiques : Lucerne, Fribourg, Soleure) tenaient pour un an le rôle de canton directeur (*Vorort*).

La Suisse souffrit du Blocus continental et de la conscription, qui l'obligeait à fournir en permanence 16 000 hommes à la Grande Armée. Le contingent helvétique se distingua au passage de la Berezina, mais fut presque entièrement anéanti en Russie. Après Leipzig (1813), la Suisse proclama sa neutralité, mais les Alliés, qui poursuivaient Napoléon, n'en tinrent aucun compte et pénétrèrent dans le pays, entraînant la fin du régime de l'Acte de médiation (début 1814).

De la Restauration à la guerre du Sonderbund (1814/48)

Après la victoire des Alliés, la Suisse, représentée au congrès de Paris par Charles Pictet de Rochemont, fit reconnaître et garantir solennellement par les grandes puissances sa neutralité et l'inviolabilité de son territoire. La France dut abandonner ses annexions de la période révolutionnaire et impériale (Genève, Neuchâtel, les districts jurassiens, le Valais). En revanche, Mulhouse et la Valteline furent définitivement perdues. Le système de gouvernement aristocratique se rétablit dans tous les anciens cantons. Les institutions fédérales mises sur pied par l'Acte de médiation de 1803 furent presque entièrement démantelées ; les cantons redevinrent pleinement souverains ; l'ancienne Diète, rétablie, vit toutefois ses pouvoirs accrus dans le domaine des Affaires étrangères, et, à la différence de l'ancienne Confédération des XIII cantons, la nouvelle, régie par le « pacte fédéral » du 7 août 1815, fut pourvue d'une armée commune et d'un budget militaire. Des transformations importantes s'étaient produites cependant : Genève, le Valais et Neuchâtel formant trois nouveaux cantons, la Confédération comptait désormais vingt-deux cantons ; Berne dut consentir à la perte définitive du pays de Vaud et d'une partie de l'Argovie, mais reçut en compensation la ville de Bienne et les anciennes possessions du prince-évêque de Bâle (c'est-à-dire le Jura bernois) ; dans le pays de Gex et en Savoie furent créées des zones franches permettant aux marchandises suisses d'entrer dans une partie des territoires français et sardes.

Après la révolution parisienne de 1830, la moitié environ des cantons, parmi lesquels Berne, Zurich, Lucerne, Vaud, Fribourg, réformèrent leur Constitution dans un sens démocratique, abolirent toutes les anciennes redevances féodales et garantirent les libertés politiques fondamentales. Ce fut le régime de la « régénération ». En revanche, le conservatisme se maintint à Neuchâtel (qui, bien que canton suisse, restait sous la suzeraineté du roi de Prusse, prince héréditaire de Neuchâtel depuis le début du XVIIIe s.), dans les Waldstätten, à Bâle, où l'insurrection de la campagne contre le patriciat urbain provoqua la formation de deux demi-cantons : Bâle-Ville et Bâle-Campagne (1833). Mais les libéraux, qui étaient, pour la plupart, de grands bourgeois cultivés encore très proches du patriciat traditionnel, furent bientôt dépassés et remplacés par des radicaux, qui voulaient une centralisation et une démocratisation complètes de la Suisse, et qui étaient en outre anticléricaux.

À la suite de tentatives radicales pour renverser par la force le gouvernement lucernois (1844/45), les cantons conservateurs catholiques (Lucerne, Uri, Schwyz, Unterwald, Fribourg, Valais) constituèrent une alliance défensive secrète, le Sonderbund (déc. 1845). La révolution vaudoise de 1845 et la révolution genevoise de 1846, qui portèrent dans ces deux cantons les radicaux au pouvoir, aggravèrent encore la tension. Quand la Diète décida de dissoudre le Sonderbund (juill. 1847), la Suisse fut déchirée par une véritable guerre civile. (Voir **SONDERBUND, guerre du**). Le Sonderbund, dont les forces étaient inférieures en nombre et dispersées, fut vaincu et dissous. Les cantons catholiques ne subirent d'autres représailles que le paiement d'une indemnité de guerre : dès la fin de 1847, ils siégeaient de nouveau à la Diète.

De la Constitution de 1848 à nos jours

Une nouvelle Constitution, acceptée à une large majorité par les cantons en sept. 1848, remplaça le pacte de 1815. La Suisse, qui n'avait été jusqu'alors, sauf à l'époque de l'Acte de médiation, qu'une confédération d'États, prit son caractère moderne d'État fédératif. Les Affaires étrangères, les Postes, la Monnaie, les Poids et Mesures, les Douanes relevaient désormais exclusivement de l'autorité fédérale ; elle avait une autorité très étendue sur l'armée, garantissait les libertés politiques fondamentales et donnait son approbation aux Constitutions cantonales. La Confédération était enfin dotée d'un authentique pouvoir exécutif, le Conseil fédéral (*Bundesrat*), composé de sept membres. Le pouvoir législatif comprenait deux Chambres : le Conseil national (*Nationalrat*), élu directement par le peuple au suffrage universel, et le Conseil des États (*Ständerat*), où chaque canton avait une représentation égale de deux députés. Ces deux chambres réunies nommaient le Conseil fédéral, le Tribunal fédéral (*Bundesgericht*) et, en temps de guerre, le commandant en chef de l'armée. Un des conseillers fédéraux devait présider chaque année le gouvernement en prenant le titre de « président de la Confédération ». Révisée en 1874 dans le sens d'un renforcement du pouvoir fédéral et d'un contrôle démocratique plus étendu (procédure du référendum par initiative populaire), la Constitution de 1848 est restée jusqu'à nos jours celle de la Suisse.

Le corps électoral suisse montra des tendances conservatrices qui permirent une longue continuité de l'action gouvernementale. Le parti radical garda la majorité tant au Conseil national qu'au Conseil fédéral sans interruption jusqu'en 1919. Une stricte neutralité fut le principe fondamental de la politique étrangère helvétique et elle fut respectée durant la guerre de 1870/71. Dès cette époque, la Suisse donnait un sens positif et altruiste à sa neutralité en laissant s'installer sur son territoire les bureaux directeurs des organisations de coopération internationale (en 1868, le Bureau de l'Union télégraphique, devenu en 1934 Bureau de l'Union internationale des télécommunications ; en 1874, le Bureau de l'Union postale universelle). Après la fondation de la Croix-Rouge par le Suisse H. Dunant (1859), des conférences internationales préparèrent la signature de la convention de Genève (1864) sur les blessés de guerre.

Grâce aux libertés de l'industrie et du commerce, proclamées par la Constitution de 1848, grâce à la suppression des douanes intercantonales, la Suisse connut à partir de la fin du XIXe s. un grand essor économique. La construction des chemins de fer, qui ne commença qu'assez tard (première ligne ouverte en 1847), se poursuivit à un rythme accéléré, malgré la nature montagneuse du pays (ligne du Saint-Gothard, 1872/82 ; ligne du Simplon, 1906). À la suite d'un référendum, les principales voies ferroviaires furent nationalisées en 1898. L'industrie, qui occupait une place importante dès le XVIe s., devint à partir de 1850 l'activité principale. Dépourvue de matières premières et n'ayant d'autre source d'énergie, avant l'ère de l'uranium, que la force hydro-électrique, l'industrie suisse bénéficia, surtout après les deux guerres mondiales, de l'afflux des capitaux étrangers vers la Confédération.

En 1919, c'est Genève qui fut choisie comme siège de la Société des Nations. Avant d'entrer dans l'organisation internationale, la Suisse tint à faire reconnaître sa situation particulière par la déclaration de Londres (13 févr. 1920) : puissance neutre, elle ne pouvait participer aux sanctions militaires prévues par le pacte de la SDN, mais elle s'engageait à appliquer, le cas échéant, les sanctions économiques. Pendant tout l'entre-deux-guerres, le « Département politique » (Affaires étrangères) fut dirigé par Giuseppe Motta. Devant les menaces d'un nouveau conflit, Motta décida en 1938 de revenir à la neutralité complète. Comme la Suisse constituait, au centre de l'Europe, un précieux refuge de capitaux, cette neutralité fut de nouveau respectée de 1939 à 1945. La Suisse accueillit de nombreux réfugiés militaires ou civils, mais, en 1944/45, elle ferma ses frontières à la plupart des hommes politiques de l'Europe nazie ou fasciste.

Après les hostilités, la Suisse reprit son expansion économique à un rythme sans précédent. L'accroissement du revenu par habitant, qui avait été de 15 % entre les deux guerres mondiales, atteignit 60 % entre 1945 et 1960.

Pays pauvre au début du siècle dernier, la Suisse possède aujourd'hui le niveau de vie le plus élevé du monde. Membre de l'Association européenne de libre-échange en 1959, du Conseil de l'Europe en 1963, elle conclut en 1972 des accords privilégiés avec le Marché commun. Les remous monétaires internationaux de 1970 entraînèrent des difficultés économiques qui suscitèrent une vague xénophobe. Obligé de tenir compte de cette pression, le Conseil fédéral décida en 1971 de limiter le nombre des étrangers admis à travailler en Suisse ; on comptait alors 660 000 travailleurs étrangers sur 3 millions de personnes actives. Atteinte par la crise mondiale plus tard que les autres pays de l'Europe occidentale, la Suisse connut une sévère récession en 1975. La réputation de la Suisse fut mise à mal à la fin des années 1980 par plusieurs scandales liés au blanchiment de l'argent de la drogue et touchant des personnalités politiques de haut rang. Alors qu'en 1986 le pays avait massivement voté contre l'adhésion de la Suisse à l'ONU, une votation (référendum) permit, en mai 1992, l'adhésion au FMI et à la Banque mondiale. Une courte majorité de Suisses rejeta pourtant, le 6 déc. 1992, l'entrée du pays dans l'Espace économique européen. Les conséquences de cette votation furent nombreuses : d'une part, l'entrée de la Suisse dans la CEE, jugée indispensable par les milieux politiques et financiers, était repoussée pour une durée indéterminée ; d'autre part, le vote fit apparaître l'accroissement de la fracture entre les cantons germanophones, hostiles à la construction européenne, et les cantons romands qui lui étaient plutôt favorables. Par ailleurs, dans les années 1990, la Suisse connut des difficultés économiques (hausse du déficit budgétaire, de l'inflation et du chômage), ce qui favorisa la montée des partis extrémistes. La polémique déclenchée en 1997 à propos des avoirs des victimes du nazisme conservés dans les banques suisses se conclut, en août 1998, par un accord entre les banques et les survivants de la Shoah, prévoyant le versement de 1,25 milliard de dollars aux organisations juives. Après l'approbation, en juin 1999, par votation, d'une loi restreignant le droit d'asile, les élections législatives d'oct. virent la victoire du parti de droite nationaliste, l'Union démocratique du centre, qui devint le premier parti en nombre de votes, mais dont la percée fut limitée par le système électoral et politique ; en oct. 2003, la victoire de l'UDC permit à son représentant Max Binder, de devenir président du Conseil national. En revanche, une autre votation, en mai 2000, approuva sept accords bilatéraux avec l'Union européenne, signés en 1999, incluant la libre circulation des personnes ; celle de mars 2002 a permis l'adhésion de la Suisse à l'ONU.

SUKHOTHAÏ. Nom du premier royaume thaï indépendant (XIIIe s.), qui connut son apogée sous le règne de Rama Khamheng (vers 1275/1315) et déclina peu après. Voir **Thaïlande.**

SULLY, Maximilien de Béthune, baron de Rosny, duc de (* château de Rosny, près de Mantes, 13.XII. 1560, † château de Villebon, Loir-et-Cher, 22.XII. 1641). Homme politique français. D'une famille protestante, ami d'enfance du futur Henri IV (Henri de Navarre), il suivit celui-ci dans toutes ses guerres, se distingua par ses compétences d'ingénieur militaire et fut grièvement blessé à la bataille d'Ivry (1590). Il conseilla au nouveau roi de se faire catholique, mais se refusa pour sa part à abjurer. Henri IV lui confia la direction des Finances en 1596. Sully mena une politique d'économie et de remise en ordre, réduisit les tailles, supprima les charges inutiles, et réussit, par sa gestion rigoureuse, à renflouer quelque peu les caisses de l'État très appauvri par les guerres de Religion. Pour relancer l'économie, il donna la liberté aux exportations de blé et de vin, abolit un grand nombre de péages, fit construire des ponts, des routes, des canaux (canal de Briare) et soutint l'agriculture en proclamant que « labourage et pâturage sont les deux mamelles dont la France est alimentée ». Sully fut aussi grand maître de l'artillerie et des fortifications (1599), grand voyer de France (1599), gouverneur de la Bastille (1602), surintendant des bâtiments, capitaine des eaux et rivières et gouverneur du Poitou (1604). Sa carrière politique se termina pratiquement avec l'assassinat de Henri IV (1610). Sous le règne de Louis XIII, il fit plusieurs tentatives pour ramener ses coreligionnaires à l'obéissance, ce qui lui valut d'être fait maréchal de France en 1634.

SUMATRA. Deuxième île d'Indonésie, située à l'O. de l'archipel de la Sonde. Très anciennement peuplée, elle fut peut-être la *Taprobane* de Pline et la *Iabadiu* ou *Sabadiunésos* de Ptolémée. Au VIIe s. apr. J.-C. se constitua autour de Palembang le royaume de Çrivijaya, qui fut un foyer de civilisation bouddhique jusqu'à l'arrivée de l'islam, au XIIIe s. Au Moyen Âge, Sumatra entretenait d'actives relations commerciales avec la Chine et l'Inde. Elle fut visitée par de grands voyageurs comme Marco Polo en 1292 (qui l'appelle « la petite Java »), Odéric de Pordenone en 1318 ou Ibn Batouta (v.) en 1340. L'Italien Ludovico di Varthema la fit connaître de nouveau à l'Europe en 1505. En 1509, les Portugais fondèrent leur premier établissement à Sumatra, mais ils furent chassés par les Hollandais, qui, pour contrôler le détroit de Malacca, entreprirent d'imposer leur suzeraineté au sultan d'Atjeh, dans le N. de l'île. Au S. de l'île, en dépit de la résistance des sultans locaux, la Compagnie hollandaise des Indes orientales réussit à établir des comptoirs à Palembang (1620), à Indrapura (1664) et à Padang (1666), mais elle dut faire face jusqu'à la fin du XVIIIe s. à la concurrence des Anglais, dont le principal centre se trouvait depuis 1685 à Bengkulen. Les Hollandais entreprirent alors la soumission systématique de l'île ; après des guerres longues et coûteuses, cette soumission était à peu près obtenue en 1873. Occupée par les Japonais d'avr. 1942 à août 1945, Sumatra fut ensuite comprise dans la nouvelle république d'Indonésie ; mais le particularisme musulman de l'île, qui avait si longtemps tenu en échec les Hollandais, se retourna alors contre la politique centralisatrice de Djakarta et prit le caractère d'une rébellion ouverte, notamment en 1956/58.

Sumatra conservait un fort particularisme dans les régions des populations batak (au nord), minangkabau (côte ouest) et à Medan (émeutes en 1994), mais ce fut dans la région d'Atjeh que l'opposition au pouvoir central se montra le plus déterminée. En effet, à partir de 1976, le Mouvement Atjeh libre mena une guérilla indépendantiste islamique, durement réprimée par l'armée, qui fit 5 000 morts en dix ans. La démocratisation de l'Indonésie permit un cessez-le-feu en sept. 2000, mais le président Wahid excluait d'accorder plus qu'une autonomie relative à un territoire aussi riche en pétrole et en gaz naturel. Voir **Indonésie. L'Indonésie indépendante.**

SUMÉRIENS. Peuple qui, distinct par sa langue du monde sémitique, contrôla au IIIe millénaire le sud de la Mésopotamie, près du golfe Persique, et donna son nom à l'une des premières grandes civilisations historiques du Proche-Orient.

La civilisation sumérienne

La présence des Sumériens est attestée pour la première fois par les textes écrits dans leur langue à l'aube du IIIe millénaire dans un pays qui était habité depuis longtemps par des civilisations déjà très évoluées, agricoles et urbaines (v. **Mésopotamie**). Leur origine reste controversée : diverses théories les ont fait venir du N. (Anatolie ou Caucase), ou du plateau iranien, ou encore de l'Inde, par la mer, des analogies frappantes ayant été relevées entre la civilisation de Sumer et celle des villes de l'Indus. Ils ont peut-être été les descendants plus ou moins directs des populations qui avaient créé la civilisation d'Ourouk au millénaire précédent. Un problème demeure : celui de l'origine de leur langue, agglutinante, qui ne présente aucune parenté avec une autre langue connue, ancienne ou moderne. Dès la période dynastique archaïque (vers 2900/2300 av. J.-C.), d'ailleurs, le mélange entre les Sumériens et d'autres populations agricoles ou pastorales de Mésopotamie, dont celles de langue sémitique, comme les Akkadiens (v.), était une réalité. Les Sumériens furent, au Proche-Orient, les inventeurs de l'écriture ; leurs pictogrammes, qui remontent au dernier tiers du IVe millénaire, furent progressivement remplacés par les signes du système cunéiforme qui notaient des syllabes et des idéogrammes. Dans le domaine des techniques, s'ils ne furent pas les initiateurs de la métallurgie en Mésopotamie, les Sumériens lui donnèrent une impulsion sans précédent qui changea profondément les conditions de vie. Les Sumériens connaissaient déjà le tour de potier ; ils utilisaient des sceaux-cylindres souvent gravés de scènes d'inspiration religieuse ; ils avaient élaboré un système numérique sexagésimal. Ce sont eux qui ont définitivement maîtrisé les techniques de l'irrigation de la plaine mésopotamienne, par un réseau de digues et de canaux. Champs et palmeraies, coupés de marais et de cours d'eau, ont désormais composé le paysage des campagnes du Tigre et de l'Euphrate, où les roseaux sont devenus un des matériaux à tout faire d'un monde d'agriculteurs et de pasteurs.

Les principaux dieux du panthéon sumérien étaient An, dieu du Ciel, Outou, dieu solaire, Enki, dieu des Eaux et maître de la ville d'Éridou, Innana, déesse de l'Amour, Enlil, dieu de l'Air, de la Vie et de la Terre, dont le principal sanctuaire était à Nippour... Ce n'est que très lentement, semble-t-il, que les pouvoirs religieux et politique finirent par être distingués. De l'époque de Sumer à la fin des civilisations antiques de la Mésopotamie, le roi (nommé *ensi* chez les Sumériens) est demeuré le vicaire des dieux ; il leur devait l'entretien des temples et de leur clergé (qui vivait de vastes domaines en terres et troupeaux), le déroulement des rites et cérémonies, et le respect de leur volonté parmi les hommes de son royaume.

Les Sumériens dans l'Histoire

Les anciennes traditions sumériennes conservaient le souvenir d'un « déluge » qui aurait anéanti l'humanité à l'aube de son histoire. En fait, les fouilles archéologiques ont montré la réalité de plusieurs inondations de l'Euphrate, dont les plus catastrophiques se produisirent vers 2800/2600 av. J.-C. On a donc dressé des listes de rois d'avant et d'après le Déluge. C'est après le Déluge qu'on voit apparaître les noms des grandes cités sumériennes – Kish, Ourouk (Warka), Oumma, Lagash, Larsa, Our – et les premières « dynasties ». Les cités, qui aspiraient toutes à l'hégémonie, se sont livré des guerres continuelles, aucune n'étant assez puissante pour imposer longtemps sa domination aux autres.

Du début du IIIe millénaire, les archéologues ont retrouvé les « tombes royales » d'Our, au mobilier funéraire riche en objets d'or et d'argent, accompagnés par les corps de dizaines de serviteurs sacrifiés avec leurs souverains. Au N. d'Our, à la même époque, ont régné les *ensi* de Lagash : l'un d'eux, Eannatoum (vers 2455/2425), imposa sa domination à la cité voisine d'Oumma et commémora ce haut fait par la stèle des Vautours, puis il vainquit les Élamites, Our et Mari. Un siècle plus tard, vers 2350, Lagash fut l'objet d'une réforme sociale due au roi Ouroukagina. Mais il fut vaincu par Lougalzagesi, *ensi* d'Oumma (vers 2340/2316), qui détruisit Lagash, s'empara d'Our, d'Ourouk et de Kish, et fut le premier à régner sur tout le pays de Sumer.

Mais ce premier Empire sumérien succomba rapidement sous les coups des Akkadiens (v.), d'origine sémitique. Sargon l'Ancien (vers 2334/2279), après avoir renversé Lougalzagesi (vers 2345), soumit toutes les cités de la Basse-Mésopotamie ; il aurait étendu son empire en Élam (au S.-O. du plateau iranien), en Mésopotamie septentrionale, en Syrie et peut-être jusqu'à la Méditerranée. Les Akkadiens assimilèrent la culture sumérienne ; ils adoptèrent l'écriture cunéiforme pour transcrire leur propre langue, qui resta après eux la langue courante en Mésopotamie. Cet empire qu'avait fondé Sargon s'effondra au bout d'un siècle à peine d'existence, peu après 2200 av. J.-C., sous les coups de guerriers descendus des montagnes du Zagros, les Goutis. Ceux-ci, après avoir commis des destructions qui laissèrent un durable souvenir, régnèrent pendant près d'un siècle (peut-être moins) sur la Basse-Mésopotamie, en laissant aux cités sumériennes une assez grande liberté.

À partir de 2145 environ, une renaissance sumérienne commença de s'épanouir à Lagash, sous le règne de Goudéa, qui, prenant le titre d'*ensi*, semble avoir été un souverain indépendant, de même que son fils, Our-Ningirsou. Le pays de Sumer connut alors la brillante période de la IIIe dynastie d'Our (vers 2113/2006). Son fondateur, Our-Nammou (2113/2095), grand bâtisseur, rétablit l'ordre et créa une administration efficace ; il promulgua le plus ancien recueil de lois de Mésopotamie connu à ce jour ; le successeur d'Our-Nammou, Shoulgi (vers 2095/2047), restaura l'empire, qui groupait Sumer, le pays d'Akkad, la Mésopotamie septentrionale et l'Élam, et prit, suivant l'exemple de l'Akkadien Naram-Sîn (v.), petit-fils de Sargon d'Akkad, le titre de « roi des quatre régions du monde ».

Mais l'Empire sumérien se morcela ensuite rapidement sous la pression d'un nouveau peuple sémitique, celui des Amorrites (v.) ; les Élamites, en 2004 av.

J.-C., en détruisant la capitale et en capturant son roi Ibbi-Sîn, portèrent le coup fatal à la IIIe dynastie d'Our. Le pays se divisa en deux royaumes amorrites avec la dynastie d'Isîn au N. et celle de Larsa au S., cependant qu'à Babylone, centre jusqu'alors peu important, s'affirmait à partir du XIXe s. av. J.-C. une autre dynastie amorrite, conquérante. Le dernier roi de Larsa, Rim-Sîn, ne s'empara d'Isîn (vers 1794) que pour être vaincu à son tour, vers 1763, par Hammourabi. Ce furent les Amorrites qui dominèrent désormais politiquement la Mésopotamie. Mais ils devaient recueillir, conserver et transmettre l'héritage de la civilisation sumérienne, comme le montrent la préservation, pendant plus d'un millénaire et demi, de la langue sumérienne et l'inlassable travail de recopiage des textes sumériens par les scribes des temples et des palais pour maintenir les œuvres littéraires, religieuses et lexicographiques créées par les hommes de Sumer. Voir **Mésopotamie** et **Babylone**

SUNAY Cevdet (* Trébizonde, 1899, † Istanbul, 1982). Militaire et homme politique turc. Chef de l'état-major des armées à partir de 1960, il succéda au général Gursel à la présidence de la République en mars 1966. Il occupa ce poste jusqu'au coup d'État de mars 1971.

SUNNITES. Nom donné dans l'islam aux représentants orthodoxes de la « tradition » (*sunna*). Voir **Islam**.

SUN YAT-SEN (* Tsui-heng, Kouang-tong, 12.XI. 1866, † Pékin, 12.III.1925). Homme politique chinois. Converti au christianisme, séduit par la civilisation occidentale, il se lança dans la carrière d'agitateur politique. Il obtint des subsides du Japon, rallia à son action les minorités chinoises du Sud et prépara une révolution qui abattrait la dynastie mandchoue. En 1898, il proclama les « Trois Principes du peuple » (*Sanmin zhuyi*) (nationalisme, démocratie, socialisme), qui constituèrent le programme de la Ligue pour l'alliance commune (T'ong-meng-hui), fondée en 1905, puis celui du Kouo-min-tang (v.). Lors de la révolution de Nankin en 1911, il fut nommé président de la République, mais dut se retirer deux mois plus tard devant Yuan Che-k'ai (v.). À nouveau réduit à la lutte clandestine, il lança, en 1917, le Kouo-min-tang dans la lutte armée contre le gouvernement de Pékin. L'URSS le soutint à partir de 1923, et les communistes rallièrent le Kouo-min-tang, dont l'armée, dirigée par Tchang Kaï-chek (v.), fut entraînée et équipée par les Soviétiques. Comprenant que la guerre civile empêchait la réalisation immédiate des « Trois Principes du peuple », Sun Yat-sen avait prévu trois étapes : opérations militaires (lutte pour l'unification du pays et pour le rétablissement de l'autorité) et éducation politique, avant le stade du véritable gouvernement constitutionnel. À sa mort, son héritage fut contradictoirement revendiqué par Wang Tsing-wei (v.), Tchang Kaï-chek, les communistes, puis le régime nationaliste réfugié à Taiwan par la suite. Voir **Chine**. Les débuts de la République. La Révolution nationale du Kouo-Min-Tang.

SURCOUF Robert (* Saint-Malo, 12.XII.1773, † Saint-Malo, 8.VII.1827). Marin et corsaire français. Embarqué à l'âge de treize ans, capitaine en 1793, il fut d'abord négrier pour les planteurs de l'île Bourbon, puis se lança dans la guerre de course contre les Anglais, dans l'océan Indien de 1795 à 1802. Il reprit ses exploits de 1807 à 1809 et acquit une fortune considérable.

SURINAM. État d'Amérique du Sud, baigné par l'océan Atlantique, borné à l'E. par la Guyane française, au S. par le Brésil, à l'O. par la Guyana ; capitale *Paramaribo*. En 1667, les Anglais cédèrent aux Hollandais leurs droits sur cette région en échange de la Nouvelle-Hollande (Manhattan). Au XVIIIe s., la colonisation de cette région, devenue la Guyane néerlandaise, fit de grands progrès sous la direction de Laurens Storm Van's Gravesande. Occupée par les Anglais de 1796 à 1814, la colonie fut restituée définitivement aux Pays-Bas en 1814. Déclarée en 1948 partie intégrante des Pays-Bas, elle prit le nom de *Surinam* et, en 1954, reçut une large autonomie. Elle devint une république indépendante le 25 nov. 1975.

Un coup d'État mit fin au régime parlementaire en 1980 et, en 1982, Desi Bouterse, sergent bientôt promu commandant, confisqua le pouvoir. Après un bref rapprochement avec Cuba, Bouterse se tourna vers l'Occident en 1984, mais les Pays-Bas ne rétablirent pas pour autant leur aide économique interrompue deux ans plus tôt. Il fallut attendre pour cela le rétablissement d'un régime civil, en 1988, et l'élection du président Ramsewak Shankar (D. Bouterse conservait toutefois son poste à la tête de l'armée).

Depuis 1986, une guérilla recrutant surtout parmi les Noirs, minoritaires dans une population d'origine majoritairement asiatique, a perturbé la production de bauxite, principale richesse du Surinam. Malgré les négociations entre l'armée et les groupes rebelles des *Bushnegroes* (en activité depuis 1986), D. Bouterse lança une vaste offensive contre ceux-ci en juin 1990. Ramsewak Shankar démissionna de ses fonctions ; l'intérim présidentiel fut assuré par l'un de ses proches, Johan Kraag. Le parti au pouvoir, représentant l'armée, fut battu lors des élections législatives de mai 1991 et Ronald Venetiaan fut nommé président le 7 sept. 1991. L'accord de paix signé le 8 août 1992 avec les *Bushnegroes* permit le retour au pays de 2 800 réfugiés. Malgré la reprise des aides internationales, le Surinam frôla la banqueroute, alors que la moitié de la population vivait en dessous du seuil de pauvreté. En mai 1996, les élections législatives virent la victoire de la coalition sortante du président Venetiaan. Cependant, le parti démocrate national de l'ancien dictateur D. Bouterse progressa suffisamment pour pouvoir, en s'alliant avec

Jules Wijdenbosch, porter celui-ci à la présidence, en sept. suivant.

Le nouveau gouvernement fut confronté à une tentative de coup d'État en oct. 1997, ce qui ne l'empêcha pas de lancer en déc. une commission « Vérité et Réconciliation » pour tirer au clair les exactions des militaires au début des années 1990. Les accusations de corruption, mais aussi la figure très controversée de D. Bouterse, associé au gouvernement, et accusé de trafic de drogue par l'ancienne métropole, les Pays-Bas, finirent néanmoins par leur coûter le pouvoir. Les législatives de mai 2000 ont permis le retour à la présidence de R. Venetiaan, appuyé sur une coalition centriste, le Front nouveau. Des tensions avec la Guyana, provoquées par des forages pétroliers dans les eaux frontalières, se sont soldées par l'expulsion de la compagnie canadienne CGX energy, sous contrat avec la Guyana, en juill. 2000.

SURINTENDANT DES FINANCES. Cette charge, qui correspondait dans la monarchie française à celle de ministre des Finances, n'apparaît qu'à la fin du XVIe s. ; elle fut supprimée après la disgrâce de Fouquet en 1661, et il n'y eut plus qu'un contrôleur général des finances.

SUSPECTS (loi des). Loi votée par la Convention le 17 sept. 1793, sur la proposition de Merlin de Douai. Elle ordonnait l'arrestation de tous les ennemis de la Révolution, avoués ou présumés, qui resteraient détenus jusqu'à la paix. Voir **Terreur**.

SUSSEX. Comté de l'Angleterre méridionale, sur la Manche. Cette région, qui vit fleurir à l'époque romaine l'important centre de *Noviomagus* (Chichester), fut conquise par les Saxons (v.) de 477 à 491 et elle a gardé le nom de ses envahisseurs (*South Saxons*, Saxons méridionaux). Le royaume de Sussex, fondé par Ella ou Ælla en 477, fut fréquemment en lutte contre le Kent et le Wessex ; il s'étendit non seulement sur l'actuel comté de Sussex, mais sur l'est du Hampshire et sur l'île de Wight. St Wilfrid d'York en assura la conversion de 681 à 686. Vaincu par Ceadwalla, le Sussex devint vassal du Wessex (686), puis du royaume de Mercie (772). Il fut annexé en 825 par Egbert, roi du Wessex. Voir **Heptarchie**.

SUU KYI AUNG SAN (Rangoon, 19.VI.1945). Femme politique birmane. Fille de l'ancien dirigeant birman U Aung San, elle étudia à Oxford. Alors qu'en 1988 le général Ne Win, au pouvoir depuis 1962, démissionnait sous la pression populaire, elle devint la figure de proue de la Ligue nationale pour la démocratie (LND). Sa popularité lui valut d'être arrêtée en juill. 1989 par la junte militaire, mais son parti remporta les élections de mai 1990, dont le résultat fut annulé. Elle était toujours en résidence surveillée lorsqu'elle reçut le prix Nobel de la paix, en 1991. Libérée en juill. 1995, sous la pression américaine, elle poursuit son combat non violent pour la démocratisation de la Birmanie, sans jouir d'une véritable liberté de mouvement. Arrêtée et emprisonnée en mai 2003, elle est, depuis sept. 2003, à nouveau assignée en résidence surveillée. Voir **Birmanie**.

SVEN Ier Tjugeskjaeg, Barbe fourchue († Gainsborough, 13.II.1014). Roi de Danemark (986/1014). Fils d'Harald II Dent bleue et d'une concubine paysanne, il mena des raids audacieux contre l'Angleterre. Pendant une de ses absences, le Danemark fut quelque temps occupé par le roi de Suède Éric Sersel, mais Sven retrouva son trône à la mort de cet adversaire (vers 994). Allié au roi de Suède Olav Skötkonung, il remporta sur Olav Ier de Norvège la victoire navale de Svolde (1000) et il partagea la Norvège avec la Suède. Il reprit ensuite la conquête de l'Angleterre, où il prit pied solidement. Il fut le père de Canut le Grand (v.).

SVERDLOV Iakov Mikhaïlovitch (* Nijni-Novgorod, 3.VI.1885, † Moscou, 16.III.1919). Homme politique soviétique. Membre du parti social-démocrate dès 1901, rallié à Lénine, membre du Comité central bolchevik à partir de 1912, plusieurs fois arrêté et déporté en Sibérie, il dirigea le mouvement bolchevik dans l'Oural après la chute du tsarisme et prit le pouvoir dans cette région avant même la révolution d'Octobre. Élu président du Comité exécutif central à Moscou (21 nov. 1917), il devint ainsi, en titre, le chef du nouvel État soviétique. En juill. 1918, il fit approuver par le Conseil des commissaires du peuple le massacre de la famille impériale. Quelques jours avant sa mort, il devait encore jouer un rôle important dans la fondation de la IIIe Internationale. Son nom fut donné en 1924 à la ville de *Iekaterinbourg*, où avait précisément eu lieu le massacre de la famille impériale.

SVERDRUP Johan (* Jarlsberg, 30.VII.1816, † Christiania, 17.II.1892). Homme politique norvégien. Député au Storting depuis 1850, il fonda en 1869 un puissant parti de gauche appuyé sur la paysannerie et combattit pour l'instauration d'un véritable régime parlementaire. La loi qu'il déposa en ce sens en 1880 se heurta au veto du roi Oscar II et après un conflit de quatre ans, au cours duquel il reçut l'appui du grand écrivain Björnson, Sverdrup devint Premier ministre (juin 1884) ; mais il ne put s'entendre avec les extrémistes de son propre parti et il démissionna en 1889. Voir **Norvège. L'union avec le Danemark et la Suède**.

SVOBODA Ludvik (* Hroznatin, Moravie, 25.XI.1895, † Prague, 20.IX.1979). Général et homme politique tchécoslovaque. Organisateur des unités tchécoslovaques qui combattirent aux côtés de l'Armée rouge durant la Seconde Guerre mondiale, il devint ministre de la Défense (1945/50), mais tomba ensuite en disgrâce. Nommé, sur l'intervention de Khrouchtchev, commandant de l'Académie militaire (1955/59), « héros de l'Union soviétique » en 1965, il était à la retraite lorsque Dubcek, durant le « printemps de Prague », favorisa son élection à la présidence de la

République, afin de rassurer les Soviétiques (mars 1968). Il conserva son poste après l'intervention des forces du pacte de Varsovie, mais paraît avoir joué un rôle modérateur dans la « normalisation ». En 1975, il fut remplacé par Husak.

SWAZILAND. État de l'Afrique méridionale formant une enclave dans la République sud-africaine, avec une partie de frontière commune avec le Mozambique ; capitale *Mbabane*. Les Swazis, peuple bantou, qui habitaient au début du XIXᵉ s. le Shiselweni, sur la rive nord du Pongola, en furent chassés vers 1815 par un chef Ndwandwe et vinrent s'installer un peu plus au nord, dans leur pays actuel. En 1881, ils firent garantir leur indépendance par les Anglais, mais, en 1894, ceux-ci autorisèrent la première République sud-africaine à protéger et à administrer le pays, sans droit d'incorporation. Après la guerre des Boers (v.), le Swaziland fut administré par le gouverneur du Transvaal, puis, à partir de 1906, par un haut-commissaire britannique. Devenu, en 1967, une monarchie constitutionnelle autonome, le Swaziland accéda à la pleine indépendance en 1968.

Depuis son indépendance, la monarchie constitutionnelle du Swaziland, dont l'économie dépend entièrement de l'Afrique du Sud, fait partie de l'union douanière sud-africaine. En 1982, le roi Mswati III succédait à Sobhuza II ; il se heurta à l'opposition des étudiants, dont les manifestations furent violemment réprimées en 1990. En 1993 eurent lieu les premières élections semi-libres depuis vingt ans. Malgré l'interdiction des partis politiques, elles se traduisirent par un renforcement des opposants au régime traditionaliste. Mais l'engagement pris par le roi Mswati III, en févr. 1996, de rétablir la Constitution de 1973 ne fut pas suivi d'effet et le multipartisme resta proscrit. À défaut de partis, des organisations syndicales ou culturelles ont repris le flambeau de la contestation, manifestant fréquemment dans l'Afrique du Sud voisine – puisqu'elles n'avaient pas l'autorisation de le faire au Swaziland – pour réclamer une monarchie constitutionnelle. L'année 2000 a vu une recrudescence des manifestations après que le frere du roi eut fait main basse sur des terres en en chassant les chefs coutumiers. Des membres du gouvernement de ce pays dramatiquement touché par le sida – un quart de la population serait atteint – osèrent proposer, fin 2000, de stériliser les malades ou de les enfermer dans des camps.

SYAGRIUS († 486). Général gallo-romain. Fils de l'irrédentiste gaulois Aegidius, il gouverna après la mort de son père (464) un territoire s'étendant de la Loire à la Somme que les Barbares n'avaient pas occupé. Il fut le dernier représentant de Rome en Gaule, et Grégoire de Tours lui donna un siècle plus tard le titre de « roi des Romains ». Vaincu par Clovis à la bataille de Soissons (486), il se réfugia à Toulouse, auprès d'Alaric II, roi des Wisigoths ; mais celui-ci le livra à Clovis, qui le fit secrètement exécuter.

SYKES-PICOT (accord). Accord secret signé le 16 mai 1916 par sir Mark Sykes, pour le gouvernement britannique, et Georges Picot, pour le gouvernement français. Il prévoyait que l'Empire ottoman, en particulier la Syrie et l'Irak, serait partagé entre Français et Britanniques, à la fin de la guerre mondiale. Simultanément, les Alliés promettaient l'indépendance complète aux Arabes pour les soulever contre les Turcs. La publication de cet accord par le gouvernement soviétique, après la révolution de 1917, suscita l'indignation dans le monde arabe.

SYLLA, Lucius Cornelius Sulla (* 138, † Cumes, 78 av. J.-C.). Général et homme politique romain. Élu questeur en 107, il rejoignit l'armée de Marius en Numidie et réussit à capturer le redoutable Jugurtha (v.) (105). Il prit part aux opérations en Gaule contre les Cimbres et les Teutons. Propréteur en Cilicie (92), il conclut le premier traité entre Rome et les Parthes. Après avoir mis fin à la guerre sociale (v.) (89), il fut nommé consul en 88 et bouscula les troupes du parti populaire de Marius, qui dut s'enfuir en Afrique. Sylla se porta alors contre Mithridate VI Eupator (v.), s'empara d'Athènes après un long siège (87/86), vainquit Mithridate en Béotie et le poursuivit jusqu'en Asie. Mais le retour de Marius à Rome le poussa à signer une paix avantageuse pour Mithridate et à rentrer en Italie. Il obtint néanmoins un lourd tribut et se livra au pillage sur la route du retour. Quand il parvint à Rome (83), Marius était mort, mais ses partisans faisaient la loi. Pompée se rallia alors à Sylla et Rome connut sa première grande guerre civile. La victoire de la porte Colline (1ᵉʳ nov. 82) rendit Sylla maître de Rome où il décida de « proscriptions » qui firent des milliers de victimes ; nommé dictateur perpétuel, il fut le premier à exercer un pouvoir personnel sur la cité. Cependant, désireux de sauver la république traditionnelle, il rendit le pouvoir suprême au Sénat, rajeunit et doubla l'effectif de ses membres et lui réserva l'initiative des lois. Il consacra son énergie à amoindrir les privilèges des classes dominantes et essaya de résoudre la crise agraire. En 79, il remit ses pouvoirs au Sénat ; cette tentative de restauration sénatoriale ne lui survécut guère. Voir **ROME**. L'âge des guerres civiles.

SYLVESTRE II, Gerbert d'Aurillac (* en Auvergne, † Rome, 12.V.1003). Pape (999/1003). Ayant découvert la science et la philosophie antiques dans l'Espagne arabe, il fut considéré comme le premier savant de son temps. Précepteur du futur roi de France Robert le Pieux et du futur empereur Othon III, il fut nommé archevêque de Reims par Hugues Capet, dont il avait favorisé l'accession au trône de France (991). Cette investiture se heurta à l'opposition du Saint-Siège, et Sylvestre dut se réfugier auprès d'Othon III. L'empereur le fit nommer archevêque de Ravenne (998), puis l'imposa sur le trône pontifical (2 avr. 999) à la mort du pape Grégoire V. Pénétré de l'esprit clunisien, il se consacra à la réforme de l'Église, qu'il concevait sur la base d'une étroite union entre le Saint-Siège et l'Empire ; cette politique fut rejetée par les Romains, qui chassèrent Othon III (1002). Sylvestre voulut unir la chrétienté contre le monde musulman et il lança un appel pour la délivrance de Jérusalem. Il favorisa la naissance de nouvelles nations catholiques en Pologne et en Hongrie ; il attribua la couronne hongroise à st Étienne (1000).

SYNAGOGUE. Lieu de réunion et de prière des Juifs. Ce mot d'origine grecque s'appliquait d'abord à l'« assemblée » (en hébreu *knésseth*) des fidèles. Dans le royaume d'Israël, le centre du culte était le temple de Jérusalem. C'est après la destruction de ce temple par Nabuchodonosor, en 586 av. J.-C., durant la période de l'Exil, où de nombreux israélites ont été déportés en Babylonie, qu'on situe généralement l'apparition des réunions synagogales : ne pouvant plus célébrer de culte proprement dit, puisqu'ils n'avaient plus de temple, les déportés s'assemblaient pour prier et pour entendre des lectures de la Torah. Après le retour de l'Exil, l'institution de la synagogue se développa parallèlement avec le culte rétabli dans le Temple, mais elle semble ne s'être généralisée que vers le IIe s. av. J.-C. Au temps de Jésus, il y avait des synagogues dans tous les bourgs et les villages du monde juif ; on n'en comptait pas moins de 480 à Jérusalem même. Dans les synagogues, le culte consistait avant tout dans des lectures de la Loi et des prophètes, dans des prières, des cantiques – en certaines circonstances, un commentaire. Le centre de toute synagogue était la *têbâh*, le coffre ou « Arche » renfermant les rouleaux de la Loi, lesquels, même après l'invention de l'imprimerie, continuèrent d'être écrits à la main. Les synagogues ont pu être ornées de mosaïques ou de fresques avec personnages, mais, par la suite, toute image fut proscrite et il fut permis seulement de disposer dans l'édifice des inscriptions reproduisant des sentences et des noms tirés de l'Écriture. Lieux de prières et de lectures spirituelles, les synagogues servirent bientôt à des réunions sur tous les sujets importants intéressant la collectivité ; une école était habituellement annexée à la synagogue. Voir **JUIFS**.

SYNDICALISME. Regroupement de salariés et de producteurs en vue de la défense et du progrès de leur condition sociale et économique. Au XIXe s., le syndicalisme est né dans le milieu ouvrier soumis aux dures conditions (salaires et temps de travail) du nouveau monde industriel. Le syndicalisme est le produit de la révolution industrielle qui a laissé l'ouvrier isolé devant les effets de la concurrence et du pouvoir patronal.

Les débuts du syndicalisme

La Grande-Bretagne, point de départ de la révolution industrielle, fut aussi la première nation où se développa le syndicalisme. Les premières « unions de métier » ou *Trade Unions* se constituèrent dans la seconde moitié du XVIIIe s. parmi les travailleurs de l'industrie de la laine et les tisserands de l'ouest et du centre de l'Angleterre. Après une période de tolérance, les Trade Unions furent vigoureusement réprimées par le gouvernement à la suite des lois de 1799/1800, inspirées par la peur de la Révolution française. Le mouvement unioniste n'en continua pas moins à s'amplifier. Durant cette période d'épreuves, des unions commencèrent à fonctionner en permanence, comme celles des fabricants de brosses de Londres (1805), des charpentiers de Preston (1807), des tonneliers de Londres (1813)... Bien que la classe politique restât foncièrement hostile à l'action syndicale, elle accepta par opportunisme la loi de 1824 qui autorisait les coalitions ouvrières motivées par des questions de salaires et de durée de travail. Dans les années suivantes naquirent les premières unions professionnelles étendues au plan national : fédérations des ouvriers des filatures (1829/30), Union générale des métiers du bâtiment (1832).

En 1833/34, Robert Owen (v.), industriel philanthrope et théoricien socialiste, entreprit de regrouper l'ensemble des ouvriers britanniques, y compris les ouvriers agricoles, dans une Grande Union nationale du travail, dont l'objectif était d'obtenir par la grève générale une transformation radicale de la société ; le patronat et le salariat devaient être abolis et remplacés par des coopératives ouvrières de production. Mais le gouvernement et les industriels réagirent avec une extrême rigueur : les travailleurs syndiqués, dont le nombre se situait entre 500 000 et un million, se heurtèrent au refus d'embauche, au lock-out, aux lois qui les assimilaient à des conspirateurs. Aussi, après quelques grèves sporadiques, la Grande Union se disloqua.

Le monde ouvrier se tourna alors vers l'action politique et, jusque vers 1848, le trade-unionisme parut absorbé dans l'agitation du chartisme (v.). C'est seulement au début de la seconde moitié du siècle que le syndicalisme anglais prit un nouveau départ, avec la création du syndicat des mécaniciens (1851), qui servit de modèle au syndicat des charpentiers (1860) et, après 1865, à la Fédération des mineurs et à la Fédération des textiles du Lancashire. Les Trade Unions, qui tinrent leur premier congrès annuel à Manchester en 1868, firent définitivement reconnaître leur statut légal par Gladstone (*Trade Unions Act*, 1871) ; en 1875, le gouvernement Disraeli supprima le délit de grève et reconnut l'égalité des ouvriers et des patrons dans les contrats de travail. Vers cette époque, on comptait plus d'un million de syndiqués dans l'Angleterre industrielle.

En Allemagne, le développement du syndicalisme, comme celui de la grande industrie, fut plus tardif. Sans doute, lors des révolutions allemandes de 1848, des associations de travailleurs s'étaient-elles fondées dans de nombreuses villes, et elles avaient même tenu un congrès national à Berlin, à la fin de l'été 1848. Mais dans la période de réaction qui suivit, toutes ces associations furent dissoutes en vertu d'une loi de la Confédération germanique (1854). Cependant, la Saxe, en 1861, et la Prusse, en 1869, finirent par reconnaître aux ouvriers le droit de coalition. En 1868 virent le jour les deux premières centrales syndicales : celle des syndicats socialistes ou « syndicats libres » (*Freien Gewerkschaften*), créée au congrès de Nuremberg sous l'impulsion de Schweitzer et en union étroite avec l'Alliance générale des travailleurs de Lassalle (v.) ; et celle des syndicats indépendants, de Hirsch et Duncker.

En France, le système depuis longtemps sclérosé des corporations avait disparu avec l'Ancien Régime. Au début de la Révolution, les ouvriers réclamèrent le droit de constituer des associations légales, mais la bourgeoisie, qui venait d'accéder au pouvoir politique, invoqua le principe de la liberté du travail pour interdire, par la célèbre loi Le Chapelier (v.) (14 juin 1791), toute association ouvrière ou patronale. Les divers régimes qui se succédèrent en France dans la première moitié du XIXe s. maintinrent inflexiblement les dispositions de la loi Le Chapelier. Le délit de grève fut supprimé en 1864 ; le gouvernement du second Empire adopta un régime de tolérance à l'égard des associations ouvrières.

En 1879 se crée la première fédération nationale, celle des chapeliers, suivie par celle du Livre (1881) et des mineurs (1883). Malgré l'indifférence au problème social manifestée par les chefs républicains (comme en témoigne le programme de Gambetta à Belleville), (v.), les quelque 500 syndicats que compte alors la France constituent une force suffisante pour décider la majorité « opportuniste » à voter la loi du 21 mars 1884 (loi Waldeck-Rousseau) reconnaissant la légalité des associations professionnelles. Le syndicalisme connut dès lors un rapide essor.

Le développement des syndicats dans le monde

En France. Les syndicats, qui ont mené d'abord une action autonome, se rassemblèrent en unions professionnelles nationales (par exemple, celles des mineurs ou des cheminots), ou en unions interprofessionnelles départementales ou régionales, enfin en des « centrales » nationales groupant les travailleurs de toutes les branches de l'économie. En 1895 fut fondée la Confédération générale du travail ou CGT. Le syndicalisme chrétien, qui a son origine dans le Syndicat des employés du commerce et de l'industrie (1887), ne fit son unité qu'en 1919, dans la Confédération française des travailleurs chrétiens ou CFTC.

La rupture entre socialistes et communistes au congrès de Tours, en 1920, entraîna l'année suivante, au congrès de Lille, une scission dans la CGT, que les communistes abandonnèrent pour fonder la Confédération générale du travail unitaire (CGTU). Dans le climat du Front populaire, la CGT refit son unité au congrès de Toulouse (1936), mais elle connut une nouvelle scission en 1947, lorsque Léon Jouhaux (v.) et ses amis la quittèrent et lancèrent la Confédération générale du travail-Force ouvrière ou CGT-FO. La CFTC, ayant décidé de se « déconfessionnaliser », devint en 1964 la Confédération française démocratique du travail ou CFDT, mais une minorité, restant attachée à la doctrine sociale de l'Église, fit scission et maintint la CFTC. La Confédération générale des cadres (CGC), fondée en 1944, consacre plus particulièrement ses efforts à la défense d'une catégorie professionnelle. Il faut encore mentionner de puissants groupements autonomes, tels que la Fédération de l'Éducation nationale (FEN), née de la scission de la CGT en 1947 ; le syndicalisme agricole, divisé en deux grandes fédérations : Fédération nationale des syndicats d'exploitants agricoles (FNSEA, 1946) et Centre national des jeunes agriculteurs (CNJA, 1957).

Les événements et les grandes grèves de mai 1968, en court-circuitant les institutions politiques, donnèrent aux syndicats un rôle central de négociateurs face à l'État (accords de Grenelle, juin 1968). Mais la simple obtention d'augmentations salariales ou de conventions collectives ne pouvait suffire à satisfaire des aspirations dépassant largement ce cadre. Les premiers signes d'une crise (baisse du nombre des adhérents, des cadres et des cotisations) apparurent dans les années 1970, en même temps que la crise économique, et gagnèrent en ampleur dans les années 1980. Avec l'accession au pouvoir de la gauche en 1981, les salariés furent confrontés, malgré eux, aux nécessités d'une gestion réaliste touchant à l'ensemble de la société. La perte d'influence du parti communiste et de la CGT ne profita nullement aux syndicats modérés, trop sensibles au souci gestionnaire du gouvernement socialiste. De puissantes revendications catégorielles (grève étudiante de l'automne 1986, grève des cheminots de l'hiver 1987, du personnel hospitalier de l'automne 1988, des gardiens de prisons, des agents des impôts et des métallurgistes de Peugeot de l'automne 1989) exprimèrent une profonde défiance à l'égard des appareils syndicaux. Délaissés au profit de coordinations extra-syndicales à partir de 1986, les formations traditionnelles se voyaient reprocher leur institutionnalisation, leur bureaucratisation, et, surtout, leurs profondes divisions internes. Ainsi, en oct. 1992, une scission au sein de la FEN donna naissance à la Fédération syndicale unitaire (FSU) et le secrétaire général de la CFDT, Jean Kaspar, très contesté, dut céder la place à Nicole Notat. Cependant, la multiplication des conflits sociaux à partir de l'automne 1993 obligea le pouvoir à dialoguer avec les syndicats, les seuls partenaires à constituer une instance structurée de dialogue. À la fin des années 1990, alors que le nombre de syndiqués allait sans cesse en diminuant, de nouvelles organisations (SUD, Confédération paysanne) occupèrent, bien que minoritaires, le devant de la scène, grâce à leur habileté dans le maniement des médias.

En Angleterre. En août 1889, un mouvement général de grèves se développa parmi les dockers de Londres, mais en janv. 1898, après une lutte de plus de six mois, la Fédération des mécaniciens dut s'avouer vaincue devant le lock-out décidé par le patronat. C'est dans ces conditions que le congrès des Trade Unions de 1902 décida de s'engager dans l'action politique et que le Labour Party (v. TRAVAILLISTE, parti) fit son apparition aux élections législatives de déc. 1905/janv. 1906, comme expression politique du trade-unionisme.

Le *Trade Disputes Act* du 21 déc. 1906 marqua, pour les syndicats britanniques, la dernière étape de la conquête de la liberté légale et les préservait à l'avenir de tout procès en responsabilité civile. Le principal résultat de la lutte des Trade Unions avant la Première Guerre mondiale fut la généralisation des conventions collectives relatives aux questions de salaire, de durée de travail, d'outillage, de méthodes de production. Mais l'échec de la grève générale de mai 1926, l'introduction du délit de grève illicite par une loi de 1927 et les conséquences de la grande crise économique de 1929 brisèrent l'élan révolutionnaire du trade-unionisme. Le grand artisan de la reprise fut Ernest Bevin (v.), et le trade-unionisme joua de nouveau un rôle politique important durant les périodes de gouvernement travailliste, de 1945 à 1951 et de 1963 à 1970. Durant l'hiver 1974/75, l'opposition intransigeante des Trade Unions à Edward Heath finit par réduire à l'impuissance le gouvernement conservateur, qui dut procéder à de nouvelles élections, lesquelles ramenèrent les travaillistes au pouvoir.

L'échec du gouvernement travailliste Callaghan en 1979 et, en mai, la victoire électorale des conservateurs menés par Mme Thatcher ont divisé les syndicalistes. Le gouvernement a entrepris une réforme du syndicalisme, qui limitait l'immunité syndicale et entraînait un relâchement des liens entre le TUC (Trade Unions Congress) et le parti travailliste, en donnant aux adhérents syndicaux la liberté de refuser l'adhésion quasi automatique au parti. Après un an de grève, l'échec, en mars 1985, du syndicat des mineurs, sans qu'aucune revendication ait été satisfaite, apparaissait comme l'un des plus graves revers jamais subi par un mouvement de revendication. Mais plus grave pour l'avenir des syndicats était leur absence dans les centres industriels de haute technologie, ainsi que leur difficulté d'adaptation à la société postindustrielle. En sept. 1988, au 120e Congrès du TUC, l'exclusion du syndicat des électriciens (300 000 membres), qui avait signé avec le gouvernement un accord antigrève, consacrait l'éclatement du front syndical, alors que la désyndicalisation s'accentuait. En août 1989, le syndicat des dockers devait renoncer à son monopole sur l'embauche (qui remontait à 1947). Le successeur de M. Thatcher, John Major, poursuivit de manière plus souple la politique de « *desunionisation* » réclamée par le parti conservateur. Aussi le taux de syndicalisation passa-t-il de 46 % en 1980 à 35 % en 1993. En outre, à la fin des années 1990, les relations avec le Labour Party ne cessaient d'être conflictuelles et le TUC souffrait de son incapacité à présenter un projet social mobilisateur.

En Allemagne, les syndicats socialistes, fondés en 1868, affirmèrent d'emblée leur suprématie. En outre, à côté des syndicats socialistes, on trouvait les « syndicats allemands » ou « libéraux » ou « progressistes » de Hirsch et Duncker et les syndicats chrétiens, constitués à partir de 1894 (Union des mineurs d'Essen) d'après les idées lancées par Mgr Ketteler ; au congrès de Mayence (1899), les syndicats chrétiens adoptèrent le principe de l'interconfessionnalité, défendu par le Volksverein. Comme le parti social-démocrate, auquel ils étaient étroitement liés, les « syndicats libres » adoptèrent dès l'époque wilhelmienne une attitude réformiste.

Après la Première Guerre mondiale, par la loi du 15 nov. 1918 et l'article 165 de la Constitution de Weimar, les syndicats furent officiellement reconnus par l'État comme les représentants qualifiés des ouvriers ; les conventions collectives conclues avec le patronat eurent désormais force de loi. À la veille de l'arrivée au pouvoir de Hitler, l'Allemagne comptait près de 5 millions de syndiqués socialistes et près de 2 millions de syndiqués chrétiens. Le national-socialisme prononça la dissolution de tous les syndicats (mai 1933) et les remplaça par un Front du travail (*Arbeitsfront*), qui, sous la direction de Robert Ley, prétendait abolir la lutte des classes en réunissant employeurs et employés au service de la nation.

Le syndicalisme allemand se reconstitua après la fin de la Seconde Guerre mondiale sur une base pluraliste où s'affirma néanmoins la suprématie incontestable du Deutscher Gewerkschaftsbund (DGB), de tendances sociales-démocrates. On doit mentionner également le Syndicat des employés (Deutsche Angestellten Gewerkschaft, DAG, 1945) et les syndicats chrétiens (Christliche Gewerkschaftsbewegung Deutschlands, CGB), qui, reconstitués en 1955, n'ont jamais retrouvé leur influence d'avant 1933. Fondé en 1947 et étendu deux ans plus tard à toute l'Allemagne fédérale, le DGB, très proche du parti socialiste SPD, a, comme celui-ci, abandonné le principe de la lutte des classes. Les syndicats observèrent une attitude très modérée et se gardèrent de toute action pouvant entraver le redressement du pays ; ils surent toutefois, en 1957, sous la menace d'une grève générale, arracher la « cogestion » au chancelier Adenauer.

La formule de la cogestion a permis à la RFA de connaître simultanément la paix sociale et la croissance économique. La chute du mur de Berlin, en nov. 1989, créa un nouveau contexte : le DGB se chargea de restructurer le mouvement syndical dans l'ex-RDA après l'autodissolution du syndicat unique, le FDGB (Freier Deutscher Gewerkschaftsbund). Cependant, depuis le milieu des années 1990, la cogestion entre syndicats et patronat semblait donner des signes d'essoufflement, comme en témoignaient plusieurs conflits ayant trait à la défense du système allemand de protection sociale.

En Italie, les origines de la Confederazione generale italiana del lavoro (CGIL) remontent à 1906. Elle rassemblait alors des tendances socialistes, anarchistes et syndicalistes révolutionnaires, mais ces dernières, influencées par la pensée de G. Sorel (v.), firent scission en 1912 pour former l'Unione sindacale italiana (USI). Cette dernière se fractionna à son tour en 1914, les interventionnistes décidant alors de fonder l'Unione italiana del lavoro (UIL), laquelle devait contribuer à la formation du fascisme. Mussolini prononça en 1927 la dissolution de tous les syndicats et établit un régime corporatif. Le développement du syndicalisme italien ne reprit qu'après la chute du Duce. Un accord entre communistes, socialistes et démocrates-chrétiens permit la reconstitution, dès juin 1944, de la CGIL. Mais l'unité syndicale fut brisée en 1948 par le départ des travailleurs démocrates-chrétiens, qui fondèrent la Confederazione italiana sindacati dei lavoratori (CISL). En 1950 se constitua une nouvelle centrale, l'Unione italiana del lavoro (UIL), qui regroupait sociaux-démocrates et républicains. La grande mutation de l'industrie, en même temps que la crise économique profonde, a provoqué une crise du syndicalisme : des couches nouvelles de travailleurs qualifiés ou, à l'inverse, des marginaux, ne se sont plus sentis représentés. La crise du syndicalisme européen dans les années 1980/90 toucha moins l'Italie que d'autres pays. Ainsi le taux de syndicalisation y restait-il élevé, atteignant 39 % en 1994, et l'UIL continuait même sa progression. En oct. 1994, les syndicats italiens démontrèrent leur vigueur à l'occasion de l'appel à la grève générale lancé pour protester contre le plan d'austérité du gouvernement de Silvio Berlusconi, qui fut très suivi dans l'ensemble du pays. À la fin des années 1990, les deux principaux syndicats restaient la CGIL et la CISL.

En Espagne, l'Union générale des travailleurs (UGT), fondée en 1888 et étroitement liée au parti socialiste ouvrier, s'implanta surtout dans les mines asturiennes, dans la métallurgie basque et regroupa l'élite ouvrière madrilène. Mais elle resta un courant secondaire par rapport à l'anarcho-syndicalisme, qui s'organisa en 1881 dans la Fédération des travailleurs de la Région espagnole, embryon de la Confédération nationale du travail (CNT) qui vit le jour en 1910. Interdite de 1911 à 1914 et durant la dictature de Primo de Rivera (v.), de 1923 à 1930, la CNT domina le mouvement ouvrier jusqu'à la guerre civile de 1936. Durant la crise de 1917, la CNT et l'UGT organisèrent des grèves révolutionnaires. En 1919, le gouvernement dut discuter avec les syndicalistes et admettre la journée de huit heures. La dictature de Primo de Rivera entraîna une rupture entre l'UGT, qui s'accommodait du régime autoritaire, et la CNT, qui menait une opposition clandestine en milieu ouvrier. Après la proclamation de la république (1931), la direction de la CNT, passée à la Fédération anarchiste ibérique (FAI), continua à se refuser à toute concession aux pouvoirs officiels et tenta, en Catalogne et en Aragon (janv. et déc. 1933), des putschs, auxquels répondit une dure répression. L'antagonisme croissant entre socialistes et anarchistes favorisa la victoire des droites aux élections de nov. 1933, puis l'écrasement de la révolution de Catalogne (oct. 1934). Même la guerre civile ne put rétablir un front uni du syndicalisme espagnol ; alors que l'UGT s'efforçait de maintenir la légalité républicaine, les anarchistes, durant l'été 1936, déclenchèrent en Catalogne et en Aragon une véritable révolution syndicaliste, avec collectivisation de la terre, de l'industrie, du commerce, des transports. Voir **Espagne**. La guerre civile.

Vers la fin des années 1950 naquit en Espagne franquiste un syndicalisme clandestin sous la forme des « commissions ouvrières », qui jouèrent un rôle important dans les grèves des Asturies, en 1961/62. Tout en pourchassant ces organisations illégales, le gouvernement fut amené à négocier avec leurs délégués (le plus connu était Marcelino Camacho). En 1966, les commissions ouvrières, en accord avec le parti communiste, se prononcèrent pour la participation aux syndicats officiels. Après la mort de Franco, il apparut que les commissions ouvrières se divisaient en deux grandes tendances, l'une proche du parti communiste, l'autre « gauchiste ». Après 1975, les syndicats reçurent une reconnaissance légale. L'UGT devint paradoxalement, face au Premier ministre socialiste F. Gonzalez, le principal pôle d'opposition. En déc. 1988, elle s'associait aux communistes pour déclencher une grève générale. En oct. 1989, l'UGT refusait d'appeler à voter pour les candidats socialistes aux législatives anticipées et provoquait ainsi le recul du PSOE (parti socialiste ouvrier espagnol). En janv. 1994, la réforme de la législation du travail engagée par le gouvernement aggrava la fracture entre le PSOE et les syndicats. L'UGT et les CCOO (commissions ouvrières liées au parti communiste espagnol, PCE) organisèrent une grève générale de protestation qui ne fut que partiellement observée. En outre, le taux de syndicalisation, déjà faible en Espagne par rapport aux pays d'Europe du Nord, avait connu un déclin rapide, passant de 27 % en 1988 à 10 % en 1996.

Aux États-Unis, le syndicalisme ne commença à se développer qu'à partir des années 1880, avec la Federation of Organized Trades and Labor Unions (1881), devenue en 1886 l'American Federation of Labor (AFL). Dans les premières années du XXe s., l'Amérique connut un anarcho-syndicalisme révolutionnaire qui se proposait la destruction de la société capitaliste par le recours à la grève générale ; c'est dans ce dessein que fut fondée en 1905 la centrale Industrial Workers of the World (IWW) ; mais ce courant ne résista pas à la répression dont il fut l'objet à la faveur de la Première Guerre mondiale. Intégré dans le système capitaliste, le syndicalisme américain s'est efforcé, par les négociations et les conventions collectives (*collective-bargaining agreements*), de transformer peu à peu ce système en une authentique démocratie industrielle ; ce qui n'exclut d'ailleurs pas une attitude souvent très combative à l'égard du patronat, notamment lors du renouvellement des conventions collectives. Les deux plus importantes centrales syndicales, l'AFL et le Congress of Industrial Organizations (CIO), fondé en 1935, fusionnèrent en 1955 pour former l'AFL-CIO ; mais cette nouvelle organisation fut affaiblie par les dissensions de ses deux chefs, George Meany et Walter Reuther, et par la scission des deux plus grands syndicats nationaux, celui des Teamsters ou camionneurs, en 1957, et celui de l'automobile (UAW), en 1968. Teamsters et UAW formèrent l'Alliance for Labor Action (ALA).

La crise économique, consécutive au premier choc pétrolier de 1973, a fortement touché les syndicats des industries manufacturières où le taux de syndicalisation était le plus fort. Facilitée par la puissance du dollar, la pénétration des produits étrangers, particulièrement dans les industries de l'automobile et de l'acier, a provoqué des pertes d'emploi et une forte augmentation du chômage jusqu'en 1983. Les grands syndicats ont été ainsi amenés à des concessions et à l'abandon des privilèges dont ils avaient fait jusque-là bénéficier leurs adhérents. L'extrême disparité du sort des firmes a conduit chacune d'elles à des accords particuliers et adaptés à d'éventuels changements de situation. Le nouvel accroissement de l'emploi et la reprise manifestée depuis les années 1980 ne paraissaient pas devoir modifier cette évolution, tant l'influence de la « dérégulation » et de la concurrence internationale continuait à faire sentir ses effets sur les syndicats.

En Israël, la centrale syndicale Histadrouth fut fondée en 1920, avec 4 500 membres. Elle ne se donnait pas pour seule mission la défense des intérêts professionnels des travailleurs, mais voulait aussi contribuer à l'édification du pays, à la mise en valeur du sol, à la création d'une législation du travail et d'un système de sécurité sociale, à l'installation et à l'adaptation des nouveaux immigrants ainsi qu'à la formation technique et morale du jeune État juif. Elle a largement réalisé ce programme. Rassemblant aujourd'hui plus des trois quarts de la population active – aussi bien les paysans membres des kibboutzim et les agriculteurs indépendants que les travailleurs industriels –, elle est ouverte aux Arabes comme aux Juifs. Elle a mis en place un vaste réseau d'organisations économiques et culturelles (coopératives, colonies agricoles, usines, banques, sociétés de prêt et d'épargne, compagnies d'assurances, entreprises de construction, de transport...).

En Pologne, à la suite de nombreuses manifestations, particulièrement aux chantiers navals Lénine à Gdansk, les salariés, à l'appel de Lech Walesa, ont obtenu du gouvernement d'Edward Gierek la création du premier syndicat libre de l'histoire du monde communiste, Solidarité, *Solidarnosc* (31 août 1980). Mais sous la pression de l'URSS, et après une violente crise politique et sociale, la loi du 8 oct. 1982 prononça la dissolution de Solidarité, qui fut relégalisé en 1989.

En Russie, le syndicalisme commença à se développer en même temps que la grande industrie, dans les années 1870/80 : l'Union ouvrière du sud de la Russie fut fondée à Odessa, en 1875 et l'Union ouvrière du nord de la Russie à Saint-Pétersbourg, en 1878. Pour enrayer la propagande révolutionnaire, le gouvernement tsariste suscita à son tour, dans les premières années du siècle, des organisations ouvrières, dont il s'assurait le contrôle. En 1905 eut lieu à Moscou la première conférence syndicale panrusse. Après l'établissement du régime soviétique, au temps du « communisme de guerre », les syndicats eurent le contrôle général de l'administration des entreprises, et certains bolcheviks, tel Trotski, voulaient même leur confier la direction générale de la production, mais cette conception ne triompha pas. Avec la NEP et les concessions faites alors au capital privé, la défense des intérêts des ouvriers devint la tâche principale des syndicats (V^{e} congrès panrusse des syndicats, sept. 1922). Mais, pour Lénine, les syndicats devaient être aussi une « école du communisme ». À l'époque des premiers plans quinquennaux, les syndicats jouèrent un rôle important au service du mouvement des « ouvriers de choc » et du stakhanovisme. Les syndicats soviétiques étaient organisés verticalement, par industrie et non selon l'activité professionnelle : ainsi, tous les travailleurs d'une même branche d'industrie, quels que fussent leur fonction et leur grade, appartenaient au même syndicat. Après la chute du régime communiste, les syndicats officiels opérèrent une mutation plus ou moins profonde pour devenir autonomes et durent subir la concurrence de nouvelles formations indépendantes.

SYPHAX († Rome, 203 av. J.-C.). Roi des Masaesyles, peuple de Numidie (v.). D'abord rallié aux Romains par Scipion durant la deuxième guerre punique, il fut attiré dans l'alliance carthaginoise par sa femme Sophonisbe, fille d'Hasdrubal. Vaincu et pris par son vieil ennemi Massinissa, allié de Rome, dans sa capitale de Cirta, il fut livré à Scipion (203) et mourut peu après.

SYRACUSE, *Syracousai*. Ville d'Italie, port sur la côte sud-est de la Sicile. Fondée en 734 av. J.-C. par des Corinthiens sur l'îlot rocheux d'Ortygie, elle devint bientôt, sous un gouvernement oligarchique, la principale ville de la Grande-Grèce et fonda plusieurs colonies, Acrai (663), Casmenai (643), Camarina (592)... En 485 av. J.-C., les *géomores* (« propriétaires du sol »), aristocrates descendants des colons fondateurs, se virent chassés de leur ville par le *démos* urbain et par la population indigène des Kyllyriens ; ils demandèrent secours à Gélon, tyran de Géla, qui, après s'être emparé de Syracuse, en fit une véritable capitale des établissements grecs de la Sicile orientale (485) ; il infligea aux Carthaginois la défaite d'Himère (480), écartant de Sicile la seule puissance qui eût pu soutenir les autres tyrans de la région, ses rivaux. Sous son frère et successeur, Hiéron (478/467), qui fut célébré par les poètes Pindare et Bacchylide, Syracuse exerça une véritable hégémonie en Sicile et intervint même en Italie continentale, à Rhégion et à Cumes. Mais, en 466, le frère de Hiéron, Thrasybule, fut chassé par les démocrates, ce qui provoqua l'effondrement du premier Empire syracusain.

Malgré l'instauration de la démocratie, Syracuse manifesta nettement sa sympathie pour Sparte durant la guerre du Péloponnèse : aussi, sur l'initiative d'Alcibiade, les Athéniens vinrent mettre le siège devant la ville, mais ils subirent un terrible désastre (415/413). Cette victoire syracusaine fut suivie d'une consolidation du régime démocratique, mais les nouvelles expéditions carthaginoises dans l'île à partir de 410 provoquèrent une crise politique interne. Denys l'Ancien (v.) en profita pour rétablir la tyrannie de 405 à 367, s'imposa à ses concitoyens par une garde militaire personnelle et établit un pouvoir sans partage. Il donna à Syracuse un puissant essor, pourvut la ville de nouvelles fortifications (402), se constitua une armée de mercenaires et un corps d'officiers de métier ; il restaura les finances et entreprit une ambitieuse politique impérialiste. En 405, pressé d'affermir son pouvoir, il avait conclu en hâte la paix avec Carthage en accordant à celle-ci une zone d'influence dans l'île. Mais, en 397, il reprit la guerre et, après cinq ans de durs combats, il refoula les Carthaginois à l'extrémité occidentale de l'île : presque toute la Sicile passa ainsi sous la domination de Syracuse, qui, en soumettant villes et bourgades à un tribut et à une occupation militaire, unifia territorialement le pays. Après s'être emparé de Messine, Denys étendit son influence sur les cités grecques de l'Italie méridionale, telles que Rhégion, Locres, Crotone, ne laissant indépendantes que Tarente et Thourioï (vers 386). Il avait pris le titre d'« archonte de Sicile » et avait fait reconnaître par Sparte son hégémonie sur la Grande-Grèce. Mais il ne réussit pas à fonder une dynastie solide : son fils et successeur, Denys le Jeune, qui avait rêvé d'organiser un État idéal en collaboration avec Platon et son gendre Dion, qui s'était emparé du pouvoir pendant quelques années (357/354), ne put empêcher les cités siciliennes de reprendre leur indépendance. En 343, Denys le Jeune fut renversé par Timoléon, qui entreprit de profondes réformes.

Syracuse ne retrouva pas la stabilité politique : sous la tyrannie d'Agathocle (317/289), elle réussit quelque temps à rétablir sa domination sur la Sicile et même à conquérir Corcyre, mais la mort d'Agathocle fit renaître les troubles, et, en 278, l'intervention du roi d'Épire, Pyrrhus, sauva de justesse la cité, assiégée par les Carthaginois. Une nouvelle tyrannie, celle de Hiéron II (270/215), amena plus d'un demi-siècle de paix et de prospérité. Hiéron choisit l'alliance romaine, mais son petit-fils, Hiéronyme, prit parti pour Carthage (215) et s'attira ainsi l'hostilité de Rome. Après trois ans d'un siège que prolongèrent peut-être les inventions techniques d'Archimède, Syracuse fut prise à la fin de 212 av. J.-C. par M. Claudius Marcellus et livrée au pillage ; ses trésors d'art furent expédiés à Rome. La ville devint la résidence du gouverneur romain de Sicile, mais ne se releva jamais du désastre de 212.

Après le déclin de l'Empire romain, Syracuse fut occupée successivement par les Byzantins (535), par les Sarrasins (878), puis par les Normands (1085). Son histoire se confondit avec celle de la Sicile.

SYRIE. Nom donné à une région du Proche-Orient dont les limites ont beaucoup varié au cours des siècles. Dans l'Antiquité, on comprenait sous ce nom, au sens large, toute la région baignée par la Méditerranée depuis le golfe d'Alexandrette au N. jusqu'à la presqu'île du Sinaï au S., et bornée au N. par les chaînes du Taurus, à l'E. par l'Euphrate, au S. par l'Arabie. La Syrie ancienne s'étendait sur un territoire partagé aujourd'hui entre les États de Syrie, du Liban, d'Israël et de Jordanie.

Désertique dans sa partie orientale, peuplée essentiellement de pasteurs nomades, mais très fertile au contraire dans la bande côtière méditerranéenne, les montagnes et les plateaux avoisinants, la Syrie a été habitée par l'homme dès le paléolithique moyen.

Des origines à la conquête d'Alexandrie

De nombreux vestiges de néandertaliens ont été retrouvés dans les grottes du mont Carmel ; ils remontent à quelque 40 000 ans. Jabroud est un autre gisement important du paléolithique syrien. À partir du VIIIe millénaire avant notre ère, la révolution néolithique s'est développée en Syrie à Jéricho, à Mureybet et à Ras Shamra, puis à Byblos. À l'époque chalcolithique, tell Halaf, dans le nord de l'actuelle Syrie, a donné son nom à une culture fort étendue. Dès le début de son histoire, la Syrie, seule voie de passage terrestre entre l'Égypte et la Mésopotamie, devint un enjeu essentiel dans la rivalité des empires, mais aussi un couloir pour les échanges et pour les courants de migration vers la Mésopotamie et vers l'Égypte. Englobées au XXIVe s. av. J.-C. peut-être déjà dans l'éphémère Empire sumérien de Lougalzagesi, puis dans celui de l'Akkadien Sargon l'Ancien (v.), qui prit sans doute les cités d'Ebla (une grande ville de Syrie du Nord, au sud d'Alep, qui fut la capitale d'un royaume étendu au IIIe millénaire av. J.-C.) et de Mari, les populations sémitiques de Syrie, les Cananéens, installés à la fin du IIIe millénaire, passèrent au début du IIe millénaire sous le contrôle des Amorrites (v.), qui fondèrent une série de royaumes dans la région ; parmi les plus importants ont figuré ceux du Yamhad, de Qatna et de Mari – où une dynastie d'anciens gouverneurs akkadiens (les *shakkanakkou*) fut renversée. Certains groupes d'Amorrites, qui avaient commencé à s'infiltrer en Mésopotamie à la fin du IIIe millénaire, parvinrent jusqu'en Babylonie et au pays de Sumer, où ils retrouvèrent d'autres Amorrites déjà sédentarisés et intégrés dans les populations locales ; leur assaut, conjugué à celui des Élamites, mit fin, vers 2004 av. J.-C., à la IIIe dynastie d'Our. Peut-être des Amorrites venus de Syrie furent-ils les fondateurs de la première dynastie de Babylone (XIXe s.), laquelle atteignit son apogée au siècle suivant sous Hammourabi (v. **BABYLONE.** Le premier empire babylonien et **MÉSOPOTAMIE.** Des origines à la chute de l'Assyrie).

Prolongeant les relations des deux dynasties précédentes avec Byblos et Ebla, les pharaons de la Ve dynastie, pour préserver le delta du Nil des incursions des nomades, avaient pris pied en Syrie méridionale au début du XXIIIe s. (campagne d'Ouni, général de Pépi Ier). Cette pénétration égyptienne, interrompue pendant la Première Période Intermédiaire, reprit au Moyen Empire, avec les pharaons de la XIIe dynastie. Entre 1960 et 1840 environ, Sésostris Ier, Sésostris II et Sésostris III entreprirent plusieurs expéditions dans le pays de Canaan (v. **PALESTINE.** De la préhistoire à la conquête romaine). La fin du Moyen Empire entraîna un nouveau repli égyptien, alors que la Syrie méridionale connaissait une période d'instabilité, marquée notamment par des mouvements de populations, dont certaines poussèrent jusqu'en Égypte. Parmi ces « étrangers » – ou Hyksos (v.) – qui contrôlèrent le Delta à partir du XVIIIe s. se trouvaient sans doute de nombreux chefs de clans syro-palestiniens.

Après l'expulsion des Hyksos (milieu du XVIe s.), le Nouvel Empire égyptien, résolu à empêcher une nouvelle invasion venue d'Asie, entreprit des expéditions plus systématiques en Syrie pour y créer une sorte de zone tampon, marche avancée de l'Égypte. Mais cette entreprise resta toujours précaire, car la Syrie du Nord était également convoitée par le Mitanni (v.) et les Hittites (v.). Les incursions des rois hittites Hattousili Ier (vers 1620) et Moursili Ier (1595) étant restées sans lendemain, les Égyptiens se heurtèrent d'abord au royaume de Mitanni ; à partir du bassin du Khabour au N.-E. de la Syrie, celui-ci avait étendu au cours du XVIe s. son réseau d'alliances sur tout le pays, jusqu'à la Méditerranée. Après que Thoutmosis III (1458/1425) eut atteint l'Euphrate, les deux puissances se rapprochèrent vers la fin du XVe s., face à la menace hittite. Souppilouliouma, le « Grand Hittite » (1353/1322), profita du repli égyptien sous Aménophis IV (Akhénaton) pour imposer son autorité à toute la Syrie nord-occidentale et réduire le Mitanni au rang d'État sujet, mais fut confronté à la puissance montante de l'Assyrie, qui finit par annexer le Mitanni sous Salmanassar Ier (1274/1245). À l'O. cependant, vers 1320, les princes syriens s'étaient révoltés contre le successeur de Souppilouliouma, Moursili II, offrant à l'Égypte une nouvelle occasion d'intervenir en Syrie. La lutte entre Égyptiens et Hittites pour la domination de la Syrie occidentale resta indécise ; tout en se proclamant victorieux à la bataille de Kadesh (1274), le pharaon Ramsès II dut se résoudre à signer une paix de compromis avec les Hittites (1258) : la Syrie fut partagée en deux zones d'influence, l'une égyptienne, l'autre hittite, tandis qu'à l'E. l'Empire médio-assyrien étendait son influence jusque dans la boucle de l'Euphrate. L'histoire de la Syrie aux XIVe/XIIIe s. est surtout connue par les archives d'Amarna (en Égypte) et d'Ougarit, le grand port cananéen de la Syrie du Nord. Venus des rives de la mer Égée et se déplaçant le long de la côte méditerranéenne, les Peuples de la Mer détruisirent Ougarit en 1150 et ravagèrent l'ouest de la Syrie jusqu'au Sinaï. En même temps, de nouveaux Sémites nomades, les Araméens, occupèrent les terres syriennes à l'E. de la chaîne du Liban, refoulant les Assyriens vers le nord-est. Le monde cananéen ne survécut alors que le long de la côte, sous la forme des cités côtières de la Phénicie, et sur le sol de l'actuelle Palestine où les cités princières cananéennes subirent l'invasion de clans araméens parmi lesquels figuraient les Hébreux. Sur les côtes mêmes de la Palestine, quelques éléments des Peuples de la Mer se sédentarisèrent : ce furent les Philistins.

Le début du Ier millénaire vit l'apogée du royaume israélite, avec David et Salomon, et des ports phéniciens, Tyr principalement. De l'Anatolie à l'Arabie, un ensemble de nouveaux royaumes se développa entre le Liban et l'Euphrate : principautés néohittites, telle celle de Karkémish, royaumes araméens d'Arpad, du Samal, de Hamath et de Damas, dont la langue gagna progressivement tout l'Orient. Tous ces États, comme les royaumes d'Israël et de Juda, furent peu à peu soumis par l'Assyrie redevenue une grande puissance au IXe s. av. J.-C., puis par l'Empire néobabylonien qui lui succéda à la fin du VIIe s. av. J.-C.

D'Alexandre à la conquête musulmane (333 av. J.-C./634 apr. J.-C.)

Occupée par Alexandre à la suite de la victoire d'Issos (333 av. J.-C.), la Syrie fut absorbée et métamorphosée, non sans résistances locales (notamment de la part des Juifs), par la civilisation hellénistique. Après la mort d'Alexandre, elle fut occupée par Antigone le Borgne, avant de passer à Séleucos Ier Nicator (bataille d'Ipsos, 301) et à ses successeurs, les Séleucides (v.) ; mais elle fut âprement disputée à ces derniers par les Lagides (v.), qui occupèrent presque constamment la partie méridionale du pays, dite *Cœlésyrie* ou « Syrie creuse ». Les Séleucides pratiquèrent une politique d'hellénisation active, appuyée sur de grandes villes qui étaient aussi des colonies militaires : Antioche, Séleucie, Apamée, Laodicée. La rivalité avec l'Égypte, les attaques des Parthes, qui enlevèrent aux Séleucides leurs provinces orientales, la victoire des Romains sur Antiochos III à Magnésie du Sipyle (189 av. J.-C.), le soulèvement de la Judée sous la conduite des Macchabées, enfin les incessantes luttes dynastiques au sein de la famille royale amenèrent la ruine totale de la puissance des Séleucides. La Syrie fut conquise par Pompée en 64 av. J.-C. et réduite en province romaine ; jusqu'au début du IIe s. de notre ère, celle-ci s'accrut des royaumes de Commagène, d'Iturée, de Judée et de l'Arabie nabatéenne.

Sous la paix romaine, la Syrie redevint florissante, en dépit de l'incursion des Parthes (v.), en 40/38 av. J.-C. Par les grandes cités caravanières de Palmyre, Petra, Damas et Doura-Europos, par les ports grecs, phéniciens ou juifs de la côte, Laodicée, Béryte, Sidon, Tyr, Césarée, Joppé, la Syrie constituait l'inévitable intermédiaire dans les relations commerciales entre Rome et l'Orient ; sa richesse tenait aussi à ses produits naturels (bois, vins, fruits et huile) et à ses industries (pourpres et verres de Phénicie, toiles de lin, soieries) ; Antioche était, après Alexandrie, la première ville de l'Orient par sa population, avec une élite syrienne moins romanisée qu'hellénisée. Protégée sur sa frontière orientale par un *limes* appuyé sur des fortifications et des routes stratégiques, la Syrie romaine est restée exposée aux attaques des Parthes, puis des Sassanides. Elle fit partie de l'éphémère royaume oriental de Zénobie, souverain de Palmyre (v.) que l'empereur Aurélien réduisit en 272 apr. J.-C. C'est d'Antioche que le christianisme entreprit son expansion dans le monde païen.

Après la condamnation du monophysisme (v.) au concile de Chalcédoine (451), l'Église syrienne, par opposition à Byzance, demeura hérétique, et une Église monophysite de Syrie, dite Église jacobite, du nom de son fondateur Jacques Baradée, fut organisée au VIe s. (v. **ÉGLISES ORIENTALES MONOPHYSITES**) ; la minorité de chrétiens restés fidèles à Constantinople reçut le nom de « melkites ». Politiquement, la Syrie fit partie de l'Empire byzantin jusqu'au début du VIIe s., mais elle subit les invasions des rois sassanides de Perse (Chosroès Ier en 540, Chosroès II en 611/28). La reconquête menée par Héraclius Ier resta sans lendemain, car les monophysites syriens, tout occupés par leur querelle religieuse contre Constantinople, étaient prêts à se livrer à n'importe quel maître pour échapper aux Byzantins. Les musulmans, vainqueurs des armées byzantines sur le Yarmouk (636), ne rencontrèrent aucune résistance de la population et, à partir de 640, ils dominaient complètement la Syrie.

La Syrie médiévale et ottomane (640/1918)

Devenue le fief de Moawiya, chef de la maison des Omeyyades, la Syrie fit sécession après l'assassinat d'Othman (656). En 660, Moawiya se proclama calife à Jérusalem, et, l'année suivante, après la mort d'Ali, il établit le califat omeyyade (661/750), dont il fixa la capitale à Damas. La Syrie devint ainsi le centre de la communauté islamique, qui ne cessait de s'étendre à l'E. et à l'O. Mais après l'avènement des Abbassides, le califat fut transféré à Bagdad. À partir du IXe s., la Syrie passa sous des dynasties égyptiennes, les Toulounides (879/905), les Ikhchidides (935/69), enfin les Fatimides à partir de 969. Sur Alep régnaient les Hamdanides (944/1003), qui ne purent empêcher les Byzantins de reprendre Antioche (969). Sous les Fatimides, la Syrie resta émiettée en de nombreuses principautés, et l'unification réalisée par les Turcs Seldjoukides de 1078 à 1095 ne laissa pas de traces profondes. Au chaos politique s'ajoutait une extrême diversité religieuse. Les chrétiens demeuraient divisés en jacobites et en melkites. Parmi les musulmans de Syrie apparurent, aux XIe/XIIe s., de nombreuses sectes hérétiques : celles des Nusayris, des Druzes (v.) et des Assassins (v.).

Les croisés, qui entreprirent la conquête de la Syrie en 1098, ne rencontrèrent pas une grande résistance. Ils se rendirent maîtres de toute la région côtière et fondèrent des États latins : le comté de Tripoli, la principauté d'Antioche, le comté d'Édesse. Cette installation des Latins provoqua une renaissance économique de la Syrie, qui connaissait un profond marasme depuis la chute des Omeyyades. La résistance musulmane fut d'abord conduite par les atabegs de Mossoul, qui annexèrent Alep (1125). En 1146, les croisés perdirent le comté d'Édesse, et l'existence même des États latins de Syrie fut mise en péril par Nour ed-Din, atabeg d'Alep, qui s'empara de Damas (1154) et réunit sous son autorité la Syrie et l'Égypte en imposant son lieutenant Saladin aux Fatimides déclinants (1169). Saladin (1174/93), rival et héritier de Nour ed-Din, remporta sur les croisés la grande victoire de Hattin (1187), mais la troisième croisade sauva les États latins (1190/91). La Syrie vit bientôt fondre sur elle les Mongols, qui mirent à sac Alep (1260), mais furent arrêtés par les mamelouks d'Égypte. Les sultans mamelouks Baybars (1260/77) et Kalaoun (1277/90) chassèrent complètement les Latins, mais la Syrie connut encore quatre autres invasions mongoles et elle resta ruinée longtemps par les ravages de Tamerlan (1400/01). L'annexion de la Syrie à l'Empire ottoman, par Sélim Ier, en 1516/17, donna un renouveau aux villes commerçantes, comme Alep et Damas, qui se trouvaient sur la route du pèlerinage de La Mecque, mais le reste du pays souffrit d'une anarchie grandissante.

Au début de l'époque contemporaine, la Syrie pâtit des campagnes de Méhémet-Ali (1831/41) (v. **MÉHÉMET-ALI** et **ÉGYPTE**. Des réformes de Méhémet-Ali à l'occupation anglaise). À la suite des massacres perpétrés par les Druzes contre les chrétiens maronites (v. **LIBAN.** Le Liban sous les Ottomans), la France, en vertu du régime des capitulations (v.), intervint militairement en 1860 et obligea Constantinople à accorder une certaine autonomie au Liban. Les années précédant la Première Guerre mondiale furent marquées en Syrie par la naissance d'un nationalisme arabe qui supportait avec une impatience grandissante le joug de la Turquie ottomane.

De la « Grande Syrie » au mandat français (1918/46)

C'est en Syrie que se formèrent les premières organisations secrètes qui furent à l'origine du nationalisme arabe moderne. Alors que les comités « El-Kahtaniya » (1909) et « El-Ahd » (1914) n'eurent qu'une action limitée et éphémère, le comité des Jeunes-Arabes ou « El-Fatat », fondé à Paris en 1911 et qui s'organisa ensuite clandestinement en Syrie, exerça une influence durable. En mai 1915, au cours d'une conférence secrète tenue à Damas, les membres des comités El-Ahd et El-Fatat et l'émir Fayçal, fils de l'Hachémite Hussein, chérif de La Mecque, s'accordèrent pour déclencher la révolte arabe contre la Turquie, alliée de l'Allemagne et en guerre contre l'Angleterre. Ce « protocole de Damas » exigeait toutefois de l'Angleterre la garantie de l'indépendance arabe de la Méditerranée au golfe Persique et de la frontière N. de la Syrie au S. de la péninsule Arabique. Sur les promesses britanniques, les Arabes déclenchèrent une insurrection contre la domination ottomane (été 1916) au moment même où l'Angleterre et la France signaient les accords Sykes-Picot (v.) qui contredisaient cet engagement. L'année suivante, le cabinet de Londres adressait aux sionistes la fameuse « déclaration Balfour » concernant l'établissement d'un « foyer national juif » en Palestine (v. **SIONISME**). Après l'entrée des troupes anglo-arabes à Damas (sept. 1918), l'émir Fayçal établit un gouvernement arabe à Damas, et un congrès national le désigna (11 mars 1920) comme roi d'une « Grande-Syrie » qui devait englober la Syrie, le Liban, la Palestine et la Jordanie. Mais l'Angleterre dut céder aux pressions de la France, qui réclamait un mandat sur la Syrie et le Liban conformément aux accords signés. Malgré l'opposition des populations syriennes, ce mandat français fut confirmé par la conférence de San Remo (25 avr. 1920), et le général Gouraud, haut-commissaire français au Levant, occupa Damas et expulsa Fayçal (juill. 1920). La Syrie fut d'abord partagée administrativement en quatre « États » : les États de Damas et d'Alep (regroupés sous le nom de Syrie en 1925), l'État du djebel Druze, qui bénéficia d'une autonomie rapidement restreinte, et l'État des Alaouites, qui devint, en 1930, le gouvernement de Lattaquié.

L'établissement du mandat français causa une immense déception chez les Arabes, qui avaient espéré, à la chute de l'Empire ottoman, accéder immédiatement à l'indépendance. La France dut vaincre plusieurs révoltes, dont la plus importante fut celle du djebel Druze (1925/27) ; la loi martiale fut maintenue jusqu'en 1928. L'Assemblée constituante élue en 1928, et de tendances nettement nationalistes, fut dissoute en 1930. La Constitution du 14 mai 1930 resta lettre morte. L'ampleur du mouvement nationaliste amena cependant le gouvernement Blum à promettre, dans un délai de trois ans, l'indépendance de la Syrie (accords Viénot, 9 sept. 1936), mais ce traité, ratifié par le Parlement syrien au mois de déc. 1936, ne le fut jamais par le Parlement français. En juill. 1939, le haut-commissaire français, Puaux, suspendit la Constitution de 1930 et assuma tous les pouvoirs. Lors de la défaite de 1940, les autorités françaises de Syrie se rallièrent au gouvernement de Vichy. Nommé haut-commissaire (déc. 1940), le général Dentz, en mai 1941, consentit à laisser les appareils de la Luftwaffe, qui gagnaient l'Irak, à transiter par les aérodromes syriens. Les troupes britanniques, soutenues par des éléments des forces françaises libres, envahirent alors la Syrie (8 juin 1941). Un armistice fut signé le 14 juillet, et les troupes fidèles à Vichy purent regagner la France.

Sous la pression britannique, le général Catroux, représentant du général de Gaulle, promit solennellement l'indépendance aux pays du Levant (sept. 1941), mais les autorités françaises – qui, d'ailleurs, n'entendaient pas aller plus loin que les accords de 1936 – s'efforcèrent ensuite de gagner du temps, malgré la victoire, aux élections de 1943, des nationalistes, conduits par Choukri Kouatli (v.). En mai 1945, à la suite de manifestations réclamant l'indépendance complète et immédiate, de Gaulle envoya des renforts de troupes au Liban et l'aviation française bombarda Damas (29 mai). Mais à la suite d'un véritable ultimatum du commandant en chef britannique au Proche-Orient et d'un message de Churchill, de Gaulle dut ordonner un cessez-le-feu (31 mai). Les troupes françaises et britanniques évacuèrent simultanément la Syrie en mars/avr. 1946.

La Syrie depuis 1946

Devenue indépendante, membre de l'ONU et de la Ligue arabe, la Syrie souffrit longtemps, plus qu'aucun autre État du Proche-Orient, de l'instabilité politique et des coups d'État militaires. La seule année 1949 fut marquée par trois putschs, ceux du général Husni Zaim (mars), du général Sami Hennawi (août) et du général Chichakly (déc.). Ce dernier établit d'abord un régime parlementaire, puis imposa son pouvoir personnel par un nouveau coup d'État (nov. 1951). Après son renversement, en févr. 1954, la Constitution de 1950 fut rétablie, et les élections permirent aux partis politiques de s'exprimer. Le plus important d'entre eux était le Baas, fondé en 1943 par M. Aflak et S. Bitar ; à la fois socialiste et nationaliste, ce mouvement s'était étendu en dehors de la Syrie, particulièrement en Irak.

Le Baas affirma rapidement sa suprématie et travailla à l'union avec l'Égypte. Celle-ci fut réalisée en févr. 1958 par le colonel Nasser (v.) et le président syrien Choukri el-Kouatli. Au sein de la République arabe unie (RAU) à laquelle le Yémen (v.) se joignit, la Syrie et l'Égypte formaient désormais deux régions conservant provisoirement leur législation, leur système économique et social, leur représentation diplomatique propres ; mais la présidence du nouvel État était dévolue au colonel Nasser, et les Égyptiens s'assuraient en fait une nette prépondérance. Pour protester contre l'hégémonie nassérienne, les baassistes quittèrent le gouvernement commun à la fin de 1959, et, en sept. 1961, un nouveau coup d'État militaire syrien entraîna la rupture de la République arabe unie. La Syrie reprit son indépendance complète, mais connut de nouveau l'instabilité intérieure, jusqu'au coup d'État de mars 1963 qui porta au pouvoir un gouvernement baassiste, sous la direction du général Hafez. Celui-ci essaya, sans succès, de créer une union syro-irako-égyptienne, puis revint à une politique de plus en plus hostile à l'Égypte. À l'intérieur, il entreprit la nationalisation de l'industrie, du commerce et du pétrole, tout en essayant de coopérer avec le capital privé. Les baassistes modérés, avec S. Bitar, parvinrent au pouvoir en janv. 1966, mais ils en furent presque aussitôt chassés par le putsch du 23 févr. 1966. Y. Zayen, chef de cette nouvelle faction baassiste « de gauche », perdit tout crédit après la guerre israélo-arabe de 1967, qui permit à Israël de conquérir le Golan (v.) syrien. Il fut éliminé en 1970 par le général Hafez el-Assad (v.), élu président de la République par 99 % d'électeurs en 1971 (et réélu depuis avec des scores comparables). La nouvelle Constitution de 1973 légitima un pouvoir personnel conféré en réalité par l'armée.

Face à Israël, le nouveau pouvoir fut à peine plus heureux que le précédent : lors de la guerre israélo-arabe de 1973, l'armée israélienne, parvenue à 40 km de Damas, ne fut arrêtée que grâce à la diplomatie américaine déjà consciente de l'intérêt, pour Israël, d'une Syrie forte.

Par son intervention au Liban, en 1976, la Syrie confirma effectivement qu'elle était capable de contenir les velléités d'autonomie politique des réfugiés palestiniens, ainsi que d'asservir la gauche libanaise à la puissance de ses armes et de sa diplomatie. La perte définitive du Golan, annexé par Israël en 1981, ne modifia pas cet équilibre. L'occupant syrien trouva en outre au Liban quelque avantage à l'effondrement de son économie. Les premières années de la décennie furent marqués par de nombreux complots organisés par des militaires et par l'action des Frères musulmans. Une féroce répression se traduisit par des centaines d'exécutions et la ville de Hama fut détruite, plus de 20 000 de ses habitants y trouvant la mort (1982). La Syrie soutint en outre l'Iran chiite dans la première guerre du Golfe. Très isolée dans le monde arabe à la fin de la guerre irano-irakienne, la Syrie, qui voyait également se réduire l'aide soviétique, fut contrainte de se rapprocher des pays arabes modérés (reprise des relations diplomatiques avec l'Égypte en déc. 1989). C'est d'ailleurs sous l'égide de l'Arabie Saoudite que furent signés, en oct. 1989, les accords de Taëf qui confirmaient la mainmise de la Syrie sur le Liban.

À la suite de la participation de la Syrie à la coalition anti-irakienne, lors de la seconde guerre du Golfe, les Occidentaux entérinèrent cet état de fait et consentirent à Damas des prêts qui lui permirent d'améliorer sensiblement sa situation financière. Sous le parrainage des États-Unis, la Syrie entama en 1991 un processus laborieux de négociations avec Israël, dont l'objectif essentiel était la récupération du Golan. Cependant, les pourparlers israélo-syriens furent interrompus en 1996, lorsque le nouveau Premier ministre israélien Benjamin Netanyahou, issu du Likoud, remit en cause le principe de l'échange du Golan contre la paix. Par ailleurs, les relations entre la Syrie et la Turquie connurent une crise en 1998, car Damas soutenait le parti des travailleurs du Kurdistan (PKK) ; elle fut désamorcée par un accord, en nov. 1998, par lequel la Syrie s'engageait à cesser de soutenir les Kurdes. Elle expulsa d'ailleurs le chef kurde Abdullah Öcalan. L'année 1999 fut marquée par l'arrestation de centaines d'islamistes, dans un contexte économique de récession et de chômage, et par la reprise des négociations avec Israël, grâce à l'accession au pouvoir du travailliste Ehoud Barak. Comme elles n'aboutissaient pas, Israël se résolut, en mai 2000, à un retrait unilatéral de ses forces du Sud-Liban, retrait que la Syrie salua comme une victoire, mais qui l'embarrassait : déjà des voix s'élevaient au Liban pour réclamer également le départ des troupes syriennes. La mort d'Hafez el-Assad, le 10 juin 2000, vit l'accession au pouvoir, préparée de longue date, de son second fils Bachar el-Assad, rapidement nommé chef de l'armée, du parti Baas et élu président. Sa reprise en main du pouvoir se manifesta par des limogeages dans l'armée, un remaniement ministériel et l'inculpation pour corruption de plusieurs anciens ministres. L'aggravation des affrontements entre Israéliens et Palestiniens à la fin de l'année 2000 poussa la Syrie à réclamer une rupture totale des relations de tous les pays arabes avec Israël.

SYSTÈME MONÉTAIRE EUROPÉEN (SME). Organisation monétaire européenne instituée le 13 mars 1979. Voir **EUROPÉENNES (institutions)**. De l'Europe des Six à l'Europe des Douze.

SYRIENNE (Église monophysite) ou **Église jacobite.** Voir **ÉGLISES ORIENTALES MONOPHYSITES**.

SZÉCHENYI István, comte (* Vienne 21.IX.1791, † Döbling, près de Vienne, 8.IV.1860). Homme politique hongrois. D'abord officier dans l'armée des Habsbourg (1809/15), il contribua, par un don important, à la fondation de l'Académie hongroise, dont il devint président en 1830 ; il fut un des fondateurs de la Compagnie de navigation du Danube. Il réclama l'abolition du servage, des corporations et, pour encourager l'essor économique, une politique nouvelle de crédit. Mais à partir de 1840, ce patriote libéral se sentit débordé par le radicalisme démocratique de Kossuth et de ses amis, contre lesquels il prit position dans sa brochure *Politikai programm töredékek* (1846). Au printemps 1848, il devint ministre des Communications dans le premier gouvernement de Lajos Batthyány, mais le déclenchement de la révolution le plongea dans un tel désespoir qu'il perdit la raison ; enfermé dans un asile en sept. 1848, il devait mettre fin à ses jours. Voir **Hongrie**. Sous les Habsbourg.

T

TAAFFE Eduard, comte von (* Vienne, 24.II.1833, † Ellischau, Bohême, 29.XI.1895). Homme politique autrichien. Ministre de l'Intérieur dans le cabinet Beust (1867), président du Conseil (1868/70 puis 1879/93), il tenta, en s'appuyant sur la noblesse des différentes nationalités, de doter l'Autriche-Hongrie d'une structure fédérale. Slovènes, Polonais et surtout Tchèques bénéficièrent ainsi de mesures libérales. Mais, pour briser l'opposition des extrémistes (nationalistes allemands et parti des « Jeunes-Tchèques »), Taaffe voulut instaurer le suffrage universel ; il se heurta alors à l'empereur François-Joseph et dut démissionner (nov. 1893).

TABA. Enclave située à la frontière israélo-égyptienne, au N. du golfe d'Akaba et au S. d'Eilat, restituée par les Israéliens à l'Égypte à l'issue des accords de Taba (févr. 1989). Voir **Israélo-arabe (processus de paix)**.

TABGHATCH, en chinois *T'o-pa*. Tribu turque qui fonda le royaume Wei (v^e/vi^e s.). Voir **Chine**. De la fin des Han à la grandeur des T'ang.

TABORITES. Secte de hussites radicaux, ainsi nommés de « Tábor », le camp fortifié dont ils avaient fait leur centre en Bohême. Les taborites rejetaient la croyance en la présence réelle du Christ dans l'Eucharistie, de même que les rites, les fêtes, les églises ; ils apportaient à l'hérésie hussite une dimension de révolte sociale et nationale. À partir de 1419, sous la conduite de Jan Zizka, ils entreprirent de répandre le Royaume de Dieu par la force des armes et remportèrent de grands succès dans les guerres hussites, avant d'être finalement écrasés en 1434.

TACHKENT. Capitale de l'Ouzbékistan. 1,8 million d'habitants en 2004. Fondée vers le viie s., elle devint une étape importante sur la route des relations commerciales avec la Chine. Prise par Gengis Khan, puis par Tamerlan (1391), elle fit ensuite partie du khanat de Kokand. Les Russes l'occupèrent en 1865 et en firent la capitale du gouvernement du Turkestan. Le régime soviétique y fonda une université et en fit le principal centre intellectuel de l'Asie centrale. Tachkent devint la capitale de l'Ouzbékistan après la dissolution de l'URSS (1991). Les pays de la Communauté des États indépendants (v.) y signèrent en 1992 un traité de sécurité collective renforçant l'influence militaire de la Fédération de Russie.

TACITE, Marcus Claudius Tacitus (* Terni, Ombrie, vers 200, † Tyane, Cappadoce, avr. 276). Empereur romain (275/76). Prétendant descendre de l'historien Tacite, il multiplia les éditions de son œuvre et fit placer sa statue dans les bibliothèques. Après une longue carrière de fonctionnaire consciencieux et intègre, il fut choisi par le Sénat pour succéder à l'empereur Aurélien. Il abandonna son immense fortune à l'État, lança des réformes, voulut restaurer l'autorité sénatoriale, repoussa les Goths en Cilicie. Il mourut au cours de cette campagne.

TADJIKISTAN. État d'Asie centrale situé dans les montagnes de l'Hindou-Kouch, au N. de l'Afghanistan, à l'E. de l'Ouzbékistan, au S. de la Kirghizie ; capitale *Douchanbé* (ex-*Stalinabad*). Les Tadjiks, peuple iranien qui habitait l'ancienne Sogdiane, subirent à partir du xe s. la domination des Turcs, puis firent partie de l'émirat de Boukhara ; mais les Afghans occupèrent le pays des Tadjiks situé au S. de l'Amou-Daria. Le reste des Tadjiks passa sous suzeraineté russe entre 1868 et 1895. Après la révolution de 1917, les Tadjiks furent compris dans les républiques du Turkestan (1918), puis de Boukhara (1920), avant de former le Tadjikistan (1924) puis une république socialiste soviétique (1929). La guerre en Afghanistan, dont le tiers de la population est tadjike, entraîna l'émergence de mouvements islamistes. La rupture entre le Nord, dominé par les communistes et où se trouve l'essentiel de la minorité ouzbèke, et le Sud, influencé par les islamistes, s'accentua à partir de 1991. Après l'indépendance (août 1991), Rakhman Nabiev, de nationalité ouzbèke, devint président (nov. 1991/nov. 1992). Les conflits qui opposèrent les communistes aux islamistes et aux ismaéliens du Haut-Badakchan firent 50 000 morts entre août et déc. 1992. En janv. 1993, les communistes avaient repris le contrôle d'une grande partie du pays, grâce au soutien de l'armée russe, installée à Douchanbé, et de l'Ouzbékistan. Nabiev fut remplacé, en déc. 1992, par un autre apparatchik, Imamoli Rakhmonov. Depuis, l'Ouzbékistan exerce un rôle déterminant dans la gestion des affaires du Tadjikistan. En août 1993, les pays d'Asie centrale décidèrent d'assurer, avec la Russie, la protection de la frontière entre le Tadjikistan et l'Afghanistan, où s'étaient repliés des milliers de combattants islamistes. En juin 1997, le président Rakhmonov signait un traité de paix avec le chef de l'opposition islamiste tadjike Abdallah Nouri, puis (sept. 1998) une alliance militaire avec la Russie et l'Ouzbékistan. Reconduit au pouvoir (élections présidentielles, nov. 1999 et législatives, févr. 2000), I. Rakhmonov dut fermer la frontière (sept. 2000) aux réfugiés fuyant le régime taliban en Afghanistan, avant de la rouvrir (nov. 2001) pour l'acheminement de l'aide alimentaire vers l'Afghanistan.

TAFNA (traité de la). Traité signé le 30 mai 1837 entre Abd el-Kader et Bugeaud, sur les bords de la Tafna, fleuve côtier du Maroc. La France reconnaissait la souveraineté d'Abd el-Kader sur les deux tiers de l'Algérie. Elle conservait dans l'Oranie : Oran, Arzew, Mostaganem, Mazagran et, dans l'Algérois, Alger, le Sahel et la Mitidja. Voir **ALGÉRIE.** La conquête française (1830/57).

TAFT William Howard (* Cincinnati, Ohio, 15.IX. 1857, † Washington, 8.III.1930). Homme politique américain. Désigné par Th. Roosevelt comme son successeur, il fut élu président à une importante majorité en nov. 1908. Président des États-Unis de 1909 à 1913, il continua la politique de Th. Roosevelt, mais avec une orientation nettement plus conservatrice. En 1912, lorsque Taft fut désigné de nouveau comme candidat par la convention républicaine de Chicago, les progressistes minoritaires firent une scission et proposèrent la candidature de Th. Roosevelt. Cette scission permit la victoire écrasante du candidat démocrate Wilson.

TAFT Robert Alphonso (* Cincinnati, 8.IX.1889, † New York, 31.VII.1953). Fils de William Taft, avocat, sénateur de l'Ohio de 1939 à sa mort. Il fut l'instigateur de la loi Taft-Hartley (1947), que les syndicats dénoncèrent comme une « loi d'esclavage » : elle permettait au gouvernement de contrôler les fonds des syndicats, interdisait la grève aux fonctionnaires et donnait le droit au président de suspendre une grève pendant 80 jours.

TAHIRIDES. Dynastie iranienne vassale des califes de Bagdad, qui régna dans le Khorassan de 820 à 873. Voir **IRAN.** La Perse sous les Arabes, les Turcs et les Mongols.

TAHITI. Île du Pacifique méridional, la principale de l'archipel de la Société, qui fait partie de la Polynésie française. Occupée vers le XIVe s. par des populations polynésiennes, elle fut visitée par l'Anglais Samuel Wallis en 1767, puis par Bougainville (1768) et par Cook (1769, 1773 et 1777). Des missionnaires anglais entreprirent l'évangélisation de l'île en 1796 et firent alliance avec le roi Pomaré Ier et ses successeurs. Quand des missionnaires catholiques français voulurent fonder une mission à Tahiti en 1836, la reine Pomaré IV, sous la pression des Anglais, les expulsa. Cet acte provoqua l'intervention de Dupetit-Thouars, qui obligea la reine à accepter le protectorat de la France (sept. 1842). En 1843, Dupetit-Thouars voulut procéder à l'annexion pure et simple, mais il fut désavoué par le gouvernement de Louis-Philippe. La reine Pomaré, qui s'était exilée, ne revint dans l'île qu'en 1846. À sa mort, elle eut pour successeur son fils, Pomaré V (1877/80), qui abandonna ses droits à la France (29 juin 1880) : Tahiti et ses dépendances devinrent alors une colonie française. Tahiti se rallia à de Gaulle en sept. 1940, et tous ses habitants devinrent citoyens français en 1946. L'île a suivi depuis lors l'évolution politique de la Polynésie française.

TAILLE. Impôt roturier de la France d'Ancien Régime, la taille fut d'abord *seigneuriale*. À l'origine elle était un substitut au service militaire, destinée à payer la protection du seigneur. Elle était due au seigneur haut justicier par tous ses sujets roturiers, y compris les serfs, hormis les nobles et les clercs. Le seigneur fixait une somme globale par village ou toute autre communauté dépendant de lui, et la répartition se faisait par les « taillables » eux-mêmes. La taille *royale* ne fut d'abord qu'une taille seigneuriale due au roi dans les lieux où il exerçait sa haute justice. Peu à peu, le roi étendit à tous ses sujets l'obligation financière en échange de sa protection. En 1439, la taille seigneuriale, théoriquement supprimée (en réalité, elle mit longtemps à disparaître), fut remplacée par la taille royale qui était devenue, à la fin du XIVe, l'impôt direct par excellence. Le montant de cet impôt s'accrut considérablement avec le temps : de 1,8 million de livres au XVe s., il passa à 32 millions sous Henri III et 64 millions vers 1780.

Impôt de répartition, la taille devait être payée solidairement par les communautés (généralités, élections, paroisses). Dans chaque paroisse, la répartition et le recouvrement étaient faits par des habitants (les asséeurs), élus et responsables financièrement. Les « pays d'états » (Artois, Bourgogne, Bretagne, Hainaut, Languedoc, Provence) votaient et répartissaient la taille *réelle*, plus juste puisqu'elle frappait tous les biens roturiers même si leurs propriétaires étaient des nobles ou des clercs. En revanche, dans les « pays d'élections » (les plus anciennement réunis au royaume), la taille *personnelle* portait sur le revenu global de chaque roturier. L'estimation de ce revenu relevant de l'asséeur, celui-ci pouvait faire l'objet de pressions de la part des contribuables les plus riches, lesquels avaient par ailleurs les moyens d'acheter une exemption de taille. Alors que le montant de la taille ne cessait de croître et le nombre d'assujettis de diminuer, cet impôt finit par ne plus peser que sur les roturiers les plus pauvres. L'injustice du système, dénoncée par Vauban au XVIIe s., suscita d'appréciables tentatives de réformes sous Louis XV, mais ne disparut qu'à la Révolution. Voir **FÉODALITÉ**

TAÏNOS. Indiens du groupe Arawak. Voir **CUBA**.

T'AI-P'ING. Secte religieuse et politique qui inspira un grand mouvement de rébellion en Chine entre 1851 et 1864. Elle avait pour chef **Hong Sieou-ts'iuan** (* vers 1814, † 1864). Celui-ci, fils de paysans de la région de Canton, aigri par ses échecs aux examens des candidats aux postes de fonctionnaires, avait fréquenté des missionnaires protestants, qui lui avaient fait lire quelques brochures de propagande chrétienne ; exalté et visionnaire, il se persuada qu'il était le fils cadet de Dieu et le frère du Christ. En janv. 1851, il prit le titre de Roi céleste et annonça l'avènement d'un « Royaume céleste de la Grande Paix » qui durerait mille ans. Sa secte admettait hommes et femmes, sans distinction de classes sociales ; elle prétendait instaurer la propriété commune de tous les biens. Ce message mystique et collectiviste fut accueilli avec enthousiasme par des milliers de paysans affamés, des ouvriers, des mineurs, et aussi des bandits et des pirates désœuvrés.

La révolte des T'ai-p'ing éclata en sept. 1851 à Young-an, dans le Kouang-si ; elle gagna bientôt le Hou-nan et le Hou-pei, et, le 19 mars 1853, les T'ai-p'ing s'emparèrent de Nankin, où le Roi céleste établit sa capitale. Partout où il installait la domination de sa secte, Hong Sieou-ts'iuan émancipait les femmes, abolissait le pouvoir des mandarins et des lettrés, substituait la Bible aux classiques comme livre d'examen des fonctionnaires et inaugurait le collectivisme agraire. La vieille dynastie mandchoue parut un moment menacée. Mais les T'ai-p'ing manquaient de cavalerie et de discipline ; en 1856, plusieurs chefs de la secte s'entre-tuèrent. Les actes de pillage commis par les T'ai-p'ing au détriment du commerce étranger décidèrent les puissances occidentales à intervenir en faveur des Mandchous : un corps de volontaires américains et européens, « l'Armée toujours victorieuse », se forma sous le commandement des Américains Ward et Burgevine et du futur général anglais Gordon. Les T'ai-p'ing, dans leur tentative pour s'emparer de Shanghai, subirent un grave désastre, et Nankin leur fut reprise le 19 juill. 1864 : Hong Sieou-ts'iuan, se suicida ; son cadavre fut exhumé, coupé en morceaux et brûlé. Plus de 100 000 révoltés furent massacrés. Cependant, un certain nombre de T'ai-p'ing se réfugièrent dans les régions côtières méridionales et continuèrent la guerre jusqu'en 1868, en liaison avec les Nien-fei de la Chine du Nord. La révolte des T'ai-p'ing, outre des ruines immenses, aurait fait plus de 20 millions de victimes.

TAIRA. Clan féodal japonais fondé à l'époque de Heian par un arrière-petit-fils de l'empereur Kanmu. Voir **MINAMOTO**.

T'AI-TSONG le Grand, Li Che-min (* dans le Chan-si, 597, † Tch'ang-ngan, auj. Si'ngan-fou, 10.VII.649). Empereur de Chine (626/49). Fils de Kao Tsou, il poussa son père, qui était gouverneur d'une marche frontière, à se rebeller contre la dynastie Souei déclinante et fut le véritable fondateur de la dynastie T'ang. Après quatre ans de luttes, au cours desquelles il bénéficia du concours d'auxiliaires turcs, il rétablit l'unité chinoise (618/22). S'il fit proclamer son père empereur, lui-même se comporta comme le véritable souverain. Ses frères ourdirent contre lui des tentatives d'assassinat, mais il les fit exécuter et, après l'abdication de son père, il monta sur le trône (sept. 626). Il reprit l'expansion des Han en Asie centrale, détruisit en Mongolie le khanat des Turcs orientaux (630), rétablit le protectorat chinois sur le bassin du Tarim et réduisit en vassalité les petits princes du Turkestan oriental et occidental. Ces contacts permirent le développement des relations commerciales et culturelles entre la Chine et les civilisations indiennes et iraniennes. Des pèlerins chinois, comme Hiuan-tsang, se rendirent en Inde, d'où ils rapportèrent les formes les plus élaborées de la spéculation bouddhiste. Une princesse chinoise épousa le roi tibétain Srong-tsan-gampo, et le bouddhisme commença à pénétrer au Tibet. En Chine même, le taoïsme indigène subit des influences bouddhiques. Très tolérant, T'ai-tsong accueillit également des missionnaires nestoriens (638).

T'AI-TSONG. Empereur de Chine (976/97). Deuxième souverain de la dynastie des Song, successeur de T'ai-tsou, il acheva la destruction des royaumes provinciaux et rétablit ainsi l'unité chinoise. Mais les Khitan repoussèrent, en 979 et en 986, ses deux tentatives pour reprendre Pékin.

T'AI-TSOU. Fondateur de la dynastie chinoise des Song (960/1276). Voir **CHINE**. L'époque des Song, Xe/IIIe s.

TAIWAN ou **FORMOSE.** Île située dans la mer de Chine, à environ 200 km au large de la côte S.-E. de la Chine ; capitale *T'ai-pei*. Connue des Chinois au moins dès le VIIe s., peuplée de Chinois qui développèrent une personnalité originale, assez différente de celle du Chinois continental, Taiwan fut visitée vers 1590 par les Portugais, qui lui donnèrent le nom sous lequel la désignent habituellement les Occidentaux (*Formosa*, « la magnifique »). Les Hollandais s'y établirent en 1624, mais en furent chassés en 1661 par le général chinois Koxinga (Cheng-Ch'eng-koung) ; l'île appartint dès lors aux Mandchous et resta fermée aux étrangers jusqu'en 1858 ; elle avait des liens extrêmement lâches avec la Chine. Les Japonais en 1874, puis les Français en 1884/85 (occupation de Keloung par l'amiral Courbet) tentèrent de s'en emparer. Au traité de Shimonoseki (1895), les Chinois durent céder Taiwan au Japon, qui en fit une base de sa puissance navale dans l'Asie du Sud-Est, pratiqua une politique de japonisation et entreprit la mise en valeur de l'île, mais presque exclusivement dans le domaine agricole. Rendue à la chine en 1945, l'île se souleva en 1947 contre les Chinois, qui y exercèrent une sanglante répression.

En 1949, à la suite de la victoire des communistes en Chine continentale, l'île, qui comptait alors plus de 6 millions d'habitants, devint le refuge des dernières forces nationalistes de Tchang Kaï-chek et accueillit près de 2 millions de Chinois continentaux. Les forces nationalistes se maintinrent également dans l'archipel des Pescadores (à l'O. de Taiwan, dans le détroit de Formose) et dans les îles de Quemoy et de Matsu, toutes proches de la Chine continentale. Dès 1950, durant la guerre de Corée, les États-Unis assurèrent la défense de l'île, et un traité de sécurité mutuelle fut conclu en 1955 entre Washington et Tchang Kaï-chek. Cependant, Taiwan, considérée aussi bien par les communistes que par les nationalistes chinois comme partie intégrante de la Chine, n'a cessé, depuis 1949, d'être revendiquée par Pékin. Il existe en outre dans l'île un courant indépendantiste assez important : un gouvernement formosan en exil siégea même au Japon de 1955 à 1965. À partir des années 1960, Taiwan, aidée par les États-Unis, a connu un impressionnant essor économique. Le gouvernement de Tchang Kaï-chek resta jusqu'au début des années 1970, pour la majorité des pays du monde, le seul représentant de la Chine et il garda le siège de membre permanent du Conseil de sécurité attribué à la Chine lors de la fondation de l'ONU. Mais, en 1971, le représentant du gouvernement de Taiwan fut remplacé à l'ONU par le représentant du gouvernement de Pékin. De la mort de Tchang Kaï-chek (avr. 1975) à la sienne propre (janv. 1988), Tchang Ching-kuo, fils du généralissime, maintint les principes fondateurs de l'État, mais en atténua la rigueur : en 1987, la loi martiale fut levée et l'autorisation donnée aux Taiwanais, après quarante ans d'interdit, de se rendre sur le continent.

Cette décrispation fut confirmée par Lee Teng-hui, Taiwanais de souche, successeur de Tchang Ching-kuo en 1988 et élu président en 1990. Il toléra les manifestations de l'opposition indépendantiste, interdites jusqu'alors, atténua la censure de la presse, favorisant l'explosion des médias dans l'île, tandis que les élections législatives libres renouvelaient le Parlement.

Le pays, dont la population avait presque triplé depuis 1950, conquit en moins de quarante ans un rang de puissance mondiale.

En 1993, les premières négociations officielles directes entre Taiwan et la Chine continentale s'ouvrirent à Singapour. Cependant, les tensions ne cessèrent de croître et culminèrent en févr. et mars 1996, lorsque, à quelques semaines de la première élection taiwanaise au suffrage universel, la Chine tira plusieurs missiles dans des zones proches des côtes et se livra à un important déploiement de forces. Les États-Unis, à titre de précaution, envoyèrent des porte-avions au large de l'île. Les élections furent remportées par le président sortant, Lee Teng-hui, candidat du Kouo-min-tang, au pouvoir depuis 1949. Mais les législatives de nov. 1997 marquèrent un net recul de ce parti, tandis que le pays résistait assez bien à la crise asiatique. À un moment où les relations étaient extrêmement tendues avec la Chine, qui multipliait les menaces, l'élection présidentielle de mars 2000 fut perdue par le Kouo-min-tang et remportée par le candidat du parti progressiste pour la démocratie (DPP), l'opposant de longue date. Annette Lu, sa colistière, devint la première femme vice-président. Chen Shui-bian, tout en rejetant la doctrine chinoise d'« un pays, deux systèmes », adopta une position conciliante envers Pékin, rendue manifeste par quelques actes symboliques : ainsi, une liaison maritime fut établie entre la Chine et Taiwan (févr. 2001). En déc. 2001, le DPP remportait les élections législatives, assurant ainsi une majorité au président Chen Shui-bian.

TAKESHITA Noboru (* Shimane, 26.II.1924, † Tôkyô, 19.VI.2000). Homme politique japonais. Élu au Parlement en 1958, il fut chef de cabinet des Premiers ministres Eisaku Sato, de 1971 à 1972, et Kakuei Tanaka, en 1974. Détenteur de plusieurs portefeuilles ministériels dans les années 1970/80, il créa sa propre faction au sein du parti libéral-démocrate en 1987 et devint Premier ministre la même année. À l'origine de la création d'une impopulaire TVA, il dut démissionner en 1989 pour avoir été mêlé à un scandale politico-financier.

TALAT Pacha (* près d'Andrinople, 1872, † Berlin, 16.III.1921). Homme politique turc. Musulman d'origine bulgare, il était employé à la poste de Salonique lorsqu'il entra dans le mouvement des Jeunes-Turcs. Il fut, avec Enver Pacha et Djémal Pacha, l'un des principaux chefs de la révolution de 1908. Ministre de l'Intérieur, puis des Postes (1909), il fit partie, après l'assassinat du grand vizir Mahmoud Chevket, du « triumvirat » constitué avec Enver et Djémal (juin 1913). Il contribua beaucoup au traité d'alliance germano-turc d'août 1914, devint grand vizir en 1917, mais dut se réfugier en Allemagne après la défaite des puissances centrales. Il fut assassiné par un Arménien.

TALBOT. Vieille famille anglaise remontant au XIIᵉ s. Elle reçut en 1442 le titre comtal de Shrewsbury, que ses descendants ont porté jusqu'à nos jours. Le membre le plus célèbre de cette famille est :

John Talbot, 1er comte de Shrewsbury (* Blechmore, Shropshire, vers 1373, † Castillon, Gironde, 17.VII.1453). Lord-lieutenant d'Irlande (1414/19), il s'illustra ensuite en France durant la guerre de Cent Ans, sous le règne d'Henri VI d'Angleterre. Il contribua à la prise de Domfront et de Rouen, mais ne put empêcher Jeanne d'Arc de délivrer Orléans. Devenu commandant en chef des troupes anglaises en 1429, il fut vaincu à Patay la même année et fait prisonnier par Xaintrailles qui le renvoya sans rançon. Fait comte de Shrewsbury en 1442, il reçut également d'Henri VI, alors maître de la plus grande partie de la France, le titre de maréchal de France. En 1452, il reconquit la Guyenne, avant d'être vaincu et tué à Castillon, dernière bataille de la guerre de Cent Ans (1453).

TALIBANS. Étudiants en théologie des écoles coraniques, les talibans formèrent un mouvement politico-militaire qui apparut dans le conflit afghan en 1994. Créé en 1989, il regroupa des étudiants pashtoun de l'Afghanistan méridional et des régions pakistanaises frontalières autour d'un programme : ôter tout rôle politique aux anciens chefs de guerre afghans, mettre en place un régime islamique. En 1994, les talibans s'emparèrent de la province de Kandahar. En 1995, ils étendirent leur contrôle à tout le sud du pays, confiant l'administration des villes aux dignitaires religieux. En nov. 1996, ils conquirent Kaboul et y imposèrent le strict respect de la charia (loi coranique), notamment des règles de vie très rigoureuses pour les femmes. Entre 1997 et 2000, ils achevèrent pratiquement la conquête du pays, sans toutefois abattre la résistance de la vallée du Panshir tenue par l'Alliance du Nord du commandant Massoud. Les talibans durent leur succès à trois appuis distincts : celui de l'ethnie pashtoun, traditionnelle détentrice du pouvoir afghan ; celui du Pakistan, désireux d'installer un régime ami dans un pays d'une importance vitale pour lui ; les talibans semblent avoir aussi bénéficié du soutien financier de l'Arabie Saoudite, du moins au début des années 1990, et des États-Unis, dont ils perdirent la faveur en 1999/2000. La destruction en févr. 2001 des Bouddhas géants de Bamyan datant des Ve-VIe s. sur ordre du mollah Omar et surtout les attentats du 11 sept. 2001 à New York et à Washington fomentés par Oussama Ben Laden entraînèrent l'intervention militaire américaine en Afghanistan. Celle-ci s'acheva en déc. 2001 par la déroute des talibans.

TALLEYRAND, Charles Maurice de Talleyrand-Périgord (* Paris, 13.II.1754, † Paris, 17.V.1838). Homme politique français. Il était issu d'une famille de vieille et illustre noblesse. Un accident survenu pendant l'enfance le rendit boiteux ; il fut dirigé vers la carrière ecclésiastique, sans aucune vocation personnelle. Une riche abbaye lui assura dès 1780 l'importante fonction d'agent général du clergé ; puis, en 1789, il devint évêque d'Autun. Député du clergé aux États généraux, il se distingua dans la minorité du haut clergé qui acceptait les principes de la Révolution. Il se lia avec Mirabeau, proposa la nationalisation des biens de l'Église, fit partie du comité constitutionnel. Lors de la fête de la Fédération, le 14 juill. 1790, il célébra la messe au Champs-de-Mars. Il fut l'un des quatre évêques qui acceptèrent la Constitution civile du clergé et sacra les premiers évêques assermentés. Condamné par le pape, il quitta l'état ecclésiastique au début de 1791.

À partir de 1792, Talleyrand se consacra à la diplomatie, qui devait rester son domaine de prédilection. Envoyé en mission à Londres, il acquit la conviction, qui sera celle de toute sa vie, de la nécessité, pour la France, de maintenir de bonnes relations avec l'Angleterre. À la suite du 10-Août et de la suspension du pouvoir royal, il émigra en Grande-Bretagne, puis aux États-Unis. Rentré en France en 1796, il fut ministre des Affaires étrangères du Directoire, de juill. 1797 à juill. 1799, puis de Bonaparte ; Talleyrand chercha à fonder une paix durable, négocia les traités de Lunéville (1801) et d'Amiens (1802). Sur le plan intérieur, fidèle au gallicanisme, il prépara les Articles organiques ajoutés au Concordat.

L'Empire le fit grand chambellan et prince de Bénévent. Mais son influence sur la politique de Napoléon diminuait, et il ne parvenait pas à modérer la politique antiautrichienne de la France, ni à obtenir des ménagements à l'égard de la Grande-Bretagne. Il abandonna son ministère après Tilsit (1807), et reçut le titre tout honorifique de vice-Grand Électeur. Il participa néanmoins à l'entrevue d'Erfurt (sept. 1808), où il poussa secrètement le tsar Alexandre Ier à résister aux exigences de Napoléon. En même temps, il commença à intriguer avec Fouché, déjà disgracié. Ce fut la rupture définitive avec Napoléon.

En 1814, il joua un rôle clé dans la restauration des Bourbons, fut chef du gouvernement provisoire, puis ministre des Affaires étrangères. Il représenta la France au congrès de Vienne (v.). Après 1815, en butte à la haine des ultras, il ne joua plus qu'un rôle mineur, en tant que membre de la Chambre des pairs. Il figura vite dans l'opposition libérale sous Charles X et contribua à l'avènement de Louis-Philippe. Ambassadeur en Grande-Bretagne en 1830, il participa à la conférence de Londres, qui traitait du problème belge (1830/31), et dut laisser triompher le point de vue britannique qui voulait l'indépendance et la neutralité du pays. Il résigna ses fonctions en 1834 et vécut retiré, achevant la rédaction de ses *Mémoires*.

TALLIEN Jean Lambert (* Paris, 23.I.1767, † Paris, 16.XI.1820). Homme politique français. Membre du club des Jacobins, il prit part à la journée du 10-Août 1792, devint membre de la Commune de Paris et fut député de Seine-et-Oise à la Convention. Montagnard intransigeant, il se signala par sa violence contre Louis XVI et les Girondins, entra au Comité de sûreté générale (janv. 1793) et prit la défense de Marat. Sous l'influence de sa femme, Thérésa Cabarrus (v.), il fut l'instigateur de la conjuration thermidorienne et de la chute de Robespierre, supprima le Tribunal révolutionnaire, le club des Jacobins et écrasa l'émeute de Prairial. En 1795, commissaire de la Convention en Bretagne, il fit fusiller les prisonniers de Quiberon. Également détesté par les anciens Jacobins et par les modérés, il ne joua qu'un rôle secondaire sous le Directoire, siégea au Conseil des Cinq-Cents et accompagna Bonaparte dans l'expédition d'Égypte. Pris par les Anglais, puis libéré en 1802, il passa la fin de sa vie dans l'obscurité.

Thérésa Cabarrus, comtesse de Fontenay, puis **Mme Tallien,** et enfin **princesse de Chimay** (* Carabanchel Alto, près de Madrid, 1773, † Chimay, 1835). Célèbre pour sa beauté et son esprit, elle connut Tallien alors qu'il était commissaire à Bordeaux (1793). Surnommée *Notre-Dame de Thermidor* après la chute de Robespierre, elle fut la reine des « merveilleuses », divorça de Tallien en 1802 et épousa, en 1805, le futur prince de Chimay (Riquet de Caraman).

TALMUD. Compilation de la tradition orale juive, comprenant la Mishna (v. **Mishna**) et son commentaire, la Gemara (v. **Torah**). Il existe deux Talmuds : celui de Jérusalem (IIe/IVe s.) et celui de Babylone (Ve s.), huit fois plus volumineux et dont l'autorité s'est imposée. Somme de l'enseignement rabbinique, le Talmud traite de la vie aussi bien religieuse que profane. La première édition imprimée du Talmud de Babylone est parue à Venise en 1520/23 ; elle a fait référence pour toutes les éditions ultérieures. Voir **Juifs.**

TAMERLAN, Timour Leng, c'est-à-dire **Timour le Boiteux,** dit communément (* Kech, au S. de Samarkand, 8.IV.1336, † Otrar, 18.II.1405). Conquérant turco-mongol. Principal ministre du roi de Transoxiane, Ilyas Khodja, il chassa ce dernier et devint roi à son tour (1363/65). Après avoir assassiné son ancien allié et beau-frère Amir Hussein (1370), il se proclama khan de Djaghataï et continuateur de Gengis Khan dont il prétendait descendre. Musulman fanatique, Tamerlan combattit sous la bannière du Prophète, mais ne cessa cependant de piller et de massacrer en n'épargnant personne. En 35 ans, il allait bouleverser toute l'Asie antérieure ; maître du royaume de Khorezm et de Kachgar (1380), il s'empara des principautés de Hérat, du Djordjan, du Mazandéran, du Fars, de l'Irak, de l'Azerbaïdjan, de l'Arménie (1381/87).

Intervenant en 1380 dans les conflits de la Horde d'Or en Russie, il fut menacé à son tour par Toktamich et riposta par une invasion foudroyante dans la Russie mongole (1391/95). En 1398, il se tourna vers l'Inde, remporta la victoire de Panipat (17 déc. 1398) et saccagea Delhi. Son passage accentua le morcellement politique de l'Inde du Nord-Est. En 1400, il attaqua les mamelouks maîtres de la Syrie et de l'Égypte, ravagea et pilla Alep, Damas et Bagdad, puis passa en Anatolie, où il se heurta aux Ottomans et gagna la bataille d'Ankara (28 juill. 1402). Il mourut alors qu'il allait entreprendre une campagne contre la Chine.

TAMMANY'S HALL. Organisation politique américaine dont le nom actuel est Comité du parti démocrate du comté de New York (*New York County Democratic Party Committee*). La Société de St Tammany, ou Ordre colombien de New York, fut fondée en 1789 par William Mooney ; elle avait pris le nom d'un chef indien, Tammanend, célèbre pour sa sagesse et sa générosité. Dans ce groupement politique démocrate, les dirigeants portaient des titres indiens et le président était appelé le *grand sachem*. Dès le début du XIXe s., Tammany contrôlait l'organisation du parti démocrate dans l'État de New York. Son prestige s'accrut lorsque son grand sachem, Martin Van Buren, fut élu président des États-Unis en 1836. À partir de 1868, le grand sachem **William Marcy Tweed** (* 1823, † 1878), en fit une vaste entreprise de corruption qui étendit sa domination sur tout l'État de New York. En favorisant la naturalisation massive des immigrés, la société s'était assuré une armée d'électeurs. Les révélations concernant les méthodes de corruption du maire, James Walker, amenèrent en 1933 la défaite électorale de Tammany. Avec l'accession à la mairie de New York de Fiorello La Guardia, Tammany ne cessa plus de décliner.

TAMOULS. Grand groupe ethnique dravidien dont la langue est parlée dans l'Inde méridionale et au Sri Lanka. En Inde, les Tamouls, vivant en majorité dans l'État du Tamil Nadu, sont, par le nombre, la plus importante population non indo-européenne et leur statut social est souvent très subalterne. La langue tamoule, le plus pur des idiomes dravidiens, a son « académie », à Sangam, qui atteste un passé prestigieux et fort lointain. Madurai, la ville sainte, est aussi le plus grand centre d'études tamoules. Cette civilisation, dont l'âge d'or s'étend du IXe au XIIIe s., subit à partir du XIVe l'influence du sanskrit et fut gagnée au brahmanisme çivaïte.

L'installation des Tamouls dans l'île de Ceylan remonte aux XIe et XIIe s. : des conquérants tamouls parvinrent à installer un royaume dans les parties septentrionale et orientale de l'île, peuplées jusqu'alors de Veddas bouddhistes. La colonisation britannique, qui s'était appuyée sur les Tamouls, créa une nouvelle vague de peuplement avec l'arrivée, entre 1840 et 1930, d'une main-d'œuvre tamoule indienne pour travailler dans les plantations de thé. Les descendants de ces immigrants « récents » sont aujourd'hui toujours privés de la nationalité cinghalaise ; des accords passés avec l'Inde, en 1964, permirent d'en refouler une partie vers le continent. Depuis la proclamation de l'indépendance, en 1948, le cinghalais est seule langue officielle, le bouddhisme religion d'État, et les Tamouls, rejetés de l'administration et des affaires publiques, se sont spécialisés dans le commerce, ou composent le sous-prolétariat de l'île. De graves émeutes ont éclaté, surtout en juillet 1983, où des centaines de Tamouls furent massacrés, des milliers d'autres se réfugiant au nord de l'île et en Inde. Avec l'apparition d'organisations extrémistes telles que les Tigres de libération de l'Eelam Tamoul (LTTE), la question tamoule prit une dimension militaire : pour lutter contre la guérilla sécessionniste que menaient les Tigres dans le Nord (peuplé à majorité de Tamouls) et l'Est (peuplé de Tamouls, de musulmans et de Cinghalais) qu'ils revendiquent, le gouvernement fit appel à l'Inde en 1987. L'échec de cette intervention entraîna en 1990 le retrait des troupes indiennes.

Les extrémistes ont multiplié les assassinats politiques de leurs adversaires cinghalais (meurtre du président Premadasa), comme des Tamouls modérés. L'assassinat non revendiqué de Rajiv Gandhi leur coûta cependant le soutien de l'État indien du Tamil Nadu, qui leur avait longtemps servi de base arrière.

Les négociations entamées par la présidente Kamaratunga, élue en 1994 sur un programme de retour à la paix et à la démocratie, n'aboutirent pas. Les opérations de l'armée gouvernementale pour reprendre le contrôle de la péninsule de Jaffna se sont heurtés à des contre-offensives foudroyantes de l'Eelam Tamoul de Velupillai Prabhakaran, fanatisés et bien équipés, dont les attentats suicide sont venus frapper jusque dans la capitale. Le cessez-le-feu conclu entre les séparatistes tamouls et le gouvernement en févr. 2002 a été rompu au printemps 2003. La situation intérieure dégénéra au point qu'en nov. l'état d'urgence fut décrété, le Parlement suspendu, la présidente, S. Kamaratunga, prenant en main la Défense, l'Intérieur et les Communications. Voir **Sri Lanka**.

TANAGRA. Ancienne ville de Grèce, à l'E. de Thèbes. Les Athéniens y furent battus par les Spartiates et les Béotiens en 457 av. J.-C.

Tanagra est célèbre pour ses statuettes de terre cuite retrouvées par milliers dans des tombes explorées par des fouilleurs clandestins à partir de 1870. Produites dans des ateliers depuis l'époque archaïque jusqu'à l'époque hellénistique, ces figurines moulées, représentant le plus souvent, à partir du IVe s. av. J.-C., des femmes drapées, mais aussi des enfants, voire quelques divinités, connurent une large diffusion sur tout le pourtour méditerranéen.

TANAKA Giichi, baron (* Yamaguchi, 1863, † 28.IX.1929). Général et homme politique japonais. Entre 1918 et 1924, il fut ministre de la Guerre puis Premier ministre (1925) et ministre des Affaires étrangères (1927). Il est surtout connu par le **plan Tanaka** (1927), qui exposait les projets de conquête économique du Japon en Asie orientale et dans le Pacifique.

TANAKA Kakuei (* préfecture de Niigata, 4.V.1918, † Tôkyô, 1993). Homme politique japonais. Député libéral en 1947, plusieurs fois ministre, il devint Premier ministre et président du parti libéral-démocrate (PLD) (juill. 1972). Il restaura les relations entre le Japon et la Chine, mais, accusé de corruption, il dut démissionner (1974).

TANCRÈDE († Antioche, 12.XII.1112). Prince normand de Sicile. Parti pour la première croisade en 1096, il se sépara du gros des croisés à Héraclée et descendit vers la Cilicie, s'empara de Tarse, d'Adana et de Mamistra, se distingua au siège d'Antioche et planta son étendard sur les murs de Jérusalem (juill. 1099). Prince de Galilée (1099/1112), il s'empara de Laodicée et se vit chargé d'administrer le comté d'Édesse pendant la captivité de Baudoin du Bourg (1104/08), comte d'Édesse (futur roi de Jérusalem sous le nom de Baudoin II). En 1108, il défit les Byzantins à Lattaquié, puis s'allia avec les Turcs contre Baudoin, auquel il avait rendu Édesse, et le battit sur les bords de l'Euphrate, près de Turbessel. Il gouverna Antioche en l'absence de son oncle Bohémond à partir de 1101.

T'ANG. Dynastie qui régna sur la Chine de 618 à 907. Voir **Chine. De la fin des Han à la grandeur des T'ang.**

TANGANYIKA. Ancien État de l'Afrique orientale. Voir **Tanzanie (république unie de)**.

TANGER, *Tandja*. Ville et port du Maroc septentrional, sur le détroit de Gibraltar. D'abord comptoir phénicien et carthaginois, elle devint la *Tingis* romaine, reçut de Claude le nom de *Traducta Julia* et fut sans doute, à partir du Ier s. de notre ère, la capitale de la Maurétanie (v.) Tingitane. Occupée ensuite par les Vandales, puis par les Byzantins, elle passa aux musulmans vers 707 ; elle était, à la fin du VIIIe s., la cité la plus prospère du Maghreb. Prise par les Portugais en 1471, elle passa aux Anglais en 1662. Jugeant son occupation trop coûteuse, ceux-ci la rétrocédèrent au Maroc en 1684.

Au cours d'une visite à Tanger, le 31 mars 1905, l'empereur d'Allemagne Guillaume II proclama sa volonté de s'opposer aux projets français de pénétration au Maroc ; cette démonstration eut un profond retentissement en France et fut, *a posteriori*, perçue comme le début de la préparation psychologique à la guerre de 1914. À la suite de l'intervention du Kaiser fut réunie la conférence internationale d'Algésiras.

À partir de 1912, Tanger et ses environs formèrent une zone internationale, dont le statut, fixé en 1923, resta en vigueur jusqu'en 1940. À la suite de la défaite française de 1940 et de l'entrée en guerre de l'Italie, Tanger fut occupée par les troupes espagnoles (14 juin 1940) et rattachée au Maroc espagnol (nov. 1940). En oct. 1945, les troupes espagnoles évacuèrent la zone, qui fut de nouveau internationalisée. Après la reconnaissance de l'indépendance marocaine (avr. 1956), le sultan obtint l'abolition du statut international (29 oct. 1956).

TANGOUTS. Peuple d'ethnie tibétaine qui, venu de la région du Koukounor, envahit à la fin du Xe s. la Chine du Nord et s'empara de l'Ordos et du Kansou, où il fonda le royaume Si-hia (vers 990). Après s'être maintenu pendant plus de deux siècles, cet État dut reconnaître la suzeraineté de Gengis Khan (1209). Mais les Tangouts refusèrent ensuite de fournir des auxiliaires aux Mongols. Gengis Khan entreprit contre eux la dernière campagne de sa vie ; il mourut le 18 août 1227, au siège de la capitale tangoute, Ning-hia ; celle-ci fut prise quelques jours plus tard par les Mongols, qui massacrèrent tous ses habitants.

TANIS, *Djanet.* Ancienne ville de la Basse-Égypte, sur la branche orientale du Delta du Nil. Remontant à l'Ancien Empire (vers 2680/vers 2040 av. J.-C.), on l'a identifiée longtemps à la capitale des Hyksos (v.), *Avaris.* Au XIIIe s., Ramsès II (v.) entreprit l'édification de sa capitale, Pi-Ramsès à proximité de Tanis qu'elle a peut-être englobée. Il y fit bâtir un grand sanctuaire d'Amon dont il subsiste peu de chose. Les quelque 26 obélisques, les colonnes et autres vestiges architecturaux retrouvés sur le site témoignent d'un pharaon grand bâtisseur. Au Xe et au IXe s., Tanis fut la capitale des pharaons d'origine libyenne, dont P. Montet a mis au jour plusieurs tombes inviolées.

TANNENBERG. Localité de l'ancienne Prusse-Orientale, aujourd'hui en Pologne. Les chevaliers Teutoniques y furent écrasés par les Polonais et les Lituaniens, et leur grand maître, Ulrich von Jungingen, y trouva la mort (15 juill. 1410).

Bataille de Tannenberg (26/29 août 1914). Dès la mi-août 1914, les Russes lancèrent sur la Prusse-Orientale deux armées qui devaient avancer au N. et au S. des lacs Mazures afin d'encercler l'armée allemande. Hindenburg, nommé commandant en chef allemand à l'Est le 23 août, déclencha dès le 26 août une puissante offensive contre l'armée commandée par Samsonov. En trois jours (26/29 août), les Russes perdirent 100 000 prisonniers et presque toute leur artillerie ; Samsonov se donna la mort sur le champ de bataille. La seconde armée commandée par Rennenkampf, fut à son tour écrasée par Hindenburg, à la bataille des lacs Mazures (7/15 sept. 1914).

TANNER Väinö Alfred (* Helsinki, 12.III.1881, † Helsinki, 19.IV.1966). Homme politique finlandais. Premier ministre en 1926/27, ministre des Affaires étrangères durant la guerre finno-soviétique de 1939/40, ministre du Commerce puis des Finances, durant la seconde guerre contre l'URSS (1941/44). Il fut élu président du parti social-démocrate en 1957.

TANOUTAMON ou **TANTAMANI**. Pharaon égyptien de la XXVe dynastie « éthiopienne » ou nubienne (664/vers 656 av. J.-C.). Fils de Chabaka, neveu et successeur de Taharqa, il lutta victorieusement dans le Delta contre les rois du Nord, sujets des Assyriens, mais une campagne d'Assourbanipal le força à se réfugier en Haute-Égypte, à Thèbes. Après le sac de la cité en 656, il se retira sur Napata où s'installa désormais la dynastie « éthiopienne ». Voir **NUBIE**.

TANTRISME. Forme religieuse de l'hindouisme et du bouddhisme qui consiste avant tout en « une réalisation pratique ». Elle engage, tel le yoga, toutes les forces du corps et de l'esprit et cherche la délivrance, non par une rupture des liens de l'âme et du corps, mais par une mobilisation de toutes les énergies matérielles jusqu'aux limites habituelles de la vie. Le tantrisme commença à se répandre aux VIIe/IXe s. de notre ère. Réaction contre les prohibitions religieuses et sociales du brahmanisme, il trouva un grand écho dans le bouddhisme du Véhicule du diamant, qui domine au Tibet et en Mongolie. Il s'y est développé dans une foule de pratiques magiques prétendant assurer à l'homme la maîtrise des forces matérielles.

TANZANIE (république unie de). État de l'Afrique qui comprend des territoires continentaux et les îles de Zanzibar et de Pemba, dans l'océan Indien ; capitale *Dodoma.* La république unie de Tanzanie est née en avr. 1964 de la réunion du Tanganyika et de Zanzibar.

C'est un des pays où les traces de la présence humaine sont les plus anciennes (traces de pas et restes d'hominidés de 3,5 à 4 millions d'années à Laetoli ; le zinjanthrope d'Oldoway remonte à près de 2 millions d'années). En dehors de Zanzibar, la Tanzanie est formée de deux régions qui n'ont eu de communauté de destin qu'à partir de l'ère coloniale : à l'intérieur, une région de plateaux où des peuples très anciens, vraisemblablement Bochimans, furent remplacés par des Bantous cultivateurs et éleveurs qui, par suite des migrations successives, ne constituèrent jamais une unité politique et culturelle ; sur la côte, au contraire, une région ouverte depuis les temps les plus anciens aux relations avec les divers peuples de l'océan Indien. Cette zone côtière fut fréquentée au Moyen Âge par des Persans, des Indiens, des Indonésiens, des Chinois même, mais, dès le VIIe s., les Arabes méridionaux s'assurèrent une position prépondérante. Tous ces étrangers ne s'intéressaient à l'intérieur du pays que pour y chercher l'or, l'ivoire et les esclaves. Ainsi furent fondés les comptoirs de Pemba (vers 730), de Zanzibar, de Kiloa (vers 957). Beaucoup d'immigrés arabes et persans s'établirent sur cette côte, qu'ils appelaient pays de Zendj, s'y installèrent luxueusement et s'africanisèrent pour former, à partir du XIIIe s., la civilisation métisse des Swahili où se mêlaient les influences bantoues, indiennes, persanes et chinoises. Dès la fin du XVe s., les Portugais enlevèrent sans combat aux Arabes l'îlot fortifié de Kiloa (1505), mais ne cherchèrent pas plus que leurs prédécesseurs orientaux à explorer systématiquement l'intérieur. Ils durent cependant faire face aux révoltes de certaines populations locales, telle celle des Zimbas, à la fin du XVIe s., tandis que les Arabes de la côte trouvaient un puissant allié dans le sultanat d'Oman et Mascate. En 1698, les Omanais chassèrent les Portugais de la côte. Après que la capitale d'Oman eut été transférée à Zanzibar, en 1830, le sultanat se scinda en deux États en 1856, Mascate (dans la péninsule arabique) et Zanzibar.

Exploration et colonisation

Dès les années 1840, les marchands arabes en quête d'esclaves et d'ivoire avaient atteint le lac Tanganyika et noué des relations avec le royaume de Bouganda, sur le lac Victoria.

L'exploration du pays par les Européens fut menée par Burton et Speke (1857/58), Speke et Grant (1860), Livingstone (1866/72), puis Stanley (1871). La colonisation fut entreprise par l'Allemand Karl Peters, qui, entre 1875 et 1885, obtint divers territoires des chefs indigènes du Tanga. En févr. 1885 fut fondée la Compagnie de l'Afrique-Orientale allemande ; celle-ci exerça désormais le contrôle de toute la région côtière (1888). En 1891, l'Afrique-Orientale était devenue officiellement une colonie allemande mais l'Allemagne reconnaissait la domination de la Grande-Bretagne sur Zanzibar depuis 1873.

En 1920, la SDN confia au Royaume-Uni le mandat sur ce territoire, qui prit le nom de *Tanganyika*. En 1946, l'ONU confirma la tutelle britannique sur le Tanganyika ; le nationalisme prit un essor rapide sous l'impulsion de la Tanganyika African National Union (TANU), dirigée par Julius Nyerere, qui triompha aux élections de 1960.

La Tanzanie indépendante

Indépendant au sein du Commonwealth en déc. 1961, le Tanganyika devint une république (9 déc. 1962), tout en restant dans le Commonwealth. Le 27 avr. 1964, le Tanganyika et le Zanzibar décidèrent de s'unir en un seul État, qui prit le nom de *Tanzanie*. Nationalisations et expropriations de terres consacrèrent l'orientation socialiste du président J. Nyerere, qui se rapprocha de la Chine à partir de 1968. Les interventions militaires tanzaniennes dans les conflits de l'Ouganda contribuèrent à la crise économique qui contraignit le pays à recourir à l'aide du FMI en 1982. En oct. 1985, J. Nyerere démissionna de la présidence ; Ali Hassan Mwinyi lui succéda et procéda à la libéralisation de l'économie.

J. Nyerere, qui conserva le contrôle du parti unique, le Chama Cha Mapinduzi (CCM), jusqu'en 1989, continua à jouer un rôle politique et contribua à lancer le débat sur le multipartisme, finalement instauré en 1992. En oct. 1995 eurent lieu les premières élections générales pluralistes de l'histoire du pays : elles se soldèrent par la victoire du CCM, dont le candidat, Benjamin Mkapa, fut élu président. En août 1998, un attentat détruisit l'ambassade américaine à Dar es-Salaam ; il fut attribué *a posteriori* à Al Qaida. En oct. 2000, la réélection du président Mkapa fut contestée par Zanzibar, notamment par le Civic United Front (CUF), favorable à l'autonomie de l'île.

TANZIMAT. Nom du vaste plan de réforme approuvé par le sultan ottoman Abdul-Medjid dans le *hatti chérif* (charte impériale) *de Gulhané* (3 nov. 1839). Voir TURQUIE. La question d'Orient.

TAOÏSME. Mouvement philosophique et religieux qui a exercé une influence presque aussi grande que le confucianisme dans l'histoire et la civilisation chinoises. Son fondateur serait **Lao-tseu** (* 604 ?, † 517 av. J.-C.), auquel on attribue l'ouvrage intitulé *Tao-tö king*. À la différence de Confucius, qui rompait avec les anciennes préoccupations théologiques et magiques pour ne s'intéresser qu'aux problèmes pratiques de l'homme dans la famille et la société, les taoïstes abandonnent l'humanité à ses vices et à ses crimes, renoncent aux intérêts et aux passions terrestres et recherchent l'identification par l'extase à la grande énergie du monde, l'Absolu impersonnel, le Tao. L'indifférence souveraine est l'attitude caractéristique du sage taoïste, qui enseigne une morale du non-agir (*wouwei*). Mais le taoïsme, qui avait été à l'origine une mystique d'ermites et de solitaires, ne tarda pas à dégénérer en une religion constituée de pratiques magiques, censées assurer aux fidèles l'immortalité par la participation au Tao éternel. C'est sous cette forme que le taoïsme fut à la mode à la cour des Han (Ier s. av. J.-C./IIe s. apr. J.-C.). Le plus fameux des magiciens de la secte fut alors Tchang Taoling († 156), dont les descendants, auxquels il aurait transmis ses secrets, portèrent le titre de Maître du Ciel jusqu'en 1926. Au IIe s. de notre ère, un autre magicien taoïste, Tchang Kio, se mit à annoncer l'avènement prochain de la Grande Paix et déclencha en Chine orientale le grand mouvement populaire des Turbans jaunes, qui mit en danger le pouvoir impérial. Taoïsme et bouddhisme exercèrent l'un sur l'autre une influence réciproque : c'est par l'intermédiaire des concepts taoïstes que le bouddhisme, exportation indienne, put s'acclimater en Chine ; mais, pour résister à la rivalité du bouddhisme, le taoïsme acheva de se transformer en une véritable religion, avec ses dieux, ses génies et ses saints, son code moral, ses pénitences et ses enfers, son clergé et ses moines.

TARDIEU André (* Paris, 22.IX.1876, † Menton, 17.IX.1945). Homme politique français. Chef de cabinet de Waldeck-Rousseau, député en 1914, nommé commissaire spécial aux États-Unis par Clemenceau (1917/18), ministre des Régions libérées (1919/20) il quitta le gouvernement avec Clemenceau et défendit le traité de Versailles. À nouveau député en 1926, Poincaré le nomma ministre des Travaux publics (1926/28), puis de l'Intérieur (1928/30). Il succéda à Poincaré à la présidence du Conseil (nov. 1929/ déc. 1930). Son ministère fut marqué par un plan d'équipement national et par la décision d'entreprendre la ligne Maginot (déc. 1929).

TARPÉIENNE (roche). Dans la Rome antique, nom donné à l'extrémité S.-O. du Capitole. Selon la tradition légendaire, la vestale Tarpéia, fille de Spurius Tarpeius, gouverneur du Capitole, aurait trahi sa patrie alors en guerre contre les Sabins (fin VIIIe s. av. J.-C.), soit par amour pour le roi sabin Tatius, soit par cupidité : elle ouvrit à l'ennemi les portes de la ville, mais les Sabins l'étouffèrent sous leurs boucliers. Elle fut enterrée sur le mont Capitolin, dans la partie qui prit d'elle le nom de roche Tarpéienne (*arx Tarpeia*). C'est de cette roche, haute d'environ 32 m, que, dans les temps anciens et jusqu'à l'époque impériale, on précipitait les citoyens coupables de trahison.

TARQUIN l'Ancien, Lucius Tarquinius Priscus. Cinquième roi légendaire de Rome (616/578 av. J.-C.). La tradition le donne comme le fils d'un réfugié corinthien établi en Étrurie, à Tarquinia, d'où il tira son nom. Poussé par sa femme Tanaquil, il vint s'établir à Rome, et le roi Ancus Martius le chargea de la tutelle de ses enfants. À la mort de leur père, il devint le premier roi étrusque de Rome. Il introduisit dans la cité la civilisation étrusque et l'usage du « triomphe ». La tradition lui attribue l'assainissement des marécages, avec l'installation d'égouts (*Cloaca Maxima*), l'aménagement du Forum et du Cirque (*Circus Maximus*) et la construction du temple de Jupiter Capitolin. À l'extérieur, il mena des guerres victorieuses contre les Latins et les Sabins. Sa femme assura sa succession à son gendre, Servius Tullius. On estime que ces données légendaires cachent le fait historique de la conquête de Rome par les Étrusques au début du VIe s. av. J.-C. Tarquin (Tarchu) aurait été assassiné par un chef de bande, Mastarna (Servius Tullius).

TARQUIN le Superbe, Lucius Tarquinius Superbus. Septième et dernier roi légendaire de Rome (534/09 av. J.-C.). Fils ou neveu de Tarquin l'Ancien et gendre de Servius Tullius, il monta sur le trône en assassinant son beau-père et ne put se maintenir que par la violence. Selon les récits, il aurait achevé les grands travaux commencés par ses prédécesseurs et remporté des victoires sur les Latins. Mais les historiens romains le représentent comme un tyran qui abolit la Constitution de Servius Tullius et brima les patriciens. Selon le célèbre épisode légendaire, son fils, **Sextus Tarquin**, viola Lucrèce, femme d'un de ses parents, Tarquin Collatin. Elle se suicida de honte. Collatin souleva le peuple avec l'aide de son cousin Junius Brutus : les Tarquins furent chassés de Rome et se réfugièrent à Cumes.

La République fut proclamée. Cette vision des choses transpose probablement (509) l'insurrection des Romains contre leurs maîtres étrusques et la réaction sociale du patriciat rural traditionaliste contre la royauté, qui favorisait l'artisanat et le commerce populaires, grâce aux relations actives avec l'Étrurie.

TARTARES. Nom donné par les Russes et autres Européens du Moyen Âge à toutes les populations turco-mongoles originaires de l'Asie centrale. Voir TATARS.

TASSILON III (* vers 742, † vers 794). Duc de Bavière (749/88). Il régna d'abord sous la régence de sa mère Hiltrude, sœur de Pépin le Bref, mais, dès 763, il essaya de se dégager de la suzeraineté franque, poussé par sa femme, fille de Didier, roi des Lombards. En 772, il s'empara de la Carinthie et imposa la civilisation chrétienne aux populations slaves. Charlemagne s'empara de lui en 788, et l'interna à Saint-Goar, puis à Jumièges et enfin à l'abbaye de Lorsch.

TATARS. Nom donné indistinctement par les Russes et les autres Européens du Moyen Âge à toutes les populations turco-mongoles originaires de l'Asie centrale. Les Tatars, à l'origine, étaient une peuplade turque qui, au XIe s., nomadisait dans la partie orientale de l'actuelle Mongolie, dans la région du Keroulen inférieur et du lac Bouir. Déjà fortement mongolisés, ils avaient une réputation particulièrement redoutable. Vers la fin du XIe s., les Djurtchèts (v.) s'allièrent aux Mongols contre les Tatars, qui furent écrasés par Gengis Khan en 1202. Paradoxalement, les conquérants mongols furent ensuite appelés *Tatars* ou *Tartares* par les Européens.

L'actuelle République autonome des Tatars, comprise dans la RSFS de Russie, se situe dans la région de la moyenne Volga, autour de sa capitale Kazan. Soumis par Ivan le Terrible au milieu du XVIe s., pendant plus de deux cents ans, les Tatars devaient résister à la russification et participèrent à toutes les grandes révoltes qui troublèrent la Russie au XVIIe et au XVIIIe s. Par la suite, le tsarisme devait se montrer plus respectueux de leur langue et de leur religion musulmane. Après la reconquête de Kazan sur les armées blanches (sept. 1918) fut créée, en mai 1920, la République socialiste soviétique autonome des Tatars. Durant la perestroïka, les Tatars exprimèrent des revendications autonomistes, relayées par la minorité russe désireuse de mieux profiter des richesses pétrolières de la république. Le 30 août 1990, la RSSA des Tatars proclama sa souveraineté sous le nom de *Tatarstan*. Cette décision, ouvrant la voie à une « indépendance civilisée », impliquait le refus du Tatarstan d'adhérer au traité fédéral du 31 mars 1992. Un traité bilatéral normalisant les relations entre Moscou et Kazan, signé le 15 févr. 1994, reconnaissait au Tatarstan la propriété des ressources de son sous-sol et le droit d'exporter directement une partie de son pétrole (les quotas devant toutefois être redéfinis tous les ans) ainsi que de mener sa politique étrangère. Il lui déniait, en revanche, la souveraineté en matière fiscale réclamée depuis 1992.

Le sort des Tatars de Crimée fut différent. Déjà au XIXe s., après la guerre de Crimée, un grand nombre d'entre eux avaient été dispersés à travers toute la Russie. Ceux qui restaient, après la révolution soviétique, obtinrent une certaine autonomie et purent fonder la République socialiste soviétique autonome de Crimée (18 oct. 1921). En 1944, Staline accusant les Tatars d'avoir collaboré avec les occupants allemands, leur république fut dissoute et tous furent déportés en Sibérie et en Asie centrale, en particulier en Ouzbékistan. Ils ne purent se réinstaller en Crimée qu'à la faveur de la perestroïka.

TAUNG. Localité de la République sud-africaine (prov. du Cap), au nord de Kimberley, où fut découvert en 1924, dans une carrière en exploitation, le premier fossile d'australopithèque. Il s'agit d'un crâne comprenant la face, la mandibule, et l'empreinte du cerveau dans la roche (moulage endocrânien) d'un jeune enfant dont l'âge encore débattu est estimé entre 3 et 5 ans. C'est à partir de ce fossile que R. Dart créa en 1925 le genre *Australopithecus* et l'espèce *Australopithecus africanus*.

TAUTAVEL. Site préhistorique des environs de Perpignan. La grotte (ou caune) de l'Arago, fouillée par l'équipe d'Henry et de Marie-Antoinette de Lumley à partir de 1964, est une cavité de 35 m de long sur 10 de large. Elle fut utilisée à plusieurs reprises par des chasseurs, entre – 600 000 et – 100 000 ans, comme halte, comme lieu de dépeçage, ou même comme campement temporaire. Des traces de domestication du feu y ont été retrouvées. Des années de fouilles ont permis de trouver les ossements d'une faune extrêmement variée, un outillage important et près de 70 restes humains répartis sur plusieurs niveaux stratigraphiques. La plus belle pièce est un crâne humain dont on connaît la face, l'os frontal et l'os parietal, donnant une image des hommes qui ont précédé les néandertaliens en Europe vers – 450 000 ans. Un musée local présente le résultat des fouilles.

TAYLOR Zachary (* Montebello, Orange County, Virginie, 24.XI.1784, † Washington, 9.VII.1850). Homme politique américain. Il prit part à la guerre de 1812 contre les Anglais et fut nommé général à la suite de sa victoire sur les Indiens Séminoles au lac Okeechobee (Floride). Durant la guerre contre le Mexique, il s'illustra par la prise de Monterey (21 sept. 1846) et sa victoire sur Santa Anna à Buena Vista (22 févr. 1847). Devenu un héros national, il fut élu président des États-Unis (1848/50) et fit entrer dans l'Union l'État de Californie qui n'était pas esclavagiste. Taylor mourut après seulement seize mois d'administration.

TAYLOR Frederick Winslow (* Germantown, Pennsylvanie, 20.III.1856, † Philadelphie, 21.III. 1915). Ingénieur américain. Il commença à travailler comme simple ouvrier aux aciéries Midvale Steel de Philadelphie. En 1898, il inventa avec Maunsel White les aciers à coupe rapide qui devaient tripler le rendement des machines. Il est surtout connu comme le promoteur de l'organisation scientifique du travail à laquelle son nom reste attaché (taylorisme). Il s'agit de méthodes de travail fondées sur l'analyse comparée des mouvements et des temps exigés par chaque outil et par chaque procédé de travail. Ainsi, pour une opération donnée, un procédé type, un outil type et un « temps normal » peuvent être imposés aux ouvriers, qui doivent accomplir un minimum de gestes dans un minimum de temps. Le taylorisme, qui donna des résultats remarquables sur le plan technique, reste fort contestable sur le plan humain comme l'illustre le film de Charlie Chaplin, *Les Temps modernes*. F. W. Taylor a exposé ses idées dans *Shop Management* (1911) et *The Principles of Scientific Management* (1912).

TCHAD (république du). État continental de l'Afrique centrale, borné par la Libye, le Soudan, la République centrafricaine, le Cameroun, le Nigeria et le Niger ; capitale *N'Djamena* (ex-*Fort-Lamy*).

Un carrefour de l'Afrique

Entre 6000 et 3000 av. J.-C., la partie aujourd'hui désertique du Tchad connut un climat très humide ; couverte de lacs et de marécages, elle était habitée par des populations de type « éthiopien », dont fait mention Hérodote. Deux civilisations néolithiques tchadiennes ont été reconnues : celle des pêcheurs, la plus ancienne, se trouvait au S. du Tibesti, et celle des pasteurs bovidiens établis dans le Tibesti et l'Ennedi vers 3500/2500 av. J.-C.

Le Tchad a toujours été un des principaux carrefours africains ; il devait jouer un rôle essentiel dans la diffusion de la technique du fer depuis la haute vallée du Nil (actuel Soudan) vers l'Afrique occidentale. Au Moyen Âge, plusieurs États influents se constituèrent autour du lac Tchad ; ce fut d'abord, vers 800, au N.-O. du lac, le royaume du Kanem, dont les souverains se convertirent à l'islam vers la fin du XIe s. La puissance du Kanem reposait avant tout sur le contrôle de l'extrémité méridionale des pistes sahariennes vers la Méditerranée. Au XIIIe s., ses souverains étendirent leur domination jusqu'au Fezzan, au Soudan et même jusqu'au Nil. Mais, au XIVe s., cet empire saharien se vit menacé par un peuple de l'Est, les Boualas, et, vers 1380, la dynastie du Kanem dut se réfugier à l'ouest du lac Tchad pour fonder un nouveau royaume, le Bornou (dans l'actuel Nigeria).

Au début du XVIe s., les rois du Bornou réussirent à reconquérir le Kanem, reconstituant un empire qui atteignit son apogée sous Idriss Alaoma (1580/1603). Le Kanem fut le foyer à partir duquel l'islam rayonna sur les régions du Soudan central et sur les deux autres royaumes du Soudan tchadien, le Baguirmi et le Ouadaï. Ce dernier réussit, au XVIIIe s., à conquérir la partie orientale du Kanem. Au XIXe s., tous les royaumes tchadiens, usés par les guerres continuelles et les dissensions intestines, étaient en pleine décadence.

Menacé dans son trafic d'esclaves par l'Égypte, le Ouadaï fut attaqué par le négrier égyptien Rabah, qui, repoussé par les Ouadaïens, ravagea le Baguirmi et le Bornou (1893), ce qui fournit à la France le prétexte pour intervenir dans les régions tchadiennes.

En 1900, trois colonnes françaises, commandées par Joalland et Meynier, Fourreau et Lamy, et par Gentil, convergèrent vers le lac Tchad et écrasèrent Rabah (22 avr. 1900). De 1901 à 1911, la lutte fut menée au Nord contre les Senoussis ; l'Ouadaï fut soumis en 1912. Incorporé à l'Afrique-Équatoriale française (A-ÉF) (1910), le Tchad fut à peu près « pacifié » en 1917. En août 1940, Félix Éboué, gouverneur du Tchad, se rallia au général de Gaulle, et Fort-Lamy devint une importante base militaire alliée ; c'est là que se forma le Ier régiment de marche du Tchad, qui devait s'illustrer sous les ordres de Leclerc (v.).

Le Tchad indépendant

En 1946, un instituteur, François Tombalbaye, fonda le parti progressiste tchadien, section locale du Rassemblement démocratique africain (RDA). Au référendum de 1958, le Tchad se prononça pour l'adhésion à la Communauté française, et Tombalbaye, qui était devenu vice-président du Grand Conseil de l'A-ÉF, forma le premier gouvernement tchadien. Le Tchad accéda à l'indépendance complète le 11 août 1960, mais des accords de coopération et de défense permirent aux troupes françaises de continuer à stationner dans cet État. Tombalbaye, élu président de la République en 1962 et réélu en 1969, conserva le pouvoir et établit un régime fondé, à partir de 1964, sur un parti unique, le parti progressiste tchadien. Il s'appuya sur les Bantous animistes ou chrétiens du Sud agricole, les Toubous nomades et musulmans du Nord étant, au contraire, très défavorisés. À partir de 1965, ces populations du Nord commencèrent à s'agiter. En juin 1966, fut fondé le Front de libération nationale du Tchad (Frolinat) qui, en deux ans, ne parvint pas à imposer son autorité à toute la rébellion toubou. Cependant, celle-ci avait pris une telle ampleur que Tombalbaye, en 1969/72, fit intervenir contre les Toubous les troupes françaises stationnées au Tchad sans obtenir de résultats décisifs. En 1972, un nouveau mouvement de libération toubou fut créé par Hissène Habré, qui se réclamait d'un socialisme révolutionnaire.

Incapable de mater cette rébellion et voyant son prestige entamé, Tombalbaye inaugura en 1973 une politique nationaliste se réclamant de la « tchaditude ». Le parti progressiste tchadien fit place à un Mouvement national pour la rénovation culturelle et sociale ; la capitale, Fort-Lamy, reçut le nom de *N'Djamena*, tous les prénoms des citoyens tchadiens furent également africanisés. Mais le 13 avr. 1975, Tombalbaye fut tué lors d'un coup d'État militaire. Le pouvoir passa au général Félix Malloum. Les militaires poursuivirent la lutte contre les rebelles Toubous.

Les tentatives d'union nationale du gouvernement Malloum, en 1977, ayant échoué, la guerre civile se poursuivit notamment entre H. Habré et son ancien allié Goukouni Oueddeï, chef tribal des Toubous. En 1979, un compromis passager s'établit. G. Oueddeï, devenu président du Conseil provisoire, institutionnalisa la tutelle libyenne en signant un accord qui prévoyait la fusion des deux pays. H. Habré, soutenu par la France et les pays africains « modérés », chassa de N'Djamena, en 1982, G. Oueddeï et ses alliés libyens. Grâce à l'armée française, H. Habré put consolider sa position face à la Libye, ce qui lui permit de rallier certains de ses opposants à partir de 1986. Enfin, sa victoire sur l'armée libyenne en 1987 aboutit au retrait des troupes libyennes qui se maintinrent cependant dans la bande d'Aozou, à l'extrême nord du pays, et de voir son gouvernement reconnu par Kadhafi en mai 1988.

La France, en s'abstenant d'intervenir, permit la chute d'H. Habré, en nov. 1990, au profit d'Idriss Déby, soutenu par la Libye. La restitution de la bande d'Aozou, décidée par la Cour internationale de justice le 3 févr. 1994, fut acceptée par la Libye en avril. I. Déby, élu président en 1996, fut réélu en 2001.

TCHANG KAÏ-CHEK, *Jiang Jieschi* en pinyin (* Feng-houa, province du Tche Kiang, 31.X.1887, † T'ai-pei, île de Taiwan, 5.IV.1975). Général et homme politique chinois. Il fit ses études militaires au Japon (1907/11) et adhéra aux idées de Sun Yat-sen, dont il devint un des lieutenants. Après un stage de quatre mois en URSS, il fut mis à la tête de l'Académie militaire de Whampoa (Houang-p'ou, près de Canton), fondée par Sun sur le modèle soviétique. Après la mort du fondateur du Kouo-min-tang, il joua un rôle croissant dans le parti, tout en maintenant la collaboration avec le PC chinois. Il s'assura du contrôle de l'ensemble de la Chine du Sud et installa la capitale de son gouvernement à Nankin. Mais, à la fin de 1927, il rompit avec le PC, écrasant les communistes à Han-k'eou, puis à Canton. L'année suivante, il parvint à étendre son pouvoir sur la Chine du Nord, et réalisa donc l'unification de l'ensemble du pays.

Devenu président de la République (oct. 1928), il s'engagea dans l'œuvre de reconstruction du pays. Comme l'avait voulu Sun Yat-sen, il s'employa à moderniser la Chine, mais sans rompre avec le passé. Toutefois, de plus en plus lié aux milieux financiers et aux intérêts terriens, le Kouo-min-tang ne s'attaquait guère aux racines des difficultés de la Chine (énormes inégalités sociales, immense misère paysanne, dramatique dans la Chine du Sud). Les communistes s'étant regroupés dans certaines provinces méridionales, Tchang entreprit de les réduire et les força à se replier dans le Chen-si : ce fut la « Longue Marche » (v.), 1934/35.

La lutte menée contre les communistes était contestée par un nombre croissant de Chinois, depuis que le Japon, en 1931, s'était emparé de la Mandchourie, transformée en fait en une colonie nippone. En 1936, Tchang fut contraint d'accepter une trêve avec les communistes ; mais celle-ci venait trop tard, car déjà le Japon forçait Tchang à se réfugier dans le sud-ouest de la Chine et à faire de Tchong-k'ing sa capitale.

Durant la Seconde Guerre mondiale, Tchang continua la lutte, soutenu par les Anglais et les Américains. L'appui des deux puissances fit même reconnaître la Chine comme un des « Quatre Grands ». Pourtant, la contribution de la Chine nationaliste à la victoire des Alliés fut mince. Les vices du régime s'étaient aggravés au cours de la guerre. Mais une aide américaine énergique accordée au lendemain de la capitulation japonaise permit à Tchang de rétablir son autorité, au moins nominale, sur l'ensemble du territoire. La trêve avec les communistes, maintenue vaille que vaille depuis 1937, fut rompue définitivement en 1947. Les communistes s'emparaient rapidement de la Chine du Nord, entraient à Nankin au début de 1949, et à la fin de l'année, Tchang et 2 millions de Chinois continentaux devaient se réfugier à Taiwan sous la protection de la VIIe flotte américaine. Mal accueilli par les Taiwanais, il dut au déclenchement de la guerre de Corée la survie de la république de Chine à Taiwan et mit alors en place un régime dictatorial. Il mourut en 1975, laissant le pouvoir à son fils, Tchang Ching-kuo.

TCHANG TSO-LIN, *Zhang Zuolin* en pinyin (* 1873, † Moukden, 3.VI.1928). Maréchal chinois. Protégé par les Japonais, il devint gouverneur de la Mandchourie (1913), où il laissa s'établir une colonisation économique japonaise qui fit de cette région l'une des plus industrialisées de l'Extrême-Orient. Il s'empara de Pékin, en avr. 1926, après plusieurs échecs, mais, alors qu'il envisageait de rétablir une dynastie impériale à son profit, il fut attaqué par Tchang Kaï-chek et l'armée du Kouo-min-tang (1er mai 1928). Devant l'approche de l'armée sudiste, il évacua Pékin (2 juin) pour se retirer dans son fief mandchourien mais fut tué le lendemain. Il fut le plus représentatif des « seigneurs de la guerre » qui troublèrent la Chine après la révolution de 1911.

TCHÉCOSLOVAQUIE, *Ceskoslovensko*. Ancien État de l'Europe centrale, formé par la réunion de la Bohême, de la Moravie et de la Slovaquie (pour l'histoire de ces régions jusqu'au XIXe s., v. **BOHÊME, MORAVIE** et **SLOVAQUIE**) ; capitale *Prague*.

La lutte pour l'indépendance

Le territoire actuel de la Tchécoslovaquie fit partie jusqu'en 1918 de l'Autriche-Hongrie. Après les révolution qui avaient ébranlé en 1848 l'empire des Habsbourg, des mouvements nationaux s'étaient développés chez les Tchèques de Bohême contre l'Autriche, chez les Slovaques contre la Hongrie, mais cette prise de conscience s'exprima d'une manière beaucoup plus énergique chez les Tchèques, héritiers des vieilles traditions du royaume de Bohême et des luttes hussites du XVe s. Dès 1848 se forma à Prague un comité de Saint-Wenceslas, qui demanda la reconstitution d'un État tchèque indépendant, mais le congrès panslaviste réuni la même année sous la présidence de Palacky se contenta de réclamer une solution fédérale qui eût donné aux Tchèques une autonomie politique et culturelle au sein de l'Autriche. Ces demandes modérées n'obtinrent aucun écho auprès du gouvernement autrichien. Le général autrichien Windischgrätz bombarda Prague, dispersa le congrès et plaça la Bohême sous une dictature militaire (juin 1848).

L'aspiration à l'indépendance se manifestait principalement depuis 1862, dans l'organisation des Sokols (sociétés de gymnastique fondées chez les peuples slaves de l'empire des Habsbourg). Le parti national tchèque, dirigé par Rieger, gendre de Palacky, refusa jusqu'en 1879 de siéger dans les assemblées d'Empire et réclamait que la Bohême, comme la Hongrie, ne fût plus liée à l'Autriche que par une union dynastique. En 1870/71, le ministre Hohenwart engagea des négociations avec les Tchèques en vue de l'établissement d'une monarchie « trialiste », mais il se heurta à l'opposition des Allemands de Bohême, des Hongrois, et aussi de Bismarck.

Sous le ministère Taaffe (1879/93), le gouvernement impérial s'engagea cependant dans une série de concessions partielles (abaissement des impôts, égalité des langues tchèque et allemande dans l'administration et la justice, création d'une université tchèque à Prague) ; mais ces réformes venaient déjà trop tard, et le parti extrémiste des Jeunes-Tchèques, rompant avec les Vieux-Tchèques qui acceptaient le cadre institutionnel austro-hongrois, réclamait des mesures plus radicales, notamment l'instauration du suffrage universel. En 1897, Vienne fit une nouvelle concession en imposant dans les écoles l'égalité du tchèque et de l'allemand.

Ce qui restait du loyalisme tchèque et slovaque à l'égard des Habsbourg n'allait pas résister à l'épreuve de la Première Guerre mondiale. Masaryk et Benes passèrent du côté des Alliés et fondèrent en 1916 un Comité national tchécoslovaque, sous la présidence de Masaryk, le grand artisan de l'union des Tchèques et des Slovaques. Après avoir obtenu du président Wilson la caution des Alliés pour la cause de l'indépendance, il signa l'accord de Pittsburgh (30 mai 1918) qui accordait aux Slovaques, dans le futur État, une large autonomie. Durant toute la guerre, des milliers de soldats tchèques et slovaques formèrent dans les rangs alliés des légions qui combattirent les puissances centrales, en France et en Russie (celles de Russie jouèrent un grand rôle dans la guerre civile après 1917). Le 29 juin 1918, les Alliés admirent officiellement les Tchécoslovaques parmi eux, et, dès le 28 oct. 1918, avant même le retour de Masaryk et de

Benes, le Comité national de Prague proclama l'indépendance de la Tchécoslovaquie.

De la première République au « coup de Prague » (1918/48)

Les frontières du nouvel État furent fixées par les traités de Versailles (28 juin 1919) et de Saint-Germain (10 sept. 1919). Au vieil antagonisme entre Allemands et Tchèques et entre Hongrois et Slovaques s'ajoutèrent les rancœurs des Slovaques, surtout agriculteurs et moins riches que les Tchèques, qui s'aperçurent que les promesses de Masaryk faites le 30 mai 1918 n'étaient pas tenues. Accrue du territoire silésien de Hultschin et d'une partie de la région de Teschen, partagée avec la Pologne en 1920, la Bohême était une région très industrialisée, et les Tchèques, dans le cadre d'un État non fédéral mais unitaire tel qu'il résulta de la Constitution du 29 févr. 1920, devaient exercer une hégémonie bientôt insupportable aux autres nationalités.

La prédominance politique passa des sociaux-démocrates aux agrariens de 1922 à 1938, avec Antonin Svehla (1922/29), puis avec Milan Hodza (1935/38). En Slovaquie, le mouvement autonomiste était animé par Andrej Hlinka et Mgr Tiso ; en juill. 1927, il réussit à obtenir une administration propre et une assemblée. Président de la République jusqu'en 1935, Masaryk fut alors remplacé par son meilleur disciple et compagnon de lutte, Edvard Benes, qui n'avait cessé depuis 1918 de diriger la politique étrangère du nouvel État.

Hantée par le danger allemand, la Tchécoslovaquie, par ses traités d'alliance avec la Yougoslavie (1920) et avec la Roumanie (1921), posa les bases de la Petite-Entente qui naquit officiellement en 1929 ; mais c'est principalement sur l'alliance française que Benes fonda la sécurité de son pays (traité du 25 janv. 1924). L'agitation des Allemands des Sudètes, ralliés dans leur majorité au national-socialisme sous la conduite de Konrad Henlein, devint menaçante dès 1935, ce qui poussa Benes à conclure avec l'URSS un pacte dirigé principalement contre l'Allemagne (1935). Le conflit germano-tchèque entra dans sa phase critique après l'annexion de l'Autriche par Hitler (12 mars 1938), ce qui plaçait toute la Bohême dans la tenaille allemande. Dès mai 1938, Hitler mit au point une action militaire contre la Tchécoslovaquie prévue pour le mois d'oct. suivant. Conscientes de leur impréparation militaire, la France et la Grande-Bretagne incitèrent le gouvernement de Prague à la négociation, puis, voyant que la Tchécoslovaquie se préparait au contraire à combattre, elles traitèrent directement avec Hitler. Sur l'initiative de Mussolini, une conférence se réunit à Munich (29/30 sept. 1938 (v.), et fit droit aux revendications des minorités allemande et hongroise, réunies à l'Allemagne et à la Hongrie. Créée par le traité de Versailles, la Tchécoslovaquie était ainsi condamnée par les deux puissances instigatrices de ce traité, la France et la Grande-Bretagne.

Les accords de Munich rendaient la Tchécoslovaquie, enserrée par le Reich et privée de ses frontières stratégiques, complètement indéfendable : son agonie dura à peine cinq mois. Benes, qui avait choisi l'exil, fut remplacé par Emil Hacha, un homme sans envergure (30 nov. 1938). Les Slovaques, autonomes dès oct. 1938, proclamèrent leur indépendance le 14 mars 1939, avec l'appui de Berlin. Convoqué le même jour à Berlin, E. Hacha dut céder au Führer. Les troupes allemandes entrèrent à Prague le 15 mars ; le 16 était constitué le protectorat de Bohême-Moravie.

Le premier *Reichsprotektor* fut une personnalité modérée, von Neurath (1939/41), mais le pouvoir réel appartenait à son secrétaire d'État, un Sudète, Karl Hermann Frank. Le début de la Seconde Guerre mondiale fit renaître l'espoir chez les Tchèques : Benes et le fils de Masaryk, Jan, formèrent un gouvernement tchécoslovaque à Londres, et la résistance tchèque commença à s'organiser. Mesurant les difficultés nouvelles, Hitler décida d'envoyer à Prague l'adjoint immédiat de Himmler, le chef du RSHA, Heydrich (3 sept. 1941). Les chefs du gouvernement émigré à Londres décidèrent alors son exécution, et il fut tué par des agents parachutés d'Angleterre (attentat du 27 mai 1942). En représailles, le 10 juin, les SS brûlèrent le village de Lidice, exécutant toute la population mâle, tandis que les femmes étaient envoyées en camp de concentration. Jusqu'à la fin de la guerre, le protectorat resta soumis à un régime policier féroce. À Londres, Benes, dans l'espoir de sauvegarder, après la victoire alliée, l'indépendance tchécoslovaque, signa une alliance de vingt ans avec l'URSS (12 déc. 1943). Grâce à l'avance des troupes soviétiques, il put établir un gouvernement provisoire à Kosice, en Slovaquie, dès le 3 avr. 1945 et, le 16 mai suivant, il rentrait à Prague.

Le premier gouvernement, présidé par un socialiste de gauche, Fierlinger, fut un cabinet d'union nationale qui comptait sept communistes. Ce ministère procéda à la nationalisation des industries clés et des banques (24 oct. 1945) et à l'expulsion des minorités allemande et hongroise. Aux élections de mai 1946, les communistes, avec 38 % des voix, devinrent le premier parti, et un nouveau gouvernement de coalition fut formé, mais sous la présidence du communiste Gottwald. Le veto mis par l'URSS à l'adhésion de la Tchécoslovaquie au plan Marshall (juin 1947) ébranla l'union établie à la libération du pays. Le noyautage de la police par les communistes entraîna la démission de onze ministres « bourgeois » (20 févr. 1948), et le parti communiste, en organisant de gigantesques manifestations, en interdisant des journaux et en procédant à de nombreuses arrestations, assura le succès du « coup de Prague » (25 févr. 1948). Avec la sanction de Benes, Gottwald forma un nouveau gouvernement, uniquement composé de communistes et de sympathisants ; Jan Masaryk, resté cependant ministre des Affaires étrangères, trouva la mort deux semaines plus tard en « tombant » d'une fenêtre (10 mars).

La Tchécoslovaquie, démocratie populaire

À la suite des élections de mai 1948, une nouvelle Constitution, que Benes refusa de signer (il démissionna le 7 juin et mourut trois mois plus tard), fit de la Tchécoslovaquie une démocratie populaire. Le commerce tchécoslovaque fut désormais entièrement orienté vers les pays du bloc communiste (matériel d'équipement lourd, armes). Dès 1949, l'État entra en conflit avec l'Église catholique, et Mgr Beran, archevêque de Prague, fut confiné dans sa résidence, puis arrêté et libéré en 1963.

Cependant, les luttes de tendances au sein de la direction communiste se manifestèrent par la condamnation à mort et l'exécution de Clementis, ancien ministre des Affaires étrangères, et de Slansky, ancien secrétaire général du parti (nov. 1952). Gottwald, devenu président de la République après Benes, mourut en mars 1953. Il eut pour successeurs Zápotocky (1953/57), puis Novotny, lequel cumula ses fonctions avec celles de secrétaire du Comité central du PC.

Les premiers signes de la fermentation qui devait aboutir à la grande crise de 1968 apparurent dans les milieux intellectuels. Bientôt, au sein même de la direction communiste, le stalinien Novotny se trouva aux prises avec un groupe de « libéraux » menés par Alexandre Dubcek (v.), premier secrétaire du PC slovaque ; Novotny dut démissionner et fut remplacé par Dubcek (5 janv. 1968). Tout en s'efforçant de rassurer l'URSS – notamment par l'élection à la présidence de la République du général Svoboda, qui avait jadis combattu aux côtés des troupes soviétiques –, la nouvelle direction supprima presque entièrement la censure, libéra les écrivains emprisonnés et réhabilita les victimes de la période stalinienne ; il adopta une attitude plus favorable à l'égard de l'Église, autorisa les voyages à l'étranger, élabora même une réforme des statuts du PC prévoyant notamment le droit à l'existence de minorités contestataires, la généralisation du vote secret, la limitation de la durée d'exercice des fonctions dirigeantes.

Ce **printemps de Prague** suscita un immense enthousiasme, surtout dans la jeunesse étudiante, et une vive curiosité, à l'étranger, pour cette tentative de « socialisme à visage humain ». Mais l'inquiétude grandissait à Moscou, où l'on craignait que l'exemple de la Tchécoslovaquie ne contaminât rapidement toutes les autres démocraties populaires. L'Armée rouge et les troupes du pacte de Varsovie (à l'exception des Roumains) envahirent la Tchécoslovaquie avec quelque 300 000 hommes, dans la nuit du 20 au 21 août 1968. Le gouvernement Dubcek ayant renoncé à une résistance militaire, l'occupation fut très rapide, mais l'URSS et ses alliés se heurtèrent à la résistance passive de la population. Après avoir emprisonné l'équipe dirigeante, les Soviétiques furent obligés de la remettre au pouvoir (26 août) ; mais, en même temps, ils soumirent la Tchécoslovaquie à leur tutelle et refusèrent tout engagement sur la fin de l'occupation militaire. Cette intervention militaire à Prague fut acceptée avec passivité par les Occidentaux, mais elle provoqua de profonds remous dans le mouvement communiste international. Restée pendant quelques mois encore au pouvoir, l'équipe Dubcek ne put cependant poursuivre sa politique de libéralisation ; elle réalisa du moins une réforme importante en faisant de la Tchécoslovaquie un État fédéral, où les Slovaques jouissaient enfin d'une large autonomie régionale (1er janv. 1969).

Le processus de « normalisation » se déclencha à partir du remplacement de Dubcek par Gustav Husák comme premier secrétaire du PC tchécoslovaque (17 avr. 1969). Dans les mois qui suivirent, les collaborateurs de Dubcek – Josef Smrkovsky, Ota Sik, Frantisek Kriegel... – furent exclus de leurs fonctions et parfois du parti, lequel fut soumis à une profonde épuration (500 000 exclus).

En 1975, G. Husák cumula tous les pouvoirs en succédant au général Svoboda à la présidence de la République. Cependant, le souvenir du « printemps de Prague » ne s'effaçait pas des mémoires, ni les libertés qui l'avaient accompagné. La Tchécoslovaquie eut, comme en URSS, ses dissidents, tels les signataires de la *Charte 77*, défenseurs des droits de l'homme. Les timides réformes provoquèrent plus de méfiance que d'intérêt. Le remplacement à la tête du parti, en 1987, de G. Husák par Miklos Jakes, exécuteur des grandes purges de l'après-1968, dessinait les limites des velléités réformatrices du parti.

De la « révolution de velours » à la partition

En nov. 1989, après la Pologne, la Hongrie, la RDA et la Bulgarie, la Tchécoslovaquie à son tour mit fin à quarante ans de monolithisme : après la destitution des responsables de la normalisation (dont M. Jakes en nov. et G. Husák en déc.), un gouvernement à majorité non communiste fut nommé et des élections libres furent annoncées pour 1990.

Le « printemps de Prague » triomphait enfin, le 28 déc. 1989, avec l'élection de A. Dubcek à la présidence du Parlement. Le même jour, Vaclav Havel, plusieurs fois emprisonné, écrivain et fondateur de la Charte 77 (le plus important mouvement d'opposition à la normalisation), devenait président de la République.

Cette « révolution de velours » permit la tenue, en juin 1990, des premières élections libres depuis 1946. La nette victoire du Forum civique (46 % des voix), et de son homologue slovaque Public contre la violence (VPN), offrait désormais au pays une majorité capable de le diriger progressivement vers l'économie de marché, sous l'impulsion du ministre de l'Économie Vaclav Klaus, et d'orienter sa politique étrangère vers un ancrage à l'Occident (entrée au Conseil de l'Europe à l'hiver 1991). Cependant, la vie politique du pays était dominée par la question des rapports entre Tchèques et Slovaques. Aux élections de juin 1992, le système de partis né de l'éclatement de Forum civique et de Public contre la violence marquait, certes, l'ancrage démocratique du pays, mais ôtait à celui-ci la possibilité d'une direction homogène : les deux partis victorieux, le parti démocratique civique (ODS) du Tchèque Vaclav Klaus et le Mouvement pour la Slovaquie démocratique (HZDS) de Vladimir Meciar étaient d'autant plus opposés sur l'avenir de la fédération que ce dernier s'était fait élire sur un programme comportant des revendications séparatistes. Il ne restait plus à V. Klaus et à V. Meciar, désignés respectivement à la tête des gouvernements tchèque et slovaque, qu'à engager les négociations en vue d'une partition de la fédération. En raison de son incapacité à influer en faveur du maintien de la fédération, Vaclav Havel démissionna de son poste en juill. 1992 et la partition fut votée par l'Assemblée fédérale le 25 nov. 1992. Voir **SLOVAQUIE** et **TCHÈQUE (République)**.

TCHE HOUANG-TI. (*259, † 210 av. J.-C.). Empereur chinois (221/210 av. J.-C.). Voir **CHE HOUANG-TI.** et **CHINE.** Des débuts de l'Empire à la fin des Han.

TCHÉKA, abréviation des deux mots russes *Tchrezvyitchaïnaïa Kommissia* « Commission extraordinaire » (pour la répression de la contre-révolution et du sabotage). Police secrète soviétique créée le 7 (20) décembre 1917 et dirigée par Félix E. Dzerjinski. Elle prit la suite de l'ancienne police secrète tsariste, l'Okhrana. Lors de la révolution et de la guerre civile, elle instaura le règne de la terreur. Le 6 févr. 1922, elle fut remplacée par la Guépéou (v.).

TCHEOU, *Zhou* en pinyin. Dynastie impériale qui régna sur la Chine de 1050 environ à 256 av. J.-C. Voir **CHINE.** Des origines à la fin des Tcheou.

TCHÈQUE (République), *Ceska Republika.* État d'Europe centrale ; capitale *Prague.* La République tchèque est issue de la partition de la Tchécoslovaquie, effective au 1er janvier 1993.

La formation du nouvel État, négociée par les Premiers ministres tchèque et slovaque, Vaclav Klaus et Vladimir Meciar, fut accueillie sans enthousiasme par l'opinion publique tchèque. Président de l'ex-Tchécoslovaquie, Vaclav Havel fut élu d'extrême justesse en janv. 1993 à la présidence de la République tchèque. La coalition libérale au pouvoir, réunissant le parti démocratique civique (ODS), dirigé par le Premier ministre V. Klaus, l'Alliance démocratique et les démocrates-chrétiens, poursuivit la transition vers l'économie de marché, et le pays fut le seul parmi les anciennes démocraties populaires à maintenir un taux de chômage inférieur à 5 %. En 1995, le secteur privé représentait 80 % du PIB, mais les réformes structurelles restaient limitées et l'appareil industriel obsolète. La diplomatie de la République tchèque, tournée vers l'Ouest, fut compliquée par des tensions avec l'Allemagne sur la question des Sudètes ainsi que par une séparation grandissante d'avec la République slovaque (baisse des échanges commerciaux et installation d'une véritable frontière). Poursuivant la modernisation de son économie, la République tchèque fut le premier pays de l'ancien bloc communiste à adhérer à l'OCDE, en nov. 1995.

Le Premier ministre V. Klaus, privé de sa majorité parlementaire en juin 1996, se maintint pourtant au pouvoir jusqu'en nov. 1997, date à laquelle il démissionna à la suite d'un scandale lié au financement de son parti, l'ODS. Les législatives de juin 1998 virent le succès du parti social-démocrate tchèque (CSSD) qui, faute de majorité, instaura un gouvernement minoritaire dirigé par son chef Milos Zeman, mais paradoxalement soutenu par son adversaire, l'ODS. Aux prises avec une situation économique difficile et une hausse du chômage, le nouveau gouvernement entérina l'adhésion du pays à l'OTAN en mars 1999 et entama les négociations officielles d'adhésion à l'Union européenne en févr. 2000. Depuis le 1er mai 2004, la République tchèque fait partie de l'Union européenne.

TCHERKESSES. Peuple caucasien établi au S. du Kouban et appartenant au groupe linguistique des Abkh-azes-Adyghéens. Les Tcherkesses (ou *Circassiens*) ont conservé jusqu'au début du XXe s. leur organisation patriarcale et hiérarchique, avec une classe de « nobles » et une caste de « princes », ces derniers élisant un prince suprême, le *vali.* Convertis à l'islam sunnite à partir du XVIe s., les Tcherkesses ne furent soumis par les Russes qu'en 1864 ; une grande partie d'entre eux préféra émigrer dans l'Empire ottoman. Les Tcherkesses de la Fédération de Russie sont aujourd'hui répartis entre les républiques des Karatchaïs-Tcherkesses, des Adyghéens et de Kabardino-Balkarie.

TCHERNENKO Constantin Oustinovitch (* Bolchaïa Tes, Territoire de Krasnoïarsk, Sibérie, 24.IX.1911, † 10.III.1985). Homme politique soviétique. À la mort de Y. Andropov, il fut élu secrétaire général du PCUS (13 févr. 1984) et président du présidium du Soviet suprême (13 avr.). Il mourut au bout de 13 mois au pouvoir.

TCHERNOBYL. Ville d'Ukraine, sur le Pripyat, affluent du Dniepr. L'explosion, le 26 avr. 1986, de l'un des réacteurs de sa centrale constitua le plus grave accident de l'histoire de l'énergie nucléaire civile et révéla les insuffisances de la technologie soviétique dans ce domaine. La catastrophe a causé officiellement la mort de 15 000 personnes et entraîné l'évacuation de 165 000 autres. Dans la région contaminée, le taux de cancers de la thyroïde est, depuis 1991, cent fois supérieur à la moyenne. Malgré de nombreux incidents de fonctionnement, la centrale continua cependant à être utilisée, le gouvernement ukrainien usant de la menace qu'elle représentait pour négocier avec l'Union européenne des compensations financières. Après l'obtention d'ultimes prêts, accordés par la Commission européenne et la BERD, début déc. 2000, pour la construction de nouveaux réacteurs, la centrale fut officiellement fermée le 15 déc. 2000.

TCHÉTCHÉNIE (République de). Membre de la Fédération de Russie ; capitale *Grozny* Située dans le Nord-Caucase, elle tire son nom des Tchétchènes, peuple de langue caucasienne, converti à l'islam à la fin du XVIIIe s. Après avoir combattu l'avancée russe dans le Caucase entamée sous Catherine II, les Tchétchènes furent refoulés dans la montagne. En 1824, ils prirent la tête de la révolte des peuples du Caucase central, conduite par l'imam Chamil. Défaits en 1859, ils tentèrent, à l'issue de la révolution d'Octobre 1917, de retrouver leur indépendance. En nov. 1922, le pouvoir soviétique les dota d'une région autonome, la Région autonome (RA) de Tchétchénie, qui fut, en nov. 1934, réunie à la RA d'Ingouchie. En déc. 1936, la RA de Tchétchéno-Ingouchie accéda au statut de république autonome. Celle-ci fut abolie, en 1944, après que ses habitants eurent été accusés de collaboration avec l'Allemagne et massivement déportés au Kazakhstan. En 1957, les Tchétchènes et les Ingouches regagnèrent le Caucase et leur république fut rétablie.

Alors que l'URSS se disloquait, les Tchétchènes élurent pour président, en oct. 1991, à l'issue d'un scrutin boycotté par les Ingouches, le général Djokhar Doudaïev qui proclama le mois suivant l'indépendance et refusa de ratifier, en mars 1992, le traité fédéral entre les anciennes républiques autonomes. Contesté par une partie de la population et combattu par une opposition que Moscou armait, Doudaïev ordonna la dissolution du Parlement en avr. 1993. L'entrée massive des troupes russes en Tchétchénie, en déc. 1994, rétablit « l'union sacrée » autour de sa personne. La « deuxième guerre du Caucase » fut déclenchée par Moscou pour des raisons territoriales – empêcher toute contagion sécessionniste au sein de la Fédération – et stratégiques – assurer à la Russie la maîtrise d'un important oléoduc. En Russie, ce conflit meurtrier (env. 40 000 morts et 400 000 personnes déplacées) a suscité une forte opposition, tandis que, sur le plan international, elle a retardé l'admission de la Russie au Conseil de l'Europe et terni l'image de B. Eltsine. L'accord de désarmement, conclu en juill. 1995, conduisit les indépendantistes tchétchènes à intervenir hors de leur république. En avr. 1996, leur chef, D. Doudaïev, fut tué au cours d'un bombardement russe et son remplaçant, Zemlikhan Iandarbaïev, conclut en mai un cessez-le-feu avec B. Eltsine, qui signa en nov. un décret sur le retrait total des troupes russes. L'accession au pouvoir en Tchétchénie d'Aslan Maskhadov, en janv. 1997, permit de conclure (en mai) un accord de paix, sans pour autant régler la question du statut de la République tchétchène.

Maskhadov annonça en févr. 1999 la proclamation de la charia sur le territoire, en vue de créer une république indépendante et islamique. Fin août et début sept., une vague d'attentats frappa Moscou et le Daghestan. En sept. 1999, la Russie entama une deuxième guerre de Tchétchénie, qu'elle refusa d'appeler une guerre, parlant d'opération de police contre des terroristes ou des « brigands ». Tandis que les forces russes bombardaient la capitale tchétchène, Grozny, et bloquaient la frontière avec l'Ingouchie, par où fuyaient les réfugiés, B. Eltsine refusa d'ouvrir des négociations en Tchétchénie. L'implication de son successeur, Vladimir Poutine, dans ce conflit lui valut une large popularité. Début févr. 2000, les troupes russes entrèrent dans Grozny en ruines et, à la fin du mois, l'ONG Médecins du monde dénonçait les violences des troupes russes et l'existence de « camps de filtration », où tous les droits humains étaient bafoués. V. Poutine plaça la Tchétchénie, où les affrontements et les exactions continuaient, sous son administration directe avant de nommer, en juin 2000, un administrateur provisoire, Akhmad Kadyrov. Après le refus de V. Poutine en mars 2001, de donner une solution politique à ce qu'il considérait comme une affaire intérieure, le 23 oct. 2002, dans un théâtre de Moscou, 700 spectateurs furent pris en otages par des Tchétchènes exigeant le retrait des forces fédérales du territoire de leur république. La prise d'assaut par les forces spéciales russes se solda par 129 morts

TCHINE ou **TABLE DES RANGS.** Organisation de la noblesse russe établie en 1722 par Pierre le Grand et restée en vigueur jusqu'à la révolution de 1917. Son principe fondamental était de faire reposer les titres et les honneurs non sur la naissance mais sur les mérites personnels au service du tsar. Tous les nobles anciens ou nouveaux, riches ou pauvres, y étaient classés d'après leur fonction dans l'État, dans l'une des trois hiérarchies parallèles (armée, service civil, service de cour) comprenant chacune quatorze échelons.

TCHOÏBALSAN Khorloghine (* Baian-Toumen, auj. Tchoïbalsan, E. de la Mongolie ?, † Moscou, 1952). Homme politique et militaire mongol. Premier ministre de 1939 à 1952. Voir MONGOLIE.

TCHOUÏKOV Vassili Ivanovitch (* près de Toula, 1899, † Moscou, 18.III.1982). Maréchal soviétique. Ancien ouvrier d'usine, il assuma la défense de Stalingrad (nov. 1942/janv. 1943), puis participa à la grande offensive de Tolboukhine, s'empara d'Odessa (10 avr. 1944) et reçut la reddition de Berlin (2 mai 1945).

TCHOUVACHES. Peuple principalement établi dans la république de Tchouvachie, membre de la Fédération de Russie, établi sur les rives de la moyenne Volga, entre Gorki et Kazan. D'origine finnoise selon les uns, selon d'autres descendants des Bulgares de la Volga et même des Huns, ils passèrent au XVIe s. sous la domination russe et se convertirent presque tous au christianisme au XVIIIe s. La République socialiste soviétique autonome tchouvache a proclamé sa souveraineté en 1990 ; son autonomie a été reconnue par le traité fédéral de mars 1992.

TCHOU YUAN-TCHANG, *Zhu Yuanzhang* en pinyin (* dans le Ngan-houei, 1328, † Nankin, 1398). Empereur de Chine sous le nom de **Hong-wou** (1368/98), fondateur de la dynastie des Ming. Fils d'un paysan pauvre, bonze défroqué, il se fit chef de bande lorsque commença, en 1352, la révolte populaire de la Chine méridionale contre la dynastie mongole des Yuan. Il sut, par son humanité, se rallier les populations. Maître de Nankin dès 1356, il y établit un véritable gouvernement, alors que l'anarchie régnait dans le reste de la Chine. Il devint maître de toute la Chine méridionale par la prise de Canton (1367) et aussitôt marcha sur Pékin, d'où il chassa le dernier Mongol en sept. 1368. Il renoua avec la tradition des T'ang et s'appliqua à restaurer l'unité chinoise. Toutefois, il maintint sa capitale à Nankin. Bien qu'aimant à s'entourer de bouddhistes, il remit en honneur le confucianisme. Il se montra de plus en plus tyrannique à la fin de son règne et procéda à des milliers d'exécutions. Son continuateur fut son second fils et deuxième successeur, Yong-lo (v.).

TECUMSEH (* Piqua, Oregon, vers 1768, † près de la Thames, 5.X.1813). Chef indien américain, du peuple des Shawnees, il tenta vers 1805, avec son frère Tenskwatawa, dit « le Prophète », d'unir tous les Indiens des États-Unis et du Canada contre les Blancs. La victoire de Harrison sur Tenskwatawa à Tippecanoe (7 nov. 1811) fit échouer cette entreprise. Tecumseh s'allia alors aux Anglais dans la guerre de 1812, et trouva la mort à la bataille de la Thames.

TEFNAKHT. Roi d'Égypte (vers 727/716 av. J.-C.). Prince de Saïs, il étendit son autorité sur tout le Delta en fédérant les royaumes du Nord. Il entreprit de reconstituer l'unité de l'Égypte, pénétra en Moyenne-Égypte, mais se heurta au prince nubien Piankhi, qui le refoula vers le Nord et prit Memphis. Lorsque les Nubiens se furent repliés dans la haute vallée du Nil, Tefnakht semble avoir restauré son autorité sur l'ouest du Delta et jusqu'à Memphis. Vers 720, il prit le titre de roi et fonda la XXIVe dynastie. Il eut pour fils et successeur Bocchoris.

TÉHÉRAN (conférence de, 28 nov./1er déc. 1943). Première des conférences qui réunirent les chefs alliés de la Seconde Guerre mondiale, Roosevelt, Churchill et Staline. Elle fut consacrée surtout aux problèmes de l'ouverture d'un « second front » en Normandie, mais son importance tient d'abord à ce qu'elle mit pour la première fois en présence Staline et F. D. Roosevelt.

TELEKI Pál (* Budapest, 1er.XI.1879, † Budapest, 3.IV.1941). Homme politique hongrois. Il fut ministre des Affaires étrangères du gouvernement formé à Szeged contre Béla Kun. Président du Conseil (juill. 1920/avr. 1921), ministre de l'Instruction publique en 1938, il redevint Premier ministre en févr. 1939. Partisan d'une révision du traité de Versailles, mais opposé à l'Allemagne, il profita du démembrement de la Tchécoslovaquie (mars 1939) pour annexer la Ruthénie, mais s'efforça de tenir son pays en dehors de la guerre, marchandant avec les puissances de l'Axe, qui lui accordèrent, en août 1940, l'an-nexion d'une partie de la Transylvanie. En compensation, il dut adhérer au pacte tripartite (nov. 1940). Au printemps de 1941, il refusa, en dépit des pressions du Reich, d'entrer en guerre contre la Yougoslavie et, voyant que sa politique de neutralité était condamnée, il préféra se suicider.

TEMPLE. Au sens strict, espace délimité où la divinité est censée se manifester. Avant d'être un lieu de prière et de sacrifice, le temple est d'abord la demeure du dieu. Cet espace sacré a pu être une grotte, une caverne, un bois ou une aire ceinte d'une clôture de bois ou de pierre. Tels furent les premiers sanctuaires helléniques. Les Celtes et les Germains n'en eurent pas d'autres. Ailleurs, l'espace sacré se situait au sommet d'une colline ou d'une montagne et, par la suite, l'architecture de certains temples (tel le Borobudur à Java) devait évoquer la montagne sacrée.

Égypte et Mésopotamie

De la période antérieure au XVIe s. av. J.-C. subsistent en **Égypte** des temples funéraires élevés au pharaon-dieu près des pyramides (Sakkara, Gizèh), ou des hypogées (sépultures souterraines) de la vallée des Rois, ainsi que des temples solaires (XXVe s.) au S. de Gizèh. Au XIVe s., le pharaon Aménophis IV érigea un temple solaire au dieu Aton à Amarna. Les grands temples égyptiens, sans cesse réaménagés et reconstruits, sont l'œuvre de la dynastie ramesside (vers 1320/1200 av. J.-C.).

Au milieu d'un vaste sanctuaire comprenant les demeures des prêtres, les greniers, les magasins, l'école, etc., s'élevait le temple proprement dit. On y accédait par une allée bordée de sphinx et terminée par deux obélisques. La façade du temple (*pylône*), monumentale, formait une sorte de rempart du lieu sacré. Du pylône, on pénétrait dans une vaste *cour rectangulaire* où se massaient les fidèles pour assister à la sortie du dieu lors des fêtes. La *salle hypostyle* suivante n'était accessible qu'à des assistants privilégiés. La plus célèbre, celle du temple de Karnak (XIVe/XIIIe s.), mesure 103 m sur 52 m et son plafond s'élève à 23 m. Derrière cette salle, d'autres vestibules et couloirs encadraient le lieu le plus secret du temple : le sanctuaire. Dans cette pièce de dimensions restreintes, la statue du dieu (parfois de plusieurs) n'était visible que pour le pharaon et les prêtres.

Le temple égyptien devait donner une impression de puissance et de mystère. Plus on avançait vers le sanctuaire, plus le sol s'exhaussait et plus le plafond s'abaissait. De même, après la cour rectangulaire baignée de lumière, on entrait dans la salle hypostyle déjà dans une semi-obscurité, avant d'arriver au sanctuaire qui, n'ayant aucune ouverture extérieure, n'était qu'à peine éclairé. Les peintures décorant les murs de ces différentes pièces représentaient les mystères du dieu, les hauts faits du pharaon, les grands mythes de la création et de l'organisation du monde. Ce plan type se retrouve dans les temples d'Amon à Karnak et Louxor, d'Osiris à Abydos, d'Horus à Edfou.

Les Égyptiens construisirent également des temples rupestres creusés dans la falaise, tel celui de Ramsès II à Abou Simbel, déplacé à la suite de la construction du haut barrage d'Assouan dans les années 1960.

En **Mésopotamie**, les temples, à la fois forteresses, centres économiques et culturels, et demeures des dieux, avaient également des dimensions considérables. Caractéristique de ces sanctuaires était la présence, à côté du temple proprement dit, de la tour à étages, la ziggourat (v.).

Le temple de Jérusalem

Après avoir utilisé un temple portatif (le *tabernacle*, qui abritait l'arche d'alliance) durant leur séjour au désert, les Israélites entreprirent, sous le roi Salomon (Xᵉ s.), la construction du premier temple de Jérusalem avec l'aide d'architectes et d'ouvriers phéniciens. Maison de Dieu et symbole de la foi monothéiste, on ne pouvait célébrer ailleurs que dans ce temple le culte de Yahvé. Détruit par le roi de Babylone, Nabuchodonosor II, en 586 av. J.-C., il fut reconstruit (vers 520/15 av. J.-C.) par Zorobabel, prince de Juda, qui avait ramené les Israélites exilés à Babylone. Toutefois, l'arche d'alliance ayant été détruite lors de la conquête par les Babyloniens, le Saint des Saints du temple était vide désormais. Hérode le Grand, roi de Judée dépendant de Rome, entreprit la reconstruction du temple en 20 av. J.-C. ; de dimensions beaucoup plus considérables, il ne fut achevé qu'en 63 apr. J.-C.

Ce troisième temple (dans la tradition juive, il est considéré comme le second temple, seulement réaménagé) comprenait un ensemble de cours et d'édifices, fermé par une muraille et défendu par une forteresse au N.-O. On pénétrait dans le sanctuaire par une première cour (le parvis des Gentils) accessible aux non-Juifs. Là, lors des grandes fêtes se pressaient les marchands d'animaux destinés aux sacrifices et les changeurs qui convertissaient en monnaie locale l'argent des pèlerins. À l'intérieur de cette première cour, une deuxième cour était réservée aux Juifs qui y pénétraient pieds nus. Cette cour était divisée en trois parties : le parvis des Femmes, le parvis d'Israël et le parvis des Prêtres. Dans cette dernière partie se trouvaient l'autel des holocaustes et la Mer d'airain où les prêtres faisaient leurs ablutions rituelles et enfin le temple proprement dit. Celui-ci comportait un vestibule, un sanctuaire, et enfin le Saint des Saints où seul le grand prêtre pénétrait lors de la fête de l'Expiation (*Yom Kippour*).

Détruit après la prise de Jérusalem par Titus (70 apr. J.-C.), le temple ne fut jamais reconstruit. Désormais le culte allait se dérouler dans les synagogues.

Grèce et Rome

Comme en Orient, en Grèce et dans le monde romain, le temple est d'abord la demeure du dieu. Le culte, lui, a lieu sur l'autel bâti à l'extérieur, devant le temple et il peut exister des sanctuaires sans temple. Les temples grecs ont conservé les dispositions des demeures archaïques : une simple pièce rectangulaire précédée d'un porche à colonnes. C'est au VIᵉ-Vᵉ s. av. J.-C. que la pierre a remplacé définitivement la brique et le bois dans la construction.

Le temple grec classique, orienté à l'est, comprend deux parties : un vestibule (*pronaos*) et la salle (*naos*) où se dresse la statue ; derrière celle-ci se trouve l'*opisthodome* (la « salle arrière »), la salle du trésor. Le plus souvent, les fidèles ne pénètrent pas dans le *naos* et n'aperçoivent la statue que par la porte ouverte lors des fêtes. Certains temples (tel le temple d'Apollon à Delphes) abritent un oracle ; dans ce cas, est aménagé un *adyton*, chambre secrète inaccessible aux consultants. D'autres sont des temples aménagés pour la célébration de mystères (Éleusis, par exemple qui comporte une grande salle hypostyle).

Dès la fin du VIIᵉ s. av. J.-C., deux grands styles (« ordres ») caractérisent la construction des temples. Les plus beaux exemples de temples doriques se trouvent en Grande-Grèce (Paestum), à Athènes (Parthénon) ou au cap Sounion (temple de Poséidon). L'ordre ionique prévaut surtout dans les îles égéennes et en Asie Mineure (Smyrne, Phocée), mais on le retrouve aussi à Athènes (Érechthéion).

Les premiers temples romains monumentaux ont été bâtis selon le type des temples étrusques (v. ÉTRUSQUES). À la différence des temples grecs, ils étaient construits sur un podium auquel on accédait par une volée de marches. Le portique précédant le sanctuaire était plus profond que dans les temples grecs. Le temple rond, exceptionnel en Grèce, était plus fréquent dans le monde romain (temple de Vesta, Panthéon à Rome), tout comme le temple *pseudopériptère* (à colonnes engagées dans les façades latérales), telle la Maison carrée de Nîmes.

TEMPLE (le). Ancien monastère fortifié de l'ordre des Templiers à Paris, construit vers la fin du XIIᵉ. Le donjon, la *tour du Temple*, ne fut démoli qu'en 1811. Les Templiers y conservaient leur trésor et leurs archives. Après la suppression de l'ordre sous Philippe le Bel, les bâtiments furent attribués en partie aux chevaliers de Saint-Jean de Jérusalem, qui en firent la maison provinciale du grand prieuré de France. Après le 10 août 1792, Louis XVI et la famille royale furent incarcérés au Temple. Sous le Consulat et l'Empire, il servit encore de prison : Toussaint Louverture, Pichegru, Moreau, Cadoudal y furent enfermés.

TEMPLIERS ou **Chevaliers du Temple** ou **Pauvres Chevaliers du Christ et du Temple de Salomon**. Ordre religieux militaire fondé en 1118 à Jérusalem (conquise sur les musulmans depuis 1099) par huit chevaliers français groupés autour du Champenois Hugues de Payns. Le roi de Jérusalem, Baudoin II, leur donna une maison sur l'emplacement du temple de Salomon (d'où leur nom), et leur fondation fut approuvée au concile de Troyes. Organisés selon la règle cistercienne, les Templiers comprenaient des chevaliers et des chapelains, également nobles, mais aussi des sergents et des domestiques ; l'autorité suprême appartenait à un grand maître, élu par les Chevaliers du Temple de Jérusalem, qui devait consulter le chapitre pour les actes les plus importants et était lié par le vote de la majorité.

Avec les hospitaliers de Saint-Jean, les Templiers formèrent l'armée permanente des États latins d'Orient. Ils construisirent des forteresses dont il subsiste des ruines imposantes : Safed, Tortose, Toran, le krak des Chevaliers, le château des Pèlerins. Grâce aux privilèges que lui avaient conférés les papes, le Temple devint bientôt une puissance financière considérable ; grâce à ses commanderies qui jalonnaient la route de la Terre sainte, grâce aussi à sa scrupuleuse comptabilité, l'ordre était devenu la première banque internationale de tous les temps et monopolisait pratiquement les opérations financières relatives au commerce avec l'Orient. Il employait souvent ses richesses pour les meilleures causes, par exemple le rachat des chrétiens captifs, mais s'attirait aussi des haines grandissantes, surtout lorsque la perte définitive de la Palestine (1291) lui eut fait perdre sa raison d'être originelle. Dès lors, les Templiers ne furent plus guère que des banquiers.

Au début du XIVe s., ils étaient environ 15 000, dont 2 000 en France, lorsque Philippe le Bel résolut de s'attaquer à l'ordre pour s'emparer de ses trésors. Le 13 oct. 1307, le grand maître, Jacques de Molay, et soixante Templiers furent arrêtés sous l'inculpation d'hérésie et de crimes divers (profanation, idolâtrie, sodomie). Soumis à la torture, les accusés avouèrent tout ce qu'on voulut, et Clément V, ébranlé par ces aveux, ordonna aux autres princes chrétiens d'arrêter les Templiers de leurs États (janv./mai 1308). Puis le pape se ravisa, confia à des commissions ecclésiastiques le soin d'une contre-enquête, au cours de laquelle les Templiers se rétractèrent. Mais le faible Clément V n'était pas de taille à résister longtemps au roi qui l'avait mis sur le saint-siège. Aussi bien les légistes de Philippe le Bel s'employaient-ils à créer un climat de terreur : en mai 1310, Enguerrand de Marigny (v.) obtint de son frère, archevêque de Sens, la condamnation comme relaps de cinquante-quatre Templiers qui avaient rétracté leurs aveux, et qui furent brûlés vifs. Pourtant, le concile de Vienne (oct. 1311) refusa de reconnaître la culpabilité des Templiers. Mais Philippe le Bel fit pression sur Clément V qui, par la bulle *Vox in excelsis* (3 avr. 1312), prononça la dissolution de l'ordre, dont les biens furent transférés aux hospitaliers (ce qui frustrait Philippe le Bel des profits espérés). Les Templiers persistant dans leurs aveux retrouvèrent leur liberté. Mais le 19 mars 1314, le grand maître, Jacques de Molay, et le chef de la province de Normandie, Geoffroi de Charnay, amenés sur un grand échafaud dressé devant Notre-Dame de Paris, furent sommés de répéter le récit de leurs crimes devant la foule assemblée. Ils protestèrent courageusement, dénonçant l'absurdité des accusations dont ils étaient victimes et proclamant la pureté et la sainteté de leur ordre. Philippe le Bel, furieux, les envoya le soir même au bûcher comme relaps. L'innocence des Templiers, proclamée par Dante dans son *Purgatoire*, est aujourd'hui à peu près unanimement reconnue.

TEMPS MODERNES. Nom donné à l'une des quatre grandes périodes de l'Histoire. Voir **MODERNES (Temps)**.

TENDAI. Secte bouddhique japonaise, inspirée d'une secte chinoise. Elle fut introduite au Japon en 804 par le prince Saichô, rentrant d'une mission sur le continent. La secte tendai montrait dans le domaine doctrinal le plus grand éclectisme, mais, au cours de la période agitée des débuts du shôgunat, elle se constitua en une secte militaire, et sa puissance finit par devenir inquiétante. Au XVIe s., Oda Nobunaga décida de la réduire par la force. La secte s'était établie en une sorte de citadelle sainte, sur la montagne de Hieizan, au nord-ouest de Kyôto. Il fallut la prendre d'assaut ; la plupart des 3 000 temples qui s'y trouvaient furent rasés et les moines massacrés.

TÈNE (La). Site archéologique de Suisse, situé à l'extrémité orientale du lac de Neuchâtel, qui a donné son nom à la civilisation celtique du deuxième âge du fer (à partir de 500 environ av. J.-C.). Voir **CELTES**.

TENG HSIAO-PING, *Deng Xiaoping* en pinyin (* dans le Sseu-Tch'ouan, 1904, † Pékin, 19.II.1997). Homme politique chinois. Membre du parti communiste chinois dès 1924, il soutint l'ascension de Mao Tsé-toung et participa à la Longue Marche (1934/35). Il prit part à la guerre contre les nationalistes, devint secrétaire général du Comité central et membre du Bureau politique en 1954. En 1963, il était à la tête de la délégation chinoise qui entérina la rupture idéologique avec Moscou. Mais, dès 1966, il fut l'une des principales cibles de la « révolution culturelle » et ne revint au premier plan qu'en 1973. En 1975, il cumulait les vice-présidences du parti et du gouvernement. En

1976, Hua Kuo-feng (*Hua Guofeng*) parvint momentanément à l'écarter et obtint même de Mao sa destitution. Mais l'offensive contre la « bande des quatre », après la mort de Mao, ramena Teng une nouvelle fois au pouvoir. À la tête du mouvement modernisateur, véritable organisateur de la « démaoïsation », il fit nommer Premier ministre Zhao Ziyang et élire Hu Yaobang à la présidence du parti, puis Li Xiannian. Tout en conservant la mainmise sur l'armée, il orienta l'ensemble du pays vers l'ouverture au monde et la croissance économique. Ce sont les contradictions de ce programme dit « des quatre modernisations », sans projet de libéralisation politique, qui furent à l'origine des oscillations de son action.

Teng ne trouva d'autre issue à la crise de mai 1989 que la répression sanglante et la restauration autoritaire des valeurs du passé, alors qu'il domina l'opposition conservatrice au printemps 1992, en instaurant « l'économie socialiste de marché ». Officiellement retiré des affaires depuis cette époque, le « petit timonier », qui avait installé au pouvoir son « troisième successeur », Jiang Zemin, demeurait cependant la référence suprême du régime jusqu'à son décès, le 19 fév. 1997.

TENOCHTITLÁN. Ancienne capitale des Aztèques, qui s'élevait sur l'actuel site de Mexico. Elle fut fondée vers 1325 (ou peut-être 1370) sur des îles artificielles du lac de Texcoco. Son nom dérive de *Tenochca*, autre nom des Aztèques, lesquels prétendaient descendre du légendaire Tenoch. Les conquêtes de Montezuma Ier (1440/69) achevèrent de donner l'hégémonie à la cité. Cortés et les Espagnols y entrèrent le 8 nov. 1519, mais ils en furent chassés au cours de la « Nuit triste » (du 30 juin au 1er juill. 1520). Après trois mois de siège, Cortés s'empara de nouveau de Tenochtitlán, le 13 août 1521 et pour faire un exemple, ordonna de raser la ville, sur les ruines de laquelle fut construite la nouvelle cité de Mexico.

TENURE. À l'époque féodale, nom donné aux terres où les avantages de la propriété étaient partagés entre le concédant et le tenancier, lequel pouvait être un vassal, un colon non noble ou même un serf. On distingue ainsi la tenure noble (le *fief*), la tenure roturière (la *censive*) et la tenure servile. Au Moyen Âge, les tenures furent la règle quasi générale, les propriétés libres et franches ou *alleux* étant extrêmement rares. Voir **FÉODALITÉ**.

TEOTIHUACÁN. Ancienne ville du Mexique, au N.-E. de Mexico. Elle fut le centre d'une grande civilisation précolombienne qui s'épanouit entre les Ier et IXe ou Xe s. de notre ère. C'était une civilisation centrée sur le culte de Tlaloc, dieu de la Pluie, à côté duquel sont apparues, pour la première fois à Teotihuacán, des figures comme Quetzalcóatl, le serpent à plumes, et Chalchiutlicue, la déesse de l'Eau, appelées à connaître ultérieurement une grande fortune dans l'aire méso-américaine. La ville, qui n'avait pas de remparts, possédait des temples et des palais grandioses, qui bordaient l'« avenue des Morts », longue de près de 2 km et large de 40 m. L'édifice le plus impressionnant était la « pyramide du Soleil », haute de plus de 60 m sur 225 m de côté, et surmontée d'un temple aujourd'hui détruit. Les quartiers résidentiels devaient abriter une population très dense ; certaines maisons étaient ornées de peintures murales (fresques du « paradis de Tlaloc ») ; la ville possédait un égout souterrain. Teotihuacán, qui semble avoir connu son apogée vers le VIIe s. de notre ère, fut abandonnée à la suite d'une invasion, dans des circonstances encore inconnues. Ses monuments furent plus tard occupés par les Toltèques et les Aztèques.

TERRAY Joseph, Marie, dit **l'abbé** (* Boën, Forez, 1715, † Paris, 18.II.1778). Homme politique français. Conseiller clerc au parlement de Paris depuis 1736, il dut son ascension à la protection de Mme de Pompadour et fut nommé contrôleur général des Finances en 1769. Il ne trouva d'autre solution qu'une banqueroute déguisée, suspendit le paiement des assignations sur les fermes, réduisit de moitié les rentes perpétuelles et viagères, diminua les pensions, exigea 6 millions des nouveaux anoblis, 28 millions des possesseurs de charges financières ou judiciaires et 26 millions du clergé. Il réussit ainsi à ramener le déficit annuel à 25 millions. Ces mesures évidemment impopulaires le firent surnommer *Vide-Gousset*. Louis XV, tout en lui conservant son portefeuille, le fit intendant général des Bâtiments et directeur des Beaux-Arts. Mais l'établissement du monopole royal sur les grains (1770) fit accuser Terray et le roi lui-même d'un « pacte de famine ». Louis XVI, dès son avènement, renvoya Terray et le remplaça par Turgot.

TERRE-NEUVE, *Newfoundland*. Île de l'océan Atlantique, à l'embouchure du Saint-Laurent, formant avec la côte du Labrador la province canadienne de Terre-Neuve ; capitale *Saint John's*. Sans doute connue par de nombreux pêcheurs dès le haut Moyen Âge, Terre-Neuve fut « découverte » par John Cabot en 1497. Durant tout le XVIe s., des pêcheurs anglais, portugais, basques et français vinrent pêcher dans les parages de Terre-Neuve, mais, en 1583, sir Humphrey Gilbert vint prendre possession de l'île au nom de l'Angleterre. En 1662, les Français s'établirent dans la baie de Plaisance et l'île devint un des enjeux de la rivalité franco-britannique jusqu'à ce que la France reconnût les droits de l'Angleterre par le traité d'Utrecht (1713). La France conserva cependant jusqu'en 1904 des privilèges de pêche particuliers. En 1809, le Labrador lui fut rattaché administrativement. L'île reçut des institutions représentatives en 1812 et un gouvernement responsable en 1855. Elle bénéficia d'un statut de dominion en 1917, jusqu'à l'union avec le Canada (mars 1949).

TERRE PROMISE. La Palestine promise aux Hébreux sortant de la captivité en Égypte. Voir **Moïse**.

TERREUR. Période de la Révolution française qui va de sept. 1793 à juill. 1794.

La Terreur, « mise à l'ordre du jour » le 5 sept. 1793, était destinée à intimider les « ennemis de la nation ». Elle devait s'identifier au règne de la guillotine, mais elle se manifesta aussi par des mesures économiques draconiennes, telles que la loi du maximum (29 sept. 1793) – taxation des denrées de première nécessité et blocage des salaires. Alors que la monnaie ne cessait de s'avilir, en fixant les prix à un tiers seulement au-dessus du prix courant en 1790, cette loi ne put qu'encourager l'accaparement qu'elle voulait freiner. Le blocage des salaires frappait les petites gens, ouvriers, travailleurs agricoles, et leur mécontentement s'accrut.

L'un des aspects les plus horribles de la Terreur fut le vaste système de délation organisé dans toute la France par la Convention, qui donnait ainsi libre cours à toutes les vengeances personnelles : dès le 21 mars 1793 avaient été créés des comités de surveillance, appelés plus tard comités révolutionnaires, dont les pouvoirs ne cessèrent de s'élargir et qui se virent chargés de délivrer les certificats de civisme, de dresser la liste des suspects et de procéder à leur arrestation. Ces comités (plus de 20 000) étaient placés sous l'autorité du Comité de sûreté générale, qu'on a pu appeler à juste raison un véritable « ministère de la Terreur ».

À Paris, un tribunal d'exception, dit Tribunal révolutionnaire, avait été créé dès mars 1793 ; ses sentences étaient exécutoires dans les vingt-quatre heures et ne pouvaient faire l'objet ni d'appel ni de cassation ; son ressort, d'abord limité à la région parisienne, devait être étendu à tout le pays en avr. 1794. La loi du 17 sept. 1793 dite « loi des Suspects » définissait comme tels, non seulement les ci-devant nobles, les parents d'émigrés, les fonctionnaires destitués, mais tous ceux qui, par paroles, actions ou écrits, se montraient partisans du royalisme ou du fédéralisme ; les historiens évaluent à 400 000 personnes le nombre des « suspects » emprisonnés à la veille de Thermidor. Par la suite furent déclarés traîtres à la patrie et passibles de mort ceux qui avaient excité des inquiétudes sur le fait des subsistances, essayé de corrompre l'esprit public ou préparé un changement dans la forme du gouvernement (13 mars 1794) ; enfin, la fameuse loi du 22-Prairial (10 juin 1794), en supprimant la nécessité de la preuve, permit d'envoyer à la mort à peu près n'importe qui. Le nombre des victimes ne cessa d'augmenter en 1794 : de la loi de Prairial à la chute de Robespierre (27/28 juill. 1794), en moins de deux mois, 1 376 condamnés parisiens furent envoyés à la guillotine. Dans les provinces, la Terreur ne fut pas uniforme : elle sévit surtout dans l'Ouest (à cause de la Vendée) et dans le Sud-Est (où le « fédéralisme » était particulièrement puissant). Au total, 17 000 personnes environ furent guillotinées à la suite de procès, et 25 000 environ, dont la situation entraînait automatiquement la mort (rebelles, émigrés ou déportés rentrés clandestinement en France), guillotinées sur simple constat d'identité. Il convient d'ajouter à ces victimes condamnées dans un cadre légaliste, toutes celles qui furent exécutées au cours de massacres de masse, comme la population vendéenne : les noyades de Carrier (v.) à Nantes, les « colonnes infernales » de Turreau (v. **Vendée**) obligent à compter les morts par dizaines de milliers. À Lyon, insurgée de juill. à oct. 1793, la reprise de la ville se traduisit par 2 000 exécutions sommaires. Voir **France.** La Convention.

TERREUR BLANCHE. Nom donné à la réaction des royalistes contre les révolutionnaires puis contre les partisans de Napoléon. Elle se déchaîna en deux occasions :

– au **printemps 1795**, après l'échec des insurrections jacobines contre la Convention thermidorienne, le 12 germinal (1er avril) (v.) et les 1er, 2 et 3 prairial (20-22 mai) (v.). Les royalistes, qui s'organisèrent parfois en bandes armées, telles que les Compagnons de Jéhu et les Compagnons du Soleil, se livrèrent, surtout dans le Sud-Est, à des massacres contre les jacobins, les républicains, les protestants et les prêtres assermentés ;

– à **l'été 1815**, après Waterloo et la chute de Napoléon, contre des bonapartistes et d'anciens révolutionnaires dans l'ouest et surtout dans le midi de la France. La passion religieuse s'ajouta à la passion politique, dressant les catholiques fanatiques contre les protestants, qui, en majorité, s'étaient montrés favorables à la Révolution et à l'Empire. Des bandes royalistes, connues sous le nom de *verdets* (parce qu'elles portaient la cocarde verte, couleur du comte d'Artois, chef des « ultras »), s'armèrent et terrorisèrent le pays, où ils trouvaient d'ailleurs de nombreuses sympathies, car la conscription était particulièrement impopulaire dans le Midi (déjà en 1814, lors de son voyage vers l'île d'Elbe, Napoléon avait dû se déguiser pour échapper à la fureur des habitants de la vallée du Rhône). À Marseille, à la nouvelle de Waterloo, le peuple se souleva et massacra d'anciens mamelouks de la garde impériale (25 juin). À Toulouse, le général Ramel, qui avait tenté de désarmer les verdets, fut assassiné (15 août). Deux semaines plus tôt, le maréchal Brune, passant à Avignon, avait été tué et son cadavre jeté dans le Rhône. Ces troubles prirent fin à l'automne 1815, mais le gouvernement, dès le mois d'août, avait commencé une épuration légale qui aboutit à l'exécution de plusieurs généraux de l'Empire (Labédoyère, les frères Faucher « les jumeaux de La Réole », Ney, Mouton-Duvernet) et au bannissement des anciens conventionnels qui avaient voté la mort de Louis XVI.

TERRORISME. Ensemble d'actions violentes perpétrées pour entretenir un climat d'insécurité, dans un but politique. Historiquement et étymologiquement, le mot terrorisme est lié à la politique de la Terreur (v.) qui a régné en France de 1793 à 1794. Il naît donc dans l'État, à la tête de celui-ci. Le terrorisme d'État est ainsi parfois érigé en mode de gouvernement, comme le montrent les exemples des Khmers rouges (v.) au Cambodge, de la dictature en Argentine, de la Gestapo (v.) ou des purges staliniennes.

Le terrorisme contemporain n'a véritablement commencé qu'à la fin du XIXe s. avec les groupes anarchistes russes (v. nihilisme) et espagnols qui cherchaient à décapiter le pouvoir en place ou à créer la terreur par un climat révolutionnaire. La Première Guerre mondiale fut déclenchée, le 28 juin 1914, par un attentat perpétré à Sarajevo (v.) par un nationaliste serbe.

Le XXe s. a vu éclore de multiples formes de terrorisme, nationaux ou internationaux, aux finalités variées, aux méthodes changeantes, mais dont la cible reste en définitive l'opinion publique elle-même, atteinte *via* les médias qui constituent le relais indispensable de l'acte terroriste. C'est à partir de 1968, avec le détournement par un commando palestinien d'un avion de ligne israélien, que le terrorisme a pris une dimension plus internationale. Se focalisant sur le conflit israélo-arabe, il visa la plupart des pays européens, accusés de soutenir Israël ainsi que les intérêts américains dans le monde. Ces actions furent relayées en Europe par des groupuscules d'extrême gauche : Brigades rouges (v.) en Italie, Bande à Baader (v.) en Allemagne. On parla d'une internationale terroriste, certains groupes nationalistes comme l'ETA (v.) en Espagne, ou l'IRA (v.) au Royaume-Uni ayant des liens avec le terrorisme moyen-oriental. En 1973, l'OLP (v.) renonça à détourner les avions mais des groupes dissidents continuèrent à pratiquer ce type d'action. Cependant, le terrorisme palestinien resta soutenu par plusieurs États tels l'Iran, la Libye, et, suivant certaines accusations, l'Irak ou la Syrie, dans la mesure où il constituait un moyen de pression dans leurs rapports internationaux.

Les terrorismes ont connu une mutation profonde après la chute du mur de Berlin en 1989. Jusqu'alors, il s'agissait d'actes essentiellement politiques, œuvre de groupes organisés agissant dans un contexte de guerre froide. Depuis, dépourvu d'une justification idéologique globale, le terrorisme devient l'arme à tout faire de tous les types d'affrontement et revendications violentes dont sont porteuses les sociétés. Après l'Europe, les États-Unis furent touchés : en février 1993 par un attentat au World Trade Center de New York qui semblait plus lié aux mouvements islamistes qu'au conflit israélo-arabe et, en avril 1995, par un attentat à Oklahoma City, attribué à l'extrême droite américaine, qui fit plus de 200 victimes et traumatisa durablement le pays.

En mars 1995, un attentat au gaz sarin dans le métro de Tôkyô, attribué à une secte japonaise, concrétisait les pires craintes en matière de terrorisme : l'utilisation d'armes chimiques, bactériologiques ou nucléaires. Se fait jour aussi une diversification des mobiles, des enjeux et des justifications : économique, écologique, ou même simplement criminel.

Simultanément, le bilan des actes terroristes s'alourdit. Avant d'atteindre le chiffre de quelque 2 800 victimes occasionnées par les attentats du 11 septembre 2001 avec le détournement par des islamistes d'Al Qaida de quatre avions de ligne américains qui s'écrasèrent contre les Twin Towers de New York, sur le Pentagone à Washington et en Pennsylvanie, ceux de Bombay en 1993, ou de Dar es-Salaam et Nairobi en 1998 ont fait respectivement 317 et 224 morts. Le « Groupe islamique combattant marocain » revendique les attentats de la banlieue madrilène qui ont fait 191 victimes le 11 mars 2004. Directe et brutale, prête à frapper n'importe où dans le monde, la stratégie des nouveaux terroristes n'a plus pour objectif de contraindre responsables politiques ou décideurs à négocier mais d'imposer leurs vues, quels qu'en soient les mobiles ou la philosophie.

TESSÈRE. Petit objet (bois, métal, argile, etc.) porteur de privilèges ou d'avantages.

Tessère d'hospitalité. Dans la Rome antique, petit objet quelconque, morceau de bois, d'argile, d'os, d'ivoire, que deux hôtes cassaient en deux et dont ils gardaient, l'un et l'autre, une moitié, afin de se reconnaître et de s'obliger à l'avenir.

Tessère théâtrale. Petit jeton que les candidats aux magistratures, à Rome, distribuaient à leurs partisans et qui donnait droit à des places spéciales dans les jeux publics, les théâtres, etc. C'était en somme l'équivalent d'un billet de faveur.

Tessère frumentaire. Jeton qui donnait aux citoyens pauvres de l'ancienne Rome le droit de bénéficier d'une ration lors des distributions de l'annone (à Rome, administration chargée du ravitaillement).

TÊTES RONDES. Sobriquet par lequel, durant la guerre civile anglaise (1642/49), les « Cavaliers », partisans des Stuarts, désignèrent les parlementaires, parce que ces puritains amoureux d'austérité affectaient de porter les cheveux courts.

TÉTRARCHIE. Dans l'Antiquité, nom donné :

– à des petits États qui étaient des fractions d'un État plus grand : ainsi la Judée, à la mort d'Hérode le Grand (4 av. J.-C.), fut divisée en quatre tétrarchies (Galilée, Samarie, Judée, Pérée) ;

– à une forme de gouvernement dans laquelle le pouvoir était partagé entre quatre personnes. La tétrarchie fut établie dans l'Empire romain par Dioclétien en 293. Ce partage du pouvoir était une tentative pour porter remède aux maux que la crise du

IIIe s. avait mis en lumière : l'Empire étant désormais menacé par les Barbares sur la plupart de ses frontières, un seul empereur ne pouvait plus suffire à mener les opérations sur des théâtres trop éloignés les uns des autres ; il lui fallait donc s'en remettre à des généraux, mais ceux-ci étaient souvent tentés de commettre des usurpations. La tétrarchie répondait donc à la double nécessité de mieux assurer la sécurité de l'Empire et de préserver la succession régulière des souverains. Dioclétien établit d'abord une *dyarchie* (286) en s'associant le général Maximien sur un pied d'égalité, avec le titre d'« auguste » et la puissance tribunitienne. Dioclétien garda l'Orient et attribua à Maximien l'Occident. Devant le succès de cette première expérience, Dioclétien transforma la dyarchie en tétrarchie : les deux « augustes » s'adjoignirent deux « césars », Constance Chlore et Galère, qui étaient en quelque sorte des empereurs en second, appelés un jour à leur succéder. La succession impériale se faisait donc par cooptation, sans appel à l'hérédité ni à l'élection par le Sénat. Les augustes et les césars reçurent chacun une région particulière d'influence – Dioclétien, la Thrace, l'Asie et l'Égypte (résidence à Nicomédie) ; Galère, les Balkans (résidence à Sirmium) ; Maximien, l'Italie, la Sicile, l'Afrique et l'Espagne (résidence à Milan) ; Constance Chlore, la Gaule et la (Grande-) Bretagne (résidence à Trèves). Cependant, la tétrarchie ne devait nullement entraîner, dans l'esprit de Dioclétien, une rupture de l'unité impériale ; il n'y avait pas de partage des provinces, l'unité d'administration était maintenue, les empereurs étaient solidaires dans tous les actes officiels. La tétrarchie permit momentanément d'accroître l'efficacité gouvernementale et militaire ; mais elle sombra dans les guerres qui suivirent l'abdication de Dioclétien (305). À partir de la mort de Constantin Ier (337), l'Empire ne cessa plus d'être partagé entre deux ou trois titulaires. À la mort de Théodose Ier (395), la division entre un Empire d'Orient et un Empire d'Occident devint définitive.

TEUTOBURGER WALD, *Teutoburgiensis saltus*. Chaîne de montagnes boisées du N.-O. de l'Allemagne, s'étendant aux confins de la Westphalie et de la Basse-Saxe, entre l'Ems et la Weser. C'est dans cette région, aux environs de Detmold, que le chef chérusque Arminius anéantit trois légions romaines commandées par Varus (été 9 apr. J.-C.). Cette défaite obligea les Romains à ramener leur frontière sur le Rhin et mit fin aux projets de conquête de la Germanie.

TEUTONIQUE (ordre) ou **ordre des chevaliers Teutoniques de l'Hôpital Sainte-Marie de Jérusalem.** *Ordo Sanctae Mariae Teutonicorum*, en allemand *Deutscher Orden* ou *Deutscher Ritterorden*. Ordre religieux et militaire qui eut pour origine un hôpital fondé vers 1189 en Terre sainte, à Acre, par des bourgeois de Lübeck et de Brême. En 1198, l'ordre proprement dit fut créé par des chevaliers allemands qui se trouvaient en Palestine et qui désiraient suivre à la fois le règlement hospitalier de l'ordre de Saint-Jean de Jérusalem et les obligations militaires des Templiers dans la lutte contre les infidèles. Les chevaliers, qui se recrutèrent bientôt uniquement au sein de la noblesse allemande, portaient un manteau blanc marqué d'une grande croix noire. Treize ans à peine après sa fondation, l'ordre fut détourné pour la première fois de la Terre sainte et alla fonder en Transylvanie la ville de Kronstadt (Brasov), 1211. En 1226, il fut appelé sur les rives de la Baltique par le duc polonais Conrad de Mazovie, qui, pour lutter contre les Slaves de Prusse, avait déjà fondé en 1219 les chevaliers de Dobrzin. Le grand maître de l'ordre Teutonique, Hermann von Salza (1210/39), reçut alors la région de Kulm (Chelmno), et l'empereur Frédéric II donna à l'ordre tous les privilèges des princes d'Empire.

Les chevaliers Teutoniques trouvèrent ainsi leur double mission historique dans le sud de l'Europe : la conversion des Slaves des régions baltiques et la colonisation allemande des marches de l'Est. Leur expansion se heurta à la résistance parfois victorieuse des Slaves : en 1242, Alexandre Nevski (v.) écrasa les Porte-Glaive sur les rives du lac Peïpous. Vers 1283, la Prusse était entièrement conquise, et, à la suite de leur fusion, en 1237, avec les chevaliers Porte-Glaive, l'action de l'ordre s'étendit également en Courlande et en Livonie. La chute de Saint-Jean-d'Acre (1291) acheva de rompre les liens des Teutoniques avec la Terre sainte. Le grand maître vint s'établir en 1309 à Marienburg, sur la Vistule, qui devint la capitale d'un véritable État monastique.

Les Teutoniques construisirent en Prusse de magnifiques forteresses (Marienburg, Gollub, Mewe, Rheden) ; jusqu'à la fin, ils restèrent fidèles à leur destination originelle et entretinrent dans les pays Baltes d'importants hôpitaux. Cependant, leur activité prit un aspect de plus en plus profane : l'ordre devint une grande puissance financière et commerciale, avec le port de Dantzig ; l'évangélisation des pays conquis était inséparable de la colonisation et s'accompagnait de la fondation de nombreuses villes : Marienwerder, Elbing, Königsberg, Riga..., mais aussi du refoulement ou de l'extermination des populations slaves.

Au XIVe s., l'ordre est devenu une puissance en Europe septentrionale : il annexe successivement la Pomérélie et Dantzig (1308/09), enlève l'Estonie aux Danois (1346), écrase les Lituaniens en 1370, s'empare de l'île de Gotland (1398) et atteint son apogée à la fois temporel et spirituel avec le grand maître Winrich von Kniprode (1351/82). Cependant, l'ordre va être menacé à l'intérieur par les dissensions entre les villes et les féodaux terriens, à l'extérieur par la coalition des Polonais et des Lituaniens. Le roi de Pologne Ladislas II Jagellon infligea aux Teutoniques la défaite de Tannenberg (15 juill. 1410), qui fut suivie par le premier traité de Thorn (Torun) en 1411. Le grand maître Heinrich von Plauen (1410/13) entreprit une réforme énergique de l'ordre, mais il se vit bientôt déposé par le chapitre. La noblesse locale, supportant avec une irritation croissante la suzeraineté des Teutoniques, constitua une ligue de défense, l'Eidechsenbund, puis le Preussischer Bund (vers 1440). Après la guerre de Treize Ans (1454/66), les Teutoniques furent vaincus par la Pologne et, à la seconde paix de Thorn (1466), ils durent céder à la Pologne la Poméréllie, le pays de Kulm, Marienburg et l'Ermland, et ne conservèrent que la Prusse-Orientale, mais sous la suzeraineté polonaise, et la Livonie.

Le déclin de l'ordre était désormais irrémédiable. Le dernier grand maître, Albert de Brandebourg, élu en 1511, adhéra à la Réforme en 1525 et sécularisa l'ordre, transformant la Prusse en duché héréditaire dans la maison de Brandebourg. Les chevaliers se scindèrent alors en deux groupes : la majorité d'entre eux adhérèrent au protestantisme ; ceux qui restaient catholiques se retirèrent dans leurs domaines d'Allemagne, à Mergentheim, sous la direction du Deutschmeister, qui reçut en 1530 le titre de grand maître. L'ordre fut supprimé en Allemagne par Napoléon en 1809, mais il a survécu en Autriche jusqu'à nos jours comme ordre de chevalerie ecclésiastique. Quant à la branche livonienne de l'ordre, elle avait repris son autonomie en 1525 sous la direction de Walter von Plettenberg (1494/1535) ; sous la poussée des Russes, elle préféra recourir, elle aussi, à la sécularisation : en 1561, l'Estonie passa sous la domination suédoise, la Livonie sous la domination polonaise, et le dernier maître de la province livonienne, Gotthard Kettler, converti au protestantisme, reçut la Courlande comme duché héréditaire.

TEUTONS. Peuple venu de Germanie, d'origine germanique ou celte, qui se joignit vers 113 av. J.-C. à l'expédition des Cimbres en Gaule et fut détruit par Marius près d'*Aquae Sextiae* (Aix-en-Provence) en 102 av. J.-C.

TEXAS. État du sud-ouest des États-Unis ; capitale *Austin*. La région fut visitée pour la première fois par Cabeza de Vaca vers 1528, mais le premier établissement permanent ne fut fondé qu'en 1682, à Ysleta (auj. El Paso). En 1685, Cavelier de La Salle construisit un fort près de la baie de Matagorda, et la menace d'un début de colonisation française poussa les Espagnols à fonder d'autres établissements dans le Texas oriental. Rattaché à la vice-royauté espagnole de la Nouvelle-Espagne, le Texas devint indépendant ainsi que le Mexique en 1821. En 1821, Moses Austin et son fils Stephen F. Austin obtinrent du Mexique le droit d'établir 300 familles américaines à San Felipe de Austin, près du Colorado ; quinze ans plus tard, 30 000 Américains vivaient au Texas. À la faveur des troubles intérieurs du Mexique, le Texas entra en lutte contre le dictateur mexicain Santa Anna : les 187 défenseurs américains d'Alamo périrent tous en soutenant un siège contre 5 000 Mexicains (24 févr./6 mars 1836). L'annexion du Texas par les États-Unis (1er mars 1845) fut reconnue par le Mexique (2 févr. 1848). État esclavagiste, le Texas se rallia en 1861 à la sécession sudiste, souffrit beaucoup des excès de la « reconstruction », mais fut réintégré dans l'Union en 1870.

THAELMANN Ernst (* Hambourg, 16.IV.1886, † Buchenwald, 24.VIII.1944). Homme politique allemand. Ouvrier dans les chantiers navals, il adhéra au parti social-démocrate en 1917 et devint président de la section de Hambourg, qu'il entraîna avec lui vers le communisme. En 1923, il organisa un soulèvement à Hambourg, qui échoua. Député communiste au Reichstag (1924) et secrétaire général du parti, il se présenta deux fois (en 1925 et 1932) contre Hindenburg à l'élection présidentielle. Son refus obstiné de tout front uni avec la social-démocratie favorisa la marche de Hitler vers le pouvoir. Arrêté en mars 1933, il passa par de nombreuses prisons, et Staline, lors du pacte germano-soviétique de 1939, ne demanda même pas sa libération à Hitler. Transféré en 1943 au camp de Buchenwald, il mourut sans doute exécuté par les nazis.

THAÏLANDE, *Prathet Thai*. État de l'Asie du Sud-Est, appelé autrefois *Siam* ; capitale *Bangkok*. Le bassin du Ménam, qui constitue le cœur de la Thaïlande, fut d'abord occupé par les Môns, qui y avaient constitué, dès le VIIe s., les royaumes de Dvaravati (au S., dans la région où se trouvent aujourd'hui Bangkok et Lopburi) et de Haripunjaya (au N., dans la région de Lamphun). À partir du XIe s., les Khmers étendirent leur influence sur le royaume de Dvaravati, mais les Thaïs (v.) s'étaient déjà infiltrés dans cette région, et, profitant de la crise de l'État khmer après la mort de Jayavarman VII, deux chefs thaïs fondèrent en 1238 le royaume de Sukhotaï. Tout au N. de l'actuelle Thaïlande, un chef lao (thaï), Mangraï, fonda à son tour, en 1262, le royaume de Chiengraï. Allié au roi de Sukhotaï, il détruisit vers 1290 le royaume môn septentrional de Haripunjaya et fonda dans la vallée du Me Ping la ville de Chiengmaï, près de l'ancienne capitale môn de Lamphun (1296). Le pays de Sukhotaï s'affermit sous le règne de Rama Kamheng (vers 1275/1317) et devint le centre d'une civilisation composite, fondée politiquement sur l'hégémonie de l'aristocratie guerrière des Thaïs, mais ouverte largement aux influences môn, khmère et birmane et au bouddhisme du Petit Véhicule.

En 1350, un prince thaï du Sud fonda la ville d'Ayutthya (un peu au N. de Bangkok), qui domina bientôt le Sukhotaï et devait rester pendant plus de quatre cents ans le centre du pays. Ce changement de capitale eut une importance considérable : Ayutthya était en effet beaucoup plus proche de la mer que la ville de Sukhotaï, et les Siamois commencèrent à se tourner vers l'expansion commerciale. L'organisation de l'État fit de grands progrès au XIVe s. sous le règne de Ramadhipati (1350/69), qui établit le bouddhisme du Petit Véhicule comme religion nationale et promulgua un code dont les principes furent en vigueur jusqu'à la fin du XIXe s.

Au cours du XVe s., le Siam conquit le nord de la péninsule malaise et tenta, vainement, de soumettre Malacca. Cette expansion favorisait les relations maritimes avec l'Inde, et, sur le continent même, les souverains d'Ayutthya ne cessaient de renforcer leur puissance. En 1431, ils occupèrent momentanément la capitale khmère d'Angkor, que les Khmers abandonnèrent peu après pour Phnom Penh. Au N., ils soumettaient Sukhotaï (1438), mais rencontraient une sérieuse résistance de la part du royaume de Chiengmaï. Le gouvernement central et l'administration civile et militaire furent considérablement améliorés par le roi Boroma Trailokanat (1448/88), mais l'État siamois, en plein développement, allait voir surgir, au XVIe s., un nouvel ennemi : la Birmanie, unifiée à partir de 1550 par la dynastie de Toungoo. Le roi birman Bayin Naung (1551/81), après avoir soumis tous les Thaïs (Chans) du bassin de l'Irrawaddy, s'empara de Chiengmaï (1556), puis d'Ayutthya (1564) et établit sur le Siam la suzeraineté birmane. Une révolte des Siamois amena pour la seconde fois la prise d'Ayutthya (1569), dont les fortifications furent rasées et une partie des habitants déportée. Pendant quinze ans, le Siam resta sous la domination étrangère, mais Phra Naret déclencha en 1584 la guerre qui permit de rétablir l'unité, repoussa plusieurs contre-attaques birmanes et monta sur le trône sous le nom de Naresuen (1590/1605).

Relations avec l'Occident et nouveaux conflits

Le Siam se montra d'abord accueillant pour les Occidentaux, dont les maladresses seules provoquèrent par la suite une réaction xénophobe. Dès 1511, Albuquerque avait envoyé une ambassade portugaise à Ayutthya. Les Hollandais et les Anglais établirent bientôt des comptoirs, et les premiers s'assurèrent rapidement une position prédominante ; en 1609, la première ambassade siamoise en Europe arriva à La Haye. Cependant, les Hollandais se montrant envahissants, le Siam, sous le règne de Phra Narai (1657/88), se tourna vers la France. En 1680, la France obtint le monopole du commerce des épices au Siam ; en 1684, une ambassade siamoise fut envoyée à Louis XIV, qui répondit, l'année suivante, par l'envoi d'une ambassade française.

Des jésuites s'installèrent au Siam et y montrèrent un prosélytisme excessif. Comme des signes de mécontentement se manifestaient, Louis XIV recourut à une politique d'intimidation : à la fin de 1687, une escadre arriva dans le golfe de Siam et des troupes françaises occupèrent Bangkok et Mergui. Cette maladresse provoqua aussitôt une puissante réaction nationale. Les Français furent expulsés et le Siam se ferma complètement aux étrangers. La Birmanie, régénérée par Alaungpaya, reprit l'offensive : en 1767, Ayutthya fut détruite et 10 000 habitants emmenés en Birmanie comme esclaves. Un général demi-chinois, Phya Takh Sin, réussit cependant à sauver le Siam du chaos, chassa les Birmans, rétablit l'hégémonie siamoise sur le Chiengmaï, le Laos, le Cambodge, mais il devint fou en 1782 et fut déposé par le général Chakri, qui fonda la dynastie actuelle sous le nom de Rama Ier et établit la capitale à Bangkok, à l'embouchure du Ménam.

L'ouverture progressive à l'Occident (1782/1932)

Rama Ier (1782/1809), après une série de campagnes, écarta la menace birmane. Le Siam raffermit ses positions au Cambodge et reprit son expansion en Malaisie, mais, à partir des années 1820, sous le règne du roi lettré Rama II (1809/24), il se heurta dans cette région à la présence britannique. Rama III (1824/51) dut signer un traité avec l'envoyé anglais Burney (1826). La modernisation du Siam commença sous le règne de Rama IV ou Mongkut (1851/68), qui, bien qu'ancien moine bouddhiste, avait acquis une forte culture occidentale. Il conclut en 1855 des accords commerciaux avec l'Angleterre qui furent ensuite étendus aux autres grandes puissances européennes et aux États-Unis. C'est également lui qui commença à employer des fonctionnaires européens dans l'administration siamoise. Le pays échappa à la colonisation occidentale grâce à la rivalité qui, dès le début de l'intervention française en Indochine (1859), opposa la France et l'Angleterre.

Chulalongkorn, connu également sous le nom de Rama V (1868/1910), fut obligé par la France de renoncer à la rive gauche du Mékong et aux provinces cambodgiennes de Battambang et de Siem Reap (1893) ; Chulalongkorn, s'inspirant des réformes radicales réalisées au Japon durant l'« ère Meiji », supprima l'esclavage, réorganisa l'administration, la justice et l'armée. Son fils et successeur, Rama VI (1910/25), élevé à Oxford, poursuivit l'œuvre de son père, fonda l'université Chulalongkorn de Bangkok, entra dans la guerre mondiale en 1917 aux côtés des Alliés, mais provoqua des mécontentements en refusant d'accorder une Constitution. Rama VII ou Prajadhipok (1925/35) adopta d'abord la même politique, mais l'effondrement des prix du riz, à la suite de la grande crise mondiale de 1929, favorisa l'opposition des libéraux : le coup d'État non sanglant du 24 juin 1932 aboutit à l'établissement d'une monarchie constitutionnelle (10 déc. 1932).

La Thaïlande contemporaine (depuis 1932)

Après l'échec d'un coup d'État réactionnaire (oct. 1933), Rama VII préféra abdiquer (mars 1935) ; il fut remplacé par son neveu, Rama VIII ou Ananda Mahidol (1935/46), qui était encore un enfant lors de son avènement. En fait, le pays passa dès cette époque sous le gouvernement de l'armée. En déc. 1938, la direction du gouvernement passa à un jeune militaire nationaliste, le colonel (plus tard maréchal) Pibul

Songgram, qui manifesta symboliquement les aspirations expansionnistes du Siam régénéré en donnant au pays le nouveau nom de *Thaïlande*, « Terre des Thaïs ». Le régime vit monter avec sympathie la puissance japonaise, qui annonçait la prochaine libération des peuples de l'Asie. Sous la pression des Japonais, la France dut abandonner à la Thaïlande une partie du Laos et des provinces cambodgiennes de Battambang et de Siem Reap (convention de Tôkyô, 9 mai 1941). Pendant la Seconde Guerre mondiale, l'alignement sur le Japon ne fit pas l'unanimité dans le pays : Pridi Phanomyong, avocat libéral qui avait été l'un des promoteurs de l'établissement du régime constitutionnel en 1932, prit la tête de la résistance, et c'est lui qui, lors de la défaite japonaise, permit à la Thaïlande d'effectuer un opportun retournement grâce auquel les Alliés ne la traitèrent pas en nation ennemie, non sans l'obliger à restituer à la Birmanie, au Laos et au Cambodge les territoires annexés cinq ans plus tôt.

Après la mort mystérieuse d'A. Mahidol (juin 1946), le trône passa à son frère, Bhumibol Adulyadej ou Rama IX. En avr. 1948, le maréchal P. Songgram, écarté quatre ans auparavant, revint officiellement au pouvoir. Sous sa direction, la Thaïlande s'engagea résolument dans l'alliance américaine (participation à la guerre de Corée, facilités et bases accordées aux Américains pendant la guerre du Viêt-nam) ; P. Songgram s'efforça de consolider le gouvernement militaire. La Thaïlande fit de rapides progrès dans les domaines économique et social, qui se poursuivirent durant les années 1960 et 1970, pourtant, jalonnées de putschs portant au pouvoir des militaires souvent corrompus. En mars 1991, se mit en place un gouvernement technocratique qui développa les infrastructures publiques, accentua l'ouverture du pays au commerce international et soutint l'industrie légère, textile et électronique.

Paisibles et largement suivies, les élections législatives de 1995 donnèrent une majorité à une coalition hétéroclite réunissant notamment le *Chart Thay* du nouveau Premier ministre Banharn Silpa Archa (parti de la nation thaïe, populaire dans les zones rurales), le *PNA* (représentant l'armée) et le *Palang Dharma* (proche de la bourgeoisie urbaine). Controversé et affaibli par des affaires de corruption, le nouveau gouvernement bénéficia surtout de l'étonnant dynamisme de l'économie, même si le pays restait handicapé par la croissance mal contrôlée de Bangkok : pollution, embouteillages et déséquilibre de richesse avec la province. La prostitution, dont on estimait qu'elle touchait un million de personnes, dont 100 000 mineurs, est aujourd'hui un des moteurs du tourisme (bien qu'elle ait entraîné une rapide diffusion du sida), première source de devises du pays. Le gouvernement de Chaovalit Yongchaiyudh, formé en 1996, confronté à une conjoncture économique difficile (baisse des exportations, dévaluation de la monnaie), dut faire face, en 1997, à un krach financier qui l'amena à recourir à l'aide du FMI, celui-ci ouvrant un crédit en contrepartie d'un plan de rigueur. Par ailleurs, la Thaïlande se dota d'une nouvelle Constitution en sept. 1997, introduisant l'élection au suffrage universel des sénateurs, auparavant désignés par le gouvernement. En nov. 1997, Chaovalit Yongchaiyudh démissionna du poste de Premier ministre et fut remplacé par le chef de l'opposition, Chuan Leekpai, dont le gouvernement, ébranlé par des affaires de corruption, fut battu, en janv. 2001 – à la suite de la dissolution de l'Assemblée en nov. 2000 –, par le parti *Thaï Rak Thaïs* de l'homme d'affaires Thaksin Shinawatra, susceptible d'être mis en examen lui aussi pour corruption.

THAÏS. Groupe de peuples largement répandus dans l'Asie du Sud-Est, du Yunnan à la presqu'île malaise et du Brahmapoutre à la mer de Chine. Les Thaïs, qui ne sont, en tout, guère plus de 75 millions, prédominent en Thaïlande, au Laos, et constituent des groupes importants en Birmanie, au Yunnan et au Viêt-nam. En dépit de leur dispersion en divers États nationaux, ils ont conservé certaines structures de base communes, notamment dans l'organisation des villages. Ils appartiennent pour la plupart au bouddhisme du Petit Véhicule. Les Thaïs sont probablement originaires de la Chine du Sud-Ouest, et les chroniques chinoises semblent les mentionner dans la région du haut Yang-tseu dès le Ier s. av. J.-C. Repoussés par les Chinois vers le Sud, ils émigrèrent peu à peu, par petits groupes, dans les diverses vallées de la péninsule indochinoise. Le royaume de Nan-tchao, qui fleurit au Yunnan à partir du VIIe s., fut sans doute un État à majorité thaï.

À la suite de sa conquête par Koubilaï (1253) se produisit une poussée plus massive des Thaïs vers le Sud. Cependant, même avant cette date, la présence de groupes thaïs se manifestait déjà dans les régions qui forment aujourd'hui la Birmanie et la Thaïlande. Vers le début du XIIIe s., le groupe thaï des Ahoms, venu de la région de l'Irrawaddy, fit son apparition dans la haute vallée du Brahmapoutre ; les Ahoms, qui subirent l'influence de l'hindouisme, devaient dominer tout le Haut-Assam depuis le XVIe s. jusqu'à l'établissement de l'autorité anglaise dans cette région, en 1838. Dans le bassin du Ménam, au cœur de l'actuelle Thaïlande, qui se trouvait alors sous l'influence des Khmers, les Thaïs fondèrent en 1238 le royaume de Sukhotaï, qui fut à l'origine du Siam (v. **THAÏLANDE**). Plus au N. furent fondés les royaumes thaïs de Chiengraï (1262) et de Lan Na (1296). À l'O., en haute Birmanie, les Chans, un autre groupe thaï, profitèrent de la destruction du royaume birman de Pagan par les Mongols (1287) pour s'établir dans cette région, où ils fondèrent, au XIVe s., le royaume d'Ava, qui devait durer jusqu'en 1527. À l'E., les Thaïs laos étaient arrivés sur le moyen Mékong dès le

XIIIe s. et, au siècle suivant, ils fondèrent le royaume de Lan Chang, qui fut à l'origine du Laos moderne.

Confinés dans des vallées encaissées, les Chans de Birmanie et les Laos ne purent prétendre à une grande extension, à la différence des royaumes de l'actuelle Thaïlande, qui, au cours d'un combat séculaire contre les Khmers à l'E., contre les Birmans à l'O., devaient s'efforcer de rassembler tous les Thaïs, résolution affirmée encore symboliquement en 1939 par le gouvernement de Bangkok quand il décida de changer le nom de *Siam* en celui de *Thaïlande* (« Terre des Thaïs »).

THATCHER Margaret Hilda (Grantham, Lincolnshire, 13.X.1925). Femme politique anglaise. Secrétaire à l'Éducation dans le cabinet Heath (1970/74), elle devint présidente du parti conservateur en 1975 et distança le travailliste J. Callaghan aux élections de 1979. Persuadée de la nécessité de revenir aux sources du conservatisme, elle ouvrit la Grande-Bretagne au libéralisme économique. Elle fut aidée, dans sa tâche de redressement économique, par l'accroissement de la production de pétrole en mer du Nord. La crise internationale, provoquée par l'intervention argentine dans les îles Falkland (v.), lui permit de capitaliser à son profit le patriotisme britannique. Sa fermeté, qui la fit qualifier de « dame de fer », s'exerça également avec succès contre les militants de l'IRA irlandaise ; elle put trouver avec le gouvernement de l'Eire un compromis (1985) qui préservait la souveraineté britannique sur l'Ulster (v.). Elle joua en outre un rôle important en faveur de la détente mondiale en rapprochant de l'Amérique de Reagan l'URSS de Gorbatchev. Ces succès contribuèrent à désarmer l'opposition travailliste (battue aux élections de 1983 et de 1987), tandis que l'autorité de Margaret Thatcher faisait sauter les bastions syndicaux (v. SYNDICATS. La Grande-Bretagne). Cependant, après dix ans de pouvoir, le libéralisme thatchérien avait aggravé la crise sociale (les élections européennes de juin 1989 montrèrent que l'audience des conservateurs baissait). L'intransigeance du Premier ministre dans les relations européennes provoqua, fin 1989, une grave crise chez ses partisans. Mise en minorité pour les élections à la tête du parti (nov. 1990), elle démissionna alors et favorisa l'élection de son dauphin, le chancelier de l'Échiquier John Major.

THÈBES. Ancienne ville de la Haute-Égypte, sur le Nil, un peu au N. de l'actuelle ville de Louxor. Elle porta d'abord le nom de *Ouaset* et faisait partie du nome du Sceptre-ouas, dont la première capitale fut Hermonthis. Restée une simple ville provinciale durant tout l'Ancien Empire, elle passa au premier plan lorsque les princes de Thébaïde eurent vaincu les rois des dynasties hérakléopolitaines, réunifié l'Égypte et fondé la XIe dynastie (environ XXIIe s. av. J.-C.). Devenue la capitale du Moyen Empire à son apogée, Thèbes rayonnait religieusement par le culte d'Amon. Elle resta préservée de la domination des Hyksos (XVIIIe/XVIIe s.), et, tandis que ces conquérants occupaient la Basse-Égypte, des souverains indigènes continuèrent à régner à Thèbes. Les pharaons thébains de la XVIIIe dynastie chassèrent les Hyksos et fondèrent (milieu du XVIe s. av. J.-C.) le Nouvel Empire, qui vit l'apogée de Thèbes (XVIe/XIe s. av. J.-C.). C'est de cette époque que datent pour l'essentiel les grands sanctuaires d'Amon à Karnak et de Louxor, ainsi que les célèbres sites de Deir el-Bahari, de Medinet Habou, de la vallée des Rois et de la vallée des Reines. La puissance sans cesse croissante des prêtres d'Amon provoqua la brève réaction d'Aménophis IV (Akhénaton), qui voulut instaurer une religion solaire et abandonna Thèbes pour créer une nouvelle capitale à Tell el-Amarna (vers 1368 av. J.-C.) ; mais son successeur, Toutankhamon, regagna Thèbes. Après Ramsès III, du fait de l'affaiblissement de la royauté, ce sont les grands prêtres de Thèbes qui s'emparèrent de la réalité du pouvoir, et l'un d'eux, Hérihor, prit même le titre de roi (vers 1080 av. J.-C.). Mais la grandeur thébaine était révolue à une époque où les pharaons de la XIXe dynastie, puis ceux des XXIe et XXIIIe dynasties installèrent leur capitale dans le Delta (v. TANIS). La ville conservait sans doute tout son prestige, notamment auprès des visiteurs étrangers, et les Grecs la saluaient du nom de « Thèbes aux cent portes », mais, en 663 av. J.-C., elle fut prise et mise à sac par les Assyriens. Elle fut encore pillée à plusieurs reprises par les Perses et ne cessa plus de décliner.

THÈBES, *Thêbai*. Cité de Grèce, en Béotie. Liée à de nombreuses traditions légendaires, Thèbes aurait été fondée par le Phénicien Cadmos (d'où le nom de sa citadelle, la *Cadmée*) ; c'est là qu'auraient régné les Labdacides, Laïos, Œdipe, père des deux frères ennemis, Étéocle et Polynice dont la rivalité aboutit à la guerre « des Sept (Chefs) contre Thèbes ». Au regard de l'Histoire, Thèbes, avec son palais mycénien sur la Cadmée, fut une des plus anciennes citadelles fortifiées de la Grèce et elle apparaît, dès l'époque archaïque, comme la principale cité de la Béotie, avec un régime oligarchique appuyé sur une forte aristocratie terrienne. Elle entreprit d'asseoir son hégémonie sur la Béotie, mais, à la fin du VIe s., elle se heurta à Athènes, qui soutenait contre elle l'indépendance de Platées. Elle s'allia avec les Perses durant la seconde guerre médique, mais fut vaincue avec eux à Platées (479) et perdit sa prééminence en Béotie. S'étant affranchie de la pression d'Athènes par ses victoires de Tanagra (457) et de Coronée (446), elle constitua en Béotie une solide confédération qui fut d'abord l'alliée de Sparte dans la guerre du Péloponnèse. Mais après la prise d'Athènes (404), Thèbes, craignant de voir l'hégémonie spartiate s'étendre sur la Grèce, se rapprocha d'Athènes et forma avec celle-ci, Corinthe et Argos une alliance contre les Lacédémoniens (395). Avec la paix du Roi (386), elle vit sa ligue dissoute, et, en 382, les Spartiates s'emparèrent de la citadelle de la Cadmée.

Délivrée grâce à la conjuration de Pélopidas (379), Thèbes remit sur pied une confédération beaucoup plus structurée que les précédentes et s'assura la majorité dans le conseil et le collège exécutif des « béotarques ». Après avoir soumis les dernières villes béotiennes autonomes, Thèbes, grâce aux qualités stratégiques d'Épaminondas, remporta sur Sparte la grande victoire de Leuctres (371), et, pendant près de dix ans (371/62), elle joua le premier rôle en Grèce. Après quatre campagnes dans le Péloponnèse (370, 368, 367, 362), Épaminondas vainquit les Spartiates à Mantinée (362), mais il périt dans la bataille, et, après sa mort, Thèbes ne put maintenir longtemps son hégémonie. Les querelles entre Thébains et Phocidiens furent à l'origine de la troisième guerre sacrée (v.) (356/46), qui permit l'intervention en Grèce de Philippe de Macédoine. Avec la nouvelle intervention de Philippe dans la quatrième guerre sacrée (v.), Thèbes, sur les instances de Démosthène, conclut avec Athènes une alliance contre la Macédoine (338) ; mais l'armée des Thébains et des Athéniens fut écrasée à Chéronée, et Philippe installa une garnison à la Cadmée. À sa mort, Thèbes se rebella contre Alexandre, qui lui infligea un châtiment exemplaire : la ville fut entièrement détruite, à l'exception de la citadelle de la Cadmée et de la maison du poète Pindare (335 av. J.-C.). Thèbes se releva, mais ne joua plus aucun rôle important dans l'Histoire.

THÉMISTOCLE (* Athènes, vers 525, † Magnésie du Méandre, vers 459 av. J.-C.). Homme politique athénien. Malgré l'opposition du parti aristocratique animé par Aristide, il entraîna ses concitoyens dans une grande politique navale, fit aménager et fortifier le port du Pirée, mieux protégé que celui de Phalère, et obtint de l'assemblée du peuple que les revenus de l'exploitation des mines du Laurion fussent affectés à la construction de 200 trières. L'ostracisme qui frappa en 482 Aristide, son principal adversaire, fit de Thémistocle le personnage le plus influent d'Athènes. En 480, lors de l'invasion de Xerxès, il fit, non sans peine, évacuer Athènes et livrer sur mer le combat décisif avec les Perses. La victoire de Salamine permit à Athènes de résister et de poursuivre la lutte. Aussitôt après, c'est encore Thémistocle qui fut l'artisan des grands travaux de fortification entrepris à Athènes et au Pirée. Thémistocle fut le fondateur de la puissance maritime athénienne qui devait aboutir à l'établissement de la ligue de Délos (v.), à travers laquelle allait s'affirmer l'impérialisme d'Athènes. La méfiance des démocrates athéniens à son égard le fit frapper d'ostracisme. Il mourut exilé en Asie Mineure.

THÉODORA (* Constantinople ?, vers 500, † Constantinople, 29.VI.548). Impératrice byzantine. Ancienne danseuse et courtisane, elle épousa le futur empereur Justinien (vers 523), fut sa conseillère secrète et s'associa à toutes les grandes décisions ; lors de la sédition Nika (janv. 532), elle fit front et empêcha l'empereur d'abdiquer. De même l'obligea-t-elle à des décisions rigoureuses contre les propriétaires de maisons de tolérance, et lutta contre la prostitution. Alors que Justinien penchait vers l'orthodoxie, elle se montra tolérante à l'égard du monophysisme, qui était très répandu en Syrie et en Égypte, et réussit à infléchir dans ce sens la politique impériale.

THÉODORE (* vers 1820, † Magdala, 4.IV.1868). Empereur d'Éthiopie (1855/68). Voir **ÉTHIOPIE**.

THÉODORE Ier LASCARIS († 1222). Empereur byzantin de Nicée (1208/22). Voir **NICÉE (empire de)**.

THÉODORIC le Grand (* vers 455, † Ravenne, 30.VIII.526). Roi des Ostrogoths (493/526). Après avoir battu Odoacre (v.) sur l'Isonzo (28 août 489), à Vérone (30 sept.) et sur l'Adda (été 490), il prit Ravenne le 26 févr. 493 et fit exécuter Odoacre (15 mars). Devenu ainsi le maître de l'Italie, à laquelle il joignit la Rhétie, la Norique, la Pannonie, l'Illyrie, Théodoric se révéla bientôt comme le plus grand des chefs germaniques.

Il favorisa la renaissance de l'empire d'Occident, fit revivre les anciens cadres de Rome, notamment le Sénat, partagea les responsabilités politiques entre Romains et Barbares et choisit comme ministres de grands représentants de la culture latine : Cassiodore, Boèce, Symmaque ; l'Italie y retrouva une prospérité oubliée depuis plus d'un siècle. Théodoric tenta d'exercer son autorité sur les autres nations barbares, maria ses filles à des princes wisigoths ou burgondes et épousa la sœur de Clovis. Nommé en 507 tuteur de son petit-fils Amalric, roi des Wisigoths, il régna de fait, chassa l'usurpateur Gésalic, et conserva la Septimanie aux Wisigoths malgré les attaques des Francs. Mais son effort de rapprochement entre les Romains, hostiles à l'hérésie arienne, et la caste militaire des Goths ariens, exclus des emplois civils et du gouvernement, était voué à l'échec. À partir de 524, lorsque Justin, empereur de Byzance, commença à persécuter les ariens, Théodoric se crut menacé par ses propres sujets et usa de représailles : Boèce, accusé de complot, fut exécuté (524) et le pape Jean Ier mourut en prison.

THÉODORIC Ier. Roi des Wisigoths (418/51). Voir **WISIGOTHS**.

THÉODOSE Ier le Grand, Flavius Theodosius (* Cauca, Espagne, vers 346, † Milan, 17.I.395). Empereur romain (379/95). Il se distingua en (Grande-) Bretagne et en défendant la Mésie contre les Sarmates (374). Le 19 janv. 379, Gratien lui confia l'empire d'Orient ; Théodose réussit à soumettre de nombreuses bandes de Wisigoths et convainquit leur roi Athanaric d'entrer à son service. Le 28 juill. 388, il battit l'usurpateur Maxime près d'Aquilée et le fit mettre à mort.

Théodose fut excommunié par st Ambroise évêque de Milan, à la suite du massacre qu'il avait ordonné à Thessalonique contre les habitants révoltés (390), et finit par s'incliner devant l'autorité morale de l'Église. À la veille de disparaître, l'État romain reconnaissait ainsi, pour la première fois, une autorité supérieure à la sienne. Après la mort de l'empereur Valentinien (392) et après sa victoire sur l'usurpateur Eugène (sept. 394), Théodose se trouva le seul maître d'un Empire romain alors reconstitué. Mais il mourut quatre mois plus tard, et l'Empire fut partagé entre ses deux fils : à Honorius l'Occident, à Arcadius l'Orient.

Le règne de Théodose fut marqué par l'avènement du christianisme comme religion d'État et par l'interdiction définitive du paganisme.

THÉODOSE II (* vers 401, † 450). Empereur romain d'Orient (408/50). Petit-fils de Théodose Ier, fils et successeur d'Arcadius, ce prince faible ne se passionnait vraiment que pour les belles écritures, ce qui le fit surnommer *le Calligraphe*. Il se laissa gouverner par le préfet du prétoire Anthemius, puis par sa sœur aînée, Pulchérie, par sa femme Athénaïs ou Eudoxie, enfin par l'eunuque Chrysaphe. Ses généraux menèrent deux guerres heureuses contre les Perses (421, 441), mais ne purent empêcher l'invasion des Huns dans les Balkans, et Théodose II dut payer tribut à Attila. Son règne fut troublé par les querelles religieuses du nestorianisme (v.), qui furent à l'origine du concile d'Éphèse (431) et du « brigandage d'Éphèse » (v. **Monophysisme**) (449). De 435 à 438 fut compilé le *Code théodosien*, qui réunissait les constitutions impériales promulguées depuis Constantin.

THÉOPHANO († après 976). Impératrice byzantine. Voir **Byzantin (Empire)**.

THÉOPHILANTHROPES. Secte déiste qui essaya de s'établir en France sous le Directoire. Inspirée des idées de Rousseau, la secte « des amis de Dieu et des Hommes » affirmait l'existence de Dieu et l'immortalité de l'âme ; elle prétendait prendre le relais des cultes révolutionnaires de l'an II et devenir une religion naturelle et civique imposée à la nation. Elle fit ses débuts en 1797 et fut vite tournée en ridicule, mais elle bénéficia de la protection de l'un des membres du Directoire, La Revellière-Lépeaux, ainsi que de Bernardin de Saint-Pierre et de Marie-Joseph Chénier. Ses réunions avaient lieu dans les églises de Paris, après la messe catholique : on y faisait des lectures tirées des moralistes de l'Antiquité comme du Coran et de l'Évangile. La secte fut soupçonnée de sympathies jacobines et un arrêté du 17 vendémiaire an X (21 oct. 1801) mit fin à ses activités.

THÉOPHILE. Empereur byzantin (829/42). Deuxième empereur de la dynastie phrygienne, fils et successeur de Michel II, il se montra un iconoclaste intolérant. Ayant provoqué la guerre contre le calife de Bagdad El-Moutasim, il fut d'abord victorieux, et les armées byzantines ravagèrent la ville natale du calife, Zapetra. Mais El-Moutasim se vengea bientôt en détruisant Amorium, patrie de la dynastie phrygienne, et Théophile en mourut de chagrin. En Occident, il avait dû abandonner la Sicile aux Arabes et Bari aux Lombards.

THÉORIE. Dans la Grèce antique, ambassade religieuse chargée de représenter officiellement la cité dans une des grandes fêtes panhelléniques ou à quelque fête importante d'une cité étrangère. Le mot a désigné aussi une procession ou un cortège religieux.

THÉRAMÈNE (* Céos, vers 450 av. J.-C., † Athènes, 404 av. J.-C.). Homme politique athénien. Fils adoptif d'Hagnon, qui était un des chefs du parti aristocratique et de l'opposition à Périclès, il apprit l'éloquence auprès de Prodicos. Il participa à la révolution oligarchique de 411 qui amena au pouvoir les Quatre-Cents, et fut l'un des instigateurs de la Constitution de 411 ; s'opposant aux extrémistes de son parti, il exigea la constitution de l'assemblée des Cinq-Mille qui devait représenter le peuple des hoplites et remplacer l'Ecclesia ; celle-ci reprit le pouvoir après l'assassinat du radical Phrynicos. En 410, il contribua à la victoire de Cyzique et à la reconquête du Bosphore. Après le désastre d'Aigos Potamos, il négocia avec le Spartiate Lysandre la capitulation d'Athènes (404). Il fut ensuite l'un des Trente Tyrans (v.) et se fit le porte-parole des modérés en face de Critias ; celui-ci le fit condamner à mort, et il dut boire la ciguë.

THÉRÈSE d'Ávila sainte, **Teresa de Cepeda** (* Gotarrendura, près d'Ávila, Vieille-Castille, 28.III.1515, † Alba de Tormes, 4.X.1582). Carmélite espagnole. D'une famille noble et riche, elle fit ses études chez les augustines d'Ávila, puis entra en 1533 chez les carmélites (mitigées) de l'Incarnation. Sa ferveur étant bientôt retombée, elle fut pendant près de vingt ans une religieuse assez mondaine, mais elle revint toute à Dieu en 1554, et sa vie fut dès lors une recherche assidue de la perfection. Elle commença à avoir des extases et des visions, qui provoquèrent le scandale des autres religieuses mais furent comprises par Pierre d'Alcántara, qui fut quelque temps le confesseur de Thérèse. Bientôt l'idée lui vint de revenir à la règle primitive du Carmel : elle essaya d'abord de réformer la communauté de l'Incarnation (1558), puis, en 1562, elle fonda le couvent Saint-Joseph d'Ávila, qui fut à l'origine d'une réforme qui s'étendit bientôt à seize monastères et qui, par l'intermédiaire de Jean de la Croix, renouvela également les couvents d'hommes. En butte à une violente opposition du Carmel mitigé (non réformé), Thérèse dut s'adresser au roi Philippe II, puis au pape ; mais ce n'est qu'en 1593, onze ans après sa mort, que Clément VIII accorda la séparation entre les deux ordres. Fondatrice des carmes déchaussés, entre autres, Thérèse d'Ávila fut aussi un des plus grands écrivains spirituels. Elle a composé en espagnol deux livres autobiographiques, le *Livre de la vie* (1562) et le *Livre des fondations* (1573/82), ainsi que des ouvrages mystiques, *Le Chemin de la perfection* (1565), *Les Exclamations* (1566/69) et *Le Château de l'âme ou le Livre des demeures* (1577). Elle fut canonisée en 1622 par Grégoire XV et proclamée docteur de l'Église en sept. 1970.

THERMIDOR an II (journées des 9 et 10, 27 et 28 juillet 1794). Journées historiques de la Révolution française qui virent la chute de Robespierre et la fin de la Terreur (v.). Les chefs de la conjuration (Fouché, Tallien, Barras, Fréron), qui avaient été les hommes de la Terreur, ne songeaient nullement à changer de régime et à arrêter la Révolution ; ils ne renversèrent Robespierre que pour se sauver eux-mêmes. Faute de mesurer le péril, Robespierre leur facilita la tâche en cessant, à la fin juin, de paraître à la Convention et même au Comité de salut public. Le 8 thermidor (26 juill.), son long et vague réquisitoire à la Convention contre les « traîtres » et les « factions », n'eut d'autre effet que d'élargir encore le vide qui s'était fait autour de lui : faute de désigner nommément ses adversaires, il laissait planer la menace sur tous les députés, et l'Assemblée, après quelque hésitation, refusa de voter l'impression de son discours. Le lendemain, 9 thermidor, lors d'une séance de la Convention qui dura près de cinq heures, Robespierre et ses amis ne purent se faire entendre et furent décrétés d'arrestation. À cette nouvelle, la Commune de Paris s'insurgea et réussit à délivrer Robespierre et ses partisans, qui trouvèrent refuge à l'Hôtel de Ville. Mais l'indécision de Robespierre, l'incapacité d'Hanriot et la mobilisation de plusieurs sections parisiennes en faveur de la Convention perdirent les chefs de la Terreur. Dans la nuit du 9 au 10 thermidor, vers deux heures, les gendarmes arrêtèrent Robespierre, qui, en tentant de se suicider, se fracassa la mâchoire d'un coup de pistolet. Le soir même, après avoir comparu devant le Tribunal révolutionnaire, Robespierre et 21 de ses compagnons (dont son frère, Robespierre le jeune, Saint-Just, Couthon, Hanriot) furent guillotinés sur la place de la Révolution. Les 11 et 12 thermidor, 82 robespierristes furent encore exécutés. On donna le nom de *thermidoriens* aux chefs politiques de la réaction qui suivit.

THERMOPYLES. Défilé formé par l'extrémité orientale du mont Œta et par la côte du golfe Maliaque en Grèce. Il constituait le seul accès terrestre commode à la Grèce centrale et méridionale. Il devait son nom à des sources d'eau chaude qui se trouvaient à proximité. À la fin de juill. 480 av. J.-C., le défilé fut défendu contre l'immense armée perse par Léonidas et 300 Spartiates, qui furent entièrement anéantis. En 279 av. J.-C., les Grecs y tinrent plusieurs mois en échec les Galates. En 191 av. J.-C., les Romains, commandés par M. Acilius Glabrio, forcèrent le passage contre Antiochos le Grand. (Dans l'Antiquité, la largeur du défilé n'était que de 50 m et se réduisait à 10 m sur certains points ; aujourd'hui, du fait des alluvions du Sperchios, elle atteint de 2 à 5 km.)

THESSALIE. Région de la Grèce septentrionale, située entre la Macédoine au N. et la Grèce centrale au S. Constituée par une plaine bien irriguée ceinturée de montagnes, la Thessalie était célèbre dans l'Antiquité pour l'élevage des chevaux. La riche plaine centrale devint le théâtre des rivalités de grandes familles, telles que les Aleuades de Larissa et les Scopades de Crannon. Mais la Thessalie, en temps de guerre, formait une sorte de confédération, qui se donnait un chef élu, le *tagos*. Exposée par sa situation géographique à devenir un champ de bataille entre les Grecs et les envahisseurs venus du Nord, la Thessalie choisit rapidement l'alliance avec Xerxès lors des guerres médiques. Au début du IVe s. av. J.-C., les grandes familles s'étant épuisées dans leurs luttes intestines, Jason et Alexandre, tyrans de Phères, réussirent (à partir de 371 av. J.-C.) à établir quelque temps leur hégémonie sur toute la Thessalie. Les Phocidiens soutinrent leurs successeurs contre les Aleuades de Larissa, qui firent appel à la Macédoine. Ainsi, dès 352, la Thessalie passa sous la domination de Philippe II, qui l'annexa à la Macédoine en 344. Après la bataille de Cynoscéphales (v.) (197), la Thessalie forma de nouveau un État fédéral théoriquement indépendant, mais, dès 146 av. J.-C., elle fut annexée à la province romaine de Macédoine, avant de former sous Alexandre Sévère une province séparée (230 apr. J.-C.). La Thessalie passa avec le reste de la Grèce sous la domination ottomane. En 1830, seule la Phtiotide fut rattachée au nouveau royaume grec, qui n'acquit le reste de la Thessalie qu'en 1881.

THESSALONIQUE (royaume de). État latin créé en 1204, à la suite de la quatrième croisade, en faveur de Boniface de Montferrat. Il s'étendait sur une partie de la Thrace, une partie de la Macédoine et sur la Thessalie. Dès ses débuts, il fut menacé à l'intérieur par la résistance des Grecs à la domination latine, à l'extérieur par les Bulgares au N. et par le despotat grec d'Épire à l'O. Après leur victoire d'Andrinople (1205), les Bulgares ravagèrent la Thrace et la Macédoine, et Boniface fut tué deux ans plus tard, en combattant le tsar bulgare Jean II Asen Kalojan. La mort soudaine de ce dernier sauva momentanément le royaume, qui était passé au fils de Boniface, Démétrios ; celui-ci fut reconnu par les Grecs à l'assemblée de Ravennika (1210). Mais le despote d'Épire, Théodore Ange Doukas Comnène, s'empara en 1224 de Thessalonique, où il se fit couronner empereur. Le royaume disparut alors.

THEUX DE MEYLANDT Barthélemy Théodore, comte de (* château de Schaebroeck, Limbourg, 25.II.1794, † château de Meylandt, près d'Hasselt, 21.VIII.1874). Homme politique belge. Avocat, député depuis 1830, ministre de l'Intérieur (1831/32), il prit la tête d'un gouvernement unioniste (1834/40), dans lequel il détint le portefeuille de l'Intérieur et également, à partir de 1837, celui des Affaires étrangères. Il donna à la Belgique son premier chemin de fer (1835) et fit voter les lois provinciales et communales de 1836, qui faisaient de larges concessions à l'autonomie régionale et municipale. Malgré l'opposition d'une grande partie de l'opinion publique, il eut la sagesse d'accepter le traité de Londres de 1839, qui abandonnait aux Pays-Bas une partie du Limbourg. Il devait être renversé peu après. Il forma encore avec J. Malou (v.) deux ministères (1846/47 et 1871/74).

THIBAUT IV (* Troyes, 1201, † Pampelune, 8.VII. 1253). Comte de Champagne et de Brie (1201/53) et roi de Navarre sous le nom de **Thibaut Ier** (1234/53). Fils posthume de Thibaut III de Champagne, il grandit au milieu d'une cour accueillante à la poésie et devint lui-même poète, ce qui explique qu'on l'ait nommé « le chansonnier ». Il nous reste de lui une soixantaine de chansons, qui traitent de thèmes amoureux. Il prit part à la croisade de Louis VIII contre les albigeois, mais abandonna le roi devant Avignon et rentra dans ses terres (1226). Il prit la tête de la rébellion féodale contre la régente Blanche de Castille (1226), mais se rallia bientôt à celle-ci. Devenu roi de Navarre en 1234 comme héritier de sa mère, Blanche de Navarre, il mena une croisade en Terre sainte, qui resta sans résultat (1239/40).

THIERRY III. Roi de Neustrie et de Bourgogne (673/91). Troisième fils de Clovis II et de Bathilde, il fut, à la mort de son frère Clotaire III (670), mis sur le trône de Neustrie par le maire du palais Ébroïn ; mais renversé presque aussitôt, ainsi qu'Ébroïn, par son frère Childéric II, il fut relégué à l'abbaye de Saint-Denis. Childéric II ayant été assassiné, il recouvra la couronne, mais sous la tutelle d'Ébroïn, qui resta le maître du pouvoir jusqu'en 683. La disparition du ministre porta un coup fatal à la Neustrie : Thierry III fut écrasé par Pépin de Herstal à la bataille de Tertry (687), et les Pippinides, à la fois ducs en Austrasie et maires du palais en Neustrie, furent les véritables maîtres de la France, mais Pépin de Herstal jugea plus habile de laisser à Thierry son titre de roi.

THIERRY D'ARGENLIEU Georges Louis (* Brest, 7.VIII.1889, † Le Relecq-Kerhuon, 7.IX.1964). Religieux et amiral français. Sorti de l'École navale, il quitta la marine pour entrer chez les carmes sous le nom de Louis de la Trinité. Mobilisé en 1939, il rallia de Gaulle en juillet 1940, devint haut-commissaire dans le Pacifique (1941/43), puis inspecteur général des forces navales. Nommé par de Gaulle en sept. 1945 gouverneur général de l'Indochine, il procéda à une épuration radicale de l'administration Decoux, puis, en suscitant la création d'une Cochinchine séparée du Viêt-nam, il contribua à l'échec des négociations engagées avec Hô Chi Minh. Rappelé en France en 1947, il revint peu après à la vie religieuse.

THIERS Louis Adolphe (* Marseille, 15.IV.1797, † Saint-Germain-en-Laye, 3.IX.1877). Homme politique et historien français. Il se fit rapidement connaître comme journaliste libéral et historien (*Histoire de la Révolution française*, 1823/27). En juill. 1830, il prit très tôt position en faveur de Louis-Philippe.

La monarchie de Juillet fit de lui un de ses grands notables. Conseiller d'État, député d'Aix, membre de l'Académie française dès 1833, deux fois ministre de l'Intérieur entre 1832 et 1836, il réprima avec dureté les mouvements insurrectionnels républicains de Lyon et de Paris (1834). En 1836 et 1840, il fut même à la fois président du Conseil et ministre des Affaires étrangères, mais dut donner sa démission en raison de sa politique extérieure aventureuse. Après 1840, il fut le chef de l'opposition dynastique, attaché au régime, mais critiquant la politique de Guizot.

Pendant la IIe République, il devint un des chefs du parti de l'ordre. Rallié pour un temps à Louis-Napoléon Bonaparte, Thiers contribua à l'élaboration de la loi Falloux (il aurait volontiers laissé tout l'enseignement primaire à l'Église) et soutint la loi de mai 1850 qui privait du droit de suffrage près de 3 millions de citoyens (« vile multitude » selon lui). Arrêté lors du coup d'État du 2 déc. 1851, exilé en Suisse, il put rentrer rapidement en France, et se tint à l'écart de la politique, s'adonnant à ses travaux historiques. Élu député de Paris en 1863, il se situa dans l'opposition. Il fut un des rares parlementaires à refuser le vote des crédits militaires en juill. 1870. La défaite brutale de 1870 lui fournit l'occasion de donner toute sa mesure. Lors des élections de févr. 1871, il fut élu dans 26 départements et devint « chef du pouvoir exécutif de la République française ». Thiers s'entendit avec l'Assemblée conservatrice pour différer la décision définitive sur le régime (« pacte de Bordeaux » du 10 mars 1871). Thiers négocia ensuite les préliminaires de paix, ratifiés par l'Assemblée qui s'installa à Versailles, à l'écart du Paris républicain, travaillé par les socialistes. Quand le traité fut signé, le 10 mai, Thiers était en train d'écraser la Commune et de mener à son terme une guerre civile dans laquelle ses responsabilités sont très lourdes. Il rétablit les finances publiques par deux emprunts souscrits dans l'enthousiasme, réorganisa l'armée et réforma l'administration locale : une œuvre considérable, accomplie en deux ans, et que Thiers couronna en obtenant de Bismarck la fin anticipée de l'occupation (mai 1873). Le 24 mai 1873, les monarchistes votèrent un ordre du jour qui désavouait Thiers, de plus en plus clairement rallié à la République ; celui-ci démissionna et fut remplacé par Mac-Mahon.

THIEU Nguyên Van (* Phan Rang, prov. de Ninh Thuan, 5.IV.1923, † Boston 29.IX.2001). Général et homme politique sud-vietnamien. Chef de l'État sud-vietnamien (1965/75), il instaura au Viêt-nam du Sud un régime quasi dictatorial et, avec l'aide américaine, mit sur pied une armée vietnamienne. En mars 1975, ses erreurs stratégiques provoquèrent un effondrement brutal de son armée. Sa démission (21 avr. 1975) et son départ pour l'exil précédèrent de peu la victoire des communistes.

THÖKÖLY Imre (* Késmárk, 25.IX.1657, † Izmit, 13.IX.1705). Homme politique hongrois. Réfugié en Transylvanie depuis 1670, il prit la tête des « mécontents », surtout protestants, révoltés contre l'empereur Léopold Ier. Il conquit, avec l'aide des Turcs, toute la haute Hongrie. Le sultan Mehmet IV le nomma roi de Hongrie, mais il n'accepta que le titre de prince. Après son échec devant Vienne (1683), il perdit presque tous ses partisans, lui-même fut emprisonné par les Turcs (1685/86). Libéré, il fut nommé par le sultan prince de Transylvanie, mais la victoire du Prince Eugène à Zenta (1697) le chassa de cette province, et il se retira en Turquie.

THOMAS BECKET saint (* Londres, 21.XII.1118, † Canterbury, 29.XII.1170). Prélat anglais. À la fin de 1154, Thomas Becket devint chancelier du roi Henri II Plantagenêt qui le fit archevêque de Canterbury. En 1164, quand le roi publia les « Constitutions de Clarendon » visant à soumettre les clercs aux tribunaux laïcs, Thomas se résigna à les signer, mais, devant la désapprobation du pape, se rétracta.

Sommé par Henri II de comparaître devant une assemblée d'évêques et de barons, il se réfugia en France. Grâce à la médiation française, une entrevue eut lieu à Fréteval entre Becket et Henri II (22 juill. 1170) ; l'archevêque, ayant reçu des assurances, rentra en Angleterre. Mais Henri II, sans se soucier des prérogatives du siège de Canterbury, avait fait couronner son fils par l'archevêque d'York ; Becket n'hésita pas à excommunier et ce dernier et les prélats qui s'étaient prêtés à l'opération. Furieux, Henri II le fit assassiner. Le pape Alexandre III exigea des réparations publiques ; Henri II fit amende honorable dans l'église d'Avranches (22 mai 1172) et retira les constitutions de Clarendon. Thomas Becket fut canonisé en 1173.

THOMAS MORE saint (* Londres, 7.II.1478, † Londres, 6.VII.1535). Homme politique anglais. Il succéda à Wolsey comme chancelier (1529). En 1516, cet humaniste, ami d'Érasme, avait fait paraître *Utopie*, ouvrage où il décrivait un État idéal, régi par la loi et la religion naturelle, où le clergé serait élu et où régnerait la tolérance. Il s'opposa aux thèses de Luther avec l'appui d'Henri VIII, mais refusa de reconnaître l'autorité du roi comme chef suprême de l'Église d'Angleterre. Enfermé à la Tour de Londres, il fut décapité après quinze mois de détention.

THORBECKE Jan Rudolf (* Zwolle, 14.I.1798, † La Haye, 4.VI.1872). Homme politique néerlandais. Professeur de science politique, il dirigea, à partir de 1840, la fraction libérale à la Chambre. Il fut le principal auteur de la réforme constitutionnelle de 1848. Premier ministre (1849/53), il fut renversé à la suite du rétablissement de la hiérarchie catholique aux Pays-Bas, mais revint à la tête du gouvernement en 1862/66 et 1871/72.

THOREZ Maurice (* Noyelles-Godault, Pas-de-Calais, 28.IV.1900, † en rade d'Odessa, 11.VII.1964). Homme politique français. Militant socialiste en 1919, il suivit la majorité fondatrice du parti communiste au congrès de Tours (1920). Il devint secrétaire général du parti en 1930 et fut élu député de la Seine (1932/39). Il signa le pacte d'unité d'action avec la SFIO en 1934, suivant en cela la stratégie nouvelle de la IIIe Internationale. Il soutint la formation du Front populaire en 1936, mais ne participa pas au gouvernement Blum. Après la signature du pacte germano-soviétique (v.), Thorez, mobilisé, se réfugia en URSS, où il séjourna pendant la guerre. Condamné pour désertion, il fut amnistié par de Gaulle en 1944 et entra dans le gouvernement de ce dernier comme ministre d'État chargé de la Fonction publique en 1945. Vice-président du Conseil dans les ministères Gouin, Bidault et Ramadier (1946/47), il fut exclu du gouvernement par le socialiste Ramadier (5 mai 1947). Frappé d'une congestion cérébrale en 1950, il n'exerça plus qu'une influence réduite sur un parti qu'il avait maintenu dans une stricte orthodoxie stalinienne.

THORN Gaston (Luxembourg, 3.IX.1928). Homme politique luxembourgeois. Avocat et membre du parti démocratique, il siégea au Parlement européen de 1959 à 1969, date à laquelle il fut nommé ministre des Affaires étrangères. Il occupa ce poste jusqu'en 1980 et fut également, de 1974 à 1979, le chef du gouvernement. Nommé président de la Commission de la CEE en 1981, il laissa la place au Français Jacques Delors en 1985.

THOUTMOSIS Ier. Roi d'Égypte (vers 1524/12 av. J.-C.). Successeur d'Aménophis Ier, il consolida son autorité en épousant la sœur d'Aménophis Ier, Ahmès. Il poursuivit l'extension du Nouvel Empire en Nubie au-delà de la 3e cataracte. Il fit ensuite une expédition en Syrie jusqu'à l'Euphrate. Il est le premier pharaon qui eut son tombeau dans la vallée des Rois.

THOUTMOSIS III. Roi d'Égypte (vers 1505/1450 av. J.-C.). D'abord éloigné du trône par la reine Hatshepsout, épouse légitime de Thoutmosis II, il ne régna qu'à partir de 1484. Reprenant la politique guerrière de son grand-père, Thoutmosis Ier, il porta à son apogée le Nouvel Empire. Il ne fit pas moins de dix-sept campagnes en Palestine et en Syrie, contre les princes locaux groupés autour des rois de Kadesh et du Mitanni. Vainqueur à Megiddo (1482), il s'empara de Kadesh (vers 1474), occupa la Phénicie, atteignit l'Euphrate et envahit le Mitanni (vers 1472). Il imposa même, brièvement, un tribut aux Hittites et aux Ciliciens. En Nubie, il étendit la domination égyptienne jusqu'à Napata, près de la 4e cataracte. Sous son règne, l'Égypte, enrichie par les conquêtes et les tributs, connut une prospérité sans précédent. Maître d'une grande partie de l'Asie antérieure, pour maintenir les princes locaux dans l'obéissance, il emmena leurs fils en otages en Égypte, les fit élever soigneusement, avant de les renvoyer dans leur pays régner en fidèles alliés de la politique égyptienne. Pour la première fois, l'Égypte montrait ainsi une volonté, non seulement de conquête, mais d'organisation impériale.

THRACE. Région du S.-E. de l'Europe dont l'étendue a souvent varié. Aujourd'hui, le nom de *Thrace* est donné aux régions situées au S. du Rhodope et des monts Istrandia, et qui sont partagées politiquement entre la Grèce (Thrace occidentale) et la Turquie (Thrace orientale). Dans l'Antiquité, la Thrace était sensiblement plus étendue et atteignait au nord les Balkans. Les Thraces, de langue indo-européenne, ont créé une riche civilisation dont témoigne le raffinement de leur art. Peuple de chasseurs et d'éleveurs, ils demeurèrent longtemps à l'écart de la civilisation grecque. La région côtière, colonisée dès le VIIe s. av. J.-C. par les Grecs, fut conquise à partir de 513/12 av. J.-C. par Darius Ier et les Perses, auxquels elle fournit 120 navires lors de la grande expédition de Xerxès contre la Grèce. À la suite des victoires de Cimon, cette côte passa, dans les années 470/60, sous la domination des Athéniens, tandis qu'en Thrace intérieure le plus puissant royaume était celui des Odryses. C'est une dynastie odryse qui réussit à réunifier la Thrace, dans la première moitié du IVe s. Dans les années 340 av. J.-C., la Thrace méridionale fut conquise par Philippe II de Macédoine, et, après 323, Lysimaque étendit encore la domination macédonienne sur la plus grande partie de l'intérieur ; il prit le titre de roi de Thrace (305/281), mais dut lutter continuellement contre les Odryses. Après lui, la Thrace méridionale passa aux mains de Séleucos, puis de Ptolémée Kéraunos, avant d'être attribuée en partie aux Attalides de Pergame (188 av. J.-C.).

La Thrace fut conquise par Rome entre 168 et 133 av. J.-C. En raison de la menace des Daces sur le Danube, une province romaine de Thrace fut constituée sous le règne de Claude (46 apr. J.-C.). Au IVe s., la région devint un champ de bataille en raison de la proximité de Constantinople : elle vit passer successivement les invasions des Goths (376), des Huns, des Avars, fut en grande partie occupée par les Slaves au début du VIIe s. et subit l'affrontement des Bulgares et des Byzantins. Les Ottomans annexèrent toute la Thrace après la chute de Constantinople (1453) et la domination turque subsista intégralement jusqu'en 1878. La Thrace septentrionale reçut alors une administration séparée et prit le nom de Roumélie-Orientale ; elle fut annexée par la Bulgarie en 1885, et, dès lors, le nom de Thrace fut réservé à la Thrace méridionale. Conquise par les Bulgares durant la première guerre balkanique (1912), la Thrace fut ensuite disputée entre Bulgares et Grecs, et les Turcs en profitèrent pour ressaisir Andrinople. Le traité de Constantinople (29 sept. 1913) partagea la Thrace entre la Turquie et la Bulgarie, celle-ci obtenant la bande côtière entre la Maritza et la Mesta, ce qui lui assurait un débouché sur la mer Égée. Elle perdit ce territoire aux traités de Neuilly (1919) et de Sèvres (1920), qui attribuèrent à la Grèce la totalité de la Thrace méridionale. Mais, à la suite des victoires turques en Asie Mineure, un nouveau partage intervint entre la Grèce et la Turquie : le traité de Lausanne (1923) fixa la frontière des deux pays sur la Maritza. À la faveur de la Seconde Guerre mondiale, les Bulgares réoccupèrent la partie grecque de la Thrace méridionale de 1941 à 1945 que les Grecs récupérèrent en 1945. Cette restitution fut avalisée en 1947 lors de la signature des traités de Paris.

THRASYBULE (* vers 445, † Aspendos, Cilicie, 388 av. J.-C.). Général et homme politique athénien. Il fut le chef des démocrates qui menèrent la révolte de la flotte athénienne de Samos et il renversa le gouvernement oligarchique des Quatre-Cents (411). Il contribua à la victoire de Cyzique (410) et réussit à soumettre la côte de Thrace. Exilé par les Trente Tyrans (404), il se réfugia à Thèbes et y forma une troupe d'exilés politiques avec lesquels il rétablit la démocratie à Athènes (403). Il entraîna ensuite Athènes dans l'alliance de Thèbes contre Sparte (395) et commanda dans cette guerre une flotte destinée à restaurer l'influence athénienne dans la région des Détroits, les îles de la mer Égée et les villes d'Asie Mineure : il imposa un gouvernement démocratique à Byzance, lança une expédition couronnée de succès à Lesbos, fit entrer Thasos et Clazomènes dans la nouvelle Confédération athénienne, mais fut tué devant Aspendos.

TIAN'ANMEN. Nom de la grande place (44 ha) de Pékin, située au S. de la Cité interdite. Elle fut le théâtre de manifestations sanglantes au printemps 1989. Lancées par les étudiants soutenus par la population de Pékin, ces manifestations réclamant plus de libertés et de démocratie en avril et mai se heurtèrent début juin à l'armée qui investit la place. La répression, selon les sources chinoises, fit de 5 à 8 000 morts.

TIBÈRE, Tiberius Claudius Nero (* Rome, 16.XI.42 av. J.-C., † Misène, 16.III.37 apr. J.-C.). Empereur romain (14/37 apr. J.-C.). Adopté par Auguste en 4 apr. J.-C., il était lui-même le fils de Livie, qui avait épousé Auguste en secondes noces. Succédant à Auguste en 14 apr. J.-C., il avait derrière lui une brillante carrière de chef de guerre, vainqueur en Arménie, dans les Balkans et en Germanie. Tibère affermit les institutions impériales, réorganisa les finances et, tout en restant fidèle à la politique pacifique qui avait été celle de la fin du règne d'Auguste, il maintint l'Empire romain dans ses frontières. Dégoûté des intrigues du Sénat, dont il avait pourtant accru les droits et privilèges, il quitta Rome pour Capri en 27, laissant gouverner son ministre Séjan, qui devint le véritable maître de l'Empire et fit régner la terreur. Ayant éliminé Séjan en 31, Tibère maintint fermement contre les complots les droits de Caligula, fils de Germanicus (v.) et d'Agrippine (v.), qui devait être son successeur.

TIBET, *Xizang* en chinois. Région de l'Asie centrale, formée par un vaste plateau dont l'altitude moyenne est de 4 500 m, entre les monts Kouen-louen au N. et l'Himalaya au S. Annexé par la Chine en 1951, le Tibet est borné au N. par la Chine, au S. par l'Inde, le Bouthan et le Népal ; capitale *Lhassa*. L'histoire du Tibet reste à peu près inconnue jusqu'au VIIe s. apr. J.-C. À cette époque, les Tibétains étaient encore des adeptes de la religion bôn, une forme de chamanisme, jusqu'à ce que le roi Srong-tsan-gampo, fondateur de Lhassa, se décidât, sur les instances de ses deux épouses bouddhistes, à appeler des moines bouddhistes de l'Inde. Ce bouddhisme tardif qui pénétra au Tibet était mêlé de pratiques tantriques et magiques, et une fusion se fit rapidement avec la religion Boen, dont de nombreux éléments primitifs devaient subsister jusqu'à nos jours. Le bouddhisme confirma sa position dominante avec l'arrivée, en 747, de Padmasambhava, connu par la suite sous le nom de Guru Rimpoche (« le précieux maître ») : il donna au bouddhisme tibétain sa première organisation et lui laissa des enseignements tantriques qui furent complétés au XIe s. par un autre moine indien, Atiça.

Le lamaïsme tibétain

Au cours d'une violente réaction des adeptes du bôn, la monarchie tibétaine avait été renversée (838), et le Tibet se divisa en de nombreuses petites principautés, tandis que les monastères bouddhiques prenaient une influence accrue. Quand les Mongols attaquèrent le Tibet, en 1239, les habitants se confièrent au supérieur du monastère de Sakya, Sapan. Le neveu de celui-ci, Phagspa (1235/80), convertit au bouddhisme le khagan Koubilaï, qui donna aux abbés de Sakya la souveraineté sur le Tibet. Corrompu par des pratiques magiques et par des mœurs relâchées, le bouddhisme tibétain allait être réformé par un ascète venu de Chine centrale, Tsong-kha-pa (vers 1356/1418), qui ramena le clergé au célibat et à une discipline monastique aussi rigoureuse que celle en usage chez les théravadin de l'Asie du Sud-Est.

C'est de l'Église dite « jaune », issue de cette réforme, que naquit, à la fin du XVe s., l'institution caractéristique de la théocratie tibétaine, le lamaïsme. Il repose sur deux chefs suprêmes : le dalaï-lama, vénéré comme une réincarnation du bodhisattva Chenresi (Avalokiteçvara), résidant à Lhassa ; le panchen-lama, réincarnation du bouddha Opame (Amitabha), résidant au couvent de T-shi-lhum-po, près de Chigatse. Le premier dalaï-lama fut Gendun Drupa († 1474). Au cours du XVIe s., le lamaïsme rallia la Mongolie au bouddhisme et l'Église mongole fut dirigée par un troisième grand lama, résidant à Oulan Bator. Avec l'aide des Kalmouks, le cinquième dalaï-lama, Ngagwang Lobsang Gyatso, triompha en 1641 du dernier prince tibétain important, le roi du Tsang ; dès lors, le dalaï-lama, installé à Lhassa, où il fit construire le palais du Potala, devint le chef temporel du Tibet.

Au début du XVIIIe s., l'invasion des Dzoungares permit aux empereurs chinois d'intervenir au Tibet : l'empereur K'ang-hi installa en 1720 une garnison chinoise à Lhassa et établit ainsi sur le Tibet un protectorat qui devait durer jusqu'à la révolution chinoise de 1911. Mais la conquête de l'Inde par les Anglais créa un nouveau pôle d'attraction. À partir de 1850 environ, deux politiques s'affrontèrent au Tibet : la « blanche », proanglaise, représentée par le dalaï-lama, et la « noire », prochinoise, représentée par le panchen-lama. Après avoir établi leur protectorat sur les dépendances transhimalayennes du Tibet (Sikkim, Népal, Bhoutan), les Anglais entrèrent à Lhassa (1903) et imposèrent au Tibet le traité du 7 sept. 1904, qui ouvrait au commerce britannique de nouveaux marchés ; ce traité fut reconnu par la Chine en 1906 et par la Russie en 1907. En 1911, avec l'aide des Anglais, les Tibétains chassèrent la garnison chinoise, et le treizième dalaï-lama, que les Chinois avaient destitué l'année précédente et qui s'était réfugié en Inde, fut restauré.

Le Tibet et la Chine populaire

La fin de la Seconde Guerre mondiale renversa complètement le rapport des forces dans la région himalayenne : les Anglais abandonnèrent l'Inde, et la Chine, devenue communiste, put reprendre les ambitions des anciens empereurs mandchous. Le 7 oct. 1950, 30 000 soldats chinois passèrent la frontière et bousculèrent la dérisoire armée tibétaine. Le jeune dalaï-lama, âgé de seize ans, dut envoyer une délégation à Pékin pour y signer le traité sino-tibétain du 23 mars 1951 : la Chine communiste se faisait reconnaître le droit d'occuper militairement le Tibet et de diriger la politique étrangère du pays, mais elle s'engageait à respecter son autonomie régionale, à ne pas attaquer les croyances traditionnelles et à respecter le régime du lamaïsme. Mais, dès 1952, commença une campagne systématique de destruction des monastères. En 1955, la guérilla antichinoise s'organisa chez les montagnards Khampas. La rébellion générale du Tibet éclata à Lhassa dans la nuit du 19 au 20 mars 1959, mais fut écrasée par l'armée et l'aviation chinoises. Le dalaï-lama se réfugia en Inde avec plusieurs milliers de Tibétains, tandis que la Chine communiste établissait son emprise sur le Tibet. En sept. 1965, le Tibet devint une région autonome de la république populaire de Chine.

Le quatorzième dalaï-lama, Tenzin Gyatso (* 1935), continua d'animer à Dharamsala, en Inde, un gouvernement en exil. Malgré la présence au Tibet de fonctionnaires et de militaires chinois, le régime communiste s'est mal implanté, à la fois parce qu'il est communiste et parce qu'il est chinois. En 1987, le tibétain retrouvait son rang de langue officielle, ce qu'il n'était plus depuis 1959. Lhassa, déjà théâtre d'émeutes en 1987 et 1988, connaissait de graves troubles en mars 1989 (plusieurs dizaines de morts) et la loi martiale était à nouveau proclamée au Tibet. La région ne cessait de causer des difficultés au gouvernement chinois, tant sur le plan intérieur que sur la scène internationale ; ainsi le dalaï-lama voyait son autorité morale s'accroître dans le monde entier : prix Nobel de la paix en déc. 1989, il multiplia les rencontres avec les chefs d'État. Mais la situation restait bloquée et la structure démographique de la région s'est modifiée progressivement au profit des Han (majoritaires en Chine). La loi martiale ne fut levée qu'en mai 1990. Des manifestations se sont succédé à partir de 1992. En 1996, le gouvernement chinois intensifia la répression et ferma l'un des plus grands monastères tibétains, à Ganden près de Lhassa, et incarcéra l'enfant supposé être la réincarnation du panchen-lama, Gendhun Choekyi Nyima. L'intronisation par les Chinois d'un nouveau bouddha vivant en janv. 2000 s'accompagna d'une nouvelle campagne contre le séparatisme. Pourtant, des relations se sont renouées entre les autorités chinoises et le chef spirituel tibétain.

T'IEN-TSIN, *Tianjin* **(Traités de, 26 et 27 juin 1858).** Traités par lesquels les Français et les Anglais obtinrent de nouveaux avantages territoriaux et commerciaux en Chine. Voir **Chine**.

TIERS ÉTAT. Nom donné en France avant 1789 au troisième ordre de la nation, qui comprenait tous ceux qui n'étaient ni nobles ni prêtres, c'est-à-dire les roturiers laïques (bourgeois, artisans, ouvriers, paysans). Les serfs étaient en dehors du tiers état et ne faisaient partie d'aucun ordre (mais le servage avait disparu presque complètement au cours du XVIIIe s.).

TIERS MONDE. L'expression *tiers monde* est attribuée à l'économiste français Alfred Sauvy, qui, dans les années 1950, désigna ainsi l'ensemble des pays en voie de développement, la plupart des anciennes colonies, sorte de « tiers état » des nations, représentant environ les deux tiers de la population mondiale. S'annonçant déjà avec la conférence afro-asiatique de Bandoung en 1955, l'influence du tiers monde fut consacrée par l'Assemblée générale des Nations unies, en 1974, qui se déclara favorable à un nouvel ordre économique dans lequel l'axe Nord-Sud viendrait corriger l'axe Est-Ouest des relations internationales.

TIERS ORDRES. Les tiers ordres furent une des grandes innovations de la vie religieuse au XIIIe s. On peut y voir une première tentative d'organisation de l'apostolat des laïcs, bien que la fin essentielle de ces associations pieuses affiliées à un ordre religieux fût la sanctification de leurs membres, en union avec la grande famille monastique à laquelle ils se rattachaient. Le tiers ordre rassemble aussi bien des hommes que des femmes. Il n'y eut, à l'origine, que des **tiers ordres séculiers** – le premier en date fut le tiers ordre de st François d'Assise, fondé en 1209. Par la suite, les dominicains, les carmes, les ermites de Saint-Augustin, les servites, les prémontrés, les minimes eurent également leurs tiers ordres séculiers. On y trouvait des laïcs, qui, même mariés et continuant à vivre dans le monde, s'astreignaient à des obligations religieuses particulières (prières, jeûnes, œuvres de charité, etc.) les associant étroitement à la vie monastique. Cependant, dès la fin du XIIIe s., certains de ces « tertiaires » commencèrent à vivre en communauté : ce fut l'origine des **tiers ordres réguliers**, qui furent progressivement liés par des vœux et astreints, surtout dans les tiers ordres réguliers féminins, à toutes les obligations de la vie monastique. Voir **Moines**.

TIGLATPILÉSER Ier. Roi d'Assyrie (vers 1115/1077 av. J.-C.). Il rétablit la puissance de l'Assyrie, soumit l'Anatolie orientale et poursuivit contre les Araméens des campagnes qui le menèrent jusqu'à la Méditerranée. Il imposa un tribut aux villes de Phénicie et pilla Babylone (début du XIe s.). Vers la fin de son règne, l'Assyrie connaissait les premières incursions araméennes. Sa mort marqua la fin de l'empire médio-assyrien.

TIGLATPILÉSER III. Roi d'Assyrie (745/27 av. J.-C.). Au terme d'une période trouble, il donna un nouvel essor aux conquêtes assyriennes et entreprit de faire de l'Empire assyrien un État fortement centralisé. Il mena des campagnes victorieuses contre les Mèdes (737/36), contre le royaume d'Ourartou (735) et, à deux reprises (743/38 et 734/32), en Syrie-Palestine, notamment contre Israël et le royaume de Damas. Il enleva la plus grande partie de son territoire à Péqah, roi d'Israël, et s'empara de Damas (732). Il réprima une révolte de Babylone, où il se fit reconnaître roi en 728.

TIGRANE le Grand (* vers 140, † 55 av. J.-C.). Roi arsacide d'Arménie (vers 95 ou 94/55). Avec l'aide de son beau-père Mithridate VI Eupator, roi du Pont, il conquit la Cappadoce (dont il fut chassé par Sylla) puis une partie de la Cilicie et de la Syrie, étendant son empire sur l'Azerbaïdjan, l'Assyrie et la Mésopotamie septentrionale. Les Romains envoyèrent contre lui Lucullus, qui enleva Tigranocerte (69), capitale que Tigrane avait fait construire, en 78, sur le haut Tigre, et qu'il avait peuplée des 300 000 prisonniers capturés lors de ses conquêtes. Pompée obtint sa soumission en 66 et lui reprit toutes ses conquêtes.

TIKHON Basil Ivanovitch Belavin (* dans le gouv. de Pskov, 1865, † Moscou, 8.IV.1925). Prélat russe.

Fils d'un pope de village, il devint successivement évêque orthodoxe de Lublin (1897), de l'Alaska, de Iaroslavl, de Vilna (1914). Élu métropolite de Moscou en avr. 1917, après l'effondrement du tsarisme, il fut désigné en nov. 1917, à la fois par l'élection et par le tirage au sort, pour accéder au patriarcat de Moscou, qui venait d'être restauré. Il refusa de prendre parti entre les camps en présence durant la guerre civile. Interné par les soviets au monastère Donskoï, en 1921, il dut faire face au schisme de l'« Église vivante », que soutenaient les bolcheviks, et qui prononça sa déchéance. En juin 1923, il finit par publier une déclaration de loyalisme envers le gouvernement soviétique et fut alors libéré.

TILLY Johann Tserclaes, comte de (* château de Tilly, Brabant, févr. 1559, † Ingolstadt, 30.IV.1632). Général flamand au service de l'Autriche, puis de Maximilien, duc de Bavière ; c'est lui qui décida de la victoire de la Montagne Blanche, où fut écrasé le soulèvement de la Bohême (8 nov. 1620). Il conquit ensuite le Palatinat rhénan, battit les protestants à Wimpfen et à Höchst (1622), puis le roi Christian IV de Danemark à Lutter (27 août 1626). L'empereur Ferdinand II le désigna en 1630 pour succéder à Wallenstein comme général en chef ; il prit et saccagea Magdebourg (mai 1631), mais fut battu par Gustave-Adolphe de Suède à Breitenfeld (17 sept. 1631). Voir **TRENTE ANS (guerre de)**.

TILSIT (entrevue et traités de, juin/juill. 1807). Après la victoire de Napoléon Ier à Friedland (14 juin 1807), le tsar Alexandre Ier fut contraint de demander une paix que souhaitait Napoléon lui-même. Les deux souverains se rencontrèrent à Tilsit, sur un radeau construit au milieu du Niémen, le 25 juin 1807. Le 7 juill., un premier traité, secret, fut signé : la Russie s'engageait à déclarer la guerre à l'Angleterre si celle-ci n'avait pas fait la paix avant le 1er nov. et adhérait au Blocus continental ; en revanche, Napoléon laissait les mains libres au tsar en Suède et posait avec la Russie les bases d'un démembrement des possessions de la Turquie en Europe. Un second traité, public, fut signé le 9 juill. : la Prusse se voyait réduite à la moitié de son territoire par la création du royaume de Westphalie et du grand-duché de Varsovie.

TIMOLÉON (* Corinthe, vers 410, † Syracuse, vers 337 av. J.-C.). Général corinthien. Par amour de la liberté, il laissa mettre à mort son frère Timophane qui était tyran de Corinthe (vers 365), mais il s'exila et, pendant vingt ans, resta éloigné de la politique. En 344, il fut chargé par les Corinthiens, à l'appel d'exilés syracusains, de renverser la tyrannie de Denys le Jeune, qu'il chassa de Syracuse. Il s'attaqua ensuite aux autres tyrans de Sicile, dont Hikétas de Léontinoi, qui appela les Carthaginois à son aide. Timoléon les vainquit à Crimisos (339) et ouvrit leurs possessions à la colonisation grecque.

TIMOR. Île de l'est de l'archipel de la Sonde, située entre les Célèbes et l'Australie. Elle fut découverte vers 1520 par les Portugais, qui établirent leur principale base à Solor, île située au N. de Timor. À partir de 1613, les Hollandais s'installèrent également à Timor, près de Kupang, et les Portugais durent se replier dans le N. et l'E. de l'île. Après des siècles de combats intermittents, le traité de 1904 délimita les frontières entre possessions portugaises et néerlandaises. Les Japonais occupèrent l'île de 1942 à 1945. La partie néerlandaise fut annexée en 1946 à la république d'Indonésie, qui, dès cette époque, proclama que l'intégralité de l'île devait lui revenir. Cependant, la partie portugaise, devenue en 1896 province portugaise autonome, resta sous l'autorité de Lisbonne jusqu'en 1974.

La disparition de l'autorité coloniale provoqua une guerre civile entre le Fretilin (Front révolutionnaire pour l'indépendance de Timor), de tendance communiste, et les autres mouvements nationalistes, pro-indonésiens. Le Fretilin ayant proclamé unilatéralement l'indépendance (28 nov. 1975), les nationalistes proindonésiens, appuyés par des troupes indonésiennes, se rendirent maîtres de la capitale, Dili (7 déc. 1975). En mai 1976, une Assemblée populaire, élue dans des conditions douteuses, approuvait à l'unanimité le rattachement à l'Indonésie de Timor, qui devenait la province de *Loro Sae*, mais l'ONU ne reconnut jamais cette annexion. À la résistance du Fretilin, qui prit en 1987 la tête du Conseil national de la résistance de Timor (CNRT), a répondu une dure répression qui a fait de 100 000 à 200 000 morts. La terreur orchestrée par l'armée amena le Fretilin à accuser Djakarta de tentative de génocide. Entre 1975 et 1993, 150 000 Javanais se sont installés au Timor-Oriental, changeant notablement l'équilibre de la population. Le prix Nobel de la paix décerné conjointement, en 1996, à Mgr Belo, évêque de Dili, et à José Ramos-Horta, ambassadeur itinérant du Timor-Oriental, ne changea guère la situation. En 1998, le nouveau président indonésien Jusuf Habibie entama des négociations, qui aboutirent à un accord tripartite (ONU, Portugal, Indonésie). En août 1999, un référendum vit la victoire des indépendantistes avec 78,5 % des voix, mais des milices, encadrées par des commandos spéciaux de l'armée indonésienne, mirent le pays à feu et à sang, faisant plusieurs milliers de victimes. En sept. 1999, une force d'interposition internationale (Interfet) commença à prendre position à Dili puis dans les campagnes. Le calme revenu, l'Administration transitoire des Nations unies au Timor-Oriental (Untaet) prit le relais et s'attacha à régler le problème des milliers de personnes déportées vers des camps du Timor occidental et soumises à la violence des milices proindonésiennes, tandis que le nouveau président indonésien Abdurrahman Wahid reconnaissait, en oct. 2000, l'indépendance du Timor-Oriental. La république démocratique du Timor-Oriental a été proclamée le 20 mai 2002.

TIMOURIDES ou **TIMURIDES.** Nom donné aux descendants de Tamerlan (Timur Leng) qui, jusqu'au XVIe s., régnèrent en Iran oriental et en Afghanistan. À la mort de Tamerlan (1405), ses conquêtes furent divisées entre ses deux fils, Miran Chah († 1407), qui eut l'Iran occidental, Chah Rokh, qui eut l'Iran oriental, et son petit-fils, Pir Mohammed, qui eut le Fars. À la suite de la mort de Miran Chah et de Pir Mohammed, c'est Chah Rokh (1405/47) qui réussit pendant quelque temps à reconstituer l'empire de Tamerlan ; mais bientôt il perdit la Perse occidentale et méridionale. Il se maintint au contraire dans le Khorassan et établit sa capitale à Hérat. Chah Rokh fut un souverain pacifique et généreux ; il attira à sa cour de Hérat des écrivains, des artistes, des savants, et fit rayonner la civilisation persane sur l'Afghanistan. Cette « renaissance timouride » prit encore plus d'ampleur sous son successeur, Olough-Beg (1447/49), qui avait déjà fait ses preuves comme gouverneur de Samarkand : il ne se contentait pas de protéger les savants, mais était lui-même astronome et mathématicien ; il fit établir de célèbres tables astronomiques. Jusqu'au début du XVIe s., Hérat vit briller une école de miniaturistes dont le maître fut Bihzad, cependant que le grand poète soufi Djami vivait à la cour d'un autre Timouride éclairé, Hussein Baïkara (1468/1506). Mais après la mort de ce dernier, la dynastie timouride fut chassée de la Transoxiane et du Khorassan par les Ouzbeks (1507). Son histoire n'était cependant pas achevée, car un dernier descendant de Tamerlan, Baber, renversa le sultanat de Delhi et fonda l'Empire indien des Mogols (1526).

TINDEMANS Léo (Zwijndrecht, prov. d'Anvers, 16.IV.1922). Homme politique belge. Premier ministre d'un gouvernement de coalition de 1974 à 1978, il laissa la place à W. Martens, qu'il remplaça à la tête du parti social-chrétien flamand. Il participa ensuite aux ministères M. Eyskens et W. Martens et fut, de 1985 à 1989, ministre des Relations extérieures des cabinets Martens.

TIPPOU SAHIB (* 19.XI.1749, † Seringapatam, 4.V.1799). Sultan du Mysore (1782/99). Fils d'Haïder Ali, il reçut son instruction militaire d'officiers français qui étaient au service de son père. Il succéda à celui-ci en déc. 1782 et signa avec l'Angleterre la paix de Mangalore, sur la base de la restitution réciproque des conquêtes (11 mars 1784). Il restait cependant un ennemi acharné des Anglais et, en 1789, il occupa les territoires de leur allié, le raja de Travancore, ce qui provoqua une nouvelle guerre. Repoussé du Travancore, il vit le Mysore lui-même envahi, et les victoires de Cornwallis lui imposèrent la paix de Seringapatam (1792), par laquelle il dut abandonner environ un tiers de ses États aux Anglais et à leurs alliés, le *nizam* de Hyderabad et le *peshwa* des Marathes. Il fit alors appel à la France, et, lorsque Bonaparte lança l'expédition d'Égypte, les Anglais décidèrent d'en finir avec Tippou Sahib : Wellesley envahit le Mysore (fin oct. 1798) et emporta la forteresse de Seringapatam, où Tippou Sahib fut tué. Ses États furent partagés entre la Compagnie des Indes et le nizam d'Hyderabad. Les musulmans de l'Inde le vénèrent comme un martyr.

TIRPITZ Alfred von (* Küstrin, 19.III.1849, † Ebenhausen, près de Munich, 6.III.1930). Amiral allemand. Ministre de la Marine de 1897 à 1916, il fit passer l'Allemagne au deuxième rang des puissances navales, aussitôt derrière l'Angleterre. Conscient du risque d'un conflit avec l'Angleterre, il poussa le gouvernement allemand à rechercher un accord avec la Russie. En 1914, Guillaume II l'empêcha d'engager sa flotte contre la Home Fleet. Se rabattant sur la guerre sous-marine, Tirpitz se heurta, là encore, à la résistance des civils, et préféra démissionner en mars 1916. Il fonda alors le parti allemand de la patrie (1917), pangermaniste et annexionniste. Député du Reichstag de 1924 à 1928, il contribua à la décision de Hindenburg de se présenter à la présidence de la République en 1925.

TISO Josef (* Velka Bytca, 13.X.1887, † Bratislava, 18.IV.1947). Prélat et homme politique slovaque. Prêtre en 1910, il devint un des chefs du parti populiste slovaque de Hlinka, qui réclamait pour la Slovaquie, au sein de l'État tchécoslovaque, l'autonomie promise par Masaryk en 1918. Chef du parti populiste à la mort de Hlinka (1938), il prit la tête, après les accords de Munich, du gouvernement autonome slovaque (oct. 1938). En mars 1939, il proclama l'indépendance de la Slovaquie, qu'il plaça sous la protection de l'Allemagne. Il devint chef de l'État en oct. suivant. Alignée sur l'Allemagne durant toute la Seconde Guerre mondiale, la Slovaquie indépendante s'effronda à l'arrivée des troupes soviétiques (avr. 1945). Mgr Tiso fut exécuté en 1947.

TISSAPHERNE († Colosses, Phrygie, 395 av. J.-C.). Homme politique et général perse. Satrape de Lydie et de Carie (413), il s'allia à Sparte, mais, redoutant la puissance et les ambitions de celle-ci en Ionie, il préféra, sur les conseils d'Alcibiade, laisser les deux antagonistes de la guerre du Péloponnèse (v.) user leurs forces l'un contre l'autre. Fidèle au roi Artaxerxès II Mnémon, il résista lorsque Cyrus le Jeune (v.) lui disputa la possession des cités grecques d'Ionie qui s'étaient ralliées au prétendant. Tissapherne commandait une partie de l'armée royale à la bataille de Counaxa, où Cyrus fut tué (401). Chargé de délivrer l'Empire perse des Dix Mille mercenaires grecs qui avaient combattu pour Cyrus, il fit assassiner leurs chefs par traîtrise. Artaxerxès lui donna une de ses filles en mariage et, en plus de sa satrapie, le gouvernement général des provinces d'Asie Mineure qui avaient été confiées à Cyrus avant sa révolte. Il entreprit de soumettre à son autorité les cités grecques d'Ionie, mais celles-ci firent appel à Sparte : vaincu par Agésilas II sur les bords du Pactole (395), il fut alors accusé de trahison par les Perses de Sardes et fut exécuté.

TISZA Kálmán (* Geszt, 10.XII.1830, † Budapest, 23.III.1902). Homme politique hongrois. Calviniste, il fut à partir de 1865 le chef du centre gauche et réalisa la fusion de ses partisans avec le centre de Deák pour former le parti libéral, qui le porta au poste de Premier ministre (1875/90). Cynique mais plein d'énergie et d'habileté, il pratiqua une magyarisation systématique parmi les minorités sujettes.

TISZA István, comte (* Budapest, 22.IV.1861, † Budapest, 31.X.1918). Homme politique hongrois, fils de Kálmán Tisza. Premier ministre de 1903 à 1905, il fonda le parti national du travail en 1910 et redevint Premier ministre en juin 1913. Partisan décidé du maintien intégral du compromis austro-hongrois de 1867, au détriment des autres nationalités, et, en politique étrangère, de l'alliance des Habsbourg avec l'Allemagne, il soutint à fond le cabinet de Vienne dans la crise de 1914. Il mena ensuite la politique de guerre. À la mort de François-Joseph, il obligea le nouvel empereur Charles à se faire couronner roi de Hongrie (30 déc. 1916), afin de lier le souverain et d'empêcher que la Hongrie ne fît les frais d'une paix de compromis. Mais son refus d'accorder un système électoral démocratique l'opposa à l'empereur, et il dut se retirer (mai 1917). Tenu pour l'un des responsables de la guerre, il fut assassiné lors des troubles qui marquèrent l'effondrement de l'Autriche-Hongrie.

TITO, Josip Broz, dit (* Kumrovec, près de Zagreb, Croatie, 25.V.1892, † Ljubljana, 4.V.1980). Maréchal et homme politique yougoslave. Mobilisé dans l'armée austro-hongroise pendant la Première Guerre mondiale, il fut capturé par les Russes en 1915. Libéré par les bolcheviks en 1917, J. Broz combattit dans leurs rangs pendant la guerre civile. Rentré en Croatie en 1923, il y prit la tête du parti communiste et fut emprisonné en 1928. Libéré, il prit le nom de Tito et organisa, dans le cadre du Komintern, le recrutement des Brigades internationales qui combattirent aux côtés des républicains durant la guerre d'Espagne. Secrétaire général du parti communiste yougoslave en 1937, Tito organisa la résistance communiste aux forces de l'Axe. En déc. 1943, il fut nommé président du gouvernement provisoire (v. **RÉSISTANCE**). À la tête de ses partisans, il libéra le territoire yougoslave de l'occupation allemande, prit le pouvoir, proclama la république le 29 nov. 1945 et écrasa l'opposition monarchiste du général Mihaïlovitch, qui fut exécuté. Tito fit de la Yougoslavie une démocratie populaire, mais, en 1948, il perdit le soutien de l'URSS ; la lutte contre le « titisme », révisionniste et nationaliste, devint l'un des thèmes centraux de la propagande stalinienne. La nouvelle Constitution, adoptée en 1953, donna à Tito le titre de président de la République, et celui de « président à vie » en 1974. La déstalinisation khrouchtchévienne en URSS permit une amélioration des relations soviéto-yougoslaves, mais Tito soutint la Tchécoslovaquie contre Moscou pendant la crise de 1968. Partisan du neutralisme, il prit la tête des pays non alignés, aux côtés de Nasser et de Nehru. À l'intérieur, il jeta les bases d'un socialisme relativement libéral, avec un système d'autogestion des entreprises. Toutefois, ni les dérives bureaucratiques ni la crise économique n'épargnèrent la Yougoslavie, et Tito dut user de son prestige et de son autorité pour faire taire les oppositions, notamment nationales.

TITULESCO Nicolae (* Craiova, 1883, † Cannes, 17.III.1941). Homme politique roumain. Délégué de la Roumanie à la SDN (1922), ministre des Affaires étrangères (1927/28) et président de l'Assemblée de la SDN (1930/31), il fonda toute sa politique sur la défense de l'Europe issue du traité de Versailles et fut le grand artisan de la Petite-Entente. De nouveau ministre des Affaires étrangères (1932/36), il travailla à un pacte oriental qui eût associé contre les ambitions allemandes l'Europe de l'Est et la France, et il contribua par son influence au pacte franco-soviétique de 1935. L'année suivante, il se retirait en France.

TITUS Flavius Sabinus Vespasianus (* Rome, 30.XII.40 ou 41, † Aquae Cutiliae, Sabine, 13.IX.81). Empereur romain (79/81). Fils de Vespasien fondateur de la dynastie des Flaviens, il servit très tôt sous son père en Germanie et en Bretagne, puis, à partir de 67, en Judée, où il termina victorieusement la guerre contre les Juifs par la prise de Jérusalem (70). Rentré à Rome, il célébra son triomphe, que rappelle l'arc de Titus, fut associé par Vespasien à l'Empire, nommé sept fois consul entre 70 et 79 et cumula la censure, le tribunat et la charge de préfet du prétoire. Sa liaison avec la reine juive Bérénice, sœur d'Hérode Agrippa, qui était beaucoup plus âgée que lui, causa un grand scandale à Rome, et il dut y renoncer lorsqu'il monta sur le trône (79). Son règne de deux ans vit une série de catastrophes : Pompéi fut anéantie par l'éruption du Vésuve (79), Rome subit un grand incendie (80) et des épidémies firent des ravages un peu partout. Il mourut à l'âge de quarante ans ; son règne court a été encensé et sans doute idéalisé par opposition au despotisme exercé par son frère et successeur, Domitien.

TLAXCALA. Petit État précolombien du Mexique, à l'O. de Mexico. Il fut le centre d'une principauté indienne que les Aztèques ne purent jamais englober dans leur confédération. Après avoir résisté également à Cortés, les Tlaxcaltèques devinrent les fidèles alliés des Espagnols, ce qui leur valut de nombreux privilèges.

TLEMCEN (royaume de). Royaume abdelwadide des XIIIe et XIVe s. Voir **ALGÉRIE.** De la conquête arabe à l'établissement de la domination turque.

TOCQUEVILLE Alexis Charles Henri Maurice Clérel de (* Paris, 25.VII.1805, † Cannes, 16.IV. 1859). Homme politique et historien français. Son ouvrage *De la démocratie en Amérique* (1835/40) le rendit aussitôt célèbre et le fit comparer à Montesquieu. Tocqueville se donna pour tâche de réconcilier la vieille société et le régime moderne. Député de Valognes depuis 1839, réélu à l'Assemblée constituante de 1848, il fut ministre des Affaires étrangères pendant cinq mois (3 juin/30 oct. 1849) dans le cabinet d'Odilon Barrot, mais, alarmé par la marche de Louis-Napoléon-Bonaparte vers le pouvoir personnel, il se retira des affaires. Sa protestation contre le coup d'État du 2 déc. 1851 lui valut d'être arrêté pendant quelques jours. Il se consacra alors à son ouvrage *L'Ancien Régime et la Révolution* (1856) ; il y montrait que la Révolution n'avait été qu'un aboutissement ultime de la politique monarchique d'abaissement de la noblesse, de centralisation administrative et de morcellement de la propriété.

TODT Fritz (* Pforzheim, 4.IX.1891, † 8.II.1942). Homme politique allemand. Ingénieur puis directeur d'une compagnie munichoise de construction de routes, rallié dès 1922 à Hitler ; celui-ci, en 1933, le nomma inspecteur général des routes du Reich. En six ans, il construisit un réseau qui relia les principales villes d'Allemagne. En 1938, il fut chargé par Hitler de la construction de la ligne Siegfried (Westwall), il créa alors un service du génie annexe de la Wehrmacht qui prit le nom d'**Organisation Todt**. En mars 1940, il devint ministre de l'Armement et des Munitions, mais trouva la mort dans un accident d'avion (1942). L'Organisation Todt, dirigée dès lors par Speer, construisit, de la Norvège au golfe de Biscaye, le vaste ensemble de fortifications auquel la propagande allemande donna le nom de « mur de l'Atlantique ».

TOGE, *toga*. Habit distinctif du citoyen romain. C'était une pièce d'étoffe (laine ou lin) qu'on drapait par-dessus l'épaule gauche, en remontant le pan arrière sur cette épaule après l'avoir fait passer sous le bras droit, qui restait libre. D'abord courte, la toge s'allongea considérablement vers la fin de la république ; on la plissait alors avec tant de raffinements qu'il n'était plus possible de la mettre sans aide. Elle ne fut plus qu'un habit de cérémonie. Le port de la toge était un des signes de l'homme libre ; il était interdit aux étrangers. Sauf pour les personnes en deuil, la toge était blanche ; elle s'ornait d'une bande de pourpre pour les enfants et les sénateurs (*toge prétexte*).

TOGHROUL ou **TOUGHRIL BEG Mohammed** (* vers 990, † Ray, 4.IX.1063). Premier sultan seldjoukide (1038/63). Il était le petit-fils de Seldjouk, chef d'une tribu turque oghouz qui, venue du Syr-Daria inférieur, entra au début du XIe s. en Transoxiane, où elle se convertit à l'islam sunnite. Établi ensuite dans le Khorassan avec son frère Tchaghri Beg, Toghroul remporta une grande victoire sur les Ghaznévides à Dendenkan, près de Merv (1040). En 1051, il se rendit maître de l'Iran et établit sa capitale à Ispahan. Après avoir conquis les principautés du N. et de l'E. de l'Irak, il délivra le calife abbasside de Bagdad des maires du palais bouyides en s'emparant de Bagdad (15 déc. 1055). Il devint le protecteur du calife abbasside, qui lui conféra le titre de sultan (1058) et lui fit épouser sa fille (1062). Il fut le fondateur de la puissance des Seldjoukides. Voir TURCS. Les Seldjoukides.

TOGLIATTI Palmiro (* Gênes, 29.III.1893, † Yalta, Crimée, 21.VIII.1964). Homme politique italien. Il participa à la fondation du parti communiste italien (1921). Fuyant la dictature fasciste, Togliatti s'expatria en 1926. Secrétaire général du PCI (de 1931 à sa mort) et secrétaire du Komintern (1935/39), il élabora la stratégie des « fronts populaires ». Rentré en Italie en 1944, il participa au Comité de libération nationale, puis aux ministères qui se succédèrent de 1944 à 1947, mais fut écarté du pouvoir, avec les autres ministres communistes, en mai 1947. Togliatti encouragea la déstalinisation et l'autonomie des partis communistes, italien en premier lieu, face à Moscou, de même qu'il fut partisan du rapprochement avec les socialistes.

TOGO. État de l'Afrique occidentale sur le golfe de Guinée ; capitale *Lomé*. Avant le début de la colonisation européenne, le principal groupe de population indigène était celui des Éwés, qui, venus du Niger, s'installèrent dans le Togo méridional entre le XIIe et le XIVe s. Visitée à partir du XVe s. par les Portugais et les Danois, cette région vit se développer le commerce des esclaves puis de l'huile de palme. Le 5 juill. 1884, l'explorateur allemand Nachtigal établit un protectorat allemand sur la région côtière, et, jusqu'en 1890, l'intérieur fut conquis sans grande difficulté. Les Allemands aménagèrent un port à Lomé (1904).

Conquis par les Franco-Anglais dès le 26 août 1914, le Togo fut divisé en 1922, sous l'égide de la SDN, en deux mandats, français et anglais, qui furent placés en 1946 sous la tutelle des Nations unies. En 1956, le Togoland britannique opta par référendum pour son incorporation au Ghana. L'évolution du Togo sous tutelle française vers l'indépendance fut d'abord l'œuvre de Sylvanus Olympio, chef du Comité d'union togolaise (CUT) et président de la première assemblée territoriale, en 1946, puis, à partir de 1951, de Nicolas Grunitzky, chef du parti togolais du progrès, qui proclama le 30 août 1956, une République autonome du Togo, au sein de l'Union française.

Grunitzky ayant perdu les élections du 27 avr. 1958, S. Olympio devint chef du gouvernement et proclama l'indépendance complète (27 avr. 1960). Mais Olympio, qui avait dressé contre lui le Nord, mal représenté au gouvernement, et les chefs coutumiers, fut assassiné lors du coup d'État militaire du 13 janv. 1963. Un régime constitutionnel fut alors rétabli sous la direction de Grunitzky, revenu de l'exil où il se trouvait depuis 1958. Le 13 janv. 1967, Grunitzky fut contraint de s'effacer devant le colonel Eyadema. En nov. 1969, celui-ci prononça la dissolution des partis politiques et constitua un parti unique, le Rassemblement du peuple togolais. Désigné comme candidat unique lors du congrès de Palimé (nov. 1971), Eyadema fut confirmé comme chef de l'État par le référendum du 14 janv. 1972. Réélu en 1979 et en 1986, Eyadema fit promulguer une constitution officialisant le rôle du parti unique et proclamant, le 13 janv. 1980, la IIIe République togolaise.

À partir de 1983, d'importantes privatisations modifièrent sensiblement l'économie du pays, riche surtout de l'exportation de ses phosphates. Au printemps 1991, les grèves et les manifestations qui avaient éclaté dès 1990 s'intensifièrent. Soutenu par l'armée et assisté par la France, le général Eyadema, malgré l'adoption, en sept. 1992, d'une Constitution démocratique, reprit le contrôle de tous les postes clés. La répression brutale qui s'abattit sur le Togo poussa plus de 200 000 habitants de Lomé à l'exil. Réélu président en 1993 et 1998 malgré de multiples irrégularités et violences, Eyadema a modifié la Constitution en 2003 pour pouvoir se représenter une nouvelle fois.

TÔGÔ Heihachirô, marquis (* Kagoshima, 22.XII. 1847, † Tôkyô, 30.V.1934). Amiral japonais. Entré dans la marine en 1870, il reçut une partie de sa formation militaire en Angleterre et se distingua durant la guerre sino-japonaise de 1894/95. Amiral en 1895, il fut mis à la tête de la flotte japonaise. Durant la guerre russo-japonaise, il réalisa le blocus de Port-Arthur et obtint la reddition de la place (2 janv. 1905), puis il anéantit à Tsushima la flotte russe venue de la Baltique (27/28 mai 1905).

TOISON D'OR (ordre de la). Ordre de chevalerie créé par le duc de Bourgogne Philippe le Bon à Bruges, en 1429, à l'occasion de son mariage avec Isabelle de Portugal, dont le nom est issu de la mythologie grecque. Cet ordre symbolisait l'étroite union, autour du duc, de la noblesse des vastes et divers territoires bourguignons. La grande maîtrise de l'ordre, exercée par le duc de Bourgogne, ne pouvant être conférée à une femme, en 1477, ce fut l'archiduc Maximilien, époux de Marie de Bourgogne, qui prit le titre de grand maître, et l'ordre de la Toison d'or passa dans la maison de Habsbourg. Charles Quint transmit la grande maîtrise aux rois d'Espagne. Après l'extinction des Habsbourg d'Espagne, la paix d'Utrecht laissa la grande maîtrise au roi Philippe V, tige de la nouvelle maison des Bourbons d'Espagne, qui, avant son avènement, portait le titre de duc de Bourgogne. Mais les Habsbourg ne voulurent pas renoncer à leurs droits, et l'ordre fut conféré désormais concurremment par les rois d'Espagne et les souverains du Saint Empire.

TÔJÔ Hideki (* Tôkyô, 30.XII.1884, † Tôkyô, 23.XII.1948). Général et homme politique japonais. Fils d'un général, il devint en 1937 chef d'état-major de l'armée japonaise du Kwantung, en Mandchourie. Doué de grandes capacités politiques, il devint bientôt un des chefs les plus influents du parti impérialiste. Vice-ministre puis ministre de la Guerre dans les cabinets Konoe (juill. 1940/oct. 1941), opposé à toute concession envers les États-Unis, il contraignit Konoe à démissionner et le remplaça comme Premier ministre (18 oct. 1941) : deux mois plus tard, le Japon se livrait à l'attaque de Pearl Harbor et commençait la conquête de la « Grande Asie orientale ». Contraint de démissionner en juill. 1944, à la suite des premières défaites japonaises, Tôjô fut ensuite arrêté par les Américains comme criminel de guerre, condamné à mort et pendu.

TOKUGAWA. Dynastie militaire japonaise, qui exerça le shôgunat de 1603 à 1867. Sa puissance avait été fondée par Ieyasu Tokugawa, qui établit la capitale du shôgunat à Edo, tandis que la dynastie impériale était reléguée à Kyôto dans des fonctions purement honorifiques. Ieyasu Tokugawa ferma le Japon aux étrangers et organisa le shôgunat en une monarchie absolue qui ne fut pas sérieusement contestée jusqu'au début du XIXe s. Mais lorsque la marine américaine contraignit le Japon à ouvrir ses ports (1853), une réaction nationaliste se développa contre les Tokugawa et prit comme centre de ralliement la dynastie impériale. Appuyé par les clans de Chôshû et de Satsuma, l'empereur Mutsuhito (Meiji Tennô) obtint en nov. 1867 la démission du dernier Tokugawa, Yoshinobu, et proclama la restauration intégrale du pouvoir impérial (janv. 1868). Voir JAPON. Le shôgunat d'Edo. Les Tokugawa (1603/1867).

TOKUGAWA Ieyasu (* 1542, † 1616). Premier shôgun des Tokugawa (1603/05). Voir JAPON. Le shôgunat d'Edo. Les Tokugawa (1603/1867).

TOLTÈQUES. Peuple indien qui, venu du Nord, domina progressivement le Mexique central et le Yucatán aux Xe/XIIe s. Conduits par Mixcoatl († 935 ou 947), ils recueillirent l'héritage culturel de Teotihuacán et furent les grands civilisateurs de la période préaztèque ; on peut leur attribuer notamment l'apport du calendrier et du système chronologique. Après l'assassinat de Mixcoatl par un usurpateur, son fils posthume, Topiltzin, réussit à reprendre le pouvoir, au nom de Quetzalcóatl, le Serpent à plumes ; il établit la capitale toltèque à Tollan (Tula), dont les ruines imposantes, ornées de statues et de reliefs polychromes, témoignent aujourd'hui encore du génie de ce peuple. Vers la fin du Xe s., à la suite d'une révolte religieuse, Topiltzin aurait été forcé de se retirer dans le Yucatán, où il fut appelé Kukulkán ; sous ce nom, son souvenir devait subsister dans les traditions des Mayas. À Tula s'installa, avec Matlacxochitl, une nouvelle dynastie qui prit fin avec Huemac, vers 1188. Les Toltèques succombèrent sous les coups des Chichimèques et des Aztèques, mais ces derniers surent assimiler leur civilisation.

TONGA (îles) ou **ÎLES DES AMIS.** *Friendly Islands.* Archipel du Pacifique méridional situé entre les îles Fidji à l'O. et les îles Cook à l'E. ; capitale *Nuku'Alofa.* Ces îles furent découvertes par les Hollandais en 1616 et reconnues par Cook en 1777 et 1779 ; c'est dans leurs eaux qu'eut lieu la mutinerie du *Bounty.* Depuis le Xᵉ s., elles étaient gouvernées par des rois sacrés qui, à partir du XVIIᵉ s., se firent assister par un second roi, revêtu de l'autorité temporelle. Elles furent réunifiées au XIXᵉ s. par Taufa'ahau Tubou, converti au christianisme dès 1831, qui régna de 1845 à 1893 sous le nom de Georges Iᵉʳ. Il réalisa la conversion de son peuple au christianisme vers 1860. Mais son arrière-petit-fils, Georges II, dut accepter le protectorat britannique (18 mai 1900). Les îles Tonga, gouvernées à partir de 1965 par Taufa'ahau Tubou IV, redevinrent un royaume indépendant au sein du Commonwealth le 4 juin 1970. Depuis la Seconde Guerre mondiale, l'influence australienne y a supplanté de plus en plus celle de la Grande-Bretagne, mais les îles Tonga se sont efforcées de développer également leurs relations avec le Japon. En sept. 1999, le pays fit son entrée à l'ONU.

TONLIEU. Impôt seigneurial prélevé sur la circulation des marchandises.

TORAH. Nom donné par les Juifs à la Loi mosaïque. Codifiée dans le Pentateuque, elle fut explicitée au cours des siècles par la tradition orale des rabbins (*Halakah*), qui, après le début de l'ère chrétienne, fut recueillie par écrit dans la *Mishna* (v.), laquelle fit à son tour l'objet d'un commentaire, la *Gemara.* À partir du IIIᵉ s., Mishna et Gemara furent réunies pour former le *Talmud* (v.). Voir **JUIFS** et **MOÏSE** .

TORDESILLAS. Ville d'Espagne (Valladolid), près du Douro. Par le **traité de Tordesillas**, signé le 7 juin 1494 entre les Rois Catholiques et Jean II de Portugal, l'Espagne et le Portugal fixèrent la ligne de démarcation de leurs futures possessions outre-mer : cette ligne, que le pape Alexandre VI avait fixée en 1493 à cent lieues à l'O. des Açores et du cap Vert, fut reportée, à la demande des Portugais, à 370 lieues. Toute terre découverte à l'E. de cette ligne devait appartenir au Portugal ; à l'O., à l'Espagne.

TORQUEMADA Tomás de (* Valladolid, 1420, † Ávila, 16.IX.1498). Inquisiteur espagnol. Entré tout jeune chez les dominicains de Valladolid, il fut longtemps prieur du couvent de Santa Cruz à Ségovie (1452/74) et confesseur des Rois Catholiques. Inquisiteur général de Castille et d'Aragon (1483) et de Catalogne (1486), il donna à l'Inquisition une organisation puissamment unifiée, établit des tribunaux locaux, un conseil suprême d'appel et un code de procédure unique, la *Compilación de las instrucciones de la santa Inquisición.* Torquemada fut aussi le principal instigateur de l'expulsion des Juifs d'Espagne, décidée par les Rois Catholiques le 31 mars 1492.

TORRIJOS Omar (* Santiago de Veraguas, 13.II.1929, † en avion, 31.VII.1981). Militaire et homme politique panaméen. Président de la République de 1974 à 1978. Voir **PANAMÁ (république du).**

TORY. Terme apparu au XVIIIᵉ s. pour désigner les hommes politiques favorables à l'autorité royale, par opposition aux Whigs. Voir **WHIG ET TORY** et **CONSERVATEUR (parti).**

TOSCANE, *Toscana.* Région de l'Italie centrale, au S.-O. de l'Apennin, le long de la mer Tyrrhénienne ; capitale *Florence,* villes principales *Arezzo, Grosseto, Livourne, Lucques, Pise, Pistoia, Sienne, Carrare, Massa.* Le nom de Toscane vient de *Tusci,* autre nom des Étrusques (v.), dont la puissance eut pour centre cette région. Conquise par Rome à la fin du IVᵉ s. av. J.-C., l'ancienne Étrurie, qui s'étendait, à l'époque classique, jusqu'au Tibre, devint, au IVᵉ s. de notre ère, sous le nom de *Tuscie,* une province du diocèse d'Italie, qui forma au VIᵉ s. un duché lombard. Les Carolingiens, qui occupèrent la Toscane en 774, y appuyèrent leur autorité sur les comtes de Lucques, qui prirent, au siècle suivant, le titre de marquis de Toscane. Ces princes, qui luttèrent énergiquement contre les Arabes en Méditerranée, exercèrent une grande influence dans l'Italie du Xᵉ s. et intervinrent à maintes reprises dans les élections pontificales. Leur dynastie s'éteignit en 1115 avec la célèbre comtesse Mathilde, qui légua ses riches possessions au Saint-Siège, alors que se déroulait la lutte du Sacerdoce et de l'Empire. Les empereurs germaniques refusèrent de reconnaître la validité du testament de la comtesse Mathilde, et, à la faveur de leurs combats contre la papauté, les principales cités toscanes accédèrent à l'indépendance : alors que Lucques, Pise et Pistoia se rangeaient dans le camp gibelin, Florence inclinait vers les guelfes.

Après la suprématie pisane, qui s'est affirmée au XIIᵉ s., la Toscane est passée sous l'hégémonie de Florence, qui soumit successivement Pistoia (1301), Volterra (1361), Arezzo (1384) et Pise (1405) ; mais Lucques et Sienne réussirent à maintenir leur indépendance. L'histoire toscane au XVᵉ et au XVIᵉ s. se confond ainsi avec celle de la Florence des Médicis ; ceux-ci, qui avaient accédé au pouvoir en 1421, furent expulsés à deux reprises (1495/1512 et 1527/30), mais réussirent chaque fois à se rétablir.

En 1531, Charles Quint créa en faveur d'Alexandre de Médicis le duché de Florence, qui, par la faveur du pape Pie V, prit en 1569 le nom de **grand-duché de Toscane**. À l'extinction des Médicis (1737), le grand-duché fut donné, en compensation de la Lorraine (cédée à Stanislas Leszczynski), à François de Lorraine, époux de l'impératrice Marie-Thérèse : la maison de Habsbourg-Lorraine devint dès 1745 la nouvelle maison d'Autriche, mais conserva néanmoins la Toscane. François Ier (en Toscane François II) eut pour successeur son fils Léopold Ier (1765/90), qui, devenu empereur en 1790, céda la Toscane à son fils Ferdinand III. Occupée par les Français en 1799, réoccupée en oct. 1800, après la victoire de Marengo, la Toscane fut érigée en *royaume d'Étrurie*, au profit de Louis de Bourbon, issu du dernier duc de Parme. En 1807, ce royaume fut réuni à l'Empire français, et la Toscane forma alors les trois départements de l'Arno, de l'Ombrone et de la Méditerranée (1808/09). Puis Napoléon nomma grande-duchesse de Toscane sa sœur, Élisa Baciocchi, qui dut se retirer devant Ferdinand III, restauré en sept. 1814.

Redevenue un grand-duché sous la domination des Habsbourg, la Toscane s'agrandit en 1847 du duché de Lucques. Le pays, soumis à un despotisme paternaliste, se souleva en 1848, et la république fut proclamée en févr. 1849 ; mais l'intervention des troupes autrichiennes rétablit le grand-duc Léopold II (juill. 1849). En 1859, au début de la nouvelle guerre entre le Piémont et l'Autriche, l'agitation révolutionnaire reprit, et le grand-duc fut contraint de se réfugier à Vienne (27 avr. 1859). Un gouvernement provisoire déclara la guerre à l'Autriche : Napoléon III, pressé de faire la paix avec l'Autriche, était sur le point d'accepter la restauration des Habsbourg, lorsque les Toscans le prirent de vitesse en votant leur réunion à la Sardaigne (mars 1860).

TOTILA ou **BADUILA** († Taginae, auj. Gualdo Tadino, près d'Urbino, 552). Roi des Ostrogoths (541/52). Animateur de la résistance des Goths contre les Byzantins qui avaient entrepris la reconquête de l'Italie depuis 536, il réussit à rétablir son autorité en Italie septentrionale et centrale, reprit aux Byzantins Naples (543) et Rome (546), puis la Sardaigne, la Corse et une partie de la Sicile mais fut vaincu et tué six ans plus tard par le Byzantin Narsès. Sa mort marqua la fin de la domination des Goths en Italie

TOTONAQUES. Peuple de l'Amérique précolombienne qui était établi dans la région du golfe du Mexique (État de Veracruz). Leur civilisation, qui s'épanouit du Ve au XIIe s., autour d'El Tajín, demeure assez mal connue. On ne sait quel était l'usage de leurs productions les plus caractéristiques, des objets de pierre sculptés appelés « jougs » ou « palmes ».

TOUAREGS. Peuple nomade du Sahara, d'origine berbère. Pendant des siècles, ils contrôlèrent le trafic caravanier qui se faisait de l'oasis de Ghat (au S.-O. de la Libye) à Gao, sur le Niger. Jusqu'à la fin du XIXe s., ils empêchèrent les Européens de traverser le Sahara. Les Français ne réussirent à « pacifier » l'ensemble des Touaregs que vers 1914.

Concentrés surtout au Niger, au Mali et dans le Sud algérien, les Touaregs sont aussi présents au Burkina Faso et en Libye. Au moment des indépendances dans les années 60, le Mali et le Niger furent confrontés à la question targuie. Les Touaregs acceptèrent mal la domination des populations sédentaires du sud de ces pays, mais leurs mouvements de rébellion furent rapidement réprimés. Les deux décennies suivantes furent marquées par la mutation des sociétés touaregs, contraintes, par le déclin du commerce caravanier et les années de sécheresse, de se sédentariser. En 1990, des mouvements rebelles reprirent la lutte contre les États malien et nigérien. Il fallut attendre 1996, pour le Mali, et 1998, pour le Niger, avant que des accords de paix n'interviennent.

TOUBOUS. Peuple nomade et musulman du N. du Tchad. Voir **TCHAD**.

TOUCOULEURS. Peuple du Sénégal à l'origine du royaume de Tekrour. Voir **PEULS**.

TOUKHATCHEVSKI Mikhaïl Nikolaïevitch (* près de Smolensk, 1893, † Moscou, 11.VI.1937). Maréchal soviétique. Il se rallia à la révolution et s'efforça d'entraîner avec lui d'anciens camarades de l'armée tsariste. Trotski lui donna successivement le commandement des Ire, VIIIe et Ve armées ; il combattit dans l'Oural contre les Tchèques, puis contre les armées blanches de Koltchak et de Denikine, enfin dans la guerre polono-soviétique de 1920. Commandant de l'Académie militaire, chef d'état-major adjoint en 1924, commissaire du peuple adjoint à la Défense (1931), maréchal en 1935, il est considéré comme le principal organisateur de l'Armée rouge. Lors des grandes purges staliniennes, Toukhatchevski fut démis de son poste le 11 mai 1937 puis condamné à mort et exécuté un mois plus tard avec sept généraux. Toukhatchevski a été réhabilité par Khrouchtchev en 1961.

T'OU-KIUE. Peuple turc de l'Altaï à l'origine de l'Empire turc des steppes au VIe s. Voir **TURCS. Les Turcs des steppes**.

TOULOUNIDES. Dynastie turque qui régna sur l'Égypte de 868 à 905. Son fondateur, **Ahmed ibn Touloun** († 884), nommé gouverneur de l'Égypte par le calife de Bagdad, rejeta bientôt la suzeraineté califale. Sous son autorité, l'Égypte connut une de ses plus belles périodes. En 877, Ahmed ibn Touloun, repoussant les troupes du calife venues pour le destituer, fit la conquête de la Syrie qui devait rester dans la zone d'influence égyptienne jusqu'à la conquête ottomane, au XVIe s. Grand bâtisseur, Ibn Touloun fit construire au Caire de fastueux monuments, dont le plus célèbre est la grande « mosquée de Touloun ». Mais ses successeurs furent médiocres, et, dès 905, l'Égypte repassa sous l'autorité de Bagdad. Elle retrouva son indépendance sous les Ikhchidites (935/69), puis sous les Fatimides.

TOULOUSE (comté de). Ce comté, qui faisait partie, à l'origine, du royaume d'Aquitaine, apparaît vers le milieu du IXe s. Le premier comte connu fut Frédelon (849/52), investi par Charles le Chauve ; il eut pour successeur son frère, Raymond Ier (852/64). Depuis lors, le comté de Toulouse fut héréditaire dans cette famille jusqu'à Jeanne, fille de Raymond VII. Les principaux comtes de Toulouse furent Raymond IV de Saint-Gilles (1093/1105), Alphonse Ier Jourdain (1112/48), Raymond V (1148/94), Raymond VI (1194/1222) et Raymond VII (1222/49). À la fin du Xe s., le comté de Toulouse – l'un des six grands fiefs de la Couronne – comprenait les comtés de Quercy, d'Albi, d'Uzès, de Viviers, de Carcassonne, de Nîmes, de Béziers, de Foix ; les comtes acquirent en outre, en 1125, la partie de la Provence dite marquisat de Provence, en 1196 le comté d'Agen et, en 1204, le Gévaudan. Bien qu'ils dussent compter avec de puissants vassaux, tels que les Trancavel de Béziers et de Narbonne, et avec l'esprit d'indépendance des villes (octroi du régime des *capitouls* à Toulouse dès 1152), les comtes avaient réussi à constituer un véritable État méridional, en conflit toutefois avec la maison de Barcelone pour le contrôle du Languedoc et de la Provence. La convoitise des barons du Nord prit prétexte de la lutte contre l'hérésie cathare et de la croisade des albigeois pour ravager le comté de Toulouse. Les anciens comtes une fois dépossédés, Simon de Montfort fut élevé au titre de comte de Toulouse (1212/18). La mort de Simon rendit le comté à l'ancienne dynastie, mais, par le traité de Meaux (1229), Raymond VII dut céder la moitié de ses États aux Capétiens, et sa fille, Jeanne, épousa Alphonse de Poitiers, frère de Saint Louis. Jeanne et Alphonse étant morts sans postérité, le comté de Toulouse fut réuni en 1271 à la couronne de France.

TOUMAÏ. Nom donné à un des plus anciens hominidés découverts dans la localité de Toros-Menalla au Tchad, en 2001 et 2002, par la mission paléontologique franco-tchadienne menée par Michel Brunet et ses collaborateurs. Toumaï signifie « espoir de vie » en langue gouran. Les fossiles comprennent un crâne presque complet, des dents isolées et des fragments de mâchoire qui ont pu être datés grâce à la faune associée, entre 6 et 7 millions d'années, soit au miocène supérieur. Les auteurs ont attribué ces fossiles à une nouvelle espèce, *Sahelanthropus tchadensis*. Cette découverte prouve que les premiers hominidés avaient une répartition géographique bien plus étendue qu'on ne le pensait, jusqu'en Afrique centrale.

TOUMERT Mohammed ibn (* Idjili, dans le Sous, Maroc, vers 1077, † 1128). Réformateur musulman. D'une famille très pieuse, il se passionna tout jeune pour l'étude du Coran. Vers 1095, il fit un voyage en Espagne, visita Cordoue, puis accomplit le pèlerinage de La Mecque et étudia à Bagdad. Il se lia dans cette ville avec Ghazali, qui le gagna à son rêve d'un redressement de l'Empire musulman par un retour aux sources de l'islam. Rentré au Maghreb, il se rendit dans les tribus berbères du Haut-Atlas marocain et y commença, avec une âpreté farouche, une propagande contre les mœurs relâchées des Almoravides (v.). En 1121, il se proclama mahdi descendant d'Ali et fit prêter serment à ses dix premiers compagnons, qui prirent le nom d'« unitaires » (*mouwahhidin* = Almohades). En 1124, il s'établit dans la forteresse montagneuse du Tinmalal et, se trouvant bientôt à la tête de 40 000 hommes, mena la guerre contre les tribus du Sud marocain qui refusaient de reconnaître son autorité. À sa mort, son principal disciple, Abd el-Moumin, poursuivit la lutte et fonda la dynastie des Almohades (v.).

TOURANISME. Mouvement nationaliste turc qui se développa au début du XXe s. et visait à créer une communauté de tous les peuples turcs unis par la même origine « touranienne ». Voir **Turcs.** Les Turcs en dehors de la Turquie.

TOURÉ Sékou (* Faranah, 1922, † Cleveland, Ohio, 26.III.1984). Homme politique guinéen. Ancien secrétaire du syndicat des PTT, il participa en 1946 à la fondation du Rassemblement démocratique africain (RDA) et fonda en 1952 le parti démocratique de Guinée, qui restait lié au RDA. Maire de Conakry et député à l'Assemblée nationale française (1956), il devint vice-président du conseil de Guinée (1957). L'année suivante, il entraîna ses compatriotes à voter « non » au référendum organisé par le général de Gaulle, et la Guinée accéda ainsi dès le 2 oct. 1958 à son indépendance complète. Élu président de la République en même temps que chef du gouvernement et des armées, il orienta la Guinée dans le sens du socialisme marxiste.

En mai 1969, puis en nov. 1970, deux tentatives de soulèvement échouèrent et servirent de prétexte pour durcir un régime déjà passablement autoritaire et policier. À partir de 1975, Sékou Touré amorça une politique de détente avec la France, qui aboutit au rétablissement des relations diplomatiques entre les deux pays (juill. 1975). Mais cette ouverture vers l'Ouest ne s'accompagna d'aucune mesure de libéralisation.

TOURNOIS. Exercices militaires du Moyen Âge, au cours desquels des chevaliers se livraient à « armes courtoises » (épée sans pointe ni taillant, lance à bout émoussé) des combats à un contre un ou par groupes. Les tournois, apparus en France vers le milieu du XIe s., se maintinrent jusqu'au XVIe s., en dépit des interdictions ecclésiastiques. Les rencontres obéissaient à des règles sévères : il était défendu de frapper de la pointe, de blesser les chevaux, de se réunir à plusieurs contre un seul, etc., mais, en dépit des précautions, les tournois provoquaient de nombreux accidents mortels.

Lors des réjouissances qui suivirent le traité du Cateau-Cambrésis, le roi de France Henri II, lors d'un tournoi donné à l'hôtel des Tournelles à Paris, fut mortellement blessé par son adversaire Montgomery (1559). L'événement causa une impression profonde, et les tournois furent bientôt abandonnés et remplacés par les carrousels.

TOURNOIS. Nom donné à la monnaie en vigueur dans la région de Tours, alors possession des Plantagenêts, au début du XIIIe s. Après l'annexion de la Touraine (1206), Philippe Auguste introduisit dans le domaine royal le système monétaire « tournois » à côté du système « parisis » (de Paris). Une livre tournois (ou 20 sous tournois) valait 16 sous parisis. 15 deniers tournois valaient 12 deniers parisis (ou 1 sol parisis). Saint Louis fit du « tournois » le système officiel du royaume, mais le système parisis ne disparut que sous Louis XIV.

TOURS (congrès de, 25/30 déc. 1920). Congrès du parti socialiste SFIO qui avait pour but d'examiner la question de l'adhésion à la IIIe Internationale. Voir **SOCIALISME** et **INTERNATIONALE (IIIe)**.

TOURVILLE, Anne Hilarion de Cotentin, comte de (* château de Tourville, près de Coutances, 24.XI. 1642, † Paris, 28.V.1701). Amiral français. Il fit son apprentissage de marin contre les Barbaresques en Méditerranée, puis fut admis en 1667 dans le corps des officiers de la marine royale. Après s'être distingué sous d'Estrées et Duquesne, il reçut en 1689 le titre de vice-amiral des mers du Levant et, la même année, prit le commandement en chef des forces navales françaises contre l'Angleterre. Envoyé en Irlande avec d'Estrées pour soutenir la cause de Jacques II, il battit l'escadre anglo-hollandaise de Herbert près de l'île de Wight, à Beachy Head (10 juill. 1690), mais, deux ans plus tard, il perdit seize bateaux à la grande bataille de La Hougue (mai 1692). Louis XIV reconnut cependant qu'il avait brillamment sauvé l'honneur et le fit maréchal de France. Tourville remporta une nouvelle victoire au cap Saint-Vincent (1693).

TOUSSAINT LOUVERTURE, François Dominique Toussaint, dit (* près de Cap-Français = Cap-Haïtien, 1743, † fort de Joux, près de Pontarlier, 27.IV.1803). Homme politique haïtien. Esclave employé comme cocher, il participa à la révolte des Noirs en 1791, combattit d'abord avec les Espagnols contre les Français, puis se rallia à la France révolutionnaire, qui venait d'abolir l'esclavage (1794). Ayant aidé le général Laveaux à chasser de l'île les Espagnols et les Anglais (1795/98), il fut nommé général de brigade et commandant en chef des troupes, mais il ne tarda pas à proclamer son intention de créer une république noire. Il montra de grands talents d'administrateur, assura aux planteurs la sécurité sur leurs terres, ranima le commerce en signant des accords avec les États-Unis et la Grande-Bretagne. Mais Bonaparte envoya contre lui le général Leclerc à la tête d'un corps de 20 000 hommes, et il dut capituler après la défense héroïque de la forteresse de Crête-à-Pierrot (1802). Arrêté par trahison, il fut déporté en France et enfermé dans un fort du Jura, où il ne tarda pas à mourir des suites du climat rigoureux. Il devait son surnom de *Louverture* à la bravoure avec laquelle il ouvrait des brèches dans les rangs de l'ennemi. Peu après sa mort fut proclamée l'indépendance d'Haïti (1er janv. 1804).

TOUTANKHAMON. Roi d'Égypte de la XVIIIe dynastie (vers 1361/1362 av. J.-C.). Gendre d'Aménophis IV (v.), il lui succéda encore jeune et porta d'abord le nom de Toutankhaton, en hommage à la religion d'Aton qu'avait essayé d'imposer son beau-père. Au bout de trois ans, il quitta Tell el-Amarna pour Thèbes, consacrant ainsi le rétablissement de l'ancienne religion dynastique d'Amon, sous l'influence de son conseiller Ay, qui fut vraisemblablement sous son règne le vrai maître de l'Égypte. Toutankhamon mourut à l'âge de dix-huit ans, et le pouvoir passa alors à Ay. Sa sépulture, découverte en nov. 1922 par Carter et Carnarvon, était la seule tombe inviolée de la vallée des Rois ; elle contenait un riche mobilier funéraire, qui se trouve au musée du Caire.

TOUVA (république de). République de la Fédération de Russie ; capitale *Kyzyl*. Située en Sibérie centrale, la république tire son nom des Touvas, peuple de langue turque et de religion bouddhiste. Voir **RUSSIE**.

TOYOTOMI Hideyoshi (* Nakamura, 1536, † Fushimi, 1598). Général et homme politique japonais. Soldat de fortune d'origine paysanne, il devint un des meilleurs généraux d'Oda Nobunaga. Après la mort de ce dernier (1582), il s'assura la suprématie sur ses pairs et, avec l'alliance de Ieyasu Tokugawa, il se rendit maître du Japon en quelques années et devint dictateur sous le titre de *kampaku* (1586). D'abord établi dans le Japon central et occidental, il vainquit en 1590 le clan Hôjô et réunifia ainsi le Japon. Il rêvait de conquérir la Chine, mais ses expéditions en Corée (1592 et 1597) n'obtinrent pas de résultats décisifs. A l'intérieur, Hideyoshi Toyotomi accomplit une œuvre importante de redressement par la réforme du système foncier et des poids et mesures. D'abord favorable aux missionnaires chrétiens, il commença à les persécuter en 1597, craignant que l'évangélisation ne favorisât une conquête européenne ultérieure. Hideyoshi Toyotomi avait espéré laisser le pouvoir à son fils Hideyori, mais, peu après sa mort, Ieyasu Tokugawa fonda le shôgunat des Tokugawa (v.).

TPI. Voir **TRIBUNAUX PÉNAUX INTERNATIONAUX**.

TRADE UNIONS. Nom donné aux premiers syndicats, ou « unions de métiers », constitués dans l'industrie textile anglaise au XVIIIe s. Voir **SYNDICATS**.

TRAFALGAR (bataille de, 21 oct. 1805). Bataille navale remportée par Nelson sur la flotte franco-espagnole commandée par l'amiral Villeneuve.

Napoléon, qui avait dû renoncer à ses projets d'invasion de l'Angleterre, ordonna à l'amiral Villeneuve – qui s'était montré incapable de débloquer la flotte de Rochefort – de gagner la Méditerranée, pour aller attaquer Naples. Villeneuve obéit, bien qu'il fût conscient de son infériorité en face de Nelson. Il sortit de Cadix le 19 oct. et, le 21, rencontra les Anglais au large du cap Trafalgar. Forte de 33 vaisseaux, l'escadre franco-espagnole, qui s'était formée selon la classique ligne de file, fut attaquée par Nelson, qui avait partagé sa flotte de 27 vaisseaux en deux colonnes qui coupèrent le centre et la gauche de la flotte alliée ; celle-ci perdit 17 navires sur 33. Les Anglais n'avaient perdu aucun navire, mais Nelson avait été tué sur le pont de son navire amiral, la *Victory*. Cette victoire donnait à l'Angleterre la maîtrise absolue de la mer. Villeneuve, fait prisonnier, fut relâché peu après et se suicida.

TRAITE DES NOIRS. Cette expression désigne le trafic commercial qui a consisté à acheminer ou transporter des esclaves noirs à partir du continent africain : par des navires vers les colonies européennes d'Amérique, à travers l'océan Atlantique ; par caravanes vers les pays de l'Afrique du Nord et de l'Est ; par des navires qui cabotaient le long des côtes de l'océan Indien vers les pays de l'Asie occidentale. La lutte contre l'esclavage a commencé par l'interdiction de la traite, en 1807 par l'Angleterre, en 1815 par la France, avant d'être adoptée par d'autres pays. Voir **ESCLAVAGE (abolition de l')**.

TRAJAN, Marcus Ulpius Trajanus (* Italica, Andalousie, 53 apr. J.-C., † Sélinonte, Cilicie, 22.IV ou 9.VII.117)). Empereur romain (98/117). Consul en 91, gouverneur de la Germanie supérieure en 96, il fut proclamé empereur par le Sénat en 98, à la mort de Nerva, qui en avait fait son fils adoptif. Sa politique extérieure fut inspirée par des considérations stratégiques (protection contre les Barbares) et économiques : pour assurer à Rome de riches mines d'or, il fit, après deux guerres (101/02 et 105/07), la conquête de la Dacie et, pour contrôler les grandes routes commerciales, il porta la guerre en Orient. Après l'annexion de l'Arabie Pétrée (106), il se battit contre les Parthes (113), s'emparant de l'Arménie, de l'Assyrie et de la Mésopotamie et donnant ainsi à l'Empire son extension extrême.

Considéré comme le meilleur des empereurs (le Sénat lui donna le titre d'*Optimus*), il inaugura l'interventionnisme d'État pour remédier aux problèmes économiques et sociaux, accorda des prêts à intérêt très faible aux petits propriétaires fonciers pour alimenter une caisse chargée d'aider les familles nombreuses, mit en œuvre un important programme de travaux publics (forum de Trajan, colonne Trajane notamment), et se soucia de l'intégration des provinciaux à l'Empire.

Dans le fameux rescrit de Trajan, en réponse à une question de Pline, alors gouverneur de la Bithynie, il maintenait l'interdiction du christianisme et la nécessité de punir les chrétiens s'ils étaient déférés au juge et reconnus tels ; mais il se refusait à organiser contre eux une persécution systématique et défendait de les rechercher. Trajan eut pour successeur Hadrien.

TRANSJORDANIE. État créé en 1921 par les Anglais, qui prit en 1949 le nom de royaume Hachémite de Jordanie. Voir **JORDANIE**.

TRANSNISTRIE ou **TRANSDNIESTRIE.** Territoire oriental de la république de Moldavie, situé sur la rive gauche du Dniestr. En 1939, la Transnistrie fut détachée de l'Ukraine et réunie à la Bessarabie pour former la république socialiste de Moldavie. En 1990, la crainte d'une réunification de la Moldavie avec la Roumanie poussa les russophones de Transnistrie à se constituer en république indépendante autoproclamée. En 1991, à la suite de l'accession de la Moldavie à l'indépendance, de sanglants affrontements opposèrent les séparatistes, soutenus par Moscou, aux Moldaves. Un cessez-le-feu, signé en juill. 1992, y mit un terme. Celui-ci prévoyait, en cas de réunification de la Moldavie avec la Roumanie, l'autodétermination pour les populations de Transnistrie. En 1997, la Moldavie et la Transnistrie signèrent un mémorandum parrainé par l'OSCE qui prévoyait le retrait des troupes russes, mais des dissensions sur son interprétation paralysèrent son application.

TRANSPADANE (république). République créée en déc. 1796 par Bonaparte après la victoire de Lodi. Située au N. du Pô, elle comprenait la Lombardie autrichienne et quelques provinces vénitiennes. Réunie en juin 1797 à la république Cispadane, elle forma avec celle-ci la République Cisalpine.

TRANSPORTS (révolution des). La révolution des transports terrestres et aériens se caractérise par des innovations techniques et par leur application rapide et étendue à l'ensemble du globe en à peine un siècle : 1840/50 à 1920/30.

La première innovation commence au XIXe s. par la mécanisation des transports terrestres. Celle-ci s'opère en deux étapes : l'introduction de la vapeur, puis de l'électricité sur voie ferrée, d'une part ; l'invention du moteur (principalement à essence) pour l'automobile, d'autre part. La seconde innovation débute avec le XXe s. : les transports aériens tendent à s'ajouter aux moyens de transport précédents et à s'y substituer pour partie.

Ces deux séries d'innovations ont pour caractéristique commune l'utilisation de l'énergie mécanique qui multiplie par des facteurs allant de 5 à 100 la rapidité et/ou la capacité des transports. L'originalité du transport aérien est de ne pas nécessiter d'infrastructures de liaison entre les lieux desservis, ce qui lui permet un essor extrêmement rapide et illimité.

Les chemins de fer

Si la première locomotive de George Stephenson, en 1814, est utilisée dans des mines en Grande-Bretagne, et s'il ne faut que seize ans pour que s'ouvre la première ligne régulière, Liverpool-Manchester, le tournant décisif dans la révolution des chemins de fer se situe dans les années 1870, lorsque sont adoptés entre autres le rail d'acier, la signalisation électrique et le frein à air comprimé.

En 1832, en **France**, s'ouvre la ligne Saint-Étienne-Andrézieux. Mais en accordant, en 1842, des concessions à des compagnies privées, l'État facilite la création d'infrastructures ferroviaires réclamant des capitaux importants. Sept lignes doivent traverser la France dont cinq au départ de Paris et deux transversales. Elles donnent naissance à six grands réseaux : Nord, Est, Paris-Orléans, Paris-Lyon-Méditerranée, Ouest et Alsace-Lorraine. La longueur des voies passe à 24 000 km en 1878. La mise en œuvre du plan Freycinet, lancé en 1879, achève de doter la France d'un des réseaux ferroviaires les plus denses d'Europe. Le 1er janvier 1938, la nationalisation des compagnies donne lieu à la création de la Société nationale des chemins de fer français (SNCF). Celle-ci met en route l'électrification du réseau qui permet la mise en service de locomotives plus rapides et l'introduction du Diesel sur les autres lignes. En 1970, le turbotrain relie Paris à Caen et Cherbourg à 200 km/h. En 1976 commencent les travaux d'aménagement des voies du premier train à grande vitesse (TGV), qui met Lyon à deux heures de Paris à partir de 1983. Suivent le TGV Atlantique en 1989 et le TGV Méditerranée en 2002 : Marseille est à 3 heures de Paris.

En **Grande-Bretagne**, l'essor des chemins de fer est plus précoce (3 000 km de voies en 1843, 10 600 km en 1850) et leur nationalisation plus tardive (1948) qu'en France. Elle sera suivie d'une privatisation dans les années 1990.

En **Allemagne**, les premières lignes datent de 1835. Le réseau atteint 6 000 km en 1850 et connaît son plein développement à partir des années 1870. Progressive à partir de 1920, la nationalisation des compagnies est achevée en 1937.

Si l'**Italie** ouvre sa première ligne en 1839, c'est la réalisation de l'unité italienne en 1861 qui favorise la création d'un véritable réseau qui atteint 6 000 km en 1871 et commence son électrification dès 1901. Une nationalisation quasi totale intervient en 1905-1907.

L'**Espagne** crée sa première ligne en 1848 avec une largeur de voies (1,52 m) supérieure à celle (1,44 m) en usage en Europe. La nationalisation a lieu en 1941.

Après quelques premières lignes achevées à la fin des années 1840, la **Russie** décide en 1857 de construire un réseau couvrant l'ensemble de son territoire. Long de 3 800 km en 1865, 29 000 en 1890, il double de longueur en une quinzaine d'années avec la construction des Transcaucasien, Transcaspien et Transsibérien. Mais, malgré l'achèvement du Baïkal-Amour-Magistral (3 150 km) en 1983, la Russie ne dispose que de 140 000 km de voies ferrées, soit le dixième de la densité française, alors qu'elles assurent 80 % des échanges intérieurs.

En 1830, est inaugurée la ligne Baltimore-Ellicott's Mills aux **États-Unis**. Puis la révolution ferroviaire s'accélère fortement : le réseau est long de 50 000 km dès 1860. Le premier transcontinental (New York-San Francisco) est achevé en 1869. Il est suivi avant la fin du siècle par le Santa Fe Pacific, le Great Northern Pacific et le Southern Pacific. Avec 350 000 km de lignes, le réseau des États-Unis égale celui de l'Europe mais, concurrencé par l'automobile et surtout l'avion, il tombe en désaffection pour le trafic voyageurs.

L'**Asie** et l'**Afrique** connaissent des évolutions très inégales selon les pays. Les Britanniques sont à l'origine de la création des chemins de fer indien en 1849 et japonais en 1872 et ces deux pays disposent des réseaux les plus denses de la région. La **Chine** ouvre sa première ligne en 1895 et des compagnies étrangères construisent des voies jusqu'en 1930. La Chine populaire ajoute 30 000 km de voies aux 26 000 existantes et le Transmongolien est achevé en 1955. Depuis les années 1980, une transcontinentale relie Lan Tchéou (sur le fleuve Jaune) à Alma-Ata (Kazakhstan). Sur le continent africain, seule l'Afrique du Sud dispose d'un réseau étendu.

À partir des années 1970 et surtout 1990, l'**Union européenne** a consacré un budget croissant mais encore insuffisant à un réseau transeuropéen de trains à grande vitesse : l'Eurostar (*via* le tunnel sous la Manche) en 1994 ; le Thalys PBKA (Paris-Bruxelles-Cologne-Amsterdam) en 1996. D'autres projets sont à l'étude (Lyon-Turin ; Madrid-Montpellier entre autres).

L'automobile

Cugnot construit le « fardier » (1770), véhicule à trois roues mû par la vapeur ; c'est l'ancêtre de l'automobile. En 1873 la « Mancelle » d'Amédée Bollée père parcourt Paris-Bordeaux. Dix ans plus tard, l'Allemand Gottlieb Daimler dépose le brevet du moteur à essence. Des années 1890, qui voient la naissance de la plus ancienne fabrique d'automobiles (Daimler), à 1900 datent la plupart des grands constructeurs (en France : Louis Renault, de Dion et Bouton, Peugeot). La France passe d'une production de 3 000 automobiles en 1900 à 108 000 en 1914. Aux États-Unis, H. Ford fonde son entreprise en 1903 puis lance la Ford T en 1908 qui est produite jusqu'en 1927 à 15 millions d'exemplaires grâce à la production en série qui permet d'en réduire le coût (en 1925, le coût d'une voiture représente 55 jours de travail d'un ouvrier aux États-Unis contre 400 en France). Les constructeurs européens s'inspirent de son exemple et lancent des voitures bon marché (Citroën sort en 1922 sa « Trèfle »). Comme H. Ford, André Citroën est séduit par les idées de F. W. Taylor (v.) pour rationaliser la fabrication et concevoir les nouvelles usines.

Entre 1913 et 1935, les États-Unis passent d'une production de 1,3 à 26 millions d'automobiles, la Grande-Bretagne de 245 000 à 1,9 million, la France de 108 000 à 2,1 millions, l'Allemagne de 57 000 à 1,1 million. L'automobile a été l'un des principaux leviers de la croissance en Europe entre 1945/50 et 1975/80.

L'aviation

Après l'*Éole* de Clément Ader propulsé à la vapeur et les essais réussis du moteur à explosion par les frères Wright en 1903, l'essor de l'aviation est favorisé par la Première Guerre mondiale qui la fait sortir de son stade expérimental. Le 8 février 1919, un ancien bimoteur de bombardement piloté par Lucien Bossoutrot relie Paris à Londres avec onze passagers. Dès 1920, il existe une quinzaine de compagnies aériennes françaises. Air France est créée en 1933 avec le rachat de l'Aéropostale de Didier Daurat et la réunion de quatre autres compagnies. Ses lignes desservent l'Europe, l'Afrique du Nord, Dakar et l'Indochine. De 15 407 passagers transportés en 1933, elle passe à 104 424 en 1938. En Angleterre, l'Imperial Airways réunit les principales compagnies en 1924. Elle ouvre des liaisons avec Bagdad (1927) et jusqu'à l'Australie (1935). L'Allemagne mise d'abord sur les dirigeables jusqu'à la catastrophe du *Hindenburg* en 1937 à son arrivée à Lakehurst aux États-Unis. Créée en 1926, la Deutsche Lufthansa étend ses lignes à toute l'Europe, puis à l'Amérique du Sud (1934) et à l'Asie. Aux Pays-Bas, la KLM est fondée dès 1919 et la Sabena, en Belgique, en 1923. En 1924, l'ouverture de la ligne New York-San Francisco marque le début de l'essor du transport aérien intérieur qui passe de 5 782 passagers en 1926 à 461 743 en 1934 et plus de 4 millions en 1942. La Pan American Airways est fondée en 1927, la Trans World Airlines ainsi qu'American Airlines en 1930. Celle-ci, en se consacrant au trafic intérieur, devient la première compagnie aérienne du monde.

La Seconde Guerre mondiale a apporté de nouveaux progrès. La vitesse moyenne des avions commerciaux est passée de 250 km/h en 1938 à 600 km/h au début des années 1950. Des liaisons directes sont établies entre l'Amérique et l'Europe. L'apparition du jet portant à 800 km/h la vitesse des avions puis des gros porteurs donne un nouvel élan aux transports aériens qui augmentent dans les années 1960 au rythme de 12 à 14 % par an. Ce taux ralentit à 5 % après la crise économique de 1974. Les hausses du prix du carburant, la dérégulation du trafic introduite en 1978 aux États-Unis ont entraîné une baisse de rentabilité d'un trafic qui continue cependant à augmenter mais à un rythme plus lent.

Dans les années 1960/70, la mise au point d'avions supersoniques s'est révélée décevante pour le transport civil. Seul, le Concorde, dont le premier vol date du 2 mars 1969 et la mise en service de 1976, a connu une exploitation régulière. Mais l'impossibilité d'amortir les investissements et les coûts d'exploitation ont fait décider l'arrêt des vols en 2003. Son rival russe, le Tupolev 144 (dont le premier vol date de juin 1969) n'a jamais été mise en service après l'explosion en vol d'un appareil, le 3 juin 1973. Le transport aérien civil mise maintenant sur une gamme d'appareils variés, couronnée par des avions très gros porteurs ; l'Airbus 380 sera probablement le premier avion de ce type mis en service : transportant jusqu'à 850 passagers (en classe unique), capable de parcourir 12 000 km sans escale, il doit effectuer son premier vol en 2006.

La marine marchande

Après de premiers essais, à la fin du XVIIIe s., la propulsion à vapeur actionnant des roues à aubes commença réellement avec la remontée de la Saône par Jouffroy d'Abbans sur un petit bateau de sa fabrication, en juillet 1783. Des tentatives analogues furent faites en Grande-Bretagne par Miller et Symington puis par James Rumsey et John Fitch en Amérique. Robert Fulton accomplit un progrès décisif en construisant le *Clermont* qu'il dota en 1807 d'une machine de 18 CV à double effet. C'est en 1838 qu'eut lieu sur le steamer *Sirius* la première traversée de l'Atlantique sans le recours aux voiles. Le premier navire à hélice – qui allait se substituer à la roue à aubes en raison de sa souplesse d'utilisation et de son adaptabilité –, fut construit en 1836, et *Great Eastern*, premier « géant des mers », fut mis en chantier en 1854. Il mesurait 211 m et pouvait transporter 5 000 passagers. D'autres innovations techniques favorisèrent alors le développement des transports maritimes comme les machines à turbine (vers 1900), la substitution du fioul au charbon (après 1920) et la propulsion nucléaire (1960). L'extension de cette dernière resta confinée à des applications militaires.

Mesurée par l'évolution du « ruban bleu » (record de traversée de l'Atlantique), la vitesse a augmenté, de 22 nœuds en 1893 à 31,2 nœuds pour la *Normandie* en 1932, et 35,6 nœuds pour l'*United States* en 1952. Mais l'ère des grands paquebots a pris fin avec le développement des transports aériens.

Après les destructions liées aux deux conflits mondiaux, l'expansion de la marine marchande s'est poursuivie vigoureusement. Le tonnage mondial est passé de 6,7 millions de t en 1840 à 60 millions en 1939 et 800 millions en 2002. De nouveaux apports techniques tels que la création des pétroliers géants et celle des conteneurs ont soutenu cette expansion. Si la course au tonnage a été arrêtée par les crises pétrolières successives, le développement de la flotte mondiale a suivi celui des échanges internationaux, entraîné par la diversité des besoins et l'émergence des nouveaux trafics.

La marine de guerre

C'est la combinaison de l'hélice et de l'utilisation de la vapeur qui a débarassé la marine de guerre des inconvénients de la roue à aube : fragilité, vulnérabilité, encombrement incompatible avec la présence de bouches à feu. La seconde moitié du XIXe s. a consacré la supériorité des nouveaux navires sur la propulsion à voile. À cela s'est ajoutée l'apparition du blindage. Le premier cuirassé, la *Gloire*, fut lancé à Toulon en 1859 sous Napoléon III. Les progrès techniques se sont enchaînés rapidement dans les domaines des matériaux (l'acier se substituant au fer), des machines (tubulaires, puis au fioul, diesel ensuite), ainsi que des munitions dont la portée s'est accrue. La mine marine a vu le jour en 1865, suivie de la torpille automobile et, en 1887, du sous-marin, puis, à la fin de la guerre de 1914-1918 est apparu le porte-avions. La dimension des navires de guerre a atteint 60 000 t durant la Seconde Guerre mondiale contre 20 à 30 000 vingt-cinq ans plus tôt.

Les différentes flottes de guerre mondiales ont connu leur apogée à la fin des années 1980. La flotte des État-Unis comprenait alors 15 porte-avions, dont 5 nucléaires et 97 sous-marins nucléaires. La Russie accumulait de son côté 167 sous-marins nucléaires sur un total dépassant 1 500 navires de combat. Au même moment, la France disposait de 122 batiments, dont 4 sous-marins nucléaires et 2 porte-avions.

TRANSVAAL. Ex-province septentrionale de la République sud-africaine (1961/94) dont la capitale était *Pretoria*. Cette région fut occupée en 1837, lors du Grand Trek (v. **Trek**) par des Boers venus de la colonie du Cap et décidés à se soustraire à la domination anglaise. Sous la conduite de A. H. Potgieter, ils remportèrent sur la Marico une victoire décisive contre les Matabélés, qui se réfugièrent au-delà du Limpopo (oct. 1837). A. W. Pretorius fonda alors un État boer, que les Anglais durent reconnaître par la convention de Sand River (1852). En 1856, le fils de Pretorius, Martinus Wessel Pretorius, fit proclamer à Pretoria une République sud-africaine, qui groupait tous les États boers nés au N. du Vaal ; il ne réussit cependant pas à unir l'Orange au Transvaal. Les luttes intestines des Boers et la grave crise financière qui marqua la présidence de Burgers (1873/77) permirent aux Britanniques d'annexer le Transvaal (12 avr. 1877), sous prétexte de préserver le pays des Zoulous. La résistance boer s'organisa et, en févr. 1881, les Boers infligèrent une sévère défaite aux troupes britanniques à Majuba (première guerre des Boers). L'Angleterre, traitant avec Kruger, rendit son autonomie au Transvaal (août 1881), en se réservant toutefois la direction des Affaires étrangères. Mais à partir de 1882, la découverte des immenses gisements d'or du Witwatersrand, près de Pretoria, provoqua un afflux de prospecteurs anglais au Transvaal, devenu une région de première importance pour l'économie mondiale. Johannesburg, fondée en 1886, comptait déjà, quatre ans plus tard, 100 000 habitants. Alors que les Britanniques avaient tenté de déstabiliser le Transvaal en 1895 (raid Jameson), la dégradation des rapports avec l'Angleterre conduisit à la seconde guerre des Boers (oct. 1899/mai 1902). Le Transvaal fut occupé par les Anglais (juin 1900) et devint colonie anglaise à la paix de Vereeniging (31 mai 1902). Mais, dès 1906, l'Angleterre accorda au Transvaal un gouvernement responsable ; le parti boer Het Volk du général Botha l'emporta aux élections de févr. 1907, et le gouvernement du Transvaal joua un rôle décisif dans la création de l'Union sud-africaine, en mai 1910. À l'issue du redécoupage administratif de 1994, elle fut divisée en quatre nouvelles provinces : le Transvaal du Nord, capitale *Pietersburg* ; le Transvaal de l'Est, capitale *Nelspruit* ; le Pretoria-Witwatersrand-Vereeniging, devenu le Gauteng en 1995, capitale *Pretoria* ; et la province du Nord-Ouest, capitale *Mmabatho*, formée aussi d'une partie de l'ex-province du Cap et de l'ex-Bophuthatswana. Voir **Sud-africaine (République)** et **Boers (guerre des, 1899/1902)**.

TRANSYLVANIE, en hongrois *Erdély*, en roumain *Transilvania* ou *Ardeal*, en allemand *Siebenbürgen*. Région historique de l'Europe orientale, située à l'intérieur de l'arc des Carpates, et qui fut longtemps disputée entre les Hongrois et les Roumains. La Transylvanie, qui fit partie, dans l'Antiquité, du royaume des Daces et possédait de riches mines d'or, fut conquise par Trajan en 105/07 apr. J.-C. et comprise dans la province romaine de Dacie Trajane, mais les Romains durent l'abandonner sous le règne d'Aurélien (270/75). Elle fit ensuite partie de l'empire des Gépides, que les Avars détruisirent en 567, subit l'occupation de populations slaves qui submergèrent les anciens éléments romano-daces, puis fut conquise par les Hongrois au cours des Xe et XIe s. Au XIIe s., le roi de Hongrie Géza II (1141/61) établit en Transylvanie de nombreux colons allemands, venus surtout des régions du Rhin inférieur, mais qui gardèrent jusqu'à nos jours le nom de *Saxons de Transylvanie* (*Siebenbürger Sachsen*). En 1211, l'ordre Teutonique fut appelé en Transylvanie par les rois hongrois, et, en 1224, le roi André II garantit aux Allemands une autonomie territoriale, politique et religieuse par le *Privilegium Andreanum*. À partir du XIIIe s., après les invasions mongoles, la Transylvanie se composait de trois territoires peuplés par les nobles magyars, les Sicules et les Allemands.

Les voïvodes transylvaniens finirent par se rendre pratiquement indépendants au XVe s., et cette indépendance devint complète lorsque la Hongrie eut succombé devant les Turcs à la bataille de Mohács (1526). Le voïvode Jean Zápolya fut alors élu roi de Hongrie par le parti opposé aux Habsbourg, et, avec l'aide des Turcs, la Transylvanie préserva son indépendance jusqu'à la fin du XVIIe s. La lutte contre les Habsbourg se confondit avec une guerre religieuse, car la Transylvanie était passée dans sa majorité à la Réforme, et le protestantisme devint ainsi l'âme du patriotisme transylvanien contre les Habsbourg catholiques. Étienne Ier Báthory (1571/76) tenta cependant d'introduire la Réforme catholique, provoquant des conflits intérieurs dont le prince de Valachie, Michel le Brave, profita en réunissant quelque temps en un seul État la Moldavie, la Valachie et la Transylvanie (1600/01) : ce bref épisode devait être plus tard exalté par les Roumains pour justifier leurs revendications sur la Transylvanie. En 1604, l'empereur Rodolphe II réussit un instant à s'emparer de la Transylvanie, mais il dut y renoncer à la paix de Vienne (23 juin 1606), après la victoire du soulèvement national dirigé par Étienne Bocskay. Les successeurs de ce dernier, Gabriel Bethlen (1613/29) et Georges Ier Rákóczi (1630/48), luttèrent victorieusement contre les Habsbourg et firent de la Transylvanie le bastion du protestantisme en Europe orientale. Mais le reflux des Turcs après leur défaite devant Vienne (1683) entraîna la fin de l'indépendance de la Transylvanie, qui passa sous la domination des Habsbourg en 1691. Rattachée complètement à la Hongrie après le compromis austro-hongrois de 1867, la Transylvanie perdit toutes ses institutions locales traditionnelles et fut soumise à une politique de magyarisation qui provoqua le mécontentement des minorités roumaine et allemande.

Lors de l'effondrement de l'Empire austro-hongrois, les Roumains de Transylvanie proclamèrent à Alba Julia leur rattachement à la Roumanie (1er déc. 1918), imités par les Allemands (8 janv. 1919). Le traité de Trianon (4 juin 1920) confirma le rattachement de la Transylvanie à la Roumanie. Les minorités non roumaines se virent garantir leurs droits, mais elles souffrirent beaucoup de la réforme agraire de 1920/21. Par l'arbitrage de Vienne (30 août 1940), l'Allemagne et l'Italie tentèrent de satisfaire les aspirations de la minorité hongroise en rendant à la Hongrie la Transylvanie septentrionale et orientale, mais cet arbitrage ne satisfit ni les Roumains ni les Hongrois. Le traité de paix du 10 févr. 1947 rendit à la Roumanie toute la Transylvanie, avec ses frontières de 1920. En 1952, le régime communiste accorda à la Transylvanie un statut d'autonomie, réclamé par la minorité hongroise. Les tensions entre communautés ne cessèrent pas, mais elles furent occultées par le régime. Elles resurgirent après la révolution de 1989. L'esprit de fraternité unissant Hongrois et Roumains lors des manifestations anti-Ceausescu de déc. 1989 à Timisoara disparut et les violences interethniques reprirent. Le parti nationaliste antihongrois *Vatra Romanesca* (le « foyer roumain »), poussant Bucarest à la surenchère nationaliste, et l'Union démocratique magyare (UDMR), financièrement soutenue par Budapest et accusée d'irrédentisme, y sont devenues deux forces politiques majeures.

TRAPPISTES. Nom commun donné aux cisterciens réformés de la stricte observance. Abbaye cistercienne fondée en 1140 près de Soligny (en Normandie), la Trappe passa en 1527 sous le régime de la commende (v.) et tomba en décadence jusqu'à sa réforme en 1664. L'abbé de Rancé, inspiré par la vie et la spiritualité des pères du désert, fit passer la communauté de 10 à 300 membres entre 1664 et 1700. Sous la Révolution et l'Empire, réfugiés un temps en Suisse, les religieux essaimèrent en Amérique, au Canada, en Allemagne, en Russie, avant de se réinstaller à la Trappe en 1815. Au XXe s., les trappistes ont continué à essaimer sur tous les continents, avec un succès particulier en Amérique (abbaye Notre-Dame de Gethsémani au Kentucky). L'ordre comptait 99 monastères (dont 16 en France à la fin des années 90). Voir MOINES.

TRAVAILLISTE (parti). Parti politique anglais issu des Trade Unions (v. SYNDICATS, Le développement des syndicats dans le monde. En Angleterre). Dès 1874, deux mineurs siégèrent aux Communes, mais, jusqu'en 1900, les députés ouvriers ne constituèrent pas un groupe séparé et s'affiliaient aux libéraux. En 1881, H. M. Hyndman créa la Fédération démocratique, qui, devenue trois ans plus tard la Fédération sociale-démocrate, adhérait aux idées marxistes. Beaucoup plus influente dans la genèse du parti travailliste devait être la **Fabian Society**, qui groupait, avec Sidney et Beatrice Webb (v.) et G. B. Shaw, des intellectuels bourgeois convaincus que le socialisme pouvait se réaliser, progressivement, par des moyens démocratiques. En 1888 se créa un parti travailliste écossais, dont le chef, Keir Hardie, fut élu aux Communes en 1892. L'ancêtre direct de l'actuel Labour Party fut le parti travailliste indépendant (*Independent Labour Party*, ILP), fondé en 1893 par Keir Hardie et J. Ramsay MacDonald.

À la suite des efforts communs de l'ILP, d'autres groupes socialistes (notamment la Fabian Society) et des Trade Unions fut créé, en 1900, un Comité de représentation travailliste (*Labour Representation Committee*), avec Ramsay MacDonald pour secrétaire. Aux élections de 1906, ce comité prit le nom de *Labour Party*. Cependant, jusqu'en 1918, le parti travailliste resta une fédération de syndicats et de groupes socialistes et ne reçut pas d'adhésions individuelles. Durant la Première Guerre mondiale, la majorité du parti décida de soutenir l'effort de guerre, et Ramsay MacDonald, fidèle à ses convictions pacifistes, s'effaça devant Arthur Henderson, qui participa aux cabinets de coalition formés jusqu'en 1917. Le parti travailliste, qui avait obtenu 2 millions de suffrages et soixante députés aux élections de 1918, continua ses progrès dans l'immédiat aprèsguerre, à la faveur du chômage et des dissensions qui affaiblissaient le parti libéral. Dès 1922, le Labour était reconnu officiellement comme le parti de l'opposition, et, en janv. 1924, avec l'appui des libéraux, Ramsay MacDonald forma le premier cabinet travailliste, qui ne dura que quelques mois. En 1929, le Labour devint le premier parti des Communes, sans toutefois disposer de la majorité absolue. MacDonald, ayant obtenu l'appui des libéraux, forma un second cabinet travailliste (1929/31), qui ne résista pas aux conséquences de la crise économique mondiale. MacDonald, ayant alors accepté de former un gouvernement d'union nationale avec les libéraux et les conservateurs, fut expulsé avec ses amis du parti travailliste. Mais celui-ci subit un véritable désastre aux élections d'oct. 1931, sa représentation aux Communes se réduisant de 289 à 46 députés. Clement Attlee, à la tête du parti (1935), se montra, au contraire, de plus en plus favorable à une croisade des démocraties contre les dictatures hitlérienne et fasciste, et les travaillistes luttèrent contre la politique « munichoise » de Neville Chamberlain. À la chute de celui-ci, en mai 1940, les travaillistes entrèrent dans le cabinet de guerre de Churchill, où ils devaient siéger jusqu'à la fin des hostilités.

Aux élections de juill. 1945, le Labour Party s'assura pour la première fois la majorité absolue aux Communes, avec 394 sièges sur 640. Le cabinet Attlee (1945/51) réalisa la nationalisation des industries clés et des transports, établit un système très étendu de sécurité sociale et entreprit la décolonisation dans l'Empire britannique (indépendance de l'Inde, 1947). Les travaillistes virent leur majorité parlementaire réduite à six sièges après les élections de févr. 1950. Divisés par la démission de plusieurs ministres représentant la tendance de gauche (parmi lesquels Aneurin Bevan et Harold Wilson), les travaillistes perdirent le pouvoir aux élections d'oct. 1951 et furent remplacés par les conservateurs. La direction du parti passa en 1955 d'Attlee à Hugh Gaitskell ; à la mort de ce dernier (1963), Harold Wilson devint le chef des travaillistes. De nouveau battus aux élections de 1955 et de 1959, les travaillistes revinrent au pouvoir grâce aux élections de 1964, et accrurent leur majorité en 1966.

Premier ministre de 1964 à 1970, Wilson commit l'erreur de procéder à des élections anticipées qui ramenèrent les conservateurs au pouvoir. Rejeté dans l'opposition, le Labour Party se divisa sur l'entrée de la Grande-Bretagne dans le Marché commun ; en oct. 1973, le courant de gauche prévalut au congrès de Blackpool, qui se prononça pour un vaste programme de nationalisations. De nouveau au pouvoir en mars 1974, mais sans majorité absolue, Wilson renégocia les termes de l'adhésion de l'Angleterre au Marché commun et fit approuver la politique européenne par un référendum, mais il dut faire face à des difficultés économiques considérables dues à la récession mondiale. Après la surprenante démission de Wilson (16 mars 1976), c'est le modéré James Callaghan qui fut désigné comme leader.

Aux élections de mai 1979, les travaillistes subirent un échec lié pour l'essentiel à leur incapacité de venir à bout de la crise économique, et durent abandonner le pouvoir. James Callaghan démissionna de la direction du parti le 15 oct. 1980 et fut remplacé par son rival de l'aile gauche, Michael Foot. Plusieurs députés en vue quittèrent alors le Labour, pour fonder un parti social-démocrate (SDP) proeuropéen et allié aux libéraux. Les événements continuèrent, du fait de la crise, à tourner au désavantage des travaillistes. En 1983, Michael Foot, qui avait présenté un programme très axé à gauche, fut remplacé à la tête du parti par un Gallois, Neil Kinnock. Aux élections de 1987, les travaillistes obtinrent 229 sièges et 30,8 % des voix, contre 376 aux conservateurs (42,3 % des voix). Malgré leur remontée électorale, les travaillistes furent défaits aux élections d'avr. 1992. Démissionnaire, Neil Kinnock fut remplacé par John Smith en juin. Celui-ci fut emporté par une crise cardiaque le 12 mai 1994. Il fut remplacé le 21 juill. 1994 par Tony Blair, représentant du courant « modernisateur » au sein du parti. Ce dernier mena son parti à la victoire lors des élections législatives de mai 1997, à l'issue desque les les travaillistes conquirent 419 sièges sur 659. Tony Blair devint Premier ministre. En juin 2001, pour la première fois, un chef de gouvernement travailliste obtint un second mandat consécutif après sa victoire aux législatives (412 sièges aux Communes).

Il existe également des partis travaillistes dans plusieurs États membres du Commonwealth (Australie, Nouvelle-Zélande...). Les partis sociaux-démocrates norvégien et israélien portent le nom de parti travailliste. Voir **Socialisme**.

TRÉBIZONDE, *Trabzon*, en grec *Trapezous*. Ville du N.-E. de la Turquie, en Arménie turque, sur la mer Noire. Colonie grecque de Sinope fondée au VIIIe s. av. J.-C., elle eut rapidement une grande importance comme comptoir sur les routes commerciales reliant l'Europe à la Perse et à l'Asie centrale. Les Dix Mille (v.) y firent halte au cours de leur retraite. Passée sous la domination de Mithridate VI, roi du Pont (Ier s. av. J.-C.), rattachée à partir de 63 apr. J.-C. à la province romaine de Cappadoce, elle fut une station de la flotte romaine mais conserva une large autonomie politique. Elle resta florissante à l'époque byzantine.

À la suite de la prise de Constantinople par les croisés (1204), Alexis et David Comnène, petits-fils de l'empereur Andronic Ier, fondèrent un **empire de Trébizonde**, qui dura de 1204 à 1461 et acquit une grande prospérité en monopolisant presque complètement, aux XIIIe/XIVe s., le commerce entre les Indes et le monde méditerranéen. Après la chute de Constantinople (1453), l'empire de Trébizonde fut le dernier refuge de la civilisation byzantine, mais Mehmet II s'empara de Trébizonde en 1461 et mit à mort le dernier empereur, David, avec six de ses fils (un septième réussit à s'enfuir dans le Péloponnèse, où il fut la souche des Comnènes de Morée).

TREK. Mot néerlandais signifiant *migration*. Le **Grand Trek** boer de 1834/37 est la migration des fermiers boers qui, irrités par les mesures prises par les Anglais dans la colonie du Cap (notamment par l'abolition de l'esclavage, 1834), partirent vers le Nord et s'établirent dans le Natal, l'Orange et le Transvaal. Voir **SUD-AFRICAINE (République)**. Des débuts de la colonisation à la guerre des Boers.

TRENTE (concile de, 1545/47, 1551/52 et 1562/63). XIXe concile œcuménique, convoqué en mai 1542 par le pape Paul III, qui répondait au vœu d'un concile général formulé par Luther dès 1518, mais trop tard pour permettre une réunion entre protestants et catholiques. Du fait de la reprise des hostilités entre François Ier et Charles Quint, le concile de Trente ne put ouvrir sa première session que le 13 déc. 1545. Interrompu à plusieurs reprises, il se poursuivit cependant sous les papes Jules III et Pie IV (1563). Dans le domaine de la doctrine comme dans celui de la discipline, le concile accomplit un travail capital ; il donna une ferme direction à tous les efforts qui devaient s'épanouir dans la Réforme catholique (rédaction d'un missel romain, formations des prêtres, visites épiscopales) et laissa jusqu'à nos jours une empreinte profonde sur toute la vie de l'Église romaine. Voir **RÉFORME CATHOLIQUE**.

TRENTE ANS (guerre de). Nom donné à la guerre religieuse et politique européenne qui dévasta l'Allemagne de 1618 à 1648. Elle eut son origine dans un conflit d'abord purement allemand et religieux entre les princes protestants et la maison catholique de Habsbourg, souveraine du Saint Empire, mais elle dégénéra en guerre européenne du fait de l'intervention des puissances étrangères, principalement la Suède et la France, qui profitèrent de ce conflit pour s'immiscer dans les affaires du Saint Empire et diminuer la puissance des Habsbourg, lesquels régnaient alors non seulement sur l'Autriche, la Bohême et la Hongrie, mais encore sur la plus grande partie de l'Italie, l'Espagne et les Pays-Bas espagnols. À la formation, en 1608, de l'Union évangélique, dirigée par l'Électeur palatin Frédéric V, avait répondu dès l'année suivante la fondation d'une Sainte Ligue catholique, sous la conduite de Maximilien de Bavière. Mais l'étincelle de la guerre fut l'abrogation par l'empereur Matthias de la *Lettre de majesté* de 1609, qui garantissait les libertés religieuses de la Bohême. Furieux, les protestants procédèrent à la défenestration (v.) de Prague (23 mai 1618). À la mort de Matthias, ils refusèrent de reconnaître son successeur Ferdinand II et proclamèrent roi de Bohême l'Électeur palatin Frédéric V, chef des protestants (1619). La Ligue catholique de Maximilien de Bavière écrasa les protestants près de Prague, à la Montagne Blanche (8 nov. 1620), et Frédéric perdit le Palatinat et la dignité électorale au profit de la Bavière.

Mais, dès 1625, la guerre s'élargit par l'intervention du roi de Danemark Christian IV aux côtés des protestants ; battus par Tilly et Wallenstein, qui occupèrent presque toute l'Allemagne du Nord, les Danois durent signer la paix de Lübeck (mai 1629) et renoncer à toute immixtion dans les affaires allemandes, mais l'édit de Restitution de Ferdinand II, qui contraignait les protestants à restituer la totalité des biens ecclésiastiques confisqués depuis 1552, empêcha tout apaisement (6 mars 1629). Au moment où la puissance impériale et catholique semblait triompher en Allemagne, apparut son plus redoutable adversaire, le roi de Suède Gustave II Adolphe. Animé à la fois par des sentiments de solidarité protestante et par des ambitions politiques sur la Baltique, soutenu financièrement par la France de Richelieu, Gustave II Adolphe allait réaliser une foudroyante chevauchée jusqu'au cœur de l'Allemagne, battant les catholiques à Breitenfeld (17 sept. 1631), sur le Lech (15 avr. 1632), avant de mourir dans sa dernière victoire, à Lützen (16 nov. 1632).

Le redressement des Impériaux, grâce à la victoire de Nördlingen (6 sept. 1634), obligea Richelieu à intervenir directement dans la guerre, à la fois contre le Saint Empire et contre l'Espagne, ce qui étendit les hostilités en France, aux Pays-Bas, en Italie et en Catalogne. Les Français connurent d'abord des revers, et, après la prise de Corbie, les Espagnols menacèrent Paris (1636). La situation militaire ne commença à se retourner qu'en 1638 : les armées françaises occupèrent le Roussillon (1642), Condé écrasa les Espagnols à Rocroi (1643), et sa victoire de Lens (1648) ouvrit la route des Pays-Bas espagnols, tandis que Turenne et les Suédois envahissaient la Bavière et la Bohême. L'empereur dut se résigner à la paix ; les traités de Westphalie (1648) consacrèrent l'affaiblissement décisif de la puissance impériale. Les grands bénéficiaires de la guerre furent la France, qui se vit confirmer la possession des Trois-Évêchés, annexa une grande partie de l'Alsace et joua désormais un rôle prépondérant en Europe ; la Suède, qui s'étendit sur les rivages allemands de la Baltique ; les Provinces-Unies et la Suisse, dont l'indépendance fut définitivement reconnue. C'est l'Allemagne qui fit tous les frais de la guerre et de la paix : plongée dans une anarchie politique que Mazarin et Louis XIV allaient s'efforcer de maintenir, divisée religieusement, elle avait subi pendant trente ans les exactions incessantes des armées de mercenaires et se trouvait en ruine et dépeuplée (un tiers environ de sa population avait péri).

TRENTE TYRANS (les). Nom donné aux trente magistrats du parti oligarchique qui, après la prise d'Athènes par Lysandre, s'imposèrent aux Athéniens avec le soutien de Sparte contre le gré de l'assemblée du peuple (404 av. J.-C.). Appuyés sur une garnison spartiate, les Trente imposèrent un régime de terreur, réservèrent les pleins droits de citoyens à 3 000 propriétaires fonciers et hoplites de leur parti tandis que leurs ennemis pouvaient être condamnés sans jugement. Après huit mois de pouvoir, les Trente furent chassés par Thrasybule, en janv. 403.

On nomme aussi *Trente Tyrans* les nombreux usurpateurs qui apparurent dans l'Empire romain de 253 à 270, sous les règnes de Valérien, Gallien, Claude le Gothique et Aurélien.

TRENTIN-HAUT-ADIGE, *Trentino-Alto Adige*. Région du nord de l'Italie, comprise entre l'Autriche, la Vénétie, la Lombardie et la Suisse ; chef-lieu *Trente*. D'abord peuplée par les Rhètes, cette région fut annexée par les Romains à la fin du Ier s. av. J.-C. et fit partie sous Auguste de la Xe région. Elle devint ensuite un duché lombard (VIe s.), puis sa partie orientale fut incluse, sous Charlemagne, dans la marche du Frioul. Annexée au XIe s. au Saint Empire et au duché de Bavière, elle fut désormais gouvernée à partir du Moyen Âge par les princes ecclésiastiques de Trente et de Bressanone (Brixen). En 1363, la haute vallée de l'Adige, avec Bolzano (Bozen) et Bressanone, fut incluse dans le comté de Tyrol, possession des Habsbourg. En 1810, Napoléon Ier annexa au royaume d'Italie toute l'actuelle région du Trentin-Haut-Adige. En 1815, le congrès de Vienne la restitua à l'Autriche, qui y poursuivit durant tout le XIXe s. une intensive politique de germanisation. La paix de Vienne (3 oct. 1866) attribua la Vénétie à l'Italie, mais laissa le Trentin-Haut-Adige à l'Autriche. Cette région devint un des ultimes objectifs de l'irrédentisme italien, car, si les hautes vallées avaient une population en majorité germanique, en revanche, les Italiens prédominaient nettement dans le Trentin méridional.

Le traité de Saint-Germain (1919) accorda à l'Italie, qui portait ainsi sa frontière sur le Brenner, tout le Trentin-Haut-Adige, appelé à cette époque Vénétie tridentine. Cela revenait à inclure dans l'Etat italien une importante minorité germanique. La population germanophone résista à la politique d'italianisation menée par Mussolini. Un accord entre celui-ci et Hitler fut conclu en oct. 1939, permettant l'autodétermination des germanophones, qui eurent la possibilité de demander leur rapatriement dans le Reich : 185 000 d'entre eux choisirent cette solution, mais 70 000 seulement furent effectivement rapatriés. Après la chute du fascisme, en 1943, les dirigeants nazis, maîtres de l'Italie du Nord, décidèrent non plus de rapatrier les *Volksdeutsche*, mais d'annexer purement et simplement le Trentin.

Le problème de la population germanique (majoritaire) se posa de nouveau après 1945. L'accord austro-italien du 5 sept. 1946 garantit à cette population une complète égalité des droits. La Constitution italienne de 1948 fit du Trentin-Haut-Adige une région autonome. Cependant, la population germanique estima ses droits insuffisamment reconnus et manifesta sa résistance, non seulement en élisant des députés autonomistes, mais en se livrant à des actes de terrorisme qui mirent en péril les bonnes relations entre Vienne et Rome ; un nouvel accord austro-italien (30 nov. 1969) apporta l'apaisement.

TRIANON (traité de, 4 juin 1920). Signé entre les Alliés et la Hongrie après la Première Guerre mondiale, il modifia profondément la carte de l'Europe centrale et orientale en réduisant la Hongrie à un tiers de sa superficie de 1914. La Slovaquie et la Ruthénie furent attribuées à la Tchécoslovaquie ; la Transylvanie et le Banat oriental à la Roumanie ; la Croatie, la Slavonie, le Banat occidental à la Yougoslavie ; le Burgenland, à l'exception de la région de Sopron, à l'Autriche. En outre, la Hongrie fut astreinte à des réparations et à une armée de métier limitée à 35 000 hommes. Du fait du traité de Trianon, environ 3 millions de Hongrois passèrent sous domination étrangère, ce qui créa un climat d'instabilité dans toutes ces régions. À la faveur de l'expansion de l'Allemagne hitlérienne, la Hongrie recouvra à partir de 1938 une partie des provinces perdues (Ruthénie, Transylvanie septentrionale et orientale, portions du Banat). Mais, après 1945, elle fut ramenée à ses frontières du traité de Trianon.

TRIBUNAL RÉVOLUTIONNAIRE. Tribunal d'exception créé par la Convention le 10 mars 1793 ; il fut supprimé le 31 mai 1795. Voir TERREUR.

TRIBUNAT. Assemblée établie en France par la Constitution du 22 frimaire an VIII (13 déc. 1799). Le Tribunat acceptait ou rejetait en bloc les projets de loi qui lui étaient transmis par le gouvernement ; il n'avait pas le droit d'amendement, mais il pouvait émettre des vœux sur les lois faites et à faire, et sur les abus à corriger. Composé de cent membres nommés pour cinq ans par le Sénat parmi les citoyens âgés de plus de vingt-cinq ans, inscrits sur la « liste nationale des notabilités », il se renouvelait chaque année par cinquième ; il fut réduit à cinquante membres en 1802 et complètement supprimé en 1807 pour avoir montré quelque opposition. Il tenait ses séances au Palais-Royal. Au début, le Tribunat avait compté plusieurs opposants énergiques, entre autres Benjamin Constant et Marie-Joseph Chénier, mais Bonaparte réussit à les exclure en 1802.

TRIBUNAUX PÉNAUX INTERNATIONAUX (TPI). Juridictions *ad hoc* créées par le Conseil de sécurité des Nations unies et dont la compétence est limitée à un territoire et une période donnés, pour juger les criminels de guerre. Le premier TPI fut créé à l'occasion de la guerre dans l'ex-Yougoslavie en 1993 (TPIY), le second, après le génocide rwandais en 1994 (TPIR). Les TPI, héritiers en cela du droit anglo-saxon, ne peuvent juger par contumace, ce qui limite leurs possibilités d'action. Des négociations ont été engagées pour que les TPI soient remplacés par une cour permanente.

TRIBUNS DE LA PLÈBE. Magistrats plébéiens de Rome chargés de défendre les intérêts du peuple contre le patriciat. Créés en 493 av. J.-C., leur principal privilège était l'inviolabilité, qui leur conférait un caractère sacré : tout individu portant la main sur eux était jugé sacrilège et passible de la peine de mort. Les tribuns jouissaient du droit de veto (*intercessio*) aux actes de tous les autres magistrats. Au nombre de deux ou cinq au début, ils passèrent à dix au milieu du Vᵉ s. av. J.-C., disposant de pouvoirs quasi sans limites sur toute la vie publique (convocation des conciles plébéiens et des comices tributes, organisation de plébiscites). À plusieurs reprises sous la République, ils provoquèrent de graves crises sociales, notamment en proposant des lois agraires. À la fin de la République, Octave, pour organiser le pouvoir impérial, se fit attribuer, d'une part, l'*imperium* (l'autorité) des proconsuls, mais sans limite de temps ; et, d'autre part, la puissance tribunitienne (30 av. J.-C.), également sans limites de durée. À partir d'Octave Auguste, cette puissance se confondit dès lors avec le pouvoir impérial : l'empereur jouit de l'inviolabilité sacro-sainte. Les tribuns de la plèbe subsistèrent jusqu'au IIᵉ s. de notre ère mais sans autorité réelle.

TRIESTE. Ville d'Italie, port sur la mer Adriatique. Dans l'Antiquité *Tergeste*, occupée par les Romains en 177 av. J.-C., colonie à partir de César, elle dut son premier développement important à Auguste, qui y fit construire un port et des fortifications. Gouvernée par ses évêques du Xᵉ au XIIIᵉ s., sa prospérité commerciale commença au XVIIIᵉ s., sous le règne de l'empereur Charles VI, qui en fit un port franc (1719). Trieste devint le seul débouché maritime de l'empire des Habsbourg. Occupée par les Français en 1805, elle fit partie de 1809 à 1814 des Provinces illyriennes, puis revint à l'Autriche. Trieste fut occupée par les troupes italiennes le 4 nov. 1918 et rattachée à l'Italie.

Les partisans de Tito occupèrent Trieste le 30 avr. 1945 et proclamèrent son rattachement à la Yougoslavie. Au traité de Paris (10 févr. 1947) fut créé un **Territoire libre de Trieste**, neutre et démilitarisé, sous la protection de l'ONU. Par l'accord du 5 oct. 1954, Trieste fut restituée à l'Italie, tandis que la partie Sud de la zone était annexée à la Yougoslavie. L'Italie s'engageait d'autre part à maintenir à Trieste le statut de port franc.

TRIMBLE David (Belfast, 15.X.1944). Avocat, universitaire et homme politique nord-irlandais. Protestant de Belfast, militant de l'ordre d'Orange, député d'Upper Bann depuis 1990, il prit la tête du parti unioniste d'Irlande (UUP), le principal mouvement protestant d'Irlande du Nord, en 1995. Il est considéré comme un modéré, en raison des distances qu'il a prises vis-à-vis des unionistes extrémistes. Courtisé pour son influence parlementaire par les gouvernements conservateurs britanniques, il s'opposa d'abord à Tony Blair à propos de la participation du Sinn Féin aux négociations de paix. Les concessions auxquelles il se résolut finalement permirent la signature des accords de paix de 1998. La même année, il fut élu Premier ministre d'Irlande du Nord et, avec le catholique modéré John Hume, fut l'un des deux lauréats du prix Nobel de la paix. En 1999, il forma un gouvernement régional, semi-autonome et biconfessionnel qui, au cours de l'année 2000, fut suspendu par Londres, puis rétabli dès que l'IRA se fut engagée à mettre ses armes hors d'usage.

TRINITÉ ET TOBAGO (îles de), *Trinidad and Tobago*. Îles des Antilles, près de la côte du Venezuela ; capitale *Port-d'Espagne* (*Port of Spain*). Découverte en 1498 par Christophe Colomb, Trinidad fut colonisée par les Espagnols en 1532 ; la petite île voisine de Tobago, également découverte par Colomb, fut occupée par les Hollandais en 1632. Les deux îles furent âprement disputées par les Français, les Anglais, les Hollandais et les Espagnols au cours des guerres des XVIIᵉ et XVIIIᵉ s. Occupée par les Anglais en 1797, la Trinité leur fut cédée par la paix d'Amiens (1802), et, en 1814, ils annexèrent également Tobago. Les deux îles furent unies administrativement dès 1889. Leur économie, longtemps fondée sur le cacao, la canne à sucre, le rhum, a pris un essor nouveau au XXᵉ s. avec le développement de la production d'asphalte et, à partir de 1910, de pétrole. Après avoir fait partie de la Fédération des Antilles britanniques (1958/62), elles forment ensemble, depuis 1962, un État indépendant, membre du Commonwealth.

Trinité et Tobago sont devenues en avr. 1976 une république dotée d'un régime parlementaire et ont connu une grande prospérité grâce à leur production de pétrole et de gaz. L'importante dette extérieure du pays, ainsi que la crainte de l'épuisement des réserves pétrolières, ont obligé le gouvernement, à partir de 1986, à une politique de rigueur orchestrée par le FMI. Cette politique a créé des mécontentements (grève et prise en otages de ministres en 1990) et a abouti à un changement de majorité en 1991, puis, en 1995, à la mise en place d'un cabinet d'union nationale. À la fin des années 1990, si l'industrie sucrière déclinait, la découverte de nouvelles réserves de gaz et de pétrole démontra que les principales ressources du pays étaient loin d'être épuisées.

TRIPLE-ALLIANCE. Nom donné à plusieurs systèmes d'alliance entre trois puissances. Le plus récent est celui qui a regroupé l'Allemagne, l'Italie et l'Autriche dans une alliance défensive en 1882 ; on lui donne aussi le nom de Triplice. Voir ALLIANCE.

TRIPLE-ENTENTE. Nom donné parfois à l'entente réalisée entre la France, le Royaume-Uni et la Russie de 1907 à 1917 ; elle ne fut consacrée par un acte officiel que le 3 sept. 1914, lorsque les trois puissances s'engagèrent à ne pas conclure de paix séparée. Après la Révolution de 1917, le gouvernement bolchevique rompit la Triple-Entente et signa avec l'Allemagne le traité de Brest-Litovsk (mars 1918).

TRIPLICE. Voir **Triple-Alliance.**

TRIPOLITAINE. Partie occidentale de la Libye, s'étendant le long de la Méditerranée, entre la Cyrénaïque et la Tunisie. Ses côtes furent colonisées dès le VIIIe s. av. J.-C. par les Phéniciens. Ceux-ci fondèrent Leptis Magna, Oa (Tripoli), Sabrata, qui s'enrichirent en servant de terminus aux caravanes sahariennes venues du Soudan. Cette région, où l'influence des Grecs rencontrait celle de Carthage, passa sous la domination romaine à la fin du Ier s. av. J.-C. ; elle fut comprise par César dans l'*Africa Nova* (46 av. J.-C.), puis fit partie de l'Afrique proconsulaire, avant de former, dans le diocèse d'Afrique (fin du IIIe s.), la province de Tripolitaine. Occupée par les Vandales (Ve/VIe s.), reprise par les Byzantins en 533, conquise par les Arabes à partir de 643, elle appartint ensuite successivement aux Aghlabides (IXe s.), aux Fatimides d'Égypte (Xe/XIe s.), aux Almohades (XIIe/XIIIe s.), mais connut aussi à plusieurs reprises des dynasties indépendantes.

Après l'occupation éphémère de Tripoli par les Espagnols (1510/30) et par les chevaliers de Malte (1530/51), les côtes de Tripolitaine passèrent sous le contrôle de corsaires turcs, qui donnèrent au pays un essor économique comme il n'en avait plus connu depuis l'époque romaine : Tripoli devint alors le grand débouché maritime du Soudan, le principal centre d'échanges commerciaux entre l'Afrique intérieure et l'Europe. Mais l'activité de ses corsaires faisait peser une menace constante sur les relations maritimes en Méditerranée : pratiquement indépendants de la Porte depuis le début du XVIIIe s., les pachas de Tripoli prétendaient soumettre au tribut les navires étrangers, et, à maintes reprises, les puissances européennes durent faire des démonstrations sur les côtes de la Tripolitaine. Une demande d'augmentation du tribut provoqua même un conflit avec les États-Unis (1801/05).

En 1835, la Porte réussit à rétablir son autorité en Tripolitaine, qui fut transformée en vilayet de l'Empire ottoman. De nombreux colons italiens s'étant installés en Tripolitaine depuis la fin du XIXe s., l'Italie, pour les défendre, déclara la guerre à la Turquie (nov. 1911) et occupa la région côtière. La Turquie dut lui abandonner la Tripolitaine par le traité d'Ouchy-Lausanne (oct. 1912), mais c'est seulement en 1930 que les troupes italiennes réussirent enfin à soumettre l'intérieur, jusqu'au Fezzan. En 1934, la Tripolitaine et la Cyrénaïque furent réunies pour former la colonie italienne de Libye, qui fut incorporée à la métropole le 9 janv. 1939. Conquise par la VIIIe armée britannique au printemps 1943, secondée par les troupes françaises de Leclerc venues du Fezzan, la Tripolitaine fait partie depuis 1949 de la Libye.

TRIUMVIRAT. Nom donné, sous la République romaine, à l'association de trois hommes politiques en vue de la conquête et de la conservation du pouvoir. Le **premier triumvirat** fut une entente secrète conclue en 60 av. J.-C. entre Pompée, César et Crassus ; il permit à César d'accéder au consulat en 59, mais prit fin avec la mort de Crassus et la réconciliation de Pompée et du parti sénatorial (53).

Le **second triumvirat** fut formé en nov. 43 av. J.-C. entre Octave (Auguste), Marc Antoine et Lépide, qui se firent officiellement reconnaître comme triumvirs pour cinq ans. Les triumvirs proscrivirent leurs ennemis, battirent Brutus et Cassius à Philippes, puis se partagèrent le monde méditerranéen. Malgré l'entente déjà difficile entre les partisans d'Octave et ceux d'Antoine, le triumvirat fut confirmé en oct. 40 Antoine reçut l'Orient, Octave l'Occident, Lépide l'Afrique ; en outre, Antoine épousa Octavie, la sœur d'Octave. Malgré son renouvellement pour cinq ans en 37 av. J.-C., Lépide, qui avait tenté de s'opposer aux opérations d'Octave contre les derniers pompéiens, se vit confisquer l'Afrique et fut dépouillé de son pouvoir triumviral (36). Octave et Antoine restèrent ainsi face à face, jusqu'à la bataille d'Actium (31), qui fit d'Octave le maître absolu du monde romain.

En France, sous Charles IX, on donna le nom de *triumvirat* à l'alliance que formèrent en 1561 le duc de Guise, le connétable de Montmorency et le maréchal de Saint-André sous prétexte de défendre le catholicisme contre les huguenots.

TROCHU Louis Jules (* Le Palais, Belle-Île-en-Mer, 12.III.1815, † Tours, 7.X.1896). Général français. Après avoir participé aux campagnes d'Algérie, de Crimée et d'Italie, il fut affecté en 1866 comme général de division au ministère de la Guerre, mais écarté l'année suivante, après la publication de son étude sur *L'Armée française en 1867*, dans laquelle il dénonçait l'impréparation des forces militaires françaises. Sous la pression de l'opinion publique, il fut nommé gouverneur de Paris le 17 août 1870 et s'opposa aussitôt à l'impératrice. Président du gouvernement de la Défense nationale le 4 sept. 1870, il se déclara décidé à défendre Paris, mais sa passivité découragea les troupes, et il donna sa démission le 22 janv. 1871, une semaine avant la capitulation. Député à l'Assemblée nationale, il siégea avec les orléanistes, mais se retira dès 1872.

TROIE. Ancienne cité d'Asie Mineure, appelée également par les Grecs *Ilion* (en latin *Ilium*). Elle jouissait d'une position exceptionnelle, sur la côte méridionale de l'Hellespont (détroit des Dardanelles), au carrefour de la route maritime mer Égéemer Noire et de la route terrestre Europe-Asie, empruntée notamment par plusieurs peuples qui, venus de la Thrace et du Danube, franchirent à cet endroit l'Hellespont en direction de l'Anatolie et du Proche-Orient. La ville n'était pas située sur le bord même de la mer, mais sur une colline, entre le Scamandre et le Simoïs.

Les données légendaires

D'après la tradition grecque, plusieurs villes se sont succédé en Troade (pays de Troie), jusqu'à la fondation de Troie et d'Ilion. Sous le règne de Laomédon, père de Priam, le dieu Poséidon bâtit les murs de Troie. Priam épousa Hécabé (Hécube) dont il eut cinquante fils et douze filles, et étendit la domination de Troie depuis les côtes méridionales, en face de Lesbos, jusqu'à l'Hellespont. Pâris, l'un des fils de Priam, enleva Hélène, femme du roi de Sparte Ménélas. Pour venger cet affront, tous les « Achéens » (les Grecs) s'armèrent, sous la conduite d'Agamemnon. Après un siège de dix ans, au cours duquel se distinguèrent les Grecs : Achille, Agamemnon, Ménélas, Nestor, Ulysse, les deux Ajax..., et le Troyen Hector, fils de Priam, la ville fut prise grâce au stratagème du « cheval de Troie », dans lequel s'étaient cachés des guerriers grecs et que les Troyens firent entrer imprudemment dans leurs murs.

Troie jusqu'aux découvertes du XIXe s.

Après la ruine de Troie, une petite bourgade se reconstitua sur le site présumé de la puissante cité de Priam. Alexandre y fit un pèlerinage à l'aube de sa campagne en Asie et lui conféra des privilèges, et Lysimaque, suivant cette politique, l'entoura de fortifications d'environ 8 km de circonférence. Après les Grecs de l'époque alexandrine, les Romains, qui s'enorgueillissaient de descendre d'Énée, se rendirent en pèlerinage à Troie. Sylla et César firent beaucoup pour la ville, où les habitants se livraient à un fructueux trafic de prétendus souvenirs du siège fameux. Avant de fonder Constantinople (330), Constantin songea même, un moment, à établir sa nouvelle capitale en Troade.

Les fouilles de Schliemann et les données archéologiques

Avant même ses sept campagnes de fouilles menées de 1870 à 1890, le grand pionnier allemand de l'archéologie, Heinrich Schliemann, affirma l'identification du site de Troie avec la colline d'Hissarlik. En collaboration avec W. Dörpfeld, qui, après la mort de Schliemann, poursuivit les fouilles de 1890 à 1894, il mit au jour dans la colline d'Hissarlik neuf cités successives superposées, qu'on numérote, à partir de la plus ancienne, de I à IX. Schliemann vit d'abord dans le niveau II la Troie homérique, ce qui explique que les objets précieux et les vases qu'il y découvrit aient été désignés comme le « Trésor de Priam », une expression encore employée aujourd'hui. Schliemann lui-même pressentit par la suite que les premiers établissements troyens remontaient au IIIe millénaire av. J.-C. La guerre de Troie était située par les Anciens entre 1280 environ et 1184 av. J.-C., date donnée par Ératosthène ; elle correspondrait au niveau VII*a* d'Hissarlik, détruit au milieu du XIIIe s. av. J.-C., selon l'archéologue K. Blegen, comme l'attestent des traces d'incendie et des restes humains marqués par des violences. Mais dans les ruines de la ville de Priam (Troie VII*a*) continua d'habiter une petite population (Troie VII*b*) ; Troie VIII correspond à la ville hellénistique ; Troie IX, à la ville romaine. Depuis la première moitié des années 1980, de nouvelles fouilles ont permis d'établir que le site était occupé dès le IVe millénaire, mais que Troie I ne remonte pas au-delà de 2500 av. J.-C. Il semble aujourd'hui que la colline d'Hissarlik a été occupée par la citadelle de Troie antique, et que des quartiers d'habitation s'étendaient alentour.

TROIS-ÉVÊCHÉS (les). Nom donné aux trois villes de Lorraine, Metz, Toul et Verdun, qui étaient chacune le siège d'un évêché. Après avoir été longtemps villes impériales, elles furent occupées par Henri II en 1552 ; le traité de Westphalie (1648) en confirma la possession à la France.

TROIS GLORIEUSES. Nom donné aux trois journées révolutionnaires des 27, 28 et 29 juill. 1830, qui aboutirent à la chute de Charles X. Voir **JUILLET 1830 (journées du 27 au 29)**.

TROIS ROYAUMES ET DES SIX DYNASTIES (période des). Période de l'histoire chinoise qui va de la déposition de la dynastie des Han, en 220 de notre ère, à l'avènement de la dynastie des Soueï, en 589. Après la chute des Han, la Chine fut d'abord partagée en trois royaumes : celui des Wei, dans le Nord ; celui des Wou, en Chine du Sud ; celui des Chou Han, dans le Sseu-Tch'ouan. En 280, les Trois Royaumes furent de nouveau réunis en un seul, sous la direction de la dynastie des Tsin. Cependant, au début du IVe s., la Chine du Nord fut envahie par divers peuples turco-mongols, et les empereurs Tsin se réfugièrent au sud du Yang-tseu et établirent leur capitale à Nankin (317). En Chine du Sud devaient se succéder jusqu'en 589 six dynasties : les Tsin (jusqu'en 420), les Song (420/79), les Ts'i (479/502), les Leang (502/57) et les Tch'en (557/89). Dans le Nord, un peuple turc, les Tabghatch, appelés par les Chinois T'o-pa, établit sa suprématie sur les autres envahisseurs et domina toute la Chine du Nord jusqu'en 534 ; leur dynastie prit le nom de Wei. Culturellement, l'époque des Trois Royaumes et des Six Dynasties fut marquée par la diffusion du bouddhisme en Chine.

TROTSKI, Lev Davidovitch Bronstein, dit en français **Léon** (* Elisabethgrad, prov. de Kherson, 7.XI.1879, † Coyoacán, Mexique, 21.VIII.1940). Homme politique russe. D'une famille de la moyenne bourgeoisie juive, il devint un militant révolutionnaire dès l'époque de ses études de droit à l'université d'Odessa. Arrêté en 1898 et déporté en Sibérie, il s'évada en 1902 et passa en Angleterre. Il rencontra Lénine et Plekhanov, collabora à l'*Iskra* et adopta une position moyenne entre bolcheviks et mencheviks, reprochant à Lénine son « jacobinisme centralisateur » qui pouvait conduire à une dictature sur le parti, mais affirmant la possibilité d'une révolution socialiste dans l'Empire russe, malgré la faiblesse des effectifs d'un prolétariat ouvrier, peu nombreux en comparaison d'une masse paysanne elle-même passive. Rentré en Russie en févr. 1905, il devint le chef du soviet de Saint-Pétersbourg, en majorité menchevik (v.). De nouveau arrêté et déporté, il réussit encore à s'évader et vécut en exil.

Trotski parvint à Petrograd au milieu de mai 1917, peu après Lénine. C'est seulement en juill. 1917 qu'il se rallia aux bolcheviks et devint membre du Comité central. Son rôle au cours de la révolution fut presque aussi décisif que celui de Lénine. Président du soviet de Petrograd, il fut nommé commissaire du peuple aux Affaires étrangères en oct. 1917, puis commissaire à la Guerre (1918), poste dans lequel il montra son génie d'organisateur. Mais la révolution russe n'était pour lui qu'une étape vers la révolution mondiale, où le prolétariat des pays d'Occident jouerait, cette fois, un rôle décisif. Malgré l'échec des mouvements communistes d'Allemagne et de Hongrie, Trotski maintint cette idée de « révolution permanente ». Après la mort de Lénine (1924), la lutte commença entre Staline et Trotski. S'appuyant sur l'appareil du parti, Staline parvint peu à peu à éliminer son rival et à faire triompher ce qui était, au fond, la thèse d'un socialisme national. Trotski fut exclu du parti (nov. 1927) et relégué au Kazakhstan, avant d'être expulsé du territoire soviétique (janv. 1929).

Installé près d'Istanbul, il lança une vigoureuse campagne contre le stalinisme contre-révolutionnaire ; il se prononça pour la IVe Internationale, qui défendit l'idée de la révolution permanente et mondiale dès juillet 1933. Établi en France en 1933, Trotski fut expulsé en 1935, et se réfugia en Norvège (1936), puis au Mexique (1937). Lors des grands procès de Moscou, il fut accusé de préparer l'assassinat de Staline. Il sentit dès lors sa vie menacée. Il devait mourir assassiné par un agent stalinien qui s'était introduit dans son entourage.

Brillant intellectuel, d'une vaste culture, non seulement politique mais littéraire, Trotski a laissé des ouvrages, dont *Ma Vie* (1929), *Histoire de la révolution russe* (1932), qui sont de puissants témoignages sur son temps.

TROTSKISTES (mouvements et partis). Mouvements révolutionnaires se réclamant de la IVe Internationale fondée en 1938 par Trotski. Voir INTERNATIONALE (IVe).

TROYES (traité de, 21 mai 1420). Après la défaite d'Azincourt (1415), et alors que la folie de Charles VI ne connaissait plus de rémissions, le duc de Bourgogne Philippe le Bon, allié aux Anglais, fit signer au roi, poussé aussi par la reine Isabeau de Bavière, ce traité qui déshéritait le dauphin (futur Charles VII) au profit d'Henri V d'Angleterre, déclaré régent et héritier de la couronne de France, à la condition d'épouser Catherine, fille de Charles VI. À la mort de Charles VI et d'Henri V (1422), Henri VI, encore enfant, devint effectivement roi de France et d'Angleterre. Les victoires de Jeanne d'Arc et de Charles VII annulèrent le traité de Troyes, mais les rois d'Angleterre portèrent le titre de rois de France jusqu'au traité d'Amiens (1802).

TRUDEAU Pierre Elliott (* Montréal, 18.X.1919, † 28.IX.2000). Homme politique canadien. Élu en 1965 député libéral aux Communes d'Ottawa, il fit partie du gouvernement Lester Pearson comme ministre de la Justice et libéralisa les lois sur l'avortement et l'homosexualité. En avr. 1968, il succéda à Lester Pearson comme Premier ministre et comme chef du parti libéral. Adversaire du séparatisme québécois, partisan de l'égalité entre les communautés anglophone et francophone, il renforça l'autorité du Premier ministre aux dépens du Parlement. La grève générale de 1977 annonça la défaite du parti libéral en 1979. Revenu aux affaires dès févr. 1980, Trudeau obtint le « rapatriement » de la Constitution du Canada, jusque-là déposée au Parlement de Westminster. Il démissionna en mars 1984. Une semaine après sa mort, les autorités canadiennes décidèrent de débaptiser le mont Logan pour l'appeler mont Pierre-Elliott-Trudeau.

TRUJILLO MOLINA Rafael Leónidas (* San Cristóbal, 24.X.1891, † Ciudad Trujillo, 30.V.1961) Homme politique dominicain. Entré tout jeune dans l'armée, il devint colonel de la police dominicaine et s'empara du pouvoir par un coup d'État militaire en 1930, en renversant le président Horacio Vasquez. Jusqu'à sa mort, instaurant un régime policier, il resta le maître absolu de la république Dominicaine, bien qu'il n'ait exercé les fonctions de président que de 1930 à 1938 et de 1942 à 1952. En 1952, Rafael Trujillo avait cédé la présidence à son frère Hector, tout en conservant la réalité du pouvoir. Après son assassinat, le clan Trujillo tenta de se maintenir au pouvoir, mais fut contraint de s'exiler dès la fin de 1961, en partie sous la pression économique des États-Unis.

TRUMAN Harry S. (* Lamar, Missouri, 8.V.1884, † Kansas City, 26.XII.1972). Homme politique américain. Il combattit en France pendant la Première Guerre mondiale ; sénateur du Missouri (1935/44), il fut élu, en 1944, vice-président démocrate de Roosevelt, auquel il succéda à la présidence des États-Unis, quand celui-ci fut décédé le 12 avr. 1945. Truman prit la grave responsabilité de contraindre le Japon à la paix en lançant deux bombes atomiques sur Hiroshima (v.) et Nagasaki (v.) (août 1945) et la suite de son mandat resta déterminée par les conséquences immédiates de la guerre. La *doctrine Truman*, énoncée en 1947, définissait la nécessité d'une aide économique et militaire aux pays menacés par l'expansion soviétique ; la

Grèce et la Turquie en furent les premiers bénéficiaires. La même année fut élaboré le plan Marshall (v.), destiné au redressement économique de l'ensemble des pays d'Europe. L'aggravation de la guerre froide (v.) poussa Truman à créer l'OTAN (v.) (avr. 1949) et à engager les États-Unis dans la guerre de Corée (v.) (juin 1950). À l'intérieur, Truman ne put poursuivre la politique sociale de Roosevelt et se vit imposer la loi antigrève Taft-Hartley, ainsi que des mesures restreignant l'immigration. Réélu en 1948, malgré la scission du parti démocrate (le Sud présentant Dewey), il ne postula pas à un nouveau mandat à la présidentielle de 1952.

TSANKOV Alexandre (* Oriakhovo, 1879, † Buenos Aires, 17.VII.1959). Homme politique bulgare. Professeur d'économie politique à l'université de Sofia, il prit la tête, en 1922, du groupe de la Concorde nationale, organisation secrète qui prépara la chute du Premier ministre Stamboliski. Il devint alors Premier ministre (1923/26) et, avec l'appui de l'armée et de la police, pratiqua une politique de répression contre les agrariens, les communistes et les syndicats, faisant des milliers de victimes. En avr. 1926, il céda la place à Liapchev, qui poursuivit sa politique, mais avec plus de modération. En sept. 1944, après l'occupation de la Bulgarie par les troupes soviétiques, Tsankov forma en Autriche un gouvernement bulgare en exil, sous protection allemande. Après la guerre, il se réfugia en Argentine.

TSATSOS Constantin (* Athènes, 1er.VII.1899, † 1987). Homme politique grec. Il fut élu président de la République par le Parlement en 1975 pour un mandat de cinq ans, après la victoire du parti de Constantin Caramanlis, qui lui succèda en 1980.

TS'EU-HI (* 29.XI.1835, † Pékin, 15.XI.1908). Impératrice de Chine. Concubine mandchoue de l'empereur Hien-fong, mère de l'empereur T'ong-tche, qui n'avait que cinq ans lors de son accession au trône (1861), elle fut proclamée régente, et, directement ou non, gouverna jusqu'à sa mort. Elle disposa du trône en faveur de son neveu Kouang-siu (1875/1908), après le décès de T'ong-tche, mais dut recourir en 1898 à Yuan Che-k'ai (v.) pour évincer, par un coup de force, le nouvel empereur, gagné aux thèses réformistes. Elle laissa se développer au sein de l'administration une large corruption qui fut l'une des causes de la défaite de la Chine face aux Japonais (1894/95). Sa démagogie xénophobe, dont le principal instrument fut la société secrète des Boxers (v.), déclencha le soulèvement de Pékin (juin 1900), au cours duquel de nombreux Européens furent massacrés. L'envoi d'un corps expéditionnaire international en Chine (juill./août 1900) obligea Ts'eu-hi à prendre la fuite ; pour obtenir la paix, elle dut sacrifier ses alliés les plus réactionnaires. Elle aurait été empoisonnée, ainsi que Kouang-siu, à l'instigation de Yuan Chek'ai.

TSHOMBÉ Moïse (* Musumba, Katanga, 10.XI.1919, † Alger, 29.VI.1969). Homme politique congolais. Après l'indépendance de l'ancien Congo belge, Tshombé proclama la sécession du Katanga (11 juill. 1960) et devint président de la République katangaise. Il rompit avec l'ONU et fut accusé de complicité dans le meurtre de son principal adversaire, Lumumba. Sous la pression des forces de l'ONU, il dut renoncer à la sécession du Katanga (déc. 1962) et s'exila en Europe. Rappelé au Congo en juin 1964, il devint Premier ministre du Congo (10 juill. 1964), promulgua une Constitution, mais dut faire face à la rébellion des Gbenye, à Stanleyville, qu'il ne put surmonter qu'avec l'intervention des parachutistes belges (nov./déc. 1964). Tshombé fut renversé par le président Kasavubu en oct. 1965.

TS'IN. Dynastie impériale chinoise qui régna sur la Chine de 221 à 207 av. J.-C. Voir **CHINE.** Des débuts de l'Empire à la fin des Han.

TSIN. Dynastie impériale chinoise qui, après la chute des Han et la période dite des « Trois Royaumes », réussit à rétablir l'unité de la Chine de 280 à 318. Sous les coups des Huns, cet Empire chinois se morcela de nouveau, mais les Tsin orientaux se maintinrent en Chine méridionale jusqu'en 420.

TS'ING. Dynastie « mandchoue » qui régna sur la Chine de 1644 à 1912. Elle monta sur le trône après avoir renversé la dynastie nationale des Ming et connut ses périodes les plus brillantes sous les règnes de K'ang-hi (1662/1722) et de K'ien-long (1736/96). Voir **CHINE.** Les Mandchous de 1644 à 1900.

TSIRANANA Philibert (* Anahidrano, 1912, † Antananarivo, 16.IV.1978). Homme politique malgache. Instituteur (1932), il fonda en 1956 le parti social-démocrate de Madagascar. Député à l'Assemblée nationale française (1956/59), il devint en 1958 président du Conseil malgache et fut aussi, auprès du général de Gaulle, ministre-conseiller dans le gouvernement français (1959/60), poste qu'il abandonna lorsqu'il devint président de la République malgache indépendante (1960). Il mena une politique d'étroite coopération avec la France, mais dut s'effacer en oct. 1972. Voir **MADAGASCAR.** La République malgache.

TUBMAN William (* Harper, 1895, † Londres, 1971). Homme politique libérien. Chef de l'État de 1943 à sa mort. Voir **LIBERIA.**

TUDJMAN Franjo (* Veliko Trgovisce, près de Zagreb, 14.V.1922, † Zagreb, 10.XII.1999). Homme politique croate. Résistant communiste, il devint général de l'armée yougoslave sous Tito. Son nationalisme croate le fit exclure du parti communiste en 1967 et plusieurs fois emprisonner, dans les années 1970 et 1980, pour « propagande contre l'État ». En 1989, il créa un parti nationaliste croate, le *Hrvatska Demo-*

kratska Zajenica (Union démocratique croate), qui remporta les élections de 1990 en Croatie. Il fut élu président de la République de Croatie, en mai 1990, alors que celle-ci était encore yougoslave. F. Tudjman est considéré comme le principal instigateur de la politique croate en Bosnie. En nov. 1995, il participa, avec les présidents serbe et bosniaque, aux négociations de Dayton, débouchant sur un accord de paix. Son parti remporta à nouveau les élections législatives croates en nov. 1995 et, en juin 1997, F. Tudjman fut réélu président de la République avec plus de 60 % des suffrages. Son décès mit fin à ce second mandat.

TUDOR. Famille royale qui régna sur l'Angleterre de 1485 à 1603. D'origine galloise et mentionnée dès 1232, la maison de Tudor dut sa fortune à Owen Tudor († 1461). Présent à la cour du roi d'Angleterre Henri VI, il devint l'amant de la reine mère Catherine de Valois, veuve d'Henri V, qui l'épousa peut-être secrètement en 1429. Partisan de la maison de Lancastre, Owen Tudor fut exécuté par les yorkistes durant la guerre des Deux-Roses. Son fils aîné, Edmund, comte de Richmond († 1456), épousa Marguerite de Lancastre, descendante d'Édouard III par Jean de Gand, et fut le père d'Henri Tudor, comte de Richmond ; lui-même héritier des Lancastre par sa mère, il mit fin à la guerre des Deux-Roses par sa victoire sur Richard III à la bataille de Bosworth (1485) et monta sur le trône sous le nom d'Henri VII, réconciliant les lancastriens et les yorkistes en épousant la fille d'Édouard IV. Après Henri VII (1485/1509), les Tudors qui régnèrent sur l'Angleterre furent : Henri VIII (1509/47), Édouard VI (1547/53), Marie Tudor (1553/58) et Élisabeth Ire (1558/1603). À la mort d'Élisabeth, qui ne laissait pas d'enfant, le trône passa à la maison des Stuarts (v.), dont les droits venaient de Marguerite Tudor, fille d'Henri VII et épouse de Jacques IV Stuart.

TU-DUC (* vers 1830, † Huê, 20.VII.1883). Empereur d'Annam (1847/83). Voir **VIÊT-NAM**.

TULLUS HOSTILIUS. Troisième roi légendaire de Rome (672/40 av. J.-C.). Latin, après Numa qui était Sabin, il mena deux guerres contre Albe, qui fut finalement détruite et dont les habitants furent déportés à Rome ; il soumit aussi les Fidénates et les Véiens.

TUNISIE, *al-Djumhuriyya at-Tunisiyya*. État de l'Afrique du Nord, riverain de la Méditerranée, borné à l'O. par l'Algérie, au S.-E. par la Libye ; capitale *Tunis*. La Tunisie fut peuplée au moins dès le paléolithique moyen et elle est importante par le site de Mekta, près de Gafsa, où a été définie une culture du paléolithique final, le capsien. Colonisée par les Phéniciens à partir de la fin du XIIe s. av. J.-C., selon la tradition, la côte tunisienne passa au VIIIe s. sous le contrôle de Carthage qui y aurait été fondée en 814 av. J.-C. Annexée par les Romains en 146 av. J.-C., après la troisième guerre punique, la future Tunisie devint le noyau de la province d'Afrique proconsulaire ; c'est là que César mena la « guerre d'Afrique » contre les pompéiens et remporta la victoire de Thapsus (46 av. J.-C.). Protegée au Sud par des ouvrages de fortification, mise en valeur par les Romains grâce à de gigantesques travaux hydrauliques, la Tunisie devint une des régions les plus prospères de l'Empire. Occupée par les Vandales (439/533), la Tunisie fut ensuite conquise par les Byzantins que commandait Bélisaire (533), mais la domination byzantine se fit rapidement détester par les excès de sa fiscalité, et le pays tomba dans l'anarchie au VIIe s.

L'arabisation au Moyen Âge

Dès 647, la Tunisie subit la première incursion des Arabes. Ceux-ci y prirent pied définitivement en 670, lorsque Okba ibn Nafi fonda Kairouan, qui devait être à la fois un camp militaire et un centre de rayonnement de l'islam. Les tribus berbères, sous la conduite de Koçaïla, puis d'une femme, la Kahina, opposèrent une longue résistance aux Arabes, qui ne s'emparèrent de Carthage qu'en 695. Cependant, au début du VIIIe s., les Arabes étaient maîtres de toute la Tunisie et, à Kairouan, résidait un gouverneur omeyyade qui régnait sur tout le Maghreb. La résistance berbère s'exprima alors sous une forme religieuse, dans l'hérésie du kharidjisme (v.). La Tunisie devint pratiquement indépendante des califes de Bagdad sous la dynastie arabe des Aghlabides (800/909) ; ceux-ci entreprirent la conquête de la Sicile à partir de 827 ; ils firent de Kairouan un des plus brillants foyers de la culture islamique, d'où le malékisme allait se répandre sur tout l'Occident arabe. Les Aghlabides furent renversés en 909 par les Fatimides, mais ceux-ci ne parvinrent pas à faire triompher à Kairouan leurs doctrines chiites. Installés au Caire à partir de 973, ils laissèrent la Tunisie à une dynastie vassale berbère, les Zirides, lesquels revinrent à l'orthodoxie sunnite.

Voyant bientôt tout le Maghreb leur échapper, les Fatimides lancèrent sur la Tunisie, à partir de 1051, des tribus arabes venues du Hedjaz, les Banou Hilal, qui ravagèrent le pays, portèrent un coup irréparable au rayonnement de Kairouan, mais contribuèrent à l'arabisation définitive de la Tunisie. Rejetés sur la côte, les Zirides se consacrèrent à des opérations de piraterie contre les États chrétiens, ce qui provoqua la riposte des Normands de Sicile, qui s'emparèrent des principaux ports tunisiens (1143/48). Cette domination normande fut brève, car, dès 1159, le grand conquérant Abd el-Moumin, venu du Maroc, achevait l'unification du Maghreb par la conquête de la Tunisie. L'Empire hispano-africain des Almohades commençant à se disloquer après la victoire des chrétiens à Las Navas de Tolosa (1212), le gouverneur de la Tunisie, Abou Zakariya, d'origine marocaine, s'émancipa du calife almohade et fonda la dynastie des Hafsides (1236/1534). Celle-ci établit sa capitale à Tunis et donna une grande prospérité au pays (qui commença alors seulement à porter le nom de *Tunisie*). Se posant en héritiers spirituels des Almohades, les Hafsides prirent le titre d'*émirs des croyants* (1253) et furent reconnus par le chérif de La Mecque (1259). Sous le règne d'El-Moustansir (1249/79), Saint Louis vint mettre le siège devant Tunis (1270) ; après la mort du roi de France, son frère, Charles d'Anjou, obtint des Hafsides un important tribut, largement compensé par les profits que la Tunisie tirait du commerce avec les États chrétiens. Au XIVe s., la vie culturelle tunisienne fut illustrée par le génie d'Ibn Khaldoun. Après une période de troubles, la dynastie hafside se redressa momentanément au début du XVe s. sous le règne d'Abou Farès (1394/1434), qui s'empara d'Alger en 1410 et devint le plus puissant souverain du Maghreb.

Sous les beys indépendants (XVIe/XIXe s.)

En 1534, le corsaire Barberousse, au service des Turcs, s'empara de Tunis et renversa le dernier des Hafsides, Moulay Hassan. Celui-ci n'hésita pas à faire appel à Charles Quint, qui fit la conquête de Tunis (1535) et rétablit les Hafsides, lesquels ne furent plus que des fantoches. Les Turcs finirent par reprendre Tunis aux Espagnols en 1574, et, pendant trois siècles, la Tunisie devait rester dans la mouvance ottomane. En 1705, Hussein ibn Ali devint, avec le titre de bey, souverain héréditaire et absolu de la Tunisie, sous la suzeraineté nominale de la Porte. Sa dynastie devait régner sur la Tunisie jusqu'en 1957.

Aux XVIIe et XVIIIe s., la Tunisie se livra à la guerre de course, qui faisait peser une insécurité permanente sur le commerce chrétien en Méditerranée. Les interventions françaises de 1665, 1672, 1741 et 1769 ne purent y mettre fin, mais assurèrent à la France une position privilégiée en Tunisie. Ahmed Bey (1837/55) chercha à s'émanciper du sultan ottoman en s'appuyant sur la France, qui, favorable à Méhémet-Ali, le vice-roi d'Égypte, s'opposait alors à la Turquie ; il abolit l'esclavage, émancipa les Juifs, permit l'ouverture d'écoles chrétiennes et voulut, à l'exemple de Méhémet-Ali, se donner une armée et une marine modernes ; en 1846, il fut reçu à Paris comme un souverain. Pour construire son palais de la Mohammedia et pour équiper son arsenal naval de Porto-Farina, il dut emprunter largement en France. Mohammed Bey (1855/59) esquissa d'abord une politique de réaction musulmane ; il se reconnut vassal du sultan ottoman et, durant la guerre de Crimée, lui envoya des troupes contre les Russes. À la suite des pressions exercées sur lui par le congrès de Paris, qui mit fin à cette guerre (1856), il promulgua, le 9 sept. 1857, le Pacte fondamental (*Ahd al-aman*), qui garantissait la sécurité des personnes et des biens, instituait l'égalité devant la loi et l'impôt, et la liberté du commerce. Son successeur, Mohammed es-Sadok Bey (1859/83), qui fut le dernier des beys indépendants, alla plus loin encore en promulguant la Constitution du 26 avr. 1861, laquelle organisait une monarchie de type parlementaire, formule absolument nouvelle dans le monde musulman. Mais la mauvaise administration, les dépenses excessives de l'État, la fiscalité écrasante provoquèrent la révolte de 1864, conduite par Ali ben Ghedahem – le « bey du peuple » –, qui fut difficilement mais impitoyablement écrasée.

Sous le protectorat français

Alors qu'une commission internationale avait, en 1868, pris en charge les finances de la Tunisie en banqueroute et que Londres avait « laissé les mains libres à la France dans le pays » (1878), Jules Ferry, en avr. 1881, prenant prétexte d'une des fréquentes incursions de montagnards kroumirs en territoire algérien, fit envahir la Tunisie, à partir de l'Algérie, par une force de 30 000 hommes. Alors que ce corps expéditionnaire parvenait aux abords de Tunis, Sadok Bey accepta le traité du Bardo (ou de Kassar Saïd, 12 mai 1881), qui plaçait la Tunisie sous le protectorat de la France. Mais les tribus du Sud se soulevèrent dans la région de Kairouan et de Sfax ; ce mouvement fut arrêté par l'intervention de la flotte française, qui bombarda et prit Sfax (11 juill. 1881), et de troupes terrestres, qui s'emparèrent de Kairouan (26 oct.) et de Gafsa (19 nov.). La convention de La Marsa (8 juin 1883) précisa le régime du protectorat : le bey abandonnait à la France la défense nationale et la politique étrangère et lui donnait toute liberté pour réformer l'administration, laquelle, en fait, passa peu à peu tout entière sous contrôle français.

La résistance tunisienne se manifesta dès 1907 par la naissance du mouvement des Jeunes Tunisiens d'Ali Bach Hanba et prit de l'ampleur à partir de la fondation, en 1920, du Destour, dont le premier animateur fut le cheik Tahalbi. À cette montée du nationalisme tunisien, la France ne répondit que par des réformes insuffisantes (création d'un Grand Conseil, purement consultatif, en 1922). En 1934, une scission du Destour donna naissance à un mouvement plus radical, le Néo-Destour, dirigé par Habib Bourguiba.

En nov. 1942, lors du débarquement allié en Afrique du Nord, les Allemands se rendirent rapidement maîtres des principaux centres stratégiques de la Tunisie. La résistance des forces de l'Axe fut particulièrement tenace dans les secteurs de la ligne Mareth, au S., de Kasserine, à l'O., et de Medjez-el-Bab, au N.-O. ; mais la Tunisie fut finalement conquise par les troupes anglo-franco-américaines, après une campagne de trois mois (18 févr./13 mai 1943). Le général de Gaulle rétablit purement et simplement le régime du protectorat (décret du 27 mars 1944).

La Tunisie de Bourguiba à Ben Ali

Après deux années marquées par le développement du terrorisme, Mendès France reconnut l'autonomie interne de la Tunisie. Le 3 juin 1955, la France et le gouvernement Tahar ben Hammar signèrent des conventions qui rendaient aux Tunisiens la gestion de leurs affaires intérieures. La France ayant reconnu l'indépendance totale de la Tunisie (20 mars 1956), le

Néo-Destour s'assura une majorité écrasante aux élections du mois suivant. Devenu chef du gouvernement, Bourguiba proclama la déchéance de la monarchie et l'établissement de la République (25 juill. 1957). Bourguiba poursuivit la lutte pour obtenir l'évacuation totale de son pays par les troupes françaises ; il fit bloquer la base de Bizerte, ce qui entraîna des combats sanglants entre soldats français et Tunisiens (20/22 juill. 1962) ; la France abandonna définitivement la base en oct. 1963. La nationalisation des terres (11 mai 1964) appartenant aux étrangers frappa particulièrement les colons français et provoqua une nouvelle dégradation des rapports franco-tunisiens.

Bourguiba assura à la Tunisie une stabilité assez exceptionnelle. Modernisant les institutions de son pays, il abolit la polygamie, donna le droit de vote et d'éligibilité aux femmes, substitua un droit civil à l'ancien droit coranique. Président depuis 1957 (président à vie en 1975), Bourguiba concentra tous les pouvoirs en faisant du Néo-Destour le parti unique. L'économie connut une évolution libérale à partir de 1969, mais le caractère autocratique du système demeura. Divers mouvements sociaux, impitoyablement réprimés, se manifestèrent pendant le long règne bourguibiste : 1978, opposition de la centrale syndicale UGTT ; 1980, tentative d'insurrection à Gafsa, d'inspiration libyenne selon les autorités ; 1984, émeutes du pain. Enfin alerté, le pouvoir tenta d'instaurer, à partir de 1985, un pluralisme formel auquel l'opposition se refusa. Alors que le vieux président était accusé de tomber dans la sénilité, le général Zine Ben Ali prit le pouvoir en nov. 1987.

En févr. 1988, Ben Ali transformait le Néo-Destour en Rassemblement constitutionnel démocratique (RCD). En avr. 1989, il fut élu président de la République lors d'élections présidentielle et législatives organisées conjointement (progrès des islamistes face au RCD, majoritaire). Le nouveau président s'employa à une politique de réconciliation nationale. Il entreprit également une démocratisation du régime en abrogeant la présidence à vie et en instaurant le pluripartisme. Mais, à partir de 1990, face à la montée de l'agitation islamiste, le pouvoir opta pour la répression. Cependant, la bonne santé économique du pays et le maintien de la stabilité politique, à côté de l'Algérie plongée dans la guerre civile, valurent à Ben Ali un très large soutien populaire. Seul candidat, il fut réélu en mars 1994 avec plus de 99 % des suffrages. L'opposition dénonçait l'utilisation abusive par le pouvoir de la menace islamiste pour retarder les réformes démocratiques promises. Sur le plan international, la Tunisie assura l'Irak de son soutien durant la première guerre du Golfe et tenta de réactiver la coopération des pays du Maghreb à travers l'Union du Maghreb arabe. À la fin des années 1990, les signes de démocratisation de la vie politique se faisaient toujours attendre, les autorités privilégiant la stabilité intérieure en vue d'une ouverture économique toujours plus grande, notamment en direction de l'Union européenne, avec qui fut signé un accord de libre-échange en 1995. Les élections générales d'oct. 1999 reconduisirent au pouvoir Ben Ali et son parti, le RCD, tandis que le harcèlement et l'intimidation des défenseurs des droits de l'homme se poursuivaient. Fin 2000, alors que depuis les années 1960 la Tunisie avait été à la pointe du dialogue avec Israël, le gouvernement réagit à la reprise des combats dans les territoires palestiniens occupés en rompant tout lien avec Israël. En prévision de l'élection présidentielle de 2004, Ben Ali a organisé un référendum en mai 2002 qui a approuvé à 99 % son projet de se représenter.

TÚPAC AMARU II, José Gabriel Condorcan, dit (* Tungasuca, Pérou, vers 1740, † Cuzco, 1782). Chef d'une révolte amérindienne au Pérou (1780/82). Il fut exécuté par les Espagnols. Pris comme symbole de la lutte anticoloniale, son nom fut repris par les Tupamaros uruguayens, groupe de guérilla créé en 1962 (v. **Uruguay**), puis par le mouvement révolutionnaire Túpac Amaru, apparu au Pérou en 1987.

TURBANS JAUNES (révolte des). Révolte qui troubla la Chine des Han au IIe s. apr. J.-C. Voir **Taoïsme**.

TURCOMANS. Peuple turc vivant aujourd'hui dans l'État du Turkménistan. Voir **Turkmènes**.

TURCS. Groupe de peuples liés par leurs idiomes qui se rattachent à une langue ouralo-altaïque, le « turc ». Les peuples turcs se sont fortement métissés au cours des siècles, mais ils appartiennent au même ensemble ethnique que les Mongols et les Toungouses (Mandchous).

Les Turcs des steppes

Les Turcs furent d'abord des nomades de la haute Asie. Parmi ces nomades, que les Chinois, dès le début du Ier millénaire avant notre ère, désignaient sous le terme d'abord assez vague de Hiong-nou, émergèrent successivement divers peuples qu'on ne peut partager avec précision entre Proto-Turcs et Proto-Mongols : les Hiong-nou de l'époque des empereurs chinois Han ; les Sien-pei ; les Avars ou Jouan-Jouan ; les Huns. C'est au IVe s. apr. J.-C. qu'apparaît à l'horizon historique le premier peuple turc nettement reconnaissable : les **Tabghatch**, en chinois T'o-pa. À la faveur de la longue décadence qui suivit la chute de la dynastie des Han, les nomades de la haute Asie avaient envahi, à partir du IVe s., la Chine du Nord, où ils fondèrent des royaumes éphémères. Les Turcs Tabghatch détruisirent ces royaumes au début du Ve s. et conquirent toute la Chine du Nord, sur laquelle ils régnèrent de 386 à 534. Ils se sinisèrent rapidement, donnèrent à leur dynastie le nom chinois de Wei et se convertirent au bouddhisme. Pendant ce temps, les steppes de la haute Asie passaient sous la domination des Avars, contre lesquels les Tabghatch menèrent des luttes sans merci pendant toute la première moitié du ve s. Les Avars ne purent donc pénétrer en Chine du Nord, mais ils se renforcèrent au cœur de la haute Asie par la conquête de Tourfan, étape septentrionale de la route de la Soie (460). Parmi leurs vassaux se trouvait un peuple turc, les **T'ou-kiue** (transcription chinoise de « Türküt », c'est-à-dire *les Forts*, par lequel ce peuple se désignait lui-même). Avec un autre peuple turc, les T'ien-lei ou Tölăch, d'où devaient sortir plus tard les Ouïgours, les T'ou-kiue, dont le pays se trouvait dans l'Altaï, se révoltèrent au milieu du VIe s. et écrasèrent les Avars en 552. Les Tabghatch étaient, à cette époque, presque disparus. Les T'ou-kiue ne rencontrèrent donc aucun concurrent pour fonder, en une quinzaine d'années, un immense Empire turc des steppes qui comprit toute la Mongolie et, à partir de 565, le Turkestan occidental.

Presque aussitôt, cet empire fut divisé entre deux branches de la famille de Boumin, le vainqueur des Avars, constituant deux khanats : le khanat des **Turcs orientaux**, en Mongolie, avec Mou-han (552/72) et ses successeurs ; le khanat des **Turcs occidentaux**, dans le Turkestan occidental, qui fut gouverné par Istèmi (552/72), oncle de Mou-han, et par ses descendants. Les Turcs orientaux luttèrent contre les Khitan et contre la Chine, laquelle exploita à plusieurs reprises les rivalités entre les deux khanats turcs ; les Turcs occidentaux s'allièrent d'abord à la Perse sassanide contre les Huns Hephtalites, qui furent dispersés, puis se retournèrent contre les Perses, auxquels ils enlevèrent le Tokharestan vers la fin du VIe s. Quand la Chine se redressa, sous la dynastie des T'ang, le grand empereur T'ai-tsong (627/49) détruisit en Mongolie le khanat des Turcs orientaux (630), imposa la suzeraineté chinoise aux oasis de l'Asie centrale (Kachgar, Khotan, Yarkand) et provoqua la dissolution du khanat des Turcs occidentaux. Cependant, à la mort de T'ai-tsong, ceux-ci recouvrèrent leur indépendance (vers 665), et, à son tour, le khanat des Turcs orientaux ressuscita en Mongolie (682).

L'Empire turc couvrait ainsi de nouveau toute la région des steppes et atteignit son apogée sous Bak-tchor (Kapaghan-kaghan), qui régna de 691 à 716. Cet empire, relativement centralisé, avait une civilisation encore rudimentaire. Les Turcs se donnèrent pourtant une écriture « runique », inspirée par l'alphabet syriaque, et les plus anciens monuments en langue turque sont les inscriptions d'Orkhon (vers 732/35). Un instant menacée par la pression des steppes, vers 700/15, la Chine fut sauvée par la mort de Bak-tchor (716). Les deux fils de ce dernier eurent à faire face à de nombreuses révoltes de tribus turques. Une révolte générale provoqua en 744 la dissolution définitive de l'empire des T'ou-kiue, et l'hégémonie en haute Asie passa, pour un siècle, à un nouveau peuple d'origine turque, les Ouïgours (v.). À la différence des T'ou-kiue, les Ouïgours entretinrent d'assez bonnes relations avec la Chine ; ils subirent surtout l'influence de la civilisation persane et adoptèrent le manichéisme comme religion d'État. Mais, en 840, l'Empire ouïgour s'effondra brutalement à la suite de l'irruption des Kirghizes, d'ethnie turco-mongole. Au Turkestan, à partir du milieu du VIIIe s. (prise de Tachkent par les Arabes, 751), l'influence chinoise était en régression devant l'islam, et les Turcs de cette région allaient s'acheminer vers la conversion. L'expansion turque vers l'Est fut définitivement arrêtée quand les Khitan (ou Khitaï), peuple mongol, eurent chassé les Kirghizes de Mongolie (vers 920/26).

Les débuts de l'islamisation

Avant le Xe s., des peuplades turques s'étaient déjà infiltrées en direction de l'Europe. Au VIe/VIIe s., les Khazars (v.) avaient fondé un royaume qui s'étendait entre la Volga et le Don et sur une partie de la Crimée ; ils se convertirent bientôt au judaïsme. Au début du Xe s., les Petchenègues commencèrent à se répandre sur les rives septentrionales de la mer Noire et, pendant près de deux cents ans, ils allaient faire peser une grave menace sur la Russie kiévienne et sur Byzance. Au milieu du XIe s., les Coumans, peut-être apparentés aux Ouïgours, apparurent eux aussi en Russie méridionale. Cependant, ces divers groupes ne devaient pas laisser de fondations durables, au contraire des Turcs venus de Transoxiane (Turkestan occidental) et islamisés au contact de la Perse. Beaucoup de ces Turcs étaient entrés dans l'armée des émirs perses samanides de Boukhara et de Samarkand. L'un d'eux, Alp-Tegin, fonda en 962 la dynastie musulmane des Ghaznévides, dont le siège se trouvait en Afghanistan. Devenus complètement indépendants des Samanides, les Ghaznévides, avec Mahmoud de Ghazni (998/1030), entreprirent même la conquête de l'Inde du Nord-Ouest. Une autre dynastie turque islamisée fut celle des Karakhanides, qui devait dominer la partie occidentale du bassin du Tarim du XIe au XIIIe s. Beaucoup plus glorieuse, une autre maison turque, celle des Seldjoukides, allait déborder largement la périphérie de l'Asie centrale et poser les premières bases de la puissance des Turcs en Mésopotamie, en Syrie et en Asie Mineure.

Les Seldjoukides (X^{e}/XIIIe s.)

Au cours du Xe s., la tribu des Seldjoukides, qui tire son nom de son premier chef connu, Seldjouk, s'était installée sur le Syr-Daria, puis en Transoxiane et enfin dans la région de Boukhara (vers 985). (v. SELDJOUKIDES.)

Le plus important des États seldjoukides, du point de vue de l'Histoire universelle, fut le sultanat d'Asie Mineure, dit « **sultanat de Roum** » – c'est-à-dire le sultanat des anciens pays byzantins ou « romains » (*roum* étant une déformation arabe de *romaios*). Dans cette région, où le peuplement turc se développa après la défaite byzantine de Manzikert (1071), les Seldjoukides allaient se trouver aux prises, non seulement avec les Byzantins, puis avec les croisés, mais aussi avec d'autres Turcs, les Danichmendides, installés au cœur du plateau anatolien, dans la région Kayséri-

Sivas-Ankara. Cette rivalité entre Turcs devait longtemps sauver les Byzantins et facilita l'avance des croisés, qui, vainqueurs à Dorylée (juill. 1097), s'emparèrent, au cours de l'été 1097, de Konya (l'ancienne Iconium), d'Héraclée (Éregli) et de Césarée (Kayséri). L'année suivante, la prise d'Antioche acheva de reléguer les Turcs dans le centre de l'Asie Mineure. Dès 1101 cependant, les Turcs se ressaisissaient et, pour une fois unis, remportaient une série de succès qui allaient définitivement interdire aux croisés la traversée de l'Anatolie. Mas'oud (1116/55) établit sa capitale à Konya, élargit le sultanat seldjoukide au détriment des Danichmendides et fit échouer la deuxième croisade. Son successeur, Kilidj-Arslan II (1155/92), soumit définitivement les Danichmendides, dont les territoires furent annexés, et devint ainsi l'unique chef des Turcs en face des Byzantins et des Francs. Pendant ce temps, en Syrie, une autre dynastie turque, celle des Zenguides d'Alep, inaugurait une « contre-croisade », enlevait Édesse aux Francs (1144) et continuait de mettre en péril les États latins sous le règne de Nour ed-Din (1146/74). En 1169, Nour ed-Din imposa aux Fatimides d'Égypte un vizir de son choix, le Kurde Saladin, et les mamelouks turcs allaient rester pendant plus de six siècles les maîtres de l'Égypte. Malgré les furieuses rivalités ouvertes par presque chaque succession de sultan, les Seldjoukides d'Asie Mineure marquèrent encore au cours du XIIIe s., de nombreux progrès contre les Grecs de Trébizonde, contre les Vénitiens et les Arméniens.

Le « **sultanat de Roum** » atteignit sa plus grande extension sous le règne de Kaïkobad Ier (1219/37). Il comprenait alors presque toute l'Anatolie, avec Sinope, Harran, Erzeroum, Édesse, et entretenait d'actives relations commerciales tant avec l'Occident qu'avec l'Orient. Mais les conquêtes de Kaïkobad Ier à l'E. devaient avoir de fatals résultats en affaiblissant les principautés indépendantes qui formaient écran entre le sultanat seldjoukide et le péril redoutable des Mongols. Kaïkobad fut empoisonné par son propre fils, et, après sa mort, le sultanat fut secoué par une grave révolte turkmène (1241). Aussitôt après, les Mongols passèrent à l'attaque et écrasèrent l'armée des Seldjoukides à Keusé Dagh (26 juin 1243). Désormais, le sultanat de Roum, en proie à ces querelles de succession endémiques, gouverné pendant quelques années par trois cosouverains, allait passer de plus en plus sous le protectorat mongol. Une tentative pour reconquérir l'unité et l'indépendance fut faite en 1277 par le gouverneur de Sinope, Mou'in ed-Din Suleyman, qui appela contre les Mongols le sultan mamelouk d'Égypte Baybars. Après le départ des Égyptiens, les Mongols exécutèrent Mou'in ed-Din, et c'en fut fait de l'État seldjoukide. En 1307, un vice-roi mongol s'installa à Konya. Le reste de l'Anatolie s'émietta en petites principautés turques, et l'une d'elles, celle des Ottomans, allait reprendre, avec plus de méthode, la tentative des Seldjoukides (v. TURQUIE).

Ces derniers avaient cependant accompli une œuvre importante pour l'avenir du Proche-Orient. « Ce sont eux, en effet, écrit R. Grousset, qui ont déshellénisé le plateau d'Anatolie pour en faire, à l'instar de leur patrie originelle d'Asie centrale, un autre Turkestan, destiné à devenir la *Turquie définitive.* »

Les Turcs en dehors de la Turquie

Les **Ottomans** portèrent l'expansion turque jusqu'au cœur de l'Europe. Ils dominèrent les Balkans, la Hongrie, et parvinrent deux fois sous les murs de Vienne. Aux yeux des Occidentaux, les noms d'« ottoman » et de « turc » finirent par s'identifier. Pourtant, de nombreux peuples turcs devaient subsister jusqu'à nos jours en dehors des limites de l'Empire ottoman, en Asie centrale et en Russie. Dans le khanat de Djaghataï (v. MONGOLS. Les khanats gengiskhanides de l'Asie centrale et occidentale), particulièrement en Transoxiane, la féodalité turque se rendit indépendante dès le milieu du XIVe s. C'est d'elle que devait sortir Tamerlan. Son empire se disloqua rapidement, mais des khanats turcs continuèrent à fleurir en Iran oriental et en Transoxiane et furent, aux XVe/XVIe s., des centres de brillante civilisation (v. TIMOURIDES). Un dernier descendant de Tamerlan, Baber, envahit l'Inde du Nord-Ouest, détruisit le sultanat de Delhi en 1526 et fonda l'empire des Grands Mogols (v. INDE). En Russie, les divers groupes turcs au service des Mongols furent connus sous le nom de Tatars. En Asie centrale, les Turcs Ouzbeks, qui s'étaient installés au Turkestan après la dislocation de la Horde d'Or, fondèrent au XVIe s. les khanats de Boukhara, Khiva (v. KHOREZM) et Kokand.

Mais l'indépendance de ces peuples fut menacée, à partir du XVIIe s., par des ennemis divers. Les Turcs du Tarim passèrent sous la domination kalmouke puis furent annexés à l'Empire chinois dans les années 1750/60 (Turkestan chinois). Les khanats ouzbeks, attaqués par les Perses au XVIIIe s., passèrent au siècle suivant sous la domination de la Russie, qui avait déjà soumis les Turcs de Crimée et du Caucase. À la faveur de la dislocation de l'Empire des tsars, en 1917, des nationalistes turcs, en particulier Enver Pacha, caressèrent le rêve de libérer et de rassembler tous les peuples turcs de l'Asie : ce fut le touranisme (v. TOURANISME), qui devait échouer à cause du rapide redressement du pouvoir bolchevik en Russie.

TURENNE, Henri de La Tour d'Auvergne, vicomte de (* Sedan, 11.IX.1611, † près de Sasbach, Bade, 27.VII.1675). Maréchal de France. D'une famille protestante de très haute noblesse, il apprit le métier des armes en Hollande en servant sous ses oncles Henri et Maurice de Nassau, puis, entré au service de la France, se distingua au Piémont en prenant Turin aux Espagnols (1640). Maréchal de France à trente-deux ans, il s'associa à Condé pour défaire les Impériaux à Fribourg (1644) et à Nördlingen (1645), à la fin de la guerre de Trente Ans, dont il hâta la conclusion par l'invasion de la Bavière et sa marche sur Vienne (mars 1647). Il devint ensuite un des chefs de la Fronde des princes, mais, battu à Rethel (15 déc. 1650), il se soumit. Désormais fidèle au roi, il combattit Condé et ouvrit à Louis XIV les portes de la capitale (1652). Chargé de poursuivre la guerre contre les Espagnols et Condé, il remporta la bataille des Dunes (1658), ce qui décida l'Espagne à signer la paix des Pyrénées (1659). Turenne reçut la dignité très rare de maréchal général en 1660. Ses victoires en Flandre, en 1667, acquirent cette contrée à la France ; la campagne d'Alsace (1674/75), au cours de laquelle il fut tué, maintint cette province dans le royaume.

TURGOT, Anne Robert Jacques, baron de l'Aulne (* Paris, 10.V.1727, † Paris, 20.III.1781). Homme politique et économiste français. Fréquentant les salons littéraires et les philosophes, il collabora à l'*Encyclopédie* et s'opposa par divers écrits au fanatisme religieux. Intendant de la généralité de Limoges (1761/74), il y mit en pratique, avec succès, des conceptions à mi-chemin entre celles des physiocrates et d'Adam Smith (v. ces noms) et publia ses *Réflexions sur la formation et la distribution des richesses* (1766), son principal ouvrage qui le rendit célèbre, où il défendait avant tout la liberté complète du commerce. Secrétaire à la Marine, puis contrôleur général des Finances de 1774 à 1776, il tenta de résorber le déficit, se refusant aux emprunts (contrairement à Necker) et aux augmentations d'impôts. Turgot entreprit un vaste programme de réformes, financières, économiques et sociales : la liberté du commerce des grains provoqua la « guerre des Farines » (v.) (1775), dont Turgot sortit provisoirement vainqueur mais en y perdant sa popularité ; la suppression des corvées, maîtrises et jurandes, et l'imposition des propriétés foncières, y compris nobiliaires, ne triomphèrent de l'hostilité des propriétaires que par un lit de justice (12 mars 1776). Une telle politique aurait requis, pour connaître la réussite, un soutien ferme du roi à son ministre, mais Louis XVI, qui avait décidé du rétablissement des parlements en nov. 1774, ne sut pas résister à l'opposition des privilégiés et força Turgot à démissionner (12 mai 1776).

TURKESTAN. Nom donné aux régions de l'Asie centrale comprises entre la Sibérie au N., l'Afghanistan, l'Inde et le Tibet au S., et entre la mer Caspienne à l'O. et la Mongolie à l'E. L'histoire du Turkestan se confond avec celle de l'Asie centrale, agitée depuis les origines par les mouvements des peuples nomades de la steppe, réservoir des invasions qui ravagèrent tour à tour la Chine, la Russie, la Perse, le Proche-Orient, mais aussi voie commerciale de première importance entre le monde méditerranéen et l'Extrême-Orient. C'est d'abord par le S.-O. que l'influence des grandes civilisations périphériques commença à pénétrer dans le Turkestan. À la fin du VIe s. av. J.-C., les Perses achéménides annexèrent la Bactriane et la Sogdiane et parvinrent sur les fleuves Oxus (Amou-Daria) et Iaxartes (Syr-Daria). Ces positions furent maintenues par Alexandre le Grand, qui poussa jusqu'au Ferghana (329 av. J.-C.). Grâce au royaume grec de Bactriane (IIIe/IIe s. av. J.-C.), la culture hellénique pénétra profondément dans le Turkestan, par lequel elle allait atteindre la Chine. Sous la dynastie des Han, l'Empire chinois entreprit une vigoureuse offensive contre les nomades Hiong-nou, qui, depuis le début du Ier millénaire avant notre ère, faisaient peser une menace constante sur la Chine du Nord. Vers l'an 60 de notre ère, les Chinois contrôlaient la ligne des oasis du Tarim, et les communications entre l'Empire des Han et l'Empire romain furent ainsi assurées par la route de la Soie.

Dans la période anarchique qui suivit la chute des Han, les Chinois durent momentanément abandonner le Tarim. Le Turkestan passa sous l'hégémonie des Turcs, qui lui ont laissé leur nom. Base d'invasions, le Turkestan avait vu partir les nomades indo-iraniens scythes et çakas vers l'Inde, puis les Huns, les Avars, les Petchenègues, les Coumans vers la Russie et l'Europe ; à ces migrations ont succédé celles des Seldjoukides (XIe s.), des Mongols (XIIIe s.), de Tamerlan (XIVe s.). Dans le Turkestan occidental, les Turcs islamisés sous l'influence de la Perse assimilèrent politiquement les Mongols : aux Timourides (XIVe/XVe s.) se substituèrent, au début du XVIe s., les Ouzbeks, qui fondèrent en Transoxiane les khanats de Boukhara, de Khiva et de Kokand ; les steppes désertiques situées au S.-O. de l'Amou-Daria et au N.-E. du Syr-Daria restèrent aux Turkmènes et aux Kazakhs. Vers le milieu du XVIIIe s., à l'époque de l'empereur K'ien-long, les Chinois rétablirent leur domination sur la Mongolie occidentale et sur les oasis du Tarim (Kachgarie). Le *Turkestan oriental* devint ainsi le Turkestan chinois, au grand mécontentement de la population. En 1866, une révolte éclata en Kachgarie sous la direction d'un soldat de fortune, le Turc Mohammed Yakoub-beg, qui se rendit maître rapidement de Kachgar, Yarkand, Khotan, et constitua un royaume indépendant.

Après la mort de Yakoub-beg, la Chine reconquit le pays (1878), mais elle dut céder aux Russes la vallée de l'Ili (1881). Après la chute du régime impérial en Chine (1911), le Sin-kiang et les régions du Turkestan chinois, à forte population musulmane, manifestèrent leurs aspirations à l'autonomie. Depuis l'instauration du régime communiste en Chine (1949), le Turkestan chinois a réalisé de grands progrès économiques, mais les membres des minorités kazakhe, kirghize, mongole, turque se sentent de plus en plus solidaires des groupes culturellement et linguistiquement apparentés de l'ex-URSS.

Le *Turkestan occidental* est passé à la Russie au cours du XIXe s. Les Kirghizes et les Kazakhs se soumirent en 1853. Les Russes occupèrent Tachkent en 1865 et y établirent, deux ans plus tard, un gouvernement général du Turkestan. Le khanat de Boukhara passa sous le protectorat russe en 1868, celui de

Khiva en 1868/73, et Kokand fut annexé en 1876. La construction du chemin de fer transcaspien, à partir de 1880, accéléra la mise en valeur économique du pays. Le Turkestan comprend aujourd'hui les républiques du Turkménistan, de l'Ouzbékistan, du Tadjikistan, du Kirghizistan et du Kazakhstan, qui, depuis 1991, forment autant d'États indépendants.

TURKMÈNES ou **TURCOMANS.** Peuple turc vivant aujourd'hui dans l'État du Turkménistan, entre l'Amou-Daria, la mer Caspienne et l Iran. Les Turkmènes, qui faisaient partie du khanat des Turcs occidentaux (v. TURCS. Les Turcs des steppes), furent entraînés en Perse au XIe s. par les Seldjoukides. Restés nomades, redoutables guerriers et très arriérés, ils ne purent former un État séparé et connurent successivement la domination des Mongols (XIIIe s.), des Timourides (XIVe/XVe s.), des Ouzbeks (à partir du XVIe s.). À la faveur des rivalités des Timourides, aux XIVe/XVe s., deux confédérations de tribus turkmènes, le Mouton-Noir et le Mouton-Blanc, dominèrent pendant quelque temps l'Arménie, la Perse et une partie de l'Irak. C'est dans les années 1870 que les Russes entreprirent la soumission des Turkmènes. Ce fut une opération très difficile, qui se termina par la prise de la forteresse turkmène de Geok Tépé (janv. 1881) et par l'occupation de Mary (Merv), en mars 1884. Le gouvernement russe dut concéder aux Turkmènes une semi-autonomie, et, en 1916, quand il voulut les mobiliser, les Turkmènes se révoltèrent. En oct. 1924 fut créée la République socialiste soviétique du Turkménistan. Devenu État indépendant en 1991, le Turkménistan abrite la plupart des Turkmènes, dont de faibles minorités sont présentes en Afghanistan et en Ouzbékistan.

TURKMÉNISTAN. État d'Asie centrale situé au S. de l'Amou-Daria et bordé au N. par le Kazakhstan, à l'E. par l'Ouzbékistan, au S. par l'Afghanistan et l'Iran et à l'O. par la mer Caspienne ; capitale *Achgabat*. Le territoire turkmène, organisé autour de grandes confédérations tribales partagées entre les puissances persane du Khorosan et ouzbèke (khanat de Khiva), fut colonisé par la Russie à partir de 1877. En 1924, le Turkménistan devint une république fédérée de l'URSS. Le pouvoir soviétique entreprit la construction du canal du Karakoum, destiné à irriguer les plaines arides du Sud, grâce aux eaux de l'Amou-Daria (1954). La culture du coton, qui alimentait la corruption de l'élite communiste, héritière des clans traditionnels, a abouti à l'épuisement et à la salinisation des terres, et à l'assèchement de la mer d'Aral.

En 1989, Achgabat fut le théâtre de pillages et de violentes manifestations contre les autorités. Après la proclamation de l'indépendance du pays (27 oct. 1991), Separmourad Niazov, ancien premier secrétaire du parti communiste (1985/91), fut élu président (21 juin 1992). Son mandat fut prolongé par référendum en 1994, alors qu'il n'existait pas d'opposition politique légale et que l'État contrôlait tous les médias. Organisateur d'un véritable culte de la personnalité, connu dans son pays sous le nom de Turkmenbashi (« le père de tous les Turkmènes »), il devint président à vie après les législatives de déc. 1999, qui ne furent pas reconnues par l'OSCE. Le Turkménistan, handicapé par les dépenses somptuaires de son président, peinait à trouver des débouchés pour son gaz naturel, tant le pays était isolé sur le plan diplomatique, malgré ses liens avec la Turquie, dont les Turkmènes sont proches par la langue et la pratique de l'islam sunnite. Pourtant les réserves gazières et pétrolières, à l'aube du IIIe millénaire, font du Turkménistan un enjeu géopolitique pour les pays émergents d'Asie, comme pour les États-Unis.

TURQUIE. État du Proche-Orient qui s'étend sur l'Asie Mineure (Anatolie) et sur une petite partie de l'Europe du Sud-Est ; capitale *Ankara*.

La conquête ottomane (jusqu'en 1453)

Sur le plateau d'Anatolie, qui avait vu se succéder toutes sortes de peuples et de civilisations depuis le IIe millénaire av. J.-C. (v. ARMÉNIE, HITTITES, IRAN, LYDIE, PERGAME, PHRYGIENS, ROME et SÉLEUCIDES), les Turcs (v.) firent leur apparition au début du XIe s. Les victoires des Seldjoukides (Manzikert, 1071) repoussèrent les Byzantins vers les rives de la mer Égée, et de nombreux clans turcs commencèrent à se fixer en Anatolie. L'un d'eux, qui appartenait au groupe des Turcs occidentaux, fut installé vers 1230 par le sultan seldjoukide Kaïkobad Ier dans la région de Nicée, en Bithynie, c'est-à-dire dans la partie la plus occidentale de l'Anatolie, sur la frontière byzantine. D'après les traditions officielles ottomanes, ce clan, membre de la tribu des Kayi, avait été chassé d'Asie centrale par les invasions mongoles. Il semble plus probable que ces premiers Ottomans appartenaient à la corporation des *ghazi* conquérants pour qui la guerre était une profession, et que le sultan seldjoukide ne fit que leur reconnaître une principauté qu'ils avaient conquise eux-mêmes par les armes.

Fils et successeur d'Ertoughroul (chef d'une tribu turque cantonnée dans l'ouest de l'Asie Mineure par les Seldjoukides), **Osman Ier** (1281/1326) fut le véritable fondateur de la dynastie ottomane, qui lui doit son nom (Ottomans = *Osmanlis*). Combattant de la guerre sainte contre les Byzantins, il profita de la décadence du sultanat seldjoukide pour se rendre complètement indépendant en 1302. **Orkhan** (1326/59) s'empara de Brousse (1326) et de Nicée (vers 1330/31), ne laissant aux Byzantins que quelques villes sur la côte asiatique. Appelé à l'aide par l'usurpateur Jean Cantacuzène, il fonda en 1353, à Gallipoli, le premier établissement turc en Europe. Il étendit ses possessions en Anatolie, au détriment d'autres émirs turcs. Surtout, il fut un grand organisateur politique et militaire : en créant le corps des janissaires, il donnait à son armée des unités d'élite, permanentes et disciplinées, qui devaient être le principal instrument des futures conquêtes. Cette ascension des Ottomans devait être puissamment soutenue par l'esprit *ghazi*, sorte de messianisme guerrier qui rallia à Orkhan et à ses successeurs tous les radicaux de la lutte contre le monde chrétien.

Avec **Mourad Ier** (1359/89) commença la conquête des Balkans : maîtres d'Andrinople (1361/62) et de la Thrace, les Ottomans mirent en déroute sur la Maritsa la croisade de Louis Ier de Hongrie (1363) ; ils affirmèrent symboliquement leur volonté de rester en Europe par le transfert de leur capitale à Andrinople (1365), puis entreprirent la conquête de la Serbie. La victoire de Kosovo (juin 1389) fit passer les Serbes, après les Bulgares, sous la domination ottomane. **Bayézid Ier** (1389/1402), tout en étendant considérablement l'État ottoman en Anatolie (surtout aux dépens des émirs Karamanides, 1391/92), acheva la conquête de la Serbie et de la Thessalie, entreprit le siège de Constantinople et battit à Nicopolis l'armée des croisés occidentaux accourus au secours des Byzantins (1396). Constantinople devait être sauvée momentanément par l'irruption imprévue de Tamerlan sur les arrières des Ottomans. Bayézid battu et fait prisonnier à Ankara (28 juill. 1402), son empire survécut néanmoins – car Tamerlan, après avoir atteint Brousse, retourna vers l'Asie –, mais il fut saccagé par l'envahisseur et livré pendant plus de dix ans aux guerres civiles qui opposèrent les fils de Bayézid.

Le redressement ottoman commença sous **Mahomet Ier** (1413/21), qui consolida ses positions en Anatolie, où les Karamanides étaient de nouveau menaçants. Son successeur, **Mourad II** (1421/51), se sentit assez fort pour reprendre la conquête. Repoussé sous les murs de Constantinople (1422), il obligea cependant l'empereur byzantin au tribut (1424). Il s'empara ensuite de Thessalonique, où une grande partie de la population fut massacrée (1430). Dans l'Europe effrayée par le péril turc, des combattants de tous les pays rallièrent la croisade inspirée par le pape Eugène IV, mais l'armée chrétienne subit une défaite sanglante à Varna (10 nov. 1444). Mourad II put ainsi achever la soumission des Balkans, et son fils, **Mehmet II** (1451/81), résolut d'en finir avec l'Empire byzantin, déjà réduit à Constantinople et à sa banlieue : en 1452, il prit pied sur la rive européenne du Bosphore, où il fit construire le château fort de Roumélie (Roumeli Hisar). Malgré une résistance héroïque, Constantinople tomba aux mains des Turcs le 29 mai 1453, et, trois jours plus tard, la prière musulmane du vendredi fut dite dans Sainte-Sophie, transformée en mosquée.

L'apogée de l'Empire ottoman (1453/1566). Les conquêtes

Jusque vers 1700, les Turcs devaient rester un danger permanent pour l'Europe chrétienne. Sous Mehmet II, ils poursuivirent leur avance dans toutes les directions : vers l'O. en s'emparant de la Bosnie (1463) et de l'Albanie, où Skanderbeg leur avait opposé une longue résistance ; du côté de la mer Noire, en enlevant la Crimée aux Génois (1475) ; du côté de l'Arménie, en liquidant l'Empire grec de Trébizonde (1461). L'une après l'autre, les places génoises et vénitiennes de la mer Égée et de la Morée passèrent aux mains des Ottomans, qui menaient la guerre à la fois sur mer et sur terre et s'installèrent même à Otrante, en Italie du Sud (1480). Sous **Bayézid II** (1481/1512), l'avance turque fut momentanément freinée par les succès de Matthias Corvin, roi de Hongrie, mais la flotte ottomane remporta sa première grande victoire sur les Vénitiens à Lépante (1499). La Sainte Ligue, formée par le pape, Venise, la Hongrie, l'Espagne et la France, resta sans résultats. La poussée vers l'Ouest connut cependant une pause au temps de **Sélim Ier** (1512/20). Ce sultan se retourna vers l'Orient, car son ambition était de réunir sous son autorité tous les peuples musulmans. En moins de dix ans, l'Empire ottoman doubla presque d'étendue par l'annexion de la Syrie et de l'Égypte, enlevées aux mamelouks (1516/17). Le titre califal, qui appartenait aux Abbassides, passa aux Ottomans (bien que ceux-ci ne l'aient revendiqué officiellement qu'à partir de 1774). À l'E., les Ottomans sunnites commencèrent leur lutte contre les Perses Séfévides, tenants de l'islam chiite, qui durent bientôt leur abandonner l'Irak et Bagdad (1534).

L'Empire turc atteignit son apogée sous **Soliman II** (1520/66) (v.), qui s'empara de Belgrade (1521), fit passer presque toute la Hongrie sous son protectorat après la victoire de Mohács (28 août 1526) et vint même assiéger Vienne, mais sans succès (sept./oct. 1529). Sur mer, les Turcs, maîtres de Rhodes depuis 1522, supplantèrent définitivement les Vénitiens. Soliman II utilisa les services de corsaires, dont le plus célèbre fut Khaïr el-Din Barberousse, qui plaça l'Algérie sous la suzeraineté ottomane (1520). En face de l'offensive turque, l'Europe chrétienne n'était plus unie : la France, n'obéissant qu'à ses intérêts particuliers, fit alliance avec Soliman II contre Charles Quint et obtint ainsi un régime privilégié dans l'Empire ottoman (v. **CAPITULATIONS**).

Au milieu du XVIe s., la Turquie était devenue la première puissance de l'Europe et de la Méditerranée. Elle englobait en Asie l'Anatolie, l'Arménie, une partie de la Géorgie et de l'Azerbaïdjan, le Kurdistan, la Mésopotamie, la Syrie et le Hedjaz (avec la ville sainte de La Mecque, occupée en 1517) ; en Afrique, l'Égypte et les « États barbaresques » (Alger, Tunis, Tripoli) ; en Europe, toute la péninsule balkanique et la Grèce, les provinces danubiennes, la Transylvanie, la Hongrie orientale et enfin la Crimée. La flotte ottomane contrôlait la plus grande partie des côtes méditerranéennes et rendait dangereuse toute navigation.

L'organisation de l'Empire ottoman

Cet empire, gouverné par un chef temporel et spirituel absolu, le sultan, était l'un des mieux administrés de l'Europe du XVIe s. Les chefs turcs avaient beaucoup appris des Byzantins. Le caractère le plus remarquable de l'administration ottomane était son libéralisme à l'égard des pays conquis. À côté des provinces qui constituaient l'Empire proprement dit et qui, gouvernées par une hiérarchie de *beylerbey*, de *sandjakbey*, de *soubachi*, relevaient directement du gouvernement central de la Porte, de vastes territoires jouissaient d'une plus ou moins grande autonomie : il y avait des rois en Hongrie et en Transylvanie, des voïvodes en Valachie et en Moldavie, des khans en Crimée, un chérif à La Mecque... La domination ottomane laissait à la plupart des peuples leur langue, leur religion, leurs traditions propres, ce qui explique que les chrétiens grecs de Morée préférèrent le sultan aux Vénitiens, que les protestants hongrois, par haine des Habsbourg catholiques, se firent longtemps les auxiliaires actifs des Turcs. Mais ceux-ci emprisonnaient ces enfants chrétiens qui, élevés dans la religion musulmane, servaient au recrutement du corps des **janissaires**. Ils se montraient stricts dans le prélèvement du tribut ou de l'impôt particulier exigé des non-musulmans. Les finances ottomanes étaient très saines à cette époque. Soliman II s'en servit pour entretenir une armée qui comptait près de 300 000 hommes – de beaucoup la plus puissante d'Europe –, mais aussi pour encourager les lettres et les arts. Immense et disparate agglomérat, l'Empire ottoman avait été l'œuvre d'un petit clan guerrier. Les sultans avaient créé une administration, non une nation ; le peuple était tenu complètement à l'écart du gouvernement ; l'élite dirigeante des fonctionnaires et des officiers ne sortait pas du peuple ; par une promotion naturelle, elle était composée d'aventuriers, de chrétiens convertis venus de tous les pays d'Europe, et surtout d'esclaves promus souvent aux plus hauts postes. Le principal appui du souverain était l'armée, c'est-à-dire essentiellement le janissaire, prétorien à l'état pur. Cette étrange aristocratie de sabreurs déracinés que les sultans avaient créée pour les besoins de la conquête finit par mettre leur trône en péril.

En 1481, Bayézid II ne put l'emporter sur son frère Djem qu'en payant les janissaires, et ce « don d'avènement » devint la règle. C'est encore aux janissaires que le fils de Bayézid II, Sélim Ier, fit appel en 1512 pour contraindre son père à l'abdication. Pendant tout le XVIe s., la puissance des janissaires n'allait cesser de grandir : ils n'étaient que 12 000 sous Mehmet II, à l'époque de la conquête de Constantinople, mais leur effectif monta jusqu'à 200 000 hommes. Leur intervention la plus spectaculaire dans la politique intérieure de l'Empire devait être la déposition d'Osman II (1622).

Le début du déclin. Les dernières victoires (1566/1672)

Peu après la mort de Soliman II, l'Occident remporta sa première grande victoire contre les Turcs. À la suite de la perte de Chypre, enlevée aux Vénitiens par Lala Moustafa Pacha (1570), le pape Pie V suscita une ligue européenne : sous le commandement de don Juan d'Autriche, les flottes coalisées de l'Espagne, du pape, de Venise et des chevaliers de Malte triomphèrent de la flotte ottomane à Lépante (7 oct. 1571). Cette victoire ne fut pas exploitée militairement, mais elle eut un retentissement moral considérable et rendit courage à l'Europe chrétienne. Cependant, la puissance turque n'était pas encore entamée : Tunis, prise par don Juan d'Autriche en 1573, fut reconquise par les Turcs un an plus tard. En Europe centrale, les Turcs restaient maîtres de la plaine hongroise, et le traité de Szitvatorok (1606) confirma le *statu quo*. En Mésopotamie, le Séfévide Abbas Ier le Grand récupéra momentanément Bagdad, mais une riposte victorieuse des Turcs rétablit la frontière fixée depuis Soliman II.

La Turquie eut la chance, entre 1656 et 1710, de voir se perpétuer (avec des interruptions) une véritable dynastie de grands vizirs, les Köprülü, qui réalisèrent la conquête de la Crète (1668) et firent face avec énergie à la contre-offensive autrichienne. Par la création des « Confins militaires », les Habsbourg avaient établi une solide barrière contre l'expansion turque. Quand Ahmed Köprülü, à partir de 1661, lança une nouvelle attaque sur le Danube, les armées impériales, sous Montecuccoli, lui infligèrent la défaite du Saint-Gotthard (1er août 1664). Mais les Turcs avaient encore une renommée si redoutable que l'Autriche s'empressa de signer une paix blanche (traité de Weissenburg, août 1664). Après avoir enlevé la Podolie aux Polonais (1672), les Turcs, sous la conduite de Kara Moustafa Pacha (qui était, lui aussi, un Köprülü), reprirent l'assaut contre l'Autriche en 1682. Pour la dernière fois, les armées du Croissant vinrent mettre le siège devant Vienne (juill./sept. 1683), mais l'armée de secours polono-allemande commandée par le roi de Pologne Jean Sobieski obligea les Turcs à lever le siège (12 sept. 1683).

Le reflux ottoman devant l'Autriche et la Russie (1683/1789)

Alliés avec la Pologne et Venise, les Impériaux poursuivirent leur campagne victorieuse, reconquirent Buda (sept. 1686), battirent les Turcs à Mohács (août 1687), pénétrèrent profondément en Bosnie et en Serbie. Le prince Eugène remporta à Zenta une victoire décisive sur Moustafa II (11 sept. 1697), et la paix de Karlowitz (26 janv. 1699) restitua : à l'Autriche la Hongrie (sauf le Banat) et la Transylvanie ; à la Pologne, la Podolie ; à Venise, la Morée et la Dalmatie. **Ahmed III** (1703/30) parvint cependant à reprendre la Morée, mais aux nombreux adversaires traditionnels de la Turquie venait de s'ajouter un nouvel ennemi, non moins redoutable, la Russie. Dès 1696, Pierre le Grand s'était emparé d'Azov, en Crimée – qu'il dut d'ailleurs rétrocéder en 1712, à la suite de ses défaites sur le Prout. Au cours d'une nouvelle guerre contre l'Autriche (1715/18), les Turcs furent battus par le Prince Eugène à Petrovaradin (5 août 1716) et à Belgrade (16 août 1717). Le traité de Passarowitz (21 juill. 1718) permit à l'Autriche d'annexer le

Banat de Temesvár, le nord de la Bosnie et de la Serbie (avec Belgrade) et la Valachie occidentale ; mais Venise dut se résigner à la perte définitive de la Morée. Les Autrichiens devaient être moins heureux dans leur campagne de 1739, et, à la paix de Belgrade (18 sept. 1739), ils durent rendre aux Turcs toutes leurs acquisitions de Passarowitz, à l'exception du Banat. L'ère des grandes guerres austro-turques se terminait (l'Autriche, alliée de la Russie, devait encore participer au conflit de 1787/91, mais sans résultats ; en août 1791, la paix de Sistova rétablit le *statu quo* et marqua la fin des hostilités entre les Habsbourg et les Ottomans).

La tentative turque de conquête de l'Europe avait définitivement échoué, et la Hongrie avait fait retour à l'Occident ; en revanche, les efforts autrichiens pour entamer les positions ottomanes dans les Balkans s'étaient brisés, et Belgrade, qui avait été, pendant tout le XVIIe s., la principale base des opérations turques sur le Danube, restait sous le signe du Croissant.

Pour la Turquie, l'adversaire numéro un était désormais la Russie. La guerre de 1736/39 se termina sans aucun avantage pour le tsar, en partie grâce à la médiation de la France. Celle-ci poursuivait sa politique favorable à la Turquie, ce qui lui assurait une position morale et commerciale privilégiée dans l'Empire ottoman. La pression russe sur les rives de la mer Noire reprit sous le règne de Catherine II. L'emprise de la Russie sur la Pologne, depuis l'avènement de Stanislas Poniatowski (1764), inquiétait la Porte, qui déclencha la guerre sans préparation en 1768. Les troupes russes furent partout victorieuses, en Géorgie, en Crimée, en Bessarabie, et s'emparèrent des places fortes du Danube, cependant que la flotte russe de la Baltique, passée en Méditerranée, soutenait le soulèvement des Grecs de Morée et détruisait la flotte ottomane dans la baie de Tchesmé, près de Smyrne (6 juill. 1770). Cette guerre se termina par le traité de Kütchük-Kaïnardji (21 juill. 1774), le plus désastreux qu'ait jusqu'alors signé la Porte. La Russie se substituait à la Turquie comme puissance suzeraine en Crimée ; elle obtenait Azov, Kertch, les districts du Kouban et du Terek, l'embouchure du Dniepr ; elle se faisait reconnaître la libre navigation en mer Noire et en Méditerranée ; et, surtout, elle devenait la protectrice officielle des chrétiens orthodoxes de l'Empire ottoman, ce qui allait lui permettre désormais d'intervenir constamment dans les affaires turques.

La question d'Orient

Ce traité ouvrait la « question d'Orient », qui devint un des plus graves problèmes de la politique européenne au XIXe s. La Russie, héritière spirituelle de Byzance, n'allait plus cesser de chercher à se frayer une route vers les Détroits. Autour de l'Empire décadent, agité par les mouvements des minorités, les grandes puissances devaient s'affronter au nom d'intérêts contradictoires. Sans tenir compte des limites fixées à Kütchük-Kaïnardji, Catherine II, dès 1783, annexa purement et simplement la Crimée, où fut construite la puissante forteresse et base navale de Sébastopol. La Russie et l'Autriche commencèrent dès cette époque à se concerter en vue d'un démembrement de l'Empire turc (traité de 1781 entre Catherine II et Joseph II). La guerre de 1787/92 opposa la Turquie aux Russes et aux Autrichiens. Victorieux contre ces derniers, les Turcs se virent infliger par les Russes une nouvelle série de défaites qui précipitèrent la fin du médiocre sultan **Abdul-Hamid Ier** (1774/89).

Depuis deux siècles, les sultans avaient cessé d'être chefs de gouvernement et chefs de guerre. Complètement séparés de leur peuple, ils vivaient confinés dans leur palais et leur harem, abandonnés à une vie de plaisirs, laissant les responsabilités aux grands vizirs et à des généraux promis à une exécution rapide en cas de défaite. Le désordre régnait dans toutes les provinces, et les plus lointaines étaient déjà quasiment indépendantes.

Sélim III (1789/1807) inaugura en Turquie l'âge des réformes, audace qu'il devait payer de sa vie. Il était trop tard pour redresser la situation militaire, et, à la paix de Iassy (9 janv. 1792), la Russie se fit confirmer la possession de la Crimée et du littoral de la mer Noire, et porta sa frontière jusqu'au Dniestr. Admirateur de la civilisation française et entouré de conseillers français, Sélim III entreprit aussitôt de réorganiser son armée à l'européenne (*nizam-i Djédid* de 1793), mais il se montra trop timide et hésita à dissoudre les janissaires, qui devinrent les adversaires les plus acharnés des réformes. De nouveaux périls extérieurs et intérieurs devaient d'ailleurs encore affaiblir l'autorité du sultan. L'expédition de Bonaparte en Égypte (1798) fut une nouvelle preuve de la désinvolture avec laquelle l'Europe traitait la Turquie. Dans diverses provinces de l'Empire se produisaient des soulèvements : Djezzar Pacha affirmait son indépendance en Syrie, les wahhabites se révoltaient au Hedjaz, Méhémet-Ali commençait en Égypte sa carrière ambitieuse, Pazvanoglou menait l'opposition contre la politique de réformes dans les régions danubiennes, Karageorges prenait la tête du soulèvement des Serbes... Furieux de la création des nouvelles troupes formées à l'européenne, les janissaires déposèrent Sélim III (1807), qui fut assassiné quelques mois plus tard.

Cependant, le parti réformateur trouva un champion en Moustafa Baïrakdar, l'énergique pacha de Roustchouk, qui, à la tête d'une armée, mit sur le trône Mahmoud II, dont il devint le grand vizir (juill. 1808). **Mahmoud II** (1808/39), plaçant habilement la politique de réformes sous le signe de l'islam, s'inspira de l'élimination des mamelouks d'Égypte par Méhémet-Ali et procéda à un massacre général des janissaires (15 juin 1826). Il modernisa et occidentalisa l'administration ottomane, créa les ministères des Affaires étrangères et de l'Intérieur, fonda un

Conseil de l'instruction publique, ouvrit des écoles de médecine et envoya des étudiants turcs dans les universités européennes.

Mais ce redressement intérieur n'arrêta pas le processus de démembrement de l'Empire. Le soulèvement des Serbes avait fourni à la Russie un prétexte pour intervenir dans les principautés danubiennes, d'où une nouvelle guerre russo-turque (1806/12), terminée par le traité de Bucarest (28 mai 1812) qui donna au tsar la Bessarabie. La Porte dut reconnaître dès 1817 Miloch Obrénovitch comme prince héréditaire de Serbie ; en 1830, elle fut contrainte d'accorder leur autonomie aux Serbes. En Albanie, Ali Pacha tenta un autre soulèvement (1820/22).

Plus grave encore fut la guerre d'Indépendance grecque, parce qu'elle provoqua pour la première fois l'intervention concertée des grandes puissances dans les affaires ottomanes. Mais les grandes puissances étaient divisées par la « question d'Orient », qui n'était rien d'autre que la question du démembrement de l'Empire ottoman. D'un point de vue très général, on peut dire que ce démembrement était voulu par la Russie, impatiente d'accéder aux Détroits, et refusé par l'Angleterre, laquelle préservait la survie de l'Empire ottoman pour empêcher la flotte russe d'entrer en Méditerranée. L'Autriche et la France souhaitaient également le maintien de la puissance ottomane, tout en profitant de son affaiblissement pour s'assurer des positions dans les Balkans (pour l'Autriche) ou en Égypte et au Levant (pour la France).

Le soulèvement des Grecs, qui avaient proclamé leur indépendance dès le début de 1822, embarrassa beaucoup les puissances de la Sainte-Alliance. La question grecque ne fut pas abordée au congrès de Vérone (oct. 1822). Mais l'appel de Mahmoud II aux Égyptiens, qui, sous le commandement d'Ibrahim Pacha, fils de Méhémet-Ali, commencèrent à reconquérir la Morée et à massacrer les Grecs, changea la situation. Les cabinets de Paris, de Londres et de Saint-Pétersbourg devaient d'ailleurs tenir compte de l'opinion publique, qui adhérait avec enthousiasme à la cause de la Grèce. Plus active depuis l'avènement de Nicolas Ier (1825), la Russie obligea la Porte à libéraliser ses relations avec la Serbie et les principautés danubiennes (convention d'Akkerman, oct. 1826). En 1827, la Turquie ayant refusé la médiation des grandes puissances, une flotte alliée russo-anglo-française bloqua la Morée et détruisit la flotte turco-égyptienne à Navarin (20 oct. 1827). Profitant de l'affaiblissement de la Turquie, la Russie déclencha toute seule la guerre (avr. 1828) et prit l'offensive à la fois en Arménie (prise de Kars et d'Erzeroum) et sur le Danube, cependant qu'un corps expéditionnaire français chassait les Égyptiens de Morée. Les protocoles de Londres (1828/29) fixèrent les frontières de la Grèce sans même que les Turcs fussent consultés. Pendant ce temps, l'armée russe s'emparait de Varna, franchissait le Danube et la chaîne du Balkan et s'emparait d'Andrinople (20 août 1829). La Turquie se hâta alors de conclure la paix : par le traité d'Andrinople (14 sept. 1829), elle reconnaissait l'indépendance grecque, assurait l'autonomie de la Serbie et des principautés danubiennes, accordait à la Russie l'accès aux bouches du Danube et la libre navigation en mer Noire.

À peine l'affaire grecque terminée, la Turquie reçut de nouveaux coups, qui lui furent portés par le pacha d'Égypte Méhémet-Ali, dont l'intervention en Morée avait été décisive en 1825 ; il estimait que le sultan n'avait pas tenu les promesses qu'il lui avait faites. Les troupes égyptiennes de son fils Ibrahim Pacha conquirent rapidement la Palestine et la Syrie, écrasèrent l'armée turque à Konya (21 déc. 1832) et marchaient sur Constantinople lorsque le sultan, réduit à une situation quasi désespérée, n'eut plus d'autre recours que de faire appel au tsar. Les Russes s'installèrent sur le Bosphore (févr. 1833). La convention de Kutayeh (8 avr. 1833) attribua à Méhémet-Ali la Syrie et la Cilicie. Beaucoup plus important fut le traité d'Unkiar-Skelessi (8 juill. 1833), par lequel le tsar, en échange du retrait de sa flotte et de ses troupes, obtint de la Porte l'engagement secret de fermer les Dardanelles à tout vaisseau de guerre autre que russe.

L'Angleterre, qui n'entendait pas laisser l'Empire ottoman devenir un protectorat russe, fut confirmée dans sa résolution d'empêcher tout nouvel affaiblissement de la Turquie. En 1839, Mahmoud II, poussé par les Anglais, tenta imprudemment de prendre sa revanche sur Méhémet-Ali. Les Turcs ayant subi un nouveau désastre à Nizib (24 juin 1839), Palmerston, le Premier ministre anglais, engagea aussitôt une action diplomatique pour forcer les Égyptiens à arrêter leur avance. L'Angleterre triomphait en obtenant la fermeture des Détroits à tous les vaisseaux de guerre, ce qui enfermait la flotte russe dans la mer Noire.

Pendant une dizaine d'années, la question d'Orient entra en sommeil. **Abdul-Medjid Ier** (1839/61), fils de Mahmoud II, qui était monté sur le trône dans les heures les plus critiques de la seconde guerre turco-égyptienne, poursuivit, avec l'aide de Rechid Pacha, la politique de réformes intérieures inaugurée par son père. Cette période du **Tanzimat** fut marquée principalement par un décret célèbre, le *hatti chérif* (la charte impériale) *de Gulhané* (3 nov. 1839), qui parut amorcer une révolution radicale dans l'Empire ottoman. L'égalité de tous les sujets du sultan, quelle que fût leur religion, était proclamée : les Turcs se voyaient garantir la liberté individuelle, la propriété et la justice. L'armée fut réorganisée par une loi de recrutement qui limita à cinq ans et à sept ans dans la réserve le service militaire, jusqu'alors illimité ; le droit se sécularisa et des tribunaux non religieux furent institués ; on multiplia les écoles primaires et secondaires, et une université fut fondée à

Constantinople ; enfin, l'Empire ottoman, en accréditant des ambassadeurs permanents dans les grandes capitales, s'efforça de se faire admettre dans le concert européen. Malheureusement, Abdul-Medjid Ier n'avait pas une énergie à la mesure de sa bonne volonté, et la fin de son règne devait être ensanglantée par des explosions de fanatisme religieux.

La querelle entre Napoléon III et le tsar Nicolas Ier à propos de la possession des Lieux saints, que se disputaient moines latins et grecs, rouvrit la question d'Orient et aboutit, en 1854/56, à la guerre de Crimée, au cours de laquelle Français et Anglais apportèrent leur appui aux Turcs contre la Russie. Le traité de Paris (30 mars 1856) consacra l'échec de la Russie, qui dut reconnaître l'intégrité du territoire turc, la neutralisation de la mer Noire, l'internationalisation du Danube et perdit son droit de tutelle sur les principautés danubiennes, lesquelles, reconnues indépendantes, s'unirent en 1859/62 pour former l'État roumain. L'Empire ottoman, momentanément sauvé, entrait dans le concert européen, mais la tutelle des grandes puissances s'accentuait.

Abdul-Medjid Ier, qui devait faire face à un grave déficit, donna cependant un nouvel élan à la politique de réformes (*hatti humayun* du 18 févr. 1856), mais l'égalité des sujets musulmans et non musulmans de l'Empire rencontrait des oppositions très fortes. Au printemps 1860, les Druzes massacrèrent les chrétiens du Liban, et la France procéda à une intervention armée qui assura au Liban un statut d'autonomie (1864). Au début du règne d'**Abdul-Aziz** (1861/76), il apparut que les réformes de son prédécesseur avaient été insuffisantes pour insuffler au vieil empire une vie nouvelle. Plus que jamais, la Turquie était considérée, selon l'expression du tsar Nicolas Ier, comme « l'homme malade » de l'Europe. La dette publique s'était accrue en de telles proportions que l'État ottoman dut faire banqueroute en 1875. La même année, la révolte qui couvait depuis longtemps dans les minorités balkaniques éclata en Bosnie-Herzégovine (juill. 1875) et se propagea bientôt en Bulgarie (1876). Les Turcs jetèrent sur les chrétiens des irréguliers musulmans, les *bachibouzouks*, qui se livrèrent à de terribles massacres.

Le tsar Alexandre II invoqua la « mission sacrée » qui obligeait son pays à se porter au secours des Slaves opprimés. Les Serbes et les Monténégrins, qui menaient la guerre depuis juill. 1876, faiblissant sous le poids écrasant des Turcs, les troupes russes s'ébranlèrent en avr. 1877, mais l'« homme malade » leur opposa une résistance imprévue. Les Russes piétinèrent pendant des mois devant Kars, en Arménie, et devant Plevna, en Bulgarie. Pourtant, en janv. 1878, les soldats du tsar prirent Andrinople et s'avancèrent vers la capitale. Le gouvernement turc demanda l'armistice, qui fut suivi du traité de San Stefano (3 mars 1878). C'était l'effondrement complet de la domination ottomane dans les Balkans.

En juin/juill. 1878, le congrès de Berlin obligea le tsar à restreindre ses prétentions, et la Turquie fut sauvée une fois de plus par les puissances, au nom de l'équilibre européen. Elle fut cependant largement dépouillée : la Serbie, le Monténégro et la Roumanie obtinrent leur indépendance complète ; à la place de la « Grande-Bulgarie » furent créées une principauté de Bulgarie, vassale de la Porte, et une province autonome, la Roumélie-Orientale ; la Grèce, quoique non belligérante, s'agrandit de la Thessalie et de l'Épire ; l'Autriche occupa militairement la Bosnie-Herzégovine ; enfin, la Russie obtint Kars et Batoum en Asie, et la Bessarabie en Europe.

La fin de l'Empire ottoman (1878/1923)

Abdul-Hamid II (1876/1909) avait été porté au pouvoir à la suite d'une révolution de palais conduite par le grand vizir réformateur Midhat Pacha qui avait renversé Abdul-Aziz, jugé trop docile à l'influence russe. Le nouveau souverain, conseillé par Midhat Pacha, parut d'abord vouloir renouer avec la politique réformatrice d'Abdul-Medjid Ier. En déc. 1876 fut promulguée la première Constitution qu'ait connue la Turquie : elle établissait une monarchie parlementaire, avec deux Chambres, et garantissait les libertés individuelles et religieuses. Cependant, à peine un mois plus tard, le 5 févr. 1877, Abdul-Hamid II renvoya Midhat Pacha (qui devait être plus tard emprisonné et exécuté) et revint à l'absolutisme.

L'Empire ottoman continua à glisser vers la ruine. La situation financière imposa la création d'une administration de la Dette publique ottomane, qui fut confiée à des délégués français et anglais : l'économie turque passait officiellement sous tutelle étrangère. Le massacre des Arméniens (1894/96) discrédita un peu plus la cause turque aux yeux du monde européen. Dans les Balkans, le sultan dut sans cesse lutter contre l'agitation des minorités. Il se résigna, en 1885, à la réunion de la Roumélie-Orientale à la Bulgarie, mais la Crète, qui s'était déjà insurgée en 1866/68, s'agita de nouveau à partir de 1890. À la suite de la guerre gréco-turque de 1897, l'île passa sous contrôle international, et la désignation d'un prince grec comme gouverneur prépara la réunion de la Crète à la Grèce. Un autre foyer de troubles était la Macédoine, où les autorités turques devaient faire face aux activités terroristes des *comitadjis*.

Dans les corps des officiers de l'armée turque de Salonique et des Balkans, le mécontentement grandissait contre le sultan : c'est de ce milieu militaire que sortit, vers 1895, le mouvement des **Jeunes-Turcs**, qui aspirait à une libéralisation du régime, mais qui prit bientôt une couleur nettement nationaliste. Le soulèvement des troupes de Macédoine contraignit Abdul-Hamid II à rétablir la Constitution de déc. 1876 (juill. 1908).

L'Autriche-Hongrie avait annexé la Bosnie-Herzégovine (6 oct. 1908), qu'elle occupait militairement depuis le congrès de Berlin de 1878 ; et la Bulgarie, encouragée par Saint-Pétersbourg, avait proclamé son indépendance complète à l'égard du sultan : ces nouvelles humiliations provoquèrent en Turquie un sursaut de colère. En avr. 1909, les Jeunes-Turcs envoyèrent de Thessalonique une armée conduite par Mahmoud Chevket, qui marcha sur Constantinople, déposa Abdul-Hamid II (26 avr. 1909) et mit à sa place le médiocre **Mehmet V** (1909/18). En fait, les Jeunes-Turcs prenaient complètement le pouvoir, qu'ils devaient conserver jusqu'en 1918. À première vue, l'époque des Jeunes-Turcs fut l'une des plus désastreuses qu'ait connues la Turquie. Elle fut marquée par une suite ininterrompue de guerres d'où résultèrent de nouvelles pertes de territoires : guerre avec l'Italie (1911/12), terminée par le traité d'Ouchy-Lausanne (18 oct. 1912), qui donna la Tripolitaine et les îles du Dodécanèse à l'Italie ; guerres balkaniques (1912/13), au cours desquelles la Turquie se trouva assaillie par les forces coalisées de la Serbie, du Monténégro, de la Bulgarie, de la Grèce, et qui aboutirent à la destruction de la Turquie d'Europe, réduite à Constantinople et à une partie de la Thrace, avec Andrinople (traités de Londres, 30 mai 1913, et de Constantinople, 29 sept. 1913) ; enfin, la Première Guerre mondiale, qui amena le démembrement final de l'Empire ottoman.

Cependant, ce fut sous les Jeunes-Turcs que commença la mutation décisive d'où devait sortir la Turquie moderne. La personnalité prédominante des Jeunes-Turcs était Enver Pacha, qui, depuis longtemps germanophile, porta la responsabilité de l'entrée en guerre de la Turquie aux côtés des empires centraux en 1914. L'alliance franco-russe avait poussé l'Allemagne à une politique plus active en Orient. Des conseillers et des techniciens allemands étaient arrivés nombreux en Turquie sous le règne d'Abdul-Hamid II. Sous les Jeunes-Turcs, l'influence allemande s'accrut encore.

Dès le 2 août 1914, une alliance secrète fut conclue entre l'Allemagne et la Turquie. Les navires de guerre allemands *Goeben* et *Breslau*, pour échapper aux flottes alliées de la Méditerranée, furent intégrés dans la marine turque. Leurs attaques contre les ports et les navires russes dans la mer Noire précipitèrent la Turquie dans la guerre (29 oct. 1914). Les armées turques remportèrent un grand succès en obligeant le corps expéditionnaire allié des Dardanelles à rembarquer (1915), mais elles reculèrent au Caucase et en Arménie devant les Russes, qui s'emparerent de Trébizonde, d'Erzeroum et marchèrent vers Sivas (1914/15). Accusés de pactiser avec l'ennemi, les Arméniens furent déportés ou massacrés (1915). Le sultan avait déclaré la guerre aux Alliés, mais les agents anglais exploitèrent habilement les aspirations des Arabes à l'indépendance, et l'armée turque, qui s'était avancée jusqu'aux abords du canal de Suez en févr. 1915, dut faire face non seulement à l'armée britannique, mais aux Arabes du chérif Hussein et d'Ibn Séoud. Les Anglais entrèrent à Bagdad en mars 1917 et, en oct. 1918, ils étaient maîtres de la Syrie. Quand la Turquie dut se retirer de la guerre (armistice de Moudros, 30 oct. 1918), les chefs du gouvernement Jeune-Turc s'enfuirent, pour la plupart en Allemagne.

Mehmet VI (1918/22) était dépourvu des qualités requises en des heures aussi critiques. Alors que les Alliés préparaient la destruction de la Turquie, que les Franco-Anglais occupaient les Détroits et Constantinople, que les Grecs débarquaient à Smyrne (15 mai 1919) et y massacraient les Turcs, le sultan, soucieux uniquement du salut de sa personne, nomma un gouvernement tout dévoué aux vainqueurs, sous la présidence de Damad Férid Pacha (mars 1919). En juin 1919, le général Moustafa Kémal, inspecteur militaire en Anatolie orientale, éleva contre le gouvernement du sultan la protestation que les nationalistes attendaient. Il convoqua des congrès nationaux à Erzeroum (juill. 1919) et à Sivas (sept.) et fit adopter un « pacte national » (13 sept. 1919) comportant notamment l'indépendance et l'unité de la Turquie dans ses limites d'oct. 1918, l'autodétermination pour les populations musulmanes anciennement soumises aux Ottomans et l'abolition du régime des capitulations.

Dénoncé comme rebelle par le sultan, dont l'autorité ne s'exerçait guère que dans les territoires occupés par les Franco-Anglais, M. Kémal se rendit rapidement maître de la plus grande partie de l'Anatolie. Il organisa des élections générales (oct. 1919), et la Grande Assemblée nationale d'Ankara, où les nationalistes étaient majoritaires, le désigna comme chef du gouvernement (23 avr. 1920). Embarrassés par cette réaction nationale imprévue, les Alliés laissèrent les Grecs prendre l'offensive en Anatolie (juin 1920). L'acceptation par le sultan du désastreux traité de Sèvres (v.) (10 août 1920) attira de nouveaux partisans à M. Kémal. Celui-ci, désormais généralissime, rétablit la situation militaire, battit les Grecs sur la Sakarya (août/sept. 1921), remporta la victoire de Doumloupinar (30 août 1922), chassa les Grecs de Smyrne (9/11 sept. 1922) et signa, enfin, l'armistice victorieux de Moudanya (11 oct. 1922).

Les Alliés se résignèrent à la révision du traité de Sèvres ; le traité de Lausanne (24 juill. 1923) assura à la Turquie non seulement l'Anatolie, la Cilicie, l'Arménie, le Kurdistan, mais aussi la possession des Détroits et de la Thrace orientale, ainsi que l'abolition des capitulations. C'était la fin de plusieurs siècles de tutelle étrangère. Simultanément se consommait la disparition des vestiges de l'ancien régime : le sultanat ayant été aboli (1er oct. 1922), Mehmet VI, auquel on avait pourtant laissé la dignité califale, préféra se réfugier sur un navire de guerre anglais (nov. 1922). Le 29 oct. 1923, la république fut proclamée, et M. Kémal, surnommé le *Ghazi* (le « Victorieux »), depuis ses campagnes contre les Grecs, devint président de la République, Ismet Pacha (futur Ismet Inönü) étant Premier ministre. En mars 1924, le califat, qui était passé à un fils d'Abdul-Aziz, fut à son tour aboli et tous les membres de la famille des Ottomans furent bannis de Turquie.

Moustafa Kémal (1923/38)

Le « kémalisme » ne fut nullement une rénovation de l'Empire ottoman, mais une rupture, une révolution, et la création d'une réalité politique sans précédent : l'État national turc, fondé sur la communauté populaire. L'abolition du califat avait, à cet égard, beaucoup plus qu'une valeur symbolique. Les premiers sultans ottomans avaient été avant tout des chefs de la guerre sainte, et, même après l'effondrement de l'Empire byzantin, même après la période des conquêtes en Europe, c'est en se réclamant de l'islam qu'ils avaient tenté de faire l'union de tous les musulmans de leur empire, si différents par l'appartenance ethnique, par les traditions comme par les intérêts économiques. M. Kémal voulut une Turquie territorialement réduite, non conquérante, mais une Turquie turque et douée ainsi d'une cohésion que n'avait jamais connue l'Empire ottoman. Commencée par l'abolition du califat et l'adoption d'une Constitution (avr. 1924), la laïcisation de l'État fut menée énergiquement dans les domaines scolaire et judiciaire (adoption de Codes civil, criminel et commercial, respectivement inspirés des codes suisse, italien et allemand, 1926) ; les ordres religieux furent abolis ; la séparation de la religion et de l'État fut proclamée en avr. 1928. L'œuvre de M. Kémal constitua un mélange d'occidentalisation et de nationalisme. Successivement furent adoptés le calendrier occidental (1926), l'alphabet latin (1928), le système métrique (1931), tandis que des réformes plus profondes bouleversaient l'organisation judiciaire, la législation, la condition féminine (abolition de la polygamie, loi du divorce, droit de vote des femmes dès 1934...).

La mise en valeur du pays donna lieu à un effort considérable. Dès ses débuts, le régime conquit l'appui des paysans en les délivrant de la dîme, qui était cependant la principale ressource de l'État ; celui-ci se dédommagea en augmentant les impôts de la population urbaine ; la part des paysans dans l'impôt, qui était de 40 %, tomba à 10 %. L'industrie se développa à l'abri de tarifs protectionnistes (1924).

S'appuyant sur le Parti républicain du peuple, qu'il avait fondé en 1923, et sur une Assemblée à sa dévotion qui se contentait d'entériner ses décisions et celles de son bras droit, le président du Conseil Ismet Inönü, M. Kémal brisa impitoyablement toute opposition, rétablit dès 1924 les tribunaux d'exception créés durant la guerre d'indépendance nationale, fit massacrer les Kurdes en 1925 et 1929, et n'hésita pas à faire exécuter plusieurs de ses vieux compagnons de lutte (1926). Il resta au pouvoir jusqu'à sa mort (nov. 1938) et eut pour successeur à la présidence de la République **I. Inönü** (1938/50). Aux approches de la Seconde Guerre mondiale, la Turquie, qui avait été si longtemps le champ des rivalités des puissances européennes, était surtout préoccupée de sauvegarder sa neutralité. Elle avait établi de bons rapports avec l'URSS dès 1921, consenti à l'abandon de Mossoul à l'Irak (1925), signé un traité de non-agression avec l'Iran (1926) et avait été une des inspiratrices de l'Entente balkanique (1934). Depuis 1932, elle faisait partie de la SDN.

La Turquie contemporaine (depuis 1938)

Sous la pression des Alliés, le président du Conseil Sükrü Saradjoglou (1942/46) rompit les relations diplomatiques avec le Reich (août 1944), puis, le 23 févr. 1945, lui déclara la guerre afin de pouvoir être admise parmi les Nations unies. À partir de 1947, la doctrine Truman lui assura l'aide financière et militaire des États-Unis. Le régime kémaliste, maintenu par Inönü et resté jusqu'alors très dictatorial, commença à se démocratiser à partir de nov. 1945. Le Parti républicain du peuple cessa d'être le parti unique en janv. 1946, lorsque des kémalistes dissidents (Célal Bayar, Adnan Menderes) formèrent un parti d'opposition, le parti démocrate. Les démocrates firent des progrès rapides dans la bourgeoisie et les masses paysannes, et remportèrent un véritable triomphe aux élections du 14 mai 1950. Ils devaient rester au pouvoir pendant dix ans, avec **Célal Bayar** comme président de la République (1950/60) et Menderes comme Premier ministre (1950/60). Sous les démocrates, la Turquie connut une rapide industrialisation, favorisée par l'appel aux investissements étrangers et par la prise de participations privées dans les secteurs qui étaient jusqu'alors monopoles d'État ; mais la croissance trop rapide devait engendrer l'inflation, et, dès 1955, le gouvernement Menderes se trouvait aux prises avec de graves difficultés économiques et sociales, ce qui l'amena à prendre des mesures arbitraires contre ses opposants (lois contre la presse, restriction des garanties judiciaires). À l'extérieur, les démocrates menèrent une politique d'étroite alliance avec les États-Unis : la Turquie envoya un contingent en Corée (1950), adhéra à l'OTAN (1951), prit l'initiative, avec l'Irak hachémite, du pacte de Bagdad (1955) et permit l'installation sur son sol de bases de fusées américaines.

Le 27 mai 1960, un coup d'État militaire dirigé par le général Cemal Gürsel renversa les chefs démocrates, qui furent traduits en justice (plusieurs d'entre eux, dont Menderes, devaient être pendus l'année suivante). Une Assemblée constituante, nommée, élabora la Constitution de 1961, qui consacrait la séparation de l'exécutif et du législatif et instituait un Parlement bicaméral ; cette Constitution fut approuvée à une majorité d'environ 60 % au référendum du 9 juill. 1961. Le parti démocrate ayant été dissous, deux nouveaux partis, le parti de la Justice et le parti de la Nouvelle Turquie, fondés au début de 1961, se partagèrent l'ancienne clientèle démocrate. Les élections du 15 oct. 1961 montrèrent que la suprématie du parti républicain était définitivement révolue.

Sous la présidence de **Cemal Gürsel** (1961/66), I. Inönü ne put former qu'un cabinet de coalition, et, aux élections d'oct. 1965, c'est le parti de la Justice qui s'assura la majorité absolue. Son chef, Suleyman Demirel, devint Premier ministre (1965/71) du général-président **Cevdet Sunay** (1966/73) et conserva la majorité absolue aux élections de 1969. En 1969, la Turquie obtint un droit de contrôle sur les bases américaines. La contestation de gauche n'en continuait pas moins à se développer. Constatant l'impuissance du gouvernement Demirel, les militaires reprenaient la direction des affaires (12 mars 1971) et procédaient à une répression énergique. Sous la présidence du général **Fahri Korutürk** (1973/80), les élections d'oct. 1973 étaient marquées par le succès du parti républicain, à la tête duquel le chef de la tendance réformiste de centre gauche, Bülent Ecevit, avait remplacé Inönü l'année précédente. Cependant, Ecevit, qui ne pouvait gouverner qu'à la tête d'une coalition, ne parvint à former un ministère qu'en janv. 1974. La question de Chypre, qui, depuis 1955, opposait profondément la Grèce et la Turquie, l'une et l'autre membres de l'Alliance atlantique, provoqua, en juill. 1974, l'invasion de l'île par les troupes turques (suivie en févr. 1975 par la proclamation d'un État chypriote turc). Ayant conquis dans cette affaire une grande popularité, Ecevit mit fin au gouvernement de coalition, mais ne parvint pas à former un nouveau ministère.

Après le passage au pouvoir des conservateurs (Demirel, 1975/78 et 1979/80) et du centre gauche (Ecevit, 1978/79), l'armée prit le pouvoir et interdit tous les partis. Une nouvelle Constitution permit à l'instigateur du coup d'État, le général **Kenan Evren**, de devenir président de la République (1982/89). Les élections législatives de 1983, ouvertes aux seuls partis nouvellement autorisés, donnèrent la majorité à la droite libérale, emmenée par Turgut Özal. Celui-ci parvint à relancer la croissance économique, mais au prix d'une dette énorme et sans que l'inflation ou le chômage (malgré une émigration très importante) fussent jugulés. Le succès relatif du parti de T. Özal aux législatives de 1987 fut contredit par le très mauvais score aux municipales de 1989 ; le Premier ministre dut remanier son gouvernement. En oct. 1989, **Turgut Özal** se fit néanmoins élire, par le Parlement, président de la République (1989/93). Yildirim Akbulut fut nommé Premier ministre.

En 1987, la Turquie avait fait acte de candidature à l'entrée dans la CEE. L'agrément de la Communauté européenne lui était refusé en 1989, en raison de la persistance du problème chypriote (v.), et de la répression politique (les prisonniers, kurdes notamment, restaient nombreux et souvent maltraités), mais aussi en raison des différences structurelles d'une économie majoritairement agricole et soumise à une tension inflationniste permanente. Cette même année 1989, la Turquie avait dû recueillir près de 300 000 Bulgares d'origine turque fuyant les mesures xénophobes d'un gouvernement qui devait disparaître peu après. Un tiers environ de ces réfugiés devaient rentrer en Bulgarie (v.) après le rétablissement des droits des minorités par le nouveau gouvernement.

Au moment de la première guerre du Golfe, Özal associa son pays à la coalition contre Bagdad et mit à la disposition des Américains la base militaire d'Incirlik. Son autoritarisme fut sanctionné lors des élections législatives d'oct. 1991 par la victoire du Parti de la juste voie, dirigé par Süleyman Demirel, et par une forte poussée du Parti de la prospérité (Réfah).

De nouveau Premier ministre, S. Demirel affirma sa volonté de trouver une solution politique au conflit kurde qui fit au moins 13 000 victimes entre 1984 et 1993. Mais il dut faire face, après la guerre du Golfe, à une recrudescence des actions terroristes des nationalistes kurdes du PKK repliés en Irak. L'armée entreprit contre eux des raids aériens au-delà de la frontière irakienne, ainsi qu'une opération militaire de grande envergure en mars 1995. Après le décès du président Özal, le 17 avr. 1993, **Süleyman Demirel** fut élu président (1993/2000) par l'Assemblée (16 mai) et remplacé à la tête du gouvernement par Mme **Tansu Çiller**, jusqu'alors ministre de l'Économie. Le nouveau gouvernement ne parvint pas à ralentir la progression des islamistes. Lors des élections municipales de mars 1994, le Réfah conquit les mairies d'Ankara et d'Istanbul. Sur le plan extérieur, la politique de coopération avec les républiques turcophones de l'ex-URSS, inaugurée par Turgut Özal, se heurta, à partir de 1993, aux ambitions de la Russie. Le gouvernement parvint, en revanche, à faire progresser les relations avec l'Union européenne, qui étaient au point mort depuis le rejet, en 1989, de la demande d'adhésion de la Turquie à la Communauté, et obtint, en mars 1995, la signature d'un accord d'union douanière.

En déc. 1995, la victoire des islamistes du Réfah aux législatives, où ils obtinrent un tiers des sièges, ouvrit une période politique troublée. En effet, après une tentative de coalition des deux principales formations politiques de droite – Parti de la mère patrie (ANAP), de Mesut Yilmaz, et Parti de la juste voie, de Tansu Çiller –, les islamistes prirent la tête d'une nouvelle coalition en juin 1996, donnant le poste de Premier ministre à Necmettin Erbakan (Réfah). Le nouveau gouvernement, soumis à des pressions des militaires du Conseil de sécurité nationale (MGK), perdit sa majorité en juin 1997 et M. Yilmaz redevint Premier ministre. Afin de devancer une interdiction du Réfah pour activités contraires aux principes de laïcité (janv. 1998), ses dirigeants créèrent le Parti de la vertu (Fazilet) – la même formation sous un nouveau nom –, tandis que la répression contre les islamistes s'intensifiait.

Les violences liées au problème kurde s'aggravaient. En oct. 1997, une nouvelle offensive contre le

PKK fut lancée dans le Kurdistan irakien. La Turquie, ayant obtenu par un accord d'oct. 1998 que la Syrie cessât son soutien au PKK et expulsât son chef Abdullah Öcalan, réussit à le capturer au Kenya, lors d'une opération secrète, en févr. 1999. Entre-temps, M. Yilmaz, mêlé à des affaires de corruption, fut contraint de démissionner de ses fonctions en nov. 1998 et Bülent Ecevit, membre du Parti démocratique de gauche (DSP), fut mandaté par le président Süleyman Demirel pour former un nouveau gouvernement. Les législatives anticipées d'avr. 1999, qui virent un net recul des islamistes, permirent à B. Ecevit de conserver son poste en s'appuyant sur une nouvelle coalition. En janv. 2000, le gouvernement décida de surseoir à la condamnation à mort d'A. Öcalan, prononcée en juin 1999, et d'attendre la décision de la Cour européenne de justice, saisie par les avocats du leader kurde, tandis que le PKK affirmait renoncer à la lutte armée pour se constituer en parti politique. Le 5 mai 2000, l'élection à la présidence de la République d'**Ahmet Necder Sezer**, qui avait dirigé la Cour constitutionnelle, laissait espérer une démocratisation du régime, peu de temps avant la condamnation de l'ancien Premier ministre, N. Erbakan, à un an de prison, en juill., pour « incitation à la haine raciale ou religieuse » et « déclarations pro-kurdes ».

Les ambitions d'intégration européenne de la Turquie demeurent suspendues aux questions chypriote et kurde, ainsi qu'à celle du respect des droits de l'homme. Ses concessions restent limitées face aux exigences des États de l'Union européenne qui refusent sa candidature. Après la victoire du Parti de la justice et du développement (AKP) en novembre 2002, les Premiers ministres **Abdullah Gül** et **Recep Erdogan** (depuis mars 2003) ont tenté de trouver un équilibre entre leur volonté d'intégrer la Turquie dans l'UE et l'influence américaine au Proche-Orient (invasion de l'Irak ; attentats islamistes à Istanbul de nov. 2003).

TUTSIS. Peuple d'Afrique centrale. Les Tutsis ont été probablement des pasteurs nilotes originaires du Nord, mais cette hypothèse est controversée. Ils ont créé, à partir du XVe s., les royaumes voisins du Burundi et du Rwanda. Bien que minoritaires dans ces deux États (de 10 à 15 % de la population), les Tutsis, longtemps éleveurs sédentaires, ont réussi à maintenir leur domination sur les Hutus, qui leur payaient une redevance pour les terres qu'ils cultivaient. Durant la période coloniale, le régime d'administration indirecte a confirmé la prééminence de l'aristocratie tutsie traditionnelle.

À l'indépendance (1962), les Tutsis se sont maintenus à la tête de l'État du Burundi jusqu'au début des années 1990, mais ont été écartés du pouvoir au Rwanda, malgré plusieurs insurrections, violemment réprimées, en 1963 et 1973. En 1994, au Rwanda, plus de 500 000 Tutsis furent massacrés par des Hutus au moment où d'autres Tutsis, rebelles exilés en Ouganda depuis le début des années 1960, faisaient la conquête du pays. Après s'être emparés du pouvoir au Rwanda, les Tutsis revinrent également aux affaires au Burundi, à l'occasion du coup d'État du major Pierre Buyoya en juill. 1996, sans réussir à juguler l'opposition hutue, avec laquelle des combats sanglants continuèrent, jusqu'au fragile cessez-le-feu d'août 2000. Au Zaïre, Laurent-Désiré Kabila, lors d'une guerre qu'accompagnèrent des massacres de réfugiés hutus, prit le pouvoir grâce au soutien des Tutsis banyamulengués (d'origine rwandaise), mais ceux-ci se rebellèrent contre lui en 1998 et, forts du soutien du Rwanda et de l'Ouganda, réussirent à contrôler une partie du pays. Les accords de paix de Lusaka, en juill. 1999, ne mirent pas fin aux combats dans la nouvelle « république démocratique du Congo » (ex-Zaïre). Le bilan des massacres depuis 1994 s'établissait entre 1 et 1,5 million de morts. Les responsables de ce génocide ont été et sont encore jugés par le Tribunal pénal international siégeant à Arusha (Tanzanie) depuis 1994.

TUTU Desmond (Klerksdorp, 1931). Prélat sud-africain, de confession anglicane, archevêque du Cap. Sa lutte pacifique contre l'apartheid, symbolique de la mobilisation des ecclésiastiques noirs contre les ségrégationnistes blancs en Afrique du Sud, lui valut le prix Nobel de la paix (1984). Chef de l'Église anglicane d'Afrique du Sud à partir de 1986, il se retira en juin 1996 et fut nommé par Nelson Mandela président de la commission « Vérité et réconciliation » qui remit un rapport en 1998 sur toutes les violations des droits de l'homme pendant le régime d'apartheid.

TUVALU. Nom sous lequel ont accédé à l'indépendance, le 1er oct. 1978, les îles Ellice, dans le Pacifique Sud. Voir **Gilbert et Ellice (îles)**.

TYLER John (* Charles City County, Virginie, 29.III.1790, † Richmond, 18.I.1862). Homme politique américain. Gouverneur de la Virginie (1825/27), puis sénateur démocrate (1827/36), il lutta contre Jackson et se rallia à Henry Clay et aux whigs. Pour gagner les voix du Sud, ceux-ci le présentèrent avec succès aux côtés de Harrison comme vice-président (1840). Harrison étant mort un mois après le début de son mandat, Tyler devint le dixième président des États-Unis (avr. 1841). Il déçut bientôt les whigs en s'opposant à la création d'une banque nationale et gouverna sans l'appui d'aucun parti. Son administration fut marquée essentiellement par l'annexion du Texas (1845). Il avait renoncé à se représenter et fut remplacé par J. K. Polk (1845). Retiré en Virginie, il se rallia aux sudistes au début de la guerre de Sécession.

TYRANNIE. Régime politique qui exista dans de nombreuses cités de la Grèce antique. Le tyran grec (*tyrannos*) n'était pas toujours un souverain despotique, injuste et cruel. C'était essentiellement un dictateur populaire, qui luttait contre l'aristocratie ou les citoyens riches. La tyrannie prépara souvent l'établissement de la démocratie en brisant l'oligarchie, en confisquant les terres ou en frappant de lourds impôts les propriétaires fonciers et en favorisant au contraire les petits cultivateurs par l'abolition des dettes. Ce qui distinguait le tyran du roi, c'est que le pouvoir du tyran n'était pas légitime, c'est-à-dire qu'il n'était pas revêtu d'un caractère religieux. Le tyran, généralement un chef de faction, s'emparait de l'État par un coup de force et régnait par la contrainte et par la démagogie. Ses réformes sociales lui valaient la faveur populaire, et, de fait, la tyrannie fut le plus souvent favorable aux citoyens les plus pauvres. Elle a mis la violence et l'arbitraire au service de la démocratie sociale.

Les premiers tyrans sont apparus au début du VIIe s. av. J.-C. dans les villes grecques d'Asie Mineure (Milet, Éphèse, Chio, Lesbos), puis, en Grèce propre, entre 670 et 640, à Sicyone, Corinthe, Mégare. À Athènes, Pisistrate et ses fils établirent la tyrannie de 560 à 510. Après leur défaite dans la guerre du Péloponnèse, les Athéniens connurent le régime des Trente Tyrans (404/03) (v.), qui ne fut, à vrai dire, qu'une réaction aristocratique imposée par le vainqueur spartiate. À l'époque classique, la terre d'élection de la tyrannie fut la Grande-Grèce (Sicile et Italie du Sud). À Syracuse, où le conflit entre aristocrates et démocrates fut particulièrement long et violent, la tyrannie s'imposa dans la première moitié du Ve s. avec Gélon et Hiéron, puis pendant presque tout le IVe s. avec Denys l'Ancien et Denys le Jeune. À la même époque, Tarente avait pour tyran Archytas.

TZIGANES. Les Tziganes sont les survivants d'un peuple nomade, originaire de l'Inde, qui appartenait sans doute au groupe des Indo-Européens. On les trouve en Perse vers l'an mille, en Europe occidentale à partir du XVe s. seulement. Ces « fils du vent », éternels errants, aux origines mystérieuses, à l'individualisme farouche, peu assimilables, ont personnifié longtemps l'« étranger » à l'état pur, ce qui leur a valu de terribles persécutions. Dans presque tous les pays, des lois exceptionnelles furent prises contre eux. Le renforcement administratif et bureaucratique des sociétés modernes leur a rendu l'existence encore plus difficile et les pousse malgré eux à la sédentarisation. Ils furent les victimes du racisme hitlérien ; presque 10 % d'entre eux furent exterminés dans les camps. La situation des Tziganes se détériora à nouveau après l'effondrement du bloc soviétique : ils furent victimes de persécutions et de discriminations en Roumanie, dans la République tchèque et au Kosovo. Leur plus ancienne organisation, l'IRU (*International Romany Union*), au cours de son cinquième congrès mondial depuis le début du XXe s. (Prague, juill. 2000), réclama solennellement la reconnaissance des Tziganes comme nation à part entière, sans terre ni État.

U

UKRAINE. Vaste région historique du S.-E. de l'Europe, formant aujourd'hui la république d'Ukraine ; capitale *Kiev.* L'Ukraine fut le centre d'une des plus importantes cultures du néolithique, celle de Tripolje. Au Ier millénaire avant notre ère, elle appartint à l'empire des Scythes, mais elle était aussi en relation avec le monde hellénique par l'intermédiaire de l'active colonie grecque d'Olbia, établie à l'embouchure du Dniepr. Envahie par les Sarmates à partir de 200 environ av. J.-C., elle passa, vers la fin du IIe s. de notre ère, sous la domination des Ostrogoths, dont l'empire s'écroula sous la poussée des Huns (375). Peu après, l'Ukraine occidentale et septentrionale commença à être occupée par les Slaves ; l'Ukraine méridionale et orientale fit partie de l'empire turc des Khazars (VIe/Xe s.), mais vit encore passer les invasions des Bulgares (VIIe s.) et celles des Petchenègues (IXe s.).

De la civilisation kiévienne à l'intégration dans l'Empire russe

Les Varègues, guerriers scandinaves (v. NORMANDS. Les États normands en France, en Italie, en Russie) descendus par la vallée du Dniepr, firent leur apparition en Ukraine vers 860 et établirent leur capitale à Känugard (Kiev) en 882. Cette ville, devenue vers 980 la résidence de Vladimir (v.), fut, pendant près de deux siècles, la capitale du premier État russe. Mais, à partir du XIe s., tout le sud de l'Ukraine passa sous la domination des Coumans (v.). Après la dislocation de la Russie kiévienne se formèrent en Ukraine occidentale les deux principautés de Galicie et de Volhynie, qui, réunies en 1199, furent partagées au XIVe s. entre la Pologne et la Lituanie. Les principautés russes de l'Ukraine centrale et orientale tombèrent, au XIIIe s., sous le joug des Mongols (prise de Kiev, 1240). Mais Olgerd, grand-prince de Lituanie, s'empara de Kiev en 1361 et le khanat mongol de la Horde d'Or se trouva rejeté au-delà du Dniepr. En 1386, à la suite de l'union personnelle de la Pologne et de la Lituanie, toute l'Ukraine centrale et occidentale fut intégrée dans l'État polono-lituanien. L'Église d'Ukraine, qui était née et qui avait grandi dans la mouvance byzantine orthodoxe, fut unie de force à Rome au concile de Florence (1439) ; toutefois, beaucoup d'Ukrainiens repoussèrent cette union.

Mais la résistance des Ukrainiens orthodoxes redoubla de vigueur et la tension fut aggravée par les maladresses des tenants de la latinisation, qui voulaient forcer les populations « ruthènes » à passer sous le rite latin. Des raisons sociales poussaient également les Ukrainiens à se dresser contre la domination polonaise : les grands seigneurs polonais avaient constitué d'immenses propriétés en Ukraine, et la paysannerie de cette « marche » frontière (c'est le sens originel du mot *Ukraine*) se trouvait réduite au servage. Aussi, à partir du XVIe s., de nombreux Ukrainiens commencèrent-ils à fuir au-delà des cataractes du Dniepr inférieur, où ils formèrent le groupe indépendant des Cosaques Zaporogues. Les rois de Pologne préféraient leur laisser l'autonomie en échange de la contribution qu'ils leur apportaient contre les incursions des Tatars. Le danger diminuant, la Pologne changea de politique et tenta de soumettre effectivement à son autorité les Cosaques (v.), qui se voyaient en outre blessés dans leurs convictions religieuses (ils étaient orthodoxes, et les Polonais catholiques). Dès le début du XVIIe s. eurent lieu plusieurs révoltes de Cosaques, mais la plus grave fut celle que déclencha en 1648 l'hetman Bogdan Chmielnicki. D'abord alliés aux Tatars, les Cosaques se placèrent sous la protection du tsar par le traité de Pereïaslav du 18 janv. 1654, qui leur garantissait leurs libertés traditionnelles.

À la paix russo-polonaise d'Androussovo (31 janv. 1667), l'Ukraine fut partagée entre la Pologne et la Russie, le Dniepr servant de frontière. Les Cosaques « de la rive gauche » passèrent dans l'orbite moscovite, mais ils ne tardèrent pas à être déçus par cette nouvelle domination. Lors de l'expédition de Charles XII, l'hetman Mazeppa s'allia avec le roi de Suède contre le tsar Pierre le Grand (1708), mais la victoire russe de Poltava (8 juill. 1709) mit fin aux espérances des Cosaques. La pression russe ne cessa plus de se renforcer sur l'Ukraine. En 1764, Catherine II destitua le dernier hetman, et, en 1775, à la suite de la révolte de Pougatchev (qui n'était pas un Zaporogue, mais un Cosaque du Don), l'impératrice abolit les dernières libertés cosaques. Le deuxième partage de la Pologne (1793) fit passer toute l'Ukraine sous la domination russe (la Galicie devenant autrichienne).

Ukraine et Russie depuis le XIXe siècle

Au cours du XIXe s., les Russes ne cessèrent de lutter contre la nationalisme ukrainien, qui s'exprimait dans des sociétés secrètes, dans des journaux publiés à l'étranger et dans une école historique et littéraire dont le plus grand représentant fut Chevtchenko. En 1876, le gouvernement tsariste interdit même l'usage de la langue ukrainienne dans l'enseignement ainsi que dans l'édition des livres et des journaux. Des intellectuels, réfugiés en Galicie autrichienne, entretenaient cependant la flamme des traditions nationales.

Dès la révolution russe de févr. 1917, les Ukrainiens tentèrent de recouvrer leur indépendance. Une république autonome ukrainienne fut proclamée à Kiev (juill. 1917) et un gouvernement fut formé avec Vinnichenko comme président du Conseil et Petlioura comme ministre de la Guerre. Devenus maîtres du pouvoir à Petrograd et à Moscou, les bolcheviks opposèrent à ce gouvernement une république soviétique d'Ukraine, qui fut proclamée à Kharkov en déc. 1917. La paix de Brest-Litovsk (mars 1918) permit aux troupes allemandes d'occuper toute l'Ukraine. L'Allemagne favorisa le coup d'État de l'hetman Skoropadski (avr. 1918), mais, quand les Allemands, vaincus par les Alliés, abandonnèrent l'Ukraine, Vinnichenko et Petlioura reprirent le pouvoir à Kiev (déc. 1918). Peu après, le gouvernement d'Ukraine-Occidentale, qui venait de se fonder en Galicie, se réunit à celui de Kiev et passa sous la direction de Petlioura. Pendant toute l'année 1919, l'Ukraine fut disputée entre l'armée nationaliste ukrainienne, l'armée « blanche » de Denikine, et l'armée soviétique qui soutenait la république communiste dirigée depuis mars 1919 par Rakosi. Au début de 1920, presque toute l'Ukraine était conquise par l'armée rouge. Petlioura se tourna alors vers les Polonais, qui reprirent Kiev aux bolcheviks (juin 1920). Cependant, le traité de Riga (18 mars 1921), qui mit fin à la guerre polono-soviétique, aboutit à un partage de l'Ukraine, la Pologne gardant la Galicie et la Volhynie, le reste de l'Ukraine restant aux bolcheviks.

Les dirigeants de Moscou comprirent la nécessité de faire des concessions, au moins temporaires, au nationalisme ukrainien. En août 1923, la langue ukrainienne devint langue officielle et Staline inaugura bientôt l'ère de l'« ukrainisation » (1924/28), tout en plaçant à la tête du parti communiste ukrainien son ami Kaganovitch (1925). De nombreux émigrés ukrainiens rentrèrent alors dans leur pays, mais, dès 1930, commença une longue série de procès au cours desquels l'élite ukrainienne devait être liquidée sous l'inculpation de « nationalisme bourgeois ». En 1933, dans le cadre de la campagne contre les koulaks (v.), l'Ukraine, qui était le « grenier à blé » de l'URSS, fut la plus touchée par une famine organisée. De mars à mai 1933, celle-ci fit 4 millions de victimes dans la seule Ukraine, bilan qui ne fut révélé que dans les années 1990. En Occident s'étaient formées plusieurs organisations nationalistes qui continuaient à travailler clandestinement à l'indépendance de l'Ukraine. À la suite du pacte germano-soviétique de 1939, l'URSS, en annexant les territoires orientaux de la Pologne, réunit toute l'ancienne Ukraine, mais celle-ci fut envahie par la Wehrmacht durant l'été 1941.

Les Ukrainiens participèrent activement à la résistance contre les Allemands, et les épreuves de la guerre contribuèrent à estomper l'ancien antagonisme russo-ukrainien. Dans cette évolution, un rôle important fut joué par le secrétaire général du parti communiste ukrainien, Nikita Khrouchtchev (1938/49). Cependant, l'Ukraine fut soumise à une politique de colonisation russe.

En 1954, à l'occasion du tricentenaire de l'accord de Pereïaslav liant l'Ukraine à la Russie, la Crimée fut administrativement rattachée à l'Ukraine. Alors que l'Ukraine avait été touchée par la Seconde Guerre mondiale, un effort particulier de reconstruction fut orienté dans les décennies suivantes vers l'industrie lourde, en particulier d'armement. La catastrophe nucléaire de Tchernobyl, en avr. 1986, suscita une forte réaction contre le pouvoir central et la politique de russification menée dans la république. C'est dans ce climat de contestation que se produisirent, en 1989, la naissance du mouvement nationaliste *Roukh*, la grève des mineurs du Donbass et la destitution du dirigeant du PC local, Vladimir Chtcherbitski.

En juill. 1990, le Parlement d'Ukraine proclama la souveraineté de la république et élut pour président le communiste Leonid Kravtchouk. Le 24 août 1991, après l'échec du putsch de Moscou, les députés, mettant à profit l'affaiblissement du pouvoir central, proclamèrent l'indépendance de l'Ukraine. Celle-ci fut confirmée par référendum (1er déc. 1991) et L. Kravtchouk fut élu au suffrage universel à la tête de l'État. « Grenier à blé » de l'ex-URSS, pourvue d'importantes ressources minières et d'une puissante industrie, l'Ukraine était cependant handicapée par une spécialisation économique héritée de la gestion soviétique. Ne maîtrisant pas l'ensemble des cycles de sa production, elle demeurait économiquement dépendante des États de la CEI. Troisième puissance nucléaire mondiale du fait des armes soviétiques stationnées sur son sol, elle avait, par ailleurs, sous la pression des Russes et des Occidentaux, consenti à sa dénucléarisation, moyennant une aide financière américaine. Les difficultés nées de la transition économique avaient, en outre, suscité l'exacerbation du sentiment national des minorités établies sur son territoire.

Conformément à ses engagements, le deuxième président de l'Ukraine indépendante, Leonid Koutchma, élu en juill. 1994, travailla à l'apaisement avec Moscou, adoptant une attitude plus souple que son prédécesseur sur la question de la Crimée. Il esquissa par ailleurs un rapprochement prudent avec l'Ouest, qui accrut un temps son aide économique à l'Ukraine, entre autres pour convaincre le pays de procéder à la fermeture de la centrale nucléaire de Tchernobyl (effective en déc. 2000). Au cours des années 1996 et 1997, ce fut cependant avec la Russie que le rapprochement fut le plus significatif : le Parlement ukrainien reconnut la Constitution de la république autonome de Crimée, majoritairement peuplée de Russes (avr. 1996), puis signa un traité d'amitié et de coopération en mai 1997, qui achoppait cependant sur la question du partage de la flotte de la mer Noire. La situation économique du pays se dégrada sérieusement en 1998, dans le sillage de la crise financière russe, avec notamment une chute de la monnaie en sept., tandis que le FMI suspendait ses crédits, accusant le gouvernement de détournements de fonds. L'élection présidentielle d'oct. 1999 reconduisit à son poste L. Koutchma, qui, dès avr. 2000, contre l'avis du Parlement ukrainien et du Conseil de l'Europe, fit approuver par référendum une extension de ses pouvoirs. Les élections législatives de mars 2002 ont sanctionné le président L. Koutchma, dont le parti arrive en deuxième position derrière celui des réformateurs, les communistes étant les grands perdants de ce scrutin.

ULBRICHT Walter (* Leipzig, 30.VI.1893, † Berlin, 1er.VIII.1973). Homme politique allemand. Ouvrier ébéniste, il se rallia au spartakisme et fut un des fondateurs du parti communiste allemand (1919). Il devint, en 1960 chef de l'État, avec le titre de président du Conseil d'État, tout en conservant jusqu'en mai 1971 la direction du parti. Voir **Allemagne (RDA)**.

ULÉMAS. Docteurs de la loi coranique qui exercèrent jusqu'à l'époque contemporaine, dans tous les pays musulmans, une influence prépondérante. Au temps du califat abbasside, en particulier aux XIIIe/XIVe s., les ulémas formaient une véritable caste. Gardiens rigoureux de l'orthodoxie, ils faisaient peser une lourde oppression intellectuelle sur les poètes, les écrivains, les philosophes, qui craignaient, à juste titre, d'être dénoncés par eux comme hérétiques. Le corps des ulémas englobait les imams (lecteurs des prières publiques dans les mosquées), les muftis (jurisconsultes de l'islam) et les cadis (magistrats). Ils conservèrent un grand rôle dans l'Empire ottoman, mais le mouvement de sécularisation qui s'est développé dans le monde arabe depuis 1918 et surtout depuis 1945 les a relégués au second plan. À partir des années 1980, l'expansion de la « révolution islamique » de type théocratique et clérical a redonné aux ulémas un rôle dans les États les moins laïcisés. Le début du IIIe millénaire voit cette tendance se renforcer avec la prolifération des mouvements islamistes et leurs actions terroristes.

ULFILAS ou **ULFILA** ou **ULPHILAS** ou **WULFILA** (* vers 311, † Constantinople, début 383). Apôtre des Goths. D'une famille cappadocienne qui avait été emmenée au N. du Danube par les Goths lors du raid de 264, il fut élevé comme un Goth et reçut le nom germanique de *Wulfila* (« petit loup »). Envoyé sans doute comme otage à Constantinople vers 332, il adhéra à l'arianisme et fut consacré évêque des Goths par le grand docteur arien Eusèbe vers 341. Revenu parmi les Goths, il les évangélisa pendant plus de quarante ans, d'abord sur les confins de l'Empire romain, puis en Mésie. Appartenant au parti semi-arien des homéens, il fit deux voyages à Constantinople : en 360, pour un concile arien, et en 383, pour faire cesser les querelles qui agitaient son parti. Grand missionnaire, il traduisit la Bible en langue gothique. Son influence historique devait être considérable : c'est à cause de lui que les Goths qui envahirent l'Empire romain au Ve s. étaient déjà acquis à l'hérésie arienne, à la différence des Francs, qui étaient encore païens et purent ainsi se convertir plus rapidement au catholicisme.

ULMANIS Karlis (* Berze, Courlande, 4.IX.1877, † en URSS, ?). Homme politique letton. Ingénieur agronome, il déclencha une agitation en faveur de l'indépendance lettonne lors de la révolution de 1905 et dut s'exiler aux États-Unis (1905/13). En nov. 1918, il fit partie du Conseil national qui proclama l'indépendance de la Lettonie, devint chef du gouvernement provisoire (1918/21) et libéra le pays à la fois des Allemands et des bolcheviks. Président du Conseil en 1925/26 et 1931, il revint au pouvoir en mars 1934, alors que la Lettonie souffrait gravement de l'instabilité ministérielle et de l'agitation des minorités communiste et nationale-socialiste. Soutenu par l'armée, il suspendit la Constitution, renvoya la Diète et gouverna dictatorialement, en cumulant, à partir de 1936, les titres de président de la République et de président du Conseil. Après l'occupation de la Lettonie par les troupes soviétiques, il fut arrêté et déporté en URSS (juill. 1940), et l'on ne sait quel fut son sort.

ULRICH (* Riquewihr, Alsace, 8.II.1487, † Tübingen, 6.XI.1550). Duc de Wurtemberg (1503/19 et 1534/50). Voir **Smalkalde (ligue de)**.

ULSTER. La plus septentrionale des provinces de l'ancienne Irlande, lorsque l'île faisait intégralement partie du Royaume-Uni. D'abord connu sous le nom gaélique d'*Uladh*, l'Ulster, au début de notre ère, formait un vaste royaume qui s'étendait sur plus de la moitié de l'île, de la Boyne au Shannon. Ce royaume se démembra au IVe s., et la famille des O'Neill devint la plus puissante du N. de l'île. Au XIIe s., lors de l'invasion anglo-normande, John de Courcy fit la conquête de l'Ulster, que Jean sans Terre lui enleva en 1205 pour le donner à Hugh de Lacy, lequel prit le titre de comte d'Ulster. Longtemps, la domination effective des Anglais ne devait pas dépasser le comté de Down

Ce fut seulement aux XVIe/XVIIe s., sous les règnes d'Élisabeth Ire et de Jacques Ier, que l'implantation anglaise s'étendit vers le N.-O., dans le comté de Londonderry (d'abord appelé Coleraine). À partir de cette époque, la province d'Ulster compta neuf comtés (Antrim, Down, Armagh, Monaghan, Londonderry, Donegal, Tyrone, Fermanagh et Cavan).

Après avoir essayé de faire échouer tous les *bills* du Home Rule (v.), les protestants de l'Ulster exigèrent de rester dans le Royaume-Uni. Lors du traité anglo-irlandais de 1921, qui créait un État libre d'Irlande (v.), l'Ulster fut divisé : les trois comtés catholiques de Cavan, Donegal, Monaghan furent intégrés à l'État libre d'Irlande, alors que les six autres comtés restaient partie intégrante du Royaume-Uni. Le nouvel Ulster était peuplé de deux tiers de protestants, et cette majorité formait la partie la plus riche de la population. Forts de leur nombre – mais aussi grâce à un découpage contestable des circonscriptions électorales et à un système censitaire qui fut maintenu en Irlande du Nord même après son abolition dans le reste du Royaume-Uni –, les protestants, représentés par le parti unioniste, s'assurèrent le monopole du pouvoir dès 1921. Les catholiques se regroupèrent dans le parti nationaliste, qui réclamait des liens plus étroits avec l'Irlande du Sud, sinon l'intégration pure et simple de l'Ulster à ce pays. Représenté au Parlement britannique, l'Ulster avait en outre son propre Parlement, composé d'une Chambre des communes et d'un Sénat.

S'estimant brimée politiquement et socialement (notamment en matière d'emploi et de logement), la minorité catholique inaugura, le 5 oct. 1968, à Londonderry, une violente campagne de protestation qui commença par des manifestations de rue et aboutit à des affrontements sanglants entre catholiques et protestants. Dès 1969, le gouvernement (travailliste) britannique envoyait l'armée pour pallier l'impuissance des autorités provinciales à maintenir l'ordre et, en 1972, l'Ulster repassait sous l'administration directe de Londres. La branche militaire du parti nationaliste irlandais Sinn Féin (v.), l'IRA (*Irish Republican Army*), alors communisante et en perte d'influence, retrouva sa combativité nationaliste, ses coups de main provoquant la riposte des extrémistes protestants. En 1981, plusieurs dirigeants de l'IRA, détenus en Angleterre, affrontèrent l'intransigeance du Premier ministre, Margaret Thatcher, et moururent au terme d'une grève de la faim sans avoir obtenu le statut de prisonniers politiques qu'ils réclamaient. En 1984, M. Thatcher échappa de peu à un attentat, mais remporta une importante victoire politique, avec l'accord anglo-irlandais de 1985 qui resserrait, en particulier, la collaboration des polices britannique et irlandaise dans la poursuite et l'extradition des militants extrémistes. L'IRA, devenue « provisoire », s'était considérablement durcie, et multipliait les attentats (parfois aveugles) contre l'« occupant » britannique. Le Sinn Féin, implanté également dans la république d'Irlande (v.), tentait, pour sa part, de profiter des institutions parlementaires, en Ulster, mais aussi au Parlement britannique, où il disposait de représentants (en 1988, redoutant l'effet de propagande, le gouvernement britannique fit interdire d'accès aux médias les députés du Sinn Féin).

Le Premier ministre John Major essaya, à partir de 1991, de sortir de cette spirale de la violence et favorisa des pourparlers entre les partis politiques de l'Irlande du Nord, à l'exclusion du Sinn Féin. Le 15 déc. 1993, lors d'une déclaration commune des gouvernements de Londres et de Dublin, la Grande-Bretagne s'engageait à renoncer à sa souveraineté en Irlande du Nord, à condition que la majorité de la population de l'Irlande du Nord manifestât le souhait d'être rattachée à la république d'Irlande. C'est dans ce nouveau contexte que, le 31 août 1994, l'IRA annonça un cessez-le-feu, imitée en cela, le 13 oct., par les troupes paramilitaires protestantes. En déc. 1994, les premiers pourparlers officiels s'engagèrent entre Londres et le leader du Sinn Féin, Gerry Adams. Le 21 févr. 1995, J. Major et le Premier ministre irlandais, John Bruton, signèrent un document devant servir de base à l'ensemble des négociations entre les partis afin de rendre irréversible le processus de paix. C'est dans ce contexte qu'eurent lieu, en mai 1996, des élections destinées à désigner les délégués aux pourparlers de paix. En juill. 1997, peu après la victoire des travaillistes aux législatives britanniques, l'IRA annonça une trêve des attentats qui permit, en déc. suivant, la rencontre historique d'une délégation du Sinn Féin menée par Gerry Adams et du nouveau Premier ministre britannique, Tony Blair. Les discussions aboutirent aux accords de Stormont (avr. 1998), qui prévoyaient la création d'une assemblée et d'un gouvernement semi-autonome en Ulster. Après un référendum en république d'Irlande – la réintégration de l'Ulster faisant partie de la Constitution, il fallait l'amender – et en Irlande du Nord, l'Assemblée se réunit en févr. 1999, mais la formation du gouvernement (nov. 1999) posa de nombreuses difficultés et il fut suspendu par Londres, puis rétabli dès que l'IRA se fut engagée à mettre ses armes hors d'usage. En juin 2000, des inspecteurs internationaux visitèrent plusieurs caches d'armes de l'IRA, mais certains faits firent douter de la fin du conflit : affrontements sanglants entre paramilitaires protestants et attentat à Londres à la fin de l'été. Les travaux du gouvernement achoppaient sur la question de la *Royal Ulster Constabulary* (RUC) – force de police dominée par les protestants et célèbre pour ses actes de répression anticatholique –, qu'il s'agissait de transformer en un corps multiconfessionnel. En octobre 2002, le gouvernement de Londres a suspendu les institutions semi-autonomes d'Irlande du Nord.

ULTRAMONTANISME. Ensemble des doctrines et des opinions des partisans d'un renforcement de l'autorité du Saint-Siège (qui se trouve, *au-delà des monts, à Rome*) sur l'Église catholique. L'ultramontanisme s'opposait au gallicanisme et à ses variantes germaniques, le joséphisme (v. JOSEPH II) notamment.

Des penseurs antirévolutionnaires, comme Joseph de Maistre dans *Du pape* (1819) et comme Lamennais dans l'*Essai sur l'indifférence* (1817) et surtout dans *De la religion considérée dans l'ordre politique et civil* (1825), envisageaient une vaste réorganisation de la société européenne autour du pape. On peut les considérer comme les fondateurs de l'ultramontanisme au XIXe s. Les mesures d'inspiration gallicane prises à l'encontre des écoles chrétiennes par le cabinet Martignac (1828) amenèrent les ultramontains à réclamer la rupture de l'alliance du trône et de l'autel. Dans *L'Avenir* (1830/31), Lamennais et ses amis Lacordaire et Montalembert revendiquaient uniquement pour l'Église le droit à la liberté commune et envisageaient sans inquiétude une séparation de l'Église et de l'État. Ils se trouvèrent ainsi amenés à soutenir la lutte des peuples (Italiens, Polonais) qui, dans les années 1830/31, se sont dressés contre les monarchies d'Ancien Régime.

On vit donc Grégoire XVI condamner *L'Avenir* et s'appuyer sur les monarques qui n'avaient cessé pourtant de vouloir limiter les droits du Saint-Siège sur les Églises nationales. Lamennais, stupéfait et désespéré, abandonna l'Église, et le parti ultramontain se trouva pendant quelques années l'objet des suspicions qui venaient de Rome même. Cependant, le libéralisme anticlérical de la monarchie de Juillet et la sympathie qu'attiraient au pape ses malheurs en Italie devaient faire naître, après 1848, une nouvelle tendance ultramontaine. Animée en France par Mgr Pie, évêque de Poitiers, par dom Guéranger, abbé de Solesmes, par Louis Veuillot, le brillant journaliste de *L'Univers*, cette école différait de la première en ce qu'elle était résolument antilibérale et qu'elle soutenait, avec Pie IX, non seulement le pouvoir temporel des papes, mais une opposition générale à la civilisation moderne, au libéralisme, au rationalisme, au naturalisme, qui devait trouver son expression la plus complète dans l'encyclique *Quanta cura* et dans le *Syllabus* (1864). À ce courant ultramontain s'opposaient en France une partie de l'épiscopat avec Mgr Sibour, archevêque de Paris, Mgr Dupanloup, évêque d'Orléans, et plusieurs publications catholiques (*L'Ami de la religion, Le Correspondant*). Le pontificat de Pie XII (1939/58) peut être considéré comme l'apogée de l'ultramontanisme.

ULTRAS. Sous la Restauration, nom donné par les libéraux à leurs adversaires de l'extrême droite, qui apparaissaient « plus royalistes que le roi » Louis XVIII et, donc, « ultraroyalistes ». En fait, ces hommes d'extrême droite étaient partages par des idées assez différentes : les uns, disciples des philosophes traditionalistes tels que Maistre et Bonald, aspiraient à un rétablissement intégral de la monarchie absolue, partant du principe que la souveraineté est de soi absolue et ne peut se partager ; d'autres, comme Chateaubriand, qui avait publié en 1816 un ouvrage intitulé *De la monarchie selon la Charte*, acceptaient sincèrement le régime représentatif, mais ils s'indignaient de voir Louis XVIII renvoyer la Chambre introuvable, ardemment royaliste (1816), et choisir ses ministres parmi des hommes qui avaient eu un passé révolutionnaire et bonapartiste. Dans le domaine religieux, les ultras étaient, en général, ultramontains et c'est dans leurs rangs que Lamennais, qui était encore Félicité de La Mennais, commença sa carrière de pamphlétaire.

Les ultras exprimaient respectueusement leur désaccord avec Louis XVIII par le cri de : « Vive le roi quand même ! », mais ils mettaient tous leurs espoirs dans le comte d'Artois (futur Charles X) et dans le duc de Berry. Leur parti était surtout composé de hobereaux, mais il comptait parmi ses chefs de grands seigneurs comme les Levis, les Fitz-James, les Montmorency, les La Rochefoucauld. Ses représentants les plus actifs furent Villèle, Chateaubriand, Vitrolles, Corbière, Castelbajac. Ses principaux journaux furent *Le Conservateur, La Quotidienne, Le Drapeau blanc*. L'assassinat du duc de Berry (févr. 1820) ayant entraîné la chute de Decazes, qui était la bête noire des ultras, ces derniers prirent le pouvoir avec Villèle (1821/27), mais Chateaubriand passa vers 1825 dans le camp des libéraux. Un nouveau ministère ultra, celui de Polignac, fut constitué en août 1829 ; il devait provoquer la révolution de 1830 et la chute des Bourbons.

UNESCO, *United Nations Educational, Scientific and Cultural Organization*, en français *Organisation des Nations unies pour l'éducation, la science et la culture*. Institution spécialisée de l'Organisation des Nations unies (ONU), créée le 4 nov. 1946, qui a pour objet de « contribuer au maintien de la paix et de la sécurité en resserrant par l'éducation, la science et la culture la collaboration entre les nations, afin d'assurer le respect universel de la justice, de la loi, des droits de l'homme et des libertés fondamentales, sans distinction de sexe, de race, de langue ou de religion, que la Charte des Nations unies reconnaît à tous les peuples ». L'Unesco comprend trois organes : une *conférence générale* des représentants des États membres, qui se réunit tous les deux ans ; un *conseil exécutif* de trente membres ; un *secrétariat général*, dont le siège est à Paris et qui est placé sous l'autorité d'un directeur général.

UNIATES. Nom donné aux chrétiens d'Orient qui appartiennent à la communion de l'Église romaine tout en conservant leur liturgie et leur droit canon particuliers. Le terme d'*uniate* (ou de gréco-catholique) fut d'abord appliqué aux Ruthènes de rite byzantin ; rompant avec le patriarcat de Moscou, ils se rallièrent à l'Église romaine par l'Union de Brest-Litovsk (1596). Après la Seconde Guerre mondiale, les autorités communistes obligèrent les uniates d'Ukraine et ceux de Roumanie à rompre avec Rome et à se rattacher aux Églises orthodoxes ukrainienne et roumaine (1946/48). À partir de 1989, les Églises orthodoxes, après des conflits parfois violents, ont restitué certains de leurs lieux de culte aux communautés uniates, officiellement reconstituées et sorties de la clandestinité.

UNICEF, *United Nations International Children's Emergency Fund.* Institution autonome appartenant au système des Nations unies et siégeant à New York. Créée en 1946 pour apporter un secours d'urgence aux enfants et adolescents victimes de la Seconde Guerre mondiale, elle a, depuis, concouru au développement de services sanitaires et d'éducation dans le monde entier. Dotée d'une capacité d'intervention d'urgence (épidémies, conflits civils, catastrophes naturelles), elle dépend des contributions volontaires des États. L'Unicef a reçu le prix Nobel de la paix en 1965.

UNIGENITUS. Bulle publiée par Clément XI le 8 sept. 1713 et condamnant 101 propositions extraites des *Réflexions morales sur le Nouveau Testament* de l'oratorien janséniste (v.) Quesnel.

UNION (Actes d'). Lois du Parlement anglais qui établirent l'union avec l'Écosse (1707) et avec l'Irlande (1800).

UNION (arrêt d'). Le 13 mai 1648, à la suite de la décision de Mazarin d'exiger des magistrats, au renouvellement du bail de la paulette (du nom de Charles Paulet, à l'origine de l'ordonnance de 1604 instaurant l'hérédité des offices), quatre années de leurs gages, en forme de prêt, le parlement, la Cour des aides et la Chambre des comptes rendirent un arrêt par lequel ils décidèrent de se réunir pour travailler à la réforme de l'État. Cette assemblée, qui eut lieu malgré l'interdiction royale, constitua le prélude de la Fronde.

UNION DE L'EUROPE OCCIDENTALE (UEO). Alliance militaire européenne conclue en 1954 entre les Six de la CECA et la Grande-Bretagne, les uns et les autres faisant par ailleurs partie de l'Alliance atlantique. Après l'effondrement du bloc de l'Est, l'UEO, seul bras armé de l'Europe, fut revitalisée. En 1992, l'Union européenne (UE) créait un corps militaire européen : l'Eurocorps. Ayant décidé de se doter de la capacité de gérer elle-même les crises militaires, l'UE mit fin à l'UEO en nov. 2000.

UNION DES DÉMOCRATES POUR LA Ve RÉPUBLIQUE (UDR). Parti politique français fondé en 1967. L'UDR a pris la suite de l'**Union pour la nouvelle république (UNR)**, laquelle avait été fondée le 1er oct. 1958, après le retour au pouvoir du général de Gaulle, par la réunion de plusieurs groupes gaullistes : le Centre national des républicains sociaux (Jacques Chaban-Delmas, Roger Frey), né en 1954 lorsque le Général avait mis fin à l'activité du Rassemblement du peuple français ; l'Union pour le renouveau français, de Jacques Soustelle, issue de l'Union pour le salut et le renouveau de l'Algérie française, créée en 1955 ; la Convention républicaine, de Léon Delbecque, créée en juill. 1958. Le programme de l'UNR tenait tout entier dans le soutien inconditionnel de la politique du général de Gaulle. Dès les élections des 23/30 nov. 1958, l'UNR devint le principal groupe de l'Assemblée nationale, bien que ses candidats n'eussent recueilli qu'un peu plus de 20 % des voix au premier tour (mais beaucoup de candidats gaullistes se présentaient encore sous des étiquettes différentes). Divisée momentanément par l'évolution de la politique algérienne du général de Gaulle (qui entraîna le départ de plusieurs députés et l'exclusion de J. Soustelle en 1959/60), l'UNR fut la grande bénéficiaire de la défaite du « cartel des non » au référendum de 1962 sur l'élection du président de la République au suffrage universel : aux élections des 18/25 nov. 1962, le « raz de marée UNR » emporta au premier tour 31,9 % des voix, pourcentage encore jamais atteint par aucun parti dans l'histoire parlementaire française ; au second tour, alliée à l'UDT (Union démocratique du travail, gaullistes de gauche), l'UNR obtint plus de 40 % des voix et 229 sièges à l'Assemblée. La majorité parlementaire fut constituée par l'alliance de l'UNR-UDT et des républicains indépendants de Valéry Giscard d'Estaing.

À la suite d'un reflux marqué aux élections des 5/12 mars 1967, où l'UNR perdit une trentaine de sièges, le mouvement prit un nouveau départ avec la fusion de l'UNR et de l'UDT dans l'**Union des démocrates pour la Ve République (UDR)**, fondée aux assises de Lille, en juin 1967. Après la crise de mai 1968, l'UDR, dont le sigle signifiait maintenant **Union pour la défense de la République** remporta son plus grand succès électoral, sous la conduite de Georges Pompidou, en obtenant 294 élus sur 485, soit la majorité absolue à l'Assemblée nationale. Après le départ du général de Gaulle, l'UDR, redevenue **Union des démocrates pour la République**, en 1971, en dépit de quelques tensions, réussit à maintenir son unité derrière G. Pompidou. À la mort de ce dernier, en avr. 1974, elle se trouva profondément divisée par la candidature brusquée de J. Chaban-Delmas à l'élection présidentielle ; cette candidature était considérée avec réserves par le Premier ministre, Pierre Messmer (qui ne réussit pas à faire l'union de toute la majorité sur son nom), et surtout par le ministre de l'Intérieur, Jacques Chirac, qui ne cachait pas ses sympathies pour la candidature de V. Giscard d'Estaing. Mais celui-ci, chef des indépendants, était suspect à beaucoup de militants de l'UDR, qui le rendaient responsable de l'échec du général de Gaulle au référendum d'avr. 1969. La défaite de J. Chaban-Delmas dès le premier tour de l'élection présidentielle et l'élection de V. Giscard d'Estaing, premier président non « gaulliste » de la Ve République, laissèrent l'UDR quelque peu désemparée, mais elle fut énergiquement reprise en main par J. Chirac, qui, devenu Premier ministre, assuma également pendant quelques mois les fonctions de secrétaire général de l'UDR. S'il fut, dans un premier temps, l'exécutant zélé de la politique présidentielle, J. Chirac, dont l'emprise sur l'UDR s'était renforcée au fil des mois, en vint rapidement à s'opposer au président de la République, dont il ne partageait ni la volonté de réforme ni le désir d'un élargissement de la majorité vers le centre gauche. Rompant avec la pratique institutionnelle de la Ve République, il démissionna avec fracas de ses fonctions de Premier ministre, le 25 août 1976.

Au risque d'apparaître comme un diviseur à la veille d'élections décisives, il entraînait alors l'UDR dans une attitude de contestation qui allait à la fois ternir l'image de la majorité et affaiblir l'autorité du chef de l'État. Dans un discours, baptisé avec une certaine emphase « l'appel d'Égletons », l'ancien Premier ministre annonçait, le 3 oct. 1976, sa volonté de transformer l'UDR en « un vaste rassemblement ». De fait, le 5 déc., à Paris, au cours d'un meeting à la porte de Versailles, naissait le **Rassemblement pour la République (RPR)** qui rendait caduque l'appellation d'UDR. Cette opération permettait à J. Chirac d'asseoir définitivement son autorité sur le mouvement gaulliste. Voir **Rassemblement pour la République (RPR)**.

UNION DES RÉPUBLIQUES SOCIALISTES SOVIÉTIQUES (URSS), *Soïouz Sovietskikh Sotsialistitcheskikh Respoublik (SSSR)*. Nom de l'entité politique fondée le 30 déc. 1922 à l'issue de l'Union des républiques socialistes soviétiques de Russie, d'Ukraine, de Biélorussie et de Transcaucasie, regroupant la majeure partie de l'ancien Empire russe balayé par la révolution bolchevique d'oct. 1917. L'URSS a officiellement cessé d'exister le 25 déc. 1991. Voir **Russie**.

UNION EUROPÉENNE (UE). Union de douze États européens, ratifiée par le traité de Maastricht (1991/92). Voir **Européennes (institutions)**.

UNION ÉVANGÉLIQUE, *Evangelische Union*. Ligue formée le 12 mai 1608, à Ahausen, par un certain nombre de princes luthériens ou calvinistes d'Allemagne : l'Électeur palatin Frédéric V, le duc de Wurtemberg, le margrave de Bade, les souverains d'Anhalt, de Kulmbach, d'Ansbach, du Palatinat-Neuburg, ainsi que les villes impériales de Strasbourg, Ulm, Nuremberg, auxquels se joignirent en 1608 l'Électeur de Brandebourg et le landgrave de Hesse-Kassel. Le plus puissant des princes protestants allemands, l'Électeur de Saxe, qui se refusait à faire cause commune avec des calvinistes, resta en dehors de cette alliance. À la formation de l'Union évangélique, les catholiques ripostèrent en constituant une Sainte Ligue, sous la direction du duc de Bavière, Maximilien. Engagée contre l'empereur durant la guerre de Trente Ans, l'Union évangélique se dispersa après la défaite de la Montagne-Blanche (1620).

UNION FRANÇAISE. La Constitution approuvée par le référendum du 13 oct. 1946, et qui devint ainsi la Constitution de la IVe République, donnait le nom d'*Union française* à l'ensemble formé par la France métropolitaine et par les divers pays d'outre-mer. Voir **Colonies.** La fin des empires coloniaux.

UNION POUR LA DÉMOCRATIE FRANÇAISE (UDF). Rassemblement créé le 1er févr. 1978, sous la présidence de Jean Lecanuet, entre le parti républicain, le Centre des démocrates sociaux (CDS), le parti radical, le parti social-démocrate et les clubs Perspectives et Réalités, afin de promouvoir une plate-forme politique commune et des candidatures communes aux élections. Dominée par la personnalité de Valéry Giscard d'Estaing, alors président de la République, l'UDF, sous l'étiquette vague de « centriste », regroupait des partis de toutes tendances, mais tous hostiles à une gauche basée sur une alliance socialo-communiste, et redoutant tous la rigidité du mouvement gaulliste, à propos de l'Europe communautaire d'abord, mais aussi dans l'exercice de la vie parlementaire. L'UDF opposait ainsi aux gaullistes un deuxième pôle de regroupement des électeurs conservateurs, premier pas vers la « décrispation », selon le mot de Giscard lui-même, de la vie politique française. L'UDF obtenait presque autant de voix que le RPR aux législatives de 1978 et plus de cent parlementaires. La candidature de Simone Veil (CDS) à la tête de la liste commune européenne, en 1979, fut un succès pour l'UDF et l'ensemble de la droite française. Mais, à la présidentielle de 1981, les rivalités entre Jacques Chirac, candidat gaulliste, et V. Giscard d'Estaing favorisèrent la victoire du candidat de gauche et le changement de majorité à l'Assemblée ; après les législatives de juin, l'UDF perdait près d'un quart de ses électeurs et les trois quarts de ses sièges à l'Assemblée. Les législatives de 1986, au scrutin proportionnel cette fois, virent la majorité parlementaire revenir à la droite unie. L'UDF contribua largement, avec d'importants ministères, aux orientations libérales du gouvernement d'union formé par le RPR J. Chirac. Cependant, à la présidentielle de 1988, UDF et RPR se divisèrent encore entre les candidatures de Raymond Barre, ancien Premier ministre de V. Giscard d'Estaing, et de J. Chirac. Cette division favorisa une nouvelle fois François Mitterrand, réélu face à une droite désemparée et de nouveau minoritaire à l'Assemblée, après les élections de juin 1988, disputées au scrutin majoritaire ; quatre ministres issus des rangs de l'UDF entrèrent dans le gouvernement du socialiste Michel Rocard. Aux élections européennes de 1989, le CDS soutint la liste de S. Veil contre celle menée par V. Giscard d'Estaing en union avec le RPR. Le succès de cette dernière (28,9 %) favorisa la poursuite du rapprochement entre l'UDF et le RPR. En vue des élections législatives de 1993, les deux partis formèrent l'Union pour la France, qui leur permit d'obtenir 485 sièges sur 578. Le gouvernement d'union formé par Édouard Balladur offrait à l'UDF quinze ministères sur vingt-huit, alors que le CDS renonçait à son groupe autonome. Mais l'union fut remise en cause par le score décevant de sa liste aux élections européennes de 1994 (25,6 %), et les divisions internes relancées par la campagne présidentielle de 1995. L'UDF soutint alors majoritairement la candidature d'Édouard Balladur, alors que V. Giscard d'Estaing et Alain Madelin appuyaient J. Chirac. Présidée depuis mars 1996 par François Léotard, qui succéda à V. Giscard d'Estaing, l'UDF n'obtint que 109 députés aux élections législatives anticipées de mai-juin 1997. La déroute de la droite parlementaire aux élections régionales de mars 1998 faillit être fatale à l'UDF. En mai 1998, A. Madelin entraîna en dehors de la formation l'une de ses principales composantes, Démocratie libérale (DL, ex-parti républicain, qui regroupait à l'origine les proches de V. Giscard d'Estaing). Accédant en sept. 1998 à la direction d'une UDF diminuée, François Bayrou obtint cependant des partis encore membres de l'organisation qu'ils renoncent à leur existence propre et se fondent dans une UDF unifiée, qui tenta de maintenir son statut de grand parti, en dépit de son mauvais résultat aux européennes de 1999 (9,29 % des suffrages exprimés). F. Bayrou, président de l'UDF, ne recueillit que 6,84 % des suffrages au premier tour de l'élection présidentielle d'avril 2002. En juin, l'UDF, avec 22 sièges, fut une des composantes de l'UMP (v.) qui remporta la majorité absolue aux élections législatives. En octobre 2002, V. Giscard d'Estaing, fondateur de l'UDF, approuva l'adhésion des centristes à l'UMP, tandis que F. Bayrou, président de l'UDF, entendit garder son autonomie en prévision des échéances électorales à venir. Les élections régionales et cantonales de mars 2004 ont sanctionné la défaite de l'UDF, alliée à l'UMP et aux autres mouvements de droite.

UNION POUR LA MAJORITÉ PRÉSIDENTIELLE (UMP). Parti de centre droit créé le 23 avr. 2002 et présidé par Alain Juppé. L'UMP a remporté la majorité absolue aux élections législatives du 16 juin 2002 avec 399 sièges. Comme l'UDF, l'UMP s'est trouvé sanctionnée aux élections régionales de mars 2004.

UNION SUD-AFRICAINE. De 1910 à 1960, désignation des territoires qui forment aujourd'hui la République sud-africaine. Voir **SUD-AFRICAINE (République)**.

UNIONISTE. En Angleterre, fraction du parti libéral qui, résolue à maintenir l'union de l'Irlande avec la Grande-Bretagne, rompit en 1886 avec Gladstone, qui s'était rallié au Home Rule. Voir **IRLANDE**.

UNKIAR-SKELESSI (traité d'). Traité signé le 8 juill. 1833 entre la Turquie et la Russie, laquelle était venue au secours du sultan, attaqué par le pacha d'Égypte Méhémet-Ali. Ce traité d'assistance mutuelle, conclu pour huit ans, comportait une clause secrète par laquelle le sultan s'engageait à fermer les Détroits à tous les navires de guerre non russes. Par la convention des Détroits de 1841, la Russie dut renoncer aux avantages que lui avait accordés le traité d'Unkiar-Skelessi. Voir **DÉTROITS (conventions des)**.

UNR. Désignation de l'Union pour la nouvelle République, mouvement gaulliste fondé le 1er oct. 1958. Voir **UNION DES DÉMOCRATES POUR LA Ve RÉPUBLIQUE (UDR)**.

URBAIN II le bienheureux, Odon de Lagery (* Châtillon-sur-Marne, vers 1042, † Rome, 29.VII. 1099). Pape (1088/99). Moine de Cluny, il fut appelé à Rome par Grégoire VII, qui le fit cardinal évêque d'Ostie (1078). Légat pontifical, il fit condamner l'antipape Clément III, qui servait la cause de l'empereur Henri IV. Urbain II succéda à Victor III sur le trône pontifical (1088), mais fut empêché d'entrer dans Rome, qui était aux mains de Clément III et du parti impérial. Il put cependant affaiblir la puissance impériale en proclamant roi d'Italie Conrad, fils d'Henri IV, ce qui lui ouvrit les portes de Rome (1093). Urbain II prêcha la première croisade au concile de paix de Clermont (1095) et tenta de réunir les Églises grecque et latine.

URBAIN VI, Bartolomeo Prignano (* Naples, 1318, † Rome, 15.X.1389). Pape (1378/89). Archevêque d'Acerenza (1364), puis de Bari (1377), il fut élu pape en avr. 1378, après la mort de Grégoire XI, sous la pression du peuple romain, qui réclamait un pape italien. Désireux d'imposer une réforme profonde de l'Église, d'une austérité agressive, il dressa contre lui, par ses violences, les cardinaux qu'il prétendait réformer. Treize d'entre eux, la plupart français, retirés à Anagni, lui suscitèrent, en sept. 1378, un rival en la personne du cardinal Robert de Genève, qui prit le nom de Clément VII. Ce fut le début du Grand Schisme d'Occident, qui devait durer presque quarante ans (v. **SCHISME D'OCCIDENT**). Urbain VI dépouilla du royaume de Naples la reine Jeanne, qui avait pris parti pour Clément VII, et nomma roi à sa place Charles de Duras (1380). Il ne tarda pas à se brouiller avec ce dernier, qui le fit prisonnier (1383/84). Ayant recouvré sa liberté, il réorganisa la curie pontificale à Rome, puis laissa Rome à son adversaire Clément VII, tandis que son autorité n'était reconnue que par l'Angleterre et ses alliés. Toute la fin de son pontificat fut occupée par ses projets de conquête du royaume de Naples, qui restèrent vains. Urbain VI décida qu'un Jubilé serait célébré tous les trente-trois ans. C'est lui qui établit la fête de la Visitation dans l'Église universelle (1389).

URBAIN VIII, Maffeo Barberini (* Florence, baptisé le 5.IV.1568, † Rome, 29.VII.1644). Pape (1623/44). Successeur de Grégoire XV en août 1623, il pratiqua le népotisme, mais protégea les sciences et les arts et s'occupa aussi activement des intérêts temporels du Saint-Siège que des affaires spirituelles. Il recouvra le duché d'Urbino, mais échoua dans la guerre de Parme contre les Farnèse (1641/44). Intéressé aux missions, il fonda le *Collegium Urbanum* pour la propagande de la foi (1627). Il condamna l'*Augustinus* de Jansénius par la bulle *In eminenti* (1642). C'est sous son pontificat que fut prononcée la seconde condamnation de Galilée (1633). Dans la guerre de Trente Ans, il resta neutre, ce qui souleva l'indignation de l'Allemagne catholique ; il favorisa même, du moins au début, la politique de Richelieu contre les Habsbourg. Urbain VIII approuva les ordres nouveaux de la Visitation et des lazaristes.

URQUIZA Justo José de (* Arroyo de la China, Entre Ríos, 19.III.1800, † San Jose, Entre Ríos, 11.IV.1870). Homme politique argentin. Allié de Rosas, il devint gouverneur de la province d'Entre Ríos en 1842. En 1851, il se retourna contre Rosas et, avec l'aide des Brésiliens, le vainquit à la bataille de Monte Caseros (févr. 1852). Devenu maître du pays et élu président, il dut faire face au séparatisme de Buenos Aires. La bataille que lui livra Mitre à Pavon (1861) resta indécise, mais Urquiza préféra s'effacer devant Mitre et se retirer dans ses terres de l'Entre Ríos. C'est là qu'il fut assassiné, à l'instigation d'un rival local.

URRAQUE, Urraca (* 1081, † 1126). Reine de Castille et de León (1109/26). Fille d'Alphonse VI, elle resta veuve en 1106 de son premier mari, Raymond de Bourgogne, dont elle avait eu le futur Alphonse VII. En 1109, elle se remaria avec Alphonse Ier le Batailleur, roi d'Aragon et de Navarre, mais les deux époux ne tardèrent pas à se quereller, car Alphonse Ier tentait de réunir la Castille à ses États et se fit même reconnaître roi de Castille par un parti puissant. Le pape Pascal II annula le mariage, et Alphonse Ier dut finalement renoncer à la Castille (1114). Cependant, Urraque dut encore combattre contre son propre fils, Alphonse VII, que les Castillans avaient reconnu pour roi.

URSINS, Marie Anne de La Trémoille, princesse des (* Paris, 1642, † Rome, 5.XII.1722). Considérée comme un agent français par Louis XIV, elle devint *Camarera mayor* de Marie-Louise Gabrielle de Savoie, dont elle avait favorisé le mariage avec le roi d'Espagne Philippe V (1701). Son influence fut immense à la cour et au gouvernement espagnols, mais rarement au bénéfice des intérêts français. Louis XIV la fit rappeler en 1704, acceptant cependant, sur les instances de Mme de Maintenon, de la renvoyer en Espagne, où elle joua de son influence dans un sens plus favorable à la France. Après la mort de la reine Marie-Louise, Élisabeth Farnèse, la nouvelle épouse de Philippe V (1714), la congédia.

URSS. Voir UNION DES RÉPUBLIQUES SOCIALISTES SOVIÉTIQUES.

URUGUAY, *Republica Oriental del Uruguay*. État de l'Amérique du Sud, situé entre l'Argentine et le Brésil ; capitale *Montevideo*. Découvert en 1516 par Juan Díaz de Solís, qui pénétra le premier dans le río de la Plata, l'Uruguay, qui ne possédait pas de ressources minérales, n'intéressa guère les premiers colonisateurs. Au cours du XVIIe s., franciscains et jésuites convertirent au christianisme les nomades indiens Charrúas. Les Portugais ayant établi en 1680 un poste sur le río de la Plata, en face de Buenos Aires, l'Uruguay prit une importance stratégique, et la « Banda Oriental » – c'est le nom qu'on donnait alors au pays – devint l'enjeu d'une lutte très âpre entre les Espagnols établis à Buenos Aires et les Portugais du Brésil. En 1726, l'Espagnol Zavala construisit une forteresse qui fut à l'origine de la ville de Montevideo. Vers 1776/77, les Espagnols se rendirent maîtres de tout le territoire actuel de l'Uruguay. En 1807, les Anglais occupèrent pendant quelques mois Montevideo, où ils introduisirent marchandises européennes et idées libérales. En 1810, Artigas, chef des gauchos de l'intérieur, se rallia à la junte insurrectionnelle de Buenos Aires et attaqua les Espagnols de Montevideo. Les Argentins n'ayant pas voulu reconnaître l'indépendance uruguayenne, il organisa vers le nord du pays le « grand exode du peuple oriental », puis reconquit tout l'Uruguay sur les Argentins (1814). L'alliance des Argentins et des Brésiliens força le héros national à se réfugier au Paraguay (1820) ; en 1821, l'Uruguay fut incorporé dans le nouvel empire du Brésil. Mais la population se souleva en 1825, et, avec l'aide des Argentins, les Uruguayens remportèrent sur les Brésiliens une victoire décisive à Ituzaingo (20 févr. 1827). Le traité de Rio de Janeiro (27 août 1828) reconnut l'indépendance de l'Uruguay.

Tout le XIXe s. devait être troublé par une instabilité politique chronique et par de nombreuses guerres civiles. Vers 1838 se formèrent deux partis : les *colorados* (libéraux) de Rivera et les *blancos* (conservateurs) d'Oribe. Avec l'appui du dictateur argentin Rosas, Oribe vint mettre le siège en 1843 devant Montevideo, où Garibaldi et ses « Chemises rouges » s'illustrèrent dans la défense de la ville. Après une nouvelle période de troubles, les colorados, qui avaient maintenant pour chef Venancio Flores, s'emparèrent du pouvoir en 1865 : ils devaient le conserver jusqu'en 1958. Allié au Brésil et à l'Argentine, l'Uruguay prit part à la sanglante guerre de 1865/70 contre le Paraguay. La vie économique, qui avait été complètement désorganisée par les longues guerres civiles, connut un renouveau dans le dernier tiers du XIXe s. ; l'élevage des bovins, qui avait été introduit dès 1603 par le gouverneur espagnol

Hernando Arias de Saavedra, est resté jusqu'à nos jours la base de l'économie uruguayenne.

Après avoir connu plusieurs dictatures militaires, l'Uruguay trouva son plus grand homme politique avec le journaliste Battle y Ordoñez, chef du parti des colorados. Président de la République de 1903 à 1907 et de 1911 à 1915, Battle essaya de faire de l'Uruguay une authentique démocratie : il garantit les libertés de réunion et de presse, établit l'instruction gratuite et obligatoire, prépara la séparation de l'Église et de l'État (1916) et laissa comme idéal à son parti l'institution d'un pouvoir exécutif collégial, à la manière suisse. Cependant, l'Uruguay devait encore connaître la dictature du président Terra, qui imposa en 1934 une Constitution autoritaire. Pendant plus de trente ans, libéraux et nationalistes alternèrent au pouvoir. Le fait majeur de la vie politique, à partir de 1963, fut le développement d'une guérilla urbaine menée par un mouvement d'extrême gauche, les Tupamaros. Pour réduire ce mouvement, le président Bordaberry fut amené, en juin 1973, à dissoudre le Congrès, à gouverner par décrets et à laisser des pouvoirs de plus en plus étendus à l'armée. Celle-ci réussit à démanteler la plus grande partie de l'organisation clandestine des Tupamaros, mais elle étendit sa répression aux mouvements d'opposition de gauche légaux, ainsi qu'aux journaux et aux éditions de tendance marxiste. Le 12 juin 1976, une junte militaire déposait le président Bordaberry, taxé de mollesse, et le privait de ses droits politiques pour une durée de quinze ans.

En collaboration avec le Chili et l'Argentine, l'armée uruguayenne s'employa à réduire l'opposition de gauche au silence, pratiquant la torture, comme l'établirent plus tard les témoignages des détenus. Elle remit enfin le pouvoir aux civils en 1984, et Julio Maria Sanguinetti, du parti colorado, libéral, fut élu à la présidence de la République. Une loi d'amnistie contre les exactions commises par les militaires pendant la dictature fut soumise à référendum en avr. 1989 : la majorité des Uruguayens confirma son adoption et se refusa à mettre en péril l'actuelle paix civile. En nov. 1989, le candidat centriste (blanco) Luis Lacalle était élu président de la République mais échoua dans sa tentative de politique néolibérale. En 1994, le parti colorado revenait au pouvoir avec l'élection de J.M. Sanguinetti à la présidence de la République et la formation d'un gouvernement de coalition avec le parti national. Les élections de la fin 1999 portèrent à la présidence Jorge Battle Ibañez, candidat du parti colorado, comme son prédécesseur. À l'inverse de celui-ci, il répondit à la demande d'investigation émanant de la société civile en nommant, en août 2000, une commission d'enquête sur les disparus de la dictature militaire, sans pour autant remettre en cause l'amnistie votée en 1989. La crise financière brésilienne de janv. 1999 aggrava les difficultés économiques de l'Uruguay et une grève générale, en juin 2000, témoigna de l'inquiétude de la population devant l'ampleur du chômage. En août 2003, Montevideo a été le théâtre de graves émeutes de la faim.

UTRECHT (traités d', 1713/15). Traités qui mirent fin à la guerre de la Succession d'Espagne. Aux traités signés à Utrecht le 11 avr. 1713, entre la France et l'Espagne d'une part, l'Angleterre, la Hollande, le Portugal, la Savoie et la Prusse d'autre part, s'ajoutèrent : le traité de Rastadt (6 mars 1714), entre la France et l'empereur ; le traité de Baden (7 sept. 1714), qui étendit les clauses du traité de Rastadt à tous les membres du Saint Empire ; le traité d'Anvers ou « traité de la Barrière » (15 nov. 1715), qui régla les rapports entre les Pays-Bas méridionaux et la Hollande. Philippe V, petit-fils de Louis XIV, fut reconnu roi d'Espagne et des colonies espagnoles, mais il céda à l'Angleterre Gibraltar et Minorque et lui accorda, pour trente ans, le monopole de la traite des Noirs dans les colonies d'Amérique (privilège de l'*asiento*). Le duc de Savoie obtint une partie du Milanais, fut confirmé dans la possession du Montferrat, recouvra la Savoie, qui avait été occupée par les troupes françaises, céda à la France la vallée de Barcelonnette en échange de Fenestrelle et d'Exilles ; il reçut en outre la Sicile, avec le titre de roi (il dut ensuite échanger avec les Habsbourg la Sicile contre la Sardaigne). L'Électeur de Brandebourg fut reconnu roi « en Prusse », reçut la haute Gueldre et fut reconnu prince de Neuchâtel ; en échange, comme héritier de Guillaume III, il céda à la France la principauté d'Orange. L'Angleterre fit reconnaître par Louis XIV la succession hanovrienne au trône britannique ; Louis XIV dut s'engager à ne plus apporter de soutien à la cause des Stuarts ; il promit de démolir les fortifications du port de Dunkerque et céda aux Anglais Terre-Neuve, l'Acadie, la baie d'Hudson et l'île de Saint-Christophe (Saint Christopher), aux Antilles. La Hollande obtint la création, à la frontière française du N.-O., d'une « barrière » de huit forteresses (Furnes, Ypres, Menin, Tournai, Mons, Charleroi, Namur, et Gand), qui seraient occupées par des garnisons hollandaises ; il fut convenu qu'aucune forteresse, ville ou province des Pays-Bas ne pourrait jamais être cédée à la France à quelque titre que ce soit ; au point de vue économique, la France dut accorder à la Hollande le traitement de la nation la plus favorisée. L'empereur Charles VI obtint la plupart des possessions non ibériques de l'Espagne : les Pays-Bas méridionaux, le Milanais, le Mantouan, Naples, la Sardaigne (il échangea ensuite cette île avec la Savoie contre la Sicile). Louis XIV obtint de Charles VI qu'il restituât tous leurs États aux Électeurs de Bavière et de Cologne, alliés de la France. La France rendit à l'Allemagne Brisach, Fribourg, Kehl, détruisit les fortifications qu'elle détenait dans les îles et sur la rive droite du Rhin, mais garda Landau. Charles VI dut entretenir à ses frais les garnisons hollandaises des places de la « barrière ».

Les traités d'Utrecht modifièrent profondément la situation créée en Europe par les traités de Westphalie (1648). Ils mirent fin à la tentative d hégémonie française poursuivie pendant le règne de Louis XIV. La principale bénéficiaire fut l'Angleterre, qui avait acquis de nouvelles colonies et d'importants privilèges commerciaux en Amérique et qui contrebalançait l'influence de la France dans la péninsule Ibérique par l'acquisition de Gibraltar et de Minorque et par son alliance avec le Portugal. Deux puissances jusqu'alors secondaires, la Prusse et la Savoie, passaient au premier plan. La France avait l'humiliation de voir désormais se dresser contre elle, dans les Pays-Bas, les places de la « barrière », mais elle conservait sur le continent les principales acquisitions du règne de Louis XIV. La présence d'un Bourbon sur le trône d'Espagne effaçait la menace séculaire sur les Pyrénées et devait assurer pendant tout le XVIIe s. l'alliance franco-espagnole, consacrée par le « pacte de Famille » (v.) de 1761.

V

VAILLANT Édouard (* Vierzon, Cher 26.I.1840, † Paris, 18.XII.1915). Homme politique français. Disciple de Blanqui, il fut membre de la Commune (mars 1871), au sein de laquelle il s'occupa surtout des problèmes de l'enseignement. Condamné à mort par contumace, il vécut jusqu'en 1880 exilé en Angleterre ; il y rencontra Marx, mais resta fidèle au socialisme de Blanqui. Il fut l'un des fondateurs du mouvement socialiste révolutionnaire. Député de Paris à partir de 1893, il participa à la construction du parti socialiste et devint l'ami de Jaurès. En 1914, considérant que la France était victime d'une agression impérialiste, il se rallia à l'« Union sacrée ».

VAINE PÂTURE. Droit pour tous les habitants d'une commune de faire paître le bétail sur les terres non ensemencées. Cet usage, général au Moyen Âge, recula à partir du XVIIe s., de nombreux propriétaires, soutenus par des édits royaux, usant du droit de clôturer leurs terres. Voir **Féodalité**.

VAJPAYEE Atal Bihari (Gwalior, Madhya Pradesh, 25.XII.1926). Homme politique indien. Ce brahmane fut membre du parti du Congrès de 1942 à 1943, avant de participer en 1951 à la fondation du parti Bharatiya Jana Sangh, puis, après avoir été emprisonné pendant l'état d'urgence de 1975/77, à celle du Janata Party en 1977. Ministre des Affaires étrangères (1977/79) après la défaite électorale du parti du Congrès, président du Bharatiya Janata Party (BJP) de 1980 à 1986, il devint Premier ministre en 1998, après la victoire de son parti aux élection législatives. Le BJP ne disposant pas de la majorité absolue, il se retrouva à la tête de plusieurs gouvernements de coalition successifs et fut mis en minorité par le Parlement en avr. 1999. Contraint à la démission, il fut cependant reconduit au poste de Premier ministre après la courte victoire electorale du BJP aux législatives partielles de sept. 1999.

VALACHIE. Région historique de la Roumanie, entre les Carpates méridionales et le Danube. Voir **Roumanie**.

VALAIS, en allemand *Wallis*. Canton de la Suisse méridionale, qui s'étend sur la haute vallée du Rhône ; chef-lieu *Sion*. Appelé dans l'Antiquité *Vallis Poenina*, le Valais fut conquis par Rome en 57 av. J.-C. et profondément romanisé. Il fit ensuite partie du royaume burgonde, et l'abbaye d'Agaune (Saint-Maurice) devint un puissant foyer du christianisme. En 999, Rodolphe III, dernier roi de Bourgogne Transjurane, n'ayant pas d'enfant, remit le comté du Valais aux évêques de Sion, qui conservèrent le titre de comte et la souveraineté temporelle jusqu'à la Révolution française. De longues guerres opposèrent les évêques aux comtes de Savoie, qui réussirent à imposer leurs candidats sur le siège épiscopal. Les patriotes valaisans s'allièrent avec Lucerne, Uri et Unterwald, et, en 1475/76, ils enlevèrent à la Savoie le Bas-Valais ainsi que Saint-Maurice, Évian et Thonon. La Réforme catholique menée par l'évêque Adrien II de Riedmatten triompha dans le Valais au XVIIe s. Mais celui-ci ne put maintenir son autorité temporelle, et le Valais devint complètement indépendant de ses évêques (1630). Occupé par les Français en 1798, le Valais fut érigé par Bonaparte en État indépendant, sous le nom de « République rhodanienne » (1802), puis il fut annexé à l'Empire français, où il forma le département du Simplon (1810/14). À la chute de Napoléon, le Valais devint un canton de la Confédération helvétique. Il fit partie du Sonderbund en 1845/47.

VALDEMAR Ier le Grand (* 1131, † Vordingborg, 12.V.1182). Roi de Danemark (1157/82). Voir **Danemark**.

VALDEMAR II le Victorieux (* 1170, † Vordingborg, 28.III.1241). Roi de Danemark (1202/41). Voir **Danemark**.

VALDEMAR IV Atterdag (* vers 1320, † 24.X. 1375). Roi de Danemark (1340/75). Voir **Danemark**.

VALDO Pierre (* 1140, † 1217). Fondateur de la secte des vaudois. Voir **Vaudois**.

VALENCE (royaume de). Royaume maure d'Espagne constitué en 1021, lors du déclin du califat de Cordoue, par Abd el-Aziz el-Mansour. Soumis aux attaques des Castillans, qui y installèrent, en 1085, leur vassal El-Kadir, il devint en 1092 un protectorat des Almoravides, mais fut conquis en 1094 par le Cid ; celui-ci s'y maintint jusqu'à sa mort (1099), et sa veuve, Chimène, continua de défendre Valence jusqu'en 1102. Le royaume retomba alors sous la tutelle des Almoravides, auxquels succédèrent les Almohades, qui régnèrent jusqu'à la reconquête définitive de Valence par Jacques Ier d'Aragon (28 sept. 1238).

VALENS Flavius (* 328, † Andrinople, 9.VIII.378). Empereur romain (364/78). D'origine illyrienne, il fit partie de la garde de l'empereur Julien et, sur le désir de l'armée, fut associé à la dignité impériale par son frère aîné, Valentinien Ier, qui lui confia le gouvernement de l'Orient. Sans grandes qualités militaires, il triompha, grâce à ses généraux, de la révolte de Procope (365/66). Au nom de l'arianisme (v.), il persécuta catholiques et païens. Après une guerre contre les Wisigoths, il permit à ceux-ci de s'installer en Mésie (376) et favorisa leur conversion à l'arianisme. Mais les exactions des fonctionnaires impériaux amenèrent les Goths à reprendre les armes. Après plusieurs de ses généraux, Valens lui-même fut vaincu près d'Andrinople et périt brûlé dans une chaumière où il s'était réfugié.

VALENTINIEN Ier, Flavius Valentinianus (* Cibalis, Pannonie, 321, † Brigerio, Pannonie, 17.XI.375). Empereur romain (364/75). Frère de Flavius Valens, il fut proclamé empereur par l'armée à la mort de Julien. Il laissa l'Orient à Valens et se consacra à la défense de l'Occident avec l'aide d'un brillant général, Théodose (père de Théodose le Grand). Établissant dès 367 sa résidence à Trèves, il renforça la frontière du Rhin et fit pacifier la province de Bretagne par Théodose. Opposé aux riches latifundiaires, il mena une politique favorable à la plèbe en multipliant les distributions à Rome et en instituant des avocats des pauvres dans la cité. Sa politique religieuse fut tolérante. Il mourut au cours d'une campagne contre les Quades des régions danubiennes.

VALENTINIEN II, Flavius Valentinianus (* 371, † Vienne, Gaule, mai 392). Empereur romain (375/92). Fils de Valentinien Ier, il n'avait que quatre ans à la mort de son père, auquel il succéda en Occident, avec son demi-frère, Gratien, cependant que Théodose régnait en Orient. Établi à Milan, il gouverna nominalement l'Italie, l'Illyrie et l'Afrique, mais resta en fait sous la tutelle absolue de sa mère, l'impératrice Justine. Celle-ci favorisa l'arianisme (v.), mais se heurta, à Milan, à la résistance de st Ambroise. Contraint de fuir l'usurpateur Maxime (387), Valentinien II fut rétabli par Théodose (388). Il mourut assassiné, peut-être à l'instigation de son général gaulois, Arbogast.

VALENTINIEN III, Flavius Placidus Valentinianus (* Ravenne, 419, † près de Rome, 16.III.455). Empereur romain (425/55). Fils de Constance III et de Galla Placidia, gendre de l'empereur d'Orient Théodose II, il régna en Occident. Son règne vit le démembrement de l'Empire, en dépit de la victoire d'Aetius sur Attila aux champs Catalauniques (451). La Bretagne, la plus grande partie de la Gaule et l'Espagne durent être abandonnées, et les Vandales s'emparèrent de l'Afrique (429/39). Quelques mois après avoir mis à mort Aetius, Valentinien III fut lui-même assassiné.

VALÉRIEN, Publius Licinius Valerianus († en Perse, 260). Empereur romain (253/60). D'une vieille famille, prince du Sénat en 238, il était presque sexagénaire lorsque la défaite et la mort de l'empereur Gallus, qu'il venait secourir contre Émilien, le firent proclamer empereur par les légions de Gaule et de Germanie (253). Il associa son fils Gallien à l'Empire et lui confia la défense de l'Occident, tandis que lui-même allait combattre en Orient contre les Perses sassanides. Vaincu près d'Édesse, il tomba aux mains de Sapor Ier, qui le tint captif jusqu'à sa mort. Pour préserver l'unité de l'Empire, Valérien avait déclenché contre les chrétiens la persécution de 257/58, au cours de laquelle périt st Cyprien.

VALERIUS PUBLICOLA Publius (fin du VIe s. av. J.-C.). Homme politique romain. Consul en 509 av. J.-C., il fut un des fondateurs de la République romaine. Pour ne pas exciter l'envie, il abandonna la belle maison qu'il occupait sur le Palatin et vint habiter parmi le peuple. Il fit distribuer aux pauvres les biens des Tarquins. Selon la tradition, il aurait donné à tout citoyen le droit d'en appeler au peuple des sentences des consuls et autres magistrats et aurait créé deux questeurs pour la garde du trésor.

VALMY. Localité de France (Marne), à l'O. de Sainte-Menehould. C'est devant Valmy que Dumouriez et Kellermann, le 20 sept. 1792, firent face à l'armée prussienne conduite par le duc de Brunswick. La « bataille de Valmy » se résuma à une canonnade, mais la retraite des Prussiens produisit un immense effet moral dont Goethe lui-même, qui assista à la bataille dans le camp allemand, devait porter témoignage dans sa *Campagne de France* (rédigée en 1820) : « D'ici et d'aujourd'hui, aurait-il déclaré le jour de Valmy, date une époque nouvelle de l'histoire universelle. »

VALOIS (maison de). Branche des Capétiens qui régna sur la France de 1328 à 1589. Cette famille fut fondée par Charles de Valois, fils puîné de Philippe III le Hardi, qui, en 1284, reçut de son père le comté de Valois en apanage. Les trois fils de Philippe IV le Bel (Louis X, Philippe V et Charles IV) étant morts sans postérité mâle, les Valois montèrent sur le trône en 1328 avec Philippe VI, fils de Charles de Valois et neveu de Philippe le Bel. Prince français, Philippe VI fut préféré à Édouard III, roi d'Angleterre, petit-fils de Philippe le Bel par sa mère Isabelle de France, ce qui fut une des causes de la guerre de Cent Ans (v.).

On distingue trois branches dans la dynastie des Valois : les **Valois directs**, qui régnèrent de 1328 à

1498 (Philippe VI, Jean II, Charles V, Charles VI, Charles VII, Louis XI et Charles VIII) ; les **Valois-Orléans,** représentés sur le trône par Louis XII (1498/1515), lequel descendait de Charles, fils aîné de Louis, duc d'Orléans, frère de Charles VI ; les **Valois-Angoulême**, qui descendaient du second fils de Louis d'Orléans, Jean, comte d'Angoulême, et régnèrent de 1515 à 1589 (François Ier, Henri II, François II, Charles IX et Henri III).

VALTELINE, en italien *Valtellina*, en allemand *Veltlin*. Petite région de l'Italie septentrionale, dans les Alpes, formée par la haute vallée de l'Adda et correspondant à l'actuelle province italienne de Sondrio. La Valteline formait, à l'époque romaine, la partie méridionale de la Rhétie. Disputée au Moyen Âge entre les évêques de Coire, les habitants de Côme et les ducs de Milan, elle passa en 1335 aux Visconti milanais puis aux ligues des Grisons après 1486. Les troubles suscités en Valteline par la Réforme fournirent aux grandes puissances européennes un prétexte d'intervention ; en effet, cette petite vallée présentait un grand intérêt stratégique, car elle permettait aux Habsbourg de communiquer directement avec leurs possessions de Lombardie. Soutenus par l'Espagne, les catholiques se livrèrent en juill./août 1620 à un massacre des protestants de Valteline. La France résolut d'intervenir aux côtés des protestants et des ligues grisonnes. Occupée tour à tour par les Espagnols et par les Français, la Valteline revint finalement dans la dépendance des Grisons (1639). Annexée en 1797 à la République cisalpine, en 1805 au royaume d'Italie, elle fut attribuée en 1815, en dépit des protestations des Grisons, au royaume autrichien de Lombardie-Vénétie, avec lequel elle entra en 1859 dans le nouveau royaume d'Italie. Seule la petite vallée latérale de Poschiavo est restée aux Grisons et fait partie de la Confédération helvétique.

VAN ACKER Achille (* Bruges, 8.IV.1898, † Bruges, 10.VII.1975). Homme politique belge. Député socialiste en 1936, il fut à trois reprises Premier ministre entre févr. 1945 et juill. 1946. De nouveau Premier ministre (1954/58), il forma un gouvernement socialiste et libéral (avec Spaak aux Affaires étrangères) ; c'est sous ce ministère que furent ratifiés les accords de Paris, signé le traité de Rome instituant le Marché commun et votée la loi Collard sur l'enseignement.

VAN BUREN Martin (* Kinderhook, New York, 5.XII.1782, † Kinderhook, 24.VII.1862). Homme politique américain. Fils d'un fermier aubergiste, il devint avocat sans être passé par l'Université. Sénateur (1821/28), il mit son influence et celle de la puissante clique politique connue sous le nom d'Albany Regency au service de Jackson, qui le prit comme secrétaire d'État (1829/31) et dont il fut le proche conseiller. Vice-président sous Jackson (1833/37), il dut à ce dernier d'être élu huitième président des États-Unis (1837/41). Son administration fut surtout marquée par la grande crise économique et financière de 1837, qui lui fit perdre sa popularité, de même que par son opposition à l'annexion du Texas. Il fit partie du Tammany's Hall (v.).

VANDALES. Nom d'un groupe de Germains orientaux qui étaient établis au début du IIIe s. de notre ère entre la Vistule et l'Oder ; il comprenait principalement les Asdings et les Silings. Vers 270/80, des Vandales pénétrèrent en Pannonie et en Dacie. En 406, entraînant avec eux les Suèves et les Alains, ainsi qu'un groupe de Silings qui, dès 260, s'était établi dans la région du Main, ils marchèrent vers l'O., franchirent le Rhin, dévastèrent pendant deux ans la Gaule, avant de pénétrer en Espagne (409) : les Asdings occupèrent alors la Galice, les Silings l'Andalousie. L'empereur Honorius leur donna la qualité de fédérés (412), mais il jeta sur eux les Wisigoths. Au cours de guerres qui se poursuivirent pendant plus de dix ans, les Silings furent pratiquement exterminés ; le reste se joignit aux Asdings, qui, pressés par les Wisigoths et les Suèves, décidèrent en 428 ou 429 de passer en Afrique.

Conduits par leur roi Genséric (ou Geiséric, 428/77), les Vandales occupèrent très rapidement toute la Berbérie, dont ils étaient maîtres au printemps 430 (à l'exception des villes de Carthage, d'Hippone et de Cirta). En 435, Valentinien III voulut faire la paix avec Genséric, auquel il reconnut la possession d'Hippone et de Cirta, avec la qualité de fédéré. Mais, le 19 oct. 439, les Vandales s'emparaient également de Carthage, qui devint leur capitale et la base de leurs opérations de piraterie en Méditerranée. Ils pillèrent ainsi la Sicile, la Corse, la Sardaigne, les côtes espagnoles ; en 455, Genséric s'empara même de Rome et emmena captives la veuve et les deux filles de l'empereur d'Occident, Valentinien III.

Vers 470, les Vandales avaient constitué un empire méditerranéen qui comprenait, outre l'Afrique du Nord, toutes les îles de la Méditerranée occidentale. Acquis à l'arianisme (v.), les Vandales persécutèrent les catholiques, surtout sous le règne de Hunéric (477/84), mais une certaine accalmie se manifesta sous Gunthamund (484/96) et Thrasamund (496/523). À cette époque, la domination vandale en Afrique du Nord, qui n'était effective que dans les villes, se trouvait menacée par l'esprit d'indépendance des Berbères et par les nomades chameliers venus du désert. Le successeur de Thrasamund, Hildéric (523/30), essaya dans ces circonstances de se rapprocher des Byzantins et se montra même favorable aux catholiques. Mais il provoqua une réaction d'opposition et fut déposé par son armée. Le chef de la conspiration, son cousin Gélimer, se vit aussitôt attaqué par les Byzantins. En 533, Justinien envoya vers l'Afrique Bélisaire, avec 500 navires portant 10 000 cavaliers et 10 000 fantassins. Débarqué en sept. 533 entre Sousse et Sfax, Bélisaire battit Gélimer à Decimum, près de Carthage (13 sept.), remporta une nouvelle victoire à Tricamarum et força Gélimer à la reddition (mars 534). Un grand nombre de guerriers vandales furent déportés à Constantinople et versés dans la cavalerie byzantine pour servir contre les Parthes. Les Vandales disparurent alors de l'Histoire.

VAN DEN BOEYNANTS Paul (* Bruxelles, 22.V. 1919, † 9.I.2001). Homme politique belge. Chef d'entreprise, il s'engagea en politique sous la bannière du parti social-chrétien. Membre de plusieurs cabinets ministériels dans les années 1960 et 1970, il fut Premier ministre de 1966 à 1968 et de 1978 à 1979.

VAN DEN BOSCH Johannes, comte (* Herwijnen, Gueldre, 2.II.1780, † Boschlust, près de La Haye, 28.I.1844). Homme politique néerlandais. Gouverneur général des Indes néerlandaises (1830/33), il introduisit dans cette colonie le « système de culture » (*cultuurstelsel*), qui réservait au gouvernement le cinquième des terres et le cinquième des journées de travail de la population. Ce système assura des revenus considérables aux Pays-Bas, qui purent ainsi redresser complètement leur situation financière, très critique en 1830, mais il fit peser un joug très dur sur la population et fut finalement aboli en 1877. Van den Bosch devint ensuite ministre des Colonies (1834/39) et fut fait comte en 1839.

VAN DER NOOT Henri (* Bruxelles, 7.I.1731, † Strombeek, Brabant, 12.I.1827). Homme politique belge. Premier ministre des États belges unis (1790). Voir **RÉVOLUTION BRABANÇONNE.**

VANDERVELDE Émile (* Ixelles, Bruxelles, 21.I.1866, † Bruxelles, 27.XII.1938). Homme politique belge. Avocat, il entra en 1886 au parti ouvrier belge, dont il devint bientôt le chef le plus en vue. Député de Charleroi (1894), puis de Bruxelles (à partir de 1900), il mena le combat pour la conquête du suffrage universel. En 1900, il fut nommé président de la IIe Internationale, où il exerça une grande influence. En août 1914, il accepta d'entrer dans le cabinet d'union nationale. Ministre de la Justice (1919/21), il améliora le régime des prisons, fut ensuite ministre des Affaires étrangères (1925/27) et contribua beaucoup à l'élaboration du traité de Locarno, qu'il signa au nom de la Belgique. Il fut encore ministre sans portefeuille (1935/36) et ministre de la Santé publique (1936/37).

VANUATU. Anciennement *Nouvelles-Hébrides, New Hebrides*. Archipel de l'océan Pacifique, au N.-E. de la Nouvelle-Calédonie ; capitale *Port-Vila*. La plus importante de ces îles, Espiritu Santo, fut découverte en 1606 par le Portugais Queiros, qui croyait atteindre le continent austral. L'archipel fut de nouveau visité par Bougainville en 1768, et en 1773 par Cook, qui lui donna son nom. Des colons anglais, australiens et français s'y installèrent au cours du XIXe s., mais les Nouvelles-Hébrides restèrent longtemps sans aucun gouvernement. La fondation d'une Compagnie calédonienne des Nouvelles-Hébrides (1882) préparait l'annexion de ces îles par la France, mais celle-ci se heurta à l'opposition de l'Australie et de l'Angleterre ; le traité franco-anglais d'oct. 1887 proclama la neutralité de l'archipel. Par la convention de Londres (20 oct. 1906), les Nouvelles-Hébrides furent soumises à un condominium franco-britannique, avec droits égaux pour les sujets français et britanniques.

L'archipel est devenu indépendant et a pris sa dénomination de Vanuatu le 30 juill. 1980, non sans maintes discordes et tentatives de scission entre anglophones et francophones. La vie politique de cet archipel de petites îles volcaniques, dont les habitants vivent des ressources de la pêche, des cocoteraies, du cacao, de l'élevage et des subventions de la Grande-Bretagne ou de la France, était d'ailleurs complexe et troublait le calme du Pacifique Sud : la majorité parlementaire (vingt-quatre sièges sur trente-neuf) appartenait au Vanuaaku Pati, dirigé par le Premier ministre Walter Lini, pasteur presbytérien et anglophone. Mais les rivalités tribales, linguistiques, religieuses et les particularismes insulaires émaillaient de dissensions internes et de rivalités personnelles le cours de la vie gouvernementale. W. Lini, ferme soutien de l'Australie et hostile à la présence française dans le Pacifique, fut réélu en 1983 et en 1987, face à une opposition regroupant majoritairement les francophones. En déc. 1988, le président de la République Sokomanu tenta d'évincer son Premier ministre et fut emprisonné, ainsi que deux dirigeants de l'opposition. De plus en plus contesté, le Premier ministre quitta le pouvoir en 1991 et céda la place, après des élections, à l'Union des partis modérés (UPM), majoritairement francophone. Celle-ci remporta les législatives de 1995, qui inaugurèrent une période politiquement instable, trois gouvernements se succédant en 1996. Les législatives de 1998 virent la victoire d'une coalition majoritairement anglophone, regroupant le Parti national unifié (NUP) et le Vanuaaku Pati (VP), mettant ainsi un terme aux sept années de pouvoir de l'UPM, mise en cause dans des affaires de corruption. En 1999, le NUP quittait la coalition, mais le VP se maintint aux affaires en s'alliant avec une branche dissidente de l'UPM. En mars de la même année, le Parlement élut le père John Bani à la présidence de la République et, en nov., Donald Kalpokas (VP) fut remplacé par Barak Sope au poste de Premier ministre. En sept. 2000, un document émanant de l'OCDE classait Vanuatu parmi les « paradis fiscaux » par où transitait l'argent de la drogue et menaçait le pays de sanctions. Edward Natapei est Premier ministre depuis avril 2001.

VAN ZEELAND Paul, vicomte (* Soignies, 11.XI.1893, † Bruxelles, 22.IX.1973). Homme politique belge. Économiste, professeur à l'université de

Louvain, il fut un des chefs du parti catholique. De 1935 à 1937, alors que la Belgique subissait gravement les effets de la crise économique mondiale, il dirigea un cabinet de coalition triparti comprenant des catholiques, des libéraux et des socialistes ; ce gouvernement procéda à une importante dévaluation du franc belge (28 %), réorganisa avec succès le système bancaire, institua les congés payés et la semaine de quarante heures, mais dut faire face à la montée du rexisme (v.) ; en avr. 1937, Van Zeeland triompha personnellement de Léon Degrelle, qui lui disputait le poste de député de Bruxelles. Réfugié en Angleterre, puis aux États-Unis de 1940 à 1944, Van Zeeland fut ministre des Affaires étrangères de 1949 à 1954, et contribua à lier étroitement la Belgique à l'Alliance atlantique et au Marché commun

VARÈGUES. Nom des guerriers scandinaves, de même origine que les Normands, qui, au IXe s., pénétrèrent en Russie le long des grands fleuves et fondèrent les premiers États russes de Novgorod et de Kiev. Voir **Novgorod**, **Kiev**, **Normands** et **Russie**.

VARENNES (fuite de Louis XVI à, 1791). En avr. 1791, voyant que Paris était passé sous la coupe de l'Assemblée et des clubs, Louis XVI décida, non pas d'émigrer à l'étranger, mais de se retirer dans une ville de province pour y réunir des troupes fidèles et en appeler à la nation. C'est Metz qui fut choisie, parce que c'était une grande place militaire et le quartier général de l'armée de Bouillé. Le départ secret de la capitale fut organisé entre Bouillé et Fersen, l'ami fidèle de la reine. Habillés en costumes de bourgeois et munis de faux passeports, le roi, la reine, leurs deux enfants, Mme Élisabeth et Mme de Tourzel partirent le soir du 20 juin 1791 dans une grosse berline. À Pont-de-Somme-Vesle, la berline, qui avait pris du retard, ne rencontra pas les dragons de Choiseul, qui auraient dû être au rendez-vous. Les voyageurs décidèrent de continuer leur route, mais, à Sainte-Menehould, le fils du maître de poste, Drouet, décida de faire arrêter la voiture suspecte. Prenant des chemins de traverse, il devança les voyageurs à Varennes et jeta l'alarme chez les municipaux ; quand la berline se présenta, elle trouva le pont de l'Aire barricadé et fut entourée de gardes municipaux en armes. Louis XVI, rejoint peu après par les officiers de Bouillé, Choiseul et Damas, refusa de les laisser dégager la route par la force. Les commissaires de la Constituante, survenus, purent donc s'assurer sans difficulté de la personne du roi, qui fut ramené à Paris avec la famille royale, au milieu d'une foule outrageuse, escorté depuis Épernay par trois députés : La Tour-Maubourg, Barnave et Pétion (25 juin). Contrairement aux espoirs des républicains, l'Assemblée qualifia le départ de Louis XVI d'*enlèvement* et non de *fuite* ; le roi fut, non pas *déchu*, mais *suspendu* de ses pouvoirs.

VARGAS Getúlio Dornelles (* São Borja, Rio Grande do Sul, 19.IV.1883, † Rio de Janeiro, 24.VIII.1954). Homme politique brésilien. Ministre des Finances (1926/28), gouverneur de l'État de Rio Grande do Sul en 1928, candidat malheureux à la présidentielle de 1930, il prit néanmoins le pouvoir à la faveur de la révolution de nov., la même année, et fut nommé président provisoire de 1930 à 1934. Élu à la présidence (1934/45), il renforça le centralisme au détriment des États (Constitution de 1934) et fonda, en 1937, l'*Estado Novo*, où le Parlement et les partis furent supprimés. Sa politique populiste, par des mesures sociales, et son nationalisme, lui valurent une grande popularité auprès des pauvres. Il se rangea aux côtés des Alliés en 1942, et le Brésil participa activement à l'effort de guerre contre l'Axe. Contraint de démissionner en 1945, Vargas fut réélu président en 1950, toujours soutenu par la classe ouvrière. Cependant, compromis par le développement de la corruption et par l'assassinat de plusieurs opposants, Vargas se suicida en 1954.

VARSOVIE (grand-duché de). État constitué par Napoléon Ier après la dissolution de la quatrième coalition, l'effondrement de la Prusse et le traité de Tilsit, en 1807. Il marquait la résurrection de la Pologne après les démembrements de 1772, 1793 et 1795, mais, pour ménager son nouvel allié, le tsar Alexandre, Napoléon n'avait inclus dans le grand-duché que les territoires annexés par la Prusse lors des trois partages (encore étaient-ils amputés de Dantzig, devenue une ville libre, et du cercle de Bialystok, attribué à la Russie). Cependant, en 1809, le grand-duché de Varsovie s'augmenta de la Galicie occidentale, de Lublin et de Cracovie, enlevés à l'Autriche. Napoléon donna pour souverain à cet État le roi de Saxe, Frédéric-Auguste Ier, petit-fils d'Auguste III de Pologne. La Constitution du 22 juil. 1807 y établit des lois inspirées de celles de la France : abolition du servage, égalité devant la loi, entière liberté religieuse, division du pays en départements. Le Code civil fut introduit en 1810. Cependant, le grand-duché ne fut qu'un satellite de l'Empire français ; son armée, portée en 1812 à 100 000 hommes, participa glorieusement à la campagne de Russie, et ses débris, après la mort de Poniatowski à Leipzig, continuèrent la lutte contre les Alliés au cours de la campagne de France de 1814. En 1815, la plus grande partie du grand-duché de Varsovie constitua le royaume de Pologne, sous domination russe. Voir **Pologne**. Du démembrement au congrès de Vienne.

VARSOVIE (insurrection du ghetto de, 19 avr./16 mai 1943). Les Allemands firent leur entrée dans la ville le 1er oct. 1939. Varsovie souffrit cruellement de l'occupation : des milliers d'habitants furent déportés, et, dès 1940, les autorités hitlériennes installèrent dans la ville un ghetto où 400 000 Juifs (environ 30 % de la population) furent parqués. De juill. à oct. 1942, les nazis déportèrent 310 000 Juifs du ghetto, pour la plupart vers le camp d'extermination de Treblinka (« Action Reinhard »). En janv. 1943, l'ordre fut donné d'exterminer le reste de la population juive, et, à cet effet, Himmler envoya à Varsovie le Gruppenführer SS Jürgen Stroop. Mais, le 19 avr. 1943, commença l'insurrection du ghetto de Varsovie, dirigée par l'Organisation des combattants juifs ; une bataille désespérée se poursuivit jusqu'au 16 mai 1943 ; environ 7 000 juifs tombèrent au cours des combats, les quelque 50 000 survivants furent déportés à Treblinka et dans les camps de la région de Lublin. Quand les Allemands abandonnèrent Varsovie, en janv. 1945, il restait dans la ville environ 200 Juifs.

VARSOVIE (insurrection de, 1er août/2 oct. 1944). Alors que les troupes soviétiques approchaient de la ville, la Résistance polonaise déclencha une seconde insurrection, sous la conduite du général Bór Komorowski (1er août 1944) ; mais cette insurrection se produisit sans accord préalable avec le commandement soviétique, et les troupes russes installées sur la rive droite de la Vistule ne purent ou ne voulurent pas intervenir. Abandonnés à leurs seuls moyens, les résistants polonais durent capituler après soixante-trois jours de combats (environ 220 000 victimes) ; le 2 oct. 1944, les Allemands étaient de nouveau maîtres de la ville, dont le centre était complètement anéanti. L'armée russe de Rokossovski s'empara de Varsovie le 17 janv. 1945.

VARSOVIE (pacte de). En réponse à la mise sur pied, par les puissances occidentales, de l'Organisation du traité de l'Atlantique Nord (OTAN), huit nations du bloc communiste (URSS, Albanie, Bulgarie, Hongrie, Pologne, République démocratique allemande, Roumanie, Tchécoslovaquie) signèrent à Varsovie, le 14 mai 1955, un traité de défense mutuelle qui plaçait leurs forces militaires sous un commandement unifié, assumé d'abord par le maréchal Koniev. Le pacte de Varsovie avait également une portée politique : en Hongrie en 1956, en Tchécoslovaquie en 1968, il justifia l'intervention armée de l'URSS pour maintenir, au besoin par la force, l'unité du bloc communiste européen ; l'Albanie, qui s'était alignée idéologiquement sur la Chine populaire, se retira formellement du pacte en sept. 1968.

Le 26 avr. 1985, l'alliance militaire des pays du bloc soviétique avait été renouvelée pour une période de vingt ans. La chute du mur de Berlin et la dislocation du bloc Est entraînèrent le démantèlement des structures militaires du pacte de Varsovie (févr. 1990) qui fut officiellement dissous le 1er juill. 1991.

VARUS Publius Quintilius († Teutoburger Wald, 9 apr. J.-C.). Général romain. Consul (12 av. J.-C.), légat en Syrie (6/4 av. J.-C.), il continua sous l'Empire la tradition des gouverneurs rapaces de la République, et s'enrichit par des spoliations. En l'an 7 de notre ère, il fut chargé par Auguste d'organiser la Germanie déjà conquise par les Romains sur la rive droite du Rhin. Son administration persécutrice, sa prétention de substituer le droit romain au droit germanique exaspérèrent les populations. Une conspiration se forma, sous la conduite d'Arminius. À l'automne 9 apr. J.-C., alors qu'ayant quitté les bords de la Weser il marchait en direction de ses quartiers du Rhin, Varus fut surpris dans une région de marais et de bois ; les trois légions qu'il avait avec lui furent détruites et lui-même se donna la mort.

VASA ou **WASA.** Famille suédoise qui monta sur le trône de Suède en 1523 avec Gustave Ier Eriksson et donna à la Suède sept rois (dont le célèbre Gustave-Adolphe), jusqu'à l'abdication de la reine Christine de Suède, fille unique de Gustave-Adolphe, en 1654. Une branche catholique des Vasa, bannie de Suède, régna sur la Pologne de 1587 à 1668. Adolphe de Holstein-Gottorp, fils du roi Gustave IV (détrôné en 1809), prit en 1829 le titre de prince de Vasa.

VASCO DE GAMA (* Sines, Alentejo, vers 1469, † Cochin, Inde, 24.XII.1524). Navigateur portugais, le premier qui atteignit l'Inde par l'océan Indien (1498). Voir **GAMA**.

VASCONS, *Vascones*. Peuple établi au Ier s. av. J.-C. dans la partie de l'Hispanie au N. de l'Èbre correspondant à l'actuelle Navarre. Voir **BASQUES**.

VASSAL. Dans la société féodale, homme libre lié à un suzerain par un serment. C'est au VIIIe s. qu'apparaît le mot vassal (*vassus, vassalus*, peut-être du celtique *gwas*, « homme »). Le lien d'un homme libre avec un seigneur riche et puissant résulte de la recommandation, cérémonie symbolique qui est ensuite constatée par écrit. Le vassal s'engage par serment à servir le seigneur toute sa vie ; en échange, ce dernier lui promet sa protection. À partir du XIe s., la recommandation fit place à l'hommage. L'État carolingien était fondé sur la fidélité, sur le serment, qui créait un lien personnel entre le sujet et le roi. Au IXe s., avec l'effacement de la monarchie carolingienne, l'État lui-même, incapable de faire face efficacement à ses obligations administratives, judiciaires et policières, favorisa la formation, entre particuliers, de liens analogues, établis sur le serment. Le service militaire surtout se trouvait facilité par ce procédé : en cas de guerre, le roi faisait appel à ses vassaux, qui, eux-mêmes, mobilisaient leurs vassaux. Le capitulaire de Mersen (847) ordonna que tout homme libre dût avoir comme seigneur le roi ou l'un de ses fidèles. Le roi devenait ainsi le suzerain, le seigneur des seigneurs de son royaume.

Cette diffusion de la vassalité provoqua une désintégration de la souveraineté royale : l'homme libre, jadis lié au roi, n'était plus lié personnellement qu'à son seigneur et c'est par l'intermédiaire du seigneur qu'il obéissait au roi – ce qui pouvait avoir des conséquences graves en cas de désobéissance des grands vassaux. Très vite, il y eut une connexion étroite entre vassalité et bénéfice : pour récompenser le dévouement et les services de son vassal, le seigneur lui attribuait une partie de ses domaines, un *fief*, qui pouvait toujours être retiré en cas de violation du serment de vassalité. À l'origine, ce bénéfice était révocable à la mort du bénéficiaire ; en fait, dès la fin du IXe s., l'hérédité du bénéfice était devenue chose acquise.

À l'époque « classique » de la société féodale, la cérémonie de l'hommage, qui avait remplacé la recommandation, comportait quelques éléments symboliques essentiels : le vassal, à genoux et sans armes, mettait ses mains dans les mains de son seigneur et se déclarait son homme pour tel fief. Le seigneur le relevait, lui donnait le baiser de paix, et le vassal prêtait serment sur l'Évangile. L'investiture du fief était symbolisée par la remise, faite par le suzerain au vassal, d'un bâton, d'une lance et d'un anneau. On distinguait l'*hommage lige* ou intégral et *l'hommage plane*, rendu lorsque le vassal, déjà engagé dans l'hommage d'un seigneur, recevait un bénéfice d'un autre seigneur. D'autre part, on distinguait les *vassaux directs*, qui tenaient immédiatement leur fief du seigneur suzerain, et les *arrière-vassaux* ou *vavasseurs*, qui le tenaient d'un seigneur déjà vassal lui-même.

Le vassal avait des obligations nombreuses : il ne devait évidemment rien faire qui allât contre l'intérêt de son suzerain ; il devait à celui-ci le conseil, et notamment le service de cour (d'ordinaire, le seigneur réunissait trois cours annuelles – à Noël, à Pâques, à la Pentecôte – pour exercer, avec l'assistance de son conseil, la justice féodale). Le vassal devait également le service militaire, *ost* (v.) et *chevauchée*, dû à l'origine sans limites de temps, mais qui fut de plus en plus remplacé par le service de quarante jours, ou quarantaine (avec possibilité de rachat et de remplacement). Il devait encore, pour un laps de temps fixé, assurer la garde de la maison de son seigneur (service d'*estage*). À quoi s'ajoutaient enfin les aides (v.) et les obligations particulières qui dérivaient de la nature du fief. En échange, le suzerain devait secours total au vassal.

La rupture du lien de vassalité entraînait la *commise*, ou confiscation du fief, ou du moins le séquestre. Au XIIIe s., les trois cas habituels de commise étaient le suicide, le désaveu, la félonie (l'abandon du fief étant assimilé au suicide).

VASSILI Ier (* 1371, † 1425). Grand-prince de Vladimir et de Moscou (1389/1425). Fils et successeur de Dimitri Donskoï, il annexa Nijni-Novgorod, acheta à la Horde d'Or Mourom et Souzdal et obligea Tamerlan à s'arrêter sur l'Oka (1395). Mais à l'O., il eut des difficultés avec son beau-père Vitold, grand-duc de Lituanie, qui s'empara de Viazma (1404) et de Smolensk (1405). Vassili Ier refusa le tribut à la Horde d'Or, mais en 1408 il vit sa capitale assiégée par les Tatars, qu'il ne put éloigner qu'en versant une forte somme.

VASSILI II l'Aveugle (* 1415, † 1462). Grand-prince de Moscou (1425/62). Fils et successeur de Vassili Ier, il vit ses droits contestés par son oncle Iouri de Galitch et il dut chercher l'appui de la Horde d'Or. Pendant près de trente ans se poursuivit la lutte contre Iouri et ses deux fils, Vassili et Chemiaka. Iouri occupa Moscou à deux reprises, et, en févr. 1466, Chemiaka réussit à s'emparer du trône et fit aveugler Vassili II. Cependant, en 1453, ce dernier triompha enfin de tous ses ennemis. Pendant le reste de sa vie, il travailla à la centralisation de la grande principauté de Moscou et au rassemblement des terres russes. Il refusa d'accepter l'union entre l'Église grecque et l'Église romaine conclue en 1439 au concile de Florence.

VASSILI III (* 1479, † 1533). Grand-prince de Moscou (1505/33). Fils d'Ivan III et petit-fils du précédent, il continua l'extension des terres russes, annexa Pskov (1510), Riazan (1517), Novgorod-Sieversk et Starodoub (1523). Après une longue guerre contre la Lituanie, il se vit confirmer la possession de Smolensk (1522). Il fut le père d'Ivan le Terrible.

VASSILI CHOUISKI († 1612). Tsar de Russie (1606/10). Descendant des princes de Souzdal et principal chef des boyards durant le « temps des Troubles », il facilita l'usurpation du faux Dimitri (juin 1605), puis, celui-ci ayant été renversé et assassiné, il prit lui-même le pouvoir, en mai 1606, et se fit proclamer tsar.

Son gouvernement ne fut que l'expression des intérêts de sa caste. Dès son avènement, les boyards l'avaient contraint par l'« écrit juré sur la croix » de s'engager à ne prendre aucune décision importante sans les avoir consultés. Ce gouvernement de classe, sans appui dans le peuple, provoqua la première guerre de paysans de l'histoire de la Russie. Conduit par l'ancien serf Bolotnikov, le mouvement rallia d'abord des nobles ennemis de Chouiski (1606/07). Plus dangereux encore fut le soulèvement des Cosaques des régions méridionales. La Russie tomba complètement dans l'anarchie avec l'apparition, dès l'été 1607, d'un nouveau faux Dimitri, qui, en juin 1608, atteignit les environs de Moscou. Ne trouvant pas d'appuis absolument sûrs, Vassili Chouiski et les boyards durent faire appel au roi de Suède, Charles IX. Mais le rival de celui-ci, Sigismond III de Pologne, envahit la Russie à la fin de l'été 1609 et marcha sur Moscou. Chouiski dut abdiquer (17 juill. 1610), fut livré par les Moscovites et mourut captif en Pologne.

VATICAN (État de la cité du), *Stato della Città del Vaticano*. État souverain, le plus petit du monde, dont le territoire forme, à l'intérieur de la ville de Rome, une enclave de 44 ha sur laquelle vivent environ un millier de personnes. Il inclut le palais, les musées et les jardins du Vatican, la place et la basilique Saint-Pierre. Les droits d'extraterritorialité de l'État de la cité du Vatican s'étendent également sur douze édifices à Rome (dont les basiliques Saint-Jean-de-Latran, Sainte-Marie-Majeure et Saint-Paul-hors-les-Murs), sur le terrain portant les installations de Radio Vatican (depuis 1951) et la villa estivale de Castel Gandolfo. Cet État, qui a remplacé symboliquement les anciens États pontificaux (v. **Pontificaux, États**), fut constitué en vertu des accords du Latran conclus entre Mussolini et Pie XI en févr. 1929. Le pape, souverain de l'État du Vatican, a la plénitude des pouvoirs législatif, exécutif et judiciaire, mais il exerce sa souveraineté par l'intermédiaire d'un délégué et d'une Commission pontificale créée par Pie XII, à laquelle Paul VI adjoignit, en mars 1968, une Consulte composée de membres laïcs. Comme tout État indépendant, la cité du Vatican a son drapeau (jaune et blanc), son sceau, sa monnaie (qui a cours dans le reste de l'Italie), ses timbres. Les troupes comprennent les gardes d'honneur du pape (ex-gardes nobles, ainsi nommés depuis 1968), la garde suisse, la garde palatine d'honneur et la gendarmerie pontificale ; c'est cette dernière qui est chargée de la police. La cité du Vatican possède aussi, depuis 1931, une station de radio qui diffuse quotidiennement des programmes dans plus de trente langues. En 1983, le pape Jean-Paul II a créé le Centre de télévision du Vatican, qui produit et distribue des programmes audiovisuels d'inspiration chrétienne.

La volonté de changement exprimée par le concile de Vatican II a conduit Paul VI, puis Jean-Paul II, à réformer la curie romaine, constituée de l'ensemble des organismes chargés d'aider le pape dans sa mission pastorale. Le plus important, la secrétairerie d'État, dirigée depuis déc. 1990 par le cardinal conservateur Angelo Sodano, est chargé des affaires générales du Vatican et des relations diplomatiques. Elle a à sa disposition une administration de plus de 3 500 personnes. Le 21 janv. 2001, en nommant 37 nouveaux cardinaux, le pape Jean-Paul II a renforcé le poids de la curie romaine et de l'Amérique latine dans le collège chargé d'élire son successeur.

VATICAN (conciles du).

Premier concile du Vatican (1869/70). Ce 20e concile œcuménique fut convoqué par Pie IX par une bulle du 29 juin 1868. En un moment où la souveraineté temporelle du pape semblait condamnée en Italie, ce concile devait affirmer l'autorité spirituelle du souverain pontife par la définition de l'infaillibilité pontificale. Aussi, dès la convocation du concile, deux partis se formèrent-ils dans l'Église et l'épiscopat : les « ultramontains » (v. **Ultramontanisme**) face à ceux, plus nombreux, qui contestaient seulement l'opportunité de la définition du dogme (c'était le cas de Mgr Dupanloup, d'Orléans, et de Mgr Darboy, de Paris). Le concile fut ouvert par Pie IX le 8 déc. 1869 ; il rassemblait dans la basilique Saint-Pierre environ 700 évêques. La constitution *Dei Filius* sur la foi fut promulguée le 24 avr. 1870 et le schéma sur l'infaillibilité pontificale voté le 13 juill. 1870 ; il fut approuvé par 451 voix (*placet*), repoussé par 88 (*non placet*), tandis que 62 voix réclamaient des modifications (*placet juxta modum*). Le 15 juill., la minorité essaya d'obtenir du pape qu'il fût stipulé que l'infaillibilité pontificale ne pouvait s'exercer qu'en accord avec l'épiscopat ; cette démarche échoua. Cinquante-cinq évêques opposants décidèrent alors de quitter Rome, ne voulant ni approuver ni formuler leur *non placet*. Au scrutin définitif (18 juill. 1870), la constitution *Pastor aeternus* définissant l'infaillibilité pontificale fut ainsi adoptée à l'unanimité, moins deux votants. Le lendemain, le 19 juill., commençait la guerre franco-allemande. Les troupes italiennes occupèrent Rome le 20 sept. et, par la bulle *Postquam Dei* du 20 oct. 1870, Pie IX ajourna *sine die* le concile, qui ne fut jamais repris.

Second concile du **Vatican (1962/65).** Dans l'esprit de Jean XXIII, ce concile devait poser les bases de l'*aggiornamento* de l'Église, c'est-à-dire de l'adaptation de ses institutions traditionnelles aux nécessités du monde moderne ; d'autre part, il devait permettre à l'Église de définir son attitude en face des apports positifs de la pensée contemporaine ; enfin, il avait une orientation fondamentalement œcuménique et devait préparer la réunion de tous les chrétiens. Il rassemblait 2 540 pères conciliaires ; de plus, une quarantaine d'observateurs des autres Églises chrétiennes furent invités au concile. Dès la première session (22 oct./8 déc. 1962), deux tendances s'affirmèrent au sein du concile : l'une, conservatrice, dans laquelle se rangeaient la plupart des cardinaux de la curie romaine et de nombreux évêques italiens et espagnols ; l'autre, progressiste, qui était représentée surtout par les pères français, allemands, belges, et par ceux du tiers monde. Le second concile du Vatican a tenu quatre sessions et fut clôturé par le pape Paul VI le 8 déc. 1965. Les constitutions et décrets publiés concernent : la liturgie et les moyens de communication sociale (4 déc. 1963) ; l'Église, les Églises orientales catholiques et l'œcuménisme (21 nov. 1964) ; les évêques, la rénovation et l'adaptation de la vie religieuse, la formation des prêtres, l'éducation chrétienne, les relations de l'Église avec les religions non chrétiennes (28 oct. 1965) ; la Révélation divine, l'apostolat des laïcs (18 nov. 1965) ; la liberté religieuse, l'activité missionnaire de l'Église, le ministère et la vie des prêtres, l'Église dans le monde de ce temps (7 déc. 1965). Le concile adopta également des décrets sur l'œcuménisme, les Églises orientales, les Juifs. Voir **Église catholique**. Les Temps modernes.

VAUBAN Sébastien Le Prestre de (* Saint-Léger-de-Foucherest, auj. Saint-Léger-Vauban, Yonne, 1er.V.1633, † Paris, 30.III.1707). Maréchal de France. Il combattit pendant la Fronde dans les armées de Condé, fut fait prisonnier et passa au service de Mazarin. Ingénieur du roi en 1655, il dirigea les sièges de

Gravelines, Ypres et Oudenaarde (1658). Il s'empara de Douai et de Lille en 1667, qu'il fortifia, puis dirigea les principaux sièges de la guerre de Hollande (1672/78). Commissaire général des fortifications en 1678, il adapta les ouvrages de défense au progrès des armements, généralisant les fortifications rasantes, moins vulnérables à l'artillerie, consolidant ainsi plus de 300 places fortes et en faisant construire quarante nouvelles, parmi lesquelles plusieurs grands ports. Il multiplia les innovations techniques (la baïonnette à douille) et s'empara de plusieurs villes pendant la guerre de la ligue d'Augsbourg (1688/97). Ses fortifications n'étaient toutefois pas invulnérables et Vauban, s'efforçant de les améliorer, concevra des systèmes de défense qui ne s'imposeront qu'au siècle suivant (camps retranchés avec fort détaché). Il tomba cependant en semi-disgrâce à la fin de sa vie, car il n'hésitait pas à opposer aux fautes politiques de Louis XIV sa bonne connaissance de la France et dénonça les dangers de la révocation de l'édit de Nantes. Son *Projet d'une dîme royale*, publié sans autorisation en 1707, prônant l'adoption d'un impôt unique étendu aux privilégiés, fut aussitôt interdit par la police.

VAUD. Canton du sud-ouest de la Suisse, situé entre le lac Léman et le lac de Neuchâtel ; chef-lieu *Lausanne*. Conquis par les légions romaines en 58 av. J.-C. et profondément romanisé, le *pagus Urbigenus* ou *Valdensis* fut occupé par les Burgondes au Vᵉ s., puis fit partie de l'empire de Charlemagne et du royaume de Bourgogne Transjurane. Le pays de Vaud passa peu à peu sous la domination de la Savoie, domination qui était presque complète à la fin du XIVᵉ s. Cependant, l'évêque de Lausanne, prince d'Empire depuis 1125, conservait une souveraineté temporelle. Le pays de Vaud, qui ne comptait au début du XVIᵉ s. qu'une centaine de milliers d'habitants, constituait une région essentiellement rurale, pauvre, mais où la plupart des paysans étaient libres ; le commerce et l'industrie étaient peu développés. Les villes, assez rares et peu peuplées (Lausanne, Rolle, Nyon, Yverdon, Vevey), jouissaient de franchises et s'administraient comme de petites républiques. C'est à Moudon que résidait le bailli de Vaud, fonctionnaire du duc de Savoie, et que se réunissaient les états de Vaud, comprenant des représentants du clergé, des nobles et de la bourgeoisie des villes.

La Réforme fut introduite dans le pays de Vaud par Guillaume Farel, maître d'école à Aigle, dès 1526, puis par Pierre Viret, qui se fixa à Orbe en 1530. Se portant à l'aide de Genève menacée par la Savoie, les Bernois firent sans difficulté la conquête du pays de Vaud en janv. 1536, puis s'emparèrent de Lausanne, dont l'évêque se réfugia à Fribourg. Désormais, le pays de Vaud fut annexé à Berne, qui proscrivit le catholicisme et fonda à Lausanne une académie protestante (1537). Pendant plus de deux siècles, le pays de Vaud fut soumis à l'autorité de Berne

Lors de la Révolution française, le Vaudois émigré La Harpe poussa le Directoire à intervenir contre Berne. Le 28 déc. 1797, le gouvernement français déclara qu'il prenait le pays de Vaud sous sa protection. À l'approche des troupes françaises, un Comité de réunion, présidé par Maurice Glayre, proclama le pays de Vaud indépendant sous le nom de « République Lémanique » (24 janv. 1798), et les Français entrèrent triomphalement à Lausanne quatre jours plus tard. Mais la République Lémanique devait avoir une vie brève : dès mars 1798 fut formé le canton du Léman, au sein de la République helvétique. Après l'Acte de médiation de 1803, ce canton prit le nom de *canton de Vaud*.

Dans la période qui suivit 1815, les relations entre le canton de Vaud et celui de Berne furent très tendues ; d'autre part, une certaine agitation populaire se développa contre le régime aristocratique établi après la chute de Napoléon. Une Constitution plus libérale fut adoptée en 1831, mais les radicaux vaudois, conduits par Henry Druey, s'emparèrent du pouvoir le 14 févr. 1845 et adoptèrent une nouvelle Constitution démocratique ; les Vaudois demandèrent à la diète fédérale de voter l'expulsion des jésuites. Vaud s'opposa au Sonderbund (v.), et le radical Druey fut un des auteurs de la Constitution de 1848 ; c'est à cette date que le siège du Tribunal fédéral fut établi à Lausanne. La Constitution du canton de Vaud devait être encore révisée en 1861 et en 1885. Le canton fut le premier de la Confédération helvétique à introduire, en 1959, le vote des femmes au niveau local

VAUDOIS. Adhérents d'un courant dissident apparu à la fin du XIIᵉ s. et qui subsiste encore de nos jours. Le mouvement des vaudois prend place dans le grand courant d'évangélisme et d'anticléricalisme qui se manifesta dans toute l'Europe, du XIᵉ s. au XIVᵉ s., avec les patarins, les disciples de Pierre de Bruys, ou les courants issus du spiritualisme franciscain. Le fondateur du mouvement fut un riche bourgeois de Lyon, **Pierre Valdo** (* 1140, † 1217), qui, obéissant au précepte évangélique, distribua tous ses biens aux malheureux et entreprit de faire renaître la vie apostolique, fondée sur la pauvreté absolue et la prédication errante. Il rassembla autour de lui quelques disciples, les « pauvres hommes de Lyon », qu'il envoya en mission deux par deux, armés d'un Nouveau Testament qu'il avait fait traduire en provençal. Le pape Alexandre III, qui avait d'abord approuvé cette initiative de pieux laïcs – assez semblable à celle de st François d'Assise quelques années plus tard –, s'inquiéta de voir les vaudois échapper à tout contrôle ecclésiastique. Il leur interdit de prêcher sans l'accord des évêques (1179), et, comme Pierre Valdo refusait d'obéir, le mouvement fut condamné au concile de Vérone (1184). Les vaudois se dressèrent alors contre l'ordre établi : ils proclamaient que les serments étaient interdits par l'Évangile ; que les autorités civiles n'avaient pas le droit d'infliger la peine capitale ; que le mérite seul conférait le droit de diriger les âmes et de donner les sacrements ; que les papes, évêques et prêtres pécheurs s'arrogeaient par conséquent un pouvoir usurpé. Cette hérésie s'étendit rapidement en Provence, en Dauphiné, dans les vallées alpestres du Piémont, en Lombardie et même en Allemagne et en Espagne. Son bastion se trouvait au Piémont, dans le Val Pellice, le Val d'Angrogne et les diverses vallées de la région de Suse. La propagande catholique a parfois assimilé les vaudois aux cathares ; malgré leur concomitance historique en Occident, tout distingue ces deux courants, car les vaudois n'étaient en aucun cas manichéens.

Dès 1209, Innocent III lança la croisade contre les vaudois et quatre-vingts d'entre eux furent brûlés à Strasbourg en 1211. Cependant, les vaudois ne purent être réduits ; certains s'installèrent en Bohême, où ils devaient fusionner avec les hussites (v.). Une nouvelle croisade, menée en 1487 par Innocent VIII et le duc de Savoie, ne put les déloger de leurs vallées. Dès 1530, les vaudois du Dauphiné et de la Provence prirent contact avec les réformateurs suisses et allemands : en 1532, un synode, auquel participa du côté protestant Guillaume Farel, se tint à Chanforans, dans le Val d'Angrogne : les vaudois acceptèrent une nouvelle confession de foi, rompirent définitivement avec l'Église romaine et s'alignèrent sur le protestantisme. Vers 1655, le duc de Savoie Charles Emmanuel II et les troupes de Louis XIV entreprirent contre les vaudois de nouvelles opérations, qui furent menées avec la plus grande cruauté ; il fallut cependant accorder la paix aux vaudois (patente de Turin, févr. 1664). En France, les vaudois provençaux avaient été pratiquement exterminés durant les guerres de Religion après qu'un arrêt du parlement d'Aix eut fait détruire plusieurs villages vaudois du Luberon (1545). La révocation de l'édit de Nantes obligea les derniers vaudois français à se réfugier à Genève (1685), tandis que les vaudois savoyards, bénéficiant de la rupture entre leur duc et Louis XIV, jouissaient d'un régime plus tolérant.

L'Église évangélique vaudoise (*Chiesa evangelica valdese*) est organisée selon le système presbytérien, chaque Église locale étant autonome et les laïcs assumant de larges responsabilités dans la direction des affaires ecclésiastiques. L'instance suprême de l'Église vaudoise est le synode, dont le comité exécutif est appelé la « Tavola », la « Table » (vaudoise). Les vaudois possèdent une faculté de théologie, fondée en 1855 à Torre Pellice (Piémont), transférée à Florence en 1861 et à Rome en 1920. Il existe des communautés vaudoises en dehors de l'Italie, notamment aux États-Unis et en Amérique latine. L'Église évangélique vaudoise fait partie du Conseil œcuménique des Églises.

VAUDREUIL DE CAVAGNAL, Pierre François de Rigaud, marquis de (* Québec, 1698, † Muides-sur-Loire, 1778). Administrateur français. Successeur de Duquesne, il fut le dernier gouverneur général français du Canada (1755/60) et gêna la défense de cette colonie par ses mauvais rapports avec les chefs militaires. Pour avoir ordonné la capitulation de Montréal (sept. 1760), il fut jugé en France mais acquitté.

VÉDISME. Ensemble des croyances et des rites consignés dans les *Vedas*. Voir **Hindouisme**.

VEIL Simone (* Nice, 13.VII.1927). Femme politique française. Déportée en tant que juive par les Allemands avec une de ses sœurs, son frère et ses parents fin mars 1944, elle fut internée à Auschwitz et à Bergen-Belsen. Magistrat en 1956, puis, en 1970, secrétaire général du Conseil supérieur de la magistrature, elle devint en 1974 ministre de la Santé dans le gouvernement de Jacques Chirac et, à ce titre, fit voter la libéralisation (limitée) de l'interruption volontaire de grossesse, ce qui lui attira l'inimitié d'une partie de ses alliés politiques. S. Veil prit la tête de l'UDF pour les élections européennes de 1979 et devint présidente du Parlement européen jusqu'en 1982. Personnalité politique particulièrement populaire, elle fut nommée ministre d'État, ministre des Affaires sociales, de la Santé et de la Ville dans le gouvernement Balladur de 1993 à 1995. Depuis 1998, elle est membre du Conseil constitutionnel.

VELASCO ALVARADO Juan (* Piura, 1910, † Lima, 1977). Homme politique et militaire péruvien. Ayant pris le pouvoir par un coup d'État, il mena une politique nationaliste (1968/75). Voir **Pérou**.

VELASCO IBARRA José María (* Quito, 1893, † Quito, 30.III.1979). Homme politique équatorien. Président de la République en 1933, 1935, 1944, 1947, et à chaque fois renversé, puis de 1952 à 1956, de 1960 à 1961 renversé encore, et de 1968 à 1972. Voir **Équateur**.

VÉNALITÉ DES OFFICES. Mise en vente des fonctions publiques, soit par des particuliers qui se transmettent ainsi leur charge, soit par l'État lui-même. Cette pratique se répandit dans l'empire d'Orient dès Justinien (VIe s.). Combattue par cet empereur et par ses successeurs, elle subsista clandestinement et se développa plus que jamais à partir du XIIIe s., sous les Paléologues. Elle resta courante en Orient et en Extrême-Orient jusqu'à l'époque contemporaine.

En France, c'est à partir du XVe s. que le roi commença à tolérer – sans en profiter, et seulement pour des emplois subalternes (sergents, huissiers, forestiers) – que le titulaire d'un office résignât cet office au profit d'une personne étrangère à sa famille, moyennant une compensation pécuniaire. Mais très vite, le pouvoir royal aperçut dans ce système une possibilité de se procurer des ressources : au XVIe s.,

Louis XII et François Ier, pour éviter des créations d'impôts impopulaires, se mirent à vendre des offices. L'institution de l'hérédité des offices contre le paiement d'une redevance au Trésor royal (v. **Paulette, édit de la**) aggrava encore le système, qui favorisait la corruption et plaçait des incapables dans les fonctions judiciaires et administratives. Pour les bourgeois enrichis, l'achat des offices, dont les plus importants conféraient la noblesse, était une des étapes de l'ascension sociale. Dans toutes les époques de crise financière, en particulier durant la minorité de Louis XIV et à la fin de son règne, la vénalité des offices donna lieu à des abus et contribua à discréditer la monarchie.

VENDÉE (guerres de). Nom donné aux guerres menées par les catholiques et les royalistes de l'ouest de la France contre la Révolution. Ces guerres eurent pour théâtre le Bas-Poitou, l'Anjou, le Bas-Maine et la Bretagne méridionale. Si la Vendée n'avait pas accueilli la Révolution avec le même enthousiasme que d'autres régions de la France, elle n avait pas montré non plus une hostilité systématique aux réformes de l'Assemblée constituante. La vente des biens du clergé n'y avait pas suscité de révolte, et, parmi les acquéreurs, il y eut même des nobles tels que Bonchamps et Lescure, qui se firent plus tard les chefs de l'insurrection. C'est la Constitution civile du clergé (été 1790) qui provoqua la rupture morale entre la Vendée et le nouveau régime ; la plupart des prêtres vendéens refusèrent de prêter serment et, dès 1791, l'agitation se répandit dans la région. Les esprits étaient déjà exaspérés lorsque, en mars 1793, la Convention, qui venait d'ordonner une levée de 300 000 hommes, décida de procéder au tirage au sort des jeunes Vendéens. Le jour fixé, 10 mars 1793, les paysans prirent les armes dans de nombreux villages. De graves échauffourées eurent lieu à Cholet, Saint-Florent, Machecoul. Des chefs s'improvisèrent, nobles (Bonchamps, Lescure, d'Elbée, puis La Rochejaquelein et Charette) ou roturiers, tels le colporteur Cathelineau et le garde-chasse Stoffet. Dès le mois de mai, l'« armée catholique et royale » comptait 40 000 hommes.

La Convention, qui faisait face au même moment à la guerre étrangère, ne put d'abord opposer aux Vendéens que des recrues décontenancées par la guérilla, où excellaient les soldats paysans de la Vendée. Déjà maîtres de Cholet, les Vendéens s'emparèrent de Thouars (1er mai 1793), remportèrent la victoire de Fontenay (24 mai), prirent Saumur (9 juin) et passèrent la Loire ; mais à la fin juin, leur attaque sur Nantes échoua et Cathelineau trouva la mort. Devant l'ampleur du mouvement, la Convention prit les mesures les plus rigoureuses : elle décréta la peine de mort contre tous les Vendéens pris les armes à la main (19 mars), puis décida d'appliquer en Vendée la tactique de la terre brûlée (1er août). Deux puissantes armées républicaines furent rassemblées : l'une, l'*armée des côtes de La Rochelle*, sous le commandement de Rossignol, devait attaquer par le sud ; l'autre, l'*armée des côtes de Brest*, sous Canclaux, devait opérer depuis Nantes ; en outre, la garnison de Mayence, avec Kléber, fut envoyée en Vendée. Parmi les chefs républicains se trouvait également Marceau. Les *Bleus* (c'est le nom que les Vendées donnaient aux soldats républicains à cause de la couleur de leur uniforme), après avoir remporté les victoires de Cholet (17 oct.) et du Mans (13 déc.), mirent les Vendéens en déroute à Savenay (23 déc. 1793). Aux excès des Vendéens répondirent ceux des forces de la République : des milliers de Vendéens prisonniers furent fusillés ou noyés à Nantes par Carrier ; à partir de déc. 1793, toute la Vendée fut sillonnée par les « colonnes infernales » de Turreau. Cependant, La Rochejaquelein avait réussi à sauver l'armée vendéenne d'une ruine totale, mais il devait être tué au combat en mars 1794. La guerre changea alors de caractère, les insurgés s'éparpillèrent par petites bandes, ce fut l'époque des *chouans*, qui obstruaient les routes, arrêtaient les voitures, faisaient peser une menace permanente sur l'administration républicaine. Après la chute de Robespierre, les thermidoriens s'efforcèrent de mettre un terme à la guerre civile à des conditions honorables, Charette put accepter les termes de la pacification de La Jaunaye (17 févr. 1795), et Stofflet celle de Saint-Florent (2 mai 1795). La Vendée revenait au calme, grâce aux efforts de Hoche. Mais l'expédition des émigrés à Quiberon (juin 1795) ralluma l'insurrection. Cependant, les Vendéens, partout battus par Hoche, perdirent leurs deux derniers chefs, Charette et Stofflet (févr./mars 1796). En juill. 1796, la Vendée était de nouveau pacifiée et l'état de siège put être levé dans les provinces de l'Ouest.

En 1799/1800, de nouveaux mouvements furent réprimés par Brune. La Vendée resta dans le calme durant tout l'Empire, mais pendant les Cent-Jours eut lieu un dernier soulèvement, qui fut mis en échec par le général Lamarque (mai/juin 1815). En 1832, les tentatives de la duchesse de Berry pour soulever les provinces de l'Ouest n'eurent que peu de succès et l'arrestation de la duchesse fit tout rentrer dans l'ordre.

VENDÉMIAIRE AN IV (journées des 12 et 13, 4/5 oct. 1795). Craignant une victoire des royalistes aux élections prévues pour la composition des deux nouvelles assemblées créées par la Constitution de l'an III – le Conseil des Cinq-Cents et celui des Anciens –, la Convention décida, le 20 août 1795, que les deux tiers des membres des deux Conseils seraient pris dans son sein, les électeurs n'ayant à choisir qu'un tiers en dehors d'elle. Déçus, les royalistes parisiens se soulevèrent : les deux sections qui leur étaient acquises, celle de Le Peletier et celle de la butte des Moulins, prirent les armes, ainsi qu'une partie de la garde nationale, sous le commandement du général Danican. Cette insurrection fut brisée par Barras et Bonaparte, qui firent mitrailler les sectionnaires devant l'église Saint-Roch. Voir **France**.

VENDÔME, César de Bourbon, duc de (* Coucy-le-Château, 7.VI.1594, † Paris, 22.X.1665). Fils d'Henri IV et de Gabrielle d'Estrées, légitimé en 1595. Il participa aux diverses révoltes des Grands qui troublèrent le règne de Louis XIII, fut emprisonné à Vincennes (1626/30), puis participa à la cabale des Importants qui se forma contre Mazarin après la mort de Louis XIII, mais resta loyal pendant la Fronde.

VENDÔME, Louis Joseph de Bourbon, duc de (* Paris, 1er.VII. 1654, † Vinaros, 11.VI.1712). Petit-fils de César de Bourbon, il porta le titre de duc de Penthièvre jusqu'en 1669. Commandant en chef en Catalogne (1695/97), il combattit avec audace en Italie et en Flandre, pendant la guerre de la Succession d'Espagne, fut défait par Marlborough et le Prince Eugène à Oudenaarde (1708) et disgracié pendant quelque temps. Rappelé en Espagne en 1710, il ramena Philippe V à Madrid et raffermit le trône espagnol par la victoire de Villaviciosa.

VÉNÈTES, *Veneti*. Peuple indo-européen déjà mentionné par Homère (l'*Iliade*, II, 85) et par Hérodote, dont on retrouve des traces en de nombreuses régions de l'Europe ancienne, notamment aux bouches de la Vistule, dans le Norique (Carniole et Carinthie actuelles), en Italie du Nord, en Armorique et même en Asie Mineure (Paphlagonie). Les deux groupes de Vénètes historiquement connus sont :

a) les **Vénètes de l'Adriatique**, qui occupaient au Ier millénaire av. J.-C. le territoire correspondant à la Vénétie actuelle. C'était un peuple pacifique qui a joué un rôle important dans les échanges entre l'Europe continentale et le monde méditerranéen. Au début du IVe s. av. J.-C., ils furent les alliés des Romains contre les Celtes. Ils passèrent sous la domination romaine durant la deuxième guerre punique, mais conservèrent leur autonomie administrative. Cependant, ils furent rapidement romanisés.

b) les **Vénètes de l'Armorique**, complètement celtisés à l'époque de César, le plus puissant peuple maritime de la façade atlantique. Leur territoire correspondait aux actuels départements du Morbihan et – partiellement – de la Loire-Atlantique. Pour les réduire, César dut construire une flotte (56 av. J.-C.) et ils furent traités impitoyablement par les Romains.

VENEZUELA, *Republica de Venezuela*. État de l'Amérique du Sud, baigné au N. par la mer des Caraïbes, borné à l'O. par la Colombie, au S. par le Brésil, à l'E. par la Guyana ; capitale *Caracas*. Le Venezuela, qui n'avait connu dans l'ère précolombienne aucune civilisation brillante, fut découvert par Christophe Colomb lors de son troisième voyage, en 1498. L'année suivante, Amerigo Vespucci et Alonso de Ojeda explorèrent les côtes. En avr. 1556, le Venezuela fut rattaché à la couronne espagnole. Caracas, fondée en 1567, devint le siège du gouvernement. Rattaché jusqu'en 1739 à la vice-royauté du Pérou, puis à celle de la Nouvelle-Grenade, le Venezuela devint en 1776 une capitainerie générale de l'Empire espagnol. Manquant d'or et d'argent, le pays n'attirait guère les colons et son développement fut très lent ; mais la culture du tabac commença au XVIIe s., et, au siècle suivant, l'exportation du cacao donna un nouvel essor à la vie économique.

Le mouvement d'insurrection, dont les premiers signes se manifestèrent en 1797, eut d'abord pour chef Francisco Miranda, qui proclama l'indépendance le 5 juill. 1811. Le combat contre les forces royalistes dura pendant plus de dix ans, jusqu'à la victoire décisive de Bolivar à Carabobo (24 juin 1821). De 1821 à 1830, le Venezuela fit partie de la république de Grande-Colombie, qui comprenait également la Colombie et l'Équateur, mais les partisans de l'indépendance complète, conduits par José Antonio Páez, l'emportèrent à la mort de Bolivar. En 1845, le Venezuela obtint de l'Espagne la reconnaissance de son indépendance. De 1830 à 1848, le pays fut entre les mains d'une oligarchie conservatrice, puis, de 1848 à 1858, sous la dictature présidentielle de la « dynastie Monagas ». Mais la révolution de mars 1858, conduite par Julian Castro, ouvrit une période de troubles. La Constitution fédéraliste introduite en 1864 par Juan Falcón déchaîna une guerre civile (1866/70) entre les fédéralistes (libéraux) et les conservateurs. Le libéral Guzmán Blanco, président de 1870 à 1888 (avec des interruptions), donna au pays une longue période de progrès et de prospérité ; il réorganisa les finances, lutta contre la grande propriété, l'influence de l'Église et l'analphabétisme, et entreprit un ambitieux programme de travaux publics.

La chute de Guzmán Blanco marqua le début d'une nouvelle période d'instabilité. Le caudillo Cipriano Castro s'empara de la présidence (1899/1908) et mena à l'égard de l'étranger une politique agressive, qui provoqua, en 1902, une démonstration navale de l'Angleterre, de l'Allemagne et de l'Italie, lesquelles exigeaient le paiement des indemnités dues à leurs ressortissants. Dictateur pendant vingt-sept ans (1908/35), Juan Vicente Gómez fit plier le pays sous un gouvernement tyrannique ; mais c'est sous son règne que commença, en 1922, l'ère du pétrole (dès 1928, le Venezuela était devenu le deuxième producteur de pétrole du monde). La présidence de Lopez Contreras (1935/41) vit un retour aux libertés, mais, en 1945, une junte militaire, alliée à l'Action démocratique, s'empara du pouvoir avec Rómulo Betancourt. En févr. 1948, à la suite d'élections libres, l'écrivain Rómulo Gallegos devint président ; neuf mois plus tard, il fut renversé par un pronunciamiento, qui prépara la dictature de Pérez Jiménez (1953/58) : durant cette période, les libertés publiques furent entièrement supprimées, les partis politiques interdits, les syndicats dissous, l'Université fermée cependant que la corruption s'étendait dans toute l'administration. En janv. 1958, Pérez Jiménez fut renversé par la conjonction des forces libérales et de l'armée.

Le chef de l'Action démocratique, Rómulo Betancourt, fut élu président (1959/64) : il s'efforça de moderniser l'agriculture, de créer une industrie domestique, opéra une réforme agraire (1960), mais se heurta à l'extrême droite, soutenue par le dictateur dominicain Trujillo, ainsi qu'aux révolutionnaires castristes, qui commencèrent des opérations de guérilla. En mars 1964, un autre dirigeant de l'Action démocratique, Raúl Leoni, succéda régulièrement à Betancourt. Le démocrate-chrétien Rafael Caldara (1969/74) gouverna sans avoir la majorité au Congrès, qui restait dominé par l'Action démocratique ; répudiant la « doctrine Betancourt », il rétablit des relations diplomatiques avec les régimes latino-américains issus de coups d'État, ainsi qu'avec l'Union soviétique ; pour détendre la situation intérieure, il autorisa la reconstitution du parti communiste, dissous en 1962. Les élections de déc. 1973 virent la victoire du candidat de l'Action démocratique, Carlos Andrés Pérez, et l'écrasement de l'extrême gauche ; tout danger intérieur étant exclu de ce côté, le Venezuela put, en 1974, renouer les relations diplomatiques avec Cuba, rompues depuis 1961.

Le démocrate-chrétien Luis Herrera Campins, qui fut élu à la présidence le 12 mars 1979, héritait d'une situation économique et financière détériorée. Les élections à la présidence du 4 déc. 1983 furent largement emportées par Jaime Lusinchi, chef de l'Action démocratique. En déc. 1988, le social-démocrate Carlos Andrés Pérez, qui avait nationalisé le pétrole en 1976 pendant son premier mandat (1974/79), remporta l'élection présidentielle. Pour faire face à la dégradation de l'économie (inflation, corruption, inégalités sociales), il adopta, dès son entree en fonctions, les mesures de rigueur auxquelles s'était refusé son prédécesseur. La population des grandes villes réagit par la révolte, en mars 1989, à l'augmentation brutale des prix ; la répression militaire fit plusieurs centaines de morts.

L'accentuation des inégalités et la dégradation des conditions de vie favorisèrent le développement de la délinquance, du trafic de drogue et de la corruption. Les deux tentatives de coup d'État militaire, en févr. puis en nov. 1992, reçurent dans la population des échos favorables. Après le retour des putschistes dans leurs casernes, les accusations de corruption envers le président Pérez se firent insistantes et amenèrent la Cour suprême à autoriser des poursuites judiciaires. Destitué en mai 1993, Pérez fut accusé d'avoir détourné 17 millions de dollars et emprisonné un an plus tard. L'intérim présidentiel fut assuré par le sénateur Velásquez, élu par le Congrès. Rafael Caldera, chef de l'État de 1969 à 1974, ayant rompu avec son parti, le COPEI, fut élu président en déc. 1993, ce qui confirma la désaffection à l'égard des partis traditionnels. Caldera ne prit aucune mesure qui risquât d'être impopulaire, bien que la situation économique fût catastrophique : inflation galopante, déficit budgétaire énorme et endettement massif. Cependant, en 1995, sous la pression du FMI et de la Banque mondiale, le Venezuela dut accepter un plan de redressement drastique qui fit chuter de moitié le pouvoir d'achat et provoqua d'importantes manifestations, ainsi que des grèves en 1997.

L'élection présidentielle de déc. 1998 fut remportée par Hugo Chavez, qui n'appartenait à aucun des partis qui s'étaient partagé le pouvoir depuis quarante ans, mais avait participé au putsch de févr. 1992. Il obtint de l'OPEP, en mars 1999, une nouvelle réduction de la production de pétrole qui aboutit à une flambée des prix. Le mois suivant, il lançait une réforme de la Constitution, approuvée par référendum en déc. 1999 : le mandat présidentiel, renouvelable, était étendu à six ans, le Sénat supprimé, le Congrès remplacé par une Assemblée aux pouvoirs réduits et le pays rebaptisé « République bolivarienne du Venezuela ». Après des inondations meurtrières qui ravagèrent le pays fin déc., faisant des dizaines de milliers de morts, durant lesquelles il sillonna le pays, H. Chavez fut réélu à la présidence en juill. 2000. Malgré les bénéfices occasionnés par la hausse du pétrole, l'économie restait en panne. La nouvelle Assemblée accorda au président, en nov. 2000, le pouvoir de gouverner par décrets. À la suite d'une grève des ouvriers du secteur du pétrole, il projetait, fin 2000, un référendum revenant à supprimer les syndicats, qu'il accusait d'être corrompus. En avril 2002, un coup d'État sanglant accompagné de pillages et d'émeutes renversa durant quelques jours le président H. Chavez. Officiellement rétabli dans ses fonctions le 14 avr., le président lançait un appel à l'unité et au dialogue national. Cependant, le 10 oct. suivant, un million de Vénézuéliens manifestèrent à Caracas pour réclamer la démission de Chavez, qui devait affronter en outre, le 21, une grève générale dans tout le pays. Durant tout le mois de déc., le président fit face à des grèves et des manifestations sanglantes destinées à le contraindre à la démission.

VENISE, *Venezia.* Ville du nord-est de l'Italie, construite sur plus de cent îlots, dans la lagune de Venise, au fond de l'Adriatique.

Les débuts de la République (VIe/XIIe s.)

Les Vénètes, établis dans la région côtière de l'actuelle Vénétie dès l'époque préromaine, furent terriblement éprouvés par les invasions des Ve/VIe s. Fuyant les Goths, les Huns (452) et les Lombards, les habitants des cités de l'intérieur (les plus importantes étaient Aquilée et Padoue) prirent l'habitude, à chaque invasion, de se replier sur les îlots de la lagune, où étaient établis depuis longtemps de petits groupes de pêcheurs qui vivaient isolés du reste du monde et pratiquement indépendants. C'est seulement après l'invasion lombarde (568) que les réfugiés se fixèrent définitivement dans la lagune, en douze villes qui devaient former le noyau de l'État vénitien : Grado, Bibione, Caorle, Jesolo, Heraclea, Torcello, Murano, Rialto, Malamocco, Poveglia, Chioggia et Sottomarino.

Reconnus par l'empire d'Orient en 584, les Vénitiens se donnèrent un conseil de douze tribuns qui élirent le premier doge, Paulo Lucio Anafesto, en 697. Lorsque Pépin, fils de Charlemagne et roi d'Italie, voulut affirmer ses droits sur les gens de la lagune, ceux-ci transportèrent leur capitale dans l'île à peu près inaccessible de Rialto et se placèrent sous la protection de l'empereur d'Orient, Nicéphore ; Pépin dut renoncer à les soumettre (810).

Vassale de Constantinople, Venise dut sa fortune à son isolement historique ; elle échappait en fait au basileus, mais sa dépendance théorique envers Byzance la préservait juridiquement des atteintes des empereurs germaniques. Dès la fin du IXe s., les liens politiques avec Byzance étaient pratiquement rompus, et Venise, sous la direction de quelques grandes familles, les Partecipazio, les Candiani, les Orseoli, qui tentèrent vainement de rendre la dignité de doge héréditaire à leur profit, se lança à la conquête d'un empire maritime, d'abord en Adriatique, puis en Méditerranée orientale. Au début du XIe s., Venise dominait déjà les côtes de l'Istrie et de la Dalmatie. Marchandant avec Byzance leur alliance contre les Normands, en 1082, les Vénitiens obtinrent d'importants privilèges commerciaux en Orient. Les croisades furent pour eux une nouvelle source de prospérité : Venise commandait en effet une des principales routes vers la Terre sainte, et elle eut des comptoirs dans les principaux ports francs du Levant, notamment à Sidon (1102) et à Tyr (1123).

La cité était devenue une puissance européenne et, en 1177, c'est à ses bons offices qu'on eut recours pour faire la paix entre l'empereur Frédéric Ier Barberousse et le pape Alexandre III. De vassale, Venise était devenue la rivale de Byzance : vers le milieu du XIIe s., il y avait à Constantinople un très grand nombre de commerçants vénitiens, qui occupaient tout un quartier de la ville. Mécontent de cette emprise économique, l'empereur Manuel Ier procéda à une arrestation en masse des Vénitiens et confisqua leurs biens. Le doge Vitale Michiele II prit personnellement le commandement d'une guerre qui se termina par la défaite de la République (1171). Mais le commerce vénitien n'était pas vitalement atteint et la cité des doges prépara sa revanche.

L'apogée de la Venise médiévale (XIIIe/XIVe s.)

En févr. 1201 arrivèrent à Venise les ambassadeurs des barons français de la quatrième croisade, qui venaient demander à la République d'organiser leur expédition vers la Terre sainte (v. CROISADES. Quatrième croisade, 1202/04).

Après la prise de Constantinople par les croisés, en 1204, et la formation d'un empire latin d'Orient, Venise se tailla une puissance considérable, acquérant le « quart et demi de l'Empire », c'est-à-dire les îles Ioniennes et Dyrrachium, la plupart des îles de la mer Égée, l'Eubée, Rhodes, la Crète et de nombreuses places dans le Péloponnèse, l'Hellespont et la Thrace.

Cette ascension s'accompagna, à Venise même, du triomphe de l'aristocratie marchande. Le doge symbolisait par son train fastueux la puissance de Venise, mais, à la fin du XIIIe s., il n'exerçait plus directement aucun pouvoir exécutif. L'exclusion complète du peuple provoqua des révoltes, notamment celle de Tiepolo (15 juin 1310). Mais les rebelles furent écrasés et le système aristocratique fut encore renforcé par la « fermeture du Grand Conseil » et par la création du conseil des Dix.

La République vénitienne ne connut jamais les violents mouvements populaires qui devaient ensanglanter les villes flamandes. Mais, à l'extérieur, Venise devait se trouver en butte à une nouvelle rivale, Gênes. Vaincus en 1258, les Génois s'allièrent à Michel VIII Paléologue. Celui-ci réussit à reprendre Constantinople (1261), transférant aux Génois tous les privilèges détenus jusqu'alors par les Vénitiens. Peu après, la conquête de la Syrie par les musulmans fit perdre à Venise ses comptoirs du Levant (1291). Les Vénitiens vinrent ravager les établissements génois de Constantinople et contraignirent l'empereur Andronic II à leur rouvrir les marchés byzantins et à leur restituer une partie des Cyclades (1302). Venise conservait d'ailleurs les îles Ioniennes, l'Eubée (alors nommée Nègrepont, fief de la famille vénitienne des Giustiniani), la Crète ; elle rétablit son autorité à Corfou en 1386 ; des colonies marchandes vénitiennes menaient un commerce actif en Cilicie, dans l'empire grec de Trébizonde, à Tana, sur la mer d'Azov ; Venise était en relations régulières avec l'Asie centrale et la Chine (le voyage de Marco Polo ne fut pas unique en son genre), et, bravant même les excommunications pontificales, elle continuait à commercer avec l'Égypte des mamelouks. En Italie, tout le XIVe s. vénitien fut occupé par des guerres furieuses avec Gênes, particulièrement en 1353/55 et en 1378/81 (guerre de Chioggia). Venise subit plusieurs graves défaites (Curzola, 1298), et, en 1380, elle parut près de sa perte lorsque l'amiral génois Luciano Doria vint faire le blocus de la ville, réduite à la famine. Mais Gênes fut finalement vaincue et Venise resta la principale puissance maritime de la Méditerranée.

Le déclin de la suprématie méditerranéenne

Au début du XVe s., Venise entreprit la conquête d'un État de terre ferme, de manière à s'assurer le contrôle des routes des Alpes et des communications fluviales avec la Lombardie. Employant des mercenaires, elle annexa successivement la marche de Trévise (1339), le Padouan (1405), puis, après trois guerres contre Milan (1426/29), Brescia et Bergame, enfin Crema

(1454) et Crémone (1499). Vers 1500, l'État vénitien de terre ferme était ainsi constitué, de l'Isonzo et de l'Adriatique à l'Adda, et des Alpes au Pô, tel qu'il devait subsister à peu près intact jusqu'à la fin de la République (1797). Venise laissa aux villes conquises leur autonomie locale, se contentant de leur imposer un podestat vénitien.

Après la prise de Constantinople par les Turcs (1453), Venise ne put éviter une guerre contre les Ottomans (1464/79) ; ce conflit lui coûta l'Eubée et diverses places du Péloponnèse, mais lui laissa ses privilèges commerciaux, moyennant un important tribut. Venise trouva d'ailleurs une compensation en Méditerranée orientale : à l'extinction des Lusignan, elle s'installa à Chypre, qu'elle devait conserver de 1489 à 1571. Les Vénitiens jouaient en même temps un rôle essentiel dans la politique italienne : ils furent les instigateurs de la ligue de Venise ou Sainte Ligue (1495), qui fit échouer les projets de Charles VIII en Italie.

La découverte de l'Amérique et des Indes orientales, en affaiblissant le commerce européen de la Méditerranée, la fit entrer dans un long déclin. En Italie, la richesse et la puissance vénitiennes excitaient la convoitise et la crainte : à l'instigation de Ferdinand d'Aragon et de l'empereur Maximilien, se forma la ligue de Cambrai (1508), qui réunit également contre la République le pape et le roi de France Louis XII. Après la victoire des Français à Agnadel (14 mai 1509), Venise, encore une fois au bord de sa perte, fut sauvée par Jules II, qui, inquiet des succès de la France, lui donna son absolution (févr. 1510). La République s'en tira avec la perte de la Polésine et des villes qu'elle avait occupées en 1496 dans le royaume de Naples. Les guerres contre les Turcs se poursuivirent durant tout le XVIe et le XVIIe s. Malgré la victoire de Lépante (1571), Venise perdit Chypre (1571), puis la Crète (1669) et ses places du Péloponnèse (1739). Devenue le siège d'un patriarcat dès le XVe s., Venise demeura fermement fidèle au catholicisme lors de la Réforme, mais, en 1606, elle eut un violent conflit avec Paul V, qui jeta l'interdit sur la ville. En 1618, une conspiration pour assujettir Venise à l'Espagne fut déjouée (Saint-Réal a laissé une relation célèbre de cette conspiration).

En 1797, Venise, bien qu'elle eût gardé sa neutralité, fut occupée par Bonaparte, qui n'éprouvait qu'aversion pour cette république aristocratique de marchands et voulait la punir du massacre des blessés français à Vérone. Par le traité de Campoformio (17 oct. 1797), l'État venitien fut livré à l'Autriche. En 1805, le traité de Presbourg rattacha Venise et la Vénétie au royaume d'Italie, mais l'ensemble revint à l'Autriche en 1814 et, jusqu'en 1866, Venise fit partie du royaume lombard-vénitien. Durant cette période, l'activité commerciale de Venise décrut encore, au profit de Trieste. Dès le 17 mars 1848, les patriotes italiens, sous la conduite de Daniele Manin et de Tommaseo, se rendirent maîtres de la cité, mais celle-ci fut assiégée par les Autrichiens et dut se rendre (22 août 1849). Venise fut rattachée à l'Italie, avec la Vénétie, à la suite de la guerre austro-italienne de 1866.

Ligue de Venise (1495). Ligue formée par divers États italiens contre le roi de France Charles VIII. Voir **LIGUE (Sainte)**.

VENIZÉLOS Éleuthérios (* Murnies, Crète, 23.VIII. 1864, † Paris, 18.III.1936). Homme politique grec. Il participa aux insurrections de la Crète contre les Turcs et œuvra pour l'union de son île avec la Grèce, effective en 1913. Premier ministre en 1910, il forma avec la Serbie, le Monténégro et la Bulgarie une Union balkanique qui triompha de la Turquie dans la première guerre balkanique (1912/13) mais se défit ensuite, ce qui provoqua la seconde guerre balkanique, qui rapporta quelque avantage territorial à la Grèce au traité de Bucarest (1913). Venizélos s'opposa à la politique germanophile du roi Constantin au début de la Première Guerre mondiale. Écarté du pouvoir, il revint aux affaires après les élections de juin 1915, encouragea secrètement le débarquement allié à Thessalonique, ce qui provoqua son renvoi en oct. Il fonda alors un gouvernement rebelle, qui fut reconnu par les Alliés (1916). Après l'abdication du roi en 1917, il déclara officiellement la guerre aux puissances centrales. Aux traités de Neuilly et de Sèvres, il obtint des avantages considérables pour la Grèce. L'occupation par les troupes grecques de la partie occidentale de l'Anatolie, en 1920, provoqua la guerre contre les Turcs kémalistes et la défaite de l'armée grecque fut fatale au prestige de Venizélos ; Constantin remonta sur le trône et le chef nationaliste dut s'exiler dès la fin de l'année 1920. La révolution de sept. 1922 le ramena au pouvoir (janv./févr. 1924 ; 1928/32 ; juin/nov. 1932 ; janv./mars 1933). Il rapprocha la Grèce de la Yougoslavie et de l'Italie mussolinienne. En 1935, ses partisans déclenchèrent, en Crète, une insurrection qui échoua. Réfugié en France, il y mourut l'année suivante. Voir **GRÈCE**.

VÊPRES SICILIENNES. Nom donné au massacre général des Français de Charles Ier d'Anjou en Sicile qui commença à l'heure des vêpres, le lundi de Pâques 31 mars 1282. Voir **NAPLES (royaume de)**.

VENTÔSE (décrets de). Décrets votés par la Convention, sur la proposition de Saint-Just, les 8 et 13 ventôse (26 févr. et 3 mars 1794). Ils stipulaient que les biens confisqués aux quelque 300 000 « suspects » (v.) seraient distribués gratuitement aux indigents. Ce fut la seule mesure sociale importante décidée par la Convention, mais elle ne fut guère suivie d'effet.

VERCINGÉTORIX (* en Auvergne, vers 72, † Rome, 45 av. J.-C.). Chef gaulois. Lors de la révolte gauloise de 52, il entreprit de ranger sous son commandement la majeure partie de la Celtique du centre et de l'Armorique. Ayant subi une série d'échecs, Vercingétorix fut réduit à adopter la tactique de la terre brûlée. Pour priver les Romains de fourrage et de ravitaillement, il fit incendier les villes et les fermes. En mai 52, il infligea à César un grave échec devant Gergovie. Ayant réuni une assemblée générale des Gaulois à Bibracte, il se fit reconnaître officiellement commandant en chef. Mais en août 52, César tailla en pièces sa cavalerie près de Dijon et Vercingétorix fut réduit à se réfugier dans la citadelle d'Alésia. La famine, puis l'échec de l'armée de secours l'obligèrent à se livrer. Vercingétorix vint rendre ses armes. Amené en Italie pour paraître au triomphe de son vainqueur, il resta prisonnier pendant six ans. C'est à l'occasion du grand triomphe de César, en 46, qu'il fut traîné à travers les rues de Rome, en compagnie d'autres prisonniers illustres, Arsinoé d'Alexandrie, Juba de Mauritanie… ; puis il fut étranglé dans la prison Mamertine.

VERCORS. Massif des Préalpes françaises, dans le Dauphiné. Cette région sauvage et boisée fut, en 1943/44, le refuge de nombreux résistants et jeunes gens réfractaires au Service du travail obligatoire (STO). Lors du débarquement allié (juin 1944), environ 3 500 maquisards y engagèrent le combat pour retenir des troupes allemandes loin du front de Normandie. Mais ces troupes, mal armées, ne disposaient pas d'artillerie et ne reçurent aucun secours aérien des Alliés. À la fin de juill. 1944, les maquisards du Vercors furent surpris par des unités aéroportées SS venues à bord de planeurs et furent exterminés ou dispersés.

VERDUN. Ville de France (Meuse), sur la Meuse, autrefois *Virodunum*, ancien oppidum gaulois, évêché dès le IVe s., qui fut pris par Clovis en 502 et compris en 511 dans le royaume d'Austrasie. En 843, au traité de Verdun (v.), Verdun fut attribuée au royaume de Lotharingie. En 880, elle passa dans le royaume de Germanie. Ses évêques portaient le titre de comtes, mais, dès le XIIIe s., Verdun fut ville libre impériale. C'était l'un des « Trois-Évêchés » (v.) qu'Henri II fit occuper en 1552, et dont la possession fut reconnue à la France aux traités de Westphalie (1648).

Traité de Verdun (août 843). Traité signé entre les fils de Louis le Pieux, l'empereur Lothaire et ses frères, Louis le Germanique et Charles le Chauve. Il consacra le partage de l'Empire carolingien. Voir CAROLINGIENS. Histoire de la dynastie.

Bataille de Verdun (1916). Après la guerre de 1870/71, Verdun devint le centre d'un vaste camp retranché qui fut le pivot de la défense du Nord-Est. Défendue en 1914 par la IIIe armée de Sarrail, la place de Verdun servit de point d'appui à la manœuvre qui permit la victoire de la Marne. Le front se fixa à environ 10 km au N. de Verdun et ce secteur resta tranquille pendant dix-huit mois.

Tout à la préparation de l'offensive prévue sur la Somme, l'état-major français négligea les informations concernant une attaque imminente sur Verdun. Le 21 févr. 1916, à 16 h 45, après une préparation d'artillerie qui dura neuf heures, l'attaque allemande fut déclenchée sur la rive droite de la Meuse. Malgré une résistance inattendue de défense française, les Allemends, au soir du 24, avaient complètement submergé la deuxième ligue de défense française et atteint la cote 344. Le soir du 25, ils s'emparaient du fort de Douaumont, pierre angulaire du nord-est de la ligne des forts. Castelnau, envoyé par Joffre, ordonna au général Herr de tenir coûte que coûte le front Nord entre Douaumont et la Meuse, et c'est Pétain, commandant de la IIe armée, qui fut chargé de prendre la direction de la bataille (26 févr.). À partir du 6 mars, la bataille s'étendit sur la rive gauche de la Meuse : les Allemands s'emparèrent du bois de Cumières (7 mars), du Mort-Homme (14 mars), de la cote 304 (24 mai).

Après deux mois et demi de combats, malgré la supériorité écrasante de leur artillerie lourde, les Allemands n'avaient pas réussi à emporter la décision, et leur progression moyenne était d'environ 7 km. Cependant, la tentative menée par Mangin pour reconquérir Douaumont aboutissait à un échec sanglant (22/24 mai), et le fort de Vaux succomba le 7 juin. Les troupes du Kronprinz passèrent de nouveau à l'attaque le 21 juin et prirent Thiaumont, Fleury et les abords de Froideterre. Mais le temps était maintenant compté pour l'état-major allemand : le 4 juin, Broussilov avait déclenché une offensive en Volhynie, et, en juill., sur la Somme, commençait l'offensive franco-britannique. Pour Verdun, c'était le salut. La dernière grande attaque allemande eut lieu les 11/12 juill., aux abords du fort de Souville. Désormais, l'initiative passa aux Français : sous les ordres de Nivelle, la contre-offensive, conduite par Mangin, aboutit à la reconquête de Douaumont (24 oct.), de Vaux (2 nov.), de la crête du Poivre (15/18 déc.), et, sur la rive droite de la Meuse, le front se stabilisa le long d'une ligne Champneuville-Bezonvaux. Sur la rive gauche, le Mort-Homme et la cote 304 furent repris en août 1917, et Verdun fut complètement dégagé. Dans l'« enfer de Verdun », les Français avaient laissé 163 000 morts et disparus, les Allemands 143 000.

VERGENNES, Charles Gravier, comte de (* Dijon, 28.XII.1717, † Versailles, 13.II.1787). Homme politique et diplomate français. Ministre des Affaires étrangères de Louis XVI à partir de juin 1774, il adopta une politique d'hostilité à l'égard de l'Angleterre. Exploitant la faveur de l'opinion pour la cause de l'indépendance américaine, il signa une alliance avec les États-Unis (1778), mais il s'efforça de ne pas laisser la guerre maritime franco-anglaise s'étendre en une guerre terrestre européenne. Après le traité de Versailles (1783), Vergennes se rendit compte que la guerre, selon la prédiction de Turgot, avait précipité la banqueroute, sans donner à la France une victoire nette sur l'Angleterre. Il s'efforça donc de rapprocher les deux pays et, en 1786, accorda à Pitt un traité de commerce très avantageux pour les Anglais.

VERGNIAUD Pierre Victurnien (* Limoges, 31.V.1753, † Paris, 31.X.1793). Homme politique français. Élu député à l'Assemblée législative (juin 1791), il devint, par son éloquence, un des chefs des Girondins. En mars 1792, son accusation contre le ministre Lessart provoqua la formation du cabinet girondin, avec Roland et Dumouriez. Vergniaud poussa avec toute son éloquence à la déclaration de guerre à l'Autriche, il favorisa l'insurrection du 20 juin 1792, et, au 10 août, comme président de la Législative, c'est lui qui prononça les décrets suspendant le roi de ses fonctions. Mais à partir de ce moment, il s'inquiéta de la puissance du peuple parisien, dénonça la tyrannie de la Commune (17 sept. 1792), attaqua Marat, et, avant le procès de Louis XVI, il s'efforça d'opposer la France à Paris en demandant l'appel au peuple (31 déc. 1792). En mars 1793, il s'éleva avec véhémence contre la création du Tribunal révolutionnaire (10 mars), ce qui lui valut, le 10 avr., d'être attaqué devant la Convention par Robespierre. Décrété d'accusation avec ses collègues de la Gironde (2 juin), il fut guillotiné avec eux au mois d'oct.

VERHOFSTADT Guy (Dendermende, 11.IV.1953). Homme politique belge. Président du Parti libéral démocrate flamand (VLD) à 29 ans, il fut vice-Premier ministre à 32 ans et ministre des Finances à 42 ans. Après deux échecs en 1991 et 1995, il est devenu Premier ministre, à la tête d'une coalition dite « arc-en-ciel » (libéraux, socialistes et écologistes), en juill. 1999.

VÉRONE, *Verona*. Ville d'Italie, en Vénétie, sur l'Adige. Ancienne ville des Cénomans, colonie latine en 89 av. J.-C., elle conserve de l'époque romaine un grand amphithéâtre qui rappelle le Colisée de Rome (Ier s. apr. J.-C.). Place importante de la Vénétie, elle fut prise en 312 par Constantin. En 489, Théodoric y remporta sur Odoacre une victoire qui lui ouvrit la route de l'Italie. Après avoir été le chef-lieu d'une marche du royaume carolingien d'Italie, elle fut rattachée en 952 au royaume germanique et devint ville libre en 1107. Durant le XIIe s. Vérone fut généralement en lutte contre les Hohenstaufen : en 1155, elle tenta de barrer la route à Frédéric Ier Barberousse, qui repartait en Allemagne, mais le passage fut forcé par Othon de Wittelsbach. En 1164, Vérone prit encore la tête d'une ligue contre l'empereur. Sous le règne de Frédéric II, la ville fut le théâtre d'une lutte entre les Montecchi (gibelins) et les Sanbonifazi (guelfes) ; l'empereur permit à Ezzelino III da Romano d'y établir solidement son pouvoir personnel (1227/59), puis, de 1277 à 1387, Vérone fut au pouvoir des Scaligeri (Della Scala) : la puissance véronaise, qui s'étendit sur Vicence, Padoue et Trévise, atteignit son apogée sous Cangrande Ier († 1329), qui donna asile à Dante. Prise par Gian Galeazzo Visconti et rattachée à l'État milanais en 1387, Vérone passa en 1405 à Venise, qui la garda jusqu'à la fin du XVIIIe s. Occupée par Masséna en 1796, elle fut cédée par Bonaparte à l'Autriche (1797/1801), puis fit partie du royaume d'Italie (1805/14) et fut le chef-lieu du département de l'Adige. De nouveau autrichienne de 1814 à 1866, elle fut une place importante du quadrilatère fortifié lombard (avec Peschiera, Mantoue et Legnago) et servit de point d'appui à Radetzky en 1848.

VERRAZZANO Giovanni da (* Val di Greve, près de Florence, vers 1480, † vers nov. 1527). Navigateur italien. Après avoir voyagé au Proche-Orient et en Inde, il s'établit en France vers 1522. Soutenu financièrement par un syndicat de banquiers florentins de Lyon, il offrit à François Ier d'essayer d'atteindre la Chine par l'ouest, comme l'avait déjà tenté Christophe Colomb ; il espérait en effet trouver dans le continent américain un détroit faisant communiquer l'Atlantique et le Pacifique. Parti en janv. 1524, il fut le premier Européen qui reconnut et décrivit les côtes de l'Amérique du Nord, des Carolines à Terre-Neuve ; il découvrit l'estuaire de l'Hudson, mais sa relation au roi François Ier n'éveilla aucun intérêt, car on ne s'intéressait qu'à la voie de passage vers la Chine. Poursuivant ses recherches, Verrazzano entreprit deux autres voyages ; il disparut au cours du second.

VERRÈS Caius Licinius (* vers 120, † 43 av. J.-C.). Homme politique romain. Après avoir exercé ses talents de pillard en Cilicie dès 80 av. J.-C., il se fit élire préteur en 74, puis propréteur en Sicile, de 73 à 71 av. J.-C., où il continua ses exactions, pillages et détournements. À son retour à Rome, en 70, les Siciliens chargèrent Cicéron de défendre leur cause. Accablé par les témoignages et les célèbres *Verrines* du grand orateur, Verrès s'exila à Marseille. Il fut assassiné en 43, sur ordre d'Antoine, qui voulait s'approprier quelques œuvres d'art de ce « collectionneur », typique de la gestion scandaleuse des provinces à la fin de la République romaine.

VERSAILLES. Ville de France, chef-lieu du département des Yvelines, au S.-O. de Paris. Versailles est une création des rois de France. Louis XIII, qui aimait chasser dans les bois de la région, y fit construire dès 1624 un pavillon de chasse par Lemercier ou Salomon de Brosse, et le fit remanier en 1632 par Philibert Le Roy. Ce pavillon devint le centre du château actuel, dont les premiers travaux furent ordonnés par Louis XIV en 1661.

Traité de Versailles (28 juin 1919). Traité de paix qui mit fin à la Première Guerre mondiale, entre l'Allemagne et les Alliés. Ce traité fut préparé par la conférence de la paix qui siégea à Paris à partir du 18 janv. 1919 et dont les travaux furent dominés par les représentants français, anglais, italien et américain, Clemenceau, Lloyd George, Orlando et Wilson. L'Allemagne avait été exclue des débats où devait être réglé son sort (et c'est pourquoi le traité devait être qualifié outre-Rhin de *Diktat*). Les tractations entre les Alliés furent assez difficiles : Clemenceau, qui voulait préserver la sécurité de la France par l'annexion de la rive gauche du Rhin, le contrôle de la Ruhr et l'assurance de réparations considérables, se heurta à l'Angleterre et aux États-Unis, soucieux, pour des raisons d'équilibre européen, d'éviter la ruine complète de l'Allemagne ; les exigences japonaises sur les concessions allemandes de la province chinoise du Chan-tong provoquèrent un conflit avec la Chine, dont la délégation quitta la conférence (mai 1919) ; enfin, contrairement aux engagements pris par le traité de Londres (26 avr. 1915), les Alliés, sur les instances de Wilson, refusèrent à l'Italie l'annexion de Fiume et de la Dalmatie, ce qui entraîna un départ momentané de la délégation italienne (avr./mai 1919). Cependant, le 17 juin, les Alliés purent transmettre au gouvernement allemand le texte définitif du traité.

Les *clauses territoriales* amputaient l'Allemagne du huitième de son territoire et du dixième de sa population de 1914. À l'O., l'Alsace-Lorraine était restituée à la France, la Belgique recevait les petits territoires d'Eupen et Malmédy, la Sarre était placée sous le contrôle de la SDN pour une durée de quinze ans, au terme desquels un plébiscite devait décider de son destin, et la France obtenait la propriété du bassin houiller. À l'E., le territoire allemand était coupé en deux ; la Pologne reconstituée obtenait un accès à la mer Baltique par l'annexion de la Posnanie et de la Prusse-Occidentale ; la Prusse-Orientale, amputée de Memel, se trouvait séparée du reste de l'Allemagne par le fameux corridor de Dantzig (qui devenait une ville libre). Pour la Haute-Silésie, un référendum déciderait si cette province deviendrait polonaise ou resterait allemande. L'Allemagne perdait toutes ses colonies, dont la SDN confiait le mandat à la France, à l'Angleterre, à l'Union sud-africaine et au Japon.

Les *clauses militaires* comportaient la dissolution du grand état-major ; l'abolition du service militaire ; l'interdiction de l'artillerie lourde, de l'aviation de guerre, des chars, des sous-marins, des cuirassés ; les forces terrestres allemandes étaient limitées à 100 000 hommes, les forces navales à 16 000 hommes. Les Alliés devaient occuper pendant quinze ans la rive gauche du Rhin ainsi que les trois têtes de pont de Mayence, Coblence et Cologne ; sur la rive droite était établie une zone démilitarisée de 50 km de profondeur.

Les *clauses économiques et financières* imposaient à l'Allemagne le paiement de « réparations ». Mais les Alliés n'avaient pu s'entendre sur le chiffre exigé et seulement convenir que le montant des réparations serait fixé avant mai 1921 ; cependant, l'Allemagne devait verser, à titre de provision, 20 milliards de marks-or. Les voies d'eau allemandes (fleuves et canaux) étaient internationalisées. L'Allemagne devait livrer une importante partie de la flotte de commerce, des machines, du matériel ferroviaire…

Les *clauses morales* comportaient la reconnaissance par l'Allemagne de sa responsabilité dans la guerre et la livraison de l'ex-empereur Guillaume II et d'un certain nombre de ses sujets tenus par les Alliés pour des « criminels de guerre ». Le traité de Versailles était précédé du pacte constitutif de la SDN.

Le traité fut accueilli en Allemagne avec une violente hostilité. Pendant quelques jours, à la suite d'un ultimatum des Alliés, l'état-major allemand songea à lancer le pays dans une résistance militaire désespérée. Le chancelier Scheidemann, après avoir fait campagne contre la signature du traité, démissionna, mais, finalement, l'Assemblée de Weimar accepta le texte (22 juin 1919), et, le 28 juin 1919, le traité fut signé dans la galerie des Glaces du château de Versailles. Le traité de Versailles, qui prétendait établir une paix durable en Europe, fut un échec complet. La France, obligée de renoncer à la rive gauche du Rhin, devait bénéficier d'un pacte de garantie anglo-américain pour sa sécurité. Le Sénat américain en refusa la signature. Dès sa signature, il fut attaqué, en Angleterre et aux États-Unis, pour sa dureté excessive. Le traité de Versailles préparait une nouvelle flambée des nationalismes et devait conduire, vingt ans après sa signature, à une nouvelle guerre mondiale plus sauvage encore que la première.

VERTS (les). Parti politique écologiste. Issu de mouvements écologistes datant des années 1970, le parti des Verts fut fondé en France en 1984. Son programme politique fondé sur la défense de la qualité de la vie et de l'environnement, la réduction du temps de travail ainsi que l'abandon de l'énergie nucléaire lui a valu une certaine audience électorale, jusqu'à compter, en 1997, huit députés à l'Assemblée nationale, et à avoir un ministère de l'Environnement (1997/2001). À l'élection présidentielle de 2002, le candidat des Verts a rassemblé 5,25% des suffrages. Au Parlement européen, les Verts comptaient, en 1999, 9 élus. Leurs homologues allemands comptent trois ministres et représentaient 6,7% des voix aux dernières élections législatives.

VERVINS (traité de, 2 mai 1598). Traité conclu entre le roi de France Henri IV et Philippe II d'Espagne : les Espagnols rendaient toutes les places qu'ils avaient prises en Picardie, mais gardaient Cambrai et le Charolais. Cette paix, fort avantageuse pour la France, consommait l'échec des ambitions nourries par Philippe II pendant les guerres de Religion.

VERWOERD Hendrik Frensch (* Amsterdam, 8.IX. 1901, † Pretoria, 6.IX.1966). Homme politique sud-africain. De parents hollandais qui vinrent s'installer en Afrique du Sud en 1903, il se montra un raciste convaincu et manifesta des sympathies pour Hitler. Sénateur en 1948, puis ministre des Affaires indigènes (1950), il se fit le champion de l'apartheid. Premier ministre à partir de 1960, il institua la politique des « bantoustans » ; devant l'opposition de tous les autres membres du Commonwealth, il fit sortir l'Afrique du Sud de cette organisation (janv. 1961). Il fut assassiné au Parlement par un Blanc déséquilibré.

VESPASIEN, Titus Flavius Vespasianus (* près de Reate, Sabine, 18.XI.9 apr. J.-C., † Cutilia, Sabine, 23.VI.79). Empereur romain (69/79). Après avoir servi en Thrace et en (Grande-) Bretagne, il devint consul (51), puis gouverneur d'Afrique (63), avant de recevoir la conduite de la guerre en Judée (66). Il avait commencé le siège de Jérusalem lorsque les légions d'Orient, au cours des luttes entre Othon et Vitellius, le proclamèrent empereur (juill. 69). Rapidement, il fut reconnu par les armées de Mésie, de Pannonie et d'Illyrie. Tandis qu'il restait en Orient, son général, Antonius Primus, envahit l'Italie, battit les armées de Vitellius à Bedriacum et à Crémone, puis s'empara de Rome. Laissant alors le commandement de la guerre contre les Juifs à son fils Titus, Vespasien revint en Italie (70). Il rétablit l'ordre en resserrant la discipline dans l'armée. Il favorisa l'entrée des provinciaux dans le Sénat, ce qui suscita une vive opposition de la vieille aristocratie ; Vespasien, qui répugnait aux mesures sanguinaires, dut cependant faire exécuter Helvidius Priscus. À l'extérieur, la révolte gauloise de Claudius Civilis fut réprimée (70), Titus termina victorieusement la guerre des Juifs, Agricola consolida la conquête de la (Grande-) Bretagne et les frontières du Rhin et du Danube furent renforcées par l'annexion des champs Décumates. L'Orient fut réorganisé : la Judée fut réduite en province, la Commagène annexée à la Syrie (72), la Cappadoce et la Petite Arménie absorbées par la Galatie. Restaurateur de l'ordre et de la paix, Vespasien apparut, après les troubles qui avaient suivi la chute de Néron, comme un homme providentiel. Il fut le fondateur de la dynastie des Flaviens.

VESPUCCI Amerigo (* Florence, 9.III.1434, † Séville, 22.II.1512). Navigateur italien. Fils d'un notaire florentin, il entra dans la banque des Médicis, qui l'envoyèrent, en 1491, diriger leur agence de Séville. Il se passionna bientôt pour les grandes découvertes maritimes. On ne sait exactement combien de voyages il a accomplis, mais deux d'entre eux sont attestés. Au cours du premier (mai 1499/juin 1500), Vespucci, parti avec l'expédition d'Alonso de Ojeda, se sépara de ce dernier après avoir atteint les côtes de la Guyane. Il semble qu'il ait ensuite découvert les bouches de l'Amazone et qu'il soit parvenu jusqu'à 6° de latitude S. Il ne se doutait pas qu'il explorait ainsi les côtes du Nouveau Monde, auquel le géographe allemand Martin Waldseemüller devait donner son nom (Amerigo) dès 1507. Vespucci, qui pensait avoir atteint une péninsule orientale de l'Asie, fit un nouveau voyage, cette fois sur des vaisseaux portugais, de mai 1501 à juill. 1502. Il atteignit la côte du Brésil, découvrit en janv. 1502 la baie de Rio de Janeiro et parvint jusqu'au Rio de la Plata. Revenu au service de l'Espagne, il fut nommé en 1505 chef des services de navigation de la Casa de Contratación de las Indias et occupa ce poste jusqu'à sa mort.

VICHY (gouvernement de). Du 10 juill. 1940 au 20 août 1944, Vichy fut le siège du gouvernement de l'État français. Voir **France. Le gouvernement de Vichy et la collaboration, État français** et **Collaboration**.

VICTOR-AMÉDÉE Ier (* Turin, 1587, † Verceil, 1637). Duc de Savoie (1630/37). Voir **Savoie (maison de)**.

VICTOR-AMÉDÉE II (* Turin, 14.V.1666, † Moncalieri, 31X.1732). Duc de Savoie (1675/1730), roi de Sicile (1713/20), puis de Sardaigne (1720/30). Entré dans la grande alliance contre Louis XIV, en 1690, il fut battu la même année par Catinat à Staffarde, puis à La Marsaille en 1693. Ayant changé de camp, il obtint de Louis XIV, son oncle par alliance, d'importants avantages au traité de Turin (1696). Pendant la guerre de la Succession d'Espagne, il dénonça l'alliance française et se joignit aux Impériaux en 1703. Battu, il dut se réfugier à Gênes, mais fut rétabli par les victoires du Prince Eugène. Aux traités d'Utrecht (1713/15), il obtint même une partie du Milanais et la Sicile, laquelle fut échangée avec l'Autriche en 1720 contre la Sardaigne.

VICTOR-AMÉDÉE III (* Turin, 26.VI.1726, † Moncalieri, 16.X.1796). Roi de Sardaigne (1773/96). Voir **Savoie (maison de)**.

VICTOR-EMMANUEL Ier (* Turin, 24.VII.1759, † Moncalieri, 10.I.1824). Roi de Sardaigne (1802/21). Voir **Savoie (maison de)**.

VICTOR-EMMANUEL II (* Turin, 14.III.1820, † Rome, 9.I.1878). Roi de Sardaigne (1849/61) et d'Italie (1861/78). Il fut, avec son ministre Cavour, l'artisan de l'indépendance et de l'unité italiennes mais dut auparavant accepter l'armistice prématuré de Villafranca (12 juill. 1859) que Napoléon III lui imposa après les victoires de Magenta et de Solferino (v. **Italie. La conquête de l'unité**). Il s'assura le soutien français pour achever la conquête de l'unité italienne en cédant Nice et la Savoie (1860) à Napoléon III. Proclamé roi d'Italie en 1861, il fixa sa capitale à Florence en 1865, puis à Rome en 1871. La Vénétie fut annexée en 1866. Le roi s'efforça d'apaiser le conflit avec le Saint-Siège, qui refusait d'accepter l'occupation de Rome en 1870 ; il accepta jusqu'au bout son rôle de souverain constitutionnel et ne s'opposa jamais aux mesures décidées par ses ministres.

VICTOR-EMMANUEL III (* Naples, 11.XI.1869, † Alexandrie, Égypte, 28.XII.1947). Roi d'Italie

(1900/46), empereur d'Éthiopie (1936/43), roi d'Albanie (1939/43). Son courage pendant la Première Guerre mondiale rendit quelque prestige à la monarchie. En 1922, il ratifia le coup de force de Mussolini, dont il espérait une solution à la grave crise économique et sociale que traversait l'Italie. Les fascistes le gratifièrent du titre d'empereur d'Éthiopie (1936) et de roi d'Albanie (1939) mais le privèrent de toute autorité politique réelle. Soutenu par le Grand Conseil fasciste, il fit cependant arrêter Mussolini en juill. 1943. L'intervention de la Wehrmacht le contraignit à demander la protection des Alliés à Brindisi (sept. 1943), où il forma un gouvernement de coalition antifasciste. Pour tenter de sauver la monarchie, Victor-Emmanuel III remit les pouvoirs à son fils Humbert en juin 1944, sans avoir pu empêcher cependant la proclamation de la république (1946). Victor-Emmanuel se réfugia en Égypte.

VICTORIA (* Kensington Palace, Londres, 24.V. 1819, † Osborne, île de Wight, 22.I.1901). Reine de Grande-Bretagne et d'Irlande (1837/1901) et impératrice des Indes (1876/1901). Fille d'Édouard, duc de Kent, et petite-fille de George III, elle succéda à son oncle Guillaume IV le 20 juin 1837. Son accession au trône mit fin à l'union personnelle entre la Grande-Bretagne et le Hanovre, car les femmes ne pouvaient régner dans ce dernier pays. La reine Victoria, tout en respectant les règles du régime parlementaire, essaya de faire prévaloir ses vues, surtout dans le domaine des affaires étrangères. Elle soutint Melbourne, Peel, Disraeli, mais c'est avec irritation qu'elle subit les quatre ministères de Gladstone. Son favori, Disraeli, lui fit donner le titre d'impératrice des Indes en 1876. Elle eut neuf enfants de son mariage avec Albert de Saxe-Cobourg (dont le futur Édouard VII). Le règne de Victoria marqua l'apogée de la puissance mondiale de l'Angleterre.

VIDELA Jorge Rafael (Buenos Aires, 2.VIII.1925). Général argentin. Chef de la junte militaire qui renversa Isabel Perón en 1976 et président de la République de 1976 à 1981, il fut le principal inculpé (condamné à la prison à vie, pour violation des droits de l'homme) du procès intenté aux militaires en 1985, après le retour à la démocratie. Il fut gracié, en déc. 1990, par le président Menem. La justice considérant que cette grâce ne s'appliquait pas aux crimes instruits après celle-ci, il fut arrêté en juin 1998, notamment pour enlèvement d'enfants de prisonniers nés en captivité. Il fut de nouveau inculpé en juill. 2001 pour sa participation présumée au plan Condor, pacte passé dans les années 1970 et 1980 entre les dictateurs sud-américains et destiné à éliminer systématiquement leurs opposants.

VIENNE (congrès de, sept. 1814/juin 1815). Congrès international réuni à Vienne pour fixer le cadre du nouvel ordre européen après les guerres napoléoniennes. La France, qui venait d'être vaincue par les Alliés et dont le sort avait été réglé par le premier traité de Paris (30 mai 1814), joua cependant au congrès un certain rôle grâce au talent diplomatique de Talleyrand.

On a pu dire que le congrès de Vienne fut le dernier du XVIIIe s. Les territoires y furent en effet répartis sans aucun souci des sentiments des peuples : le peuple polonais fut partagé entre la Russie, l'Autriche et la Prusse ; les Belges furent soumis au roi de Hollande ; les Lombards-Vénitiens à l'empereur d'Autriche ; le reste de l'Italie fut divisé au profit des souverains autoritaires des maisons de Bourbon ou de Habsbourg ; les aspirations des Allemands ne furent pas satisfaites par la création d'une Confédération germanique dont les liens avaient été voulus par Metternich suffisamment lâches afin d'éviter la formation d'une unité allemande contre l'Autriche.

Les remaniements territoriaux arrêtés par l'Acte final du congrès de Vienne (9 juin 1815) furent les suivants : la *France* était ramenée aux frontières fixées par le second traité de Paris (20 nov. 1815). Elle était tenue en respect par une chaîne d'États secondaires assez solides établis sur ses frontières : le *royaume des Pays-Bas*, formé des anciennes Provinces-Unies et des anciens Pays-Bas autrichiens (Belgique) ; la *Confédération helvétique*, agrandie de trois cantons (Genève, Neuchâtel, Valais) et dont la neutralité était garantie par les grandes puissances ; le royaume de *Piémont-Sardaigne*, qui recouvrait Nice et la Savoie et s'agrandissait du territoire de l'ancienne république de Gênes. La *Russie* s'accroissait considérablement à l'E. ; elle conservait la Finlande et la Bessarabie et annexait la plus grande partie de l'ancien grand-duché de Varsovie, sous la forme d'un royaume de Pologne soumis au tsar, bien que théoriquement autonome. La *Prusse* abandonnait la plus grande partie de son ancien domaine polonais, dont elle ne gardait que la Posnanie ; mais elle recevait en compensation la Poméranie suédoise, le nord de la Saxe, la Westphalie et la plus grande partie des régions rhénanes. L'*Autriche* renonçait à la Belgique mais s'étendait du côté de l'Italie (en annexant la Lombardie et la Vénétie, qui formèrent le « royaume lombard-vénitien ») et de l'Adriatique (annexion ou récupération de l'Illyrie et de la Dalmatie) ; elle reprenait à la Bavière le Tyrol et Salzbourg. L'*Allemagne* était réorganisée sur la base d'une Confédération germanique de trente-neuf États ; les souverains de Bavière, de Wurtemberg et de Saxe conservèrent la dignité royale que leur avait donnée Napoléon ; le Hanovre, érigé en royaume, revint à son souverain, le roi d'Angleterre ; Hambourg, Brême, Lübeck, et Francfort-sur-le-Main étaient érigées en villes libres. L'*Italie*, où l'influence autrichienne était prépondérante, restait divisée en six États (États pontificaux, royaume de Naples, grand-duché de Toscane, royaume de Piémont-Sardaigne, duché de Parme, duché de Modène). L'*Espagne* et le *Portugal* revenaient à leurs souverains légitimes. La

Suède conservait la Norvège, annexée au traité de Kiel. En compensation, le roi de *Danemark* recevait à titre personnel, outre le Schleswig, qu'il possédait déjà, les duchés de Holstein et de Lauenburg. L'*Angleterre* gardait certaines colonies françaises et hollandaises (Guyane, îles de la Trinité, de Tobago, de Sainte-Lucie, île Maurice, Ceylan) et d'importantes bases navales (Helgoland, Malte, Le Cap).

L'Acte final du congrès de Vienne fut signé le 9 juin 1815, par toutes les puissances participantes. On doit au congrès de Vienne plusieurs autres décisions importantes : il établit le principe de la libre navigation sur le Rhin et la Meuse, condamna la traite et l'esclavage, recommanda des mesures favorables à l'amélioration du sort des Juifs.

VIENNE (traités ou paix de)

30 avr. 1725. Paix et alliance défensive (contre la France) entre l'empereur Charles VI et Philippe V d'Espagne, qui reconnut la pragmatique sanction de 1713 (v.) ; les Bourbons d'Espagne s'affranchissaient de la tutelle française.

3 oct. 1735 et 18 nov. 1738, entre la France et l'Autriche. Ces traités, qui mirent fin à la guerre de la Succession de Pologne, donnèrent lieu à un vaste échange des trônes. L'empereur cédait le royaume des Deux-Siciles à l'infant don Carlos, mais recevait Parme et Plaisance ; il cédait au roi de Sardaigne Tortona et Novare. François de Lorraine gendre de l'empereur, abandonnait son duché de Lorraine mais devenait grand-duc de Toscane ; Stanislas Leszczynski renonçait à la Pologne mais recevait à titre viager la Lorraine et le Barrois, qui, à sa mort, devaient aller à la France. Enfin, celle-ci reconnaissait comme roi de Pologne Auguste III et adhérait à la pragmatique Sanction. Ces traités furent acceptés par la Sardaigne et par l'Espagne en févr. et en avr. 1739.

14 oct. 1809, entre la France et l'Autriche (ce traité est également appelé *paix de Schönbrunn*). Napoléon Ier, à la suite de sa campagne victorieuse de 1809, obligeait l'Autriche à céder à la Bavière Salzbourg, Berchtesgaden et le district de l'Inn, au grand-duché de Varsovie, Cracovie et Lublin ; à la Russie, Tarnopol, en Galicie ; à la France, enfin, Trieste, l'Istrie, la Carniole, une partie de la Croatie et de la Carinthie (plus le versement d'une indemnité de guerre de 85 millions de francs). L'Autriche devait limiter ses forces armées à 150 000 hommes, elle perdait tout accès à la mer et devait entrer dans le Blocus continental.

VIÊT-CONG. Nom qui fut donné par le gouvernement du Viêt-nam du Sud aux combattants du Front national de libération procommuniste.

VIÊT-MINH, abréviation de *Viêt Nam Doc Lap Dong Minh Hoi*, Ligue révolutionnaire pour l'indépendance du Viêt-nam. Organisation vietnamienne fondée en mai 1941 par Hô Chi Minh. Voir **VIÊT-NAM**.

VIÊT-NAM. État de l'Asie du Sud-Est constituant une longue bande côtière à l'E. de la péninsule indochinoise depuis le delta du fleuve Rouge jusqu'au delta du Mékong ; sous la domination française, le Viêt-nam fut divisé en trois parties, les *Trois ky* : le Tonkin (*Bac ky*), l'Annam (*Trung ky*) et la Cochinchine (*Nam ky*).

Des origines au XIXe siècle

Peuplée dès le paléolithique inférieur, la partie septentrionale de l'actuel Viêt-nam connut, au VIIIe millénaire avant notre ère, les cultures de Bac Son et de Hoa Binh, qui se prolongèrent jusqu'au néolithique (vers 2000 av. J.-C.). Dans les derniers siècles avant notre ère, le principal centre de la civilisation du bronze fut Dong Son, à la limite du Tonkin et de l'Annam. Cette civilisation, apportée par des populations d'origine mongole venues de Chine, rayonna largement sur l'Asie du Sud-Est, au Laos, en Thaïlande, en Indonésie. C'est vers cette époque que se serait formé le premier État tonkinois, gouverné par la dynastie des Hông-Bang. Ce royaume, soumis à des influences chinoises, fut absorbé en 208 av. J.-C. dans le royaume du Nam Viêt (« Pays du Sud »), créé par un général chinois venu de Canton. La dynastie chinoise impériale des Han progressant vers le Sud, le royaume du Nam Viêt fut annexé par l'empereur Wou-ti en 111 av. J.-C. et réduit en province chinoise. Le Viêt-nam septentrional devait rester sous la domination chinoise pendant un millénaire, et il en résulta une profonde sinisation du pays, qui adopta les institutions politiques et religieuses (confucianisme et taoïsme) de la Chine.

Dès cette époque, de profondes différences opposaient le nord et le sud de l'actuel Viêt-nam. En effet, les régions appelées jusqu'en 1945 Annam et Cochinchine virent naître, dans les premiers siècles de notre ère, des royaumes hindouisés dont le plus important fut le Champa, qui avait pour noyau historique la région de Huê. Cette civilisation de la région centrale, culturellement tributaire du monde indien, fut très tôt menacée par l'expansion du Nord, d'abord des Chinois (qui furent repoussés en 347), puis des Viêts tonkinois. Ceux-ci, après de nombreuses rébellions, réussirent à s'émanciper des gouverneurs chinois en 939 et, sous Ngô Quyên, fondèrent un État vietnamien indépendant. Au début du XIe s., la capitale vietnamienne fut établie à Thang Long, sur le site actuel d'Hanoi. Sous les dynasties des Ly (1009/1225) et sous celle des Trân (1225/1413), les Viêts conservèrent les traditions centralisatrices et la culture confucéenne et bouddhique apportées par les Chinois. Tout en repoussant, au N., des invasions chinoises (XIe s.) et mongoles (XIIIe s.), les Viêts, dès la fin du XIe s., commencèrent la conquête du Sud et refoulèrent le Champa, qui finit par être complètement absorbé au XIVe s. La marche conquérante des Viêts du nord vers le sud est une constante de l'histoire vietnamienne.

Au début du XVe s., à la faveur du déclin de la dynastie des Trân, les Chinois rétablirent momentanément leur domination sur le Viêt-nam septentrional, mais celui-ci fut libéré par Lê Loi, fondateur de la dynastie des Lê (1428/1788). Cette dynastie atteignit son apogée sous le règne de Lê Thanh Tôn (1460/97), mais ses successeurs furent des souverains médiocres, et, dès le XVIe s., le pays fut déchiré par les compétitions de grandes familles seigneuriales : les Mac, puis les Trinh, au N. ; les Nguyên, dans la région de Huê. Malgré ces troubles intérieurs, qui devaient se poursuivre jusqu'à la fin du XVIIIe s., les Viêts continuaient à progresser vers le sud. Dès 1600, ils atteignirent le delta du Mékong, et toute la Cochinchine passa sous la domination des Nguyên de Huê, qui se rendirent maîtres de Saigon (1698) et de Châudoc (1759), cependant qu'au N. les Trinh avaient mis en tutelle les souverains Lê.

Dès le début du XVIIe s., des missionnaires catholiques français étaient arrivés en Indochine, et l'évangélisation avait fait de rapides progrès. Cependant, la jeune chrétienté indochinoise était soumise à des persécutions périodiques, plus vigoureuses au Tonkin qu'en Cochinchine. Les Français, qui furent à peu près les seuls à mener l'évangélisation, assistèrent donc avec satisfaction à la chute de la dynastie des Lê, renversée en 1777 par le soulèvement des frères Tây Son.

Les sympathies des missionnaires français allaient surtout à l'héritier des Nguyên de Huê, Nguyên Anh, en faveur duquel Mgr Pigneau de Behaine, vicaire apostolique de la Cochinchine depuis 1774, obtint l'appui de Louis XVI. Avec l'aide de volontaires français, Nguyên Anh, qui disposait d'une artillerie et d'une marine assez puissantes, réussit, en 1801, à s'emparer de Huê, dont sa famille avait été dépossédée par les Tây Son en 1775. L'année suivante, il entrait à Hanoi et, sous le nom de Gia Long (1802/20), unifiait pour la première fois sous son autorité l'ensemble du Viêt-nam, du Tonkin à la Cochinchine. Sa dynastie devait régner jusqu'à la déposition de Bao-Dai, en 1955.

Gia Long, s'appuyant sur les missionnaires français, réorganisa remarquablement le Viêt-nam sous la forme d'une monarchie absolue et centralisée, où les traditions politiques et religieuses d'origine chinoise restaient prédominantes. Le christianisme, sous Gia Long, connut une assez grande liberté, mais la persécution se développa sous les règnes ultérieurs de Minh Mang (1820/40), de Thieu Tri (1840/47) et de Tu Duc (1847/83), ce qui allait provoquer l'intervention de la France et la colonisation progressive du Viêt-nam.

La conquête française et l'instauration du régime colonial

Tu Duc refusant de mettre fin à la persécution des catholiques, une expédition franco-espagnole, commandée par l'amiral Rigault de Genouilly, fut envoyée en 1858 au Viêt-nam ; après avoir bombardé Tourane, le port de la capitale impériale Huê, elle occupa Saigon (1859). L'empereur Tu Duc fut contraint, par le traité de Saigon (5 juin 1862), de céder à la France la Cochinchine orientale, d'ouvrir trois ports (dont Tourane) au commerce français et de garantir la liberté aux missionnaires et aux catholiques. En étendant ensuite son protectorat sur le Cambodge (1863), la France réalisa l'encerclement du reste de la Cochinchine, qui fut entièrement annexée en 1867.

L'expédition de reconnaissance de Doudart de Lagrée et de Francis Garnier dans la vallée du Mékong (1866/68), en démontrant que la vraie route commerciale vers la Chine du Sud n'était pas le Mékong, mais le fleuve Rouge, au Tonkin, amena la France à porter ses visées sur cette nouvelle région. En 1873, le commerçant français Jean Dupuis explora le fleuve Rouge, mais il se heurta aux fonctionnaires impériaux annamites. Paris décida alors l'envoi au Tonkin de la petite expédition de Francis Garnier. À la tête d'une poignée d'hommes, celui-ci prit d'assaut la citadelle d'Hanoi (nov. 1873), occupa toutes les places du Delta et procéda ainsi à l'ouverture du fleuve Rouge. Mais il trouva la mort peu après en combattant des bandes d'irréguliers chinois qui régnaient en maîtres dans certaines parties du territoire tonkinois, les Pavillons-Noirs. La France, qui se relevait à peine de sa défaite de 1870/71, n'avait pas encore les moyens d'une grande politique coloniale en Extrême-Orient ; elle se contenta d'imposer à l'empereur d'Annam un traité d'alliance (15 mars 1874) qui reconnaissait la souveraineté et l'indépendance de l'Annam, mais obligeait la politique étrangère annamite à se conformer à la politique française ; la possession de la Cochinchine tout entière était reconnue à la France ; celle-ci évacuait Hanoi, mais trois ports tonkinois étaient ouverts au commerce européen et la navigation devenait libre sur le fleuve Rouge. Ce traité ne fut guère respecté par l'empereur Tu Duc, qui alla jusqu'à reconnaître la suzeraineté de la Chine (1876).

En 1882, la situation des commerçants français devenant précaire au Tonkin, une nouvelle expédition française fut envoyée. La cour annamite dut reconnaître le protectorat de la France, expressément étendu à l'Annam et au Tonkin (traité de Huê, 25 août 1883) ; un nouveau traité, signé le 6 juin 1884, donna aux Français le droit d'occuper militairement toute partie du territoire vietnamien. Parallèlement, la lutte contre les Pavillons-Noirs, qui se poursuivait au Tonkin, dégénérait en une guerre franco-chinoise (1884/85) où les Français, après la destruction de la flotte chinoise à Fou-tcheou (août 1884), connurent des heures difficiles (désastre de Lang Son, entraînant la chute de Jules Ferry, mars 1885) ; néanmoins, la Chine, par le traité de T'ien-tsin (9 juin 1885), dut reconnaître le protectorat français sur le Viêt-nam. Mais les troupes françaises durent faire face à une tenace résistance tonkinoise, et les opérations contre leur adversaire le plus résolu, le Dê Tham, se poursuivirent jusqu'en 1908.

Cependant, dès les traités de protectorat de 1883/84, la France s'était engagée dans un effort d'organisation administrative qui aboutit, en 1887, à la création de l'*Union indochinoise*, laquelle comprenait les protectorats du Cambodge, de la Cochinchine, de l'Annam et du Tonkin, auxquels vint s'ajouter, en 1893, le Laos. Tous ces pays étaient rassemblés sous l'autorité d'un gouverneur général français, et, en 1897, l'Union indochinoise prit le nom de *Gouvernement général de l'Indochine*. Alors que la Cochinchine, occupée depuis Napoléon III, devenait une véritable colonie, soumise à l'administration directe des fonctionnaires français, les autres pays vietnamiens avaient un régime de protectorat plus ou moins strict : au Tonkin tendait à prévaloir l'administration directe, les administrateurs indigènes ayant été, d'emblée, réduits aux fonctions subalternes ; en Annam, l'administration autochtone conservait un rôle plus important. L'empereur d'Annam subsistait, mais il se trouva réduit à une fonction purement symbolique par l'action énergique de gouverneurs tels que Paul Doumer (1896/1902) et Albert Sarraut (1911/19). À partir de 1922, des notables vietnamiens élus furent adjoints au Conseil de gouvernement, mais les Français y conservèrent la majorité.

Les débuts du nationalisme vietnamien (1920/45)

L'opposition à la colonisation française, représentée, avant la Première Guerre mondiale, par les mandarins annamites et par des chefs de bande tels que le Dê Tham, rallia au cours des années 1920 de nouvelles couches de la population : bourgeois enrichis par le progrès économique et mécontents d'être tenus à l'écart des affaires publiques, et surtout étudiants formés dans les écoles françaises, où ils s'étaient ouverts aux idéologies démocratiques, socialistes et nationalistes. Le nationalisme vietnamien se partagea d'abord en deux grandes tendances : celle du parti national du Viêt-nam, fondé en 1927, qui souhaitait une alliance avec la Chine de Tchang Kaï-chek, mais qui fut brisé par le pouvoir colonial après l'échec de la mutinerie de Yên Bai (10 févr. 1930) ; celle du communisme indochinois, qui organisa dès l'été 1930 des grèves ouvrières et des émeutes paysannes. Dirigé par Nguyên Ai Quôc (Nguyên That Thanh), qui ne devait prendre qu'en 1941 son nouveau nom d'Hô Chi Minh, le parti communiste indochinois, fondé à Hongkong en mars 1930, attira de brillants éléments tels que Pham Van Dong, Truong Chinh et le futur général Giap. En dépit d'une violente répression française qui, dans les années 1930/31, fit quelque 10 000 victimes, le parti communiste continua à marquer des progrès dans la clandestinité.

La Seconde Guerre mondiale devait ebranler de façon irréparable la position de la France au Viêtnam. Nommé en juill. 1940 par le gouvernement de Vichy, l'amiral Decoux dut accepter, dès sept. 1940, l'entrée des troupes japonaises en Indochine. Decoux s'efforça de sauvegarder la présence française en associant plus étroitement les Vietnamiens au gouvernement colonial (création d'un Conseil fédéral de l'Indochine, composé des représentants des diverses ethnies, déc. 1941). La lutte commune contre le Japon apportait au communiste Hô Chi Minh l'appui de la Chine de Tchang Kaï-chek ; mettant en sommeil le parti communiste indochinois, il se posait comme le rassembleur de toutes les forces nationalistes, à la fois contre le Japon et contre la France, en fondant, en mai 1941, la Ligue révolutionnaire pour l'indépendance du Viêt-nam (*Viêt Nam Doc Lap Dong Minh Hoi*), bientôt connue sous le nom de *Viêt-minh*.

Le 9 mars 1945, les Japonais procédèrent à un coup de force et s'emparèrent de tous les pouvoirs en Indochine, éliminant l'amiral Decoux et les fonctionnaires français. Avec leur appui, Bao-Dai, empereur d'Annam depuis 1932, dénonça le traité de protectorat (11 mars), mais il se trouva rapidement devancé par Hô Chi Minh, qui, secouant la tutelle que cherchaient à lui imposer les Chinois, créa un Front populaire vietnamien de libération et, le 10 août 1945, à la veille de l'effondrement japonais, lança l'ordre du soulèvement général. Deux semaines plus tard, il entrait à Hanoi, y installait un gouvernement où les postes clés étaient détenus par les communistes, et, le 2 sept. 1945, il proclamait l'indépendance de la « République démocratique du Viêt-nam. » Mais, conformément aux décisions de la conférence de Potsdam, où la France n'avait pas été représentée, le Viêt-nam devait être occupé, au N. du 16e parallèle par les troupes chinoises de Tchang Kaï-chek, au S. par les troupes britanniques. Dès le 23 sept. 1945, des éléments militaires français libérés de camps d'internement japonais s'emparèrent des édifices publics de Saigon ; un corps expéditionnaire français commandé par le général Leclerc entra peu après à Saigon (5 oct. 1945). Mais la situation était toute différente dans le Nord, occupé par les troupes chinoises et où le Viêtminh était installé au gouvernement.

Hô Chi Minh, qui ne voulait pas retomber sous la tutelle des Chinois, préféra composer avec les Français : le 6 mars 1946, par un accord conclu avec le négociateur français Jean Sainteny, il obtint la reconnaissance par la France de la République démocratique du Viêt-nam comme un État libre au sein de la Fédération indochinoise et de l'Union française ; en échange, il acceptait le retour de 15 000 soldats français au Tonkin jusqu'en 1951. Mais cet accord, qui permit au général Leclerc d'entrer à Hanoi (18 mars 1946), devait être rendu caduc à la fois par les réticences des communistes intrasigeants et par les manœuvres du haut-commissaire Thierry d'Argenlieu, qui, au mépris des engagements pris, suscita en juin 1946 une république sécessionniste de Cochinchine. Après l'échec de la conférence de Fontainebleau (juill./sept. 1946), la profonde méfiance réciproque qui s'était installée dans les rapports franco-vietnamiens devait conduire rapidement à un conflit.

La première guerre du Viêt-nam (1946/54)

À la suite de divers incidents où les responsabilités demeurent confuses et discutées, Hô Chi Minh et son gouvernement entrèrent dans la clandestinité, avec leur armée, que Giap avait réussi à porter à quelque 60 000 hommes. Tout en s'engageant dans une guerre qui devait durer plus de sept ans, la France essayait de trouver une solution politique : au terme de négociations difficiles menées avec l'ex-empereur Bao-Dai, « associé » à l'Union française et auquel la Cochinchine se rattacha à la suite d'un référendum (avr. 1949) ; en contrepartie, la France conservait ses bases militaires et une position économique et culturelle privilégiée. Mais ces accords n'apportaient aucune solution au problème du Viêt-minh, qui, bénéficiant d'un large appui de la population, contrôlait la plus grande partie du Tonkin dès la fin de 1949.

C'est sur le plan militaire que devait se jouer le sort du Viêt-nam. À la suite de la victoire des communistes chinois sur Tchang Kaï-chek (1949), le Viêt-minh put établir la jonction avec la Chine populaire, qui lui apporta, à partir de 1950, un appui matériel croissant. En 1950, la république démocratique du Viêt-nam fut reconnue diplomatiquement par l'URSS, la Chine et les autres démocraties populaires. Chargé d'une mission d'enquête au printemps 1949, le général Revers avait conclu à la nécessité d'abandonner la frontière sino-tonkinoise pour concentrer l'effort français sur la défense d'Hanoi et du delta du fleuve Rouge. Au cours des opérations d'évacuation du Haut-Tonkin, les troupes françaises subirent de lourdes pertes à Cao Bang (oct. 1950). Dès cette année 1950, le Viêt-minh, qui n'avait pu mener jusqu'alors qu'une lutte de partisans, était en mesure de mettre sur pied de grandes unités régulières, et les opérations en Indochine prirent le caractère d'une véritable guerre. À la suite du déclenchement de la guerre de Corée (juin 1950), les Américains révisèrent leur attitude sur la question indochinoise : la guerre d'Indochine s'inséra aux yeux des Américains dans la lutte mondiale entre le communisme et le « monde libre ». À partir de cette date, les États-Unis fournirent à la France une aide matérielle importante, mais sans engager leurs propres troupes. Nommé haut-commissaire et commandant suprême des troupes en Indochine (déc. 1950), le général de Lattre de Tassigny réussit en quelques mois à redresser une situation très compromise : il brisa les offensives de Giap sur Hanoi (janv./févr. 1951), établit une ceinture fortifiée autour du delta tonkinois et, en nov. 1951, déclencha à son tour, à l'ouest d'Hanoi, une offensive qui aboutit à la prise d'Hoa Binh. En plaçant l'armée de Bao-Dai sous un commandement purement vietnamien, il inaugura aussi la politique de « vietnamisation » que les Américains devaient plus tard reprendre à leur compte.

De Lattre, malade, ayant dû regagner la France (où il mourut en janv. 1952), son successeur, le général Salan (janv. 1952/juin 1953), réalisa méthodiquement le nettoyage du Delta et arrêta deux offensives du Viêt-minh, l'une en pays thaï, à Na Sam (nov./déc. 1952), l'autre en direction du Laos, dans la plaine des Jarres (avr./mai 1953). Mais le Viêt-minh, qui bénéficiait d'une aide toujours plus importante des Chinois, particulièrement en pièces d'artillerie et d'artillerie antiaérienne, et qui contrôlait la plus grande partie du Tonkin et le nord de l'Annam, accroissait ses unités régulières (125 000 hommes en 1953).

Le général Navarre, successeur de Salan à partir de mai 1953, tenta de rendre au conflit le caractère d'une guerre de mouvement. Pour desserrer l'emprise du Viêt-minh sur le delta tonkinois, il décida, en nov. 1953, la création, dans le Haut-Tonkin, du camp retranché de Diên Biên Phu. Contrairement à toutes les prévisions des spécialistes militaires français, le général Giap, mobilisant 75 000 coolies, qui, de nuit, assuraient le ravitaillement en armes et en nourriture par des bicyclettes poussées à la main, réussit à rassembler autour de Diên Biên Phu cinq divisions (35 000 hommes), dotées d'artillerie lourde. Au printemps 1954, le camp retranché était complètement encerclé par le Viêt-minh, dont l'attaque, commencée le 13 mars 1954, aboutit, après cinquante-sept jours de résistance française, à sa chute (7 mai 1954, v. DIÊN BIÊN PHU). Cette victoire du Viêt-minh brisa définitivement, non pas la puissance militaire du corps expéditionnaire, mais le ressort psychologique de l'opinion française dans la métropole. La guerre du Viêt-nam était déjà devenue un problème international et, depuis le 26 avr. 1954, faisait l'objet des discussions de la conférence de Genève. La chute de Diên Biên Phu entraîna à Paris celle du cabinet Laniel et de son ministre des Affaires étrangères, Georges Bidault (12 juin 1954). Mendès France, qui s'était fait depuis longtemps le champion d'une paix négociée en Indochine, devint président du Conseil (18 juin), et, s'étant engagé à faire la paix dans le délai d'un mois, il reprit les pourparlers à la conférence de Genève. À l'aube du 21 juill. 1954, les accords de Genève mirent fin à la première guerre du Viêt-nam.

La partition du Viêt-nam

Les accords de Genève consistaient essentiellement en une coupure provisoire du Viêt-nam par une ligne correspondant au 17e parallèle : au N. de cette ligne devaient se regrouper toutes les forces du Viêt-minh ; au S., les forces françaises et l'armée vietnamienne de Bao-Dai ; les populations vietnamiennes avaient la possibilité d'émigrer librement d'une zone vers l'autre (900 000 Vietnamiens du Nord, fuyant le communisme, vinrent s'établir dans le Sud). Mais les accords de Genève prévoyaient la réunification future du Viêt-nam, laquelle devait se faire par des élections libres et au scrutin secret, dans un délai maximal de deux ans, c'est-à-dire au plus tard en juill. 1956. Ces accords furent signés également par l'URSS, le Royaume-Uni et la Chine populaire, mais non par les États-Unis.

Au N., la République démocratique du Viêt-nam présidée par Hô Chi Minh, s'engagea dans la construction d'une société communiste. La réforme agraire de 1955/56 fut menée avec une extrême rigueur ; elle provoqua des soulèvements paysans, qui furent impitoyablement réprimés. Au S., le catholique nationaliste Ngô Dinh Diêm, nommé Premier ministre par Bao-Dai en juill. 1954, ne tarda pas à établir un régime dictatorial dont les postes clés furent confiés à des membres de sa famille En oct. 1955, il fit approuver par référendum la déposition de Bao-Dai, qui était resté en France depuis les accords de Genève, et il proclama la république, cumulant les fonctions de chef de l'État et de chef du gouvernement. Ne se considérant pas comme lié par les accords de Genève, Ngô Dinh Diêm refusa tous pourparlers avec le Nord en vue de l'organisation des élections prévues pour réunifier le pays. Dans le Sud, le régime dictatorial suscitait un mécontentement grandissant ; l'afflux des réfugiés catholiques du Nord rejetait les chefs bouddhistes dans l'opposition. Ngô Dinh Diêm, qui avait lutté contre le régime colonial dès la fin des années 1930, prit une position hostile à la France, et, avant même d'avoir obtenu l'évacuation des derniers soldats français (avr. 1956), il se tourna vers les États-Unis, qui, dès févr. 1955, installèrent à Saigon une mission d'assistance.

La seconde guerre du Viêt-nam et la réunification

Les élections réunificatrices prévues par les accords de Genève n'ayant pu être organisées en raison du refus du gouvernement sud-vietnamien, le gouvernement communiste d'Hanoi, qui s'était bien gardé de démanteler ses réseaux dans le Sud, entreprit, à partir de 1957, de réaliser l'unité du Viêt-nam par la subversion de l'autorité de Saigon. Les divers groupes d'opposants à Diêm, que le gouvernement de Saigon confondit, à partir de 1959, sous le nom de *Viêt-cong* (« communistes vietnamiens »), formèrent, le 20 déc. 1960, au cours d'un congrès clandestin, le Front national de libération du Viêt-nam du Sud (FNL), qui passa de plus en plus sous la direction des communistes. En févr. 1961, le FNL se dota d'une Armée de libération du Viêt-nam du Sud, et, avec l'aide humaine et matérielle apportée par le Nord, les opérations de guérillas, commencées dès 1957, prirent la forme d'une véritable guerre.

L'opposition contre le régime Diêm avait pris une telle ampleur (à partir de mai 1963, il y eut une vague de suicides spectaculaires de bonzes s'immolant publiquement par le feu) que Kennedy décida d'abandonner Diêm et laissa s'accomplir, sinon favorisa, le coup d'État militaire qui coûta la vie au dictateur sud-vietnamien (1er nov. 1963). La chute de Diêm devait être suivie, pendant deux ans, d'une série de coups d'État qui aggravèrent le désordre au Viêt-nam du Sud. L'autorité ne fut rétablie à Saigon qu'en juin 1965, lorsque le général Thieu devint chef de l'État.

Cependant, ce que l'on devait appeler « l'escalade » américaine au Viêt-nam avait commencé à la suite d'un incident naval qui, en août 1964, opposa dans le golfe du Tonkin deux destroyers américains à la flotte nord-vietnamienne. À partir de févr. 1965, l'aviation américaine mena des raids systématiques sur le Nord ; dès juin 1966, elle attaquait même Hanoi et Haiphong. L'intervention des forces terrestres américaines dans les combats au Sud-Viêt-nam commença en mars 1965, et, à partir de ce moment, les effectifs américains ne cessèrent d'augmenter. Des troupes sud-coréennes, australiennes et néo-zélandaises furent également engagées aux côtés des Sud-Vietnamiens. L'offensive du Têt, lancée par les communistes en janv./févr. 1968 contre Saigon et plusieurs grands centres du Sud fut un échec militaire coûteux, mais sa puissance démontra aux Américains et à l'opinion mondiale la résolution intacte du Nord-Viêt-nam. La guerre du Viêt-nam divisait profondément l'opinion américaine, suscitait dès 1965 aux États-Unis un mouvement de contestation qui devait aller en s'amplifiant, et altérait le prestige international de l'Amérique.

S'orientant vers la recherche d'une solution négociée, le président Johnson décida l'arrêt partiel des bombardements aériens sur le Nord (31 mars 1968). Ouverts à Paris le 13 mai 1968 entre Américains et Nord-Vietnamiens (auxquels se joignirent, en janv. 1969, Sud-Vietnamiens et FNL), les pourparlers de paix devaient traîner pendant près de cinq ans. Durant cette période, les États-Unis optèrent pour la « vietnamisation », qui consistait à retirer progressivement leurs forces du Sud-Viêt-nam en donnant à l'armée sud-vietnamienne les moyens suffisants pour lutter seule contre les forces communistes. Après l'arrêt total des raids américains contre le Nord-Viêt-nam décidé en nov. 1968 par le président Johnson, Nixon, nouvellement élu, commença le rapatriement des forces américaines (juin 1969). En revanche, les communistes ne ralentirent nullement leurs actions offensives, ce qui contraignit les Américains à intervenir au Cambodge (1970), puis à reprendre leurs attaques aériennes contre le Nord, à bloquer les ports du Nord-Viêt-nam (mai 1972) et à soumettre Hanoi et Haiphong aux plus violents bombardements qu'elles aient connus de toute la guerre (déc. 1972).

Cependant, les négociations secrètes ouvertes dès août 1969, en marge de la conférence de Paris, entre Kissinger et Lê Duc Tho, finirent par aboutir à la signature des accords de Paris (27 janv. 1973), à la suite desquels les forces américaines se retirèrent du Viêt-nam dans un délai de deux mois. Ces accords établissaient aussi le cessez-le-feu entre les diverses forces vietnamiennes en présence et comportaient des clauses politiques en vue d'une réconciliation nationale. Ils ne furent respectés ni par le Nord ni par le Sud, qui s'efforcèrent, au contraire, d'améliorer leurs positions. Le FNL, qui, dès juin 1969, s'était constitué en Gouvernement révolutionnaire provisoire (GRP), continua à recevoir des renforts de troupes et de matériel en provenance du Nord-Viêt-nam ; à la fin de 1974, les communistes reprenaient l'offensive sur une grande ampleur. Au printemps de 1975, ils s'emparaient de Huê (24 mars) et de Da Nang (29 mars), provoquant l'effondrement général de l'armée sud-vietnamienne. Trop tardive, la démission du président Thieu (21 avr.) ne permettait pas l'ouverture de négociations politiques. Alors que les Khmers rouges avaient déjà submergé le Cambodge, les communistes entraient à Saigon le 30 avr. 1975. La seconde guerre du Viêt-nam s'achevait par la victoire complète du communisme, non seulement au Viêt-nam, mais dans toute l'Indochine. Saigon, rebaptisée « Hô Chi Minh Ville », était épurée des traces de la présence occidentale, et des structures socialistes étaient progressivement mises en place dans le Viêt-nam du Sud. La réunification du Viêt-nam devait se faire par des élections prévues pour le premier semestre de 1976, et, d'ores et déjà, il était décidé qu'Hanoi serait la capitale du Viêt-nam réunifié. Le 25 avr. 1976, pour la première fois depuis la consultation du 8 janv. 1946, Vietnamiens du Nord et Vietnamiens du Sud élisaient une Assemblée nationale unique. Deux mois plus tard, cette Assemblée ratifiait la réunification du pays.

Détruit économiquement, le Viêt-nam socialiste devait réconcilier deux populations aux mentalités très différentes, où les violences de la guerre avaient laissé des rancunes tenaces. Une importante partie de la population du Sud réagit fort mal aux mesures de « rééducation » et de socialisation des vainqueurs : fuyant le régime, une masse de réfugiés quitta le Viêt-nam, début de la tragédie des « boat people » essaimant dans toute l'Asie du Sud-Est et souvent victimes d'actes de piraterie. Les difficultés économiques du Viêt-nam furent encore aggravées après son intervention militaire, en 1978, dans le conflit cambodgien (v. **Cambodge**), renforçant l'hostilité de la Chine, avec laquelle eurent lieu plusieurs affrontements frontaliers, et provoquant un blocus économique international, certes atténué par l'assistance soviétique. Au VIe congrès du parti, en 1986, la vieille garde (Lê Duc Tho, Pham Van Dong) prit une retraite toute relative ; Nguyên Van Linh, qui devint secrétaire général du parti, et Pham Hung, Premier ministre, appartenaient au courant moderniste ; mais à la mort de ce dernier, en 1988, les tenants de l'orthodoxie imposèrent un candidat de compromis avec son successeur, Do Muoi. En 1989, l'armée vietnamienne quittait le Cambodge sans être parvenue à imposer réellement sa volonté par les armes. Dans l'affaire des « boat people » (environ un million de personnes), le Viêt-nam avait fait admettre par la communauté internationale que le statut de réfugiés politiques ne leur fût pas reconnu, à Hongkong notamment, et le rapatriement forcé, agrémenté d'une aide économique, pouvait commencer.

À partir de 1988, la politique *Doi Moi*, « rénovation de l'État et de l'économie », décidée en 1986, commençait à modifier le pays. L'économie étatisée était peu à peu remplacée par l'économie de marché. La Constitution de 1992 confirmait cette évolution économique en reconnaissant aux citoyens le droit de créer des entreprises privées. La part du secteur privé contribuait, en 1993, à près de la moitié du PIB du pays. L'effondrement du Comecon, en juin 1991, avait obligé le Viêt-nam à s'insérer dans l'économie mondiale. En 1988, les entreprises étrangères avaient été autorisées à s'implanter dans le pays. Le mouvement s'amplifia avec la levée de l'embargo américain en févr. 1994. Ce développement rapide du capitalisme s'accompagnait cependant de disparités et d'une corruption croissante. 51% de la population ne disposait pas encore, en 1993, de ressources alimentaires suffisantes. Le chômage, aggravé par le retour, en provenance des anciens pays communistes, des travailleurs immigrés, augmenta rapidement.

Malgré un début de décollage économique et une ouverture marquée, en juill. 1995, par l'adhésion du Viêt-nam à l'ASEAN, la situation politique intérieure évolua peu. Si la nouvelle Constitution annonçait la séparation de l'État et du Parti, celui-ci restait la « force dirigeante de l'État et de la société » et, faute d'opposition politique, la plupart des critiques venaient d'instances religieuses, bouddhistes ou catholiques. En déc. 1997, le général Lê Kha Phieu fut nommé secrétaire général du parti communiste vietnamien en remplacement de Do Muoi. Comme ses voisins, le pays eut à souffrir, fin 1999, d'inondations qui firent plus de 250 millions de dollars de dégâts. La restructuration du secteur financier et des entreprises d'État connut un ralentissement et les dirigeants rappelèrent leur attachement au secteur étatique au président américain Bill Clinton, lors de la visite de réconciliation, très appréciée de la population, que celui-ci effectua dans le pays en nov. 2000. En juillet 2003, le président Trân Duc Luong et le Premier ministre Pham Van Khai ont été reconduits dans leurs fonctions.

VIKINGS. Peuples des pays scandinaves qui entreprirent des expéditions maritimes et fluviales en Europe, de la fin du VIIIe s. au XIe s. Voir **Normands**.

VILLA. Les Romains désignaient sous le nom de *villa* deux types d'habitation très différents. La *villa urbana* était la résidence d'été que les citoyens fortunés se faisaient construire dans les fraîches vallées des environs de Rome, dans la région de Tivoli, ou près de Naples, sur les rives du golfe de Baies, ou en Toscane, ou sur les rives des lacs du nord de l'Italie. Cicéron ne possédait pas moins de sept villas. Pline le Jeune a longuement décrit dans ses lettres ses deux villas, l'une bâtie sur la mer, entre Laurentum et Ostie, l'autre en Toscane, au pied des Apennins. Ces résidences comportaient tous les agréments du luxe et du confort : d'immenses salons, plusieurs salles à manger, plusieurs *atria*, des bibliothèques, des bains, le tout chauffé par des conduites souterraines, de nombreux péristyles, de larges promenades, des terrasses, des bassins, des terrains de jeux, etc. Le plus somptueux exemple de ce type d'habitation est la villa de l'empereur Hadrien à Tivoli.

La *villa rustica* était une exploitation agricole, sur laquelle vivaient le propriétaire, sa famille et ses esclaves, qui pratiquaient ensemble la polyculture. La villa de Boscoreale, près de Pompéi, mise au jour en 1893, donne l'exemple d'une exploitation de moyenne importance au Ier s. de notre ère. Elle comportait des champs de céréales, des vignobles, une olivette, une aire où l'on battait le grain, des pressoirs pour la fabrication de l'huile et du vin. Des chais et des entrepôts stockaient les produits de ces fabrications destinées à la vente. Ce type de domaine rural s'est formé à partir du IIe s. av. J.-C., en Italie, à mesure qu'a décliné la petite exploitation paysanne. La *villa rustica* demandait une nombreuse main-d'œuvre servile que les conquêtes romaines ont fournie en abondance. Au Bas-Empire, époque marquée par la prédominance des grandes exploitations, beaucoup de villas couvraient plusieurs centaines sinon plusieurs milliers d'hectares. Grand propriétaire, le maître n'exploitait directement par ses esclaves qu'une partie de son domaine ; le reste du sol cultivable était concédé en parcelles à des esclaves ou à des colons ; la villa possédait aussi ses ouvriers, ses artisans et, de plus en plus, suffisait à tous les besoins de sa population. Déjà s'esquissait la transition vers l'économie domaniale du haut Moyen Âge. À l'époque mérovingienne, le terme de *villa*, appliqué parfois à une petite agglomération, à un hameau (le village plus important était un *vicus*), continua à désigner le grand domaine, soit royal, soit ecclésiastique, soit privé.

La villa mérovingienne appartenait à un seul maître, auquel revenait, directement ou indirectement, la plus grande partie des profits du sol. Une partie du domaine, l'*indominicatum*, était exploitée directement par le maître, sa famille et ses esclaves. Cette portion comprenait la maison du maître, ses dépendances et les ateliers (forge, menuiserie, brasserie, atelier de tissage, filature, teinturerie, etc.) qui faisait de la villa du haut Moyen Âge une cellule économique autonome. Du fait de la diminution de la main-d'œuvre servile, l'*indominicatum* diminua d'importance, et, à l'époque carolingienne, la plus grande partie du territoire de la villa était répartie en manses ou lots dont le produit était laissé à des familles de cultivateurs qui acquittaient au maître des redevances en nature (une part de la récolte et des journées de travail sur la réserve du maître). Les villas carolingiennes, dont l'étendue variait de 1 000 à 2 000 ha, devinrent le centre de toute la vie économique.

Dans l'Italie de la Renaissance, on vit resurgir la villa de plaisance telle que l'avait connue l'Antiquité. Les grandes familles, les cardinaux se firent construire des demeures luxueuses, entourées de jardins, d'ombrages, de fontaines et de cascades. Telles furent la villa Médicis à Rome (1540), la villa d'Este à Tivoli (1549), la villa Farnèse, à Caprarola, les villas Mondragone (1575) et Aldobrandini (1598/1603) à Frascati, et les villas élevées à partir de 1560 en Vénétie par Palladio, pour ne citer que les plus célèbres.

VILLA Pancho (* San Juan del Rio, Durango, 5.VI.1878, † près de Parral, Chihuahua, 20.VII.1923). Général mexicain. Hors la loi dès l'âge de seize ans, après avoir tué un homme qui voulait séduire sa sœur, il tint le maquis jusqu'à la révolution de 1910 et se joignit alors à Madero contre Porfirio Diaz. Son insubordination le fit condamner à mort par Huerta (1912), mais il réussit à se réfugier aux États-Unis, revint au Mexique après la mort de Madero (1913), soutint Carranza contre Huerta, puis se disputa avec Carranza et poursuivit sa carrière de révolté idéaliste et de justicier dans le Chihuahua. Après la chute de Carranza (1920), il fit sa soumission au gouvernement légal, qui lui accorda une vaste ferme dans le Durango. C'est là qu'il fut assassiné, trois ans plus tard.

VILLAFRANCA (préliminaires de, 12 juill. 1859). Ville d'Italie où Napoléon III signa les préliminaires de paix qui mirent fin à la campagne d'Italie. Voir ITALIE. La conquête de l'unité.

VILLARS Claude Louis Hector, duc de (* Moulins, 8.V.1653, † Turin, 17.VI.1734). Maréchal de France. Colonel à vingt ans, il vit ensuite son avancement contrecarré par l'animosité de Louvois. Il fut ambassadeur à Vienne en 1683 et 1697/99, devint maréchal de camp en 1690, lieutenant général en 1693. Il s'illustra pendant la guerre de la Succession d'Espagne (Friedlingen, où ses soldats le proclamèrent maréchal de France sur le champ de bataille, choix confirmé par Louis XIV, 1702 ; Höchstädt, 1703). Il fut envoyé ensuite pour réduire la révolte des camisards dans les Cévennes (1704/05). En 1709, il fut vaincu au prix d'énormes pertes à Malplaquet par Marlborough et le Prince Eugène. Mais sa victoire à Denain, en 1712, sur le même Prince Eugène, sauva la France et permit à Louis XIV de signer avec Charles IV la paix de Rastadt (1714). Membre du Conseil de régence après la mort de Louis XIV, il fut nommé maréchal général en 1733. Il combattit encore sous Louis XV, à plus de quatre-vingts ans, en Italie, pendant la guerre de la Succession de Pologne.

VILLEHARDOUIN Geoffroi de (* château de Villehardouin, près de Troyes, vers 1150/60, † vers 1213). Homme de guerre et chroniqueur français. Maréchal de Champagne, il prit la croix avec son suzerain au tournoi d'Escry-sur-Aisne (avant 1199). Envoyé à Venise avec cinq autres députés pour demander aux Vénitiens les conditions du transport des croisés vers la Terre sainte, il contribua, après la mort du comte de Champagne Thibaut III, à l'élection de Boniface, marquis de Montferrat, comme chef de l'expédition. Les Vénitiens ayant commencé à détourner la quatrième croisade vers la ville dalmate de Zara, Villehardouin fut un des plus ardents à soutenir la cause du prince byzantin Alexis Ange, qui demandait aux croisés de rétablir son père sur le trône de Constantinople. Après la prise de Constantinople (1204) et le partage de l'empire d'Orient, il reçut le titre de maréchal de Romanie et le fief de Messinople. C'est sans doute là qu'il dicta sa *Chronique* de la quatrième croisade, où il s'efforce de justifier son détournement ; c'est la première œuvre historique importante en prose française.

Geoffroi Ier de Villehardouin. Neveu du précédent, il devint prince d'Achaïe, ou Morée (1209/29), et les Villehardouin régnèrent sur l'Achaïe jusqu'en 1278.

VILLÈLE Jean-Baptiste Guillaume Joseph, comte de (* Toulouse, 14.IV.1773, † Toulouse, 13.III.1854). Homme politique français. Il fit fortune à l'île Bourbon (où il fut arrêté pendant la Terreur) et rentra en France en 1807. Il se rallia avec enthousiasme aux Bourbons en 1814 et fut élu député de la Haute-Garonne dans la Chambre introuvable, où il s'affirma chef des ultras (v.). Réélu en 1816, il fut appelé dans le cabinet du duc de Richelieu (1820), fut ministre des Finances en 1821 et président du Conseil en 1822. En 1823, après la dissolution de la Chambre, il parvint à retirer toute représentation aux libéraux (la « Chambre retrouvée »). Villèle fit ensuite voter la loi impopulaire d'indemnisation des royalistes spoliés, le « milliard des émigrés ». En 1827, il prit le risque de dissoudre la Chambre après l'échec d'une loi, dite « de justice et d'amour », visant à restreindre la liberté de la presse et qui rencontra l'opposition des pairs. Mis en minorité dans la nouvelle Chambre, il démissionna l'année suivante.

VILLERS-COTTERÊTS (ordonnance de, 10 août 1539). Dite également *ordonnance Guilelmine* parce qu'elle avait été préparée par le chancelier Guillaume Poyet, cette ordonnance célèbre réforma la procédure, mit des limites à la juridication ecclésiastique, prohiba toute coalition « du fait de métier » et prescrivit que tous les actes judiciaires et les actes notariés seraient désormais rédigés en français et non en latin.

VINCENT DE PAUL, saint (* Pouy, auj. Saint-Vincent-de-Paul, 24.IV.1581, † Paris, 27.IX.1660). Prêtre français. Prêtre en 1600, il fut aumônier de la reine Marguerite de Valois en 1610, mais surtout aumônier général des galères en 1619, et s'alarma de la misère du peuple. Il créa de nombreuses œuvres de charité, dont la Société des prêtres de la Mission, ou lazaristes, en 1625, et la communauté des filles de la Charité (1633). Vincent de Paul, qui assista le roi Louis XIII dans ses derniers moments, se vit confier par la régente Anne d'Autriche la présidence du Conseil de conscience chargé de régler les affaires ecclésiastiques. Il épura le haut clergé, dont il voulait une réforme spirituelle. Il se montra conciliant à l'égard des protestants, mais intransigeant à l'égard des jansénistes. Sa figure domine tout le renouveau catholique français du XVIIe s.

VINGT-QUATRE ARTICLES (traité des). Traité élaboré en 1831 par la conférence de Londres pour fixer les frontières entre la Belgique et la Hollande. Le traité des Dix-Huit Articles (v.) étant devenu caduc à la suite de la « campagne des Dix-Jours », la conférence de Londres imposa, le 14 oct. 1831, un traité beaucoup moins favorable à la Belgique : le Luxembourg fut divisé, et la partie germanique resta à Guillaume Ier, roi de Hollande, comme grand-duché et à titre personnel ; la Hollande reçut tout le Limbourg de la rive droite de la Meuse, plus Maastricht ; la Belgique devait en outre verser à la Hollande une annuité de 8 400 000 florins. En dépit de ces clauses désavantageuses, la Belgique, vaincue dans la campagne des Dix-Jours, accepta le traité (15 nov. 1831), mais le roi Guillaume Ier de Hollande y opposa au contraire la « politique de persévérance » jusqu'au printemps 1838. Le conflit belgo-hollandais fut réglé définitivement par le traité de Londres (19 avr. 1839).

VIRIATHE († 139 av. J.-C.). Chef lusitanien. Il souleva ses compatriotes contre Rome (148/43 av. J.-C.). Voir **Lusitaniens** et **Portugal.**

VISCONTI. Célèbre famille gibeline de Milan qui prétendait descendre de Didier, roi des Lombards ; elle possédait des terres dans la région du lac de Côme et du lac Majeur dès le début du XIe s., et régna à Milan du XIIIe s. au XVe s.

Gian Galeazzo Visconti (* 1351, † Melegnano, près de Florence, 3.IX.1402). Fils de Galeazzo II, marié en 1364 à Isabelle de Valois, veuf en 1372, remarié en 1380 à Catherine, fille de son oncle Bernabo, il devint seul maître du Milanais par l'élimination de son oncle et beau-père (1385). Il s'empara de Vicence et de Vérone (1387), de Padoue (1388), et acheta le titre de duc héréditaire de Milan à l'empereur Wenceslas (1395). Poursuivant ses conquêtes, il s'empara encore de Pise et de Sienne (1399), soumit Pérouse, Lucques et Boulogne (1400/01), mais mourut de la peste alors qu'il faisait le siège de Florence. Servi par les meilleurs condottieri de son temps, il possédait en outre une sorte de génie diplomatique et fut l'un des princes les plus riches de la fin du Moyen Âge. Administrateur remarquable, il réforma et centralisa le gouvernement, se conduisit en mécène (on lui doit la cathédrale de Milan, la chartreuse de Pavie…). Il maria sa fille Valentine à Louis d'Orléans, frère de Charles VI (c'est en se fondant sur ce mariage que Louis XII affirma plus tard ses droits sur le Milanais).

VISHNOUISME. Mouvement sectaire de l'hindouisme caractérisé par la vénération de Vishnou comme dieu suprême. Voir **Hindouisme.**

VITELLIUS Aulus (* 24.IX.15, † Rome, 22.XII.69). Empereur romain (69). Il entreprit une carrière politique qui le conduisit au consulat pour la seconde fois en 48. Après avoir exercé un proconsulat en Afrique, il reçut de Galba le commandement de l'armée de Germanie-Inférieure (68). Il gagna la faveur de ses soldats, qui, à la mort de Galba, le proclamèrent empereur (janv. 69). Reconnu en Germanie, en Belgique et en Gaule, il battit Othon à Bédriac (14 avr. 69), mais ne put imposer son autorité à l'ensemble de l'Empire. Les armées de l'Orient et du Danube se déclarèrent pour Vespasien, et, battu à Crémone par Antonius Primus (oct. 69), Vitellius, que sa garde avait empêché d'abdiquer, fut tué par les partisans de Vespasien.

VITTORIO VENETO (bataille de, oct. 1918). Victoire italienne sur l'armée autrichienne à la fin de la Première Guerre mondiale. Voir ITALIE. De la guerre au fascisme.

VIVIANI René (* Sidi Bel Abbès, Algérie, 8.XII.1863, † Le Plessis-Robinson, 7.IX.1925). Homme politique français. Il participa à la fondation de *L'Humanité* de Jaurès (1904), puis passa de la SFIO au parti républicain socialiste. Rallié aux gouvernements bourgeois, il fut le premier titulaire du ministère du Travail, nouvellement créé, dans le cabinet Clemenceau et dans le cabinet Briand (1906/10). Chargé du portefeuille de l'Instruction publique dans le cabinet Clemenceau et dans le cabinet Doumergue (1913), il fut, après la victoire des gauches aux élections d'avr./mai 1914, appelé à la présidence du Conseil (juin 1914) par le président de la République, Poincaré, qui espérait se débarrasser rapidement de lui. Essayant de freiner la politique belliqueuse de Poincaré, il montra la volonté pacifique du gouvernement français en ordonnant le maintien des troupes à 10 km de la frontière, afin d'éviter tout incident. Le 1er août 1914, il dut cependant décréter la mobilisation générale. Sous la pression de Poincaré, il transforma son cabinet en un gouvernement d'« Union sacrée » avec Delcassé, Briand, Doumergue, Millerand et des socialistes (26 août). Remplacé à la présidence du Conseil par Briand (29 oct. 1915), il fut encore ministre de la Justice (oct. 1915/sept. 1917).

VIZILLE (assemblée de, 21 juill. 1788). Assemblée suscitée par les parlementaires dauphinois, qui, dans leur résistance à la réforme judiciaire de Lamoignon, avaient déjà provoqué une émeute populaire, la journée des Tuiles. Les représentants des trois ordres, réunis au château de Vizille, décidèrent le refus du paiement des impôts tant que ceux-ci n'auraient pas été votés par des états généraux et se prononcèrent pour la double représentation du tiers état et le vote par tête, et non par ordre, aux états provinciaux.

VLADIMIR saint, **VLADIMIR Ier Sviatoslavitch** (* vers 956, † 15.VII.1015). Grand-prince de Kiev (980/1015). Son frère aîné Iaropolk ayant réuni entre ses mains tout l'héritage de leur père Sviatoslav, Vladimir, avec l'appui des Scandinaves, s'empara de Kiev et fit exécuter Iaropolk (980). Seul maître de la Russie kiévienne, Vladimir étendit son autorité en Galicie et en Russie Blanche (981/83), puis aida les Bulgares du Danube contre Byzance (985/86). Mais après avoir épousé Anne, la sœur de l'empereur byzantin Basile II, Vladimir se convertit au christianisme vers 988 et ouvrit la Russie aux influences byzantines, y compris par la force. Vladimir est considéré comme le fondateur de la « sainte Russie ».

VLADIMIR II Monomaque (* 1053, † 19.V.1125). Grand-prince de Kiev (1113/25). Arrière-petit-fils de st Vladimir, il grandit au milieu des luttes dynastiques qui suivirent la mort de son grand-père Iaroslav. Ayant réussi un instant à réconcilier tous ses parents au nom de la lutte contre les Polovtsy, il remporta une grande victoire sur ces derniers, et, sous la pression du peuple de Kiev, Vladimir, qui régnait sur Tchernigov depuis 1093, fut choisi, en dépit de toutes les règles de succession, comme grand-prince de Kiev (1113). Âgé alors de soixante ans, il déploya cependant une remarquable énergie, restaura l'unité de la Russie kiévienne et laissa le souvenir non seulement d'un grand guerrier, mais d'un prince qui sut faire preuve d'intelligence dans la gestion des affaires politiques.

VLASSOV Andreï Andreïévitch (* Lomakino, gouv. de Nijni-Novgorod, 1900, † Moscou, 1er.VIII.1946). Général russe. Engagé dans l'Armée rouge à dix-huit ans, membre du parti communiste en 1930, il fut conseiller militaire en Chine. Général en 1940, il eut le sentiment d'être abandonné par Staline lors de la défense de Leningrad en 1942. Fait prisonnier par les Allemands, il accepta de recruter parmi les prisonniers soviétiques une « Armée russe de libération ». Son intransigeance grand-russe à l'égard des aspirations autonomistes des minorités soviétiques fit de Vlassov l'instrument de Ribbentrop contre la stratégie de Himmler, qui s'efforçait de rallier ces minorités (on trouvait chez les Waffen SS des Baltes, des Blancs-Russiens, des musulmans du Caucase et du Turkestan, des Cosaques…, qui échappaient à l'autorité de Vlassov). Il ne fut finalement constitué qu'une seule armée combattante sous l'autorité de Vlassov. À la fin de la guerre, en Tchécoslovaquie, elle rallia la résistance tchèque et se retourna contre les SS. Les Alliés forcèrent cependant Vlassov et les chefs de l'« Armée russe de libération » à se livrer aux Soviétiques, qui les exécutèrent. Les soldats, près de 100 000 hommes, livrés également par les Alliés, disparurent dans les camps de concentration staliniens.

VOÏVODINE, *Vojvodina*. Région de Serbie au N. de Belgrade ; capitale *Novi Sad*. Longtemps disputée entre les Slaves, les Hongrois et les Turcs, elle est l'une des régions les plus fertiles de l'Europe centrale. Véritable grenier de la Yougoslavie, elle a vu sa structure profondément transformée par les réformes agraires de 1919 et de 1945.

En mars 1989, la Serbie retira à la Voïvodine son statut de province autonome. Après le déclenchement des hostilités en Yougoslavie, en 1991, Belgrade installa dans la région de nombreux réfugiés serbes de Croatie et de Bosnie, modifiant ainsi l'équilibre entre les populations de la région : les réfugiés étaient 150 000 en 1994. La guerre du Kosovo, au printemps 1999, les difficultés économiques qu'elle entraîna, ainsi que le rejet du régime de Milosevic relancèrent la question de l'autonomie de la province, soutenue par la Hongrie (les Hongrois sont la première minorité de Voïvodine).

VOLGA (Allemands de la). Paysans allemands appelés en Russie par Catherine II et établis entre 1764 et 1773 dans la région de la basse Volga (gouvernements de Saratov et de Samara). Ils venaient pour la plupart de l'Allemagne centrale. Au nombre de 600 000 en 1914, ils souffrirent de la révolution bolchevique, et environ 75 000 d'entre eux émigrèrent aux États-Unis en 1921. Ceux qui restèrent formèrent la république socialiste soviétique autonome des Allemands de la Volga, dont la capitale fut *Engels* (1924). Ils furent déportés massivement après le début de la guerre germano-soviétique (1941), et leur république autonome fut dissoute. Les Allemands de la Volga ont été réhabilités par un décret du 29 août 1964.

Profitant de la politique soviétique d'ouverture et de la « loi du retour » qui accorde aux descendants d'Allemands expatriés la citoyenneté allemande, 200 000 Allemands de la Volga rejoignirent la RFA à la fin des années 1980. Inquiètes de devoir accueillir près d'un million de personnes, les autorités allemandes signèrent en 1992 un accord avec la Russie prévoyant la restauration de la république autonome des Allemands de la Volga au sein de la Fédération de Russie. En 2000, cette république n'était toutefois pas encore créée.

VOLKSVEREIN für das katholische Deutschland, *Association populaire pour l'Allemagne catholique.* Association fondée en 1890 par Windthorst, l'adversaire de Bismarck, pour regrouper les catholiques allemands après l'échec final du *Kulturkampf.* Animé d'abord par un simple souci de défense catholique, le Volksverein devint rapidement, grâce au climat créé par l'encyclique *Rerum Novarum* (1891), un mouvement social-chrétien d'une puissance sans égale dans les autres pays. Son principal animateur fut l'abbé Franz Hitze. L'association disparut en 1933, à l'avènement du national-socialisme.

VOLOGÈSE Ier. Roi parthe arsacide (51/vers 79). Fils et successeur de Vononès II, il donna à son frère Tiridate le royaume d'Arménie, ce qui déclencha une longue guerre avec les Romains (54/63) : Tiridate resta roi d'Arménie mais dut reconnaître la souveraineté de Rome. Vologèse Ier dut ensuite faire face à une invasion des Alains et demanda en vain des secours à Vespasien. Bien qu'il eût pour mère une Grecque, il inaugura une nette réaction contre l'hellénisme.

VOLOGÈSE III. Roi parthe arsacide (148/92). Il releva l'Empire parthe après une longue période de confusion et de guerres dynastiques. Ayant provoqué les Romains, il vit ses États envahis par Marc Aurèle : Séleucie fut détruite, Ctésiphon prise et le palais royal incendié (165) ; les légions de Rome pénétrèrent jusqu'en Médie. Les Parthes durent céder aux Romains le nord-ouest de la Mésopotamie.

VOROCHILOV Kliment Iefremovitch (* Verkhni, Ukraine, 23.I.1881, † Moscou, 3.XII.1969). Maréchal soviétique. Il adhéra au parti bolchevique en 1903. Arrêté à plusieurs reprises par la police tsariste, il fut délégué en 1906 au congrès de Stockholm. Il prit une part active à la révolution de 1917, présida le comité de défense de Petrograd, puis organisa en 1918 la Ve Armée rouge d'Ukraine. Commissaire du peuple à la Défense de 1925 à 1940, il fut un fidèle agent d'exécution des épurations staliniennes dans l'armée. Son incapacité militaire se manifesta lorsqu'il dut faire face à la Wehrmacht, en juin/sept. 1941, comme commandant du front du Nord. Il devint, après la mort de Staline, président du présidium du Soviet suprême (1953/60), ce qui fit de lui le chef d'État nominal de l'URSS au moment où celle-ci se libérait des cadres du stalinisme.

VORSTER Balthazar Johannes (* Jamestown, prov. du Cap, 1915, † Le Cap, 11.IX.1983). Homme politique sud-africain. Premier ministre (1966/78), puis président de la République (1978/79). Voir **SUD-AFRICAINE (République)**.

VOSGES (ligne bleue des). Le traité de Francfort (1871) ayant porté sur les Vosges la frontière franco-allemande, les partisans de la revanche, de 1880 à 1914, appelèrent les Français à garder les yeux fixés sur les Vosges en fraternité de cœur avec les populations d'Alsace, qui, de l'autre côté des montagnes, se trouvaient sous la domination allemande. L'expression « la ligne bleue des Vosges » a été empruntée au testament de Jules Ferry, qui, député puis sénateur des Vosges, demandait à être enterré dans sa ville natale de Saint-Dié, « en face de cette ligne bleue des Vosges d'où monte jusqu'à mon cœur fidèle la plainte touchante des vaincus » (1893).

VOTE (droit de). Voir **DROIT DE VOTE**.

VOUILLÉ. Ville de France (Vienne), à l'O. de Poitiers. Clovis y vainquit et y tua Alaric II, mettant fin ainsi à la puissance des Wisigoths en Aquitaine (507).

VRANITZKY Franz (Vienne, 4.X.1937). Homme politique autrichien. Membre du parti social-démocrate, ministre des Finances en 1981, il devint chancelier en juin 1986 et engagea son pays sur la voie de l'intégration européenne. Les électeurs lui renouvelèrent leur confiance en nov. 1986 et en 1990. En 1994, à la suite d'élections législatives qui virent une poussée de l'extrême droite, le gouvernement de coalition dirigé par F. Vranitzky fut reconduit. Il en fut de même en 1995, à la suite d'élections anticipées. Franz Vranitzky prit cependant sa retraite politique en janv. 1997, laissant son poste de chancelier au social-démocrate Viktor Klima.

VULGATE. Traduction latine de la Bible faite à la demande du pape Damase par st Jérôme, de 382 à 404. Quelque peu altérée par la transmission primitive, elle devint la version officielle de l'Église d'Occident et, jusqu'au XVIe s., c'est d'après ce texte que furent faites les traductions en langue vulgaire de la Bible. Dans sa quatrième session (8 avr. 1546), le concile de Trente (v.) déclara la Vulgate seul texte authentique de la Bible. Le texte alors en usage n'en contenait pas moins de nombreuses erreurs, et une édition corrigée, dite « édition Clémentine », fut publiée en 1592 sous le pontificat de Clément VIII. Le texte de la Vulgate fut utilisé pour les lectures bibliques de la liturgie latine. Une nouvelle révision de la Vulgate fut ordonnée par Pie X en 1908 et commença à paraître en 1926. En 1965, Paul VI a décidé une nouvelle révision (le livre des Psaumes de cette nouvelle Vulgate a paru en 1969).

VYTAUTAS ou **WITOLD le Grand** (* vers 1350, † Trakai, 27.X.1430). Grand-duc de Lituanie (1392/1430). Voir LITUANIE.

W

WADDINGTON William Henry (* Saint-Rémi-sur-Avre, Eure-et-Loir, 11.XII.1826, † Paris, 13.I. 1894). Homme politique français. Député en 1871, puis sénateur (1876), partisan de Thiers et républicain, ce protestant d'origine anglaise reçut le portefeuille des Affaires étrangères dans le second cabinet Dufaure (déc. 1877/janv. 1879) ; à ce titre, il prit part au congrès de Berlin (1878), où il obtint de l'Angleterre et de Bismarck les mains libres pour la France en Tunisie. Successeur de Dufaure à la présidence du Conseil (févr./déc. 1879), il occupa un poste qui revenait de droit à Gambetta, chef incontesté des républicains, mais victime de l'antipathie du président de la République, Grévy. Il fut ensuite pendant dix ans ambassadeur à Londres (1883/93).

WADE Abdoulaye (Saint-Louis Sénégal 29.V. 1926). Homme politique sénégalais Avocat au barreau de Grenoble et à Dakar, marié à une Française, il fonda en 1974 le parti démocratique sénégalais (PDS) d'inspiration libérale, premier parti d'opposition. Il connut une longue carrière d'opposant et devint le « pape du Sopi » (changement). Plusieurs fois arrêté pour ses activités politiques, il entra à deux reprises, en 1991 et 1995, dans un gouvernement « élargi » formé par le parti socialiste d'Abdou Diouf, qu'il combattait. Après s'être présenté deux fois sans succès à l'élection présidentielle, devenu le vice-président de l'Internationale libérale, il s'allia à la gauche sénégalaise et fut élu président de la République du Sénégal le 19 mars 2000, succédant à Abdou Diouf.

WAFD. Parti politique égyptien fondé en 1919 par Zaghloul Pacha Saad. Voir ÉGYPTE. Du régime de tutelle à la révolution de 1952.

WAGRAM (bataille de, 5/6 juill. 1809). Principale bataille de la campagne de 1809 (cinquième coalition) (v.), gagnée par Napoléon Ier sur les Autrichiens commandés par l'archiduc Charles. L'attaque principale fut portée par les corps de Bernadotte et de Macdonald, au centre des lignes autrichiennes, entre Süssenbrunn et Wagram, mais la journée du 5 s'acheva sans résultat. Le 6, après une colossale préparation d'artillerie, Macdonald enfonça la charnière autrichienne et enleva Wagram. L'archiduc Charles ordonna la retraite, mais, voyant l'épuisement des troupes françaises, Napoléon dut laisser l'armée autrichienne, vaincue mais non anéantie, se replier en bon ordre vers la Bohême. Cette bataille, qui fut suivie de la paix de Vienne, avait mis aux prises plus de 300 000 hommes ; ce fut une des plus dures qu'ait eu à livrer Napoléon, et, pour la première fois, la Grande Armée, composée pour moitié d'étrangers et de conscrits, y donna des signes d'inquiétude et parfois de panique.

WAHHABITES. Adeptes de la réforme islamique prêchée au XVIIIe s. par **Mohammed ibn Abd el-Wahhab** (* 1720, † 1792). Bédouin du Nedjd, de la tribu des Banou Tamim, Abd el-Wahhab alla faire des études théologiques à La Mecque, Bassora et Bagdad, et il adhéra au hanbalisme (v. ISLAM. Les sources de la loi), sous la forme rigoureuse que lui avait donnée au XIVe s. le grand docteur Ibn Taymiya. Revenu dans sa tribu, il prêcha le retour au Coran et aux sources traditionnelles, aux *hadith*, à l'exclusion de toute interprétation ultérieure ; il rejetait des pratiques admises depuis longtemps par l'orthodoxie telles que le culte des prophètes, des saints et des tombeaux ; il voulait restaurer la vie simple et frugale de l'islam primitif et proscrivait les boissons alcoolisées, le tabac, la musique, les danses, les jeux… Chassé de sa tribu à cause de son rigorisme, Abd el-Wahhab trouva refuge, en 1740, auprès de Mohammed ibn Séoud, qui régnait à Dariyya, oasis du Nedjd. Avec son protecteur, dont il devint le gendre, il commença à propager sa doctrine dans toute l'Arabie, Ibn Séoud exerçant le pouvoir temporel et lui-même le pouvoir spirituel. Le wahhabisme, qui rallia à lui de nombreux fidèles, fut désormais inséparable de l'ascension remarquable des Séoud.

WAHID Abdurrahman (Jombang, Java, 4.VIII. 1940). Homme politique indonésien. Lettré coranique, il prit la tête du parti Nahlatul Ulama (Réveil national), la plus importante organisation musulmane traditionnelle. De santé fragile, pratiquement aveugle, cet adepte d'un islam tolérant fut candidat à la présidentielle de 1999, avec le soutien d'un regroupement de mouvements musulmans soucieux de barrer la route à Megawati Soukarnoputri (v.), dont il fit sa vice-présidence quand il fut élu président, le 20 oct. 1999, avant d'être destitué par le Parlement le 23 juill. 2001. Megawati Soukarnoputri accéda alors à la présidence.

WAHLEN Frédéric Traugott (* Mirchel, près de Konolfingen, Berne, 10.IV.1899, † Berne, 7.XI.1985). Homme politique suisse. Fils d'un instituteur, devenu ingénieur agronome, en 1940 il proposa le « plan Wahlen » qui devait permettre à la Suisse de se prémunir contre le risque de pénurie alimentaire durant les années du conflit mondial. Ce plan prévoyait une extension considérable des cultures par le défrichement des forêts, l'assèchement des marais, la conversion des prairies et des parcs : de 1938 à 1946, la superficie cultivée totale passa ainsi de 126 000 à 216 000 hectares. Après la guerre, Wahlen entra à l'Organisation pour l'alimentation et l'agriculture, dont il devint directeur adjoint. Conseiller fédéral de 1953 à 1965, il fut ensuite président du groupe de travail chargé de préparer la révision de la Constitution fédérale.

WALDECK-ROUSSEAU Pierre Marie René (* Nantes, 2.XII.1846, † Corbeil, 10.VIII.1904). Homme politique français. Ministre de l'Intérieur dans le cabinet Gambetta (nov. 1881/janv. 1882), puis dans le deuxième cabinet Ferry (févr. 1883/mars 1885), sénateur de la Loire depuis oct. 1894, il devint président du Conseil au plus vif des luttes de l'affaire Dreyfus. Il forma un cabinet de coalition républicaine, à majorité dreyfusarde, qui allait de Galliffet, « le fusilleur de la Commune », au socialiste Millerand (dont l'entrée au gouvernement provoqua une scission au sein du parti socialiste). Ce ministère, qui devait durer du 22 juin 1899 au 3 juin 1902, fut l'un des plus importants de la IIIe République. Il liquida l'affaire Dreyfus par un décret accordant à Dreyfus la remise de la peine que venait de lui infliger le conseil de guerre de Rennes (sept. 1899) et fit passer en Haute Cour Déroulède et plusieurs chefs nationalistes (nov. 1899). Dans la même volonté de restaurer l'autorité de l'État et du pouvoir civil contre « l'alliance du sabre et du goupillon », Waldeck-Rousseau fit voter la loi sur les associations (1er juill. 1901), qui visait particulièrement les congrégations religieuses non autorisées en leur imposant de présenter une demande d'autorisation dans un délai de trois mois. Ce gouvernement fut encore marqué par la grande réforme de l'enseignement secondaire du 31 mai 1902. Dans le domaine des Affaires étrangères, il décida l'intervention de la France en Chine avec les autres puissances, lors de l'insurrection des Boxers, et amorça en Méditerranée un rapprochement avec l'Italie.

WALDHEIM Kurt (Sankt-Andrea-Wördern, Basse-Autriche, 21.XII.1918). Homme politique autrichien. Ministre des Affaires étrangères de 1968 à 1972, puis secrétaire général de l'ONU de 1972 à 1981. Une première fois candidat à l'élection présidentielle de 1971, il fut président de la République autrichienne de 1986 à 1992. Accusé de responsabilité dans les crimes de l'armée allemande dans les Balkans pendant la Seconde Guerre mondiale, il fut mis au ban de la communauté internationale durant son mandat. En 1992, il laissait la place au conservateur Thomas Klestil.

WALESA Lech (29.IX.1943, près de Bydgoszcz). Syndicaliste et homme politique polonais. En déc. 1970, il fit partie du comité de grève des chantiers navals. En 1976, à la suite d'une nouvelle agitation dans les ports de la Baltique, il fut licencié et emprisonné. En mai 1978, il participa à la fondation des Commissions ouvrières clandestines de la côte baltique et fut bientôt réembauché sous la pression des grévistes. Devenu président du comité de grève interentreprise, il dirigea la délégation ouvrière lors des négociations qui aboutirent aux accords de Gdansk, le 31 août 1980. Les comités de grève se transformèrent en un syndicat indépendant autogéré, *Solidarnosc* (Solidarité) (v.), qui regroupa rapidement 10 millions de membres et dont il fut élu président. Lors de la prise du pouvoir en Pologne par le général Jaruzelski, le 13 déc. 1981, il refusa de négocier et fut interné. Sa libération, en déc. 1982, permit d'espérer en la possibilité d'un compromis avec le nouveau régime. Mais Solidarité fut interdite en oct. 1982, et ses membres actifs condamnés à la clandestinité. Le prix Nobel de la paix lui fut décerné en 1983. En 1988, L. Walesa, qui permit la reprise du travail dans la Pologne en grève, redevenait un interlocuteur acceptable et obtenait, en 1989, la reconnaissance du syndicat Solidarité et des élections ouvertes à l'opposition. À l'issue de ces élections, qui virent triompher Solidarité, Walesa accepta une répartition provisoire du pouvoir entre les communistes et son mouvement. Cependant, l'ambition croissante de Walesa provoqua une série de ruptures au sein de Solidarité, qui perdit ses principaux intellectuels, dont Mazowiecki. Ce dernier s'opposa vainement à Walesa durant la première élection présidentielle libre, organisée en déc. 1990. Devenu président, Walesa fut très critiqué pour son autoritarisme et ses prises de position en faveur d'un retour à des « valeurs morales » conservatrices. De nouveau candidat à l'élection présidentielle de nov. 1995, il fut battu par Alexandre Kwasniewski, le leader des anciens communistes. Il renonça à la vie politique après l'échec retentissant de sa candidature à la présidentielle d'oct. 2000 (1 % des voix).

WALID ibn Abd el-Malik, el- (* vers 675, † 715). Sixième calife omeyyade (705/15). Fils et successeur du calife Malik, il hérita d'un empire prospère, bien administré et bien armé. Son règne vit une expansion considérable du califat omeyyade : à l'E., Koutaïba ibn Mouslim s'empara de la Transoxiane et Mohammed ibn el-Kasim franchit l'Indus et pénétra dans l'Inde du Nord-Ouest ; en Occident, Moussa ibn Nasser étendit la domination arabe sur tout le Maghreb et, avec son lieutenant Tarik, fit la conquête de l'Espagne (711/14). Walid ne prit pas part personnellement à ces grandes expéditions militaires : vivant dans sa cour fastueuse de Damas, entouré de poètes et d'artistes, il se plut dans le rôle de souverain esthète et bâtisseur (on lui doit notamment la célèbre mosquée omeyyade de Damas).

WALLACE sir William (* Elderslie, près de Glasgow ?, vers 1270, † Londres, 23.VIII.1305). Chef écossais. Ayant pris les armes pour délivrer l'Écosse de la domination anglaise, il se rendit bientôt maître de tout le pays au N. du Forth et remporta sur les Anglais la victoire de Stirling (11 sept. 1297) ; mais l'année suivante, il fut battu par Édouard Ier à Falkirk (22 juill. 1298) ; il fit alors un voyage en France, dans l'espoir d'obtenir du secours, puis, revenu en Écosse, il tomba par trahison entre les mains des Anglais, qui le mirent à mort. Il est resté un des héros populaires de l'Écosse.

WALLENSTEIN Albrecht von, duc de Friedland (* Hermanitz, Bohême, 24.IX.1583, † Eger, 25.II. 1634). Homme de guerre allemand. D'une famille protestante, il se convertit au catholicisme en 1606. Ayant levé des troupes à ses frais, il offrit ses services à Ferdinand II et joua un rôle de premier plan dans la guerre de Trente Ans (v.). En liaison avec les forces de la Ligue catholique, il défit Mansfeld, au service de la France, au pont de Dessau (25 avr. 1626), puis conquit toute l'Allemagne du Nord et força Christian IV de Danemark à signer le traité de Lübeck (1629). Les victoires du Suédois Gustave-Adolphe sur Tilly contraignirent Ferdinand II à rappeler Wallenstein, écarté un temps sous la pression des princes catholiques ; celui-ci chassa Gustave-Adolphe de Nuremberg, le poursuivit en Saxe, fut battu à Lützen (16 nov. 1632) mais Gustave-Adolphe trouva la mort dans la bataille. Wallenstein remporta sur les Suédois la victoire de Steinau (1633). Ferdinand II, redoutant la puissance militaire et les projets de Wallenstein, signa un décret le relevant de ses fonctions ; abandonné par plusieurs de ses officiers et par la plus grande partie de l'armée, Wallenstein cherchait à se réfugier chez les Suédois, quand il fut assassiné.

WALLIS-ET-FUTUNA (îles). Archipel français du Pacifique méridional, au N.-E. des îles Fidji. Découvertes par le capitaine anglais Samuel Wallis en 1767, ces îles furent évangélisées sous le règne de Louis-Philippe par des missionnaires maristes français et passèrent sous le protectorat de la France en 1886/87. Territoire français d'outre-mer depuis 1959.

WALLON Henri Alexandre (* Valenciennes, 23.XII.1812, † Paris, 13.XI.1904). Historien et homme politique français. Professeur à la Sorbonne dès 1840, successeur de Guizot en 1846, il fut député en 1849/50 et fit partie de l'Assemblée nationale (1871/75). Catholique libéral et ancien orléaniste, il déposa devant l'Assemblée, lors de la discussion sur la Constitution, le célèbre amendement ainsi conçu : « Le président de la République est élu à la majorité absolue des suffrages par le Sénat et la Chambre des députés réunis en Assemblée nationale. Il est nommé pour sept ans ; il est rééligible. » Cet amendement, qui fut adopté à une voix de majorité le 30 janv. 1875, peut être considéré comme l'acte de naissance de la IIIe République. Ministre de l'Instruction publique dans le ministère Buffet (mars 1875/mars 1876), Wallon fit voter la loi sur la liberté de l'enseignement supérieur (juill. 1875). Il devint sénateur inamovible en déc. 1875.

WALLONIE. Région de Belgique, peuplée de francophones, dans le sud du pays ; capitale *Namur*. Le nom *Wallonie* a été donné aux provinces du sud de la Belgique, par référence au parler wallon, dialecte picard riche d'emprunts flamands. Le dialecte wallon, qui apparut au XIIe s., connut un certain essor culturel aux XVIIIe et XIXe siècles. La révolution industrielle de la région, où étaient exploitées de nombreuses mines de charbon, fut le moteur économique de la croissance belge au XIXe s. Toutefois, après la Seconde Guerre mondiale, tandis que la production houillère se tarissait, la région connut un déclin économique et démographique, et la plupart des provinces wallonnes faisaient partie, dans les années 1990, des moins riches de Belgique. À la suite de la réforme constitutionnelle adoptée en 1993, la Wallonie obtint le statut de région et se vit attribuer des pouvoirs jusque-là exercés par l'État.

WALPOLE Robert, 1er comte d'Orford (* Houghton Hall, Norfolk, 28.VIII.1676, † Londres, 18.III. 1745). Homme politique anglais. Il siégea aux Communes parmi les whigs à partir de 1700, devint secrétaire à la Guerre en févr. 1708 et trésorier de la Marine en 1710. Chassé du pouvoir lors de la réaction tory, condamné pour corruption en 1712 et expulsé des Communes, il fut rappelé à l'avènement de la maison de Hanovre (1714) : d'abord payeur général de l'armée, puis premier lord de la Trésorerie et chancelier de l'Échiquier (oct. 1715), il démissionna en 1717 à la suite d'une scission parmi les whigs. Walpole anima l'opposition pendant quelques années. Revenu aux affaires en 1720, il assuma en fait, comme chancelier de l'Échiquier et premier lord de la Trésorerie jusqu'en 1742, des fonctions de Premier ministre.

Pragmatique, Walpole chercha toujours à apaiser les passions et à enrichir la nation tout en affermissant la dynastie hanovrienne. En considérant qu'il tenait son autorité, non du souverain, mais des Communes, Walpole fit considérablement évoluer les institutions parlementaires anglaises. À l'extérieur, il fonda sa politique sur l'alliance avec la France, ce qui lui valut une vive opposition au sein même des whigs.

WANG MANG († automne 22 apr. J.-C.). Empereur chinois (9/22). Avec la complicité de l'impératrice douairière, il usurpa le pouvoir aux dépens de l'héritier légitime des Han. Disciple des lettrés, il mena une politique étatique et quelque peu utopique, nationalisa une partie des grands domaines fonciers, distribua les terres aux pères de famille nombreuse et procéda à plusieurs dévaluations. Mais ses réformes manquèrent de modération et de réalisme : la disette provoqua la jacquerie des Sourcils rouges. Les partisans des Han assassinèrent Wang Mang et rétablirent l'ancienne dynastie.

WANG NGAN-CHE, Wang Anshi en pinyin (* district de Lint-ch'ouan, Kiang-si, 3.X.1019, † 1086). Homme politique chinois. Chef du parti réformateur, il devint le Premier ministre de l'empereur Chen-tsong, de 1069 à 1085. Soucieux avant tout de relever les finances de l'État, il fut amené à prendre des mesures qui eurent un profond retentissement social. L'État accentua son intervention dans toute la vie économique. Le ministre fut l'objet d'une grande campagne de diffamation qui concerna l'ensemble de ses réformes. On lui reprocha, notamment, de bouleverser les structures de la Chine et d'aggraver la misère. Renversé à la mort de l'empereur Chen-tsong, Wang Nganche resta une figure très controversée de l'histoire chinoise. Au XXe s., on le célébra comme un réformateur social, un « socialiste d'État », un précurseur de Sun Yat-sen.

WAN TSING-WEI, Wang Jingwei en pinyin (* Canton, 1884, † Nankin, 10.XI.1944). Homme politique chinois. Il fut, avec Tchang Kaï-chek, le principal disciple de Sun Yat-sen. Président du gouvernement provisoire du Kouo-min-tang en 1927, il démissionna en 1932 pour protester contre le manque d'énergie de l'armée en face de l'expansion japonaise. Cependant, il reprit bientôt la vice-présidence du Kouo-min-tang, et, lors de la guerre sino-japonaise, il se réfugia à Tchong-king avec Tchang Kaï-chek. En 1939, revenant sur ses conceptions passées, il conseilla de rechercher la paix avec le Japon, et, voyant que ses avis ne seraient pas suivis, il passa du côté des Japonais et forma un gouvernement à Nankin (30 mars 1940), dont l'autorité s'étendit sur les territoires occupés par les Japonais.

WARWICK, Richard Neville, comte de, dit **le Faiseur de rois** (* 22.XI.1428, † Barnet, 14.IV. 1471). Homme politique anglais. Pendant la guerre des Deux-Roses (v.), il prit d'abord parti pour la maison d'York, remporta la bataille de Saint Albans (1455), s'empara d'Henri VI, fit couronner Édouard IV et anéantit l'armée des Lancastre à Towton (1462). Chancelier jusqu'en 1467, il répondit à la disgrâce dans laquelle le tint ensuite le nouveau roi en levant une armée avec l'aide de Marguerite d'Anjou et en replaçant Henri de Lancastre sur le trône (1470) ; il se fit nommer gouverneur du royaume. Édouard IV, avec des secours fournis par le duc de Bourgogne, vainquit et tua Warwick à la bataille de Barnet.

WASHINGTON (conférence de, 12 nov. 1921/ 6 févr. 1922). Conférence réunie sur l'initiative des États-Unis afin d'étudier les questions d'Extrême-Orient et le problème des armements navals. Elle eut lieu avec la participation de la Belgique, de la Chine, des États-Unis, de la France, de l'Italie, du Japon, des Pays-Bas, du Portugal et du Royaume-Uni. Bien que puissance asiatique, la Russie des Soviets, qui n'était pas encore reconnue à cette époque par les grandes puissances occidentales, n'avait pas été invitée.

La conférence aboutit à une série de traités dont les plus importants étaient :

– le *traité des Quatre sur le Pacifique* (*13 déc. 1921*). Chacun des quatre signataires : France, États-Unis, Japon et Royaume-Uni, reconnaissait les droits respectifs des trois autres sur les régions insulaires du Pacifique. Les Quatre s'engageaient à régler leurs différends éventuels par une consultation générale. Ce traité, qui mit fin à l'alliance anglo-japonaise, conclue en 1902, était valable pour une durée de dix ans ;

– le *traité du Chan-toung* (*4 févr. 1922*). Le Japon restituait à la Chine Kiao-tcheou et la province du Chan-toung ;

– les deux *traités des Neuf sur la Chine* (*6 févr. 1922*). Le chef de la délégation chinoise à la conférence, Wellington Koo, avait présenté dès le 16 nov. 1921 une « déclaration d'indépendance de la Chine » qui équivalait pratiquement à l'abolition de tous les traités imposés à la Chine par les Occidentaux depuis le XIXe s. Les puissances s'engagèrent finalement : à respecter la souveraineté, l'indépendance et l'intégrité territoriale et administrative de la Chine ; à donner à la Chine la possibilité de se développer et de s'assurer un gouvernement stable ; à établir et à maintenir l'égalité de toutes les nations pour le commerce et l'industrie en Chine (politique de la « porte ouverte ») ; à s'abstenir de profiter des troubles révolutionnaires en cours pour rechercher en Chine des privilèges spéciaux. En revanche, la Chine ne put rien obtenir de précis sur l'abolition de l'exterritorialité, ni sur le retrait des troupes et forces de police étrangères, ni sur sa revendication de l'autonomie douanière ;

– le *traité sur la limitation des armements navals* (*6 févr. 1922*). Signé par les États-Unis, le Royaume-Uni, le Japon, la France et l'Italie, il interdisait aux puissances signataires, pour une période de dix ans, la construction de nouveaux bâtiments de guerre lourds (plus de 10 000 t) et imposait une réduction du nombre des bâtiments lourds existants.

WASHINGTON George (* Pope's Creek, Westmoreland County, Virginie, 22.II.1732, † Mount Vernon, Virginie, 14.XII.1799). Général et homme politique américain, premier président des États-Unis. Il lutta contre les Français en Virginie (1759/63) et y conquit le grade de colonel. Au Parlement de Virginie (1759/74), il prit la tête de l'opposition à la politique coloniale britannique et, lorsque les hostilités commencèrent, il fut nommé commandant en chef des forces américaines. Aidé du corps expéditionnaire français de Rochambeau, il remporta la guerre d'Indépendance (1775/82), obtenant la capitulation de Cornwallis à Yorktown (19 oct. 1781). Président de la Convention constitutionnelle de Philadelphie en 1787, Washington proclama la Constitution des États-Unis et fut élu président du nouvel État en mars 1789. Réélu en 1792, il refusa un troisième mandat. Son prestige international fut un atout considérable pour la jeune république américaine. Mais sa réserve grandissante à l'égard des violences de la Révolution française lui valut les attaques des partisans de Jefferson qui lui reprochaient aussi son fédéralisme.

WASSY (massacre de, 1er mars 1562). Le massacre des protestants de cette ville de Haute-Marne par les partisans du duc de Guise déclencha la première guerre de Religion (1562/63) entre catholiques et protestants. Voir **Religion (guerres de).** La première guerre (1562/63).

WATERGATE (affaire du). Scandale politique qui troubla profondément les États-Unis de 1972 à 1975 et finit par provoquer la démission du président Nixon. Voir **États-Unis d'Amérique.** L'ère du doute.

WATERLOO. Ville de Belgique (Brabant), au S. de Bruxelles, sur la lisière méridionale de la forêt de Soignes. C'est là que Napoléon fut définitivement vaincu par les Alliés, le 18 juin 1815.

La reprise de la guerre (après le retour de l'île d'Elbe) étant inévitable, Napoléon décida de prendre l'offensive et de battre en Belgique les Anglais de Wellington et les Prussiens de Blücher, avant que les Autrichiens et les Russes n'aient eu le temps de les rejoindre. Le 15 juin, avec une armée de 128 000 hommes, il franchit la Sambre, avec le plan de séparer les deux armées ennemies, de rejeter les Anglais à la mer et les Prussiens sur le Rhin. Le 16 juin, les Prussiens furent battus à Ligny, mais non anéantis, et ils se retirèrent en ordre ; Ney, envoyé contre les Anglais et croyant n'avoir affaire qu'à une avant-garde, se trouva en face du gros des troupes de Wellington, qu'il ne put déloger des Quatre-Bras (à l'intersection des routes de Charleroi à Bruxelles et de Nivelles à Namur).

Dès ce moment, Napoléon ne montrait plus la même activité, la même promptitude de décision qu'autrefois. Au lieu de se jeter sur l'armée de Wellington, qui faisait mouvement vers le Nord, il lui laissa le temps de s'installer sur le plateau du Mont-Saint-Jean (au S. de Waterloo), position déjà connue et soigneusement étudiée par le général anglais ; en outre, il ne s'informa pas de la direction de la retraite des Prussiens battus à Ligny et c'est avec quatorze heures de retard qu'il lança Grouchy à leur poursuite, à la tête de 33 000 hommes, gardant avec lui environ 70 000 hommes. Ayant laissé ainsi perdre un temps précieux dans la journée du 17 juin, Napoléon arriva vers 6 heures du soir à la Belle-Alliance, ferme distante de 3 km du Mont-Saint-Jean, où se retranchait déjà l'armée anglaise. Wellington avait opéré sa retraite sans être sérieusement inquiété et il avait averti Blücher, par un officier de liaison prussien, de l'endroit où il s'apprêtait à livrer bataille.

La bataille commença le 18, à 11 h 30. Pendant toute la journée, par des assauts furieux de cavalerie (Drouet d'Erlon, Milhaut, Lefebvre-Desnouettes, Kellermann), les Français tentèrent vainement de rompre la gauche, puis le centre de l'armée anglaise. Vers 1 heure de l'après-midi, l'apparition dans le lointain du corps de cavalerie prussien de Bülow (environ 30 000 hommes) avait obligé Napoléon à modifier son plan primitif d'attaque sur la gauche ennemie, les 70 000 Français devant désormais faire face à 100 000 ennemis. À partir de 16 heures, Ney fut chargé de mener l'attaque au centre, contre la Haie-Sainte, qui fut emportée. Croyant à une retraite des Anglais, Ney fit alors donner sa meilleure cavalerie, mais, malgré les charges répétées, les carrés de Wellington restèrent inébranlables. De plus, dès 16 h 30, les Prussiens attaquaient en force la droite française, défendue par Lobau, qui était contrainte de reculer peu à peu. S'obstinant désespérément contre le centre de l'armée anglaise, Napoléon fit donner encore, vers 17 heures, une partie de la cavalerie de la garde et le corps de cavalerie de Kellermann. Ces assauts ayant été encore repoussés, après une mêlée effroyable de deux heures, l'Empereur tenta, vers 19 heures, un ultime effort en lançant la vieille garde et toutes les troupes encore disponibles contre le Mont-Saint-Jean.

Mais la cavalerie prussienne de Zieten, faisant irruption du N.-E., chargea de flanc ces troupes, qui avaient vainement attendu l'arrivée de Grouchy et qui étaient profondément démoralisées par la vue des Prussiens et les assauts stériles de tout l'après-midi. Le recul de la vieille garde provoqua la débandade de l'armée, poursuivie par les charges sauvages de la cavalerie de Blücher. Seuls, deux bataillons du 1er régiment de grenadiers de la garde formèrent les carrés et opposèrent une résistance farouche qui préserva l'armée française de l'anéantissement (l'un de ces carrés était commandé par Cambronne). Napoléon, après avoir laissé le commandement à Jérôme Bonaparte, se hâtait vers Paris, où il espérait obtenir des Chambres des pouvoirs extraordinaires. Le lendemain 19, Wellington rédigea de son quartier général de Waterloo le bulletin de la bataille qui devait conserver ce nom. La journée avait coûté aux Français plus de 40 000 hommes, aux Anglais 15 000 hommes, aux

Prussiens 7 000 hommes. Elle provoqua la chute définitive de Napoléon.

WEBB Sidney James, 1er baron Passfield (* Londres, 13.VII.1859, † Liphook, Hampshire, 13.X.1947). Homme politique anglais. D'abord fonctionnaire au ministère de la Guerre, puis au ministère des Colonies, il épousa en 1882 la fille d'un riche industriel, **Beatrice Potter** (* Gloucester, 22.I. 1858, † Liphook, 30.IV.1943), qui était, comme lui, passionnée d'économie politique. Dès 1885, Webb avait été attiré par Bernard Shaw dans la Fabian Society, qui venait d'être fondée, et il contribua à préciser les conceptions socialistes de ce groupe dans les *Fabian Essays in Socialism* (1889). Les Webb exercèrent une influence importante sur le développement du socialisme anglais au début du XXe s. : en 1895, ils contribuèrent à la création de la London School of Economics and Political Science, et, en 1913, ils fondèrent l'hebdomadaire socialiste *The New Statesman*. Auteur du manifeste intitulé *Labour and the New Social Order*, qui servit de programme électoral au parti travailliste à partir de 1918, Sidney Webb fut élu membre des Communes en 1922 et devint président du Board of Trade (1924/28, 1929/31). Après leur voyage en URSS en 1932, les Webb devinrent d'ardents sympathisants communistes.

WEI (dynastie). Dynastie turco-mongole qui régna sur la Chine de 386 à 557. Elle fut fondée par les Tabghatch. Voir CHINE.

WEI (royaume). L'un des Trois Royaumes qui se partagèrent la Chine au IIIe s. de notre ère. Voir CHINE. De la fin des Han à la grandeur des T'ang.

WEIMAR. Ville de l'Allemagne, en Thuringe. Capitale du grand-duché de Saxe-Weimar, elle fut un grand foyer intellectuel sous le règne du duc Charles-Auguste (1775/1828). Les grands écrivains, Goethe, Herder, Schiller notamment séjournèrent dans cette « Athènes de l'Allemagne ». L'Assemblée nationale constituante allemande, élue le 19 janv. 1919, se réunit au Théâtre national de Weimar le 6 févr. ; après avoir approuvé la signature du traité de Versailles (23 juin), elle vota la Constitution de la République (11 août), puis se transporta à Berlin (30 sept.). Le régime qui fut celui de l'Allemagne de 1919 à 1933 prit ainsi le nom de *république de Weimar*. Voir ALLEMAGNE.

WEIZMAN Ezer (Tel-Aviv, 15.VI.1924). Homme politique israélien. Ezer Weizman combattit comme aviateur dans la Royal Air Force durant la Seconde Guerre mondiale. Militant actif de l'Irgoun, puis de la Haganah, il contribua à créer l'armée de l'air israélienne, dont il prit le commandement en 1958. Artisan de la victoire dans la guerre des Six Jours en 1967, général en 1969, il quitta l'armée pour se lancer dans la politique. Membre fondateur du Likoud, il devint ministre de la Défense en 1977 dans le gouvernement Begin. Artisan des accords de Camp David, il dut démissionner en 1980, après avoir soutenu la nécessité de négocier avec les pays arabes. Élu président de l'État d'Israël en mai 1993, il fut réélu en mars 1998 pour un deuxième mandat de cinq ans mais, impliqué dans un scandale financier, fut contraint de démissionner en juill. 2000.

WEIZMANN Chaïm (* Motol, Biélorussie, 27.XI.1874, † Rehovoth, 9.XI.1952). Homme politique israélien. Après avoir fait ses études en Allemagne et en Suisse, il devint professeur de chimie à Genève (1901) et à Manchester (1904). Naturalisé anglais en 1910, il travailla de 1916 à 1918 dans les laboratoires de l'Amirauté britannique et inventa une acétone synthétique qui fut utilisée pour la fabrication des explosifs. Sioniste ardent, il fit jouer au profit de la cause juive les importantes relations qu'il avait en Angleterre et ce fut lui qui obtint du gouvernement britannique la fameuse déclaration Balfour de 1917. Président de l'Organisation sioniste mondiale (1920) et de l'Agence juive en Palestine (1929), il exerça toujours une influence modératrice et s'efforça d'éviter la rupture des sionistes avec l'Angleterre. Chef du gouvernement provisoire du nouvel État d'Israël (1948), il devint en 1949 le premier président de la République. Il avait fondé l'Institut scientifique de Rehovoth (auj. Institut Weizmann).

WEIZSÄCKER Richard Freiherr von (Stuttgart, 15.IV.1920). Homme politique allemand. Député et vice-président du groupe parlementaire chrétien-démocrate de 1969 à 1981, puis maire de Berlin-Ouest de 1981 à 1984, il fut élu président de la République en 1984. Réélu en 1989, il occupa le poste jusqu'en 1994. Très respecté, exerçant un véritable magistère moral, il lutta contre l'oubli des crimes nazis. Dans le cadre de la réunification allemande, il souligna la nécessité de la solidarité et du partage et s'opposa à la montée de la xénophobie au cours des dernières années de son mandat.

WELLESLEY, Richard Colley Wesley ou **Wellesley, 1er marquis** (* château de Dangan, Irlande, 20.VI.1760, † Kingston House, près de Brompton, 26.IX.1842). Homme politique britannique. Fils aîné du comte de Mornington et frère du duc de Wellington, il fut député (tory) aux Communes dès 1784. Il conquit l'amitié de Pitt, qui le nomma gouverneur général de l'Inde en 1798, au moment où l'expédition de Bonaparte en Égypte risquait de menacer la position des Anglais dans tout l'Orient. Agissant avec énergie et promptitude, il envahit le Mysore et enleva la forteresse de Seringapatam, où fut tué Tippou Sahib, le principal adversaire de l'Angleterre (4 mai 1799). La domination anglaise s'étendait ainsi à toute l'Inde du Sud. Il établit ensuite son protectorat sur l'Oudh (1801) et mena la seconde guerre marathe (1802/05), prenant ainsi de vitesse les projets de Bonaparte sur l'Inde. (v. **Inde.** L'Inde coloniale jusqu'à la grande mutinerie de 1857).

Les conquêtes de Wellesley doublèrent l'étendue des territoires soumis à la Compagnie des Indes. Cependant, les sommes énormes qu'elles avaient coûtées et l'esprit d'indépendance du gouverneur général alarmèrent les directeurs de la Compagnie à Londres et Wellesley dut démissionner (automne 1805). Il fut nommé ambassadeur en Espagne (1809), puis devint ministre des Affaires étrangères dans le cabinet Perceval (1809/12). Lord-lieutenant d'Irlande (1821/28), il s'opposa à son frère en prenant parti pour l'émancipation des catholiques irlandais.

WELLINGTON, Arthur Wesley ou **Wellesley, 1er duc de** (* Dublin, 1er.V.1769, † Walmer Castle, Kent, 14.IX.1852). Général et homme politique britannique. Frère de Richard Wellesley, il étudia à Eton, puis à l'école militaire d'Angers, et entra dans l'armée en 1787. De 1798 à 1805, il seconda son frère, gouverneur de l'Inde, et montra un réel talent militaire. Rentré en Angleterre, il se fit élire député tory, fut nommé secrétaire pour l'Irlande (1807), mais la guerre contre Napoléon le ramena bientôt à des activités militaires.

Envoyé au Portugal, il battit Junot près de Lisbonne, mais, mécontent de la signature de la convention de Cintra, il résigna son commandement. De retour à Lisbonne au printemps 1809, cette fois comme commandant en chef, il tint en échec Masséna à Torres Vedras (oct. 1810/mars 1811) et réussit à chasser les Français du Portugal. En 1812, alors qu'il était devenu le chef des Anglais et des Espagnols qui rejetaient la domination napoléonienne, il battit Marmont à Arapiles, près de Salamanque, et remporta sur Jourdan et Joseph Bonaparte, la grande victoire de Vitoria (21 juin 1813), et les obligea à quitter l'Espagne. L'année suivante, forçant la résistance de Soult sur l'Adour, il parvint devant Toulouse, où il gagna la dernière bataille de la guerre. Ambassadeur auprès de Louis XVIII pendant la première Restauration, il fut, avec Castlereagh, le représentant de l'Angleterre au congrès de Vienne. Après le retour de Napoléon, il commanda les armées alliées en Belgique, et remporta avec Blücher la bataille de Waterloo (v.). Chef suprême des armées alliées en France (1815/18), il s'efforça de donner à l'occupation un caractère modéré, agit pour consolider le pouvoir des Bourbons et empêcher un démembrement de la France.

Auréolé du prestige de ses victoires, il fut jusqu'à sa mort une des figures les plus glorieuses de l'Angleterre. Il fut longtemps le commandant en chef de l'armée britannique. Plusieurs cabinets conservateurs le chargèrent d'importantes missions diplomatiques ou lui confièrent des portefeuilles. Pendant près de trois ans, de 1828 à 1830, il fut même le Premier ministre de George IV.

WENCESLAS saint (* vers 907, † château de Boleslav, 28.IX.929). Duc de Bohême (vers 921/29). Fils aîné et successeur du duc Wratislas, il fut élevé très chrétiennement par sa grand-mère, ste Ludmilla. Il travailla à répandre le christianisme dans son peuple et à rapprocher étroitement celui-ci de l'Occident ; inquiet des progrès des Hongrois, il entretint de bonnes relations avec les Allemands et se reconnut vassal du roi de Germanie Henri Ier l'Oiseleur (929). Cette politique souleva la colère des éléments païens, et st Wenceslas fut assassiné par son frère, Boleslav Ier. Il fut bientôt vénéré comme un martyr, et, à partir du XIe s., la couronne de st Wenceslas devint le symbole de l'État tchèque.

WENCESLAS II (* 17.IX.1271, † Prague, 21.VI. 1305). Roi de Bohême (1278/1305). Petit-fils du roi de Bohême Wenceslas Ier (1230/53), fils et successeur d'Ottokar II, il régna d'abord sous la dure tutelle du margrave Otto de Brandebourg. Il accomplit un brillant redressement du royaume de Bohême et joua un rôle important dans les affaires internationales : en 1300, il obtint la couronne de Pologne, grâce à son second mariage, et pour son fils Wenceslas III la couronne de Hongrie (1301). Il favorisa la diffusion dans ses États de la culture germanique et composa lui-même des poèmes en allemand.

WENCESLAS ou **WENZEL** (* Nuremberg, 26.II. 1361, † château de Wenzelstein, 16.VIII.1419). Roi de Bohême (sous le nom de Wenceslas IV, 1363/1419) et empereur (1378/1400). Fils de l'empereur Charles IV, il fut couronné roi de Bohême dès l'âge de deux ans, proclamé roi des Romains en 1376, et il succéda à son père sur le trône impérial. Comme il négligeait complètement l'Allemagne, les quatre Électeurs rhénans prirent l'initiative de le déposer (20 août 1400) et élurent à sa place le comte palatin Robert. Wenceslas n'accepta pas sa déposition, mais en 1411, il finit par agréer l'élévation au trône impérial de son frère Sigismond. En Bohême, il protégea les Tchèques contre les Allemands et, par son décret de Kutna Hora (1409), donna aux Tchèque la prépondérance à l'université de Prague. Il protégea d'abord Jan Hus (v.), mais s'éloigna des réformateurs après l'apparition du parti extrémiste des taborites (v.).

WEN JIABAO (Tianjin, 1942). Homme politique chinois. Premier ministre depuis mars 2003.

WESLEY John (* Epworth, Lincolnshire, 17.VI. 1703, † Londres, 23.II.1791). Réformateur religieux anglais. Ordonné prêtre en 1728, enseignant à Oxford, Wesley forma autour de lui, un groupe spirituel, le *Holy Club*, dont les membres furent surnommés « méthodistes » à cause des exercices spirituels auxquels ils se livraient. Le 24 mai 1738, au cours d'une réunion à Aldersgate Street, il éprouva une illumination intérieure en entendant lire la préface de Luther à l'Épître aux Romains. Dès lors, Wesley prit la tête d'un mouvement de retour aux sources de la Réforme qui allait provoquer un immense renouveau religieux dans le monde anglo-saxon ; mais ce « méthodisme » se heurta rapidement à la méfiance des autorités anglicanes. Voir MÉTHODISME.

WESSEX. Royaume de l'Heptarchie anglo-saxonne, situé dans le sud de l'Angleterre et qui comprenait approximativement les actuels comtés de Berks, de Wilts, de Hamp et de Dorset ; il avait pour capitale *Winchester*. Le Wessex fut fondé vers 495 par deux princes saxons, Cerdic et son fils Cynric. Il s'affermit au cours du VIe s., mais des divisions intérieures le firent ensuite passer sous la tutelle du Kent, de la Northumbrie et de la Mercie. Cependant, au début du IXe s., le Wessex connut une brillante renaissance sous le règne d'Egbert (802/39), qui battit les Merciens en 825 et annexa le Sussex, le Surrey, le Kent et l'Essex. Avec Alfred le Grand (871/99), le Wessex imposa son autorité à toute l'Angleterre encore libre des Danois. Voir HEPTARCHIE.

WESTMINSTER (statut de, 11 déc. 1931). Acte du Parlement britannique qui établit un nouveau statut pour les dominions. Voir COMMONWEALTH.

WESTPHALIE, *Westfalen*. Région historique du nord-ouest de l'Allemagne. Les Westphaliens, peuple saxon, apparaissent dans l'Histoire vers 775, lors des guerres de Charlemagne contre les Saxons. Ils étaient établis surtout dans la région d'Osnabrück, dans l'Elmsland hanovrien et dans le sud de l'Oldenburg. Ils constituaient le groupe le plus occidental des Saxons, et, sous la conduite de leur chef Widukind, ils résistèrent à la conquête franque jusqu'en 785. La Westphalie forma la partie occidentale du premier duché de Saxe, démembré en 1180. La Westphalie fut alors partagée en principautés ecclésiastiques (évêchés de Münster, Paderborn, Osnabrück, Minden, et archevêché de Cologne) et en seigneuries laïques (Mark, Ravensberg, Lippe, Lingen). Les territoires les plus importants étaient ceux des archevêques de Cologne, qui reçurent en 1180 le titre de ducs de Westphalie. Au Moyen Âge, de nombreuses villes westphaliennes connurent une grande prospérité et firent partie de la Hanse (v.). En 1512 fut créé le cercle du Bas-Rhin ou de Westphalie. À partir du XVIIe s., les Hohenzollern du Brandebourg pénétrèrent en Westphalie, faisant l'acquisition de Ravensberg, de la Mark, de Minden, puis, après les sécularisations de 1802/03, de Paderborn et de la partie orientale de l'ancienne principauté ecclésiastique de Münster.

Après l'effondrement de la Prusse, Napoléon Ier créa, le 18 août 1807, **un royaume de Westphalie**, formé principalement de la Hesse-Kassel, du duché de Brunswick, de territoires hanovriens et des anciens territoires prussiens à l'O. de l'Elbe. Il donna ce royaume à son frère, Jérôme Bonaparte, qui établit sa capitale à Kassel. Le nouvel État, qui fit partie de la Confédération du Rhin, fut pourvu d'une organisation intérieure et d'une administration calquées sur celles de l'Empire français. Dans les projets de Napoléon, il devait offrir au reste de l'Allemagne le modèle d'un État fondé sur les principes essentiels de la Révolution française ; les Westphaliens furent surtout sensibles au fardeau des impôts et de la conscription. En 1810, Napoléon amputa le royaume de Westphalie de sa partie septentrionale pour la rattacher directement à l'Empire français. Occupé par les Alliés dès oct. 1813, le royaume de Westphalie fut effacé de la carte.

Au congrès de Vienne (1815), le Hanovre et l'Oldenburg récupérèrent leurs anciens territoires, la Lippe et le Waldeck demeurèrent indépendants, ainsi que la Hesse-Kassel, tandis que la plus grande partie de la Westphalie passait à la Prusse. L'acquisition de cette région fut le fondement de la puissance industrielle de la Prusse au XIXe s. Soumise durant la Seconde Guerre mondiale à de violents bombardements alliés, la Westphalie fut incorporée le 23 août 1946 dans le Land de Rhénanie du Nord-Westphalie.

WESTPHALIE (traités de). Nom donné aux deux traités qui mirent fin à la guerre de Trente Ans (v.). Le premier de ces traités (entre l'empereur, la Suède et les puissances occidentales) fut signé à Osnabrück, le 6 août 1648, le second (entre l'empereur et la France) à Münster, le 8 sept. 1648 ; les deux furent publiés le 24 oct. suivant. Les traités de Westphalie posèrent les bases d'une organisation de l'Europe centrale qui subsista dans ses grandes lignes jusqu'aux conquêtes de la Révolution française et de Napoléon Ier. Ils consacrèrent en particulier l'affaiblissement des Habsbourg en Allemagne, l'émiettement politique de l'Allemagne et le rôle prépondérant joué désormais par la France en Europe.

Les traités de Westphalie comprenaient des clauses territoriales, constitutionnelles et religieuses :

a) Clauses territoriales. La France se voyait confirmée dans la possession des Trois-Évêchés (v.) ; elle recevait la plus grande partie de l'Alsace, avec Brisach, le Sundgau et Haguenau, mais sans Strasbourg. La Suède obtenait, comme fiefs d'Empire, la Poméranie occidentale, les évêchés de Wismar et de Verden, l'évêché (mais non la ville) de Brême ; elle avait désormais accès aux diètes de l'Empire pour ses possessions en Allemagne. Le Brandebourg s'agrandissait de l'archevêché de Magdebourg et des évêchés de Minden, Kamin, Halberstadt. Le Mecklembourg recevait les évêchés de Schwerin et de Ratzenburg. L'Électeur palatin se voyait restituer tous ses domaines, à l'exception du Haut-Palatinat, laissé à la Bavière. L'indépendance des Provinces-Unies et de la Suisse, qui jusqu'alors relevaient nominalement de l'Empire, était reconnue.

b) Clauses constitutionnelles. Tout État immédiat d'Empire avait chez lui la supériorité territoriale, sur l'ecclésiastique comme sur le temporel ; tout État immédiat avait séance et suffrage à la diète impériale ; nulle loi ou interprétation de loi, nulle déclaration de guerre d'Empire, nulle paix ou alliance d'Empire, nulle taxe, levée, construction de forts… ne pouvait avoir lieu sans le consentement des États de l'Empire réunis en Diète ; les villes impériales jouissaient des mêmes privilèges.

c) Clauses religieuses. Les traités de Westphalie confirmèrent la paix d'Augsbourg (1555) et étendirent le bénéfice de la liberté religieuse aux calvinistes allemands ; le principe *cujus regio, ejus religio* fut ratifié, sauf dans les régions où la tolérance existait en fait avant 1624 ; toute persécution fut proscrite ; le *reservatum ecclesiasticum* fut maintenu pour l'avenir, mais les luthériens furent autorisés à garder les biens ecclésiastiques dont ils s'étaient emparés avant le 1er janv. 1624 ; à la Diète et au collège des Électeurs, l'égalité absolue fut établie entre catholiques et protestants. L'acceptation du principe *cujus regio, ejus religio* par les traités de Westphalie provoqua la condamnation de ceux-ci par Innocent X dans la bulle *Zelo Domus Dei* (26 nov. 1648).

WEYGAND Maxime (* Bruxelles 21.I.1867, † Paris, 28.I.1965). Général français. Chef d'état-major de Foch dès 1914, il resta son proche collaborateur durant toute la Première Guerre mondiale et devint major général des armées alliées en mars 1918. Ayant pris sa retraite en 1935, il fut rappelé en 1939 par Reynaud, qui le nomma chef d'état-major général et commandant en chef des forces du Proche-Orient. Mais la bataille de France était déjà perdue lorsqu'il fut rappelé en métropole le 19 mai 1940 ; après avoir tenté une ultime résistance sur la ligne de la Somme, Weygand informa le gouvernement de la nécessité de conclure un armistice (12 juin 1940). Ministre de la Défense nationale dans le cabinet Pétain (juin/-sept. 1940), Weygand ne tarda pas à s'opposer à Laval et fut nommé délégué général du gouvernement et commandant en chef en Afrique (sept. 1940/nov. 1941). À ce poste, il insuffla à l'armée d'Afrique un esprit de revanche et, tout en refusant les invites des gaullistes en qui il ne voyait que des rebelles et des « dissidents », il engagea avec le consul américain Murphy des négociations qui préparèrent le débarquement allié de nov. 1942 en Afrique du Nord. Son action le rendit extrêmement suspect aux Allemands, qui, après avoir obtenu son rappel définitif (20 nov. 1941), organisèrent son enlèvement (12 nov. 1942) et le déportèrent en Allemagne. Libéré par les Américains en mai 1945, il fut aussitôt arrêté sur l'ordre du gouvernement de Gaulle pour être traduit devant la Haute Cour de justice. Après avoir déposé au procès Pétain (où il eut une violente altercation avec Paul Reynaud), Weygand obtint un non-lieu (1948).

WHIG (parti). Parti politique américain formé en 1834 par les adversaires du président démocrate Andrew Jackson, qui venait d'être élu pour un second mandat en 1832. Les premiers chefs du parti furent les sénateurs Henry Clay et Daniel Webster. Les whigs groupaient des industriels de l'Est, des fermiers de l'Ouest et des planteurs du Sud ; leur programme mettait surtout l'accent sur la défense de la propriété et le maintien de l'union nationale. Parvenu au pouvoir avec le président Harrison en 1840, le parti whig s'y maintint sous les présidences de John Tyler (1841/45), Taylor (1849/50) et Fillmore (1850/53). Mais les querelles entre partisans et adversaires de l'esclavage affaiblirent considérablement le parti, qui perdit les élections de 1852 et ne tarda pas à se disloquer.

WHIG et TORY. Termes employés pour désigner les deux partis politiques opposés en Angleterre de la fin du XVIIe s. au début du XIXe s. Le mot *whig*, d'origine gaélique, s'appliqua d'abord aux rebelles écossais qui continuèrent à tenir les hautes terres après l'échec du soulèvement de 1679 et dont le presbytérianisme s'opposait à toute union ecclésiastique avec l'Angleterre. Le mot *tory*, d'origine irlandaise, désigna d'abord des bandes de hors-la-loi catholiques issus de la grande rébellion irlandaise de 1641. À partir de 1830, les anciens termes de *tory* et de *whig*, tout en restant employés dans le langage courant (le mot *tory* jusqu'à nos jours), firent place à ceux de *conservateur* et de *libéral*. Voir **Grande-Bretagne**.

WHITLAM Gough Edward (Kew, État de Victoria, 11.VII.1916). Homme politique australien. Juriste spécialiste du droit international, il fut député du parti travailliste à partir de 1960. Nommé à la tête du parti en 1967, il le conduisit à la victoire aux élections législatives de déc. 1972. Il dota l'Australie d'une diplomatie autonome par rapport aux États-Unis et demeura Premier ministre jusqu'à sa défaite électorale, en nov. 1975.

WILBERFORCE William (* Hull, 24.VIII.1759, † Londres, 29.VII.1833). Homme politique anglais. Membre des Communes depuis 1784, il fut l'ami fidèle du jeune Pitt. Très conservateur dans le domaine des affaires intérieures britanniques, il se fit, dès 1784, pour des raisons chrétiennes, l'avocat de l'abolition de l'esclavage. Il combattit infatigablement pour cette cause, en dépit d'un long insuccès : en 1807, il obtint l'abolition de la traite, mais ce fut seulement après sa mort, en 1834, que le Parlement anglais vota l'abolition de l'esclavage dans les colonies britanniques.

WILHELMINE (* La Haye, 31.VIII.1880, † château de Het Loo, 28.XI.1962). Reine des Pays-Bas (1890/1948). Fille unique de Guillaume III, elle lui succéda en 1890 sous la régence de sa mère et épousa en 1901 le duc Henri de Mecklembourg-Schwerin († 1934). Elle maintint son pays dans la neutralité durant la Première Guerre mondiale et, en 1919, refusa de livrer l'empereur Guillaume II aux Alliés. Lors de l'invasion des Pays-Bas par les forces hitlériennes, elle se réfugia à Londres avec le gouvernement néerlandais (13 juin 1940) ; elle fut accueillie avec enthousiasme par son peuple, lors de son retour en 1945. Le 4 sept. 1948, elle abdiqua en faveur de sa fille Juliana.

WILKES John (* Londres, 17.X.1727, † Londres, 26.XII.1797). Homme politique anglais. Membre des Communes depuis 1757, il fonda en 1762 l'hebdomadaire *The North Briton*, où il mena une vive opposition au roi George III et au gouvernement. Il n'hésita pas, en avr. 1763, dans le numéro 45 de son périodique, à attaquer le discours du trône et fut arrêté dans des conditions irrégulières, ce qui obligea à le relâcher peu après. Wilkes, qui ne recherchait que sa publicité personnelle, exploita aussitôt son succès en publiant un obscène *Essay on Woman*, qui le fit expulser des Communes (1764). Réfugié sur le continent (1764/68), il fit bientôt figure de martyr et devint l'homme le plus populaire d'Angleterre. Triomphalement réélu dans le Middlesex en 1768, il fut cependant emprisonné pendant un an, mais deux fois réélu en 1769 et deux fois expulsé des Communes, avant de pouvoir enfin siéger. Wilkes incarnait désormais la défense des libertés traditionnelles des Anglais contre l'autoritarisme royal : élu lord-maire de Londres en 1774, il obligea les Communes à reconnaître à la presse le droit de publier des comptes rendus de leurs débats. Il siégea aux Communes jusqu'en 1790 et s'y fit le champion de la cause des colons américains.

WILLOCH Kaare (Oslo, 3.X.1928). Homme politique norvégien. Secrétaire de la Fédération des armateurs, il fut élu député conservateur en 1968. Successivement secrétaire, puis président, de son parti (1970/81) et ministre du Commerce et de la Marine marchande (1965/70), il fut Premier ministre de 1981 à 1986 à la tête d'une coalition de droite. Voir **Norvège.** La Norvège contemporaine.

WILSON Harold (* Huddersfield, Yorkshire, 11.III. 1916, † 24.V.1995). Homme politique anglais. Successeur de Gaitskell à la tête du parti travailliste (1963), il n'obtint pour celui-ci qu'une très étroite majorité aux élections d'oct. 1964. Premier ministre (1964/70), il procéda dès mars 1966 à des élections anticipées, qui, cette fois, donnèrent une large avance aux travaillistes. À l'intérieur, aux prises avec une des plus graves crises économiques et financières que l'Angleterre ait connues depuis 1945, il dut imposer une sévère austérité. Sur la foi de sondages erronés, il crut pouvoir procéder à de nouvelles élections anticipées en juin 1970, mais les travaillistes furent largement battus par les conservateurs.

De nouveau Premier ministre à la suite des élections du 28 févr. 1974, il ne put former qu'un cabinet de minorité, mais procéda à de nouvelles élections, le 10 oct suivant, qui lui assurèrent une majorité de trois voix. Il mena à bien une difficile renégociation du traité d'adhésion de la Grande-Bretagne au Marché commun (approuvé par référendum le 5 juin 1975), avant de démissionner le 16 mars 1976.

WILSON Thomas Woodrow (* Staunton, Virginie, 28.XII.1856, † Washington, 3.II.1924). Homme politique américain. Gouverneur démocrate du New Jersey en 1911, candidat à la présidentielle de nov. 1912, il triompha du républicain Theodore Roosevelt et fut réélu en 1916. Il resta ainsi président des États-Unis de 1913 à 1921. À l'intérieur, son administration, placée sous le slogan de « la Nouvelle Liberté », fut marquée par de nombreuses réformes démocratiques et par une extension des pouvoirs du gouvernement fédéral : établissement d'un impôt fédéral sur le revenu, élection directe des sénateurs au suffrage universel, organisation fédérale du crédit, renforcement de la législation antitrust, droit de vote des femmes.

L'essentiel de sa politique étrangère fut occupé par la Première Guerre mondiale et ses prolongements. Longtemps partisan de la neutralité, il décida néanmoins l'entrée en guerre des États-Unis aux côtés des Alliés après que l'Allemagne eut décrété la guerre sous-marine totale, très dommageable pour le commerce nord-américain. L'esprit de croisade pour la liberté qu'il voulut donner à la guerre se retrouva dans les Quatorze Points de son discours du 8 janv. 1918, qui soulignait en particulier le droit des peuples à disposer d'eux-mêmes. Mais les Alliés, tenus par leurs propres accords (secrets), n'appliquèrent pas, après la guerre, les principes de cette déclaration (sur la foi de laquelle le gouvernement allemand demanda la paix en oct. 1918) : c'est ainsi que la Prusse-Occidentale et la Posnanie furent rattachées à la Pologne et que l'union de l'Autriche et de l'Allemagne fut interdite. Ces Quatorze Points jetèrent toutefois les bases de la Société des Nations (v.), à laquelle les États-Unis n'adhérèrent pas, retournant à leur isolationnisme traditionnel. Le Sénat américain refusa également de ratifier le traité de Versailles (v.) (1919) que Wilson avait signé. Il reçut le prix Nobel de la paix en 1920.

WINDISCHGRÄTZ. Vieille famille autrichienne originaire de Styrie, mentionnée pour la première fois en 1242 ; elle obtint le rang princier en 1804.

Alfred, prince zu Windischgrätz (* Bruxelles, 11.V.1787, † Vienne, 21.III.1862). Feld-maréchal autrichien. En juin 1848, il écrasa l'insurrection de Prague, au cours de laquelle sa femme avait trouvé la mort ; en oct. suivant, il triompha de la révolte de Vienne. Commandant en chef dans la guerre contre les Hongrois, il s'empara de Budapest (5 janv. 1849), mais connut ensuite des revers et fut rappelé par le cabinet de Vienne dès avr. 1849.

WINDSOR. Depuis 1917, nom de famille de la maison royale d'Angleterre, laquelle, par le prince Albert, époux de la reine Victoria, est une branche de la famille de Saxe-Cobourg-Gotha.

WINDTHORST Ludwig (* Kaldenhof, près d'Osnabrück, 17.I.1812, † Berlin, 14.III.1891). Homme politique allemand. Membre de la Diète du Hanovre (1849), puis ministre de la Justice (1851/53 et 1862/65), il usa de toute son influence contre les tendances unitaires et essaya de préserver l'indépendance du Hanovre en s'appuyant sur l'Autriche. Après l'annexion de son pays par la Prusse (1866), il resta attaché à la dynastie hanovrienne mais siégea, à partir de 1867, à la Diète de l'Allemagne du Nord, puis à celle de l'Empire allemand. Il devint rapidement le chef incontesté du Centre catholique, et, lors du Kulturkampf (v.), il se montra un adversaire à la mesure de Bismarck. Bismarck dut bientôt composer avec lui, car les voix catholiques devenaient un élément essentiel de la majorité au Reichstag. Vers 1890, la plupart des lois anticatholiques avaient été rapportées, grâce à l'action de Windthorst.

WIRTH Joseph (* Fribourg-en-Brisgau, Bade, 6.IX. 1879, † Fribourg, 3.I.1956). Homme politique allemand. Professeur de lycée, député du Centre catholique à partir de 1914 et membre de l'Assemblée constituante de Weimar en 1919, il devint ministre des Finances (1920), puis chancelier (mai 1921/ nov. 1922). Il forma un cabinet composé de catholiques et de socialistes. Malgré une forte opposition de l'opinion allemande, il inaugura la politique du règlement des réparations exigées par les Alliés (*Erfüllungspolitik*) et accepta le partage de la Haute-Silésie entre l'Allemagne et la Pologne (oct. 1921), ce qui accrut son impopularité. À l'extérieur, il profita de la conférence de Gênes pour signer avec la Russie des Soviets le traité de Rapallo (16 avr. 1922). Ministre de l'Intérieur sous Brüning (1930/31), il s'exila lorsque Hitler arriva au pouvoir. Revenu en Allemagne en 1948, il fit campagne contre la politique de réarmement et en faveur d'une Allemagne réunifiée et neutre.

WISIGOTHS. Nom d'une des deux branches principales des Goths, qui apparaît pour la première fois, à la fin du IIIe s. apr. J.-C., entre le Danube et le Dniestr. En dépit du mot allemand contemporain *Westgoten*, le mot de *Wisigoths* ne signifie pas « Goths de l'Ouest », bien que, historiquement, les Wisigoths se soient finalement établis dans la partie la plus occidentale du monde méditerranéen, en Espagne ; ce terme vient vraisemblablement du goth *wisu*, qui signifiait « sage », « bon », « vaillant ».

Sous le règne d'Aurélien (270/75), les Wisigoths obligèrent les Romains à évacuer la province transdanubienne de Dacie, où ils s'installèrent. Au début du IVe s., ils menaient une vie d'agriculteurs et faisaient un commerce actif avec l'Empire romain ; vers 350, ils furent convertis en partie au christianisme arien par Ulfilas. Mais les Wisigoths chrétiens furent persécutés par le roi Athanaric en 369/72. Attaqués par les Huns, les Wisigoths franchirent le Danube et, en 376, furent installés dans l'Empire romain par Valens. Ils ne tardèrent pas à entrer en conflit avec l'administration romaine et, le 9 août 378, près d'Andrinople, écrasèrent l'armée de l'empereur Valens, qui fut tué. Pendant quatre ans, ils poursuivirent leurs pillages dans la péninsule balkanique, avant de consentir à s'enrôler comme « fédérés » au service de l'Empire : Théodose Ier les installa alors en Mésie (Bulgarie actuelle), où ils séjournèrent de 382 à 395. C'est durant cette période que les Wisigoths se rallièrent massivement à l'arianisme.

En 395, ils se remirent en mouvement, sous la conduite d'Alaric, s'enfoncèrent jusque dans le Péloponnèse, avant de s'attaquer à l'Italie, à partir de 401. En 410, Alaric s'emparait de Rome, et l'empereur Honorius n'eut d'autre ressource que de détourner vers l'Espagne l'impétuosité des Wisigoths. Refoulant les Suèves en Galice, les Alains en Lusitanie, les Vandales en Bétique puis en Afrique du Nord, les Wisigoths s'installèrent ainsi en Espagne (415) et dans tout le sud-ouest de la Gaule, en conservant le statut de fédérés, qui leur fut confirmé par l'empereur Constantin III. Théodoric Ier (418/51) fut le véritable fondateur de la monarchie wisigothique, dont il établit la capitale à Toulouse ; il fut tué en aidant les forces romaines d'Aetius à arrêter l'invasion d'Attila aux champs Catalauniques (451) (v.).

Sous le règne d'Euric (466/84), à la fois conquérant, administrateur et législateur, les Wisigoths étendirent provisoirement leur domination dans le midi de la Gaule, mais leur arianisme les privait du soutien de l'épiscopat et de la population gallo-romaine catholique. La sympathie de celle-ci allait plutôt au chef des Francs, à Clovis, encore païen. À la bataille de Vouillé (507), Clovis, qui s'était converti au catholicisme ruina complètement l'État wisigothique de Gaule.

Sur l'intervention du roi des Ostrogoths Théodoric, les Wisigoths purent conserver la Septimanie et l'Espagne, où ils fixèrent leur nouvelle capitale, à Barcelone d'abord, puis à Tolède. Affaiblie par une succession incessante de révolutions de palais et d'assassinats, la monarchie wisigothique était aussi condamnée à l'anarchie par les luttes religieuses : l'arianisme officiel et l'orthodoxie catholique s'affrontaient violemment. Léovigilde (568/86) tenta en vain de faire l'unité autour de l'arianisme et persécuta les catholiques, allant jusqu'à faire exécuter son fils Herménégilde. Récarède Ier (586/601), second fils et successeur de Léovigilde, reprit l'œuvre unitaire de son père, mais cette fois autour du catholicisme, et il réussit : le IIIe concile de Tolède (589) fonda l'union de l'Église et de la monarchie espagnoles. Le VIIe s. vit se consommer la fusion des Goths avec les Hispano-Romains ; un code commun, le *Forum judicum*, fut rédigé ; une civilisation latine wisigothique s'épanouit aussi bien dans le domaine de l'art (églises San Juan de Baños, Santa Comba de Bande, San Pedro de la Nave, Quintanilla de las Viñas) que dans celui des sciences (st Isidore de Séville). La monarchie wisigothique entendait établir une *dominatio* chrétienne, et l'Église, régulièrement réunie en conciles à Tolède, jouait un rôle important dans le royaume. Les Wisigoths inaugurèrent une politique antisémite, et de graves dissensions ne tardèrent pas à se faire jour dans la noblesse. Les Arabes profitèrent de cette instabilité et, en l'espace de deux ans, de 711 à 713, se rendirent entièrement maîtres de l'Espagne wisigothique.

WITT Jan de (* Dordrecht, 24.IX.1625, † La Haye, 20.VIII.1672). Homme politique néerlandais. Grand pensionnaire de Hollande à vingt-huit ans (1653/72), il se hâta de mettre fin à la guerre avec l'Angleterre et obtint de Cromwell une paix de compromis (1654). Adversaire résolu de la belliciste maison d'Orange, il fit prononcer contre elle l'Acte d'exclusion (1667) et traita avec l'Angleterre pour mettre fin à la nouvelle guerre qui s'était déclarée en 1664 (traité de Breda, juill. 1667). Inquiet de la politique de conquêtes menée par Louis XIV, il forma avec l'Angleterre et la Suède la Triple-Alliance, qui contraignit la France à signer le traité d'Aix-la-Chapelle (1668) ; mais, en 1672, Louis XIV envahit la Hollande et Guillaume d'Orange fut élu stathouder. Jan de Witt périt, lynché par la foule orangiste, avec son frère Cornelis, accusé d'avoir voulu assassiner le nouveau stathouder.

WITTE Serge Ioulievitch, comte (* Tiflis, 17.VI. 1849, † Petrograd, 12.III.1915). Homme politique russe. Ministre des Transports en 1892, des Finances en 1893, il entreprit de moderniser la Russie pour la libérer de la tutelle économique de l'étranger. Il stabilisa la monnaie et pratiqua une politique d'emprunt à l'Occident qui lui permit d'étendre le réseau ferroviaire russe, d'exploiter le bassin du Donetz et d'encourager la colonisation de l'Asie russe. À l'extérieur, il étendit l'influence économique de la Russie en Perse et en Chine. Contraint de démissionner (1903) par les militaires qui lui reprochaient sa prudence dans la pénétration de la Mandchourie, il fut néanmoins chargé par Nicolas II d'aller négocier la paix avec le Japon après les désastres de la guerre russo-japonaise (traité de Portsmouth, sept. 1905). À son retour, la Russie était en pleine crise révolutionnaire. Il inspira alors à Nicolas II le manifeste du 30 oct. 1905, qui accordait aux sujets de l'Empire « les fondements immuables de la liberté civile ». Nommé Premier ministre du premier gouvernement constitutionnel de la Russie, il obtint de Paris et de Londres un nouveau prêt (le fameux emprunt russe que les révolutionnaires de 1917 refuseront d'honorer). Il prépara la réunion de la première douma, mais après la victoire électorale des radicaux et du parti cadet, en butte aux attaques du conseiller du tsar, Trepov, Witte se retira en mai 1906.

WITTELSBACH. Ancienne famille royale de Bavière qui tire son nom du château de Wittelsbach, près d'Aichach, en Haute-Bavière. D'abord appelés comtes de Scheyern, les Wittelsbach prirent leur nom en 1115, lorsqu'ils transportèrent leur résidence de Scheyern à Wittelsbach. Vers 1116, le comte Othon V reçut de l'empereur Henri V le titre de comte palatin de Bavière. Son fils et successeur, Othon VI (ou Ier), montra un grand dévouement à Frédéric Ier Barberousse ; aussi, en 1180, lorsque Henri le Lion, duc de Saxe et de Bavière, fut mis au ban de l'Empire et dépouillé de ses biens, le duché de Bavière passa-t-il aux Wittelsbach, qui devaient régner sur la Bavière de 1180 à 1918. En 1214, les Wittelsbach reçurent également le Palatinat rhénan.

Par le traité de Pavie (1329), la maison des Wittelsbach se divisa en deux branches souveraines : la branche aînée reçut le Palatinat rhénan et la dignité électorale, tandis que la branche cadette gardait la Bavière. La branche palatine passa à la Réforme au XVIe s. et, avec Frédéric V, se plaça à la tête de la lutte des princes protestants contre l'empereur durant la guerre de Trente Ans ; aussi, en 1623, fut-elle privée de la dignité électorale, qui fut transférée à la branche catholique de Bavière, dont le chef, Maximilien Ier, s'était placé à la tête de la ligue catholique, fidèle à l'empereur. Cependant, en 1648, la ligne palatine des Wittelsbach retrouva la dignité électorale. En 1777, à l'extinction de la ligne bavaroise, la lignée de Wittelsbach-Sulzbach, qui avait hérité du Palatinat électoral en 1742, monta sur le trône de Bavière et réunit toutes les possessions des Wittelsbach. En 1806, Maximilien Joseph devint roi de Bavière sous le nom de Maximilien Ier. Les Wittelsbach régnèrent également sur le Brandebourg (1323/73), la Bohême (1619/20) et la Suède (1654/1718).

WOJCIECHOWSKI Stanislaw (* Kalisz, 15.III. 1869, † Golabki, près de Varsovie, 9.IV.1953). Homme politique polonais. Socialiste, ami de jeunesse de Pilsudski, il fut arrêté par la police russe et dut vivre en exil de 1902 à 1906. Durant la Première Guerre mondiale, il prit parti contre les Allemands. Deuxième président de la République polonaise (1922/26), il voulut défendre la démocratie parlementaire et fut renversé par le coup d'État de Pilsudski (12 mai 1926).

WOLFE James (* Westerham, Kent, 2.I.1727, † Québec, 13.IX.1759). Général anglais. Il prit part aux batailles de Dettingen (1743), Fontenoy (1745) et Culloden (1746). En 1758, il fut envoyé par Pitt au Canada comme adjoint de Jeffrey Amherst ; il décida de la prise de Louisbourg (1758), puis, en juin 1759, vint mettre le siège devant Québec, défendu par Montcalm. Il battit les Français dans les plaines d'Abraham et sa victoire donna aux Anglais Québec et la Nouvelle-France ; mais il fut mortellement blessé au cours de l'action, ainsi que son adversaire Montcalm.

WOLSELEY Garnet Joseph, 1er vicomte (* Golden Bridge, Dublin, 4.VI.1833, † Menton, 25.III. 1913). Maréchal britannique. Il fut un des créateurs de l'armée anglaise moderne et prit part à de nombreuses expéditions coloniales, notamment contre les Achantis (1873/74). En 1884, il fut mis à la tête de l'armée envoyée au secours de Gordon à Khartoum, au Soudan ;

il arriva à Khartoum le 28 janv. 1885, deux jours après que Gordon eut été massacré par les hommes du Mahdi.

WOLSEY Thomas (* Ipswich, vers 1473, † Leicester, 29.XI.1530). Cardinal et homme politique anglais. Étudiant à Oxford, il fut ordonné prêtre en 1498 et fit une carrière rapide. Aumônier d'Henri VII (1507), il conserva la faveur royale sous Henri VIII, fut fait archevêque d'York (1514), cardinal et lord chancelier (1515). Il contrôla bientôt toute la politique anglaise, s'intéressant particulièrement aux affaires étrangères : sur le continent, bien que ses préférences allassent à la France, il s'efforça toujours de maintenir l'équilibre entre la France et les Habsbourg. A deux reprises, en 1521 et 1523, il tenta, mais en vain, d'accéder à la papauté. Fastueux prélat de la Renaissance, il tenait une cour qui pouvait rivaliser avec celle du roi et fit construire de nombreux palais, entre autres Hampton Court. En courtisan très souple, il approuva, en 1527, le désir d'Henri VIII de divorcer de Catherine d'Aragon, mais ne put obtenir, comme il s'en flattait, l'assentiment du pape Clément VII. Cet échec diplomatique le perdit. Arrêté pour trahison en nov. 1529, il mourut alors qu'on le transférait à la Tour de Londres.

WORMS (concordat de, 23 sept. 1122). Signé entre le pape Calixte II et l'empereur Henri V, il mit fin à la querelle des Investitures. Voir **INVESTITURES (querelle des)**.

WÖRNER Manfred (* Stuttgart, 24 sept. 1934, † Bruxelles, 13 août 1994). Homme politique allemand. Juriste de formation, il rejoignit la CDU (Union chrétienne-démocrate), et fut élu au Bundestag en 1965. Ministre de la Défense de la République fédérale d'Allemagne d'oct. 1982 à mai 1988, il dut affronter la crise suscitée par le déploiement des missiles nucléaires américains Cruise et Pershing II dans son pays (v. **EUROMISSILES. (crise des)**). Remplaçant lord Carrington comme secrétaire général de l'Alliance atlantique en juill. 1988, il occupa ce poste jusqu'en sept. 1994.

WOU (royaume de). L'un des Trois Royaumes qui se partagèrent la Chine au IIIe s. de notre ère. Il eut pour fondateur Souen K'iuan, lequel, à la fin de la dynastie des Han, s'était taillé, dans la région du bas Yang-tseu, un royaume qui finit par englober toute la Chine méridionale. Le royaume de Wou, qui, à partir de 229, eut pour capitale l'actuelle Nankin, fut annexé en 280 par Sseu-ma Yen, fondateur de la dynastie Tsin.

WOU TI, Wudi en pinyin. Empereur de Chine (140/87 av. J.-C.). Wou Ti fut le plus grand souverain de la dynastie des Han. À l'intérieur, il inaugura une politique de réconciliation avec les lettrés confucéens, afin de se faire des alliés contre les derniers féodaux, qu'il ruina en imposant le partage des fiefs entre tous les enfants. Il agrandit considérablement le territoire de la Chine propre en annexant le royaume méridional de Canton (111) et la province du Tchö-kiang, au S. de Shanghai (110 av. J.-C.).

Mais son œuvre principale fut d'engager sur une vaste échelle la lutte contre les Hiong-nou de l'Asie centrale. Il chercha l'alliance des Yue-tche de la Bactriane, afin de prendre les Hiong-nou à revers : en 138 av. J.-C., il leur envoya l'ambassadeur Tchang K'ien, qui, après être resté pendant dix ans prisonnier des Hiong-nou, parvint enfin aux confins de la Sogdiane et de la Bactriane, mais ne put obtenir aucun engagement des Yue-tche. Wou Ti entreprit la lutte tout seul : pendant près de quarante ans, de 128 à 91 av. J.-C., de nombreux combats furent livrés par les Chinois aux nomades de l'Asie centrale. Sans doute Wou Ti ne put-il obtenir aucun résultat décisif, mais il avait tracé l'orientation qu'allait suivre après lui la politique étrangère chinoise. Au S.-E. de la Chine, Wou Ti étendit encore sa domination jusque sur le Tonkin et, au N., sur une partie de la péninsule coréenne.

WRANGEL. Famille originaire du Danemark (ou, selon certains, de la Basse-Saxe) et dont les diverses branches s'épanouirent en Allemagne, en Suède et dans les provinces baltes de l'Empire russe. Elle a été illustrée principalement par :

Karl Gustaf von Wrangel, comte de Salmis et de Sölvesborg (* près d'Uppsala, 23.XII. 1613, † Spyker, Rügen, 24.VI.1676). Feld-maréchal suédois. Fils d'un compagnon du roi Gustave-Adolphe, il se distingua d'abord comme officier de cavalerie, avant de remporter sur les Danois la grande victoire navale de Fehmarn (23 oct. 1644). Successeur de Torstensson à la tête de l'armée suédoise en Allemagne durant la guerre de Trente Ans (1646), il envahit avec Turenne la Bavière et le Wurtemberg (1647) et remporta la victoire de Zusmarshausen (17 mai 1648). Il prit part à la guerre en Pologne et au siège de Varsovie, puis envahit le Danemark (1657/58). Amiral (1657), feld-maréchal (1664) et membre du Conseil de régence durant la minorité de Charles XI, il fut chargé encore de la guerre contre le Brandebourg (1674/75) mais relevé de son commandement après que son frère, Woldemar, eut été battu par le Grand Électeur à Fehrbellin. Voir **FRÉDÉRIC-GUILLAUME**, dit **le Grand Électeur**.

Piotr Nikolaïevitch, baron Wrangel (* Saint-Pétersbourg, 27.VIII.1878, † Bruxelles, 25.IV.1928). Général russe. Officier de la garde impériale, puis commandant d'une division de Cosaques durant la Première Guerre mondiale, il se rallia sans hésiter aux forces antibolcheviques de Kaledine, puis de Denikine. Principal adjoint de ce dernier, il s'empara de Tsaritsyne (1919). Denikine, se retirant, découragé par les divisions des forces blanches, le désigna comme son successeur (4 avr. 1920). Bénéficiant du soutien de la France (mais non de l'Angleterre), il réussit à rassembler en Crimée les forces dont il disposait et remporta, en mai-juin 1920, une série de victoires contre les bolcheviks dans le sud de la Russie. Le gouvernement qu'il avait formé fut reconnu *de facto* par la France. Mais après la fin de la guerre polono-soviétique (sept. 1920), les bolcheviks réussirent à forcer l'isthme de Perekop, puis s'emparèrent de Sébastopol (nov.). Wrangel parvint à évacuer, avec 126 bateaux, plus de 130 000 réfugiés, qui furent dispersés en Turquie, en Grèce, en Yougoslavie, en Bulgarie, en Roumanie.

WURTEMBERG, *Württemberg*. Ancien État de l'Allemagne du Sud-Ouest ; capitale *Stuttgart*. Le territoire qui devait devenir celui du Wurtemberg fut compris par les Romains dans la zone protégée par le *limes* (Ier s. apr. J.-C.). Occupé au IIe s. par les Alamans, conquis par les Francs en 496, il fit partie du duché de Souabe à partir du IXe s.

C'est au XIIe s. qu'apparurent les premiers comtes de Wurtemberg (ainsi nommés de leur château de Wirtenberg ; l'orthographe allemande actuelle, *Württemberg*, ne devait devenir officielle qu'en 1806) ; ces comtes étaient des vassaux des ducs Hohenstaufen de Souabe. Ils étendirent largement leurs possessions au début du XIVe s., sous le règne d'Eberhard Ier l'Auguste (1279/1325), et triomphèrent de la Ligue des cités souabes à la bataille de Döffingen (1388). En 1397, ils acquirent le comté bourguignon de Montbéliard.

Eberhard V le Barbu (1459/96) fonda l'université de Tübingen (1477), proclama l'indivisibilité de ses États (1482) et obtint de l'empereur Maximilien Ier le titre de duc (1495). Vaincu en 1519 par la Ligue souabe, Ulrich Ier fut dépossédé du Wurtemberg, qui passa momentanément à l'Autriche mais qui lui fut rendu par Philippe de Hesse en 1534. C'est son fils et successeur, le duc Christophe (1550/68), qui établit au Wurtemberg la Réforme luthérienne. Durant la guerre de Trente Ans, le Wurtemberg lutta aux côtés des autres États protestants contre l'empereur. Au XVIIIe s., le duc Charles Alexandre (1733/37), qui eut pour principal conseiller le célèbre Süss Oppenheimer, essaya en vain de rétablir le catholicisme. Frédéric II (1797/1816) s'engagea dans la guerre contre la France révolutionnaire, malgré l'opinion de la majorité de son peuple : en 1802, il dut céder à la France Montbéliard et ses possessions de la rive gauche du Rhin, mais reçut, entre 1803 et 1810, d'amples compensations qui doublèrent presque l'étendue de ses États. Allié de Napoléon Ier, il se vit conférer le titre d'Électeur (1803) et, le 1er janv. 1806, prit le titre de roi, sous le nom de Frédéric Ier. Membre de la Confédération du Rhin (1806/13), le Wurtemberg se retourna contre Napoléon en nov. 1813 et le roi se vit garantir son titre en 1815.

Entré dans la Confédération germanique (1815), puis dans le Zollverein (1833), le Wurtemberg connut en 1848 une insurrection libérale, qui fut rapidement jugulée. En 1866, le roi Charles Ier (1864/91) s'aligna sur l'Autriche contre la Prusse, mais ses troupes furent complètement battues à Tauberbischofsheim et il se vit imposer un traité d'alliance avec la Prusse. Les Wurtembergeois prirent part à la guerre franco-allemande de 1870 (notamment à la bataille de Woerth-Froeschwiller).

Entré dans l'Empire allemand tout en conservant son autonomie intérieure (1871), le Wurtemberg renversa la monarchie en nov. 1918 et, devenu un État libre au sein de la République allemande, adopta la Constitution parlementaire du 26 avr. 1919, que Hitler supprima en 1933. Le Wurtemberg perdit alors son autonomie et fut placé sous l'autorité d'un *statthalter* nommé Murr.

En 1945, les Alliés partagèrent le Wurtemberg : la partie septentrionale fut unie avec le pays de Bade pour former le Land de *Wurtemberg-Bade* (capitale *Stuttgart*), occupé par les Américains ; la partie méridionale fut unie avec les terres historiques des Hohenzollern pour former le Land de *Wurtemberg-Hohenzollern* (capitale *Tübingen*), occupé par les Français. À la suite du référendum de 1951, ces deux Länder furent réunis pour former le nouveau Land de *Bade-Wurtemberg* (capitale *Stuttgart*).

WYATT sir Thomas (* vers 1520, † Londres, 11.IV.1554). Homme politique anglais. Fils d'un diplomate d'Henri VIII, il entra dans une conspiration destinée à empêcher Marie Tudor d'épouser Philippe II d'Espagne (1554). Il réussit à soulever le comté de Kent, et la rébellion s'étendit rapidement, mais elle échoua à Londres même. Wyatt fit sa reddition et fut condamné à mort ; on lui offrit la vie sauve s'il consentait, par ses aveux, à compromettre la sœur de la reine, la future Élisabeth Ire ; mais il refusa et fut exécuté.

WYCLIF ou **WYCLIFFE John** (* Hipswell, Yorkshire, vers 1320, † Lutterworth, 31.XII.1384). Réformateur religieux anglais. Contemporain du Grand Schisme, Wyclif donna une justification doctrinale à l'indignation que partageaient la plupart des Anglais de son temps devant la décadence de l'Église visible. Dans ses premiers traités, *Determinatio quaedam de dominio* (vers 1374) et *De civili dominio* (1376), le maître d'Oxford attaquait les prétentions pontificales à la puissance temporelle et demandait la confiscation des biens de l'Église, la propriété mettant les clercs en état de péché. Au printemps 1377, Grégoire XI condamna dixhuit propositions de Wyclif, mais celui-ci, qui jouissait de la protection de Jean de Gand et du pouvoir politique, pouvait se permettre de braver les autorités religieuses. Après le début du Grand Schisme (1378), ses attaques redoublèrent de vigueur. Les doctrines de Wyclif parvinrent jusqu'en Bohême et exercèrent une grande influence sur Jan Hus (v.).

X

XAINTRAILLES, Jean Poton, seigneur de († Bordeaux, 1461). Maréchal de France. Compagnon de Jeanne d'Arc, il contribua à la victoire de Patay (1429) et fit prisonnier Talbot, qu'il renvoya sans rançon ; peu après, il fut pris lui-même par les Anglais, qui le traitèrent aussi généreusement. Il prit part aux campagnes successives de Charles VII, conquit la Guyenne de 1451 à 1453 et fut fait maréchal en 1454.

XANTHIPPE, Xanthippos (Ve s. av. J.-C.). Général athénien. D'une vieille famille de l'aristocratie athénienne, il fut cependant un des chefs du parti démocratique par son mariage avec une Alcméonide. Ostracisé en 485/84, mais rappelé lors de l'invasion de Xerxès, il participa à la victoire du cap Mycale (479) et prit ensuite l'initiative en enlevant aux Perses la ville de Sestos, sur l'Hellespont. Il fut le père de Périclès.

XÉNOPHON (* Dème d'Erkhia, Attique, vers 428, † apr. 354 av. J.-C.). Écrivain et homme politique grec. Xénophon fut un des Dix Mille qui, après la mort de Cyrus à la bataille de Counaxa (401), se trouvèrent isolés en Mésopotamie et privés de leurs principaux chefs, assassinés dans un traquenard. Xénophon releva le courage de ses compagnons, devint le chef de l'arrièregarde des mercenaires et réussit, à travers de terribles difficultés, à ramener les Dix Mille sur la mer Noire puis en Propontide. Il aida ensuite le roi thrace Seuthès, puis se mit au service de Sparte. À partir de 396, il devint un des plus proches collaborateurs du roi de Sparte Agésilas, qu'il accompagna dans sa campagne d'Asie Mineure. Il revint avec lui en Grèce (394), combattit aux côtés des Spartiates contre ses compatriotes à la bataille de Coronée, ce qui lui valut d'être frappé d'une sentence d'exil par les Athéniens. Agésilas l'établit alors à Scillonte, en Élide, où il devait passer plus de vingt ans, occupé à la rédaction de la plupart de ses ouvrages. À la suite d'une guerre entre Sparte et les Éléens, il dut quitter Scillonte en 371 et se réfugia à Corinthe. Athènes se trouvant alors l'alliée de Sparte, la sentence de bannissement qui le frappait fut rapportée, et Xénophon put finir ses jours à Athènes. L'*Anabase*, récit de l'expédition de Cyrus le Jeune et de la retraite des Dix Mille, constitue l'un des chefs-d'œuvre de la littérature des mémoires militaires.

XERXÈS Ier Xshayârshâ. Roi achéménide de Perse (486/65 av. J.-C.). Fils de Darius Ier et d'Atossa, petit-fils de Cyrus le Grand par sa mère, il fut pour cette raison choisi comme héritier du trône, de préférence à ses demi-frères aînés. À peine devenu roi, il dut réprimer les révoltes de l'Égypte et de la Babylonie. Reprenant la politique conquérante de Darius, il prépara à partir de 482/81 une expédition majeure en Grèce. Mais l'invasion, déclenchée en 480, aboutit à la défaite de Salamine et au repli à Sardes du Grand Roi (v. MÉDIQUES, guerres). Puis, tandis que l'armée qu'il avait laissée en Grèce sous le commandement de Mardonios était battue à Platées (479), la flotte grecque incendiait le même jour la flotte perse au cap Mycale, en Ionie (479). Xerxès passa le reste de son règne dans ses capitales de Persépolis et de Suse, paralysé par les intrigues de la cour et du harem. Il fut assassiné, au cours d'une révolution de palais, par son ministre Artaban et eut pour successeur son fils, Artaxerxès Longue-Main.

XIMÉNEZ ou **JIMÉNEZ DE CISNEROS Francisco** (* Torrelaguna, Castille, 1436, † Roa, prov. de Burgos, 8.XI.1517). Cardinal et homme politique espagnol. En 1492, la reine Isabelle la Catholique le tira de son couvent franciscain et le prit comme confesseur ; dans cette charge, il exerça bientôt une grande influence qui s'étendit aux affaires de l'État. Provincial de son ordre en 1494, archevêque de Tolède en 1495, il soutint énergiquement la réforme monastique, mais, dans son zèle pour la conversion des Maures, il poussa à des mesures extrêmes qui provoquèrent des révoltes graves en 1499 et 1500.

À la mort de la reine Isabelle (1504), il servit de médiateur entre Ferdinand d'Aragon et son beau-fils l'archiduc Philippe d'Autriche, puis, à la mort de Philippe, en 1506, Ximénez de Cisneros devint le vrai maître de la Castille, dont il assuma la régence au nom de Jeanne la Folle et du futur Charles Quint. Cardinal en 1507, grand inquisiteur de Castille, il fit revivre l'esprit de croisade en portant la guerre contre les Maures en Afrique, mais ses rêves ambitieux de conquête de tout le Maghreb durent s'incliner devant la sage prudence de Ferdinand. Après la mort de Ferdinand (1516), il continua à gouverner la Castille jusqu'à l'arrivée de Charles Quint, lequel s'empressa de renvoyer l'archevêque dans son diocèse.

Y

YAKOUB beg Mohammed († 1873). Guerrier turc qui étendit sa domination en Asie centrale (1866/78). Voir TURKESTAN.

YALTA (conférence de, 4/11 févr. 1945). Conférence qui réunit les trois grands chefs alliés de la Seconde Guerre mondiale, Roosevelt, Churchill et Staline ; le général de Gaulle et le général Tchang Kaï-chek n'avaient pas été invités à participer à la conférence.

Les « Trois Grands » tombèrent d'accord sur les plans militaires concernant la défaite prochaine de l'Allemagne hitlérienne, dont la capitulation devait être inconditionnelle. L'Allemagne vaincue devait être partagée en quatre zones d'occupation (la France recevant une partie de la zone attribuée aux Américains). Toutes les forces militaires allemandes devaient être dissoutes et l'industrie de guerre allemande détruite (cependant, les États-Unis abandonnèrent le plan Morgenthau, qui voulait réduire l'Allemagne à une économie purement agricole). Les trois partenaires ne purent arriver à un accord sur la question des frontières futures de la Pologne. En revanche, ils décidèrent qu'une conférence préliminaire à la fondation d'une Organisation des Nations unies se tiendrait à San Francisco en avr. 1945 ; le principe du droit de veto au futur Conseil de sécurité fut adopté.

L'URSS s'engagea à entrer en guerre contre le Japon « deux ou trois mois » après la capitulation allemande, mais elle exigea en compensation la partie sud de l'île de Sakhaline, les îles Kouriles, la restitution de toutes ses positions perdues à la suite de la guerre russo-japonaise de 1904/05 et une administration commune soviéto-chinoise des chemins de fer mandchouriens. Quand les documents de Yalta furent publiés, en 1946 et, plus complètement, en 1955, ces dernières dispositions soulevèrent une vive émotion aux États-Unis, où les républicains accusèrent l'administration Roosevelt d'avoir favorisé à Yalta la mainmise du communisme sur la Chine. Mais, à cette date, la préparation de la bombe atomique n'était pas achevée et Roosevelt devait envisager l'éventualité d'une guerre encore longue et dure contre le Japon, et l'aide de l'URSS lui semblait indispensable pour obtenir la victoire en Extrême-Orient, d'où les larges concessions faites à Staline.

On a dit également que les accords de Yalta auraient impliqué un véritable partage du monde entre Américains et Soviétiques. En fait, rien dans le contenu des accords ne laissait apparaître, directement ou indirectement, un tel partage du monde, ni même une répartition de sphères d'influence entre les trois puissances participant à la conférence. La « Déclaration sur l'Europe libérée », approuvée à Yalta, prévoyait au contraire une participation tripartite à tous les conseils de contrôle et à l'administration de tous les anciens États ennemis en Europe. Loin d'abandonner l'Europe orientale à l'URSS, elle affirmait, conformément aux principes de la Charte de l'Atlantique, le « droit de tous les peuples à choisir la forme de gouvernement sous lequel ils devront vivre », et la « restauration des droits souverains et de l'autonomie chez les peuples que des pays agresseurs en ont privés par la force ». La division de l'Europe en deux blocs ne résulta pas des accords de Yalta, mais de la « guerre froide », laquelle était inévitable dès lors que Staline, dès 1945, non pas en vertu mais au mépris des accords de Yalta, avait commencé à imposer ces structures « socialistes » dans les pays de l'Europe orientale occupés par l'armée rouge.

YAMAGATA Aritomo, prince (* Hagi, 1838, † Odawara, 1922). Maréchal et homme politique japonais. Très impressionné au cours d'un voyage en Europe par l'organisation de l'armée prussienne, il entreprit de donner à son pays, sur ce modèle, une armée moderne. Il contribua à l'introduction de la conscription (1872) et à la création d'un grand état-major (1878). Ministre de l'Intérieur, il établit un système de police centralisé. Il commanda la Ire armée en Corée contre la Chine en 1894/95, fut Premier ministre en 1889/91 et 1898/1900, mais exerça principalement son influence comme membre du Genrô (Conseil privé d'État), qu'il présida de 1905 à sa mort.

YAMASHITA Tomoyuki (* Kochi, 8.XI.1885, † Manille, 23.II.1946). Général japonais. Longtemps attaché au ministère de la Guerre, il prit la tête, en déc. 1941, des forces nippones lancées contre la base de Singapour. Après avoir envahi la péninsule malaise, il obtint la reddition de Singapour dès le 15 févr. 1942, et ce brillant succès lui valut le surnom de « Tigre de la Malaisie ». Il fut nommé commandant des troupes japonaises des Philippines en sept. 1944 et arriva à Manille une semaine avant le débarquement des premières unités américaines ; bien qu'il ne disposât que de forces affaiblies, il réussit à prolonger la résistance à Luçon jusqu'à la fin des hostilités. Jugé pour crimes de guerre par les Américains, il fut condamné à mort et pendu, après avoir vainement fait appel à la Cour suprême des États-Unis.

YANG-CHAO (culture de). Nom donné à la plus ancienne culture néolithique chinoise. Voir CHINE. Des origines à la fin des Tcheou (IIIe s. av. J.-C.).

YANG KIEN ou **WEN-TI.** Empereur de Chine (581/604). Ministre énergique des Tcheou septentrionaux – la dernière des dynasties nordiques qui s'étaient affirmées dans la décadence des Wei –, il déposa son souverain, réunit sous son autorité toute la Chine du Nord et fonda la dynastie Soueï (581). Par la conquête de Nankin et de la Chine méridionale, il rétablit l'unité de la Chine, qui était morcelée depuis près de trois siècles (589). Administrateur énergique, il restaura par des moyens rigoureux un ordre strict dans la société et dans l'État. Sa diplomatie très active s'employa à attiser les discordes entre Turcs occidentaux et Turcs orientaux, ce qui permit à la Chine de restaurer son influence en Asie centrale. Il fut assassiné par son fils, Yang-ti.

YANG-TI le Brumeux. Empereur de Chine (605/18). Fils de Yang Kien, il parvint au trône en assassinant son père (604). Fantasque et déséquilibré, il se livra à d'extraordinaires prodigalités pour embellir sa nouvelle capitale, Lo-yang, pour monter trois grandes expéditions malheureuses contre la Corée (612, 613, 614), mais aussi pour construire le Grand Canal (605/10), qui, long de 1 500 km, relia le fleuve Jaune au Yangtseu et fut le premier lien entre la Chine du Nord et la Chine du Sud. Mais le poids de la fiscalité et des corvées provoqua une révolte générale (616). Le massacre de Yang-ti par ses gardes du corps mit fin à la dynastie Soueï, qui fut remplacée par celle des T'ang.

YANG SHANGKUN (* Tongnan, province du Sseu-Tch'ouan, 1907, † Pékin, 14.IX.1998). Dignitaire chinois. Après sa participation à la Longue Marche, il fut nommé secrétaire du Comité central (1945/50). Emprisonné pendant la Révolution culturelle, il fut promu au poste de secrétaire général du Kouang-tong (sept. 1980) à la suite de la réhabilitation de son condisciple Teng Hsiao-Ping (v.). Secrétaire général de la Commission des affaires militaires du Comité central, puis président de la République (1988/93), il s'appuya sur son réseau familial au sein de l'armée pour mater les manifestations de 1989 (v. TIAN'ANMEN). Ses partisans furent écartés du pouvoir à l'issue du XIVe Congrès du PCC (oct. 1992).

YAZDGARD Ier. Roi de Perse, de la dynastie sassanide (399/421). Voir IRAN. L'empire des Sassanides.

YAZDGARD II. Roi de Perse, de la dynastie sassanide (438/59). Voir IRAN. L'empire des Sassanides.

YAZDGARD III. Roi de Perse, de la dynastie sassanide (632/51). Voir IRAN. L'empire des Sassanides.

YÉMEN. Région du sud-ouest de l'Arabie, s'étendant le long de la mer Rouge et de la mer d'Oman (golfe d'Aden). Cette région connut successivement, dans l'Antiquité, l'hégémonie des Minéens, des Sabéens, puis, à partir du Ier s. av. J.-C., des Himyarites. Après avoir subi une invasion éthiopienne (vers 340/78 apr. J.-C.), les Himyarites se rétablirent ; leurs rois subirent profondément l'influence du judaïsme, qui fut déclaré religion d'État vers 500, et les persécutions qu'ils exercèrent contre les chrétiens fournirent aux Éthiopiens le prétexte d'une nouvelle expédition. Le dernier roi himyarite, Dou Nouwas, fut renversé en 525, mais la domination éthiopienne se heurta à une résistance nationale qui reçut l'appui des Perses. Vers 575, les Perses chassèrent les Éthiopiens, qui laissaient le pays économiquement ruiné à la suite de la rupture du grand barrage de Marib. En 628, le satrape perse du Yémen se rallia à l'islam, mais ni les califes abbassides ni les Omeyyades ne parvinrent à imposer effectivement leur autorité aux montagnards yéménites, dont l'esprit d'indépendance se manifesta, à la fin du IXe s., dans le schisme (chiite) des ziyadites, formé en 897 par Ziyad ibn Ali ibn Hussein, qui se prétendait descendant du calife Ali et établit sa dynastie à Sanaa. Aux Xe/XIe s., le Yémen se morcela en principautés rivales, ce qui permit aux Fatimides d'imposer, en 1037, la domination égyptienne, laquelle devait durer près de deux siècles (à partir de 1173 sous la dynastie des Ayyoubides).

Rattaché vers 1520 à l'Empire ottoman, le Yémen se souleva contre les Turcs en 1628, et les imams ziyadites de Sanaa prirent la tête du mouvement national. À partir de 1849, les Turcs tentèrent de rétablir leur domination au Yémen et, en 1871, occupèrent Sanaa ; cependant, l'imamat ziyadite, qui conservait son autorité spirituelle, se renforça en devenant héréditaire (1891). L'imam Yahya déclencha deux grands soulèvements contre les Turcs (1905 et 1911) et finit par obliger la Porte à le reconnaître comme souverain du Yémen, sous suzeraineté ottomane (1911).

Devenu indépendant en 1918, le Yémen se heurta bientôt, pour des questions de frontières, à l'Angleterre (qui occupait Aden depuis 1839) et à l'Arabie Saoudite. Pour faire pièce à l'impérialisme britannique, le Yémen, qui restait à l'intérieur un État arriéré et féodal, soumis à la classe supérieure des *sayyid*, réputés « descendants du Prophète », noua des relations amicales avec l'Italie fasciste (1927) et avec l'URSS (1928). Une guerre avec Ibn Séoud aboutit, en 1934, à l'occupation temporaire du Yémen par les troupes saoudites. L'imam Yahya, qui avait adhéré à la Ligue arabe en 1945 et avait fait admettre son pays aux Nations unies en 1947, fut assassiné à l'âge de quatre-vingts ans, le 17 févr. 1948, au cours d'une révolution dirigée par son propre gendre ; mais son fils, Ahmed, reconquit rapidement le trône. Le nouvel imam fit appel à des experts économiques étrangers, venus d'Allemagne de l'Est et de l'Ouest et surtout d'Union soviétique, tandis que ses revendications sur le protectorat d'Aden le mettaient en conflit avec l'Angleterre. Aussi, en 1958, le Yémen se joignit-il à la République arabe unie (RAU) (v.) du colonel Nasser pour former la fédération des États arabes unis ; mais en 1961, lorsque la Syrie fit sécession de la RAU, la fédération entre l'Égypte et le Yémen fut également rompue, Nasser accusant l'imam d'encourager les forces réactionnaires.

L'imam Ahmed étant mort en sept. 1962, son fils, Mohammed el-Badr, lui succéda, mais, une semaine plus tard, il fut renversé par la révolution du 27 sept. 1962, dirigée par le colonel nassérien Abdullah al-Sallal ; celui-ci proclama la **République arabe du Yémen** et se fit nommer président.

YÉMEN DU NORD ou **RÉPUBLIQUE ARABE DU YÉMEN.** État créé en 1962 sur les territoires montagneux du nord du Yémen et qui se maintint jusqu'en 1990, date de l'unification du Yémen du Nord et du Yémen du Sud ; capitale *Sanaa*.

La proclamation de la République arabe du Yémen par le colonel Abdullah al-Sallal en sept. 1962 déclencha une guerre civile entre républicains et royalistes, les premiers soutenus par l'Égypte nassérienne, les seconds par l'Arabie Saoudite. Nasser envoya au Yémen un corps expéditionnaire égyptien, tandis que le roi Fayçal d'Arabie Saoudite soutenait les royalistes par des envois de fonds et de matériel de guerre. Après cinq ans d'un conflit sans résultat, Nasser, affaibli par la désastreuse guerre israélo-arabe de 1967, dut composer avec l'Arabie Saoudite : au sommet arabe de Khartoum, le 31 août 1967, il fut décidé que le corps expéditionnaire égyptien quitterait le Yémen et que ce pays resterait une république, le colonel pronassérien Sallal étant éliminé et remplacé par un gouvernement de républicains modérés, favorable à l'Arabie Saoudite et présidé par le cadi Iriani. La guerre civile se prolongea durant trois années, puis une Constitution put être promulguée en déc. 1970 et des élections générales eurent lieu en 1971.

À la différence du Yémen du Sud (v.), la République arabe du Yémen mena, comme l'Arabie Saoudite, une politique étrangère assez favorable à l'Occident, ce qui aboutit à une guerre entre les deux Yémens (sept./oct. 1972) ; celle-ci se termina par un accord prévoyant l'unification des deux États, mais cet accord devait rester lettre morte en raison de la totale opposition de leurs régimes politiques. En juin 1974, le putsch du colonel Hamidi, qui renversa le cadi Iriani, resserra encore les liens entre la République arabe du Yémen et l'Arabie Saoudite. Mohsen el-Aïni fut appelé par la junte militaire à former un nouveau gouvernement, mais il fut démis de ses fonctions en janv. 1975.

Le colonel Hamidi, chef de l'État depuis 1974, fut assassiné en oct. 1977. Son successeur, le colonel Ahmed Hussein al-Ghachemi, fut assassiné à son tour le 24 juin 1978, et le lieutenant-colonel Ali Abdallah Saleh devint chef de l'État. Une nouvelle guerre avec le Yémen du Sud éclata en févr. 1979 et, après dix-huit jours, aboutit à un nouveau plan d'unification qui n'eut pas plus de réalité que le précédent. Le Yémen du Nord avait beaucoup à faire pour sortir de la situation archaïque où il se trouvait encore, presque sans routes, sans médecins, sans écoles ni eau courante, et où l'espérance de vie ne dépassait pas quarante-six ans. Après de nouvelles contestations frontalières, en 1987 et 1988, un accord fut conclu avec le Yémen du Sud à propos d'un gisement pétrolifère commun aux deux pays. Le Yémen du Nord, exploitant en outre un petit gisement de l'Est, était devenu exportateur de pétrole en 1987. L'Assemblée élue en juill. 1988 renouvela pour cinq ans le mandat présidentiel d'Ali Abdallah Saleh. En prenant ses distances avec son puissant voisin saoudien, le président Saleh favorisa le rapprochement du Yémen du Nord avec la République démocratique et populaire du Yémen du Sud, affaiblie par le désengagement de son allié soviétique. Réunis à Aden en nov. 1989, les représentants des deux pays décidèrent de créer un État yéménite unitaire.

YÉMEN DU SUD ou **RÉPUBLIQUE DÉMOCRATIQUE ET POPULAIRE DU YÉMEN.** État de la région côtière de l'Arabie méridionale, baigné par les eaux du golfe d'Aden. Cet État, indépendant en 1967, s'unit en 1990, à la suite d'un long et difficile processus, au Yémen du Nord ; capitale *Aden*. Dès l'Antiquité, la région d'**Aden**, à l'extrémité sud-ouest de la péninsule d'Arabie et à l'entrée de la mer Rouge, avait joué un rôle important dans le commerce de l'encens et des épices vers le monde méditerranéen. Bien que la conquête islamique eût quelque peu ralenti les échanges commerciaux à partir du VIIe s., Aden resta, durant tout le Moyen Âge, un des grands entrepôts du commerce entre l'Asie orientale, l'Afrique et le monde méditerranéen. Les Turcs ottomans s'en emparèrent en 1538, mais durent l'abandonner, avec le reste du Yémen, dès 1628.

En 1839, la Compagnie britannique des Indes orientales prit possession d'Aden, qui fut rattachée au gouvernement de l'Inde. Le port, à l'époque en pleine décadence, connut un nouvel essor grâce à l'ouverture du canal de Suez (1869). Pour assurer la sécurité de cette base, clé de la route des Indes, les Anglais étendirent peu à peu leur protectorat sur les sultanats et les émirats voisins, en dépit des protestations du Yémen. En 1937, Aden cessa d'être administrée par le gouvernement de l'Inde et devint une colonie de la Couronne. Dans l'espoir de mettre fin aux revendications yéménites, l'Angleterre procéda en 1959 à un regroupement des sultanats et émirats dans une Fédération de l'Arabie du Sud, membre du Commonwealth. En 1962, Aden entra à son tour dans cette fédération, mais, dès cette époque, un puissant mouvement nationaliste se développait dans cette région dans un état de sous-développement tragique, avec une population analphabète à 95 %. Aux prises, depuis oct. 1963, avec un soulèvement armé, les Anglais décidèrent l'évacuation d'Aden et de l'Arabie du Sud.

Proclamée le 30 nov. 1967, la république indépendante passa en juin 1969 aux mains de l'aile marxiste extrémiste du Front national de libération, qui nationalisa les entreprises étrangères, procéda à une réforme agraire radicale au moyen de véritables jacqueries organisées et, se tournant à l'extérieur vers l'URSS et surtout vers la Chine populaire, fit du Yémen méridional la base de plusieurs mouvements révolutionnaires en activité non seulement dans l'Oman voisin (région du Dhofar), mais également sur les rives du golfe Persique, en Érythrée, en Éthiopie... Menaçant ainsi les principales régions pétrolifères du Proche-Orient, la République démocratique et populaire du Yémen ne pouvait que dresser contre elle le roi Fayçal d'Arabie Saoudite et les souverains des États du golfe Persique. C'est dans le contexte de cette « coalition impérialiste » qu'intervint le bref conflit entre la République arabe du Yémen et le Yémen du Sud (sept./oct. 1972 ; v. article précédent).

Une guerre de frontières avec le Yémen du Nord, fin févr. 1979, se termina, après dix-huit jours, par un projet d'unification des deux pays qui n'eut pas de suite. Le président Rubayyi, au pouvoir depuis 1970, fut éliminé en 1978 par une révolution de palais. En 1980 s'imposa un nouvel homme fort, Ali Nasser Muhammad, dont la politique de rapprochement avec le Yémen du Nord provoqua de nouveaux affrontements, dégénérant en guerre civile, au Sud, en 1986. A. Muhammad dut s'exiler et laisser le pouvoir à Abou Bakr el-Attas.

Encore plus archaïque que son voisin du Nord, le Yémen du Sud ne possédait pour toute ressource que les raffineries d'Aden, jusqu'à la découverte d'un gisement de pétrole dans une région frontalière, pour l'exploitation duquel un accord fut finalement conclu, en 1988, avec le Yémen du Nord. Le déclin de l'Union soviétique, à la fin des années 1980, favorisa le rapprochement du Yémen du Sud, d'obédience marxiste, avec la République arabe du Yémen du Nord. Ce processus aboutit à l'accord d'Aden signé en 1989 entre les deux parties, accord qui permit la constitution d'un État yéménite unifié.

YÉMEN (république du). État de la péninsule arabique sur la mer Rouge ; capitale *Sanaa*. La République du Yémen, proclamée à la faveur de la fin de la guerre froide, le 22 mai 1990, est née de l'unification du Yémen du Nord et du Yémen du Sud. Ali Abdallah Saleh, président du Nord, devint le président du nouvel État, tandis que son vice-président, Ali Salem El Baïd, ainsi que le Premier ministre, étaient choisis parmi le personnel politique du Sud. En 1991, la nouvelle Constitution fut approuvée par référendum, malgré le boycott du parti islamiste et tribal El Islah. Mais le processus d'unification se heurta rapidement à la montée du parti El Islah et aux difficultés économiques consécutives à la seconde guerre du Golfe. L'Arabie Saoudite, en particulier, suspendit son aide financière et ferma sa frontière aux émigrés yéménites à la suite du soutien du Yémen à l'Irak.

En août 1994, le vice-président El Baïd, accusant l'ex-parti unique du Nord, le Congrès populaire général (CPG), d'accaparer le pouvoir et les bénéfices économiques, se retira en exil volontaire à Aden, l'ancienne capitale du Yémen du Sud. Le pacte de réconciliation signé à Amman par les partis d'opposition et par la coalition au pouvoir le 20 févr. 1994 n'empêcha pas les accrochages militaires entre les unités du Nord et celles du Sud. Le Yémen du Sud proclama son indépendance le 21 mai 1994, déclaration rejetée par le président Saleh, mais soutenue par l'Égypte et Oman ainsi que par les États du Conseil de coopération du Golfe, à l'exception du Qatar. Le 7 juill. 1994, les forces nordistes s'emparèrent d'Aden, l'ancienne capitale du Sud. Cette guerre civile, remportée par le Nord, occasionna entre 30 000 et 40 000 morts et fut suivie de multiples procès politiques. La charia (législation musulmane) devint alors la seule source du droit.

Devant l'aggravation de l'inflation et du chômage, le Yémen lança, en 1995, un programme d'austérité. En janv. de la même année, le président Saleh annonçait la fin de ses revendications sur les provinces perdues en 1934 au profit de l'Arabie Saoudite, espérant en contrepartie la reprise de l'aide saoudienne et la réouverture des frontières à l'émigration. Fort du succès de son parti, le CPG, aux législatives de 1997, le président Saleh constitua un gouvernement homogène, sans les islamistes de l'Islah, et nomma Abdel Karim al-Iriany au poste de Premier ministre, avant de le remplacer par Abd al-Qadir Bajamal en avril 2001. La hausse du prix du baril en 2000 permit un afflux de devises et le Yémen put s'accorder une certaine souplesse dans l'application des recommandations du FMI.

YEN. Unité monétaire du Japon. Créé peu après le début de l'ère Meiji en 1870, et émis en or jusqu'en 1888 puis en argent jusqu'en 1914, le yen est, avec le dollar, la livre sterling et l'euro, l'une des principales monnaies mondiales. Il se décline en billets de 1 000, 2 000, 5 000 et 10 000 yens, et en pièces de 500, 100, 50, 10 et 1 yen. Les pièces de 50 et 5 yens ont un trou en leur centre – celle de 50 pouvait ainsi s'enfiler sur une ficelle pour faciliter le calcul sur les marchés et celle de 5 yens s'utilisait dans les rituels shintoïstes. Depuis le début du XXIe s., le cours du yen se situe aux environs de 0,76 cent de dollar et 0,9 centime d'euro.

YILMAZ Mesut (Istanbul, 6.XI.1947). Homme politique turc. Après des études d'économie en Turquie et en Allemagne, Mesut Yilmaz entra dans la vie politique en 1983 en participant à la fondation du parti de la Mère patrie (ANAP) et fut élu député la même année. Il occupa plusieurs postes ministériels et fut notamment ministre des Affaires étrangères (1987/90). Élu président de l'ANAP en 1990, il fut nommé Premier ministre en 1991, 1996 et 1997, mais ne parvint pas, dans les trois cas, à se maintenir durablement au pouvoir.

YONG-LO (* 1360, † 1424). Empereur chinois de la dynastie des Ming (1403/24). Second fils et deuxième successeur de Tchou Yuan-tchang (v.), il usurpa le trône au détriment de son neveu, mais porta à son apogée la puissance des Ming. Il réannexa l'Annam (1407), soumit le Japon à un tribut et s'efforça d'établir le protectorat chinois en Mongolie, au détriment des Gengiskhanides. C'est dans ce dessein qu'il transféra, en 1421, la capitale impériale à Pékin, ville de marche frontière, qu'il embellit de nombreuses constructions (achèvement de la « Cité interdite »). Il travailla à l'hégémonie maritime de la Chine sur toute l'Asie orientale et envoya de grandes expéditions navales à Java, à Sumatra, à Ceylan et jusqu'à Aden et dans la mer Rouge. Le règne de Yong-lo fut marqué par une grande activité intellectuelle : bien que bouddhiste, le souverain fit procéder à une vaste compilation des textes de la pensée néoconfucéenne, le *Yong-lo ta-tien* (1408), et décréta en 1416 que cette somme constituerait désormais la base de l'enseignement officiel.

YORK (maison d'). Branche de la maison royale des Plantagenêts. La maison d'York donna trois rois à l'Angleterre : Édouard IV, Édouard V et Richard III.

Edmond de Langley, duc d'York (* King's Langley, Herfordshire, 5.VI.1341, † King's Langley, 1er.VIII.1402). Cinquième fils d'Édouard III, il participa à plusieurs expéditions en France et fut régent d'Angleterre durant l'absence de Richard II, qui l'avait fait duc d'York en 1385. Il n'opposa qu'une faible résistance au débarquement d'Henri de Lancastre (Henri IV) en 1399, se rallia bientôt à celui-ci et vécut dès lors en retrait.

Richard, duc d'York (* 21.IX.1411, † Wakefield, 30.XII.1460). Fils de Richard, comte de Cambridge, devint duc d'York à la mort de son oncle Édouard Plantagenêt, tué à Azincourt en 1415, et hérita, du côté maternel, des vastes possessions des Mortimer. Lieutenant général en France et en Normandie en 1436/37 et de 1440 à 1445, il devint héritier du trône en 1447, à la suite de la mort de Humphrey de Gloucester. Par sa mère, qui descendait du second fils d'Édouard III, il tenait des droits à la couronne qui pouvaient sembler supérieurs à ceux d'Henri VI. Considéré comme un dangereux rival, il fut, en 1447, nommé au poste de lieutenant en Irlande, ce qui l'éloignait de la cour, mais, en sept. 1450, il débarqua dans le pays de Galles et marcha sur Londres avec 4 000 hommes, exigeant la convocation d'un Parlement. Il consentit cependant à déposer les armes. Mais la reine Marguerite d'Anjou ayant donné naissance à un fils (oct. 1453), Richard d'York, qui voyait la couronne s'éloigner de lui, décida de faire valoir ses droits par la force : ce fut le début de la guerre des Deux-Roses (v.). Vaincu à Wakefield, où il trouva la mort, Richard d'York laissait, entre autres fils, le comte de la Marche (futur Édouard IV) et le duc de Gloucester (futur Richard III) (v.).

YORKTOWN. Ville des États-Unis (Virginie), près de la baie de Chesapeake. Assiégée par Washington avec l'aide du corps français de Rochambeau et de l'escadre de De Grasse, la place de Yorktown, que défendait le général anglais Cornwallis, capitula le 19 oct. 1781 ; sa chute mit fin à la guerre d'Indépendance américaine.

YOROUBAS. Grande tribu du sud-ouest du Nigeria, dont le principal centre est Ibadan. D'origine incertaine, les Yoroubas, ou du moins leur classe dirigeante, seraient arrivés du Nord-Est (de la région nilotique ou peut-être d'Arabie) en deux vagues, l'une antérieurement à l'an mille, l'autre au XIIIe s. Un de leurs chefs, Odoudoua, s'installa à Ife, et ses sept petits-fils fondèrent autant de royaumes unis entre eux et dépendants en principe de la ville suzeraine d'Oyo, centre de la confédération. Les Yoroubas entrèrent en relation avec les Européens dès le XVIe s. et se livrèrent au trafic des esclaves. Ils réduisirent le Dahomey au tribut (1738/1817), mais leur puissance politique se disloqua ensuite sous les coups du Dahomey et des émirs de Kano et de Katséna. Les Yoroubas passèrent en 1893 sous la domination britannique. Le bel art yorouba, dont l'origine remonte au moins au Xe s., connut son apogée aux XIIIe/XIVe s.

YOSHIDA Shigeru (* Tôkyô, 22.IX.1878, † Oiso, 20.X.1967). Homme politique japonais. Ambassadeur à Londres (1936/38), il démissionna pour protester contre la politique impérialiste du parti militaire. Cette attitude lui valut, après 1945, les sympathies de Mac Arthur. Il fit partie du cabinet constitué aussitôt après la fin des hostilités par le prince Naruhiko Higashikuni, puis devint le chef du parti libéral. Président du Conseil (mai 1946/mai 1947, oct. 1948/déc. 1954), il anima la démocratisation et le relèvement économique du Japon, signa le traité de paix à San Francisco (avr. 1951) et conclut l'alliance militaire avec les États-Unis.

YOSHIHITO, Taishô Tennô (* Tôkyô, 31.VIII. 1879, † Tôkyô, 25.XII.1926). Empereur du Japon (1912/26). Troisième fils et successeur de l'empereur Meiji ; son règne, appelé « ère Taishô » (ou de la Grande Justice), vit le renforcement du Japon dans les domaines industriel et militaire, sa participation aux côtés des Alliés à la Première Guerre mondiale, mais aussi le début de la rivalité avec les puissances anglo-saxonnes, qui se manifesta à la conférence de Washington de 1921/22.

YOUGOSLAVIE, *Jugoslavija*. État de l'Europe du Sud-Est, le plus étendu de la péninsule balkanique ; capitale *Belgrade* (v. **Bosnie-Herzégovine, Croatie, Macédoine, Monténégro, Serbie** et **Slovénie**).

Le royaume de Yougoslavie (1918/45)

Le mouvement en faveur d'une union de tous les Slaves du Sud, d'abord connu sous le nom d'*illyrianisme*, remonte au début du XIXe s. Mais il fallut attendre l'effondrement de l'empire d'Autriche-Hongrie, à la fin de la Première Guerre mondiale, pour que cette union pût se réaliser, sous la direction de la Serbie, laquelle faisait partie des Alliés victorieux. Le 20 juill. 1917, la déclaration de Corfou, publiée conjointement par un Comité yougoslave en exil et par le gouvernement serbe réfugié, affirma que les Serbes, les Croates et les Slovènes devaient constituer une seule nation, sous la dynastie des Karageorgévitch, dans le cadre d'une monarchie constitutionnelle et parlementaire. Le 23 nov. 1918, un Congrès national yougoslave, réuni à Zagreb, proclama l'union des territoires croates et slovènes avec les royaumes de Serbie et de Monténégro et le nouvel État prit d'abord le nom de *royaume des Serbes, des Croates et des Slovènes* (le nom de *Yougoslavie* n'entra en vigueur qu'en 1929). Son premier souverain fut Pierre Ier Karageorgévitch, mais, en raison de son grand âge et de son état de santé, la régence fut assumée par son fils, le prince Alexandre, qui, à la mort de Pierre Ier, devint roi sous le nom d'Alexandre Ier (1921/34). Les frontières du nouvel État furent fixées par les traités de Saint-Germain (sept. 1919), Neuilly (nov. 1919) et Trianon (juin 1920).

L'organisation intérieure se heurta à de graves problèmes de nationalités : d'une part, la Yougoslavie englobait de nombreuses populations non slaves (Allemands, Hongrois, Albanais, Roumains), qui formaient environ 15 % de sa population ; d'autre part, les Slovènes et les Croates, très attachés à leurs particularismes, ne tardèrent pas à s'opposer aux Serbes, qui tentaient d'imposer une politique centralisatrice incarnée par Pachitch, Premier ministre de 1921 à 1926. À l'extérieur, la Yougoslavie se trouvait en conflit latent avec l'Italie (à propos de Fiume, de la côte adriatique et de l'Albanie) et avec la Hongrie et la Bulgarie, qui réclamaient le retour des territoires qui leur avaient été arrachés par les traités de 1919/20 ; aussi la politique yougoslave devait-elle se fonder avant tout sur une alliance avec les autres puissances bénéficiaires de la Première Guerre mondiale, la Tchécoslovaquie et la Roumanie ; toutes trois formèrent la Petite-Entente, dirigée principalement contre le révisionnisme hongrois. Un traité d'amitié franco-yougoslave fut également signé en nov. 1927.

Devant la résistance grandissante des Croates, le roi Alexandre établit en janv. 1929 une dictature monarchique qui tenta de fondre les diverses nationalités en un seul peuple, uni par la fidélité dynastique ; la réorganisation administrative d'oct. 1929 renforça les tendances centralisatrices, mais le nationalisme croate ne put être désarmé et prit même une forme terroriste avec les Oustachis d'Ante Pavelic. Le 9 oct. 1934, au cours d'une visite officielle en France, le roi Alexandre fut assassiné, en même temps que le ministre français des Affaires étrangères, Louis Barthou, par des terroristes croates. Le roi Pierre II (1934/41) n'étant encore qu'un enfant, la régence fut exercée par le cousin du roi défunt, le prince Paul. Le ministère Stoyadinovitch (1935/39) esquissa, sans obtenir de grands résultats, une politique plus conciliante à l'égard des Croates. À l'extérieur, inquiet de la faiblesse des démocraties en face de Hitler, Stoyadinovitch délaissa le système de la Petite-Entente pour se rapprocher de l'Allemagne et de l'Italie et pour signer un traité d'amitié avec la Bulgarie (janv. 1937). La Yougoslavie assista passivement à l'annexion de l'Autriche par Hitler et au démembrement de la Tchécoslovaquie. Stoyadinovitch, n'ayant pu résoudre la question croate, dut se retirer en févr. 1939 et le pouvoir passa entièrement entre les mains du régent Paul. Par le compromis Tsvetkovitch-Matchek (août 1939), la Croatie fut érigée en *banovine* autonome.

Conformément à son évolution des années précédentes, la Yougoslavie demeura neutre au début de la Seconde Guerre mondiale : après l'effondrement de la France, elle adhéra à l'« ordre nouveau » des dictatures et signa le pacte tripartite (v.) (25 mars 1941). Mais, deux jours plus tard, le gouvernement Tsvetkovitch fut renversé par une conspiration d'officiers de l'armée de l'air opposés à l'Allemagne (27 mars) : Pierre II prit le pouvoir, et un nouveau gouvernement fut formé sous la direction du général Simovitch. Craignant un ralliement imminent de la Yougoslavie au camp allié, Hitler fit aussitôt envahir le pays par la Wehrmacht (6 avr.), et, en moins de deux semaines, la Yougoslavie fut submergée, puis démembrée : la Croatie s'érigea en État indépendant ; l'Italie annexa la Slovénie, la côte et les îles dalmates ; la Bulgarie reçut la plus grande partie de la Macédoine ; la Hongrie obtint la partie occidentale de la Voïvodine (Bachka).

Placée sous un régime d'occupation militaire allemande, la Serbie fut administrée par le gouvernement fantoche du général Néditch. Dans la Bosnie, qui leur avait été attribuée, les Croates d'Ante Pavelic se livrèrent à de très nombreux massacres de Serbes. Mais la résistance s'organisa autour de deux chefs bientôt antagonistes : le colonel serbe Mihaïlovitch et le chef communiste croate Tito (Josip Broz). Les Alliés, d'abord favorables à Mihaïlovitch, s'inquiétèrent en voyant de nombreux « chetniks » (les partisans organisés par Mihaïlovitch) serbes collaborer avec les Allemands et finirent par donner leur appui total à Tito. Celui-ci mit sur pied, non seulement une armée de partisans, mais aussi une organisation administrative : dès nov. 1942 fut créé un Comité antifasciste de libération nationale et, l'année suivante, un gouvernement provisoire. En aucun pays de l'Europe occupée, la résistance ne prit une telle ampleur (v. RÉSISTANCE. La Résistance en Europe orientale). L'entrée des troupes soviétiques en Yougoslavie (oct. 1944) ruina définitivement l'espoir du gouvernement de Pierre II, exilé à Londres, de reprendre le pouvoir.

La Yougoslavie de Tito

Les élections du 11 nov. 1945, qui se déroulèrent sur une liste unique de candidats, furent un triomphe pour le Front national conduit par les communistes (environ 90 % des voix). La Constitution du 31 janv. 1946, inspirée de la Constitution soviétique de 1936, fit de la Yougoslavie une fédération de six républiques (Serbie, Croatie, Slovénie, Bosnie-Herzégovine, Monténégro et Macédoine), qui obtinrent leur autonomie en matière de langue et de personnel administratif, mais restaient sous la coupe d'un gouvernement central très puissant. L'industrie fut nationalisée ; la propriété agricole privée limitée à des domaines n'excédant pas 45 hectares. Malgré les conseils de prudence donnés par l'URSS, Tito lança un ambitieux plan d'industrialisation du pays (1947/51). L'année 1946 vit se resserrer l'emprise du parti communiste. En dépit des protestations occidentales, le colonel Mihaïlovitch fut exécuté (17 juill.), et le régime engagea la lutte contre l'Église catholique, souvent compromise, durant la guerre, avec le régime fasciste croate d'Ante Pavelic. À l'extérieur, la Yougoslavie enleva à l'Italie la plus grande partie de la Vénétie julienne (traité de Paris, 10 févr. 1947), et le problème de Trieste, laissé en suspens, contribua à accroître la tension entre les Occidentaux et Tito.

La Yougoslavie, coopérant étroitement avec le bloc soviétique, devint un membre fondateur du Kominform et apporta son appui à l'insurrection communiste durant la guerre civile grecque. Cependant, à la différence des autres démocraties populaires, la Yougoslavie s'était libérée par elle-même, sans le secours de l'armée rouge, et Tito avait formé des cadres militaires et civils qui conservaient, en face de Moscou, un sentiment aigu de l'indépendance nationale. Les tentatives des Soviétiques pour établir leur mainmise directe sur la Yougoslavie comme sur les autres pays de l'Est européen allaient provoquer la rupture entre Tito et Staline (28 juin 1948), l'expulsion de la Yougoslavie hors du Kominform et la dénonciation par Moscou du traité d'alliance soviéto-yougoslave. Il s'ensuivit une première grande crise dans le monde communiste, où toutes les tendances nationalistes furent dénoncées et poursuivies impitoyablement sous le nom de « titisme ».

Dès juin 1950 fut mis en place le système d'« autogestion », qui est resté la caractéristique du socialisme yougoslave. Les organes centraux de l'État n'étant pas affectés par l'autogestion, on vit peu à peu se constituer et se renforcer une sorte de « bourgeoisie rouge », une « nouvelle classe » dirigeante, qu'un des plus proches compagnons de Tito, Milovan Djilas, devait dénoncer en 1957, ce qui lui valut plusieurs années d'emprisonnement.

Pour entreprendre la modernisation de son pays et résister à la pression soviétique, Tito dut, très rapidement après sa rupture avec Staline, accepter l'aide financière des États-Unis (qui s'éleva, pour la seule décennie 1950/60, à 2,4 milliards de dollars), ce qui l'amena à infléchir quelque peu sa politique étrangère. Après avoir cessé toute aide aux communistes grecs, il accepta de régler la question de Trieste (1954) et, la même année, conclut avec la Turquie et la Grèce une alliance qui ne pouvait servir qu'à l'encontre d'une menace soviétique. Cependant, après la mort de Staline (1953), les dirigeants de Moscou avaient recherché une réconciliation avec la Yougoslavie (voyage de Boulganine et Khrouchtchev à Belgrade, mai 1955). Tito eut la satisfaction de voir l'URSS reconnaître ses torts envers lui. Tout en renouant des relations commerciales, il ne réintégra pas pour autant le bloc soviétique, n'adhéra ni au pacte de Varsovie ni au Comecon et refusa de prendre part à la condamnation des positions idéologiques de la Chine populaire. C'est sur le « neutralisme » et le « non-alignement » que se fonda avant tout la politique étrangère yougoslave. Étroitement lié à Nasser et à Nehru, Tito fut à l'origine de la conférence des pays non alignés à Belgrade (sept. 1961) ; il devait condamner l'intervention des États-Unis au Viêt-nam comme celle de l'URSS en Tchécoslovaquie.

La Constitution du 7 avr. 1963 inaugura une nouvelle étape dans la décentralisation du régime titiste. Elle remplaça le Conseil des producteurs par quatre Chambres spécialisées (Organisation politique, Affaires économiques, Sécurité sociale et Santé publique, Éducation et Affaires culturelles) ; avec la Chambre des nationalités (représentant les six républiques et les deux provinces autonomes de la Voïvodine et du Kosovo), elles formèrent l'Assemblée fédérale ; à l'exception de Tito lui-même, devenu de fait président à vie, tous les hauts dignitaires furent soumis au « principe de rotation » impliquant qu'ils ne pourraient désormais exercer plus de deux mandats consécutifs.

À partir de 1965, la planification nationale fut pratiquement abandonnée, l'autogestion prit une nouvelle ampleur et le principe de la rentabilité des entreprises fut introduit aussi bien dans le secteur agricole que dans le secteur industriel. Le commerce extérieur se développa avec les pays occidentaux ; l'Allemagne fédérale, en particulier, a pris une part très importante dans l'économie yougoslave. L'industrie touristique est devenue une source précieuse de devises. La production des biens de consommation a augmenté. Mais le système autogestionnaire a vu aussi se développer de nombreux abus : inégalité croissante dans les revenus ; trop grande disparité entre les diverses républiques ; et, surtout, affaiblissement du pouvoir central, du fait d'une décentralisation politique mal contrôlée.

Une nouvelle Constitution fut adoptée en 1974 (révisée en 1988), qui détachait de la Serbie les régions autonomes du Kosovo et de la Voïvodine, et les dotait d'une double représentation, nationale et fédérale. L'exécutif devenait collégial.

L'éclatement de la Yougoslavie

À la mort de Tito, en 1980, ses successeurs acceptèrent tous ces principes, mais les difficultés économiques s'accumulèrent. La décentralisation et l'autogestion compliquaient et ralentissaient la prise des décisions.

En 1988, la dette extérieure dépassait 20 milliards de dollars, l'inflation avoisinait 200 %, le chômage touchait plus d'un million d'actifs et le pouvoir d'achat avait diminué de moitié. Encouragée par le FMI, la direction collégiale orientait le pays vers l'économie de marché.

Sur le plan politique, le réveil des nationalismes dans une fédération fragmentée par les langues, les religions, l'histoire et les ethnies était attisé par les disparités économiques grandissantes. Les nationalistes serbes en particulier, qui s'étaient trouvé un chef charismatique en la personne de Slobodan Milosevic, obtinrent, à la faveur d'une nouvelle Constitution en 1989, d'importantes restrictions à l'autonomie de la province du Kosovo, revendiquée comme berceau historique de la nation serbe, aujourd'hui peuplée de 90 % d'Albanais. Au Kosovo, où des manifestations avaient eu lieu dès l'automne 1988, une grève générale paralysa l'économie en févr. 1989. En sept. 1989, avant même l'effondrement des régimes communistes en Europe centrale, le rôle dirigeant du parti communiste fut aboli en Slovénie. L'instauration par Belgrade du pluralisme politique, en janv. 1990, fut suivie, au cours de l'année, par des élections dans l'ensemble de la Fédération. Alors qu'en Slovénie, en Croatie, en Bosnie-Herzégovine et en Macédoine les communistes étaient défaits par des partis nationalistes, ils se maintinrent au pouvoir en Serbie et au Monténégro.

Face aux deux républiques les plus riches, Slovénie et Croatie, qui manifestèrent à partir du printemps 1990 la volonté de quitter la Fédération, la Serbie se posa en gardien de la Yougoslavie. Des tensions dans les régions serbes de Croatie provoquèrent, en mai 1991, le refus de la Serbie de voir accéder le Croate Stipe Mesic à la présidence collégiale de l'État fédéral. Le 25 juin, la Slovénie et la Croatie proclamèrent leur indépendance. Dominée par les Serbes du fait de la démission des officiers slovènes et croates, l'armée fédérale prit position aux frontières de la Yougoslavie. À la suite d'une médiation de la CEE, elle se retira de Slovénie en juill. mais se maintint cependant en Croatie. Des combats eurent lieu en Slavonie et en Krajina, régions serbes de Croatie. En sept., l'ONU décrétait un embargo sur les armes à destination de la Yougoslavie.

En oct. 1991, la Serbie, secondée par le Monténégro, s'emparait du pouvoir fédéral, déserté par les Slovènes, les Croates et les Macédoniens, qui, eux aussi, avaient proclamé leur indépendance en sept. 1991. En janv. 1992, alors qu'un cessez-le-feu durable était signé sur le front croato-serbe, l'indépendance de la Slovénie et de la Croatie fut reconnue par la CEE et par les États-Unis. L'ONU déploya une force d'interposition entre les belligérants.

L'indépendance de la Bosnie-Herzégovine, reconnue par la communauté internationale en avr., réduisait la Yougoslavie à la Serbie et au Monténégro. Les deux républiques décidèrent de former un nouvel État et, le 27 avr. 1992, le Parlement yougoslave proclama la constitution d'une nouvelle **République fédérale de Yougoslavie**, non reconnue par la communauté internationale. La disparition de la Yougoslavie était dès lors consacrée.

La « nouvelle Yougoslavie » apporta, dès sa création, son soutien militaire et diplomatique aux Serbes de Bosnie dont l'épisode le plus connu a été le siège de Sarajevo (v.) qui dura 22 mois. Elle fut alors soumise, en raison de son intervention dans le conflit bosniaque, à un embargo sévère décidé par l'ONU en mai 1992. Cet embargo fut levé en nov. 1995, après la conclusion des accords de Dayton, aux États-Unis, et la république fédérale de Yougoslavie fut alors peu à peu reconnue par la communauté internationale.

Sur le plan intérieur, le parti socialiste serbe de Slobodan Milosevic et son homologue monténégrin remportèrent les élections législatives fédérales de nov. 1996, et S. Milosevic fut élu en juill. 1997 président de la république fédérale de Yougoslavie. Pendant ce temps, les Albanais de la province du Kosovo (v.) construisaient peu à peu une véritable « contre-société », avec un président (Ibrahim Rugova), des députés, des universités, des écoles et des dispensaires. Cependant, la menace militaire serbe amena une partie des Kosovars à opter pour la lutte armée au sein de l'Armée de libération du Kosovo (UCK). Des affrontements violents entre l'UCK et les forces serbes se produisirent, les Serbes multipliant, en 1998, les offensives contre les rebelles, tout en terrorisant la population kosovare. Après l'échec des négociations de Rambouillet, en France, et le refus de S. Milosevic de se soumettre aux injonctions de l'OTAN, celle-ci déclencha des bombardements contre la Serbie en mars 1999, sans mandat de l'ONU, et les Serbes intensifièrent la répression au Kosovo, provoquant un exode massif vers les pays voisins. Si les bombardements aboutirent au retrait des forces serbes du Kosovo, à l'instauration d'une administration de l'ONU (dirigée par le Français Bernard Kouchner jusqu'en janv. 2001) et au déploiement d'une force multinationale, ils contribuèrent aussi, pour un temps, à un regain des idées nationalistes en Serbie et à une répression accrue de toute opposition.

L'élection à la présidence yougoslave du 24 sept. 2000, boycottée par les Albanais du Kosovo et les Monténégrins, permit à l'opposition, regroupée au sein de l'Opposition démocratique serbe (ODS, dix-huit partis), de proclamer, sur la base de résultats partiels, la victoire de son candidat, Vojislav Kostunica, anticommuniste et nationaliste de longue date. Les mesures dilatoires de S. Milosevic – proclamation d'un second tour, puis annulation des élections par la Cour suprême – provoquèrent grèves et manifestations à l'appel de l'ODS, qui culminèrent le 5 oct. 2000, avec une manifestation gigantesque à Belgrade durant laquelle la foule investit le Parlement fédéral et incendia les locaux de la télévision d'État, mettant fin au règne de Milosevic et assurant la présidence à V. Kostunica. Arrêté, S. Milosevic fut livré au TPIY de la La Haye pour y répondre de crimes contre l'humanité du fait des massacres commis par l'armée fédérale et les partisans qu'elle avait équipés. La démocratisation de la Serbie, si elle diminuait les chances du Kosovo d'aboutir à l'indépendance, d'où des violences frontalières fin 2000 ne convainquit pas le Monténégro de continuer sa participation à la Fédération et, en nov. 2000, le président monténégrin Milo Djukanovic annonça, pour juin 2001, un référendum portant sur l'indépendance.

Le retour progressif à la paix à l'intérieur et la normalisation de sa situation internationale (la Yougoslavie fut admise à l'ONU en nov. 2000) aboutirent en janv. 2003 à la promulgation d'une charte constitutionnelle donnant naissance à l'**Union de Serbie-et-du-Monténégro** regroupant deux républiques fédérées, la Serbie et le Monténégro, celle-là comprenant par ailleurs deux provinces autonomes : la Voïvodine et le Kosovo. Depuis le 7 mars 2003, l'Union est présidée par Svetozar Marovic.

YOUNG Owen D. (* Van Hornesville, New York, 27.X.1874, † Saint Augustine, Floride, 11.VII.1962). Homme d'affaires américain. Il joua un grand rôle dans les problèmes du règlement des réparations consécutives à la Première Guerre mondiale. Après avoir collaboré en 1924 à l'établissement du plan Dawes, il présida, à partir de févr. 1929, le comité d'experts qui élabora le **plan Young**. Celui-ci, destiné à remplacer le plan Dawes, tendait à donner une solution définitive à la question des réparations imposées à l'Allemagne. Le plan Young, signé le 7 juin 1929, se heurta en Allemagne à une violente opposition conduite par le front Hugenberg-Hitler ; il fut cependant ratifié par le Reichstag le 11 mars 1930, mais la crise économique empêcha l'Allemagne de faire face à ses obligations. Le moratoire Hoover (juin 1931) et l'accord de Lausanne (9 juill. 1932) mirent pratiquement fin aux réparations.

YOUSOUF ibn TACHFIN Ali ibn. Souverain almoravide (1061/1106). Disciple du marabout Abdullah ibn Yacine, véritable moine-soldat, il fut le vrai fondateur de la dynastie des Almoravides. Au N., il mena contre les Berbères la conquête du Maroc, fonda Marrakech dès 1062, puis s'empara de Fès (1069) et étendit son autorité jusqu'à la région d'Alger (1079/82). Dans la vallée du Niger, il détruisit l'empire du Ghana en s'emparant de Koumbi (1077). Appelé en Espagne à la suite des victoires d'Alphonse VI de Castille, qui avait reconquis Tolède en 1085, il remporta sur les Castillans la victoire de Zallaca, près de Badajoz (1086), et étendit son autorité sur toute l'Espagne musulmane, à l'exception du royaume de Valence, où il se heurta au Cid.

YOUSOUF YAKOUB Abou dit el-MANSOUR le victorieux. Souverain almohade (1184/99). Fils et successeur d'Abd el-Moumin, contemporain de Philippe Auguste, de Richard Cœur de Lion et de Saladin, il régna sur l'Espagne et sur l'Afrique du Nord. Il dut réprimer de nombreuses révoltes, mais donna un nouveau lustre à la puissance almohade en remportant sur Alphonse VIII (ou IX, † 1214) de Castille la grande victoire d'Alarcos (1195).

YOUSSOUFI Abd er-Rahman (Tanger, 8.III. 1924). Homme politique marocain. Membre de l'Istiqlal jusqu'en 1959, il participa à la fondation de l'Union nationale des forces populaires – devenue Union socialiste des forces populaires (USFP). Proche de Ben Barka, il fut emprisonné pour « atteinte à la sécurité de l'État » en 1959 et condamné à deux ans de prison en 1963. Libéré en 1964, il s'exila en France, puis rentra au Maroc à la fin des années 1980 et devint secrétaire général de l'USFP en 1992/93. Il dut s'exiler à nouveau en 1993, pour avoir contesté les conditions d'organisation des élections législatives. À nouveau à la tête de l'USFP depuis 1995, il fut appelé par Hassan II pour former un gouvernement en févr. 1998, faisant ainsi entrer le Maroc sur la voie de l'alternance politique. À la mort du roi, en juill. 1999, le prince héritier Mohammed VI le maintint à son poste, avant de le remplacer, le 9 oct. 2002, par Driss Jettou.

YPRES (bataille d', 1914/18). Durant la Première Guerre mondiale, dans le cadre de la « course à la mer », la VIe armée allemande s'efforça désespérément d'emporter le saillant d'Ypres, qui couvrait la base de Calais, mais le corps expéditionnaire anglais de French, avec l'appui de divisions françaises et belges, repoussa toutes les attaques (30 oct./24 nov.

1914). La deuxième bataille d'Ypres (22 avr./25 mai 1915) n'apporta pas plus de résultats aux Allemands, bien que ceux-ci eussent employé, pour la première fois de la guerre, des gaz asphyxiants (22 avr.). En 1917, du 7 juin au 6 nov., les Alliés, sous la direction de Haig, menèrent dans ce secteur une offensive qui fit perdre aux Allemands les quelques positions qu'ils avaient conquises en 1915. Lors de l'offensive allemande d'avr. 1918, Ypres résista encore à tous les assauts (bataille du mont Kemmel). Le 27 sept., les Alliés conquirent définitivement la région.

YPSILANTI ou **HYPSILANTI.** Famille de Grecs phanariotes qui prétendait descendre des Comnènes et qui fut illustrée par :

Alexandre Ypsilanti (* Istanbul, 1725, † Istanbul, 1807). Drogman (interprète) de la Porte, puis hospodar (prince) de Valachie (1774/82, 1796/97), exécuté en raison de ses sympathies pour le mouvement national grec.

Constantin Ypsilanti (* Istanbul, 1760, † Kiev, 1816). Fils d'Alexandre, fut hospodar de Moldavie (1799/1801), puis de Valachie (1802/06), mais il soutint l'insurrection des Serbes et travailla à la libération de la Grèce. Obligé de se réfugier en Russie, il revint peu après à Bucarest, à la tête de 20 000 Russes, et se préparait à engager la lutte pour l'indépendance grecque, lorsqu'il fut abandonné par la Russie après le traité de Tilsit de 1807.

Alexandre Ypsilanti (* Istanbul, 12.XII.1792, † Vienne, 31.I.1828). Fils de Constantin, entré en 1809 dans la garde impériale russe, il se distingua dans les guerres contre Napoléon et perdit un bras à la bataille de Dresde (1813). Ami personnel du tsar Alexandre Ier, il fut élu en 1820 président d'une société patriotique grecque secrète, l'*Hetairia Philikè*, et, l'année suivante, à Iassy, il prit la tête d'un soulèvement des provinces danubiennes contre les Turcs (7 mars 1821). Peu soutenu par les Russes, il fut battu par les troupes ottomanes à Dragasani (19 juin 1821) et dut se réfugier en Autriche, où il fut incarcéré de 1823 à 1827 à Theresienstadt. La raison profonde de son échec fut l'opposition entre les Grecs de Moldavie et de Valachie et les Roumains, ces derniers ayant préféré se rallier aux Turcs.

Démétrios Ypsilanti (* Istanbul, 1793, † Vienne, 3.I.1832). Frère d'Alexandre ; il se rendit au printemps 1821 en Morée, où venait d'éclater le soulèvement contre les Turcs. Après son échec devant Nauplie (1822), il abandonna son poste de président de l'Assemblée législative. En 1828, Capo d'Istria le nomma commandant en chef des troupes de Grèce orientale, et Démétrios Ypsilanti remporta la dernière victoire de la guerre d'indépendance en forçant Aslan Bey à capituler au col de Petra (25 sept. 1829).

YSER (bataille de l', 1914). Engageant après la prise d'Anvers la « course à la mer », la IVe armée allemande attaqua dès le 16 oct. 1914 sur l'Yser, où tentait de se retrancher l'armée belge. Malgré la résistance héroïque des Belges, soutenus par des renforts français expédiés en toute hâte, comprenant la 41e division, deux corps de cavalerie et la brigade de fusiliers-marins de l'amiral Ronarc'h, les Allemands réussirent à franchir le fleuve dans la nuit du 21 au 22 oct. et, jusqu'au 27 oct., ils occupèrent Dixmude, Merckem, Bixschoote, Poelcapelle, Becelaere. Le roi Albert Ier décida alors de faire ouvrir les écluses de Nieuport (27 oct.). Le 30 oct., le général allemand Beseler reprit cependant l'attaque, avec des troupes fraîches, et réussit à s'emparer encore de Ramscapelle et de Pervyse ; mais la montée des eaux le força à évacuer ses positions dès le lendemain. Les Alliés avaient ainsi gagné la bataille de l'Yser ; le front resta fixé derrière les inondations jusqu'au 15 oct. 1918 et les Allemands reportèrent leur effort plus au S., sur Ypres (v.).

YUAN. Nom chinois de la dynastie impériale mongole qui, fondée par Koubilaï, régna sur la Chine de 1260 à 1368. Elle fut renversée par une révolte nationale chinoise, qui porta au pouvoir la dynastie Ming. Voir CHINE. Des Mongols aux Ming (XIIIe/ XVIIe s.).

YUAN. Unité monétaire de la république populaire de Chine. Le *RMB (renminbi)*, qui signifie « Monnaie du peuple », créé par Mao Tsé-toung en nov. 1949, avait un cours de 12 cents de dollars et 12,3 centimes d'euros en 2002. Le *renminbiyuan* se subdivise en 10 *jiao*, un *jiao* se subdivisant lui-même en 10 *fen*.

YUAN CHE-K'AI, Yuan Shikai en pinyin (* Hsiang-ching, Ho-nan, 1859, † Pékin, 6.VI.1916). Homme politique chinois. Résident impérial en Corée (1885/94), puis grand juge du Tche-li, avec des fonctions militaires, il se rallia au mouvement réformiste de 1898. Mais, en sept. 1898, il assura le succès du coup d'État en faveur de l'impératrice Ts'eu-hi, dont il devint l'homme de confiance. Il réalisa, sans les libéraux qu'il avait trahis, la plupart de leurs idées. Il créa ainsi une Cour de contrôle administratif et constitutionnel, chargée de préparer la Constitution (sept. 1907), puis fit instituer des conseils provinciaux élus (27 août 1908) et annonça même, pour 1917, la convocation d'une Assemblée nationale.

Mais, en nov. 1908, l'empereur Kouang-siu, relégué depuis 1898, et Ts'eu-hi moururent mystérieusement à quelques jours d'intervalle. Le nouvel empereur, P'ou-yi, n'ayant que trois ans, la régence fut exercée par son père, le prince Tch'ouen, qui écarta immédiatement Yuan. En nov. 1911, devant l'ampleur du soulèvement républicain, le régent rappela Yuan Che-k'ai, qui exigea la démission de Tch'ouen, puis l'abdication du jeune empereur. Devenu ainsi président de la République, il prit de vitesse les républicains du Kouo-min-tang et obtint le ralliement de Sun Yat-sen. L'alliance ne dura pas et Yuan occupa Nankin, où les républicains avaient voté sa déchéance (1913), fit expulser les sympathisants du Kouo-min-tang du Parlement, puis mit fin au régime parlementaire (10 janv. 1914). Il se fit proclamer président pour dix ans, avant de rétablir le régime impérial à son profit (12 déc. 1915). Devant l'insurrection que provoqua cet acte, et la sécession des provinces du Sud, Yuan tenta de revenir à la république (22 mars 1916). Il mourut, assez mystérieusement, quelques mois plus tard.

YUCATÁN. État du Mexique, formant une presqu'île qui sépare la mer des Caraïbes du golfe du Mexique. Ancien centre de la civilisation maya, le Yucatán fut découvert en févr. 1517 par Francisco Hernandez de Cordoba. L'exploration menée l'année suivante par Juan de Grivalja aboutit à un échec, mais Cortez entreprit deux nouvelles expéditions, l'une en 1519, l'autre en 1524/25. La conquête proprement dite fut menée de 1527 à 1546 par Francisco de Montejo et son fils. Cependant, les Mayas continuèrent à résister longtemps à toute domination étrangère ; ils firent sécession du Mexique de 1839 à 1843, se révoltèrent de nouveau en 1847 et restèrent pratiquement indépendants jusque vers 1875.

YUE-TCHE. Peuple indo-européen, connu également sous les noms de Tokhares et d'Indo-Scythes. On rencontre pour la première fois les Yue-tche au début du IIe s. avant notre ère, dans le Kan-sou occidental (nord-ouest de la Chine). En 165, ils furent battus complètement par le roi Hiong-nou Lao-chang, qui tua leur roi. Les Yue-tche refluèrent alors vers l'ouest, en bousculant les Sakas, qui, à leur tour, se mirent en mouvement vers les confins de l'Inde. Sakas et Yue-tche détruisirent les royaumes grecs établis depuis la conquête d'Alexandre en Sogdiane et en Bactriane. Envoyé auprès d'eux, vers 138/126 av. J.-C., pour rechercher leur alliance contre les Hiong-nou, l'ambassadeur de la Chine des Han, Tchang K'ien, trouva les Yue-tche installés en Bactriane et au N. de l'Amou-Daria (N. de l'Afghanistan et Tadjikistan actuels).

Vers la fin du Ier s. av. J.-C., les cinq tribus des Yue-tche furent réunies sous l'autorité du chef du clan des Kouchans, Kujula Kadphises, et au cours du Ier s. de notre ère, les Yue-tche s'installèrent dans le Kaboul et commencèrent la conquête de l'Inde du Nord-Ouest. Le royaume kouchan atteignit son apogée au début du IIe s. de notre ère ; il englobait alors toute l'Inde du Nord et s'étendait en Inde centrale au moins jusqu'à Bénarès. Son plus grand souverain fut Kanishka (v.), dont les dates sont extrêmement controversées. Les Yue-tche s'ouvrirent largement aux influences grecques et indiennes et se firent les protecteurs du bouddhisme. Ils entretinrent toujours de bonnes relations avec la Chine des Han (sauf vers 88/90 de notre ère, lorsque leur tentative d'intervention dans le Tarim fut repoussée par le général chinois Pantch'ao), et c'est par leur intermédiaire que le bouddhisme commença, au Ier s. de notre ère, sa pénétration en Chine. Le royaume kouchan déclina progressivement vers la fin du IIe s., et les Yue-tche disparurent complètement de l'Histoire après l'invasion des Hephthalites, au milieu du Ve s.

Z

ZAGHLOUL Pacha Saad (* près d'Ibian, Gharbièh, Basse-Égypte, 1860, † Le Caire, 23.VIII.1927). Homme politique égyptien. Fondateur du parti Wafd et Premier ministre (janv./nov. 1924). Voir **Égypte. Du régime de tutelle à la révolution de 1952**.

ZAÏDITES. Membres d'un groupe chiite qui tire son nom de Zaïd ben Ali, un hussaynide, qui se sépara en 740 des autres chiites, les zafidites. À l'inverse des autres chiites, Zaïd refusa de considérer les deux premiers califes, Abou Bakr et Omar, comme des usurpateurs. Il s'accordait cependant avec ses rivaux sur le fait que l'imamat devait revenir aux descendants d'Ali et de Fatima. De façon plus générale, la doctrine du zaïdisme combine des éléments du chiisme duodécimain (le principal groupe chiite) et des éléments du sunnisme. Ainsi, l'imam est désigné par un libre choix, mais il doit être, dans la lignée d'Ali et de Fatima, le meilleur et le plus capable de se faire reconnaître par la force. De nos jours, environ la moitié des habitants du Yémen sont zaïdites.

ZAÏMIS Alexandros (* Athènes, 28.X.1855, † Vienne, 1936). Homme politique grec. Six fois Premier ministre de 1897 à 1928, il fut aussi haut-commissaire en Crète (1906/11). Durant la Première Guerre mondiale, il se fit l'avocat d'une « neutralité armée », mais n'empêcha pas l'installation des Alliés à Salonique. Président de la République de 1929 à 1935, il dut faire face aux luttes entre royalistes et républicains. Ces luttes culminèrent dans la tentative de coup d'Etat vénizéliste de mars 1935, dont l'échec amena la restauration de la monarchie (nov. 1935). Zaïmis prit alors le chemin de l'exil.

ZAÏRE (république démocratique du). Nom de l'actuelle république démocratique du Congo, de 1971 à 1997. Voir **Congo (république démocratique du)**.

ZAMA. Ville ancienne de l'Afrique, dans la Zeugitane, à environ 150 km au S.-O. de Carthage, près d'un petit affluent du Bagradas (Medjerda). Après une bataille sanglante et longtemps indécise, Scipion l'Africain y battit Hannibal (automne 202 av. J.-C.). Cette victoire romaine mit fin à la deuxième guerre punique.

ZAMBIE, *Zambia*. État continental de l'Afrique centrale, borné par la Tanzanie, le Malawi, le Mozambique, le Zimbabwe, la Namibie, l'Angola et le Zaïre ; capitale *Lusaka*. Cette région, comme la Tanzanie, fut l'une des plus anciennement habitées par l'homme. Occupée vers la fin du paléolithique par des Bochimans chasseurs, la Zambie vit l'introduction de la civilisation du fer, avec une économie fondée sur l'agriculture et l'élevage, vers le début de notre ère. Les Bantous, qui forment la population actuelle de la Zambie, s'y établirent à une date indéterminée, après l'an mille. Sur le haut Zambèze se forma le royaume des Lozis (ou Barotsés) qui étendit sa suzeraineté sur la plus grande partie de l'actuelle Zambie. Vers 1740, un royaume lounda se forma au S. du lac Mweru. En 1798, José Maria de Lacerda e Almeida, gouverneur de Sena (Mozambique), entra en relation avec Kazembé, souverain de ce royaume lounda, qui se montra favorable au commerce avec les Portugais ; mais il empêcha résolument ceux-ci de traverser ses États. Au cours du XIXe s., la Zambie devint la proie des trafiquants d'esclaves arabes venus de Zanzibar. Elle fut explorée à partir de 1851 par Livingstone, qui devait mourir en 1873 près du lac Bangweolo.

En 1891, Cecil Rhodes, au nom de la British South Africa Company, acquit les droits miniers et accorda la protection britannique à Lawanika, chef des Barotsés, et aux autres chefs des territoires qui devaient recevoir, à partir de 1911, le nom de Rhodésie du Nord. L'exploitation des gisements de cuivre fut intensifiée après la Première Guerre mondiale, et, en 1924, la Rhodésie du Nord passa sous l'autorité de la Couronne britannique. À partir de 1945, le nationalisme fit de rapides progrès chez les mineurs africains. Pour parer à cette menace, les colons obtinrent du Parlement britannique que fût constituée, en 1953, une Fédération de Rhodésie et Nyassaland, où le pouvoir était détenu en fait par les colons de la Rhodésie du Sud, dont la position était mieux assurée que celle des Blancs du Nord. La Fédération rencontra la plus vive opposition chez les Africains, et le gouvernement anglais se résigna à sa dissolution (déc. 1963). La Rhodésie du Nord put alors poursuivre son évolution vers l'indépendance : celle-ci fut acquise en oct. 1964, et, sous le nom de *Zambie*, la Rhodésie du Nord devint une république au sein du Commonwealth.

Elle emprunta son nom au Zambèze, qui constitue sa frontière méridionale. Kenneth Kaunda devint chef de l'État et s'appuya sur le Parti national uni de l'indépendance, qui s'assura les deux tiers des sièges aux élections de 1968, le principal parti d'opposition étant le Congrès national africain, dirigé par Harry Nkumbula. La plupart des postes dirigeants furent confiés à des membres de l'ethnie du président, la tribu bamba, ce qui aviva les antagonismes traditionnels entre Bambas et Barotsés. Aux prises avec l'opposition de son ancien « dauphin », Simon Kapwepwe, lequel fonda en 1971 un nouveau Parti progressiste unifié, Kaunda fit de la Zambie, en 1973, un État à parti unique où, cependant, les opposants, sans avoir le droit de s'organiser, conservaient une certaine liberté politique. La Zambie, dont toute l'économie dépendait du cuivre et du cobalt (90 % des recettes d'exportation), pâtissait de son enclavement continental. Alors que les cours mondiaux se dégradaient, les conflits armés qui ensanglantaient les États voisins rendaient difficile le transit des matières premières (Angola, Mozambique). La seule voie ferrée accessible était celle qui reliait Lusaka à l'océan Indien, jusqu'à Dar es-Salaam, en Tanzanie, construite en 1975 avec l'aide des techniciens chinois. La richesse minière a contribué à l'abandon des terres de culture, qui avaient été longtemps la principale ressource du pays. En 1988, K. Kaunda, candidat unique, obtint, avec 95 % des voix, un sixième mandat. Pour tenter de sortir le pays de la crise, il mit fin au contrôle des prix en 1990, décision qui provoqua des émeutes dans la capitale.

Face au mécontentement généralisé de la population, il fut contraint d'instaurer le multipartisme en déc. 1990 et d'accepter la tenue d'élections libres l'année suivante. Celles-ci furent remportées par le Mouvement pour la démocratie multipartite, dont le dirigeant, Frederick Chiluba, devint président en oct. 1991. Malgré les mesures économiques d'austérité et les affaires de corruption touchant le gouvernement, le parti au pouvoir remporta facilement les législatives de nov. 1996, tandis que, le même mois, le président Chiluba était réélu à la tête de l'État. Il sut faire échouer un coup d'État militaire en oct. 1997. Par ailleurs, l'ancien président K. Kaunda, chef de l'opposition, déchu de sa citoyenneté, échappa à une tentative d'assassinat, tandis que son fils mourait, victime d'un attentat, en nov. 1999. Les relations avec l'Angola, qui accusait la Zambie d'armer et d'accueillir les rebelles de l'Unita, restèrent tendues. Malgré l'effroyable épidémie de sida qui ravageait le pays, le gouvernement refusa, en nov. 2000, un prêt de la Banque mondiale destiné à l'enrayer, pour ne pas alourdir le poids de sa dette. L'élection présidentielle de janv. 2002, à laquelle F. Chiluba renonça à se présenter, a porté au pouvoir Levy Mwanawasa.

ZAMOYSKI Jan (* 1541, † Zamosc, 3.VI.1605). Homme politique polonais. Fils du castellan (gouverneur) de Chelm, il fit ses études à Paris, Strasbourg et Padoue et devint un des plus grands érudits de son temps. Rentré en Pologne en 1565, il contribua à l'élection d'Henri, duc d'Anjou (futur Henri III de France), et fit partie de l'ambassade envoyée auprès du prince (1573). Après le départ précipité d'Henri, il assura l'élection d'Étienne Ier Báthory, qui le fit chancelier (1576) et commandant en chef de l'armée (1580). Il se distingua dans la lutte contre Ivan le Terrible. À la mort d'Étienne Báthory, qui était son cousin, Zamoyski joua un rôle prépondérant en faisant élire Sigismond III Vasa (1587), après avoir refusé les propositions que lui faisait personnellement l'Autriche. Sous Sigismond, il conserva toutes ses fonctions ; il remporta sur Michel le Brave, hospodar (prince) de Valachie et de Moldavie, la grande victoire de Tirgoviste (20 oct. 1600). Admirateur de la République romaine, qu'il avait célébrée dans son livre *De senatu romano* (1563), Zamoyski s'employa toujours à limiter les prérogatives royales, ce qui l'opposa aux réformes décidées par le roi Sigismond en 1605. Grand lettré, il avait fondé en 1593 une académie dans sa ville de Zamosc.

ZANARDELLI Giuseppe (* Brescia, 26.X.1826, † Maderno, 26.XII.1903). Homme politique italien. Après avoir participé, depuis 1848, aux luttes du Risorgimento (notamment à Naples, en 1860, en faveur de Garibaldi), il fut député de gauche et ministre de la Justice (1881/83, 1887/91). Il mena l'opposition contre le ministère Pelloux et prit la tête, de févr. 1901 à oct. 1903, d'un cabinet de gauche qui pratiqua à l'extérieur une politique de rapprochement avec la France.

ZANZIBAR. Île de l'océan Indien, située à 30 km des côtes de l'Afrique orientale. L'ancien État de Zanzibar, qui a fusionné en 1964 avec le Tanganyika pour former la Tanzanie, comprenait également l'île de Pemba, à 40 km au N.-E. Au VIe s. de notre ère, les Perses Sassanides avaient établi une factorerie à Pemba, où des Arabes s'installèrent vers 730. L'occupation de Zanzibar se situe certainement vers la même époque, et, au XIVe s., Zanzibar était devenu le principal des établissements arabes et persans de la côte d'Afrique orientale. Soumis par les Portugais en 1503, Zanzibar se révolta avec l'aide du sultan d'Oman en 1653 et, lorsque les Arabes se furent emparés de Mombassa (1698), les Portugais durent abandonner l'île, qui passa dès lors sous la domination des sultans de Mascate-et-Oman. Seyyid Saïd, sultan de Mascate depuis 1804, décida en 1832 d'installer sa capitale à Zanzibar, dont il favorisa l'essor économique, développant le port, appelant dans l'île des commerçants européens et indiens. Au milieu du XIXe s., Zanzibar était l'un des plus importants marchés d'esclaves de l'Afrique ; c'est de là aussi que partirent les grands explorateurs britanniques à la découverte de la région des Grands Lacs et des sources du Nil. À la suite d'un arbitrage de lord Canning, gouverneur général des Indes, Zanzibar fut déclaré en 1856 indépendant d'Oman ; en 1873, l'Angleterre obtint du sultan Barghash l'abolition de la traite des Noirs. Zanzibar passait de plus en plus sous le contrôle de la Grande-Bretagne, qui établit son protectorat en 1890, en cédant à l'Allemagne, à titre de compensation – outre l'île de Helgoland (en mer du Nord) –, la zone côtière du Tanganyika.

Ayant obtenu son indépendance au sein du Commonwealth le 10 déc. 1963, Zanzibar connut en janv. 1964 une révolution qui abolit le sultanat et proclama la république ; le nouveau gouvernement procéda sans tarder à une nationalisation complète de la terre (mars 1964), et, en avr. de la même année, Zanzibar réalisa sa fusion avec le Tanganyika pour former la république unie de Tanzanie. Plus développée que la partie continentale de la Tanzanie, Zanzibar manifesta des velléités d'indépendance, attisées par de nombreux chefs religieux musulmans, et plusieurs crises affaiblirent les relations entre l'île et le gouvernement fédéral. Ainsi, en août 1993, Zanzibar fut contrainte de quitter l'Organisation de la conférence islamique, à laquelle elle avait adhéré en déc. 1992 malgré l'opposition de Dodoma, la nouvelle capitale, siège du gouvernement. Les premières élections pluralistes de Tanzanie, en oct. 1995, furent très contestées à Zanzibar, dont la population acceptait mal qu'à l'ancien président Ali Hassan Mwinyi, musulman et originaire de l'île, succédât Benjamin Mkapa, chrétien né sur le continent. Les élections d'oct. 2000 furent à leur tour l'occasion, à Zanzibar, de manifestations sévèrement réprimées. Voir TANZANIE.

ZAPATA Emiliano (* Anenecuilco, Morelos, vers 1877, † Cuernavaca, 10.IV.1919). Homme politique mexicain. Paysan indien à peu près illettré, il fut considéré de bonne heure comme un fauteur de troubles par la dictature de Porfirio Díaz, qui, à plusieurs reprises, le fit arrêter. En 1910, lors de la révolution de Madero, il fut porté par les péons des plantations à la tête de l'insurrection dans le Morelos. Il se rendit maître rapidement de tout l'État, puis, voyant que Madero ne voulait pas appliquer une sérieuse réforme agraire, il rompit avec lui (août 1911) et publia le *Plan de Ayala* (28 nov. 1911), où il proclamait son objectif essentiel : « Restituer la terre à ses anciens possesseurs. » Il maintint son opposition contre Huerta, et, après la brouille entre Carranza et Pancho Villa, il s'allia avec ce dernier et s'empara de Mexico (6 déc. 1914). Dénoncé par ses adversaires comme un vulgaire bandit, Zapata était au contraire vénéré comme un héros par les Indiens déshérités, ralliés d'enthousiasme à cette révolte agraire que fut essentiellement le zapatisme. Après 1915, Zapata continua à combattre seul le régime de Carranza, et celui-ci, ne pouvant venir à bout du chef indien, le fit tuer par trahison.

ZAPATERO Jorge Luis Rodriguez (Valladolid, 4.VIII.1960). Homme politique espagnol. Député puis secrétaire général du PSOE à 40 ans, Zapatero succède à José Maria Aznar au poste de Premier ministre, au lendemain des attentats terroristes qui ont faits 191 morts à Madrid, le 11 mars 2004.

ZAPOROGUES (Cosaques). Nom d'un des groupes cosaques qui s'établit sur les rives du Dniepr inférieur (XVIe s.). Voir COSAQUES.

ZAPOTÈQUES. Peuple précolombien du Mexique méridional qui, vers le VIe s. de notre ère, s'établit dans l'actuel État d'Oaxaca et dans l'isthme de Tehuantepec. Il est surtout connu par les fouilles entreprises dans les années 1930 à Monte Albán, qui était leur principal centre. Influencés par les Mayas et par Teotihuacán, ils ont laissé de belles urnes funéraires anthropomorphes en céramique.

ZARATHOUSTRA. Réformateur de la religion mazdéenne de l'Iran. Voir ZOROASTRE.

ZEDILLO PONCE DE LEÓN Ernesto (Mexico, 27.XII.1951). Homme politique mexicain. Économiste, haut fonctionnaire, il fut ministre du Plan et du Budget, puis de l'Éducation, sous la présidence de Carlos Salinas de Gortari (1988/94). Directeur de campagne de Luis Donaldo Colosio, candidat à l'élection présidentielle du Parti révolutionnaire institutionnel (PRI), Ernesto Zedillo lui succéda lorsque ce dernier fut assassiné, le 23 mars 1994. Il fut le premier président mexicain élu avec une majorité relative (48,77 % des voix). Investi en déc. 1994, il incarna un moment l'espoir d'une évolution des rapports entre le PRI et l'État. Le début de son mandat se caractérisa par la poursuite d'une stricte politique néolibérale, dans un contexte de déprime économique et d'inégalités sociales croissantes. Accusé par le chef de la guérilla zapatiste d'être directement responsable de quarante-cinq assassinats et soupçonné par la justice de corruption, il perdit l'élection présidentielle en juill. 2000 face à Vicente Fox Quesada, candidat de l'opposition de droite, défaite historique dans un pays gouverné depuis soixante et onze ans par le PRI.

ZELAYA José Santos (* 1853, † New York, 17.V.1919). Homme politique nicaraguayen. Dictateur « libéral » du Nicaragua de 1893 à 1909, il développa économiquement son pays et mena une politique ambitieuse en Amérique centrale ; après avoir enlevé la côte des Mosquitos aux Anglais (1894), il plaça un de ses amis à la tête du Honduras

(1907), et tenta de fomenter une révolution au Salvador et d'établir par la force une Fédération de l'Amérique centrale opposée à l'intervention yankee. Pour lui faire pièce, les États-Unis réunirent la conférence de Washington de 1907, puis rompirent leurs relations diplomatiques avec le Nicaragua et provoquèrent la chute du dictateur, qui mourut en exil.

ZÉLOTES. Mouvement religieux et politique juif, de recrutement surtout populaire, qui mena, au Ier s. de notre ère, la lutte contre l'occupation romaine et les membres de l'aristocratie et des autorités sacerdotales juives qui l'avaient acceptée. Très religieux, les zélotes se rapprochaient des pharisiens par leur stricte observance des pratiques mosaïques ; c'est dans leurs rangs qu'apparurent les sicaires, qui recouraient aux assassinats politiques. L'agitation des zélotes fut un des facteurs qui conduisit à la révolte juive de 66, qui se solda par la destruction de Jérusalem par Titus (70).

ZEN. Secte bouddhiste japonaise issue de la secte chinoise Tch'an. Voir BOUDDHISME. Le bouddhisme au Japon.

ZÉNOBIE, Septimia Bathzabbai († Tibur, après 274 apr. J.-C.). Reine de Palmyre (vers 266/67 à 272). Épouse du roi Odenath, elle fit peut-être assassiner celui-ci et prit la régence au nom de son fils Wahab-Allath. Célèbre pour sa beauté et sa culture, mais aussi pour ses qualités de grand politique, Zénobie était animée par des ambitions immenses et, pendant quelques années, défia la puissance romaine en Orient, au moment où, en Occident, s'était constitué un Empire gaulois largement autonome à l'égard de Rome (258/73). Les troupes de Palmyre poussèrent en Anatolie jusqu'à Ancyre et atteignirent même les côtes du Bosphore ; à l'O., franchissant les chaînes du Liban, elles imposèrent la domination de Zénobie sur plusieurs ports méditerranéens ; enfin, elles occupèrent le delta égyptien, et Zénobie fit proclamer son fils roi d'Égypte. Mesurant la menace que faisait peser cette nouvelle puissance, Aurélien partit en campagne dès 270 et, après avoir battu les troupes de Zénobie à Homs et à Antioche, vint mettre le siège devant Palmyre, qui dut capituler (272). Chargée de chaînes d'or, Zénobie dut paraître au triomphe de son vainqueur ; puis Aurélien lui fit généreusement don d'un domaine près de Tibur, et elle maria ses filles à des patriciens romains.

ZÉNON (* 430, † 491). Empereur romain d'Orient (474/91). Voir BYZANTIN **(Empire)**.

ZENTRUM. Parti catholique allemand fondé en 1871. Voir CENTRE ALLEMAND.

ZEROUAL Liamine (Batna, 3.VII.1941). Militaire et homme politique algérien. Officier de l'ALN (Armée de libération nationale), il fut nommé général en 1988 et commandant des forces terrestres en 1989. Ambassadeur en Roumanie en 1990/91, il devint ministre de la Défense nationale en 1993. En janv. 1994, le Haut Conseil de sécurité, dominé par les militaires, le nomma « à la présidence de l'État ». En nov. 1995, il fut confirmé dans ses fonctions, lors du premier scrutin présidentiel pluraliste organisé depuis l'indépendance. Les violences qui ensanglantaient l'Algérie n'ayant connu aucun répit, il décida finalement, à l'automne 1998, d'abréger son mandat. À l'élection anticipée d'avr. 1999, il fut remplacé par le nouveau président Abdelaziz Bouteflika.

ZHAO ZI YANG, de son vrai nom **Zha Xiusheng** (* Houa-hien, prov. du Ho-nan, 15.VII.1919). Homme politique chinois. Premier ministre en 1980 et secrétaire général du parti communiste chinois en 1987, il porta la responsabilité, aux yeux de son parti, des débordements politiques (manifestations de mai 1989) liés aux conséquences de la modernisation économique, et fut remplacé par Jiang Zemin.

ZHOU ENLAI. Homme politique chinois (* 1898, † 1976). Voir CHOU EN-LAI.

ZHU DE. Maréchal et homme politique chinois (* 1886, † 1976). Voir CHOU-TEH.

ZHU RONGJI (Changsha, 1.X.1928). Homme politique chinois. Ingénieur électricien, il rejoignit le parti communiste chinois en 1949. Il se fit remarquer à la commission d'État au Plan mais tomba en disgrâce pour avoir critiqué l'irréalisme de ses objectifs. Victime de la révolution culturelle en 1966, il passa cinq ans dans une école rurale. Réhabilité par Deng Xiaoping, il fut promu à la tête de la municipalité de Shanghai puis nommé vice-Premier ministre en 1991. Grand ordonnateur de la reprise économique, il succéda à Li Peng au poste de Premier ministre, le 17 mars 1998 durant le mandat présidentiel de Jiang Zemin. Le 5 mars 2003, il cède son poste à Wen Jiabao.

ZIA UL-HAQ Mohammed (* Jullundur, 12.VIII. 1924, † accident aérien, 17.VIII.1988). Homme politique pakistanais. Auteur du coup d'État qui renversa Ali Bhutto en 1977 ; président de la République de 1978 à sa mort. Voir PAKISTAN.

ZIGGOURAT. Construction typique de l'architecture religieuse mésopotamienne, la ziggourat était un énorme édifice de briques, superposant des terrasses reliées par des escaliers ou des allées en pente douce ; le sommet, « le lieu soustrait aux regards », était le reposoir des dieux. La ziggourat était en effet une sorte d'arche mystique tendue entre la terre et le monde d'en haut, une image de la montagne où les dieux étaient jadis honorés. On a retrouvé des vestiges de ziggourats à Our, à Khorsabad, à Tchoga-Zambil ; le plus connu de ces édifices a été l'*Etemenanki*, tour du grand temple de Mardouk à Babylone, faite de sept plates-formes qui atteignaient une hauteur totale de près de 100 mètres, dont on n'a pu retrouver que l'emplacement (c'était la fameuse « tour de Babel »).

ZIMBABWE. Ancienne Rhodésie du Sud. État de l'Afrique australe ; capitale *Harare*. Habitée par l'homme dès le début du paléolithique inférieur, la région constituant aujourd'hui le Zimbabwe subit les premières invasions bantoues entre le Ve et le Xe s. de notre ère. C'est à ces peuples bantous qu'il faut sans doute rattacher les célèbres ruines (monumentales, en pierre sèche, datant du IVe s. de notre ère) de la ville de Zimbabwe. Au XIVe s., les Portugais commencèrent à pénétrer dans cette région et entrèrent en relations avec le royaume du Monomotapa (v.).

Au XIXe s., à la suite de l'expansion des Zoulous, le puissant chef zoulou Mosélékatsé conduisit sa tribu dans la région du Bulawayo, où il fonda vers 1840, le royaume des Matabélés. Celui-ci subjugua aisément les tribus paisibles du Machona, installées plus à l'ouest. Au début de 1888, Cecil Rhodes, qui, depuis la colonie du Cap, menait l'expansion britannique en direction de la région des lacs, obtint du successeur de Mosélékatsé, Lobengula, un traité par lequel les Matabélés s'engageaient à n'accorder aucune concession de territoire sans l'aval de l'Angleterre. Les Portugais, qui, essayaient de s'assurer des positions dans cette région, furent éliminés par l'action énergique du gouvernement de Londres (traité anglo-portugais du 11 juin 1891). Dès 1890, la British South Africa Company de Cecil Rhodes avait envoyé dans le pays un groupe de 200 colons, protégés par une force de police de 500 hommes. En sept. 1890, ces colons fondèrent la future capitale de la Rhodésie du Sud, qui, en l'honneur du Premier ministre anglais de l'époque, fut nommée Fort Salisbury. Mais la présence britannique rencontra une résistance africaine. Les Matabélés prirent les armes dès 1893. Après trois mois de rudes combats, ils furent vaincus et leur roi Lobengula dut prendre la fuite ; ils se révoltèrent de nouveau en 1896, et il fallut tous les talents diplomatiques de Cecil Rhodes pour les ramener au calme.

Pendant ce temps, l'expansion britannique avait progressé jusqu'au lac Tanganyika. Tout ce vaste territoire prit, en l'honneur du colonisateur, le nom de *Rhodésie*, mais fut partagé, en 1911, en une *Rhodésie du Nord* (v. **ZAMBIE**) et une *Rhodésie du Sud*. Jusqu'en 1923/24, ces deux protectorats restèrent administrés par la British South Africa Company. La majorité des colons s'établirent en Rhodésie du Sud. La population noire fut soumise à un régime d'apartheid. En sept. 1923, la Rhodésie du Sud refusa son intégration dans l'Union sud-africaine et devint une colonie jouissant de l'administration interne, avec un gouvernement et un Parlement ; mais toute la vie politique resta monopolisée par les Blancs, que l'exploitation des mines (or et cuivre), la culture du maïs, du tabac, et l'élevage enrichissaient rapidement.

Après la Seconde Guerre mondiale, la conscience politique se développa dans la population noire. Les colons étaient beaucoup moins nombreux en Rhodésie du Nord et au Nyassaland qu'en Rhodésie du Sud, et c'est pour renforcer leur influence que fut constituée, en sept. 1953, la Fédération de Rhodésie et du Nyassaland, dont le Premier ministre fut, à partir de 1956, sir Roy Welensky. Devant l'opposition grandissante des nationalistes noirs, organisés dans le National Democratic Party (NDP), le gouvernement fédéral introduisit la Constitution de 1961, qui, sur la base très restreinte d'un suffrage censitaire et d'un double collège électoral, accordait aux Noirs une certaine représentation politique, dérisoire cependant en regard de leur importance numérique. Les nationalistes noirs, qui s'étaient alors divisés en deux organisations rivales – la Zimbabwe African People Union (ZAPU) de Joshua Nkomo et la Zimbabwe African National Union (ZANU) de Ndabaningi Sithole –, refusèrent cette Constitution et boycottèrent les élections de déc. 1962, ce qui eut pour résultat d'amener au pouvoir les Blancs les plus conservateurs, regroupés dans le Front rhodésien. À la fin de 1963, la Fédération de Rhodésie et du Nyassaland se disloqua ; la Rhodésie du Nord et le Nyassaland devinrent des États noirs indépendants, respectivement sous les noms de Zambie et de Malawi.

Une plus forte implantation des colons créait une situation particulière en Rhodésie du Sud, où les Blancs, qui ne représentaient cependant que 5 % de la population totale de la colonie, monopolisaient le pouvoir politique grâce au système électoral établi par la Constitution de 1961. Le Front rhodésien au pouvoir interdit les mouvements nationalistes ZAPU et ZANU, qui, d'autre part, s'opposaient violemment. Premier ministre à partir d'avr. 1964, Ian Smith, chef du Front rhodésien, réclama l'indépendance, que le gouvernement de Londres refusa d'accorder en raison de la politique de discrimination raciale pratiquée par le gouvernement rhodésien. Après l'échec des négociations avec le cabinet travailliste anglais, Ian Smith proclama unilatéralement l'indépendance de la Rhodésie (11 nov. 1965). La Grande-Bretagne appliqua aussitôt des sanctions économiques à la Rhodésie, et le Conseil de sécurité de l'ONU exigea que les autres pays du monde entier fissent de même.

Le 2 mars 1970, la Rhodésie devint une république et rompit ainsi ses derniers liens avec la Couronne britannique. Les conservateurs étant revenus au pouvoir en Angleterre, les négociations reprirent, mais l'accord anglo-rhodésien du 24 nov. 1971, qui prévoyait une évolution progressive vers l'égalité politique des Noirs et des Blancs, fut rejeté par les nationalistes noirs. Dans la région septentrionale, le long des frontières de la Zambie et du Mozambique, le ZAPU, soutenu par l'Union soviétique, et le ZANU, appuyé par la Chine populaire, entreprirent, à partir de 1972, des actions de guérilla qui amenèrent la République sud-africaine à envoyer des forces de police au secours du gouvernement Smith. La position de ce dernier s'affaiblit encore au printemps de 1974, à la suite du retour des travaillistes au pouvoir à Londres et de la chute du régime salazariste au Portugal, qui priva la Rhodésie de l'appui du Mozambique.

Les pressions du gouvernement sud-africain sur Ian Smith d'une part, des gouvernements africains noirs sur les nationalistes d'autre part, amenèrent, en déc. 1974, la libération des chefs du ZAPU et du ZANU, la conclusion d'un cessez-le-feu et l'ouverture de négociations politiques sur le statut futur de la Rhodésie. Pressé par le secrétaire d'État américain Kissinger et par le Premier ministre sud-africain Vorster, Ian Smith accepta, le 24 sept. 1976, les principaux points du plan Kissinger : établissement de la règle de la majorité dans un délai de deux ans, mise en place durant la période intermédiaire d'un gouvernement à majorité africaine et d'un Conseil d'État composé en nombre égal de Noirs et de Blancs, cessez-le-feu et levée des sanctions de l'ONU contre la Rhodésie, garanties pour les Blancs de Rhodésie. Réunie à partir d'oct. 1976, la conférence de Genève fixa l'indépendance de la Rhodésie, devenue officiellement Zimbabwe en 1980, au 1er mars 1978.

Après l'accord de paix signé à Londres le 21 déc. 1979, les élections législatives de févr. 1980 virent la victoire de R. Mugabe et du ZANU sur le ZAPU de J. Nkomo, ce dernier représentant surtout l'ethnie matabélé, qui fut associé au pouvoir avant d'être évincé (1981), ce qui provoqua des troubles durables au Matabeleland. La minorité blanche continua, elle, de participer au pouvoir et l'essentiel de ses privilèges fut préservé. En 1987, ainsi que le prévoyait la Constitution, les Blancs perdirent le droit à une représentation parlementaire spécifique, mais nombre de Blancs continuèrent à soutenir le ZANU et à être associés à la direction des affaires ; cependant, Ian Smith démissionna de toutes ses fonctions. Au début des années 1990, la sécheresse provoqua une grave disette et une situation de famine dans les régions reculées, contraignant le gouvernement à demander une aide alimentaire internationale. Sur le plan politique, Robert Mugabe, seul candidat à sa succession, fut réélu président de la République en mars 1996. Il annonça en août 1998 l'envoi de 10 000 hommes dans l'ex-Zaïre, aux côtés de ceux de l'Angola, pour soutenir Laurent-Désiré Kabila dans sa lutte contre les rebelles qu'appuyaient des troupes rwandaises et ougandaises. Il s'avéra bientôt que le coût de cet important contingent était supérieur à ce que pouvait supporter le fragile budget du pays, d'autant plus que, depuis cette intervention militaire, l'aide internationale était suspendue et que le renchérissement du pétrole grevait l'économie nationale. Dans ce contexte difficile, les électeurs, consultés par référendum en févr. 2000, rejetèrent la nouvelle Constitution qui devait accorder davantage de pouvoir au président. En avr., le pouvoir, soucieux de reconquérir son électorat, adopta une loi permettant d'exproprier sans dédommagement les fermiers blancs, ce qui provoqua plusieurs occupations violentes de fermes. Les élections législatives de juin, préparées dans un climat d'une extrême violence, virent une percée de l'opposition, n'accordant qu'une faible majorité au gouvernement. L'opposition contesta cette courte victoire et engagea, devant la Haute Cour du Zimbabwe, une procédure en annulation des résultats de plusieurs circonscriptions (ouverture des débats en févr. 2001). Réélu pour la cinquième fois en mars 2002, R. Mugabe a entamé une réforme agraire « accélérée » qui culmina en août par l'expulsion et l'arrestation de quelque 200 fermiers blancs.

ZINOVIEV Grigori Ievseïevitch (* Ielizavetgrad, sept. 1883, † Moscou, 25.VIII.1936). Homme politique soviétique. Étudiant en Suisse, il rencontra Lénine en 1903 et rentra peu après en Russie, où il joua un grand rôle au lendemain de la révolution de 1905 ; après la dissolution de la première douma, il organisa les émeutes de Kronstadt (juill. 1906). Obligé de s'exiler en 1908, il ne revint en Russie qu'à la révolution de 1917 et devint président du Komintern (v.) (1919/26), bien qu'en oct. 1917 il se fût opposé, avec Kamenev, au soulèvement préparé par Lénine. Il fut l'organisateur de la IIIe Internationale et formula les Vingt et Une Conditions. À la mort de Lénine, Zinoviev travailla d'abord à l'élimination de Trotski, qui l'attaqua dans son livre *Les Leçons d'Octobre* (1924), mais, à partir de 1926, il se rapprocha de Trotski, et ils formèrent ensemble, avec Kamenev, la « Troïka » oppositionnelle. Exclu du parti communiste en 1927, réintégré en 1929, il fut déporté en 1935 ; l'année suivante, impliqué dans la mort de Kirov, il fut une des premières victimes des grands procès de Moscou.

ZIRIDES. Dynastie kabyle sanhadjienne qui régna sur le Maghreb oriental de 973 à 1160. Les Zirides, dont l'action, vers 944, avait contribué à sauver la dynastie fatimide de la révolte kharidjite d'Abou Yazid, reçurent en 973 le gouvernement de la Berbérie des mains des Fatimides qui allaient s'installer au Caire. En 1014, le royaume ziride éclata en deux, une autre dynastie sanhadjienne, celle des Hammadides, ayant pris le pouvoir dans le Maghreb central. Confiné à l'actuelle Tunisie, le royaume ziride connut un brillant éclat économique et intellectuel au cours du XIe s. Sous l'influence des docteurs malékites de Kairouan, le souverain ziride osa rejeter l'obédience des Fatimides hérétiques (1048), mais ceux-ci se vengèrent en jetant sur la Tunisie l'invasion hilalienne. Les Zirides durent abandonner Kairouan (1057) et se réfugier sur les côtes. Au milieu du XIIe s., la conquête almohade mit fin au royaume des Hammadides de Bougie (1151), puis à celui des Zirides (1160).

ZIYADITES. École d'interprétation musulmane chiite fondée au VIIIe s. par Ziyad ibn Ali ibn Hussein, arrière-petit-fils d'Ali, le gendre du Prophète. Sa doctrine devint la religion d'État du Yémen.

ZIZKA Jan (* Trocnov, Bohême, vers 1375, † Pribyslav, 11.X.1424). Chef hussite. Voir **Hussites**.

ZOÉ PORPHYROGÉNÈTE (* vers 978, † 1050). Impératrice byzantine (1028/50). Fille de Constantin VIII, elle épousa, après la mort de celui-ci, le successeur qu'il avait désigné, le vieux Romain III, qu'elle bafoua scandaleusement, avant de le faire disparaître (1034). Elle plaça alors sur le trône son amant Michel IV le Paphlagonien, qu'elle épousa. De nouveau veuve en 1041, elle fit reconnaître comme empereur le neveu de Michel IV, Michel V, qui la maltraita et voulut l'interner dans un couvent. Une émeute, qui témoigne de la naissance d'un sentiment dynastique à Constantinople, la rétablit alors sur le trône avec sa sœur Théodora (1042) ; peu après, elle épousa en troisièmes noces un de ses anciens amants, Constantin IX Monomaque, qui s'empara de la réalité du pouvoir.

ZOG Ier, Ahmed Zogou (* Burgajet, 8.X.1895, † Paris, 9.IV.1961). Roi d'Albanie (1928/39). Chef du clan des Zogolli, il fit son éducation militaire chez les Turcs, se rallia au prince de Wied (v. **Albanie. L'Albanie indépendante**) en 1914 et prit part à la Première Guerre mondiale comme officier autrichien. Ministre de l'Intérieur (1920/22), puis Premier ministre (1922/24), il réprima diverses révoltes. Il dut s'exiler quelques mois en Yougoslavie, puis rentra en force, s'empara du pouvoir (déc. 1924) et se fit élire président de la République (févr. 1925), avant d'être proclamé roi d'Albanie (1er sept. 1928). Chassé par l'invasion italienne en avr. 1939, il vécut désormais en exil.

ZOLLVEREIN (Deutscher), *Union douanière allemande*. Union économique des divers États allemands qui fut réalisée au XIXe s. sous la direction de la Prusse et qui prépara l'unité politique de l'Allemagne. Le père spirituel du Zollverein fut l'économiste Friedrich List qui, en 1819, adressa à la Diète fédérale une pétition pour l'abolition des barrières douanières à l'intérieur de l'Allemagne. À cette époque, il n'existait pas moins de trente-huit lignes de douanes à l'intérieur de la Confédération germanique. À l'intérieur de chacun des États confédérés, des barrières venaient encore ralentir le commerce : dans la Prusse seule, on ne comptait pas moins de soixante-sept tarifs différents.

Ce fut justement la Prusse qui donna l'exemple, en unifiant, par la loi du 26 mai 1818, tous les tarifs de douane à l'intérieur de ses États. Malgré l'opposition de l'Autriche, qui craignait, non sans raison, que l'union économique ne facilitât la prééminence de la Prusse en Allemagne, le ministre des Finances prussien Motz réussit à établir une union douanière avec la Hesse-Darmstadt (11 janv. 1828). L'Autriche encouragea alors le particularisme des petits et moyens États allemands, qui formèrent deux autres associations douanières, l'une dans le Sud (Bavière et Wurtemberg), l'autre en Allemagne centrale (Hanovre, Hesse électorale, Saxe, Brunswick, Nassau, Francfort, Brême et petits États de Thuringe). Mais la Prusse réussit à disloquer ces coalitions opposées en offrant aux participants des avantages substantiels par l'ouverture du marché prussien : en févr. et en août 1831, la Saxe-Weimar et la Hesse électorale adhérèrent au Zollverein. Puis l'union douanière prussienne et celle de l'Allemagne du Sud fusionnèrent (traité du 22 mars 1833), et, dans les semaines suivantes, la Saxe et les États de Thuringe adhérèrent au nouveau système. Quelques États particulièrement hostiles à la politique prussienne essayèrent encore de former un *Steuerverein* (Hanovre, Brunswick, Oldenburg). Cependant, le Zollverein prussien continuait à recevoir des adhésions : celles de Bade et de Nassau (1835), de Francfort (1836), du Luxembourg (1842). L'adhésion de Brunswick (1844) fit enfin éclater le Steuerverein, et, en 1854, le Zollverein couvrait toute l'Allemagne, à l'exception du Mecklembourg et de Lübeck (qui y adhérèrent en 1868), de Brême et de Hambourg (en 1888 seulement).

Le Zollverein contribua à faire de l'Allemagne la première puissance industrielle de l'Europe continentale.

ZOROASTRE ou **ZARATHOUSTRA** (VIIe/VIe s. av.J.C. ?). Réformateur religieux iranien, fondateur du mazdéisme. Sa vie est très mal connue et uniquement par les *Gathas*, série de dix-sept hymnes qui constituent la partie la plus ancienne de l'*Avesta* (le recueil des textes sacrés de la religion mazdéenne) et sont attribuées à Zoroastre lui-même. Né dans une province de l'Iran occidental, il appartenait au clan des Spitama, et son père, Pourochaspa, semble avoir été le prêtre d'une communauté d'agriculteurs. Ayant entendu très jeune l'appel de la solitude, Zoroastre abandonna la maison familiale et vécut longtemps errant dans les hautes terres de l'Iran, où il subit les épreuves de la tentation. Vers sa trentième année, à la suite d'une extase, il s'estima investi d'une mission de réforme à la fois sociale et religieuse. Il prêcha d'abord en vain, puis, s'étant rendu à la cour d'un certain roi Vishtaspa, il gagna à ses idées des dignitaires importants et le roi lui-même. Sa réforme, qui rencontra la résistance des *kavi* et des *karapan*, prêtres des vieilles divinités populaires, les *daeva* (démons), a constitué essentiellement une épuration des croyances iraniennes traditionnelles plutôt que la fondation d'une religion totalement nouvelle, le mazdéisme. Il semble que chez Zoroastre l'affirmation hénothéiste d'Ahura Mazda, dieu immatériel et juste, créateur de toutes choses, fût plus forte que le dualisme (antagonisme d'Ahura Mazda, principe du bien, et d'Ahriman, ou Angra Mainyu, principe du mal) qui devait plus tard envahir la religion mazdéenne. Un autre aspect essentiel du message de Zoroastre est son aspect apocalyptique, l'annonce d'un âge d'or où resplendira sans ombre la gloire d'Ahura Mazda.

ZOULOUS, *Hommes du ciel.* Peuple bantou de l'Afrique australe établi dans le Zoulouland, au N.-E. du Natal (République sud-africaine).

À la fin du XVIIIe s., les Zoulous, un clan parmi d'autres au sein des Ngonis (Nguni) dits « septentrionaux », émergea sous la férule de l'inflexible Shaka (1778/1828) ; à l'issue d'une querelle dynastique, il décida de faire d'un peuple de pasteurs une nation organisée militairement et totalement vouée à la guerre. Devenu roi en 1818, Shaka sema la dévastation chez tous les Ngonis du Natal et imposa sa suzeraineté aux Souazis, aux Sothos du Sud, aux Xhosas. Il fut assassiné par ses frères (1828), mais ses lieutenants continuèrent l'expansion avec les mêmes méthodes de terreur : parti vers le N.-O., Mzilikazi passa le Limpopo, dévasta le pays des Tchouanas et fonda vers 1840, en Rhodésie, le royaume matabélé ; Changana partit à la conquête du Mozambique et soumit les Thongas, au N. du bas Limpopo ; enfin, Zwangendaba, parti vers le N., avança de plus de 3 000 km jusqu'au-delà du Zambèze. À partir de 1845, ses guerriers fondèrent des royaumes dans la région des lacs Victoria, Bangwélo et Nyassa.

Cette explosion des Zoulous provoqua de profonds remous dans toute l'Afrique australe. Roi des Zoulous du Natal depuis 1873, Cetshwayo faisait peser une menace grave sur les Boers du Transvaal. Agissant de sa propre initiative et sans l'accord du cabinet Disraeli, le haut-commissaire britannique, sir Bartle Frere, envoya en déc. 1878 un ultimatum à Cetshwayo, lui demandant de dissoudre son armée. N'ayant pas reçu de réponse, Frere lança les troupes britanniques commandées par Lord Chelmsford (Thesiger), sur le Zoulouland (janv. 1879). Mais les Zoulous surprirent les Anglais à Isandhlawna et leur infligèrent une grave défaite (22 janv. 1879). Il fallut l'appoint d'une armée de renfort de 10 000 hommes et plus de six mois de campagne, avant que Lord Chelmsford défît l'armée zouloue à Ulundi (4 juill. 1879). C'est au cours de cette campagne que le prince Louis-Napoléon, fils de Napoléon III et élève officier dans l'armée britannique, trouva la mort. En Angleterre, les difficultés de la guerre des Zoulous furent largement exploitées par Gladstone et l'opposition à Disraeli. Après avoir essayé de rétablir Cetshwayo, les Anglais annexèrent le Zoulouland (1887) et le rattachèrent au Natal (1897). Une grande révolte secoua encore le Natal en 1906/1907. Le péril qu'elle fit courir à la communauté blanche hâta le rapprochement entre anglophones et afrikaners, qui s'étaient fait la guerre en 1899/1902.

La résistance zouloue adopta dès lors d'autres formes. En 1922 fut créée l'Inkatha, officiellement association culturelle, mais en réalité structure de résistance au pouvoir anglophone et afrikaner. Transformée en 1975 en parti politique, l'Inkatha s'opposa, sous l'influence de son chef, M. Buthelezi, à l'African National Congress, après avoir collaboré un temps avec lui. Il réclama longtemps la création d'un État zoulou indépendant au Natal, avant de réviser sa position lors de la dernière phase du processus de démocratisation en Afrique du Sud. Aux premières élections multiraciales de 1994, l'Inkatha Freedom Party n'obtint des scores significatifs qu'au Kwazulu-Natal. Voir **SUD-AFRICAINE (République)**.

ZURICH. Principale ville de la Suisse et chef-lieu du canton de Zurich, au N. du lac du même nom. Ancien établissement préhistorique sur pilotis, occupé ensuite par les Celtes, avant de devenir, vers 58 av. J.-C., une station romaine (*Turicum*), Zurich fut plus tard une résidence royale franque, et Louis le Germanique y établit une abbaye de bénédictines (853).

Au débouché de la route du Saint-Gotthard, Zurich devint très tôt une importante place commerciale. Mentionnée pour la première fois comme ville en 929, elle devint ville libre impériale en 1218. Après avoir déjà défendu à plusieurs reprises (1291, 1330) son indépendance contre l'Autriche, elle se joignit en 1351 à la Confédération helvétique. Depuis 1336, grâce à Rudolf Brun, la domination absolue du patriciat avait été abolie et le gouvernement partagé entre les patriciens et les chefs des métiers artisanaux ; cette Constitution resta en vigueur jusqu'en 1798. Peu à peu, Zurich étendit sa domination, au détriment des seigneurs du voisinage. Prétendant à l'héritage des comtes de Toggenburg, elle n'hésita pas, avec l'aide de l'Autriche, à déclencher une guerre contre les autres confédérés (1436/52), d'où elle sortit vaincue. Cependant, elle annexa le comté de Kyburg (1452) et Wintherthur (1467), devenant, sous le bourgmestre Hans Waldmann, la principale ville de la Confédération, avec Berne. À partir de 1519, la prédication de Zwingli fit de Zurich une des capitales de la Réforme, qui accueillit les protestants anglais persécutés par Marie Tudor, puis les huguenots français.

Au XVIIIe s., Zurich fut un foyer de la renaissance littéraire et spirituelle germanique (Bodmer, Breitinger, Gessner). Durant les guerres de la Révolution, Masséna battit à deux reprises les Austro-Russes près de Zurich (4 juin et 25/26 sept. 1799). Occupée par les Français, Zurich dut au Blocus continental un nouvel essor de son industrie textile. Un gouvernement très conservateur s'y établit en 1814, mais les démocrates prirent le dessus en 1830, et la Constitution ne cessa de se libéraliser jusqu'à la fin du XIXe s.

Paix de Zurich (10 nov. 1859). Ensemble des traités qui mirent fin à la guerre d'Italie de 1859 et par lesquels l'Autriche vaincue cédait la Lombardie à Napoléon III, qui la rétrocédait au Piémont.

ZWINGLI Huldreich ou **Ulrich** (* Wildhaus, comté de Toggenburg, Saint-Gall, 1er.I.1484, † Kappel, 11.X.1531). Réformateur suisse. En 1518, son éloquence le fit appeler à Zurich, comme prédicateur à la cathédrale. Dès 1519, dans ses conférences sur le Nouveau Testament, il commença d'évoluer vers la Réforme. À la différence de Luther, Zwingli était avant tout un humaniste, qui voulait une religion épurée de toutes les traditions historiques, du culte des saints, des images, des statues et des orgues. La réforme de Zwingli commença, à la fin de 1523, par une véritable explosion iconoclaste : les riches églises de Zurich furent pillées, les images et les statues enlevées, la messe supprimée dès avr. 1525. C'est sous la forme du zwinglianisme que la Réforme se répandit rapidement en Suisse. Cependant, sur les treize cantons, sept demeurèrent fidèles au catholicisme. Pour les réduire, Zwingli conclut une alliance de Zurich avec les cantons réformés et Constance, tandis que les catholiques faisaient appel à l'Autriche (avr. 1529). Aussitôt, Zwingli marcha à la tête des Zurichois : un court moment arrêtée par la paix de Kappel (25 juin 1529), la lutte reprit en 1531 par l'agression des catholiques contre Zurich, et Zwingli trouva la mort au cours de la bataille de Kappel (1531), où les Zurichois furent vaincus.

N° d'éditeur : 10148499 - Dépôt légal : février 2008
Imprimé en France par Maury-Imprimeur